Gabriel/Krohn/Neun

Handbuch Vergaberecht

Handbuch Vergaberecht

GWB · VgV · SektVO · VSVgV
KonzVgV · VOB/A · UVgO
VO(EG) 1370/2007 · SGB V · AEUV

Herausgegeben von

Dr. Marc Gabriel, LL.M. (Nottingham)
Rechtsanwalt in Berlin

Dr. Wolfram Krohn, M.P.A. (Harvard)
Rechtsanwalt in Berlin

Dr. Andreas Neun
Rechtsanwalt in Berlin

3. Auflage 2021

C.H.BECK

Zitiervorschlag:
Gabriel/Krohn/Neun VergabeR-HdB/*Bearbeiter*

www.beck.de

ISBN 978 3 406 74516 4

Wilhelmstraße 9, 80801 München
Druck und Bindung: Eberl & Koesel GmbH & Co. KG
Am Buchweg 1, 87452 Altusried-Krugzell

Satz: 3w+p GmbH, Rimpar
Umschlaggestaltung: Druckerei C.H. Beck Nördlingen

Gedruckt auf säurefreiem, alterungsbeständigem Papier
(hergestellt aus chlorfrei gebleichtem Zellstoff)

Vorwort zur 3. Auflage

Seit der Erstauflage des Handbuchs im Jahr 2014 hat sich das Vergaberecht rasant weiterentwickelt und dabei zum Teil grundlegend geändert. Lag der Schwerpunkt der Aktualisierung anlässlich der zweiten Auflage noch in der Einarbeitung der großen Vergaberechtsreform des Jahres 2016 und der Umsetzung der europäischen Vergaberichtlinien vom Februar 2014, wurden für die dritte Auflage ein besonderer Schwerpunkt unter anderen auf die hochaktuellen und praxisrelevanten Themenbereiche e-Vergabe, das neue Wettbewerbsregister und Beschaffungen zur Eindämmung der COVID-19-Pandemie und deren Auswirkungen auf Vergabeverfahren gelegt. Außerdem wurden mehrere Kapitel des Handbuchs grundlegend neubearbeitet und ausgebaut, wie zum Beispiel die Teile zur Leistungsbeschreibung, zu Compliance und Selbstreinigung, zum Öffentlichen Preisrecht, zu Konzessionsvergaben und zu Auftragsvergaben im Bereich der gesetzlichen Krankenversicherung. Besonderes Augenmerk wurde dabei auf die neuen Akzente in der Rechtsprechung insbesondere des neu besetzten Düsseldorfer Vergabesenats und des BGH gelegt. Rechtsentwicklung, Literatur und Judikatur konnten dabei bis September 2020 berücksichtigt werden.

Auch bei der Arbeit an der dritten Auflage ist das besondere Konzept dieses Handbuchs – einer aktuellen und am Ablauf eines Vergabeverfahrens orientierten anwenderfreundlichen Gesamtdarstellung des gesamten allgemeinen wie besonderen deutschen Vergaberechts unter Vermeidung von Doppelungen und Redundanzen bei der Kommentierung inhaltsgleicher Vorschriften – unverändert aufrechterhalten und weiterverfolgt worden. Die daher nach wie vor gültige Beschreibung in der Erstauflage über Aufbau und Handhabung des Werks ist daher im Anschluss weiterhin abgedruckt.

Zu großem Dank sind die Herausgeber erneut allen Autorinnen und Autoren (deren Kreis sich abermals erweitert hat) verpflichtet, welche auch die beträchtliche Mühe einer weitgehenden Neubearbeitung des Fußnotenapparates mit Verständnis und großer Sorgfalt auf sich genommen haben. Detaillierte redaktionelle Vorgaben stellen die optimalen digitale Nutzung des Handbuchs in beck-online sicher. Ebenso wie im Vergaberecht selbst (e-Vergabe) gilt auch für die erläuternde Literatur: Den neuen Medien gehört die Zukunft und jeder Schritt in diese Richtung ist eine gute Investition in die kommende Zeit.

Die Herausgeber sind dem zuständigen juristischen Lektoratsleiter, Herrn Dr. Roland L. Klaes, und der betreuenden Lektorin, Frau Dr. Annalena Hanke sowie ihrer Mitarbeiterin Martina Schöner beim Verlag C.H. Beck herzlich dankbar. Ohne ihre Umsicht, Erfahrung und tatkräftige Unterstützung wäre die dritte Auflage in dieser Zeit und Form nicht zu bewältigen gewesen. Schließlich haben die Herausgeber vielen helfenden Händen zu danken, ohne deren Mitwirkung die grundlegende Neubearbeitung eines so umfangreichen Werks nicht zu bewältigen ist. Das gilt insbesondere für Herrn Dipl.-Jur. Raphael Menges, LL.M. (oec.), der sehr engagiert und mit außerordentlicher Akribie die herausgeberischen Arbeiten begleitet hat.

Für konstruktive Kritik und Hinweise sind die Herausgeber und der Verlag weiterhin dankbar. Anmerkungen mögen, ungeachtet der inhaltlichen Verantwortung der Autorinnen und Autoren für ihre Abschnitte, zu Händen der Herausgeber übersandt werden (marc.gabriel@bakermckenzie.com, wolfram.krohn@dentons.com, andreas.neun@gleiss-lutz.com).

Berlin, im Dezember 2020

Marc Gabriel *Wolfram Krohn* *Andreas Neun*

Vorwort zur 2. Auflage

Seit der Erstauflage des Handbuchs im Jahr 2014 hat sich das Vergaberecht grundlegend geändert. Ausgehend von den drei europäischen Vergaberichtlinien vom Februar 2014 kam es zur großen deutschen Vergaberechtsreform (zur Richtlinienumsetzung) im April 2016, die erst Anfang 2017 mit Veröffentlichung der Unterschwellenvergabeordnung ihren vorläufigen Abschluss gefunden hat. Diese bislang umfassendste Vergaberechtsnovellierung hat eine vollständige Neubearbeitung des gesamten Werks erforderlich gemacht, was sich ua in den Kapiteln 1, 2, 12 und 16 des Handbuchs zeigt, wo nunmehr das neue Regime der sozialen und anderen besonderen Dienstleistungen behandelt wird, welches die vormalige Unterteilung zwischen sog. vor- und nachrangigen Dienstleistungen ersetzt, elektronische und andere besondere Instrumente des Vergaberechts in ihrer hervorgehobenen Bedeutung erläutert werden, der neuen Konzessionsvergabeverordnung ein ganzes Kapitel gewidmet wird und Auftragsvergaben unterhalb der europäischen Schwellenwerte nun auf der Basis der Unterschwellenvergabeordnung kommentiert werden. Der Kreis der Autorinnen und Autoren hat sich entsprechend erweitert.

Neben den Überarbeitungsbedarf aufgrund der Vergaberechtsreform sind in den letzten drei Jahren zahlreiche wichtige Entscheidungen von Nachprüfungsinstanzen – sei es des europäischen Gerichtshofs, nationaler Vergabesenate oder -kammern oder des Bundesgerichtshofs – getreten, die ebenfalls großen Einfluss auf die Auslegung und Anwendung des Vergaberechts in Deutschland genommen haben und in ihrer praktischen Bedeutung den vorgenannten Rechtsänderungen in Nichts nachstehen.

Bei der Arbeit an der Zweitauflage ist das besondere Konzept dieses Handbuchs unverändert aufrechterhalten und weiterverfolgt worden. Die daher nach wie vor gültige Beschreibung in der Erstauflage über Aufbau und Handhabung des Werks ist aus diesem Grund im Anschluss weiterhin abgedruckt.

Zu großem Dank sind die Herausgeber abermals allen Autorinnen und Autoren verpflichtet, welche die Mühe einer durch die Vergaberechtsreform bedingten mitunter vollständigen Neubearbeitung bewundernswert engagiert und unter pünktlicher Wahrung der teils engen Abgabefristen auf sich genommen haben. Gleichzeitig sind die Herausgeber dem zuständigen Lektoratsleiter, Herrn Dr. Roland L. Klaes, und dem betreuenden Lektor, Herrn Gerald Fischer, sowie seiner Mitarbeitern Martina Schöner herzlich dankbar. Ohne ihre Unterstützung und Mithilfe wäre die Zweitauflage weder in dieser Zeit noch in dieser Form zu bewältigen gewesen.

Für konstruktive Kritik und Hinweise sind die Herausgeber und der Verlag weiterhin dankbar. Anmerkungen mögen, ungeachtet der inhaltlichen Verantwortung der Autorinnen und Autoren für ihre Abschnitte, zu Händen der Herausgeber übersandt werden (marc.gabriel@bakermckenzie.com, wolfram.krohn@dentons.com, andreas.neun@gleiss-lutz.com).

Berlin, im Mai 2017

Marc Gabriel *Wolfram Krohn* *Andreas Neun*

Vorwort zur 1. Auflage

Das Vergaberecht erfreut sich seit Einführung des Vierten Teils des GWB eines beachtlichen Maßes an wissenschaftlich-literarischer Durchdringung. Je nach Zählweise kann der Vergaberechtsuchende heutzutage rund vier Dutzend Kommentare, Hand- und Lehrbücher zurate ziehen, in denen „das Vergaberecht" mal in Teilbereichen, mal in Gänze, teils systematisch, teils nach Paragraphen geordnet aufbereitet wird. Der Leser mag sich daher die Frage stellen, welchen speziellen Bedarf das vorliegende Werk decken soll.

Das – besondere – Konzept dieses Handbuchs basiert auf der in der Beratungspraxis der Herausgeber wiederholt gemachten Feststellung, dass es schwierig ist, *einen* vergaberechtlichen Ratgeber zu finden, der sowohl dem Einsteiger ein kompaktes Einlesen in Einzelthemen wie auch „das Vergaberecht" im Ganzen ermöglicht, als auch dem Fortgeschrittenen ein Nachschlagen vertieft aufbereiteter „paragraphenscharfer" Spezialfragen erlaubt. Der didaktische Graben zwischen Kommentar und Lehr- oder Handbuch wird nur selten in ein und demselben Werk überbrückt. Der vorliegende Band soll diese Lücke schließen und eine erschöpfende Gesamtdarstellung des gesamten deutschen Vergaberechts einschließlich aller praktisch bedeutsamen Nebengebiete bieten.

Anders als ein klassischer Kommentar zum Vergaberecht, der anhand der erläuterten Gesetzes- und Regelwerke paragrafengenau gegliedert ist, orientiert sich dieses Handbuch in seinem Allgemeinen Teil der Praxis folgend chronologisch an den verschiedenen Phasen eines Vergabeverfahrens und den sich hieraus ergebenen Fragestellungen. Die im Allgemeinen Teil erläuterten Sachthemen beziehen sich dabei übergreifend auf „klassische" Auftragsvergaben im Rahmen jeder der drei geltenden Vergabe- und Vertragsordnungen, unter Einbeziehung aller geltenden Vergabevorschriften in GWB, VgV, VOL/A, VOB/A und VOF samt ihrer jeweiligen Spezifika. Hierdurch sollen Redundanzen und Wiederholungen vermieden werden, die – dem Kaskaden- und Schubladenprinzip geschuldet – darauf zurückgehen, dass sich die gleichen Rechtsfragen mehr oder weniger inhaltsgleich bei parallelen Vorschriften verschiedener Regelwerke stellen. Gemeinsamkeiten, aber auch Unterschiede der vergaberechtlichen Regelwerke werden so aufgezeigt und in übersichtlicher Form dargestellt. Das einfache und schnelle Auffinden der Erläuterungen zu bestimmten Einzelvorschriften wiederum wird durch ein Vorschriftenverzeichnis erleichtert; insoweit soll das Handbuch vergleichbar einer Kommentierung von Einzelvorschriften genutzt und zitiert werden können.

Dem Allgemeinen Teil folgt sodann ein bereichsspezifischer Besonderer Teil, in dem sämtliche sektorale Sondervergaberegime dargestellt werden, die sich in den vergangenen Jahren entwickelt haben. Neben Vergaben nach SektVO, VSVgV und VO (EG) 1370/2007 zählen hierzu auch die in der Praxis bedeutsamen Vergaben im Gesundheitsbereich (Krankenkassenausschreibungen) und im Unterschwellenbereich sowie Bieter- und Auswahlverfahren, die nicht in den Anwendungsbereich des GWB-Vergaberechts fallen. Rechtsentwicklung, Literatur und Judikatur konnten bis Januar 2014 berücksichtigt werden. An mehreren Stellen wird bereits auf die neuen EU-Vergaberichtlinien Bezug genommen. Eine umfassende rechtliche Würdigung der neuen Richtlinien war allerdings in dieser ersten Auflage (noch) nicht zu leisten.

Die Herausgeber sind vor allem den Autorinnen und Autoren für ihren unermüdlichen Einsatz und ihre Geduld während der Entstehungsphase zum Dank verpflichtet. Herzlicher Dank gebührt ferner dem Verlag C.H. Beck für die Unterstützung des Konzepts sowie dem zuständigen Lektoratsleiter, Herrn Dr. Roland L. Klaes, und dem betreuenden Lektor, Herrn Gerald Fischer, die das Werk seit Anfang an begleitet haben. Schließlich haben die Herausgeber zahlreichen Helfern zu danken, ohne deren Unterstützung im Hintergrund die Erstellung eines so umfangreichen Werks nicht zu bewältigen gewesen wäre. Das gilt im Berliner Büro der Sozietät Baker & McKenzie insbesondere für Frau Rechtsanwältin Cornelia Groth und Herrn Dipl.-Jur. Maximilian Voll, die sich von der Anfangsphase bis zur Schlussredaktion außerordentlich engagiert für das Werk eingebracht haben.

Vorwort zur 1. Auflage

Für weiterführende Bemerkungen, Kritik und Hinweise sind die Herausgeber und der Verlag dankbar. Anregungen mögen, ungeachtet der inhaltlichen Verantwortung der Autorinnen und Autoren für ihre Abschnitte, zu Händen der Herausgeber übersandt werden (marc.gabriel@bakermckenzie.com, wkrohn@orrick.com, andreas.neun@gleisslutz.com).

Berlin, im März 2014

Marc Gabriel *Wolfram Krohn* *Andreas Neun*

Bearbeiterverzeichnis

Dr. Christian Braun
Rechtsanwalt und Fachanwalt für Verwaltungsrecht,
Fachanwalt für Vergaberecht, Leipzig
§§ 62–68

Dr. Peter Braun, LL.M. (Wales)
Rechtsanwalt, Frankfurt am Main
§§ 15, 16, 30, 64–68

Dr. Janet Kerstin Butler
Rechtsanwältin, Berlin
§§ 10, 11

Dr. Sebastian Conrad
Rechtsanwalt und Fachanwalt für Vergaberecht,
Fachanwalt für Verwaltungsrecht, Berlin
§§ 33–36, 56, 58, 60

Dr. Alexander Fandrey
Rechtsanwalt und Fachanwalt für Vergaberecht, Düsseldorf
§§ 4, 8, 9

Dr. Christiane Freytag
Rechtsanwältin, Stuttgart
§§ 37–39

Dr. Marc Gabriel, LL.M. (Nottingham)
Rechtsanwalt und Fachanwalt für Medizinrecht,
Fachanwalt für Vergaberecht,
Fachanwalt für Verwaltungsrecht, Berlin
§§ 17, 18, 74–80, 82–86

Andreas Haupt
Rechtsanwalt und Fachanwalt für Vergaberecht,
Fachanwalt für Verwaltungsrecht, Köln
§§ 26, 29

Oliver M. Kern, LL.M. (UNSW)
Rechtsanwalt, Berlin
§ 32

Dr. Marco König
Rechtsanwalt, Stuttgart
§§ 6, 7, 14, 31

Dr. Wolfram Krohn, M.P.A. (Harvard)
Rechtsanwalt, Berlin
§§ 3, 19, 57, 59, 61

Prof. Dr. Susanne Mertens, LL.M. (Dublin)
Rechtsanwältin und Fachanwältin für Bau- und Architektenrecht,
Fachanwältin für Informationstechnologierecht und
Fachanwältin für Vergaberecht, Berlin
§§ 87–89

Dr. Annette Mutschler-Siebert, M.Jur. (Oxon)
Rechtsanwältin, Berlin
§ 32

Dr. Andreas Neun
Rechtsanwalt und Fachanwalt für Verwaltungsrecht, Berlin
§§ 40–47

Christine Ohlerich, LL.M. (Nottingham)
Regierungsdirektorin, Bonn
§§ 20, 23, 28

Dr. Udo H. Olgemöller
Rechtsanwalt und Fachanwalt für Verwaltungsrecht, Frankfurt am Main
§§ 69–73

Tobias Osseforth, Mag.rer.publ.
Rechtsanwalt und Fachanwalt für Vergaberecht, München
§ 13

Dr. Olaf Otting
Rechtsanwalt und Fachanwalt für Verwaltungsrecht, Hanau
§§ 69–73

Monika Prell
Rechtsanwältin, Berlin
§ 5

Dr. Ingrid Reichling
Rechtsanwältin und Fachanwältin für Vergaberecht, München
§ 2

Dr. Tobias Schneider
Rechtsanwalt und Fachanwalt für Vergaberecht, Berlin
§§ 3, 12

Dr. Andreas Schulz, LL.M. (VUW)
Rechtsanwalt und Fachanwalt für Vergaberecht, Berlin
§§ 48–55

Dr. Daniel Soudry, LL.M.
Rechtsanwalt und Fachanwalt für Vergaberecht, Berlin
§ 81

Dr. Wiland Tresselt
Rechtsanwalt, Frankfurt am Main
§§ 69–73

Dr. Maximilian Voll, LL.M. (London)
Rechtsanwalt, Berlin
§ 21

Dr. Katharina Weiner
Rechtsanwältin, Düsseldorf
§§ 1, 22

Prof. Dr. Mark von Wietersheim
Rechtsanwalt, Berlin
§§ 24, 25, 27

Inhaltsübersicht

Kapitel 4 Auftragsgegenstand, Leistungsbeschreibung und Vergabeunterlagen

§ 19 Leistungsbeschreibung *(Krohn)*

§ 20 Vergabeunterlagen und Vertragsbedingungen *(Ohlerich)*

§ 21 Öffentliches Preisrecht *(Voll)*

§ 22 Berücksichtigung strategischer Ziele – Green und Sustainable Public Procurement *(Weiner)*

Kapitel 5 Bekanntmachungen, Form- und Fristvorgaben

§ 23 Auftragsbekanntmachungen und andere Ex-ante-Veröffentlichungen *(Ohlerich)*

§ 24 Bereitstellung und Versand von Vergabeunterlagen *(von Wietersheim)*

§ 25 Fristen *(von Wietersheim)*

Kapitel 8 Rechtsfolgen von Vergaberechtsverstößen

§ 37 Kündigung in besonderen Fällen, Unwirksamkeit und Rückabwicklung *(Freytag)*

§ 38 Schadensersatz *(Freytag)*

§ 39 Vertragsverletzungsverfahren *(Freytag)*

Kapitel 9 Rechtsschutz

§ 40 Zuständigkeiten *(Neun)*

§ 41 Rechtswegkonzentration, Antragsbefugnis und Rügeobliegenheit *(Neun)*

§ 42 Nachprüfungsverfahren *(Neun)*

§ 43 Sofortige Beschwerde *(Neun)*

§ 49 Anwendungsbereich *(Schulz)*

§ 50 Vergabeverfahrensarten (Besonderheiten) *(Schulz)*

§ 51 Bieter und Bewerber (Besonderheiten) *(Schulz)*

§ 52 Leistungsbeschreibung und Vergabeunterlagen (Besonderheiten) *(Schulz)*

§ 53 Bekanntmachungen, Form- und Fristvorgaben (Besonderheiten) *(Schulz)*

§ 54 Angebote, Wertung und Beendigung des Vergabeverfahrens (Besonderheiten) *(Schulz)*

Inhaltsverzeichnis

§ 2 Anwendungsbereich

§ 3 Auftraggeber

§ 4 Öffentliche Aufträge

§ 5 Elektronische Kommunikation

§ 6 Besondere Auftragsvergaben: In-house-Geschäfte und staatliche Kooperationen

§ 7 Soziale und andere besondere Dienstleistungen

§ 8 Schwellenwerte und Auftragswertberechnung

§ 9 Die Grundzüge vergaberechtlicher Einflüsse auf das Zuwendungsrecht

Kapitel 2 Vergabeverfahrensarten

§ 10 Offenes Verfahren, nicht offenes Verfahren, Verhandlungsverfahren

§ 11 Öffentliche Ausschreibung, beschränkte Ausschreibung, freihändige Vergabe

§ 12 Wettbewerblicher Dialog und Innovationspartnerschaft

Kapitel 3 Bieter und Bewerber

§ 14 Projektanten und ausgeschlossene Personen

§ 15 Eignungsanforderungen

§ 16 Compliance, Selbstreinigung und Korruptionsprävention

§ 17 Bietergemeinschaften

§ 18 Unterauftragnehmer

Kapitel 4 Auftragsgegenstand, Leistungsbeschreibung und Vergabeunterlagen

§ 19 Leistungsbeschreibung

§ 21 Öffentliches Preisrecht

§ 22 Berücksichtigung strategischer Ziele – Green und Sustainable Public Procurement

Kapitel 5 Bekanntmachungen, Form- und Fristvorgaben

§ 23 Auftragsbekanntmachungen und andere Ex-ante-Veröffentlichungen

§ 24 Bereitstellung und Versand von Vergabeunterlagen

§ 25 Fristen

§ 26 Form und Inhalt von Teilnahmeanträgen und Angeboten

Kapitel 6 Angebote und Wertung

§ 27 Angebotsöffnung

§ 28 Nebenangebote

§ 29 Formelle Angebotsprüfung (erste Wertungsstufe)

§ 31 Preisprüfung (dritte Wertungsstufe)

§ 32 Die Angebotswertung (vierte Wertungsstufe)

Kapitel 7 Beendigung des Vergabeverfahrens

§ 33 Aufhebung

§ 34 Informations- und Wartepflicht

§ 35 Zuschlagserteilung

§ 36 Dokumentation, Information über nicht berücksichtigte Bewerbungen und Angebote und andere Ex-post-Bekanntmachungs-, Melde- und Berichtspflichten

Kapitel 8 Rechtsfolgen von Vergaberechtsverstößen

§ 37 Kündigung in besonderen Fällen, Unwirksamkeit und Rückabwicklung

§ 38 Schadensersatz

§ 39 Vertragsverletzungsverfahren

Kapitel 9 Rechtsschutz

§ 40 Zuständigkeiten

§ 41 Rechtswegkonzentration, Antragsbefugnis und Rügeobliegenheit

§ 42 Nachprüfungsverfahren

§ 43 Sofortige Beschwerde

§ 44 Vorabentscheidung über den Zuschlag

§ 45 Vollstreckung von Entscheidungen

§ 46 Divergenzvorlagen an den BGH und Vorabentscheidungsersuchen an den EuGH

§ 47 Kosten und Gebühren

Besonderer Teil

Kapitel 10 Auftragsvergaben in den Bereichen Verkehr, Trinkwasser- und Energieversorgung (SektVO)

§ 48 Einleitung

§ 49 Anwendungsbereich

§ 50 Vergabeverfahrensarten (Besonderheiten)

§ 51 Bieter und Bewerber (Besonderheiten)

§ 52 Leistungsbeschreibung und Vergabeunterlagen (Besonderheiten)

§ 53 Bekanntmachungen, Form- und Fristvorgaben (Besonderheiten)

§ 54 Angebote, Wertung und Beendigung des Vergabeverfahrens (Besonderheiten)

§ 58 Vergabearten und sonstige Besonderheiten des Verfahrens

§ 59 Informationssicherheit

§ 66 Bekanntmachung, Regeln zum Auswahlverfahren, Fristen und Zuschlag

§ 67 Aufhebung; Dokumentation; Rechtsschutz

§ 68 Konzessionsvergabe unterhalb der Schwellenwerte und außerhalb des förmlichen Vergaberechts

Kapitel 13 Auftragsvergaben im Bereich Öffentlicher Personenverkehrsdienste auf Schiene und Straße (Verordnung (EG) Nr. 1370/2007)

§ 69 Einführung zur VO 1370/2007

§ 70 Anwendungsbereich

§ 71 Vergabe öffentlicher Dienstleistungsaufträge im Wettbewerb

§ 72 Direktvergaben öffentlicher Dienstleistungsaufträge

§ 73 Rechtsschutz (Besonderheiten)

Kapitel 14 Auftragsvergaben im Bereich der gesetzlichen Krankenversicherung: Krankenkassenausschreibungen (SGB V)

§ 74 Einführung

§ 75 Anwendungsbereich

§ 79 Rabattverträge über Fertigarzneimittel zur Herstellung parenteraler Zubereitungen in der Onkologie

Kapitel 15 Wettbewerbsregister

§ 81 Wettbewerbsregister

§ 84 Beihilferechtliche Verfahrensvorgaben

§ 85 Vorbereitung und Durchführung primärrechtlicher Bieterverfahren

§ 86 Rechtsfolgen von Verstößen und Rechtsschutz (Besonderheiten)

Kapitel 17 Auftragsvergaben unterhalb der europäischen Schwellenwerte

§ 87 Einführung

§ 88 Landesvergabegesetze

Verzeichnis der Abkürzungen und der abgekürzt zitierten Literatur

aA	anderer Ansicht (Auffassung)
Abb	Abbildung
Abh	Abhandlung
Abk.	Abkommen
abl.	ablehnend
amtl	amtlich
ABl.	Amtsblatt der Europäischen Union (bis 31.12.2002 Amtsblatt der Europäischen Gemeinschaften)
Abs.	Absatz
abschl	abschließend
Abt.	Abteilung
abw.	abweichend
abzgl	abzüglich
aE.	am Ende
AEntG	Arbeitnehmerentsendegesetz
AEUV	Vertrag über die Arbeitsweise der Europäischen Union (ABl. 2008 Nr. C 115/47), zuletzt geändert durch Art. 2 ÄndBeschl. 2012/419/EU vom 11.7.2012 (ABl. EU Nr. L 204/131)
aF.	alte(r) Fassung
AGB	Allgemeine Geschäftsbedingungen
allg.	allgemein
Alt.	Alternative
aM	andere(r) Meinung
AMPreisV	Arzneimittelpreisverordnung vom 14.11.1980 (BGBl. I 2147)
Amtl. Begr.	Amtliche Begründung
AMWHV	Verordnung über die Anwendung der Guten Herstellungspraxis bei der Herstellung von Arzneimitteln und Wirkstoffen und über die Anwendung der Guten fachlichen Praxis bei der Herstellung von Produkten menschlicher Herkunft (Arzneimittel- und Wirkstoffherstellungsverordnung – AMWHV) vom 3.11.2006 (BGBl. I 2523), die zuletzt durch Artikel 6 des Gesetzes vom 9.12.2020 geändert worden ist
ÄndG	Änderungsgesetz
Anh.	Anhang
Anl.	Anlage
Anm.	Anmerkung
ArchLG	Gesetz zur Regelung von Ingenieur- und Architektenleistungen vom 4.11.1971 (BGBl. I S. 1745, 1749), das zuletzt durch Artikel 1 des Gesetzes vom 12.11.2020 (BGBl. I S. 2392) geändert worden ist
AöR	Archiv des öffentlichen Rechts (Zeitschrift)
arg.	argumentum
Art.	Artikel
AT	Allgemeiner Teil
Aufl.	Auflage
ausf.	ausführlich
Az.	Aktenzeichen
BAG	Bundesarbeitsgericht
BAnz.	Bundesanzeiger

Bartels .... *Bartels,* Präqualifikation im Vergaberecht, 2015
Bartosch .... *Bartosch,* EU-Beihilfenrecht, 3. Aufl. 2020
BauR .... Zeitschrift für das gesamte öffentliche und private Baurecht (Jahr und Seite)
Baur/Holle .... *Baur/Holle,* Entwurf eines Verbandssanktionengesetzes – Eine erste Einordnung, ZRP 2019, 186
BayHO .... Bayerische Haushaltsordnung
BbgMFG .... Brandenburgisches Mittelstandsförderungsgesetz
BbgVergG .... Brandenburgisches Vergabegesetz
BbgVergGDV .... Brandenburgische Vergabegesetz-Durchführungsverordnung
BerlAVG .... Berliner Ausschreibungs- und Vergabegesetz
BO .... Beschaffungsordnung der Freien und Hansestadt Hamburg
BremKernV .... Bremische Kernarbeitsnormenverordnung
BremVergG .... Bremische Vergabeordnung
BayObLG .... Bayerisches Oberstes Landesgericht
BayVBl .... Bayerische Verwaltungsblätter
BBauG .... (Bundes-)Baugesetzbuch idF der Bekanntmachung vom 23.9.2004 (BGBl. I S. 2414), zuletzt geändert durch Art. 1 GG über Maßnahmen im Bauplanungsrecht zur Erleichterung der Unterbringung von Flüchtlingen vom 20.11.2014 (BGBl. I S. 1748), zuletzt geändert durch das Gesetz vom 8.8.2020 (BGBl. I S. 1728) mWv 14.8.2020 bzw. 1.11.2020
Bd., Bde. .... Band, Bände
Bearb., bearb. .... Bearbeiter, Bearbeitung; bearbeitet
Bechtold/Bosch .... *Bechtold/Bosch,* Kartellgesetz, Gesetz gegen Wettbewerbsbeschränkungen, Kommentar, 9. Aufl. 2018
Bechtold/Bosch/ Brinker .... *Bechtold/Bosch/Brinker,* EU-Kartellrecht, 3. Aufl. 2014
BeckOK VergabeR/ *Bearbeiter* .... *Gabriel/Mertens/Prieß/Stein,* BeckOK Vergaberecht,
Beck VergabeR/ *Bearbeiter* .... Beck Vergaberechtskommentar, *Burgi/Dreher,* Band 1 (2017) und Band 2, 3. Aufl. 2019
Beck VOB/A/ *Bearbeiter* .... *Motzke/Pietzcker/Prieß,* Beck'scher VOB-Kommentar, Teil A, 3. Aufl. 2016
Beck VOB/B/ *Bearbeiter* .... *Ganten/Jansen/Voit,* Beck'scher VOB- und Vergaberechts-Kommentar, VOB Teil B – Allgemeine Vertragsbedingungen für die Ausführung von Bauleistungen, Kommentar, 3. Aufl. 2013
begr .... begründet
Begr. .... Begründung
Bek. .... Bekanntmachung
BerlKommEnR/ *Bearbeiter* .... *Säcker,* Berliner Kommentar zum Energierecht, 3 Bände, Band 1, 4. Aufl. 2018 und Band 2, 4. Aufl. 2019
Beschl. .... Beschluss
bestr. .... bestritten
betr. .... betrifft; betreffend
Bez. .... Bezeichnung
BFH .... Bundesfinanzhof

BGB .... Bürgerliches Gesetzbuch idF der Bekanntmachung vom 2.1.2002 (BGBl. I S. 42, ber. 2909 und BGBl. 2003 I S. 738), das zuletzt durch Artikel 13 des Gesetzes vom 22.12.2020 (BGBl. I S. 3256) geändert worden ist
BGBl. .... Bundesgesetzblatt
BGH .... Bundesgerichtshof
BGHZ .... Entscheidungen des Bundesgerichtshofs in Zivilsachen
BHO .... Bundeshaushaltsordnung vom 19.8.1969 (BGBl. I S. 1284), zuletzt geändert durch Artikel 212 V vom 19.6.2020 (BGBl. I S. 1328)
BIP .... Bruttoinlandsprodukt
BKartA .... Bundeskartellamt
BKR .... Richtlinie 93/37/EWG des Rates vom 14.6.1993 zur Koordinierung der Verfahren zur Vergabe öffentlicher Bauaufträge (ABl. EG Nr. L 199/54), zuletzt geändert durch Art. 82 RL 2004/18/EG vom 31.3.2004 (ABl. EU Nr. L 134/114)
Bl. .... Blatt
BMAS .... Bundesministerium für Arbeit und Soziales
BMI .... Bundesminister(ium) des Inneren
BMJV .... Bundesminister(ium) der Justiz und für Verbraucherschutz
BMF .... Bundesminister(ium) der Finanzen
BMWi .... Bundesministerium für Wirtschaft und Technologie
BNetzA .... Bundesnetzagentur für Elektrizität, Gas, Telekommunikation, Post und Eisenbahnen
Boesen .... *Boesen,* Kommentar zum Vergaberecht, 2. Aufl. 2002
BRat .... Bundesrat
BRD .... Bundesrepublik Deutschland
BR-Drucks. .... Drucksachen des Deutschen Bundesrates
BReg .... Bundesregierung
BR-Prot. .... Protokolle des Deutschen Bundesrates
BSG .... Bundessozialgericht
Bsp. .... Beispiel
bspw. .... beispielsweise
BT .... Bundestag; Besonderer Teil
BT-Drs. .... Drucksache des Deutschen Bundestages
BT-Prot. .... Protokolle des Deutschen Bundestages
Buchst. .... Buchstabe
Bunte/Stancke .... *Bunte/Stancke,* Kartellrecht, 3. Aufl. 2016
Burgi .... Vergaberecht, 2. Aufl. 2018
BVerfG .... Bundesverfassungsgericht
BVerfGE .... Entscheidungen des Bundesverfassungsgerichts
BVerwG .... Bundesverwaltungsgericht
BVerwGE .... Entscheidungen des Bundesverwaltungsgerichts
Byok .... *Byok,* Das Verhandlungsverfahren, 2005
Byok/Jaeger/
Bearbeiter .... *Byok/Jaeger,* Kommentar zum Vergaberecht, 4. Aufl. 2018
bzgl. .... bezüglich
bzw. .... beziehungsweise

ca. .... circa
Calliess/Ruffert/
Bearbeiter .... *Calliess/Ruffert,* Kommentar zum EUV-/AEUV, 5. Aufl. 2016
cic .... culpa in contrahendo
Contag/Götze .... *Contag/Götze,* Vergaberecht nach Ansprüchen, 2. Aufl. 2019

CPA .... Classification of Products According to Activities (Statistische Güterklassifikation in Verbindung mit den Wirtschaftszweigen in der Europäischen Wirtschaftsgemeinschaft)
CPC .... Central Product Classification (Zentrale Güterklassifikation der Vereinten Nationen)
CPV .... Common Procurement Vocabulary (Gemeinsames Vokabular für öffentliche Aufträge)

Dageförde .... *Dageförde,* Einführung in das Vergaberecht, 2. Aufl. 2013
Dauses/*Bearbeiter* ... *Dauses,* Handbuch des EU-Wirtschaftsrechts, Stand: März 2020
DAV .... Deutscher Apothekerverband e.V.
dh .... das heißt
dies. .... dieselbe(n)
diff. .... differenzierend
DIN .... Deutsche Industrienorm
Dippel/Sterner/ Zeiss .... Praxiskommentar Beschaffung im Verteidigungs- und Sicherheitsbereich, Köln 2013 (VSVgV, 2. Aufl. 2016)
DiskE .... Diskussionsentwurf
DKR .... Richtlinie 92/50/EWG des Rates vom 18. 6. 1992 über die Koordinierung der Verfahren zur Vergabe öffentlicher Dienstleistungsaufträge (ABl. EG Nr. L 209/1), zuletzt geändert durch Art. 82 RL 2004/18/EG vom 31. 3. 2004 (ABl. EU Nr. L 134/114)
Dok. .... Dokument
DÖV .... Die öffentliche Verwaltung (Zeitschrift)
Dreher/ Stockmann .... *Dreher/Stockmann,* Kartellvergaberecht, 4. Aufl. 2008
Drs. .... Drucksache
DVA .... Deutscher Verdingungsausschuss für Bauleistungen
DVAL .... Deutscher Verdingungsausschuss für Leistungen ausgenommen Bauleistungen
DVBl. .... Deutsches Verwaltungsblatt (Zeitschrift)
DVG .... Deutsche Verbundgesellschaft
DVO .... Verordnung (EG) Nr. 802/2004 der Kommission vom 21. 4. 2004 zur Durchführung der Verordnung (EG) Nr. 139/2004 des Rates über die Kontrolle von Unternehmenszusammenschlüssen (Text von Bedeutung für den EWR) (ABl. EU Nr. L 133/1, ber. ABl. EU Nr. L 172/9), zuletzt geändert durch DVO (EU) Nr. 1269/ 2013 der Kommission vom 5. 12. 2013 (ABl. EU Nr. L 336/1)

E .... Entwurf
EAG .... Europäische Atomgemeinschaft
EAGV .... Vertrag zur Gründung der Europäischen Atomgemeinschaft (Euratom) vom 25. 3. 1957 (BGBl. II S. 1014, ber. S. 1678; ber. BGBl. 1999 II S. 1024), zuletzt geändert durch Art. 11, 14 Abs. 2 EU-Beitrittsakte 2013 vom 9. 12. 2011 (ABl. EU 2012 Nr. L 112/21)
Ebisch/Gottschalk .... *Ebisch/Gottschalk,* Preise und Preisprüfungen bei öffentlichen Aufträgen einschließlich Bauaufträge, Kommentar, 9. Aufl. 2020
Eckebrecht .... *Eckebrecht,* Auftragsvergabe extraterritorialer Einrichtungen, 2015
EG .... Europäische Gemeinschaft; Vertrag zur Gründung der Europäischen Gemeinschaften idF vom 2. 10. 1997, zuletzt geändert durch den Vertrag über den Beitritt der Republik Bulgarien und Rumäniens

	zur Europäischen Union vom 25. 4. 2005 (ABl. EU Nr. L 157/11), durch Artikel 2 des Vertrages von Lissabon zum 1. 12. 2009 in den Vertrag zur Arbeitsweise des Europäischen Union (AEUV) umbenannt
Egger	*Egger,* Europäisches Vergaberecht, 2008
EGKS	Europäische Gemeinschaft für Kohle und Stahl
EGKS V	Vertrag über die Gründung der Europäischen Gemeinschaft für Kohle und Stahl vom 18. 4. 1951 (BGBl. II S. 447), zuletzt geändert durch Art. 4 Nizza-Vertrag vom 26. 2. 2001 (ABl. EG Nr. C 80/36, ber. ABl. EG Nr. C 96/27)
EGV	Vertrag zur Gründung der Europäischen Gemeinschaft vom 25. 3. 1957 (BGBl. II S. 766) idF des Vertrages über die Europäische Union vom 7. 2. 1992 (BGBl. II S. 1253, 1256), zuletzt geändert durch Art. 2 Vertrag von Lissabon vom 13. 12. 2007 (ABl. EU Nr. C 306/1)
Ehlers/Wolffgang/ Schröder/ *Bearbeiter*	*Ehlers/Wolffgang/Schröder,* Subventionen im WTO- und EG-Recht, 2007
einschl	einschließlich
einstw.	einstweilig
EL	Ergänzungslieferung
endg.	endgültig
Entsch.	Entscheidung
entspr.	entspricht; entsprechend
EP	Europäisches Parlament
Erl.	Erläuterung; Erlass
Eschenbruch/ Opitz/*Bearbeiter*	*Eschenbruch/Opitz,* Sektorenverordnung, Kommentar, 2. Aufl. 2019
etc.	et cetera
EU	Europäische Union
EuG	Europäisches Gericht Erster Instanz
EuGH	Gerichtshof der Europäischen Gemeinschaften
EU-Komm.	Europäische Kommission
EUR	Euro
Euratom	Europäische Atomgemeinschaft
EUV	Vertrag über die Europäische Union (ABl. EU 2008 Nr. C 115/15), zuletzt geändert durch die Akte über die Bedingung des Beitritts der Republik Kroatien und die Anpassung des Vertrages über die Europäische Union, des Vertrages über die Arbeitsweise der Europäischen Union und des Vertrages zur Gründung der Europäischen Atomgemeinschaft (ABl. EU L 112/21 vom 24. 4. 2012)
EuVR	Europäisches Vergaberecht (Zeitschrift), ab 2001: Zeitschrift für das gesamte Vergaberecht
EuZW	Europäische Zeitschrift für Wirtschaftsrecht
EVB-IT	Ergänzende Vertragsbedingungen für die Beschaffung von IT-Leistungen
evtl.	eventuell
EzEG-VergabeR ...	Fischer/Münkemüller/Noch, Entscheidungssammlung zum Europäischen Vergaberecht, 2002

f. .... folgend(e)
Fabry/Meininger/ Kayser .... *Fabry/Meininger/Kayser,* Vergaberecht in der Unternehmenspraxis, 2. Aufl. 2013
Ferber Bieter- strategien .... *Ferber,* Bieterstrategien im Vergaberecht, 2015
Ferber Praxisratgeber .... *Ferber,* Praxisratgeber Vergaberecht, 3. Aufl. 2013
ff. .... folgende
Fn. .... Fußnote
FKZGM/ *Bearbeiter* .... *Franke/Kemper/Zanner/Grünhagen/Mertens,* VOB-Kommentar, Bauvergaberecht, Bauvertragsrecht, Bauprozessrecht, 7. Aufl. 2019
Frenz .... *Frenz,* Handbuch Europarecht, Bd. 3: Beihilfe- und Vergaberecht, 2007
Fromm/Sellmann/ Zuck .... *Fromm/Sellmann/Zuck,* Personenbeförderungsrecht, 4. Aufl. 2013
FS .... Festschrift

Gabriel/Benecke/ Geldsetzer .... *Gabriel/Benecke/Geldsetzer,* Die Bietergemeinschaft, 2007
geänd .... geändert
G .... Gesetz
GBl. .... Gesetzblatt
GbR .... Gesellschaft bürgerlichen Rechts
Geiger/Khan/ Kotzur .... *Geiger/Khan/Kotzur,* EUV/AEUV, 6. Aufl. 2017
gem. .... gemäß
GemHVO .... Gemeindehaushaltsverordnung
GemHVO NRW .... Gemeindehaushaltsverordnung Nordrhein-Westfalen
Gemeinschafts- rahmen „F&E&I- Beihilfen" .... Mitteilung der Kommission – Gemeinschaftsrahmen für staatliche Beihilfen für Forschung, Entwicklung und Innovation (ABl. EU Nr. C 323/1 vom 30. 12. 2006)
GesR .... Zeitschrift für Arztrecht, Krankenhausrecht, Apotheken- und Arzneimittelrecht
GewO .... Gewerbeordnung idF der Bekanntmachung vom 22. 2. 1999 (BGBl. I S. 202), zuletzt geändert durch Art. 10 Fünftes G zur Änd. des Vierten Buches Sozialgesetzbuch und anderer G vom 15. 4. 2015 (BGBl. I S. 583)
GFE-DAWI .... Entscheidung der Kommission vom 28. 11. 2005 über die Anwendung von Artikel 86 Absatz 2 EG-Vertrag auf staatliche Beihilfen, die bestimmten mit der Erbringung von Dienstleistungen von allgemeinem wirtschaftlichem Interesse betrauten Unternehmen als Ausgleich gewährt werden (ABl. EU Nr. L 312/67 vom 29. 11. 2005)
GG .... Grundgesetz für die Bundesrepublik Deutschland vom 23. 5. 1949 (BGBl. I S. 1), zuletzt geändert zuletzt durch Artikel 1 u. 2 Satz 2 des Gesetzes vom 29. 9. 2020 (BGBl. I S. 2048) geändert
ggf. .... gegebenenfalls
ggü. .... gegenüber

GK/*Bearbeiter* .... Gemeinschaftskommentar, *Müller-Henneberg/Hootz,* Gesetz gegen Wettbewerbsbeschränkungen und Europäisches Kartellrecht, 5. Aufl. 1999

GKG .... Gerichtskostengesetz idF der Bekanntmachung vom 27.2.2014 (BGBl. I S. 154), zuletzt geändert zuletzt durch Artikel 9 des Gesetzes vom 22.12.2020 (BGBl. I S. 3328) geändert

GmbHG .... Gesetz betreffend die Gesellschaften mit beschränkter Haftung vom 20.5.1898 (RGBl. S. 846), zuletzt geändert zuletzt durch Artikel 16 des Gesetzes vom 22.12.2020 (BGBl. I S. 3256) geändert

GO .... Geschäftsordnung

Gohrke .... *Gohrke,* Handbuch öffentliche Konzessionen, 2015

GPA .... Agreement on Government Procurement

GPC .... Government Procurement Code

Grabitz/Hilf/Nettesheim/*Bearbeiter* .... *Grabitz/Hilf/Nettesheim,* Das Recht der Europäischen Union, Loseblatt, 70. Aufl. 2020

Graf BeckOK OWiG/*Beck* .... Graf BeckOK OWiG/*Beck,* Ed. 27, 1.7.2020

Graf-Schlicker/*Bearbeiter* .... *Graf-Schlicker,* InsO, Kommentar, 5. Aufl. 2020

Greb/Müller .... *Greb/Müller,* SektVO, Kommentar, 2. Aufl. 2017

grdl. .... grundlegend

grds. .... grundsätzlich

von der Groeben/Thiesing/Ehlermann/*Bearbeiter* .... *von der Groeben/Thiesing/Ehlermann,* Kommentar zum EU-/EG-Vertrag, I und II: 6. Aufl. 2003 f., III bis V: 5. Aufl. 1997 (Nachfolgewerk: Schröter/Jakob/Mederer)

Gruber .... *Gruber,* Europäisches Vergaberecht, 2005

Grünbuch Partnerschaften .... Grünbuch zu öffentlich-privaten Partnerschaften und den gemeinschaftlichen Rechtsvorschriften für öffentliche Aufträge und Konzessionen, vom 30.4.2004, KOM (2004) 327 endgültig

Grünbuch Verteidigungsgüter .... Grünbuch Beschaffung von Verteidigungsgütern vom 23.9.2004, KOM (2004) 608 endgültig

GVBl. .... Gesetz- und Verordnungsblatt

GVO .... Gruppenfreistellungsverordnung

GVO 651/2004 .... Verordnung (EU) Nr. 651/2014 der Kommission vom 17.6.2014 zur Feststellung der Vereinbarkeit bestimmter Gruppen von Beihilfen mit dem Binnenmarkt in Anwendung der Artikel 107 und 108 des Vertrags über die Arbeitsweise der Europäischen Union (Gruppenfreistellungsverordnung) (ABl. EU Nr. L 187/1, ber. ABl. EU Nr. L 283/65)

GWB .... Gesetz gegen Wettbewerbsbeschränkungen idF der Bekanntmachung vom 23.2.2016

GWB – 2013 .... Gesetz gegen Wettbewerbsbeschränkungen idF der Bekanntmachung vom 26.6.2013 (BGBl. I S. 1750, ber. S. 3245), zuletzt geändert durch Art. 3 G zur Teilumsetzung der Energieeffi-

	zienzrichtlinie und zur Verschiebung des Außerkrafttretens des § 47 g Abs. 2 GWB vom 15. 4. 2015 (BGBl. I S. 578)
HAD	Hessische Ausschreibungsdatenbank
Hailbronner/Klein/Magiera/Müller-Graff/*Bearbeiter*	*Hailbronner/Klein/Magiera/Müller-Graff,* Handkommentar zum Vertrag über die Europäische Union (EUV/EGV), Loseblatt seit 1991, Stand: 1998 (Erscheinen eingestellt mit EL 7)
Halbbd.	Halbband
Steinicke/Vesterdorf/*Hamer*	Steinicke/Vesterdorf/*Hamer* EU Public Procurement Law, Kommentar, 2018
Hancher/Ottervanger/Slot	*Hancher/Ottervanger/Slot,* EC State Aids, 4. Aufl. 2012
Hänsel/Grosse	*Hänsel/Grosse,* Vergabe von Architekten- und Ingenieurleistungen, 2. Aufl. 2012
Haratsch/Koenig/Pechstein	*Haratsch/Koenig/Pechstein,* Europarecht, 12. Aufl. 2020
HCC-ZB	Hessisches Competence Center für Neue Verwaltungssteuerung – Zentrale Beschaffung
Hdb.	Handbuch
Heidenhain/*Bearbeiter*	*Heidenhain,* Handbuch des Europäischen Beihilfenrechts, 2003
Heiermann/Riedl/Rusam/*Bearbeiter*	*Heiermann/Riedl/Rusam,* Handkommentar zur VOB, Teile A und B, 14. Aufl. 2017
Heiermann/Zeiss/Kullack/Blaufuß/*Bearbeiter*	*Heiermann/Zeiss/Kullack/Blaufuß,* Vergaberecht, 4. Aufl. 2013
Hertwig	*Hertwig,* Praxis der öffentlichen Auftragsvergabe, 6. Aufl. 2016
Hettich/Soudry	*Hettich/Soudry,* Das neue Vergaberecht, 2015
Heuvels/Höß/Kuß/Wagner/*Bearbeiter*	*Heuvels/Höß/Kuß/Wagner,* Vergaberecht, 2013
HGB	Handelsgesetzbuch vom 10. 5. 1897 (RGBl. S. 219), zuletzt geändert durch Art. 10, Art. 11 G für die gleichberechtigte Teilhabe von Frauen und Männern an Führungspositionen in der Privatwirtschaft und im öffentlichen Dienst vom 24. 4. 2015 (BGBl. I S. 642)
HGrG	Gesetz über die Grundsätze des Haushaltsrechts des Bundes und der Länder (Haushaltsgrundsätzegesetz) vom 19. 8. 1969 (BGBl. I S. 1273), zuletzt geändert durch Art. 1 G zur innerstaatlichen Umsetzung des Fiskalvertrags vom 15. 7. 2013 (BGBl. I S. 2398)
hL	herrschende Lehre
hM	herrschende Meinung
HmbVgG	Hamburgisches Vergabegesetz
HOAI	Verordnung über die Honorare für Architekten- und Ingenieurleistungen vom 1. 1. 2021 (BGBl. I Nr. 58, S. 263)
Höfler/Bayer	*Höfler/Bayer,* Praxishandbuch Bauvergaberecht, 3. Aufl. 2012
Holoubek/Fuchs	*Holoubek/Fuchs,* Vergaberecht, 5. Auflage 2018

Hölzl/Becker/ Behn .... *Hölzl/Becker/Behn,* Handbuch IT-Vergabe, 2016
Hrsg., hrsg. .... Herausgeber; herausgegeben
Hs. .... Halbsatz
Hüffer/Koch/ *Koch* .... Hüffer/Koch/*Koch,* AktG Kommentar, 14. Aufl. 2020
HVgG .... Hessisches Vergabegesetz
HZD .... Hessische Zentrale für Datenverarbeitung

idF .... in der Fassung
idR .... in der Regel
idS .... in diesem Sinne
iE. .... im Einzelnen
ieS .... im engeren Sinne
ILO .... Internationale Arbeitsorganisation
Immenga/ Mestmäcker/ *Bearbeiter,* EU-WettbR .... *Immenga/Mestmäcker,* EU-Wettbewerbsrecht Kommentar, Band 1: EU/Teil 1, Band 1/Teil 2: EU/Teil 2, 5. Aufl. 2012
Immenga/ Mestmäcker/ *Bearbeiter,* GWB .... *Immenga/Mestmäcker,* Kommentar zum Wettbewerbsrecht, Band 2/ Teil 1 GWB: §§ 1–96, 130, 131, Band 2/Teil 2 GWB: §§ 97–129b (Vergaberecht), 5. Aufl. 2014
Ingenstau/Korbion/ *Bearbeiter* .... *Ingenstau/Korbion/Leupertz/v. Wietersheim,* VOB-Kommentar, Teile A und B, 21. Aufl. 2020
insbes. .... insbesondere
iRd .... im Rahmen der (des)
iS .... im Sinne
iSv .... im Sinne von
iSd .... im Sinne des (der)
iÜ .... im Übrigen
iVm .... in Verbindung mit
iwS .... im weiteren Sinne

JA .... Juristische Arbeitsblätter (Zeitschrift)
Jb. .... Jahrbuch
Jbl .... Juristische Blätter (Zeitschrift)
Jhrg. .... Jahrgang
JMBl. .... Justizministerialblatt
JR .... Juristische Rundschau (Zeitschrift)
jur. .... juristisch
Jura .... Juristische Ausbildung (Zeitschrift)
jurisPK-BGB/ *Bearbeiter* .... *Herberger/Martinek/Rüßmann/Weth,* juris Praxiskommentar BGB, 9. Aufl. 2020
jurisPK-VergabeR/ *Bearbeiter* .... *Heiermann/Zeiss,* juris Praxiskommentar Vergaberecht, 5. Aufl. 2016
JuS .... Juristische Schulung (Zeitschrift)
JW .... Juristische Wochenschrift (Zeitschrift)
JZ .... Juristenzeitung (Zeitschrift)

Kap.	Kapitel
Kapellmann/ Messerschmidt/ *Bearbeiter*	*Kapellmann/Messerschmidt,* VOB Teile A und B, 7. Aufl. 2020
Kaufhold	*Kaufhold,* Die Vergabe freiberuflicher Leistungen ober- und unterhalb der Schwellenwerte, 2. Aufl. 2012
Kaufmann/Lübbig/ Prieß/Pünder	*Kaufmann/Lübbig/Prieß/Pünder,* VO (EG) 1370/2007, Verordnung über öffentliche Personenverkehrsdienste, Kommentar, 2010 (fortgeführt als Linke, VO (EG) 1370/2007, 2. Aufl. 2019)
KartR	Kartellrecht
KG	Kammergericht (Berlin)
KGaA	Kommanditgesellschaft auf Aktien
KKMPP/ *Bearbeiter*	*Kulartz/Kus/Marx/Portz/Prieß,* Kommentar zur VgV, 2016
KK-OWiG/ *Rogall*	Karlsruher Kommentar zum OWiG, 5. Aufl. 2018
Klingner	*Klingner,* Die Vorabinformationspflicht des öffentlichen Auftraggebers, 2005
KMU	Kleine und mittlere Unternehmen
Kniffka/Koeble/ Jurgeleit/Sacher Kompendium BauR/*Bearbeiter*	*Kniffka/Koeble/Jurgeleit/Sacher,* Kompendium des Baurechts, 5. Aufl. 2020
Koenig/Kühling/ Ritter	*Koenig/Kühling/Ritter,* EG-Beihilfenrecht, 2. Aufl. 2005
Koenig/Roth/ Schön/*Bearbeiter*	*Koenig/Roth/Schön,* Aktuelle Fragen des EG-Beihilfenrechts, 2001
KOM DOK	Kommissionsdokument
Kom.	Kommission
Komm.	Kommentar
KomHKV	Kommunale Haushalts- und Kassenverordnung
KompendiumVgR/ *Bearbeiter*	*Müller-Wrede,* Kompendium des Vergaberechts, 2. Aufl. 2013
KonzVgV	Verordnung über die Vergabe von Konzessionen vom 12.4.2016 (BGBl. I S. 624, 683), die zuletzt durch Artikel 6 des Gesetzes vom 10.7.2018 (BGBl. I S. 1117) geändert worden ist
KorruR	Korruptionsbekämpfungsrichtlinie
KKP/*Bearbeiter*	*Kulartz/Kus/Portz,* Kommentar zum GWB-Vergaberecht, 3. Aufl. 2014 (Neuauflage s. RKPP)
Krenberger/ Krumm/*Bohnert/ Krenberger/ Krumm*	Krenberger/Krumm/*Bohnert/Krenberer/Krumm,* Kommentar zum OWiG, 6. Aufl. 2020
KRG	Korruptionsregistergesetz
Kraus/Stolz	*Kraus/Stolz,* Bauvergaberecht VOB/A 2006, 2007
krit.	kritisch
KRL	Richtlinie 2014/23/EU des Europäischen Parlaments und des Rates vom 26.2.2014 über die Konzessionsvergabe (ABl. EU Nr. L 94/1 vom 28. 3.2014)
KMPP/*Bearbeiter*	*Kulartz/Marx/Portz/Prieß,* Kommentar zur VOL/A, 3. Aufl. 2014

L .... Landes-
LAG .... Landesarbeitsgericht
LAV .... Landesapothekerverband
Lampe-Helbig/ Jagenburg/ Baldringer/ *Bearbeiter* .... *Lampe-Helbig/Jagenburg/Baldringer,* Handbuch der Bauvergabe, 3. Aufl. 2014
Langen/Bunte/ *Bearbeiter* .... *Langen/Bunte,* Kommentar zum deutschen und europäischen Kartellrecht, Band 1: Deutsches Kartellrecht; Band 2: Europäisches Kartellrecht, 13. Aufl. 2018
Leinemann, Neues VergabeR .... *Leinemann,* Das neue Vergaberecht, 2. Aufl. 2010
Leinemann .... Leinemann, Die Vergabe öffentlicher Aufträge, 6. Aufl. 2016
Leinemann/Kirch/ *Bearbeiter* VOL/A .... *Leinemann/Kirch,* VOL Teil A, 2016
Leinemann/Kirch/ *Bearbeiter* VSVgV .... *Leinemann/Kirch,* Vergabeverordnung Verteidigung und Sicherheit, 2013
Leippe/Habich .... *Leippe/Habich,* EU-Beihilferecht in der kommunalen Praxis, 4. Aufl. 2020
Leitfaden Verfahren .... Europäischer Leitfaden für bewährte Verfahren (Code of Best Practice) zur Erleichterung des Zugangs kleiner und mittlerer Unternehmen (KMU) zu öffentlichen Aufträgen, SEC (2008) 2193 vom 25.6.2008
Leitlinien „Risiko-kapitalbeihilfen" .... Leitlinien der Gemeinschaft für staatliche Beihilfen zur Förderung von Risikokapitalinvestitionen in kleine und mittlere Unternehmen (ABl. EU Nr. C 194/2 vom 18.8.2006)
Leitlinien „Umstrukturierung" ..... Mitteilung der Kommission – Leitlinien der Gemeinschaft für staatliche Beihilfen zur Rettung und Umstrukturierung von Unternehmen in Schwierigkeiten (ABl. EU Nr. C 244/2 vom 1.10.2004)
Lenz EG-Handbuch ..... *Lenz,* EG-Handbuch, Recht im Binnenmarkt, 2. Aufl. 1994
Lenz/Borchardt/ *Bearbeiter* .... *Lenz/Borchardt,* EU-Verträge, Kommentar, 6. Aufl. 2012
Lfg. .... Lieferung
LG .... Landgericht
LHO .... Landeshaushaltsordnung
Linke/*Bearbeiter* ..... *Linke,* VO (EG) 1370/2007, Kommentar, 2. Aufl. 2019 (Fortführung von *Kaufmann/Lübbig/Prieß/Pünder,* VO (EG) 1370/2007, Kommentar 2010)
Lit. .... Literatur
lit. .... Buchstabe
LKR .... Richtlinie 93/36/EWG des Rates vom 14.6.1993 über die Koordinierung der Verfahren zur Vergabe öffentliche Lieferaufträge

	(Abl. EG Nr. L 199/1), zuletzt geändert durch RL vom 31.3.2004 (ABl. EU Nr. L 134/114)
LM	Nachschlagewerk des Bundesberichtshofs, herausgegeben von Lindenmaier, Möhring ua
Losebl.	Loseblattausgabe
Loewenheim/ Meessen/ Riesenkampff/ *Bearbeiter*	*Loewenheim/Meessen/Riesenkampff/Kersting/Meyer-Lindemann,* Kartellrecht, 4. Aufl. 2020
Lübbig/Martín-Ehlers	*Lübbig/Martín-Ehlers,* Beihilfenrecht der EU, 2. Aufl. 2009
Ls	Leitsatz
lt.	laut
LTMG	Landestariftreue- und Mindestlohngesetz
LTTG	Landestariftreuegesetz
LVergabeG	Niedersächsisches Landesvergabegesetz
LVG LSA	Gesetz über die Vergabe öffentlicher Aufträge in Sachsen-Anhalt
Maibaum	*Maibaum,* Handbuch des Vergaberechts, 2016
Mayer/Stöger/ *Bearbeiter*	*Mayer,* Kommentar zu EUV und AEUV, Loseblatt, 183. Ergänzungslieferung 2015
MBl.	Ministerialblatt
MDR	Monatsschrift für Deutsches Recht (Zeitschrift)
MFG	Mittelstandsförderungsgesetz
MFG BW	Mittelstandsförderungsgesetz Baden-Württemberg
MFG RP	Mittelstandsförderungsgesetz Rheinland-Pfalz
MiArbG	Gesetz über die Festsetzung von Mindestarbeitsbedingungen
Mestmäcker/ Schweitzer	*Mestmäcker/Schweitzer,* Europäisches Wettbewerbsrecht, 3. Aufl. 2014
mind	mindestens
Michaelis	*Michaelis,* Das EU-Beihilferecht, 2011
Mio.	Million(en)
Mitt.	Mitteilung(en)
Möschel	*Möschel,* Recht der Wettbewerbsbeschränkungen, 1983
Motzke/Pietzcker/ Prieß	*Motzke/Pietzcker/Prieß,* Beck'scher VOB Kommentar, Verdingungsordnung für Bauleistungen Teil A mit Gesetz gegen Wettbewerbsbeschränkungen, 4. Teil: Vergabe öffentlicher Aufträge, 1. Aufl. 2001
Mrd.	Milliarde(n)
MRöA	Mittelstandsrichtlinien für öffentliche Aufträge v. 9.12.2010
MüKoEuWettbR/ *Bearbeiter*	*Bornkamm/Montag/Säcker,* Münchener Kommentar zum Europäischen und Deutschen Kartellrecht, Band 1: Europäisches Wettbewerbsrecht, 3. Aufl. 2020
MüKoGWB/ *Bearbeiter*	*Bornkamm/Montag/Säcker,* Münchener Kommentar zum Europäischen und Deutschen Kartellrecht, Band 2: Gesetz gegen Wettbewerbsbeschränkungen (§§ 1–96, 185, 186 GWB), 3. Aufl. 2020

MüKoBeihVgR/
Bearbeiter .... *Montag/Säcker,* Münchener Kommentar zum Europäischen und Deutschen Wettbewerbsrecht, Band 3: Beihilfen- und Vergaberecht, 2011
Müller/Giessler/
Scholz/*Bearbeiter* .... *Müller/Giessler/Scholz,* Wirtschaftskommentar: Kommentar zum Gesetz gegen Wettbewerbsbeschränkungen (Kartellgesetz), 4. Aufl. 1981
Müller-Wrede,
GWB .... *Müller-Wrede,* GWB-Vergaberecht, 2. Aufl. 2014
Müller-Wrede/
Bearbeiter,
SektVO .... *Müller-Wrede,* Sektorenverordnung, Kommentar, 2. Aufl. 2018
Müller-Wrede/
Bearbeiter, VOF ..... *Müller-Wrede,* Kommentar zur VOF, 5. Aufl. 2014
Müller-Wrede/
Bearbeiter,
VOL/A .... *Müller-Wrede,* Verdingungsordnung für Leistungen – VOL/A, Kommentar, 4. Aufl. 2014
MWSt. .... Mehrwertsteuer

nachf .... nachfolgend
Nachw. .... Nachweis
nF .... neue Fassung
NKKP .... Niebuhr/Kulartz/Kus/Portz, Kommentar zum Vergaberecht, 2000
NJW .... Neue Juristische Wochenschrift (Zeitschrift)
NJW-RR .... NJW-Rechtsprechungs-Report, Zivilrecht (Zeitschrift)
NJW-WettbR ...... NJW-Entscheidungsdienst Wettbewerbsrecht (Zeitschrift)
Noch, e-Vergabe .... *Noch,* e-Vergabe in der Praxis, 2015
Noch, Vergaberecht
kompakt .... *Noch,* Vergaberecht kompakt: Verfahrensablauf und Entscheidungspraxis, 8. Aufl. 2019
NpV .... Nachprüfungsverordnung
NTVergG .... Niedersächsisches Tariftreue- und Vergabegesetz
Nr. .... Nummer(n)
NVwZ .... Neue Zeitschrift für Verwaltungsrecht
NVwZ-RR .... NVwZ-Rechtsprechungs-Report (Zeitschrift)
NZA .... Neue Zeitung für Arbeits- und Sozialrecht
NZBau .... Neue Zeitschrift für Bau- und Vergaberecht
NZS .... Neue Zeitschrift für Sozialrecht

oÄ .... oder Ähnliches
öABevR .... Bevorzugten-Richtlinien
öAMstR .... Mittelstandsrichtlinien Öffentliches Auftragswesen
öAUmwR .... Umweltrichtlinien Öffentliches Auftragswesen
og .... oben genannt
OHG .... Offene Handelsgesellschaft
Öhler/Schramm ..... *Öhler/Schramm,* Vergaberecht, 2010
OLG .... Oberlandesgericht
OLGZ .... Rechtsprechung der Oberlandesgerichte in Zivilsachen (Amtliche Entscheidungssammlung)
ÖPNV .... Öffentlicher Personennahverkehr
ÖPP .... Öffentliche-Private-Partnerschaft

Oppermann/ Classen/ Nettesheim	Oppermann/Classen/Nettesheim, Europarecht, 8. Aufl. 2018
OVG	Oberverwaltungsgericht
OWiG	Gesetz über Ordnungswidrigkeiten idF der Bekanntmachung vom 19.2.1987 (BGBl. I S. 602), zuletzt geändert durch Gesetz vom 30.11.2020 (BGBl. I S. 2600) mWv 1.1.2021
Palandt/ *Bearbeiter*	*Palandt,* Kommentar zum Bürgerlichen Gesetzbuch, 80. Aufl. 2021
PPLR	Public Procurement Law Review (Zeitschrift)
Pöhlker/Lausen	*Pöhlker/Lausen,* Vergaberecht, Stand: September 2019
Prieß	*Prieß,* Handbuch des europäischen Vergaberechts, 3. Aufl. 2005
Prieß/Lau/ Kratzenberg	*Prieß/Lau/Kratzenberg,* Wettbewerb – Transparenz – Gleichbehandlung, Festschrift für Fridhelm Marx, 2013
Prieß/Hausmann/ Kulartz	*Prieß/Hausmann/Kulartz,* Beck'sches Formularbuch Vergaberecht, 2. Aufl. 2011
Prieß/Niestedt	*Prieß/Niestedt,* Rechtsschutz im Vergabeverfahren, 2006
Pünder/ Schellenberg/ *Bearbeiter*	*Pünder/Schellenberg,* Vergaberecht, 3. Aufl. 2019
Rn.	Randnummer(n)
Rechten/Röbke	*Rechten/Röbke,* Basiswissen Vergaberecht, 2. Aufl. 2017
Reidt/Stickler/ Glahs/*Bearbeiter*	*Reidt/Stickler/Glahs,* Vergaberecht Kommentar, 4. Aufl. 2017
RefE	Referentenentwurf
RegBegr.	Regierungsbegründung
RegE	Regierungsentwurf
RGRK	Das Bürgerliche Gesetzbuch, Kommentar, herausgegeben von Mitgliedern des Bundesgerichtshofes, 12. Aufl. 1974 ff.
RGZ	Amtliche Sammlung von Entscheidungen des Reichsgerichts in Zivilsachen
Ricken	*Ricken,* Beurteilungsspielräume und Ermessen im Vergaberecht, 2014
Dreher/Kulka	*Dreher/Kulka,* Wettbewerbs- und Kartellrecht, 10. Aufl. 2018
Rittner/Dreher	*Rittner/Dreher,* Europäisches und deutsches Wirtschaftsrecht, 3. Aufl. 2008
RKPP/*Bearbeiter*	*Röwekamp/Kus/Portz/Pries,* Kommentar zum GWB-Vergaberecht, 5. Aufl. 2020
RL	Richtlinie(n)
Rs.	Rechtssache
rskr.	rechtskräftig
Rspr.	Rechtsprechung
RVO TVgG-NRW	Verordnung Tariftreue- und Vergabegesetz Nordrhein-Westfalen
S.	Seite; Satz
s.	siehe
SaBl.	Sammelblatt für Rechtsvorschriften des Bundes und der Länder

Säcker/Montag/ *Bearbeiter*	*Säcker/Montag,* European State Aid Law, 2016
SachsAnhLVG	Landesvergabegesetz in Sachsen-Anhalt
SächsVergabeG	Gesetz über die Vergabe öffentlicher Aufträge im Freistaat Sachsen
Sandrock	*Sandrock,* Grundbegriffe des Gesetzes gegen Wettbewerbsbeschränkungen, 1968
Schaller	*Schaller,* Vergabe- und Verdingungsordnung für Leistungen (VOL) Teile A und B, Kommentar, 5. Aufl. 2014
Schröter/Jakob/ Klotz/Mederer/ *Bearbeiter*	*Schröter/Jakob/Klotz/Mederer,* Kommentar zum Europäischen Wettbewerbsrecht, 2. Aufl. 2014 (Nachfolgewerk zu v. der Groeben/ Thiesing/Ehlermann/*Bearbeiter*)
Schütte/Horstkotte/ Hünemörder/ Wiedemann	*Schütte/Horstkotte/Hünemörder/Wiedemann,* Wasser Energie Verkehr, 2. Aufl. 2016
Schwarze/ *Bearbeiter*	*Schwarze,* EU-Kommentar, 4. Aufl. 2019
SektVO	Verordnung über die Vergabe von öffentlichen Aufträgen im Bereich des Verkehrs, der Trinkwasserversorgung und der Energieversorgung vom 12.4.2016 (BGBl. I S. 624, 657) zuletzt durch Artikel 6 des Gesetzes vom 12.11.2020 (BGBl. I S. 2392) geändert
SektVO 2009	Verordnung über die Vergabe von Aufträgen im Bereich des Verkehrs, der Trinkwasserversorgung und der Energieversorgung (Sektorenverordnung) vom 23.9.2009 (BGBl. I S. 3110), zuletzt geändert durch Art. 7 Abs. 2 Vergaberechtsmodernisierungsverordnung vom 12.4.2016 (BGBl. I S. 624)
SHVgVO	Schleswig-Holsteinische Vergabeverordnung
SKR	Richtlinie 2004/17/EG des Europäischen Parlaments und des Rates vom 31.3.2004 zur Koordinierung der Zuschlagserteilung durch Auftraggeber im Bereich der Wasser-, Energie- und Verkehrsversorgung sowie der Postdienste (ABl. EU Nr. L 134/1, ber. ABl. EU Nr. L 358/35, ABl. 2005 EU Nr. L 305/46), zuletzt geändert durch Art. 1 ÄndVO (EU) 2015/2341 vom 15.12.2015 (ABl. L 330 S. 16)
Slg.	Amtliche Sammlung der Entscheidungen des Europäischen Gerichtshofes
SRL	Richtlinie 2014/25/EU des Europäischen Parlaments und des Rates vom 26.2.2014 über die Vergabe von Aufträgen durch Auftraggeber im Bereich der Wasser-, Energie- und Verkehrsversorgung sowie der Postdienste und zur Aufhebung der Richtlinie 2004/17/EG (ABl. EU Nr. L 94/243 vom 28.3.2014) zuletzt geändert durch VO (EU) 2019/1829 der Kommission vom 30.10. 2019 (ABl. L 279 S. 27)
so	siehe oben
sog.	sogenannt
SPNV	Schienenpersonennahverkehr
stRspr	ständige Rechtsprechung
St.Anz	Staatsanzeiger
stPrax	ständige Praxis
str.	streitig, strittig
Streinz, EuR	*Streinz,* Europarecht, 11. Aufl. 2019

Streinz/*Bearbeiter* ... *Streinz,* EUV/AEUV, 3. Aufl. 2018
SÜWR .... Sektorenüberwachungsrichtlinie, Richtlinie 92/13/EWG des Rates vom 25. 2. 1992 zur Koordinierung der Rechts- und Verwaltungsvorschriften für die Anwendung der Gemeinschaftsvorschriften über die Auftragsvergabedurch Auftraggeber im Bereich der Wasser-, Energie- und Verkehrsversorgung sowie im Telekommunikationssektor (ABl. EG Nr. L 76/14), zuletzt geändert durch Art. 47 ÄndRL 2014/23/EU vom 26. 2. 2014 (ABl. EU Nr. L 94/1)
Szirbik .... *Szirbik,* Interkommunale Zusammenarbeit und Vergaberecht, 2012

teilw. .... teilweise
ThürGemHV .... Thüringer Gemeindehaushaltsverordnung
ThürVG .... Thüringer Vergabegesetz
Trautner/Schwabe .... *Trautner/Schwabe,* Praxishandbuch Sektorenverordnung, 2010
Trepte .... *Trepte,* Public Procurement in the EU, 2. Aufl. 2007
TTG .... Tariftreue- und Vergabegesetz Schleswig-Holstein
TVgG-NRW .... Tariftreue- und Vergabegesetz Nordrhein-Westfalen
Tz. .... Teilziffer

u. .... und
ua .... unter anderem; und andere
uÄ .... und Ähnliche(s)
uU .... unter Umständen
UAbs. .... Unterabsatz
Übk. .... Übereinkommen
umstr. .... umstritten
UNCITRAL .... United Nations Commission on International Trade Law
UNCTAD .... United Nations Conference on Trade and Development
unstr. .... unstreitig
unveröff. .... unveröffentlicht
Urt. .... Urteil
UWG .... Gesetz gegen den unlauteren Wettbewerb
ÜWR .... Überwachungsrichtlinie, Richtlinie 89/665/EWG des Rates vom 21. 12. 1989 zur Koordinierung der Rechts- und Verwaltungsvorschriften für die Anwendung der Nachprüfungsverfahren im Rahmen der Vergabeöffentlicher Liefer- und Bauaufträge (ABl. EG Nr. L 395/33), zuletzt geändert durch Art. 46 ÄndRL 2014/23/EU vom 26. 2. 2014 (ABl. EU Nr. L 94/1)

v. .... vom; von
VA .... Verwaltungsakt
Var. .... Variante
VBlBW .... Verwaltungsblätter für Baden-Württemberg
verb. .... verbunden
Verf. .... Verfassung
Verfg. .... Verfügung
VerfO .... Verfahrensordnung
Verfürth .... *Verfürth,* Sektorenverordnung, 2011
VergabeK .... Vergabekammer
VergabeR .... Vergaberecht
VergabeVwV .... Verwaltungsvorschrift des Innenministeriums über die Vergabe von Aufträgen im kommunalen Bereich v. 28. 10. 2011

VergStatVO .... Vergabestatistikverordnung idF der Bekanntmachung vom 12.4.2016 (BGBl. I S. 624, 691), zuletzt die durch Artikel 5 des Gesetzes vom 25.3.2020 (BGBl. I S. 674) geändert worden ist geändert
Veröff. .... Veröffentlichung
VersR .... Versicherungsrecht
Verw. .... Verwaltung
VerwGH .... Verwaltungsgerichtshof
VerwRspr. .... Verwaltungsrechtsprechung in Deutschland (zitiert nach Band u. Seite)
VG .... Verwaltungsgericht
VgE .... Vergaberechtliche Entscheidungssammlung (Herausgeber: Boesen)
VgG M-V .... Vergabegesetz Mecklenburg-Vorpommern
VgGDLVO M-V .... Vergabegesetzdurchführungslandesverordnung Mecklenburg-Vorpommern
VGH .... Verwaltungsgerichtshof
vgl. .... vergleiche
VgRÄG .... Vergaberechtsänderungsgesetz vom 26.8.1998 (BGBl. I S. 2512; BGBl. III/FNA 703-1/19), zuletzt geändert durch Art. 4 Zweites RechtsbereinigungsG der BM Wirtschaft und Technologie und für Arbeit und Soziales vom 25.4.2007 (BGBl. I S. 594)
VgV .... Verordnung über die Vergabe öffentlicher Aufträge (Vergabeverordnung) idF vom 12.4.2016 (BGBl. I S. 624), zuletzt durch Art. 4 G zur Änd. des Gesetzes zur Regelung von Ingenieur- und Architektenleistungen und anderer Gesetze vom 12.11.2020 (BGBl. I S. 2392) geändert
VgV 1994 .... Verordnung über die Vergabebestimmungen für öffentliche Aufträge (Vergabeverordnung) vom 22.2.1994 (BGBl. I S. 321), mit Wirkung zum 1.2.2001 aufgehoben und ersetzt durch die VgV (BGBl. I S. 110)
VgV 2003 .... Verordnung über die Vergabe öffentlicher Aufträge (Vergabeverordnung) idF vom 11.2.2003 (BGBl. I S. 169), zuletzt geändert durch Art. 1 Siebte ÄndVO vom 15.10.2013 (BGBl. I S. 3584)
VHB-Bayern .... Vergabehandbuch Bayern für Bauleistungen
VHL-Bayern .... Vergabehandbuch für die Vergabe und Durchführung von Freiberuflichen Dienstleistungen durch die Staatsbauverwaltung des Freistaates Bayern
VKR .... Richtlinie 2004/18/EG des Europäischen Parlaments und des Rates vom 31.3.2004 über die Koordinierung der Verfahren zur Vergabe öffentlicher Bauaufträge, Lieferaufträge und Dienstleistungsaufträge (ABl. EU Nr. L 134/114, ber. ABl. EU Nr. L 351/44), zuletzt geändert durch Art. 91 ÄndRL 2014/24/EU vom 26.2.2014 (ABl. EU Nr. L 94/65)
VO .... Verordnung
VO PÖA .... Verordnung über Preise bei öffentlichen Aufträgen idF. vom 21.11.1953 (BAnz Nr. 244), zuletzt geändert durch Gesetz vom 8.12.2010 (BGBl. I S. 1864)
VOB .... Verdingungsordnung für Bauleistungen
VOB/A .... Verdingungsordnung für Bauleistungen Teil A vom 7.1.2016 (BAnz AT 19.1.2016 B3)
VOB/A 2009 .... Vergabe- und Vertragsordnung für Bauleistungen – Teil A – Allgemeine Bestimmungen für die Vergabe von Bauleistungen vom

	31.7.2009 (BAnz. Nr. 155 S. 3349, ber. 2010 Nr. 36 S. 940), zuletzt geändert durch Nr. I Änd. der VOB/A Abschnitt 1 und Änd. der VOB/B vom 26.6.2012 (BAnz. AT 13.7.2012 B3)
VOB/A 2019	Vergabe- und Vertragsordnung für Bauleistungen – Teil A – gemäß Erlass BW I 7-70421 vom 20.2.2019 seit dem 1.3.2019 anzuwendenden Abschnitt 1, Teil A der Vergabe- und Vertragsordnung für Bauleistungen (VOB/A) in der Ausgabe 2019 (BAnz AT 19.2.2019 B2), der seit Inkrafttreten der Verordnung zur Änderung der Vergabeverordnung und der Vergabeverordnung Verteidigung und Sicherheit vom 12.7.2019 seit dem 18.7.2019 anzuwendenden Abschnitte 2 und 3 der Vergabe- und Vertragsordnung für Bauleistungen Teil A (EU VOB/A und VS VOB/A) in der Ausgabe 2019 (BAnz AT 19.2.2019 B2) und der unverändert gebliebenen und weiterhin in der mit Erlass B I 7-81063.6/1 vom 7.4.2016 eingeführten Fassung anzuwenden Vergabe- und Vertragsordnung für Bauleistungen Teil B (VOB/B) in der Ausgabe 2016 (BAnz AT 13.7.2012 B3, geändert durch BAnz AT 19.1.2016 B3, berichtigt durch BAnz AT 1.4.2016 B1).
VOBl.	Verordnungsblatt
VOF	Vergabeordnung für freiberufliche Dienstleistungen vom 18.11.2009 (BAnz. Nr. 185a)
VOL/A	Vergabe- und Vertragsordnung für Leistungen – Teil A – Allgemeine Bestimmungen für die Vergabe von Leistungen vom 20.11.2009 (BAnz. Nr. 196a, ber. 2010 S. 755)
von der Groeben/ Schwarze/Hatje/ *Bearbeiter*	*von der Groeben/Schwarze/Hatje,* Europäisches Unionsrecht, 7. Aufl. 2015
Voppel/Osenbrück/ Bubert	*Voppel/Osenbrück/Bubert,* Verdingungsordnung für freiberufliche Leistungen, Kommentar, 4. Aufl. 2018
Vorb.	Vorbemerkung
VRL	Richtlinie 2004/24/EU des Europäischen Parlaments und des Rates vom 26.2.2014 über die öffentliche Auftragsvergabe und zur Aufhebung der Richtlinie 2004/18/EG (ABl. EU Nr. L 94/65 vom 28.3.2014)
VSVgV	Vergabeverordnung Verteidigung und Sicherheit idF vom 12.7.2012
VSVgV 2009	Vergabeverordnung für die Bereiche Verteidigung und Sicherheit zur Umsetzung der Richtlinie 2009/81/EG des Europäischen Parlaments und des Rates vom 13.7.2009 über die Koordinierung der Verfahren zur Vergabe bestimmter Bau-, Liefer- und Dienstleistungsaufträge in den Bereichen Verteidigung und Sicherheit und zur Änderung der Richtlinien 2004/17/EG und 2004/18/EG (Vergabeverordnung Verteidigung und Sicherheit) (BGBl. I S. 1509zuletzt durch Artikel 5 des Gesetzes vom 12.11.2020 (BGBl. I S. 2392) geändert
vs	versus
VÜA	Vergabeüberwachungsausschuss
VVG	Gesetz über den Versicherungsvertrag vom 23.11.2007 (BGBl. I S. 2631), zuletzt durch Artikel 2 des Gesetzes vom 10.7.2020 (BGBl. I S. 1653) geändert

VwV Kinderarbeit öA .... Verwaltungsvorschrift der Ministerien zur Vermeidung des Erwerbs von Produkten aus ausbeuterischer Kinderarbeit bei der Vergabe öffentlicher Aufträge v. 20. 8. 2008
VwVBU .... Verwaltungsvorschrift Beschaffung und Umwelt
VwKostG .... Verwaltungskostengesetz vom 23. 6. 1970 (BGBl. I S. 821), zuletzt geändert durch Art. 4 des Gesetzes vom 5. 10. 1994 (BGBl. I 1994 S. 2911)
VwVfG .... Verwaltungsverfahrensgesetz idF der Bekanntmachung vom 23. 1. 2003 (BGBl. I S. 102), zuletzt geändert durch Art. 3 G zur Förderung der elektronischen Verwaltung sowie zur Änderung weiterer Vorschriften vom 25. 7. 2013 (BGBl. I S. 2749), zuletzt durch Artikel 5 Absatz 25 des Gesetzes vom 21. 6. 2019 (BGBl. I S. 846) geänderti
VwVG .... Verwaltungs-Vollstreckungsgesetz vom 27. 4. 1953 (BGBl. I S. 157), zuletzt durch Artikel 42 der Verordnung vom 19. 6. 2020 (BGBl. I S. 1328) geändert
VwZG .... Verwaltungszustellungsgesetz vom 12. 8. 2005 (BGBl. I S. 2354), zuletzt zuletzt durch Artikel 11 Absatz 3 des Gesetzes vom 18. 7. 2017 (BGBl. I S. 2745) geändert ist

Webeler/Summa/Klaeser .... *Webeler/Summa/Klaeser,* Vergabe von Planungsleistung, 2015
Weber/Schäfer/Hausmann .... *Weber/Schäfer/Hausmann,* Praxishandbuch Public Private Partnership, 2. Auflage 2018
Weyand .... *Weyand,* Vergaberecht: Praxiskommentar zu GWB, VgV, VOB/A, VOL/A, VOF, 4. Aufl. 2013
Weyand, ibr .... *Weyand,* ibr-online Kommentar Vergaberecht, Stand: 2015
Wiedemann/*Bearbeiter* .... *Wiedemann,* Handbuch des Kartellrechts, 4. Aufl. 2020
v. Wietersheim .... *v. Wietersheim,* Vergaberecht, 2. Auflage 2017
Willenbruch/Wieddekind/*Bearbeiter* .... *Willenbruch/Wieddekind,* Kompaktkommentar Vergaberecht, 4. Aufl. 2017
Wimmer .... *Wimmer,* Zuverlässigkeit im Vergaberecht, 2013
WRP .... Wettbewerb in Recht und Praxis (Zeitschrift)
WRV .... Weimarer Reichsverfassung vom 11. 8. 1919 (RGBl. 1383)
WTO .... World Trade Organisation (Welthandelsorganisation)
Würfele .... *Würfele,* Lehrbuch des Privaten Baurechts, 2016
WuW .... Wirtschaft und Wettbewerb (Zeitschrift)
WuW/E .... Wirtschaft und Wettbewerb – Entscheidungssammlung
WuW/E Verg ...... Wirtschaft und Wettbewerb – Entscheidungssammlung – Vergabe und Verwaltung

zB .... zum Beispiel
Zeiss .... *Zeiss,* Landesvergaberecht Niedersachsen, 2015
Zeiss, Sichere Vergabe .... *Zeiss,* Sichere Vergabe unterhalb der Schwellenwerte, 3. Aufl. 2015
ZfBR .... Zeitschrift für deutsches und internationales Bau- und Vergaberecht
ZHR .... Zeitschrift für das gesamte Handelsrecht und Wirtschaftsrecht

Ziekow/Völlink/
Bearbeiter .... *Ziekow/Völlink,* Vergaberecht, 4. Aufl. 2020
Ziff. .... Ziffer(n)
ZIP .... Zeitschrift für Wirtschaftsrecht
ZögU .... Zeitschrift für öffentliche und gemeinwirtschaftliche Unternehmen
ZPO .... Zivilprozessordnung idF der Bekanntmachung vom 5. 12. 2005 (BGBl. I S. 3202; ber. 2006 I S. 431; 2007 I S. 1781), zuletzt geändert durch Art. 1 G zur Durchführung der VO (EU) Nr. 1215/ 2012 sowie zur Änderung sonstiger Vorschriften vom 8. 7. 2014 (BGBl. I S. 890)
zT .... zum Teil
zust. .... zustimmend
zutr. .... zutreffend
ZVgR .... Zeitschrift für deutsches und internationales Vergaberecht
zzgl. .... zuzüglich

Vorschriftenverzeichnis

GWB Vierter Teil

§ GWB	Titel	*§ des Handbuchs*
§ 97 I, II, IV GWB	Grundsätze der Vergabe	*§ 1*
§ 97 III GWB	Grundsätze der Vergabe	*§§ 1, 22*
§ 97 V GWB	Grundsätze der Vergabe	*§ 5*
§ 97 VI GWB	Grundsätze der Vergabe	*§ 39*
§ 98 GWB	Auftraggeber	*§ 3*
§ 99 GWB	Öffentliche Auftraggeber	*§ 3*
§ 100 I GWB	Sektorenauftraggeber	*§ 3*
§ 100 II, III GWB	Sektorenauftraggeber (besondere Rechte und beherrschender Einfluss)	*§ 3*
§ 101 GWB	Konzessionsgeber	*§ 3*
§ 102 GWB	Sektorentätigkeiten	*§ 49*
§ 103 I GWB	Öffentliche Aufträge, Rahmenvereinbarungen und Wettbewerb	*§ 4*
§ 103 II–IV GWB	Öffentliche Aufträge, Rahmenvereinbarungen und Wettbewerb (Lieferaufträge, Bauaufträge, Dienstleistungsaufträge)	*§ 4*
§ 103 V GWB	Öffentliche Aufträge, Rahmenvereinbarungen und Wettbewerb (Rahmenvereinbarungen)	*§ 4*
§ 103 VI GWB	Öffentliche Aufträge, Rahmevereinbarungen und Wettbewerb (Wettbewerb)	*§ 4*
§ 104 GWB	Verteidigungs- oder sicherheitsspezifische öffentliche Aufträge	*§ 57*
§ 105 I GWB	Konzessionen	*§ 63*
§ 105 II GWB	Konzessionen (Betriebsrisiko)	*§ 66*
§ 106 GWB	Schwellenwerte	*§ 8*
§ 107 GWB	Allgemeine Ausnahmen	*§ 2*
§ 108 GWB	Ausnahmen bei öffentlich-öffentlicher Zusammenarbeit	*§ 6*
§ 109 GWB	Ausnahmen für Vergaben auf der Grundlage internationaler Verfahrensregeln	*§ 2*
§ 110 GWB	Vergabe von öffentlichen Aufträgen und Konzessionen, die verschiedene Leistungen zum Gegenstand haben	*§ 4*
§ 111 GWB	Vergabe von öffentlichen Aufträgen und Konzessionen, deren Teile unterschiedlichen rechtlichen Regelungen unterliegen	*§ 4*
§ 112 GWB	Vergabe von öffentlichen Aufträgen und Konzessionen, die verschiedene Tätigkeiten umfassen	*§ 4*

§ 113 GWB	Verordnungsermächtigung	*§ 2*
§ 114 GWB	Monitoring und Pflicht zur Übermittlung von Vergabedaten	*§ 36*
§ 115 GWB	Anwendungsbereich (Vergabe öffentlicher Aufträge durch öffentliche Auftraggeber)	*§ 2*
§ 116 GWB	Besondere Ausnahmen	*§ 2*
§ 117 GWB	Besondere Ausnahmen für Vergaben, die Verteidigungs- und Sicherheitsaspekte umfassen	*§ 57*
§ 118 GWB	Bestimmten Auftragnehmern vorbehaltene öffentliche Aufträge	*§ 4*
§ 119 I–V GWB	Verfahrensarten	*§ 10*
§ 119 VI–VII GWB	Verfahrensarten	*§ 12*
§ 120 I GWB	Besondere Methoden und Instrumente in Vergabeverfahren (dynamisches Beschaffungssystem)	*§ 13*
§ 120 II GWB	Besondere Methoden und Instrumente in Vergabeverfahren (elektronische Auktion)	*§ 13*
§ 120 III GWB	Besondere Methoden und Instrumente in Vergabeverfahren (elektronischer Katalog)	*§ 13*
§ 120 IV GWB	Besondere Methoden und Instrumente in Vergabeverfahren (zentrale Beschaffungsstelle)	*§ 6*
§ 121 GWB	Leistungsbeschreibung	*§ 19*
§ 122 I, II, IV GWB	Eignung	*§ 15*
§ 122 III GWB	Eignung (Präqualifizierungssysteme)	*§ 30*
§ 123 GWB	Zwingende Ausschlussgründe	*§§ 15, 16, 30*
§ 124 GWB	Fakultative Ausschlussgründe	*§§ 15, 16, 30*
§ 125 GWB	Selbstreinigung	*§ 16*
§ 126 GWB	Zulässiger Zeitraum für Ausschlüsse	*§ 16*
§ 127 GWB	Zuschlag	*§ 32*
§ 128 I GWB	Auftragsausführung	*§ 20*
§ 128 II GWB	Auftragsausführung („vergabefremde Kriterien")	*§ 20*
§ 129 GWB	Zwingend zu berücksichtigende Ausführungsbedingungen	*§ 20*
§ 130 GWB	Vergabe von öffentlichen Aufträgen über soziale und andere besondere Dienstleistungen	*§ 7*
§ 131 I, II GWB	Vergabe von öffentlichen Aufträgen über Personenverkehrsleistungen im Eisenbahnverkehr	*§ 70*

§ 131 III GWB	Vergabe von öffentlichen Aufträgen über Personenverkehrsleistungen im Eisenbahnverkehr (Betriebsübergang)	*§ 70*
§ 132 GWB	Auftragsänderungen während der Vertragslaufzeit	*§ 4*
§ 133 GWB	Kündigung von öffentlichen Aufträgen in besonderen Fällen	*§ 37*
§ 134 GWB	Informations- und Wartepflicht	*§ 34*
§ 135 GWB	Unwirksamkeit	*§ 37*
§ 136 GWB	Anwendungsbereich (Sektorenauftraggeber)	*§ 49*
§ 137 GWB	Besondere Ausnahmen	*§ 49*
§ 138 GWB	Besondere Ausnahme für die Vergabe an verbundene Unternehmen	*§ 49*
§ 139 GWB	Besondere Ausnahme für die Vergabe durch oder an Gemeinschaftsunternehmen	*§ 49*
§ 140 I GWB	Besondere Ausnahme für unmittelbar dem Wettbewerb ausgesetzte Tätigkeiten	*§ 49*
§ 140 II GWB	Besondere Ausnahme für unmittelbar dem Wettbewerb ausgesetzte Tätigkeiten (Verwaltungskosten für Befreiung nach Bundesberggesetz)	*§ 49*
§ 141 GWB	Verfahrensarten	*§ 50*
§ 142 GWB	Sonstige anwendbare Vorschriften	*§ 49*
§ 143 GWB	Regelung für Auftraggeber nach dem Bundesberggesetz	*§ 49*
§ 144 GWB	Anwendungsbereich (verteidigungs- und sicherheitsspezifische Aufträge)	*§ 57*
§ 145 GWB	Besondere Ausnahmen für die Vergabe von verteidigungs- oder sicherheitsspezifischen öffentlichen Aufträgen	*§ 57*
§ 146 GWB	Verfahrensarten	*§ 58*
§ 147 GWB	Sonstige anwendbare Vorschriften	*§ 58*
§ 148 GWB	Anwendungsbereich (Konzessionsvergabe)	*§ 63*
§ 149 GWB	Besondere Ausnahmen	*§ 63*
§ 150 GWB	Besondere Ausnahmen für die Vergabe von Konzessionen in den Bereichen Verteidigung und Sicherheit	*§ 63*
§ 151 GWB	Verfahren	*§ 64*
§ 152 GWB	Anforderungen im Konzessionsvergabeverfahren	*§ 64*
§ 153 GWB	Vergabe von Konzessionen über soziale und andere besondere Dienstleistungen	*§ 7*
§ 154 GWB	Sonstige anwendbare Vorschriften	*§ 63*
§ 155 GWB	Grundsatz	*§ 40*

§ 156 I GWB	Vergabekammern	*§ 40*
§ 156 II–III GWB	Vergabekammern	*§ 41*
§ 157 GWB	Besetzung, Unabhängigkeit	*§ 40*
§ 158 GWB	Einrichtung, Organisation	*§ 40*
§ 159 GWB	Abgrenzung der Zuständigkeit der Vergabekammern	*§ 40*
§ 160 GWB	Einleitung, Antrag	*§ 41*
§ 161 GWB	Form, Inhalt	*§ 42*
§ 162 GWB	Verfahrensbeteiligte, Beiladung	*§ 42*
§ 163 I GWB	Untersuchungsgrundsatz	*§ 42*
§ 163 II GWB	Untersuchungsgrundsatz	*§ 42*
§ 164 GWB	Aufbewahrung vertraulicher Unterlagen	*§§ 42, 59*
§ 165 GWB	Akteneinsicht	*§ 42*
§ 166 GWB	Mündliche Verhandlung	*§ 42*
§ 167 GWB	Beschleunigung	*§ 42*
§ 168 I, II GWB	Entscheidung der Vergabekammer	*§ 42*
§ 168 III GWB	Entscheidung der Vergabekammer	*§ 45*
§ 169 GWB	Aussetzung des Vergabeverfahrens	*§ 44*
§ 170 GWB	Ausschluss von abweichendem Landesrecht	*§ 42*
§ 171 GWB	Zulässigkeit, Zuständigkeit	*§ 43*
§ 172 GWB	Frist, Form, Inhalt	*§ 43*
§ 173 GWB	Wirkung	*§ 43*
§ 174 GWB	Beteiligte am Beschwerdeverfahren	*§ 43*
§ 175 GWB	Verfahrensvorschriften	*§ 43*
§ 176 GWB	Vorabentscheidung über den Zuschlag	*§ 44*
§ 177 GWB	Ende des Vergabeverfahrens nach Entscheidung des Beschwerdegerichts	*§ 44*
§ 178 GWB	Beschwerdeentscheidung	*§ 43*
§ 179 I GWB	Bindungswirkung und Vorlagepflicht	*§ 43*
§ 179 II GWB	Bindungswirkung und Vorlagepflicht	*§ 46*
§ 180 GWB	Schadensersatz bei Rechtsmissbrauch	*§ 38*
§ 181 GWB	Anspruch auf Ersatz des Vertrauensschadens	*§ 38*
§ 182 GWB	Kosten des Verfahrens vor der Vergabekammer	*§ 47*
§ 183 GWB	Korrekturmechanismus der Kommission	*§ 39*
§ 184 GWB	Unterrichtungspflichten der Nachprüfungsinstanzen	*§ 40*

§ 185 GWB	Unternehmen der öffentlichen Hand, Geltungsbereich	*§ 2*
§ 186 GWB	Übergangsbestimmungen	*§ 2*

Vergabeverordnung (VgV)

§ VgV	Titel	*§ des Handbuchs*
§ 1 VgV	Gegenstand und Anwendungsbereich	*§ 2*
§ 2 VgV	Vergabe von Bauaufträgen	*§ 2*
§ 3 VgV	Schätzung der Auftragswerte	*§ 8*
§ 4 VgV	Gelegentliche gemeinsame Auftragsvergabe; zentrale Beschaffung	*§ 6*
§ 5 VgV	Wahrung der Vertraulichkeit	*§ 26*
§ 6 VgV	Vermeidung von Interessenkonflikten	*§ 14*
§ 7 VgV	Mitwirkung an der Vorbereitung des Verfahrens	*§ 14*
§ 8 VgV	Dokumentation und Vergabevermerk	*§ 36*
§ 9 VgV	Grundsätze der Kommunikation	*§ 26*
§ 10 VgV	Anforderungen an die verwendeten elektronischen Mittel	*§ 5*
§ 11 VgV	Anforderungen an den Einsatz elektronischer Mittel im Vergabeverfahren	*§ 5*
§ 12 VgV	Einsatz alternativer elektronischer Mittel bei der Kommunikation	*§ 5*
§ 13 VgV	Allgemeine Verwaltungsvorschriften	*§ 5*
§ 14 VgV	Wahl der Verfahrensart	*§ 10*
§ 15 VgV	Offenes Verfahren	*§ 10*
§ 16 VgV	Nicht offenes Verfahren	*§ 10*
§ 17 VgV	Verhandlungsverfahren	*§ 10*
§ 18 VgV	Wettbewerblicher Dialog	*§ 12*
§ 19 VgV	Innovationspartnerschaft	*§ 12*
§ 20 VgV	Angemessene Fristsetzung; Pflicht zur Fristverlängerung	*§ 25*
§ 21 VgV	Rahmenvereinbarungen	*§ 13*
§ 22 VgV	Grundsätze für den Betrieb dynamischer Beschaffungssysteme	*§ 13*
§ 23 VgV	Betrieb eines dynamischen Beschaffungssystems	*§ 13*
§ 24 VgV	Fristen beim Betrieb dynamischer Beschaffungssysteme	*§ 13*
§ 25 VgV	Grundsätze für die Durchführung elektronischer Auktionen	*§ 13*
§ 26 VgV	Durchführung elektronischer Auktionen	*§ 13*

§ 27 VgV	Elektronische Kataloge	*§ 13*
§ 28 VgV	Markterkundung	*§ 1*
§ 29 VgV	Vergabeunterlagen	*§ 20*
§ 30 VgV	Aufteilung nach Losen	*§ 1*
§ 31 VgV	Leistungsbeschreibung	*§ 19*
§ 32 VgV	Technische Anforderungen	*§ 19*
§ 33 VgV	Nachweisführung durch Bescheinigungen von Konformitätsbewertungsstellen	*§ 19*
§ 34 VgV	Nachweisführung durch Gütezeichen	*§ 19*
§ 35 VgV	Nebenangebote	*§ 28*
§ 36 VgV	Unteraufträge	*§ 18*
§ 37 VgV	Auftragsbekanntmachung; Beschafferprofil	*§ 23*
§ 38 VgV	Vorinformation	*§ 23*
§ 39 VgV	Vergabebekanntmachung; Bekanntmachung über Auftragsänderungen	*§ 23*
§ 40 VgV	Veröffentlichung von Bekanntmachungen	*§ 23*
§ 41 VgV	Bereitstellung der Vergabeunterlagen	*§ 23*
§ 42 VgV	Auswahl der geeigneten Unternehmen; Ausschluss von Bewerbern und Bietern	*§§ 15, 16, 30*
§ 43 I VgV	Rechtsform von Unternehmen und Bietergemeinschaften	*§ 15*
§ 43 II–III VgV	Rechtsform von Unternehmen und Bietergemeinschaften	*§ 17*
§ 44 VgV	Befähigung und Erlaubnis zur Berufsausübung	*§ 15*
§ 45 VgV	Wirtschaftliche und finanzielle Leistungsfähigkeit	*§§ 15, 16, 30*
§ 46 VgV	Technische und berufliche Leistungsfähigkeit	*§§ 15, 16, 30*
§ 47 VgV	Eignungsleihe	*§§ 15, 30 sowie § 18*
§ 48 VgV	Beleg der Eignung und des Nicht-Vorliegens von Ausschlussgründen	*§§ 15, 16, 30*
§ 49 VgV	Beleg der Einhaltung von Normen der Qualitätssicherung und des Umweltmanagements	*§§ 22 und 30*
§ 50 VgV	Einheitliche Europäische Eigenerklärung	*§ 30*
§ 51 VgV	Begrenzung der Anzahl der Bewerber	*§§ 10 und 12*
§ 52 VgV	Aufforderung zur Interessensbestätigung, zur Angebotsabgabe, zur Verhandlung oder zur Teilnahme am Dialog	*§ 20*

§ 53 I–VI VgV	Form und Übermittlung der Interessensbekundungen, Interessensbestätigungen Teilnahmeanträge und Angebote	*§ 26*
§ 53 VII–IX VgV	Form und Übermittlung der Interessensbekundungen, Interessensbestätigungen Teilnahmeanträge und Angebote	*§ 26*
§ 54 VgV	Aufbewahrung ungeöffneter Interessensbekundungen, Interessensbestätigungen Teilnahmeanträge und Angebote	*§ 27*
§ 55 VgV	Öffnung der Interessensbestätigungen Teilnahmeanträge und Angebote	*§ 27*
§ 56 VgV	Prüfung der Interessensbestätigungen Teilnahmeanträge und Angebote; Nachforderung von Unterlagen	*§ 29*
§ 57 VgV	Ausschluss von Interessensbestätigungen Teilnahmeanträge und Angeboten	*§ 29*
§ 58 I, III–V VgV	Zuschlag und Zuschlagskriterien	*§ 32*
§ 58 II	Zuschlag und Zuschlagskriterien	*§ 32*
§ 59 VgV	Berechnung von Lebenszykluskosten	*§ 32*
§ 60 VgV	Ungewöhnlich niedrige Angebote	*§ 31*
§ 61 VgV	Ausführungsbedingungen	*§ 20*
§ 62 VgV	Unterrichtung der Bewerber und Bieter	*§ 36*
§ 63 VgV	Aufhebung von Vergabeverfahren	*§ 33*
§ 64 VgV	Vergabe von Aufträgen für soziale und andere besondere Dienstleistungen	*§ 7*
§ 65 VgV	Ergänzende Verfahrensregeln	*§ 7*
§ 66 VgV	Veröffentlichungen, Transparenz	*§ 7*
§ 67 I–IV VgV	Beschaffung energieverbrauchsrelevanter Liefer- oder Dienstleistungen	*§§ 19, 22*
§ 67 V VgV	Beschaffung energieverbrauchsrelevanter Liefer- oder Dienstleistungen (Zuschlagskriterium)	*§§ 22, 32*
§ 68 VgV	Beschaffung von Straßenfahrzeugen	*§§ 19, 22*
§ 69 VgV	Anwendungsbereich (Planungswettbewerbe)	*§ 13*
§ 70 VgV	Veröffentlichung und Transparenz	*§ 13*
§ 71 VgV	Ausrichtung	*§ 13*
§ 72 VgV	Preisgericht	*§ 13*
§ 73 VgV	Anwendungsbereich und Grundsätze (Architekten- und Ingenieurleistungen)	*§ 13*
§ 74 VgV	Verfahrensart	*§ 13*
§ 75 VgV	Eignung	*§ 13*
§ 76 I VgV	Zuschlag	*§ 13*

§ 76 II VgV	Zuschlag (Ausarbeitung von Lösungsvorschlägen)	*§ 13*
§ 77 VgV	Kosten und Vergütung	*§ 13*
§ 78 VgV	Grundsätze und Anwendungsbereich für Planungswettbewerbe	*§ 13*
§ 79 VgV	Durchführung von Planungswettbewerben	*§ 13*
§ 80 VgV	Aufforderung zur Verhandlung; Nutzung der Ergebnisse des Planungswettbewerbs	*§ 13*
§ 81 VgV	Übergangsbestimmungen	*§ 5*
§ 82 VgV	Fristenberechnung	*§ 25*

VOB/A Erster Abschnitt

§ VOB/A	Titel	*§ des Handbuchs*
§ 1 VOB/A	Bauleistungen	*§ 2*
§ 2 VOB/A	Grundsätze	*§ 1*
§ 3 VOB/A	Arten der Vergabe	*§ 11*
§ 3a VOB/A	Zulässigkeitsvoraussetzungen	*§ 11*
§ 3b VOB/A	Ablauf der Verfahren	*§ 11*
§ 4 VOB/A	Vertragsarten	*§ 20*
§ 4a VOB/A	Rahmenveränderungen	*§ 13*
§ 5 VOB/A	Vergabe nach Losen, Einheitliche Vergabe	*§ 1*
§ 6 VOB/A	Teilnehmer am Wettbewerb	*§ 15*
§ 6 II VOB/A	Teilnehmer am Wettbewerb	*§ 17*
§ 6a VOB/A	Eignungsnachweise	*§ 30*
§ 6b VOB/A	Mittel der Nachweisführung, Verfahren	*§ 30*
§ 7 VOB/A	Leistungsbeschreibung	*§ 19*
§ 7 II VOB/A	Leistungsbeschreibung (bestimmte Produktion oder Herkunft)	*§ 19*
§ 7a VOB/A	Technische Spezifikationen	*§ 19*
§ 7b VOB/A	Leistungsbeschreibung mit Leistungsverzeichnis	*§ 19*
§ 7c VOB/A	Leistungsbeschreibung mit Leistungsprogramm	*§ 19*
§ 8 VOB/A	Vergabeunterlagen	*§ 20*
§ 8 II Nr. 3 VOB/A	Vergabeunterlagen (Preis alleiniges Zuschlagskriterium)	*§ 32*
§ 8a VOB/A	Allgemeine, besondere und zusätzliche Vertragsbedingungen	*§ 20*
§ 8b VOB/A	Kosten- und Vertrauensregelung, Schiedsverfahren	*§ 20*
§ 9 VOB/A	Einzelne Vertragsbedingungen: Ausführungsfristen	*§ 20*

§ 9a VOB/A	Vertragsstrafen, Beschleunigungsvergütung	*§ 20*
§ 9b VOB/A	Verjährung der Mängelansprüche	*§ 20*
§ 9c VOB/A	Sicherheitsleistung	*§ 20*
§ 9d VOB/A	Änderung der Vergütung	*§ 20*
§ 10 VOB/A	Fristen	*§ 25*
§ 11 VOB/A	Grundsätze der Informationsübermittlung	*§ 5*
§ 11a VOB/A	Anforderungen an elektronische Mittel	*§ 5*
§ 12 I, II VOB/A	Bekanntmachung	*§ 23*
§ 12 III VOB/A	Bekanntmachung	*§ 26*
§ 12a VOB/A	Versand der Vergabeunterlagen	*§ 24*
§ 13 VOB/A	Form und Inhalt der Angebote	*§ 26*
§ 13 III VOB/A	Form und Inhalt der Angebote	*§ 28*
§ 14 VOB/A	Öffnung der Angebote, Eröffnungstermin	*§ 27*
§ 15 VOB/A	Aufklärung des Angebotsinhaltes	*§ 30*
§ 16 I VOB/A	Ausschluss von Angeboten	*§ 29*
§ 16 II VOB/A	Ausschluss von Angeboten	*§ 30*
§ 16a VOB/A	Nachforderung von Unterlagen	*§ 29*
§ 16b VOB/A	Eignung	*§ 30*
§ 16c VOB/A	Prüfung	*§ 31*
§ 16d VOB/A	Wertung	*§§ 31, 32*
§ 17 VOB/A	Aufhebung der Ausschreibung	*§ 33*
§ 18 VOB/A	Zuschlag	*§ 35*
§ 19 VOB/A	Nicht berücksichtigte Bewerbungen und Angebote	*§ 36*
§ 20 VOB/A	Dokumentation	*§ 36*
§ 21 VOB/A	Nachprüfungsstellen	*§ 23*
§ 22 VOB/A	Änderung während der Vertragslaufzeit	*§ 4*
§ 23 VOB/A	Baukonzessionen	*§§ 62, 63*

VOB/A Zweiter Abschnitt

§ EU VOB/A	Titel	*§ des Handbuchs*
§ 1 EU VOB/A	Anwendungsbereich	*§ 2*
§ 2 EU I–II VOB/A	Grundsätze (Transparenz, Wettbewerb, Gleichbehandlung)	*§ 1*
§ 2 EU III VOB/A	Grundsätze (Eignung)	*§ 15*
§ 2 EU IV–IX VOB/A	Grundsätze	*§ 1*

§ 3 EU Nrn. 1–3 VOB/A	Arten der Vergabe	*§ 10*
§ 3 EU Nr. 4 und Nr. 5 VOB/A	Arten der Vergabe	*§ 12*
§ 3a EU VOB/A	Zulässigkeitsvoraussetzungen	*§ 10*
§ 3b EU I VOB/A	Ablauf der Verfahren (offenes Verfahren)	*§ 10*
§ 3b EU II VOB/A	Ablauf der Verfahren (nicht offene Verfahren)	*§ 10*
§ 3b EU III VOB/A	Ablauf der Verfahren (Verhandlungsverfahren)	*§ 10*
§ 3b EU IV VOB/A	Ablauf der Verfahren (wettbewerblicher Dialog)	*§ 12*
§ 3b EU V VOB/A	Ablauf der Verfahren (Innovationspartnerschaft)	*§ 12*
§ 4 EU VOB/A	Vertragsarten	*§ 20*
§ 4a EU VOB/A	Rahmenvereinbarungen	*§ 13*
§ 4b EU VOB/A	Besondere Instrumente und Methoden	*§ 13*
§ 5 EU VOB/A	Einheitliche Vergabe, Vergabe nach Losen	*§ 1*
§ 6 EU I, II VOB/A	Teilnehmer am Wettbewerb (Eignung, Eignungskriterien)	*§ 15*
§ 6 EU III VOB/A	Teilnehmer am Wettbewerb	*§§ 14, 17*
§ 6a EU VOB/A	Eignungsnachweise	*§ 30*
§ 6bEU VOB/A	Mittel der Nachweisführung, Verfahren	*§ 30*
§ 6c EU VOB/A	Qualitätssicherung und Umweltmanagement	*§ 30*
§ 6d EU VOB/A	Kapazitäten anderer Unternehmen	*§§ 15, 30 sowie § 18*
§ 6e I–V EU VOB/A	(zwingende) Ausschlussgründe	*§§ 16, 30*
§ 6e VI EU VOB/A	(fakultative) Ausschlussgründe	*§§ 16, 30*
§ 6f EU VOB/A	Selbstreinigung	*§ 16*
§ 7 EU VOB/A	Leistungsbeschreibung	*§ 19*
§ 7a EU VOB/A	Technische Spezifikationen, Testberichte, Zertifizierungen, Gütezeichen	*§ 19*
§ 7b EU VOB/A	Leistungsbeschreibung mit Leistungsverzeichnis	*§ 19*
§ 7c EU VOB/A	Leistungsbeschreibung mit Leistungsprogramm	*§ 19*
§ 8 EU VOB/A	Vergabeunterlagen	*§ 20*
§ 8a EU VOB/A	Allgemeine, Besondere oder Zusätzliche Vertragsbedingungen	*§ 20*
§ 8b EU VOB/A	Kosten- und Vertrauensregelung, Schiedsverfahren	*§ 20*
§ 8c EU VOB/A	Anforderungen an energieverbrauchsrelevante Waren, technische Geräte oder Ausrüstungen	*§ 19*
§ 9 EU VOB/A	Einzelne Vertragsbedingungen: Ausführungsfristen	*§ 20*

§ 9a EU VOB/A	Vertragsstrafen, Beschleunigungsvergütung	*§ 20*
§ 9b EU VOB/A	Verjährung der Mängelansprüche	*§ 20*
§ 9c EU VOB/A	Sicherheitsleistung	*§ 20*
§ 9d EU VOB/A	Änderung der Vergütung	*§ 20*
§ 10 EU VOB/A	Fristen	*§ 25*
§ 10a EU VOB/A	Fristen im offenen Verfahren	*§ 25*
§ 10b EU VOB/A	Fristen im nicht offenen Verfahren	*§ 25*
§ 10c EU VOB/A	Fristen im Verhandlungsverfahren	*§ 25*
§ 10d EU VOB/A	Fristen im wettbewerblichen Dialog, Innovationspartnerschaften	*§ 25*
§ 11 EU VOB/A	Grundsätze der Informationsübermittlung	*§ 5*
§ 11a EU VOB/A	Anforderungen an elektronische Mittel	*§ 5*
§ 11b EU VOB/A	Ausnahmen von der Verwendung elektronischer Mittel	*§ 5*
§ 12 EU VOB/A	Vorinformationen, Auftragsbekanntmachung	*§ 23*
§ 12a EU VOB/A	Versand der Vergabeunterlagen	*§ 24*
§ 13 EU VOB/A	Form und Inhalt der Angebote	*§ 26*
§ 14 EU VOB/A	Öffnung der Angebote, Öffnungstermin	*§ 27*
§ 15 EU VOB/A	Aufklärung des Angebotsinhalts	*§ 27*
§ 16 EU VOB/A	Ausschluss von Angeboten	*§ 29*
§ 16a EU VOB/A	Nachforderung von Unterlagen	*§ 29*
§ 16b EU VOB/A	Eignung	*§ 30*
§ 16c EU VOB/A	Prüfung	*§ 31*
§ 16d I EU VOB/A	Wertung	*§ 32*
§ 16d II EU VOB/A	Wertung (Zuschlag, Zuschlagskriterien)	*§ 32*
§ 17 EU VOB/A	Aufhebung der Ausschreibung	*§ 33*
§ 18 EU I–II VOB/A	Zuschlag	*§ 35*
§ 18 EU III–IV VOB/A	Zuschlag	*§ 36*
§ 19 EU VOB/A	Nicht berücksichtigte Bewerbungen und Angebote	*§ 36*
§ 20 EU VOB/A	Dokumentation	*§ 36*
§ 21 EU VOB/A	Nachprüfungsbehörden	*§ 23*
§ 22 EU VOB/A	Auftragsänderungen während der Vertragslaufzeit	*§ 4*

Sektorenverordnung (SektVO)

§ SektVO	Titel	*§ des Handbuchs*
§ 1 SektVO	Anwendungsbereich	*§ 49*
§ 2 SektVO	Schätzung des Auftragswertes	*§ 49*
§ 3 SektVO	Antragsverfahren für Tätigkeiten, die unmittelbar dem Wettbewerb ausgesetzt sind	*§ 49*
§ 4 SektVO	Gelegentliche gemeinsame Auftragsvergabe	*§ 50*
§ 5 SektVO	Wahrung der Vertraulichkeit	*§ 53*
§ 6 SektVO	Vermeidung von Interessenkonflikten	*§ 51*
§ 7 SektVO	Mitwirkung an der Vorbereitung des Vergabeverfahrens	*§ 51*
§ 8 SektVO	Dokumentation	*§ 54*
§ 9 SektVO	Grundsätze der Kommunikation	*§ 53*
§ 10 SektVO	Anforderungen an die verwendeten elektronischen Mittel	*§ 53*
§ 11 SektVO	Anforderungen an den Einsatz elektronischer Mittel im Vergabeverfahren	*§ 53*
§ 12 SektVO	Einsatz alternativer elektronischer Mittel bei der Kommunikation	*§ 53*
§ 13 SektVO	Wahl der Verfahrensart	*§ 50*
§ 14 SektVO	Offenes Verfahren, Fristen	*§§ 50, 53 (Frist)*
§ 15 SektVO	Nicht offenes Verfahren und Verhandlungsverfahren mit vorherigem Teilnahmewettbewerb; Fristen	*§§ 50, 53 (Frist)*
§ 16 SektVO	Fristsetzung; Pflicht zur Fristverlängerung	*§ 53*
§ 17 SektVO	Wettbewerblicher Dialog	*§§ 50, 53 (Frist)*
§ 18 SektVO	Innovationspartnerschaft	*§§ 50, 53 (Frist)*
§ 19 SektVO	Rahmenvereinbarungen	*§ 50*
§ 20 SektVO	Grundsätze für den Betrieb dynamischer Beschaffungssysteme	*§ 50*
§ 21 SektVO	Betrieb eines dynamischen Beschaffungssystems	*§ 50*
§ 22 SektVO	Fristen beim Betrieb eines dynamischen Beschaffungssystems	*§ 50*
§ 23 SektVO	Grundsätze für die Durchführung elektronischer Auktionen	*§ 50*
§ 24 SektVO	Durchführung elektronischer Auktionen	*§ 50*
§ 25 SektVO	Elektronische Kataloge	*§ 50*

§ 26 SektVO	Markterkundung	*§ 50*
§ 27 SektVO	Aufteilung nach Losen	*§ 50*
§ 28 SektVO	Leistungsbeschreibung	*§ 52*
§ 29 SektVO	Technische Anforderungen	*§ 52*
§ 30 SektVO	Bekanntmachung technischer Anforderungen	*§ 52*
§ 31 SektVO	Nachweisführung durch Bescheinigungen von Konformitätsbewertungsstellen	*§ 52*
§ 32 SektVO	Nachweisführung durch Gütezeichen	*§ 52*
§ 33 SektVO	Nebenangebote	*§ 54*
§ 34 SektVO	Unteraufträge	*§ 54*
§ 35 SektVO	Auftragsbekanntmachung, Beschafferprofil	*§ 53*
§ 36 SektVO	Regelmäßig nicht verbindliche Bekanntmachung	*§ 53*
§ 37 SektVO	Bekanntmachung über das Bestehen eines Qualifizierungssystems	*§ 53*
§ 38 SektVO	Vergabebekanntmachungen; Bekanntmachung über Auftragsänderungen	*§ 53*
§ 39 SektVO	Bekanntmachung über die Vergabe sozialer und anderer besonderer Dienstleistungen	*§ 53*
§ 40 SektVO	Veröffentlichung von Bekanntmachungen	*§ 53*
§ 41 SektVO	Bereitstellung der Vergabeunterlagen	*§ 53*
§ 42 SektVO	Aufforderungen zur Interessensbestätigung, zur Angebotsabgabe, zu Verhandlung oder zur Teilnahme am Dialog	*§§ 51, 52*
§ 43 SektVO	Form und Übermittlung der Angebote,Teilnahmeanträge, Interessensbekundungen und Interessensbestätigungen	*§ 53*
§ 44 SektVO	Erhöhte Sicherheitsanforderungen bei der Übermittlung der Angebote, Teilnahmeanträge, Interessensbekundungen und Interessensbestätigungen	*§ 53*
§ 45 SektVO	Grundsätze (Anforderungen an die Unternehmen)	*§ 51*
§ 46 SektVO	Objektive und nichtdiskriminierende Kriterien	*§ 51*
§ 47 I, II, IV SektVO	Eignungsleihe	*§ 51*
§ 47 III SektVO	Eignungsleihe (gemeinsame Haftung)	*§ 51*
§ 48 SektVO	Qualifizierungssysteme	*§ 51*
§ 49 SektVO	Beleg der Einhaltung von Normen für Qualitätssicherung und Umweltmanagement	*§ 51*
§ 50 SektVO	Rechtsform von Unternehmen und Bietergemeinschaften	*§ 51*
§ 51 SektVO	Prüfung und Wertung der Angebote; Nachforderung von Unterlagen	*§ 54*

§ 52 SektVO	Zuschlag und Zuschlagskriterien	*§ 54*
§ 53 SektVO	Berechnung der Lebenszykluskosten	*§ 54*
§ 54 SektVO	Ungewöhnlich niedrige Angebote	*§ 54*
§ 55 SektVO	Angebote, die Erzeugnisse aus Drittländern umfassen	*§ 54*
§ 56 SektVO	Unterrichtung von Bewerbern oder Bietern	*§ 54*
§ 57 SektVO	Aufhebung und Einstellung des Verfahrens	*§ 54*
§ 58 SektVO	Beschaffung energieverbrauchsrelevanter Leistungen	*§ 52*
§ 59 SektVO	Beschaffung von Straßenfahrzeugen	*§ 52*
§ 60 SektVO	Anwendungsbereich (Planungswettbewerbe)	*§ 13*
§ 61 SektVO	Veröffentlichung, Transparenz	*§ 13*
§ 62 SektVO	Ausrichtung	*§ 13*
§ 63 SektVO	Preisgericht	*§ 13*
§ 64 SektVO	Übergangsbestimmungen	*§ 49*
§ 65 SektVO	Fristenberechnung	*§ 53*

Auftragsvergabe in den Bereichen Verteidigung und Sicherheit (VSVgV, VOB-VS)
VSVgV

§ VSVgV	Titel	*§ des Handbuchs*
§ 1 VSVgV	Anwendungsbereich	*§ 57*
§ 2 VSVgV	Anzuwendende Vorschriften für Liefer-, Dienstleistungs- und Bauaufträge	*§ 56*
§ 3 VSVgV	Schätzung des Auftragswertes	*§ 8*
§ 4 VSVgV	Begriffsbestimmungen	*§ 58*
§ 5 VSVgV	Dienstleistungsaufträge	*§ 58*
§ 6 VSVgV	Wahrung der Vertraulichkeit	*§ 59*
§ 7 VSVgV	Anforderungen an den Schutz von Verschlusssachen durch Unternehmen	*§ 59*
§ 8 VSVgV	Versorgungssicherheit	*§ 60*
§ 9 VSVgV	Unteraufträge	*§ 58*
§ 10 VSVgV	Grundsätze des Vergabeverfahrens	*§ 58*
§ 11 VSVgV	Arten der Vergabe von Liefer- und Dienstleistungsaufträgen	*§ 58*
§ 12 VSVgV	Verhandlungsverfahren ohne Teilnahmewettbewerb	*§ 58*
§ 13 VSVgV	Wettbewerblicher Dialog	*§ 58*
§ 14 VSVgV	Rahmenvereinbarungen	*§ 58*

§ 15 VSVgV	Leistungsbeschreibung und technische Anforderungen	*§ 19*
§ 16 VSVgV	Vergabeunterlagen	*§ 20*
§ 17 VSVgV	Vorinformation	*§ 23*
§ 18 VSVgV	Bekanntmachung von Vergabeverfahren	*§ 23*
§ 19 VSVgV	Informationsübermittlung	*§§ 5, 26*
§ 20 VSVgV	Fristen für den Eingang von Anträgen auf Teilnahme und Eingang der Angebote	*§ 25*
§ 21 VSVgV	Eignung und Auswahl der Bewerber	*§ 15*
§ 22 VSVgV	Allgemeine Vorgaben zum Nachweis der Eignung und des Nicht-Vorliegens von Ausschlussgründen	*§ 59*
§ 23 VSVgV	Zwingender Ausschluss	*§§ 16, 30*
§ 24 VSVgV	Fakultativer Ausschluss	*§§ 30, 59*
§ 25 VSVgV	Beleg der Erlaubnis zur Berufsausübung	*§§ 29, 30*
§ 26 VSVgV	Beleg der wirtschaftlichen und finanziellen Leistungsfähigkeit	*§ 30*
§ 27 VSVgV	Beleg der technischen und beruflichen Leistungsfähigkeit	*§ 30*
§ 28 VSVgV	Nachweis für die Einhaltung von Normen des Qualitäts- und Umweltmanagements	*§ 30*
§ 29 I VSVgV	Aufforderung zur Abgabe eines Angebots	*§ 10*
§ 29 II–V VSVgV	Aufforderung zur Abgabe eines Angebots	*§ 20*
§ 30 VSVgV	Öffnung der Angebote	*§ 27*
§ 31 VSVgV	Prüfung der Angebote	*§ 29*
§ 32 VSVgV	Nebenangebote	*§ 28*
§ 33 VSVgV	Ungewöhnlich niedrige Angebote	*§ 31*
§ 34 VSVgV	Zuschlag	*§§ 32, 60*
§ 35 VSVgV	Bekanntmachung über die Auftragserteilung	*§ 36*
§ 36 VSVgV	Unterrichtung der Bewerber oder Bieter	*§§ 36, 59*
§ 37 VSVgV	Aufhebung und Einstellung des Vergabeverfahrens	*§ 33*
§ 38 VSVgV	Allgemeine Vorgaben zur Unterauftragsvergabe	*§ 58*
§ 39 VSVgV	Bekanntmachung	*§ 58*
§ 40 VSVgV	Kritierien zur Auswahl der Unterauftragsnehmer	*§ 58*
§ 41 VSVgV	Unteraufträge aufgrund einer Rahmenvereinbarung	*§ 58*
§ 42 VSVgV	Ausgeschlossene Personen	*§ 14*
§ 43 VSVgV	Dokumentations- und Aufbewahrungspflichten	*§ 36*

VOB/A-VS

§ VS VOB/A	Titel	*§ des Handbuchs*
§ 1 VS VOB/A	Anwendungsbereich	*§ 57*
§ 2 VS VOB/A	Grundsätze	*§ 59*
§ 3 VS VOB/A	Arten der Vergabe	*§ 58*
§ 3a VS VOB/A	Zulässigkeitsvoraussetzung	*§ 58*
§ 3b VS VOB/A	Ablauf der Verfahren	*§ 58*
§ 4 VS VOB/A	Vertragsarten	*§ 20*
§ 5 VS VOB/A	Einheitliche Vergabe, Vergabe nach Losen	*§ 58*
§ 6 VS VOB/A	Teilnehmer am Wettbewerb	*§§ 15, 59*
§ 6a VS VOB/A	Eignungsnachweise	*§ 30*
§ 6b VS VOB/A	Mittel der Nachweisführung, Verfahren	*§§ 30, 59*
§ 6c VS VOB/A	Qualitätssicherung und Umweltmanagement	*§ 30*
§ 6d VS VOB/A	Kapazitäten anderer Unternehmen	*§§ 15, 30*
§ 6e I–V VS VOB/A	(zwingende) Ausschlussgründe	*§§ 15, 16, 30*
§ 6e VI VS VOB/A	(fakultative) Ausschlussgründe	*§ 59*
§ 6f VS VOB/A	Selbstreinigung	*§ 16*
§ 7 VS VOB/A	Leistungsbeschreibung	*§ 19*
§ 7a VS VOB/A	Technische Spezifikationen	*§ 19*
§ 7b VS VOB/A	Leistungsbeschreibung mit Leistungsverzeichnis	*§ 19*
§ 7c VS VOB/A	Leistungsbeschreibung mit Leistungsprogramm	*§ 19*
§ 8 VS VOB/A	Vergabeunterlagen	*§ 20, § 59*
§ 8a VS VOB/A	Allgemeine, Besondere und Zusätzliche Vertragsbestimmungen	*§ 20*
§ 8b VS VOB/A	Kosten- und Vertrauensregelung, Schiedsverfahren	*§ 20*
§ 9 VS VOB/A	Einzelne Vertragsbedingungen, Ausführungsfristen	*§ 20*
§ 9a VS VOB/A	Vertragsstrafen, Beschleunigungsvergütung	*§ 20*
§ 9b VS VOB/A	Verjährung der Mängelansprüche	*§ 20*
§ 9c VS VOB/A	Sicherheitsleistung	*§ 20*
§ 9d VS VOB/A	Änderung der Vergütung	*§ 20*
§ 10 VS VOB/A	Fristen	*§ 25*
§ 10a VS VOB/A	frei	-
§ 10b VS VOB/A	Fristen im nicht offenen Verfahren	*§ 25*

§ 10c VS VOB/A	Fristen im Verhandlungsverfahren	*§ 25*
§ 10d VS VOB/A	Fristen im wettbewerblichen Dialog	*§ 25*
§ 11 VS VOB/A	Grundsätze der Informationsübermittlung	*§ 26*
§ 11a VS VOB/A	Anforderungen an elektronische Mittel	*§ 5*
§ 12 VS VOB/A	Vorinformation, Auftragsbekanntmachung	*§ 23*
§ 12a VS VOB/A	Versand der Vergabeunterlagen	*§ 24*
§ 13 VS VOB/A	Form und Inhalt der Angebote	*§ 26*
§ 14 VS VOB/A	Öffnung der Angebote, Öffnungstermin	*§ 27*
§ 15 VS VOB/A	Aufklärung des Angebotsinhalts	*§§ 10, 30*
§ 16 VS VOB/A	Ausschluss von Angeboten	*§§ 29, 59*
§ 16a VS VOB/A	Nachforderung von Unterlagen	*§ 29*
§ 16b VS VOB/A	Eignung	*§§ 30, 59, 60*
§ 16c VS VOB/A	Prüfung	*§ 31*
§ 16d VS VOB/A	Wertung	*§§ 32, 60*
§ 17 VS VOB/A	Aufhebung der Ausschreibung	*§ 33*
§ 18 I–II VS VOB/A	Zuschlag	*§ 35*
§ 18 III VS VOB/A	Zuschlag	*§ 36*
§ 19 VS VOB/A	Nicht berücksichtigte Bewerbungen und Angebote	*§§ 36, 59*
§ 20 VS VOB/A	Dokumentation	*§ 36*
§ 21 VS VOB/A	Nachprüfungsbehörden	*§ 23*
§ 22 VS VOB/A	Auftragsänderung während der Vertragslaufzeit	*§ 4*

Konzessionsvergabeverordnung (KonzVgV)

§ KonzVgV	Titel	*§ des Handbuchs*
§ 1 KonzVgV	Gegenstand und Anwendungsbereich	*§ 63*
§ 2 KonzVgV	Berechnung des geschätzten Vertragswerts	*§ 63*
§ 3 KonzVgV	Laufzeit von Konzessionen	*§ 63*
§ 4 KonzVgV	Wahrung der Vertraulichkeit	*§ 64*
§ 5 KonzVgV	Vermeidung von Interessenkonflikten	*§ 14*
§ 6 KonzVgV	Dokumentation und Vergabevermerk	*§ 67*
§ 7 KonzVgV	Grundsätze der Kommunikation	*§ 64*
§ 8 KonzVgV	Anforderungen an die verwendeten elektronischen Mittel	*§ 67*
§ 9 KonzVgV	Anforderungen an den Einsatz elektronischer Mittel im Vergabeverfahren	*§ 67*

§ 10 KonzVgV	Einsatz alternativer elektronischer Mittel bei der Kommunikation	*§ 67*
§ 11 KonzVgV	Allgemeine Verwaltungsvorschriften	*§ 67*
§ 12 KonzVgV	Allgemeine Grundsätze	*§ 64*
§ 13 KonzVgV	Verfahrensgarantien	*§ 64*
§ 14 KonzVgV	Umgehungsverbot	*§ 64*
§ 15 KonzVgV	Leistungsbeschreibung	*§ 66*
§ 16 KonzVgV	Vergabeunterlagen	*§ 66*
§ 17 KonzVgV	Bereitstellung der Vergabeunterlagen	*§ 66*
§ 18 KonzVgV	Zusätzliche Auskünfte zu den Vergabeunterlagen	*§ 66*
§ 19 KonzVgV	Konzessionsbekanntmachung	*§ 67*
§ 20 KonzVgV	Ausnahmen von der Konzessionsbekanntmachung	*§ 67*
§ 21 KonzVgV	Vergabebekanntmachung, Bekanntmachung über Änderung einer Konzession	*§ 67*
§ 22 KonzVgV	Konzessionen, die soziale und andere besondere Dienstleistungen betreffen	*§ 67*
§ 23 KonzVgV	Form und Modalitäten der Veröffentlichung von Bekanntmachungen	*§ 67*
§ 24 KonzVgV	Rechtsform von Unternehmen und Bietergemeinschaften	*§ 65*
§ 25 KonzVgV	Anforderungen an die Auswahl der geeigneten Unternehmen; Eignungsleihe	*§ 68*
§ 26 KonzVgV	Beleg für die Eignung und das Nichtvorliegen von Ausschlussgründen	*§ 68*
§ 27 KonzVgV	Fristen für den Eingang von Teilnahmeanträgen und Angeboten	*§ 67*
§ 28 KonzVgV	Form und Übermittlung der Teilnahmeanträge und Angebote	*§ 67*
§ 29 KonzVgV	Prüfung und Aufbewahrung der ungeöffneten Teilnahmeanträge und Angebote	*§ 68*
§ 30 KonzVgV	Unterrichtung der Bewerber oder Bieter	*§ 67*
§ 31 KonzVgV	Zuschlagskriterien	*§ 68*
§ 31 II KonzVgV	Zuschlagskriterien (Änderung der Reihenfolge der Zuschlagskriterien)	*§ 68*
§ 32 KonzVgV	Aufhebung von Vergabeverfahren	*§ 68*
§ 33 KonzVgV	Vergabe von Unteraufträgen	*§ 68*
§ 34 KonzVgV	Übergangsbestimmung für die elektronische Kommunikation und elektronische Übermittlung von Teilnahmeanträgen und Angeboten	*§ 64*

§ 35 KonzVgV	Elektronische Kommunikation durch Auslandsdienststellen	*§ 64*
§ 36 KonzVgV	Fristberechnung	*§ 66*

Verordnung (EG) Nr. 1370/2007 (Auftragsvergaben im Bereich öffentlicher Personenverkehrsdienste auf Schiene und Straße)

Art.	Titel	*§ des Handbuchs*
Art. 1 VO 1370/2007	Zweck und Anwendungsbereich	*§§ 70,71*
Art. 2 VO 1370/2007	Begriffsbestimmungen	*§ 70*
Art. 3 VO 1370/2007	Öffentliche Dienstleistungsaufträge und allgemeine Vorschriften	*§ 70*
Art. 4 VO 1370/2007	Obligatorischer Inhalt öffentlicher Dienstleistungsaufträge und allgemeiner Vorschriften	*§ 70*
Art. 5 VO 1370/2007	Vergabe öffentlicher Dienstleistungsaufträge	*§§ 70, 71, 72, 73*
Art. 6 VO 1370/2007	Ausgleichsleistung für gemeinwirtschaftliche Verpflichtungen	*§ 70*
Art. 7 VO 1370/2007	Veröffentlichung	*§§ 70, 71, 73*
Art. 8 VO 1370/2007	Übergangsregelung	*§ 69*
Art. 9 VO 1370/2007	Vereinbarkeit mit dem Vertrag	*§§ 69, 70*
Art. 10 VO 1370/2007	Aufhebung	*§ 69*
Art. 11 VO 1370/2007	Berichte	*§ 69*
Art. 12 VO 1370/2007	Inkrafttreten	*§ 69*

Vergabestatistikverordnung (VergStatVO)

§ VergStatVO	Titel	*§ im Handbuch*
§ 1 VergStatVO	Anwendungsbereich und Grundsätze der Datenübermittlung	*§ 36*
§ 2 VergStatVO	Art und Umfang der Datenübermittlung	*§ 36*
§ 3 VergStatVO	Zu übermittelnde Daten	*§ 36*
§ 4 VergStatVo	Statistische Aufbereitung und Übermittlung der Daten; Veröffentlichung statistischer Auswertungen; Datenbank	*§ 36*
§ 5 VergStatVO	Datenübermittlung für eine wissenschaftliche Forschung	*§ 36*
§ 6 VergStatVO	Anwendungsbestimmung	*§ 36*
§ 7 VergStatVO	Übergangsregelung	*§ 36*

SGB V (Auftragsvergaben im Bereich der gesetzlichen Krankenversicherung – Krankenkassenausschreibungen)

§ SGB V	Titel	*§ im Handbuch*
§ 69 SGB V	Anwendungsbereich	*§§ 75, 76*
§ 73b SGB V	Hausarztzentrierte Versorgungsverträge	*§ 80*
§ 126 SGB V	Hilfsmittelversorgungsverträge	*§ 77*
§ 127 SGB V	Hilfsmittelversorgungsverträge	*§ 77*
§ 129 Abs. 5 SGB V	Zytostatikaversorgungsverträge	*§ 79*
§ 5 AMPreisV	Zytostatikaversorgungsverträge	*§ 79*
§ 129 Abs. 1, 5, 5c SGB V	Arzneimittelrabattverträge	*§ 79*
§ 130a Abs. 8 SGB V	Arzneimittelrabattverträge	*§ 79*
§ 130b SGB V	Erstattungspreisvereinbarungen	*§ 78*
§ 130c SGB V	Erstattungspreisvereinbarungen	*§ 78*
§ 140a SGB V	Besondere Versorgung	*§ 80*

AEUV

Art.	Titel	*§ im Handbuch*
Art. 18 AEUV	Nichtdiskriminierung	*§ 82*
Art. 26 AEUV	Binnenmarkt	*§§ 82, 83*
Art. 34 AEUV	Warenverkehrsfreiheit	*§ 82*
Art. 49 AEUV	Niederlassungsfreiheit	*§ 82*
Art. 56 AEUV	Dienstleistungsfreiheit	*§ 82*
Art. 63 AEUV	Kapitalverkehrsfreiheit	*§ 82*
Art. 107 AEUV	Staatliche Beihilfen	*§ 84*
Art. 267 AEUV	Vorabentscheidungsersuchen	*§ 46*
Art. 346 AEUV	Ausnahmen zum Schutz wesentlicher Sicherheitsinteressen	*§ 57*

WRegG

§ WRegG	Titel	§ im Handbuch
§ 1 WRegG	Einrichtung des Wettbewerbsregisters	*§ 81*
§ 2 WRegG	Eintragungsvoraussetzungen	*§ 81*
§ 3 WRegG	Inhalt der Eintragung in das Wettbewerbsregister	*§ 81*
§ 4 WRegG	Mitteilungen	*§ 81*

§ 5 WRegG	Gelegenheit zur Stellungnahme vor Eintragung in das Wettbewerbsregister; Auskunftsanspruch	*§ 81*
§ 6 WRegG	Abfragepflicht für Auftraggeber; Entscheidung über einen Ausschluss vom Vergabeverfahren	*§ 81*
§ 7 WRegG	Löschung der Eintragung aus dem Wettbewerbsregister nach Fristablauf; Rechtswirkung der Löschung	*§ 81*
§ 8 WRegG	Vorzeitige Löschung der Eintragung aus dem Wettbewerbsregister wegen Selbstreinigung; Gebühren und Auslagen	*§ 81*
§ 9 WRegG	Elektronische Datenübermittlung	*§ 81*
§ 10 WRegG	Verordnungsermächtigung	*§ 81*
§ 11 WRegG	Rechtsweg	*§§ 41, 81*
§ 12 WRegG	Anwendungsbestimmungen, Verkündung von Rechtsverordnungen	*§ 81*

Allgemeiner Teil

Kapitel 1 Grundlagen

§ 1 Grundsätze des Vergaberechts

Übersicht

GWB: § 97 I–IV
VgV: §§ 28, 30
VOB/A: § 2, § 5, § 2 EU I, II, IV–IX, § 5 EU
UVgO: § 2 Abs. 1

GWB:

§ 97 GWB Grundsätze der Vergabe

(1) Öffentliche Aufträge und Konzessionen werden im Wettbewerb und im Wege transparenter Verfahren vergeben. Dabei werden die Grundsätze der Wirtschaftlichkeit und der Verhältnismäßigkeit gewahrt.

(2) Die Teilnehmer an einem Vergabeverfahren sind gleich zu behandeln, es sei denn, eine Ungleichbehandlung ist aufgrund dieses Gesetzes ausdrücklich geboten oder gestattet.

(4) Mittelständische Interessen sind bei der Vergabe öffentlicher Aufträge vornehmlich zu berücksichtigen. Leistungen sind in der Menge aufgeteilt (Teillose) und getrennt nach Art

oder Fachgebiet (Fachlose) zu vergeben. Mehrere Teil- oder Fachlose dürfen zusammen vergeben werden, wenn wirtschaftliche oder technische Gründe dies erfordern.

VgV:

§ 30 VgV Aufteilung nach Losen

(1) Unbeschadet des § 97 Absatz 4 des Gesetzes gegen Wettbewerbsbeschränkungen kann der öffentliche Auftraggeber festlegen, ob die Angebote nur für ein Los, für mehrere oder für alle Lose eingereicht werden dürfen. Er kann, auch wenn Angebote für mehrere oder alle Lose eingereicht werden dürfen, die Zahl der Lose auf eine Höchstzahl beschränken, für die ein einzelner Bieter den Zuschlag erhalten kann.

VOB/A:

§ 2 VOB/A Grundsätze

(1) [1]Bauleistungen werden im Wettbewerb und im Wege transparenter Verfahren vergeben. [2]Dabei werden die Grundsätze der Wirtschaftlichkeit und der Verhältnismäßigkeit gewahrt. [3]Wettbewerbsbeschränkende und unlautere Verhaltensweisen sind zu bekämpfen.

(2) Bei der Vergabe von Bauleistungen darf kein Unternehmen diskriminiert werden.

§ 2 EU VOB/A Grundsätze

(1) Öffentliche Aufträge werden im Wettbewerb und im Wege transparenter Verfahren vergeben. Dabei werden die Grundsätze der Wirtschaftlichkeit und der Verhältnismäßigkeit gewahrt. Wettbewerbsbeschränkende und unlautere Verhaltensweisen sind zu bekämpfen.

(2) Die Teilnehmer an einem Vergabeverfahren sind gleich zu behandeln, es sei denn, eine Ungleichbehandlung ist aufgrund des GWB ausdrücklich geboten oder gestattet.

§ 5 EU VOB/A Einheitliche Vergabe, Vergabe nach Losen

(2)

1. Mittelständische Interessen sind bei der Vergabe öffentlicher Aufträge vornehmlich zu berücksichtigen. Leistungen sind in der Menge aufgeteilt (Teillose) und getrennt nach Art oder Fachgebiet (Fachlose) zu vergeben. Mehrere Teil- oder Fachlose dürfen zusammen vergeben werden, wenn wirtschaftliche oder technische Gründe dies erfordern.

UVgO:

§ 2 UVgO Grundsätze der Vergabe

(1) Öffentliche Aufträge werden im Wettbewerb und im Wege transparenter Verfahren vergeben. Dabei werden die Grundsätze der Wirtschaftlichkeit und der Verhältnismäßigkeit gewahrt.

(2) Die Teilnehmer an einem Vergabeverfahren sind gleich zu behandeln, es sei denn, eine Ungleichbehandlung ist aufgrund dieser Verfahrensordnung oder anderer Vorschriften ausdrücklich geboten oder gestattet.

(4) Mittelständische Interessen sind bei der Vergabe öffentlicher Aufträge vornehmlich zu berücksichtigen.

Literatur:

Bogdanowicz, The Application of the Principle of Proportionality to Modifications of Public Contracts, EPPPL 2016, 194–204; *Burgi,* Vergaberecht, 2. Aufl. 2018; *Burgi,* Ökologische und soziale Beschaffung im künftigen Vergaberecht: Kompetenzen, Inhalte, Verhältnismäßigkeit, NZBau 2015, 597–602; *Burgi,* Mittelstandsfreundliche Vergabe – Möglichkeiten und Grenzen (Teil 1), NZBau 2006, 606–610; *Burgi,* Mittelstandsfreundliche Vergabe – Möglichkeiten und Grenzen (Teil 2), NZBau 2006, 693–698; *Burgi,* Die Bedeutung der allgemeinen Vergabegrundsätze Wettbewerb, Transparenz und Gleichbehandlung, NZBau 2008, 29–34; *Burgi,* Die Zukunft des Vergaberechts, NZBau 2009, 609–615; *Buslowicz/Hohensee,* Aktuelles zum Abweichen von der losweisen Vergabe, Vergabenews 2019, 110–114; *Dreher,* Die Berücksichtigung mittelständischer Interessen bei der Vergabe öffentlicher Aufträge, NZBau 2005, 427–436; *Faßbender,* Die neuen

Regelungen für eine mittelstandsgerechte Auftragsvergabe, NZBau 2010, 529–535; *Frenz,* Mittelstandsförderung in der Auftragsvergabe und Unionsrecht, GewArch 2018, 95–98; *Frister,* Entrechtlichung und Vereinfachung des Vergaberechts, VergabeR 2011, 295–306; *Gabriel,* Die Vergaberechtsreform 2009 und die Neufassung des vierten Teils des GWB, NJW 2009, 2011–2016; *Gabriel/Voll,* Das Ende der Inländerdiskriminierung im Vergabe(primär)recht, NZBau 2014, 155; *Glahs,* Akteneinsichts- und Informationsfreiheitsansprüche im Vergabe- und Nachprüfungsverfahren, NZBau 2014, 75–80; *Hattenhauer/Butzert,* Die Wirtschaftlichkeit als treibende Kraft in der historischen Entstehung von Vergabeverfahren und ihre Bedeutung im heutigen Vergaberecht, VergabeR 2018, 229–232; *Hausmann,* Die Pflicht des öffentlichen Auftraggebers zur Neuausschreibung bei Austausch des Nachunternehmers, LKV 2010, 550–554; *Hölzl,* „Assitur": Die Wahrheit ist konkret!, NZBau 2009, 751–755; *Horn,* Projektantenstatus im VOF-Verfahren?, NZBau 2005, 28–31; *Huerkamp,* Die grundfreiheitlichen Beschränkungsverbote und die Beschaffungstätigkeit des Staates, EuR 2009, 563–577; *Hufen,* Fehler im Verwaltungsverfahren – Ein Handbuch für Ausbildung und Praxis, 4. Aufl., Baden-Baden 2002; *Kainer,* Der offene Teilnehmerwettbewerb als unionsrechtliches Prinzip Begrenzung der Beschaffungsautonomie im Vergabeverfahren, NZBau 2018, 387–392; *Koenig/Kühling,* Diskriminierungsfreiheit, Transparenz und Wettbewerbsoffenheit des Ausschreibungsverfahrens – Konvergenz von EG-Beihilfenrecht und Vergaberecht, NVwZ 2003, 779–786; *Kus,* Losvergabe und Ausführungskriterien, NZBau 2009, 21–24; *Losch,* Akteneinsicht im Vergabeverfahren – ein Widerstreit zwischen Transparenzgebot und Geheimhaltungsschutz, VergabeR 2008, 739–750; *Luber,* Der formalistische Angebotsausschluss, das Wettbewerbsprinzip und der Grundsatz der sparsamen Mittelverwendung im Vergaberecht, VergabeR 2009, 14–25; *Nelskamp/Dahmen,* Dokumentation im Vergabeverfahren, KommJur 2010, 208–215; *Noch,* Legale Loslimitierung, Vergabe Navigator 2016, 33–35; *Plötscher,* Der Begriff der Diskriminierung im europäischen Gemeinschaftsrecht, Berlin 2003; *Prieß,* Die Leistungsbeschreibung – Kernstück des Vergabeverfahrens (Teil 2), NZBau 2004, 87–92; *Schwarze,* Europäisches Verwaltungsrecht, 2. Aufl., Baden-Baden 2005; *Summann,* Vergabegrundsätze und Vergabeverfahren im Rechtsvergleich Deutschland – U.S.A., Baden-Baden 2007; *Wagner/Steinkemper,* Zum Zusammenspiel von Kartellvergaberecht und Haushaltsvergaberecht – Insbesondere: Die subsidiäre Anwendbarkeit des Haushalts-Vergaberechts auf Vergaben oberhalb der Schwellenwerte, NZBau 2006, 550–555; *Weiner* EuZW 2012, 401 ff.; *von Wietersheim,* Einschränkungen des Wettbewerbsgrundsatzes bei der öffentlichen Beschaffung, GewArch 2015, 182–186.

A. Einleitung

Die Vergabe öffentlicher Aufträge dient der Beschaffung von sachlichen Mitteln und Leistungen, die der Staat zur Erfüllung seiner Aufgaben benötigt. Die Auftragsvergabe dient demnach der Bedarfsdeckung des Staates und hat damit das Ziel, seine Funktionsfähigkeit zu erhalten.[1] Als Recht der Vergabe (Vergaberecht) wird die Gesamtheit der Normen bezeichnet, die ein Träger öffentlicher Gewalt bei der Bedarfsdeckung zu beachten hat.[2] Der Beschaffungsgegenstand wird dabei von den zu erfüllenden Aufgaben bestimmt. Grundsätzlich darf der Staat nur die Sachmittel und Leistungen beschaffen, die er für die Erfüllung seiner Aufgaben benötigt,[3] denn die Beschaffungstätigkeit wird durch Steuergelder finanziert, deren Verwendung reglementiert ist. 1

Vor diesem Hintergrund ist Grundlage der staatlichen Beschaffung in Deutschland traditionell das **Haushaltsrecht,** welches nach § 6 Abs. 1 HGrG die wirtschaftliche und sparsame Verwendung der Haushaltsmittel – Steuergelder – zum Ziel hat.[4] Dieser Grundsatz wird in den Haushaltsordnungen des Bundes und der Länder sowie den landesrechtlichen Gemeindehaushaltsordnungen dahingehend konkretisiert, dass beim Abschluss von Beschaffungsverträgen nach einheitlichen Richtlinien zu verfahren ist (vgl. etwa § 55 Abs. 2 BHO). Derartige Richtlinien sind im 4. Teil des Gesetzes gegen Wettbewerbsbeschränkungen (GWB), den diesen konkretisierenden **Rechtsverordnungen (VgV, UVgO, SektVO, VSVgV, KonzVgV, VergStatVO),** die von den zuständigen Bundesministerien erlassen werden, sowie der **Vergabeordnung für Bauleistungen (VOB/A),** die vom Deutschen Vergabe- und Vertragsausschuss für Bauleistungen, welcher aus Vertretern von Bund, Ländern und Gemeinden sowie von Verbänden der Wirtschaft und von Gewerkschaften bestehen, ausgearbeitet werden, enthalten. Das Haus- 2

---

[1] *Summann,* 3; *Burgi,* § 6 Rn. 2.
[2] BVerfG Beschl. v. 13.6.2006 – 1 BvR 1160/03, NZBau 2006, 791, 792 = BeckRS 2006, 26458.
[3] *Isensee/Kirchhof,* HbdStR IV, § 73 Rn. 12 ff.
[4] Ebenso *Kainer* NZBau 2018, 387 f.

haltsrecht selbst wirkt allerdings lediglich verwaltungsintern und räumt Dritten, dh Bietern, keine subjektiven Rechte ein. Dieser traditionelle **verwaltungsinterne** Ansatz des deutschen Vergaberechts musste unter dem Einfluss des europäischen Gemeinschaftsrechts teilweise aufgegeben werden.[5] Wegen der hohen wirtschaftlichen Bedeutung öffentlicher Aufträge erließ die Europäische Kommission bereits in den 90er Jahren Richtlinien,[6] die durch Gewährleistung eines europaweiten, freien und unverfälschten Wettbewerbs um die Vergabe öffentlicher Aufträge der Schaffung eines einheitlichen europäischen Binnenmarktes dienen sollten.[7] Dazu wurden den beteiligten Unternehmen auch subjektive Rechte auf Einhaltung der Verfahrensvorgaben eingeräumt. Als Folge der Umsetzung dieser Richtlinien musste der haushaltsrechtliche Ansatz in Deutschland – jedenfalls ab Erreichen bestimmter Auftragswerte (EU-Schwellenwerte) – aufgegeben werden, um den europäischen Vorgaben Rechnung zu tragen.

3 Das deutsche Vergaberecht dient damit der Verwirklichung zweier Ziele: (1) die angemessene Verwendung von Haushaltsmitteln bei der zur Erhaltung der Funktionsfähigkeit der öffentlichen Hand dienenden Bedarfsdeckung und (2) die Gewährleistung eines freien Wettbewerbs bei der Auftragsvergabe zur Schaffung eines europäischen Binnenmarktes.[8] Das bedeutet, ausgehend vom Interesse der Allgemeinheit an der sorgsamen Verwendung der Steuergelder, soll das Vergaberecht gewährleisten, dass der öffentliche Auftraggeber möglichst günstig diejenigen Leistungen und Sachmittel beschafft, die er für seine Verwaltungstätigkeit benötigt.[9] Gleichzeitig soll das Vergaberecht aber auch dem Schutz des freien Wettbewerbs der potenziellen Auftragnehmer dienen und damit Partikularinteressen des einzelnen Unternehmers verwirklichen.[10] Das deutsche Vergaberecht steht demnach im Spannungsfeld unterschiedlicher Ziele und Interessen. Diese Ziele und Interessen spiegeln die in § 97 GWB genannten Vergaberechtsgrundsätze, die das gesamte Vergabeverfahren prägen, in unterschiedlichem Ausmaß wider. Es handelt sich namentlich um den Wettbewerbs-, den Transparenz- und den Gleichbehandlungsgrundsatz und das Gebot der Berücksichtigung mittelständischer Interessen, sowie seit dem Vergaberechtsmodernisierungsgesetz[11] zusätzlich um den Wirtschaftlichkeits- und Verhältnismäßigkeitsgrundsatz.

4 Der Wettbewerbs-, der Transparenz- und der Gleichbehandlungsgrundsatz haben sowohl in Deutschland als auch in der EU eine lange Tradition. Das gilt auch für die 2016 eingefügten Grundsätze der Wirtschaftlichkeit und Verhältnismäßigkeit, deren Regelungsgehalt auch zuvor bereits in zahlreichen Vorschriften des Vergaberechts enthalten war und auch weiterhin ist.[12] Im Europarecht finden die Grundsätze ihren Ursprung in den primärrechtlichen Grundfreiheiten, die in den Vergaberichtlinien weiter konkretisiert wurden. In Deutschland wurden sie bereits als Leitsätze für die staatliche Beschaffungstätigkeit angesehen, bevor sie 1999 in die Form eines formellen Gesetzes gegossen wurden. Ihre Ausgestaltung als materielle Rechtsgrundsätze erfolgte im Zuge des Vergaberechtsänderungsgesetzes[13] und diente vordergründig der Betonung der Bedeutsamkeit dieser elementaren Prinzipien für das deutsche Vergaberecht. Mit selber Intention wurden zuletzt die Grundsätze der Verhältnismäßigkeit und Wirtschaftlichkeit ebenfalls in § 97 Abs. 1 GWB implementiert.[14] Hinzukommt im vierten Absatz der Vorschrift der Grundsatz der Berücksichtigung mittelständischer Interessen, der insoweit eine Sonderstellung einnimmt, als er im Gegensatz zu den anderen Vergabegrundsätzen nicht durch das Europarecht vorgege-

[5] BVerfG Beschl. v. 13.6.2006 – 1 BvR 1160/03, NZBau 2006, 791, 792 = BeckRS 2006, 26458.
[6] Richtlinien 92/50 EWG, 93/36/EWG, 93/37/EWG und 93/38/EWG.
[7] EuGH Urt. v. 10.10.2013 – C-336/12 – Manova, NZBau 2013, 783 = BeckRS 2013, 81942.
[8] *Kainer* NZBau 2018, 386.
[9] *Kainer* NZBau 2018, 386.
[10] *Wagner/Steinkemper* NZBau 2006, 550 f.
[11] BGBl. I 2016 Nr. 8 v. 23.2.2016 S. 203 ff.
[12] So auch die Gesetzesbegründung, vgl. BT-Drs. 18/6281 v. 8.10.2015, S. 67 f.
[13] BGBl. I Nr. 59/1998, S. 2512.
[14] BT-Drs. 18/6281 v. 8.10.2015, S. 67.

ben – wohl aber toleriert – und somit spezifisch für das deutsche Vergaberecht ist.[15] So war die Mittelstandsfreundlichkeit in Deutschland schon in den früheren Fassungen der Vergabeordnungen enthalten und wurde schließlich im Zuge des Vergaberechtsänderungsgesetzes[16] im Jahr 1998 mit den anderen Grundsätzen in § 97 GWB aufgenommen. Mit dem Vergaberechtsmodernisierungsgesetz wurde schließlich in § 97 Abs. 3 GWB noch der Hinweis aufgenommen, dass Aspekte der Qualität, Innovation sowie soziale und umweltbezogene Aspekte bei der Auftragsvergabe berücksichtigt werden. Nach der Gesetzesbegründung dient diese Einfügung der Betonung, dass strategischer Ziele im Rahmen von Vergabeverfahren berücksichtigt werden können und sollen.[17]

Die Vergabegrundsätze bilden den Rahmen für das untergesetzliche Vergaberecht (VgV, 5
UVgO, SektVO, VSVgV, KonzVgV, VergStatVO, VOB/A) und stellen Auslegungsdirektiven für das gesamte GWB-Vergaberecht dar.[18] In der Regel kommt den Grundsätzen dabei über die Leitlinienfunktion hinaus kein unmittelbarer Regelungsgehalt zu.[19] Insbesondere bei den im Zuge des Vergaberechtsmodernisierungsgesetzes 2016 eingefügten Grundsätzen der Wirtschaftlichkeit und Verhältnismäßigkeit ist ein eigener Regelungsgehalt laut Gesetzesbegründung ausdrücklich nicht gewollt. Entsprechend sind durch zahlreiche Entscheidungen der Vergabekammern und der Oberlandesgerichte aus den einzelnen Vergabegrundsätzen weit über die einzelnen Regelungen hinausgehende Rechtspflichten entwickelt worden.[20]

Unterhalb der EU-Schwellenwerte ist § 97 GWB zwar nicht anwendbar, die Vergabe- 6
rechtsgrundsätze sind jedoch in der UVgO sowie in der über das Haushaltsrecht (§ 30 HGrG, § 55 BHO, § 55 LHO sowie Gemeindehaushaltsverordnungen und Gemeindeordnungen der Länder[21]) Geltung erlangenden VOB/A[22] entsprechend enthalten, so dass es in dieser Hinsicht bislang keine nennenswerten Unterschiede zwischen ober- und unterschwelligen Auftragsvergaben gibt. Darüber hinaus ergibt sich die Geltung der Grundsätze unterhalb der EU-Schwellenwerte auch aus dem EU-Primärrecht.[23] Allerdings ist ein Verstoß gegen die Vergabegrundsätze im unterschwelligen Bereich nicht im Rahmen eines Vergabenachprüfungsverfahrens justiziabel.[24]

Welche Auswirkungen die Vergabegrundsätze auf das Vergaberecht und die staatliche Beschaffungstätigkeit haben, soll im Folgenden für jeden der Grundsätze dargestellt werden. Da das Vergaberecht heutzutage maßgeblich vom europäischen Recht geprägt ist,[25] wird dabei besonderes Augenmerk auch auf die gemeinschaftsrechtliche Bedeutung geworfen.

---

[15] Siehe unten unter E, → Rn. 43.

[16] BGBl. I Nr. 59/1998, S. 2512.

[17] BT-Drs. 18/6281 v. 8.10.2015, S. 68.

[18] BGH Beschl. v. 1.2.2005 – X ZB 27/04, NZBau 2005, 290, 295; BGH Beschl. v. 1.12.2008 – X ZB 31/08, NVwZ 2009, 605 = IBRRS 2008, 4207.

[19] *Frenz* in: *Willenbruch/Wieddekind,* § 97 Rn. 1; diff. *Burgi* NZBau 2008, 29, 32f.: kein unmittelbarer Regelungsgehalt, es sei denn dies ist zur Herstellung von Europarechtskonformität notwendig.

[20] Vgl. zB OLG München Beschl. v. 25.3.2019 – Verg 10/18, NZBau 2019, 538; VK Sachsen-Anhalt Beschl. v. 28.6.2019 – 2 VK LSA 26/18, BeckRS 2019, 42600.

[21] ZB § 31 BadWürttGemHVO, § 31 BayKommHV-Kameralistik, § 29 HessGemHVO-Doppik, § 22 RhPfGemHVO, § 24 SaarlGemHVO, § 31 ThürGemHVO.

[22] Dort der erste Abschnitt.

[23] EuGH Urt. v. 7.12.2000 – C-324/98, NZBau 2001, 148 – Telaustria, Rn. 60ff.; EuGH Urt. v. 13.10.2005 – C-458/03, ZfBR 2006, 75 = NZBau 2005, 644 – Parking Brixen, Rn. 46ff.; EuGH Urt. v. 6.4.2006 – C-410/04, ZfBR 2006, 494 = NZBau 2006, 326 – ANAV/Bari, Rn. 18ff.; vgl. auch die Unterschwellenmitteilung der EU-Kommission C 179/2 v. 1.8.2006, insbes. Punkt 2.2.1.

[24] *Dreher* NZBau 2005, 427, 436; siehe aber Unterschwellenmitteilung der EU-Kommission C 179/2 v. 1.8.2006, Punkt 2.3.3.

[25] Vgl. EuGH Urt. v. 3.5.2005 – C-21/03 – Fabricom, Rn. 25ff., 30, 36; OLG Düsseldorf Beschl. v. 4.5.2009 – Verg 68/08; VergabeR 2009, 905, 916.

B. Der Wettbewerbsgrundsatz, § 97 Abs. 1 GWB

I. Herleitung

7 Der das gesamte Vergabeverfahren beherrschende Wettbewerbsgrundsatz[26] war schon in den deutschen Verdingungsordnungen enthalten, bevor er mit Umsetzung der EU-Vergaberichtlinien in das GWB aufgenommen wurde.[27] Heute findet sich der Wettbewerbsgrundsatz außer in § 97 Abs. 1 GWB auch in §§ 2 Abs. 1, 2 EU Abs. 1 VOB/A, und § 2 Abs. 1 S. 1 UVgO wieder.

1. Wettbewerb aus nationaler Sicht

8 Aus nationaler Sicht soll durch einen möglichst breiten Wettbewerb um den öffentlichen Auftrag erreicht werden, dass die beste – ausgerichtet am mit ihr verfolgten Zweck – Leistung zum günstigsten Preis eingekauft wird,[28] indem konkurrierende Unternehmen in einen (Preis-)Wettbewerb miteinander gesetzt werden.[29] Damit soll eine wirtschaftliche sowie sparsame Verwendung der begrenzten Mittel der öffentlichen Hand gewährleistet und einer Verschwendung von Steuergeldern vorgebeugt werden.[30] Denn ursprünglich war das deutsche Vergaberecht haushaltsrechtlich orientiert.[31] So prägte bis 1999 vornehmlich das (haushaltsrechtliche) **Gebot der Wirtschaftlichkeit und Sparsamkeit,** welches seine verfassungsrechtliche Grundlage in Art. 114 Abs. 2 S. 1 GG hat, die staatliche Beschaffungstätigkeit.[32] Entsprechend des haushaltsrechtlichen Ansatzes des deutschen Vergaberechts dient die Ausrichtung des Vergabeverfahrens am Wettbewerbsgrundsatz aus nationaler Sicht vornehmlich der Beschaffung zu möglichst kostengünstigen Konditionen.[33] Der Wettbewerb der Anbieter um einen ausgeschriebenen Auftrag ist danach (lediglich) das Mittel der Wahl, um das haushaltsrechtliche Ziel (sparsame Mittelverwendung) zu erreichen. Nach diesem Ansatz ist die Schaffung von Wettbewerb nicht selbst Zweck des Vergabeverfahrens.[34] Er dient vielmehr vornehmlich den öffentlichen Auftraggebern zur Gewährleistung einer möglichst günstigen Beschaffung.

2. Wettbewerb aus europäischer Sicht

9 In den europäischen Vergaberichtlinien bleiben haushaltsrechtliche Belange, wie der die staatliche Beschaffungstätigkeit prägende Aspekt der Erfüllung von Verwaltungsaufgaben, mangels EU-Kompetenz unberücksichtigt.[35] Zwar sind haushaltsrechtliche Erwägungen dem Europarecht nicht völlig fremd. So griff der *Cecchini*-Report zur Errichtung des Binnenmarktes[36] zur Begründung einer weitgehenden Regulierung des öffentlichen Auftragswesens umfassend auf den Wettbewerbsgrundsatz zurück, wobei Kostenersparnisse der öffentlichen Hand durch wettbewerblich verursachte Kostensenkungen der Anbieter von Lieferungen und Leistungen erzielt werden sollten. Daneben wurde der Wettbewerbsgrundsatz aus den Wettbewerbsregeln (Art. 101 f. AEUV) hergeleitet, welche auch auf die staatliche Beschaffungstätigkeit Anwendung finden.

---

[26] OLG Düsseldorf Beschl. v. 19.2.2020, BeckRS 2020, 2260 – Verg 2/19; OLG Düsseldorf Beschl. v. 19.2.2020, BeckRS 2020, 2260 – Verg 26/17; OLG München Beschl. v. 17.1.2011 – Verg 2/11, ZfBR 2011, 382; OLG München Beschl. v. 11.8.2008 – Verg 16/08, ZfBR 2008, 721, 722 = BeckRS 2008, 17227.

[27] *Dreher* in: *Immenga/Mestmäcker* § 97 Rn. 6.

[28] *Kainer* NZBau 2018, 387 f.

[29] *Summann* 32.

[30] *Burgi* § 6 Rn. 11; *Summann* 30 f.

[31] BVerfG Beschl. v. 13.6.2006 – 1 BvR 1160/03, NZBau 2006, 791 = BeckRS 2006, 26458; BGH Urt. v. 5.6.2012 – X ZR 161/11, NZBau 2012, 652.

[32] *Summann* 30.

[33] *Burgi* § 6 Rn. 11.

[34] BVerfG Beschl. v. 13.6.2006 – 1 BvR 1160/03, NZBau 2006, 791, 794 = BeckRS 2006, 26458.

[35] *Frister* VergabeR 2011, 295, 297.

[36] *Cecchini* Europa, 91, Der Vorteil des Binnenmarktes, 1988, S. 37, 45.

Vornehmliches Ziel der Vergaberichtlinien und damit auch des Wettbewerbs aus europäische Sicht ist indessen die Schaffung eines **einheitlichen europäischen Binnenmarktes** (vgl. Art. 3 Abs. 1 lit. b), 26 Abs. 1 und 2, 119 Abs. 1, 129 AEUV).[37] Dafür sowie für die Durchsetzung der Grundfreiheiten[38] und des allgemeinen Diskriminierungsverbots aus Gründen der Staatsangehörigkeit gem. Art. 18 AEUV ist die Regulierung der Nachfragemacht der Mitgliedstaaten essentiell.[39] Der offene und faire Wettbewerb um den öffentlichen Auftrag, welcher aus den Grundfreiheiten des EU-Vertrags (Freier Warenverkehr, Niederlassungsfreiheit, freier Dienstleistungsverkehr) und dem Diskriminierungsverbot (Art. 18 AEUV) abgeleitet wird[40], soll vor diesem Hintergrund den gleichberechtigten Zugang aller Unternehmen (aus den Mitgliedstaaten) zu den Beschaffungsmärkten der öffentlichen Hand gewährleisten.[41] Oberstes Ziel des europäisch geprägten Wettbewerbsgrundsatzes ist demnach nicht die sparsame Beschaffungstätigkeit der öffentlichen Hand, sondern die **Schaffung** und der **Erhalt der Chancengerechtigkeit** unter den Teilnehmern des Vergabeverfahrens[42] und damit die Gewährleistung eines freien Marktzugangs für alle interessierten Unternehmen. Der Wettbewerb fördert also auch die Marktwirtschaft und ist somit Grundlage und Ziel des Vergaberechts. 10

Der europäische Ansatz dient daher vornehmlich den Bewerbern und Bietern zur Gewährleistung eines umfassenden Zugangs zum öffentlichen Auftragswesen.[43] Schließlich soll die Organisation von Wettbewerb im Beschaffungsprozess dafür sorgen, dass alle Unternehmen, die sich an der öffentlichen Beschaffung mit Gewinnstreben beteiligen wollen, eine gerechte Chance dazu erhalten, wobei am Ende regelmäßig das leistungsfähigste Unternehmen Erfolg haben wird und soll.[44] Entsprechend sehen die europäischen Richtlinien vor, dass den Bietern **subjektive Rechte** auf Einhaltung der Verfahrensvorgaben eingeräumt und diese im Rahmen von Rechtschutzverfahren durchgesetzt werden können. 11

Dabei weisen die EU-Vergaberichtlinien dem Wettbewerbsgrundsatz allerdings eine scheinbar nur untergeordnete Rolle zu. Denn während der Transparenz- und Gleichbehandlungsgrundsatz in Art. 18 Abs. 1 S. 1 RL 2014/24/EU, Art. 36 Abs. 1 S. 1 RL 2014/25/EU ausdrücklich genannt sind, findet der Wettbewerbsgrundsatz lediglich im 1. Erwägungsgrund, Art 18 Abs. 1 S. 2 RL 2014/24/EU Erwähnung. Trotzdem betrachtet der EuGH den Wettbewerb als das übergeordnete Ziel des gesamten Vergabewesens.[45] 12

II. Bedeutung für das deutsche Vergaberecht

Die übergeordnete Bedeutung, die der EuGH dem Wettbewerbsgrundsatz einräumt, hat auch der deutsche Gesetzgeber mit der Voranstellung dieses Grundsatzes zu Beginn des vergaberechtlichen Kapitels des GWB[46] aufgenommen. Das bedeutet aber nicht, dass der nationale Ansatz – das Prinzip der sparsamen Mittelverwendung – nach Umsetzung der europäischen Vergaberichtlinien in das deutsche Vergaberecht zum 1.1.1999 der Vergangenheit angehört. Vielmehr wurde dadurch lediglich der Fokus auf die, die Richtlinien bestimmende Gewährleistung wettbewerblicher Verhältnisse verschoben,[47] ohne jedoch die ursprüngliche Funktion des Vergaberechts gänzlich zu überdecken.[48] Der Wettbewerbs- 13

[37] Ausführlich zur europäischen Dimension des Wettbewerbsgrundsatzes auch *Burgi* § 6 Rn. 8.
[38] Dienstleistungsfreiheit: Art. 56 ff. AEUV, Warenverkehrsfreiheit: Art. 34 ff. AEUV, Niederlassungsfreiheit: Art. 49 ff. AEUV.
[39] *Summann* 30 f.
[40] *Dörr* in: Beck'scher Vergaberechtskommentar, 3. Aufl. 2017, § 97 Rn. 4.
[41] *Summann* 30 f.
[42] *Burgi* § 6 Rn. 8.
[43] OLG Düsseldorf Beschl. v. 17.6.2002, Verg 18/02, NZBau 2002, 626, 629.
[44] *Marx* in: Motzke/Pietzcker/Prieß, § 97 GWB Rn. 17.
[45] EuGH Urt. v. 7.10.2004, EuZW 2004, 722, Rn. 37.
[46] § 97 Abs. 1 GWB.
[47] *Frister* VergabeR 2011, 295, 297.
[48] So auch BGH Beschl. v. 28.10.2003 – X ZR 248/02, NZBau 2004, 166, 167.

grundsatz dient daher sowohl dem haushaltsrechtlichen Prinzip der Wirtschaftlichkeit als auch der Verwirklichung der europäischen Grundfreiheiten.[49]

14 Die zur Verwirklichung des europarechtlichen Ansatzes und zur Durchsetzung der subjektiven Rechte von Bietern auf dessen Einhaltung erforderlichen Maßnahmen lassen sich jedoch mit dem haushaltsrechtlichen Prinzip der Sparsamkeit teilweise nur schwer vereinbaren. Denn auch wenn die EU-Kommission bei Schaffung der Vergaberichtlinien die Erleichterung der Steuerzahler ebenfalls im Blick hatte,[50] was sich insbesondere im Zuschlagskriterium „wirtschaftlich günstigstes Angebot"[51] widerspiegelt, verursacht die Formstrenge des Vergaberechts regelmäßig hohe Kosten, die dem haushaltsrechtlichen Ansatz, dem es ausschließlich um wirtschaftliche und sparsame Mittelverwendung geht, entgegenstehen können.

III. Aktueller Trend: Weniger Wettbewerb, mehr Wirtschaftlichkeit?

15 Was sich bereits länger andeutete wurde im Zuge der letzten Vergaberechtsreform im Jahr 2016 auch gesetzliche Realität: Der Grundsatz der Wirtschaftlichkeit wurde ausdrücklich in den Reigen der Vergaberechtsgrundsätze in § 97 Abs. 1 S. 2 GWB aufgenommen. Angesichts des teilweise erheblichen Kosten, die mit der Organisation eines Vergabeverfahrens einhergehen, wurde bereits im Vorfeld bezweifelt, ob die Einsparungen, die aufgrund eines streng am Wettbewerbsgrundsatz ausgerichteten Verfahrens erzielt werden können, diese Kosten rechtfertigen.[52] Zu häufig stehen Aufwand und Nutzen in keinem Verhältnis mehr. Der Wert des Beschaffungsgegenstandes sowie die Bedeutung des Beschaffungsziels stehen in keinem Verhältnis zu Aufwand und Kosten der Organisation des Beschaffungsverfahrens. Insbesondere vor dem Hintergrund der haushaltsrechtlichen Komponente des nationalen Vergaberechts ist eine kritische Hinterfragung des vergaberechtlichen Wettbewerbsgrundsatzes angezeigt. Denn das Vergaberecht soll eben nicht nur den möglichst breiten Wettbewerb unterstützen, sondern auch dem öffentlichen Interesse an einer im Hinblick auf die anfallenden Kosten optimalen Bedarfsdeckung der öffentlichen Hand dienen.[53] Zusammen mit dem im Zuge der letzten Reform ebenfalls zum Vergaberechtssatz erhobenen Verhältnismäßigkeitsprinzip ist damit künftig abzuwägen, ob die Wirtschaftlichkeit der Beschaffung – zu der auch das Beschaffungsverfahren gehört – eine kompromisslos wettbewerbliche Ausrichtung des Verfahrens im Ergebnis überwiegt.[54] Mit anderen Worten: Wirtschaftlichkeit statt Wettbewerb, dh Wettbewerb nur in dem Umfang, wie es der Wirtschaftlichkeit der Beschaffung förderlich und angesichts des finanziellen Aufwands noch verhältnismäßig ist, anstelle eines Wettbewerbs um des Wettbewerb Willens.

16 Bestrebungen im EU-Primärrecht sowie auch auf nationaler Ebene gingen dieser Entwicklung voraus. Mit Inkrafttreten des Lissabon-Vertrags wurde der Auftrag, den Binnenmarkt vor Wettbewerbsverfälschungen zu schützen, aus dem Vertragstext – ehemals: Art. 31 lit. g) EG – in das „Protokoll über den Binnenmarkt und den Wettbewerb" ausgelagert. Parallel wurde auch auf nationaler Ebene der **Ruf nach höherer Verfahrenseffizienz** lauter.[55] Mit der Einfügung des Wirtschaftlichkeits- und Verhältnismäßigkeitsgrundsatzes in § 97 Abs. 1 S. 2 GWB scheint ein erster Schritt in diese Richtung getan.[56] Daran anknüpfend sollten Vergabeverfahren künftig so gestaltet werden, dass Zeit, Personal und Sachmittel auf das zur Erreichung des Beschaffungsziels absolut notwendige Maß begrenzt

---

[49] Vgl. auch EuGH Urt. v. 27.11.2001 – C-286/99, BeckRS 2001, 160746 – Lombardini, Rn. 36.
[50] Mitteilung der Kommission (zur Binnenmarktstrategie des Jahres 1999) v. 11.4.2002 KOM (2002), 171 endg., 12.
[51] Erwägungsgrund 90, Art. 67 Abs. 5 RL 2014/24/EU.
[52] *Frister* VergabeR 2011, 295, 296.
[53] BGH Urt. v. 17.2.1999 – X ZR 101/97 (KG), NJW 2000, 137, 140 = BeckRS 1999, 30047215.
[54] *Burgi* NZBau 2009, 609, 613.
[55] Monatsinfo des forum vergabe e.V. 6/2008, 111.
[56] Vgl. dazu unten unter D, → Rn. 37 ff.

werden[57] und dem „Interesse der Allgemeinheit an einer wirtschaftlichen Erfüllung der Aufgaben des Auftraggebers“[58] größere Bedeutung als dem momentan vorherrschenden Bieterschutz zugeschrieben wird.

IV. Inhalt und Auswirkung auf das Vergabeverfahren

Wettbewerb ist das „integrierende Ziel“ des Vergaberechts, das durch die einzelnen 17
Grundsätze und Regelungen verwirklicht wird.[59] Wettbewerb bedeutet dabei sowohl **Preis- als auch Konditionen- und Leistungswettbewerb.**[60] Die Bieter sollen danach in einen echten und fairen Wettbewerb um die nach Qualität und Preis effizienteste Leistungserbringung treten. Hintergrund ist, dass eine verlässliche Ermittlung des wirtschaftlichsten Angebots nur möglich ist, wenn ein sog. *level playing field* gegeben ist, dh für alle Bieter dieselben Verfahrensbedingungen gelten. Der Wettbewerbsgrundsatz prägt daher das gesamte GWB-Vergaberecht; sämtliche Vergabevorschriften des GWB sind unter Beachtung des Wettbewerbsgrundsatzes auszulegen.[61] Es obliegt dabei dem Auftraggeber stets für die Entstehung[62] und den Erhalt eines echten, unverfälschten Wettbewerbs zu sorgen.[63] Umgekehrt verbietet der Wettbewerbsgrundsatz daher Auftraggebern wie Bietern Verhaltensweisen, die den Wettbewerb beeinträchtigen oder gar verhindern.[64]

1. Vorrang formstrenger Verfahrensarten

Die im deutschen Vergaberecht geltende **Rangfolge der Vergabearten**[65] lässt sich auf 18
den Wettbewerbsgrundsatz in seiner haushaltsrechtlichen Ausprägung zurückführen. Den größtmöglichen unverfälschten Wettbewerb und damit die beste Chance auf kostengünstigen Konditionen bieten das offene und das nicht offene Verfahren mit einer theoretisch unbegrenzten Bieteranzahl. Beim nichtoffenen Verfahren ist die Zahl der potentiellen Bieter und mithin auch der Wettbewerb zwar eingeschränkt, allerdings gewährleistet der allen Bewerbern im ersten Schritt offenstehende Teilnahmewettbewerb sowie die diesem nachfolgende Angebotsphase durch ihre Formstrenge eine dem offenen Verfahren in nichts nachstehende Chance auf einen unverfälschten Wettbewerb unter den Beteiligten. Eine geringere Wettbewerbsintensität prägt dagegen alle Verfahrensarten, die einen Austausch zwischen Auftraggeber und Bieter zulassen und daher anfällig für wettbewerbsverzerrende Elemente sind. Das Verhandlungsverfahren, der wettbewerbliche Dialog sowie die Innovationspartnerschaft sind daher nur unter besonderen Voraussetzungen zulässig. Folglich sieht das deutsche Vergaberecht, wie auch die EU-Richtlinien[66], einen Vorrang des offenen und nicht offenen Verfahrens vor.[67]

2. Schaffung eines level playing field

Ein echter und unverfälschter Wettbewerb, der die Ermittlung des objektiv wirtschaftlichs- 19
ten Angebots gewährleistet, ist nur möglich, wenn für alle Teilnehmer des Verfahrens die

[57] *Burgi* NZBau 2009, 609, 614f.
[58] § 169 Abs. 2 S. 2 GWB.
[59] *Frenz* in: *Willenbruch/Wieddekind* § 97 Rn. 4.
[60] Marx in: Motzke/Pietzcker/Prieß § 97 Rn. 17.
[61] *Prieß* NZBau 2004, 87, 92.
[62] VK Sachsen-Anhalt Beschl. v. 3.3.2006 – VK 2-LVwA LSA 2/06, IBR 2006, 641 = IBRRS 2006, 3662.
[63] VK Brandenburg Beschl. v. 8.9.2006 – 2 VK 34/06, IBR 2007, 97.
[64] OLG Düsseldorf Beschl. v. 27.7.2006, Verg 23/06, IBR 2007 Heft 2, 94 = BeckRS 2006, 14197; VK Sachsen Beschl. v. 19.5.2009 – 1/SVK/009-09; VK Südbayern Beschl. v. 11.2.2009 – Z3-3-3194-1-01-01/09, IBRRS 2009, 1617; vgl. auch *von Wietersheim* GewArch, 2015, 182ff.
[65] Nach europäischen Vorgaben ist besteht lediglich eine Nachrangigkeit des Verhandlungsverfahrens, Art. 26 Abs. 4, 6 RL 2014/24/EU.
[66] Art. 26 Abs. 2 RL 2014/24/EU.
[67] § 119 Abs. 2 GWB.

gleichen Bedingungen gelten. Die Umsetzung des Wettbewerbsgrundsatzes im Vergabeverfahren dient daher der Schaffung eines sog. ***level playing fields*** für die Bieter.

Eine unzulässige Wettbewerbsbeeinträchtigung liegt demzufolge beispielsweise vor, wenn ein nach den vergaberechtlichen Regeln **auszuschließendes Angebot**[68] zugelassen wird. Dazu gehören auch unvollständige Angebote, die nicht alle geforderten (bzw. nachgeforderten) Preise und Erklärungen enthalten.[69] Denn die eingereichten Angebote sind nur dann zur Ermittlung des wirtschaftlichsten Angebots vergleichbar, wenn das *level playing field* gewährleistet ist.

20 Auf diese Weise kann damit die Berücksichtigung des Wettbewerbsgrundsatzes selbst zu einer Verengung des Wettbewerbs führen und damit streng genommen das Prinzip der Wirtschaftlichkeit und Sparsamkeit beeinträchtigen.[70] Denn einerseits soll zwar ein möglichst breiter Wettbewerb hergestellt, also möglichst vielen Unternehmen der Zugang zu dem relevanten Markt gewährt werden, andererseits verlangt der Wettbewerbsgrundsatz aber den Ausschluss zahlreicher Bieter und verringert so die Anzahl zuschlagsfähiger Angebote. Hier ist eine Balance zwischen Wettbewerbsschutz und Wettbewerbsförderung zu finden. Dabei gilt es zu verhindern, Wettbewerb lediglich um des Wettbewerbs Willens zu fordern. Die im Jahr 2009 eingeführte Möglichkeit fehlende Unterlagen und Angaben vor dem Ausschluss zunächst nachzufordern, war hier ein Schritt in die richtige Richtung.

3. Teilnehmerauswahl

21 Auch die **Teilnahmebedingungen** eines Vergabeverfahrens sind am Wettbewerbsgrundsatz auszurichten. So darf der Auftraggeber den Wettbewerb nicht ohne sachlichen Grund behindern, indem er durch knappe Angebotsfristen, überzogene Eignungsanforderungen oder unnötige Sicherheitsleistungen den Zugang zum Verfahren erschwert. Unzulässig ist daher auch eine Ausschreibung, die so gestaltet ist, dass faktisch nur ein Unternehmen zur Leistungserbringung befähigt ist und damit eine unzulässige Monopolstellung entstünde.[71]

22 Die **Trennung zwischen Eignungs- und Zuschlagskriterien,** die unabhängig von der Vergabeart grundsätzlich[72] gilt, ist ebenfalls Ausfluss des Wettbewerbsgrundsatzes, denn sie dient einem möglichst offenen und fairen Wettbewerb um den öffentlichen Auftrag. Eignungskriterien sollen danach grundsätzlich bloße Mindestanforderungen darstellen, die keine graduelle Bewertung im Sinne eines Mehr oder Weniger an Eignung zulassen, um einen möglichst breiten Wettbewerb um den Zuschlag zu ermöglichen.[73] Sind alle geeigneten Bewerber bestimmt, ist Zuschlag nur noch nur noch nach leistungs- bzw. qualitätsbezogenen, zuvor bekannt gemachten, objektiv nachprüfbaren Auswahlkriterien zu erteilen. Dabei werden die Angebote graduell bewertet.

4. Vorrang der Ausschreibung

23 Ebenso verstößt es gegen den Wettbewerbsgrundsatz, wenn der Auftraggeber nach dem Zuschlag in erheblichem Maße von der ausgeschriebenen Leistung abweicht.[74] Das gilt auch für die **Vertragsanpassung** bei Dauerschuldverhältnissen, wenn dadurch neue Leistungen hinzukommen oder sich die zu erbringenden Leistungen wesentlich ändern.[75] Nach § 132 GWB sind wesentliche Vertragsänderungen daher im Wettbewerb vorzunehmen, dh erfordern eine neue Ausschreibung. Eine lange Laufzeit kann daher den Wettbe-

---

[68] Vgl. § 57 VgV, §§ 16 Abs. 1 Nr. 1 und 3 VOB/A, 16 Abs. 1 Nr. 1 und 3 VOB/A-EU; § 42 UVgO.
[69] VK Thüringen, Beschl. v. 29.3.2019 – 250-4003-10402/2019-E-002-SHL, VPR 2019, 187.
[70] *Marx* in: *Jestedt/Kemper/Marx* Rn. 1.5; *Koenig/Kühling* NVwZ 2003, 779, 785.
[71] OLG Schleswig-Holstein Beschl. v. 9.3.2010 – 1 Verg 4/09, BeckRS 2011, 17649.
[72] Zur Möglichkeit der Berücksichtigung von bieterbezogenen Kriterien iRd Zuschlags siehe OLG Düsseldorf Beschl. v. 3.8.2018 – Verg 30/18, BeckRS 2018, 35115 sowie § 58 Abs. 2 Nr. 2 VgV.
[73] VK Sachsen-Anhalt Beschl. v. 30.10.2009 – 1 VK LVwA 32/09, IBRRS 2011, 1089.
[74] VK Baden-Württemberg Beschl. v. 15.8.2005 – 1 VK 47/05, IBRRS 2006, 0058.
[75] OLG Düsseldorf Beschl. v. 20.6.2001 – Verg 3/01, NZBau 2001, 696, 700.

werb ebenfalls einschränken, so dass beispielsweise für Rahmenvereinbarungen nach § 21 Abs. 6 VgV eine **Laufzeitbeschränkung** auf vier Jahre vorgesehen ist. Für andere Verträge existiert keine allgemeine ausdrückliche Laufzeitbeschränkung nicht.[76] Sie kann sich jedoch im Einzel aus dem Wettbewerbsgrundsatz ergeben.

5. Wahrung des Geheimwettbewerbs

24 Nur dann, wenn jeder Bieter die ausgeschriebene Leistung in Unkenntnis der Angebote, Angebotsgrundlagen und Angebotskalkulation seiner Mitbewerber anbietet (sog. Geheimwettbewerb), ist ein echter Bieterwettbewerb möglich.[77] Der Wettbewerb wird daher in jedem Fall in unzulässiger Weise verfälscht, wenn ein Bieter auch nur teilweise[78] das Angebot eines anderen Bieters kennt. Daher haben öffentliche Auftraggeber die Pflicht zur **Gewährleistung des Geheimwettbewerbs.**[79] Ein Bieter, der gegen den Geheimwettbewerb verstößt und **wettbewerbsbeschränkende Abreden** trifft, muss ausgeschlossen werden.[80] Dabei ist der Begriff „wettbewerbsbeschränkende Abrede" weit auszulegen. Er ist nicht auf gesetzeswidriges Verhalten beschränkt, sondern umfasst alle sonstigen Absprachen und Verhaltensweisen eines Bieters, die mit dem vergaberechtlichen Wettbewerbsgebot unvereinbar sind.[81] Im Allgemeinen genügt es, wenn ein Angebot in Kenntnis eines Konkurrenzangebots abgegeben wird.[82] Eine Beeinträchtigung des Geheimwettbewerbs liegt daher regelmäßig dann vor, wenn **verbundene Unternehmen** an derselben Ausschreibung parallel Angebote abgeben, ohne Vorkehrungen zur Wahrung des Geheimwettbewerbs zu treffen, und auch, wenn ein Unternehmen neben einem eigenen Angebot zusätzlich eines im Rahmen einer Bietergemeinschaft einreicht **(Doppel- bzw. Mehrfachbeteiligung).**[83] Von vornherein unschädlich ist dagegen die Beteiligung als **Nachunternehmer** mehrerer Hauptbieter in Unkenntnis der jeweiligen Hauptangebote sowie, wenn ein Einzelunternehmen ein separates Angebot nur zu den Leistungsteilen abgibt, deren Erfüllung ihm auch im Rahmen einer Bietergemeinschaft zufallen würde.[84] Denn in diesen Fällen bleibt der Geheimwettbewerb gewahrt, da kein Bieter Kenntnis von einem Konkurrenzangebot hat.

25 Schließlich setzt der Geheimwettbewerb voraus, dass der Auftraggeber die **Vertraulichkeit** der von den Unternehmen eingereichten Unterlagen wahrt.[85] Das dient sowohl dem Bieterschutz als auch der Gewährleistung einer möglichst wirtschaftlichen Beschaffung.[86] Die Geheimhaltung gilt grundsätzlich auch im Nachprüfungsverfahren fort und konkurriert insofern mit dem Akteneinsichtsrecht der Betroffenen.[87] Die Vergabestelle hat gegenüber der Nachprüfungsstelle die geheimhaltungsbedürftigen Unterlagen zu kennzeichnen

---

[76] EuGH Urt. v. 19.6.2008 – C-454/06 – Pressetext Nachrichtenagentur, Rn. 74, EuZW 2008, 465 = NZBau 2008, 518.

[77] VK Westfalen, Beschl. v. 19.7.2019 – VK 2-13/19, BeckRS 2019, 14987; OLG München Beschl. v. 17.1. 2011 – Verg 2/11, ZfBR 2011, 382; OLG München Beschl. v. 11.8.2008 – Verg 16/08, ZfBR 2008, 721, 722 = BeckRS 2008, 17227; OLG Düsseldorf v. 16.9.2003 – Verg 52/03,, IBR 2003 Heft 12, 686; VergabeR 2003, 690.

[78] VK Bund, Beschl. v. 31.1.2020 – VK 2-102/19; ab einer Kenntnis von über 50% liegt jedenfalls ein Verstoß gegen den Geheimwettbewerb vor, OLG München Beschl. v. 11.8.2008 – Verg 16/08, ZfBR 2008, 721, 722 = BeckRS 2008, 17227; LSG Brandenburg Beschl. v. 6.4.2009 – L 9 KR 72/09 ER.

[79] OLG Düsseldorf Beschl. v. 16.9.2003 – Verg 52/03, IBR 2003 Heft 12, 686; VergabeR 2003, 690ff.

[80] Vgl. § 124 Abs. 1 Nr. 4 GWB.

[81] OLG Düsseldorf Beschl. v. 13.4.2011 – Verg 4/11, BeckRS 2011, 08603; OLG München Beschl. v. 17.2. 2011, Verg 2/11; OLG Celle, Beschl. v. 2.12.2010 – 13 Verg 12/10, BeckRS 2011, 00528; OLG München Beschl. v. 11.8.2008 – Verg 17/08, ZfBR 2008, 721, 722 = BeckRS 2008, 17227; OLG Düsseldorf Beschl. v. 27.7.2006 – Verg 23/06, IBR 2007 Heft 2, 94 = BeckRS 2006, 14197.

[82] OLG Düsseldorf Beschl. v. 13.4.2011 – Verg 4/11, BeckRS 2011, 08603.

[83] OLG Düsseldorf Beschl. v. 13.9.2004 – VI W 24/04; VergabeR 2005, 117.

[84] OLG Düsseldorf Beschl. v. 28.5.2003 – Verg 8/03, IBRRS 2003, 1959; VergabeR 2003, 461; VK Lüneburg Beschl. v. 5.3.2008 – VgK-03/2008, NJOZ 2008, 3951.

[85] Vgl. § 5 VgV; § 39 UVgO; §§ 13 Abs. 1 Nr. 2 VOB/A, 2 Abs. 6 VOB/A-EU, Art. 21 RL 2014/24/EU.

[86] OLG Jena Beschl. v. 19.4.2004 – 6 Verg 3/04, IBRRS 2004, 1059.

[87] Näher dazu unten unter C.II. (Transparenzgrundsatz).

und diese Entscheidung zu begründen.[88] In der Regel werden Bieter daher aufgefordert, geheimhaltungsbedürftige Teile ihrer Angebote zu kennzeichnen. Vergabeverstöße, die ausschließlich unter Verstoß gegen das Geheimhaltungsgebot und damit gegen den Wettbewerbsgrundsatz bekannt geworden sind, dürfen in Vergabenachprüfungsverfahren grundsätzlich nicht berücksichtigt werden.[89]

C. Der Transparenzgrundsatz, § 97 Abs. 1 GWB

I. Herleitung

26 Der Transparenzgrundsatz gilt wegen seiner Verankerung im europäischen Primärrecht und im Grundgesetz unabhängig vom Schwellenwert. Während er im haushaltsrechtlich geprägten deutschen Vergaberecht noch nicht explizit als Grundsatz enthalten war, ist er mittlerweile außer im GWB auch in §§ 2 Abs. 1 Nr. 1, 2 EU Abs. 1 Nr. 1 VOB/A und § 2 Abs. 1 UVgO genannt. In seiner gegenwärtigen Ausgestaltung ist der Transparenzgrundsatz vornehmlich aus dem europäischen Diskriminierungsverbot abgeleitet[90] und folglich vom Europarecht geprägt.

1. Transparenz aus nationaler Sicht

27 Das Transparenzgebot fand sich jedoch auch schon vor Inkrafttreten des Vergaberechtsänderungsgesetzes[91] in einigen Vorschriften der damaligen Verdingungsordnungen wieder.[92] Denn das Gebot der Transparenz ergibt sich aus den Grundrechten und dem Rechtsstaatsgebot des Grundgesetzes.[93] Danach sind die Auftraggeber zu „einem angemessenen Grad von Öffentlichkeit, Nachprüfbarkeit und unparteiischer Vergabe verpflichtet".[94] Nach dem überwiegend aus Art. 20 und 28 GG abgeleiteten **Rechtsstaatsprinzip** gilt das Gebot der Durchschaubarkeit und Nachvollziehbarkeit staatlicher Entscheidungen auch für die Entscheidungen der öffentlichen Hand im Rahmen ihrer Beschaffungstätigkeit.[95] Teilweise lässt sich das auch aus den Grundrechten des Grundgesetzes ableiten.[96] Aus nationaler Sicht dient der Transparenzgrundsatz demnach vornehmlich der Ermöglichung der effektiven Kontrolle der Verwaltung.

2. Transparenz aus europäischer Sicht

28 Auf europäischer Ebene entwickelte der EuGH den Transparenzgrundsatz aus den heute in Art. 18, 49, 56 AEUV geregelten Diskriminierungsverboten und dem allgemeinen Gleichheitsgrundsatz.[97] Er dient in diesem Zusammenhang vornehmlich der Durchsetzung eines freien und offenen Wettbewerbs um den öffentlichen Auftrag zur Schaffung eines

---

[88] OLG Celle Beschl. v. 10.9.2001 – 13 Verg 12/01, VergabeR 2002, 82, IBR 2001 Heft 10, 574.

[89] OLG Brandenburg Beschl. v. 6.10.2005 – Verg W 7/05, IBR 2006 Heft 2 111; VK Mecklenburg-Vorpommern Beschl. v. 7.1.2008 – 2 VK 5/07; VK Bund Beschl. v. 29.12.2006 – VK 2 131/06.

[90] Vgl. oben unter B.I. Herleitung, → Rn. 7.

[91] BGBl. I Nr. 59/1998, S. 2512.

[92] *Summann* 33.

[93] BVerwG Urt. v. 2.7.2003 – 3 C 46/02, NZBau 2003, 571; VK Bund Beschl. v. 24.4.1999, VK 1-7/99, NZBau 2000, 53, 56.

[94] EuGH v. 17.12.2000 – C-324/98, NZBau 2001, 148 – Telaustria, Rn. 62; EuGH Urt. v. 21.7.2005 – C-231/03, NZBau 2005, 592 – Coname, Rn. 17; EuGH Urt. v. 13.10.2005 – C-485/03, ZfBR 2006, 75 = NZBau 2005, 644 – Parking Brixen, Rn. 49; früher bereits EuGH Urt. v. 18.11.1999 – C-275/98, NZBau 2000, 91 – Unitron Scandinavia, Rn. 31.

[95] *Summann* 33.

[96] BVerwG Urt. v. 2.7.2003 – 3 C 46/02, NZBau 2003, 571.

[97] EuGH Urt. v. 7.12.2000 – C-324/98, NZBau 2001, 148 – Telaustria, Ls. 2 und Rn. 61; EuGH Urt. v. 18.11.1999 – C-275/98, NZBau 2000, 91 – Unitron Scandinavia, Rn. 31; vgl. auch Mitteilung der Kommission zu Auslegungsfragen im Bereich der Konzessionen im Gemeinschaftsrecht v. 29.4.2000, 2000/C 121/02, 121/7.

gemeinsamen Binnenmarktes. Gleichzeitig soll mittels Transparenz Günstlingswirtschaft und Willkür ausgeschlossen werden.[98]

II. Bedeutung für das deutsche Vergaberecht

Der Transparenzgrundsatz des deutschen Vergaberechts hat demnach ebenfalls durch ein Zusammenspiel von nationalen und europäischen Ansätzen zu seiner gegenwärtigen Bedeutung gefunden. Denn auch mit der Transparenz des Vergabeverfahrens sollen sowohl nationale als auch europäische Ziele verwirklicht werden. 29

III. Inhalt und Auswirkung auf das Vergabeverfahren

Die Transparenz des Vergabeverfahrens, die bei allen Verfahrensarten zu gewährleisten ist[99], dient vornehmlich der Umsetzung von Wettbewerb und Nichtdiskriminierung.[100] Ein fairer Bieterwettbewerb setzt nämlich voraus, dass allen interessierten Unternehmen alle relevanten auftragsbezogenen Daten bekannt sind.[101] Der Transparenzgrundsatz verlangt daher das Zugänglichmachen aller auftragsrelevanten Informationen in durchschaubarer und für jedermann nachzuvollziehender Art und Weise. Die Überschaubarkeit und Nachvollziehbarkeit des Verfahrens hat zudem eine vertrauenssteigernde Wirkung für den Beschaffungsvorgang, was wiederum den freien Wettbewerb fördert. Das Transparenzgebot bezweckt daher eine möglichst umfassende Information der Beteiligten und eine durchschaubare sowie nachvollziehbare Gestaltung des Verfahrens. Außerdem schützt ein transparentes Verfahren vor staatlicher Willkür und Korruption und beugt, ebenso wie der Wettbewerbsgrundsatz, der Verschwendung öffentlicher Mittel vor, indem die Offenlegung von Beschaffungsvorgängen den Rechtfertigungsdruck für die Mittelverwendung erhöht.[102] 30

1. Bekanntmachungspflichten

Wichtigste Ausprägung des Transparenzgrundsatzes ist die Pflicht öffentlicher Auftraggeber, ihre Absicht, einen Auftrag zu vergeben, in geeigneter Weise bekanntzugeben und in dieser **Bekanntmachung** alle notwendigen Informationen aufzuführen.[103] Das heißt es sind alle Informationen mitzuteilen, die ein potentieller Auftragnehmer benötigt, um Inhalt und Umfang des Auftrags abzuschätzen.[104] Das hat grundsätzlich europaweit im Amtsblatt der Europäischen Gemeinschaft zu erfolgen.[105] Nur in wenigen Ausnahmefällen kann auf die vorherige europaweite Veröffentlichung der Bekanntmachung verzichtet werden.[106] Zu dem typischen Inhalt einer Bekanntmachung gehören etwa **Umfang, Gegenstand, Art und Dauer der ausgeschriebenen Leistung, Bewerbungsfristen sowie Eignungs- und Zuschlagskriterien.**[107] Diese Angaben müssen so hinreichend konkret sein, dass der potentielle Bieter entscheiden kann, ob er sich an der Ausschreibung beteiligen möchte oder nicht.[108] Ferner müssen die Informationen so klar, präzise und eindeutig formuliert werden, dass alle Bieter unter Einhaltung der im Verkehr üblichen Sorgfalt in der Lage sind, diese in gleicher Weise auszulegen und ihre Entscheidung auf einheitlicher 31

[98] EuGH Urt. v. 10.10.2013 – C-336/12 – Manova, NZBau 2013, 783 = BeckRS 2013, 81942.
[99] *Weyand* § 97 GWB Rn. 173.
[100] EuGH Urt. v. 13.10.2005 – C-485/03, ZfBR 2006, 75 = NZBau 2005, 644 – Parking Brixen, Rn. 49.
[101] EuGH Urt. v. 21.7.2005 – C-231/03, NZBau 2005, 592 – Coname, Rn. 18.
[102] Vgl. ausführlich *Summann* 32ff.
[103] Vgl. § 12 Abs. 1 VOB/A, §§ 27ff. UVgO.
[104] *Weyand,* § 97 GWB Rn. 270.
[105] Vgl. Artikel 48, 49, 50, 51 und Anhang V der RL 2014/24/EU, § 12 VOB/A.
[106] Art. 32 RL 2014/24/EU.
[107] GAin *Stix-Hackel* v. 14.9.2006 – C-532/03 – Kommission/Irland, Rn. 105.
[108] LSG NRW Beschl. v. 28.1.2010 – L 21 KR 68/09 SFB, BeckRS 2010, 69288; VK Köln Beschl. v. 28.1.2011 – VK VOB 30/10, IBR 2011 Heft 5, 291.

Grundlage treffen.[109] Grundsätzlich folgt aus der Festlegung und Bekanntmachung der Ausschreibungsbedingungen, insbesondere der Zuschlagskriterien und ihrer Gewichtungen, eine **Selbstbindung des Auftraggebers.**[110] Das heißt, alle Angaben sind grundsätzlich in der bekanntgegebenen Art und Weise auch tatsächlich zu berücksichtigen.[111] Andere oder über die bekanntgegebenen Kriterien hinausgehende Erwägungen sind bei der Prüfung und Wertung der Angebote unzulässig.[112]

32 Dabei ist zu beachten, dass der Transparenzgrundsatz für alle Verfahrensarten gilt,[113] also auch für die weniger formstrengen Verfahrensarten, wie beispielsweise das Verhandlungsverfahren. Obwohl hier der Leistungsgegenstand in der Bekanntmachung noch nicht in allen Einzelhalten festzulegen ist und die Änderung der Angebote möglich bleibt, muss der ursprünglich ausgeschriebene Leistungsgegenstand in seiner Identität erhalten bleiben.[114] Daran mangelt es zum Beispiel, wenn der Leistungszeitraum nachträglich geändert wird[115] oder der Leistungsgegenstand selbst sich in Art oder Umfang ändert.

2. Nachprüfbarkeit

33 Weiterhin erfordert der Transparenzgrundsatz, dass es den Bietern ermöglicht werden muss, dass Vergabeverfahren auf die **Einhaltung der Verfahrensvorschriften überprüfen** zu lassen. Gegenstand der Nachprüfung sind insbesondere die Fragen nach der Einhaltung des Wettbewerbs- und Gleichbehandlungsgrundsatzes[116] sowie nach der Unparteilichkeit des Auftraggebers.[117]

3. Dokumentation

34 Die Ermöglichung der **Verfahrensüberprüfung** erfordert ein hohes Maß an Transparenz und damit Nachvollziehbarkeit des Verfahrensablaufes.[118] Denn nur wenn die Entscheidungen des Auftraggebers nachvollzogen werden können, ist den Vergabenachprüfungsinstanzen eine Überprüfung des Verfahrens auf Rechtmäßigkeit möglich. Daher erfordert der Transparenzgrundsatz eine umfangreiche **Dokumentation** der wesentlichen Entscheidungen der Vergabestelle im Vergabeverfahren in den Vergabeakten.[119] Insbesondere betrifft das Entscheidungen hinsichtlich der Auswahl und des Ausschlusses von Angeboten.[120] Die Dokumentationspflicht ist in verschiedenen Regeln des Vergaberechts vorgesehen[121] und wird orientiert am Transparenzgrundsatz durch die Rechtsprechung stetig erweitert

[109] OLG Celle Beschl. v. 11.9.2018 – 13 Verg 4/18, NZBau 2019, 208.

[110] VK Lüneburg Beschl. v. 31.8.2010 – VgK-34/2010, BeckRS 2011, 05281.

[111] LSG NRW Beschl. v. 28.1.2010– L 21 KR 68/09 SFB, BeckRS 2010, 69288; VK Köln Beschl. v. 28.1.2011 – VK VOB 30/10, IBR 2011 Heft 5, 291.

[112] EuGH Urt. v. 22.4.2010 – C-423/07, NZBau 2010, 643 – Autobahn A-6, Rn. XX; EuGH Urt. v. 24.1.2008 – C-532/06, NZBau 2008, 262 – Lianakis, Rn. 38; EuGH v. 12.12.2002 – C-470/99, NZBau 2003, 162 – Universale-Bau AG, Rn. 99.

[113] *Weyand* § 97 GWB Rn. 173.

[114] VK Magdeburg Beschl. v. 23.6.2010 – 1 VK LVwA 69/09, BeckRS 2010, 18082; OLG Dresden Beschl. v. 11.4.2005 – WVerg 5/05, NZBau 2006, 469, 471; OLG Dresden Beschl. v. 3.12.2003 – WVerg 15/03, NZBau 2005, 118; OLG Celle Beschl. v. 16.1.2002 – 13 Verg 1/02, IBR 2002 Heft 9, 511; VergabeR 2002, 299, 301.

[115] VK Magdeburg Beschl. v. 23.6.2010 – 1 VK LVwA 69/09, BeckRS 2010, 18082.

[116] EuGH Urt. v. 18.11.1999 – C-275/98, NZBau 2000, 91 – Unitron Scandinavia, Rn. 31; EuGH Urt. v. 18.10.2001 – C-19/00, NZBau 2001, 693 – SIAC, Rn. 41; EuGH Urt. v. 18.6.2002 – C-92/00, NZBau 2002, 458 – Hospital Ingenieure, Rn. 45.

[117] EuGH Urt. v. 6.4.2006 – C-410/04, NZBau 2006, 326 – ANAV/Bari, Rn. 21.

[118] Vgl. § 134 GWB, § 57 Satz 2 SektVO und § 18 EU Abs. 3 Nr. 1 VOB/A.

[119] VK Thüringen, Beschl. v. 28.2.2020 – 250-4004-630/2020-E-002-EF, IBRRS 2020, 1083; OLG München, Beschl. v. 14.10.2019 – Verg 16/19, BeckRS 2019, 28624; OLG Celle Beschl. v. 12.5.2010 – 13 Verg 3/10, IBRRS 2010, 1790.

[120] OLG Düsseldorf Beschl. v. 14.8.2003 – Verg 46/03, BeckRS 2004, 02038; VK Bund Beschl. v. 2.11.2006 – VK 3-117/06; VK Bund Beschl. v. 22.11.2002 – VK A-02/01.

[121] Vgl. § 163 Abs. 2 Satz 3 GWB, § 8 VgV, §§ 20, 20 EU VOB/A, § 6 UVgO, § 8 SektVO.

und konkretisiert.[122] In der Regel erfolgt die Dokumentation in Form von Vergabevermerken, in welchen die einzelnen Stufen des Verfahrens, die maßgebenden Feststellungen sowie die Begründung der einzelnen Entscheidungen zu dokumentieren ist. Diese Vermerke müssen entsprechend der Komplexität des jeweiligen Sachverhalts[123] ausreichend detailliert und nachvollziehbar sein.[124] Allerdings finden Begründungs- und Dokumentationspflicht dort ihre Grenzen, wo sie bloß formelhafte Redundanz[125] darstellen würden oder zur Einschränkung der Entscheidungsfreiheit[126] des Auftraggebers führen.

4. Akteneinsicht

Zur Durchsetzung ihrer subjektiven Rechte haben die Beteiligten eines Vergabeverfahrens außerdem ein Recht auf **Akteneinsicht** aus § 165 GWB.[127] Dieses ist jedoch von vornherein durch den Gegenstand des Nachprüfungsverfahrens begrenzt und besteht nur, soweit es für die Rechtsdurchsetzung erforderlich ist.[128] In keinem Fall kann ein Beteiligter für seine Rechtsdurchsetzung die Preisgabe von Betriebs- und Geschäftsgeheimnissen verlangen (vgl. § 165 Abs. 2 GWB). Denn Geheimhaltungsinteresse und Wettbewerbsgebot einerseits sind mit Transparenzgebot und Rechtsschutzinteresse andererseits in angemessenen Ausgleich zu bringen.[129] Transparenz ist zwar Voraussetzung dafür, dass alle Teilnehmer in fairen Wettbewerb Angebote machen können. Andererseits muss zwischen den einzelnen Bietern der Geheimwettbewerb gewahrt werden, um zu vermeiden, dass die Bieter ihre Angebote aufeinander abstimmen und der Wettbewerb verfälscht wird.[130] Allerdings dürfen aus Gründen des effektiven Rechtsschutzes die Vergabekammern und -senate ihre Entscheidung nicht auf geheim gehaltene Informationen stützen.[131] 35

5. Informationspflichten

Zur Sicherung der Rechtsschutzmöglichkeit der unterlegenen Bieter folgt aus dem Transparenzgebot auch die in § 134 Abs. 1 GWB[132] geregelte Pflicht des Auftraggebers, die **unterlegenen Bieter** von der geplanten Vergabeentscheidung **unverzüglich zu informieren.** Denn nur, wenn vor Erteilung des Zuschlags eine Benachrichtigung über die Vergabeentscheidung nebst Begründung für die Nichtberücksichtigung erfolgt, kann der unterlegene Bieter entscheiden, ob er dagegen gerichtlich vorgehen will.[133] Ebenso ist über den **Ausschluss eines Angebots** ungefragt zu informieren.[134] 36

---

[122] Vgl. VK Thüringen, Beschl. v. 28.2.2020 – 250-4004-630/2020-E-002-EF, IBRRS 2020, 1083; VK Rheinland-Pfalz, Beschl. v. 31.10.2019 – VK 1-17/19, BeckRS 2019, 28919; OLG München, Beschl. v. 14.10.2019 – Verg 16/19, BeckRS 2019, 28624.

[123] OLG Frankfurt Beschl. v. 28.1.2006 – 11 Verg 4/06.

[124] OLG Karlsruhe Beschl. v. 21.7.2010 – 15 Verg 6/10, BeckRS 2011, 01084; OLG Düsseldorf Beschl. v. 17.3.2004 – Verg 1/04, NZBau 2004, 461, 462; BayObLG Beschl. v. 1.10.2001 – Verg 6/01, NZBau 2002, 584; OLG Brandenburg Beschl. v. 3.8.1999 – 6 Verg 1/99, NZBau 2000, 39.

[125] Vgl. VK Bund Beschl. v. 30.3.2010 – VK 3-24/10, IBRRS 2013, 2521; VK Bund Beschl. v. 14.10.2003 – VK 1-95/03, VPRRS 2013, 0731.

[126] Eine überzogene Dokumentationspflicht verlangt das OLG Karlsruhe, Beschl. v. 21.7.2010 – 15 Verg 6/10, BeckRS 2011, 01084, m. Anm. *Kuntze* IBR 2010, 646.

[127] Zu den Voraussetzungen im Einzelnen siehe *Losch* VergabeR 2008, 739, 742 ff.

[128] OLG Jena Beschl. v. 16.12.2002 – 6 Verg 10/02, IBRRS 2003, 0020; VergabeR 2003, 248.

[129] EuGH Urt. v. 14.2.2008 – C-450/06, NZBau 2008, 403 – Varec, Rn. 52; OLG Düsseldorf Beschl. v. 12.1.2009 – Verg 67/08, BeckRS 2009, 06384; OLG Jena Beschl. v. 16.12.2002 – 6 Verg 10/02, IBRRS 2003, 0020; VergabeR 2003, 248.

[130] EuGH Urt. v. 14.2.2008 – C-450/06, NZBau 2008, 403 – Varec, Rn. 35; OLG Düsseldorf Beschl. v. 16.9.2003 – Verg 52/03, IBR 2003 Heft 12, 686; VergabeR 2003, 690; näher dazu siehe oben unter B.II.

[131] *Glahs* NZBau 2014, 75 ff.

[132] Die Verpflichtung zur Vorabinformation leitet sich auch aus Art. 19 Abs. 4 und Art. 20 Abs. 3 GG ab.

[133] *Frenz* in: *Willenbruch/Wieddekind* § 97 Rn. 13.

[134] OLG München v. 23.6.2009 – Verg 8/09; VergabeR 2009, 942, 946.

D. Der Wirtschaftlichkeitsgrundsatz, § 97 Abs. 1 S. 2 GWB

37 Der Wirtschaftlichkeitsgrundsatz wurde als solcher ausdrücklich erstmalig im Zuge des Vergaberechtsmodernisierungsgesetzes 2016 normiert. Ausweislich der Gesetzesbegründung soll mit dieser Normierung der Wirtschaftlichkeitsgrundsatz, der bislang im Hinblick auf einzelne Aspekte – namentlich bei der Zuschlagsentscheidung sowie bei der Entscheidung über die Gewährung des vorzeitigen Zuschlags im Nachprüfungsverfahren – berücksichtigt war, als allgemeiner Grundsatz des Vergabeverfahrens hervorgehoben werden.[135]

I. Herleitung

1. Wirtschaftlichkeit aus nationaler Sicht

38 Nach §§ 6 Abs. 1 HGrG, 55 Abs. 2 BHO ist die wirtschaftliche und sparsame Verwendung der Haushaltsmittel das Ziel der Organisation der Beschaffung nach einheitlichen Richtlinien. Der Wirtschaftlichkeitsgrundsatz ist demnach Anlass für die Existenz des Vergaberechts und beherrscht daher das gesamte Verfahren.[136]

2. Wirtschaftlichkeit aus europäischer Sicht

39 Auch Art. 41 der Richtlinie 2014/23/EU, Art. 67 der Richtlinie 2014/24/EU, Art. 82 der Richtlinie 2014/25/EU stellen im Zusammenhang mit dem Zuschlag auf das wirtschaftlich günstigste Angebot bzw. auf den wirtschaftlichen Gesamtvorteil ab. Auch im europäischen Vergaberecht gehören Wirtschaftlichkeitserwägungen demnach zu den Grundlagen eines Beschaffungsvorgangs.

II. Bedeutung für das deutsche Vergaberecht

40 Bislang stand im Fokus von Wirtschaftlichkeitserwägungen das Ergebnis des Vergabeverfahrens, dh der Abschluss des wirtschaftlichsten Vertrags für den Auftraggeber. Seit einiger Zeit[137] rückt aber auch das Verfahren zunehmend in den Blick. Mit der Erhebung und Stärkung der Wirtschaftlichkeit zu einem Grundsatz des deutschen Vergaberechts, könnte die Entwicklung entscheidend weitergeführt werden. Denn angesichts des teilweise erheblichen Kostenausmaßes eines Vergabeverfahrens wird zunehmend die Frage aufgeworfen, ob das Verhältnis zwischen Wert des Beschaffungsgegenstandes sowie der Bedeutung des Beschaffungsziels und Aufwand sowie Kosten des Beschaffungsverfahrens zu kippen droht. Schließlich soll das Vergaberecht dem öffentlichen Interesse an einer im Hinblick auf die anfallenden Kosten optimalen Bedarfsdeckung der öffentlichen Hand dienen.[138] Zur Wirtschaftlichkeit der Beschaffung gehört daher auch die Wirtschaftlichkeit des Beschaffungsverfahrens.[139] Nichts anderes lässt sich der Gesetzesbegründung entnehmen. Denn schließlich soll hiernach die Wirtschaftlichkeit als Grundsatz des Vergabe*verfahrens* hervorgehoben werden.

III. Inhalt und Auswirkungen auf das Vergabeverfahren

41 Bis zur Erhebung der Wirtschaftlichkeit zu einem Grundsatz des Vergabefahrens wurden Wirtschaftlichkeitsaspekte vornehmlich bei der Zuschlagsentscheidung[140] und bei der Ent-

---

[135] BT-Drs. 18/6281 v. 8.10.2015, S. 67.

[136] Grundsätzlich zur Entwicklung des Wirtschaftlichkeitsgrundsatz im deutschen Vergaberecht *Hattenhauer/Butzert,* VergabeR 2018, 229 ff.

[137] Siehe hierzu bereits oben unter B. III.

[138] BGH Urt. v. 17.2.1999 – X ZR 101/97 (KG), NJW 2000, 137, 140 = BeckRS 1999, 30047215.

[139] Ebenso *Burgi* § 6 Rn. 23.

[140] § 58 Abs. 1 VgV.

scheidung über die vorzeitige Beendigung des Suspensiveffekts im Rahmen des Vergabenachprüfungsverfahrens[141] berücksichtigt. Entsprechend ist die Zuschlagserteilung auf das wirtschaftlichste bzw. preislich niedrigste Angebot einer der Grundpfeiler des nationalen Vergaberechts und zwar unabhängig von der Erreichung der EU-Schwellenwerte. Aus dem Wirtschaftlichkeitsgrundsatz wird dabei abgeleitet, dass es bei der Zuschlagsentscheidung maßgeblich auf die tatsächlich anfallenden Kosten zu Lasten des Auftraggebers ankommt, was bedeutet, dass ggf. anfallende Steuern zum Angebotspreis hinzuzurechnen sind.[142]

Zunehmend wird der Wirtschaftlichkeitsgrundsatz aber auch zur Rechtfertigung der konkreten Ausgestaltung von Vergabeverfahren herangezogen. So wurde beispielsweise einer Gesamtvergabe der losweisen Vergabe mit Verweis auf den Wirtschaftlichkeitsgrundsatz Vorrang eingeräumt.[143] Wirtschaftlichkeitserwägungen können zudem auch bei der Wahl der Verfahrensart eine Rolle spielen. 42

E. Der Verhältnismäßigkeitsgrundsatz, § 97 Abs. 1 S. 2 GWB

Der Verhältnismäßigkeitsgrundsatz, der erstmalig im Zuge des Vergaberechtsmodernisierungsgesetzes 2016 als solcher normiert wurde, gehört als Ausprägung des Rechtsstaatsprinzips zu den Grundpfeilern des normativen Rahmens für das Handeln der öffentlichen Hand in Deutschland.[144] Entsprechend hat die öffentliche Hand auch bei ihrer Beschaffungstätigkeit diesen Grundsatz zu wahren. Eine explizite Anordnung ist hierfür nicht erforderlich. Er gilt daher auch unterhalb der EU-Schwellenwerte. Im europäischen Vergaberecht ist die Verhältnismäßigkeit ebenfalls neben den übrigen Grundsätzen als Grundsatz des Vergabeverfahrens verankert.[145] 43

Ausweislich der Gesetzesbegründung hat die Erhebung der Verhältnismäßigkeit zu einem Grundsatz des Vergabeverfahrens demnach auch lediglich „klarstellende" Wirkung.[146] In Bezug auf einen etwaigen Konflikt mit dem Leistungsbestimmungsrecht des öffentlichen Auftraggebers stellt jedenfalls bereits die Gesetzesbegründung klar, dass auch die Erhebung zu einem Vergaberechtsgrundsatz der Verhältnismäßigkeit nicht so ein Gewicht verleiht, als dass sie dieses einschränken könnte.[147] Allerdings kommt dem Verhältnismäßigkeitsgrundsatz insbesondere im Hinblick auf die Kosten-Nutzen-Abwägung bei der Frage der Durchführung von Beschaffungsverfahren Bedeutung zu. Unter Beachtung des Verhältnismäßigkeitsgrundsatzes sind die Verfahrensanforderungen auf ein mit Blick auf den Beschaffungsgegenstand und das Beschaffungsziel angemessenes Maß zu reduzieren.[148] 44

F. Der Gleichbehandlungsgrundsatz, § 97 Abs. 2 GWB

I. Herleitung

Der Gleichbehandlungsgrundsatz findet seinen Ursprung sowohl im Grundgesetz (Art. 3 GG) als auch im europäischen Primärrecht (Art. 18 AEUV und den primärrechtlichen Grundfreiheiten). Er war schon vor dem Inkrafttreten des europarechtlich bedingten Vergaberechtsänderungsgesetzes[149] von 1999 in den damaligen Verdingungsordnungen enthal- 45

---

[141] §§ 169 Abs. 2, 176 Abs. 1 GWB.
[142] VK Sachsen Beschl. v. 18.3.2019 – 1/SVK/001-19.
[143] VK Sachsen Beschl. v. 21.8.2018 – 1/SVK/016-18.
[144] *Burgi* § 6 Rn. 24.
[145] Art. 3 Abs. 1 RL 2014/23/EU, Art. 18 Abs. 1 RL 2014/24/EU, Art. 36 RL 2014/25/EU; vgl. auch *Bogdanowicz*, EPPPL 2016, 194 ff.
[146] BT-Drs. 18/6281 v. 8.10.2015, S. 67 f.
[147] BT-Drs. 18/6281 v. 8.10.2015, S. 67 f.
[148] Ebenso *Burgi*, NZBau 2015, 567 ff.
[149] BGBl. I Nr. 59/1998, S. 2512.

ten. Er gebietet die Gleichbehandlung aller Beteiligten im Vergabeverfahren und findet sowohl oberhalb als auch unterhalb der europäischen Schwellenwerte Anwendung. Heute findet sich das Gleichbehandlungsgebot außer in § 97 Abs. 2 GWB auch in §§ 2 Abs. 2, 2 EU Abs. 2 VOB/A, § 2 Abs. 2 UVgO wieder. In jedem Fall ist das Gleichbehandlungsgebot eng mit den Grundsätzen des Wettbewerbs und der Transparenz verbunden. Ohne Transparenz ist eine Kontrolle der Einhaltung des Gleichbehandlungsgrundsatzes nicht möglich und eine Ungleichbehandlung der Teilnehmer führt stets zu einem verfälschten und unfairen Wettbewerb. Daher ist der Gleichbehandlungsgrundsatz ebenfalls Kernprinzip des gesamten Vergabeverfahrens.[150]

1. Gleichbehandlung aus nationaler Sicht

46 Schon in frühen Urteilen, lange vor der Schaffung der EU-Vergaberichtlinien, wurde im Hinblick auf die Beschaffungstätigkeit der öffentlichen Hand in Deutschland die Auffassung vertreten, dass die Auftragsvergabe zumindest nicht willkürlich geschehen dürfe.[151] Das ergibt sich bereits aus Art. 3 Abs. 1 GG, der staatliche Stellen auch bei der Vergabe öffentlicher Aufträge bindet.[152] Der grundrechtliche Gleichheitssatz gebietet daher eine Gleichbehandlung der Beteiligten im Vergabeprozess durch die beschaffende öffentliche Hand.[153]

2. Gleichbehandlung aus europäischer Sicht

47 Aus gemeinschaftsrechtlicher Sicht findet der vergaberechtliche Gleichbehandlungsgrundsatz seinen Ursprung in dem Diskriminierungsverbot gem. Art. 18 AEUV und den primärrechtlichen Grundfreiheiten,[154] welche ihrerseits Ausprägungen des allgemeinen Gleichbehandlungsgrundsatzes sind.[155] Er dient vornehmlich der Schaffung des **gemeinsamen europäischen Binnenmarktes.**[156] Wichtigste Ausprägung des Gleichbehandlungsgrundsatzes aus europäischer Sicht ist demnach das Verbot der Bevorzugung oder Benachteiligung von Bietern aus Gründen ihrer Staatsangehörigkeit. Das gilt in Deutschland auch für Bieter aus Drittstaaten, da Deutschland nicht von der Möglichkeit[157] Gebrauch gemacht hat, solchen Drittstaaten den Zugang zu nationalen Vergabeverfahren zu verschließen, deren Märkte ihrerseits für deutsche Bewerber nicht geöffnet sind.[158]

48 Der vergaberechtliche Gleichbehandlungsgrundsatz geht jedoch auch aus europarechtlicher Sicht über das reine Verbot der Diskriminierung aus Gründen der Staatsangehörigkeit hinaus. Denn der EuGH geht in ständiger Rechtsprechung davon aus, dass der Gleichbehandlungsgrundsatz im Vergaberecht unabhängig von der Staatsangehörigkeit gilt.[159] Der Gerichtshof hat in diesem Zusammenhang das Recht auf Chancengleichheit aus dem Gleichbehandlungsgebot entwickelt, welches (ungerechtfertigte) Ungleichbehandlungen auch aus anderen Gründen als der Staatsangehörigkeit ausschließt.[160] Folglich ist in Vergabeverfahren insbesondere auch keine Inländerdiskriminierung erlaubt.[161]

---

150 EuGH Urt. v. 25.4.1996 – C-87/94 – Wallonische Busse, Rn. 51 ff.; *Summann* 35.

151 BGH v. 14.12.1967 – VI ZR 251/73, NJW 1977, 628, 629 f.; BGH Urt. v. 21.11.1991 – VII ZR 203/90, NJW 1992, 827.

152 BVerfG Beschl. v. 13.6.2006 – 1 BvR 1160/03, NZBau 2006, 791 = BeckRS 2006, 26458.

153 *Summann* 34.

154 Insbesondere Niederlassungsfreiheit, Art. 49 AEUV, und Dienstleistungsfreiheit, Art. 56 AEUV.

155 EuGH Urt. v. 27.10.2005 – C-234/03, NZBau 2006, 189 – Contse SA, Rn. 36; EuGH Urt. v. 13.10.2005 – C-458/03, ZfBR 2006, 75 = NZBau 2005, 644 – Parking Brixen, Rn. 48.

156 EuGH Urt. v. 18.10.2001 – C-19/00, NZBau 2001, 693 – SIAC Construction, Rn. 32; EuGH Urt. v. 10.10.2013 – C-336/12 – Manova, NZBau 2013, 783 = BeckRS 2013, 81942.

157 RL 2014/24/EU, Erwägungsgrund 17.

158 Die Pflicht zur europaweiten Ausschreibung wird hierdurch jedoch nicht weiter ausgedehnt.

159 EuGH Urt. v. 25.4.1996 – C-87/94 – Wallonische Busse, Rn. 33; EuGH Urt. v. 13.10.2005 – C-458/03, ZfBR 2006, 75 = NZBau 2005, 644 – Parking Brixen, Rn. 48.

160 EuGH Urt. v. 25.4.1996 – C-87/94 – Wallonische Busse, Rn. 54; EuGH Urt. v. 22.6.1993 – C-243/89, BeckRS 2004, 075382 – Storebält, Rn. 39; EuGH Urt. v. 13.10.2005 – C-458/03, ZfBR 2006, 75 =

Aufgrund der Verankerung des Gleichbehandlungsgrundsatzes im europäischen Primärrecht sind auch außerhalb des Anwendungsbereichs der Vergaberichtlinien das Verbot der Diskriminierung aus Gründen der Staatsangehörigkeit[162] und die Pflicht zur unparteiischen Vergabe[163] zu befolgen. Das bedeutet, bei Aufträgen, für die ein grenzüberschreitendes Interesse besteht, ist es in jedem Fall geboten, die grundfreiheitlichen Diskriminierungsverbote und den allgemeinen Gleichheitssatz zu beachten. Im Unterschied zum Gleichbehandlungsgebot aus § 97 Abs. 2 GWB, welches nur in gesetzlich vorgesehenen Fällen eine Ungleichbehandlung zulässt, kann ein Verstoß gegen das ausschließlich primärrechtliche begründete Diskriminierungs- bzw. Ungleichbehandlungsverbot allerdings mit allen zwingenden Gründen des Allgemeininteresses gerechtfertigt werden. 49

Für die Umsetzung der zur Einhaltung des Gleichbehandlungsgrundsatzes erforderlichen Maßnahmen ist den Mitgliedstaaten ein gewisses Ermessen einzuräumen. Der Grundsatz der Verhältnismäßigkeit ist bei der Bestimmung solcher Maßnahmen allerdings stets zu beachten.[164] 50

II. Bedeutung für das deutsche Vergaberecht

Im Ergebnis stellen der nationale und der europäische Ansatz hinsichtlich des Gleichbehandlungsgrundsatzes dieselben Ansprüche an das Vergabeverfahren: Es soll gewährleistet werden, dass der öffentliche Auftraggeber willkürfreie Entscheidungen auf rein sachlicher Grundlage trifft, um so einen funktionierenden Wettbewerb zu garantieren.[165] Denn die Gleichbehandlung aller Teilnehmer am Vergabeverfahren ist auch eine unverzichtbare Prämisse für die Organisation eines offenen und **freien Wettbewerbs,** da nur unter Gleichen tatsächlich Wettbewerb entstehen kann.[166] 51

Unbeachtlich für das Vorliegen einer **Ungleichbehandlung** ist, ob sie **offen** oder **verdeckt** erfolgt.[167] Gerechtfertigt ist sie im Geltungsbereich des § 97 Abs. 2 GWB nur dann, wenn sie ausdrücklich geboten oder gestattet ist[168] und in allen anderen Fällen, wenn sie aus überwiegenden Gründen des Allgemeinwohls geschieht und verhältnismäßig ist.[169] 52

Grundsätzlich schreibt der Gleichbehandlungsgrundsatz allerdings lediglich eine **formale Gleichbehandlung** vor. Das heißt, es muss lediglich Verfahrensgerechtigkeit ohne Berücksichtigung der Umstände des Einzelfalls herrschen. Demnach sind öffentliche Auftraggeber nicht verpflichtet, unabhängig von der konkreten Ausschreibung bestehende Wettbewerbsvorteile und -nachteile potenzieller Bieter durch die Gestaltung der Vergabeunterlagen auszugleichen.[170] Unterschiedliche Wettbewerbsvoraussetzungen der Bieter sind vielmehr erwünscht, solange sie nicht vom Auftraggeber bewusst beeinflusst wurden.[171] 53

NZBau 2005, 644 – Parking Brixen, Rn. 48; EuGH Urt. v. 6.4.2006 – C-410/04, NZBau 2006, 326 – ANAV, Rn. 20.

161 Zum Ende der Inländerdiskriminierung *Gabriel/Voll,* NZBau 2014, 155ff.

162 EuGH Urt. v. 7.12.2000 – C-324/98, NZBau 2001, 148 – Telaustria, Rn. 60; EuGH Urt. v. 21.7.2005 – C-231/03, NZBau 2005, 592 – Coname, Rn. 17, 19.

163 EuGH Urt. v. 7.12.2000 – C-324/98, NZBau 2001, 148 – Telaustria, Rn. 6.

164 EuGH Urt. v. 23.12.2009 – C-376/08, NZBau 2010, 261 – Serrantoni, Rn. 33.

165 OLG Saarbrücken Beschl. v. 29.5.2002 – 5 Verg 1/01, IBRRS 2003, 0486; VK Baden-Württemberg Beschl. v. 30.12.2008 – 1 VK 51/08, IBRRS 2013, 2548; VK Brandenburg Beschl. v. 19.2.2004 – VK 86/03, IBRRS 2004, 1572.

166 *Summann* 35.

167 *Dreher* in: *Immenga/Mestmäcker,* § 97 Rn. 77.

168 BGH Beschl. v. 26.9.2006– X ZB 14/06, NZBau 2006, 800, 802; dazu gehört insbesondere die Ungleichbehandlung aufgrund strategischer Ziele nach § 97 Abs. 3 GWB.

169 BGH Beschl. v. 26.9.2006– X ZB 14/06, NZBau 2006, 800, 802.

170 VK Bund, Beschl. v. 5.9.2019 – VK 2-56/19, VPRRS 2019, 0323; BayObLG Beschl. v. 5.11.2002 – Verg 22/02, NZBau 2003, 342.

171 OLG Naumburg Beschl. v. 5.12.2008 – 1 Verg 9/08, BeckRS 2009, 2589; VK Bund Beschl. v. 14.10.2009 – VK 2-174/09.

54 Dabei ist das **Diskriminierungsverbot im Gleichbehandlungsgebot enthalten** und stellt diesem gegenüber *lex specialis* dar.[172] Auch wenn in der Praxis die Begriffe „Diskriminierung" und „Ungleichbehandlung" synonym gebraucht werden,[173] betrifft die Diskriminierung regelmäßig die Ungleichbehandlung aufgrund der Staatsangehörigkeit, während der Gleichbehandlungsgrundsatz jede Ungleichbehandlung ohne sachlichen Grund unterschiedslos verbietet. Das Diskriminierungsverbot enthält demnach ein zusätzliches Tatbestandsmerkmal, da es die Ungleichbehandlung gerade wegen der Staatsangehörigkeit betrifft.[174] Eine **direkte Diskriminierung** liegt vor, wenn unmittelbar an die Staatsangehörigkeit der Bieter angeknüpft wird. Das kommt jedoch nur selten vor.[175] Weiter verbreitet ist dagegen die **mittelbare Diskriminierung.** Sie knüpft nur indirekt an die Staatsangehörigkeit an, etwa indem die Einhaltung nationaler Normen verlangt wird oder die Nähe des Firmensitzes zum Leistungsort vorgeschrieben ist, wodurch ausländische Unternehmen faktisch benachteiligt werden.[176] In jeder Diskriminierung liegt jedoch immer auch ein unzulässiger Verstoß gegen das Gleichbehandlungsgebot, welches unabhängig von der Staatsangehörigkeit der Bieter gilt.

III. Inhalt und Auswirkungen auf das Vergabeverfahren

55 Der Gleichbehandlungsgrundsatz ist bei **jeder Stufe des Vergabeverfahrens,** von der ersten Entscheidung bis zur Zuschlagserteilung, zu beachten.[177] Dabei sollen die Vergaberegeln gewährleisten, dass alle Teilnehmer im Wettbewerb formal die gleichen Chancen haben, den Zuschlag für den Auftrag zu bekommen.[178] Aus dem Gleichbehandlungsgrundsatz folgen daher Vorgaben für die Wahl der Verfahrensart, für die Formulierung der Leistungsbeschreibung, der Inhaltsbestimmung von Eignungs- und Zuschlagskriterien. Grundsätzlich gilt, dass die Bieter sowohl zu dem Zeitpunkt, zu dem sie ihre Angebote vorbereiten, als auch zu dem Zeitpunkt, zu dem diese vom öffentlichen Auftraggeber beurteilt werden, gleichbehandelt werden müssen.[179]

56 Anknüpfungsmerkmal für den Anspruch auf Gleichbehandlung ist die Eigenschaft eines Unternehmens als **„Teilnehmer an einem Vergabeverfahren".** Dieser Begriff ist nach herrschender Meinung weit auszulegen, so dass auch lediglich potenzielle Bieter bzw. Bewerber darunter gefasst werden[180] und ein „Vergabeverfahren" auch ein solches ist, welches nicht förmlich durchgeführt wird. Ansonsten könnten interessierte Unternehmen gestützt auf § 97 Abs. 2 GWB nicht gegen eine De-facto-Vergabe ohne förmliches Verfahren vorgehen, da sie in diesem Fall kein „Teilnehmer" im engeren Sinne wären.

1. Informationen und Bekanntmachung

57 Der Gleichbehandlungsgrundsatz verlangt zunächst, dass allen Bietern die gleichen Informationen übermittelt werden.[181] Das gilt sowohl hinsichtlich des „Ob" als auch des „Wie"

[172] So auch *Schwarze,* Europäisches Verwaltungsrecht, 618 hinsichtlich des Verhältnisses von den primärrechtlichen Diskriminierungsverboten zum allgemeinen Gleichheitsgrundsatz.

[173] Vgl. nur zahlreiche Nachweise bei *Weyand* § 97 GWB Rn. 276 ff.

[174] *Plötscher,* Der Begriff der Diskriminierung im europäischen Gemeinschaftsrecht, 2003, S. 41 ff.

[175] Etwas anderes kann lediglich im Verteidigungsbereich mit Blick auf sog. Offset-Forderungen gelten, vgl. *Weiner* EuZW 2012, 401 ff.

[176] EuGH Urt. v. 7.2.2019 – C-563/17, IBRRS 2019, 0687.

[177] *Dörr* in: Beck'scher Vergaberechtskommentar, 3. Aufl. 2017, § 97 Rn. 21.

[178] OLG Jena Beschl. v. 16.7.2007 – 9 Verg 4/07, BeckRS 2008, 6000; VergabeR 2008, 269.

[179] EuGH Urt. v. 18.10.2001 – C-19/00, NZBau 2001, 693 – SIAC Construction, Rn. 34.

[180] Vgl. EuGH Urt. v. 21.7.2005 – C-231/03, NZBau 2005, 592 – Coname, Rn. 17 f.; EuGH Urt. v. 7.12.2000 – C-324/98, NZBau 2001, 148 – Telaustria, Rn. 62; aA OLG Jena Beschl. v. 20.6.2005 – 9 Verg 3/05, NZBau 2005, 476.

[181] VK Bund, Beschl. v. 10.3.2020 – VK 2-5/20, IBRRS 2020, 1109; VK Brandenbug Beschl. v. 19.2.2004 – VK 86/03, IBRRS 2004, 1572; VK Südbayern, Beschl. v. 5.6.2018 – Z3-3-3194-1-12-04/18, BeckRS 2018, 13532.

der Ausschreibung. Daher stellt eine lediglich national oder regional bekannt gemachte Ausschreibung regelmäßig eine Diskriminierung dar, da sich dadurch die Kenntnisnahmemöglichkeiten ausländischer Unternehmen erschweren.[182] Im Ergebnis müssen alle interessierten Unternehmen die **gleichen Informationen** erhalten, damit sie die gleichen Erfolgschancen haben.[183] Nachträgliche Informationen sowie Änderungen der Leistungsbeschreibung, Eignungs- und Wertungskriterien sind allen Teilnehmern gleichermaßen mitzuteilen.[184]

2. Nichtdiskriminierende Leistungsbeschreibung

Der Gleichbehandlungsgrundsatz ist bereits bei der Leistungsbeschreibung zu beachten, die grundsätzlich nichtdiskriminierend zu erfolgen hat. Daran mangelt es, wenn unmittelbar oder mittelbar einzelne Teilnehmer benachteiligt werden, etwa durch einseitig begünstigende Leistungsbeschreibungen oder durch Forderung von einzelnen Bietern schwer zu erfüllenden Eignungsnachweisen.[185] Ebenso verstößt eine **hersteller- oder markenbezogene Ausschreibung** regelmäßig gegen den Gleichbehandlungsgrundsatz.[186] Allerdings engt die Festlegung auf ein bestimmtes Erzeugnis oder die Wahl einer bestimmten Technologie zwar regelmäßig den Wettbewerb ein, ist jedoch als ausschließlich dem öffentlichen Auftraggeber zustehende Bestimmung des Beschaffungsgegenstandes hinzunehmen, solange sie auf sach- und auftragsbezogenen Gründen beruht.[187] Der Auftragsgegenstand bildet also gewissermaßen den Rahmen, innerhalb dessen das Gleichbehandlungsgebot gilt.[188] 58

Eine besondere Ausprägung findet der Gleichbehandlungsgrundsatz in der Pflicht zur eindeutigen und erschöpfenden **Leistungsbeschreibung** als Voraussetzung für das richtige und gleiche Verständnis des Auftragsgegenstands durch alle Bewerber.[189] Selbst im relativ flexiblen Verhandlungsverfahren müssen daher zumindest die Eckpunkte des Leistungsgegenstands von vornherein verbindlich festgelegt werden. 59

3. Einheitliche Verfahrens- und Vergabebedingungen

Aus dem Gleichbehandlungsgrundsatz ergibt sich zudem die Pflicht, allen beteiligten Unternehmen die Chance zu geben, innerhalb gleicher Fristen und zu gleichen Anforderungen Angebote abzugeben.[190] Die Ausrichtung des Vergabeverfahrens am Gleichbehandlungsgrundsatz erfordert demnach, dass die Vergabebedingungen wie etwa die Leistungsanforderungen, Zuschlagskriterien und Abgabefristen allen potenziellen Bietern bekannt sein und auf alle in gleicher Weise angewendet werden müssen.[191] Formale und inhaltliche 60

---

[182] *Frenz* in: *Willenbruch/Wieddekind* § 97 Rn. 24.

[183] EuG Urt. v. 19.3.2010 – T-50/05, BeckRS 2010, 90345; in Bezug auf Bieterfragen und -antworten VK Bund, Beschl. v. 10.3.2020 – VK 2-5/20, IBRRS 2020, 1109.

[184] BGH Beschl. v. 26.10.1999 – X ZR 30/98, NZBau 2000, 35, 36; KG Beschl. v. 3.11.1999 – Kart Verg 3/99, NZBau 2000, 209, 210.

[185] OLG Celle Beschl. v. 12.5.2005 – 13 Verg 5/05, IBRRS 2005, 1602; VK Sachsen Beschl. v. 19.11.2001 – 1/SVK/119-01, IBRRS 2002, 0411; OLG Celle Beschl. v. 19.3.2019 – 13 Verg 7/18, NZBau 2019, 462.

[186] OLG Düsseldorf Beschl. v. 14.3.2001 – Verg 32/00, BeckRS 9998, 04628; VK Bund Beschl. v. 8.8.2003 – VK 2-52/03; OLG Frankfurt Beschl. v. 28.10.2003 – 1 Verg 2/03, NZBau 2004, 117; für eine Ausnahme von der Produktneutralität siehe zB sowie OLG Düsseldorf Beschl. v. 14.4.2005 – Verg 93/04, NZBau 2005, 532, 533; OLG Frankfurt a.M. Beschl. v. 12.5.2007 – 11 Verg 12/06.

[187] Vgl. § 31 VgV, § 7 Abs. 2, 7 EU Abs. 2 VOB/A, § 23 Abs. 5 S. 2f. UVgO; OLG Düsseldorf Beschl. v. 3.3.2010 – VII-Verg 46/09, BeckRS 2016, 019890; OLG Düsseldorf Beschl. v. 17.2.2010 – Verg 42/09, IBRRS 2010, 0975; mwN. *von Wietersheim,* GewArch, 2015, 182ff.

[188] MwN *von Wietersheim,* GewArch, 2015, 182ff.; in Bezug auf Nebenangebote VK Südbayern, Beschl. v. 17.3.2020 – Z3-3-3194-1-47-11/19, VPR 2020 Heft 6, 2665.

[189] § 121 GWB, § 31 VgV, §§ 7 Abs. 1, 7 EU Abs. 1 VOB/A, § 23 UVgO, § 28 SektVO.

[190] VK Brandenbug Beschl. v. 19.2.2004 – VK 86/03, IBRRS 2004, 1572.

[191] Mitteilung der Kommission zu Auslegungsfragen im Bereich Konzessionen im Gemeinschaftsrecht, ABlEG 2000 Nr. C 121, S. 2, Abschn. 3.1.1.

Anforderungen an ein erfolgreiches Angebot haben unterschiedslos zu gelten.[192] Es darf weder vereinzelte Fristverlängerungen geben noch ein unvollständiges Angebot in die Wertung einbezogen werden.[193] Lediglich Erklärungen und Nachweise sowie unwesentliche Preisangaben können seit der letzten Vergaberechtsreform[194] ohne Gleichheitsverstoß nachgefordert werden.[195] Im Ergebnis müssen alle interessierten Unternehmen denselben **Bedingungen** unterliegen, damit sie die gleichen Erfolgschancen haben.[196]

4. Nichtdiskriminierende Eignungs- und Zuschlagskriterien

61 Das Gebot der Gleichbehandlung gilt auch bei der Ausgestaltung der Eignungs- und Zuschlagskriterien, die ebenfalls nichtdiskriminierend sein müssen. Daran mangelt es, wenn unmittelbar oder mittelbar einzelne Teilnehmer benachteiligt werden, etwa durch Forderung von von einzelnen Bietern schwer zu erfüllenden Eignungsnachweisen.[197] Also etwa auch dann, wenn eine sehr umfangreiche Erfahrung oder eine hohe Mitarbeiterzahl verlangt wird, ohne dass das durch den Auftragsgegenstand bedingt wäre.

62 Weiterhin ist zwischen bieterbezogenen **Eignungskriterien und Zuschlagskriterien** zu unterscheiden.[198] Zwischen den Angeboten von Bietern, die nach der Eignungsprüfung anhand der bieterbezogenen Kriterien übrig bleiben, darf nur noch anhand der Zuschlagskriterien differenziert werden, nicht mehr jedoch im Hinblick auf bieterbezogene Eignungskriterien.[199] Das bedeutet etwa, die geringere Wirtschaftlichkeit eines Angebots darf nicht durch ein Mehr an Erfahrung, bessere Mitarbeiterbezahlung oder weitergehende Umweltschutzstandards ausgeglichen werden, wenn derartige Eigenschaften der Unternehmen in der Eignungsprüfung bereits berücksichtigt wurden.

5. Verbot von Interessenkonflikten

63 Eng verknüpft mit dem Gleichbehandlungsgrundsatz ist auch das **Gebot der Neutralität.** Aus diesem folgt, dass Personen, die sowohl mit der Auftraggeber- als auch der Bieterseite assoziiert sind, wegen der Gefahr der Interessenkollision am Vergabeverfahren grundsätzlich nicht teilnehmen dürfen.[200] Teilweise wird diesbezüglich verlangt, dass nicht einmal der Anschein der Parteilichkeit bei der Vergabeentscheidung entstehen darf.[201] Solch eine weite Auslegung des Neutralitätsgrundsatzes könnte allerdings zum Ausschluss all jener Unternehmen führen, an denen die öffentliche Hand auch nur geringfügig beteiligt ist. Inzwischen ist in § 6 VgV, § 4 UVgO grundlegend geregelt, wann bestimmte vorbefasste Personen von der Entscheidungsfindung und Beteiligung im Vergabeverfahren auszuschließen sind. Ansonsten ist der Neutralitätsgrundsatz dahingehend auszulegen, dass er nur

---

192 Für das Verhandlungsverfahren vgl. VK Sachsen Beschl. v. 13.5.2002 – 1/SVK/029-02, IBRRS 2002, 0716.

193 §§ 16 Abs. 1 Nr. 1, 3, 16 EU Nr. 1, 3 VOB/A, § 42 Abs. 1 Nr. 1 UVgO.

194 BGBl. I Nr. 20/2009, S. 790.

195 § 56 VgV, §§ 16a, 16a EU VOB/A; VK Nordbayern Beschl. v. 3.2.2011, 21.VK-3194-50/10; im Bereich der VOB/A ist die Nachforderung sogar Pflicht, während sie im Bereich der VgV und UVgO im Ermessen des Auftraggebers steht, vgl. VK Nordbayern Beschl. v. 9.2.2012 – 21.VK-3194-43/11, IBRRS 2012, 0979.

196 EuG Urt. v. 19.3.2010 – T-50/05, BeckRS 2010, 90345.

197 OLG Celle Beschl. v. 12.5.2005 – 13 Verg 5/05, IBRRS 2005, 1602; VK Sachsen Beschl. v. 19.11.2001 – 1/SVK/119-01, IBRRS 2002, 0411.

198 EuGH Urt. v. 12.11.2009 – C-199/07, NZBau 2010, 120 – ERGA OSE, Rn. 50; BGH Urt. v. 8.9. 1998 – X ZR 109-96, NJW 1998, 3644, 3646.

199 OLG München Beschl. v. 10.2.2011 – Verg 24/10, BeckRS 2011, 04165.

200 BayObLG Beschl. v. 20.12.1999 – Verg 8/99, NZBau 2000, 259; WuW/E Verg 325ff.; OLG Saarbrücken Beschl. v. 22.10.1999 – 5 Verg 4/99, NZBau 2000, 158.; aA OLG Stuttgart Beschl. v. 24.3.2000 – 2 Verg 2/99, NZBau 2000, 301.

201 OLG Brandenburg Beschl. v. 3.8.1999 – 6 Verg 1/99, NZBau 2000, 39.

dann verletzt ist, wenn tatsächlich eine unsachgemäße Beeinflussung auf das Vergabeverfahren ausgeübt wird.[202]

6. Umgang mit Beihilfen

Ebenso ist der Empfang von **Beihilfen** grundsätzlich irrelevant, solange darauf kein Angebot von Leistungen zu unangemessen niedrigen Preisen beruht.[203] Niedrige Angebote aufgrund von Beihilfen können auch dann nicht zurückgewiesen werden, wenn der Bieter nach entsprechender Aufforderung nachweist, dass er die Beihilfe rechtmäßig empfangen hat.[204] Denn es wäre widersprüchlich, ein Unternehmen in gemeinschaftsrechtlich zulässiger Weise zu unterstützen und im nächsten Schritt seine wirtschaftliche Tätigkeit zu beschneiden.[205] Liegt jedoch eine rechtswidrige Beihilfe vor, so stellt die Wertung eines Angebots, welches nur deshalb die anderen Wettbewerber unterbietet, einen Verstoß gegen das Gleichbehandlungsgebot dar.[206] 64

G. Die Berücksichtigung qualitativer, innovativer, sozialer und umweltbezogener Aspekte, § 97 Abs. 3 GWB

Bis zum Vergaberechtsmodernisierungsgesetz 2016 war die Berücksichtigung innovativer, 65
sozialer und umweltbezogener Aspekte lediglich als Auftragsausführungsbedingungen vorgesehen.[207] Allerdings hat die Einbeziehung solcher strategischer Ziele bei der Vergabe öffentlicher Aufträge (sog. **green procurement** und **social procurement**)[208] im Rahmen der Neufassung der Vergaberichtlinien auf europäischer Ebene deutlich an Bedeutung gewonnen,[209] so dass diesem Bedeutungsgewinn auch auf nationaler Ebene Rechnung getragen werden sollte.[210] Bereits im Rahmen der Vergaberechtsgrundsätze sollen öffentliche Auftraggeber auf die Möglichkeit hingewiesen werden, dass die Berücksichtigung solcher strategischer Ziele in jeder Phase des Verfahrens in Betracht kommt. Damit kann die Verfolgung strategischer Ziele nicht mehr als „vergabefremd" und die entsprechenden Ziele auch nicht mehr als „vergabefremde Zwecke" eingestuft werden.[211] Dass dieser Erwähnung indessen kein eigener Regelungsgehalt zukommen soll, ergibt sich bereits aus dem Wortlaut, der darauf verweist, dass das „Wie" der Berücksichtigung sich nach Maßgabe des 4. Teils des GWB richtet. Bestätigt wird das ausdrücklich in der Gesetzesbegründung, in der es heißt, dass die konkrete Ausgestaltung der Möglichkeiten zur Einbeziehung der Ziele bei den jeweiligen gesetzlichen Einzelvorschriften[212] sowie in den Rechtsverordnungen[213] erfolgt.[214]

---

[202] *Dreher* in: *Immenga/Mestmäcker,* § 97 Rn. 88 ff.
[203] *Weyand,* § 97 GWB Rn. 144; vgl. auch § 16d VOB/A, § 44 Abs. 4 UVgO.
[204] Art. 55 Abs. 3 RL 2004/18/EG; OLG Düsseldorf Beschl. v. 26.7.2002 – Verg 22/02, NZBau 2002, 634, 637.
[205] GA *Léger* ARGE Gewässerschutz, NZBau 2001, 99.
[206] VK Düsseldorf Beschl. v. 18.4.2002 – VK-5/02-L, NZBau 2006, 335.
[207] Vgl. § 97 Abs. 4 S. 2 GWB in der bis zum 17.4.2016 geltenden Fassung.
[208] Zu diesen Begrifflichkeiten und deren Inhalt vgl. → § 22.
[209] Erwägungsgründe 37, 45 der RL 2014/24/EU sowie Art. 43, 67 Abs. 2, 70; Erwägungsgründe 55, 58, 70 der RL 2014/23/EU sowie Art. 30 Abs. 2; Erwägungsgründe 52, 55 der RL 2014/25/EU sowie Art. 61 Abs. 1, 82 Abs. 2, 87.
[210] BT-Drs. 18/6281 v. 8.10.2015, S. 68 f.
[211] *Burgi* § 7 Rn. 15.
[212] Vgl. §§ 122 Abs, 2, S. 2 Nr. 3, 123 Abs. 4, 124 Abs. 1 Nr. 1, 127 Abs. 1 S. 3, 128, 129 GWB.
[213] §§ 58 Abs. 2 Nr. 1, 31 Abs. 3, 60 Abs. 2 Nr. 4 VgV; 28 Abs. 3, 52 Abs. 2 SektVO; §§ 8c, 16d VOB/A-EU.
[214] BT-Drs. 18/6281 v. 8.10.2015, S. 68.

H. Die Berücksichtigung mittelständischer Interessen, § 97 Abs. 4 S. 1–3 GWB

I. Herleitung

66 Das Gebot der Berücksichtigung mittelständischer Interessen hat als europarechtlich nicht ausdrücklich vorgesehener Vergabegrundsatz nicht denselben **Stellenwert** wie die anderen übrigen Vergabegrundsätze, die daher grundsätzlich Vorrang haben.[215] Dennoch haben Bieter, denen ein Rechtschutzbedürfnis zusteht,[216] grundsätzlich auch ein **subjektives Recht** auf Einhaltung des Grundsatzes der Berücksichtigung mittelständischer Interessen.[217] Die besondere Bedeutung des Mittelstands wurde bereits in früheren Versionen der Vergabeordnungen sowie der Erstfassung des GWB-Vergaberechts[218] betont, indem die Berücksichtigung mittelständischer Interessen bei der Vergabe öffentlicher Aufträge in Deutschland zu einem Vergabegrundsatz erhoben wurde. Schon immer spielte in diesem Zusammenhang die losweise Vergabe eine besondere Bedeutung, da sie als effektives Mittel angesehen wurde und wird, um mittelständischen Unternehmen eine Beteiligung an bisweilen sehr großvolumigen Aufträgen zu ermöglichen. Heute findet sich das Gebot der losweisen Vergabe außer in § 97 Abs. 4, S. 2 GWB auch in § 30 VgV, §§ 5 Abs. 2, 5 EU Abs. 2 VOB/A und § 22 UVgO wieder.

1. Mittelstandsförderung aus nationaler Sicht

67 In einer Entscheidung des BGH von 1999 wurde die losweise Vergabe noch als ein Fall der begründungspflichtigen Ausnahme betrachtet.[219] Mit der Aufnahme der Mittelstandförderung in die Reihe der Vergabegrundsätze des GWB im Jahr 1999[220] und dem dort formulierten Gebot, dass mittelständische Interessen vornehmlich durch Aufteilung des Auftrags in Fach- und Teillose zu berücksichtigen sind, wurde das Regel-Ausnahme-Verhältnis jedoch umgekehrt. Seitdem ist die Gesamtvergabe grundsätzlich begründungspflichtig.[221] Mit dem Vergaberechtsänderungsgesetz[222] wurde der Schwerpunkt der Mittelstandsförderung erneut verschoben und die Bedeutung der losweisen Vergabe weiter verstärkt. Nunmehr ist die losweise Vergabe in § 97 Abs. 4 S. 2 GWB als zwingende Vorgabe („Leistungen *sind* aufgeteilt zu vergeben") vorgesehen und die Gesamtvergabe ist nur bei Vorliegen der in § 97 Abs. 4 S. 3 GWB genannten Voraussetzungen zulässig. Der Vorrang der losweisen Vergabe hat auch Eingang in die untergesetzlichen Vergaberegime gefunden.[223] Aber auch wenn er in der SektVO im Gegensatz zur Neuregelung in VOB/A, VgV und UVgO nicht explizit enthalten ist, so gilt der Vorrang über § 97 Abs. 4 GWB oberhalb der Schwellenwerte auch für Vergaben im Sektorenbereich. Im unterschwelligen Bereich greift zudem die in zahlreichen Mittelstandsgesetzen der Bundesländer geregelte

---

[215] *Summann* 36.

[216] In der Regel liegt ein Rechtsschutzbedürfnis hinsichtlich der Fachlosteilung auch bei großen Unternehmen vor, während sich auf die Teillosvergabe regelmäßig nur mittelständische Unternehmen berufen können, vgl. VK Baden-Württemberg Beschl. v. 18.2.2011 – 1 VK 2/11, IBRRS 79806.

[217] OLG Jena Beschl. v. 6.6.2007 9 Verg 3/07, NZBau 2007, 730; VergabeR 2007, 677; OLG Düsseldorf Beschl. v. 8.9.2004 – Verg 38/04, NZBau 2004, 688; VK Baden-Württemberg Beschl. v. 18.2.2011 – 1 VK 2/11, IBRRS 79806; VK Hessen Beschl. v. 27.2.2003 – 69d-VK-70/2002, ZfBR 2003, 514; VK Magdeburg Beschl. v. 6.6.2002 – 33-32571/07 VK 05/02 MD; VK Bund Beschl. v. 1.2.2001 – VK 1-1/01, IBRRS 2013, 2576; VK Arnsberg Beschl. v. 31.1.2001 – VK 2-01/01, VPRRS 2013, 0983.

[218] BGBl. I Nr. 59/1998, S. 2512.

[219] Zu § 5 VOL/A aF BGH Urteil v. 17.2.1999 – X ZR 101/97 (KG), NJW 2000, 137 = BeckRS 1999, 30047215.

[220] BGBl. I Nr. 59/1998, S. 2512.

[221] OLG Düsseldorf, Beschl. v. 16.10.2019 – Verg 66/18, IBRRS 2019, 3312; VK Sachsen, Beschl. v. 15.10.2019 – 1/SVK/030-19, IBRRS 2019, 3673.

[222] BGBl. I Nr. 20/2009, S. 790.

[223] §§ 5 Abs. 2, 5 EU Abs. 2 VOB/A, § 30 VgV; § 22 UVgO.

Pflicht zur Mittelstandsförderung.[224] Zwar ergeben sich im Gegensatz zu § 97 Abs. 4 GWB aus diesen Bestimmungen auf Länderebene in der Regel keine subjektiven Rechte,[225] denn ein bieterschützender Zweck ist aus den landesrechtlichen Normen allenfalls individuell zu ermitteln. Trotzdem ergibt sich aus den Mittelstandsgesetzen, dass der Grundsatz der Berücksichtigung mittelständischer Interessen auch auf Landesebene umfassend zu beachten ist.

2. Mittelstandsförderung aus europäischer Sicht

Die Pflicht zur Beachtung mittelständischer Interessen ergibt sich im Gegensatz zu den anderen Vergabegrundsätzen ausdrücklich weder aus dem europäischen Primärrecht noch aus den EU-Vergaberichtlinien.[226] Seit der Richtlinien-Novellierung 2014 ist der Mittelstandsschutz aber zumindest in den Erwägungsgründen genannt.[227] Ohne das vornehmlich zu bezwecken, dienen außerdem einige Regelungen der Richtlinien dem Schutz des Mittelstands, etwa die Möglichkeit, Bieter zu verpflichten, bestimmte Teile der Aufträge an Dritte unterzuvergeben, sowie die Zulassung von Bietergemeinschaften und der losweisen Vergabe. Darüber hinaus sind allgemein mittelstandsfreundliche Regelungen auch im Primärrecht[228] enthalten. Mithin eröffnet das Unionsrecht die Möglichkeit der mittelstandsfreundlichen Vergabe und der Losaufteilung, selbst wenn es ausdrücklich keine allgemeine Verpflichtung hierzu enthält. Allerdings ergeben sich aus europarechtlicher Sicht Grenzen für die vornehmliche Berücksichtigung mittelständischer Interessen der bei der Auftragsvergabe. Die Mittelstandsförderung ist nur insoweit zulässig, wie das mit den übrigen europarechtlich verankerten Vergaberechtsgrundsätzen vereinbar ist. Die Berücksichtigung mittelständischer Interessen ist demnach nur zulässig, sofern dadurch der Wettbewerb nicht zulasten der großen Unternehmen beschränkt, sondern, im Gegenteil, den Wettbewerb zugunsten der kleineren Unternehmen erweitert.[229] Eine Losvergabe kann aus europäischer Sicht auch geboten sein, wenn diese die Gleichbehandlung von kleinen und mittelständischen Unternehmen bei der Auftragsvergabe erst ermöglicht.[230] Wird jedoch ein Instrument der Regionalförderung als mittelstandsfördernde Maßnahme getarnt, greift das Verbot mittelbarer Diskriminierungen. 68

II. Bedeutung für das deutsche Vergaberecht

Die Mittelstandsförderung weist keinen unmittelbaren Zusammenhang zur Beschaffungstätigkeit der öffentlichen Hand auf. Sie stellt daher, wie die Verfolgung sozialer und umweltbezogener Ziele, vielmehr einen rein politisch motivierten Zweck dar, deren Verknüpfung mit der öffentlichen Auftragsvergabe objektiv betrachtet rein willkürlich ist. Vor diesem Hintergrund regte der Bundesrat in einer Stellungnahme zum Regierungsentwurf für das Vergaberechtsänderungsgesetz[231] die Einfügung des damaligen Abs. 3 an, da er befürchtete, bei der Mittelstandsförderung handele es sich um einen vergaberechtswidrigen **vergabefremden Aspekt.**[232] Denn schließlich hat die Ausrichtung des Vergabeverfahrens am Grundsatz der vornehmlichen Berücksichtigung mittelständischer Interessen die Förde- 69

[224] VK Brandenburg Beschl. v. 22.9.2008 – VK 27/08, IBRRS 2009, 2996; 6 Abs. 3 MfG Rheinland-Pfalz; § 5 Abs. 3 MfG Schleswig-Holstein; § 5 Abs. 3 MfG Thüringen, § 18 BayMFG; § 2 Abs. 1 SächsVergabeG.

[225] VGH Baden-Württemberg, GewArch 1999, 295f.

[226] Allgemein zum europäischen Rechtsrahmen der Mittelstandsförderung *Frenz,* GewArch 2018, 95ff.

[227] RL 2014/24/EU Erwägungsgrund 78.

[228] Art. 153 Abs. 2, 173 Abs. 1 und 179 Abs. 2 AEUV.

[229] OLG Düsseldorf Beschl. v. 8.9.2004 – 1 VK LVwA 32/09, NZBau 2004, 688, 689.

[230] VK Bund Beschl. v. 20.3.2009 – VK 3-34/09 und – VK 3-22/09; *Weyand,* § 97 GWB Rn. 352.

[231] BGBl. I Nr. 59/1998, S. 2512.

[232] Vgl. BT-Drs. 13/9340, S. 36.

rung einer Sondergruppe – mittelständische Unternehmen – zur Folge.[233] Je nach Ausmaß und Anwendung führt die Mittelstandsförderung demnach zu Wettbewerbsbeschränkungen zu Lasten großer und zur Bevorzugung kleiner und mittlerer Unternehmen, was im Ergebnis zu einer Verteuerung der Auftragsvergabe an sich führen kann. Eine solche reine Mittelstandsbevorzugung ist indessen mit europäischem Recht nicht zu vereinbaren.[234] Schließlich kann die mittelstandsbevorzugende Auftragsvergabe auch mit dem allgemeinen Gleichheitssatz des Art. 3 Abs. 1 GG in Konflikt geraten.[235] Allerdings hat das BVerfG die gesetzliche Bevorzugung des Mittelstands auch schon als ein legitimes wirtschaftspolitisches Ziel zur Rechtfertigung einer Ungleichbehandlung iSd Art. 3 Abs. 1 GG anerkannt.[236]

70 Dennoch muss die Berücksichtigung mittelständischer Interessen vor dem Hintergrund der übrigen Vergaberechtsgrundsätze grundsätzlich so erfolgen, dass sie im Einklang mit dem Wettbewerbs-, Gleichbehandlungs- und Wirtschaftlichkeitsgrundsatz steht. Das schließt insbesondere eine mittelstands*bevorzugende* Auftrags*zu*teilung aus. Vielmehr darf die Beschaffung lediglich so organisiert werden (zB durch Losaufteilung), dass mittelständische Unternehmen mit den gleichen Chancen an einem Vergabeverfahren wie die Großunternehmen teilnehmen können und der Wettbewerb dadurch insgesamt erweitert wird.[237] Die Berücksichtigung mittelständischer Interessen bedeutet nämlich nur mittelstandsgerechte Vergabe in Form der Auftragsteilung, nicht dagegen mittelstandsbevorzugende Auftragszuteilung.[238] Mit anderen Worten: Es geht nicht um Ergebnis- sondern um Chancengerechtigkeit.[239] Folglich muss sich die Mittelstandsfreundlichkeit grundsätzlich in der Ermöglichung der eigenständigen Teilnahme mittelständischer Unternehmen am Vergabeverfahren erschöpfen.[240]

71 Auf diese Weise kann die Mittelstandsförderung auch als eine **Ausprägung des Wettbewerbs- und Wirtschaftlichkeitsgebots** nach § 97 Abs. 1 GWB angesehen werden,[241] die die mit dem Wettbewerbs- und Gleichbehandlungsgrundsatz verfolgten Ziele stärkt. Diesem Verständnis der Mittelstandsfreundlichkeit folgend, kommt es bei der Zuschlagsentscheidung letztendlich maßgeblich darauf an, dass die Auftragsvergabe stets nach dem **Grundsatz der Wirtschaftlichkeit** erfolgt, unabhängig davon, ob das wirtschaftlichste Angebot von einem mittelständischen Unternehmen kommt oder nicht.

III. Inhalt und Auswirkung auf das Vergabeverfahren

72 Mittelstand im Sinne des § 97 Abs. 4 S. 1 GWB entspricht nicht der Definition der „kleinen und mittleren Unternehmen" (KMU) im Europäischen Wirtschaftsraum, vielmehr ist abhängig vom jeweils relevanten Markt unter Einbeziehung der vorhandenen Wettbewerber zu bestimmen, ob ein Unternehmen als mittelständisch eingestuft werden kann oder nicht.[242] Allerdings ist die Empfehlung der EU Kommission[243] einschließlich der dortigen

---

233 So etwa BGH Urteil v. 17.2.1999 – X ZR 101/97 (KG), NJW 2000, 137, 140 = BeckRS 1999, 30047215.

234 Vgl. oben H.II.

235 *Burgi* NZBau 2006, 606, 609.

236 BVerfG Urt. v. 17.7.1961 – 1 BvL 44/55, NJW 1961, 2011, 2015; BVerfGE 19, 101, 114ff., NJW 1965, 1581; BVerfGE 37, 38, 51ff., NJW 1974, 939.

237 OLG Düsseldorf Beschl. v. 8.9.2004 – Verg 38/04, NZBau 2004, 688; VK Bund Beschl. v. 4.3.2009 – VK 2-202/08.

238 VK Sachsen Beschl. v. 30.4.2008 – 1/SVK/020-08, IBRRS 2008, 1623.

239 VK Bund Beschl. v. 30.3.2000 – VK 2-2/00, IBRRS 2000, 1291.

240 Vgl. BGH Beschl. v. 17.2.1999, WuW/E Verg 213, 216.

241 Siehe auch OLG Düsseldorf Beschl. v. 11.7.2007 – Verg 10/07, BeckRS 2008, 01321.

242 VK Baden-Württemberg Beschl. v. 28.2.2011 – 1 VK 2/11; VK Bund Beschl. v. 4.3.2009 – VK 2-202/08.

243 Kleinere und mittlere Unternehmen (KMU) sind solche, die max. 250 Arbeitnehmer beschäftigen und nicht mehr als 50 Mio. Euro jährlichen Umsatz haben; vgl. Art. 2 des Anhangs zur Empfehlung der KOM 2003/371/EG. Empfehlung v. 6.5.2003 im Amtsblatt der Europäischen Union L 124/36 vom 20.5.2003.

Definition der KMU ein Anhaltspunkt auch für die Bestimmung des Mittelstands im Sinne des § 97 Abs. 4 GWB.[244]

1. Grundsatz: Losweise Vergabe

Das Gebot der Berücksichtigung mittelständischer Interessen beinhaltet insbesondere die Pflicht, **Teil- oder Fachlose** zu bilden.[245] Seit der Neufassung von § 97 Abs. 4 GWB ist das in dessen Satz 2 ausdrücklich vorgesehen.[246] Die ungeteilte Vergabe ist nur aus wirtschaftlichen oder technischen Gründen gestattet, § 97 Abs. 4 S. 3 GWB. 73

Fachlose sind eine Zusammenfassung von Leistungen nach Art oder Fachgebiet. Welche Leistungen zu einem Fachlos gehören, bestimmt sich nach den gewerberechtlichen Vorschriften und der allgemein oder regional üblichen Abgrenzung.[247] **Teillose** werden durch die räumliche oder mengenmäßige Aufteilung von Leistungen gebildet. Welche Aufteilung sinnvoll ist, richtet sich auch hier nach dem konkreten Auftrag. Der **Loszuschnitt** ist so vorzunehmen, dass es der Mehrzahl von mittelständischen Bietern grundsätzlich möglich ist, sich an dem Vergabeverfahren zu beteiligen, ohne eine Bietergemeinschaft bilden zu müssen.[248] Bei der Fachlosbildung kommt es darüber hinaus darauf an, einen möglichst breit gestreuten Markt zu erhalten, also typischerweise getrennte Leistungen nicht in einem Los zusammenzufassen.[249] Jedoch hat das einzelne Unternehmen **keinen Anspruch auf die Losaufteilung** oder gar darauf, dass der Loszuschnitt in einer für das Unternehmen optimalen Form erfolgt.[250] Bieter haben vielmehr ausschließlich ein Recht darauf, dass die Vergabestelle im Rahmen ihres Beurteilungsspielraums[251] die mittelständischen Interessen angemessen berücksichtigt und ein Absehen von der Losvergabe nur aus wirtschaftlichen oder technischen Gründen erfolgt.[252] Die konkrete Losgröße sowie die Aufteilungskriterien hängen von Einzelfallerwägungen ab, die die Vergabestelle im Rahmen ihres Ermessensspielraums unter Berücksichtigung des Gebots der Berücksichtigung mittelständischer Interessen sowie der Wirtschaftlichkeit anstellt.[253] 74

Umgekehrt haben Bieter auch keinen Anspruch auf eine **Gesamtvergabe** als rein haushaltsrechtliches Mittel.[254] Vielmehr ist eine Gesamtvergabe nur möglich, wenn wirtschaftliche oder technische Gründe das erfordern.[255] Das gilt insbesondere dann, wenn die Losvergabe marktüblich ist.[256] Bloße Zweckmäßigkeitserwägungen, erleichterte Verfolgung von Gewährleistungsansprüchen oder der typischerweise mit der losweisen Vergabe zusammenhängende Mehraufwand, wie etwa die Erforderlichkeit eines erhöhten Maßes an Koordination, rechtfertigen keine Gesamtvergabe.[257] Denn eine gewisse Mehrbelastung des 75

[244] OLG Karlsruhe Beschl. v. 6.4.2011 – 15 Verg 3/11, NZBau 2011, 567; OLG Düsseldorf Beschl. v. 8.9.2004 – Verg 38/04, NZBau 2004, 688, 690.
[245] § 97 Abs. 4 S. 2 GWB, §§ 5 Abs. 2, 5 EU Abs. 2 VOB/A, § 30 VgV, § 22 UVgO.
[246] BGBl. I Nr. 20/2009, S. 790.
[247] OLG Düsseldorf Beschl. v. 11.7.2007 – Verg 10/07, BeckRS 2008, 01321.
[248] OLG Karlsruhe Beschl. v. 6.4.2011 – 15 Verg 3/11, NZBau 2011, 567; VK Nordbayern Beschl v. 19.5.2009 – 21.VK-3194-13/09, ZfBR 2009, 614.
[249] VK Baden-Württemberg Beschl. v. 18.2.2011 – 1 VK 2/11, IBRRS 79806.
[250] OLG Düsseldorf Beschl. v. 23.3.2011 – Verg 63/10, NZBau 2011, 369; VK Saarland Beschl. v. 7.9.2009 – 3 VK 01/2009, BeckRS 2014, 55422.
[251] OLG Karlsruhe Beschl. v. 6.4.2011 – 15 Verg 3/11, NZBau 2011, 567; OLG Düsseldorf Beschl. v. 23.3.2011 – VK 63/10, NZBau 2011, 369.
[252] OLG München, Beschl. v. 25.3.2019 – Verg 10/18, NZBau 2019, 538; OLG Frankfurt, Beschl. v. 14.5.2018 – 11 Verg 4/18, NZBau 2018, 632; VK Hessen, Beschl. v. 12.2.2018 – 69d-VK-21/2018; VK Bund, Beschl. v. 6.12.2016 – VK 1-118/16.
[253] OLG Karlsruhe Beschl. v. 6.4.2011 – 15 Verg 3/11, NZBau 2011, 567; OLG Schleswig-Holstein Beschl. v. 4.5.2001 – 6 Verg 2/2001, IBRRS 2003, 1486.
[254] VK Bund Beschl. v. 29.9.2005 – VK 3-121/05.
[255] M.w.N. *Buslowicz/Hohensee,* Vergabenews 2019, 110ff.
[256] VK Saarland Beschl. v. 7.9.2009 – 3 VK 01/2009, BeckRS 2014, 55422.
[257] OLG Koblenz, Beschl. v. 4.4.2012 – 1 Verg 2/11, NZBau 2012, 598; OLG Düsseldorf Beschl. v. 11.7.2007 – Verg 10/07, BeckRS 2008, 01321, IBR 2008, 233; VK Baden-Württemberg Beschl. v. 18.2.2011 – 1 VK 2/11, IBRRS 79806; VK Niedersachsen Beschl. v. 25.3.2010 – VgK-07/2010; VK Sachsen Be-

Auftraggebers durch die Losvergabe ist der mittelstandspolitischen Entscheidung des Vergaberechts immanent und daher grundsätzlich hinzunehmen. Eine Gesamtvergabe lässt sich auch nicht damit rechtfertigen, dass der Auftrag insgesamt an eine Bietergemeinschaft vergeben wird, die aus mehreren mittelständischen Unternehmen besteht,[258] oder dass die Möglichkeit besteht, als mittelständischer Nachunternehmer an der Ausschreibung teilzunehmen[259].

2. Ausnahme: Gesamtvergabe

76 Das Gebot der Berücksichtigung mittelständischer Interessen stößt erst an seine Grenzen, wenn der öffentliche Auftraggeber wirtschaftlich, funktional und technisch nachvollziehbare Interessen an einer Gesamtvergabe hat.[260] Die mit § 97 Abs. 4 GWB bezweckte Stärkung des Mittelstandsschutzes verschärft die Pflicht des Auftraggebers, seine Entscheidung für eine Gesamtvergabe mit technischen oder wirtschaftlichen Gründen zu belegen und die Prüfung sowie Begründung seiner Entscheidung sorgfältig zu dokumentieren.[261] Die Gründe für die Gesamtvergabe müssen dabei in der Abwägung mit den nachteiligen Auswirkungen auf den Mittelstand überwiegen.[262] In keinem Fall darf eine Gesamtvergabe dazu führen, dass nur noch ein einziger Bieter für die Auftragsvergabe in Betracht kommt, während bei einer Losaufteilung wenigstens bei einigen Losen mehrere Unternehmen mitbieten könnten.[263] Die **Abwägungsentscheidung** des Auftraggebers ist dabei jedoch nur begrenzt gerichtlich überprüfbar, da der Vergabestelle insoweit ein nur eingeschränkt justiziabler **Beurteilungsspielraum** zukommt.[264] Diesen überschreitet die Vergabestelle erst dann, wenn sie die mittelständischen Interessen gänzlich unberücksichtigt lässt, ihrer Entscheidung einen unrichtigen Sachverhalt zugrunde legt oder sachfremde Erwägungen anstellt.[265]

77 Eine **wirtschaftliche Erforderlichkeit** für die Zusammenfassung liegt jedenfalls dann vor, wenn die Losvergabe bei dem Auftraggeber zu unverhältnismäßigen Kostennachteilen[266] – auch im Zusammenhang mit deutlichen zeitlichen Verzögerungen[267] – oder zu übertriebener Zersplitterung des Auftrags[268] führen würde. **Technische Gründe** sind gegeben, wenn technische Abhängigkeiten beim Bauablauf bestehen oder Wartungsgesichts-

schl. v. 22.7.2010 – 1/SVK/022-10, BeckRS 2010, 23399; VÜA Bayern v. 3.5.1996 -, VÜA 5/96, WiB 1996, 756.

[258] OLG Düsseldorf Beschl. v. 8.9.2004 – Verg 38/04, NZBau 2004, 688, 690; OLG Düsseldorf Beschl. v. 4.3.2004 – Verg 8/04, IBR 2004, 274; VK Nordbayern Beschl. v. 19.5.2009 – 21.VK-3194-13/09, ZfBR 2009, 614, IBR 2009, 533; aA OLG Schleswig Beschl. v. 14.8.2000 – 6 Verg 2/2000, BeckRS 2001, 454; VK Bund Beschl. v. 1.2.2001 – VK 1-1/01, IBRRS 2013, 2576, NJOZ 2003, 3117, 3120.

[259] VK Nordbayern Beschl. v. 19.5.2009 – 21.VK-3194-14/09, IBRRS 2009, 1940; VK Sachsen Beschl. v. 30.4.2008 – 1/SVK/020-08, IBRRS 2008, 1623.

[260] VK Münster Beschl. v. 7.10.2009 – VK 18/09, IBRRS 2009, 3455.

[261] OLG Celle Beschl. v. 26.4.2010 – 13 Verg 4/10, NZBau 2010, 715f.; VK Lüneburg Beschl. v. 25.3. 2010, BeckRS 2010, 19847; *Gabriel* NJW 2009, 2011, 2012.

[262] OLG München, Beschl. v. 25.3.2019 – Verg 10/18, NZBau 2019, 538; OLG Frankfurt, Beschl. v. 14.5. 2018 – 11 Verg 4/18, NZBau 2018, 632; OLG Düsseldorf Beschl. v. 30.11.2009 – Verg 43/09, IBRRS 2013, 0789; VK Hessen, Beschl. v. 12.2.2018 – 69d-VK-21/2018; VK Bund, Beschl. v. 6.12.2016 – VK 1-118/16.

[263] Hierin läge außerdem ein Verstoß gegen den Wettbewerbsgrundsatz; OLG Celle Beschl. v. 24.5.2007 – 13 Verg 4/07, NZBau 2007, 607.

[264] OLG Düsseldorf Beschl. v. 25.11.2009 – Verg 27/09, IBRRS 2010, 0402; VK Sachsen Beschl. v. 22.7. 2010 – 1/SVK/022/10, BeckRS 2010, 23399; VK Münster Beschl. v. 7.10.2009 – VK 18/09, IBRRS 2009, 3455.

[265] *Buslowicz/Hohensee*, Vergabenews 2019, 110f.

[266] VK Hessen Beschl. v. 12.2.2018 – 69d-VK-21/2018; OLG Frankfurt Beschl. v. 14.5.2018 – 11 Verg 4/18, NZBau 2018, 632.

[267] OLG Düsseldorf Beschl. v. 11.7.2007 – Verg 10/07, BeckRS 2008, 01321; OLG Düsseldorf Beschl. v. 8.9.2004 – Verg 38/04, NZBau 2004, 688, 689; VK Sachsen Beschl. v. 30.4.2008 – 1/SVK/020-08, IBRRS 2008, 1623.

[268] OLG Düsseldorf Beschl. v. 23.3.2011 – Verg 63/10, NZBau 2011, 369.

punkte für die Beauftragung nur eines Unternehmers sprechen.[269] Ferner darf der Vorrang der Losvergabe nicht so weit führen, dass sich der Charakter der zu beschaffenden Leistungen grundsätzlich ändert. Das heißt, der Beschaffungsbedarf darf der Losaufteilung nicht entgegenstehen.[270] Vor diesem Hintergrund hat das OLG Jena in seiner Entscheidung vom 6.6.2007[271] eine **Zwei-Stufen-Prüfung** zur Beurteilung der Zulässigkeit der Gesamtvergabe vorgeschlagen. Danach ist zunächst zu prüfen, ob eine Losvergabe mit der konkreten Beschaffungsmaßnahme vereinbar ist. Das ist nicht der Fall, wenn die ausgeschriebene Gesamtleistung sich nicht in der Addition der Einzelleistungen erschöpft,[272] sondern ihr eine eigenständige Funktion zukommt. Beeinflusst die Aufteilung der Leistung den Inhalt des Auftrags jedoch nicht, muss grundsätzlich eine Leistungsaufteilung in Lose erfolgen. Im zweiten Schritt ist daher dann zu prüfen, ob der Auftraggeber im Einzelfall mit berechtigter Begründung – aus wirtschaftlichen oder technischen Gründen – dennoch von der Losvergabe absehen kann.

Erst später im Vergabeverfahren relevant wird die Gesamtvergabe, wenn sie erst nach 78 Losaufteilung in Form der **Mehrfachbezuschlagung** erfolgen soll, weil sich ein Angebot für mehrere Lose zusammen als wirtschaftlich günstiger herausstellt, als die Summe der jeweils günstigsten Angebote auf die Teillose.[273] Dürfte der Auftraggeber in einem solchen Fall nicht die günstigere Gesamtvergabe wählen, sondern wäre auf die Teillosvergabe verwiesen, würde der Mittelstandsschutz zulasten der Wirtschaftlichkeit wirken. Allerdings setzt die Mehrfachbezuschlagung voraus, dass in der Ausschreibung die Abgabe eines Pauschalpreisnebenangebots wenigstens inzident zugelassen wurde.[274] In jedem Fall mit § 97 Abs. 4 GWB unvereinbar ist es hingegen, wenn die Vergabestelle Rabatte akzeptiert, die an eine Loskombination gekoppelt sind.[275]

3. Weitere Formen der Berücksichtigung mittelständischer Interessen

Darüber hinaus sind die mittelständischen Interessen bei **Bestimmung der Teilnahmekriterien** zu beachten, indem beispielsweise ausreichend lange Angebots- und Bewerbungsfristen festgelegt werden und keine von kleineren Unternehmen nur schwer zu erfüllende **Eignungsnachweise** verlangt werden. Ebenso ist der Zusammenschluss mehrerer mittelständischer Unternehmen zu einer **Bietergemeinschaft** grundsätzlich zuzulassen. Konnten derartige Maßnahmen bis zur letzten Vergaberechtsreform 2016 teilweise noch alternativ zur Losaufteilung vorgenommen werden, so sind sie heute vom Auftraggeber stets zusätzlich zu der losweisen Vergabe zu prüfen, um dem Gebot der *vornehmlichen* Berücksichtigung mittelständischer Interessen gemäß § 97 Abs. 4 S. 1 GWB gerecht zu werden.[276] 79

4. Sonderfall: Loslimitierung

Mittlerweile in § 30 Abs. 1 VgV ausdrücklich zugelassen ist eine Loslimitierung, dh eine 80 Begrenzung der Anzahl der Lose, für die ein Bieter ein Angebot abgeben darf (sog. angebotsbezogene Loslimitierung) oder jedenfalls die Anzahl, der Lose für die ein Bieter den

[269] Vgl. zu technischen Gründen auch OLG München Beschl. v. 25.3.2019 – Verg 10/18, NZBau 2019, 538; VK Bund Beschl. v. 6.12.2016 – VK 1-118/16.

[270] *Buslowicz/Hohensee,* Vergabenews 2019, 110f.

[271] OLG Jena Beschl. v. 6.6.2007 – 9 Verg 3/07, NZBau 2007, 730; zustimmend OLG Celle Beschl. v. 26.4.2010 – 13 Verg 4/10, NZBau 2010, 715, 716f.; VK Brandenburg Beschl. v. 22.9.2008 – VK 27/08, IBRRS 2009, 2996.

[272] OLG Celle Beschl. v. 26.4.2010 – 13 Verg 4/10, NZBau 2010, 715, 717.

[273] OLG Frankfurt Beschl. v. 14.5.2018 – 11 Verg 4/18, NZBau 2018, 632.

[274] OLG Zweibrücken Beschl. v. 24.1.2008 – 6 U 25/06, ZfBR 2009, 202.

[275] VK Bund Beschl. v. 7.2.2008 – VK 3-169/07, VPRRS 2008, 0393; Beschl. v. 6.2.2008 – VK 3-11/08, BeckRS 2008, 0140941; Beschl. v. 5.2.2008 – VK 3-23/08 und – VK 3-08/08; VK Brandenburg Beschl. v. 19.1.2006 – 2 VK 76/05, IBRRS 2006, 1200.

[276] IdS Beck VergabeR/*Antweiler* GWB § 97 Rn. 45.

Zuschlag erhalten kann (sog. zuschlagsbezogene Loslimitierung). Allein das Gebot der Berücksichtigung mittelständischer Interessen gebietet weder eine angebots- noch eine zuschlagsbezogene Loslimitierung, da damit nicht die Wettbewerbschancen für mittelständische Unternehmen erhöht, sondern diejenigen großer Unternehmen verringert werden.[277] Es obliegt daher dem Auftraggeber im Rahmen der Gestaltung der Ausschreibung ob und wie er eine Limitierung zielführend einsetzten kann.

5. Sonderfall: Zusammenfassende Beschaffung

81 Die zunehmende Praxis der **Auftragsbündelung** und die Einrichtung **zentraler Beschaffungsstellen** sind grundsätzlich geeignet, mittelständische Interessen zu gefährden.[278] Dennoch sind diese spätestens mit der Schaffung von Art. 37 RL 2014/24/EU[279] als zulässig anzusehen und aus Wirtschaftlichkeitsgründen sogar erwünscht. Entsprechend sieht auch das nationale Vergaberecht Regelungen zur Auftragsbündelung und zentralen Beschaffungsstellen vor.[280] Allerdings sind neben den kartellrechtlichen Grenzen der Auftragsbündelung bei der Nachfragebündelung insbesondere auch die Vorgaben des § 97 Abs. 4 GWB und der damit einhergehende Grundsatz der Losaufteilung zu beachten.

6. Unterauftragsvergabe

82 **§ 97 Abs. 4 S. 4 GWB** überträgt die Pflicht zur mittelstandsfreundlichen Vergabe auch auf Auftragnehmer, die im Rahmen einer öffentlich-privaten Zusammenarbeit in die Erfüllung einer öffentlichen Aufgabe eingebunden werden. Er verpflichtet den Auftraggeber zur vertraglichen Festschreibung der Losaufteilung bei der Erstvergabe. Der Anwendungsbereich der Norm ist allerdings begrenzt, da die Losaufteilung, wenn möglich schon bei der ersten Auftragsvergabe und nicht erst bei der Vergabe von Unteraufträgen zu erfolgen hat. Auch der Rechtsschutz gegen die pflichtwidrige Vergabe von Unteraufträgen ist nur indirekt, nämlich gegenüber dem öffentlichen Auftraggeber, nicht hingegen gegenüber dem Auftragnehmer, der sie unterlässt, möglich. Zudem besteht die Gefahr, dass Auftragnehmer diese Regelung umgehen, indem sie schon vor Zuschlag Nachunternehmen für das Projekt verpflichten.

---

[277] *Noch* Vergabe Navigator 2016, 33f.

[278] *Faßbender* NZBau 2010, 529, 534.

[279] Abs. 1:"Die Mitgliedstaaten können festlegen, dass die öffentlichen Auftraggeber Bauleistungen, Waren und/oder Dienstleistungen durch zentrale Beschaffungsstellen erwerben dürfen."

[280] Vgl. § 4 VgV, § 16 UVgO.

§ 108 GWB Ausnahmen bei öffentlich-öffentlicher Zusammenarbeit

Hier nicht abgedruckt.

§ 109 GWB Ausnahmen für Vergaben auf der Grundlage internationaler Verfahrensregeln

(1) Dieser Teil ist nicht anzuwenden, wenn öffentliche Aufträge, Wettbewerbe oder Konzessionen

1. nach Vergabeverfahren zu vergeben oder durchzuführen sind, die festgelegt werden durch
   a) ein Rechtsinstrument, das völkerrechtliche Verpflichtungen begründet, wie eine im Einklang mit den EU-Verträgen geschlossene internationale Übereinkunft oder Vereinbarung zwischen der Bundesrepublik Deutschland und einem oder mehreren Staaten, die nicht Vertragsparteien des Übereinkommens über den Europäischen Wirtschaftsraum sind, oder ihren Untereinheiten über Liefer-, Bau- oder Dienstleistungen für ein von den Unterzeichnern gemeinsam zu verwirklichendes oder zu nutzendes Projekt, oder
   b) eine internationale Organisation oder
2. gemäß den Vergaberegeln einer internationalen Organisation oder internationalen Finanzierungseinrichtung bei vollständiger Finanzierung der öffentlichen Aufträge und Wettbewerbe durch diese Organisation oder Einrichtung zu vergeben sind; für den Fall einer überwiegenden Kofinanzierung öffentlicher Aufträge und Wettbewerbe durch eine internationale Organisation oder eine internationale Finanzierungseinrichtung einigen sich die Parteien auf die anwendbaren Vergabeverfahren.

(2) Für verteidigungs- oder sicherheitsspezifische öffentliche Aufträge ist § 145 Nummer 7 und für Konzessionen in den Bereichen Verteidigung und Sicherheit ist § 150 Nummer 7 anzuwenden.

§ 113 GWB Verordnungsermächtigung

Die Bundesregierung wird ermächtigt, durch Rechtsverordnungen mit Zustimmung des Bundesrates die Einzelheiten zur Vergabe von öffentlichen Aufträgen und Konzessionen sowie zur Ausrichtung von Wettbewerben zu regeln. Diese Ermächtigung umfasst die Befugnis zur Regelung von Anforderungen an den Auftragsgegenstand und an das Vergabeverfahren, insbesondere zur Regelung

1. der Schätzung des Auftrags- oder Vertragswertes,
2. der Leistungsbeschreibung, der Bekanntmachung, der Verfahrensarten und des Ablaufs des Vergabeverfahrens, der Nebenangebote, der Vergabe von Unteraufträgen sowie der Vergabe öffentlicher Aufträge und Konzessionen, die soziale und andere besondere Dienstleistungen betreffen,
3. der besonderen Methoden und Instrumente in Vergabeverfahren und für Sammelbeschaffungen einschließlich der zentralen Beschaffung,
4. des Sendens, Empfangens, Weiterleitens und Speicherns von Daten einschließlich der Regelungen zum Inkrafttreten der entsprechenden Verpflichtungen,
5. der Auswahl und Prüfung der Unternehmen und Angebote sowie des Abschlusses des Vertrags,
6. der Aufhebung des Vergabeverfahrens,
7. der verteidigungs- oder sicherheitsspezifischen Anforderungen im Hinblick auf den Geheimschutz, auf die allgemeinen Regelungen zur Wahrung der Vertraulichkeit, auf die Versorgungssicherheit sowie auf die besonderen Regelungen für die Vergabe von Unteraufträgen,
8. der Voraussetzungen, nach denen Sektorenauftraggeber, Konzessionsgeber oder Auftraggeber nach dem Bundesberggesetz von der Verpflichtung zur Anwendung dieses Teils befreit werden können, sowie des dabei anzuwendenden Verfahrens einschließlich

der erforderlichen Ermittlungsbefugnisse des Bundeskartellamtes und der Einzelheiten der Kostenerhebung; Vollstreckungserleichterungen dürfen vorgesehen werden.

S. 3 bis 7 nicht abgedruckt.

§ 115 GWB Anwendungsbereich

Dieser Abschnitt ist anzuwenden auf die Vergabe von öffentlichen Aufträgen und die Ausrichtung von Wettbewerben durch öffentliche Auftraggeber.

§ 116 GWB Besondere Ausnahmen

(1) Dieser Teil ist nicht anzuwenden auf die Vergabe von öffentlichen Aufträgen durch öffentliche Auftraggeber, wenn diese Aufträge Folgendes zum Gegenstand haben:

1. Rechtsdienstleistungen, die eine der folgenden Tätigkeiten betreffen:
   a) Vertretung eines Mandanten durch einen Rechtsanwalt in
      aa) Gerichts- oder Verwaltungsverfahren vor nationalen oder internationalen Gerichten, Behörden oder Einrichtungen,
      bb) nationalen oder internationalen Schiedsgerichts- oder Schlichtungsverfahren,
   b) Rechtsberatung durch einen Rechtsanwalt, sofern diese zur Vorbereitung eines Verfahrens im Sinne von Buchstabe a dient oder wenn konkrete Anhaltspunkte dafür vorliegen und eine hohe Wahrscheinlichkeit besteht, dass die Angelegenheit, auf die sich die Rechtsberatung bezieht, Gegenstand eines solchen Verfahrens werden wird,
   c) Beglaubigungen und Beurkundungen, sofern sie von Notaren vorzunehmen sind,
   d) Tätigkeiten von gerichtlich bestellten Betreuern, Vormündern, Pflegern, Verfahrensbeiständen, Sachverständigen oder Verwaltern oder sonstige Rechtsdienstleistungen, deren Erbringer durch ein Gericht dafür bestellt oder durch Gesetz dazu bestimmt werden, um bestimmte Aufgaben unter der Aufsicht dieser Gerichte wahrzunehmen, oder
   e) Tätigkeiten, die zumindest teilweise mit der Ausübung von hoheitlichen Befugnissen verbunden sind,
2. Forschungs- und Entwicklungsdienstleistungen, es sei denn es handelt sich um Forschungs- und Entwicklungsdienstleistungen, die unter die Referenznummern des Common Procurement Vocabulary 73000000-2 bis 73120000-9, 73300000-5, 73420000-2 und 73430000-5 fallen und bei denen
   a) die Ergebnisse ausschließlich Eigentum des Auftraggebers für seinen Gebrauch bei der Ausübung seiner eigenen Tätigkeit werden und
   b) die Dienstleistung vollständig durch den Auftraggeber vergütet wird,
3. den Erwerb, die Entwicklung, die Produktion oder die Koproduktion von Sendematerial für audiovisuelle Mediendienste oder Hörfunkmediendienste, wenn diese Aufträge von Anbietern von audiovisuellen Mediendiensten oder Hörfunkmediendiensten vergeben werden, die Ausstrahlungszeit oder die Bereitstellung von Sendungen, wenn diese Aufträge an Anbieter von audiovisuellen Mediendiensten oder Hörfunkmediendiensten vergeben werden,
4. finanzielle Dienstleistungen im Zusammenhang mit der Ausgabe, dem Verkauf, dem Ankauf oder der Übertragung von Wertpapieren oder anderen Finanzinstrumenten, Dienstleistungen der Zentralbanken sowie mit der Europäischen Finanzstabilisierungsfazilität und dem Europäischen Stabilitätsmechanismus durchgeführte Transaktionen,
5. Kredite und Darlehen, auch im Zusammenhang mit der Ausgabe, dem Verkauf, dem Ankauf oder der Übertragung von Wertpapieren oder anderen Finanzinstrumenten oder
6. Dienstleistungen, die an einen öffentlichen Auftraggeber nach § 99 Nummer 1 bis 3 vergeben werden, der ein auf Gesetz oder Verordnung beruhendes ausschließliches Recht hat, die Leistungen zu erbringen.

(2) Dieser Teil ist ferner nicht auf öffentliche Aufträge und Wettbewerbe anzuwenden, die hauptsächlich den Zweck haben, dem öffentlichen Auftraggeber die Bereitstellung oder

den Betrieb öffentlicher Kommunikationsnetze oder die Bereitstellung eines oder mehrerer elektronischer Kommunikationsdienste für die Öffentlichkeit zu ermöglichen.

§§ 117 f., 137 ff., 145, 149 f. GWB [Weitere] Besondere Ausnahmen

Hier nicht abgedruckt.

§ 185 GWB Unternehmen der öffentlichen Hand, Geltungsbereich

(1) Die Vorschriften des Ersten bis Dritten Teils dieses Gesetzes sind auch auf Unternehmen anzuwenden, die ganz oder teilweise im Eigentum der öffentlichen Hand stehen oder die von ihr verwaltet oder betrieben werden. Die §§ 19, 20 und 31b Absatz 5 sind nicht anzuwenden auf öffentlich-rechtliche Gebühren oder Beiträge. Die Vorschriften des Ersten bis Dritten Teils dieses Gesetzes sind nicht auf die Deutsche Bundesbank und die Kreditanstalt für Wiederaufbau anzuwenden.

(2) Die Vorschriften des Ersten bis Dritten Teils dieses Gesetzes sind auf alle Wettbewerbsbeschränkungen anzuwenden, die sich im Geltungsbereich dieses Gesetzes auswirken, auch wenn sie außerhalb des Geltungsbereichs dieses Gesetzes veranlasst werden.

(3) Die Vorschriften des Energiewirtschaftsgesetzes stehen der Anwendung der §§ 19, 20 und 29 nicht entgegen, soweit in § 111 des Energiewirtschaftsgesetzes keine andere Regelung getroffen ist.

§ 186 GWB Übergangsbestimmungen

(1) § 29 ist nach dem 31.12.2022 nicht mehr anzuwenden.

(2) Vergabeverfahren, die vor dem 18.4.2016 begonnen haben, einschließlich der sich an diese anschließenden Nachprüfungsverfahren sowie am 18.4.2016 anhängige Nachprüfungsverfahren werden nach dem Recht zu Ende geführt, das zum Zeitpunkt der Einleitung des Verfahrens galt.

(3) Mit Ausnahme von § 33c Absatz 5 sind die §§ 33a bis 33 f nur auf Schadensersatzansprüche anwendbar, die nach dem 26.12.2016 entstanden sind. § 33h ist auf nach dem 26.12.2016 entstandene Ansprüche nach § 33 Absatz 1 oder § 33a Absatz 1 sowie auf vor dem 27.12.2016 entstandene Unterlassungs-, Beseitigungs- und Schadensersatzansprüche wegen eines Verstoßes gegen eine Vorschrift im Sinne des § 33 Absatz 1 oder gegen eine Verfügung der Kartellbehörde anzuwenden, die am 9.6.2017 noch nicht verjährt waren. Der Beginn, die Hemmung, die Ablaufhemmung und der Neubeginn der Verjährung der Ansprüche, die vor dem 27.12.2016 entstanden sind, bestimmen sich jedoch für die Zeit bis zum 8.6.2017 nach den bisher für diese Ansprüche jeweils geltenden Verjährungsvorschriften.

(4) § 33c Absatz 5 und die §§ 33g sowie 89b bis 89e sind nur in Rechtsstreiten anzuwenden, in denen nach dem 26.12.2016 Klage erhoben worden ist.

(5) § 81a findet Anwendung, wenn das Erlöschen der nach § 30 des Gesetzes über Ordnungswidrigkeiten verantwortlichen juristischen Person oder Personenvereinigung oder die Verschiebung von Vermögen nach dem 9.6.2017 erfolgt. War die Tat zu diesem Zeitpunkt noch nicht beendet, gehen die Regelungen des § 81 Absatz 3a bis 3e vor.

(6) § 30 Absatz 2b findet nur Anwendung auf Vereinbarungen, die nach dem 9.6.2017 und vor dem 31.12.2027 wirksam geworden sind.

VgV:

§ 1 VgV Gegenstand und Anwendungsbereich

(1) Diese Verordnung trifft nähere Bestimmungen über das einzuhaltende Verfahren bei der dem Teil 4 des Gesetzes gegen Wettbewerbsbeschränkungen unterliegenden Vergabe von öffentlichen Aufträgen und bei der Ausrichtung von Wettbewerben durch den öffentlichen Auftraggeber.

(2) Diese Verordnung ist nicht anzuwenden auf
1. die Vergabe von öffentlichen Aufträgen und die Ausrichtung von Wettbewerben durch Sektorenauftraggeber zum Zweck der Ausübung einer Sektorentätigkeit,
2. die Vergabe von verteidigungs- oder sicherheitsspezifischen öffentlichen Aufträgen und
3. die Vergabe von Konzessionen durch Konzessionsgeber.

§ 2 VgV Vergabe von Bauaufträgen

Für die Vergabe von Bauaufträgen sind Abschnitt 1 und Abschnitt 2, Unterabschnitt 2 anzuwenden. Im Übrigen ist Teil A Abschnitt 2 der Vergabe- und Vertragsordnung für Bauleistungen in der Fassung der Bekanntmachung vom 31. 1. 2019 (BAnz AT 19. 2. 2019 B2) anzuwenden.

SektVO:

§ 1 SektVO Anwendungsbereich

(1) Diese Verordnung trifft nähere Bestimmungen über das einzuhaltende Verfahren bei der dem Teil 4 des Gesetzes gegen Wettbewerbsbeschränkungen unterliegenden Vergabe von Aufträgen und die Ausrichtung von Wettbewerben zum Zwecke von Tätigkeiten auf dem Gebiet der Trinkwasser- oder Energieversorgung oder des Verkehrs (Sektorentätigkeiten) durch Sektorenauftraggeber.

(2) Diese Verordnung ist nicht anzuwenden auf die Vergabe von verteidigungs- oder sicherheitsspezifischen öffentlichen Aufträgen.

(3) Für die Beschaffung im Wege von Konzessionen im Sinne des § 105 des Gesetzes gegen Wettbewerbsbeschränkungen gilt die Verordnung über die Vergabe von Konzessionen.

KonzVgV:

§ 1 KonzVgV Gegenstand und Anwendungsbereich

Diese Verordnung trifft nähere Bestimmungen über das einzuhaltende Verfahren bei der dem Teil 4 des Gesetzes gegen Wettbewerbsbeschränkungen unterliegenden Vergabe von Konzessionen durch einen Konzessionsgeber.

VSVgV:

§ 1 VSVgV

Diese Verordnung gilt für die Vergabe von verteidigungs- oder sicherheitsspezifischen öffentlichen Aufträgen im Sinne des § 104 Absatz 1 des Gesetzes gegen Wettbewerbsbeschränkungen, die dem Teil 4 des Gesetzes gegen Wettbewerbsbeschränkungen unterfallen und durch öffentliche Auftraggeber im Sinne des § 99 und Sektorenauftraggeber im Sinne des § 100 des Gesetzes gegen Wettbewerbsbeschränkungen vergeben werden.

UVgO:

§ 1 Gegenstand und Anwendungsbereich

(1) Diese Verfahrensordnung trifft nähere Bestimmungen über das einzuhaltende Verfahren bei der Vergabe von öffentlichen Liefer- und Dienstleistungsaufträgen und Rahmenvereinbarungen, die nicht dem Teil 4 des Gesetzes gegen Wettbewerbsbeschränkungen unterliegen, weil ihr geschätzter Auftragswert ohne Umsatzsteuer die Schwellenwerte gemäß § 106 des Gesetzes gegen Wettbewerbsbeschränkungen unterschreitet.

(2) Diese Verfahrensordnung ist ungeachtet des Erreichens des jeweiligen Schwellenwerts gemäß § 106 des Gesetzes gegen Wettbewerbsbeschränkungen ferner nicht auf Sachverhalte anzuwenden, für die das Gesetz gegen Wettbewerbsbeschränkungen in den §§ 107, 108, 109, 116, 117 oder 145 Ausnahmen von der Anwendbarkeit des Teils 4 des Gesetzes gegen Wettbewerbsbeschränkungen vorsieht.

(3) Die Regelung zu vorbehaltenen Aufträgen nach § 118 des Gesetzes gegen Wettbewerbsbeschränkungen ist auch im Geltungsbereich dieser Verfahrensordnung entsprechend anzuwenden.

VOL/A:

§ 1 VOL/A Anwendungsbereich

Die folgenden Regeln gelten für die Vergabe von öffentlichen Aufträgen über Leistungen (Lieferungen und Dienstleistungen). Sie gelten nicht

- für Bauleistungen, die unter die Vergabe- und Vertragsordnung für Bauleistungen – VOB – fallen und
- für Leistungen, die im Rahmen einer freiberuflichen Tätigkeit erbracht oder im Wettbewerb mit freiberuflich Tätigen angeboten werden. Die Bestimmungen der Haushaltsordnungen bleiben unberührt.

VOB/A:

§ 1 VOB/A Bauleistungen

Bauleistungen sind Arbeiten jeder Art, durch die eine bauliche Anlage hergestellt, instand gehalten, geändert oder beseitigt wird.

VOB/A-EU:

§ 1 EU VOB/A Anwendungsbereich

(1) Bauaufträge sind Verträge über die Ausführung oder die gleichzeitige Planung und Ausführung

1. eines Bauvorhabens oder eines Bauwerks für einen öffentlichen Auftraggeber, das
   a) Ergebnis von Tief- oder Hochbauarbeiten ist und
   b) eine wirtschaftliche oder technische Funktion erfüllen soll oder
2. einer dem öffentlichen Auftraggeber unmittelbar wirtschaftlich zugutekommenden Bauleistung, die Dritte gemäß den vom öffentlichen Auftraggeber genannten Erfordernissen erbringen, wobei der öffentliche Auftraggeber einen entscheidenden Einfluss auf die Art und die Planung des Vorhabens hat.

(2) Die Bestimmungen dieses Abschnittes sind von öffentlichen Auftraggebern im Sinne von § 99 GWB für Bauaufträge anzuwenden, bei denen der geschätzte Gesamtauftragswert der Baumaßnahme oder des Bauwerkes (alle Bauaufträge für eine bauliche Anlage) mindestens dem im § 106 GWB geregelten Schwellenwert für Bauaufträge ohne Umsatzsteuer entspricht. Die Schätzung des Auftragswerts ist gemäß § 3 VgV vorzunehmen.

VOB/A-VS:

§ 1 VS Anwendungsbereich

(1) Bauaufträge sind Verträge über die Ausführung oder die gleichzeitige Planung und Ausführung

1. eines Bauvorhabens oder eines Bauwerks für den Auftraggeber, das
   a) Ergebnis von Tief- oder Hochbauarbeiten ist und
   b) eine wirtschaftliche oder technische Funktion erfüllen soll, oder
2. einer dem Auftraggeber unmittelbar wirtschaftlich zugutekommenden Bauleistung durch Dritte gemäß den vom Auftraggeber genannten Erfordernissen.

Im Bereich Verteidigung und Sicherheit haben Bauaufträge Bauleistungen zum Gegenstand, die in allen Phasen ihres Lebenszyklus im unmittelbaren Zusammenhang mit den in § 104 Absatz 1 GWB genannten Ausrüstungen stehen, sowie Bauleistungen speziell für militärische Zwecke oder Bauleistungen im Rahmen eines Verschlusssachenauftrages. Bauleistungen im Rahmen eines Verschlusssachenauftrages sind Bauleistungen, bei deren Erbringung Verschlusssachen nach § 4 des Gesetzes über die Voraussetzungen und das Verfahren von Sicherheitsüberprüfungen des Bundes oder nach den entsprechenden Bestimmungen der Länder verwendet werden oder die solche Verschlusssachen erfordern oder beinhalten.

(2)

1. Die Bestimmungen dieses Abschnitts sind von Auftraggebern im Sinne von § 99 GWB und Sektorenauftraggebern im Sinne von § 100 GWB für Bauaufträge nach Absatz 1 anzuwenden, bei denen der geschätzte Gesamtauftragswert der Baumaßnahme oder des Bauwerkes (alle Bauaufträge für eine bauliche Anlage) mindestens dem sich aus § 106 Absatz 2 Nummer 3 GWB ergebenden Schwellenwert ohne Umsatzsteuer entspricht.
2. Die Schätzung des Auftragswerts richtet sich nach § 3 der Vergabeverordnung Verteidigung und Sicherheit (VSVgV).

(3) Ist bei einem Bauauftrag ein Teil der Leistung verteidigungs- oder sicherheitsspezifisch, gelten die Bestimmungen des § 111 GWB.

Literatur:

Aicher in Müller-Wrede (Hrsg.), Kompendium des Vergaberechts, 2. Aufl. 2013; *Antweiler* in Ziekow/Völlink, Vergaberecht, 4. Aufl. 2020; *Bechtold/Bosch* in Bechtold/Bosch, GWB (Kartellgesetz), 9. Aufl. 2018; *Beurskens* in Hattig/Maibaum (Hrsg.), Praxiskommentar Kartellvergaberecht, Der 4. Teil des GWB und VgV, 2. Aufl. 2014; *Dietlein/Fandrey* in Byok/Jaeger (Hrsg.), Kommentar zum Vergaberecht, Vergaberechtliche Vorschriften des GWB, 4. Aufl. 2018; *Dippel* in Hattig/Maibaum (Hrsg.), Praxiskommentar Kartellvergaberecht, Der 4. Teil des GWB und VgV, 2. Aufl. 2014; *Dreher* in Immenga/Mestmäcker (Hrsg.), Wettbewerbsrecht, Band 2 GWB, 6. Aufl. 2020; *Emmerich* in Immenga/Mestmäcker (Hrsg.), Wettbewerbsrecht, Band 2 GWB, 5. Aufl. 2014; *Franßen/Ockenfels* in Byok/Jaeger (Hrsg.), Kommentar zum Vergaberecht, Vergaberechtliche Vorschriften des GWB, 4. Aufl. 2018; *Ganske* in Reidt/Stickler/Glahs (Hrsg.), Vergaberecht, Kommentar, 4. Aufl. 2018; *Glahs* in Reidt/Stickler/Glahs (Hrsg.), Vergaberecht, Kommentar, 4. Aufl. 2018; *Greb* in Ziekow/Völlink, Vergaberecht, 4. Aufl. 2020; *Hövelberndt* in Reidt/Stickler/Glahs (Hrsg.), Vergaberecht, Kommentar, 4. Aufl. 2018; *Homann* in Leinemann/Kirch, VSVgV Vergabeverordnung Verteidigung und Sicherheit, Kommentar, 2013; *Kau* in Byok/Jaeger (Hrsg.), Kommentar zum Vergaberecht, Vergaberechtliche Vorschriften des GWB, 4. Aufl. 2018; *Kühnen* in Byok/Jaeger (Hrsg.), Kommentar zum Vergaberecht, Erläuterungen zu den vergaberechtlichen Vorschriften des GWB und der VgV, 3. Aufl. 2011; *Lausen* in Heiermann/Zeiss/Blaufuß (Hrsg.), juris PraxisKommentar Vergaberecht, 4. Aufl. 2013; *Neun/Otting*, Die EU-Vergaberechtsreform 2014, EuZW 2014, 446; *Rehbinder* in Immenga/Mestmäcker (Hrsg.), Wettbewerbsrecht, Band 2 GWB, 5. Aufl. 2014; *Röwekamp* in Kulartz/Kus/Portz/Prieß (Hrsg.), Kommentar zum GWB-Vergaberecht, 4. Aufl. 2016; *Ruthig*, Vergaberechtsfreier Bevölkerungsschutz – die Bereichsausnahme des § 107 Abs. 1 Nr. 4 GWB und ihre Konsequenzen für den Rettungsdienst, NZBau 2016, 3; *Säcker* in Münchener Kommentar Europäisches und Deutsches Wettbewerbsrecht, 3. Aufl. 2020; *Stein/Terbrack* in BeckOK Vergaberecht, 13. Edition 2019; *Sterner* in Müller-Wrede, GWB Vergaberecht, 2016; *Stockmann* in Loewenheim/Meessen/Riesenkampff (Hrsg.), Kartellrecht, 2. Aufl. 2009; *Summa* in Heiermann/Zeiss/Blaufuß (Hrsg.), juris PraxisKommentar Vergaberecht, 4. Aufl. 2013; *Willenbruch* in Willenbruch/Wieddekind, Vergaberecht, Kompaktkommentar, 4. Aufl. 2017; *Zeiss* in Heiermann/Zeiss/Blaufuß (Hrsg.), juris PraxisKommentar Vergaberecht, 4. Aufl. 2013; *Ziekow* in Ziekow/Völlink, Vergaberecht, 4. Aufl. 2020.

A. Einleitung

1 Das Vergaberecht der Bundesrepublik Deutschland basiert auf dem nationalen Haushaltsrecht und ist geprägt durch die historische Entwicklung im Laufe der verschiedenen Umsetzungsphasen der europarechtlichen Vorgaben. Regelungsgegenstand des Vergaberechts ist die Beschaffung durch den Staat und damit insbesondere der Bereich, in dem die öffentliche Hand Waren, Bau- oder Dienstleistungen erwirbt. Dabei betreffen die europarechtlichen Vorgaben lediglich Vergaben, die bestimmte Schwellenwerte erreichen oder überschreiten, und denen insofern eine gewisse Binnenmarktrelevanz unwiderlegbar zugesprochen wird. Eine Pflicht zur Umsetzung der europäischen Vorgaben besteht für die Mitgliedstaaten jedoch nur im sog. „Oberschwellenbereich". Die Regelung der sog. „Unterschwellenvergaben" ist demgegenüber weiterhin dem nationalen Gesetzgeber überlassen. In Deutschland besteht vor diesem Hintergrund eine **Zweiteilung des Vergaberechts,** wonach die Vergabe von Bau-, Liefer- und Dienstleistungsaufträgen – in Abhän-

gigkeit von den jeweils geschätzten Auftragswerten – entweder dem nationalen Vergaberecht oder aber dem europarechtlich geprägten **„Kartellvergaberecht"** unterfällt.

Bei der Umsetzung der europarechtlichen Vergaberichtlinien im **Oberschwellenbereich** hat sich der deutsche Gesetzgeber – unter Abkehr von der ursprünglich im Haushaltsgrundsätzegesetz (HGrG) verankerten „haushaltsrechtlichen Lösung" – letztlich für die sog. **„kartellrechtliche Lösung"** entschieden und die grundlegenden vergaberechtlichen Vorschriften seither im Vierten Teil des Gesetzes gegen Wettbewerbsbeschränkungen **(GWB)**[1] geregelt. Die nachgeordneten vergaberechtlichen Bestimmungen finden sich insbesondere in den verschiedenen **vergaberechtlichen (Rechts-)Verordnungen,** die von der Bundesregierung aufgrund der Ermächtigungsgrundlage in § 113 GWB (zuvor § 97 Abs. 6 iVm § 127 GWB aF) mit Zustimmung des Bundesrates erlassen wurden: 2

- die allgemeine Vergabeverordnung **(VgV)**[2],
- die für den sog. „Sektorenbereich" geltende Sektorenverordnung **(SektVO)**[3],
- die für den speziellen Bereich „Verteidigung und Sicherheit" geltende Vergabeverordnung Verteidigung und Sicherheit **(VSVgV)**[4]
- sowie die für den mit der Vergaberechtsreform 2016 neu geregelten Bereich der „Konzessionsvergabe" geltende Konzessionsvergabeverordnung **(KonzVgV)**[5].

Sowohl die VgV als auch die VSVgV verweisen für Bauaufträge im Oberschwellenbereich zudem auf die jeweiligen Bestimmungen des zweiten und dritten Abschnitts der wiederum nachrangigen Vergabe- und Vertragsordnung für Bauleistungen **(VOB/A)**[6]. Diese Verweisungskette beschreibt das in der Bundesrepublik Deutschland im Oberschwellenbereich nicht unstreitige, doch auch weiterhin bestehende sog. **Kaskadenprinzip.**

Zwar hat sich der deutsche Gesetzgeber im Rahmen der letzten zum 18.4.2016 in Kraft getretenen Vergaberechtsreform für die Abschaffung der bis dahin im Oberschwellenbereich geltenden Vergabe- und Vertragsverordnungen für Liefer- und Dienstleistungen (VOL/A-EG) bzw. für freiberufliche Leistungen (VOF) und die erfolgte Neuregelung beider Bereiche in der VgV entschieden. Für den Baubereich wurde jedoch an der früheren Systematik festgehalten und die detaillierten Regelungen für Bauvergaben weiterhin im

---

[1] Gesetzes gegen Wettbewerbsbeschränkungen (GWB) idF der Bek. v. 26.6.2013, BGBl. I S. 1750, ber. S. 3245, zuletzt geänd. durch Art. 3 des Gesetzes zur Regelung von Ingenieur- und Architektenleistungen und anderer Gesetze v. 12.11.2020 (BGBl. I S. 2392).

[2] Verordnung über die Vergabe öffentlicher Aufträge (Vergabeverordnung – VgV) v. 12.4.2016, BGBl. I S. 624, zuletzt geänd. durch Art. 4 des Gesetzes zur Regelung von Ingenieur- und Architektenleistungen und anderer Gesetze v. 12.11.2020 (BGBl. I S. 2392f.). Die VgV dient der Umsetzung der RL 2014/24/EU des Europäischen Parlaments und des Rates v. 26.2.2014 über die öffentliche Auftragsvergabe und zur Aufhebung der RL 2004/18/EG (ABl. L 94 vom 28.3.2014, S. 65).

[3] Verordnung über die Vergabe von öffentlichen Aufträgen im Bereich des Verkehrs, der Trinkwasserversorgung und der Energieversorgung (Sektorenverordnung – SektVO) v. 12.4.2016, BGBl. I S. 624, (657), zuletzt geänd. durch Art. 6 des Gesetzes zur Regelung von Ingenieur- und Architektenleistungen und anderer Gesetze v. 12.11.2020 (BGBl. I S. 2392f.). Die SektVO dient der Umsetzung der RL 2014/25/EU des Europäischen Parlaments und des Rates v. 26.2.2014 über die Vergabe von Aufträgen im Bereich der Wasser-, Energie- und Verkehrsversorgung sowie der Postdienste und zur Aufhebung der RL 2004/17/EG (ABl. L 94 v. 28.3.2014, S. 243).

[4] Vergabeordnung für die Bereiche Verteidigung und Sicherheit zur Umsetzung der RL 2009/81/EG des Europäischen Parlaments und des Rates v. 13.7.2009 über die Koordinierung der Verfahren zur Vergabe bestimmter Bau-, Liefer- und Dienstleistungsaufträge in den Bereichen Verteidigung und Sicherheit und zur Änd. der RL 2004/17/EG und 2004/18/EG (Vergabeverordnung Verteidigung und Sicherheit – VSVgV) v. 12.7.2012, BGBl. I 1509, zuletzt geänd. durch Art. 5 des Gesetzes zur Regelung von Ingenieur- und Architektenleistungen und anderer Gesetze v. 12.11.2020 (BGBl. I S. 2392f.).

[5] Verordnung über die Vergabe von Konzessionen (KonzVgV) v. 12.4.2016, BGBl. I S. 624 (683), zuletzt geänd. durch Art. 6 des Gesetzes zur Verlängerung befristeter Regelungen im Arbeitsförderungsrecht und zur Umsetzung der RL (EU) 2016/2102 über den barrierefreien Zugang zu den Websites und mobilen Anwendungen öffentlicher Stellen v. 10.7.2018 (BGBl. I S. 1117, 1121). Die KonzVgV dient der Umsetzung der RL 2014/23/EU des Europäischen Parlaments und des Rates v. 26.2.2014 über die Konzessionsvergabe (ABl. L 94 v. 28.3.2014, S. 1).

[6] Vergabe- und Vertragsordnung für Bauleistungen – Ausgabe 2019 – (VOB/A), idF der Bek. v. 31.1.2019, BAnz AT 19.2.2019 B2.

zweiten und dritten Abschnitt der Vergabe- und Vertragsordnung für Bauleistungen – zuletzt in der Ausgabe 2019 (VOB/A-EU und VOB/A-VS) – neu gefasst.

3 Im **Unterschwellenbereich** findet grundsätzlich das nationale Vergaberecht Anwendung, das weiterhin primär **durch das Haushaltsrecht geprägt** ist. Die einschlägigen vergaberechtlichen Normen finden sich in den Regelungen des Haushaltsgrundsätzegesetzes (§§ 6, 30 HGrG), der Bundeshaushaltsordnung (§ 55 BHO) bzw. den entsprechenden Vorschriften der jeweiligen Landeshaushaltsordnungen (LHO). Darüber hinaus enthalten die Unterschwellenvergabeverordnung **(UVgO)**[7], die den im Unterschwellenbereich für Liefer- und Dienstleistungsvergaben zuvor geltenden 1. Abschnitt der VOL/A ablöst bzw. der weiterhin fortgeltende **1. Abschnitt der VOB/A** detaillierte Bestimmungen, die im Rahmen nationaler Ausschreibungen grundsätzlich zur Anwendung kommen. Die am 2.2. 2017 erlassene UVgO wurde inzwischen im Bund sowie in zehn der 16 Bundesländer[8] durch entsprechenden Anwendungsbefehl eingeführt. Wenn auch mittlerweile durch Einführung der UVgO und die Neufassung der VOB/A 2019 eine gewisse Angleichung der Vorschriften im Ober- und Unterschwellenbereich erfolgt ist, besteht im deutschen Vergaberecht weiterhin die beschriebene Zweiteilung. Insbesondere sind auch weiterhin die im Oberschwellenbereich geltenden Vorschriften im Unterschwellenbereich grundsätzlich nicht anwendbar. Einzuhalten sind jedoch auch im Unterschwellenbereich die europarechtlichen Grundsätze des AEUV (insbes. Transparenz und Gleichbehandlung), wenn die Vergabe eine sog. **Binnenmarktrelevanz** aufweist (vgl. → Rn. 118). Darüber hinaus existieren neben den bundesrechtlichen Bestimmungen auf Länderebene in den Bundesländern größtenteils eigene **Landesvergabegesetze** bzw. weitere vergaberechtliche Vorschriften auf Landes- oder Kommunalebene in Landesgesetzen oder Verwaltungsvorschriften, die es zu beachten gilt.

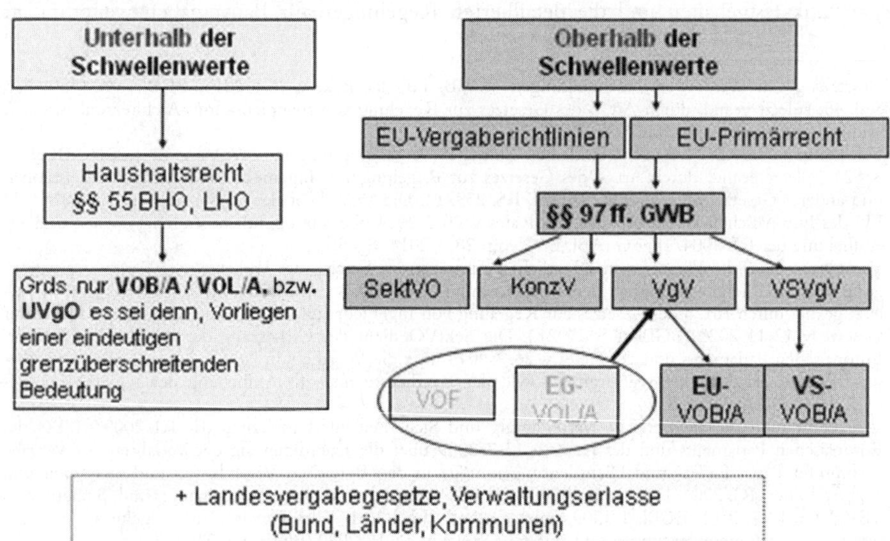

[7] Verfahrensordnung für die Vergabe öffentlicher Liefer- und Dienstleistungsaufträge unterhalb der EU-Schwellenwerte (Unterschwellenvergabeordnung – UVgO), Ausgabe 2017, idF der Bek. v. 2.2.2017, BAnz AT 7.2.2017 B1, ber. 8.2.2017 B1.

[8] https://www.vergabe24.de/service/news/uvgo-in-den-bundeslaendern-stand-der-dinge/ (Stand: Januar 2020).

B. Anwendungsbereich des EU-Kartellvergaberechts gemäß §§ 97 ff. GWB, der Vergabeverordnungen sowie der Vergabe- und Vertragsordnung für Bauleistungen (VOB/A-EU und VOB/A-VS)

I. Anwendungsbereich der §§ 97 ff. GWB

Die Anwendbarkeit der grundlegenden kartellvergaberechtlichen Regelungen in **§§ 97 ff. GWB** setzt allgemein voraus, dass der persönliche und sachliche Anwendungsbereich eröffnet ist, dh ein Auftraggeber iSd §§ 98 bis 101 GWB einen öffentlichen Auftrag oder eine Konzession (§§ 103 ff. GWB) oberhalb der aktuell geltenden EU-Schwellenwerte (§ 106 GWB) vergeben will und kein allgemeiner oder besonderer Ausnahmetatbestand (§§ 107 ff., 116 ff., 137 ff., 145, 149 f. GWB) eingreift. 4

1. Persönlicher Anwendungsbereich des Kartellvergaberechts

a) Auftraggeber, §§ 98 bis 101 GWB. Der **persönliche bzw. subjektive Anwendungsbereich** des Vergaberechts ist eröffnet, wenn es sich bei der ausschreibenden Stelle um einen **Auftraggeber** iSd **§ 98 GWB** handelt. Danach sind Auftraggeber iSd 4. Teils des GWB öffentliche Auftraggeber iSd § 99 GWB, Sektorenauftraggeber iSd § 100 GWB sowie Konzessionsgeber iSd § 101 GWB. 5

Der in **§ 99 GWB** definierte **„öffentliche Auftraggeber"** entspricht im Wesentlichen der früheren Regelung in § 98 GWB aF, wurde jedoch mit der Vergaberechtsreform 2016 neu strukturiert.[9] Mit dem Ziel einer übersichtlicheren und klar strukturierten Regelung erfolgte eine Trennung zwischen dem Begriff des öffentlichen Auftraggebers in § 99 GWB und dem Sektorenauftraggeber, die zu einer Auslagerung des früheren § 98 Nr. 4 GWB aF in den heutigen § 100 GWB führte, sowie dem mit der Vergaberechtsreform 2016 neu eingeführten Konzessionsgeber in § 101 GWB. 6

§ 99 GWB beschreibt seither lediglich den Begriff des „öffentlichen Auftraggebers". Eine Änderung des Auftraggeberbegriffs ist mit der 2016 erfolgten Neustrukturierung jedoch nicht einhergegangen, sodass für die Bestimmung des öffentlichen Auftraggebers weiterhin entscheidend darauf abzustellen ist, ob die auf dem Markt auftretende Einheit staatliche Funktionen wahrnimmt oder nicht. § 99 GWB umfasst insofern auch nach der Vergaberechtsreform 2016 sowohl den institutionellen als auch den funktionalen Auftraggeberbegriff.[10] Neben dem Bund, den Ländern und den Kommunen, also reinen Gebietskörperschaften und deren Sondervermögen, den aus ihnen bestehenden Verbänden und juristischen Personen des öffentlichen Rechts, können insoweit auch privatrechtlich organisierte Unternehmen als öffentliche Auftraggeber einzustufen sein (sog. „öffentliche Unternehmen")[11]; zB bei der Inanspruchnahme staatlicher Beihilfen, die zu einer überwiegenden Finanzierung eines Bauvorhabens durch die öffentliche Hand führen (sog. „Drittvergaben"). Vgl. zum Auftraggeberbegriff des § 99 GWB im Einzelnen → § 3 Rn. 1 ff.

Die sog. **„Sektorenauftraggeber"**, dh Auftraggeber, die Aufträge auf dem Gebiet der Trinkwasser- und Energieversorgung sowie des Verkehrs vergeben, sind in **§ 100 GWB** definiert. Entscheidend ist für den Anwendungsbereich der Richtlinie 2014/25/EU, dass die zu beschaffenden Liefer-, Bau- oder Dienstleistungen für eine Sektorentätigkeit (vgl. § 102 GWB) bestimmt sind.[12] Zum Sektorenauftraggeber des § 100 GWB ausführlich → § 3 Rn. 1 ff. 7

---

[9] Vgl. BT-Drs. 18/6281, 69.

[10] Vgl. auch *Neun/Otting* EuZW 2014, 446.

[11] Als öffentliche Unternehmen werden sowohl öffentlich-rechtliche als auch privat-rechtliche Organisationen, die ganz oder teilweise im Eigentum der öffentlichen Hand stehen, bezeichnet.

[12] Vgl. BT-Drs. 18/6281, 70.

8 **§ 101 GWB** definiert seit 2016 in Umsetzung der Konzessionsvergaberichtlinie 2014/23/EU den Begriff des **Konzessionsgebers.** Nach § 101 Abs. 1 GWB umfasst dieser einerseits öffentliche Auftraggeber gemäß § 99 Nr. 1 bis 3 GWB, die eine Konzession vergeben und andererseits Sektorenauftraggeber gemäß § 100 Abs. 1 Nr. 1 und 2 GWB, die eine Sektorentätigkeit gemäß § 102 Abs. 2 bis 6 GWB ausüben und eine Konzession vergeben. **Konzessionen** sind dabei gemäß § 105 GWB entgeltliche Verträge, mit denen ein oder mehrere Konzessionsgeber einen oder mehrere Wirtschaftsteilnehmer mit der Erbringung von Bauleistungen (Baukonzessionen) oder mit der Erbringung und der Verwaltung von Dienstleistungen (Dienstleistungskonzession) betrauen. Vgl. zum Begriff des Konzessionsgebers gemäß § 101 GWB → § 3 Rn. 1 ff.

9 Vgl. zu den Einzelheiten der §§ 98 bis 101 GWB und zu den Begriffen des „Auftraggebers", „öffentlichen Auftraggebers", „Sektorenauftraggebers" sowie „Konzessionsgebers" insgesamt → § 3 Rn. 1 ff.

10 **b) Unternehmen der öffentlichen Hand, § 185 GWB.** Die Vorschrift des **§ 185 GWB** steht bereits im Fünften Teil des GWB und zählt insofern nicht mehr zu den eigentlichen vergaberechtlichen Vorschriften des Vierten Teils des GWB.

11 Die Regelung besagt in **Abs. 1 S. 1,** dass das „Gesetz" – und damit das gesamte GWB (Erster bis Sechster Teil) – auch auf **öffentliche Unternehmen** Anwendung findet und definiert diese als Unternehmen, die ganz oder teilweise im Eigentum der öffentlichen Hand stehen oder die von ihr verwaltet oder betrieben werden. § 185 Abs. 1 S. 1 GWB setzt damit die Existenz öffentlicher Unternehmen voraus; trifft hingegen aber keine Aussage über die vorgelagerte Frage der Zulässigkeit einer wirtschaftlichen Betätigung der öffentlichen Hand.[13] Diese bemisst sich allein nach dem öffentlichen Recht.[14]

12 Die Bedeutung dieser Regelung ist mit Blick auf das Vergaberecht gering. Öffentliche Unternehmen können selbst **öffentliche Auftraggeber** sein. Ob die öffentliche Auftraggebereigenschaft eines öffentlichen Unternehmens tatsächlich gegeben ist, beurteilt sich allein nach §§ 98 ff. GWB bzw. der dazu ergangenen Rechtsprechung des EuGH. Inhaltlich stimmt § 185 Abs. 1 S. 1 GWB nahezu wörtlich überein mit § 98 Abs. 1 GWB in der Fassung von 1957.[15] Der Satz 1 hat lediglich eine klarstellende Funktion und besagt, dass auch öffentliche Unternehmen, den Vorschriften des Ersten bis Dritten Teils des GWB unterliegen, soweit nicht Sondervorschriften das Wettbewerbsrecht ganz oder teilweise für unanwendbar erklären.[16] Die Vorschrift unterstreicht insoweit den allgemeinen Grundsatz, dass der Staat dort, wo er sich in privatrechtlicher Weise unternehmerisch betätigt, den gleichen Regelungen – also Rechten und auch Pflichten – unterliegt, wie ein Privatunternehmen.[17]

13 Beteiligt sich ein **öffentliches Unternehmen als Bieter** am Wettbewerb um einen öffentlichen Auftrag zu erhalten, kommen ihm – und dies wird auch durch § 185 GWB noch einmal verdeutlicht – die gleichen Rechte und Pflichten zu, wie einem privaten Unternehmen. Dies bedeutet beispielsweise, dass auch ein öffentliches Unternehmen der Rügeobliegenheit unterfällt und einen erkannten Vergaberechtsverstoß damit rechtzeitig zu rügen hat, um sich die Möglichkeit eines Nachprüfungsverfahrens zu bewahren.

14 Vor dem Hintergrund des allgemein sehr weit auszulegenden Begriffs des **„Unternehmens"** ist der Staat grundsätzlich überall dort als Unternehmen zu behandeln, wo er sich zulässigerweise, gleich in welcher Form, durch das Angebot von Leistungen wirtschaftlich

[13] Vgl. zu § 130 GWB aF: Immenga/Mestmäcker/*Emmerich* GWB § 130 Rn. 2; Loewenheim/Meessen/Riesenkampff/*Stockmann* GWB § 130 Rn. 2.

[14] Vgl. zu § 130 GWB aF: Immenga/Mestmäcker/*Emmerich* GWB § 130 Rn. 2; Loewenheim/Meessen/Riesenkampff/*Stockmann* GWB § 130 Rn. 2.

[15] Vgl. zu § 130 GWB aF: Immenga/Mestmäcker/*Emmerich* GWB § 130 Rn. 1.

[16] Vgl. MüKoEuWettbR/*Säcker* GWB § 185 Rn. 1 mwN.

[17] Vgl. MüKoEuWettbR/*Säcker* GWB § 185 Rn. 1.

betätigt.[18] Insofern fallen rechtlich selbständige Unternehmen der öffentlichen Hand ebenso unter das GWB wie Eigenbetriebe und Regiebetriebe oder auch der Staat selbst in der Rolle als Anbieter.[19]

Der durch die 8. GWB-Novelle eingefügte § 185 **Abs. 1 S. 2** GWB bestimmt zudem, dass die §§ 19, 20 und 31b Abs. 5 GWB auf öffentlich-rechtliche Gebühren und Beiträge nicht anzuwenden sind. 14a

Eine Teilausnahme vom Anwendungsbereich des GWB auf öffentliche Unternehmen bestimmt § 185 **Abs. 1 S. 3** GWB für die Deutsche Bundesbank und die Kreditanstalt für Wiederaufbau. Da die Ausnahme aber lediglich die kartellrechtlichen Vorschriften des Ersten bis Dritten Teils des GWB betrifft, sind die im Vierten Teil des GWB normierten kartellvergaberechtlichen Vorschriften hiervon nicht umfasst. Diese Regelungen gelten somit uneingeschränkt auch für die **Deutsche Bundesbank** sowie die **Kreditanstalt für Wiederaufbau.**[20] 15

§ 185 **Abs. 2** GWB regelt als zwingende Kollisionsnorm des internationalen Wirtschaftsrechts[21] den **räumlichen Anwendungsbereich** des GWB. Die kartellrechtlichen Vorschriften des GWB finden danach Anwendung auf alle Wettbewerbsbeschränkungen, die sich im Geltungsbereich des GWB und damit national auswirken, unabhängig davon, ob sie im In- oder Ausland veranlasst wurden (Auswirkungsprinzip)[22]. Die Vorschrift bezweckt insofern zwar eher eine Ausdehnung des Geltungsbereichs des GWB als dessen Einschränkung, doch kann sie in Verbindung mit völkerrechtlichen Grundsätzen auch einschränkend verstanden werden, indem sie den Anwendungsbereich des GWB auf wettbewerbliche Auswirkungen im Inland beschränkt.[23] 16

Als generelle kartellrechtliche Kollisionsnorm bestimmt § 185 Abs. 2 GWB allein die Voraussetzungen des räumlichen Anwendungsbereichs des deutschen Kartellrechts – nicht hingegen die Anwendbarkeit ausländischen Kartellrechts – und ist als zwingende Kollisionsnorm zwischen den Vertragsparteien auch nicht disponibel.[24]

§ 185 **Abs. 3** GWB erklärt die §§ 19, 20 und 29 GWB neben den Vorschriften des Energiewirtschaftsgesetzes **(EnWG)** grundsätzlich für anwendbar, unter Vorbehalt der Regelung des § 111 EnWG, der das **Verhältnis zum GWB** normiert. Die vergaberechtlichen Regelungen des Vierten Teils des GWB werden hiervon nicht umfasst. 17

2. Sachlicher Anwendungsbereich des Kartellvergaberechts

In **sachlicher** Hinsicht ist der **Anwendungsbereich des Vierten Teils des GWB** (§§ 97–184 GWB) grundsätzlich eröffnet, wenn ein öffentlicher Auftrag Gegenstand der Vergabe ist. Der sachliche Anwendungsbereich der kartellvergaberechtlichen Regelungen wird zunächst gemäß §§ 103 bis 105 GWB positiv normiert (→ Rn. 19 ff.) und anschließend in den §§ 106 ff. GWB in mehrfacher Hinsicht begrenzt (→ Rn. 25 ff.). 18

a) Öffentliche Aufträge und Konzessionen, §§ 103 ff. GWB. Die in **§ 103 GWB** normierten **öffentlichen Aufträge** werden in § 103 **Abs. 1** GWB legaldefiniert als „entgeltliche Verträge zwischen öffentlichen Auftraggebern oder Sektorenauftraggebern und Unternehmen über die Beschaffung von Leistungen, die die Lieferung von Waren, die Ausführung von Bauleistungen oder die Erbringung von Dienstleistungen zum Gegen- 19

[18] Vgl. *Bechtold/Bosch* GWB § 185 Rn. 5 mit Verweis auf BGH Urt. v. 26.10.1961 – KZR 1/61, BGHZ 36, 91, (101, 103); BGHZ 66, 229 (232); BGHZ 77, 81 (84) = WuW/E 1469; BGHZ 102, 280 (286); BGH WuW/E 2584.

[19] Vgl. *Bechtold/Bosch* GWB § 185 Rn. 4 mit Verweis auf ua BGHZ 36, 91, (101, 103).

[20] So auch *Bechtold/Bosch* GWB § 185 Rn. 13.

[21] Vgl. *Bechtold/Bosch* GWB § 185 Rn. 16 f.; MüKoEuWettbR/*Säcker* GWB § 185 Rn. 9.

[22] Vgl. MüKoEuWettbR/*Säcker* GWB § 185 Rn. 9.

[23] Vgl. *Bechtold/Bosch* GWB § 185 Rn. 16.

[24] Vgl. hierzu ausführlicher *Bechtold/Bosch* GWB § 185 Rn. 15 ff.

stand haben". Ziel der öffentlichen Auftragsvergabe ist somit die staatliche Leistungsbeschaffung.

20 Nach der Legaldefinition sind im Rahmen der staatlichen Leistungsbeschaffung, **Liefer-, Bau- und Dienstleistungen** zu unterscheiden. Die verschiedenen Leistungsarten öffentlicher Aufträge werden wiederum in § 103 Abs. 2 bis 4 GWB jeweils legaldefiniert. Im Gegensatz zur früheren Rechtslage fallen danach Baukonzessionen und Auslobungsverfahren, die zu Dienstleistungsaufträgen führen sollen, nicht mehr unter den Begriff des öffentlichen Auftrags (so zuvor gemäß § 99 Abs. 1, 5 und 6 GWB aF). Vgl. ausführlich zu § 103 GWB → § 4 Rn. 1 ff.

21 Mit der Umsetzung der Konzessionsvergaberichtlinie 2014/23/EU unterfallen seit der Vergaberechtsreform 2016 auch Konzessionsvergaben, und damit insbesondere auch die Vergabe der zuvor nicht umfassten Dienstleistungskonzessionen, in den Anwendungsbereich des 4. Teils des GWB. Eingeführt wurde hierfür in Umsetzung der vorgenannten Richtlinie 2014/23/EU ein eigenes, gegenüber den allgemeinen Regelungen „milderes" Vergaberegime, das seine detaillierte Ausgestaltung neben einzelnen Regelungen im GWB auf untergesetzlicher Ebene in der **KonzVgV** findet.

In der Konsequenz sind **Konzessionen** bereits begrifflich von öffentlichen Aufträgen zu differenzieren und werden eigenständig in **§ 105 GWB** näher geregelt. § 105 Abs. 1 GWB enthält eine Legaldefinition des Begriffs der Konzession und unterscheidet dabei **Baukonzessionen** gemäß § 105 Abs. 1 Nr. 1 GWB und **Dienstleistungskonzessionen** gemäß § 105 Abs. 1 Nr. 2 GWB. Danach handelt es sich bei Konzessionen ebenfalls um „entgeltliche Verträge" zwischen einem oder mehreren Konzessionsgebern mit einem oder mehreren Unternehmen, durch die der Konzessionsnehmer mit der Erbringung einer Bau- oder Dienstleistung betraut wird und als Gegenleistung ein Nutzungs- bzw. Verwertungsrecht – ggf. zuzüglich einer Zahlung – erhält (vgl. § 105 Abs. 1 GWB). Charakteristisches Tatbestandsmerkmal für das Vorliegen einer Konzession ist daher der **Übergang des Betriebsrisikos** auf den Konzessionsnehmer, wodurch die Konzessionsvergabe von der Vergabe öffentlicher Aufträge abgegrenzt wird (vgl. § 105 Abs. 2 GWB). Vgl. ausführlich zur Konzessionsvergabe gemäß § 105 GWB → § 63 Rn. 11., → § 66 Rn. 1 ff.

22 Ebenfalls begrifflich vom öffentlichen Auftrag abzugrenzen sind die, jetzt in **§ 103 Abs. 6 GWB** legaldefinierten **Wettbewerbe.** Dies sind Auslobungsverfahren, die dem Auftraggeber aufgrund vergleichender Beurteilung durch ein Preisgericht mit oder ohne Verteilung von Preisen zu einem Plan oder einer Planung verhelfen sollen. Zum Begriff des Wettbewerbs gemäß § 103 Abs. 6 GWB im Einzelnen → § 4 Rn. 1 ff.

23 Die Regelung des **§ 104 GWB** betrifft die früher in § 99 Abs. 7 bis 9 GWB aF normierten öffentlichen Aufträge mit Verteidigungs- oder Sicherheitsrelevanz, die unter die – auf der Grundlage der Ermächtigung in § 113 GWB erlassenen – Vergabeverordnung Verteidigung und Sicherheit (VSVgV) fallen und ihre Legaldefinition in § 104 Abs. 1 GWB finden. Mit der letzten Vergaberechtsreform 2016 wurde die bis dahin verwendete Bezeichnung der verteidigungs- und sicherheitsrelevanten Aufträge aufgegeben und die Begrifflichkeit der **verteidigungs- und sicherheitsspezifischen öffentlichen Aufträge** eingeführt. Die neue Begrifflichkeit wurde auch in die fortgeltende VSVgV entsprechend übernommen und die dortigen Regelungen angepasst (vgl. Art. 5 der VergRModVO). In erster Linie dient die neue Bezeichnung der besseren Abgrenzung gegenüber der durch Art. 15 bis 17 der Richtlinie 2014/24/EU und Art. 24 bis 26 der Richtlinie 2014/25/EU neu eingeführten Kategorie von **Aufträgen, die Verteidigungs- oder Sicherheitsaspekte umfassen,** aber nicht in den Anwendungsbereich der VSVgV fallen.[25] Vgl. ausführlich die Kommentierung zu § 104 GWB in → § 57 Rn. 1 ff.

24 Die **§§ 110 bis 112 GWB** beinhalten darüber hinaus Bestimmungen zu Verträgen, die nicht eindeutig nur Liefer-, Bau- oder Dienstleistungen betreffen, sondern deren Leistungsinhalt mindestens zwei der genannten Leistungsbereiche umfassen, sog. **Mischver-**

[25] Vgl. BT-Drs. 18/6281, 74 f.

träge. Grundsätzlich erfolgt die Zuordnung dieser gemischten Aufträge zu einer der Leistungsarten nach dem Hauptgegenstand des Auftrags, der sich anhand der jeweiligen Werte der Einzelleistungen ermitteln lässt. Vgl. hierzu ausführlich → § 4 Rn. 1 ff.

b) Einschränkung des sachlichen Anwendungsbereichs und Schwellenwerte, §§ 100 ff. GWB. aa) Allgemeines. Neben dem Vorliegen eines öffentlichen Auftrags bzw. einer Konzession iSd §§ 103–105 GWB setzt der sachliche Anwendungsbereich der §§ 97 ff. GWB auch das Erreichen bzw. Überschreiten bestimmter Auftragswerte voraus (vgl. § 106 GWB). Darüber hinaus werden bestimmte Tatbestände vom Anwendungsbereich der §§ 97 ff. GWB ausdrücklich ausgenommen. Die insoweit den sachlichen Anwendungsbereich einschränkenden allgemeinen und besonderen Ausnahmetatbestände finden sich seit der Vergaberechtsreform 2016 in den §§ 107–109, 116 f., 137–140, 145, 149 f. GWB. 25

Der deutsche Gesetzgeber hat sich bei der Umsetzung der europarechtlichen Vorgaben für die sog. wettbewerbs- oder kartellrechtliche Lösung entschieden und die grundlegenden vergaberechtlichen Regelungen in das GWB eingefügt.[26] Die Regelungen der §§ 97 ff. GWB über die Vergabe öffentlicher Aufträge dienen daher vornehmlich der Umsetzung der europarechtlichen Vorgaben in den EU-Vergaberichtlinien[27]. 26

Da sich der Anwendungsbereich der EU-Vergaberichtlinien auch in Abhängigkeit von der Annahme einer sog. „Binnenmarktrelevanz" des Auftrags bemisst, ist der Anwendungsbereich an das Erreichen oder Überschreiten bestimmter Auftragswerte (sog. **Schwellenwerte**) gekoppelt, bei deren Vorliegen von einer Binnenmarktrelevanz auszugehen ist.

Vor diesem Hintergrund ist die Umsetzung der europarechtlichen Vorgaben in den EU-Vergaberichtlinien nur für den Bereich oberhalb der Schwellenwerte für die Mitgliedstaaten verpflichtend. Entsprechend beschränkt **§ 106 GWB** die Anwendbarkeit der Regelungen des 4. Teils des GWB (§§ 97 bis 184 GWB) auf solche öffentlichen Aufträge und Konzessionen iSd §§ 103–105 GWB, die über den jeweils geltenden Schwellenwerten liegen (vgl. § 106 Abs. 1 GWB). Für den Bereich unterhalb dieser Schwellenwerte bleibt es in der Bundesrepublik bei den nationalen Regelungen und damit bei der einleitend aufgezeigten Zweiteilung des deutschen Vergaberechts (→ Rn. 1 ff.).

bb) Begrenzung des Anwendungsbereichs auf den Oberschwellenbereich, § 106 GWB. § 106 Abs. 1 S. 1 GWB beschränkt die Anwendbarkeit der §§ 97 bis 184 GWB – in Abhängigkeit vom geschätzten Auftragswert – auf den sog. **Oberschwellenbereich.** Mit dieser Bestimmung wird die Entscheidung des nationalen Gesetzgebers für die Zweiteilung des Vergaberechts in der Bundesrepublik Deutschland manifestiert. Die Umsetzungspflicht der europäischen Vorgaben in nationales Recht besteht lediglich für den Oberschwellenbereich, sodass die gesetzliche Ausgestaltung der Auftragsvergabe im Unterschwellenbereich primär dem nationalen Gesetzgeber überlassen ist. Begründet wird dies damit, dass bei der Auftragsvergabe erst ab dem Erreichen oder Überschreiten eines bestimmten Schwellenwerts eine europarechtliche Binnenmarktrelevanz unwiderleglich vermutet wird.[28] Grundsätzlich gilt das europäische Vergaberecht bzw. die, zu dessen Umsetzung erlassenen nationalen Regelungen in der Bundesrepublik daher nur für Vergaben 27

[26] Vgl. Ziekow/Völlink/*Ziekow* GWB Einl. Rn. 2; ebenso: Byok/Jaeger/*Dietlein/Fandrey* Einl. Rn. 36 ff., 42 ff.

[27] Vgl. RL 2014/23/EU v. 26.2.2014 über die Konzessionsvergabe, RL 2014/24/EU v. 26.2.2014 über die öffentliche Auftragsvergabe, RL 2014/25/EU v. 26.2.2014 über die Vergabe von Aufträgen durch Auftraggeber im Bereich der Wasser-, Energie- und Verkehrsversorgung, RL 2009/81/EG v. 13.7.2009 über die Koordinierung der Verfahren zur Vergabe bestimmter Bau-, Liefer- und Dienstleistungsaufträge in den Bereichen Verteidigung und Sicherheit sowie RL 2007/66/EG v. 11.12.2007 zur Änderung der RL 89/665/EWG und 92/13/EWG des Rates im Hinblick auf die Verbesserung der Wirksamkeit der Nachprüfungsverfahren bezüglich der Vergabe öffentlicher Aufträge (Rechtsmittelrichtlinie).

[28] Vgl. jurisPK-VergR/*Summa*, 4. Aufl., GWB § 100 aF Rn. 3.

oberhalb der Schwellenwerte. Im sog. **Unterschwellenbereich** bleibt es hingegen bei der Anwendung des weiterhin haushaltsrechtlich geprägten nationalen Vergaberechts (vgl. → Rn. 112ff.).

28 Die jeweils einschlägigen EU-Schwellenwerte ergeben sich nun aufgrund der Verweisung in § 106 **Abs. 2** GWB direkt aus den entsprechenden EU-Richtlinien[29] („dynamische Verweisung"). Deren Höhe wird von der EU-Kommission turnusmäßig – alle zwei Jahre zum 1. Januar – im Wege der delegierten Rechtssetzung (vgl. Art. 290 AEUV) angepasst.

Hintergrund ist, dass die EU-Schwellenwerte an die in Sonderziehungsrechten angegebenen Schwellenwerte des Government Procurement Agreement (GPA) angepasst werden. Bei den Sonderziehungsrechten handelt es sich um eine vom Internationalen Währungsfonds geschaffene künstliche Währungseinheit, deren Kursschwankungen gegenüber dem Euro sich in der turnusmäßigen Anpassung letztlich widerspiegeln.[30]

Anders als bei den im Rahmen der letzten Anpassungen jeweils erfolgten Erhöhung der EU-Schwellenwerte, wurden diese mit der aktuellen Anpassung zum 1.1.2020 erstmals seit der Anpassung 2010 wieder herabgesetzt. Unverändert bleiben hingegen die Schwellenwerte für soziale und andere besondere Dienstleistungen iSd § 130 GWB sowie die Wertgrenzen für Bagatelllose.

Nach der Veröffentlichung im EU-Amtsblatt gibt das Bundesministerium für Wirtschaft und Energie die geltenden Schwellenwerte gemäß § 106 **Abs. 3** GWB unverzüglich auch im Bundesanzeiger bekannt.

29 Für die einzelnen Vergaberegime und Auftragsarten wird in **§ 106 Abs. 2 GWB** auf jeweiligen Richtlinienvorschriften verwiesen:

(1) § 106 Abs. 2 **Nr. 1** GWB gilt für die Vergabe öffentlicher Aufträge und Wettbewerbe durch öffentliche Auftraggeber. Für diese öffentlichen Aufträge ergibt sich der jeweilige Schwellenwert aus Art. 4 der Richtlinie 2014/24/EU in der jeweils geltenden Fassung[31].

(2) § 106 Abs. 2 **Nr. 2** GWB betrifft öffentliche Aufträge und Wettbewerbe, die von Sektorenauftraggebern zum Zwecke der Ausübung einer Sektorentätigkeit vergeben werden. Für diese ergeben sich die einschlägigen Schwellenwerte aus Art. 15 der Richtlinie 2014/25/EU in der jeweils geltenden Fassung[32].

(3) § 106 Abs. 2 **Nr. 3** GWB bezieht sich auf verteidigungs- und sicherheitsspezifische Aufträge. Die diesbezüglichen Schwellenwerte ergeben sich aus Art. 8 der Richtlinie 2009/81/EG in der jeweils geltenden Fassung[33].

---

[29] § 106 Abs. 2 GWB verweist in Nr. 1 auf die in Art. 4 der RL 2014/24/EU in der jeweils geltenden Fassung; in Nr. 2 auf die in Art. 15 der RL 2014/25/EU in der jeweils geltenden Fassung; in Nr. 3 auf die in Art. 8 der RL 2009/81/EG in der jeweils geltenden Fassung und in Nr. 4 auf die in Art. 8 der RL 2014/23/EU in der jeweils geltenden Fassung genannten Schwellenwerte.

[30] Vgl. Ziekow/Völlink/*Greb* GWB § 106 Rn. 5 mwN.

[31] Aktuell: Delegierte Verordnung (EU) 2019/1828 der Kommission v. 30.10.2019 zur Änd. der RL 2014/24/EU des Europäischen Parlaments und des Rates im Hinblick auf die Schwellenwerte für die Vergabe öffentlicher Liefer-, Dienstleistungs- und Bauaufträge sowie für Wettbewerbe (ABl. L 279 v. 31.10.2019, S. 25), zum 1.1.2020 in Kraft getreten.

[32] Aktuell: Delegierte Verordnung (EU) 2019/1829 der Kommission v. 30.10.2019 zur Änd. der RL 2014/25/EU des Europäischen Parlaments und des Rates im Hinblick auf die Schwellenwerte für Liefer-, Dienstleistungs- und Bauaufträge sowie für Wettbewerbe (ABl. L 279 v. 31.10.2019, S. 27), zum 1.1.2020 in Kraft getreten.

[33] Aktuell: Delegierte Verordnung (EU) 2019/1830 der Kommission v. 30.10.2010 zu Änd. der RL 2009/81/EG des Europäischen Parlaments und des Rates im Hinblick auf die Schwellenwerte für Liefer-, Dienstleistungs- und Bauaufträge (ABl. L 279 v. 31.10.2019, S. 29), zum 1.1.2020 in Kraft getreten.

(4) § 106 Abs. 2 **Nr. 4** GWB gilt für die Konzessionsvergabe und übernimmt die in der jeweils geltenden Fassung[34] des Art. 8 der Richtlinie 2014/23/EU festgelegten Schwellenwerte für Konzessionen.

Aus den vorgenannten Regelungen ergeben sich für die verschiedenen Leistungsarten seit 1.1.2020 folgende **EU-Schwellenwerte** für die Anwendbarkeit des Kartellvergaberechts:

Öffentliche Aufträge	Schwellenwerte in EUR
Öffentliche Liefer- und Dienstleistungsaufträge und Wettbewerbe der oberen und obersten Bundesbehörden sowie vergleichbarer Bundeseinrichtungen, bei öffentlichen Lieferaufträgen im Verteidigungsbereich, sofern Aufträge über Waren, die in Anhang III der RL 2014/24/EU aufgeführt sind (§ 106 Abs. 2 Nr. 1 GWB iVm Art. 4 lit. b der RL 2014/24/EU, zuletzt geändert durch die Delegierte VO (EU) 2019/1828)	139.000
Öffentliche Liefer- und Dienstleistungsaufträge, Wettbewerbe von subzentralen öffentlichen Auftraggebern sowie bei Lieferaufträgen von oberen und obersten Bundesbehörden sowie vergleichbarer Bundeseinrichtungen im Verteidigungsbereich, sofern Aufträge über Waren, die nicht in Anhang III der RL 2014/24/EU aufgeführt sind (§ 106 Abs. 2 Nr. 1 GWB iVm Art. 4 lit. c der RL 2014/24/EU, zuletzt geändert durch die Delegierte VO (EU) 2019/1828)	214.000
Ein Los von Dienstleistungsaufträgen (§ 3 Abs. 9 VgV iVm Art. 5 Abs. 10 der RL 2014/24/EU)	80.000
	bzw. Lose < 80.000: der addierte Wert ab 20 % des Gesamtwertes aller Lose
Bauaufträge (§ 106 Abs. 2 Nr. 1 iVm Art. 4 lit. a der RL 2014/24/EU, zuletzt geändert durch die Delegierte VO (EU) 2019/1828)	5.350.000
Ein Los von Bauaufträgen (§ 3 Abs. 9 VgV iVm Art. 5 Abs. 10 der RL 2014/24/EU)	1.000.000
	bzw. Lose < 1.000.000: der addierte Wert ab 20 % des Gesamtwertes aller Lose
Öffentliche Dienstleistungsaufträge von öffentlichen Auftraggebern, die soziale und andere besondere Dienstleistungen iSv Anhang XIV der RL 2014/24/EU betreffen (§ 106 Abs. 2 Nr. 1 GWB iVm Art. 4 lit. d der RL 2014/24/EU)	750.000
Liefer- und Dienstleistungsaufträge im Sektorenbereich (§ 106 Abs. 2 Nr. 2 GWB iVm Art. 15 lit. a der RL 2014/25/EU, zuletzt geändert durch die Delegierte VO (EU) 2019/1829)	428.000

[34] Aktuell: Delegierte Verordnung (EU) 2019/1827 der Kommission v. 30.10.2019 zur Änd. der RL 2014/23/EU des Europäischen Parlaments und des Rates im Hinblick auf die Schwellenwerte für Konzessionen (ABl. L 279 v. 31.10.2019, S. 23), zum 1.1.2020 in Kraft getreten.

Öffentliche Aufträge	Schwellenwerte in EUR
Bauaufträge im Sektorenbereich (§ 106 Abs. 2 Nr. 2 GWB iVm Art. 15 lit. b der RL 2014/25/EU, zuletzt geändert durch die Delegierte VO (EU) 2019/1829)	5.350.000
Dienstleistungsaufträge im Sektorenbereich, die soziale und andere besondere Dienstleistungen iSv Anhang XVII der RL 2014/25/EU betreffen (§ 106 Abs. 2 Nr. 2 GWB iVm Art. 15 lit. c der RL 2014/25/EU)	1.000.000
Liefer- und Dienstleistungsaufträge im Bereich Verteidigung und Sicherheit (§ 106 Abs. 2 Nr. 3 GWB iVm Art. 8 lit. a der RL 2009/81/EG zuletzt geändert durch die VO (EU) Nr. 2019/1830)	428.000
Bauaufträge im Bereich Verteidigung und Sicherheit (§ 106 Abs. 2 Nr. 3 GWB iVm Art. 8 lit. b der RL 2009/81/EG zuletzt geändert durch die VO (EU) Nr. 2019/1830)	5.350.000
Konzessionen (§ 106 Abs. 2 Nr. 4 GWB iVm Art. 8 Abs. 1 der RL 2014/23/EU, zuletzt geändert durch die Delegierte VO (EU) 2019/1827)	5.350.000

30 Vgl. zu den Schwellenwerten und zur Schätzung der Auftragswerte ausführlich → § 8 Rn. 1 ff.

31 **c) Ausnahmen vom Anwendungsbereich. aa) Allgemeine und besondere Ausnahmetatbestände.** Der Anwendungsbereich der §§ 97 ff. GWB ist nicht eröffnet, wenn ein allgemeiner oder besonderer Ausnahmetatbestand eingreift. Im Umkehrschluss ist das Nichteingreifen der allgemeinen und besonderen Ausnahmetatbestände weitere (negative) Voraussetzung, um den Anwendungsbereich des Kartellvergaberechts zu bejahen. Mit der Vergaberechtsreform 2016 wurden die Ausnahmetatbestände neu strukturiert und die Anwendbarkeit auf Konzessionen ausgeweitet (vgl. Abs. 1 „Vergabe von öffentlichen Aufträgen und Konzessionen"). Die bis dahin bestehende Struktur einer zusammengefassten Regelung der Ausnahmetatbestände in den Regelungen § 100 Abs. 3–6 und Abs. 8 GWB aF und §§ 100a–100c GWB aF wurde aufgegeben und die Ausnahmetatbestände den entsprechenden Abschnitten zugeordnet.

32 Die **allgemeinen,** dh grundsätzlich für alle Vergabeverfahren geltenden Ausnahmen sind seither im ersten Abschnitt des Kapitels 1 im 4. Teil des GWB normiert. Entsprechend findet sich ein Teil der ehemals in § 100 Abs. 3–6 und Abs. 8 GWB aF geregelten Ausnahmetatbestände nun in den §§ 107 und 109 GWB wieder. In § 108 GWB neu kodifiziert wurden mit der Vergaberechtsreform 2016 zudem die zuvor ungeschriebenen Ausnahmen bei öffentlich-öffentlicher Zusammenarbeit.

33 Die **besonderen,** dh nur für spezifische Vergabeverfahren geltenden Ausnahmetatbestände (früher §§ 100a–100c GWB aF), sind seit 2016 in die Abschnitte zwei und drei im ersten Kapitel eingefügt. Der Abschnitt 2 umfasst die für Vergaben von öffentlichen Aufträgen durch öffentliche Auftraggeber besonderen Ausnahmetatbestände der §§ 116 und 117 GWB, wobei die in § 117 GWB geregelten besonderen Ausnahmen für Vergaben, die Verteidigungs- oder Sicherheitsaspekte umfassen, von den im nachfolgenden Abschnitt 3

in § 145 GWB geregelten besonderen Ausnahmen für die Vergabe von verteidigungs- oder sicherheits**spezifischen** öffentlichen Aufträgen zu unterscheiden sind.

Der Abschnitt 3 enthält die besonderen Regelungen für die Vergabe von öffentlichen Aufträgen in besonderen Bereichen und von Konzessionen und beinhaltet dementsprechend in den jeweiligen Unterabschnitten 1–3 auch die dazugehörigen besonderen Ausnahmen. Für den Sektorenbereich sind die besonderen Ausnahmetatbestände seither in den §§ 137–140 GWB geregelt. Die besonderen Ausnahmetatbestände für verteidigungs- und sicherheitsspezifische Auftragsvergaben finden sich zudem in § 145 GWB, der größtenteils den Inhalt des früheren § 100c Abs. 2–4 GWB aF übernommen hat. Darüber hinaus normieren die §§ 149 und 150 GWB noch besondere Ausnahmetatbestände für die Konzessionsvergabe.

Weiterhin sind die in den §§ 107–109 GWB sowie §§ 116, 117, 137–140, 145, 149 34
und 150 GWB enthaltenen **Ausnahmetatbestände** vom Anwendungsbereich des Vergaberechts **abschließend**[35] und allgemein **eng auszulegen.**[36]

bb) Die allgemeinen Ausnahmetatbestände der §§ 107 und 109 GWB. 35

(1) Schieds- und Schlichtungsleistungen (§ 107 Abs. 1 Nr. 1 GWB). § 107 Abs. 1 Nr. 1 GWB nimmt in Umsetzung der europarechtlichen Vorgaben in Art. 10 lit. c der Richtlinie 2014/24/EU, Art. 21 lit. b der Richtlinie 2014/25/EU, Art. 10 Abs. 8 lit. c der Richtlinie 2014/23/EU und Art. 13 lit. g der Richtlinie 2009/81/EG **Schiedsgerichts- und Schlichtungsleistungen** vom Anwendungsbereich des Kartellvergaberechts aus (ehemals § 100 Abs. 4 Nr. 1 GWB aF). Hintergrund der Ausnahme ist laut den Erwägungsgründen zu den EU-Richtlinien, dass derartige Dienste normalerweise von Organisationen oder Personen übernommen werden, deren Bestellung oder Auswahl in einer Art und Weise erfolgt, die sich nicht nach Vergabevorschriften für öffentliche Aufträge richten kann.[37] Denn die Erbringung von Schiedsgerichts- und Schlichtungsleistungen setzt ein gewisses Vertrauensverhältnis zwischen den beteiligten Parteien voraus, das sich nur selten auf Grundlage eines auf die Ermittlung des wirtschaftlichsten Angebots ausgerichteten Vergabeverfahrens begründen lässt.[38]

Nicht unter den allgemeinen Ausnahmetatbestand des § 107 Abs. 1 Nr. 1 GWB, sondern unter die besonderen Ausnahmen des § 116 Abs. 1 Nr. 1 GWB fallen Rechtsdienstleistungen, die die anwaltliche Vertretung eines Mandanten in nationalen oder internationalen Schiedsgerichts- oder Schlichtungsverfahren betreffen. Vgl. zur Ausnahme des § 116 Abs. 1 Nr. 1 GWB auch → Rn. 59 ff.

(2) Grundstücks- und Immobilienverträge (§ 107 Abs. 1 Nr. 2 GWB). Der Ausnah- 36
metatbestand des **§ 107 Abs. 1 Nr. 2 GWB** umfasst die zuvor in § 100 Abs. 5 Nr. 1–3 GWB aF geregelten Ausnahmen für die Vergabe von öffentlichen Aufträgen und Konzessionen für den **Erwerb, die Miete oder die Pacht von Grundstücken und Immobilien** sowie Rechten daran, ungeachtet ihrer Finanzierung, und strukturiert diese neu. Für den Abschluss dieser Verträge bedarf es nicht der Durchführung eines Vergabeverfahrens,

[35] Bislang stRspr. vgl. nur EuGH Urt. v. 18.11.1999 – C-107/98, ECLI:EU:C:1999:562 = EuZW 2000, 246 – Teckal; Urt. v. 17.11.1993 – C-71/91 – Kommission/Spanien; BGH Beschl. v. 8.2.2011– X ZB 4/10, BGHZ 188, 200 = BeckRS 2011, 3845 – S-Bahn-Verkehr Rhein-Ruhr I; OLG Düsseldorf Beschl. v. 30.3.2005 – VII-Verg 101/04, BeckRS 2005, 4880 und Beschl. v. 5.5.2004 – VII-Verg 78/03, NZBau 2004, 398.

[36] Bislang stRspr. vgl. nur EuGH Urt. v. 18.11.1999 – C-107/98, ECLI:EU:C:1999:562 = EuZW 2000, 246 – Teckal; Urt. v. 8.4.2008 – C-337/05, ECLI:EU:C:2008:203 = BeckRS 2008, 70410 mwN; OLG Düsseldorf Beschl. v. 1.8.2012 – VII-Verg 10/12, BeckRS 2012, 18205; Beschl. v. 30.3.2005 – VII-Verg 101/04, BeckRS 2005, 4880; VK Schleswig-Holstein Beschl. v. 28.11.2006 – VK-SH 25/06, BeckRS 2006, 15179.

[37] Vgl. Erwg. 26 zur RL 2004/18/EG.

[38] So auch Reidt/Stickler/Glahs/*Ganske* GWB § 107 Rn. 7; auch Byok/Jaeger/*Franßen/Ockenfels* GWB § 107 Rn. 6.

sofern mit den Immobilienverträgen kein Bauauftrag iSd § 103 Abs. 1 und 3 GWB bzw. keine Baukonzession iSv § 105 Abs. 1 Nr. 1 GWB einhergeht.

§ 107 Abs. 1 Nr. 2 GWB dient damit der Umsetzung von Art. 10 lit. a der Richtlinie 2014/24/EU, Art. 21 lit. a der Richtlinie 2014/25/EU, Art. 10 Abs. 8 lit. a der Richtlinie 2014/23/EU und Art. 13 lit. e der Richtlinie 2009/81/EG.

37 Die Ausnahme basiert auf den europarechtlichen Vorgaben und gründet auf der Erwägung, dass Dienstleistungsaufträge, die Grundstücks- und Immobilienverträge betreffen, Merkmale aufweisen, welche die Anwendung der vergaberechtlichen Vorschriften unangemessen erscheinen lassen.[39] Die genannten Merkmale beziehen sich gerade auf die Besonderheit der Unbeweglichkeit und Individualität des Vertragsgegenstandes. Bei Immobilienverträgen sind insbesondere Merkmale wie eine bestimmte Lage relevant, die in der Regel lediglich von einem Grundstück oder nur einer geringen Anzahl weiterer Grundstücke erfüllt wird, sodass ein Wettbewerb gerade nicht besteht und eine Beschaffung in einem vergaberechtlichen Verfahren damit nicht zielführend erscheint.[40]

38 Zu den **Rechten an Grundstücken** zählen neben dem Eigentum insbesondere Nutzungsrechte (zB Erbbaurechte, Miet- oder Pachtrecht, Dienstbarkeiten), Erwerbsrechte (wie dingliche Vorkaufsrechte oder Anwartschaftsrechte) und Verwertungsrechte (zB Grundpfandrechte).[41]

39 Nicht genannt wird in § 107 Abs. 1 Nr. 2 GWB die **Veräußerung** von unbeweglichem Vermögen durch die öffentliche Hand. Die reine Veräußerung stellt schon begrifflich keinen Beschaffungsvorgang dar, sondern beschreibt im Gegenteil gerade die Trennung von im Eigentum des öffentlichen Auftraggebers stehenden unbeweglichen Vermögensgegenständen.

Dennoch bestand in Bezug auf Grundstücksgeschäfte öffentlicher Auftraggeber lange Zeit Rechtsunsicherheit, die auf der sog. „Ahlhorn-Entscheidung" des OLG Düsseldorf aus dem Jahre 2007 gründete.[42] In dieser Entscheidung führte das OLG Düsseldorf aus, die Veräußerung von Grundstücken habe dann unter Anwendung des Vergaberechts zu erfolgen, wenn die öffentliche Hand mit der Veräußerung lediglich den Zweck verfolge, einen Investor für die Umsetzung eines Bauprojekts zu finden und auf diese Weise mittelbar eine Bauleistung beschafft werde. In einem solchen Fall sei die Veräußerung als Bauauftrag auszulegen, der nach den geltenden vergaberechtlichen Bestimmungen zu vergeben sei. Denn gemäß den Vorgaben der EU-Richtlinien gilt der Ausnahmetatbestand nur für Dienstleistungsaufträge und Dienstleistungskonzessionen, sodass die Vergabe nur vom Anwendungsbereich der §§ 97 ff. GWB ausgenommen ist, sofern sie nicht als Bauauftrag oder Baukonzession zu qualifizieren oder hiermit verbunden sind.

39a Folge der „Ahlhorn"-Rechtsprechung war eine erhebliche Ausuferung der Ausschreibungspflicht bei Grundstücksgeschäften durch öffentliche Auftraggeber. Daraufhin erfolgte im Rahmen der Vergaberechtsmodernisierung 2009 eine Neufassung des § 99 Abs. 3 GWB aF, mit der für die Bejahung eines Bauauftrags fortan eine dem öffentlichen Auftraggeber unmittelbar wirtschaftlich zugutekommende Bauleistung vorausgesetzt wurde. Mit der Entscheidung des EuGH in Sachen „Helmut Müller"[43] aus dem Jahr 2010 bestätigte der EuGH diese Voraussetzung und dämmte damit die „Ahlhorn"-Rechtsprechung des OLG Düsseldorf ebenfalls ein. Der EuGH stellte klar, dass ein öffentlicher Bauauftrag zwar nicht erfordere, dass die vertragsgegenständliche Bauleistung für den öffentlichen

---

[39] Vgl. Erwgr. 24 zur RL 2004/18/EG, der wegen des gleichbleibenden Regelungsgehalts des Ausnahmetatbestandes (vgl. Begr. zu § 107 Abs. 1 Nr. 2 GWB, BT-Drs. 18/6281, 75) weiterhin herangezogen werden kann.

[40] So auch Reidt/Stickler/Glahs/*Ganske* GWB § 107 Rn. 9; Byok/Jaeger/*Franßen/Ockenfels* GWB § 107 Rn. 8.

[41] Vgl. Reidt/Stickler/Glahs/*Ganske* GWB § 107 Rn. 10; KKPP/*Röwekamp* GWB § 107 Rn. 25; Byok/Jaeger/*Franßen/Ockenfels* GWB § 107 Rn. 15.

[42] Vgl. OLG Düsseldorf Beschl. v. 13.6.2007 – VII-Verg 2/07, BeckRS 2007, 09926.

[43] Vgl. EuGH Urt. v. 25.3.2010 – C-451/08, ECLI:EU:C:2010:168 = BeckRS 9998, 90061 – Helmut Müller.

Auftraggeber stets unmittelbar beschafft werde, sofern sie dem öffentlichen Auftraggeber zumindest unmittelbar wirtschaftlich zugutekommt. Dieser vorausgesetzte unmittelbare wirtschaftliche Vorteil sei aber bei der Ausübung von städtebaulichen Regelzuständigkeiten durch den öffentlichen Auftraggeber im Hinblick auf die Verwirklichung von Allgemeininteressen nicht gegeben.

Nach vorzugswürdiger und wohl herrschender Auffassung erfasst der Ausnahmetatbe- 40
stand des § 107 Abs. 1 Nr. 2 GWB über seinen eigentlichen Wortlaut hinaus nicht nur Verträge über bereits vorhandene Gebäude, sondern auch solche über noch zu errichtende Gebäude.[44]

(3) Arbeitsverträge (§ 107 Abs. 1 Nr. 3 GWB). Gemäß **§ 107 Abs. 1 Nr. 3 GWB** 41
(zuvor § 100 Abs. 3 GWB aF) gelten die Bestimmungen des Kartellvergaberechts nicht für Dienstleistungen, die auf der Grundlage von **Arbeitsverträgen** erbracht werden.[45] Die Regelung dient damit der Umsetzung von Art. 10 lit. g der Richtlinie 2014/24/EU, Art. 21 lit. f der Richtlinie 2014/25/EU sowie Art. 13 lit. i der Richtlinie 2009/81/EG. In der Konzessionsrichtlinie 2014/23/EU fehlt hingegen eine entsprechende Ausnahme. Dennoch hat der deutsche Gesetzgeber den Wortlaut des § 107 Abs. 1 („Vergabe von öffentlichen Aufträgen und Konzessionen") nicht gesondert für den Ausnahmetatbestand der Nr. 3 angepasst. In der Gesetzesbegründung wird jedoch ausdrücklich darauf hingewiesen, dass der Ausnahmetatbestand bei der Konzessionsvergabe keine Anwendung, da Arbeitsverträge nicht als Konzessionen denkbar sind.[46] Mangels praktischer Anwendungsfälle und mit Blick auf die Intention des Gesetzgebers ist § 107 Abs. 1 Nr. 3 GWB insoweit europarechtskonform auszulegen.[47]

Die Ausnahme betrifft damit öffentliche Aufträge zu Arbeitsverträgen. Der **Begriff des** 41a
Arbeitsvertrags wird in § 107 GWB nicht definiert, ist aber iSd primärrechtlichen Vorschriften des AEUV zu verstehen, als Vertrag, bei dem sich ein Arbeitnehmer gegenüber einem Arbeitgeber verpflichtet, unter dessen Leitung und nach dessen Weisungen Leistungen gegen Entgelt zu erbringen.[48] Es muss daher der Arbeits- vom Dienstleistungsvertrag abgegrenzt werden. Zu prüfen ist daher insbesondere das Vorliegen eines **Leitungs- und Weisungsrechts** des öffentlichen Auftraggebers sowie die **Eingliederung des Arbeitnehmers in die betriebliche Organisation** des Arbeitgebers, was beides bei einem Arbeitsvertrag – nicht jedoch bei einem Dienstleistungsvertrag iSd § 103 Abs. 4 GWB – gegeben ist.[49] Ob danach auch Verträge über die Bestellung von Organmitgliedern juristischer Personen unter den Ausnahmetatbestand des § 107 Abs. 1 Nr. 3 GWB fallen, ist umstritten. Obwohl auch diesbezüglich überwiegend die Annahme eines Arbeitsvertrags iSd Ausnahmevorschrift bejaht wird,[50] bestehen auch kritische Stimmen, die insbesondere mit dem Argument einer nicht vorliegenden weisungsgebundenen Tätigkeit, die

[44] Vgl. zu § 100 Abs. 5 GWB aF: Müller-Wrede/*Aicher* Kapitel 11 Rn. 31 mwN zum Streitstand; KKPP/*Röwekamp* GWB § 107 Rn. 16.

[45] Vgl. Erwgr. 5 der RL 2014/24/EU; Erwgr. 7 der RL 2014/25/EU.

[46] Vgl. BT-Drs. 18/6281, 78f.

[47] So auch Byok/Jaeger/*Franßen/Ockenfels* GWB § 107 Rn. 17.

[48] Vgl. Reidt/Stickler/Glahs/*Ganske* GWB § 107 Rn. 21 mit Verweis auf EuGH Urt. v. 21.6.1988 – 197/86, Slg. 1988, 3105-3248 = BeckRS 2004, 72180 – Brown/Secretary of State for Scotland; EuGH Urt. v. 26.2. 1992 – C-357/89, NJW 1992, 1493ff.; OLG Düsseldorf Beschl. v. 8.5.2002 – VII-Verg 8-15/01, BeckRS 2002, 17405; KKPP/*Röwekamp* GWB § 107 Rn. 26; Byok/Jaeger/*Franßen/Ockenfels* GWB § 107 Rn. 18 mit Verweis auf OLG Naumburg Beschl. v. 26.7.2012 – 2 Verg 2/12, NZBau 2013, 64.

[49] So auch Byok/Jaeger/*Franßen/Ockenfels* GWB § 107 Rn. 18; vgl. Reidt/Stickler/Glahs/*Ganske* GWB § 107 Rn. 22.

[50] Vgl. zB Reidt/Stickler/Glahs/*Ganske* GWB § 107 Rn. 22 mwN; Byok/Jaeger/*Franßen/Ockenfels* GWB § 107 Rn. 18, die dies für einen Vertrag über die Anstellung eines Geschäftsführers beim öff. Auftraggeber aufgrund der Eingliederung in die Arbeitsorganisation des öff. Auftraggebers – anders als für einen Managementvertrag – bejahen; ebenso: KKPP/*Röwekamp* GWB § 107 Rn. 28, der jedoch die uneingeschränkte Weisungsbefugnis auch bei einem Anstellungsvertrag von Geschäftsleitungsmitgliedern verlangt.

Anwendung des Ausnahmetatbestandes auf entsprechende Verträge bezweifeln.[51] Fraglich dürfte jedoch sein, ob hier allein das Fehlen einer weisungsgebundenen Tätigkeit die Nichtanwendung des Ausnahmetatbestandes rechtfertigen kann und nicht vielmehr die Eingliederung der Person in die Arbeitsorganisation des öffentlichen Auftraggebers in Zusammenschau mit der Organstellung und den Regelungen über deren Beendigung ausschlaggebend sind.[52] Insofern könnte das Heranziehen des rein arbeitsrechtlichen Arbeitsvertragsbegriffs für die Definition des vergaberechtlichen Ausnahmetatbestandes ggf. als zu eng angesehen werden.

Einhellig verneint wird hingegen die Anwendung der Ausnahme auf Arbeitnehmerüberlassungen, indem bei diesen das Arbeitsverhältnis nicht mit dem öffentlichen Auftraggeber als Entleiher, sondern nur mit dem Verleiher besteht.[53]

42 **(4) Bestimmte von gemeinnützigen Organisationen oder Vereinigungen erbrachte Dienstleistungen, § 107 Abs. 1 Nr. 4 GWB.** Die Vorschrift des **§ 107 Abs. 1 Nr. 4 GWB** wurde im Rahmen der Vergaberechtsreform 2016 neu in den Katalog der Ausnahmetatbestände aufgenommen. Er betrifft den alten Streit, wie das Wettbewerbsprinzip mit dem Prinzip der Daseinsvorsorge zum Ausgleich gebracht werden soll und schafft ein neues Gefüge.[54] Ausgenommen vom Vierten Teil des GWB (§§ 97 ff. GWB) sind danach Dienstleistungen des **Katastrophen- und Zivilschutzes sowie der Gefahrenabwehr,** die von gemeinnützigen Organisationen oder Vereinigungen erbracht werden und unter die in § 107 Abs. 1 Nr. 4 GWB genannten Referenznummern des Common Procurement Vocabulary (CPV-Nummern) fallen. Die Regelung dient damit der Umsetzung von Art. 10 lit. h der Richtlinie 2014/24/EU, Art. 21 lit. h der Richtlinie 2014/25/EU sowie Art. 10 Abs. 8 lit. g der Richtlinie 2014/23/EU.

Die Vorschrift geht auf die Strategie „Europa 2020“ zurück, die für ein intelligentes, nachhaltiges und integratives Wachstum wirbt, und damit also auch die öffentliche Auftragsvergabe verstärkt zur Beachtung von Gemeinwohlzielen sozialer und umweltpolitischer Art veranlassen sollte.[55] Die stärkere Unterstützung strategischer Ziele gehört mit zu den erklärten Zielen der aktuellen EU-Vergaberechtsmodernisierung und wird auch dem Gesetzesentwurf der Bundesregierung zum neuen GWB ausdrücklich vorangestellt.[56]

43 Der Ausnahmetatbestand setzt voraus, dass es sich bei der zu beschaffenden Leistung um eine Dienstleistung des Katastrophen- oder Zivilschutzes oder der Gefahrenabwehr handelt, die unter eine der **genannten CPV-Nummern**[57] fällt. Danach findet das EU-Sekundärrecht auf die Vergabe der von den CPV-Nummern erfassten Notfallrettungsdienste und auf den Einsatz von Krankenwagen, dh die Erbringung von allgemeinen und fachspezifischen ärztlichen Dienstleistungen in einem Rettungswagen (CPV-Nummer 85143000-3) keine Anwendung unter der weiteren Voraussetzung, dass diese Dienste von **gemeinnützigen Organisationen oder Vereinigungen** erbracht werden.[58] In den Erwägungsgründen wird zudem auch darauf hingewiesen, dass die Aus-

---

[51] So zB Ziekow/Völlink/*Antweiler* GWB § 107 Rn. 36.

[52] Richtigerweise verneinend: Byok/Jaeger/*Franßen/Ockenfels* GWB § 107 Rn. 18.

[53] So auch Reidt/Stickler/Glahs/*Ganske* GWB § 107 Rn. 22; Müller-Wrede/*Sterner* GWB § 107 Rn. 21; KKPP/*Röwekamp* GWB § 107 Rn. 27 mit Verweis auf VK Düsseldorf Beschl. v. 11.2.2004 – VK-43/03-L (nv); Byok/Jaeger/*Franßen/Ockenfels* GWB § 107 Rn. 18.

[54] Vgl. *Ruthig* NZBau 2016, 3.

[55] Vgl. *Ruthig* NZBau 2016, 3; vgl. auch Erwgr. 2 zur RL 2014/24/EU, Erwgr. 4 zur RL 2014/25/EU und Erwgr. 3 zur RL 2014/23/EU.

[56] Vgl. BT-Drs. 18/6281, 1; vgl. auch Erwgr. 2 zur RL 2014/24/EU, Erwgr. 4 zur RL 2014/25/EU und Erwgr. 3 zur RL 2014/23/EU.

[57] Vgl. zu den aktuell geltenden CPV-Codes: VO (EG) Nr. 213/2008 der Kommission vom 28.11.2007 zur Änd. der VO (EG) Nr. 2195/2002 des Europäischen Parlaments und des Rates über das Gemeinsame Vokabular für öffentliche Aufträge (CPV) und der Vergaberichtlinien des Europäischen Parlaments und des Rates 2004/17/EG und 2004/18/EG im Hinblick auf die Überarbeitung des Vokabulars. [Zum Zeitpunkt der Kommentierung war eine aktuellere Verordnung über die CPV-Codes noch nicht veröffentlicht.]

[58] Vgl. auch BT-Drs. 18/6281, 79.

nahme „nicht über das notwendigste Maß hinaus ausgeweitet werden" sollte[59] und damit – wie andere Ausnahmetatbestände – allgemein **eng auszulegen** ist (vgl. bereits oben → Rn. 34).

- 75250000–3: Dienstleistungen der Feuerwehr und von Rettungsdiensten;
- 75251000–0: Dienstleistungen der Feuerwehr;
- 75251100–1: Brandbekämpfung;
- 75251110–4: Brandverhütung;
- 75251120–7: Waldbrandbekämpfung,
- 75252000–7: Rettungsdienste,
- 75222000–8: Zivilverteidigung,
- 98113100–9: Dienstleistungen im Bereich der nuklearen Sicherheit

Ausdrücklich nicht vom Ausnahmetatbestand des § 107 Abs. 1 Nr. 4 GWB umfasst ist der **Einsatz von Krankenwagen zur reinen Patientenbeförderung.** Diese unterfallen jedoch dem für die Vergabe von sozialen und anderen besonderen Dienstleistungen – ebenfalls mit der Vergaberechtsreform neu eingeführten – Sonderregime des § 130 GWB (für Konzessionen vgl. § 153 GWB).[60] Dies gilt auch für gemischte Aufträge für Dienste von Krankenwagen, falls der Wert des Einsatzes von Krankenwagen zur reinen Patientenbeförderung höher wäre als der Wert anderer Rettungsdienste.[61]

Die Begriffe des **Katastrophen- und Zivilschutzes sowie der Gefahrenabwehr** 44
entstammen den Richtlinien und sind autonom nach unionsrechtlichen Maßstäben auszulegen, wobei sich der europäische und deutsche Sprachgebrauch nicht unterscheiden.[62] Nach dem EuGH ist diese Auslegung dabei unter Berücksichtigung des Regelungszusammenhangs und des mit der Regelung verfolgten Zweckes zu ermitteln.[63]

Der Begriff des „Katastrophenschutzes" erfasst danach unvorhersehbare Großschadensereignisse in Friedenszeiten, wohingegen der im Primärrecht[64] geregelte Begriff des „Zivilschutzes" den Schutz der Zivilbevölkerung im Kriegsfall meint.[65] Für den Begriff der „Gefahrenabwehr" ist ein solch einheitliches Verständnis nicht vorhanden, weshalb der Begriff anhand der genannten CPV-Codes ausgelegt werden muss.[66] Dabei ist insbesondere zu beachten, dass der EuGH in seinem „Falck"-Urteil nun festgestellt hat, dass die **Gefahrenabwehr** – anders als die auf kollektive Schadensereignisse bezogenen Begriffe des Katastrophen- und Zivilschutzes – sowohl Gefahren für die Allgemeinheit als auch für Einzelpersonen umfasst.[67]

Gegenstand der „Falck"-Entscheidung war ua die Frage, ob der **qualifizierte Krankentransport,** dh der Transport eines Patienten in einem Krankenwagen bei Betreuung durch einen Rettungssanitäter/Rettungshelfer von der Bereichsausnahme erfasst ist oder

---

[59] Vgl. Erwgr. 28 zur RL 2014/24/EU, Erwgr. 36 zur RL 2014/25/EU und ebenso Erwgr. 36 zur RL 2014/23/EU.

[60] Vgl. BT-Drs. 18/6281, 79; Erwgr. 36 zur RL 2014/25/EU; Erwgr. 28 zur RL 2014/24/EU sowie Erwgr. 36 zur RL 2014/23/EU.

[61] Vgl. BT-Drs. 18/6281, 79; Erwgr. 36 zur RL 2014/25/EU; Erwgr. 28 zur RL 2014/24/EU sowie Erwgr. 36 zur RL 2014/23/EU.

[62] Vgl. *Ruthig* NZBau 2016, 3 (5); ebenso Reidt/Stickler/Glahs/*Ganske* GWB § 107 Rn. 25.

[63] Vgl. EuGH Urt. v. 21.3.2019 – C-465/17, ECLI:EU:C:2019:550 = NZBau, 2019, 314 – Falck mit Verweis auf EuGH Urt. v. 18.1.1984, 327/82, EU:C:1984:11, Rn. 11 – Ekro und Urt. v. 19.9.2000, C-287/98, EU:C:2000:468, Rn. 43 – Linster.

[64] Vgl. Art. 61 Buchst. a Zusatzprotokoll zu den Genfer Abkommen vom 12.8.1949 über den Schutz der Opfer internationaler bewaffneter Konflikte (Protokoll I), BGBl. Nr. 527/1982. Danach „bedeutet ‚Zivilschutz' die Erfüllung aller oder einzelner der nachstehend genannten humanitären Aufgaben zum Schutz der Zivilbevölkerung vor den Gefahren und zur Überwindung der unmittelbaren Auswirkungen von Feindseligkeiten oder Katastrophen sowie zur Schaffung der für ihr Überleben notwendigen Voraussetzungen."

[65] Vgl. *Ruthig* NZBau 2016, 3 (5); ebenso Reidt/Stickler/Glahs/*Ganske* GWB § 107 Rn. 25.

[66] Vgl. *Ruthig* NZBau 2016, 3 (5); Reidt/Stickler/Glahs/*Ganske* GWB § 107 Rn. 25 mwN.

[67] Vgl. EuGH Urt. v. 21.3.2019 – C-465/17, ECLI:EU:C:2019:550 = NZBau, 2019, 314 – Falck.

unter die Gegenausnahme „Einsatz von Krankenwagen zur Patientenbeförderung" fällt. Nach dem EuGH sei die der Ausnahme zugrundeliegende Richtlinienvorschrift dahingehend auszulegen, dass die Bereichsausnahme „sowohl für die Betreuung und Versorgung von Notfallpatienten in einem Rettungswagen durch einen Rettungsassistenten/Rettungssanitäter, die unter den CPV-Code 75252000-7 (Rettungsdienste) fällt, als auch für den qualifizierten Krankentransport gilt, der unter den CPV-Code 85143000-3 (Einsatz von Krankenwagen) fällt, sofern er tatsächlich von ordnungsgemäß in erster Hilfe geschultem Personal durchgeführt wird und einen Patienten betrifft, bei dem das Risiko besteht, dass sich sein Gesundheitszustand während des Transports verschlechtert".[68]

45 Im Hinblick auf die weitere Voraussetzung, dass diese Dienste von **gemeinnützigen Organisationen oder Vereinigungen** erbracht werden müssen, regelt § 107 Abs. 1 Nr. 4 2. Hs. GWB, dass gemeinnützige Organisationen und Vereinigungen iSd Vorschrift insbesondere solche Hilfsorganisationen sind, die nach Bundes- oder Landesrecht als Zivil- oder Katastrophenschutzorganisationen – zB nach § 26 Abs. 1 S. 2 des Gesetzes über den Zivilschutz und die Katastrophenhilfe des Bundes (ZSKG)[69] – **anerkannt** sind. In der Gesetzesbegründung werden diesbezüglich der Arbeiter-Samariter-Bund, die Deutsche Lebensrettungsgesellschaft, das Deutsche Rote Kreuz, die Johanniter-Unfall-Hilfe und der Malteser-Hilfsdienst als in Deutschland in diesem Sinne anerkannte Organisationen und Vereinigungen beispielhaft genannt.[70]

Der EuGH hat jedoch mit der aktuellen Entscheidung „Falck"[71] ausdrücklich klargestellt, dass es für die Anerkennung als „gemeinnützige Organisation oder Vereinigung" nicht ausreicht, wenn der nationale Gesetzgeber eine entsprechende Anerkennung unabhängig von dem Kriterium der **fehlenden Gewinnerzielungsabsicht** vornimmt. Denn in den Erwägungsgründen wird die Ausnahme vom Vergaberecht damit begründet, dass der **spezielle Charakter der gemeinnützigen Organisationen** oder Vereinigungen nur schwer gewahrt werden könnte, wenn die Dienstleistungserbringer nach den in den Richtlinien festgelegten Verfahren ausgewählt werden müssten.[72] Der für die Begründung insofern herangezogene „spezielle Charakter" weist damit gerade auf die erforderliche gemeinnützige Tätigkeit – und damit **fehlende Gewinnerzielungsabsicht**[73] – von Hilfsorganisationen in Abgrenzung zu gewerblichen, auf Gewinnerzielung ausgerichteten Unternehmen hin.[74]

Darüber hinaus ist die Richtlinie nach dem EuGH in Sachen „Falck"[75] dahingehend auszulegen, dass „Organisationen und Vereinigungen, deren Ziel in der Erfüllung sozialer Aufgaben besteht, die nicht erwerbswirtschaftlich tätig sind und etwaige Gewinne reinvestieren, um ihr Ziel zu erreichen, ‚gemeinnützige Organisationen oder Vereinigungen' im Sinne dieser Bestimmung sind". Damit wurden die Anforderungen für die rechtliche Anerkennung als gemeinnützige Organisation oder Vereinigung vom EuGH weiter konkretisiert. In europarechtskonformer Auslegung der Vorschrift des § 107 Abs. 1 Nr. 4 GWB ist damit – anders als bisher – der bloße Hinweis auf die rechtliche Anerkennung entsprechender Hilfsorganisationen nach nationalem Recht nicht mehr ausreichend.

46 **(5) Aufträge und Konzessionen, die wesentliche Sicherheitsinteressen iSd Art. 346 Abs. 1 AEUV betreffen (§ 107 Abs. 2 Nr. 1 GWB). § 107 Abs. 2 Nr. 1 GWB** nimmt die Vergabe von Aufträgen und Konzessionen vom Anwendungsbereich der §§ 97 ff.

[68] Vgl. EuGH Urt. v. 21.3.2019 – C-465/17, ECLI:EU:C:2019:550 = NZBau, 2019, 314 – Falck.
[69] Vgl. BT-Drs. 18/6281, 79.
[70] Vgl. BT-Drs. 18/6281, 79.
[71] Vgl. EuGH Urt. v. 21.3.2019 – C-465/17, ECLI:EU:C:2019:550 = NZBau, 2019, 314 – Falck.
[72] Vgl. Erwgr. 28 zur RL 2014/24/EU, Erwgr. 36 zur RL 2014/25/EU und ebenso Erwgr. 36 zur RL 2014/23/EU.
[73] Vgl. EuGH Urt. v. 21.3.2019 – C-465/17, ECLI:EU:C:2019:550 = NZBau, 2019, 314 – Falck.
[74] Vgl. *Ruthig* NZBau 2016, 3 (5).
[75] Vgl. EuGH Urt. v. 21.3.2019 – C-465/17, ECLI:EU:C:2019:550 = NZBau, 2019, 314 – Falck.

GWB aus, bei denen die Anwendung der vergaberechtlichen Vorschriften den Auftraggeber dazu zwingen würde, **Auskünfte zu erteilen,** deren Preisgabe seiner Ansicht nach **wesentlichen Sicherheitsinteressen der Bundesrepublik Deutschland im Sinne des Art. 346 Abs. 1 lit. a AEUV** (ex-Art. 296 EGV) widerspricht. Damit wird die im EU-Primärrecht bestehende Ausnahme aus Gründen der Klarstellung gemäß Art. 1 Abs. 3 der Richtlinien 2014/24/EU, 2014/25/EU, 2014/23/EU und Art. 2 der Richtlinie 2009/81/EG in das deutsche Vergaberecht übernommen.[76]

Der Ausnahmetatbestand war zuvor in § 100 Abs. 6 Nr. 1 GWB aF geregelt. Dort fand sich in § 100 Abs. 7 GWB aF zudem eine Konkretisierung, wann wesentliche Sicherheitsinteressen iSd Ausnahmevorschrift betroffen sein können. Mit der Neuregelung der Ausnahmetatbestände im Rahmen der Vergaberechtsreform 2016 hat der Gesetzgeber zunächst auf die Aufnahme entsprechender Regelungen zur Konkretisierung bestimmter Bereiche bewusst verzichtet.[77]

Mit dem aktuellen Gesetz zur beschleunigten Beschaffung im Bereich der Verteidigung und Sicherheit und zur Optimierung der Vergabestatistik„[78] ist nun jedoch wiederum eine Regelung zur Konkretisierung der „wesentlichen Sicherheitsinteressen" im Sinne des Art. 346 Abs. 1 AEUV in Kraft getreten und § 107 Abs. 2 GWB wurde wie folgt ergänzt:

„Wesentliche Sicherheitsinteressen im Sinne des Artikels 346 Absatz 1 des Vertrags über die Arbeitsweise der Europäischen Union können insbesondere berührt sein, wenn der öffentliche Auftrag oder die Konzession verteidigungsindustrielle Schlüsseltechnologien betrifft. Ferner können im Fall des Satzes 1 Nummer 1 wesentliche Sicherheitsinteressen im Sinne des Artikels 346 Absatz 1 Buchstabe a des Vertrags über die Arbeitsweise der Europäischen Union insbesondere berührt sein, wenn der öffentliche Auftrag oder die Konzession
1. sicherheitsindustrielle Schlüsseltechnologien betreffen oder
2. Leistungen betreffen, die
a) für den Grenzschutz, die Bekämpfung des Terrorismus oder der organisierten Kriminalität oder für verdeckte Tätigkeiten der Polizei oder der Sicherheitskräfte bestimmt sind, oder
b) Verschlüsselungen betreffen,
und soweit ein besonders hohes Maß an Vertraulichkeit erforderlich ist.„

Die Ergänzung ist laut der Gesetzesbegründung als „**Auslegungshinweis** für das Tatbestandsmerkmal der wesentlichen Sicherheitsinteressen" zu verstehen.[79] Dies bedeutet, dass dem Auftraggeber fortan bei der Beurteilung der Frage, ob wesentliche Sicherheitsinteressen der Bundesrepublik Deutschland der Durchführung eines Vergabeverfahrens entgegenstehen, die vorstehenden Regelbeispiele an die Hand gegeben werden. Hingegen bedeutet dies nicht, dass die vom Auftraggeber vorzunehmende **Einzelfallprüfung**[80] entfallen kann. Hiergegen spricht bereits die grundsätzlich eng auszulegende Ausnahme, die nach ihrem Wortlaut („können insbesondere berührt sein"), der gerade keinen Automatismus vorgibt, sondern lediglich Auslegungshinweise in Form von Regelbeispielen nennt.[81]

Bei der insofern auch weiterhin vorzunehmenden Einzelfallprüfung kommt dem Auftraggeber nach dem Wortlaut des Art. 107 Abs. 1 Nr. 4 GWB („seiner Ansicht nach") ein durch die Nachprüfungsinstanzen nur begrenzt überprüfbarer Beurteilungsspielraum zu.[82]

---

[76] Vgl. BT-Drs. 18/6281, 79.

[77] Vgl. BT-Drs. 18/6281, 79.

[78] Gesetz zur beschleunigten Beschaffung im Bereich der Verteidigung und Sicherheit und zur Optimierung der Vergabestatistik v. 25. 3. 2020, idF der Bek. v. 1. 4. 2020, BGBl. I S. 674.

[79] Vgl. BT-Drs. 19/15603, 57.

[80] Vgl. BT-Drs. 18/6281, 79; KOM(2006) 779, 8.

[81] Vgl. auch BT-Drs. 19/15603, 58 unter Verweis auf die nach KOM(2006) 779 erforderliche Einzelfallprüfung.

[82] Vgl. Willenbruch/Wieddekind/*Willenbruch* GWB § 107 GWB Rn. 18; Reidt/Stickler/Glahs/*Ganske* GWB § 107 Rn. 33; zutr. auch KKPP/*Röwekamp* GWB § 107 Rn. 43; Leinemann/Kirch/*Homann* GWB § 100 aF Rn. 16 mit Verweis auf OLG Düsseldorf Beschl. v. 20. 12. 2004 – VII-Verg 101/04; vgl. zu § 100 GWB aF auch: VK Bund Beschl. v. 14. 7. 2005 – VK 3-55/05, IBRRS 2005, 2656.

Mit der vorgenannten Gesetzesänderung dürfte eine Ausweitung der Ausnahmetatbestände damit nicht bezweckt sein. Dafür spricht bereits neben der betonten engen Auslegung der Ausnahmetatbestände auch, dass der Gesetzgeber in der Begründung zum vorzitierten Gesetzentwurf mehrmals auf die im Jahr 2006 veröffentliche Mitteilung der EU-Kommission zum Anwendungsbereich des Art. 296 EGV[83] (heute Art. 346 AEUV) Bezug nimmt.[84] In dieser spricht sich die EU-Kommission ausdrücklich gegen eine extensive Auslegung aus und weist auf die hinsichtlich der zu wahrenden Sicherheitsinteressen „besonders nachdrückliche Wortwahl (‚wesentlich')" und den damit zum Ausdruck kommenden besonderen „Ausnahmecharakter der Bestimmung" hin, durch den die möglichen Ausnahmen auf Beschaffungen beschränkt seien, die von höchster Wichtigkeit für die militärischen Fähigkeiten der Mitgliedstaaten sind.[85]

47 Ausgenommen werden nach § 107 Abs. 2 Nr. 1 GWB iVm Art. 346 Abs. 1 lit. a AEUV solche öffentlichen Aufträge und Konzessionen, die aufgrund ihres Inhalts oder der den Bietern in einem Vergabeverfahren mitzuteilenden Begleitumstände als so sensibel anzusehen sind, dass die Durchführung eines vergaberechtlichen Verfahrens wesentlichen Sicherheitsinteressen der Bundesrepublik zuwiderlaufen würde. Insofern ist der im Ausnahmetatbestand vorausgesetzte **Zwang zur Auskunftserteilung** mit Blick auf Sinn und Zweck der Ausnahme – trotz ihrer grundsätzlich restriktiven Auslegung – weit zu verstehen im Sinne eines vergaberechtsbedingten erforderlichen und damit unausweichlichen Informationszugangs.[86]

Nach Erwägungsgrund 20 der Richtlinie 2009/81/EG kann der Auskunftserteilung ein **wesentliches Sicherheitsinteresse** iSd Art. 346 Abs. 1 lit. a AEUV insbesondere dann entgegenstehen, „wenn Aufträge so sensibel sind, dass sogar deren Existenz geheim gehalten werden muss". Einen Anhaltspunkt für das Vorliegen wesentlicher Sicherheitsinteressen der Bundesrepublik Deutschland konnte daher bislang auch das Vorliegen einer Verschlusssache mit dem Geheimhaltungsgrad VS-GEHEIM oder VS-STRENG GEHEIM bzw. die entsprechend mögliche Einstufung der Auskunft nach § 4 Abs. 2 Nr. 2 bzw. Nr. 1 SÜG[87] (bzw. der entsprechenden Landesvorschriften) bieten, denn dies setzt voraus, dass „die Kenntnisnahme durch Unbefugte die Sicherheit der Bundesrepublik Deutschland oder eines ihrer Länder gefährden oder ihren Interessen schweren Schaden zufügen kann" (Nr. 2) bzw. „die Kenntnisnahme durch Unbefugte den Bestand oder lebenswichtige Interessen der Bundesrepublik Deutschland oder eines ihrer Länder gefährden kann" (Nr. 2).[88]

Durch die aktuelle Änderung des § 107 Abs. 2 GWB durch das „Gesetz zur beschleunigten Beschaffung im Bereich der Verteidigung und Sicherheit und zur Optimierung der Vergabestatistik"[89] wurde das Tatbestandsmerkmal der wesentlichen Sicherheitsinteressen in Form von **Auslegungshinweisen** näher konkretisiert (vgl. → Rn. 46). Durch die Ergänzung in § 107 Abs. 2 **S. 2** GWB wird klargestellt, dass wesentliche Sicherheitsinteressen iSd **Art. 346 Abs. 1 AEUV** insbesondere dann berührt sein können, wenn ein öffentlicher Auftrag oder eine Konzession **verteidigungsindustrielle Schlüsseltechnologien** betrifft. Zu der Frage, wann eine Technologie als verteidigungsindustrielle Schlüsseltechnologie anzusehen ist, verweist die Gesetzesbegründung darauf, dass diese Einstufung jeweils durch Beschluss des Bundeskabinetts erfolgt (zB im Rahmen des durch das Bundes-

---

[83] Mitteilung zu Auslegungsfragen bezüglich der Anwendung des Art. 296 des Vertrags zur Gründung der Europäischen Gemeinschaft (EGV) auf die Beschaffung von Verteidigungsgütern, v. 7.12.2006, KOM(2006) 779 endgültig.

[84] Vgl. BT-Drs. 19/15603, 57f.

[85] Vgl. KOM(2006) 779 endgültig, 8; zutr. auch Reidt/Stickler/Glahs/*Ganske* GWB § 107 Rn. 32.

[86] Vgl. Byok/Jaeger/*Franßen*/*Ockenfels* GWB § 107 Rn. 42f.

[87] Gesetz über die Voraussetzungen und das Verfahren von Sicherheitsüberprüfungen des Bundes und den Schutz von Verschlusssachen (Sicherheitsüberprüfungsgesetz – SÜG) idF der Bek. v. 20.4.1994, BGBl. I S. 867, zuletzt geänd. durch Art. 3 des Gesetzes v. 20.11.2019 (BGBl. I S. 1626).

[88] Vgl. zu § 100 GWB aF auch: VK Bund Beschl. v. 14.7.2005 – VK 3-55/05, IBRRS 2005, 2656; Leinemann/Kirch/*Homann* GWB § 100 aF Rn. 14.

[89] BGBl. I S. 674.

kabinett verabschiedeten Weißbuchs der Bundeswehr oder im Strategiepapier der Bundesregierung zur Stärkung der Verteidigungsindustrie in Deutschland).[90]

Anders als der Auslegungshinweis im neuen § 107 Abs. 2 S. 2 GWB, der sich auf den gesamten Abs. 1 des Art. 346 AEUV und damit auch auf beide Ausnahmetatbestände des § 107 Abs. 2 GWB bezieht, soll der Auslegungshinweis im neuen § 107 Abs. 2 **S. 3** GWB bereits seinem Wortlaut nach nur für die Ausnahme des Art. 346 Abs. 1 **lit. a** AEUV und damit allein für § 107 Abs. 2 Nr. 1 GWB gelten.[91] Demnach können wesentliche Sicherheitsinteressen iSd Art. 346 Abs. 1 lit. a AEUV auch berührt sein, wenn der öffentliche Auftrag oder die Konzession eine **sicherheitsindustrielle Schlüsseltechnologie** betrifft. Die Einstufung erfolgt auch hier durch einen Beschluss des Bundeskabinetts.[92] Zur Begründung verweist der Gesetzgeber auf die in Erwägungsgrund 27 der Richtlinie 2009/81/EG enthaltene Wertung, dass es im Sicherheitsbereich sensible Beschaffungen gibt, die ein besonders hohes Maß an Vertraulichkeit erfordern und deshalb eine Ausnahme vom Anwendungsbereich der Richtlinie rechtfertigen.[93] Ergänzend fordert der künftige § 107 Abs. 2 S. 3 GWB für alle Regelbeispiele, dass bei der Beschaffung **im Einzelfall ein besonders hohes Maß an Vertraulichkeit** notwendig ist, damit der mit der Beschaffung angestrebte Zweck auch erreicht werden kann.[94] Die insofern als Auslegungshinweise formulierten Regelbeispiele ersetzen damit nicht die durch den Auftraggeber vorzunehmende **Einzelfallprüfung** (vgl. → Rn. 46).[95]

Im Rahmen dieser hat der Auftraggeber eine **Abwägung** der Bieterinteressen an dem Auftrag mit den öffentlichen Sicherheitsinteressen des Staates vorzunehmen.[96] Dabei hat er insbesondere zu prüfen:[97]
- Welches wesentliche Sicherheitsinteresse betroffen ist,
- worin der Zusammenhang zwischen diesem Sicherheitsinteresse und der speziellen Beschaffungsentscheidung besteht und
- warum die Nichtanwendung der Vergaberichtlinie in diesem speziellen Fall für den Schutz dieses wesentlichen Sicherheitsinteresses notwendig ist?

Der Ausnahmetatbestand greift daher lediglich dann ein, wenn die Abwägung ergibt, dass es im Einzelfall geboten ist, von einem Vergabeverfahren nach dem 4. Teil des GWB Abstand zu nehmen. Im Sinne einer restriktiven Auslegung des Ausnahmetatbestands ist dabei auch der Grundsatz der **Verhältnismäßigkeit** und damit insbesondere auch die Frage der **Erforderlichkeit** einer außervergaberechtlichen Beschaffung zu berücksichtigen.[98] Denn gerade mit Blick auf die im Jahr 2012 eingeführte spezielle Vergabeverordnung für die Bereiche Verteidigung und Sicherheit (VSVgV), die zur Umsetzung der Richtlinie 2009/81/EG diente und den Besonderheiten von Beschaffungen in diesen sensiblen Bereichen durch spezifische Regelungen und Verfahrenserleichterungen Rechnung trägt, ist es möglich, dass die wesentlichen Sicherheitsinteressen bei Durchführung eines Vergabeverfahrens nach der VSVgV bereits hinreichend gewahrt werden können, sodass eine gänzliche Ausnahme vom Vergaberecht nicht mehr erforderlich ist. Insofern dürfte die Einführung des besonderen Vergaberechtsregimes für den Verteidigungs- und Sicherheitsbereich den Anwendungsbereich der Ausnahmevorschriften begrenzt haben. Darüber hinaus

[90] Vgl. BT-Drs. 19/15603, 57f.
[91] Vgl. auch BT-Drs. 19/15603, 57.
[92] Vgl. BT-Drs. 19/15603, 58.
[93] Vgl. BT-Drs. 19/15603, 58 und ErwGr. 27 zur RL 2009/81/EG.
[94] Vgl. auch BT-Drs. 19/15603, 58.
[95] Vgl. auch BT-Drs. 19/15603, 58 unter Verweis auf die nach KOM(2006) 779 endg. erforderliche Einzelfallprüfung.
[96] Ebenso Reidt/Stickler/Glahs/*Ganske* GWB § 107 Rn. 33; Ziekow/Völlink/*Antweiler* GWB § 107 Rn. 46; Willenbruch/Wieddekind/*Willenbruch* GWB § 107 Rn. 17; KKPP/*Röwekamp* GWB § 107 Rn. 42.
[97] Vgl. KOM(2006) 779 endgültig, 8f.; ebenso KKPP/*Röwekamp* GWB § 107 Rn. 42.
[98] Vgl. zu § 100 GWB aF: OLG Düsseldorf Beschl. v. 20.12.2004 – VII-Verg 101/04, IBRRS 49187; VK Bund Beschl. v. 20.12.2012 – VK 1-130/12, IBRRS 2013, 0867; KKPP/*Röwekamp* GWB § 107 Rn. 43 mwN; vgl. auch Ziekow/Völlink/*Antweiler* GWB § 107 Rn. 46 mwN.

könnten die betroffenen Sicherheitsinteressen gegebenenfalls auch dann bereits ausreichend gewahrt sein, wenn der Auftraggeber besonders hohe Anforderungen an die Eignung und Vertrauenswürdigkeit der Bieter stellt und somit die Anwendung des Ausnahmetatbestandes ebenfalls nicht notwendig ist.[99] Ist nach dem Ergebnis der Abwägung im Einzelfall eine Ausnahme demnach gerechtfertigt, trägt der öffentliche Auftraggeber die Darlegungs- und Beweislast für die tatsächlichen Umstände, aus denen sich der behauptete Vorrang staatlicher Sicherheitsinteressen ergibt.[100]

48 **(6) Aufträge und Konzessionen, die dem Anwendungsbereich des Art. 346 Abs. 1 lit. b AEUV unterliegen (§ 107 Abs. 2 Nr. 2 GWB).** Der weitere, in **§ 107 Abs. 2 Nr. 2 GWB** geregelte Ausnahmetatbestand entspricht dem früheren § 100 Abs. 6 Nr. 2 GWB aF und erfasst Auftrags- und Konzessionsvergaben, die dem Anwendungsbereich des **Art. 346 Abs. 1 lit. b AEUV** (ex-Art. 296 EGV) unterliegen. Damit wird auch hierdurch die im EU-Primärrecht bestehende Ausnahme aus Gründen der Klarstellung gemäß Art. 1 Abs. 3 der Richtlinien 2014/24/EU, 2014/25/EU, 2014/23/EU und Art. 2 der Richtlinie 2009/81/EG in das deutsche Vergaberecht übernommen.[101]

Nach dem Ausnahmetatbestand kann jeder Mitgliedstaat die Maßnahmen ergreifen, die seines Erachtens für die Wahrung seiner **wesentlichen Sicherheitsinteressen** erforderlich sind, soweit sie die Erzeugung von Waffen, Munition und Kriegsmaterial oder den Handel damit betreffen. Dabei dürfen die Maßnahmen jedoch nicht zu einer Beeinträchtigung der Wettbewerbsbedingungen auf dem Binnenmarkt hinsichtlich der nicht eigens für militärische Zwecke bestimmten Waren führen. Wie die übrigen, ist auch dieser Ausnahmetatbestand nach ständiger Rechtsprechung ebenfalls **eng auszulegen.**[102]

49 Vgl. zum Begriff der **wesentlichen Sicherheitsinteressen,** inkl. der Änderungen des § 107 Abs. 2 GWB aufgrund des Gesetzes zur beschleunigten Beschaffung im Bereich der Verteidigung und Sicherheit und zur Optimierung der Vergabestatistik vom 25. 3. 2020[103] sowie zu der vorzunehmenden **Einzelfallprüfung** und Abwägung → Rn. 46 f.

Für die Ausnahme nach § 107 Abs. 1 **Nr. 2** GWB soll allein der Auslegungshinweis zum Begriff der „wesentlichen Sicherheitsinteressen" im neuen § 107 Abs. 2 S. 2 GWB gelten, der sich auf den gesamten Absatz 1 des Art. 346 AEUV und damit auch auf beide Ausnahmetatbestände des § 107 Abs. 2 GWB bezieht.[104] Denn anders als der Auslegungshinweis in § 107 Abs. 2 S. 2 GWB bezieht sich der Auslegungshinweis in § 107 Abs. 2 **S. 3** GWB nur auf die Ausnahme des Art. 346 Abs. 1 **lit. a** AEUV und damit allein für § 107 Abs. 2 Nr. 1 GWB gelten (vgl. → Rn. 47).[105] Laut der Gesetzesbegründung ergibt sich diese Differenzierung bereits aus den Vorgaben des Art. 346 Abs. 1 AEUV, der – anders als in Art. 346 Abs. 1 lit. a AEUV – für die Ausnahme in Art. 346 Abs. 1 lit. b AEUV ausdrücklich nur **militärische Zwecke** in Bezug nimmt.[106] So hat auch bereits die EU-Kommission in ihrer im Jahr 2006 veröffentlichen Mitteilung zum Anwendungsbereich des Art. 296 EGV[107] (heute Art. 346 AEUV) klargestellt, dass öffentliche Beschaffun-

---

[99] Vgl. EuGH Urt. v. 20.3.2018 – C-187/16, ECLI:EU:C:2018:194 = ZfBR 2018, S. 498.

[100] Vgl. Ziekow/Völlink/*Antweiler* GWB § 107 Rn. 46 mwN ua EuGH Urt. v. 20.3.2018 – C-187/16, NZBau 2018, 478 (481).

[101] Vgl. BT-Drs. 18/6281, 79.

[102] Vgl. nur EuGH Urt. v. 7.6.2012 – C-615/10, ECLI:EU:C:2012:324 = IBRRS 2012, 2179 – InsTiimi Oy; VK Bund Beschl. v. 20.12.2012 – VK 1-130/12, IBRRS 2013, 0867; vgl. auch KOM(2006) 779 endgültig.

[103] BGBl. I S. 674.

[104] Vgl. auch BT-Drs. 19/15603, 57.

[105] Vgl. auch BT-Drs. 19/15603, 57.

[106] Vgl. BT-Drs. 19/15603, 57.

[107] Mitteilung zu Auslegungsfragen bezüglich der Anwendung des Artikels 296 des Vertrags zur Gründung der Europäischen Gemeinschaft (EGV) auf die Beschaffung von Verteidigungsgütern, v. 7.12.2006, KOM(2006) 779 endgültig.

gen zu nicht-militärischen Sicherheitszwecken vom Anwendungsbereich des Art. 296 Abs. 1 lit. b EGV (heute: Art. 346 Abs. 1 lit. b AEUV) ausgeschlossen sind.[108]

Für die Prüfung, ob die zu beschaffenden Leistungen unter Art. 346 Abs. 1 lit. b AEUV fallen und damit die Erzeugung von Waffen, Munition und Kriegsmaterial oder den Handel damit betreffen, kann auf die Liste des Rates vom 15. 4. 1958 von Waffen, Munition und Kriegsmaterial[109] zurückgegriffen werden, auf die Art. 346 Abs. 2 AEUV ausdrücklich Bezug nimmt. Von der in Art. 346 Abs. 2 AEUV vorgesehenen Änderungsbefugnis hat der Rat bisher keinen Gebrauch gemacht. Daher gilt die unveröffentlichte sog. Kriegswaffenliste von 1958 heute mangels Überarbeitung (zumindest teilweise) als technologisch überholt[110] und kann lediglich als verwaltungsinterne Anweisung aufgefasst werden.[111] Dennoch sollte sie auch weiterhin als **Auslegungshilfe** herangezogen werden.

Genannt werden in der Kriegswaffenliste von 1958 insbesondere:
- Handfeuerwaffen;
- Artilleristische Waffen, Nebel-, Gas- und Flammenwerfer (zB Kanonen, Haubitzen, Mörser, Geschütze, Raketen- und Flammenwerfer);
- Munition für die unter 1. und 2. genannten Waffen;
- Bomben, Torpedos, Raketen und ferngesteuertes Kriegsgerät;
- Feuerleitungsmaterial für militärische Zwecke;
- Panzerwagen und eigens für militärische Zwecke konstruierte Fahrzeuge;
- Toxische und radioaktive Wirkstoffe;
- Pulver, Explosivstoffe und flüssige oder feste Treibmittel;
- Kriegsschiffe und deren Sonderausrüstungen;
- Luftfahrzeuge und ihre Ausrüstungen zu militärischen Zwecken;
- Elektronenmaterial für militärische Zwecke;
- Eigens für militärische Zwecke konstruierte Aufnahmeapparate;
- Sonstige Ausrüstungen und sonstiges Material;
- Teile und Einzelteile des in dieser Liste aufgeführten Materials, soweit sie einen militärischen Charakter haben;
- Ausschließlich für die Entwicklung, Herstellung, Prüfung und Kontrolle der in dieser Liste aufgeführten Waffen, Munition und rein militärischen Geräte entwickelte Maschinen, Ausrüstungen und Werkzeuge.

Nach der Mitteilung der EU-Kommission vom 7. 12. 2006 enthält die Kriegswaffenliste von 1958 ausschließlich Ausrüstungen, die „rein militärischer Natur und Bestimmung sind".[112]

Aufgrund des ausdrücklichen Bezugs in Art. 346 Abs. 1 lit. b AEUV auf „eigens für militärische Zwecke" bestimmten Waren, ist die Ausnahme des Art. 346 Abs. 1 lit b AEUV (ex-Art. 296 Abs. 1 lit. b EGV) anders als Art. 346 Abs. 1 lit. a AEUV (ex-Art. 296 Abs. 1 lit. a EGV) nicht bei Vorliegen sog. **Dual-use-Güter** anwendbar, dh bei der Beschaffung von Gütern, die sowohl einen zivilen als auch einen militärischen Verwendungszweck aufweisen.[113] 50

Hierbei ist unter Berücksichtigung der Rechtsprechung, insbesondere der EuGH-Entscheidung in Sachen „InsTiimi Oy"[114], eine genaue Abgrenzung vorzunehmen. 50a

---

[108] Vgl. KOM(2006) 779 endgültig, 6; vgl. auch BT-Drs. 19/15603, 57 f.

[109] Vgl. die in der Entscheidung 255/58 des Rates vom 15. 4. 1958 angenommene Liste von Waffen, Munition und Kriegsmaterial.

[110] Vgl. Hattig/Maibaum/*Dippel*, PK-KartellvergR, § 100 GWB aF Rn. 81; Reidt/Stickler/Glahs/*Ganske* GWB § 107 Rn. 35; KKPP/*Röwekamp* GWB § 107 Rn. 48 mwN.

[111] Vgl. Hattig/Maibaum/*Dippel*, PK-KartellvergR, § 100 GWB aF Rn. 81; wohl auch KKPP/*Röwekamp* GWB § 107 Rn. 48.

[112] KOM(2006) 779 endgültig, 6.

[113] Vgl. zu ex-Art. 296 EGV: KOM(2006) 779 endgültig, 6.

[114] EuGH Urt. v. 7. 6. 2012 – C-615/10, ECLI:EU:C:2012:324 = IBRRS 2012, 2179 – InsTiimi Oy.

In der früheren Entscheidung „Agusta/Agusta Bell“[115] hatte der EuGH für die Einordnung der Dual-use-Güter zunächst auf den vom Auftraggeber vorgesehenen **subjektiven Einsatzzweck** des Beschaffungsgegenstands abgestellt und für die Beschaffung von Hubschraubern, deren Nutzung für militärische Zwecke ungewiss war, das Vorliegen des Ausnahmetatbestands iSd damaligen Art. 296 EGV (heute Art. 346 AEUV) im Ergebnis verneint.

50b Diese Auffassung korrigierte der EuGH schließlich mit seiner Entscheidung in Sachen „InsTiimi Oy“.[116] Der EuGH stellte darin für die Frage des Vorliegens des Ausnahmetatbestands nach Art. 296 Abs. 1 lit. b EGV (heute: Art. 346 AUEV) neben dem vorgesehenen Verwendungszweck auch auf die **objektiven Eigenschaften des Produkts** ab und prüfte, ob diese einen spezifisch militärischen Charakter aufwiesen. Im Ergebnis verneinte der EuGH auch hier den Ausnahmetatbestand und betonte dabei, dass die Nennung eines Gegenstands in einer der Kategorien der Kriegswaffenliste von 1958 für die Bejahung des Ausnahmetatbestands ausreiche, wenn es für diesen Gegenstand ohne eine substanzielle Änderung **weitgehend gleichartige technische Nutzanwendungen** für zivile Zwecke gebe. Denn auch die in der Kriegswaffenliste von 1958 genannten Produkte müssten einen spezifisch militärischen Charakter aufweisen.

Unter Verweis auf die Rechtsprechung des EuGH „InsTiimi Oy“ ist nach einer Entscheidung der Vergabekammer des Bundes aus dem Jahr 2012 die Ausnahmeregelung im Falle eines Dual-use-Gutes bereits gemäß Art. 346 Abs. 1 lit. b Hs. 2 AEUV, wonach die vom Auftraggeber ergriffene Maßnahme die Wettbewerbsbedingungen auf dem Binnenmarkt hinsichtlich der nicht eigens für militärische Zwecke bestimmten Waren nicht beeinträchtigen darf, zu verneinen.[117]

Aufgrund der engen Auslegung der Ausnahmetatbestände sowie der Einführung des Sonderregimes für die Vergabe verteidigungs- und sicherheitsspezifischer öffentlicher Aufträge und die dadurch folgende Beschränkung auf außergewöhnliche Aufträge, dürfte die Bedeutung der Abgrenzungsproblematik der Dual-use-Güter jedoch abgenommen haben.

51 Im Rahmen der Auftragsvergaben im Verteidigungs- und Sicherheitsbereich (§ 104 Abs. 1 GWB), die nicht unter den hiesigen Ausnahmetatbestand fallen, ist bei der Vergabe zudem die Anwendbarkeit der gegenüber der VgV spezielleren VSVgV zu beachten, vgl. §§ 1 Abs. 2 Nr. 2 VgV (vgl. zum Anwendungsbereich der VSVgV → § 57 Rn. 1 ff.).

52 **(7) Internationale Verfahrensregeln, § 109 GWB. § 109 GWB** dient der Umsetzung von Art. 9 der Richtlinie 2014/24/EU, Art. 20 der Richtlinie 2014/25/EU und Art. 10 Abs. 4 der Richtlinie 2014/23/EU und nimmt Aufträge, Wettbewerbe und Konzessionen, die nach internationalen Regeln vergeben und ausgerichtet werden, vom Anwendungsbereich des Kartellvergaberechts aus.[118] **Nicht** einbezogen in den allgemeinen Ausnahmetatbestand des § 109 GWB sind sowohl Aufträge und Wettbewerbe **mit Verteidigungs- oder Sicherheitsaspekten,** als auch verteidigungs- oder sicherheitsspezifische Aufträge iSd § 104 GWB und Konzessionen im Verteidigungs- und Sicherheitsbereich, für die jeweils besonderen Ausnahmetatbestände in § 117 Nr. 4 GWB[119] bzw. § 145 Nr. 7 GWB[120] und § 150 Nr. 7 GWB[121] bestehen.[122] Für verteidigungs- und sicherheitsspezifische öffentliche Aufträge und Konzessionen in den Bereichen Verteidigung und Sicherheit verweist

[115] EuGH Urt. v. 8.4.2008 – C-337/05, ECLI:EU:C:2008:203 = IBRRS 2008, 1075 – Agusta- und Agusta Bell-Hubschrauber.
[116] Vgl. EuGH Urt. v. 7.6.2012 – C-615/10, ECLI:EU:C:2012:324 = IBRRS 2012, 2179 – InsTiimi Oy.
[117] Vgl. VK Bund Beschl. v. 20.12.2012 – VK 1-130/12, IBRRS 2013, 0867.
[118] Vgl. BT-Drs. 18/6281, 83.
[119] Vgl. Art. 9 Abs. 3 der RL 2014/24/EU und Art. 20 Abs. 3 der RL 2014/25/EU.
[120] Vgl. Art. 12 der RL 2009/81/EG.
[121] Vgl. Art. 10 Abs. 5 der RL 2014/23/EU.
[122] Vgl. BT-Drs. 18/6281, 83.

§ 109 **Abs. 2** GWB ausdrücklich auf die hierfür geltenden besonderen Ausnahmetatbestände.

Nach **§ 109 Abs. 1 Nr. 1 GWB** sind öffentliche Aufträge, Wettbewerbe und Konzessionen vom Anwendungsbereich der §§ 97ff. GWB ausgenommen, wenn diese nach Vergabeverfahren zu vergeben oder durchzuführen sind, die entweder durch ein Rechtsinstrument, das völkerrechtliche Verpflichtungen begründet **(lit. a)** oder durch eine internationale Organisation **(lit. b)** festgelegt werden. 53

In der Begründung zu § 109 GWB weist der Gesetzgeber darauf hin, dass die Bundesregierung gemäß Art. 9 Abs. 1 UAbs. 2 der Richtlinie 2014/24/EU und Art. 20 Abs. 1 UAbs. 2 der Richtlinie 2014/25/EU verpflichtet ist, alle Rechtsvorschriften iSd Abs. 1 Nr. 1 lit. a der Kommission zu übermitteln.[123]

§ 109 Abs. 1 Nr. 2 GWB nimmt zudem öffentliche Aufträge, Wettbewerbe und Konzessionen vom Anwendungsbereich der §§ 97ff. GWB aus, wenn diese gemäß den Vergaberegeln einer internationalen Organisation oder internationalen Finanzierungseinrichtung zu vergeben oder durchzuführen sind. Voraussetzung ist, dass die zu vergebenden öffentlichen Aufträge, Wettbewerbe oder Konzessionen vollständig durch diese Organisation oder Einrichtungen finanziert werden. Der Hs. 2 sieht dabei vor, dass sich die Parteien im Falle einer überwiegenden Kofinanzierung öffentlicher Aufträge und Wettbewerbe durch eine internationale Organisation oder eine internationale Finanzierungseinrichtung auf die anwendbaren Vergabeverfahren einigen. Parteien in diesem Sinne sind der öffentliche Auftraggeber und die internationale Organisation bzw. Finanzierungseinrichtung, die den öffentlichen Auftrag oder Wettbewerb kofinanziert.[124] 54

cc) Ausnahmen bei öffentlich-öffentlicher Zusammenarbeit, § 108 GWB. Neu eingeführt wurde im Rahmen der Vergaberechtsreform im Jahr 2016 der Ausnahmetatbestand des **§ 108 GWB,** der erstmals die insbesondere von der Rechtsprechung des EuGH entwickelten Grundsätze zur Ausnahme öffentlich-öffentlicher Zusammenarbeit von der Anwendung des Vergaberechts kodifiziert.[125] Die gesetzliche Regelung schafft Rechtssicherheit und bestimmt unter welchen Voraussetzungen zwischen öffentlichen Auftraggebern geschlossene Verträge von der Anwendung des 4. Teils des GWB ausgenommen sind.[126] Entsprechend den europarechtlichen Vorgaben unterscheidet § 108 GWB zwischen der Zusammenarbeit auf vertikaler (sog. „Inhouse-Geschäfte") und horizontaler (sog. „Public Private Partnership") Ebene.[127] 55

Vgl. zu den Einzelheiten die Kommentierung zu § 108 GWB → § 6 Rn. 1ff.

dd) Die besonderen Ausnahmetatbestände. Die besonderen Ausnahmetatbestände finden sich nun in den entsprechenden Abschnitten (vgl. → Rn. 32ff.). Neben der Darstellung der besonderen Ausnahmetatbestände des § 116 GWB erfolgt an dieser Stelle der Vollständigkeit halber auch ein kurzer Überblick über die weiteren besonderen Ausnahmetatbestände. Für die ausführliche Kommentierung der §§ 117, 137ff, 145, 149f. GWB wird dann auf die jeweiligen Paragraphen in diesem Handbuch verwiesen. 56

(1) Anwendungsbereich des Abschnitts 2, § 115 GWB. Der Abschnitt 2 ist gemäß **§ 115 GWB** anzuwenden auf die Vergabe von öffentlichen Aufträgen und die Ausrichtung von Wettbewerben durch öffentliche Auftraggeber iSd § 99 GWB. 57

Auf die übrigen Vergaben finden die Vorschriften des Abschnitts 2 nur Anwendung, soweit auf die jeweiligen Vorschriften gesondert verwiesen wird.[128] Nach der Gesetzesbe-

[123] Vgl. BT-Drs. 18/6281, 83.
[124] Vgl. BT-Drs. 18/6281, 83.
[125] Vgl. BT-Drs. 18/6281, 79.
[126] Vgl. BT-Drs. 18/6281, 79.
[127] Vgl. BT-Drs. 18/6281, 80.
[128] Vgl. BT-Drs. 18/6281, 92.

gründung werden hier die wesentlichen Vorgaben der Richtlinie 2014/24/EU im Kern umgesetzt und erstmals alle zentralen Elemente des Vergabeverfahrens im GWB gebündelt.[129] Im Unterabschnitt 1 finden sich Bestimmungen zum Anwendungsbereich, der Unterabschnitt 2 enthält dagegen elementare Regelungen zum Vergabeverfahren und zur Auftragsausführung.

58 **(2) Besondere Ausnahmen nach § 116 GWB. § 116 GWB** enthält die für den 2. Abschnitt, dh die Vergabe von öffentlichen Aufträgen und die Ausrichtung von Wettbewerben durch öffentliche Auftraggeber iSd § 99 GWB, geltenden besonderen Ausnahmetatbestände. Soweit in den §§ 137, 145, 149f. GWB auf die jeweiligen Ausnahmetatbestände des § 116 GWB verwiesen wird, finden diese auch bei Vergaben in den besonderen Bereichen des Abschnitts 3 Anwendung.[130] Als Ausnahmevorschrift sind die einzelnen Tatbestände des § 116 GWB ebenfalls allgemein **eng auszulegen**[131] und als **abschließend**[132] anzusehen (→ Rn. 34).

59 **(a) Ausnahme bestimmter Rechtsdienstleistungen, § 116 Abs. 1 Nr. 1 GWB.** § 116 **Abs. 1 Nr. 1** GWB dient im Wesentlichen der Umsetzung von Art. 10 lit. d der Richtlinie 2014/24/EU – sowie über die Verweise in § 137 Abs. 1 Nr. 1 und § 149 Nr. 1 GWB auch der Umsetzung von Art. 21 lit. c der Richtlinie 2014/25/EU, Art. 10 Abs. 8 lit. d der Richtlinie 2014/23/EU – und nimmt die Vergabe **bestimmter Rechtsdienstleistungen** vom Anwendungsbereich der §§ 97ff. GWB aus. Der Ausnahmetatbestand beschränkt sich dabei auf solche Rechtsdienstleistungen, die eine der in lit. a–e genannten Tätigkeiten betreffen, sodass daher **keine generelle Ausnahme für die Vergabe von Rechtsdienstleistungen** besteht.[133]

Ausgenommen werden danach
- die Vertretung eines Mandanten durch einen Rechtsanwalt **(lit. a)**
  - in Gerichts- oder Verwaltungsverfahren vor nationalen oder internationalen Gerichten, Behörden oder Einrichtungen oder
  - in nationalen oder internationalen Schiedsgerichts- oder Schlichtungsverfahren;
- die Rechtsberatung durch einen Rechtsanwalt, die zur Vorbereitung eines Verfahrens im vorgenannten Sinne unter lit. a dient **oder** wenn konkrete Anhaltspunkte dafür vorliegen und eine hohe Wahrscheinlichkeit besteht, dass die Angelegenheit, auf die sich die Rechtsberatung bezieht, Gegenstand eines solchen Verfahrens werden wird **(lit. b);**
- Beglaubigungen und Beurkundungen, sofern sie von einem Notar vorzunehmen sind **(lit. c);**
- Tätigkeiten von gerichtlich bestellten Betreuern, Vormündern, Pflegern, Verfahrensbeiständen, Sachverständigen oder Verwaltern oder sonstige Rechtsdienstleistungen, deren Erbringer durch ein Gericht dafür bestellt oder durch Gesetz dazu bestimmt werden, um bestimmte Aufgaben unter der Aufsicht dieser Gerichte wahrzunehmen **(lit. d);** oder

[129] Vgl. BT-Drs. 18/6281, 92.
[130] Vgl. BT-Drs. 18/6281, 92.
[131] Bislang stRspr. vgl. nur EuGH Urt. v. 18.11.1999 – C-107/98, ECLI:EU:C:1999:562 = EuZW 2000, 246 – Teckal; Urt. v. 8.4.2008 – C-337/05, ECLI:EU:C:2008:203 = BeckRS 2008, 70410 mwN; OLG Düsseldorf Beschl. v. 1.8.2012 – VII-Verg 10/12, BeckRS 2012, 18205; Beschl. v. 30.3.2005 – VII-Verg 101/04, BeckRS 2005, 4880; VK Schleswig-Holstein Beschl. v. 28.11.2006 – VK-SH 25/06, BeckRS 2006, 15179; ebenso Reidt/Stickler/Glahs/*Hövelberndt* GWB § 116 Rn. 7 mwN; KKPP/*Röwekamp* GWB § 116 Rn. 2.
[132] Bislang stRspr. vgl. nur EuGH Urt. v. 18.11.1999 – C-107/98, ECLI:EU:C:1999:562 = EuZW 2000, 246 – Teckal; Urt. v. 17.11.1993 – C-71/91 – Kommission/Spanien; BGH Beschl. v. 8.2.2011– X ZB 4/10, BGHZ 188, 200 = BeckRS 2011, 3845 – S-Bahn-Verkehr Rhein-Ruhr I; OLG Düsseldorf Beschl. v. 30.3.2005 – VII-Verg 101/04, BeckRS 2005, 4880 und Beschl. v. 5.5.2004 – VII-Verg 78/03, NZBau 2004, 398; ebenso Reidt/Stickler/Glahs/*Hövelberndt* GWB § 116 Rn. 8 mwN.
[133] Vgl. BT-Drs. 18/6281, 93.

– Tätigkeiten, die zumindest teilweise mit der Ausübung von hoheitlichen Befugnissen verbunden sind **(lit. e).**

Im Kern handelt es sich um Rechtsdienstleistungen, die von gerichtlich bestellten Dienstleistern erbracht werden, die die anwaltliche Vertretung von Mandanten in Gerichts- und Verwaltungsverfahren betreffen, durch Notare erbracht werden müssen oder mit der Ausübung von hoheitlichen Befugnissen verbunden sind und damit normalerweise von Organisationen oder Personen übernommen werden, deren Bestellung oder Auswahl in einer Art und Weise erfolgt, die sich nicht nach Vergabevorschriften für öffentliche Aufträge richten kann.[134] Denn allen gemein ist, dass die Erbringung dieser Rechtsdienstleistungen in der Regel auf einem **besonderen Vertrauensverhältnis** zwischen Auftraggeber und dem Erbringer der Rechtsdienstleistungen basiert.[135]

Für Rechtsdienstleistungen, die **nicht** unter eine der genannten Tätigkeiten und damit unter die Ausnahme nach § 116 Abs. 1 Nr. 1 GWB fallen, kommt hingegen nicht das allgemeine Vergabeverfahren, sondern das für soziale und andere besondere Dienstleistungen iSv Anhang XIV der Richtlinie 2014/24/EU geltende **vereinfachte Verfahren nach § 130 GWB iVm §§ 64ff. VgV** zur Anwendung, für das ein erhöhter Schwellenwert von 750.000 EUR[136] vorgesehen ist.[137] 60

Für den **Sektorenbereich** und den Bereich der **Konzessionsvergabe** verweisen die dortigen besonderen Ausnahmetatbestände der § 137 Nr. 1 und § 149 Nr. 1 GWB[138] auf die Ausnahme für bestimmte Rechtsdienstleistungen in § 116 Abs. 1 Nr. 1 GWB. Mangels entsprechender Vorgaben in der Richtlinie 2009/81/EG enthalten die Ausnahmevorschriften des § 145 GWB sowie § 150 GWB jedoch keinen Verweis auf die Ausnahme des § 116 Abs. 1 Nr. 1 GWB.[139] 61

§ 116 Abs. 1 Nr. 1 lit. **a** GWB bezieht sich gemäß der Gesetzesbegründung zu § 116 Abs. 1 Nr. 1 lit. a GWB auf die **anwaltliche Vertretung eines Mandanten in Gerichts-, Verwaltungs-, Schieds- oder Schlichtungsverfahren,** unabhängig davon, ob sie auf nationaler Ebene, in EU-Staaten oder international, dh in Drittstaaten oder auch vor internationalen Organisationen und Einrichtungen, stattfindet und gilt auch im Falle der gerichtlichen Beiordnung.[140] Umfasst ist daher bereits nach dem Wortlaut nicht nur die anwaltliche Vertretung vor Gericht, sondern auch in behördlichen Verfahren, was insbesondere im Hinblick auf vergaberechtliche Nachprüfungsverfahren vor den Vergabekammern besondere Bedeutung erlangt. Darüber hinaus wird in der Gesetzesbegründung klargestellt, dass ebenso eine anwaltliche Vertretung in Verfahren vor internationalen Organisationen und Einrichtungen von dem Ausnahmetatbestand umfasst wird. Der Umfang der Vertretung kann dabei aufgrund des jeweiligen Mandatsvertrags fallspezifisch variieren.[141] Voraussetzung ist für das Eingreifen des Ausnahmetatbestands der lit. a jedoch, dass das jeweilige Verfahren schon begonnen hat, da die vorbereitende Beratung gesondert unter lit. b geregelt ist.[142] Relevanz dürfte diese Unterscheidung insbesondere im Hinblick auf den Begründungsaufwand des Auftraggebers erlangen, indem für die Bejahung der Ausnahme nach § 116 Abs. 1 Nr. 1 lit. a GWB bereits die Feststellung ausreichen dürfte, dass das Verfahren schon begonnen hat, für ein Berufen auf die Ausnahme des § 116 Abs. 1 Nr. 1 lit. b GWB (→ Rn. 63) jedoch die **konkreten Anhaltspunkte** nachvollziehbar darzulegen sind, die darauf schließen lassen, dass die Angelegenheit mit hoher Wahrscheinlichkeit Gegenstand eines entsprechenden Verfahrens werden wird. 62

---

[134] Vgl. BT-Drs. 18/6281, 93; Erwgr. 24f. zur RL 2014/24/EU.
[135] Vgl. auch Byok/Jaeger/*Kau* GWB § 116 Rn. 8 mwN.
[136] Vgl. § 106 Abs. 2 Nr. 1 GWB iVm Art. 4 lit. d der RL 2014/24/EU.
[137] Vgl. BT-Drs. 18/6281, 93.
[138] Zur Umsetzung v. Art. 10 Abs. 8 lit. d der RL 2014/23/EU und Art. 21 lit. c der RL 2014/25/EU.
[139] Vgl. hierzu auch BT-Drs. 18/6281, 93.
[140] Vgl. BT-Drs. 18/6281, 93.
[141] Vgl. BT-Drs. 18/6281, 93.
[142] Vgl. BT-Drs. 18/6281, 93.

63 Die Regelung des § 116 Abs. 1 Nr. 1 lit. **b** GWB nimmt auch die Rechtsberatung durch einen Rechtsanwalt vom Vergaberecht aus, sofern dies der **Vorbereitung** eines künftigen bzw. eines mit großer Wahrscheinlichkeit bevorstehenden **nationalen oder internationalen Gerichts-, Verwaltungs-, Schiedsgerichts- oder Schlichtungsverfahren** dient und damit einen engen Bezug zu einem entsprechenden Verfahren aufweist. Grund für die Ausnahme ist die Notwendigkeit umfassender Prozessverantwortung durch einen Rechtsbeistand.[143] Indem damit keine allgemeine Ausnahme für anwaltliche Beratungsleistungen besteht, sondern gerade ein Bezug zu einem bevorstehenden Verfahren iSd lit. a erforderlich ist, dürfte das Berufen auf den Ausnahmetatbestand durch öffentliche Auftraggeber im Vergleich zu der Ausnahme nach lit. a einen erhöhten Begründungsbedarf erfordern. Liegen konkrete Anhaltspunkte iSd Vorschrift vor, sollten diese dringend im Vergabevermerk dokumentiert und die Entscheidung damit nachvollziehbar begründet werden (vgl. auch → Rn. 62).

Eine ausführliche Dokumentation ist insbesondere auch deshalb geboten, da hinsichtlich der Tatbestandselemente der „konkreten Anhaltspunkte" und „hohen Wahrscheinlichkeit" dem öffentlichen Auftraggeber wohl ein **Beurteilungsspielraum** zukommen dürfte.[144] Teilweise wird hierzu vertreten, dass die Anforderungen an die **Wahrscheinlichkeit** eines Verfahrens – trotz der grundsätzlich gebotenen engen Auslegung von Bereichsausnahmen – eher niedrig anzusetzen seien[145] und ein sich anschließendes Verfahren iSv § 116 Abs. 1 Nr. 1 lit. a GWB jedenfalls nicht gänzlich ausgeschlossen sein dürfe.[146] Dagegen sei nach aA aufgrund der geforderten „hohen" Wahrscheinlichkeit die bloße Möglichkeit eines sich anschließenden Verfahrens gerade nicht ausreichend, sondern vielmehr erforderlich, dass die Annahme einer Verfahrenseinleitung überwiege.[147] Unabhängig von der Frage, ob allein die Möglichkeit einer Verfahrenseinleitung für die Begründung der Bereichsausnahme ausreichend ist oder aber eine über 50 Prozent liegende Wahrscheinlichkeit gefordert wird, muss sich die Begründung jedenfalls auf **konkrete Anhaltspunkte** und damit wohl auf tatsächliche Ereignisse stützen, die ein Verfahren nicht nur rein abstrakt möglich machen.[148] Letztlich wird es auf den konkreten Einzelfall und die Nachvollziehbarkeit der dokumentierten Gründe ankommen. Möchte ein Auftraggeber sich auf die Ausnahme des § 116 Abs. 1 Nr. 1 lit. b GWB berufen, sollte er daher die Anhaltspunkte hinreichend darstellen, die konkret dafür sprechen, dass die Angelegenheit Gegenstand eines späteren Verfahrens iSv § 116 Abs. 1 Nr. 1 lit. a GWB werden könnte und damit die Verfahrenseinleitung aus seiner Sicht wahrscheinlich machen.

64 § 116 Abs. 1 Nr. 1 lit. **c** GWB umfasst Beglaubigungs- und Beurkundungsdienstleistungen, die von **Notaren** zu erbringen sind und nimmt diese vom Anwendungsbereich des Kartellvergaberechts aus. Der Grund hierfür wird zum einen in dem ebenfalls als sensibel anzusehenden Verhältnis zwischen Notar und Mandant gesehen, zum anderen aber auch in den in Deutschland rechtlich geregelten Gebühren für Beglaubigungen und Beurkundungen im Beurkundungsgesetz.[149]

65 Nach § 116 Abs. 1 Nr. 1 lit. **d** GWB werden auch Rechtsdienstleistungen von **gerichtlich bestellten Betreuern, Vormündern, Pflegern, Verfahrensbeiständen, Sachverständigen oder Verwaltern oder durch sonstige gerichtlich bestellte oder gesetzlich bestimmte Erbringer** sonstiger Rechtsdienstleistungen vom Anwendungsbereich der §§ 97 ff. GWB ausgenommen. Erfasst werden nach der Gesetzesbegründung insbesondere Tätigkeiten von Ergänzungs- und Umgangspflegern, Verfahrens- und Nachlasspfle-

[143] Vgl. BT-Drs. 18/6281, 93; ebenso KKPP/*Röwekamp* GWB § 116 Rn. 4.
[144] Vgl. Byok/Jaeger/*Kau* GWB § 116 Rn. 13 mwN; Reidt/Stickler/Glahs/*Hövelberndt* GWB § 116 Rn. 31.
[145] Vgl. KKPP/*Röwekamp* GWB § 116 Rn. 4.
[146] Vgl. Byok/Jaeger/*Kau* GWB § 116 Rn. 13.
[147] Vgl. Reidt/Stickler/Glahs/*Hövelberndt* GWB § 116 Rn. 30: „Erforderlich ist, dass mehr für als gegen die Einleitung eines solchen Verfahrens spricht.".
[148] Vgl. KKPP/*Röwekamp* GWB § 116 Rn. 4; Reidt/Stickler/Glahs/*Hövelberndt* GWB § 116 Rn. 30.
[149] Vgl. Byok/Jaeger/*Kau* GWB § 116 Rn. 15.

gern, Insolvenzverwaltern, Sachwaltern und Treuhändern sowie von Zwangsverwaltern und Sequestern in Zwangsvollstreckungsverfahren als auch von gerichtlich bestellten Sachverständigen.[150] In der Gesetzesbegründung wird betont, dass diese Personen von Gerichten aufgrund ihrer besonderen Sachkunde zur Beratung und Beweiserhebung **bestellt** werden, wodurch ein öffentlich-rechtliches Verhältnis zwischen Gericht und Sachverständigem begründet wird.[151] Voraussetzung ist daher (nach dem Wortlaut der Vorschrift), dass die Erbringer dieser Rechtsdienstleistungen vom Gericht bestellt werden oder gesetzlich dazu bestimmt sind, bestimmte Aufgaben unter Aufsicht der Gerichte wahrzunehmen.

§ 116 Abs. 1 Nr. 1 lit. **e** GWB nimmt zudem Tätigkeiten aus, die zumindest **teilweise mit der Ausübung hoheitlicher Befugnisse verbunden** sind. Hauptanwendungsfall des § 116 Abs. 1 Nr. 1 lit. e GWB ist nach der Gesetzesbegründung insbesondere die Tätigkeit des **Gerichtsvollziehers.** Dieser übt seine Tätigkeit zwar als selbstständiges Organ der Rechtspflege hoheitlich aus, ist aber dennoch aufgrund des Vollstreckungsauftrags an die Weisungen seines Gläubigers gebunden, soweit diese nicht gegen Gesetz verstoßen oder den Dienstanweisungen des Gerichtsvollziehers zuwider laufen.[152] Als weiterer Anwendungsfall wird in der Literatur teilweise auch der Rechtspfleger genannt.[153] 66

(b) Forschungs- und Entwicklungsleistungen (§ 116 Abs. 1 Nr. 2 GWB). Gemäß § 116 **Abs. 1 Nr. 2** GWB unterliegen weiterhin Aufträge über **Forschungs- und Entwicklungsdienstleistungen** grundsätzlich nicht dem Geltungsbereich des Vergaberechts. Der Ausnahmetatbestand befand sich zuvor als allgemeine Ausnahme in § 100 Abs. 4 Nr. 2 GWB aF. Hintergrund der Neuregelung in den besonderen Ausnahmen ist, dass der Ausnahmebereich in Umsetzung der neuen Richtlinienvorgaben etwas weitergehender ist, sodass die Regelung nun – aufgrund der unveränderten Fortgeltung des ursprünglichen Art. 13 lit. j der Richtlinie 2009/81/EG – nur für die Bereiche gilt, die unter die neuen Richtlinien 2014/24/EU, 2014/23/EU und 2014/25/EU fallen.[154] Insoweit dient § 116 Abs. 1 Nr. 2 GWB der Umsetzung von Art. 14 der Richtlinie 2014/24/EU sowie durch die Verweise in § 137 Abs. 1 Nr. 2 und § 149 Nr. 2 GWB auch der Umsetzung von Art. 25 der Richtlinie 2014/23/EU und Art. 32 der Richtlinie 2014/25/EU. 67

Die Richtlinien 2014/24/EU, 2014/23/EU und 2014/25/EU enthalten anders als die Richtlinie 2009/81/EG keine Definition zum **Begriff der Forschung und Entwicklung.** Nach Art. 1 Nr. 27 der Richtlinie 2009/81/EG umfassen „Forschung und Entwicklung" alle Tätigkeiten, die Grundlagenforschung, angewandte Forschung und experimentelle Entwicklung beinhalten, wobei letztere die Herstellung von technologischen Demonstrationssystemen, dh von Vorrichtungen zur Demonstration der Leistungen eines neuen Konzepts oder einer neuen Technologie in einem relevanten oder repräsentativen Umfeld einschließen kann. Auch, wenn die im Vergleich zum früheren § 100 Abs. 4 Nr. 2 GWB aF weitergehende Ausnahme des § 116 Abs. 1 Nr. 2 GWB für die Vergabe von verteidigungs- und sicherheitsspezifischen öffentlichen Aufträgen gerade keine Anwendung findet (→ Rn. 67), dürfte die in Art. 1 Nr. 27 der Richtlinie 2009/81/EG enthaltene Definition aber zumindest eine Orientierung bieten. Unter Verweis auf die Rechtsprechung des BayObLG erfolgt Forschung mit dem Ziel des Erkenntnisgewinns, wobei unter den **Begriff der Forschung** grundsätzlich sowohl die Grundlagenforschung als auch die angewandte Forschung fallen.[155] 68

[150] Vgl. BT-Drs. 18/6281, 93.
[151] Vgl. BT-Drs. 18/6281, 93.
[152] Vgl. hierzu auch BT-Drs. 18/6281, 93.
[153] Vgl. Byok/Jaeger/*Kau* GWB § 116 Rn. 17.
[154] Vgl. BT-Drs. 18/6281, 94.
[155] Vgl. BayObLG, Beschl. v. 27.2.2003 – Verg 25/02 = NZBau 2003, 634; vgl. auch Ziekow/Völlink/*Antweiler* GWB § 116 Rn. 12; Byok/Jaeger/*Kau* GWB § 116 Rn. 21; KKPP/*Röwekamp* GWB § 116 Rn. 9; Reidt/Stickler/Glahs/*Hövelberndt* GWB § 116 Rn. 43.

Wie im früheren § 100 Abs. 4 Nr. 2 GWB aF ist auch in § 116 Abs. 1 Nr. 2 GWB weiterhin eine Rückausnahme für die sog. **Auftragsforschung** enthalten, sodass die charakteristische **Ausnahme- und Rückausnahmeregelung** grundsätzlich beibehalten wurde.

Gegenüber der früheren Ausnahmevorschrift ist § 116 Abs. 1 Nr. 2 GWB jedoch weitergehend, indem die **Rückausnahme** nur noch auf **bestimmte,** dh auf solche Forschungs- und Entwicklungsdienstleistungen **beschränkt** ist, die unter die in der Vorschrift genannten Referenznummern des Common Procurement Vocabulary **(CPV-Nummern)** fallen.[156] Dies bedeutet, dass andere Forschungs- und Entwicklungsdienstleistungen, die nicht unter die genannten CPV-Nummern fallen, bereits grundsätzlich nicht von der Rückausnahme umfasst und folglich stets vom Vergaberecht ausgenommen sind.[157]

Gemäß den genannten CPV-Nummern sind von der **Rückausnahme** danach erfasst:

- 73000000–2: Forschungs- und Entwicklungsdienste und zugehörige Beratung,
- 73100000–3: Dienstleistungen im Bereich Forschung und experimentelle Entwicklung,
- 73110000–6: Forschungsdienste,
- 73111000–3: Forschungslabordienste,
- 73112000–0: Meeresforschungsdienste,
- 73120000–9: Experimentelle Entwicklung,
- 73300000–5: Planung und Ausführung von Forschung und Entwicklung,
- 73420000–2: Vordurchführbarkeitsstudie und technologische Demonstration und
- 73430000–5: Test und Bewertung.

Bei Vorliegen einer von den vorgenannten CPV-Nummern umfassten Forschungs- und Entwicklungsdienstleistung greift die Rückausnahme aber auch nur dann, wenn die Forschungsergebnisse zum einen **ausschließlich Eigentum** des öffentlichen Auftraggebers werden und ihm für seinen Gebrauch bei der Ausübung seiner eigenen Tätigkeit zur Verfügung stehen (lit. a). Damit bleibt es auch für die Forschungs- und Entwicklungsdienstleistungen im Bereich der genannten CPV-Nummern bei der Ausnahmeregelung, wenn diese zumindest zu einem Teil im Allgemeininteresse liegen.

Zum anderen setzt die Rückausnahme voraus, dass die Dienstleistung **vollständig** durch den öffentlichen Auftraggeber **vergütet** (lit. b), dh finanziert wird. Bezweckt werden soll auf diese Weise insbesondere die Förderung der Kofinanzierung von Forschungs- und Entwicklungsprogrammen durch die Industrie, indem hierdurch die Anwendbarkeit der §§ 97 ff. GWB unterbunden wird.[158] Eine rein symbolische Beteiligung an der Vergütung des Dienstleisters soll ebenso wie ein fiktiver Austausch der Forschungs- und Entwicklungsergebnisse nicht ausreichen[159] und würde eine unzulässige Umgehung des Vergaberechts bedeuten.

69 **(c) Mediendienste, § 116 Abs. 1 Nr. 3 GWB. § 116 Abs. 1 Nr. 3 GWB** basiert auf den Vorgaben in Art. 10 lit. b der Richtlinie 2014/24/EU und nimmt die Vergabe öffentlicher Aufträge über bestimmte **audiovisuelle Mediendienste und Hörfunkmediendienste** vom Anwendungsbereich der §§ 97 ff. GWB aus. Eine ähnliche besondere Ausnahme existierte auch bereits im früheren § 100a Abs. 2 Nr. 1 GWB aF; berücksichtigt wurden bei der Neufassung jedoch die aktuellen technischen Entwicklungen.[160] So erfasst die Ausnahme gleichermaßen Rundfunk-Mediendienste als auch Abruf -Dienste (sog. on-demand-Dienste bzw. nichtlineare Dienste).[161]

---

156 Vgl. BT-Drs. 18/6281, 94.
157 Vgl. auch BT-Drs. 18/6281, 94.
158 Vgl. Erwgr. 35 zur RL 2014/24/EU sowie BT-Drs. 18/6281, 94.
159 Vgl. Erwgr. 35 zur RL 2014/24/EU.
160 Vgl. BT-Drs. 18/6281, 94.
161 Vgl. BT-Drs. 18/6281, 94.

Die Ausnahmevorschrift soll allgemein bezwecken, dass **besondere kulturelle und gesellschaftspolitische Erwägungen** angemessen berücksichtigt werden können und sieht daher für die von Anbietern von audiovisuellen Mediendiensten oder Hörfunkmediendiensten vergebenen öffentlichen Dienstleistungsaufträge, die den Ankauf, die Entwicklung, die Produktion oder die Koproduktion von sendefertigem Material sowie andere Vorbereitungsdienste zum Gegenstand haben, ausnahmsweise eine Vergabe außerhalb der §§ 97ff. GWB vor.[162] Hierzu zählen gemäß der Gesetzesbegründung zB Dienste im Zusammenhang mit den für die Produktion von Sendungen erforderlichen Drehbüchern oder künstlerischen Leistungen.[163]

Mit Urteil vom 13.12.2007[164] hat der EuGH klargestellt, dass die Dienstleistungen einen unmittelbaren Programmbezug haben müssen, indem sie die eigentliche Funktion der Rundfunkanstalten, dh die Programmgestaltung und Programmproduktion betreffen.[165] Insoweit hat der EuGH zu den früheren Ausnahmetatbeständen eine restriktive Auslegung vertreten,[166] was im Hinblick auf die allgemein eng auszulegenden Ausnahmetatbestände[167] (→ Rn. 34) auch weiterhin gelten dürfte.[168]

Nicht von der Ausnahme erfasst wird nach der Gesetzesbegründung daher ausdrücklich die Bereitstellung des für die Produktion, die Koproduktion und die Ausstrahlung dieser Sendungen erforderlichen technischen Materials.[169] Beispiele für Aufträge ohne einen solchen unmittelbaren Programmbezug, die damit nicht unter die Ausnahme des § 116 Abs. 1 Nr. 3 GWB fallen, können nach der bisherigen Rechtsprechung ua sein: Bauaufträge[170] oder Dienstleistungsverträge über Reinigungsleistungen[171] oder die Beschaffung von Sendetechnik oder die Entwicklung von Apps.[172]

Zu den Begrifflichkeiten **„audiovisuelle Mediendienste"** und **„Anbieter von Mediendiensten"** wird in der Gesetzesbegründung darauf hingewiesen, dass diesen dieselbe Bedeutung wie in Art. 1 Abs. 1 lit. a und lit. d der Richtlinie 2010/13/EU zukommt und ebenso der Begriff der **„Sendung"** – der gleichbedeutend ist mit dem Begriff **„Sendematerial"** – wie in Art. 1 Abs. 1 lit. b der Richtlinie 2010/13/EU zu verstehen ist, zusätzlich jedoch Hörfunksendungen und Hörfunk-Sendematerial umfasst.[173] 70

Für **Konzessionsvergaben** enthält § 149 Nr. 3 GWB – in Umsetzung von Art. 10 Abs. 8 lit. b der Richtlinie 2014/23/EU – einen entsprechenden Verweis auf den Ausnahmetatbestand des § 116 Abs. 1 Nr. 3 GWB (vgl. zu § 149 GWB → § 63 Rn. 1ff.). Für den **Sektorenbereich** wird dagegen in den besonderen Ausnahmen des § 137 Abs. 1 GWB gerade nicht auf § 116 Abs. 1 Nr. 3 GWB verwiesen. Jedoch wird nach § 137 Abs. 1 Nr. 3 GWB die Vergabe von Ausstrahlungszeit oder Bereitstellung von Sendungen vom Vergaberecht ausgenommen, wenn diese Aufträge von audiovisuellen Mediendiensten oder Hörfunkdiensten vergeben werden (vgl. → § 49 Rn. 1ff.).

---

[162] Vgl. BT-Drs. 18/6281, 94; vgl. auch Ziekow/Völlink/*Antweiler* GWB § 116 Rn. 16.

[163] Vgl. BT-Drs. 18/6281, 94.

[164] EuGH Urt. v. 13.12.2007 – C-337/06, ECLI:EU:C:2007:786 = NZBau 2008, 130 – Rundfunkanstalten.

[165] Vgl. Ziekow/Völlink/*Antweiler* GWB § 116 Rn. 16.

[166] Vgl. auch KKPP/*Röwekamp* GWB § 116 Rn. 14.

[167] Bislang stRspr. vgl. nur EuGH Urt. v. 18.11.1999 – C-107/98, ECLI:EU:C:1999:562 = EuZW 2000, 246 – Teckal; Urt. v. 8.4.2008 – C-337/05, ECLI:EU:C:2008:203 = BeckRS 2008, 70410 mwN; OLG Düsseldorf Beschl. v. 1.8.2012 – VII-Verg 10/12, BeckRS 2012, 18205; Beschl. v. 30.3.2005 – VII-Verg 101/04, BeckRS 2005, 4880; VK Schleswig-Holstein Beschl. v. 28.11.2006 – VK-SH 25/06, BeckRS 2006, 15179.

[168] Ebenso Reidt/Stickler/Glahs/*Hövelberndt* GWB § 116 Rn. 56; aA wohl Byok/Jaeger/*Kau* GWB § 116 Rn. 30: „grundsätzlich extensiv zu interpretieren".

[169] Vgl. BT-Drs. 18/6281, 94.

[170] Vgl. VK Bremen Beschl. v. 1.2.2006 – VK 1/02.

[171] Vgl. OLG Düsseldorf Beschl. v. 21.7.2006 – VII-Verg 13/06, NZBau 2006, 731.

[172] Vgl. Ziekow/Völlink/*Antweiler* GWB § 116 Rn. 17 mwN.

[173] Vgl. BT-Drs. 18/6281, 94.

71 **(d) Finanzielle Dienstleistungen, § 116 Abs. 1 Nr. 4 GWB.** In § 116 Abs. 1 **Nr. 4** GWB, der Art. 10 lit. e der Richtlinie 2014/24/EU in nationales Recht umsetzt, werden **bestimmte finanzielle Dienstleistungen** vom Anwendungsbereich des Vergaberechts ausgenommen, die zuvor zum Teil in § 100a Abs. 2 Nr. 2 GWB aF und § 100b Abs. 2 Nr. 1 GWB aF geregelt waren.[174] Begründet wird die Ausnahme regelmäßig mit dem besonderen Vertrauenstatbestand zwischen den Beteiligten eines Finanzdienstleistungsgeschäfts sowie mit den besonderen Bedürfnissen und sich ständig ändernden Situationen auf den Finanzmärkten.[175] Denn aufgrund der Schnelllebigkeit und Volatilität des Kapitalmarktes ändern sich Zinssätze wesentlich schneller, als dies die Vorschriften des Vergaberechts berücksichtigen könnten.[176]

Da auch die Richtlinien 2014/25/EU und 2014/23/EU (vgl. Art. 21 lit. d der Richtlinie 2014/25/EU und Art. 10 Abs. 8 lit. e der Richtlinie 2014/23/EU) entsprechende Ausnahmetatbestände vorsehen, verweisen die besonderen Ausnahmenvorschriften der § 137 Abs. 1 Nr. 4 und § 149 Nr. 4 GWB für den **Sektoren- und Konzessionsbereich** ebenfalls auf die Ausnahme des § 116 Abs. 1 Nr. 4 GWB. Damit handelt es sich ebenfalls um eine besondere Ausnahme, die nicht auf die Vergabe öffentlicher Aufträge durch öffentliche Auftraggeber beschränkt ist, sondern über die Verweisung auch in den anderen Bereichen besteht (vgl. → § 49 Rn. 1 ff., → § 63 Rn. 1 ff.).

Für die Vergabe verteidigungs- und sicherheitsspezifischer Aufträge enthält § 145 Nr. 5 GWB ebenfalls einen Ausnahmetatbestand, der Finanzdienstleistungen umfasst. Im Gegensatz zu § 116 Abs. 1 Nr. 4 GWB, der lediglich **bestimmte** finanzielle Dienstleistungen vom Anwendungsbereich ausnimmt, ist der Wortlaut des § 145 Nr. 5 GWB hier **weitgehender** und umfasst **allgemein** verteidigungs- und sicherheitsspezifische Aufträge, die Finanzdienstleistungen zum Gegenstand haben, mit Ausnahme von Versicherungsdienstleistungen (vgl. hierzu → § 57 Rn. 1 ff.).

Aufgrund des weitergehenden Wortlauts der Richtlinie 2009/81/EG (vgl. Art. 13 lit. h), konnte der Ausnahmetatbestand nicht als allgemeine Ausnahme in § 107 GWB formuliert werden.

71a Nach § 116 Abs. 1 Nr. 4 GWB sind **finanzielle Dienstleistungen** im Zusammenhang mit der Ausgabe, Verkauf, Ankauf oder Übertragung von Wertpapieren oder anderen Finanzinstrumenten sowie Dienstleistungen der Zentralbanken vom Anwendungsbereich des Kartellvergaberechts ausgenommen. Dies bedeutet, dass Aufträge über sonstige finanzielle Dienstleistungen, insbesondere nicht kapitalmarktbezogene Dienstleistungen wie Giro-, Garantie-, Sorten- und Devisengeschäfte sowie Inkasso und Factoring, grundsätzlich den vergaberechtlichen der §§ 97 ff. GWB unterliegen.[177]

Der Begriffe der **Wertpapiere** ist weder im GWB noch im EU-Vergaberecht definiert, in Anlehnung an die Richtlinie 2014/65/EU bzw. deren Vorläufern (zB Richtlinie 2004/39/EG und Richtlinie 93/22/EG) sollen darunter jedoch folgende Finanzinstrumente fallen: Aktien und andere Aktien gleichzustellende Wertpapiere, Schuldverschreibungen und sonstige verbriefte Schuldtitel, die auf dem Kapitalmarkt gehandelt werden können, sowie alle sonstigen üblicherweise gehandelten Titel, die zum Erwerb oder Verkauf solcher Wertpapiere durch Zeichnung oder Austausch berechtigen oder zu einer Barzahlung führen, mit Ausnahme von Zahlungsmitteln im eigentlichen Sinn.[178] Es handelt sich insofern um übertragbare und fungible Papiere.[179]

---

[174] Vgl. BT-Drs. 18/6281, 95.

[175] Vgl. Hattig/Maibaum/*Dippel* GWB § 100a aF Rn. 10; Ziekow/Völlink/*Antweiler* GWB § 116 Rn. 19; Byok/Jaeger/*Kau* GWB § 116 Rn. 32.

[176] Vgl. Hatting/Maibaum/*Dippel* GWB § 100a aF Rn. 10; Ziekow/Völlink/*Antweiler* GWB § 116 Rn. 19.

[177] Vgl. Ziekow/Völlink/*Antweiler* GWB § 116 Rn. 20 mwN.

[178] So auch Reidt/Stickler/Glahs/*Hövelberndt* GWB § 116 Rn. 60; Byok/Jaeger/*Kau* GWB § 116 Rn. 34 mwN; Ziekow/Völlink/*Antweiler* GWB § 116 Rn. 21.

[179] So Reidt/Stickler/Glahs/*Hövelberndt* GWB § 116 Rn. 60.

Die **anderen Finanzinstrumente** sind ebenfalls in den Vergaberichtlinien nicht definiert. Wie bei den Wertpapieren kann auch hier die Definition in den vorgenannten Richtlinien 2014/65/EU bzw. deren Vorläufern (zB Richtlinie 2004/39/EG) herangezogen werden.[180] Danach sind als Finanzinstrumente zB Geldmarktinstrumente, Optionen, Terminkontrakte, Swaps und Derivatkontrakte anzusehen.[181]

Umstritten ist bei der Ausnahme des § 116 Abs. 1 Nr. 4 GWB der vorausgesetzte **„Zusammenhang"** mit den genannten Geschäften und damit die „Weite" des Ausnahmetatbestands. Gegen die teilweise vertretene Auffassung, auch **vorbereitende oder beratende Dienstleistungen** mit einzubeziehen,[182] dürfte jedoch die allgemein restriktive Auslegung von vergaberechtlichen Ausnahmetatbeständen sprechen (→ Rn. 34).[183]

Als ebenfalls vom Ausnahmetatbestand umfasste **Dienstleistungen der Zentralbanken** sind die im Gesetz über die Deutsche Bundesbank (BBankG) geregelten Dienstleistungen der Deutschen Bundesbank und ihrer Hauptgeschäftsstellen anzusehen, die diese gegenüber öffentlichen Auftraggebern erbringen; nicht ausgenommen sind hingegen Auftragsvergaben durch die Deutsche Bundesbank.[184] 71b

Gegenüber der Rechtslage vor der Vergaberechtsreform sollen durch die Ausnahme des § 116 Abs. 1 Nr. 4 GWB auch Transaktionen mit der temporär eingerichteten **Europäischen Finanzstabilisierungsfaszilität** („European Financial Stability Facility" – EFSF) und dem Europäischen Stabilitätsmechanismus (ESM) vom Anwendungsbereich des Vergaberechts ausgenommen sein.[185] 71c

Bei der EFSF handelte es sich um eine nach luxemburgischen Recht gegründete privatrechtliche Kapitalgesellschaft, die – neben dem Europäischen Finanzstabilisierungsmechanismus (EFSM) sowie finanziellen Beiträge des Internationalen Währungsfonds (IWF) – ein Element des im Jahr 2010 als Reaktion auf die akute Staatsschuldenkrise in der EU errichteten temporären Euro-Schutzschirms darstellte.[186] Die EFSF wurde Mitte 2013 durch den **dauerhaften Europäischen Stabilitätsmechanismus** (ESM) abgelöst und die EFSF-Programme sind mittlerweile planmäßig beendet und ausgelaufen.[187]

Der **Europäischen Stabilitätsmechanismus** (ESM) wurde zum Zweck der langfristigen Stabilisierung des Euro-Währungsgebietes im Jahr 2012 als internationale Finanzinstitution mit Sitz in Luxemburg im Jahr 2012 durch völkerrechtlichen Vertrag gegründet, um auf diese Weise dauerhaft Finanzmittel zu mobilisieren und die finanzschwachen Mitgliedstaaten der Eurozone im Notfall unter strikten wirtschaftspolitischen Auflagen durch verschiedene Finanzierungsinstrumente unterstützen zu können.[188] Der Vertrag zur Einrichtung eines Europäischen Stabilitätsmechanismus wurde am 2.2.2012 unterzeichnet und ist am 27.9.2012 in Kraft getreten.[189] Zur Erfüllung seiner Aufgabe stehen dem ESM verschiedene Instrumente zur Verfügung, die nun von dem Ausnahmetatbestand des § 116 Abs. 1 Nr. 4 GWB ebenfalls umfasst sein sollen: Vorsorgliche Finanzhilfen, Darlehen, Fi-

---

[180] So Reidt/Stickler/Glahs/*Hövelberndt* GWB § 116 Rn. 61; KKPP/*Röwekamp* GWB § 116 Rn. 16; sowie ausführlich Byok/Jaeger/*Kau* GWB § 116 Rn. 35ff.

[181] Vgl. Ziekow/Völlink/*Antweiler* GWB § 116 Rn. 21; Byok/Jaeger/*Kau* GWB § 116 Rn. 35.

[182] Vgl. Byok/Jaeger/*Kau* GWB § 116 Rn. 41 „für ein umfassendes Verständnis der Zusammenhangsgeschäfte"; so wohl auch KKPP/*Röwekamp* GWB § 116 Rn. 17.

[183] So auch Ziekow/Völlink/*Antweiler* GWB § 116 Rn. 22.

[184] Vgl. KKPP/*Röwekamp* GWB § 116 Rn. 19; Ziekow/Völlink/*Antweiler* GWB § 116 Rn. 23.

[185] Vgl. BT-Drs. 18/6281, 95.

[186] Vgl. Information des Bundesministeriums der Finanzen auf www.bundesfinanzministerium.de: „EFSF und ESM – Überblick über die europäischen Finanzhilfen" (Stand: 31.12.2018), S. 2 sowie https://www.bundesfinanzministerium.de/Web/DE/Themen/Europa/Stabilisierung_des_Euroraums/Stabilitaetsmechanismen/EU_Finanzstabilisierungsfazilitaet_EFSF/eu_finanzstabilisierungsfazilitaet_efsf.html, Stand: Februar 2020.

[187] Vgl. Information des Bundesministeriums der Finanzen auf www.bundesfinanzministerium.de: „EFSF und ESM – Überblick über die europäischen Finanzhilfen" (Stand: 31.12.2018), S. 2.

[188] Vgl. Information des Bundesministeriums der Finanzen auf www.bundesfinanzministerium.de, verfügbar über: https://www.bundesfinanzministerium.de/Web/DE/Themen/Europa/Stabilisierung_des_Euroraums/Stabilitaetsmechanismen/EU_Stabilitaetsmechanismus_ESM/eu_stabilitaetsmechanismus_esm.html, Stand: Februar 2020.

[189] Vgl. Information zum ESM auf www.bundesfinanzministerium.de (vgl. Fn. 185).

nanzhilfen in Form von Darlehen zur Rekapitalisierung von Finanzinstituten (indirekte Bankenrekapitalisierung), Finanzhilfen in Form von direkter Bankenrekapitalisierung sowie Primärmarktkäufe oder Sekundärmarktinterventionen.[190]

72 **(e) Kredite und Darlehen, § 116 Abs. 1 Nr. 5 GWB.** Als weitere besondere Ausnahme nimmt § 116 Abs. 1 **Nr. 5** GWB zudem die Vergabe solcher öffentlichen Aufträge vom Anwendungsbereich des Kartellvergaberechts aus, die **Kredite und Darlehen** zum Gegenstand haben. Die Ausnahme umfasst dabei ausdrücklich auch Kredite und Darlehen im Zusammenhang mit der Ausgabe, dem Verkauf, dem Ankauf oder der Übertragung von Wertpapieren oder anderen Finanzinstrumenten.

§ 116 Abs. 1 Nr. 5 GWB dient dabei der Umsetzung von Art. 10 lit. f der Richtlinie 2014/24/EU. Indem aber Art. 21 lit. e der Richtlinie 2014/25/EU und Art. 10 Abs. 8 lit. f der Richtlinie 2014/23/EU entsprechende Ausnahmen enthalten, verweisen § 137 Abs. 1 Nr. 5 und § 149 Nr. 5 GWB für den **Sektoren- und Konzessionsbereich** ebenfalls auf diese Ausnahme. Da die weiterhin geltende Richtlinie 2009/81/EG keinen entsprechenden Ausnahmetatbestand vorsieht, stellt der Ausnahmetatbestand keine allgemeine Ausnahme dar. Mit der Vergaberechtsreform 2016 wurden daher die auch bereits zuvor über die Ausnahme des § 100a Abs. 2 Nr. 2 GWB mitumfasste Ausnahme für die Geld- und Kapitalaufnahme als gesonderter Ausnahmetatbestand normiert.[191]

73 **(f) Ausschließliches Recht, § 116 Abs. 1 Nr. 6 GWB.** § 116 Abs. 1 **Nr. 6** GWB setzt Art. 11 der Richtlinie 2014/24/EU in nationales Recht um und nimmt solche Fälle vom Anwendungsbereich aus, in denen ein bestimmter öffentlicher Auftraggeber oder ein Verbund von öffentlichen Auftraggebern der **einzige Anbieter einer bestimmten Dienstleistung sein kann,** weil er für deren Erbringung ein **auf Gesetz oder Verordnung beruhendes** und mit den Vorschriften des AEUV in Einklang stehendes **ausschließliches Recht** besitzt.[192] Die Ausnahme fand sich zuvor in § 100a Abs. 3 GWB aF.

Voraussetzung ist daher ein **tatsächlich bestehendes** Monopolrecht, weshalb es nicht genügt, wenn ein solches Recht nur nach der Auffassung des öffentlichen Auftraggebers oder des Auftragnehmers vorliegt[193] oder das Recht dem Leistungserbringer erst nach der Auftragserteilung zugestanden hat.[194]

Als **ausschließliches Recht** kommt nur solches in Betracht, das unmittelbar durch Gesetz oder Verordnung verliehen wird; nicht ausreichend ist daher, wenn das ausschließliche Recht lediglich durch Verwaltungsvorschrift, Verwaltungsakt oder Satzung begründet wird.[195] Insoweit geht die deutsche Umsetzung über die zugrundeliegende Richtlinienvorschrift hinaus.[196]

74 **(g) Kommunikationsnetze, § 116 Abs. 2 GWB.** Der weitere besondere Ausnahmetatbestand des § 116 **Abs. 2** GWB nimmt zudem solche öffentlichen Aufträge und Wettbewerbe vom Anwendungsbereich des Kartellvergaberechts aus, die hauptsächlich den Zweck haben, dem öffentlichen Auftraggeber die **Bereitstellung oder den Betrieb öffentlicher Kommunikationsnetze** oder die Bereitstellung eines oder mehrerer **elektronischer Kommunikationsdienste** für die Öffentlichkeit zu ermöglichen. Die Ausnahme

[190] Vgl. Information zum ESM auf www.bundesfinanzministerium.de (vgl. Fn. 185).
[191] Vgl. Ziekow/Völlink/*Antweiler* GWB § 116 Rn. 25 mwN.
[192] Vgl. BT-Drs. 18/6281, 95.
[193] Vgl. Ziekow/Völlink/*Antweiler* GWB § 116 Rn. 26 mit Verweis auf OLG Düsseldorf Beschl. v. 7.11.2012 – VII-Verg 69/11 = BeckRS 2013, 1936.
[194] Vgl. KKPP/*Röwekamp* GWB § 116 Rn. 27 mwN; zur früheren Rechtslage ebenso: Hattig/Maibaum/*Dippel* GWB § 100a aF Rn. 19 mit Verweis auf OLG Düsseldorf Beschl. v. 5.5.2004 – VII-Verg 78/03.
[195] Vgl. Ziekow/Völlink/*Antweiler* GWB § 116 Rn. 27; KKPP/*Röwekamp* GWB § 116 Rn. 27 mwN.
[196] Vgl. Ziekow/Völlink/*Antweiler* GWB § 116 Rn. 27.

fand sich bislang in § 100a Abs. 4 GWB aF und dient der Umsetzung von Art. 8 der Richtlinie 2014/24/EU.[197]

75 Die Begriffe des **„öffentlichen Kommunikationsnetzes"** und des **„elektronischen Kommunikationsdienstes"** sind laut der Gesetzesbegründung entsprechend den Definitionen der Rahmenrichtlinie 2002/21/EG[198] (vgl. Art. 2 lit. c und d der Richtlinie 2002/21/EG) auszulegen. Demnach kann beispielsweise ein öffentliches Kommunikationsnetz im Sinne des § 3 Nr. 16a und 27 TKG oder die Bereitstellung eines oder mehrerer elektronischer Kommunikationsdienste im Sinne des § 3 Nr. 17a und 24 TKG unter den Ausnahmetatbestand fallen.[199]

Ausgenommen vom Vergaberecht sind solche Aufträge und Wettbewerbe, deren **hauptsächlicher Zweck** in der Bereitstellung bzw. dem Betrieb entsprechender Netze oder Dienste **für die Öffentlichkeit** liegt. Dies setzt zum einen voraus, dass die Kommunikationsnetze oder -dienste nicht nur einem bestimmten Nutzerkreis (zB behördenintern), sondern der Allgemeinheit zur Verfügung stehen.[200] Zum anderen sollen auch bloße Hilfsgeschäfte, die der öffentlichen Hand dazu dienen können, die Bereitstellung oder den Betrieb von entsprechenden Telekommunikationsnetzen oder- diensten für die Öffentlichkeit aufrechtzuerhalten, nicht unter die Ausnahme fallen.[201]

Zudem setzt der Begriff des **„Betriebs"** eine gewisse Dauer voraus.[202] Ein **„Bereitstellen"** erfordert hingegen die Möglichkeit eines unmittelbaren Zugriffs und der Nutzung auf die entsprechenden Kommunikationsnetze und – dienste, wofür allein rechtliche Vorgaben nicht ausreichen.[203]

Damit unterfallen sonstige Beschaffungen von Telekommunikationsleistungen – sofern nicht aus anderen Gründen vom Vergaberecht ausgenommen – grundsätzlich dem Anwendungsbereich der §§ 97 ff. GWB.[204]

76 **ee) Überblick über die weiteren besonderen Ausnahmetatbestände.** Die **weiteren besonderen Ausnahmetatbestände** der §§ 117 f., 137 ff., 145 und 149 f. GWB werden an dieser Stelle nur der Vollständigkeit halber kurz dargestellt. Für die ausführliche Kommentierung wird jeweils auf die entsprechenden Paragraphen in den jeweiligen Kapiteln dieses Handbuchs verwiesen.

77 **(1) Die Ausnahmetatbestände in § 117 GWB – Verteidigungs- und Sicherheitsaspekte. § 117 GWB** bestimmt besondere Ausnahmetatbestände für Aufträge, die **Verteidigungs- und Sicherheitsaspekte umfassen** und damit **nicht** zu den verteidigungs- und sicherheitsrelevanten Aufträgen iSd § 104 Abs. 1 GWB zählen. Diese neue Bezeichnung bzw. Auftragsart basiert auf den Vorgaben der neuen EU-Richtlinien (vgl. Art. 15 Abs. 2 und 3, Art. 17 der Richtlinie 2014/24/EU sowie Art. 24 Abs. 2 und 3, Art. 27 der Richtlinie 2014/25/EU) und wurde mit der Vergaberechtsreform 2016 eingeführt.

Indem die hiervon umfassten Aufträge nicht die Voraussetzungen des § 104 GWB erfüllen, finden die für verteidigungs- und sicherheitsrelevanten Aufträge geltenden besonderen Regelungen der §§ 144 GWB keine Anwendung. Dennoch unterliegen die Aufträge, die (lediglich) Verteidigungs- und Sicherheitsaspekte umfassen, ebenfalls erhöhten Sicherheits-

[197] Vgl. auch BT-Drs. 18/6281, 95.

[198] RL 2002/21/EG über einen gemeinsamen Rechtsrahmen für elektronische Kommunikationsnetze und -dienste (Rahmenrichtlinie), v. 7.3.2002, ABl. L 108 v. 24.4.2002, S. 33.

[199] Vgl. BT-Drs. 18/6281, 95.

[200] Vgl. auch Ziekow/Völlink/*Antweiler* GWB § 116 Rn. 29; Reidt/Stickler/Glahs/*Hövelberndt* GWB § 116 Rn. 84.

[201] Vgl. Reidt/Stickler/Glahs/*Hövelberndt* GWB § 116 Rn. 85; KKPP/*Röwekamp* GWB § 116 Rn. 29; Ziekow/Völlink/*Antweiler* GWB § 116 Rn. 29.

[202] Vgl. Byok/Jaeger/*Kau* GWB § 116 Rn. 51.

[203] Vgl. Byok/Jaeger/*Kau* GWB § 116 Rn. 51; Reidt/Stickler/Glahs/*Hövelberndt* GWB § 116 Rn. 86; KKPP/*Röwekamp* GWB § 116 Rn. 29.

[204] Vgl. auch KKPP/*Röwekamp* GWB § 116 Rn. 29.

und Geheimhaltungsbedürfnissen. Ähnliche Regelungen fanden sich zuvor bereits in den Tatbeständen des § 100 **Abs. 8 Nr. 1 bis 6** GWB aF. Anders als § 100 Abs. 8 GWB aF, der in Nr. 3 eine Konkretisierung auf bestimmte Bereiche vornahm, ist eine solche in § 117 GWB entfallen, sodass die Ausnahmetatbestände der § 117 Nr. 1 bis 3 GWB stets eine Einzelfallprüfung durch den Auftraggeber erfordern.[205] Vgl. ausführlich → § 57 Rn. 1 ff.

78 Gemäß § 117 **Nr. 1** GWB sind sämtliche Aufträge und Wettbewerbe, die Verteidigungs- und Sicherheitsaspekte umfassen, vom Anwendungsbereich des Vierten Teils des GWB ausgenommen, soweit der **Schutz wesentlicher Sicherheitsinteressen** der Bundesrepublik Deutschland nicht durch weniger einschneidende Maßnahmen gewährleistet werden kann. Letzteres können nach dem ausdrücklichen Wortlaut Anforderungen sein, die auf den Schutz der Vertraulichkeit der Informationen abzielen, die der öffentliche Auftraggeber im Rahmen eines Vergabeverfahrens zu Verfügung stellt. Besonders betont wird hier die Beachtung des – nun auch als allgemeinen Vergaberechtsgrundsatz in § 97 Abs. 1 GWB aufgenommenen – **Verhältnismäßigkeitsgrundsatzes.**[206]

79 § 117 **Nr. 2** GWB nimmt Aufträge und Wettbewerbe, die Verteidigungs- und Sicherheitsaspekte umfassen, vom Anwendungsbereich der §§ 97 ff. GWB aus, soweit die Voraussetzungen des **Art. 346 Abs. 1 lit. a AEUV** vorliegen (vgl. → Rn. 46 ff.).

80 Bei der Ausnahme des § 117 **Nr. 3** GWB geht es hingegen um **nationale Geheimhaltungsinteressen** und darauf beruhenden **besonderen Sicherheitsmaßnahmen.** Der Ausnahmetatbestand erfordert nicht, dass der Auftrag selbst geheim ist, sondern vielmehr kommt es darauf an, dass zentrale Bestandteile des Auftrags formell **für geheim erklärt** wurden und materiell einer Geheimhaltung unterliegen, auf die öffentliche Bekanntheit des Vorhabens als solches kommt es dabei nicht an.[207] Anders als nach § 100 Abs. 8 Nr. 1 GWB aF ist Anforderung „in Übereinstimmung mit den inländischen Rechts- und Verwaltungsvorschriften" für die Geheimerklärung nicht mehr in § 117 Nr. 3 GWB enthalten. Dennoch ist auch weiterhin erforderlich, dass die Geheimerklärung von den nationalen Rechts- und Verwaltungsvorschriften gedeckt und insofern formell und materiell rechtmäßig erfolgt ist.[208] Denn andernfalls dürfte bereits die Ausnahme aufgrund der nach § 117 Nr. 3 GWB zwingend durchzuführenden **Verhältnismäßigkeitsprüfung** zu verneinen sein.[209]

81 Die nationalen Geheimhaltungs- und besonderen Sicherheitsbedürfnisse stehen naturgemäß im Widerspruch zu den allgemeinen vergaberechtlichen Grundsätzen, die insbesondere unter Einhaltung des Transparenz- und Gleichbehandlungsgebots einen umfassenden Wettbewerb gewährleisten sollen.

Die Ausnahmetatbestände des § 117 GWB sind daher ebenfalls **eng auszulegen** und erfordern eine genaue einzelfallbezogene Prüfung der Tatbestandsvoraussetzungen. Vor diesem Hintergrund ist auch zu prüfen, ob nicht lediglich einzelne Auftragsteile unter das Geheimhaltungsinteresse fallen und insofern gegebenenfalls eine getrennte Ausschreibung von den geheimen Auftragsbestandteilen und den übrigen nicht unter den Ausnahmetatbestand fallenden Teilen eines Auftrags möglich ist.[210] Im Übrigen ist auch hier wieder die Verhältnismäßigkeit zu wahren. Gemäß dem Wortlaut der Vorschrift hat der Auftraggeber ausdrücklich festzustellen, dass die betreffenden wesentlichen Interessen nicht durch weniger einschneidende Maßnahmen gewährleistet werden können, beispielsweise durch An-

---

[205] Vgl. BT-Drs. 18/6281, 95.

[206] Vgl. BT-Drs. 18/6281, 96.

[207] Vgl. Hattig/Maibaum/*Dippel* GWB § 100 aF Rn. 95 ua mit Verweis auf OLG Düsseldorf Beschl. v. 30.3. 2005 – VII-Verg 101/04 = BeckRS 2005, 4880 – Neubau BND; jurisPK-VergR/*Summa* GWB § 100 aF Rn. 69 ff.

[208] So wohl auch Ziekow/Völlink/*Antweiler* GWB § 117 Rn. 14.

[209] So auch Ziekow/Völlink/*Antweiler* GWB § 117 Rn. 14.

[210] Vgl. Hattig/Maibaum/*Dippel* GWB § 100 aF Rn. 97 ua mit Verweis auf die in diesem Zusammenhang ergangenen Entscheidungen der VK Bund Beschl. v. 14.7.2005 – VK 3-55/05; VK Brandenburg Beschl. v. 22.3.2004 – VK 6/04.

forderungen, die auf den Schutz der Vertraulichkeit der Informationen abzielen (vgl. § 117 Nr. 3 Hs. 2 GWB).

Die weiteren Ausnahmetatbestände des § 117 **Nr. 4 und 5** GWB befanden sich früher 82
in § 100 Abs. 8 Nr. 4 bis 6 GWB aF. Davon umfasst sind Aufträge, die aufgrund **Truppenstationierungsabkommen** oder **anderer internationaler Abkommen** oder nach einem besonderen Verfahren einer **internationalen Organisation** vergeben werden. Diese ebenfalls auf den Vorgaben der EU-Richtlinien basierenden Ausnahmeregelungen dienen dazu, einen möglichen Konflikt zu den entsprechend anzuwendenden internationalen Bestimmungen zu vermeiden. Ein Konfliktpotential setzt daher das Vorhandensein und die **Geltung besonderer Verfahrensregeln** voraus, was sich auch im Wortlaut der einzelnen Tatbestände wiederspiegelt.

(2) Bestimmten Auftraggebern vorbehaltene öffentliche Aufträge, § 118 GWB. 83
§ 118 GWB hat keine Entsprechung im bisherigen Vergaberecht und erlaubt öffentlichen Auftraggebern fortan, öffentliche Aufträge bestimmten Auftragnehmern vorzubehalten. Die Vorschrift enthält damit keinen Ausnahmetatbestand im eigentlichen Sinne, sondern vielmehr eine ausnahmsweise zugelassene **Privilegierung bestimmter Auftragnehmer.** Sie schränkt den vergaberechtlichen Wettbewerbsgrundsatz ein und wird dem Ziel der Vergaberechtsreform 2016 gerecht, den Belangen von Menschen mit Behinderungen Rechnung zu tragen.[211]

Vorbehalten werden kann die Teilnahme an der Auftragsvergabe daher Werkstätten für Menschen mit Behinderungen und solchen Unternehmen, deren Hauptzweck die soziale und berufliche Integration von Menschen mit Behinderungen oder von benachteiligten Personen ist. Alternativ kann bestimmt werden, dass öffentliche Aufträge im Rahmen von Programmen mit geschützten Beschäftigungsverhältnissen durchzuführen sind.

§ 118 GWB setzt in **Abs. 2** zudem voraus, dass dabei **mindestens 30 %** der in diesen 84
Werkstätten oder Unternehmen Beschäftigten, Menschen mit Behinderung oder benachteiligte Personen sind. Bei Vorliegen dieser Voraussetzungen ist die Teilnahme anderer privatwirtschaftlicher Bieter oder Bewerber ausgeschlossen, sodass ein Wettbewerb nur noch zwischen Werkstätten für Menschen mit Behinderung und Sozialwerkstätten stattfindet.[212] Vgl. → § 4 Rn. 1 ff.

(3) Besondere Ausnahmetatbestände im Sektorenbereich, §§ 137 ff. GWB. §§ 137 85
bis 140 GWB legen speziell Ausnahmen für die Vergabe von öffentlichen Aufträgen durch **Sektorenauftraggeber** fest.

§ 137 GWB verweist zu einem großen Teil auf die Ausnahmetatbestände des § 116 86
GWB, enthält daneben aber auch weitere besondere Ausnahmetatbestände für den Sektorenbereich, die zuvor zum Teil in § 100b GWB aF geregelt waren. Vgl. zu den Ausnahmetatbeständen des § 116 GWB → Rn. 58 ff. sowie die Kommentierung zu § 137 in → § 49 Rn. 1 ff.

Das **Konzernprivileg,** das bisher in § 100b Abs. 6 und 7 GWB aF geregelt war, findet 87
sich nun in § 138 GWB. Es wird durch die besondere Ausnahme für die Vergabe durch oder an ein Gemeinschaftsunternehmen in § 139 GWB ergänzt. Ratio ist in beiden Fällen, dass das Vergaberecht auch bei Beteiligung von öffentlichen Auftraggebern nicht gelten soll, solange es keinen oder nur einen geringen Marktbezug des Leistungserbringers gibt.[213]

§ 140 GWB nimmt öffentliche Aufträge über solche Tätigkeiten vom Anwendungsbe- 88
reich aus, die unmittelbar dem Wettbewerb ausgesetzt sind. Die Ausnahme fand sich zuvor

[211] § 118 GWB dient der Umsetzung v. Art. 20 Abs. 1 der RL 2014/24/EU, Art. 24 S. 1 der RL 2014/23/EU und Art. 38 Abs. 1 der RL 2014/25/EU; vgl. zudem auch die erklärte Zielsetzung im RegE zum VergRModG, BT-Drs. 18/6281, 1 f.

[212] Vgl. BT-Drs. 18/6281, 97.

[213] Vgl. Immenga/Mestmäcker/*Dreher* GWB § 100b aF Rn. 31.

in § 100b Abs. 4 Nr. 4 GWB aF und § 3 SektVO und betrifft liberalisierte Sektorenbereiche.

Vgl. dazu auch → § 49 Rn. 1 ff.

89 **(4) Besondere Ausnahme im Bereich der verteidigungs- und sicherheitsspezifischen Aufträge, § 145 GWB.** Die **besonderen** Ausnahmen für die Vergabe **verteidigungs- und sicherheitsspezifischer Aufträge** – zuvor § 100c GWB aF – sind fortan in **§ 145 GWB** geregelt, der ebenfalls neben den allgemeinen Ausnahmen der §§ 107 ff. GWB anwendbar ist. Gegenüber den neu geregelten Bereichen besteht im Verteidigungs- und Sicherheitsbereich die Besonderheit, dass die bisherige Richtlinie 2009/81/EG[214] hier weiterhin fort gilt und lediglich einige Folgeänderungen erfahren hat. Vgl. → § 57 Rn. 1 ff.

90 **(5) Besondere Ausnahmen im Bereich der Konzessionen, §§ 149, 150 GWB.** Für den nach Vorgaben der neuen **Konzessionsvergaberichtlinie** 2014/23/EU neu geregelten Bereich der Konzessionsvergaben enthalten die **§§ 149 und 150 GWB** die besonderen Ausnahmetatbestände vom Anwendungsbereich des § 148 GWB. Die in § 149 GWB geregelten Ausnahmen verweisen in den Nr. 1 bis 5 ebenfalls auf die verschiedenen Regelungen des § 116 GWB (vgl. → Rn. 58 ff.) und enthalten darüber hinaus spezielle für die Konzessionsvergabe relevante Ausnahmen (vgl. → § 63 Rn. 1 ff.).

91 **§ 150 GWB** bezieht sich auf besondere Ausnahmen für die Vergabe von **Konzessionen in den Bereichen Verteidigung und Sicherheit.** Der Begriff der Konzessionen im Bereich der Verteidigung und Sicherheit ergibt sich aus einer Gesamtschau von Art. 5 der Richtlinie 2014/23/EU und Art. 2 lit. c und d der Richtlinie 2009/81/EG, wonach es sich um solche Konzessionen handelt, deren vertragliche Regelungen Bau- und Dienstleistungskonzessionen umfassen, die im unmittelbaren Zusammenhang mit Militärausrüstung oder Ausrüstung im Rahmen eines Verschlusssachenauftrags stehen bzw. um Bau- und Dienstleistungen speziell für militärische Zwecke oder Bau- und Dienstleistungen, die im Rahmen eines Verschlusssachenauftrags vergeben werden.[215] Vgl. → § 63 Rn. 1 ff.

92 **ff) De-facto-Vergaben als weitere Ausnahme vom Anwendungsbereich des Kartellvergaberechts, § 135 GWB.** Die **§§ 134, 135 GWB** regeln die vormals in den §§ 101a, 101b GWB aF normierte **Informations- und Wartepflicht**[216] des öffentlichen Auftraggebers und die Rechtsfolgen eines Verstoßes gegen diese Verpflichtung. Darüber hinaus regelt § 135 GWB auch weiterhin die Rechtsfolgen einer unzulässigen Direktvergabe, sog. **De-facto-Vergabe.**

93 Nach § 135 Abs. 1 Nr. 2 GWB ist eine **De-facto-Vergabe** gegeben, wenn der öffentliche Auftraggeber einen Auftrag ohne vorherige Veröffentlichung einer Bekanntmachung im Amtsblatt der Europäischen Union vergeben hat, ohne dass dies aufgrund Gesetzes gestattet ist. Damit ist eine Direktvergabe ohne vorherige Veröffentlichung einer Bekanntmachung grundsätzlich unzulässig, sofern nicht ausnahmsweise „aufgrund Gesetzes gestattet". In der Folge bilden De-facto-Vergaben lediglich in den gesetzlich zugelassenen (sowie aufgrund richterlicher Rechtsfortbildung gestatteten) Ausnahmefällen eine zulässige Ausnahme vom Anwendungsbereich des Vergaberechts.

---

[214] Vergabeordnung für die Bereiche Verteidigung und Sicherheit zur Umsetzung der RL 2009/81/EG des Europäischen Parlaments und des Rates v. 13.7.2009 über die Koordinierung der Verfahren zur Vergabe bestimmter Bau-, Liefer- und Dienstleistungsaufträge in den Bereichen Verteidigung und Sicherheit und zur Änd. der RL 2004/17/EG und 2004/18/EG (Vergabeverordnung Verteidigung und Sicherheit – VSVgV) v. 12.7.2012, BGBl. I 1509, zuletzt geänd. durch Art. 5 des Gesetzes zur Regelung von Ingenieur- und Architektenleistungen und anderer Gesetze v. 12.11.2020 (BGBl. I S. 2392 f.).

[215] Vgl. BT-Drs. 18/6281, 129.

[216] Teilweise auch als „Stillhaltefrist" bezeichnet.

Neben den gesetzlichen Ausnahmefällen erlangten in diesem Zusammenhang vor der Vergaberechtsreform 2016 auch die **aufgrund richterlicher Rechtsfortbildung gestatteten Ausnahmen** vom Vergaberecht eine erhebliche Bedeutung.

Die wohl wichtigste Fallgruppe einer aufgrund richterlicher Rechtsfortbildung entwickelten Ausnahme bildeten diesbezüglich insbesondere die Fälle einer zulässigen Inhouse-Vergabe oder zulässigen interkommunalen Zusammenarbeit. Da seit der Einführung des § 108 GWB (vgl. hierzu → § 6 Rn. 1 ff.) im Rahmen der Vergaberechtsreform 2016 diesbezüglich eine gesetzliche Normierung besteht, sind diese wichtige Fallgruppen mittlerweile nicht mehr „ungeschrieben" und damit die Fälle der nicht gesetzlich normierten Ausnahmen (aktuell) weniger relevant geworden.

Eine **unzulässige** De-facto-Vergabe stellt insofern auch weiterhin eine Umgehung des 94 Vergaberechts dar, indem die Vergabestelle den Anwendungsbereich des Vergaberechts fälschlich als nicht eröffnet ansieht. Eine weitere Neuregelung wurde in diesem Zusammenhang mit der Vergaberechtsreform die Vorschrift des § 135 **Abs. 3** GWB eingeführt, wonach die Unwirksamkeit unter den dort genannten Voraussetzungen ausnahmsweise nicht eintritt. Die Regelung entspricht der EuGH-Rechtsprechung in Sachen „Fastweb SpA".[217]

Vgl. ausführlich die Kommentierung zu § 135 GWB → § 37 Rn. 40 ff.

3. Zeitlicher Anwendungsbereich: Übergangsbestimmungen des § 186 GWB

Die **Übergangsbestimmung** des **§ 186 GWB** befindet sich nicht mehr im Vierten Teil 95 des GWB, sondern im abschließenden Teil 6 des GWB. Insofern betreffen die dortigen Regelungen nicht allein die vergaberechtlichen Bestimmungen des Vierten Teils, sondern in § 186 Abs. 1 sowie Abs. 3–6 GWB gerade Regelungen der weiteren nicht-vergaberechtsrelevanten Teile des GWB.

In vergaberechtlicher Hinsicht relevant ist jedoch § 186 **Abs. 2** GWB. Danach sind Vergabeverfahren, die vor dem 18.4.2016 – und damit vor dem Inkrafttreten des reformierten Vierten Teils – begonnen haben, ebenso wie etwaige sich an diese Vergabeverfahren anschließenden Nachprüfungsverfahren, die am 18.4.2016 bereits anhängig waren, nach dem Recht zu Ende zu führen, das zum Zeitpunkt der Einleitung des Verfahrens galt.

Die Vorschrift stellt insoweit ausdrücklich klar, dass für die Anwendbarkeit der vergaberechtlichen Vorschriften jeweils auf den Zeitpunkt des Verfahrensbeginns abgestellt wird. Dabei sind für die Beurteilung des Verfahrensbeginns bloße interne Überlegungen und Vorbereitungen nicht ausreichend, hinzukommen müssen nach der Rechtsprechung hingegen darüber hinausgehende nach außen gerichtete Maßnahmen.[218] In der Regel wird damit der Zeitpunkt der Bekanntmachung maßgebend sein.

II. Anwendungsbereich der Vergabeverordnung – VgV

1. Ermächtigung zum Erlass der Vergabeverordnung, § 113 GWB

Die **Vergabeverordnung (VgV)**[219] wurde von der Bundesregierung neben der Sektoren- 96 verordnung (SektVO)[220], der Vergabeverordnung für die Bereiche Verteidigung und Si-

---

[217] Vgl. BT-Drs. 18/6281, 122 mit Verweis auf EuGH Urt. v. 11.9.2014 – C-19/13.

[218] Vgl. VK Bund Beschl. v. 20.12.2012 – VK 1-130/12, IBR 2013, 1135.

[219] Verordnung über die Vergabe öffentlicher Aufträge (Vergabeverordnung – VgV) v. 12.4.2016, BGBl. I S. 624, zuletzt geänd. durch Art. 1 der Verordnung zur Änderung der Vergabeverordnung und der Vergabeverordnung Verteidigung und Sicherheit (VgVuaÄndV) v. 12.7.2019 (BGBl. I S. 1081). Die VgV dient der Umsetzung der RL 2014/24/EU des Europäischen Parlaments und des Rates v. 26.2.2014 über die öffentliche Auftragsvergabe und zur Aufhebung der RL 2004/18/EG (ABl. L 94 v. 28.3.2014, S. 65).

[220] Verordnung über die Vergabe von öffentlichen Aufträgen im Bereich des Verkehrs, der Trinkwasserversorgung und der Energieversorgung (Sektorenverordnung – SektVO) v. 12.4.2016, BGBl. I S. 624, (657), zuletzt geänd. durch Art. 6 des Gesetzes zur Regelung von Ingenieur- und Architektenleistungen und anderer Gesetze v. 12.11.2020 (BGBl. I S. 2392 f.). Die SektVO dient der Umsetzung der RL 2014/25/

cherheit (VSVgV)[221] und der neuen Konzessionsvergabeverordnung (KonzVgV)[222] zur Umsetzung der geltenden EU-Richtlinien auf Grundlage der Ermächtigung in **§ 113 GWB** (bzw. früher § 97 Abs. 6 iVm § 127 GWB aF) erlassen und ist als solche ein Gesetz im materiellen Sinne. Die VgV trat zum 1. 2. 2001 in Kraft, wurde seither mehrmals geändert und im Rahmen der Vergaberechtsreform im Jahr 2016 gänzlich neu gefasst. Mit der Neufassung der VgV vom 12. 4. 2016 durch Art. 1 der VergRModVO[223] vom 12. 4. 2016 (sog. **Mantelverordnung**), die am 18. 4. 2016 in Kraft getreten ist, erfolgte eine Aufwertung der zuletzt hauptsächlich als „Schaltstelle" zu den nachrangigen Vergabe- und Vertragsordnungen wirkenden früheren Fassung (VgV aF). Die VgV enthält nun in Konkretisierung der §§ 97 ff. GWB zahlreiche detaillierte Bestimmungen zum Vergabeverfahren, sodass ihr damit mittlerweile eine wesentliche Bedeutung bei der öffentlichen Auftragsvergabe zukommt und die bis dahin vorherrschende „Scharnierfunktion" mehr in den Hintergrund gerückt ist. Dennoch bildet die VgV im Hinblick auf die weiterhin bestehende VOB/A-EU[224] auch künftig im fortgeltenden – wenn auch veränderten – vergaberechtlichen **Kaskadenprinzip** die notwendige Verknüpfung zwischen den kartellvergaberechtlichen Vorschriften im Vierten Teil des GWB und der nachrangigen VOB/A-EU.[225] Der früher im Oberschwellenbereich geltende 2. Abschnitt der Vergabe- und Vertragsverordnungen für Liefer- und Dienstleistungen (VOL/A-EG)[226] sowie die für oberschwellige Vergaben freiberuflicher Leistungen geltende VOF[227] wurden im Zuge der Vergaberechtsmodernisierung 2016 abgeschafft und die Bereiche in der VgV neu geregelt. Da hingegen für den Baubereich auch nach der Vergaberechtsreform 2016 an der zuvor geltenden Systematik festgehalten wurde und die detaillierten Regelungen für oberschwellige Bauvergaben im zweiten und dritten Abschnitt der VOB/A 2016 bzw. der mittlerweile geltenden Fassung von 2019 neu gefasst wurden, besteht das Kaskadenprinzip insofern fort.

2. Systematik, Anwendungsbereich und Inhalt der VgV

97 Die VgV ist damit weiter **„Schaltstelle"** für die anzuwendenden Regelungen bei der Vergabe öffentlicher Aufträge oberhalb der EU-Schwellenwerte (vgl. **§ 1 Abs. 1 VgV,** in dem für die Anwendbarkeit der VgV das Erreichen oder Überschreiten der vornehmlich in § 106 Abs. 2 GWB geregelten Schwellenwerte vorausgesetzt wird). Der Anwendungsbereich der VgV ist korrespondierend zu § 115 GWB dann eröffnet, wenn eine Vergabe von öffentlichen Aufträgen oder die Ausrichtung von Wettbewerben durch den öffentli-

EU des Europäischen Parlaments und des Rates v. 26. 2. 2014 über die Vergabe von Aufträgen im Bereich der Wasser-, Energie- und Verkehrsversorgung sowie der Postdienste und zur Aufhebung der RL 2004/17/EG (ABl. L 94 vom 28. 3. 2014, S. 243).

[221] Vergabeordnung für die Bereiche Verteidigung und Sicherheit zur Umsetzung der RL 2009/81/EG des Europäischen Parlaments und des Rates v. 13. 7. 2009 über die Koordinierung der Verfahren zur Vergabe bestimmter Bau-, Liefer- und Dienstleistungsaufträge in den Bereichen Verteidigung und Sicherheit und zur Änd. der RL 2004/17/EG und 2004/18/EG (Vergabeverordnung Verteidigung und Sicherheit – VSVgV) v. 12. 7. 2012, BGBl. I 1509, zuletzt geänd. durch Art. 5 des Gesetzes zur Regelung von Ingenieur- und Architektenleistungen und anderer Gesetze v. 12. 11. 2020 (BGBl. I S. 2392 f.).

[222] Verordnung über die Vergabe von Konzessionen (KonzVgV) v. 12. 4. 2016, BGBl. I S. 624 (683), zuletzt geänd. durch Art. 6 des Gesetzes zur Verlängerung befristeter Regelungen im Arbeitsförderungsrecht und zur Umsetzung der RL (EU) 2016/2102 über den barrierefreien Zugang zu den Websites und mobilen Anwendungen öffentlicher Stellen v. 10. 7. 2018 (BGBl. I S. 1117, 1121). Die KonzVgV dient der Umsetzung der RL 2014/23/EU des Europäischen Parlaments und des Rates v. 26. 2. 2014 über die Konzessionsvergabe (ABl. L 94 v. 28. 3. 2014, S. 1).

[223] Verordnung über die Modernisierung des Vergaberechts (Vergaberechtsmodernisierungsverordnung – VergRModVO) v. 12. 4. 2016, BGBl. I S. 624.

[224] Vergabe- und Vertragsordnung für Bauleistungen – Ausgabe 2019 – (VOB/A), idF der Bek. v. 31. 1. 2019, BAnz AT 19. 2. 2019 B2.

[225] Vgl. Hattig/Maibaum/*Beurskens* VgV § 1 Rn. 3.

[226] Vergabe- und Vertragsordnung für Leistungen (VOL) Teil A und B v. 20. 11. 2009, BAnz. Nr. 196a, ber. 2010 S. 755 – VOL/A 2009.

[227] Vergabeordnungen für freiberufliche Dienstleistungen (VOF) v. 18. 11. 2009, BAnz. Nr. 185a – VOF 2009.

chen Auftraggeber erfolgt (vgl. § 1 Abs. 1 VgV). Zur näheren Bestimmung des Anwendungsbereichs ist gemäß § 1 Abs. 2 VgV weiterhin eine **Negativabgrenzung zu den besonderen Bereichen** des dritten Abschnitts im ersten Kapitel des Vierten Teils des GWB (Sektorenbereich und verteidigungs- und sicherheitsspezifische Aufträge) sowie zur Konzessionsvergabe vorzunehmen.

a) Negativabgrenzung zu den besonderen Bereichen und Konzessionen gemäß § 1 Abs. 2 VgV. Gemäß **§ 1 Abs. 2 Nr. 1 VgV** ist diese nicht anzuwenden auf die Vergabe von öffentlichen Aufträgen und die Ausrichtung von Wettbewerben durch **Sektorenauftraggeber** zum Zweck der Ausübung einer **Sektorentätigkeit.** Damit fallen alle Vergaben nicht unter die VgV, die nach § 136 GWB dem Anwendungsbereich des Unterabschnitt 1 im Kapitel 1 Abschnitt 3 des Vierten Teils des GWB unterliegen (§§ 136–143 GWB). Die konkretisierenden Vorschriften für diesen Bereich finden sich in der **SektVO** (vgl. § 1 SektVO). Hinsichtlich der Einzelheiten wird auf die Darstellung zum Sektorenbereich verwiesen → § 49 Rn. 1 ff. 98

Ebenfalls ausgenommen vom Anwendungsbereich der VgV sind neben den Sektorentätigkeiten gemäß **§ 1 Abs. 2 Nr. 2 VgV** zudem die **Vergabe von verteidigungs- und sicherheitsspezifischen öffentlichen Aufträgen** im Sinne des § 104 Abs. 1 GWB. Für diese gelten neben den allgemeinen Vorschriften des GWB gemäß § 144 GWB und § 1 VSVgV die besonderen Vorschriften des Unterabschnitts 2 im Kapitel 1 Abschnitt 3 des Vierten Teils des GWB (§§ 144–147 GWB) nebst der Konkretisierungen in der **VSVgV.** Vgl. zu den Einzelheiten → § 57 Rn. 1 ff. 99

Darüber hinaus ist die VgV nach **§ 1 Abs. 2 Nr. 3 VgV** auch nicht auf die Vergabe von **Konzessionen durch Konzessionsgeber** anzuwenden, weil hier gemäß § 148 GWB und § 1 KonzVgV neben den allgemeinen Bestimmungen des GWB sowohl die besonderen Regelungen des Unterabschnitt 3 im Kapitel 1 Abschnitt 3 des Vierten Teils des GWB (§§ 148–154 GWB) als auch die Vorschriften der **KonzVgV** Anwendung finden. 100

Voraussetzung ist das Vorliegen einer Konzession iSd § 105 GWB, dh die Vergabe einer Bau- oder Dienstleistungskonzession durch einen Konzessionsgeber iSd § 101 GWB. Aus § 101 GWB wird deutlich, dass auch Sektorenauftraggeber mögliche Konzessionsgeber iSd § 101 Abs. 1 Nr. 2 und 3 GWB sein können. Vgl. zu den Einzelheiten → § 63 Rn. 1 ff.

In den übrigen Fällen, die nicht in den Anwendungsbereich der besonderen Vorschriften des dritten Abschnitts im ersten Kapitel (§§ 136–154 GWB) und der entsprechenden „besonderen" Vergabeverordnungen (SektVO, VSVgV, KonzVgV) fallen und damit keine Vergabe eines öffentlichen Auftrags in besonderen Bereichen oder eine Konzessionsvergabe betreffen, finden grundsätzlich die näheren Bestimmungen der **VgV** Anwendung. 101

b) Anwendbare Vorschriften bei Bauvergaben, § 2 VgV. Die VgV beinhaltet nun **sieben Abschnitte:** 102

- in Abschnitt 1 allgemeine Regelungen und Vorschriften zur Kommunikation (§§ 1 ff. VgV),
- in Abschnitt 2 die nähere Ausgestaltung des Vergabeverfahrens (§§ 14 ff. VgV),
- in Abschnitt 3 besondere Vorschriften für die Vergabe von sozialen und anderen besonderen Dienstleistungen (§§ 64 ff. VgV),
- in Abschnitt 4 Vorschriften zur Beschaffung von energieverbrauchsrelevanter Leistungen und Straßenfahrzeugen (§§ 67 f. VgV),
- in Abschnitt 5 Regelungen zu Planungswettbewerben (§§ 69 ff. VgV),
- in Abschnitt 6 besondere Vorschriften für die Vergabe von Architekten- und Ingenieursleistungen (§§ 73 ff. VgV).
- und schließlich im letzten Abschnitt 7 die Übergangs- und Schlussbestimmungen (§§ 81 f. VgV).

Die Vorschriften gelten grundsätzlich für die Vergabe von **Liefer- und Dienstleistungen.** Für die Vergabe von **Architekten- und Ingenieurleistungen,** die zuvor unter die VOF fielen, enthält die VgV seit der Vergaberechtsreform besondere Vorschriften in Abschnitt 6.

103 Für die Vergabe von **Bauaufträgen** sind gemäß **§ 2 S. 1 VgV** ebenfalls die in Abschnitt 1 und Abschnitt 2, Unterabschnitt 2 enthaltenen allgemeinen Regelungen, dh die §§ 1–13 und §§ 21–27 VgV, anzuwenden.

Die auch weiterhin bestehende „Schaltstellenfunktion" der VgV resultiert aus der in **§ 2 S. 2 VgV** enthaltenen **Verweisung,** nach der für Bauvergaben **im Übrigen** auf die Vorschriften in Teil A im 2. Abschnitt der **Vergabe- und Vertragsordnungen für Bauleistungen** (VOB/A-EU) „in der Fassung der Bekanntmachung vom 31.1.2019 (BAnz AT 19.2.2019 B2)" verwiesen wird. Es handelt sich dabei um eine statische Verweisung,[228] durch die die anzuwendenden Regelungen der **VOB/A** Gesetzesqualität erlangen und allgemein verbindlich sind.[229]

Insofern ist die Bezeichnung der VgV als „Verordnung über die Vergabe von öffentlichen Aufträgen" weiterhin zutreffend. Zwar ist der wesentliche Teil der für Bauvergaben geltenden Vorschriften der VOB/A zu entnehmen, die Anwendungsregel des § 2 S. 1 VgV sollte dennoch bei Bauvergaben beachtet und die auch auf Bauvergaben anwendbaren Vorschriften der §§ 1–13 und §§ 21–27 VgV auf Einhaltung geprüft werden.

104 Die Neustrukturierung der VgV soll zu einer einheitlicheren Regelung der vergaberechtlichen Vorschriften führen. Die Beibehaltung der zusätzlichen Vergabe- und Vertragsordnung für Bauleistungen auch für Vergaben oberhalb der Schwellenwerte (VOB/A-EU) dürfte der Intention der Vereinfachung des Vergabeverfahrens jedoch entgegenstehen und wurde im Rahmen der umfassenden Vergaberechtsreform im Jahr 2016 zum Teil als inkonsequent kritisiert.

III. Anwendungsbereich der Vergabe- und Vertragsordnung für Bauleistungen VOB/A (§ 2 S. 2 VgV iVm § 1 VOB/A-EU)

105 Der Anwendungsbereich des 2. Abschnitts der Vergabe- und Vertragsordnung für Bauleistungen der VOB/A-EU ergibt sich für den Oberschwellenbereich bereits aus § 2 S. 2 VgV (vgl. → Rn. 103 f.).

106 Die zuvor in § 6 Abs. 2 bis 6 VgV aF enthaltenen zusätzlichen Anforderungen, die bei der Vergabe von Bauleistungen zu beachten sind – sofern die Lieferung von energieverbrauchsrelevanten Waren, technischen Geräten oder Ausrüstungen ein wesentlicher Bestandteil dieser Bauleistungen ist – finden sich seit 2016 in § 8c VOB/A-EU. Nach der Verweisungsnorm des § 2 S. 2 VgV gelten für die Vergabe von Bauaufträgen im Übrigen die Regelungen des zweiten Abschnitts der VOB/A **(VOB/A-EU).** Eine entsprechende konkretisierende Regelung des Anwendungsbereichs findet sich weiterhin in **§ 1 Abs. 2 S. 1 VOB/A-EU.**

1. Persönlicher Anwendungsbereich der VOB/A-EU

107 Nach § 1 Abs. 2, § 2 VgV iVm § 1 Abs. 2 S. 1 VOB/A-EU ist der **persönliche** Anwendungsbereich der VOB/A-EU beschränkt auf **öffentliche Auftraggeber iSv § 99 GWB.** Anders als der frühere § 98 GWB aF differenziert der neue § 98 GWB bereits hinsichtlich der verschiedenen Arten von Auftraggebern und definiert Auftraggeber iSd Vierten Teils des GWB als öffentliche Auftraggeber iSd § 99 GWB, Sektorenauftraggeber iSd § 100 GWB und Konzessionsgeber iSd § 101 GWB.

---

[228] Eine dynamische Verweisung wäre nicht möglich wegen des Gesetzesvorbehalts. Denn die Vergabe- und Vertragsordnung stellt gerade kein materielles Gesetze dar, vielmehr handelt es sich hierbei lediglich um Verwaltungsvorschriften.

[229] So zur vorherigen Rechtslage auch Byok/Jaeger/*Kühnen* VgV § 1 Rn. 4; jurisPK-VergR/*Lausen* VgV § 1 Rn. 5.

Indem der heutige § 99 GWB damit lediglich noch die öffentlichen Auftraggeber, nicht jedoch die anderen Aufttraggeber iSd § 98 GWB umfasst, ist die frühere Regelung des § 6 Abs. 1 Hs. 2 VgV aF, die den persönlichen Anwendungsbereich hinsichtlich der Baukonzessionäre einschränkte, nicht mehr in die VgV 2016 übernommen worden.

2. Sachlicher Anwendungsbereich der VOB/A-EU

In **sachlicher Hinsicht** setzt die Anwendbarkeit der VOB/A-EU gemäß § 2 S. 2 VgV iVm § 1 Abs. 2 S. 1 VOB/A-EU voraus, dass es sich um die Vergabe eines **Bauauftrags** handelt und der Gesamtauftragswert des Bauauftrags ohne Umsatzsteuer mindestens dem in § 106 GWB geregelten Schwellenwert für Bauaufträge entspricht. 108

Der **Begriff des Bauauftrags** ist sowohl in § 103 Abs. 3 GWB als auch in § 1 Abs. 1 VOB/A-EU legaldefiniert. Nach **§ 103 Abs. 3 GWB** handelt es sich bei Bauaufträgen um Verträge über die Ausführung oder die gleichzeitige Planung und Ausführung von **Bauleistungen** im Zusammenhang mit einer der in Anhang II der Richtlinie 2014/24/EU (bzw. Anhang I der Richtlinie 2014/25/EU) genannten Tätigkeiten (S. 1 Nr. 1) oder eines **Bauwerkes** für den öffentlichen Auftraggeber oder Sektorenauftraggeber, das Ergebnis von Tief- oder Hochbauarbeiten ist und eine wirtschaftliche oder technische Funktion erfüllen soll (S. 1 Nr. 2). Als dritte Alternative liegt ein Bauauftrag gemäß § 103 Abs. 3 S. 2 GWB auch vor, wenn ein Dritter eine Bauleistung gemäß den vom öffentlichen Auftraggeber oder Sektorenauftraggeber genannten Erfordernissen erbringt, die Bauleistung dem Auftraggeber unmittelbar wirtschaftlich zugutekommt und dieser einen entscheidenden Einfluss auf Art und Planung der Bauleistung hat. 109

Nach § 1 Abs. 1 VOB/A-EU werden Bauaufträge ebenfalls als Verträge über die Ausführung oder die gleichzeitige Planung und Ausführung eines Bauvorhabens oder eines Bauwerks für einen **öffentlichen Auftraggeber,** das Ergebnis von Tief- oder Hochbauarbeiten ist und eine wirtschaftliche oder technische Funktion erfüllen soll oder einer dem öffentlichen Auftraggeber unmittelbar wirtschaftlich zugutekommenden Bauleistung, die Dritte gemäß den vom öffentlichen Auftraggeber genannten Erfordernissen erbringen, wobei der öffentliche Auftraggeber einen entscheidenden Einfluss auf Art und Planung des Vorhabens hat.

Die im Vergleich zu § 103 Abs. 3 GWB engere Definition des Bauauftrags, die insbesondere Sektorenauftraggeber nicht umfasst, resultiert bereits daraus, dass diese gemäß § 1 Abs. 2 VgV nicht in den Anwendungsbereich der VgV fallen und folgerichtig auch nicht vom Anwendungsbereich der VOB/A-EU umfasst werden (vgl. § 2 S. 2 VgV iVm § 1 Abs. 2 VOB/A-EU). Für die Einzelheiten zum Begriff des Bauauftrags nach § 103 Abs. 3 GWB, der im Wesentlichen mit dem des § 1 EU Abs. 1 VOB/A übereinstimmt, wird auf die diesbezügliche Kommentierung verwiesen (vgl. → § 4 Rn. 1 ff.).

Darüber hinaus fordert § 1 Abs. 2 S. 1 VOB/A-EU, dass der geschätzte Gesamtauftragswert ohne Umsatzsteuer mindestens dem für Bauaufträge geltenden **Schwellenwert des § 106 GWB** entspricht. Der Schwellenwert liegt derzeit für Bauaufträge bei 5,35 Mio. EUR (vgl. → Rn. 27 ff., → § 8 Rn. 1 ff.). Die Schätzung des Auftragswerts erfolgt gemäß § 1 EU Abs. 2 S. 2 VOB/A nach den Vorschriften in § 3 VgV (vgl. zur Auftragswertschätzung ausführlich → § 8 Rn. 1 ff.). 110

3. Zeitlicher Anwendungsbereich, § 23 VOB/A-EU aF

Die im früheren **§ 23 VOB/A-EU aF (2016)** enthaltenen Übergangsregelungen zur stufenweisen Einführung der elektronischen Vergabe ab dem 18. 4. 2016 ist aufgrund der seit dem 18. 10. 2018 für alle öffentlichen Auftraggeber zwingenden Regelungen in die aktuelle Fassung der VOB/A 2019 nicht mehr übernommen worden. 111

C. Anwendungsbereich des nationalen Vergaberechts

112 Auf nationaler Ebene findet im Unterschwellenbereich auch weiterhin das **haushaltsrechtlich geprägte nationale Vergaberecht** Anwendung. Nach **§ 55 Abs. 1** Bundeshaushaltsordnung **(BHO)** sowie den entsprechenden Regelungen in den Landeshaushaltsordnungen **(LHO)** muss der Auftragsvergabe auch im Unterschwellenbereich grundsätzlich eine öffentliche Ausschreibung vorausgehen, sofern nicht die Natur des Geschäfts oder besondere Umstände eine Ausnahme rechtfertigen. Demnach regelt § 55 Abs. 1 BHO nicht nur eine grundsätzliche Ausschreibungspflicht, sondern mit der Verpflichtung zur Vornahme einer öffentlichen Ausschreibung ist damit auch die grundsätzlich anzuwendende Vergabeverfahrensart bestimmt (zu den Vergabeverfahrensarten vgl. § 8 UVgO und § 3 VOB/A sowie die Ausführungen in → § 11 Rn. 1 ff.).

I. Persönlicher Anwendungsbereich: Nationaler Auftraggeberbegriff

113 Der **persönliche bzw. subjektive Anwendungsbereich** und damit der Auftraggeberbegriff entspricht auf rein nationaler Ebene nicht dem europarechtlich geprägten öffentlichen Auftraggeberbegriff des § 99 GWB. Die Verpflichtung zur Anwendung des nationalen Vergaberechts geht mit der Bindung an die haushaltsrechtlichen Regelungen auf Bundes-, Länder- und Kommunalebene einher und betrifft insofern grundsätzlich nur die **institutionellen öffentlichen Auftraggeber.** Im Unterschied zum funktionalen Auftraggeberbegriff des § 99 GWB sind im Unterschwellenbereich mangels einer bestehenden Verpflichtung gegenüber dem Haushaltsrechts insbesondere juristische Personen des Privatrechts nicht mit umfasst.[230]

114 Etwas anderes kann sich jedoch im Hinblick auf beihilferechtliche Einflüsse, untergesetzliche Regelungen oder auf Länder- oder Kommunalebene ergeben, sofern hier eigene vergaberechtliche Vorschriften existieren, die den Anwendungsbereich des Vergaberechts ggf. auch auf (funktionale) öffentliche Auftraggeber ausweiten. So können Zuwendungsbescheide Bedingungen und Auflagen enthalten, wonach der Zuwendungsempfänger vergaberechtliche Bestimmungen anzuwenden hat. Daneben erweitern zum Teil Landesvergabegesetze[231] oder Erlasse den Anwendungsbereich des Vergaberechts.

II. Sachlicher Anwendungsbereich des nationalen Vergaberechts

115 In **sachlicher bzw. objektiver Hinsicht** ist der Anwendungsbereich des nationalen Vergaberechts damit grundsätzlich für Beschaffungsvorhaben eines gegenüber dem Haushaltsrecht verpflichteten öffentlichen Auftraggebers eröffnet, sofern der Wert des Beschaffungsvorhabens **unterhalb** der Schwellenwerte liegt.

III. Regelungen zum nationalen Vergabeverfahren im Unterschwellenbereich

1. Allgemeines

116 Für Vergaben unterhalb der EU-Schwellenwerte unterliegen die öffentlichen Auftraggeber vergaberechtlichen Bestimmungen und Vorgaben, die aus den haushaltsrechtlichen Bestimmungen (insbes. Grundsätze der Wirtschaftlichkeit und Sparsamkeit nach § 6 HGrG), etwaigen Landesvergabegesetzen oder auch fördermittel- oder zuwendungsrechtlichen Be-

[230] So auch Reidt/Stickler/Glahs/*Glahs* Einl. Rn. 18; vgl. auch Ziekow/Völlink/*Ziekow* GWB § 99 Rn. 197.
[231] Vgl. zB § 2 Abs. 3 BbgVergG; § 2 Abs. 1 BremTTVG; § 2 Abs. 2 und 3 HmbVgG; § 2 Abs. 5 NTVergG; § 1 Abs. 4 TVgG NRW; § 2 Nr. 3 LTTG RLP; § 2 Abs. 2 LVG LSA; § 2 Abs. 3 ThürVgG. vgl. auch Ziekow/Völlink/*Ziekow* GWB § 99 Rn. 199.

dingungen und Auflagen (insbes. Allgemeine Nebenbestimmungen für Zuwendungen „AN Best") resultieren.[232]

Das **Haushaltsrecht** bestimmt grundsätzlich einen Vorrang der öffentlichen Ausschreibung, sofern nicht die Natur des Geschäfts oder besondere Umstände eine Ausnahme rechtfertigen (vgl. § 30 HGrG sowie § 55 BHO bzw. den entsprechenden LHO). Nach der insofern bestehenden grundsätzlichen Verpflichtung zur Durchführung einer öffentlichen Ausschreibung war die nähere Ausgestaltung der Vergabeverfahren im Unterschwellenbereich in den jeweiligen **ersten Abschnitten der VOL/A und der VOB/A** geregelt. Für den Bereich der öffentlichen Liefer- und Dienstleistungsaufträge unterhalb der EU-Schwellenwerte erfolgte mit Inkraftsetzen der – im Februar 2017 bekannt gemachten – **Unterschwellenvergabeverordnung (UVgO)**[233] eine schrittweise Ablösung des ersten Abschnitts der VOL/A 2009 durch die Neufassung der Allgemeinen Verwaltungsvorschriften zu § 55 BHO bzw. für die Länder durch die entsprechenden landesrechtlichen Regelungen im Umfang des jeweiligen Anwendungsbefehls.[234] Ebenso wie der frühere 1. Abschnitt der VOL/A entfaltet auch die UVgO nicht bereits mit ihrer Veröffentlichung im Bundesanzeiger, sondern erst nach Inkraftsetzung Rechtsverbindlichkeit.[235] Eine Umsetzung der UVgO erfolgte neben dem Bund bisher in zehn Bundesländern[236]. 117

Der Anwendungsbefehl für den ersten Abschnitt der VOB/A folgte bislang, zumindest für juristische Personen des öffentlichen Rechts, aus den aufgrund von § 55 Abs. 2 BHO erlassenen Verwaltungsanweisungen.[237] Für juristische Personen des Privatrechts kann sich eine Anwendungsverpflichtung hingegen aufgrund von entsprechenden Regelungen in den Landesvergabegesetzen oder einer Selbstbindung in Form der Satzung oder des Gesellschafterbeschlusses ergeben.[238] Darüber hinaus besteht auch die Möglichkeit, dass sich der öffentliche Auftraggeber im Wege der Selbstbindung freiwillig den vergaberechtlichen Vorschriften unterwirft oder aber – in der Praxis häufig – durch Allgemeine Nebenbestimmungen für Zuwendungsbescheide (zB AN Best-P) zur Einhaltung vergaberechtlicher Vorgaben gezwungen ist.[239]

In Ausnahmefällen ist der Auftraggeber jedoch auch bei Unterschwellenvergaben dann zur Einhaltung der Grundsätze der Transparenz und Gleichbehandlung aus dem EU-Primärrecht verpflichtet, wenn die Auftragsvergabe eine grenzüberschreitende Bedeutung und damit eine sog. **„Binnenmarktrelevanz"** aufweist.[240] Mit dem Erreichen der Schwellenwerte geht lediglich die **unwiderlegbare Vermutung** einer Binnenmarktrelevanz des zu vergebenden Auftrags einher, wodurch jedoch die Annahme einer Binnenmarktrelevanz unterhalb der Schwellenwerte keineswegs ausgeschlossen ist. Das Vorliegen einer **konkreten Binnenmarktrelevanz** stellt im Unterschwellenbereich allerdings die Ausnahme dar und bedarf insofern einer Begründung. Sie kann insbesondere dann anzunehmen sein, wenn das Auftragsvolumen eine Größe aufzeigt, die bei Wirtschaftsteilnehmern aus anderen EU-Mitgliedsstaaten zu einem Interesse an der Auftragsdurchführung führen kann. Dies ist daher umso eher anzunehmen, je näher der geschätzte Auftragswert an die Schwellenwerte heranreicht. Andere Kriterien zur Beurteilung der konkreten Binnenmarktrelevanz sind die Art des zu vergebenden Auftrags und der Ort der Auftragsausführung. Insofern dürfte insbesondere in grenznahen Gebieten zu anderen Mitgliedsstaaten 118

---

[232] So auch KKPP/*Röwekamp* GWB § 106 Rn. 12.

[233] Verfahrensordnung für die Vergabe öffentlicher Liefer- und Dienstleistungsaufträge unterhalb der EU-Schwellenwerte (Unterschwellenvergabeordnung – UVgO), Ausgabe 2017 v. 7.2.2017, BAnz AT 7.2.2017 B1.

[234] Vgl. Vorb. zur Bek. der UVgO 2017, v. 2.2.2017, BAnz AT 7.2.2017 B1.

[235] Vgl. BMWi-Erläuterungen zur UVgO 2017 in der Fassung v. 7.2.2017, BAnz AT 7.2.2017 B2, S. 2.

[236] Stand: 2019. Zwischenzeitliche Änderungen vorbehalten.

[237] Vgl. KKPP/*Röwekamp* GWB § 106 Rn. 13; jurisPK-VergR/*Zeiss* Einl. VergR Rn. 173; Reidt/Stickler/Glahs/*Glahs* Einl. Rn. 16.

[238] Vgl. KKPP/*Röwekamp* § 106 GWB Rn. 13.

[239] Vgl. auch KKPP/*Röwekamp* GWB § 106 Rn. 14.

[240] Vgl. auch BMWi-Erläuterungen zur UVgO 2017 idF v. 7.2.2017, BAnz AT 7.2.2017 B2, S. 2.

der EU eine konkrete Binnenmarktrelevanz auch unabhängig vom Auftragsvolumen anzunehmen sein.

118a Im Hinblick auf die aktuell im Jahr 2020 bestehenden Auswirkungen im Zusammenhang mit der Covid-19-Pandemie (SARS-CoV-2) wurden von Bund und Ländern verschiedene Maßnahmen ergriffen, um die schnelle und effiziente Durchführung von Vergabeverfahren zur Beschaffung von Leistungen zur Eindämmung der Pandemie und zur Aufrechterhaltung des Dienstbetriebs der öffentlichen Verwaltung zu gewährleisten.[241] Dabei begründen die Rundschreiben, Maßgaben, Leitlinien und Verwaltungsvorschriften keine neuen Ausnahmen vom Anwendungsbereich des Vergaberechts. Die Frage, ob der Anwendungsbereich eröffnet ist, muss daher nach den allgemeinen Regeln und Grundsätzen überprüft werden. Ist das Vergaberecht anwendbar, enthalten die Maßgaben jedoch erhebliche Vereinfachungen und Erleichterungen insbesondere im Hinblick auf die Wahl der Verfahrensarten durch erhöhte Wertgrenzen iSd § 8 Abs. 4 Nr. 17 UVgO sowie § 3a VOB/A sowie weitere Klarstellungen zur Begründung und Durchführung von Dringlichkeitsvergaben.[242]

2. UVgO und VOB/A

119 **a) Anwendungsbereich für öffentliche Liefer- und Dienstleistungsaufträge nach § 1 UVgO.** Nach **§ 1 Abs. 1 UVgO** gelten die Regelungen der UVgO grundsätzlich – in Abhängigkeit des jeweiligen Anwendungsbefehls und der entsprechenden Umsetzung – für die Vergabe von **öffentlichen Liefer- und Dienstleistungsaufträgen und Rahmenvereinbarungen,** die **nicht dem 4. Teil des GWB unterliegen,** weil ihr geschätzter Auftragswert ohne Umsatzsteuer die Schwellenwerte gemäß § 106 GWB unterschreitet (→ Rn. 25 ff.).

Anders als der frühere § 1 VOL/A definiert § 1 Abs. 1 UVgO damit den Anwendungsbereich positiv. Eine Negativabgrenzung zu Bauleistungen oder freiberuflichen Leistungen[243] ist insofern im Wortlaut nicht mehr enthalten. Im Hinblick auf die freiberuflichen Leistungen ist der Verzicht jedoch nicht bloß stilistisch geprägt, sondern dem Umstand geschuldet, dass die UVgO – im Gegensatz zur VOL/A – nun **auch Regelungen für freiberufliche Leistungen** umfasst (vgl. § 50 UVgO).

120 **§ 1 Abs. 2 UVgO** enthält darüber hinaus eine **Ausnahmeregelung,** wonach ausdrücklich die Sachverhalte auch vom Anwendungsbereich der UVgO ausgenommen werden, für die in **§§ 107, 108, 109, 116, 117 oder 145 GWB** Ausnahmen von der Anwendbarkeit des 4. Teils des GWB vorgesehen sind. Mit der Übertragung der Ausnahmevorschriften aus dem Kartellvergaberecht erfolgt insofern eine Klarstellung dahingehend, dass bei Vorliegen eines entsprechenden Ausnahmetatbestandes weder die für Oberschwellen- noch für Unterschwellenvergaben geltenden Vorschriften angewendet werden müssen.[244]

120a Ebenso erklärt **§ 1 Abs. 3 UVgO** die Regelung zu **vorbehaltenen Aufträgen** nach § 118 GWB auch im Geltungsbereich der UVgO für entsprechend anwendbar. Somit

[241] Vgl. Rundschreiben des BMWi zur Anwendung des Vergaberechts im Zusammenhang mit der Beschaffung von Leistungen zur Eindämmung der Ausbreitung des neuartigen Coronavirus SARS-CoV-2 v. 19. 3. 2020.

[242] Vgl. Rundschreiben des BMWi zur Anwendung des Vergaberechts im Zusammenhang mit der Beschaffung von Leistungen zur Eindämmung der Ausbreitung des neuartigen Coronavirus SARS-CoV-2 v. 19. 3. 2020; sowie entsprechende Verwaltungsvorschriften auf Landesebene zB Bayern: Verwaltungsvorschrift zum öffentlichen Auftragswesen (VVöA) v. 24. 3. 2020, BayMBl. Nr. 155; Niedersachen: Nds.Wertgrenzenverordnung (NWertVO) v. 3. 4. 2020, Nds. GVBl. Nr. 8/2020 v. 7. 4. 2020.

[243] Vgl. § 1 VOL/A 2009: „Die folgenden Regeln gelten für die Vergabe von öffentlichen Aufträgen über Leistungen (Lieferungen und Dienstleistungen). Sie gelten nicht für Bauleistungen, die unter die Vergabe- und Vertragsordnung für Bauleistungen – VOB – fallen und für Leistungen, die im Rahmen einer freiberuflichen Tätigkeit erbracht oder im Wettbewerb mit freiberuflich Täti-gen angeboten werden. Die Bestimmungen der Haushaltsordnungen bleiben unberührt."

[244] Vgl. BMWi-Erläuterungen zur UVgO 2017 idF v. 7. 2. 2017, BAnz AT 7. 2. 2017 B2, S. 2.

kann auch im Unterschwellenbereich ein Vorbehalt öffentlicher Aufträge für Werkstätten mit Behinderungen oder Sozialunternehmen vorgesehen werden, sofern diese mindestens 30% benachteiligte Personen beschäftigen.[245]

Im Hinblick auf den **persönlichen Anwendungsbereich** enthält die UVgO im Gegensatz zu den Vorschriften des 4. Teils des GWB keine gesonderte Regelung zum „Auftraggeber". Die Klarstellung des persönlichen Anwendungsbereichs muss insofern jeweils im Anwendungsbefehl des Bundes und der Länder festgelegt werden.[246] Als Grund werden in den Erwägungen des Bundesministeriums für Wirtschaft und Energie (BMWi) zur UVgO divergierende Traditionen in den Ländern genannt, welche staatlichen und halbstaatlichen Institutionen das Unterschwellenvergaberecht jeweils anzuwenden haben.[247] 120b

Darüber hinaus enthält die UVgO Regelungen zu den einzuhaltenden Grundsätzen, den Vergabeverfahrensarten sowie zum Vergabeverfahrensablauf. Strukturell orientiert sich die UVgO an der für öffentliche Aufträge oberhalb der EU-Schwellenwerte geltenden VgV 2016.[248]

b) Bauleistungen nach § 1 VOB/A. Für **Bauleistungen** im Unterschwellenbereich gilt auch weiterhin der 1. Abschnitt der **VOB/A.** Die aktuelle VOB/A 2019 enthält keine gesonderte Regelung zum Anwendungsbereich, sondern definiert in **§ 1 VOB/A** lediglich den Begriff der **Bauleistungen iSd nationalen Verständnisses.** Der Anwendungsbereich der VOB/A 1. Abschnitt für die Vergabe öffentlicher Bauaufträge im Unterschwellenbereich folgt dann jedoch im Umkehrschluss aus § 1 EU Abs. 2 VOB/A; § 1 Abs. 2 Nr. 1 VS VOB/A und § 1 Abs. 1 UVgO. 121

Bauleistungen sind nach der Legaldefinition in **§ 1 VOB/A** Arbeiten jeder Art, durch die eine bauliche Anlage hergestellt, instand gehalten, geändert oder beseitigt wird. Die Definition weicht damit von der europarechtlich geprägten Definition in § 103 Abs. 3 GWB und § 1 Abs. 1 VOB/A-EU ab (vgl. → Rn. 108 f.). 122

Darüber hinaus enthält der erste Abschnitt der VOB/A – ebenso wie die UVgO für den Liefer- und Dienstleistungsbereich – Regelungen zu den einzuhaltenden Grundsätzen, den Vergabeverfahrensarten sowie zum Vergabeverfahrensablauf. Der 1. Abschnitt der VOB/A ist dabei dem 2. Abschnitt sehr ähnlich.

D. Anwendungsbereich des 3. Abschnitts der VOB/A (VOB/A-VS)

Der darüber hinaus bestehende dritte Abschnitt der VOB/A betrifft die **Sondervorschriften** für die Vergabe von verteidigungs- und sicherheitsspezifischen Bauaufträgen, vgl. **§ 1 Abs. 2 VOB/A-VS.** Vgl. zu den Einzelheiten die Darstellung in → § 57 Rn. 1 ff. 123

E. Besonderheiten im Zusammenhang mit der Covid-19-Pandemie

Im Hinblick auf die aktuell im Jahr 2020 bestehenden Auswirkungen im Zusammenhang mit der Covid-19-Pandemie (SARS-CoV-2) wurden von der EU-Kommission[249] sowie auch auf nationaler Ebene von Bund und Ländern verschiedene Maßnahmen ergriffen, um die schnelle und effiziente Durchführung von Vergabeverfahren zur Beschaffung von Leistungen zur Eindämmung der Pandemie und zur Aufrechterhaltung des Dienstbetriebs 124

[245] Vgl. BMWi-Erläuterungen zur UVgO 2017 idF v. 7.2.2017, BAnz AT 7.2.2017 B2, S. 2.
[246] Vgl. BMWi-Erläuterungen zur UVgO 2017 idF v. 7.2.2017, BAnz AT 7.2.2017 B2, S. 2.
[247] Vgl. BMWi-Erläuterungen zur UVgO 2017 idF v. 7.2.2017, BAnz AT 7.2.2017 B2, S. 2.
[248] Vgl. zur UVgO die Vorb. zur Bek. der UVgO 2017, v. 2.2.2017, BAnz AT 7.2.2017 B1.
[249] MITTEILUNG DER KOMMISSION Leitlinien der Europäischen Kommission zur Nutzung des Rahmens für die Vergabe öffentlicher Aufträge in der durch die COVID-19-Krise verursachten Notsituation (2020/C 108 I/01).

der öffentlichen Verwaltung zu gewährleisten.[250] Dabei begründen die Rundschreiben, Maßgaben, Leitlinien und Verwaltungsvorschriften keine neuen Ausnahmen vom Anwendungsbereich des Vergaberechts. Die Frage, ob der Anwendungsbereich eröffnet ist, muss daher nach den allgemeinen Regeln und Grundsätzen überprüft werden. Ist das Vergaberecht anwendbar, enthalten die Maßgaben jedoch erhebliche Vereinfachungen und Erleichterungen insbesondere im Hinblick auf die Wahl der Verfahrensarten durch erhöhte Wertgrenzen iSd § 8 Abs. 4 Nr. 17 UVgO sowie § 3a VOB/A sowie weitere Klarstellungen zur Begründung und Durchführung von Dringlichkeitsvergaben.[251]

[250] Vgl. Rundschreiben des BMWi zur Anwendung des Vergaberechts im Zusammenhang mit der Beschaffung von Leistungen zur Eindämmung der Ausbreitung des neuartigen Coronavirus SARS-CoV-2 v. 19. 3. 2020.

[251] Vgl. Rundschreiben des BMWi zur Anwendung des Vergaberechts im Zusammenhang mit der Beschaffung von Leistungen zur Eindämmung der Ausbreitung des neuartigen Coronavirus SARS-CoV-2 v. 19. 3. 2020 sowie entsprechende Verwaltungsvorschriften auf Landesebene zB Bayern: Verwaltungsvorschrift zum öffentlichen Auftragswesen (VVöA) v. 24. 3. 2020, BayMBl. Nr. 155; Niedersachen: Nds.Wertgrenzenverordnung (NWertVO) v. 3. 4. 2020, Nds. GVBl. Nr. 8/2020 v. 7. 4. 2020. Vgl. auch Artt. 3 bis 6 des Gesetzes zur Regelung von Ingenieur- und Architektenleistungen und anderer Gesetze v. 12. 11. 2020 (BGBl. I S. 2392 f.).

§ 3 Auftraggeber

Übersicht

GWB: §§ 98, 99, 100, 101, 102

§ 98 GWB Auftraggeber

Auftraggeber im Sinne dieses Teils sind öffentliche Auftraggeber im Sinne des § 99, Sektorenauftraggeber im Sinne des § 100 und Konzessionsgeber im Sinne des § 101.

§ 99 GWB Öffentliche Auftraggeber

Öffentliche Auftraggeber sind
1. Gebietskörperschaften sowie deren Sondervermögen,
2. andere juristische Personen des öffentlichen und des privaten Rechts, die zu dem besonderen Zweck gegründet wurden, im Allgemeininteresse liegende Aufgaben nichtgewerblicher Art zu erfüllen, sofern
   a) sie überwiegend von Stellen nach Nummer 1 oder 3 einzeln oder gemeinsam durch Beteiligung oder auf sonstige Weise finanziert werden,
   b) ihre Leitung der Aufsicht durch Stellen nach Nummer 1 oder 3 unterliegt oder
   c) mehr als die Hälfte der Mitglieder eines ihrer zur Geschäftsführung oder zur Aufsicht berufenen Organe durch Stellen nach Nummer 1 oder 3 bestimmt worden sind;
   dasselbe gilt, wenn diese juristische Person einer anderen juristischen Person des öffentlichen oder privaten Rechts einzeln oder gemeinsam mit anderen die überwiegende Finanzierung gewährt, über deren Leitung die Aufsicht ausübt oder die Mehrheit der Mitglieder eines zur Geschäftsführung oder Aufsicht berufenen Organs bestimmt hat,
3. Verbände, deren Mitglieder unter Nummer 1 oder 2 fallen,
4. natürliche oder juristische Personen des privaten Rechts sowie juristische Personen des öffentlichen Rechts, soweit sie nicht unter Nummer 2 fallen, in den Fällen, in denen sie für Tiefbaumaßnahmen, für die Errichtung von Krankenhäusern, Sport-, Erholungs- oder Freizeiteinrichtungen, Schul-, Hochschul- oder Verwaltungsgebäuden oder für damit in Verbindung stehende Dienstleistungen und Wettbewerbe von Stellen, die unter die

Nummern 1, 2 oder 3 fallen, Mittel erhalten, mit denen diese Vorhaben zu mehr als 50 Prozent subventioniert werden.

§ 100 GWB Sektorenauftraggeber

(1) Sektorenauftraggeber sind
1. öffentliche Auftraggeber gemäß § 99 Nummer 1 bis 3, die eine Sektorentätigkeit gemäß § 102 ausüben,
2. natürliche oder juristische Personen des privaten Rechts, die eine Sektorentätigkeit gemäß § 102 ausüben, wenn
   a) diese Tätigkeit auf der Grundlage von besonderen oder ausschließlichen Rechten ausgeübt wird, die von einer zuständigen Behörde gewährt wurden, oder
   b) öffentliche Auftraggeber gemäß § 99 Nummer 1 bis 3 auf diese Personen einzeln oder gemeinsam einen beherrschenden Einfluss ausüben können.

(2) Besondere oder ausschließliche Rechte im Sinne von Absatz 1 Nummer 2 Buchstabe a sind Rechte, die dazu führen, dass die Ausübung dieser Tätigkeit einem oder mehreren Unternehmen vorbehalten wird und dass die Möglichkeit anderer Unternehmen, diese Tätigkeit auszuüben, erheblich beeinträchtigt wird. Keine besonderen oder ausschließlichen Rechte in diesem Sinne sind Rechte, die aufgrund eines Verfahrens nach den Vorschriften dieses Teils oder aufgrund eines sonstigen Verfahrens gewährt wurden, das angemessen bekannt gemacht wurde und auf objektiven Kriterien beruht.

(3) Die Ausübung eines beherrschenden Einflusses im Sinne von Absatz 1 Nummer 2 Buchstabe b wird vermutet, wenn ein öffentlicher Auftraggeber gemäß § 99 Nummer 1 bis 3
1. unmittelbar oder mittelbar die Mehrheit des gezeichneten Kapitals des Unternehmens besitzt,
2. über die Mehrheit der mit den Anteilen am Unternehmen verbundenen Stimmrechte verfügt oder
3. mehr als die Hälfte der Mitglieder des Verwaltungs-, Leitungs- oder Aufsichtsorgans des Unternehmens bestellen kann.

§ 101 GWB Konzessionsgeber

(1) Konzessionsgeber sind
1. öffentliche Auftraggeber gemäß § 99 Nummer 1 bis 3, die eine Konzession vergeben,
2. Sektorenauftraggeber gemäß § 100 Absatz 1 Nummer 1, die eine Sektorentätigkeit gemäß § 102 Absatz 2 bis 6 ausüben und eine Konzession zum Zweck der Ausübung dieser Tätigkeit vergeben,
3. Sektorenauftraggeber gemäß § 100 Absatz 1 Nummer 2, die eine Sektorentätigkeit gemäß § 102 Absatz 2 bis 6 ausüben und eine Konzession zum Zweck der Ausübung dieser Tätigkeit vergeben.

(2) § 100 Absatz 2 und 3 gilt entsprechend.

§ 102 GWB Sektorentätigkeiten

(1) Sektorentätigkeiten im Bereich Wasser sind
1. die Bereitstellung oder das Betreiben fester Netze zur Versorgung der Allgemeinheit im Zusammenhang mit der Gewinnung, der Fortleitung und der Abgabe von Trinkwasser,
2. die Einspeisung von Trinkwasser in diese Netze.

Als Sektorentätigkeiten gelten auch Tätigkeiten nach Satz 1, die im Zusammenhang mit Wasserbau-, Bewässerungs- oder Entwässerungsvorhaben stehen, sofern die zur Trinkwasserversorgung bestimmte Wassermenge mehr als 20 Prozent der Gesamtwassermenge ausmacht, die mit den entsprechenden Vorhaben oder Bewässerungs- oder Entwässerungsanlagen zur Verfügung gestellt wird oder die im Zusammenhang mit der Abwasserbeseitigung oder -behandlung steht. Die Einspeisung von Trinkwasser in feste Netze zur Versorgung der Allgemeinheit durch einen Sektorenauftraggeber nach § 100 Absatz 1

Nummer 2 gilt nicht als Sektorentätigkeit, sofern die Erzeugung von Trinkwasser durch den betreffenden Auftraggeber erfolgt, weil dessen Verbrauch für die Ausübung einer Tätigkeit erforderlich ist, die keine Sektorentätigkeit nach den Absätzen 1 bis 4 ist, und die Einspeisung in das öffentliche Netz nur von dem Eigenverbrauch des betreffenden Auftraggebers abhängt und bei Zugrundelegung des Durchschnitts der letzten drei Jahre einschließlich des laufenden Jahres nicht mehr als 30 Prozent der gesamten Trinkwassererzeugung des betreffenden Auftraggebers ausmacht.

(2) Sektorentätigkeiten im Bereich Elektrizität sind

1. die Bereitstellung oder das Betreiben fester Netze zur Versorgung der Allgemeinheit im Zusammenhang mit der Erzeugung, der Fortleitung und der Abgabe von Elektrizität,
2. die Einspeisung von Elektrizität in diese Netze, es sei denn,
   a) die Elektrizität wird durch den Sektorenauftraggeber nach § 100 Absatz 1 Nummer 2 erzeugt, weil ihr Verbrauch für die Ausübung einer Tätigkeit erforderlich ist, die keine Sektorentätigkeit nach den Absätzen 1 bis 4 ist, und
   b) die Einspeisung hängt nur von dem Eigenverbrauch des Sektorenauftraggebers ab und macht bei Zugrundelegung des Durchschnitts der letzten drei Jahre einschließlich des laufenden Jahres nicht mehr als 30 Prozent der gesamten Energieerzeugung des Sektorenauftraggebers aus.

(3) Sektorentätigkeiten im Bereich von Gas und Wärme sind

1. die Bereitstellung oder das Betreiben fester Netze zur Versorgung der Allgemeinheit im Zusammenhang mit der Erzeugung, der Fortleitung und der Abgabe von Gas und Wärme,
2. die Einspeisung von Gas und Wärme in diese Netze, es sei denn,
   a) die Erzeugung von Gas oder Wärme durch den Sektorenauftraggeber nach § 100 Absatz 1 Nummer 2 ergibt sich zwangsläufig aus der Ausübung einer Tätigkeit, die keine Sektorentätigkeit nach den Absätzen 1 bis 4 ist, und
   b) die Einspeisung zielt nur darauf ab, diese Erzeugung wirtschaftlich zu nutzen und macht bei Zugrundelegung des Durchschnitts der letzten drei Jahre einschließlich des laufenden Jahres nicht mehr als 20 Prozent des Umsatzes des Sektorenauftraggebers aus.

(4) Sektorentätigkeiten im Bereich Verkehrsleistungen sind die Bereitstellung oder das Betreiben von Netzen zur Versorgung der Allgemeinheit mit Verkehrsleistungen per Eisenbahn, automatischen Systemen, Straßenbahn, Trolleybus, Bus oder Seilbahn; ein Netz gilt als vorhanden, wenn die Verkehrsleistung gemäß den von einer zuständigen Behörde festgelegten Bedingungen erbracht wird; dazu gehören die Festlegung der Strecken, die Transportkapazitäten und die Fahrpläne.

(5) Sektorentätigkeiten im Bereich Häfen und Flughäfen sind Tätigkeiten im Zusammenhang mit der Nutzung eines geografisch abgegrenzten Gebiets mit dem Zweck, für Luft-, See- oder Binnenschifffahrtsverkehrsunternehmen Flughäfen, See- oder Binnenhäfen oder andere Terminaleinrichtungen bereitzustellen.

(6) Sektorentätigkeiten im Bereich fossiler Brennstoffe sind Tätigkeiten zur Nutzung eines geografisch abgegrenzten Gebiets zum Zweck

1. der Förderung von Öl oder Gas oder
2. der Exploration oder Förderung von Kohle oder anderen festen Brennstoffen.

(7) Für die Zwecke der Absätze 1 bis 3 umfasst der Begriff „Einspeisung" die Erzeugung und Produktion sowie den Groß- und Einzelhandel. Die Erzeugung von Gas fällt unter Absatz 6.

Literatur:
Boldt, Müssen gesetzliche Krankenkassen das Vergaberecht beachten?, NJW 2005, 3757; *Burgi,* Die Zukunft des Vergaberechts, NZBau 2009, 609; *Byok,* Das neue Vergaberecht, NJW 1998, 2774; *Byok/Goodarzi,* Messegesellschaften und Auftragsvergabe, NVwZ 2006, 281; *Byok/Jansen,* Die Stellung gesetzlicher Krankenkassen als öffentliche Auftraggeber, NVwZ 2005, 53; *Dietlein,* Der Begriff des funktionalen Auftraggebers nach § 98 Nr. 2 GWB, NZBau 2002, 136; *Dörr,* Das europäisierte Vergaberecht in Deutschland, JZ 2004, 703; *Dreher,* Öffentlich-rechtliche Anstalten und Körperschaften im Kartellvergaberecht – Der Auftraggeberbegriff vor dem Hintergrund von Selbstverwaltung, Rechtsaufsicht und Finanzierung durch Zwangsbeiträge, NZBau 2005, 297; *Dreher,* Der Anwendungsbereich des Kartellvergaberechts, DB 1998, 2579; *Endler,* Privatisierungen und Vergaberecht, NZBau 2002, 125; *Eschenbruch/Hunger,* Selbstverwaltungskörperschaften als öffentlicher Auftraggeber – Unterliegen Selbstverwaltungsinstitutionen der Freiberufler wie Rechtsanwalts- und Ärztekammern und deren Versorgungseinrichtungen dem Kartellvergaberecht?, NZBau 2003, 471; *Gabriel,* Vergaberechtliche Auftraggebereigenschaft öffentlicher und privater Kreditinstitute – vor und nach dem Finanzmarktstabilisierungsgesetz, NZBau 2009, 282; *Günther,* Die Auftraggebereigenschaft der Personenverkehrsgesellschaften der Deutschen Bahn AG, ZfBR 2008, 454; *Haug/Immoor,* Ist die Qualifizierung der DB AG als Auftraggeberin nach § 98 Nr. 2 GWB noch zeitgemäß? Zu den Voraussetzungen und Folgen des Anwendungsbereiches nach § 98 Nr. 2, 4 GWB; *Hausmann/Bultmann,* Zur Auftraggebereigenschaft von Wohnungsunternehmen und zur Nichtigkeit und Nachprüfbarkeit von De-facto-Vergaben, ZfBR 2005, 309; *Heuvels,* Mittelbare Staatsfinanzierung und Begriff des funktionalen Auftraggebers, NZBau 2008, 166; *Huber/Wollenschläger,* Post und Vergaberecht, VergabeR 2006, 431; *Höfler/Braun,* Private Banken als öffentliche Auftraggeber – Vergaberechtliche Implikationen des staatlichen Rettungspakets, NZBau 2009, 5; *Jochum,* Die deutschen Landesbanken und Girozentralen am Ende einer langen Tradition? Ein Beitrag zur vergabe- und wettbewerbsrechtlichen Stellung der deutschen Landesbanken und Girozentralen, NZBau 2002, 69; Kingreen, Vergaberechtliche Anforderungen an die sozialrechtliche Leistungserbringung, in Pünder/Prieß (Hrsg.), Vergaberecht im Umbruch (2005), 89 ff.; *Korthals,* Sind öffentliche Rundfunkanstalten öffentliche Auftraggeber im Sinne des Vergaberechts?, NZBau 2006, 215; *Kratzenberg,* Der Begriff des „Öffentlichen Auftraggebers" und der Entwurf des Gesetzes zur Modernisierung des Vergaberechts, NZBau 2009, 103; *Pielow/Booz,* Industrie- und Handelskammern als öffentliche Auftraggeber, GewArch 2015, 12; *Pietzcker,* Die neue Gestalt des Vergaberechts, ZHR 162 (1998), 427; *Prieß/Marx/Hölzl,* Unternehmen des Schienengüterverkehrs: Auftraggeber iS von § 98 GWB; *Rechten,* Der Auftraggeberbegriff im Wandel, NZBau 2014, 667; *Reinold,* Zum vergaberechtlichen Status von juristischen Personen des Privatrechts, ZIP 2000, 2; *Roth,* Kontrolle und Aufsicht über Unternehmen des privaten Rechts – Grenzen des funktionalen Auftraggeberbegriffs in § 98 Nr. 2 GWB, VergabeR 2003, 397; *Schlette,* Der Begriff des „öffentlichen Auftraggebers" im EG-Vergaberecht, EuR 2000, 119; *Schneider,* Die Vergabeentscheidung beim Abschluss von Konzessionsverträgen nach dem EnWG – Eignungs- und Zuschlagskriterien im strukturierten Wettbewerbsverfahren, VR 2012, 153; *Schröder,* Rechtlich privilegierte Sektorenauftraggeber nach § 98 Nr. 4 GWB, NZBau 2012, 541; *von Strenge,* Auftraggebereigenschaft wegen Beherrschung durch ausländische Gebietskörperschaften, NZBau 2011, 17; *Wagner/Wiegand,* Auftraggebereigenschaft gemischtwirtschaftlicher Gesellschaften und Nichtigkeit von De-facto-Vergaben, NZBau 2003, 369; *Ziekow,* Die vergaberechtliche Auftraggebereigenschaft konzernverbundener Unternehmen, NZBau 2004, 181; *Ziekow,* Der Faktor Zeit bei der Vergabe: Schafft das Vergaberecht Berechenbarkeit?, VergabeR 2010, 861

A. Einleitung

1 Der Begriff des Auftraggebers ist einer der **Kernbegriffe des GWB-Vergaberechts.** Er bestimmt den persönlichen Anwendungsbereich des GWB-Vergaberechts. Die §§ 97 ff. GWB sind anwendbar, wenn ein Auftraggeber im Sinne des § 98 GWB einen öffentlichen Auftrag (dazu → § 4 Rn. 1 ff.) oder eine Konzession (dazu → § 62 Rn. 1 ff., → § 63 Rn. 1 ff.) vergibt, dessen bzw. deren Wert den festgelegten Schwellenwert erreicht oder überschreitet (dazu → § 8 Rn. 1 ff.) und kein Ausnahmetatbestand einschlägig ist (dazu → § 2 Rn. 1 ff.).

Der Auftraggeberbegriff wurde im Zuge der Vergaberechtsmodernisierung 2016 neu strukturiert. § 98 GWB normiert den „Auftraggeber" nunmehr als Oberbegriff zum öffentlichen Auftraggeber (§ 99 GWB), Sektorenauftraggeber (§ 100 GWB) und Konzessionsgeber (§ 101 GWB).

2 § 99 GWB regelt den Begriff des **öffentlichen Auftraggebers.** Anwendung und Auslegung des § 99 GWB werden maßgeblich von den EU-Richtlinienvorgaben geprägt. Der persönliche Anwendungsbereich der RL 2014/24/EU sollte im Zuge der Novellierung

2014 nicht geändert werden.[1] Nach ständiger Rechtsprechung des EuGH ist der Begriff des öffentlichen Auftraggebers sowohl funktional als auch weit zu verstehen.[2] Für die Auftraggebereigenschaft kommt es danach nicht auf die institutionelle Zugehörigkeit zum Staat an. Auch nicht öffentlich-rechtlich verfasste Einrichtungen können öffentliche Auftraggeber sein. Normativ wurde der Wechsel vom institutionellen zum **funktionalen Auftraggeberbegriff** im EG-Sekundärrecht spätestens durch die Einbeziehung der „Einrichtungen des öffentlichen Rechts" durch die erste Änderungsrichtlinie zur ursprünglichen BKR[3] und LKR[4] vollzogen.[5] Das funktionale Verständnis dient der Gewährleistung der praktischen Wirksamkeit des Gemeinschaftsrechts *(effet utile)*, insbesondere der Grundfreiheiten.[6] Die öffentliche Hand soll sich nicht durch formelle Aufgabenprivatisierung von den Bindungen des Vergaberechts lösen können, dh eine „Flucht ins Privatrecht" soll verhindert werden.[7]

§ 99 GWB lehnt sich an die Definitionen in Art. 2 Abs. 1 Nr. 2 und Nr. 4 RL 2014/24/EU an, übernimmt diese aber nicht eins zu eins. Nach Art. 2 Abs. 1 Nr. 2 RL 2014/24/EU sind öffentliche Auftraggeber der Staat, die Gebietskörperschaften, die Einrichtungen des öffentlichen Rechts und die Verbände, die aus einer oder mehreren dieser Körperschaften oder Einrichtungen des öffentlichen Rechts bestehen. § 99 GWB untergliedert den Begriff des öffentlichen Auftraggebers ebenfalls in verschiedene **Auftraggebergruppen.** Gebietskörperschaften (Bund, Länder, Kommunen) und ihre Sondervermögen fallen unter § 99 Nr. 1 GWB. Diese unmittelbaren Einrichtungen des Staates werden auch als „klassische" öffentliche Auftraggeber bezeichnet. § 99 Nr. 2 GWB erfasst die „funktionalen" öffentlichen Auftraggeber (in der Richtlinie als „Einrichtungen des öffentlichen Rechts" bezeichnet). Dabei handelt es sich um juristische Personen des öffentlichen oder privaten Rechts, die in einem besonderen Näheverhältnis zum Staat stehen. Aus Mitgliedern der „klassischen" oder „funktionalen" öffentlichen Auftraggeber gebildete Verbände unterfallen § 99 Nr. 3 GWB. § 99 Nr. 4 GWB erfasst Privatpersonen, private Unternehmen und öffentliche Einrichtungen, die für bestimmte Aufgaben überwiegend öffentlich subventioniert werden. Die früher erfassten Baukonzessionäre (§ 98 Nr. 6 GWB 2013) werden dagegen im Einklang mit den neuen Richtlinien nicht mehr erwähnt.[8] 3–4

Außerhalb des Anwendungsbereichs der EU-Vergaberichtlinien gilt der Auftraggeberbegriff des § 99 GWB nicht.[9] Das nationale Vergaberecht unterhalb der EU-Schwellenwerte wird durch die haushaltsrechtlichen Regelungen des Bundes und der Länder geprägt. Dort herrscht auch weiterhin ein institutionelles Verständnis des Begriffs des öffentlichen Auftraggebers. Danach sind öffentliche Auftraggeber grundsätzlich nur der Bund, die Länder einschließlich deren Sondervermögen und juristische Personen des öffentlichen Rechts.[10] Die Landesvergabegesetze einiger Bundesländer verweisen aber auch für Vergaben unterhalb der EU-Schwellenwerte auf den Auftraggeberbegriff des GWB.[11] 5

[1] Erwägungsgrund 10 RL 2014/24/EU.
[2] EuGH Urt. v. 10.11.1998 – C-360/96 – *Gemeente Arnhem,* Rn. 62, EuZW 1999, 16 (19); EuGH Urt. v. 17.12.1998 – C-353/96 – *Coillte Teoranta* Rn. 36, BeckRS 2004, 76674; EuGH Urt. v. 15.5.2003 – C-214/00 – *Königreich Spanien* Rn. 53, ZfBR 2003, 795 (796); EuGH Urt. v. 16.10.2003 – C-283/00 – *Siepsa* Rn. 73, NZBau 2004, 223 (227); EuGH Urt. v. 13.1.2005 – C-84/03 – *Kooperationsvereinbarungen Spanien* Rn. 27, NZBau 2005, 232.
[3] Richtlinie 89/440/EWG des Rates v. 18.7.1989 zur Änderung der Richtlinie 71/305/EWG 1971 über die Koordinierung der Verfahren zur Vergabe öffentlicher Bauaufträge, AblEG Nr. L 210 v. 21.7.1989, S. 1.
[4] Richtlinie 88/295/EWG des Rates v. 22.3.1988 zur Änderung der Richtlinie 77/62/EWG, AblEG Nr. L 27 v. 20.5.1988, S. 1.
[5] *Pietzcker* ZHR 162 (1998), 427 (443); Byok/Jäger/*Werner* GWB 2013 § 98 Rn. 288.
[6] EuGH Urt. v. 10.11.1998 – C-360/96 – *Gemeente Arnhem* Rn. 62, EuZW 1999, 16 (19) (für die Dienstleistungsfreiheit).
[7] Vgl. EuGH Urt. v. 20.9.1988 – C-31/87 – *Beentjes* Rn. 11, NVwZ 1990, 353.
[8] BT-Drucksache 18/6281 S. 69f.
[9] *Kratzenberg* NZBau 2009, 103.
[10] Vgl. § 48 HGrG.

B. Gebietskörperschaften und deren Sondervermögen (§ 99 Nr. 1 GWB)

6 § 99 Nr. 1 GWB erfasst Gebietskörperschaften und deren Sondervermögen.

I. Gebietskörperschaften

7 Gebietskörperschaften sind Körperschaften des öffentlichen Rechts, die auf einem räumlich abgegrenzten Teil des Staatsgebietes über Gebietshoheit verfügen.[12] § 99 Nr. 1 GWB umfasst den **Bund,** die **Länder,** die **Landkreise**[13] und die **Gemeinden.** Dem steht nicht entgegen, dass Gemeinden und andere Selbstverwaltungskörperschaften verfassungsrechtlich nicht Teil des Staates sind.[14] Ausschlaggebend ist die Zuordnung zur Ebene „staatlichen" Handelns im Sinne einer Auftragsvergabe unmittelbar durch die öffentliche Hand. Da es sich auch bei Gemeinden um Gebietskörperschaften handelt, findet § 99 Nr. 1 GWB Anwendung.

8 Verbände aus den vorstehenden Gebietskörperschaften (insbesondere Zweckverbände), unterfallen nicht § 99 Nr. 1 GWB. Solche Verbände sind öffentliche Auftraggeber aufgrund der spezielleren Regelung des § 99 Nr. 3 GWB.[15]

II. Sondervermögen der Gebietskörperschaften

9 Sondervermögen sind **rechtlich unselbstständige Verwaltungseinheiten** des Staates, die als gesonderte Einheit im Rechtsverkehr auftreten.[16] Rechtlich selbstständige juristische Personen unterfallen auch dann nicht § 99 Nr. 1 GWB, wenn eine Gebietskörperschaft an ihnen beteiligt ist.[17] Diese juristischen Personen können aber Auftraggeber gemäß § 99 Nr. 2 GWB sein.

10 Zu den Sondervermögen der Gebietskörperschaften zählen haushalterisch verselbstständigte **Eigen- oder Regiebetriebe** der Kommunen und **nicht rechtsfähige Stiftungen.** Der Erwähnung der Sondervermögen in § 99 Nr. 1 GWB kommt in der Regel aber keine eigenständige Bedeutung zu, da die zur Erfüllung des Aufgaben des Sondervermögens erforderlichen öffentlichen Aufträge typischerweise von der dahinter stehenden Gebietskörperschaft vergeben werden.[18]

11 Etwas anderes gilt für das **Bundeseisenbahnvermögen.** Das Bundeseisenbahnvermögen ist ein vom Bund verwaltetes Sondervermögen, das mit der Verwaltung und Verwertung nicht betriebsnotwendiger Grundstücke der ehemaligen Deutschen Bundesbahn und der Verwaltung der der Deutschen Bahn AG zugewiesenen Beamten betraut ist.[19] Es kann nach § 4 Abs. 1 BEZNG im Rechtsverkehr unter eigenem Namen handeln. Es tritt eigenständig im Markt auf und agiert insoweit selbst als öffentlicher Auftraggeber nach § 99 Nr. 1 GWB.[20]

---

[11] Vgl. § 2 Abs. 4 LTMG Baden-Württemberg, § 1 Abs. 1 BerlAVG, § 1 Abs. 2 S. 1 BbgVergG, § 2 Abs. 1 TtVG Bremen, § 2 Abs. 4 TVgG NRW, § 2 Nr. 3 RPTTG, § 1 Abs. 1 TtVG Saarland.

[12] Reidt/Stickler/Glahs/*Diehr* GWB 2013, § 98 Rn. 12.

[13] VK Schleswig-Holstein Beschl. v. 13.7.2006 – VK-SH 15/06, IBRRS 2006, 2347.

[14] Bechthold/*Otting* GWB 2013 § 101 Rn. 11.

[15] VK Sachsen Beschl. v. 26.6.2009 – 1/SVK/024-09, BeckRS 2009, 23149.

[16] Reidt/Stickler/Glahs/*Diehr* GWB 2013 § 98 Rn. 13; KK-VergR/*Wieddekind* § 98 Rn. 7.

[17] Heuvels/Höß/Kuß/Wagner/*Kuß* GWB 2013 § 98 Rn. 17.

[18] Ziekow/Völlink/*Ziekow* GWB § 99 Rn. 31.

[19] Vgl. BGH Beschl. v. 27.5.1998 – VIII ZR 6/97, NJW-RR 1998, 1533.

[20] Ziekow/Völlink/*Ziekow* GWB § 99 Rn. 31.

C. Andere juristische Personen des öffentlichen und des privaten Rechts (§ 99 Nr. 2 GWB)

I. Überblick

§ 99 Nr. 2 GWB erstreckt den Anwendungsbereich des GWB-Vergaberechts auf bestimmte staatsnahe Einrichtungen, die sogenannten **funktionalen Auftraggeber.** Ungeachtet des gegenwärtigen Trends zur Re-Kommunalisierung wurden in der Vergangenheit zunehmend Aufgaben von „klassischen" Auftraggebern im Sinne des § 99 Nr. 1 GWB auf rechtlich selbständige Organisationseinheiten übertragen. § 99 Nr. 2 GWB soll sicherstellen, dass die öffentliche Hand sich durch eine solche Organisationsprivatisierung nicht den Bindungen des Vergaberechts entziehen kann. Die Vorschrift erfasst daher Einrichtungen, die zwar aufgrund ihrer selbständigen Rechtspersönlichkeit nicht unmittelbarer Teil der Staatsorganisation sind, aber eine besondere Staatsnähe aufweisen und staatliche Aufgaben wahrnehmen. Derartige Einrichtung können als verlängerter Arm des Staates angesehen werden. Darum ist es gerechtfertigt und zur Vermeidung von Umgehungsversuchen geboten, sie den Bindungen des Vergaberechts zu unterwerfen. 12

Die Einbeziehung „funktionaler" Auftraggeber geht auf die EU-Richtlinien zurück. Dort werden sie als **„Einrichtung des öffentlichen Rechts"** bezeichnet. Dabei handelt es sich gemäß Art. 2 Abs. 1 Nr. 4 RL 2014/24/EU, Art. 3 Nr. 4 RL 2014/25/EU bzw. Art. 6 Abs. 4 RL 2014/23/EU um alle Einrichtungen, die zu dem besonderen Zweck gegründet wurden, im Allgemeininteresse liegende Aufgaben nichtgewerblicher Art zu erfüllen, Rechtspersönlichkeit besitzen und überwiegend vom Staat, von Gebietskörperschaften oder von anderen Einrichtungen des öffentlichen Rechts finanziert werden oder hinsichtlich ihrer Leitung der Aufsicht durch die vorgenannten Institutionen unterliegen oder deren Verwaltungs-, Leitungs- oder Aufsichtsorgane mehrheitlich aus Mitgliedern bestehen, die vom Staat, den Gebietskörperschaften oder anderen Einrichtungen des öffentlichen Rechts ernannt worden sind. Durch die Einbeziehung der „Einrichtungen des öffentlichen Rechts" sollten gerade auch privatrechtliche Einrichtungen erfasst werden, die staatlicher Kontrolle unterliegen und eine im Allgemeininteresse liegende Aufgabe nichtgewerblicher Art erfüllen.[21] 13

Der Begriff der „Einrichtung des öffentlichen Rechts" wurde nicht ins GWB übernommen; es hätte nicht dem deutschen Rechtsverständnis entsprochen, den Begriff des „öffentlichen Rechts" auf Einrichtungen zu erstrecken, die gerade auch privatrechtlicher Natur sein können.[22] § 99 Nr. 2 GWB spricht stattdessen von „juristischen Personen des öffentlichen und privaten Rechts", deren weiteren Charakteristika sodann näher spezifiziert werden. Im Einzelnen fallen diese Einrichtungen unter folgenden Voraussetzungen in den Anwendungsbereich des das GWB-Vergaberechts: 14

- Selbstständige Rechtspersönlichkeit,
- Gründung zum Zwecke der Wahrnehmung von im Allgemeininteresse liegenden Aufgaben nicht gewerblicher Art,
- Beherrschung durch die öffentliche Hand.

Für die Qualifikation als öffentlicher Auftraggeber müssen alle drei Voraussetzungen erfüllt sein.[23] 15–17

[21] *Pietzcker* ZHR 162 (1998), 427 (444).
[22] Ähnlich RKPP/*Röwekamp* GWB § 99 Rn. 22.
[23] EuGH Urt. v. 15.1.1998 – C-44/96 – *Mannesmann Anlagenbau* Rn. 21, EuZW 1998, 120; EuGH Urt. v. 16.10.2003 – C-283/00 – *Kommission./. Königreich Spanien* Rn. 77, NZBau 2004, 223.

II. Selbständige Rechtspersönlichkeit

18 Juristische Person im Sinne des § 99 Nr. 2 GWB ist jedes Rechtssubjekt, das aufgrund gesetzlicher Anerkennung rechtsfähig ist, dh selbst **Träger von Rechten und Pflichten** sein kann. Natürliche Personen werden von § 99 Nr. 2 GWB nicht erfasst.

1. Juristische Personen des öffentlichen Rechts

19 Juristische Personen des öffentlichen Rechts sind **bundes-, landes-** und **gemeindeunmittelbare Körperschaften, Anstalten** und **Stiftungen des öffentlichen Rechts.** Hierzu gehören etwa wissenschaftliche Hochschulen und verfasste Studentenschaften, berufsständische Vereinigungen (Rechtsanwalts-, Notar-, Steuerberater-, Wirtschaftsprüfer-, Architekten-, Ärzte- und Apothekerkammern), Wirtschaftsvereinigungen (Landwirtschafts-, Handwerks-, Industrie- und Handelskammern, Handwerksinnungen, Handwerkerschaften), Sozialversicherungen (Krankenkassen, Unfall- und Rentenversicherungsträger), kassenärztliche Vereinigungen, Genossenschaften und Verbände, rechtsfähige Bundesanstalten, Versorgungsanstalten und Studentenwerke und Kultur-, Wohlfahrts- und Hilfsstiftungen. In der Praxis ist insbesondere die oft von kommunalen Unternehmen gewählte Rechtsform der Anstalt öffentlichen Rechts von Bedeutung.[24] So können **Einrichtungen der kommunalen Daseinsvorsorge** zum Beispiel auf dem Gebiet der Abfallentsorgung als kommunale Anstalten des öffentlichen Rechts organisiert sein. Bei **Universitäten, Studentenwerken** und **kommunalen Kliniken** handelt es sich ebenfalls häufig um Anstalten des öffentlichen Rechts. Auch die **evangelischen Landeskirchen,** die **römisch-katholische Kirche** und andere **Religionsgemeinschaften** sind gemäß Art. 140 GG iVm Art. 137 Abs. 5 WRV Körperschaften des öffentlichen Rechts.[25]

20 Gebietskörperschaften und deren Sondervermögen unterfallen nicht § 99 Nr. 2 GWB, sondern der spezielleren Regelung des § 99 Nr. 1 GWB.

2. Juristische Personen des privaten Rechts

21 Juristische Personen des privaten Rechts sind die **AG,** die **KGaA,** die **GmbH,** die **eingetragene Genossenschaft,** der **Versicherungsverein auf Gegenseitigkeit** und der **eingetragene Verein.** Auch **Vorgesellschaften** der Kapitalgesellschaften (Vor-GmbH, Vor-AG) können bereits öffentliche Aufträge erteilen. Obwohl sich die eigentliche Kapitalgesellschaft noch im Gründungsstadium befindet, kann sie nach dem funktionalen Auftraggeberbegriff öffentlicher Auftraggeber gemäß § 99 Nr. 2 GWB sein. Die noch fehlende Eintragung im Handelsregister bzw. noch nicht erfolgte Umsetzung eines anderen Gründungsakts steht dem nicht entgegen.[26] Auch eine in einem anderen EU-Mitgliedstaat gegründete Gesellschaft kann öffentlicher Auftraggeber gemäß § 99 Nr. 2 GWB sein.[27]

22 **Personengesellschaften,** dh die **GbR,** die **oHG,** die **KG** und die **Partnerschaftsgesellschaft** sind nach deutschem Gesellschaftsrecht keine juristischen Personen. Nach Maßgabe des funktionalen Auftraggeberbegriffs des EU-Rechts kommt es auf die gesellschaftsrechtliche Form aber nicht an. Vergaberechtlich ist entscheidend, ob die Organisationseinheit als Auftraggeber am Markt aktiv werden und Beschaffungen durchführen kann.[28] Personengesellschaften können selbstständig Rechte und Verbindlichkeiten begründen und daher auch Leistungen und Lieferungen am Markt beschaffen. Dies gilt auch

---

[24] RKKP/*Röwekamp* GWB § 99 Rn. 24; Heuvels/Höß/Kuß/Wagner/*Kuß* § 98 Rn. 21.

[25] Allerdings sind sie nach hM gleichwohl keine öffentlichen Auftraggeber iSv § 99 Nr. 2 GWB; dazu → Rn. 64.

[26] RKKP/*Röwekamp* GWB § 99 Rn. 30.

[27] Beck VergabeR/*Dörr* GWB § 99 Rn. 22.

[28] *Ziekow* DB 1998, 2579, 2580; Ziekow/Völlink/*Ziekow* § 99 Rn. 40; Bechtold/*Otting* § 98 Rn. 11; VK Münster Beschl. v. 24.6.2002 – VK 03/02 (für eine oHG), ZfBR 2002, 724.

für die teilrechtsfähige **Außen-GbR.**[29] Auch Personengesellschaften sind darum juristische Personen im Sinne des § 99 Nr. 2 GWB.

III. Gründung zu dem besonderen Zweck, im Allgemeininteresse liegende Aufgaben nichtgewerblicher Art zu erfüllen

23 Weitere Voraussetzung für die Einordnung als funktionaler Auftraggeber nach § 99 Nr. 2 GWB ist, dass die Einrichtung zu dem besonderen Zweck gegründet wurde, im Allgemeininteresse liegende Aufgaben nicht gewerblicher Art zu erfüllen. Dieses Unterscheidungsmerkmal basiert auf der Erwägung, dass die Erstreckung der Vergaberegelungen auf staatlich kontrollierte Unternehmen nur in bestimmten Fällen erforderlich ist. Das GWB-Vergaberecht dient zum einen dem öffentlichen Haushaltsinteresse an einer sparsamen und wirtschaftlichen Beschaffung. Zugleich soll es im Interesse der Privatwirtschaft eine faire, wettbewerbliche Vergabe öffentlicher Aufträge gewährleisten. Das Vergaberecht soll dementsprechend nur dann greifen, wenn zu befürchten ist, dass die den Auftrag vergebende Einrichtung sich anderenfalls von **anderen als wirtschaftlichen Erwägungen** leiten lassen würde. Verfolgt ein Unternehmen rein erwerbswirtschaftliche Ziele und verhält es sich daher wie jeder private Wirtschaftsteilnehmer im Markt, ist eine Bevorzugung insbesondere heimischer Bieter unwahrscheinlich.[30] Es besteht dann kein Anlass, das Unternehmen den Bindungen des Vergaberechts zu unterwerfen.

1. Besonderer Gründungszweck

24 Soweit die Vorschrift gerade auf den „Gründungszweck" abstellt, entspricht das zwar dem Wortlaut der Art. 2 Abs. 1 Nr. 4 RL 2014/24/EU , Art. 3 Nr. 4 RL 2014/25/EU und Art. 6 Abs. 4 RL 2014/23/EU, ist aber irreführend. Mit Blick auf den funktionalen Auftraggeberbegriff kommt es für die Frage, ob eine Einrichtung der öffentlichen Hand als öffentlicher Auftraggeber einzuordnen ist, nicht darauf an, ob sie ihren speziellen Daseinszweck bereits im Zuge der **Gründung** oder **erst später** zugewiesen bekommen hat. Wie der EuGH in der Rechtssache *Universale-Bau* klargestellt hat, wäre die praktische Wirksamkeit der Richtlinienvorgaben nicht gewährleistet, wenn nur solche Unternehmen als öffentliche Auftraggeber angesehen würden, denen ihre im Allgemeininteresse liegenden Aufgaben nicht gewerblicher Art bereits bei der Gründung übertragen wurde.[31] Es ist auch nicht entscheidend, ob sich der Zweck gerade aus den Gründungsdokumenten (zB Satzung, Gesellschaftsvertrag) bzw. späteren Änderungen oder aber aus anderen Umständen ergibt.[32] Die Satzung, andere Gründungsdokumente oder Unterlagen zu späteren Satzungsänderungen können zwar wichtige Anhaltspunkte für den von der Gesellschaft verfolgten Zweck geben. Soweit das Unternehmen aber objektiv erkennbar eine im Allgemeininteresse liegende Aufgabe ausübt, ist es ohne Bedeutung, ob die Satzungsbestimmungen den konkreten Tätigkeitsbereich des Unternehmens zutreffend wiedergeben.[33] Die Aufgabenzuweisung kann auch direkt **durch Gesetz** erfolgen.[34] Maßgeblich ist das **objektive Auftreten der juristischen Person im Wirtschaftsverkehr.** Dieses kann beispielsweise auch anhand von Vereinbarungen des Unternehmens mit Dritten festgestellt werden.[35]

---

[29] BGH Urt. v. 29.1.2001 – II ZR 331/00, NJW 2001, 1056 ff.
[30] *Pietzcker* ZHR 162 (1998), 427 (445); Bechtold/*Otting* GWB 2013 § 98 Rn. 13.
[31] EuGH Urt. v. 12.12.2002 – C-470/99 – *Universale-Bau AG* Rn. 57, EuZW 2003, 147 (151).
[32] RKPP/*Röwekamp* GWB § 99 Rn. 37 ff.
[33] AA *Reinold* ZIP 2000, 2, 4 nach dem eine nachträgliche Aufgabenzuweisung erst dann vergaberechtlich relevant werden soll, wenn die Satzung geändert wird.
[34] RKPP/*Röwekamp* GWB § 99 Rn. 40.
[35] EuGH Urt. v. 12.12.2002 – C-470/99 – *Universale-Bau AG* Rn. 62, EuZW 2003, 147 (151).

25 In **zeitlicher Hinsicht** kommt es für die Beurteilung des Tätigkeitszwecks grundsätzlich auf den Zeitpunkt der Vergabe des jeweiligen Auftrags an.[36] In Ausnahmefällen, in denen eine **Umgehung** nahe liegt, können aber auch nach der Vergabe eintretende Umstände zu berücksichtigen sein.[37] So kann es für die Qualifikation als öffentlicher Auftraggeber sprechen, wenn ein Unternehmen zunächst ausschließlich zur Erfüllung von Aufgaben gewerblicher Art gegründet wird, sodann einen Auftrag vergaberechtsfrei vergibt, unmittelbar darauf dann aber doch im Allgemeininteresse liegende Aufgaben nichtgewerblicher Art übernimmt. In einem solchen Fall liegt eine Umgehung insbesondere dann nahe, wenn die vergaberechtsfrei beschafften Leistungen der Erfüllung der später übernommenen nichtgewerblichen Aufgaben dienen. Eine Gesamtbetrachtung führt dann dazu, dass das Unternehmen bereits zum Zeitpunkt der tatsächlichen Auftragsvergabe als öffentlicher Auftraggeber anzusehen ist.

26 Da es nach der Rechtsprechung des EuGH auf die tatsächlich ausgeübte Tätigkeit ankommt, **verliert ein Unternehmen seine Auftraggebereigenschaft,** wenn es zwar zur Durchführung von Tätigkeit im Allgemeininteresse gegründet wurde, jedoch nur noch mit anderen, gewerblichen Aufgaben befasst ist.[38] In diesen Fällen kann eine noch nicht geänderte Unternehmenssatzung zwar zunächst eine Vermutung begründen, dass weiterhin eine im Allgemeininteresse liegende Aufgabe nicht gewerblicher Art wahrgenommen wird. Diese Vermutung kann vom Unternehmen jedoch widerlegt werden. Die Möglichkeit dieses Nachweises kann dem Unternehmen auch nicht deshalb verwehrt werden, weil für Außenstehende die Ermittlung der aktuellen Ausrichtung eines Unternehmens nur schwer möglich ist.[39] Entscheidend ist auch in diesen Fällen, ob die tatsächlich ausgeübte Tätigkeit die Voraussetzungen des Auftraggeberbegriffs erfüllt. Wenn klar ist, dass dies nicht der Fall ist, wäre es purer Formalismus, auf die unterbliebene Dokumentation in der Unternehmenssatzung abzustellen. Auch mit einer Umgehungsgefahr lässt sich ein ausschließliches Abstellen auf die Satzung nicht begründen. Dem Unternehmen obliegt allerdings die volle Darlegungs- und Beweislast für die Widerlegung der Auftraggebereigenschaft. Vergabeverfahren, die zu einer Zeit eingeleitet wurden, als die Auftraggebereigenschaft noch bestand, sind in jedem Fall nach den vergaberechtlichen Bestimmungen zu Ende zu führen.[40]

2. Im Allgemeininteresse liegende Aufgaben

27 Wann eine Aufgabe im Allgemeininteresse liegt, ist weder in der RL 2014/24/EU noch in § 99 Nr. 2 GWB geregelt. Auch der EuGH hat bisher keine allgemeingültige Definition aufgestellt. Anhaltspunkte für die Auslegung des Begriffs ergeben sich aus Sinn und Zweck der Regelung. Die Einbeziehung von juristischen Personen im Sinne von § 99 Nr. 2 GWB in den Anwendungsbereich des Vergaberechts beruht auf der Überlegung, dass der Staat sich bei der Erfüllung seiner Aufgaben nicht dadurch dem Anwendungsbereich des Vergaberechts entziehen soll, dass er auf verselbstständigte private Organisationseinheiten ausweicht.

28 Dementsprechend hat der EuGH solche Tätigkeiten als Aufgaben im Allgemeininteresse qualifiziert, die eng mit der **öffentlichen Ordnung** und **dem institutionellen Funktionieren des Staates** verknüpft sind und eine Versorgungsgarantie sowie Produktionsbedin-

[36] Vgl. EuGH Urt. v. 10.9.2009 – C-573/07 – *SEA,* Rn. 47, NZBau 2009, 797 (801) zum relevanten Zeitpunkt für die Prüfung der Inhouse-Fähigkeit eines Unternehmens.

[37] Vgl. EuGH Urt. v. 10.11.2005 – C-29/04 – *Stadt Mödling* Rn. 38, NZBau 2005, 704 (706) zur Umgehung der Ausschreibungspflicht durch die Inhouse-Vergabe eines Entsorgungsvertrags und die anschließende Veräußerung des Geschäftsanteils an der beauftragten Gesellschaft an ein privatwirtschaftliches Unternehmen.

[38] Ziekow/Völlink/*Ziekow* GWB § 99 Rn. 78; HK-VergabeR/*Pünder* § 99 Rn. 24; Bechtold/*Otting* § 98 Rn. 14. AA Byok/Jäger/*Werner* GWB § 99 Rn. 43.

[39] So aber Byok/Jäger/*Werner* GWB § 99 Rn. 43.

[40] EuGH Urt. v. 3.10.2000 – C-380/98 Rn. 44 – *University of Cambridge,* NZBau 2001, 218 (221).

gungen verlangen, die die Beachtung der Geheimhaltungs- und Sicherheitsvorschriften gewährleisten.[41] Im Allgemeinen handelt es sich um Aufgaben, welche **der Staat aus Gründen des Allgemeininteresses selbst erfüllen will oder muss** bzw. auf deren Erfüllung er **einen entscheidenden Einfluss behalten möchte.**[42]

Originär staatliche Aufgaben in diesem Sinne sind beispielsweise die **Daseinsvorsorge** und die **Gewährleistung der inneren und äußeren Sicherheit.**[43] Gleiches gilt, wenn die Erfüllung der Aufgabe zur Gewährleistung des Umweltschutzes erforderlich ist.[44] Im Allgemeininteresse liegen auch der Schutz der Gesundheit der Bevölkerung[45] sowie Aufgaben im Zusammenhang mit der Aufnahme, Pflege und Heilung alter oder kranker Menschen.[46] Auch an Maßnahmen der allgemeinen Wirtschaftsförderung, die auf eine Ansiedlung von Unternehmen auf dem Gebiet einer Gebietskörperschaft zielen, kann ein Allgemeininteresse bestehen.[47] Derartige Aufgaben dürfen aber nicht nur Einzelpersonen, sondern müssen zumindest einem Teil der Bevölkerung zugutekommen.[48] 29

Der Umstand, dass der öffentlichen Hand eine **Tätigkeit gesetzlich auferlegt** ist, spricht dafür, dass die Aufgabe im Allgemeininteresse liegt. Die gesetzliche Aufgabenzuweisung bringt zum Ausdruck, dass die öffentliche Hand die Verantwortung für die Erfüllung der Aufgabe übernehmen soll. Der EuGH misst einer gesetzlichen Verpflichtung des Staates zur Durchführung einer bestimmten Tätigkeit bei der Beurteilung, ob die Aufgabe im Allgemeininteresse liegt, zumindest indizielle Bedeutung zu.[49] 30

Ein weiterer Anhaltspunkt ergibt sich aus der Rechtsform, in der das Unternehmen die in Rede stehende Aufgabe wahrnimmt. Eine **öffentlich-rechtliche Organisationsform** ist in der Regel untrennbar mit der Erfüllung öffentlicher Aufgaben verbunden.[50] Der Umkehrschluss, dass eine privatrechtliche Organisationsform die Vermutung begründet, dass die wahrgenommenen Aufgaben nicht im Allgemeininteresse liegen, lässt sich allerdings nicht ziehen.[51] 31

3. Aufgaben nichtgewerblicher Art

Das Merkmal der Nichtgewerblichkeit ist einer der vielschichtigsten Begriffe des europäischen Vergaberechts. Es handelt sich um einen EU-rechtlichen Begriff, der mit dem deutschen Gewerbebegriff (etwa aus dem Gewerbe- und Steuerrecht) nichts zu tun hat. Er wird durch eine umfangreiche, nicht immer konsistente und in der Abgrenzung mitunter unscharfe Judikatur des EuGH geprägt. Eine allgemeingültige Definition hat der EuGH bislang noch nicht entwickelt. Geklärt ist, dass es sich bei der „Nichtgewerblichkeit" der Aufgabe um ein gegenüber dem „Allgemeininteresse" **selbstständig zu prüfendes Tatbestandsmerkmal** handelt. Demnach ist zwischen im Allgemeininteresse liegenden Aufgaben nicht gewerblicher Art einerseits und im Allgemeininteresse liegenden Aufgaben ge- 32

[41] EuGH Urt. v. 15.1.1998 – C-44/96 – *Mannesmann Anlagenbau* Rn. 24, NJW 1998, 3261 (3262).
[42] EuGH Urt. v. 10.11.1998 – C-360/96 – *Gemeente Arnhem* Rn. 51, EuZW 1999, 16 (19). Siehe auch die Liste mit Beispielsfällen bei RKPP/*Röwekamp* GWB § 99 Rn. 74.
[43] BayObLG Beschl. v. 21.10.2004 – Verg 17/04, NZBau 2005, 173 (174); BayObLG Beschl. v. 10.9.2002 – Verg 23/02, BayOBLGZ 2002, 291 (293).
[44] EuGH Urt. v. 10.11.1998 – C-360/96 – *Gemeente Arnhem* Rn. 52, EuZW 1999, 16 (19).
[45] EuGH Urt. v. 11.6.2009 – C-300/07 – *Oymanns* Rn. 49, NZBau 2009. 520 (524).
[46] OLG München Beschl. v. 7.6.2005 – Verg 4/05, ZfBR 2005, 597 (600).
[47] EuGH Urt. v. 22.5.2003 – C-18/01 – *Korhonen* Rn. 44, NZBau 2003, 396 (399).
[48] Byok/Jäger/*Werner* GWB 2013 § 98 Rn. 48.
[49] Vgl. EuGH Urt. v. 27.1.2003 – C-373/00 – *Adolf Truley* Rn. 53, EuZW, 2003, 315 (319).
[50] Byok/Jäger/*Werner* GWB § 99 Rn. 51; *Dietlein* NZBau 2002, 136 (138).
[51] So zutreffend Reidt/Stickler/Glahs/*Diehr* GWB 2013 § 98 Rn. 37, der darauf hinweist, dass Gebietskörperschaften nach den kommunalrechtlichen Vorschriften vieler Länder eine wirtschaftliche Tätigkeit nur dann gestattet ist, wenn ein öffentlicher Zweck dies erfordert und dieser Zweck durch andere Unternehmen nicht besser und wirtschaftlicher erfüllt werden kann. AA Byok/Jäger/*Werner* GWB § 99 Rn. 52; Heuvels/Höß/Kuß/Wagner/*Kuß* GWB 2013 § 98 Rn. 30.

werblicher Art andererseits zu differenzieren.[52] Der EuGH hat zudem eine Reihe von **Indizien** entwickelt, die zur Beurteilung der Gewerblichkeit bzw. Nichtgewerblichkeit im Einzelfall heranzuziehen sind.[53] Maßgeblich ist insbesondere, ob das Unternehmen

- unter normalen Marktbedingungen und
- mit Gewinnerzielungsabsicht tätig wird und
- die mit der Übernahme der Tätigkeit verbundenen Risiken selbst trägt.[54]

33 Liegen diese Indizien vor, ist das Vorliegen einer Aufgabe nichtgewerblicher Art unwahrscheinlich.[55] Erwägungsgrund 40 RL 2014/24/EU bestätigt diese Rechtsprechung des EuGH und stellt klar, dass es sich in diesem Fall nicht um eine Einrichtung des öffentlichen Rechts handelt. Die praktische Handhabung des Kriteriums der Nichtgewerblichkeit wird durch die Indizien erleichtert. Der EuGH nimmt jedoch keine trennscharfe Abgrenzung vor; vielmehr sind stets alle relevanten Umstände des Falles zu betrachten, einschließlich der konkreten Voraussetzungen, unter denen das Unternehmen seine Tätigkeit ausübt.[56] Dieser Einzelfallansatz mag dogmatisch unbefriedigend sein; in der praktischen Handhabung führt er jedoch meist zu überzeugenden Ergebnissen, zumal die Einzelindizien bei näherer Betrachtung oftmals eng miteinander zusammenhängen.

34 Das Unternehmen übt die Aufgabe dann unter normalen Marktbedingungen aus, wenn es im Wettbewerb agiert. Die Gewerblichkeit der Aufgabe ergibt sich dabei noch nicht daraus, dass sie auch von Privatunternehmen im Wettbewerb erfüllt werden kann. Das Vorliegen eines **entwickelten Wettbewerbs** im betreffenden Bereich kann jedoch darauf hinweisen, dass es sich um eine Aufgabe gewerblicher Art handelt.[57] „Entwickelt" ist der Wettbewerb nur, wenn er eine bestimmte Qualität bzw. Intensität aufweist. Der Wettbewerb muss zumindest eine solche Intensität erreichen, dass der von ihm ausgehende Druck den Auftraggeber tatsächlich zwingt, sich bei der Auftragsvergabe **ausschließlich von wirtschaftlichen Erwägungen leiten** zu lassen. Entwickelt sich eine ausreichende Wettbewerbsintensität auf dem relevanten Teilmarkt erst im Laufe der Zeit, bricht das anfängliche Indiz für eine nichtgewerbliche Tätigkeit zu gegebener Zeit weg.[58]

35 Für die Nichtgewerblichkeit der Aufgabe spricht es demgegenüber, wenn sich das Unternehmen bei der Aufgabenerfüllung **außerhalb marktmäßiger Mechanismen** bewegt oder es über eine **staatlich herbeigeführte marktbezogene Sonderstellung** verfügt.[59] Eine solche Sonderstellung kann sich daraus ergeben, dass der Staat die wirtschaftlichen Risiken der Tätigkeit trägt oder finanzielle Verluste ausgleichen würde. Das Unternehmen wird dann nicht unter normalen Marktbedingungen tätig, wenn zwischen ihm und der öffentlichen Hand eine Verlustausgleichsvereinbarung mit Garantieverpflichtungen der öffentlichen Hand besteht oder diese dem Unternehmen Subventionen zur Stärkung der Liquidität zur Verfügung stellt.[60] Eine gesetzlich angeordnete oder vertraglich verankerte Pflicht zum Verlustausgleich ist nicht erforderlich. Es genügt, wenn davon ausgegangen werden kann, dass der Staat das Unternehmen tatsächlich im Notfall mit den benötigten

---

[52] EuGH Urt. v. 12.11.1998 – C-360/96 – *Gemeente Arnhem* Rn. 36, EuZW 1999, 16 (18); EuGH Urt. v. 22.5.2003 – C-18/01 – *Korhonen* Rn. 40, NZBau 2003, 396 (398); *Schlette* EuR 2000,119.

[53] Vgl. EuGH Urt. v. 10.5.2001 – C-223/99 – *Ente Fiera* Rn. 35–42; EuGH Urt. v. 27.2.2003 – C-373/00, *Adolf Truley* Rn. 62ff.; EuGH Urt. v. 22.5.2003 – C-18/01 – *Korhonen* Rn. 53ff, NZBau 2003, 396 (399); EuGH Urt. v. 16.10.2003 – C-283/00 – *SIEPSA* Rn. 82, NZBau 2004, 223 (228).

[54] EuGH Urt. v. 16.10.2003 – C-283/00– *SIEPSA* Rn. 82, NZBau 2004, 223 (228); EuGH Urt. v. 22.5. 2003 – C-18/01 – *Korhonen* Rn. 51, NZBau 2003, 396 (399).

[55] EuGH Urt. v. 22.5.2003 – C-18/01 – *Korhonen* Rn. 51, NZBau 2003, 396 (399).

[56] EuGH Urt. v. 22.5.2003 – C-18/01 – *Korhonen,* Rn. 50, NZBau 2003, 396 (399).

[57] EuGH Urt. v. 22.5.2003 – C-18/01 – *Korhonen,* Rn. 49, NZBau 2003, 396 (399); EuGH Urt. 10.4.2008 – C-393/06 – *Ing. Aigner,* Rn. 41, EuZW 2008, 342 (344).

[58] Vgl. *Endler* NZBau 2002, 125 (135).

[59] OLG Düsseldorf Beschl. v. 30.4.2003 – Verg 67/02, NZBau 2003, 400 (402); *Dreher* DB 1998, 2579 (2582f.).

[60] VK Brandenburg Beschl. v. 22.9.2008 – VK 27/08, IBRRS 2009, 2996.

Mitteln ausstatten würde, um eine Insolvenz abzuwenden.[61] Das ist der Fall, wenn anzunehmen ist, dass der Staat dem Unternehmen eine besondere Bedeutung für die öffentliche Ordnung oder die öffentliche Daseinsvorsorge zumisst.[62] Das wird regelmäßig bei solchen Aufgaben naheliegen, deren Erfüllung im Interesse der Aufrechterhaltung der öffentlichen Ordnung und bedeutender staatlicher Funktionen unbedingt gewährleistet werden muss.

Für die Nichtgewerblichkeit der Aufgabe spricht ferner, wenn das Unternehmen ohne **Gewinnerzielungsabsicht** tätig wird. Hiervon ist insbesondere dann auszugehen, wenn Leistungen zu nicht kostendeckenden Preisen angeboten werden.[63] Eine Unternehmensführung nach kaufmännischen Gesichtspunkten mit Gewinnerzielungsabsicht führt für sich genommen aber noch nicht dazu, dass die Tätigkeit als gewerblich anzusehen ist. Wenn eine Einrichtung nach Leistungs-, Effizienz- und Wirtschaftlichkeitskriterien arbeitet und kein Mechanismus zum Ausgleich etwaiger finanzieller Verluste vorgesehen ist, so dass die Einrichtung das wirtschaftliche Risiko ihrer Tätigkeit selbst trägt, ist das jedoch ein Indiz für die Gewerblichkeit der Aufgaben.[64] 36

4. Infizierungstheorie bei Mischfällen

Nach der **Infizierungstheorie** des EuGH führt die Tatsache, dass ein Unternehmen im Allgemeininteresse liegende Aufgaben nicht gewerblicher Art wahrnimmt, dazu, dass es öffentlicher Auftraggeber ist, ungeachtet dessen, ob es daneben noch weitere Tätigkeiten ausübt, die nicht im Allgemeininteresse liegen oder die gewerblicher Art sind.[65] Demnach kommt es allein darauf an, ob das Unternehmen – ggf. neben anderen, vergaberechtlich „unschädlichen" Aktivitäten – überhaupt Aufgaben im Sinne von § 99 Nr. 2 GWB erfüllt. Welchen Umfang diese Tätigkeiten am Gesamtportfolio des Unternehmens haben, ist unerheblich. Schon relevante Tätigkeiten von nur ganz untergeordnetem Umfang führen zu einer „Infizierung" des gesamten Unternehmens. 37

Der öffentliche Auftraggeber kann die „Infizierung" dadurch begrenzen, dass er die nicht im Allgemeininteresse liegenden Tätigkeiten auf eine selbstständige Tochtergesellschaft ausgliedert.[66] Die teilweise[67] vertretene Auffassung, dass 100%-ige Tochterunternehmen öffentlicher Auftraggeber stets selbst öffentliche Auftraggeber im Sinne von § 99 Nr. 2 GWB seien, überzeugt in dieser Allgemeinheit nicht. Denn nach der EuGH-Rechtsprechung führt allein der Umstand, dass ein Unternehmen von einem öffentlichen Auftraggeber gegründet wurde oder es von einem öffentlichen Auftraggeber finanziert wird, noch nicht automatisch dazu, dass es selbst als öffentlicher Auftraggeber anzusehen ist.[68] Ebenso wenig führt der Umstand, dass ein Konzernunternehmen öffentlicher Auftraggeber ist, dazu, dass alle Konzernunternehmen als öffentliche Auftraggeber anzusehen sind.[69] Eine **automatische konzernrechtliche „Infizierung"** der Tochtergesellschaft aufgrund der Wahrnehmung von Allgemeininteressen durch die Muttergesellschaft findet nach der 38

[61] EuGH Urt. v. 22.5.2003, C-18/01 – *Korhonen* Rn. 53, NZBau 2003, 396 (399); EuGH Urt. v. 16.10. 2003 – C-283/00 – *SIEPSA* Rn. 91, NZBau 2004, 223 (228); EuGH Urt. v. 10.4.2008 – C-393/96 – *Ing. Aigner* Rn. 44, EuZW 2008, 342 (344); OLG Hamburg Beschl. v. 25.1.2007 – 1 Verg 5/06, NZBau 2007, 801 (803).

[62] EuGH Urt. v. 16.10.2003 – C-283/00 – *SIEPSA* Rn. 91; EuGH Urt. v. 10.4.2008 – C-393/96 – *Ing. Aigner* Rn. 44, EuZW 2008, 342 (344).

[63] OLG München Beschl. v. 7.6.2005 – 1 Verg 4/05, ZfBR 2005, 597 (600).

[64] EuGH Urt. v. 10.5.2001 – C-223/99 und C-360/99 – *Ente Fiera* Rn. 40, NZBau 2001, 403 (406).

[65] EuGH Urt. v. 12.11.1998 – C-360/96 Rn. 57 – *Gemeente Arnhem,* EuZW 1999, 16 (19); EuGH Urt. v. 12.12.2002 – C-470/99 – *Universale Bau* Rn. 55, EuZW 2003, 147 (151); EuGH Urt. v. 15.1.1998 – C-44/96 – *Mannesmann Anlagenbau* Rn. 25, NJW 1998, 3261 (3262).

[66] *Byok* NJW 1998, 2774 (2777); Reidt/Stickler/Glahs/*Diehr* GWB 2013 § 98 Rn. 32.

[67] OLG Frankfurt Beschl. v. 28.2.2006 – 11 Verg 15/05, ZfBR 2006, 383 (384).

[68] EuGH Urt. v. 15.1.1998 – C-44/96 – *Mannesmann Anlagenbau* Rn. 39, NJW 1998, 3261 (3262).

[69] EuGH Urt. v. 12.11.1998 – C-360/96 – *Gemeente Arnhem* Rn. 57, EuZW 1999, 16 (19); *Ziekow* NZBau 2004, 181, 185.

Rechtsprechung des EuGH **nicht statt.** Vielmehr ist für jedes Konzernunternehmen gesondert zu prüfen, ob es im Allgemeininteresse liegende Aufgaben nicht gewerblicher Art wahrnimmt.[70]

39 Eine Tochtergesellschaft, die zunächst ausschließlich nicht im Allgemeininteresse liegende Aufgaben wahrnimmt, wird aber dadurch öffentlicher Auftraggeber, dass sie von der Muttergesellschaft im Allgemeininteresse liegende Aufgaben übernimmt oder in deren Erfüllung eingebunden wird. Die Vergabevorschriften können auch nicht dadurch umgangen werden, dass die Konzernmutter eine formal rein kommerziell geprägte **Inhouse-Einkaufsgesellschaft** als Tochter gründet, die ohne Beachtung der Vergabevorschriften Leistungen beschafft, die von der Muttergesellschaft benötigt werden und anschließend im Wege des Inhouse-Geschäfts an die Mutter weitergereicht werden. In einem solchen Fall nimmt die Einkaufsgesellschaft an der Erfüllung der im Allgemeininteresse liegenden Aufgaben der Muttergesellschaft teil und ist daher selbst öffentlicher Auftraggeber.

IV. Besondere Staatsnähe

40 Weitere Voraussetzung für die Qualifizierung eines Unternehmens als öffentlicher Auftraggeber nach § 99 Nr. 2 GWB ist, dass es einem **besonderen staatlichen Einfluss** unterliegt. Nach der Neustrukturierung im Rahmen der Vergaberechtsmodernisierung 2016 regelt § 99 Nr. 2 GWB die drei Fälle der besonderen Staatsnähe in den § 99 Nr. 2 lit. a) bis c) GWB. Die besondere Staatsnähe kann danach durch eine überwiegende Finanzierung durch öffentliche Auftraggeber nach § 99 Nr. 1 oder 3 GWB (lit. a), die Aufsicht über das Unternehmen durch öffentliche Auftraggeber nach § 99 Nr. 1 oder 3 GWB (lit. b) oder die mehrheitliche Besetzung der Leitungs- oder Aufsichtsorgane durch öffentliche Auftraggeber nach § 99 Nr. 1 oder 3 GWB (lit. c) begründet werden.

41 Ob die besondere Staatsnähe im Sinne des § 99 Nr. 2 GWB auch durch Beherrschung durch einen **ausländischen Staat** oder eine ausländische öffentliche Einrichtung begründet werden kann, ist nicht abschließend geklärt. Es spricht viel dafür, danach zu unterscheiden, ob es sich bei dem ausländischen Staat um einen EU- bzw. EWR-Mitgliedsstaat oder um einen Drittstaat handelt. Den EU-Richtlinien ist keine Begrenzung des funktionalen Auftraggeberbegriffs auf eine Einflussnahme gerade durch den Staat, in dem das Unternehmen seinen Sitz hat, zu entnehmen. Es bestünde die Gefahr einer Umgehung des europäischen Vergaberechts, wenn ein von einem Mitgliedstaat beherrschtes Unternehmen weder an seinem Sitz im Ausland noch im Heimatland des Mitgliedsstaates den vergaberechtlichen Bindungen unterliegen würde. Bei richtlinienkonformer Auslegung dürften daher auch solche Unternehmen unter § 98 Nr. 2 S. 1 GWB fallen, die von anderen EU- und EWR-Mitgliedstaaten bzw. deren Einrichtungen beherrscht werden.[71] Bei einer Beherrschung durch Drittstaaten dürfte der Anwendungsbereich der EU-Richtlinien dagegen nicht eröffnet sein; damit besteht kein Anlass, den Begriff des öffentlichen Auftraggebers auf solche Fälle zu erstrecken. Von Drittstaaten beherrschte Einrichtungen fallen daher nicht unter § 99 Nr. 2 GWB.[72]

1. Überwiegende Finanzierung

42 Eine überwiegende Finanzierung liegt vor, wenn **mehr als die Hälfte** der dem Unternehmen insgesamt zur Verfügung stehenden Finanzmittel vom Staat stammt.[73] Die Prüfung erfolgt zweistufig.[74] Zunächst ist das Gesamtbudget des Unternehmens zu ermitteln, dem dann der Finanzierungsanteil der öffentlichen Hand gegenüber zu stellen ist. Maß-

[70] EuGH Urt. v. 15. 1. 1998 – C-44/96 – *Mannesmann Anlagenbau* Rn. 39, NJW 1998, 3261 (3262).
[71] *von Strenge* NZBau 2011, 17 (20); *Rechten* NZBau 2014, 667 (669f.).
[72] *von Strenge* NZBau 2011, 17 (20).
[73] EuGH Urt. v. 3. 10. 2000 – C-380/98 – *University of Cambridge* Rn. 33, NZBau 2001, 218 (221).
[74] Reidt/Stickler/Glahs/*Diehr* GWB 2013 § 98 Rn. 51f.

geblich ist die Finanzsituation des Unternehmens in dem Geschäftsjahr, in dem das in Rede stehende Vergabeverfahren eingeleitet wird.[75] Bei der Berechnung ist auf die Prognosewerte für das laufende Geschäftsjahr abzustellen. Die Einstufung wirkt für das gesamte Geschäfts- bzw. Haushaltsjahr fort.[76]

Bei der Bestimmung der insgesamt zur Verfügung stehenden Finanzmittel sind das Eigenkapital, stille Beteiligungen, Darlehen, von den Gesellschaftern zur Verfügung gestellte Sachmittel und Einnahmen des Unternehmens zu berücksichtigen.[77] Dazu zählen auch die Mittel, die dem Unternehmen aus seiner gewerblichen Tätigkeit zufließen.[78] 43

Die Finanzierung kann in Form einer **unmittelbaren Zahlungs- oder Sachleistung** der öffentlichen Hand erfolgen. In Betracht kommen direkte Geldzahlungen, aber auch die Bereitstellung von Sachmitteln. Bei der Ermittlung des staatlichen Finanzierungsanteils sind allerdings nicht sämtliche Zuflüsse von öffentlichen Auftraggebern aufzuaddieren. Da es bei § 99 Nr. 2 lit. a) GWB um die Finanzierung des Unternehmens als solchem und nicht die Finanzierung konkreter Aufgaben geht, sind nur solche Finanzierungsleistungen zu berücksichtigen, die **ohne spezifische Gegenleistung** gewährt werden.[79] Finanzielle Mittel, die das Unternehmen von einem öffentlichen Auftraggeber als Vergütung für die Ausführung eines öffentlichen Auftrags erhält, sind unbeachtlich.[80] Solche Mittel dienen nicht der Finanzierung der Einrichtung als solcher, sondern der Finanzierung eines konkreten Auftrags. 44

Nach der Grundsatzentscheidung des EuGH[81] zu den öffentlich-rechtlichen Rundfunkanstalten steht fest, dass auch eine **mittelbare Finanzierung** durch den Staat die Auftraggebereigenschaft begründen kann. Bis zu Entscheidung des EuGH knüpfte sich die Annahme einer (überwiegenden) Finanzierung durch den Staat an den Zufluss von Mitteln aus den Bundes-, Landes- oder Kommunalhaushalten.[82] Der EuGH hat klargestellt, dass es genügen kann, wenn die Finanzierung durch einen staatlichen Akt eingeführt worden ist, durch den Staat garantiert wird und mittels hoheitlicher Befugnisse erhoben und eingezogen wird.[83] Das gilt insbesondere bei einem gesetzlichen Beitragserhebungsrecht. Dementsprechend stellt nun auch Erwägungsgrund 10 RL 2014/24/EU fest, dass auch eine Finanzierung durch Zahlungen von Nutzern genügt, die nach öffentlich-rechtlichen Vorschriften auferlegt, berechnet und erhoben werden. Auch bei einer solchen nur mittelbaren staatlichen Finanzierung agiert die begünstigte Einrichtung aufgrund einer vom Staat abgesicherten, privilegierten Position. Eine finanzielle „Sorglosstellung" der Einrichtung begründet die Gefahr, dass die Einrichtung sich bei der Auftragsvergabe von politischer Opportunität oder dem Interesse an einer möglichst bequemen und einfachen Auftragsvergabe leiten lässt.[84] 45

Unter welchen Umständen eine mittelbare staatliche Finanzierung durch gesetzlich begründetes Beitragserhebungsrechts für einen hinlänglichen staatlichen Einfluss ausreicht, hat der EuGH in seiner Entscheidung zur Auftraggebereigenschaft der Berufskammer der Ärzte in Nordrhein-Westfalen präzisiert. Danach genügt ein gesetzliches Beitragserhebungsrecht nicht, wenn das Gesetz nicht auch den Umfang und die Modalitäten der mit diesen Beiträgen finanzierten Tätigkeiten regelt, die die Einrichtung im Rahmen der Er- 46

[75] EuGH Urt. v. 3.10.2000 – C-380/98 – *University of Cambridge* Rn. 40, NZBau 2001, 218 (221).
[76] EuGH Urt. v. 3.10.2000 – C-380/98 – *University of Cambridge* Rn. 43, NZBau 2001, 218 (221); *Ziekow* VergabeR 2010, 861, 869; Reidt/Stickler/Glahs/*Diehr* § 98 Rn. 51f.
[77] Reidt/Stickler/Glahs/*Diehr* § 98, Rn. 51; Ziekow/Völlink/*Ziekow* GWB § 99 Rn. 86.
[78] EuGH Urt. v. 3.10.2000 – C-380/98 – *University of Cambridge* Rn. 36, NZBau 2001, 218 (221).
[79] EuGH Urt. v. 3.10.2000 – C-380/98 – *University of Cambridge* Rn. 26, NZBau 2001, 218 (220).
[80] EuGH Urt. v. 3.10.2000 – C-380/98 – *University of Cambridge* Rn. 26, NZBau 2001, 218 (220).
[81] EuGH Urt. v. 13.12.2007 – C-337/06 – *Rundfunkanstalten* NZBau 2008, 130.
[82] *Burgi* NZBau 2009, 609 (610).
[83] EuGH Urt. v. 13.12.2007 – C-337/06 – *Rundfunkanstalten* Rn. 48, NZBau 2008, 130 (133).
[84] *Heuvels* NZBau 2008, 166 (167); *Korthals* NZBau 2006, 215 (218).

füllung ihrer Aufgaben ausübt.[85] Es fehlt dann an einer hinreichend **engen Verbindung zur öffentlichen Hand.**

47 Auch bei gesetzlich angeordneten Beitragspflichten ist stets zu prüfen, ob die Einrichtung dem beitragspflichtigen Dritten eine **spezifische Gegenleistung** für die Zahlung gewährt. Von einer mittelbaren Staatsfinanzierung kann nur dann gesprochen werden, wenn dem Beitrag keine konkrete Gegenleistung des finanzierten Unternehmens gegenüber steht. Dies ist der Fall, wenn die Zahlungen vom Verbraucher, wie beispielsweise die Rundfunkgebühren, unabhängig von einer Leistung des Unternehmens entrichtet werden müssen. Entsprechendes gilt für Studentenwerke, deren Leistungen wie der Betrieb von Mensen, Cafeterien und Studentenwohnheimen durch Zwangsbeiträge der Studierenden finanziert werden.[86] Studierende müssen obligatorisch Mitglied im Studentenwerk sein. Ob sie dessen Leistungen tatsächlich in Anspruch nehmen, ist irrelevant.

48 Abzugrenzen ist die mittelbare Staatsfinanzierung durch gesetzliche Begründung eines Beitragserhebungsrechts von der Situation bei **normativ vorgegebenen Gebührenordnungen,** wie dem RVG und der HOAI. Auch wenn die Gebühren durch den Staat festgesetzt werden, schließt der Verbraucher mit den Angehörigen dieser Berufe freiwillig einen Vertrag ab und erhält für seine Zahlung die geschuldete Leistung.

49 Ob das staatliche Inkasso der **Kirchensteuer** zu einer mittelbaren Finanzierung der öffentlich-rechtlichen Religionsgemeinschaften führt, ist noch nicht endgültig geklärt.[87] Der Staat gewährleistet zwar gemäß Art. 140 GG iVm Art. 137 WRV den staatskirchenrechtlichen status quo der Religionsgemeinschaften, garantiert diesen jedoch nicht ein bestimmtes Kirchensteueraufkommen. Aufgrund der Möglichkeit des Kirchenaustritts ist die Verpflichtung zur Entrichtung der Kirchensteuer jedenfalls nicht mit Beitragsverpflichtungen in staatlichen Zwangskörperschaften vergleichbar.[88]

2. Aufsicht über die Leitung

50 Die besondere Staatsnähe kann sich auch aus der Ausübung der Aufsicht über die Leitung des Unternehmens ergeben. Die aufsichtführende Stelle muss die Entscheidungen der Einrichtung in Bezug auf öffentliche Aufträge beeinflussen können. Dies ist dann der Fall, wenn die Aufsicht führende Stelle die laufenden Geschäfte des Unternehmens auf Richtigkeit, Ordnungsmäßigkeit, Wirtschaftlichkeit und Zweckmäßigkeit prüfen kann.[89]

51 Das deutsche Verwaltungsrecht differenziert traditionell zwischen Rechts- und Fachaufsicht. Die **Fachaufsichtsbehörde** kann die Entscheidungen des ihrer Aufsicht unterliegenden Unternehmens auf Zweckmäßigkeit und Rechtmäßigkeit prüfen. Im Rahmen der Zweckmäßigkeitskontrolle kann sie das Verhalten des Unternehmens auch in Bezug auf die Auftragsvergabe im Wettbewerb beeinflussen. Das genügt für die Annahme einer Aufsicht über die Leitung im Sinne des § 99 Nr. 2 lit. b GWB. Eine **Rechtsaufsicht** beschränkt sich demgegenüber auf die Kontrolle, ob die beaufsichtigte Stelle die Gesetze und sonstiges Recht (zB Satzungsrecht) beachtet. Ob auch die Rechtsaufsicht eine Aufsicht über die Leitung im Sinne des § 99 Nr. 2 lit. b GWB vermitteln kann, ist umstritten.[90] Das europäische Recht unterscheidet nicht nach den formalen Kategorien der Fach- und der Rechtsaufsicht.[91] Im Übrigen sind die Grenzen zwischen beiden Formen der Aufsicht fließend.[92] Daher muss in jedem Einzelfall untersucht werden, welche Möglichkeiten

---

[85] EuGH Urt. v. 12.9.2013 – C-526/11 – *Ärztekammer Westfalen-Lippe* Rn. 31, NZBau 2013, 717 (720).
[86] *Dreher* NZBau 2005, 297 (301).
[87] Siehe im Einzelnen → Rn. 64.
[88] OLG Celle Beschl. v. 25.8.2011 – 13 Verg 5/11, BeckRS 2011, 21496.
[89] EuGH Urt. v. 27.1.2003 – C-373/00 Rn. 73 – *Adolf Truley,* EuZW 2003, 315 (320).
[90] Ablehnend Reidt/Stickler/Glahs/*Diehr* GWB 2013 § 98 Rn. 57; *Dreher* NZBau 2005, 297 (299). Bejahend: Heuvels/Höß/Kuß/Wagner/*Kuß* GWB 2013 § 98 Rn. 40; HK-VergabeR/*Pünder* GWB § 99 Rn. 59; KK-VergR/*Wieddekind* GWB 2013 § 98 Rn. 46.
[91] HK-VergabeR/*Pünder* GWB 2013 § 99 Rn. 59.
[92] Pünder/Prieß/*Kingreen* § 99; RKPP/*Röwekamp* GWB § 99 Rn. 184.

staatlicher Einflussnahme mit der Rechtsaufsicht verbunden sind. Entscheidend ist, welche Befugnisse die Rechtsaufsicht der Aufsichtsbehörde vermittelt und welche eigenen Entscheidungsspielräume der Einrichtung trotz der Rechtsaufsicht verbleiben. Eine bloß nachprüfende Kontrolle der Aufsichtsbehörde erfüllt den Tatbestand der Aufsicht über die Leitung nicht.[93]

Eine staatliche Aufsicht über die Leitung kann uU auch dann vorliegen, wenn die öffentliche Hand bei einem gemischt öffentlich-privaten Unternehmen **nur Minderheitsgesellschafter** ist. Die Leitungsaufsicht kann insbesondere dann anzunehmen sein, wenn dem öffentlichen Gesellschafter **Call-/Put-Optionen** zustehen, durch die er die Übertragung der Geschäftsanteile auf sich selbst bzw. auf den privaten Partner steuern kann. Der Umstand, dass der öffentliche Partner nur über eine Minderheitsbeteiligung an dem Unternehmen verfügt, steht einer Kontrolle über die Leitung des Unternehmens dann nicht entgegen.[94] 52

Eine staatliche Leitungsaufsicht kann im Einzelfall sogar **ohne öffentliche Beteiligung** vorliegen, wenn die öffentliche Hand aufgrund einer vertraglichen Vereinbarung Auftragsvergaben des Unternehmens widersprechen darf, Weisungen an dessen Auftragnehmer erteilen kann und diese **Möglichkeiten der Einflussnahme** zugleich durch umfassende Auskunfts- und Kontrollrechte abgesichert sind.[95] 53

3. Bestimmung von mehr als der Hälfte der zur Mitglieder der Geschäftsführung oder zur Aufsicht berufenen Organe des Auftraggebers

Eine besondere Staatsnähe kann sich auch daraus ergeben, dass Auftraggeber gemäß § 99 Nr. 1 oder 3 GWB mehr als die Hälfte der Mitglieder der zur Geschäftsführung oder Aufsicht berufenen Organe der Einrichtung bestimmen. Die Mehrheit in einem der beiden Organe genügt. Maßgebliche Gesellschaftsorgane sind bei der AG der Vorstand und der Aufsichtsrat, bei der GmbH die Geschäftsführung. Die Mehrheit in einem rein fakultativen Organ, etwa einem Beirat, wird nur dann genügen, wenn es sich nicht um ein rein beratendes Organ handelt. Ein solches Organ kann keinen Einfluss auf die Durchführung von Beschaffungsmaßnahmen nehmen. 54

Nach dem Wortlaut des § 99 Nr. 2 lit. c) GWB kommt es ausschließlich auf die **rechnerischen Mehrheitsverhältnisse** in dem Geschäftsführungs- oder Aufsichtsorgan an. Eine weitere Differenzierung zB nach der Zahl der Anteilseigner- und Arbeitnehmervertreter im Aufsichtsrat mitbestimmter Unternehmen ist nicht vorgesehen. Bei **paritätischer Mitbestimmung** ist im Falle einer sonst gegebenen Patt-Situation nach § 29 Abs. 2 MitbestG allerdings die (Zweit-) Stimme des Aufsichtsratsvorsitzenden entscheidend, bei dessen Wahl sich nach § 27 Abs. 2 S. 2 MitbestG im Zweifel die Vertreter der Anteilseigner durchsetzen. Bestellt die öffentliche Hand sämtliche Anteilseignervertreter, ist es daher gerechtfertigt, von einer „Mehrheit“ der Aufsichtsratsmitglieder auszugehen. Teilweise wird auch vertreten, bei der Berechnung der Mehrheitsverhältnisse in mitbestimmten Unternehmen die von der Arbeitnehmerseite bestimmten Aufsichtsratsmitglieder vollständig außen vor zu lassen.[96] 55

---

[93] EuGH Urt. v. 27.1.2003 – C-373/00 Rn. 70 – *Adolf Truley,* EuZW 2003, 315 (320).

[94] OLG Düsseldorf Beschl. v. 30.4.2003 – Verg 67/02; *Wagner/Wiegand* NZBau 2003, 369 (372). Kritisch *Roth* VergabeR 2003, 397 (402).

[95] OLG Düsseldorf Beschl. v. 13.8.2007 – VII Verg 16/07, NVwZ-RR 2008, 319 (321) zur Deutschen Gesellschaft zum Bau und Betrieb von Endlagern für Abfallstoffe mbH (DBE). Deren Gesellschafter sind zu 75% die GNS, ein Zusammenschluss privater Unternehmen der Nuklearwirtschaft, und zu 25% die bundeseigene Energiewerke Nord GmbH (EWN). Zwar steht die Gesellschaft über die EWN mittelbar zu 25% im Bundeseigentum; dieser Umstand spielte für die Prüfung der „Aufsicht über die Leitung“ jedoch keine Rolle.

[96] Ziekow/Völlink/*Ziekow* GWB 2013 § 99 Rn. 113; ebenso RKPP/*Röwekamp* GWB § 99 Rn. 149 für den Fall, dass die Arbeitnehmervertreter nicht aufgrund der konkreten Interessen- und Gruppenbildung auch die geschäftspolitischen Belange einschließlich der beschaffungsrelevanten Tätigkeiten „nachhaltig mitbestimmen“.

4. Mittelbare Beherrschung

56 Nach § 99 Nr. 2 Hs. 2 GWB kann die besondere Staatsnähe auch mittelbar über die Beherrschung durch eine andere, zwischengeschaltete Einrichtung im Sinne von 99 Nr. 2 GWB begründet werden. Die Neufassung der Regelung in Hs. 2 (*„dasselbe gilt, wenn diese juristische Person einer anderen juristischen Person […] die überwiegende Finanzierung gewährt […]"*) ist zwar redaktionell missglückt. Die Gesetzesbegründung macht jedoch deutlich, dass an der bisherigen Regelung in § 98 Nr. 2 S. 2 GWB aF festgehalten werden sollte; durch die Neuregelung sollte lediglich auch der vom alten Recht versehentlich übergangene Fall erfasst werden, dass die zwischengeschaltete Einrichtung ihren Einfluss auf den Auftraggeber im Wege der Bestellung der Mehrheit des Leitungs- oder Aufsichtsorgans ausübt.

5. Einzelfälle

57 Den **gesetzlichen Krankenkassen** kommen nach §§ 1 und 2 SGB V die im Allgemeininteresse liegende Aufgaben zu, die Gesundheit der Versicherten zu erhalten, wiederherzustellen und deren Gesundheitszustand zu bessern, auf gesunde Lebensverhältnisse hinzuwirken und den Versicherten die erforderlichen Leistungen unter Beachtung des Wirtschaftsgebotes zur Verfügung zu stellen. Da die Risiken aus der unterschiedlichen Versichertenstruktur durch den Risikostrukturausgleich stark begrenzt sind, werden die Krankenkassen auch nicht gewerblich tätig.[97] Der EuGH hat zudem klargestellt, dass die Beitragsfinanzierung der gesetzlichen Krankenkassen zu einer überwiegenden Finanzierung durch den Staat führt.[98] Die Leistungen gesetzlicher Krankenkassen werden nach § 3 S. 1 SGB V durch Pflichtbeiträge ihrer Mitglieder und deren Arbeitgeber sowie unmittelbare Zahlungen der Bundesbehörden und Ausgleichszahlungen der Kassen untereinander finanziert.[99] Die gesetzlichen Krankenkassen sind daher öffentliche Auftraggeber gemäß § 99 Nr. 2 GWB.[100]

58 Entsprechendes gilt für **Rentenversicherungsträger.** Auch diese finanzieren sich im Wesentlichen durch die Einziehung von Pflichtbeiträgen bei den Versicherten und den Arbeitgebern. Die gesetzliche Versicherungspflicht aus §§ 1 ff. SGB VI begründet eine staatlich abgesicherte Finanzierung.

59 Auch die **berufsständischen Versorgungswerke der freien Berufe** (Architekten, Ärzte, Apotheker, Steuerberater, Rechtsanwälte und Notare) sind öffentliche Auftraggeber gemäß § 99 Nr. 2 GWB. Die berufsständischen Versorgungswerke sind in der Regel als Körperschaften des öffentlichen Rechts oder als unselbstständiges Sondervermögen der berufsständischen Selbstverwaltungskörperschaft verfasst. Da sie ausschließlich durch Beiträge ihrer Mitglieder finanziert werden, könnte fraglich sein, ob sie – ähnlich wie private Alters- und Berufsunfähigkeitsversicherungen – nicht eher die Partikularinteressen ihrer Angehörigen anstatt eine Aufgabe im Allgemeininteresse verfolgen.[101] Allerdings entbindet die Mitgliedschaft in den berufsständischen Versorgungswerken die Berufsträger gerade von der Alternative der Pflichtmitgliedschaft in der gesetzlichen Rentenversicherung, die der öffentlichen Daseinsvorsorge als im Allgemeininteresse liegende Aufgabe nicht gewerblicher Art dient. Das spricht dafür, dass auch die Tätigkeit der Versorgungswerke im Allgemeininteresse liegt.

60 Ob **berufsständische Verbände** wie Ärzte-, Architekten-, Apotheker- und Rechtsanwaltskammern sowie die **Industrie- und Handelskammern** öffentliche Auftraggeber

---

[97] *Byok/Jansen* NVwZ 2005, 53 (54).

[98] EuGH Urt. v. 11.6.2009 – C-300/07 – *Oymanns,* EuZW 2009, 612 ff.

[99] EuGH Urt. v. 11.6.2009 – C-300/07 – *Oymanns* Rn. 52, EuZW 2009, 612 (614).

[100] Zu den unterschiedlichen Einzelverträgen der gesetzlichen Krankenkassen für die Beschaffung von Lieferungen und Leistungen zur Erbringung der gesetzlichen und satzungsmäßigen Versicherungsleistungen vgl. *Boldt* NJW 2005, 3757 ff.

[101] *Eschenbruch/Hunger* NZBau 2003, 471 (473); Byok/Jaeger/*Werner* GWB § 99 Rn. 123.

sind, ist noch nicht endgültig geklärt.[102] Die Kammern sind als Körperschaften des öffentlichen Rechts organisiert. Sie nehmen in der Regel auch im Allgemeininteresse liegende Aufgaben nicht gewerblicher Art wahr. So fördern die Rechtsanwaltskammern die Funktion der Anwaltschaft als Organ der Rechtspflege, während die Ärztekammern der Gesundheitsfürsorge dienen.[103] Auch die Industrie- und Handelskammern nehmen mit der Vertretung der gewerblichen Wirtschaft gegenüber dem Staat und ihren Verwaltungstätigkeiten auf wirtschaftlichem Gebiet im Allgemeininteresse liegende Aufgaben wahr.[104] Die Kammern verwalten sich selbst und finanzieren sich durch die Pflichtbeiträge, die sie aufgrund gesetzlicher Anordnung von ihren Mitgliedern erheben können. Ob hierin eine überwiegende staatliche Finanzierung zu sehen ist, ist im Einzelfall unter Berücksichtigung des Umfangs des staatlichen Einflusses festzustellen. Hinsichtlich der **Berufskammer der Ärzte in Nordrhein-Westfalen** hat der EuGH entschieden, dass diese angesichts ihrer erheblichen Spielräume bei der Beitragserhebung keine ausreichend enge Verbindung zur öffentlichen Hand aufweist.[105] Zwar beruhe die Beitragserhebung auf gesetzlicher Grundlage; diese regele jedoch nicht den Umfang und die Modalitäten der Tätigkeiten der Ärztekammer. Dass die Gebührenordnung der Ärztekammer der Genehmigung durch den Staat bedarf, war aufgrund der nur eingeschränkten Prüfungsrechte der Aufsichtsbehörde nicht ausschlaggebend. In der Tat spricht viel dafür, dass wenn die Mitglieder der Selbstverwaltungskörperschaft über Höhe und Verwendung der Beiträge selbst bestimmen, diese Festlegungen im Wesentlichen auf Erwägungen wirtschaftlicher Natur beruhen. Dann aber ist es nicht angezeigt, die Selbstverwaltungskörperschaft den Bindungen des Vergaberechts zu unterwerfen.[106]

Die frühere Diskussion über die Auftraggebereigenschaft der **Deutsche Post AG** ist 61
heute gegenstandslos. Die öffentliche Hand hat ihre Mehrheitsbeteiligung an der Deutsche Post AG im Jahr 2005 aufgegeben. Die Deutsche Post AG ist damit nicht mehr überwiegend staatlich finanziert im Sinne des § 99 Nr. 2 lit. a) GWB. Über die staatseigene KfW hielt die Bundesrepublik Deutschland seit 2005 zunächst noch eine Sperrminorität. Mit Absinken der Staatsbeteiligung unter 25% im April 2013 ist auch die Sperrminorität entfallen. Jedenfalls ab diesem Zeitpunkt stellt sich auch nicht mehr die Frage, ob der Bund aufgrund einer etwaigen mehrheitlichen Hauptversammlungspräsenz die Aufsicht über die Leitung der Deutsche Post AG ausüben kann.[107] Seit Auslaufen der Exklusivlizenz zur Beförderung von Briefsendungen unter 50 g Einzelgewicht am 31.12.2007 verfügt die Deutsche Post AG auch nicht mehr über ein ausschließliches Recht für den Transport von Briefsendungen im Sinne von § 100 Abs. 2 GWB. Die (ohnehin noch zu einer alten Rechtslage ergangene) Entscheidung des Vergabeüberwachungsausschusses des Bundes von 1998[108] ist damit rechtlich und tatsächlich überholt.

Hinsichtlich der Auftraggebereigenschaft der Unternehmen des Deutsche Bahn-Kon- 62
zerns ist zu differenzieren. Die Konzernholding **Deutsche Bahn AG** und deren **Tochtergesellschaften,** die Verkehrsaktivitäten im **Personenverkehr** betreiben, stehen im Wettbewerb mit anderen Verkehrsunternehmen. Die im Personenverkehr tätigen DB-Tochtergesellschaften (insbes. **DB Fernverkehr AG** und **DB Regio AG**) üben eine gewerbliche Tätigkeit aus und sind daher nicht öffentliche Auftraggeber gemäß § 99 Nr. 2 GWB. Allerdings erbringen sie netzgebundene Verkehrsleistungen für die Allgemeinheit im Sinne von Art. 11 SRL bzw. § 102 Abs. 4 GWB; sie sind daher Sektorenauftraggeber

[102] Hierzu *Pielow/Booz* GewArch 2015, 12ff.
[103] *Eschenbruch/Hunger* NZBau 2003, 471 (472).
[104] VK Baden-Württemberg Beschl. v. 17.12.2009 – 1 VK 61/09, IBRRS 2010, 2237; aA VK Mecklenburg-Vorpommern Beschl. v. 8.5.2007 – 3 VK 04/07, BeckRS 2007, 142143.
[105] EuGH Urt. v. 12.9.2013 – C-526/11 – *Ärztekammer Westfalen-Lippe* Rn. 30, NZBau 2013, 717 (719).
[106] Vgl. EuGH Urt. v. 13.12.2007 – C-337/06 – *Rundfunkanstalten* Rn. 36, NZBau 2008, 130 (132).
[107] Hierzu *Huber/Wollenschläger* VergabeR 2006, 431 (434).
[108] VÜA Bund Beschl. v. 24.4.1998 – 1 VÜ 15/98, NVwZ 1999, 1150.

gemäß § 100 Abs. 1 Nr. 2 GWB.[109] Anders liegt es bei der **DB Schenker,** die Transportleistungen im **Schienengüterverkehr** erbringt. Die DB Schenker führt ihre Leistungen nicht aufgrund von einer zuständigen Behörde im Sinne des § 100 Abs. 1 Nr. 2 lit. a) GWB festgelegten Bedingungen durch. Vielmehr meldet sie ihren Streckenbedarf unmittelbar bei der DB Netz AG an, die den weit überwiegenden Anteil der Eisenbahninfrastruktur in Deutschland betreibt und nach § 14 Abs. 1 AEG zur Gewährung eines diskriminierungsfreien Netzzugangs verpflichtet ist.[110] Da sie bei ihrer Tätigkeit auch keiner sonstigen staatlichen Einflussaufnahme unterliegt, ist sie weder öffentlicher Auftraggeber nach § 99 Nr. 2 GWB noch Sektorenauftraggeber nach § 100 Abs. 1 Nr. 2 GWB.[111] Die **DB Netz AG** ist nach Auffassung der VK Bund[112] demgegenüber öffentlicher Auftraggeber gemäß § 99 Nr. 2 GWB. Diese Einordnung ist trotz der teilweise geäußerten Kritik[113] überzeugend. Gemäß Art. 87e Abs. 4 GG gewährleistet der Bund, dass dem Wohl der Allgemeinheit, insbesondere den Verkehrsbedürfnissen, beim Ausbau und Erhalt des Schienennetzes der Eisenbahnen des Bundes sowie bei deren Verkehrsangeboten auf diesem Schienennetz, soweit diese nicht den Schienenpersonennahverkehr betreffen, Rechnung getragen wird. Dabei handelt es sich um eine im Allgemeininteresse liegende nichtgewerbliche Aufgabe, die von der DB Netz AG erfüllt wird.

63 **Öffentlich-rechtliche Rundfunkanstalten** sind nach der Entscheidung des EuGH[114] öffentliche Auftraggeber gemäß § 99 Nr. 2 GWB. Als Anstalten des öffentlichen Rechts verfügen sie über eigene Rechtspersönlichkeit. Sie erfüllen durch die Grundversorgung der Bevölkerung mit umfassenden und wahrheitsgemäßen Informationen eine im Allgemeininteresse liegende Aufgabe nicht gewerblicher Art.[115] Dass sich die Rundfunkanstalten überwiegend aus bei den Bürgern erhobenen Gebühren finanzieren, steht der Annahme einer überwiegenden staatlichen Finanzierung nicht entgegen. Die Finanzierung ist durch die Regelungen des Rundfunkstaatsvertrags verfassungsrechtlich abgesichert, die Gebührenzahlungen werden staatlich garantiert und mittels hoheitlicher Befugnisse erhoben und eingezogen. Eine solche mittelbare staatliche Finanzierung genügt.[116] Dem steht auch nicht entgegen, dass der Staat aufgrund des verfassungsrechtlichen Neutralitätsgebots in Bezug auf die Programmgestaltung keinen unmittelbaren Einfluss auf die Auftragsvergabe nehmen kann. Die Gefahr, dass die Rundfunkanstalten sich bei der Vergabe öffentlicher Aufträge von anderen als wirtschaftlichen Erwägungen lenken lassen, wird hierdurch nicht ausgeräumt.[117]

64 Ob die **Kirchen und Religionsgemeinschaften** öffentliche Auftraggeber gemäß § 99 Nr. 2 GWB sind, ist nicht abschließend geklärt. Organisatorisch sind sie nicht Teil des Staates. Nach dem Grundsatz der religiös-weltanschaulichen Neutralität des Staates darf dieser keinen Einfluss auf die öffentlich-rechtlich verfassten Religionsgemeinschaften nehmen. Dem Staat obliegt dementsprechend keine Aufsicht über die Leitung oder eine Bestimmung der Mehrheit der Mitglieder der Leitungsorgane. Fraglich ist aber, ob eine überwiegende staatliche Finanzierung vorliegt. Immerhin wirkt der Staat durch die Einziehung der Kirchensteuer ganz entscheidend an der Finanzierung der Religionsgemeinschaften mit. Nach Auffassung des OLG Celle führt das jedoch – jedenfalls in Ansehung des Grundsatzes der weltanschaulich-religiösen Neutralität des Staates – nicht zu einer Aufsicht

---

[109] VK Bund Beschl. v. 11.3.2004 – VK 1-151/03, IBRRS 2004, 1455; *Günther* ZfBR 2008, 454 (457); RKPP/*Opitz* GWB § 102 Rn. 47.

[110] *Prieß/Marx/Hölzl* VergabeR 2012, 425, 436.

[111] *Prieß/Marx/Hölzl* VergabeR 2012, 425, 439.

[112] Im Ergebnis ebenso schon VK Bund Beschl. v. 21.1.2004 – VK 2 126/03, IBRRS 2004, 0415; Beschl. v. 11.3.2004 – VK 1-151/03, BeckRS 2004, 31031495.

[113] Bechtold/*Otting* GWB 2013 § 98 Rn. 31, geht davon aus, dass die DB Netz AG aufgrund ihrer Ausrichtung als Wirtschaftsunternehmen ausschließlich Sektorenauftraggeber ist.

[114] EuGH Urt. v. 13.12.2007 – C-337/06 – *Rundfunkanstalten,* NZBau 2008, 130ff.

[115] OLG Düsseldorf Beschl. v. 21.7.2006 – VII Verg 13/06, NZBau 2006, 731 (734).

[116] EuGH Urt. v. 13.12.2007 – C-337/06 – *Rundfunkanstalten* Rn. 49, NZBau 2008, 130, 131.

[117] EuGH Urt. v. 13.12.2007 – C-337/06 – *Rundfunkanstalten* Rn. 56, NZBau 2008, 130, 131f.

oder Finanzierung im Sinne von § 99 Nr. 2 GWB; der Staat fungiere insoweit nur als Durchleiter, vergleichbar einem „Inkassobüro".[118] Die Kirchensteuerverpflichtung beruhe auch nicht auf einer gesetzlich angeordneten Zwangsmitgliedschaft, sondern einer freien Entscheidung des Kirchenmitglieds über seine Mitgliedschaft.[119] Ob die Möglichkeit des Kirchenaustritts ausreicht, um eine „staatliche Finanzierung" zu verneinen, ist angesichts der EuGH-Entscheidung zu den öffentlich-rechtlichen Rundfunkanstalten indes nicht ohne jeden Zweifel. Denn auch die Rundfunkbeitragspflicht bestand nach dem seinerzeit geltenden Staatsvertrag nur für Rundfunkteilnehmer, dh Bürger, die ein Rundfunkgerät bereithielten.[120] Die Gebührenpflicht knüpfte damit ebenfalls eine freiwillige Entscheidung des Beitragspflichtigen an.

Messegesellschaften schaffen eine Absatzplattform für Hersteller und Händler und 65
bieten Verbrauchern die Möglichkeit, sich über Produkte zu informieren. Die hiermit verbundenen Effekte für den Handel und die (regionale) Wirtschaft liegen im Allgemeininteresse.[121] Im Fall der Mailänder Messegesellschaft hat der EuGH aber die Erfüllung des Merkmals der Nichtgewerblichkeit als fraglich angesehen. Die Mailänder Messegesellschaft werde in einem wettbewerblich geprägten Umfeld tätig, arbeite nach Leistungs-, Effizienz- und Wirtschaftlichkeitskriterien und trage das wirtschaftliche Risiko ihrer Tätigkeit selbst.[122] Nach der Auffassung des EuGH sprachen diese Indizien für eine gewerbliche Tätigkeit. Ob die deutschen Messegesellschaften vor diesem Hintergrund gewerblich tätig werden, muss anhand des jeweiligen Einzelfalls untersucht werden. Die Hamburger Messegesellschaft und die Messe Berlin GmbH wurden von der Rechtsprechung als öffentliche Auftraggeber gemäß § 99 Nr. 2 GWB angesehen.[123] Da aufgrund von Gewinnabführungs- und Beherrschungsverträgen kein Insolvenzrisiko bestand, trugen die Messegesellschaften das wirtschaftliche Risiko ihrer Tätigkeit nicht selbst. Es lag daher eine nichtgewerbliche Tätigkeit vor. Ebenso kann die staatliche Übernahme von Garantiepflichten oder Sicherheitsleistungen zum Vorliegen einer marktbezogenen Sonderstellung der Messegesellschaft führen.[124]

Sparkassen und **Landesbanken** verfügen seit dem Wegfall der Anstaltslast und der 66
Gewährträgerhaftung zum 19.7.2005 nicht mehr über eine öffentlich-rechtlich vermittelte Sonderstellung im Wettbewerb, so dass sich daraus keine öffentliche Auftraggebereigenschaft mehr herleiten lässt.[125] Vor dem Hintergrund der bisherigen Erfahrungen aus der europäischen Finanzkrise seit 2007 könnte allerdings zweifelhaft sein, ob die öffentlich-rechtlichen Anteilseigner ihre Banken im Ernstfall tatsächlich in die Insolvenz gehen lassen würden. Ob den Sparkassen und Landesbanken insoweit nicht doch eine Sonderstellung im Wettbewerb zuzumessen ist, ist damit jedenfalls offen. Die öffentlich-rechtlichen **Förderbanken** des Bundes und der Länder sind dagegen nach ganz herrschender Meinung öffentliche Auftraggeber, da sie im Allgemeininteresse liegende Aufgaben nichtgewerblicher Art wahrnehmen.[126]

Vereinzelt wird vertreten, dass auch **private Banken** durch Inanspruchnahme von **Fi- 67
nanzhilfen des Sonderfonds Finanzmarktstabilisierung (SoFFin)** zu öffentlichen

[118] OLG Celle Beschl. v. 25.8.2011 – 13 Verg 5/11, BeckRS 2011, 21596. Im Ergebnis ebenso VK Hessen Beschl. v. 26.4.2006 – 69d VK 15/2006; Ziekow/Völlink/*Ziekow* § 99 Rn. 177.

[119] OLG Celle Beschl. v. 25.8.2011 – 13 Verg 5/11, BeckRS 2011, 21596.

[120] EuGH Urt. v. 13.12.2007 – C-337/06 – *Rundfunkanstalten* Rn. 18, NZBau 2008, 130 (131).

[121] EuGH Urt. v. 10.5.2001 – C-223/99 und C-260/99 – *Ente Fiera* Rn. 34, NZBau 2001, 403 (405); *Byok/Goodarzi* NVwZ 2006, 281, 283.

[122] EuGH Urt. v. 10.5.2001 – C-223/99 und C-260/99 – *Ente Fiera* Rn. 40 u. 42, NZBau 2001, 403 (406).

[123] OLG Hamburg Beschl. v. 25.1.2007 – 1 Verg 5/06, NZBau 2007, 801 (802); KG Berlin Beschl. v. 27.7. 2006 – 2 Verg 5/06, NZBau 2006, 725 (729). Auch die Messe Stuttgart wurde von der VK Baden-Württemberg als öffentlicher Auftraggeber qualifiziert.

[124] *Byok/Goodarzi* NVwZ 2006, 281 (286).

[125] OLG Rostock Beschl. v. 15.6.2005 – 17 Verg 3/05, NZBau 2006,593; Ziekow/Völlink/*Ziekow* § 99 Rn. 163; Reidt/Stickler/Glahs/*Diehr* § 98 Rn. 73. Zur früheren Rechtslage *Jochum* NZBau 2002, 69ff.

[126] Reidt/Stickler/Glahs/*Diehr* § 98 Rn. 74; Ziekow/Völlink/*Ziekow* § 99 Rn. 164.

Auftraggebern gemäß § 99 Nr. 2 GWB werden können, sofern der SoFFin sich weitgehende Einfluss- und Kontrollmöglichkeiten einräumen lässt.[127] Um staatliche Hilfeleistungen zu erhalten, muss sich die Bank verpflichten, gewisse risikoreiche Geschäfte zu unterlassen und ihre weitere Tätigkeit auf die Förderung der Stabilität der Finanzmärkte auszurichten.[128] In der Aufrechterhaltung eines funktionsfähigen Finanzmarkts und der Versorgung kleiner und mittelständischer Unternehmen mit Krediten könne eine im Allgemeininteresse liegende Aufgabe gesehen werden. Durch die staatlichen Finanzhilfen werde das Insolvenzrisiko quasi auf Null reduziert. In der Zusammenschau mit den Beschränkungen des geschäftspolitischen Entscheidungsspielraums könne dies dafür sprechen, dass die begünstigte Bank außerhalb normaler Marktmechanismen tätig wird.[129]

68 Auch **kommunale Wohnungsbaugesellschaften** sind im Regelfall öffentliche Auftraggeber gemäß § 99 Nr. 2 GWB. Die Bereitstellung günstigen Wohnraums für sozial schwache Bevölkerungsgruppen ist eine im Allgemeininteresse liegende Aufgabe.[130] Die kommunalen Wohnungsbaugesellschaften stehen allerdings vielfach im Wettbewerb zu privatwirtschaftlichen Wohnungsgesellschaften.[131] Es ist daher anhand der Umstände des Einzelfalls zu prüfen, ob ein konkretes Wohnungsbauunternehmen sich ausschließlich gewerblich am Wohnungsmarkt bewegt.[132] Angesichts der „Infizierungstheorie", nach der es ausreicht, wenn ein Unternehmen *auch* im Allgemeininteresse liegende Aufgaben nichtgewerblicher Art erfüllt,[133] ist die Auftraggebereigenschaft aber meist zu bejahen.[134]

69 Auch eine zu hundert Prozent im Bundeseigentum stehende **Bergbauverwaltungsgesellschaft,** die sich mit der Sanierung und Wiederherstellung nicht mehr genutzter Bergbauareale befasst, wird nicht in einem wettbewerblichen Umfeld tätig. Sie erfüllt eine im Allgemeininteresse liegende Aufgabe nichtgewerblicher Art und ist daher öffentlicher Auftraggeber gemäß § 98 Nr. 2 GWB.[135]

D. Verbände (§ 99 Nr. 3 GWB)

70 Nach § 99 Nr. 3 GWB sind auch Verbände, die sich aus Gebietskörperschaften gemäß § 99 Nr. 1 GWB oder juristischen Personen des öffentlichen oder privaten Rechts gemäß § 99 Nr. 2 GWB zusammensetzen, öffentliche Auftraggeber. Verbände in diesem Sinne sind insbesondere kommunale Zweckverbände, Landschaftsverbände und Wasserverbände, aber auch Einkaufsverbände von Gebietskörperschaften.[136]

E. Staatlich subventionierte Auftraggeber (§ 99 Nr. 4 GWB)

71 § 99 Nr. 4 GWB unterstellt bestimmte Auftraggeber öffentlich geförderter Projekte dem Vergaberecht. Natürliche oder juristische Personen des privaten Rechts unterliegen nach § 98 Nr. 5 GWB dem Vergaberecht, wenn sie für Tiefbaumaßnahmen, für die Errichtung von Krankenhäusern, Sport-, Erholungs- oder Freizeiteinrichtungen, Schul-, Hochschul- oder Verwaltungsgebäuden oder für damit in Verbindung stehende Dienstleistungs- und

---

[127] *Gabriel* NZBau 2009, 282 (286); *Höfler/Braun* NZBau 2009, 5 (10).

[128] *Höfler/Braun* NZBau 2009, 5 (7).

[129] *Höfler/Braun* NZBau 2009, 5 (7).

[130] Vgl. EuGH Urt. v. 1.2.2001 – C-237/99 – *Französische Sozialwohnungsbaugesellschaft* Rn. 47, NZBau 2001, 215 (217).

[131] Vgl. OLG Karlsruhe Beschl. v. 17.4.2008 – 8 U 228/06, BeckRS 2008, 21262.

[132] *Hausmann/Bultmann* ZfBR 2005, 309 (311); Reidt/Stickler/Glahs/*Diehr* GWB 2013 § 98 Rn. 92.

[133] Siehe → Rn. 32.

[134] Vgl. OLG Rostock Beschl. v. 2.10.2019 – 17 Verg 3/19, NZBau 2020, 113; KG Beschl. v. 11.11.2004 – 2 Verg 16/04, NZBau 2005, 538 (540); Beschl. v. 6.2.2003 – 2 Verg 1/03, VergabeR 2003, 355.

[135] VK Bund Beschl. v. 15.5.2015 – VK 1-32/15, BeckRS 2015, 120626.

[136] Heuvels/Höß/Kuß/Wagner/*Kuß* GWB 2013 § 98 Rn. 60; KK-VergR/*Wieddekind* GWB 2013 § 98 Rn. 74.

Auslobungsverfahren von öffentlichen Auftraggebern im Sinne von § 99 Nr. 1 bis 3 GWB Mittel erhalten, mit denen diese Vorhaben zu mehr als 50% subventioniert werden.

Die erfassten Stellen sind zwar nicht als solche öffentliche Auftraggeber, vergeben jedoch Aufträge, die von öffentlichen Auftraggebern **überwiegend subventioniert** werden.[137] Der Begriff „subventionieren" umfasst jedwede Begünstigung, so dass beispielsweise auch Steuerbegünstigungen erfasst sind.[138] Die Erstreckung des GWB-Vergaberechts auf die Vergabe solcherart staatlich finanzierter Projekte soll eine Umgehung des Vergaberechts verhindern. Öffentliche Auftraggeber sollen sich dem Vergaberecht nicht dadurch entziehen können, dass sie einem nicht originär an das Vergaberecht gebundenen Dritten eine Zuwendung zur Finanzierung eines bestimmten Vorhabens gewähren und dieser dann die Aufträge vergaberechtsfrei vergibt.[139] Praktisch relevant ist dies ua für kirchliche Krankenhausträger, die zwar als solche in der Regel keine öffentlichen Auftraggeber sind, deren Baumaßnahmen aber oftmals von den Ländern oder Kommunen finanziert werden. 72

§ 99 Nr. 4 GWB unterwirft die auftragsvergebende Stelle hinsichtlich des **konkreten, überwiegend staatlich finanzierten Bauauftrags** dem Vergaberecht. Hierdurch unterscheidet sich die Regelung vom Anwendungsbereich des § 99 Nr. 2 GWB. Für anschließende Beschaffungsvorgänge ist das Unternehmen kein öffentlicher Auftraggeber im Sinne des § 99 Nr. 4 GWB, wenn keine Verbindung mehr zu dem vorangegangenen Projekt besteht.[140] 73

Bei der Prüfung der Frage der überwiegenden öffentlichen Finanzierung des Vorhabens sind die gesamten Projektkosten den öffentlichen Fördermitteln gegenüber zu stellen.[141] Dabei kommt es nur auf die Kosten für die in § 99 Nr. 4 GWB aufgeführten Bauvorhaben an. Handelt es sich um ein Teilobjekt eines Gesamtkomplexes, ist der 50%-Anteil auf Grundlage der Kosten desjenigen Bauvorhabens zu berechnen, welches die Stelle zum öffentlichen Auftraggeber macht.[142] Der Katalog öffentlich geförderter Projekte in § 99 Nr. 5 GWB ist abschließend.[143] Allerdings handhabt die Rechtsprechung den Katalog recht großzügig. So wurden Altenheime als Krankenhäuser[144] und Studentenwohnheime als Hochschulgebäude[145] angesehen. 74

F. Sektorenauftraggeber (§ 100 GWB)

I. Überblick

§ 100 Abs. 1 GWB definiert den Begriff des Sektorenauftraggebers. Er umfasst zum einen öffentliche Auftraggeber gemäß § 99 Nr. 1 bis 3 GWB, die eine Sektorentätigkeit ausüben (§ 100 Abs. 1 Nr. 1 GWB), zum anderen andere natürliche oder juristische Personen des privaten Rechts, die eine Sektorentätigkeit ausüben, wenn sie auf Grundlage besonderer oder ausschließlicher Rechte tätig werden oder einem beherrschenden Einfluss der öffentlichen Hand ausgesetzt sind. (§ 100 Abs. 1 Nr. 2 GWB). Bei den Sektorenauftraggebern kann es sich demnach auch um rein private, keiner staatlichen Beherrschung ausgesetzte Unternehmen handeln. Durch die Einbeziehung rein privater Unternehmen in den Anwendungsbereich des Vergaberechts soll der durch die Sonder- oder Ausschließlichkeitsrechte ermöglichten Marktabschottung in den erfassten Sektoren entgegengesteuert wer- 75

[137] Heuvels/Höß/Kuß/Wagner/*Kuß* GWB 2013 § 98 Rn. 72.
[138] EuGH Urt. v. 26.9.2013 – C-115/12 – *Kommission./. Französische Republik* Rn. 46 u. 49, IBRRS 2013, 4274.
[139] Heuvels/Höß/Kuß/Wagner/*Kuß* GWB 2013 § 98 Rn. 72.
[140] Loewenheim/Meessen/Riesenkampff/*Bungenberg* GWB 2013 § 98 Rn. 51.
[141] OLG Celle Beschl. v. 25.8.2011 – 13 Verg 5/11, BeckRS 2011,21497; OLG München Beschl. v. 10.11. 2010 – Verg 19/10, ZfBR 2011, 200 (202).
[142] OLG München Beschl. v. 10.11.2010 – Verg 19/10, ZfBR 2011, 200 (202).
[143] BayObLG Beschl. v. 29.10.2004 – Verg 22/04, NZBau 2005, 234.
[144] OLG Düsseldorf Beschl. v. 13.1.2014 – VII-Verg 11/13, BeckRS 2014,8850.
[145] OLG München Beschl. v. 10.11.2010 – Verg 19/10, ZfBR 2011, 200 (202).

den.[146] Die Einbeziehung privater Auftraggeber trägt zugleich dem Umstand Rechnung, dass der Privatisierungsgrad der Versorgungswirtschaft in den EU-Mitgliedstaaten teilweise sehr unterschiedlich ist (Sektoren, die in einem Mitgliedstaat in Staatshand liegen, sind in anderen vollständig privatisiert). Die Regelung zielt insoweit darauf ab, bei der Auftragsvergabe in den Sektoren EU-weit ähnliche Verhältnisse zu schaffen.

76 Die **Sektorentätigkeiten** werden in § 102 GWB definiert.[147] Die in Deutschland relevanten Sektorenbereiche sind die **Trinkwasserversorgung** (Abs. 1), **die Energieversorgung** (Elektrizität gem. Abs. 2 sowie Gas und Wärme gem. Abs. 3) und der **Verkehr** (Eisenbahnen, Straßenbahnen und Busverkehre gem. Abs. 4 sowie der Betrieb von Häfen und Flughäfen gem. Abs. 5). Im Bereich der Trinkwasser und Energieversorgung umfassen die Sektorentätigkeiten jeweils sowohl die Bereitstellung und den **Betrieb der Versorgungsnetze** als auch die **Einspeisung** von Trinkwasser, Elektrizität und Gas und Wärme in diese Netze.

Im Bereich des **Personenverkehrs** fällt der Betrieb eines öffentlichen Busverkehrs neuerdings auch dann in den Anwendungsbereich des Sektorenrechts, wenn andere Unternehmen allgemein oder für ein geografisch abgegrenztes Gebiet die Möglichkeit haben, die gleichen Verkehrsleistungen zu gleichen Bedingungen zu übernehmen. Die frühere Ausnahmeregelung für diese Leistungen in Art. 5 Abs. 2 RL 2014/25/EU (der auf Art. 2 Abs. 4 der RL 93/38/EWG verwies) wurde nicht in die RL 2014/25/EU übernommen. In Deutschland war die Ausnahme wegen des Verbots der Doppelbedienung in § 13 Abs. 2 und 3 PBefG ohnehin nicht von Relevanz; für die deutsche Praxis ergeben sich darum keine Änderungen.

77 Auf europäischer Ebene sind auch die **Postdienste** den Sektoren zugeordnet (Art. 13 RL 2014/25/EU). Aufgrund der vollständigen Liberalisierung des Postmarktes handelt es sich in Deutschland jedoch nicht mehr um eine Sektorentätigkeit. Nach Auslaufen der Exklusivlizenz der Deutsche Post AG[148] zur Beförderung von Briefsendungen unter 50 g Einzelgewicht am 31.12.2007 wird in Deutschland kein Postdienstleistungsunternehmen mehr aufgrund von besonderen oder ausschließlichen Rechten im Sinne des Art. 4 Abs. 1 lit. b RL 2014/25/EU bzw. § 100 Abs. 1 Nr. 2 lit. a GWB tätig.[149] Nach Veräußerung der Mehrheitsbeteiligung des Bundes wird die Deutsche Post AG auch nicht mehr im Sinne von Art. 4 Abs. 2 RL 2014/25/EU bzw. § 100 Abs. 1 Nr. 2 lit. b GWB staatlich beherrscht. Deutschland hat daher schon im Zuge der Vergaberechtsreform 2009 von der Aufnahme der Postdienste in das Sektorenvergaberecht abgesehen.[150]

78 Nach Art. 14 RL 2014/25/EU sind auch Tätigkeiten zur **Nutzung eines geographisch abgegrenzten Gebietes** zwecks **Förderung von Öl und Gas** sowie zur **Exploration und Förderung von Kohle und anderen festen Brennstoffen** den Sektoren zuzuordnen. Deutschland ist durch Entscheidung der EU-Kommission vom 15.1.2004[151] von der Anwendung der Richtlinienvorgaben in diesem Sektor freigestellt.[152] Auftraggeber auf diesem Gebiet unterfielen in Deutschland daher früher nicht § 98 Nr. 4 GWB aF. Mit der Vergaberechtsmodernisierung 2016 wurde der Sektorenbegriff nunmehr wieder auf Tätigkeiten im Bereich der Brennstoffgewinnung erstreckt (§ 102 Abs. 6 GWB).

---

[146] *Schröder* NZBau 2012, 541.

[147] Dazu näheres → § 49 Rn. 1 ff.

[148] Zur mittlerweile erledigten Diskussion über die Auftraggebereigenschaft der Deutsche Post AG im Einzelnen → Rn. 61.

[149] Vgl. HK-VergabeR/*Sadoni* GWB § 102 Rn. 3.

[150] BR-Drucks. 349/08 S. 28.

[151] Entscheidung 2004/73/EG, ABl. 2004 L 16 S. 57–59. Die Entscheidung war ursprünglich noch zur Richtlinie 93/38/EWG ergangen. Nach Erwägungsgrund 38 RL 2014/24/EU sollte sich auch unter dieser Richtlinie fortgelten. Die RL 2014/24/EU enthält zwar keine ausdrückliche Regelung dieses Inhalts mehr; die Entscheidung 2004/73/EG wird in Art. 33 Abs. 1 RL 2014/24/EU aber ausdrücklich erwähnt. Daher ist auch unter der aktuellen Richtlinie vom Fortbestand der Entscheidung auszugehen.

[152] HK-VergabeR/*Schellenberg* GWB § 143 Rn. 2.

Allerdings mussten Auftraggeber in diesem Bereich schon nach altem Recht im Gegenzug zur Freistellung die Grundsätze der Nichtdiskriminierung und der wettbewerbsorientierten Zuschlagserteilung beachten (Art. 27 lit. a RL 2014/25/EU).[153] Diese Regelung war im deutschen Recht in § 129b GWB aF umgesetzt, der außerhalb des Sektorenvergaberechts eine spezielle Regelung für Auftraggeber nach dem Bundesberggesetz traf. Auch die neue Richtlinie enthält in Art. 33 Abs. 1 RL 2014/25/EU eine entsprechende Regelung, die nunmehr in § 143 GWB umgesetzt ist.

Warum der deutsche Gesetzgeber den Katalog der Sektorentätigkeiten durch § 102 Abs. 6 GWB wieder auf die Brennstoffgewinnung erweitert hat, obwohl dies aufgrund der EU-rechtlichen Befreiung nicht erforderlich gewesen wäre und auch die damit zusammenhängende Sonderregelung für Auftraggeber nach dem Bundesberggesetz in § 143 GWB beibehalten wurde, lässt sich der Gesetzesbegründung (vgl. S. 72f. und S. 126 BT-Drs. 18/6281) nicht entnehmen. Vor dem Hintergrund der EU-rechtlichen Freistellung wird man § 143 GWB indessen wohl auch weiterhin als Privilegierung für Auftraggeber im Bereich der Brennstoffgewinnung ansehen müssen. Diese Tätigkeiten sind damit zwar als Sektorentätigkeiten einzustufen, für Auftraggeber aus diesem Bereich gelten aber nicht die gesamten Vorgaben des GWB- und SektVO-Vergaberechts, sondern nur die in § 143 GWB nF als *lex specialis* festgehaltenen Grundsätze der Nichtdiskriminierung und der wettbewerbsorientierten Auftragsvergabe. In der Sache hat sich für Auftraggeber nach dem Bundesberggesetz damit nichts geändert.

Sektorenauftraggeber unterliegen dem Sektorenvergaberecht **nur bei Beschaffungen, die mit ihrer Sektorentätigkeit zusammenhängen.**[154] Außerhalb der Sektorentätigkeit (zB wenn ein Energieversorger Immobiliengeschäfte betreibt, die nicht mit der Energieversorgung zusammenhängen) gelten die allgemeinen Regeln. Sektorenauftraggeber nach § 100 Abs. 1 GWB, die zugleich öffentliche Auftraggeber nach § 99 Nr. 1 bis 3 GWB sind, müssen daher außerhalb ihrer Sektorentätigkeit das „klassische" Vergaberecht anwenden, dh die RL 2014/24/EU bzw. Abschnitt 2 des Vierten Teils des GWB und die VgV. Für private Sektorenauftraggeber besteht dagegen außerhalb des Sektorenbereichs keine Pflicht zur Anwendung des Vergaberechts. Der EuGH hat die Übertragung der sog. „Infizierungstheorie"[155] auf Tätigkeiten im Sektorenbereich abgelehnt.[156] Der Umstand, dass ein Unternehmen in den Sektoren tätig ist, führt daher nicht dazu, dass auch sektorenfremde Beschaffungsvorhaben in den Anwendungsbereich des Sektorenvergaberechts einbezogen werden. 79

Die **Verfahrensregeln** für die Durchführung von Beschaffungen im Sektorenbereich 80
ergeben sich aus Abschnitt 3 Unterabschnitt 1 des Vierten Teils des GWB (§§ 136 bis 143) und der SektVO. Diese basiert auf der Verordnungsermächtigung aus § 113 GWB. Sektorenauftraggeber genießen bei der Vergabe von Aufträgen im Sektorenbereich verschiedene Privilegien gegenüber den Vergaberegelungen für klassische Auftraggeber. Insbesondere können sie nach § 13 Abs. 1 SektVO zwischen dem Offenen Verfahren, dem Nichtoffenen Verfahren, dem Verhandlungsverfahren mit Teilnahmewettbewerb und der Innovationspartnerschaft frei wählen. Die Privilegierung der Sektorenauftraggeber rechtfertigt sich dadurch, dass die Sektorenbereiche teilliberalisierte Märkte betreffen, die an der Schwelle zum freien Wettbewerb stehen.[157] Da in den Sektorenbereichen bereits ein gewisser Wettbewerbsdruck besteht, sollen die Sektorenauftraggeber den Bindungen des Vergaberechts „mit Augenmaß" unterworfen werden. Die Einzelheiten des Sektorenvergaberechts sind in → Kapitel 10 erläutert.

[153] Siehe dazu HK-VergabeR/*Schellenberg* GWB § 143 Rn. 2; Beck VergabeR/*Gröning* GWB § 143 Rn. 2.
[154] EuGH Urt. v. 10.4.2008 – C-393/06 – *Ing. Aigner* Rn. 58, EuZW 2008, 342 (345).
[155] Siehe → Rn. 37.
[156] EuGH Urt. v. 10.4.2008 – C-393/06 – *Ing. Aigner* Rn. 30, EuZW 2008, 342 (343).
[157] Müller-Wrede/*Kruse/Hirsch/Kälble* SektVO § 13 Rn. 11.

II. Sektorenauftraggeber aufgrund Gewährung besonderer oder ausschließlicher Rechte (§ 100 Abs. 1 Nr. 2 lit. a GWB)

81 § 100 Abs. 1 Nr. 2 lit. a) GWB knüpft die Sektorenauftraggebereigenschaft an den Umstand, dass dem Unternehmen besondere oder ausschließliche Rechte eingeräumt sind. Nach der Legaldefinition in § 100 Abs. 2 S. 1 GWB sind dies Rechte, die dazu führen, dass die Ausübung der jeweiligen Tätigkeit einem oder mehreren Unternehmen vorbehalten wird und die Möglichkeit anderer Unternehmen zur Ausübung der Tätigkeit erheblich beeinträchtigt wird.

82 **Ausschließliche Rechte** (§ 100 Abs. 2 S. 1 Alt. 2 GWB) sind solche, die die Tätigkeit in einem bestimmten Territorium auf ein einziges Unternehmen beschränken.[158] Aufgrund der Monopolstellung dieses Unternehmens herrscht kein freier Wettbewerb.[159] Bei **besonderen Rechten** (§ 100 Abs. 2 S. 1 Alt. 1 GWB) wird der Wettbewerb nicht vollständig ausgeschlossen. Die Rechteinhaber genießen aber eine privilegierte Stellung im Wettbewerb.[160] Ob ein besonderes oder ausschließliches Recht vorliegt, ist anhand der für den jeweiligen Sektorenbereich einschlägigen Fachgesetze zu bestimmen.[161]

83 Die ausschließlichen oder besonderen Rechte können dem Unternehmen kraft Gesetz, durch Verwaltungsakt oder durch öffentlich-rechtlichen bzw. privatrechtlichen Vertrag eingeräumt werden.[162] Typische Fälle sind ausschließliche Wasserrechte, Wegerechte oder sonstige Ausschließlichkeitsrechte.

Keine besonderen ausschließlichen oder besonderen Rechte sind nach § 100 Abs. 2 S. 2 GWB Rechte, die aufgrund eines Verfahrens nach dem Vierten Teil des GWB oder aufgrund eines anderen Verfahrens gewährt wurden, das angemessen bekannt gemacht wurde und auf objektiven Kriterien beruht. Die Regelung setzt Art. 4 Abs. 3 UAbs. 2 RL 2014/24/EU um. Hierdurch wird klargestellt, dass Rechte, die im Wege eines **wettbewerblichen Verfahrens mit angemessener Publizität** auch außerhalb des Anwendungsbereichs des 4. Teils des GWB vergeben wurden, keine ausschließlichen oder besonderen Rechte darstellen. Nach Art. 4 Abs. 3 UAbs. 3 lit. b) RL 2014/24/EU iVm Anhang II RL 2014/24/EU sind dies beispielsweise Verfahren zur

- Erteilung einer Genehmigung für den Betrieb von Erdgasanlagen nach den in Art. 4 der Richtlinie 2009/73/EG festgelegten Verfahren;
- Genehmigung oder Aufforderung zur Angebotsabgabe für den Bau neuer Stromerzeugungsanlagen gemäß der Richtlinie 2009/72/EG;
- Erteilung von Genehmigungen in Bezug auf Postdienste, die nicht reserviert sind oder nicht reserviert werden dürfen, nach den in Art. 9 der Richtlinie 97/67/EG festgelegten Verfahren;
- Verfahren zur Genehmigung von Tätigkeiten, die mit der Nutzung von Kohlenwasserstoffen verbunden sind, gemäß der Richtlinie 94/22/EG;
- öffentliche Dienstleistungsaufträge im Sinne der Verordnung (EG) Nr. 1370/2007 für die Bereitstellung von Personenverkehrsdiensten mit Bussen, Straßenbahnen, Eisenbahnen oder Untergrundbahnen, die auf der Grundlage eines wettbewerblichen Vergabeverfahrens gemäß Art. 5 Abs. 3 der genannten Verordnung vergeben wurden, vorausgesetzt, dass deren Laufzeit mit Art. 4 Abs. 3 oder Art. 4 Abs. 4 der genannten Verordnung übereinstimmt.

[158] Müller-Wrede/*Dietrich* SektVO § 1 Rn. 55.
[159] RKPP/*Opitz* GWB § 100 Rn. 22.
[160] RKPP/*Opitz* GWB § 100 Rn. 34.
[161] Ausführlich *Schröder* NZBau 2012, 541 ff.
[162] Müller-Wrede/*Dietrich* SektVO § 1 Rn. 59; Heuvels/Höß/Kuß/Wagner/*Kuß* GWB 2013, § 98 Rn. 68.

III. Sektorenauftraggeber aufgrund von staatlichem Einfluss (§ 100 Abs. 1 Nr. 2 lit. b GWB)

Nach § 100 Abs. 1 Nr. 2 lit. b GWB sind auch solche Unternehmen Sektorenauftraggeber, auf die ein öffentlicher Auftraggeber im Sinne der § 99 Nr. 1 bis 3 GWB einen beherrschenden Einfluss ausübt. Nach § 100 Abs. 3 GWB wird vermutet, dass der Auftraggeber einen beherrschenden Einfluss ausübt, wenn er unmittelbar oder mittelbar die Mehrheit des gezeichneten Kapitals des Unternehmens hält oder über die Mehrheit der mit den Anteilen am Unternehmen verbundenen Stimmrechte verfügt oder mehr als die Hälfte der Mitglieder des Verwaltungs-, Leitungs- oder Aufsichtsorgans des Unternehmens bestellen kann. Die Merkmale ähneln denen aus § 99 Nr. 2 GWB, sind jedoch nicht völlig gleichlautend. Insbesondere genügt für den staatlichen Einfluss nach § 100 Abs. 1 Nr. 2 lit. b GWB die Mehrheit des gezeichneten Kapitals, was für die Staatsnähe nach § 99 Nr. 2 GWB für sich genommen nicht ausreicht. 84

G. Konzessionsgeber (§ 101 GWB)

§ 101 GWB führt den Begriff des **Konzessionsgebers** ins Vergaberecht ein. Der Begriff lehnt sich an die RL 2014/23/EU an. In der Sache handelt es sich um öffentliche Auftraggeber im Sinne von § 99 Abs. 1 bis 3 GWB und Sektorenauftraggeber im Sinne von § 100 GWB, **die Konzessionen vergeben.** Der Konzessionsbegriff umfasst sowohl Dienstleistungs- als auch Baukonzessionen. 85

§ 101 Abs. 1 Nr. 1 GWB erfasst öffentliche Auftraggeber gemäß § 99 Nr. 1 bis 3 GWB, die eine Konzession vergeben. Hierunter fallen alle Konzessionsvergaben außerhalb des Sektorenbereichs.[163]

§ 101 Abs. 1 Nr. 2 erfasst „öffentliche" Sektorenauftraggeber im Sinne von § 100 Abs. 1 Nr. 1 GWB, die eine Sektorentätigkeit gemäß § 102 Abs. 2 bis Abs. 6 GWB (dh keine Trinkwasserversorgung) ausüben und im Rahmen dieser Tätigkeit eine Konzession vergeben. § 101 Abs. 1 Nr. 3 GWB enthält eine gleichlautende Regelung für private Sektorenauftraggeber. Die Ausnahme für Konzessionen im Bereich der **Trinkwasserversorgung** geht auf Art. 12 RL 2014/23/EU zurück, wonach dieser Bereich von der Anwendung der 2014/23/EU ausgenommen ist.[164]

[163] BT-Drs. 18/6281 S. 72.
[164] BT-Drs. 18/6281 S. 72.

§ 4 Öffentliche Aufträge

Übersicht

GWB: §§ 103, 110–112, 118, 132
VOB/A: § 22
VOB/A EU: § 22
VOB/A VS: § 22

GWB:

§ 103 GWB Öffentliche Aufträge, Rahmenvereinbarungen und Wettbewerbe

(1) Öffentliche Aufträge sind entgeltliche Verträge zwischen öffentlichen Auftraggebern oder Sektorenauftraggebern und Unternehmen über die Beschaffung von Leistungen, die die Lieferung von Waren, die Ausführung von Bauleistungen oder die Erbringung von Dienstleistungen zum Gegenstand haben.

(2) Lieferaufträge sind Verträge zur Beschaffung von Waren, die insbesondere Kauf oder Ratenkauf oder Leasing, Mietverhältnisse oder Pachtverhältnisse mit oder ohne Kaufoption betreffen. Die Verträge können auch Nebenleistungen umfassen.

(3) Bauaufträge sind Verträge über die Ausführung oder die gleichzeitige Planung und Ausführung

1. von Bauleistungen im Zusammenhang mit einer der Tätigkeiten, die in Anhang II der Richtlinie 2014/24/EU des Europäischen Parlaments und des Rates vom 26.2.2014 über die öffentliche Auftragsvergabe und zur Aufhebung der Richtlinie 2004/18/EG (ABl. L 94 vom 28.3.2014, S. 65) und Anhang I der Richtlinie 2014/25/EU des Europäischen Parlaments und des Rates vom 26.2.2014 über die Vergabe von Aufträgen durch Auftraggeber im Bereich der Wasser-, Energie- und Verkehrsversorgung sowie der Postdienste und zur Aufhebung der Richtlinie 2004/17/EG (ABl. L 94 vom 28.3.2014, S. 243) genannt sind, oder
2. eines Bauwerkes für den öffentlichen Auftraggeber oder Sektorenauftraggeber, das Ergebnis von Tief- oder Hochbauarbeiten ist und eine wirtschaftliche oder technische Funktion erfüllen soll.

Ein Bauauftrag liegt auch vor, wenn ein Dritter eine Bauleistung gemäß den vom öffentlichen Auftraggeber oder Sektorenauftraggeber genannten Erfordernissen erbringt, die Bauleistung dem Auftraggeber unmittelbar wirtschaftlich zugutekommt und dieser einen entscheidenden Einfluss auf Art und Planung der Bauleistung hat.

(4) Als Dienstleistungsaufträge gelten die Verträge über die Erbringung von Leistungen, die nicht unter die Absätze 2 und 3 fallen.

(5) Rahmenvereinbarungen sind Vereinbarungen zwischen einem oder mehreren öffentlichen Auftraggebern oder Sektorenauftraggebern und einem oder mehreren Unternehmen, die dazu dienen, die Bedingungen für die öffentlichen Aufträge, die während eines bestimmten Zeitraums vergeben werden sollen, festzulegen, insbesondere in Bezug auf den Preis. Für die Vergabe von Rahmenvereinbarungen gelten, soweit nichts anderes bestimmt ist, dieselben Vorschriften wie für die Vergabe entsprechender öffentlicher Aufträge.

(6) Wettbewerbe sind Auslobungsverfahren, die dem Auftraggeber aufgrund vergleichender Beurteilung durch ein Preisgericht mit oder ohne Verteilung von Preisen zu einem Plan oder einer Planung verhelfen sollen.

§ 110 GWB Vergabe von öffentlichen Aufträgen und Konzessionen, die verschiedene Leistungen zum Gegenstand haben

(1) Öffentliche Aufträge, die verschiedene Leistungen wie Liefer-, Bau- oder Dienstleistungen zum Gegenstand haben, werden nach den Vorschriften vergeben, denen der Hauptgegenstand des Auftrags zuzuordnen ist. Dasselbe gilt für die Vergabe von Konzessionen, die sowohl Bau- als auch Dienstleistungen zum Gegenstand haben.

(2) Der Hauptgegenstand öffentlicher Aufträge und Konzessionen, die

1. teilweise aus Dienstleistungen, die den Vorschriften zur Vergabe von öffentlichen Aufträgen über soziale und andere besondere Dienstleistungen im Sinne des § 130 oder Konzessionen über soziale und andere besondere Dienstleistungen im Sinne des § 153 unterfallen, und teilweise aus anderen Dienstleistungen bestehen oder
2. teilweise aus Lieferleistungen und teilweise aus Dienstleistungen bestehen,

wird danach bestimmt, welcher geschätzte Wert der jeweiligen Liefer- oder Dienstleistungen am höchsten ist.

§ 111 GWB Vergabe von öffentlichen Aufträgen und Konzessionen, deren Teile unterschiedlichen rechtlichen Regelungen unterliegen

(1) Sind die verschiedenen Teile eines öffentlichen Auftrags, die jeweils unterschiedlichen rechtlichen Regelungen unterliegen, objektiv trennbar, so dürfen getrennte Aufträge für jeden Teil oder darf ein Gesamtauftrag vergeben werden.

(2) Werden getrennte Aufträge vergeben, so wird jeder einzelne Auftrag nach den Vorschriften vergeben, die auf seine Merkmale anzuwenden sind.

(3) Wird ein Gesamtauftrag vergeben,

1. kann der Auftrag ohne Anwendung dieses Teils vergeben werden, wenn ein Teil des Auftrags die Voraussetzungen des § 107 Absatz 2 Nummer 1 oder 2 erfüllt und die Vergabe eines Gesamtauftrags aus objektiven Gründen gerechtfertigt ist,
2. kann der Auftrag nach den Vorschriften über die Vergabe von verteidigungs- oder sicherheitsspezifischen Aufträgen vergeben werden, wenn ein Teil des Auftrags diesen Vorschriften unterliegt und die Vergabe eines Gesamtauftrags aus objektiven Gründen gerechtfertigt ist,
3. sind die Vorschriften zur Vergabe von öffentlichen Aufträgen durch Sektorenauftraggeber anzuwenden, wenn ein Teil des Auftrags diesen Vorschriften unterliegt und der Wert dieses Teils den geltenden Schwellenwert erreicht oder überschreitet; dies gilt auch dann, wenn der andere Teil des Auftrags den Vorschriften über die Vergabe von Konzessionen unterliegt,
4. sind die Vorschriften zur Vergabe von öffentlichen Aufträgen durch öffentliche Auftraggeber anzuwenden, wenn ein Teil des Auftrags den Vorschriften zur Vergabe von Konzessionen und ein anderer Teil des Auftrags den Vorschriften zur Vergabe von öffentli-

chen Aufträgen durch öffentliche Auftraggeber unterliegt und wenn der Wert dieses Teils den geltenden Schwellenwert erreicht oder überschreitet,
5. sind die Vorschriften dieses Teils anzuwenden, wenn ein Teil des Auftrags den Vorschriften dieses Teils und ein anderer Teil des Auftrags sonstigen Vorschriften außerhalb dieses Teils unterliegt; dies gilt ungeachtet des Wertes des Teils, der sonstigen Vorschriften außerhalb dieses Teils unterliegen würde und ungeachtet ihrer rechtlichen Regelung.

(4) Sind die verschiedenen Teile eines öffentlichen Auftrags, die jeweils unterschiedlichen rechtlichen Regelungen unterliegen, objektiv nicht trennbar,
1. wird der Auftrag nach den Vorschriften vergeben, denen der Hauptgegenstand des Auftrags zuzuordnen ist; enthält der Auftrag Elemente einer Dienstleistungskonzession und eines Lieferauftrags, wird der Hauptgegenstand danach bestimmt, welcher geschätzte Wert der jeweiligen Dienst- oder Lieferleistungen höher ist,
2. kann der Auftrag ohne Anwendung der Vorschriften dieses Teils oder gemäß den Vorschriften über die Vergabe von verteidigungs- oder sicherheits- spezifischen öffentlichen Aufträgen vergeben werden, wenn der Auftrag Elemente enthält, auf die § 107 Absatz 2 Nummer 1 oder 2 anzuwenden ist.

(5) Die Entscheidung, einen Gesamtauftrag oder getrennte Aufträge zu vergeben, darf nicht zu dem Zweck getroffen werden, die Auftragsvergabe von den Vorschriften zur Vergabe öffentlicher Aufträge und Konzessionen auszunehmen.

(6) Auf die Vergabe von Konzessionen sind die Absätze 1, 2 und 3 Nummer 1 und 2 sowie die Absätze 4 und 5 entsprechend anzuwenden.

§ 112 GWB Vergabe von öffentlichen Aufträgen und Konzessionen, die verschiedene Tätigkeiten umfassen

(1) Umfasst ein öffentlicher Auftrag mehrere Tätigkeiten, von denen eine Tätigkeit eine Sektorentätigkeit im Sinne des § 102 darstellt, dürfen getrennte Aufträge für die Zwecke jeder einzelnen Tätigkeit oder darf ein Gesamtauftrag vergeben werden.

(2) Werden getrennte Aufträge vergeben, so wird jeder einzelne Auftrag nach den Vorschriften vergeben, die auf seine Merkmale anzuwenden sind.

(3) Wird ein Gesamtauftrag vergeben, unterliegt dieser Auftrag den Bestimmungen, die für die Tätigkeit gelten, für die der Auftrag hauptsächlich bestimmt ist. Ist der Auftrag sowohl für eine Sektorentätigkeit im Sinne des § 102 als auch für eine Tätigkeit bestimmt, die Verteidigungs- oder Sicherheitsaspekte umfasst, ist § 111 Absatz 3 Nummer 1 und 2 entsprechend anzuwenden.

(4) Die Entscheidung, einen Gesamtauftrag oder getrennte Aufträge zu vergeben, darf nicht zu dem Zweck getroffen werden, die Auftragsvergabe von den Vorschriften dieses Teils auszunehmen.

(5) Ist es objektiv unmöglich, festzustellen, für welche Tätigkeit der Auftrag hauptsächlich bestimmt ist, unterliegt die Vergabe
1. den Vorschriften zur Vergabe von öffentlichen Aufträgen durch öffentliche Auftraggeber, wenn eine der Tätigkeiten, für die der Auftrag bestimmt ist, unter diese Vorschriften fällt,
2. den Vorschriften zur Vergabe von öffentlichen Aufträgen durch Sektorenauftraggeber, wenn der Auftrag sowohl für eine Sektorentätigkeit im Sinne des § 102 als auch für eine Tätigkeit bestimmt ist, die in den Anwendungsbereich der Vorschriften zur Vergabe von Konzessionen fallen würde,
3. den Vorschriften zur Vergabe von öffentlichen Aufträgen durch Sektorenauftraggeber, wenn der Auftrag sowohl für eine Sektorentätigkeit im Sinne des § 102 als auch für eine Tätigkeit bestimmt ist, die weder in den Anwendungsbereich der Vorschriften zur Vergabe von Konzessionen noch in den Anwendungsbereich der Vorschriften zur Vergabe öffentlicher Aufträge durch öffentliche Auftraggeber fallen würde.

(6) Umfasst eine Konzession mehrere Tätigkeiten, von denen eine Tätigkeit eine Sektorentätigkeit im Sinne des § 102 darstellt, sind die Absätze 1 bis 4 entsprechend anzuwenden. Ist es objektiv unmöglich, festzustellen, für welche Tätigkeit die Konzession hauptsächlich bestimmt ist, unterliegt die Vergabe

1. den Vorschriften zur Vergabe von Konzessionen durch Konzessionsgeber im Sinne des § 101 Absatz 1 Nummer 1, wenn eine der Tätigkeiten, für die die Konzession bestimmt ist, diesen Bestimmungen und die andere Tätigkeit den Bestimmungen für die Vergabe von Konzessionen durch Konzessionsgeber im Sinne des § 101 Absatz 1 Nummer 2 oder Nummer 3 unterliegt,
2. den Vorschriften zur Vergabe von öffentlichen Aufträgen durch öffentliche Auftraggeber, wenn eine der Tätigkeiten, für die die Konzession bestimmt ist, unter diese Vorschriften fällt,
3. den Vorschriften zur Vergabe von Konzessionen, wenn eine der Tätigkeiten, für die die Konzession bestimmt ist, diesen Vorschriften und die andere Tätigkeit weder den Vorschriften zur Vergabe von öffentlichen Aufträgen durch Sektorenauftraggeber noch den Vorschriften zur Vergabe öffentlicher Aufträge durch öffentliche Auftraggeber unterliegt.

§ 118 GWB Bestimmten Auftragnehmern vorbehaltene öffentliche Aufträge

(1) Öffentliche Auftraggeber können das Recht zur Teilnahme an Vergabeverfahren Werkstätten für Menschen mit Behinderungen und Unternehmen vorbehalten, deren Hauptzweck die soziale und berufliche Integration von Menschen mit Behinderungen oder von benachteiligten Personen ist, oder bestimmen, dass öffentliche Aufträge im Rahmen von Programmen mit geschützten Beschäftigungsverhältnissen durchzuführen sind.

(2) Voraussetzung ist, dass mindestens 30 Prozent der in diesen Werkstätten oder Unternehmen Beschäftigten Menschen mit Behinderungen oder benachteiligte Personen sind.

§ 132 GWB Auftragsänderungen während der Vertragslaufzeit

(1) Wesentliche Änderungen eines öffentlichen Auftrags während der Vertragslaufzeit erfordern ein neues Vergabeverfahren. Wesentlich sind Änderungen, die dazu führen, dass sich der öffentliche Auftrag erheblich von dem ursprünglich vergebenen öffentlichen Auftrag unterscheidet. Eine wesentliche Änderung liegt insbesondere vor, wenn

1. mit der Änderung Bedingungen eingeführt werden, die, wenn sie für das ursprüngliche Vergabeverfahren gegolten hätten,
   a) die Zulassung anderer Bewerber oder Bieter ermöglicht hätten,
   b) die Annahme eines anderen Angebots ermöglicht hätten oder
   c) das Interesse weiterer Teilnehmer am Vergabeverfahren geweckt hätten,
2. mit der Änderung das wirtschaftliche Gleichgewicht des öffentlichen Auftrags zugunsten des Auftragnehmers in einer Weise verschoben wird, die im ursprünglichen Auftrag nicht vorgesehen war,
3. mit der Änderung der Umfang des öffentlichen Auftrags erheblich ausgeweitet wird oder
4. ein neuer Auftragnehmer den Auftragnehmer in anderen als den in Absatz 2 Satz 1 Nummer 4 vorgesehenen Fällen ersetzt.

(2) Unbeschadet des Absatzes 1 ist die Änderung eines öffentlichen Auftrags ohne Durchführung eines neuen Vergabeverfahrens zulässig, wenn

1. in den ursprünglichen Vergabeunterlagen klare, genaue und eindeutig formulierte Überprüfungsklauseln oder Optionen vorgesehen sind, die Angaben zu Art, Umfang und Voraussetzungen möglicher Auftragsänderungen enthalten, und sich aufgrund der Änderung der Gesamtcharakter des Auftrags nicht verändert,

2. zusätzliche Liefer-, Bau- oder Dienstleistungen erforderlich geworden sind, die nicht in den ursprünglichen Vergabeunterlagen vorgesehen waren, und ein Wechsel des Auftragnehmers
   a) aus wirtschaftlichen oder technischen Gründen nicht erfolgen kann und
   b) mit erheblichen Schwierigkeiten oder beträchtlichen Zusatzkosten für den öffentlichen Auftraggeber verbunden wäre,
3. die Änderung aufgrund von Umständen erforderlich geworden ist, die der öffentliche Auftraggeber im Rahmen seiner Sorgfaltspflicht nicht vorhersehen konnte, und sich aufgrund der Änderung der Gesamtcharakter des Auftrags nicht verändert oder
4. ein neuer Auftragnehmer den bisherigen Auftragnehmer ersetzt
   a) aufgrund einer Überprüfungsklausel im Sinne von Nummer 1,
   b) aufgrund der Tatsache, dass ein anderes Unternehmen, das die ursprünglich festgelegten Anforderungen an die Eignung erfüllt, im Zuge einer Unternehmensumstrukturierung, wie zum Beispiel durch Übernahme, Zusammenschluss, Erwerb oder Insolvenz, ganz oder teilweise an die Stelle des ursprünglichen Auftragnehmers tritt, sofern dies keine weiteren wesentlichen Änderungen im Sinne des Absatzes 1 zur Folge hat, oder
   c) aufgrund der Tatsache, dass der öffentliche Auftraggeber selbst die Verpflichtungen des Hauptauftragnehmers gegenüber seinen Unterauftragnehmern übernimmt.
   In den Fällen des Satzes 1 Nummer 2 und 3 darf der Preis um nicht mehr als 50 Prozent des Wertes des ursprünglichen Auftrags erhöht werden. Bei mehreren aufeinander folgenden Änderungen des Auftrags gilt diese Beschränkung für den Wert jeder einzelnen Änderung, sofern die Änderungen nicht mit dem Ziel vorgenommen werden, die Vorschriften dieses Teils zu umgehen.

(3) Die Änderung eines öffentlichen Auftrags ohne Durchführung eines neuen Vergabeverfahrens ist ferner zulässig, wenn sich der Gesamtcharakter des Auftrags nicht ändert und der Wert der Änderung
1. die jeweiligen Schwellenwerte nach § 106 nicht übersteigt und
2. bei Liefer- und Dienstleistungsaufträgen nicht mehr als 10 Prozent und bei Bauaufträgen nicht mehr als 15 Prozent des ursprünglichen Auftragswertes beträgt.
   Bei mehreren aufeinander folgenden Änderungen ist der Gesamtwert der Änderungen maßgeblich.

(4) Enthält der Vertrag eine Indexierungsklausel, wird für die Wertberechnung gemäß Absatz 2 Satz 2 und 3 sowie gemäß Absatz 3 der höhere Preis als Referenzwert herangezogen.

(5) Änderungen nach Absatz 2 Satz 1 Nummer 2 und 3 sind im Amtsblatt der Europäischen Union bekannt zu machen.

§ 22 VOB/A Änderungen während der Vertragslaufzeit

Vertragsänderungen nach den Bestimmungen der VOB/B erfordern kein neues Vergabeverfahren; ausgenommen davon sind Vertragsänderungen nach § 1 Absatz 4 Satz 2 VOB/B.

§ 22 EU VOB/A Auftragsänderungen während der Vertragslaufzeit

(1) Wesentliche Änderungen eines öffentlichen Auftrags während der Vertragslaufzeit erfordern ein neues Vergabeverfahren.
Wesentlich sind Änderungen, die dazu führen, dass sich der öffentliche Auftrag erheblich von dem ursprünglich vergebenen öffentlichen Auftrag unterscheidet. Eine wesentliche Änderung liegt insbesondere vor, wenn
1. mit der Änderung Bedingungen eingeführt werden, die, wenn sie für das ursprüngliche Vergabeverfahren gegolten hätten,
   a) die Zulassung anderer Bewerber oder Bieter ermöglicht hätten,
   b) die Annahme eines anderen Angebots ermöglicht hätten oder

c) das Interesse weiterer Teilnehmer am Vergabeverfahren geweckt hätten,
2. mit der Änderung das wirtschaftliche Gleichgewicht des öffentlichen Auftrags zugunsten des Auftragnehmers in einer Weise verschoben wird, die im ursprünglichen Auftrag nicht vorgesehen war,
3. mit der Änderung der Umfang des öffentlichen Auftrags erheblich ausgeweitet wird oder
4. ein neuer Auftragnehmer den Auftragnehmer in anderen als den in Absatz 2 Nummer 4 vorgesehenen Fällen ersetzt.

(2) Unbeschadet des Absatzes 1 ist die Änderung eines öffentlichen Auftrags ohne Durchführung eines neuen Vergabeverfahrens zulässig, wenn
1. in den ursprünglichen Vergabeunterlagen klare, genaue und eindeutig formulierte Überprüfungsklauseln oder Optionen vorgesehen sind, die Angaben zu Art, Umfang und Voraussetzungen möglicher Auftragsänderungen enthalten, und sich aufgrund der Änderung der Gesamtcharakter des Auftrags nicht verändert,
2. zusätzliche Liefer-, Bau- oder Dienstleistungen erforderlich geworden sind, die nicht in den ursprünglichen Vergabeunterlagen vorgesehen waren, und ein Wechsel des Auftragnehmers
   a) aus wirtschaftlichen oder technischen Gründen nicht erfolgen kann und
   b) mit erheblichen Schwierigkeiten oder beträchtlichen Zusatzkosten für den öffentlichen Auftraggeber verbunden wäre,
3. die Änderung aufgrund von Umständen erforderlich geworden ist, die der öffentliche Auftraggeber im Rahmen seiner Sorgfaltspflicht nicht vorhersehen konnte und sich aufgrund der Änderung der Gesamtcharakter des Auftrags nicht verändert oder
4. ein neuer Auftragnehmer den bisherigen Auftragnehmer ersetzt
   a) aufgrund einer Überprüfungsklausel im Sinne von Nummer 1,
   b) aufgrund der Tatsache, dass ein anderes Unternehmen, das die ursprünglich festgelegten Anforderungen an die Eignung erfüllt, im Zuge einer Unternehmensumstrukturierung, wie zum Beispiel durch Übernahme, Zusammenschluss, Erwerb oder Insolvenz, ganz oder teilweise an die Stelle des ursprünglichen Auftragnehmers tritt, sofern dies keine weiteren wesentlichen Änderungen im Sinne des Absatzes 1 zur Folge hat, oder
   c) aufgrund der Tatsache, dass der öffentliche Auftraggeber selbst die Verpflichtungen des Hauptauftragnehmers gegenüber seinen Unterauftragnehmern übernimmt.

   In den Fällen der Nummer 2 und 3 darf der Preis um nicht mehr als 50 Prozent des Werts des ursprünglichen Auftrags erhöht werden. Bei mehreren aufeinander folgenden Änderungen des Auftrags gilt diese Beschränkung für den Wert jeder einzelnen Änderung, sofern die Änderungen nicht mit dem Ziel vorgenommen werden, die Vorschriften dieses Teils zu umgehen.

(3) Die Änderung eines öffentlichen Auftrags ohne Durchführung eines neuen Vergabeverfahrens ist ferner zulässig, wenn sich der Gesamtcharakter des Auftrags nicht ändert und der Wert der Änderung
1. die jeweiligen Schwellenwerte nach § 106 GWB nicht übersteigt und
2. bei Liefer- und Dienstleistungsaufträgen nicht mehr als 10 Prozent und bei Bauaufträgen nicht mehr als 15 Prozent des ursprünglichen Auftragswertes beträgt.

   Bei mehreren aufeinander folgenden Änderungen ist der Gesamtwert der Änderungen maßgeblich.

(4) Enthält der Vertrag eine Indexierungsklausel, wird für die Wertberechnung gemäß Absatz 2 Satz 2 und 3 sowie gemäß Absatz 3 der höhere Preis als Referenzwert herangezogen.

(5) Änderungen nach Absatz 2 Nummer 2 und 3 sind im Amtsblatt der Europäischen Union bekannt zu machen.

§ 22 VS VOB/A Auftragsänderungen während der Vertragslaufzeit

(1) Wesentliche Änderungen eines öffentlichen Auftrags während der Vertragslaufzeit erfordern ein neues Vergabeverfahren.
Wesentlich sind Änderungen, die dazu führen, dass sich der öffentliche Auftrag erheblich von dem ursprünglich vergebenen öffentlichen Auftrag unterscheidet. Eine wesentliche Änderung liegt insbesondere vor, wenn

1. mit der Änderung Bedingungen eingeführt werden, die, wenn sie für das ursprüngliche Vergabeverfahren gegolten hätten,
   a) die Zulassung anderer Bewerber oder Bieter ermöglicht hätten,
   b) die Annahme eines anderen Angebots ermöglicht hätten oder
   c) das Interesse weiterer Teilnehmer am Vergabeverfahren geweckt hätten,
2. mit der Änderung das wirtschaftliche Gleichgewicht des öffentlichen Auftrags zugunsten des Auftragnehmers in einer Weise verschoben wird, die im ursprünglichen Auftrag nicht vorgesehen war,
3. mit der Änderung der Umfang des öffentlichen Auftrags erheblich ausgeweitet wird oder
4. ein neuer Auftragnehmer den Auftragnehmer in anderen als den in Absatz 2 Nummer 4 vorgesehenen Fällen ersetzt.

(2) Unbeschadet des Absatzes 1 ist die Änderung eines öffentlichen Auftrags ohne Durchführung eines neuen Vergabeverfahrens zulässig, wenn

1. in den ursprünglichen Vergabeunterlagen klare, genaue und eindeutig formulierte Überprüfungsklauseln oder Optionen vorgesehen sind, die Angaben zu Art, Umfang und Voraussetzungen möglicher Auftragsänderungen enthalten, und sich aufgrund der Änderung der Gesamtcharakter des Auftrags nicht verändert,
2. zusätzliche Bauleistungen erforderlich geworden sind, die nicht in den ursprünglichen Vergabeunterlagen vorgesehen waren, und ein Wechsel des Auftragnehmers
   a) aus wirtschaftlichen oder technischen Gründen nicht erfolgen kann und
   b) mit erheblichen Schwierigkeiten oder beträchtlichen Zusatzkosten für den Auftraggeber verbunden wäre,
3. die Änderung aufgrund von Umständen erforderlich geworden ist, die der Auftraggeber im Rahmen seiner Sorgfaltspflicht nicht vorhersehen konnte und sich aufgrund der Änderung der Gesamtcharakter des Auftrags nicht verändert oder
4. ein neuer Auftragnehmer den bisherigen Auftragnehmer ersetzt
   a) aufgrund einer Überprüfungsklausel im Sinne von Nummer 1,
   b) aufgrund der Tatsache, dass ein anderes Unternehmen, das die ursprünglich festgelegten Anforderungen an die Eignung erfüllt, im Zuge einer Unternehmensumstrukturierung, wie zum Beispiel durch Übernahme, Zusammenschluss, Erwerb oder Insolvenz, ganz oder teilweise an die Stelle des ursprünglichen Auftragnehmers tritt, sofern dies keine weiteren wesentlichen Änderungen im Sinne des Absatzes 1 zur Folge hat, oder
   c) aufgrund der Tatsache, dass der Auftraggeber selbst die Verpflichtungen des Hauptauftragnehmers gegenüber seinen Unterauftragnehmern übernimmt.

   In den Fällen der Nummer 2 und 3 darf der Preis um nicht mehr als 50 Prozent des Werts des ursprünglichen Auftrags erhöht werden. Bei mehreren aufeinander folgenden Änderungen des Auftrags gilt diese Beschränkung für den Wert jeder einzelnen Änderung, sofern die Änderungen nicht mit dem Ziel vorgenommen werden, die Vorschriften dieses Teils zu umgehen.

(3) Die Änderung eines öffentlichen Auftrags ohne Durchführung eines neuen Vergabeverfahrens ist ferner zulässig, wenn sich der Gesamtcharakter des Auftrags nicht ändert und der Wert der Änderung

1. die jeweiligen Schwellenwerte nach § 106 GWB nicht übersteigt und

2. bei Liefer- und Dienstleistungsaufträgen nicht mehr als zehn Prozent und bei Bauaufträgen nicht mehr als 15 Prozent des ursprünglichen Auftragswertes beträgt.
Bei mehreren aufeinander folgenden Änderungen ist der Gesamtwert der Änderungen maßgeblich.

(4) Enthält der Vertrag eine Indexierungsklausel, wird für die Wertberechnung gemäß Absatz 2 Satz 2 und 3 sowie gemäß Absatz der höhere Preis als Referenzwert herangezogen.

(5) Änderungen nach Absatz 2 Nummer 2 und 3 sind im Amtsblatt der Europäischen Union bekannt zu machen.

Literatur:

Althaus, Öffentlich-rechtliche Verträge als öffentliche Aufträge gemäß § 99 GWB, NZBau 2000, 277; *Brüning/Pfannkuch,* Neuausschreibungspflicht bei Vertragsänderung, VergabeR 2015, 144; *Burgi,* Verwaltungssponsoring und Kartellvergaberecht, NZBau 2004, 594; *Burgi,* Der Verwaltungsvertrag im Vergaberecht, NZBau 2002, 57; *Burgi,* Die Beleihung als kartellvergaberechtlicher Ausnahmetatbestand (am Beispiel des Subventionsmittlers nach § 44 Absatz III BHO), NVwZ 2007, 383; *Classen,* Zur Abgrenzung von Dienstleistungskonzessionen gegenüber Miet- und Pachtverträgen nach der Richtlinie 2014/23/EU, VergabeR 2016, 13; *Dietlein,* Anteils- und Grundstücksveräußerungen als Herausforderung für das Vergaberecht, NZBau 2004, 472; *Fandrey,* Ausschreibungsfreiheit durch Zuwendung?, NZBau 2019, 362; *Gabriel,* Abfallrechtliche Pflichtenübertragungen als Ausnahme von der Ausschreibungspflicht?, LKV 2005, 285; *Gruneberg,* Vergaberechtliche Relevanz von Vertragsänderungen und -verlängerungen in der Abfallwirtschaft, VergabeR 2005, 171; *Hausmann,* Der öffentliche Auftrag – neue und alte Grenzen für die Anwendbarkeit des Vergaberechts, in Pünder/Prieß, Vergaberecht im Umbruch, 2005, 67; *Hausmann/Queisner,* Auftragsänderungen während der Vertragslaufzeit, NZBau 2016, 619; *Hertwig,* Der Staat als Bieter, NZBau 2008, 355; *Kasper,* Sponsoring und Vergaberecht, DÖV 2005, 11; *Knauff,* Vertragsverlängerungen und Vergaberecht, NZBau 2007, 347; *Kulartz/Duikers,* Ausschreibungspflicht bei Vertragsänderungen, VergabeR 2008, 728; *Mager,* Neue Maßgaben zur Inhouse-Vergabe und zu den Anforderungen vergabefreier Vertragsänderungen, NZBau 2012, 25; *Mainka,* Die Baukonzession und das Erbbaurecht – Problem oder Lösung?, VergabeR 2020, 133; *Marschner,* Vertrag und Anpassung im Europäischen Vergaberecht, 2009; *Müller-Wrede,* Sponsoring und Vergaberecht, Festschrift Thode, 431; *Marx,* Verlängerung bestehender Verträge und Vergaberecht, NZBau 2002, 311; *Poschmann,* Vertragsänderungen unter dem Blickwinkel des Vergaberechts, 2010; *Prieß/Hölzl,* Auftragnehmer, wechsel Dich!, NZBau 2011, 513; *Remmert,* Rechtsfragen des Verwaltungssponsorings, DÖV 2010, 583; *v. Saucken,* Der Begriff des Auftrags im deutschen und europäischen Vergaberecht, 1999; *Scharen,* Vertragslaufzeit und Vertragsverlängerung als vergaberechtliche Herausforderung?, NZBau 2009, 679; *Schröder,* Outsourcing und Sponsoring der Verwaltung, LKV 2007, 207; *Sommer,* Neue Entwicklungen für Ausschreibungspflichten bei Vertragsänderungen, VergabeR 2010, 568; *Stöcker,* Entwicklung des Verwaltungskooperationsvertrages unter Berücksichtigung des Vergaberechts, 2010; *Werner/Köster,* Die Auslegung des Tatbestandsmerkmals „entgeltlich" iS von § 99 I GWB, NZBau 2003, 420; *Ziekow,* Ausschreibungspflicht bei Auftragnehmerwechsel, VergabeR 2004, 430; *Ziekow,* Auftragsänderungen nach der Auftragsvergabe, VergabeR 2016, 278; vgl. ferner die speziellen Literaturübersichten zu Beginn der §§ 5, 6, 56, 62, 70 und 78.

A. Einleitung

1 Zusammen mit der Auftraggebereigenschaft der ausschreibenden Stelle nach § 98 GWB (dazu → § 3 Rn. 1 ff.) und dem Erreichen der Schwellenwerte (dazu → § 8 Rn. 1 ff.) gehört die Frage, ob ein öffentlicher Auftrag Gegenstand des Vorhabens ist, zur stets am Beginn eines Vergabeverfahrens stehenden Prüfungstrias. § 103 GWB bestimmt damit den Anwendungsbereich primär in sachlicher Hinsicht und regelt sekundär den persönlichen Anwendungsbereich durch die Vorgabe, dass Vertragspartner des öffentlichen Auftraggebers ein „Unternehmen" sein muss.

2 Eine allgemeine Definition des öffentlichen Auftrags enthält § 103 Abs. 1 GWB. Hiernach richtet sich zugleich der Geltungsbereich des GWB-Vergaberechts. Die nachfolgenden Absätze stellen im Anschluss daran die einzelnen Auftragsarten dar. Die weitere Abgrenzung zwischen den Auftragsarten ist nicht belanglos, sondern spielt regelmäßig für die Bestimmung des einschlägigen Schwellenwertes sowie der weiterführenden Verfahrensvorschriften nach VOB/A, VgV oder SektVO eine tragende Rolle. Die falsche Einordnung als Bauauftrag führt regelmäßig zur Annahme falscher Schwellenwerte; wird dann fälschlich national anstatt europaweit ausgeschrieben, kann der Vertrag auch noch nach Vertrags-

schluss gemäß § 135 GWB für unwirksam erklärt werden. Die §§ 110 bis 112 GWB regeln diverse Abgrenzungsfragen bei gemischten Aufträgen.

Bei der nötigen Auslegung der einzelnen Begriffsmerkmale gilt – wie stets im europarechtlich geprägten Vergaberecht – das Primat der **funktionalen Auslegung.** Der Begriff des öffentlichen Auftrags ist grundsätzlich so auszulegen, dass die praktische Wirksamkeit der Vergaberichtlinien gewährleistet wird[1]. Diesem Grundsatz des *effet utile* liegt der Gedanke zu Grunde, dass jeder Norm eine eigene Funktion zukommt und deshalb so auszulegen ist, dass diese sich auch möglichst sinnvoll, bestimmungsgemäß und frei von Widersprüchen erreichen lässt. Deutlich wird dies etwa bei der Auslegung der Begriffe „Vertrag" und „Unternehmen", deren Reichweite sich nicht auf die nach deutschem Recht übliche Bestimmung beschränkt, sondern weit zu verstehen ist, so dass der Anwendungsbereich des Vergaberechts möglichst umfassend gezogen wird. 3

Im Zuge des **Modernisierungsgesetzes vom 20.4.2009** (BGBl. I S. 790) wurde § 99 GWB aF mit dem Ziel verändert, einige zuvor strittige Punkte klarzustellen. Abs. 1 hebte auch den Beschaffungsbezug des Vergaberechts hervor und bezog Baukonzessionen sowie Auslobungen ein. In Abs. 3 hatte der Gesetzgeber eine Klarstellung für Bauaufträge getroffen, nach der die Bauleistung diesem unmittelbar zu Gute kommen muss. Durch diese Ergänzung trat der Gesetzgeber Bestrebungen entgegen, auch städtebauliche Grundstücksverträge weitgehend dem Vergaberecht zu unterstellen. Baukonzessionen wurden explizit in § 99 Abs. 6 GWB aF geregelt. Ein neuer Abs. 8 regelte die Abgrenzung von Aufträgen zur Durchführung mehrerer Tätigkeiten und liefert Kriterien zur Zuordnung sog. gemischter Verträge. Im Gesetzgebungsverfahren wurde intensiv diskutiert, inwieweit ausdrückliche Regelungen zum In-House-Geschäft und zur kommunalen Gemeinschaftsarbeit aufgenommen werden sollen[2]. Diese Bestrebungen konnten sich im Jahr 2009 nicht durchsetzen, so dass zunächst weiterhin auf die in der Rechtsprechung entwickelten Grundsätze zurückgegriffen werden musste. 4

Deutlich erweitert wurde § 99 GWB aF durch das **Gesetz zur Änderung des Vergaberechts vom 7.12.2011** (BGBl. I S. 2570). Neu aufgenommen wurden die Abs. 7 bis 9 sowie 13, die allesamt Fragestellungen rund um die **Auftragsvergaben in den Bereichen Verteidigung und Sicherheit** behandeln und insoweit die Richtlinie 2009/81/EG umsetzen. Im Übrigen erfolgten nur redaktionelle Änderungen: Der bisherige Abs. 7 wurde zu Abs. 10, der bisherige Abs. 8 wurde zum besseren Verständnis in die Abs. 11 und 12 aufgespalten. 5

Neue Fahrt gewann der Modernisierungsprozess durch die im **Dezember 2011** von der Kommission vorgelegten **Richtlinienvorschläge**[3] bezüglich der Regeln zum öffentlichen Auftragswesen. Die Vorschläge betreffen nicht nur das klassische Vergaberecht sowie der Sektorenbereich; erstmalig sollen auch Regelungen für alle Konzessionsarten kodifiziert und somit bestehende Lücken insbesondere bei Dienstleistungskonzessionen geschlossen werden. Der Bundesrat erhob bereits im März 2012 Subsidiaritätsrüge gegen den Vorschlag für die Konzessionsvergabe[4]. Eine weitere bedeutende Änderung ist die Aufgabe der bisherigen Unterscheidung zwischen sogenannten „prioritären" und „nichtprioritären" Dienstleistungen („A"- und „B"-Dienstleistungen). Die insgesamt drei Richtlinienvorschläge wurden nach umfassenden Überarbeitungen im sog. Trilog-Verfahren im **Januar 2014** vom Europäischen Parlament angenommen und anschließend veröffentlicht[5]. Die Richtlinien waren bis April 2016 im deutschen Recht umzusetzen. 6

---

[1] EuGH Urt. v. 12.7.2001 – C-399/98, Slg. 2001 I-5409 Rn. 55 = NZBau 2001, 512 – *Ordine degli Architetti.*

[2] BT-Drs. 16/10117 v. 13.8.2008, S. 5 (zur In-House-Regelung); BR-Drucks. 35/09 (Beschl.) v. 13.2.2009, S. 2 (zur Zusammenarbeit zwischen öffentlichen Auftraggebern).

[3] Vgl. die Vorschläge KOM(2011) 895 endgültig [Sektorenbereich], KOM(2011) 896 endgültig [klassische Auftragsvergabe] sowie KOM(2011) 897 endgültig [Konzessionen].

[4] BR-Drs. 874/11 (B).

[5] Richtlinie 2014/24/EU, 2014/23/EU sowie 2014/25/EU.

7 Mit der hierdurch veranlassten **Vergaberechtsnovellierung 2016** gingen zahlreiche Änderungen einher. Neu ist zunächst die Definition der Rahmenvereinbarung in § 103 Abs. 5 GWB, der den Besonderheiten der Rahmenvereinbarung Rechnung trägt und zugleich klarstellt, dass Rahmenvereinbarungen in allen Bereichen einschließlich des Bausektors als zulässiges Instrument zur Verfügung stehen. Die bisherige Aufteilung in sog. vorrangige und sog. nachrangige Dienstleistungen wurde aufgegeben. Stattdessen werden bestimmte Dienstleistungen, die insbesondere im sozialen Bereich verankert sind, einem privilegierten Regelungsregime unterstellt (dazu § 7). Umfangreiche Vorgaben zur Abgrenzung bei gemischten Aufträgen wurden in §§ 110 bis 112 GWB verankert. Dies wurde nicht zuletzt notwendig, da der sachliche Anwendungsbereich des GWB spürbar ausgeweitet wurde: Das GWB regelt nunmehr auch die Vergabe von (Dienstleistungs- sowie Bau-) Konzessionen (dazu Kapitel 12, → § 62 Rn. 1 ff., → § 63 Rn. 1 ff. etc.). Anders als noch im Jahre 2009 hat bei dieser Reform auch die Ausnahme der sog. Inhouse-Vergaben Niederschlag im Gesetz gefunden und ist nunmehr an § 108 GWB zu messen (dazu → § 6 Rn. 1 ff.).

B. Öffentlicher Auftrag (§ 103 Abs. 1 GWB)

8 Als öffentliche Aufträge sind nach § 103 Abs. 1 GWB entgeltliche (II. → Rn. 27 ff.) Verträge (I. → Rn. 9 ff.) von öffentlichen Auftraggebern oder Sektorenauftraggebern mit Unternehmen (IV. → Rn. 43 ff.) über die Beschaffung (III. → Rn. 35 ff.) von Leistungen, die Liefer-, Bau- oder Dienstleistungen zum Gegenstand haben, anzusehen.

I. Vertrag

9 Durch die Einschränkung, dass nur Verträge als öffentliche Aufträge angesehen werden können, beschränkt § 103 Abs. 1 GWB den Anwendungsbereich des GWB-Vergaberechts kaum. Der Begriff wird wegen der gebotenen **funktionalen Auslegung** weit ausgelegt und geht wegen seiner Verankerung im Unionsrecht über den zivilrechtlichen Vertragsbegriff im Sinne der §§ 145 ff. BGB hinaus. Gefordert wird das Einvernehmen zumindest zweier Personen über die Erbringung von Leistungen[6] (→ Rn. 10). Eine Rolle spielt weder die gewählte Form (→ Rn. 11 f.) noch die Einstufung als öffentlich- oder privatrechtlicher Vertrag (→ Rn. 13). Lediglich bei Beauftragungen mittels hoheitlichen Handlungsformen wird mangels Gleichordnung der Vertragsparteien regelmäßig kein öffentlicher Auftrag vorliegen (→ Rn. 14 f.). Schließlich kann auch eine Änderung einer bereits geschlossenen Vereinbarung selbst als eigenständiger öffentlicher Auftrag anzusehen sein mit der Folge, dass diese Änderung nicht ohne vorherige Ausschreibung erfolgen darf (→ Rn. 16).

1. Auf Leistungsaustausch gerichteter Rechtsbindungswillen

10 In Anlehnung an die im bürgerlichen Recht gebräuchliche Definition setzt ein Vertragsschluss im Sinne des § 103 Abs. 1 GWB einen **übereinstimmenden Rechtsbindungswillen** der Parteien voraus, der auf die Erbringung von Leistungen gerichtet ist. Ein bloßes „meeting of the minds" ohne weitergehenden Rechtsfolgewillen ebnet damit ebenso wenig den Weg zum Vergaberecht wie eine reine Absichtserklärung. Rein vorgelagerte Handlungen der Markterkundung, Marktsondierungen, Machbarkeitsstudien und internen Beratungen stellen lediglich Vorbereitungshandlungen dar, die noch keine vergaberechtlichen Pflichten auslösen[7]. Ausreichend ist gemäß § 103 Abs. 5 GWB hingegen eine **Rahmenvereinbarung.** Zwar führt diese für sich genommen noch nicht zu einem konkreten

[6] OLG Düsseldorf Beschl. v. 4.3.2009 – VII-Verg 67/08, NZBau 2009, 334.
[7] Vgl. mwN Byok/Jaeger/*H.-M. Müller* § 131 GWB Rn. 6.

Leistungsaustausch. Sie umreißt nur den Rahmen für zu einem späteren Zeitpunkt abzurufende Einzelleistungen und fundiert damit die rechtliche Grundlage für weitere Beschaffungen[8].

2. Form

Ein öffentlicher Auftrag im Sinne des § 99 Abs. 1 GWB erfordert nach den Vorgaben des GWB **keine bestimmte Form,** so dass selbst mündlich abgeschlossene Verträge erfasst sind. Soweit das europäische Sekundärrecht in Art. 2 Abs. 1 Nr. 5 RL 2014/24/EU (vormals Art. 1 Abs. 2 lit. a) RL 2004/18/EG) eine Einschränkung auf schriftliche Verträge enthält, verzichtet das deutsche Recht auf diese Einschränkung. Der deutschen Gesetzgeber hat insoweit wirksam den Anwendungsbereich des Vergaberechts erweitert[9]. 11

In der Praxis wird aber aus Beweissicherungsgründen eine schriftliche Form anzuraten sein. Auch kann sich eine entsprechende Form aus landes- bzw. kommunalrechtlichen Vorschriften ergeben. Soweit aufgrund allgemeiner Vorgaben eine bestimmte Form einzuhalten ist – etwa bei Grundstücksgeschäften (§ 311b BGB) und Gesellschaftsverträgen (§ 2 GmbHG) –, betrifft dies einzig die zivilrechtliche Wirksamkeit des Vertrages. Die Ausschreibungspflicht wird hiervon nicht tangiert[10]. Für Vergabeverfahren können besondere Formen aber Relevanz erhalten, wenn die Zulässigkeit eines Nachprüfungsverfahrens zur Diskussion steht. Denn einem Nachprüfungsverfahren steht nur ein formwirksam geschlossener Vertrag entgegen. 12

3. Öffentlich-rechtlicher Vertrag

Der vergaberechtliche Vertragsbegriff ist neutral gegenüber der (rein nach nationalem Recht möglichen) Qualifizierung als privatrechtlich oder öffentlich-rechtlich. Die anfänglichen Versuche der deutschen Bundesregierung[11], **öffentlich-rechtliche Verträge** vom Anwendungsbereich des Kartellvergaberechts auszunehmen und den Auftragsbegriff im GWB auf privatrechtliche Verträge zu beschränken, konnten sich zu Recht nicht durchsetzen[12]. Der Anwendungsbereich richtet sich nach den europäischen Vergaberichtlinien, die auch dem öffentlichen Recht unterliegende Verträge erfassen[13]. Denn nicht in allen Mitgliedsstaaten erfolgt eine Differenzierung zwischen der öffentlichen und privaten Rechtsnatur von Verträgen, so dass einzig eine umfassende Auslegung des Vertragsbegriffs zur effektiven und gleichen Auslegung in allen Mitgliedsstaaten führt. 13

4. Hoheitliche Handlungsformen und öffentliche Gewalt

Ein Vertrag setzt seiner Natur nach stets die **rechtliche Gleichordnung der Parteien** voraus. Dies wirkt sich für die Beurteilung hoheitlicher Handlungsformen aus und schränkt den Anwendungsbereich des Vergaberechts ein. Die nationale Qualifizierung der Handlungsform ist ohne Belang, da als Maßstab einzig das europäische Vertragsverständnis greift[14]. Nach Auffassung des EuGH ist bei der im Einzelfall vorzunehmenden Untersuchung insbesondere entscheidend, ob der Auftragnehmer die Möglichkeit hat, den kon- 14

[8] Dazu → Rn. 26.

[9] BayObLG Beschl. v. 10.10.2000 – Verg 5/00, BeckRS 2000, 9229.

[10] *Gnittke/Rude* in Praxiskommentar Kartellvergaberecht, § 99 Rn. 9.

[11] BT-Drs. 13/9340, S. 15; dem folgend noch OLG Celle Beschl. v. 24.11.1999 – 13 Verg 7/99, NZBau 2000, 299, 300.

[12] Vgl. nur BGH Beschl. v. 1.12.2008– X ZB 31/08, NZBau 2009, 201, 203; OLG Düsseldorf Beschl. v. 15.6.2016 – VII-Verg 56/15;Beschl. v. 12.12.2007 – VII-Verg 30/07, NZBau 2008, 138, 140; *Burgi* NZBau 2002, 57ff.; *Althaus* NZBau 2000, 277ff.; siehe zur Diskussion *Burgi* NVwZ 2007, 383, 384f.; Byok/Jaeger/*Heilbronner* § 99 GWB Rn. 33ff.

[13] So für baurechtliche Erschließungsverträge EuGH Urt. v. 12.7.2001 – C-399/98, Slg. 2001 I-5409, Rn. 73 = NZBau 2001, 512 – *Ordine degli Architetti.*

[14] EuGH Urt. v. 18.12.2007 – C-220/06, Slg. 2007 I-12175, Rn. 50 = IBRRS 2008, 0196 – *Correos.*

kreten **Vertragsinhalt auszuhandeln**[15]. Hierin kommt der Grundsatz der Vertragsfreiheit zum Ausdruck. Dies sollte nicht dahingehend missverstanden werden, dass nur völlig frei verhandelte Verträge als solche im Sinne von § 103 Abs. 1 GWB zu verstehen sind. Denn die Notwendigkeiten des Wettbewerbs und der dabei elementare Anspruch, vergleichbare Angebote zu erhalten, erfordern regelmäßig starre Leistungsbeschreibungen. Die Möglichkeit des Aushandelns beschränkt sich auf Seiten des Unternehmers dann darauf, ob und zu welchem Preis er anbietet. Nicht als Vertrag in diesem Sinne zu bewerten sind hingegen einseitige Verwaltungsakte, der für den Auftragnehmer allein Verpflichtungen enthält und der deutlich von den normalen Bedingungen des kommerziellen Angebots des Verwaltungsaktempfängers abweicht. Ebenfalls nicht erfasst sind Gesetze, Verordnungen, Satzungen, etc. Hier fehlt es regelmäßig[16] an der Gleichordnung der Vertragsparteien und der Wahrung des Grundsatzes der Vertragsfreiheit.

Ebenfalls keiner Ausschreibungspflicht unterliegen nach herrschender Meinung Förderbescheide bzw. Förderverträge. In diesen gewährt der Zuwendungsgeber dem Empfänger Fördermittel (dazu allgemein → § 9 Rn. 1 ff.) und der Fördermittelempfänger verpflichtet sich, die **Fördermittel** zur Verwirklichung des Fördermittelzwecks und unter Beachtung der im Förderbescheid bzw. Fördervertrag bestimmten Auflagen zu verwenden. Da der Auftraggeber aber keinen einklagbaren Anspruch auf die Durchführung der geförderten Maßnahme hat, sondern allenfalls die Fördermittel – ggf. zzgl. Zinsen – zurückfordern kann, werden derartige Verträge (noch) nicht als ausschreibungspflichtig angesehen[17]. Diese von der Rechtsprechung 2019 vorangetriebene Auslegung erscheint wenig funktional und übertrieben formal. Da dies in der Praxis gelegentlich zur Umgehung von Ausschreibungspflichten genutzt wird, bleibt hier die weitere Entwicklung abzuwarten. Auch ist nicht auszuschließen, dass die damit verbundenen Umgehungen mittelfristig zur Entwicklung eines eigenständigen Regelungsbereichs führt: der Fördermittelvergabe.

15 Ein Vertrag scheidet nicht allein deshalb aus dem Anwendungsbereich des Vergaberechts aus, weil die übertragene Aufgabe mit der **Ausübung öffentlicher Gewalt** im Sinne der Art. 51, 62 AEUV (vormals Art. 45, 55 EG) verknüpft ist. Der BGH[18] hat insoweit auf die diesbezüglich vorgebrachten Bedenken im Zusammenhang mit Rettungsdienstleistungen die pragmatische Vorgabe getroffen, dass eine Exklusion zwar europarechtlich möglich erscheint, jedoch in die einfachgesetzlichen Regelungen des nationalen Vergaberechts Eingang gefunden haben müssen. Soweit im dortigen, allgemein als abschließend angesehenen Ausnahmekatalog die vermeintlich hoheitliche Aufgabe nicht aufgeführt sei, sei diese auch nicht von dem GWB-Vergaberegime ausgenommen. §§ 97 ff. GWB würden insoweit nicht unmittelbar durch das Primärrecht beschränkt, da es dem nationalen Gesetzgeber unbenommen sei, den Anwendungsbereich des Vergaberechts überobligatorisch weiter zu fassen als europarechtlich gefordert.

5. Vertragsänderungen nach Vertragsschluss

16 In den letzten Jahren ist die Ausschreibungspflicht von wesentlichen Vertragsänderungen nach Vertragsschluss in den Fokus von Rechtsprechung und Literatur gerückt[19]. Dabei

---

[15] EuGH Urt. v. 18.12.2007 – C-220/06, Slg. 2007 I-12175, Rn. 54 f. = IBRRS 2008, 0196 – *Correos;* Müller-Wrede/*Müller-Wrede/Kaelble* GWB § 99 Rn. 25 f.: konstitutives Merkmal.

[16] Im Einzelfall wird hingegen ein öffentlicher Auftrag vorliegen, wenn die Beteiligten sich vorab auf dieses Vorgehen geeinigt haben und etwa den Inhalt des zu erlassenden Verwaltungsaktes vorher fixiert haben. Vgl. BGH Beschl. v. 1.12.2008– X ZB 31/08, NZBau 2009, 201, 203; *Burgi* NVwZ 2007, 383, 385; Müller-Wrede/*von Engelhard/Kaelble* GWB § 103 Rn. 32.

[17] So OLG Düsseldorf Beschl. v. 11.7.2018 – VII-Verg 1/18, NZBau 2018, 628; krit. hierzu *Fandrey* NZBau 2019, 352; vgl. hierzu auch *Ziekow* FS Marx, S. 885 ff.

[18] Vgl. BGH Beschl. v. 1.12.2008– X ZB 31/08, NZBau 2009, 201, 203 f. mAnm *Berger/Tönnemann* VergabeR 2009, 129 ff.; *Röbke* NZBau 2009, 201, 205; parallel argumentiert der BGH für den Bereich des SPNV, Beschl. v. 8.2.2011– X ZB 4/10, NZBau 2011, 175 ff.

[19] OLG Düsseldorf Beschl. v. 28.7.2011 – VII-Verg 20/11, NZBau 2012, 50 ff.; Beschl. v. 14.2.2001 – Verg 13/00, NZBau 2002, 54; OLG Celle Beschl. v. 29.10.2009, – 13 Verg 8/09, NZBau 2010, 194 ff.; *Grune-*

wird die Änderung bestehender Verträge während der Leistungszeit nicht grundsätzlich in Frage gestellt, denn gerade bei größeren Projekten mit längerer Laufzeit sind punktuelle Anpassungen die Regel und erforderlich, um den wechselnden Gegebenheiten des Projektes gerecht zu werden. Der EuGH hat in der Rechtssache *„pressetext Nachrichtenagentur"*[20] für die Bewertung von Änderungen den allgemeinen Grundsatz aufgestellt, dass nur **wesentliche Vertragsänderungen** einer Neuvergabe gleichkommen und damit ausschreibungspflichtig sind. Ein Instrument zur rechtssicheren Abgrenzung zwischen unwesentlichen und wesentlichen Änderungen hat der EuGH dem Rechtsanwender nicht zur Hand gegeben, so dass insoweit zunächst große Rechtsunsicherheit bzw. Grauzonen das Bild bestimmten. Auf europäischer Ebene wurde diese Rechtsunsicherheit als Anlass genommen, die wichtigsten Eckpunkte in die Vergaberichtlinie aufzunehmen. Diese wurden vom deutschen Gesetzgeber in § 132 GWB umgesetzt und dienen dazu, Änderungen bestehender Verträge zu bewerten.

a) Leistungsänderungen. Der EuGH hat in seinem Urteil vom 19.6.2008 **(Pressetext Nachrichtenagentur)** einige Eckpunkte festgelegt[21], die sich wie folgt zusammenfassen lassen: Die Änderung eines öffentlichen Auftrags während seiner Laufzeit kann als wesentlich angesehen werden, wenn der Auftragsgegenstand in großem Umfang auf ursprünglich nicht vorgesehene Leistungen erweitert wird. Ebenfalls wesentlich ist die Einführung von Bedingungen, die die Zulassung anderer als der ursprünglich zugelassenen Bieter oder die Annahme eines anderen als des ursprünglich angenommenen Angebots erlaubt hätten, wenn sie Gegenstand des ursprünglichen Vergabeverfahrens gewesen wären. Schließlich ist eine wesentliche Vertragsänderung gegeben, wenn das wirtschaftliche Gleichgewicht des Ursprungsvertrages zu Gunsten des Auftragnehmers verändert werde. 17

Die og Entscheidung des EuGH hat der europäische Richtliniengeber 2014 mit eigenen Akzenten in eine eigene Norm übernommen, die 2016 von Deutschland in § 132 GWB umgesetzt wurde. Diese umfangreiche Regelung definiert zunächst in Abs. 1, welche Änderungen als wesentlich anzusehen sind **(Positivliste).** Im zweiten und dritten Absatz werden Änderungen aufgeführt, die nicht als wesentlich gelten und daher ausschreibungsfrei erfolgen können. 18

Als wesentlich anzusehen sind gemäß § 132 Abs. 1 S. 2 GWB all die Änderung, die dazu führen, dass sich der öffentliche Auftrag erheblich von dem ursprünglich vergebenen öffentlichen Auftrag unterscheidet. Der nachfolgende, nicht abschließende Katalog wesentlicher Änderungen orientiert sich an der Pressetext-Entscheidung des EuGH und nimmt eine wesentliche Änderung an, wenn (Nr. 1) mit der Änderung Bedingungen eingeführt werden, die, wenn sie für das ursprüngliche Vergabeverfahren gegolten hätten, die Zulassung anderer Bewerber oder Bieter ermöglicht hätten, die Annahme eines anderen Angebots ermöglicht hätten oder das Interesse weiterer Teilnehmer am Vergabeverfahren geweckt hätten, wenn (Nr. 2) mit der Änderung das wirtschaftliche Gleichgewicht des öffentlichen Auftrags zugunsten des Auftragnehmers in einer Weise verschoben wird, die im ursprünglichen Auftrag nicht vorgesehen war, wenn (Nr. 3) mit der Änderung der Umfang des öffentlichen Auftrags erheblich ausgeweitet wird oder wenn (Nr. 4) ein neuer Auftragnehmer den Auftragnehmer in anderen als den in § 132 Abs. 2 S. 1 Nr. 4 GWB vorgesehenen Fällen ersetzt. Die Formulierungen sind nicht ausreichend rechtsicher konturiert und lassen den Rechtsanwender weitgehend im Unklaren. Aufgrund des allgemei- 19

---

berg VergabeR 2005, 171 ff.; *Hausmann* LKV 2010, 550 ff.; *Jaeger* EuZW 2008, 492 ff.; *Knauff* NZBau 2007, 347; *Krohn* NZBau 2008, 619 ff.; *Pooth* Behördenspiegel 8/2008, 21; *Poschmann* Vertragsänderungen unter dem Blickwinkel des Vergaberechts, passim; *Prieß/Hölzl* NZBau 2011, 513; *Sommer* VergabeR 2010, 568 ff.

[20] EuGH Urt. v. 19.6.2008 – C-454/06, Slg. 2008 I-4401 = IBRRS 2008, 1720 – *pressetext Nachrichtenagentur.*

[21] EuGH Urt. v. 19.6.2008 – C-454/06, Slg. 2008 I-4401, Rn. 35 bis 37 = IBRRS 2008, 1720 – *pressetext Nachrichtenagentur;* anschließend EuGH Urt. v. 13.4.2010 – C-91/08, Slg. 2010 I-2815 = IBRRS 2010, 1287 – *Wall-AG.*

nen Grundsatzes, dass im Zweifel die Ausschreibungspflicht nicht umgangen werden soll, erscheint eine extensive Auslegung der Positivliste geboten. Gerade der Fall, dass eine Änderung zu einem anderen Ergebnis im Rahmen eines vorgelagerten Ausschreibungsverfahrens geführt hätte, lässt sich nicht selten nicht widerlegen. Sofern also kein ausdrücklich nach den Folgeabsätzen zugelassener Fall gegeben ist, wird im Zweifel von einer wesentlichen Änderung auszugehen sein.

19a Im zweiten Absatz von § 132 GWB werden einige Änderungskonstellationen als ausschreibungsfrei definiert, die auch bisher schon gelebt wurden und teilweise in den Vergabeordnungen kodifiziert waren **(Negativliste I).** In der Praxis haben diese nicht nur enorme Bedeutung; sie bieten auch großen Spielraum, um die nötigsten Änderungen abzubilden.

19b Zunächst werden Änderungen freigestellt, die bereits im Vertrag angelegt sind. Das Gesetz fordert aber, dass bereits „in den ursprünglichen Vergabeunterlagen klare, genaue und eindeutig formulierte **Überprüfungsklauseln oder Optionen** vorgesehen sind, die Angaben zu Art, Umfang und Voraussetzungen möglicher Auftragsänderungen enthalten". Änderungen, die bereits im ursprünglichen Vertrag angelegt sind, sind also nicht per se ausschreibungsfrei. Insoweit ist die ursprüngliche Vertragsgestaltung am Maßstab der Grundsätze von Transparenz und Gleichbehandlung der am Auftrag interessierten Unternehmen zu messen. Wichtigster Anwendungsfall sind Anpassungen des Honorars bei Planervergaben, wenn sich das Honorar des Architekten bzw. Ingenieurs allein nach der HOAI richtet und im Vertrag die Vergütungsparameter (Honorarzone, Honorarsatz, Umbauzuschlag, Nebenkosten, etc.) festgelegt sind. Hier wirkt sich eine Erhöhung der anrechenbaren Baukosten, die für die Ermittlung des Honorars in der Systematik der HOAI maßgeblich sind, nicht vergabeschädlich aus.

19c Hingegen wirkt sich eine Änderungsklausel etwa nicht in relevantem Maße aus, wenn sie nur allgemein gehalten ist und die Änderung auf der freien Entscheidung des Auftraggebers beruht[22]. Ist hingegen bereits im Vertrag eindeutig festgelegt, unter welchen Umständen der Vertrag in welchem Umfang angepasst wird, so liegt im Verzicht auf eine erneute Ausschreibung kein Pflichtverstoß. Dies gilt gleichermaßen für Preisanpassungen aufgrund von Indexierungsklauseln. Eine quantitative Grenze besteht bei Anpassungen aufgrund von Überprüfungsklauseln und Optionen nicht. Als Begrenzung zu weitgehender Optionen und Überprüfungsklauseln fordert das Gesetz aber in qualitativer Hinsicht, dass sich der Gesamtcharakter des Auftrags aufgrund der Änderungen nicht verändert. Beim Begriff des „Gesamtcharakters" handelt sich um einen unbestimmten Rechtsbegriff, der in Erwägungsgrund 109 der Richtlinie 2014/24/EU nur wie folgt konkretisiert wird: *„Dies kann jedoch nicht für Fälle gelten, in denen sich mit einer Änderung das Wesen des gesamten Auftrags verändert – in dem beispielsweise die zu beschaffenden Bauleistungen, Lieferungen oder Dienstleistungen durch andersartige Leistungen ersetzt werden oder indem sich die Art der Beschaffung grundlegend ändert –, da in einer derartigen Situation ein hypothetischer Einfluss auf das Ergebnis unterstellt werden kann."*

19d Ferner sind freigestellt **zusätzliche Liefer-, Bau- oder Dienstleistungen,** die erforderlich geworden sind, die nicht in den ursprünglichen Vergabeunterlagen vorgesehen waren, und ein Wechsel des Auftragnehmers (a) aus wirtschaftlichen oder technischen Gründen nicht erfolgen kann und (b) mit erheblichen Schwierigkeiten oder beträchtlichen Zusatzkosten für den öffentlichen Auftraggeber verbunden wäre. In diesen Fällen bietet eine Ausschreibung keinen Mehrwert. Zu beachten ist aber, dass die zusätzlichen Leistungen „erforderlich" geworden sein müssen, wobei hier ein objektiver Maßstab anzulegen ist. Es reicht also nicht aus, dass der Auftraggeber mit der bisherigen Ausführung zufrieden ist und daher den Vertrag ausdehnen will. Nicht gefordert wird bei dieser Fallgruppe aber, dass die Umstände, die die zusätzlichen Leistungen erfordern, vom Auftraggeber nicht hätten vorhergesehen werden können. § 132 Abs. 2 GWB grenzt den Spielraum des Auftrag-

[22] So OLG Düsseldorf Beschl. v. 28.7.2011 – VII-Verg 20/11, NZBau 2012, 50, 53f.

gebers aber (minimal) ein und untersagt, dass der Preis um mehr als 50 Prozent des Wertes des ursprünglichen Auftrags erhöht wird. Da bei mehreren aufeinander folgenden Änderungen des Auftrags diese Beschränkung für den Wert jeder einzelnen Änderung gilt – sofern keine Umgehungsabsicht festgestellt wird – wird diese 50-Prozent-Schwelle im Regelfall aber keine hohe Hürde darstellen.

Ferner stellt § 132 Abs. 2 GWB Vertragsänderungen frei, die aufgrund von Umständen erforderlich geworden ist, die der öffentliche Auftraggeber im Rahmen seiner Sorgfaltspflicht **nicht vorhersehen konnte,** und sich aufgrund der Änderung der Gesamtcharakter des Auftrags nicht verändert. Maßgeblich ist ein objektiver Sorgfaltsmaßstab, wobei auch hier die 50-Prozent-Schwelle gilt. In der Regierungsbegründung zu der Vorschrift wird auf solche Umstände rekurriert, *„die auch bei einer nach vernünftigem Ermessen sorgfältigen Vorbereitungen der ursprünglichen Zuschlagserteilung durch den öffentlichen Auftraggeber unter Berücksichtigung der zur Verfügung stehenden Mittel, der Art und Merkmale des speziellen Projekts, der bewährten Praxis und der Notwendigkeit, ein angemessenes Verhältnis zwischen den bei der Vorbereitung der Zuschlagserteilung eingesetzten Ressourcen und dem absehbaren Nutzen zu gewährleisten, nicht hätten vorausgesagt werden können. Voraussetzung ist allerdings, dass sich mit der Änderung nicht der Gesamtcharakter des gesamten Auftrags ändert, indem beispielsweise die zu beschaffenden Liefer-, Bau- oder Dienstleistungen durch andersartige Leistungen ersetzt werden oder indem sich die Art der Beschaffung grundlegend ändert."* 19e

Überraschend weit reichen die in Abs. 3 geregelten Konstellationen, in denen keine wesentliche Änderung vorliegen soll **(Negativliste II – de minimis-Regelung):** Hiernach sind Änderungen ohne Durchführung eines neuen Vergabeverfahrens ferner zulässig, wenn sich der Gesamtcharakter des Auftrags nicht ändert und der Wert der Änderung die jeweiligen Schwellenwerte nach § 106 GWB nicht übersteigt und bei Liefer- und Dienstleistungsaufträgen nicht mehr als 10 Prozent und bei Bauaufträgen nicht mehr als 15 Prozent des ursprünglichen Auftragswertes beträgt. Höhere Grenzen gelten bei sozialen und anderen besonderen Dienstleistungen. Bei mehreren aufeinander folgenden Änderungen ist der Gesamtwert der Änderungen maßgeblich. 19f

Die weitreichenden Möglichkeiten, einen Vertrag ausschreibungsfrei an praktische Notwendigkeiten anzupassen, korrespondiert mit einer erweiterten Bekanntmachungspflicht. Gemäß § 132 Abs. 5 GWB sind Änderungen gemäß § 132 Abs. 2 S. 1 Nr. 2 und Nr. 3 GWB im Amtsblatt der Europäischen Union bekannt zu machen. Die EU hat zu diesem Zweck das Standardformular 20 („Bekanntmachung einer Änderung – Änderung eines Vertrags/einer Konzession während der Laufzeit") entwickelt. Auch wenn derartige Fälle noch nicht publik geworden sind, ist schon jetzt absehbar, dass die unterlassene Veröffentlichung von Nachträgen in Zukunft als Verstoß gegen die Auflage zur Einhaltung des Vergaberechts bewertet wird. Gerade Fördermittelempfängern ist daher zu raten, dieser Pflicht nachzukommen, auch wenn hierbei kein Bezug zur Wirtschaftlichkeit vorliegt. 19g

b) Laufzeitverlängerung. Die **Verlängerung der Vertragslaufzeit** stellt regelmäßig eine ausschreibungspflichtige Neuvergabe für den verlängerten Zeitraum dar, denn der Vertrag wird auf ursprünglich nicht vorgesehene Leistungen erweitert. Dies gilt nicht, wenn die Verlängerungsmöglichkeit bereits im ursprünglichen Vertrag vorgesehen ist und damit zum Gegenstand des Ausgangsverfahrens gemacht wurde. In diesem Fall ist eine Verlängerung – sofern diese nicht eine aus Gründen des Wettbewerbsgrundsatzes im Einzelfall zu bestimmende Maximallaufzeit überschreitet[23] – vergaberechtlich zulässig. Die entsprechende Klausel im Vertrag kann in unterschiedlicher Weise ausgestaltet sein. Für die Frage der Ausschreibungspflicht der Verlängerung stehen sich Options- und Kündigungs- 20

[23] Dazu Willenbruch/Wieddekind/*Willenbruch* § 99 Rn. 32 mwN.

regelungen gleich. Dementsprechend kann auch das Unterlassen einer möglichen Kündigung keine vergaberechtlichen Implikationen entfalten[24].

21 Die Verlängerung eines Auftrags fällt nach diesseitiger Auffassung nicht unter den Änderungstatbestand des § 132 GWB und ist daher auch nicht an den teils großzügigen Änderungsvorschriften zu messen. § 132 GWB regelt bereits nach der amtlichen Bezeichnung Auftragsänderungen „während der Vertragslaufzeit" und nicht Änderungen der Vertragslaufzeit. Eine Verlängerung ist daher bei restriktiver Auslegung als Interimsvergabe zu werten und unterliegt daher den normalen Anforderungen des Vergaberechts. Bei der Bewertung der Laufzeitverlängerung kommt es nicht darauf an, ob der Wert der Verlängerung isoliert betrachtet den einschlägigen Schwellenwert überschreitet. Abgesehen davon, dass auch bei Unterschreiten der Schwellenwerte noch immer die rein nationalen vergaberechtlichen Bindungen greifen können, kann das Unterschreiten nicht darüber hinweg helfen, dass der Auftrag dem Binnenmarkt für einen längeren Zeitraum entzogen wird. Schlimmstenfalls würde gar ein Missbrauch durch wiederholte Verlängerungen der Vertragslaufzeiten (sog. Kettenverlängerung) um solche Zeiträume, die jeweils die Schwellenwerte unterschreiten, drohen. Im Rahmen der Covid-19-Krise fand sich in den ersten Mitteilungen zum Vergaberecht aber der Hinweis, dass auch Vertragsverlängerungen möglich sind. Ob diese dabei wirklich auf § 132 GWB gestützt werden können oder als Interimsvergaben sachlich rechtfertigungsfähig sind, blieb dabei offen.

22 Einigen sich die Vertragspartner auf die **einvernehmliche Aufhebung einer Kündigung,** die zuvor wirksam erklärt wurde, mit dem Ziel, den ursprünglichen Vertrag bzw. dessen Verlängerung fortzuführen, stellt auch dies eine Neuvergabe dar[25]. Denn die Rücknahme einer rechtswirksamen Kündigung erfordert rechtlich betrachtet eine Einigung über die Vertragsfortsetzung. Dies entspricht dem Abschluss eines neuen Vertrages.

23 **c) Austausch des Auftragnehmers.** Die Notwendigkeit, einen Vertragspartner auszutauschen, ergibt sich regelmäßig im Falle der Insolvenz des Auftragnehmers oder bei Kündigung (etwa infolge von Schlechtleistung). Dieser zivilrechtlich im Wege der Vertragsübernahme nach § 415 Abs. 1 BGB mögliche Austausch wurde von einer in Deutschland lang Zeit vorherrschenden Auffassung[26] als vergabefrei akzeptiert, solange nur der neue Auftragnehmer auch über die erforderliche Fachkunde, Leistungsfähigkeit und Eignung verfügte. Denn der Vertrag einschließlich des angebotenen Preises basiere doch weiterhin auf dem im Wettbewerb gefundenen wirtschaftlichsten Angebot. Ob dieser Weg im Lichte der obigen Leitlinien des EuGH in der Rechtssache *„pressetext Nachrichtenagentur"* weiterhin gangbar war, erschien zumindest zweifelhaft angesichts der einem Austausch des Auftragnehmers stets immanenten Gefahr, die Prinzipien des Vergaberechts zu umgehen. Der **Austausch des Auftragnehmers** wird daher in der Regel **als vergabepflichtiger Beschaffungsvorgang** zu werten sein, wenn der Austausch nicht bereits im ursprünglichen Vertrag angelegt ist. Dies stellt auch die Neuregelung in § 132 Abs. 1 Nr. 4 GWB klar, der den Austausch des Auftragnehmers nur in den in § 132 Abs. 2 S. 1 Nr. 4 GWB vorgesehenen Fällen als legitim erachtet.

24 Gemäß § 132 Abs. 2 S. 1 Nr. 4 GWB ist die Ersetzung nur in drei Fällen möglich: Wenn dies bereits im Vertrag in einer transparenten und klaren Überprüfungsklausel angelegt ist (Buchstabe a), aufgrund der Tatsache, dass ein anderes Unternehmen, das die ursprünglich festgelegten Anforderungen an die Eignung erfüllt, im Zuge einer Unternehmensumstrukturierung, wie zum Beispiel durch Übernahme, Zusammenschluss, Erwerb oder Insolvenz, ganz oder teilweise an die Stelle des ursprünglichen Auftragnehmers tritt,

---

[24] OLG Celle Beschl. v. 4.5.2001 – 13 Verg 5/00, NZBau 2002, 53, 54; Byok/Jaeger/*Heilbronner* § 99 GWB Rn. 38; *Marx* NZBau 2002, 311, 312.

[25] OLG Düsseldorf Beschl. v. 8.5.2002 – VII-Verg 8-15/01 (juris); OLG Dresden Beschl. v. 25.1.2008 – WVerg 10/07; diff. nach dem Zeitpunkt der Rücknahme der Kündigung 1. VK Bund Beschl. v. 26.2.2010 – VK 1-7/10.

[26] OLG Frankfurt a.M. Beschl. v. 5.8.2003 – 11 Verg 2/02, NZBau 2003, 633, 633f.

sofern dies keine weiteren wesentlichen Änderungen im Sinne des § 132 Abs. 1 zur Folge hat (Buchstabe b), oder aufgrund der Tatsache, dass der öffentliche Auftraggeber selbst die Verpflichtungen des Hauptauftragnehmers gegenüber seinen Unterauftragnehmern übernimmt (Buchstabe c). In der Beschaffungspraxis wird die zweite Variante die größte Relevanz übernehmen. Eine rein **konzernrechtliche Neuorganisation** wird wie bisher als ausschreibungsfrei zu beurteilen sein[27]. Zwar wird auch hier der Vertragspartner bei rein formaler Betrachtungsweise ausgetauscht. Aus wirtschaftlichem Blickwinkel bleibt der Vertragspartner aber identisch. In dem zu entscheidenden Fall ging der Auftrag auf eine 100%ige Tochtergesellschaft, gegenüber der der ursprüngliche Auftragnehmer ein Weisungsrecht hatte, zwischen beiden ein Gewinn- und Verlustausschließungsvertrag bestand, beide solidarisch hafteten und der ursprüngliche Auftragnehmer erklärte, dass sich an der bisherigen Gesamtleistung nichts ändern werde. Diese Kriterien können als Indikatoren für die Bewertung herangezogen werden. Sie sind aber nicht allein entscheidend, so dass auch andere Formen der konzernrechtlichen Neuorganisation – etwa die Übertragung eines Auftrags von der Konzerntochter auf ihre Muttergesellschaft – vergaberechtlich nicht per se ausschreibungspflichtig sind.

In der Praxis anzutreffen sind auch Fälle, in denen der Auftragnehmer die faktisch die Rechtsform wechselt, ohne dass hier gesetzliche Regelungen greifen (zB wenn ein freiberuflich tätiger Planer eine GmbH gründet). Hier bedarf es immer eines genauen Blicks, ob einerseits die Kontinuität bei der Leistungserbringung gewährleistet ist und andererseits der Auftraggeber durch die (erforderliche) Zustimmung zum Übergang

Ebenso einer Entscheidung im Einzelfall vorbehalten ist die Bewertung von **Änderungen im Gesellschafterkreis** des Auftragnehmers. So gehört es bei einer börsennotierten Aktiengesellschaft zu ihrer Natur, dass sich die Besitzverhältnisse jederzeit ändern können. Dies allein stellt die Wirksamkeit der erfolgten Auftragsvergabe an eine solche Aktiengesellschaft naturgemäß nicht in Frage[28]. Auch bei anderen Gesellschaftsformen ist die Änderung der Zusammensetzung des Kreises ihrer Eigentümer nicht per se als vergaberechtspflichter Vorgang zu qualifizieren, zumal der Vertragspartner selbst bei den als Gesellschaft bürgerlichen Rechts (GbR) gegründeten Bietergemeinschaften formal derselbe bleibt; die GbR ist Vertragspartner und nicht die einzelnen Gesellschafter. Gerade der Austausch von wesentlichen Gesellschaftern einer GbR kann aber trotz ihrer Teilrechtsfähigkeit bei wirtschaftlicher Betrachtung einer Neuvergabe gleichkommen[29]. Denn bei Bietergemeinschaften stellt die GbR regelmäßig nicht mehr als nur das Instrument der Zusammenarbeit für mehrere Unternehmen dar, die der Auftraggeber wirtschaftlich betrachtet beauftragen will. Aus Sicht des Auftraggebers ist die Zusammensetzung der Bietergemeinschaft Grundlage des Vertragsverhältnisses und wesentlicher Bestandteil des geschlossenen Vertrages. Ein Wechsel ist dann als faktische Neuvergabe des Auftrages zu bewerten, sofern für die Auftragsausführung maßgebliche Mitglieder der GbR die Gesellschaft verlassen. Ungeklärt ist auch die Behandlung der Veräußerung einer Gesellschaft im Wege eines sog. asset deals. Werden alle Unternehmensbestandteile veräußert und entspricht dies bei funktionaler Betrachtung der Übertragung der Gesellschaft im Wege eines sog. share deals, bei dem nur die Anteile übertragen werden, so spricht wenig dafür, dies als per se ausschreibungspflichtigen Vorgang zu betrachten. Es ist dem Auftraggeber aber abzuverlangen, dass er prüft, ob die neue Gesellschaft eine Chance auf den Zuschlag gehabt hätte, wenn sie sich im ursprünglichen Vergabeverfahren beteiligt hätte. Wird dies verneint, so ist der Vorgang als ausschreibungspflichtig zu qualifizieren. 25

---

[27] EuGH Urt. v. 19.6.2008 – C-454/06, Slg. 2008 I-4401, Rn. 43ff. = IBRRS 2008, 1720 – *pressetext Nachrichtenagentur;* bestätigt und ausgedehnt auf den Austausch eines Nachunternehmers durch EuGH Urt. v. 13.4.2010 – C-91/08, Slg. 2010 I-2815, Rn. 39 = IBRRS 2010, 1287 – *Wall AG/Stadt Frankfurt.*

[28] EuGH Urt. v. 19.6.2008 – C-454/06, Slg. 2008 I-4401, Rn. 51 = IBRRS 2008, 1720 – *pressetext Nachrichtenagentur.*

[29] *Prieß/Hölzl* NZBau 2011, 513 (515); Reidt/Stickler/Glahs/*Ganske* § 99 GWB Rn. 29.

25a **d) Regelungen im Baubereich.** Im Baubereich wurden besondere Regelungen für Vertragsänderungen aufgenommen, die gegenüber den Vorgaben im GWB – soweit einschlägig – nachrangig sind. Nach § 22 VOB/A, der für den nationalen Vergabebereich relevant und damit nicht an § 132 GWB zu messen ist, erfordern Änderungen nach den Bestimmungen der VOB/B kein neues Vergabeverfahren; ausgenommen davon sind Vertragsänderungen nach § 1 Abs. 4 S. 2 VOB/B. § 22 EU VOB/A und § 22 VS VOB/A wiederholen hingegen deklaratorisch den Wortlaut des § 132 GWB.

6. Rahmenvereinbarungen

26 Entgegen dem allgemeinen vertraglichen Grundsatz, dass in dem Vertrag alle wesentlichen Bedingungen zu fixieren sind, kann der öffentliche Auftraggeber auch mit einem oder mehreren Unternehmen eine **Rahmenvereinbarung**[30] abschließen, in der die Parteien nur allgemeine Vertragsbedingungen für einen zukünftig zu erteilenden Auftrag treffen und die eine Partei dazu berechtigt, zu einem späteren Zeitpunkt die Erfüllung des Auftrags zu dem in der Rahmenvereinbarung getroffenen Preisen verlangen. Rahmenverträge sind in allen Bereich inzwischen etabliert. Im Baubereich werden regelmäßig sog. Jahresverträge über gleichartige Verträge geschlossen. Lieferaufträge werden seit jeher auch als Rahmenverträge ausgeschrieben und auch im Dienstleistungsbereich werden Rahmenverträge zunehmend verbreitet (etwa Pool-Lösungen für Planerleistungen). Trotz des einem Auftrag vorgelagerten Inhalts sind Rahmenvereinbarung selbst öffentliche Aufträge im Sinne des GWB. Ihr Abschluss muss daher unter Beachtung des Vergaberechts erfolgen. Das Verfahren ist in der VOB/A, der SektVO und der VgV ausdrücklich geregelt und wird gesondert kommentiert[31].

II. Entgelt

1. Grundsätze

27 Öffentliche Aufträge setzen nach § 99 Abs. 1 GWB einen **entgeltlichen** Vertrag voraus. Gefordert wird damit in Abgrenzung zu Gefälligkeiten und außerrechtlichen Beziehungen eine (geldwerte) Gegenleistung des öffentlichen Auftraggebers. Der Entgeltbegriff im Vergaberecht ist – ebenso wie der Auftragsbegriff allgemein – möglichst weit zu fassen. Umfasst wird jede Art von Vergütung, die einen **geldwerten Vorteil** bedeutet[32]. Eine Kostendeckung bzw. gar Gewinnerzielung auf Seiten des Unternehmens muss damit nicht verbunden sein, zumal die Kalkulation des Unternehmens allein in dessen Sphäre liegt und er bei seiner Leistung auch Ziele verfolgen kann, die eine nicht kostendeckende Leistungserbringung rechtfertigen (zB Gewinn von Marktanteilen, Imagepflege, Markteintritt). Zu fordern ist aber, dass überhaupt ein geldwerter Vorteil dem Unternehmen zufließt, was etwa bei reinem Mäzenatentum nicht gegeben ist. Ebenso wie im europäischen Beihilfenrecht ist einzig auf die ökonomische Wirkung der Leistung abzustellen[33]. Auf die Form des geldwerten Vorteils kommt es daher nicht an, so dass nicht nur positive Handlungen (zB Geldzuführung) erfasst werden, sondern auch Belastungsminderungen (zB Steuer- und

---

[30] Vgl. allgemein *Dicks* Tagungsband 7. Düsseldorfer Vergaberechtstag 2006, 93 ff.; *Franke* ZfBR 2006, 546 ff.; *Graef* NZBau 2005, 561 ff.; *Gröning* VergabeR 2005, 156 ff.; *Haak/Degen* VergabeR 2005, 164 ff.; *Knauff* VergabeR 2006, 24 ff.; *Machwirth* VergabeR 2007, 385 ff.; *Rosenkötter* VergabeR 2010, 368 ff.; *Rosenkötter/Seidler* NZBau 2007, 684 ff.

[31] Siehe → § 13 Rn. 1 ff.

[32] EuGH Urt. v. 28.5.2020 – C-796/18, NZBau 2020, 461; Urt. v. 12.7.2001 – C-399/98, Slg. 2001 I-5409, Rn. 84 = NZBau 2001, 512 – *Ordine degli Architetti;* BGH Beschl. v. 1.12.2008– X ZB 31/08, NZBau 2009, 201, 203; Beschl. v. 1.2.2005 – X ZB 27/04, NZBau 2005, 290, 293; OLG Naumburg Beschl. v. 3.11.2005 – 1 Verg 9/05, NZBau 2006, 58, 62; OLG Düsseldorf Beschl. v. 12.1.2004 – VII-Verg 71/03, NZBau 2004, 343, 344.

[33] Vgl. für das Beihilfenrecht EuGH Urt. v. 20.11.2003 – C-126/01, Rn. 34, BeckRS 2004, 74265 – *GEMO; Koenig/Kühling* NJW 2000, 1065, 1066.

Abgabenerleichterungen) und ein bloßes Unterlassen (zB durch Nichteintreiben von bestehenden Forderungen).

2. Konzessionen

Einen Sonderfall stellen die sog. **Konzessionen** dar. Zu unterscheiden sind Bau- und Dienstleistungskonzessionen. Lieferkonzessionen sind in der Praxis nicht anzutreffen, theoretisch aber denkbar und den Dienstleistungskonzessionen zuzuordnen. Charakteristisch für Konzessionen ist, dass der Konzessionsnehmer keine bzw. **keine kostendeckende geldwerte Vergütung** erhält. Im Vordergrund steht vielmehr die Möglichkeit zur **Verwertung eines Rechts,** das dem Konzessionär übertragen wird. Als ungeschriebenes Merkmal muss bei der Baukonzession ebenso wie bei der Dienstleistungskonzession dem Konzessionär das **wirtschaftliche Nutzungsrisiko** übertragen werden[34]. Das für den Konzessionär positive Recht zur eigenwirtschaftlichen Verwertung korrespondiert also mit der Möglichkeit, das Recht gewinnbringend einzusetzen oder Verluste zu generieren. 28

In die Diskussion[35] geraten sind zuletzt Gestaltungen, bei denen Baukonzessionen im Rahmen von Erbbaurecht werden sollen, die nach zutreffender Betrachtung und losgelöst von formalen Feinheiten des deutschen Sachenrechts tatsächlich als Baukonzessionen angesehen werden können. 29

Mehr aus rechtspolitischen als aus systematischen Gründen wurden bis 2016 Bau- und **Dienstleistungskonzessionen** unterschiedlich behandelt. Während erstere nach § 99 Abs. 6 GWB aF als öffentliche Aufträge im Sinne von § 99 Abs. 1 GWB aF anzusehen waren[36], unterfielen Dienstleistungskonzessionen trotz ihrer Nähe zum klassischen Anwendungsbereich des Vergaberechts und dem ihnen immanenten Charakter als Beschaffungsvorgang nicht den Richtlinien über öffentliche Aufträge[37]. Mit der Vergabenovellierung 2016 wurde dies geändert. Ausgehend von der Konzessionsvergaberichtlinie wurde ein eigenes (spürbar privilegiertes) Vergaberegime für Konzessionsvergaben geschaffen, das in Deutschland in der KonzVgV umgesetzt wurde. Für besondere Rechtsgebiete – etwa die Vergabe von Dienstleistungskonzessionen im Verkehrssektor – finden sich Verfahrensvorgaben in gesonderten Sekundärrechtsakten[38]. Ferner wurden bestehende Regelungslücke bei der Vergabe von Dienstleistungskonzessionen bereits in der Vergangenheit vom EuGH[39] in ständiger Rechtsprechung unter Rückgriff auf das gleichwohl geltende europäische Primärrecht gefüllt. Orientierungspunkte zum Verfahren hatte die *Europäische Kommission* im Wege der Mitteilung gesetzt[40]. Aus dem Primärrecht lassen sich auch fern der Vergaberichtlinie gewisse Mindestanforderungen in Hinblick auf Transparenz, Gleichbehandlung, 30

[34] EuGH Urt. v. 25.3.2010 – C-451/08, Slg. 2010 I-2673, Rn. 75 = NZBau 2010, 321 – *Helmut Müller GmbH;* OLG Düsseldorf Beschl. v. 6.2.2008 – VII-Verg 37/07, NZBau 2008, 271, 274; Beschl. v. 12.12. 2007 – VII-Verg 30/07, NZBau 2008, 138, 141; Mitteilung der Kommission zu Auslegungsfragen im Bereich Konzessionen im Gemeinschaftsrecht, ABl. C 121 v. 29.4.2000, S. 2 (Abs. 2.1.2); Ziekow/Völlink/*Ziekow* § 99 Rn. 207; zur Übertragung des wirtschaftlichen Risikos bei Dienstleistungskonzessionen vgl. OLG Düsseldorf Beschl. v. 22.9.2004 – VII-Verg 44/04, NZBau 2005, 652, 654; *Fandrey* Direktvergabe von Verkehrsleistungen, S. 160ff. mwN.; speziell im Hinblick auf Baukonzessionen *Mainka* VergabeR 2020, 133 (138).

[35] Umfassend hierzu *Mainka* VergabeR 2020, 133ff.

[36] Siehe → Rn. 66ff.

[37] So ausdrücklich Art. 17 RL 2004/18/EG und Art. 18 RL 2004/17/EG.

[38] Siehe zu den Anforderungen im Verkehrssektor → §§ 54 Rn. 1ff.

[39] Zur stRspr. EuGH Urt. v. 7.12.2000, C-324/98, Slg. 2000 I-10745, Rn. 60–62 = NZBau 2001, 148 – *Telaustria;* Urt. v. 13.10.2005 – C-458/03, Slg. 2005 I-8585 Rn. 46 = NZBau 2005, 644 – *Parking Brixen;* Urt. v. 6.4.2006 – C-410/04 Slg. 2006 I-3303, Rn. 21 – *ANAV.*

[40] Zu nennen sind die Mitteilung der Kommission zu Auslegungsfragen im Bereich Konzessionen im Gemeinschaftsrecht vom 12.4.2000, ABlEG C 121 v. 29.4.2000, S. 2ff., die Mitteilung der Kommission zu öffentlich-privaten Partnerschaften und den gemeinschaftlichen Rechtsvorschriften für das öffentliche Beschaffungswesen und Konzessionen v. 15.11.2005, KOM (2005) 569 endg., sowie die Mitteilung der Kommission zu Auslegungsfragen in Bezug auf das Gemeinschaftsrecht, das für die Vergabe öffentlicher Aufträge gilt, die nicht oder nur teilweise unter die Vergaberichtlinien fallen, v. 23.6.2006, ABlEU C 179 v. 1.8.2006, S. 2ff.

Wettbewerb und effektiven Rechtsschutz ableiten, die gesondert dargestellt und kommentiert werden[41].

3. Vorteilsgewährung von Seiten Dritter

31 Nicht ausschlaggebend ist, wer den geldwerten Vorteil gewährt, von wem das Unternehmen also die Vergütung erhält[42]. Zwar wird regelmäßig die **Vorteilsgewährung von Seiten Dritter** ein gewichtiges Indiz für oder gegen die Übernahme des Betriebsrisikos und damit für oder gegen die Klassifizierung als Auftrag in Abgrenzung zur Konzession darstellen, sie ist aber nicht allein entscheidend[43]. Denn solange das Unternehmen kein wirtschaftliches Risiko trägt, greift die Privilegierung der (Dienstleistungs-)Konzession nicht und das Vorhaben wird als entgeltlicher Auftrag anzusehen sein. So hat etwa der EuGH in der Rechtssache *Auroux/Roanne*[44] entschieden, dass auch die Einnahmen aus der Grundstücksveräußerung an Dritte bei der Frage des Entgelts zu berücksichtigen sind.

4. Verwaltungssponsoring

32 Am Merkmal des Entgelts konzentriert sich die Diskussion über die vergaberechtliche Klassifizierung von Verwaltungssponsoringverträgen[45]. Hierbei überlässt ein Unternehmen der öffentlichen Hand – etwa zur Förderung kultureller Aufgaben – Geld-, Sach- oder Dienstleistungen. Die Grundlage bildet eine vertragliche Vereinbarung. Im Gegenzug verpflichtet sich die öffentliche Hand zu einer geldwerten kommunikativen Gegenleistung, wobei sie wahlweise selbst auf die Förderung hinweist oder ihm die Möglichkeit einräumt, seine Sponsoringtätigkeit zur Imagepflege zu nutzen; mithin liegt keine einseitige Schenkung bzw. Mäzenatentum vorliegt. Angesichts der zunehmend angespannten Haushaltslage hat das Verwaltungssponsoring an Bedeutung gewonnen[46]. So weist allein der Vierte Sponsoringbericht der Bundesregierung[47] für den Zeitraum 2009 und 2010 Leistungen Privater (Sponsoring, Spenden, sonstige Schenkungen) in Höhe von ca. 93,4 Mio. EUR an die Behörden der unmittelbaren und mittelbaren Bundesverwaltung, an die Gerichte des Bundes und die Bundeswehr aus.

33 Die Einordnung dieser kommunikativen Nutzungsrechte als Entgelt ist umstritten[48], trotz eines weiten Entgeltbegriffs aber abzulehnen. Denn das Unternehmen erhält von der öffentlichen Hand lediglich ein Recht zur kommunikativ-wirtschaftlichen Nutzung ihrer vorher erbrachten Leistung; ob es dieses Recht tatsächlich zu einem wirtschaftlichen Gewinn umwandeln kann, hängt allein vom Willen und vom Geschick des Unternehmens ab. Die Parallele zur Konzession, die dem Vergaberecht nur sehr eingeschränkt unterfällt, ist offensichtlich.

---

[41] Ausführlich siehe Kapitel 12. Vgl. ferner nur die zur Dienstleistungskonzession veröffentlichten Doktorarbeiten mit weiteren Nachweisen von *Ortner* Vergabe von Dienstleistungskonzessionen; *Ruhland* Die Dienstleistungskonzession; *Walz* Die Bau- und Dienstleistungskonzession im deutschen und europäischen Vergaberecht.

[42] Reidt/Stickler/Glahs/*Ganske* § 99 GWB Rn. 33.

[43] IdS OLG Düsseldorf Vorlagebeschl. v. 23.5.2007 – VII-Verg 50/06, NZBau 2007, 525, 528f.; OLG Jena Vorlagebeschl. v. 8.5.2008 – 9 Verg 2/08, BeckRS 2008, 9319; *Jennert* NZBau 2005, 131, 132f.; *Jennert* NZBau 2005, 623, 624.

[44] EuGH Urt. v. 18.1.2007 – C-220/05, Slg. 2007 I-385, Rn. 45 = NZBau 2007, 185 – *Auroux/Commune de Roanne.*

[45] Ausführlich zum Verwaltungssponsoring statt Vieler *Burgi* Sponsoring der öffentlichen Hand, 2010; *Burgi* NZBau 2004, 594ff.; Pünder/Schellenberg/*Wegener* § 99 Rn. 59ff.; *Remmert* DÖV 2010, 583; *Müller-Wrede* FS Thode, S. 431ff.; *Kasper* DÖV 2005, 11ff.

[46] Anschauliche Beispiele bei *Burgi* NZBau 2004, 594, 595; *Remmert* DÖV 2010, 583, 584.

[47] 4. Sponsoringbericht des BMI über die Sponsoringleistungen an die Bundesverwaltung vom 7.6.2011.

[48] Befürwortend Müller-Wrede/*von Engelhard//Kaelble* GWB § 103 Rn. 81; ablehnend *Frenz* Handbuch Europarecht, Bd. III, Rn. 2018ff.; *Remmert* DÖV 2010, 583, 589; Pünder/Schellenberg/*Wegener* § 99 Rn. 60; differenzierend *Schröder* LKV 2007, 207, 210.

Die insoweit gebotene restriktive Auffassung, die eine Exklusion des Verwaltungssponsorings aus dem Anwendungsbereich des Kartellvergaberechts gebietet, führt nicht zwingend zu ungewollten Freiräumen der öffentlichen Hand. Einen groben Rahmen findet das Verfahren – bei größeren Sponsoringvolumen – im europäischen Primärrecht, welches die Auswahl eines Vertragspartners nach Maßgabe objektiver Kriterien und nach Durchführung eines transparenten Verfahrens fordert. Hierzu zählt insbesondere eine Bekanntmachungspflicht im Vorfeld. Vergleichbare Anforderungen ergeben sich – auch bei fehlender Binnenmarktrelevanz – aus dem verfassungsrechtlichen Gebot, jedem Mitbewerber eine faire Chance zu gewähren, nach Maßgabe des vorgesehenen Verfahrens berücksichtigt zu werden[49]. Einen angemessenen Vorschlag zum Umgang mit Sponsoring enthält die ausführliche Regelung in § 94 Abs. 3 Gemeindeordnung Rheinland-Pfalz, die neben Chancengleichheit konkurrierender Sponsoren auch Transparenz gegenüber Gemeinderat und Aufsichtsbehörde gebietet[50]. 34

III. Beschaffungscharakter

1. Grundsätze

§ 103 Abs. 1 GWB stellt ausdrücklich fest, dass der zwischen dem öffentlichen Auftraggeber und dem Unternehmer geschlossene Vertrag eine Beschaffung zum Inhalt hat. Der öffentliche Auftraggeber **fragt aktiv Güter am Markt** nach[51]. Dem vorgelagerte Handlungen der Markterkundung, Marktsondierungen, Machbarkeitsstudien und internen Beratungen stellen hingegen lediglich Vorbereitungshandlungen dar, die noch keine vergaberechtlichen Pflichten auslösen. 35

Im Regelfall wird die beschaffte Leistung dem öffentlichen Auftraggeber **unmittelbar zufließen.** Ausreichend ist jedoch bereits, dass ihn die Gegenleistung bei der Erfüllung der ihm obliegenden Aufgaben nennenswert unterstützt und ihm auf diesem Wege mittelbar nützt[52]. Für Letzteres reicht es nicht aus, dass der öffentlichen Hand die Gegenleistung allein dienlich ist; vielmehr sind hier unmittelbar genuine Aufgaben erfasst, insbesondere aus dem Bereich der Daseinsvorsorge. Die im Ergebnis dem Auftraggeber zukommende Befreiung von einer ihm obliegenden Pflicht wirkt damit wie eine Beschaffung, ohne dass er in eine eigentumsähnliche Position einrückt. 36

2. Veräußerung von öffentlichen Gütern und städtebauliche Verträge

In Zeiten leerer Haushaltskassen und zunehmender Haushaltsdefizite werden vermehrt Vermögensgegenstände der öffentlichen Hand auf den Markt gebracht. Insbesondere Immobilien und Grundstücke, aber auch Dienstfahrzeuge gehen in die Hände privater Investoren über. Bei der Auswahl des Erwerbers ist bei reinen Veräußerungsakten das Vergaberecht nicht zu beachten, da es dem Privatisierungsverfahren insoweit an dem nötigen Beschaffungscharakter fehlt[53]. Insoweit wird auf den für das Vergaberecht konstitutiven Grundsatz rekurriert, dass zwischen Einkauf und Verkauf zu trennen ist. Lediglich aus den Anforderungen des europäischen Beihilfenrechts sowie den Grundfreiheiten werden einige Regeln in Bezug auf Transparenz und Gleichbehandlung abgeleitet, die unter dem Begriff 37

---

[49] So zur Unterschwellenvergabe BVerfG Beschl. v. 13.6.2006 – 1 BvR 1160/03, BVerfGE 116, 135, 154.

[50] Vgl. auch die „Allgemeinen Verwaltungsvorschriften zur Förderung von Tätigkeiten des Bundes durch Leistungen Privater", BAnz Nr. 126 v. 11.7.2003, abgedruckt in NJW 2004, 1367; dazu Pünder/Schellenberg/*Wegener* § 99 Rn. 62f.; *Schröder* NJW 2004, 1353ff.

[51] Den Beschaffungsbezug betont etwa *Otting* VergabeR 2013, 343 (343) unter Bezug auf EuGH Urt. v. 25.3.2010 – C-451/08, Slg. 2010 I-2673 = NZBau 2010, 321.

[52] OLG München Beschl. v. 22.1.2012 – Verg 17/11; Beschl. v. 25.3.2011 – Verg 4/11, NZBau 2011, 380, 382.

[53] EuGH Urt. v. 25.3.2010 – C-451/08, Slg. 2010 I-2673, Rn. 41 = NZBau 2010, 321 – *Helmut Müller GmbH;* BGH Urt. v. 22.2.2008 – V ZR 56/07, NZBau 2008, 407ff.; *Dietlein* NZBau 2004, 472, 475f.

„strukturierte Bieterverfahren" geführt und an anderer Stelle gesondert kommentiert werden[54].

38 Dieser Trennung zwischen Beschaffung und Verkauf sahen diverse Stimmen in Rechtsprechung und Literatur bei **städtebaulichen Verträgen** durchbrochen[55]. Sofern der öffentliche Auftraggeber bei einer Grundstücksveräußerung einen Beschaffungszweck verfolgt, unterliegt der Vorgang dem Vergaberecht. Nicht ausreichend für dessen Bejahung ist nach der zwischenzeitlich ergangenen Entscheidung des EuGH[56] das allgemeine Interesse der öffentlichen Hand, die städtebauliche Entwicklung zu ordnen bzw. die Kohärenz eines kommunalen Ortsteils zu sichern. Anders ist es zu beurteilen, wenn der Auftraggeber ein wirtschaftliches Interesse an dem Bauwerk hat. Dieses Interesse kann sich in der tatsächlichen Nutzung des Bauwerks, aber auch in einer finanziellen Beteiligung an dem Projekt oder einer anderweitigen Übernahme von wirtschaftlichen Risiken festigen.

39 Demgegenüber liegt bei sog. **echten Erschließungsverträgen** keine entgeltliche Bauleistung zu Gunsten der Kommune vor. Denn der Erschließungsträger realisiert die öffentliche Erschließung gemäß § 127 Abs. 2 BauGB auf eigene Kosten, so dass auf Seiten der Stadt bereits kein Erschließungsaufwand anfällt. Der „Verzicht" auf Erschließungsbeiträgen ist damit gesetzliche Folge der eigenen Erschließung und damit kein Entgelt im Sinne des Vergaberechts[57].

3. Veräußerung und Ankauf von Gesellschaftsanteilen

40 Die **Veräußerung von Gesellschaftsanteilen** im Zuge einer Privatisierung weist für den Auftraggeber in der Regel **keinerlei Beschaffungsbezug** auf[58]. Die öffentliche Hand beschafft nicht, sie verkauft. Mag aus beihilferechtlichen Erwägungen bzw. wegen der Verpflichtung zur Gleichbehandlung und Transparenz, jeweils abgeleitet aus den europäischen Grundfreiheiten, die Durchführungen eines strukturierten Bieterverfahrens geboten sein[59], so bleibt die Veräußerung von Unternehmensanteilen vergaberechtlich doch unerheblich. Soweit vereinzelt vorgeschlagen wurde, sämtliche, also auch rein fiskalisch motivierte Unternehmens- bzw. Anteilsveräußerungen als klassische Beschaffungsgeschäfte zu betrachten, da jede Anteilsveräußerung zugleich den Einkauf fremder Finanzkraft und von fremdem „Know-how" enthalte, überzeugt dies nicht. Vielmehr würde hierdurch die in der Natur des Vergaberechts liegende Trennung von Einkauf und Verkauf ohne Begründung gründlich auf den Kopf gestellt[60].

41 Anders zu bewerten sind Fälle der sog. indirekten Beauftragung bzw. des **eingekapselten Beschaffungsverhältnisses.** Werden Anteile eines Unternehmens veräußert, das zuvor mit einem öffentlichen Auftrag im Wege der Inhouse-Vergabe betraut worden ist, und wird der neu eintretende Gesellschafter durch den Anteilserwerb „indirekt" also an einem Vertrag beteiligt, der dem betreffenden Unternehmen zu einem früheren Zeitpunkt erteilt wurde, so stellt sich stets die Frage nach der Ausschreibungspflicht. Es ginge zu weit, sol-

[54] Siehe unten §§ 85 ff.

[55] Vgl. zur sog. Ahlhorn-Rechtsprechung OLG Düsseldorf Beschl. v. 13.6.2007 – VII-Verg 2/07, NZBau 2007, 530 ff.; Beschl. v. 12.12.2007 – VII-Verg 30/07, NZBau 2008, 138 ff.; Beschl. v. 6.2.2008 – VII-Verg 37/07, NZBau 2008, 271 ff.; OLG Karlsruhe Beschl. v. 13.6.2008 – 15 Verg 3/08, NZBau 2008, 537 ff.; OLG Bremen Beschl. v. 13.3.2008 – Verg 5/07, BeckRS 2008, 7944; zusammenfassend der Vorlagebeschluss des OLG Düsseldorf v. 2.10.2008 – VII-Verg 25/08, NZBau 2008, 727 ff.; siehe ferner OLG Schleswig Beschl. v. 15.3.2013 – 1 Verg 4/12, NZBau 2013, 453.

[56] EuGH Urt. v. 25.3.2010 – C-451/08, Slg. 2010 I-2673, Rn. 55 ff. = NZBau 2010, 321 – *Helmut Müller GmbH.*

[57] Vgl. idS *Otting* VergabeR 2013, 343 (346); *Würfel/Butt* NVwZ 2003, 153 (157); *Reidt* BauR 2008, 1541 (1547); aA VK Baden-Württemberg – Beschl. v. 20.6.2002 – 1 VK 27/02; ausdrücklich offen gelassen von OLG Düsseldorf Beschl. v. 4.3.2009 – VII-Verg 67/08, ZfBR 2009, 488.

[58] EuGH Urt. v. 6.5.2010 – C-145/08 und C-149/09, Slg. 2010 I-4165, Rn. 59 = IBRRS 2010, 1740 – *Club Hotel;* grundlegend *Braun* VergabeR 2006, 657 ff.; *Dietlein* NZBau 2004, 472, 475 f.; *Kruitsch* NZBau 2003, 650, 650; Reidt/Stickler/Glahs/*Ganske* § 99 GWB Rn. 154 ff.

[59] Siehe → § 85 Rn. 1 ff.

[60] Ausführliche Kritik an diesem Ansatz bereits bei *Dietlein* NZBau 2004, 472, 475 f.

che Fälle stets dem Vergaberecht zu unterstellen. Gleichwohl kann aber die funktionelle Gesamtbetrachtung beider Vorgänge eine Ausschreibungspflicht begründen. Eine solche liegt sowohl bei einem engen sachlich-zeitliche Zusammenhang zwischen Beauftragung und Anteilsveräußerung[61] vor als auch in Fällen, in denen die Veräußerung bei wirtschaftlicher Gesamtbetrachtung einer Auftragsneuerteilung gleichkommt, etwa wenn das beauftragte Unternehmen den Auftrag mangels hinreichender Finanzmittel nicht mehr ordnungsgemäß erfüllen kann und eine Auftragsneuvergabe nur die Aufnahme eines neuen finanzstarken Gesellschafters verhindert werden kann[62].

Der umgekehrte Fall, also der **Kauf von Unternehmensanteilen,** weist regelmäßig 42 keinen Beschaffungsbezug auf[63], mag hiermit auch der Erwerb gesellschaftsrechtlicher Ausübungsrechte verknüpft sein. Gleiches gilt für den Eintritt in einen Verein, sofern mit dem Vereinsbeitritt noch keine eigenständigen Abrufpflichten verbunden sind[64]. Die Einordnung wird im Einzelfall von der Motivation des öffentlichen Auftraggebers abhängen. Erwirbt er die Unternehmensanteile, um den Bestand des Unternehmens samt Arbeitsplätzen zu sichern, so liegt hierin allein noch keine Beschaffung von Leistungen. Die Bewertung der Transaktion erfolgt dann ausschließlich nach Beihilfenrecht. Anders wird dies zu beurteilen sein, wenn der öffentliche Auftraggeber das Unternehmen erwirbt, um die von diesem angebotene Produkte zu nutzen. Dann kann im Einzelfall in dem gesellschaftsrechtlichen Vorgehen eine Umgehung des Vergaberechts liegen[65].

4. Zulassungsverfahren („Open-house")

Einen Sonderfall stellt das sog. Open-house-Modell dar, welches im Jahr 2016 vom Euro- 42a päischen Gerichtshof jedenfalls dem Grunde nach akzeptiert wurde[66]. Hierbei handelt es sich um ein Zulassungssystem, das sich dadurch auszeichnet, dass gerade kein Auftragnehmer ausgewählt wurde. Aufgrund der starken Verbreitung im Bereich des Gesundheitswesens wird es im dortigen Kontext kommentiert[67].

IV. Wirtschaftsteilnehmer als Vertragspartner

1. Grundsätze

Den Vertrag schließt der öffentliche Auftraggeber nach § 103 Abs. 1 GWB mit einem 43 „Unternehmen". Die Vergaberichtlinie spricht insoweit von einem **„Wirtschaftsteilnehmer"** (Art. 1 Abs. 2 RL 2014/24/EU) und bringt damit zum Ausdruck, dass als Vertragspartner nicht nur Unternehmen im Sinne des § 14 BGB zu verstehen sind; vielmehr gilt es, einen weiten, funktionalen Maßstab (sog. **funktionaler Unternehmensbegriff**) anzulegen. Aus der Systematik der Vergaberichtlinie und der in Art. 2 Nr. 10 enthaltenen Definition folgt, dass alle natürlichen und juristischen Personen des privaten und öffentlichen Rechts sowie öffentliche Einrichtungen, die selbständig am Rechtsverkehr teilnehmen und auf dem Markt Leistungen anbieten, Partner eines Vertrages im Sinne des § 103 Abs. 1

[61] EuGH Urt. v. 10.11.2005 – C-29/04, Slg. 2005, I-9705 = IBRRS 2005, 704 – *Mödling; Krutisch* NZBau 2003, 650, 650 f.; Ziekow/Völlink/*Ziekow* § 99 GWB Rn. 50 ff.

[62] OLG Brandenburg Beschl. v. 3.8.2001 – Verg 3/01, VergabeR 2002, 45, 47; ausführlich zu verschiedenen Konstellationen OLG Naumburg Beschl. v. 29.4.2010 – 1 Verg 3/10, VergabeR 2010, 979, 990; *Dietlein* NZBau 2004, 472, 477 f.

[63] Byok/Jaeger/*Hailbronner* § 99 GWB Rn. 136; Müller-Wrede/*von Engelhard*//*Kaelble* GWB § 103 Rn. 64 f.; aA und für eine Qualifizierung als öffentlicher Auftrag *Kerssenbrock* WuW 2001, 122 ff.

[64] Vgl. OLG Rostock Beschl. v. 5.2.2020 – 17 Verg 4/19: Beitritt des Landes in einen Jugendherbergsverein. Bei derartigen Konstellationen bedarf es aber stets einer genauen Prüfung der Verträge, ob nicht doch relevante Pflichten (wie bei einem Rahmenvertrag) verbunden sind.

[65] Vgl. OLG Brandenburg Beschl. v. 3.8.2001, NZBau 2001, 645 ff.; Byok/Jaeger/*Hailbronner* § 99 GWB Rn. 136.

[66] Vgl. EuGH Urt. v. 2.6.2016 – C-410/14 = NZBau 2016, 441.

[67] Siehe Kapitel 14.

GWB sein können. Desgleichen erfasst sind Gruppen solcher Personen und/oder Einrichtungen. Der EuGH hat ausgeführt, dass Wirtschaftsteilnehmer weder primär aus Gewinnerzielungsabsicht handeln noch über die Organisationsstruktur eines Unternehmens verfügen noch ständig auf dem Markt tätig sein müssen[68]. In der Folge können auch Universitäten und Forschungsinstitute sowie Gruppen von Behörden auf Auftragnehmerseite Verträge im Sinne des § 103 Abs. 1 GWB mit einem öffentlichen Auftraggeber schließen.

2. Beihilfeempfänger als Vertragspartner

44 Zu Problemen führt die Beteiligung von **Empfängern von Beihilfen** im Sinne von Art. 107 AEUV (ex Art. 87 EG). Es liegt in der Natur (und auch im Tatbestand) der Beihilfe, dass ein Unternehmen gegenüber anderen Unternehmen begünstigt wird. Im steten Konflikt mit Beihilfen stehen der vergaberechtliche Wettbewerbs- und der Gleichbehandlungsgrundsatz, denn – selbst genehmigte – Beihilfen verfälschen den freien Wettbewerb. Der einfachste Ausweg aus diesem nur scheinbar unlösbaren Konflikt liegt im generellen Ausschluss subventionierter Unternehmen. Dieser Weg, der weder im Beihilfen- noch im Vergaberecht vorgesehen ist, muss sich aber ebenfalls am Gleichbehandlungsgebot messen lassen[69]. Einem Bieter darf kein Nachteil aus seinem rechtstreuen Verhalten erwachsen. Der Empfänger **rechtmäßiger Beihilfen** handelt rechtstreu. Dies gilt erst Recht im Angesicht der Einheit der Rechtsordnung. Es wäre zutiefst widersprüchlich, einem Unternehmen einerseits im Einklang mit dem Beihilfenrecht eine Beihilfe zu gewähren und andererseits im Vergabeverfahren dies zum Nachteil des Unternehmens auszulegen[70]. Auch wenn die Konkurrenten unterboten werden können, bleibt die Beihilfe legitim und ist hinzunehmen[71].

45 Keinen solchen Widerspruch würde der Ausschluss bei **rechtswidrigen Beihilfen** darstellen. Als Sanktion rechtswidriger Beihilfen ist aber die Rückforderung vorgesehen. Ein zusätzlicher Ausschluss im Vergabeverfahren ist als ungerechtfertigte Doppelbelastung abzulehnen[72] und daher nur unter weiteren Voraussetzungen denkbar. So kann die drohende Rückforderung etwa die finanzielle Leistungsfähigkeit eines Bieters in Frage stellen[73]. Auch ist ein ungewöhnlich niedriges Angebot auszuschließen, welches seine alleinige Ursache in einer nicht nachweislich rechtmäßigen Beihilfe hat (Art. 69 Abs. 4 RL 2014/24/EU). In anderen, nicht speziell geregelten Fällen bleibt es bei dem Grundsatz, dass auch bei rechtswidrigen Beihilfen das Vergaberecht nicht das richtige Instrument zur Sanktionierung ist.

3. InhouseBetreiber als Vertragspartner

46 Bislang galt hinsichtlich solcher Vertragspartner, die auch anderweitig im Rahmen einer **Inhouse-Vergabe** beauftragt sind, keine Einschränkung[74]. Diese Auslegung fand seine Stütze in der Vorgabe des EuGH zur Inhouse-Vergabe[75]: Neben einer Kontrolle vergleich-

---

[68] EuGH Urt. v. 23.12.2009 – C-305/08, Slg. 2009 I-12129, passim, insbes. Rn. 45 = NZBau 2010, 188 – *CoNISMa.* Ebenso zur Gewinnerzielungsabsicht BGH Urt. v. 3.7.2008 – I ZR 145/05, NZBau 2008, 664, 665f.

[69] *Pünder* NZBau 2003, 530, 536 Fn. 99; *Fischer* VergabeR 2004, 1, 11.

[70] Statt positiver Wirkung entfalteten Subventionen für ihre Empfänger Wettbewerbsnachteile. Vgl. *GA Léger* Schlussantrag v. 15.6.2000, Slg. 2000 I-11037, Rn. 103 – *ARGE; Pünder* NZBau 2003, 530, 536; *Knauff* VR 2001, 321, 321; *Koenig/Hentschel* NZBau 2006, 289, 290; *Hertwig* NZBau 2008, 355, 358.

[71] EuGH Urt. v. 7.12.2000 – C-94/99, Slg. 2000 I-11037, Rn. 36 = NZBau 2001, 99 – *ARGE; Pünder* NZBau 2003, 530, 536; *Schmidt-Wottrich/Harms* VergabeR 2004, 691, 700.

[72] Kapellmann/Vygen/*Kühnen* (Hg.), Jahrbuch BauR 2003, 235, 249; *Pünder* NZBau 2003, 530, 538.

[73] EuGH Urt. v. 7.12.2000 – C-94/99, Slg. 2000 I-11037, Rn. 30 = NZBau 2001, 99 – *ARGE; Antweiler* VergabeR 2001, 259, 269; *Koenig/Hentschel* NZBau 2006, 289, 292; *Schmidt-Wottrich/Harms* VergabeR 2004, 691, 700.

[74] OLG München Beschl. v. 21.5.2008 – Verg 5/08, NZBau 2008, 668, 671.

[75] Siehe → § 6 Rn. 1ff.

bar zur Kontrolle über eine eigene Dienststelle verlangt der EuGH stets, dass die Tätigkeit des Inhouse-Auftragnehmers nur *im Wesentlichen* für die ihn beherrschenden Körperschaften erfolgt. Im Umkehrschluss wurde hieraus geschlossen, dass Raum für drittbezogene Tätigkeiten bestehe und Inhouse-Unternehmen also durchaus am Markt tätig werden dürften. Das OLG Düsseldorf hat in diesem Zusammenhang entschieden, dass es eine wesentliche Vertragsänderung darstelle, wenn der Inhouse-Auftragnehmer diese Fähigkeit **nachträglich verliere,** insbesondere wenn er nicht mehr im Wesentlichen für den öffentlichen Auftraggeber tätig werde[76]. Derartige Änderungen seien während der Vertragslaufzeit vergaberechtlich als Neuvergabe anzusehen. Diese weitere Entwicklung zur Inhouse-Dogmatik wird zwar nicht dazu führen, dass Inhouse-Auftragnehmer per se von Vergabeverfahren ausgeschlossen werden können bzw. müssen. Inhouse-Auftragnehmer werden aber im Auge behalten müssen, dass die Tätigkeit im Markt dazu führen kann, dass sie ihren Auftrag am Heimatstandort ex nunc verlieren.

Eine weitere Besonderheit für **Inhouse-Betreiber** gilt bei **Vergaben im Verkehrssektor.** Die Verordnung (EG) Nr. 1370/2007 schreibt in Art. 5 Abs. 2 lit. c) für Direktvergaben, die der Verordnung unterfallen, vor, dass ein interner Betreiber frühestens zwei Jahre vor Ablauf des direkt an ihn vergebenen Auftrags an fairen wettbewerblichen Vergabeverfahren teilnehmen darf und dies nur für den Fall, dass endgültig beschlossen wurde, sein internes Engagement umfassend zu beenden[77]. Diese **Auftragssperre für Inhouse-Betreiber** ist außerhalb des Verkehrssektors gegenwärtig noch ohne Relevanz; gleichwohl ist die Regelung in Art. 5 Abs. 2 lit. c) Verordnung (EG) Nr. 1370/2007 die erste Kodifizierung der Inhouse-Grundsätze und verdeutlicht den Standpunkt der europäischen Normgeber. Sollte sich die Regelung im Verkehrssektor bewähren, erscheint es durchaus denkbar, dass der europäische Normgeber diese bei einer künftige Novellierung in das klassische Vergaberecht übernimmt oder der EuGH sogar seine Rechtsprechung zur Inhouse-Vergabe entsprechend weiterentwickelt. Absehbar ist dies aber nicht. 47

4. Interkommunale Kooperationen

Wie eingangs festgehalten muss ein „Wirtschaftsteilnehmers" im Sinne der Vergaberichtlinie weder primär aus Gewinnerzielungsabsicht handeln noch über die Organisationsstruktur eines Unternehmens verfügen noch ständig auf dem Märkt tätig sein. Diesem Gedanken folgend sind Vereinbarungen zwischen verschiedenen Einheiten der öffentlichen Hand nicht per se aus dem Vergaberechtregime ausgenommen. 48

Während der Gesetzgeber sich entgegen erster Versuche im Zuge des Modernisierungsgesetzes vom 20.4.2009[78] nicht über entsprechende Bedenken hinwegzusetzen vermochte, die interkommunale Zusammenarbeit vom Geltungsbereich des Vergaberechts explizit freizustellen, urteilte der EuGH im Juni desselben Jahres, dass die Kooperation öffentlicher Stellen zwecks Wahrnehmung ihrer Aufgaben auch auf vertraglicher Grundlage vergaberechtsfrei sein kann, sofern insbesondere deren Umsetzung ausschließlich durch Überlegungen und Erfordernisse bestimmt wird, die mit der Verfolgung von im öffentlichen Interesse liegenden Zielen zusammenhängen[79]. Ausgeschlossen ist eine Beteiligung Privater. Da dies keineswegs als generelle Freistellung jedweder interkommunaler Zusammenarbeit missverstanden werden kann und der Gesetzgeber die interkommunale Kooperation zwischenzeitlich in § 108 GWB, wird die vergaberechtliche Bewertung von staatlichen Kooperationen gesondert kommentiert[80]. 49

[76] OLG Düsseldorf Beschl. v. 28.7.2011, Verg 20/11.
[77] Umfassend hierzu *Fandrey* Direktvergabe von Verkehrsleistungen, S. 228 ff. mwN.
[78] BR-Drucks. 35/09 (Beschl.) v. 13.2.2009, S. 2.
[79] EuGH Urt. v. 9.6.2009 – C-480/06, Slg. 2009 I-4747, Rn. 44 ff. – *Stadtreinigung Hamburg;* vgl. aus der jüngeren Rechtsprechung EuGH Urt. v. 13.6.2013 – C-386/11, Slg. 2013 I-0000, *Kreis Düren* NZBau 2013, 522.
[80] Siehe → § 6 Rn. 1 ff.

5. Bevorzugte Bieter (§ 118 GWB)

49a Im Sozialrecht, genauer in § 141 und § 143 SGB IX, ist vorgesehen, dass Aufträge der öffentlichen Hand, die von anerkannten Werkstätten für behinderte Menschen bzw. Blindenwerkstätten ausgeführt werden können, bevorzugt diesen Werkstätten angeboten werden. Ihnen wird damit ein Vorteil eingeräumt, um die Werkstätten für behinderte Menschen und Blindenwerkstätten in die Lage zu versetzen, öffentliche Aufträge zu erhalten und damit ihren Beschäftigten adäquate Tätigkeiten zu bieten. Neben dem Ansatz, diesen Bietern einen Wertungsvorteil zu gewähren, erlaubt § 118 auch die Beschränkung des Teilnehmerkreises. Nach § 118 GWB können öffentliche Auftraggeber das Recht zur Teilnahme an Vergabeverfahren Werkstätten für Menschen mit Behinderungen und Unternehmen vorbehalten, deren Hauptzweck die soziale und berufliche Integration von Menschen mit Behinderungen oder von benachteiligten Personen ist, oder bestimmen, dass öffentliche Aufträge im Rahmen von Programmen mit geschützten Beschäftigungsverhältnissen durchzuführen sind. Voraussetzung ist dabei, dass mindestens 30 Prozent der in diesen Werkstätten oder Unternehmen Beschäftigten Menschen mit Behinderungen oder benachteiligte Personen sind.

C. Auftragsarten

50 Im Anschluss an die allgemeine Definition des öffentlichen Auftrags in § 103 Abs. 1 GWB, die den Geltungsbereich des GWB-Vergaberechts maßgeblich formt, umschreiben die nachfolgenden Absätze verschiedene Auftragsarten. Die weitere Abgrenzung zwischen den Auftragsarten ist nicht belanglos, sondern spielt regelmäßig für die Bestimmung des einschlägigen Schwellenwertes nach § 106 GWB sowie der einschlägigen weiterführenden Verfahrensvorschriften nach VOB/A, VgV bzw. SektVO und VSVgV eine tragende Rolle[81]. Deshalb bestimmt sich die Zuordnung zu den einzelnen Arten nach objektiver Betrachtung der ausgeschriebenen Leistung und nicht dem Willen der Beteiligten. Maßstab ist allein § 103 GWB ausgelegt im Lichte der Vergaberichtlinien; keine Bedeutung hinsichtlich des Anwendungsbereichs des GWB-Vergaberechts kommt teilweise divergierenden Auftragsdefinitionen in den Vergabe- und Vertragsordnungen zu. Soweit ein Auftrag Leistungen unterschiedlicher Auftragsarten beinhaltet, wird dieser Auftrag nicht aufgespalten und nach den jeweiligen Vergabevorschriften vergeben. Vielmehr wird der Auftrag als Einheit betrachtet.

I. Lieferaufträge (§ 103 Abs. 2 GWB)

51 Nach § 103 Abs. 2 S. 1 GWB sind Lieferaufträge Verträge zur Beschaffung von Waren. Als nicht abschließend zu verstehende Beispiele nennt das Gesetz Kauf, Ratenkauf, Leasing, Miet- oder Pachtverhältnisse mit oder ohne Kaufoption. Wie sich bereits aus dem Hinweis auf Miet- und Pachtverhältnisse ergibt, genügt eine zeitlich befristete **Erlangung der tatsächlichen Verfügungsgewalt** über die jeweilige Ware. Eines endgültigen Übergangs bedarf es mithin nicht.

52 Der Begriff „Ware" ist nicht zivilrechtlich oder handelsrechtlich zu verstehen; es handelt sich vielmehr um einen unionsrechtlichen Begriff (sog. **vergaberechtlicher Warenbegriff**), der weit auszulegen ist[82]. So kommt es etwa nicht auf ihren Aggregatzustand an, so dass nicht körperlich feste Produkte wie Gas, Strom, Energie, Benzin und Wärme der Ausschreibungspflicht ebenso unterliegen wie unbewegliche Sachen[83]. Dies gilt auch für die Beschaffung von Software[84].

---

[81] Vgl. instruktiv OLG Düsseldorf Beschl v. 16. 10. 2019 – VII-Verg 66/18, NZBau 2020, 184.
[82] Willenbruch/Wieddekind/*Willenbruch* § 99 Rn. 52.
[83] Vgl. die ausführliche Auflistung bei RKPP/*Röwekamp* GWB § 103 Rn. 215.

Die Verträge können auch **Nebenleistungen** – wie etwa Leistungen zur Installation und Inbetriebnahme – umfassen (§ 103 Abs. 2 S. 2 GWB). Wie sich bereits aus dem Wortlaut ergibt, gilt diese Zuordnung nur, solange diese Nebenleistungen untergeordneten Charakter aufweisen. Andernfalls liegt ein Dienstleistungs- oder Bauauftrag vor. Nach Auffassung des EuGH umfasst der Warenbegriff auch Waren, die nach den individuellen Wünschen des Auftraggebers bzw. Dritter herzustellen sind[85]. Die dabei anfallenden Beratungsgespräche sowie die Herstellung und Anpassung der Ware ist für die Berechnung des Wertes dem Auftragsteil der „Lieferung" zuzuordnen. 53

II. Bauaufträge (§ 103 Abs. 3 GWB)

§ 103 Abs. 3 GWB gibt vor, welche öffentlichen Aufträge als Bauaufträge anzusehen sind. 54
Dabei rekurriert die Vorschrift weitestgehend auf die Vorgabe aus Art. 2 Abs. 1 Nr. 6 der Vergaberichtlinie 2014/24/EU und gibt drei Varianten vor: Bauaufträge sind hiernach Verträge über die Ausführung mit oder ohne die gleichzeitige Planung

- eines Bauvorhabens (Var. 1),
- eines Bauwerks, das Ergebnis von Tief- oder Hochbauarbeiten ist und eine wirtschaftliche oder technische Funktion erfüllen soll (Var. 2), oder
- einer dem Auftraggeber unmittelbar wirtschaftlich zugutekommenden Bauleistung durch Dritte gemäß den vom Auftraggeber genannten Erfordernissen (Var. 3).

1. Ausführung mit oder ohne Planung

Bauaufträge umfassen stets mindestens Ausführungsleistungen. Der Begriff der Ausführung 55
ist dabei weit zu fassen und beinhaltet sämtliche Tätigkeiten, die für ein Bauwerk oder an einem solchen erbracht werden, also etwa **der Neubau, die Renovierung, die Modernisierung, die Instandsetzung oder der Abbruch baulicher Anlagen einschließlich Vorbereitungsarbeiten.** Maßgebend ist nicht die Einordnung der Verträge nach nationalem Recht, sondern es gilt das Primat des Unionsrechts. Auf die VOB/A und die insbesondere zu § 1 entwickelte Rechtsprechung kann daher nur zurückgegriffen werden, soweit diese nicht im Widerspruch zum Unionsrecht stehen[86]. Ohne Bedeutung ist damit, ob der Vertrag zivilrechtlich als Werkvertrag einzuordnen ist. Denn die gebotene funktionale Auslegung führt dazu, dass auch Kauf-, Dienst- und Werklieferverträge als Ausführung eines Bauvorhabens angesehen werden können[87].

Es bleibt dem Auftraggeber überlassen, ob er für die Bauleistung **notwendige Planungsleistungen** einheitlich mit der Bauleistungsausführung nach VOB/A ausschreibt. 56
Sofern die Planungsleistungen isoliert vergeben werden, liegt diese betreffend kein Bauauftrag vor, sondern ein öffentlicher Dienstleistungsauftrag im Sinne von § 103 Abs. 4 GWB vor. Es ist der Entscheidung des Auftraggebers überlassen, ob er etwa aus wirtschaftlichen Gründen eine getrennte Ausschreibung vorzieht, mag sich im Einzelfall hierdurch auch die damit stets verknüpfte Umgehungsgefahr realisieren, dass durch die Aufspaltung der Schwellenwert für die Planungsleistungen nicht erreicht wird. Das Recht zur einheitlichen Vergabe als Bauauftrag korrespondiert insoweit nicht mit einer Pflicht hierzu[88].

---

[84] EuGH Urt. v. 15.10.2009 – C-275/08, Slg. 2009 I-168 – *Datenzentrale Baden-Württemberg;* zur Beschaffung von Open-Source-Software *Demmel/Herten-Koch* NZBau 2004, 187ff.; *Heckmann* CR 2004, 401; *Müller/Gerlach CR 2005, 87.*

[85] EuGH Urt. v. 11.6.2009 – C-300/07, Slg. 2009 I-4779, Rn. 64ff. – *Oymanns/AOK; Gnittke/Rude* in Praxiskommentar Kartellvergaberecht, § 99 Rn. 81.

[86] OLG München Beschl. v. 28.9.2005 – Verg 19/05, BeckRS 2005, 11622 mwN.

[87] So für den Werkliefervertrag OLG Düsseldorf Beschl. v. 5.7.2000 – Verg 5/99, NZBau 2001, 106, 107f.

[88] Vgl. bereits Erwägungsgrund 9 der RL 2004/18/EG.

2. Bauleistungen durch den Auftragnehmer (Var. 1 und Var. 2)

57 Taugliche Objekte von Bauaufträgen sind Bauvorhaben und Bauwerke. Der Begriff der Bauleistungen kann damit als Oberbegriff für „Bauvorhaben" und „Bauwerk" verstanden werden[89]. Der Begriff des **Bauvorhabens** wird weder im GWB noch in der Vergaberichtlinie definiert. Art. 2 Abs. 1 Nr. 6 RL 2014/24/EU setzt die Bauvorhaben aber in Zusammenhang mit den in **Anhang II** genannten Tätigkeiten. Dort sind zahlreiche Tätigkeiten aufgezählt, ua der Abbruch von Gebäuden und Erdbewegungsarbeiten, Test- und Suchbohrungen, den Hoch-, Tief-, Brücken- und Tunnelbau, die Dachdeckerei, Abdichtung und Zimmerei, den Straßen- und Eisenbahnoberbau, den Wasserbau, uvm.

58 Die zweite Variante des § 103 Abs. 3 GWB hat die Ausführung mit oder ohne Planung eines **Bauwerks** zum Gegenstand. Ein Bauwerk wird in der RL 2014/24/EU als „das Ergebnis einer Gesamtheit von Tief- oder Hochbauarbeiten, das seinem Wesen nach eine wirtschaftliche oder technische Funktion erfüllen soll", definiert. Der Fokus liegt in Abgrenzung zur ersten Variante auf der Vollendung des Bauvorhabens. Es wird ein Erfolg verlangt, während das Bauvorhaben auch lediglich Tätigkeiten umfassen kann, die nicht auf eine fertige Sache gerichtet sind.

3. Bauleistungen durch Dritte (Var. 3)

59 Die dritte Fallgruppe umfasst Verträge über eine dem Auftraggeber unmittelbar wirtschaftlich zugutekommenden Bauleistung durch Dritte gemäß den vom Auftraggeber genannten Erfordernissen. Mit diesem **Auffangtatbestand** soll sichergestellt werden, dass auch solche Konstellationen erfasst sind, in denen die Bauleistungen von einem Dritten im Auftrag und auf Rechnung des Auftragnehmers erbracht werden soll, das Ergebnis aber dem öffentlichen Auftraggeber zu Gute kommt. Gemeint sind hier etwa Fälle von **Miet-, Leasing-, Bauträgerverträgen** und damit vor allem auch klassische **ÖPP-Modelle.** Durch die Eingrenzung, dass der Auftraggeber individuelle Erfordernisse für die Bauleistung benennen und diese ihm unmittelbar wirtschaftlich zugutekommen muss, kann § 103 Abs. 3 Var. 3 GWB von reinen Veräußerungsgeschäften abgegrenzt werden. Ferner ist eine Abgrenzung notwendig zur ausschreibungsfreien Anmietung von (sei es noch zu erstellenden) Gebäuden[90].

60 Der Auftraggeber muss **Erfordernisse benennen,** nach denen der Dritte die Bauleistung erbringen soll. Er kann wahlweise selbst initiativ die individuellen Leitanforderungen für die konkrete Bauleistung definieren oder eine etwa von einem Projektentwickler erstellte Planung billigen und sich zu Eigen machen. Nicht ausreichend sind dabei die Ausübung der städtebaulichen Regelungszuständigkeit, das Drängen auf Einhaltung öffentlichrechtlicher Bauvorschriften sowie bloße Hinweise auf die Rechtslage.

61 Der europäischen Vergaberichtlinie fremd ist der im Zuge der Vergaberechtsmodernisierung 2009 als Reaktion auf die sog. Ahlhorn-Rechtsprechung des OLG Düsseldorf[91] eingefügte Zusatz in § 99 Abs. 3 GWB, nach dem die Bauleistung dem Auftraggeber **unmittelbar wirtschaftlich zugutekommen** muss. Nach der Konzeption des Gesetzgebers wird damit auf die Verfolgung eines Beschaffungszwecks verwiesen. Der EuGH[92] hat diese Einschränkung auf entsprechende Vorlage akzeptiert und weiter ausgeführt, dass eine physische Nutzung der baulichen Anlage durch den Auftraggeber nicht erforderlich sei. Ein wirtschaftliches Interesse könne sich etwa auch in einer finanziellen Beteiligung an dem Projekt – etwa durch eine Veräußerung des Grundstücks deutlich unter dem Verkehrswert – oder einer anderweitigen Übernahme von wirtschaftlichen Risiken manifestieren.

---

[89] Die englische Fassung der Richtlinie spricht insoweit einheitlich von „work".
[90] Vgl. instruktiv VK Bund Beschl. v. 17.12.2019 – VK 2-88/19, BeckRS 2019, 35390.
[91] Dazu bereits → Rn. 38.
[92] EuGH Urt. v. 25.3.2010 – C-451/08, Slg. 2010 I-2673, Rn. 55ff. – *Helmut Müller GmbH.*

III. Dienstleistungsaufträge (§ 103 Abs. 4 GWB)

Die Klassifizierung als Dienstleistungsauftrag erfolgt ausweislich § 103 Abs. 4 GWB negativ: Als Dienstleistungsaufträge gelten die Verträge über die Erbringung von Leistungen, die weder Liefer- noch Bauaufträge sind. § 103 Abs. 4 GWB fungiert damit als **Auffangtatbestand.** Durch die negative Definition und Fiktion („gelten“) ist nach der deutschen Systematik sichergestellt, dass keine Lücke entsteht: Alle Aufträge werden damit im Binnenmarkt vergeben, soweit nicht explizit anderweitige Regelungen getroffen sind[93]. 62

Im Detail wird weiter unterschieden zwischen der Vergabe normaler Dienstleistungen, der Vergabe von sozialen und anderen besonderen Dienstleistungen (3. Abschnitt der VgV), der Durchführung von Planungswettbewerben (5. Abschnitt der VgV) sowie der Vergabe von Architekten- und Ingenieurleistungen (6. Abschnitt der VgV). Die bisherige Aufteilung zwischen gewerblichen (VOL/A) und freiberuflichen Dienstleistungen (VOF aF) sowie sog. vorrangigen und nachrangigen Dienstleistungen (Anhang I A bzw. Anhang I B) wurde damit aufgehoben. Die Privilegierung der bisher als nachrangig bezeichneten Dienstleistungen – etwa im Bereich Rechtsberatung, Arbeitsvermittlung und Eisenbahnen – findet sich in Teilen noch bei den sozialen und anderen besonderen Dienstleistungen. Die im deutschen Recht vorgesehenen Differenzierung zwischen Dienstleistungs- (§§ 611 ff. BGB) und Werkvertrag (§§ 631 ff. BGB) ist ohne Relevanz für das durch europäisches Recht determinierte Vergaberecht. 63

IV. Auslobungsverfahren (§ 103 Abs. 6 GWB)

Besondere Erwähnung finden in § 103 Abs. 6 GWB solche Wettbewerbe, die zu Dienstleistungsaufträgen führen sollen. Die Vergaberichtlinie sieht deren Anwendungsbereich nach Art. 1 Abs. 11 lit. e) insbesondere auf den Gebieten der Raumplanung, der Stadtplanung, der Architektur und des Bauwesens oder der Datenverarbeitung. Es ist das Ziel dieser **Auslobungsverfahren,** dem Auftraggeber einen Plan oder eine Planung zu verschaffen. 64

Wesensmerkmal des Auslobungsverfahrens ist, dass ein Preisgericht eine vergleichende Beurteilung vornimmt. Ohne Bedeutung ist die gewählte Bezeichnung, solange eine externe Kommission eine Empfehlung aussprechen soll, der der Auftraggeber folgen will[94]. Ob unter den teilnehmenden bzw. obsiegenden Unternehmen Preise verteilt werden, ist hingegen ohne Relevanz. Häufiger Anwendungsfall für Wettbewerbe sind Auslobungen nach den Richtlinien für Wettbewerbe auf dem Gebiet der Raumplanung, des Städtebaus und des Bauwesens (Richtlinien für Planungswettbewerbe – RPW 2013)[95]. Diese gelten nur, wenn diese vom Auftraggeber ausdrücklich in Bezug genommen wird. Hierbei handelt es sich zwar um Vorgaben, die zwischen den maßgeblichen Interessenvertretern ausgehandelt werden. Sie sollten gleichwohl stets daraufhin geprüft werden, ob die einzelnen Vorgaben mit dem (höherrangigen) Vergaberecht im Einklang stehen. 65

D. Zuordnung von Aufträgen und Konzessionen

In der GWB-Reform 2009 wurden erstmalig auch Vorgaben getroffen, um typengemischte Verträge, die Elemente unterschiedlicher Auftragsarten enthalten, zuzuordnen. Das damals in § 99 GWB aF geregelte Systeme wurde im Zuge der Novellierung 2016 deutlich ausgeweitet. Dies war auch erforderlich, da nicht nur eine Abgrenzung innerhalb der Auftragsarten (Bau-, Dienst- und Lieferaufträge), sondern auch zu anderen Vertragsformen 66

[93] BayObLG Beschl. v. 11.12.2001 – Verg 15/01, NZBau 2002, 233, 234; Reidt/Stickler/Glahs/*Ganske* § 99 GWB Rn. 110.

[94] Vgl. VK Düsseldorf Beschl. v. 13.10.2005 – VK 23/2005-F für den Fall einer im Rahmen eines „Kooperativen Workshopverfahrens“ tätigen „Empfehlungskommission“.

[95] Vgl. RKPP/*Zimmermann* GWB § 103 GWB Rn. 340 ff.

(Konzessionen) sowie zu speziellen Bereichen (Sektorenbereich, Verteidigungsbereich) vorzunehmen ist. Entsprechend umfangreich sind die Regelungen in den §§ 110–112 GWB ausgefallen.

67 Die Zuordnungsentscheidung kann der öffentliche Auftraggeber weder aus Sicht des deutschen noch aus Sicht des Unionsrechts offen lassen. Denn zum einen variieren die einschlägigen Schwellenwerte je nach Art des Vertrages deutlich, so dass die Weichenstellung zwischen dem Unter- und Oberschwellenbereich insbesondere auch von der Klassifizierung als Bau- oder als Dienstleistungs- bzw. Liefervertrag abhängen kann. Zum anderen beruht auf der Qualifizierung auch die Zuordnung zu einer Vergabe- und Vertragsordnung, die unterschiedliche Anforderungen an die Verfahrensgestaltung stellen[96]. Nicht zuletzt divergieren die Ausnahmen vom Anwendungsbereich für klassische Aufträge, für die Sektorentätigkeit, im Verteidigungsbereich sowie bei Konzessionen.

I. Gemischte Verträge

68 Für die **Abgrenzung zwischen Dienstleistungs- und Lieferauftrag** regelt § 110 Abs. 2 Nr. 2 GWB, dass ein Auftrag, der sowohl den Einkauf von Waren als auch die Beschaffung von Dienstleistungen zum Gegenstand hat, als Dienstleistungsauftrag gilt, wenn der Wert der Dienstleistungen den Wert der Waren übersteigt. Insoweit stellt sich die Anwendung dieser Vorschrift als vergleichsweise einfach dar, da letztlich diejenige Auftragsart einschlägig ist, deren Volumen mehr als 50% beträgt. Inwieweit ein Teil den qualitativen „Hauptgegenstand“ bildet, ist bei dieser quantitative Betrachtung ohne Belang[97].

69 Offener einer Wertung gegenüber ist die **Abgrenzung zwischen Bau- und Dienstleistungsaufträgen** sowie zwischen **Bau- und Lieferaufträgen.** In beiden Fällen ist gemäß § 110 Abs. 1 GWB auf den Schwerpunkt (Hauptgegenstand) des Auftrags abzustellen. Die Rechtsprechung hat für diese höchst relevante Abgrenzung eine umfassende Einzelfallkasuistik gebildet. Der Europäische Gerichtshof *(Urteil v. 21. 2. 2008 – C-412/04, Rn. 49 – Kommission/Italien)* selbst gibt vor:

„Dabei ist auf die wesentlichen, vorrangigen Verpflichtungen abzustellen, die den Auftrag als solche prägen, und nicht auf die Verpflichtungen bloß untergeordneter oder ergänzender Art, die zwingend aus dem eigentlichen Gegenstand des Vertrags folgen; der jeweilige Wert der dabei erbrachten Einzelleistungen ist insoweit nur ein Kriterium unter anderen, die bei der Ermittlung des Hauptgegenstands zu berücksichtigen sind.“

70 Maßgebend für einen Bauauftrag ist, ob Bauleistungen den Hauptgegenstand des Vertrages bilden oder ob sie im Verhältnis zum Hauptgegenstand lediglich Nebenarbeiten sind. Dabei ist auf die anteiligen Wertverhältnisse nicht maßgebend abzustellen. Sie geben lediglich indizielle Anhaltspunkte und eine erste Orientierung. Entscheidend sind die **funktionale Zuordnung** der Leistungen zum jeweiligen Vertragstyp und deren **gegenständliche, vertragliche Bedeutung**[98]. Gerade bei der Abgrenzung zwischen Lieferleistung und Montageleistung bei Bauvorhaben kann das bauliche Element auch bei geringerem Wertanteil den Schwerpunkt des Vertrages bilden, wenn diese Bauleistungen einen die ordnungsgemäße Vertragserfüllung prägenden Charakter haben[99].

II. Teile unterfallen unterschiedlichen rechtlichen Regelungen (§ 111 GWB)

71 § 111 GWB regelt den Fall, dass verschiedene Teile eines öffentlichen Auftrags unterschiedlichen rechtlichen Regelungen unterfallen, zB in Teilen dem allgemeinen Vergabe-

[96] Vgl. beispielhaft für die großen Auswirkungen durch kleine Unterschiede im Wortlaut von VOB/A und VOL/A hinsichtlich des Nachforderns von Unterlagen *Röwekamp/Fandrey* NZBau 2011, 463 ff.

[97] EuGH Urt. v. 11. 6. 2009 – C-300/07, Slg. 2009 I-4779, Rn. 64 ff. – *Oymanns/AOK.*

[98] OLG Düsseldorf Beschl. v. 30. 4. 2014 – VII-Verg 35/13, NZBau 2014, 589.

[99] Anschaulich OLG Düsseldorf Beschl. v. 30. 4. 2014 – VII-Verg 35/13, NZBau 2014, 589.

recht und Teilen der VSVgV oder der SektVO. Vorgelagert der Zuordnung ist die Frage, ob überhaupt eine Gesamtvergabe erfolgt. Wird eine Gesamtmaßnahme mit getrennten Vergaben bewältigt, werden diese jeweils isoliert betrachtet (§ 111 Abs. 2 GWB). Aus den Abgrenzungsvorschriften folgt kein Vorrang einer getrennten oder einer Gesamtvergabe. Die Entscheidung für den einen oder den anderen Weg darf aber nicht in der Absicht getroffen werden, die Vergabe von den Vergabevorschriften auszunehmen (§ 111 Abs. 5 GWB). Die weiteren Abgrenzungsregeln gelten größtenteils gleichermaßen für Aufträge und Konzessionen (vgl. § 111 Abs. 6 GWB).

Entscheidet sich ein Auftraggeber für die Vergabe eines Gesamtauftrags, so gelten die in 72
§ 111 Abs. 3 und Abs. 4 GWB aufgestellten Abgrenzungsregeln. Sofern der Auftrag nicht trennbar ist, ist grundsätzlich auf den Hauptgegenstand abzustellen. Dies kann im Einzelfall auch dazu führen, dass aus diesem Grund gänzlich auf eine Anwendung des GWB-Vergaberechts verzichtet werden kann. Besteht ein Beschaffungsauftrag aus **ausschreibungspflichtigen** und **nicht ausschreibungspflichtigen Leistungen,** so gilt nach der Rechtsprechung des EuGH auch hier der allgemeine Grundsatz, dass das betreffende Vorhaben im Hinblick auf seine rechtliche Einordnung in seiner Gesamtheit einheitlich auf der Grundlage der Vorschriften zu vergeben, die den Teil regeln, der den Hauptgegenstand des Vertrages bildet (jetzt auch § 111 Abs. 4 Nr. 1 GWB)[100]. Dieser allgemeine Grundsatz greife auch, wenn der Hauptgegenstand eines gemischten Vertrages nicht dem Anwendungsbereich der Vergaberichtlinien unterfalle und nach diesem Maßstab im Ergebnis ein ausschreibungspflichtiger Teil damit dem Vergaberecht entzogen werde. Dieser großzügigen Auslegung, die dazu führt, dass originär ausschreibungspflichtige Leistungen dem Vergaberecht entzogen werden, setzt aber voraus, dass die einzelnen Teile des gemischten Vertrages **ein unteilbares Ganzes** bilden.

Für Auftragsvergaben, die teilweise verteidigungs- oder sicherheitsrelevant sind, macht 73
§ 111 Abs. 3 Nr. 1, Nr. 2, Abs. 4 Nr. 2 GWB wegen der besonderen Sensibilität eine Ausnahme von dem Grundsatz, wonach der Hauptgegenstand des Auftrags maßgeblich die Zuordnung prägt. In Umsetzung von Art. 3 der RL 2009/81/EG wird dem Auftraggeber gestattet, die **jeweils weniger strengen Anforderungen** anzuwenden, wenn die Beschaffung in Form eines einheitlichen Auftrags aus objektiven Gründen gerechtfertigt ist. Dies gilt sowohl für gemischte Aufträge mit Elementen klassischer Aufträge als auch mit Elementen, die ganz aus dem Geltungsbereich des GWB herausfallen. Ist beispielsweise ein kleiner Auftragsteil eines gemischten Beschaffungsvorhabens derart sensibel, dass er nach Art. 346 Abs. 1 AEUV (ex Art. 296 EG) vollständig vom europäischen Vergaberecht ausgenommen ist, so gilt das GWB-Vergaberecht auch für den möglicherweise umfangreicheren Teil nicht, obwohl dieser bei isolierter Betrachtung zumindest nach den Vorgaben für verteidigungs- und sicherheitsrelevante Aufträge zu vergeben wäre[101]. Diese umfassende Privilegierung setzt stets voraus, dass die einheitliche Auftragsvergabe aus objektiven Gründen gerechtfertigt ist. Die Entscheidung darf hingegen nicht zum Zweck der Umgehung der Anwendung von Vergabevorschriften erfolgen. Diese Ausprägung des allgemeinen **Umgehungsverbotes** findet sich ausdrücklich in Art. 3 Abs. 3 RL 2009/81/EG.

III. Teile umfassen verschiedene Tätigkeiten mit Sektorenbezug (§ 112 GWB)

Insbesondere für den Sektorenbereich wird die Abgrenzung auf § 112 GWB relevant. 74
Umfasst ein öffentlicher Auftrag mehrere Tätigkeiten, von denen eine Tätigkeit eine Sektorentätigkeit im Sinne des § 102 GWB darstellt, dürfen getrennte Aufträge für die Zwecke jeder einzelnen Tätigkeit oder darf ein Gesamtauftrag vergeben werden. Auch hier

[100] EuGH Urt. v. 6.5.2010 – C-145/08 und C-149/09, Slg. 2010 I-4165, Rn. 48f. – *Club Hotel;* Byok/Jaeger/*Hailbronner* § 99 GWB Rn. 109; aA OLG Karlsruhe Beschl. v. 15.10.2008 – 15 Verg 9/08, NZBau 2008, 784ff.; Reidt/Stickler/Glahs/*Ganske* § 99 GWB Rn. 144.

[101] So die Begründung im Gesetzesentwurf zur Vorgängervorschrift, BT-Drs. 17/7275, S. 14.

gilt, dass bei einer getrennten Vergabe jeder Beschaffungsvorgang isoliert bewertet und nach dem Ergebnis der Bewertung vergeben wird (§ 112 Abs. 2 GWB). Entscheidet sich der Auftraggeber für eine Gesamtvergabe, unterliegt dieser Auftrag den Bestimmungen, die für die Tätigkeit gelten, für die der Auftrag hauptsächlich bestimmt ist (§ 112 Abs. 3 S. 1). Auch hier gilt aber eine Ausnahme, wenn erneut privilegierte Verteidigungs- oder Sicherheitsaspekte tangiert sind. Ist eine Zuordnung zu einer Tätigkeit im oder außerhalb des Sektorenbereichs objektiv nicht möglich, so entscheidet gemäß § 112 Abs. 5 GWB grundsätzlich das strengere Vergaberegime. In der Gesetzesbegründung zur Vorgängervorschrift[102] benennt der Gesetzgeber beispielhaft den Fall des Baus eines Gebäudes für die Stadtverwaltung, in dem auch einige Räume für die kommunalen Stadtwerke vorgesehen seien. Hauptgegenstand sei dann die Tätigkeit der Stadt, so dass bei der Vergabe des Bauauftrags die Vorschriften für öffentliche Auftraggeber maßgeblich seien.

[102] So das Beispiel im Gesetzesentwurf zur Vorgängervorschrift BT-Drs. 16/10117, S. 18f.

§ 5 Elektronische Kommunikation

Übersicht

GWB: § 97 Abs. 5
VgV: § 9, § 17 Abs. 5
UVgO: § 7
VOL/A: § 11
VOB/A-EU: § 11

GWB:

§ 97 GWB Grundsätze der Vergabe

(5) Für das Senden, Empfangen, Weiterleiten und Speichern von Daten in einem Vergabeverfahren verwenden Auftraggeber und Unternehmen grundsätzlich elektronische Mittel nach Maßgabe der aufgrund des § 113 erlassenen Verordnungen.

VgV:

§ 9 VgV Grundsätze der Kommunikation

(1) Für das Senden, Empfangen, Weiterleiten und Speichern von Daten in einem Vergabeverfahren verwenden der öffentliche Auftraggeber und die Unternehmen grundsätzlich Geräte und Programme für die elektronische Datenübermittlung (elektronische Mittel).

(2) Die Kommunikation in einem Vergabeverfahren kann mündlich erfolgen, wenn sie nicht die Vergabeunterlagen, die Teilnahmeanträge, die Interessensbestätigungen oder die Angebote betrifft und wenn sie ausreichend und in geeigneter Weise dokumentiert wird.

(3) [1]Der öffentliche Auftraggeber kann von jedem Unternehmen die Angabe einer eindeutigen Unternehmensbezeichnung sowie einer elektronischen Adresse verlangen (Registrierung). Für den Zugang zur Auftragsbekanntmachung und zu den Vergabeunterlagen darf der öffentliche Auftraggeber keine Registrierung verlangen; eine freiwillige Registrierung ist zulässig.

§ 17 VgV Verhandlungsverfahren

(15) In einem Verhandlungsverfahren ohne Teilnahmewettbewerb nach § 14 Absatz 4 Nummer 3 ist der öffentliche Auftraggeber von den Verpflichtungen der §§ 9 bis 13, des § 53 Absatz 1 sowie der §§ 54 und 55 befreit.

UVgO:

§ 7 UVgO Grundsätze der Kommunikation

(1) Für das Senden, Empfangen, Weiterleiten und Speichern von Daten in einem Vergabeverfahren verwenden der Auftraggeber und die Unternehmen grundsätzlich Geräte und Programme für die elektronische Datenübermittlung (elektronische Mittel)nach Maßgabe dieser Verfahrensordnung.

(2) Die Kommunikation in einem Vergabeverfahren kann mündlich erfolgen, wenn sie nicht die Vergabeunterlagen, die Teilnahmeanträge oder die Angebote betrifft und wenn sie ausreichend und in geeigneter Weise dokumentiert wird.

(3) Der Auftraggeber kann von jedem Unternehmen die Angabe einer eindeutigen Unternehmensbezeichnung sowie einer elektronischen Adresse verlangen (Registrierung). Für den Zugang zur Auftragsbekanntmachung und zu den Vergabeunterlagen darf der Auftraggeber keine Registrierung verlangen; eine freiwillige Registrierung ist zulässig.

(4) Die §§ 10 bis 12 der Vergabeverordnung gelten für die Anforderungen an die verwendeten elektronischen Mittel und deren Einsatz entsprechend.

VOL/A:

§ 11 VOL/A Grundsätze der Informationsübermittlung

(1) Die Auftraggeber geben in der Bekanntmachung oder den Vergabeunterlagen an, ob Informationen auf dem Postweg, mittels Telekopie, direkt, elektronisch oder durch eine Kombination dieser Kommunikationsmittel übermittelt werden.

(2) Das für die elektronische Übermittlung gewählte Netz muss allgemein verfügbar sein und darf den Zugang der Bewerber oder Bieter zu den Vergabeverfahren nicht beschränken. Die dafür zu verwendenden Programme und ihre technischen Merkmale müssen

- allgemein zugänglich,
- kompatibel mit allgemein verbreiteten Erzeugnissen der Informations- und Kommunikationstechnologie und
- nicht diskriminierend sein.

(3) Die Auftraggeber haben dafür Sorge zu tragen, dass den interessierten Unternehmen die Informationen über die Anforderungen an die Geräte, die für die elektronische Übermittlung der Anträge auf Teilnahme und der Angebote erforderlich sind, einschließlich Verschlüsselung zugänglich sind.

VOB/A EU:

§ 11 EU VOB/A Grundsätze der Informationsübermittlung

(1) Für das Senden, Empfangen, Weiterleiten und Speichern von Daten in einem Vergabeverfahren verwenden der öffentliche Auftraggeber und die Unternehmen grundsätzlich Geräte und Programme für die elektronische Datenübermittlung (elektronische Mittel).

(2) Auftragsbekanntmachungen, Vorinformationen nach § 12 EU Absatz 1 oder Absatz 2, Vergabebekanntmachungen und Bekanntmachungen über Auftragsänderungen (Bekanntmachungen) sind dem Amt für Veröffentlichungen der Europäischen Union mit elektronischen Mitteln zu übermitteln. Der öffentliche Auftraggeber muss den Tag der Absendung nachweisen können.

(3) Der öffentliche Auftraggeber gibt in der Auftragsbekanntmachung oder der Aufforderung zur Interessensbestätigung eine elektronische Adresse an, unter der die Vergabeunterlagen unentgeltlich, uneingeschränkt, vollständig und direkt abgerufen werden können.

(4) Die Unternehmen übermitteln ihre Angebote, Teilnahmeanträge, Interessensbekundungen und Interessensbestätigungen in Textform mithilfe elektronischer Mittel.

(5) Der öffentliche Auftraggeber prüft im Einzelfall, ob zu übermittelnde Daten erhöhte Anforderungen an die Sicherheit stellen. Soweit es erforderlich ist, kann der öffentliche Auftraggeber verlangen, dass Angebote, Teilnahmeanträge, Interessensbestätigungen und Interessensbekundungen zu versehen sind mit:

1. einer fortgeschrittenen elektronischen Signatur,
2. einer qualifizierten elektronischen Signatur,
3. einem fortgeschrittenen elektronischen Siegel oder
4. einem qualifizierten elektronischen Siegel.

(6) Der öffentliche Auftraggeber kann von jedem Unternehmen die Angabe einer eindeutigen Unternehmensbezeichnung sowie einer elektronischen Adresse verlangen (Registrierung). Für den Zugang zur Auftragsbekanntmachung und zu den Vergabeunterlagen darf der öffentliche Auftraggeber keine Registrierung verlangen. Eine freiwillige Registrierung ist zulässig.

(7) Die Kommunikation in einem Vergabeverfahren kann mündlich erfolgen, wenn sie nicht die Vergabeunterlagen, die Teilnahmeanträge, die Interessensbestätigungen oder die Angebote betrifft und wenn sie ausreichend und in geeigneter Weise dokumentiert wird.

§ 11 EU VOB/A Grundsätze der Informationsübermittlung

(1) Der Auftraggeber gibt in der Auftragsbekanntmachung oder den Vergabeunterlagen an, auf welchem Weg die Kommunikation erfolgen soll. Für den Fall der elektronischen Kommunikation gelten die Absätze 2 bis 6 sowie § 11a. Eine mündliche Kommunikation ist jeweils zulässig, wenn sie nicht die Vergabeunterlagen, die Teilnahmeanträge oder die Angebote betrifft und wenn sie in geeigneter Weise ausreichend dokumentiert wird.

(2) Vergabeunterlagen sind elektronisch zur Verfügung zu stellen.

(3) Der Auftraggeber gibt in der Auftragsbekanntmachung eine elektronische Adresse an, unter der die Vergabeunterlagen unentgeltlich, uneingeschränkt, vollständig und direkt abgerufen werden können. Absatz 7 bleibt unberührt.

(4) Die Unternehmen übermitteln ihre Angebote und Teilnahmeanträge in Textform mithilfe elektronischer Mittel.

(5) Der Auftraggeber prüft im Einzelfall, ob zu übermittelnde Daten erhöhte Anforderungen an die Sicherheit stellen. Soweit es erforderlich ist, kann der Auftraggeber verlangen, dass Angebote und Teilnahmeanträge zu versehen sind mit

1. einer fortgeschrittenen elektronischen Signatur,
2. einer qualifizierten elektronischen Signatur,
3. einem fortgeschrittenen elektronischen Siegel oder
4. einem qualifizierten elektronischen Siegel.

(6) Der Auftraggeber kann von jedem Unternehmen die Angabe einer eindeutigen Unternehmensbezeichnung sowie einer elektronischen Adresse verlangen (Registrierung). Für den Zugang zur Auftragsbekanntmachung und zu den Vergabeunterlagen darf der Auftraggeber keine Registrierung verlangen. Eine freiwillige Registrierung ist zulässig.

(7) Enthalten die Vergabeunterlagen schutzwürdige Daten, kann der Auftraggeber Maßnahmen zum Schutz der Vertraulichkeit der Informationen anwenden. Der Auftraggeber kann den Zugriff auf die Vergabeunterlagen insbesondere von der Abgabe einer Verschwiegenheitserklärung abhängig machen. Die Maßnahmen sind in der Auftragsbekanntmachung anzugeben.

A. Einleitung

1 Ein Kernelement der Vergaberechtsreform von 2016 ist die Pflicht zur elektronischen Kommunikation bei Vergabeverfahren. Verpflichtende elektronische Kommunikation bedeutet, dass die **gesamte Kommunikation im Vergabeverfahren** von der Bekanntmachung über die Angebotsabgabe bis zum Zuschlag vollständig elektronisch erfolgt **(E-Vergabe).**

Seit **18.10.2018** müssen Vergabestellen und dementsprechend auch die Unternehmen grundsätzlich **EU-weite Ausschreibungen** elektronisch abwickeln, seit **1.1.2020** ist die E-Vergabe bei **nationalen Ausschreibungen** verpflichtend, sofern Dienst- und Lieferleistungsaufträge nach den Vorgaben der Unterschwellenvergabeverordnung (UVgO) vergeben werden (→ Rn. 15). Nur in besonderen, gesetzlich normierten Ausnahmefällen darf davon abgewichen werden (→ Rn. 16, 41).

Die verpflichtende E-Vergabe gilt nur für die elektronische Kommunikation im Vergabeverfahren zwischen der Vergabestelle und den Unternehmen. Die ausschließlich **internen Arbeitsabläufe** bei der Vergabestelle (wie zB die Dokumentation des Vergabevermerks oder die Archivierung) und bei den Unternehmen sind davon **nicht erfasst.**[1]

I. Europäische Vorgaben/Zielsetzung

2 Die schon seit Jahren in Deutschland im Rahmen der **„eProcurement-Strategie"** propagierte, aber nur zögerlich umgesetzte elektronische öffentliche Beschaffung wurde mit den Richtlinien der Europäischen Kommission verpflichtend vorgegeben und im Zuge der Vergaberechtsreform in Deutschland umgesetzt.[2] In der Mitteilung „Eine Strategie für die e-Vergabe" von 2012 erläutert die Kommission die strategische Bedeutung der elektronischen Vergabe und stellt die wichtigsten Maßnahmen vor, mit denen sie die volle Umstellung auf E-Vergabe in der EU unterstützen will. Dabei versteht die Kommission die elektronische Vergabe als einen durchgängigen Prozess von der eigentlichen Beschaffung bis hin zur Abwicklung und Bezahlung mit einer elektronischen Rechnung (zur Verpflichtenden E-Rechnung → Rn. 68).[3]

3 Zielsetzung der E-Vergabe sind die Vereinfachung der Vergabeverfahren und die Steigerung der **Effizienz und Transparenz** durch die digitale Abbildung des gesamten Prozesses. Die medienbruchfreie öffentliche Auftragsvergabe soll darüber hinaus **Einsparpotenziale** für Unternehmen und öffentliche Auftraggeber bieten.[4] Das Statistische Bundesamt hat für Bieter nach der Umstellung auf die E-Vergabe ein Einsparungspotential beim Erfüllungsaufwand in Höhe von rund 1.063,3 Mio. EUR errechnet. Davon entfallen 210,0 Mio. EUR auf ersparte Bürokratiekosten aus Informationspflichten und 853,3 Mio. EUR auf ersparten sonstigen Erfüllungsaufwand (Sachkosten für die Anforderung der Vergabeunterlagen sowie für das Einreichen der Bewerbungsunterlagen per Post entfallen, sämtlicher Datenaustausch erfolgt elektronisch). Für die öffentliche Hand wurde aus der Umstellung auf die E-Vergabe ein Einsparungspotential in Höhe von rund 235,1 Mio. EUR errechnet.[5]

---

[1] VergRModVO, Begründung Teil B, Art. 1 § 9.
[2] Art. 29 Abs. 1 RL 2014/23/EU, Art. 22 Abs. 1 Unterabs. 1 S. 1 RL 2014/24/EU, Art. 40 Abs. 1 Unterabs. 1 S. 1 RL 2014/25/EU.
[3] Mitteilung der Kommission: Eine Strategie für die e-Vergabe, 2012, Drs. 224/12 http://dipbt.bundestag.de/dip21/brd/2012/0224-12.pdf.
[4] VergRModG, Begründung Teil A II.
[5] VergRModG, Begründung Teil A VI 4.2, 4.3.

II. Umsetzung

Auch wenn mit der **stufenweisen Einführung** (→ Rn. 8) in Deutschland seit Inkrafttreten der Vergaberechtsreform am 18. 4. 2016 die Beschaffungsstellen schrittweise an die verpflichtende E-Vergabe herangeführt wurden, stellt die Umsetzung insbesondere für kleinere Beschaffungsstellen immer noch eine Herausforderung dar. Neben der Auswahl der jeweils passenden E-Vergabe-Plattform, die die vorgegebenen und in den Vergabeverordnungen normierten technischen Anforderungen erfüllen muss, müssen auch die internen Einkaufsprozesse und die bisherigen Verfahrensabläufe nebst Formularen auf die vollständige elektronische Kommunikation bis hin zur Rechnungsstellung umgestellt und vereinheitlicht werden. Dies ist aktuell immer noch ein laufender Prozess. Ob sich das errechnete Einsparungspotential bewahrheitet, wird sich erst auf längere Sicht zeigen, da jede Systemumstellung zunächst mit einem erheblichen Verwaltungsaufwand und damit einhergehenden Kosten verbunden ist. 4

Die Unternehmen sehen sich nach wie vor mit einer **Vielzahl von E-Vergabe-Plattformen** mit unterschiedlichen E-Vergabe-Lösungen bei den Vergabestellen konfrontiert.[6] Das 2007 ins Leben gerufene Projekt **XVergabe** des Bundesministeriums des Innern für einen einheitlichen Bieterzugang mithilfe eines plattformübergreifenden Standards in den unterschiedlichen Vergabeplattformen hat der IT-Planungsrat im Oktober 2019 bis auf weiteres ausgesetzt.[7] Insofern dürfte der Weg bis zum „einheitlichen Bieterclient" nach wie vor andauern. 5

Grundsätzlich ist jedoch die E-Vergabe sowohl für die Verwaltung als auch für die Unternehmen sinnvoll und zu begrüßen. Trotz einiger Startschwierigkeiten wird die Digitalisierung der Vergabeverfahren in der Praxis größtenteils positiv wahrgenommen und als Chance angesehen, den Beschaffungsvorgang bis hin zur Abwicklung des Vertrages samt Rechnungsstellung einheitlich zu digitalisieren, um so die proklamierten Effizienzgewinne erzielen zu können. 6

B. Verpflichtende E-Vergabe

Die Voraussetzungen zur verpflichtenden E-Vergabe sind im Ober- und Unterschwellenbereich unterschiedlich geregelt. 7

Bei **EU-weiten Ausschreibungen oberhalb** der nach § 106 GWB und § 3 VgV ermittelten **Auftragswerte (Oberschwellenbereich)** ist die Pflicht zur elektronischen Kommunikation im 4. Teil des Gesetzes gegen Wettbewerbsbeschränkungen (GWB) in § 97 Abs. 5 GWB geregelt. (→ Rn. 10).

Der deutsche Gesetzgeber hat die verpflichtende E-Vergabe nach der Option der EU-Richtlinien in einer zeitlich gestaffelten **dreistufigen Einführung** schrittweise umgesetzt.[8]

Im Rahmen der ersten Stufe mit Inkrafttreten der Vergaberechtsreform am 18.4. 2016 durften **Vergabestellen** EU-weite Bekanntmachungen (Oberschwellenvergaben) nur noch elektronisch beim Amt für Veröffentlichungen der Europäischen Union einreichen.

Bei der der zweiten Stufe wurden **zentrale Beschaffungsstellen** ab 18. 4. 2017 verpflichtet, die gesamte Kommunikation und den Informationsaustausch mithilfe elektronischer Kommunikationsmittel zu ermöglichen.

Seit Beginn **der dritten Stufe** am **18. 10. 2018** müssen **alle Vergabestellen** die gesamte elektronische Kommunikation bis zum Zuschlag für EU-weite Vergabeverfahren durch-

[6] https://www.abz-bayern.de/abz/inhalte/Anhaenge/uebersicht-e-vergabe-anbieter-deutschland.pdf, Stand März 2018.

[7] https://www.it-planungsrat.de/SharedDocs/Sitzungen/DE/2019/Sitzung_30.html?pos=14, 9. 1. 2020.

[8] Art. 90 Abs. 2 RL 2014/24/EU, Art. 106 Abs. 2 RL 2014/25/EU.

führen. Es dürfen nur noch – abgesehen von den in Vergabeverordnungen vorgesehenen Ausnahmefällen (→ Rn. 41) – elektronische Angebote abgegeben werden. Dass bis dahin vorgesehene Wahlrecht zwischen elektronischen Mitteln, dem Postweg, Fax oder einer Kombination dieser Mittel ist damit weggefallen.

9 Im **nationalen** Bereich, also bei unterschwelligen Vergabeverfahren, sind für den Geltungsbereich der Bauleistungen (VOB/A 1. Abschnitt) und der Liefer- und Dienstleistungen unterschiedlich ausgestaltete Anpassungen erfolgt.

Sofern Dienst- und Lieferleistungsaufträge nach den Vorgaben der UVgO vergeben werden, ist die E-Vergabe bei **nationalen Ausschreibungen seit 1.1.2020** verpflichtend.

Bei Liefer- und Dienstleistungen im Anwendungsbereich der VOL/A 1. Abschnitt und bei Bauaufträgen im Unterschwellenbereich bleibt es auch künftig noch bei einem Wahlrecht des öffentlichen Auftraggebers zwischen dem schriftlichen „papierbasierten" und dem elektronischen Verfahren. (→ Rn. 13ff.).

I. EU-weite Vergabeverfahren

10 Die verpflichtende E-Vergabe ist für EU-weite Ausschreibungen zentral in § 97 Abs. 5 GWB normiert.

§ 97 Abs. 5 GWB bestimmt, dass **Auftraggeber und Unternehmen** für das Senden, Empfangen, Weiterleiten und Speichern von Daten in einem öffentlichen Vergabeverfahren Geräte und Programme für die elektronische Datenübermittlung (elektronische Mittel) verwenden.

Somit ist von der Bekanntmachung über die Angebotsabgabe bis zum Zuschlag im gesamten Vergabeverfahren die elektronische Kommunikation gesetzlich vorgeschrieben **(verpflichtende E-Vergabe).**

Damit setzt § 97 Abs. 5 GWB die Vorgaben der EU-Richtlinien gemäß Art. 29 Abs. 1 RL 2014/23/EU, Art. 22 Abs. 1 RL 2014/24/EU und Art. 40 Abs. 1 RL 2014/25/EU um. Im Verhandlungsverfahren ohne Teilnahmewettbewerb bei äußerst dringlichen, zwingenden und vom Auftraggeber nicht vorhersehbaren Gründen ist der Auftraggeber allerdings von der Pflicht zur elektronischen Kommunikation befreit (§ 17 Abs. 5 VgV, § 9 Abs. 3 SektVO).

11 Die konkrete Ausgestaltung und die Anforderungen an die elektronische Kommunikation sowie die Ausnahmen finden sich jeweils in den nach § 113 S. 2 Nr. 4 GWB erlassenen Vergabeverordnungen, der Vergabeverordnung (VgV), der Sektorenverordnung (SektVO), der Konzessionsvergabeverordnung (KonzVgV) sowie der Vergabeverordnung für Bauleistungen (VOBA EU) (→ Rn. 17ff.).

12 Nur im Anwendungsbereich der Vergabeverordnung für **Verteidigung und Sicherheit (VSVgV)**[9] gilt der in § 97 Abs. 5 GWB normierte Grundsatz der verpflichtenden E-Vergabe auch **im Oberschwellenbereich nicht.** Da die Richtlinie 2009/81/EG für den Bereich Verteidigung und Sicherheit, umgesetzt in der VSVgV, nicht von dem Richtlinienpaket der Vergaberechtsmodernisierung umfasst ist, enthält Art. 5 der Vergaberechtsmodernisierungsverordnung lediglich Folgeänderungen für die VSVgV. Ein Verweis auf eine Änderung von § 19 Abs. 1 VSVgV, der die Informationsübermittlung regelt, ist in Art. 5 nicht enthalten. Somit hat der öffentliche Auftraggeber bei Beschaffungen im Rahmen der VSVgV nach § 19 Abs. 1 VSVgV **weiterhin die Wahl** zwischen Postweg, Telefax, elektronisch, telefonisch oder einer Kombination dieser Kommunikationsmittel. Gleiches gilt für Bauleistungen im Anwendungsbereich der VOB/A-VS gemäß § 11 VS VOB/A, allerdings mit der Besonderheit, dass, sofern die Kommunikation elektronisch erfolgen soll, nach § 11a VS VOB/A die technischen Mindestanforderungen vorgegeben sind.

[9] Vergabeverordnung Verteidigung und Sicherheit – VSVgV – v. 12.7.2012, BGBl. 2012 I 150, zuletzt geändert durch Art. 5 der Verordnung v. 12.4.2016, BGBl. 2016 I 624.

II. Nationale Vergabeverfahren

Bei Ausschreibungen im nationalen Unterschwellenbereich ist zwischen Bauaufträgen und Liefer- und Dienstleistungsaufträgen zu unterscheiden.

1. Bauaufträge

Der Auftraggeber hat bei nationalen Bauvergaben im Rahmen der Vergabeordnung für Bauleistungen (VOB/A 1. Abschnitt) nach wie vor die **freie Wahl der Kommunikation,** § 11 Abs. 1 VOB/A 1. Abschnitt. Sofern sich der Auftraggeber für die elektronische Kommunikation entscheidet, muss er die Vorgaben für die elektronische Kommunikation nach § 11a VOB/A 1. Abschnitt beachten. 13

Nach § 13 VOB/A Abs. 1 Ziffer 1 (1. Abschnitt) kann der Auftraggeber für nationale Verfahren hinsichtlich der Form der einzureichenden Angebote immer noch frei bestimmen, ob er auch weiterhin schriftliche Angebote zulässt oder ausschließlich elektronische Angebote will. Lässt der öffentliche Auftraggeber auch aktuell noch Angebote in schriftlicher Form zu, hat er weiterhin einen Eröffnungstermin unter Anwesenheit der Bieter nach § 14a Abs. 1 VOB/A (1. Abschnitt) durchzuführen. 14

2. Liefer- und Dienstleistungsaufträge

Bei Liefer- und Dienstleistungsaufträgen ist die Pflicht zur elektronischen Kommunikation davon abhängig, ob die Unterschwellenvergabeordnung **(UVgO)** zur Anwendung kommt oder ob nach wie vor die Vergabeordnung für Liefer- und Dienstleistungen **(VOL/A 1. Abschnitt)** gilt. 15

Die mit der Vergaberechtsreform in der VgV neu geregelten Vorschriften bei Liefer- und Dienstleistungen – so auch die Regelungen zur E-Vergabe – wurden mit der UVgO im nationalen Bereich im Februar 2017 angepasst. Die UVgO bedarf als Rechtsordnung zur Geltung eines Anwendungserlasses. Solange dieser nicht vorliegt, gelten nach wie vor die Regelungen der VOL/A 1. Abschnitt bzw. die haushaltsrechtlichen Regelungen. Für den Bund ist die UVgO durch die Änderung der Verwaltungsvorschriften zu § 55 der Bundeshaushaltsordnung am 2.9.2017 in Kraft getreten.[10] Die Länder haben ihre haushaltsrechtlichen Vorschriften zur Inkraftsetzung der UVgO größtenteils angepasst. Bei den Kommunen und anderen Vergabestellen wird die Einführung der UVgO unterschiedlich gehandhabt, so dass sich eine einheitliche Handhabung für Liefer- und Dienstleistungen im nationalen Bereich somit auch für die E-Vergabe nicht abzeichnet.

Sofern **mangels Erlass nach wie vor die VOL/A 1. Abschnitt** gilt, hat der öffentliche Auftraggeber nach § 11 VOL/A 1. Abschnitt nach wie vor die Wahlmöglichkeit zwischen elektronischer und postalischer Kommunikation, die E-Vergabe ist **nicht verpflichtend.**

Sofern die **UVgO** per Erlass zur Anwendung kommt, ist seit **1.1.2020** die E-Vergabe nach § 38 Abs. 4 UVgO **verpflichtend.**

Ausgenommen von der Verpflichtung zur E-Vergabe **nach der UVgO** sind Ausschreibungen bis zu einem Wert von 25.000,– EUR netto oder Beschränkte Ausschreibungen oder Verhandlungsvergaben ohne Teilnahmewettbewerb. Der Auftraggeber darf in diesem Fall weder die elektronische Abgabe der Teilnahmeanträge oder der Angebote vorgeben noch muss er einen elektronisch abgegebenen Teilnahmeantrag oder ein elektronisches Angebot eines Bieters akzeptieren, § 38 Abs. 4 UVgO. 16

[10] BMF-Rundschreiben v. 1.9.2017 – II A 3 – H 1012-6/16/10003:003.

III. Elektronische Kommunikation in Vergabeverfahren

Die konkreten Anforderungen an die Ausgestaltung und die Ausnahmen der elektronischen Kommunikation sind für EU-weite und nationale Vergaben in den jeweiligen Vergabeverordnungen bzw. Vergabeordnungen relativ einheitlich, teilweise sogar wortgleich geregelt.

17 In der seit 18.4.2016 für den Oberschwellenbereich geltenden **Mantelverordnung** mit der Vergabeverordnung (VgV), der Sektorenverordnung (SektVO) und der Konzessionsvergabeverordnung (KonzVgV) finden sich die Vorschriften jeweils im Unterabschnitt **„Kommunikation“**[11], in der Vergabeordnung für **Bauleistungen** (VOB/A EU) beim **„Grundsatz der Informationsübermittlung“.**[12]

18 Im **nationalen Bereich** enthält für den Liefer- und Dienstleistungsbereich § 7 UVgO wortgleich die Regelungen zu den Grundsätzen der elektronischen Kommunikation nach § 9 VgV und verweist bei den Anforderungen an die zu verwendenden Mittel der Kommunikation auf § 10 bis § 12 VgV (§ 7 Abs. 4 UVgO). Für **nationale Bauvergaben** sind die Grundsätze der elektronischen Kommunikation in § 11 VOB/A (1. Abschnitt) und die Anforderungen an die zu verwendenden Mittel in § 11a VOB/A (1. Abschnitt) geregelt, die im Wesentlichen den EU-weiten Vorgaben in § 11 und § 11a VOB/A (EU) entsprechen. Im Hinblick auf den Ablauf im Vergabeprozess kann somit auch bei Vergaben im nationalen Bereich auf die folgenden Ausführungen verwiesen werden.

1. Ablauf im Vergabeprozess

19 Für den Ablauf des Vergabeverfahrens sind die jeweiligen Anforderungen an die elektronische Kommunikation in den Vergabeverordnungen festgelegt. Nachfolgend werden die einzelnen Schritte im Vergabeprozess unter Berücksichtigung der Rechtsprechung dargestellt.

20 **a) Veröffentlichung der Bekanntmachung.** Bei EU-weiten Vergabeverfahren werden Bekanntmachungen und Vorinformationen über das Amt für Veröffentlichungen der Europäischen Union über die Plattform TED (Tenders Electronic Daily) als Online-Version des „Supplement zum Amtsblatt der Europäischen Union“ für das europäische öffentliche Auftragswesen veröffentlicht.[13]

21 Nationale Bekanntmachungen für Liefer- und Dienstleistungsaufträge im Anwendungsbereich der UVgO sind gemäß § 28 Abs. 1 UVgO zwingend auf den Internetseiten des Auftraggebers oder auf Internetportalen zu veröffentlichen und müssen zentral über die Suchfunktion des nationalen Internetportals „www.bund.de“ ermittelt werden können. Auch bei Anwendung der VOL/A 1. Abschnitt bestimmt § 12 Abs. 1 Nr. 1 VOL/A 1. Abschnitt dies für den Fall, dass die Bekanntmachung im Internetportal veröffentlicht wird.

Bei nationalen Bauvergaben gilt nach § 12 Abs. 1 Nr. 1 VOB/A (1. Abschnitt) optional, dass Bekanntmachungen auch auf anderen unentgeltlich nutzbaren oder direkt zugänglichen Internetportalen veröffentlicht werden können.

22 **b) Zurverfügungstellung der Vergabeunterlagen.** Die Vergabeunterlagen sind unter einer elektronischen Adresse **unentgeltlich, uneingeschränkt, vollständig und direkt** zur Verfügung zu stellen.[14]

Der Auftraggeber kann die Vergabeunterlagen auf andere geeignete Weise übermitteln, wenn spezielle technische Erfordernisse aufgrund der Besonderheit der Auftragsvergabe

[11] §§ 9–13 VgV, §§ 9–12 SektVO, §§ 7–11 KonzVgV.
[12] §§ 11–11b VOB/A (EU).
[13] § 12 VOB/A EU, § 40 VgV, § 40 SektVO, § 23 KonzVgV.
[14] § 11 Abs. 3 VOB/A (EU); § 41 Abs. 1 VgV, § 41 Abs. 1 SektVO, § 29 Abs. 1 UVgO.

vorliegen. Das ist dann der Fall, wenn spezielle Bürogeräte (wie Großformatdrucker oder Plotter) oder nicht allgemein verfügbare Dateiformate bzw. Software erforderlich sind.[15]

aa) Direkter Abruf. Die Unternehmen müssen die Vergabeunterlagen **direkt** elektronisch abrufen können. 23

Direkt abrufbar sind diese im Rahmen der auf elektronische Mittel gestützten öffentlichen Auftragsvergabe, wenn potentielle Bieter oder Bewerber sich über bekanntgemachte öffentliche Auftragsvergaben informieren oder Vergabeunterlagen abrufen können, ohne sich zuvor auf einer elektronischen Vergabeplattform mit ihrem Namen, einer Benutzerkennung oder ihrer E-Mail-Adresse registrieren zu lassen.[16] Alle Unternehmen müssen somit die Bekanntmachung und die Vergabeunterlagen **ohne Registrierung** zur Verfügung gestellt bekommen.[17] Für sämtliche sonstige Aktivitäten im Rahmen des Vergabeverfahrens bei Bieterfragen, Teilnahmeanträgen, Interessensbestätigungen und Angebotsabgaben dürfen die Vergabestellen eine Registrierung mit einer elektronischen Adresse (E-Mail) sowie einer eindeutigen Unternehmensbezeichnung verlangen.

bb) Uneingeschränkter Abruf. Uneingeschränkt abrufbar sind die Vergabeunterlagen, wenn die elektronische Adresse einen eindeutig und vollständig beschriebenen medienbruchfreien elektronischen Weg zu den Vergabeunterlagen enthält. In der Bekanntmachung sind alle Informationen anzugeben, die es einem Unternehmen **ohne wesentliche Zwischenschritte** und **ohne wesentlichen Zeitverlust** ermöglichen, mit elektronischen Mitteln an die Vergabeunterlagen zu gelangen.[18] 24

Wenn die Vergabeunterlagen erst auf Anforderung und unter Angabe einer E-Mail-Adresse oder einer Postanschrift versandt werden, genügt dies den Anforderungen nicht.[19]

Der Zugang zu den Vergabeunterlagen muss somit durch eine **direkte Verlinkung** (Deeplink) zur Ausschreibung gewährleistet sein, ohne dass sich die Unternehmen über eine allgemeine Startseite der Vergabestelle zur gesuchten Ausschreibung durchklicken müssen bzw. die Unterlagen nur über verschiedene Verlinkungen der Vergabestelle finden können.

Eignungskriterien und -nachweise können nach herrschender Rechtsprechung grundsätzlich **mittels Link** auf einem Formblatt („Eigenerklärung zur Eignung") wirksam bekannt gemacht werden. Der Link muss jedoch an der vorgesehenen Stelle des Bekanntmachungsformulars unmittelbar in die Auflistung der Eignungsanforderungen eingebunden sein.[20] So muss zu einem Nachweis für Referenzen unter der entsprechenden Ziffer III.1.3 (Technische und berufliche Leistungsfähigkeit) des Standardformulars für EU-weiten Bekanntmachungen verlinkt werden.[21] 25

Wenn in der Auftragsbekanntmachung lediglich pauschal auf die Auftragsunterlagen verwiesen wird und der Link in der Bekanntmachung nur auf eine Plattform der Vergabestelle mit mehreren laufenden Vergabeverfahren führt, ist dies unzureichend und keine wirksame Bekanntmachung der geforderten Eignungskriterien.[22]

[15] § 11b Abs. 1 VOB/A (EU); § 41 Abs. 2 VgV, § 41 Abs. 3 SektVO, § 29 Abs. 2 UVgO.

[16] OLG Düsseldorf Beschl. v. 13.5.2019 – Verg 47/18, BeckRS 2019, 17244.

[17] § 11 Abs. 6 VOB/A (EU), § 9 Abs. 3 Satz 2 VgV, § 9 Abs. 3 S. 2 SektVO, § 7 Abs. 3 S. 2 KonzVgV § 7 Abs. 3 UvgO, § 11 Abs. 6 VOB/A 1. Abschnitt.

[18] OLG Düsseldorf Beschl. v. 13.5.2019 – Verg 47/18, BeckRS 2019, 17244, BT-Drs18/7318 S. 181 und BR-Drs. 87/16, S. 195; KKMPP/*Rechten* VgV § 41 Rn. 25ff.; Müller-Wrede/*Horn* VgV § 41 Rn. 11; MüKoWettbR/*Schmidt* VgV § 41 Rn. 14.

[19] Beck VergabeR/*Krohn* VgV § 41 Rn. 5.

[20] OLG Düsseldorf Beschl. v. 11.7.2018 – VII Verg 24/18, NZBau 2019,64.

[21] VK Südbayern Beschl. v. 27.2.2019 – Z3-3-3194-1-44-11/18, BeckRS 2019, 14442.

[22] OLG München Beschl. v. 25.2.2019 – Verg 11/18, NZBau 2019, 471, VK Sachsen Beschl. v. 5.7.2019 – 1/SVK/011-19, BeckRS 2019, 17281.

26 **cc) Vollständige Zurverfügungstellung. Vollständig** abrufbar sind die Vergabeunterlagen dann, wenn über die in der Bekanntmachung genannte Internetadresse die Vergabeunterlagen vollständig und nicht nur Teile derselben heruntergeladen werden können. Ist ein Teil der Vergabeunterlagen nur über eine zweite elektronische Adresse abrufbar, so dass sich die Unternehmen die Unterlagen zusammen suchen müssen, ist die Voraussetzung nicht erfüllt.[23]

27 Ob bei **zweistufigen Verfahren mit Teilnahmewettbewerb** (nicht offenes Verfahren und Verhandlungsverfahren) **sämtliche Vergabeunterlagen** zur Verfügung gestellt werden müssen, wird von der Rechtsprechung unterschiedlich beurteilt.

Das OLG Düsseldorf ist im Rahmen der Regelung von § 41 VgV der Ansicht, dass der Wortlaut, dass in der Auftragsbekanntmachung eine elektronische Adresse anzugeben ist, unter der die Vergabeunterlagen unentgeltlich, uneingeschränkt, vollständig und direkt abgerufen werden können, die Vorgaben für die Art und Weise der Bereitstellung und der elektronischen Verfügbarkeit von Vergabeunterlagen regelt. **„Vollständig"** bezieht sich somit nur darauf, die Unterlagen **vollständig elektronisch** zu Verfügung zu stellen. Insofern ist es nach der Auffassung des OLG Düsseldorf ausreichend, den Unternehmen nur die **erforderlichen Unterlagen elektronisch** zur Verfügung zu stellen, die eine belastbare Entscheidung ermöglichen, ob die ausgeschriebenen Leistungen nach Art und Umfang in sein Produktportfolio fallen.[24] Das OLG München meint, dass **sämtliche Vergabeunterlagen** auch beim zweitstufigen Verfahren vollständig in der finalen Fassung bereits mit der Bekanntmachung bereitzustellen sind. Denn nur so hat ein Bewerber sämtliche Informationen, um zu entscheiden, ob er sich am Vergabeverfahren beteiligt.[25]

28 Nach Sinn und Zweck des Teilnahmeantrags ist der Rechtsprechung des OLG Düsseldorf zu folgen. Beim **vorgeschalteten Teilnahmewettbewerb** werden im ersten Schritt die Eignungsvoraussetzungen bei den Bewerbern ermittelt. Erst im zweiten Schritt wird aus dem geeigneten Bewerberkreis eine beschränkte Anzahl von Unternehmen zur Angebotsabgabe aufgefordert. Die Unternehmen brauchen somit **valide Angaben,** um die grundsätzliche Entscheidung zu treffen, sich mit einem Teilnahmeantrag an dem Verfahren zu beteiligen. Hierbei geht es weder um die Kalkulation noch um die Angebotsabgabe. Die Angaben der mit der Bekanntmachung zugänglich gemachten Unterlagen müssen für die Unternehmen somit lediglich die erforderliche Entscheidungsgrundlage schaffen, ob es aus unternehmerischer Sicht sinnvoll ist, sich überhaupt am Teilnahmewettbewerb zu beteiligen. Sofern die Unternehmen anhand der Unterlagen einschätzen können, ob sie grundsätzlich die Eignungsvoraussetzungen für die ausgeschriebene Leistung erfüllen und den ungefähren Leistungsumfang einschätzen können, ist dies ausreichend. Die vollständigen Unterlagen sind dazu nicht notwendig.

29 **c) Kommunikation während des Vergabeverfahrens.** Grundsätzlich findet die gesamte Kommunikation mit allen erforderlichen Informationen im Vergabeverfahren ausschließlich über die E-Vergabeplattform statt.

Gegenüber allen registrierten Bietern/Interessenten besteht eine Bringschuld des Auftraggebers in der Form, dass elektronisch über die Änderungen oder Antworten auf Bieterfragen informiert werden muss[26] Nicht registrierte Bieter/Interessenten müssen sich diese Informationen selbst durch fortlaufende Durchsicht der Plattform einholen.[27]

[23] Zu § 41 VgV OLG Düsseldorf Beschl. v. 13.5.2019 – Verg 47/18, BeckRS 2019, 17244.
[24] OLG Düsseldorf Beschl. v. 17.10.2018 – Verg 26/18, ZfBR 2019, 404.
[25] Zu § 41 SektVO OLG München Beschl. v. 13.3.2017 – Verg 15/16, NZBau 2017, 371.
[26] VK Südbayern Beschl. v. 25.2.2019 – Verg 11/18, NZBau 2019, 471.
[27] VK Südbayern Beschl. v. 25.2.2019 – Verg 11/18, NZBau 2019, 471.

aa) Bieterfragen. Bieterfragen sind von den Bietern ausschließlich über die Plattform zu stellen. Die Fragen und Antworten müssen transparent auf dem vom Auftraggeber vorgegebenen Kommunikationsweg veröffentlicht werden.[28] 30

Es können auch Bieterfragen direkt nur gegenüber dem jeweiligen Bieter beantwortet werden. In der Praxis wird dies die Fälle betreffen, in denen der Bieter subjektiv etwas falsch versteht oder eine individuelle Angabe benötigt, die für die anderen Bieter nicht relevant ist.

Sofern die Vergabeunterlagen, die Teilnahmeanträge, die Interessenbestätigungen oder die Angebote nicht betroffen sind und eine ausreichende Dokumentation in geeigneter Weise sichergestellt ist, ist auch eine **(fern)mündliche Kommunikation** zulässig.[29]

Um die **ausreichende Dokumentation** zu gewährleisten, muss sowohl die bilaterale wie auch mündliche Kommunikation zur Wahrung des Transparenzgrundsatzes durch Niederschrift bzw. Zusammenfassung des Zeitpunkts, der Gesprächspartner und des Inhalts der Kommunikation im Vergabevermerk festgehalten werden.

Grundsätzlich sollte jedoch die direkte oder mündliche Kommunikation mit nur einem Bieter der **Ausnahmefall** bleiben, da nie auszuschließen ist, dass die Auskunft, die ein Bieter auf diesem Weg erlangt, auch für die anderen Bieter relevant sein kann. Insofern sollte eine nur an einen Bieter (mündlich) erteilte Information grundsätzlich zugleich über die für alle Bieter zugängliche Plattform veröffentlicht werden.

bb) Rügen. Auch die **Rügen** sind als Teil des Vergabeverfahrens vom Bieter und der Vergabestelle über die E-Vergabeplattform zu kommunizieren. Allerdings dürfen diese nicht über die Kommunikationsplattform an alle Bieter veröffentlicht werden, die Kommunikation erfolgt ausschließlich mit dem rügenden Bieter. Bei anwaltlicher Vertretung der Bieter muss immer der Schriftverkehr zur Rüge sowohl über die Plattform eingestellt werden als auch direkt über die bevollmächtigten Anwälte erfolgen bzw. zugestellt werden. 31

d) Abgabe und Öffnung von Angeboten und Teilnahmeanträgen. Die Abgabe der Teilnahmeanträge oder Angebote erfolgt bei der elektronischen Kommunikation ausschließlich über die E-Vergabeplattform. Insbesondere bei der Angebotsabgabe zeigt sich, dass die Umstellung auf die E-Vergabe immer noch andauert. Viele öffentliche Auftraggeber verwenden häufig alte Formulare, die an die Anforderungen an die elektronische Kommunikation noch nicht angepasst sind, insbesondere bei der Unterschriftszeile zur handschriftlichen Angebotsabgabe (→ Rn. 33). Oft findet hier nach wie vor ein Medienbruch in der Form statt, dass ein Formular handschriftlich ausgefüllt, wieder eingescannt und hochgeladen werden muss. Insbesondere bei der Angebotsabgabe ist das Potential für Fehlerquellen. Fehler bei der elektronischen Angebotsabgabe, die zum Ausschluss eines Bieters führen, sind deswegen häufig Gegenstand der Rechtsprechung. 32

aa) Abgabe der Teilnahmeanträge und Angebote in Textform. Die Unternehmen übermitteln ihre Interessensbestätigungen, Teilnahmeanträge und Angebote grundsätzlich **nur noch in Textform** nach § 126b BGB mithilfe elektronischer Mittel.[30] Voraussetzung der Textform nach § 126b BGB ist eine lesbare Erklärung auf einem dauerhaftem Datenträger und die Nennung der Person des Erklärenden. 33

Somit entfallen grundsätzlich die bisherige **Schriftform** und das Erfordernis einer qualifizierten elektronischen oder fortgeschrittenen elektronischen Signatur bei der E-Vergabe. Der Auftraggeber muss im Rahmen der in der Vergabeverordnung beschriebenen

---

[28] VK Thüringen Beschl. v. 25.4.2019 – 250-4002-11352/2019-N-006-EF, ZfBR 2020, 101, VK Bund Beschl. v. 20.12.2017 – VK 2-142/17, ZfBR 2018, 309.

[29] § 11 Abs. 7 VOB/A (EU), § 9 Abs. 2 VgV, § 9 Abs. 2 SektVO und § 7 Abs. 2 KonzVgV, § 7 Abs. 2 UVgO, § 11 Abs. 1 VOB/A 1. Abschnitt.

[30] § 11 Abs. 4 VOB/A (EU), § 53 Abs. 1 VgV, § 43 Abs. 1 SektVO, § 28 Abs. 1 KonzVgV, § 38 Abs. 3 UVgO.

Mindestkriterien, sicherstellen, dass der Nutzer eines E-Vergabe-Systems sich spätestens bei der Einreichung von Anträgen oder Angeboten in einer geschützten technischen Umgebung, in der Identität, Nutzeraktionen und Datenintegrität hinreichend festgestellt werden können, befindet (→ Rn. 35, → Rn. 54).

Elektronisch eingereichte **Teilnahmeanträge** müssen ebenso wie elektronisch eingereichte Angebote verschlüsselt eingestellt werden.[31]

Für die Textform gem. § 126b BGB reicht es aus, wenn der Bieter die auszufüllenden Formblätter in allen Textfeldern maschinenschriftlich ausfüllt. Der Bieter muss nicht – wenn die ursprünglich für Angebote in Papierform entworfenen und weiter verwendeten – Formblätter eine Unterschriftenzeile vorsehen, die Formulare ausdrucken, unterschreiben und wieder einscannen.[32]

34 Öffentliche Auftraggeber können allerdings bei **erhöhten Anforderungen an die Sicherheit** der zu übermittelnden Daten fortgeschrittene oder qualifizierte elektronische Signaturen (oder Siegel) verlangen. Sofern eine elektronische Signatur gefordert wird, muss der Bieter die Vorgabe zwingend beachten. Wenn eine elektronische Signatur gefordert ist und der Bieter dies nicht beachtet, führt dies zum Ausschluss des Angebots. Denn die elektronische Signatur ist kein „sonstiger Nachweis" und kann nicht nachgefordert werden.[33]

35 **bb) Angebotsöffnung.** Die Angebote und Teilnahmeanträge müssen bis zur Öffnung verschlüsselt sein (→ Rn. 54).

Im Rahmen der E-Vergabe muss die gewählte Plattform sicherstellen, dass eine Angebotsöffnung erst dann möglich ist, wenn die Abgabefrist abgelaufen ist. Ebenso muss gewährleistet sein, dass die Öffnung nur durch zwei Vertreter gemeinsam durch die Eingabe des jeweiligen Passworts möglich ist. Der öffentliche Auftraggeber kann sich bei der Angebotsöffnung von einem Mitarbeiter oder einem externen Berater wie einem Rechtsanwalt vertreten lassen.[34]

36 Bei **Liefer- und Dienstleistungen** erfolgt nach § 55 Abs. 2 S. 1 VgV und § 40 Abs. 2 UVgO die Öffnung der Angebote von mindestens zwei Vertretern des öffentlichen Auftraggebers gemeinsam unverzüglich nach Ablauf der Angebotsfrist. Bieter sind nicht zugelassen. Das Ergebnis der Submission wird den Bietern nicht mitgeteilt oder elektronisch zur Verfügung gestellt.

37 Bei **EU-weiten Bauaufträgen** muss der Auftraggeber den Bietern im offenen und nicht offenen Verfahren die Niederschrift über die Angebotsöffnung mit den in § 14 Abs. 3 VOB/A EU genannten Informationen (Name und Anschrift der Bieter, die Endbeträge der Angebote oder einzelner Lose, Preisnachlässe ohne Bedingungen und die Anzahl der jeweiligen Nebenangebote) unverzüglich elektronisch zur Verfügung stellen, § 14 Abs. 6 VOB/A EU. Im Rahmen von **nationalen Bauausschreibungen** sind den Bietern die maßgeblichen Informationen des Öffnungstermins erst nach jeweiliger Antragsstellung mitzuteilen, § 14a Abs. 7 VOB/A (1. Abschnitt).

Da die Vergabenachprüfungsinstanzen keinen Zugriff auf die jeweilige Vergabeplattform haben, muss die Angebotsöffnung in der Vergabeakte bzw. dem Vergabevermerk mit den elektronisch erfassten Inhalten sauber dokumentiert werden, um den Nachweis im Falle eines Nachprüfungsverfahrens zu gewährleisten.

38 **cc) Unverschlüsselte/unvollständige/verspätete Abgabe.** Geht ein Angebot unverschlüsselt, verspätet oder unvollständig ein, muss der Auftraggeber untersuchen, ob dafür

[31] VK Lüneburg Beschl. v. 27.9.2019 – VgK-34/2019, VPR 2019, 2385.
[32] OLG Naumburg Beschl. v. 4.10.2019 – 7 Verg 3/19, BeckRS 2019, 32099.
[33] OLG Düsseldorf Beschl. v. 5.9.2018 – Verg 32/18, ZfBR 2019, 613.
[34] OLG Düsseldorf Beschl. v. 14.11.2018 – Verg 31/18, ZfBR 2019, 510.

Probleme in seiner Einflusssphäre verantwortlich sind. Vor einem Ausschluss muss dem Bieter grundsätzlich Gelegenheit zur Stellungnahme gegeben werden.[35]

Grundsätzlich ist der **Sphäre des Auftraggebers** das Vergabeportal und Bietertool der vom Aufraggeber gewählten E-Vergabelösung zuzurechnen. Denn der Betreiber des Portals ist der Erfüllungsgehilfe des Auftraggebers nach § 278 BGB.[36]

Dem Bieter obliegt das **Risiko der Angebotsübermittlung.** Der Verantwortungsbereich des öffentlichen Auftraggebers endet am Übergabepunkt, also dort, wo die Daten seinen technischen Einflussbereich betreten bzw. verlassen.[37] **39**

Sofern ein Bieter das Angebot wegen technischer Probleme nicht im vorhergesehen Angebotsbereich hochladen kann, muss er unverzüglich versuchen, dies mit der Plattform und der Vergabestelle zu klären. Sofern er nachweisen kann, dass die technische Störung im Verantwortungsbereich des Auftraggebers liegt, muss er dies unverzüglich vor der Angebotsabgabefrist rügen und Angebotsfristverlängerung beantragen. Auf keinen Fall darf er das Angebot auf andere Weise oder an anderer Stelle elektronisch übermitteln oder einstellen.

Bei unverschlüsselter Einstellung im Projektraum „Bieterkommunikation" muss das Angebot bzw. der Teilnahmeantrag ausgeschlossen werden.[38] Ebenfalls sind per E-Mail eingereichte elektronische Angebote nicht verschlüsselt und zwingend auszuschließen, eine Heilung wegen technischer Probleme der E-Vergabeplattform bei der Angebotsabgabe durch unverschlüsselte E-Mailübermittlung ist nicht möglich.[39] Insofern ist eine mündliche Aussage eines Mitarbeiters der Vergabestelle, das Angebot bei technischen Problemen per E-Mail zu übermitteln, nicht verbindlich und führt zum Ausschluss des Angebots.[40]

Notwendige Updates und Installationen der Vergabeplattform sind Sache des Bieters, es besteht insofern keine besondere Hinweispflicht der Vergabestelle.[41]

Ist nicht feststellbar, ob der Fehler bei Angebotsabgabe seine Ursache im E-Vergabe-Portal hat oder in einer fehlerhaften Bedienung durch den Bieter, sind die allgemeinen Beweislastgrundsätze anwendbar. Es geht zu Lasten des Bieters, wenn er sich auf eine technische Störung bei der Plattform beruft und sich nicht aufklären lässt, wer die technische Störung zu verantworten hat.[42] **40**

Sofern noch vor Angebotsabgabe von einem Bieter technische Probleme kommuniziert werden, ist es aufgrund der oft nicht eindeutigen Beweislage in der Praxis sinnvoll, die Angebotsfrist angemessen zu verlängern.

dd) Ausnahmen: Modelle/schutzwürdige Daten. Auf die elektronische Angebotsabgabe kann verzichtet werden, wenn die Vorlage physischer oder maßstabsgetreuer Modelle, die naturgemäß nicht elektronisch vorgelegt werden können, notwendiger Gegenstand des Vergabeverfahrens sind.[43] **41**

Auch bei besonders schutzwürdigen, sensiblen Daten, die bei Verwendung allgemeiner oder alternativer elektronischer Mittel nicht angemessen geschützt werden können bzw. wenn die Sicherheit elektronischer Mittel nicht gewährleistet werden kann, kann von der

[35] VK Westfalen Beschl. v. 20.2.2019 – VK 1-40/18, IBRRS 2019, 1071.
[36] VK Südbayern Beschl. v. 14.10.2019 – Z3-3-3194-1-15-05/19, BeckRS 2019, 28230.
[37] VK Südbayern Beschl. v. 14.10.2019 – Z3-3-3194-1-15-5/19, BeckRS 2019, 28230.
[38] VK Lüneburg Beschl. v. 27.9.2019 – VgK-34/2019, VPR 2019, 2385.
[39] OLG Karlsruhe Beschl. v. 17.3.2017 – 15 Verg 2/17, BeckRS 2017, 111933, VK Schleswig-Holstein Beschl. v. 26.3.2018 – VK-SH 01/18, VK Südbayern Beschl. v. 19.3.2018 – Z3-3-3194-1-54-11/17, BeckRS 2018, 4960.
[40] OLG Karlsruhe Beschl. v. 17.3.2017 – 15 Verg 2/17, BeckRS 2017, 111933.
[41] VK Südbayern Beschl. v. 19.3.2018 – Z3-3-3194-1-54-11/17, BeckRS 2018, 4960.
[42] VK Südbayern Beschl. v. 14.10.2019 – Z3-3-3194-1-15-05/19, BeckRS 2019, 28230.
[43] § 11 Abs. 3 VOB/A (EU), § 53 Abs. 2 VgV, § 41 Abs. 2 SektVO, § 28 Abs. 2 KonzVgV. § 38 Abs. 5 UVgO.

verpflichtenden elektronischen Angebotsabgabe abgesehen werden.[44] Die Begründung der jeweiligen Ausnahme ist im Vergabevermerk zu dokumentieren.[45]

42 **d) Information nach § 134 GWB/Zuschlag/Aufhebung.** Die Bieter sind nach Angebotsabgabe über sämtliche weitere Schritte über die Plattform zu informieren. Die Einstellung der Information der nicht berücksichtigten Bieter nach § 134 GWB und der Zuschlag erfolgen direkt an die jeweiligen Bieter, eine eventuelle Aufhebung durch Einstellung auf der für alle zugänglichen Kommunikationsplattform.

43 **aa) Mitteilung an nicht berücksichtigte Bieter, § 134 GWB.** Die Information nach § 134 GWB an alle nicht berücksichtigten Bieter ist vom Auftraggeber in Textform zu versenden. Am Tag nach der Absendung beginnt die zehntätige Stillhaltefrist zu laufen. Erst danach kann der rechtskräftige Zuschlag erteilt werden.

Im Rahmen der elektronischen Kommunikation ist es nach Ansicht der VK Südbayern für den Beginn dieser Stillhaltefrist **nicht ausreichend,** dass die Information nach § 134 Abs. 1 S. 1 GWB lediglich in einem internen Bieterbereich auf der Vergabeplattform eingestellt wird und der Bieter sie hier abrufen kann.[46] Auch eine **Hinweismail,** die keine der notwenigen inhaltlichen Informationen (Name des für den Zuschlag vorgesehenen Bieters, vorgesehener Zuschlag, Gründe der Nichtberücksichtigung) nach § 134 Abs. 1 S. 1 GWB enthält, soll **nicht genügen,** um die Stillhaltefrist des § 134 Abs. 2 S. 1 und 2 GWB auszulösen. Denn – so die VK Südbayern – bei Erklärungen, die in das Internet eingestellt werden, dem Empfänger aber nicht übermittelt werden, sei die Textform allenfalls gewahrt, wenn es tatsächlich zum Download kommt. Die Rechtswirksamkeit einer Information könne dabei nicht von der Zufälligkeit abhängen, dass ein Bieter sie herunterlädt.

44 Auch wenn diese Rechtsprechung die Idee der E-Vergabe letztlich ad absurdum führt, ist nicht von der Hand zu weisen, dass nicht berücksichtigte Bieter wegen der weitreichenden Konsequenzen der Zuschlagserteilung und des beginnenden Fristablaufs im Rahmen der Mitteilung nach § 134 GWB gesondert informiert werden müssen. Dass der Hinweis an die Bieter, dass eine Information nach § 134 GWB vorliegt, nicht ausreichen soll, ist allerdings zu weitgehend. Um jedoch den Beginn der Stillhaltefrist nicht zu gefährden sollten angesichts der Rechtsprechung die Bieter **alle erforderlichen Inhalte** nach § 134 GWB schon mit der Mitteilung über die E-Vergabeplattform oder – sofern die Plattform diese Lösung nicht vorsieht – neben der Einstellung auf der Plattform immer **zusätzlich per Fax** erhalten.

45 **bb) Zuschlag.** Die Vergabeverordnungen sehen **keine bestimmte Form** der Zuschlagserteilung vor. Die Zuschlagserteilung kann daher auch in Textform nach § 126b BGB erfolgen.

Soweit allerdings andere Rechtsquellen, wie beispielsweise Gemeindeordnungen eine besondere Vertretungsmacht für den Zuschlag erfordern, sind diese Vorgaben unabhängig davon, dass vergaberechtlich kein Formerfordernis besteht, einzuhalten.[47]

46 **cc) Aufhebung.** Der öffentliche Auftraggeber hat durch Einstellung auf der Plattform den Bewerbern oder Bietern nach Aufhebung des Vergabeverfahrens unverzüglich die Gründe für seine Entscheidung mitzuteilen. Ebenso muss er mitteilen, ob er auf die Vergabe des Auftrages verzichtet oder beabsichtigt, das Verfahren erneut einzuleiten.

[44] § 11 Abs. 4 VOB/A (EU), § 53 Abs. 4 VgV, § 44 Abs. 2 SektVO, § 28 Abs. 4 KonzVgV.

[45] § 11 Abs. 3 S. 3, Abs. 4 S. 2 VOB/A (EU), § 53 Abs. 2 S. 2, Abs. 4 S. 2 VgV, §§ 43 Abs. 3, 44 Abs. 2 S. 2. SektVO, § 28 Abs. 2, Abs. 4 S. 2 KonzVgV.

[46] VK Südbayern Beschl. v. 29. 3. 2019 – Z3-3-3194-1-07-03/19, BeckRS 2019, 7484.

[47] OLG Naumburg Beschl. v. 26. 11. 2018 – 2 U 38/18, ZfBR 2020, 196.

Hebt der Auftraggeber ein Vergabeverfahren auf, weil er ein **fehlerhaftes Formular** für die elektronische Angebotsabgabe bereitgestellt hat, ist dies **kein schwerwiegender** Grund, der eine Aufhebung nach § 63 VgV rechtfertigt, da diese Problematik im Verantwortungsbereich des Auftraggebers liegt.[48] Allerdings kann, auch wenn das fehlerhafte Formular die elektronische Angebotsabgabe nicht unmöglich gemacht hat, die Aufhebung des Vergabeverfahrens erfolgen, wenn sie von einem **sachlichen Grund** gedeckt ist und dem Auftraggeber nicht unterstellt werden kann, dass die Aufhebung missbräuchlich vorgenommen wurde. Der Auftraggeber ist grundsätzlich nicht verpflichtet, den Zuschlag zu erteilen.[49]

2) Nachweis der Eignung durch die Einheitlich Europäische Eigenerklärung

Um den Vergabeprozess zu vereinfachen und für alle Mitgliedsstaaten zu vereinheitlichen, 47
wurde mit der Vergaberechtsreform eine für alle Mitgliedsstaaten einheitliche, von der Kommission vorgegebene Erklärung zur Eignung erstellt **(Einheitlich Europäischen Eigenerklärung, „EEE“).**

a) Europäische Vorgaben. Die Eignungsprüfung ist durch eine in allen EU-Mitglied- 48
staaten einheitliche Form der Eigenerklärung vorstrukturiert und in elektronischer Form in den E-Vergabeprozess einzubinden.[50]

Die „EEE“ stellt dabei einen **vorläufigen Beleg** der Eignung eines Unternehmens dar und ersetzt vorläufig die Vorlage von Nachweisen. Sie enthält eine Eigenerklärung mit Versicherung des Unternehmens, dass keine Ausschlussgründe vorliegen und die Vorgaben des öffentlichen Auftraggebers zur Eignung erfüllt werden.

Nachweise und Bescheinigungen müssen vom öffentlichen Auftraggeber **vor Zuschlagserteilung** von dem Unternehmen angefordert werden, das den Zuschlag erhalten soll. Sie können aber auch jederzeit von jedem am Vergabeverfahren teilnehmenden Unternehmen angefordert werden, sofern dies zur Durchführung des Verfahrens erforderlich ist.

b) Umsetzung. Deutschland hat dies für den Bereich der Liefer- und Dienstleistungen im 49
Oberschwellenbereich in §§ 48 Abs. 3, 50 VgV und bei nationalen Vergaben in § 35 Abs. 3 UVgO in der Form umgesetzt, dass der öffentliche Auftraggeber die „EEE“ **optional** als Beleg der Eignung verlangen kann, **vorrangig** aber immer noch **Eigenerklärungen** fordert. Bei EU-weiten Bauvergaben ist dies in § 6b Abs. 1 VOB/A (EU) geregelt. Öffentliche Auftraggeber müssen die „EEE“ allerdings akzeptieren, wenn sie vom Unternehmen vorgelegt wird. Bei Konzessionen, im Sektorenbereich sowie bei nationalen Bauvergaben im Unterschwellenbereich finden sich keine Regelungen zur „EEE“.

Leider hat sich bisher die Einführung der „EEE“ in Deutschland in der Praxis auch aufgrund des Vorrangs der Eigenerklärungen der Unternehmen als schleppend erwiesen. Auch der vom Bundesministerium für Wirtschaft und Energie im Jahr 2016 erstellte Leitfaden zum Ausfüllen der EEE[51] sowie die Online-Ausfüllhilfen[52] haben nichts daran geändert, dass die Abfrage der Eignung immer noch vorwiegend mit Eigenerklärungen der Bieter erfolgt. Dies ist zum einen der fehlenden Implementierung in der E-Vergabeplattform aber auch dem sehr unübersichtlichen Formular geschuldet, das in den Vergabeprozess integriert werden muss. Die meisten E-Vergabeplattformen haben auch mangels Nachfrage der öffentlichen Beschaffer deswegen die „EEE“ bei Vergaben nicht in das Ver-

[48] VK Südbayern Beschl. v. 11.11.2019 – Z3-3-3194-1-27-07/19, BeckRS 2019, 34002.
[49] VK Südbayern, Beschl. v. 11.11.2019 – Z3-3-3194-1-27-07/19, BeckRS 2019, 34002.
[50] Art. 59 der Richtlinie 2014/24/EU.
[51] https://www.bmwi.de/Redaktion/DE/Downloads/J-L/leitfaden-einheitlichen-europaeischen-eigenerklaerung.htm.
[52] https://eee.evergabe-online.de/.

gabeverfahren eingebunden. Insofern dauert die Umsetzung der eigentlich begrüßenswerten „EEE“ mit der Integration in die E-Vergabe in Deutschland noch an.

III. Elektronische Mittel im Vergabeverfahren und ihre Alternativen

50 Öffentliche Auftraggeber und Unternehmen müssen für das Senden, Empfangen, Weiterleiten und Speichern von Daten in kompletten Vergabeverfahren grundsätzlich Geräte und Programme für die elektronische Datenübermittlung (elektronische Mittel) nach den Vorgaben der Vergabeverordnungen verwenden.[53] Die Entscheidung, welche konkreten Programme oder Hilfsmittel bei der elektronischen Kommunikation verwendet werden, obliegt dabei dem öffentlichen Auftraggeber, sofern die vorgegebenen Anforderungen erfüllt werden.[54]

1. Anforderungen an die Funktionalität der verwendeten elektronischen Mittel

51 Der öffentliche Auftraggeber legt insofern das aus seiner Sicht erforderliche Sicherheitsniveau selbst fest, das er in den verschiedenen Phasen des Vergabeverfahrens nutzt. Dabei muss er im Rahmen einer Verhältnismäßigkeitsprüfung zwischen den Anforderungen an die Identitätssicherung und den Gefahren, die von einer nicht sicher identifizierbaren Stelle ausgehen könnten, abwägen.[55]

52 **a) Mindestkriterien.** Bei allen Vergabeverordnungen wird einheitlich jeweils in Nummer 1 bis Nummer 7 der entsprechenden Vorschrift aufgelistet, welchen **Mindestkriterien** die eingesetzten elektronischen Mittel genügen müssen.[56] Dabei gelten folgende Kriterien:

1. Genaue Bestimmbarkeit von Uhrzeit und der Tag des Datenempfangs.
2. Ausschluss des vorfristigen Zugriffs auf die empfangenen Daten (Verschlüsseln und Zeitmanagement).
3. Festlegung oder Änderung des Termins für den erstmaligen Zugriff auf die empfangenen Daten nur durch Berechtigten (Rechtemanagement).
4. Zugriff auf die empfangenen Daten nur durch Berechtigten.
5. Einräumung von Rechten Dritter auf Zugriff auf die empfangenen Daten nach dem festgesetzten Zeitpunkt nur durch Berechtigten.
6. Ausschluss der Übermittlung empfangener Daten an Unberechtigte.
7. Eindeutige Feststellung von Verstößen oder versuchten Verstößen gegen die Anforderungen gemäß den Nummern 1 bis 6 (Protokolle, Revisionssicherheit).

53 Um die verschiedenen E-Vergabe- und Bedienkonzepte mit einem Mindestmaß an Kompatibilität und Interoperabilität für die einheitliche Verwendung bei Unternehmen auszustatten, ist die Verwendung einer **einheitlichen Datenaustauschschnittstelle** vorgeschrieben.[57] Als verbindlich werden die jeweils geltenden IT-Interoperabilitäts- und IT-Sicherheitsstandards nach § 3 Abs. 1 des Vertrages über die Errichtung des IT-Planungsrats und über die Grundlagen der Zusammenarbeit beim Einsatz der Informationstechnologie in den Verwaltungen von Bund und Ländern vom 1. 4. 2010[58] vorgegeben. Eine einheitliche Datenaustauschschnittstelle in diesem Sinne ist zum Beispiel die bereits erwähnte XVergabe (→ Rn. 5).

---

[53] § 11 Abs. 1 VOB/A (EU), § 9 Abs. 1 VgV, § 9 Abs. 1 SektVO, § 7 Abs. 1 KonzVgV, § 7 Abs. 1 UVgO.
[54] Vergaberechtsmodernisierungsgesetz – VergRModG vom 23. 2. 2016, BGBl. 2016 I 203.
[55] VergRMod VO, Begründung Teil B, Art. 1 § 10.
[56] § 11a Abs. 4 Nr. 1–7 VOB/A (EU), § 10 Abs. 1 Nr. 1–7 VgV, § 10 Abs. 1 Nr. 1–7 SektVO, § 8 Abs. 1 Nr. 1–7 KonzVgV.
[57] VergRModVO, Begründung Teil B, Art. 1 § 10.
[58] (§ 11a Abs. 4 VOB/A (EU), § 10 Abs. 1 VgV, § 10 Abs. 1 SektVO, § 8 Abs. 1 KonzVgV § 7 Abs. 4 UvgO, § 11 Abs. 4 VOB/A 1. Abschnitt.

b) Verschlüsselter Bereich für Angebotsabgabe/Teilnahmeanträge. Da die Unternehmen ihre Interessensbestätigungen, Teilnahmeanträge und Angebote grundsätzlich nur noch in Textform nach § 126b BGB mithilfe elektronischer Mittel übermitteln, entfällt mit Ausnahme der „erhöhten Anforderungen an die Sicherheit" das bisherige Schriftformerfordernis und damit das Erfordernis einer qualifizierten elektronischen oder fortgeschrittenen elektronischen Signatur bei der E-Vergabe (→ Rn. 33). 54

Der Auftraggeber muss daher im Rahmen der aufgeführten Mindestkriterien, sicherstellen, dass der Nutzer eines E-Vergabe-Systems sich spätestens bei der Einreichung von **Teilnahmeanträgen** und/oder **Angeboten** in einer verschlüsselten, geschützten technischen Umgebung, in der Identität, Nutzeraktionen und Datenintegrität hinreichend festgestellt werden können, befindet.

2. Anforderungen an die Zugangsmöglichkeiten zu den elektronischen Mittel

Die Vergabeverordnungen definieren, welchen allgemeinen Anforderungen elektronische Mittel, die zur Durchführung eines öffentlichen Vergabeverfahrens eingesetzt werden, entsprechen müssen. Diese müssen allgemein verfügbar, nicht diskriminierend und mit allgemein verbreiteten Geräten und Programmen der Informations- und Kommunikationstechnologie kompatibel sein. Sie dürfen den Zugang von Unternehmen zum Vergabeverfahren nicht einschränken.[59] 55

Allgemein verfügbar bedeutet, dass elektronische Mittel für alle Menschen ohne Einschränkungen verfügbar sind und bei Bedarf, gegebenenfalls gegen ein marktübliches Entgelt, erworben werden können. 56

Nicht diskriminierend sind elektronische Mittel, wenn sie für alle Menschen, auch für Menschen mit Behinderungen, ohne besondere Erschwernis und grundsätzlich ohne fremde Hilfe zugänglich und nutzbar sind. 57

Mit **allgemein verbreiteten Geräten und Programmen der Informations- und Kommunikationstechnologie kompatibel** heißt, dass jeder Bürger und jedes Unternehmen die in privaten Haushalten oder in Unternehmen üblicherweise verwendeten Geräte oder Programme nutzen kann, um sich über öffentliche Vergabeverfahren zu informieren oder daran teilzunehmen. Branchenüblichkeit wie die Verwendung von GAEB-Dateien ist ein Indiz für die üblicherweise Verwendung. 58

Elektronische Mittel dürfen kein Unternehmen an seiner Teilnahme an Vergabeverfahren einschränken. Eine Einschränkung liegt jedoch nicht schon dann vor, wenn der öffentliche Auftraggeber eine maximale Größe für die Versendung von Dateien festlegt. 59

Die **Barrierefreiheit** nach §§ 4, 11 des Behindertengleichstellungsgesetzes ist zu gewährleisten, sodass bei Gestaltung der elektronischen Vergabeplattform auch die Belange von Menschen mit Behinderungen berücksichtigt werden müssen. 60

Während des gesamten Verfahrens ist die **Unversehrtheit, die Vertraulichkeit und die Echtheit oder Authentizität** aller verfahrensbezogenen Daten sicherzustellen. Die Datenquelle bzw. der Sender müssen zweifelsfrei nachgewiesen werden können. Zum Schutz vor fremden Zugriffen sind geeignete technische organisatorische Maßnahmen zu treffen.[60] 61

Dabei muss der öffentliche Auftraggeber den Unternehmen alle notwendigen Informationen über die in dem Vergabeverfahren verwendeten elektronischen Mittel, die technischen Parameter zur Einreichung von Teilnahmeanträgen, Angeboten und Interessensbestätigungen mithilfe elektronischer Mittel und die verwendeten Verschlüsselungs- und Zeiterfassungsverfahren zugänglich machen. 62

---

[59] § 11a Abs. 1–3 VOB/A (EU), § 11 VgV, § 11 SektVO, § 9 KonzVgV, § 7 Abs. 4 UvgO, § 11a Abs. 1 VOB/A 1. Abschnitt.

[60] VergRMod VO, Begründung Teil B, Art. 1 § 11.

3. Ausnahmen für den Einsatz alternativer elektronischer Mittel

63 **a) Alternative elektronische Mittel.** In Ausnahmefällen können die öffentlichen Auftraggeber Vergabeverfahren mit **alternativen elektronischen Mitteln** durchführen. Alternative elektronische Mittel sind solche, die nicht in dem unter Ziffer II beschriebenen Sinne „allgemein verfügbar" sind.[61] Hiervon sind zum Beispiel Vergabeverfahren erfasst, bei denen es zum Schutz besonders sensibler Daten erforderlich ist, nicht allgemein verfügbare elektronische Mittel zu verwenden.

64 Die Verwendung alternativer elektronischer Mittel ist dann möglich, wenn den Unternehmen ab dem Zeitpunkt der Bekanntmachung bzw. der Aufforderung zur Interessensbestätigung während des gesamten Vergabeverfahrens unter einer Internetadresse der unentgeltliche, uneingeschränkte, vollständige und direkte Zugang zu der Alternative gewährt wird. Zudem ist es erforderlich, dass der öffentliche Auftraggeber die zur Verfügung gestellten alternativen elektronischen Mittel selbst verwendet.

65 Ist ein uneingeschränkter Zugang nicht möglich, ohne dass dies das Unternehmen zu verantworten hat, muss der öffentliche Auftraggeber auf anderem Weg Zugang gewähren, indem er zum Beispiel spezielle sichere Kanäle zur Nutzung vorschreibt, zu denen er den Unternehmen individuellen Zugang gewährt.[62]

66 **b) Building Information Modeling (BIM) – Systeme.** Der öffentliche Auftraggeber kann im Rahmen der Vergabe von Bauleistungen oder im Zusammenhang mit der Ausrichtung eines Planungswettbewerbs die Nutzung elektronischer Mittel für die Bauwerksdatenmodellierung **(BIM-Systeme)** verlangen.[63] Dabei handelt es sich um eine Methode zur Erstellung und Nutzung intelligenter digitaler Bauwerksmodelle, die es sämtlichen Projektbeteiligten (Architekten, Ingenieuren, Bauherren, Bauausführenden) ermöglichen, bei Planung und Realisierung auf eine gemeinsame Datenbasis zurückzugreifen. Der öffentliche Auftraggeber ist nicht verpflichtet, die Nutzung von BIM-Systemen vorzuschreiben. Wenn er diese vorschreibt, muss er einen alternativen Zugang zu ihnen gewährleisten, sofern die verlangten elektronischen Mittel für die Bauwerksdatenmodellierung nicht allgemein verfügbar sind.[64]

Im Rahmen der „Umsetzungsstrategie Digitalisierung" sehen das Bundesministerium für Verkehr und digitale Infrastruktur und das Bundesministerium des Innern, für Bau und Heimat für die zunehmende Urbanisierung und die immer komplexeren Anforderungen an Bauwerke, Gebäude, technische Anlagen und Infrastrukturen die Methode BIM als Schlüsselrolle an.[65] Mit der Einrichtung eines nationalen BIM-Kompetenzzentrums wurde ein Stufenplan erstellt, um die gesetzten Ziele des Bundes zu erreichen.[66] Die Deutsche Bahn schreibt die Anwendung der BIM-Methodik seit 1. 1. 2017 für alle neuen Projekte verbindlich vor.[67]

III. Drittschutz im Rahmen der E-Vergabe

67 Die Regelungen zur verpflichtenden E-Vergabe sind nach § 97 Abs. 6 GWB drittschützend. Durch eine Verletzung der konkreten Vorschrift in der Vergabeverordnung wird die

[61] § 11a Abs. 6 VOB/A (EU), § 12 Abs. 1 VgV, § 12 Abs. 1 SektVO, § 10 Abs. 1 KonzVgV, § 7 Abs. 4 UVgO, § 11a Abs. 6 VOB/A 1. Abschnitt.

[62] VergRMod VO, Begründung Teil B, Art. 1 § 12.

[63] § 11a Abs. 7 EU VOB/A, § 12 Abs. 2 VgV, § 12 Abs. 2 SektVO, § 7 Abs. 4 UVgO, § 11a Abs. 7 VOB/A 1. Abschnitt.

[64] VergRMod VO, Begründung Teil B, Art. 1 § 12.

[65] https://www.bundesregierung.de/breg-de/themen/digital-made-in-de/building-information-modeling-bim-1547084, Stand 21. 2. 2020.

[66] https://www.bmvi.de/SharedDocs/DE/Publikationen/DG/stufenplan-digitales-bauen.pdf?__blob=publicationFile, Stand 21. 2. 2020.

[67] https://www1.deutschebahn.com/resource/blob/1786332/1c0d47f32e6d4a8e221a7019f5fdb4ce/Vorgaben-zur-Anwendung-der-BIM-Methodik-data.pdf, Stand 21. 2. 2020.

Teilnahme eines Bieters an dem Vergabeverfahren wesentlich erschwert. So zum Beispiel, wenn die Vergabestelle eine zwingende Registrierung zur Bekanntmachung oder den Vergabeunterlagen verlangt oder keine für die Unternehmen allgemein zugängliche barrierefreie E-Vergabe-Lösung wählt oder weiterhin die nicht mehr vorgesehen elektronische Signatur verlangt, ohne dass ein wesentliches Sicherheitserfordernis vorliegt. Ebenso ist eine drittschützende Wirkung zu bejahen, wenn die Vergabestelle bei der E-Vergabe-Plattform nicht die Mindestanforderungen an die Funktionalität erfüllt, da nur dann gewährleistet ist, dass auch Verstöße festgestellt werden können und die Sicherheit der verfahrensbezogenen Daten sichergestellt ist.

Allerdings müssen solche Verstöße innerhalb der Frist nach § 160 Abs. 3 GWB spätestens **bis Angebotsabgabe gerügt** werden. Wenn ein Bieter einen Verstoß gegen das Erfordernis der elektronischen Signatur im Rahmen seines Ausschlusses wegen einer fehlerhaften Signatur rügt, ist er insofern präkludiert. Die Rüge nach Angebotsabgabe ist zu spät erfolgt.[68]

C. Verpflichtende E-Rechnung

Der elektronische Beschaffungsprozess bei öffentlichen Aufträgen und Konzessionen beinhaltet nach den Vorgaben der Kommission nicht nur die verpflichtende E-Vergabe bei der eigentlichen Beschaffung bis zum Zuschlag, sondern den gesamten Prozess bis zur Rechnungsstellung und Zahlung (→ Rn. 2). 68

Insofern ist auch die Abwicklung nach dem Zuschlag ein wichtiger und zentraler Aspekt der Digitalisierung der Beschaffung der öffentlichen Verwaltung. Ziel ist dabei nicht nur die Erstellung, Versendung, Übermittlung und Entgegennahme, sondern auch die Verarbeitung einer Rechnung vollständig zu automatisieren **(E-Rechnung).** Das heißt, dass die Empfänger die Rechnungen automatisch und digital verarbeiten müssen und zwar auf Basis von strukturierten Daten.

I. Europäische Vorgaben/Zielsetzung

Grundlegende Vorgaben zur elektronischen Rechnungsstellung bei öffentlichen Aufträgen enthält die **Richtlinie 2014/55/EU,** in der ausdrücklich darauf verwiesen wird, dass die Normung der elektronischen Rechnungsstellung die Nutzung der elektronischen Auftragsvergabe fördern und ergänzen soll.[69] 69

Öffentliche Auftraggeber und Vergabestellen sind danach mit stufenweiser Umsetzung zur Annahme und Verarbeitung elektronischer Rechnungen verpflichtet (→ Rn. 70). Die E-Rechnung soll zur führenden Rechnungsstellungsmethode in Europa werden.

Eine E-Rechnung ist nach den Vorgaben der Europäischen Kommission ein nach genauen Vorgaben **strukturierter Datensatz,** der in einem elektronischen Format erstellt, übermittelt und empfangen wird. Darüber hinaus muss eine automatische Weiterverarbeitung des Datensatzes möglich sein. Bei Bedarf können rechnungsbegleitende Unterlagen eingebunden werden. Durch den strukturierten Datensatz soll eine automatisierte und medienbruchfreie Verarbeitung und Interoperabilität von Rechnungen ermöglicht werden. Eine ausschließlich bildhafte Darstellung der Rechnung (beispielsweise als PDF) entspricht nicht den Anforderungen an eine elektronische Rechnung.[70]

Ziel ist es, mit der Digitalisierung von Geschäftsdokumenten durch die elektronische Vorgangsbearbeitung eine Standardisierung und Teilautomatisierung von Prozessen zu er-

[68] OLG Karlsruhe Beschl. v. 17.3.2017 – 15 Verg 2/17, BeckRS 2017, 111933.

[69] Erwägungsgrund 10 Richtlinie 2014/55/EU v. 16.4.2014 über die elektronische Rechnungsstellung bei öffentlichen Aufträgen.

[70] Art. 3 RL 2014/55/EU.

möglichen und damit Bürokratieabbau und eine Steigerung der Wettbewerbsfähigkeit zu erreichen.

II. Umsetzung

70 Der **Bund** hat mit dem Gesetz zur Förderung der elektronischen Verwaltung (E-Government-Gesetz – **EGovG**) und der E-Rechnungsverordnung **(ERechV)** Regelungen getroffen, wie die EU-Richtlinie zur elektronischen Rechnung in seinem Zuständigkeitsbereich umgesetzt wird.[71]

Abweichend von der EU-Richtlinie, die ausschließlich Regelungen für Rechnungen aus oberschwelligen Vergaben (→ Rn. 7) enthält, gelten die Vorschriften des Bundes auch für die Rechnungsstellung bei nationalen unterschwelligen Vergaben.

Die Bundesbehörden sind seit dem 27.11.2019 zur Annahme und Verarbeitung elektronischer Rechnungen verpflichtet, für die Bundesländer und Kommunen gilt dies seit dem 18.4.2020.[72]

Ende November 2020 müssen alle Auftragnehmer des Bundes die Rechnungen nach bestimmten Formatvorgaben (**XRechnung** → Rn. 73) bei den Bundesbehörden elektronisch einreichen. Die öffentliche Verwaltung ist somit bei öffentlichen Aufträgen zum Empfang von elektronischen Rechnungen sowie die Lieferanten und Dienstleister des Bundes zum Versand von elektronischen Rechnungen verpflichtet.[73]

71 Für öffentliche Auftraggeber auf Ebene **der Bundesländer oder Kommunen** richten sich die im Einzelnen anzuwendenden Regeln nach der Umsetzung der EU-Richtlinie im jeweiligen Bundesland. Die Bundesländer haben die Umsetzung **jeweils unterschiedlich** auch im Hinblick auf die Geltung im Ober- und Unterschwellenbereich geregelt.[74]

72 Ausnahmen gelten nach § 3 Abs. 3 ERechV bei Direktkäufen unter 1.000 EUR, bei Aufträgen im Bereich der Außen- und Sicherheitspolitik sowie bei Verfahren der Organleihe (§ 159 Abs. 1 Nr. GWB).

III. Anforderungen/Inhalt

73 Inhalte und Format des Datensatzes für E-Rechnungen wurden europaweit in der Norm EN-16931 einheitlich festgelegt. Öffentliche Auftraggeber müssen alle in der darin benannten Syntaxen entgegennehmen und verarbeiten können. Eine E-Rechnung muss einem semantischen Datenmodell im Sinne der Norm EN-16931 entsprechen.

Deutschland hat dies national mit dem Standard XRechnung zur elektronischen Rechnungsstellung bei öffentlichen Aufträgen umgesetzt, der am 18.12.2018 in der von der Koordinierungsstelle für IT-Standards (KoSIT) herausgegeben wurde.

§ 4 Abs. 1 ERechV regelt, dass grundsätzlich der Standard XRechnung für elektronische Rechnungen als verbindlicher nationaler Standard bei öffentlichen Aufträgen gilt. Dabei handelt sich um einen offenen, unentgeltlichen Datenstandard.

Die öffentliche Verwaltung akzeptiert neben X-Rechnungen auch andere elektronische Rechnungen, soweit sie der der europäischen Norm EN 16931 entsprechen. Allerdings müssen die E-Rechnungen neben den Anforderungen nach der ERechV auch die Nutzungsbedingungen der Rechnungseingangsplattform des Bundes und der Länder erfüllen.

---

[71] § 4a EGovG, Verordnung über die elektronische Rechnungsstellung im öffentlichen Auftragswesen des Bundes, E-Rechnungs-Verordnung –E-Rech-VO v. 6.9.2017.

[72] § 11 ERechV.

[73] § 4 ERechV.

[74] Zum Stand August 2019: https://rechnungsaustausch.org/rechtliches/stand-der-regelungen-zur-e-Rechnung-in-den-bundeslaendern-2019.htm.

Es müssen folgende Inhalte bei E-Rechnungen enthalten sein[75]: 74
1. Leitweg-Identifikationsnummer
2. Bankverbindungsdaten
3. Zahlungsbedingungen
4. De-Mail-/E-Mail-Adresse des Rechnungsstellers
5. Lieferantennummer
6. Bestellnummer.

D. Ausblick

Die Umsetzung der E-Vergabe und des gesamten elektronischen Beschaffungsprozesses 75 einschließlich der E-Rechnung ist in Deutschland sehr heterogen. Die elektronische Kommunikation wird insbesondere bei kleineren Vergabestellen häufig nicht als Chance gesehen, die Beschaffung effizient und innovativ zu digitalisieren, sondern als mühsamer technischer fehleranfälliger Prozess, der den ohnehin mühsamen Beschaffungsvorgang noch mehr behindert. Die Möglichkeiten der elektronischen Beschaffung werden dabei häufig nicht wahrgenommen. Dies liegt natürlich an der zunehmenden Arbeitsauslastung der öffentlichen Verwaltung, aber auch an dem Festhalten an alten Strukturen. Dass die elektronische Kommunikation in Vergabeverfahren nicht leicht umzusetzen, technisch sowie inhaltlich anspruchsvoll und fehleranfällig ist, bleibt unbenommen. Aber es sollte das Potential erkannt und genutzt werden, die bisherige Beschaffung komplett neu zu überdenken, um die dadurch möglichen Effizienzgewinne erzielen zu können. Dies ist ein langwieriger und nicht immer leichter Prozess, der sich aber bei konsequenten Umsetzung auf Sicht auszahlen wird.

[75] § 5 ERechV.

§ 6 Besondere Auftragsvergaben: In-house-Geschäfte und staatliche Kooperationen

Übersicht

GWB: § 108

§ 108 GWB Ausnahmen bei öffentlich-öffentlicher Zusammenarbeit

(1) Dieser Teil ist nicht anzuwenden auf die Vergabe von öffentlichen Aufträgen, die von einem öffentlichen Auftraggeber im Sinne des § 99 Nummer 1 bis 3 an eine juristische Person des öffentlichen oder privaten Rechts vergeben werden, wenn

1. der öffentliche Auftraggeber über die juristische Person eine ähnliche Kontrolle wie über seine eigenen Dienststellen ausübt,
2. mehr als 80 Prozent der Tätigkeiten der juristischen Person der Ausführung von Aufgaben dienen, mit denen sie von dem öffentlichen Auftraggeber oder von einer anderen juristischen Person, die von diesem kontrolliert wird, betraut wurde, und
3. an der juristischen Person keine direkte private Kapitalbeteiligung besteht, mit Ausnahme nicht beherrschender Formen der privaten Kapitalbeteiligung und Formen der privaten Kapitalbeteiligung ohne Sperrminorität, die durch gesetzliche Bestimmungen vorgeschrieben sind und die keinen maßgeblichen Einfluss auf die kontrollierte juristische Person vermitteln.

(2) Die Ausübung einer Kontrolle im Sinne von Absatz 1 Nummer 1 wird vermutet, wenn der öffentliche Auftraggeber einen ausschlaggebenden Einfluss auf die strategischen Ziele und die wesentlichen Entscheidungen der juristischen Person ausübt. Die Kontrolle kann auch durch eine andere juristische Person ausgeübt werden, die von dem öffentlichen Auftraggeber auf gleiche Weise kontrolliert wird.

(3) Absatz 1 gilt auch für die Vergabe öffentlicher Aufträge, die von einer kontrollierten juristischen Person, die zugleich öffentlicher Auftraggeber im Sinne des § 99 Nummer 1 bis 3 ist, an den kontrollierenden öffentlichen Auftraggeber oder an eine von diesem öffentlichen Auftraggeber kontrollierte andere juristische Person vergeben werden. Voraussetzung ist, dass keine direkte private Kapitalbeteiligung an der juristischen Person besteht, die den öffentlichen Auftrag erhalten soll. Absatz 1 Nummer 3 zweiter Halbsatz gilt entsprechend.

(4) Dieser Teil ist nicht anzuwenden auf die Vergabe von öffentlichen Aufträgen, bei denen der öffentliche Auftraggeber im Sinne des § 99 Nummer 1 bis 3 über eine juristische Person des privaten oder öffentlichen Rechts zwar keine Kontrolle im Sinne des Absatzes 1 Nummer 1 ausübt, aber

1. der öffentliche Auftraggeber gemeinsam mit anderen öffentlichen Auftraggebern über die juristische Person eine ähnliche Kontrolle ausübt wie jeder der öffentlichen Auftraggeber über seine eigenen Dienststellen,
2. mehr als 80 Prozent der Tätigkeiten der juristischen Person der Ausführung von Aufgaben dienen, mit denen sie von den öffentlichen Auftraggebern oder von einer anderen juristischen Person, die von diesen Auftraggebern kontrolliert wird, betraut wurde, und

3. an der juristischen Person keine direkte private Kapitalbeteiligung besteht; Absatz 1 Nummer 3 zweiter Halbsatz gilt entsprechend.

(5) Eine gemeinsame Kontrolle im Sinne von Absatz 4 Nummer 1 besteht, wenn
1. sich die beschlussfassenden Organe der juristischen Person aus Vertretern sämtlicher teilnehmender öffentlicher Auftraggeber zusammensetzen; ein einzelner Vertreter kann mehrere oder alle teilnehmenden öffentlichen Auftraggeber vertreten,
2. die öffentlichen Auftraggeber gemeinsam einen ausschlaggebenden Einfluss auf die strategischen Ziele und die wesentlichen Entscheidungen der juristischen Person ausüben können und
3. die juristische Person keine Interessen verfolgt, die den Interessen der öffentlichen Auftraggeber zuwiderlaufen.

(6) Dieser Teil ist ferner nicht anzuwenden auf Verträge, die zwischen zwei oder mehreren öffentlichen Auftraggebern im Sinne des § 99 Nummer 1 bis 3 geschlossen werden, wenn
1. der Vertrag eine Zusammenarbeit zwischen den beteiligten öffentlichen Auftraggebern begründet oder erfüllt, um sicherzustellen, dass die von ihnen zu erbringenden öffentlichen Dienstleistungen im Hinblick auf die Erreichung gemeinsamer Ziele ausgeführt werden,
2. die Durchführung der Zusammenarbeit nach Nummer 1 ausschließlich durch Überlegungen im Zusammenhang mit dem öffentlichen Interesse bestimmt wird und
3. die öffentlichen Auftraggeber auf dem Markt weniger als 20 Prozent der Tätigkeiten erbringen, die durch die Zusammenarbeit nach Nummer 1 erfasst sind.

(7) Zur Bestimmung des prozentualen Anteils nach Absatz 1 Nummer 2, Absatz 4 Nummer 2 und Absatz 6 Nummer 3 wird der durchschnittliche Gesamtumsatz der letzten drei Jahre vor Vergabe des öffentlichen Auftrags oder ein anderer geeigneter tätigkeitsgestützter Wert herangezogen. Ein geeigneter tätigkeitsgestützter Wert sind zum Beispiel die Kosten, die der juristischen Person oder dem öffentlichen Auftraggeber in dieser Zeit in Bezug auf Liefer-, Bau- und Dienstleistungen entstanden sind. Liegen für die letzten drei Jahre keine Angaben über den Umsatz oder einen geeigneten alternativen tätigkeitsgestützten Wert wie zum Beispiel Kosten vor oder sind sie nicht aussagekräftig, genügt es, wenn der tätigkeitsgestützte Wert insbesondere durch Prognosen über die Geschäftsentwicklung glaubhaft gemacht wird.

(8) Die Absätze 1 bis 7 gelten entsprechend für Sektorenauftraggeber im Sinne des § 100 Absatz 1 Nummer 1 hinsichtlich der Vergabe von öffentlichen Aufträgen sowie für Konzessionsgeber im Sinne des § 101 Absatz 1 Nummer 1 und 2 hinsichtlich der Vergabe von Konzessionen.

Literatur:

Burgi, Warum die „kommunale Zusammenarbeit" kein vergaberechtspflichtiger Beschaffungsvorgang ist, NZBau 2005, 208; *Brauser-Jung,* Europäisches Vergaberecht 3.0 – Der neue Kommissionsentwurf eines Richtlinienpakets, VergabeR 2013, 285; *Conrad,* Neues zum sogenannten „In-house-Geschäft", AnwZert BauR 2/2013, Anm. 1; *Dabringhausen,* Die europäische Neuregelung der Inhouse-Geschäfte – Fortschritt oder Flop?, VergabeR 2014, 512; *Dreher,* Die Privatisierung bei Beschaffung und Betrieb der Bundeswehr. Zugleich ein Beitrag zur Frage der vergaberechtlichen Privilegierung so genannter In-house-Lösungen, NZBau 2001, 360; *Griechwitz,* Anmerkung zu EuGH Urt. v. 21.12.2016 – C-51/95 – Remondis/Region Hannover, EuZW 2017, 144; *Greb,* Inhouse-Vergabe nach aktuellem und künftigem Recht, VergabeR 2015, 289; *Grunenberg/Wilden,* Höhere Hürden für In-House-Geschäfte – Verschärfung des Wesentlichkeitskriteriums, VergabeR 2012, 149; *Gruneberg/Jänicke/Kröcher,* Erweiterte Möglichkeiten für die interkommunale Zusammenarbeit nach der Entscheidung des EuGH vom 9.6.2009 – eine Zwischenbilanz, ZfBR 2009, 754; *Hamann,* Vergaberecht: Kein In-House-Geschäft mit gemeinnütziger Vereinigung ohne Gewinnerzielungsabsicht – SUCH, EuZW 2014, 672, Anmerkung zu EuGH Urt. v. 19.6.2014 – C-574/12 – Centro Hospitalar; *Hofmann,* Inhouse-Geschäfte nach dem neuen GWB, VergabeR 2016, 189; *Hövelberndt,* Die vergaberechtliche Bewertung der interkommunalen Zusammenarbeit – ein Update, NWVBl. 2011, 161; *Jaeger,* Die neue Basisvergaberichtlinie der EU vom 26.2.2014 – ein Überblick, NZBau 2014, 259; *Knauf,* Neues zur Inhouse-Vergabe, EuZW 2014, 486; *Krohn,* „In-house"-Fähigkeit kommunaler Gemeinschaftsunternehmen, NZBau 2009, 222; *Krönke,* Das neue Vergaberecht aus verwaltungsrechtlicher Perspektive, NVwZ 2016,

568; *Kulartz/Boecker,* Vergaberechtsfreie Zusammenarbeit öffentlicher Auftraggeber – Anforderungen an die „Zusammenarbeit" nach § 108 VI GWB, NZBau 2020, 16; *Kühling,* Ausschreibungszwänge bei der Gründung gemischt-wirtschaftlicher Gesellschaften – Das EuGH-Urteil im Fall Mödling und seine Folgen, ZfBR 2006, 661; *Kunde,* Die Zuständigkeitsübertragung durch öffentlich-rechtliche Vereinbarung und die Anwendung des Vergaberechts, NZBau 2011, 734; *Kunde,* Vergaberechtspflicht der „delegierenden" öffentlich-rechtlichen Vereinbarung, NZBau 2013, 555; *Krohn,* „In-house"-Fähigkeit kommunaler Gemeinschaftsunternehmen, NZBau 2009, 222; *Mager,* Neue Maßgaben zur Inhouse-Vergabe und zu den Anforderungen vergabefreier Vertragsänderungen, NZBau 2012, 25; *Mager/Weßler,* Konkretisierte Kriterien für die Inhouse-Vergabe, NZBau 2017, 342; *Müller-Wrede,* Die Neuregelungen zur In-House-Vergabe, VergabeR 2016, 292; *Neun/Otting,* Die EU-Vergaberechtsreform 2014, EuZW 2014, 446; *Neun/Otting,* Die Entwicklung des europäischen Vergaberechts in den Jahren 2011/2012, EuZW 2012, 566; *Orlowski,* Zulässigkeit und Grenzen der In-house-Vergabe, NZBau 2007, 80; *Polster,* Die Rechtsfigur des In-house-Geschäfts – Eine unendliche Geschichte, NZBau 2010, 486; *Portz,* Der EuGH bewegt sich: Keine Ausschreibung kommunaler Kooperationen nach dem Urteil „Stadtreinigung Hamburg", VergabeR 2009, 702; *Säcker/Wolf,* Die Auswirkungen der Rechtsprechung des EuGH zu In-House-Geschäften auf Public-Private-Partnerships WRP 2007, 282; *Schröder,* Das so genannte Wesentlichkeitskriterium beim In-House-Geschäft, NVwZ 2011, 776; *Schwab/Giesemann,* Mit mehr Regeln zu mehr Rechtssicherheit? – Die Überarbeitung des europäischen Vergaberechts, VergabeR 2014, 351; *Struve,* Durchbruch für interkommunale Zusammenarbeit, EuZW 2009, 805; *Tomerius,* Drittgeschäfte kommunaler Entsorgungsunternehmen und Inhouse-Fähigkeit, VergabeR 2014, 373; *Wagner/Piesbergen,* Neue Entwicklungen zur vergabefreien öffentlich-öffentlichen Zusammenarbeit, NVwZ 2012, 653; *Wilke,* Zweckverbände und Vergaberecht, ZfBR 2007, 23; *Ziekow/Siegel,* Die Vergaberechtspflichtigkeit von Partnerschaften der öffentlichen Hand. Neue Entwicklungstendenzen im Bereich der In-House-Geschäfte und der In-State-Geschäfte VergabeR 2005, 145; *Ziekow/Siegel,* Public Private Partnerships und Vergaberecht: Vergaberechtliche Sonderbehandlung der „In-State-Geschäfte"?, VerwArch 2005, 119; *Ziekow,* Inhouse-Geschäft und öffentlich-öffentliche Kooperationen: Neues vom europäischen Vergaberecht, NZBau 2015, 258.

A. Einleitung

Unter den Stichworten „In-house-Geschäft" bzw. „In-house-Vergabe" werden Fallkonstellationen diskutiert, in denen sich die Frage nach den Grenzen des Anwendungsbereichs des Kartellvergaberechts stellt. Entsprechendes gilt für die Konstellationen (sonstiger) staatlicher Kooperationen. Im Kern ist dabei zu klären, inwieweit Vorgänge innerhalb der staatlichen Verwaltung, dh im Binnenbereich von Hoheitsträgern, dem Vergaberecht unterworfen sein können und daher insbesondere Ausschreibungspflichten bestehen. Durch das am 18. 4. 2016 in Kraft getretene reformierte Vergaberecht werden erstmals die Voraussetzungen für die vergaberechtsfreie In-house-Vergabe und die horizontale öffentlich-öffentliche Zusammenarbeit gesetzlich kodifiziert. 1

I. Dogmatischer Hintergrund

Unter dogmatischen Gesichtspunkten wurden diese Fragen bislang im Rahmen des für den Anwendungsbereich des Vergaberechts zentralen Begriffs des öffentlichen Auftrags iSd § 99 GWB aF verortet.[1] Methodisch wurden die relevanten Sachverhalte als ungeschriebene Ausnahmetatbestände bewertet und mit einer teleologischen Reduktion des Auftragsbegriffs gelöst.[2] Anknüpfungspunkt war dabei regelmäßig das Tatbestandsmerkmal des „Unternehmens" als Vertragspartner des öffentlichen Auftraggebers (vgl. § 103 GWB), weshalb bisweilen von dem Erfordernis einer „Externalität" der Auftragsbeziehung gesprochen wird.[3] Systematisch werden die einschlägigen Sachverhalte nun durch § 108 Abs. 1 GWB als öffentliche Aufträge qualifiziert, jedoch kraft gesetzgeberischer Entscheidung dem Anwendungsbereich des Vergaberechts entzogen.[4] 2

Hintergrund ist der Gleichbehandlungsgrundsatz iSd § 97 Abs. 2 GWB als eines der tragenden vergaberechtlichen Prinzipien. Dieser kann von vornherein nicht beeinträchtigt 3

[1] Siehe etwa Byok/Jäger/*Hailbronner* § 99 Rn. 9 ff.; Ziekow/Völlink/*Ziekow* GWB § 99 Rn. 91 ff.
[2] BGH Urt. v. 8.2.2011– X ZB 4/10, NZBau 2011, 175, 177 Rn. 17.
[3] Pünder/Schellenberg/*Pünder* § 99 GWB Rn. 10.
[4] Krit. dazu im Hinblick auf das Primärrecht *Dabringhausen* VergabeR 2014, 512, 517.

sein, wenn sich ein Vorgang im Binnenbereich von Hoheitsträgern vollzieht, wenn also private Dritte mit Verwaltungshandeln überhaupt nicht in Berührung kommen. Soweit daher öffentliche Auftraggeber ihre Aufgaben mit eigenen Mitteln erledigen, ohne dass dies Auswirkungen auf den Markt privater Dienstleistungen und Waren hat, besteht für die Anwendung des Vergaberechts kein Bedarf. Aus diesem Grund wird zu Recht von einem *„Grundsatz der Ausschreibungsfreiheit der Eigenerledigung"* gesprochen[5], der nun auch in Erwägungsgrund 5 sowie in Art. 1 Abs. 4 S. 2 der RL 2014/24/EU zum Ausdruck kommt.[6]

II. Erstmalige Kodifizierung durch die Vergaberechtsreform 2016

4 Die Fallgestaltungen des In-house-Geschäfts und der innerstaatlichen Kooperation haben in den letzten Jahren viele und komplexe Fragen aufgeworfen. Durch die umfassendste Reform des europäischen wie nationalen Vergaberechts seit 1998 wurden die Voraussetzungen vergaberechtsfreier Geschäfte erstmals kodifiziert. Kernpunkte der Reform waren insbesondere die rechtssichere und klare Fassung grundlegender Ausnahmen vom Anwendungsbereich des Vergaberechts, darunter die Formen staatlicher Kooperation.[7] Die insofern einschlägige Richtlinienvorschrift des Art. 12 RL 2014/24/EU hat mit dem Ausnahmetatbestand des § 108 GWB ihre Umsetzung ins nationale Recht erfahren, wobei insoweit das gesetzgeberische Leitmotiv einer Richtlinienumsetzung „eins zu eins"[8] ins deutsche Recht uneingeschränkt eingehalten wurde. In der Neuregelung des § 108 GWB sind unter der Überschrift „Ausnahmen bei öffentlich-öffentlicher Zusammenarbeit" die nunmehr geltenden Anforderungen niedergelegt. Die Formen vertikaler Zusammenarbeit bzw. der In-house-Vergabe finden sich dabei in § 108 Abs. 1 bis 5 GWB, während die (horizontale) Zusammenarbeit verschiedener voneinander unabhängiger Hoheitsträger in § 108 Abs. 6 GWB ihren Niederschlag gefunden hat.

5 Die Inhalte der neuen gesetzlichen Regelungen zeichnen im Wesentlichen die mittlerweile stark ausgefeilte Rechtsprechung des EuGH in diesem Bereich nach.[9] Dieser konnte in jüngerer Zeit einige der aufgeworfenen Fragen klären. Dementsprechend bleibt die bisherige Rechtsprechung zur In-house-Vergabe und zur innerstaatlichen Kooperation auch unter der Geltung des neuen Vergaberechts weitestgehend anwendbar und ist grundsätzlich weiterhin zu beachten. Die weitgehende gesetzliche Kodifizierung der Rechtsprechungslinien ändert indes nichts daran, dass sich immer noch vieles im Fluss befindet und weiterhin einige Probleme ungeklärt sind. Dennoch trägt die Novelle über die Rechtsprechungsgrundsätze hinaus an vielen Stellen zu mehr Rechtssicherheit und Rechtsklarheit bei und ist daher sehr zu begrüßen. Neben erfreulichen Klarstellungen werden zudem neue Akzente gesetzt mit dem Ziel, öffentlichen Auftraggebern zusätzliche Handlungsspielräume zu eröffnen. Doch werden damit andererseits neue, bisher nicht vorhandene Auslegungsschwierigkeiten geschaffen.

B. In-house-Geschäfte

6 Beim In-house-Geschäft geht es um die Fälle, in denen sich ein Auftraggeber der eigenen Mittel bedient, um einen bestimmten Zweck zu erreichen. Dies ist sowohl durch Inanspruchnahme einer unselbständigen Einheit des öffentlichen Auftraggebers denkbar, als auch durch Einbeziehung einer rechtlich verselbständigten, etwa formell privatisierten

[5] Ziekow/Völlink/*Ziekow* GWB § 99 Rn. 94.
[6] Vgl. *Ziekow* NZBau 2015, 258.
[7] BT-Drs. 18/6281, 80. Angesichts der Auslegungsbedürftigkeit der bisher maßgeblichen Kriterien hatte der europäische Normgeber eine „erhebliche Rechtsunsicherheit" festgestellt; vgl. Erwägungsgrund 38 RL 2014/24/EU.
[8] Vgl. BT-Drs. 18/6281, S. 80.
[9] BT-Drs. 18/6281, S. 80; *Neun/Otting* EuZW 2014, 446, 448.

Einheit, beispielsweise eines als Tochtergesellschaft geführten Geschäftsbetriebs einer Kommune. An dieser rechtlich selbständigen Einheit kann der Auftraggeber selbst alleine beteiligt sein. Es ist aber auch eine gemeinsame Beteiligung mit anderen öffentlichen Auftraggebern oder Privaten denkbar. Ebenso vielgestaltig sind die Konstellationen im Hinblick auf den Tätigkeitsbereich der in Anspruch genommenen Einheit. Die zu klärende Frage, ob und unter welchen Voraussetzungen derartige Fallkonstellationen vom Anwendungsbereich erfasst werden, wird durch § 108 Abs. 1 bis 5 GWB beantwortet, welcher die maßgeblichen Grundsätze festlegt.

I. In-house-Geschäft als Entwicklung der EuGH-Rechtsprechung

Die dem § 108 Abs. 1 GWB zugrundeliegende Dogmatik des In-house-Geschäfts wurde 7 maßgeblich vom Europäischen Gerichtshof entwickelt und ausgeformt. Ausgangspunkt einer ganzen Reihe von Entscheidungen war dabei das sog. *Teckal*-Urteil.[10] Seither ist das In-house-Geschäft (bisweilen auch als „In-house-Vergabe" bezeichnet) als (zuvor ungeschriebener) Ausnahmetatbestand in der europäischen wie auch in der deutschen Vergaberechtsprechung anerkannt.[11] So hat der BGH bereits kurz nach dem zu einem Lieferauftrag ergangenen *Teckal*-Urteil des EuGH die maßgeblichen Grundsätze auch auf Dienstleistungsverträge angewendet.[12] Auch die übrige Rechtsprechung und die überwiegende Literatur folgten dem EuGH.[13]

Als Ausnahmetatbestand gilt das In-house-Geschäft nicht nur im Hinblick auf das Se- 8 kundärrecht, sondern auch im Hinblick auf das primäre Unionsrecht[14], dem der EuGH in ständiger Rechtsprechung vergaberechtliche Mindeststandards entnimmt, die auch für Unterschwellenvergaben gelten. Dementsprechend war bereits anerkannt, dass die Kriterien der In-house-Geschäfte insbesondere auch auf Dienstleistungskonzessionen anzuwenden sein können.[15] § 108 GWB dient auch der Umsetzung von Art. 17 der Konzessionsvergaberichtlinie 2014/23/EU, so dass sich auch die Vergabe von Bau- oder Dienstleistungskonzessionen an den In-house-Voraussetzungen messen lassen muss, § 108 Abs. 8 GWB.

1. In-house-Geschäfte im engeren Sinn

Von den Neuregelungen in § 108 GWB unberührt bleibt zunächst das *In-house-Geschäft im* 9 *engeren Sinn*. Ein solch unzweifelhaft vergaberechtsfreies Geschäft liegt immer dann vor, wenn sich ein öffentlicher Auftraggeber zur Erfüllung einer bestimmten Aufgabe bzw. zur Erreichung eines bestimmten Zwecks einer **eigenen, rechtlich unselbständigen Organisationseinheit** bedient.[16] Dies gilt etwa für die Betrauung eines (rechtlich unselbstständigen) Eigenbetriebes mit einer bestimmten Aufgabe.[17] In diesen Fällen handelt es sich um einen rein verwaltungsinternen Vorgang ohne jede (Binnen-)Marktrelevanz. Insoweit be-

---

[10] EuGH Urt. v. 18.11.1999 – C-107/98, NZBau 2000, 90 – Teckal.

[11] *Polster* NZBau 2010, 486.

[12] BGH Beschl. v. 12.6.2001– X ZB 10/01, NZBau 2001, 517, 519; s. ferner Urt. v. 3.7.2008 – I ZR 145/05, NZBau 2008, 664 Rn. 22ff.; Urt. v. 8.2.2011– X ZB 4/10, NZBau 2011, 175 Rn. 17.

[13] S. etwa BayObLG Beschl. v. 22.1.2002 – Verg 18/01, NZBau 2002, 397, 399; OLG Brandenburg Beschl. v. 19.12.2002 – Verg W 9/02, NZBau 2003, 229, 232; OLG Naumburg Beschl. v. 13.5.2003 – 1 Verg 2/03, NZBau 2004, 62, 64; OLG Düsseldorf Beschl. v. 15.10.2003 – Verg 50/03, NZBau 2004, 58, 58f.; *Dreher* NZBau 2001, 360, 362ff.; *Ziekow/Siegel* VergabeR 2005, 145, 146ff.

[14] Zweifel daran erhebt *Dabringhausen* VergabeR 2014, 512, 517, der die Gefahr eines Vergaberechts „light" im Hinblick auf das Primärrecht sieht.

[15] Vgl. EuGH Urt. v. 13.11.2008 – C-324/07, NZBau 2009, 54 Rn. 25ff. – Coditel Brabant; Urt. v. 6.4. 2006 – C-410/04, NVwZ 2006, 555, 556 Rn. 24 – ANAV; Urt. v. 13.10.2005 – C-458/03, NZBau 2005, 644 Rn. 61f. – Parking Brixen; s. auch EuGH Urt. v. 15.10.2009 – C-196/08, NZBau 2009, 804, Rn. 51 – Acoset; Urt. v. 10.9.2009 – C-573/07, VergabeR 2009, 882 Rn. 31ff. – Sea/Se.T.Co. SpA; EuGH Urt. v. 29.11.2012 – C-182/11 u. 183/11, NZBau 2013, 55 Rn. 26 – Econord SpA.

[16] S. OLG Düsseldorf Beschl. v. 6.7.2011 – VII-Verg 39/11, NZBau 2011, 769, 770; Beschl. v. 2.3.2011, VII-Verg 48/10, NZBau 2011, 244, 247.

[17] OLG Rostock Beschl. v. 4.7.2012 – 17 Verg 3/12, BeckRS 2013, 1570.

steht Einigkeit, dass einerseits die reine Verwaltungsorganisation nicht vom Anwendungsbereich des Vergaberechts erfasst wird. Dementsprechend ist jeder Auftraggeber frei in der Entscheidung, bestimmte Leistungen selbst durch seine eigenen Dienststellen zu erbringen, anstatt sie auf dem Markt zu beschaffen. In diesen Konstellationen fehlt es von vornherein an einem Vertrag mit einem Dritten, so dass unter diesem Gesichtspunkt kein Auftrag im Sinne des Vergaberechts vorliegt.[18]

2. In-house-Geschäfte im weiteren Sinn

10 Maßgeblich von der Ausnahmeregelung des § 108 GWB betroffen ist jedoch das *In-house-Geschäft im weiteren Sinn.* Dabei handelt es sich um Konstellationen, in welchen sich der öffentliche Auftraggeber einer Organisationseinheit bedient, die ihm gegenüber **rechtlich verselbständigt** ist. In diesen Fällen liegt jeweils ein Vertrag des öffentlichen Auftraggebers mit einem Dritten vor. Aufgrund der insoweit bestehenden Marktrelevanz ist daher zu prüfen, ob und unter welchen Voraussetzungen gleichwohl von einem vergaberechtsfreien öffentlichen Auftrag auszugehen ist. Diesen Fall des klassischen vertikalen In-house-Geschäfts regelt nun § 108 Abs. 1 GWB.

II. Voraussetzungen vergaberechtsfreier In-house-Geschäfte im weiteren Sinn

11 Nach dieser Norm ist die Vergabe öffentlicher Aufträge vom Anwendungsbereich des Vergaberechts ausgenommen, wenn (kumulativ)

(1) der öffentliche Auftraggeber über die juristische Person, die er mit der Leistungserbringung betraut, eine ähnliche Kontrolle wie über seine eigenen Dienststellen ausübt (sog. **Kontrollkriterium**) und

(2) mehr als 80 Prozent der Tätigkeiten der juristischen Person der Ausführung von Aufgaben dienen, mit denen sie von dem öffentlichen Auftraggeber oder von einer anderen juristischen Person, die von diesem kontrolliert wird, betraut wurde (sog. **Wesentlichkeitskriterium**) und

(3) an der juristischen Person keine direkte private Kapitalbeteiligung besteht, mit Ausnahme nicht beherrschender Formen der Kapitalbeteiligung und Formen der privaten Kapitalbeteiligung ohne Sperrminorität, die durch gesetzliche Bestimmungen vorgeschrieben sind und keinen maßgeblichen Einfluss auf die kontrollierte juristische Person vermitteln (sog. **Beteiligungskriterium**).

12 Diese Voraussetzungen stimmen im Wesentlichen mit den in der *Teckal*-Entscheidung aufgestellten Grundsätzen überein. Die Norm macht das Vorliegen eines In-house-Geschäfts jedoch von drei statt bisher zwei Merkmalen abhängig und scheint damit über die bisherige *Teckal*-Rechtsprechung hinauszugehen, indem zusätzlich ein Beteiligungskriterium ausdrücklich aufgenommen wird. Doch wurde die Frage einer privaten Beteiligung auch zuvor bereits als Gesichtspunkt im Rahmen des Kontrollkriteriums berücksichtigt.[19] Bemerkenswert ist zudem die im Vergleich zur bisherigen Rechtsprechung modifizierte Ausformung des Wesentlichkeitskriteriums.[20]

13 Maßgeblicher Beurteilungszeitpunkt für das Vorliegen dieser sog. „In-house-Kriterien" ist dabei jeweils der Zeitpunkt der Auftragsvergabe. Nach den in diesem Zeitpunkt liegenden Umständen ist die Frage der Anwendbarkeit des Vergaberechts grundsätzlich zu prüfen.[21]

[18] EuGH Urt. v. 11.1.2005 – C-26/03, NVwZ 2005, 187, 190 Rn. 47 – Stadt Halle; VK Nordbayern Beschl. v. 27.5.2004, 320 – VK-3194-14/04, BeckRS 2004, 35200; Heuvels/Höß/Kuß/Wagner/*Heuvels* § 99 GWB Rn. 151; Ziekow/Völlink/*Ziekow* GWB § 99 Rn. 97.

[19] Einen Überblick über die frühere Rechtsprechung des EuGH hierzu gibt KKPP/*Portz* § 108 GWB Rn. 127 ff.

[20] KKPP/*Portz* § 108 GWB Rn. 23; 57 ff.

[21] *Polster* NZBau 2010, 486, 487.

Bereichsspezifische Besonderheiten sind im Hinblick auf den öffentlichen Personenverkehr zu beachten. Im Anwendungsbereich der Verordnung (EG) Nr. 1370/2007 gelten für die – dem In-house-Geschäft entsprechende – Vergabe öffentlicher Dienstleistungsaufträge an sog. interne Betreiber eigenständige Anforderungen, die teilweise von den hier dargestellten Kriterien abweichen.[22] 14

1. Kontrollkriterium (§ 108 Abs. 1 Nr. 1 GWB)

Das Kontrollkriterium des § 108 Abs. 1 Nr. 1 GWB verlangt in beinahe vollständiger Übereinstimmung mit dem Wortlaut der vorangehenden EuGH-Rechtsprechung, dass der öffentliche Auftraggeber über diejenige Einheit, an welche er den Auftrag (oder die Konzession) vergibt, eine ähnliche Kontrolle ausübt wie über seine eigene Dienststelle. Dass nunmehr eine nur „ähnliche" Kontrolle verlangt wird, liegt schlicht daran, dass eine rechtlich verselbständigte Tochtergesellschaft nur in vergleichbarem Maße kontrolliert werden kann wie eine unselbständige Dienststelle.[23] Nach der Rechtsprechung des EuGH ist für eine derartige Kontrolle erforderlich, dass es dem Auftraggeber gestattet ist, sowohl auf die strategischen Ziele als auch auf die wichtigen Entscheidungen dieser Einheit ausschlaggebenden Einfluss zu nehmen.[24] Diese Konkretisierung des Kontrollkriteriums findet sich wörtlich in Form einer Vermutungsregel in § 108 Abs. 2 GWB wieder. Der EuGH spricht insoweit von einer strukturellen und funktionellen Kontrolle, die wirksam sein muss.[25] Ob dies der Fall ist, muss in jedem Einzelfall anhand einer Gesamtschau aller maßgeblichen Umstände einschließlich der rechtlichen Rahmenbedingungen geprüft werden.[26] Dabei haben sich in der Rechtsprechung die nachfolgend dargestellten Fallgruppen herausgebildet. 15

a) Marktausrichtung. Gegen eine hinreichende Kontrolle durch den öffentlichen Auftraggeber spricht es, wenn die zu beauftragende Einheit eine Marktausrichtung erreicht hat, die eine Kontrolle durch den Auftraggeber schwierig macht.[27] Dabei spielt insbesondere bei kommunalen Unternehmen deren **geographischer Tätigkeitsbereich** eine große Rolle. Während eine Beschränkung auf den Zuständigkeitsbereich des öffentlichen 16

---

[22] Näher hierzu Kap. 11 § 57.

[23] BayObLG Beschl. v. 22. 1. 2002 – Verg 18/01, NZBau 2002, 397, 399; *Dabringhausen* VergabeR 2014, 512, 514.

[24] OLG Düsseldorf Beschl. v. 30. 1. 2013 – VII-Verg 56/12, NZBau 2013, 327 mwN – Die Fragen, ob es auch ohne Kontrolle des Auftraggebers über den Auftragnehmer genügen kann, „wenn sowohl der Auftraggeber als auch der Auftragnehmer von demselben Träger, der seinerseits öffentlicher Auftraggeber im Sinne der Richtlinie 2004/18/EG ist, kontrolliert werden und der Auftraggeber und der Auftragnehmer im Wesentlichen für ihren gemeinsamen Träger tätig werden (horizontales In-House-Geschäft)", sowie ob sich die Kontrolle auf den gesamten Tätigkeitsbereich des Auftragnehmers beziehen oder eine Kontrolle nur des Beschaffungsbereichs genügt, hat das Hanseatische OLG dem EuGH im Wege der Vorabentscheidung zur Beantwortung vorgelegt (Datenlotsen Informationssysteme GmbH ./. TU Hamburg-Harburg); s. ABl. EU v. 20. 4. 2013, Nr. C 114, S. 23f. Hierzu erging EuGH Urt. v. 8. 5. 2014 – C-15/13 mit dem Inhalt, dass ein öffentlicher Auftrag iSd Richtlinie 2004/18/EG gegeben sei, weil kein Kontrollverhältnis zwischen der Universität als öffentlichem Auftraggeber und der beauftragten Gesellschaft bestehe, denn die Universität sei weder an dem Kapital dieser Gesellschaft beteiligt, noch habe sie einen Vertreter in deren Aufsichtsrat. Damit sei der Ausnahmetatbestand der In-house-Vergabe nicht erfüllt, die dafür nötige „interne[...] Verbindung zwischen dem öffentlichen Auftraggeber und der beauftragten Einrichtung" liege nicht vor. Auch sei „die Stadt Hamburg nicht in der Lage, über die Universität eine „Kontrolle wie über eigene Dienststellen" auszuüben", weil sich die Kontrolle der Stadt nur auf das Beschaffungswesen der Universität beziehe, nicht aber auf die Bereiche der Forschung und Lehre, EuZW 2014, 512f.

[25] EuGH Urt. v. 13. 11. 2008 – C-324/07, NZBau 2009, 54 Rn. 46 – Coditel Brabant; EuGH Urt. v. 29. 11. 2012 – C-182/11 u. 183/11, NZBau 2013, 55, Rn. 27 – Econord SpA; ebenso OLG Düsseldorf Beschl. v. 30. 1. 2013 – Verg 56/12, NZBau 2013, 327.

[26] EuGH Urt. v. 13. 10. 2005 – C-458/03, NZBau 2005, 644, 649 Rn. 65 – Parking Brixen; nachgehend EuGH Urt. v. 10. 9. 2009 – C-573/07, VergabeR 2009, 882 Rn. 65 – Sea/Se.T.Co. SpA.; EuGH Urt. v. 13. 11. 2008 – C-324/07, NZBau 2009, 54 Rn. 28 – Coditel Brabant; EuGH Urt. v. 11. 5. 2006 – C-340/04, NZBau 2006, 452, 454 Rn. 36 – Carbotermo.

[27] EuGH Urt. v. 10. 9. 2009 – C-573/07, VergabeR 2009, 882 Rn. 66 – Sea/Se.T.Co. SpA.; EuGH Urt. v. 13. 10. 2005 – C-458/03, NZBau 2005, 644, 649 Rn. 67 – Parking Brixen.

Auftraggebers ein Indiz für eine hinreichende Kontrolle ist, spricht eine Tätigkeit weit über diesen räumlichen Bereich hinaus für eine starke Marktausrichtung und damit tendenziell eher gegen ein In-house-Geschäft.[28]

17 **b) Rechtsform.** Von großer Bedeutung für das Kontrollkriterium kann auch die Rechtsform sein, in welcher die zu beauftragende Einheit eingerichtet ist. Ein Indiz für eine hinreichende Kontrolle kann insbesondere die öffentlich-rechtliche Rechtsform der Untereinheit sein, die beauftragt werden soll. Auch ein öffentlich-rechtlicher Zweckverband, an welchem der Auftraggeber beteiligt ist, kann unter dem Gesichtspunkt des Kontrollkriteriums als grundsätzlich in-house-fähig angesehen werden.[29]

18 Anders sind Gesellschaften in Privatrechtsform zu beurteilen. Allerdings spricht zunächst der Umstand, dass der öffentliche Auftraggeber eine Tochtergesellschaft in Privatrechtsform errichtet hat, für sich genommen noch nicht gegen eine hinreichende Kontrolle. Auch eine personalistische Struktur einer privatrechtlichen Gesellschaft wie etwa bei einem Versicherungsverein auf Gegenseitigkeit, steht einer Anwendung der Grundsätze des In-house-Geschäfts nicht entgegen.[30] Handelt es sich um eine **Gesellschaft mit beschränkter Haftung (GmbH)**, ist vielmehr in der Regel davon auszugehen, dass eine hinreichende Kontrolle gewährleistet ist, da schon nach dem GmbHG weitreichende Einflussmöglichkeiten der Gesellschafter bestehen und die GmbH auf Grund der ihr eigenen Organisationsstruktur umfassende Einfluss- und Steuerungsmöglichkeiten bietet. Dies gilt umso mehr, wenn diese Einflussmöglichkeiten durch entsprechende Regelungen in der Satzung (etwa über die Schaffung zusätzlicher Organe und Gremien) noch verstärkt bzw. ergänzt werden.[31] Demgegenüber sind etwa bei einer **Aktiengesellschaft (AG)** die Einflussmöglichkeiten der einzelnen Aktionäre auf die Gesellschaft beschränkt, was im Einzelfall eine genauere Prüfung erfordert.[32] Besondere Bedeutung kommt dabei der Zusammensetzung der Beschlussorgane und dem Umfang der Befugnisse dieser Organe zu.[33]

19 **c) Beteiligungsverhältnisse.** Von entscheidender Bedeutung für das Vorliegen des Kontrollkriteriums sind schließlich die Beteiligungsverhältnisse an dem Unternehmen bzw. der Einrichtung, das bzw. die den Auftrag erhalten soll. Die Konstellation der Mitbeteiligung (natürlicher oder juristischer) privater Personen hat insofern jedoch mit § 108 Abs. 1 Nr. 3 GWB eine eigenständige Regelung in Form eines gesonderten Beteiligungskriteriums erfahren.[34] Im Übrigen verbleiben für das Kontrollkriterium zwei Konstellationen:

(1) Der öffentliche Auftraggeber ist einziger Beteiligter, dh er hält 100% der Anteile an der Gesellschaft bzw. an der zu beauftragenden Einrichtung ist kein Dritter beteiligt.

(2) Der öffentliche Auftraggeber ist an dem Unternehmen bzw. der Einrichtung gemeinsam mit anderen öffentlichen Stellen beteiligt, hält etwa nur einen Teil der Gesellschaftsanteile, während andere öffentliche Auftraggeber die übrigen Anteile halten.

20 Die erste Konstellation ist unter dem Gesichtspunkt der Ausübung hinreichender Kontrolle unproblematisch. Auch die bislang nicht abschließend geklärte Konstellation der Beteiligung an anderen öffentlichen Auftraggebern hat durch die Regelung des § 108 Abs. 4 GWB eine Klarstellung erfahren.

---

[28] EuGH Urt. v. 10.9.2009 – C-573/07, VergabeR 2009, 882 Rn. 73ff. – Sea/Se.T.Co. SpA.

[29] Näher OLG Düsseldorf Beschl. v. 21.6.2006 – VII-Verg 17/06, NZBau 2006, 662, 666; zust. *Wilke* ZfBR 2007, 23, 24.

[30] BGH Urt. v. 3.7.2008 – I ZR 145/05, NZBau 2008, 664, 666 Rn. 26.

[31] BGH Urt. v. 12.6.2001– X ZB 10/01, NZBau 2001, 517, 519; OLG Düsseldorf Beschl. v. 28.7.2011, VII- Verg 20/11, NZBau 2012, 50, 51; *Mager/Weßler* NZBau 2017, 342.

[32] Krit. zB EuGH Urt. v. 13.10.2005 – C-458/03, NZBau 2005, 644 Rn. 67 – Parking Brixen; EuGH Urt. v. 29.11.2012 – C-182/11 u. 183/11, NZBau 2013, 55 Rn. 30ff. – Econord SpA (jeweils zu einer italienischen Aktiengesellschaft).

[33] EuGH Urt. v. 13.11.2008 – C-324/07, NZBau 2009, 54 Rn. 29 – Coditel Brabant; *Krohn* NZBau 2009, 222, 224f.

[34] Dazu → Rn. 39.

aa) Auftraggeber als einziger Beteiligter. Ist der öffentliche Auftraggeber einziger Beteiligter an dem zu beauftragenden Unternehmen oder der zu beauftragenden Einrichtung, ist eine hinreichende Kontrolle im Regelfall gewährleistet. Anderes kann gelten, wenn Einflussmöglichkeiten zugunsten eines oder mehrerer Dritter bestehen, die auf einem anderen Rechtsgrund als einer gesellschaftsrechtlichen Beteiligung beruhen (zB aufgrund eines Treuhandverhältnisses im Zusammenhang mit dem Halten von Anteilen an einer Gesellschaft). Entsprechendes gilt, wenn aufgrund der gewählten Rechtsform und Ausgestaltung dem Unternehmen selbst bzw. dessen Leitung maßgebliche Entscheidungsspielräume eingeräumt sind, welche der Einflussnahme des Auftraggebers entzogen sind, so dass etwa die Gesellschaft gegenüber ihren Anteilseignern über weitreichende Selbständigkeit verfügt, was insbesondere bei Aktiengesellschaften oder Versicherungsvereinen auf Gegenseitigkeit der Fall sein kann.[35] 21

Nach § 108 Abs. 2 S. 2 GWB kann die Kontrolle auch durch eine andere juristische Person ausgeübt werden, die von dem öffentlichen Auftraggeber auf gleiche Weise kontrolliert wird. Dabei werden vom Wortlaut auch darüber hinausgehende mehrstufige Kontrollverhältnisse erfasst, sofern eine Kontrolle „auf gleiche Weise" gewährleistet ist.[36] Nicht erforderlich ist daher, dass der öffentliche Auftraggeber unmittelbar oder direkt die Anteile an der Gesellschaft hält. So kann etwa auch eine nur mittelbare Beteiligung an einer Gesellschaft, bei der – etwa im kommunalen Konzern – zwischen den Auftraggeber und die zu beauftragende Gesellschaft eine oder mehrere Gesellschaften „dazwischengeschaltet" sind, genügen.[37] In einem solchen Fall ist freilich unter Berücksichtigung aller Rechtsvorschriften und maßgeblichen Umstände des Einzelfalls im Wege einer Gesamtschau zu prüfen, ob die (durch andere Gesellschaften vermittelten) Einflussmöglichkeiten des Auftraggebers im Vergleich zu einer unmittelbaren Beteiligung verringert oder gar ausgeschlossen sind, was insbesondere dann anzunehmen sein kann, wenn einem Leitungsorgan einer zwischengeschalteten Gesellschaft autonome Befugnisse zukommen.[38] Sollte dies der Fall sein, würde dies gegen eine hinreichende Kontrolle sprechen.[39] 22

bb) Mitbeteiligung anderer öffentlicher Auftraggeber. Im Hinblick auf die Konstellation, dass an einem Unternehmen oder einer Einrichtung mehrere öffentliche Auftraggeber gemeinsam – ob zu gleichen Teilen oder in unterschiedlichem Umfang – beteiligt sind, stellte sich bisweilen die Frage, ob auch in Bezug auf den einzelnen öffentlichen Auftraggeber von einer Kontrolle über die gemeinsame Einrichtung wie über eine eigene Dienststelle ausgegangen werden kann. Vor dem Hintergrund, dass es sich auch in derartigen Konstellationen jeweils um Vorgänge im innerstaatlichen Bereich handelt, ging die Rechtsprechung von einer hinreichenden Kontrolle aus und bejahte das Kontrollkriterium. Maßgebend sei, dass es öffentlichen Auftraggebern möglich sein soll, zur Erfüllung ihrer Aufgaben nicht nur auf ihre eigenen Ressourcen zurückzugreifen, sondern auch mit anderen öffentlichen Stellen zusammenzuarbeiten.[40] 23

Diese Rechtsprechung wird durch § 108 Abs. 4 GWB bestätigt. Danach ist eine hinreichende Kontrolle für den Fall anzunehmen, dass mehrere öffentliche Auftraggeber eine 24

[35] EuGH Urt. v. 11.5.2006 – C-340/04, NZBau 2006, 452, 455 Rn. 47 – Carbotermo; vgl. auch Urt. v. 13.10.2005 – C-458/03, NZBau 2005, 644, 647 Rn. 44ff. – Parking Brixen; BGH Urt. v. 3.7.2008 – I ZR 145/05, NZBau 2008, 664, 666f. Rn. 29; OLG Düsseldorf Beschl. v. 4.5.2009 – VII-Verg 68/08, Pünder/Schellenberg/*Wegener* § 99 GWB Rn. 24; *Säcker/Wolf* WRP 2007, 282, 286.

[36] *Müller-Wrede* VergabeR 2016, 292, 293.

[37] EuGH Urt. v. 11.5.2006 – C-340/04, NZBau 2006, 452, 454 Rn. 39f. – Carbotermo; OLG Düsseldorf Beschl. v. 12.1.2004 – VII-Verg 71/03, NZBau 2004, 343, 345; OLG Hamburg v. 14.12.2010 – 1 Verg 5/10, NZBau 2011, 185, 186; OLG Düsseldorf Beschl. v. 30.1.2013 – VII-Verg 56/12, NZBau 2013, 327f.; *Orlowski* NZBau 2007, 80, 83f.

[38] OLG Düsseldorf Beschl. v. 30.1.2013 – VII-Verg 56/12, NZBau 2013, 327, 328.

[39] Näher Pünder/Schellenberg/*Wegener* § 99 GWB Rn. 22f.

[40] EuGH Urt. v. 10.9.2009 – C-573/07, VergabeR 2009, 882 Rn. 54ff. – Sea/Se.T.Co. SpA.; Urt. v. 13.11.2008 – C-324/07, NZBau 2009, 54 Rn. 47ff. – Coditel Brabant.

juristische Person gemeinsam beherrschen, dh alle öffentlichen Auftraggeber gemeinsam eine ähnliche Kontrolle ausüben wie ein öffentlicher Auftraggeber alleine über seine eigenen Dienststellen. Die Voraussetzungen, die eine gemeinsame Kontrolle begründen und kumulativ vorliegen müssen, werden in § 108 Abs. 5 GWB genannt. Erforderlich ist, dass die beschlussfassenden Organe aus Vertretern sämtlicher Auftraggeber bestehen, wobei ein einzelner Vertreter mehrere oder alle teilnehmenden Auftraggeber vertreten kann. Zudem wird klargestellt, dass ein gemeinsamer ausschlaggebender Einfluss auf die strategischen Ziele und die wesentlichen Entscheidungen vonnöten ist und dass durch die kontrollierte juristische Person keine Interessen verfolgt werden dürfen, die denen der Auftraggeber zuwiderlaufen.

25 Soweit diese Voraussetzungen erfüllt sind, ist grundsätzlich unerheblich, in welchem Umfang der einzelne öffentliche Auftraggeber an der gemeinsamen Einrichtung, etwa einer Tochtergesellschaft, beteiligt ist. Auch eine Minderheitsbeteiligung unter 1 % kann in solch einem Fall für die Bejahung des Kontrollkriteriums genügen.[41] Insbesondere muss nicht jeder beteiligten öffentlichen Stelle ein individuelles Kontrollrecht über die gemeinsame Einrichtung eingeräumt sein. Nach der Rechtsprechung genügt aber eine nur rein formale oder symbolische Beteiligung ohne jede Möglichkeit einer Beteiligung an der (gemeinsamen) Kontrolle über die Einrichtung nicht, denn dies würde nach den Worten des EuGH das „Konzept der gemeinsamen Kontrolle" aushöhlen und Umgehungen des Vergaberechts Tür und Tor öffnen.[42] Eine solche Einschränkung enthält § 108 Abs. 5 GWB zwar nicht, doch dürfte eine völlige Dominanz eines Mehrheitsgesellschafters einer gemeinsamen Kontrolle weiterhin entgegenstehen.[43]

26 Vom Wortlaut der bisherigen Rechtsprechung abweichend ist eine (wenn auch geringe) Beteiligung jedes einzelnen Auftraggebers an den *„beschlussfassenden Organen"* der gemeinsamen Einrichtung erforderlich. Mangels entgegenstehender Anhaltspunkte in den Erwägungsgründen der Richtlinie und der Gesetzesbegründung wird man im Anschluss an die bisherige Rechtsprechung[44] aber davon ausgehen dürfen, dass es sich dabei weiterhin um „Leitungsorgane" handeln muss.[45] Auch wird man als zusätzliche Voraussetzung jeweils eine Beteiligung am Kapital der juristischen Person fordern müssen. Dies ergibt sich zwar nicht konstitutiv aus der gesetzlichen Regelung, aber wohl zwangsläufig aus dem Erfordernis der Teilnahme an der gemeinsamen Kontrolle.[46] Die Maßgabe des § 108 Abs. 5 Nr. 2 GWB, wonach die zu kontrollierende juristische Person keine gegenläufigen Interessen verfolgen darf, hat im Hinblick auf die Voraussetzungen des § 108 Abs. 5 Nr. 2 GWB keine praktische Bedeutung. Der Einfluss des öffentlichen Auftraggebers auf die strategischen Entscheidungen des Auftragnehmers wird einer Interessendivergenz regelmäßig keinen Raum bieten.[47]

---

[41] EuGH Urt. v. 19.4.2007 – C-295/05, NZBau 2007, 381 Rn. 56 ff. – Asemfo/Tragsa; OLG Düsseldorf Beschl. v. 30.1.2013 – VII-Verg 56/12, NZBau 2013, 327.

[42] EuGH Urt. v. 29.11.2012 – C-182/11 u. 183/11, NZBau 2013, 55 Rn. 30 ff. – Econord SpA; zust. OLG Düsseldorf Beschl. v. 30.1.2013 – VII-Verg 56/12, NZBau 2013, 327. Im konkreten Fall, welcher der genannten Entscheidung des EuGH zugrunde lag, waren zwei Kommunen jeweils mit nur einer von 173.785 Aktien im Nennwert von jeweils 1 EUR am Grundkapital der in der Rechtsform einer (italienischen) Aktiengesellschaft errichteten gemeinsamen Einrichtung beteiligt; angesichts einer bestehenden gesellschaftsrechtlichen Nebenvereinbarung, die ihnen das Recht einräumte, an der Ernennung eines Aufsichtsrats und eines Verwaltungsratsmitglieds mitzuwirken, gab der EuGH dem vorlegenden Gericht auf zu prüfen, ob diese Nebenvereinbarung es den beiden Kommunen „ermöglichen kann, tatsächlich zur Kontrolle [der gemeinsamen Einrichtung] beizutragen" (Rn. 32).

[43] Vgl. OLG Düsseldorf Beschl. v. 30.10.2013 – VII-Verg 56/12, NZBau 2013, 327.

[44] Vgl. EuGH Urt. v. 29.11.2012 – C-182/11 u. 183/11, NZBau 2013, 55 Rn. 33 – Econord SpA; zustimmend *Conrad,* AnwZert BauR 2/2013, Anm. 1.

[45] *Knauff* EuZW 2014, 486, 488; krit. *Müller-Wrede* VergabeR 2016, 292, 295.

[46] Zutr. *Jaeger* NZBau 2014, 259, 261; vgl. auch EuGH Urt. v. 29.11.2012 – C-182/11 u. 183/11, NZBau 2013, 55 Rn. 33.

[47] *Dabringhausen* VergabeR 2014, 512, 523; *Knauff* EuZW 2014, 486, 489; *Müller-Wrede* VergabeR 2016, 292, 295.

In gleicher Weise wie im Rahmen des § 108 Abs. 1 GWB darf zudem keine private Beteiligung bestehen. Auch das Wesentlichkeitskriterium muss erfüllt sein, wobei dieses in der hier relevanten Konstellation eine besondere Ausgestaltung erfährt.[48] 27

2. Wesentlichkeitskriterium (§ 108 Abs. 1 Nr. 2 GWB)

Nach § 108 Abs. 1 Nr. 2 GWB müssen mehr als 80 % der Tätigkeiten der juristischen Person der Ausführung von Aufgaben dienen, mit denen sie von dem öffentlichen Auftraggeber oder von einer anderen juristischen Person, die von diesem kontrolliert wird, betraut wurde. Die Regelung knüpft erkennbar an das zweite *Teckal*-Kriterium des EuGH (sog. Wesentlichkeitskriterium) an, geht aber nicht unerheblich darüber hinaus. Die Anforderungen an das Wesentlichkeitskriterium wurden seither in Anlehnung an das EuGH-Urteil „*Carbotermo*" bestimmt und ausgeformt.[49] Erforderlich war, dass das zu beauftragende Unternehmen seine Tätigkeit im Wesentlichen für die Körperschaft verrichten muss, die seine Anteile innehat. Eine wesentliche Tätigkeit war anzunehmen, wenn das Unternehmen hauptsächlich für die beauftragende bzw. konzessionierende Körperschaft tätig wurde und jede andere Tätigkeit rein nebensächlich war. Zur Ermittlung der Wesentlichkeit wurden im Rahmen einer Gesamtbetrachtung alle *qualitativen* und *quantitativen* Umstände des Einzelfalls berücksichtigt. In quantitativer Hinsicht ausschlaggebend war dabei insbesondere der Umsatz, den das Unternehmen aufgrund der Vergabeentscheidungen der kontrollierenden Körperschaft erzielte. Die Neuregelung schafft in dieser Hinsicht mit der Festlegung auf eine 80 % – Grenze eine rechtssichere quantitative Maßgabe. In Übereinstimmung mit der Rechtsprechung zum Kontrollkriterium dürfte feststehen, dass auch das Wesentlichkeitskriterium während der gesamten Laufzeit des in-house vergebenen öffentlichen Auftrags erfüllt sein muss. Anderenfalls ist von einer wesentlichen Vertragsänderung mit der Folge einer möglichen Ausschreibungspflicht auszugehen.[50] 28

Wenngleich das Wesentlichkeitskriterium durch die Neuregelung quantitativ präzisiert und stärker konturiert wurde, ist die Diskussion darüber noch längst nicht abgeschlossen. Insbesondere die von der bisherigen Rechtsprechung abweichende Formulierung hinsichtlich der in die Umsatzberechnung einzubeziehenden Tätigkeiten dürfte für neuen Diskussionsstoff sorgen. 29

a) Feste Umsatzgrenze von 80 %. Drehte sich die Diskussion um das Wesentlichkeitskriterium bislang hauptsächlich um die Frage, wie groß der Anteil schädlicher Drittumsätze maximal sein darf, so sorgt die quantitative Maßgabe der Neuregelung in diesem Zusammenhang für Rechtsklarheit. 30

Denn eine anerkannt trennscharfe Grenze fehlte bislang. Insbesondere wurde die in der Literatur vorgeschlagene Orientierung an der 80 %-Umsatzschwelle der Regelung des § 10 VgV aF.[51] bzw. an Art. 23 der bisherigen Sektorenkoordinierungsrichtlinie (RL 2004/17/ EG) vom EuGH abgelehnt.[52] In einer Folgeentscheidung zum *Carbotermo*-Urteil ließ der EuGH immerhin eine Fremdauftragsquote von 10 % unbeanstandet und bejahte eine Tätigkeit im Wesentlichen für den Auftraggeber.[53] Die deutsche Gerichtsbarkeit äußerte sich demgegenüber deutlich restriktiver.[54] Der BGH äußerte Zweifel an der Erfüllung des Wesentlichkeitskriteriums bei einem Unternehmen, dessen Satzung die Erwirtschaftung von Drittumsätzen bis zu 10 % zuließ, mithin eine Mindestumsatzquote von 90 % zugunsten 31

---

[48] Hierzu näher → Rn. 37.

[49] EuGH Urt. v. 11.5.2006 – C-340/04, NZBau 2006, 452, 455 f. Rn. 63 ff. – Carbotermo.

[50] Vgl. OLG Düsseldorf Beschl. v. 28.7.2011 – Verg 20/11, NZBau 2012, 50, 53; KG Beschl. v. 19.4.2011, Verg 7/11, unter II. B. 3.; Hoppe/Uechtritz/*Otting/Ohler/Olgemöller*, § 14 Rn. 48.

[51] So zB *Orlowski* NZBau 2007, 80, 86.

[52] Vgl. EuGH Urt. v. 11.5.2006 – C-340/04, NZBau 2006, 452, 455 f. Rn. 50 ff. – Carbotermo.

[53] EuGH Urt. v. 19.4.2007 – C-295/05, NZBau 2007, 381, 386 Rn. 63 – Asemfo/Tragsa; OLG Düsseldorf Beschl. v. 30.1.2013 – VII-Verg 56/12, NZBau 2013, 327.

[54] Eingehend *Grunenberg/Wilden* VergabeR 2012, 149, 152 ff.; *Schröder* NVwZ 2011, 776, 777 f.

der Anteilseigner zwingend vorgab.[55] Das OLG Celle sah in einem Fall eine Drittumsatzquote von 7,5 % bereits als schädlich an[56] und bezog in einem anderen Fall auch die Drittumsätze einer 100-prozentigen Tochtergesellschaft des fraglichen Unternehmens in die Berechnung mit ein.[57] Angesichts dieser restriktiven Konkretisierungsversuche der Rechtsprechung schafft die neu eingeführte 80 %-Grenze nicht nur Rechtssicherheit, sondern auch Raum für eine deutliche Ausdehnung vergaberechtsfreier In-house-Geschäfte.[58] Bemerkenswert ist, dass der Gesetzgeber die zunächst vom EuGH verworfene Analogie zu den Vorschriften für verbundene Sektorenunternehmen wieder aufgegriffen hat.[59]

32 Die Einzelheiten der (prozentualen) Anteilsberechnung sind in § 108 Abs. 7 GWB festgelegt. Danach wird zur Bestimmung der 80 %-Grenze der durchschnittliche Gesamtumsatz der letzten drei Jahre vor Vergabe des öffentlichen Auftrags oder ein anderer geeigneter tätigkeitsgestützter Wert herangezogen. Maßgeblich ist die wirtschaftliche Bedeutung. So erscheint es nicht ausgeschlossen, als unbenannten tätigkeitsgestützten Wert auch die aufgewendete Zeit oder den Personaleinsatz zu veranschlagen.[60] Nicht berücksichtigungsfähig ist hingegen der Gewinn.[61] Fehlen Angaben für die letzten drei Jahre über den Umsatz oder einen anderen geeigneten tätigkeitsgestützten Wert, ist ausreichend, wenn dieser Wert insbesondere durch Prognosen über die Geschäftsentwicklung glaubhaft gemacht wird, § 108 Abs. 7 S. 3 GWB.

33 **b) Betrauung durch den öffentlichen Auftraggeber.** Eine für die Umsatzschwelle berücksichtigungsfähige Tätigkeit kann nur angenommen werden, wenn die relevante Tätigkeit der Ausführung von Aufgaben dient, mit denen die juristische Person vom kontrollierenden öffentlichen Auftraggeber *betraut wurde.* Das Merkmal der Betrauung findet dabei keine Entsprechung in den Entscheidungen des EuGH[62], geht aber weiter als der Begriff der seither in der Entscheidungspraxis verwendeten Auftragsvergabe („Vergabeentscheidungen"). Auf eine Ausführung der Tätigkeit gerade durch eine Vergabeentscheidung des Auftraggebers kommt es daher nicht mehr an.[63] Berücksichtigungsfähig sind alle Tätigkeiten, die der Auftragnehmer im Rahmen einer Veranlassung durch den Auftraggeber erbringt.[64] Unklar ist, wie konkret der Akt der Veranlassung sein muss. Weder die Gesetzesbegründung noch die Regelung selbst enthalten dazu Hinweise. Eine bestimmte Form ist jedenfalls nicht vorgeschrieben. Insofern wird man den Kreis einzubeziehender Tätigkeiten tendenziell weit ziehen dürfen, so dass bereits die Festlegung des Gesellschaftszwecks im Gesellschaftsvertrag als Betrauungsakt genügen dürfte.[65]

34 **c) Kausalität.** Wie schon bisher ist unerheblich, wem gegenüber die Leistung erbracht wird und wer sie vergütet.[66] Auch die Beauftragung eines Unternehmens mit der Erbringung von Leistungen gegenüber Einwohnern einer Gemeinde stellt eine Tätigkeit für den Auftraggeber dar.[67] Keinen Hinweis gibt die Neuregelung jedoch zu der Frage, welche Anforderungen an eine Zurechnung solcher Drittumsätze zu stellen sind. Nach der

[55] BGH Urt. v. 3.7.2008 – I ZR 145/05, NZBau 2008, 664, 666 Rn. 31.
[56] OLG Celle Urt. v. 14.9.2006 – 13 Verg 2/06, NZBau 2007, 126, 127.
[57] OLG Celle Urt. v. 29.10.2009 – 13 Verg 8/09, NZBau 2010, 194, 197; ablehnend zu Recht *Schröder* NVwZ 2011, 776, 778 f.
[58] *Krönke* NVwZ 2016, 568, 671; *Ziekow* NZBau 2015, 258, 259.
[59] Dieser Vorschlag der Kommission für eine Richtlinie des Europäischen Parlaments und des Rates über die öffentliche Auftragsvergabe, KOM (2011) 896 endgültig, S. 50, sah noch eine Schwelle von 90 % vor.
[60] *Knauff* EuZW 2014, 486, 488; *Hofmann* VergabeR 2016, 189, 192.
[61] *Ziekow* NZBau 2015, 258, 260.
[62] Vgl. EuGH Urt. v. 11.5.2006 – C-340/04, NZBau 2006, 452, 455 f. Rn. 63 ff. – Carbotermo.
[63] *Ziekow* NZBau 2015, 258, 260; *Müller-Wrede* VergabeR 2016, 292, 297.
[64] *Hofmann* VergabeR 2016, 189, 192; *Ziekow* NZBau 2015, 258, 260.
[65] *Müller-Wrede* VergabeR 2015, 292, 297; aA *Ziekow* NZBau 2015, 258, 260, der in Anlehnung an die Grundsätze des Art. 106 Abs. 2 AEUV einen besonderen Betrauungsakt fordert.
[66] Vgl. BT-Drs. 18/6281, S. 80.
[67] So schon bisher EuGH Urt. v. 11.5.2006 – C-340/04, NZBau 2006, 452, 455 f. Rn. 66 – Carbotermo.

Rechtsprechung des EuGH war derjenige Umsatz ausschlaggebend, den das beauftragte Unternehmen *aufgrund der Vergabeentscheidungen* der kontrollierenden Körperschaft erzielte. Danach konnten dem öffentlichen Auftraggeber nur solche Umsätze des beauftragten bzw. konzessionierten Unternehmens zugerechnet werden, deren Erzielung er selbst durch die Beauftragung herbeigeführt hat, nicht aber solche Umsätze, die aus anderen Gründen – wenn auch im Rahmen der Auftragsausführung – erwirtschaftet wurden.[68] Dieser Kausalzusammenhang wurde etwa verneint für die Umsätze kommunaler Energieversorgungsunternehmen mit Endkunden bei der Belieferung mit Strom und Gas, und zwar mit der (wenig überzeugenden) Argumentation, in dem liberalisierten Energiemarkt beruhten – anders etwa als bei der Trinkwasserversorgung – Umsätze mit Endkunden auf deren freier Auswahlentscheidung und nicht auf der Beauftragung durch den kommunalen Anteilseigner des Energieversorgers.[69]

Die verwendete Formulierung der *Betrauung mit Aufgaben* weicht hiervon offenbar bewusst ab. Ein Kausalzusammenhang ist jedenfalls ausdrücklich nicht in der Regelung angelegt. Ob das Kriterium der Kausalität als Eingrenzung damit aufgegeben wurde, ist fraglich.[70] Ganz überwiegend wird indes der Kausalzusammenhang als bereits bekannter Maßstab aus der Rechtsprechung weiterhin gefordert.[71] Würde man auf das Kausalitätserfordernis verzichten, so die zutreffende Argumentation, dann ginge jede Abgrenzung zwischen öffentlichem Bereich und Markt verloren.[72] Umsätze, die ein Auftragnehmer im Wettbewerb mit anderen erzielt, insbesondere im Bereich der leitungsgebundenen Daseinsvorsorge, dürften demnach weiterhin unberücksichtigt bleiben. 35

Unerheblich ist allerdings, ob das beauftragte Unternehmen die auftragsgegenständlichen Leistungen ausschließlich oder überwiegend selbst oder durch Dritte erbringt. Anforderungen an eine „Eigenleistungsquote" oder gar ein Verbot der Einschaltung von Nachunternehmern lassen sich – solange keine unzulässige Umgehungsgestaltung vorliegt – dem Wesentlichkeitskriterium nicht entnehmen.[73] 36

d) Qualitative Betrachtung. Nach der Rechtsprechung des EuGH sollen zur Beurteilung der Wesentlichkeit im Wege einer Gesamtbetrachtung auch qualitative Umstände berücksichtigt werden. Eine qualitative Bewertung stand in der Praxis bisher nicht im Vordergrund; entsprechende Überlegungen wurden aber teilweise angestellt. Das OLG Düsseldorf etwa verneinte eine Tätigkeit im Wesentlichen für den Auftraggeber, indem es die Wettbewerbsrelevanz der ausgeführten Tätigkeiten als qualitativen Maßstab heranzog und auf diesem Wege eine Wettbewerbsbeeinträchtigung feststellte.[74] Mit Einführung des § 108 Abs. 1 Nr. 2 GWB dürfte einer qualitativen Bewertung jedoch die Grundlage entzogen sein. Das Wesentlichkeitskriterium dient dem Zweck, Wettbewerbsverzerrungen zu vermeiden.[75] Dabei war die Umsatzgrenze bislang lediglich ein (jedoch maßgeblich) zu berücksichtigender Faktor im Rahmen einer umfassenden Gesamtbetrachtung. Mit Einführung einer prozentualen Begrenzung wird nun abschließend festgelegt, wann von einer zu 37

[68] OLG Hamburg Beschl. v. 14.12.2010 – 1 Verg 5/10, NZBau 2011, 185, 187.

[69] OLG Hamburg Beschl. v. 14.12.2010 – 1 Verg 5/10, NZBau 2011, 185, 187; ebenso OLG Frankfurt a.M. Beschl. v. 30.8.2011 – 11 Verg 3/11, ZfBR 2012, 77, 81; aA mit überzeugender Begründung *Schröder* NVwZ 2011, 776, 779, unter Verweis auf die Grundversorgungspflicht des Energieversorgungsunternehmens nach §§ 36ff. EnWG und deren Einordnung in die kommunale Daseinsvorsorge.

[70] So *Dabringhausen* VergabeR 2014, 512, 519; wohl auch *Krönke* NVwZ 2016, 568, 572, der aber unter Rückgriff auf Art. 106 Abs. 2 AEUV zu nahezu identischen Ergebnissen gelangt.

[71] *Müller-Wrede* VergabeR 2016, 292, 297; *Greb* VergabeR 2015, 289, 292; *Tomerius* VergabeR 2015, 373, 380; iErg auch *Dabringhausen* VergabeR 2014, 512, 519.

[72] *Dabringhausen* VergabeR 2014, 512, 519; *Greb* VergabeR 2015, 289, 292.

[73] OLG Düsseldorf Beschl. v. 2.3.2011, VII-Verg 48/10, NZBau 2011, 244, 247f.; Hoppe/Uechtritz/*Otting/Ohler/Olgemöller,* § 14 Rn. 51.

[74] OLG Düsseldorf Beschl. v. 28.7.2011 – VII-Verg 20/11, NZBau 2012, 50, 52.

[75] Vgl. BT-Drs. 18/6281, S. 80.

beanstandenden Wettbewerbsbetroffenheit auszugehen ist.[76] Die Wesentlichkeit ist somit allein mit dieser quantitativen Maßgabe zu begründen.[77] Qualitative Maßstäbe wie die Wettbewerbsrelevanz oder die Bedeutung des Geschäftsbereichs dürften nicht mehr zu berücksichtigen sein.[78]

38 **e) Das Wesentlichkeitskriterium in Fällen gemeinsamer Kontrolle.** Auch in Fällen, in denen gem. § 108 Abs. 4 Nr. 1 GWB mehrere öffentliche Auftraggeber gemeinsam die Kontrolle über eine Einheit ausüben, ist das Wesentlichkeitskriterium anzuwenden, gem. § 108 Abs. 4 Nr. 2 GWB allerdings gegenüber § 108 Abs. 1 Nr. 2 GWB in angepasster Form: Die 80%-Grenze und ihre Berechnung werden übernommen, doch werden dazu alle Aufgaben einbezogen, mit denen das Unternehmen von den die Kontrolle ausübenden öffentlichen Auftraggebern oder von anderen von denselben öffentlichen Auftraggebern kontrollierten juristischen Personen betraut wurde. Berücksichtigungsfähig sind damit allerdings ausschließlich die Tätigkeiten, die für kontrollierende Körperschaften erfolgen. Tätigkeiten, die für sonstige öffentliche Körperschaften oder Behörden erfolgen, die in keinem Kontrollverhältnis zum Unternehmen stehen, können dagegen keine Berücksichtigung finden.[79]

3. Beteiligungskriterium (§ 108 Abs. 1 Nr. 3 GWB)

39 Durch das in § 108 Abs. 1 Nr. 3 GWB eingeführte Beteiligungskriterium ist weitere Voraussetzung für eine ausschreibungsfreie Vergabe, dass keine direkte private Kapitalbeteiligung an der den Auftrag ausführenden juristischen Person besteht. Die Formulierung der Norm knüpft an die ständige Rechtsprechung des EuGH an, die auf die grundlegende „Stadt Halle"-Entscheidung zurückgeht.[80] Wurde danach ein Auftrag an ein sog. gemischtwirtschaftliches Unternehmen vergeben, dh. an ein Unternehmen, an dem nicht nur die öffentliche Hand, sondern auch eine oder mehrere private Personen beteiligt waren, so lagen die Voraussetzungen eines vergaberechtsfreien In-house-Geschäfts nicht vor. Dabei sollte es nicht darauf ankommen, ob ein Privater unmittelbar oder nur mittelbar beteiligt ist.[81] Nach dieser Rechtsprechung lag in den Fällen privater Kapitalbeteiligung ungeachtet des Umfangs der Beteiligung stets ein dem Vergaberecht unterworfener öffentlicher Auftrag vor.[82] § 108 Abs. 1 Nr. 3 GWB übernimmt dieses Verbot nicht uneingeschränkt. Lediglich für direkte private Kapitalbeteiligungen soll ein vergaberechtsfreies Inhouse-Geschäft grundsätzlich nicht mehr in Betracht kommen. „Indirekte" Beteiligungsformen erscheinen im Umkehrschuss möglich. Noch ungeklärt ist jedoch, was unter einer indirekten Beteiligung zu verstehen ist und welche Beteiligungsmöglichkeiten insofern überhaupt bestehen. Die Richtlinie sowie die Gesetzesbegründung geben hierzu keine

---

[76] Ansonsten würde auch das mit der Neuregelung verfolgte Ziel, Rechtssicherheit zu gewährleisten, konterkariert, vgl. BT-Drs. 18/6281, 80.

[77] *Müller-Wrede* VergabeR 2016, 292, 297.

[78] Anders *Krönke* NVwZ 2016, 568, 572, der auf Grundlage des Merkmals der Betrauung unter Rückgriff auf Art. 106 Abs. 2 AEUV eine qualitative Betrachtung der Tätigkeiten vornehmen will und danach differenziert, ob die vom kontrollierten Unternehmen durchgeführten Tätigkeiten im Wesentlichen in die durch Gestaltungsentscheidungen auf nationaler Ebene geprägte Versorgungspolitik fallen oder ob sich die betroffenen Tätigkeiten nicht zu einem wesentlichen Anteil in einem Bereich bewegen, der dem Wettbewerb weitgehend offen steht. Eine Betrauung soll jeweils nicht in Betracht kommen, wenn die Entscheidung auf einem offenen Markt letztlich beim Bürger liegt, so dass sich letztlich aber keine Unterschiede zur Anwendung des Kausalitätskriteriums ergeben.

[79] EuGH Urt. v. 8.12.2016 – C-553/15, NZBau 2017, 109 – Undis Servizi Rn. 34ff.

[80] EuGH Urt. v. 15.10.2009 – C-196/08, NZBau 2009, 804, 808 Rn. 56 – Acoset, m. Verw. auf EuGH Urt. v. 11.1.2005 – C-26/03, NVwZ 2005, 187, 190 Rn. 51 – Stadt Halle.

[81] BGH Urt. v. 3.7.2008 – I ZR 145/05, NZBau 2008, 664, 666 Rn. 28.

[82] Grundlegend EuGH Urt. v. 11.1.2005 – C-26/03, NVwZ 2005, 187, 190 Rn. 49 – Stadt Halle; ebenso Urt. v. 13.11.2008 – C-324/07, NZBau 2009, 54, 56 Rn. 30 – Coditel Brabant; Urt. v. 6.4.2006 – C-410/04, NVwZ 2006, 555, 556 Rn. 31 – ANAV; BGH Urt. v. 3.7.2008, I ZR 145/05, NZBau 2008, 664, 666 Rn. 25; *Leinemann* Rn. 132; *Säcker/Wolf* WRP 2007, 282, 285; *Kühling* ZfBR 2006, 661, 662.

Auskunft. Feststeht jedenfalls, dass nach dem Willen des Gesetzgebers eine private Kapitalbeteiligung am kontrollierenden öffentlichen Auftraggeber unschädlich ist. Hintergrund ist, dass insofern eine negative Wettbewerbsbeeinflussung ausgeschlossen sein soll.[83]

Ob über die Beteiligung am Auftraggeber hinaus weitere Formen der indirekten Kapitalbeteiligung gestattet werden sollen, wird unterschiedlich beurteilt. Die Beschränkung auf das Verbot direkter Beteiligungsformen wird teilweise als Öffnung der bisherigen Rechtsprechung begriffen. Unter Berufung auf den Wortlaut werden insbesondere private Kapitalbeteiligungen auf nachgelagerten Ebenen des Auftragnehmers als zulässige Formen der indirekten privaten Beteiligung angesehen.[84] Gleiches wird für stille Gesellschafter (§§ 230ff. HGB) erwogen.[85] Damit können im Einzelfall aber nicht unerhebliche Abgrenzungsschwierigkeiten verbunden sein. Die genannten Formen möglicher indirekter Beteiligungen (zB atypische stille Beteiligungen) können in bestimmten Konstellationen hinreichend konkreten unternehmerischen Einfluss vermitteln, der dem EuGH bisher zur Verneinung des Kontrollkriteriums ausreichte.[86] Zwar stellt die Neuregelung insoweit nicht auf bestehende Einflussmöglichkeiten des Privaten ab. Ausgangspunkt derselben war jedoch, die Judikatur des EuGH in eine stimmige Regelung zu überführen, ohne dabei im Wesentlichen neues Recht zu schaffen.[87] Vor diesem Hintergrund ist Vorsicht geboten, die „Beschränkung" des Verbots auf direkte Beteiligungsformen als Liberalisierung der Rechtsprechung zu werten.[88] Zu Recht wird darauf hingewiesen, dass nicht ohne weiteres von der Unschädlichkeit „indirekter" Beteiligungen ausgegangen werden darf, zumal der Begriff der „indirekten" Beteiligung kein feststehender Rechtsbegriff ist und sich auch nicht in der Vergaberichtlinie wiederfindet.[89] Richtiger Ansatzpunkt ist daher, den Begriff der indirekten Beteiligung am Sinn und Zweck des Verbots auszurichten. Hintergrund ist insofern die Vermeidung unzulässiger Vorteile im Wettbewerb. Die Anlage von privatem Kapital gründet sich auf private Interessen und kann dem privaten Unternehmer einen Vorteil gegenüber seinen Wettbewerbern verschaffen.[90] Maßgeblich für die Auslegung sollte daher sein, ob es sich bei dem beteiligten Privaten um einen Wirtschaftsteilnehmer handelt, der sich durch seine Beteiligung Vorteile im Wettbewerb mit anderen Teilnehmern verschaffen könnte.[91] Eine Stütze im Wortlaut fehlt zwar insoweit.[92] Doch hat auch der EuGH in der Vergangenheit – wenn auch überwiegend im Wege einer formell-starren Betrachtungsweise – regelmäßig auf diese Überlegungen zurückgegriffen. Was eine direkte von einer indirekten privaten Beteiligung unterscheidet, bleibt damit eine Frage des Einzelfalls.[93] Eine grundsätzliche Änderung der strengen Rechtsprechung wird jedenfalls nicht zu erwarten sein, zumal der EuGH seine restriktive Linie jüngst bestätigt hat.[94] Eine Beteiligung Privater wird daher wie auch bisher einer In-house-Vergabe weitestgehend entgegenstehen. 40

---

[83] BT-Drs. 18/6281, S. 80. Daraus zieht *Knauff* EuZW 2014, 486, 488 wohl den Schluss, dass die Beteiligung am Auftraggeber die einzig zulässige Form der indirekten Kapitalbeteiligung darstellt.

[84] *Müller-Wrede* VergabeR 2015, 292, 299.

[85] Vgl. *Krönke* NVwZ 2016, 568, 571; *Dabringhausen* VergabeR 2014, 512, 520.

[86] *Greb* VergabeR 2015, 289, 292.

[87] Vgl. BT-Drs. 18/6281, S. 80; *Otting/Neun* EuZW 2014, 446, 448.

[88] Ebenso *Otting/Neun* EuZW 2014, 446, 448; *Knauff* EuZW 2014, 486, 487; *Greb* VergabeR 2015, 289, 292.

[89] *Ziekow* NZBau 2015, 258, 261.

[90] Vgl. EuGH Urt. v. 15.10.2009 – C-196/08, NZBau 2009, 804, 808 Rn. 56 – Acoset, m. Verw. auf EuGH Urt. v. 11.1.2005 – C-26/03, NVwZ 2005, 187, 190 Rn. 51– Stadt Halle, sowie Urt. v. 10.11.2005 – C-29/04, NZBau 2005, 704, 707 Rn. 48 – Stadt Mödling; aus der deutschen Rechtsprechung jüngst etwa OLG Düsseldorf Beschl. v. 9.1.2013 – VII-Verg 26/12, IBR 2013, 1117 unter II. 2 b aa (2.) sowie Erwägungsgrund Nr. 32 RL 2014/24/EU.

[91] *Ziekow* NZBau 2015, 258, 261.

[92] BT-Drs. 18/6281, S. 80.

[93] Ebenso *Hofmann* VergabeR 2016, 189, 193.

[94] Vgl. EuGH Urt. v. 19.6.2014 – C-574/12 – Centro Hospitalar, wonach eine in-house-schädliche private Beteiligung auch für den Fall besteht, dass es sich bei den am Auftragnehmer beteiligten Privaten um altruistisch ohne Gewinnerzielungsabsicht handelnde Institutionen zur Wahrnehmung sozialer Aufgaben

41 Eine Ausnahme vom Verbot der direkten Beteiligung gilt jedoch für solche Beteiligungen, die keine Beherrschung oder Sperrminorität vermitteln, die durch gesetzliche Bestimmungen vorgeschrieben sind und die keinen maßgeblichen Einfluss auf die kontrollierte juristische Person vermitteln. Nationalen Besonderheiten soll dadurch Rechnung getragen werden. Aus Erwägungsgrund 32 zur RL 2014/24/EU geht hervor, dass dieser Tatbestand insbesondere juristische Personen des öffentlichen Rechts mit privater Pflichtmitgliedschaft wie beispielsweise die Wasser- und Bodenverbände in NRW (Ruhrverband, Emschergenossenschaft) erfassen soll.[95] Eine private Kapitalbeteiligung ist somit auch nach dieser Regelung faktisch nur in seltenen Ausnahmefällen möglich.[96]

42 Auch wenn mit der normierten Ausnahme eine marginale Lockerung der seither geltenden Grundsätze verbunden ist, kann die nun weitestgehend in Gesetzesform gegossene strenge Auslegung der Rechtsprechung nicht überzeugen. Denn ob eine relevante Wettbewerbsbevorzugung Privater im Hinblick auf ein etwa in Privatrechtsform ausgestaltetes Unternehmen möglich sein kann, hängt in der Praxis nicht, jedenfalls nicht ausschließlich, von den Beteiligungsverhältnissen ab. Ist zum Beispiel ein Privater neben dem öffentlichen Auftraggeber lediglich kapitalmäßig minderheitsbeteiligt und verfügt er dabei weder über eine Sperrminorität, Vetorechte oÄ in der Gesellschafterversammlung noch über Einflussmöglichkeiten auf die übrigen Organe der Gesellschaft und bestellt insbesondere auch keine Organmitglieder, dann leuchtet nicht ein, weshalb in einem solchen Fall angesichts der Kontroll- und Einflussmöglichkeiten des öffentlichen Auftraggebers der Wettbewerb zwischen privaten Unternehmen nachteilig beeinflusst sein soll. Ähnliche Überlegungen haben bereits der BGH[97] und das OLG Frankfurt a.M.[98] angestellt, die beide im Rahmen einer Gesamtwürdigung weniger auf die bloße Beteiligung als solche, sondern vielmehr auf die daraus erwachsenden Einflussmöglichkeiten auf die strategischen Ziele und wichtigen Entscheidungen der Gesellschaft abstellten. Scheint eine Bevorzugung des privaten Investors im Wettbewerb durch die Beteiligung im Einzelfall schlechterdings ausgeschlossen, besteht für die Anwendung des Vergaberechts keine Notwendigkeit.[99] Vor diesem Hintergrund sollte die starre Formel, dass die private Beteiligung stets zum Ausschluss eines In-house-Geschäfts führt, kritisch hinterfragt werden.[100] Auch wenn die gesetzliche Kodifikation einer Korrektur bzw. Weiterentwicklung der Rechtsprechung wenig Raum lässt, bleibt zu hoffen, dass der EuGH seine Rechtsprechung im Hinblick auf gemischtwirtschaftliche Unternehmen modifiziert und stärker an dem Gesichtspunkt der Wettbewerbsbetroffenheit ausrichtet.

43 Maßgeblicher **Zeitpunkt** für die Beurteilung der Frage, ob eine Beteiligung Privater, dh ein gemischtwirtschaftliches Unternehmen vorliegt, ist der Zeitpunkt der Auftragsvergabe. Eine ggf. zuvor noch bestehende private Beteiligung, die bis zum Zeitpunkt der Auftragserteilung beendet wird, ist insofern unschädlich. Entsprechendes gilt, wenn im Zeitpunkt der Auftragsvergabe (noch) keine Aussicht auf eine baldige Kapitalöffnung besteht.[101] Allerdings sind bei der Prüfung, ob ein vergaberechtsfreies In-house-Geschäft vorliegt, stets die Gesamtumstände zu würdigen. Dies gilt auch in zeitlicher Hinsicht.[102] Das

handelt. Insofern verwies das Gericht schlicht auf das Bestehen einer (wohl faktisch nicht feststellbaren) Interessendivergenz, ohne dies insbesondere im Hinblick auf die fehlende Wettbewerbsrelevanz näher zu begründen.

[95] Vgl. *Greb* VergabeR 2015, 289, 292.

[96] *Otting/Neun* EuZW 2014, 446, 448.

[97] BGH Urt. v. 3.7.2008 – I ZR 145/05, NZBau 2008, 664, 666 Rn. 28.

[98] OLG Frankfurt a.M. Beschl. v. 30.8.2011 – 11 Verg 3/11, ZfBR 2012, 77, 78.

[99] Vgl. *Ziekow* NZBau 2015, 258, 261. Dafür spricht auch Erwägungsgrund 32 RL 2014/24/EU, der von den vom EuGH ins Feld geführten Begründungssträngen nur den des unzulässigen Vorteils im Wettbewerb aufgreift, während der EuGH das Beteiligungskriterium stets auch auf die Interessendivergenz von öffentlicher Hand und Privaten gestützt hat. Insoweit besteht Raum für eine offenere Auslegung, die sich ausschließlich an der Wettbewerbsrelevanz orientiert.

[100] *Hamann* EuZW 2014, 672, 675, Anm. zu EuGH Urt. v. 19.6.2014 – C-574/12 – Centro Hospitalar.

[101] VK Bund Beschl. v. 12.12.2012 – VK-3-129/12, juris, Rn. 55 mwN.

[102] EuGH Urt. v. 10.11.2005 – C-29/04, NZBau 2005, 704, 705f. Rn. 28ff. – Stadt Mödling.

bedeutet, dass eine In-house-Vergabe im Falle einer kurze Zeit danach durchgeführten Beteiligung eines privaten Dritten an dem beauftragten Unternehmen als „künstliche Gestaltung" eine unzulässige **Umgehung des Vergaberechts** darstellen kann.[103] Liegen bereits im Zeitpunkt der Auftragsvergabe konkrete Anhaltspunkte vor, die auf eine zukünftige Beteiligung eines privaten Dritten an dem zu beauftragenden Unternehmen vor Ende der Vertragslaufzeit schließen lassen, ist das Kontrollkriterium zu verneinen und eine Vergaberechtsunterworfenheit des Auftrags zu bejahen.[104]

Bisweilen wird darüber hinaus bereits das Bestehen bloßer **Beteiligungsmöglichkeiten für Private** als schädlich erachtet.[105] Das geht allerdings zu weit. Auch die vom BGH hierfür ins Feld geführte Rechtsprechung des EuGH verlangt dies nicht, und zwar zu Recht. Denn die bloße Möglichkeit, dass ein Privater sich an einem öffentlichen Unternehmen beteiligen könnte, hat auf die Einfluss- und Kontrollmöglichkeiten der öffentlichen Hand einerseits und auch auf den Wettbewerb andererseits überhaupt keine Auswirkungen, so lange davon nicht Gebrauch gemacht wird.[106] 44

4. Inverse und horizontale In-house-Geschäfte

Im Zuge der gesetzlichen Kodifizierung der Voraussetzungen der klassischen In-house-Vergabe (§ 108 Abs. 1 GWB) wurde zugleich die Möglichkeit genutzt, weitere bislang nicht abschließend geklärte Konstellationen[107] der In-house-Geschäfte zu regeln. So wurde bereits erläutert, dass ein vom Anwendungsbereich des Vergaberechts ausgenommenes Geschäft auch in dem Fall vorliegen kann, dass ein Auftragnehmer von mehreren öffentlichen Auftraggebern gemeinsam kontrolliert wird (§ 108 Abs. 4 und 5 GWB).[108] Umgekehrt zur klassischen In-house-Konstellation steht nun weiterhin fest, dass eine ausschreibungsfreie Auftragsvergabe gemäß § 108 Abs. 3 Var. 1 GWB auch in der Weise erfolgen kann, dass eine kontrollierte juristische Person einen Auftrag an ihren kontrollierenden Auftraggeber vergibt (sog. inverses In-House-Geschäft bzw. „bottom up"-Vergabe, etwa von der Tochtergesellschaft an die Muttergesellschaft). Ebenfalls geregelt wird gemäß § 108 Abs. 3 Var. 2 GWB der Fall, dass eine kontrollierte juristische Person einen Auftrag an eine andere, von demselben öffentlichen Auftraggeber kontrollierte juristische Person vergibt (sog. horizontales In-house-Geschäft zwischen Schwesterunternehmen). 45

Für die beiden letztgenannten Konstellationen verweist § 108 Abs. 3 GWB jeweils auf die Voraussetzungen des Abs. 1. Der Verweis ist dabei als Rechtsgrundverweisung zu verstehen[109], dh die den Auftrag vergebende juristische Person muss insbesondere dem Wesentlichkeitskriterium gegenüber dem kontrollierenden Auftraggeber genügen und an ihr darf keine private Kapitalbeteiligung bestehen. Für den Fall einer horizontalen In-house-Vergabe (Schwester an Schwester) besteht für die zu erbringende wesentliche Tätigkeit hingegen eine Wahlmöglichkeit zwischen dem kontrollierenden und dem kontrollierten öffentlichen Auftraggeber, vgl. § 108 Abs. 1 Nr. 2 GWB.[110] Zusätzliche Voraussetzung für beide Konstellationen ist wie im Fall des klassischen vertikalen In-house-Geschäfts, dass keine direkte Kapitalbeteiligung Privater an der den Auftrag erhaltenden juristischen Person besteht. Wichtig ist dies insbesondere vor dem Hintergrund, dass eine private Beteiligung am kontrollierenden öffentlichen Auftraggeber ansonsten grundsätzlich möglich ist. 46

[103] EuGH Urt. v. 10.9.2009 – C-573/07, NVwZ 2009, 1421, 1423 Rn. 48 – Sea/Se.T.Co. SpA.

[104] EuGH Urt. v. 10.9.2009 – C-573/07, NVwZ 2009, 1421, 1423 Rn. 51 – Sea/Se.T.Co. SpA; Urt. v. 13.10.2005 – C-458/03, NZBau 2005, 644, 649 Rn. 67 – Parking Brixen.

[105] BGH Urt. v. 3.7.2008 – I ZR 145/05, NZBau 2008, 664, 666 Rn. 27f.

[106] IErg. ebenso Ziekow/Völlink/*Ziekow* § 99 GWB Rn. 106; vgl. auch OLG Düsseldorf Beschl. v. 30.1.2013 – VII-Verg 56/12 und VK Bund Beschl. v. 12.12.2012 – VK-3-129/12, die eine hinreichende Kontrolle nur bei einer konkreten Aussicht auf eine baldige Kapitalöffnung verneinen.

[107] Dazu Ziekow/Völlink/*Ziekow* GWB § 99 Rn. 109ff.

[108] → Rn. 23ff.

[109] Vgl. BT Drs. 18/6281, S. 81; *Ziekow* NZBau 2015, 258, 262; *Greb* VergabeR 2015, 289, 292; aA. noch *Dabringhausen* VergabeR 2014, 512, 521 jedoch zum insoweit noch unpräzisen Art. 12 RL 2014/24/EU.

[110] So schon *Greb* VergabeR 2015, 298, 283.

5. Auswirkungen auf Privatisierungen und Anteilsveräußerungen bei öffentlichen Unternehmen

47 Aus den Grundsätzen der In-house-Vergabe ergeben sich Konsequenzen, die vor allem bei Transaktionen im Bereich öffentlicher Unternehmen zu beachten sind. Zwar ist die Veräußerung eines Unternehmens oder von Anteilen an einer Gesellschaft durch einen öffentlichen Auftraggeber für sich genommen kein Vorgang, der dem Vergaberecht unterliegt. Insbesondere die rein kapitalmäßige Beteiligung eines privaten Investors an einem Unternehmen der öffentlichen Hand ist an sich nicht ausschreibungspflichtig.[111] Allerdings können im Zusammenhang mit einer solchen Transaktion vergaberechtliche Ausschreibungspflichten zu beachten sein, soweit an das Unternehmen, das Gegenstand der Transaktion ist, zuvor oder zugleich im Rahmen einer In-house-Vergabe ein öffentlicher Auftrag ohne wettbewerbliches Verfahren vergeben wurde.

48 Grundsätzlich gilt, dass die Voraussetzungen des In-house-Geschäfts während der gesamten Laufzeit des vergebenen bzw. zu vergebenden Auftrags vorliegen müssen; die Beteiligung eines Privaten an dem beauftragten Unternehmen während der Vertragslaufzeit ist als wesentliche Vertragsänderung anzusehen, die eine Ausschreibungspflicht auslösen kann.[112] Eine „Aufspaltung" der Beauftragung eines privaten Wirtschaftsteilnehmers in eine ausschreibungsfreie In-house-Vergabe an eine Tochtergesellschaft des öffentlichen Auftraggebers und die anschließende Veräußerung von Gesellschaftsanteilen ist als unzulässige Umgehung der Ausschreibungspflicht vergaberechtswidrig.[113] Fallen beide Schritte (etwa im Rahmen eines PPP-Modells) zeitlich zusammen, gilt nichts anderes.

49 In Bezug auf **gemischte Verträge,** die eine Kapitalübertragung und zugleich die Beschaffung einer Leistung oder Lieferung zum Gegenstand haben, bejaht der EuGH das Vorliegen eines öffentlichen Auftrages, wenn die einzelnen Vertragsbestandteile untrennbar miteinander verbunden sind und die einheitliche Prüfung des Vertrages in seiner Gesamtheit ergibt, dass der Hauptgegenstand bzw. der vorherrschende Bestandteil des Vertrages einen öffentlichen Auftrag darstellt.[114] Ob diese Voraussetzungen vorliegen oder nicht, hängt jeweils stark von den Besonderheiten des Einzelfalles ab. Tendenziell ist dabei jedoch eine weite Auslegung des Auftragsbegriffs zugrunde zu legen.

50 Im Fall der Veräußerung von 49% der Anteile an einem öffentlichen Unternehmen, das in einem bestimmten Bezirk exklusiv ein Spielcasino betrieb, verneinte der EuGH eine Ausschreibungspflicht, obwohl mit der Anteilsveräußerung der 10 Jahre laufende Dienstleistungsauftrag hinsichtlich des Betriebs des Casinos und zusätzlich (nicht ins Gewicht fallende) Bauarbeiten untrennbar verbunden waren.[115] Der EuGH kam in diesem Fall zu dem Schluss, dass der Anteilserwerb den **Hauptvertragsgegenstand** bilde, weil die Gewinne, die aus 49% der Anteile an einem Spielcasino erwirtschaftet werden könnten, eindeutig bedeutend höher seien als die Vergütung, die die private Gesellschafterin als Dienstleistungserbringerin erhält.[116] Allerdings sind Zweifel angebracht, ob bzw. inwieweit diese Aussage verallgemeinerungsfähig ist. Denn zum einen lag dem genannten EuGH-Urteil ein eher atypischer Sonderfall zugrunde und die Aussagen des EuGH liegen nicht ganz auf der bis dato feststellbaren Linie der Rechtsprechung des EuGH. Dafür spricht auch die

---

[111] EuGH Urt. v. 6.5.2010 – C-145/08 und 149/08, EuZW 2010, 620, 623 Rn. 59 – Club Hotel Loutraki ua.

[112] EuGH Urt. v. 10.9.2009 – C-573/07, VergabeR 2009, 882 Rn. 57 – Sea/Se.T.Co. SpA; Urt. v. 6.4.2006 – C-410/04, NVwZ 2006, 555, 556 Rn. 30 – ANAV; OLG Düsseldorf Beschl. v. 28.7.2011 – VII-Verg 20/11, NZBau 2012, 50, 53; KG Beschl. v. 19.4.2012 – Verg 7/11; OLG Naumburg Beschl. v. 29.4.2010 – 1 Verg 3/10, BeckRS 2010, 13763.

[113] Ziekow/Völlink/*Ziekow* GWB § 99 Rn. 104.

[114] EuGH Urt. v. 6.5.2010 – C-145/08 und 149/08, EuZW 2010, 620, 622 Rn. 48ff. – Club Hotel Loutraki ua.; Urt. v. 22.12.2010 – C-215/09, NZBau 2011, 312, 314 Rn. 36ff. – Oulun kaupunki.

[115] EuGH Urt. v. 6.5.2010 – C-145/08 und 149/08, EuZW 2010, 620 – Club Hotel Loutraki ua.

[116] EuGH Urt. v. 6.5.2010 – C-145/08 und 149/08, EuZW 2010, 620, 622 Rn. 55ff. – Club Hotel Loutraki ua.

tendenziell wieder restriktivere Rechtsprechung in der Folgezeit.[117] Zum anderen ist in der Praxis häufig ein wesentliches Ziel der Beteiligung eines Privaten an einem öffentlichen Unternehmen auch dessen unternehmerische Beteiligung unter Einbringung von Know-how zur Erzielung von Synergieeffekten etc. In einem solchen Fall wird regelmäßig mittelbar auch ein Beschaffungszweck vom öffentlichen Auftraggeber verfolgt und steht aus Sicht des Privaten die Auftragskomponente im Vordergrund.

Ist nach diesen Maßgaben das Vorliegen eines öffentlichen Auftrags zu bejahen, dann ist 51
dies je nach Fallkonstellation bereits bei der **Anteilsveräußerung** zu beachten. Denn regelmäßig wird in solchen Fällen der Private nur investieren wollen, wenn sichergestellt ist, dass das Unternehmen, in das er investiert, auch den öffentlichen Auftrag weiterhin behält. Dies wäre nicht zu gewährleisten, wenn dieser Auftrag erst anlässlich des Anteilserwerbs aufgrund des Wegfalls der In-house-Kriterien neu ausgeschrieben würde. Zur Lösung dieses Problems ist es anerkannt, dass **beide Schritte** quasi zusammen als einheitlicher Vorgang Gegenstand eines einzigen Vergabeverfahrens anlässlich der Anteilsveräußerung sein können, wobei hinsichtlich der Ausgestaltung der Eignungsanforderungen an den privaten Gesellschafter nicht nur auf das eingebrachte Kapital, sondern auch auf seine technische Fähigkeit und die Merkmale seines Angebots im Hinblick auf die konkret zu erbringenden Leistungen abzustellen ist, jedenfalls soweit der Gesellschafter auch in die operative Tätigkeit im Rahmen der Leistungserbringung einbezogen werden soll.[118] Wurde ein öffentlicher Auftrag bereits – in zulässiger Weise – im Wege des In-house-Geschäfts vergeben, kann eine Ausschreibung des Auftrags im Falle der Beteiligung eines privaten Wirtschaftsteilnehmers an dem Auftragnehmer unterbleiben, wenn die Beteiligung nach den vergaberechtlichen Grundsätzen im Wettbewerb vergeben wird.[119]

Unproblematisch sind hingegen Unternehmenstransaktionen, die ein gemischtwirt- 52
schaftliches Unternehmen betreffen, an das ein öffentlicher Auftrag im Rahmen eines wettbewerblichen Verfahrens unter Beachtung der vergaberechtlichen Anforderungen vergeben wurde. Die bloße **Änderung der Beteiligungsverhältnisse** und/oder des Kreises der Beteiligten stellt in einem solchen Fall keine wesentliche Vertragsänderung dar, die eine Neuausschreibung erforderlich machen würde.

C. Staatliche Kooperationen

Jenseits des Bereichs der In-house-Geschäfte gibt es weitere Formen der Zusammenarbeit 53
von Hoheitsträgern unterschiedlicher Ausgestaltung. Teilweise sind derartige staatliche Kooperationen, insbesondere der Kommunen untereinander, ausdrücklich gesetzlich geregelt.[120] Während die Fallkonstellationen der In-house-Geschäfte dadurch gekennzeichnet sind, dass Aufgaben an eine (entweder bereits bestehende oder neu zu gründende) eigenständige Rechtsperson übertragen werden (sog. **„vertikale"** bzw. „institutionalisierte" Verwaltungszusammenarbeit), ist den übrigen Fallkonstellationen gemein, dass sich die Zusammenarbeit zwischen öffentlichen Stellen auf gleicher Ebene ohne Einbeziehung einer weiteren Rechtsperson, etwa auf der Basis einer Verwaltungsvereinbarung bzw. eines öffentlich-rechtlichen Vertrages vollzieht. Dementsprechend ist in diesen Fällen von einer **„horizontalen"** bzw. „nicht institutionalisierten" Zusammenarbeit die Rede. Bisweilen wird auch – in Anlehnung an den Begriff des In-house-Geschäftes – von **„In-state-Geschäften"**[121], von „Public-Public-Partnerships" oder „öffentlich-öffentlicher Zusammen-

[117] Vgl. insbesondere EuGH Urt. v. 22.12.2010 – C-215/09, NZBau 2011, 312 – Oulun kaupunki.

[118] EuGH Urt. v. 15.10.2009 – C-196/08, NZBau 2009, 804, 808 Rn. 58ff. – Acoset; ebenso die „Mitteilung der Kommission zu Auslegungsfragen in Bezug auf die Anwendung der gemeinschaftlichen Rechtsvorschriften für öffentliche Aufträge auf institutionalisierte Öffentlich Private Partnerschaften (IÖPP)" v. 5.2.2008, C(2007)6661, S. 5.

[119] Ziekow/Völlink/*Ziekow* GWB § 99 Rn. 104.

[120] Vgl. zB § 23 GKG NRW.

[121] *Ziekow/Siegel* VerwArch 2005, 119, 126; Ziekow/Völlink/*Ziekow* GWB § 99 Rn. 92, 137ff.

arbeit"[122] gesprochen. Diese Fallgruppen werden in wortlautgetreuer Umsetzung des Art. 12 Abs. 4 RL 2014/24/EU Vergaberichtlinie von § 108 Abs. 6 GWB geregelt und ebenso wie die zuvor behandelten In-house-Geschäfte unter gewissen Voraussetzungen vom Anwendungsbereich des Vergaberechts ausgenommen.[123]

I. Grundsätzliche Anwendbarkeit des Vergaberechts

54 Ausgangspunkt ist die Feststellung, dass auch horizontale bzw. nicht institutionalisierte Formen der Zusammenarbeit zwischen Hoheitsträgern nicht von vornherein dem Anwendungsbereich des Vergaberechts entzogen sind. Es gibt keine generelle vergaberechtliche Freistellung der Zusammenarbeit von Hoheitsträgern.[124] Gemäß Art. 2 Abs. 1 Nr. 10 RL 2014/24/EU sowie Art. 1 Nr. 6 RL 2014/23/EU können auch öffentliche Einrichtungen bzw. öffentliche Auftraggeber „Unternehmen" bzw. „Wirtschaftsteilnehmer" iSd Vergaberechts sein. Demnach scheitert die Bejahung eines öffentlichen Auftrags wegen des funktionellen Unternehmensbegriffs nicht bereits daran, dass ein öffentlicher Auftraggeber einen Vertrag mit einem anderen öffentlichen Auftraggeber schließt. Dementsprechend hat der EuGH bereits Anfang 2005 festgestellt, dass eine mitgliedsstaatliche Regelung, welche Rechtsbeziehungen zwischen öffentlichen Stellen und Einrichtungen von vornherein dem Anwendungsbereich des Vergaberechts entzieht, nicht mit dem Gemeinschaftsrecht vereinbar ist.[125]

55 Auch unter dem Blickwinkel des deutschen Rechts ergibt sich kein anderes Ergebnis. Insbesondere besteht Einigkeit darüber, dass etwa der Bereich der interkommunalen Zusammenarbeit nicht durch die verfassungsrechtlich verankerte **Garantie der kommunalen Selbstverwaltung** gegenüber dem Vergaberecht abgeschirmt wird. Art. 28 Abs. 2 GG schützt zwar als Bestandteil der Organisationshoheit auch die Kooperationshoheit der Kommune, die ua die Möglichkeit umfasst, sich gemeinsam mit anderen Kommunen gemeinschaftlicher Handlungsinstrumente zu bedienen. Jedoch bietet die Selbstverwaltungsgarantie insoweit nach der Rechtsprechung des Bundesverfassungsgerichts nur Schutz vor direkten staatlichen Eingriffen und nicht vor mittelbaren Beeinflussungen.[126] Zu Regelungen, die lediglich eine mittelbare Beeinflussung der kommunalen Kooperationshoheiten darstellen, sind auch die vergaberechtlichen Ausschreibungspflichten zu zählen.

56 Insofern sind vertragliche Kooperationen zwischen öffentlichen Auftraggebern nicht per se vergaberechtsimmun. Andererseits sind die Fälle öffentlich-öffentlicher Zusammenarbeit Ausdruck nationaler Staatsorganisation und durch Art. 4 Abs. 2 S. 1 EUV auch primärrechtlich anerkannt.[127] Der Grundsatz der Ausschreibungsfreiheit der Eigenerledigung umfasst ferner auch Konstellationen zur Zusammenarbeit öffentlicher Stellen, die keine Inhouse-Geschäfte sind.[128] Denn ob öffentliche Auftraggeber ein von ihnen kontrolliertes inhouse-fähiges Unternehmen selbst erschaffen, um ihre Aufgaben zu erfüllen, oder ob sie in anderer Weise zusammenarbeiten, darf keinen maßgeblichen Unterschied machen. Es ist nicht Aufgabe des Vergaberechts, die Erfüllung öffentlicher Aufgaben mit verwaltungseigenen Mitteln zu unterbinden oder von einer Pflicht zur Einbeziehung externer Dritter abhängig zu machen.[129] Vor diesem Hintergrund hatte der EuGH bereits vor der Vergabe-

[122] So nun die amtliche Überschrift des § 108 GWB; zuvor bereits die *Europäische Kommission,* Arbeitsdokument der Kommissionsdienststellen über die Anwendung des EU-Vergaberechts im Fall von Beziehungen zwischen öffentlichen Auftraggebern (öffentlich-öffentliche Zusammenarbeit) v. 4. 10. 2011, SEK (2011) 1169; dazu *Neun/Otting* EuZW 2012, 566, 568.

[123] Zu den gleichwohl zu beachtenden Grenzen, die sich aus dem EU-Primärrecht ergeben, s. EuGH Urt. v. 3. 10. 2019 – C-285/18, NZBau 2020, 173, 177 ff. – Stadt Kaunas.

[124] EuGH Urt. v. 13. 1. 2005 – C-84/03, NZBau 2005, 232, 233 Rn. 37 ff. – Kommission ./. Spanien.

[125] EuGH Urt. v. 13. 1. 2005 – C-84/03, NZBau 2005, 232, 233 Rn. 40. – Kommission ./. Spanien.

[126] BVerfG DVBl. 1987, 135, 136; vgl. auch BVerfGE 91, 228, 240.

[127] *Krönke* NVwZ 2016, 568, 572.

[128] *Ziekow* NZBau 2015, 258, 263.

[129] EuGH Urt. v. 11. 1. 2005 – C-26/03, NVwZ 2005, 187, 190 Rn. 48 – Stadt Halle.

des Europäischen Vergaberechts, einen freien Dienstleistungsverkehr und einen unverfälschten Wettbewerb in den Mitgliedsstaaten zu gewährleisten, nicht beeinträchtigen, solange die Umsetzung der Zusammenarbeit nur durch Überlegungen und Erfordernisse bestimmt wird, die mit der Verfolgung von im öffentlichen Interesse liegenden Zielen zusammenhängen.[140] Dabei können Gegenstand einer Zusammenarbeit öffentliche Dienstleistungen jeder Art sein, die zur Erreichung gemeinsamer Ziele erbracht werden.

Soweit bisher indes für erforderlich gehalten wurde, dass die staatliche Zusammenarbeit 64
der Wahrnehmung hoheitlicher Aufgaben in Abgrenzung zur Wahrnehmung von Geschäften mit erwerbswirtschaftlich-fiskalischem Charakter dient, erscheint nunmehr fraglich, ob diese Unterscheidung aufrechterhalten werden kann. Erwägungsgrund 33 zur RL 2014/24/EU steckt den Rahmen möglicher Tätigkeiten denkbar weit ab. So können Gegenstand einer Zusammenarbeit alle Arten von Tätigkeiten sein, die in Verbindung mit der Ausführung von Dienstleistungen stehen. Erfasst werden gesetzliche und freiwillige Aufgaben der Gebietskörperschaften, dazu gehören Aufgaben der kommunalen Selbstverwaltung, insbesondere solche zur Förderung des wirtschaftlichen, sozialen und kulturellen Gemeinschaftslebens. Einbezogen sind nicht nur die unmittelbare Aufgabenausführung, sondern auch Geschäfte die mit der öffentlichen Aufgabenausführung lediglich mittelbar in Zusammenhang stehen. Die Unterscheidung zwischen hoheitlichen Aufgaben und Tätigkeiten mit erwerbswirtschaftlich-fiskalischem Charakter scheint im Rahmen der horizontalen Zusammenarbeit damit weitgehend außer Kraft gesetzt.[141] Lediglich Geschäfte ohne konkrete Verbindung zu einer öffentlichen Aufgabe, dh solche mit eindeutig vorrangigem „Beschaffungscharakter“, sind nicht ausreichend.[142] Insbesondere die reine entgeltliche Beschaffung einer Bauleistung, Dienstleistung oder Warenlieferung durch einen öffentlichen Auftraggeber bei einem anderen öffentlichen Auftraggeber genügt diesen Anforderungen nicht.[143]

Das somit eröffnete weite Feld denkbarer Tätigkeiten einer horizontalen Zusammenar- 65
beit steht in einem gewissen Spannungsfeld zur bisherigen Rechtsprechung. Dies betrifft insbesondere die Einordnung von öffentlichen Aufträgen, die sich nach bisher anerkannter Differenzierung nicht eindeutig entweder einer hoheitlichen Aufgabe oder einer rein erwerbswirtschaftlichen Tätigkeit zuordnen ließen.[144] So war bislang nicht abschließend geklärt, wie Verträge zu beurteilen sind, welche die Übertragung von Hilfsgeschäften zum Gegenstand haben, die allenfalls mittelbar mit der Erfüllung einer öffentlichen Aufgabe in Zusammenhang stehen.[145] Nach der Rechtsprechung des OLG Düsseldorf etwa lagen im Fall einer Übertragung von Dienstleistungen (zur Reinigung öffentlicher Gebäude) in die alleinige Zuständigkeit einer Stadt gegen Kostenerstattung die Voraussetzungen einer vergaberechtsfreien horizontalen Zusammenarbeit sowie die eines vergaberechtsfreien In-house-Geschäfts nicht vor.[146] Überzeugende Begründung war, dass in einem solchen Fall im Grunde eine vertikale Leistungsbeziehung vorliege, wie sie auch mit einem privaten Un-

---

[140] Vgl. EuGH Urt. 4.6.2020 – C-429/19, NZBau 2020, 457, 460f. – Remondis II; EuGH Urt. v. 9.6. 2009 – C-480/06, NZBau 2009, 527, 528 Rn. 45 – Stadtreinigung Hamburg.

[141] *Krönke* NVwZ 2016, 258, 263; vgl. ferner BT-Drs. 18/6281, S. 82.

[142] OLG Düsseldorf Beschl. v. 21.6.2006 – VII-Verg 17/06, NZBau 2006, 662, 664.

[143] So etwa im Falle der Beschaffung von Bauleistungen, EuGH Urt. v. 18.1.2007 – C-220/05, EuZW 2007, 117, 119 Rn. 35ff. – Stadt Roanne; vgl. auch EuGH Urt. 4.6.2020 – C-429/19, NZBau 2020, 457, 460f., Rn. 38 – Remondis II.

[144] Die Schwierigkeit der Abgrenzung zeigt sich etwa in einem vom OLG München entschiedenen Fall der Zusammenarbeit zweier öffentlicher Krankenhausträger im Hinblick auf die Arzneimittelversorgung über eine Krankenhausapotheke. Das OLG wertete zwar die ärztliche Behandlung der Patienten als öffentliche Aufgabe, nicht aber die Zurverfügungstellung der Arzneimittel; OLG München Beschl. v. 21.2.2013 – Verg 21/12, NZBau 2013, 458, 462; ähnlich (ablehnend) KG Beschl. v. 16.9.2013 – Verg 4/13, NZBau 2014, 62, 63 hinsichtlich der Entwicklung von Software in Abgrenzung zur Jugendhilfe als öffentliche Aufgabe.

[145] Für eine Einbeziehung wohl *Struve* EuZW 2009, 805, 807; dagegen Reidt/Stickler/Glahs/*Ganzke* § 99 Rn. 47; *Portz* VergabeR 2009, 702, 708.

[146] OLG Düsseldorf Beschl. v. 6.7.2011 – VII-Verg 39/11, NZBau 2011, 769.

ternehmen bestehen könne und die Nichtanwendung des Vergaberechts sich nicht allein mit dem Umstand rechtfertigen lasse, dass der Auftraggeber sich für die Beauftragung eines anderen Hoheitsträgers entscheide.[147] Dem schloss sich der EuGH an.[148]

66 Demgegenüber soll die Neuregelung ausdrücklich alle Tätigkeiten erfassen, die (bloß) in Verbindung mit der Ausführung der öffentlichen Dienstleistung stehen.[149] Gegenstand einer Zusammenarbeit muss mithin nicht zwingend die den Kern der öffentlichen Aufgabe betreffende Dienstleistung bzw. für die Aufgabenerledigung wesentlich sein; vielmehr kann sich die Zusammenarbeit auch auf mit der öffentlichen Aufgabe verbundene Hilfsgeschäfte beschränken, die dem Bürger nur mittelbar zugutekommen (so zB die Reinigung der Dienstgebäude oder die Bereitstellung von Software zur Aufgabenerledigung).[150] Im Hinblick auf Erwägungsgrund 33 zur RL/2014/24/EU wird man es als ausreichend ansehen müssen, dass eine funktionelle Orientierung der Tätigkeit auf die Erbringung der Dienstleistung besteht.[151] Die damit scheinbar verbundene Ausweitung vergaberechtsfreier staatlicher Kooperationen wird zwar durch die gemäß § 108 Abs. 6 Nr. 3 GWB eingeführte Begrenzung der Markttätigkeit teilweise kompensiert, wonach die beteiligten Auftraggeber nur weniger als 20% der durch die Zusammenarbeit erfassten Tätigkeiten erbringen dürfen. Unabhängig vom Umfang der Markttätigkeit darf man jedoch gespannt sein, ob die Rechtsprechung derartige Konstellationen zukünftig vom Anwendungsbereich des Vergaberechts ausnimmt.[152] Dies gilt insbesondere hinsichtlich der Übertragung solcher Aufgaben, die größtenteils zum Leistungskatalog privater Auftragnehmer gehören. Letztlich tritt in einem solchen Fall die beauftragte öffentliche Stelle faktisch in Konkurrenz zu privaten Unternehmen, womit der Grundsatz der Ausschreibungsfreiheit der Eigenerledigung stark ausgedehnt und wohl auch der Grundsatz der Gleichbehandlung gemäß § 97 Abs. 2 GWB tangiert wird.[153] Andererseits wird man vor dem Hintergrund der eingeführten 20%-Grenze eine marktbeeinträchtigende Tätigkeit im vorgesehenen Umfang als vom (Richtlinien-)Gesetzgeber unbeanstandet und damit als grundsätzlich zulässig erachten müssen. Ungeachtet dessen wurde bereits vor Erlass der RL/2014/24/EU in der *Piepenbrock*-Rechtsprechung des EuGH ein Besserstellungsverbot entwickelt, wonach durch eine vergaberechtsfreie horizontale Kooperation kein privater Dritter bessergestellt werden darf, als sein Wettbewerber.[154] Bereits aus Art. 106 Abs. 2 AEUV und auch aus Art. 18 Abs. 1 Unterabs. 2 der RL 2014/24/EU ergibt sich die allgemeine Pflicht, den Wettbewerb nicht zu verfälschen. Dementsprechend ist, wie der EuGH auch in jüngster Vergangenheit noch einmal bestätigt hat, davon auszugehen, dass eine Zusammenarbeit zwischen öffentlichen Auftraggebern, durch die ein privater Wirtschaftsteilnehmer gegenüber seinen Wettbewerbern auf dem Markt bessergestellt wird, nicht von Art. 12 Abs. 4 der RL 2014/24/24 gedeckt ist.[155] Entsprechendes gilt für das Verständnis von § 108 Abs. 6 GWB.

67 Als Einschränkung marktbeeinträchtigender Tätigkeiten kann darüber hinaus das in § 108 Abs. 6 Nr. 3 GWB normierte Erfordernis dienen, wonach die Zusammenarbeit von Überlegungen des öffentlichen Interesses bestimmt sein muss. Gerade im Rahmen von Kooperationen, die einseitige Leistungspflichten begründen, kann eine einschränkende

[147] OLG Düsseldorf Beschl. v. 6.7.2011 – VII-Verg 39/11, NZBau 2011, 769.

[148] S. EuGH Urt. v. 13.6.2013 – C-386/11, NZBau 2013, 522, 524 Rn. 39 – Piepenbrock.

[149] Vgl. Erwägungsgrund 33 RL/2014/24/EU.

[150] So ausdrücklich *Krönke* NVwZ 2016, 568, 573 sowie OLG Düsseldorf Beschl. v. 28.11.2018 – VII-Verg 25/18, NZBau 2019, 126, 129 Rn. 36, das dem EuGH die Frage zur Entscheidung vorgelegt hat.

[151] EuGH Urt. v. 28.5.2020 – C-796/18, NZBau 2020, 461, 465 – Softwareüberlassung.

[152] Die Gesetzesbegründung ist insofern nicht ganz eindeutig. Einerseits soll im Wesentlichen die Rechtsprechung des EuGH kodifiziert werden, andererseits soll die Zusammenarbeit Tätigkeiten aller Art betreffen können, vgl. BT-Drs. 18/6281, S. 82.

[153] So wohl auch *Ziekow* NZBau 2015, 258, 263.

[154] EuGH Urt. v. 13.6.2013 – C-386/11, NZBau 2013, 522, 524 Rn. 37 – Piepenbrock. Auf diesen ungeschriebenen Grundsatz wird auch im Vorlagebeschluss des OLG Düsseldorf (Beschl. v. 28.11.2018 – VII-Verg 25/18, NZBau 2019, 126, 129) zur Auslegung des Art 12 Abs. 4 der RL/2014/24/EU Bezug genommen.

[155] EuGH Urt. v. 28.5.2020 – C-796/18, NZBau 2020, 461, 464f. – Softwareüberlassung.

Wirkung dadurch erreicht werden, dass Geldflüsse, die über eine Kostendeckung hinausgehen, durch dieses Merkmal unterbunden werden.[156] Auch etwaigen Umgehungskonstruktionen können dadurch Grenzen gesetzt werden.

c) Zusammenarbeit zur Erreichung gemeinsamer Ziele. Die zu erbringenden Dienstleistungen müssen nach § 108 Abs. 6 Nr. 1 GWB im Hinblick auf die **Erreichung gemeinsamer Ziele** ausgeführt werden.[157] Eine gemeinsame Aufgabenwahrnehmung wird nicht ausdrücklich verlangt. Nach der bisherigen Rechtsprechung des EuGH ist eine solche jedoch Kernelement einer jeden vergaberechtsfreien staatlichen Kooperation.[158] Trotz der insoweit missverständlichen Formulierung ist eine gemeinsame Aufgabenwahrnehmung daher weiterhin erforderlich, da nicht davon auszugehen ist, dass der Gesetzgeber eine solch weitreichende Korrektur der Rechtsprechung bezweckt hat.[159] Die Zusammenarbeit muss sich daher weiterhin auf die Erfüllung einer allen Auftraggebern gleichermaßen obliegenden Aufgabe beziehen. Die Wahrnehmung einer öffentlichen Aufgabe setzt grundsätzlich voraus, dass der wahrnehmenden öffentlichen Stelle eine entsprechende Zuständigkeit eingeräumt ist. Unproblematisch sind daher diejenigen Fälle, in denen unabhängig von der Zusammenarbeit die kooperierenden Hoheitsträger für die Wahrnehmung der Aufgabe, die Gegenstand der Zusammenarbeit sein soll, nach den einschlägigen gesetzlichen Vorschriften zuständig sind. Obliegt die gemeinsam wahrzunehmende Aufgabe jedem der Kooperationspartner auch einzeln, dh ist jeder Kooperationspartner auch einzeln zuständig, löst die staatliche Zusammenarbeit zur gemeinsamen Wahrnehmung dieser Aufgabe in der Regel für sich genommen nicht die Anwendbarkeit des Vergaberechts aus.[160] Dagegen genügt es in der Regel nicht, wenn von zwei zusammenarbeitenden öffentlichen Auftraggebern nur der nicht ausführende Teil für die Erledigung der Aufgabe zuständig ist.[161] Es war umstritten, ob für eine Zusammenarbeit iSv § 108 Abs. 6 bereits eine (vertikale) Beauftragung des einen durch den anderen im Sinne einer entgeltlichen Leistungserbringung ausreicht oder eine echte (horizontale) Zusammenarbeit der beteiligten Hoheitsträger erforderlich ist. Der EuGH hat diese Frage zugunsten einer (echten) Zusammenarbeit entschieden und setzt zum Nachweis des Bestehens einer echten Zusammenarbeit eine Kooperationsvereinbarung voraus, die eine gemeinsame Strategie und eine Bündelung der Anstrengungen der öffentlichen Auftraggeber zur Erbringung von öffentlichen Dienstleistungen im Sinne einer gemeinsamen Definition des Bedarfs und der Lösungen erkennen lässt.[162] 68

Dabei ist es unerheblich, auf welcher rechtlichen Grundlage und in welcher Rechtsform sich die staatliche Kooperation vollzieht. Selbst die Wahl einer **privatrechtlichen** 69

[156] Vgl. Erwägungsgrund 33 RL 2014/24/EU; *Krönke* NVwZ 2016, 568, 574.

[157] Vgl. EuGH Urt. 4.6.2020 – C-429/19, NZBau 2020, 457, 460f. Rn. 33 – Remondis II. Das OLG Dresden hat hierzu jüngst entschieden, dass Verträge zwischen Krankenkassen und Kassenärztlichen Vereinigungen über Modellvorhaben nach §§ 63, 64 Abs. 1 S. 2 SGB V als vergabefrei ausscheiden, weil die Parteien damit nicht ausschließlich ein gemeinsames Ziel des öffentlichen Gemeinwohls verfolgen. Wirtschaftlich gesehen verfolgten die beiden Parteien nach dem OLG Dresden nämlich gegenläufige Ziele; OLG Dresden Beschl. v. 29.9.2016, Verg 4/16, VergabeR 2017, 58, 60. Die Entscheidung erging zwar noch zur Rechtslage vor Inkrafttreten des § 108 GWB; weil aber insofern das OLG Dresden auf die Grundsätze der Rechtsprechung des EuGH abstellte, die dem § 108 GWB als Vorbild dienten, kann sie auch zur Auslegung des § 108 Abs. 6 Nr. 1 GWB herangezogen werden.

[158] EuGH Urt. 4.6.2020 – C-429/19, NZBau 2020, 457, 460f. Rn. 33 – Remondis II; EuGH Urt. v. 9.6. 2009 – C-480/06, NZBau 2009, 527 Rn. 37 – Stadtreinigung Hamburg; *Portz* VergabeR 2009, 702, 708; ähnlich OLG München Beschl. v. 21.2.2013 – Verg 21/12, NZBau 2013, 458, 462; KG Beschl. v. 16.9.2013 – Verg 4/13, NZBau 2014, 62, 63.

[159] Ebenso *Krönke* NVwZ 2016, 568, 573; *Ziekow* NZBau 2015, 258, 263.

[160] EuGH Urt. v. 9.6.2009 – C-480/06, NZBau 2009, 527 Rn. 37 – Stadtreinigung Hamburg; VK Münster Beschl. v. 22.7.2011 – VK 07/11, juris Rn. 65ff.

[161] OLG Koblenz Beschl. v. 14.3.2018 – Verg 4/17, NZBau 2018, 381, 382 Rn. 27f.

[162] EuGH Urt. 4.6.2020 – C-429/19, NZBau 2020, 457, 460f. Rn. 29ff. – Remondis II; vorgelegt vom OLG Koblenz Beschl. v. 14.5.2019, Verg 1/19, NZBau 2019, 534; insoweit eine weitreichende Auslegung durch den EuGH fordernd *Kulartz/Boecker* NZBau 2020, 16, 18f.

Rechtsform steht einer vergaberechtsfreien Verwaltungszusammenarbeit nicht entgegen.[163] Davon unabhängig ist die Frage, ob ggf. das beauftragte Unternehmen seinerseits – etwa bei der Vergabe von Unteraufträgen an Nachunternehmer – vergaberechtliche Ausschreibungspflichten zu beachten hat.[164]

70 **d) Aufgabenübertragung.** Schwieriger zu beurteilen sind hingegen diejenigen Konstellationen, in denen eine Aufgabenübertragung von einem Hoheitsträger an einen anderen stattfindet. In diesem Zusammenhang wird die Auffassung vertreten, dass die innerstaatliche Zusammenarbeit von Hoheitsträgern als Akt der Verwaltungsorganisation anzusehen sei, der mangels Kompetenz der Europäischen Union zur Regelung der **Verwaltungsorganisation** der Mitgliedsstaaten dem EU-Vergaberecht und damit auch dem insoweit gleichlaufenden nationalen Vergaberecht entzogen sei.[165] Gestützt wird diese Sichtweise durch Art. 1 Abs. 6 RL 2014/24/EU, wonach Angelegenheiten der internen Organisation nicht berührt werden, so dass Fälle, in denen Befugnisse und Zuständigkeiten für die Ausführung öffentlicher Aufgaben zwischen öffentlichen Auftraggebern oder Gruppen von öffentlichen Auftraggebern durch Vereinbarungen, Beschlüsse oder auf anderem Wege übertragen werden, grundsätzlich nicht erfasst werden sollen. Dabei wird eine rein formelle Betrachtungsweise diesen Überlegungen jedoch nicht gerecht. In der Rechtsprechung der deutschen Vergabenachprüfungsinstanzen hat sich insoweit eine differenziertere Betrachtungsweise herausgebildet, die zwischen sog. delegierenden Vereinbarungen und sog. mandatierenden Vereinbarungen zwischen Hoheitsträgern unterscheidet.[166]

71 Eine **delegierende Vereinbarung** liegt danach dann vor, wenn einer der beteiligten Hoheitsträger einzelne Aufgaben der übrigen beteiligten Hoheitsträger vollständig in eigener Verantwortung übernimmt und hierdurch ein Zuständigkeitswechsel bewirkt wird. In dieser Konstellation fehlt es regelmäßig im Hinblick auf den übertragenden Hoheitsträger an einem Beschaffungscharakter der Zusammenarbeit. Denn wegen der vollständigen Abgabe der Verantwortung einer bestimmten Aufgabe kann nicht davon gesprochen werden, dass der Hoheitsträger bestimmte Leistungen zur Erfüllung eigener Bedürfnisse erwirbt.[167] Dementsprechend werden delegierende Vereinbarungen bislang überwiegend als vergaberechtsfrei eingestuft.[168] Zu der in diesem Zusammenhang häufig genannten Konstellation der vergaberechtsfreien Gründung eines Zweckverbands durch mehrere Gebietskörperschaften mit delegierender Aufgabenübertragung auf den Zweckverband[169] hat jüngst der EuGH eine Vorabentscheidung getroffen.[170] Der EuGH führte dabei aus, dass bei einer der Gründung eines Zweckverbands zugrunde liegenden Vereinbarung zwischen zwei Gebietskörperschaften, mit der dem Zweckverband Befugnisse zugewiesen werden, die bisher

[163] Ausdrücklich Erwägungsgrund 33 RL 2014/24/EU; so schon EuGH Urt. v. 9.6.2009 – C-480/06, NZBau 2009, 527, 528 Rn. 47 – Stadtreinigung Hamburg; VK Münster Beschl. v. 22.1.2011 – VK 07/11, juris, Rn. 61.

[164] Missverständlich insoweit die Ausführungen der VK Münster Beschl. v. 7.10.2010 – VK 6/10, BeckRS 2010, 26095, C. II. 2. c.

[165] *Burgi* NZBau 2005, 208, 210; *Ziekow/Siegel* VerwArch 2005, 119, 126; *Portz* VergabeR 2009, 702, 705; aA *Pielow* EuZW 2009, 531, 532.

[166] S. etwa OLG Düsseldorf Beschl. v. 21.6.2006 – VII-Verg 17/06, NZBau 2006, 662, 664 mwN; vgl. auch OLG Frankfurt a.M. Beschl. v. 7.9.2004 – 11 Verg 11/04, NZBau 2004, 692, 695; *Gruneberg/Jänicke/Kröcher* ZfBR 2009, 754, 755; *Kunde* NZBau 2011, 734, 735.

[167] Vgl. *Europäische Kommission,* Arbeitsdokument der Kommissionsdienststellen über die Anwendung des EU-Vergaberechts im Fall von Beziehungen zwischen öffentlichen Auftraggebern (öffentlich-öffentliche Zusammenarbeit) v. 4.10.2011, SEK (2011) 1169, S. 21 f.; hierzu *Neun/Otting* EuZW 2012, 566, 568.

[168] OLG Düsseldorf Beschl. v. 21.6.2006 – VII-Verg 17/06, NZBau 2006, 662, 664; OLG Frankfurt a.M. Beschl. v. 7.9.2004, 11 Verg 11/04, NZBau 2004, 692, 694 ff.; *Leinemann* Rn. 198; aA. OLG Naumburg Beschl. v. 3.11.2005 – 1 Verg 9/05, NZBau 2006, 58, Beschl. v. 2.3.2006 – 1 Verg 1/06, VergabeR 2006, 406.

[169] OLG Düsseldorf Beschl. v. 21.6.2006 – VII-Verg 17/06, NZBau 2006, 662, 665 ff.; Ziekow/Völlink/*Ziekow* GWB § 99 Rn. 140.

[170] EuGH Urt. v. 21.12.2016 – C-51/15, NZBau 2017, 105 – Remondis; nach Vorlage zur Vorabentscheidung durch das OLG Celle Beschl. v. 17.12.2014 – 13 Verg 3/13, ZfBR 2015, 289.

diesen Körperschaften oblagen und die nun zu Aufgaben des Zweckverbands werden, kein öffentlicher Auftrag vorliegt.[171] Allerdings liegt nach dem EuGH eine die Erfüllung öffentlicher Aufgaben betreffende Kompetenzübertragung nur dann vor, wenn neben der Übertragung der Zuständigkeiten der Zweckverband auch über eine eigene Entscheidungsbefugnis und eine finanzielle Unabhängigkeit verfügt.[172]

Eine **mandatierende Vereinbarung** liegt hingegen dann vor, wenn kein vollständiger 72 Zuständigkeitswechsel vereinbart wird, sondern lediglich ein beteiligter Hoheitsträger sich gegenüber den anderen verpflichtet, einzelne Aufgaben für diese durchzuführen. Unter Verweis auf den in diesen Konstellationen regelmäßig dominierenden Beschaffungscharakter werden mandatierende Vereinbarungen überwiegend dem Vergaberecht unterworfen.[173]

Vor dem Hintergrund der vom EuGH entwickelten und vom Gesetzgeber aufgegriffe- 73 nen Kriterien für die Freistellung interkommunaler Zusammenarbeit dürfte die Unterscheidung zwischen mandatierender und delegierender Vereinbarung in dieser Form nicht mehr zielführend sein.[174] Sie birgt die Gefahr einer zu formellen Betrachtungsweise, die zudem stark durch die Regelungen des nationalen Rechts beeinflusst ist, während die Betrachtungsweise des EuGH eher materiell-funktional orientiert ist.[175] In der „Piepenbrock"-Entscheidung hat der EuGH jedenfalls einer generellen Vergaberechtsfreiheit einer delegierenden Vereinbarung eine klare Absage erteilt. Danach ist auch eine delegierende Vereinbarung jedenfalls dann dem Vergaberecht unterworfen, wenn sich die übertragende öffentliche Stelle Kontrollbefugnisse und ggf. Kündigungsmöglichkeiten bei Schlechterfüllung vorbehält und sich die übernehmende öffentliche Stelle der Unterstützung privater Dritter bedienen darf. (…) Dies präzisierte der EuGH zuletzt, indem er einerseits ausführte, dass eine Vereinbarung weiterhin dem Vergaberecht unterworfen bleibt, wenn die ursprüngliche Stelle die Hauptverantwortung für diese Aufgaben, die finanzielle Kontrolle über diese oder ein Zustimmungserfordernis vorbehält.[176] Zugleich stellte der EuGH jedoch klar, dass damit nicht jede Einflussnahme wie etwa durch ein Überwachungsrecht ausgeschlossen ist.[177] Weiter weist der EuGH darauf hin, dass die für den Ausschluss des Vergaberechts erforderliche Handlungsfreiheit auch nicht voraussetzt, dass die Kompetenzübertragung unumkehrbar sein muss.[178] Die für die Praxis entscheidende Frage wird damit in der Zukunft darin liegen, wie viel Einfluss auf den neuen Aufgabenträger noch zulässig ist[179] und unter welchen Voraussetzungen eine Kompetenzrückübertragung möglich sein kann. Auch die nationale Rechtsprechung scheint sich einer materiell ausgerichteten Betrachtung anzuschließen.[180] Das überzeugt auch, da in einer solchen Konstellation kein relevanter Unterschied mehr zur unmittelbaren Beauftragung eines privaten Dritten besteht.

e) Begrenzte Markttätigkeit von 20 %. Eine Freistellung vom Vergaberecht kommt ge- 74 mäß § 108 Abs. 6 Nr. 3 GWB des Weiteren nur in Betracht, wenn die öffentlichen Auftraggeber auf dem Markt weniger als 20 % der Tätigkeiten erbringen, die durch die Zusammenarbeit nach Nr. 1 erfasst sind. Die Berechnung richtet sich wiederum nach § 108 Abs. 7 GWB. Diese Anforderung findet keine unmittelbare Entsprechung in der bisherigen Rechtsprechung des EuGH, hat im Wesentlichen jedoch dieselbe Zielrichtung wie

[171] EuGH Urt. v. 21.12.2016 – C-51/15, NZBau 2017, 105 – Remondis Ls. 1.
[172] EuGH Urt. v. 21.12.2016 – C-51/15, NZBau 2017, 105 – Remondis Ls. 2.
[173] OLG Düsseldorf Beschl. v. 21.6.2006 – VII-Verg 17/06, NZBau 2006, 662, 664; *Hövelberndt* NWVBl. 2011, 161, 162; *Leinemann* Rn. 199; *Seidel/Mertens* in Dauses, EU-Wirtschaftsrecht, H Rn. 198.
[174] So zu Recht Pünder/Schellenberg/*Wegener* § 99 GWB Rn. 31.
[175] Vgl. auch *Kunde* NZBau 2013, 555, 557f.
[176] EuGH Urt. v. 21.12.2016 – C-51/15, NZBau 2017, 105 – Remondis Rn. 49.
[177] EuGH Urt. v. 21.12.2016 – C-51/15, NZBau 2017, 105 – Remondis Rn. 52.
[178] EuGH Urt. v. 21.12.2016 – C-51/15, NZBau 2017, 105 – Remondis Rn. 53.
[179] So auch *Gniechwitz* EuZW 2017, 144, 148.
[180] Vgl. OLG Koblenz Beschl. v. 3.12.2014 – Verg 8/14, ZfBR 2015, 308, 310.

das vom EuGH entwickelte Verbot der Besserstellung privater Wettbewerber.[181] Es dient in gleicher Weise dem aus dem Gleichbehandlungsgrundsatz abzuleitenden Interesse an einem unverfälschten Wettbewerb.[182] Denn eine innerstaatliche Kooperation kann grundsätzlich auch nur dann dem Vergaberecht entzogen sein, wenn sie wettbewerbsneutral ist, dh kein privates Unternehmen, das als Auftragnehmer für den Gegenstand der Vereinbarung prinzipiell in Betracht käme, bevorzugt oder benachteiligt wird. Darauf hat der EuGH gerade in seinen jüngsten Entscheidungen noch einmal deutlich hingewiesen. Unabhängig davon dürfte die vorgegebene Markttätigkeit jedoch abschließend die Grenze festlegen, ab wann von einer zu beanstandenden Wettbewerbsbeeinträchtigung auszugehen ist bzw. in welchen Fällen eine Markttätigkeit unschädlich sein soll.[183]

75 Das Erfordernis einer begrenzten Markttätigkeit ist dabei keineswegs neu. Auch die Rechtsprechung hat zu der Frage einer Wettbewerbsbeeinträchtigung durch staatliche Kooperationen bereits Überlegungen zum Umfang der Tätigkeiten auf dem jeweiligen Markt angestellt. Im Anschluss an das OLG Düsseldorf soll eine Wettbewerbsverfälschung bereits dann vorliegen können, wenn sich der ausführende Verwaltungsträger oder die Einheit, derer er sich letztlich zur Ausführung bedient, in nicht unerheblichem Umfang auf dem Markt tätig ist und Aufträge von Dritten akquiriert.[184] Die Bezugnahme des Gerichts auf die Vorgaben der In-house-Geschäfte, insbesondere auf das Wesentlichkeitskriterium, ist klar erkennbar. Konsequenterweise hat der Gesetzgeber die Grenze für beide Konstellationen in gleicher Weise gezogen. Stimmig und sachlich gerechtfertigt ist die Einführung eines solchen Erfordernisses insbesondere vor dem Hintergrund, dass der Tatbestand des § 108 Abs. 6 GWB den Kreis der möglichen Tätigkeitsfelder denkbar weit zieht.[185] Öffentliche Auftraggeber sind im Rahmen zulässiger Kooperationen nicht zwingend auf die Ausführung öffentlicher Aufgaben beschränkt und können damit ohne weiteres mit privaten Marktteilnehmern in Wettbewerb treten. Insofern bietet § 108 Abs. 6 Nr. 3 GWB ein notwendiges und klar bestimmtes Korrektiv.[186]

76 **f) Kooperatives Konzept und Gegenleistung.** Auch im Rahmen von staatlichen Kooperationen steht den von einem Kooperationspartner zu erbringenden Leistungen in der Regel eine Gegenleistung der übrigen Beteiligten gegenüber. Diese besteht häufig in einem Entgelt oder einer Kostenerstattung. Dennoch zwingt diese Entgeltlichkeit für sich genommen noch nicht dazu, die zugrunde liegende Vereinbarung dem Vergaberecht zu unterwerfen. Erwägungsgrund 33 RL 2014/24/EU verlangt für eine Zusammenarbeit nicht, dass alle Teilnehmer wesentliche vertragliche Pflichten übernehmen, sofern die Zusammenarbeit nur auf einem „kooperativen Konzept" beruht. Insofern ist ausreichend, dass überhaupt Beiträge erbracht werden und sich diese ergänzen. Eine „echte Zusammenarbeit" mit „wechselseitigen Rechten und Pflichten" wird anders als im vorangegangenen Regelungsvorschlag der Kommission nicht mehr gefordert.[187] Ein ausreichender Beitrag kann also auch allein in der Entrichtung eines Geldbetrages gesehen werden für den Fall, dass die entsprechende Aufgabe von nur einem Auftraggeber ausgeführt wird.[188] Solange

181 Vgl. BT-Drs. 18/6281, S. 82.

182 *Krönke* NVwZ 2016, 568, 573.

183 Entgegen der Rechtsprechung des EuGH (Urt. v. 19.12.2012 – C-159/11, NZBau 2013, 114, 116 Rn. 38 – Lecce; Urt. v. 13.6.2013 – C-386/11, NZBau 2013, 522, 524 Rn. 40 – Piepenbrock) dürfte – soweit die Umsatzgrenze nicht überschritten wird – eine nur mittelbare Beeinflussung des Wettbewerbs daher nicht mehr genügen, etwa wenn der vertragschließende Hoheitsträger, der die Aufgabe ausführen soll, die Möglichkeit hat, auf (private) Dritte zur Unterstützung zurückzugreifen, krit. hierzu bereits *Kunde* NZBau 2013, 555, 557.

184 OLG Düsseldorf Beschl. v. 28.7.2011 – VII-Verg 20/11, NZBau 2012, 52, 55; OLG München Beschl. v. 21.2.2013 – Verg 21/12, NZBau 2013, 458, 462.

185 *Krönke* NVwZ 2016, 568, 573.

186 Ähnlich *Krönke* NVwZ 2016, 568, 573.

187 Vgl. hierzu *Brauser-Jung* VergabeR 2013, 285, 289; *Neun/Otting* EuZW 2012, 566, 568.

188 *Ziekow* NZBau 2015, 258, 263.

das vereinbarte Entgelt über eine reine Kostenerstattung nicht hinausgeht, wird man im Anschluss an die Rechtsprechung des EuGH eine vergaberechtsfreie staatliche Kooperation annehmen dürfen.[189] Anderes gilt freilich, wenn es sich bei der Zusammenarbeit um eine reine entgeltliche Leistungsbeschaffung eines öffentlichen Auftraggebers bei einem anderen öffentlichen Auftraggeber handelt, die ebenso gut bei einem privaten Unternehmen beschafft werden könnte.[190]

3. Keine Umgehung des Vergaberechts

Schließlich darf eine interkommunale oder sonstige staatliche Zusammenarbeit keine 77
Umgehung des Vergaberechts darstellen. Die Entscheidung der Beteiligten für eine Kooperation unter Hoheitsträgern darf also nicht dem Ziel dienen, vergaberechtliche Ausschreibungspflichten zu vermeiden. Dies kann insbesondere dann der Fall sein, wenn die gewählte Art der Auftragserfüllung in wirtschaftlicher Hinsicht keine anderen Folgen zeitigt, als im Falle der Beauftragung eines privaten Unternehmens und auch ansonsten keine Gründe gegen die Beauftragung eines privaten Unternehmens sprechen.[191]

---

[189] EuGH Urt. v. 9.6.2009 – C-480/06, NZBau 2009, 527, 528 Rn. 43 – Stadtreinigung Hamburg; allerdings ist zu beachten, dass auch im Falle des bloßen Kostenersatzes eine Entgeltlichkeit des Vertrags gegeben ist, s. EuGH Urt. v. 19.12.2012 – C-159/11, NZBau 2013, 114, 115 Rn. 29 – Lecce.

[190] Siehe → Rn. 64.

[191] Vgl. OLG Düsseldorf Beschl. v. 6.7.2011 – Verg 39/11, NZBau 2011, 769, 771; *Wagner/Piesbergen* NVwZ 2012, 653, 659.

§ 7 Soziale und andere besondere Dienstleistungen

Übersicht

GWB: §§ 130, 153
VgV: §§ 64–66
UVgO: § 49

GWB:

§ 130 GWB Vergabe von öffentlichen Aufträgen über soziale und andere besondere Dienstleistungen

(1) Bei der Vergabe von öffentlichen Aufträgen über soziale und andere besondere Dienstleistungen im Sinne des Anhangs XIV der Richtlinie 2014/24/EU stehen öffentlichen Auftraggebern das offene Verfahren, das nicht offene Verfahren, das Verhandlungsverfahren mit Teilnahmewettbewerb, der wettbewerbliche Dialog und die Innovationspartnerschaft nach ihrer Wahl zur Verfügung. Ein Verhandlungsverfahren ohne Teilnahmewettbewerb steht nur zur Verfügung, soweit dies aufgrund dieses Gesetzes gestattet ist.

(2) Abweichend von § 132 Absatz 3 ist die Änderung eines öffentlichen Auftrags über soziale und andere besondere Dienstleistungen im Sinne des Anhangs XIV der Richtlinie 2014/24/EU ohne Durchführung eines neuen Vergabeverfahrens zulässig, wenn der Wert der Änderung nicht mehr als 20 Prozent des ursprünglichen Auftragswertes beträgt.

§ 153 GWB Vergabe von Konzessionen über soziale und andere besondere Dienstleistungen

Für das Verfahren zur Vergabe von Konzessionen, die soziale und andere besondere Dienstleistungen im Sinne des Anhangs IV der Richtlinie 2014/23/EU betreffen, sind die §§ 151 und 152 anzuwenden.

VgV:

§ 64 VgV Vergabe von Aufträgen für soziale und andere besondere Dienstleistungen

Öffentliche Aufträge über soziale und andere besondere Dienstleistungen im Sinne von § 130 Absatz 1 des Gesetzes gegen Wettbewerbsbeschränkungen werden nach den Bestimmungen dieser Verordnung und unter Berücksichtigung der Besonderheiten der jeweiligen Dienstleistung nach Maßgabe dieses Abschnitts vergeben.

§ 65 VgV Ergänzende Verfahrensregeln

(1) Neben dem offenen und dem nicht offenen Verfahren stehen dem öffentlichen Auftraggeber abweichend von § 14 Absatz 3 auch das Verhandlungsverfahren mit Teilnahmewettbewerb, der wettbewerbliche Dialog und die Innovationspartnerschaft nach seiner Wahl zur Verfügung. Ein Verhandlungsverfahren ohne Teilnahmewettbewerb steht nur zur Verfügung, soweit dies nach § 14 Absatz 4 gestattet ist.

(2) Die Laufzeit einer Rahmenvereinbarung darf abweichend von § 21 Absatz 6 höchstens sechs Jahre betragen, es sei denn, es liegt ein im Gegenstand der Rahmenvereinbarung begründeter Sonderfall vor.

(3) Der öffentliche Auftraggeber kann für den Eingang der Angebote und der Teilnahmeanträge unter Berücksichtigung der Besonderheiten der jeweiligen Dienstleistung von den §§ 15 bis 19 abweichende Fristen bestimmen. § 20 bleibt unberührt.

(4) § 48 Absatz 3 ist nicht anzuwenden.

(5) Bei der Bewertung der in § 58 Absatz 2 Satz 2 Nummer 2 genannten Kriterien können insbesondere der Erfolg und die Qualität bereits erbrachter Leistungen des Bieters oder des vom Bieter eingesetzten Personals berücksichtigt werden. Bei Dienstleistungen nach dem Zweiten und Dritten Buch Sozialgesetzbuch können für die Bewertung des Erfolgs und der Qualität bereits erbrachter Leistungen des Bieters insbesondere berücksichtigt werden:
1. Eingliederungsquoten,
2. Abbruchquoten,
3. erreichte Bildungsabschlüsse und
4. Beurteilungen der Vertragsausführung durch den öffentlichen Auftraggeber anhand transparenter und nichtdiskriminierender Methoden.

§ 66 VgV Veröffentlichungen, Transparenz

(1) Der öffentliche Auftraggeber teilt seine Absicht, einen öffentlichen Auftrag zur Erbringung sozialer oder anderer besonderer Dienstleistungen zu vergeben, in einer Auftragsbekanntmachung mit. § 17 Absatz 5 bleibt unberührt.

(2) Eine Auftragsbekanntmachung ist nicht erforderlich, wenn der öffentliche Auftraggeber auf kontinuierlicher Basis eine Vorinformation veröffentlicht, sofern die Vorinformation
1. sich speziell auf die Arten von Dienstleistungen bezieht, die Gegenstand der zu vergebenen Aufträge sind,
2. den Hinweis enthält, dass dieser Auftrag ohne gesonderte Auftragsbekanntmachung vergeben wird,
3. die interessierten Unternehmen auffordert, ihr Interesse mitzuteilen (Interessensbekundung).

(3) Der öffentliche Auftraggeber, der einen Auftrag zur Erbringung von sozialen und anderen besonderen Dienstleistungen vergeben hat, teilt die Ergebnisse des Vergabeverfahrens mit. Er kann die Vergabebekanntmachungen quartalsweise bündeln. In diesem Fall versendet er die Zusammenstellung spätestens 30 Tage nach Quartalsende.

(4) Für die Bekanntmachungen nach den Absätzen 1 bis 3 ist das Muster gemäß Anhang XVIII der Durchführungsverordnung (EU) 2015/1986 zu verwenden. Die Veröffentlichung der Bekanntmachungen erfolgt gemäß § 40.

UVgO:

§ 49 UVgO Vergabe von öffentlichen Aufträgen über soziale und andere besondere Dienstleistungen

(1) Abweichend von § 8 Absatz 2 steht dem Auftraggeber für die Vergabe öffentlicher Aufträge über soziale und andere besondere Dienstleistungen im Sinne von § 130 Absatz 1 des Gesetzes gegen Wettbewerbsbeschränkungen neben der Öffentlichen Ausschreibung und der Beschränkten Ausschreibung mit Teilnahmewettbewerb stets auch die Verhandlungsvergabe mit Teilnahmewettbewerb nach seiner Wahl zur Verfügung. In den Fällen, in denen die Voraussetzungen des § 8 Absatz 3 beziehungsweise Absatz 4 vorliegen, kann der Auftraggeber auf einen Teilnahmewettbewerb verzichten. Für soziale und andere besondere Dienstleistungen, die im Rahmen einer freiberuflichen Tätigkeit erbracht oder im Wettbewerb mit freiberuflichen Tätigen angeboten werden, gilt § 50.

(2) Bei der Bewertung der in § 43 Absatz 2 Satz 1 Nummer 2 genannten Zuschlagskriterien können insbesondere der Erfolg und die Qualität bereits erbrachter Leistungen des Bieters oder des vom Bieter eingesetzten Personals berücksichtigt werden. Bei Dienstleistungen nach dem Zweiten und Dritten Buch Sozialgesetzbuch können für die Bewertung des Erfolgs und der Qualität bereits erbrachter Leistungen des Bieters insbesondere berücksichtigt werden:
1. Eingliederungsquoten,
2. Abbruchquoten,
3. erreichte Bildungsabschlüsse und
4. Beurteilungen der Vertragsausführung durch den Auftraggeber anhand transparenter und nichtdiskriminierender Methoden.

Literatur:
Amelung/Janson, Vergabe von Rettungsdienstleistungen: Keine generelle Freistellung vom Vergaberecht, NZBau 2016, 23; *Antweiler,* Ausschreibungspflicht und „Bereichsausnahme" bei der Vergabe von Rettungsdienstleistungen, VergabeR 2015, 275; *Gerner,* Die neue EU-Richtlinie über die öffentliche Auftragsvergabe im Bereich sozialer Dienstleistungen und deren Umsetzung in nationales Recht, NZS 2016, 492; *Jaeger,* Bestätigung der Bereichsausnahme für Vergaben von Rettungsdienstleistungen, NZBau 2020, 7; *Neun/Otting,* Die EU-Vergaberechtsreform 2014, EuZW 2014, 446; *Pauka,* Ein bisschen „Mehr an Eignung" – Personenbezogene Zuschlagskriterien nach der 7. ÄVOVgV, NZBau 2015, 18; *Prieß,* Die Vergabe von Rettungsdienstleistungen nach den neuen Vergaberichtlinien, NZBau 2016, 343; *Ruthig,* Vergaberechtsfreier Bevölkerungsschutz – Die Bereichsausnahme des § 107 Abs. 1 Nr. 4 GWB und ihre Konsequenzen für den Rettungsdienst, NZBau 2016, 3.

A. Einleitung

Soziale und andere besondere Dienstleistungen nehmen vergaberechtlich eine Sonderstellung ein. Sie zeichnen sich durch einen spezifischen Bezug zum jeweiligen Mitgliedstaat aus und sind infolge ihres „sensiblen Charakters" für einen grenzüberschreitenden Wettbewerb nur von untergeordneter Bedeutung.[1] Die Kategorie der sozialen und anderen besonderen Dienstleistungen wurde im Zuge der EU-Vergaberechtsreform 2014 neu eingeführt. Sie knüpft im Kern jedoch an die vorherigen nicht prioritären Dienstleistungen an, die vergaberechtlich privilegiert waren und dem EU-Vergaberecht nur sehr eingeschränkt unterlagen. Unter Berücksichtigung des besonderen Kontextes gewisser Dienste wurde vor der Vergaberechtsreform zwischen prioritären bzw. vorrangigen und nicht prioritären bzw. nachrangigen Dienstleistungen unterschieden.[2] Die Differenzierung ging auf die zugrundeliegende VKR 2004/18/EG zurück (insbesondere Kapitel III). Das strenge europäische Vergaberecht sollte nur für diejenigen Dienstleistungen gelten, bei denen sich im Binnenmarkt bereits grenzüberschreitende Anbieterstrukturen herausgebildet hatten, die im Rahmen europaweiter Vergaben effizienzsteigernd genutzt werden konnten.[3] Dementsprechend fanden die maßgeblichen Regelungen der VOL/A-EG (bzw. VOF) gemäß § 4 Abs. 2 S. 1 Nr. 2 VgV aF auf die Vergabe nachrangiger Dienstleistungen nur eingeschränkt Anwendung.[4] 1

Mit der europäischen Basisvergaberichtlinie 2014/24/EU wurde die Unterscheidung zwischen prioritären und nicht prioritären Dienstleistungen aufgehoben.[5] Damit wurde der Anwendungsbereich des EU-Vergaberechts auf einige bisher nicht prioritäre Dienst- 2

[1] Vgl. Erwägungsgrund 114 RL 2014/24/EU; *Gerner* NZS 2016, 492, 493.
[2] Die nicht prioritären Dienstleistungen waren im Einzelnen aufgeführt in Anhang 1 zur VOL/A und VOF, Teil B; entsprechend dem Anhang II Teil B zur RL 2004/18/EG.
[3] Pünder/Schellenberg/*Winnes* § 4 VgV Rn. 4 mit Verweis auf die Erwägungsgründe 18 und 19 der RL 2004/18/EG.
[4] Vergleichbares galt gem. § 5 Abs. 1 VgV für freiberufliche, ex ante nicht eindeutig und erschöpfend beschreibbare Dienstleistungen.
[5] Näher zu den unterschiedlichen Regelungsansätzen der VKR 2004/18/EG und der RL 2014/24/EU *Gerner* NZS 2016, 492, 493f.

leistungen ausgeweitet.[6] In Form der sozialen und anderen besonderen Dienstleistungen wird die Privilegierung bestimmter Dienstleistungskategorien jedoch weiterhin aufrechterhalten. Im Einzelnen sind diese im Anhang XIV der RL 2014/24/EU aufgelistet. Erfasst werden insbesondere sog. personenbezogene Dienstleistungen aus dem Sozial-, Gesundheits- oder Bildungsbereich. Im Vergleich zur früheren Rechtslage wurden einzelne Dienstleistungen auch erst durch die Reform 2014 privilegiert, andere vollständig vom Anwendungsbereich des Vergaberechts ausgenommen; im Wesentlichen stimmt der Kreis der privilegierten Leistungen nach der Reform mit dem vor der Reform jedoch überein.[7] Hintergrund der Privilegierung ist die regelmäßig fehlende grenzüberschreitende Dimension. Soziale und andere besondere Dienstleistungen werden in einem besonderen Kontext erbracht, der sich aufgrund der unterschiedlichen kulturellen Traditionen in den einzelnen Mitgliedstaaten stark unterschiedlich darstellt.[8] Aus diesem Grund unterwirft die Richtlinie derartige Dienstleistungen einem besonderen Regime. Zunächst gilt für soziale und andere besondere Dienstleistungen gemäß Art. 4 lit. d) RL 2014/24/EU ein im Vergleich zu allgemeinen Dienstleistungen erheblich höherer Schwellenwert von 750.000 EUR (netto). Darüber hinaus werden in den Art. 74 ff. RL 2014/24/EU spezifische Regelungen festgelegt, die insbesondere erleichterte Beschaffungsvorgaben zum Inhalt haben. Insofern besteht europarechtlich lediglich die Pflicht, die Grundsätze der Transparenz und der Gleichbehandlung einzuhalten. Dies beinhaltet, die beabsichtigte Auftragsvergabe ex ante sowie die Ergebnisse des Vergabeverfahrens ex post EU-weit bekannt zu machen. Darüber hinaus muss sichergestellt werden, dass die öffentlichen Auftraggeber spezifische Qualitätskriterien für die Auswahl von Dienstleistern anwenden können. Im Übrigen steht es aber im Ermessen der Mitgliedstaaten, anwendbare Verfahrensregeln zu erlassen, sofern die Auftraggeber nur die Möglichkeit erhalten, den jeweiligen Besonderheiten der jeweiligen Dienstleistung Rechnung zu tragen.[9] Unionsrechtlich wird lediglich ein stark vereinfachtes und kaum über die Anforderungen des EU-Primärrechts hinausgehendes Vergaberecht gefordert, welches den Mitgliedstaaten großen Spielraum belässt und damit andererseits große Flexibilität für öffentliche Auftraggeber in Aussicht stellt.

3 Bemerkenswert ist vor diesem Hintergrund, dass der deutsche Gesetzgeber die europarechtlichen Vorgaben – wie schon zuvor unter der Geltung der VKR 2014/18/EG – weit überschießend umgesetzt hat.[10] Die maßgeblichen Vorschriften greifen die eröffnete Flexibilität lediglich im Ansatz auf. Im Ausgangspunkt unterwirft das nationale Vergaberecht die Vergabe sozialer und anderer besonderer Dienstleistungen den allgemein für alle öffentlichen Aufträge geltenden Regeln. Anders als auf europäischer Ebene angeregt, wurde kein eigenständiges, vereinfachtes vergaberechtliches Regime geschaffen, sondern im Grundsatz eine Eingliederung in das bestehende Vergabesystem vorgenommen. Die europäischen Freistellungsmöglichkeiten wurden dabei nur durch begrenzte und moderate Abweichungen und Erleichterungen genutzt.

[6] Dies betraf etwa Dienstleistungen in den Bereichen Eisenbahnen, Schifffahrt, Neben- und Hilfstätigkeiten des Verkehrs, Veterinärwesen sowie einzelne Dienstleistungen in den Bereichen Erholung, Kultur und Sport.

[7] *Gerner* NZS 2016, 492, 493; vgl. auch die Übersicht bei *Schaller* ZfBR-Beilage 2016, 34, 54.

[8] Erwägungsgrund 104 der RL 2014/24/EU.

[9] *Gerner* NZS 2016, 492, 493 spricht von einem „Balanceakt" zwischen größtmöglicher Gestaltungsfreiheit und hoher Transparenz staatlichen Handelns.".

[10] Dies war schon unter der Geltung der VKR (RL 2004/18/EG) ähnlich: Gem. Art. 21 VKR fanden auf die nicht prioritären Dienstleistungen lediglich Art. 23 (technische Spezifikationen) und Art. 35 Abs. 4 (nachträgliche Bekanntmachungen der Auftragsvergabe) VKR Anwendung. Dies sahen die Regelungen in § 4 Abs. 2 S. 2, S. 1 Nr. 2 VgV aF, § 1 Abs. 3 VOL/A EG aF sowie § 1 Abs. 3 S. 1 VOF aF grundsätzlich auch so vor; für nicht prioritäre Dienstleistungen im Anwendungsbereich der VOL/A wurde durch § 4 Abs. 2 S. 1 Nr. 2 VgV aF indes zusätzlich auch die Geltung des gesamten ersten Abschnitts der VOL/A angeordnet.

B. Erfasste Dienstleistungen

Ihre Umsetzung haben die unionsrechtlichen Vorgaben in § 130 GWB sowie auf Verordnungsebene in den §§ 64 ff. VgV erfahren. Wortlaut und Regelungssystematik dieser Normen zeigen deutlich, dass im Grundsatz das Kartellvergaberecht auch für soziale und andere besondere Dienstleistungen uneingeschränkt gelten soll. Auf Konzessionen über soziale und andere besondere Dienstleistungen finden gemäß § 153 GWB die Regelungen über das (allgemeine) Konzessionsvergabeverfahren nach §§ 151, 152 GWB Anwendung. 4

I. Besondere Ausnahmen vom Anwendungsbereich

Für bestimmte soziale und andere besondere Dienstleistungsaufträge sind jedoch nach europäischem Vorbild besondere Ausnahmen vom Anwendungsbereich des Vergaberechts vorgesehen. Der insoweit einschlägige Art. 10 RL 2014/24/EU wurde dabei weitestgehend „eins zu eins" ins deutsche Recht umgesetzt. In Ergänzung allgemeiner Ausnahmen nach § 107 GWB werden zunächst Schiedsgerichts- und Schlichtungsdienstleistungen vom Vergaberecht freigestellt (Abs. 1 Nr. 1). Gleiches gilt für Dienstleistungen des Katastrophenschutzes, des Zivilschutzes und der Gefahrenabwehr durch Organisationen oder Vereinigungen ohne Gewinnerzielungsabsicht (Abs. 1 Nr. 4). Umstritten war, inwieweit auch Rettungsdienstleistungen unter diesen Ausnahmetatbestand fallen. Im Gegensatz zu den Begriffen des Zivil- und Katastrophenschutzes[11] hat sich für den Begriff der Gefahrenabwehr auf europäischer Ebene noch kein gemeinsames Verständnis herausgebildet. Er ist jedoch nicht auf Präventionsmaßnahmen im Zusammenhang mit diesen Extremereignissen beschränkt, sondern deutlich weiter zu fassen.[12] Nach der Rechtsprechung des EuGH umfasst der Ausnahmetatbestand auch Rettungsfahrten sowie privilegierte Krankenfahrten, sofern sie von bestimmten Leistungserbringern durchgeführt werden.[13] Insofern fallen unter Berücksichtigung der CPV-Codes neben der Feuerwehr auch die Rettungsdienste auf Grundlage der entsprechenden Landesgesetze in den Bereich der Gefahrenabwehr.[14] Gemäß § 107 Abs. 1 Nr. 4 Hs. 2 GWB als Umsetzung von Art. 10 Buchst. h) RL 2014/24/EU kommen jedoch nur solche Hilfsorganisationen als Leistungserbringer in Betracht, die nach Bundes- oder Landesrecht als Zivil- und Katastrophenschutzeinrichtungen anerkannt sind.[15] Nach der EuGH-Rechtsprechung ist Art. 10 Buchst. h) RL 2014/24/EU zudem dahingehend auszulegen, dass die Anerkennung nach nationalem Recht als Zivil- und Katastrophenschutzeinrichtungen nicht ausreichend ist, soweit die Anerkennung als Hilfsorganisation im nationalen Recht nicht davon abhängt, dass keine Gewinnerzielungsabsicht vorliegt. Vielmehr muss ihr Zweck in der Erfüllung sozialer Aufgaben bestehen, es darf keine erwerbswirtschaftliche Tätigkeit vorliegen und etwaige Gewinne müssen zur Zielerreichung reinvestiert werden.[16] Der spezielle Charakter solcher Organisationen könnte bei Durchführung eines Vergabeverfahrens entsprechend den Vorgaben der Richtlinie nur schwer gewahrt werden.[17] Jedenfalls sind nach der Klärung durch die Rechtsprechung des 5

[11] Zivilschutz meint den Schutz der Bevölkerung im Kriegsfall, während der Katastrophenschutz unvorhersehbare Schadensereignisse in Friedenszeiten erfasst, vgl. *Ruthig* NZBau 2016, 3, 5.

[12] So aber *Prieß* NZBau 2015, 343, 346, ähnlich *Amelung/Janson* NZBau 2016, 23, 26.

[13] EuGH Urt. v. 21.3.2019 – C-465/17, NZBau 2019, 314, 318, Rn. 51 – Falck Rettungsdienste.

[14] EuGH Urt. v. 21.3.2019 – C-465/17, NZBau 2019, 314, 318, Rn. 51; s. schon *Ruthig* NZBau 2016, 3, 5; *Jaeger* NZBau 2020, 7, 9.

[15] Zur Vereinbarkeit dieser Umsetzung mit dem Unionsrecht *Ruthig* NZBau 2016, 3, 7.

[16] EuGH Urt. v. 21.3.2019 – C-465/17, NZBau 2019, 314, 319 Rn. 61 – Falck Rettungsdienste; *Jaeger* NZBau 2020, 7,8.

[17] Vgl. Erwägungsgrund 28 RL 2014/24/EU. Etwa solche, die iSd § 26 Abs. 1 S. 2 ZSKG anerkannt sind, wie zum Beispiel in Deutschland der Arbeiter-Samariter-Bund, die Deutsche Lebensrettungsgesellschaft, das Deutsche Rote Kreuz, die Johanniter-Unfall-Hilfe und der Malteser-Hilfsdienst.

EuGH Rettungsdienstleistungen damit größtenteils vom Anwendungsbereich des Vergaberechts ausgeschlossen.[18]

6 Als besondere Ausnahmen iSd § 116 GWB unterliegen des Weiteren sowohl die Rechtsvertretung durch einen Rechtsanwalt in Schiedsgerichts-, Schlichtungs-, Gerichts- oder Verwaltungsverfahren (Abs. 1 Nr. 1 lit. a) als auch die Rechtsberatung zur Vorbereitung eines solchen Verfahrens nicht dem Anwendungsbereich des Vergaberechts. Für den Ausschluss der Rechtsberatung genügt es auch, wenn stichhaltige Hinweise und eine hohe Wahrscheinlichkeit dafür vorliegen, dass die Angelegenheit, auf die sich die Beratung bezieht, Gegenstand eines derartigen Verfahrens werden wird (Abs. 1 Nr. 1 lit. b). Diese sozialen bzw. anderen besonderen Dienstleistungen fallen also generell von vornherein aus dem Anwendungsbereich des Vergaberechts.

II. Die besonderen Dienstleistungen im Einzelnen

7 § 130 GWB enthält weder eine Definition noch einen Katalog der erfassten sozialen und anderen besonderen Dienstleistungen, sondern verweist unmittelbar auf den Anhang XIV der RL 2014/24/EU. Die dort aufgelisteten Dienstleistungen entsprechen dabei nicht den früheren nicht prioritären Dienstleistungen. Im Vergleich fällt auf, dass einige Kategorien der früheren nicht prioritären Dienstleistungen nach Anhang II Teil B der VKR 2004/18/EG entfallen sind. Dies betrifft unter anderem Eisenbahnleistungen, Leistungen der Schifffahrt, Neben- und Hilfstätigkeiten des Verkehrs, die Arbeits- und Arbeitskräftevermittlung oder das Veterinärwesen. Andererseits wurde der Katalog privilegierter Dienstleistungen insgesamt erweitert, so dass einige bisher nicht von den nachrangigen Dienstleistungen erfassten Kategorien Eingang in die sozialen und anderen besonderen Dienstleistungen gefunden haben. So sind beispielsweise Dienstleistungen von religiösen Vereinigungen, kommunale Dienstleistungen, aber auch sonstige Dienstleistungen der Verwaltung und für die öffentliche Verwaltung in die besonderen Dienstleistungen einbezogen. Ebenfalls erfasst werden neuerdings internationale (von exterritorialen/internationalen Institutionen erbrachte) Dienstleistungen sowie Postdienste.

8 Nach wie vor privilegiert sind als *soziale* Dienstleistungen solche des Gesundheits- und Sozialwesens, darunter insbesondere die Arbeitsmarktdienstleistungen des Sozialgesetzbuchs II, III und IX. Einbezogen wird ferner der Einsatz von Krankenwagen zur reinen Patientenbeförderung, während Notfallrettungsdienste und Krankenwageneinsätze, sofern dort allgemeine und fachspezifische ärztliche Dienstleistungen verrichtet werden, schon nicht in den Anwendungsbereich des Vergaberechts fallen, vgl. § 107 Nr. 4 GWB. Eingeschlossen sind weiterhin administrative Dienstleistungen im Sozial-, Bildungs-, Gesundheits- und kulturellen Bereich, vor allem Veranstaltungen. Den sozialen Diensten zugehörig sind des Weiteren solche im Rahmen der gesetzlichen Sozialversicherung, es sei denn, sie werden als nichtwirtschaftliche Dienstleistungen von allgemeinem Interesse organisiert.[19] Erfasst sind sonstige gemeinschaftliche, soziale und persönliche Dienste, einschließlich Dienstleistungen von Gewerkschaften, von politischen Organisationen, von Jugendverbänden und von sonstigen Organisationen und Vereinen sowie nicht zuletzt Beihilfen, Unterstützungsleistungen und Zuwendungen.

9 Als *andere besondere* Dienstleistungen sind vor allem Dienstleistungen im juristischen Bereich zu nennen, sofern diese nicht bereits nach § 116 Abs. 1 Nr. 1 GWB ausgeschlossen sind. Rechtsdienstleistungen betreffen insoweit regelmäßig Fragen des nationalen Rechts

---

[18] EuGH Urt. v. 21.3.2019 – C-465/17, NZBau 2019, 314 – Falck Rettungsdienste; dies entsprach auch der Intention des deutschen Gesetzgebers; vgl. hierzu BT-Drs. 18/7382, S. 79; krit. *Amelung/Janson* NZBau 2016, 23, 26.

[19] Vgl. Art. 1 Abs. 5 RL 2014/24/EU und FN 1 zu Anhang XIV: Es steht den Mitgliedstaaten frei, die Erbringung von Dienstleistungen im Rahmen der gesetzlichen sozialen Dienstleistungen oder anderen Dienstleistungen als Dienstleistungen von allgemeinem Interesse oder als nichtwirtschaftliche Dienstleistungen von allgemeinem Interesse zu organisieren.

und werden daher in der Regel nur von Wirtschaftsteilnehmern des betreffenden Mitgliedstaates angeboten.[20] Zu den besonderen Dienstleistungen gehören ferner solche des Gaststätten- und Beherbergungsgewerbes. Die Ortsgebundenheit dieser Leistungen steht einem grenzüberschreitenden Interesse in der Regel entgegen.[21] Sofern nicht bereits von allgemeinen oder besonderen Bereichsausnahmen erfasst, fallen unter das Sonderregime weiterhin Rettungsdienste, Feuerwehrdienste oder Strafvollzugsdienste. Rechtfertigen lässt sich dies damit, dass diese Dienste in der Regel nur dann ein grenzüberschreitendes Interesse bieten, wenn sie aufgrund eines relativ hohen Auftragswertes eine ausreichend kritische Masse erreichen.[22] Zu beachten ist jeweils, dass die genauen Voraussetzungen der im Anhang XIV RL 2014/24/EU abschließend genannten CPV-Codes erfüllt sein müssen.[23]

C. Vergaberechtliche Erleichterungen für soziale und andere besondere Dienstleistungen

Soll eine der genannten sozialen und anderen besonderen Dienstleistungen Gegenstand einer öffentlichen Auftragsvergabe werden, dann sind die bereits erwähnten Sonderregelungen zu berücksichtigen, die die Auftragsvergabe durch die öffentlichen Auftraggeber erleichtern sollen. Bei Auftragsvergaben durch die gesetzlichen Krankenkassen ist zudem für bestimmte Verträge ein nochmals abweichendes Regelungskonzept zu beachten. 10

I. Besondere Beschaffungsregelungen für Dienstleistungsaufträge

Für öffentliche Dienstleistungsaufträge wird zunächst der neue erhöhte **Schwellenwert** in Höhe von derzeit 750.000 EUR durch unmittelbare Bezugnahme in § 106 Abs. 2 Nr. 1 GWB auf Art. 4 lit. d) RL 2014/24/EU ins nationale Recht übernommen.[24] Für Auftragsvergaben unterhalb des Schwellenwertes sieht § 49 UVgO nunmehr ausdrücklich eine Regelung vor. Diese entspricht inhaltlich im Wesentlichen §§ 64, 65 Abs. 1 S. 1 und Abs. 5 VgV und ist den Vorschriften für den Oberschwellenbereich nachgebildet soweit sich keine zu berücksichtigenden Besonderheiten für den Unterschwellenbereich ergeben. Daneben können vergaberechtliche Anforderungen jedoch weiterhin aus den Grundsätzen des **Primärrechts** hergeleitet werden, soweit ein eindeutiges grenzüberschreitendes Interesse an dem Auftrag besteht.[25] Wann von einem solchen ausgegangen werden kann, kann nicht pauschal beantwortet werden. Keine indizielle Bedeutung kommt jedenfalls der Erreichung des für Dienstleistungen sonst geltenden allgemeinen Schwellenwertes in Höhe von (derzeit) 209.000 EUR zu. Die aus dem Primärrecht, insbesondere aus den Grundsätzen der Gleichbehandlung, Nichtdiskriminierung und Transparenz, folgenden Anforderungen an ein Vergabeverfahren unterscheiden sich nicht wesentlich von denen, die von der RL 2014/24/EU an die Vergabe besonderer Dienstleistungen oberhalb des Schwellenwertes gestellt werden.[26] Insofern würde eine Orientierung am allgemeinen Schwellenwert dem besonderen Schwellenwert jede Wirkung nehmen und die vom Richtliniengesetzgeber getroffene Differenzierung einebnen. Dementsprechend geht auch Erwägungsgrund 114 RL 2014/24/EU davon aus, dass ein unter dem Schwellenwert liegender Auftragswert für Dienstleister aus anderen Mitgliedstaaten regelmäßig nicht von Interesse ist, sofern 11

[20] Erwägungsgrund 116 RL 2014/24/EU.
[21] Vgl. Erwägungsgründe 115 und 116 RL 2014/24/EU.
[22] Erwägungsgrund 117 RL 2014/24/EU.
[23] Zu den Schwierigkeiten der Auslegung der CPV-Codes angesichts unterschiedlicher Sprachfassungen vgl. VK Südbayern Beschl. v. 23.8.2017, Z3-3-3194-1-24-05/17, BeckRS 2017, 127710 Rn. 93 ff.
[24] Zu gemischten Aufträgen s. § 110 Abs. 2 Nr. 1 GWB.
[25] Vgl. EuGH Urt. v. 16.4.2015 – C-278/14, NZBau 2015, 383, 385 – SC Enterprise Focused Solutions; EuGH Urt. v. 23.12.2009 – C-376/08, EuZW 2010, 150, 151 – Serrantoni.
[26] Vgl. Art. 76 Abs. 1 RL 2014/24/EU, der ebenso lediglich die Einhaltung der Grundsätze der Gleichbehandlung und Transparenz fordert.

nicht konkrete gegenteilige Anhaltspunkte vorliegen. Es bedarf daher im Wege einer Einzelfallbetrachtung über das Volumen des Auftrags hinaus der Berücksichtigung weiterer objektiver Kriterien wie dem Leistungsort, der technischen Merkmale des Auftrags oder realer Beschwerden von Wirtschaftsteilnehmern aus anderen Mitgliedstaaten, um ausnahmsweise eine grenzüberschreitende Dimension des Auftrags anzunehmen.[27]

12 Wird der Schwellenwert erreicht, greift im Ausgangspunkt § 130 Abs. 1 GWB die unionsrechtlichen Freistellungsmöglichkeiten auf und ermöglicht zunächst eine **flexible Wahl der Verfahrensart,** indem den öffentlichen Auftraggebern bei der Vergabe von öffentlichen Aufträgen über soziale und andere besondere Dienstleistungen das offene Verfahren, das nicht offene Verfahren, das Verhandlungsverfahren mit Teilnahmewettbewerb (ohne Teilnahmewettbewerb nur, soweit gesetzlich gestattet), der wettbewerbliche Dialog und die Innovationspartnerschaft zur Verfügung stehen. § 130 Abs. 2 GWB ermöglicht ferner eine erleichterte **Auftragsänderung** ohne Durchführung eines neuen Vergabeverfahrens. Die Änderung eines öffentlichen Auftrags ist danach zulässig, wenn der Wert der Änderung nicht mehr als 20% des ursprünglichen Auftragswertes beträgt.[28] Aus der Gesetzesbegründung zu § 130 Abs. 2 GWB ist zu entnehmen, dass der Gesetzgeber bei sozialen und anderen besonderen Dienstleistungen einen besonderen Bedarf für flexiblere Vertragsänderungen sieht, weil hier besondere nicht vorhersehbare und beeinflussbare Umstände zu berücksichtigen seien, etwa im Hinblick auf vereinbarte Teilnehmerkontingente.[29] Die Regelung in § 130 Abs. 2 GWB nimmt dabei auf den ganzen Abs. 3 des § 132 GWB Bezug, sodass nicht nur die ansonsten geltende Wertgrenze von 10% auf 20% erhöht wird. Vielmehr dispensiert die Regelung in § 130 Abs. 2 GWB ebenso von der in § 132 Abs. 3 Nr. 1 GWB vorgesehenen Beschränkung auf den jeweils einschlägigen Schwellenwert.[30]

13 Öffnende Verfahrensregelungen sind ergänzend auf Verordnungsebene in den §§ 64ff. VgV enthalten. Entsprechende Regelungen sind auch in der UVgO wiederzufinden, soweit in der UVgO vergleichbarer Regelungsbedarf besteht. Die für **Rahmenvereinbarungen** übliche maximale Laufzeit wird nach § 65 Abs. 2 VgV von vier auf sechs Jahre ausgedehnt.[31] Als Grund dafür wird die besondere Abhängigkeit der Qualität der erbrachten sozialen und anderen besonderen Dienstleistungen von dem eingesetzten Personal genannt. Gerade kontinuierliche und langfristige Vertragsbeziehungen sollen in diesem Bereich besonders gefördert werden.[32] Nach § 65 Abs. 4 VgV entfällt die Pflicht des öffentlichen Auftraggebers, eine **Einheitliche Europäische Eigenerklärung** (§ 50 VgV) als vorläufigen Beleg der Eignung und des Nichtvorliegens von Ausschlussgründen zu akzeptieren.[33] Darüber hinaus wird die Möglichkeit der Heranziehung besonderer qualitativer und bieterbezogener **Zuschlagskriterien** eröffnet. Im Einklang mit der Rechtsprechung des EuGH[34] können demnach Erfolg und Qualität bereits erbrachter Leistungen des

[27] S. ua EuGH Urt. v. 11.12.2014 – C-113/13, NZBau 2015, 377, 381 – Spezzino; Urt. v. 16.4.2015 – C-278/14, GRUR Int. 2015, 1044, 1047 – Enterprise Focused Solutions; *Jaeger* NZBau 2020, 7,12.

[28] Entspricht der bisherigen Wertgrenze in der VOL/A zur freihändigen Vergabe nicht prioritärer Dienstleistungen.

[29] BT-Drs. 18/6281, S. 116.

[30] Ebenso *Gerner* NZS 2016, 493, 495 unter Verweis auf die Vorbildfunktion der Regelung in § 3 Abs. 5 Buchst. d VOL/A (1. Abschn.) aF, auf die sich der Gesetzgeber in der Begründung zu § 130 Abs. 2 GWB bezogen habe.

[31] § 15 Abs. 4 UVgO sieht bereits eine einheitliche Höchstfrist von sechs Jahren für alle Rahmenvereinbarungen vor; eine entsprechende Regelung war deshalb im Rahmen von § 49 UVgO nicht erforderlich und auch ein Grund für eine weitere Ausdehnung der Höchstfrist in Anlehnung an § 65 Abs. 2 VgV ist nicht ersichtlich.

[32] *Gerner* NZS 2016, 492, 496.

[33] Eine dem § 48 Abs. 3 VgV entsprechende Pflicht, die Europäische Einheitliche Eigenerklärung als vorläufigen Beleg der Eignung und des Nichtvorliegens von Ausschlussgründen zu akzeptieren, besteht im Unterschwellenbereich nicht, weshalb sich auch eine dem § 65 Abs. 4 VgV entsprechende Regelung im Rahmen des § 49 UVgO erübrigte.

[34] EuGH Urt. v. 26.3.2015 – C-601/13, NZBau 2015, 312, 314, – *Ambisig;* ähnlich OLG Düsseldorf Beschl. v. 17.12.2014 – Verg 22/14, NZBau 2015, 176ff. Eingehend hierzu *Gerner* NZS 2016, 492, 497f., der die Frage aufwirft, ob die EuGH-Rechtsprechung, aus welcher sich die Zulässigkeit personenbezoge-

Bieters oder des vom Bieter eingesetzten Personals berücksichtigt werden, § 65 Abs. 5 S. 1 iVm § 58 Abs. 2 S. 2 Nr. 2 VgV.[35] Damit wurde die zuvor in § 4 Abs. 2 S. 3 sowie § 5 Abs. 1 S. 3 der VgV aF[36] in das neue Vergaberecht überführt, wobei allerdings die zuvor vorgesehene Begrenzung der Gewichtung der darin genannten Zuschlagskriterien auf 25%, die starker Kritik ausgesetzt war, aufgegeben wurde.[37] Spezifische Bewertungskriterien für Dienstleistungen nach dem SGB II und dem SGB III (insbesondere Arbeitsmarktdienstleistungen und Schulungs- bzw. Weiterbildungsdienstleistungen) enthält schließlich § 65 Abs. 5 S. 2 VgV. Des Weiteren ermöglicht § 65 Abs. 4 VgV kürzere **Angebots- und Teilnahmefristen** (stets zumindest aber 15 Tage), um beschleunigte und effizientere Verfahren zu ermöglichen.[38] Schließlich sind die unionsrechtlichen Vorgaben zur Transparenz in § 66 VgV umgesetzt, welcher wie seither die Pflicht zur **Bekanntmachung** der Verfahrensergebnisse normiert.[39] Für die Bekanntmachung der Verfahrensergebnisse besteht zudem die Möglichkeit einer quartalsweisen Bündelung. Im Vergleich zu den bisherigen nicht prioritären Dienstleistungen neu ist hingegen das unionsrechtlich vorgegebene Erfordernis einer **Ex-ante-Transparenz** in Form einer Pflicht zur Auftragsbekanntmachung. Davon ist der öffentliche Auftraggeber jedoch (außer beim Verhandlungsverfahren ohne Teilnahmewettbewerb) entbunden, wenn er auf kontinuierlicher Basis eine **Vorinformation** veröffentlicht und diese Vorinformation die Arten von Dienstleistungen benennt, die Gegenstand des zu vergebenden Auftrags sein werden, den Hinweis enthält, dass dieser Auftrag im nicht offenen Verfahren oder Verhandlungsverfahren ohne gesonderte Auftragsbekanntmachung vergeben wird und die interessierten Unternehmen auffordert, ihr Interesse mitzuteilen (Interessensbekundung). Für die **Veröffentlichung** der Bekanntmachungen ist nach § 66 Abs. 4 VgV jeweils ein spezielles Muster zu verwenden.[40] Die beschriebenen Verfahrensanforderungen entsprechen allesamt nahezu wörtlich ihren unionsrechtlichen Vorbildern der Art. 75 und 76 Abs. 1 RL 2014/24/EU. Eine Besonderheit sieht § 49 Abs. 1 S. 3 UVgO mit dem Verweis auf § 50 UVgO für freiberufliche Leistungen vor. Dadurch wird klargestellt, dass das Regime der UVgO zur Vergabe freiberuflicher Leistungen spezieller ist.

Umso überraschender ist, dass im Hinblick auf die Vorgaben des **Art. 76 Abs. 2 RL 2014/24/EU** die unionsrechtlichen Vorgaben nur unzureichend wiedergegeben werden. Denn nach dieser Norm *müssen* die Mitgliedstaaten gewährleisten, dass die öffentlichen Auftraggeber die Notwendigkeit, Qualität, Kontinuität, Zugänglichkeit, Bezahlbarkeit, Verfügbarkeit und Vollständigkeit der Dienstleistungen sicherstellen sowie den spezifischen Bedürfnissen verschiedener Nutzerkategorien, einschließlich benachteiligter und schutzbedürftiger Gruppen, der Einbeziehung und Ermächtigung der Nutzer und dem Aspekt der Innovation Rechnung tragen können. § 64 VgV beschränkt sich demgegenüber auf den Hinweis, dass die Vergabe unter Berücksichtigung der *Besonderheiten der jeweiligen Dienstleistung* erfolgt. Diese Formulierung soll nach der Verordnungsbegründung das „Tor“ sein, über das die detaillierten unionsrechtlichen Vorgaben des Art. 76 Abs. 2 S. 1 RL 2014/24/EU berücksichtigt werden sollen. Gleiches gilt für die Anforderungen, wonach die Mitgliedstaaten vorsehen können, dass die Auswahl der Dienstleister nach dem 14

ner Zuschlagskriterien ergebe, einer Berücksichtigung rein bieter- (bzw. unternehmens-)bezogener (aber nicht personenbezogener) Zuschlagskriterien entgegenstehe, diese Frage aber im Ergebnis zu Recht verneint.

[35] Hierzu VK Rheinland Beschl. v. 27.9.2019 – VK 35/19 – L, BeckRS 2019, 26121 Rn. 41 ff.; näher zur Genese der zugrundeliegenden Vorschrift in Art. 67 Abs. 2 RL 2014/24/EU *Neun/Otting* EuZW 2014, 446, 451.

[36] Hierzu eingehend *Pauka* NZBau 2015, 18, 20 ff.; in § 49 UVgO fehlt eine entsprechende Regelung, da § 13 UVgO allgemein die Pflicht zur angemessenen Fristsetzung vorsieht und die einzelnen Regelungen zu den spezifischen Verfahrensarten der UVgO keine zwingenden Mindestfristen enthalten.

[37] BR-Drs. 87/16, S. 219.

[38] Siehe *Gerner* NZS 2016, 492, 496.

[39] Vgl. § 4 Abs. 2 S. 1 Nr. 2 VgV aF iVm § 23 VOL/A-EG.

[40] Enthalten in Anhang XVIII der Durchführungsverordnung (EU) Nr. 2015/1986.

besten Preis-Leistungs-Verhältnis unter Berücksichtigung von Qualitäts- und Nachhaltigkeitskriterien für soziale Dienstleistungen getroffen wird. Zwar steht die Umsetzung dieser Regelung im Ermessen der Mitgliedstaaten, doch dient § 64 VgV nach amtlicher Begründung der Umsetzung des gesamten Art. 76 der Richtlinie, so dass auch insofern ein Rückgriff auf die Richtlinie angezeigt ist.[41] Ob diese überraschend dürre und vom Prinzip der „Eins-zu-eins-Umsetzung" eklatant abweichende Transformation den Anforderungen des Art. 76 RL 2014/24/EU gerecht wird, darf bezweifelt werden. Insoweit wird zumindest eine unionsrechtskonforme Auslegung des § 64 VgV angezeigt sein. Im Übrigen enthalten die allgemeinen Zuschlagsregelungen des § 127 GWB und § 58 VgV bereits entsprechende Kriterien.[42]

15 Auch wenn die europarechtlich vorgegebenen Spielräume nicht ausgeschöpft wurden[43], erhalten die öffentlichen Auftraggeber im Ergebnis dennoch Möglichkeiten zur flexiblen Handhabe bei der Vergabe von sozialen und anderen besonderen Dienstleistungen. Angesichts der bestehenden Unterschiede ist eine individuelle Berücksichtigung der zu vergebenden Dienstleistungen auch erforderlich. Insbesondere bei der Anwendung der Vorschriften zur Leistungsbeschreibung, der Eignungs- und Zuschlagskriterien sowie der Ausführungsbedingungen besteht ein Bedürfnis, gewisse Aspekte unterschiedlich zu gewichten. Abhängig von den Besonderheiten der Dienstleistung und den unterschiedlichen Möglichkeiten zur Standardisierung können insoweit Qualitäts- und Nachhaltigkeitskriterien in unterschiedlichem Ausmaß in Rechnung gestellt werden. Dies kann beispielsweise für die (weniger starke) Gewichtung des Preises gegenüber qualitativen Aspekten gelten, wenn eine Standardisierung von Leistungsanforderungen in der Leistungsbeschreibung nur begrenzt möglich ist.[44] Letztlich steht die Nutzung der neu geschaffenen Möglichkeiten aber im nur eingeschränkt kontrollierbaren Ermessen der öffentlichen Auftraggeber und es bleibt abzuwarten, ob und wie stark diese davon in der Praxis Gebrauch machen werden.

II. Die Vergabe von Konzessionen

16 Nicht ausgeschöpft wurden die unionsrechtlich eröffneten Freiräume auch im Bereich der Konzessionsvergabe für soziale und andere besondere Dienstleistungen.[45] Auf europäischer Ebene werden nach Art. 19, 31 Abs. 3, 32, 47, 47 RL 2014/23/EU insofern ähnlich zu den Dienstleistungsaufträgen lediglich besondere Bekanntmachungspflichten (Vorinformation der beabsichtigten Vergabe sowie Bekanntmachung der Ergebnisse) vorgegeben. Im Übrigen kann die Konzessionsvergabe bei sozialen und anderen besonderen Dienstleistungen unter Beachtung der Grundsätze der Gleichbehandlung, Nichtdiskriminierung, Transparenz und Verhältnismäßigkeit aber frei gestaltet werden. Zur Beachtung dieser Grundsätze unterstellt § 153 GWB die besonderen Dienstleistungen jedoch den für Konzessionen allgemein geltenden Regelungen. Gleiches gilt auf Verordnungsebene. § 22 KonzVgV regelt in Umsetzung der Art. 19, 31 Abs. 3 und 32 RL 2014/23/EU die besonderen Bekanntmachungspflichten. Daneben sind die Vorschriften der KonzVgV ausnahmslos anzuwenden. Grund ist, dass nach Auffassung des Gesetzgebers die allgemein geltenden Vorga-

[41] Vgl. BR-Drs. 87/16, S. 218.

[42] Ua Qualität, soziale, umweltbezogene und innovative Eigenschaften – also „nachhaltige Kriterien", s. BT-Drs. 18/6281, S. 57.

[43] Nach Art. 77 RL 2014/24/EU wäre beispielsweise noch eine Privilegierung gemeinnütziger Organisationen denkbar gewesen. Danach wäre unter gewissen Voraussetzungen die ausschließliche Übertragung von Dienstleistungen im Gesundheits-, Sozial- und kulturellen Bereich auf Organisationen möglich gewesen, die Gemeinwohlaufgaben erfüllen. Eine Umsetzung ist jedoch nicht erfolgt.

[44] Vgl. BT-Drs. 18/6281, S. 116. Mit Blick auf die Anfälligkeit bieter- bzw. personenbezogener Wertungskriterien für wettbewerbsschädliche Auslegungen in der Anwendung mahnt *Pauka* NZBau 2015, 18, 23 eine Wirksamkeit der Überprüfung der Richtigkeit der von den Bietern hierzu vorgebrachten Informationen und Nachweise durch die Auftraggeber an.

[45] Der Anhang IV der RL 2014/23/EU, der die erfassten Dienstleistungen für die Konzessionsvergabe im Einzelnen auflistet, entspricht dabei Anhang XIV RL 2014/24/EU.

ben für Konzessionen bereits ein hinreichendes Maß an Flexibilität ermöglichen, das die Konzessionsgeber auch im Rahmen der Vergabe besonderer Dienstleistungen angemessen nutzen können.[46] Schließlich gilt nach § 106 Abs. 2 Nr. 4 GWB iVm Art. 8 Abs. 1 RL 2014/23/EU auch der allgemeine EU-Schwellenwert für Konzessionen in Höhe von derzeit 5.186.000 EUR.

III. Abweichendes Regelungskonzept für Selektivverträge und Modellvorhaben nach dem SGB V

Die überschießende Umsetzung in Form der Eingliederung in das allgemeine Vergaberegime und grundsätzlichen Geltung des strengen Vergaberechts erachtet der nationale Gesetzgeber nicht für alle besonderen Dienstleistungen als sachgerecht. Dies gilt jedenfalls für die Vergabe bestimmter öffentlicher Aufträge durch die gesetzlichen Krankenkassen, weshalb die unionsrechtlich eröffneten Spielräume hier in stärkerem Maße genutzt wurden. Für Dienstleistungsaufträge, die im Rahmen von Modellvorhaben nach § 63 SGB V und Selektivverträgen nach § 140a SGB V an vertragsärztliche und andere heilberufliche Leistungserbringer vergeben werden, wird durch die Neuregelung des § 69 Abs. 4 SGB V eine spezifische Bereichsausnahme normiert, die eine Freistellung von einigen Verfahrensregelungen vorsieht und so ein an diese Versorgungsformen angepasstes Vergabeverfahren ermöglicht.[47] Hintergrund ist das innovative Konzept dieser Versorgungsformen, welches zur Verbesserung der Qualität, Wirksamkeit und Wirtschaftlichkeit der Versorgung beitragen soll. Insofern besteht ein Bedürfnis nach größerer Flexibilität, um den Dialogprozess zwischen den Beteiligten zu vereinfachen und den konzeptionellen Besonderheiten und regionalen Versorgungsstrukturen gerecht zu werden.[48] 17

§ 65 Abs. 4 SGB V trägt diesem Anliegen Rechnung, indem neben den in § 119 Abs. 1 GWB genannten Verfahren und in Abweichung von § 130 Abs. 1 S. 1 GWB auch andere Vergabeverfahren zur Verfügung stehen, wenn diese die Grundsätze der Gleichbehandlung und Transparenz gewährleisten. Ein Verfahren ohne Teilnahmewettbewerb dürfen aber auch die Krankenkassen nur durchführen, soweit dies nach § 14 Abs. 4 und 6 VgV gestattet ist. Darüber hinaus ist eine Abweichung von den verfahrensrechtlichen Vorgaben der §§ 15 bis 36 und 42 bis 65 VgV möglich. Eine Rückausnahme gilt für solche Regelungen, die der sinnvollen Strukturierung des Verfahrens dienen (§§ 53, 58, 60, 63 VgV).[49] Unberührt und uneingeschränkt anwendbar bleiben daneben die grundlegenden Verfahrensanforderungen des Abschnitts 1 der VgV (§§ 1 bis 13). Zu beachten ist, dass § 69 Abs. 4 SGB V den Anwendungsbereich des Vergaberechts nicht erweitert, sondern daran anknüpft. Ist die Anwendung des Teils 4 des GWB ausgeschlossen, kommen die Vorschriften auch nicht bei sozialen und anderen besonderen Dienstleistungen über die Verweisung des § 69 SGB V zur Anwendung.[50] 18

[46] BT-Drs. 18/7318, S. 262.

[47] Eingefügt durch Zweites Gesetz zur Änderung des Buchpreisbindungsgesetzes vom 31.7.2016 (BGBl. I, S. 1937). Die hier relevanten Neuregelungen in § 69 SGB V waren im ursprünglichen Gesetzentwurf der Bundesregierung (BT-Drs. 18/8043) noch nicht angelegt, sondern wurden erst durch die Beschlussempfehlung und den Bericht des Ausschusses für Wirtschaft und Energie (BT-Drs. 18/8260) in das Gesetzgebungsverfahren eingebracht.

[48] BT-Drs. 18/8260, S. 7.

[49] BT-Drs. 18/8260, S. 7.

[50] BT-Drs. 18/8260, S. 7.

§ 8 Schwellenwerte und Auftragswertberechnung

Übersicht

GWB: § 106
VgV: § 3
VSVgV: § 3

GWB:

§ 106 GWB Schwellenwerte

(1) Dieser Teil gilt für die Vergabe von öffentlichen Aufträgen und Konzessionen sowie die Ausrichtung von Wettbewerben, deren geschätzter Auftrags- oder Vertragswert ohne Umsatzsteuer die jeweils festgelegten Schwellenwerte erreicht oder überschreitet. § 114 Absatz 2 bleibt unberührt.

(2) Der jeweilige Schwellenwert ergibt sich

1. für öffentliche Aufträge und Wettbewerbe, die von öffentlichen Auftraggebern vergeben werden, aus Artikel 4 der Richtlinie 2014/24/EU in der jeweils geltenden Fassung; der sich hieraus für zentrale Regierungsbehörden ergebende Schwellenwert ist von allen obersten Bundesbehörden sowie allen oberen Bundesbehörden und vergleichbaren Bundeseinrichtungen anzuwenden,
2. für öffentliche Aufträge und Wettbewerbe, die von Sektorenauftraggebern zum Zweck der Ausübung einer Sektorentätigkeit vergeben werden, aus Artikel 15 der Richtlinie 2014/25/EU in der jeweils geltenden Fassung,
3. für verteidigungs- oder sicherheitsspezifische öffentliche Aufträge aus Artikel 8 der Richtlinie 2009/81/EG des Europäischen Parlaments und des Rates vom 13.7.2009 über die Koordinierung der Verfahren zur Vergabe bestimmter Bau-, Liefer- und Dienstleistungsaufträge in den Bereichen Verteidigung und Sicherheit und zur Änderung der Richtlinien 2004/17/EG und 2004/18/EG (ABl. L 216 vom 20.8.2009, S. 76) in der jeweils geltenden Fassung,

4. für Konzessionen aus Artikel 8 der Richtlinie 2014/23/EU des Europäischen Parlaments und des Rates vom 26.2.2014 über die Konzessionsvergabe (ABl. L 94 vom 28.3.2014, S. 1) in der jeweils geltenden Fassung.

(3) Das Bundesministerium für Wirtschaft und Energie gibt die geltenden Schwellenwerte unverzüglich, nachdem sie im Amtsblatt der Europäischen Union veröffentlicht worden sind, im Bundesanzeiger bekannt.

VgV:

§ 3 VgV Schätzung des Auftragswertes

(1) Bei der Schätzung des Auftragswerts ist vom voraussichtlichen Gesamtwert der vorgesehenen Leistung ohne Umsatzsteuer auszugehen. Zudem sind etwaige Optionen oder Vertragsverlängerungen zu berücksichtigen. Sieht der öffentliche Auftraggeber Prämien oder Zahlungen an den Bewerber oder Bieter vor, sind auch diese zu berücksichtigen.

(2) Die Wahl der Methode zur Berechnung des geschätzten Auftragswerts darf nicht in der Absicht erfolgen, die Anwendung der Bestimmungen des Teils 4 des Gesetzes gegen Wettbewerbsbeschränkungen oder dieser Verordnung zu umgehen. Eine Auftragsvergabe darf nicht so unterteilt werden, dass sie nicht in den Anwendungsbereich der Bestimmungen des Gesetzes gegen Wettbewerbsbeschränkungen oder dieser Verordnung fällt, es sei denn, es liegen objektive Gründe dafür vor, etwa wenn eine eigenständige Organisationseinheit selbstständig für ihre Auftragsvergabe oder bestimmte Kategorien der Auftragsvergabe zuständig ist.

(3) Maßgeblicher Zeitpunkt für die Schätzung des Auftragswerts ist der Tag, an dem die Auftragsbekanntmachung abgesendet wird oder das Vergabeverfahren auf sonstige Weise eingeleitet wird.

(4) Der Wert einer Rahmenvereinbarung oder eines dynamischen Beschaffungssystems wird auf der Grundlage des geschätzten Gesamtwertes aller Einzelaufträge berechnet, die während der gesamten Laufzeit einer Rahmenvereinbarung oder eines dynamischen Beschaffungssystems geplant sind.

(5) Der zu berücksichtigende Wert im Falle einer Innovationspartnerschaft entspricht dem geschätzten Gesamtwert der Forschungs- und Entwicklungstätigkeiten, die während sämtlicher Phasen der geplanten Partnerschaft stattfinden sollen, sowie der Bau-, Liefer- oder Dienstleistungen, die zu entwickeln und am Ende der geplanten Partnerschaft zu beschaffen sind.

(6) Bei der Schätzung des Auftragswerts von Bauleistungen ist neben dem Auftragswert der Bauaufträge der geschätzte Gesamtwert aller Liefer- und Dienstleistungen zu berücksichtigen, die für die Ausführung der Bauleistungen erforderlich sind und vom öffentlichen Auftraggeber zur Verfügung gestellt werden. Die Möglichkeit des öffentlichen Auftraggebers, Aufträge für die Planung und die Ausführung von Bauleistungen entweder getrennt oder gemeinsam zu vergeben, bleibt unberührt.

(7) Kann das beabsichtigte Bauvorhaben oder die vorgesehene Erbringung einer Dienstleistung zu einem Auftrag führen, der in mehreren Losen vergeben wird, ist der geschätzte Gesamtwert aller Lose zugrunde zu legen. Bei Planungsleistungen gilt dies nur für Lose über gleichartige Leistungen. Erreicht oder überschreitet der geschätzte Gesamtwert den maßgeblichen Schwellenwert, gilt diese Verordnung für die Vergabe jedes Loses.

(8) Kann ein Vorhaben zum Zweck des Erwerbs gleichartiger Lieferungen zu einem Auftrag führen, der in mehreren Losen vergeben wird, ist der geschätzte Gesamtwert aller Lose zugrunde zu legen.

(9) Der öffentliche Auftraggeber kann bei der Vergabe einzelner Lose von Absatz 7 Satz 3 sowie Absatz 8 abweichen, wenn der geschätzte Nettowert des betreffenden Loses bei Liefer- und Dienstleistungen unter 80.000 EUR und bei Bauleistungen unter 1 Mio. EUR liegt

und die Summe der Nettowerte dieser Lose 20 Prozent des Gesamtwertes aller Lose nicht übersteigt.

(10) Bei regelmäßig wiederkehrenden Aufträgen oder Daueraufträgen über Liefer- oder Dienstleistungen sowie bei Liefer- oder Dienstleistungsaufträgen, die innerhalb eines bestimmten Zeitraums verlängert werden sollen, ist der Auftragswert zu schätzen

1. auf der Grundlage des tatsächlichen Gesamtwerts entsprechender aufeinanderfolgender Aufträge aus dem vorangegangenen Haushaltsjahr oder Geschäftsjahr; dabei sind voraussichtliche Änderungen bei Mengen oder Kosten möglichst zu berücksichtigen, die während der zwölf Monate zu erwarten sind, die auf den ursprünglichen Auftrag folgen, oder
2. auf der Grundlage des geschätzten Gesamtwerts aufeinanderfolgender Aufträge, die während der auf die erste Lieferung folgenden zwölf Monate oder während des auf die erste Lieferung folgenden Haushaltsjahres oder Geschäftsjahres, wenn dieses länger als zwölf Monate ist, vergeben werden.

(11) Bei Aufträgen über Liefer- oder Dienstleistungen, für die kein Gesamtpreis angegeben wird, ist Berechnungsgrundlage für den geschätzten Auftragswert

1. bei zeitlich begrenzten Aufträgen mit einer Laufzeit von bis zu 48 Monaten der Gesamtwert für die Laufzeit dieser Aufträge, und
2. bei Aufträgen mit unbestimmter Laufzeit oder mit einer Laufzeit von mehr als 48 Monaten der 48-fache Monatswert.

(12) Bei einem Planungswettbewerb nach § 69, der zu einem Dienstleistungsauftrag führen soll, ist der Wert des Dienstleistungsauftrags zu schätzen zuzüglich etwaiger Preisgelder und Zahlungen an die Teilnehmer. Bei allen übrigen Planungswettbewerben entspricht der Auftragswert der Summe der Preisgelder und Zahlungen an die Teilnehmer einschließlich des Werts des Dienstleistungsauftrags, der vergeben werden könnte, soweit der öffentliche Auftraggeber diese Vergabe in der Wettbewerbsbekanntmachung des Planungswettbewerbs nicht ausschließt.

VSVgV:

§ 3 VSVgV Schätzung des Auftragswertes

(1) Bei der Schätzung des Auftragswertes ist von der voraussichtlichen Gesamtvergütung ohne Umsatzsteuer für die vorgesehene Leistung einschließlich etwaiger Prämien oder Zahlungen an Bewerber oder Bieter auszugehen. Dabei sind alle Optionen und etwaige Vertragsverlängerungen zu berücksichtigen.

(2) Der Wert eines beabsichtigten Auftrags darf nicht in der Absicht geschätzt oder aufgeteilt werden, den Auftrag der Anwendung dieser Verordnung zu entziehen.

(3) Bei regelmäßig wiederkehrenden Aufträgen oder Daueraufträgen über Liefer- oder Dienstleistungen ist der Auftragswert zu schätzen

1. entweder auf der Grundlage des tatsächlichen Gesamtwertes entsprechender aufeinanderfolgender Aufträge aus dem vorangegangenen Haushaltsjahr; dabei sind voraussichtliche Änderungen bei Mengen oder Kosten möglichst zu berücksichtigen, die während der zwölf Monate zu erwarten sind, die auf den ursprünglichen Auftrag folgen, oder
2. auf der Grundlage des geschätzten Gesamtwertes aufeinanderfolgender Aufträge, die während der auf die erste Lieferung folgenden zwölf Monate oder während des auf die erste Lieferung folgenden Haushaltsjahres, wenn dieses länger als zwölf Monate ist, vergeben werden.

(4) Bei Aufträgen über Liefer- oder Dienstleistungen, für die kein Gesamtpreis angegeben wird, ist Berechnungsgrundlage für den geschätzten Auftragswert

1. bei zeitlich begrenzten Aufträgen mit einer Laufzeit von bis zu 48 Monaten der Gesamtwert für die Laufzeit dieser Aufträge;

2. bei Aufträgen mit unbestimmter Laufzeit oder mit einer Laufzeit von mehr als 48 Monaten der 48-fache Monatswert.

(5) Bei Bauleistungen ist neben dem Auftragswert der Bauaufträge der geschätzte Wert aller Lieferleistungen zu berücksichtigen, die für die Ausführungen der Bauleistungen erforderlich sind und von Auftraggebern zur Verfügung gestellt werden.

(6) Der Wert einer Rahmenvereinbarung wird auf der Grundlage des geschätzten Gesamtwertes aller Einzelaufträge berechnet, die während deren Laufzeit geplant sind.

(7) Besteht die beabsichtigte Beschaffung aus mehreren Losen, für die jeweils ein gesonderter Auftrag vergeben wird, ist bei der Schätzung der Wert aller Lose zugrunde zu legen. Bei Lieferaufträgen gilt dies nur für Lose über gleichartige Lieferungen. Bei Planungsleistungen gilt dies nur für Lose über gleichartige Leistungen. Erreicht oder überschreitet der Gesamtwert den maßgeblichen EU-Schwellenwert, gilt diese Verordnung für die Vergabe jedes Loses. Dies gilt nicht bis zu einer Summe der Werte dieser Lose von 20 Prozent des Gesamtwertes ohne Umsatzsteuer für

1. Liefer- oder Dienstleistungsaufträge mit einem Wert unter 80.000 EUR und
2. Bauaufträge mit einem Wert unter 1.000.000 EUR.

(8) Maßgeblicher Zeitpunkt für die Schätzung des Auftragswertes ist der Tag, an dem die Bekanntmachung der beabsichtigten Auftragsvergabe abgesendet oder das Vergabeverfahren auf andere Weise eingeleitet wird.

Literatur:

Fandrey, Die Anforderungen an eine ordnungsgemäße Schätzung des Auftragswertes, Der Gemeindehaushalt 2012, 198; *Ferber,* Schwellenwerte und Schätzung des Auftragswertes im Vergaberecht, 2016; *Greb,* Die Berechnung des Auftragswerts, VergabeR 2013, 308; *Greb,* Schwellenwert – eine kritische Betrachtung, in Prieß/Lau/Kratzenberg (Hrsg.), Wettbewerb – Transparenz – Gleichbehandlung, 15 Jahre GWB-Vergaberecht – FS für Fridhelm Marx, 2013; *Höß,* Das 20%-Kontingent des Auftraggebers, VergabeR 2002, 19; *Koenig/Schreiber,* Zur EG-vergaberechtlichen Schwellenwertberechnung im Rahmen der öffentlichen Beschaffung von Waren und Dienstleistungen über Internetplattformen, WuW 2009, 1118; *Matuschak,* Auftragswertermittlung bei Architekten- und Ingenieurleistungen nach neuem Vergaberecht, NZBau2016, 613.

A. Einleitung

1 Dass der geschätzte Auftragswert bzw. Vertragswert ohne Umsatzsteuer die für den jeweilige Vertragsart festgelegten Schwellenwerte erreicht oder überschreitet, setzt § 106 Abs. 1 GWB – neben dem öffentlichen Auftraggeber und dem öffentlichen Auftrag bzw. der Konzession – als **dritte zentrale Voraussetzung** für die Ausschreibungspflicht nach dem Kartellvergaberecht voraus[1]. Der Wert bestimmt damit maßgeblich, welches Ausschreibungssystem zur Anwendung gelangt und bei welcher Stelle ein sich im Unrecht wähnendes Unternehmen Rechtsschutz suchen kann. Die Berechnung wird näher ausgestaltet in § 3 VgV, die für die Vergabe von Dienst- und Lieferleistungen sowie – hinsichtlich der Auftragswertschätzung – auch für Bauaufträge gilt. Die KonzVgV, die SektVO sowie die VSVgV (in § 3 VSVgV) enthalten eigene Vorgaben, die parallel ausgestaltete Schwellenwertregelungen treffen.

2 Schwellenwerte sind auf europäischer Ebene ein vielfach gewähltes Instrument, um den Geltungsanspruch europäischen Rechts nicht über Gebühr und damit unverhältnismäßig zu Lasten nationaler Regelungen auszudehnen. Ausgangspunkt ist die Überlegung, dass nicht alle Beschaffungsvorgänge öffentlicher Auftraggeber von **Relevanz für den europäischen Binnenmarkt** sind. Denn je niedriger das Auftragsvolumen, desto unwahrscheinlicher ist, dass sich ein ausländisches Unternehmen über die Grenze hinweg um die-

[1] Der 4. Abschnitt des GWB regelt generell nur Sachverhalte, bei denen der jeweilige Schwellenwert überschritten ist. Eine Ausnahme hiervon sind gem. § 106 Abs. 1 S. 2 GWB gewisse Statistikpflichten nach § 114 GWB.

I. Die Schwellenwerte des Kartellvergaberechts

§ 106 Abs. 2 GWB verweist auf die zur Zeit aktuellen Schwellenwerte der Vergabe-, der Sektoren, der Konzessions- sowie der Verteidigungsrichtlinie und unterscheidet systematisch zwischen der Art des Auftrages und – bei der Vergabe von Liefer- und Dienstleistungsaufträgen – der Art des Auftraggebers. Maßgebend ist nach § 106 Abs. 1 S. 1 GWB jeweils der geschätzte Wert des öffentlichen Auftrags ohne Umsatzsteuer. 10

Der Regelschwellenwert bei Liefer- und Dienstleistungen beträgt 209.000 EUR, wobei bei Losbildung Sonderregeln für Aufträge mit einem Wert von 80.000 EUR bzw. 20% des Gesamtauftrages die Schwelle existieren[12]. Für Aufträge von obersten[13] und oberen Bundesbehörden[14] sowie vergleichbarer Bundeseinrichtungen gilt als Grenze 135.000 EUR. Deutlich höher liegt der allgemeine Schwellenwert für **Bauaufträge,** der generell bei 5.225.000 EUR liegt. Dieser Wert gilt auch für Vergaben von **Bau- und Dienstleistungskonzessionen**[15]. Besondere Vorgaben treffen § 3 Abs. 9 VgV für Lose von Bauaufträgen[16]. 11

Im Sektorenbereich gilt der höhere Schwellenwert in Höhe von 418.000 EUR für Dienst- und Lieferleistungen sowie in Höhe von 5.225.000 EUR für Bauaufträge. 12

II. Schwellenwerte außerhalb des Kartellvergaberechts

Auch in Sondervergabegebieten gibt es Schwellenwerte: Aufträge im **Rüstungssektor** sind zwar in der RL **2009/81/EG** separat geregelt (in Art. 8 und 9), die dortigen Vorgaben knüpfen aber weitgehend an die allgemeinen vergaberechtlichen Schwellenwertregelungen an. Hingegen ermöglicht auf dem **Verkehrssektor** die **VO 1370/2007** die ausschreibungsfreie Direktvergabe von Aufträgen bis zu einem jährlichen Wert von 1 Mio. EUR. Bei einer Vergabe an ein kleines oder mittleres Unternehmen, die nach dem Ansinnen der Beteiligten als besonders förderungswürdig gelten, sind nach der Verordnung gar Aufträge mit einem geschätzten Jahresdurchschnittswert von bis zu 2 Mio. EUR privilegiert. Alternativ genügt auch, dass entsprechende Kilometergrenzen bei der Personenverkehrsleistung unterschritten werden. Freilich ist unwahrscheinlich, dass der *EuGH* als Hüter des Primärrechts diese Schwellenwerte als Preis für den Harmonisierungsfortschritt akzeptiert. Bei angesichts längerer Auftragslaufzeiten im Verkehrssektor deutlich höheren Schwellenwerte lässt sich kaum noch von für den Binnenmarkt irrelevanten Volumina reden. Rechtfertigende Gründe für eine derart großzügige „Wettbewerbsfreiheit" im Sinne einer „Freiheit von Wettbewerb" sind nicht ersichtlich[17]. Für die Vergaben von **Bodenabfertigungsdiensten an Flughäfen** gilt ein spezielles Vergaberegime, welches sich auf Unionsebene nach der RL 96/67/EG[18] richtet, die in Deutschland durch die Verordnung über Bodenabfertigungsdienste an Flughäfen umgesetzt wurde[19]. Deren Anwendungsbereich richtet sich nach Fracht- und Fluggastzahlen. 13

---

[12] Dazu → Rn. 29.

[13] Etwa Bundesministerien, Bundespräsidialamt, Bundeskanzleramt, Bundesrechnungshof.

[14] Etwa Eisenbahn-Bundesamt, Kraftfahrt-Bundesamt, Luftfahrt-Bundesamt, Bundesamt für Justiz, Umweltbundesamt.

[15] Dazu → Rn. 53ff.

[16] Dazu → Rn. 28ff.

[17] Ausführlich zu diesem Problem und den sich daraus ergebenden Folgen *Fandrey,* Direktvergabe von Verkehrsleistungen, S. 249f.

[18] Richtlinie 96/67/EG des Rates v. 15.10.1996 über den Zugang zum Markt der Bodenabfertigungsdienste auf den Flughäfen der Gemeinschaft, ABlEG Nr. L 272 v. 25.10.1996, S. 36.

[19] Vgl. ausführlich hierzu *Giesberts/Geisler,* Bodenabfertigungsdienste auf deutschen Flughäfen.

D. Der Rahmen für die Schätzung des Auftragswertes

14 Die Vergabestelle muss vor Beginn des Vergabeverfahrens anhand objektiver Kriterien schätzen, welchen Wert die geplante Beschaffung zum Beginn des Vergabeverfahrens aufweist. Aufgrund des ermittelten Schätzwertes, der ebenso wie die Grundlagen der Berechnung zu dokumentieren ist, entscheidet sich, ob der Auftrag europaweit auszuschreiben und ob der Weg zu den Nachprüfungsinstanzen eröffnet ist.

I. Maßgebliche Zeitpunkt für die Schätzung

15 Der öffentliche Auftraggeber muss zwingend vor Einleitung des Vergabeverfahrens den Wert des Auftrages ermitteln, da von dem Ergebnis seiner Schätzung abhängt, ob er ein europaweites Vergabeverfahren einleitet. **Maßgeblicher Zeitpunkt** für die Schätzung ist nach § 3 Abs. 3 VgV der Tag, an dem die Bekanntmachung der beabsichtigten Auftragsvergabe an das Amt für Veröffentlichungen der Europäischen Union abgesendet oder das Vergabeverfahren auf andere Weise eingeleitet wird[20]. Hierauf kann es etwa ankommen, wenn die Schätzung bereits mit deutlichem zeitlichen Vorlauf erstellt wurde und sich die Marktpreise bis zum Verfahrensbeginn geändert haben. Umgekehrt bleibt es aber bei den Konsequenzen, die sich aus der Schätzung am Stichtag ergeben: Steigen die Marktpreise im Anschluss, muss der Auftraggeber ein ursprünglich zutreffend als Unterschwellenvergabe klassifiziertes Verfahren nicht umstellen, sofern die Schätzung ordnungsgemäß erfolgte. Dass das Wettbewerbsergebnis am Ende oberhalb der Schwellenwerte liegen mag, ist insoweit ohne Belang und eröffnet nicht den Rechtsweg zu den Nachprüfungsinstanzen[21].

II. Maßstab der Schätzung und Umgehungsverbot

16 Auszugehen für die Schätzung ist nach § 3 Abs. 1 S. 1 VgV von der **geschätzten Gesamtvergütung ohne Umsatzsteuer** für die vorgesehene Leistung einschließlich etwaiger Prämien oder Zahlungen an Bewerber oder Bieter. Maßgeblich ist der Auftragswert, den ein umsichtiger und sachkundiger Auftraggeber nach sorgfältiger Prüfung des relevanten Marktes betriebswirtschaftlich in Ansatz bringen würde[22]. Das gebotene Maß an Sorgfalt orientiert sich an dem Gebot der Verhältnismäßigkeit, dh dass die Vergabestelle keinen unverhältnismäßigen Aufwand betreiben muss, um überprüfbares Zahlenmaterial zu beschaffen[23]. Hat die Vergabestelle einen vergleichbaren Auftrag zuvor ohne europaweites Vergabeverfahren vergeben, so kann sie die dort erzielten Preise nur zu Grunde legen, wenn sie den nunmehr durchgeführten Wettbewerb als preisbeeinflussenden Faktor berücksichtigt[24]. Denn die Vergabestelle muss davon ausgehen dass in der jetzt vorliegenden Wettbewerbssituation niedriger kalkuliert wird als bei einer freihändigen Vergabe.

17 Die Leitlinie für die Schätzung gibt § 3 Abs. 2 VgV selbst vor: Der Wert eines beabsichtigten Auftrages darf nicht in der Absicht geschätzt oder aufgeteilt werden, den Auftrag der Anwendung dieser Verordnung zu entziehen (sog. **Umgehungsverbot**). Hierdurch sollen

---

[20] Etwa wenn der Auftraggeber eine Bekanntmachung rechtmäßig oder rechtswidrig unterlässt. Nach der funktionalen Definition beginnt ein Verfahren, wenn der Auftraggeber mit seiner Beschaffungsabsicht nach außen tritt und planvolle Schritte vornimmt, die auf den Vertragsabschluss gerichtet sind, vgl. OLG Düsseldorf Vorlagebeschl. v. 21.7.2010 – VII-Verg 19/10, NZBau 2010, 582, 583; OLG Schleswig Beschl. v. 1.4.2010 – 1 Verg 5/09 (BeckRS 2010, 8707, Rn. 22 mwN); ausführlich hierzu KKMPP/*Fandrey* GWB § 186 Rn. 3 ff.

[21] OLG Bremen Vorlagebeschl. v. 18.5.2006 – Verg 3/05, NZBau 2006, 527, 528.

[22] OLG Brandenburg Beschl. v. 29.1.2013 – Verg W 8/12, Verg W 8/12; OLG Düsseldorf Beschl. v. 8.5.2002 – VII-Verg 5/02, NZBau 2002, 697, 698; OLG Karlsruhe Beschl. v. 16.12.2009 – 15 Verg 5/09, BeckRS 2010, 16212; VK Baden-Württemberg Beschl. v. 16.3.2012 – 1 VK 5/12; VK Sachsen Beschl. v. 14.12.2012 – 1/SVK/037-12, BeckRS 2013, 6418.

[23] OLG Karlsruhe Beschl. v. 16.12.2009 – 15 Verg 5/09, BeckRS 2010, 16212.

[24] OLG Karlsruhe Beschl. v. 16.12.2009 – 15 Verg 5/09, BeckRS 2010, 16212.

direkt zwei Möglichkeiten zur Manipulation durch die Vergabestellen begegnet werden: der zu niedrigen Schätzung und der Aufteilung eines Auftrages. Beide Umgehungstatbestände setzen ergänzend eine entsprechende Absicht der Vergabestelle voraus, wobei hier selten entsprechende Vermerke in den Akten zu finden sein werden und daher die Begleitumstände verstärkt in die Betrachtung aufzunehmen sind.

Als **zu niedrig** ist die **Schätzung** anzusehen, wenn für den Wert keine objektiven und nachvollziehbaren Gründe angeführt werden können. Gerade wenn der Schwellenwert nur knapp unterschritten wird, ist hier von Seiten der Vergabestelle Vorsicht geboten[25]. Relevanter und deutlich häufiger im Streit steht die Aufteilung von einheitlichen Aufträgen. Bei Lieferaufträgen kann sich eine entsprechende Umgehung etwa daraus ergeben, dass die ursprünglich vorgesehene Laufzeit ohne sachlichen Grund verkürzt wird[26]. Bei Bauaufträgen kann sich ein Blick auf die ursprüngliche Planung lohnen. Zwar genießt die Vergabestelle stets das sog. Leistungsbestimmungsrecht, dh sie ist (relativ) frei in der Frage, welche Leistung sie beschaffen will. Gleichwohl sind bei Leistungsabspeckungen bis knapp unter die Schwellenwerte stets nach objektiv nachvollziehbaren Gründen zu fragen. Ebenfalls unzulässig ist die nicht von sachlichen Gründen getragene Aufteilung einer Baumaßnahme, wenn hierbei eine funktional zusammenhängende Maßnahme in mehrere Einzelaufträge zersplittert wird, obwohl hier eine Losaufteilung nahe gelegen hätte[27]. Der Vergabestelle kommt ein Beurteilungsspielraum zu. Die Nachprüfungsinstanzen überprüfen die Aufteilung zwar, respektierten aber die Entscheidung der Vergabestelle, sofern die Aufteilung nicht sachwidrig ist. 18

Kein Fall des § 3 Abs. 2 VgV, gleichwohl aber ein Fall der fehlerhaften Schätzung ist die **Erweiterung des Leistungsgegenstandes nach der Schätzung.** Bei einem zunächst ordnungsgemäß geschätzten Auftragswert unterhalb der Schwellenwerte kann etwa eine nachträgliche Ergänzung um weitere Leistungspositionen dazu führen, dass nunmehr doch das Kartellvergaberecht zur Anwendung gelangt[28]. Auch ist bei der Auftragswertschätzung die Konzeption der Vergabe zu berücksichtigen. Denn es ist nicht ausreichend, dass der Auftraggeber in seiner Kostenberechnung und Planung zeigt, dass man das Bauvorhaben irgendwie innerhalb dieses Kostenrahmens errichten kann. Legt der Auftraggeber etwa seiner Kostenschätzung ein Standardbauwerk zu Grunde, fördert aber durch entsprechende qualitative Zuschlagskriterien, dass die Bieter gerade nicht mit Standards planen, sondern vielmehr Mehrkosten zu Gunsten einer besseren Preis-Leistungs-Bewertung einkalkulieren, so fließt auch dies bei der Auftragswertschätzung ein[29]. 19

Zu begrüßen ist die neu aufgenommene Klarstellung in § 3 Abs. 2 VgV, wonach eine Aufteilung nicht als Umgehung qualifiziert wird, wenn eine eigenständige Organisationseinheit selbstständig für ihre Auftragsvergabe oder bestimmte Kategorien der Auftragsvergabe zuständig ist. In diesen Fällen müssen die Auftragswerte nicht addiert werden. Zu denken ist hier etwa an Schulen, Kindergärten oder unterschiedliche Krankenhäuser eines Trägers. Diese Regelung beruht auf dem Gedanken, dass in diesen Konstellationen die einzelnen Organisationseinheiten selbständig organisiert sind und ihre Beschaffungsentscheidungen allein treffen. Vorausgesetzt wird, dass keine Koordination oder Bündelung

---

[25] Instruktiv der Fall bei VK Düsseldorf Beschl. v. 30.9.2005 – VK-25/2005 – L, IBRRS 2006, 2008: Der Schwellenwert wurde durch ein zur Schätzung eingeholtes „Sonderangebot" um einen Euro unterschritten; auch lesenswert OLG Düsseldorf Beschl. v. 7.8.2013 – VII-Verg 14/13, NZBau 2014, 57: Hier lag die Schätzung 7.600 EUR unterhalb des Schwellenwertes in Höhe von damals 4.845.000 EUR (Bauauftrag), der Auftraggeber hatte aber einzelne Kostenpositionen (Stellplätze) nicht berücksichtigt, sodass das Gericht ohne größere Diskussion den Schwellenwert als erreicht betrachtete.

[26] OLG Düsseldorf Beschl. v. 8.5.2002 – VII-Verg 5/02, NZBau 2002, 697, 698; OLG Frankfurt aM Beschl. v. 7.9.2004 – 11 Verg 11/04, NZBau 2004, 692, 694: Begrenzung der Vertragslaufzeit auf ein Jahr, nachdem diese zuvor fünf Jahre zzgl. Verlängerungsmöglichkeit betrug.

[27] OLG Brandenburg Beschl. v. 20.8.2002 – Verg W 4/02, BeckRS 2002 30469653.

[28] VK Düsseldorf Beschl. v. 30.9.2005 – VK-25/2005 – L, IBRRS 2006, 2008.

[29] Schon die Qualität eines Lehrbuchfalls hat die Entscheidung VK Westfalen, Beschl. v. 27.5.2019 – VK 2-6/19.

der Beschaffungen erfolgen, die Organisationseinheiten über eine getrennte Haushaltslinie für die betreffenden Auftragsvergaben verfügen und die unabhängig vergebenen Aufträge aus ihnen zur Verfügung stehenden Haushaltsmitteln finanziert. Eine dezentrale Organisation der Auftragsvergabe allein genügt hingegen nicht.

III. Dokumentation

20 Das Ergebnis ihrer Schätzung und dessen Grundlagen muss die Vergabestelle in einem **Vergabevermerk** schriftlich festhalten. Gerade bei Schätzwerten knapp unterhalb der Schwellenwerte sind an die Dokumentation hohe Anforderungen zu stellen. Um den Anschein von Manipulationen zu vermeiden, empfiehlt es sich insbesondere bei Vergaben im Unterschwellenbereich, eine detaillierte Dokumentation bereits vor Beginn des eigentlichen Vergabeverfahrens zu erstellen. Dabei muss sich aus dem Vermerk insbesondere auch der Gegenstand der Schätzung ergeben, da die Nachprüfungsinstanzen gerade bei Schätzwerten unterhalb der Schwellenwerte genau prüfen, ob der Umfang der nachgefragten Leistung auch tatsächlich der Schätzung zugrunde lag oder ob die Vergabestelle hier nachträglich das Leistungsprogramm ergänzt hat. Von der Rechtsprechung wird gelegentlich auch verlangt, dass auch die der Schätzung zugrunde gelegten Annahmen und Prämissen sowie der Berechnung des Auftragswerts dargelegt werden.[30] Dies erscheint aber unnötig übertrieben, da es ausreichend sein sollte, dies auf Nachfrage darzulegen.

IV. Rechtsfolgen unterlassener oder fehlerhafter Schätzung

21 Wenn die Vergabeakte keine oder **keine nachvollziehbare Dokumentation** enthält, übernimmt diese Aufgabe im Falle eines Nachprüfungsverfahrens die Vergabekammer und **ermittelt den Auftragswert von Amts wegen**[31]. Zu diesem Zweck kann sie neben der aktuellen Marktsituation auch die eingegangenen Angebote aus der Vergabeakte heranziehen. Im Einzelfall wird insbesondere dem Angebot des preisgünstigsten Bieters eine Indizwirkung zukommen, sofern mit einem solchen Angebot auch schon zum Stichtag gerechnet werden konnte. Bei der Beurteilung wird sich die Vergabekammer an dem objektiven Auftragsinhalt orientieren, wie er in den Vergabeunterlagen dokumentiert ist[32].

22 Ist die **Schätzung in tatsächlicher oder rechtlicher Hinsicht fehlerhaft,** so ist zu unterscheiden: Gegen einen fälschlicherweise als Unterschwellen-Vergabe klassifizierten Auftrag ist der Weg zu den Nachprüfungsinstanzen eröffnet, da für das Kartellvergaberecht einzig entscheidend ist, ob der ordnungsgemäß geschätzte Auftragswert den jeweiligen Schwellenwert erreicht oder nicht. Im umgekehrten Fall führt der Fehler der Vergabestelle zu dem kuriosen Ergebnis, dass entgegen der ursprünglichen Annahme und regelmäßig auch der Angabe in der Bekanntmachung kein Nachprüfungsantrag bei der Vergabekammer zulässig ist. Denn der vergaberechtliche Rechtsweg steht Unternehmern nur im tatsächlich gegebenen Anwendungsbereich des Kartellvergaberechts offen. Eine Vergabestelle kann die Zuständigkeit der Vergabekammern nicht dadurch begründen, dass sie fälschlicherweise selbst von einer Ausschreibungspflicht nach dem GWB ausgeht[33]. Hiervon zu trennen sind eventuelle Ansprüche wegen Verschuldens bei Vertragsschluss (cic) nach

---

[30] VK Baden-Württemberg, Beschl. v. 1.1.2020 – 1 VK 69/19.

[31] OLG Brandenburg Beschl. v. 29.1.2013 – Verg W 8/12, BeckRS 2013, 18895; OLG Düsseldorf Beschl. v. 30.7.2003 – VII-Verg 5/03, IBRRS 2003, 2311; OLG Schleswig-Holstein Beschl. v. 30.3.2004 – 6 Verg 1/03, IBRRS 2004, 3059.

[32] Nicht erfolgreich war etwa das Vorbringen des Auftraggebers bei VK Sachsen-Anhalt Beschl. v. 12.5.2015 – 1 VK LSA 7/15, IBRRS 2015, 2461, dass er entgegen den Angaben in den Vergabeunterlagen gar keine Vertragsverlängerungsoption wollte. Das redaktionelle Versehen, auf das er sich im Nachprüfungsverfahren berief, ließ die Vergabekammer zutreffend nicht gelten.

[33] OLG Stuttgart Beschl. v. 12.8.2002 – 2 Verg 9/02, NZBau 2003, 340, 340; OLG Düsseldorf Beschl. v. 31.3.2004 – VII-Verg 74/03, BeckRS 2004, 18443; VK Hessen Beschl. v. 8.2.2012 – 69d VK 02/2012; Byok/Jaeger/*Dietlein/Fandrey* Einl. A Rn. 67; Reidt/Stickler/Glahs/*Stickler* § 106 GWB Rn. 10.

§ 311 Abs. 2 iVm § 241 Abs. 1 BGB. Denn der Auftraggeber hat durch die (fehlerhaft) europaweite Ausschreibung zum Ausdruck gebracht, dass er die hier einschlägigen Vergabevorschriften einhalten werde.

Stellt sich demgegenüber erst während des Verfahrens heraus, dass der zum Stichtag ordnungsgemäß geschätzte Wert aus späterer Sicht unzutreffend ist und entgegen der Schätzung oberhalb oder unterhalb der Schwellenwerte liegt, bleibt es beim geschätzten Wert und dem daraus folgenden Vergabe- und Rechtsschutzsystem[34]. 23

E. Schätzung bei Bauaufträgen

Der Schwellenwert für **Bauaufträge** liegt bei 5.225.000 EUR. Besondere Vorschriften gibt es für vom Auftraggeber zur Verfügung gestellte Liefer- und Dienstleistungen (→ Rn. 27) sowie bei der Aufteilung eines Bauauftrages in mehrere Lose (→ Rn. 28 ff.). Die Abgrenzung zu anderen Auftragsarten kann hier wegen der deutlichen Unterschiede der Schwellenwerthöhe durchaus große Relevanz gewinnen. Gerade bei typengemischten Verträgen (zB Planung, Bau und Betrieb eines Gebäudes) kann die Zuordnung zum Bau- oder Dienstleistungsbereich über die Anwendung des GWB entscheiden. Es gelten die bereits oben dargestellten Regeln, nach denen auf den Schwerpunkt der vertraglichen Beschaffungsleistung abgestellt wird[35]. 24

I. Ermittlung der Gesamtvergütung

Der Schwellenwert für Bauaufträge beträgt 5.225.000 EUR. Ausgangspunkt der Schätzung ist die Gesamtvergütung für die vorgesehene Bauleistung, also die Summe aller Leistungen, die – aus Sicht eines potentiellen Bieters – für die Erstellung der Bauleistungen in technischer, wirtschaftlicher und zeitlicher Hinsicht erforderlich sind[36]. 25

Als Anhaltspunkt kann die **DIN 276** herangezogen werden, die die Kostenermittlung im Hochbau regelt und nach einzelnen Gruppen sortiert[37]. Erfasst werden demnach die Kosten des Bauwerks einschließlich der Baustelleneinrichtungskosten, des Geräts, der Außenanlagen sowie die hiermit zusammenhängenden Kosten. Anders als § 3 Abs. 1 S. 1 VgV nahe legt, muss der Auftraggeber aber nicht alle irgendwie anfallenden Kosten berücksichtigen: So bleiben etwa der Grundstückswert und die durch die Herrichtung sowie öffentlicher Erschließung des Baugrundstücks verursachten Kosten außer Betracht. Auch nicht eingerechnet werden grundsätzlich Baunebenkosten, zu denen alle Kostenpositionen zu zählen sind, die nur im Kontext zum Bauvorhaben entstehen[38]. Hierzu zählen etwa Finanzierungsleistungen und Versicherungen. Ferner nicht einbezogen wird der Wert des Grundstücks[39]. Strittig ist, ob auch rein bauvorbereitende Leistungen – wie etwa der Abriss einer Ruine zwecks Baufeldfreimachung oder eine Kampfmittelräumung – bereits als Teile des späteren Bauprojekts anzusehen sind. Hiergegen spricht, dass diese Baumaßnahmen auch ohne die spätere Umsetzung sinnvoll sind und ihnen eine eigene Funktion zukommt. 26

Sofern ein Mietvertrag als der öffentlicher Bauauftrag zu qualifizieren ist, weil die baulichen Anforderungen mit Blick auf den Nutzungszweck des Gebäudes im Vordergrund

[34] OLG Bremen Vorlagebeschl. v. 18.5.2006 – Verg 3/05, NZBau 2006, 527, 528; VK Köln Beschl. v. 5.7. 2011 – VK VOB 17/2011 für den Fall, dass das spätere Ausschreibungsergebnis niedriger ist als die ordnungsgemäße Schätzung; VK Nordbayern Beschl. v. 8.10.2013 – 21.VK-3194-32/13, IBRRS 2013, 4574.

[35] Vgl. → § 4 Rn. 73 ff.

[36] OLG Rostock Beschl. v. 20.9.2006 – 17 Verg 8/06, BeckRS 2007, 02369.

[37] Ausführlich jurisPK-VergR/*Lausen* 2013, § 3 VgV Rn. 66 ff.

[38] OLG Stuttgart Beschl. v. 12.8.2002 – 2 Verg 9/02, NZBau 2003, 340; VK Baden-Württemberg Beschl. v. 7.3.2008 – 1 VK 1/08, BeckRS 2008, 5517; Kapellmann/Messerschmidt/*Schneider* VgV § 3 Rn. 58 f.

[39] VK Baden-Württemberg Beschl. v. 6.3.2013 – 1 VK 2/13, BeckRS 2015, 55877.

stehen und der Auftraggeber in Leistungsbeschreibung und Raum detaillierte Vorgaben an die Bauleistung aufstellt, so wird nicht auf die Mietzahlungen über einen beschränkten Zeitraum von bspw. 48 Monaten abgestellt; maßgeblich sind vielmehr die über die gesamte Mietdauer aufzubringenden Mietkosten[40].

II. Vom Auftraggeber zur Verfügung gestellte Dienst- und Lieferleistungen

27 Neben dem Auftragswert ist nach § 3 Abs. 6 VgV auch der geschätzte Wert aller **Dienst- und Lieferleistungen** zu berücksichtigen, die **vom Auftraggeber zur Verfügung gestellt** werden. Anzusetzen sind die vor Ort üblichen Preise. Ausgenommen von dieser Pflicht sind aber Lieferleistungen, die für die Ausführungen der Bauleistungen nicht erforderlich sind. So werden etwa beigestellte Bauteile noch hierunter zu fassen sein, während zur Verfügung gestellte bewegliche Ausrüstungsgegenstände hiervon ausgenommen sind[41] (etwa Büroeinrichtung, Computer, medizinische Geräte). Mit der Novellierung 2016 wurde die Vorschrift weiter gefasst und umfasst neben den Lieferleistungen auch zur Verfügung gestellte Dienstleistungen, die für die Ausführung der Bauleistungen erforderlich sind. Der offene Wortlaut führt in der Praxis zu der Frage, ob auch die Planungsleistungen (Architekten, Ingenieure) ebenso wie weitere Dienstleistungen, die bei der Realisierung des Bauprojekts anfallen (zB Projektsteuerer, sonstige Gutachter), bei der Schwellenwertberechnung des Bauauftrags zu berücksichtigen sind. Wäre dem so, so läge der Schwellenwert für Bauleistungen faktisch eher bei Bauleistungen von ca. 4,5 Mio. Euro. Dann hätte die Novellierung 2016 zu einer massiven Absenkung des Schwellenwertes geführt, ohne dass dies bspw. in der Verordnungsbegründung Eingang gefunden hätte.

Das Bundesministerium für Umwelt, Naturschutz, Bau und Reaktorsicherheit hat mit seinem Schreiben zur „Auslegung des reformierten Vergaberechts für die Vergabe von Bauleistungen“[42] für nachvollziehbare Aufklärung gesorgt: Bau- und Planungsleistungen sind bei der Schätzung des Auftragswertes weiterhin nicht zusammen zu rechnen, wenn sie getrennt vergeben werden.

Zwar sah der Kommissionsvorschlag zur Vergaberichtlinie[43] zunächst eine grundlegende Änderung vor. Die Regelung wurde jedoch im Verlauf des Erarbeitungsverfahrens der Richtlinie ersatzlos gestrichen. Auch wenn nach § 3 Abs. 6 Satz 1 VgV unter den dort genannten Voraussetzungen Dienstleistungen in die Auftragswertberechnung einbezogen werden, liegen die Voraussetzungen bei Planungsleistungen im Regelfall nicht vor, da die Planungsleistungen gewöhnlich dem Auftragnehmer nicht zur Verfügung gestellt werden, sondern die Grundlage für die Erstellung der Leistungsbeschreibung in Form von detaillierten Leistungsverzeichnissen bilden. Das Leistungsverzeichnis wiederum dient dem Auftraggeber dazu, gegenüber dem Auftragnehmer das Bausoll und damit die vertraglichen Verpflichtung definieren zu können.

III. Losweise Vergabe

28 Gerade bei größeren Bauwerken mit umfangreichen Bauleistungen empfiehlt sich die Vergabe nach Losen, teilweise ist die Vergabe zur Wahrung mittelständischer Interessen nach § 97 Abs. 4 S. 2 GWB oder Regelungen in Landesvergabegesetzen geboten. Dabei kann der Auftraggeber die zu beschaffenden Leistungen der Menge nach (Teillose) und/oder nach Art oder Fachgebiet teilen (Fachlose). Für die Schwellenwertberechnung wird hierzwischen nicht differenziert. Erreicht der Gesamtauftragswert den Schwellenwert für Bauaufträge (5.225.000 EUR), so sind grundsätzlich alle Lose nach den Vorgaben des Kartell-

[40] OLG Düsseldorf Beschl. v. 7.8.2013 – VII-Verg 14/13, NZBau 2014, 57.
[41] VK Südbayern Beschl. v. 3.8.2004 – 43-06/04, IBRRS 2004, 3408; VK Baden-Württemberg Beschl. v. 15.7.2002 – 1 VK 35/02, IBRRS 2004, 3487.
[42] Schreiben vom 16.5.2017 – Az. B I 7-81063.6/1. Ebenso *Schaller* NZBau 2018, 342, 344.
[43] Art. 1 Nr. 2 Unterabsatz 2 KOM (2011) 896 endgültig.

vergaberechts auszuschreiben. Dabei sind alle Lose, auch wenn diese zu gesonderten Verträgen führen sollen, gemäß § 3 Abs. 7 S. 1 VgV zu addieren. § 3 Abs. 9 VgV privilegiert die Losevergabe bei Bauaufträgen für den Fall, dass die Lose nur ein geringes Volumen bzw. Volumenanteil am Gesamtprojekt aufweisen.

1. 20%-Kontingent

§ 3 Abs. 9 VgV statuiert die sog. **Bagatellklausel** und gestattet dem Auftraggeber, ein Loskontingent von bis zu 20% des Gesamtauftragswertes lediglich innerstaatlich auszuschreiben. Einschränkend dürfen Lose ab einem Auftragswert von 1 Mio. EUR diesem Kontingent nicht zugeordnet werden (dazu → Rn. 32). Diese Aufträge sind damit der Überprüfung im kartellvergaberechtlichen Nachprüfungsweg entzogen, der 1. Abschnitt der VOB/A ist aber weiterhin zu beachten. Dem Auftraggeber ist zu empfehlen, die Zuordnung zum 20%-Kontingent bereits in der Bekanntmachung kenntlich zu machen und die Wahl im Vergabevermerk zu dokumentieren. Denn ohne entsprechende Dokumentation kann sich der Auftraggeber im Falle einer späteren Nachprüfung nicht mehr darauf berufen, dass gerade dieses Los doch dem 20%-Kontingent zugeordnet worden sei[44]. 29

Die Zuordnung einzelner Lose zu diesem 20%-Kontingent trifft der Auftraggeber selbst und frei (zur Dokumentation dieser Entscheidung → Rn. 34). Insbesondere bei sukzessiven Vergaben ist keine **zeitliche Reihenfolge** zu beachten, so dass der Auftraggeber nicht zunächst 80% des Gesamtwertes europaweit zu vergeben hat, bevor er die Privilegierung der Bagatellklausel nutzen darf[45]. Soweit gelegentlich gefordert wird, dass zunächst das europaweit zu vergebende 80%-Kontingent auszuschöpfen sei[46], erscheint dies nicht überzeugend. Den Interessen der Bieter ist durch eine frühzeitige Zuordnung der Aufträge zu den Kontingenten und deren transparente Dokumentation ausreichend Rechnung getragen. Zudem soll die Bagatellklausel kleine, für den europäischen Markt weniger interessante Lose privilegieren, die auch am Anfang eines komplexen Bauvorhabens stehen können. 30

In der Praxis wird regelmäßig aus den äußeren Umständen auf die Zuordnung zum jeweiligen Kontingent geschlossen. Insbesondere der Reichweite der Bekanntmachung – europaweit oder national – wird dabei entscheidende Bedeutung zugemessen[47]. Durch die europaweite Bekanntmachung einschließlich der dort gewählten Verfahrensart bindet sich der Auftraggeber selbst und kann hiervon – etwa in Ansehung eines eingeleiteten Nachprüfungsverfahrens – nicht mehr abrücken. Lediglich als fehlerhaften Hinweis in einer nationalen Bekanntmachung hat das BayObLG aber den Verweis auf den Rechtsweg zur Vergabekammer gewertet[48]. Ob hier nicht auch nach dem Grundsatz, dass Zweifel zu Lasten des Auftraggebers zu werten sind, eine Selbstbindung angenommen werden muss, erscheint überlegenswert[49], da letztlich Rechtssicherheit zu Gunsten der Bieter und damit ein weitgehender Ausschluss von Manipulationsmöglichkeiten anzustreben ist. 31

---

[44] Vgl. OLG Düsseldorf, Beschl. v. 11.12.2019 – VII-Verg 53/18.

[45] BayObLG Beschl. v. 27.4.2001 – Verg 5/01, BeckRS 2001, 30806871; BayObLG Beschl. v. 1.10.2001 – Verg 6/01, BeckRS 2001, 9796.

[46] VK Baden-Württemberg Beschl. v. 28.5.2009 – 1 VK 22/09, BeckRS 2011, 1118.

[47] BayObLG Beschl. v. 13.8.2001 – Verg 10/01, NZBau 2001, 643, 644; VK Berlin Beschl. v. 3.1.2006 – VK-B2-57/05, IBRRS 2006, 1197; RKPP/*Röwekamp* GWB § 106 Rn. 9; *Waldner* VergabeR 2001, 405, 406.

[48] BayObLG Beschl. v. 23.5.2002 – Verg 7/02, BeckRS 2002, 04949: Ebenso die Mitteilung über die beabsichtigte Zuschlagserteilung gemäß § 13 VgV aF.

[49] So mit guten Argumenten vertreten von Willenbruch/Wieddekind/*Wieddekind,* 2014, 2. Los, § 2 VgV Rn. 20f.; ebenfalls in diese Richtung, VK Berlin Beschl. v. 3.1.2006 – VK-B2-57/05, IBRRS 2006, 1197.

2. Ausnahme vom 20%-Kontingent

32 Erst ab einem Wert von jeweils 1 Mio. EUR unterfallen Lose von Bauaufträgen nach § 3 Abs. 9 VgV generell dem Kartellvergaberecht, sofern der Gesamtauftragswert den Schwellenwert für Bauaufträge erreicht. Bei diesen Losen kann der Auftraggeber auch bei großen Bauvolumen nicht unter Rückgriff auf die 20%-Kontingent-Regelung innerstaatlich ausschreiben. Insoweit wird vermutet, dass solche Aufträge stets von Relevanz für den europäischen Binnenmarkt sind.

3. Abgrenzung zwischen Einzelauftrag und Los

33 Zentrale Bedeutung für den Anwendungsbereich des Kartellvergaberechts gewinnt in der Praxis regelmäßig die Frage, ob ein Auftrag als isoliert zu betrachtender Einzelauftrag oder als ein Los eines Gesamtauftrages zu qualifizieren ist. Denn hiervon kann nicht nur die europaweite Ausschreibungspflicht dieser Bauleistung, sondern auch die Ausschreibungspflicht der übrigen Bauleistungen abhängen. Um den Zielen des Vergaberechts in möglichst großem Umfang gerecht zu werden, ist hier eine funktionale Auslegung geboten[50]. Einzelne Leistungen sind dann als Teil eines Ganzen und damit als Lose anzusehen, wenn sie in einem **funktionalen, räumlichen und zeitlichen Zusammenhang** stehen. Gerade bei komplexen Bauvorhaben, die in verschiedenen Phasen realisiert werden, kommt es auf den Einzelfall an. Können die einzelnen Bauwerke getrennt voneinander errichtet werden, ohne dass es zu Einbußen hinsichtlich ihrer Vollständigkeit und Benutzbarkeit kommt, sind sie kein Gesamtbauwerk. Anders ist das Ergebnis, wenn eine sachgerechte Nutzung des Bauvorhabens nur bei Verwirklichung der einzelnen Bauaufträge zusammen möglich ist. Beispielhaft ist bei Sanierungsarbeiten darauf abzustellen, ob die einzelnen Sanierungsaufträge für sich betrachtet abgeschlossene wirtschaftliche oder technische Funktionen erfüllen. Nicht zuletzt ist bei umfangreichen Infrastrukturmaßnahmen (etwa Autobahn-, Straßen-, Gleis-, Kanalbau, etc.) darauf abzustellen, ob die einzelnen Bauabschnitte getrennt genutzt werden können und daher als in sich abgeschlossen gelten. Erfüllen einzelne Bauabschnitte keine sinnvolle Funktion, so sind diese als Einheit und damit als Teile einer Gesamtbaumaßnahme zu betrachten, ohne dass es darauf abkommt, ob der Auftraggeber diese als Lose oder als eigenständige Aufträge ausschreibt[51]. Bei dieser Einschätzung kommt dem Auftraggeber ein gewisser Spielraum zu, der nicht automatisch in eine unzulässige Umgehung umschlägt, sobald eine Ausschreibungspflicht verneint wird.

4. Dokumentation der losweisen Vergabe

34 Mit der privilegierten Losvergabe bei Bau- und Dienstleistungsaufträgen einher geht eine gesteigerte Pflicht des Auftraggebers zur Dokumentation seines Vorgehens und seiner Berechnungen (zur allgemeinen Dokumentationspflicht oben Punkt D. III → Rn. 20). In diesem Rahmen ist jedenfalls im Vergabevermerk festzuhalten, welche Lose er nach § 3 Abs. 9 VgV von der europaweiten Ausschreibungspflicht ausnimmt. Darüber hinaus ist eine – gesetzlich nicht explizit geforderte, aber aus dem Transparenzgebot sowie dem Umgehungsverbot des § 3 Abs. 2 VgV ableitbare – **schriftlich fixierte Zuordnung zum 20%-Kontingent bereits im laufenden Verfahren** zu fordern[52]. Andernfalls könnte der Auftraggeber erst nachträglich und in Kenntnis eventuell eingereichter Nachprüfungsanträ-

[50] OLG Rostock Beschl. v. 20.9.2006 – 17 Verg 8/06, BeckRS 2007, 02369; OLG Düsseldorf Beschl. v. 31.3.2004 – VII-Verg 74/03, BeckRS 2004, 18443; RKPP/*Röwekamp* GWB, 2020§ 106 Rn. 7. Diese Unterscheidung ist bereits in Art. 1 Abs. 2 lit. b der RL 2004/18/EG angelegt, nach der im Anwendungsbereich des Vergaberechts ein Bauwerk „das Ergebnis einer Gesamtheit von Tief- oder Hochbauarbeiten (ist), das seinem Wesen nach eine wirtschaftliche oder technische Funktion erfüllen soll."

[51] KG Beschl. v. 27.1.2015 – Verg 9/14 – Akustikplatten, ZfBR 2015, 720.

[52] Vgl. OLG Düsseldorf Beschl v. 11.2.2009 – VII-Verg 69/08, BeckRS 2009, 29064: „die Festlegung der Lose, die unter die 20% Grenze fallen sollen, (hat) zum Zeitpunkt der Einleitung der Vergabeverfahren, Schätzung des Auftragswerts und der Bildung der Lose zu erfolgen".

ge die angegriffenen Vergaben durch die Zuordnung der Überprüfung durch die Nachprüfungsinstanzen entziehen.

F. Schätzung bei Liefer- und Dienstleistungsaufträgen

Ausgangspunkt bei Aufträgen über **Dienstleistungen** ist ebenfalls der nach § 3 Abs. 1 VgV heranzuziehende Gesamtpreis (ohne Umsatzsteuer) einschließlich etwaiger Prämien oder Zahlungen an Bewerber oder Bieter. Soweit kein Gesamtpreis angegeben ist, gilt die Regelung in § 3 Abs. 11 VgV: Hat der Auftrag eine Laufzeit von weniger als 48 Monaten, so wird als Berechnungsgrundlage der Gesamtwert für die Laufzeit dieser Aufträge herangezogen. Bei Aufträgen mit unbestimmter Laufzeit oder mit einer Laufzeit von mehr als 48 Monaten wird der 48-fache Monatswert zugrunde gelegt. Bei der Vergabe in Losen gilt nach § 3 Abs. 9 VgV eine vergleichbare Regelung zu Losen bei Bauaufträgen[53]. Das 20%-Kontingent kann insoweit bei Losen mit einem Wert von weniger als 80.000 EUR genutzt werden. 35

Die Schätzung des Auftragswertes erfolgt bei **Lieferaufträgen** entsprechend zu den Regeln für Dienstleistungsaufträge: Die Werte aller Leistungen sind zu addieren, wenn diese in einem Vertrag zusammen beschafft werden sollen. Prämien oder Zahlungen an Bewerber oder Bieter werden nach § 3 Abs. 1 S. 1 VgV eingerechnet. Werden getrennt mehrere Lieferaufträge erteilt, so sind deren Werte in dem Fall zusammen zu rechnen, dass es sich um gleichartige Lieferungen handelt. Umgekehrt stellt § 3 Abs. 8 VgV für Lieferaufträge klar, dass bei Losbildung auch nur die Werte gleichartiger Lieferungen addiert werden müssen. Insoweit erfährt ein Auftraggeber also keinen Nachteil dadurch, dass er verschiedene Lieferaufträge, zu deren gemeinsamer Vergabe er nicht verpflichtet ist, im Wege einer Losvergabe ausschreibt. Gleichartig sind dabei Leistungen, wenn sie in einem inneren Zusammenhang stehen. Völlige Identität der Leistungen wird nicht gefordert, gleichwohl genügt es nicht, dass die Leistungen demselben Marktsegment zuzuordnen sind und sich an einen einheitlichen Bieterkreis richten[54]. Erst recht unzureichend ist der Umstand, dass die unterschiedlichen Leistungen aus demselben Fördermittelprogramm finanziert werden. Denn dies stellt lediglich eine Frage der Finanzierung dar und begründet nicht automatisch einen funktionalen Zusammenhang. 36

Gelegentlich finden sich Stimmen in der Literatur[55], die sich bei der Bestimmung der Gleichartigkeit an den **CPV-Codes** orientieren wollen, obwohl es hierfür keine normative Grundlage gibt. Ein solches Vorgehen ist daher abzulehnen. Die mit den CPV-Codes verfolgten Zielsetzungen (Publizität, Statistik) stehen in keinem Zusammenhang mit der Auftragswertberechnung. Vielmehr würden die ständigen Überarbeitungsarbeiten an den CPV-Codes dazu führen, dass sich hierdurch die Ausschreibungspflicht inhaltlich gleicher Beschaffungsvorgänge ändern würde. Auch in der praktischen Anwendung erweisen sich die teilweise sehr speziellen CPV-Codes als ungeeignet für eindeutige Zuordnungen, da sich einzelne Beschaffungsgegenstände etwa mehreren unterschiedlichen CPV-Codes zuordnen lassen. 37

Bei **freiberuflichen Leistungen** wird vergleichbar zu anderen Dienstleistungen auf die Gesamtvergütung ohne Umsatzsteuer abgestellt. Soweit eine Honorarordnung existiert, hat sich die Vergabestelle bei der Schätzung an dieser zu orientieren. Andernfalls wird wie bei anderen Aufträgen auf Marktpreise abgestellt. 38

Besonderes Augenmerk wird die Beschaffungspraxis in den nächsten Jahren auf die weitere Entwicklung der Schwellenwertrechtsprechung bei freiberuflichen Dienstleistungen und insbesondere Planungsleistungen richten. Spätestens seit der *Niedernhausen*-Entscheidung des EuGH ist allgemein anerkannt, dass eine Aufteilung in unterschiedliche Leis- 38a

---

[53] → Rn. 29 ff.

[54] VK Nordbayern Beschl. v. 26.3.2002 – 320.VK-3194-05/02, BeckRS 2002, 32780.

[55] *Diercks-Oppler* energie wasser-praxis 5/2011, 2.

tungsphasen nicht dazu berechtigt, die Leistungsphasen innerhalb desselben Leistungsbildes als getrennte Aufträge zu betrachten, deren Auftragswert nicht addiert werden müssten. Dies gilt nach zutreffender Auffassung auch dann, wenn der Auftraggeber nicht sicher ist, ob er die weiteren Leistungsphasen überhaupt benötigt und daher zu einem späteren Zeitpunkt beauftragen will. Denn allein durch die Beauftragung der frühen Leistungsphasen (Grundlagenermittlung, Kostenschätzung, etc.) wird indiziert, dass auch eine Realisierung nicht ausgeschlossen und im Bereich des Möglichen liegt.

38b In den Fokus wird die Bewertung von Planungsleistungen unterschiedlicher Leistungsbilder (also zB Objektplanung einerseits und Tragwerks- oder TGA-Planung andererseits) geraten. Nach der bisher herrschenden Auffassung wurden die jeweiligen Auftragswerte nicht addiert, da sich die einzelnen Aufträge an gänzlich unterschiedliche Zielgruppen richteten und die jeweiligen Wirtschaftsteilnehmer nicht in Konkurrenz zueinander standen. Ausnahmen waren lediglich Vergabe von Generalplanerleistungen, bei denen gerade ein einheitlicher Auftragnehmer gesucht wurde[56]. Gestützt wurde die Auffassung von dem Wortlaut des im Mai 2011 einfügten § 3 Abs. 7 S. 3 VgV 2011, wonach ein Addition nur bei Aufträgen über dieselbe freiberufliche Leistung zu erfolgen habe. Hier gab es im Rahmen des Verordnungsgebungsprozesses große Änderungen. Der erste Entwurf sah noch vor, dass Planungsleistungen für dasselbe Projekt auch leistungsbildübergreifend zu addieren sind. Diese Vorgabe wurde im Laufe der Beratungen geändert. Die VgV schreibt in § 3 Abs. 7 nunmehr vor: Bei Planungsleistungen gilt dies (scil. die Addition) nur für Lose über gleichartige Leistungen. Es erscheint vertretbar, dies grundsätzlich nur für solche Leistungen anzunehmen, die demselben HOAI-Leistungsbild zuzuordnen sind.

39 Auch bei einer – durchaus sachgerechten – Fortführung der bisherigen Beschaffungslinie ist damit aber noch kein Schlusspunkt gesetzt. Jüngst hat die Europäische Kommission aufgrund dieser Auslegung ein Vertragsverletzungsverfahren gegen die Bundesrepublik Deutschland eingeleitet[57]. Anlass waren Planungsvergaben der niedersächsischen Stadt Elze. Diese hat in den Jahren 2013 und 2014 Planungsleistungen (Objekt- und Tragwerksplanung sowie Planung der technischen Ausrüstung) zur Sanierung ihres Freibades im Gesamtwert von ca. 380.000 EUR (netto) ohne Ausschreibung an verschiedene orts- bzw. umgebungsansässige Büros vergeben. Die Europäische Kommission hat die Vergaben gerügt, da nach ihrer Auffassung die Auftragswerte für Objektplanung, Tragwerksplanung und TGA-Planung zu addieren seien. Zur Begründung führt die Europäische Kommission aus: „Für die Bestimmung des Auftragswertes nach Art. 9 der Richtlinie 2004/18 sind im Lichte der Entscheidung des EuGH vom 15.3.2012 in der Rechtssache C-574/10 (Kommission/Deutschland – Autalhalle Niedernhausen) die Auftragswerte der einzelnen vergebenen Aufträge zusammenzurechnen. Mit dieser Rechtsprechung hat der EuGH festgestellt, dass wenn Leistungen in wirtschaftlicher und technischer Hinsicht eine innere Kohärenz und eine funktionelle Kontinuität aufweisen ein einheitlicher Auftrag vorliegt. Dies ist vorliegend der Fall, da sich alle Planungsaufträge auf das einheitliche Bauvorhaben der Sanierung des örtlichen Freibades beziehen und jeweils typische Architektenleistungen zu erbringen sind. Um etwaigen unterschiedlichen Anforderungen an die Objektplanung, Tragwerksplanung und Planung der technischen Ausrüstung Rechnung zu tragen, ist es möglich, den Auftrag gleichzeitig in mehreren (Fach-)Losen zu vergeben. (…) Die Kommission (…) ist vielmehr der Auffassung, dass die Berechnung des geschätzten Auftragswertes, nach der sich die Anwendung der europäischen Vergaberichtlinien richtet, an der Vergütung für die Gesamtplanung des auszuführenden Bauvorhabens zu orientieren hat. Dass die Dienstleistungen unterschiedliche Spezialisierungen erfordern und Gegenstand unterschiedlicher Preisregeln sind, ändert nichts an der Tatsache, dass es sich bei allen die-

[56] Ausreichend ist, dass sich der Auftraggeber die Vergabe mehrere Lose an einen Auftragnehmer vorbehält; vgl. auch OLG München Beschl. v. 28.4.2006 – Verg 6/06, NZBau 2007, 59, 60, für die Beratung in rechtlicher, technischer und wirtschaftlicher Beziehung bei einem ÖPP-Projekt.

[57] Das Vertragsverletzungsverfahren wird unter der Nr. 2015/4228 geführt; vgl. auch *Matuschak* NZBau 2016, 613 ff.

sen Dienstleistungen um Planungsleistungen für ein Bauvorhaben handelt, das eine einzige wirtschaftliche und technische Funktion erfüllt."

Die Europäische Kommission hat das Verfahren gegen die Bundesrepublik Deutschland 2016 eingestellt. Als Begründung beruft sie sich aber lediglich darauf, dass die Leistungen bereits erbracht wurden. Sie kündigte zugleich an, diese Frage in einem anderen Zusammenhang wieder erneut auf die Agenda zu setzen. Die hierdurch gerissene Lücke wurde von der Rechtsprechung nur unzureichend geschlossen, was gerade bei – in der kommunalen Praxis sehr häufig anzutreffenden – Konstellationen zu Problemen führt, bei denen die Vergaben mit Zuwendungsmitteln (und Vergabeauflagen!) öffentlich gefördert werden. Einen ersten Akzent setzte das OLG München[58], das sich für eine Addition aussprach, gleichwohl aber auf die Besonderheiten des Einzelfalls (besondere Koordinationsverpflichtungen) verwies und bewusst keine Grundsatzentscheidung treffen wollte. Dementsprechend lehnte die VK Nordbayern die Addition der Leistungsbilder im Falle eines KiTa-Neubaus ab, da hier die Koordination überschaubar sei[59]. Die hat sich dieser Auslegung nicht angeschlossen und vielmehr unter Verweis auf die Europäische Kommission festgehalten, dass Planungsleistungen unterschiedlicher Leistungsbilder aufgrund der Vergaberichtlinie zu addieren sind[60]. 39a

Die restriktive Auslegung der Europäischen Kommission wird erst mittelfristig vom EuGH beurteilt werden müssen. Denn die Europäische Kommission hat das Verfahren gegen die Bundesrepublik Deutschland zwischenzeitlich eingestellt. Als Begründung beruft sie sich aber lediglich darauf, dass die Leistungen bereits erbracht wurden. Sie kündigte zugleich an, diese Frage in einem anderen Zusammenhang wieder erneut auf die Agenda zu setzen. Bis dahin bleibt es bei der Unsicherheit. Ob sich der EuGH, der üblicherweise einer weiten Auslegung der vergaberechtlichen Vorschriften durchaus zugeneigt ist, dem aber anschließt, kann als offen angesehen werden. Die in Bezug genommene Entscheidung des EuGH iS Autalhalle/Gemeinde Niedernhausen betraf den Fall, dass Objektplanungsleistungen in Bezug auf ein Bauvorhaben in mehreren Aufträgen, nach Bauabschnitten getrennt, an immer dasselbe Architekturbüro vergeben wurden. Dass hier die Werte der einzelnen Teilaufträge nicht getrennt, sondern in der Summe am Schwellenwert zu messen waren, wie dies § 3 Abs. 7 S. 3 VgV 2011 vorsieht, ist nachvollziehbar. Der Entscheidung kann aber nicht ohne weiteres entnommen werden, dass die Werte aller auf ein Bauvorhaben bezogenen Planungsleistungen zu addieren sind, auch wenn sie unterschiedliche HOAI-Leistungsbilder betreffen und sich somit an unterschiedlich spezialisierte Planungsbüros richten. 39b

G. Besondere Konstellationen

Die bislang dargestellten Berechnungsregeln dienen als Grundsätze für die Schätzung des Auftragswertes und werden nicht allen Variationen gerecht, die die Beschaffungswirklichkeit schreibt. Auch die Veränderung nur kleiner Details kann sich auf die im konkreten Fall vorzunehmende Berechnungsweise auswirken. Einige Problemkonstellation hat der Verordnungsgeber in § 3 VgV geregelt. Diese Fallgruppen knüpfen zum Teil an die Art der Vertragsgestaltung (etwa Daueraufträge, Konzessionen, Optionsrechte) als auch die Art der Vertragsabschlusses (etwa Vertragsänderungen, Auslobungsverfahren) an. Im Falle ungeregelter Beschaffungsvarianten kann dabei auf den allgemeinen Grundsatz des § 3 Abs. 1 S. 1 VgV zurückgegriffen werden: Der Beschaffungsgegenstand ist möglichst umfassend zu erfassen. 40

[58] OLG München Beschl. v. 13.3.2017 – Verg 15/16, NZBau 2017, 371.
[59] VK Nordbayern Beschl. v. 9.5.2018 – RMF-SG21-3194-3-10.
[60] VK Westfalen Beschl. v. 8.12.2019 – VK 1-34/19.

I. Daueraufträge

41 § 3 Abs. 10 VgV sieht zwei Möglichkeiten vor, bei **regelmäßig wiederkehrenden Aufträgen oder Daueraufträgen** über Liefer- oder Dienstleistungen den Auftragswert zu schätzen. Der Auftraggeber darf die Methode zur Berechnung frei wählen, solange er die Entscheidung nicht allein danach ausrichtet, die Schwellenwerte zu unterschreiten.

42 Wahlweise kann der Auftraggeber auf den tatsächlichen Gesamtwert entsprechender aufeinander folgender Aufträge aus dem vorangegangenen Haushaltsjahr zurückgreifen. Dabei hat er voraussichtliche Änderungen bei Mengen oder Kosten zu berücksichtigen. Gab es in den letzten Jahren besondere Aufträge, mit denen zukünftig nicht mehr zu rechnen ist (sog. Ausreißer), müssen diese bei der Schätzung der Kosten nicht berücksichtigt werden[61].

43 Alternativ kann der Auftraggeber auf den geschätzten Gesamtwert der aufeinander folgenden Aufträge abstellen, die während der auf die erste Lieferung folgenden zwölf Monate oder während des auf die erste Lieferung folgenden Haushaltsjahres, wenn dieses länger als zwölf Monate ist, vergeben werden.

II. Rahmenvereinbarungen und dynamisches elektronisches Verfahren

44 Ebenso wie bei Rahmenvereinbarung wird gemäß § 3 Abs. 4 VgV bei dynamischen elektronischen Verfahren der geschätzte Gesamtwert aller Einzelaufträge herangezogen, deren Vergabe für die Laufzeit geplant sind. Dem Auftraggeber wird damit abverlangt, dass er im Vorfeld eine realistische Schätzung aufstellt, die von Seiten der Nachprüfungsstellen akzeptiert wird, solange sie vertretbar ist. Dies deckt sich mit den Anforderungen an das aufzustellende Mengengerüst im Rahmen der Angebotswertung. Bei normalen Aufträgen sind vorhersehbare Preissteigerungen zwischen dem Schätzzeitpunkt und dem Abrufzeitpunkt zu berücksichtigen, so dass die Vergabestelle etwa die allgemeine Preisentwicklung während der Laufzeit einzukalkulieren hat[62], sofern die Rahmenvereinbarung eine entsprechende Anpassung zulässt.

45 Bündeln mehrere Auftraggeber ihren Beschaffungsbedarf und schließen zu diesem Zweck eine gemeinsame Rahmenvereinbarung ab, ist auch für die Bemessung des Auftragswertes auf diesen gebündelten Bedarf abzustellen. Gegenüber jedem der Auftraggeber ist dann der volle Auftragswert des in Aussicht genommenen Rahmenvertrages in Ansatz zu bringen und nicht nur das auf den jeweiligen Auftraggeber bezogene Volumen[63].

III. Optionsrechte und Vertragsverlängerungen

46 Alle Optionen und bereits im Vertrag vorgesehenen Verlängerungsmöglichkeiten sind nach § 3 Abs. 1 S. 2 VgV bei der Berechnung zu berücksichtigen. Heranzuziehen ist demnach der größtmögliche Auftragswert, denn das wirtschaftliche Interesse der Auftragnehmer zielt grundsätzlich darauf ab, den Auftrag möglichst umfassend zu erbringen.

47 Der Begriff der Option ist auf Unionsebene nicht definiert, so dass die Rechtsprechung auf die allgemeinen zivilrechtlichen Regelungen im deutschen Recht rekurriert. Als Option wird hiernach das Recht bezeichnet, mittels einseitiger Erklärung einen Vertrag zustande zu bringen[64]. Nicht ausreichend sind reine Absichtserklärungen oder die Bekundung, im Falle erfolgreicher Zusammenarbeit allgemein über weitere Arbeiten zu verhandeln. Weder Auftragnehmer noch Auftraggeber werden hierdurch berechtigt, durch einseitige

---

[61] VK Sachsen Beschl. v. 14.12.2012 – 1/SVK/037-12, BeckRS 2013, 6418.

[62] Kapellmann/Messerschmidt/*Schneider* VgV § 3 Rn. 30.

[63] OLG Düsseldorf Beschl. v. 26.7.2002 – VII-Verg 28/02, IBRRS 2003, 0576.

[64] BayObLG Beschl. v. 18.6.2002 – Verg 8/02, NJOZ 2004, 181, 182; Kapellmann/Messerschmidt/*Schneider* VgV § 3 Rn. 50 mwN.

Erklärungen der Beschaffungsgegenstand zu erweitern[65]. Auch gelten solche Vertragsänderungen, die nicht exakt im ursprünglichen Vertrag angelegt sind, als Änderungen, die an § 132 GWB zu messen und ggf. ausschreibungspflichtig sind.

Ist lediglich angesichts einer angespannten Haushaltslage und noch fehlender Gremienzustimmung noch offen, ob eine vertraglich vorgesehene Option überhaupt verwirklicht wird, berechtigt dies nicht dazu, die mit dieser Option zusammenhängenden Kosten unberücksichtigt zu lassen[66]. Zum einen liegt es in der Natur der Option, dass sie nicht zwingend gezogen wird. Diese Entscheidung obliegt der Vergabestelle, ohne dass der Auftragnehmer hierauf Einfluss nehmen könnte. Zum anderen hat es die Vergabestelle selbst in der Hand, in welchem Umfang sie ihr Leistungsbestimmungsrecht nutzt: Entweder verzichtet sie von vornherein auf die Option oder sie verankert diese im Vertrag und trägt die Konsequenzen aus dieser – und sei es rein vertraglichen – Möglichkeit. 48

Gleich zu behandeln mit Optionen sind sog. **Bedarfs- oder Eventualpositionen.** Die Vergabestelle darf solche ausnahmsweise in die Leistungsbeschreibung aufnehmen, wenn bei Versendung der Vergabeunterlagen nicht voraussehbar und zumutbar aufzuklären ist, ob und unter welchen Voraussetzungen die Leistungen bei der Auftragsausführung erforderlich sein werden[67]. Da sich der Auftragnehmer aber mit seinem Angebot gleichwohl hinsichtlich dieser Position bindet, sind solche Arbeiten (etwa angehängte Stundenlohnarbeiten) bei der Schwellenwertberechnung zu berücksichtigen[68]. 49

Vergleichbar ist die Interessenlage bei **Vertragsverlängerungen.** Nicht erforderlich ist eine ausdrückliche Erklärung der Vertragsverlängerung. Auch erfasst sind Konstellationen, in denen der Vertrag sich allein dadurch verlängert, dass keine der Parteien von ihrem Kündigungsrecht Gebrauch macht[69]. Denn hierbei bindet sich der Auftragnehmer bereits bei Vertragsschluss für den maximal zulässigen Zeitraum. Ob die Kündigungsmöglichkeit letztlich ausgeübt wird, ist für die Bewertung des wirtschaftlichen Interesses zum Zeitpunkt der Ausschreibung hingegen ohne Relevanz. Der Hauptanwendungsbereich dieser Regelung liegt naturgemäß bei Liefer- und Dienstleistungsaufträgen. Verzögerungen bei Bauleistungen mögen zwar etwa durch die Abwälzung erhöhter allgemeiner Geschäfts- und Baustellenunterhaltungskosten zu einem höheren Auftragswert führen, diese sind jedoch zum Zeitpunkt der Schätzung nicht absehbar. Nachträgliche, nicht vorhersehbare Änderungen sind für den Anwendungsbereich des Kartellvergaberechts ohne Bedeutung. 50

IV. Vertragsänderungen

Die vom EuGH bestätigte Ausschreibungspflicht von wesentlichen Vertragsänderungen[70] tritt zunehmend in den Mittelpunkt juristischer Beratung. Denn gerade bei größeren Projekten mit längerer Laufzeit sind punktuelle Anpassungen die Regel und erforderlich, um den Gegebenheiten des Projektes gerecht zu werden. Damit aufgeworfen wird die Frage, wann eine Vertragsänderung wesentlich ist. Um die mit der Abgrenzung wesentlicher von unwesentlicher Änderungen verknüpfte Rechtsunsicherheit zu beseitigen, wurde gelegent- 51

[65] OLG Düsseldorf Beschl. v. 27.11.2003 – VII-Verg 63/03, BeckRS 2005, 11827 für die Formulierung: „Bei Bedarf und unter der Berücksichtigung der bisherigen Erfahrungen mit der Maßnahmedurchführung kann – soweit entsprechende Haushaltsmittel verfügbar sind – der Vertragszeitraum um jeweils ein Jahr bis zu einer Gesamtlaufzeit von drei Jahren verlängert werden, wenn die Maßnahme zu angemessenen Kostenansätzen angeboten wird."

[66] AA VK Münster Beschl. v. 15.11.2006 – VK 13/06, IBR 2007, 1031.

[67] OLG Düsseldorf Beschl. v. 10.2.2010 – VII-Verg 36/09, ZfBR 2011, 298, 299: Ferner muss an der Aufnahme ein anzuerkennendes Bedürfnis bestehen, die Bedarfsposition in den Vergabeunterlagen hinreichend eindeutig gekennzeichnet und für einen fachkundigen Bieter als solche zu erkennen sein.

[68] BayObLG Beschl. v. 18.6.2002 – Verg 8/02, NJOZ 2004, 181.

[69] OLG München Beschl. v. 13.8.2008 – Verg 8/08, BeckRS 2008, 42112; Beschl. v. 29.11.2007 – Verg 13/07, BeckRS 2007, 19484; VK Arnsberg Beschl. v. 16.12.2009 – VK 36/09, IBRRS 2010, 0384.

[70] EuGH Urt. v. 19.6.2008 – C-454/06, Slg. 2008 I-4401, Rn. 32 – *pressetext Nachrichtenagentur;* vgl. auch die Ausführungen in → § 4 Rn. 16ff.

lich auf die jeweiligen Schwellenwerte abgestellt[71]; erreicht oder übersteigt das jeweilige Änderungsvolumen den einschlägigen Schwellenwert, so sei auch die Wesentlichkeit anzunehmen. Dies kann in dieser Allgemeinheit nicht vollends überzeugen, mag der Charme dieses Weges auch in seiner einfachen Handhabung liegen. Da sich die Wesentlichkeit sich auch daraus ergeben kann, dass die geänderten Leistungen „die Annahme eines anderen als des ursprünglich angenommenen Angebots erlaubt hätten, wenn sie Gegenstand des ursprünglichen Vergabeverfahrens gewesen wären", muss stets der EuGH-Rechtsprechung folgend auf das konkrete Verfahren abgestellt werden, das dem Vertrag voranging. Lag das zweitbeste Angebot etwa nur unwesentlich hinter dem bezuschlagten Angebot, so können bereits kleine Änderungen vergaberechtlich relevant sein. Auch der umgekehrte Fall, dass das Änderungsvolumen die Schwellenwerte erreicht, führt nicht automatisch zur Ausschreibungspflicht, sofern der Abstand im vorgelagerten Vergabeverfahren nur ausreichend groß war.

V. Planungswettbewerbe

52 Für Planungswettbewerbe folgt § 3 Abs. 12 VgV der allgemeinen Differenzierung: Soweit der Planungswettbewerb zu einem Dienstleistungsauftrag führen soll, ist dessen Wert zu schätzen zuzüglich etwaiger Preisgelder und Zahlungen an Teilnehmer. Bei sonstigen Planungswettbewerben sind für den Auftragswert alle Preisgelder und sonstigen Zahlungen an Teilnehmer sowie der Wert des Dienstleistungsauftrages, der im Rahmen eines sich anschließenden Verhandlungsverfahrens privilegiert vergeben werden könnte, zu addieren. Der Wert des Dienstleistungsauftrags bleibt außerhalb der Betrachtung, wenn der Auftraggeber die Anschlussbeauftragung in der Bekanntmachung des Planungswettbewerbs ausschließt.

VI. Innovationspartnerschaft

53 Gemäß § 3 Abs. 5 VgV beträgt der zu berücksichtigende Wert im Falle einer Innovationspartnerschaft dem geschätzten Gesamtwert der Forschungs- und Entwicklungstätigkeiten, die während sämtlicher Phasen der geplanten Partnerschaft stattfinden sollen, sowie der Bau-, Liefer- oder Dienstleistungen, die zu entwickeln und am Ende der geplanten Partnerschaft zu beschaffen sind.

VII. Konzessionen

54 Bei der Vergabe von Konzessionen wird vom sog. Vertragswert gesprochen, da gerade kein Auftrag, sondern eine Konzession Gegenstand des Verfahrens ist. Die Berechnung des auch hier zu schätzenden Vertragswerts richtet sich nach § 2 KonzVgV, der parallel zu § 3 VgV hierzu ausführliche Regelungen trifft (dazu ausführlich → § 62 Rn. 1 ff.). Insbesondere wird bei der Berechnung des geschätzten Vertragswerts von dem voraussichtlichen Gesamtumsatz ohne Umsatzsteuer ausgegangen, den der Konzessionsnehmer während der Vertragslaufzeit als Gegenleistung erzielt.

[71] OLG Celle Beschl. v. 19.10.2009 – 13 Verg 8/09, NZBau 2010, 194, 196, unter Verweis auf *Kulartz/Duikers* VergabeR 2009, 728, 734; aA jedenfalls für den Fall, dass die Änderung bereits im Vertrag angelegt war, OLG Brandenburg Beschl. v. 8.7.2010 – Verg W 4/09, BeckRS 2010, 20526.

§ 9 Die Grundzüge vergaberechtlicher Einflüsse auf das Zuwendungsrecht

Übersicht

Literatur:

Aulbert, Staatliche Zuwendungen an Kommunen, Diss., 2010; *Antweiler,* Subventionskontrolle und Auftragsvergabekontrolle durch Bewilligungsbehörden und Rechnungshöfe, NVwZ 2005, 168; *Attendorn,* Der Widerruf von Zuwendungsbescheiden wegen Verstoßes gegen Vergaberecht, NVwZ 2006, 991; *ders.,* Die Rückforderung von Zuwendungen wegen Verstoßes gegen Vergaberecht – Nordrhein-Westfälische Erlasslage und neuere Rechtsprechung, NWVBl. 2007, 293; *Ax/Häner,* Die Zuwendung von Fördermitteln am Beispiel des Landes Rheinland-Pfalz, KommJur 2006, 201; *Braun,* Rückforderungen von europäischen Zuwendungen bei Vergaberechtsverstößen, NZBau 2010, 279; *Brune/Mannes,* Zuwendungsrecht und Vergaberecht – Zur verfassungsrechtlichen Kontrollkompetenz der Rechnungshöfe, VergabeR 2006, 864; *Burgi,* Das Vergaberecht als Vorfrage in anderen Rechtsgebieten, NZBau 2013, 601; *Dommach,* Das Verfahren der Erfolgskontrolle durch die Bundesverwaltung für zuwendungsfinanzierte Projekte und Institutionen, DÖV 2008, 282; *Dorn,* Zuwendungsempfänger/innen kommen und gehen. Was macht die Zuwendung, bleibt sie bestehen?, VR 2000, 73; *Dreher,* Das Verhältnis von Kartellvergabe- und Zuwendungsrecht, Ausschreibungsfreiheit oder Ausschreibungspflicht bei zuwendungsmitfinanzierten In-house-Vergaben? – Teil 1, NZBau 2008, 93; Teil 2, NZBau 2008, 154; *Drey,* Wenn Rückzahlung droht – Der sorgfältige Umgang mit Fördergeldern, Behörden Spiegel 9/2009, 25; *Endell/Frömgen,* Förderhandbuch Nordrhein-Westfalen; *Fandrey,* Ausschreibungsfreiheit durch Zuwendung?, NZBau 2019, 362; *Fandrey./Grüner,* Rückforderung von Fördermitteln bei Verstößen gegen Landesvergaberecht – dargestellt am Beispiel des Tariftreue- und Vergabegesetzes NRW, Der Gemeindehaushalt 2014, 15; *dies.,* Der vorzeitige Maßnahmebeginn im Fördermittelrecht, Der Gemeindehaushalt 2015, 39; *dies.,* Das Besserstellungsverbot im Fördermittelrecht, Der Gemeindehaushalt 2016, 11; *dies.,* Mitteilungs- und Hinweispflichten im Fördermittelrecht, der Gemeindehaushalt 2/2017, 25 ff.; *Folnovic/Hellriegel,* Der Widerruf im Zuwendungsrecht – eine Systematik, NVwZ 2016, 638; *Graupeter,* Wer verspätet ausgibt, den bestraft der Zuwendungsgeber, LKV 2006, 202; *Greb,* Die Rückforderung von Zuwendungen wegen Verstoßes gegen Vergaberecht, VergabeR 2010, 387; *Haak,* Wenn das Geld falsch fließt – Rückforderungsrechte beim Konjunkturpaket II, Behördenspiegel 3/2009, 17; *Haak/Hogeweg,* Vergaberecht „light"? – Auswirkungen des Konjunkturpaketes II auf das Vergabe- und Fördermittelrecht, NdsVBl. 2009, 130; *Hellriegel,* Vertrauensschutz im Zuwendungsrecht, NVwZ 2009, 571; *Häberer,* Vorzeitiger Maßnahmebeginn – Nichts geht mehr?, NVwZ 2019, 1230; *Hildebrand/Conrad,* Rechtsfragen bei der Rückforderung von Zuwendungen bei Verstößen gegen das Vergaberecht, ZfBR 2013, 130; *Hövelberndt,* Ausschreibungsfreiheit der interkommunalen Zusammenarbeti auch bei zuwendungsfinanzierten Maßnahmen?, NZBau 2016, 9; *Jennert,* Die Rückforderung von Zuwendungen bei Vergabeverstößen – Langzeitrisiko auch unterhalb der Schwellenwerte, KommJur 2006, 286; *Kämmerling,* Die Prüfung von Zuwendungen durch kommunale Rechnungsprüfungsämter, ZKF 2010, 175; *Kautz,* Rückforderung von Zuwendungen bei Verstößen gegen das Vergaberecht?, BayVBl. 2010, 264; *Kloepfer/Lenski,* Die Zusicherung im Zuwendungsrecht, NVwZ 2006, 501; *Krämer/Schmidt,* Zuwendungsrecht – Zuwendungspraxis, Loseblatt; *Kulartz/Schilder,* Rückforderung von Zuwendungen wegen Vergaberechtsverstößen, NZBau 2005, 552; *Mager,* Niedrigere Anforderungen an zulässige Rückforderung von Zuwendungen, NZBau 2012, 281; *Martin-Ehlers,* Die Rückforderung von Zuwendungen wegen der Nichteinhaltung von vergaberechtlichen Auflagen, NVwZ 2007, 289; *Mayen,* Durchführung von Förderprogrammen und Vergaberecht, NZBau 2009, 98; *Müller,* Zuwendungen und Vergaberecht, VergabeR 2006, 592; *Müller,* Einleitung C (Zuwendungen und Vergaberecht), in Byok/Jaeger, Kommentar zum Vergaberecht, 4. Aufl. 2018; Müller/Richter/Ziekow, Handbuch Zuwendungsrecht, 2017; *Pape/Holz,* Die Rückforderung von Zuwendungen bei Vergabeverstößen in der behördlichen Praxis, NVwZ 2011, 1231; *Schaller,* Vergabemängel und Zuwendungsrecht, VergabeR 2012, S. 393; *Schilder,* Grenzen der

Zuwendungsrückforderung wegen Vergaberechtsverstoßes, NZBau 2009, 155; *Schilder,* Zuwendungsrückforderung wegen Vergaberechtsverstoßes, in forum Vergabe 2009 (Jahrbuch), 97; *Stachel,* Zur Rückforderung von Zuwendungen aufgrund von Vergaberechtsverstößen, ZKF 2006, 150; *Stoye/Walliczek,* Die Rückforderung von Zuwendungen als Damoklesschwert im Beschaffungsvorgang, in Prieß/Lau/Kratzenberg (Hrsg.), Wettbewerb – Transparenz – Gleichbehandlung, 15 Jahre GWB-Vergaberecht – FS Marx, 2013, S. 745; *Teich/Beck,* Vereinfacht das Zuwendungsrecht und verbessert es!, DÖV 2006, 556; *Ubbenhorst,* Zuwendungsrecht des Landes Nordrhein-Westfalen, 2. Aufl. 1999; *Weides,* Widerruf und Rückforderung von Zuwendungen des Bundes und der Länder, NJW 1981, 841; *Winands,* Widerruf und Unwirksamkeit von Zuwendungsbescheiden, Rückforderung von Zuwendungen und Erhebung von Zinsen nach Zuwendungsrecht für die Länder Brandenburg und Nordrhein-Westfalen, ZKF 2001, 221; *Ziekow,* Zur Abgrenzung von Zuwendungen nach Haushaltsrecht und ausschreibungspflichtigen öffentlichen Aufträgen, in Prieß/Lau/Kratzenberg (Hrsg.), Wettbewerb – Transparenz – Gleichbehandlung, 15 Jahre GWB-Vergaberecht – FS Marx, 2013, S. 885.

A. Einleitung

1 Die öffentliche Hand benötigt zur Erfüllung ihrer Aufgaben vielfältige Wirtschaftsgüter und Leistungen. Wendet sie sich zur Deckung ihres Bedarfs an Dritte, muss sie zahlreiche Regeln und detaillierte Vorschriften einhalten. Die Rechtsmaterie, die sich aus der Summe dieser Vorgaben ergibt, kann im weitesten Sinne als Vergaberecht bezeichnet werden. Auch wenn die Ursprünge des Begriffes „Vergabe" hierauf hindeuten[1], erfolgt insoweit keine freiwillige, gar mildtätige Übergabe. Die öffentliche Hand schließt einen Vertrag über den Austausch von Entgelt gegen Beschaffungsgegenstand, der aufgrund des durchgeführten, wettbewerblichen Verfahrens die Vermutung trägt, dass die wechselseitig versprochenen Leistungen sich wirtschaftlich entsprechen.

2 Gänzlich anders präsentiert sich das Bild im Bereich des Zuwendungsrechts. Die öffentliche Hand gewährt einem Dritten, der nicht zwingend privatrechtlicher Natur sein muss[2], eine Zuwendung. Hierunter werden nach gängiger Definition **„Leistungen an Stellen außerhalb der Verwaltung des Bundes oder des Landes zur Erfüllung bestimmter Zwecke"** (§ 14 HGrG) gefasst. Die Besonderheit der in Form von Geldleistung[3] erfolgten Zuwendung ist ihr „bestimmter Zweck", der über den öffentlichen Zweck, dem jedes staatliche Handeln folgt, hinausgeht. Die Zuwendung wird gerade deshalb ausgezahlt, damit der Empfänger sie seinerseits zur Erfüllung eines bestimmten Zwecks einsetzt. Eine Zuwendung darf nur veranschlagt werden, wenn die fördernde Stelle an der Zweckerfüllung durch den Empfänger „ein **erhebliches Interesse** hat, das ohne die Zuwendungen nicht oder nicht im notwendigen Umfang befriedigt werden kann" (§ 14 HGrG). In dieser Zweckbestimmung liegt nicht zuletzt eine politische Bewertung. Die Entscheidungsträger äußern mit der einer Zuwendung vorgelagerten Bereitstellung von Mitteln im Haushalt ihr erhebliches Interesse an Wirtschafts-, Kultur-, Städtebau-, Infrastrukturförderung etc.

3 Die Entscheidung über die **Gewährung** der Zuwendung im Einzelfall **liegt im Ermessen** einer damit beauftragten Behörde (sog. Bewilligungsbehörde). Sie ist weder gesetzlich noch vertraglich zur Leistung in einer bestimmten Höhe verpflichtet, sondern genießt mindestens hinsichtlich einer der beiden Fragen („ob" und „wie viel") Disposi-

[1] Vgl. Stichwort „Vergaben" in Deutsches Wörterbuch von *Jacob Grimm* und *Wilhelm Grimm,* Leipzig, 1854–1960.

[2] Ausführlich zu Kommunen als Fördermittelempfängern *Aulbert* Staatliche Zuwendungen an Kommunen, passim. Insoweit unterscheidet sich das Zuwendungsrecht vom (europarechtlich geprägten) Beihilfenrecht, da nur Unternehmen oder Produktionszweige Beihilfenempfänger im Sinne des Art. 107 Abs. 1 AEUV sein können.

[3] Insoweit ist streitig, ob auch Sachleistungen Zuwendungen sein können. Vgl. zur Diskussion *Aulbert* Staatliche Zuwendungen an Kommunen, S. 23 f. mwN. Die herrschende Meinung sieht nur Geldleistungen als Zuwendungen an, vgl. nur *Ubbenhorst* Zuwendungsrecht des Landes Nordrhein-Westfalen, S. 23; *Dorn* VR 2000, 73, 74.

tionsfreiheit, mag dieses Ermessen im Einzelfall freilich auch durch Art. 3 Abs. 1 GG in Verbindung mit den Grundsätzen der Selbstbindung der Verwaltung eingeschränkt sein[4].

Für das Zuwendungsrecht gilt gleichermaßen wie für das Vergaberecht, dass der wirtschaftliche Einfluss nicht zu unterschätzen ist. Für beide Rechtsgebiete schwanken die Schätzungen je nach Zuordnung, der Befund aber bleibt: Die Summe der Zuwendung, die zumeist fernab der öffentlichen Wahrnehmung von der EU, dem Bund, den Bundesländern und sonstigen Mittelgebern (etwa Kommunen) gewährt werden, erreicht eine Milliardenhöhe[5]. Der Bund beziffert seine Finanzhilfen für das Jahr 2011 auf 6,6 Mrd. EUR und schätzt die Finanzhilfen von Ländern und Gemeinden auf weitere 10,3 Mrd. EUR[6]. Demgegenüber weist der Förderbericht in NRW allein für dieses Bundesland eine **Ausgabenhöhe für Förderprogramme und Fördermaßnahmen** von knapp 8 Mrd. EUR (2006) aus[7]. 4

Je nach politischer Entscheidung kann der förderrechtliche Fokus dabei auf unterschiedlichen Politikfeldern liegen. Der Gestaltungskreativität der politischen Entscheidungsträger und damit der **Bandbreite möglicher Fördervorhaben** sind insoweit kaum Grenzen gesetzt. So unterteilt beispielsweise der Dritte Förderbericht des Landes Nordrhein-Westfalen die Förderungen in insgesamt 34 Politikfelder, angefangen mit Mittelstands- und Existenzgründerförderung über Sport- und Kulturförderung bis hin zu Verkehrsinfrastruktur, Stadtentwicklung und regionale Strukturmaßnahmen[8]. Ins Blickfeld der Öffentlichkeit geraten Zuwendungen gerade bei großen Infrastrukturprojekten, die nicht selten erst aufgrund der Fördermittel realisiert werden können. 5

Das Zuwendungsrecht ist geprägt durch eine **Vielzahl an Beteiligten,** die mit eigenen Interessen das Fördervorhaben in all seinen Phasen begleiten: Am Anfang agiert der politische Entscheidungsträger, der im Haushalt Mittel für das Politikfeld bereitstellt, dessen Förderung er anvisiert. Während im Vergaberecht die politische Dimension noch immer umstritten ist und die Instrumentalisierung daher unterschwellig über sog. vergabefremde Zwecke erfolgt[9], wird mit Zuwendungen offen und unmittelbar ein politisch als förderungswürdig definierter Zweck verfolgt. Es gehört schlichtweg zum Charakter einer Zuwendung, dass ein Entscheidungsträger an diesem Zweck ein „besonderes Interesses" geltend macht. In das multipolare Zuwendungsverhältnis tritt nicht selten ein Unternehmer als potentieller Förderempfänger hinzu, der eine gute Idee hat, aber nicht genug Mittel, um das Vorhaben allein mit eigenen finanziellen Mitteln zu realisieren. Dreh- und Angelpunkt des Verfahrens ist die Bewilligungsbehörde, die den politischen Willen in verwaltungsrechtlich geordnete Bahnen lenkt, Gelder im Einzelfall bewilligt und dem Empfänger Auflagen für die Mittelverwendung erteilt. Sie ist Ansprechpartner des Zuwendungsempfängers und prüft nach Abschluss des Verfahrens, ob alle aufgestellten Auflagen eingehalten wurden. Dabei beschränkt sich ihr Blick nicht auf die Frage, ob der Zweck erreicht wurde. Sie ist auch an die Grundsätze der Sparsamkeit und Wirtschaftlichkeit gebunden und prüft, ob die gewährten Mittel in Einklang mit diesen Grundsätzen verwen- 6

[4] Ausführlich zu dem hieraus erwachsenden Ansprüchen auf Fördermittel und dessen Grenzen *Hellriegel* NVwZ 2009, 571, 571 f.; siehe auch aus der Rechtsprechung OVG Berlin-Brandenburg Urt. v. 27.2.2013 – 6 B 34.12, ZfBR 2013, 617.

[5] Zu den Problemen, die Höhe der Zuwendungen in Deutschland zu beziffern *Teich/Beck* DÖV 2006, 556, 556.

[6] Bericht der Bundesregierung über die Entwicklung der Finanzhilfen des Bundes und der Steuervergünstigungen für die Jahre 2009 bis 2012 (23. Subventionsbericht) vom 11.8.2011, BT-Drs. 17/6795, S. 18. Noch im Jahr 2000 hat der Bund seine Zuwendungen mit 30 Mrd. DM für Projektförderung und 10 Mrd. DM für institutionelle Förderung, vgl. BT-Drs. 14/2847, S. 6.

[7] Vgl. dritter Förderbericht des Landes Nordrhein-Westfalen vom 26.5.2007, Vorlage 14/1434, S. 128. Im Anhang zum Förderbericht werden für den Förderzeitraum 2005 bis 2007 etwa 360 unterschiedliche Fördervorhaben des Landes beschrieben.

[8] Dritter Förderbericht des Landes Nordrhein-Westfalen vom 26.5.2007, Vorlage 14/1434, S. 3.

[9] Zur Förderung sozialer und technischer Innovationen durch das Vergaberecht etwa *Burgi* NZBau 2011, 577 ff.; allgemein zu vergabefremden Zwecken *Benedict* Sekundärzwecke im Vergabeverfahren; *Scharpenack* Sekundärzwecke im Vergaberecht.

det wurden. Neben den strafrechtlichen Implikationen bei Untätigkeit[10] sehen sich Bewilligungsbehörden weiteren Drucks ausgesetzt. Je nach Herkunft der Zuwendungsmittel kontrollieren wiederum weitere Prüfungsinstanzen (etwa Rechnungsprüfungsämter, Rechnungshöfe, Europäische Kommission) die Mittelverwendung. Schließlich treffen sich die Beteiligten nicht selten vor Gericht, sobald der ursprüngliche Bewilligungsbescheid wegen erfolgter Fehler (teilweise) aufgehoben wird. Dabei droht nicht nur die Rückforderung gezahlter Zuschüsse samt Zinsen. Der Geschäftsführer eines Zuwendungsempfängers kann unter Umständen auch persönlich in die Geschäftsführerhaftung genommen werden[11]. Im Mittelpunkt des Streites steht regelmäßig die Frage, ob das der Behörde eingeräumte Ermessen korrekt ausgeübt wurde. Dies gehört gerade bei vergaberechtlichen Verstößen zu einer der am meisten diskutierten Fragestellungen des Zuwendungsrechts in Rechtsprechung und Literatur[12].

7 Werden Fördermittel zur Realisierung eines größeren Projektes eingesetzt, gewinnt das Vergaberecht an Bedeutung für die Förderung und das Zuwendungsrecht ist mit seinen Grundsätzen bei der vergaberechtlichen Ausgestaltung zu beachten. Auf diese **Schnittstelle zwischen Vergabe- und Zuwendungsrecht** wird sich der nachfolgende Beitrag konzentrieren, so dass primär aus zuwendungsrechtlicher Sicht relevante Fragestellungen – wie beispielsweise das Verbot des vorzeitigen Maßnahmenbeginns[13] oder das Besserstellungsverbot[14] – vernachlässigt werden müssen.

B. Die Verbindung des Zuwendungs- mit dem Vergaberecht

8 Das Zuwendungsrecht und das Vergaberecht sind grundsätzlich eigenständige Rechtsgebiete, wenngleich beide ihr Ursprung im Haushaltsrecht[15] und das Ziel vereinen, mit den staatlichen Mittel sparsam und wirtschaftlich umzugehen[16]. Die gesetzlich nicht vollzogene Verzahnung der beiden Rechtsgebiete erfolgt im Rahmen des einer Zuwendung regelmäßig zu Grunde liegenden Zuwendungsbescheides[17]. Den Vorgaben der Verwaltungsvorschriften folgend[18] machen Bewilligungsbehörden bestimmte **„Allgemeine Nebenbestimmungen für Zuwendungen"**, so genannte **ANBest** zum Bestandteil des Zuwendungsbescheides, indem sie auf diese verweisen. Die jeweiligen, von sich aus

[10] Hierzu mwN *Kämmerling* ZKF 2010, 175, 178.

[11] So für die Haftung nach § 43 Abs. 2 GmbHG LG Münster Urt. v. 18.5.2006 – 12 O 484/05, NZBau 2006, 523.

[12] Dazu ausführlich → Rn. 20 ff.

[13] Hierzu ausführlich VGH Bayern Urt. v. 6.12.2016 – 22 ZB 16.2037, BeckRS 2016, 109989; VG München Urt. v. 14.4.2011 – M 12 K 11.549, BeckRS 2011, 52293; *Aulbert* Staatliche Zuwendungen an Kommunen, S. 62 ff.; *Ubbenhorst* Zuwendungsrecht des Landes Nordrhein-Westfalen, S. 57. Zum Sonderfall eines Vergabeverstoßes bei vorzeitigem Maßnahmenbeginn *Schilder* NZBau 2009, 155, 157; *Fandrey/Grüner* Der Gemeindehaushalt 2015, 39 ff.; *Häberer* NVwZ 2019, 1230 ff.

[14] *Fandrey/Grüner* Der Gemeindehaushalt 2016, 11 ff.

[15] Vgl. zur Geschichte des Vergaberechts im Allgemeinen und der sog. haushaltsrechtlichen Lösung im Besonderen Byok/Jaeger/*Dietlein/Fandrey* Einl. A, Rn. 35.

[16] Weitere Ziele des Vergaberechts sind die Öffnung des Marktes für den (grenzüberschreitenden) Wettbewerb, die Erlangung von Marktübersicht, die Minimierung von vergabefremden Einflussnahmen (insbes. Korruption). Zunehmend wird das Vergaberecht auch als Instrument zur Wirtschaftspolitik eingesetzt, etwa für Mittelstandsförderung oder die Betonung umweltpolitischer und sozialpolitischer Aspekte. Dies zeigt sich vor allem an den unterschiedlich ausgestalteten Landesvergabegesetzen. Inwieweit deren Regelungen zuwendungsrechtlich sanktionsfähig sind, wenn die Regelungen nicht den Grundsätzen der Wirtschaftlichkeit und Sparsamkeit dienen (zB Mindestvergütung, ILO-Kernarbeitsnormen, Frauen- und Familienförderung), ist jedenfalls streitig, vgl. *Fandrey/Grüner* Der Gemeindehaushalt 2014, 14, 17: kein objektiver schwerer Auflagenverstoß aufgrund Zielinkohärenz.

[17] Auch möglich – aber in der Praxis deutlich seltener anzutreffen – sind (meist öffentlich-rechtliche) Zuwendungsverträge.

[18] Vgl. Nr. 5.1 VV zu § 44 BHO/§ 44 LHO.

C. Der Widerruf des Zuwendungsbescheides wegen Verstoßes gegen das Vergaberecht

Verstößt der Zuwendungsempfänger gegen die im Bewilligungsbescheid aufgegebenen Auflagen, kann die gewährende Behörde etwaige Verstöße äußerst wirkungsvoll sanktionieren: Stets droht bei Verstößen der vollständige oder anteilige Widerruf[30] des Bewilligungsbescheides mit der Folge, dass etwaig ausgezahlte Fördermittel zurückgezahlt werden müssen bzw. vorgehaltene Mittel nicht zur Auszahlung kommen. 11

I. Objektiver Vergabefehler als Auflagenverstoß

Einschlägig ist der Widerruf wegen Auflagenverstoßes nach § 49 Abs. 3 Nr. 2 VwVfG, soweit nicht spezialgesetzliche Regelungen einschlägig sind[31]. Eine für § 49 Abs. 3 Nr. 1 VwVfG erforderliche Zweckverfehlung liegt bei Vergabeverstößen nicht vor, da die ordnungsgemäße Durchführung eines Vergabeverfahrens im Regelfall kein primärer Zweck der Zuwendung ist[32]. Zur Erfüllung des Tatbestands nur erforderlich ist der **objektiv festzustellende Verstoß** gegen die Auflage, die in Bezug genommenen Regeln des Vergaberechts einzuhalten. Der Widerrufstatbestand selbst differenziert nicht nach der Intensität des im Raum stehenden Verstoßes gegen das Vergaberecht und dessen Folgen für die Wirtschaftlichkeit des Vorhabens. Es genügt die Tatsache, dass ein objektiver Verstoß gegen eine Auflage erfolgte. Wie dieser festgestellte Verstoß zu bewerten ist, ist Bestandteil der behördlichen Ermessensentscheidung[33]. Dies gilt auch für die Frage der Vorwerfbarkeit des Verstoßes. Der Bewilligungsbehörde obliegt damit auf Tatbestandsebene nicht der Nachweis, dass die Fördermittel im konkreten Einzelfall unwirtschaftlich eingesetzt wurden[34]. 12

Die **Nachweislast** hierfür trägt die widerrufende Behörde[35]. Hierbei kann die Behörde etwa auf die ihr überreichten bzw. die beim Zuwendungsempfänger angeforderten Unterlagen zurückgreifen. Insbesondere der Vergabedokumentation kommt herausragende Bedeutung zu. Vernachlässigt der Zuwendungsempfänger seine Dokumentationspflichten und vereitelt hierdurch zumindest leicht fahrlässig den Nachweis des Verstoßes, so obliegt ihm der Nachweis der ordnungsgemäßen Vergabe[36]. 13

Ein Verstoß gegen die Vorgaben des **Kartellvergaberechts** ist für Zuwendungsempfänger aus Sicht des Zuwendungsrechts unschädlich, soweit sie im Bewilligungsbescheid nicht zu dessen Einhaltung verpflichtet wurden[37]. Ein Auflagenverstoß lässt sich auch nicht dadurch konstruieren, dass die Verletzung der weiteren Regeln des Kartellvergaberechts regelmäßig als Verstoß gegen den Grundsatz der Wirtschaftlichkeit gedeutet wird, den etwa die ANBest-P in Nr. 1.1 als Auflage vorsehen[38]. Denn andernfalls ergäbe sich aus der allgemeinen Pflicht zur wirtschaftlichen Mittelverwendung bereits für alle Zuwendungsempfänger das Gebot, das Verfahren des Kartellvergaberechts zu beachten. Dies ist von den 14

[30] Die Vorgaben zur Rücknahme nach § 48 VwVfG, die einen rechtswidrigen Bewilligungsbescheid zum Aufhebungsobjekt hat, können an dieser Stelle angesichts der niedrigeren Anforderungen im Vergleich zum Widerruf eines rechtmäßigen Verwaltungsaktes und der in der Praxis deutlich geringeren Relevanz vernachlässigt werden. Hierzu insbesondere für den Fall des vorzeitigen Maßnahmenbeginns *Aulbert* Staatliche Zuwendungen an Kommunen, S. 170ff., 180ff.; *Kulartz/Schilder* NZBau 2005, 552, 554; *Hellriegel* NVwZ 2009, 571, 574.

[31] Etwa § 47 SGB X oder § 7 Zukunftsinvestitionsgesetz.

[32] Dazu Byok/Jaeger/*H.-M. Müller* Einl. C Rn. 22.

[33] Dazu → Rn. 20ff.

[34] So bereits *Attendorn* NVwZ 2006, 991, 994; *Mayen* NZBau 2009, 98, 101; *Braun* NZBau 2010, 279, 280; aA *Antweiler* NVwZ 2005, 168, 170.

[35] Ausführlich hierzu *Greb* VergabeR 2010, 387, 394.

[36] OVG NRW Urt. v. 13.6.2002 – 12 A 693/99, NVwZ-RR 2003, 803, 804f.; *Attendorn* NVwZ 2006, 991, 994.

[37] Unproblematisch ist die Lage, wenn der Zuwendungsempfänger in den ANBest auch zur Einhaltung des Kartellvergaberechts verpflichtet wird.

[38] So vorgeschlagen von Byok/Jaeger/*H.-M. Müller* Einl. C Rn. 23; *H.-M. Müller* VergabeR 2006, 592, 598.

Bewilligungsbehörden bislang erkennbar nicht gewollt[39]. Nicht wenige Probleme werfen die in den letzten Jahren vielfach verabschiedeten **Vergabegesetze auf Landesebene** auf. Diese enthalten eigene Vergaberegeln und modifizieren den Pflichtenkanon öffentlicher Auftraggeber. In den bislang nicht angepassten ANBest wird im Regelfall ebenso wenig Bezug auf diese genommen wie im Zuwendungsbescheid selbst. Abhängig von der Formulierung der ANBest im Einzelfall, kann es aber – etwa über die kommunalen Vergabegrundsätze – zu einer sanktionsfähigen Bindung an das Landesvergaberecht kommen[40].

15 Fragen wirft auch das Verhältnis zur im Jahre 2009 geschaffenen Sektorenverordnung[41] auf. Im Sektorenbereich gilt ein verschlanktes Vergaberecht, das deutliche Privilegierungen im Vergleich auch zum nationalen Vergaberecht in den jeweils ersten Abschnitten aufweist. Soweit der Zuwendungsbescheid im Falle eines **Fördervorhabens im Sektorenbereich** gleichwohl vorgibt, die nationalen Vergabebestimmungen der VOB/A und VOL/A anzuwenden, stellt sich die Frage, ob dies im Wege der Auslegung dahingehend korrigiert werden kann, dass nur die SektVO zu beachten ist[42]. Angesichts der von einem weiten Einschätzungsspielraum getragenen Entscheidung der Bewilligungsbehörde wird – jedenfalls bei eindeutigem Verweis auf die nationalen Vergabebestimmungen – hier nur wenig Raum für eine solche Korrektur sein[43]. Denn die Behörde kann selbst entscheiden, welchen Weg sie vorgibt, um eine sparsame und wirtschaftliche Mittelverwendung zu sichern, mag dieser auch abseits der gesetzgeberischen Konzeption im Kartellvergaberecht liegen. Weitere Fraktionen entstehen aber: Da VOL/A bzw. VOB/A und SektVO nicht deckungsgleich sind und sich in Teilen auch widersprechen (zB hinsichtlich der Geheimhaltung des Submissionsergebnisses), kann es also nicht reichen, das jeweils strengere Vergaberegime anzuwenden. Hier sollte zur Vermeidung von späteren Konflikten frühzeitig eine Abstimmung herbeigeführt werden. Insoweit ist auch der Fördermittelgeber in der Pflicht; denn mit der allgemeinen Vorgabe, VOL/A und VOB/A auch im Oberschwellenbereich anzuwenden, drängt er den Fördermittelempfänger womöglich dazu, gegen die ihn bindende SektVO zu verstoßen. Im Falle von Nachprüfungsverfahren wird in jedem Fall aber nur das nach dem GWB einschlägige Vergaberegime als Prüfungsmaßstab herangezogen, denn der in § 1 SektVO definierte Anwendungsbereich ist nicht disponibel, sondern zwingend[44]. Für die Nachprüfungsinstanzen ist der Umstand, dass der Sektorenauftraggeber die Beschaffung (auch) durch Fördermittel finanziert, daher ohne Belang.

II. Widerrufsfrist

16 Im Widerspruch zum legitimen Interesse des Zuwendungsempfängers, möglichst schnell zu erfahren, ob und in welchem Umfang er auf Fördermittel verzichten soll, steht eine Eigenheit des verwaltungsrechtlich geprägten Zuwendungsrechts: Während aus Sicht des Kartellvergaberechts Verstöße nach Abschluss des Vorhabens regelmäßig nicht mehr angegriffen werden können[45], erlangt ein Zuwendungsempfänger mit Abschluss des Fördervorhabens noch keine Investitions- und Rechtssicherheit. Auch dann noch kann der ur-

---

[39] Gleichwohl kann nicht ausgeschlossen werden, dass gerade bei der Verwendung europäischer Fördermittel ein solcher Verstoß nach allgemeinen Effektivitätsprinzipien herangezogen wird, um den Fördermittelempfänger zu sanktionieren. Ein Zuwendungsempfänger ist daher gut beraten, die vergaberechtlichen Normen, denen er unterliegt, in Gänze zu genügen.

[40] Ausführlich zu den einzelnen Möglichkeiten *Fandrey/Grüner,* Der Gemeindehaushalt 2014, 15, 16 f.

[41] Verordnung über die Vergabe von Aufträgen im Bereich des Verkehrs, der Trinkwasserversorgung und der Energieversorgung (Sektorenverordnung) v. 23. 9. 2009, BGBl. I, S. 3110.

[42] So vorgeschlagen von Eschenbruch/Opitz/*Eschenbruch* SektVO, 1. Aufl., Einleitung Teil 2 Rn. 61 f. unter Verweis auf das fehlende Interesse, an einer weitergehenden Bindung; ebenso *Greb/Müller* SektVO § 1 Rn. 146 aE unter Verweis auf die generelle Spezialität des Sektorenrechts.

[43] So zur alten Rechtslage *Mayen* NZBau 2009, 98, 99 aE; anders mag der Fall bei einem Verweis auf die nicht mehr existenten Abschnitte 3 und 4 von VOL/A bzw. VOB/A liegen.

[44] OLG Düsseldorf Beschl. v. 18. 4. 2012 – VII-Verg 9/12, BeckRS 2012, 16349.

[45] Ausnahmsweise sind sog. de-facto-Vergaben angreifbar. Ansonsten droht allenfalls noch die Gefahr eines Vertragsverletzungsverfahrens der Europäischen Kommission vor dem EuGH.

sprüngliche Bewilligungsbescheid aufgehoben und ausgezahlte Gelder zurückgefordert werden. Während im Kartellvergaberecht allein die Konkurrenten dazu berufen sind, ihre subjektiven Rechte auf Wettbewerb vor den Nachprüfungsinstanzen durchzusetzen, prüfen Bewilligungsbehörde und andere Institutionen[46] die wirtschaftliche und sparsame Mittelverwendung im öffentlichen Interesse. Für die Ermittlung der nötigen Tatsachengrundlage und die internen Abstimmungsprozesse benötigt die über den Widerruf entscheidende Behörde einen ausreichenden Zeitraum, den ihr der Gesetzgeber in § 49 Abs. 3 S. 2 VwVfG iVm § 48 Abs. 4 VwVfG gewährt. Der Widerruf eines Bewilligungsbescheides ist hiernach **innerhalb eines Jahres** seit dem Zeitpunkt zulässig, zu dem die Behörde von Tatsachen Kenntnis erhält, welche den Widerruf eines rechtmäßigen Verwaltungsaktes rechtfertigen. Nach ständiger Rechtsprechung des Bundesverwaltungsgerichts beginnt die Jahresfrist als sog. **Entscheidungsfrist** erst dann zu laufen, wenn dem für den Widerruf des Zuwendungsbescheides zuständigen Amtswalter alle für die Entscheidung erheblichen Tatsachen vollständig und positiv bekannt sind[47]. Das Bundesverwaltungsgericht legt damit den Beginn behördenfreundlich erst an das Ende des Ermittlungsprozesses, so dass – vorbehaltlich einer nur in Ausnahmefällen einschlägigen Verwirkung[48] – selbst Jahre vergehen können, ohne dass der Zuwendungsempfänger tatsächliche Sicherheit über das behördliche Vorgehen erlangt.

Für den Beginn der Entscheidungsfrist nicht ausreichend ist danach vor allem, dass der zuständige Behördenmitarbeiter die Rechtswidrigkeit des Bewilligungsbescheides erkennen konnte oder gar erkannt hat[49]. So sind erste Anhaltspunkte, die auf eine rechtswidrige Verwendung der Fördermittel schließen lassen, nicht selten bereits aus dem Verwendungsnachweis ersichtlich. Der ersten Prüfung folgen aber regelmäßig weitere Nachprüfungen. Diverse Belege und Dokumentationen (etwa des Vergabeverfahrens) werden – soweit nicht bereits vorliegend – angefordert und gesichtet, Rückfragen gestellt sowie andere Abteilungen und Referate einbezogen, während auf dem Schreibtisch des Sachbearbeiters regelmäßig auch andere Förderakten auf gleichfalls gründliche Begutachtung warten. Die großzügige Auslegung des Fristbeginns durch das Bundesverwaltungsgericht wird dieser Notwendigkeit der sorgfältigen Tatsachenermittlung gerecht und privilegiert die Behördenmitarbeiter damit nicht grundlos. 17

Zur Herstellung der Entscheidungsreife gehört schließlich auch die **Anhörung** des Zuwendungsempfängers[50]. Diesem muss vor Entscheidung rechtliches Gehör gewährt werden. Bei der Ermessensausübung müssen zur sachgerechten Anwendung des Ermessens auch solche Erwägungen berücksichtigt werden, die in der Person des Betroffenen liegen[51]. 18

Diverse Ansätze in der Literatur[52] zur Einschränkung dieser extensiven Auslegung der Jahresfrist versprechen angesichts der ständigen Rechtsprechung des Bundesverwaltungsgerichts wenig Aussicht auf Erfolg, zumal die angeführten Wertungen des Vergaberechts im 19

---

[46] Siehe → Rn. 34 ff.

[47] BVerwG Beschl. v. 19.12.1984, GrSen 1/84, GrSen 2/84, BVerwGE 70, 356, 362 ff.; Urt. v. 24.1.2001 – 8 C 8/00, NJW 2001, 1440, BVerwGE 112, 360, 362 f.; VGH München Urt. v. 15.3.2001 – 7 B 00.107, NVwZ 2001, 931, 932; OVG NRW Beschl. v. 13.2.2012 – 12 A 1217/11, BeckRS 2012, 49001; Beschl. v. 15.8.2019 – 15 A 2792/18, BeckRS 2019, 19363. Krit. vor zuwendungsrechtlichen Hintergrund *Antweiler* NVwZ 2005, 168, 171. Dies setzt zunächst voraus, dass insbesondere der Verwendungsnachweis und die sonstigen Unterlagen des Fördermittelempfängers bei der prüfenden Stellen eingegangen sind, *Folnovic/Hellriegel* NVwZ 2016, 638, 639.

[48] Siehe → Rn. 19 ff.

[49] So BVerwG Beschl. v. 19.12.1984, GrSen 1/84, GrSen 2/84, BVerwGE 70, 356, 362.

[50] Vgl. VGH Baden-Württemberg Urt. v. 28.9.2011 – 9 S 1273/10,, BeckRS 2011, 55135; OVG Mecklenburg-Vorpommern Beschl. v. 11.6.2010 – 2 L 165/06, NordÖR 2010, 516; OVG Sachsen-Anhalt Beschl. v. 5.3.2010 – 1 L 6/10, NVwZ-RR 2010, 593; *Kulartz/Schilder* NZBau 2005, 552, 556; *Attendorn* NVwZ 2006, 991, 995.

[51] Siehe → Rn. 30 ff. Vgl. dazu OVG Sachsen-Anhalt Beschl. v. 5.3.2010 – 1 L 6/10, NVwZ-RR 2010, 593.

[52] Etwa bei *Jennert* KommJur 2006, 286, 287.

GWB zu Gunsten der Rechts- und Investitionssicherheit keine Wirkung auf das eigenständige Zuwendungsrecht entfalten. Als Grenze der Entscheidungsfrist bleibt damit nur die **Verwirkung**[53]. Die aus § 242 BGB abgeleitete Rechtsfigur setzt sowohl den Ablauf eines längeren Zeitraums (sog. Zeitmoment) als auch besondere, einen Verstoß gegen Treu und Glauben begründende Umstände voraus (sog. Umstandsmoment). Der Zuwendungsempfänger muss darauf vertrauen, dass die Behörde nicht widerruft und dieses Vertrauen in einer Weise betätigen, dass ihm bei einem doch erfolgenden Widerruf ein unzumutbarer Nachteil entstünde. Jedenfalls an den besonderen, Vertrauen schaffenden Umständen wird es regelmäßig fehlen.

III. Ermessen

20 Das Hauptaugenmerk der behördlichen Prüfung liegt auf der Rechtsfolgenseite. Der zentrale Punkt nahezu jedes Rechtsstreits ist die Frage, ob die Behörde beim Widerruf des Bewilligungsbescheides ihr **Ermessen** fehlerfrei ausgeübt hat. Unter Berücksichtigung aller Umstände des Einzelfalls hat die Behörde zu entscheiden, ob sie den Bewilligungsbescheid vollständig, teilweise oder überhaupt nicht aufhebt.

21 Das Ermessen als Ansatzpunkt für sachgerechte Differenzierungen im Einzelfall erfährt in der Praxis freilich starke Grenzen. Die ständige Rechtsprechung qualifiziert das Widerrufsermessen als sog. **intendiertes Ermessen**[54]. Das stets bestehende öffentliche Interesse an einer wirtschaftlichen und sparsamen Haushaltsführung führt dazu, dass im „Normalfall" das Ermessen der Behörde auf Null schrumpft, so dass die Behörde von der Handlungsermächtigung zum Widerruf Gebrauch machen muss. Im Regelfall ist daher nur die Entscheidung für den Widerruf ermessensfehlerfrei.

22 Trotz des insoweit gelenkten Ermessens darf dies nicht dahingehend missverstanden werden, dass der Behörde praktisch kein Ermessen zustünde oder dass sie den Sachverhalt nicht im Detail prüfen muss. Das Gegenteil trifft zu. Die Behörde muss auch hier eine umfassende Ermessenserwägung anstellen, sobald ein Verstoß gegen eine Auflage im Raum steht. Der nachfolgende Aufbau stellt eine Möglichkeit dar, die dabei zu berücksichtigenden Aspekte zu ordnen: Im Grundsatz ist davon auszugehen, dass die objektive Intensität des Verstoßes auf einer ersten Stufe maßgeblich dafür ist, ob und in welchem Umfang die Fördermittel gestrichen werden. Auf einer zweiten Stufe können subjektive Aspekte dazu führen, dass der zunächst gefundene Rückforderungsrahmen über- oder unterschritten wird. Schließlich sind in einem dritten Schritt noch sonstige Gesichtspunkte zu berücksichtigen, die etwa in der Person des Zuwendungsempfängers liegen.

23 Grundfrage ist im **ersten Prüfungsschritt,** wie schwer der Verstoß objektiv wiegt. In der Praxis orientieren sich Teile der Rückforderungspraxis inzwischen an speziellen, zu dieser Thematik erlassenen Erlassen[55]. Der für NRW einschlägige Runderlass des Finanzministeriums (dort Ziffer 3) enthält eine Auflistung an Tatbeständen, die regelmäßig als schwere Verstöße einzustufen sind. Wird ein solcher Verstoß festgestellt, so sind die Kosten

---

[53] Vgl. OVG Mecklenburg-Vorpommern Beschl. v. 11.6.2010 – 2 L 165/06, NordÖR 2010, 516; VG München Urt. v. 20.5.2009 – M 18 K 07.1440, BeckRS 2009, 48674; *Attendorn* NVwZ 2006, 991, 995.

[54] Str., vgl. zur ermessenslenkenden Wirkung BVerwG, Urt. v. 26.6.2002 – 8 C 30/01, BVerwGE 116, 332, 337, NVwZ 2003, 221; Urt. v. 16.6.1997 – 3 C 22/96, BVerwGE 105, 55, 57f., NJW 1998, 2233; OVG NRW, Beschl. v. 27.1.2004 – 4 A 2369/02, BeckRS 2004, 19059; OVG NRW, Beschl. v. 18.11.2009 – 5 E 601/09, BeckRS 2009, 41779; Beschl. v. 15.8.2019 – 15 A 2792/18, NVwZ-RR 2020, 333; VG Düsseldorf Urt. v. 1.4.2009 – 20 K 443/07, BeckRS 2009, 42434; *Mayen* NZBau 2009, 98, 101; kritisch unter Hinweis auf das nicht zu vernachlässigende Veranschlagungsinteresse des politischen Entscheiders, der der Förderung ein erhebliches öffentliches Interesse bescheinigt hat Byok/Jaeger/*H.-M. Müller* Einl. C Rn. 28f.

[55] Etwa für NRW der Runderlass des Finanzministeriums „Rückforderung von Zuwendungen wegen Nichtbeachtung der Vergabe- und Vertragsordnung für Bauleistungen (VOB/A) und Verdingungsordnung für Leistungen – ausgenommen Bauleistungen – VOL/A" v. 18.12.2003 (MBl. NW 2005, S. 1310), zuletzt geändert am 16.8.2006 (MBl. NW 2006, S. 432). Ähnliche Erlasse Richtlinien gibt es in Bayern und Rheinland-Pfalz. Zu den Leitlinien der Europäischen Kommission vgl. *Braun* NZBau 2010, 279ff.

für die betroffene Auftragseinheit im Regelfall nicht förderfähig. Hierzu gehören etwa die fehlerhafte Wahl der Vergabeart[56], das Ausscheiden des wirtschaftlichsten Angebotes aus vergabefremden Erwägungen, die nachträgliche Losaufteilung sowie die fehlende eindeutige und erschöpfende Leistungsbeschreibung.

Mit der beispielhaften Aufzählung ist für die Behörde bei genauer Betrachtung noch nicht viel gewonnen. Dies liegt zum einen an der nur beispielhaften und damit nicht abschließenden Aufzählung von „schweren“ Fehlern, so dass nach der Konzeption des Erlasses auch andere Fehler „schwer“ sein können und die aufgezählten Fehler nicht stets „schwer“ sind. Zum anderen sei daran erinnert, dass die Kategorie der schweren Fehler dem Vergaberecht fremd ist. Schließlich gibt der Erlass keinen Hinweis darauf, an welchem Maßstab die Behörde einen Verstoß messen soll. Gerade das Beispiel einer fehlenden eindeutigen Leistungsbeschreibung wirft die Frage auf, was gerade die Schwere des Verstoßes ausmacht[57]. 24

Löst man den Blick von den ohnehin nicht in jedem Bundesland einschlägigen Erlassen, so stehen sich zwei Grundpositionen gegenüber: In der Literatur wird regelmäßig die **haushaltsrechtliche Komponente** der Zuwendung betont. So soll auf der Folgenseite geprüft werden, welcher Schaden dem öffentlichen Haushalt durch den Vergabeverstoß entstanden ist. Ein Widerruf könne nur dann auf einen Verstoß gestützt werden, wenn er zu Kostensteigerungen oder dazu führe, dass für dieselben Fördermittel weniger Leistung erbracht werde. Wirtschaftlich nicht nachteilige Verstöße würden die Behörde nicht zu einem Widerruf berechtigen[58]. 25

In der Rückforderungspraxis ruht der Fokus hingegen regelmäßig auf einem **formal-vergaberechtlichen Blickwinkel.** Solche Verstöße rechtfertigen hiernach einen Widerruf, die gegen fundamentale Grundsätze des Vergaberechts verstoßen, also Gleichbehandlung, Transparenz und Wettbewerb. Gestützt wird diese Auffassung auf einem weiten Zweckverständnis der Zuwendung. Diese verfolge nicht nur den Zweck, das Fördervorhaben, an dem kraft Definition der Zuwendung ein „erhebliches Interesse“ besteht, zu realisieren, sondern auch den Schutz des Wettbewerbs[59]. 26

Diese Ansätze liegen im Regelfall nicht allzu weit auseinander, bedenkt man die dem Vergaberecht zugeschriebene Funktion. Mit der Auflage, das Vergaberecht zu beachten, verfolgt die Bewilligungsbehörde das Ziel, die zur Verfügung stehenden Mittel haushaltsschonend einzusetzen. Dabei hat sie sich nicht auf einzelne Vorgaben (etwa hinsichtlich der Wahl der Vergabeart) beschränkt, sondern bewusst das Gesamtregelwerk in Bezug genommen. Die Einhaltung des gesamten Vergaberechts ist damit kein Selbstzweck. Dieser behördlichen Wertungsentscheidung kann vielmehr entnommen werden, dass ein Verfahren, das im Einklang mit dem Vergaberecht erfolgt, zu einem wirtschaftlichen und sparsamen Ergebnis führt. Durch diese vom Einschätzungsspielraum der Behörde gedeckte Pauschalierung wird dem Umstand begegnet, dass Verstöße gegen das Vergaberecht regelmäßig nur in hypothetischen Kategorien feststellbar sind[60]. Mögen bei dem Ausscheiden eines wirtschaftlicheren Angebotes aus vergabefremden Erwägungen die damit ver- 27

[56] Vgl. hierzu die Ausführungen bei BVerwG Beschl. v. 13.2.2013 – 3 B 58.12, NVwZ 2013, 1082: im Regelfall schwerwiegender Verstoß; ebenso OVG NRW, Urt. v. 20.4.2012 – 4 A 1055/09, NZBau 2012, 589; s. mit abweichendem Erg OVG Rheinland-Pfalz Urt. v. 25.9.2012 – 6 A 10478/12, BeckRS 2012, 58276.

[57] So bereits *Greb* VergabeR 2010, 387, 392.

[58] So *Schilder* NZBau 2009, 155, 156; *Mayen* NZBau 2009, 98, 101f.; *Martin-Ehlers* NVwZ 2007, 289, 293f.; *Kautz* BayVBl. 2010, 266f.; *Greb* VergabeR 2010, 387, 392f.; vorbehaltlich einer Einzelfallentscheidung auch Byok/Jaeger/*H.-M. Müller* Einl. C Rn. 38; aA VGH Baden-Württemberg Urt. v. 28.9.2011 – 9 S 1273/10, BeckRS 2011, 55135; Urt. v. 17.10.2013 9 S 123/12, BeckRS 2013, 58287; OVG NRW Urt. v. 22.5.2005 – 15 A 1065/04, NVwZ-RR 2006, 86; OVG Sachsen-Anhalt Beschl. v. 5.3.2010 – 1 L 6/10, NVwZ-RR 2010, 593; *Attendorn* NVwZ 2006, 991, 994.; offen gelassen bei OVG Berlin-Brandenburg, Urt. v. 27.2.2013 – 6 B 34.12, ZfBR 2013, 617.

[59] VGH Baden-Württemberg Urt. v. 28.9.2011 – 9 S 1273/10, BeckRS 2011, 55135; OVG NRW Urt. v. 22.5.2005 – 15 A 1065/04, NVwZ-RR 2006, 86, 88f.

[60] Hierauf verweist *Attendorn* NVwZ 2006, 991, 995.

bundenen Mehrkosten ex post noch konkret zu berechnen sein, steht diese Option bei einem überwiegenden Anteil des vergaberechtlichen Fehlerspektrums nicht zur Verfügung. Exemplarisch sei eine unzureichende Bekanntmachung angeführt[61]. Es ist im Anschluss schlichtweg nicht feststellbar, welche Unternehmen sich bei ordnungsgemäßer Bekanntmachung an dem Verfahren beteiligt hätten. Ebenso wenig kann ein Beteiligter eine Aussage darüber treffen, ob sich überhaupt weitere Bieter gefunden hätten. Es ist also nicht zwingend ein tatsächlicher Schaden für die öffentlichen Haushalte eingetreten. Gleichwohl genügt – bereits nach der im Bewilligungsbescheid dargelegten Einschätzung der Behörde – die abstrakte Gefahr eines Schadens. Kann die theoretische Möglichkeit eines Schadens ausgeschlossen werden oder liegt diese zumindest fern, hat die Behörde dies in ihrer Ermessensentscheidung zu berücksichtigen. Derart wirkungslose Fehler sind entgegen verbreiteter Auslegung in der Literatur aber kein Regelfall. Selbst der stets exemplarisch angeführte Verstoß gegen das Nachverhandlungsverbot kann wider den ersten Anschein theoretisch zu höheren Kosten führen, sofern ein Bieter von dem drohenden Verstoß bei Angebotsabgabe weiß und entsprechend einen „Verhandlungspuffer" einkalkuliert. Diese Ausführungen beschränken sich freilich auf das klassische Vergaberecht, welches von den Haushaltsgrundsätzen und dem Wettbewerbsprinzip geprägt ist. Zunehmend wird das Vergaberecht von **Landesgesetzgebern** jedoch auch als Instrument zur Wirtschaftspolitik eingesetzt. Gerade das nordrhein-westfälische Tariftreue- und Vergabegesetz kann hierfür exemplarisch herangezogen werden. Dieses verfolgt einen ganzen Strauß sekundärer Ziele, wie zB Mittelstandsförderung, Tariftreue, Umweltschutz und Energieeffizienz sowie Frauen- und Familienförderung. Die dortigen Regelungen dienen nur in wenigen Fällen den Grundsätzen der Sparsamkeit und Wirtschaftlichkeit. Mit guten Gründen lässt sich daher fragen, ob Verstöße gegen derartige Regeln in Landesvergabegesetzen überhaupt geeignet sein können, einen Verstoß gegen das zuwendungsrechtliche Gebot wirtschaftlichen und sparsamen Handels darzustellen[62]. Ist dies in der Tat nicht der Fall, so entspricht eine Rückforderung einer reinen Strafsanktion ohne tatsächlichen Schaden. Im Rahmen des Ermessens ist daher auf eine Rückforderung zu verzichten bzw. die Rückforderung jedenfalls auf eine ebenso symbolische Größe zu beschränken.

28 Weitere Stellschrauben im Bewertungssystem lassen sich aus der Rückforderungspraxis bei europäischen Zuwendungen entwickeln. So hat die Europäische Kommission im November 2007 **Leitlinien für die Rückforderungen von europäischen Zuwendungen** veröffentlicht[63], die regeln, für welchen Verstoß die Rückforderung in welcher Höhe angebracht ist. Zwar haben diese Leitlinien für die Rückforderung nationaler Zuwendungen keine Bindungswirkung, die dort aufgeworfenen Gedanken lassen sich aber fruchtbar machen[64]. So kommt im Rahmen der Ermessensausübung etwa der Frage erhebliche Bedeutung zu, ob die fehlerhafte Vergabe im Bereich oberhalb oder unterhalb der Schwellenwerte erfolgte. Da eine fehlerhafte Vergabe oberhalb der Schwellenwerte in jedem Fall von Relevanz für den europäischen Binnenmarkt ist[65], fallen Verstöße – auch und erst recht gegen die geringere Anforderungen stellenden Basis-Paragraphen – hier besonders ins Gewicht. Auch ist zu Gunsten des Zuwendungsempfängers zu berücksichtigen, wenn der Fehler etwa nur einen kaum ins Gewicht fallenden Zusatzauftrag betrifft, während der Hauptauftrag ordnungsgemäß vergeben wurde.

---

[61] Eine unzureichende Bekanntmachung im Rahmen von Vergaben oberhalb der Schwellenwerte gilt bei europäischen Zuwendungen als elementarer Fehler, der allein die vollständige Rückforderung der Zuwendung rechtfertigt, vgl. Ziff. 1 der Leitlinien für die Festsetzung der Finanzkorrekturen (Fn. 51).

[62] Ausführlich zur Schnittstelle Zuwendungsrecht zum Landesvergaberecht *Fandrey/Grüner,* Der Gemeindehaushalt 2014, 15ff.; vgl. in diesem Zusammenhang die weitere Kritik von *Burgi* NZBau 2013, 601, 606.

[63] Leitlinien für die Festsetzung der Finanzkorrekturen, die bei Verstößen gegen die Vorschriften für die öffentliche Auftragsvergabe auf durch die Strukturfonds und den Kohäsionsfonds kofinanzierte Ausgaben anzuwenden sind, v. 29.11.2007, COCOF 07/0037/03-De, abgedruckt in NZBau 2010, 297ff.

[64] So bereits vorgeschlagen von *Braun* NZBau 2010, 279ff.

[65] Vgl. zur Bedeutung der vergaberechtlichen Schwellenwerte → § 8 Rn. 2.

Auf einer **zweiten Stufe** ist das Augenmerk auf die **subjektive Seite des Vergabeverstoßes** im Sinne von **Vorwerfbarkeit** zu richten. Darf die Bewilligungsbehörde noch Jahre nach Abschluss des Fördervorhabens und damit Jahre nach Durchführung des Vergabeverfahrens den Bewilligungsbescheid widerrufen, so können diese Jahre in der Schnelllebigkeit des Vergaberechts Welten bedeuten. Das Vergaberecht ist ständig im Fluss; zunächst vergabefreie Geschäfte werden für ausschreibungspflichtig erklärt, langjährige Praktiken als unvereinbar mit dem Vergaberecht verworfen. Exemplarisch sei auf die stete und noch immer nicht abgeschlossene Entwicklung von Inhouse-Vergaben und Dienstleistungskonzessionen verwiesen. Wo sich bislang aber noch keine Leitlinie in der Rechtsprechung gebildet hat, kann auch nicht vom Zuwendungsempfänger verlangt werden, mögliche Entwicklungen zu antizipieren und entsprechend zu vergeben. Maßgeblicher Zeitpunkt für die Beurteilung ist damit der Zeitpunkt der Vergabe. Ist die Rechtslage unklar oder gestattet sie das Vorgehen des Zuwendungsempfängers, so kann ihm der Auflagenverstoß nicht angelastet werden[66]. Ist die Rechtslage nur unübersichtlich, so sind zumindest Abschläge denkbar. Nicht privilegierend wirkt die bloße Unwissenheit des Zuwendungsempfängers. Es kann von ihm verlangt werden, dass er sich mit den Anforderungen des Vergaberechts beschäftigt oder zumindest einen fachkundigen Dritten zu Rate zieht. Macht dieser Fehler, wird dies zwar im Wege des Organisationsverschuldens dem Zuwendungsempfänger zugerechnet. Sofern der beauftragte Dritte aber zumindest über die theoretisch nötigen Kenntnisse zur ordnungsgemäßen Durchführung der Vergabe verfügt, erscheint ein Abschlag zu Gunsten des Zuwendungsempfängers geboten[67]. In seltenen Ausnahmefällen kann das Maß der subjektiven Vorwerfbarkeit durch Mitverschulden der Bewilligungsbehörde reduziert sein. Dies ist etwa anzudenken, wenn der Fördermittelgeber bereits aufgrund seiner sächlichen Ausstattung nicht in der Lage, überhaupt zu prüfen, ob der Fördermittelempfänger die Bestimmungen zum Vergaberecht eingehalten hatte und daher trotz erkennbarer Vergabefehler nicht korrigierend eingreift[68]. 29

Vereinzelt kam es in der Vergangenheit auch zu Ermessenskorrekturen durch Gerichte unter Verweis auf den allgemeinen Grundsatz von Treu und Glauben. So hat das VG Düsseldorf[69] in einer lesenswerten Entscheidung eine Rückforderung trotz objektiven und schweren Vergabeverstoßes aufgehoben, da die Kontrollbehörde mehrfach aufgrund ihrer Äußerungen sowie des Verhaltens im Zusammenhang mit der Zuwendungsgewährung gegenüber dem Zuwendungsempfänger signalisiert hat, dass mit der Möglichkeit gerechnet wird, dass dieser die Auflage zur Beachtung der VOB/A nicht erfüllen kann bzw. wird, und diese Möglichkeit billigend in Kauf genommen wird. Der Fördermittelgeber habe – so das Gericht – also beim Zuwendungsempfänger einen Vertrauenstatbestand dahingehend geschaffen hat, dass eine Nichtbeachtung der Vergabevorschriften keine negativen Konsequenzen für die Förderung haben werde. Ein solches Verhalten liege insbesondere darin, dass im Rahmen des Zeitfensters für die Auskehrung der Zuwendungen erkennbar sei, dass eine ordnungsgemäße Ausschreibung überhaupt nicht möglich sei und er dieses auch öffentlich äußere. 29a

Schließlich müssen **auf der dritten Stufe** aus Gründen der Verhältnismäßigkeit noch solche Erwägungen berücksichtigt werden, die in der **Person des Betroffenen** liegen. Zu deren Ermittlung wird vor der abschließenden Entscheidung der Zuwendungsgeber ange- 30

---

[66] *Schilder* forum vergabe, Jahrbuch 2009, Punkt 3.2; *Jennert* KommJur 2006, 286, 287 f.; im Fall des VG Düsseldorf Urt. v. 20. 10. 2006 – 1 K 3293/05 (juris) hielt das Gericht dem Zuwendungsempfänger zu Gute, dass 1995 der Begriff des einheitlichen Bauwerkes noch nicht ausreichend geklärt war.

[67] VGH Baden-Württemberg Urt. v. 28. 9. 2011 – 9 S 1273/10, BeckRS 2011, 55135.

[68] VGH Baden-Württemberg Urt. v. 17. 10. 2013 – 9 S 123/12, BeckRS 2013, 58287: Hier verfügte die Behörde weder über die Vorschriften zur VOL/A und VOB/A noch über Kommentierungen hierzu. Sie hatte damit in keiner Weise organisatorisch sichergestellt, die Einhaltung überhaupt prüfen und ggf. durchsetzen zu können.

[69] VG Düsseldorf Urt. v. 4. 9. 2013 – 10 K 5144/12, ZfBR 2014, 178.

hört, dem die substantiierte Darlegung derartiger Aspekte obliegt. Zuvorderst zu nennen sind hier die finanziellen Verhältnisse des Zuwendungsempfängers[70]. Gerade bei länger zurückliegenden Verstößen – in diesem Zusammenhang ist auch die bei langen Zeiträumen große Zinslast zu berücksichtigen – kann die Rückforderung die wirtschaftliche Existenz des Empfängers vernichten. In solchen Fällen kann eine Beschränkung auf bestimmte Zeiträume oder in anderer Weise geboten sein.

31 Aus diesen Ausführungen wird ersichtlich, dass die **Höhe der Rückforderung** nicht auf die mit dem Verstoß verbundenen Mehrkosten begrenzt ist. Sie erfolgt vielmehr aus einer Gesamtschau aller oben beschriebenen Einzelaspekte. Hierzu gehören insbesondere die Art des Verstoßes und die Frage, inwieweit dieser Verstoß dem Zuwendungsempfänger vorgeworfen werden kann. Gerade bei vorsätzlichen Verstößen gegen fundamentale Vergabegrundsätze erscheint eine vollständige Rückforderung in der Regel nicht unangemessen. Soweit eine vollständige Rückforderung nicht angezeigt ist, genießt die Widerrufsbehörde einen nicht zu unterschätzenden Einschätzungsspielraum bei der Ermittlung der Höhe.

32 Trotz des vom Bundesverwaltungsgericht anerkannten intendierten Ermessens darf nicht übersehen werden, dass der Behörde gleichwohl Ermessen zukommt. Es gibt keine **„Rückforderungsautomatik"**[71], so dass ein Ermessensfehler in Form eines Ermessensnichtgebrauchs vorliegt, wenn eine Behörde irrig annimmt, generell zum Widerruf verpflichtet zu sein[72]. Auch aus den einschlägigen Erlassen folgt keine unmittelbare Widerrufspflicht der Behörde. Ihr Ermessen wird auch hier lediglich gelenkt. Von Gerichten noch toleriert wird das gelegentliche **Fehlen von Ermessenserwägungen *im* Widerrufsbescheid,** da hieraus nicht auf das Nichtvorliegen einer Ermessensentscheidung geschlossen werden kann[73]. Die Gerichte stützen sich insoweit auf den Charakter des intendierten Ermessens, das für den Regelfall von einer Ermessensausübung in einem bestimmten Sinne ausgeht. Nur wenn besondere Gründe vorliegen, lässt sich eine abweichende Entscheidung rechtfertigen[74]. Liegen solche hingegen nicht vor, so versteht sich das Abwägungsergebnis von selbst, ohne dass es einer gesonderten Darstellung im Widerrufsbescheid bedarf. Angesichts der bei Vergabeverstößen regelmäßig im Raum stehenden Fragen, ob diese schwer wiegen und ob hierdurch überhaupt ein wirtschaftlicher Schaden für den öffentlichen Haushalt entstanden ist, wird die Behörde in Fällen von Vergaberechtsverstößen nicht umhin können, die tragenden Gründe ihrer – in jedem Fall vorzunehmenden – Ermessensentscheidung offen mitzuteilen.

IV. Rückforderung von Fördermitteln

33 Im Falle einer Entscheidung für einen (Teil-)Widerruf ist die **Rückforderung** gesetzlich geregelt. Nach der allgemeinen Regelung des § 49a VwVfG[75] sind bereits erbrachte Leistungen zu erstatten, soweit ein Verwaltungsakt mit Wirkung für die Vergangenheit zurückgenommen wurde. Die zuständige Behörde setzt die zu erstattende Leistung und de-

[70] BVerwG Urt. v. 10.12.2003 – 3 C 22/02, NVwZ-RR 2004, 413, 415; OVG NRW, Urt. v. 22.2.2005 – 15 A 1065/04, NZBau 2006, 64; *Attendorn* NVwZ 2006, 991, 994; *Kulartz/Schilder* NZBau 2005, 552, 556; ausführlich unter dem Blickwinkel der wirtschaftlichen Fähigkeiten von Kommunen *Aulbert* Staatliche Zuwendungen an Kommunen, S. 146f. mwN; dazu auch *Jennert* KommJur 2006, 286, 288.

[71] So bereits prägnant *Ubbenhorst,* Zuwendungsrecht des Landes Nordrhein-Westfalen, S. 136.

[72] Byok/Jaeger/*H.-M. Müller* Einl. C Rn. 31.

[73] BVerwG Urt. v. 16.6.1997 – 3 C 22/96, BVerwGE 105, 55, 57f.; Urt. v. 26.6.2002 – 8 C 30/01, BVerwGE 116, 332 (337), NVwZ 2003, 221; VGH München Urt. v. 15.3.2001 – 7 B 00.107, NVwZ 2001, 931, 933.

[74] Vgl. → Rn. 22.

[75] Soweit die Erstattung spezialgesetzlich geregelt ist (etwa § 50 SG X), ist vorrangig auf diese Normierungen zurückzugreifen. Bei Zuwendungen aus EU-Mitteln erfolgen Widerruf und Rückforderung ebenfalls nach §§ 49, 49a VwVfG, da insoweit die nationalen Bestimmungen einschlägig sind, vgl. dazu *Braun* NZBau 2010, 279ff.

ren Verzinsung[76] durch schriftlichen Verwaltungsakt fest. Dabei begegnet es keinen rechtlichen Bedenken, wenn die Behörde die Rückforderung mit dem Widerruf verbindet, ohne dass der Widerruf vollziehbar, also bestandskräftig oder für sofort vollziehbar erklärt ist[77]. Für den Umfang der Erstattung mit Ausnahme der Verzinsung gelten die Vorschriften des §§ 812 ff. BGB entsprechend. Der Zuwendungsempfänger kann sich aber auf den Wegfall der Bereicherung nicht berufen, soweit er die Umstände kannte oder infolge grober Fahrlässigkeit nicht kannte, die zur Rücknahme, zum Widerruf oder zur Unwirksamkeit des Verwaltungsaktes geführt haben.

D. Die Kontrolle der Mittelverwendung

Dem Widerruf zeitlich vorgelagert ist die Prüfung der Mittelverwendung. Die umfassende Aufklärung des Sachverhaltes ist Teil einer sachgerechten Ermessensausübung. Die erste Prüfung erfolgt im Regelfall durch die Bewilligungsbehörde (sub 1). Diese erhält im Anschluss an das Fördervorhaben vom Zuwendungsempfänger einen sog. Verwendungsnachweis, in dem der Zuwendungsempfänger Auskunft über die Mittelverwendung gibt. Stichprobenweise werden die Ergebnisse der Bewilligungsbehörde wiederum von dem jeweiligen Landes- bzw. bei Bundesmitteln auch vom Bundesrechnungshof (sub 2) kontrolliert, dessen Befunde in der Praxis nicht selten Ausgangspunkt für Rückforderungen sind. 34

I. Die Zuwendungsprüfung durch die Bewilligungsbehörde

Zunächst wird die **Bewilligungsbehörde** prüfend tätig, die den Verwendungsnachweis samt Sachbericht vom Zuwendungsempfänger erhält. Diese sog. Verwendungsnachweisprüfung gehört zu den originären Aufgaben der Bewilligungsbehörde, soweit diese Aufgabe nicht einer anderen Behörde zugewiesen ist. Im Mittelpunkt steht dabei die **Erfolgskontrolle**[78] mit den nachfolgenden Fragestellungen: Wurden die mit der Fördermittelvergabe verfolgten Ziele erreicht, war die Zuwendung hierfür ursächlich und war sie wirtschaftlich? 35

Der Schwerpunkt der behördlichen Erfolgskontrolle wird regelmäßig die **Prüfung der Wirtschaftlichkeit** liegen[79]. Denn gerade die Frage, ob das Ziel erreicht oder der Zweck der Fördermaßnahme verfehlt wurde, hängt nicht zuletzt von der im Einzelfall schwierigen Zweckbestimmung ab[80]. Die ordnungsgemäße Durchführung eines Vergabeverfahrens wird im Regelfall weder (primärer) Zweck der Zuwendung noch für die Zielerreichung ursächlich sein. Sie lässt aber – nach der maßgeblichen Einschätzung der Bewilligungsbehörde – auf die Wirtschaftlichkeit des Fördervorhabens schließen[81]. Die in den ANBest aufgenommene Pflicht zur Auftragsvergabe soll den Zuwendungsempfänger zum sparsamen und wirtschaftlichen Umgang mit den zugewandten öffentlichen Haushaltsmitteln anhalten. Im Grundsatz ist das Vergabeverfahren damit umfassend von der Kontrolle durch die Bewilligungsbehörde erfasst, denn nur solche Fehler entfallen aus der Kontrollkompetenz der Bewilligungsbehörde, die den sparsamen und wirtschaftlichen Mittelumgang unter keinerlei Gesichtspunkt in Frage stellen können[82]. 36

[76] Der Erstattungsanspruch ist nach der gesetzlichen Konzeption (vgl. § 49a Abs. 3 VwVfG) regelmäßig zu verzinsen. Hiervon soll die Zuwendungsbehörde nicht absehen, vgl. VGH München Beschl. v. 29.7.2008 – 4 ZB 07.2230, BayVBl. 2010, 280.

[77] Vgl. VG Düsseldorf Beschl. v. 19.2.2008 – 20 K 1018/07, BeckRS 2008, 34327; Urt. v. 9.5.2003 – 1 K 599/00, BeckRS 2008, 34327.

[78] *Antweiler* NVwZ 2005, 168, 170; hierzu ausführlich *Wintrich* NVwZ 1988, 895 ff.

[79] *Antweiler* NVwZ 2005, 168, 170.

[80] So auch Byok/Jaeger/*H.-M. Müller* Einl. C Rn. 3.

[81] Dazu → Rn. 27.

[82] Vgl. vor diesem Hintergrund die Bewertung von Vorgaben in Landesvergabegesetzen bei *Fandrey/Grüner*, Der Gemeindehaushalt 2014, 15, 17.

37 Unterstützung erfahren die Bewilligungsbehörde im Prüfverfahren durch die **(kommunalen) Rechnungsprüfungsämter,** die sich zugleich als weitere Kontrollstelle etabliert haben[83]. Soweit sie eingerichtet sind[84], können die Rechnungsprüfungsämter die Mittelverwendung aufgrund eigener Prüfungsautonomie[85] prüfen. Sie agieren unabhängig und von der bewilligenden Stelle getrennt, so dass sie einen objektiven Blick als eine an dem Verfahren nicht beteiligte Stelle wahrnehmen.

II. Die Zuwendungsprüfung durch die Rechnungshöfe

38 Für Kritik hat in den letzten Jahren vielmehr die strikte Rückforderungspolitik der **Rechnungshöfe** geführt. Noch lange Zeit nach Abschluss des Förderprojektes und nachdem die Bewilligungsbehörde am Ende ihrer Prüfung keine Beanstandung ausgesprochen hatte, fordern die Rechnungshöfe vermehrt die Bewilligungsbehörden zum (anteiligen) Widerruf der Zuwendung auf. Ein Hauptaugenmerk legen sie bei ihrer Prüfung inzwischen auf die durchgeführten Vergabeverfahren des Zuwendungsempfängers. Dies hat sich in der Vergangenheit als aus Sicht der Rechnungshöfe lohnenswerter Prüfansatz erwiesen[86], da nicht zuletzt aufgrund des komplizierten deutschen Vergabesystems die Möglichkeiten, Fehler zu machen, beträchtlich sind.

39 In der Praxis nimmt ein eingeleitetes Widerrufsverfahren nicht selten seinen Ausgang in einer vorangegangenen Prüfung eines Rechnungshofes. Deren Aufgabe ist – auf Bundes- wie Landesebene gleichermaßen[87] – die Prüfung von Rechnung sowie der Wirtschaftlichkeit und Ordnungsmäßigkeit der Haushalts- und Wirtschaftsführung, zu der auch die Kontrolle bewilligter Zuwendungen gehört. Sie **unterstützen** damit **die Parlamente** bei der Erfüllung ihrer Kontrollaufgabe, ohne dass diese an den Bericht des jeweiligen Rechnungshofes gebunden sind. Sie üben damit keine Entscheidungsbefugnis aus, sondern werden nur gutachterlich tätig und können allenfalls „außerrechtlichen Druck" auf die Beteiligten ausüben[88]. Den von den Rechnungshöfen verfassten Prüfniederschriften kommt keine unmittelbare rechtsverbindliche Wirkung zu[89]. Hierdurch sind Rechnungshöfe zugleich ein **Instrument der internen Verwaltungskontrolle.**

40 Prüfungsgegenstand ist nach § 91 BHO/LHO der Umgang mit Zuwendungen des Bundes und der Länder[90]. Aufgrund der angestrebten internen Verwaltungskontrolle ist damit die **Bewilligungsbehörde primäres Prüfungsobjekt** der Rechnungshöfe. Zu diesem Zweck mag es aus Sicht des Rechnungshofes notwendig sein, direkt beim Zuwendungsempfänger vor Ort das für die Prüfung nötige Material zu sammeln. Dies ändert aber nicht den Charakter des verfassungsrechtlichen Auftrages: Es bleibt eine **Prüfung beim Zuwendungsgeber** und **keine Prüfung des Zuwendungsempfängers**[91]. Hier-

[83] Speziell zur Zuwendungsprüfung durch Rechnungsprüfungsämter *Kämmerling* ZKF 2010, 175 ff.

[84] Vgl. für NRW § 53 Abs. 3 KrO NRW sowie § 102 Abs. 1 GO NRW, wonach Kreise, kreisfreie Städte, Große und Mittlere kreisangehörige Städte eine örtliche Rechnungsprüfung einrichten müssen.

[85] *Kämmerling* ZKF 2010, 175, 177.

[86] Hierauf verweist bereits Byok/Jaeger/*H.-M. Müller* Einl. C Rn. 3.

[87] Vgl. auf Bundesebene Art. 114 Abs. 2 GG; exemplarisch auf Landesebene Art. 86 Abs. 2 Verf. NRW sowie Art. 83 Abs. 2 Verf BW.

[88] *Brune/Mannes* VergabeR 2006, 864, 869; *Attendorn* NVwZ 2006, 991, 992.

[89] In das Licht der Öffentlichkeit gelangen die Ergebnisse erst über den jährlichen Prüfbericht für die Parlamente. Nach Auffassung des OVG NRW können Dritte aber einen Anspruch auf Einsicht in die Prüfungsniederschriften aus § 1 Abs. 1 S. 1 des Informationsfreiheitsgesetzes des Bundes haben, vgl. OVG NRW Urt. v. 26.10.2011 – 8 A 2593/10, AfP 2012, 94 ff.; anders noch die Vorinstanz VG Köln Urt. v. 30.9.2010 – 13 K 717/09, NWVBl. 2011, 444 ff. mAnm. *Reus/Mühlhausen.* Vgl. allgemein zur verfassungsrechtlichen Funktion der Rechnungshöfe statt Vieler *Bertrams* NWVBl. 1999, 1 ff.; Sachs/*Siekmann* Art. 114 Rn. 27 ff.; *Schulze-Fielitz* VVDStRL 55 (1996), 231, 237 ff.

[90] Zum Prüfungsauftrag der Rechnungshöfe bei kommunalen Zuwendungen, vgl. OVG Schleswig-Holstein Urt. v. 17.3.2006 – 3 LB 106/03, BeckRS 2006, 14589; *Kulartz/Schilder* NZBau 2005, 552, 553.

[91] *Antweiler* NVwZ 2005, 168, 171 spricht treffend von der „Kontrolle der Erfolgskontrolle"; *Kulartz/Schilder* NZBau 2005, 552, 553: der Zuwendungsempfänger ist nur ein Ort für Erhebungen. Weitergehend *Degen-*

aus lassen sich für die am Beispiel des Vergaberechts besonders intensiv diskutierte Frage der Kontrolldichte – die generelle Zulässigkeit der Tätigkeit der Rechnungshöfe im Zusammenhang von Zuwendungen wird weitgehend anerkannt[92] – mehrere Schlüsse ziehen:

Die erste Einschränkung der Kontrollkompetenz folgt aus dem Prüfobjekt des Rechnungshofes. Der Rechnungshof soll nicht – vergleichbar zur Bewilligungsbehörde – umfassend die Wirtschaftlichkeit der Zuwendung kontrollieren, sondern die bewilligende Verwaltung. Was nicht Gegenstand der Prüfung der Bewilligungsbehörde ist[93], kann damit auch nicht der Kontrollkompetenz des Rechnungshofes unterliegen. Sein Prüfungsrecht ist daher **beschränkt auf die Kontrolldichte der Bewilligungsbehörde** gegenüber dem Zuwendungsempfänger[94]. Dabei ist die Vergabe öffentlicher Aufträge als Teil der von Verfassung wegen zu prüfenden Haushalts- und Wirtschaftsführung dem Kontrollrecht der Rechnungshöfe nicht entzogen. 41

Eine weitere inhaltliche Einschränkung folgt aus dem Auftrag des Rechnungshofes. Er unternimmt **keine allgemeine Erfolgskontrolle** oder gar eine allgemeine Rechtmäßigkeitskontrolle[95]. Erst recht urteilt er nicht über den politischen Sinn einer Zuwendung. Dies ist die Aufgabe der Legislative. Der Rechnungshof hat die von der Politik vorgegebenen Ziele zu respektieren. Er prüft vielmehr nur, ob der angestrebte Förderzweck auf möglichst sparsame und wirtschaftliche Weise erreicht worden ist. 42

Aus der von ihm übernommenen Kontrollfunktion folgt in **zeitlicher Dimension** der Grundsatz, dass der Rechnungshof nur abgeschlossene Vorgänge prüfen soll[96]. Solange die Bewilligungsbehörde also noch die Verwendung selbst prüft, bleibt der Rechnungshof im Hintergrund. Von diesem Grundsatz können freilich Ausnahmen gemacht werden. So kann es sich bei Zuwendungsprojekten mit längerer Laufzeit anbieten, abgeschlossene Teilentscheidungen isoliert zu prüfen. Weiterhin wird man dem Rechnungshof sein Recht zur Prüfung nicht absprechen können, wenn die Bewilligungsbehörde ihre Prüfpflicht über einen längeren Zeitraum vernachlässigt. Inwieweit zudem eine Kontrolle bei absehbaren Fehlern bereits im laufenden Bewilligungsverfahren möglich ist, erscheint in engen Grenzen zumindest diskussionswürdig. Dabei müsste aber sichergestellt werden, dass dem Rechnungshof keine weitergehender Mitwirkungs- und Mitentscheidungsrechte eingeräumt werden. Trotz der damit einhergehenden Gefahr einer Verantwortungsverlagerung auf den Rechnungshof kann nicht übersehen werden, dass ein frühzeitiges Gegensteuern finanzielle Schäden und spätere Rückforderungsmaßnahmen verhindern kann. 43

Davon ausgehend, dass die Prüfung durch Rechnungshöfe in erster Linie der internen Kontrolle der Bewilligungsbehörde dienen, muss **örtlicher Anlaufpunkt** für die Prüfung zunächst auch die staatliche Stelle sein. Mag man dem Zuwendungsempfänger, der eine staatliche Leistung erhält ohne hierauf Anspruch zu haben, auch abverlangen können, mit den Prüfinstanzen zu kooperieren, so erscheint jedwede Belastung des Zuwendungsempfängers nicht erforderlich, soweit die entsprechenden Daten auch bei der Bewilligungsbehörde vorhanden sind. Dies folgt aus dem allgemeinen Grundsatz, dass es dem Rechnungshof verwehrt ist, willkürliche oder schikanöse Verfahren durchzuführen[97]. 44

Einen Sonderfall stellt wegen der föderalen Struktur in Deutschland der Bundesrechnungshof dar. Dessen Kontrollkompetenz richtet sich nach der Art des Vorhabens bzw. der Grundlage der Mittelgewährung[98]. Eine praxisrelevante Einschränkung seiner Kontroll- 45

---

hart VVDStRL 55 (1996), 190, 222: Prüfung des Privaten liegt innerhalb des Verfassungsauftrags des Art. 114 Abs. 2 GG.

92 Vgl. mwN Byok/Jaeger/*H.-M. Müller* Einl. C Rn. 7.

93 Siehe → Rn. 35 ff.

94 So bereits *Antweiler* NVwZ 2005, 168, 171.

95 *Stern* DÖV 1990, 261, 263; Byok/Jaeger/*H.-M. Müller* Einl. C Rn. 11; *Kulartz/Schilder* NZBau 2005, 552, 553; *Antweiler* NVwZ 2005, 168, 171.

96 *Stern* Das Staatsrecht der Bundesrepublik Deutschland, Bd. II, 1980, S. 431 mwN; vgl. zu den Vorzügen einer zeitnahen Kontrolle *Bertrams* NWVBl. 1999, 1, 4 f.

97 Byok/Jaeger/*H.-M. Müller* Einl. C Rn. 16 unter Verweis auf *Groß* VerwArch 95 (2004), 194, 217.

98 Ausführlich Maunz/Dürig/*Kube* GG Art. 114 (76. EL 2015) Rn. 84 ff.

dichte hat der **Bundesrechnungshof** durch eine Entscheidung des Bundesverfassungsgerichts vom 7.9.2010 erfahren[99]. Anlass waren Finanzhilfen des Bundes, die dieser im Rahmen des sog. Konjunkturpaketes II gestützt auf Art. 104b GG den Ländern zur eigenen Bewirtschaftung zur Verfügung stellte, um Investitionsvorhaben vor allem auf kommunaler Ebene voranzutreiben[100]. Gesetzlicher Rahmen war das Zukunftsinvestitionsgesetz (ZuInvG), das bei Nichterfüllung der Fördervoraussetzungen bzw. zweckwidriger Verwendung der Finanzierungshilfen einen Rückforderungsanspruch vorsah. Um die einer Rückforderung vorangehenden Kontrolle abzusichern, sollte der Bund in Einzelfällen weitergehende Nachweise verlangen und bei Ländern und Kommunen Unterlagen einsehen sowie örtliche Erhebungen durchführen können (§ 6a S. 1 ZuInvG). Auch der Bundesrechnungshof sollte Erhebungen bei Ländern und Kommunen durchführen (S. 4).

46 Beide Bestimmungen bewertete der Zweite Senat aufgrund fehlender Bundeskompetenz als mit der Verfassung teilweise unvereinbar. Die Befugnis des Bundes zu einer aktiven und unmittelbaren Informationsbeschaffung bei den Ländern und Kommunen berühre den Grundsatz der Selbständigkeit und Unabhängigkeit der Haushaltswirtschaft von Bund und Ländern (Art. 109 Abs. 1 GG). Die nötige Kompetenz des Bundes bestehe – insoweit gestützt auf Art. 104a Abs. 5 GG – nur, soweit der Bund über konkrete Tatsachen im Einzelfall in Kenntnis ist, die einen Rückforderungs- bzw. Haftungsanspruchs als möglich erscheinen lassen. Nichts anderes gelte für die in § 6a S. 4 ZuInvG vorgesehenen Erhebungen des Bundesrechnungshofs bei Ländern und Kommunen. Zwar dürfe der Bundesrechnungshof im Rahmen der Rechtsaufsicht des Bundes Erhebungen durchführen. Diese beschränkten sich aber auf Erhebungen bei den obersten Landesbehörden. Weitergehende Erhebungen bei nachgeordneten Landesbehörden und Kommunen sind ohne Zustimmung aber – wie beim Bund generell – nur dann vom Grundgesetz gedeckt, wenn ein Haftungsanspruchs im Raum steht, der aufgrund konkreter Tatsachen möglich erscheint.

E. Rechtsschutz des Zuwendungsempfängers gegen Widerruf und Rückforderung

47 Die Rückforderung ausgezahlter Zuwendungen stellt regelmäßig die Finanzierung des geförderten Vorhabens in Frage. So gehört es zum Wesen der Zuwendung und ist Voraussetzung ihrer Bewilligung, dass der Zuwendungsempfänger nicht selbst in der Lage ist, das Vorhaben ohne finanzielle Hilfe zu stemmen. Diesem sog. **Subsidiaritätsprinzip (auch Nachrangigkeitsprinzip)**[101] kommt im Zuwendungsrecht zentrale Bedeutung zu und führt dazu, dass sich jeder Zuwendungsempfänger, der die Rückforderung ohne Verweis auf die drohende Vernichtung seiner wirtschaftlichen Existenz akzeptiert, die Frage gefallen lassen muss, ob er vor Beantragung wirklich alles in seiner Kraft Stehende und Zumutbare getan hat, um die erforderlichen Mittel aufzubringen.

48 Für den Zuwendungsempfänger kann es lohnenswert sein, die Widerrufs- und Rückforderungsentscheidung des Zuwendungsgebers gerichtlich anzugreifen[102]. Das Gericht prüft noch einmal im Detail, ob ein Vergabeverstoß vorlag und inwieweit die Behörde ihre Ermessensentscheidung fehlerfrei getroffen hat. Selbst wenn das Gericht nicht zu dem Schluss kommt, dass das Rückforderungsverlangen ganz oder zumindest teilweise rechts-

[99] BVerfG Beschl. v. 7.9.2010 – 2 BvF 1/09, BVerfGE 127, 165ff., NVwZ 2010, 1549.

[100] Vgl. zu den Hintergründen *Haak/Hogeweg* NdsVBl. 2009, 130ff. Vgl. zu den damit einhergehenden Erleichterungen im Vergaberecht *Dabringhausen* VergabeR 2009, 391ff.; *Erdmann* VergabeR 2009, 844ff.; *Kühling/Huerkamp* NVwZ 2009, 557ff.; *Thormann* NZBau 2010, 14ff.

[101] Hierzu *Ubbenhorst* Zuwendungsrecht des Landes Nordrhein-Westfalen, S. 26f. Der Grundgedanke des Subsidiaritätsprinzips entstammt der katholischen Soziallehre und umschreibt das Primat der kleineren Einheit. Nur wenn diese nicht zur hinreichenden Aufgabenerfüllung fähig ist, darf die jeweils größere Einheit dies übernehmen, vgl. *Knauff* Der Gewährleistungsstaat, S. 228f.; *Papier* FS Isensee, 691 (692f.).

[102] Zum Rechtsweg siehe *Greb* VergabeR 2010, 387, 389.

widrig ist, so gewinnt der Empfänger durch die Klage Zeit. Der Zeitfaktor bekommt eine besondere Brisanz in Fällen, in denen der Zuwendungsempfänger gegen einen in der Sache berechtigten, aber auf falschen Erwägungen gestützten Rückforderungsbescheid klagt. Ein solcher Fehler im Widerrufsbescheid kann nicht ohne Weiteres im verwaltungsgerichtlichen Verfahren geheilt werden. So erlaubt § 114 VwGO zwar die Ergänzung von Ermessenserwägungen, aber keinen Austausch derselben. Die Behörde muss dann fristgerecht einen neuen Bescheid erlassen, andernfalls kann der Zuwendungsempfänger die Fördermittel aus Gründen des Vertrauensschutzes behalten.

Bereits im Rahmen der Anhörung vor Erlass des Widerrufsbescheides empfiehlt es sich 49 für einen Zuwendungsempfänger, von der Möglichkeit auf rechtliches Gehör Gebrauch zu machen. Auf diesem Wege kann er der Bewilligungsbehörde mitteilen, ob und inwiefern Ausnahmetatbestände vorliegen, die eine Abweichung vom intendierten Widerrufsermessen rechtfertigen können[103]. So muss eine Behörde bei ihrer Ermessensausübung die wirtschaftlichen Folgen einer Rückforderung nur berücksichtigen, wenn sie diese aufgrund substantiierten Vortrages des Zuwendungsempfängers kannte oder ihr erkennbar waren.

F. Die weitere Entwicklung des Zuwendungsrechts

Das Zuwendungsrecht hat durch das Zusammenspiel aus unterschiedlichen, vor allem ver- 50 waltungsinternen Vorschriften inzwischen an einer Komplexität gewonnen, die den Vergleich mit dem vergaberechtlichen Kaskadensystem nicht scheuen muss. Mit guten Gründen lässt sich daher eine Vereinfachung des Zuwendungsrechts im Interesse aller Beteiligten fordern[104].

An der hier relevanten **Schnittstelle zum Vergaberecht** bedarf es insbesondere einer 51 Harmonisierung der beiden Rechtsmaterien. Aufgrund der unionsrechtlichen Prägung des Kartellvergaberechts wird hierzu am Zuwendungsrecht anzusetzen sein. So fehlt an dieser Schnittstelle nicht selten die **Konsistenz der Regelungen,** etwa wenn aus Sicht des Kartellvergaberechts geheilte bzw. präkludierte Fehler noch Jahre – in Einzelfällen auch: Jahrzehnte – nach Abschluss des Fördervorhabens zum Zuwendungswiderruf führen. Auch sei noch einmal auf die Unstimmigkeiten im Sektorenbereich[105] hingewiesen, die dazu führen, dass die kartellvergaberechtlichen Privilegierung von Sektorenauftraggeber in Frage steht. **De lege ferenda** sollte das gesamte Binnenrecht der Verwaltung (Verwaltungsvorschriften, Erlasse, ANBest etc.) dahingehend geändert werden, dass sich deren Verweis auf bestimmte vergaberechtliche Grundsätze beschränkt. Nicht jede vergaberechtliche Vorschrift aus den Vergabe- und Vertragsordnungen ist für den öffentlichen Haushalt von derartiger Bedeutung, dass ein Verstoß den (anteiligen) Widerruf rechtfertigt. Bei der Fördermittelvergabe an Private, die ggf. erstmals beim Fördermittelerhalt mit dem vergaberechtlichen Korsett konfrontiert werden, erscheint eine deutlich weitergehende Privilegierung angebracht.

Zugleich bedarf es eindeutiger Vorgaben in den Allgemeinen Nebenbestimmungen 52 oder – noch besser, weil für dessen Empfänger klarer – im Bewilligungsbescheid selbst. Zwar ist ein Verweis aus formalrechtlicher Sicht nicht zu beanstanden, da erwartet werden kann, dass sich ein Zuwendungsempfänger mit allen Bestimmungen, auf die verwiesen wird, auseinandersetzt. Aber in Angesicht der drohenden Sanktionen und der damit verbundenen Folgen für die wirtschaftliche Existenz des Zuwendungsempfängers bietet es sich im Sinne eines verwaltungsbehördlichen **Kooperationsgedankens** an, dass die Bewilligungsbehörde klar zum Ausdruck bringt, welche Pflichten sie vom Zuwendungsempfänger beachtet wissen möchte. Dies ist schon gegenwärtig rechtlich möglich, ohne die verwaltungsinternen Vorgaben zu verletzen. Denn die Bewilligungsbehörde würde nur de-

[103] So auch empfohlen von *Pape/Holz* NVwZ 2011, 1231, 1234.
[104] Ausf. Reformempfehlungen zum allgemeinen Zuwendungsrecht bei *Teich/Beck* DÖV 2006, 556 ff.
[105] Siehe → Rn. 15.

klaratorisch festhalten, was aufgrund der unverändert einbezogenen ANBest sowieso gilt. So verwundert es beispielsweise, dass privaten Unternehmen nicht selten abverlangt wird, selbst herauszufinden, welche Vergabevorschriften[106] anzuwenden sind, obwohl diese Zuwendungsempfänger naturgemäß wenig Erfahrung in der Rolle des Ausschreibenden aufweisen können und mit den dortigen Feinheiten (etwa zum Nachverhandlungsverbot, zum Gebot der Produktneutralität oder zur Losaufteilung) nicht von Haus aus vertraut sind. In jedem Fall bietet es sich im Interesse aller Beteiligten an, während des gesamten Fördervorhabens bei Zweifeln Kontakt zu suchen. Rücksprache kann schutzwürdiges Vertrauen schaffen oder im Einzelfall zumindest die Jahresfrist auslösen. Ergänzt durch eine maßvolle Ausübung der Rückforderungspraxis[107] gerade in Fällen, in denen der primäre Förderzweck erreicht wurde, besteht schon de lege lata ausreichend Potential, um mögliche Konflikte zu minimieren.

[106] So kann sich je nach Fassung etwa die Frage stellen, auf welchen Abschnitt verwiesen wird, ob VOB/A, VOL/A, VgV, UVgO oder die SektVO zu beachten ist, welche Wertgrenzen gelten und welche Fassung des jeweiligen Regelwerkes einschlägig ist, also ob eine statische oder eine dynamische Verweisung vorliegt.

[107] Wie sie etwa Byok/Jaeger/*H.-M. Müller* Einl. C Rn. 23 fordert.

Kapitel 2 Vergabeverfahrensarten

§ 10 Offenes Verfahren, nicht offenes Verfahren, Verhandlungsverfahren

Übersicht

GWB: § 119 Abs. 1–5
VgV: §§ 14–17, § 51
VOB/A EU: § 3, § 3a, § 3b Abs. 1–3

GWB:

§ 119 GWB Verfahrensarten

(1) Die Vergabe von öffentlichen Aufträgen erfolgt im offenen Verfahren, im nicht offenen Verfahren, im Verhandlungsverfahren, im wettbewerblichen Dialog oder in der Innovationspartnerschaft.

(2) Öffentlichen Auftraggebern stehen das offene Verfahren und das nicht offene Verfahren, das stets einen Teilnahmewettbewerb erfordert, nach ihrer Wahl zur Verfügung. Die anderen Verfahrensarten stehen nur zur Verfügung, soweit dies aufgrund dieses Gesetzes gestattet ist.

(3) Das offene Verfahren ist ein Verfahren, in dem der öffentliche Auftraggeber eine unbeschränkte Anzahl von Unternehmen öffentlich zur Abgabe von Angeboten auffordert.

(4) Das nicht offene Verfahren ist ein Verfahren, bei dem der öffentliche Auftraggeber nach vorheriger öffentlicher Aufforderung zur Teilnahme eine beschränkte Anzahl von Unternehmen nach objektiven, transparenten und nichtdiskriminierenden Kriterien auswählt (Teilnahmewettbewerb), die er zur Abgabe von Angeboten auffordert.

(5) Das Verhandlungsverfahren ist ein Verfahren, bei dem sich der öffentliche Auftraggeber mit oder ohne Teilnahmewettbewerb an ausgewählte Unternehmen wendet, um mit einem oder mehreren dieser Unternehmen über die Angebote zu verhandeln.

(6) hier nicht abgedruckt.

(7) hier nicht abgedruckt.

VgV:

§ 14 VgV Wahl der Verfahrensart

(1) Die Vergabe von öffentlichen Aufträgen erfolgt nach § 119 des Gesetzes gegen Wettbewerbsbeschränkungen im offenen Verfahren, im nicht offenen Verfahren, im Verhandlungsverfahren, im wettbewerblichen Dialog oder in der Innovationspartnerschaft.

(2) Dem öffentlichen Auftraggeber stehen das offene Verfahren und das nicht offene Verfahren, das stets einen Teilnahmewettbewerb erfordert, nach seiner Wahl zur Verfügung. Die anderen Verfahrensarten stehen nur zur Verfügung, soweit dies durch gesetzliche Bestimmungen oder nach den Absätzen 3 und 4 gestattet ist.

(3) Der öffentliche Aufraggeber kann Aufträge im Verhandlungsverfahren mit Teilnahmewettbewerb oder im wettbewerblichen Dialog vergeben, wenn

1. die Bedürfnisse des öffentlichen Auftraggebers nicht ohne die Anpassung bereits verfügbarer Lösungen erfüllt werden können,
2. der Auftrag konzeptionelle oder innovative Lösungen umfasst,
3. der Auftrag aufgrund konkreter Umstände, die mit der Art, der Komplexität oder dem rechtlichen oder finanziellen Rahmen oder den damit einhergehenden Risiken zusammenhängen, nicht ohne vorherige Verhandlungen vergeben werden kann,
4. die Leistung, insbesondere ihre technischen Anforderungen, vom öffentlichen Auftraggeber nicht mit ausreichender Genauigkeit unter Verweis auf eine Norm, eine europäische technische Bewertung (ETA), eine gemeinsame technische Spezifikation oder technische Referenzen im Sinne der Anlage 1 Nummer 2 bis 5 beschrieben werden kann, oder
5. im Rahmen eines offenen oder nicht offenen Verfahrens keine ordnungsgemäßen oder nur unannehmbare Angebote eingereicht wurden; nicht ordnungsgemäß sind insbesondere Angebote, die nicht den Vergabeunterlagen entsprechen, nicht fristgerecht eingereicht wurden, nachweislich auf kollusiven Absprachen oder Korruption beruhen oder nach Einschätzung des öffentlichen Auftraggebers ungewöhnlich niedrig sind; unannehmbar sind insbesondere Angebote von Bietern, die nicht über die erforderlichen Qualifikationen verfügen und Angebote, deren Preis die vor Einleitung des Vergabeverfahrens festgelegten und dokumentierten eingeplanten Haushaltsmittel des öffentlichen Auftraggebers übersteigt; der öffentliche Auftraggeber kann in diesen Fällen von einem Teilnahmewettbewerb absehen, wenn er in das Verhandlungsverfahren alle geeigneten Unternehmen einbezieht, die form- und fristgerechte Angebote abgegeben haben.

(4) Der öffentliche Aufraggeber kann Aufträge im Verhandlungsverfahren ohne Teilnahmewettbewerb vergeben,

1. wenn in einem offenen oder einem nicht offenen Verfahren keine oder keine geeigneten Angebote oder keine geeigneten Teilnahmeanträge abgegeben worden sind, sofern die ursprünglichen Bedingungen des Auftrags nicht grundlegend geändert werden; ein Angebot gilt als ungeeignet, wenn es ohne Abänderung den in den Vergabeunterlagen genannten Bedürfnissen und Anforderungen des öffentlichen Auftraggebers offensichtlich nicht entsprechen kann; ein Teilnahmeantrag gilt als ungeeignet, wenn das Unternehmen aufgrund eines zwingenden oder fakultativen Ausschlussgrundes nach den §§ 123 und 124 des Gesetzes gegen Wettbewerbsbeschränkungen auszuschließen ist oder ausgeschlossen werden kann, oder wenn es die Eignungskriterien nicht erfüllt,
2. wenn der Auftrag nur von einem bestimmten Unternehmen erbracht oder bereitgestellt werden kann,
   a) weil ein einzigartiges Kunstwerk oder eine einzigartige künstlerische Leistung erschaffen oder erworben werden soll,
   b) weil aus technischen Gründen kein Wettbewerb vorhanden ist oder
   c) wegen des Schutzes von ausschließlichen Rechten, insbesondere von gewerblichen Schutzrechten,
3. wenn äußerst dringliche, zwingende Gründe im Zusammenhang mit Ereignissen, die der betreffende öffentliche Auftraggeber nicht voraussehen konnte, es nicht zulassen, die Mindestfristen einzuhalten, die für das offene und das nicht offene Verfahren sowie für das Verhandlungsverfahren mit Teilnahmewettbewerb vorgeschriebenen sind; die Umstände zur Begründung der äußersten Dringlichkeit dürfen dem öffentlichen Auftraggeber nicht zuzurechnen sein,

4. wenn eine Lieferleistung beschafft werden soll, die ausschließlich zu Forschungs-, Versuchs-, Untersuchungs- oder Entwicklungszwecken hergestellt wurde; hiervon nicht umfasst ist die Serienfertigung zum Nachweis der Marktfähigkeit des Produktes oder zur Deckung der Forschungs- und Entwicklungskosten,
5. wenn zusätzliche Lieferleistungen des ursprünglichen Auftragnehmers beschafft werden sollen, die entweder zur teilweisen Erneuerung oder Erweiterung bereits erbrachter Leistungen bestimmt sind, und ein Wechsel des Unternehmens dazu führen würde, dass der öffentliche Auftraggeber eine Leistung mit unterschiedlichen technischen Merkmalen kaufen müsste und dies eine technische Unvereinbarkeit oder unverhältnismäßige technische Schwierigkeiten bei Gebrauch und Wartung mit sich bringen würde; die Laufzeit dieser öffentlichen Aufträge darf in der Regel drei Jahre nicht überschreiten,
6. wenn es sich um eine auf einer Warenbörse notierte und gekaufte Lieferleistung handelt,
7. wenn Liefer- oder Dienstleistungen zu besonders günstigen Bedingungen bei Lieferanten, die ihre Geschäftstätigkeit endgültig einstellen, oder bei Insolvenzverwaltern oder Liquidatoren im Rahmen eines Insolvenz-, Vergleichs- oder Ausgleichsverfahrens oder eines in den Vorschriften eines anderen Mitgliedstaates der Europäischen Union vorgesehenen gleichartigen Verfahrens erworben werden,
8. wenn im Anschluss an einen Planungswettbewerb im Sinne des § 69 ein Dienstleistungsauftrag nach den Bedingungen dieses Wettbewerbs an den Gewinner oder an einen der Preisträger vergeben werden muss; im letzteren Fall müssen alle Preisträger des Wettbewerbs zur Teilnahme an den Verhandlungen aufgefordert werden oder
9. wenn eine Dienstleistung beschafft werden soll, die in der Wiederholung gleichartiger Leistungen besteht, die durch denselben öffentlichen Auftraggeber an das Unternehmen vergeben werden, das den ersten Auftrag erhalten hat, sofern sie einem Grundprojekt entsprechen und dieses Projekt Gegenstand des ersten Auftrags war, das im Rahmen eines Vergabeverfahrens mit Ausnahme eines Verhandlungsverfahrens ohne Teilnahmewettbewerb vergeben wurde; die Möglichkeit der Anwendung des Verhandlungsverfahrens muss bereits in der Auftragsbekanntmachung des ersten Vorhabens angegeben werden; darüber hinaus sind im Grundprojekt bereits der Umfang möglicher Dienstleistungen sowie die Bedingungen, unter denen sie vergeben werden, anzugeben; der für die nachfolgenden Dienstleistungen in Aussicht genommene Gesamtauftragswert wird vom öffentlichen Auftraggeber bei der Berechnung des Auftragswerts berücksichtigt; das Verhandlungsverfahren ohne Teilnahmewettbewerb darf nur innerhalb von drei Jahren nach Abschluss des ersten Auftrags angewandt werden.

(5) Im Falle des Absatzes 4 Nummer 1 ist der Europäischen Kommission auf Anforderung ein Bericht vorzulegen.

(6) Die in Absatz 4 Nummer 2 Buchstabe b und c genannten Voraussetzungen für die Anwendung des Verhandlungsverfahrens ohne Teilnahmewettbewerb gelten nur dann, wenn es keine vernünftige Alternative oder Ersatzlösung gibt und der mangelnde Wettbewerb nicht das Ergebnis einer künstlichen Einschränkung der Auftragsvergabeparameter ist.

§ 15 VgV Offenes Verfahren

(1) Bei einem offenen Verfahren fordert der öffentliche Auftraggeber eine unbeschränkte Anzahl von Unternehmen öffentlich zur Abgabe von Angeboten auf. Jedes interessierte Unternehmen kann ein Angebot abgeben.

(2) Die Frist für den Eingang der Angebote (Angebotsfrist) beträgt mindestens 35 Tage, gerechnet ab dem Tag nach der Absendung der Auftragsbekanntmachung.

(3) Für den Fall, dass eine hinreichend begründete Dringlichkeit die Einhaltung der Frist gemäß Absatz 2 unmöglich macht, kann der öffentliche Auftraggeber eine Frist festlegen, die 15 Tage, gerechnet ab dem Tag nach der Absendung der Auftragsbekanntmachung, nicht unterschreiten darf.

(4) Der öffentliche Auftraggeber kann die Frist gemäß Absatz 2 um fünf Tage verkürzen, wenn er die elektronische Übermittlung der Angebote akzeptiert.

(5) Der öffentliche Auftraggeber darf von den Bietern nur Aufklärung über das Angebot oder deren Eignung verlangen. Verhandlungen, insbesondere über Änderungen der Angebote oder Preise, sind unzulässig.

§ 16 VgV Nicht offenes Verfahren

(1) Bei einem nicht offenen Verfahren fordert der öffentliche Auftraggeber eine unbeschränkte Anzahl von Unternehmen im Rahmen eines Teilnahmewettbewerbs öffentlich zur Abgabe von Teilnahmeanträgen auf. Jedes interessierte Unternehmen kann einen Teilnahmeantrag abgeben. Mit dem Teilnahmeantrag übermitteln die Unternehmen die vom öffentlichen Auftraggeber geforderten Informationen für die Prüfung ihrer Eignung.

(2) Die Frist für den Eingang der Teilnahmeanträge (Teilnahmefrist) beträgt mindestens 30 Tage, gerechnet ab dem Tag nach der Absendung der Auftragsbekanntmachung.

(3) Für den Fall, dass eine hinreichend begründete Dringlichkeit die Einhaltung der Teilnahmefrist unmöglich macht, kann der öffentliche Auftraggeber eine Frist festlegen, die 15 Tage, gerechnet ab dem Tag nach der Absendung der Auftragsbekanntmachung nicht unterschreiten darf.

(4) Nur diejenigen Unternehmen, die vom öffentlichen Auftraggeber nach Prüfung der übermittelten Informationen dazu aufgefordert werden, können ein Angebot einreichen. Der öffentliche Auftraggeber kann die Zahl geeigneter Bewerber, die zur Angebotsabgabe aufgefordert werden, gemäß § 51 begrenzen.

(5) Die Angebotsfrist beträgt mindestens 30 Tage, gerechnet ab dem Tag nach der Absendung der Aufforderung zur Angebotsabgabe.

(6) Mit Ausnahme oberster Bundesbehörden kann der öffentliche Auftraggeber die Angebotsfrist mit den Bewerbern, die zur Angebotsabgabe aufgefordert werden, im gegenseitigen Einvernehmen festlegen, sofern allen Bewerbern dieselbe Frist für die Einreichung der Angebote gewährt wird. Erfolgt keine einvernehmliche Festlegung der Angebotsfrist, beträgt diese mindestens zehn Tage, gerechnet ab dem Tag nach der Absendung der Aufforderung zur Angebotsabgabe.

(7) Für den Fall, dass eine hinreichend begründete Dringlichkeit die Einhaltung der Angebotsfrist gemäß Absatz 5 unmöglich macht, kann der öffentliche Auftraggeber eine Frist festlegen, die zehn Tage, gerechnet ab dem Tag nach der Absendung der Aufforderung zur Angebotsabgabe, nicht unterschreiten darf.

(8) Der öffentliche Auftraggeber kann die Angebotsfrist gemäß Absatz 5 um fünf Tage verkürzen, wenn er die elektronische Übermittlung der Angebote akzeptiert.

(9) § 15 Absatz 5 gilt entsprechend.

§ 17 VgV Verhandlungsverfahren

(1) Bei einem Verhandlungsverfahren mit Teilnahmewettbewerb fordert der öffentliche Auftraggeber eine unbeschränkte Anzahl von Unternehmen im Rahmen eines Teilnahmewettbewerbs öffentlich zur Abgabe von Teilnahmeanträgen auf. Jedes interessierte Unternehmen kann einen Teilnahmeantrag abgeben. Mit dem Teilnahmeantrag übermitteln die Unternehmen die vom öffentlichen Auftraggeber geforderten Informationen für die Prüfung ihrer Eignung.

(2) Die Frist für den Eingang der Teilnahmeanträge (Teilnahmefrist) beträgt mindestens 30 Tage, gerechnet ab dem Tag nach der Absendung der Auftragsbekanntmachung.

(3) Für den Fall, dass eine hinreichend begründete Dringlichkeit die Einhaltung der Teilnahmefrist unmöglich macht, kann der öffentliche Auftraggeber eine Frist festlegen, die

15 Tage, gerechnet ab dem Tag nach der Absendung der Auftragsbekanntmachung, nicht unterschreiten darf.

(4) Nur diejenigen Unternehmen, die vom öffentlichen Auftraggeber nach Prüfung der übermittelten Informationen dazu aufgefordert werden, können ein Erstangebot einreichen. Der öffentliche Auftraggeber kann die Zahl geeigneter Bewerber, die zur Angebotsabgabe aufgefordert werden, gemäß § 51 begrenzen.

(5) Bei einem Verhandlungsverfahren ohne Teilnahmewettbewerb erfolgt keine öffentliche Aufforderung zur Abgabe von Teilnahmeanträgen, sondern unmittelbar eine Aufforderung zur Abgabe von Erstangeboten an die vom öffentlichen Auftraggeber ausgewählten Unternehmen.

(6) Die Frist für den Eingang der Erstangebote beträgt beim Verhandlungsverfahren mit Teilnahmewettbewerb mindestens 30 Tage, gerechnet ab dem Tag nach der Absendung der Aufforderung zur Angebotsabgabe.

(7) Mit Ausnahme oberster Bundesbehörden kann der öffentlicher Auftraggeber die Angebotsfrist mit den Bewerbern, die zur Angebotsabgabe aufgefordert werden, im gegenseitigen Einvernehmen festlegen, sofern allen Bewerbern dieselbe Frist für die Einreichung der Angebote gewährt wird. Erfolgt keine einvernehmliche Festlegung der Angebotsfrist, beträgt diese mindestens zehn Tage, gerechnet ab dem Tag nach der Absendung der Aufforderung zur Angebotsabgabe.

(8) Für den Fall, dass eine hinreichend begründete Dringlichkeit die Einhaltung der Angebotsfrist gemäß Absatz 6 unmöglich macht, kann der öffentliche Auftraggeber eine Frist festlegen, die zehn Tage, gerechnet ab dem Tag nach der Absendung der Aufforderung zur Angebotsabgabe, nicht unterschreiten darf.

(9) Der öffentliche Auftraggeber kann die Angebotsfrist gemäß Absatz 6 um fünf Tage verkürzen, wenn er die elektronische Übermittlung der Angebote akzeptiert.

(10) Der öffentliche Auftraggeber verhandelt mit den Bietern über die von ihnen eingereichten Erstangebote und alle Folgeangebote, mit Ausnahme der endgültigen Angebote, mit dem Ziel, die Angebote inhaltlich zu verbessern. Dabei darf über den gesamten Angebotsinhalt verhandelt werden mit Ausnahme der vom öffentlichen Auftraggeber in den Vergabeunterlagen festgelegten Mindestanforderungen und Zuschlagskriterien.

(11) Der öffentliche Auftraggeber kann den Auftrag auf der Grundlage der Erstangebote vergeben, ohne in Verhandlungen einzutreten, wenn er sich in der Auftragsbekanntmachung oder in der Aufforderung zur Interessensbestätigung diese Möglichkeit vorbehalten hat.

(12) Sofern der öffentliche Auftraggeber in der Auftragsbekanntmachung oder in den Vergabeunterlagen darauf hingewiesen hat, kann er die Verhandlungen in verschiedenen aufeinander folgenden Phasen abwickeln, um so die Zahl der Angebote, über die verhandelt wird, anhand der vorgegebenen Zuschlagskriterien zu verringern. In der Schlussphase des Verfahrens müssen noch so viele Angebote vorliegen, dass der Wettbewerb gewährleistet ist, sofern ursprünglich eine ausreichende Anzahl von Angeboten oder geeigneten Bietern vorhanden war.

(13) Der öffentliche Auftraggeber stellt sicher, dass alle Bieter bei den Verhandlungen gleichbehandelt werden. Insbesondere enthält er sich jeder diskriminierenden Weitergabe von Informationen, durch die bestimmte Bieter gegenüber anderen begünstigt werden könnten. Er unterrichtet alle Bieter, deren Angebote nicht gemäß Absatz 12 ausgeschieden wurden, in Textform nach § 126b des Bürgerlichen Gesetzbuches über etwaige Änderungen der Leistungsbeschreibung, insbesondere der technischen Anforderungen oder anderer Bestandteile der Vergabeunterlagen, die nicht die Festlegung der Mindestanforderungen und Zuschlagskriterien betreffen. Im Anschluss an solche Änderungen gewährt der öffentliche Auftraggeber den Bietern ausreichend Zeit, um ihre Angebote zu ändern und gegebe-

nenfalls überarbeitete Angebote einzureichen. Der öffentliche Auftraggeber darf vertrauliche Informationen eines an den Verhandlungen teilnehmenden Bieters nicht ohne dessen Zustimmung an die anderen Teilnehmer weitergeben. Eine solche Zustimmung darf nicht allgemein, sondern nur in Bezug auf die beabsichtigte Mitteilung bestimmter Informationen erteilt werden.

(14) Beabsichtigt der öffentliche Auftraggeber, die Verhandlungen abzuschließen, so unterrichtet er die verbleibenden Bieter und legt eine einheitliche Frist für die Einreichung neuer oder überarbeiteter Angebote fest. Er vergewissert sich, dass die endgültigen Angebote die Mindestanforderungen erfüllen und entscheidet über den Zuschlag auf der Grundlage der Zuschlagskriterien.

(15) In einem Verhandlungsverfahren ohne Teilnahmewettbewerb nach § 14 Absatz 4 Nummer 3 ist der öffentliche Auftraggeber von den Verpflichtungen der §§ 9 bis 13, des § 53 Absatz 1 sowie der §§ 54 und 55 befreit.

§ 51 VgV Begrenzung der Anzahl der Bewerber

(1) Bei allen Verfahrensarten mit Ausnahme des offenen Verfahrens kann der öffentliche Auftraggeber die Zahl der geeigneten Bewerber, die zur Abgabe eines Angebots aufgefordert oder zum Dialog eingeladen werden, begrenzen, sofern genügend geeignete Bewerber zur Verfügung stehen. Dazu gibt der öffentliche Auftraggeber in der Auftragsbekanntmachung oder der Aufforderung zur Interessensbestätigung die von ihm vorgesehenen objektiven und nichtdiskriminierenden Eignungskriterien für die Begrenzung der Zahl, die vorgesehene Mindestzahl und gegebenenfalls auch die Höchstzahl der einzuladenden Bewerber an.

(2) Die vom öffentlichen Auftraggeber vorgesehene Mindestzahl der einzuladenden Bewerber darf nicht niedriger als drei sein, beim nicht offenen Verfahren nicht niedriger als fünf. In jedem Fall muss die vorgesehene Mindestzahl ausreichend hoch sein, dass der Wettbewerb gewährleistet ist.

(3) Sofern geeignete Bewerber in ausreichender Zahl zur Verfügung stehen, lädt der öffentliche Auftraggeber eine Anzahl von geeigneten Bewerbern ein, die nicht niedriger als die festgelegte Mindestzahl an Bewerbern ist. Sofern die Zahl geeigneter Bewerber unter der Mindestzahl liegt, kann der öffentliche Auftraggeber das Vergabeverfahren fortführen, indem er den oder die Bewerber einlädt, die über die geforderte Eignung verfügen. Andere Unternehmen, die sich nicht um die Teilnahme beworben haben, oder Bewerber, die nicht über die geforderte Eignung verfügen, dürfen nicht zu demselben Verfahren zugelassen werden.

VOB/A – EU:

§ 3 EU VOB/A Arten der Vergabe

Die Vergabe von öffentlichen Aufträgen erfolgt im offenen Verfahren, im nicht offenen Verfahren, im Verhandlungsverfahren, im wettbewerblichen Dialog oder in der Innovationspartnerschaft.

1. Das offene Verfahren ist ein Verfahren, in dem der öffentliche Auftraggeber eine unbeschränkte Anzahl von Unternehmen öffentlich zur Abgabe von Angeboten auffordert.
2. Das nicht offene Verfahren ist ein Verfahren, bei dem der öffentliche Auftraggeber nach vorheriger öffentlicher Aufforderung zur Teilnahme eine beschränkte Anzahl von Unternehmen nach objektiven, transparenten und nichtdiskriminierenden Kriterien auswählt (Teilnahmewettbewerb), die er zur Abgabe von Angeboten auffordert.
3. Das Verhandlungsverfahren ist ein Verfahren, bei dem sich der öffentliche Auftraggeber mit oder ohne Teilnahmewettbewerb an ausgewählte Unternehmen wendet, um mit einem oder mehreren dieser Unternehmen über die Angebote zu verhandeln.
4. hier nicht abgedruckt.

5. hier nicht abgedruckt.

§ 3a EU VOB/A Zulässigkeitsvoraussetzungen

(1) Dem öffentlichen Auftraggeber stehen nach seiner Wahl das offene und das nicht offene Verfahren zur Verfügung. Die anderen Verfahrensarten stehen nur zur Verfügung, soweit dies durch gesetzliche Bestimmungen oder nach den Absätzen 2 bis 5 gestattet ist.

(2) Das Verhandlungsverfahren mit Teilnahmewettbewerb ist zulässig,

1. wenn mindestens eines der folgenden Kriterien erfüllt ist:
   a) die Bedürfnisse des öffentlichen Auftraggebers können nicht ohne die Anpassung bereits verfügbarer Lösungen erfüllt werden;
   b) der Auftrag umfasst konzeptionelle oder innovative Lösungen;
   c) der Auftrag kann aufgrund konkreter Umstände, die mit der Art, der Komplexität oder dem rechtlichen oder finanziellen Rahmen oder den damit einhergehenden Risiken zusammenhängen, nicht ohne vorherige Verhandlungen vergeben werden;
   d) die technischen Spezifikationen können von dem öffentlichen Auftraggeber nicht mit ausreichender Genauigkeit unter Verweis auf eine Norm, eine europäische technische Bewertung (ETA), eine gemeinsame technische Spezifikation oder technische Referenzen im Sinne des Anhangs TS Nummern 2 bis 5 der Richtlinie 2014/24/EU erstellt werden.
2. wenn ein offenes Verfahren oder nicht offenes Verfahren wegen nicht ordnungsgemäßer oder nicht annehmbarer Angebote aufgehoben wurde. Nicht ordnungsgemäß sind insbesondere Angebote, die nicht den Vergabeunterlagen entsprechen, nicht fristgerecht eingegangen sind, nachweislich auf kollusiven Absprachen oder Korruption beruhen oder nach Einschätzung des öffentlichen Auftraggebers ungewöhnlich niedrig sind. Unannehmbar sind insbesondere Angebote von Bietern, die nicht über die erforderlichen Qualifikationen verfügen und Angebote, deren Preis das vor Einleitung des Vergabeverfahrens festgelegte und schriftlich dokumentierte Budget des öffentlichen Auftraggebers übersteigt.

(3) Das Verhandlungsverfahren ohne Teilnahmewettbewerb ist zulässig,

1. wenn bei einem offenen Verfahren oder bei einem nicht offenen Verfahren
   a) keine ordnungsgemäßen oder nur unannehmbare Angebote abgegeben worden sind und
   b) in das Verhandlungsverfahren alle – und nur die – Bieter aus dem vorausgegangenen Verfahren einbezogen werden, die fachkundig und leistungsfähig (geeignet) sind und die nicht nach § 6e EU ausgeschlossen worden sind.
2. wenn bei einem offenen Verfahren oder bei einem nicht offenen Verfahren
   a) keine Angebote oder keine Teilnahmeanträge abgegeben worden sind oder
   b) nur Angebote oder Teilnahmeanträge solcher Bewerber oder Bieter abgegeben worden sind, die nicht fachkundig oder leistungsfähig (geeignet) sind oder die nach § 6e EU ausgeschlossen worden sind oder
   c) nur solche Angebote abgegeben worden sind, die den in den Vergabeunterlagen genannten Bedingungen nicht entsprechen und die ursprünglichen Vertragsunterlagen nicht grundlegend geändert werden. Der Europäischen Kommission wird auf Anforderung ein Bericht vorgelegt.
3. wenn die Leistungen aus einem der folgenden Gründe nur von einem bestimmten Unternehmen erbracht werden können:
   a) Erschaffung oder Erwerb eines einzigartigen Kunstwerks oder einer einzigartigen künstlerischen Leistung als Ziel der Auftragsvergabe;
   b) nicht vorhandener Wettbewerb aus technischen Gründen;
   c) Schutz von ausschließlichen Rechten, einschließlich der Rechte des geistigen Eigentums.

   Die in Buchstabe b und c festgelegten Ausnahmen gelten nur dann, wenn es keine vernünftige Alternative oder Ersatzlösung gibt und der mangelnde Wettbewerb nicht das Ergebnis einer künstlichen Einschränkung der Auftragsvergabeparameter ist.

4. wenn wegen der äußersten Dringlichkeit der Leistung aus zwingenden Gründen infolge von Ereignissen, die der öffentliche Auftraggeber nicht verursacht hat und nicht voraussehen konnte, die in § 10a EU, § 10b EU und § 10c EU Absatz 1 vorgeschriebenen Fristen nicht eingehalten werden können.
5. wenn gleichartige Bauleistungen wiederholt werden, die durch denselben öffentlichen Auftraggeber an den Auftragnehmer vergeben werden, der den ursprünglichen Auftrag erhalten hat, und wenn sie einem Grundentwurf entsprechen und dieser Gegenstand des ursprünglichen Auftrags war, der in Einklang mit § 3a EU vergeben wurde. Der Umfang der nachfolgenden Bauleistungen und die Bedingungen, unter denen sie vergeben werden, sind im ursprünglichen Projekt anzugeben. Die Möglichkeit, dieses Verfahren anzuwenden, muss bereits bei der Auftragsbekanntmachung der Ausschreibung für das erste Vorhaben angegeben werden; der für die Fortsetzung der Bauarbeiten in Aussicht gestellte Gesamtauftragswert wird vom öffentlichen Auftraggeber bei der Anwendung von § 3 VgV berücksichtigt. Dieses Verfahren darf jedoch nur innerhalb von drei Jahren nach Abschluss des ersten Auftrags angewandt werden.

(4) Der wettbewerbliche Dialog ist unter den Voraussetzungen des Absatzes 2 zulässig.

(5) Der öffentliche Auftraggeber kann für die Vergabe eines öffentlichen Auftrags eine Innovationspartnerschaft mit dem Ziel der Entwicklung einer innovativen Leistung und deren anschließendem Erwerb eingehen. Der Beschaffungsbedarf, der der Innovationspartnerschaft zugrunde liegt, darf nicht durch auf dem Markt bereits verfügbare Bauleistungen befriedigt werden können.

§ 3b EU VOB/A Ablauf der Verfahren

(1) Bei einem offenen Verfahren wird eine unbeschränkte Anzahl von Unternehmen öffentlich zur Abgabe von Angeboten aufgefordert. Jedes interessierte Unternehmen kann ein Angebot abgeben.

(2)

1. Bei einem nicht offenen Verfahren wird im Rahmen eines Teilnahmewettbewerbs eine unbeschränkte Anzahl von Unternehmen öffentlich zur Abgabe von Teilnahmeanträgen aufgefordert. Jedes interessierte Unternehmen kann einen Teilnahmeantrag abgeben. Mit dem Teilnahmeantrag übermitteln die Unternehmen die vom öffentlichen Auftraggeber geforderten Informationen für die Prüfung der Eignung und das Nichtvorliegen von Ausschlussgründen.
2. Nur diejenigen Unternehmen, die vom öffentlichen Auftraggeber infolge einer Bewertung der übermittelten Information dazu aufgefordert werden, können ein Angebot einreichen.
3. Der öffentliche Auftraggeber kann die Zahl geeigneter Bewerber, die zur Angebotsabgabe aufgefordert werden, begrenzen. Dazu gibt der öffentliche Auftraggeber in der Auftragsbekanntmachung oder der Aufforderung zur Interessensbestätigung die von ihm vorgesehenen objektiven und nicht diskriminierenden Eignungskriterien für die Begrenzung der Zahl, die vorgesehene Mindestzahl und gegebenenfalls auch die Höchstzahl der einzuladenden Bewerber an. Die vorgesehene Mindestzahl der einzuladenden Bewerber darf nicht niedriger als fünf sein. In jedem Fall muss die Zahl der eingeladenen Bewerber ausreichend hoch sein, dass ein echter Wettbewerb gewährleistet ist. Sofern geeignete Bewerber in ausreichender Zahl zur Verfügung stehen, lädt der öffentliche Auftraggeber von diesen eine Anzahl ein, die nicht niedriger als die festgelegte Mindestzahl ist.

Sofern die Zahl geeigneter Bewerber unter der Mindestzahl liegt, darf der öffentliche Auftraggeber das Verfahren ausschließlich mit diesem oder diesen geeigneten Bewerber(n) fortführen.

(3)

1. Bei einem Verhandlungsverfahren mit Teilnahmewettbewerb wird im Rahmen des Teilnahmewettbewerbs eine unbeschränkte Anzahl von Unternehmen öffentlich zur Abgabe von Teilnahmeanträgen aufgefordert. Jedes interessierte Unternehmen kann einen Teilnahmeantrag abgeben. Mit dem Teilnahmeantrag übermitteln die Unternehmen die vom öffentlichen Auftraggeber geforderten Informationen für die Prüfung der Eignung und das Nichtvorliegen von Ausschlussgründen.
2. Nur diejenigen Unternehmen, die vom öffentlichen Auftraggeber infolge einer Bewertung der übermittelten Informationen dazu aufgefordert werden, können ein Erstangebot übermitteln, das die Grundlage für die späteren Verhandlungen bildet.
3. Im Übrigen gilt Absatz 2 Nummer 3 mit der Maßgabe, dass die in der Auftragsbekanntmachung oder der Aufforderung zur Interessensbestätigung anzugebende Mindestzahl nicht niedriger als drei sein darf.
4. Bei einem Verhandlungsverfahren ohne Teilnahmewettbewerb erfolgt keine öffentliche Aufforderung zur Teilnahme.
5. Die Mindestanforderungen und die Zuschlagskriterien sind nicht Gegenstand von Verhandlungen.
6. Der öffentliche Auftraggeber verhandelt mit den Bietern über die von ihnen eingereichten Erstangebote und alle Folgeangebote, mit Ausnahme der endgültigen Angebote, mit dem Ziel, die Angebote inhaltlich zu verbessern.
7. Der öffentliche Auftraggeber kann öffentliche Aufträge auf der Grundlage der Erstangebote vergeben, ohne in Verhandlungen einzutreten, wenn er in der Auftragsbekanntmachung oder in der Aufforderung zur Interessensbestätigung darauf hingewiesen hat, dass er sich diese Möglichkeit vorbehält.
8. Der öffentliche Auftraggeber kann vorsehen, dass das Verhandlungsverfahren in verschiedenen aufeinander folgenden Phasen abgewickelt wird, um so die Zahl der Angebote, über die verhandelt wird, oder die zu erörternden Lösungen anhand der vorgegebenen Zuschlagskriterien zu verringern. Wenn der öffentliche Auftraggeber dies vorsieht, gibt er dies in der Auftragsbekanntmachung, der Aufforderung zur Interessensbestätigung oder in den Vergabeunterlagen an. In der Schlussphase des Verfahrens müssen so viele Angebote vorliegen, dass ein echter Wettbewerb gewährleistet ist, sofern eine ausreichende Anzahl von geeigneten Bietern vorhanden ist.
9. Der öffentliche Auftraggeber stellt sicher, dass alle Bieter bei den Verhandlungen gleichbehandelt werden. Insbesondere enthält er sich jeder diskriminierenden Weitergabe von Informationen, durch die bestimmte Bieter gegenüber anderen begünstigt werden könnten. Er unterrichtet alle Bieter, deren Angebote nicht gemäß Nummer 8 ausgeschieden wurden, schriftlich über etwaige Änderungen der Leistungsbeschreibung, insbesondere der technischen Anforderungen oder anderer Bestandteile der Vergabeunterlagen, die nicht die Festlegung der Mindestanforderungen betreffen. Im Anschluss an solche Änderungen gewährt der öffentliche Auftraggeber den Bietern ausreichend Zeit, um ihre Angebote zu ändern und gegebenenfalls überarbeitete Angebote einzureichen. Der öffentliche Auftraggeber darf vertrauliche Informationen eines an den Verhandlungen teilnehmenden Bieters nicht ohne dessen Zustimmung an die anderen Teilnehmer weitergeben. Eine solche Zustimmung darf nicht allgemein erteilt werden, sondern wird nur in Bezug auf die beabsichtigte Mitteilung bestimmter Informationen erteilt.
10. Beabsichtigt der öffentliche Auftraggeber, die Verhandlungen abzuschließen, so unterrichtet er die verbleibenden Bieter und legt eine einheitliche Frist für die Einreichung neuer oder überarbeiteter Angebote fest. Er vergewissert sich, dass die endgültigen Angebote den Mindestanforderungen entsprechen und erteilt den Zuschlag.

(4) hier nicht abgedruckt.

(5) hier nicht abgedruckt.

Literatur:
Boesen, Der Übergang vom offenen Verfahren zum Verhandlungsverfahren, VergabeR 2008, 385; *Brinker,* Vorabinformation der Bieter über den Zuschlag oder Zwei-Stufen-Theorie im Vergaberecht?, NZBau 2000, 174; *Byok,* Das Verhandlungsverfahren, 2005; *Dieck-Bogatzke,* Probleme der Aufhebung der Ausschreibung – Ein Überblick über die aktuelle Rechtsprechung des OLG Düsseldorf, VergabeR 2008, 392; *Diercks,* Beschaffung von Spezialbedarf, VergabeR 2003, 518; *Dobmann,* Das Verhandlungsverfahren – Eine Bestandsaufnahme, VergabeR 2013, 175; *Favier/Schüler,* Etablierte Regeln für das Verhandlungsverfahren mit Teilnahmewettbewerb auf dem Prüfstand des neuen Rechts, ZfBR 2016, 761; *Fürmann,* Keine Bewerbung im Teilnahmewettbewerb – was tun?, VPR 2014, 271; *Ganske,* Business Improvement Districts (BIDs) und Vergaberecht: Ausschreiben! Aber wie?, BauR 2008, 1987; *Hölzl,* Verhandlungsverfahren: Was geht?, NZBau 2013, 558; *Jaeger,* Die neue Basisvergaberichtlinie der EU vom 26.2.2014 – ein Überblick, NZBau 2014, 259; *Kainer,* Der offene Teilnahmewettbewerb als unionsrechtliches Prinzip, NZBau 2018, 387; *Kirch,* Der neue Weg zum Hoflieferanten? – Ausschließlichkeitsrechte, Vertragsfreiheit und vergaberechtliche Folgen, NZBau 2016, 742; *Koenig/Kühling,* Verfahrensvielfalt und Wahl des richtigen Vergabeverfahrens – Fallstricke bei der Ausschreibung von Infrastrukturverträgen, NZBau 2003, 126; *Knauff,* Das Verhältnis der nachrangigen Vergabeverfahrensarten, NZBau 2018, 134; *Kramer,* Gleichbehandlung im Verhandlungsverfahren nach der VOL/A, NZBau 2005, 138; *Kulartz/Duikers,* Ausschreibungspflicht bei Vertragsänderungen, VergabeR 2008, 728; *Leinemann,* Die Vergabe öffentlicher Aufträge, 6. Aufl. 2016; *Marx,* Verlängerung bestehender Verträge und Vergaberecht, NZBau 2002, 311; *Michel/Braun,* Rechtsnatur und Anwendungsbereich von „Indikativen Angeboten“, NZBau 2009, 688; *Müller-Wrede,* Das Verhandlungsverfahren im Spannungsfeld zwischen Beurteilungsspielraum und Willkür, VergabeR 2010, 754; *Neun/Otting,* Die EU-Vergaberechtsreform 2014, EuZW 2014, 446; *Oberndörfer/Lehmann,* Die neuen EU-Vergaberichtlinien: Wesentliche Änderungen und Vorwirkungen, BB 2015, 1027; *Ollmann,* Das Aus für das (bisherige) Verhandlungsverfahren, VergabeR 2016, 413; *Otting,* Bau und Finanzierung öffentlicher Infrastruktur durch private Investoren, Ein Beitrag zur Auslegung des § 99 III, 3. Alt. GWB, NZBau 2004, 469; *Prieß/Hölzl,* Ausnahmen bleiben die Ausnahme!, Zu den Voraussetzungen der Rüstungs-, Sicherheits- und Geheimhaltungsausnahme sowie eines Verhandlungsverfahrens ohne Vergabebekanntmachung, NZBau 2008, 563; *Probst/Winters,* Einführung in das Vergaberecht oberhalb der Schwellenwerte, JuS 2019, 1157; *Quilisch,* Das Verhandlungsverfahren – Ein Irrgarten?, NZBau 2003, 249; *Rechten/Portner,* Wie viel Wettbewerb muss sein? – Das Spannungsverhältnis zwischen Beschaffungsautonomie und Wettbewerbsprinzip, NZBau 2014, 276; *Reuber,* Die neue VOB/A, VergabeR 2016, 339; *Roth,* Zur Verbindlichkeit von Vertragsentwürfen im Verhandlungsverfahren, VergabeR 2009, 423; *Roth,* Markterkundung, Vergabeverfahren ohne Bieter und die Bestimmungsfreiheit öffentlicher Auftraggeber, NZBau 2019, 77; *Schelle,* Darf man beim Zuschlag den Leistungsumfang verringern?, IBR 1999, 146; *Schütte,* Verhandlungen im Vergabeverfahren, ZfBR 2004, 237; *Stumpf/Götz,* Voraussetzungen und Rahmenbedingungen der Dringlichkeitsvergabe, VergabeR 2016, 561; *Tschäpe,* Zur Anzahl der Teilnehmer während des Verhandlungsverfahrens, ZfBR 2014, 538; *Tugendreich,* Der Kunde ist König – Umfang des Leistungsbestimmungsrechts des Auftraggebers, NZBau 2013, 90; *Willenbruch,* Die Praxis des Verhandlungsverfahrens nach §§ 3a Nr. 1 VOB/A und VOL/A, NZBau 2003, 422.

A. Einleitung

1 Das frühere deutsche Vergaberecht kannte drei Vergabeverfahrensarten: die öffentliche Ausschreibung, die beschränkte Ausschreibung und die freihändige Vergabe. Für Vergaben unterhalb der gemäß § 106 GWB maßgeblichen Schwellenwerte[1] gelten diese – mit gewissen Anpassungen durch die Unterschwellenvergabeverordnung – auch weiterhin.[2] Oberhalb der Schwellenwerte werden die Verfahren für die Auftragsvergabe dagegen auf Grundlage der unionsrechtlichen Regelungen in der Basisvergaberichtlinie 2014/24/EU (VRL) und der Sektorenrichtlinie 2014/25/EU (SRL) abschließend geregelt.[3] Die beiden Richtlinien aus dem Jahr 2014 ersetzen die bisherige Vergabekoordinierungsrichtlinie 2004/18/EG (VKR) und die Sektorenrichtlinie 2004/17/EG (SKR). In Umsetzung dieser Richtlinien stehen den öffentlichen Auftraggebern für Auftragsvergaben oberhalb der Schwellenwerte nach § 119 Abs. 1 GWB **das offene Verfahren, das nicht offene Verfahren, das Verhandlungsverfahren, der wettbewerbliche Dialog** und – mit der EU-Vergaberechtsreform 2014 neu hinzugekommen – **die Innovationspartnerschaft** zur Verfügung. Es ist nationalen Gesetzgebern verwehrt, weitere Verfahren vorzusehen, die

[1] S. → § 8 Rn. 1 ff. zu den Schwellenwerten und zur Auftragswertberechnung.
[2] S. → dazu § 11 Rn. 1 ff.
[3] Art. 26 ff. VRL.

in den Richtlinien nicht genannt sind **(Numerus Clausus der Verfahrensarten).**[4] Aufgrund ihres unionsrechtlichen Hintergrunds sind die Vorschriften des deutschen Rechts stets richtlinienkonform auszulegen.[5]

Sowohl **wettbewerblicher Dialog** als auch **Innovationspartnerschaft** sind eigenständige Verfahrensarten. Der Anwendungsbereich des bereits 2005 eingeführten wettbewerblichen Dialogs wurde dabei durch das Gesetz zur Modernisierung des Vergaberechts vom 17.2.2016[6] in Umsetzung der VRL erheblich erweitert. Zugleich wurde in Umsetzung von Art. 31 VRL die Innovationspartnerschaft als neue Verfahrensart eingeführt. Letztere soll öffentlichen Auftraggebern ermöglichen, eine langfristige Innovationspartnerschaft für die Entwicklung und den anschließenden Kauf neuer, innovativer Waren, Dienstleistungen oder Bauleistungen zu begründen[7]. Beide Verfahrensarten werden gesondert in § 12 behandelt. Die in § 120 GWB geregelten **dynamischen Beschaffungssysteme, elektronische Auktionen, elektronische Kataloge** und **zentralen Beschaffungsstellen** stellen dagegen lediglich besondere Methoden und Instrumente der abschließend in § 119 GWB normierten Verfahrensarten dar.[8] Diese werden in § 13 behandelt. 2

Die **Wahl der richtigen Vergabeverfahrensart** ist von wesentlicher Bedeutung für öffentliche Auftraggeber, da sie den Ablauf des gesamten weiteren Verfahrens bestimmt. Die Verfahrensanforderungen variieren stark je nach Art des anzuwendenden Vergabeverfahrens. Die Ausgestaltung der durch § 119 GWB vorgegebenen Vergabeverfahrensarten ist dabei nunmehr für Liefer- und Dienstleistungsaufträge einheitlich in der Vergabeverordnung normiert; die frühere weitere Unterteilung in VOL/A und VOF ist entfallen. Für Bauaufträge gilt weiterhin – ergänzend zu Abschnitt 1 und Abschnitt 2, Unterabschnitt 2 Vergabeverordnung – Teil A Abschnitt 2 VOB/A in der Fassung der Bekanntmachung vom 31.1.2019[9] (§ 2 S. 2 VgV). Im Folgenden wird zunächst der Rechtsrahmen zur Wahl der richtigen Vergabeverfahrensart erläutert. Anschließend werden die Voraussetzungen für die Zulässigkeit der einzelnen Verfahren (offenes Verfahren, nicht offenes Verfahren, Verhandlungsverfahren mit/ohne Teilnahmewettbewerb) und der jeweilige **Verfahrensablauf im Überblick** dargestellt. Die Vergabeverfahrensarten im Sektorenbereich und in den Bereichen Verteidigung und Sicherheit bleiben dabei ausgeklammert; diese werden gesondert in den §§ 50 bzw. 58 behandelt. Für Einzelheiten zu Vergabeunterlagen, Bekanntmachung, Angebotswertung und Beendigung der Verfahren wird auf die folgenden Kapitel in diesem Handbuch verwiesen.[10] 3

B. Wahl der richtigen Vergabeverfahrensart

I. Rechtsrahmen

§ 119 GWB definiert in den Abs. 3 bis 7 die zulässigen Vergabeverfahrensarten abschließend und regelt im Grundsatz die Hierarchie der Verfahrensarten (§ 119 Abs. 2 GWB). Abgesehen vom offenen und nicht offenen Verfahren, die nunmehr beide gleichwertig als Regelverfahren gelten, sind die weiteren Verfahrensarten nur zulässig, soweit sie aufgrund des GWB gestattet sind. In Umsetzung dessen sind die Zulässigkeitsvoraussetzungen der weiteren Verfahrensarten für Liefer- und Dienstleistungsaufträge in der Vergabeverordnung bzw. für Bauaufträge in Teil A Abschnitt 2 VOB/A geregelt. Den dortigen Regelungen 4

[4] EuGH Urt. v. 10.12.2009 – C-299/08, ECLI:EU:C:2009:769 = NZBau 2010, 191 Rn. 28 – Kommission/Frankreich; Langen/Bunte/*Wagner* § 119 Rn. 6; Ziekow/Völlink/*Antweiler* GWB § 119 Rn. 8; RegE zum VgRÄG BT-Drs. 13/9340, 15.

[5] Ingenstau/Korbion/*Stolz* § 3 EU VOB/A Rn. 2.

[6] Gesetz zur Modernisierung des Vergaberechts (Vergaberechtsmodernisierungsgesetz – VergRModG) v. 17.2.2016 (BGBl. I 203).

[7] Vgl. Erwägungsgrund 49 VRL.

[8] Vgl. KKPP/*Kulartz* § 119 Rn. 3.

[9] BAnz AT 19.2.2019 B2.

[10] S. insbes. §§ 20, 23 ff., 27 ff., 33 ff.

liegen – trotz weiterhin unterschiedlicher Formulierungen im Detail – die europäischen Regelungen der Art. 26 Abs. 4 VRL (Verhandlungsverfahren, wettbewerblicher Dialog) bzw. 31 VRL (Innovationspartnerschaften) zugrunde. Darüber hinaus enthalten die Vergabeverordnung und Teil A Abschnitt 2 VOB/A detaillierte Regelungen zum Verfahrensablauf in den einzelnen Verfahrensarten.

II. Hierarchie der Verfahrensarten

5 Die EU-Vergabereform 2014 verfolgte unter anderem das Ziel, dem öffentlichen Auftraggeber mehr Flexibilität bei der Wahl der Verfahrensart einzuräumen.[11] Die bisherige strenge **Hierarchie der Verfahrensarten,** wonach vorrangig das Verfahren zu wählen ist, welches den Prinzipien des Wettbewerbs am ehesten entspricht[12], ist dementsprechend mit Inkrafttreten des Vergaberechtsmodernisierungsgesetzes am 18. 4. 2016 gelockert worden. Nach aktueller Rechtslage kann der öffentliche Auftraggeber frei wählen zwischen offenem Verfahren und nicht offenem Verfahren (§ 119 Abs. 2 S. 1 GWB).[13] Diese neue Wahlfreiheit, die bislang nur bei Vergaben im Sektorenbereich sowie im Bereich Verteidigung und Sicherheit galt, soll sowohl Auftraggebern als auch Bietern Vorteile bringen: Für Auftraggeber kann die Wahl des nicht offenen Verfahrens zu Effizienzsteigerungen führen, weil Angebote nur von geeigneten Bietern angefordert werden und damit der Prüfaufwand verringert wird; für Bieter hat das nicht offene Verfahren den Vorteil, dass der Aufwand der Angebotserstellung erst dann entsteht, wenn sie die erste Hürde des Teilnahmewettbewerbs bereits genommen haben und damit die Chancen auf einen Zuschlag höher sind.[14]

6 Nach wie vor gilt, dass die übrigen Verfahrensarten nur zur Verfügung stehen, soweit dies auf Grund des GWB gestattet ist (§ 119 Abs. 2 S. 2 GWB). Zwischen Verhandlungsverfahren mit Teilnahmewettbewerb und wettbewerblichem Dialog besteht dabei keine Hierarchie, der öffentliche Auftraggeber kann daher bei Vorliegen der Ausnahmetatbestände zwischen beiden Verfahren frei wählen (§ 14 Abs. 3 VgV, § 3a EU Abs. 2, Abs. 4 VOB/A). Die frühere Frage nach der Abgrenzung zwischen diesen beiden Verfahrensarten stellt sich daher heute nicht mehr. Der Anwendungsbereich beider Verfahrensarten wurde zudem in Umsetzung der EU-Vergabereform deutlich ausgeweitet, um zusätzliche Flexibilität für die Auswahl des Verhandlungsverfahrens zu geben (Erwägungsgrund 42 VRL). Das Verhandlungsverfahren ohne Teilnahmewettbewerb bleibt dagegen wegen seiner negativen Auswirkungen auf den Wettbewerb weiterhin subsidiär und soll nach den Zielsetzungen des EU-Gesetzgebers nur *„unter sehr außergewöhnlichen Umständen"* zur Anwendung kommen.[15] Wie bisher ist zu beachten, dass es sich um abschließend[16] aufgeführte **Ausnahmetatbestände** handelt, die grundsätzlich eng auszulegen sind.[17] Dabei ist allerdings zu differenzieren: Angesichts der Zielsetzung des Richtliniengebers, öffentlichen Auftraggebern

[11] Vgl. Erwägungsgrund 42, 44 VRL; *Oberndörfer/Lehmann* BB 2015, 1027 (1028).

[12] S. RegE zum VgRÄG BT-Drs. 13/9340, 15; Willenbruch/Wieddekind/*Haak/Koch/Sang* § 119 GWB Rn. 4.

[13] Langen/Bunte/*Wagner* § 119 Rn. 8; KKPP/*Kulartz* § 119 Rn. 4; Kapellmann/Messerschmidt/*Stickler* VOB/A § 3a EU Rn. 7.

[14] Vgl. RegE zum VergRModG BT-Drs. 18/6281, 97.

[15] Vgl. Erwägungsgrund 50 VRL.

[16] EuGH Urt. v. 7. 9. 2016 – C-549/14, ECLI:EU:C:2016:634 = EuZW 2016, 871 Rz. 35 – Finn Frogne/ Rigspolitiet ved Center for Beredskabskommunikation; Langen/Bunte/*Wagner* § 119 Rn. 6.

[17] EuGH Urt. v. 15. 10. 2009 – C-275/08, ECLI:EU:C:2009:632 = EuZW 2009, 858 Rn. 54 – Kraftfahrzeugzulassungssoftware; EuGH Urt. v. 8. 4. 2008 – C-337/05, ECLI:EU:C:2008:203 = NZBau 2008, 401 Rn. 56 f. – Agusta Hubschrauber; EuGH Urt. v. 2. 6. 2005 – C-394/02, ECLI:EU:C:2005:336 = BeckRS 2005, 70408 Rn. 33 – DEI; EuG Urt. v. 15. 1. 2013 – T-54/11, ECLI:EU:T:2013:10 = BeckRS 2013, 80072; OLG Naumburg Beschl. v. 10. 11. 2003 – 1 Verg 14/03; VK Bund Beschl. v. 18. 10. 2017 – VK 2-106/17, VPRRS 2017, 0357; VK Westfalen Beschl. v. 25. 1. 2017 – 1-47/16, VPRRS 2017, 0072; Langen/Bunte/*Wagner* § 119 Rn. 36; Willenbruch/Wieddekind/*Haak/Koch/Sang* § 119 GWB Rn. 5; Pünder/Schellenberg/*Pünder* § 119 GWB Rn. 71; KKMPP/*Hausmann/Kern* § 14 Rn. 16.

mehr Flexibilität für die Durchführung von Verhandlungsverfahren mit Teilnahmewettbewerb zu geben (vgl. Erwägungsgrund 42 VRL), sollten an die Zulässigkeitsvoraussetzungen für diese Verfahrensart keine allzu hohen Anforderungen gestellt werden.[18] Dagegen bleibt es bei der uneingeschränkt engen Auslegung der Zulässigkeitsvoraussetzungen für das Verhandlungsverfahren ohne Teilnahmewettbewerb. Die **Darlegungs- und Beweislast** für das Vorliegen der Tatbestandsvoraussetzungen trägt derjenige, der sich darauf beruft, also regelmäßig der öffentliche Auftraggeber.[19] In der Begründung zu § 14 VgV wird hierzu ergänzend klargestellt, dass die Entscheidung über die Verfahrensart *„unter Berücksichtigung geeigneter Maßnahmen zur Verhütung von Korruption zu treffen ist"* und *„ein größtmöglicher Wettbewerb sowie ein hohes Maß an Transparenz sicherzustellen"* sind.[20] Die Gründe, die ein Abweichen vom gesetzlichen Regelfall des offenen bzw. nicht offenen Verfahrens rechtfertigen, müssen objektiv nachprüfbar vorliegen[21] und sind vom öffentlichen Auftraggeber im Rahmen seiner allgemeinen Dokumentationspflicht zu dokumentieren (vgl. § 8 Abs. 1 VgV).[22] Ein Beurteilungsspielraum des Auftraggebers besteht nicht.[23] Maßgebend für der Prüfung der Frage, ob der Auftraggeber in Abweichung von den Regelverfahrensarten zur Wahl eines anderen Verfahrens berechtigt ist, ist dabei stets der Zeitpunkt des Beginns des Verfahrens.[24] Der öffentliche Auftraggeber ist allerdings berechtigt, sich nachträglich auch auf Gründe zu stützen, die weder in der Auftragsbekanntmachung noch in der Vergabeakte Eingang gefunden haben.[25]

Für die Vergabe von **Aufträgen für soziale und andere besondere Dienstleistungen im Sinne von § 130 Abs. 1 GWB** gilt die Besonderheit, dass dem öffentlichen Auftraggeber neben dem offenen und nicht offenen Verfahren auch das Verhandlungsverfahren mit Teilnahmewettbewerb, der wettbewerbliche Dialog und die Innovationspartnerschaft nach seiner Wahl zur Verfügung stehen (§ 65 Abs. 1 VgV). Lediglich die Wahl des Verhandlungsverfahrens ohne Teilnahmewettbewerb ist nur bei Vorliegen eines der Ausnahmetatbestände nach § 14 Abs. 4 VgV zulässig. Sonderregelungen gelten weiterhin für die Vergabe die Vergabe von **Architekten- und Ingenieursleistungen,** deren Gegenstand eine Aufgabe ist, deren Lösung vorab nicht eindeutig und erschöpfend beschrieben werden kann. Dies entspricht dem bisherigen Anwendungsbereich der VOF. Anders als bisher ist das Verhandlungsverfahren allerdings nicht mehr das einzig zulässige Verfahren, sondern es wird lediglich festgestellt, dass Architekten- und Ingenieursleistungen *„in der Regel"* im Verhandlungsverfahren mit Teilnahmewettbewerb oder im wettbewerblichen Dialog vergeben werden (§ 74 VgV). Damit dürfte keine Gestattung der Verfahrenswahl losgelöst von den in § 14 VgV geregelten Ausnahmetatbeständen verbunden sein. Der Auftraggeber muss also auch bei Architekten- und Ingenieursleistungen im Falle der Wahl 7

[18] Ebenso Kapellmann/Messerschmidt/*Stickler* VOB/A § 3a EU Rn. 10f.

[19] EuGH Urt. v. 2.6.2005 – C-394/02, ECLI:EU:C:2005:336 = BeckRS 2005, 70408 Rn. 33 – DEI; EuGH Urt. v. 18.11.2004 – C-126/03, ECLI:EU:C:2004:728 = BeckRS 2004, 78186 Rn. 23 – Kommission/Deutschland; EuGH Urt. v. 10.4.2003 – C-20/01 u. C-28/01, ECLI:EU:C:2003:220 = BeckRS 9998, 90101 Rn. 58 – Abwasservertrag Bockhorn u. Abfallentsorgung Braunschweig; OLG Naumburg Beschl. v. 10.11.2003 – 1 Verg 14/03; OLG Düsseldorf Beschl. v. 28.5.2003 – VII-Verg 10/03; BKartA Beschl. v. 18.10.2017 – VK 2-106/17, BeckRS 2017, 135308 Rn. 32; Langen/Bunte/*Wagner* § 119 Rn. 36; Pünder/Schellenberg/*Pünder* § 119 GWB Rn. 71; *Leinemann* Rn. 402.

[20] VergRModVO, BT-Drs. 18/7318, 157.

[21] Vgl. EuGH Urt. v. 14.9.2004 – C-385/02, ECLI:EU:C:2004:522 Rn. 40 – Kommission/Italien; VK Thüringen Beschl. v. 31.8.2011 – 250-4003.20-3721/2011-E-010-WAK; Langen/Bunte/*Wagner* § 119 Rn. 36; Kapellmann/Messerschmidt/*Stickler* VOB/A § 3a EU Rn. 12.

[22] Pünder/Schellenberg/*Pünder* § 119 GWB Rn. 71; KKMPP/*Hausmann/Kern* § 14 Rn. 17; Kapellmann/Messerschmidt/*Stickler* VOB/A § 3a EU Rn. 12.

[23] Pünder/Schellenberg/*Pünder* § 119 GWB Rn. 72.

[24] Vgl. VK Baden-Württemberg Beschl. v. 23.4.2013 – 1 VK 09/13.

[25] OLG Dresden Beschl. v. 21.9.2016 – Verg 5/16, BeckRS 2016, 118858; Kapellmann/Messerschmidt/*Stickler* VOB/A § 3a EU Rn. 12. S. zur Berücksichtigung von Argumenten bei Dokumentationsmängeln auch BGH Beschl v. 8.2.2011– X ZB 4/10, NZBau 2011, 175 Rn. 73.

des Verhandlungsverfahrens oder wettbewerblichen Dialogs das Vorliegen eines einschlägigen Ausnahmetatbestands dokumentieren.

8 Der Auftraggeber darf trotz Vorliegens der Voraussetzungen einer Verfahrensart ein wettbewerbsintensiveres Verfahren wählen, solange sich aus Sinn und Zweck des Ausnahmetatbestandes nicht die **Unzulässigkeit einer strengeren Verfahrensart** ergibt.[26] Das soll etwa dann der Fall sein, wenn von Vornherein feststeht, dass nur ein Unternehmen für die Auftragserteilung in Betracht kommt.[27] In jedem Fall ist der Auftraggeber insoweit an seine Wahl gebunden, als er die entsprechenden Verfahrensvorschriften der gewählten Vergabeart einhalten muss; eine Kombination mehrerer Verfahrensarten ist unzulässig **(Typenzwang).**[28] Ein Wechsel in eine andere Verfahrensart ist also nur zulässig, wenn das ursprüngliche Verfahren zuvor förmlich aufgehoben wurde.[29]

III. Rechtsfolgen bei Wahl der falschen Verfahrensart

9 Unternehmen haben nach § 97 Abs. 6 GWB einen Anspruch auf Einhaltung der Bestimmungen über das Vergabeverfahren. Die Vorschriften über die Wahl des richtigen Vergabeverfahrens sind daher **bieterschützend** und begründen **subjektive Rechte,** deren Verletzung von (potentiellen) Bietern im Rahmen eines **Nachprüfungsverfahrens** geltend gemacht werden kann.[30] Der öffentliche Auftraggeber wählt das falsche Verfahren, wenn er ohne sachliche Gründe auf ein weniger formstrenges Verfahren ausweicht.[31] Zudem kann schon in der unzureichenden Dokumentation der Gründe für die Abweichung von den Regelverfahren (offenes/nicht offenes Verfahren) ein Vergabeverstoß wegen Verletzung des Transparenzgrundsatzes (§ 97 Abs. 1 GWB) liegen.[32] Zumindest entfaltet das Fehlen einer entsprechenden Dokumentation Indizwirkung zu Lasten des öffentlichen Auftraggebers.[33]

10 Zur Begründung seiner Antragsbefugnis im **Nachprüfungsverfahren** gem. § 160 Abs. 2 GWB muss der Bieter darlegen, dass seine Chancen auf den Zuschlag durch die Wahl des falschen Vergabeverfahrens möglicherweise beeinträchtigt worden sind.[34] Dabei liegt bei einem vergaberechtswidrig durchgeführten Verhandlungsverfahren die Verletzung der Bieterrechte im Sinne des § 160 Abs. 2 GWB iVm § 97 Abs. 6 GWB bereits im Unterlassen der zwingend gebotenen Aufhebung des Verhandlungsverfahrens, da dem Bieter die Chance genommen werde, sich an einer ordnungsgemäßen Neuausschreibung mit einem entsprechenden Angebot zu beteiligen.[35]

---

[26] OLG Düsseldorf Beschl. v. 27.10.2004 – VII-Verg 52/04, VergabeR 2005, 252 (253); Pünder/Schellenberg/*Pünder* § 119 GWB Rn. 73f.; KKMPP/*Hausmann/Kern* § 14 Rn. 18; Dreher/Stockmann/*Dreher* § 101 GWB Rn. 18.

[27] KKMPP/*Hausmann/Kern* § 14 Rn. 18.

[28] Langen/Bunte/*Wagner* § 119 Rn. 7; Pünder/Schellenberg/*Pünder* § 119 GWB Rn. 55.

[29] VK Niedersachsen Beschl. v. 7.7.2005 – VgK 27/2005; Langen/Bunte/*Wagner* § 119 Rn. 7; Pünder/Schellenberg/*Pünder* § 119 GWB Rn. 56.

[30] BGH Beschl. v. 10.11.2009– X ZB 8/09, BeckRS 2009, 87528; OLG Düsseldorf Beschl. v. 8.5.2002 – VII-Verg 8-15/01, BeckRS 2002, 17405; VK Saarland Beschl. v. 24.10.2008 – 3 VK 02/2008, BeckRS 2013, 46427; VK Nordbayern Beschl. v. 9.9.2008 – 21.VK 3194-42/08, BeckRS 2010, 26815; Willenbruch/Wieddekind/*Haak/Koch/Sang* § 119 GWB Rn. 29; *Weyand* § 101 GWB Rn. 8. S. zum Nachprüfungsverfahren näher → § 42 Rn. 1ff.

[31] Willenbruch/Wieddekind/*Haak/Koch/Sang* § 119 GWB Rn. 29.

[32] Dreher/Stockmann/*Dreher* § 101 Rn. 48.

[33] Vgl. OLG Celle Beschl. v. 29.10.2009 – 13 Verg 8/09, BeckRS 2009, 86277; VK Lüneburg Beschl. v. 5.11.2010 – VgK 54/2010.

[34] BGH Beschl. v. 18.5.2004– X ZB 7/04, NZBau 2004, 457; OLG Düsseldorf Beschl. v. 26.7.2002 – VII-Verg 22/02, NZBau 2002, 634ff.; VK Rheinland Beschl. v. 26.3.2019 – VK 5/19, IBRRS 2019, 3066; Willenbruch/Wieddekind/*Haak/Koch/Sang* § 119 GWB Rn. 29; s. zu Antragsbefugnis näher → § 41 Rn. 1ff.

[35] BGH Beschl. v. 10.11.2009– X ZB 8/09; OLG Celle Beschl. v. 24.9.2014 – 13 Verg 9/14, NZBau 2014, 784; OLG Celle Beschl. v. 17.7.2009 – 13 Verg 3/09.

Darüber hinaus bedarf es für die Zulässigkeit des Nachprüfungsverfahrens grundsätzlich einer **rechtzeitigen Rüge** des Verfahrensfehlers, also der Wahl einer unzulässigen Verfahrensart (§ 160 Abs. 3 GWB).[36] Sofern bereits aufgrund der Bekanntmachung und aus den Umständen des Verfahrens erkennbar ist, dass das vom öffentlichen Auftraggeber gewählte Verfahren unzulässig ist, muss der Verstoß spätestens bis Ablauf der Angebotsabgabe- bzw. Bewerbungsfrist gegenüber dem Auftraggeber gerügt werden (§ 160 Abs. 3 Nr. 2 GWB). Nicht rechtzeitig gerügte Verfahrensfehler können im Nachprüfungsverfahren nicht mehr geltend gemacht werden (**Präklusionswirkung,** § 160 Abs. 3 GWB). 11

Neben dem **Primärrechtsschutz** nach den §§ 155ff. GWB kommen auch **Schadensersatzansprüche** insbesondere nach § 181 S. 1 GWB in Betracht.[37] 11a

C. Die einzelnen Vergabeverfahrensarten

I. Offenes Verfahren

1. Allgemeines

§ 119 Abs. 2 GWB definiert das offene Verfahren als ein Verfahren, in dem der öffentliche Auftraggeber *„eine unbeschränkte Anzahl von Unternehmen öffentlich zur Abgabe von Angeboten auffordert“*.[38] Es entspricht damit im Wesentlichen der **Öffentlichen Ausschreibung** für unterschwellige Auftragsvergaben. Das offene Verfahren ist, im Gegensatz zum nicht offenen Verfahren und zum Verhandlungsverfahren, lediglich einstufig – ohne getrennte Eignungsprüfung – ausgestaltet und unterliegt von allen Verfahrensarten den **strengsten formalen Anforderungen.** 12

Das offene Verfahren soll einen **unbeschränkten Vergabewettbewerb** unter allen interessierten Bewerbern ermöglichen.[39] Durch die Beteiligung einer unbeschränkten Anzahl von Bietern erhöht sich für neue Marktteilnehmer und ausländische Unternehmen die Chance einer erfolgreichen Bewerbung um öffentliche Aufträge.[40] Auf Grund seiner **strengen Anforderungen an Transparenz und Geheimhaltung** der Angebote ist das offene Verfahren außerdem ein geeignetes Mittel zur Verhinderung von Absprachen und abgestimmten Verhaltensweisen und dient am besten dem Gebot der Wirtschaftlichkeit.[41] Das offene Verfahren entspricht mithin am besten den Grundsätzen des Wettbewerbs, der Gleichbehandlung und der Transparenz des § 97 Abs. 1 und 2 GWB. 13

Nachteilig kann sich hingegen auswirken, dass **Verhandlungen unzulässig** sind; erlaubt ist lediglich die Aufklärung über Angebotsinhalt und Eignung (§ 15 Abs. 5 VgV, § 15 EU Abs. 3 VOB/A). Das offene Verfahren ist insoweit relativ unflexibel. Auch entsteht wegen der unbegrenzten Anzahl von Angeboten unter Umständen ein **hoher Bewertungs- und Bearbeitungsaufwand** für den Auftraggeber, während zugleich die Erfolgschancen des einzelnen Bieters aufgrund der Bewerberzahl gering sein können.[42] 14

2. Zulässigkeit des offenen Verfahrens

Für die Vergabe von Bauaufträgen sowie von Liefer- und Dienstleistungsaufträgen oberhalb der Schwellenwerte stehen dem öffentlichen Auftraggeber das offene Verfahren und nicht offene Verfahren nunmehr frei zur Wahl (§ 119 Abs. 2 S. 1 GWB, § 14 Abs. 2 S. 1 VgV, § 3a EU Abs. 1 S. 1 VOB/A). Beide sind als gleichberechtigte **Regelverfahrensar-** 15

---

[36] VK Baden-Württemberg Beschl. v. 21.11.2017 – 1 VK 50/17, VPR 2018, 108; s. zur Rügeobliegenheit allg. → § 41 Rn. 1ff.

[37] S. zu Schadensersatzansprüchen näher → § 38 Rn. 1ff.

[38] Entspr. Art. 27 Abs. 1 VRL.

[39] Langen/Bunte/*Wagner* § 119 Rn. 14; Dreher/Stockmann/*Dreher* § 101 Rn. 15.

[40] Pünder/Schellenberg/*Pünder* § 119 GWB Rn. 26.

[41] Pünder/Schellenberg/*Pünder* § 119 GWB Rn. 26.

[42] KKMPP/*Hausmann/Kern* § 14 Rn. 10.

ten zu qualifizieren. Folglich sind für die Wahl dieser Verfahren keine besonderen Voraussetzungen nötig; eine Begründung der Wahl ist nicht erforderlich. Nur in Ausnahmefällen, wenn die Voraussetzungen für die Wahl eines anderen Verfahrens vorliegen und das offene Verfahren gänzlich unzweckmäßig erscheint, kann es sein, dass die Wahl des offenen Verfahrens fehlerhaft ist.[43]

3. Ablauf des offenen Verfahrens

16 Ausgangspunkt, aber nicht Bestandteil des eigentlichen Vergabeverfahrens, ist die Festlegung des öffentlichen Auftraggebers über den **konkreten Beschaffungsbedarf.**[44] Diese Entscheidung liegt im weiten Ermessen des Auftraggebers **(Leistungsbestimmungsrecht)** und ist nur sehr eingeschränkt überprüfbar.[45]

17 Ebenfalls dem Vergabeverfahren vorgeschaltet ist die Bekanntgabe geplanter Auftragsvergaben mittels **„Vorinformation“** (§ 38 VgV, § 12 EU Abs. 1 VOB/A).[46] Die Vorinformation ist ihrem Inhalt nach unverbindlich und nicht verpflichtend. Sie bietet jedoch den Vorteil, dass der Auftraggeber nach Veröffentlichung einer Vorinformation, die alle wesentlichen Merkmale der beabsichtigten Auftragsvergabe enthält, berechtigt ist, die Frist zur Angebotsabgabe zu verkürzen (§ 38 Abs. 3 VgV, § 10a EU Abs. 2 VOB/A).

18 Das offene Verfahren beginnt mit der **europaweiten Auftragsbekanntmachung.**[47] Anforderungen an Inhalt und Form der Auftragsbekanntmachung finden sich in § 37 VgV bzw. § 12 EU Abs. 3 VOB/A.[48] In der Auftragsbekanntmachung ist im Falle des offenen Verfahrens insbesondere die Frist zur Angebotsabgabe anzugeben. Die Frist beträgt beim offenen Verfahren grundsätzlich mindestens 35 Tage, gerechnet ab dem Tag nach Absendung der Bekanntmachung (§ 15 Abs. 2 VgV, § 10a EU Abs. 1 VOB/A).[49]

19 In der Auftragsbekanntmachung hat der öffentliche Auftraggeber in der Regel eine elektronische Adresse anzugeben, unter der alle interessierten Bürger und Unternehmen die **Vergabeunterlagen** unentgeltlich, uneingeschränkt, vollständig und direkt abrufen können (§ 41 Abs. 1 VgV, § 12a EU Abs. 1 Nr. 1 VOB/A). Der bisher übliche Versand der Vergabeunterlagen auf Anforderung der interessierten Unternehmen ist nur noch ausnahmsweise zulässig. Die Vergabeunterlagen bestehen in der Regel aus einem Anschreiben mit **Aufforderung zur Angebotsabgabe,** den Bewerbungs-/Teilnahmebedingungen und den Vertragsunterlagen, welche mindestens eine Leistungsbeschreibung und die Vertragsbedingungen umfassen (§ 29 VgV, § 8 EU Abs. 1 VOB/A).[50] Anzugeben sind insbesondere die **Eignungs- und Zuschlagskriterien,** sofern sie nicht bereits in der Vorinformation genannt sind (§ 29 Abs. 1 Nr. 2 VgV, § 8 EU Abs. 2 Nr. 1 VOB/A).

20 Die **Teilnahme am offenen Verfahren** steht grundsätzlich allen interessierten Unternehmen offen (§ 15 Abs. 1 S. 1 VgV, § 3b EU Abs. 1 S. 2 VOB/A). Die Vergabestelle darf die Teilnahme daher nicht dergestalt beschränken, dass die Beteiligung an zwei verschiedenen offenen Verfahren wechselseitig ausgeschlossen ist und daher die Unternehmen „vorsortiert“ werden.[51] Zulässig ist es dagegen, die Teilnahme am Verfahren in der Weise zu

---

[43] VK Rheinland Beschl. v. 26.3.2019 – VK 5/19, IBRRS 2019, 3066; vgl. KKMPP/*Hausmann/Kern* § 14 Rn. 18; Dreher/Stockmann/*Dreher* § 101 Rn. 18.

[44] S. dazu näher → § 19.

[45] KKMPP/*Kulartz* § 14 Rn. 45f. mwN; s. zum Leistungsbestimmungsrecht und seinen Grenzen ausf. → § 19 Rn. 1ff.

[46] S. zur Vorinformation näher → § 23 Rn. 1ff.

[47] Byok/Jaeger/*Werner* § 119 GWB Rn. 28; KKPP/*Kulartz* § 119 Rn. 8; Langen/Bunte/*Wagner* § 119 Rn. 18.

[48] S. zu den Anforderungen an Bekanntmachungen näher → § 23 Rn. 1ff.

[49] S. zu den maßgeblichen Fristen u. Fristverkürzungsmöglichkeiten näher → § 25 Rn. 1ff.; s. zur Angemessenheit der Frist BKartA Beschl. v. 7.5.2019 – VK 1-17/19, BeckRS 2019, 16136 Rn. 43.

[50] S. zu den Anforderungen an Leistungsbeschreibung und Vergabeunterlagen näher → § 19 Rn. 1ff., → § 20 Rn. 1ff.

[51] VK Berlin Beschl. v. 14.9.2005 – VK B1-43/05 mit Kommentierung *Schroeter* IBR 2005, 704; Reidt/Stickler/Glahs/*Ganske* § 119 GWB Rn. 22.

begrenzen, dass Angebote nur für ein oder mehrere Lose eingereicht werden dürfen; auch kann der Auftraggeber die Zahl der Lose beschränken, für die ein einzelner Bieter einen Zuschlag erhalten kann (**Loslimitierung bzw. Losalternativität;** § 30 VgV, § 5 EU Abs. 2 Nr. 3 VOB/A). Dies soll insbesondere die Beteiligung von kleinen und mittleren Unternehmen am Verfahren erleichtern.[52] Die Unternehmen haben ferner grundsätzlich Anspruch darauf, erst im Rahmen des Verfahrens auf ihre Eignung hin geprüft zu werden, da nur so eine sachliche Prüfung und rechtliches Gehör gewährleistet sind.[53]

Auf Grundlage der Vergabeunterlagen erarbeiten die Bieter ihre **Angebote,** die sie innerhalb der Abgabefrist einreichen müssen, um nicht vom Verfahren ausgeschlossen zu werden (§ 57 Abs. 1 Nr. 1 VgV, § 16 EU Nr. 1 VOB/A). Mit ihren Angeboten reichen die Bieter auch die erforderlichen **Nachweise über ihre Eignung** ein. Die Angebote sind vom öffentlichen Auftraggeber gegenüber den Mitbewerbern geheim zu halten (§ 5 VgV). Soweit die Leistungsbeschreibung nicht **eindeutig und erschöpfend**[54] ist, können die Bieter dem Auftraggeber Fragen zur Aufklärung der Leistungsbeschreibung stellen. Aus der Nichtbeantwortung einer Frage folgt allerdings nicht zwingend, dass die Leistungsbeschreibung nicht eindeutig und erschöpfend ist.[55] Die Bereitstellung von zusätzlichen Informationen etwa aufgrund einer Bieterfrage kann eine Verlängerung der Angebotsfrist erforderlich machen (vgl. § 20 Abs. 3 VgV, § 10a EU Abs. 6 VOB/A). Für Bietergemeinschaften gilt, dass die Zusammensetzung der Bietergemeinschaft erst mit Ablauf der Angebotsfrist feststehen muss.[56] 21

Nach Ablauf der Angebotsfrist öffnet der öffentliche Auftraggeber die Angebote (§ 55 VgV, § 14 EU VOB/A). Daraufhin beginnt der **Wertungsprozess** durch die Vergabestelle, die zunächst formal fehlerhafte Angebote aussortiert **(erste Wertungsstufe),** anschließend eine Eignungsprüfung durchführt **(zweite Wertungsstufe),** die verbliebenen Angebote der geeigneten Bieter inhaltlich bewertet **(dritte Wertungsstufe)** und schließlich das „wirtschaftlichste" Angebot auswählt **(vierte Wertungsstufe).**[57] Das offene Verfahren wird dabei als einstufiges Verfahren bezeichnet, weil Eignungsprüfung und Zuschlagsentscheidung Bestandteil eines einheitlichen Wertungsvorgangs sind.[58] Bei offenen Verfahren gilt zudem die Besonderheit, dass ausnahmsweise die Angebotsprüfung zeitlich vorgezogen werden darf, sofern sichergestellt ist, dass die anschließende Prüfung der Eignung (einschließlich des Nichtvorliegens von Ausschlussgründen) unparteiisch und transparent erfolgt (§ 42 Abs. 3 VgV, § 16b EU Abs. 2 VOB/A).[59] 22

Nachverhandlungen sind im offenen Verfahren **nicht erlaubt,** außer bei Bauaufträgen für den Sonderfall, dass Verhandlungen aufgrund eines Leistungsprogramms nötig sind, um unumgängliche technische Änderungen geringen Umfangs und daraus sich ergebende Änderungen der Preise zu vereinbaren (§ 15 Abs. 5 VgV, § 15 EU Abs. 3 VOB/A). Der öffentliche Auftraggeber darf jedoch von den Bietern **Aufklärung über das Angebot oder die Eignung der Bieter** verlangen (§ 15 Abs. 5 S. 1 VgV, § 15 EU VOB/A).[60] Die Aufklärung kann sowohl in Form eines Bietergesprächs als auch schriftlich oder im Wege der elektronischen Kommunikation durchgeführt werden; im Falle eines Bietergesprächs sollen die Ergebnisse in Textform niedergelegt werden (vgl. § 15 EU Abs. 1 Nr. 2 VOB/A).[61] Das Verfahren endet mit **Zuschlagserteilung** oder durch **Aufhebung.**[62] 23

---

[52] VergRModVO, BT-Drs. 18/7318, 170.

[53] VK Sachsen Beschl. v. 25.6.2010 – 1 VK 51/03, BeckRS 2004, 00439.

[54] S. dazu → § 19 Rn. 22ff.

[55] VK Baden-Württemberg Beschl. v. 25.3.2014 – 1 VK 9/14; s. zu Bieterfragen im Übrigen näher → § 20 Rn. 1ff.

[56] S. zu d. Auswirkungen späterer Änderungen → § 17 Rn. 75ff.

[57] Zu d. einzelnen Wertungsstufen s. näher → §§ 29–32.

[58] Willenbruch/Wieddekind/*Haak/Koch/Sang* § 119 GWB Rn. 7.

[59] Die Sonderregelung beruht auf Art. 56 Abs. 2 VRL; s. auch VergRModVO, BT-Drs. 18/7318, 182.

[60] S. hierzu näher → § 31 Rn. 36ff. (Preisaufklärung) u. → § 30 Rn. 38ff. (Aufklärung über die Eignung).

[61] Ziekow/Völlink/*Völlink* VgV § 15 Rn. 18.

[62] S. hierzu näher → §§ 33–35.

II. Nicht offenes Verfahren

1. Allgemeines

24 Das nicht offene Verfahren ist **zweistufig** ausgestaltet. Es unterteilt sich in einen öffentlichen Teilnahmewettbewerb und eine anschließende Aufforderung zur Angebotsabgabe an eine beschränkte Anzahl von Unternehmen aus dem Bewerberkreis (vgl. § 119 Abs. 4 GWB). Das Verfahren wird als „nicht offen" bezeichnet, weil nicht alle interessierten Unternehmen ein Angebot abgeben können, sondern nur solche, die zuvor von der Vergabestelle dazu ausgewählt wurden (§ 16 Abs. 4 S. 1 VgV, § 3b EU Abs. 2 Nr. 2 VOB/A). Es entspricht damit der **beschränkten Ausschreibung** nach öffentlichem Teilnahmewettbewerb für unterschwellige Auftragsvergaben.[63]

25 Ein wesentlicher Vorteil des nicht offenen Verfahrens gegenüber dem offenen Verfahren besteht darin, dass der vorgeschaltete Teilnahmewettbewerb eine **Vorprüfung und Vorauswahl der Bewerber auf ihre Eignung hin** ermöglicht.[64] Öffentliche Auftraggeber können so die Anzahl der zu prüfenden Angebote und damit den Verfahrensaufwand reduzieren.[65] Auch für die sich bewerbenden Unternehmen kann dies im Hinblick auf den Aufwand der Angebotserstellung vorteilhaft sein, da sie bei fehlender Eignung nicht zur Abgabe von Angeboten aufgefordert werden.[66] Allerdings kann sich die Vorauswahl für potentielle Bieter auch nachteilig auswirken, da sie selbst bei nachgewiesener Eignung keinen Anspruch auf Abgabe eines Angebots haben.[67] Der Auftraggeber ist berechtigt, eine **beschränkte Anzahl** von Bewerbern anhand **objektiver und nicht diskriminierender Eignungskriterien** für die Aufforderung zur Angebotsabgabe auszuwählen.[68] Er ist nicht gezwungen, alle geeigneten Bieter zur Angebotsabgabe aufzufordern. Für Bietergemeinschaften gilt, dass nach Ablauf der Frist für die Abgabe der Teilnahmeanträge grundsätzlich weder Veränderungen der Bietergemeinschaft noch die Bildung neuer Bietergemeinschaften zulässig sind.[69] Darüber hinaus handelt es sich beim nicht offenen Verfahren ebenfalls um ein **förmliches Vergabeverfahren,**[70] bei dem die Grundsätze der **eindeutigen und erschöpfenden Leistungsbeschreibung** sowie der Geheimhaltung der Angebote und das **Nachverhandlungsverbot** einzuhalten sind.[71] Hinsichtlich der Wettbewerbsintensität liegt es damit zwischen dem offenen Verfahren und dem Verhandlungsverfahren.[72]

2. Zulässigkeit des nicht offenen Verfahrens

26 Bereits nach der VKR von 2004 war das nicht offene Verfahren gleichwertig neben dem offenen Verfahren anwendbar.[73] Damals hatte sich der deutsche Gesetzgeber jedoch im Einklang mit dem Haushaltsvergaberecht für den Vorrang des offenen Verfahrens entschieden (vgl. § 101 Abs. 7 S. 1 GWB aF) Diese Hierarchie ist nunmehr durch Art. 26 Abs. 2 VRL ausgeschlossen worden; das nicht offene Verfahren steht daher öffentlichen Auftraggebern gleichberechtigt neben dem offenen Verfahren zur Wahl (§ 119 Abs. 1 S. 1 GWB).[74] Die gegenteilige Auffassung, die einen Vorrang des offenen Verfahrens weiterhin durch Anwendung allgemeiner Vergabegrundsätze begründen will,[75] widerspricht dem

63 Willenbruch/Wieddekind/*Haak/Koch/Sang* § 119 GWB Rn. 8; *Leinemann* Rn. 407.
64 RegE zum VergRModG BT-Drs. 18/6281, 97.
65 Kapellmann/Messerschmidt/*Stickler* VOB/A § 3b EU Rn. 10.
66 KKMPP/*Hausmann/Kern* § 14 Rn. 11.
67 Kapellmann/Messerschmidt/*Stickler* VOB/A § 3b EU Rn. 11.
68 Verg RModVO, Kabinettsfassung v. 20. 1. 2016, 206; s. dazu näher → Rn. 30 ff.
69 S. dazu näher → § 17 Rn. 79 ff.
70 Byok/Jäger/*Werner* § 101 GWB Rn. 616; KKPP/*Kulartz* § 119 Rn. 11.
71 KKPP/*Kulartz* § 119 Rn. 11.
72 Langen/Bunte/*Wagner* § 119 Rn. 22.
73 Art. 28 VKR, Art. 40 SKR.
74 Langen/Bunte/*Wagner* § 119 Rn. 8; KKPP/*Kulartz* § 119 Rn. 4; Ziekow/Völlink/*Antweiler* GWB § 119 Rn. 10; Kapellmann/Messerschmidt/*Stickler* VOB/A § 3a EU Rn. 8.
75 Ingenstau/Korbion/*Stolz* § 3a EU Rn. 7.

eindeutigen Wortlaut der VRL und ist daher abzulehnen.[76] Die Wahl des nicht offenen Verfahrens muss somit auch nicht mehr begründet werden.[77]

3. Ablauf des nicht offenen Verfahrens

Das nicht offene Verfahren ist **zweistufig** ausgestaltet. Auf der ersten Stufe fordert der öffentliche Auftraggeber eine unbeschränkte Anzahl von Unternehmen im Rahmen eines **Teilnahmewettbewerbs** öffentlich zur Abgabe von Teilnahmeanträgen auf. Der öffentliche Auftraggeber wählt anschließend aus dem Kreis der eingegangenen Bewerbungen diejenigen Unternehmen aus, die er zur Angebotsabgabe auffordert (§ 16 Abs. 4 VgV, § 3b EU Abs. 2 Nr. 2 VOB/A). Auf der zweiten Stufe findet der eigentliche Wettbewerb der ausgewählten Bieter um die Auftragsvergabe statt. 27

Vor Beginn des Verfahrens hat der Auftraggeber wie beim offenen Verfahren die Möglichkeit, eine **Vorinformation** über die geplanten Vergaben bekanntzumachen und hierdurch die Angebotsfrist – nicht aber die Frist für den Eingang der Anträge auf Teilnahme (Bewerbungsfrist) – zu verkürzen (§ 38 Abs. 3 VgV, § 10b EU Abs. 3 VOB/A).[78] Will der Auftraggeber nicht von der Möglichkeit der Fristverkürzung Gebrauch machen, ist die Vorinformation nicht verpflichtend. Mit Ausnahme oberster Bundesbehörden kann der öffentliche Auftraggeber **(„subzentraler öffentlicher Auftraggeber“)** im Falle einer hinreichend qualifizierten Vorinformation sogar auf eine zusätzliche Auftragsbekanntmachung verzichten (§ 38 Abs. 4 VgV, § 12 EU Abs. 2 Nr. 1 VOB/A). 28

Das Verfahren beginnt – abgesehen vom eben erwähnten Sonderfall der die Auftragsbekanntmachung ersetzenden Vorinformation – mit einer **europaweiten Auftragsbekanntmachung**[79], in der Unternehmen aufgerufen werden, am Wettbewerb teilzunehmen. Der öffentliche Teilnahmewettbewerb dient der **Ermittlung der Eignung** der Teilnehmer im Sinne von § 122 GWB.[80] In der Bekanntmachung sind die Informationen nach Anhang V Teil C VRL anzugeben. Das umfasst insbesondere die Frist für die Einsendung der Teilnahmeanträge. Die Frist beträgt dabei grundsätzlich mindestens 30 Tage, gerechnet ab dem Tag nach Absendung der Auftragsbekanntmachung; sie kann aber in Fällen hinreichend begründeter Dringlichkeit auf 15 Tage verkürzt werden (§ 16 Abs. 2, 3 VgV, § 10b EU Abs. 1, 5 Nr. 1 VOB/A).[81] Wie beim offenen Verfahren hat der öffentliche Auftraggeber in der Regel eine elektronische Adresse anzugeben, unter der die Vergabeunterlagen abgerufen werden können (§ 41 Abs. 1 VgV, § 12a EU Abs. 1 Nr. 1 VOB/A). 29

Sofern der öffentliche Auftraggeber die Zahl der Unternehmen, die zur Abgabe eines Angebots aufgefordert werden, begrenzen möchte, muss er die **Mindestzahl,** die von ihm vorgesehenen **objektiven und nichtdiskriminierenden Eignungskriterien** für die Begrenzung der einzuladenden Bewerber und gegebenenfalls auch die **Höchstzahl der einzuladenden Bewerber** bereits in der Auftragsbekanntmachung angeben (§ 51 Abs. 1 VgV, § 3b EU Abs. 2 Nr. 3 VOB/A). Die Mindestzahl darf beim nicht offenen Verfahren **nicht niedriger als fünf** sein, muss aber in jedem Fall ausreichend hoch sein, dass ein echter Wettbewerb gesichert ist (§ 51 Abs. 2 VgV, § 3b EU Abs. 2 Nr. 3 VOB/A). Der Auftraggeber darf das Verfahren allerdings auch dann fortsetzen, wenn die festgelegte Mindestzahl geeigneter Bewerber nicht erreicht wird, da es genügt, wenn er das Verfahren 30

---

[76] Kapellmann/Messerschmidt/*Stickler* VOB/A § 3a EU Rn. 8.

[77] RegE zum VergRModG BT-Drs. 18/6281, 97; Kapellmann/Messerschmidt/*Stickler* VOB/A § 3a EU Rn. 8.

[78] S. zur Vorinformation näher → § 23 Rn. 1 ff.

[79] Vgl. § 37 VgV, § 12 EG Abs. 3 VOB/A; s. zu den Anforderungen an die Bek. näher → § 23 Rn. 1 ff.

[80] OLG Düsseldorf Beschl. v. 17.10.2018 – VII-Verg 26/18, NZBau 2019, 129 Rn. 44; Reidt/Stickler/Glahs/*Ganske* § 119 GWB Rn. 30; KKPP/*Kulartz* § 119 Rn. 13; Dreher/Stockmann/*Dreher* § 101 Rn. 19.

[81] S. zu den Fristen ausführlich → § 25 Rn. 1 ff.

rechtmäßig wählt und durchführt.[82] In diesem Fall lädt der öffentliche Auftraggeber die Bewerber ein, die über die geforderte Eignung verfügen. Andere Unternehmen, die keinen Teilnahmeantrag gestellt haben, oder Bewerber, die nicht über die geforderte Eignung verfügen, dürfen dagegen nicht zum Verfahren zugelassen werden (§ 51 Abs. 3 VgV, § 3b EU Abs. 2 Nr. 3 S. 6 VOB/A).[83]

31 Der öffentliche Auftraggeber muss nicht von vornherein festlegen, wie viele Bewerber er auf der nächsten Stufe berücksichtigen wird.[84] Hat der öffentliche Auftraggeber keine **Höchstzahl** festgelegt und stehen geeignete Bewerber in ausreichender Zahl zur Verfügung, lädt der öffentliche Auftraggeber eine Anzahl von geeigneten Bewerbern ein, die nicht niedriger als die festgelegte **Mindestzahl** an Bewerbern sein darf (§ 51 Abs. 3 VgV, § 3b EU Abs. 2 Nr. 3 S. 5 VOB/A). Ein Überschreiten der in der Auftragsbekanntmachung angegebenen Mindestzahl, wodurch der öffentliche Auftraggeber letztlich einen größeren Wettbewerb schafft, ist im Grundsatz zulässig.[85] Legt der öffentliche Auftraggeber dagegen eine Höchstzahl fest, ist er an diese gebunden. Die Zulassung von mehr Bewerbern als ursprünglich angegeben verstößt gegen das Willkürverbot und das Transparenzgebot.[86]

32 Der Auftraggeber prüft die eingegangenen Teilnahmeanträge und hat zunächst solche Teilnehmer auszuschließen, deren Unterlagen nicht form- und fristgerecht eingegangen sind oder die geforderten Nachweise nicht enthalten.[87] Ein Ermessen besteht insoweit nicht.[88] Darüber hinaus ist in dieser Stufe auch die **Eignungsprüfung** abschließend durchzuführen.[89] Unter den verbleibenden geeigneten Bewerbern sind – sofern der Auftraggeber die Mindest- oder Höchstzahl der einzuladenden Bewerber in der Auftragsbekanntmachung angegeben hat – diejenigen auszuwählen, die zur Angebotsabgabe aufgefordert werden.[90] Die **Auswahl** muss dabei **anhand der objektiven und nichtdiskriminierenden Eignungskriterien** erfolgen, die zuvor in der Auftragsbekanntmachung angegeben wurden (§ 51 Abs. 1 VgV, § 3b EU Abs. 2 Nr. 3 VOB/A). Es handelt sich insoweit um Eignungskriterien, die vom öffentlichen Auftraggeber im Sinne eines **„Mehr an Eignung"**, festgelegt werden, wie zum Beispiel die Qualität der vorgelegten Referenzen.[91] Nur solche Bewerber dürfen zur Abgabe eines Angebots aufgefordert werden, die die aufgestellten Kriterien erfüllen, da die übrigen Teilnehmer ein Recht darauf haben, sich im Angebotswettbewerb nur mit solchen Bewerbern messen zu müssen.[92] Hat der öffentliche Auftraggeber in der Auftragsbekanntmachung eine **Höchstzahl** angegeben und sollten auch bei Anwendung der definierten Eignungskriterien mehr als die vorgesehene Höchstzahl an Teilnehmern verbleiben, stellt sich die Frage, ob der Auftraggeber zu einer **Auswahl durch Losentscheid** berechtigt ist. Das dürfte allerdings nur ausnahmsweise als „ultima ratio" zulässig sein, wenn der Auftraggeber unter den eingegangenen Be-

---

[82] EuGH Urt. v. 15.10.2009 – C-138/08, ECLI:EU:C:2009:627 = BeckRS 2009, 71137 – Hochtief AG.

[83] Ingenstau/Korbion/*Stolz* § 3b EU Rn. 12.

[84] BayObLG Beschl. v. 20.4.2005 – Verg 26/04, BeckRS 2005, 18627; OLG Dresden Beschl. v. 6.6.2002 – WVerg 0004/02, IBRRS 2003, 0755; Reidt/Stickler/Glahs/*Ganske* § 119 GWB Rn. 29, 31; Dreher/Stockmann/*Dreher* § 101 Rn. 20.

[85] Vgl. OLG München Beschl. v. 28.4.2006 – Verg 6/06, IBRRS 2014, 0140.

[86] OLG München Beschl. v. 21.11.2013 – Verg 09/13, IBRRS 2013, 5163; Beschl. v. 19.12.2013 – Verg 12/13, IBRRS 2014, 0136.

[87] BGH Beschl. v. 18.2.2003– X ZB 43/02, BeckRS 2003, 2527; VK Bund Beschl. v. 22.2.2008 – VK 1-4/08, IBRRS 2008, 0938; Reidt/Stickler/Glahs/*Ganske* § 119 GWB Rn. 31.

[88] BGH Beschl. v. 18.2.2003– X ZB 43/02, BeckRS 2003, 2527; VK Baden-Württemberg Beschl. v. 26.8. 2009 – 1 VK 43/09, IBRRS 2010, 0080; Reidt/Stickler/Glahs/*Ganske* § 119 GWB Rn. 31; s. hierzu näher → § 29 Rn. 1 ff.

[89] Vgl. OLG München Beschl. v. 17.9.2015 – Verg 3/15, IBRRS 2015, 2656 zum insoweit gleichgelagerten Fall des Verhandlungsverfahrens mit Teilnahmewettbewerb.

[90] Reidt/Stickler/Glahs/*Ganske* § 119 GWB Rn. 31; KKPP/*Kulartz* § 119 Rn. 16.

[91] VergRModVO, BT-Drs. 18/7318, 187; Kapellmann/Messerschmidt/*Stickler* VOB/A § 3b EU Rn. 10.

[92] VK Bund Beschl. v. 22.2.2008 – VK 1-4/08, IBRRS 2008, 0938; Reidt/Stickler/Glahs/*Ganske* § 119 GWB Rn. 31; KKPP/*Kulartz* § 119 Rn. 20; ablehnend dagegen *Stolz* in Ingenstau/Korbion/Leupertz/*v.* Wietersheim. § 3b EU Rn. 24.

werbungen eine rein objektive Auswahl nach den festgelegten Kriterien unter gleich qualifizierten Bewerbern nicht mehr nachvollziehbar durchführen kann.[93]

Der öffentliche Auftraggeber fordert die so ausgewählten Unternehmen zur Abgabe eines Angebots auf. Die Frist zur Einreichung des Angebots **(Angebotsfrist)** beträgt mindestens 30 Tage, gerechnet ab dem Tag nach der Absendung der Aufforderung zur Angebotsabgabe (§ 16 Abs. 5 VgV, § 10b EU Abs. 2 VOB/A). Im Anwendungsbereich der VgV hat der öffentliche Auftraggeber, sofern es sich nicht um eine oberste Bundesbehörde handelt, alternativ die Möglichkeit, die Angebotsfrist mit den Bewerbern, die zur Angebotsabgabe aufgefordert werden, im gegenseitigen Einvernehmen festzulegen, sofern allen Bewerbern dieselbe Frist für die Einreichung der Angebote gewährt wird (§ 16 Abs. 6 S. 1 VgV). Kommt keine Einigung zustande, beträgt die vom öffentlichen Auftraggeber festzulegende Frist zur Angebotsabgabe mindestens zehn Tage (§ 16 Abs. 6 S. 2 VgV). 33

Der weitere Verfahrensablauf nach Auswahl der Teilnehmer und Aufforderung zur Angebotsabgabe entspricht dem des offenen Verfahrens. Auf die dortigen Ausführungen wird verwiesen.[94]

III. Verhandlungsverfahren mit Teilnahmewettbewerb

1. Allgemeines

Nach § 119 Abs. 5 GWB ist das Verhandlungsverfahren ein *„Verfahren, bei dem sich der öffentliche Auftraggeber mit oder ohne Teilnahmewettbewerb an ausgewählte Unternehmen wendet, um mit einem oder mehreren über die Angebote zu verhandeln"*. Diese Definition entspricht im Wesentlichen der **freihändigen Vergabe** bei unterschwelligen Auftragsvergaben.[95] Im Unterschied zum offenen und nicht offenen Verfahren muss der Auftragsgegenstand beim Verhandlungsverfahren nicht bereits in der Auftragsbekanntmachung in allen Einzelheiten festgeschrieben sein, da die Auftragsbedingungen und der Preis erst im Laufe des Verfahrens **verhandelt** werden.[96] Zudem können die Teilnehmer ihre Angebote grundsätzlich auch nach Abgabe im Lauf des Verfahrens noch abändern.[97] Damit ist das Verhandlungsverfahren das **flexibelste der Verfahrensarten** und aufgrund dessen besonders für komplexe Aufträge wie zB Public-Private-Partnership-Projekte geeignet.[98] Die Flexibilität des Verhandlungsverfahrens, die mit einem Mangel an Regelungsdichte einhergeht, kann in der Praxis allerdings auch zu Unsicherheiten und zu Fehleranfälligkeit führen.[99] Die Anforderungen an den Verfahrensablauf werden nunmehr durch die VRL – und in deren Umsetzung durch die VgV und VOB/A – konkretisiert. Allerdings können die aus den auch im Verhandlungsverfahren zu beachtenden[100] allgemeinen Verfahrensprinzipien, also der Wettbewerbsgrundsatz, das Transparenz- und Gleichbehandlungsgebot sowie der Grundsatz der Vertraulichkeit weiterhin ergänzend zur Konkretisierung der Anforderungen an die Verfahrensausgestaltung herangezogen werden. 34

---

[93] OLG Rostock Beschl. v. 1.8.2003 – 17 Verg 7/03, BeckRS 2010, 27479; VK BKartA Beschl. v. 25.1. 2012 – VK 1-174/11, BeckRS 2012, 20900, KKPP/*Kulartz* § 119 Rn. 17.

[94] S. → Rn. 20ff.

[95] *Quilisch* NZBau 2003, 249 (250); Dreher/Stockmann/*Dreher* § 101 Rn. 9.

[96] OLG Düsseldorf Beschl. v. 5.7.2006 – VII-Verg 21/06, BeckRS 2006, 8298; OLG Celle Beschl. v. 16.1. 2002 – 13 Verg 1/02, IBRRS 2002, 0549; Willenbruch/Wieddekind/*Haak/Koch/Sang* § 119 GWB Rn. 13; KKPP/*Kulartz* § 119 Rn. 25; Kapellmann/Messerschmidt/*Stickler* VOB/A § 3b EU Rn. 21.

[97] BGH Urt. v. 10.9.2009 – VII ZR 255/08, BeckRS 2009, 26577; OLG Düsseldorf Beschl. v. 5.7.2006 – VII-Verg 21/06, IBRRS 2006, 4330; OLG Celle Beschl. v. 16.1.2002 – 13 Verg 1/02, BeckRS 2002, 160346; Reidt/Stickler/Glahs/*Ganske* § 119 GWB Rn. 33; *Leinemann* Rn. 1645; Langen/Bunte/*Wagner* § 119 Rn. 30.

[98] KKPP/*Kulartz* § 119 Rn. 22.

[99] *Quilisch* NZBau 2003, 249; *Kramer* NZBau 2005, 138.

[100] BGH Urt. v. 10.9.2009 – VII ZR 255/08, BeckRS 2009, 26577; OLG Düsseldorf Beschl. v. 19.7.2006 – VII-Verg 27/06; s. zu den allg. Verfahrensprinzipien → § 1 Rn. 1ff.

2. Zulässigkeit des Verhandlungsverfahrens mit Teilnahmewettbewerb

35 Öffentliche Auftraggeber dürfen bei der Vergabe von Liefer- und Dienstleistungsverträgen sowie von Bauaufträgen das Verhandlungsverfahren mit Teilnahmewettbewerb nur unter den in § 14 Abs. 3 VgV bzw. § 3a EU Abs. 3 VOB/A genannten besonderen Voraussetzungen wählen. Das gilt, wenngleich nach § 74 VgV Architekten- und Ingenieursleistungen *„in der Regel"* im Verhandlungsverfahren mit Teilnahmewettbewerb oder im wettbewerblichen Dialog vergeben werden, auch für diese Leistungen. Der öffentliche Auftraggeber muss das **Vorliegen der jeweiligen Voraussetzungen begründen** und diese Gründe aktenkundig machen (vgl. § 8 Abs. 1 VgV).

36 Die VRL hat dabei mit dem Ziel, öffentlichen Auftraggebern größere Flexibilität einzuräumen, die **Fallgruppen,** in denen die Wahl des Verhandlungsverfahrens mit Teilnahmewettbewerb zulässig sind, **erheblich erweitert.** Zu beachten ist, dass in allen Fallgruppen ein wettbewerblicher Dialog als alternative Verfahrensart gleichermaßen zulässig ist. Die Zielsetzung des Richtliniengebers und die Formulierung der Kriterien deuten dabei darauf hin, dass an das Vorliegen der Zulässigkeitsvoraussetzungen nicht allzu hohe Anforderungen gestellt werden sollten;[101] ein Beurteilungsspielraum im Rechtssinn kommt den öffentlichen Auftraggebern jedoch nach wie vor nicht zu.[102] Entsprechend den Vorgaben der VRL wurden mit der Vergaberechtsreform 2016 die Bestimmungen der VgV und der VOB/A und VOL/A grundlegend neugefasst und im Wortlaut weitestgehend angeglichen. Die neuen Fallgruppen decken sich dabei nur teilweise mit den Vorgängerregelungen. Nach neuer Rechtslage sind fünf Fallgruppen zu unterscheiden:

37 **a) Bedürfnisse des öffentlichen Auftraggebers können nicht ohne Anpassung bereits verfügbarer Lösungen erfüllt werden (§§ 14 Abs. 3 Nr. 1 VgV, 3a EU Abs. 2 Nr. 1 lit. a) VOB/A).** Nach den wortgleichen § 14 Abs. 3 Nr. 1 VgV und § 3a EU Abs. 2 Nr. 1 lit. a) VOB/A kann der öffentliche Auftraggeber Aufträge im Verhandlungsverfahren mit Teilnahmewettbewerb vergeben, wenn die Bedürfnisse des öffentlichen Auftraggebers nicht ohne die Anpassung bereits verfügbarer Lösungen erfüllt werden können. Die beiden Vorschriften, welche der Umsetzung von Art. 26 Abs. 4 lit. a) i) VRL dienen, stellen gegenüber den früheren Fallgruppen nach alter Rechtslage eine Erweiterung dar. Nach ihrem Wortlaut dürften sie vor allem auf Fälle gerichtet sein, bei denen, ähnlich der früheren Regelung in Art. 30 Abs. 1 lit. c) VKR (umgesetzt in § 3 EG Abs. 3 lit. c) VOL/A aF.), geistig-schöpferische (Entwicklungs-)leistungen erforderlich sind, um die individuellen Bedürfnisse des öffentlichen Auftraggebers zu erfüllen. Allerdings sind die Regelungen, anders als § 3 EG Abs. 3 lit. c) VOL/A aF, nicht auf Dienstleistungsaufträge beschränkt, sondern umfassen auch Liefer- und Bauaufträge. Nach Erwägungsgrund 43 VRL können Anpassungen oder konzeptionelle Arbeiten insbesondere notwendig sein bei *„komplexen Anschaffungen, beispielsweise für besonders hoch entwickelte Waren, geistige Dienstleistungen wie etwa bestimmte Beratungs-, Architekten- oder Ingenieurleistungen oder Großprojekten der Informations- und Kommunikationstechnologie"*.

38 **b) Auftrag umfasst konzeptionelle oder innovative Lösungen (§§ 14 Abs. 3 Nr. 2 VgV, 3a EU Abs. 2 Nr. 1 lit. b) VOB/A).** Nach §§ 14 Abs. 3 Nr. 2 VgV, 3a EU Abs. 2 Nr. 1 lit. b) VOB/A kann der öffentliche Auftraggeber das Verhandlungsverfahren mit Teilnahmewettbewerb ferner dann wählen, wenn der Auftrag **konzeptionelle oder innovative Lösungen** umfasst. Die im Wortlaut übereinstimmenden Vorschriften beruhen auf Art. 26 Abs. 4 lit. a) ii) VRL. Der Begriff „Innovation" bezeichnet nach Ziff. 2 Abs. 1 Nr. 22 VRL die Realisierung von neuen oder deutlich verbesserten Waren,

---

[101] Kapellmann/Messerschmidt/*Stickler* VOB/A § 3a EU Rn. 11; aA (weiterhin enge Auslegung) BKartA Beschl. v. 23.10.2019 – VK 1-75/19, BeckRS 2019, 30967 Rn. 32; VK Rheinland-Pfalz Beschl. v. 27.8. 2019 – VK 1-13/19, BeckRS 2019, 28920 Rn. 44.

[102] Ingenstau/Korbion/*Stolz* § 3a EU Rn. 12; aA wohl *Jaeger* NZBau 2014, 259 (262).

Dienstleistungen oder Verfahren, einschließlich – aber nicht beschränkt auf – Produktions- Bau- oder Konstruktionsverfahren, eine neue Vermarktungsmethode oder ein neues Organisationsverfahren in Bezug auf Geschäftspraxis, Abläufe am Arbeitsplatz oder externe Beziehungen, ua mit dem Ziel, zur Bewältigung gesellschaftlicher Herausforderungen beizutragen oder die Strategie Europa 2020 für intelligentes, nachhaltiges und integratives Wachstum zu unterstützen. Eine klare Abgrenzung zur oben genannten ersten Fallgruppe ist dabei nicht möglich, da auch dann, wenn Anpassungen bereits verfügbarer Lösungen erforderlich sind, häufig konzeptionelle oder innovative Lösungen erforderlich sein werden. Nach dem bereits zitierten Erwägungsgrund 43 VRL kommt beide Fallgruppe vor allem bei komplexen Anschaffungen und geistigen Dienstleistungen zum Tragen. Die Verordnungsbegründung verweist auf große, integrierte Verkehrsinfrastrukturprojekte, große Computer-Netzwerke sowie Projekte mit einer komplexen, strukturierten Finanzierung als Beispielsfälle.[103] Darüber hinaus werden auch freiberufliche Leistungen regelmäßig in diese Kategorie fallen.

c) Auftrag kann aufgrund konkreter Umstände nicht ohne vorherige Verhandlungen vergeben werden (§§ 14 Abs. 3 Nr. 3 VgV, 3a EU Abs. 2 Nr. 1 lit. c) VOB/A). Ein Verhandlungsverfahren mit Teilnahmewettbewerb ist in Übereinstimmung mit Art. 26 Abs. 4 lit. a) iii) VRL ferner dann zulässig, wenn der Auftrag aufgrund konkreter Umstände, die mit der **Art, der Komplexität oder dem rechtlichen oder finanziellen Rahmen oder den damit einhergehenden Risiken** zusammenhängen, nicht ohne vorherige Verhandlungen vergeben werden kann. Diese Fallgruppe ähnelt § 3 EG Abs. 4 Nr. 3 VOB/A sowie § 3 EG Abs. 3 lit. b) VOL/A aF, welche – mit unterschiedlichen Formulierungen im Detail – die Durchführung eines Verhandlungsverfahrens erlaubten, wenn der Auftrag nach seiner Natur oder wegen der damit verbundenen Risiken die vorherige Festlegung eines Gesamtpreises nicht zuließ. Gegenüber den früheren Regelungen werden die Gründe, die zur Rechtfertigung eines Verhandlungsverfahrens herangezogen werden können, jedoch zumindest dem Wortlaut nach erheblich ausgeweitet. Die **Komplexität des Auftrags** kann sich zB aus technischen Aspekten ergeben, wenn der öffentliche Auftraggeber nicht in der Lage ist, die technischen Mittel zur Befriedigung seines Bedarfs zu definieren oder zu beurteilen, welche technischen, finanziellen oder rechtlichen Lösungen der Markt zu bieten hat.[104] Die Möglichkeit von Risiken in Zusammenhang mit dem **finanziellen Rahmen** sah der Richtliniengeber etwa bei Projekte mit komplexer, strukturierter Finanzierung.[105] Allerdings wurden bereits nach alter Rechtslage von § 3 EG Abs. 4 Nr. 3 VOB/A bzw. § 3 EG Abs. 3 lit. b) VOL/A aF die Fälle erfasst, in denen die Leistung nach Art und Umfang oder wegen der damit verbundenen Wagnisse nicht eindeutig und nicht so erschöpfend beschrieben werden konnte, dass eine zweifelsfreie Preisermittlung zur Vereinbarung einer festen Vergütung möglich ist.[106] Inwieweit den neu genannten Gesichtspunkten der Komplexität sowie des rechtlichen bzw. finanziellen Risikos demgegenüber eine eigenständige Bedeutung zukommen wird, bleibt daher abzuwarten. Letztlich dürften auch diese Aspekte in Zusammenhang mit der Natur des Auftrags stehen. Die zusätzlich genannten Kriterien dürften daher in erster Linie als Formulierungshilfe für öffentliche Auftraggeber bei der Begründung des Ausnahmetatbestands dienen. 39

d) Leistung kann nicht mit ausreichender Genauigkeit beschrieben werden (§§ 14 Abs. 3 Nr. 4 VgV, 3a EU Abs. 2 Nr. 1 lit. d) VOB/A). Nach § 14 Abs. 3 Nr. 4 VgV kann der öffentliche Auftraggeber das Verhandlungsverfahren mit Teilnahmewettbewerb wählen, wenn die Leistung, insbesondere ihre technischen Anforderungen, vom öffentli- 40

[103] VergRModVO, BT-Drs. 18/7318, 157.
[104] Vgl. Erwägungsgrund 42 VRL; Kapellmann/Messerschmidt/*Stickler* VOB/A § 3a EU Rn. 18.
[105] Erwägungsgrund 42 VRL.
[106] Kapellmann/Messerschmidt/*Stickler*, 5. Aufl. § 3 EG Rn. 99.

chen Auftraggeber **nicht mit ausreichender Genauigkeit** unter Verweis auf eine Norm, eine europäische technische Bewertung (ETA), eine gemeinsame technische Spezifikation oder technische Referenzen beschrieben werden kann. § 3a EU Abs. 2 Nr. 1 lit. d) VOB/A stellt – im Übrigen wortgleich – in Übereinstimmung mit dem Wortlaut des Art. 26 Abs. 4 lit. a) iv) VRL lediglich auf die **Unmöglichkeit der ausreichenden Beschreibung der technischen Spezifikationen** ab. Die Beschränkung auf technische Spezifikationen – im Gegensatz zur Vorgängerregelung in Art. 30 Abs. 1 lit. c) VKR, die auf die *„vertraglichen Spezifikationen"* abstellte – lässt sich dahingehend deuten, dass von der Fallgruppe nach Art. 26 Abs. 4 lit. a) iv) VRL lediglich die Fälle umfasst werden sollen, in denen technische Spezifikationen relevant sind.[107] Demgegenüber deutet die weitere Formulierung in § 14 Abs. 3 Nr. 4 VgV darauf hin, dass der Verordnungsgeber darüber hinausgehend entsprechend der Vorgängerregelung in § 3 EG Abs. 3 lit. b) VOL/A aF alle Fälle erfassen wollte, in denen eine eindeutige und erschöpfende Leistungsbeschreibung nicht möglich ist. Die Frage dürfte allerdings keine größere praktische Relevanz besitzen, da Leistungen, die nicht in Zusammenhang mit technischen Anforderungen stehen, aber nicht eindeutig und erschöpfend beschrieben werden können, regelmäßig auch unter die oben genannten Fallgruppen b) und/oder c) fallen werden.

41 **e) Keine ordnungsgemäßen bzw. nur unannehmbare Angebote im vorangegangenen offenen oder nicht offenen Verfahren (§§ 14 Abs. 3 Nr. 5 Hs. 1 VgV, 3a EU Abs. 2 Nr. 2 VOB/A).** Schließlich kann der öffentliche Auftraggeber ein Verhandlungsverfahren mit Teilnahmewettbewerb auch dann durchführen, wenn das **vorangegangene Verfahren wegen nicht ordnungsgemäßer oder unannehmbarer Angebote aufgehoben wurde** (§ 3a EU Abs. 2 Nr. 2 VOB/A). Ähnlich ist die Formulierung bei § 14 Abs. 3 Nr. 5 Hs. 1 VgV, wonach das Verhandlungsverfahren zulässig ist, wenn im Rahmen eines offenen oder nicht offenen Verfahrens **keine ordnungsgemäßen oder nur unannehmbare Angebote** eingereicht wurden. Die Vorschriften entsprechen den §§ 3 EG Abs. 4 Nr. 1 VOB/A, 3 EG Abs. 3 lit. a) Hs. 1 VOL/A nach alter Rechtslage, wobei die neuen Regelungen sich deutlich stärker am Wortlaut der zugrunde liegenden Richtlinienbestimmung orientieren.[108] Anders als in § 3a EU Abs. 2 Nr. 2 VOB/A wird in § 14 Abs. 3 Nr. 5 Hs. 1 VgV die Notwendigkeit einer vorherigen förmlichen Verfahrensaufhebung nicht ausdrücklich erwähnt. Dies ist aber ohnehin zwingende Voraussetzung, da ein Wechsel der Verfahrensart während eines laufenden Verfahrens unzulässig ist.[109] § 3a EU Abs. 2 Nr. 2 VOB/A muss dagegen europarechtskonform dahingehend ausgelegt werden, dass es sich beim vorangegangenen Verfahren um ein offenes oder nicht offenes Verfahren handeln muss.

42 Beide Vorschriften enthalten – in Umsetzung der Richtlinie – ergänzende **Regelbeispiele für „nicht ordnungsgemäße" und „unannehmbare" Angebote.** Nicht ordnungsgemäß sind nach dieser – nicht abschließenden – Aufzählung insbesondere Angebote, die nicht den Vergabeunterlagen entsprechen, nicht fristgerecht eingegangen sind, nachweislich auf kollusiven Absprachen oder Korruption beruhen oder nach Einschätzung des öffentlichen Auftraggebers ungewöhnlich niedrig sind. Unannehmbar sind insbesondere Angebote von Bietern, die nicht über die erforderlichen Qualifikationen verfügen und Angebote, deren Preis das **vor Einleitung des Vergabeverfahrens festgelegte und schriftlich dokumentierte Budget** des öffentlichen Auftraggebers übersteigt. Auch ohne vorherige Dokumentation des Budgets soll nach Auffassung des OLG Dresden ein Angebot aber auch dann unannehmbar sein, wenn es *„schlicht zu hoch ist"*.[110]

---

[107] S. zum Begriff der technischen Anforderungen bzw. technischen Spezifikationen näher → § 19 Rn. 56 ff.

[108] Vgl. Art. 26 Abs. 4 lit. b) VRL, der seinerseits weitgehend mit der Vorgängerregelung in Art. 30 Abs. 1 lit. a) VKR übereinstimmt.

[109] Vgl. OLG Jena Beschl. v. 20.6.2005 – 9 Vergabe 3/05, IBRRS 2009, 1002; VK Berlin Beschl. v. 6.3.2009 – VK B2-32/08, IBRRS 2009, 1002; Pünder/Schellenberg/*Pünder* § 119 GWB Rn. 56.

[110] OLG Dresden Beschl. v. 28.12.2018 – Verg 4/18, BeckRS 2018, 42387, Rn. 41.

Die Durchführung des Verhandlungsverfahrens ist demgegenüber nicht zulässig, wenn das Scheitern des vorangegangenen Verfahrens dem Auftraggeber selbst zuzuschreiben ist, etwa weil die Auftragsbedingungen die Erfüllung des ausgeschriebenen Auftrages bis an die Grenzen der Unmöglichkeit erschwert haben.[111] Das beruht auf der Überlegung, dass der Auftraggeber das Scheitern des Verfahrens nicht bewusst provozieren darf, um anschließend auf das Verhandlungsverfahren ohne Teilnahmewettbewerb zurückzugreifen. Aus den neuen Vorschriften ergibt sich dagegen – anders als noch nach § 3 EG Abs. 4 Nr. 1 VOB/A und § 3 EG Abs. 3 lit. a) Hs. 1 VOL/A aF – nicht ausdrücklich, dass das Verhandlungsverfahren bei **grundlegender Änderung der Auftragsbedingungen** nicht zulässig ist.[112] Diese Einschränkung ist auch in der sekundärrechtlichen Grundlage des Art. 26 Abs. 4 lit. b) VRL nicht mehr enthalten. Das lässt vermuten, dass nach neuer Rechtslage auch erheblichere Änderungen der Auftragsbedingungen einschließlich der Zuschlagskriterien zulässig sein sollen. Dennoch wird man bereits aus Gründen der Transparenz, der Gleichbehandlung und des Wettbewerbs gewisse Grenzen für die Zulässigkeit von Änderungen beachten müssen. Vor diesen Hintergrund muss nach zutreffender Auffassung im Falle von Änderungen jedenfalls die **Identität des Beschaffungsvorhabens** weiterhin gewahrt sein.[113] 43

Sofern der öffentliche Auftraggeber im Verhandlungsverfahren alle und nur diejenigen geeigneten Unternehmen einbezieht, die im vorangegangenen offenen oder nicht offenen Verfahren ein form- und fristgerechtes Angebot abgegeben haben, kann er schließlich – wie bereits nach alter Rechtslage – **ausnahmsweise auf einen Teilnahmewettbewerb verzichten** (§ 14 Abs. 3 Nr. 5 Hs. 4 VgV, § 3a EU Abs. 3 Nr. 1 VOB/A).[114] Bei Bauleistungen hat der öffentliche Auftraggeber in diesem Fall also zwischen den Verfahren nach § 3a EU Abs. 2 Nr. 2 VOB/A und § 3a EU Abs. 3 Nr. 1 VOB/A Wahlfreiheit.[115] Wahlfreiheit hat der öffentliche Auftraggeber im Übrigen auch dann, wenn zugleich sämtliche Zulässigkeitsvoraussetzungen für das Verhandlungsverfahren ohne Teilnahmewettbewerb nach § 14 Abs. 4 Nr. 1 VgV bzw. § 3a EU Abs. 3 Nr. 2 VOB/A erfüllt sind.[116] 44

3. Ablauf des Verhandlungsverfahrens mit Teilnahmewettbewerb

Das Verhandlungsverfahren mit Teilnahmewettbewerb ist wie das nicht offene Verfahren **zweistufig** ausgestaltet.[117] In einem öffentlichen Teilnahmewettbewerb werden auf der ersten Stufe diejenigen geeigneten Bewerber ausgewählt, mit denen auf der zweiten Stufe Verhandlungen mit dem Ziel der Auftragsvergabe geführt werden.[118] 45

a) Öffentlicher Teilnahmewettbewerb. Das Verhandlungsverfahren beginnt wie das nicht offene Verfahren mit einer öffentlichen Auftragsbekanntmachung mit **Aufforderung zur Abgabe von Teilnahmeanträgen.** Der Teilnahmewettbewerb dient dazu, diejenigen geeigneten Unternehmen auszuwählen, mit denen der Auftraggeber anschließend verhandelt. Dieser Verfahrensabschnitt unterscheidet sich nicht wesentlich vom Teilnahmewettbewerb im nicht offenen Verfahren,[119] weshalb auf die entsprechenden Ausführungen dazu 46

---

[111] OLG Dresden Beschl. v. 16.10.2001 – WVerg 0007/01, IBRRS 2001, 0230; VK Sachsen Beschl. v. 7.1. 2008 – 1/SVK/077-07, IBRRS 2008, 0353; Kapellmann/Messerschmidt/*Stickler* § 3a EU Rn. 27.

[112] Vgl. zur alten Rechtslage KG Berlin Beschl. v. 20.4.2011 – Verg 2/11; *Dobmann* VergabeR 2013, 175 (177).

[113] *Reuber* VergabeR 2016, 339 (342).

[114] S. dazu → Rn. 59; OLG Dresden Beschl. v. 28.10.2018 – Verg 4/19, VPR 2019, 56.

[115] Kapellmann/Messerschmidt/*Stickler* § 3a EU Rn. 31.

[116] Vgl. Kapellmann/Messerschmidt/*Stickler* § 3a EU Rn. 32; S. zu den Zulässigkeitsvoraussetzungen → Rn. 57 Rn. 1 ff.

[117] Reidt/Stickler/Glahs/*Ganske* § 119 GWB Rn. 34; Langen/Bunte/*Wagner* § 119 Rn. 30; Willenbruch/Wieddekind/*Haak/Koch/Sang* § 119 GWB Rn. 15 und Ziekow/Völlink/*Antweiler* § 119 GWB Rn. 22 unterscheiden dagegen zwischen drei Phasen: Auswahlphase, Angebotsphase u. Verhandlungsphase.

[118] *Schütte* ZfBR 2004, 237 (239); KKPP/*Kulartz* § 119 Rn. 26.

[119] Reidt/Stickler/Glahs/*Ganske* § 119 GWB Rn. 35; KKPP/*Kulartz* § 119 Rn. 26.

verwiesen werden kann.[120] Die Frist für den Eingang der Teilnahmeanträge **(Teilnahmefrist)** beträgt beim Verhandlungsverfahren wie beim nicht offenen Verfahren mindestens 30 Tage, gerechnet ab dem Tag nach der Absendung der Auftragsbekanntmachung (§ 17 Abs. 2 VgV, § 10c EU Abs. 1 VOB/A iVm § 10a EU Abs. 1 VOB/A). Diese Frist kann, wie auch beim offenen Verfahren, ausnahmsweise auf 15 Tage verkürzt werden (vgl. § 17 Abs. 3 VgV, § 10c EU Abs. 1 VOB/A iVm § 10a EU Abs. 3 VOB/A).[121] Sofern eine ausreichende Zahl von geeigneten Bewerbern vorhanden ist, beträgt die **Mindestzahl der Bewerber,** die der Auftraggeber zu Verhandlungen auffordern muss, im Verhandlungsverfahren drei (§ 51 Abs. 2 VgV, § 3b EU Abs. 3 Nr. 3 VOB/A).[122] Auch im Verhandlungsverfahren ist der öffentliche Auftraggeber berechtigt, den **Kreis der Bewerber,** die er zur Angebotsabgabe auffordert, **zu beschränken.** Der öffentliche Auftraggeber hat hierbei dieselben Grundsätze wie im nicht offenen Verfahren zu beachten.[123] Wie auch im nicht offenen Verfahren ist der öffentliche Auftraggeber schließlich nach neuer Rechtslage verpflichtet, die Zuschlagskriterien und deren Gewichtung in den Vergabeunterlagen, die bereits ab dem Tag der Veröffentlichung der Auftragsbekanntmachung elektronisch abrufbar sein müssen (vgl. § 41 Abs. 1 VgV, § 12a EU Abs. 1 Nr. 1 VOB/A), anzugeben (§ 52 Abs. 2 Nr. 5 VgV, § 8 EU Abs. 2 Nr. 1 VOB/A). Auf die Weise erhalten die Wirtschaftsteilnehmer frühzeitig alle Informationen, die sie benötigen, um über die Teilnahme am Verfahren entscheiden zu können.

47 **b) Verhandlungsphase.** Im Anschluss an den Teilnahmewettbewerb fordert der öffentliche Auftraggeber die ausgewählten Bieter zur **Angebotsabgabe** auf (§ 17 Abs. 4 VgV, § 3b EU Abs. 3 Nr. 2 VOB/A). Beide Vorschriften sprechen nunmehr in Übereinstimmung mit Art. 29 Abs. 2 VRL von *„Erstangeboten"*. In der Regel verhandeln der öffentliche Auftraggeber und die Bieter anschließend über diese Erstangebote sowie eventuelle Folgeangebote. Der öffentliche Auftraggeber ist allerdings nicht verpflichtet, Verhandlungen zu führen. Sofern er in der Auftragsbekanntmachung darauf hingewiesen hat, darf er nach neuer Rechtslage den **Auftrag auch auf Grundlage der Erstangebote vergeben,** ohne in Verhandlungen einzutreten (§ 17 Abs. 10 VgV, § 3b EU Abs. 3 Nr. 7 VOB/A).[124] Die Frist für den Eingang der Erstangebote beträgt grundsätzlich mindestens 30 Tage ab dem Tag nach Absendung der Aufforderung zur Angebotsabgabe (§ 17 Abs. 6 VgV, § 10c EU Abs. 1 iVm § 10b EU Abs. 2 VOB/A).[125] Wie auch im nicht offenen Verfahren hat der öffentliche Auftraggeber im Anwendungsbereich der VgV, sofern es sich nicht um eine oberste Bundesbehörde handelt, die Möglichkeit, die Angebotsfrist mit den Bewerbern, die zur Angebotsabgabe aufgefordert werden, im gegenseitigen Einvernehmen festzulegen, sofern allen Bewerbern dieselbe Frist für die Einreichung der Angebote gewährt wird (§ 17 Abs. 7 S. 1 VgV). Kommt keine Einigung zustande, beträgt die vom öffentlichen Auftraggeber festzulegende Frist zur Angebotsabgabe mindestens zehn Tage (§ 17 Abs. 7 S. 2 VgV). Im Unterschied zur bisherigen Rechtslage ist mit §§ 17 Abs. 10 VgV, 3b EU Abs. 3 Nr. 6 VOB/A schließlich klargestellt, dass **Verhandlungen nur auf Grundlage der zuvor eingereichten Erstangebote** erfolgen dürfen. Das Führen von Verhandlungen vor Erstellung der Vergabeunterlagen bzw. der Einholung von Angeboten ist also unzulässig.[126]

---

120 S. → Rn. 27 ff.

121 S. zu den Fristen ausführlich → § 25 Rn. 1 ff.

122 Vgl. Art. 65 Abs. 2 UAbs. 2 VRL.

123 S. → Rn. 30 ff.

124 Sekundärrechtliche Grundlage beider Vorschriften ist Art. 29 Abs. 4 VRL. Fehlt ein solcher Hinweis, ist die Erteilung des Zuschlags auf ein Angebot ohne weitere Verhandlungen unzulässig; vgl. noch zur alten Rechtslage OLG Düsseldorf Beschl. v. 21. 10. 2015 – VII-Verg 28/14, NZBau 2016, 235.

125 S. zu den Möglichkeiten der Fristverkürzung § 17 Abs. 7–9 VgV u. § 38 Abs. 3 VgV bzw. § 10c EU Abs. 1 iVm § 10b EU Abs. 3–5 VOB/A sowie → § 25 Rn. 1 ff.

126 Ingenstau/Korbion/*Stolz* § 3b EU Rn. 40.

Mit Ende der Frist zur Abgabe der Erstangebote beginnt die Verhandlungsphase. Zunächst sind alle Angebote, die die zulässiger Weise gestellte **Angebotsfrist** nicht eingehalten haben, auszuschließen.[127] Gleiches gilt aufgrund des Gleichbehandlungsgebots für **Abweichungen von Mindestanforderungen** in den Vergabeunterlagen, wenn der Auftraggeber sich – freiwillig[128] – für solche Mindestanforderungen entschieden hat.[129] Die maßgeblichen Regelungen stellen nunmehr ausdrücklich klar, dass eine Verhandlung über die vom öffentlichen Auftraggeber in den Vergabeunterlagen festgelegten Mindestanforderungen sowie die Zuschlagskriterien unzulässig ist (§ 17 Abs. 10 VgV, § 3b EU Abs. 3 Nr. 5 VOB/A).[130] Sofern der öffentliche Auftraggeber im Laufe des Verfahrens zu der Einschätzung gelangt, dass Änderungen der Mindestanforderungen oder der Zuschlagskriterien erforderlich sind, bleibt daher nur die Aufhebung des Verfahrens unter den Voraussetzungen des § 63 VgV bzw. § 17 EU VOB/A. Mindestanforderungen in diesem Sinne sind nur solche Vorgaben und Regelungen aus der Leistungsbeschreibung und den Vertragsbedingungen, die in den Vergabeunterlagen ausdrücklich als Mindestanforderungen angegeben wurden oder aus der Sicht eines verständigen und fachkundigen potentiellen Bieters durch Auslegung der Leistungsbeschreibung als solche zu ermitteln sind.[131] Soweit es sich dagegen nicht um Abweichungen von Mindestanforderungen handelt, ist zu differenzieren: Sofern der öffentliche Auftraggeber sich in der Auftragsbekanntmachung die Möglichkeit vorbehalten hat, den Auftrag auch auf Grundlage der Erstangebote zu vergeben, sind bereits die Erstangebote als verbindlich anzusehen und bei Abweichung von den Vergabeunterlagen nach § 57 Abs. 1 Nr. 4 VgV bzw. § 16 EU VOB/A auszuschließen.[132] Sofern ein solcher Vorbehalt nicht gemacht wurde, es sich also um lediglich **indikative Angebote** handelt[133], die der weiteren Verhandlung unterliegen, ist ein Angebotsausschluss dagegen nicht ohne Weiteres zulässig, denn es ist gerade Sinn und Zweck des Verhandlungsverfahrens, den Angebotsinhalt im Rahmen der folgenden Verhandlungsrunden mit den Bietern fortzuentwickeln.[134] Abweichungen können daher ggf. in nachfolgenden Angebotsrunden vor Abgabe der verbindlichen Angebote beseitigt werden. 48

Die eigentliche Verhandlungsphase gestaltet sich als dynamischer Prozess.[135] Verhandeln bedeutet, dass der Auftraggeber und die Bieter den Auftragsinhalt und die Auftragsbedingungen solange besprechen, bis vereinbart ist, wie die Leistung ganz konkret beschaffen sein soll und zu welchen Konditionen, insbesondere welchem Preis, der Auftragnehmer leisten wird.[136] **Verhandlungsgegenstand** können also grundsätzlich Auftragsinhalt, Auf- 48a

---

[127] OLG Düsseldorf Beschl. v. 7.1.2002 – VII-Verg 36/01; VK Münster Beschl. v. 3.4.2003 – VK 05/03; VK Baden-Württemberg Beschl. v. 3.11.2004 – 1 VK 68/04, IBRRS 2005, 0167; *Schütte* ZfBR 2004, 237 (240); Reidt/Stickler/Glahs/Ganske § 119 GWB Rn. 40.

[128] OLG Düsseldorf Beschl. v. 28.3.2018 – VII Verg 54/17, NZBau 2018, 548.

[129] EuGH Urt. v. 5.12.2013 – C-561/12, ECLI:EU:C:2013:793 = IBRRS 2013, 5038 – Nordecon und Ramboll Eesti; EuG Urt. v. 28.11.2002 – T-40/01, ECLI:EU:T:2002:288 = ZfBR 2003, 205 Rn. 94 – Scan Office Design; BGH Urt. v. 1.8.2006 – X ZR 115/04, VergabeR 2006, 382 (385); OLG Brandenburg Beschl. v. 18.2.2010 – Verg W 2/10; OLG Düsseldorf Beschl v. 21.10.2009 – VII-Verg 28/09.

[130] Sekundärrechtliche Grundlage beider Vorschriften ist Art. 29 Abs. 3 UAbs. 2 VRL; OLG Düsseldorf Beschl. v. 28.3.2018 – VII Verg 54/17, NZBau 2018, 548 Rz. 17; VK Südbayern Beschl. v. 3.1.2018 – Z3-3-3194-1-46-08/17, BeckRS 2018, 380 Rn. 89; OLG München Beschl. v. 21.4.2017 – Verg 1/17, IBRRS 2017, 1780; VK Sachsen Beschl. v. 13.2.2017 – 1/SVK/032-16, IBRRS 2017, 3125.

[131] BGH Urt. v. 15.1.2013 – X ZR 155/10, NZBau 2013, 319; BGH NZBau 2013, 180; OLG Düsseldorf Beschl. v. 28.3.2018 – VII Verg 54/17, NZBau 2018, 548; OLG München Beschl. v. 21.4.2017 – Verg 1/17, ZfBR 2017, 615.

[132] Ingenstau/Korbion/*Stolz* § 3b EU Rn. 41.

[133] Vgl. Voppel/Osenbrück/Bubert/*Voppel* § 17 Rn. 16.

[134] OLG Düsseldorf Beschl. v. 29.6.2017 – VII-Verg 7/17, NZBau 2017, 619, Rn. 25; OLG Schleswig Beschl. v. 19.8.2016 – 54 Verg 7/16 u. 54 Verg 8/16, BeckRS 2016, 19262; OLG Naumburg Beschl. v. 23.12.2014 – 2 Verg 5/14, NZBau 2015, 387; Ingenstau/Korbion/*Stolz* § 3b EU Rn. 41.

[135] OLG Celle Beschl. v. 16.1.2002 – 13 Verg 1/02, BeckRS 2002, 160346; VK Hessen Beschl. v. 25.7.2003 – 69d VK 31/2003; VK Sachsen Beschl. v. 13.5.2002 – 1/SVK/029-02, ZfBR 2002, 627; *Schütte* ZfBR 2004, 237 (239); Reidt/Stickler/Glahs/*Ganske* § 119 GWB Rn. 36.

[136] BGH Urt. v. 10.9.2009 – VII ZR 255/08, BeckRS 2009, 26577; OLG Düsseldorf Beschl. v. 5.7.2006 – VII-Verg 21/06; OLG Celle Beschl. v. 16.1.2002 – 13 Verg 1/02; VK Lüneburg Beschl. v. 5.9.2017 –

tragsbedingungen und **sämtliche Bestandteile der Angebote** einschließlich des Preises sein, nicht aber die in den Vergabeunterlagen festgelegten Mindestanforderungen und Zuschlagskriterien (vgl. § 17 Abs. 10 VgV, § 3b EU Abs. 3 Nr. 5 VOB/A).[137] Es können sich dabei Änderungen sowohl auf Nachfrage- als auch auf Angebotsseite ergeben.[138] Die Grenzen der zulässigen Verhandlungen sind erst dann überschritten, wenn andere Leistungen vereinbart werden, als zuvor ausgeschrieben waren, also die **Identität des Beschaffungsvorhabens** nicht gewahrt ist.[139] Die Verhandlungen können nach § 9 VgV mündlich geführt werden, sofern sie ausreichend und in geeigneter Weise dokumentiert werden.

49 Hinsichtlich der **Ausgestaltung des Verfahrensablaufs** hat der öffentliche Auftraggeber weiterhin einen großen Gestaltungsspielraum.[140] Allerdings wurden mit der Vergaberechtsreform 2016 – in Umsetzung von Art. 29 VRL – nunmehr in § 17 VgV und § 3b EU Abs. 3 VOB/A detaillierte Regelungen zum Verfahrensablauf eingeführt, die die vergaberechtlichen Grundsätze der **Gleichbehandlung und Transparenz** für den Ablauf des Verhandlungsverfahrens konkretisieren.[141] Entsprechende Vorgaben waren in der Vergangenheit überwiegend durch die Vergabenachprüfungsinstanzen entwickelt worden. Die von diesen entwickelten Grundsätze können weiterhin ergänzend herangezogen werden.

50 Hiernach muss der öffentliche Auftraggeber sicherstellen, dass alle Bieter bei den Verhandlungen **gleichbehandelt** werden (§ 17 Abs. 13 VgV, § 3b EU Abs. 3 Nr. 9 VOB/A). Insbesondere hat er sich jeder diskriminierenden Weitergabe von Informationen zu enthalten, durch die bestimmte Bieter gegenüber anderen begünstigt werden könnten. Das schließt es etwa aus, Konzepte eines Bieters aufzugreifen und ohne seine Zustimmung anderen Bietern vorzulegen.[142] Der öffentliche Auftraggeber hat alle Bieter, deren Angebote nicht ausgeschieden wurden, schriftlich über etwaige Änderungen der Leistungsbeschreibung oder anderer Bestandteile der Vergabeunterlagen zu unterrichten (§ 17 Abs. 13 S. 3 VgV, § 3b EU Abs. 3 Nr. 9 S. 3 VOB/A). Im Anschluss an solche Änderungen hat der öffentliche Auftraggeber den Bietern ausreichend Zeit zu geben, um ihre Angebot zu ändern und gegebenenfalls überarbeitete Angebote einzureichen.

51 Darüber hinaus hat der öffentliche Auftraggeber bereits nach den von der Rechtsprechung entwickelten Grundsätzen den Unternehmen den **Verfahrensablauf von Anfang an mitzuteilen** und darf davon nicht überraschend oder willkürlich abweichen.[143] Zulässig soll es in Anwendung dieser Grundsätze allerdings sein, wenn der Auftraggeber nach Bezeichnung einer Verhandlungsrunde als letzte Runde diese Erklärung später abändert und eine weitere Verhandlungsrunde eröffnet, solange dies in transparenter und alle Bieter gleichbehandelnder Weise geschieht und nicht zu erkennen ist, dass der öffentliche Auftraggeber die neue Verhandlungsrunde mit dem gleichheitswidrigen Ziel eröffnet, von ihm

VgK-26/2017, VPR 2018, 233; *Schütte* ZfBR 2004, 237 (239); Reidt/Stickler/Glahs/*Ganske* § 119 GWB Rn. 36; Dreher/Stockmann/*Dreher* § 101 Rn. 28.

[137] OLG Stuttgart Beschl. v. 24.11.2008 – 10 U 97/08, BeckRS 2009, 3038; OLG Celle Beschl. v. 16.1.2002 – 13 Verg 1/02, BeckRS 2002, 160346; *Müller-Wrede* VergabeR 2010, 754 (756); *Kramer* NZBau 2005, 138; Reidt/Stickler/Glahs/*Ganske* § 119 GWB Rn. 36; Langen/Bunte/*Wagner* § 119 GWB Rn. 51.

[138] Langen/Bunte/*Wagner* § 119 Rn. 30; Reidt/Stickler/Glahs/*Ganske* § 119 GWB Rn. 33.

[139] OLG Dresden Beschl. v. 3.12.2003 – WVerg 15/03, NZBau 2005, 118; OLG Celle Beschl. v. 16.1.2002 – 13 Verg 1/02, BeckRS 2002, 160346; VK Sachsen Beschl. v. 13.5.2002 – 1/SVK/029-02, IBRRS 2002, 0716; *Kramer* NZBau 2005, 138 (139); *Weyand* § 101 GWB Rn. 121; Byok/Jaeger/*Werner* § 119 GWB Rn. 57; Reidt/Stickler/Glahs/*Ganske* § 119 GWB Rn. 36; KKPP/*Kulartz* § 119 Rn. 28; Langen/Bunte/*Wagner* § 119 GWB Rn. 50.

[140] Vgl. noch zur alten Rechtslage OLG Düsseldorf Beschl. v. 7.1.2002 – VII-Verg 36/01, VergabeR 2002, 169 (170); *Müller-Wrede* VergabeR 2010, 754f.; *Schütte* ZfBR 2004, 237 (239); Reidt/Stickler/Glahs/*Ganske* § 119 GWB Rn. 39.

[141] Vgl. dazu Erwägungsgrund 45 VRL.

[142] Ziekow/Völlink/*Völlink* § 17 VgV Rn. 31.

[143] OLG Düsseldorf Beschl. v. 18.6.2003 – VII-Verg 15/03, BeckRS 2003, 17902; VK Baden-Württemberg Beschl. v. 3.11.2004 – 1 VK 68/04, IBRRS 2005, 0167; OLG Frankfurt a.M. Beschl. v. 10.4.2001 – 11 Verg 1/01, NZBau 2002, 161; *Schütte* ZfBR 2004, 237 (240); Langen/Bunte/*Wagner* § 119 GWB Rn. 48; Dreher/Stockmann/*Dreher* § 101 Rn. 30.

favorisierten Bietern, die nach dem Ergebnis der letzten Verhandlungsrunde nicht den Zuschlag erhalten hätten, eine weitere Chance auf den Zuschlag zu geben.[144] Aufgrund des Gleichbehandlungsgrundsatzes ist es dagegen nicht zulässig, den Zuschlag auf ein Angebot zu erteilen, welches nicht der Leistungsbeschreibung entspricht.[145] Ebenso wenig dürfen während der Verhandlungen Unterscheidungen zwischen den Bietern gemacht werden, etwa durch Verhandlungen unterschiedlicher Intensität ohne sachlichen Grund.[146] Alle Bieter müssen die **Chance haben, innerhalb gleicher Fristen zu gleichen Anforderungen ein Angebot abzugeben.**[147] Die Grundsätze zum Ausschluss verspäteter oder den Mindestanforderungen des Auftraggebers nicht entsprechender Angebote gelten auch im weiteren Verlauf der Verhandlungen.

Der öffentliche Auftraggeber darf wie bisher, sofern er in der Auftragsbekanntmachung 52
oder in den Vergabeunterlagen darauf hinweist, die Verhandlungen in **verschiedenen aufeinander folgenden Phasen abwickeln,** um so die Zahl der Angebote, über die verhandelt wird, anhand der vorgegebenen Zuschlagskriterien zu verringern (§ 17 Abs. 12 VgV, § 3b EU Abs. 3 Nr. 8 VOB/A). Ein solche **sukzessive Abschichtung** kann insbesondere bei komplizierten technischen, wirtschaftlichen oder vertraglichen Detailfragen geboten oder aus Effizienz- und Kostengesichtspunkten sinnvoll sein.[148] Macht der öffentliche Auftraggeber von dieser Möglichkeit Gebrauch, müssen allerdings auch in der Schlussphase des Verfahrens so viele Angebote vorliegen, dass ein **echter Wettbewerb gewährleistet** ist. Dabei ist zu beachten, dass im Hinblick auf den Transparenz- und Gleichbehandlungsgrundsatz nach Ausschluss eines Bieters nicht vorsorglich mit diesem weiterverhandelt werden darf.[149] Vor allem im frühen Verfahrensstadium bedarf die Reduzierung zudem **besonderer sachlicher Gründe.**[150] Rein praktische Erwägungen wie eine zügige Entscheidungsfindung oder ein relativ geringer Auftragswert stellen für sich gesehen keine ausreichende Rechtfertigung für den Verzicht auf mehr Wettbewerb dar.[151] Die Aussonderung einzelner Bieter kann aber etwa dann gerechtfertigt sein, wenn ihre Angebote wirtschaftlich oder inhaltlich zu weit hinter den anderen Angeboten zurückbleiben, um noch Chancen auf den Zuschlag zu haben.[152] In jedem Fall darf die Aussonderung nur anhand der in der Bekanntmachung oder in den Vertragsunterlagen angegebenen Zuschlagskriterien erfolgen (§ 17 Abs. 12 VgV, § 3b EU Abs. 3 Nr. 8 VOB/A). Es ist also eine vorläufige Angebotswertung auf Grundlage der in der jeweiligen Verhandlungsrunde eingereichten Angebote durchzuführen.[153] Dabei ist auch eine **Prognose im Hinblick auf die den Preis betreffenden Verhandlungsspielräume der Bieter** zu treffen, bei der dem öffentlichen Auftraggeber ein nur beschränkt kontrollierbarer Entscheidungsspielraum zuzu-

[144] KG Beschl. v. 17.5.2013 – Verg 2/3 mit ausf. Besprechung von *Hölzl* NZBau 2013, 558; VK Südbayern Beschl. v. 19.12.2014 – Z3-3-3194-1-45-10/14.

[145] VK Bund Beschl. v. 8.2.2005 – VK 1-02/05; VK Baden-Württemberg Beschl. v. 3.11.2004 – 1 VK 68/04; Reidt/Stickler/Glahs/*Ganske* § 119 GWB Rn. 40.

[146] VK Bund Beschl. v. 12.12.2002 – VK 2-92/02, BeckRS 2002, 161166; VK Schleswig-Holstein Beschl. v. 17.8.2004 – VK-SH 20/04, BeckRS 2004, 24653; OLG Celle Beschl. v. 16.1.2002 – 13 Verg 1/02, BeckRS 2002, 160346; Reidt/Stickler/Glahs/*Ganske* § 119 GWB Rn. 40; *Leinemann* Rn. 425.

[147] VK Schleswig-Holstein Beschl. v. 17.8.2004 – VK-SH 20/04, BeckRS 2004, 24653; OLG Celle Beschl. v. 16.1.2002 – 13 Verg 1/02, BeckRS 2002, 160346; VK Sachsen Beschl. v. 13.5.2002 – 1/SVK/029-02, IBRRS 2002, 0716; *Kramer* NZBau 2005, 138 (139); *Schütte* ZfBR 2004, 237 (240); Willenbruch/Wieddekind/*Haak/Koch/Sang* § 119 GWB Rn. 14; *Leinemann* Rn. 425; Langen/Bunte/*Wagner* § 119 GWB Rn. 48.

[148] *Kramer* NZBau 2005, 138 (139).

[149] VK Schleswig-Holstein Beschl. v. 17.8.2004 – VK-SH 20/04, IBRRS 2004, 2272; Dreher/Stockmann/*Dreher* § 101 Rn. 30.

[150] *Kramer* NZBau 2005, 138 (140f.); Dreher/Stockmann/*Dreher* § 101 Rn. 29.

[151] Dreher/Stockmann/*Dreher* § 101 Rn. 29.

[152] OLG Frankfurt a.M. Beschl. v. 10.4.2001 – 11 Verg 1/01, IBRRS 2013, 4784; VK Lüneburg Besch. v. 28.11.2013 – VgK – 36/2013 mit Besprechung von *Tschäpe* ZfBR 2014, 538 sowie *Turner* VPR 2014, 84; *Kramer* NZBau 2005, 138 (140).

[153] Langen/Bunte/*Wagner* § 119 GWB Rn. 46. S. zur Rechtsnatur indikativer Angebote ausf. *Michel/Braun* NZBau 2009, 688.

billigen ist.[154] Im Falle sukzessiver Abschichtung über mehrere Verhandlungsrunden ist ferner zu beachten, dass immer nur ein **gültiges Angebot desselben Bieters** gewertet werden darf; fehlen in diesem bspw. Angaben, darf nicht auf ein vorangegangenes Angebot zurückgegriffen werden.[155] Hat auch die Konkurrenz schon Angebote in der jeweiligen Verhandlungsrunde abgegeben, darf ein Bieter das eigene Angebot aus Gleichbehandlungsgründen nicht mehr inhaltlich oder preislich nachbessern.[156] Bei der sukzessiven Abschichtung ist darüber hinaus zu beachten, dass nach der ersten Aussonderung Leistungsinhalt, -umfang und Angebotspreis zumindest nicht in der Weise verändert werden dürfen, dass bereits ausgesonderte Bieter bei der Einarbeitung der Änderungen ein wirtschaftliches Gebot abgegeben hätten oder jedenfalls die Aussicht darauf nicht ganz ausgeschlossen ist.[157] Andernfalls muss die Vergabestelle auch diesen Bietern erneut die Möglichkeit geben, ein angepasstes Angebot abzugeben.[158]

53 Streitig ist, inwieweit der öffentliche Auftraggeber berechtigt ist, nur mit einem Bieter **(„Preferred Bidder")** zu verhandeln. Die von öffentlichen Auftraggebern in der Vergangenheit oftmals praktizierte **lineare Strategie** sieht vor, dass nach Aufforderung zur Angebotsabgabe dasjenige Unternehmen bevorzugt wird, welches das wirtschaftlichste Angebot vorgelegt hat. Verhandlungen werden zunächst nur mit diesem Bieter geführt. Nur dann, wenn diese nicht zum Ziel führen, greift der öffentliche Auftraggeber auf den nächstplatzierten Bieter zurück, der sodann zum neuen „Preferred Bidder" wird.[159] Vor Einführung des Art. 44 Abs. 2 S. 2 VKR war diese Vorgehensweise nach hM. zulässig.[160] Wie bereits Art. 44 Abs. 4 S. 2 VKR sehen jedoch Art. 66 VRL und in Umsetzung dessen auch § 17 Abs. 12 VgV und § 3b EU Abs. 3 Nr. 8 VOB/A ausdrücklich vor, dass auch in der Schlussphase des Verfahrens so viele Angebote vorliegen müssen, dass *„ein echter Wettbewerb gewährleistet"* ist, sofern eine ausreichende Zahl von geeigneten Bewerbern vorhanden ist. Hieraus wird zu Recht gefolgert, dass **auch in der Schlussphase mindestens zwei Bieter** übrig bleiben müssen, sofern ausreichend geeignete Bieter vorhanden sind.[161] Als Schlussphase ist dabei die letzte Runde in der Verhandlungsphase vor der endgültigen Wertung und dem Zuschlag zu verstehen.[162]

54 Am Ende des Verhandlungsprozesses fordert der Auftraggeber die verbliebenen Bieter auf Basis der Verhandlungsergebnisse unter Festlegung einer einheitlichen Frist zur Einreichung neuer oder überarbeiteter endgültiger Angebote auf (§ 17 Abs. 14 VgV, § 3b EU Abs. 3 Nr. 10 VOB/A). Auf dieser Grundlage trifft der Auftraggeber die Zuschlagsentscheidung und schließt den Vertrag mit dem ausgewählten Bieter ab.[163] Sofern bislang lediglich indikative Angebote eingereicht wurden, sind in dieser Phase die endgültigen Angebote nach den §§ 56ff. VgV bzw. §§ 16 EU ff. VOB/A zu prüfen. Kommt eine

---

[154] VK Lüneburg Beschl. v. 28.11.2013 – VgK – 36/2013, IBRRS 2014, 0229; VK Sachsen Beschl. v. 2.10. 2012 – 1/SVK/022-12, IBRRS 2013, 1133.

[155] OLG Brandenburg Beschl. v. 16.2.2012 – Verg W 1/12, BeckRS 2012, 5195.

[156] VK Nordbayern Beschl. v. 23.6.2003 – 320 VK 3194-17/03, BeckRS 2003, 32290; *Schütte* ZfBR 2004, 237 (240).

[157] *Kramer* NZBau 2005, 138 (140); vgl. auch *Schelle* IBR 1999, 146.

[158] *Kramer* NZBau 2005, 138 (140); *Leinemann* Rn. 425.

[159] Willenbruch/Wieddekind/*Haak/Koch/Sang* § 119 GWB Rn. 18.

[160] VK Sachsen-Anhalt Beschl. v. 3.3.2006 – VK 2-LVwA LSA 2/06, IBRRS 2006, 3662; OLG Celle Beschl. v. 16.1.2002 – 13 Verg 1/02, IBRRS 2002, 0549; OLG Frankfurt a.M. Beschl. v. 10.4.2001 – 11 Verg 1/01, IBRRS 2013, 4784; *Schütte* ZfBR 2004, 237 (240); Dreher/Stockmann/*Dreher* § 101 Rn. 29; KKPP/*Kulartz* § 119 Rn. 33.

[161] So VK Lüneburg Beschl. v. 4.1.2012 – VgK 54/2011, IBRRS 2012, 1998; Langen/Bunte/*Wagner* § 119 GWB Rn. 49; Ziekow/Völlink/*Völlink* VgV § 17 Rn. 29; Ingenstau/Korbion/*Stolz* § 3b EU Rn. 49; Reidt/Stickler/Glahs/*Ganske* § 119 GWB Rn. 38; *Dobmann* VergabeR 2013, 175; Byok/Jaeger/*Werner* § 119 GWB Rn. 67; Willenbruch/Wieddekind/*Haak/Koch* § 17 VgV Rn. 10 (mindestens drei Bieter in Schlussphase); wohl auch *Leinemann* Rn. 425; aA VK Sachsen Beschl. v. 2.10.2012 – 1/SVK/022-12, IBRRS 2013, 1133; KKPP/*Kulartz* § 119 Rn. 36 – Verhandlungen mit nur einem Preferred Bidder zulässig, sofern zunächst Wettbewerb stattgefunden hat.

[162] Vgl. OLG Düsseldorf Beschl. v. 13.6.2007 – VII-Verg 2/07, BeckRS 2007, 09926.

[163] S. zu Zuschlagserteilung u. Vertragsschluss näher → § 35 Rn. 1ff, → § 36 Rn. 1ff.

Zuschlagserteilung nicht in Betracht, muss das Verfahren durch Aufhebung formal beendet werden.[164] Um die Einhaltung der Verfahrensgrundsätze zu gewährleisten, sind an die **Dokumentation des Verhandlungsverfahrens** hohe Anforderungen zu stellen, insbesondere bei der Durchführung von Parallelverhandlungen.[165] Insbesondere die **Auswahlentscheidungen** auf den einzelnen Verfahrensstufen sind eingehend zu begründen (vgl. § 8 VgV).[166] Darüber hinaus ist auch der Inhalt der Verhandlungsgespräche nachvollziehbar zu dokumentieren (vgl. § 9 Abs. 2 VgV).[167]

IV. Verhandlungsverfahren ohne Teilnahmewettbewerb

1. Allgemeines

Das Verhandlungsverfahren ohne vorherigen Teilnahmewettbewerb unterscheidet sich vom 55
Verhandlungsverfahren mit Teilnahmewettbewerb darin, dass keine öffentliche Aufforderung zur Abgabe von Teilnahmeanträgen vorgeschaltet ist. Stattdessen fordert der öffentliche Auftraggeber unmittelbar das oder die Unternehmen auf, mit denen er Verhandlungen aufnehmen möchte, zur Abgabe von Erstangeboten auf. Das Verhandlungsverfahren ohne Teilnahmewettbewerb ist daher mit einer **erheblichen Beschränkung des Wettbewerbs** verbunden. Es ist deshalb auch nach der Vergaberechtsreform 2016 **nur unter – in den Worten der VRL – *„sehr außergewöhnlichen Umständen"* zulässig.**[168]

2. Zulässigkeit des Verhandlungsverfahrens ohne Teilnahmewettbewerb

Das Verhandlungsverfahren ohne vorherigen Teilnahmewettbewerb darf nur in den in den 56
§ 14 Abs. 3 Nr. 5 Hs. 4, Abs. 4 VgV und § 3a EU Abs. 3 VOB/A abschließend geregelten, eng auszulegenden Einzelfällen gewählt werden. Diese beruhen auf den unionsrechtlichen Regelungen in Art. 26 Abs. 4 lit. b) und Art. 32 VRL, die ihrerseits die Vorgängerregelungen in Art. 31 VKR weitgehend übernehmen. Aufgrund der in der Richtlinie gewählten Formulierung, wonach das Verfahren nur in den dort genannten ***„konkreten Fällen und unter den konkreten Umständen"*** durchgeführt werden darf[169], ist zu erwarten, dass die Anforderungen an die Begründung des Vorliegens eines Ausnahmefalls in der Praxis weiterhin sehr hoch sein werden.

**a) Keine ordnungsgemäßen oder nur unannehmbare Angebote im vorangegan- 57
genen offenen oder nicht offenen Verfahren (§§ 14 Abs. 3 Nr. 5 Hs. 4 VgV, 3a EU Abs. 3 Nr. 1 VOB/A).** Die Voraussetzungen dieser Vorschriften entsprechen denen des Verhandlungsverfahrens mit Teilnahmewettbewerb gem. § 14 Abs. 3 Nr. 5 Hs. 1 VgV und § 3a EU Abs. 2 Nr. 2 VOB/A. Auf die dortigen Ausführungen wird daher verwiesen.[170] Ein Verhandlungsverfahren ohne Teilnahmewettbewerb darf in diesem Fall allerdings nur unter der zusätzlichen Voraussetzung gewählt werden, dass der Auftraggeber **alle – und nur die – Unternehmen** in das Verfahren einbezieht, die **geeignet** sind und die im vorangegangenen Verfahren ein **form- und fristgerechtes Angebot** abgegeben haben (ähnlich bereits §§ 3 EG Abs. 5 Nr. 1 VOB/A, 3 EG Abs. 3 lit. a) Hs. 2 VOL/A). Letztere Voraussetzung wird bei § 3a EU Abs. 2 Nr. 1 VOB/A zwar nicht ausdrücklich erwähnt.

---

[164] VK Brandenburg Beschl. v. 30.8.2002 – VK 38/02, ZfBR 2003, 88; Reidt/Stickler/Glahs/*Ganske* § 119 GWB Rn. 36; s. zu den Aufhebungsgründen bei Verhandlungsverfahren näher → § 33 Rn. 1 ff.

[165] OLG Naumburg Beschl. v. 16.9.2002 – 1 Verg 2/02, NZBau 2003, 628 (633); vgl. VK Brandenburg Beschl. v. 30.7.2002 – VK 38/02, ZfBR 2003, 88; OLG Brandenburg Beschl. v. 3.8.1999 – 6 Verg 1/99 BB 1999, 1940; Dreher/Stockmann/*Dreher* § 101 Rn. 30.

[166] S. zu Dokumentationspflichten ausf. → § 36 Rn. 1 ff.

[167] VK Mecklenburg-Vorpommern Beschl. v. 5.9.2013 – 2 VK 12/13; Voppel/Osenbrück/Bubert/*Voppel* § 17 Rn. 53.

[168] Vgl. Erwägungsgrund 50 VRL.

[169] Art. 32 Abs. 1 VRL.

[170] S. → Rn. 41.

Sie ergibt sich aber bei richtlinienkonformer Auslegung unmittelbar aus Art. 26 Abs. 4 lit. b) VRL.[171] Daher dürfen Bewerber, die zwar geeignet sind, aber ein verspätetes Angebot eingereicht haben, im anschließenden Verhandlungsverfahren nicht berücksichtigt werden.[172] Der Begriff der Eignung wird wiederum in § 14 Abs. 3 Nr. 5 Hs. 4 VgV nicht näher erläutert. Entsprechend der anschließenden Definition der Eignung von Teilnahmeanträgen bei § 14 Abs. 4 Nr. 1 VgV dürfte die Eignung dann zu verneinen sein, wenn das Unternehmen aufgrund eines zwingenden oder fakultativen Ausschlussgrundes nach den §§ 123 und 124 GWB ausgeschlossen wurde oder wenn es die Eignungskriterien nicht erfüllt. Beide Ausnahmevorschriften beruhen insoweit auf der Erwägung, dass ein erneuter Teilnahmewettbewerb nicht erforderlich ist, wenn der Wettbewerb bereits stattgefunden hat und alle interessierten Unternehmen im neuen Verfahren berücksichtigt werden. Sie entsprechen damit weitgehend den früheren Regelungen in §§ 3 EG Abs. 5 Nr. 1 VOB/A, 3 EG Abs. 3 lit. a) Hs. 2 VOL/A. Die hierzu in Rechtsprechung und Praxis entwickelten Grundsätze bleiben daher auch für die Auslegung der neuen Vorschriften relevant.

58 Einen Beurteilungsspielraum, etwa nur bestimmte geeignete Bieter in das nachfolgende Verhandlungsverfahren einzubeziehen, hat der öffentliche Auftraggeber nach dem eindeutigen Wortlaut der Ausnahmevorschriften nicht. Auch die **Beteiligung weiterer Unternehmen,** die im vorangegangenen Verfahren nicht beteiligt waren, wird durch den Wortlaut der Bestimmungen klar ausgeschlossen. Das gilt, soweit im vorangegangenen Verfahren eine Vergabe nach Losen vorgesehen war, auch, soweit Bieter Angebote lediglich auf andere Lose abgegeben haben.[173] Will der öffentliche Auftraggeber daher weitere Unternehmen zur Angebotsabgabe auffordern, muss er aus Gründen der Gleichbehandlung einen erneuten öffentlichen Teilnahmewettbewerb durchführen.[174] Schließlich muss der Auftraggeber auch bei der Wahl des Verhandlungsverfahrens ohne Teilnahmewettbewerb gem. § 14 Abs. 3 Nr. 5 Hs. 4 VgV, § 3a EU Abs. 3 Nr. 1 VOB/A den **allgemeinen Wettbewerbsgrundsatz** beachten. Danach kommt die Anwendung der Vorschrift nur dann in Betracht, wenn bei Rückgriff auf alle Bieter, die im vorangegangenen offenen Verfahren ein vollständiges und rechtzeitiges Angebot abgegeben haben und als geeignet angesehen worden sind, ein ausreichender Wettbewerb gewährleistet ist.[175] Andernfalls muss der öffentliche Auftraggeber das Verhandlungsverfahren mit Teilnahmewettbewerb nach § 14 Abs. 3 Nr. 5 VgV bzw. § 3a EU Abs. 3 Nr. 1 VOB/A durchführen.[176]

59 Die in das Verhandlungsverfahren einzubeziehenden Unternehmen müssen die **Eignungskriterien im Zeitpunkt des Verhandlungsverfahrens** erfüllen. Der öffentliche Auftraggeber muss daher mögliche Veränderungen zu den Eignungsnachweisen, die im vorangegangenen Verfahren eingereicht wurden, abfragen.

60 Streitig war im Hinblick auf die Anwendung der Vorgängerregelungen, in welchem Umfang der öffentliche Auftraggeber im neuen Verhandlungsverfahren an die **Leistungsbeschreibung sowie Eignungs- und Zuschlagskriterien des vorherigen Verfahren**s gebunden war.[177] Da die neuen Vorschriften, anders als § 3 EG Abs. 4 Nr. 1 VOB/A und § 3 EG Abs. 3 lit. a) VOL/A aF, nicht mehr die Vorgabe enthalten, dass die ursprünglichen Bedingungen des Auftrags nicht grundlegend geändert werden dürfen, dürfte hier in Zu-

[171] Ebenso Kapellmann/Messerschmidt/*Stickler* VOB/A § 3a EU Rn. 36.
[172] So bereits KMPP/*Kulartz* VOB/A § 3 EG Rn. 67 zur alten Rechtslage.
[173] Offen gelassen bei OLG Dresden Beschl. v. 28.12.2018 – Verg 4/18, BeckRS 2018, 42387 Rn. 44, 45.
[174] S. noch zur alten Rechtslage, OLG Bremen Beschl. v. 3.4.2007 – Verg 2/07, VergabeR 2007, 517; Kapellmann/Messerschmidt/*Stickler* VOB/A § 3a EU Rn. 37; Müller-Wrede/*Hirsch/Kaelble* § 17 VgV Rn. 19; KMPP/*Kulartz* VOB/A § 3 EG Rn. 67.
[175] Vgl. noch zur alten Rechtslage OLG Naumburg Beschl. v. 13.5.2008 – 1 Verg 3-08, IBRRS 2008, 1948; KMPP/*Kualrtz* VOB/A § 3 EG Rn. 68.
[176] S. zu dieser Fallgruppe → Rn. 41.
[177] Für eine grundsätzliche Bindung: OLG Brandenburg Beschl. v. 17.2.2005 – VergW 11/04, VergabeR 660, 665; VK Südbayern Beschl. v. 21.4.2004 – 24-04/04, IBRRS 2004, 1697; aA (Zulassung geringfügiger Abweichungen) OLG Düsseldorf Beschl. v. 3.3.2010 – VII-Verg 46/09, BeckRS 2016, 19890.

kunft ein großzügigerer Maßstab anzulegen sein. In jedem Fall muss aber die **Identität des Beschaffungsgegenstands** gewahrt bleiben.[178]

b) Keine oder keine geeigneten Angebote oder keine geeigneten Teilnahmeanträge im vorangegangenen offenen oder nicht offenen Verfahren (§§ 14 Abs. 4 Nr. 1 VgV, 3a EU Abs. 3 Nr. 2 VOB/A). Das Verhandlungsverfahren ohne Teilnahmewettbewerb darf nach § 14 Abs. 4 Nr. 1 VgV gewählt werden, wenn im vorangegangenen offenen oder nicht offenen Verfahren 61

- **keine Angebote,**
- **keine geeigneten Angebote** oder
- **keine geeigneten Teilnahmeanträge**

abgegeben wurden. Im Wortlaut leicht abweichend lässt § 3a EU Abs. 3 Nr. 1 VOB/A die Wahl des Verhandlungsverfahrens ohne Teilnahmewettbewerb zu, wenn

- keine Angebote,
- keine Teilnahmeanträge,
- nur Angebote oder Teilnahmeanträge solcher Bewerber oder Bieter abgegeben wurden, die nicht fachkundig oder leistungsfähig sind oder die wegen des Vorliegens von Ausschlussgründen nach § 6e EU VOL/A ausgeschlossen wurden, oder
- nur solche Angebote, die den in den Vergabeunterlagen genannten Bedingungen nicht entsprechen,

abgegeben wurden. Beide Vorschriften setzen darüber hinaus voraus, dass die **ursprünglichen Auftragsbedingungen nicht grundlegend abgeändert** werden. Sie beruhen, trotz der aufgezeigten Unterschiede in der Formulierung, auf der einheitlichen Regelung in Art. 32 Abs. 2 lit. a) VRL. Ein Grund dafür, warum § 14 Abs. 4 Nr. 1 VgV insofern hinter der Richtlinie zurückbleibt, als der Unterfall, dass keine Teilnahmeanträge eingehen, nicht genannt wird, ist dabei nicht erkennbar und lässt sich auch der Verordnungsbegründung nicht entnehmen.[179] Es liegt nahe, dass es sich dabei um ein Redaktionsversehen handelt. Unter Rückgriff auf die zugrundeliegende sekundärrechtliche Grundlage in Art. 32 Abs. 2 lit. a) VRL ist daher auch für den Fall, dass keine Teilnahmeanträge eingehen, die Durchführung eines Verhandlungsverfahrens ohne erneuten Teilnahmewettbewerb zuzulassen.[180] Der Ausnahmetatbestand des § 3a EU Abs. 3 Nr. 1 VOB/A entspricht im Wesentlichen § 3 EG Abs. 5 S. 1 Nr. 2 VOB/A aF. Der Ausnahmetatbestand des § 14 Abs. 4 Nr. 1 VgV beruht auf § 3 Abs. 4 lit. a) EG VOL/A aF, erweitert die bisherige Regelung aber entsprechend der sekundärrechtlichen Grundlage erheblich.[181]

In Umsetzung der Definition in Art. 32 Abs. 2 lit. a) VRL gilt nach § 14 Abs. 4 Nr. 1 VgV ein **Angebot als ungeeignet,** wenn es ohne Abänderung den in den Vergabeunterlagen genannten Bedürfnissen und Anforderungen des öffentlichen Auftraggebers **offensichtlich nicht entsprechen kann.** Dies entspricht der in § 3a EU Abs. 3 Nr. 2 lit. c) VOB/A vorgesehenen Fallgruppe der Angebote, die den in den Vergabeunterlagen genannten Bedingungen nicht entsprechen. In beiden Fällen ergeben sich Überschneidungen zur Fallgruppe der **nicht ordnungsgemäßen Angebote im Sinne von § 14 Abs. 3 Nr. 5 VgV bzw. § 3a EU Abs. 3 Nr. 1 VOB/A.** Denn letztere umfassen nach den in den dortigen Vorschriften vorgesehenen Definitionen ihrerseits insbesondere Angebote, die nicht den Vergabeunterlagen entsprechen. Die Abgrenzung zwischen den jeweiligen Vorschriften ist deshalb wesentlich, weil der öffentliche Auftraggeber bei Vorliegen der Voraussetzungen des § 14 Abs. 4 Nr. 1 VgV bzw. § 3a EU Abs. 3 Nr. 2 VOB/A nach dem 62

[178] S. dazu bereits → Rn. 42.

[179] VergRModVO, BT-Drs. 18/7318, 158.

[180] So auch Ziekow/Völlink/*Völlink* § 14 VgV Rn. 48; BeckOK VergR/*Dörn* § 14 VgV Rn. 33; *Fürmann* VPR 2014, 271 (noch zur alten Rechtslage).

[181] § 3 Abs. 4 lit. a) EG VOL/A aF umfasste, noch weiter hinter der sekundärrechtlichen Grundlage des Art. 31 Nr. 1 lit. a) VKR zurückbleibend, nur den Fall, dass keine oder keine wirtschaftlichen Angebote abgegeben wurden.

Wortlaut der Regelungen frei entscheiden darf, ob und welche Bieter er in das nachfolgende Verhandlungsverfahren einbezieht.[182] Wie schon nach alter Rechtslage zum Verhältnis zwischen § 3 EG Abs. 5 S. 1 Nr. 2 VOB/A aF zu § 3 EG Abs. 4 Nr. 1 VOB/A aF ist davon auszugehen, dass die §§ 14 Abs. 4 Nr. 1 VgV, 3a EU Abs. 3 Nr. 1 VOB/A einen **Sonderfall gegenüber den weitergehenden Ausnahmetatbeständen in §§ 14 Abs. 3 Nr. 5 VgV, 3a EU Abs. 3 Nr. 1 VOB/A** regeln. Dabei ist zur Abgrenzung des Anwendungsbereichs europarechtskonform auf die den nationalen Umsetzungsvorschriften zugrundeliegende Formulierung in Art. 32 Abs. 2 lit. a) UAbs. 2 VRL abzustellen. Danach gilt ein Angebot dann als ungeeignet, wenn es *„**irrelevant für den Auftrag ist,** das heißt ohne wesentliche Abänderung den Bedürfnissen und Anforderungen des öffentlichen Auftraggebers offensichtlich nicht entsprechen kann"*. Angebote, die zwar formal den Vergabeunterlagen nicht entsprechen, aber nicht das von der Richtlinie vorausgesetzte Maß der Zweckverfehlung erreichen, werden demnach ausschließlich von § 14 Abs. 3 Nr. 5 VgV bzw. § 3a EU Abs. 3 Nr. 1 VOB/A erfasst; die Anwendung von § 14 Abs. 4 Nr. 1 VgV bzw. § 3a EU Abs. 3 Nr. 2 lit. c) VOB/A scheidet in solchen Fällen von „kleinen Abweichungen" aus.[183] Diese enge Auslegung des Tatbestands entspricht der bereits von Generalanwalt Maduro und vom EuGH in der Rechtssache **„DEI"** zur alten Rechtslage vertretenen Auffassung,[184] die sich nun in der Definition in Art. 32 Abs. 2 lit. a) UAbs. 2 VRL wiederfindet.

63 Nach § 14 Abs. 4 Nr. 1 VgV gilt ein **Teilnahmeantrag als ungeeignet,** wenn das Unternehmen aufgrund eines zwingenden oder fakultativen Ausschlussgrundes nach den §§ 123 und 124 GWB auszuschließen ist oder ausgeschlossen werden kann, oder wenn es die Eignungskriterien nicht erfüllt. Das entspricht der in § 3a EU Abs. 3 Nr. 2 lit. b) VOB/A vorgesehenen Kategorie der Teilnahmeanträge von Bewerbern bzw. Bietern, die **nicht fachkundig oder leistungsfähig** sind oder die aufgrund von Ausschlussgründen nach § 6e EU VOB/A ausgeschlossen wurden. Auch insoweit ergeben sich Überschneidungen zu § 3a EU Abs. 3 Nr. 1 VOB/A, da als unannehmbar ua Angebote von Bietern gelten, die nicht über die erforderlichen Qualifikationen verfügen. Abgrenzungsfragen stellen sich insoweit allerdings nicht. Sofern ausschließlich Teilnahmeanträge von ungeeigneten Bietern eingehen, erscheint die in den Fällen des §§ 14 Abs. 4 Nr. 1 VgV, 3a EU Abs. 3 Nr. 2 lit. b) VOB/A vorgesehene Freiheit des öffentlichen Auftraggebers darüber zu entscheiden, wie viele und welche Bieter er zu Verhandlungen auffordert, gerechtfertigt. Im Anwendungsbereich des § 3a EU Abs. 3 Nr. 1 VOB/A verbleiben daher Fallgestaltungen, bei denen zwar alle Angebote unannehmbar sind, aber die Unannehmbarkeit teils auf andere Gründe als die fehlende Qualifikation zurückzuführen ist.

64 Der öffentliche Auftraggeber ist – anders als bei § 14 Abs. 3 Nr. 5 VgV bzw. § 3a EU Abs. 3 Nr. 1 VOB/A – nicht darauf beschränkt, nur die geeigneten Bieter, die im vorangegangenen Verfahren form- und fristgerechte Angebote eingereicht haben, in das nachfolgende Verhandlungsverfahren einzubeziehen.[185] Die Entscheidung des öffentlichen Auftraggebers darüber, wie viele und welche Bieter er zu Verhandlungen auffordert, muss jedoch im Hinblick auf die auch hier zu beachtenden Grundsätze der Gleichbehandlung und der Transparenz auf **sachlichen, objektiv nachvollziehbaren Kriterien** beruhen; sind solche Gründe nicht ersichtlich, hat der Auftraggeber sein Auswahlermessen fehlerhaft ausgeübt.[186] Weitere Voraussetzung ist stets die **formwirksame Aufhebung des voran-**

---

182 S. dazu → Rn. 64.

183 S. auch Ingenstau/Korbion/*Stolz* § 3a EU Rn. 40; BeckOK VergR/*Osseforth* § 3a EU VOB/A Rn. 61.

184 GA Maduro SchlA v. 17.12.2008 – C-250/07, ECLI:EU:C:2008:734 = BeckRS 2008, 71351 Rn. 13 – DEI,. S. auch EuGH Urt. v. 4.6.2009 – C-250/07, ECLI:EU:C:2009:338 = NZBau 2009, 602 Rn. 43 – DEI.

185 OLG Jena Beschl. v. 20.6.2005 – 9 Verg 3/05, NZBau 2005, 476; VK Sachsen-Anhalt Beschl. v. 27.12. 2001 – VK-OFD LSA-07/01; Kapellmann/Messerschmidt/*Stickler* VOB/A § 3a EU Rn. 47; Ingenstau/ Korbion/*Stolz* § 3a EU Rn. 39; KMPP/*Kulartz* VOB/A § 3 EG Rn. 70; Ingenstau/Korbion/*Stolz* § 3a EU Rn. 39; aA Willenbruch/Wieddekind/*Haak/Koch* § 14 VgV Rn. 26; Müller-Wrede/*Hirsch/Kaelble* § 14 VgV Rn. 162, 167.

186 1. VK Sachsen Beschl. v. 17.12.2007 – 1/SVK/073-07, IBRRS 63312.

gegangenen gescheiterten Verfahrens. Das Scheitern des vorangegangenen Verfahrens darf der Vergabestelle dabei nicht zuzurechnen sein.[187] Hinsichtlich der Frage, wann von einer grundlegenden Änderung der Auftragsbedingungen auszugehen ist, wird auf die Ausführungen oben zu § 8 verwiesen.[188]

Auf Anforderung ist der EU-Komm. über die Anwendung des Verhandlungsverfahrens ohne Teilnahmewettbewerb in dieser Fallgruppe ein Bericht vorzulegen (§ 14 Abs. 5 VgV, § 3a EU Abs. 3 Nr. 2 VOB/A). 65

c) Auftrag kann aus technischen oder künstlerischen Gründen oder auf Grund des Schutzes von Ausschließlichkeitsrechten nur von einem Unternehmer erbracht werden (§§ 14 Abs. 4 Nr. 2 VgV, 3a EU Abs. 3 Nr. 3 VOB/A). Der Auftraggeber kann ein Verhandlungsverfahren ohne Teilnahmewettbewerb des Weiteren dann wählen, wenn der **Auftrag nur von einem bestimmten Unternehmen erbracht** oder bereitgestellt werden kann, weil ein einzigartiges Kunstwerk oder eine **einzigartige künstlerische Leistung** erschaffen oder erworben werden soll, weil **aus technischen Gründen kein Wettbewerb** vorhanden ist, oder **wegen des Schutzes von ausschließlichen Rechten,** insbesondere von gewerblichen Schutzrechten (§ 14 Abs. 4 Nr. 2 VgV, § 3a EU Abs. 3 Nr. 3 VOB/A).[189] Die Vorschriften entsprechen weitestgehend den §§ 3 EG Abs. 5 Nr. 3 VOB/A, 3 EG Abs. 4 lit. c) VOL/A nach alter Rechtslage. Es handelt sich bei den in den Vorschriften genannten Fällen nicht um Regelbeispiele, sondern um abschließend aufgelistete Ausnahmefälle.[190] Liegt eine solche Situation vor, wäre ein öffentlicher Teilnahmewettbewerb sinnlos, weil nur ein einziges Unternehmen in der Lage ist, die gefragte Leistung zu erbringen, und es folglich keinen zu schützenden Mitbewerber gibt.[191] Im Ergebnis müssen die Besonderheiten des Auftragsgegenstands es **zwingend** erfordern, dass der Auftrag an genau **ein bestimmtes Unternehmen** vergeben wird.[192] Dies ist **mittels sorgfältiger europaweiter Marktforschungen** zu ermitteln[193] und im Vergabevermerk zu dokumentieren. Erforderlich sind **„stichhaltige Belege"**, aus denen sich das Vorliegen der Voraussetzungen ergibt.[194] Darüber hinaus gelten die Ausnahmen nach § 14 Abs. 4 Nr. 2 lit. b) und c) VgV nur dann, wenn es keine vernünftige Alternative oder Ersatzlösung gibt und der **mangelnde Wettbewerb nicht das Ergebnis einer künstlichen Einschränkung der Auftragsvergabeparameter** ist (§ 14 Abs. 6 VgV). 66

Technische Gründe sind etwa zu bejahen im Falle besonderer Befähigungen oder spezieller Ausrüstungen, über die europaweit nur ein Unternehmen verfügt.[195] Allein die 67

---

[187] Willenbruch/Wieddekind/*Haak/Koch* § 14 VgV Rn. 27; KKMPP/*Kulartz* § 14 Rn. 42.

[188] S. → § 8 Rn. 51.

[189] Sekundärrechtliche Grundlage beider Vorschriften ist Art. 32 Abs. 2 lit. b) VRL.

[190] Vgl. zur Vorgängerregelung EuGH Urt. v. 8.4.2008 – C-337/05, ECLI:EU:C:2008:203 = EuZW 2008, 372 Rn. 57 – Augusta Hubschrauber; EuGH Urt. v. 13.1.2005 – C-84/03, ECLI:EU:C:2005:14 = NZBau 2005, 232 Rn. 47f. – Kooperationsvereinbarung Spanien; *Prieß/Hölzl* NZBau 2008, 563 (566).

[191] *Prieß/Hölzl* NZBau 2008, 563 (566).

[192] EuGH Urt. v. 2.6.2005 –. C-394/02, ECLI:EU:C:2005:336 = BeckRS 2005, 70408 Rn. 34; OLG Frankfurt a.M. Beschl. v. 10.7.2007 – 11 Verg 5/10, BeckRS 2010, 19010 (bzgl. § 3a Nr. 2 lit. c) VOL/A aF).

[193] EuGH Urt. v. 15.10.2009 – C-275/08, ECLI:EU:C:2009:632 = BeckRS 2010, 19010 Rn. 63 – Kraftfahrzeugzulassungssoftware; EuG Urt. v. 15.1.2013 – T-54/11, ECLI:EU:T:2013:10 = ZfBR 2013, 389; OLG Frankfurt a.M. Beschl. v. 10.7.2007 – 11 Verg 5/10, IBRRS 2012, 2660 (zu § 3a Nr. 2 lit. c) VOL/A aF); VK Bund Beschl. v. 23.10.2019 – VK 1-75/19, BeckRS 2019, 30967, Rn. 32; VK Sachsen Beschl. v. 4.12.2018 – 1/SVK/023-18, BeckRS 2018, 34847 Rn. 56; *Prieß/Hölzl* NZBau 2008, 563 (566); Kapellmann/Messerschmidt/*Stickler* § 3a EU Rn. 54.

[194] OLG Düsseldorf Beschl. v. 7.6.2017 – VII-Verg 53/16, NZBau 2018, 118 Rn. 22; Beschl. v. 12.7.2017 – VII-Verg 13/17, NZBau 2017, 679, Rn. 30; VK Sachsen Beschl. v. 4.12.2018 – 1/SVK/023-18, BeckRS 2018, 34847 Rn. 53. Vgl. auch Erwägungsgrund 50 VRL.

[195] OLG Karlsruhe Beschl. v. 21.7.2010 – 15 Verg 6/10, IBRRS 2010, 4571; Kapellmann/Messerschmidt/*Stickler* VOB/A § 3a EU Rn. 51; s. insoweit zu den Grenzen d. Leistungsbestimmungsrechts d. Auftraggebers OLG Düsseldorf Beschl. v. 1.8.2012 – VII-Verg 10/12, NZBau 2012, 785; VK Westfalen Beschl. v. 25.1.2017 – VK 1-47/16; *Tugendreich* NZBau 2013, 90.

Nähe eines Unternehmens zum Ort der Leistungserbringung ist dagegen nicht ausreichend.[196] Eine besondere Befähigung des Unternehmens reicht zudem dann nicht aus, um den Ausnahmetatbestand zu begründen, wenn sich ein anderes Unternehmen die erforderlichen besonderen Fähigkeiten bis zur Ausschreibung bzw. bis zum Zuschlagstermin aneignen kann.[197] Technische Gründe können auch zurückzuführen sein auf konkrete Anforderungen an die Interoperabilität, die erfüllt sein müssen, um das Funktionieren der zu beschaffenden Bauleistungen, Lieferungen oder Dienstleistungen zu gewährleisten.[198] Der öffentliche Auftraggeber muss nachweisen, dass der mit der Beschaffung verfolgte Zweck nicht mit einem anderen am Markt erhältlichen Produkt erreicht werden kann; der Umstand, dass das von ihm favorisierte Produkt in einzelnen Merkmalen anderen am Markt erhältlichen Produkten überlegen ist, genügt nicht.[199] Auch für das Vorliegen **künstlerischer Gründe** genügt nicht allein die subjektive geschmackliche Präferenz des Auftraggebers, sondern diese müssen auf objektiven Tatsachen beruhen, also etwa dann, wenn nur ein Künstler in der Lage ist, ein bestimmtes Verfahren anzuwenden.[200] In beiden Fällen gelten die Voraussetzungen darüber hinaus nur dann als erfüllt, wenn es **keine vernünftige Alternative oder Ersatzlösung** gibt und der mangelnde Wettbewerb **nicht das Ergebnis einer künstlichen Einschränkung der Auftragsvergabeparameter** ist (§ 14 Abs. 6 VgV, § 3a EU Abs. 3 Nr. 3 S. 2 VOB/A).

68 **Ausschließlichkeitsrechte** sind zB Warenzeichen, Vertriebslizenzen, Patente, Urheberrechte und sonstige gewerbliche Schutzrechte.[201] So kann auf die Ausnahmevorschrift des § 14 Abs. 2 VgV zurückgegriffen werden, wenn die Andockung neuer Software an vorhandene Software des öffentlichen Auftraggebers nur unter Eingriff in die Programmstruktur und damit unter Verletzung von Urheberrechten möglich ist; dagegen rechtfertigen lediglich höhere Anpassungskosten einer Schnittstellenlösung nicht den Rückgriff auf die eng auszulegende Ausnahmevorschrift.[202] Nicht erforderlich ist dabei, dass das Unternehmen selbst originärer Inhaber von Urheberrechten ist. Ausreichend ist, dass es – zB aufgrund ausschließlicher Nutzungsrechte – Dritte von der Nutzung ausschließen kann.[203] Das Eigentum an einem Grundstück oder schuldrechtliche Ansprüche wie etwa das Vorkaufsrecht an einem Grundstück können schließlich ebenfalls als Ausschließlichkeitsrechte zu qualifizieren sein.[204] Bei Patenten ist zu beachten, dass diese einer Beschaffung durch Dritte nicht zwingend entgegenstehen. Ob aufgrund des Patentschutzes nur ein Unternehmen zur Erbringung des Auftrags imstande ist, ist vielmehr anhand der konkreten Umstände des Einzelfalls zu prüfen und zu begründen.[205]

69 Die Ausnahmevorschriften sind grundsätzlich auch dann anwendbar, wenn das Vorliegen der Tatbestandsvoraussetzungen **dem Auftraggeber zuzurechnen** ist. Der Auftraggeber hat insoweit durch die Festlegung der Leistungsanforderungen auch Einfluss darauf, ob die Anforderungen von nur einem Unternehmen erfüllt werden können. Nach einer

---

[196] EuGH Urt. v. 10.4.2003 – C-20/01 u. C-28/01, ECLI:EU:C:2003:220 = NZBau 2003, 393 Rn. 66 – Abwasservertrag Bockhorn und Abfallentsorgung Braunschweig; OLG Düsseldorf Beschl. v. 8.5.2002 – VII-Verg 5/02, VergabeR 2002, 665 (667).

[197] VK Berlin Beschl. v. 30.7.2013 – VK B 1-13/13 (zu § 3 EG Abs. 4 VOL/A).

[198] Erwägungsgrund 50 VRL.

[199] OLG Düsseldorf Beschl. v. 7.6.2017 – VII-Verg 53/16, NZBau 2018, 118 Rn. 32.

[200] Willenbruch/Wieddekind/*Haak/Koch* § 14 VgV Rn. 29; Kapellmann/Messerschmidt/*Stickler* VOB/A § 3a EU Rn. 50; Ingenstau/Korbion/*Stolz*§ 3a EU Rn. 46, 48.

[201] Kapellmann/Messerschmidt/*Stickler* VOB/A § 3a EU Rn. 52.

[202] Vgl. insoweit noch zur alten Rechtslage OLG Frankfurt a.M. Beschl. v. 10.7.2007 – 11 Verg 5/07, ZfBR 2008, 88; VK Hessen Beschl. v. 27.4.2007 – 69d VK 11/2007, IBRRS 2007, 4570; Müller-Wrede/*Hirsch/Kaelble* § 14 VgV Rn. 193.

[203] VK Bund Beschl. v. 18.2.2016 – VK 2-137/15, NZBau 2016, 514.

[204] *Ganske* BauR 2008, 1987 (1994); *Otting* NZBau 2004, 469 (470); Willenbruch/Wieddekind/*Haak/Koch* § 14 VgV Rn. 36; Kapellmann/Messerschmidt/*Stickler* § 3a EU Rn. 52; BeckOK VergR/*Dörn* § 14 VgV Rn. 41.

[205] S. zum Sonderfall der Beschaffung patentgeschützter Medikamente → § 79 Rn. 66, 68 mit Nachweisen zur Rechtsprechung.

Reihe von Entscheidungen ua des **OLG Düsseldorf** ist der öffentliche Auftraggeber frei in seiner Entscheidung, was er beschaffen möchte (**Leistungsbestimmungsrecht**[206]), sofern die Bestimmung durch den Auftragsgegenstand **sachlich gerechtfertigt** ist, der Auftraggeber dafür **nachvollziehbare objektive und auftragsbezogene Gründe** für die per se wettbewerbsbeschränkende Definition seines Beschaffungsgegenstandes angibt, solche Gründe tatsächlich vorhanden sind, und die Bestimmung folglich willkürfrei getroffen worden ist sowie die Bestimmung andere Wirtschaftsteilnehmer nicht diskriminiert.[207] Nach der Entscheidung der **VK Bund** im Verfahren **Toll Collect** soll daher die Vergabe eines Folgeauftrags an den bisherigen Betreiber im Verhandlungsverfahren ohne Teilnahmewettbewerb auch dann zulässig sein, wenn der öffentliche Auftraggeber die maßgeblichen Ausschließlichkeitsrechte selbst vertraglich mit dem Altbetreiber vereinbart hatte und es unterlassen hat, sich diese zu sichern, obwohl er dazu in der Lage gewesen wäre.[208]

Allerdings enthalten § 14 Abs. 6 VgV und § 3a EU Abs. 3 Nr. 3 S. 2 VOB/A für die Fallgruppen der technischen Gründe (§ 14 Abs. 4 Nr. 2 lit. b) VgV, § 3a EU Abs. 3 Nr. 3 lit. b) VOB/A) sowie des Schutzes von Ausschließlichkeitsrechten (§ 14 Abs. 4 Nr. 2 lit. c) VgV, § 3a EU Abs. 3 Nr. 3 lit. c) VOB/A) nunmehr die zusätzliche Voraussetzung, dass es **keine vernünftige Alternative oder Ersatzlösung** geben darf und der **mangelnde Wettbewerb nicht das Ergebnis einer künstlichen Einschränkung der Auftragsvergabeparameter** sein darf. Das OLG Düsseldorf geht davon aus, dass in diesen Fallgruppen die Bestimmungsfreiheit des Auftraggebers damit nochmals engeren vergaberechtlichen Grenzen als bei Durchführung eines wettbewerblichen Verfahrens unterliegt.[209] Insbesondere sei eine *„größere Rechtfertigungstiefe"* erforderlich.[210] Der öffentliche Auftraggeber hat daher das Vorliegen möglicher Alternativen und Ersatzlösungen intensiv zu prüfen.[211] Für die Frage, wann von einer künstlichen Einschränkung der Auftragsvergabeparameter auszugehen ist, kann die oben genannte Rechtsprechung zu den Grenzen des Leistungsbestimmungsrechts ergänzend herangezogen werden.[212] Der Auftraggeber soll sich schließlich auch dann nicht auf die Ausnahmevorschrift berufen dürfen, wenn er die Ausnahmesituation, dass nur ein Unternehmen in der Lage ist, den Auftrag zu erfüllen, durch rechtswidriges Verhalten selbst herbeigeführt hat, so etwa, wenn die besonderen technischen Erfordernisse auf der vergaberechtswidrigen Vergabe von Aufträgen in der Vergangenheit beruhen.[213] 69a

d) Äußerste Dringlichkeit der Auftragsvergabe (§§ 14 Abs. 4 Nr. 3 VgV, 3a EU Abs. 3 Nr. 4 VOB/A). Eine weitere Fallgruppe knüpft an die **äußerste Dringlichkeit der Auftragsvergabe** an (§ 14 Abs. 4 Nr. 3 VgV, § 3a EU Abs. 3 Nr. 4 VOB/A).[214] Im Vergleich zu den Vorgängerregelungen (§ 3 EG Abs. 5 Nr. 4 VOB/A, § 3 EG Abs. 4 lit. d 70

[206] S. zum Bestimmungsrecht des öffentlichen Auftraggebers ausführlich → § 19 Rn. 1 ff.

[207] Vgl. OLG Düsseldorf Beschl. v. 1.8.2012 – VII-Verg 10/12, ZfBR 2013, 63; Beschl. v. 12.2.2014 – VII Verg 29/12 mwN, BeckRS 2013, 2606; Beschl. v. 14.9.2016 – VII-Verg 13/16, BeckRS 2016, 18569; Beschl. v. 12.7.2017 – VII-Verg 13/17, NZBau 2017, 679, Rn. 32; OLG Jena Beschl. v. 25.6.2014 – 2 Verg 1/14, ZfBR 2015, 404. S. ausf. dazu *Tugendreich* NZBau 2013, 90; *Rechten/Portner* NZBau 2014, 276 sowie → § 19 Rn. 46 ff.

[208] VK Bund Beschl. v. 18.2.2016 – VK 2 137/15, NZBau 2016, 514. S. hierzu auch *Kirch* NZBau 2016, 742 ff.; *Kainer* NZBau 2018, 387 ff.

[209] OLG Düsseldorf Beschl. v. 7.6.2017 – VII-Verg 53/16, NZBau 2018, 118 Rn. 28, 29; Beschl. v. 12.7.2017 – VII-Verg 13/17, NZBau 2017, 679 Rn. 33.

[210] OLG Düsseldorf Beschl. v. 7.6.2017 – VII-Verg 53/16, NZBau 2018, 118 Rn. 29; Beschl. v. 12.7.2017 – VII-Verg 13/17, NZBau 2017, 679 Rn. 33. S. auch VK Bund Beschl. v. 23.10.2019 – VK 1-75/19, BeckRS 2019, 30967 Rn. 32; KKMPP/*Kulartz* § 14 Rn. 46 mwN; Dieckmann/Scharf/Wagner-Cardenal/*Dieckmann* § 14 VgV Rn. 68.

[211] S. zu den sehr hohen Anforderungen hieran etwa VK Bund Beschl. v. 23.10.2019 – VK 1-75/19, BeckRS 2019, 30967 Rn. 33 ff.

[212] S. hierzu etwa VK Westfalen Beschl. v. 25.1.2017 – VK 1-47/16.

[213] VK Berlin Beschl. v. 1.10.2003 – VK B1-21/03.

[214] Sekundärrechtliche Grundlage beider Vorschriften ist Art. 32 Abs. 2 lit. c) VRL.

VOL/A, § 3 Abs. 4 lit. c) VOF aF) sind die Anforderungen im Zuge der Vergaberechtsreform 2016 durch die Formulierung „äußerst" noch weiter verschärft worden: Es muss sich um **äußerst dringliche, zwingende Gründe** im Zusammenhang mit Ereignissen handeln, **die der öffentliche Auftraggeber nicht voraussehen konnte,** und die es nicht zulassen, die Mindestfristen einzuhalten, die für das offene und das nicht offene Verfahren sowie für das Verhandlungsverfahren mit Teilnahmewettbewerb vorgeschrieben sind. Die Umstände zur Begründung der äußersten Dringlichkeit dürfen dem öffentlichen Auftraggeber nicht zuzurechnen sein. Bei der Auslegung des Tatbestands sind insbesondere die Hinweise des Bundesministeriums für Wirtschaft und Energie im Rundschreiben vom 9.1. 2015 zur Anwendung der Vorgängerregelung des § 3 EG Abs. 4 lit. d) VOLA/A[215] zu beachten, welche auch für die Anwendung von § 14 Abs. 4 Nr. 3 VgV relevant bleiben. Aus Anlass der Flüchtlingskrise hat das Bundesministerium für Wirtschaft und Energie zudem ein Rundschreiben zur Anwendung des Vergaberechts im Zusammenhang mit der **Unterbringung und Versorgung von Flüchtlingen** herausgegeben, welches die maßgeblichen Tatbestandskriterien in diesem Zusammenhang erläutert.[216] In einem weiteren Rundschreiben vom 19.3.2020 erläutert das Bundesministerium für Wirtschaft und Energie die Anwendbarkeit der Fallgruppe auf die Beschaffung von Leistungen zur Eindämmung der Ausbreitung des neuartigen Coronavirus SARS-CoV-2.[217] Vergleichbare Regelungen finden sich im Erlass des Bundesministeriums des Innern, für Bau und Heimat vom 27.3.2020 zu vergaberechtlichen Fragen anlässlich der COVID-19-Pandemie.[218] Ergänzend sind die Leitlinien der Europäischen Kommission zur Nutzung des Rahmens für die Vergabe öffentlicher Aufträge in der durch die COVID-19-Krise verursachten Notsituation zu berücksichtigen.[219]

71 An die Voraussetzungen des Ausnahmetatbestands sind **strenge Anforderungen** zu stellen.[220] **Äußerste Dringlichkeit** ist nach dem Rundschreiben des BMWi vom 9.1. 2015 grundsätzlich nur bei unaufschiebbaren Ereignissen anzunehmen, „bei denen eine **gravierende Beeinträchtigung für die Allgemeinheit und die staatliche Aufgabenerfüllung** droht, etwa durch einen schweren, nicht wieder gutzumachenden Schaden".[221] Die äußerste Dringlichkeit ergibt sich dabei aus dem Grad der Gefährdungslage sowie der Bedeutung der gefährdeten Rechtsgüter.[222] Es muss sich um **besonders hochrangige Rechtsgüter** (Leben, körperliche Unversehrtheit, existentielle Daseinsvorsorge) handeln, deren Beeinträchtigung unmittelbar bevorsteht oder bereits eingetreten ist.[223] So hat das

[215] BMWi-Rundschreiben v. 9.1.2015 zur Anwendung von § 3 EG Abs. 4 Buchst. d VOL/A, § 3 Abs. 4 Buchst. c VOF und § 6 Abs. 2 Nr. 4 SektVO – Vergabe ohne vorherigen Aufruf zum Wettbewerb/Dringlichkeit, Az. IB6-270100/14 u. 270100/15.

[216] BMWi Rundschreiben v. 24.8.2015 zur Anwendung des Vergaberechts in Zusammenhang mit der Unterbringung und Versorgung von Flüchtlingen, Az. IB6-270100/14. S. auch EU-Komm., Mitteilung an das Europäische Parlament und den Rat zu den Vorschriften für die öffentliche Auftragsvergabe im Zusammenhang mit der aktuellen Flüchtlingsproblematik, KOM(2015) 454 final v. 9.9.2015. Letztere Mitteilung unterstreicht, dass die Tatbestandsvoraussetzung in jedem Einzelfall zu prüfen und in einem Vergabevermerk zu begründen sind.

[217] BMWi-Rundschreiben v 19.3.2020 zur Anwendung des Vergaberechts im Zusammenhang mit der Beschaffung von Leistungen zur Eindämmung der Ausbreitung des neuartigen Coronavirus SARS-CoV-2, Az. 20601/00#003.

[218] BMU-Erlass v. 27.3.2020, Az. BW I 7-70406/21#1.

[219] Mitteilung der Kommission, Leitlinien der Europäischen Kommission zur Nutzung des Rahmens für die Vergabe öffentlicher Aufträge in der durch die COVID-19-Krise verursachten Notsituation (2020/C 108 I/01), AB.EU CI 108/1.

[220] OLG Düsseldorf Beschl. v. 10.6.2015 – VII-Verg 39/14, ZfBR 2015, 725; OLG Frankfurt a.M. Beschl. v. 30.1.2014 – 11 Verg 15/13, NZBau 2014, 386; OLG Celle Beschl. v. 29.10.2009 – 13 Verg 8/09, NZBau 2010, 194; BMWi-Rundschreiben v. 9.1.2015 zur Anwendung von § 3 EG Abs. 4 Buchst. d VOL/A, § 3 Abs. 4 Buchst. c VOF und § 6 Abs. 2 Nr. 4 SektVO – Vergabe ohne vorherigen Aufruf zum Wettbewerb/Dringlichkeit, Az. IB6-270100/14 u. 270100/15, S. 1f.

[221] BMWi-Rundschreiben v. 9.1.2015, S. 3.

[222] OLG Düsseldorf Beschl. v. 17.7.2002 – VII-Verg 30/02, VergabeR 2003, 55; BMWi-Rundschreiben v. 9.1.2015, S. 3.

[223] Pünder/Schellenberg/*Pünder* § 14 VgV Rn. 71.

BMWi im Rundschreiben vom 19.3.2020 die Anwendbarkeit des § 14 Abs. 4 Nr. 3 VgV für den Einkauf von Leistungen bejaht, die der Eindämmung und kurzfristigen Bewältigung der **Corona-Epidemie** und/oder der Aufrechterhaltung des Dienstbetriebs der öffentlichen Verwaltung während der Krise dienen.[224] Gleiches gilt nach dem BMI-Erlass vom 27.3.2020 für Bauaufträge, die der Eindämmung der COVID-19-Pandemie dienen, wie zB die kurzfristige Schaffung zusätzlicher Kapazitäten im Krankenhausbereich, Umbauten und Ausstattung zur Erhöhung der Anzahl von Videokonferenzräumen, und der Einbau von Trennwänden zur Separierung mehrfach belegter Büros, vorausgesetzt, dass diese Maßnahmen der Eindämmung der Pandemie dienen.[225] Bloße finanzielle Gründe bzw. wirtschaftliche Erwägungen genügen dagegen in der Regel nicht.[226] Die Abrufbarkeit von Fördermitteln bis zu einem bestimmten Termin oder der drohende Verfall von Haushaltsmitteln können daher nicht die Dringlichkeit begründen; diese muss sich vielmehr aus dem Bedarf selbst ergeben.[227] Ausnahmen sind nach dem Rundschreiben des BMWi vom 9.1.2015 allerdings bei wirtschaftlichen Notlagen wie einer Finanzkrise denkbar, wenn eine Auftragsunterbrechung gravierende Folgen für die Allgemeinheit hat.[228]

Die **Ereignisse** müssen darüber hinaus **für die Dringlichkeit kausal** und die Dring- 71a
lichkeitsgründe müssen ihrerseits für die Unmöglichkeit, die vorgeschriebenen Mindestfristen einzuhalten, ursächlich sein.[229] Das ist dann der Fall, wenn ein sofortiges Handeln erforderlich ist, das die Einhaltung der in den Vorschriften genannten Fristen auch bei Ausnutzung aller Verkürzungsmöglichkeiten nachweislich nicht zulässt.[230] Wenn sich dagegen bei Einhaltung der Bekanntmachungsfristen die Durchführung der Maßnahme – absolut oder relativ zum Abschluss der Maßnahme – nur gering verzögern würde, wird in der Regel keine gravierende Beeinträchtigung durch Voranstellen eines Teilnahmewettbewerbs anzunehmen sein.[231]

Die Gründe für die Dringlichkeit dürfen **vom Auftraggeber weder vorhersehbar** 72
noch seiner organisatorischen Sphäre zuzurechnen und deshalb von ihm zu verantworten sein; auf ein Verschulden des Auftraggebers kommt es dabei nicht an.[232] Vorhersehbar sind dabei solche Umstände, die bei einer pflichtgemäßen Prüfung der Risiken in Betracht gezogen werden müssen.[233] Nach Auffassung der Europäischen, die im Rund-

---

[224] BMWi-Rundschreiben v 19.3.2020, Az. 20601/00#003, S. 3. Das soll nach dem Rundschreiben zB für die Beschaffung von Heil- und Hilfsmitteln wie etwa Desinfektionsmittel, Einmalhandschuhe, Masken, Schutzkittel, Verbandsmaterialien, Tupfer, Bauchtücher und medizinisches Gerät wie etwa Beatmungsgeräte sowie für in diesen Krisenzeiten notwendige Leistungen (etwa mobiles IT-Gerät wie zB zur Einrichtung von Homeoffice-Arbeitsplätzen, Videokonferenztechnik und IT-Lietungskapazitäten) anzunehmen sein.

[225] BMU-Erlass v. 27.3.2020, Az. BW I 7-70406/21#1, S. 2.

[226] OLG Celle Beschl. v. 29.10.2009 – 13 Verg 8/09, NZBau 2010, 194; VK Saarland Beschl. v. 24.10.2008 – 3 VK 2/2008, IBRRS 2008, 3092; BMWi-Rundschreiben v. 9.1.2015, S. 3; Müller-Wrede/*Hirsch*/*Kaelble* § 14 VgV Rn. 208.

[227] OLG Naumburg Beschl. v. 14.3.2014 – 2 Verg 1/14, BeckRS 2014, 14968.

[228] BMWi-Rundschreiben v. 9.1.2015, S. 3f.

[229] EuGH Urt. v. 15.10.2009 – C-275/08, ECLI:EU:C:2009:632 = IBRRS 2009, 3308 Rn. 69 – Kraftfahrzeugzulassungssoftware; EuGH Urt. v. 2.6.2005 – C-394/02, ECLI:EU:C:2005:336 = BeckRS 2005, 70408 Rn. 40 – DEI; EuGH Urt. v. 18.11.2004 – C-126/03, ECLI:EU:C:2004:728 = NVwZ 2005, 74 Rn. 23 – Kommission/Deutschland; OLG Düsseldorf Beschl. v. 10.6.2015 – VII-Verg 39/14, ZfBR 2015, 725; Müller-Wrede/*Hirsch*/*Kaelble* § 14 VgV Rn. 206; Kapellmann/Messerschmidt/*Stickler* VOB/A § 3a EU Rn. 61.

[230] VK Rheinland Beschl. v. 15.5.2019 – VK 8/19, IBRRS 2019, 2405; VK Baden-Württemberg Beschl. v. 16.5.2018 – 1 VK 13/18, IBR 2018, 654; OLG Celle Beschl. v. 24.9.2014 – 13 Verg 9/14, NZBau 2014, 784.

[231] BMWi-Rundschreiben v. 9.1.2015, S. 3.

[232] OLG Düsseldorf Beschl. v. 10.6.2015 – VII-Verg 39/14, ZfBR 2015, 725; VK Hamburg Beschl. v. 25.6.2014 – VgK FB 3/14, BeckRS 2014, 19768; BMWi-Rundschreiben v. 9.1.2015, S. 3; Kapellmann/Messerschmidt/*Stickler* VOB/A § 3a EU Rn. 58.

[233] BMWi-Rundschreiben v. 9.1.2015, S. 2; VK Bund Beschl. v. 29.6.2005 – VK 3-52/05, BeckRS 2005, 151434; VK Nordrhein-Westfalen Beschl. v. 31.3.2000 – VK 3/2000 B, IBRRS 2015, 0907; vgl. auch OLG Celle Beschl. v. 29.10.2009 – 13 Verg 8/09, NZBau 2010, 194; VK Saarland Beschl. v. 24.10.2008

schreiben dem BMWi vom 9.1.2015 bestätigt wird, sind daher nur solche Ereignisse unvorhersehbar, die außerhalb des üblichen wirtschaftlichen und sozialen Lebens stehen.[234] Das sind etwa **akute Gefahrensituationen, Katastrophenfälle** und **Fälle höherer Gewalt** – wie zB witterungsbedingte Beschädigungen, Chemieunfälle, Seuchen, Sturm- oder Brandschäden.[235] Eine objektiv überraschende Insolvenz des Auftragnehmers soll nach umstrittener Auffassung ebenfalls als unvorhersehbar gelten.[236] Eine schlichte Nicht- oder Schlechtleistung eines Vertragspartners, der durch rechtzeitige Aufnahme von Vertragsstrafen oder Streitschlichtungsmechanismen hätte begegnet werden können, reicht dagegen nicht.[237] Verzögerungen aufgrund eines behördlichen Genehmigungsverfahrens oder saisonal auftretende Gefahren (zB Lawinen, Frühlingshochwasser) gelten ebenfalls als vorhersehbar.[238] Nicht dem Auftraggeber zurechenbar ist dagegen eine Verzögerung des Vergabenachprüfungsverfahrens aufgrund einer ungewöhnlich hohen Arbeitsbelastung einer Vergabekammer.[239] Im Bereich der **Daseinsvorsorge** werden die Voraussetzungen von der Rechtsprechung – unter Berücksichtigung der auch unionsrechtlich vorgegebenen Funktionsgewährleistungspflichten der öffentlichen Verwaltung (vgl. Art. 14 AEUV) – weniger streng gehandhabt, so dass die Vorhersehbarkeit bzw. Dringlichkeit der Dringlichkeit einer Vergabe im Verhandlungsverfahren ohne Teilnahmewettbewerb ausnahmsweise nicht entgegensteht, etwa dann, wenn die Dringlichkeit auf der Aufhebung eines Vergabeverfahrens oder der Wahl des falschen Vergabeverfahrens und einer infolgedessen unwirksamen ersten Auftragserteilung beruht **(Grundsatz der Kontinuität der Leistungen).**[240]

73 Dem öffentlichen Auftraggeber steht bei der Feststellung der Dringlichkeit ein gewisser **Beurteilungsspielraum** zu, dessen Ausübung von den Vergabenachprüfungsinstanzen lediglich darauf zu überprüfen ist, ob er die Entscheidung auf der Grundlage eines **zutreffend ermittelten Sachverhalts** getroffen und diese nicht mit sachfremden Erwägungen, sondern willkürfrei sowie in Übereinstimmung mit hergebrachten Beurteilungsgrundsätzen begründet hat.[241] Das Erfordernis eines zutreffend ermittelten Sachverhalts setzt dabei voraus, dass die für die Dringlichkeit herangezogenen Gründe **objektiv nachvollziehbar gegeben** sein müssen.

74 Der öffentliche Auftraggeber muss schließlich auch im Falle der Dringlichkeit der Vergabe **größtmöglichen Wettbewerb** herstellen. Er muss daher, sofern dem Verhandlungsverfahren ein gescheitertes Verfahren vorangegangen ist, alle an diesem Verfahren beteiligten Bieter in das Verhandlungsverfahren einbeziehen, und muss auch im Übrigen

– 3 VK 02/2008, BeckRS 2013, 46427 („hohe Anforderungen an die Unvorhersehbarkeit"); Willenbruch/Wieddekind/*Haak/Koch* § 14 VgV Rn. 44.

[234] EU-Komm., Leitfaden zu den Gemeinschaftsvorschriften über öffentliche Dienstleistungsaufträge, 3.3.2.4; Leitfaden zu den Gemeinschaftsvorschriften für die Vergabe von öffentlichen Bauaufträgen, 3.3.2, Nr. 3; vgl. OLG Celle Beschl. v. 29.10.2009 – 13 Verg 8/09, NZBau 2010, 194; BMWi-Rundschreiben v. 9.1.2015, S. 2.

[235] Kapellmann/Messerschmidt/*Stickler* § 3a EU Rn. 56, 58; auch die lückenlose Gewährleistung von Dienstleistungen der Daseinsvorsorge können eine Notsituation iSd § 14 Abs. 4 Nr. 3 VgV begründen. Siehe VK Hessen Beschl. v. 21.1.2017 – 69d-VK-58/2016, 69d-VK-58a/2016, VPR 2017, 240; VK Sachsen Beschl. v. 13.12.2017 – 1 VK LSA 27/17, IBRRS 2018, 1667.

[236] VK Bund Beschl. v. 29.6.2005 – VK 3-52/05, BeckRS 2005, 151434; VÜA Bayern Beschl. v. 23.9.1999 – VÜA 4/99; BeckOK VergR/*Dörn* § 14 VgV Rn. 51; aA Müller-Wrede/*Hirsch/Kaelble* § 14 VgV Rn. 220 (Insolvenz des Vertragspartners ist typisches Vertragsrisiko, mit dem stets zu rechnen ist). S, auch Bundesministerium für Umwelt, Naturschutz, Bau und Reaktorsicherheit, Rundschreiben v. 16.5.2017 zur Auslegung des reformierten Vergaberechts für die Vergabe von Bauleistungen, Az. B I 7-81063.6/1, S. 5 mit ausdrücklichem Hinweis auf die og Entscheidung des VK Bund v. 29.6.2005.

[237] BMWi-Rundschreiben v. 9.1.2015, S. 3.

[238] Kapellmann/Messerschmidt/*Stickler* VOB7a § 3a EU Rn. 59 mwN.

[239] VK Hamburg Beschl. v. 5.6.2014 – VgK FB 6/14, IBRRS 2015, 0448.

[240] OLG Frankfurt a.M. Beschl. v. 30.1.2014 – 11 Verg 15/13, VPRRS 2014, 0235; OLG Dresden Beschl. v. 25.1.2008 – WVerg 10/07, IBRRS 2008, 0932; OLG Düsseldorf Beschl. v. 25.9.2008 – VII Verg 57/08, BeckRS 2009, 2339; VK Lüneburg Beschl. v. 8.10.2014 – VgK-37/2014, VPRRS 2014, 0591; VK Baden-Württemberg Beschl. v. 17.7.2014 – 1 VK 32/14, VPRRS 2014, 0569; Kapellmann/Messerschmidt/*Stickler* VOB/A § 3a EU Rn. 60.

[241] OLG Düsseldorf Beschl. v. 10.6.2015 – VII-Verg 39/14, NZBau 2015, 572.

möglichst mit mehreren Bietern verhandeln.[242] Darüber hinaus muss der Auftraggeber den Grundsatz größtmöglichen Wettbewerbs auch hinsichtlich Umfang und Dauer des Vertrags beachten. Die Vergabe ist daher generell auf **Interimsvergaben** zu beschränken.[243] Nach Auffassung der VK Rheinland-Pfalz und Sachsen-Anhalt ist hierfür auf den **„absolut notwendigen Zeitraum"** abzustellen.[244] Diese Prognoseentscheidung hat der Auftraggeber zu dokumentieren.[245] In Fällen der Daseinsvorsorge soll zudem der Gesichtspunkt der Zurechenbarkeit der Dringlichkeit zu einer weiteren Verkürzung der zulässigen Vertragsdauer führen.[246] Nach Auffassung der VK Baden-Württemberg dürfen Interimsverträge daher in der Regel **maximal auf ein Jahr** angelegt sein.[247]

e) Lieferung von Waren zu Forschungs-, Versuchs- Untersuchungs-, oder Entwicklungszwecken (§ 14 Abs. 4 Nr. 4 VgV). 75 Für die Vergabe von Lieferverträgen kann ein Verhandlungsverfahren ohne Teilnahmewettbewerb ferner dann gewählt werden, wenn eine Lieferleistung beschafft werden soll, die **ausschließlich zu Forschungs- Versuchs-, Untersuchungs- oder Entwicklungszwecken hergestellt** wurde (§ 14 Abs. 4 Nr. 4 VgV). Die Vorschrift entspricht dem früheren § 3 EG Abs. 4 lit. b) VOL/A. Serienfertigungen zum Nachweis der Marktfähigkeit des Produkts oder zur Deckung der Forschungs- und Entwicklungskosten sind vom Anwendungsbereich ausgeschlossen. Ebenso wenig anwendbar ist die Vorschrift bei der Vergabe von Aufträgen für die Lieferung von Waren, die auch zu anderen Zwecken, also insbesondere zu kommerziellen Nebenzwecken, hergestellt werden.[248] Die zu liefernde Ware muss selbst Gegenstand der Forschung, Untersuchung oder Entwicklung sein; der Umstand, dass die Ware als Hilfsmittel im Rahmen von Forschungen eingesetzt wird, genügt nicht.[249] Zum Begriff der Forschung und Entwicklung kann auf die gemeinschaftsrechtlichen Quellen zurückgegriffen werden.[250]

f) Zusätzliche Lieferleistungen zur teilweisen Erneuerung oder Erweiterung bereits erbrachter Leistungen (§ 14 Abs. 4 Nr. 5 VgV). 76 Die Auftragsvergabe im Wege des Verhandlungsverfahrens ohne Teilnahmewettbewerb kommt auch in Betracht bei **zusätzlichen Lieferleistungen des ursprünglichen Auftragnehmers,** die entweder zur **teilweisen Erneuerung oder Erweiterung** bereits erbrachter Leistungen bestimmt sind, sofern ein Wechsel des Unternehmens dazu führen würde, dass der Auftraggeber Waren mit unterschiedlichen technischen Merkmalen kaufen müsste und dies eine **technische Unvereinbarkeit** oder **unverhältnismäßige technische Schwierigkeiten bei Gebrauch und Wartung** mit sich bringen würde (§ 14 Abs. 4 Nr. 5 VgV).[251] Die Vorschrift

---

[242] Vgl. OLG Frankfurt a.M. Beschl. v. 30.1.2014, 11 Verg 15/13, VPRRS 2014, 0235; OLG Düsseldorf Beschl. v. 25.9.2008 – VII-Verg 57/08, IBRRS 2009, 3600; OLG Hamburg Beschl. v. 8.7.2008 – 1 Verg 1/08, BeckRS 2009, 8988; OLG Dresden Beschl. v. 25.1.2008 – WVerg 10/07, IBRRS 2008, 0932; VK Rheinland-Pfalz Beschl. v. 22.5.2014 – VK 1-7/14, BeckRS 2015, 15353; VK Lüneburg Beschl. v. 27.6. 2003 – 203-VgK-14/03; vgl. auch Müller-Wrede/*Hirsch/Kaelble* § 14 VgV Rn. 227.

[243] Vgl. OLG Frankfurt a.M. Beschl. v. 30.1.2014 – 11 Verg 15/13, NZBau 2014, 386; OLG Hamburg Beschl. v. 8.7.2008 – 1 Verg 1/08, BeckRS 2009, 8988; OLG Dresden Beschl. v. 25.1.2008 – WVerg 10/07, IBRRS 2008, 0932; OLG Düsseldorf Beschl. v. 19.11.2003 – VII-Verg 59/03; Kapellmann/Messerschmidt/*Stickler* VOB/A § 3a EU Rn. 60. S. zu den Besonderheiten bei Dienstleistungen der Daseinsvorsorge ausführlich Müller-Wrede/*Hirsch/Kaelble* § 14 VgV Rn. 222ff. mwN.

[244] VK Rheinland-Pfalz Beschl. v. 22.5.2014 – VK 1-7/14, BeckRS 2015, 15353; VK Sachsen-Anhalt Beschl. v. 18.12.2013 – 2 VK LSA 15/13, ZfBR 2014, 619.

[245] VK Rheinland-Pfalz Beschl. v. 22.5.2014 – VK 1-7/14, BeckRS 2015, 15353.

[246] OLG Frankfurt a.M. Beschl. v. 30.1.2014 – 11 Verg 15/13, BeckRS 2014, 4634.

[247] VK Baden-Württemberg Beschl. v. 17.7.2014 – 1 VK 32/14, VPRRS 2014, 0569. Wohl ebenso VK Rheinland-Pfalz Beschl. v. 22.5.2014 – VK 1-7/14, VPRRS 2015, 0283.

[248] VK Bund Beschl. v. 23.10.2019 – VK 1-75/19, BeckRS 2019, 30967, Rn. 30; Willenbruch/Wieddekind/*Haak/Koch* § 14 VgV Rn. 53.

[249] VK Bund Beschl. v. 23.10.2019 – VK 1-75/19, BeckRS 2019, 30967, Rn. 30.

[250] S. etwa Gemeinschaftsrahmen „F&E&I-Beihilfen". Zum Begriff d. Versuche u. Untersuchungen s. Willenbruch/Wieddekind/*Haak/Koch* § 14 VgV Rn. 55.

[251] Sekundärrechtliche Grundlage der Vorschrift ist Art. 32 Abs. 3 lit. b) VRL.

entspricht dem früheren § 3 EG Abs. 4 lit. e) VOL/A. Technische Schwierigkeiten sind dabei dann als unverhältnismäßig zu qualifizieren, wenn sie nur mit unverhältnismäßigem Aufwand behoben werden können oder den bestimmungsgemäßen Gebrauch und die Wartung erheblich beeinträchtigen.[252] Das kann etwa zu bejahen sein, wenn umfangreiche Umschulungsmaßnahmen für Mitarbeiter erforderlich würden.[253] Zu beachten ist, dass der Begriff der Erneuerung die Anpassung an den aktuellen Stand der Technik sowie den Austausch von Teilen umfasst, nicht aber eine vollständige Ersetzung der ursprünglichen Lieferungen oder Einrichtungen ermöglicht.[254] Auch eine Erweiterung darf nicht so weit gehen, dass es sich um eine komplette Neubeschaffung handelt.[255] Die Laufzeit dieser Aufträge darf in der Regel drei Jahre nicht überschreiten (§ 14 Abs. 4 Nr. 5 VgV). Eine längere Laufzeit soll jedoch ausnahmsweise dann zulässig sein, wenn die Kompatibilitätsprobleme weiterhin bestehen und eine Neubeschaffung nicht wirtschaftlich wäre.[256]

77 **g) Wiederholung gleichartiger Bau- oder Dienstleistungen (§§ 14 Abs. 4 Nr. 9 VgV, 3a EU Abs. 3 Nr. 5 VOB/A).** Die **Wiederholung einer gleichartigen Leistung** entsprechend dem Grundentwurf der ursprünglichen Vergabe kann im Verhandlungsverfahren ohne Teilnahmewettbewerb an den **Auftragnehmer des ursprünglichen Auftrags** vergeben werden, wenn auf diese Möglichkeit bereits in der Auftragsbekanntmachung des ersten Vorhabens hingewiesen wurde (§ 14 Abs. 4 Nr. 9 VgV, § 3a EU Abs. 3 Nr. 5 VOB/A).[257] Die Vorschriften entsprechen den § 3 EG Abs. 5 Nr. 6 VOB/A, § 3 EG Abs. 4 lit. g) VOL/A bzw. § 3 Abs. 4 lit. e) VOF nach früherer Rechtslage. Anders als nach bisheriger Rechtslage ist nicht mehr Voraussetzung, dass der erste Auftrag im Wege eines offenen oder nicht offenen Verfahrens vergeben wurde. Aus der Erforderlichkeit einer Auftragsbekanntmachung kann allerdings gefolgert werden, dass die ursprüngliche Vergabe im Wege eines Verhandlungsverfahrens ohne Teilnahmewettbewerb nicht ausreicht.

78 Der Begriff der Gleichartigkeit setzt nicht völlige Identität der Leistungen voraus; es sind vielmehr geringfügige Änderungen oder Erweiterungen zulässig, sofern sie keinen Einfluss auf den Wettbewerb haben.[258] Das Verfahren darf nach dem Wortlaut der Ausnahmevorschriften nur **innerhalb von drei Jahren nach Abschluss des ersten Auftrags,** dh nach dem zivilrechtlichen Vertragsschluss[259], angewandt werden. Der Auftraggeber muss darüber hinaus den **Wert der fortzuführenden Leistungen** bereits bei der Ermittlung des ursprünglichen Auftragswerts berücksichtigen.[260]

79 **i) Weitere Fallgruppen.** Schließlich darf ein Verhandlungsverfahren ohne Teilnahmewettbewerb noch in den folgenden **Sonderfällen** gewählt werden:

- Vergabe des Dienstleistungsauftrags **im Anschluss an einen Planungswettbewerb** (§ 14 Abs. 4 Nr. 8 VgV)[261];

---

[252] Vgl. OLG Frankfurt a.M. Beschl. v. 6.8.2007 – 11 Verg 5/07, ZfBR 2008, 88; OLG Düsseldorf Beschl. v. 28.5.2003 – VII-Verg 10/03; VK Bund Beschl. v. 11.4.2003 – VK 2-10/03, BeckRS 2003, 152838.

[253] *Diercks* VergabeR 2003, 518 (523); Müller-Wrede/*Hirsch/Kaelble* § 14 VgV Rn. 257.

[254] OLG Frankfurt a.M. Beschl. v. 10.7.2007 – 11 Verg 5/07, ZfBR 2008, 88; Willenbruch/Wieddekind/*Haak/Koch* § 14 VgV Rn. 60; KKMPP/*Kulartz* § 14 Rn. 69.

[255] OLG Frankfurt a.M. Beschl. v. 10.7.2007 – 11 Verg 5/07, ZfBR 2008, 88; Müller-Wrede/*Hirsch/Kaelble* § 14 VgV Rn. 254; KKMPP/*Kulartz* § 14 Rn. 70.

[256] Willenbruch/Wieddekind/*Haak/Koch* § 14 VgV Rn. 63.

[257] Gemeinsame sekundärrechtliche Grundlage ist Art. 32 Abs. 5 VRL.

[258] Kapellmann/Messerschmidt/*Stickler* VOB/A § 3a EU Rn. 64; Willenbruch/Wieddekind/*Haak/Koch* § 14 VgV Rn. 73; Ingenstau/Korbion/*Stolz* § 3a EU Rn. 54.

[259] EuGH Urt. v. 14.9.2004 – C-385/02, ECLI:EU:C:2004:522 Rz. 35, 39 – Kommission/Italien; Kapellmann/Messerschmidt/*Stickler* VOB/A § 3a EU Rn. 68.

[260] Ingenstau/Korbion/*Stolz* § 3a EU Rn. 55; Willenbruch/Wieddekind/*Haak/Koch* § 14 VgV Rn. 74.

[261] Sekundärrechtliche Grundlage ist Art. 32 Abs. 4 VRL; s. zur Auslegung Pünder/Schellenberg/*Pünder* § 14 VgV Rn. 98f. mwN; Willenbruch/Wieddekind/*Haak/Koch* § 14 VgV Rn. 69f.

- Lieferung von auf **Warenbörsen** notierten und gekauften Waren (§ 14 Abs. 4 Nr. 6 VgV)[262],
- Erwerb von Liefer- oder Dienstleistungen zu **besonders günstigen Bedingungen** wegen **Geschäftsaufgabe, Insolvenz oder Liquidation des Lieferanten** (§ 14 Abs. 4 Nr. 7 VgV).[263]

Die bisherige Fallgruppe der zusätzlichen Bau- oder Dienstleistungen, die wegen unvorhergesehener Ereignisse zur Ausführung der Hauptleistung erforderlich werden (vgl. § 3 EG Abs. 5 Nr. 5 VOB/A, § 3 EG Abs. 4 lit. f) VOL/A, § 3 Abs. 4 lit. d) VOF aF), ist mit der Vergaberechtsreform 2016 entfallen. Zusätzliche Bau- und Dienstleistungen sind bei Vorliegen der Voraussetzungen der §§ 132 Abs. 2 Nr. 2 GWB, 22 EU Abs. 2 Nr. 2 VOB/A ohne Durchführung eines neuen Vergabeverfahrens zulässig.

3. Ablauf des Verhandlungsverfahrens ohne Teilnahmewettbewerb

Beim Verhandlungsverfahren ohne vorherigen öffentlichen Teilnahmewettbewerb entfällt 80 die Aufforderung zur Abgabe von Teilnahmeanträgen, dh der **öffentliche Auftraggeber wendet sich unmittelbar an ein oder mehrere Unternehmen** und fordert diese zur Abgabe von Erstangeboten innerhalb einer bestimmten Frist auf (§ 17 Abs. 5 VgV, § 3b EU Abs. 3 Nr. 4 VOB/A). Im Falle der Dringlichkeitsvergabe (§ 14 Abs. 4 Nr. 3 VgV) gelten hierbei gemäß § 17 Abs. 15 VgV Erleichterungen hinsichtlich der Anforderungen insbesondere an den Einsatz elektronischer Mittel bei der Kommunikation, an die Form der Übermittlung der Angebote sowie an die Aufbewahrung und Öffnung der Angebote; die §§ 9 bis 13 VgV, § 53 Abs. 1 VgV und §§ 54, 55 finden insoweit keine Anwendung.

Die Auswahl der Bieter liegt dabei – im Rahmen der allgemeinen Vergabegrundsätze – 80a grundsätzlich im pflichtgemäßen Ermessen des öffentlichen Auftraggebers.[264] Sofern nicht im Einzelfall nur ein einziger Bieter in Betracht kommt[265], sind auch im Verhandlungsverfahren ohne Teilnahmewettbewerb **in der Regel mehrere Bieter zur Angebotsabgabe aufzufordern.**[266] Dabei gibt es zwar keine Vorschrift, die dem öffentlichen Auftraggeber im Falle des Verhandlungsverfahrens ohne Teilnahmewettbewerb eine Mindestzahl von Bietern vorschreibt. Die §§ 51 Abs. 2 VgV, 3b EU Abs. 3 Nr. 3 VOB/A erfassen diesen Fall ihrem Wortlaut nach nicht. Es kann jedoch im Hinblick auf den allgemeinen Wettbewerbsgrundsatz geboten sein, auch ohne vorherigen öffentlichen Teilnahmewettbewerb mindestens drei Bieter zur Angebotsabgabe aufzufordern.[267] In diesem Zusammenhang weist das BMWi im Rundschreiben zur Anwendung des Vergaberechts im Zusammenhang mit der Beschaffung von Leistungen zur Eindämmung der Ausbreitung des neuartigen Coronavirus SARS-CoV-2 darauf hin, dass ungeachtet des Grundsatzes der effizienten Verwendung von Haushaltsmitteln die Ansprache nur eines Unternehmens den Umständen nach erforderlich sein kann, etwa dann, wenn nur ein Unternehmen in der Lage ist, den Auftrag unter den durch die zwingende Dringlichkeit auferlegten technischen und zeitlichen Zwängen zu erfüllen.[268] Der öffentliche Auftraggeber darf auch Angebote, die im Rahmen eines zuvor erfolglos durchgeführten offenen Verfahrens abgegeben wurden, schon als erste Angebote für das Verhandlungsverfahren behandeln, sofern er dieses Vorgehen zuvor bekanntgegeben hat.[269] Will der öffentliche Auftraggeber auf das Verhandlungs-

[262] Sekundärrechtliche Grundlage ist Art. 32 Abs. 3 lit. c) VRL; s. zur Auslegung Pünder/Schellenberg/*Pünder* § 14 VgV Rn. 293f. mwN; Willenbruch/Wieddekind/*Haak/Koch* § 14 VgV Rn. 64ff.

[263] Sekundärrechtliche Grundlage ist Art. 32 Abs. 3 lit. d) VRL; s. zur Auslegung Pünder/Schellenberg/*Pünder* § 14 VgV Rn. 95ff. mwN; Willenbruch/Wieddekind/*Haak/Koch* § 14 VgV Rn. 67f.

[264] Langen/Bunte/*Wagner* § 119 Rn. 53.

[265] S. dazu die Fallgruppen o. → Rn. 66ff. (technische/künstlerische Gründe u. Ausschließlichkeitsrechte), → Rn. 76 (zusätzliche Lieferungen zur Erneuerung oder Erweiterung) u. → Rn. 77 (Wiederholung gleichartiger Leistungen).

[266] Langen/Bunte/*Wagner* § 119 Rn. 53.

[267] VK Bund Beschl. v. 29.6.2005 – VK 3-52/05, BeckRS 2005, 151434.

[268] BMWi-Rundschreiben v 19.3.2020, Az. 20601/00#003, S. 4.

[269] OLG Düsseldorf Beschl. v. 5.7.2006 – VII-Verg 21/06, BeckRS 2006, 8298.

verfahren ohne Teilnahmewettbewerb im Anschluss an ein gescheitertes vorangegangenes Verfahren gemäß § 14 Abs. 3 Nr. 5 Hs. 4 VgV bzw. § 3a EU Abs. 3 Nr. 1 VOB/A zurückgreifen, ist zu beachten, dass nach dem Wortlaut dieser Vorschriften zwingend alle und nur die Bieter aus dem vorausgegangenen Verfahren einbezogen werden dürfen und müssen, die fachkundig, leistungsfähig und zuverlässig sind sowie form- und fristgerechte Angebote abgegeben haben; eine darüber hinausgehende Erweiterung des Bieterkreises ist unzulässig.[270] Auch im Übrigen gilt die allgemeine Vorgabe, dass ein öffentlicher Auftrag nur an **fachkundige und leistungsfähige (geeignete) Unternehmen** vergeben werden darf, die nicht nach den §§ 123 oder 124 GWB ausgeschlossen worden sind (§ 122 Abs. 1 GWB). Da kein Teilnahmewettbewerb stattfindet, muss die **Eignungsprüfung** anderweitig durch den öffentlichen Auftraggeber erfolgen.[271]

81 Das weitere Verfahren beschränkt sich auf die Verhandlung mit den ausgewählten Bietern.[272] Insoweit wird auf die Ausführungen oben zur Verhandlungsphase des Verhandlungsverfahrens mit Teilnahmewettbewerb verwiesen.[273]

[270] S. dazu → Rn. 57 f.
[271] Voppel/Osenbrück/Bubert/*Voppel* § 17 Rn. 9; Kapellmann/Messerschmidt/*Stickler* VOB/A § 3b EU Rn. 19; Ziekow/Völlink/*Völlink* VgV § 14 Rn. 15.
[272] Reidt/Stickler/Glahs/*Ganske* § 119 GWB Rn. 34.
[273] S. → Rn. 47 ff.

§ 11 Öffentliche Ausschreibung, beschränkte Ausschreibung, freihändige Vergabe

Übersicht

VOB/A: § 3, § 3a, § 3b
UVgO: § 8, § 9, § 10, § 11, § 12
BHO: § 55

VOB/A:

§ 3 VOB/A Arten der Vergabe

Die Vergabe von Bauleistungen erfolgt nach Öffentlicher Ausschreibung, Beschränkter Ausschreibung mit oder ohne Teilnahmewettbewerb oder nach Freihändiger Vergabe.

1. Bei Öffentlicher Ausschreibung werden Bauleistungen im vorgeschriebenen Verfahren nach öffentlicher Aufforderung einer unbeschränkten Zahl von Unternehmen zur Einreichung von Angeboten vergeben.
2. Bei Beschränkten Ausschreibungen (Beschränkte Ausschreibung mit oder ohne Teilnahmewettbewerb) werden Bauleistungen im vorgeschriebenen Verfahren nach Aufforderung einer beschränkten Zahl von Unternehmen zur Einreichung von Angeboten vergeben.
3. Bei Freihändiger Vergabe werden Bauleistungen in einem vereinfachten Verfahren vergeben.

§ 3a VOB/A Zulässigkeitsvoraussetzungen

(1) Dem Auftraggeber stehen nach seiner Wahl die Öffentliche Ausschreibung und die Beschränkte Ausschreibung mit Teilnahmewettbewerb zur Verfügung. Die anderen Verfahrensarten stehen nur zur Verfügung, soweit dies nach den Absätzen zwei und drei gestattet ist.

(2) Beschränkte Ausschreibung ohne Teilnahmewettbewerb kann erfolgen,

1. bis zu folgendem Auftragswert der Bauleistung ohne Umsatzsteuer[1]:
   a) 50 000 Euro für Ausbaugewerke (ohne Energie- und Gebäudetechnik), Landschaftsbau und Straßenausstattung,
   b) 150 000 Euro für Tief-, Verkehrswege- und Ingenieurbau,
   c) 100 000 Euro für alle übrigen Gewerke,
2. wenn eine Öffentliche Ausschreibung oder eine Beschränkte Ausschreibung mit Teilnahmewettbewerb kein annehmbares Ergebnis gehabt hat,

---

[1] Für Bauleistungen zu Wohnzwecken kann bis zum 31. 12. 2021 eine Beschränkte Ausschreibung ohne Teilnahmewettbewerb für jedes Gewerk bis zu einem Auftragswert von 1 000 000 Euro ohne Umsatzsteuer erfolgen.

3. wenn die Öffentliche Ausschreibung oder eine Beschränkte Ausschreibung mit Teilnahmewettbewerb aus anderen Gründen (zB Dringlichkeit, Geheimhaltung) unzweckmäßig ist.

(3) Freihändige Vergabe ist zulässig, wenn die Öffentliche Ausschreibung oder Beschränkte Ausschreibungen unzweckmäßig sind, besonders,
1. wenn für die Leistung aus besonderen Gründen (zB Patentschutz, besondere Erfahrung oder Geräte) nur ein bestimmtes Unternehmen in Betracht kommt,
2. wenn die Leistung besonders dringlich ist,
3. wenn die Leistung nach Art und Umfang vor der Vergabe nicht so eindeutig und erschöpfend festgelegt werden kann, dass hinreichend vergleichbare Angebote erwartet werden können,
4. wenn nach Aufhebung einer Öffentlichen Ausschreibung oder Beschränkten Ausschreibung eine erneute Ausschreibung kein annehmbares Ergebnis verspricht,
5. wenn es aus Gründen der Geheimhaltung erforderlich ist,
6. wenn sich eine kleine Leistung von einer vergebenen größeren Leistung nicht ohne Nachteil trennen lässt.

Freihändige Vergabe kann außerdem bis zu einem Auftragswert von 10000 Euro ohne Umsatzsteuer erfolgen[2].

(4) Bauleistungen bis zu einem voraussichtlichen Auftragswert von 3000 Euro ohne Umsatzsteuer können unter Berücksichtigung der Haushaltsgrundsätze der Wirtschaftlichkeit und Sparsamkeit ohne die Durchführung eines Vergabeverfahrens beschafft werden (Direktauftrag). Der Auftraggeber soll zwischen den beauftragten Unternehmen wechseln.

§ 3b VOB/A Ablauf der Verfahren

(1) Bei einer Öffentlichen Ausschreibung fordert der Auftraggeber eine unbeschränkte Anzahl von Unternehmen öffentlich zur Abgabe von Angeboten auf. Jedes interessierte Unternehmen kann ein Angebot abgeben.

(2) Bei Beschränkter Ausschreibung mit Teilnahmewettbewerb erfolgt die Auswahl der Unternehmen, die zur Angebotsabgabe aufgefordert werden, durch die Auswertung des Teilnahmewettbewerbs. Dazu fordert der Auftraggeber eine unbeschränkte Anzahl von Unternehmen öffentlich zur Abgabe von Teilnahmeanträgen auf. Die Auswahl der Bewerber erfolgt anhand der vom Auftraggeber festgelegten Eignungskriterien. Die transparenten, objektiven und nichtdiskriminierenden Eignungskriterien für die Begrenzung der Zahl der Bewerber, die Mindestzahl und gegebenenfalls Höchstzahl der einzuladenden Bewerber gibt der Auftraggeber in der Auftragsbekanntmachung des Teilnahmewettbewerbs an. Die vorgesehene Mindestzahl der einzuladenden Bewerber darf nicht niedriger als fünf sein. Liegt die Zahl geeigneter Bewerber unter der Mindestzahl, darf der Auftraggeber das Verfahren mit dem oder den geeigneten Bewerber(n) fortführen.

(3) Bei Beschränkter Ausschreibung ohne Teilnahmewettbewerb sollen mehrere, im Allgemeinen mindestens drei geeignete Unternehmen aufgefordert werden.

(4) Bei Beschränkter Ausschreibung ohne Teilnahmewettbewerb und Freihändiger Vergabe soll unter den Unternehmen möglichst gewechselt werden.

UVgO:

§ 8 Wahl der Verfahrensart

(1) Die Vergabe von öffentlichen Aufträgen erfolgt durch Öffentliche Ausschreibung, durch Beschränkte Ausschreibung mit oder ohne Teilnahmewettbewerb und durch Verhandlungsvergabe mit oder ohne Teilnahmewettbewerb.

---

[2] Für Bauleistungen zu Wohnzwecken kann bis zum 31.12.2021 eine freihändige Vergabe bis zu einem Auftragswert von 100 000 Euro ohne Umsatzsteuer erfolgen.

(2) Dem Auftraggeber stehen die Öffentliche Ausschreibung und die Beschränkte Ausschreibung mit Teilnahmewettbewerb nach seiner Wahl zur Verfügung. Die anderen Verfahrensarten stehen nur zur Verfügung, soweit dies nach den Absätzen 3 und 4 gestattet ist. Abschnitt 3 bleibt unberührt.

(3) Der Auftraggeber kann Aufträge im Wege der Beschränkten Ausschreibung ohne Teilnahmewettbewerb vergeben, wenn
1. eine Öffentliche Ausschreibung kein wirtschaftliches Ergebnis gehabt hat oder
2. eine Öffentliche Ausschreibung oder eine Beschränkte Ausschreibung mit Teilnahmewettbewerb für den Auftraggeber oder die Bewerber oder Bieter einen Aufwand verursachen würde, der zu dem erreichten Vorteil oder dem Wert der Leistung im Missverhältnis stehen würde.

(4) Der Auftraggeber kann Aufträge im Wege der Verhandlungsvergabe mit oder ohne Teilnahmewettbewerb vergeben, wenn
1. der Auftrag konzeptionelle oder innovative Lösungen umfasst,
2. der Auftrag aufgrund konkreter Umstände, die mit der Art, der Komplexität oder dem rechtlichen oder finanziellen Rahmen oder den damit einhergehenden Risiken zusammenhängen, nicht ohne vorherige Verhandlungen vergeben werden kann,
3. die Leistung nach Art und Umfang, insbesondere ihre technischen Anforderungen, vor der Vergabe nicht so eindeutig und erschöpfend beschrieben werden kann, dass hinreichend vergleichbare Angebote erwartet werden können,
4. nach Aufhebung einer Öffentlichen oder Beschränkten Ausschreibung eine Wiederholung kein wirtschaftliches Ergebnis verspricht,
5. die Bedürfnisse des Auftraggebers nicht ohne die Anpassung bereits verfügbarer Lösungen erfüllt werden können,
6. es sich um die Lieferung von Waren oder die Erbringung von Dienstleistungen zur Erfüllung wissenschaftlich-technischer Fachaufgaben auf dem Gebiet von Forschung, Entwicklung und Untersuchung handelt, die nicht der Aufrechterhaltung des allgemeinen Dienstbetriebs und der Infrastruktur einer Dienststelle des Auftraggebers dienen,
7. im Anschluss an Entwicklungsleistungen Aufträge im angemessenen Umfang und für angemessene Zeit an Unternehmen, die an der Entwicklung beteiligt waren, vergeben werden müssen,
8. eine Öffentliche Ausschreibung oder eine Beschränkte Ausschreibung mit oder ohne Teilnahmewettbewerb für den Auftraggeber oder die Bewerber oder Bieter einen Aufwand verursachen würde, der zu dem erreichten Vorteil oder dem Wert der Leistung im Missverhältnis stehen würde,
9. die Leistung aufgrund von Umständen, die der Auftraggeber nicht voraussehen konnte, besonders dringlich ist und die Gründe für die besondere Dringlichkeit nicht dem Verhalten des Auftraggebers zuzurechnen sind,
10. die Leistung nur von einem bestimmten Unternehmen erbracht oder bereitgestellt werden kann,
11. es sich um eine auf einer Warenbörse notierte und erwerbbare Lieferleistung handelt,
12. Leistungen des ursprünglichen Auftragnehmers beschafft werden sollen,
    a) die zur teilweisen Erneuerung oder Erweiterung bereits erbrachter Leistungen bestimmt sind,
    b) bei denen ein Wechsel des Unternehmens dazu führen würde, dass der Auftraggeber eine Leistung mit unterschiedlichen technischen Merkmalen kaufen müsste und
    c) bei denen dieser Wechsel eine technische Unvereinbarkeit oder unverhältnismäßige technische Schwierigkeiten bei Gebrauch und Wartung mit sich bringen würde,
13. Ersatzteile und Zubehörstücke zu Maschinen und Geräten vom Lieferanten der ursprünglichen Leistung beschafft werden sollen und diese Stücke in brauchbarer Ausführung von anderen Unternehmen nicht oder nicht unter wirtschaftlichen Bedingungen bezogen werden können,

14. eine vorteilhafte Gelegenheit zu einer wirtschaftlicheren Beschaffung führt, als dies bei Durchführung einer Öffentlichen oder Beschränkten Ausschreibung der Fall wäre,
15. es aus Gründen der Sicherheit oder Geheimhaltung erforderlich ist,
16. der öffentliche Auftrag ausschließlich vergeben werden soll
    a) gemäß § 1 Absatz 3 an Werkstätten für Menschen mit Behinderungen oder an Unternehmen, deren Hauptzweck die soziale und berufliche Integration von Menschen mit Behinderungen oder von benachteiligten Personen ist, oder
    b) an Justizvollzugsanstalten oder
17. dies durch Ausführungsbestimmungen eines Bundes- oder Landesministeriums bis zu einem bestimmten Höchstwert (Wertgrenze) zugelassen ist; eine solche Wertgrenze kann auch festgesetzt werden für die Vergabe von Liefer- oder Dienstleistungsaufträgen einer Auslandsdienststelle im Ausland oder einer inländischen Dienststelle, die im Ausland für einen dort zu deckenden Bedarf beschafft.

§ 9 Öffentliche Ausschreibung

(1) Bei einer Öffentlichen Ausschreibung fordert der Auftraggeber eine unbeschränkte Anzahl von Unternehmen öffentlich zur Abgabe von Angeboten auf. Jedes interessierte Unternehmen kann ein Angebot abgeben.

(2) Der Auftraggeber darf von den Bietern nur Aufklärung über ihre Eignung, das Vorliegen von Ausschlussgründen oder über das Angebot verlangen. Verhandlungen, insbesondere über Änderungen der Angebote oder Preise, sind unzulässig.

§ 10 Beschränkte Ausschreibung mit Teilnahmewettbewerb

(1) Bei einer Beschränkten Ausschreibung mit Teilnahmewettbewerb fordert der Auftraggeber eine unbeschränkte Anzahl von Unternehmen im Rahmen eines Teilnahmewettbewerbs öffentlich zur Abgabe von Teilnahmeanträgen auf. Jedes interessierte Unternehmen kann einen Teilnahmeantrag abgeben. Mit dem Teilnahmeantrag übermitteln die Unternehmen die vom Auftraggeber geforderten Informationen für die Prüfung ihrer Eignung und des Nichtvorliegens von Ausschlussgründen.

(2) Nur diejenigen Unternehmen, die vom Auftraggeber nach Prüfung der übermittelten Informationen gemäß § 37 dazu aufgefordert werden, dürfen ein Angebot abgeben. Der Auftraggeber kann die Zahl der Bewerber, die zur Angebotsabgabe aufgefordert werden, gemäß § 36 begrenzen.

(3) § 9 Absatz 2 gilt entsprechend.

§ 11 Beschränkte Ausschreibung ohne Teilnahmewettbewerb

(1) Bei einer Beschränkten Ausschreibung ohne Teilnahmewettbewerb fordert der Auftraggeber ohne vorherige Durchführung eines Teilnahmewettbewerbs mehrere, grundsätzlich mindestens drei Unternehmen zur Abgabe eines Angebots auf.

(2) Für die Auswahl darf der Auftraggeber nur geeignete Unternehmen auffordern, bei denen keine Ausschlussgründe vorliegen. Soweit der Auftraggeber die Erfüllung der Eignungskriterien und das Nichtvorliegen von Ausschlussgründen eines beteiligten Unternehmens im Vorfeld nicht abschließend feststellen kann, darf er die notwendigen Nachweise und Erklärungen auch noch mit oder nach Versendung der Aufforderung zur Angebotsabgabe von dem betreffenden Unternehmen verlangen.

(3) § 9 Absatz 2 gilt entsprechend.

(4) Der Auftraggeber soll zwischen den Unternehmen, die zur Abgabe eines Angebots aufgefordert werden, wechseln.

§ 12 Verhandlungsvergabe mit oder ohne Teilnahmewettbewerb

(1) Der Auftraggeber kann eine Verhandlungsvergabe mit oder ohne Teilnahmewettbewerb durchführen. Bei einer Verhandlungsvergabe mit Teilnahmewettbewerb gilt § 10 Absatz 1 und 2 entsprechend.

(2) Bei einer Verhandlungsvergabe ohne Teilnahmewettbewerb fordert der Auftraggeber mehrere, grundsätzlich mindestens drei Unternehmen zur Abgabe eines Angebots oder zur Teilnahme an Verhandlungen auf. § 11 Absatz 2 gilt entsprechend. Der Auftraggeber soll zwischen den Unternehmen, die zur Abgabe eines Angebots oder zur Teilnahme an Verhandlungen aufgefordert werden, wechseln.

(3) Im Falle einer Verhandlungsvergabe nach § 8 Absatz 4 Nummer 9 bis 14 darf auch nur ein Unternehmen zur Abgabe eines Angebots oder zur Teilnahme an Verhandlungen aufgefordert werden.

(4) Es darf über den gesamten Angebotsinhalt verhandelt werden mit Ausnahme der vom Auftraggeber in der Leistungsbeschreibung festgelegten Mindestanforderungen und Zuschlagskriterien. Der Auftraggeber kann den Zuschlag, auch ohne zuvor verhandelt zu haben, unter Beachtung der Grundsätze nach § 2 Absatz 1 und 2 auf ein Angebot erteilen, wenn er sich dies in der Auftragsbekanntmachung, den Vergabeunterlagen oder bei der Aufforderung zur Abgabe des Angebots vorbehalten hat und die Bindefrist für den Bieter noch nicht abgelaufen ist.

(5) Der Auftraggeber stellt sicher, dass alle Bieter bei den Verhandlungen gleich behandelt werden. Insbesondere enthält er sich jeder diskriminierenden Weitergabe von Informationen, durch die bestimmte Bieter gegenüber anderen begünstigt werden könnten. Er unterrichtet alle Bieter über etwaige Änderungen der Leistungsbeschreibung, insbesondere der technischen Anforderungen oder anderer Bestandteile der Vergabeunterlagen. Der Auftraggeber darf vertrauliche Informationen eines an den Verhandlungen teilnehmenden Bieters nicht ohne dessen Zustimmung an die anderen Bieter, mit denen verhandelt wird, weitergeben. Eine solche Zustimmung darf nicht allgemein, sondern nur in Bezug auf die beabsichtigte Mitteilung bestimmter Informationen erteilt werden.

(6) Beabsichtigt der Auftraggeber, nach geführten Verhandlungen diese abzuschließen, so unterrichtet er die Bieter und legt eine einheitliche Frist für die Einreichung der endgültigen Angebote, über die nicht mehr verhandelt werden darf, fest.

BHO:

§ 55 BHO Öffentliche Ausschreibung

(1) Dem Abschluss von Verträgen über Lieferungen und Leistungen muss eine Öffentliche Ausschreibung oder eine Beschränkte Ausschreibung mit Teilnahmewettbewerb vorausgehen, sofern nicht die Natur des Geschäfts oder besondere Umstände eine Ausnahme rechtfertigen. Teilnahmewettbewerb ist ein Verfahren, bei dem der öffentliche Auftraggeber nach vorheriger öffentlicher Aufforderung zur Teilnahme eine beschränkte Anzahl von geeigneten Unternehmen nach objektiven, transparenten und nichtdiskriminierenden Kriterien auswählt und zur Abgabe von Angeboten auffordert.

(2) Beim Abschluss von Verträgen ist nach einheitlichen Richtlinien zu verfahren.

Literatur:

Dabringhausen, Wertgrenzen für die Wahl der Vergabeart im Unterschwellenbereich – Eine Kalamität des Konjunkturprogramms II, VergabeR 2009, 391; *Jennert,* Der Begriff der Dienstleistungskonzession im Gemeinschaftsrecht – Zugleich ein Beitrag zum Entgeltlichkeitsbegriff des Dienstleistungsauftrags, NZBau 2005, 131; *Lausen,* Die Unterschwellenvergabeordnung – UVgO, NZBau 2017, 3; *Ollmann,* Von der VOL zur UVgO, VergabeR 2016, 687; *Pape/Holz,* Die Rückforderung von Zuwendungen bei Vergabeverstößen in der behördlichen Praxis, NVwZ 2011, 1231; *Schaller,* Wichtige Grundsätze des öffentlichen Beschaffungswesens im unterschwelligen Bereich, LKV 2011, 301; *Schaller,* Anwendungsbereich der Vergabe- und Vertragsordnung für Leistungen, LKV 2012, 7; *Schaller,* Nationale Vergabearten für Liefer- und Dienstleistungen –

Definitionen, Voraussetzungen und Anwendungsbereiche, LKV 2015, 157; *Thormann,* Vergaberecht: in der Krise suspendiert? – Zur Erhöhung der Wertgrenzen für Beschränkte Ausschreibungen und Freihändige Vergaben im Rahmen des Konjunkturpakets II, NZBau 2010, 14; *Zimmermann,* Die Vergabe von Architekten- und Ingenieurleistungen nach der Unterschwellenvergabeordnung (UVgO), ZfBR 2017, 334.

A. Einleitung

1 Auf die Vergabe von Aufträgen, deren Auftragswert die maßgeblichen Schwellenwerte[3] nicht erreicht, finden die Vorschriften des vierten Teils des GWB (§§ 97 ff. GWB) keine Anwendung (§ 106 Abs. 1 GWB). Juristische Personen des öffentlichen Rechts und – soweit landesrechtlich vorgesehen – sonstige Unternehmen unterliegen dennoch auch bei der Vergabe unterschwelliger Aufträge weit reichenden Bindungen, die sich aus dem **Haushaltsrecht** bzw. aus den **Landesvergabegesetzen** sowie aus den **Basisparagrafen** – dh den Vorschriften des ersten Abschnitts – der VOB/A und aus der **Unterschwellenvergabeverordnung** ergeben.[4] Das Bundesministerium des Inneren, für Bau und Heimat (BMI) hat am 31.1.2019 eine **Neufassung der** vom Deutschen Vergabe- und Vertragsausschuss für Bauleistungen (DVA) erarbeiteten **VOB/A mit überarbeitetem Abschnitt 1** bekanntgemacht.[5] Die Neufassung ist mit dem Erlass des BMI vom 20.2.2019 für die Bundesbauverwaltung ab dem 1.3.2019 verbindlich eingeführt worden. Für die Länderbauverwaltungen gilt der überarbeitete Abschnitt 1 der VOB/A 2019 ab dem Tag der Bekanntmachung, sofern deren Landesvergabegesetze einen dynamischen Verweis auf die VOB/A beinhalten. In den übrigen Bundesländern bedarf die Geltung eines Anwendungsbefehls. Das Bundesministerium für Wirtschaft und Energie hat darüber hinaus bereits 2017 den ersten Teil der VOL/A durch eine **Unterschwellenvergabeordnung** ersetzt.[6] Die Unterschwellenvergabeordnung vom 2.2.2017 orientiert sich strukturell an der für öffentliche Aufträge oberhalb der EU-Schwellenwerte geltenden Vergabeverordnung.

2 Unterschwellige Aufträge können hiernach im Wege der **öffentlichen Ausschreibung,** der **beschränkten Ausschreibung** mit oder ohne Teilnahmewettbewerb oder der **freihändigen Vergabe** bzw. – in den Begrifflichkeiten der neuen Unterschwellenvergabeordnung – der **Verhandlungsvergabe**[7] vergeben werden. Weitere Verfahrensarten stehen im haushaltsrechtlich geprägten Vergaberecht nicht zur Verfügung.[8] Insbesondere ist die Möglichkeit eines wettbewerblichen Dialogs oder einer Innovationspartnerschaft für unterschwellige Auftragsvergaben nicht vorgesehen. Allerdings können im Anwendungsbereich der VOB/A Bauleistungen bis zu einem voraussichtlichen Auftragswert von 3.000 Euro (ohne Umsatzsteuer) **ohne die Durchführung eines Vergabeverfahrens** beschafft werden (**Direktauftrag,** § 3a Abs. 4 S. 1 VOB/A). Die Vergabeverfahren und ihre Voraussetzungen **ähneln in weiten Teilen den oberschwelligen Vergabeverfahrensarten** des offenen Verfahrens, nicht offenen Verfahrens und Verhandlungsverfahrens. Auch in ihrem Ablauf gleichen die öffentliche Ausschreibung, beschränkte Ausschreibung und freihändige Vergabe bzw. Verhandlungsvergabe weitgehend ihrem jeweiligen Pendant bei den Vergabeverfahren oberhalb der Schwellenwerte. Nachfolgend werden die Verfahrensabläufe daher nur im Überblick dargestellt, während auf die Unterschiede zum offenen Verfahren, nicht offenen Verfahren bzw. Verhandlungsverfahren besonders hingewiesen wird.

---

[3] S. dazu näher → § 8 Rn. 1 ff.
[4] BAnz AT 19.1.2016 B3, 1.
[5] BAnz AT 19.2.2019 B2, 1.
[6] BAnz AT 7.2.2017 B1, 1.
[7] S. zur Begriffswahl BMWi, Bekanntmachung der Erläuterungen zur Verfahrensordnung für die Vergabe öffentlicher Liefer- und Dienstleistungsaufträge unterhalb der EU Schwellenwerte (Unterschwellenvergabeordnung – UvgO) – Ausgabe 2017 – v. 2.7.2017, BAnz AT 7.2.2017 B2, S. 4.
[8] FKZGM/*Baumann* § 3 Rn. 5.

B. Wahl der richtigen Vergabeverfahrensart

I. Rechtsrahmen

Vorgaben für die Wahl der richtigen Verfahrensart bei Vergaben unterhalb der Schwellenwerte ergeben sich in erster Linie aus dem **Haushaltsrecht,** insbesondere § 39 HGrG und **§ 55 Abs. 1 BHO** bzw. den vergleichbaren Regelungen der **Landeshaushaltsordnungen**[9] sowie der **Kommunalhaushaltsverordnungen**[10] der Bundesländer. Dementsprechend wird auch von **Haushaltsvergaberecht** gesprochen. Einzelheiten zur Umsetzung der Ausschreibungspflicht und zur Wahl der Verfahrensart finden sich teilweise in den Haushaltsverordnungen, teilweise in den hierzu erlassenen **Verwaltungsvorschriften** oder in den **Vergabegesetzen der Länder.**[11] Diese Vorschriften verweisen ihrerseits in der Regel auf den ersten Abschnitt der VOB/A und die Unterschwellenvergabeordnung. So gibt etwa § 55 Abs. 2 BHO vor, dass beim Abschluss von Verträgen „nach einheitlichen Richtlinien" zu verfahren ist, ohne diese selbst zu bezeichnen. Die Verwaltungsvorschriften zu § 55 BHO verweisen in Nummer 2 dann darauf, dass Teil A Abschnitt 1 der VOB/A bzw. die Unterschwellenvergabeordnung anzuwenden sind. Durch diese Verweisung wird die privatrechtliche Verdingungsordnung VOB/A, die an sich keine rechtliche Bindungswirkung entfaltet, zu einer Verwaltungsvorschrift. Ähnliches gilt für die Unterschwellenvergabeordnung, die erst durch die Neufassung der Bundes- bzw. Länderhaushaltsregelungen in Kraft gesetzt wird. §§ 3, 3a VOB/A und § 8 UVgO enthalten sodann die eigentlichen Vorgaben zur Wahl der Vergabeverfahrensart. Zu beachten ist allerdings, dass manche der landesrechtlichen Gesetze und Verwaltungsvorschriften **ergänzende Vorgaben zur Wahl der Vergabeverfahrensart** enthalten, die insoweit den Regelungen der VOB/A bzw. der Unterschwellenvergabeordnung vorgehen.[12] In der Regel erweitern diese landesrechtlichen Vorschriften die Möglichkeiten des öffentlichen Auftraggebers zur Wahl der beschränkten Ausschreibung sowie der freihändigen Vergabe bzw. der Verhandlungsvergabe, etwa durch Anhebung der maßgeblichen Schwellenwerte. Die ergänzenden Vorgaben zur Wahl der Verfahrensart in den einzelnen Bundesländern werden ausführlich in → § 88 Rn. 1 ff. dargestellt. 3

Die **weiteren Abschnitte der VOB/A** sowie die **VgV** und **SektVO** sind auf unterschwellige Vergaben grundsätzlich **nicht anwendbar.**[13] Allerdings ordnen manche Landesvergabegesetze oder Verwaltungsvorschriften die entsprechende Anwendung der SektVO für Vergaben in Sektorenbereichen an.[14] Im Übrigen schließt der Anwendungsbereich der Unterschwellenvergabeordnung nunmehr auch die **Vergabe freiberuflicher Leistungen** ein.[15] Für diese gilt die Sonderregelung des § 50 UVgO. 4

Die europäischen Vergaberichtlinien sind auf unterschwellige Vergaben nicht anwendbar. Sobald aber eine Auftragsvergabe grenzüberschreitende Bedeutung **(„Binnenmarktrelevanz")** aufweist[16], gilt auch unterhalb der Schwellenwerte das **europäische Primärrecht,** wonach insbesondere das **Diskriminierungsverbot** und das **Transparenzgebot** 5

[9] S. etwa § 55 LHO Bln, § 55 LHO NRW, § 55 Nds. LHO, § 55 SäLHO.

[10] S. etwa § 24 KommHVO Saarland, § 31 GemHVO BW, § 25a GemHVO Bbg, § 26 GemHVO NRW.

[11] S. zu Einzelheiten → § 87 Rn. 1 ff.

[12] Vgl. etwa Ministerium für Heimat, Kommunales, Bau und Gleichstellung NRW, RdErl. v. 28.8.2018 „Vergabegrundsätze für Gemeinden nach § 26 Gemeindehaushaltsverordnung Nordrhein-Westfalen (Kommunale Vergabegrundsätze)", Az. 304-48.07.01/01-169/18, MBl. NRW. 479, 497, Ziff. 6; § 25a Abs. 2 S. 2, Abs. 3 S. 2 GemHV Bbg; §§ 5–7 TtVG Bremen, § 1 Abs. 2 SächsVergabeDVO; §§ 2–5 SHVgVO; § 2 Abs. 2 VgG MV.

[13] Vgl. § 1 Abs. 1 VgV, § 1 EU Abs. 2 VOB/A und § 1 Abs. 1 SektVO.

[14] Vgl. etwa § 2a HmbVgG.

[15] Dieckmann/Scharf/Wagner-Cardenal/*Dieckmann* § 1 UVgO Rn. 15.

[16] S. zum Begriff ausführlich → § 83 Rn. 1 ff.

zu beachten sind.[17] Die insoweit maßgeblichen Vorgaben werden ausführlich in Kapitel 14 (→ §§ 82 Rn. 1 ff.) behandelt.

6 Aufgrund der haushaltsrechtlichen Grundlage des unterschwelligen Vergaberechts gilt grundsätzlich ein **klassisch-institutioneller Auftraggeberbegriff,** denn die haushaltrechtlichen Vorgaben treffen nur öffentlich-rechtliche Haushaltsträger.[18] Auftraggeber von Aufträgen, die unterhalb der europäischen Schwellenwerte liegen, sind daher vor allem **Bund, Länder, Kommunen mit ihren Eigenbetrieben** und bundes- bzw. landesunmittelbare **juristische Personen des öffentlichen Rechts. Privatrechtliche Gesellschaften** und Einrichtungen sind demnach grundsätzlich **keine öffentlichen Auftraggeber.**[19] Allerdings sehen manche **landesrechtliche Vergabegesetze** hiervon abweichend einen **erweiterten persönlichen Anwendungsbereich** vor, der in Anlehnung an die Regelungen zum Oberschwellenbereich auch bestimmte juristische Personen des Privatrechts einschließt.[20] Darüber hinaus kann sich die Anwendung des unterschwelligen Vergaberechts aus dem **Fördermittelrecht** ergeben. Werden private Vorhaben öffentlich gefördert, werden die **Fördermittelempfänger** regelmäßig im Förderbescheid zur Anwendung der VOB/A und der Unterschwellenvergabeordnung verpflichtet.[21] In diesen Fällen ist der Zuwendungsempfänger verpflichtet, bei der Vergabe von Aufträgen an Dritte in Zusammenhang mit dem geförderten Projekt § 55 BHO anzuwenden, dh der private Zuwendungsempfänger ist an die Vorgaben des unterschwelligen Vergaberechts gleichermaßen wie die öffentliche Hand gebunden. Diese Bindung dient der Absicherung des Gebots der wirtschaftlichen und sparsamen Verwendung öffentlicher Mittel.[22] Einzelheiten ergeben sich dabei jeweils aus den **Nebenbestimmungen des Förderbescheids.**[23] Ausgenommen vom Anwendungsbereich des § 55 BHO sind Auftragsvergaben, die stattfinden, ohne Haushaltsmittel zu verwenden, etwa Dienstleistungskonzessionen.[24] Für Baukonzessionen ordnet § 23 Abs. 2 VOB/A jedoch die sinngemäße Anwendung der Vergabeordnung an, wobei in diesem Bereich aufgrund der Komplexität regelmäßig eine beschränkte Ausschreibung nach öffentlichem Teilnahmewettbewerb oder auch eine freihändige Vergabe zulässig sein wird.[25]

II. Hierarchie der Verfahrensarten

7 Aus § 55 BHO sowie aus § 3a Abs. 1 VOB/A und § 8 Abs. 2 UVgO ergibt sich nunmehr der grundsätzliche **Gleichrang** der **öffentlichen Ausschreibung** und der **beschränkten Ausschreibung mit Teilnahmewettbewerb** sowie der **Vorrang beider Verfahrensarten** gegenüber den anderen Verfahrensarten. Nach § 55 Abs. 1 BHO muss dem Abschluss von Verträgen über Lieferungen und Leistungen eine öffentliche Ausschreibung oder eine

---

[17] StRspr EuGH, vgl. etwa EuGH Urt. v. 13.10.2005 – C-458/03, ECLI:EU:C:2005:605 = NZBau 2005, 644 – Parking Brixen; s. auch Mitt. d. Kom. 2006/C 179/02, 1 f. sowie dazu EuG Urt. v. 20.5.2010 – T-258/06, ECLI:EU:T:2010:214 = NZBau 2010, 510.

[18] Pünder/Schellenberg/*Pünder* § 55 BHO Rn. 88.

[19] Pünder/Schellenberg/*Pünder* § 55 BHO Rn. 89.

[20] S. etwa § 2 Abs. 1 TtVG Bremen; § 1 Abs. 2 HVTG. Vgl. auch Bundesministerium für Wirtschaft und Energie, Bekanntmachung der Erläuterungen zur Verfahrensordnung für die Vergabe öffentlicher Liefer- und Dienstleistungsaufträge unterhalb der EU Schwellenwerte (Unterschwellenvergabeordnung – UvgO) – Ausgabe 2017 – v. 2.7.2017, BAnz AT 7.2.2017 B2, S. 2; Dieckmann/Scharf/Wagner-Cardenal/*Dieckmann* UVgO § 1 Rn. 10. S. zum Anwendungsbereich der unterschwelligen Vergabevorschriften ausführlich → § 74 Rn. 1 ff.; → § 75 Rn. 1 ff.; → § 76 Rn. 1 ff.

[21] Willenbruch/Wieddekind/*Schubert/Werner/Haak/Sang* § 3 VOB/A Rn. 2. S. hierzu ausführlich → § 9 Rn. 8 ff.

[22] Vgl. BVerwG Beschl. v. 13.2.2013 – 3 B 58/12, NZBau 2013, 391.

[23] S. insbesondere Allg. Verwaltungsvorschriften zur Bundeshaushaltsordnung (VV-BHO) v. 14.3.2001 (GMBl 2001, 307) zul. geändert durch ÄndVwV v. 6.5.2019 (GMBl. 2019 S. 372), Anlage 4: Allg. Nebenbestimmungen für Zuwendungen zur Projektförderung auf Kostenbasis (ANBest-P-Kosten).

[24] Pünder/Schellenberg/*Pache* § 55 BHO Rn. 103.

[25] Pünder/Schellenberg/*Pache* § 55 BHO Rn. 105.

beschränkte Ausschreibung mit Teilnahmewettbewerb vorausgehen, *„sofern nicht die Natur des Geschäfts oder besondere Umstände eine Ausnahme rechtfertigen"*. Damit stehen auch im Unterschwellenbereich die öffentliche und die beschränkte Ausschreibung mit Teilnahmewettbewerb gleichrangig nebeneinander. Eine ausführliche Begründung der Entscheidung für eine dieser Verfahrensarten ist daher nicht erforderlich.[26] Die anderen Verfahrensarten stehen Auftraggebern dagegen nur zur Verfügung, soweit dies ausdrücklich gestattet ist (vgl. § 8 Abs. 2 S. 2 UVgO). Wann zulässige Rechtfertigungsgründe für ein Abweichen vom Grundsatz der öffentlichen Ausschreibung und der beschränkten Ausschreibung mit Teilnahmewettbewerb vorliegen, wird in § 3a Abs. 2 bis 4 VOB/A konkretisiert; im Anwendungsbereich der Unterschwellenvergabeordnung werden die Ausnahmen vom Regelfall der öffentlichen oder beschränkten Ausschreibung mit Teilnahmewettbewerb in § 8 Abs. 3 und 4 UVgO konkretisiert.

Aus den Ausnahmeregelungen in der VOB/A und der Unterschwellenvergabeordnung, 8
nach denen die beschränkte Ausschreibung ohne Teilnahmewettbewerb oder die freihändige Vergabe bzw. Verhandlungsvergabe gewählt werden können, sowie der Geltung des Wettbewerbsprinzips (§ 2 Abs. 1 VOB/A, § 2 Abs. 1 UVgO) und der allgemeinen Vergabegrundsätze[27] ergibt sich auch unter den verbleibenden Verfahrensarten eine gewisse **Hierarchie zugunsten der wettbewerbsintensiveren Form.**[28] So ist im Anwendungsbereich der VOB/A die freihändige Vergabe nur zulässig, wenn eine öffentliche Ausschreibung oder beschränkte Ausschreibung (auch ohne Teilnahmewettbewerb) unzweckmäßig ist (§ 3a Abs. 3 VOB/A). Wie für Vergaben oberhalb der Schwellenwerte gilt der allgemeine Grundsatz, dass die Ausnahmetatbestände abschließend und jeweils eng auszulegen sind.[29] Die Hierarchie der Verfahrensarten folgt auch aus dem **haushaltsrechtlichen Grundsatz der Wirtschaftlichkeit und Sparsamkeit,**[30] da größerer Wettbewerb mit mehreren konkurrierenden Angeboten die sparsame Verwendung öffentlicher Haushaltsmittel gewährleistet.[31] Dem Auftraggeber steht es daher auch im Bereich der unterschwelligen Vergaben selbstverständlich frei, auch dann, wenn die Voraussetzungen für einen Ausnahmetatbestand vorliegen, stattdessen das formstrengere Verfahren zu wählen.[32] Wie im Bereich der oberschwelligen Vergaben gilt der Grundsatz, dass der Auftraggeber nach erfolgter Wahl der Verfahrensart an die hierfür geltenden Vorschriften gebunden ist **(Typenzwang);** ein späterer Wechsel der Verfahrensart ist ohne vorherige Aufhebung des Verfahrens nicht möglich.[33]

Sonderregeln gelten im Anwendungsbereich der Unterschwellenvergabeordnung für 8a
die Vergabe von Aufträgen über die in Abschnitt 3 UVgO geregelten besonderen Dienstleistungen (§ 8 Abs. 2 S. 2 UVgO). So hat der Auftraggeber für die Vergabe öffentlicher Aufträge über **soziale und andere besondere Dienstleistungen im Sinne von § 130 Abs. 1 GWB** abweichend von § 8 Abs. 2 UVgO stets die freie Wahl zwischen öffentlicher Ausschreibung, beschränkter Ausschreibung mit Teilnahmewettbewerb und Verhandlungsvergabe mit Teilnahmewettbewerb (§ 49 Abs. 1 S. 1 UVgO). Für die Vergabe von **freiberuflichen Leistungen** gilt lediglich die Vorgabe, dass diese **grundsätzlich im Wettbewerb** zu vergeben sind; dabei ist so viel Wettbewerb zu schaffen, wie dies nach der Natur des Geschäfts oder nach den besonderen Umständen möglich ist (§ 50 UVgO). Der Auftraggeber ist demnach bei der Vergabe freiberuflicher Leistungen nicht an die Verfah-

[26] Müller-Wrede/*Hirsch/Kaelble* § 8 UVgO Rn. 25.
[27] Vgl. § 2 Abs. 1 u. 2 VOB/A.
[28] Vgl. BGH Urt. v. 5.6.2012 X ZR 161/11, NZBau 2012, 652.
[29] Dieckmann/Scharf/Wagner-Cardenal/*Dieckmann* UVgO § 8 Rn. 12; Pünder/Schellenberg/*Pünder* § 8 UVgO Rn. 15.
[30] Vgl. § 7 BHO u. vergleichbare Bestimmungen d. Länder und Kommunen.
[31] *Schaller* LKV 2011, 301.
[32] Dieckmann/Scharf/Wagner-Cardenal/*Dieckmann* UVgO § 8 Rn. 12; Pünder/Schellenberg/*Pünder* § 8 UVgO Rn. 13.
[33] Dieckmann/Scharf/Wagner-Cardenal/*Dieckmann* UVgO § 8 Rn. 7; Pünder/Schellenberg/*Pünder* § 8 UVgO Rn. 2.

rensvorschriften der UVgO gebunden.[34] Bei der Vergabe von **verteidigungs- oder sicherheitsspezifischen öffentlichen Aufträgen** gilt, dass abweichend von § 8 Abs. 2 UVgO der Auftraggeber frei zwischen beschränkter Ausschreibung oder Verhandlungsvergabe (jeweils mit oder ohne Teilnahmewettbewerb) wählen darf (§ 51 Abs. 1 UVgO).

III. Rechtsfolgen bei Wahl der falschen Verfahrensart

9 Betroffene Bieter bzw. Interessenten können **Primärrechtsschutz nach den §§ 155 ff. GWB** bei Wahl der falschen Verfahrensart nur ausnahmsweise dann erlangen, wenn der Auftraggeber den Auftragswert zu niedrig berechnet und daher fälschlicherweise einen Verfahrenstyp wählt, der nur unterhalb der Schwellenwerte zulässig ist; maßgeblich ist insoweit der tatsächliche, nicht der geschätzte Auftragswert.[35] Abgesehen von diesem Sonderfall sind die §§ 155 ff. GWB auf unterschwellige Vergaben weder unmittelbar noch entsprechend anzuwenden.

10 Unterhalb der Schwellenwerte ist Rechtsschutz gegen die Wahl einer falschen Verfahrensart daher in erster Linie auf Grundlage **zivilrechtlicher Schadensersatz- und Unterlassungsansprüche** zu erlangen. Kartellrechtliche Unterlassungsansprüche (etwa auf Grundlage von § 33 Abs. 1 und 3, 19, 20 GWB) kommen dabei nur ausnahmsweise bei Vorliegen einer marktbeherrschenden Stellung des Auftraggebers auf dem betreffenden Markt in Betracht.[36] Anerkannt ist dagegen, dass neben **zivilrechtlichen Schadensersatzansprüchen**[37] grundsätzlich auch **Unterlassungsansprüche** (analog § 1004 Abs. 1 iVm §§ 311 Abs. 2, 241 Abs. 2, 280 bzw. § 823 Abs. 2 BGB iVm Art. 3 GG) denkbar sind,[38] welche nach inzwischen ganz herrschender Auffassung in Rechtsprechung und Literatur auch im Wege des **vorbeugenden Rechtsschutzes** durchgesetzt werden können.[39] Ein Unterlassungsanspruch kann dabei sowohl auf Unterlassung eines Vertragsabschlusses[40] als auch auf Unterlassung vergaberechtswidriger Ausschreibungsbedingungen innerhalb des konkreten Vergabeverfahrens[41] gerichtet sein, so dass auf diese Weise **Primärrechtsschutz** erlangt werden kann.

11 Streitig ist, unter welchen Voraussetzungen die **Wahl einer fehlerhaften Vergabeart** Unterlassungs- und Schadensersatzansprüche auslösen kann. Grundlage für zivilrechtliche Unterlassungsansprüche ist vorrangig das zwischen Auftraggeber und Bietern bestehende

---

[34] Vgl. BMWi, Bekanntmachung der Erläuterungen zur Verfahrensordnung für die Vergabe öffentlicher Liefer- und Dienstleistungsaufträge unterhalb der EU Schwellenwerte (Unterschwellenvergabeordnung – UvgO) – Ausgabe 2017 – v. 2.7.2017, BAnz AT 7.2.2017 B2, S. 14; Müller-Wrede/*Hirsch/Kaelble* § 8 UVgO Rn. 33.

[35] OLG Düsseldorf Beschl. v. 16.2.2006 – Verg 6/06, IBRRS 2006, 1046; OLG Stuttgart Beschl. v. 12.8. 2002 – 2 Verg 9/02, VergabeR 2003, 101; Ingenstau/Korbion/*Stolz* § 3a VOB/A Rn. 40.

[36] Vgl. BGH Urt. v. 5.6.2012 – X ZR 161/11, NZBau 2012, 652.

[37] Dazu → § 89 Rn. 23.

[38] BGH Urt. v. 5.6.2012 – X ZR 161/11, NZBau 2012, 652; OLG Saarbrücken Urt. v. 28.1.2015 – 1 U 138/14, BeckRS 2015, 5288; OLG Dresden Urt. v. 13.8.2013 – 16 W 439/13, BeckRS 2014, 01041; OLG Düsseldorf Urt. v. 19.10.2011 – 27 W 1/11, ZfBR 2012, 505; Kapellmann/Messerschmidt/*Schneider* Einl. Rn. 70.

[39] OLG Celle Urt. v. 10.3.2016 – 13 U 148/15, NZBau 2016, 381; OLG Saarbrücken Urt. v. 28.1.2015 – 1 U 138/14, BeckRS 2015, 5288; OLG Dresden Urt. v. 13.8.2013 – 16 W 439/13, ZfBR 2014, 512; OLG Schleswig Beschl. v. 8.1.2013 – 1 W 51/2, VergabeR 2013, 520; OLG Saarbrücken Urt. v. 13.6. 2012 – 1 U 357/107, NZBau 2012, 644; OLG Düsseldorf Urt. v. 19.10.2011 – 27 W 1/11, ZfBR 2012, 505; OLG Hamm Urt. v. 12.2.2008 – 4 U 190/07, ZfBR 2008, 816; *Weyand* § 102 GWB Rn. 131 ff.; Kapellmann/Messerschmidt/*Schneider* Einl. Rn. 70; Ingenstau/Korbion/*Stolz* § 3 VOB/A Rn. 36; abl. dagegen OLG Brandenburg Beschl. v. 10.12.2012 – 6 U 172/12, ZfBR 2013, 503; OLG Oldenburg Beschl. v. 2.9.2008 – 8 W 117/08, ZfBR 2008, 819; s. zur Verfassungsgemäßheit eines eingeschränkten Rechtsschutzes unterhalb d. Schwellenwerte BVerfG Beschl. v. 27.2.2008 – 1 BvR 437/08; Beschl. v. 13.6.2006 – 1 BvR 1160/03. S. ausführlich zum Eilrechtsschutz → § 89 Rn. 10 ff. sowie zu den Besonderheiten bei Verfahren mit Binnenmarktrelevanz → § 86 Rn. 11 ff.

[40] OLG Düsseldorf Urt. v. 19.10.2011 – 27 W 1/11, ZfBR 2012, 505; LG Bielefeld Urt. v. 27.2.2014 – 1 O 23/14, BeckRS 2014, 7098.

[41] BGH Urt. v. 5.6.2012 X ZR 161/11, NZBau 2012, 652.

vorvertragliche Schuldverhältnis iSv § 311 Abs. 2 BGB.[42] Ein vorvertragliches Schuldverhältnis soll dabei bereits mit der Ankündigung des Auftraggebers, die Vergabe aufgrund bestimmter Regeln durchzuführen, entstehen.[43] Gegen das Bestehen solcher Ansprüche bei Wahl einer fehlerhaften Vergabeart wird allerdings teils eingewendet, dass die Entscheidung über die Verfahrensart regelmäßig vor Begründung des vorvertraglichen Schuldverhältnisses getroffen wird; in diesem Fall habe das Unternehmen nicht darauf vertrauen können, dass die Vergabestelle das richtige Verfahren anwendet.[44] Andere bejahen dagegen ohne nähere Begründung die Möglichkeit von Schadensersatzansprüchen aus *culpa in contrahendo* bei Wahl der falschen Verfahrensart.[45] Im Hinblick auf die Rechtsprechung des BGH, nach der die Geltendmachung eines Pflichtverstoßes innerhalb des vorvertraglichen Schuldverhältnisses nicht mehr daran geknüpft, dass der Rechtsschutzsuchende auf die Einhaltung der vergaberechtlichen Regelungen durch den öffentlichen Auftraggeber vertraut hat[46], kommt es nach zutreffender Ansicht nicht auf ein solches Vertrauen des Bieters an. Kündigt der Auftraggeber an, ein Verfahren nach Maßgabe der VOB/A oder der Unterschwellenvergabeordnung zu führen, kann daher auch die bereits in dieser Ankündigung enthaltene fehlerhafte Festlegung der Vergabeart Unterlassungs- und Schadensersatzansprüche auslösen. Weiterhin offen scheint dagegen, ob – etwa im Fall einer fehlerhaften freihändigen Vergabe – auch diejenigen Bieter Unterlassungs- und Schadensersatzansprüche geltend machen können, denen ein **Zugang zum Vergabeverfahren wegen des Vergabeverstoßes verwehrt** wurde. Für die Anerkennung eines Schadensersatzanspruchs in diesem Fall spricht, dass es nicht gerechtfertigt erscheint, den Auftraggeber bei einem derart schwerwiegenden Verstoß im Vergleich zu Verstößen während des laufenden Vergabeverfahrens besserzustellen.[47] Allerdings wird es bei Wahl des falschen Verfahrens oftmals an einem Schaden fehlen.[48] Entsprechend der Rechtsprechung des BGH zu Vergaben im Oberschwellenbereich droht bei fehlerhafter Wahl der freihändigen Vergabe allerdings bereits dadurch ein Schaden, dass der Bieter der ansonsten nicht gegebenen Gefahr ausgesetzt wird, im Rahmen von Nachverhandlungen von einem Mitbieter unterboten zu werden. Bereits dies kann seine Zuschlagschancen beeinträchtigen.[49]

Vorschriftswidrig ohne Ausschreibung geschlossene Verträge oder solche, die 12
aufgrund eines nicht ordnungsgemäß durchgeführten Vergabeverfahrens geschlossen werden, sind **grundsätzlich wirksam,** da eine explizite Regelung, die die Nichtigkeit des Vertrags anordnet, im unterschwelligen Bereich nicht existiert.[50] Die Nichtigkeit des Vertrags kann sich nur ausnahmsweise aus allgemeinen zivilrechtlichen Vorschriften ergeben, etwa wegen eines Verstoßes gegen ein Verbotsgesetz iSd § 134 BGB oder über § 138 BGB.[51] Dabei ist zu beachten, dass § 55 BHO kein Verbotsgesetz ist und auch keine dem § 169 Abs. 1 GWB (Verbot, während eines laufenden Nachprüfungsverfahrens den Zuschlag zu erteilen) vergleichbare Vorschrift existiert[52], so dass auch ein vorschriftswidrig zustande gekommener Vertrag nur in seltenen Fällen nichtig sein dürfte. Denkbar ist beispielsweise die Annahme von **Sittenwidrigkeit aufgrund kollusiven Zusammenwir-**

---

[42] OLG Naumburg Urt. v. 25.6.2015 – 2 U 17/15 Lw, ZfBR 2017, 90 (91); ergänzende Ansprüche aus §§ 1004, 323 Abs. 2 BGB iVm Art. 3 Abs. 1 GG kommen nur bei willkürlichem Handeln in Betracht, s. dazu → § 80 Rn. 15.
[43] OLG Düsseldorf Urt. v. 19.10.2011 – 27 W 1/11, ZfBR 2012, 505.
[44] Willenbruch/Wieddekind/*Haak/Sang* § 3a VOB/A Rn. 37.
[45] Ingenstau/Korbion/*Stolz* § 3 VOB/A Rn. 37.
[46] BGH Urt. v. 9.6.2011 – X ZR 143/10, NZBau 2011, 498.
[47] Bejahend daher KMPP/*Hausmann/von Hoff* VOB/A § 3 Rn. 39.
[48] Ziekow/Völlink/*Völlink* VOB/A § 3 Rn. 26.
[49] Vgl. BGH Beschl. 10.11.2009– X ZB 8/09, NZBau 2010, 124.
[50] Pünder/Schellenberg/*Pache* § 55 BHO Rn. 111.
[51] Pünder/Schellenberg/*Pache* § 55 BHO Rn. 112.
[52] OLG Celle, Urt. v. 9.1.2020 – 13 W 56/19, VPR 2020, 2258; Pünder/Schellenberg/*Pache* § 55 BHO Rn. 112; aA OLG Düsseldorf Urt. v. 13.12.2017 – 27 U 25/17, VPRRS 2018, 0021 (für eine all. Informations- und Wartepflicht).

kens von Auftraggeber und Auftragnehmer unter bewusster Missachtung des Vergaberechts.[53]

13 Neben den zivilrechtlichen Klagemöglichkeiten können Bieter oder Interessenten an einer Vergabe im Unterschwellenbereich versuchen, Abhilfe gegen eine vermeintlich rechtswidrige Wahl der Verfahrensart im Wege der **Fach- oder Dienstaufsichtsbeschwerde** zu erreichen.[54] Einen Rechtsanspruch auf ein Einschreiten der Fach- bzw. Dienstaufsichtsbehörde haben die Betroffenen allerdings nicht. Schließlich haben manche Bundesländer **landesrechtliche Vorschriften zum Primärrechtsschutz im Unterschwellenbereich** eingeführt. Diese werden ausführlich unten in → § 88 behandelt.

14 Sofern die Einhaltung des Haushaltsvergaberechts durch **Fördermittelbescheid** vorgegeben wird, stellt die Wahl der falschen Verfahrensart einen **Auflagenverstoß** dar, der – je nach den weiteren Umständen des Einzelfalls – die **teilweise oder vollständige Rückforderung** der gewährten Fördermittel auslösen kann.[55] Nach der Rechtsprechung des Bundesverwaltungsgerichts ist die Wahl der falschen Vergabeart dabei **im Regelfall als schwerwiegender Verstoß** zu charakterisieren.[56]

C. Die einzelnen Vergabeverfahrensarten

I. Öffentliche Ausschreibung

1. Allgemeines

15 Öffentliche Ausschreibungen sind Verfahren, in denen eine unbeschränkte Anzahl von Unternehmen öffentlich zur Abgabe von Angeboten aufgefordert wird (§ 3 Nr. 1 VOB/A, § 9 Abs. 1 S. 1 UVgO). Die öffentliche Ausschreibung steht einem unbeschränkten Bewerberkreis offen und ist damit die wettbewerbsintensivste, zugleich aber auch unflexibelste Verfahrensform. Sie entspricht dem offenen Verfahren oberhalb der Schwellenwerte.[57] Auf die Ausführungen dazu in → § 10 Rn. 1 ff. kann daher verwiesen werden.[58]

2. Zulässigkeit der öffentlichen Ausschreibung

16 Die öffentliche Ausschreibung als – neben der beschränkten Ausschreibung mit Teilnahmewettbewerb – grundsätzlich vorrangige Vergabeverfahrensart ist stets anwendbar, ohne dass es besonderer Voraussetzungen bedarf. Sowohl im Anwendungsbereich der VOB/A als auch im Anwendungsbereich der UVgO steht die öffentliche Ausschreibung dem Auftraggeber gleichzeitig neben der beschränkten Ausschreibung mit Teilnahmewettbewerb zur Wahl.

3. Ablauf der öffentlichen Ausschreibung

17 Die **öffentliche Ausschreibung** beginnt mit der Bekanntmachung (§ 12 Abs. 1 VOB/A, § 27 Abs. 1 UVgO), welche zB durch Tageszeitungen, amtliche Veröffentlichungsblätter oder auf Internetportalen zu erfolgen hat. Der Auftraggeber hat dabei auf eine ausreichende, nicht bloß regionale[59], sondern grundsätzlich **bundesweite Breitenwirkung** zu achten, damit die Ausschreibung einem ausreichend großen und unbeschränkten Bewerberkreis problemlos zugänglich ist. Die Veröffentlichung in zwei Regionalzeitungen, die

---

[53] Pünder/Schellenberg/*Pache* § 55 BHO Rn. 112.

[54] S. dazu ausführlich → § 89 Rn. 3 ff.

[55] StRspr, vgl. etwa BVerwG Beschl. v. 13.2.2013 – 3 B 58/12, NZBau 2013, 391; OVG Koblenz Urt. v. 25.9.2012 – 6 A 10478/12, BeckRS 2012, 58276; *Pape/Holz* NVwZ 2011, 1231; s. ausführlich dazu → § 9 Rn. 11 ff.

[56] BVerwG Beschl. v. 13.2.2013 – 3 B 58/12, NZBau 2013, 391.

[57] Pünder/Schellenberg/*Pünder* § 3 VOB/A Rn. 2.

[58] S. → § 10 Rn. 12 ff.

[59] Vgl. etwa § 6 Abs. 1 VOB/A.

bundesweit erhältlich sind und die eine Gesamtauflage von über 800.000 haben, soll diesen Anforderungen jedoch genügen.[60] Im Anwendungsbereich der Unterschwellenvergabeordnung sind Auftragsbekanntmachungen zwingend auf den Internetseiten des Auftraggebers oder auf Internetportalen zu veröffentlichen (§ 28 Abs. 1 S. 1 UVgO). Diese müssen zentral über die Suchfunktion des Internetportals www.bund.de ermittelt werden können (§ 28 Abs. 1 S. 3 UVgO). Bei **Binnenmarktrelevanz des Auftrags** können sich weitergehende Anforderungen an die Bekanntmachung aus den unionsrechtlichen Grundsätzen der Transparenz und Nichtdiskriminierung ergeben.[61] Die Vorgaben zur e-Vergabe in den einzelnen Bundesländern werden in → Kapitel 16)→ § 88) behandelt.

Wie beim offenen Verfahren sind die **Vergabeunterlagen** grundsätzlich bereits zeitgleich mit der Auftragsbekanntmachung **elektronisch zur Verfügung zu stellen** (§ 11 Abs. 2, 3 VOB/A, § 29 Abs. 1 UVgO). Die Vergabeunterlagen können von allen interessierten Unternehmen unentgeltlich, uneingeschränkt, vollständig und direkt abgerufen werden. Alle fristgerecht eingegangenen Angebote durchlaufen sodann ein **vierstufiges Wertungsverfahren,** einschließlich der Eignungsprüfung der Bieter, um das wirtschaftlichste Angebot zu ermitteln.[62] Insofern bestehen keine Unterschiede zum offenen Verfahren. Abschließend wird entweder in diskriminierungsfreier Weise der Zuschlag erteilt (§ 18 VOB/A, § 43 UVgO) oder die Ausschreibung aufgrund einer der in § 17 Abs. 1 VOB/A bzw. § 48 UVgO genannten Gründe aufgehoben. 18

II. Beschränkte Ausschreibung mit oder ohne Teilnahmewettbewerb

1. Allgemeines

Bei der beschränkten Ausschreibung wird der Auftrag nach **Aufforderung einer beschränkten Zahl von Unternehmen zur Einreichung von Angeboten** vergeben, ggf. nach öffentlichem Teilnahmewettbewerb (§§ 3 Nr. 2, 3a Abs. 2 VOB/A, §§ 10, 11 UVgO). Die beschränkte Ausschreibung entspricht dem **nicht offenen Verfahren** für Vergaben oberhalb der Schwellenwerte[63] mit dem wesentlichen Unterschied, dass im Bereich der Vergaben unterhalb der europäischen Schwellenwerte bei Vorliegen der entsprechenden Voraussetzungen eine **beschränkte Ausschreibung auch ohne öffentlichen Teilnahmewettbewerb** durchgeführt werden kann.[64] 19

Die beschränkte Ausschreibung ist unabhängig davon, ob mit oder Teilnahmewettbewerb, **zweistufig** ausgestaltet. In der ersten Stufe werden die Bewerber ausgewählt, die zur Angebotsabgabe aufgefordert werden sollen. Diese Auswahl erfolgt auf Grundlage ihrer **Eignung** (vgl. ausdrücklich § 11 Abs. 2 UVgV für den Fall der beschränkten Ausschreibung ohne Teilnahmewettbewerb sowie allgemein § 2 Abs. 3 iVm § 6a Abs. 1 VOB/A). In der zweiten Stufe geben die Bieter ihre Angebote ab, die der Auftraggeber sodann bewertet, um das wirtschaftlichste Angebot zu ermitteln. 20

Wie das nicht offene Verfahren im Bereich des Oberschwellenvergaberechts hat die beschränkte Ausschreibung mit Teilnahmewettbewerb für Auftraggeber den Vorteil, dass der vorgeschaltete Teilnahmewettbewerb – soweit überhaupt erforderlich – eine **Vorprüfung und Vorauswahl der Bewerber auf ihre Eignung** hin ermöglicht. Auf die Weise können die zu prüfenden Angebote und damit der **Verfahrensaufwand für den Auftraggeber reduziert** werden. Soweit dagegen die beschränkte Ausschreibung **ohne Teilnahmewettbewerb** durchgeführt wird, hat die informelle Vorauswahl der geeigneten Unternehmen, die zur Angebotsabgabe aufgefordert werden, zwar einen vergleichbaren Vorteil. Allerdings führt der nochmals reduzierte Verfahrensaufwand für den Auftraggeber 21

---

[60] OVG Münster Beschl. v. 24.6.2014 – 13 A 1607/13, BeckRS 2014, 52989.
[61] S. dazu ausführlich → § 85 Rn. 4 ff.
[62] Näher dazu s. → § 27 Rn. 1 ff. – § 32 Rn. 1 ff.
[63] S. dazu näher → § 10 Rn. 24 ff.
[64] Vgl. § 3a Abs. 2 VOB/A, § 8 Abs. 3 UVgO.

zugleich zu einer recht weitgehenden Beschränkung des Wettbewerbs. Im Vergleich zur beschränkten Ausschreibung ohne Teilnahmewettbewerb entspricht die Beschränkte Ausschreibung mit öffentlichem Teilnahmewettbewerb daher eher den vergaberechtlichen Grundsätzen.[65]

2. Zulässigkeit der beschränkten Ausschreibung mit Teilnahmewettbewerb

22 Sowohl im Anwendungsbereich der VOB/A als auch im Anwendungsbereich der UVgO hat der öffentliche Auftraggeber die **freie Wahl** zwischen der **Öffentlichen Ausschreibung** und der **beschränkten Ausschreibung mit Teilnahmewettbewerb** (§ 3a Abs. 1 S. 1 VOB/A, § 8 Abs. 2 S. 1 UVgO).

3. Zulässigkeit der beschränkten Ausschreibung ohne Teilnahmewettbewerb

23 Eine beschränkte Ausschreibung **ohne öffentlichen Teilnahmewettbewerb** steht dem öffentlichen Auftraggeber nur zur Verfügung, soweit einer der in § 3a Abs. 2 VOB/A bzw. § 8 Abs. 3 UVgO normierten Ausnahmetatbestände vorliegt.[66] Die Aufzählung der Ausnahmetatbestände für eine beschränkte Ausschreibung ohne Teilnahmewettbewerb ist grundsätzlich abschließend, wobei der Ausnahmetatbestand nach § 3a Abs. 2 Nr. 3 VOB/A **(„Unzweckmäßigkeit")** den Charakter einer Auffangklausel hat.[67] Dabei ist ferner zu beachten, dass eine Reihe von Bundesländern **weitergehende Ausnahmetatbestände nach Landesrecht** vorsehen. Diese landesrechtlichen Besonderheiten werden in → § 88 Rn. 1 ff. behandelt.

24 Die Ausnahmetatbestände sind eng auszulegen und vom Auftraggeber nachzuweisen; ein Beurteilungsspielraum besteht nicht.[68] Die Entscheidung des Auftraggebers für das gewählte Vergabeverfahren ist gem. § 20 Abs. 1 VOB/A bzw. § 6 Abs. 1 UVgO zu dokumentieren, dh die **Begründung für die Wahl der Verfahrensart** ist in Textform in der Vergabedokumentation festzuhalten.

25 **a) Unverhältnismäßig hoher Aufwand einer öffentlichen Ausschreibung oder einer beschränkten Ausschreibung mit Teilnahmewettbewerb (§ 8 Abs. 3 Nr. 2 UVgO).** Der Auftraggeber darf im Anwendungsbereich der UVgO eine beschränkte Ausschreibung ohne Teilnahmewettbewerb zunächst dann wählen, wenn die öffentliche Ausschreibung oder die beschränkte Ausschreibung mit Teilnahmewettbewerb für den Auftraggeber oder die Bewerber einen Aufwand erfordern würde, der zu dem erreichten Vorteil oder dem Wert der Leistung im **Missverhältnis** stehen würde (§ 8 Abs. 3 Nr. 2 UVgO).

26 Im Anwendungsbereich der Unterschwellenvergabeordnung ist entsprechend der bisherigen Auslegung des § 3 Abs. 4 lit. b) VOL/A das (Miss-)Verhältnis zwischen Aufwand und erreichbarem Vorteil bzw. Wert der Leistung umfassend zu ermitteln. Dabei ist der **Aufwand sowohl auf Bieter- als auch auf Auftraggeberseite** zu berücksichtigen.[69]

27 Der Auftraggeber hat insoweit den **zu erwartenden konkreten Mehraufwand** der öffentlichen Ausschreibung oder den der beschränkten Ausschreibung mit Teilnahmewettbewerb gegenüber einer beschränkten Ausschreibung ohne Teilnahmewettberwerb sowohl bei sich, als auch bei potentiellen Bietern zu ermitteln.

---

[65] Willenbruch/Wieddekind/*Haak/Sang* § 3 VOB/A Rn. 7.

[66] Vgl. § 3a Abs. 1 S. 2 VOB/A bzw § 8 Abs. 2 S. 2 UVgO.

[67] Ingenstau/Korbion/*Stolz* § 3a VOB/A Rn. 19; Kapellmann/Messerschmidt/*Stickler* VOB/A § 3a Rn. 25; Pünder/Schellenberg/*Pünder* § 8 UVgO Rn. 2, 16.

[68] Dieckmann/Scharf/Wagner-Cardenal/*Dieckmann* UVgO § 8 Rn. 12; Pünder/Schellenberg/*Pünder* § 8 UVgO Rn. 15.

[69] Vgl. OLG Naumburg Beschl. v. 10.11.2003 – 1 Verg 14/03, BeckRS 2012, 8570; Dieckmann/Scharf/Wagner-Cardenal/*Dieckmann* UVgO § 8 Rn. 22. Undifferenziert dagegen OLG Düsseldorf Beschl. v. 29.2.2012 – VII-Verg 75/11, BeckRS 2012, 8570.

Auf Auftraggeberseite ist in erster Linie auf die **Mehrkosten für technische Ressourcen und Personal** abzustellen, die sich im Vergleich zur beschränkten Ausschreibung ohne Teilnahmewettbewerb ergeben würden.[70] Auf Bieterseite ist der zu erwartende Kostenaufwand eines durchschnittlichen Bieters zur **Angebotserstellung** maßgeblich. Die geschätzten Kosten sind anschließend in Verhältnis zu dem beim Auftraggeber durch die öffentliche Ausschreibung erreichbaren Vorteil – etwa mögliche Einsparungen durch erhöhten Wettbewerb und wirtschaftlichere Angebote – oder den Wert der Leistung zu setzen.[71] Beim Wert der Leistung ist auf den betriebswirtschaftlichen Wert der Leistung, dh den Vermögenszuwachs beim Bieter bei Erhalt des Auftrags, abzustellen.[72] Steht hiernach der Mehraufwand des Auftraggebers für die beschränkte Ausschreibung zu dem für ihn erreichbaren Vorteil oder steht der Mehraufwand der Bieter für die Verfahrensteilnahme außer Verhältnis zum Wert der Leistung, darf die beschränkte Ausschreibung ohne Teilnahmewettbewerb gewählt werden. Bei einem Mehraufwand von nur 2,25 % des Auftragswerts ist ein solches Missverhältnis jedenfalls noch nicht gegeben.[73] 28

Zu Recht wird darauf hingewiesen, dass viele potentielle Anwendungsfälle des Ausnahmetatbestands nach § 8 Abs. 3 Nr. 2 UVgO bereits durch die gem. § 8 Abs. 4 Nr. 17 UVgO vorgesehenen Wertgrenzenregelungen auf Bundes- und Länderebene erfasst sein dürften, welche unterhalb der festgelegten Wertgrenzen eine Verhandlungsvergabe ohne Teilnahmewettbewerb ohne weitere Begründung zulassen.[74] Die praktische Relevanz der Ausnahmeregelung dürfte daher eher gering sein. 29

b) Öffentliche Ausschreibung oder Beschränkte Ausschreibung mit Teilnahmewettbewerb ohne annehmbares bzw. Öffentliche Ausschreibung ohne wirtschaftliches Ergebnis (§§ 3a Abs. 2 Nr. 2 VOB/A, 8 Abs. 3 Nr. 1 UVgO). Eine **beschränkte Ausschreibung ohne öffentlichen Teilnahmewettbewerb** kommt ferner in Betracht, wenn eine vorangegangene öffentliche Ausschreibung oder eine vorangegangene beschränkte Ausschreibung mit Teilnahmewettbewerb im Anwendungsbereich der VOB/A **kein annehmbares Ergebnis** (§ 3a Abs. 2 Nr. 2 VOB/A) bzw. wenn eine vorangegangene öffentliche Ausschreibung im Anwendungsbereich der Unterschwellenvergabeordnung **kein wirtschaftliches Ergebnis** (§ 8 Abs. 3 Nr. 1 UVgO) gehabt hat. 30

Eine öffentliche oder beschränkte Ausschreibung hat **kein annehmbares Ergebnis** gehabt (§ 3a Abs. 2 Nr. 2 VOB/A), wenn kein Angebot vorliegt, das die Ausschreibungsbedingungen erfüllt und die Ausschreibung infolgedessen aufgehoben wurde (§ 17 Abs. 1 Nr. 1 VOB/A).[75] Diese Voraussetzung ist stets erfüllt, wenn entweder überhaupt kein Angebot abgegeben wurde oder wenn alle Angebote aus formalen Gründen (erste Wertungsstufe) oder wegen fehlender Eignung des Bieters ausgeschlossen werden mussten.[76] Gleiches gilt für den Fall, dass die Ausschreibung deshalb aufgehoben wurde, weil nur unannehmbare Angebote mit unangemessen hohen oder niedrigen Preisen (vgl. § 16d Abs. 1 Nr. 1 VOB/A) abgegeben wurden.[77] Die vorangegangene öffentliche Ausschreibung hat **kein wirtschaftliches Ergebnis** gehabt (§ 8 Abs. 3 Nr. 1 UVgO), wenn sie mangels wirtschaftlichen Ergebnisses aufgehoben wurde (vgl. § 48 Abs. 1 Nr. 2 UVgO). Das ist dann der Fall, wenn kein annahmefähiges wirtschaftliches Angebot abgegeben wurde, also 31

[70] VK Sachsen Beschl. v. 20.8.2004 – 1/SVK/067-04, BeckRS 2004, 150401.
[71] OLG Naumburg Beschl. v. 10.11.2003 – 1 Verg 14/03, BeckRS 2010, 3713; VK Arnsberg Beschl. v. 18.7.2012 – VK 09/12; KRPP/*Hausmann/Queisner* § 8 Rn. 66.
[72] Müller-Wrede/*Hirsch/Kaelble* § 8 UVgO Rn. 47.
[73] OLG Düsseldorf Beschl. v. 29.2.2012 – VII-Verg 75/11, BeckRS 2012, 8570; s. auch VK Thüringen Beschl. v. 21.6.2011 – 250-4003.20-2506/2011-E-006-GTH.
[74] Dieckmann/Scharf/Wagner-Cardenal/*Dieckmann* UVgO § 8 Rn. 22. S. zu den Wertgrenzen auf Landesebene → § 88 Rn. 1 ff.
[75] Pünder/Schellenberg/*Pünder* § 3a VOB/A Rn. 9; Kapellmann/Messerschmidt/*Stickler* § 3a Rn. 16.
[76] Pünder/Schellenberg/*Pünder* § 3a VOB/A Rn. 9; Kapellmann/Messerschmidt/*Stickler* § 3a Rn. 16.
[77] Pünder/Schellenberg *Pünder* § 3a VOB/A Rn. 9; Kapellmann/Messerschmidt/*Stickler* § 3a Rn. 17.

nur unangemessen hohe oder niedrige Preise angegeben wurden.[78] Der Tatbestand des § 8 Abs. 3 Nr. 1 UVgO soll aber auch dann erfüllt sein, wenn keine ordnungsgemäßen Angebote, keine geeigneten Angebote sowie überhaupt keine Angebote abgegeben wurden.[79]

32 Streitig ist, ob der Begriff der Unangemessenheit bzw. der Unwirtschaftlichkeit auch den Fall erfasst, dass sämtliche eingegangenen Angebote lediglich das im Voraus festgelegte **Budget des Auftraggebers** übersteigen, ohne die Voraussetzungen für einen Ausschluss nach § 16d Abs. 1 Nr. 1 VOB/A bzw. eine Aufhebung nach § 48 Abs. 1 Nr. 2 UVgO zu erfüllen.[80] Während dies bislang überwiegend verneint wurde, könnte in Zukunft für eine solche Auslegung die Neufassung der ähnlichen Ausnahmetatbestände für Vergaben im Oberschwellenbereich (§§ 14 Abs. 3 Nr. 5 Hs. 1 VgV, 3a EU Abs. 2 Nr. 2 VOB/A) sprechen. Nach der in § 14 Abs. 3 Nr. 5 Hs. 1 VgV neu aufgenommenen Definition ist ein Angebot auch dann unangemessen, wenn der Preis *„die vor Einleitung des Vergabeverfahrens festgelegten und dokumentierten eingeplanten Haushaltsmittel"* übersteigt; eine vergleichbare Regelung existiert allerdings nicht im Unterschwellenbereich. In jedem Fall ist zusätzlich vorauszusetzen, dass die vorangegangene Ausschreibung wirksam aufgehoben worden ist und die Aufhebung nicht von der Vergabestelle zu vertreten ist.[81] Setzt die Vergabestelle das Budget schuldhaft zu niedrig an, kann hiernach auch bei weiter Auslegung des Begriffs der Unangemessenheit die beschränkte Ausschreibung ohne Teilnahmewettbewerb im Einzelfall unzulässig sein.[82] So wird vertreten, dass der Ausnahmetatbestand zumindest dann greift, wenn der Auftraggeber den Auftragswert pflichtgemäß geschätzt hat und durch die höheren Preise die Finanzierung des Projekts verhindert oder erheblich erschwert wird.[83]

33 **c) Bauaufträge unterhalb der Wertgrenzen (§ 3a Abs. 2 Nr. 1 VOB/A).** Die VOB/A erlaubt ferner die Durchführung einer beschränkten Ausschreibung ohne Teilnahmewettbewerb bei Auftragsvergaben unterhalb bestimmter **Wertgrenzen** (§ 3a Abs. 2 Nr. 1 VOB/A). Eine vergleichbare Regelung existiert im Anwendungsbereich der Unterschwellenvergabeordnung nicht. § 8 Abs. 4 Nr. 17 UVgO ermächtigt lediglich Bundes- und Landesministerien, in Ausführungsbestimmungen Wertgrenzen festzulegen, unterhalb derer eine Verhandlungsvergabemit oder ohne Teilnahmewettbewerb zugelassen wird.[84] Für die Schätzung des Auftragswerts können die Grundsätze für die Schätzung des Auftragswerts nach § 3 VgV entsprechend herangezogen werden[85], auch wenn die Vergabeverordnung auf unterschwellige Vergabeverfahren sonst nicht anwendbar ist.

34 **d) Unzweckmäßigkeit der öffentlichen Ausschreibung aus anderen Gründen (§ 3a Abs. 2 Nr. 3 VOB/A).** Der öffentliche Auftraggeber kann im Anwendungsbereich der VOB/A schließlich eine beschränkte Ausschreibung ohne Teilnahmewettbewerb auch dann durchführen, wenn die öffentliche Ausschreibung oder eine beschränkte Ausschreibung mit Teilnahmewettbewerb **aus anderen Gründen** (zB Dringlichkeit, Geheimhaltung) **unzweckmäßig** ist (§ 3a Abs. 2 Nr. 3 VOB/A). Hierbei handelt es sich um einen **Auffangtatbestand** für andere objektiv nachvollziehbare Gründe gegen die Durchfüh-

---

[78] KRPP/*Hausmann/Queisner* § 8 Rn. 62.

[79] Pünder/Schellenberg/*Pünder* § 8 UVgO Rn. 17; Müller-Wrede/*Hirsch/Kaelble* § 8 UVgO Rn. 40.

[80] So VK Südbayern Beschl. v. 21.8.2003 –, 32-07/03; s. auch OLG Celle Beschl. v. 10.3.2016 – 13 Verg 5/15, NZBau 2016, 385 zur Aufhebung des Verfahrens im Falle der Budgetüberschreitung; abl. dagegen Pünder/Schellenberg/*Pünder* § 3a VOB/A Rn. 9; KRPP/*Hausmann/Queisner* § 3 Rn. 62; Müller-Wrede/*Hirsch/Kaelble* § 8 UVgO Rn. 42.

[81] Pünder/Schellenberg/*Pünder* § 3a VOB/A Rn. 10; Kapellmann/Messerschmidt/*Stickler* § 3a Rn. 23; KRPP/*Hausmann/Queisner* § 3 Rn. 62.

[82] Pünder/Schellenberg/*Pünder* § 3a VOB/A Rn. 10.

[83] Kapellmann/Messerschmidt/*Stickler* § 3a Rn. 23; abl. dagegen Pünder/Schellenberg/*Pünder* § 3a VOB/A Rn. 9; KRPP/*Hausmann/Queisner* § 8 Rn. 62.

[84] Dazu → Rn. 49.

[85] Ingenstau/Korbion/*Stolz* § 3a VOB/A Rn. 9.

rung einer öffentlichen Ausschreibung.[86] Der Begriff der Unzweckmäßigkeit ist als Ausnahmetatbestand **eng auszulegen.**[87] Unzweckmäßigkeit ist hiernach nur dann zu bejahen, wenn die Zweckmäßigkeitsgesichtspunkte für die Durchführung einer beschränkten Ausschreibung so gewichtig sind, dass sie die für eine öffentliche Ausschreibung streitenden Aspekte eindeutig überwiegen und daher das Beschaffungsziel mit der öffentlichen Ausschreibung nicht effektiv erreicht werden kann.[88] § 3a Abs. 2 Nr. 3 VOB/A zählt **Dringlichkeit** und **Geheimhaltung** beispielhaft auf. Dabei ist einschränkend zu beachten, dass die Ursache der Dringlichkeit nicht dem Verantwortungsbereich des Auftraggebers zurechenbar sein darf.[89] Gründe der Geheimhaltung können bspw. vorliegen, wenn die Leistungsbeschreibung aus objektiv nachvollziehbaren Gründen nur einem beschränkten Bieterkreis zugänglich gemacht werden soll, etwa weil dieser bereits im Zuge des Teilnahmewettbewerbs eine Sicherheitsüberprüfung bestehen und eine Vertraulichkeitserklärung unterzeichnen soll.

3. Ablauf der beschränkten Ausschreibung

Die **beschränkte Ausschreibung** ist, gleich ob mit oder ohne öffentlichen Teilnahmewettbewerb, **zweistufig** ausgestaltet.[90] Auf der ersten Verfahrensstufe wählt der Auftraggeber diejenigen Unternehmen aus, die zur Angebotsabgabe aufgefordert werden sollen, und fordert diese zur Angebotsabgabe auf. Auf der zweiten Verfahrensstufe folgt der eigentliche Wettbewerb der ausgewählten Bieter um die Auftragsvergabe. 35

Findet die **beschränkte Ausschreibung mit öffentlichem Teilnahmewettbewerb** statt, so gleicht die erste Verfahrensstufe weitgehend dem Teilnahmewettbewerb im nicht offenen Verfahren des Kartellvergaberechts. Auf die dortigen Ausführungen insbesondere hinsichtlich der zulässigen (Eignungs-)Kriterien zur Auswahl der Bieter, die zur Angebotsabgabe aufgefordert werden, wird daher verwiesen.[91] Der förmliche Teilnahmewettbewerb beginnt mit einer öffentlichen Bekanntmachung (§§ 12 Abs. 2 VOB/A, 27 UVgO) und endet mit der Aufforderung zur Abgabe eines Angebots an die ausgewählten Teilnehmer. Hinsichtlich der Anforderungen an die Bekanntmachung im Unterschwellenbereich wird auf die Ausführungen oben zur öffentlichen Ausschreibung verwiesen.[92] Voraussetzung für die Auswahl als Bieter für die zweite Verfahrensstufe ist auch im Rahmen der beschränkten Ausschreibung, dass die Teilnehmer form- und fristgerecht ihren Teilnahmeantrag gestellt und die **Eignungsprüfung** bestanden haben.[93] Der Auftraggeber soll dabei im Anwendungsbereich des VOB/A mehrere, im Allgemeinen **mindestens fünf Bewerber** auffordern (§ 3b Abs. 2 S. 5 VOB/A); für Abweichungen bedarf es daher besonderer Gründe. Im Anwendungsbereich der **Unterschwellenvergabeordnung** darf der Auftraggeber die Zahl der Bewerber, die zur Angebotsabgabe aufgefordert werden, nach Maßgabe des § 36 UVgO begrenzen (§ 10 Abs. 2 S. 2 UVgO). Hiernach sind **mindestens drei Bewerber** einzuladen (§ 36 Abs. 2 UVgO). Die Festlegung einer Höchstzahl von Bewerbern ist für unterschwellige Vergaben nicht ausdrücklich vorgesehen[94], aber wie im Oberschwellenbereich zulässig. Sofern der Auftraggeber nicht alle geeigneten Bewerber zur 36

[86] Willenbruch/Wieddekind/*Haak/Sang* § 3a VOB/A Rn. 14.

[87] OLG Naumburg Beschl. v. 10.11.2003 – 1 Verg 14/03, BeckRS 2010, 3713; Willenbruch/Wieddekind/*Haak/Sang* § 3a VOB/A Rn. 14.

[88] OVG Münster Urt. v. 2.9.2008 15 A 2328/06, NVwZ-RR 2009, 57.

[89] OLG Düsseldorf Beschl. v. 29.2.2012 – VII-Verg 75/11, BeckRS 2012, 8570; Willenbruch/Wieddekind/*Haak/Sang* § 3a VOB/A Rn. 12; Kapellmann/Messerschmidt/*Stickler* VOB/A § 3a Rn. 34.

[90] Kapellmann/Messerschmidt/*Stickler* VOB/A § 3b Rn. 7; Ingenstau/Korbion/*Stolz* § 3a VOB/A Rn. 22.

[91] S. → § 10 Rn. 27ff. S. zu den Auswahlkriterien im Unterschwellenbereich auch OLG Saarland Urt. v. 28.1.2015 – 1 U 138/14, BeckRS 2015, 5288.

[92] S. → Rn. 19. S. zur Bewerberauswahl bei beschränkter Ausschreibung auch Kapellmann/Messerschmidt/*Stickler* VOB/A § 3b Rn. 11ff.

[93] § 6b Abs. 5 VOB/A, § 6 Abs. 3–5 VOL/A; Kapellmann/Messerschmidt/*Stickler* VOB/A § 3b Rn. 11.

[94] Die frühere Regelung in § 8 Nr. 2 Abs. 2 VOB/A 2006, wonach im Allgemeinen nur 3 bis 8 geeignete Bewerber aufzufordern waren, wurde aufgegeben.

Angebotsabgabe auffordern möchte, ist verpflichtet, den Bewerbern die Kriterien zur Teilnehmerauswahl bereits in der Auftragsbekanntmachung offenzulegen.[95] Regionale Beschränkungen sind dabei aufgrund der unmittelbaren Anwendbarkeit der EU-Grundfreiheiten in der Regel unzulässig (vgl. auch ausdrücklich § 6 Abs. 1 VOB/A).[96]

37 Die **beschränkte Ausschreibung ohne Teilnahmewettbewerb** unterscheidet sich von derjenigen nach öffentlichem Teilnahmewettbewerb darin, dass der Auswahlprozess der ersten Verfahrensstufe weitgehend **formfrei** abläuft.[97] Der öffentliche Auftraggeber wendet sich direkt an die Unternehmen, die er zur Angebotsabgabe auffordert. Die Auswahl der Unternehmen muss allerdings **auf sachlichen Gründen** beruhen und die allgemeinen Vergabegrundsätze (insbesondere der **Gleichbehandlung und Transparenz**) und sowie die Regeln zur Eignungsprüfung beachten.[98] Als **Ausgleich für die fehlende Transparenz** durch die freie Bieterauswahl schreibt § 20 Abs. 4 VOB/A vor, dass Auftraggeber Unternehmen auf Internetportalen oder in ihren Beschafferprofilen über beabsichtigte beschränkte Ausschreibungen ohne Teilnahmewettbewerb nach § 3a Abs. 2 Nr. 1 VOB/A ab einem voraussichtlichen Auftragswert von 25.000 EUR ohne Umsatzsteuer zu informieren haben. Bevor der Auftraggeber ein Unternehmen zur Angebotsabgabe auffordert, muss er die Eignung des Unternehmens überprüfen (vgl. § 6b Abs. 5 VOB/A). Soweit er die Eignung nicht bereits auf Grund von Unterlagen aus vorangegangenen, aktuellen Ausschreibungen oder auf Grund sonstiger Kenntnisse zuverlässig beurteilen kann, muss er das Unternehmen zunächst auffordern, entsprechende **Eignungsnachweise** vorzulegen. Der Auftraggeber muss im Falle der beschränkten Ausschreibung ohne Teilnahmewettbewerb grundsätzlich mindestens drei Unternehmen zur Abgabe eines Angebots auffordern (§ 3b Abs. 3 VOB/A, § 11 Abs. 1 UVgO). Zudem darf der Wettbewerb nicht auf regional ansässige Unternehmen beschränkt werden (so ausdrücklich § 6 Abs. 1 VOB/A). Eine Besonderheit der beschränkten Ausschreibung ohne Teilnahmewettbewerb ist die Vorgabe, unter den **Bewerbern möglichst zu wechseln** (§ 3b Abs. 4 VOB/A, § 11 Abs. 4 UVgO). Es handelt sich dabei um eine Sollvorschrift, von der nur ausnahmsweise abgewichen werden darf, wenn nachvollziehbare, höher zu gewichtende Belange dies rechtfertigen.[99]

38 Das **weitere Verfahren** ab der Aufforderung zur Angebotsabgabe gleicht dem Ablauf des offenen Verfahrens bei Vergaben oberhalb der Schwellenwerte, so dass auf die Ausführungen hierzu verwiesen werden kann.[100] Bei beschränkten Ausschreibungen ohne Teilnahmewettbewerb gilt jedoch die Besonderheit, dass der Auftraggeber verpflichtet ist, nach der Zuschlagserteilung die Öffentlichkeit auf geeignete Weise zu informieren, wenn der Auftragswert 25.000 EUR ohne Umsatzsteuer übersteigt (§§ 20 Abs. 3 Nr. 1 VOB/A, 30 Abs. 1 UVgO). Damit soll dem **europarechtlichen Transparenzgrundsatz** Rechnung getragen werden, der nach der Rechtsprechung des EuGH auch für Vergaben unterhalb der Schwellenwerte zu beachten ist, soweit ein grenzüberschreitender Bezug vorliegt.[101]

III. Freihändige Vergabe/Verhandlungsvergabe

1. Allgemeines

39 Die freihändige Vergabe – in der neuen Unterschwellenvergabeordnung als Verhandlungsvergabe bezeichnet – findet ihre Entsprechung im **Verhandlungsverfahren** bei Vergaben

[95] VK Südbayern Beschl. v. 9.4.2003 – 11-03/03; KRPP/*Hausmann*/*Queisner* § 10 Rn. 19.
[96] Willenbruch/Wieddekind/*Werner* § 6 VOB/A Rn. 6.
[97] Kapellmann/Messerschmidt/*Stickler* VOB/A § 3b Rn. 18.
[98] Pünder/Schellenberg/*Pünder*/*Klafki* § 3b VOB/A Rn. 19.
[99] KRPP/*Kulartz* § 11 Rn. 17.
[100] S. → § 10 Rn. 22f.
[101] EuGH Urt. v. 18.12.2007 – C-220/06, ECLI:EU:C:2007:815 = NZBau 2008, 189 Rn. 73, 75 – APERMC; Kapellmann/Messerschmidt/*Stickler* § 3b Rn. 21.

oberhalb der Schwellenwerte. Im Unterschied zum Verhandlungsverfahren liegt bei der freihändigen Vergabe bzw. Verhandlungsvergabe die Durchführung eines Teilnahmewettbewerbs jedoch stets im Ermessen des Auftraggebers (vgl. §§ 3 Nr. 3 VOB/A, 8 Abs. 4 UVgO), was zu noch größeren Freiheiten des Auftraggebers bei der Ausgestaltung des Vergabeverfahrens führt. Die freihändige Vergabe bzw. Verhandlungsvergabe wird in der VOB/A und Unterschwellenvergabeordnung nicht als Ausschreibung bezeichnet. Daher finden die explizit nur für Ausschreibungen geltenden Normen der Regelwerke auf freihändige Vergaben bzw. Verhandlungsvergabe keine Anwendung.[102]

2. Zulässigkeit der freihändigen Vergabe/Verhandlungsvergabe

Die freihändige Vergabe ist im **Anwendungsbereich der VOB/A** immer dann zulässig, 40 wenn die **öffentliche oder die beschränkte Ausschreibung** (mit oder ohne Teilnahmewettbewerb) **unzweckmäßig** ist (§ 3a Abs. 3 S. 1 VOB/A). Die dort im Weiteren angeführten Fallgruppen sind lediglich **Regelbeispiele,** wie sich aus der Formulierung „besonders" ergibt.[103] Zur Auslegung des Begriffs der Unzweckmäßigkeit gilt das oben zu den entsprechenden Fallgruppen für beschränkte Ausschreibungen (§ 3a Abs. 2 Nr. 3 VOB/A) Ausgeführte entsprechend.[104] Im Gegensatz dazu sind die Fallgruppen, die im **Anwendungsbereich der Unterschwellenvergabeordnung** eine Verhandlungsvergabe erlauben, **abschließend** geregelt. In jedem Fall müssen die Voraussetzungen zur Rechtfertigung der freihändigen Vergabe bzw. Verhandlungsvergabe **objektiv begründet** sein, also nicht bloß aus Sicht des Auftraggebers, sondern für einen Dritten sachlich nachvollziehbar vorliegen.[105] Da das Wettbewerbsprinzip und das Transparenz- und Gleichbehandlungsgebot bei freihändigen Vergaben bzw. Verhandlungsvergabe am meisten eingeschränkt werden, bedürfen die nachfolgend dargestellten Ausnahmetatbestände dabei einer besonders engen Auslegung.[106]

a) Auftrag aus besonderen Gründen nur von einem Unternehmen ausführbar 41 **(§§ 3a Abs. 3 S. 1 Nr. 1 VOB/A, 8 Abs. 4 Nr. 10 UVgO).** Die Durchführung der freihändigen Vergabe ist gestattet, wenn **aus besonderen Gründen nur ein bestimmtes Unternehmen** für den Auftrag in Betracht kommt (§§ 3a Abs. 3 S. 1 Nr. 1 VOB/A,8 Abs. 4 Nr. 10 UVgO). Beispielhaft nennt § 3a Abs. 3 S. 1 Nr. 1 VOB/A **„Patentschutz, besondere Erfahrung oder Geräte",** aber auch andere Gründe für eine **Monopolstellung** können den Ausnahmetatbestand begründen, zB Urheberrechte, ausschließliche Lizenzen oder Eigentum an einem Grundstück.[107] Die Regelungen ähneln damit den §§ 14 Abs. 2 VgV, 3a EU Abs. 3 Nr. 3 VOB/A im Bereich der oberschwelligen Vergaben, so dass ergänzend auf die dortigen Ausführungen verwiesen werden kann.[108] Die besonderen Gründe müssen dabei – wie im Bereich der oberschwelligen Vergaben – **objektiv** im Zusammenhang mit der Eigenart der Leistung oder den besonderen Umständen der Vergabe stehen.[109] Im Hinblick auf den grundsätzlichen Vorrang der öffentlichen bzw. der beschränkten Ausschreibung ist der Tatbestand zudem eng auszulegen; die Gründe für die Vergabe an nur ein Unternehmen müssen daher **zwingend** sein.[110] Allerdings ist auch hier das **Leistungsbestimmungsrecht** des Auftraggebers zu beachten. Sofern er sich aus sach-

[102] Kapellmann/Messerschmidt/*Stickler* VOB/A § 3b Rn. 22.
[103] Pünder/Schellenberg/*Pünder* § 3a VOB/A Rn. 16.
[104] S. → Rn. 34.
[105] Pünder/Schellenberg/*Pünder* § 3a VOB/A Rn. 16.
[106] Pünder/Schellenberg/*Pünder* § 3a VOB/A Rn. 16.
[107] Kapellmann/Messerschmidt/*Stickler* VOB/A § 3a Rn. 31.
[108] S. → § 10 Rn. 66ff.
[109] Ingenstau/Korbion/*Stolz* § 3a VOB/A Rn. 24.
[110] Vgl. EuGH Urt. v. 2.6.2005 – C-394/02 ECLI:EU:C:2005:336 = IBRRS 2005, 1732 Rn. 34 – DEI, *„unbedingt erforderlich"*; EuGH Urt. v. 3.5.1994 – C-328/92, ECLI:EU:C:1994:178 = BeckRS 2004, 76411 Rn. 14ff.; VK Baden-Württemberg Beschl. v. 14.3.2005 – 1 VK 05/05; Pünder/Schellenberg/*Pünder* § 8 UVgO Rn. 41.

lich nachvollziehbaren, objektiven und auftragsbezogenen Gründen für die Beschaffung einer Leistung entscheidet, die nur ein Unternehmen erbringen kann, ist der Ausnahmetatbestand erfüllt.[111]

42 Die Monopolstellung eines Unternehmens zB wegen besonderer technischer Fähigkeiten kann sich bei kleineren Aufträgen ausnahmeweise auch daraus ergeben, dass keine weiteren **Unternehmen in der Region** über entsprechende Fähigkeiten verfügen. Eine solche regional beschränkte Betrachtung kommt allerdings nur dann in Betracht, wenn der Auftraggeber in Bezug auf die konkret zu vergebende Leistung aufgrund aktueller Marktkenntnis sicher ausschließen kann, dass sich weiter entfernte Unternehmen an einer Ausschreibung beteiligen würden, insbesondere, weil sie aufgrund der Entfernung die Leistung wirtschaftlich erbringen können.[112] Damit wird der Auftraggeber allerdings regelmäßig zur sorgfältigen Markterkundung verpflichtet sein, um das Vorliegen des Ausnahmetatbestands hinreichend zu belegen.[113]

43 Eine erweiternde Auslegung dahingehend, dass ein freihändiges Verfahren bzw. Verhandlungsvergabe auch dann zulässig ist, wenn nur zwei Unternehmen zur Erbringung der Leistungen imstande sind, ist schließlich angesichts des klaren Wortlauts der Vorschriften ausgeschlossen.[114] In solchen Fällen kommt eine beschränkte Ausschreibung unter Abweichung von den Sollvorschriften zur Mindestzahl der Bieter (§§ 3b Abs. 3 VOB/A, 11 Abs. 1 UVgO) in Betracht.

44 **b) Besondere Dringlichkeit der Leistung (§§ 3a Abs. 3 S. 1 Nr. 2 VOB/A, 8 Abs. 4 Nr. 9 UVgO).** Die **besondere Dringlichkeit** im Sinne der §§ 3a Abs. 3 S. 1 Nr. 2 VOB/A, 8 Abs. 4 Nr. 9 UVgO rechtfertigt dann eine freihändige Vergabe bzw. Verhandlungsvergabe, wenn selbst die Fristen der beschränkten Ausschreibung nicht ausreichen würden.[115] Bei „einfacher" Dringlichkeit ist dagegen vorrangig die beschränkte Ausschreibung ohne Teilnahmewettbewerb nach § 3a Abs. 2 VOB/A bzw. 8 Abs. 2, 3 UVgO durchzuführen. Die Anforderungen an die besondere Dringlichkeit ähneln damit denen der „zwingenden" Dringlichkeit bei Auftragsvergaben oberhalb der Schwellenwerte nach §§ 14 Abs. 4 Nr. 3 VgV, 3a EU Abs. 3 Nr. 4 VOB/A. Auf die dortigen Ausführungen kann daher verwiesen werden.[116] Dem Wortlaut des § 8 Abs. 4 Nr. 9 UVgO entsprechend darf die Dringlichkeit nicht erst aufgrund eines Verhaltens des Auftraggebers entstanden oder für diesen voraussehbar sein; dies gilt auch ohne ausdrückliche Regelung ebenso im Anwendungsbereich der VOB/A.[117] Lediglich im Bereich der **Daseinsvorsorge** kann eine freihändige Vergabe ausnahmsweise auch dann zulässig sein, wenn die Gründe für die Dringlichkeit der Sphäre des Auftraggebers zuzuordnen sind.[118] Für die Anforderungen an diese Ausnahme wird ebenfalls auf die Ausführungen zur Fallgruppe der Dringlichkeit für Vergaben oberhalb der Schwellenwerte verwiesen.[119]

44a Der Ausnahmetatbestand der besonderen Dringlichkeit kommt insbesondere bei Vergaben zur Beschaffung dringend benötigter Lieferungen und Leistungen **anlässlich der COVID-19-Pandemie** in Betracht.[120] Allerdings haben die meisten Bundesländer und

---

[111] Kapellmann/Messerschmidt/*Stickler* VOB/A § 3a Rn. 31; Ingenstau/Korbion/*Stolz* § 3a VOB/A Rn. 24. S. zum Leistungsbestimmungsrecht des Auftraggebers ausf. → § 19 Rn. 1 ff.

[112] Kapellmann/Messerschmidt/*Stickler* VOB/A § 3a Rn. 32.

[113] Willenbruch/Wieddekind/*Haak/Sang* § 3a VOB/A Rn. 23. S. auch EuG Urt. v. 15.1.2013 – T-54/11, ECLI:EU:T:2013:10 = ZfBR 2013, 389 zur Parallelproblematik im Bereich der oberschwelligen Vergaben (ernsthafte Nachforschungen erforderlich).

[114] Kapellmann/Messerschmidt/*Stickler* VOB/A § 3a Rn. 33; Ingenstau/Korbion/*Stolz* § 3a VOB/A Rn. 26.

[115] Pünder/Schellenberg/*Pünder* § 3a VOB/A Rn. 18 und § 8 UVgO Rn. 32; Kapellmann/Messerschmidt/*Stickler* VOB/A § 3a Rn. 34.

[116] S. → § 10 Rn. 70 ff.

[117] Kapellmann/Messerschmidt/*Stickler* § 3a Rn. 34.

[118] Kapellmann/Messerschmidt/*Stickler* § 3a Rn. 34.

[119] S. → § 10 Rn. 72.

[120] Vgl. BMWi-Rundschreiben v 19.3.2020 zur Anwendung des Vergaberechts im Zusammenhang mit der Beschaffung von Leistungen zur Eindämmung der Ausbreitung des neuartigen Coronavirus SARS-CoV-2,

das Bundesministerium des Inneren für seinen Geschäftsbereich auf die Corona-Krise mit einer vorübergehenden Anhebung der Wertgrenzen, unterhalb derer für die Vergabe von Liefer- und Dienstleistungsaufträgen eine Verhandlungsvergabe mit oder ohne Teilnahmewettbewerb oder eine beschränkten Ausschreibung ohne Teilnahmewettbewerb zulässig ist, reagiert.[121] Das Bundesland Nordrhein-Westfalen hat, befristet bis zum 30. 6. 2020, die Anwendung der Unterschwellenvergabeverordnung für den Einkauf von Waren und Dienstleistungen, die der Eindämmung und kurzfristigen Bewältigung der Corona-Epidemie und/oder der Aufrechterhaltung des Dienstbetriebs dienen, sogar ganz ausgesetzt.[122] Daher muss auf den Ausnahmetatbestand der besonderen Dringlichkeit nur zurückgegriffen werden, soweit nicht bereits anderweitige Verfahrenserleichterungen greifen.

c) Keine eindeutige und erschöpfende Beschreibbarkeit der Leistung (§§ 3a Abs. 3 S. 1 Nr. 3 VOB/A, 8 Abs. 4 Nr. 3 UVgO). Kann die Leistung nach Art und Umfang **nicht so eindeutig und erschöpfend beschrieben** werden, dass hinreichend vergleichbare Angebote erwartet werden können, erlauben § 3a Abs. 3 S. 1 Nr. 3 VOB/A und § 8 Abs. 4 Nr. 3 UVgO die freihändige Vergabe bzw. Verhandlungsvergabe. Die Ausnahmetatbestände ähneln damit den früheren Regelungen der § 3 EG Abs. 4 Nr. 3 VOB/A aF und § 3 EG Abs. 3 lit. b) VOL/A aF im Oberschwellenbereich. Sie korrespondieren ferner weitgehend mit den aktuellen Regelungen in § 3a EU Abs. 3 lit. d VOB/A bzw. § 14 Abs. 3 Nr. 4 VgV. Auf die dazu entwickelten Auslegungsgrundsätze kann zurückgegriffen werden. Der Ausnahmetatbestand wird hiernach regelmäßig dann zu bejahen sein, wenn die Leistung nach Art oder Umfang nicht von vornherein genau bestimmbar ist, sondern erst im Zuge der Leistungserbringung deutlich wird.[123] Die Voraussetzungen müssen objektiv aus Sicht eines unbefangenen, sachkundigen Dritten gegeben sein.[124] Das ist denkbar etwa beim Verkauf von Unternehmensanteilen, bei hochkomplexen IT-Leistungen[125] oder bei einer Konzeption einer Öffentlich-Privaten Partnerschaft für Schulen.[126] Bei einem durch **Kündigung oder Insolvenz des bisherigen Auftragnehmers** abgebrochenen Vorhaben wird die Leistung ebenfalls regelmäßig nicht eindeutig und erschöpfend zu beschreiben sein, wenn etwa der Umfang der erforderlichen Nachbesserungen nicht hinreichend bestimmbar ist.[127] 45

d) Neue Ausschreibung nicht erfolgversprechend (§§ 3a Abs. 3 S. 1 Nr. 4 VOB/A, 8 Abs. 4 Nr. 4 UVgO). Die freihändige Vergabe bzw. Verhandlungsvergabe ist auch dann zulässig, wenn nach Aufhebung einer öffentlichen oder beschränkten Ausschreibung eine **erneute (öffentliche oder beschränkte) Ausschreibung kein annehmbares bzw. kein wirtschaftliches Ergebnis** verspricht (§§ 3a Abs. 3 S. 1 Nr. 4 VOB/A, 8 Abs. 4 Nr. 4 UVgO). Voraussetzung ist stets zunächst die förmliche und wirksame Aufhebung des vorangegangenen Verfahrens.[128] Dabei ist streitig, ob neben den Aufhebungsgründen der 46

Az. 20601/00#003, S. 5; Thüringer Ministerium für Wirtschaft, Wissenschaft und Digitale Gesellschaft, Rundschreiben v. 19. 3. 2020 zu Durchführung öffentlicher Aufträge im Zuge der Corona-Krise, Az. 3295/1-81-1, S. 1.

121 S. dazu auch → Rn. 49.

122 Gemeinsamer Runderlass des Ministeriums der Finanzen und des Ministeriums für Wirtschaft, Innovation, Digitalisierung und Energie NRW v. 27. 3. 2020, Anwendung des Vergaberechts im Zusammenhang mit der Beschaffung von Leistungen zur Eindämmung der Ausbreitung des neuartigen Coronavirus SARS-CoV-2, MBl. NRW 2020 Nr. 8, S. 167.

123 VK Lüneburg Beschl. v. 8. 7. 2009 – Vgk-29/2009, BeckRS 2009, 23611.

124 Müller-Wrede/*Hirsch*/*Kaelble* § 8 UVgO Rn. 84.

125 OLG Düsseldorf Beschl. v. 13. 11. 2000 – VII-Verg 18/00.

126 Müller-Wrede/*Hirsch*/*Kaelble* § 8 UVgO Rn. 85. Verneint wurden die Tatbestandsvoraussetzungen dagegen für die Vergabe von Fahrkartenvertriebsdienstleistungen im SPNV, vgl. OLG Düsseldorf Beschl. v. 1. 6. 2016 – VII – Verg 6/16, BeckRS 2016, 13257.

127 Kapellmann/Messerschmidt/*Stickler* VOB/A § 3a Rn. 37; Ingenstau/Korbion/*Stolz* § 3a VOB/A Rn. 28.

128 KMPP/*Kulartz* VOB/A § 3 Rn. 72; Kapellmann/Messerschmidt/*Stickler* VOB/A § 3 Rn. 39; Ingenstau/Korbion/*Stolz* VOB/A § 3a Rn. 29.

§ 17 Abs. 1 Nr. 1, Nr. 3 VOB/A bzw. § 48 Abs. 1 Nr. 1, 3 und 4 UVgO auch eine Aufhebung wegen wesentlicher Änderung der Grundlagen des Vergabeverfahrens (§§ 17 Abs. 1 Nr. 2 VOB/A, 48 Abs. 1 Nr. 2 UVgO) den Ausnahmetatbestand rechtfertigen kann. Nach überwiegender Auffassung soll bei grundlegender Änderung der Vergabegrundlagen stets eine neue Ausschreibung erforderlich sein.[129] In jedem Fall ist eine neue Ausschreibung erforderlich im Falle der Aufhebung des Verfahrens aus sonstigen Gründen außerhalb der §§ 17 VOB/A, 48 Abs. 1 UVgO. Denn ansonsten hätte der Auftraggeber es in der Hand, durch einen Abbruch des Verfahrens die Möglichkeit einer freihändigen Vergabe bzw. Verhandlungsvergabe herbeizuführen.[130]

47 Maßgeblich ist des Weiteren die **ex ante Prognose** über die Erfolgsaussichten einer erneuten öffentlichen oder beschränkten Ausschreibung.[131] Zum Begriff des nicht annehmbaren bzw. nicht wirtschaftlichen Ergebnisses kann dabei auf die Ausführungen zu den ähnlichen Ausnahmetatbestand zur Zulässigkeit der beschränkten Ausschreibung (§ 3a Abs. 2 Nr. 2 VOB/A) verwiesen werden, wobei Bezugspunkt hier nicht die vorangegangene Ausschreibung, sondern eine zukünftige Ausschreibung ist.[132] Eine negative Prognose über die Erfolgsaussichten ist dabei in der Regel nicht möglich, sofern es der Auftraggeber in der Hand hat, die Gründe dafür, dass die vorangegangene Ausschreibung gescheitert ist, selbst auszuräumen.[133] In einem solchen Fall muss der Auftraggeber die Gründe für die Aufhebung beseitigen und erneut eine öffentliche oder beschränkte Ausschreibung durchführen.

48 **e) Gründe der Geheimhaltung (§§ 3a Abs. 3 S. 1 Nr. 5 VOB/A, 8 Abs. 4 Nr. 15 UVgO).** Eine freihändige Vergabe ist nach den fast gleichlautenden § 3a Abs. 3 S. 1 Nr. 5 VOB/A und § 8 Abs. 4 Nr. 15 UVgO zulässig, wenn dies aus **Gründen der Geheimhaltung** erforderlich ist; zusätzlich erwähnt § 8 Abs. 4 Nr. 15 UVgO nun auch Gründe der Sicherheit. Mit Gründen der Geheimhaltung sind öffentliche Geheimhaltungsinteressen gemeint, wobei diese – abweichend zur früheren Rechtslage – nicht unbedingt normiert sein müssen.[134] Demgegenüber fordert ein Teil der Kommentarliteratur weiterhin, dass die betroffenen Leistungen hoheitlichen Vorschriften über die Geheimhaltung unterliegen müssen.[135] Angesichts der bewussten Aufgabe dieses Erfordernisses bei der Neufassung der VOB/A (vgl. noch § 3 Nr. 4 lit. f) VOB/A 2002/2006: *„weil die auszuführende Leistung Geheimhaltungsvorschriften unterworfen ist"*) erscheint diese Auffassung zu weitgehend. Allerdings dürften auch nach aktueller Rechtslage hohe Anforderungen an die Begründung des öffentlichen Geheimhaltungsinteresses zu stellen sein; im Regelfall wird ein solches Interesse nur bei Begründung durch Rechts- und Verwaltungsvorschriften zu bejahen sein. In jedem Fall müssen die öffentlichen Geheimhaltungsinteressen **objektiv gegeben** sein und eine freihändige Vergabe bzw. Verhandlungsvergabe **erforderlich** machen. Die bloße Zweckmäßigkeit genügt, anders als bei der beschränkten Ausschreibung ohne Teilnahmewettbewerb nach § 3a Abs. 2 Nr. 3 VOB/A, nicht. Betriebliche Geheimhaltungsinteressen auf Bieterseite rechtfertigen die Durchführung einer freihändigen Vergabe nicht.[136] Zu beachten ist schließlich, dass im Anwendungsbereich des VOB/A die beschränkte Ausschrei-

---

[129] Kapellmann/Messerschmidt/*Stickler* VOB/A § 3a Rn. 41; Pünder/Schellenberg/*Pünder* § 3a VOB/A Rn. 21; Müller-Wrede/*Hirsch/Kaelble* § 8 UVgO Rn. 92 Rn. 29; ähnlich Ingenstau/Korbion/*Stolz* § 3a VOB/A Rn. 30 (Ausnahmetatbestand zB unanwendbar bei bloßer Änderung der Planung).

[130] Kapellmann/Messerschmidt/*Stickler* VOB/A § 3a Rn. 40.

[131] Pünder/Schellenberg/*Pünder* § 3a VOB/A Rn. 21; Ingenstau/Korbion/*Stolz* § 3a VOB/A Rn. 29; Dieckmann/Scharf/Wagner-Cardenal/*Dieckmann* UVgO § 8 Rn. 32.

[132] S. → Rn. 30 f.

[133] KMPP/*Kulartz* VOB/A § 3 Rn. 73; Ingenstau/Korbion/*Stolz* § 3a VOB/A Rn. 30.

[134] Ingenstau/Korbion/*Stolz* § 3a VOB/A Rn. 31; Kapellmann/Messerschmidt/*Stickler* § 3a Rn. 44; Pünder/Schellenberg/*Pünder* § 3a VOB/A Rn. 22; FKZGM/*Baumann* § 3a Rn. 49.

[135] So Willenbruch/Wieddekind/*Haak/Sang* § 3a VOB/A Rn. 31; Dieckmann/Scharf/Wagner-Cardenal/*Dieckmann* UVgO § 8 Rn. 57; KRPP/*Kulartz* § 8 Rn. 110; aA Ziekow/Völlink/*Völlink* § 3a Rn. 37.

[136] Ingenstau/Korbion/*Stolz* § 3a VOB/A Rn. 31; KRPP/*Kulartz* § 8 Rn. 110.

bung ohne Teilnahmewettbewerb nach § 3a Abs. 2 Nr. 3 VOB/A vorrangig ist, soweit bereits diese dem Geheimhaltungsbedürfnis gerecht wird.[137] In diesem Fall ist eine freihändige Vergabe nicht erforderlich.

f) Auftragsvergaben unterhalb von Wertgrenzen (§§ 3a Abs. 3 S. 2 VOB/A, 8 Abs. 4 Nr. 17 UVgO). Eine Auftragsvergabe im Wege der freihändigen Vergabe bzw. der Verhandlungsvergabe ist auch zulässig, wenn im Anwendungsbereich der VOB/A der Auftragswert nicht mehr als 10.000 EUR ohne Umsatzsteuer beträgt (§ 3a Abs. 3 S. 2 VOB/A) oder wenn dies im Anwendungsbereich der Unterschwellenvergabeordnung durch Ausführungsbestimmungen eines Bundes- oder Landesministeriums bis zu einer Wertgrenze zugelassen wird (§ 8 Abs. 4 Nr. 17 UVgO; ehemals § 3 Abs. 5 lit. i) VOL/A). Nach der amtlichen Fußnote zu § 3a Abs. 3 S. 2 VOB/A kann dabei für Bauleistungen zu Wohnzwecken bis zum 31.12.2021 eine freihändige Vergabe bis zu einem Auftragswert von 100.000 EUR ohne Umsatzsteuer erfolgen. 49

Die maßgeblichen Ausführungsbestimmungen werden von den jeweiligen Bundes- und Landesministerien erlassen. So ist zB nach den Beschaffungsregeln des Bundesministeriums des Inneren für öffentliche Aufträge und Konzessionen für Beschaffungsmaßnahmen, bei denen der geschätzte Auftragswert einen Betrag von 25.000 EUR (Wertgrenze) nicht überschreitet, eine Verhandlungsvergabe ohne Teilnahmewettbewerb zulässig. Die sich nach landesrechtlichen Regelungen ergebenden Wertgrenzen werden ausführlich in → § 88 Rn. 1 ff. dargestellt. Zu beachten ist ferner, dass anlässlich der Corona-Krise die maßgeblichen Wertgrenzen zT vorübergehend angehoben wurden.[138]

g) Weitere Fallgruppen (§ 3a Abs. 3 S. 1 Nr. 6 VOB/A, § 8 Abs. 4 Nr. 1, 2, 5, 6, 7, 8, 11, 12, 13, 14, 15 und 16 UVgO). Zu § 3a Abs. 3 S. 1 Nr. 6 VOB/A und den in § 8 Abs. 4 Nr. 1, 2, 5, 6, 7, 8, 11, 12, 13,14, 15 und 16 UVgO geregelten Ausnahmen existieren keine Parallelvorschriften in der jeweils anderen Vergabeordnung und nur teilweise Ähnlichkeiten zu den Vorschriften für Vergaben oberhalb der Schwellenwerte. Ihnen allen ist gemein, dass sie wie sämtliche Ausnahmetatbestände **eng auszulegen** sind.[139] 50

Eine freihändige Vergabe bzw. Verhandlungsvergabe ist hiernach auch in den folgenden Sonderfällen zulässig: 51

- Bei Vergabe einer kleinen Leistung, die sich von einer **vergebenen größeren Leistung nicht ohne Nachteil trennen lässt** (§ 3a Abs. 3 S. 1 Nr. 6 VOB/A). Der Anschlussauftrag muss dabei mit dem Hauptauftrag objektiv und unmittelbar im Zusammenhang stehen, wobei die Wertgrenze für die Annahme einer im Verhältnis zur Hauptleistung „kleinen Leistung" sehr niedrig anzusetzen ist;[140]
- Bei Aufträgen, die konzeptionelle oder innovative Lösungen umfassen (§ 8 Abs. 4 Nr. 1 UVgO), die aufgrund konkreter Umstände nicht ohne vorherige Verhandlungen vergeben werden können (§ 8 Abs. 4 Nr. 2 UVgO) oder bei denen die Bedürfnisse des Auftraggebers nicht ohne die Anpassung bereits verfügbarer Lösungen erfüllt werden können (§ 8 Abs. 4 Nr. 5 UVgO). Diese Fallgruppen, die erst durch die Unterschwellenvergabeordnung neu hinzugekommen sind, entsprechen den Fallgruppen nach §§ 14 Abs. 3 Nr. 1, 2 und 3 VgV oberhalb der Schwellenwerte. Auf die dortigen Ausführungen wird daher verwiesen;[141]

[137] Pünder/Schellenberg/*Pünder* § 3a VOB/A Rn. 2; Ingenstau/Korbion/*Stolz* § 3 Rn. 31.

[138] Vgl. etwa BMI, Erlass v. 20.4.2020 zur befristeten Anhebung der Wertgrenze zur Durchführung der Verhandlungsvergabe mit oder ohne Teilnahmewettbewerb, Az. DGI6-11033/94#3.

[139] Dieckmann/Scharf/Wagner-Cardenal/*Dieckmann* UVgO § 8 Rn. 24; Ingenstau/Korbion/*Stolz* § 3a VOB/A Rn. 21.

[140] Kapellmann/Messerschmidt/*Stickler* VOB/A § 3a Rn. 45; großzügiger dagegen Ingenstau/Korbion/*Stolz* § 3a VOB/A Rn. 32 (Richtwert: bis zur Hälfte der Kosten des Hauptauftrags).

[141] S. → § 10 Rn. 37 ff.

- Bei Lieferung von Waren oder Erbringung von Dienstleistungen zur **Erfüllung wissenschaftlich-technischer Fachaufgaben auf dem Gebiet von Forschung, Entwicklung und Untersuchung,** die nicht der Aufrechterhaltung des allgemeinen Dienstbetriebs und der Infrastruktur einer Dienststelle des Auftraggebers dienen (§ 8 Abs. 4 Nr. 6 UVgO);[142]
- Bei einer Pflicht zur Vergabe von **Aufträgen im Anschluss an Entwicklungsleistungen** in angemessenem Umfang und für angemessene Zeit an Unternehmen, die an der Entwicklung beteiligt waren (§ 8 Abs. 4 Nr. 7 UVgO);[143]
- Wenn eine öffentliche Ausschreibung oder eine beschränkte Ausschreibung mit oder ohne Teilnahmewettbewerb für den Auftraggeber oder die Bewerber oder Bieter einen Aufwand verursachen würde, der zu dem erreichten Vorteil oder dem Wert der Leistung im Missverhältnis stehen würde (§ 8 Abs. 4 Nr. 8 UVgO).[144] Diese Fallgruppe entspricht weitgehend der oben beschriebenen Fallgruppe des § 8 Abs. 3 Nr. 2 UVgO für beschränkte Ausschreibungen ohne Teilnahmewettbewerb.[145] Allerdings muss hier zusätzlich dargelegt werden, warum selbst eine beschränkte Ausschreibung ohne Teilnahmewettbewerb einen unverhältnismäßigen Aufwand verursachen würde;
- Bei Lieferung von auf **Warenbörsen** notierten und erwerbbaren Leistungen (§ 8 Abs. 4 Nr. 11 UVgO);[146]
- Bei zusätzlichen Lieferleistungen zur **teilweisen Erneuerung oder Erweiterung** bereits erbrachter Leistungen (§ 8 Abs. 4 Nr. 12 UVgO). Diese durch die Unterschwellenvergabeordnung neu eingeführten Fallgruppe ersetzt die bisherige Regelung in § 3 Abs. 5 lit. d) VOL/A und entspricht der Regelung des § 14 Abs. 4 Nr. 5 VgV oberhalb der Schwellenwerte. Auf die dortigen Ausführungen wird daher verwiesen;[147]
- Bei Beschaffung von **Ersatzteilen oder Zubehörstücken** zu Maschinen und Geräten vom Lieferanten der ursprünglichen Leistung, sofern diese Stücke in brauchbarer Ausführung von anderen Unternehmen nicht oder nicht unter wirtschaftlichen Bedingungen bezogen werden können (§ 8 Abs. 4 Nr. 13 UVgO; ehemals § 3 Abs. 5 lit. e) VOL/A);[148]
- Wenn eine **vorteilhafte Gelegenheit zu einer wirtschaftlicheren Beschaffung** führt, als dies bei Durchführung einer öffentlichen oder beschränkten Ausschreibung der Fall wäre (§ 8 Abs. 4 Nr. 14 UVgO).[149] Nach den Erläuterungen des BMWi zur Unterschwellenvergabeordnung ist der Begriff „vorteilhafte Gelegenheit" eng auszulegen; als mögliche Anwendungsfälle nennen die Erläuterungen Fälle besonders günstiger Bedingungen für Liefer- und Dienstleistungen in Zusammenhang mit Geschäftsaufgaben, bei Insolvenz oder Liquidation der Lieferanten sowie besonders günstige Bedingungen in dem Fall, dass ein Unternehmen staatliche Zuwendungen erhalten hat (Kofinanzierung).[150] Auch hier muss das Vorliegen der Voraussetzungen jedenfalls objektiv nachvollziehbar begründet werden;

---

[142] S. dazu Dieckmann/Scharf/Wagner-Cardenal/*Dieckmann* UVgO § 8 Rn. 34f.; KRPP/*Kulartz* § 8 Rn. 80ff.; Pünder/Schellenberg/*Pünder* § 8 UVgO Rn. 28.

[143] S. dazu Dieckmann/Scharf/Wagner-Cardenal/*Dieckmann* UVgO § 8 Rn. 36ff.; KRPP/*Kulartz* § 8 Rn. 85ff.; Pünder/Schellenberg/*Pünder* § 8 UVgO Rn. 29; Müller-Wrede/*Hirsch/Kaelble* § 8 UVgO Rn. 106ff.

[144] S. dazu KRPP/*Kulartz* § 8 Rn. 89ff.

[145] S. → Rn. 26ff.

[146] Diese Fallgruppe entspricht § 14 Abs. 4 Nr. 6 VgV oberhalb der Schwellenwerte. S. zur Auslegung die Verweise → § 10 Rn. 79 sowie KRPP/*Kulartz* § 8 Rn. 100f.

[147] S. → § 10 Rn. 76.

[148] S. dazu Dieckmann/Scharf/Wagner-Cardenal/*Dieckmann* UVgO § 8 Rn. 52ff.; KRPP/*Kulartz* § 8 Rn. 107; Pünder/Schellenberg/*Pünder* § 8 UVgO Rn. 46.

[149] S. dazu Dieckmann/Scharf/Wagner-Cardenal/*Dieckmann* UVgO § 8 Rn. 55; KRPP/*Kulartz* § 8 Rn. 108f.

[150] BMWi, Bekanntmachung der Erläuterungen zur Verfahrensordnung für die Vergabe öffentlicher Liefer- und Dienstleistungsaufträge unterhalb der EU-Schwellenwerte (Unterschwellenvergabeordnung – UvgO) – Ausgabe 2017 – v. 2.2.2017, BAnz AT 7.2.2017 B2, S. 5.

- Bei Aufträgen ausschließlich an **Werkstätten für behinderte Menschen** oder an **Justizvollzugsanstalten** (§ 8 Abs. 4 Nr. 16 UVgO; ehemals § 3 Abs. 5 lit. j) VOL/A).[151]

3. Ablauf der freihändigen Vergabe/Verhandlungsvergabe

Bei der nicht formalisierten freihändigen Vergabe bzw. Verhandlungsvergabe liegt die Verfahrensgestaltung weitgehend im **Ermessen des Auftraggebers;** sie ermöglicht dem Auftraggeber damit größtmögliche Flexibilität.[152] Dennoch sind bei der Gestaltung des Verfahrens einige Mindestregeln zu beachten, insbesondere gelten die allgemeinen **Vergabegrundsätze des Wettbewerbs, der Gleichbehandlung und der Transparenz.**[153] Darüber hinaus unterliegt der Auftraggeber auch bei der freihändigen Vergabe bzw. Verhandlungsvergabe sämtlichen Regelungen der ersten Abschnitte der VOB/A und Unterschwellenvergabeordnung, die nicht speziell für Ausschreibungen gelten.[154] 52

Auch die **freihändige Vergabe** bzw. Verhandlungsvergabe kann **mit oder ohne öffentlichen Teilnahmewettbewerb** durchgeführt werden. Diese Wahl wird durch die Formulierung der §§ 8 Abs. 4, 12 Abs. 1 UVgO deutlich. Obwohl eine vergleichbare Regelung in der VOB/A nicht existiert, ist auch hier ein Teilnahmewettbewerb zulässig.[155] Mit den ausgewählten Teilnehmern verhandelt die Vergabestelle über die Auftragsbedingungen.[156] Damit entspricht die freihändige Vergabe bzw. Verhandlungsvergabe in ihrem Ablauf grundsätzlich dem Verhandlungsverfahren oberhalb der Schwellenwerte.[157] 53

Führt der Auftraggeber einen Teilnahmewettbewerb durch, so unterscheidet dieser sich nicht vom Teilnahmewettbewerb im Zusammenhang mit einer beschränkten Ausschreibung.[158] Entscheidet der Auftraggeber sich gegen einen öffentlichen Teilnahmewettbewerb, so hat er sich dennoch **grundsätzlich an mindestens drei Unternehmen zu wenden,** um mit einem oder mehreren über die Auftragsbedingungen zu verhandeln (§ 12 Abs. 2 S. 1 UVgO). Auch ohne ausdrückliche Regelung gilt dies im Anwendungsbereich der VOB/A entsprechend, da grundsätzlich nur die Aufforderung zur Angebotsabgabe an mehrere Unternehmen dem Wettbewerbsgrundsatz iSd § 2 Abs. 1 VOB/A gerecht wird.[159] Wie auch im Rahmen beschränkter Ausschreibungen ist der Auftraggeber darüber hinaus gem. § 3b Abs. 4 VOB/A und § 12 Abs. 2 S. 3 UVgO verpflichtet, unter den Bewerbern möglichst zu wechseln, also nicht immer nur mit den gleichen Unternehmen zu verhandeln. 54

Im Übrigen wird für die Einzelheiten der Verhandlungsphase auf die **Ausführungen zum Verhandlungsverfahren**[160] verwiesen, wobei der Auftraggeber in der freihändigen Vergabe bzw. Verhandlungsvergabe grundsätzlich über einen noch weiteren Gestaltungsspielraum hinsichtlich des Verfahrensablaufs verfügt.[161] Dem Verhandlungsspielraum sind jedoch auch unterhalb der Schwellenwerte dadurch Grenzen gesetzt, dass die vergebene 55

---

[151] S. dazu Dieckmann/Scharf/Wagner-Cardenal/*Dieckmann* UVgO § 8 Rn. 59f.; KRPP/*Kulartz* § 8 Rn. 112ff.; Pünder/Schellenberg/*Pünder* § 8 UVgO Rn. 49.

[152] Willenbruch/Wieddekind/*Haak/Sang* § 3 VOB/A Rn. 20; Ingenstau/Korbion/*Stolz* § 3 VOB/A Rn. 27; KMPP/*Kulartz* VOL/A § 3 Rn. 29.

[153] Willenbruch/Wieddekind/*Haak/Sang* § 3 VOB/A Rn. 19; KMPP/*Hausmann* VOL/A § 3 Rn. 29; Kapellmann/Messerschmidt/*Stickler* § 3b Rn. 26.; Ingenstau/Korbion/*Stolz* § 3 VOB/A Rn. 27. S. zu den allg. Vergabegrundsätzen ausf. → § 1.

[154] Kapellmann/Messerschmidt/*Stickler* § 3b Rn. 22.

[155] Kapellmann/Messerschmidt/*Stickler* § 3b Rn. 24; Ingenstau/Korbion/*Stolz* § 3 VOB/A Rn. 30; Willenbruch/Wieddekind/*Haak/Sang* § 3 VOB/A Rn. 18.

[156] Vgl. § 3 Abs. 1 S. 3 VOL/A; die Definition in der VOB/A spricht lediglich von der Vergabe *„ohne ein förmliches Verfahren"*.

[157] Pünder/Schellenberg/*Pünder* § 3 VOB/A Rn. 2.

[158] S. → Rn. 38.

[159] Vgl. Heiermann/Riedl/Rusam/*Bauer* § 3a Rn. 31.

[160] Vgl. → § 10 Rn. 47ff.

[161] MüKoWettbR/*Siegel* 5. Teil Rn. 71.

Leistung am Ende in ihren Grundzügen noch dem ursprünglichen Leistungsverzeichnis entsprechen muss.[162]

56 Eine spezielle Regelung zur nachträglichen Herstellung der Transparenz bei freihändigen Vergaben bzw. Verhandlungsvergabe ohne Teilnahmewettbewerb halten schließlich § 20 Abs. 3 Nr. 2 VOB/A und § 30 Abs. 1 UVgO bereit, wonach bei Auftragswerten ab 15.000 EUR bzw. 25.000 EUR über jeden so vergebenen Auftrag öffentlich informiert werden muss.

IV. Direktvergabe (§§ 3a Abs. 4 VOB/A, 14 UVgO)

57 Mit Einführung des VOB/A 2019 ist auch die Möglichkeit der **Direktvergabe ohne Vergabeverfahren** eingeführt worden, allerdings beschränkt auf Bauaufträge mit einem voraussichtlichen Auftragswert von nicht mehr als 3.000 EUR ohne Umsatzsteuer. Gleiches gilt nach § 14 UVgO für Lieferungen und Leistungen bis zu einem voraussichtlichen Auftragswert von bis zu 1.000 EUR ohne Umsatzsteuer **(Direktauftrag);** letztere Regelung entspricht unter Anhebung der Wertgrenze im Wesentlichen dem bisherigen § 3 Abs. 6 VOL/A. Wie sich aus dem Wortlaut der Regelungen ergibt, handelt es sich bei der Direktvergabe bzw. dem Direktauftrag nicht um Vergabeverfahren; die weiteren Vorgaben der VOB/A und UVgO zum Vergabeverfahren finden daher keine Anwendung. Allerdings sind auch in diesen Fällen die haushaltsrechtlichen Grundsätze der Wirtschaftlichkeit und Sparsamkeit zu beachten. Der Auftraggeber soll ferner bei solchen Aufträgen zwischen Auftragnehmern wechseln. In der Praxis ist es üblich, drei Unternehmen zur Angebotsabgabe aufzufordern.[163]

---

162 Kapellmann/Messerschmidt/*Stickler* VOB/A § 3 Rn. 28.
163 Kapellmann/Messerschmidt/*Stickler* VOB/A § 3a Rn. 50.

§ 12 Wettbewerblicher Dialog und Innovationspartnerschaft

Übersicht

GWB: § 119 Abs. 6, 7
VgV: § 18, § 19, 51 VgV
VOB/A EU: § 3 EU Nr. 4 und Nr. 5 VOB/A, § 3a EU Abs. 2 und Abs. 4 VOB/A, § 3b EU Abs. 3 und 4 VOB/A

GWB:

§ 119 GWB Arten der Vergabe

(1) bis (5) hier nicht abgedruckt.

(6) Ein wettbewerblicher Dialog ist ein Verfahren zur Vergabe öffentlicher Aufträge mit dem Ziel der Ermittlung und Festlegung der Mittel, mit denen die Bedürfnisse des öffentlichen Auftraggebers am besten erfüllt werden können. Nach einem Teilnahmewettbewerb eröffnet der öffentliche Auftraggeber mit den ausgewählten Unternehmen einen Dialog zur Erörterung aller Aspekte der Auftragsvergabe.

(7) Die Innovationspartnerschaft ist ein Verfahren zur Entwicklung innovativer, noch nicht auf dem Markt verfügbarer Liefer-, Bau- oder Dienstleistungen und zum anschließenden Erwerb der daraus hervorgehenden Leistungen. Nach einem Teilnahmewettbewerb verhandelt der öffentliche Auftraggeber in mehreren Phasen mit den ausgewählten Unternehmen über die Erst- und Folgeangebote.

VgV:

§ 18 VgV Wettbewerblicher Dialog

(1) In der Auftragsbekanntmachung oder den Vergabeunterlagen zur Durchführung eines wettbewerblichen Dialogs beschreibt der öffentliche Auftraggeber seine Bedürfnisse und Anforderungen an die zu beschaffende Leistung. Gleichzeitig nennt und erläutert er die hierbei zugrunde gelegten Zuschlagskriterien und legt einen vorläufigen Zeitrahmen für den Dialog fest.

(2) Der öffentliche Auftraggeber fordert eine unbeschränkte Anzahl von Unternehmen im Rahmen eines Teilnahmewettbewerbs öffentlich zur Abgabe von Teilnahmeanträgen auf. Jedes interessierte Unternehmen kann einen Teilnahmeantrag abgeben. Mit dem Teilnahmeantrag übermitteln die Unternehmen die vom öffentlichen Auftraggeber geforderten Informationen für die Prüfung ihrer Eignung.

(3) Die Frist für den Eingang der Teilnahmeanträge beträgt mindestens 30 Tage, gerechnet ab dem Tag nach der Absendung der Auftragsbekanntmachung.

(4) Nur diejenigen Unternehmen, die vom öffentlichen Auftraggeber nach Prüfung der übermittelten Informationen dazu aufgefordert werden, können am Dialog teilnehmen.

Der öffentliche Auftraggeber kann die Zahl geeigneter Bewerber, die zur Teilnahme am Dialog aufgefordert werden, gemäß § 51 begrenzen.

(5) Der öffentliche Auftraggeber eröffnet mit den ausgewählten Unternehmen einen Dialog, in dem er ermittelt und festlegt, wie seine Bedürfnisse und Anforderungen am besten erfüllt werden können. Dabei kann er mit den ausgewählten Unternehmen alle Aspekte des Auftrags erörtern. Er sorgt dafür, dass alle Unternehmen bei dem Dialog gleichbehandelt werden, gibt Lösungsvorschläge oder vertrauliche Informationen eines Unternehmens nicht ohne dessen Zustimmung an die anderen Unternehmen weiter und verwendet diese nur im Rahmen des jeweiligen Vergabeverfahrens. Eine solche Zustimmung darf nicht allgemein, sondern nur in Bezug auf die beabsichtigte Mitteilung bestimmter Informationen erteilt werden.

(6) Der öffentliche Auftraggeber kann vorsehen, dass der Dialog in verschiedenen aufeinanderfolgenden Phasen geführt wird, sofern der öffentliche Auftraggeber darauf in der Auftragsbekanntmachung oder in den Vergabeunterlagen hingewiesen hat. In jeder Dialogphase kann die Zahl der zu erörternden Lösungen anhand der vorgegebenen Zuschlagskriterien verringert werden. Der öffentliche Auftraggeber hat die Unternehmen zu informieren, wenn deren Lösungen nicht für die folgende Dialogphase vorgesehen sind. In der Schlussphase müssen noch so viele Lösungen vorliegen, dass der Wettbewerb gewährleistet ist, sofern ursprünglich eine ausreichende Anzahl von Lösungen oder geeigneten Bietern vorhanden war.

(7) Der öffentliche Auftraggeber schließt den Dialog ab, wenn er die Lösungen ermittelt hat, mit denen die Bedürfnisse und Anforderungen an die zu beschaffende Leistung befriedigt werden können. Die im Verfahren verbliebenen Teilnehmer sind hierüber zu informieren.

(8) Nach Abschluss des Dialogs fordert der öffentliche Auftraggeber die Unternehmen auf, auf der Grundlage der eingereichten und in der Dialogphase näher ausgeführten Lösungen ihr endgültiges Angebot vorzulegen. Die Angebote müssen alle Einzelheiten enthalten, die zur Ausführung des Projekts erforderlich sind. Der öffentliche Auftraggeber kann Klarstellungen und Ergänzungen zu diesen Angeboten verlangen. Diese Klarstellungen oder Ergänzungen dürfen nicht dazu führen, dass wesentliche Bestandteile des Angebots oder des öffentlichen Auftrags einschließlich der in der Auftragsbekanntmachung oder in den Vergabeunterlagen festgelegten Bedürfnisse und Anforderungen grundlegend geändert werden, wenn dadurch der Wettbewerb verzerrt wird oder andere am Verfahren beteiligte Unternehmen diskriminiert werden.

(9) Der öffentliche Auftraggeber hat die Angebote anhand der in der Auftragsbekanntmachung oder den Vergabeunterlagen festgelegten Zuschlagskriterien zu bewerten. Der öffentliche Auftraggeber kann mit dem Unternehmen, dessen Angebot als das wirtschaftlichste ermittelt wurde, mit dem Ziel Verhandlungen führen, im Angebot enthaltene finanzielle Zusagen oder andere Bedingungen zu bestätigen, die in den Auftragsbedingungen abschließend festgelegt werden. Dies darf nicht dazu führen, dass wesentliche Bestandteile des Angebots oder des öffentlichen Auftrags einschließlich der in der Auftragsbekanntmachung oder den Vergabeunterlagen festgelegten Bedürfnisse und Anforderungen grundlegend geändert werden, der Wettbewerb verzerrt wird oder andere am Verfahren beteiligte Unternehmen diskriminiert werden.

(10) Der öffentliche Auftraggeber kann Prämien oder Zahlungen an die Teilnehmer am Dialog vorsehen.

§ 19 VgV Innovationspartnerschaft

(1) Der öffentliche Auftraggeber kann für die Vergabe eines öffentlichen Auftrags eine Innovationspartnerschaft mit dem Ziel der Entwicklung einer innovativen Liefer- oder Dienstleistung und deren anschließenden Erwerb eingehen. Der Beschaffungsbedarf, der der In-

novationspartnerschaft zugrunde liegt, darf nicht durch auf dem Markt bereits verfügbare Liefer- oder Dienstleistungen befriedigt werden können. Der öffentliche Auftraggeber beschreibt in der Auftragsbekanntmachung oder den Vergabeunterlagen die Nachfrage nach der innovativen Liefer- oder Dienstleistung. Dabei ist anzugeben, welche Elemente dieser Beschreibung Mindestanforderungen darstellen. Es sind Eignungskriterien vorzugeben, die die Fähigkeiten der Unternehmen auf dem Gebiet der Forschung und Entwicklung sowie die Ausarbeitung und Umsetzung innovativer Lösungen betreffen. Die bereitgestellten Informationen müssen so genau sein, dass die Unternehmen Art und Umfang der geforderten Lösung erkennen und entscheiden können, ob sie eine Teilnahme an dem Verfahren beantragen.

(2) Der öffentliche Auftraggeber fordert eine unbeschränkte Anzahl von Unternehmen im Rahmen eines Teilnahmewettbewerbs öffentlich zur Abgabe von Teilnahmeanträgen auf. Jedes interessierte Unternehmen kann einen Teilnahmeantrag abgeben. Mit dem Teilnahmeantrag übermitteln die Unternehmen die vom öffentlichen Auftraggeber geforderten Informationen für die Prüfung ihrer Eignung.

(3) Die Frist für den Eingang der Teilnahmeanträge beträgt mindestens 30 Tage, gerechnet ab dem Tag nach der Absendung der Auftragsbekanntmachung.

(4) Nur diejenigen Unternehmen, die vom öffentlichen Auftraggeber infolge einer Bewertung der übermittelten Informationen dazu aufgefordert werden, können ein Angebot in Form von Forschungs- und Innovationsprojekten einreichen. Der öffentliche Auftraggeber kann die Zahl geeigneter Bewerber, die zur Angebotsabgabe aufgefordert werden, gemäß § 51 begrenzen.

(5) Der öffentliche Auftraggeber verhandelt mit den Bietern über die von ihnen eingereichten Erstangebote und alle Folgeangebote, mit Ausnahme der endgültigen Angebote, mit dem Ziel, die Angebote inhaltlich zu verbessern. Dabei darf über den gesamten Auftragsinhalt verhandelt werden mit Ausnahme der vom öffentlichen Auftraggeber in den Vergabeunterlagen festgelegten Mindestanforderungen und Zuschlagskriterien. Sofern der öffentliche Auftraggeber in der Auftragsbekanntmachung oder in den Vergabeunterlagen darauf hingewiesen hat, kann er die Verhandlungen in verschiedenen aufeinanderfolgenden Phasen abwickeln, um so die Zahl der Angebote, über die verhandelt wird, anhand der vorgegebenen Zuschlagskriterien zu verringern.

(6) Der öffentliche Auftraggeber trägt dafür Sorge, dass alle Bieter bei den Verhandlungen gleichbehandelt werden. Insbesondere enthält er sich jeder diskriminierenden Weitergabe von Informationen, durch die bestimmte Bieter gegenüber anderen begünstigt werden könnten. Er unterrichtet alle Bieter, deren Angebote gemäß Absatz 5 nicht ausgeschieden wurden, in Textform nach § 126b des Bürgerlichen Gesetzbuchs über etwaige Änderungen der Anforderungen und sonstigen Informationen in den Vergabeunterlagen, die nicht die Festlegung der Mindestanforderungen betreffen. Im Anschluss an solche Änderungen gewährt der öffentliche Auftraggeber den Bietern ausreichend Zeit, um ihre Angebote zu ändern und gegebenenfalls überarbeitete Angebote einzureichen. Der öffentliche Auftraggeber darf vertrauliche Informationen eines an den Verhandlungen teilnehmenden Bieters nicht ohne dessen Zustimmung an die anderen Teilnehmer weitergeben. Eine solche Zustimmung darf nicht allgemein, sondern nur in Bezug auf die beabsichtigte Mitteilung bestimmter Informationen erteilt werden. Der öffentliche Auftraggeber muss in den Vergabeunterlagen die zum Schutz des geistigen Eigentums geltenden Vorkehrungen festlegen.

(7) Die Innovationspartnerschaft wird durch Zuschlag auf Angebote eines oder mehrerer Bieter eingegangen. Eine Erteilung des Zuschlags allein auf der Grundlage des niedrigsten Preises oder der niedrigsten Kosten ist ausgeschlossen. Der öffentliche Auftraggeber kann eine Innovationspartnerschaft mit einem Partner oder mit mehreren Partnern, die getrennte Forschungs- und Entwicklungstätigkeiten durchführen, eingehen.

(8) Die Innovationspartnerschaft wird entsprechend dem Forschungs- und Innovationsprozess in zwei aufeinanderfolgenden Phasen strukturiert:

1. einer Forschungs- und Entwicklungsphase, die die Herstellung von Prototypen oder die Entwicklung der Dienstleistung umfasst, und
2. einer Leistungsphase, in der die aus der Partnerschaft hervorgegangene Leistung erbracht wird.

Die Phasen sind durch die Festlegung von Zwischenzielen zu untergliedern, bei deren Erreichen die Zahlung der Vergütung in angemessenen Teilbeträgen vereinbart wird. Der öffentliche Auftraggeber stellt sicher, dass die Struktur der Partnerschaft und insbesondere die Dauer und der Wert der einzelnen Phasen den Innovationsgrad der vorgeschlagenen Lösung und der Abfolge der Forschungs- und Innovationstätigkeiten widerspiegeln. Der geschätzte Wert der Liefer- oder Dienstleistung darf in Bezug auf die für ihre Entwicklung erforderlichen Investitionen nicht unverhältnismäßig sein.

(9) Auf der Grundlage der Zwischenziele kann der öffentliche Auftraggeber am Ende jedes Entwicklungsabschnitts entscheiden, ob er die Innovationspartnerschaft beendet oder, im Fall einer Innovationspartnerschaft mit mehreren Partnern, die Zahl der Partner durch die Kündigung einzelner Verträge reduziert, sofern der öffentliche Auftraggeber in der Auftragsbekanntmachung oder in den Vergabeunterlagen darauf hingewiesen hat, dass diese Möglichkeiten bestehen und unter welchen Umständen davon Gebrauch gemacht werden kann.

(10) Nach Abschluss der Forschungs- und Entwicklungsphase ist der öffentliche Auftraggeber zum anschließenden Erwerb der innovativen Liefer- oder Dienstleistung nur dann verpflichtet, wenn das bei Eingehung der Innovationspartnerschaft festgelegte Leistungsniveau und die Kostenobergrenze eingehalten werden.

§ 51 Begrenzung der Anzahl der Bewerber

(1) Bei allen Verfahrensarten mit Ausnahme des offenen Verfahrens kann der öffentliche Auftraggeber die Zahl der geeigneten Bewerber, die zur Abgabe eines Angebots aufgefordert oder zum Dialog eingeladen werden, begrenzen, sofern genügend geeignete Bewerber zur Verfügung stehen. Dazu gibt der öffentliche Auftraggeber in der Auftragsbekanntmachung oder der Aufforderung zur Interessensbestätigung die von ihm vorgesehenen objektiven und nichtdiskriminierenden Eignungskriterien für die Begrenzung der Zahl, die vorgesehene Mindestzahl und gegebenenfalls auch die Höchstzahl der einzuladenden Bewerber an.

(2) Die vom öffentlichen Auftraggeber vorgesehene Mindestzahl der einzuladenden Bewerber darf nicht niedriger als drei sein, beim nicht offenen Verfahren nicht niedriger als fünf. In jedem Fall muss die vorgesehene Mindestzahl ausreichend hoch sein, sodass der Wettbewerb gewährleistet ist.

(3) Sofern geeignete Bewerber in ausreichender Zahl zur Verfügung stehen, lädt der öffentliche Auftraggeber eine Anzahl von geeigneten Bewerbern ein, die nicht niedriger als die festgelegte Mindestzahl an Bewerbern ist. Sofern die Zahl geeigneter Bewerber unter der Mindestzahl liegt, kann der öffentliche Auftraggeber das Vergabeverfahren fortführen, indem er den oder die Bewerber einlädt, die über die geforderte Eignung verfügen. Andere Unternehmen, die sich nicht um die Teilnahme beworben haben, oder Bewerber, die nicht über die geforderte Eignung verfügen, dürfen nicht zu demselben Verfahren zugelassen werden.

EU VOB/A:

§ 3 EU VOB/A Arten der Vergabe

Die Vergabe von öffentlichen Aufträgen erfolgt im offenen Verfahren, im nicht offenen Verfahren, im Verhandlungsverfahren, im wettbewerblichen Dialog oder in der Innovationspartnerschaft

Nr. 1 bis Nr. 3 hier nicht abgedruckt.

Nr. 4 Der wettbewerbliche Dialog ist ein Verfahren zur Vergabe öffentlicher Aufträge mit dem Ziel der Ermittlung und Festlegung der Mittel, mit denen die Bedürfnisse des öffentlichen Auftraggebers am besten erfüllt werden können.

Nr. 5 Die Innovationspartnerschaft ist ein Verfahren zur Entwicklung innovativer, noch nicht auf dem Markt verfügbarer Bauleistungen und zum anschließenden Erwerb der daraus hervorgehenden Leistungen.

§ 3a EU VOB/A

(1) hier nicht abgedruckt

(2) Das Verhandlungsverfahren mit Teilnahmewettbewerb ist zulässig,
1. wenn mindestens eines der folgenden Kriterien erfüllt ist:
   a) die Bedürfnisse des öffentlichen Auftraggebers können nicht ohne die Anpassung bereits verfügbarer Lösungen erfüllt werden;
   b) der Auftrag umfasst konzeptionelle oder innovative Lösungen;
   c) der Auftrag kann aufgrund konkreter Umstände, die mit der Art, der Komplexität oder dem rechtlichen oder finanziellen Rahmen oder den damit einhergehenden Risiken zusammenhängen, nicht ohne vorherige Verhandlungen vergeben werden;
   d) die technischen Spezifikationen können von dem öffentlichen Auftraggeber nicht mit ausreichender Genauigkeit unter Verweis auf eine Norm, eine europäische technische Bewertung (ETA), eine gemeinsame technische Spezifikation oder technische Referenzen im Sinne des Anhangs TS Nummern 2 bis 5 der Richtlinie 2014/24/EU erstellt werden.

Nr. 2 wenn ein offenes Verfahren oder nicht offenes Verfahren wegen nicht ordnungsgemäßer oder nicht annehmbarer Angebote aufgehoben wurde. Nicht ordnungsgemäß sind insbesondere Angebote, die nicht den Vergabeunterlagen entsprechen, nicht fristgerecht eingegangen sind, nachweislich auf kollusiven Absprachen oder Korruption beruhen oder nach Einschätzung des öffentlichen Auftraggebers ungewöhnlich niedrig sind. Unannehmbar sind insbesondere Angebote von Bietern, die nicht über die erforderlichen Qualifikationen verfügen und Angebote, deren Preis das vor Einleitung des Vergabeverfahrens festgelegte und schriftlich dokumentierte Budget des öffentlichen Auftraggebers übersteigt.

(3) hier nicht abgedruckt

(4) Der wettbewerbliche Dialog ist unter den Voraussetzungen des Absatzes 2 zulässig.

(5) Der öffentliche Auftraggeber kann für die Vergabe eines öffentlichen Auftrags eine Innovationspartnerschaft mit dem Ziel der Entwicklung einer innovativen Leistung und deren anschließenden Erwerb eingehen. Der Beschaffungsbedarf, der der Innovationspartnerschaft zugrunde liegt, darf nicht durch auf dem Markt bereits verfügbare Bauleistungen befriedigt werden können.

§ 3b EU VOB/A Arten der Vergabe

(1) bis (3) hier nicht abgedruckt.

(4) Nr. 1 Beim wettbewerblichen Dialog fordert der öffentliche Auftraggeber eine unbeschränkte Anzahl von Unternehmen im Rahmen eines Teilnahmewettbewerbs öffentlich zur Abgabe von Teilnahmeanträgen auf. Jedes interessierte Unternehmen kann einen Teilnahmeantrag abgeben. Mit dem Teilnahmeantrag übermitteln die Unternehmen die vom öf-

fentlichen Auftraggeber geforderten Informationen für die Prüfung der Eignung und das Nichtvorliegen von Ausschlussgründen.

Nr. 2 Nur diejenigen Unternehmen, die vom öffentlichen Auftraggeber infolge einer Bewertung der übermittelten Informationen dazu aufgefordert werden, können in den Dialog mit dem öffentlichen Auftraggeber eintreten. Im Übrigen gilt Absatz 2 Nummer 3 mit der Maßgabe, dass die in der Auftragsbekanntmachung anzugebende Mindestzahl nicht niedriger als drei sein darf.

Nr. 3 In der Auftragsbekanntmachung oder den Vergabeunterlagen zur Durchführung eines wettbewerblichen Dialogs beschreibt der öffentliche Auftraggeber seine Bedürfnisse und Anforderungen an die zu beschaffende Leistung. Gleichzeitig erläutert und definiert er die hierbei zugrunde gelegten Zuschlagskriterien und legt einen vorläufigen Zeitrahmen für Verhandlungen fest.

Nr. 4 Der öffentliche Auftraggeber eröffnet mit den ausgewählten Unternehmen einen Dialog, in dem er ermittelt und festlegt, wie seine Bedürfnisse am besten erfüllt werden können. Dabei kann er mit den ausgewählten Unternehmen alle Einzelheiten des Auftrages erörtern. Er sorgt dafür, dass alle Unternehmen bei dem Dialog gleich behandelt werden, gibt Lösungsvorschläge oder vertrauliche Informationen eines Unternehmens nicht ohne dessen Zustimmung an die anderen Unternehmen weiter und verwendet diese nur im Rahmen des Vergabeverfahrens.

Nr. 5 Der öffentliche Auftraggeber kann vorsehen, dass der Dialog in verschiedenen aufeinander folgenden Phasen geführt wird, sofern der öffentliche Auftraggeber darauf in der Auftragsbekanntmachung oder in den Vergabeunterlagen hingewiesen hat. In jeder Dialogphase kann die Zahl der zu erörternden Lösungen anhand der vorgegebenen Zuschlagskriterien verringert werden. Der öffentliche Auftraggeber hat die Unternehmen zu informieren, wenn deren Lösungen nicht für die folgende Dialogphase vorgesehen sind. In der Schlussphase müssen noch so viele Lösungen vorliegen, dass ein echter Wettbewerb gewährleistet ist, sofern ursprünglich eine ausreichende Anzahl von Lösungen oder geeigneten Bietern vorhanden war.

Nr. 6 Der öffentliche Auftraggeber schließt den Dialog ab, wenn

a) eine Lösung gefunden worden ist, die seine Bedürfnisse und Anforderungen erfüllt, oder
b) erkennbar ist, dass keine Lösung gefunden werden kann. Der öffentliche Auftraggeber informiert die Unternehmen über den Abschluss des Dialogs.

Nr. 7 Im Fall von Nummer 6 Buchstabe a fordert der öffentliche Auftraggeber die Unternehmen auf, auf der Grundlage der eingereichten und in der Dialogphase näher ausgeführten Lösungen ihr endgültiges Angebot vorzulegen. Die Angebote müssen alle Einzelheiten enthalten, die zur Ausführung des Projekts erforderlich sind. Der öffentliche Auftraggeber kann Klarstellungen und Ergänzungen zu diesen Angeboten verlangen. Diese Klarstellungen oder Ergänzungen dürfen nicht dazu führen, dass grundlegende Elemente des Angebots oder der Auftragsbekanntmachung geändert werden, der Wettbewerb verzerrt wird oder andere am Verfahren beteiligte Unternehmen diskriminiert werden.

Nr. 8 Der öffentliche Auftraggeber bewertet die Angebote anhand der in der Auftragsbekanntmachung oder in der Beschreibung festgelegten Zuschlagskriterien. Der öffentliche Auftraggeber kann mit dem Unternehmen, dessen Angebot als das wirtschaftlichste ermittelt wurde, mit dem Ziel Verhandlungen führen, um im Angebot enthaltene finanzielle Zusagen oder andere Bedingungen zu bestätigen, die in den Auftragsbedingungen abschließend festgelegt werden. Dies darf nicht dazu führen, dass wesentliche Bestandteile des Angebots oder des öffentlichen Auftrags einschließlich der in der Auftragsbekanntmachung oder der Beschreibung festgelegten Bedürfnisse und Anforderungen grundlegend geändert werden, und dass der Wettbewerb verzerrt wird oder andere am Verfahren beteiligte Unternehmen diskriminiert werden.

Nr. 9 Verlangt der öffentliche Auftraggeber, dass die am wettbewerblichen Dialog teilnehmenden Unternehmen Entwürfe, Pläne, Zeichnungen, Berechnungen oder andere Unterlagen ausarbeiten, muss er einheitlich allen Unternehmen, die die geforderten Unterlagen rechtzeitig vorgelegt haben, eine angemessene Kostenerstattung gewähren.

(5) Nr. 1 Bei einer Innovationspartnerschaft beschreibt der öffentliche Auftraggeber in der Auftragsbekanntmachung oder den Vergabeunterlagen die Nachfrage nach der innovativen Bauleistung. Dabei ist anzugeben, welche Elemente dieser Beschreibung Mindestanforderungen darstellen. Es sind Eignungskriterien vorzugeben, die die Fähigkeiten der Unternehmen auf dem Gebiet der Forschung und Entwicklung sowie die Ausarbeitung und Umsetzung innovativer Lösungen betreffen. Die bereitgestellten Informationen müssen so genau sein, dass die Unternehmen Art und Umfang der geforderten Lösung erkennen und entscheiden können, ob sie eine Teilnahme an dem Verfahren beantragen.

Nr. 2 Der öffentliche Auftraggeber fordert eine unbeschränkte Anzahl von Unternehmen im Rahmen eines Teilnahmewettbewerbs öffentlich zur Abgabe von Teilnahmeanträgen auf. Jedes interessierte Unternehmen kann einen Teilnahmeantrag abgeben. Mit dem Teilnahmeantrag übermitteln die Unternehmen die vom öffentlichen Auftraggeber geforderten Informationen für die Prüfung der Eignung und das Nichtvorliegen von Ausschlussgründen.

Nr. 3 Nur diejenigen Unternehmen, die vom öffentlichen Auftraggeber infolge einer Bewertung der übermittelten Informationen dazu aufgefordert werden, können ein Angebot in Form von Forschungs- und Innovationsprojekten einreichen. Im Übrigen gilt Absatz 2 Nummer 3 mit der Maßgabe, dass die in der Auftragsbekanntmachung anzugebende Mindestzahl nicht niedriger als drei sein darf.

Nr. 4 Der öffentliche Auftraggeber verhandelt mit den Bietern über die von ihnen eingereichten Erstangebote und alle Folgeangebote, mit Ausnahme der endgültigen Angebote, mit dem Ziel, die Angebote inhaltlich zu verbessern. Dabei darf über den gesamten Auftragsinhalt verhandelt werden mit Ausnahme der vom öffentlichen Auftraggeber in den Vergabeunterlagen festgelegten Mindestanforderungen und Zuschlagskriterien. Sofern der öffentliche Auftraggeber in der Auftragsbekanntmachung oder in den Vergabeunterlagen darauf hingewiesen hat, kann er die Verhandlungen in verschiedenen aufeinander folgenden Phasen abwickeln, um so die Zahl der Angebote, über die verhandelt wird, anhand der vorgegebenen Zuschlagskriterien zu verringern.

Nr. 5 Der öffentliche Auftraggeber trägt dafür Sorge, dass alle Bieter bei den Verhandlungen gleich behandelt werden. Insbesondere enthält er sich jeder diskriminierenden Weitergabe von Informationen, durch die bestimmte Bieter gegenüber anderen begünstigt werden könnten. Er unterrichtet alle Bieter, deren Angebote gemäß Nummer 4 Satz 3 nicht ausgeschieden wurden, in Textform über etwaige Änderungen der Anforderungen und sonstigen Informationen in den Vergabeunterlagen, die nicht die Festlegung der Mindestanforderungen betreffen. Im Anschluss an solche Änderungen gewährt der öffentliche Auftraggeber den Bietern ausreichend Zeit, um ihre Angebote zu ändern und gegebenenfalls überarbeitete Angebote einzureichen. Der öffentliche Auftraggeber darf vertrauliche Informationen eines an den Verhandlungen teilnehmenden Bieters nicht ohne dessen Zustimmung an die anderen Teilnehmer weitergeben. Eine solche Zustimmung darf nicht allgemein, sondern nur in Bezug auf die beabsichtigte Mitteilung bestimmter Informationen erteilt werden. Der öffentliche Auftraggeber muss in den Vergabeunterlagen die zum Schutz des geistigen Eigentums geltenden Vorkehrungen festlegen.

Nr. 6 Die Innovationspartnerschaft wird durch Zuschlag auf Angebote eines oder mehrerer Bieter eingegangen. Eine Erteilung des Zuschlags allein auf der Grundlage des niedrigsten Preises oder der niedrigsten Kosten ist ausgeschlossen. Der öffentliche Auftraggeber kann die Innovationspartnerschaft mit einem Partner oder mit mehreren Partnern, die getrennte Forschungs- und Entwicklungstätigkeiten durchführen, eingehen.

Nr. 7 Die Innovationspartnerschaft wird entsprechend dem Forschungs- und Innovationsprozess in zwei aufeinander folgenden Phasen strukturiert:

a) einer Forschungs- und Entwicklungsphase, die die Herstellung von Prototypen oder die Entwicklung der Bauleistung umfasst, und

b) einer Leistungsphase, in der die aus der Partnerschaft hervorgegangene Leistung erbracht wird. Die Phasen sind durch die Festlegung von Zwischenzielen zu untergliedern, bei deren Erreichen die Zahlung der Vergütung in angemessenen Teilbeträgen vereinbart wird. Der öffentliche Auftraggeber stellt sicher, dass die Struktur der Partnerschaft und insbesondere die Dauer und der Wert der einzelnen Phasen den Innovationsgrad der vorgeschlagenen Lösung und der Abfolge der Forschungs- und Innovationstätigkeiten widerspiegeln. Der geschätzte Wert der Bauleistung darf in Bezug auf die für ihre Entwicklung erforderlichen Investitionen nicht unverhältnismäßig sein.

Nr. 8 Auf der Grundlage der Zwischenziele kann der öffentliche Auftraggeber am Ende jedes Entwicklungsabschnitts entscheiden, ob er die Innovationspartnerschaft beendet oder, im Fall einer Innovationspartnerschaft mit mehreren Partnern, die Zahl der Partner durch die Kündigung einzelner Verträge reduziert, sofern der öffentliche Auftraggeber in der Auftragsbekanntmachung oder in den Vergabeunterlagen darauf hingewiesen hat, dass diese Möglichkeiten bestehen und unter welchen Umständen davon Gebrauch gemacht werden kann.

Nr. 9 Nach Abschluss der Forschungs- und Entwicklungsphase ist der öffentliche Auftraggeber zum anschließenden Erwerb der innovativen Leistung nur dann verpflichtet, wenn das bei Eingehung der Innovationspartnerschaft festgelegte Leistungsniveau und die Kostenobergrenze eingehalten werden.

Literatur:

Arrowsmith, An Assessment of the new Legislative Package on Public Procurement, CMLR 2004, 1277; *Badenhausen-Fähnle,* Die neue Vergabeart der Innovationspartnerschaft – Fünftes Rad am Wagen?, VergabeR 2015, 743; *Bischof/Stoye,* Vergaberechtliche Neuerungen für IT/TK Beschaffungen der öffentlichen Hand, MMR 2006, 138; *Bornheim/Hähnel,* Zur Kostenerstattungspflicht des Auftraggebers im Wettbewerblichen Dialog nach § 3a Abs. 4 Nr. 7 VOB/A 2009, VergabeR 2011, 62; *Brown,* The Impact of the New Procurement Directives on Large Public Infrastructure Projects: Competitive Dialogue or Better the Devil you Know?, PPLR 2004, 160; *Byok,* Das Verhandlungsverfahren, Köln, Berlin, München 2006; Castelli, Smart Cities and Innovation Partnerships: A New Way of Pursuing Economic Wealth and Social Welfare, EPPL 2018, 207; *Davey,* Procedures Involving Negotiation in the New Public Procurement Directive: Key Reforms to the Grounds For Use and the Procedural Rules, PPLR 2014, 103; Drömann, Wettbewerblicher Dialog und ÖPP-Beschaffungen – Zur „besonderen Komplexität" so genannter Betreibermodelle, NZBau 2007, 751; *Düsterdiek,* Das Akteneinsichtsrecht (§ 111 GWB), NZBau 2004, 605; *Fehling,* Forschungs- und Innovationsförderung durch wettbewerbliche Verfahren, NZBau 2012, 673; *Frenz,* Wettbewerblicher Dialog in der sozialen Auftragsvergabe, ZESAR 2018, 101; *Frenz,* Wettbewerblicher Dialog in der Abfallwirtschaft, AbfallR 2006, 175; *Gomes,* The innovative partnerships under the 2014 Public Processment Directive, PPLR 2014, 211; *Heckmann,* IT-Beschaffung der öffentlichen Hand zwischen Haushalts- und Marktpolitik, CR 2005, 711; *Heiermann,* Der wettbewerbliche Dialog, ZfBR 2005, 766; *Jaeger,* Die neue Basisvergaberichtlinie der EU vom 26.2.2014 – ein Überblick; *Knauff,* Das Verhältnis der nachrangigen Vergabeverfahren, NZBau 2018, 134; *Knauff,* Die vergaberechtlichen Regelungen des ÖPP-Beschleunigungsgesetzes, NZBau 2005, 443; *Knauff,* Im wettbewerblichen Dialog zur Public Private Partnership?, NZBau 2005, 249; *Knauff,* Neues europäisches Verfahrensrecht: Der wettbewerbliche Dialog, VergabeR 2004, 287; *Kolpatzik,* „Berater als Bieter" vs. „Bieter als Berater", VergabeR 2007, 279; *Kus,* Die richtige Verfahrensart bei PPP-Modellen, insbesondere Verhandlungsverfahren und Wettbewerblicher Dialog, VergabeR 2006, 851; *Leinemann/Maibaum,* Die neue europäische einheitliche Vergabekoordinierungsrichtlinie für Lieferaufträge, Dienstleistungsaufträge und Bauaufträge – ein Optionsmodell, VergabeR 2004, 275; *Lensdorf,* Die Vergabe von IT- und Outsourcing Projekten, CR 2006, 138; *Meißner,* Der wettbewerbliche Dialog, in *Pitschas, Rainer/Ziekow, Jan* (Hrsg.) Vergaberecht im Wandel, Berlin 2006, S. 83; *Müller-Wrede,* ÖPP-Beschleunigungsgesetz, Köln 2006; *Müller/Veil,* Wettbewerblicher Dialog und Verhandlungsverfahren im Vergleich, VergabeR 2007, 298; *Ollmann,* Wettbewerblicher Dialog eingeführt, VergabeR 2005, 685; *Opitz,* Wie funktioniert der wettbewerbliche Dialog? – Rechtliche und praktische Probleme, VergabeR 2006, 451; *Otting/Olgemöller,* Innovation und Bürgerbeteiligung im wettbewerblichen Dialog; *Pünder/Franzius,* Auftragsvergabe im Wettbewerblichen Dialog, ZfBR 2006, 20; *Püstow/Meiners,* Die Innovationspartnerschaft – Mehr Rechtssicherheit für ein innovatives Vertragsmodell, NZBau 2016, 406; *Rosenkötter,* Die Innovationspartnerschaft, VergabeR 2016, 196; *Scheid,* Ist die Umsetzung der EG-Richtlinien in Deutschland defizitär?, VergabeR 2007, 410; *Schneider,* Der Wettbewerbliche Dialog im Spannungsfeld der Grundsätze des Vergaberechts, Berlin 2009; *Schröder,* Voraussetzungen, Strukturen und Verfahrensabläufe des Wettbewerblichen Dialogs in der Vergabepraxis, NZBau 2007, 216; *Schrotz/Zdanowiecki,* Cloud Computing für die öffentliche Hand, CR 2015, 485; *Schweda,* Nebenangebote im Vergaberecht, VergabeR 2003, 268; *Steinicke/Vesterdorf,* EU Public Procurement Law, Baden-Baden 2018; *Treumer,* The Field of Application of Competitive Dialogue, PPLR 2006, 307; *Weber/Schäfer/Hausmann,* Praxishandbuch Public Private Partnership, München 2006.

A. Wettbewerblicher Dialog

I. Einleitung

Der Wettbewerbliche Dialog wurde im Jahre 2005 durch das ÖPP-Beschleunigungsgesetz[1] in das GWB-Vergaberecht eingeführt. Nach der Implementierung der Innovationspartnerschaft im Rahmen der Vergaberechtsmodernisierung 2016 ist der Wettbewerbliche Dialog nun **eine der fünf vergaberechtlichen Verfahrensarten,** die öffentlichen Auftraggebern zur Verfügung stehen. Während die Mitgliedstaaten nach der Vorgängerregelung in Art. 29 RL 2004/18/EG selbst über eine Umsetzung des Wettbewerblichen Dialogs in das nationale Recht entscheiden konnten, sind sie nach Art. 26 Abs. 4 RL 2014/24/EU nun zur **Umsetzung in die nationalen Vergaberegime verpflichtet.**[2] 1

Erwägungsgrund 42 RL 2014/24/EU hebt hervor, dass die Nutzung des Wettbewerblichen Dialogs gemessen an den Auftragswerten in den vergangenen Jahren stark zugenommen hat. Insbesondere in Großbritannien und Frankreich kam das Verfahren vielfach zur Anwendung, während die deutschen Vergabestellen den Wettbewerblichen Dialog in der Vergangenheit eher zögerlich anwendeten.[3] Nach Erwägungsgrund 42 RL 2014/24/EU ist es erklärtes Ziel des Gemeinschaftsgesetzgebers, den grenzüberschreitenden Handel durch Maßnahmen zur stärkeren Anwendung des Wettbewerblichen Dialogs und des Verhandlungsverfahrens mit Teilnahmewettbewerb weiter zu fördern. Zur verstärkten Anwendung des Wettbewerblichen Dialogs dürfte auch die erweiterte Möglichkeit zu Verhandlungen über das nach der abschließenden Wertung wirtschaftlichste Angebot beitragen. Diese Flexibilität bietet das Verhandlungsverfahren nicht.

Nach der Novellierung der Verfahrensvorschriften im Rahmen der Vergaberechtsmodernisierung 2016 ist der Wettbewerbliche Dialog nicht mehr als spezielles Verfahren zur Vergabe „besonders komplexer" Aufträge ausgestaltet. Diese frühere Anwendungsvoraussetzung ist entfallen. Der Wettbewerbliche Dialog ist nunmehr in allen Situationen anwendbar, in denen der öffentliche Auftraggeber auch auf das Verhandlungsverfahren mit Teilnahmewettbewerb zurückgreifen kann. Dies führt zu einer deutlichen **Ausweitung des Anwendungsbereichs** des Wettbewerblichen Dialogs. 2

Auch nach der Novellierung bleibt es aber dabei, dass der Wettbewerbliche Dialog **gerade bei komplexen Beschaffungsvorhaben seine besonderen Stärken entfaltet.** Erwägungsgrund 42 RL 2014/24/EU hebt hervor, dass sich der Wettbewerbliche Dialog in Fällen als nützlich erwiesen hat, in denen öffentliche Auftraggeber nicht zur genauen Definition der Mittel oder zur Beurteilung der am Markt verfügbaren technischen, finanziellen oder rechtlichen Lösungen zur Befriedigung ihres Beschaffungsbedarfs in der Lage sind. Das praktische Bedürfnis für ein flexibleres Verfahrensregime in derartigen Situationen erschließt sich, wenn man sich die Schwierigkeiten vor Augen führt, die in komplexen Beschaffungssituationen bei Anwendung der beiden Standardverfahrensarten, dass heißt dem Offenen Verfahren und dem Nichtoffenen Verfahren, auftreten. Nach § 121 Abs. 1 Satz 1 GWB haben öffentliche Auftraggeber grundsätzlich eine eindeutige und erschöpfende Leistungsbeschreibung zu erstellen. Bei alltäglichen Beschaffungsvorgängen ist dies in der Regel problemlos möglich. Der Auftraggeber spezifiziert die zu beschaffende

[1] BGBl. I 2005, 2676ff.
[2] *Jaeger* NZBau 2014, 259 (263).
[3] *Arrowsmith,* 8–04.

Ware bzw. Leistung, die Bieter geben hierauf entsprechende Angebote ab. Bei technisch, finanziell oder rechtlich komplexen Vergabeverfahren gestaltet sich die Festlegung klarer Ausführungsvorgaben oder Leistungspflichten für den Auftraggeber demgegenüber vielfach schwierig. Der Auftraggeber kennt zwar in der Regel seinen Bedarf, weiss jedoch unter Umständen nicht, wie er diesen optimal decken kann.[4] Oft fehlt es dem Auftraggeber an einem ausreichenden Überblick über die auf dem relevanten Markt angebotenen Lösungen.

Dies gilt insbesondere für Beschaffungen in komplexen und in ständiger Entwicklung befindlichen Märkten, wie zB im Bereich der **Hochtechnologie.** Möglicherweise kommt eine Vielzahl von Lösungsvarianten in technischer, rechtlicher oder finanzieller Hinsicht in Betracht, ohne dass der Auftraggeber im Vorfeld des Vergabeverfahrens abschätzen kann, welche Lösung seinem Beschaffungsbedarf am besten gerecht wird. In diesen Fällen wäre die Entscheidung für eine bestimmte Lösungsvariante bereits zu Beginn des Vergabeverfahrens mit dem Risiko verbunden, dass sich im weiteren Verfahrensablauf eine andere als die ausgeschriebene Leistung nachträglich als die bessere Variante herausstellt.[5] Gerade bei technisch innovativen Vergabeprojekten ist aber auch denkbar, dass auf dem Markt noch überhaupt keine fertig entwickelte technische Lösung zur Bewältigung der speziellen Aufgabenstellung bereit steht. Eine passgenaue Lösung muss dann erst noch von den Marktteilnehmern gefunden werden. Eine Beschreibung des Lösungswegs ist dem Auftraggeber mangels des erforderlichen Know-how oft nicht möglich. Zudem wäre hiermit eine Vorfestlegung verbunden, die dem Angebot eines innovativen Lösungsansatzes entgegenstehen könnte.

3 Im Verfahren des Wettbewerblichen Dialogs wird dem Auftraggeber gestattet, die Verfahrensteilnehmer in den Prozess der **Erarbeitung des Beschaffungsgegenstands** aktiv einzubeziehen. Der Auftraggeber kann sich hierdurch die Sachkompetenz der Unternehmen für die Entwicklung einer seinem Bedarf bestmöglich entsprechenden Lösung zu Nutzen machen. Hierdurch eignet sich der Wettbewerbliche Dialog besonders zur Bewältigung eines der typischen Probleme komplexer Vergabeprojekte. Verfahrenstechnisch werden dem Auftraggeber an verschiedenen Stellen Möglichkeiten zur individuellen Ausgestaltung des Verfahrensablaufs eingeräumt. Diese Flexibilität kann der Auftraggeber nutzen, um das Verfahren auf seine konkrete Beschaffungssituation auszurichten.

II. Zulässigkeit des Wettbewerblichen Dialogs

4 Zu unterscheiden sind der persönliche und der sachliche Anwendungsbereich des Wettbewerblichen Dialogs.

1. Persönlicher Anwendungsbereich

5 Nach § 119 Abs. 2 u. 6 GWB steht der Wettbewerbliche Dialog zunächst **öffentlichen Auftraggebern** zur Verfügung. Nach der Terminologie des novellierten Vergaberechts sind dies die in **§ 99 Nr. 1 bis Nr. 4 GWB** genannten Auftraggeber. Die dortigen Definitionen öffentlicher Auftraggeber in § 99 Nr. 1 bis Nr. 4 GWB entsprechen im Wesentlichen denjenigen aus § 98 Nr. 1 bis 3 und 5 GWB 2009.[6] Diese Auftraggeber konnten schon bisher den Wettbewerblichen Dialog anwenden. Für die Auftraggeber gemäß § 99 Nr. 4 GWB gilt dies allerdings erst seit der GWB Reform 2009. Die Erstreckung der Anwendungsmöglichkeit auf die Empfänger von Subventionen zur Durchführung bestimmter Baumaßnahmen und hiermit zusammenhängender Dienstleistungen ist praxisgerecht, da

[4] *EU-Komm.* Vorschlag für eine Richtlinie des Europäischen Parlaments und des Rates über die Koordinierung der Verfahren zur Vergabe öffentlicher Lieferaufträge, Dienstleistungsaufträge und Bauaufträge vom 30.8.2000, KOM (2000) 275 endg., 5f.

[5] *Schneider,* Der Wettbewerbliche Dialog im Spannungsfeld der Grundsätze des Vergaberechts, S. 23.

[6] Im Einzelnen → § 3 Rn. 2ff.

komplexe Beschaffungssituationen auch im Zusammenhang mit überwiegend staatlich finanzierten Beschaffungsmaßnahmen auftreten können. So wird bspw. ein Großteil der in privater Rechtsform betriebenen Krankenhäuser durch die Länder finanziert.[7] Der Wettbewerbliche Dialog kann ein zweckmäßiges Instrument zur Umsetzung derartiger staatlicher finanzierter PPP-Vergabeprojekte darstellen.

Nach der Vergaberechtsmodernisierung 2016 steht der Wettbewerbliche Dialog gemäß § 141 Abs. 1 GWB nunmehr erstmals auch den **Sektorenauftraggebern gemäß § 100 GWB** zur Verfügung. Die Regelung setzt Art. 44 Abs. 3 RL 2014/25/EU um, nach der die Mitgliedstaaten den Sektorenauftraggebern den Wettbewerblichen Dialog zur Verfügung stellen müssen. Die Sektorenauftraggeber haben gemäß § 141 Abs. 1 GWB die Wahl zwischen dem Offenen Verfahren, dem Nichtoffenen Verfahren, dem Verhandlungsverfahren mit Teilnahmewettbewerb und dem Wettbewerblichen Dialog. Durch die freie Wahlmöglichkeit zwischen diesen vier Verfahrensarten privilegiert der Gemeinschaftsgesetzgeber die Sektorenauftraggeber gegenüber den Auftraggebern im Sinne der RL 2014/24/EU. 6

2. Sachlicher Anwendungsbereich

Nach § 119 Abs. 2 iVm Abs. 6 GWB steht der Wettbewerbliche Dialog öffentlichen Auftraggebern nur zur Verfügung, soweit dies aufgrund des GWB gestattet ist. In Anwendung der Verordnungsermächtigung aus § 113 GWB sind die sachlichen Anwendungsvoraussetzungen für den Wettbewerblichen Dialog für Vergaben oberhalb der EU-Schwellenwerte größtenteils auf untergesetzlicher Ebene geregelt (§ 14 VgV, § 3 EU Abs. 4 VOB/A, § 13 SektVO und § 13 VSVgV). In der UVgO, im 1. Abschnitt der VOL/A 2009 und im 1. Abschnitt der VOB/A ist der Wettbewerbliche Dialog nicht vorgesehen. Für **Vergaben unterhalb der EU-Schwellenwerte** steht der Wettbewerbliche Dialog nicht zur Verfügung. 7

Nach § 14 Abs. 3 VgV und § 3 EU Abs. 4 VOB/A ist der Wettbewerbliche Dialog bei der Vergabe von Bauleistungen und der Vergabe von Lieferungen und Dienstleistungen grundsätzlich unter den **gleichen Voraussetzungen wie das Verhandlungsverfahren mit Teilnahmewettbewerb** zulässig.[8] Der Wettbewerbliche Dialog ist anwendbar, wenn eine der **fünf gemeinsamen Fallgruppen** einschlägig ist. Die Fallgruppen stehen dabei nicht trennscharf nebeneinander, sondern überlappen sich in ihren Anwendungsbereichen.[9] Die bisherigen speziellen Anwendungsvoraussetzungen des „besonders komplexen Auftrags" und der „objektiven Unmöglichkeit" der Angabe der technischen Mittel oder rechtlichen oder finanziellen Bedingungen des Vorhabens sind entfallen.[10] Der Wettbewerbliche Dialog ist daher nicht mehr nur in dieser speziellen Situation anwendbar. Besonders komplexe Aufträge, die nach früherer Rechtslage die Anwendung des Wettbewerblichen Dialogs rechtfertigten, werden aber auch zukünftig unter eine oder sogar mehrere der Fallgruppen von § 14 Abs. 3 VgV und § 3 EU Abs. 4 VOB/A subsumiert werden können.

Die Erwägungsgründe 42 und 43 RL 2014/24/EU enthalten eine Auflistung von **Standardbeispielen** für die Anwendung des Wettbewerbliche Dialogs. Danach kommt das Verfahren insbesondere bei innovativen Projekten, bei der Realisierung großer und integrierter Infrastrukturprojekte, großen Computernetzwerken und Projekten mit einer komplexen und strukturierten Finanzierung zur Anwendung. Die beispielhafte Auflistung hat keinen abschließenden Charakter und zeigt lediglich typische Anwendungsfelder des 8

[7] Vgl. *Gührs/Weber/Schäfer/Hausmann,* S. 678.
[8] Siehe dazu → § 10 Rn. 35 ff.
[9] *Arrowsmith,* 8–19.
[10] AA *Knauff* NZBau 2018, 134 (136), nach dem das subjektive Unvermögen des öffentlichen Auftraggebers zur abschließenden Definition des Beschaffungsgegenstands auch weiterhin zentrale Anwendungsvoraussetzung des Wettbewerblichen Dialogs sei.

Verfahrens auf.[11] Auch wenn eines der aufgezählten Beispiele einschlägig ist, führt dies nicht zwingend zur Anwendbarkeit des Wettbewerblichen Dialogs.[12] Der Auftraggeber muss das Vorliegen einer der in § 14 Abs. 3 VgV und § 3 EU Abs. 4 VOB/A genannten Fallgruppen in jedem Einzelfall prüfen. Den Anwendungsbeispielen lassen sich jedoch einige wichtige Aussagen für das Anwendungsfeld des Wettbewerblichen Dialogs entnehmen.

9 **a) Bedürfnisse des öffentlichen Auftraggebers können nicht ohne Anpassung verfügbarer Lösungen erfüllt werden (§ 14 Abs. 3 Nr. 1 VgV, § 3 EU Abs. 4 iVm 2 Nr. 1 lit. a) VOB/A).** Ein Wettbewerblicher Dialog kann zunächst immer dann durchgeführt werden, wenn die **Bedürfnisse** des öffentlichen Auftraggebers **nicht ohne die Anpassung bereits verfügbarer Lösungen erfüllt** werden können (§ 14 Abs. 3 Nr. 1 VgV, § 3 EU Abs. 4 iVm 2 Nr. 1 lit. a) VOB/A). Die Fallgruppe ist insbesondere im Bereich von **IT-Vergaben** von Bedeutung. Neue Soft- oder Hardwarelösungen müssen regelmäßig die vorhandene IT-Umgebung berücksichtigen. Dabei wird sich häufig die Notwendigkeit einer Integration in ein bestehendes IT-System oder der Errichtung von Schnittstellen zu externen Anlagen ergeben. In welcher Weise die vorhandene IT-Umgebung auf die neuen Komponenten angepasst oder abgestimmt werden müssen, ist für den Auftraggeber im Vorfeld der Ausschreibung oftmals nicht vollends überschaubar. Im Rahmen des Wettbewerblichen Dialogs kann der Auftraggeber das zweckmäßige Vorgehen auf Basis der jeweils angebotenen Lösung gemeinsam mit jedem Verfahrensteilnehmer entwickeln.

Die Notwendigkeit einer Anpassung bereits verfügbarer Lösungen kann sich auch bei der Beschaffung von **Beratungsleistungen** beispielsweise im Bereich der Unternehmensberatung ergeben. Auch hier ist es für den Projekterfolg häufig entscheidend, dass die Beratungsleistungen an die vorhandenen Unternehmenstrukturen anknüpfen und fortentwickeln. Zur Entwicklung einer passgenauen Lösung ist die Dialogphase des Wettbewerblichen Dialogs, in der alle Einzelheiten des Auftrags erörtert werden können, ein geeignetes Instrument.

10 **b) Auftrag umfasst konzeptionelle oder innovative Lösungen (§ 14 Abs. 3 Nr. 2 VgV, § 3a EU Abs. 4 iVm 2 Nr. 1 lit. b) VOB/A).** Ein Wettbewerblicher Dialog ist ferner dann zulässig, wenn der Auftrag **konzeptionelle oder innovative Lösungen** umfasst (§ 14 Abs. 3 Nr. 2 VgV, § 3a EU Abs. 4 iVm 2 Nr. 1 lit. b) VOB/A). Die Regelung verlangt dabei nicht, dass der konzeptionelle oder innovative Bestandteil den Schwerpunkt des Auftrags ausmacht.[13] Allerdings nennt Erwägungsgrund 43 RL 2014/24/EU als Beispiel im Baubereich unter anderem „Bauleistungen, bei denen keine Normbauten errichtet werden". Demnach fallen nicht alle Arten von Bauaufträgen allein aufgrund des wohl stets vorhandenen konzeptionellen Elements in den Anwendungsbereich des Wettbewerblichen Dialogs.[14] Für komplexe und städtebaulich relevante Bauvorhaben hat sich der Wettbewerbliche Dialog in der Praxis auch aufgrund seiner Möglichkeiten zur Einbeziehung der Öffentlichkeit in den Auswahlprozess bewährt.[15]

Erwägungsgrund 43 RL 2014/24/EU nennt ferner Anschaffungen von „hochentwickelten Waren", geistige Dienstleistungen wie „Beratungsleistungen-, Architekten- oder Ingenieurleistungen und „Großprojekte der Informations- und Kommunikationstechnologie" als Beispiele für Aufträge, die konzeptionelle oder innovative Lösungen umfassen. Aber auch die in Erwägungsgrund 42 RL 2014/24/EU genannten „großen Computernetzwerke" als auch „große integrierte Verkehrsinfrastrukturprojekte" (zB bei Tunnel-

[11] Vgl. *Kus* VergabeR 2006, 851 (858); *Heiermann* ZfBR 2005, 766 (767); *Treumer* PPLR 2006, 307 (311) zu Erwägungsgrund 31 RL 2004/18/EG.
[12] Ebenso *Davey* PPLR 2014, 103 (106).
[13] *Davey* PPLR 2014, 103 (105).
[14] *Arrowsmith,* 8–21.
[15] Hierzu *Otting/Olgemöller* NVwZ 2011, 1225.

oder Hochbauprojekte unter extremen oder unerforschten Umweltbedingungen[16]) können den Einsatz von Instrumenten der **Hochtechnologie** oder noch zu entwickelnden **innovativen Technologien oder Abläufen** erfordern. Aufgrund der Möglichkeit des Auftraggebers, eine Vorfestlegung des Beschaffungsgegenstands zu vermeiden, ist der Wettbewerbliche Dialog für solche Beschaffungsvorhaben besonders gut geeignet. Da die Bieter vielfältige Lösungen anbieten können, weist der Wettbewerbliche Dialog ein hohes Innovationspotential auf.[17]

c) Auftrag kann aufgrund konkreter Umstände nicht ohne Verhandlungen vergeben werden (§ 14 Abs. 3 Nr. 3 VgV, § 3a EU Abs. 4 iVm 2 Nr. 1 lit. c) VOB/A). 10a
Der Wettbewerbliche Dialog ist auch dann zulässig, wenn der Auftrag aufgrund konkreter Umstände, die mit der Art, der Komplexität oder dem rechtlichen oder finanziellen Rahmen oder den damit einhergehenden Risiken zusammenhängen, nicht ohne vorherige Verhandlungen vergeben werden kann (§ 14 Abs. 3 Nr. 3 VgV, § 3a EU Abs. 4 iVm 2 Nr. 1 lit. c) VOB/A). **Ein Bedürfnis zu Verhandlungen** in diesem Sinne besteht generell dann, wenn die Konditionen des Auftrags in den Vergabeunterlagen noch nicht endgültig festgelegt sind. Vor Erteilung des Zuschlags muss dann ein Austausch zwischen Auftraggeber und Bieter stattfinden. Im Wettbewerblichen Dialog findet dieser Austausch in erster Linie in der Dialogphase statt, in der der Auftraggeber mit den Bietern alle Aspekte des Auftrags erörtern kann. Ziel der Dialogerörterungen ist die Ermittlung und Festlegung der Mittel, mit denen die Bedürfnisse und Anforderungen des öffentlichen Auftraggebers am besten erfüllt werden können (§ 14 Abs. 5 S. 1 VgV, § 3b EU Abs. 4 Nr. 4 VOB/A).

Das Bedürfnis nach Verhandlungen muss gerade aus den in der Regelung skizzierten 11
konkreten Umständen im Zusammenhang mit dem Auftrag resultieren. Die Voraussetzung dient in der **Verhinderung einer missbräuchlichen Anwendung** des Wettbewerblichen Dialogs. Der Auftraggeber soll ein Verhandlungserfordernis nicht dadurch provozieren, dass er die Mittel zur Erfüllung seiner Bedürfnisse gewollt oder aus Nachlässigkeit offen lässt, obwohl hierfür objektiv kein mit dem konkreten Auftrag zusammenhängender Grund vorliegt. Erforderlich ist, dass das Verhandlungserfordernis zumindest auf einen der in der Regelung genannten Umstände gestützt werden kann. Häufig wird sich die Anwendung des Verfahrens mit mehreren Aspekten begründen lassen.

Ein Verhandlungserfordernis aufgrund **der Art** (des Auftrags) ist im Zusammenhang mit 12
dem Wettbewerblichen Dialog regelmäßig dann anzunehmen, wenn sich das Beschaffungsvorhaben durch eine gewisse **Lösungsoffenheit** auszeichnet. Nach den Erwägungsgründen des europäischen Gesetzgebers hat sich der Wettbewerbliche Dialog in Situationen bewährt, in denen die öffentlichen Auftraggeber nicht in der Lage sind, die Mittel zur Befriedigung ihres Bedarfs zu definieren oder zu beurteilen, was der Markt an Lösungsmöglichkeiten für die Durchführung des Vorhabens zu bieten hat.[18] Dies unterstellt eine Lösungsoffenheit in Bezug auf das von der Vergabestelle verfolgte Ziel.[19] Je mehr Lösungsansätze in Betracht kommen, desto eher besteht ein Bedürfnis hierüber mit den Bietern zu verhandeln.

Die Regelung zur Anwendbarkeit des Wettbewerblichen Dialogs in Fällen von mit der 13
Komplexität des Auftrags zusammenhängenden Umständen umfasst zunächst alle Situationen, in denen der Wettbewerbliche Dialog schon vor der Vergaberechtsmodernisierung aufgrund des Vorliegens eines „besonders komplexen" Auftrags anwendbar war. Eine „besondere" Komplexität wird nun nicht mehr verlangt. Eine „normale" oder „durchschnittliche" Komplexität des Auftrags ist daher ausreichend. Dies erweitert den Anwendungsbereich des Wettbewerblichen Dialogs.

[16] *Heiermann* ZfBR 2005, 766 (768).
[17] *EU-Komm.* C(2018) 3051 final, 48.
[18] Vgl. Erwägungsgrund 42 RL 2014/24/EU.
[19] *Knauff* NZBau 2005, 249 (254).

„Komplex" im Sinne der Regelung sind Auftragsvergaben, die **nicht durch Anwendung einer Standardlösung** oder eines **Standardleistungsprogramms** abgearbeitet werden können. Dies ist insbesondere dann der Fall, wenn eine **speziell auf die Bedürfnisse des Auftraggebers abgestimmte Lösung** entwickelt werden muss. Standardisierte Leistungen wie zB IT-Wartungs- oder Pflegeleistungen können bereits nicht als „komplex" angesehen werden, auch wenn der Auftraggeber diese Aufgaben mangels personeller oder technischer Kapazitäten nicht selbst durchführen kann.[20] Entsprechendes gilt für Standard-Cloud-Leistungen.[21]

Allerdings muss gerade durch die mit der Komplexität des Auftrags zusammenhängenden Umstände ein Verhandlungsbedürfnis ausgelöst werden. So kann beispielsweise bei einer **IT-Beschaffung** ein großes Computernetzwerk als technisch komplex anzusehen sein, etwa weil das Netz aus einer Vielzahl von Komponenten besteht oder eine hohe Anwenderzahl hat. Dies bedeutet jedoch nicht, dass die Beschreibung der Leistungsanforderungen des Netzes in jedem Fall ein Bedürfnis nach Verhandlungen auslöst. Ist der Auftraggeber sich über die Leistungsanforderungen im Klaren und lassen sich diese über standardisierte Software- und Hardware-Komponenten abbilden, sind Verhandlungen unter Umständen nicht erforderlich. Für die Anwendung des Wettbewerblichen Dialogs besteht dann kein Raum.

14 Auftragsbezogene Umstände im Zusammenhang mit dem **rechtlichen oder finanziellen Rahmen** oder den **damit einhergehenden Risiken** des Auftrags ergeben sich beispielsweise bei Aufträgen mit einer **Vielzahl von Projektbeteiligten** oder **komplizierten Vertragsstrukturen.** Hier kann das Standardbeispiel der „komplexen und strukturierten Finanzierung" aus Erwägungsgrund 42 RL 2014/24/EU herangezogen werden, das auf **PPP-Projekte** zielt. Besondere Schwierigkeiten resultieren hier aus dem **Koordinierungsbedarf** zwischen dem öffentlichen Auftraggeber und dem privatwirtschaftlichen Partner. Das Mitwirken einer Vielzahl von weiteren Projektbeteiligten wie Finanzinstituten und Planern kann insbesondere bei PPP-Projekten der Daseinsvorsorge zu komplexen Vertragsstrukturen führen. Mit standardisierten Vertragsentwürfen ist solchen Situationen zumindest so lange nicht gerecht zu werden, wie der Auftraggeber nicht über entsprechende Erfahrungen etwa aus früheren Projekten verfügt.[22] Bis zu diesem Zeitpunkt müssen die Projektkonditionen individuell verhandelt werden. Der Wettbewerbliche Dialog, bei dem alle Einzelheiten des Auftrags erörtert werden können, bietet in solchen Fällen die richtigen Verfahrenswerkzeuge für eine erfolgreiche Auftragsvergabe.

Bei speziell für die öffentliche Hand zu entwickelnden **Softwarelösungen** können auftragsbezogene Umstände im Zusammenhang mit dem rechtlichen Rahmen des Auftrags unter Umständen auch damit zu begründen sein, dass die einzusetzenden Produkte, Services und Arbeitsabläufe als antizipierte Verwaltungsverfahren rechtskonform sein müssen.[23] Dies kann beispielsweise der Fall sein, wenn die zu beschaffende Gewerbe-, Melde- oder Vergabesoftware auf ihre Vereinbarkeit mit den jeweils einschlägigen verfahrensrechtlichen Bestimmungen überprüft und Manipulationsrisiken minimiert werden müssen. Die besondere Herausforderung liegt dann in der **rechtskonformen Umsetzung der Verfahrensabläufe der Verwaltung** in eine IT-Architektur.

15 **d) Technische Spezifikationen können nicht mit ausreichender Genauigkeit unter Verweis auf Norm oder technische Bewertung erstellt werden (§ 14 Abs. 3 Nr. 4 VgV, § 3a EU Abs. 4 iVm 2 Nr. 1 lit. d) VOB/A).** Ferner ist der Wettbewerbliche Dialog zulässig, wenn die technischen Anforderungen an die Leistung vom öffentlichen Auftraggeber nicht mit ausreichender Genauigkeit unter Verweis auf eine Norm, eine euro-

[20] *Lensdorf* CR 2006, 138 (144) zum Begriff der „besonderen Komplexität" iSd § 101 Abs. 4 S. 1 GWB 2013.
[21] *Schrotz/Zdanowiecki* CR 2015, 485 (487).
[22] Müller-Wrede/*Hirsch/Kaelble* VgV § 14 Rn. 95; *Drömann* NZBau 2007, 751 (753).
[23] *Heckmann* CR 2005, 711 (714); *Lensdorf* CR 2006, 138 (144).

päische Bewertung (ETA), eine gemeinsame technische Spezifikation oder technische Referenzen beschrieben werden kann (§ 14 Abs. 3 Nr. 4 VgV, § 3a EU Abs. 4 iVm 2 Nr. 1 lit. d) VOB/A). Dies kann etwa dann der Fall sein, wenn er **den genauen Beschaffungsgegenstand überhaupt noch nicht festlegen kann,** weil er das zweckmäßige Mittel zur Befriedigung seines Bedarfs noch nicht kennt oder nicht beurteilen kann, was der Markt an Lösungsmöglichkeiten für die Durchführung des Vorhabens zu bieten hat.[24] In derartigen Fällen dient der Wettbewerbliche Dialog gerade dazu, die technischen Anforderungen an den Beschaffungsgegenstand mit den Verfahrensteilnehmern in den Dialogerörterungen gemeinsam zu entwickeln.

Zudem kann der Wettbewerbliche Dialog über diese Fallgruppe **selbst bei alltäglichen Standard-Beschaffungen** zur Anwendung kommen, wenn die Anforderungen an den Beschaffungsgegenstand nicht anhand der genannten technischen Spezifikationen oder Referenzen beschrieben werden können.[25]

e) Keine ordnungsgemäßen oder nur unannehmbare Angebote (§ 14 Abs. 3 Nr. 5 VgV, § 3a EU Abs. 4 iVm 2 Nr. 2 VOB/A). Schließlich ist der Wettbewerbliche Dialog immer auch dann zulässig, wenn im Rahmen eines Offenen oder Nichtoffenen Verfahrens keine ordnungsgemäßen oder nur unannehmbare Angebote eingereicht wurden (§ 14 Abs. 3 Nr. 5 VgV) bzw. das Verfahren wegen solcher Angebote aufgehoben wurde (§ 3a EU Abs. 4 iVm 2 Nr. 2 VOB/A). Bei dieser Fallgruppe ergeben sich keine Besonderheiten gegenüber der Anwendung beim Verhandlungsverfahren mit Teilnahmewettbewerb.[26] 16

Ob bei Vorliegen der Voraussetzungen **eher ein Verhandlungsverfahren mit Teilnahmewettbewerb oder ein Wettbewerblicher Dialog zweckmäßig** ist, ist unter Berücksichtigung der Gründe für das Scheitern des Offenen oder Nichtoffenen Verfahrens zu entscheiden. Insbesondere wenn das Verfahren aufgrund ungewöhnlich niedrigen oder unannehmbar hohen Angebotspreisen gescheitert ist, kann es für den Auftraggeber zweckmäßig sein, mit den Bietern die Mittel zur Erfüllung seiner Anforderungen und Bedürfnisse im Rahmen eines Wettbewerblichen Dialogs zu erörtern. Dies kann die nötige Klarheit schaffen, um das Verfahren dann zu einem erfolgreichen Abschluss zu bringen.

3. Anwendung des Wettbewerblichen Dialogs in besonderen Bereichen

Das GWB und die Vergabeverordnungen enthalten **Sonderregelungen** zu den Anwendungsvoraussetzungen des Wettbewerblichen Dialogs bei der Vergabe bestimmter Arten von öffentlichen Aufträgen. 17

a) Soziale und andere besondere Dienstleistungen. Dies betrifft zunächst die Vergabe von öffentlichen Aufträgen über **soziale und andere besondere Dienstleistungen im Sinne des Anhangs XIV.**[27] Bei der Vergabe derartiger Dienstleistungen können öffentliche Auftraggeber gemäß § 130 Abs. 1 GWB zwischen dem Wettbewerblichen Dialog, dem Offenen und dem Nichtoffenen Verfahren, dem Verhandlungsverfahren mit Teilnahmewettbewerb und der Innovationspartnerschaft frei wählen. Die Voraussetzungen aus § 14 Abs. 3 VgV für die Anwendung des Wettbewerblichen Dialogs gelten nicht. Im Übrigen finden die Verfahrensvorschriften der VgV aber auch für die Vergabe von Aufträgen über soziale und besondere Dienstleistungen im Wettbewerblichen Dialog uneingeschränkt Anwendung.[28] 18

---

[24] Vgl. Erwägungsgrund 42 RL 2014/24/EU.

[25] So auch *Arrowsmith,* 8–23, die darauf hinweist, dass die Forderung aus Erwägungsgrund 43 zur Nichtanwendung des Wettbewerblichen Dialog bei Standard-Dienstleistungen und Standard-Lieferungen nicht für Situationen gilt, in denen der Standard-Auftrag anhand der relevanten technischen Spezifikationen und Referenzen nicht beschrieben werden kann.

[26] Siehe dazu → § 10 Rn. 42.

[27] Siehe dazu → § 7 Rn. 1 ff.

[28] BT-Drs. 18/6281, 113.

19 **b) Personenverkehrsleistungen im Eisenbahnverkehr.** Auch bei der Vergabe von öffentlichen Aufträgen, deren Gegenstand **Personenverkehrsleistungen im Eisenbahnverkehr** sind, stehen öffentlichen Auftraggebern gemäß § 131 Abs. 1 GWB der Wettbewerbliche Dialog, das Offene und das Nichtoffene Verfahren, das Verhandlungsverfahren mit Teilnahmewettbewerb und die Innovationspartnerschaft nach ihrer Wahl zur Verfügung, ohne das besondere Zulässigkeitsvoraussetzungen erfüllt sein müssen. Hierdurch und durch die weiteren Sonderregeln in § 131 Abs. 2 und Abs. 3 GWB soll Aufgabenträgern im Schienenpersonennahverkehr die notwendige Flexibilität bei der Wahl der Verfahrensart und zur Ausgestaltung der Verfahrensabläufe komplexer Vergabeverfahren in diesem Bereich eingeräumt werden.[29]

20 **c) Freiberufliche Leistungen.** Vor der Vergaberechtsmodernisierung 2016 stand für die Vergabe von Aufträgen über freiberufliche Leistungen gemäß § 5 Abs. 1 VgV 2003 iVm § 3 VOF 2009 ausschließlich das Verhandlungsverfahren zur Verfügung. Diese Beschränkung ließ sich nicht länger aufrechterhalten, denn Art. 26 RL 2014/24/EU verpflichtet die Mitgliedstaaten zur Bereitstellung aller Verfahrensarten für alle öffentlichen Auftraggeber.[30] Seit der Vergaberechtsmodernisierung 2016 kann der Wettbewerbliche Dialog daher auch zur Vergabe von **Architekten- und Ingenieurleistungen** eingesetzt werden. Durch die Formulierung, dass Architekten- und Ingenieurleistungen „in der Regel" im Wettbewerblichen Dialog oder im Verhandlungsverfahren mit Teilnahmewettbewerb vergeben werden, wird zum Ausdruck gebracht, dass die anderen Verfahrensarten faktisch kaum Anwendung finden werden.[31]

21 **d) Auftragsvergaben im Sektorenbereich.** Auch im Sektorenbereich können öffentliche Auftraggeber gemäß § 13 Abs. 1 SektVO zwischen dem Wettbewerblichen Dialog, dem Offenen und dem Nichtoffenen Verfahren, dem Verhandlungsverfahren mit Teilnahmewettbewerb und der Innovationspartnerschaft frei wählen.[32]

22 **e) Auftragsvergaben in den Bereichen Verteidigung und Sicherheit.** Die für Auftragsvergaben in den Bereichen Verteidigung und Sicherheit maßgebliche EU-Richtlinie 2009/81/EG ist nicht Gegenstand des EU-Modernisierungspakets. Im Rahmen der Umsetzung des Richtlinienpakets ergaben sich im Bereich der VSVgV lediglich einige redaktionelle Anpassungen ohne inhaltliche Änderungen.[33] Auch die Anwendungsvoraussetzungen des Wettbewerblichen Dialogs blieben unverändert.

Nach der Vergabemodernisierung 2016 laufen die Voraussetzungen für die Anwendung des Wettbewerblichen Dialogs im Anwendungsbereich der VgV und der VOB/A-EU einerseits und der VSVgV anderseits auseinander. In den Bereichen Verteidigung und Sicherheit können Auftraggeber nach § 13 Abs. 1 VSVgV einen Wettbewerblichen Dialog gemäß § 119 Abs. 6 S. 1 GWB zur Vergabe besonders **komplexer Aufträge** durchführen, sofern sie **objektiv nicht in der Lage** sind, die technischen Mittel anzugeben, mit denen ihre Bedürfnisse und Ziele erfüllt werden können, oder die rechtlichen oder finanziellen Bedingungen des Vorhabens anzugeben.

23 **aa) Besonders komplexer Auftrag.** Aus der Voraussetzung einer „besonderen" Komplexität folgt, dass eine „normale" oder „durchschnittliche" Komplexität des Auftrags für eine Anwendung des Wettbewerblichen Dialogs bei Auftragsvergaben in den Bereichen Verteidigung und Sicherheit nicht ausreichend ist.[34] Das Beschaffungsvorhaben muss über die

[29] BT-Drs. 18/6281, 115.
[30] BT-Drs. 18/6281, 226.
[31] BT-Drs. 18/6281, 226.
[32] Siehe dazu → § 50 Rn. 1 ff.
[33] VergRModVO Begründung Kabinettsentwurf, S. 311.
[34] Vgl. *Knauff* NZBau 2005, 249 (253) und *Lensdorf* CR 2006, 138 (142) zu § 101 GWB 2009.

Komplexität eines durchschnittlichen Vergabeprojekts in dem jeweiligen Bereich hinausgehen. Die Voraussetzungen für die Anwendung des Wettbewerblichen Dialogs sind höher als im Anwendungsbereich der VgV und der VOB/A-EU.

bb) „Objektiv nicht in der Lage". Im Anwendungsbereich der VSVgV ist der Wettbewerbliche Dialog zulässig, wenn der Auftraggeber objektiv nicht in der Lage ist, die technischen Mittel anzugeben, mit denen seine Bedürfnisse und Ziele erfüllt werden können, oder die rechtlichen oder finanziellen Bedingungen des Vorhabens anzugeben (§ 13 Abs. 1 VSVgV). Dieser Umstand des „objektiv nicht in der Lage sein" wird in den Erwägungsgründen der Richtlinie 2009/81/EG verkürzt als **„objektive Unmöglichkeit"** bezeichnet.[35] Dies ist nicht im Sinne des § 275 Abs. 1 BGB zu verstehen, denn sonst käme es darauf an, ob die entsprechenden Angaben objektiv von keiner Vergabestelle gemacht werden können. Dies entspräche nicht den gemeinschaftsrechtlichen Vorgaben. Danach ist maßgeblich, ob der Vergabestelle die Situation „anzulasten" ist.[36] Abzustellen ist auf die individuelle Situation des betroffenen öffentlichen Auftraggebers. Beruht die Unmöglichkeit der Angabe auf Unzulänglichkeiten des Auftraggebers oder dessen fehlendem Willen, sind die Voraussetzungen für die Anwendung des Wettbewerblichen Dialogs nicht erfüllt.[37] Den Auftraggeber trifft eine „Sorgfaltspflicht", bei der Festlegung der zur Auftragsdurchführung erforderlichen technischen Mittel bzw. der rechtlichen oder finanziellen Konstruktion den jeweils zumutbaren Aufwand zu betreiben.[38] Dem Auftraggeber darf nach dem **Maßstab einer pflichtgemäß handelnden Vergabestelle** in seiner konkreten Position und **in Anbetracht seiner Möglichkeiten** und **Erfahrungen nichts vorzuwerfen** sein.[39] 24

Bei der Prüfung der Tatbestandsvoraussetzung des „objektiv nicht in der Lage sein" sind demnach zunächst die **Rahmenbedingungen des jeweiligen Auftraggebers,** insbesondere die ihm zur Verfügung stehenden **Ressourcen,** zu ermitteln. Zu berücksichtigen ist zudem, ob der Auftraggeber bereits auf **Erfahrungen** mit ähnlichen Vergabeprojekten zurückgreifen kann. 25

Sodann ist festzustellen, wie ein Auftraggeber in Gestalt eines **objektiven Dritten** mit der vorliegenden Situation umgehen würde, ohne dass ihm bei der Bewertung der Möglichkeit zur Aufstellung der entsprechenden Angaben Unzulänglichkeiten oder mangelnder Wille anzulasten wären. Bei der Festlegung des Sorgfaltspflichtmaßstabs sind die personellen und finanziellen Ressourcen des öffentlichen Auftraggebers zu berücksichtigen. Handelt es sich um den ersten Auftrag seiner Art, so ist einem Auftraggeber eher ein Bedürfnis zuzugestehen, die beste Lösung gemeinsam mit den Bietern im Wettbewerblichen Dialog zu entwickeln.[40] Die Einbeziehung **externer Experten** ist immer dann zu erwägen, wenn die hierdurch verursachten Kosten nicht außer Verhältnis zu dem Auftragswert bestehen.[41] Eine grundsätzliche Verpflichtung zur Auflösung der besonderen Komplexität durch die Einschaltung von Projektanten (dh Beratern, die auch am Auftrag selbst interessiert sind) erscheint demgegenüber wenig zielführend.[42] Müsste ein zuvor als Berater beauftragter Projektant (als ultima ratio) von der Vergabe des Hauptauftrags ausgeschlossen 26

[35] Vgl. Erwägungsgrund 48 RL 2009/81/EG; ebenso *EU-Komm.* Erläuterungen zum Wettbewerblichen Dialog vom 5.10.2005, CC/2005/04_Rev 1, Ziffer 2.1 zu Art. 29 RL 2004/18/EG.

[36] Erwägungsgrund 48 RL 2009/81/EG.

[37] Vgl. BT-Drs. 15/5668, 13 zu § 101 GWB 2005.

[38] Vgl. *EU-Komm.* Erläuterungen zum Wettbewerblichen Dialog vom 5.10.2005, CC/2005/04_Rev 1, Ziffer 2.1 zu Art. 29 RL 2004/18/EG.

[39] *Schneider,* Der Wettbewerbliche Dialog im Spannungsfeld der Grundsätze des Vergaberechts, S. 84f.

[40] BT-Drs. 15/5668, S. 13; aA *Ollmann* VergabeR 2005, 685 (688).

[41] Pünder/Schellenberg/*Pünder* GWB 2013, § 101 Rn. 50; Kapellmann/Messerschmidt/*Kallmeyer* VOB/A 2009 § 3a Rn. 82; *Heiermann* ZfBR 2005, 766 (770).

[42] So aber Müller-Wrede/*Kälble* VOL/A 2009 § 3 EG Rn. 233.

werden, verschlechtert dies die Wettbewerbssituation bei dem Vergabeprojekt.[43] Bei technisch sehr speziellen Vergabeprojekten ist der potentielle Bieterkreis aber oftmals schon von vornherein nicht sehr groß. Die **Umgehung der Projektantenproblematik** stellt in solchen Fällen einen wichtigen Vorteil des Wettbewerblichen Dialogs dar.

27 **f) Vergabe von Konzessionen.** Nach § 12 Abs. 1 S. 1 KonzVgV kann der Konzessionsgeber das Verfahren zur Vergabe von Konzessionen frei gestalten.[44] Dabei kann der Konzessionsgeber nach § 12 Abs. 1 S. 2 KonzVgV das Verfahren an den Vorschriften der VgV zum Ablauf des Verhandlungsverfahrens mit Teilnahmewettbewerb ausrichten. Hintergrund der Regelung ist, dass Konzessionsgeber in der Praxis Dienstleistungskonzessionen auf Basis der Regelungen für das Verhandlungsverfahren mit Teilnahmewettbewerb durchgeführt haben.[45] Dem Konzessionsgeber steht es ebenso frei, das Verfahren an den Vorgaben der VgV zum Ablauf des Wettbewerblichen Dialogs auszurichten.

III. Ablauf des Wettbewerblichen Dialogs

28 Der Verfahrensablauf des Wettbewerblichen Dialogs unterteilt sich in **drei Abschnitte:** den **Teilnahmewettbewerb,** die **Dialogphase** und die **Angebotsphase.** Der Teilnahmewettbewerb dient der Auswahl der Verfahrensteilnehmer. Mit diesen erarbeitet der Auftraggeber in der Dialogphase die Lösungsvorschläge. In der Angebotsphase wird aus den endgültigen Angeboten der Bieter schließlich das wirtschaftlichste ausgewählt, auf das der Zuschlag erteilt wird.

1. Teilnahmewettbewerb

29 Der Ablauf des Teilnahmewettbewerbs entspricht grundsätzlich demjenigen im Nichtoffenen Verfahren bzw. im Verhandlungsverfahren. Durch die europaweite Bekanntmachung eröffnet der Auftraggeber den interessierten Unternehmen die Möglichkeit, sich um die Teilnahme an dem Verfahren zu bewerben. Anhand der Teilnahmeanträge prüft der Auftraggeber die Eignung der Unternehmen. Nach Abschluss der Eignungsprüfung fordert der Auftraggeber die für geeignet befundenen Unternehmen zur Teilnahme an dem Verfahren auf.

30 **a) Bekanntmachung und Leistungsbeschreibung.** Der Teilnahmewettbewerb wird durch die Veröffentlichung der EU-weiten **Bekanntmachung** eingeleitet. Der Auftraggeber erläutert seine Anforderungen und Bedürfnisse in der Bekanntmachung oder den Vergabeunterlagen, dh in der **Leistungsbeschreibung** (§ 18 Abs. 1 VgV und § 3b EU Abs. 4 Nr. 1 VOB/A, § 13 Abs. 2 Nr. 1 VSVgV). Art. 30 Abs. 2 RL 2014/24/EU spricht von einer Erläuterung in der Bekanntmachung „und/oder in einer Beschreibung". Die Übernahme des Begriffs „Beschreibung" in VgV und VOB/A-EU anstelle von „Leistungsbeschreibung" wäre präziser gewesen, zumal die Terminologie nicht überall einheitlich durchgehalten wird.[46]

Nach der Vergabemodernisierung kann es im Ergebnis dahinstehen, ob die Beschreibung als besondere Verfahrensunterlage im Wettbewerblichen Dialog[47] oder als Unterfall der Leistungsbeschreibung anzusehen ist. Denn die öffentlichen Auftraggeber müssen die Vergabeunterlagen – einschließlich der Leistungsbeschreibung – nunmehr **allen interessierten Unternehmen elektronisch unentgeltlich, uneingeschränkt, vollständig**

[43] *EU-Komm.* Erläuterungen zum Wettbewerblichen Dialog vom 5.10.2005, CC/2005/04_Rev 1, Ziffer 2.1 zu Art. 29 RL 2004/18/EG.
[44] Siehe dazu → § 64 Rn. 1.
[45] VergRModVO Begründung Kabinettsentwurf, 289.
[46] Vgl. § 3b EU Abs. 4 Nr. 8 S. 3 VOB/A, wo dann doch der Begriff „Beschreibung" verwendet wird.
[47] Vgl. *Schneider* Der Wettbewerbliche Dialog im Spannungsfeld der Grundsätze des Vergaberechts, S. 125.

und direkt abrufbar zur Verfügung stellen. Damit ist geklärt, dass die (Leistungs-) Beschreibung entgegen der früher teilweise vertretenen Auffassung[48] nicht nur denjenigen Unternehmen zugänglich zu machen ist, die nach Abschluss des Teilnahmewettbewerbs zur Teilnahme am Dialog aufgefordert werden.

Der **Inhalt der Bekanntmachung** bestimmt sich auch im Wettbewerblichen Dialog nach den Vorgaben des Musters gemäß des Anhangs der Durchführungsverordnung (EU) Nr. 2015/1986 (§ 39 Abs. 2 VgV, § 12 EU Abs. 3 Nr. 2 VOB/A, § 18 Abs. 2 Satz 2 VSVgV). 31

Hinsichtlich des **Inhalts der Leistungsbeschreibung** ist zu berücksichtigen, dass dem Auftraggeber im Wettbewerblichen Dialog die Beschreibung der Lösung seines Beschaffungsproblems in vielen Fällen gerade nicht möglich ist. Das Gebot der eindeutigen und erschöpfenden Beschreibung der Leistung aus § 7 EU Abs. 1 Nr. 1 VOB/A und § 15 Abs. 2 VSVgV gilt für die Beschreibung im Wettbewerblichen Dialog daher nicht vollumfänglich. Soweit die Leistung zu Beginn des Verfahrens nicht beschrieben werden kann, kann der Auftraggeber nicht zu eindeutigen und erschöpfenden Angaben verpflichtet sein. Der notwendige Bestimmtheits- und Detaillierungsgrad der Beschreibung im Wettbewerblichen Dialog ist anhand der vergaberechtlichen Grundsätze zu bestimmen. Vor dem Hintergrund des besonderen Anwendungsbereichs des Wettbewerblichen Dialogs ist zwischen Informationen zum Beschaffungsbedarf und zum Beschaffungsgegenstand zu unterscheiden.[49] 32

Bei allen Beschaffungsprozessen muss der Auftraggeber vor Einleitung des Vergabeverfahrens Gewissheit über seinen **Beschaffungsbedarf,** dh die Notwendigkeit der Beschaffung der Leistung haben. Ist der Auftraggeber sich über seinen Beschaffungsbedarf noch nicht im Klaren, kann er ein Markterkundungs- oder Interessenbekundungsverfahren, nicht jedoch ein Vergabeverfahren durchführen. Beabsichtigt der Auftraggeber beispielsweise die Beschaffung eines komplexen Computersystems, muss er sich bereits vor Einleitung des Vergabeverfahrens darüber im Klaren sein, welche Funktionen das System erfüllen soll. Nicht festlegen braucht der Auftraggeber demgegenüber die konkreten Spezifikationen der Hard- und Software. Diese werden erst im Rahmen der Dialogerörterungen mit den Teilnehmern erarbeitet. 33

Mit den Angaben zum **Beschaffungsgegenstand** legt der Auftraggeber die zu beschaffende Leistung fest. Hierzu ist der Auftraggeber bei der Wahl des Wettbewerblichen Dialogs in der Regel nicht in der Lage. Die Festlegung konkreter technischer Anforderungen im Sinne des § 32 VgV ist im Wettbewerblichen Dialog gerade nicht erforderlich.[50] Der Auftraggeber kompensiert dieses Defizit durch die möglichst genaue Darlegung seiner Anforderungen und Bedürfnisse in der Bekanntmachung bzw. der Leistungsbeschreibung. Von dem Auftraggeber ist diesbezüglich größtmögliche Bestimmtheit und Präzision zu verlangen.[51] Auf der Basis dieser Angaben müssen die interessierten Unternehmen entscheiden, ob sich eine Beteiligung an dem Vergabeverfahren für sie aus unternehmerischer Sicht lohnt.[52] 34

Das Transparenzgebot verpflichtet den Auftraggeber, den Teilnehmern den **Verfahrensablauf** mitzuteilen und von diesem nicht überraschend und willkürlich abzuweichen.[53] Im EU-Standardformular können diese Angaben als „sonstige Informationen" unter Ziffer VI.3 aufgenommen werden. Dort hat der Auftraggeber anzugeben, wie er die verfahrens- 35

---

[48] *Knauff* VergabeR 2004, 287 (291); *Prieß,* 203; *Opitz* VergabeR 2006, 451 (452); *Bischof/Stoye* MMR 2006, 138 (142).
[49] *Schneider,* Der Wettbewerbliche Dialog im Spannungsfeld der Grundsätze des Vergaberechts, S. 129.
[50] VergRModVO Begründung Kabinettsentwurf, 177.
[51] *Pünder/Franzius* ZfBR 2006, 20 (22); *Kolpatzik* VergabeR 2007, 279 (289); Müller-Wrede/*Hirsch/Kaelble* VgV, § 18 Rn, 22.
[52] *Heiermann* ZfBR 2005, 766 (778).
[53] OLG Düsseldorf Beschl. v. 18.6.2003 – VII-Verg 15/03, BeckRS 2003, 17902; OLG Frankfurt Beschl. v. 10.4.2001 – 11 Verg 1/01, NZBau 2002, 161 (163).

technischen Gestaltungsspielräume des Wettbewerblichen Dialogs nutzen will. Die Verpflichtung zur Ankündigung einer Abwicklung des Dialogs in mehreren Dialogrunden in der Bekanntmachung oder den Vergabeunterlagen wurde im Rahmen der Vergaberechtsmodernisierung 2016 ausdrücklich normiert (§ 18 Abs. 6 S. 1 VgV, § 3b EU Abs. 4 Nr. 5 S. 1 VOB/A). Hiermit wird die Vorgabe aus Art. 30 Abs. 4 S. 2 RL 2014/24/EU umgesetzt. Zudem hat der Auftraggeber in der Bekanntmachung oder den Vergabeunterlagen einen vorläufigen Zeitrahmen für den Dialog festzulegen (§ 18 Abs. 1 S. 2 VgV, § 3b EU Abs. 4 Nr. 1 S. 2 VOB/A) Anzugeben ist auch, wenn der Auftraggeber mit den Bietern gemeinsame Dialogrunden durchführen will.

36 Hinsichtlich der Angaben zu den **Eignungsanforderungen** ergeben sich im Wettbewerblichen Dialog grundsätzlich keine Besonderheiten gegenüber den anderen vergaberechtlichen Verfahren. Die Aufstellung sinnvoller Eignungsanforderungen ist im Wettbewerblichen Dialog allerdings nicht ganz einfach, da die auszuführende Leistung noch nicht konkret feststeht.[54] Zu strenge Anforderungen könnten den gerade bei komplexen Auftragsvergaben von vornherein beschränkten Bewerberkreis unnötig einengen. Zu niedrigere Anforderungen bergen demgegenüber die Gefahr, dass der Auftragnehmer mit der Umsetzung der im Verfahrensverlauf entwickelten Spezifikationen überfordert wird. Die festgestellte Eignung eines Bewerbers kann im späteren Verfahrensablauf nicht mehr in Frage gestellt werden kann. Die Eignungsanforderungen sollten daher möglichst präzise mit den Anforderungen und Bedürfnissen des Auftraggebers abgestimmt werden.

37 Um den mit der Durchführung des Wettbewerblichen Dialogs entstehenden Verfahrens- und Kostenaufwand im Rahmen zu halten, kann der Auftraggeber die **Zahl der Verfahrensteilnehmer** von vornherein **begrenzen** (§ 18 Abs. 4 S. 2 VgV, § 3b EU Abs. 4 Nr. 2 S. 2 iVm Abs. 2 Nr. 3 VOB/A, § 23 Abs. 3 VSVgV). Die Mindestanzahl der zur Teilnahme am Dialog aufgeforderten Bewerber darf bei einer hinreichenden Anzahl geeigneter Bewerber nicht unter drei liegen. Entscheidet sich der Auftraggeber für eine Begrenzung der Zahl der Verfahrensteilnehmer, so muss er in der Bekanntmachung oder in der Aufforderung zur Interessenbestätigung die objektiven und nicht diskriminierenden Kriterien für die Teilnehmerauswahl angeben (§ 18 Abs. 4 iVm § 51 Abs. 1 VgV, § 3b EU Abs. 4 Nr. 2 S. 2 iVm Abs. 2 Nr. 3 VOB/A, § 21 Abs. 3 S. 2 VSVgV). Bei der Festlegung dieser **Auswahlkriterien** kann der Auftraggeber auch auf die zur Feststellung der Eignung verwendeten Aspekte zurückgreifen. Der Auftraggeber kann beispielweise das Vorliegen besonders guter Fachkenntnisse oder umfangreicher Erfahrungen als Kriterien für die Auswahlentscheidung festlegen. Auch die Durchführung einer Auswahlentscheidung in einem Losverfahren ist denkbar. Eine **Gewichtung** muss der Auftraggeber für die Auswahlkriterien nicht unbedingt angeben.[55] Entscheidet sich der Auftraggeber allerdings für eine unterschiedliche Gewichtung der Auswahlkriterien, muss der Auftraggeber diese vor Kenntnisnahme der Teilnahmeanträge erstellen. Bei einer späteren Aufstellung der Gewichtung wäre nicht überprüfbar, ob der Auftraggeber die Auswahlmatrix unter Berücksichtigung der Bewerbungen unzulässigerweise zu Gunsten oder zu Lasten einzelner Bewerber ausgestaltet hat.[56] Dies wäre mit dem Transparenzgebot nicht zu vereinbaren.

38 Die **Frist für den Eingang der Teilnahmeanträge** beträgt mindestens 30 Tage ab Absendung der Bekanntmachung (§ 18 Abs. 3 VgV, § 10d EU S. 1 VOB/A). Abhängig von der Komplexität des Beschaffungsvorhabens und der Eignungsanforderungen kann eine längere Teilnahmefrist geboten sein.[57] Eine Fristverkürzung wegen Dringlichkeit ist – anders als bei Verhandlungsverfahren mit Teilnahmewettbewerb – nicht vorgesehen.

---

[54] *Opitz* VergabeR 2006, 451 (452).

[55] So bereits Erwägungsgrund 40 RL 2004/18/EG.

[56] OLG Bremen Beschl. v. 14.4.2005 – Verg 1/2005, VergabeR 2005, 537 (542); Kulartz/Kus/Portz/*Kus* GWB 2013, § 97 Rn. 43; aA *Byok* Verhandlungsverfahren, Rn. 376, der von der Zulässigkeit der Festlegung der Gewichtung in Kenntnis der eingereichten Eignungsnachweise ausgeht.

[57] Steinicke/Vesterdorf/*Caranta* EU Public Procurement Law, Directive 2014/24/EU Rn. 6.

Die **Zuschlagskriterien** muss der Auftraggeber ebenfalls bereits in der Bekanntmachung oder der Beschreibung benennen (§ 18 Abs. 1 VgV, § 3b EU Abs. 4 Nr. 4 S. 2 VOB/A, § 13 Abs. 2 S. 2 Nr. 5 VSVgV). Die Verpflichtung zur Bekanntgabe der Zuschlagskriterien umfasst auch etwaige **Unterkriterien.**[58] Anhand der Zuschlagskriterien bestimmt der Auftraggeber in der Angebotsphase das wirtschaftlichste Angebot (§ 18 Abs. 9 S. 2 VgV, § 3b EU Abs. 4 Nr. 9 S. 2 VOB/A, § 13 Abs. 2 S. 2 Nr. 5 VSVgV). Auch die optional mögliche sukzessive Verringerung der in der Dialogphase zur erörternden Lösungen darf ausschließlich anhand der zuvor festgelegten Zuschlagskriterien erfolgen (§ 18 Abs. 6 S. 2 VgV, § 3b EU Abs. 4 Nr. 5 S. 2 VOB/A, § 13 Abs. 2 S. 2 Nr. 3 VSVgV).[59] Wie bei allen vergaberechtlichen Verfahren ist auch im Wettbewerblichen Dialog die Festlegung solcher Zuschlagskriterien zweckmäßig, die möglichst konkret auf die zu beschaffende Leistung abgestimmt sind. Beim Wettbewerblichen Dialog steht der Auftraggeber allerdings vor der besonderen Herausforderung, dass sich der konkrete Beschaffungsgegenstand erst im laufenden Verfahren herauskristallisiert. Auf die Festlegung der Zuschlagskriterien ist daher besondere Sorgfalt zu verwenden. Der Auftraggeber muss überlegen, welche Aspekte ihm bei der im Dialog mit den Teilnehmern zu erarbeitenden Lösung besonders wichtig sind. Die Zuschlagskriterien und deren Gewichtung sollten die Präferenzen des Auftraggebers möglichst treffend abbilden. Auch ohne den Beschaffungsgegenstand im Detail zu kennen, kann der Auftraggeber so die maßgeblichen Eckpunkte für eine Wertungsentscheidung festlegen, die seinen Bedürfnissen gerecht wird. 39

Die allgemeine Verpflichtung zur **Gewichtung der Zuschlagskriterien** und Bekanntgabe der Gewichtung in der Bekanntmachung oder den Vergabeunterlagen gilt grundsätzlich auch beim Wettbewerblichen Dialog. Allerdings werden häufig „objektive Gründe" vorliegen, die dem Auftraggeber bei VgV-Vergaben ein Absehen von der Gewichtung und eine **Angabe der Zuschlagskriterien in der absteigenden Reihenfolge ihrer Bedeutung** erlauben (Art. 67 Abs. 3 Unterabs. 3 RL 2014/24/EU, § 58 Abs. 3 S. 3 VgV). Nach Erwägungsgrund 90 RL 2014/24/EU ist eine solche Situation insbesondere dann gegeben, wenn die Gewichtung aufgrund der Komplexität des Auftrags nicht im Vorhinein vorgenommen werden kann. Da der Wettbewerbliche Dialog oftmals gerade bei komplexen Auftragsvergaben zur Anwendung kommt, dürfte dieses Erfordernis vielfach erfüllt sein.[60] Da der Verzicht auf die Angabe der Gewichtung der Zuschlagskriterien gleichwohl die Ausnahme von der Regel ist, sollten die diesbezüglichen Gründe in der Vergabeakte dokumentiert werden.[61] Die VOB/A-EU sieht eine ausnahmsweise Angabe der Zuschlagskriterien in der absteigenden Reihenfolge ihrer Bedeutung nicht vor. 40

Nach Bekanntmachung der Zuschlagskriterien ist es dem Auftraggeber grundsätzlich nicht mehr möglich, durch eine **nachträgliche Ergänzung des Kriterienkatalogs** weitere Aspekte als Zuschlagskriterium zu berücksichtigen.[62] Die Verfahrensregeln für das Verhandlungsverfahren mit Teilnahmewettbewerb schließen eine Verhandlung der Zuschlagskriterien ausdrücklich aus (§ 17 Abs. 10 S. 2 VgV, § 3b EU Abs. 3 Nr. 5 VOB/A). Bei den Bestimmungen zum Wettbewerblichen Dialog fehlte eine entsprechende Parallelregelung. Ob dies als Ausdruck einer zukünftig größeren Flexibilität im Wettbewerblichen Dialog im Vergleich zum Verhandlungsverfahren zu sehen ist, ist nicht ganz klar.[63] 41

Das OLG Celle[64] hat beim Wettbewerblichen Dialog **Spielräume für eine nachträgliche Festlegung von Unterkriterien und deren Gewichtung** gesehen, wenn sich alle 42

---

[58] EuGH Urt. v. 24.1.2008 – C-532/06 – *Lianakis* Rn. 38, EuZW 2008, 187 (189); OLG Celle Urt. v. 16.5.2013 – 13 Verg 13/12, NZBau 2013, 795 (796).

[59] VK Düsseldorf Beschl. v. 11.8.2006 – VK 30/2006-L, IBRRS 2006, 4506.

[60] Vgl. *EU-Komm.* Erläuterungen zum Wettbewerblichen Dialog v. 5.10.2005, CC/2005/04_Rev 1, Ziff. 3.1 zu Art. 29 VKR.

[61] AA *Frenz* ZESAR 2018, 101 (105) der eine nähere Begründung für entbehrlich hält.

[62] *Heiermann* ZfBR 2005, 766 (771); *Opitz* VergabeR 2006, 451 (461); OLG Frankfurt Beschl. v. 28.6.2006 – 11 Verg 15/05, ZfBR 2006, 383 (386) für die Verhandlungsphase eines VOF-Verhandlungsverfahrens.

[63] *Arrowsmith* 8–118.

[64] OLG Celle Beschl. v. 16.5.2013 – 13 Verg 13/12, NZBau 2013, 795 (796).

Bieter im weiteren Verfahrensverlauf noch auf die geänderten Zuschlags- und Unterkriterien einstellen können. Eine Fortentwicklung oder Ergänzung der Zuschlags- und Unterkriterien führt aus Sicht des Auftraggebers zu einer wünschenswerten Flexibilisierung des Verfahrens, eröffnet jedoch tendenziell auch Möglichkeiten zur Manipulation des Verfahrens zugunsten eines Bieters. Insbesondere darf der Auftraggeber die Vergabeentscheidung nicht durch eine nachträgliche Ausrichtung der Zuschlagskriterien gezielt zu Gunsten oder zu Lasten einzelner Bewerber steuern.[65] Der EuGH[66] hat bislang nur eine nachträgliche Gewichtung von Unterkriterien gebilligt und hierfür sehr enge Voraussetzungen aufgestellt. Welche Spielräume danach für den Auftraggeber im konkreten Fall bestehen, wird von der jeweils gewählten Dialogstrukturierung und -gestaltung und von dem jeweiligen Verfahrensstadium abhängen.

43 **b) Auswahl der Dialogteilnehmer.** Anhand der eingegangenen Teilnahmeanträge und vorgelegten Nachweise prüft der Auftraggeber die Eignung der Bewerber. Hat der Auftraggeber die Höchstzahl der Verfahrensteilnehmer begrenzt, sind die Verfahrensteilnehmer anhand der in der Bekanntmachung oder Beschreibung festgelegten objektiven und nichtdiskriminierenden Kriterien auszuwählen. Nur die ausgewählten Bewerber werden zur Teilnahme an der Dialogphase aufgefordert.

Im Baubereich genügt es, wenn die Aufforderung zur Teilnahme am Dialog einen (nochmaligen) Verweis auf eine elektronische Adresse enthält, über die die Vergabeunterlagen direkt elektronisch zur Verfügung gestellt werden (§ 12a EU Abs. 1 Nr. 3 VOB/A).[67] Dies entspricht der Vorgabe aus Art. 54 Abs. 2 RL 2014/24/EU. Bei VgV-Vergaben sind in der Aufforderung zur Teilnahme am Dialog mindestens ein Hinweis auf die Bekanntmachung, der Termin und der Ort des Beginns der Dialogphase sowie die verwendete Sprache, die Bezeichnung der gegebenenfalls beizufügenden Unterlagen (soweit in der Bekanntmachung nicht enthalten) und die Zuschlagskriterien nebst Gewichtung (soweit in Bekanntmachung oder Aufforderung zur Interessenbestätigung nicht enthalten) aufzuführen (§ 52 Abs. 2 VgV). Die elektronische Adresse, unter der die Vergabeunterlagen bereit zu stellen sind, ist in der Bekanntmachung enthalten (§ 41 Abs. 1 VgV).

2. Dialogphase

44 **a) Eröffnung der Dialogphase.** Der Auftraggeber kann die Dialogphase mit einem **„Kick-Off Meeting"** eröffnen. In einem solchen ersten Besprechungstermin stellt der Auftraggeber das Vorhaben nochmals vor, beantwortet Fragen zu den Angaben in der Bekanntmachung und der Beschreibung und gibt dem jeweiligen Teilnehmer ggf. auch die Möglichkeit, einen ersten Lösungsvorschlag mündlich zu präsentieren.[68] Ein „Kick-Off Meeting" kann insbesondere dann zweckmäßig sein, wenn der Auftraggeber nicht schon vor dem ersten Treffen schriftliche Lösungskonzepte sichten will.[69] Alternativ kann der Auftraggeber die Dialogphase mit der Aufforderung an die Bieter einleiten, einen **ersten schriftlichen Lösungsvorschlag oder eine Lösungskonzeption** vorzulegen. Der Gleichbehandlungsgrundsatz verpflichtet den Auftraggeber, den Teilnehmern Inhalt und Form derartiger „First-Written Essentials" mitzuteilen.[70]

---

65 Vgl. BGH Urt. v. 3.6.2004 – X ZR 30/03, VergabeR 2004, 604 (605); VK Düsseldorf Beschl. v. 11.8. 2006, VK 30/2006, IBRRS 2006, 4506; VK Münster Beschl. v. 13.1.2004 – VK 22/03.

66 EuGH Urt. v. 24.1.2008 – C-532/06 – *Lianakis,* Rn. 43, EuZW 2008, 187 (189); EuGH Urt. v. 24.11. 2005 – C-331/04 – *ATI La Linea* Rn. 32, NZBau 2006, 193 (196).

67 Nach § 12a EU VOB/A Abs. 1 Nr. 1 S. 2 VOB/A muss die Bekanntmachung oder die Aufforderung zur Interessenbestätigung die Internet-Adresse enthalten, unter der die Vergabeunterlagen abrufbar sind.

68 *Heiermann* ZfBR 2005, 766 (773); *Schröder* NZBau 2007, 216 (222).

69 *Heiermann* ZfBR 2005, 766 (773).

70 *Heiermann* ZfBR 2005, 766 (773).

b) Gegenstand der Dialogerörterungen. Im Rahmen der Dialogerörterungen ermitteln der Auftraggeber und der jeweilige Dialogteilnehmer gemeinsam, wie die Bedürfnisse des Auftraggebers am besten erfüllt werden können. Gegenstand des Dialogs können **alle Aspekte bzw. Einzelheiten des Auftrags** sein (§ 18 Abs. 5 S. 2 VgV, § 3b EU Abs. 4 Nr. 4 S. 1 VOB/A). Erörterungsbedarf wird in der Regel in Bezug auf die wirtschaftlichen, technischen und rechtlichen Bedingungen der Projektabwicklung – je nach Projektzuschnitt in unterschiedlicher Intensität – bestehen. Typische Besprechungsthemen sind die Projektrisiken und Maßnahmen zu deren Begrenzung bzw. -verteilung, die beizubringenden Garantien, die Modalitäten zur Gründung einer Zweckgesellschaft für die Projektdurchführung und die Höhe der zu erwartenden Kosten der Projektdurchführung bzw. der projektbezogenen Einnahmen.[71] 45

Obwohl alle Einzelheiten des Auftrags erörtert werden können, stehen nicht alle Auftragsumstände zur Disposition der Dialogpartner. Auch im Wettbewerblichen Dialog gilt grundsätzlich das **Gebot der Identität des Beschaffungsvorhabens.** Danach dürfen im Ergebnis nicht andere Leistungen beschafft werden, als mit der Ausschreibung angekündigt.[72] Durch die Angaben in den Vergabeunterlagen tritt eine Selbstbindung des Auftraggebers ein. Von den diesbezüglichen Festlegungen der Vergabeunterlagen kann sich der Auftraggeber während des laufenden Verfahrens nicht mehr lösen. Im Anwendungsbereich des Wettbewerblichen Dialogs bezieht sich das Gebot der Identität des Beschaffungsvorhabens **vorwiegend auf die Angaben zu dem Beschaffungsbedarf,** die das Defizit an konkreten Angaben zum Beschaffungsgegenstand ausgleichen.[73] Da Bekanntmachung und Beschreibung im Wettbewerblichen Dialog in der Regel keine abschließenden Angaben zum konkreten Beschaffungsgegenstand enthalten, greift insoweit auch das Gebot der Identität des Beschaffungsvorhabens nicht. 46

Die Angaben, die der Auftraggeber in Bekanntmachung und Beschreibung zu seinen Anforderungen und Bedürfnissen, also seinem **Beschaffungsbedarf,** macht, bilden den inhaltlichen Rahmen der Dialogerörterungen. Der am Ende der Dialogphase konkretisierte Beschaffungsgegenstand muss die Angaben des Auftraggebers zu seinem Beschaffungsbedarf ausfüllen. Die Dialogerörterungen dürfen nicht dazu führen, dass die obligatorischen Angaben zu den Bedürfnissen und Anforderungen im Verfahrensverlauf so wesentlich verändert werden, dass sie sich am Ende der Dialogphase grundlegend anders als in Bekanntmachung und Beschreibung angekündigt darstellen.[74] Zulässig sind nur Präzisierungen der Anforderungen und Bedürfnisse sowie Ergänzungen in Bezug auf nebensächliche Aspekte. Demgegenüber darf der Auftraggeber keine wesentlichen neuen Leistungsanforderungen als Mindestbedingungen nachträglich in das Verfahren einführen.[75] Dies gilt auch dann, wenn der Auftraggeber – etwa aufgrund des Lösungsvorschlags eines Verfahrensteilnehmers – erkennt, dass seine tatsächlichen Bedürfnisse und Anforderungen in Bekanntmachung und Beschreibung unzutreffend abgebildet wurden. Eine wesentliche Abänderung der bekannt gemachten Angaben ist auch nicht als „Konkretisierung" des Beschaffungsbedarfs zulässig. Da bei einer wesentlichen Änderung der Angaben zum Beschaffungsbedarf nicht ausgeschlossen werden kann, dass sich andere Unternehmen um die Teilnahme an dem Wettbewerblichen Dialog beworben hätten, bleibt dem Auftraggeber in diesem Fall bei fortbestehendem Beschaffungsbedarf nur der Weg einer Verfahrensaufhebung verbunden mit einer Neuausschreibung.[76] 47

[71] *EU-Komm.* Erläuterungen zum Wettbewerblichen Dialog vom 5.10.2005, CC/2005/04_Rev 1, Ziffer 3.2.

[72] Zum Gebot der Identität des Beschaffungsvorhabens im Verhandlungsverfahren: OLG Naumburg Beschl. v. 1.9.2004 – eg 11/04, IBRRS 2004, 3295; OLG Dresden Beschl. v. 3.12.2003 – Verg 15/03, NZBau 2005, 118 (119); OLG Celle Beschl. v. 16.1.2002 – 13 Verg 1/02, OLGR Celle 2002, 209 (210).

[73] *Schneider,* Der Wettbewerbliche Dialog im Spannungsfeld der Grundsätze des Vergaberechts, S. 160.

[74] Vgl. Müller-Wrede/*Kaelble* ÖPP-Beschleunigungsgesetz, Teil 2, Rn. 58; *Knauff* NZBau 2005, 249.

[75] VK Düsseldorf Beschl. v. 11.8.2006 – VK 30/2006-L, IBRRS 2006, 4506.

[76] *Knauff* NZBau 2005, 249 (251).

48 Der **Beschaffungsgegenstand** kann im Rahmen der Dialogerörterungen demgegenüber umfassend besprochen und fortlaufend modifiziert werden. Etwas anderes gilt nur dann, wenn der Auftraggeber für Teilaspekte des Beschaffungsgegenstands bereits konkrete Vorgaben aufgestellt hat. Die Selbstbindung des Auftraggebers steht dann einer nachträglichen Änderung entgegen.

49 **c) Gleichbehandlung der Dialogteilnehmer.** Die Gleichbehandlung der Verfahrensteilnehmer ist ein tragender Grundsatz aller vergaberechtlichen Verfahrensarten. Die explizite Erwähnung in § 18 Abs. 5 S. 3 VgV, § 3b EU Abs. 4 Nr. 4 S. 3 VOB/A und § 13 Abs. 2 Nr. 2 S. 3 VSVgV hebt die besondere Bedeutung des Gleichbehandlungsgrundsatzes im Wettbewerblichen Dialog hervor. Wie auch das Verhandlungsverfahren ist der Wettbewerbliche Dialog aufgrund der unmittelbaren Erörterungen zwischen Auftraggeber und Verfahrensteilnehmer für – oftmals unbewusste – Diskriminierungen einzelner Teilnehmer besonders anfällig. Bei der Ausgestaltung und Strukturierung des Verfahrensablaufs muss der Auftraggeber zu jedem Zeitpunkt die Grenzen beachten, die sich aus dem Gleichbehandlungsgrundsatz und dem Transparenzgebot ergeben.

50 Hinsichtlich der Dialogerörterungen folgt aus dem Gleichbehandlungsgrundsatz, dass allen Verfahrensteilnehmern die **gleichen Chancen zur Erörterung ihrer Lösungsvorschläge** eingeräumt werden müssen. Mit jedem Verfahrensteilnehmer muss gleich intensiv verhandelt werden.[77] Dies betrifft insbesondere die praktischen Abläufe zur Präsentation und Erörterung der Lösungsvorschläge. Sieht der Auftraggeber beispielsweise eine Präsentationsveranstaltung vor, so muss er für alle Verfahrensteilnehmer einheitliche Rahmenbedingungen aufstellen und deren Einhaltung überwachen. Um eine Gleichbehandlung der Verfahrensteilnehmer zu gewährleisten, sind konkrete Vorgaben zu den formellen, zeitlichen und inhaltlichen Anforderungen an die Präsentation der Lösungsvorschläge zweckmäßig. Die Vorgabe verlässlicher Rahmenbedingungen erleichtert es den Verfahrensteilnehmern, sich auf die inhaltlichen Aspekte ihres Lösungsvorschlags zu konzentrieren. Bei der inhaltlichen Erörterung der Lösungsvorschläge ist darauf zu achten, dass **vergleichbare Kritikpunkte bei allen Lösungsvorschlägen erörtert werden.** Allen Verfahrensteilnehmern müssen die gleichen Möglichkeiten eingeräumt werden, ihren Lösungsvorschlag zu verbessern und fortzuentwickeln. Ebenso muss der Auftraggeber allen Verfahrensteilnehmern in vergleichbarer Weise Feedback und Hinweise zu präferierten Lösungsaspekten geben. Um eine diskriminierungsfreie Erörterung aller lösungsrelevanten Aspekte sicherzustellen, empfiehlt sich eine **systematische Abarbeitung der spezifischen Vor- und Nachteile der Lösungsvorschläge** anhand der festgelegten Zuschlagskriterien und den bekannt gemachten Anforderungen und Bedürfnissen. Die konsequente Orientierung an den festgelegten Eckpunkten des Verfahrens erleichtert dem Auftraggeber etwaige Zwischenentscheidungen in der Dialogphase (Ausscheiden von Lösungsvorschlägen) sowie die spätere Zuschlagsentscheidung.

51 Wie auch im Verhandlungsverfahren ist ein **gleichmäßiger Informationsfluss** im Wettbewerblichen Dialog für die Gleichbehandlung der Verfahrensteilnehmer von entscheidender Bedeutung. Der Auftraggeber hat dafür Sorge zu tragen, dass Konkretisierungen der in Bekanntmachung und Beschreibung bereit gestellten Informationen allen Verfahrensteilnehmern zum gleichen Zeitpunkt zur Verfügung stehen.[78] Mangelhaft koordinierte Informationsabläufe bergen die Gefahr, dass einzelne Verfahrensteilnehmer nicht dem aktuellen Diskussionsstand entsprechende Lösungsvorschläge abgeben. Der Informationsfluss muss für die Verfahrensteilnehmer möglichst transparent gestaltet werden. Hierzu empfiehlt es sich, die an alle Verfahrensteilnehmer weiterzugebenden Informationen in **schriftlichen Bieterinformationen** festzuhalten. Ergebnisse der Dialogerörterungen

---

[77] Kapellmann/Messerschmidt/*Schneider* VOB/A § 3b EU Rn. 97; *Kolpatzik* VergabeR 2007, 279 (291); aA Müller-Wrede/*Kaelble* ÖPP-Beschleunigungsgesetz, Teil 2, Rn. 121.

[78] Kapellmann/Messerschmidt/*Schneider* VOB/A § 3b EU Rn. 97.

kann der Auftraggeber nach jeder Dialogrunde in einem **Positionspapier** zusammenfassen. Die schriftliche Fixierung der Ergebnisse der Dialogrunden vermeidet zugleich Diskussionen zu bereits geklärten Punkten.

Auch bei der inhaltlichen Steuerung der Dialogerörterungen durch die **Äußerung von Lösungspräferenzen,** muss der Auftraggeber die Gleichbehandlung der Verfahrensteilnehmer stets im Blick behalten.[79] Vergleichbare Aspekte in den verschiedenen Lösungsvorschlägen müssen in gleichartiger Weise gelobt oder kritisiert werden. 52

Im Übrigen enthalten die Verfahrensregelungen zum Wettbewerblichen Dialog **keine konkreten Fristvorgaben für die Einreichung der Lösungsvorschläge.** Die den Teilnehmern gesetzten Fristen müssen jedoch angemessen sein.[80] Der Grundsätze von Gleichbehandlung und Wettbewerb verpflichten den Auftraggeber zur Beachtung der festgelegten Fristvorgaben. Eine Fristverlängerung ist nur mit Wirkung gegenüber allen Teilnehmern und vor Ablauf der Frist möglich. Halten einzelne Teilnehmer Fristen nicht ein, muss der Auftraggeber die entsprechenden Konsequenzen ziehen. Dies gilt auch bei ganz geringfügigen Fristüberschreitungen.[81] Wenn sie nicht wirklich notwendig sind, sollten allzu strikte Fristvorgaben daher vermieden werden. 53

d) Vertraulichkeit. Der Erfolg des Wettbewerblichen Dialogs hängt ganz maßgeblich davon ab, inwieweit sich die Teilnehmer mit innovativen Lösungsideen und -konzepten an dem Verfahren beteiligen. Die Teilnehmer bringen in das Verfahren oftmals erhebliches **Know-how** ein. Der Auftraggeber könnte versucht sein, attraktive Lösungsvorschläge eines Bieters auch mit den anderen Verfahrensteilnehmern zu erörtern. Hier würde der Wettbewerbsvorteil des betroffenen Teilnehmers eingeebnet. Selbst wenn die weitergegebenen Informationen kein Geschäftsgeheimnis, sondern nur die **„gute Idee"** eines Bieters betreffen, wird der Betroffene mit der Preisgabe seiner Lösung regelmäßig nicht einverstanden sein. Die Verfahrensregelungen des Wettbewerblichen Dialogs tragen dem Rechnung, indem sie dem Auftraggeber die Weitergabe von Lösungsvorschlägen oder vertraulichen Informationen eines Unternehmens ohne dessen Zustimmung ausdrücklich untersagen (§ 18 Abs. 5 S. 3 VgV, § 3b EU Abs. 4 Nr. 4 S. 3 VOB/A, § 13 Abs. 2 Nr. 2 S. 5 VSVgV). Verletzungen der Vertraulichkeitsverpflichtung können Schadenersatzansprüche aus **culpa in contrahendo** (§§ 280 Abs. 1, 311 Abs. 2, 241 Abs. 2 BGB) zur Folge haben.[82] 54

„Vertraulich" sind zunächst alle Informationen, die sich für die Anmeldung eines **gewerblichen Schutzrechts** eignen.[83] Dies ist beispielsweise bei Lösungsvorschlägen denkbar, die die Verwendung eines patentierbaren Baustoffs oder technischen Verfahrens beinhalten. Der Vertraulichkeitsschutz besteht jedoch auch unterhalb der Schwelle des Entstehens gewerblicher Schutzrechte. Dem grundsätzlichen Verbot der Weitergabe der Lösungsvorschläge unterliegen alle Informationen, die Ausdruck der eigenen kreativen Leistung des Teilnehmers sind. Das Entstehen des Vertraulichkeitsschutzes kann der Auftraggeber nur dadurch vermeiden, indem er versucht, möglichst viele Lösungswege bereits im Voraus selbst zu erahnen und den Bietern gegenüber bekannt zu machen.[84] Schließlich unterfallen der Vertraulichkeit auch die als **Betriebs- und Geschäftsgeheimnisse**[85] geschützten Informationen, von denen der Auftraggeber im Rahmen der Dialogerörterungen Kenntnis erlangt. Dies betrifft beispielsweise Angaben der Bieter zu Kalkulationsgrundlagen, Kundenstruktur, Bezugsquellen oder Marktposition. 55

---

[79] Kapellmann/Messerschmidt/*Schneider* VOB/A § 3b EU Rn. 97.
[80] OLG Brandenburg Beschl. v. 7.5.2009 – Verg W 6/09, NZBau 2009, 734 (736).
[81] OLG Düsseldorf Beschl. v. 7.1.2002 – Verg 36/01, IBR 2002, 208.
[82] *Opitz* VergabeR 2006, 451 (457) Fn. 37; Kapellmann/Messerschmidt/*Schneider* VOB/A, § 3b EU Rn. 99.
[83] Vgl. *Heiermann* ZfBR 2005, 766 (774).
[84] *Brown* PPLR 2004, 160 (173).
[85] Hierzu *Düsterdieck* NZBau 2004, 605 (607).

56 Zu beachten ist der Vertraulichkeitsschutz insbesondere auch im Zusammenhang mit der **Beantwortung von Bieterfragen.** Fragen eines Teilnehmers, die **spezifische Aspekte seines Lösungsvorschlags** betreffen und bei denen eine Relevanz für die anderen Vorschläge ausgeschlossen werden kann, darf der Auftraggeber nur gegenüber diesem Teilnehmer beantworten. Anders liegt es, wenn der Auftraggeber anlässlich der Bieterfrage feststellt, dass die Angaben zu den Anforderungen und Bedürfnissen weitergehend konkretisiert werden müssen. Derartige **projektspezifische Informationen** unterfallen nicht dem Vertraulichkeitsschutz. Konkretisierungen zu den bekannt gemachten Anforderungen und Bedürfnissen kann und muss der Auftraggeber aus Gleichbehandlungsgesichtspunkten allen Teilnehmern mitteilen.

57 Mit Zustimmung des Unternehmens ist eine **Weitergabe des jeweiligen Lösungsvorschlags** oder der vertraulichen Informationen zulässig. Durch die Weitergabe der Informationen kann der Auftraggeber die anderen Teilnehmer auf den innovativen Lösungsansatz aufmerksam machen. Der Auftraggeber kann so das Verfahren in die von ihm gewünschte Richtung steuern und eine Fortentwicklung des innovativen Lösungsansatzes durch die anderen Teilnehmer auslösen. Obligatorisch ist eine Zustimmung der Teilnehmer immer dann, wenn der Auftraggeber die Dialogphase als **gemeinsame Dialogerörterungen** unter Beteiligung aller Verfahrensteilnehmer ausgestalten will oder jedenfalls einzelne gemeinsame Dialogrunden durchzuführen beabsichtigt. Die gemeinsame Erörterung der verschiedenen Lösungsvorschläge führt zwangsläufig zu einer Offenbarung eigentlich vertraulicher Aspekte gegenüber den konkurrierenden Verfahrensteilnehmern.[86] Hat das betroffene Unternehmen der Informationsweitergabe zugestimmt, muss diese nicht zusätzlich durch „sachliche Gründe" gerechtfertigt sein.[87] Für die Zustimmungserklärung sind die §§ 182ff. BGB entsprechend heranzuziehen. Die Zustimmung muss daher vor der Weitergabe der Informationen erklärt werden muss.[88] Bis zur Informationsweitergabe ist die Zustimmungserklärung durch den Teilnehmer entsprechend § 183 S. 1 BGB jederzeit widerruflich.[89] Der Weitergabe vertraulicher Betriebs- und Geschäftsgeheimnisse wird ein Teilnehmer kaum je zustimmen. Praktisch relevant ist die Möglichkeit der Zustimmung zur Informationsweitergabe daher vor allem in Bezug auf die Lösungsvorschläge der Bieter. Vielfach wird der Auftraggeber den Teilnehmer lediglich um die Zustimmung zur Weitergabe nur eines Teilaspekts des Lösungsvorschlags bitten. Aus taktischen Gründen kann es für den Teilnehmer sinnvoll sein, der Informationsweitergabe zuzustimmen. Denkbar ist beispielsweise, dass der innovative Lösungsansatz, den der Auftraggeber auch den anderen Bietern zugänglich machen will, mit erheblichen Zusatzkosten verbunden ist. Die Bekanntmachung des Vorschlags könnte auch die Mitbewerber veranlassen, ähnliche Elemente in ihrem Angebot vorzusehen. Hierdurch verringert sich unter Umständen die Gefahr, dass der innovative Bieter aufgrund des Preisaspekts bei der Vergabeentscheidung unterliegt.

58 **Verweigert ein Bieter seine Zustimmung** zur Weitergabe des Lösungsvorschlags oder der vertraulichen Informationen, so kann der Auftraggeber ihn nicht allein aus diesem Grund vom Verfahren ausschließen.[90] Der Auftraggeber kann die Zustimmung des Bieters nicht erzwingen. Auch bei den Auswahlentscheidungen im Fall der sukzessiven Abschichtung der Lösungsvorschläge bei Unterteilung der Dialogphase darf die Zustim-

[86] Eine Ausgestaltung als gemeinsamer Dialog wurde beispielsweise bei einer Auftragsvergabe des Landes Hessen für eine Auftragsdatenverarbeitung für Großraum- und Schwertransporte gewählt. Zum Verfahrensablauf enthielt die Bekanntmachung die Angabe: „Der Wettbewerbliche Dialog ist als gemeinsamer Dialog vorgesehen, dh mit allen zur Teilnahme aufgeforderten Bewerbern sollen gemeinsame Gespräche (dh alle aufgeforderten Bewerber nehmen gemeinsam an diesem Termin teil) zur Lösungsfindung geführt werden. (…) Die schlussendlich erarbeitete Lösung wird dann Grundlage der Angebotsaufforderung sein.", vgl. EU Amtsblatt 2006/S 234-250611.

[87] So aber Kapellmann/Messerschmidt/*Schneider* VOB/A § 3b EU Rn. 101.

[88] Müller-Wrede/*Hirsch-Kaelble* VgV § 18 Rn. 55.

[89] Müller-Wrede/*Hirsch-Kaelble* VgV § 18 Rn. 55.

[90] Müller-Wrede/*Hirsch-Kaelble* VgV § 18 Rn. 55.

mungsverweigerung keine Rolle spielen. Etwaige Auswahlentscheidungen in der Dialogphase sind allein anhand der festgelegten Zuschlagskriterien zu treffen.

Nach § 18 Abs. 5 S. 4 VgV darf die **Zustimmung nicht allgemein erteilt werden,** 59 sondern nur in Bezug auf die **beabsichtigte Mitteilung bestimmter Informationen.** Im Bereich der VOB/A-EU wurde die neue Richtlinienvorgabe aus Art. 30 Abs. 3 UAbs. 3 RL 2014/24/EU im Rahmen der Vergaberechtsmodernisierung 2016 nicht umgesetzt. Hierbei dürfte es sich um ein redaktionelles Versehen handeln, zumal die Parallelregelung für das Verhandlungsverfahren mit Teilnahmewettbewerb in die VOB/A-EU übernommen wurde (§ 3b EU Abs. 3 Nr. 9 S. 6 VOB/A). In gemeinschaftsrechtskonformer Auslegung darf die Zustimmung zur Informationsweitergabe auch im Anwendungsbereich der VOB/A-EU nicht allgemein erteilt werden, sondern nur in Bezug auf die beabsichtigte Mitteilung bestimmter Informationen.

Das Verbot der allgemeinen Zustimmung zur Informationsweitergabe erschwert es dem 60 öffentlichen Auftraggeber, die **Zustimmung als Voraussetzung zur Teilnahme am Dialog** auszugestalten. Bis zur Neuregelung im Rahmen der Vergaberechtsmodernisierung 2016 konnte der Auftraggeber durch die Vorgabe eines entsprechenden Verfahrensablaufs in der Bekanntmachung die Teilnahme am Dialog von der Zustimmung zur Weitergabe von Informationen abhängig machen.[91] Um den Anforderungen der Neuregelung zu genügen, müsste der Auftraggeber die zur Weitergabe vorgegebenen Informationen bereits in der in der Bekanntmachung oder den Vergabeunterlagen bestimmt bezeichnen. Ob es für die Einholung der Zustimmung zur Weitergabe „bestimmter Informationen" ausreicht, dass die zur Weitergabe vorgesehenen **Informationen abstrakt beschrieben werden** (zB „Lösungsvorschläge der Teilnehmer betreffend Implementation der neuen Personalmanagementsoftware in die bestehende IT-Infrastruktur") oder ob die Informationen **konkret bezeichnet** werden müssen (zB „Lösungsvorschlag vom 1.11.2016 (Ziffer 4) betreffend Implementation der neuen Personalmanagementsoftware in die bestehende IT-Infrastruktur") ergibt sich aus den Richtlinienvorgaben nicht. Die Frage ist von erheblicher praktischer Bedeutung. Denn eine konkrete Bezeichnung des zur Weitergabe vorgegebenen Lösungsvorschlags ist dem Auftraggeber vor Beginn des Dialogs nicht möglich, eine abstrakte Beschreibung hingegen vielfach schon. Verlangt man eine konkrete Bezeichnung des zur Weitergabe vorgegebenen Lösungsvorschlags kann die Zustimmung wohl nicht mehr als Teilnahmevoraussetzung zum Verfahren ausgestaltet werden.[92] Ob die Regelung tatsächlich diese weitgehende Folge bezwecken soll, erscheint fraglich. Näher liegt die Annahme, dass den Bietern lediglich nicht zugemutet werden soll, die Zustimmung im Wege einer Generaleinwilligung erklären zu müssen, ohne das hinreichend klar ist, worauf sich die Zustimmung bezieht. Diesem Ziel dürfte auch bei einer abstrakten Beschreibung der zur Weitergabe vorgesehenen Information zu genügen sein, wenn die zur Weitergabe vorgesehene Information für den Bieter damit „bestimmt" bezeichnet ist.

Die Ansicht[93], die die **Ausgestaltung als Teilnahmevoraussetzung** schon vor der 61 Neufassung der Regelung im Rahmen der Vergabemodernisierung **kategorisch ablehnte,** überzeugt nicht. Dem Wortlaut von § 18 Abs. 5 VgV lässt sich nicht entnehmen, dass die Zustimmung des Bewerbers erst dann gefordert und von diesem erteilt werden kann, wenn über die Teilnahme bereits entschieden ist.[94] Die Vorgabe in Art. 30 Abs. 3 UAbs. 3 RL 2014/24/EU, nach der die Informationsweitergabe nicht ohne die Zustimmung des „teilnehmenden Bewerbers" erfolgen darf, spricht dafür, dass bereits die Teilnehmer des

[91] *EU-Komm.* Erläuterungen zum Wettbewerblichen Dialog v. 5.10.2005, CC/2005/04_Rev 1, Ziff. 3.2. Fn. 22.

[92] So im Ergebnis *Arrowsmith,* 8–123.

[93] *Opitz* VergabeR 2006, 451, 458; Kapellmann/Messerschmidt/*Kallmeyer* § 3a Rn. 45 zur VOB/A 2009; Klartz/Marx/Portz/Prieß/*Hausmann/von Hoff* VOL/A, § 3 EG Rn. 136 zur VOL/A 2009; *Kus* VergabeR 2006, 851 (861) Fn. 51.

[94] So aber *Opitz* VergabeR 2006, 451 (458); Kapellmann/Messerschmidt/*Schneider* VOB/A, § 3b EU Rn. 101.

Teilnahmewettbewerbs die Zustimmung erklären können.[95] Auch den Bestimmungen für die Teilnehmerauswahl läuft dies nicht zuwider.[96] Zwar darf die Eignung der Bewerber ausschließlich anhand der Kriterien Fachkunde und Leistungsfähigkeit beurteilt werden (§ 122 Abs. 1 GWB). Die Einverständniserklärung hat mit der Eignungsprüfung jedoch nichts zu tun. Sie bezieht sich nicht auf die Eignung des Bieters zur Ausführung des Auftrags, sondern auf die Verfahrensgestaltung des Auftraggebers. Als Herr des Vergabeverfahrens kann der Auftraggeber jede Verfahrensgestaltung wählen, die durch die vergaberechtlichen Regelungen nicht untersagt wird. Die Weitergabe von Informationen und Lösungsvorschlägen an die konkurrierenden Teilnehmer ist mit Zustimmung der betroffenen Teilnehmer aber gerade zulässig. Durch die bestimmte Bezeichnung der zur Weitergabe vorgesehenen Informationen in der Bekanntmachung oder der Beschreibung ist der Ablauf der Dialogphase für die interessierten Unternehmen auch transparent. Ihr Antrag auf Verfahrensteilnahme ist als **konkludente Einwilligung** in den mitgeteilten Verfahrensablauf auszulegen.[97] Ist der vorgesehene Verfahrensablauf nach Auffassung eines Unternehmens mit seinen persönlichen Vertraulichkeitsmaßstäben nicht vereinbar, muss es von der Verfahrensteilnahme absehen.

62 **e) Dialogstrukturierung und -gestaltung.** Der Auftraggeber kann den Ablauf der Dialogphase unterschiedlich ausgestalten. Das Transparenzgebot verpflichtet den Auftraggeber, den Bietern den vorgesehenen Verfahrensablauf mitzuteilen und hiervon nicht überraschend oder willkürlich abzuweichen.[98]

63 **aa) Unterteilung der Dialogphase. (1) Einstufige Dialogphase.** Standardmäßig sehen die Verfahrensregelungen zum Wettbewerblichen Dialog einen **einstufigen Ablauf** der Dialogphase vor. In diesem Fall erörtert der Auftraggeber mit den beteiligten Unternehmen an mindestens einem, im Regelfall mehreren Terminen das Beschaffungsprojekt. Den Inhalt der Dialogerörterungen an den einzelnen Terminen gibt der Auftraggeber vor. Es ist möglich, an jedem Termin die noch nicht geklärten Modalitäten des Gesamtprojekts und der Lösungsvorschläge zu besprechen. Alternativ können die einzelnen Erörterungstermine jeweils spezifischen Aspekten der Lösungsvorschläge gewidmet werden.[99] Im ersten Erörterungstermin kann beispielsweise zunächst die Grundkonzeption des Beschaffungsvorhabens diskutiert werden, bevor in den Folgeterminen erst technische Aspekte und schließlich die rechtlichen Bedingungen und konkrete Vertragsklauseln erörtert werden. Ein hinreichender Wettbewerb zwischen den Teilnehmern ist nur gewährleistet, wenn mit allen Teilnehmern auch tatsächlich Erörterungen durchgeführt werden. Der Bieter kann daher nicht von vornherein ausschließlich mit einem **„preferred bidder"** in Dialogerörterungen eintreten.[100] Ein echter Wettbewerb erfordert, dass die Auftraggeber mit jedem Verfahrensteilnehmer wenigstens eine Erörterung seines Lösungsvorschlags durchführt.

64 **(2) Mehrstufige Dialogphase.** Der Auftraggeber kann die Dialogphase auch **mehrstufig** strukturieren. Die Dialogphase wird dann in **mehrere Dialogrunden** unterteilt, um während des laufenden Verfahrens die **Anzahl der zu erörternden Lösungen sukzessiv zu verringern** (§ 13 Abs. 6 S. 2 VgV, § 3b EU Abs. 4 Nr. 5 S. 2 VOB/A, § 13 Abs. 2 Nr. 3 S. 1 VSVgV). Zum Abschluss jeder Dialogrunde schließt der Auftraggeber anhand

[95] Der Begriff der „teilnehmenden Bewerber" ist weiter als der in Art. 30 Abs. 3 Unterabs. 1 RL 2014/24/EU im Zusammenhang mit der Dialogeröffnung verwendete Begriff der „ausgewählten Teilnehmer".

[96] So aber *Opitz* VergabeR 2006, 451 (458); Kapellmann/Messerschmidt/*Schneider* VOB/A § 3b EU Rn. 101; Müller-Wrede/*Hirsch/Kaelble* VgV, § 18 Rn. 55.

[97] *Schneider,* Der Wettbewerbliche Dialog im Spannungsfeld der Grundsätze des Vergaberechts, S. 182.

[98] OLG Düsseldorf Beschl. v. 18.6.2003 – VII-Verg 15/03, BeckRS 2003, 17902; OLG Frankfurt Beschl. v. 10.4.2001 – 11 Verg 1/01, NZBau 2002, 161, 163; Kulartz/Kus/Portz/*Kulartz* WB 2013 § 101 Rn. 19.

[99] Müller-Wrede/*Hirsch/Kaelble* VgV § 18 Rn. 68.

[100] Müller-Wrede/*Hirsch/Kaelble* VgV § 18 Rn. 82.

der festgelegten Zuschlagskriterien diejenigen Lösungen vom weiteren Verfahren aus, die nicht weiter erörtert werden sollen. Ausgeschlossen werden Lösungen und nicht Teilnehmer.[101] Da die Teilnehmer mehrere Lösungsvorschläge einreichen können, hat das Ausscheiden eines Lösungsvorschlags nur dann auch das Ausscheiden des jeweiligen Unternehmens zur Folge, wenn dessen einziger Lösungsvorschlag bzw. alle Lösungsvorschläge des Unternehmens in der nachfolgenden Dialogrunde nicht mehr erörtert werden sollen. In diesem Fall darf das betroffene Unternehmen am Schluss der Dialogphase kein endgültiges Angebot mehr abgeben.[102] Nach § 18 Abs. 8 S. 1 VgV, § 3b EU Abs. 4 Nr. 7 S. 1 VOB/A und § 13 Abs. 2 Nr. 4 S. 2 VSVgV muss das endgültige Angebot auf den eingereichten und in der Dialogphase näher ausgeführten Lösungen basieren. Im Verfahrensverlauf ausgeschiedene Lösungen bilden keine tragfähige Basis für die Abgabe eines endgültigen Angebots.

Aus Gründen der Verfahrenstransparenz hat der Auftraggeber im Vorhinein festzulegen 65
und bekannt zu geben, wie viele Lösungsvorschläge nach jeder Dialogrunde noch maximal im Verfahren verbleiben sollen. Die Anzahl der Lösungsvorschläge darf in der Dialogphase nicht soweit reduziert werden, dass in der Schlussphase des Verfahrens kein echter Wettbewerb mehr gewährleistet ist, sofern ursprünglich eine ausreichende Anzahl von Lösungen oder geeigneten Bietern vorhanden war (§ 18 Abs. 6 S. 4 VgV, § 6b Abs. 4 Nr. 5 S. 4 VOB/A, § 13 Abs. 2 Nr. 3 S. 3 VSVgV). Wettbewerb besteht nur zwischen Unternehmen, nicht zwischen Lösungsvorschlägen oder Angeboten.[103] Bei der Reduzierung der Lösungsvorschläge ist daher darauf zu achten, dass ausreichend Unternehmen mit ihren Lösungsvorschlägen bis zum Ende der Dialogphase im Verfahren bleiben. Die Verfahrensregelungen enthalten keine Vorgabe zur Mindestanzahl der Teilnehmer, die bis in die Angebotsphase vorrücken müssen. Die Mindestzahl von drei zur Verfahrensteilnahme aufzufordernden Unternehmen (§ 18 Abs. 4 VgV iVm § 51 Abs. 2 VgV, § 3b Abs. 4 Nr. 2 S. 2 VOB/A, § 13 Abs. 3 S. 3 VSVgV) indiziert, dass auch in der Schlussphase des Verfahrens in der Regel nur mit drei Teilnehmern ein „echter" Wettbewerb gewährleistet ist. Konnte der Auftraggeber allerdings bereits im Teilnahmewettbewerb nur weniger als drei geeignete Bewerber ermitteln und wurde das Verfahren dennoch fortgeführt, kann der Auftraggeber das Verfahren mit den beiden bzw. dem einzigen Teilnehmer zu Ende führen.

(3) Zurückstellen von Lösungsvorschlägen. Der Auftraggeber muss den jeweiligen 66
Lösungsvorschlag bei seiner Auswahlentscheidung **nicht vollständig aus dem weiteren Verfahrensablauf ausschließen.** Er kann den Lösungsvorschlag auch **nur vorläufig zurückstellen.** Dies beugt der Gefahr vor, dass die Teilnehmer zunächst ein attraktives Angebot abgeben um die folgende Dialogrunde zu erreichen, dann jedoch hinter ihrem bisherigen Angebot qualitativ oder preislich zurückbleiben. Die sukzessive Verringerung der Anzahl der zu erörternden Lösungsvorschläge dient dem Zweck, die Dialogerörterungen nach und nach auf die attraktiven Lösungsvorschläge zu fokussieren. Dieser Zweck würde unterlaufen, wenn Teilnehmer in einer späteren Dialogrunde unwirtschaftlichere Angebote abgeben, als die bereits in einer vorangegangenen Dialogrunde ausgeschiedenen Angebote (früherer) Konkurrenten.[104] Zwar ist die Möglichkeit des vorläufigen Zurückstellens eines Lösungsvorschlags in den Regelungen zum Wettbewerblichen Dialog nicht ausdrücklich vorgesehen, dieses stellt jedoch ein „Minus" zum endgültigen Ausschluss dar.[105] Hierdurch bleibt ein erhöhter Wettbewerbsdruck auf die im Verfahren verbliebenen Teilnehmer erhalten. Aus Wettbewerbsgesichtspunkten ist das bloße „Zurückstellen" einer Lösung gegenüber dem endgültigen Ausscheiden vorzugswürdig.

---

[101] AA *Arrowsmith* CMLR 2004, 1277, 1285; *Brown* PPLR 2004, 160, 174; Müller-Wrede/*Kaelble* ÖPP-Beschleunigungsgesetz Teil 2 Rn. 123.

[102] Etwas anderes gilt bei Durchführung eines gemeinsamen Dialogs, siehe → Rn. 45.

[103] Müller-Wrede/*Hirsch/Kaelble* VgV § 18 Rn. 82.

[104] Kapellmann/Messerschmidt/*Schneider* VOB/A § 3b EU Rn. 92.

[105] *Schneider,* Der Wettbewerbliche Dialog im Spannungsfeld der Grundsätze des Vergaberechts, S. 191.

67 Bei dem Zurückstellen einzelner Lösungsvorschläge muss der Auftraggeber die Grenzen beachten, die sich aus dem Gleichbehandlungsgrundsatz und dem Transparenzgebot ergeben. Nach § 18 Abs. 6 S. 3 VgV, § 3b EU Abs. 4 Nr. 5 S. 3 VOB/A, § 13 Abs. 2 Nr. 3 S. 3 VSVgV sind die Unternehmen über die Nichtberücksichtigung ihrer Lösung in der nächstfolgenden Dialogphase zu **informieren.** Hierdurch soll den Unternehmen die Möglichkeit gegeben werden, über frei werdende Kapazitäten anderweitig zu disponieren. Soll der Lösungsvorschlag nur vorläufig zurückgestellt werden, ist dies dem Teilnehmer mitzuteilen. Es besteht die Gefahr, dass der Teilnehmer sonst durch andere Aufträge ausgelastet ist, wenn der Auftraggeber zu einem späteren Zeitpunkt auf ihn zurückkommen möchte.

68 Auch das Verfahren für die Wiedereinbeziehung vorläufig zurückgestellter Lösungsvorschläge ist aus Transparenzgründen im Vorfeld bekannt zu machen. Der Gleichbehandlungsgrundsatz erfordert, dass Ausschluss- und Wiedereinbeziehungsentscheidungen anhand der gleichen Maßstäbe getroffen werden. Der Auftraggeber muss nach Abschluss jeder Dialogrunde sowohl die im Verfahren verbliebenen als auch die vorläufig ausgeschiedenen Lösungsvorschläge **anhand der festgelegten Zuschlagskriterien und Gewichtung bewerten.** Der Auftraggeber darf nicht Lösungen wiedereinbeziehen, die wertungsmäßig nachrangig gegenüber anderen vorläufig zurückgestellten Lösungen platziert sind. Eine Wiedereinbeziehung zunächst zurückgestellter Lösungsvorschläge scheidet auch dann aus, wenn die zurückgestellten Lösungsvorschläge aufgrund der zwischenzeitlichen Dialogerörterungen nicht mehr vergleichbar sind.[106] Die vorläufig ausgeschiedenen und die im Verfahren verbliebenen Lösungsvorschläge sind dann keiner vergleichenden Bewertung zugänglich. Hierzu kann es insbesondere dann kommen, wenn die Dialogthemen inhaltlich abgeschichtet erörtert wurden. Die vorläufig ausgeschiedenen Lösungsvorschläge enthalten dann möglicherweise nicht die Details, die in den nachfolgenden Dialogrunden diskutiert wurden.

69 **Wieviel Lösungen wieder einbezogen werden,** steht grundsätzlich im Ermessen des Auftraggebers. Dies gilt nicht, wenn der Auftraggeber sich durch die Vorgabe einer bestimmten Teilnehmerzahl für die einzelnen Dialogrunden selbst gebunden hat. Eine Wiedereinbeziehung vorläufig ausgeschiedener Lösungsvorschläge scheidet aus, wenn die festgelegte Höchstteilnehmerzahl für die jeweilige Dialogrunde überschritten würde.

70 Durch die Wiedereinbeziehung einer Lösung wird die zuvor getroffene Entscheidung über den vorläufigen Angebotsausschluss revidiert. Der jeweilige Teilnehmer nimmt an der folgenden Dialogrunde dann wieder teil. Der Gleichbehandlungsgrundsatz verpflichtet den Auftraggeber, den wieder einbezogenen Teilnehmer auf den gleichen **Informationsstand** wie die anderen Teilnehmer zu bringen.

71 **bb) Gemeinsame oder separate Dialogerörterungen. (1) Separate Dialogführung.** Grundsätzlich ist dem Auftraggeber die Weitergabe von Lösungsvorschlägen oder vertraulichen Informationen verboten. Im Regelfall führt der Auftraggeber daher separate Dialogerörterungen mit den Teilnehmern zu den jeweils von ihnen vorgelegten Lösungsvorschlägen durch.

72 Aufgrund der besonderen Komplexität des zu vergebenden Auftrags ist es nicht unwahrscheinlich, dass die verschiedenen Lösungsvorschläge inhaltlich auseinanderlaufen. Um die gesamte Bandbreite der Innovativität der Bieter auszunutzen, kann der Auftraggeber die unterschiedlichen **Lösungsvorschläge** bis zum Abschluss des Vergabeverfahrens mit den jeweiligen Teilnehmern **erörtern und weiterverfolgen.** Vor dem Hintergrund des Gleichbehandlungsgrundsatzes darf der Auftraggeber dabei zu vergleichbaren Angebotsaspekten nicht unterschiedliche Präferenzen äußern und einzelne Verfahrensteilnehmer bewusst in eine andere Richtung lenken als die übrigen Teilnehmer.[107]

---

[106] Kapellmann/Messerschmidt/*Schneider* VOB/A § 3b Rn. 93.
[107] Kapellmann/Messerschmidt/*Schneider* VOB/A § 3b Rn. 85.

Alternativ kann der Auftraggeber bei der Mitteilung seiner Präferenzen an die Bieter das Ziel verfolgen, unterschiedliche **Lösungsvorschläge** im Verfahrensverlauf möglichst **anzugleichen.** Je mehr sich die im Verfahren entwickelten Lösungsvorschläge ähneln, desto eher werden auch die endgültigen Angebote der Bieter inhaltlich vergleichbar sein. Hierdurch kann der Auftraggeber erreichen, dass sich der Wettbewerb in der Schlussphase des Verfahrens vor allem auf den Preis fokussiert. 73

(2) Gemeinsamer Dialog. Mit Zustimmung der Teilnehmer kann der Auftraggeber gemeinsame Dialogrunden durchführen. Die Erörterung der Lösungsvorschläge erfolgt dann in **Anwesenheit aller Verfahrensteilnehmer.** Wenn der Auftraggeber in der Bekanntmachung bzw. Beschreibung nicht bereits grundsätzlich die Durchführung eines gemeinsamen Dialogs vorgesehen hat, kann er sich noch während der Durchführung des Verfahrens mit Zustimmung der Teilnehmer zu einer gemeinsamen Dialogrunde entscheiden. Soweit Lösungsvorschläge oder vertrauliche Informationen eines Unternehmens Gegenstand der gemeinsamen Dialogrunde sein sollen, muss der Auftraggeber zuvor die Zustimmung des jeweiligen Unternehmens einholen (§ 18 Abs. 5 S. 3 VgV, § 3b EU Abs. 4 Nr. 4 S. 3 VOB/A, § 13 Abs. 2 Nr. 2 S. 5 VSVgV). 74

Die Durchführung einer gemeinsamen Dialogrunde kann zweckmäßig sein, wenn der Auftraggeber zwei Lösungsvorschläge unmittelbar vergleichen will.[108] Zwar sieht Art. 30 Abs. 5 RL 2014/24/EU – anders als noch Art. 29 Abs. 5 RL 2004/18/EG – die Möglichkeit eines Vergleichs zwischen den Lösungsvorschlägen nicht mehr ausdrücklich vor, dies steht der Zulässigkeit eines gemeinsamen Dialogs bei Vorliegen der Zustimmung der beteiligten Unternehmen jedoch nicht entgegen.

Führt der Auftraggeber einen gemeinsamen Dialog durch, kann er die zu erörternden Lösungen im Verlauf der Dialogrunden bis auf eine einzige Lösung reduzieren. Ziel des Dialogs ist die Erarbeitung einer **gemeinsamen Lösung,** auf deren Grundlage alle Teilnehmer ein endgültiges Angebot abgeben.[109] Nach Abschluss der gemeinsamen Dialogerörterungen werden alle Teilnehmer zur Abgabe eines endgültigen Angebots auf Grundlage der erarbeiteten Lösung aufgefordert. 75

Wird die Dialogphase als gemeinsamer Dialog abgewickelt, führt der Ausschluss des einzigen bzw. aller Lösungsvorschläge eines Unternehmens nicht zu dessen Ausscheiden. Da jeder Verfahrensteilnehmer über die (im Verfahren verbliebenen) Lösungsvorschläge der anderen Verfahrensteilnehmer unterrichtet ist, kann er auf deren Grundlage ein endgültiges Angebot abgeben. Die Regelungen der VgV, VOB/A-EU und VSVgV stehen dem nicht entgegen. Die Möglichkeit der **Angebotsabgabe auf Basis eines „fremden" Lösungsvorschlags** fördert einen wirksamen Wettbewerb bis hinein in die Angebotsphase.[110] 76

f) Dialogabschluss. Die Dialogphase endet durch förmliche Erklärung des Auftraggebers. Der Auftraggeber erklärt den Dialog für abgeschlossen, wenn er **die Lösung bzw. die Lösungen ermitteln kann,** mit denen seine Bedürfnisse erfüllt werden können (Art. 30 Abs. 5 iVm Abs. 6 UAbs. 1 RL 2014/24/EU). Es ist nicht ganz nachvollziehbar, weshalb der Wortlaut der Richtlinienbestimmung weder in die VgV noch in die VOB/A-EU 1:1 übernommen wurde. Während § 18 Abs. 7 S. 1 VgV von „Lösungen" spricht, enthält § 3b EU Abs. 4 Nr. 6 S. 1 lit. a VOB/A die Vorgabe, dass der Auftraggeber den Dialog abschließt, wenn „eine Lösung" gefunden worden ist. 77

Sowohl § 18 Abs. 7 S. 1 VgV als auch § 3b EU Abs. 4 Nr. 6 S. 1 lit. a VOB/A sind **gemeinschaftsrechtskonform im Sinne von Art. 30 Abs. 5 RL 2014/24/EU auszu-** 78

[108] *Frenz* AbfallR 2006, 175 (178).

[109] Vgl. bspw. die Bekanntmachung eines Wettbewerblichen Dialogs zur Vergabe einer Auftragsdatenverarbeitung für Großraum- und Schwertransporte durch das Land Hessen vom 8.12.2006, EU-Amtsbl. 2006/S 234-250611.

[110] Vgl. Art. 66 S. 2 RL 2014/24/EU.

legen. Aus der Formulierung in § 3b EU Abs. 4 Nr. 6 S. 1 lit. a VOB/A folgt nicht, dass der Auftraggeber bei Bauvergaben den Dialog unmittelbar für abgeschlossen erklären muss, wenn ein erster akzeptabler Lösungsvorschlag gefunden wurde. Dies widerspräche der Zielsetzung, dass der Auftraggeber bis zum Abschluss des Verfahrens einen wirksamen Wettbewerb gewährleisten soll.[111] Vielversprechende Dialogerörterungen müssen nicht abgebrochen werden, sobald eine bedürfnisgerechte Lösung vorliegt. Auch aus Gleichbehandlungsgesichtspunkten wäre dies problematisch. Im Falle einer separaten Dialogführung würden diejenigen Verfahrensteilnehmer benachteiligt, deren Lösungsvorschläge erst zu einem späteren Zeitpunkt erörtert werden sollten. Diesen Teilnehmern darf nicht die Chance genommen werden, ihren bisherigen Vorschlag nochmals zu optimieren. Umgekehrt folgt aus dem Umstand, dass § 18 Abs. 7 S. 1 VgV ausschließlich im Plural von „Lösungen" spricht, nicht, dass der Dialog bei Vergaben im Anwendungsbereich der VgV erst bei Ermittlung von mehr als einer Lösung abgeschlossen werden kann. Der Auftraggeber muss die Dialogerörterung nach Vorliegen eines Lösungsvorschlags nicht zwingend solange weiterführen, bis mindestens ein zweiter Lösungsvorschlag vorliegt. Es genügt, wenn allen Verfahrensteilnehmern gleiche Chancen zur Erarbeitung von Lösungen gegeben wurden.

79 Aufgrund der Lösungsoffenheit des Beschaffungsproblems des Auftraggebers wohnt dem Verfahren die Möglichkeit eines Scheiterns mangels Ermittelbarkeit einer tragfähigen Lösung immanent inne.[112] Erkennt der Auftraggeber, dass **keine Lösung gefunden werden kann,** hat er den Dialog im Anwendungsbereich der VOB/A und der VSVgV für abgeschlossen zu erklären (§ 3b EU Abs. 4 Nr. 6 S. 1 lit. b VOB/A, § 13 Abs. 2 Nr. 4 S. 1 VSVgV). § 18 Abs. 7 VgV enthält keine entsprechende Parallelregelung. Im Anwendungsbereich der VgV liegt in diesem Fall aber ein schwerwiegender Grund vor, der den Auftraggeber nach § 63 Abs. 1 S. 1 Nr. 4 VgV zur Aufhebung des Verfahrens berechtigt.[113]

80 Liegen die Voraussetzungen für einen Dialogabschluss vor, **informiert** der Auftraggeber die zu diesem Zeitpunkt noch im Verfahren verbliebenen Teilnehmer (§ 18 Abs. 7 S. 2 VgV, § 3b EU Abs. 4 Nr. 6 S. 2 VOB/A).[114] Die bereits in vorangegangenen Dialogrunden mit ihren Lösungsvorschlägen ausgeschiedenen Teilnehmer müssen über den Abschluss der Dialogphase nicht unterrichtet werden. Etwas anderes gilt nur dann, wenn die Lösungsvorschläge nicht endgültig aus dem Verfahren ausgeschieden wurden, sondern diese lediglich zurückgestellt wurden. Durch die Abschlusserklärung des Auftraggebers wird die Dialogphase beendet und der zunächst nur vorläufige Ausschluss der Lösungsvorschläge endgültig. Durch die Information erhalten die Unternehmen Gewissheit, dass sie mit einer Wiedereinbeziehung ihres Lösungsvorschlags nicht mehr rechnen können.

3. Angebotsphase

81 Nach formellem Abschluss der Dialogphase tritt der Auftraggeber mit den im Verfahren verbliebenen Teilnehmern in die Angebotsphase ein. Ziel der Angebotsphase ist es, das wirtschaftlichste Angebot zu ermitteln.

82 **a) Aufforderung zur Angebotsabgabe.** Die Angebotsphase beginnt mit der Aufforderung des Auftraggebers an die Teilnehmer, auf Grundlage der eingereichten und in der Dialogphase näher ausgeführten Lösungen ihr endgültiges Angebot vorzulegen (§ 18 Abs. 8 S. 1 VgV, § 3b EU Abs. 4 Nr. 7 S. 1 VOB/A, § 13 Abs. 2 Nr. 4 S. 2 VSVgV). In der Aufforderung zur Angebotsabgabe sind die Angebotsfrist, die Anschrift der Stelle, bei der das Angebot einzureichen ist und die Angebotssprache anzugeben.

---

[111] Art. 66 S. 2 RL 2014/24/EU.

[112] Vgl. *Opitz* VergabeR 2006, 451 (454).

[113] Begründung VgV Kabinettsentwurf, 220.

[114] § 13 Abs. 2 S. 2 Nr. 4 VSVgV sieht keine ausdrückliche Information der Verfahrensteilnehmer über den Dialogabschluss vor.

Weder die RL 2014/24/EU noch die Vergabeordnungen geben eine **Mindestfrist für die Abgabe** der endgültigen Angebote vor. Vor dem Hintergrund der Gleichbehandlung und des Wettbewerbs ist ein einheitlicher Termin für alle Teilnehmer festzusetzen.[115] Die Angebotsfrist ist so zu bemessen, dass allen im Verfahren verbliebenen Teilnehmern die Ausarbeitung eines endgültigen Angebots möglich ist.[116] Dies bestimmt sich nach den Umständen des Einzelfalls. Bei der Bemessung der Frist ist auch zu berücksichtigen, wenn die Teilnehmer ihr endgültiges Angebot nicht auf der Grundlage ihres eigenen Lösungsvorschlags abgeben sollen. Soll das endgültige Angebot auf Grundlage eines freigegebenen Lösungsvorschlags eines anderen Teilnehmers abgeben werden, ist die Erarbeitung des endgültigen Angebots für die Bieter tendenziell aufwendiger und zeitintensiver. 83

Die Angebotserstellung erfolgt auf Grundlage der „eingereichten und in der Dialogphase näher ausgeführten Lösungen". Die Verfahrensregelungen sehen keine **Aufstellung von Vergabeunterlagen oder einer einheitlichen Leistungsbeschreibung am Ende der Dialogphase** vor. Teilweise wird die Auffassung vertreten, dass der Auftraggeber hierzu jedenfalls berechtigt ist.[117] Denkbar sei die Vorgabe einer einheitlichen Leistungsbeschreibung aus einem freigegebenen Lösungsvorschlag, einer Kombination mehrerer Lösungsvorschläge, eines Rahmenkonzepts mit einer funktionalen Leistungsbeschreibung oder eine detaillierte Leistungsbeschreibung mit Leistungsverzeichnis.[118] 84

Insoweit ist zu differenzieren. Im Rahmen der Dialogerörterungen konkretisiert der Auftraggeber den Beschaffungsgegenstand. Grundsätzlich spricht nichts dagegen, dass der Auftraggeber den Bietern seine diesbezüglichen Präferenzen und Anregungen in Form einer Leistungsbeschreibung vermittelt. Bei der Erstellung einer Leistungsbeschreibung muss der Auftraggeber aber die Grenzen beachten, die ihm durch die Grundsätze von Gleichbehandlung und Wettbewerb und das Transparenzgebot gesetzt werden. Hieraus folgt zunächst, dass der Auftraggeber die **Vertraulichkeit der Lösungsvorschläge** wahren muss. Nur soweit die Teilnehmer zugestimmt haben, können auch deren Lösungsvorschläge in die Leistungsbeschreibung aufgenommen werden. Die Gefahr einer Verletzung der Vertraulichkeit der Lösungsvorschläge hatte der europäische Gesetzgeber bereits im Rahmen der Erarbeitung der ursprünglichen Regelung zum Wettbewerblichen Dialog in Art. 29 RL 2004/18/EG gesehen. Nach dem ursprünglichen Richtlinienvorschlag der Kommission sollte der Auftraggeber zum Abschluss der Dialogphase die endgültigen Auftragsspezifikationen aufstellen.[119] Zum Schutz der Vertraulichkeit der Lösungsvorschläge und Verhinderung eines „cherry picking" wurde eine entsprechende Regelung jedoch gerade nicht in Art. 29 RL 2004/18/EG aufgenommen. 85

Ferner ist zu berücksichtigen, dass der Auftraggeber **nicht im Nachhinein verbindliche Mindestanforderungen für den Beschaffungsgegenstand aufstellen** darf.[120] Die Konkretisierungen und Präferenzen des Auftraggebers müssen für die Teilnehmer daher auch dann unverbindlich bleiben, wenn der Auftraggeber sie in eine einheitliche Leistungsbeschreibung einfließen lässt. Könnte der Auftraggeber während des laufenden Verfahrens verbindliche Vorgaben für den Beschaffungsgegenstand aufstellen, könnten hierdurch einzelne Teilnehmer bevorzugt oder benachteiligt werden. Die Festlegung der Vorgaben würde zudem ausschließlich auf den im Verlauf der Dialogerörterungen konkretisierten subjektiven Vorstellungen des Auftraggebers beruhen. Der Auftraggeber könnte ihm nicht genehme Produkte, Leistungen oder Unternehmen aus dem Verfahren drängen, 86

[115] *Pünder/Franzius* ZfBR 2006, 20 (23).

[116] Kapellmann/Messerschmidt/*Schneider* VOB/A § 3b EU Rn. 103.

[117] Müller-Wrede/*Kaelble* ÖPP-Beschleunigungsgesetz, Teil 2, Rn. 146; Kapellmann/Messerschmidt/*Schneider* VOB/A § 3b EU Rn. 103; *Müller/Veil* VergabeR 2007, 298 (301); *Kolpatzik* Vergaberecht 2007, 279 (294).

[118] Müller-Wrede/*Kaelble* ÖPP-Beschleunigungsgesetz, Teil 2, Rn. 144.

[119] *EU-Komm.* Vorschlag für eine Richtlinie des Europäischen Parlaments und des Rates über die Koordinierung der Verfahren zur Vergabe öffentlicher Lieferaufträge, Dienstleistungsaufträge und Bauaufträge vom 30.8.2000, KOM (2000) 275 endg. 7.

[120] *Schneider,* Der Wettbewerbliche Dialog im Spannungsfeld der Grundsätze des Vergaberechts, S. 227.

ohne dass diese Verfahrensentscheidungen anhand im Vorhinein festgelegter Leistungsanforderungen oder Zuschlagskriterien objektiv nachprüfbar wären.[121] Die nachträgliche Aufstellung von Mindestanforderungen würde die Vorgaben in der Bekanntmachung und der Beschreibung entwerten. Auf diese Angaben müssen sich die Verfahrensteilnehmer jedoch verlassen können. Der Auftraggeber kann die Lösungsoffenheit des Wettbewerblichen Dialogs nicht im Nachhinein durch die Vorgabe verbindlicher Vergabeunterlagen aushebeln. Die Bandbreite der verschiedenen denkbaren Lösungen muss durch eine Verwendung von Zuschlagskriterien mit abstrakten und konkreten Anforderungen abgebildet werden, ohne dass im Nachhinein Mindestbedingungen für den Auftrag neu festgelegt werden dürfen.[122]

87 **b) Formelle Angebotsprüfung.** Nach Eingang der endgültigen Angebote sind diese zunächst auf die Einhaltung der formellen Anforderungen zu prüfen. Insbesondere ist zu prüfen, ob **„alle zur Ausführung des Projekts erforderlichen Einzelheiten"** enthalten sind (§ 18 Abs. 8 S. 2 VgV, § 3b EU Abs. 4 Nr. 7 S. 2 VOB/A, § 13 Abs. 2 Nr. 4 S. 2 VSVgV). Da der Beschaffungsgegenstand in Bekanntmachung und Beschreibung nur unvollständig festgelegt ist, ist die Situation mit der Abgabe eines Nebenangebots vergleichbar.[123] In beiden Situationen stehen die Bieter vor der Herausforderung, aus bestimmten Mindestanforderungen ein aussagekräftiges Leistungsangebot zu entwickeln.[124] Während Inhalt eines Nebenangebots das Angebot einer Leistung ist, die in der Ausschreibung inhaltlich abweichend festgelegt ist, müssen die Teilnehmer des Wettbewerblichen Dialogs eine Leistung anbieten, die in der Ausschreibung größtenteils noch überhaupt nicht vorgegeben ist. Um den formellen Anforderungen zu genügen, müssen die Teilnehmer die Leistung in ihrem endgültigen Angebot so **vollständig und eindeutig** beschreiben, dass der Auftraggeber dieses auf die Übereinstimmung mit seinen Anforderungen und Bedürfnissen prüfen kann.[125] Oftmals werden die verschiedenen Lösungsansätze der Dialogteilnehmer inhaltlich sehr unterschiedlich sein. Solche konzeptionelle Unterschiede zwischen den Angeboten sind in der formellen Angebotsprüfung unbeachtlich und dürfen nicht zum Ausschluss eines Angebots führen.[126] Ausreichend ist, wenn der Bieter die von ihm angebotene Leistung **in allen Einzelheiten detailliert und in sich schlüssig** beschreibt. Wichtige Punkte, wie bspw. die Risikoverteilung bei ÖPP-Projekten dürfen nicht offen bleiben.[127]

88 **c) Klarstellungen und Ergänzungen.** Vor Durchführung der Wirtschaftlichkeitswertung hat der Auftraggeber die Möglichkeit, von den Bietern Klarstellungen und Ergänzungen zu ihren Angeboten zu verlangen (§ 18 Abs. 8 S. 3 VgV, § 3b EU Abs. 4 Nr. 7 S. 3 VOB/A, § 13 Abs. 2 Nr. 4 S. 3 VSVgV). Art. 30 Abs. 6 UAbs. 2 S. 2 RL 2014/24/EU spricht von „Präzisierungen, Klarstellungen, Verbesserungen oder zusätzlichen Informationen". Mit **„Klarstellung"** ist eine nähere Erläuterung einer mehrdeutigen oder unverständlichen Aussage gemeint.[128] Die „Klarstellungen" sind mit der Angebotsaufklärung im Offenen und im Nichtoffenen Verfahren vergleichbar. Darüber hinaus ist dem Auftraggeber auch erlaubt, **„Ergänzungen"** zu den Angeboten zu verlangen. Dies ermöglicht den Bietern **in einem gewissen Rahmen auch eine inhaltliche Änderung** ihrer Angebote. Aufgrund der Manipulationsgefahren ist der Spielraum für Angebotsänderungen allerdings ge-

[121] Vgl. VK Düsseldorf Beschl. v. 11.8.2006 – VK 30/2006-L, IBRRS 2006, 4506 zur Unzulässigkeit der nachträglichen Festlegung von Mindestbedingungen im Wettbewerblichen Dialog.
[122] Vgl. VK Düsseldorf Beschl. v. 11.8.2006 – VK 30/2006-L, IBRRS 2006, 4506.
[123] *Heiermann* ZfBR 2005, 766, 775; Müller-Wrede/*Kaelble* ÖPP-Beschleunigungsgesetz, Teil 2, Rn. 151.
[124] Zu den Mindestanforderungen für Nebenangebote vgl. *Schweda* VergabeR 2003, 268 (276).
[125] *Heiermann* ZfBR 2005, 766 (775).
[126] Vgl. zu Nebenangeboten BGH, Urt. v. 16.4.2002 – X ZR 67/00, NJW 2002, 2558 (2559).
[127] *Arrowsmith* CMLR 2004, 1277 (1287).
[128] *Kolpatzik* VergabeR 2007, 279, 295; Müller-Wrede/*Kaelble* ÖPP-Beschleunigungsgesetz, Teil 2, Rn. 153.

ring. Durch die Klarstellungen oder Ergänzungen dürfen nicht grundlegender Elemente des Angebots oder der Auftragsbekanntmachung geändert werden, wenn dies zu einer Wettbewerbsverzerrung oder einer Diskriminierung anderer am Verfahren beteiligter Unternehmen führt (§ 18 Abs. 8 S. 4 VgV, § 3b EU Abs. 4 Nr. 7 S. 4 VOB/A). Grundlegende Elemente des Angebots sind dessen zentrale Inhalte, wie beispielsweise die grundsätzliche technische Ausführung oder der Angebotspreis. Hierbei handelt es sich zugleich in aller Regel um auch für die Angebotswertung relevante Aspekte. Die Ergänzung darf nicht dazu führen, dass sich die Position des Angebots im Wettbewerb verändert.[129] Für umfangreiche Erörterungen und Änderungen des Angebots in der Angebotsphase besteht im Wettbewerblichen Dialog ohnehin kein Bedürfnis. Im Rahmen der Dialogphase hat jeder Teilnehmer die Möglichkeit gehabt, sein Angebot in den Erörterungen mit dem Auftraggeber auf dessen Anforderungen und Bedürfnisse abzustimmen. Die Regelungen bezwecken in erster Linie eine Erläuterung und Aufklärung des feststehenden Angebots.[130]

d) Wirtschaftlichkeitswertung. Die weitere Wertung der Angebote nach der formellen Angebotsprüfung entspricht im Wesentlichen dem Ablauf der Angebotswertung im Nichtoffenen Verfahren.[131] Die Auswahl des wirtschaftlichsten Angebots erfolgt allein anhand der in der Bekanntmachung oder der Beschreibung festgelegten Zuschlagskriterien (§ 18 Abs. 9 S. 1 VgV, § 3b Abs. 4 Nr. 8 S. 1 VOB/A, § 13 Abs. 2 Nr. 5 VSVgV). 89

e) Verhandlungen zur Bestätigung von Zusagen und Bedingungen. Nachdem der Auftraggeber das wirtschaftlichste Angebot ermittelt hat, kann er mit dem entsprechenden Bieter mit dem Ziel Verhandlungen führen, im Angebot enthaltene finanzielle Zusagen oder andere Bedingungen zu bestätigen, die in den Auftragsbedingungen abschließend festgelegt werden. (§ 18 Abs. 9 S. 2 VgV, § 3b EU Abs. 4 Nr. 8 S. 2 VOB/A). Der Zweck von Verhandlungen zur bloßen „Bestätigung von Zusagen und Bedingungen" erschließt sich nicht bereits auf den ersten Blick. Denn auch im Wettbewerblichen Dialog sind die im endgültigen Angebot des Bieters enthaltenen Aussagen selbstverständlich verbindlich. Die **Verhandlungen zur Bestätigung finanzieller Zusagen oder anderer Bedingungen** zielen daher in erster Linie auf Situationen, in denen der Erfolg des Vergabeprojekts auch von Vertragspartnern des zukünftigen Auftragnehmers abhängig ist. Bei den Verhandlungen geht es nicht um die Erläuterung der ursprünglichen Angebotsbestandteile, sondern die Klärung von Fragen der praktischen Umsetzung des Angebots.[132] Der Auftraggeber kann hierdurch bestimmte **Aspekte der Auftragsdurchführung** bereits vor Vertragsschluss klären und mit dem entsprechenden Bieter eine entsprechende Ergänzung seines Angebots verhandeln. 90

Im **Vergleich zum Verhandlungsverfahren** eröffnen die Verfahrensregelungen des Wettbewerblichen Dialogs an dieser Stelle **erheblich größeren Spielraum** für den Auftraggeber. Im Verhandlungsverfahren sind Verhandlungen über die endgültigen Angebote vollständig ausgeschlossen (§ 17 Abs. 10 S. 1 VgV, § 3b EU Abs. 3 Nr. 6 VOB/A).

Praktisch relevant ist Möglichkeit von Verhandlungen über das wirtschaftlichste Angebot 91
insbesondere bei der Vergabe von **komplexen PPP-Projekten** im Wettbewerblichen

[129] *Kolpatzik* VergabeR 2007, 279 (295).

[130] Vgl. EU-Komm. Erläuterungen zum Wettbewerblichen Dialog v. 5.10.2005, CC/2005/04_rev1, Ziffer 3.3.

[131] *Heiermann* ZfBR 2005, 766 (775); Kapellmann/Messerschmidt/*Schneider* VOB/A, § 3b EU Rn. 108.

[132] Die Regelung geht auf die im europäischen Gesetzgebungsverfahren zu Art. 26 RL 2004/18/EG erörterte Einführung eines sog. „Ausschließlichen Dialogs" bei ÖPP-Vergabeprojekten zurück. Danach sollten „Fragen, die weder vernünftig noch kosteneffektiv vor Eingang der Angebote geregelt werden können, Gegenstand eines ausschließlichen Dialogs zwischen dem Auftraggeber und dem Bieter, der das wirtschaftlich günstigste Angebot vorgelegt hat, vor Auftragsvergabe" sein, vgl. *Europäisches Parlament* Standpunkt des Europäischen Parlaments festgelegt in erster Lesung am 17.1.2002, 45_TC1-COD (2000) 0115. Hierzu *Schneider,* Der Wettbewerbliche Dialog im Spannungsfeld der Grundsätze des Vergaberechts, 240f.

Dialog. Sofern die geplante Finanzierungs- oder Sicherungsstruktur im Angebot überzeugend dargelegt wurde, mag dies für die Zwecke der Angebotswertung ausreichend gewesen sein. Möglicherweise hat der Auftraggeber aber ein Interesse daran, noch vor Vertragsschluss einzelne Aspekte der von dem Bieter angestrebten Vertragsvereinbarungen mit Kreditinstituten oder sonstigen Dritten näher aufzuklären und in den Auftragsbedingungen abschließend festzulegen. Die Verhandlungen können sich beispielsweise auf die Vorlage der Finanzierungszusage eines Kreditinstituts beziehen.[133] Kreditinstitute sind oftmals nicht gewillt, bereits in einer frühen Phase des Vergabeverfahrens verbindliche Finanzierungszusagen zu machen.[134] Vielfach will das projektfinanzierende Kreditinstitut erst dann eine aufwendige Due Diligence Prüfung durchführen, wenn die Auftragsvergabe an den Projektpartner feststeht.[135] Denkbar ist auch, dass der Auftraggeber den Bieter im Rahmen der Verhandlungen zur Vorlage bestimmter Genehmigungen, Bürgschaftserklärungen, Versicherungspolicen oder der Gründungsurkunde der Objektgesellschaft sowie Bestätigung der Erfüllung der Einlagepflicht der Gesellschafter auffordert.[136]

92 Die **Grenzen** einer zulässigen Verhandlung der im Angebot enthaltenen finanziellen Zusagen und Bedingungen sind erreicht, wenn diese zu einer **grundlegenden Änderung der wesentlichen Bestandteile des Angebots oder des öffentlichen Auftrags** und einer **Verzerrung des Wettbewerbs** oder **Diskriminierung der am Verfahren beteiligten Unternehmen** führen würden. Wie bei der Angebotsaufklärung vor Durchführung der Wirtschaftlichkeitswertung geht es auch hier um die Unzulässigkeit der Abänderung der zentralen Angebotsinhalte und der Grundlagen der Auftragskonditionen. Das endgültige Angebot darf von Auftraggeber und Bieter auch einvernehmlich nicht so abgeändert werden, dass hierdurch eine wesentliche Änderung der Angebotskonditionen oder der Vorgaben aus Bekanntmachung und Beschreibung erfolgt. Insbesondere dürfen über das Instrument der Verhandlung zur „Bestätigung von finanziellen Zusagen" **nicht neue, im Angebot noch nicht enthaltene Strukturen** festgelegt werden.[137] Der Auftraggeber kann beispielsweise im Rahmen der Verhandlungen nicht die Stellung von Sicherheiten verlangen, die weder in Bekanntmachung noch Beschreibung abgefragt wurden noch Inhalt des endgültigen Angebots des Bieters waren.

93 Die Verfahrensregelungen zum Wettbewerblichen Dialog sehen **keine Mindestfristen** für die vom Bieter im Verlauf der Verhandlungen beizubringenden Bestätigungen von finanziellen Zusagen oder anderen Bedingungen vor. Das allgemeine Gebot der Verfahrensfairness verlangt, dass dem Bieter angemessene Fristen zu setzen sind. Kommt der Bieter der Aufforderung des Auftraggebers nicht nach, so muss der Auftraggeber davon ausgehen, dass der Bieter die Aussagen aus seinem Angebot nicht aufrechterhält bzw. erhalten kann. Damit entfällt die Grundlage für die Auswahl des Angebots als wirtschaftlichstes Angebot. Der Auftraggeber kann dann seine Wertungsentscheidung revidieren und auf den nächstplatzierten Bieter zurückgreifen.[138]

94 **f) Bieterinformation und Zuschlagserteilung.** Auch im Wettbewerblichen Dialog darf der Auftraggeber erst dann den Zuschlag erteilen, wenn er seiner Verpflichtung zur **Vorabinformation gemäß § 134 GWB** nachgekommen ist. Die Vergabe des Auftrags ist unter Verwendung des entsprechenden EU-Standardformulars im Supplement zum Amtsblatt der Europäischen Union bekannt zu machen. Zu informieren sind nach § 134 Abs. 1 S. 1 1 GWB diejenigen Bieter, deren Angebote nicht berücksichtigt werden sollen. Dies

[133] Pitschas/Ziekow/*Meißner* Vergaberecht im Wandel, 83, 92; Kapellmann/Messerschmidt/*Schneider* VOB/A § 3b EU Rn. 111; Immenga/Mestmäcker/*Dreher* GWB 2013, § 101 Rn. 47.

[134] *EU-Komm.* Erläuterungen zum Wettbewerblichen Dialog v. 5.10.2005, CC/2005/04_Rev1, Fn. 36.

[135] Müller-Wrede/*Hirsch/Kaelble* gV, § 18 Rn. 109; *Arrowsmith* CMLR 2004, 1277 (1289).

[136] Vgl. *Opitz* VergabeR 2006, 451, 456.

[137] *EU-Komm.* Erläuterungen zum Wettbewerblichen Dialog v. 5.10.2005, CC/2005/04_Rev1, Ziffer 3.3 (zu Art. 29 VKR).

[138] *Opitz* VergabeR 2006, 451 (456).

betrifft im Wettbewerblichen Dialog alle Bieter, die mit ihrem endgültigen Angebot unterlegen sind.

Der Begriff des Bieters ist gemäß § 134 GWB ist **funktional** zu bestimmen. Zu informieren sind daher grundsätzlich auch solche Unternehmen, denen der Auftraggeber den Bieterstatus vergaberechtswidrig vorenthalten hat.[139] 95

Im Falle einer **Unterteilung der Dialogphase mit sukzessiver Reduzierung der Anzahl der Lösungen** sollten vorsichtshalber auch diejenigen Unternehmen informiert werden, deren Lösung für eine nachfolgende Dialogrunde nicht vorgesehen wurde und die deshalb die Angebotsphase nicht erreicht haben. 96

Nach § 134 Abs. 1 S. 2 GWB sind zudem diejenigen Unternehmen zu informieren, die **nicht zur Teilnahme** am Wettbewerblichen Dialog aufgefordert wurden und denen **keine Information über die Ablehnung ihrer Bewerbung** zur Verfügung gestellt wurde. 97

g) Kostenerstattung. Bei **VgV-Vergaben** „kann" der Auftraggeber Prämien oder Zahlungen an die Teilnehmer vorsehen (§ 18 Abs. 10 VgV). Die Gewährung einer Kostenerstattung für die Teilnehmer des Wettbewerblichen Dialogs ist im VgV-Bereich **fakultativ** und steht **im Ermessen** des Auftraggebers. Die Kostenerstattung soll insbesondere auch mittelständischen Unternehmen die Teilnahme an dem aufwendigen Verfahren ermöglichen. Bei der Entscheidung über die Gewährung einer Kostenerstattung ist das Gebot der vornehmlichen Berücksichtigung mittelständischer Interessen gemäß § 97 Abs. 4 S. 1 GWB zu berücksichtigen. 98

Im **Baubereich** ist der Auftraggeber **zur Kostenerstattung verpflichtet,** wenn er von den am Wettbewerblichen Dialog teilnehmenden Unternehmen die Ausarbeitung von Entwürfen, Plänen, Zeichnungen, Berechnungen oder anderen Unterlagen verlangt. In diesem Fall „muss" er einheitlich allen Unternehmen, die die geforderten Unterlagen rechtzeitig vorlegen, eine angemessene Kostenerstattung hierfür zu gewähren (§ 3b EU Abs. 4 Nr. 9 VOB/A). Es handelt sich um eine verbindliche Verfahrensregelung, die nicht zur Disposition der Verfahrensteilnehmer steht. Die Regelung zur Kostenerstattung kann **nicht wirksam abbedungen werden.**[140] 99

Eine **„angemessene"** Kostenerstattung erfordert eine Berücksichtigung der jeweiligen Leistungen jedes Teilnehmers.[141] Die Erstattung eines Pauschalbetrags genügt nur dann, wenn der Pauschalbetrag mindestens demjenigen Betrag entspricht, der dem Teilnehmer als **angemessener individueller Aufwendungsersatz** zusteht. Bei der Bemessung der Höhe der Kostenerstattung ist zu berücksichtigen, dass die Regelung keinen Vergütungsanspruch gewährt. Die Höhe der Kostenerstattung bestimmt sich nach dem Marktwert der Aufwendungen des Bieters abzüglich eines Gewinnanteils.[142] Sie liegt daher bei Planungsleistungen unter den Sätzen der HOAI, die jedoch als Anhaltspunkt bei der Ermittlung des Kostenerstattungsbetrags herangezogen werden kann.[143] Die Kostenerstattung muss nach **einheitlichen Regeln** erfolgen, dh gleicher Aufwand darf nicht unterschiedlich bewertet werden. Unterschiedlicher Aufwand der Bieter bei der Erstellung der Lösungsvorschläge muss demgegenüber Berücksichtigung finden. Zur Gewährleistung einer einheitlichen Kostenerstattung, die zugleich dem individuellen Aufwand der Bieter gerecht wird, bietet sich die Festlegung einheitlicher Stundensätze an. Anhand der individuellen Mengenansätze der Bieter lässt sich die angemessene Höhe der Kostenerstattung ermitteln. 100

---

[139] OLG Naumburg Beschl. v. 25.9.2006 – 1 Verg 10/06, ZfBR 2007, 183 (184); OLG Celle Beschl. v. 14.9.2006 – 13 Verg 3/06, VergabeR 2007, 86 (89); OLG Düsseldorf Beschl. v. 24.2.2005 – VII-Verg 88/04, NZBau 2005, 535; OLG Düsseldorf Beschl. v. 23.2.2005, Verg 85/05, VergabeR 2005, 508 (510).

[140] Die Regelung geht über die Vorgabe aus Art. 30 Abs. 8 RL 2014/24/EU hinaus, die nur eine fakultative Kostenerstattung vorsieht.

[141] Kritisch Kapellmann/Messerschmidt/*Schneider* VOB/A § 3b EU Rn. 114.

[142] Pünder/Schellenberg/*Pünder/Klafki* VgV, § 18 Rn. 30; *Kolpatzik* VergabeR 2007, 279, 296; Müller-Wrede/*Kaelble* ÖPP-Beschleunigungsgesetz, Teil 2, Rn. 175; *Bornheim/Hähnel* VergabeR 2011, 62 (66).

[143] *Kus* VergabeR 2006, 851, 861; *Heiermann* ZfBR 2005, 766, 776; Kapellmann/Messerschmidt/*Schneider* VOB/A § 3b Rn. 116.

B. Innovationspartnerschaft

I. Einleitung

101 Es gehört zu den erklärten Zielen der Europäischen Union im Rahmen der Strategie „Europa 2020" auch im Markt der öffentlichen Auftragsvergabe **zusätzliche Anreize für Innovationen** zu setzen.[144] Das den öffentlichen Auftraggebern seit der Vergaberechtsmodernisierung 2016 für die Entwicklung und den anschließenden Erwerb innovativer Liefer-, Bau- oder Dienstleistungen zur Verfügung stehende neue Vergabeverfahren der Innovationspartnerschaft ist Ausdruck dieser Zielsetzung. Nach Art. 26 Abs. 3 RL 2014/24/EU müssen die Mitgliedsstaaten die Innovationspartnerschaft in die nationalen Verfahrensregime umsetzen.

102 Durch diese Regelung[145] soll den öffentlichen Auftraggebern ermöglicht werden, eine langfristige Partnerschaft für die Entwicklung und den Kauf innovativer Liefer-, Bau- oder Dienstleistungen zu begründen.[146] Besonderheit des Verfahrens ist, dass die Beschaffung in einem **einheitlichen Beschaffungsvorgang** erfolgt. Eine Aufspaltung der Beschaffung der innovativen Leistung in einen (Dienstleistungs-) Auftrag über die Durchführung der Forschungs- und Entwicklungsleistungen einerseits und einen weiteren (Liefer- Bau- oder Dienstleistungs-) Auftrag über die neu entwickelte Ware oder Leistung andererseits wird vermieden. Durch die Innovationspartnerschaft kann der öffentliche Auftraggeber mit einem einheitlichen Beschaffungsvorgang beispielsweise innovative Projekte im Bereich „Smart Cities" gemeinsam mit dem bzw. privaten Partner(n) bis zur Marktreife entwickeln.[147]

103 Grundsätzlich erscheint die **Verbindung der Beschaffung von Forschungs- und Entwicklungsleistungen und der anschließenden Beschaffung der innovativen Leistung oder Ware** auch unter Anwendung der bisherigen Verfahrensarten, insbesondere des Verhandlungsverfahrens und des Wettbewerblichen Dialogs, denkbar.[148] Die Ermöglichung eines einheitlichen Beschaffungsvorgangs soll indes die Attraktivität einer Beteiligung an einem solchen Beschaffungsvorhaben für die Unternehmen erhöhen. Bislang sahen Unternehmen teilweise von der Beteiligung an der aufwendigen und kostenintensiven Entwicklung einer Innovation ab, da hierdurch die oftmals lukrativere Beauftragung mit der Lieferung der entwickelten Ware oder Erbringung der innovativen Dienstleistung nicht gesichert war. Eine Einbeziehung in die nachfolgende Leistungserbringung kann für die Unternehmen einen Anreiz darstellen, sich bereits in der Phase der Forschung und Entwicklung einzubringen. Hinzu kommt, dass ein Unternehmen, das bereits mit der Entwicklung betraut war, in der Wahrnehmung des Marktes einen Vorteil in der sich anschließenden Beschaffung der Lieferung oder Leistung haben kann.[149] Diese, einer Projektantenstellung ähnliche Situation, kann Interessenten von der Teilnahme an dem Vergabeverfahren zur Beschaffung der innovativen Leistung oder Lieferung abhalten und den Wettbewerb beschränken.[150]

II. Anwendungsbereich der Innovationspartnerschaft

104 Nach § 19 Abs. 1 S. 1 VgV, § 3a EU Abs. 5 VOB/A kann der öffentliche Auftraggeber im **Oberschwellenbereich** für die Vergabe eines öffentlichen Auftrags eine Innovationspartnerschaft mit dem Ziel der Entwicklung einer innovativen Bau-, Liefer- oder Dienstleistung und deren anschließendem Erwerb eingehen.

---

[144] Erwägungsgrund 47 RL 2014/24/EU.
[145] AA *Püstow/Meiners* NZBau 2016, 406.
[146] Erwägungsgrund 49 RL 2014/24/EU.
[147] *Castelli* EPPPL 2018, 207 (210).
[148] Zweifelnd *Arrowsmith,* 9–128.
[149] *Arrowsmith,* 9–126.
[150] *Arrowsmith,* 9–126.

Da die Innovationspartnerschaft auch Forschungs- und Entwicklungsentwicklungsleistungen umfasst, stellt sich im Oberschwellenbereich regelmäßig die Frage der **Anwendbarkeit des Ausnahmetatbestands des § 116 Abs. 1 Nr. 2 GWB.** Danach unterfallen Forschungs- und Entwicklungsdienstleistungen nicht dem Anwendungsbereich des 4. Teil des GWB, es sei denn es handelt sich um Forschungs- und Entwicklungsdienstleistungen, die unter bestimmte Referenznummern des CPV fallen und bei denen die Ergebnisse ausschließlich Eigentum des Auftraggebers für seinen Gebrauch bei der Ausübung seiner eigenen Tätigkeit werden und die Dienstleistung vollständig durch den Auftraggeber vergütet wird. Die Innovationspartnerschaft betrifft allerdings nicht nur Forschungs- und Entwicklungsdienstleistungen, sondern gerade auch den anschließenden Erwerb der aus der Entwicklung hervorgegangenen Leistungen. Der Erwerb der „entwickelten" Leistungen stellt keine Forschungs- und Entwicklungsdienstleistung da. Diese „Erwerbskomponente" des Vertrags fällt daher nicht unter den Ausnahmetatbestand des § 116 Abs. 1 Nr. 2 GWB. 105

Soweit die Forschungs- und Entwicklungsdienstleistungen (bspw. aufgrund der Ausgestaltung der Nutzungsrechte) unter § 116 Abs. 1 Nr. 2 GWB fallen und die Erwerbskomponente nicht, dürfte es sich um einen **„gemischten öffentlichen Auftrag"** handeln. Ob das GWB-Vergaberegime auf den im Wege der Innovationspartnerschaft zu vergebenden „gemischten öffentlichen Auftrag" anwendbar ist, richtet sich nach § 111 GWB. Maßgeblich dürfte hier § 111 Abs. 5 GWB sein. Danach darf die Entscheidung, einen Gesamtauftrag oder getrennte Aufträge zu vergeben, nicht zu dem Zweck getroffen werden, die Auftragsvergabe von der Anwendung des GWB-Vergaberechts auszunehmen.[151] § 111 Abs. 5 GWB setzt Art. 3 Abs. 4 UAbs. 2 RL 2014/24/EU um. Danach ist bei Aufträgen, die eine von der RL 2014/24/EU erfasste Beschaffung und eine nicht von der RL 2014/24/EU erfasste Beschaffung zum Gegenstand hat, die RL 2014/24/EU für die Vergabe des sich hieraus ergebenden gemischten Auftrags ungeachtet des Werts der einzelnen Auftragsteile anzuwenden. Es spricht viel dafür, dass der Auftrag damit im Regelfall insgesamt dem GWB-Vergaberegime unterfällt, ohne das es auf das wertmäßige Verhältnis der Forschungs- und Entwicklungsleistungen einerseits und der Erwerbskomponente andererseits ankommt. 106

In der UVgO sowie im 1. Abschnitt von VOL/A und VOB/A ist die Innovationspartnerschaft nicht vorgesehen. Für **Vergaben unterhalb der EU-Schwellenwerte** steht die Innovationspartnerschaft daher nicht zur Verfügung. 107

III. Zulässigkeit der Innovationspartnerschaft

Wie das Verhandlungsverfahren und der Wettbewerbliche Dialog stellt auch die Innovationspartnerschaft ein **vergaberechtliches Ausnahmeverfahren** dar, das nur bei Vorliegen besonderer Anwendungsvoraussetzungen zulässig ist. 108

Entscheidend für die Zulässigkeit der Innovationspartnerschaft ist zunächst der **Innovationsgrad** der nachgefragten Lieferung oder Leistung. Art. 2 Abs. 1 Nr. 22 RL 2014/24/EU definiert die „Innovation" als die „Realisierung von neuen oder deutlich verbesserten Waren, Dienstleistungen oder Verfahren einschließlich – aber nicht beschränkt auf – Produktions-, Bau- oder Konstruktionsverfahren, eine neue Vermarktungsmethode oder ein neues Organisationsverfahren in Bezug auf Geschäftspraxis, Ablauf am Arbeitsplatz oder externe Beziehungen, ua mit dem Ziel, zur Bewältigung gesellschaftlicher Herausforderungen beizutragen oder die Strategie Europa 2020 für intelligentes, nachhaltiges und integratives Wachstum zu unterstützen". Die Legaldefinition zeigt das breite Spektrum innovativer Leistungen, für deren Beschaffung das Verfahren herangezogen werden kann. Aus der Definition ergibt sich allerdings auch, dass nicht jede geringfügige Verbesserung einer bestehenden Ware oder Dienstleistung oder eines Verfahrens als innovativ angesehen wer- 109

[151] BT-Drs. 18/6281 S. 85.

den kann. Die Verbesserung kann beispielsweise in geringeren Kosten oder einem höheren Qualitätsstandard liegen.[152] Eine „deutliche" Verbesserung wird aber nicht angenommen werden können, wenn es nur um geringfügige Anpassungen oder Veränderungen geht.[153] Andererseits wird jedoch auch keine vollständige Neuentwicklung verlangt.

110 Der öffentliche Auftraggeber muss das **Ziel verfolgen, die Entwicklungsleistung und den anschließenden Erwerb zu beschaffen.** Die vereinzelt vertretene Ansicht[154], dass die Leistungen der Innovationspartnerschaft nicht das Ergebnis einer Forschungs- und Entwicklungstätigkeit sein muss, überzeugt nicht. Zwar würde dies die Anwendung der Innovationspartnerschaft auf alle Arten von partnerschaftlichen Projekten erleichtern. Die Innovationspartnerschaft ist jedoch ausdrücklich als besonderes Ausnahmeverfahren für die Beschaffung innovativer Leistungen ausgestaltet. Der Beschaffungsbedarf, der der Innovationspartnerschaft zugrunde liegt, darf nach § 19 Abs. 1 S. 2 VgV, § 3a EU Abs. 5 VOB/A **nicht durch auf dem Markt bereits verfügbare Liefer-, Bau- und Dienstleistungen** befriedigt werden können. Ziel der Innovationspartnerschaft muss demnach gerade die Entwicklung der bisher nicht verfügbaren Leistungen sein.

IV. Auswahl des Partners/der Partner

111 Bei der Innovationspartnerschaft handelt es sich um ein zweistufiges Verfahren. Im Rahmen eines Teilnahmewettbewerbs wählt der öffentliche Auftraggeber die Unternehmen aus, mit denen er anschließend die Verhandlungen führt. Der Ablauf der Auswahlphase und der Verhandlungsphase ist dem Ablauf des Verhandlungsverfahrens nachgebildet.

1. Teilnahmewettbewerb

112 Der Ablauf des Teilnahmewettbewerbs für die Innovationspartnerschaft entspricht grundsätzlich demjenigen des Nichtoffenen Verfahrens, des Verhandlungsverfahrens und des Wettbewerblichen Dialogs. Jedes interessierte Unternehmen hat die Möglichkeit, sich um die Teilnahme an den Verfahren zu bewerben.

113 **a) Bekanntmachung der Anforderungen.** In der Bekanntmachung oder den Vergabeunterlagen beschreibt der Auftraggeber die von ihm **nachgefragte innovative Liefer-, Bau- oder Dienstleistung.** Dabei muss der Auftraggeber angeben, welche Elemente der Beschreibung Mindestanforderungen darstellen. Die mitgeteilten Informationen müssen so genau sein, dass die Unternehmen Art und Umfang der geforderten Lösung erkennen und entscheiden können, ob sie eine Teilnahme an dem Verfahren beantragen (§ 19 Abs. 1 VgV, § 3a EU Abs. 5 Nr. 1 VOB/A).

114 Aufgrund des Charakters der mit der Innovationspartnerschaft vergebenden innovativen Leistung ist für die Bieter der Schutz ihres **geistigen Eigentums** im Verfahrensablauf von besonderer Bedeutung. Die Verfahrensregeln der Innovationspartnerschaft verpflichten den Auftraggeber ausdrücklich, in den Vergabeunterlagen Vorkehrungen zum Schutz des geistigen Eigentums festzulegen (§ 19 Abs. 6 S. 7 VgV, § 3b EU Abs. 5 Nr. 5 S. 7 VOB/A). Bei den übrigen Verfahrensarten besteht keine vergleichbare Verpflichtung des Auftraggebers. Wie § 31 Abs. 4 VgV und § 7a EU Abs. 1 Nr. 3 VOB/A zeigen, kann der Auftraggeber grundsätzlich frei entscheiden, ob er in der Leistungsbeschreibung beispielsweise dazu Angaben macht, ob Rechte des geistigen Eigentums übertragen werden müssen. § 19 Abs. 6 S. 7 VgV und § 3b EU Abs. 5 Nr. 5 S. 7 VOB/A sind aber wohl nicht dahingehend zu verstehen, dass der Auftraggeber in den Vergabeunterlagen unverhandelbare Vorgaben zum Umgang mit dem geistigen Eigentum der Bieter machen muss.[155] Dies wäre unprak-

[152] *Arrowsmith,* 9–131.
[153] *Arrowsmith,* 9–131.
[154] AA *Püstow/Meiners* NZBau 2016, 406 (412).
[155] Vgl. *Arrowsmith* 9–143; *Rosenkötter* VergabeR 2016, 196 (200).

tikabel, da derartige Vorgaben regelmäßig zwischen den Verhandlungsparteien genau austariert werden müssen.[156] Es spricht viel dafür, dass der Auftraggeber nur verpflichtet ist, die Thematik in den Vergabeunterlagen überhaupt zu adressieren.

115 Hinsichtlich der Angabe der **Eignungs- und Zuschlagskriterien** sowie deren **Gewichtung** ergeben sich keine Besonderheiten.[157] Wie auch bei der Beschaffung innovativer Leistungen im Verhandlungsverfahren oder Wettbewerblichen Dialog stellt es angesichts des noch nicht abschließend festgelegten Beschaffungsgegenstands eine besondere Herausforderung für den Auftraggeber dar, bereits zu Verfahrensbeginn geeignete Zuschlagskriterien festzulegen. Auch bei der Innovationspartnerschaft ist daher besondere Sorgfalt auf die Festlegung der Zuschlagskriterien zu legen. Die Kriterien sollten möglichst passgenau auf die Anforderungen des Auftraggebers an die innovative Leistung abgestimmt sein.

116 Zur Gewährleistung einer hinreichenden Verfahrenstransparenz muss der Auftraggeber auch Angaben zu dem vorgesehenen **Verfahrensablauf** machen. Insbesondere eine Abwicklung der Verhandlungen in aufeinander folgenden Phasen zur Verringerung der Zahl der Angebote ist nur zulässig, wenn der Auftraggeber diesen Ablauf in der Bekanntmachung oder den Vergabeunterlagen angekündigt hat (§ 19 Abs. 1 VgV, § 3b EU Abs. 5 Nr. 1 VOB/A).

117 Ferner muss der Auftraggeber der Auftraggeber bereits in der Bekanntmachung oder den Vergabeunterlagen angeben, ob er in der **Entwicklungsphase** von der Möglichkeit Gebrauch machen will, bei Abschluss einer Innovationspartnerschaft mit mehreren Teilnehmern die Anzahl der Partner durch die Kündigung einzelner Verträge zu reduzieren (§ 19 Abs. 9 VgV, § 3b EU Abs. 5 Nr. 8 VOB/A). Diese Information dient den interessierten Unternehmen zur Bewertung ihres geschäftlichen Interesses einer Beteiligung an der Innovationspartnerschaft.[158]

118 **b) Auswahl der Verfahrensteilnehmer.** Die Auswahl der Verfahrensteilnehmer erfolgt anhand der von Auftraggeber festgelegten Eignungskriterien. Die Verfahrensregelungen sehen ausdrücklich vor, dass der Auftraggeber insbesondere Eignungskriterien vorgeben muss, die die Fähigkeiten der Unternehmen auf dem Gebiet der Forschung und Entwicklung sowie die Ausarbeitung und Umsetzung innovativer Lösungen betreffen (§ 19 Abs. 1 S. 5 VgV, § 3b EU Abs. 5 Nr. 1 S. 3 VOB/A). Die Aufstellung wirtschaftlicher und technischer Eignungskriterien wird hierdurch jedoch nicht ausgeschlossen.[159]

119 Anhand der Teilnahmeanträge prüft der Auftraggeber die Eignung der Unternehmen. Nach Abschluss der Eignungsprüfung fordert der Auftraggeber die für geeignet befundenen Unternehmen zur Teilnahme an dem Verfahren auf.

2. Verhandlungen und Zuschlagsentscheidung

120 **a) Gegenstand und Ablauf der Verhandlungen.** Der Ablauf der Verhandlungen entspricht grundsätzlich dem Ablauf im Verhandlungsverfahren.[160] Auch bei der Innovationspartnerschaft darf über den **gesamten Auftragsinhalt** mit Ausnahme der Mindestanforderungen und der Zuschlagskriterien verhandelt werden. Die in den einzelnen Verhandlungsterminen zu behandelnden Aspekte gibt der Auftraggeber vor. Die Verhandlungstermine können bspw. dahingehend strukturiert werden, dass in den aufeinanderfolgenden Terminen zunächst verschiedene Aspekte der zu entwickelnden innovativen Leistung und sodann der Ablauf der Entwicklungsphase behandelt werden. Im Rahmen der

[156] *Rosenkötter* VergabeR 2016, 196 (199).
[157] AA *Fehling* NZBau 2012, 673 (676), der davon ausgeht, dass der öffentliche Auftraggeber bei der Innovationspartnerschaft zunächst keine konkreten Zuschlagskriterien festlegen muss.
[158] *Rosenkötter* VergabeR 2016, 196 (199).
[159] So auch *Rosenkötter* VergabeR 2016, 196 (199).
[160] → § 10 Rn. 45 ff.

Verhandlungen adressiert der Auftraggeber zudem zweckmäßigerweise auch den Umgang mit dem **geistigen Eigentum** der Teilnehmer.

121 Auch die Bestimmungen zur **Gleichbehandlung der Teilnehmer** und der **Wahrung der Vertraulichkeit der Angebote** entsprechen denjenigen im Verhandlungsverfahren und im Wettbewerblichen Dialog.

122 Im Gegensatz zu den Vorgaben für das Verhandlungsverfahren sehen die Verfahrensregelungen für die Innovationspartnerschaft nicht vor, dass der öffentliche Auftraggeber sich die **Möglichkeit des Zuschlags ohne Verhandlungen** vorbehält. Dies deutet darauf hin, dass diese Möglichkeit dem Auftraggeber im Verfahren der Innovationspartnerschaft nicht zur Verfügung steht.

123 **b) Abwicklung in mehreren Phasen.** Wie auch im Verhandlungsverfahren und im Wettbewerblichen Dialog ist auch eine **Abwicklung der Verhandlungen in mehreren aufeinander folgenden Phasen mit dem Ziel einer Verringerung der Zahl der zu verhandelnden Angebote** zulässig.[161] Im Unterschied zu den Verfahrensregeln für das Verhandlungsverfahren und dem Wettbewerblichen Dialog fehlt bei der Innovationspartnerschaft die Vorgabe, dass in der Schlussphase noch so viele Angebote vorliegen müssen, dass der Wettbewerb gewährleistet ist, sofern ursprünglich eine ausreichende Anzahl von Angeboten oder geeigneten Bietern vorhanden war. Dies könnte dahingehend zu verstehen sein, dass die Zahl der Angebote bei der Innovationspartnerschaft im Rahmen der Verhandlungen weitergehend reduziert werden kann als im Verhandlungsverfahren und im Wettbewerblichen Dialog. Auch wenn aus den vorgenannten Gründen[162] davon auszugehen ist, dass im Wettbewerblichen Dialog bzw. Verhandlungsverfahren zur Gewährleistung eines „echten Wettbewerbs" grundsätzlich mindestens drei Teilnehmer in die Schlussphase vorrücken sollten, dürfte bei der Innovationspartnerschaft demgegenüber auch eine **Reduzierung auf zwei Verfahrensteilnehmer** zulässig zu sein.

124 Eine noch weitergehende **Reduzierung auf nur einen Teilnehmer** in der Schlussphase des Verfahrens erscheint vor dem Hintergrund des auch für die Innovationspartnerschaft geltenden Wettbewerbsgrundsatzes im Ausgangspunkt problematisch. Soweit der Auftraggeber allerdings von vornherein nur den Abschluss einer Innovationspartnerschaft mit einem Unternehmen beabsichtigt, sind Situationen denkbar, in denen es auch nicht im Interesse eines Bieters ist, noch bis zum Schluss im Verfahren zu bleiben. Insbesondere für einen wertungsmäßig bereits weit abgeschlagenen Bieter stellt es aufgrund des mit der Verfahrensteilnahme verbundenen Aufwands keinen Vorteil dar, nur aus rein formalen Gründen bis zuletzt im Verfahren gehalten zu werden. Wenn der Auftraggeber sich für derartige Fälle die Möglichkeit zur Reduzierung auf nur einen Teilnehmer offenhalten will, sollten die Vergabeunterlagen aus Transparenzgründen allerdings klare Vorgaben dazu enthalten, unter welchen Umständen die Verhandlungen in der Schlussphase mit nur einem Unternehmen fortgesetzt werden.

125 **c) Abschluss der Verhandlungen.** Nach Abschluss der Verhandlungen fordert der Auftraggeber die Teilnehmer zur **Abgabe endgültiger Angebote** auf. Dort müssen die Teilnehmer den von ihnen vorgesehenen Weg zur Entwicklung, Ausarbeitung und Umsetzung der vom Auftraggeber nachgefragten Leistung vollständig und eindeutig beschreiben. Der Auftraggeber muss in die Lage versetzt werden, die Angebote auf die Erfüllung der nachgefragten Anforderungen überprüfen zu können. Das von den Bietern in ihrem finalen Angebot angebotene Leistungsniveau und die hierfür geforderte Vergütung setzen den Rahmen für die spätere Durchführung der Innovationspartnerschaft.

126 Anders als die Bestimmungen für das Verhandlungsverfahren enthalten die Regelungen für die Innovationspartnerschaft keine ausdrückliche Vorgabe, dass der Auftraggeber für

[161] → § 12 Rn. 64.
[162] → § 12 Rn. 65.

alle im Verfahren verbliebenen Teilnehmer einen **einheitlichen Einreichungstermin für das endgültige Angebot** festsetzen muss.[163] Gleichwohl verbieten auch bei der Innovationspartnerschaft die Grundsätze von Gleichbehandlung und Wettbewerb dem Auftraggeber, uneinheitliche Fristvorgaben für die Teilnehmer zu setzen.

Nach Abgabe der endgültigen Angebote sind – wie beim Verhandlungsverfahren – **keine Verhandlungen mehr zulässig.** Die beim Wettbewerblichen Dialog gegebenen Möglichkeiten zu Verhandlungen über die endgültigen Angebote bestehen bei der Innovationspartnerschaft nicht. 127

d) Angebotswertung und Zuschlagserteilung. Anhand der in der Bekanntmachung oder den Vergabeunterlagen festgelegten Zuschlagskriterien wertet der Auftraggeber die endgültigen Angebote der Bieter. Wie beim Wettbewerblichen Dialog kann die Zuschlagsentscheidung **nicht allein nach dem Kriterium des niedrigsten Preises oder der niedrigsten Kosten** erfolgen (§ 19 Abs. 7 S. 2 VgV, § 3b EU Abs. 5 Nr. 6 S. 2 VOB/A). 128

Auch bei der Innovationspartnerschaft muss der Auftraggeber vor der Zuschlagserteilung seiner Verpflichtung zur **Vorabinformation gemäß § 134 GWB** nachgekommen. Zu informieren sind nach § 134 Abs. 1 S. 1 GWB diejenigen Bieter, deren Angebote nicht berücksichtigt werden sollen. Dies betrifft alle Bieter, die mit ihrem endgültigen Angebot unterlegen sind. Im Falle einer **Unterteilung der Verhandlungen mit sukzessiver Reduzierung der Anzahl der Lösungen** sollten vorsichtshalber auch diejenigen Unternehmen informiert werden, deren Lösung für eine nachfolgende Verhandlungsrunde nicht vorgesehen wurde und die deshalb die Angebotsphase nicht erreicht haben. 129

Nach Ablauf der Wartefrist geht der Auftraggeber die Innovationspartnerschaft durch **Zuschlag** auf das Angebot von einem oder mehreren Bietern ein (§ 19 EU Abs. 7 S. 3 VgV, § 3b EU Abs. 5 Nr. 6 S. 1 VOB/A). Die Vergabe des Auftrags ist unter Verwendung des entsprechenden EU-Standardformulars im Supplement zum Amtsblatt der Europäischen Union bekannt zu machen. 130

V. Durchführung der Innovationspartnerschaft

Nach Zuschlagserteilung tritt der Auftraggeber mit dem oder den ausgewählten Unternehmen in die **Durchführung** der Innovationspartnerschaft ein. Auch hierzu enthalten § 19 VgV und § 3b EU Abs. 5 VOB/A einige Regelungen. Die Vorgaben dienen vor allem der Sicherstellung von **Transparenz und Gleichbehandlung.**[164] Ein transparenter und diskriminierungsfreier Ablauf der Durchführung der Innovationspartnerschaft spielt für die Akzeptanz des Verfahrens in der Privatwirtschaft eine entscheidende Rolle. Dies gilt insbesondere dann, wenn mehrere Unternehmen an der Innovationspartnerschaft beteiligt werden. Am Ende wird in aller Regel nur eine innovative Leistung vom Auftraggeber beschafft. Die beteiligten Unternehmen stehen daher nicht nur im Vergabeverfahren, sondern auch in der Durchführungsphase der Innovationspartnerschaft weiterhin in Konkurrenz zueinander. Nur wenn auch in der Durchführungsphase seitens der Auftraggeber ein fairer Ablauf sichergestellt ist, werden Unternehmen sich dieser Herausforderung stellen wollen. 131

1. Strukturierung und Ablauf der Innovationspartnerschaft

Die Innovationspartnerschaft ist in zwei aufeinander folgende Phasen unterteilt. Die **Forschungs- und Entwicklungsphase** umfasst die Herstellung von Prototypen oder die Entwicklung der Bau- oder Dienstleistung (§ 19 Abs. 8 S. 1 Nr. 1 VgV, § 3b Abs. 5 Nr. 7 S. 1 lit. a) VOB/A). Hieran schließt sich die **Leistungsphase** an, in der die aus der Part- 132

[163] *Rosenkötter* VergabeR 2016, 196 (198).
[164] *Arrowsmith,* Rn. 9–139.

nerschaft hervorgegangene Leistung erbracht wird (§ 19 Abs. 8 S. 1 Nr. 2 VgV, § 3b EU Abs. 5 Nr. 7 S. 1 lit. b) VOB/A).

133 Die Phasen sind vom Auftraggeber durch die **Festlegung von Zwischenzielen** weiter zu strukturieren. Die Struktur der Partnerschaft und insbesondere die Dauer und der Wert der einzelnen Phasen müssen dem Innovationsgrad der vorgeschlagenen Lösung und der Abfolge der Forschungs- und Innovationstätigkeiten widerspiegeln (§ 19 Abs. 8 S. 3 VgV, § 3b EU Abs. 5 Nr. 7 S. 3 VOB/A). Dabei entspricht es der Natur des Beschaffungsgegenstands, dass der Verlauf der Entwicklung der innovativen Leistungen zum Beginn des Verfahrens nur eingeschränkt absehbar ist. Die Untergliederung soll einen Rahmen schaffen, der Auftraggeber und dem privaten Vertragspartner bzw. Vertragspartnern zur Orientierung dient.

134 Nach Erwägungsgrund 49 RL 2014/24/EU soll „die Innovationspartnerschaft so strukturiert sein, dass sie die erforderliche Marktnachfrage **(„Market Pull")** bewirken kann, die die Entwicklung einer innovativen Leistung anstößt, ohne jedoch zu einer Marktabschottung zu führen." Der öffentliche Auftraggeber soll demnach einerseits durch seine Nachfrage einen Anreiz zur Entwicklung der innovativen Leistung geben, andererseits eine Konzentration des durch die Entwicklungsleistung erlangten Know-how bei einem Dialogpartner verhindern. Anhaltspunkte für eine diesen Zielen entsprechende Strukturierung des Verfahrens können der Mitteilung[165] der Kommission zur „Vorkommerziellen Auftragsvergabe" entnommen werden.[166] Dort wird vorgeschlagen, dass auf eine Phase der Lösungserkundung (Phase 1), eine Phase der Prototypentwicklung (Phase 2) und eine Phase der Erstellung von Erprobungsserien (Phase 3) folgt, bevor die kommerzielle Endproduktion (Phase 4) beginnt.[167] Nach jeder Phase soll seitens des Auftraggebers auf eine Austauschbarkeit der Produkte und auf offene Standards hingewirkt werden.[168] Dem zuvor festgelegten Umgang mit Rechten des geistigen Eigentums kommt hier entscheidende Bedeutung zu.[169]

135 Nach Art. 31 Abs. 6 UAbs. 3 RL 2014/24/EU darf der Auftraggeber auch während der Durchführung der Innovationspartnerschaft **keine von einem Partner vorgeschlagene Lösung oder vertrauliche Informationen ohne dessen Zustimmung gegenüber den anderen Partnern offen legen.** Die Vorgabe ist weder in der VgV noch der VOB/A-EU ausdrücklich umgesetzt. Insbesondere betreffen § 19 Abs. 6 VgV und § 3b EU Abs. 5 Nr. 5 VOB/A ihrem Wortlaut nach nur die Vertraulichkeit während der Verhandlungen zur Bestimmung der Partner der Innovationspartnerschaft und nicht während der Durchführung der Innovationspartnerschaft. Die Regelungen sind gemeinschaftsrechtskonform dahingehend auszulegen, dass sie den Auftraggeber auch während der Durchführung der Innovationspartnerschaft zur Vertraulichkeit verpflichten.

136 Der öffentliche Auftraggeber kann vorsehen, am Ende jedes Entwicklungsabschnittes eine Entscheidung über die **Beendigung der Innovationspartnerschaft** oder die **Reduzierung der Zahl der Partner** durch Kündigung einzelner Verträge vorzunehmen. Der Auftraggeber muss dann in der Auftragsbekanntmachung oder den Vergabeunterlagen darauf hinweisen, dass diese Möglichkeiten bestehen und unter welchen Umständen davon Gebrauch gemacht werden kann (§ 19 Abs. 9 VgV, § 3b EU Abs. 4 Nr. 8 VOB/A). Der öffentliche Auftraggeber kann sich die Beendigung der Innovationspartnerschaft beispielsweise für den Fall vorbehalten, dass der Bedarf durch zwischenzeitlich am Markt verfügbar

---

[165] *EU-Komm.* Vorkommerzielle Auftragsvergabe: Innovationsförderung zur Sicherung tragfähiger und hochwertige öffentlicher Dienste in Europa, Mitteilung v. 14.12.2007, KOM (2007) 799 endgültig.

[166] *Arrowsmith,* Rn. 9–140.

[167] *EU-Komm.* Vorkommerzielle Auftragsvergabe: Innovationsförderung zur Sicherung tragfähiger und hochwertige öffentlicher Dienste in Europa, Mitteilung v. 14.12.2007, KOM (2007) 799 endgültig, S. 10.

[168] *EU-Komm.* Vorkommerzielle Auftragsvergabe: Innovationsförderung zur Sicherung tragfähiger und hochwertige öffentlicher Dienste in Europa, Mitteilung v. 14.12.2007, KOM (2007) 799 endgültig, S. 10.

[169] Vgl. *Gomes* PPLR 2014, 211 (218).

gewordene Leistungen gedeckt werden kann.[170] Die Kündigung einzelner Verträge dürften sich öffentliche Auftraggeber regelmäßig insbesondere für den Fall vorbehalten, dass die festgelegten Zwischenziele von dem betroffenen Partner nicht erreicht werden.[171]

2. Vergütung der Partner

Der Auftraggeber ist verpflichtet, mit den Partnern zu vereinbaren, dass bei Erreichen der Zwischenziele ein **angemessener Teilbetrag der Vergütung** gezahlt wird (§ 19 Abs. 8 S. 2 VgV, § 3b EU Abs. 5 Nr. 7 S. 2 VOB/A). Ausgangspunkt für die Bemessung der Höhe des Teilbetrags ist der Aufwand, der dem Unternehmen für die Erreichung des Zwischenziels entsteht. Der Wert der Liefer-, Bau- oder Dienstleistungen darf in Bezug auf die für ihre Entwicklung erforderlichen Investitionen nicht unverhältnismäßig sein. Um einen Anreiz zur Entwicklung innovativer Lösungen bis zur Produktreife zu setzen, kann es im Interesse des öffentlichen Auftraggebers sein, die Entwicklungskosten zumindest teilweise erst in der Leistungsphase zu vergüten.[172] 137

3. Erwerb der innovativen Liefer-, Bau – oder Dienstleistung

Nach Abschluss der Forschungs- und Entwicklungsphase ist der öffentliche Auftraggeber zum anschließenden **Erwerb der innovativen Liefer-, Bau- oder Dienstleistung** nur dann verpflichtet, wenn das bei Eingehung der Innovationspartnerschaft festgelegte Leistungsniveau und die Kostenobergrenze eingehalten werden (§ 19 Abs. 10 VgV, § 3b EU Abs. 5 Nr. 9 VOB/A). Andernfalls besteht keine Erwerbspflicht. Dies kann beispielsweise dann der Fall sein, wenn die Innovationspartnerschaft auf die Entwicklung einer gegenüber einem etablierten Verfahren kostengünstigeren Lösung abzielt und sich herausstellt, dass dieses Ziel nicht erreicht wird. 138

[170] *Rosenkötter* VergabeR 2016, 196 (201); *Badenhausen-Fähnle* VergabeR 2015, 743 (753).
[171] *Rosenkötter* VergabeR 2016, 196 (201).
[172] *Arrowsmith*, Rn. 9–140.

§ 13 Rahmenvereinbarungen und andere besondere Instrumente des Vergaberechts

Übersicht

GWB: § 103 Abs. 5 und 6, 120 Abs. 6
VgV: § 3, § 4, § 14 Abs. 4 Nr. 8, §§ 21 bis 27, §§ 69 bis 80
VOL/A: § 4
VOB/A EU: §§ 2 Abs. 4, 4a und 4b
VOB/A: § 4a
SektVO: § 4, §§ 19 bis 25, §§ 60 bis 63
VSVgV: § 14

GWB:

§ 103 Abs. 6 GWB Öffentliche Aufträge, Rahmenvereinbarungen und Wettbewerbe

(1) (…)

(5) Rahmenvereinbarungen sind Vereinbarungen zwischen einem oder mehreren öffentlichen Auftraggebern oder Sektorenauftraggebern und einem oder mehreren Unternehmen, die dazu dienen, die Bedingungen für die öffentlichen Aufträge, die während eines bestimmten Zeitraums vergeben werden sollen, festzulegen, insbesondere in Bezug auf den Preis. Für die Vergabe von Rahmenvereinbarungen gelten, soweit nichts anderes bestimmt ist, dieselben Vorschriften wie für die Vergabe entsprechender öffentlicher Aufträge.

(6) Wettbewerbe sind Auslobungsverfahren, die dem Auftraggeber aufgrund vergleichender Beurteilung durch ein Preisgericht mit oder ohne Verteilung von Preisen zu einem Plan oder einer Planung verhelfen sollen.

§ 120 GWB Besondere Methoden und Instrumente in Vergabeverfahren

(1) Ein dynamisches Beschaffungssystem ist ein zeitlich befristetes, ausschließlich elektronisches Verfahren zur Beschaffung marktüblicher Leistungen, bei denen die allgemein auf dem Markt verfügbaren Merkmale den Anforderungen des öffentlichen Auftraggebers genügen.

(2) Eine elektronische Auktion ist ein sich schrittweise wiederholendes elektronisches Verfahren zur Ermittlung des wirtschaftlichsten Angebots. Jeder elektronischen Auktion geht eine vollständige erste Bewertung aller Angebote voraus.

(3) Ein elektronischer Katalog ist ein auf der Grundlage der Leistungsbeschreibung erstelltes Verzeichnis der zu beschaffenden Liefer-, Bau- und Dienstleistungen in einem elektronischen Format. Er kann insbesondere beim Abschluss von Rahmenvereinbarungen eingesetzt werden und Abbildungen, Preisinformationen und Produktbeschreibungen umfassen.

(4) Eine zentrale Beschaffungsstelle ist ein öffentlicher Auftraggeber, der für andere öffentliche Auftraggeber dauerhaft Liefer- und Dienstleistungen beschafft, öffentliche Aufträge vergibt oder Rahmenvereinbarungen abschließt (zentrale Beschaffungstätigkeit). Öffentliche Auftraggeber können Liefer- und Dienstleistungen von zentralen Beschaffungsstellen erwerben oder Liefer-, Bau- und Dienstleistungsaufträge mittels zentraler Beschaffungsstellen vergeben. Öffentliche Aufträge zur Ausübung zentraler Beschaffungstätigkeiten können an eine zentrale Beschaffungsstelle vergeben werden, ohne ein Vergabeverfahren nach den Vorschriften dieses Teils durchzuführen. Derartige Dienstleistungsaufträge können auch Beratungs- und Unterstützungsleistungen bei der Vorbereitung oder Durchführung von Vergabeverfahren umfassen. Die Teile 1 bis 3 bleiben unberührt.

VgV:

§ 3 VgV Schätzung des Auftragswerts

(1) (…)

(4) Der Wert einer Rahmenvereinbarung oder eines dynamischen Beschaffungssystems wird auf der Grundlage des geschätzten Gesamtwertes aller Einzelaufträge berechnet, die während der gesamten Laufzeit einer Rahmenvereinbarung oder eines dynamischen Beschaffungssystems geplant sind.

(5) (…)

(12) Bei einem Planungswettbewerb nach § 69, der zu einem Dienstleistungsauftrag führen soll, ist der Wert des Dienstleistungsauftrags zu schätzen zuzüglich etwaiger Preisgelder und Zahlungen an die Teilnehmer. Bei allen übrigen Planungswettbewerben entspricht der Auftragswert der Summe der Preisgelder und Zahlungen an die Teilnehmer einschließlich des Werts des Dienstleistungsauftrags, der vergeben werden könnte, soweit der öffentliche

Auftraggeber diese Vergabe in der Wettbewerbsbekanntmachung des Planungswettbewerbs nicht ausschließt.

§ 4 VgV Gelegentliche gemeinsame Auftragsvergabe; zentrale Beschaffung

(1) Mehrere öffentliche Auftraggeber können vereinbaren, bestimmte öffentliche Aufträge gemeinsam zu vergeben. Dies gilt auch für die Auftragsvergabe gemeinsam mit öffentlichen Auftraggebern aus anderen Mitgliedstaaten der Europäischen Union. Die Möglichkeiten zur Nutzung von zentralen Beschaffungsstellen bleiben unberührt.

(2) Soweit das Vergabeverfahren im Namen und im Auftrag aller öffentlichen Auftraggeber insgesamt gemeinsam durchgeführt wird, sind diese für die Einhaltung der Bestimmungen über das Vergabeverfahren gemeinsam verantwortlich. Das gilt auch, wenn ein öffentlicher Auftraggeber das Verfahren in seinem Namen und im Auftrag der anderen öffentlichen Auftraggeber allein ausführt. Bei nur teilweise gemeinsamer Durchführung sind die öffentlichen Auftraggeber nur für jene Teile gemeinsam verantwortlich, die gemeinsam durchgeführt wurden. Wird ein Auftrag durch öffentliche Auftraggeber aus verschiedenen Mitgliedstaaten der Europäischen Union gemeinsam vergeben, legen diese die Zuständigkeiten und die anwendbaren Bestimmungen des nationales Rechts durch Vereinbarung fest und geben das in den Vergabeunterlagen an.

(3) Die Bundesregierung kann für Dienststellen des Bundes allgemeine Verwaltungsvorschriften über die Einrichtung und die Nutzung zentraler Beschaffungsstellen sowie die durch die zentralen Beschaffungsstellen bereitzustellenden Beschaffungsdienstleistungen erlassen.

§ 14 VgV Anwendungsbereich

(1) (…)

(4) Der öffentliche Aufraggeber kann Aufträge im Verhandlungsverfahren ohne Teilnahmewettbewerb vergeben, (…)

1. wenn im Anschluss an einen Planungswettbewerb im Sinne des § 69 ein Dienstleistungsauftrag nach den Bedingungen dieses Wettbewerbs an den Gewinner oder an einen der Preisträger vergeben werden muss; im letzteren Fall müssen alle Preisträger des Wettbewerbs zur Teilnahme an den Verhandlungen aufgefordert werden oder
2. (…)

(5) (…)

§ 21 VgV Rahmenvereinbarungen

(1) Der Abschluss einer Rahmenvereinbarung erfolgt im Wege einer nach dieser Verordnung anwendbaren Verfahrensart. Das in Aussicht genommene Auftragsvolumen ist so genau wie möglich zu ermitteln und bekannt zu geben, braucht aber nicht abschließend festgelegt zu werden. Eine Rahmenvereinbarung darf nicht missbräuchlich oder in einer Art angewendet werden, die den Wettbewerb behindert, einschränkt oder verfälscht.

(2) Auf einer Rahmenvereinbarung beruhende Einzelaufträge werden nach den Kriterien dieses Absatzes und der Absätze 3 bis 5 vergeben. Die Einzelauftragsvergabe erfolgt ausschließlich zwischen dem in der Auftragsbekanntmachung oder der Aufforderung zur Interessensbestätigung genannten öffentlichen Auftraggeber und denjenigen Unternehmen, die zum Zeitpunkt des Abschlusses des Einzelauftrags Vertragspartei der Rahmenvereinbarung sind. Dabei dürfen keine wesentlichen Änderungen an den Bedingungen der Rahmenvereinbarung vorgenommen werden.

(3) Wird eine Rahmenvereinbarung mit nur einem Unternehmen geschlossen, so werden die auf dieser Rahmenvereinbarung beruhenden Einzelaufträge entsprechend den Bedingungen der Rahmenvereinbarung vergeben. Für die Vergabe der Einzelaufträge kann der öffentliche Auftraggeber das an der Rahmenvereinbarung beteiligte Unternehmen in Text-

form nach § 126b des Bürgerlichen Gesetzbuchs auffordern, sein Angebot erforderlichenfalls zu vervollständigen.

(4) Wird eine Rahmenvereinbarung mit mehr als einem Unternehmen geschlossen, werden die Einzelaufträge wie folgt vergeben:

1. gemäß den Bedingungen der Rahmenvereinbarung ohne erneutes Vergabeverfahren, wenn in der Rahmenvereinbarung alle Bedingungen für die Erbringung der Leistung sowie die objektiven Bedingungen für die Auswahl der Unternehmen festgelegt sind, die sie als Partei der Rahmenvereinbarung ausführen werden; die letztgenannten Bedingungen sind in der Auftragsbekanntmachung oder den Vergabeunterlagen für die Rahmenvereinbarung zu nennen;
2. wenn in der Rahmenvereinbarung alle Bedingungen für die Erbringung der Leistung festgelegt sind, teilweise ohne erneutes Vergabeverfahren gemäß Nummer 1 und teilweise mit erneutem Vergabeverfahren zwischen den Unternehmen, die Partei der Rahmenvereinbarung sind, gemäß Nummer 3, wenn diese Möglichkeit in der Auftragsbekanntmachung oder den Vergabeunterlagen für die Rahmenvereinbarung durch die öffentlichen Auftraggeber festgelegt ist; die Entscheidung, ob bestimmte Liefer- oder Dienstleistungen nach erneutem Vergabeverfahren oder direkt entsprechend den Bedingungen der Rahmenvereinbarung beschafft werden sollen, wird nach objektiven Kriterien getroffen, die in der Auftragsbekanntmachung oder den Vergabeunterlagen für die Rahmenvereinbarung festgelegt sind; in der Auftragsbekanntmachung oder den Vergabeunterlagen ist außerdem festzulegen, welche Bedingungen einem erneuten Vergabeverfahren unterliegen können; diese Möglichkeiten gelten auch für jedes Los einer Rahmenvereinbarung, für das alle Bedingungen für die Erbringung der Leistung in der Rahmenvereinbarung festgelegt sind, ungeachtet dessen, ob alle Bedingungen für die Erbringung einer Leistung für andere Lose festgelegt wurden; oder
3. sofern nicht alle Bedingungen zur Erbringung der Leistung in der Rahmenvereinbarung festgelegt sind, mittels einem erneuten Vergabeverfahren zwischen den Unternehmen, die Parteien der Rahmenvereinbarung sind.

(5) Die in Absatz 4 Nummer 2 und 3 genannten Vergabeverfahren beruhen auf denselben Bedingungen wie der Abschluss der Rahmenvereinbarung und erforderlichenfalls auf genauer formulierten Bedingungen sowie gegebenenfalls auf weiteren Bedingungen, die in der Auftragsbekanntmachung oder den Vergabeunterlagen für die Rahmenvereinbarung in Übereinstimmung mit dem folgenden Verfahren genannt werden:

1. vor Vergabe jedes Einzelauftrags konsultiert der öffentliche Auftraggeber in Textform nach § 126b des Bürgerlichen Gesetzbuchs die Unternehmen, die in der Lage sind, den Auftrag auszuführen,
2. der öffentliche Auftraggeber setzt eine ausreichende Frist für die Abgabe der Angebote für jeden Einzelauftrag fest; dabei berücksichtigt er unter anderem die Komplexität des Auftragsgegenstands und die für die Übermittlung der Angebote erforderliche Zeit,
3. die Angebote sind in Textform nach § 126b des Bürgerlichen Gesetzbuchs einzureichen und dürfen bis zum Ablauf der Einreichungsfrist nicht geöffnet werden,
4. der öffentliche Auftraggeber vergibt die Einzelaufträge an den Bieter, der auf der Grundlage der in der Auftragsbekanntmachung oder den Vergabeunterlagen für die Rahmenvereinbarung genannten Zuschlagskriterien das jeweils wirtschaftlichste Angebot vorgelegt hat.

(6) Die Laufzeit einer Rahmenvereinbarung darf höchstens vier Jahre betragen, es sei denn, es liegt ein im Gegenstand der Rahmenvereinbarung begründeter Sonderfall vor.

§ 22 VgV Grundsätze für den Betrieb dynamischer Beschaffungssysteme

(1) Der öffentliche Auftraggeber kann für die Beschaffung marktüblicher Leistungen ein dynamisches Beschaffungssystem nutzen.

(2) Bei der Auftragsvergabe über ein dynamisches Beschaffungssystem befolgt der öffentliche Auftraggeber die Vorschriften für das nicht offene Verfahren.

(3) Ein dynamisches Beschaffungssystem wird ausschließlich mithilfe elektronischer Mittel eingerichtet und betrieben. §§ 11 und 12 finden Anwendung.

(4) Ein dynamisches Beschaffungssystem steht den gesamten Zeitraum seiner Einrichtung allen Bietern offen, die die im jeweiligen Vergabeverfahren festgelegten Eignungskriterien erfüllen. Die Zahl der zum dynamischen Beschaffungssystem zugelassenen Bewerber darf nicht begrenzt werden.

(5) Der Zugang zu einem dynamischen Beschaffungssystem ist für alle Unternehmen kostenlos.

§ 23 VgV Betrieb eines dynamischen Beschaffungssystems

(1) Der öffentlichen Auftraggeber gibt in der Auftragsbekanntmachung an, dass er ein dynamisches Beschaffungssystem nutzt und für welchen Zeitraum es betrieben wird.

(2) Der öffentliche Auftraggeber informiert die Europäische Kommission wie folgt über eine Änderung der Gültigkeitsdauer:
1. Wird die Gültigkeitsdauer ohne Einstellung des dynamischen Beschaffungssystems geändert, ist das Muster gemäß Anhang II der Durchführungsverordnung (EU) 2015/1986 zu verwenden.
2. Wird das dynamische Beschaffungssystem eingestellt, ist das Muster gemäß Anhang III der Durchführungsverordnung (EU) 2015/1986 zu verwenden.

(3) In den Vergabeunterlagen sind mindestens die Art und die geschätzte Menge der zu beschaffenden Leistung sowie alle erforderlichen Daten des dynamischen Beschaffungssystems anzugeben.

(4) In den Vergabeunterlagen ist anzugeben, ob ein dynamisches Beschaffungssystem in Kategorien von Leistungen untergliedert wurde. Gegebenenfalls sind die objektiven Merkmale jeder Kategorie anzugeben.

(5) Hat ein öffentlicher Auftraggeber ein dynamisches Beschaffungssystem in Kategorien von Leistungen untergliedert, legt er für jede Kategorie die Eignungskriterien gesondert fest.

(6) § 16 Absatz 4 und § 52 Absatz 1 finden mit der Maßgabe Anwendung, dass die zugelassenen Bewerber für jede einzelne, über ein dynamisches Beschaffungssystem stattfindende Auftragsvergabe gesondert zur Angebotsabgabe aufzufordern sind. Wurde ein dynamisches Beschaffungssystem in Kategorien von Leistungen untergliedert, werden jeweils alle für die einem konkreten Auftrag entsprechende Kategorie zugelassenen Bewerber aufgefordert, ein Angebot zu unterbreiten.

§ 24 VgV Fristen beim Betrieb dynamischer Beschaffungssysteme

(1) Abweichend von § 16 gelten bei der Nutzung eines dynamischen Beschaffungssystems die Bestimmungen der Absätze 2 bis 5.

(2) Die Mindestfrist für den Eingang der Teilnahmeanträge beträgt 30 Tage, gerechnet ab dem Tag nach der Absendung der Auftragsbekanntmachung oder im Falle einer Vorinformation nach § 38 nach der Absendung der Aufforderung zur Interessensbestätigung. Sobald die Aufforderung zur Angebotsabgabe für die erste einzelne Auftragsvergabe im Rahmen eines dynamischen Beschaffungssystems abgesandt worden ist, gelten keine weiteren Fristen für den Eingang der Teilnahmeanträge.

(3) Der öffentliche Auftraggeber bewertet den Antrag eines Unternehmens auf Teilnahme an einem dynamischen Beschaffungssystem unter Zugrundelegung der Eignungskriterien innerhalb von zehn Arbeitstagen nach dessen Eingang. In begründeten Einzelfällen, insbesondere wenn Unterlagen geprüft werden müssen oder um auf sonstige Art und Weise zu

überprüfen, ob die Eignungskriterien erfüllt sind, kann die Frist auf 15 Arbeitstage verlängert werden. Wurde die Aufforderung zur Angebotsabgabe für die erste einzelne Auftragsvergabe im Rahmen eines dynamischen Beschaffungssystems noch nicht versandt, kann der öffentliche Auftraggeber die Frist verlängern, sofern während der verlängerten Frist keine Aufforderung zur Angebotsabgabe versandt wird. Die Fristverlängerung ist in den Vergabeunterlagen anzugeben. Jedes Unternehmen wird unverzüglich darüber informiert, ob es zur Teilnahme an einem dynamischen Beschaffungssystem zugelassen wurde oder nicht.

(4) Die Frist für den Eingang der Angebote beträgt mindestens zehn Tage, gerechnet ab dem Tag nach der Absendung der Aufforderung zur Angebotsabgabe. § 16 Absatz 6 findet Anwendung.

(5) Der öffentliche Auftraggeber kann von den zu einem dynamischen Beschaffungssystem zugelassenen Bewerbern jederzeit verlangen, innerhalb von fünf Arbeitstagen nach Übermittlung der Aufforderung zur Angebotsabgabe eine erneute und aktualisierte Einheitliche Europäische Eigenerklärung nach § 48 Absatz 2 einzureichen. § 48 Absatz 3 bis 6 findet Anwendung.

§ 25 VgV Grundsätze für die Durchführung elektronischer Auktionen

(1) Der öffentliche Auftraggeber kann im Rahmen eines offenen, eines nicht offenen oder eines Verhandlungsverfahrens vor der Zuschlagserteilung eine elektronische Auktion durchführen, sofern der Inhalt der Vergabeunterlagen hinreichend präzise beschrieben und die Leistung mithilfe automatischer Bewertungsmethoden eingestuft werden kann. Geistig-schöpferische Leistungen können nicht Gegenstand elektronischer Auktionen sein. Der elektronischen Auktion hat eine vollständige erste Bewertung aller Angebote anhand der Zuschlagskriterien und der jeweils dafür festgelegten Gewichtung vorauszugehen. Die Sätze 1 und 2 gelten entsprechend bei einem erneuten Vergabeverfahren zwischen den Parteien einer Rahmenvereinbarung nach § 21 und bei einem erneuten Vergabeverfahren während der Laufzeit eines dynamischen Beschaffungssystems nach § 22. Eine elektronische Auktion kann mehrere, aufeinander folgende Phasen umfassen.

(2) Im Rahmen der elektronischen Auktion werden die Angebote mittels festgelegter Methoden elektronisch bewertet und automatisch in eine Rangfolge gebracht. Die sich schrittweise wiederholende, elektronische Bewertung der Angebote beruht auf

1. neuen, nach unten korrigierten Preisen, wenn der Zuschlag allein aufgrund des Preises erfolgt, oder
2. neuen, nach unten korrigierten Preisen oder neuen, auf bestimmte Angebotskomponenten abstellenden Werten, wenn das Angebot mit dem besten Preis-Leistungs-Verhältnis oder, bei Verwendung eines Kosten-Wirksamkeits-Ansatzes, mit den niedrigsten Kosten den Zuschlag erhält.

(3) Die Bewertungsmethoden werden mittels einer mathematischen Formel definiert und in der Aufforderung zur Teilnahme an der elektronischen Auktion bekanntgemacht. Wird der Zuschlag nicht allein aufgrund des Preises erteilt, muss aus der mathematischen Formel auch die Gewichtung aller Angebotskomponenten nach Absatz 2 Nummer 2 hervorgehen. Sind Nebenangebote zugelassen, ist für diese ebenfalls eine mathematische Formel bekanntzumachen.

(4) Angebotskomponenten nach Absatz 2 Nummer 2 müssen numerisch oder prozentual beschrieben werden.

§ 26 VgV Durchführung elektronischer Auktionen

(1) Der öffentliche Auftraggeber kündigt in der Auftragsbekanntmachung oder in der Aufforderung zur Interessensbestätigung an, dass er eine elektronische Auktion durchführt.

(2) Die Vergabeunterlagen müssen mindestens folgende Angaben enthalten:

1. alle Angebotskomponenten, deren Werte Grundlage der automatischen Neureihung der Angebote sein werden,
2. gegebenenfalls die Obergrenzen der Werte nach Nummer 1, wie sie sich aus den technischen Spezifikationen ergeben,
3. eine Auflistung aller Daten, die den Bietern während der elektronischen Auktion zur Verfügung gestellt werden,
4. den Termin, an dem die Daten nach Nummer 3 den Bietern zur Verfügung gestellt werden,
5. alle für den Ablauf der elektronischen Auktion relevanten Daten, und
6. die Bedingungen, unter denen die Bieter während der elektronischen Auktion Gebote abgeben können, insbesondere die Mindestabstände zwischen den der automatischen Neureihung der Angebote zu Grunde liegenden Preisen oder Werte.

(3) Der öffentliche Auftraggeber fordert alle Bieter, die zulässige Angebote unterbreitet haben, gleichzeitig zur Teilnahme an der elektronischen Auktion auf. Ab dem genannten Zeitpunkt ist die Internetverbindung gemäß den in der Aufforderung zur Teilnahme an der elektronischen Auktion genannten Anweisungen zu nutzen. Der Aufforderung zur Teilnahme an der elektronischen Auktion ist jeweils das Ergebnis der vollständigen Bewertung des betreffenden Angebots nach § 25 Absatz 1 Satz 2 beizufügen.

(4) Eine elektronische Auktion darf frühestens zwei Arbeitstage nach der Versendung der Aufforderung zur Teilnahme gemäß Absatz 3 beginnen.

(5) Der öffentliche Auftraggeber teilt allen Bietern im Laufe einer jeden Phase der elektronischen Auktion unverzüglich zumindest den jeweiligen Rang ihres Angebotes innerhalb der Reihenfolge aller Angebote mit. Er kann den Bietern weitere Daten nach Absatz 2 Nummer 3 zur Verfügung stellen. Die Identität der Bieter darf in keiner Phase einer elektronischen Auktion offengelegt werden.

(6) Der Zeitpunkt des Beginns und des Abschlusses einer jeden Phase ist in der Aufforderung zur Teilnahme an einer elektronischen Auktion ebenso anzugeben wie gegebenenfalls die Zeit, die jeweils nach Eingang der letzten neuen Preise oder Werte nach § 25 Absatz 2 Nummer 1 und 2 vergangen sein muss, bevor eine Phase einer elektronischen Auktion abgeschlossen wird.

(7) Eine elektronische Auktion wird abgeschlossen, wenn

1. der vorher festgelegte und in der Aufforderung zur Teilnahme an einer elektronischen Auktion bekanntgemachte Zeitpunkt erreicht ist,
2. von den Bietern keine neuen Preise oder Werte nach § 25 Absatz 2 Nummer 1 und 2 mitgeteilt werden, die die Anforderungen an Mindestabstände nach § 26 Absatz 2 Nummer 6 erfüllen, und die vor Beginn einer elektronischen Auktion bekanntgemachte Zeit, die zwischen Eingang der letzten neuen Preise oder Werte und dem Abschluss der elektronischen Auktion vergangen sein muss, abgelaufen ist, oder
3. die letzte Phase einer elektronischen Auktion abgeschlossen ist.

(8) Der Zuschlag wird nach Abschluss einer elektronischen Auktion entsprechend ihrem Ergebnis mitgeteilt.

§ 27 VgV Elektronische Kataloge

(1) Der öffentliche Auftraggeber kann festlegen, dass Angebote in Form eines elektronischen Kataloges einzureichen sind oder einen elektronischen Katalog beinhalten müssen. Angeboten, die in Form eines elektronischen Kataloges eingereicht werden, können weitere Unterlagen beigefügt werden.

(2) Akzeptiert der öffentliche Auftraggeber Angebote in Form eines elektronischen Kataloges oder schreibt der öffentliche Auftraggeber vor, dass Angebote in Form eines elektronischen Kataloges einzureichen sind, so weist er in der Auftragsbekanntmachung oder, so-

fern eine Vorinformation als Auftragsbekanntmachung dient, in der Aufforderung zur Interessensbestätigung darauf hin.

(3) Schließt der öffentliche Auftraggeber mit einem oder mehreren Unternehmen eine Rahmenvereinbarung im Anschluss an die Einreichung der Angebote in Form eines elektronischen Kataloges, kann er vorschreiben, dass ein erneutes Vergabeverfahren für Einzelaufträge auf der Grundlage aktualisierter elektronischer Kataloge erfolgt, indem er:

1. die Bieter auffordert, ihre elektronischen Kataloge an die Anforderungen des zu vergebenden Einzelauftrages anzupassen und erneut einzureichen, oder
2. die Bieter informiert, dass sie den bereits eingereichten elektronischen Katalogen zu einem bestimmten Zeitpunkt die Daten entnehmen, die erforderlich sind, um Angebote zu erstellen, die den Anforderungen des zu vergebenden Einzelauftrages entsprechen; dieses Verfahren ist in der Auftragsbekanntmachung oder den Vergabeunterlagen für den Abschluss einer Rahmenvereinbarung anzukündigen; der Bieter kann diese Methode der Datenerhebung ablehnen.

(4) Vor der Erteilung des Zuschlags sind jedem Bieter die gesammelten Daten vorzulegen, sodass dieser die Möglichkeit zum Einspruch oder zur Bestätigung, dass das Angebot keine materiellen Fehler enthält, hat.

§ 65 VgV Ergänzende Verfahrensregeln

(1) (…)

(2) Die Laufzeit einer Rahmenvereinbarung darf abweichend von § 21 Absatz 6 höchstens sechs Jahre betragen, es sei denn, es liegt ein im Gegenstand der Rahmenvereinbarung begründeter Sonderfall vor.

(3) (…)

§ 69 VgV Anwendungsbereich

(1) Wettbewerbe nach § 103 Absatz 6 des Gesetzes gegen Wettbewerbsbeschränkungen werden insbesondere auf den Gebieten der Raumplanung, des Städtebaus und des Bauwesens oder der Datenverarbeitung durchgeführt (Planungswettbewerbe).

(2) Bei der Durchführung eines Planungswettbewerbs wendet der öffentliche Auftraggeber die §§ 5, 6 und 43 und die Vorschriften dieses Abschnitts an.

§ 70 VgV Veröffentlichung, Transparenz

(1) Der öffentliche Auftraggeber teilt seine Absicht, einen Planungswettbewerb auszurichten, in einer Wettbewerbsbekanntmachung mit. Die Wettbewerbsbekanntmachung wird nach dem Muster gemäß Anhang IX der Durchführungsverordnung (EU) 2015/1986 erstellt. § 40 ist entsprechend anzuwenden.

(2) Beabsichtigt der öffentliche Auftraggeber im Anschluss an einen Planungswettbewerb einen Dienstleistungsauftrag im Verhandlungsverfahren ohne Teilnahmewettbewerb zu vergeben, hat der öffentliche Auftraggeber die Eignungskriterien und die zum Nachweis der Eignung erforderlichen Unterlagen hierfür bereits in der Wettbewerbsbekanntmachung anzugeben.

(3) Die Ergebnisse des Planungswettbewerbs sind bekannt zu machen und innerhalb von 30 Tagen an das Amt für Veröffentlichungen der Europäischen Union zu übermitteln. Die Bekanntmachung wird nach dem Muster gemäß Anhang X der Durchführungsverordnung (EU) 2015/1986 erstellt.

(4) § 39 Absatz 6 gilt entsprechend.

§ 71 VgV Ausrichtung

(1) Die an einem Planungswettbewerb Interessierten sind vor Wettbewerbsbeginn über die geltenden Durchführungsregeln zu informieren.

(2) Die Zulassung von Teilnehmern an einem Planungswettbewerb darf nicht beschränkt werden
1. unter Bezugnahme auf das Gebiet eines Mitgliedstaates der Europäischen Union oder einen Teil davon oder
2. auf nur natürliche oder nur juristische Personen.

(3) Bei einem Planungswettbewerb mit beschränkter Teilnehmerzahl hat der öffentliche Auftraggeber eindeutige und nichtdiskriminierende Auswahlkriterien festzulegen. Die Zahl der Bewerber, die zur Teilnahme aufgefordert werden, muss ausreichen, um einen echten Wettbewerb zu gewährleisten.

§ 72 VgV Preisgericht

(1) Das Preisgericht darf nur aus Preisrichtern bestehen, die von den Teilnehmern des Planungswettbewerbs unabhängig sind. Wird von den Wettbewerbsteilnehmern eine bestimmte berufliche Qualifikation verlangt, muss mindestens ein Drittel der Preisrichter über dieselbe oder eine gleichwertige Qualifikation verfügen.

(2) Das Preisgericht ist in seinen Entscheidungen und Stellungnahmen unabhängig. Es trifft seine Entscheidungen nur auf Grund von Kriterien, die in der Wettbewerbsbekanntmachung genannt sind. Die Wettbewerbsarbeiten sind ihm anonym vorzulegen. Die Anonymität ist bis zu den Stellungnahmen oder Entscheidungen des Preisgerichts zu wahren.

(3) Das Preisgericht erstellt einen Bericht über die Rangfolge der von ihm ausgewählten Wettbewerbsarbeiten, indem es auf die einzelnen Projekte eingeht und seine Bemerkungen sowie noch zu klärende Fragen aufführt. Dieser Bericht ist von den Preisrichtern zu unterzeichnen.

(4) Die Teilnehmer können zur Klärung bestimmter Aspekte der Wettbewerbsarbeiten aufgefordert werden, Fragen zu beantworten, die das Preisgericht in seinem Protokoll festzuhalten hat. Der Dialog zwischen Preisrichtern und Teilnehmern ist zu dokumentieren.

§ 73 VgV Anwendungsbereich und Grundsätze

(1) Die Bestimmungen dieses Abschnitts gelten zusätzlich für die Vergabe von Architekten- und Ingenieurleistungen, deren Gegenstand eine Aufgabe ist, deren Lösung vorab nicht eindeutig und erschöpfend beschrieben werden kann.

(2) Architekten- und Ingenieurleistungen sind
1. Leistungen, die von der Honorarordnung für Architekten und Ingenieure vom 10.7. 2013 (BGBl. I S. 2276) erfasst werden, und
2. sonstige Leistungen, für die die berufliche Qualifikation des Architekten oder Ingenieurs erforderlich ist oder vom öffentlichen Auftraggeber gefordert wird.

(3) Aufträge über Leistungen nach Absatz 1 sollen unabhängig von Ausführungs- und Lieferinteressen vergeben werden.

§ 74 VgV Verfahrensart

Architekten- und Ingenieurleistungen werden in der Regel im Verhandlungsverfahren mit Teilnahmewettbewerb nach § 17 oder im wettbewerblichen Dialog nach § 18 vergeben.

§ 75 VgV Eignung

(1) Wird als Berufsqualifikation der Beruf des Architekten, Innenarchitekten, Landschaftsarchitekten oder Stadtplaners gefordert, so ist zuzulassen, wer nach dem für die öffentliche Auftragsvergabe geltenden Landesrecht berechtigt ist, die entsprechende Berufsbezeichnung zu tragen oder in der Bundesrepublik Deutschland entsprechend tätig zu werden.

(2) Wird als Berufsqualifikation der Beruf des "Beratenden Ingenieurs" oder „Ingenieurs" gefordert, so ist zuzulassen, wer nach dem für die öffentliche Auftragsvergabe geltenden Landesrecht berechtigt ist, die entsprechende Berufsbezeichnung zu tragen oder in der Bundesrepublik Deutschland entsprechend tätig zu werden.

(3) Juristische Personen sind als Auftragnehmer zuzulassen, wenn sie für die Durchführung der Aufgabe einen verantwortlichen Berufsangehörigen gemäß Absatz 1 oder 2 benennen.

(4) Eignungskriterien müssen gemäß § 122 Absatz 4 des Gesetzes gegen Wettbewerbsbeschränkungen mit dem Auftragsgegenstand in Verbindung und zu diesem in einem angemessenen Verhältnis stehen. Sie sind bei geeigneten Aufgabenstellungen so zu wählen, dass kleinere Büroorganisationen und Berufsanfänger sich beteiligen können.

(5) Die Präsentation von Referenzprojekten ist zugelassen. Verlangt der öffentliche Auftraggeber geeignete Referenzen im Sinne von § 46 Absatz 3 Nummer 1, so lässt er hierfür Referenzobjekte zu, deren Planungs- oder Beratungsanforderungen mit denen der zu vergebenden Planungs- oder Beratungsleistung vergleichbar sind. Für die Vergleichbarkeit der Referenzobjekte ist es in der Regel unerheblich, ob der Bewerber bereits Objekte derselben Nutzungsart geplant oder realisiert hat.

(6) Erfüllen mehrere Bewerber an einem Teilnahmewettbewerb mit festgelegter Höchstzahl gemäß § 51 gleichermaßen die Anforderungen und ist die Bewerberzahl auch nach einer objektiven Auswahl entsprechend der zugrunde gelegten Eignungskriterien zu hoch, kann die Auswahl unter den verbleibenden Bewerbern durch Los getroffen werden.

§ 76 VgV Zuschlag

(1) Architekten- und Ingenieurleistungen werden im Leistungswettbewerb vergeben. Ist die zu erbringende Leistung nach einer gesetzlichen Gebühren- oder Honorarordnung zu vergüten, ist der Preis im dort vorgeschriebenen Rahmen zu berücksichtigen.

(2) Die Ausarbeitung von Lösungsvorschlägen der gestellten Aufgabe kann der öffentliche Auftraggeber nur im Rahmen eines Planungswettbewerbs, eines Verhandlungsverfahrens oder eines wettbewerblichen Dialogs verlangen. Die Erstattung der Kosten richtet sich nach § 77. Unaufgefordert eingereichte Ausarbeitungen bleiben unberücksichtigt.

§ 77 VgV Kosten und Vergütung

(1) Für die Erstellung der Bewerbungs- und Angebotsunterlagen werden Kosten nicht erstattet.

(2) Verlangt der öffentliche Auftraggeber außerhalb von Planungswettbewerben darüber hinaus die Ausarbeitung von Lösungsvorschlägen für die gestellte Planungsaufgabe in Form von Entwürfen, Plänen, Zeichnungen, Berechnungen oder anderen Unterlagen, so ist einheitlich für alle Bewerber eine angemessene Vergütung festzusetzen.

(3) Gesetzliche Gebühren- oder Honorarordnungen und der Urheberrechtsschutz bleiben unberührt.

§ 78 VgV Grundsätze und Anwendungsbereich für Planungswettbewerbe

(1) Planungswettbewerbe gewährleisten die Wahl der besten Lösung der Planungsaufgabe und sind gleichzeitig ein geeignetes Instrument zur Sicherstellung der Planungsqualität und Förderung der Baukultur.

(2) Planungswettbewerbe dienen dem Ziel, alternative Vorschläge für Planungen, insbesondere auf dem Gebiet der Raumplanung, des Städtebaus und des Bauwesens, auf der Grundlage veröffentlichter einheitlicher Richtlinien zu erhalten. Sie können vor oder ohne Vergabeverfahren ausgerichtet werden. In den einheitlichen Richtlinien wird auch die Mitwirkung der Architekten- und Ingenieurkammern an der Vorbereitung und bei der Durchführung von Planungswettbewerben geregelt. Der öffentliche Auftraggeber prüft bei Aufgabenstellungen im Hoch-, Städte- und Brückenbau sowie in der Landschafts- und Freiraumplanung, ob für diese ein Planungswettbewerb durchgeführt werden soll, und dokumentiert seine Entscheidung.

(3) Die Bestimmungen dieses Unterabschnitts sind zusätzlich zu Abschnitt 5 für die Ausrichtung von Planungswettbewerben anzuwenden. Die auf die Durchführung von Pla-

nungswettbewerben anwendbaren Regeln nach Absatz 2 sind in der Wettbewerbsbekanntmachung mitzuteilen.

§ 79 VgV Durchführung von Planungswettbewerben

(1) Mit der Ausrichtung eines Planungswettbewerbs sind Preise oder neben Preisen Anerkennungen auszuloben, die der Bedeutung und Schwierigkeit der Bauaufgabe sowie dem Leistungsumfang nach der jeweils geltenden Honorarordnung angemessen sind.

(2) Ausgeschlossen von Planungswettbewerben sind Personen, die infolge ihrer Beteiligung an der Vorbereitung oder Durchführung des Planungswettbewerbs bevorzugt sein oder Einfluss auf die Entscheidung des Preisgerichts nehmen können. Das Gleiche gilt für Personen, die sich durch Angehörige oder ihnen wirtschaftlich verbundene Personen einen entsprechenden Vorteil oder Einfluss verschaffen können.

(3) Abweichend von § 72 Absatz 1 Satz 2 muss die Mehrheit der Preisrichter über dieselbe oder eine gleichwertige Qualifikation verfügen, wie sie von den Teilnehmern verlangt wird. Auch muss die Mehrheit der Preisrichter unabhängig vom Ausrichter sein.

(4) Das Preisgericht hat in seinen Entscheidungen die in der Wettbewerbsbekanntmachung als bindend bezeichneten Vorgaben des Ausrichters zu beachten. Nicht zugelassene oder über das geforderte Maß hinausgehende Teilleistungen sind von der Wertung auszuschließen.

(5) Das Preisgericht hat einen von den Preisrichtern zu unterzeichnenden Bericht über die Rangfolge und hierin eine Beurteilung der von ihm ausgewählten Wettbewerbsarbeiten zu erstellen. Der Ausrichter informiert die Teilnehmer unverzüglich über das Ergebnis durch Versendung des Protokolls der Preisgerichtssitzung. Der Ausrichter soll spätestens einen Monat nach der Entscheidung des Preisgerichts alle eingereichten Wettbewerbsarbeiten mit Namensangaben der Verfasser unter Auslegung des Protokolls öffentlich ausstellen. Soweit ein Preisträger wegen mangelnder Teilnahmeberechtigung oder Verstoßes gegen Wettbewerbsregeln nicht berücksichtigt werden kann, rücken die übrigen Preisträger sowie sonstige Teilnehmer in der Rangfolge des Preisgerichts nach, soweit das Preisgericht ausweislich seines Protokolls nichts anderes bestimmt hat.

§ 80 VgV Aufforderung zur Verhandlung; Nutzung der Ergebnisse des Planungswettbewerbs

(1) Soweit und sobald das Ergebnis des Planungswettbewerbs realisiert werden soll und beabsichtigt ist, einen oder mehrere der Preisträger mit den zu beschaffenden Planungsleistungen zu beauftragen, hat der öffentliche Auftraggeber in der Aufforderung zur Teilnahme an den Verhandlungen die zum Nachweis der Eignung erforderlichen Unterlagen für die gemäß § 70 Absatz 2 bereits in der Wettbewerbsbekanntmachung genannten Eignungskriterien zu verlangen.

(2) Gesetzliche Vorschriften, nach denen Teillösungen von Teilnehmern des Planungswettbewerbs, die bei der Auftragserteilung nicht berücksichtigt worden sind, nur mit deren Erlaubnis genutzt werden dürfen, bleiben unberührt.

VOL/A:

§ 4 VOL/A Rahmenvereinbarungen

(1) Rahmenvereinbarungen sind Aufträge, die ein oder mehrere Auftraggeber an ein oder mehrere Unternehmen vergeben können, um die Bedingungen für Einzelaufträge, die während eines bestimmten Zeitraumes vergeben werden sollen, festzulegen, insbesondere über den in Aussicht genommenen Preis. Das in Aussicht genommene Auftragsvolumen ist so genau wie möglich zu ermitteln und bekannt zu geben, braucht aber nicht abschließend festgelegt zu werden. Die Auftraggeber dürfen für dieselbe Leistung nicht mehrere Rahmenvereinbarungen abschließen. Die Laufzeit darf vier Jahre nicht überschreiten, es sei

denn der Auftragsgegenstand oder andere besondere Umstände rechtfertigen eine Ausnahme.

(2) Die Erteilung von Einzelaufträgen ist nur zulässig zwischen den Auftraggebern, die ihren voraussichtlichen Bedarf für das Vergabeverfahren gemeldet haben und den Unternehmen, mit denen Rahmenvereinbarungen abgeschlossen wurden.

EU VOB/A:

§ 14 2 EU VOB/A Grundsätze

(1) (…)

(4) Mehrere öffentliche Auftraggeber können vereinbaren, einen bestimmten Auftrag gemeinsam zu vergeben. Es gilt § 4 VgV.

(5) (…)

§ 4a EU VOB/A Rahmenvereinbarungen

(1) Der Abschluss einer Rahmenvereinbarung erfolgt im Rahmen einer nach dieser Vergabeordnung anwendbaren Verfahrensart. Das in Aussicht genommene Auftragsvolumen ist so genau wie möglich zu ermitteln und bekannt zu geben, braucht aber nicht abschließend festgelegt zu werden. Eine Rahmenvereinbarung darf nicht missbräuchlich oder in einer Art angewendet werden, die den Wettbewerb behindert, einschränkt oder verfälscht.

(2) Auf einer Rahmenvereinbarung beruhende Einzelaufträge werden nach den Kriterien dieses Absatzes und der Absätze 3 bis 5 vergeben. Die Einzelauftragsvergabe erfolgt ausschließlich zwischen den in der Auftragsbekanntmachung oder der Aufforderung zur Interessensbestätigung genannten öffentlichen Auftraggebern und denjenigen Unternehmen, die zum Zeitpunkt des Abschlusses des Einzelauftrags Vertragspartei der Rahmenvereinbarung sind. Dabei dürfen keine wesentlichen Änderungen an den Bedingungen der Rahmenvereinbarung vorgenommen werden.

(3) Wird eine Rahmenvereinbarung mit nur einem Unternehmen geschlossen, so werden die auf dieser Rahmenvereinbarung beruhenden Einzelaufträge entsprechend den Bedingungen der Rahmenvereinbarung vergeben. Für die Vergabe der Einzelaufträge kann der öffentliche Auftraggeber das an der Rahmenvereinbarung beteiligte Unternehmen in Textform auffordern, sein Angebot erforderlichenfalls zu vervollständigen.

(4) Wird eine Rahmenvereinbarung mit mehr als einem Unternehmen geschlossen, werden die Einzelaufträge wie folgt vergeben:

1. gemäß den Bedingungen der Rahmenvereinbarung ohne erneutes Vergabeverfahren, wenn in der Rahmenvereinbarung alle Bedingungen für die Erbringung der Bauleistung sowie die objektiven Bedingungen für die Auswahl der Unternehmen festgelegt sind, die sie als Partei der Rahmenvereinbarung ausführen werden; die letztgenannten Bedingungen sind in der Auftragsbekanntmachung oder den Vergabeunterlagen für die Rahmenvereinbarung zu nennen;
2. wenn in der Rahmenvereinbarung alle Bedingungen für die Erbringung der Bauleistung festgelegt sind, teilweise ohne erneutes Vergabeverfahren gemäß Nummer 1 und teilweise mit erneutem Vergabeverfahren zwischen den Unternehmen, die Partei der Rahmenvereinbarung sind, gemäß Nummer 3, wenn diese Möglichkeit in der Auftragsbekanntmachung oder den Vergabeunterlagen für die Rahmenvereinbarung durch den öffentlichen Auftraggeber festgelegt ist; die Entscheidung, ob bestimmte Bauleistungen nach erneutem Vergabeverfahren oder direkt entsprechend den Bedingungen der Rahmenvereinbarung beschafft werden sollen, wird nach objektiven Kriterien getroffen, die in der Auftragsbekanntmachung oder den Vergabeunterlagen für die Rahmenvereinbarung festgelegt sind; in der Auftragsbekanntmachung oder den Vergabeunterlagen ist außerdem festzulegen, welche Bedingungen einem erneuten Vergabeverfahren unterliegen können; diese Möglichkeiten gelten auch für jedes Los einer Rahmenvereinbarung,

für das alle Bedingungen für die Erbringung der Bauleistung in der Rahmenvereinbarung festgelegt sind, ungeachtet dessen, ob alle Bedingungen für die Erbringung einer Bauleistung für andere Lose festgelegt wurden; oder
3. sofern nicht alle Bedingungen zur Erbringung der Bauleistung in der Rahmenvereinbarung festgelegt sind, mittels eines erneuten Vergabeverfahrens zwischen den Unternehmen, die Parteien der Rahmenvereinbarung sind.

(5) Die in Absatz 4 Nummer 2 und 3 genannten Vergabeverfahren beruhen auf denselben Bedingungen wie der Abschluss der Rahmenvereinbarung und erforderlichenfalls auf genauer formulierten Bedingungen sowie gegebenenfalls auf weiteren Bedingungen, die in der Auftragsbekanntmachung oder den Vergabeunterlagen für die Rahmenvereinbarung in Übereinstimmung mit dem folgenden Verfahren genannt werden:
1. vor Vergabe jedes Einzelauftrags konsultiert der öffentliche Auftraggeber in Textform die Unternehmen, die in der Lage sind, den Auftrag auszuführen;
2. der öffentliche Auftraggeber setzt eine ausreichende Frist für die Abgabe der Angebote für jeden Einzelauftrag fest; dabei berücksichtigt er unter anderem die Komplexität des Auftragsgegenstands und die für die Übermittlung der Angebote erforderliche Zeit;
3. die Angebote sind in Textform einzureichen und dürfen bis zum Ablauf der Einreichungsfrist nicht geöffnet werden;
4. der öffentliche Auftraggeber vergibt die Einzelaufträge an den Bieter, der auf der Grundlage der in der Auftragsbekanntmachung oder den Vergabeunterlagen für die Rahmenvereinbarung genannten Zuschlagskriterien das jeweils wirtschaftlichste Angebot vorgelegt hat.

(6) Die Laufzeit einer Rahmenvereinbarung darf höchstens vier Jahre betragen, es sei denn, es liegt ein im Gegenstand der Rahmenvereinbarung begründeter Sonderfall vor.

§ 4b EU VOB/A Besondere Instrumente und Methoden

(1) Der öffentliche Auftraggeber kann unter den Voraussetzungen der §§ 22 bis 24 VgV für die Beschaffung marktüblicher Leistungen ein dynamisches Beschaffungssystem nutzen.

(2) Der öffentliche Auftraggeber kann im Rahmen eines offenen, eines nicht offenen oder eines Verhandlungsverfahrens vor der Zuschlagserteilung eine elektronische Auktion durchführen, sofern die Voraussetzungen der §§ 25 und 26 VgV vorliegen.

(3) Ist der Rückgriff auf elektronische Kommunikationsmittel vorgeschrieben, kann der öffentliche Auftraggeber festlegen, dass die Angebote in Form eines elektronischen Katalogs einzureichen sind oder einen elektronischen Katalog beinhalten müssen. Das Verfahren richtet sich nach § 27 VgV.

VOB/A:

§ 4a VOB/A Rahmenvereinbarungen

(1) Rahmenvereinbarungen sind Aufträge, die ein oder mehrere Auftraggeber an ein oder mehrere Unternehmen vergeben können, um die Bedingungen für Einzelaufträge, die während eines bestimmten Zeitraumes vergeben werden sollen, festzulegen, insbesondere über den in Aussicht genommenen Preis. Das in Aussicht genommene Auftragsvolumen ist so genau wie möglich zu ermitteln und bekannt zu geben, braucht aber nicht abschließend festgelegt zu werden. Eine Rahmenvereinbarung darf nicht missbräuchlich oder in einer Art angewendet werden, die den Wettbewerb behindert, einschränkt oder verfälscht. Die Laufzeit einer Rahmenvereinbarung darf vier Jahre nicht überschreiten, es sei denn, es liegt ein im Gegenstand der Rahmenvereinbarung begründeter Ausnahmefall vor.

(2) Die Erteilung von Einzelaufträgen ist nur zulässig zwischen den Auftraggebern, die ihren voraussichtlichen Bedarf für das Vergabeverfahren gemeldet haben, und den Unternehmen, mit denen Rahmenvereinbarungen abgeschlossen wurden.

SektVO:

§ 4 SektVO Gelegentliche gemeinsame Auftragsvergabe

(1) Mehrere Auftraggeber können vereinbaren, bestimmte Aufträge gemeinsam zu vergeben. Dies gilt auch für die Auftragsvergabe gemeinsam mit Auftraggebern aus anderen Mitgliedstaaten der Europäischen Union. Die Möglichkeiten zur Nutzung von zentralen Beschaffungsstellen bleiben unberührt.

(2) Soweit das Vergabeverfahren im Namen und im Auftrag aller Auftraggeber insgesamt gemeinsam durchgeführt wird, sind diese für die Einhaltung der Bestimmungen über das Vergabeverfahren gemeinsam verantwortlich. Das gilt auch, wenn ein Auftraggeber das Verfahren in seinem Namen und im Auftrag der anderen Auftraggeber allein ausführt. Bei nur teilweise gemeinsamer Durchführung sind die Auftraggeber nur für jene Teile gemeinsam verantwortlich, die gemeinsam durchgeführt wurden. Wird ein Auftrag durch Auftraggeber aus verschiedenen Mitgliedstaaten der Europäischen Union gemeinsam vergeben, legen diese die Zuständigkeiten und die anwendbaren Bestimmungen des nationalen Rechts durch Vereinbarung fest und geben das in den Vergabeunterlagen an.

§ 19 SektVO Rahmenvereinbarungen

(1) Der Abschluss einer Rahmenvereinbarung erfolgt im Wege einer nach dieser Verordnung geltenden Verfahrensart. Das in Aussicht genommene Auftragsvolumen ist so genau wie möglich zu ermitteln und bekanntzugeben, braucht aber nicht abschließend festgelegt zu werden. Eine Rahmenvereinbarung darf nicht missbräuchlich oder in einer Art angewendet werden, die den Wettbewerb behindert, einschränkt oder verfälscht.

(2) Auf einer Rahmenvereinbarung beruhende Einzelaufträge werden nach vom Auftraggeber festzulegenden objektiven und nichtdiskriminierenden Regeln und Kriterien vergeben. Dazu kann auch die Durchführung eines erneuten Wettbewerbs zwischen denjenigen Unternehmen, die zum Zeitpunkt des Abschlusses Vertragspartei der Rahmenvereinbarung sind, gehören. Die Regeln und Kriterien sind in den Vergabeunterlagen oder der Bekanntmachung für die Rahmenvereinbarung festzulegen.

(3) Mit Ausnahme angemessen begründeter Sonderfälle, in denen dies insbesondere aufgrund des Gegenstands der Rahmenvereinbarung gerechtfertigt werden kann, beträgt die Laufzeit einer Rahmenvereinbarung maximal acht Jahre.

§ 20 SektVO Grundsätze für den Betrieb eines dynamischen Beschaffungssystems

(1) Der Auftraggeber kann für die Beschaffung marktüblicher Leistungen ein dynamisches Beschaffungssystem nutzen.

(2) Bei der Auftragsvergabe über ein dynamisches Beschaffungssystem befolgt der Auftraggeber die Vorschriften für das nicht offene Verfahren.

(3) Ein dynamisches Beschaffungssystem wird mithilfe elektronischer Mittel eingerichtet und betrieben. Die §§ 11 und 12 finden Anwendung.

(4) Ein dynamisches Beschaffungssystem steht im gesamten Zeitraum seiner Einrichtung allen Bietern offen, die die im jeweiligen Vergabeverfahren festgelegten Eignungskriterien erfüllen. Die Zahl der zum dynamischen Beschaffungssystem zugelassenen Bewerber darf nicht begrenzt werden.

(5) Der Zugang zu einem dynamischen Beschaffungssystem ist für alle Unternehmen kostenlos.

§ 21 SektVO Betrieb eines dynamischen Beschaffungssystems

(1) Der Auftraggeber gibt in der Auftragsbekanntmachung an, dass er ein dynamisches Beschaffungssystem nutzt und für welchen Zeitraum es betrieben wird.

(2) Auftraggeber informieren die Europäische Kommission wie folgt über eine Änderung der Gültigkeitsdauer:

1. Wird die Gültigkeitsdauer ohne Einstellung des dynamischen Beschaffungssystems geändert, ist das in Anhang V der Durchführungsverordnung (EU) 2015/1986 der Kommission vom 11.11.2015 zur Einführung von Standardformularen für die Veröffentlichung von Vergabebekanntmachungen für öffentliche Aufträge und zur Aufhebung der Durchführungsverordnung (EU) Nr. 842/2011 (ABl. L 296 vom 12.11.2015, S. 1) in der jeweils geltenden Fassung enthaltene Muster zu verwenden.
2. Wird das dynamische Beschaffungssystem eingestellt, ist das in Anhang VI der Durchführungsverordnung (EU) 2015/1986 enthaltene Muster zu verwenden.

(3) In den Vergabeunterlagen sind mindestens die Art und die geschätzte Menge der zu beschaffenden Leistung sowie alle erforderlichen Daten des dynamischen Beschaffungssystems anzugeben.

(4) In den Vergabeunterlagen ist anzugeben, ob ein dynamisches Beschaffungssystem in Kategorien von Leistungen untergliedert wurde. Gegebenenfalls sind die objektiven Merkmale jeder Kategorie anzugeben.

(5) Hat ein Auftraggeber ein dynamisches Beschaffungssystem in Kategorien von Leistungen untergliedert, legt er für jede Kategorie die Eignungskriterien gesondert fest.

(6) Die zugelassenen Bewerber sind für jede einzelne, über ein dynamisches Beschaffungssystem stattfindende Auftragsvergabe gesondert zur Angebotsabgabe aufzufordern. Wurde ein dynamisches Beschaffungssystem in Kategorien von Leistungen untergliedert, werden jeweils alle für die einem konkreten Auftrag entsprechende Kategorie zugelassenen Bewerber aufgefordert, ein Angebot zu unterbreiten.

§ 22 SektVO Fristen beim Betrieb eines dynamischen Beschaffungssystems

(1) Abweichend von § 15 gelten bei der Nutzung eines dynamischen Beschaffungssystems die Bestimmungen der Absätze 2 bis 5.

(2) Die Frist für den Eingang der Teilnahmeanträge beträgt mindestens 30 Tage, gerechnet ab dem Tag nach der Absendung der Auftragsbekanntmachung oder im Falle einer regelmäßigen nicht verbindlichen Bekanntmachung nach § 36 Absatz 4 nach der Absendung der Aufforderung zur Interessensbestätigung. Sobald die Aufforderung zur Angebotsabgabe für die erste einzelne Auftragsvergabe im Rahmen eines dynamischen Beschaffungssystems abgesandt worden ist, gelten keine weiteren Fristen für den Eingang der Teilnahmeanträge.

(3) Der Auftraggeber bewertet den Antrag eines Unternehmens auf Teilnahme an einem dynamischen Beschaffungssystem unter Zugrundelegung objektiver Kriterien innerhalb von zehn Arbeitstagen nach dessen Eingang. In begründeten Einzelfällen, insbesondere wenn Unterlagen geprüft werden müssen oder um auf sonstige Art und Weise zu überprüfen, ob die Eignungskriterien erfüllt sind, kann die Frist auf 15 Arbeitstage verlängert werden. Wurde die Aufforderung zur Angebotsabgabe für die erste einzelne Auftragsvergabe im Rahmen eines dynamischen Beschaffungssystems noch nicht versandt, kann der Auftraggeber die Frist verlängern, sofern während der verlängerten Frist keine Aufforderung zur Angebotsabgabe versandt wird. Die Fristverlängerung ist in den Vergabeunterlagen anzugeben. Jedes Unternehmen wird unverzüglich darüber informiert, ob es zur Teilnahme an einem dynamischen Beschaffungssystem zugelassen wurde oder nicht.

(4) Die Frist für den Eingang der Angebote beträgt mindestens zehn Tage, gerechnet ab dem Tag nach der Absendung der Aufforderung zur Angebotsabgabe. § 15 Absatz 3 findet Anwendung.

§ 23 SektVO Grundsätze für die Durchführung elektronischer Auktionen

(1) Der Auftraggeber kann im Rahmen eines offenen, eines nicht offenen oder eines Verhandlungsverfahrens vor der Zuschlagserteilung eine elektronische Auktion durchführen, sofern der Inhalt der Vergabeunterlagen hinreichend präzise beschrieben und die Leistung mithilfe automatischer Bewertungsmethoden eingestuft werden kann. Geistig-schöpferische Leistungen können nicht Gegenstand elektronischer Auktionen sein. Der elektronischen Auktion hat eine vollständige erste Bewertung aller Angebote anhand der Zuschlagskriterien und der jeweils dafür festgelegten Gewichtung vorauszugehen. Die Sätze 1 und 2 gelten entsprechend bei einem erneuten Vergabeverfahren zwischen den Parteien einer Rahmenvereinbarung nach § 19 und bei einem erneuten Vergabeverfahren während der Laufzeit eines dynamischen Beschaffungssystems nach § 20. Eine elektronische Auktion kann mehrere, aufeinanderfolgende Phasen umfassen.

(2) Im Rahmen der elektronischen Auktion werden die Angebote mittels festgelegter Methoden elektronisch bewertet und automatisch in eine Rangfolge gebracht. Die sich schrittweise wiederholende, elektronische Bewertung der Angebote beruht auf

1. neuen, nach unten korrigierten Preisen, wenn der Zuschlag allein aufgrund des Preises erfolgt, oder
2. neuen, nach unten korrigierten Preisen oder neuen, auf bestimmte Angebotskomponenten abstellenden Werten, wenn das Angebot mit dem besten Preis-Leistungs-Verhältnis oder, bei Verwendung eines Kosten-Wirksamkeits-Ansatzes, mit den niedrigsten Kosten den Zuschlag erhält.

(3) Die Bewertungsmethoden werden mittels einer mathematischen Formel definiert und in der Aufforderung zur Teilnahme an der elektronischen Auktion bekanntgemacht. Wird der Zuschlag nicht allein aufgrund des Preises erteilt, muss aus der mathematischen Formel auch die Gewichtung aller Angebotskomponenten nach Absatz 2 Satz 2 Nummer 2 hervorgehen. Sind Nebenangebote zugelassen, ist für diese ebenfalls eine mathematische Formel bekanntzumachen.

(4) Angebotskomponenten nach Absatz 2 Satz 2 Nummer 2 müssen numerisch oder prozentual beschrieben werden.

§ 24 SektVO Durchführung elektronischer Auktionen

(1) Der Auftraggeber kündigt in der Auftragsbekanntmachung oder in der Aufforderung zur Interessensbestätigung an, dass er eine elektronische Auktion durchführt.

(2) Die Vergabeunterlagen müssen mindestens folgende Angaben enthalten:

1. alle Angebotskomponenten, deren Werte Grundlage der automatischen Neureihung der Angebote sein werden,
2. gegebenenfalls die Obergrenzen der Werte nach Nummer 1, wie sie sich aus den technischen Spezifikationen ergeben,
3. eine Auflistung aller Daten, die den Bietern während der elektronischen Auktion zur Verfügung gestellt werden,
4. den Termin, an dem die Daten nach Nummer 3 den Bietern zur Verfügung gestellt werden,
5. alle für den Ablauf der elektronischen Auktion relevanten Daten und,
6. die Bedingungen, unter denen die Bieter während der elektronischen Auktion Gebote ab-geben können, insbesondere die Mindestabstände zwischen den der automatischen Neu-reihung der Angebote zugrunde liegenden Preisen oder Werten.

(3) Der Auftraggeber fordert alle Bieter, die zulässige Angebote unterbreitet haben, gleichzeitig zur Teilnahme an der elektronischen Auktion auf. Ab dem genannten Zeitpunkt ist die Internetverbindung gemäß den in der Aufforderung zur Teilnahme an der elektronischen Auktion genannten Anweisungen zu nutzen. Der Aufforderung zur Teilnahme an der

elektronischen Auktion ist jeweils das Ergebnis der vollständigen Bewertung des betreffenden Angebots nach § 23 Absatz 1 Satz 3 beizufügen.

(4) Eine elektronische Auktion darf frühestens zwei Arbeitstage nach der Versendung der Aufforderung zur Teilnahme gemäß Absatz 3 beginnen.

(5) Der Auftraggeber teilt allen Bietern im Laufe einer jeden Phase der elektronischen Auktion unverzüglich zumindest den jeweiligen Rang ihres Angebotes innerhalb der Reihenfolge aller Angebote mit. Er kann den Bietern weitere Daten nach Absatz 2 Nummer 3 zur Verfügung stellen. Die Identität der Bieter darf in keiner Phase einer elektronischen Auktion offengelegt werden.

(6) Der Zeitpunkt des Beginns und des Abschlusses einer jeden Phase ist in der Aufforderung zur Teilnahme an einer elektronischen Auktion ebenso anzugeben wie gegebenenfalls die Zeit, die jeweils nach Eingang der letzten neuen Preise oder Werte nach § 23 Absatz 2 Satz 2 Nummer 1 und 2 vergangen sein muss, bevor eine Phase einer elektronischen Auktion abgeschlossen wird.

(7) Eine elektronische Auktion wird abgeschlossen, wenn
1. der vorher festgelegte und in der Aufforderung zur Teilnahme an einer elektronischen Auktion bekanntgemachte Zeitpunkt erreicht ist,
2. von den Bietern keine neuen Preise oder Werte nach § 23 Absatz 2 Satz 2 Nummer 1 und 2 mitgeteilt werden, die die Anforderungen an Mindestabstände nach Absatz 2 Nummer 6 erfüllen, und die vor Beginn einer elektronischen Auktion bekanntgemachte Zeit, die zwischen dem Eingang der letzten neuen Preise oder Werte und dem Abschluss der elektronischen Auktion vergangen sein muss, abgelaufen ist oder
3. die letzte Phase einer elektronischen Auktion abgeschlossen ist.

(8) Der Zuschlag wird nach Abschluss einer elektronischen Auktion entsprechend ihrem Ergebnis mitgeteilt.

§ 25 SektVO Elektronische Kataloge

(1) Der Auftraggeber kann festlegen, dass Angebote in Form eines elektronischen Kataloges einzureichen sind oder einen elektronischen Katalog beinhalten müssen. Angeboten, die in Form eines elektronischen Kataloges eingereicht werden, können weitere Unterlagen beigefügt werden.

(2) Akzeptiert der Auftraggeber Angebote in Form eines elektronischen Kataloges oder schreibt er vor, dass Angebote in Form eines elektronischen Kataloges einzureichen sind, so weist er in der Auftragsbekanntmachung oder, sofern eine regelmäßige nichtverbindliche Bekanntmachung als Auftragsbekanntmachung dient, in der Aufforderung zur Interessensbestätigung darauf hin.

(3) Schließt der Auftraggeber mit einem oder mehreren Unternehmen eine Rahmenvereinbarung im Anschluss an die Einreichung der Angebote in Form eines elektronischen Kataloges, kann er vorschreiben, dass ein erneutes Vergabeverfahren für Einzelaufträge auf der Grundlage aktualisierter elektronischer Kataloge erfolgt, indem er:
1. die Bieter auffordert, ihre elektronischen Kataloge an die Anforderungen des zu vergebenden Einzelauftrages anzupassen und erneut einzureichen, oder
2. die Bieter informiert, dass sie den bereits eingereichten elektronischen Katalogen zu einem bestimmten Zeitpunkt die Daten entnehmen, die erforderlich sind, um Angebote zu erstellen, die den Anforderungen des zu vergebenden Einzelauftrages entsprechen; dieses Verfahren ist in der Auftragsbekanntmachung oder den Vergabeunterlagen für den Abschluss einer Rahmenvereinbarung anzukündigen; der Bieter kann diese Methode der Datenerhebung ablehnen.

(4) Vor der Erteilung des Zuschlags sind dem jeweiligen Bieter die gesammelten Daten vorzulegen, sodass dieser die Möglichkeit zum Einspruch oder zur Bestätigung, dass das Angebot keine materiellen Fehler enthält, hat.

§ 60 SektVO Anwendungsbereich

(1) Wettbewerbe nach § 103 Absatz 6 des Gesetzes gegen Wettbewerbsbeschränkungen werden insbesondere auf den Gebieten der Raumplanung, des Städtebaus und des Bauwesens oder der Datenverarbeitung durchgeführt (Planungswettbewerbe).

(2) Bei der Durchführung eines Planungswettbewerbs wendet der Auftraggeber die §§ 5, 6, 50 und die Vorschriften dieses Abschnitts an.

§ 61 SektVO Veröffentlichung, Transparenz

(1) Der Auftraggeber teilt seine Absicht, einen Planungswettbewerb auszurichten, in einer Wettbewerbsbekanntmachung mit. Die Wettbewerbsbekanntmachung wird nach dem in Anhang IX der Durchführungsverordnung (EU) 2015/1986 enthaltenen Muster erstellt.

(2) Beabsichtigt der Auftraggeber im Anschluss an einen Planungswettbewerb einen Dienstleistungsauftrag im Verhandlungsverfahren ohne Teilnahmewettbewerb zu vergeben, hat der Auftraggeber die Eignungskriterien und die zum Nachweis der Eignung erforderlichen Unterlagen hierfür bereits in der Wettbewerbsbekanntmachung anzugeben.

(3) Die Ergebnisse des Planungswettbewerbs sind bekanntzumachen und innerhalb von 30 Tagen an das Amt für Veröffentlichungen der Europäischen Union zu übermitteln. Die Bekanntmachung wird nach dem Muster gemäß Anhang X der Durchführungsverordnung (EU) 2015/1986 erstellt.

(4) § 38 Absatz 6 gilt entsprechend.

§ 62 SektVO Ausrichtung

(1) Die an einem Planungswettbewerb Interessierten sind vor Wettbewerbsbeginn über die geltenden Durchführungsregeln zu informieren.

(2) Die Zulassung von Teilnehmern an einem Planungswettbewerb darf nicht beschränkt werden

1. unter Bezugnahme auf das Gebiet eines Mitgliedstaats der Europäischen Union oder einen Teil davon oder
2. auf nur natürliche oder nur juristische Personen.

(3) Bei einem Planungswettbewerb mit beschränkter Teilnehmerzahl hat der Auftraggeber eindeutige und nichtdiskriminierende Auswahlkriterien festzulegen. Die Zahl der Bewerber, die zur Teilnahme aufgefordert werden, muss ausreichen, um einen echten Wettbewerb zu gewährleisten.

§ 63 SektVO Preisgericht

(1) Das Preisgericht darf nur aus Preisrichtern bestehen, die von den Teilnehmern des Planungswettbewerbs unabhängig sind. Wird von den Wettbewerbsteilnehmern eine bestimmte berufliche Qualifikation verlangt, muss mindestens ein Drittel der Preisrichter über dieselbe oder eine gleichwertige Qualifikation verfügen.

(2) Das Preisgericht ist in seinen Entscheidungen und Stellungnahmen unabhängig. Es trifft seine Entscheidungen nur aufgrund von Kriterien, die in der Wettbewerbsbekanntmachung genannt sind. Die Wettbewerbsarbeiten sind ihm anonym vorzulegen. Die Anonymität ist bis zu den Stellungnahmen oder Entscheidungen des Preisgerichts zu wahren.

(3) Das Preisgericht erstellt einen Bericht über die Rangfolge der von ihm ausgewählten Wettbewerbsarbeiten, indem es auf die einzelnen Projekte eingeht und seine Bemerkungen sowie noch zu klärende Fragen aufführt. Dieser Bericht ist von den Preisrichtern zu unterzeichnen.

(4) Die Teilnehmer können zur Klärung bestimmter Aspekte der Wettbewerbsarbeiten aufgefordert werden, Fragen zu beantworten, die das Preisgericht in seinem Protokoll festzuhalten hat. Der Dialog zwischen Preisrichtern und Teilnehmern ist zu dokumentieren.

VSVgV:

§ 14 VSVgV Rahmenvereinbarungen

(1) Für den Abschluss einer Rahmenvereinbarung im Sinne des § 103 Absatz 5 Satz 1 des Gesetzes gegen Wettbewerbsbeschränkungen befolgen die Auftraggeber die Verfahrensvorschriften dieser Verordnung. Für die Auswahl des Auftragnehmers gelten die Zuschlagskriterien gemäß § 34. Auftraggeber dürfen das Instrument einer Rahmenvereinbarung nicht missbräuchlich oder in einer Weise anwenden, durch die der Wettbewerb behindert, eingeschränkt oder verfälscht wird.

(2) Auftraggeber vergeben Einzelaufträge nach dem in den Absätzen 3 bis 5 vorgesehenen Verfahren. Die Vergabe darf nur erfolgen durch Auftraggeber, die ihren voraussichtlichen Bedarf für das Vergabeverfahren gemeldet haben, an Unternehmen, mit denen die Rahmenvereinbarungen abgeschlossen wurden. Bei der Vergabe der Einzelaufträge dürfen die Parteien keine wesentlichen Änderungen an den Bedingungen dieser Rahmenvereinbarung vornehmen. Dies gilt insbesondere für den Fall, dass die Rahmenvereinbarung mit einem einzigen Unternehmen geschlossen wurde.

(3) Wird eine Rahmenvereinbarung mit einem einzigen Unternehmen geschlossen, so werden die auf dieser Rahmenvereinbarung beruhenden Einzelaufträge entsprechend den Bedingungen der Rahmenvereinbarung vergeben. Vor der Vergabe der Einzelaufträge können die Auftraggeber das an der Rahmenvereinbarung beteiligte Unternehmen schriftlich befragen und dabei auffordern, sein Angebot erforderlichenfalls zu vervollständigen.

(4) Wird eine Rahmenvereinbarung mit mehreren Unternehmen geschlossen, so müssen mindestens drei Unternehmen beteiligt sein, sofern eine ausreichend große Zahl von Unternehmen die Eignungskriterien oder eine ausreichend große Zahl von zulässigen Angeboten die Zuschlagskriterien erfüllt.

(5) Die Vergabe von Einzelaufträgen, die auf einer mit mehreren Unternehmen geschlossenen Rahmenvereinbarung beruhen, erfolgt, sofern

1. alle Bedingungen festgelegt sind, nach den Bedingungen der Rahmenvereinbarung ohne erneuten Aufruf zum Wettbewerb oder;
2. nicht alle Bedingungen in der Rahmenvereinbarung festgelegt sind, nach erneutem Aufruf der Parteien zum Wettbewerb zu denselben Bedingungen, die erforderlichenfalls zu präzisieren sind, oder nach anderen in den Vergabeunterlagen zur Rahmenvereinbarung genannten Bedingungen. Dabei ist folgendes Verfahren einzuhalten:
   a) Vor Vergabe jedes Einzelauftrags befragen die Auftraggeber schriftlich die Unternehmen, ob sie in der Lage sind, den Einzelauftrag auszuführen.
   b) Auftraggeber setzen eine angemessene Frist für die Abgabe der Angebote für jeden Einzelauftrag; dabei berücksichtigen sie insbesondere die Komplexität des Auftragsgegenstands und die für die Übermittlung der Angebote erforderliche Zeit.
   c) Auftraggeber geben an, in welcher Form die Angebote einzureichen sind, der Inhalt der Angebote ist bis zum Ablauf der Angebotsfrist geheim zu halten.
   d) Die Auftraggeber vergeben die einzelnen Aufträge an das Unternehmen, das auf der Grundlage der in der Rahmenvereinbarung aufgestellten Zuschlagskriterien das wirtschaftlichste Angebot abgegeben hat.

(6) Die Laufzeit einer Rahmenvereinbarung darf sieben Jahre nicht überschreiten. Dies gilt nicht in Sonderfällen, in denen aufgrund der zu erwartenden Nutzungsdauer gelieferter Güter, Anlagen oder Systeme und der durch einen Wechsel des Unternehmens entstehenden technischen Schwierigkeiten eine längere Laufzeit gerechtfertigt ist. Die Auftraggeber begründen die längere Laufzeit in der Bekanntmachung gemäß § 35.

Literatur:
Baudis, VergabeR 2016, 425–433 (Heft 4) „Zur gemeinsamen Beschaffung öffentlicher Auftraggeber nach Maßgabe der Richtlinie 2014/24/EU und deren Umsetzung sowie ihren Grenzen“; *Braun,* VergabeR 2016, 179–188 (Heft 2) „Elektronische Vergaben“; *Burgi,* (Hrsg.), Handbuch Vergaberecht, 2016; *Deckenbrock/Henssler,* (Hrsg.), Rechtsdienstleistungsgesetz, 4. Aufl. 2015; *Dieckert/Osseforth,* (Hrsg.), VOF und VOB/A – Vergabepraxis bei Bau- und Planungsleistungen, Stand 01/2016; *Dieckert/Osseforth/Steck,* (Hrsg.), Praxiskommentar Vergaberecht 2016, Stand 08/2016; *Eschenbruch* in Kulartz/Kus/Portz/Prieß (Hrsg.), Kommentar zum GWB-Vergaberecht, 4. Aufl. 2016; *Fischer/Fongern,* NZBau 2013, 550–555 (Heft 9) „Rahmenvereinbarungen im Vergaberecht“; *Gabriel,* NZS 2007, 344–352 (Heft 7) „Vergaberechtliche Vorgaben beim Abschluss von Verträgen zur integrierten Versorgung (§§ SGB_V § 140aff. SGB V)“; *Gaßner,* NZS 2016, 767–770 (Heft 20) „Das Open-house-Urteil des EuGH – Ein Geschenk für kreative Beschaffer“; *Goodarzi/Jansen,* NZS 2010, 427–437 (Heft 8) „Die Rechtsprechung der Landessozialgerichte auf dem Gebiet des öffentlichen Auftragswesens“; *Gröning,* VergabeR 2005, 156–164 (Heft 2) „Das Konzept der neuen Koordinierungsrichtlinie für die Beschaffung durch Rahmenvereinbarungen“; *Grosse,* VPR 2016, 3 (Heft 1) „Richtlinie für Planungswettbewerbe RPW 2013 löst RPW 2008 ab“; *Grunewald/Römermann/Franz,* (Hrsg.), Rechtsdienstleistungsgesetz, 2008; *Hattenhauer/Willke,* ZfBR 2015, 662–669 (Heft 7) „Vergaberecht im Gesundheitswesen – Zur Bedeutung der Auswahlentscheidung für das Vorliegen eines öffentlichen Auftrags“; *Haak/Degen,* VergabeR 2005, 164–170 (Heft 2) „Rahmenvereinbarungen nach dem neuen Vergaberecht“; *Hansen,* NZS 2016, 814–820 (Heft 21) „Vergaberecht in der gesetzlichen Krankenversicherung ab 18.4. 2016“; *Jakoby,* VergabeR 2004, 762–772 (Heft 6) „Rahmenvertrag; vergabefremde Zwecke; Verpflichtung zur Aufhebung; Antragsbefugnis; Amtsermittlungsprinzip“; *Kleinhenz,* ZfBr, 2001, 75–77 (Heft 2) „Informationspflicht des Auftraggebers vor Zuschlagserteilung im Vergabeverfahren – § 13 Vergabeverordnung“; *Knauff,* VergabeR 2008, 615–624 (Heft 4) „Neues europäisches Vergabeverfahrensrecht: Dynamische Beschaffungssysteme (Dynamische elektronische Verfahren)“; *Knauff,* VergabeR 2006, 24–37 (Heft 1) „Neues europäisches Vergabeverfahrensrecht: Rahmenvereinbarungen“; *Knauff,* EuZW 2004, 141–144 (Heft 5) „Die Reform des europäischen Vergaberechts“; *Knauff/Streit,* EuZW 2009, 37–40 (Heft 2) „Die Reform des EU-Vergaberechtsschutzes – Überblick unter Berücksichtigung des Entwurfs des Vergaberechtsmodernisierungsgesetzes“; *Laumann,* VergabeR 2011, 52–61 (Heft 1) „Ausschreibungen zur Lieferung von Tausalzen“; *Laumann/Scharf,* VergabeR 2012, 156–163 (Heft 2) „Liefer- und Abnahmepflichten bei Lieferverträgen und Rahmenvereinbarungen“; *Machwirth,* VergabeR 2007, 385–394 (Sonderheft 2a) „Rahmenvereinbarungen nach der neuen VOL/A“; *Motzke,* NZBau 2016, 603–613 (Heft 10) „Die Vergütung von im Verhandlungsverfahren und im wettbewerblichen Dialog erbrachten Architekten- und Ingenieurleistungen“; *Müller-Wrede,* in ders. (Hrsg.), Kommentar zu VOF, 5. Aufl. 2014; *Neun/Otting,* EuZW 2014, 446–452 (Heft 12) „Die EU-Vergaberechtsreform 2014“; *Neun/Otting,* EuZW 2011, 456–462 (Heft 12) „Entwicklungen des europäischen Vergaberechts im Jahr 2010“; *Opitz,* NZBau 2003, 183–201 (Heft 4) „Die Entwicklung des EG-Vergaberechts in den Jahren 2001 und 2002 – Teil 1 – Die Rechtstatsachen und der Rechtsrahmen“; *Opitz/Hackstein* in Eschenbruch/Opitz/Finke/Hacksein, Sektorenverordnung – SektVO, 2012; *Osseforth,* VPR 2015, 1030 „Längere Laufzeit eines Rahmenvertrags als die Regellaufzeit ist erkennbar!“; *Portz,* VergabeR 2014, 523–532 (Heft 4) „Flexible Vergaben durch Rahmenvereinbarungen: Klarstellungen durch die EU-Vergaberichtlinie 2014“; *Poschmann,* Vertragsänderungen unter dem Blickwinkel des Vergaberechts – Eine Untersuchung der Umgehungsmöglichkeiten des Vergaberechts durch Vertragsgestaltung (Monografie), 2010; *Poschmann* in Müller-Wrede (Hrsg.), Vergabe- und Vertragsordnung für Leistungen VOL/A, Kommentar, 3. Aufl. 2010; *Rosenkötter,* VergabeR 2010, 368–374 (Sonderheft 2a) „Rahmenvereinbarungen mit Miniwettbewerb – Zwischenbilanz eines neuen Instruments“; *Rosenkötter/Seidler,* NZBau 2007, 684–691 (Heft 11) „Praxisprobleme bei Rahmenvereinbarungen“; *Schrotz* in Pünder/Schellenberg (Hrsg.), Vergaberecht Handkommentar, 2. Aufl. 2015; *Schabel,* EuZW, 2016, 705–709 (Heft 18) „Vergaberecht: Vergaberechtsfreiheit des Open-House-Modells“; *Schäfer,* NZBau 2015, 131–140 (Heft 3) „Perspektiven der eVergabe“; *Segeth,* Rahmenvereinbarungen – Rechtsentwicklung, Systematische Entfaltung, Vergabe (Monografie), 2010; *Sterner* in Motzke/Pietzcker/Prieß, VOB Teil A, 2001; *Stolz,* VergabeR 2016, 351–364 (Heft 3) „Die Vergabe von Architekten- und Ingenieurleistungen nach der Vergaberechtsreform 2016“; *Stolz,* VergabeR 2014, 295–301 (Heft 2a) „VOF und Wettbewerbe“; *Unseld/Degen* (Hrsg.), Rechtsdienstleistungsgesetz, 2009; *Voppel* in Voppel/Osenbrück/Bubert, (Hrsg.), VOF, 3. Aufl. 2012; *Wachendorf,* VergabeR 2009, 869–881 (Heft 6) „RPW 2008 – Die neuen Richtlinien für Planungswettbewerbe im Überblick“; *Weiner,* GesR 2010, 237–244 „Das Ausschreibungsregime für Verträge über die hausarztzentrierte Versorgung (§ 73b SGB V) und die besondere ambulante ärztliche Versorgung (§ 73c SGB V)“; *Zeise* in Kulartz/Kus/Marx/Portz/Prieß (Hrsg.), Kommentar zur VgV, 2017; Ziekow in VergabeR 2006, 702–719 (Heft 5) „Die vergaberechtlich zulässige Vertragslaufzeit bei komplexen PPP-Modellen“; *Ziekow/Völlink,* (Hrsg.), Vergaberecht, 2. Aufl. 2013.

A. Einleitung

1 Rahmenvereinbarungen und andere besondere Instrumente des Vergaberechts ermöglichen es öffentlichen Auftraggebern und Sektorenauftraggebern, flexibel Waren, Bau- und

Dienstleistungen effizient zu beschaffen. Öffentliche Auftraggeber und Sektorenauftraggeber, die den rechtssicheren Umgang mit diesen besonderen vergaberechtlichen Instrumenten beherrschen, sparen Zeit sowie Ressourcen und kaufen in aller Regel wirtschaftlicher ein. Die besonderen Instrumente des Vergaberechts dienen somit der Rationalisierung von Beschaffungsvorgängen. Dabei haben öffentliche Auftraggeber und Sektorenauftraggeber besonders die Grundsätze der Gleichbehandlung und der Transparenz sowie den Wettbewerbsgrundsatz zu wahren. Außerdem spielt bei allen elektronischen Instrumenten die IT-Sicherheit eine tragende Rolle.

Zu den besonderen Instrumenten des Vergaberechts gehören neben den Rahmenver- 2
einbarungen (→ Rn. 4 ff.) die Dynamischen Beschaffungssysteme (→ Rn. 119 ff.), Elektronische Auktionen (→ Rn. 144 ff.), Elektronische Kataloge (→ Rn. 164 ff.), Planungswettbewerbe (→ Rn. 180 ff.) sowie die Zentralen Beschaffungstätigkeiten (→ Rn. 237 ff.).

Der deutsche Gesetzgeber hat in § 120 GWB die Definitionen zu verschiedenen Me- 3
thoden und Instrumenten für die elektronische Auftragsvergabe und für Sammelbeschaffungen aufgenommen, die in Art. 33 bis 39 der Richtlinie 2014/24/EU[1] angelegt sind. Für den deutschen Gesetzgeber war es entscheidend, diese Methoden und Instrumente einheitlich auf gesetzlicher Ebene im vierten Teil des Gesetzes gegen Wettbewerbsbeschränkungen (GWB) zu regeln, um sicherzustellen, dass diese Mittel allen öffentlichen Auftraggebern und Sektorenauftraggebern zur Verfügung stehen.[2]

B. Rahmenvereinbarungen

Schreibt der öffentliche Auftraggeber bzw. Sektorenauftraggeber Rahmenvereinbarungen 4
über bestimmte Leistungen aus, so gewinnt er in einer ersten Phase einen oder mehrere Rahmenvertragspartner. Auf Basis der Rahmenvereinbarung beschafft der öffentliche Auftraggeber bzw. Sektorenauftraggeber in einer zweiten Phase sodann von seinen Rahmenvertragspartnern die Leistungen mittels Einzelbeauftragungen. Die Rahmenvereinbarung legt somit den Rahmen fest, auf dessen Grundlage während der Laufzeit der Rahmenvereinbarung Einzelaufträge abgeschlossen und Leistungen abgerufen werden. Der eigentliche Beschaffungsvorgang erfolgt erst durch die Einzelaufträge. Zusammenfassend ist für Rahmenvereinbarungen demnach kennzeichnend, dass der rechtliche Rahmen für die wesentlichen Bedingungen von zukünftig noch zu erteilenden Einzelaufträgen festgelegt wird, die synallagmatischen Austauschbeziehungen und Verpflichtungen aber erst durch den jeweils zu einem Vertragsschluss führenden Einzelabruf entstehen sollen.[3]

Die Ausschreibung von Rahmenvereinbarungen gibt den öffentlichen Auftraggebern 5
bzw. Sektorenauftraggebern ein flexibles Instrument an die Hand, um ihren Beschaffungsbedarf von wiederkehrenden Leistungen zu befriedigen. Mittels Rahmenvereinbarungen können öffentliche Auftraggeber bzw. Sektorenauftraggeber flexibel künftigen Ungewissheiten bei der Einzelbeauftragung begegnen.[4] Rahmenvereinbarungen ermöglichen es öffentlichen Auftraggebern bzw. Sektorenauftraggeber dabei, zahlreiche einzelne Beschaffungsvorgänge über wiederkehrende Leistungen zu bündeln und damit effektiver und einfacher zu beschaffen.[5] Dadurch verringern sich die Ausschreibungskosten und der Verwaltungsaufwand. Die Rahmenvereinbarung sichert den Rahmenvertragspartnern eine gewisse Auftragskontinuität. Rahmenvereinbarungen werden somit bei wiederkehrenden Leistungen verwendet, um bestimmte Wirtschaftsteilnehmer (vor)auszuwählen, die zum

[1] Richtlinie 2014/24/EU des Europäischen Parlaments und des Rates v. 26.2.2014 über die öffentliche Auftragsvergabe und zur Aufhebung der Richtlinie 2004/18/EG (ABl. L 94 v. 28.3.2014, S. 65).
[2] Siehe Gesetzesbegründung zu § 120 GWB des Entwurf eines Gesetzes zur Modernisierung des Vergaberechts der Bundesregierung (BT-Drs. 18/6281).
[3] Vgl. OLG Düsseldorf Beschl. v. 21.4.2010 – Verg 53/09, ZfBR 2013, 282.
[4] Vgl. *Fischer/Fongern* NZBau 2013, 550; Europäische Kommission, KOM (98) 143, 8.
[5] Vgl. *Portz* VergabeR 2014, 523; *Franke* ZfBR 2006, 546; *Knauff* VergabeR 2006, 24, 26; Motzke/Pietzcker/Prieß/*Sterner* VOB Teil A, 2001, § 5b Rn. 1.

gegebenen Zeitpunkt die Bedürfnisse des öffentlichen Auftraggebers erfüllen können. Dabei vermeidet es der öffentliche Auftraggeber bei wiederkehrenden Leistungen, für jeden Einzelauftrag erneut ein Vergabeverfahren durchführen zu müssen.[6]

6 Ausweislich des Erwägungsgrundes 60 der Richtlinie 2014/24/EU[7] findet das Instrument der Rahmenvereinbarungen breite Anwendung und wird europaweit als eine effiziente Beschaffungsmethode angesehen. Deswegen wurde mit der Einführung der Richtlinie 2014/24/EU an diesem Beschaffungsinstrument weitgehend festgehalten. Bestimmte Aspekte haben jedoch der Präzisierung bedurft. Insbesondere wurde klargestellt, dass Rahmenvereinbarungen nicht durch öffentliche Auftraggeber in Anspruch genommen werden dürfen, die in diesen nicht genannt sind.

7 In der Praxis werden über Rahmenvereinbarungen beispielsweise Büromaterial, Büromöbel, Auftausalz, Monitore, Server, Thin Clients, Multifunktionsgeräte, Tonerpatronen, Digitalfunkgeräte, Softwarelizenzen, Hilfsmittel, Medizinische Verbrauchsartikel, Nahtmaterial, Kanülen, Feuerlöscher, Zelte, Schutzkleidung, Reinigungsmittel, Abfalltonnen, Schädlingsbekämpfung, Briefpostdienste, Kurierdienste, Personenkraftwagen, Dolmetscherleistungen, Beratungsdienstleistungen, betriebliche Altersversorgung und vieles mehr beschafft.

I. Definition

8 Gemäß § 103 Abs. 5 GWB werden Rahmenvereinbarungen definiert als Vereinbarungen zwischen einem oder mehreren öffentlichen Auftraggebern oder Sektorenauftraggebern und einem oder mehreren Unternehmen, die dazu dienen, die Bedingungen für die öffentlichen Aufträge, die während eines bestimmten Zeitraums vergeben werden sollen, festzulegen, insbesondere in Bezug auf den Preis.[8]

Nicht höchstrichterlich geklärt ist, ob es sich bei allen „Dauerschuldverhältnissen[9]" ebenfalls um Rahmenvereinbarungen handelt.

Dauerschuldverhältnisse unterscheiden sich von den auf eine einmalige Leistung gerichteten Schuldverhältnissen dadurch, dass aus ihnen während der Laufzeit ständig neue Leistungs- und Schutzpflichten entstehen und dem Zeitelement eine wesentliche Bedeutung zukommt.[10]

Neben den gesetzlich geregelten Dauerschuldverhältnissen (Miete, Pacht, Leihe, Darlehen, Dienstvertrag, Verwahrung, Gesellschaft, Versicherungsvertrag) existieren zahlreiche verkehrstypische Dauerschuldverhältnisse (Access-Providervertrag; Automatenaufstellungsvertrag; Belegarztvertrag; Bierbezugsvertrag; Bürgschaft und Schuldmitübernahme; Call-Center-Vertrag; Dienstvertrag; Abfallentsorgungsvertrag; Leasingvertrag; Lizenzvertrag; Pflegevertrag; Verlagsvertrag; Versicherungsvertrag; Wärmelieferungsvertrag).

Das Oberlandesgericht Düsseldorf vertritt die Auffassung, dass ein Call-Center-Vertrag, der ein Dauerschuldverhältnis begründet, unter gewissen Umständen keine Rahmenvereinbarung darstellen würde.[11] Dies wird damit begründet, dass sich in dem der Entscheidung zugrunde liegenden Sachverhalt der öffentliche Auftraggeber die Call-Center-Diens-

---

[6] Vgl. *Fischer/Fongern* NZBau 2013, 550; *Opitz* NZBau 2003, 183, 193.

[7] Richtlinie 2014/24/EU des Europäischen Parlaments und des Rates v. 26.2.2014 über die öffentliche Auftragsvergabe und zur Aufhebung der Richtlinie 2004/18/EG (ABl. L 94 v. 28.3.2014, S. 65).

[8] Vgl. auch die ähnlich lautende Definition des Art. 33 Abs. 1 Unterabs. 2 der Richtlinie 2014/24/EU: *„Bei einer Rahmenvereinbarung handelt es sich um eine Vereinbarung zwischen einem oder mehreren öffentlichen Auftraggebern und einem oder mehreren Wirtschaftsteilnehmern, die dazu dient, die Bedingungen für die Aufträge, die im Laufe eines bestimmten Zeitraums vergeben werden sollen, festzulegen, insbesondere in Bezug auf den Preis und gegebenenfalls die in Aussicht genommene Menge."*

[9] Der Gesetzgeber des Bürgerlichen Gesetzbuchs hat auf eine Definition des Begriffs „Dauerschuldverhältnis" bewusst verzichtet, „weil dies zwangsläufig zu Abgrenzungsschwierigkeiten führen und möglicherweise künftige Entwicklungen beeinträchtigen würde" Begr. RegE zu § 314 Zu Abs. 1 S. 1, BT-Drs. 14/6040, S. 177.

[10] Begr. RegE zu § 314 Abs. 1 S. 1, BT-Drs. 14/6040, S. 176.

[11] OLG Düsseldorf Beschl. v. 29.5.2020 – VII-Verg 26/19.

te in vollem Umfang durch Abschluss eines Vertrages beschaffen und nicht auf der Grundlage des geschlossenen Vertrages Einzelabrufe zu einem späteren Zeitpunkt abschließen will. Die EU-Kommission hat in ihren Erläuterungen zu Rahmenvereinbarungen jedoch angedeutet, dass auch dann Rahmenvereinbarungen vorliegen würden, wenn bereits alle Bedingungen für die Einzelaufträge festgelegt worden sind.[12] Rechtssicher wird diese Frage erst der Europäische Gerichtshof klären können.

Ein Bezugs- oder Sukzessivlieferungsvertrag (über Wasser, Gas, Strom, Bier etc.), bei dem die zu liefernde Menge nicht von vornherein vereinbart worden ist, stellt ein Dauerschuldverhältnis dar und dürfte ebenfalls als Rahmenvereinbarung zu charakterisieren sein. Diese Verträge sind regelmäßig auf die Deckung des Bedarfs des öffentlichen Auftraggebers als Gläubiger gerichtet, der deshalb während der Vertragsdauer den Leistungsinhalt fortlaufend oder wiederkehrend konkretisiert.

Der typische Ratenlieferungsvertrag, bei dem die Gesamtmenge der Leistung von Anfang an feststeht, stellt zwar kein Dauerschuldverhältnis dar, könnte jedoch ebenfalls als Rahmenvereinbarungen im Sinne des § 103 Abs. 5 GWB eingeordnet werden.

Rechtssicher wird die Einordnung dieser Vertragstypen erst der Europäische Gerichtshof klären können.

Nicht unter die Begrifflichkeit der „Rahmenvereinbarungen" fallen hingegen Konzessionsvereinbarungen, zwischen einem Konzessionsgeber und einem oder mehreren Konzessionsnehmern, die dazu dienen, die Bedingungen für die öffentlichen Aufträge, die während eines bestimmten Zeitraums vergeben werden sollen, festzulegen, insbesondere in Bezug auf den Preis.[13]

Das an für sich flexible Korsett zur Vergabe von Rahmenvereinbarungen ist für eine Konzessionsvergabe oftmals zu eng. Die Bestimmungen des Rechtsrahmens für die Konzessionsvergabe tragen daher der Besonderheit von Konzessionen im Vergleich zu öffentlichen Aufträgen gebührend Rechnung und sollen keinen übermäßigen bürokratischen Aufwand verursachen.[14]

Die durch den Konzessionsgeber zu erbringende Gegenleistung besteht für den Konzessionsnehmer entweder in dem Recht zur Nutzung des Bauwerks beziehungsweise der Verwertung der Dienstleistungen oder in diesem Recht zuzüglich einer Zahlung.

In der Verwertung der Dienstleistung ist der Konzessionsnehmer frei. Wie oft es hierbei zu Einzelaufträgen zwischen Nutzern und dem Konzessionsnehmer kommt, ist nicht so relevant wie bei Rahmenvereinbarungen.

Somit kann ein Konzessionsvertrag mindestens so flexibel ausgestaltet werden wie eine Rahmenvereinbarung. Es handelt sich hierbei jedoch nicht um eine Rahmenvereinbarung im Sinne des § 103 Abs. 5 GWB.

II. Rahmenvertragspartner

Die Rahmenvertragspartner[15] bestehen aus Auftraggeber (öffentlicher Auftraggeber oder Sektorenauftraggeber) und Aufragnehmer. Sowohl auf Seiten des Beschaffers als auch auf Seiten des Auftragnehmers können mehrere Rahmenvertragspartner stehen. 9

---

[12] Vgl. Ziffer 1.1 Erläuterungen – Rahmenvereinbarungen – Klassische Richtlinie der Europäischen Kommission, CC/2005/03_rev1 vom 14.7.2005; solche „abschließenden Rahmenvereinbarungen" werden von der Europäischen Kommission als „Rahmenverträge" bezeichnet.

[13] Richtlinie 2014/23/EU des Europäischen Parlaments und des Rates v. 26.2.2014 über die Konzessionsvergabe (ABl. L 94 v. 28.3.2014, S. 1).

[14] Erwägungsgrund 2 der Richtlinie 2014/23/EU des Europäischen Parlaments und des Rates v. 26.2.2014 über die Konzessionsvergabe (ABl. L 94 v. 28.3.2014, S. 1).

[15] Es wird üblicherweise von „Rahmenvertragspartnern" und nicht „Rahmenvereinbarungspartnern" gesprochen.

1. Auf Beschafferseite

10 Auf Seiten des Beschaffers können bei Rahmenvereinbarungen ein oder mehrere öffentliche Auftraggeber bzw. Sektorenauftraggeber agieren und abrufberechtigt sein.

11 Eine Bündelbeschaffung durch mehrere öffentliche Auftraggeber bzw. Sektorenauftraggeber hat den Vorteil, dass in aller Regel die Verwaltungskosten weiter gesenkt und bessere Preise erzielt werden.[16] Zudem kann dadurch auch der vergaberechtliche Sachverstand zentral und damit effizient aufgebaut werden.

12 Rahmenvertragspartner auf Beschafferseite können gemäß § 103 Abs. 5 GWB nur öffentliche Auftraggeber oder Sektorenauftraggeber sein. Damit ist es nicht zulässig, dass einer der Rahmenvertragspartner auf Seiten des Beschaffers ein privater Auftraggeber ist. Beispielweise dürfen Feuerwehrzweckverbände als öffentliche Auftraggeber[17] nur für öffentlich-rechtliche Feuerwehren Digitalfunkgeräte mittels Rahmenvereinbarungen beschaffen, nicht aber auch für privatrechtliche Betriebsfeuerwehren. Privatwirtschaftliche Unternehmen, die selbst keine öffentlichen Auftraggeber oder Sektorenauftraggeber sind, können also nicht an günstigen Einkaufsbedingungen von Rahmenvereinbarungen der öffentlichen Hand partizipieren.

12a Rein privatrechtliche Unternehmen, die keine öffentlichen Auftraggeber bzw. Sektorenauftraggeber sind, können zudem weder wirksam kartellvergaberechtliche Vergabeverfahren noch kartellvergaberechtliche Rahmenvereinbarungen ausschreiben, in denen öffentliche Auftraggeber als abrufberechtigt benannt werden.

Voraussetzung für eine wirksame kartellvergaberechtlichen Rahmenvereinbarung ist, dass ein Auftraggeber im Sinne des § 98 GWB eine Rahmenvereinbarung EU-weit ausgeschrieben hat und der Zuschlag wirksam erteilt worden ist.

Bei einer nicht-kartellvergaberechtlichen Rahmenvereinbarung fehlt es an einem europaweiten Vergabeverfahren nach dem Kartellvergaberecht, bei dem ein öffentlicher Auftraggeber oder ein Sektorenauftraggeber ausgeschrieben hat.

Schreiben rein privatrechtliche Unternehmen dennoch Rahmenvereinbarungen (europaweit) aus, sprechen gewichtige Gründe dafür, dass die Einzelabrufe von öffentlichen Auftraggebern und Sektorenauftraggebern auf Basis solcher (nicht-kartellvergaberechtlichen) Rahmenvereinbarungen **nichtig** sind. Denn Voraussetzung für einen wirksamen Einzelauftrag ist, dass dieser Einzelauftrag entweder selbst europaweit ausgeschrieben wird oder dass dieser Einzelauftrag mittels Einzelabruf erfolgt, der wiederum auf einer kartellvergaberechtlichen Rahmenvereinbarung beruhen muss (vgl. § 21 Abs. 2 S. 1 VgV[18]). Ansonsten würde das Vergaberecht umgangen werden.

Dagegen kann nicht mit Erfolg eingewendet werden, dass sich ein Unternehmen gegen die Ausschreibung der Rahmenvereinbarung vor der Erteilung des Zuschlags hätte wenden müssen und sich nicht mehr im Nachhinein auf die Unwirksamkeit der Einzelaufträge berufen könne.

Denn für nicht-kartellvergaberechtliche Rahmenvereinbarungen besteht weder eine Rügeobliegenheit noch sind die Nachprüfungsinstanzen für die Überprüfung von nicht-kartellvergaberechtlichen Rahmenvereinbarungen zuständig.

§ 160 Abs. 3 S. 1 GWB erfordert zum einen eine Rüge gegenüber einem Auftraggeber im Sinne des § 98 GWB. Ausweislich § 98 GWB sind Auftraggeber im Sinne des 4. Teils des Gesetzes gegen Wettbewerbsbeschränkungen ausschließlich öffentliche Auftraggeber, Sektorenauftraggeber und Konzessionsgeber und gerade nicht rein privatrechtliche Unternehmen.

Außerdem ist der Rechtsweg zu den Nachprüfungsinstanzen nicht eröffnet. Ausweislich § 155 GWB unterliegt ausschließlich die Vergabe öffentlicher Aufträge und von Konzessionen der Nachprüfung durch die Vergabekammern. Gemäß § 103 GWB sind öffentliche

[16] Vgl. *Portz* VergabeR 2014, 523, 526.
[17] Vgl. OLG München Beschl. v. 20.3.2014 – Verg 17/13, BeckRS 2014, 7377 = ZfBR 2014, 416.
[18] Vgl. Art. 33 Abs. 2 Unterabs. 1 der Richtlinie 2014/24/EU.

Aufträge entgeltliche Verträge zwischen öffentlichen Auftraggebern oder Sektorenauftraggebern und Unternehmen über die Beschaffung von diversen Leistungen. Öffentliche Auftraggeber sind nur solche, bei denen ein Regelbeispiel des § 99 GWB mit den jeweiligen Tatbestandsvoraussetzungen erfüllt ist. Dies trifft nicht zu auf rein privatrechtliche Unternehmen (mit Ausnahme des § 99 Nr. 4 GWB).

Gemäß § 159 Abs. 3 S. 1 GWB ist die Vergabekammer an dem Sitz des Auftraggebers gemäß § 98 zuständig und nicht an dem Sitz eines rein privatrechtlichen Unternehmens.

Außerdem sind ausweislich § 162 GWB die Verfahrensbeteiligten in einem Nachprüfungsverfahren der Antragsteller und der Auftraggeber gemäß § 98 GWB. Zwar sind Beteiligte daneben auch solche Unternehmen, deren Interessen durch die Entscheidung der Vergabekammer schwerwiegend berührt werden. Hierbei handelt es sich jedoch nicht um das sich als Auftraggeber im Sinne des § 98 GWB gerierende rein privatrechtliche Unternehmen. Dies folgt aus der Systematik des § 162 GWB, der vorsieht, dass Unternehmen, deren Interessen durch die Entscheidung der Vergabekammer schwerwiegend berührt werden, beizuladen sind. Beigeladen wird jedoch erst, wenn es einen Antragsteller und einen Antragsgegner gemäß § 98 GWB gibt. Unternehmen, deren Interessen durch die Entscheidung der Vergabekammer schwerwiegend berührt werden, sind entweder solche anderen Unternehmen, die ein Interesse an dem gegenständlichen öffentlichen Auftrag als Auftragnehmer haben oder Streitverkündungsempfänger[19], und nicht der Auftraggeber selbst.

Schließlich wäre gemäß § 163 Abs. 2 S. 1 S. 3 GWB der Nachprüfungsantrag in Kopie dem Auftraggeber gemäß § 98 GWB zu übermitteln. Eine Übermittlung an rein privatrechtliche Unternehmen scheitert an der fehlenden Ermächtigungsgrundlage.

Ausweislich Art. 33 Abs. 2 der Richtlinie 2014/24/EU dürfen nur diejenigen öffentli- 13
chen Auftraggeber von einer Rahmenvereinbarung partizipieren, die zu diesem Zweck in der Bekanntmachung[20] oder in der Aufforderung zur Interessensbestätigung eindeutig bezeichnet worden sind. Öffnungsklauseln und bloße Beitrittsoptionen sind vergaberechtswidrig.[21] Aus diesem Grund wird die Rahmenvereinbarung als **geschlossenes System** bezeichnet.

Unter Berücksichtigung des Erwägungsgrundes 60 der Richtlinie 2014/24/EU[22] hat die 14
Angabe der abrufberechtigten Auftraggeber entweder namentlich zu erfolgen oder durch andere Mittel, wie beispielsweise eine Bezugnahme auf eine bestimmte Kategorie von öffentlichen Auftraggebern innerhalb eines klar abgegrenzten geografischen Gebiets.[23] Die betreffenden öffentlichen Auftraggeber müssen in jedem Fall ohne gesteigerten investigativen Aufwand eindeutig identifiziert werden können. Zur Wahrung des Transparenzgrundsatzes sind Vergabestellen daher gut beraten, alle Abrufberechtigten in einem abschließenden Verzeichnis darzustellen.[24]

Fraglich ist, ob der öffentliche Auftraggeber zum Zeitpunkt des Abschlusses der Rah- 15
menvereinbarung einen noch nicht bereits existierenden öffentlichen Auftraggeber, zum Beispiel eine in Gründung befindliche Bundesagentur, als Berechtigten für Einzelabrufe ausnahmsweise vorsehen kann. Dagegen spricht jedoch der Erwägungsgrund 60 der Richtlinie 2014/24/EU[25], nach dem die öffentlichen Auftraggeber, die von Anfang an Partei einer bestimmten Rahmenvereinbarung sind, eindeutig angegeben werden müssen. Zwar könnte der noch zu gründende öffentliche Auftraggeber eindeutig bezeichnet wer-

[19] Auch „Streitverkündeter" („Litisdenunziat") genannt.
[20] In der Vorinformation oder in der Auftragsbekanntmachung.
[21] Vgl. Pünder/Schellenberg/*Schrotz* Vergaberecht, 2. Aufl. 2015, VOL/A, § 4 EG, Rn. 89; KKMPP/*Zeise* Kommentar zur VgV, Rn. 46.
[22] Richtlinie 2014/24/EU des Europäischen Parlaments und des Rates v. 26.2.2014 über die öffentliche Auftragsvergabe und zur Aufhebung der Richtlinie 2004/18/EG (ABl. L 94 v. 28.3.2014, S. 65).
[23] Beispielsweise *„alle lokalen Gebietskörperschaften in Niederbayern"*.
[24] Vgl. Pünder/Schellenberg/*Schrotz* Vergaberecht, 2. Aufl. 2015, VOL/A, § 4 EG, Rn. 89.
[25] Richtlinie 2014/24/EU des Europäischen Parlaments und des Rates v. 26.2.2014 über die öffentliche Auftragsvergabe und zur Aufhebung der Richtlinie 2004/18/EG (ABl. L 94 v. 28.3.2014, S. 65).

den, er könnte aber mangels Existenz noch nicht von Anfang an Partei der Rahmenvereinbarung sein. Es dürfen jedenfalls nach dem Abschluss einer Rahmenvereinbarung keine neuen öffentlichen Auftraggeber oder Sektorenauftraggeber in die Rahmenvereinbarung mit aufgenommen werden. Dies bedeutet ausweislich des Erwägungsgrundes 60 der Richtlinie 2014/24/EU im Ergebnis, dass eine zentrale Beschaffungsstelle, die ein Gesamtverzeichnis öffentlicher Auftraggeber oder ihrer Kategorien verwendet, sicherzustellen hat, dass zum einen die Identität des betreffenden öffentlichen Auftraggebers nachprüfbar ist und zum anderen auch der Zeitpunkt des Beitritts zu dieser Rahmenvereinbarung eindeutig anhand einer revisionssicheren Dokumentation festgestellt werden kann.[26] Einem Verweis auf eine dynamische Liste abrufberechtigter öffentliche Auftraggeber ist eine Absage zu erteilen. Dies würde das geschlossene System konterkarieren.

Ruft ein nicht-abrufberechtigter Auftraggeber dennoch auf Basis der Rahmenvereinbarung ab, sind diese vermeintlichen Einzelabrufe schwebend unwirksam im Sinne des § 135 Abs. 1 Nr. 2 GWB. Die Feststellung der Unwirksamkeit, und damit die Nichtigkeit eines vermeintlichen Einzelabruf, kann regelmäßig innerhalb von sechs Monaten nach dem vermeintlichen Einzelabruf bei der zuständigen Vergabekammer geltend gemacht werden, § 135 Abs. 2 S. 1 GWB. Eine vorherige Rüge ist nicht erforderlich, § 160 Abs. 3 S. 2 GWB. Liegt der Wert des Einzelabrufs unter dem einschlägigen EU-Schwellenwert, ist ein solcher Nachprüfungsantrag dennoch zulässig. Entscheidend ist, dass der Auftraggeber den Einzelabruf als zu der nach dem EU-Kartellvergaberecht ausgeschriebenen Rahmenvereinbarung zugehörig eingeordnet und damit diesem strengeren Vergaberechtsregime untergeordnet hat.

Voraussetzung für einen wirksamen Einzelauftrag ist, dass dieser Einzelauftrag mittels Einzelabruf auf Basis einer kartellvergaberechtlichen Rahmenvereinbarung beruhen muss, in der der abrufende öffentliche Auftraggeber von Anbeginn an benannt oder zumindest (zum Zeitpunkt der Erteilung des Zuschlags der Rahmenvereinbarung) eindeutig feststellbar war. Ansonsten würde auch auf diese Art und Weise das Vergaberecht umgangen werden.

2. Auf Auftragnehmerseite

16 Auf Seiten des Auftragnehmers können ein oder mehrere Rahmenvertragspartner stehen. Die Vorgabe, dass auf Auftragnehmerseite entweder ein Rahmenvertragspartner oder mindestens drei Rahmenvertragspartner stehen müssen, wurde mit der Vergaberechtsreform 2016 endgültig aufgegeben. Es war nicht nachvollziehbar, weshalb Rahmenvereinbarungen zu einem bestimmten Auftragsgegenstand mit einem oder drei Unternehmen geschlossen werden dürfen, nicht aber mit zwei Unternehmen.[27] Auftragnehmer können sowohl privatrechtliche Unternehmen als auch Institutionen sein, mit einer öffentlichen Auftraggebereigenschaft im Sinne des § 99 Nr. 1 bis Nr. 3 GWB, die in diesem Fall als Wirtschaftsteilnehmer agieren.[28]

17 Die Einzelauftragsvergabe erfolgt gemäß § 21 Abs. 2 S. 2 VgV bzw. § 4a EU Abs. 2 S. 2 VOB/A ausschließlich gegenüber denjenigen Unternehmen, die zum Zeitpunkt des Abschlusses des Einzelauftrags Vertragspartei der Rahmenvereinbarung sind. Bei Rahmenver-

[26] Siehe auch Erwägungsgrund 60 der Richtlinie 2014/24/EU.

[27] Vgl. *Neun/Otting* EuZW 2014, 446, 450.

[28] Sektorenauftraggeber können jedoch nicht gleichzeitig Auftragnehmer sein, da deren Eigenschaft als Sektorenauftraggeber nur insoweit existiert, soweit sie eine Sektorentätigkeit ausüben und in diesem Zusammenhang selbst beschaffen, also Auftraggeber sind. Selbstverständlich können auch Stadtwerke Auftragnehmer sein, nur sind sie dann in ihrer Eigenschaft als Auftragnehmer nicht gleichzeitig Sektorenauftraggeber. Konzessionsgeber können ebenfalls kein Auftragnehmer sein, da die Eigenschaft des Konzessionsgebers an solche Beschaffungsvorgänge anknüpft, bei denen er selbst eine Konzession vergibt (vgl. § 101 GWB). Vorhabenbezogene öffentliche Auftraggeber (§ 99 Nr. 4 GWB) können auch keine Auftragnehmer sein, da sie ihre öffentliche Auftraggebereigenschaft nur besitzen hinsichtlich Ihrer eigenen Beschaffungsvorgänge bei überwiegend staatlich subventionierten Vorhaben.

einbarungen handelt es sich um ein **geschlossenes System,** zu dem niemand nachträglich Zutritt erhält, weder auf Seiten der öffentlichen Auftraggeber, noch auf Seiten der Auftragnehmer.[29]

Nach dem Abschluss einer Rahmenvereinbarung dürfen also keine neuen Wirtschaftsteilnehmer aufgenommen werden. Allerdings sind Änderungen der Beteiligungsverhältnisse von juristischen Personen in aller Regel unbeachtlich[30], solange das konkrete Vorgehen nicht in manipulativer Weise der Umgehung des Vergaberechts dient.[31] Außerdem stellt es eine anerkannte zulässige Ausnahme dar, wenn ein Unternehmen („Nachfolger") für ein anderes Unternehmen („Vorgänger"), das von Beginn an Vertragspartei war, in die Rahmenvereinbarung eintritt, der Vorgänger Alleingesellschafter des Nachfolgers ist, der Vorgänger den Nachfolger kontrolliert und diesem Weisungen erteilen darf und der Vorgänger weiterhin die Haftung für die Einhaltung der vertraglichen Pflichten übernimmt.[32] 18

III. Arten von Rahmenvereinbarungen

Es sind grundsätzlich vier Arten von Rahmenvereinbarungen zu unterschieden. Zum einen ist danach zu differenzieren, wie viele Rahmenvertragspartner auf Auftragnehmerseite dem einen oder den mehreren öffentlichen Auftraggebern bzw. Sektorenauftraggebern gegenüberstehen. Wird die Rahmenvereinbarung nur mit einem Wirtschaftsteilnehmer geschlossen, handelt es sich um eine **Ein-Partner-Rahmenvereinbarung.** Erfolgt der Abschluss mit mehreren Wirtschaftsteilnehmern wird von **Mehrfach-Rahmenvereinbarungen**[33] gesprochen. 19

Zum anderen wird ferner unterschieden, ob alle Bedingungen für die Einzelaufträge bereits ist der Rahmenvereinbarung festgelegt worden sind. Sind bereits alle Bedingungen für die Einzelaufträge festgelegt, handelt es sich um **abschließende Rahmenvereinbarungen** (von der Europäischen Kommission als „Rahmenverträge" bezeichnet[34]). Sind noch nicht alle Bedingungen festgelegt liegen **flexible Rahmenvereinbarungen** vor (von der Europäischen Kommission als „Rahmenvereinbarungen im engeren Sinne" bezeichnet[35]). 20

Somit lassen sich folgende vier Arten von Rahmenvereinbarungen unterscheiden:

	Alle Bedingungen sind bereits festgelegt worden	Es sind nicht alle Bedingungen festgelegt worden
Ein Wirtschaftsteilnehmer	Abschließende Ein-Partner-Rahmenvereinbarung	Flexible Ein-Partner-Rahmenvereinbarung
Mehrere Wirtschaftsteilnehmer	Abschließende Mehrfach-Rahmenvereinbarungen	Flexible Mehrfach-Rahmenvereinbarungen

[29] Vgl. Ziffer 2.1 Erläuterungen – Rahmenvereinbarungen – Klassische Richtlinie der Europäischen Kommission, CC/2005/03_rev1 v. 14.7.2005; *Ziekow* VergabeR 702, 706.

[30] Vgl. OLG Naumburg Beschl. v. 29.4.2010 – 1 Verg 3/10, BeckRS 2010, 13763.

[31] Vgl. Pünder/Schellenberg/*Schrotz* Vergaberecht, 2. Aufl. 2015, VOL/A, § 4 EG, Rn. 87; EuGH Urt. v. 19.6.2008 – C-454/06, BeckRS 2008, 70675 = ZfBR 2008, 607 – pressetext Nachrichtenagentur, Rn. 51.

[32] Vgl. Pünder/Schellenberg/*Schrotz* Vergaberecht, 2. Aufl. 2015, VOL/A, § 4 EG, Rn. 86; EuGH Urt. v. 19.6.2008 – C-454/06, BeckRS 2008, 70675 = ZfBR 2008, 607 – pressetext Nachrichtenagentur, Rn. 54.

[33] Vgl. Ziffer 2.1 Erläuterungen – Rahmenvereinbarungen – Klassische Richtlinie der Europäischen Kommission, CC/2005/03_rev1 v. 14.7.2005.

[34] Vgl. Ziffer 1.1 Erläuterungen – Rahmenvereinbarungen – Klassische Richtlinie der Europäischen Kommission, CC/2005/03_rev1 v. 14.7.2005.

[35] Vgl. Ziffer 1.1 Erläuterungen – Rahmenvereinbarungen – Klassische Richtlinie der Europäischen Kommission, CC/2005/03_rev1 v. 14.7.2005.

1. Abschließende Ein-Partner-Rahmenvereinbarung

21 Eine **abschließende Ein-Partner-Rahmenvereinbarung**[36] liegt vor, wenn die Rahmenvereinbarung mit lediglich einem Wirtschaftsteilnehmer geschlossen wird und alle Bedingungen für die Einzelaufträge bereits mit der Rahmenvereinbarung verbindlich festgelegt worden sind. In diesem Fall ruft der öffentliche Auftraggeber die Leistungen über die Rahmenvereinbarung nur noch durch Einzelabrufe ab. Damit bleibt mit Abschluss der Rahmenvereinbarung lediglich noch offen, wann der Abruf erfolgt und gegebenenfalls mit welchen jeweiligen Mengenvolumina die Abrufe jeweils vorgenommen werden. Auch das Datum der Einzelabrufe kann bereits mit der Rahmenvereinbarung festgelegt werden.

22 Wird das Datum aller Einzelabrufe und das genaue Mengenvolumen je Einzelabruf bereits mit der „Rahmenvereinbarung" festgelegt, handelt es sich um ein **„Dauerschuldverhältnisse ohne flexible Abrufmenge".** Fraglich ist, ob es sich dann weiterhin um eine Rahmenvereinbarung im Sinne des § 103Abs. 5 GWB handelt.[37]

Bei Reinigungsdienstleistungen ist zu unterscheiden. Besteht bei der Unterhaltsreinigung eine gewisse Flexibilität, dass während der Laufzeit der „Rahmenvereinbarung" Reinigungsleistungen wegfallen oder hinzukommen können, steht das Gesamtreinigungsvolumen nicht von Anbeginn an fest. Dann liegt eine Rahmenvereinbarung im Sinne des § 103 Abs. 5 GWB vor. Diese Flexibilität erkauft sich der öffentliche Auftraggeber quasi dadurch, dass er sich an die maximale Regellaufzeit der Rahmenvereinbarung zu halten hat.[38]

Wird beispielsweise bei der Glasreinigung genau festgelegt, welche Glasflächen wann genau zu reinigen sind, und besteht ausweislich der Leistungsbeschreibung und der Vertragsbedingungen keine Flexibilität, dass während der Laufzeit der „Rahmenvereinbarung" zu reinigende Glasflächen wegfallen oder hinzukommen können, steht das Gesamtreinigungsvolumen von Anbeginn an fest. Dann bedarf es keinerlei Änderung mehr während der Vertragslaufzeit und es besteht ein „Dauerschuldverhältnis ohne flexible Abrufmenge". § 103 Abs. 5 GWB und § 21 VgV finden unseres Erachtens dann keine Anwendung mehr. Eine flexible Laufzeit mit Verlängerungsoptionen ändert nichts an dieser Einordnung.

Nicht unerwähnt bleiben darf allerdings, dass die Europäische Kommission selbst ein **„Dauerschuldverhältnis ohne flexible Abrufmenge"** als eine Rahmenvereinbarung erachtet. Dies hätte zur Folge, dass § 21 VgV und damit die Regelungen der maximalen Regelaufzeit dennoch Anwendung finden würden. Aufträge, die auf einer „Rahmenvereinbarung" beruhen, in der bereits alle Bedingungen verbindlich feststehen, und somit ausschließlich nach den Bedingungen der Rahmenvereinbarung vergeben werden, insbesondere was die Palette der Waren, Dienstleistungen oder Bauarbeiten und die Mengen betrifft, ordnet die Europäische Kommission weiterhin als Rahmenvereinbarung ein.[39] Begründet wird dies damit, dass der öffentliche Auftraggeber den „Rahmenvertragspartner" weiterhin schriftlich konsultieren und ihn ersuchen könne, sein Angebot zu ergänzen oder gegenüber den in der „Rahmenvereinbarung" festgelegten Bedingungen zu verbessern.[40]

---

[36] Die EU-Kommission bezeichnet diese Art von Rahmenvereinbarungen auch als „individuelle Rahmenverträge".

[37] → §§ 37 Rn. 1 ff. – 39; rechtssicher wird diese Einordnung erst der Europäische Gerichtshof klären können.

[38] Die maximale Regellaufzeit liegt bei EU-weiten Vergabeverfahren gem. § 21 Abs. 6 VgV und § 4 EU Abs. 6 VOB/A bei vier Jahren; im nationalen Bereich bei Anwendung der UVgO gemäß § 15 Abs. 4 UVgO bei sechs Jahren; bei Anwendung der VOL/A bei vier 4 Jahren; im nationalen Baubereich, § 4a Abs. 1 S. 4 VOB/A 2019 = vier Jahre; im Sektorenbereich, § 19 Abs. 3 SektVO = acht Jahre; im Verteidigungs- und Sicherheitsbereich, § 14 Abs. 6 S. 1 VSVgV = sieben Jahre.

[39] Vgl. Ziffer 3.1 Erläuterungen – Rahmenvereinbarungen – Klassische Richtlinie der Europäischen Kommission, CC/2005/03_rev1 v. 14.7.2005.

[40] Vgl. Fußnote 22 der Erläuterungen – Rahmenvereinbarungen – Klassische Richtlinie der Europäischen Kommission, CC/2005/03_rev1 v. 14.7.2005.

Um möglichst sicherzugehen, dass die Regelungen zu den Rahmenvereinbarungen, insbesondere die Vorgabe der maximalen Regellaufzeit, keine Anwendung finden, sollte in der Leistungsbeschreibung oder den Vertragsbedingungen festgelegt werden, dass alle Bedingungen feststehen und der öffentliche Auftraggeber den Rahmenvertragspartner während der Vertragslaufzeit nicht ersuchen wird, sein Angebot zu ergänzen oder gegenüber den in der Leistungsbeschreibung und den Vertragsbedingungen festgelegten Bedingungen zu verbessern. Kommt es dennoch zu Änderungen während der Vertragslaufzeit, sind diese an den strengen Voraussetzungen des § 132 GWB zu messen.

2. Flexible Ein-Partner-Rahmenvereinbarung

Eine **flexible Ein-Partner-Rahmenvereinbarung**[41] ist gegeben, wenn die Rahmenver- 23
einbarung nur mit einem Wirtschaftsteilnehmer geschlossen wird und noch nicht alle Bedingungen für die Einzelaufträge bereits mit der Rahmenvereinbarung feststehen. Somit sind in einer solchen Rahmenvereinbarung noch nicht alle Rechte und Pflichten der Vertragsparteien abschließend festgeschrieben.

Hierbei werden die Einzelaufträge entsprechend den bereits feststehenden Bedingungen 24
der Rahmenvereinbarung (insbesondere hinsichtlich der Palette der Waren, Dienstleistungen oder Bauarbeiten sowie der Mengen) vergeben, wobei der öffentliche Auftraggeber den Rahmenvertragspartner schriftlich in Textform konsultiert und auffordert, sein Angebot hinsichtlich der noch offenen Bedingungen zu vervollständigen.[42]

3. Abschließende Mehrfach-Rahmenvereinbarungen

Abschließende Mehrfach-Rahmenvereinbarungen[43] liegen vor, wenn die Rahmen- 25
vereinbarungen mit mehreren Wirtschaftsteilnehmern geschlossen werden und die Bedingungen für die Einzelaufträge bereits mit der Rahmenvereinbarung feststehen. Damit bleibt mit Abschluss der Rahmenvereinbarung lediglich offen, wann der Abruf erfolgt und gegebenenfalls mit welchen jeweiligen Mengenvolumen die Abrufe jeweils vorgenommen werden. In Einzelfällen kann auch noch offen bleiben, von welchem Rahmenvertragspartner jeweils abgerufen wird, wenn die Leistungen ausschließlich einem Privaten zugutekommen[44] und der Abruf durch einen vom öffentlichen Auftraggeber grundsätzlich unabhängigen Dritten erfolgt.

Bei Arzneimittel-Rabattverträgen zwischen Krankenkassen (bzw. ihren Verbänden) und 26
pharmazeutischen Unternehmen handelt es sich beispielsweise um **abschließende Mehrfach-Rahmenvereinbarungen.** Denn es entscheidet nicht die Krankenkasse als öffentlicher Auftraggeber, wer den jeweiligen Lieferauftrag erhält, sondern die konkrete Abnahme wird durch Dritte, den Patienten aufgrund ihrer Krankheit oder besonderer Umstände[45] und den verordnenden Arzt bestimmt. Verschreibt ein Arzt dem Patienten ein Arzneimittel und schließt er gegenüber dem Apotheker die Ersetzung durch ein wirkstoffgleiches Medikament nicht aus[46], muss dieser Apotheker gemäß § 129 I SGB V ein wirkstoffgleiches Arzneimittel abgeben, für das ein Arzneimittel-Rabattvertrag besteht.[47]

---

[41] Die EU-Kommission bezeichnet diese Art von Rahmenvereinbarungen auch als „Rahmenvereinbarungen im engeren Sinne".

[42] Vgl. Art. 33 Abs. 3 Unterabs. 2 der Richtlinie 2014/24/EU; Ziffer 3.3 Erläuterungen – Rahmenvereinbarungen – Klassische Richtlinie der Europäischen Kommission, CC/2005/03_rev1 v. 14.7.2005.

[43] Die EU-Kommission bezeichnet diese Art von Rahmenvereinbarungen auch als „Mehrfach-Rahmenverträge".

[44] Vgl. Erwägungsgrund 61 Abs. 1 der Richtlinie 2014/24/EU, der von Lieferungen oder Dienstleistungen zur Nutzung durch natürliche Personen spricht.

[45] Vgl. Erwägungsgrund 61 Abs. 3 der Richtlinie 2014/24/EU.

[46] Der Arzt darf nur bei medizinischer Notwendigkeit auf der Verordnung eines von ihm bestimmten Arzneimittels bestehen durch Setzen des Aut-idem-Kreuzes. Damit wird die Substitution eines Arzneimittels in der Apotheke verhindert.

[47] *Schabel* EuZW, 705, 708.

4. Flexible Mehrfach-Rahmenvereinbarungen

27 **Flexible Mehrfach-Rahmenvereinbarungen**[48] liegen vor, wenn die Rahmenvereinbarungen mit mehreren Wirtschaftsteilnehmern geschlossen werden und mit den Rahmenvereinbarungen noch nicht alle Bedingungen für die Einzelaufträge feststehen. Der Vergabe der Einzelaufträge muss dann zwingend anhand eines sogenannten formalisierten **Kleinstwettbewerbs** gemäß § 21 Abs. 5 VgV bzw. § 4a EU Abs. 5 VOB/A erfolgen, also mittels eines erneuten Aufrufs zum Wettbewerb zwischen den Wirtschaftsteilnehmern, die Parteien der Rahmenvereinbarungen sind.

28 Es ist nicht zulässig, dass der öffentliche Auftraggeber ohne rein objektive vorher festgelegte Bedingungen quasi willkürlich Einzelabrufe vornimmt. Die wirtschaftlich relevante Entscheidung über den „tatsächlichen Zuschlag", nämlich die Erteilung des Lieferauftrags oder Dienstleistungsauftrags, darf sich nicht außerhalb jeder vergaberechtlichen Prüfung und Kontrolle vollziehen.[49] Es ist vergaberechtlich daher nicht erlaubt, die Auswahl ohne objektive Bedingungen durch Mitarbeiter des öffentlichen Auftraggebers vornehmen zu lassen, wenn die abgerufenen Leistungen für betriebliche Zwecke vorgesehen sind. Die direkte Anforderung der Leistungen von einem bestimmten Wirtschaftsteilnehmer muss anhand objektiver Kriterien und der bereits festgelegten Bedingungen der Rahmenvereinbarung erfolgen.[50] Zur Sicherstellung der Gleichbehandlung und Transparenz haben die öffentlichen Auftraggeber daher bereits in den Vergabeunterlagen für die Rahmenvereinbarung die objektiven Kriterien anzugeben, die für die Entscheidung zwischen der direkten Anforderung der Leistungen von einem bestimmten Wirtschaftsteilnehmer einerseits, und der Auswahl des Wirtschaftsteilnehmers mittels Kleinstwettbewerb andererseits, ausschlaggebend sind.

29 Andernfalls würden dem öffentlichen Auftraggeber mit mehreren Auftragnehmern nach dem Zuschlag alle Möglichkeiten offenstehen, unanfechtbar und unter Verstoß gegen den das Vergaberecht beherrschenden Grundsatz, dass der Zuschlag stets auf das wirtschaftlichste Angebot zu erteilen ist, ausschreibungspflichtige Leistungen „freihändig" unter den Siegern der Ausschreibung zu verteilen.[51]

30 Wie das Kammergericht in seiner wegweisenden Entscheidung 2004 herausgestellt hat, könnte ansonsten eine in das Belieben des öffentlichen Auftraggebers gestellte Auswahlentscheidung zu erheblichen Rechtsverletzungen führen[52]:

„Wer als Auftraggeber ein Zielunternehmen im Blick hat, das den Auftrag erhalten soll, wird gut daran tun, einem unliebsamen, hartnäckigen und vielleicht auch noch klagefreudigen Konkurrenten bei einer Ausschreibung den ersten Platz gewinnen zu lassen. Damit ist er vergaberechtlich erst einmal klaglos gestellt. Das Zielunternehmen bekommt den zweiten Platz. Ein Risiko besteht auf Grund des Abschlusses eines nur unverbindlichen Rahmenvertrages für den Auftraggeber nicht, denn im Rahmen der Durchführung könnte er stets das Zielunternehmen berücksichtigen, ohne dass sich das Unternehmen, das auf den ersten Platz gesetzt worden war, wirksam dagegen zur Wehr setzen könnte. Verstärkt wird dieser Effekt noch durch die Optionsmöglichkeiten, die der Vertrag vorsieht. Dem Auftraggeber steht es völlig frei, den Vertrag nach Ablauf des ersten Jahres mit dem einen Unternehmen auslaufen zu lassen und ihn beim „Zielunternehmen" zweimal um jeweils ein weiteres Jahr zu verlängern."

31 Stehen alle Bedingungen fest und soll lediglich die Auswahl desjenigen Rahmenvertragspartners, der die Leistung erfüllen soll, anhand objektiver Kriterien oder durch einen nicht in der Sphäre des öffentlichen Auftraggebers stehenden Dritten erfolgen, handelt es sich nicht um flexible Mehrfach-Rahmenvereinbarungen sondern um **abschließende**

---

[48] Die EU-Kommission bezeichnet diese Art von Rahmenvereinbarungen auch als „Mehrfach-Rahmenvereinbarungen".

[49] Vgl. KG Beschl. v. 15.4.2004 – 2 Verg 22/03, IBRRS 2004, 3531 – IT-Hardware.

[50] *Schabel* EuZW, 705, 708.

[51] Vgl. KG Beschl. v. 15.4.2004 – 2 Verg 22/03, IBRRS 2004, 3531 – IT-Hardware.

[52] Vgl. KG Beschl. v. 15.4.2004 – 2 Verg 22/03, IBRRS 2004, 3531 – IT-Hardware.

Mehrfach-Rahmenvereinbarungen. In einem solchen Fall ist ausnahmsweise die Durchführung eines Kleinstwettbewerbs nicht erforderlich und der Dritte kann quasi allein entscheiden, welcher Rahmenvertragspartner die Leistungen auszuführen hat und dementsprechend die Vergütung erhält. Allerdings muss es sich dabei um Leistungen handeln, die ausschließlich (!) einem Privaten zugutekommen.[53]

IV. Das zu ermittelnde Auftragsvolumen

Der öffentliche Auftraggeber bzw. Sektorenauftraggeber muss in Vorbereitung auf das Vergabeverfahren das Auftragsvolumen anhand der in Aussicht genommene Abrufmengen so genau wie möglich ermitteln. Dieses ermittelte Auftragsvolumen ist zum einen wichtig für die Feststellung, welcher Schwellenwert erreicht und damit, welches Vergaberechtsregime anzuwenden ist (unter 1.). Zum anderen ist dieses ermittelte Auftragsvolumen entscheidend, damit die Bieter ordnungsgemäß ihre Angebote kalkulieren und erstellen können und letztendlich die Rahmenvereinbarung durch die Angabe der Abrufmengen ihre Wirkung behält (unter 2.). 32

1. Relevanz für das Erreichen des Schwellenwerts

Die möglichst genaue Ermittlung des in Aussicht genommenen Auftragsvolumens ist entscheidend für die Beurteilung, ob der jeweils einschlägige nationale oder EU-Schwellenwert erreicht oder überschritten wird. Gemäß § 3 Abs. 4 VgV wird der Wert einer Rahmenvereinbarung auf der Grundlage des ordnungsgemäß geschätzten Gesamtwertes aller Einzelaufträge berechnet, die während der gesamten Laufzeit einer Rahmenvereinbarung geplant sind. Dies stellt den **kalkulatorischen Auftragswert** dar. 33

Wird die Laufzeit bei Rahmenvereinbarungen auf unter 48 Monate festgelegt, ist der zu ermittelnde kalkulatorische Auftragswert je nach Einzelfall dennoch auf der Basis von 48 Monaten zu ermitteln. Es handelt sich hierbei um den sog. **„kalkulatorisch-funktionalen Auftragswert“.** Die Schätzung des Auftragswerts hat unter Rückgriff auf die Rechtsprechung des Europäischen Gerichtshofs zu erfolgen.[54] In diesem Sinne ist eine Aufteilung nicht gerechtfertigt, wenn die Leistung, die aufgeteilt wird, im Hinblick auf ihre **technische und wirtschaftliche Funktion** einen einheitlichen Charakter aufweist. Im Rahmen dieser funktionellen Betrachtungsweise sind organisatorische, inhaltliche, wirtschaftliche sowie technische Zusammenhänge zu berücksichtigen. Anhand dieser Kriterien ist zu bestimmen, ob Teilaufträge untereinander auf solch eine Weise verbunden sind, dass sie als ein einheitlicher Auftrag anzusehen sind. Die Werte derart funktional miteinander verknüpfter Leistungen sind zusammenzurechnen, obgleich sie möglicherweise konsekutiv erbracht werden.[55] Erreicht oder überschreitet die Summe diese Leistungen den einschlägigen EU-Schwellenwert, findet das EU-Kartellvergaberecht auch dann Anwendung, wenn die Summe der Einzelaufträge der tatsächlichen festgelegten Laufzeit der Rahmenvereinbarung, unterhalb des einschlägigen EU-Schwellenwerts liegt. Dadurch werden Umgehungsversuche unterbunden, die Laufzeit in der Absicht auf unter 48 Monate festzulegen, um nicht in die Anwendung des EU-Kartellvergaberechts zu gelangen (vgl. § 3 Abs. 2 S. 1 VgV). Absicht im Sinne des § 3 Abs. 2 S. 1 VgV ist hier nicht in einem strafrechtlichen Sinne zu verstehen, der ein Wissen und Wollen verlangt, was die ankla- 33a

[53] Vgl. Erwägungsgrund 61 Abs. 1 der Richtlinie 2014/24/EU, der von Lieferungen oder Dienstleistungen zur Nutzung durch natürliche Personen spricht.

[54] Vgl. EuGH Urt. v. 5.10.2000 – C-16/98, NZBau 2001, 275 – Kommission./.Frankreich; Urt. v. 15.3. 2012 – C-574/10, BeckRS 2012, 8059 = NVwZ 2012, 489 – Autalhalle Niedernhausen.

[55] Vgl. OLG Köln Beschl. v. 24.10.2016 – 11 W 54/16, NZBau 2017, 181, 182 – Bundeswasserstraße O; Der Gesetzgeber (BT-Drs. 18/7318, 147) hat ausdrücklich klargestellt, dass die „Frage nach dem „wie“ der Auftragswertschätzung … ausschließlich vergaberechtlich unter Zugrundelegung des funktionalen Auftragsbegriffs zu beantworten ist“.

gende Seite zu beweisen hätte.[56] Da es sich um eine innere Tatsache des öffentlichen Auftraggebers handelt, reicht es aus, wenn in einem Nachprüfungsverfahren der Antragsteller vorträgt, dass die Art der über die Rahmenvereinbarung zu beschaffenden Leistungen auch über die festgelegte Laufzeit der Rahmenvereinbarung regelmäßig benötigt wird und eine Begrenzung der Laufzeit unüblich sei. Der öffentliche Auftraggeber hat dann unter Verweis auf den Vergabevermerk darzulegen und notfalls zu beweisen, dass eine Reduzierung der Laufzeit auf unter 48 Monate sachlich gerechtfertigt sei, weil er beispielsweise die Leistungen nach Ablauf der Laufzeit nicht mehr benötigt.[57] Der öffentliche Auftraggeber hat sowohl die vergaberechtliche Kostenschätzung als auch die sachlichen Gründe, die ausnahmsweise eine Berücksichtigung eine Laufzeit von unter 48 Monaten rechtfertigen, vor der Einleitung des Vergabeverfahrens im Sinne des § 8 Abs. 1 S. 1 VgV zu dokumentieren.

Das bedeutet, dass die Laufzeit einer Rahmenvereinbarung bei regelmäßig widerkehrenden Leistungen zwar auf unter 48 Monate festgelegt werden darf, der kalkulatorische funktionale Auftragswert jedoch bei fehlender sachlicher Rechtfertigung, auf der Basis von 48 Monaten zu ermitteln ist. Eine betragsmäßige Deckelung auf einen Wert unterhalb des jeweiligen EU-Schwellenwerts stellt regelmäßig eine vergaberechtswidrige Unterteilung der Auftragsvergabe im Sinne des § 3 Abs. 3 S. 2 VgV dar.[58]

33b Bei Rahmenvereinbarungen kommt dem **kalkulatorischen Auftragswert** auch ansonsten eine entscheidende Bedeutung zu. Der öffentliche Auftraggeber muss in den Vergabeunterlagen die **Mengen** angeben, die er voraussichtlich abrufen wird.[59] Auf der Basis dieser Mengen ist der kalkulatorische Auftragswert zu ermitteln.

33c Sehen die Vergabeunterlagen darüber hinaus die Möglichkeit von **Auftragsänderungen** vor, beispielsweise **Optionen** im Sinne des § 132 Abs. Abs. 2 S. 1 Nr. 1 GWB, hat der öffentliche Auftraggeber bei der Berechnung des Auftragswerts zu unterstellen, dass alle (!) Optionen, die den Auftragswert erhöhen, in maximaler Höhe gezogen werden. Dies folgt aus § 3 Abs. 1 S. 2 VgV, nach der für die Berechnung des kalkulatorischen Auftragswerts alle Optionen zu berücksichtigen sind. Das gilt insbesondere für Optionen, die in den Vertragsbedingungen angelegt sind, wie beispielsweise § 1 Abs. 4 VOB/B; § 2 Abs. 2 VOB/B; § 2 Abs. 3 VOB/B und § 2 Nr. 1 VOL/B oder auch in Ziffer § 17.1 S. 1 EVB-IT System-AGB.[60] Alle Optionen im Sinne des § 132 Abs. Abs. 2 S. 1 Nr. 1 GWB sind bereits in Ziffer II.2.2) „Angaben zu Optionen" der EU-Auftragsbekanntmachung anzugeben.[61]

34 Bei der Ermittlung des kalkulatorischen Auftragswerts von Rahmenvereinbarungen stellt sich zudem die Frage, ob bei einer längeren Laufzeit von 48 Monaten, der kalkulatorische Auftragswert gemäß § 3 Abs. 11 Nr. 2 VgV auf den 48-fachen Monatswert gedeckelt wird. Liegt der Monatswert beispielsweise in Höhe von 4.000 EUR (netto) bei einer Laufzeit der Rahmenvereinbarung von fünf Jahren[62] (60 Monaten), würde im Falle einer Deckelung auf 48 Monate der kalkulatorische Auftragswert bei 192.000 EUR (netto) und damit der Unterschwellenbereich betroffen sein. Bei Zugrundelegung der vollen 60 Mo-

[56] AA *Schaller* NZBau 2018, 342, 343, der eine echte „Umgehungsabsicht" fordert.

[57] Dies kommt beispielsweise bei Reinigungsdienstleistungen in Betracht, wenn die Liegenschaft zu einem festen Stichtag aufgegeben wird.

[58] Vgl. VK Südbayern, Beschl. v. 14.5.2019 – Z3-3-3194-1-14-05/19, IBRRS 2019, 3144 = VPRRS 2019, 0307.

[59] EuGH Urt. v. 19.12.2018 – C-216/17, IBRRS 2018, 4074 = NZBau 2019, 116 – Autorità Garante della Concorrenza e del Mercato – Antitrust und Coopservice", Rn. 58 ff.

[60] Version 2.0 v. 19.9.2012: „Der Auftraggeber kann nach Vertragsschluss jederzeit Änderungen des Leistungsumfangs des Gesamtsystems im Rahmen der Leistungsfähigkeit des Auftragnehmers verlangen, es sei denn, dies ist für den Auftragnehmer unzumutbar."

[61] Dies gilt auch für § 1 Abs. 4 VOB/B; § 2 Abs. 2 VOB/B; § 2 Abs. 3 VOB/B und § 2 Nr. 1 VOL/B. Wobei vom Europäischen Gerichtshof noch nicht geklärt ist, ob diese Optionen überhaupt den strengen Vorgaben des § 132 Abs. Abs. 2 S. 1 Nr. 1 GWB genügen, weil diese Optionen keine hinreichenden Angaben zu Art, Umfang und den objektiven Voraussetzungen möglicher Auftragsänderungen enthalten.

[62] Der Diskussionsentwurf zur Unterschwellenvergabeordnung (UVgO) – Stand: 31.8.2016 sieht derzeit in § 15 Abs. 4 UVgO eine Laufzeit von bis zu sechs Jahren vor.

nate würde sich ein kalkulatorischer Auftragswert von 240.000 EUR (netto) errechnen lassen und das Kartellvergaberecht wäre anzuwenden.

Die Regelung des § 3 Abs. 11 Nr. 2 VgV lässt zunächst vermuten, dass bei Aufträgen über **Liefer-** und **Dienstleistungen,** für die kein Gesamtpreis angegeben wird, Berechnungsgrundlage für den geschätzten Auftragswert bei Aufträgen mit einer Laufzeit von mehr als 48 Monaten nur der 48-fache Monatswert ist. Allerdings ist diese Regelung richtlinienkonform auszulegen. Denn gemäß Art. 5 Abs. 14 lit. b der Richtlinie 2014/24/EU[63] wird nur bei öffentlichen **Dienstleistungsaufträgen,** für die kein Gesamtpreis angegeben wird, der geschätzte Auftragswert bei Verträgen mit einer Laufzeit von mehr als 48 Monaten[64] auf der Basis des 48-fachen Monatswerts berechnet. Bei **Lieferaufträgen** gilt diese Regelung gerade nicht. Somit ist nur bei Rahmenvereinbarungen über Dienstleistungsaufträge, bei denen kein Gesamtpreis angegeben wird[65], der kalkulatorische Auftragswert auf 48 Monate gedeckelt. Diese bei Lieferaufträgen auf 48 Monate gedeckelte Berechnung ist jedoch nicht vollumfänglich rechtssicher. Denn § 3 Abs. 4 VgV bestimmt, dass der Wert einer Rahmenvereinbarung auf der Grundlage des geschätzten Gesamtwertes aller Einzelaufträge berechnet wird. Dies wären vom reinen Wortlaut her auch diejenigen Einzelaufträge, die bei einer Laufzeit der Rahmenvereinbarung (inkl. aller Verlängerungsoptionen) von mehr als 48 Monaten, nach Ablauf dieser 48 Monate abgerufen werden können. Im Zweifel sollte sicherheitshalber der höhere Wert angesetzt werde, insbesondere wenn dies dazu führen würde, dass nur denn der einschlägige EU-Schwellenwert erreicht oder überschritten wird. 35

Bei Rahmenvereinbarungen über **Dienstleistungen der betrieblichen Altersversorgung** ist hinsichtlich des kalkulatorischen Auftragswerts nicht der Wert der einzelnen Verträge Bemessungsgrundlage, sondern das Wertpotenzial aller betrieblichen Alterversorgungsverträge der einzelnen kommunalen Behörde oder des einzelnen kommunalen Betriebs in Abhängigkeit von der jeweiligen maximalen Zahl an Beschäftigten und bestimmter weiterer Parameter.[66] 36

2. Relevanz für die Angebotserstellung und die Wirksamkeit der Einzelabrufe

Gemäß § 21 Abs. 1 S. 2 VgV und § 4a EU Abs. 1 S. 2 VOB/A ist das in Aussicht genommene Auftragsvolumen so genau wie möglich zu ermitteln und bekannt zu geben, braucht aber nicht abschließend verbindlich festgelegt zu werden. Dadurch sollen die Bieter die notwendigen Informationen erhalten, um ihr jeweiliges Angebot ordnungsgemäß zu kalkulieren. Auf diese Weise werden die Angebote der verschiedenen Bieter letztendlich überhaupt erst vergleichbar. Der Umstand, dass das Auftragsvolumen nicht abschließend verbindlich festgelegt werden muss, schafft für den öffentlichen Auftraggeber die notwendige Flexibilität bei der Bündelung von Einzelaufträgen. 37

Müsste sich der Auftraggeber auf ein bestimmtes Auftragsvolumen verbindlich festlegen, würde er sich zum einen bei einem Abruf einer geringeren Gesamtmenge gegenüber seinem Vertragspartner schadensersatzpflichtig machen. Zum anderen könnte ein größerer Abruf als die festgelegte Menge eine wesentliche Vertragsänderung im Sinne des § 132 GWB und damit einen neuen ausschreibungspflichtigen Vorgang darstellen.

---

[63] Richtlinie 2014/24/EU des Europäischen Parlaments und des Rates vom 26.2.2014 über die öffentliche Auftragsvergabe und zur Aufhebung der Richtlinie 2004/18/EG (ABl. L 94 v. 28.3.2014, S. 65).

[64] Oder mit unbestimmter Laufzeit.

[65] Ein solcher Gesamtpreis könnte beispielsweise dann anzugeben sein, wenn der öffentliche Auftraggeber ein Budget in Höhe von 50.000 EUR (netto) pro Jahr für Beratungsleistungen zur Verfügung hat und dieses mittels Festpreis (vgl. § 58 Abs. 2 S. 2 VgV) voll ausschöpfen möchte. Legt der öffentliche Auftraggeber nun den Zeitraum der Rahmenvereinbarung auf beispielsweise sechs Jahre fest, ist Bemessungsgrundlage der kalkulatorische Auftragswert gedeckelt auf 48 Monate. Der kalkulatorische Auftragswert würde dann bei 200.000 EUR (netto) liegen.

[66] Vgl. *Neun/Otting* EuZW 2011, 456, 461; EuGH Urt. v. 15.7.2010 – C-271/08, IBRRS 2010, 2653 – Kommission/Deutschland, Rn. 92–100.

37a Der Umstand, dass sich der Auftraggeber nicht verbindlich auf ein Auftragsvolumen festlegen muss, bedeutet allerdings nicht, dass der Auftraggeber die in Aussicht genommenen **Abrufmengen** überhaupt nicht nennen müsste. Das Gegenteil ist der Fall. Der Auftraggeber hat das Auftragsvolumen lediglich nicht verbindlich festzulegen.

In diesem Zusammenhang ist zu beachten, dass § 21 Abs. 1 S. 2 VgV und § 4a EU Abs. 1 S. 2 VOB/A folgende Regelung des Art. 33 Abs. 1 Unterabs. 2 der Richtlinie 2014/24/EU umsetzt:

„Bei einer Rahmenvereinbarung handelt es sich um eine Vereinbarung zwischen einem oder mehreren öffentlichen Auftraggebern und einem oder mehreren Wirtschaftsteilnehmern, die dazu dient, die Bedingungen für die Aufträge, die im Laufe eines bestimmten Zeitraums vergeben werden sollen, festzulegen, insbesondere in Bezug auf den Preis und gegebenenfalls die in Aussicht genommene Menge."

Im Dezember 2018 hat der Europäische Gerichtshof in einer bahnbrechenden Entscheidung zu der Vorgängerregelung des Art. 32 Abs. 2 Unterabs. 3 der Richtlinie 2004/18/EG festgestellt, dass aus dem Adverb „gegebenenfalls" nicht abgeleitet werden könne, dass die Angabe der Mengen der Leistungen, die die Rahmenvereinbarung betrifft, nur fakultativ sei.[67]

Bereits der in diesem Verfahren zuständige Generalanwalt[68] hat in seinen Schlussanträgen ausgeführt, dass es sich bei der fraglichen Klausel um eine zwingende Klausel handeln würde, die sich jedoch ihrem Inhalt nach auf die Genauigkeit des Volumens beziehen würde, das in Anbetracht der Art der Leistungen, die Gegenstand der Folgeaufträge sind, in der Rahmenvereinbarung vorausgenommen werden könne.[69]

„76. Jede andere Auslegung würde dazu führen, dass die ursprünglichen Bedingungen der Rahmenvereinbarung in Bezug auf einen ihrer wichtigsten Bestandteile nicht genau genug ausfallen, mit einer doppelten und negativen Folge: Zum einen würde der Anreiz zur Teilnahme für die eventuell interessierten Wirtschaftsteilnehmer vermindert, da diese aufgrund der Unbestimmtheit des Vertragsgegenstands von einer Teilnahme am Verfahren absehen würden. Zum anderen würde das Verbot, bei der Auftragsvergabe „substanzielle Änderungen an den Bedingungen dieser Rahmenvereinbarung" vorzunehmen (Art. 32 Abs. 2 Unterabs. 3 der Richtlinie 2004/18), ins Leere gehen.

77. In Nr. 6 Buchst. c von Anhang VII A der Richtlinie 2004/18, auf den in Art. 36 Abs. 1 verwiesen wird, ist geregelt, welche Angaben in der Auftragsbekanntmachung vor Abschluss einer Rahmenvereinbarung enthalten sein müssen. Erforderlich ist danach konkret die Angabe „des für die gesamte Laufzeit der Rahmenvereinbarung (24) veranschlagten Gesamtwerts der Dienstleistungen sowie – wann immer möglich – des Wertes und der Häufigkeit der zu vergebenden Aufträge".

78. In der Rahmenvereinbarung ist folglich der Gesamtwert der Dienstleistungen anzugeben. Dieser Gesamtwert muss zwangsläufig eine ungefähre Einschätzung der Folgeaufträge enthalten, mit denen die verschiedenen Bestandteile, aus denen sich die Gesamtheit der angeforderten Dienstleistungen zusammensetzt, individuell und nacheinander vergeben werden. Nur auf diese Weise werden die Grundsätze der Transparenz und der Gleichbehandlung der an der Rahmenvereinbarung und den daraus folgenden Aufträgen interessierten Wirtschaftsteilnehmer eingehalten. Wenn die Gesamtmenge der (geschätzten) Leistungen nicht angegeben wird oder die Grundlagen für ihre Berechnung hypothetisch sind, können die Bewerber nur schwer beurteilen, ob es sich für sie lohnt, in dem Ausschreibungsverfahren ein Angebot abzugeben (25)."

Ausweislich Ziffer 10. A) von TEIL C im ANHANG V der Richtlinie 2014/24/EU ist in der EU-Auftragsbekanntmachung Folgendes anzugeben:

[67] EuGH Urt. v. 19.12.2018 – C-216/17, IBRRS 2018, 4074 = NZBau 2019, 116 – Autorità Garante della Concorrenza e del Mercato – Antitrust und Coopservice, Rn. 58 ff.

[68] Manuel Compos Sánches-Bordona.

[69] Schlussanträge des Generalanwalts v. 3.10.2018 – C-216/17, BeckRS 2018, 23670 –Autorità Garante della Concorrenza e del Mercato – Antitrust und Coopservice, Rn. 75 ff.

„[…] Soweit möglich, Angabe des Werts oder der Größenordnung und der Häufigkeit der zu vergebenden Aufträge […].“

Die Begrifflichkeit „soweit möglich“ geht sogar noch weiter als die Begrifflichkeit „gegebenenfalls“, die der Europäische Gerichtshof im Lichte des Transparenzgrundsatzes dahingehend ausgelegt hat, dass die Angaben zwingend in der EU-Auftragsbekanntmachung zu benennen sind.

Im Ergebnis muss ein Auftraggeber daher „unbedingt die Gesamtmenge angeben, in die sich die Folgeaufträge einfügen können“.[70]

Daraus folgt, dass der öffentliche Auftraggeber, der von Anbeginn an der Rahmenvereinbarung beteiligt ist, sich selbst und potenzielle öffentliche Auftraggeber, die in dieser Vereinbarung eindeutig genannt werden, nur bis zu einer bestimmten Menge verpflichten kann, und dass diese Rahmenvereinbarung ihre Wirkung verliert, wenn diese Menge erreicht ist. Der Auftraggeber hat daher den für die gesamte Laufzeit der Rahmenvereinbarung veranschlagten Auftragswert (Gesamtbetrag) und soweit möglich die Häufigkeit der zu vergebenden Aufträge (Gesamtmenge) anzugeben.[71]

In der Praxis sind öffentliche Auftraggeber oftmals allerdings gar nicht in der Lage, den exakten Bedarf für die Laufzeit der Rahmenvereinbarung abzuschätzen.[72] In aller Regel reicht es daher aus, wenn der öffentliche Auftraggeber den Bietern ermöglicht, sich anhand der Leistungsbeschreibung ein realistisches Bild von dem tatsächlich bestehenden Bedarf zu machen.[73] Der Auftraggeber hat den veranschlagten Auftragswert (Gesamtbetrag) und soweit möglich die Häufigkeit der zu vergebenden Aufträge (Gesamtmenge) dennoch anzugeben. 38

Im Zusammenhang mit der Ausschreibung von Arzneimittel-Rabattverträgen gemäß § 130a Abs. 8 SGB V müssen die ausschreibenden gesetzlichen Krankenkassen den Bietern darüber hinaus statistisch ermittelte Verordnungsdaten aus vorangegangenen Jahren mitteilen, um ihnen auf diesem Wege eine Abschätzung des zu erwartenden Verordnungsvolumens zu ermöglichen.[74] 39

Der öffentliche Auftraggeber muss gegenüber den Bietern sich abzeichnende Bedarfsveränderungen und das sich daraus abgeleitete geänderte voraussichtliche Auftragsvolumen auch noch während eines bereits begonnenen Vergabeverfahrens rechtzeitig vor Ablauf der Frist zur Angebotsabgabe mitteilen.[75] Ist die Frist zu Angebotsabgabe nicht mehr hinreichend lang für eine ordnungsgemäße Angebotserstellung, muss der öffentliche Auftraggeber die Angebotsfrist angemessen verlängern, die neue Angebotsfrist den Bietern mitteilen und auch diese neue Angebotsfrist im Wege einer Änderungsbekanntmachung bekanntgeben. 40

---

[70] Vgl. EuGH Urt. v. 19.12.2018 – C-216/17, IBRRS 2018, 4074; NZBau 2019, 116 – Autorità Garante della Concorrenza e del Mercato – Antitrust und Coopservice, Rn. 60.

[71] Vgl. EuGH Urt. v. 19.12.2018 – C-216/17, IBRRS 2018, 4074; NZBau 2019, 116 – Autorità Garante della Concorrenza e del Mercato – Antitrust und Coopservice, Rn. 69.

[72] Vgl. LSG Hessen Beschl. v. 15.12.2009– L 1 KR 337/09, MPR 2010, 61; *Rosenkötter/Seidler* NZBau 2007, 684, 686; VK Bund Beschl. v. 6.6.2013 – VK 3-35/13, IBR 2013, 563; VK Bund Beschl. v. 21.6. 2010, VK 2-53/10, IBR 2010, 1314.

[73] Vgl. Pünder/Schellenberg/*Schrotz*, Vergaberecht, 2. Aufl. 2015, VOL/A, § 4 EG, Rn. 57; *Rosenkötter/Seidler* NZBau 2007, 684, 686; LSG Hessen Beschl. v. 15.12.2009– L 1 KR 337/09, MPR 2010, 61; VK Bund Beschl. v. 6.6.2013 – VK 3-35/13, IBR 2013, 563; VK Bund Beschl. v. 21.6.2010, VK 2-53/10, IBR 2010, 1314.

[74] Vgl. Pünder/Schellenberg/*Schrotz*, Vergaberecht, 2. Aufl. 2015, VOL/A, § 4 EG, Rn. 58; LSG Baden-Württemberg Beschl. v. 27.2.2008, L 5 KR 507/08, BeckRS 2008, 51896.

[75] Vgl. Pünder/Schellenberg/*Schrotz*, Vergaberecht, 2. Aufl. 2015, VOL/A § 4 EG, Rn. 57; Müller-Wrede/*Poschmann* VOL/A § 4 EG Rn. 32; OLG Düsseldorf Beschl. v. 20.2.2013 – Verg 44/12, IBRRS 2013, 1552; NZBau 2013, 392; OLG Düsseldorf Beschl. v. 7.12.2011, Verg 99/11, ZfBR 2012, 310, VK Bund Beschl. v. 25.1.2013 – VK 3-5/13, IBRRS 2013, 0978; VK Hessen Beschl. v. 5.11.2009 – 69d VK 39/ 2009; OLG Düsseldorf Beschl. v. 8.3.2005 – Verg 40/04, IBRRS 2005, 1142 = BeckRS 2005, 151015.

V. Besondere Anforderungen an Rahmenvereinbarungen

41 Trotz oder gerade wegen der großen Flexibilität von Rahmenvereinbarungen sind hierbei verschiedene besondere Anforderungen zu berücksichtigen. In jedem Falle sind die vergaberechtlichen Grundsätze der Gleichbehandlung, der Transparenz und des Wettbewerbs auch bei der Ausschreibung von Rahmenvereinbarungen zu beachten. Zudem gilt der Grundsatz der klaren und möglichst eindeutigen Leistungsbeschreibung grundsätzlich auch für Rahmenvereinbarungen.[76] Andernfalls wären die Bieter nicht in der Lage, eine ordnungsgemäße Angebotskalkulation vorzunehmen und ihren Aufwand sowie ihre hierfür erforderlichen Ressourcen für den Auftrag einzuschätzen.[77] Die Anforderungen dürfen jedoch nicht überspannt werden. Beispielsweise muss der Leistungsgegenstand bei Rahmenvereinbarungen nicht im Vorhinein so präzise und abschließend beschrieben werden, dass die Bieter bereits zuschlagsfähige Angebote für die späteren Einzelgebote abgeben können.[78] Die Grenze des Erlaubten bildet in jedem Fall die Unzumutbarkeit, nachdem die Regelung, die bereits eine Überbürdung eines ungewöhnlichen Wagnisses als Vergaberechtsverstoß eingestuft hat, mit der Einführung der VOL/A-EG 2009 bei der Beschaffung von Liefer- und Dienstleistungen ersatzlos weggefallen ist.[79]

1. Vergaberechtsregime

42 Sowohl § 21 Abs. 1 S. 1 VgV für die Beschaffung von Liefer- und Dienstleistungen als auch § 4a EU Abs. 1 S. 1 VOB/A für die Beschaffung von Bauleistungen legen fest, dass die Rahmenvereinbarung keine eigenständige Vergabeverfahrensart ist, sondern dass diese ein Beschaffungsinstrument darstellt, welches mithilfe der gängigen Vergabeverfahrensarten beschafft werden kann.

43 Inzwischen können Rahmenvereinbarungen auch rechtssicher über Bauleistungen, Planungsleistungen oder Beratungsleistungen abgeschlossen werden. Nach dem alten Vergaberecht war dies zweifelhaft, weil weder die VOB/A aF noch die VOF eine entsprechende Regelung für Rahmenvereinbarungen vorgesehen hat.[80]

2. Verpflichtungen aus der Rahmenvereinbarung

44 Darüber hinaus muss aus einer Rahmenvereinbarung klar erkennbar sein, welche Rechte und Pflichten die Vertragsparteien hinsichtlich der Einzelbeauftragung treffen.

45 Ist in der Rahmenvereinbarung geregelt, dass der Auftraggeber nicht über die Rahmenvereinbarung Leistungen abrufen muss, wenn er jedoch über die Rahmenvereinbarung diese abruft, dass dann der Auftragnehmer zu leisten hat, spricht man von einer **„einseitig verbindlichen Rahmenvereinbarung“.** Öffentliche Auftraggeber entscheiden sich üblicherweise für eine solche Regelung.[81] Der öffentliche Auftraggeber wird ungeachtet der Frage einer eventuellen Abnahmeverpflichtung in aller Regel dennoch bemüht sein, seinen Bedarf aus bestehenden Rahmenvereinbarungen zu decken.[82]

---

[76] Vgl. *Portz* VergabeR 2014, 523, 526; VK Bund Beschl. v. 21.8.2013 – VK 1-67/13, VPR 2014, 1036.

[77] Vgl. VK Bund Beschl. v. 29.7.2009 – VK 2-7/09.

[78] Vgl. VK Südbayern Beschl. v. 12.8.2013 – Z3-3-3194-1-18-07/13, VPRRS 2013, 1248.

[79] Vgl. OLG Düsseldorf Beschl. v. 19.10.2011 – VII-Verg 54/11, IBRRS 2011, 4681 = NZBau 2011, 762; OLG Düsseldorf Beschl. v. 7.11.2011 – Verg 90/11, ZfBR 2012, 196 = NZBau 2012, 256 – Zytostatika; OLG Düsseldorf Beschl. v. 7.12.2011 – Verg 96/11, ZfBR 2012, 308; OLG Düsseldorf Beschl. v. 20.2. 2013 – Verg 44/12, ZfBR 2013, 510 = NZBau 2013, 392 – Klick-Preis; aA: OLG Jena Beschl. v. 22.8. 2011 – 9 Verg 2/11, NZBau 2011, 771 – Auftausalz; OLG Dresden Beschl. v. 2.8.2011 – Verg 4/11, NZBau 2011, 775 – Streusalz (ohne nähere Begründung).

[80] Vgl. VK Sachsen Beschl. v. 25.1.2008 – 1/SVK/88-07, BeckRS 2008, 11096; Pünder/Schellenberg/*Schrotz* Vergaberecht, 2011, VOL/A § 4 EG, Rn. 10ff.; *Rosenkötter* VergabeR 2010, 368; *Machwirth* VergabeR 2007, 385f.; *Knauff* VergabeR 2006, 24, 26; *Haak/Degen* VergabeR 2005, 164, 168.

[81] Vgl. *Fischer/Fongern* NZBau 2013, 550; Müller-Wrede/*Poschmann* VOL/A § 4 EG, Rn. 17.

[82] Vgl. Pünder/Schellenberg/*Schrotz,* Vergaberecht, 2. Aufl. 2015, VOL/A, § 4 EG, Rn. 17, der Rahmenvereinbarungen als latent wettbewerbsbeschränkend einstuft.

Trifft den öffentlichen Auftraggeber neben einer Leistungspflicht des Auftragnehmers selbst eine Abnahmeverpflichtung in der Form, dass er einen bestimmten Teil der Leistungen abrufen muss, liegt eine **„beidseitig verbindliche Rahmenvereinbarung"** vor. Eine solche Regelung ist durchaus sinnvoll, um den Bietern eine bessere Kalkulation zu ermöglichen und damit sich der öffentlichen Auftraggeber letztendlich selbst vor aus seiner Sicht unwirtschaftlichen Risikoaufschlägen der Bieter schützt. Eine solche Regelung kann in besonders gelagerten Fällen sogar unumgänglich sein, um den Bietern nicht unzumutbare Kosten (Vorhalte-, Lager-, Personalkosten etc.) aufzubürden (vgl. Näheres hierzu unter der nachfolgenden (→ Rn. 49f.) Ziffer V.3.). 46

Ist die Rahmenvereinbarung so ausgestaltet, dass den öffentlichen Auftraggeber keine Abnahmepflicht und den Auftragnehmer im Falle eines Abrufs keine Leistungspflicht trifft, liegt eine **„beidseitig unverbindliche Rahmenvereinbarung"** vor. 47

Es wird vereinzelt die Auffassung vertreten, dass zu bezweifeln sei, ob es sich bei dieser letzten Variante mangels Rechtsbindungswillen überhaupt um eine Rahmenvereinbarung handelt.[83] Dieser Auffassung ist entgegenzuhalten, dass gerade bei einer Mehrfach-Rahmenvereinbarung, bei der noch nicht alle Bedingungen feststehen, die beidseitige unverbindliche Ausgestaltung charakteristisch ist. 48

3. Missbrauchsverbot

Sowohl gemäß § 21 Abs. 1 S. 3 VgV als auch gemäß § 4a EU Abs. 1 S. 3 VOB/A darf eine Rahmenvereinbarung nicht missbräuchlich oder in einer Art angewendet werden, die den Wettbewerb behindert, einschränkt oder verfälscht. Auf europäischer Ebene findet sich dieses Missbrauchsverbot in Erwägungsgrund 61 Abs. 3 S. 4 der Richtlinie 2014/24/EU. 49

Eine solche den Wettbewerb behindernde Verhaltensweise könnte es darstellen, wenn der öffentliche Auftraggeber die Rahmenvereinbarung für eine Markterkundung missbraucht (→ Rn. 51 ff.). Unter gewissen Umständen könnte auch das Fehlen einer Mindestabnahmemenge missbräuchlich sein (→ Rn. 53 ff.). Des Weiteren kommt als Missbrauchstatbestand auch die Beschaffung außerhalb der laufenden Rahmenvereinbarung in Betracht (→ Rn. 56 ff.). 50

a) Markterkundung. Da eine Rahmenvereinbarung zunächst nur den Rahmen für die Einzelbeauftragungen festlegt und grundsätzlich keine Abnahmeverpflichtung mit sich bringt, könnten öffentliche Auftraggeber geneigt sein, mit der Ausschreibung einer Rahmenvereinbarung den Markt zu erkunden, ohne den Willen, einen bestimmten Bedarf über die Rahmenvereinbarung zu decken. Ein solches Vorgehen wäre missbräuchlich und würde zudem gegen § 28 Abs. 2 VgV bzw. § 2 EU Abs. 7 S. 2 VOB/A verstoßen, nach deren Regelungsgehalt die Durchführung eines Vergabeverfahren lediglich zur Markterkundung und zum Zwecke der Kosten- oder Preisermittlung unzulässig ist. 51

Ist der Zweck einer Ausschreibung nicht auf die Vergabe der ausgeschriebenen Leistung gerichtet, sondern lediglich darauf, den abrufberechtigten Auftraggebern die Angebote der erfolgreichen Unternehmen zu präsentieren, ist ein zu einem solchen Zweck durchgeführtes Vergabeverfahren ebenfalls unzulässig.[84] 52

b) Mindestabnahmemenge. Ist es missbräuchlich, wenn der öffentliche Auftraggeber den Rahmenvertragspartnern auf Auftragnehmerseite keine Mindestabnahmemenge und damit eine Abnahmeverpflichtung zusichert? Zugunsten der Flexibilität von Rahmenvereinbarungen müssen die öffentlichen Auftraggeber in aller Regel keine Mindestabnahmemenge gegenüber den Rahmenvertragspartnern zusichern.[85] Wenn es beim Abruf der Ein- 53

[83] Vgl. Pünder/Schellenberg/*Schrotz,* Vergaberecht, 2. Aufl. 2015, VOL/A, § 4 EG, Rn. 91.

[84] Vgl. KG Beschl. v. 15.4.2004 – 2 Verg 22/03, IBRRS 2004, 3531 – IT-Hardware.

[85] Vgl. OLG Düsseldorf Beschl. v. 21.10.2015 – Verg 28/14, ZfBR 2016, 83 = NZBau 2016, 235 – BSI („No-Spy-Verfahren"); OLG Düsseldorf Beschl. v. 30.11.2009 – Verg 43/09, IBRRS 2013, 0789.

zelaufträge zu einer Unterschreitung des ursprünglich vorausgesehenen Auftragsvolumens kommt, ist dies grundsätzlich unbeachtlich.[86] Denn den Angeboten bei Rahmenvereinbarungen wohnen – in der Natur der Sache liegend und abhängig vom in aller Regel ungeklärten und nicht abschließend klärbaren Auftragsvolumen – erhebliche Kalkulationsrisiken inne, die gerade typischerweise vom Bieter zu tragen sind.[87]

54 Ausnahmsweise hat der öffentliche Auftraggeber jedoch dann ein Mindestabnahmepflicht oder wenigstens eine angemessene Kompensationszahlung vorzusehen, wenn dem Rahmenvertragspartner auch ohne Einzelaufträge Kosten entstehen, für die er keinen anderweitigen Ausgleich erhält.[88] Dies kann zum Beispiel der Fall sein, wenn der öffentliche Auftraggeber in den Lieferbedingungen eine sehr kurze Lieferfrist vorsieht, die vom Rahmenvertragspartner eine entsprechende zusätzliche Lagerhaltung und Logistik erfordern. Auch die Installation und Aufrechterhaltung einer elektronischen Shop-Anbindung verursachen in aller Regel außerordentliche Kosten für den Rahmenvertragspartner. Schließlich kann auch das Vorhalten von Personal zusätzliche Kosten für den Rahmenvertragspartner hervorrufen, die unter Umständen eine angemessene Mindestabnahmemenge oder Kompensationszahlung erfordern.

55 Im Übrigen sollte der öffentliche Auftraggeber unter besonderer Berücksichtigung des haushaltsrechtlichen Grundsatzes der wirtschaftlichen und sparsamen Mittelverwendung eine Mindestabnahmemenge aufnehmen, soweit er sicher ist, dass es zu einer bestimmten Abnahmemenge in jedem Fall kommen wird. Denn ohne eine solche Mindestabnahmemenge kalkulieren die Unternehmen in aller Regel einen entsprechenden Sicherheitszuschlag in ihre Preise mit ein. Dies verteuert den Beschaffungsvorgang. Einer solchen unnötigen Verteuerung könnte jedoch leicht mittels zugesagter Mindestabnahmemenge vorgebeugt werden.

56 **c) Sperrwirkung.** Es könnte missbräuchlich sein, wenn der öffentliche Auftraggeber bzw. Sektorenauftraggeber seinen Bedarf nicht über eine laufende Rahmenvereinbarung sondern anderweitig abruft. Insoweit stellt sich die Frage, ob einer Rahmenvereinbarung eine Sperrwirkung inne wohnt.

57 **Sperrwirkung** bedeutet, dass es dem Auftraggeber untersagt ist, nach dem Abschluss der Rahmenvereinbarung den von ihm abgedeckten Bedarf über andere, gegebenenfalls noch abzuschließende öffentliche Aufträge (Einzelbeschaffungen) oder andere Rahmenvereinbarungen zu decken.[89]

58 Nach dem bisherigen Vergaberecht war es dem öffentlichen Auftraggeber gemäß § 4 EG Abs. 3 VOL/A ausdrücklich verwehrt, für dieselbe Leistung mehrere Rahmenvereinbarungen abzuschließen (sog. **„Doppelausschreibungsverbot"**). Entscheidend war, ob es durch den Abschluss einer parallelen Rahmenvereinbarung zu einer doppelten Deckung eines spezifischen Bedarfs kam.[90]

59 Während der Laufzeit einer Rahmenvereinbarung war es der Vergabestelle jedenfalls untersagt, ein erneutes Vergabeverfahren mit dem Ziel des Abschlusses einer parallelen Rahmenvereinbarung über einen sich teilweise oder gänzlich deckenden Beschaffungsbedarf durchzuführen.

60 Die Sperrwirkung des Doppelausschreibungsverbots erfasste jedoch nach dem Wortlaut nicht die gesonderte Ausschreibung von Einzelleistungen, sondern nur die Ausschreibung von einer weiteren Rahmenvereinbarung über dieselbe Leistung.

---

[86] Vgl. *Portz* VergabeR 2014, 523, 527.

[87] Vgl. OLG Düsseldorf Beschl. v. 20.2.2013 – Verg 44/12, ZfBR 2013, 510 = NZBau 2013, 392 – Klick-Preis.

[88] Vgl. OLG Jena Beschl. v. 22.8.2011 – 9 Verg 2/11, NZBau 2011, 771 – Auftausalz; OLG Dresden Beschl. v. 2.8.2011 – Verg 4/11, NZBau 2011, 775 – Streusalz.

[89] Vgl. *Segeth* in ders. Rahmenvereinbarungen, S. 233.

[90] Vgl. *Fischer/Fongern* NZBau 2013, 550, 551; *Knauff* VergabeR 2006, 24, 31.

Nach dem neuen Vergaberecht findet sich weder in der Richtlinie 2014/24/EU noch in dem nationalen Vergaberecht eine Regelung, die den Abschluss einer parallelen Rahmenvereinbarung über dieselbe Leistung verbietet. Ausdrücklich erwähnt Erwägungsgrund 61 der Richtlinie 2014/24/EU sogar, dass die öffentlichen Auftraggeber gerade nicht verpflichtet sein sollen, Bauleistungen, Lieferungen oder Dienstleistungen, die Gegenstand einer Rahmenvereinbarung sind, unter dieser Rahmenvereinbarung zu beschaffen. Damit ist es inzwischen auf jeden Fall europarechtlich erlaubt, dass der öffentliche Auftraggeber trotz einer bestehenden Rahmenvereinbarung seinen Bedarf durch Einzelausschreibungen parallel decken darf. 61

Fraglich ist aber, ob damit inzwischen nur geklärt ist, dass es eine Sperrwirkung hinsichtlich weiterer Einzelausschreibungen nicht (mehr) gibt, oder ob damit nunmehr sogar Rahmenvereinbarungen über den gleichen Beschaffungsbedarf parallel zu den bisherigen Rahmenvereinbarungen ausgeschrieben werden dürfen. Es liegt jedenfalls eine Situation vor, wie sie bereits für Sektorenauftraggeber nach dem bisherigen Vergaberecht vorgelegen hat. Für den Bereich der Sektorenauftraggeber wurde teilweise vertreten, wegen des Fehlens einer § 4 EG Abs. 1 S. 3 VOL/A vergleichbaren Regelung in der Sektorenvorordnung habe das Doppelausschreibungsverbot hier nicht gegolten.[91] Dem wurde entgegen gehalten, dass sich die mehrfache Vergabe einer Leistung, die tatsächlich nur einmal beschafft werden soll, kaum mit dem Gebot eines fairen, diskriminierungsfreien Wettbewerbes vereinbaren lassen würde.[92] Allerdings stellt sich die Frage, warum es keinen fairen, diskriminierungsfreien Wettbewerb darstellen würde, wenn der öffentliche Auftraggeber sich dazu entscheidet, seinen Bedarf nicht mehr über eine noch laufende Rahmenvereinbarung zu decken, sondern diesen über eine neu auszuschreibende Rahmenvereinbarung wirtschaftlicher zu beziehen. Ein solches Vorgehen schafft ja gerade Wettbewerb, weil eine Beschaffung außerhalb der Rahmenvereinbarung gerade den Wettbewerb fördert und ihn nicht wegen einer etwaigen imaginären Sperrwirkung beschränkt. Außerdem fördert eine solche Möglichkeit die wirtschaftliche Auftragsausführung, weil der bisherige Rahmenvertragspartner sich während der Vertragslaufzeit auch mittels einer gelebten Servicephilosophie gegenüber dem öffentlichen Auftraggeber anzustrengen hat, um nicht den Anstoß für eine Beschaffung außerhalb der Rahmenvereinbarung selbst zu geben. Erklärtes Ziel des Beschaffungsinstruments der Rahmenvereinbarung ist es schließlich, die öffentlichen Auftraggeber hinsichtlich der vergaberechtlichen Anforderungen zu entlasten, nicht aber ihnen weitere Hürden aufzuerlegen. 62

Bestehen keine vertragsrechtlichen Bindungen (beispielsweise durch eine vertragliche Exklusivitätsklausel oder eine zugesicherte Mindestabnahmemenge), ist kein schlagendes Argument ersichtlich, weshalb der öffentliche Auftraggeber auf den ihm möglichen verfahrensrechtlich vereinfachten Beschaffungsvorgang über die bestehende Rahmenvereinbarung nicht verzichten könnte und eine weitere Rahmenvereinbarung gemäß den allgemeinen, für ihn administrativ aufwendigeren Regelungen nicht ausschreiben können sollte. Es fehlt schlichtweg an einer gesetzlichen Regelung, die dem öffentlichen Auftraggeber ein solches Vorgehen untersagt. 63

Daher dürfen sowohl der Sektorenauftraggeber als auch inzwischen der öffentliche Auftraggeber ihren Bedarf trotz bestehender Rahmenvereinbarung durch Einzelausschreibung und/oder Abruf aus einer anderen Rahmenvereinbarung decken, soweit und solange sie sich nicht vertragsrechtlich gegenüber dem bisherigen Rahmenvertragspartner gebunden haben. 64

Damit ist jedoch noch nichts über die Anwendung des Vergaberechts auf die Beschaffung solcher Einzelaufträge ausgesagt. Gute Argumente sprechen dafür, dass derartige Ein-

[91] Vgl. *Fischer/Fongern* NZBau 2013, 550, 551; Escheinbruch/Opitz/Finke/Hackstein/*Opitz/Hackstein*, Sektorenverordnung, § 9 Rn. 18.

[92] Vgl. *Fischer/Fongern* NZBau 2013, 550, 551 unter Verweis auf OLG Frankfurt Beschl. v. 15.7.2008 – 11 Verg 6/08, ZfBR 2009, 92 und OLG Naumburg Beschl. v. 13.10.2006 – 1 Verg 11/06, IBR 2006, 696 (allerdings ging es hierbei gerade nicht um die doppelte Ausschreibung von Rahmenvereinbarungen).

zelbeschaffungen außerhalb der Rahmenvereinbarung vergaberechtlich funktional zusammen zu betrachten sind mit den Einzelbeschaffungen auf Grundlage der Rahmenvereinbarung. Der Europäische Gerichtshof stellt bei vergaberechtlichen Entscheidungen immer wieder auf diesen funktionalen Zusammenhang ab.[93]

Für diese Einzelbeschaffungen ist das gesamte Vergaberecht anzuwenden, insbesondere § 3 Vergabeverordnung (VgV). Gemäß § 3 Abs. 4 VgV wird der Wert einer Rahmenvereinbarung auf der Grundlage des geschätzten Gesamtwertes aller Einzelaufträge berechnet. Dies betrifft nach dem Wortlaut zunächst zwar nur Einzelaufträge, die auf Basis der Rahmenvereinbarung vergeben werden sollen. Es gibt jedoch gute Gründe, auch Einzelbeschaffungen außerhalb der Rahmenvereinbarung vergaberechtlich funktional zusammen mit den Einzelbeauftragungen aus der Rahmenvereinbarung zu betrachten. So wurden bspw. von der Rechtsprechung bereits Schulbuchbestellungen einzelner (selbst nicht rechtsfähiger) Schulen funktional bezogen auf den zuständigen Schulträger zusammen betrachtet.[94]

Sollen während der Laufzeit der Rahmenvereinbarung Leistungen außerhalb dieser Rahmenvereinbarung über Einzelaufträge beschafft werden, muss somit von einem Teil einer Gesamtbeschaffung bzw. einem Los neben dem großen Los, der Rahmenvereinbarung, gesprochen werden. Die Werte solcher Lose sind zusammenzurechnen (vgl. § 3 Abs. 7 und Abs. 8 VgV). Dies gilt auch für Interimsaufträge, die einen Teil des ursprünglichen vorgesehenen Leistungszeitraums abdecken im Falle eines Nachprüfungsverfahrens. Schließlich wird bei einem Interimsauftrag ein typisches Teillos gebildet.

Es könnte zwar argumentiert werden, dass die Leistungen, die außerhalb der Rahmenvereinbarung beschafft werden, unter das 20%-Kontingent des § 3 Abs. 9 VgV fallen, soweit der geschätzte Auftragswert diese Leistungen unter 80.000 EUR liegt und nicht mehr als 20% des Gesamtwerts aller Lose ausmacht. Indes muss die Festlegung des und die Zuordnung zu dem 20%-Kontingent aus Gründen der Transparenz bereits zum Zeitpunkt der Einleitung des ersten Vergabeverfahrens, der Schätzung des Auftragswerts und der Bildung der Lose erfolgen.[95] Wenn zum Zeitpunkt der Auftragsbekanntmachung über die Rahmenvereinbarung die späteren Einzelbeschaffungen nicht bereits ausgeklammert und dem 20%-Kontingent zugeschlagen werden, müssen die späteren Einzelbeschaffungen daher mittels europaweiten Vergabeverfahren ausgeschrieben werden. Ein Direktauftrag kommt vor diesem Hintergrund nicht in Betracht, selbst wenn der einzelne zu beschaffende Gegenstand unter 1.000 EUR (netto) liegt. Der Anreiz zur Beschaffung außerhalb der Rahmenvereinbarung wird dadurch spürbar gesenkt.

In diesem Zusammenhang ist auch auf die Leitlinien zur Festsetzung von Finanzkorrekturen hinzuweisen.[96] Diese Leitlinien sind bei Verstößen gegen die Vorschriften für die Vergabe öffentlicher Aufträge auf von der Europäischen Union (EU) im Rahmen der geteilten Mittelverwaltung finanzierte Ausgaben direkt anzuwenden. Es stellt einen schweren und mit der Rückforderung von Fördermitteln in voller Höhe (zzgl. Zinsen) belasteten schwerwiegenden Vergaberechtsverstoß dar, wenn die EU-Auftragsbekanntmachung nicht veröffentlicht worden ist; wenn beispielsweise vergaberechtwidrig direkt beschafft oder nur national ausgeschrieben wird. Auch bei einer künstlichen Aufteilung von Dienstleistungs- bzw. Lieferverträgen droht eine Rückforderung von Fördermitteln in voller Höhe. Die Rechnungshöfe orientieren sich zwischenzeitlich an diesen Leitlinien, selbst wenn es sich um nicht von der EU finanzierte Fördermittel handelt.

65 Sollte der öffentliche Auftraggeber hingegen fest davon ausgehen, dass er keine Beschaffung während der Laufzeit der Rahmenvereinbarung außerhalb der Rahmenvereinbarung zu decken beabsichtigt, ist er aus eigenem wirtschaftlichen Interesse gut beraten, sich

93 Vgl. statt vieler: EuGH Urt. v. 15.3.2012 – C-574/10, IBRRS 2012, 0993 = NVwZ 2012, 489.
94 Vgl. VK Arnsberg Beschl. v. 27.10.2003 – VK 2-22/2003, IBR 2004, 1022.
95 Vgl. OLG Düsseldorf Beschl. v. 11.2.2009 – Verg 69/08, IBRRS 2013, 0680; VK Hessen Beschl. v. 6.2.2014 – 69d-VK-54/2013, VPR 2014, 191; vgl. auch § 3 Abs. 3 VgV.
96 Vgl. Kommission, Beschl. v. 19.12.2013– C (2013) 9527.

vertragsrechtlich mittels **Exklusivitätsklausel** selbst eine Sperrwirkung aufzuerlegen und darüber hinaus möglichst, gegenüber dem Rahmenvertragspartner eine Mindestabnahmemenge zuzusichern. Dieses Vorgehen schafft Planungssicherheit bei dem Rahmenvertragspartner und ermöglicht es daher den Bietern, ihre Angebote mit noch spitzerem Bleistift wirtschaftlich zu kalkulieren.

4. Festlegung der Bedingungen

Eine Rahmenvereinbarung ist dadurch gekennzeichnet, dass der Tätigkeit des Rahmenvertragspartners insoweit Grenzen gesetzt sind, als sämtliche im Laufe eines bestimmten Zeitraums an ihn zu vergebenden Aufträge die in dieser Rahmenvereinbarung vorgesehenen Bedingungen im Wesentlichen einhalten müssen.[97] Soll von den Bedingungen der Rahmenvereinbarung hingegen wesentlich abgewichen werden, so muss der Wettbewerb wieder eröffnet werden und der betreffende Einzelauftrag ist neu auszuschreiben.[98] Ob es sich im Einzelfall um eine wesentliche Änderung handelt, ist im Lichte des § 132 GWB zu beurteilen. 66

Änderungen an den Bedingungen der Rahmenvereinbarung sind nur in sehr engen Grenzen zulässig. Solche Änderungen darf allenfalls der aus der Rahmenvereinbarung als Rahmenvertragspartner bezeichnete öffentliche Auftraggeber mit dem privaten Rahmenvertragspartner vereinbaren, weil nur diese beiden Beteiligten, Parteien der Rahmenvereinbarung sind.

Hierbei ist aber Vorsicht geboten. Denn gemäß § 21 Abs. 2 S. 3 VgV ist geregelt, dass keine **wesentlichen Änderungen** an den Bedingungen der Rahmenvereinbarung vorgenommen werden dürfen. Solche Änderungen müssen zudem den Anforderungen des § 132 GWB und der Rechtsprechung des Europäischen Gerichtshofs zur Neuausschreibungspflicht von wesentlichen Vertragsänderungen genügen.[99]

Es ist in jedem Einzelfall zu prüfen und zu dokumentieren, ob die Änderung von Bedingungen eine wesentliche Änderung darstellt und daher neuausschreibungspflichtig ist. Wird eine wesentliche Änderung ausnahmsweise ohne Neuausschreibung vorgenommen und wird dies auf § 132 Abs. 2 S. 1 Nr. 2 oder Nr. 3 GWB gestützt, muss diese Änderung – unabhängig von dem die Änderung umfassenden Auftragswert – unmittelbar nach deren Vereinbarung am selben Tag an das Amtsblatt der Europäischen Union übermittelt werden, damit die tatsächliche **Änderungsbekanntmachung** rechtzeitig und zeitnah erfolgen kann (vgl. § 132 Abs. 5 GWB). Um den Beschaffungsvorgang des öffentlichen Auftraggebers nicht unnötig zu verzögern, ist die Absendung einer inhaltlich ausreichenden Bekanntmachung ausreichend.

Inhaltlich muss die Bekanntmachung
- die Beschreibung des Auftrags vor und nach der Änderung;
- die etwaige durch die Änderung bedingte Preiserhöhung;

und
- die Beschreibung der Umstände, die die Änderung erforderlich gemacht haben;

umfassen.

Ohne die rechtzeitige Absendung einer solchen Bekanntmachung ist das Rechtsgeschäft gemäß § 125 S. 1 BGB nichtig, weil ohne die rechtzeitige Bekanntmachung das Rechtsgeschäft einen schwerwiegenden Mangel aufweist. Die Nichtigkeit besteht von Anfang an („ex tunc"), unabhängig vom Willen der Beteiligten und wirkt gegen jedermann. Nur auf diese Art und Weise lässt es sich verhindern, dass öffentliche Auftraggeber die zwingend

[97] Vgl. EuGH Urt. v. 11.6.2009 – C-300/07, DÖV 2009, 679 = NZBau 2009, 520 – Hans & Christophorus Oymanns, Rn. 71.

[98] Vgl. *Ziekow* VergabeR 2006, 702, 706.

[99] Vgl. EuGH Urt. v. 19.6.2008 – C-454/06, ZfBR 2008, 607 = NZBau 2008, 518 – pressetext Nachrichtenagentur; EuGH Urt. v. 13.4.2010 – C-91/08, IBRRS 2010, 1287 = NZBau 2010, 382 – Wall AG; EuGH Urt. v. 7.9.2016 – C-549/14, IBRRS 2016, 2731 = EuZW 2016, 871 – Finn Frogne.

vorgeschriebene Änderungsbekanntmachung „vergessen". Andernfalls würde es nur von Zufällen abhängen, dass Wirtschaftsteilnehmer von etwaigen wesentlichen Vertragsänderungen Kenntnis erlangen und deren Nichtigkeit in einem Nachprüfungsverfahren überprüfen lassen können. Durch das im Raum schwebende Damoklesschwert der Nichtigkeit trägt auch der private Rahmenvertragspartner ein beträchtliches Risiko und sollte auf eine entsprechende rechtzeitige Änderungsbekanntmachung durch den öffentlichen Auftraggeber hinwirken. Eine Heilung des nichtigen Rechtsgeschäfts kommt durch eine verspätete Absendung der Änderungsbekanntmachung mangels einer entsprechenden gesetzlichen Regelung hingegen nicht in Betracht. § 132 Abs. 5 GWB ist verfassungskonform dahingehend auszulegen, dass entsprechend den Anforderungen des Art. 19 Abs. 4 und Art. 20 Abs. 3 GG eine Information für alle interessierten Wirtschaftsteilnehmer zumindest durch die Absendung der EU-Bekanntmachung am selben Tag der Vertragsänderung zu veranlassen ist. Ansonsten fehlt der öffentliche Akt, der den Betroffenen die wesentliche Vertragsänderung rechtzeitig zur Kenntnis bringt und der diesen damit eine Überprüfung ermöglicht.[100] Andernfalls könnten die Vertragsparteien sanktionslos auf eine Änderungsbekanntmachung verzichten.

67 Die Unwirksamkeit der Auftragsvergabe wegen Missachtung von materiellen Vorgaben der Rahmenvereinbarung muss in einem Nachprüfungsverfahren jedenfalls festgestellt werden können.

5. Auswahlverfahren

68 Das Vorliegen einer Auswahlentscheidung ist Tatbestandsmerkmal eines „öffentlichen Auftrags". Dementsprechend handelt es sich gemäß Art. 1 Abs. 2 der Richtlinie 2014/24/EU nur dann um eine Auftragsvergabe, wenn eine Auswahl der Wirtschaftsteilnehmer erfolgt. Insbesondere bei den sogenannten **„Arzneimittel-Rabattverträgen"** lässt sich daher ein Zulassungsverfahren so gestalten, dass das strenge EU-Kartellvergaberecht keine Anwendung findet **(Open-House-Modell).**

69 **a) Klassische Arzneimittel-Rabattverträge.** Bei einer zwischen einer gesetzlichen Krankenkasse und einem Wirtschaftsteilnehmer geschlossenen und auf Selektivität beruhenden Vereinbarung, in der die Vergütung für die verschiedenen, von diesem Wirtschaftsteilnehmer erwarteten Versorgungsformen sowie die Laufzeit der Vereinbarung festgelegt werden, wobei der Wirtschaftsteilnehmer die Verpflichtung übernimmt, Leistungen gegenüber den Versicherten zu erbringen, die diese bei ihm nachfragen, und die gesetzlichen Krankenkasse ihrerseits die alleinige Schuldnerin der Vergütung für das Tätigwerden dieses Wirtschaftsteilnehmers ist, handelt es sich um eine Rahmenvereinbarung.[101]

70 **b) Open-House-Modell.** Ein Zulassungsverfahrens wie das Open-House-Modell, dass allen interessierten Wirtschaftsteilnehmern während der Vertragslaufzeit offen steht und bei dem keine Auswahl zwischen den Wirtschaftsteilnehmern durch oder auf Veranlassung des öffentlichen Auftraggebers erfolgt[102], stellt wegen der mangelnden Selektivität keinen öffentlichen Auftrag dar. Dies hat der Europäische Gerichtshof inzwischen vollkommen zu Recht – und noch auf der Grundlage der alten Vergabekoordinierungsrichtlinie festgestellt.[103]

71 Gemäß Erwägungsgrund 4 Abs. 2 S. 3 der Richtlinie 2014/24/EU werden inzwischen ausdrücklich Fälle, in denen alle geeigneten Wirtschaftsteilnehmer zur Wahrnehmung ei-

[100] Vgl. *Kleinhenz* ZfBr 2001, 75, 76.

[101] Vgl. EuGH Urt. v. 11.6.2009 – C-300/07, DÖV 2009, 679 = NZBau 2009, 520 – Hans & Christophorus Oymanns, Rn. 76.

[102] Etwa bei der Auswahl durch den Kunden, insbesondere bei Dienstleistungsgutscheinsystemen.

[103] Vgl. EuGH Urt. v. 2.6.2016 – C-410/14, PharmR 2016, 280 – Falk Pharma.

ner bestimmten Aufgabe berechtigt sind, ohne irgendeine Selektivität, nicht als Auftragsvergabe verstanden, sondern als einfache Zulassungssysteme[104].

Schließt der öffentliche Auftraggeber daher Verträge mit allen interessierten Unternehmen, ohne eine Auswahl zu treffen, liegt noch kein den strengen Regeln des EU-Kartellvergaberechts unterfallender Beschaffungsvorgang vor. Allerdings können die auf einem Open-House-Modell beruhenden Einzelbeauftragungen unter Umständen dem strengen EU-Kartellvergaberecht unterfallen, wenn es durch den Abruf zu der erforderlichen Selektivität kommt. 72

Ein Zulassungsverfahren ohne Selektivität unterliegt jedenfalls im Falle eines eindeutigen grenzüberschreitenden Interesses, den Grundregeln des Vertrags über die Arbeitsweise der europäischen Union (AEUV), insbesondere den Grundsätzen der Nichtdiskriminierung und der Gleichbehandlung der Wirtschaftsteilnehmer sowie dem sich daraus ergebenden Transparenzgebot, das eine angemessene Bekanntmachung verlangt. Diese Bekanntmachung muss es den potenziell interessierten Wirtschaftsteilnehmern ermöglichen, vom Ablauf und von den wesentlichen Merkmalen des Zulassungsverfahrens gebührend Kenntnis zu nehmen.[105] Die EU-weite Bekanntmachung muss den Ablauf und die wesentlichen Merkmale des Zulassungsverfahrens zwingend beinhalten. Der öffentliche Auftraggeber hat solche Zulassungssysteme so auszugestalten, dass es nicht zu einer Bevorzugung inländischer Wirtschaftsteilnehmer kommt. Es ist rechtmäßig, die einheitlichen Vertragskonditionen nur geeigneten Wirtschaftsteilnehmern zukommen zu lassen.[106] Der öffentliche Auftraggeber muss das Zulassungssystem so ausgestalten, dass es allen interessierten Wirtschaftsteilnehmern während seiner gesamten Laufzeit offensteht. Dies erfordert, dass bei Lieferaufträgen Wirtschaftsteilnehmer solange dem Vertragssystem beitreten können müssen, bis der letzte Bestellvorgang ausgelöst wird. Zur Beachtung des verfassungsrechtlichen und haushaltsrechtlichen Grundsatzes der sparsamen und wirtschaftlichen Mittelverwendung, muss der öffentliche Auftraggeber zwingend Höchstgrenzen für die Aufträge festlegen soweit er sich bereits durch das Zulassungssystem fest bindet. 73

Eine Besonderheit des Open-House-Models stellt es dar, dass jeder gemäß § 1 Abs. 1 S. 1 Informationsfreiheitsgesetz des Bundes (IFG) gegenüber der ausschreibenden Stelle einen Anspruch auf Information über die vollständigen Ausschreibungsunterlagen des Open-House-Modells im Allgemeinen und sogar über die Höhe des für das Arzneimittel gewährten Rabatts im Besonderen geltend machen kann, weil es sich bei einem solchen Rabattvertrag nicht um einen „öffentlichen Auftrag" im Sinne des § 99 GWB handelt.[107] Dadurch wird die notwendige Transparenz eines solchen Verfahrens gegenüber jedermann gewahrt.

6. Laufzeit der Rahmenvereinbarung

Die maximale Laufzeit einer Rahmenvereinbarung (sogenannte **„maximale Regellaufzeit"**) unterscheidet sich je nach Beschaffungsbereich (klassischer Beschaffungsbereich, Sektorenbereich, Verteidigungs- und Sicherheitsbereich, Unterschwellenbereich) und im klassischen Beschaffungsbereich darüber hinaus nach dem Beschaffungsgegenstand. 74

Übersteigt die tatsächliche Laufzeit der Rahmenvereinbarung die maximale Regelaufzeit, ohne dass dies bereits zum Zeitpunkt der Rahmenvereinbarung gerechtfertigt war und die Gründe hierfür dokumentiert worden sind, droht die Nichtigkeit aller Einzelauf-

[104] Beispielsweise bei Zulassungen für Arzneimittel oder bei ärztlichen Dienstleistungen.

[105] Vgl. EuGH Urt. v. 2.6.2016 – C-410/14, PharmR 2016, 280 – Falk Pharma, Rn. 44f.

[106] Die Anforderungen an die Eignung müssen hierbei angemessen sein. Beispielsweise darf der öffentliche Auftraggeber bei Rabattverträgen für Arzneimittel fordern, dass der Wirtschaftsteilnehmer ein pharmazeutischer Unternehmer gemäß § 4 Abs. 18 AMG ist und einen Nachweis einer Betriebshaftpflichtversicherung nebst Auszug aus der AMIS-Datenbank vorzulegen hat.

[107] Vgl. VG Minden Urt. v. 15.2.2017, PharmR 2017, 222-7 K 2774/14.

träge, die nach Ablauf der maximalen Regellaufzeit direkt oder automatisch abgerufen werden.[108]

„42 Überdies ist in keiner Weise dargetan worden, dass ein öffentlicher Auftrag wie der ursprüngliche Vertrag nur deshalb nicht als „Rahmenvereinbarung" im Sinne von Art. 1 Abs. 5 und Art. 32 Abs. 2 Unterabs. 4 der Richtlinie 2004/18 eingestuft werden könnte, weil er für eine Laufzeit von mehr als vier Jahren geschlossen wurde, ohne dass der Auftraggeber die Überschreitung dieser Laufzeit gerechtfertigt hat. In einer Situation wie der im Ausgangsverfahren in Rede stehenden kann nämlich insbesondere nicht ausgeschlossen werden, dass ein Vertrag wie der ursprüngliche Vertrag in den ersten vier Jahren seiner Anwendung einen im Sinne dieser letztgenannten Vorschrift gültigen Vertrag darstellt und nach Ablauf dieses Zeitraums unwirksam wird."

In Ungarn kann sogar eine Geldbuße[109] gegen den Auftragnehmer und damit auch gegen den Rahmenvertragspartner verhängt werden, wenn dennoch Einzelaufträge vergeben werden, ohne dass dies gerechtfertigt ist.[110]

75 **a) Klassischer Beschaffungsbereich. (1) Beschaffung von Bau-, Liefer- und regulären Dienstleistungen.** Gemäß § 21 Abs. 6 VgV bzw. § 4 EU Abs. 6 VOB/A darf die Laufzeit einer Rahmenvereinbarung **höchstens vier Jahre** betragen, es sei denn, es liegt ein im Gegenstand der Rahmenvereinbarung begründeter Sonderfall vor.

76 Die Laufzeitbegrenzung auf maximal vier Jahre stellt grundsätzlich eine **absolute Frist** dar, die ohne einen gewichtigen, vorab zu dokumentierenden sachlichen Grund nicht durch den Einsatz von Verlängerungsoptionen ausgedehnt werden darf.[111] Durch die maximale Regellaufzeit wird der bei Rahmenvereinbarungen im besonderem Maße bestehenden Gefahr der Begünstigung der Entstehung eines „**Hoflieferantentums**" begegnet.[112] Von der maximalen Regellaufzeit darf nur dann nach oben abgewichen werden, wenn ein im Gegenstand der Rahmenvereinbarung begründeter und vorab zu dokumentierender Sonderfall vorliegt.

77 Ausweislich des Erwägungsgrundes 62 Abs. 2 der Richtlinie 2014/24/EU sind solche Sonderfälle hinreichend konkret anhand der Besonderheiten des Auftragsgegenstands zu begründen. Derlei Ausnahmefälle können insbesondere gegeben sein, wenn Wirtschaftsteilnehmer Ausrüstung benötigen, deren **Amortisierungszeitraum** mehr als die maximale Regellaufzeit umfasst. Als zusätzliche Voraussetzung ist es erforderlich, dass die Ausrüstung während der gesamten Laufzeit der Rahmenvereinbarung jederzeit verfügbar sein muss.

78 Schließlich kann eine Rechtfertigung für eine längere Laufzeit als die maximale Regellaufzeit dadurch begründet werden, dass nur durch eine längere Laufzeit ein **echter Wettbewerb** hergestellt werden kann. Dies könnte in einem engen Wettbewerbsumfeld der Fall sein, wenn nur ein oder zwei Wettbewerber bereits über eine mit hohen Anschaffungskosten verbundene und für die Erfüllung der Leistungen aus der Rahmenvereinbarung erforderlichen Ausrüstung verfügen, die anderen Wettbewerber sich diese aber erst beschaffen müssten und deren kaufmännisch ausreichende Refinanzierung länger als vier

[108] EuGH Urt. v. 19.12.2018 – C-216/17, IBRRS 2018, 4074 = NZBau 2019, 116 – Autorità Garante della Concorrenza e del Mercato – Antitrust und Coopservice, Rn. 42.

[109] EuGH, Urt. v. 14.5.2020 – C-263/19, BeckRS 2020, 8822 – T-Systems Magyarország ua, Rn. 8, 55, 67, 71, 73.

[110] In Deutschland ist die Vergabekammer gemäß § 168 Abs. 1, Abs. 3 S. 1 GWB zwar berechtigt, geeignete Maßnahmen mittels Verwaltungsaktes zu treffen, um eine Rechtsverletzung zu beseitigen und eine Schädigung der betroffenen Interessen zu verhindern. Die Verhängung einer Geldbuße wäre allerdings rechtswidrig, weil die Ahndung mit einer Geldbuße als Sanktionsmöglichkeit nicht explizit in § 168 Abs. 1 GWB aufgenommen worden ist; vgl. § 3 iVm § 1 Abs. 1 OWiG, Art. 103 Abs. 2 GG.

[111] Vgl. *Segeth* in ders., Rahmenvereinbarungen, S. 215.

[112] Vgl. *Knauff* EuZW 2004, 141, 143.

Jahre dauert. Durch ein sklavisches Festhalten an der maximalen Regellaufzeit würde ansonsten ein echter Wettbewerb verhindert werden.[113]

Der öffentliche Auftraggeber hat die besonderen Faktoren, die Ausnahmsweise eine Abweichung von der maximalen Regellaufzeit nach oben rechtfertigen, rechtzeitig und somit vorab zu dokumentieren und er ist für deren Bestehen **darlegungs- und beweispflichtig.** In diesem Zusammenhang sei daran erinnert, dass Verlängerungsoptionen die Rechtfertigung von längeren Laufzeiten als die maximale Regellaufzeit konterkarieren, weil damit suggeriert wird, dass die Laufzeit ohne den Verlängerungszeitraum bereits ausreichend sein könne. 79

(2) Beschaffung von sozialen oder anderen besonderen Dienstleistungen. Bei der Vergabe von Aufträgen für soziale oder andere besonderen Dienstleistungen darf die Laufzeit einer Rahmenvereinbarung gemäß § 65 VgV höchstens **sechs Jahre** betragen, es sei denn, es liegt ein im Gegenstand der Rahmenvereinbarung begründeter Sonderfall vor. 80

b) Im Anwendungsbereich der Sektorenverordnung. Die maximale Regellaufzeit beträgt für Sektorenauftraggeber gemäß § 19 Abs. 3 SektVO **acht Jahre.** 81

c) Verteidigungs- und Sicherheitsbereich. Im Verteidigungs- und Sicherheitsbereich liegt die maximale Regellaufzeit gemäß § 14 Abs. 6 S. 1 VSVgV bei **sieben Jahren.** 82

d) Unterschwellenbereich. Unterhalb der EU-Schwellenwerte ist im Jahr 2016 noch eine maximale Regellaufzeit von **vier Jahren** vorgeschrieben (§ 4a Abs. 1 S. 4 VOB/A; § 4 Abs. 1 S. 4 VOL/A). Ausweislich § 15 Abs. 4 der Unterschwellenvergabeordnung (UVgO)[114] existiert im Unterschwellenbereich eine maximale Regellaufzeit von **sechs Jahren.** 83

e) Rechtsschutz. Die Rechtfertigung einer längeren Laufzeit als die maximale Regellaufzeit ist von den Nachprüfungsinstanzen voll überprüfbar.[115] Für das Bestehen der Faktoren, die ausnahmsweise eine längere Laufzeit als die maximale Regellaufzeit rechtfertigen, ist der öffentliche Auftraggeber bzw. Sektorenauftraggeber **darlegungs- und beweispflichtig.** 84

Nach eine Entscheidung der Vergabekammer Südbayern soll eine längere Laufzeit eines Rahmenvertrags als die Regellaufzeit erkennbar sein;[116] ein erkennbarer Verstoß kann nur dann mit Erfolg geltend gemacht werden, wenn dieser spätestens bis zum Ablauf der Angebotsfrist gemäß § 160 Abs. 3 S. 1 Nr. 2 und Nr. 3 GWB gerügt worden ist. Von einer solchen Erkennbarkeit kann allerdings nicht ohne weiteres ausgegangen werden. Denn Erkennbarkeit ist auf die einen Rechtsverstoß begründenden **Tatsachen** und auf deren **rechtliche Bewertung** als Vergaberechtsverstoß zu beziehen.[117] Der Berechnung der Laufzeit und die Gründe, warum eine längere Laufzeit als die maximale Regellaufzeit ausnahmsweise gerechtfertigt sein soll, betreffen oftmals interne Überlegungen des öffentlichen Auftraggebers und werden zumeist weder in der Bekanntmachung noch in den Vergabeunterlagen dargelegt. Sollten die rechtfertigenden Faktoren doch einmal transparent in den Vergabeunterlagen dargelegt worden sein, ist darauf abzustellen, ob ein durchschnittlicher fachkundigen Bieter, der die übliche Sorgfalt anwendet, anhand dieser Faktoren hätte **tatsächlich** erkennen und auch **rechtlich** bewerten können, dass die Laufzeit vergabe- 85

[113] Vgl. Ziffer 2.1 Erläuterungen – Rahmenvereinbarungen – Klassische Richtlinie der Europäischen Kommission, CC/2005/03_rev1 v. 14.7.2005.
[114] V. 2.2.2017.
[115] Vgl. OLG Düsseldorf Beschl. v. 11.4.2012 – VII-Verg 95/11, BeckRS 2012, 10051.
[116] VK Südbayern Beschl. v. 8.8.2014 – Z3-3-3194-1-31-06/14, IBRRS 2014, 2392 = LSK 2015, 10505.
[117] Vgl. OLG Düsseldorf Beschl. v. 22.1.2014 – Verg 26/13, ZfBR 2014, 498 = NZBau 2014, 371 – Abrechnungsmanagement.

rechtswidrig zu lange gewählt worden ist.[118] Ohne Kenntnis der vollständig niedergelegten Gründe für eine Überschreitung der maximalen Regellaufzeit ist der Vergaberechtsverstoß jedenfalls in aller Regel nicht erkennbar.[119]

86 Die Rechtsprechung hält eine längere Laufzeit als die maximale Regellaufzeit für einen solch wettbewerbsbeschränkenden Verstoß, dass sie einen solchen Vergaberechtsverstoß im Rahmen ihres **eingeschränkten Amtsermittlungsgrundsatzes** gemäß § 163 Abs. 1 GWB selbst zum Gegenstand eines bereits laufenden Nachprüfungsverfahrens macht.[120]

VI. Anforderungen an Einzelaufträge

87 Die Vergabe der Einzelaufträge, die auf einer echten Rahmenvereinbarung (nicht jedoch auf einem Open-House-Modell[121]) beruhen, wird durch das Vergaberecht privilegiert.[122] Denn die Vergabe der Einzelaufträge erfolgt nach vereinfachten und weitestgehend formlosen Verfahrensschritten.[123]

1. Abschließende Ein-Partner-Rahmenvereinbarung

88 Liegt eine abschließende Ein-Partner-Rahmenvereinbarung vor, so werden gemäß § 21 Abs. 3 S. 1 VgV bzw. § 4a EU Abs. 3 S. 1 VOB/A die auf dieser Rahmenvereinbarung beruhenden Einzelaufträge entsprechend den Bedingungen der Rahmenvereinbarung vergeben. Mit dem Abschluss der Rahmenvereinbarung bleibt lediglich offen, wann der Abruf erfolgt und gegebenenfalls mit welchem jeweiligen Mengenvolumen der Abruf jeweils vorgenommen wird.

89 Bei diesen Ein-Partner-Rahmenvereinbarungen, bei denen also bereits alle Bedingungen verbindlich feststehen, entfällt die Vervollständigung des ursprünglichen Angebots. Die Aufträge werden somit ausschließlich nach den Bedingungen der Rahmenvereinbarung vergeben (insbesondere was die Palette der Waren, Dienstleistungen oder Bauarbeiten und die Mengen betrifft).[124] Der öffentliche Auftraggeber ruft folglich die Leistungen nur noch durch Einzelabrufe ab. Diese werden auf der Grundlage der Rahmenvereinbarung durchgeführt.[125]

2. Flexible Ein-Partner-Rahmenvereinbarung

90 Bei einer flexiblen Ein-Partner-Rahmenvereinbarung fordert der öffentliche Auftraggeber den Rahmenvertragspartner gemäß § 21 Abs. 3 S. 2 VgV bzw. § 4a EU Abs. 3 S. 2 VOB/A in Textform elektronisch über ein E-Vergabesystem (vgl. § 81 VgV, § 103 Abs. 5 S. 2 GWB und Art. 90 Abs. 2 der RL 2014/24/EU) auf, sein Angebot erforderlichenfalls zu vervollständigen.

91 Die Begrifflichkeit „erforderlichenfalls" bezieht sich auf den Umstand, dass der Auftraggeber bereits einen von der Rahmenvereinbarung gedeckten Vorschlag dem Auftragnehmer unterbreitet, den dieser nur anzunehmen hat oder bei Bedarf erforderlichenfalls innerhalb der durch die Rahmenvereinbarung abgesteckten Grenzen ändern und insoweit vervollständigen darf.

92 Bei einer flexiblen Ein-Partner-Rahmenvereinbarung werden die Einzelaufträge entsprechend den bereits feststehenden Bedingungen der Rahmenvereinbarung, insbesondere

[118] Vgl. EuGH Urt. v. 12.3.2015 – C-538/13, IBRRS 2015, 0593 = NZBau 2015, 306, Rn. 55. – eVigilo; Ziekow/Völlink/*Dicks* GWB § 107 Rn. 50 mwN.
[119] Vgl. *Osseforth* VPR 2015, 1030.
[120] Vgl. OLG Düsseldorf Beschl. v. 11.4.2012 – VII-Verg 95/11, BeckRS 2012, 10051.
[121] Siehe oben unter V.6.a.
[122] Vgl. *Poschmann* in ders., Vertragsänderungen, S. 289.
[123] Vgl. KKMPP/*Zeise* Kommentar zur VgV, § 21 Rn. 40.
[124] Vgl. Ziffer 3.1 Erläuterungen – Rahmenvereinbarungen – Klassische Richtlinie der Europäischen Kommission, CC/2005/03_rev1 v. 14.7.2005.
[125] Vgl. KKMPP/*Zeise* Kommentar zur VgV, § 21 Rn. 48.

hinsichtlich der Palette der Waren, Dienstleistungen oder Bauarbeiten sowie der Mengen vergeben; die Vervollständigung erfolgt nur noch bezüglich der noch nicht festgelegten Bedingungen.[126] Grundlegende Änderungen an den Bedingungen der Rahmenvereinbarung sind jedenfalls ausgeschlossen (vgl. § 21 Abs. 2 S. 3 VgV).

3. Abschließende Mehrfach-Rahmenvereinbarungen

Liegen abschließende Mehrfach-Rahmenvereinbarungen vor, kann die Auswahl für die Einzelbeauftragung durch das sogenannte **„Kaskadenverfahren"** gemäß § 21 Abs. 4 Nr. 1 VgV bzw. § 4a EU Abs. 4 Nr. 1 VOB/A erfolgen. Hierbei fragt der öffentliche Auftraggeber zunächst bei dem Rahmenvertragspartner an, der das günstigste Angebot bei der Vergabe der Rahmenvereinbarung abgegeben hat, ob dieser die Leistung ausführen wird. Nur wenn dieser Rahmenvertragspartner nicht über die erforderliche Kapazität verfügt oder nicht an der Lieferung der Waren, der Erbringung der Dienstleistungen oder der Bauleistungen interessiert ist, wendet sich der Auftraggeber an den Zweitplatzierten.[127] 93

Die Wahl des Wirtschaftsteilnehmers, dem ein spezifischer Auftrag erteilt wird, kann auch anhand anderer **Kriterien** erfolgen, vorausgesetzt diese sind objektiv, transparent und diskriminierungsfrei. 94

Ausweislich des Erwägungsgrundes 61 der Richtlinie 2014/24/EU soll den öffentlichen Auftraggebern bei der Beschaffung auf der Grundlage von Rahmenvereinbarungen, die mit mehr als einem Wirtschaftsteilnehmer geschlossen werden und in denen alle Bedingungen festgelegt sind, mehr Flexibilität eingeräumt werden. Deswegen darf der öffentliche Auftraggeber bei einer abschließenden Mehrfach-Rahmenvereinbarung inzwischen, obwohl bereits alle wesentlichen Bedingungen für die Einzelbeauftragung erfüllt sind, bei Vorliegen der bereits in der Rahmenvereinbarung festgelegten objektiven Kriterien, beispielsweise wenn das jeweilige Abrufvolumen im Einzelfall einen zuvor festgelegten bestimmten Umfang erreicht oder überschreitet, einen formalisierten **Kleinstwettbewerb**[128] durchführen (§ 21 Abs. 4 Nr. 2 VgV bzw. § 4a EU Abs. 4 Nr. 2 VOB/A). 95

Zur Sicherstellung der Gleichbehandlung und Transparenz müssen die öffentlichen Auftraggeber bzw. Sektorenauftraggeber in den Auftragsunterlagen für die Rahmenvereinbarung bereits die objektiven Kriterien angeben, die für die Entscheidung zwischen diesen beiden Methoden (Einzelabruf aufgrund der festgelegten Bedingungen oder Kleinstwettbewerb) zur Ausführung der Rahmenvereinbarung ausschlaggebend sind. Diese objektiven Kriterien können sich beispielsweise auf die Menge, den Wert oder die wesentlichen Merkmale der betreffenden Bauleistungen, Lieferungen oder Dienstleistungen, einschließlich der Notwendigkeit eines höheren Leistungsniveaus oder eines gesteigerten Sicherheitsniveaus, oder auf die Preisentwicklung im Vergleich zu einem festgelegten Preisindex beziehen.[129] 96

4. Flexible Mehrfach-Rahmenvereinbarungen

Der Vergabe der Einzelaufträge muss bei flexiblen Mehrfach-Rahmenvereinbarungen zwingend anhand eines sogenannten formalisierten **Kleinstwettbewerbs** gemäß § 21 Abs. 5 VgV bzw. § 4a EU Abs. 5 VOB/A erfolgen, also mittels einen erneuten Aufrufs zum Wettbewerb zwischen den Wirtschaftsteilnehmern, die Parteien der Rahmenvereinbarungen sind (§ 21 Abs. 4 Nr. 3 VgV bzw. § 4a EU Abs. 4 Nr. 3 VOB/A). 97

Es ist hingegen nicht zulässig, dass der öffentliche Auftraggeber ohne vorher festgelegte rein objektive Bedingungen quasi willkürlich Einzelabrufe vornimmt. Die wirtschaftlich 98

---

[126] Vgl. Art. 33 Abs. 3 Unterabs. 2 der Richtlinie 2014/24/EU; Ziffer 3.3 Erläuterungen – Rahmenvereinbarungen – Klassische Richtlinie der Europäischen Kommission, CC/2005/03_rev1 v. 14.7.2005.

[127] Vgl. Ziffer 3.2 Erläuterungen – Rahmenvereinbarungen – Klassische Richtlinie der Europäischen Kommission, CC/2005/03_rev1 v. 14.7.2005.

[128] Auch als sogenannter *„Mini-Wettbewerb"* bezeichnet.

[129] Siehe Erwägungsgrund 61 der Richtlinie 2014/24/EU.

relevante Entscheidung über den „tatsächlichen Zuschlag", nämlich die Erteilung des Lieferauftrags oder Dienstleistungsauftrags, darf sich nicht außerhalb jeder vergaberechtlichen Prüfung und Kontrolle vollziehen.[130] In diesem Sinne ist es vergaberechtlich nicht erlaubt, die Auswahl ohne objektive Bedingungen durch Mitarbeiter des öffentlichen Auftraggebers vornehmen zu lassen, wenn die abgerufenen Leistungen für betriebliche Zwecke vorgesehen sind. Andernfalls würden dem öffentlichen Auftraggeber mit mehreren Auftragnehmern nach dem Zuschlag alle Möglichkeiten offen stehen, unanfechtbar und unter Verstoß gegen den das Vergaberecht beherrschenden Grundsatz, dass der Zuschlag stets auf das wirtschaftlichste Angebot zu erteilen ist, ausschreibungspflichtige Leistungen „freihändig" unter den Siegern der Ausschreibung zu verteilen.[131] Die anderen Rahmenvertragspartner können jeweils die Unwirksamkeit eines Einzelauftrags in einem Nachprüfungsverfahren feststellen lassen, gemäß § 135 Abs. 1 Nr. 2 GWB analog. Die analoge Anwendung ist gerechtfertigt, weil es sich vorliegend um eine planwidrige Regelungslücke handelt. Die Vergabekammer ist auch zuständig, wenn der Einzelauftrag nicht den jeweiligen EU-Schwellenwert erreicht. Dies ist dadurch gerechtfertigt, dass bereits die Vergabe der Rahmenvereinbarung dem EU-Kartellvergaberecht unterworfen worden ist. Damit teilt der Einzelauftrag das Schicksal der Rahmenvereinbarung. Ausweislich §§ 134, 103 Abs. 5 S. 2 GWB hat der öffentliche Auftraggeber die unterlegenen Bieter in einem Kleinstwettbewerb vor dem Zuschlag zu informieren und mind. zehn Kalendertage abzuwarten. Ein öffentlicher Auftraggeber, der trotz Verpflichtung keinen Kleinstwettbewerb durchführt, würde ohne die Sanktionsmöglichkeiten der Feststellung der Unwirksamkeit des öffentlichen Auftrags ansonsten bessergestellt im Vergleich zu einem öffentlichen Auftraggeber, der einen Kleinstwettbewerb durchführt und gemäß § 134 die unterlegenen Bieter vorab über die beabsichtigte Auftragsvergabe mit einer Stillhaltefrist von mindestens zehn Kalendertagen informieren muss.

99 Stehen alle Bedingungen fest und soll lediglich die Auswahl desjenigen Rahmenvertragspartner, der die Leistung erfüllen soll, anhand objektiver Kriterien oder durch einen nicht in der direkten Sphäre des öffentlichen Auftraggebers stehenden Dritten erfolgen, handelt es sich nicht um flexible Mehrfach-Rahmenvereinbarungen sondern um **abschließende Mehrfach-Rahmenvereinbarungen.** In einem solchen Fall ist ausnahmsweise ein Kleinstwettbewerb nicht erforderlich. Allerdings muss es sich dabei um Leistungen handeln, die ausschließlich einem Privaten zugutekommen.[132] Die Entscheidung des Dritten über den konkreten Abruf im Einzelfall stellt einen mittelbaren Abruf durch den öffentlichen Auftraggeber dar, wenn letztgenannter sich einen hinreichenden Einfluss auf diese Entscheidung gesichert hat.[133] Dabei muss die Einflussnahme dem Nichtdiskriminierungsgebot genügen und darf insbesondere keine willkürlichen Auswahlentscheidungen durch den öffentlichen Auftraggeber ermöglichen.

5. Kleinstwettbewerb

100 Bei abschließenden Mehrfach-Rahmenvereinbarungen kann der öffentliche Auftraggeber, bei flexiblen Mehrfach-Rahmenvereinbarungen muss der öffentliche Auftraggeber einen formalisierten **Kleinstwettbewerb** gemäß § 21 Abs. 5 VgV bzw. § 4a EU Abs. 5 VOB/A durchführen. Der genaue Verfahrensablauf gestaltet sich wie folgt:

1. Vor der Vergabe jedes Einzelauftrags konsultiert der öffentliche Auftraggeber in Textform elektronisch über ein E-Vergabesystem (vgl. § 81 VgV, § 103 Abs. 5 S. 2 GWB und Art. 90 Abs. 2 der RL 2014/24/EU) die Rahmenvertragspartner, die in der Lage sind, den Auftrag auszuführen,

---

130 Vgl. KG Beschl. v. 15.4.2004 – 2 Verg 22/03, IBRRS 2004, 3531 – IT-Hardware.

131 Vgl. KG Beschl. v. 15.4.2004 – 2 Verg 22/03, IBRRS 2004, 3531 – IT-Hardware.

132 Vgl. Erwägungsgrund 61 Abs. 1 der Richtlinie 2014/24/EU, der von Lieferungen oder Dienstleistungen zur Nutzung durch natürliche Personen spricht.

133 Vgl. *Weiner* GesR 2010, 237, 240.

2. der öffentliche Auftraggeber setzt eine ausreichende Frist (Einreichungsfrist) für die Abgabe der Angebote für jeden Einzelauftrag fest; dabei berücksichtigt er unter anderem die Komplexität des Auftragsgegenstands und die für die Übermittlung der Angebote erforderliche Zeit,
3. die Rahmenvertragspartner müssen die Angebote in Textform elektronisch über ein E-Vergabesystem (vgl. § 81 VgV, § 103 Abs. 5 S. 2 GWB und Art. 90 Abs. 2 der Richtlinie 2014/24/EU) einreichen. Die Angebote dürfen bis zum Ablauf der Einreichungsfrist nicht geöffnet werden,
4. der öffentliche Auftraggeber vergibt die Einzelaufträge an den Bieter, der auf der Grundlage der bereits in der Auftragsbekanntmachung oder bereits in den Vergabeunterlagen für die Rahmenvereinbarung genannten Zuschlagskriterien das jeweils wirtschaftlichste Angebot abgegeben hat.

Die Einreichungsfrist muss angemessen sein. Bei Angeboten, die rasch erstellt werden können, beispielswese wenn diese lediglich hinsichtlich einer Bedingung (beispielsweise dem Preis oder der Lieferzeit) zu vervollständigen sind und die elektronisch eingereicht werden können, darf der öffentliche Auftraggeber die Einreichungsfrist verhältnismäßig kurz wählen[134]. In Einzelfällen kann eine Frist bis zum Ablauf des nächsten Arbeitstags angemessen sein. Aus Transparenzgründen ist bereits in der Rahmenvereinbarung darzulegen, wie kurz die Einreichungsfrist mindestens sein kein. 101

Der öffentliche Auftraggeber hat darauf zu achten, dass er die im Kleinstwettbewerb unterlegen Rahmenvertragspartner in jedem Fall gemäß § 134 Abs. 1 GWB über 102
- den Namen des Rahmenvertragspartners, dessen Angebot angenommen werden soll,
- über die Gründe der vorgesehenen Nichtberücksichtigung ihres Angebots und
- über den frühesten Zeitpunkt des Vertragsschlusses

unverzüglich in Textform zu informieren hat. Auf den Wert des Einzelauftrags kommt es insoweit nicht an.

Der öffentliche Auftraggeber hat eine **Stillhaltefrist** von 15 Kalendertagen einzuhalten. Diese Frist darf er auf zehn Kalendertage reduzieren, wenn er diese Information auf elektronische Weise oder per Telefax übermittelt. 103

Durch diese Stillhaltefrist sind die Effizienzgewinne des Kleinstwettbewerbs sehr beeinträchtigt, weil der öffentliche Auftraggeber bis zum Ablauf dieser Frist mit der Beauftragung warten muss. Verantwortlich hierfür ist die Bundesrepublik Deutschland, die es bisher versäumt hat, gemäß Art. 2b lit. c der Richtlinie 2007/66/EG[135] und im Lichte des Erwägungsgrundes 9 dieser Richtlinie, statt der Einführung dieser obligatorischen Stillhaltefrist die Unwirksamkeit als wirksame Sanktion vorzusehen. Die Unwirksamkeit hätte dann in einem Nachprüfungsverfahren nur noch festgestellt werden können, wenn der geschätzte Auftragswert der dem Kleinstwettbewerb zugrunde liegenden Einzelaufträge selbst den jeweiligen EU-Schwellenwert erreicht oder übersteigt. 104

Der europäische Normgeber sieht bei einem durch einen EU-Mitliedstaat normierten Verzicht auf die obligatorische Stillhaltefrist eine rechtliche Überprüfung nur verpflichtend vor, wenn der geschätzte Auftragswert der dem Kleinstwettbewerb zugrunde liegenden Einzelaufträge selbst den jeweiligen EU-Schwellenwert erreicht oder übersteigt. 105

Im Umkehrschluss ist daraus abzuleiten, dass bei einem gesetzgeberischen Festhalten an die obligatorische Stillhaltefrist, diese Stillhaltefrist und Informationspflicht des § 134 Abs. 1 GWB sogar auf Kleinstwettbewerbe anzuwenden ist, wenn der geschätzte Auftragswert der dem Kleinstwettbewerb zugrunde liegenden Einzelaufträge selbst den jeweiligen EU-Schwellenwert unterschreitet. Der Einzelauftrag teilt dann das Schicksal der Rahmenvereinbarung. 106

Damit die öffentlichen Auftraggeber auch hierzulande endlich den Kleinstwettbewerb ohne die Stillhaltefrist und Informationspflicht des § 134 Abs. 1 GWB effektiv anwenden 107

[134] Vgl. KKMPP/*Zeise* Kommentar zur VgV, Rn. 59.
[135] Richtlinie 2007/66/EG (sog. Rechtsmitteländerungsrichtlinie).

dürfen, ist der deutsche Gesetzgeber aufgerufen, so schnell wie möglich die obligatorische Stillhaltefrist bei Kleinstwettbewerben aufzugeben und stattdessen die Unwirksamkeit als wirksame Sanktion vorzusehen.[136]

6. Laufzeit der Einzelaufträge

108 Die Einzelaufträge können kürzer oder ausnahmsweise sogar länger sein als die Länge der Laufzeit der Rahmenvereinbarung.[137] Allerdings hat der öffentliche Auftraggeber in jedem Einzelfall zu prüfen, ob die längere Ausgestaltung der Laufzeit der Einzelaufträge wettbewerbsschränkend und damit vergaberechtswidrig ist. Gemäß Erwägungsgrund 62 Abs. 1 der Richtlinie 2014/24/EU ist es zulässig, sich hinsichtlich der Gründe für eine längere Laufzeit der Einzelaufträge im Vergleich zu der Länge der Laufzeit der Rahmenvereinbarung darauf zu stützen, dass **besondere Faktoren** zwingend zu berücksichtigen sind, die eine längere Laufzeit erforderlich machen. Solche besonderen Faktoren sind gegeben, wenn die ausgeschriebenen Maßnahmen eine längere Laufzeit als die Länge der Laufzeit der Rahmenvereinbarung zwingend erfordern:

- Insbesondere wenn ein Wechsel des Rahmenvertragspartners bei einer Begrenzung der Laufzeit auf die Länge der Laufzeit der Rahmenvereinbarung nicht ohne **besonders zu begründete Schwierigkeiten** möglich ist.
- Ein weiterer sachlicher Grund für eine längere Laufzeit kommt bei **Wartungsverträgen** in Betracht, wenn die erwartete Nutzungsdauer der zu wartenden Ausrüstungsgegenstände die maximale Regellaufzeit übersteigt.
- Ferner kann eine für die Auftragsausführung erforderliche **umfassende Mitarbeiterschulung** in Ausnahmefällen eine längere Laufzeit als die Länge der Laufzeit der Rahmenvereinbarung rechtfertigen.

VII. Unterschwellenbereich

109 Ausweislich § 4a VOB/A bzw. § 4 VOL/A und § 15 UVgO sind Rahmenvereinbarungen Aufträge, die ein oder mehrere Auftraggeber an ein oder mehrere Unternehmen vergeben können, um die Bedingungen für Einzelaufträge, die während eines bestimmten Zeitraums vergeben werden sollen, festzulegen, insbesondere über den in Aussicht genommenen Preis.

110 Gemäß § 4 Abs. 2 VOL/A bzw. § 4a Abs. 2 VOL/A und § 15 UVgO ist die Erteilung von Einzelaufträgen nur zulässig zwischen den Auftraggebern, die ihren voraussichtlichen Bedarf für das Vergabeverfahren gemeldet haben und den Unternehmen, mit denen Rahmenvereinbarungen abgeschlossen wurden. Deswegen muss der öffentliche Auftraggeber vor der Ausschreibung der Rahmenvereinbarung zwingend eine Bedarfsabfrage durchführen und dokumentieren. Nur wenn die Bedarfsabfrage einen unverhältnismäßigen Aufwand verursachen würde, darf entgegen des eindeutigen Wortlauts des Gesetzes nach einer dogmatisch fragwürdigen Entscheidung des OLG Düsseldorfs auf eine Bedarfsabfrage im gut zu dokumentierenden Einzelfall verzichtet werden.[138]

111 In § 4a VOB/A wurde inzwischen auch für den Unterschwellenbereich eine Regelung zu Rahmenverträgen aufgenommen, die allerdings weniger detailliert ist als die Vorgaben in § 4a EU VOB/A. § 4a VOB/A lehnt sich an die Formulierung des § 4 VOL/A an und übernimmt bewusst nicht die sehr detaillierte, eng dem Richtlinientext folgende Formu-

[136] Aktuell sind viele öffentliche Auftraggeber wegen der derzeit noch bestehenden obligatorischen Stillhaltefrist abgeneigt, überhaupt flexible Mehrfach-Rahmenvereinbarungen auszuschreiben.
[137] Vgl. Erwägungsgrund 62 Abs. 1 der Richtlinie 2014/24/EU.
[138] OLG Düsseldorf Beschl. v. 21.10.2015 – Verg 28/14 – BSI („No-Spy-Verfahren").

lierung des § 4a EU VOB/A, um den Rahmenvereinbarungen im Gefüge der Vertragsarten nicht überproportional Gewicht zu verleihen.[139]

VIII. Vergabestatistikverordnung

Die öffentlichen Auftraggeber und Sektorenauftraggeber müssen nach Zuschlagserteilung bestimmte Daten im Rahmen der Vergabe eines öffentlichen Auftrages an das Bundesministerium für Wirtschaft und Energie übermitteln. Näheres regelt die Vergabestatistikverordnung (VergStatVO). 112

Gemäß Nr. 9 der Anlage 1 zu § 3 Abs. 1 VergStatVO für öffentliche Auftraggeber und der Nr. 9 der Anlage 3 zu § 3 Abs. 3 VergStatVO für Sektorenauftraggeber ist in den zu übermittelnden Daten anzugeben, wenn die Bekanntmachung im Supplement zum Amtsblatt der Europäischen Union den Abschluss einer Rahmenvereinbarung betrifft und der Zuschlag erfolgt ist. 113

Die Bekanntmachung betrifft immer dann den Abschluss einer Rahmenvereinbarung, wenn es sich um die Vergabe einer Rahmenvereinbarung handelt und der öffentliche Auftraggeber bzw. Sektorenauftraggeber verpflichtet ist, in Ziffer II.1.3) der jeweiligen EU-Auftragsbekanntmachung anzukreuzen, dass eine Rahmenvereinbarung ausgeschrieben wird. 114

Betrifft die EU-Bekanntmachung den Abschluss einer Rahmenvereinbarung über **soziale und andere besondere Dienstleistungen** nach Anhang XIV der Richtlinie 2014/24/EU, folgt die gleiche Pflicht aus Nr. 9 der Anlage 2 zu § 3 Abs. 2 VergStatVO für öffentliche Auftraggeber und der Nr. 4 der Anlage 4 zu § 3 Abs. 4 VergStatVO für Sektorenauftraggeber. 115

Wird eine Rahmenvereinbarung eines **verteidigungs- oder sicherheitsspezifischen öffentlichen Auftrages** im Supplement zum Amtsblatt der Europäischen Union bekannt gemacht, muss der öffentliche Auftraggeber bzw. der Sektorenauftraggeber nach Zuschlagserteilung gemäß Nr. 5 der Anlage 7 zu § 3 Abs. 7 VergStatVO in den zu übermittelnden Daten angeben, wenn diese EU-Bekanntmachung den Abschluss einer Rahmenvereinbarung betrifft. 116

Abgeschlossene Rahmenvereinbarungen, die zuvor einmal bekannt gemacht worden sind, werden jeweils einmal statistisch erfasst. Einzelabrufe aus Rahmenvereinbarungen werden hingegen nicht gesondert statistisch erfasst, auch wenn der jeweilige EU-Schwellenwert bezogen auf den Einzelabruf überschritten wird. 117

Besondere Vergabedaten über Rahmenvereinbarungen im **Unterschwellenbereich** müssen nicht, können aber freiwillig an das Bundesministerium für Wirtschaft und Energie übermittelt werden (vgl. § 4 VergStatVO). Zwar regelt § 4 Abs. 1 Nr. 3 VergStatVO, das die Verfahrensart differenziert nach öffentlicher Ausschreibung, beschränkter Ausschreibung und freihändiger Vergabe sowie sonstiger Verfahrensart anzugeben ist. Jedoch handelt es sich bei der Rahmenvereinbarung nicht um eine eigene Verfahrensart sondern um ein vergaberechtliches Instrument, welches mit den bestehenden Verfahrensarten beschafft wird. Eine sonstige Verfahrensart wäre beispielsweise der Wettbewerbliche Dialog oder die Innovationspartnerschaft. 118

C. Dynamisches Beschaffungssystem

I. Definition

Ein **dynamisches Beschaffungssystem** ist gemäß § 120 Abs. 1 GWB ein zeitlich befristetes, ausschließlich elektronisches Verfahren zur Beschaffung marktüblicher Leistungen, 119

[139] Vgl. die Hinweise für den überarbeiteten Abschnitt 1 VOB/A 2016, veröffentlicht am 1.7.2016, BAnz AT 1.7.2016 B4.

bei denen die allgemein auf dem Markt verfügbaren Merkmale den Anforderungen des öffentlichen Auftraggebers genügen.

II. Anwendungsbereich

120 Gemäß § 22 Abs. 1 VgV kann der öffentliche Auftraggeber für die Beschaffung marktüblicher Leistungen ein dynamisches Beschaffungssystem nutzen.

121 Es zeichnet sich gemäß § 22 Abs. 3 VgV durch eine vollständige elektronische Abwicklung des Beschaffungsvorgangs aus.[140] Daher hat jegliche Kommunikation zwischen dem öffentlichen Auftraggeber und den interessierten Wirtschaftsteilnehmern einschließlich der Ausschreibung und der Abgabe von Angeboten mit elektronischen Mitteln zu erfolgen.[141]

122 Das dynamische Beschaffungssystem steht gemäß § 22 Abs. 4 VgV jedem Wirtschaftsteilnehmer offen, der die Eignungskriterien erfüllt. Der Zugang hierzu hat gemäß § 22 Abs. 5 VgV **unentgeltlich** zu erfolgen.

123 Gemäß Erwägungsgrund 63 der Richtlinie 2014/24/EU soll diese Beschaffungsmethode es dem öffentlichen Auftraggeber ermöglichen, eine besonders breite Palette von Angeboten einzuholen und damit sicherzustellen, dass die öffentlichen Gelder im Rahmen eines breiten Wettbewerbs in Bezug auf marktübliche oder gebrauchsfertige Waren, Bauleistungen oder Dienstleistungen, die allgemein auf dem Markt verfügbar sind, optimal eingesetzt werden. Das dynamische Beschaffungssystem kann im Sinne des Art. 34 Abs. 1 S. 3 der Richtlinie 2014/24/EU in Kategorien von Waren, Bau- oder Dienstleistungen untergliedert werden.

124 Das bereits 2004 auf EU-Ebene geschaffene „dynamische Beschaffungssystem", das von Beginn an umstritten war, hat bisher europaweit bedauerlicherweise kaum Beachtung gefunden.[142] Insgesamt enthält Art. 34 der Richtlinie 2014/24/EU, der für das dynamische Beschaffungssystem europarechtlich den Rahmen setzt, sehr detaillierte Regelungen zu speziellen Verfahrensregeln. National erfolgte die Umsetzung in §§ 22 bis 24 VgV. Ob das dynamische Beschaffungssystem trotz der Detailtiefe dieser Bestimmungen in der Praxis zukünftig erfolgreicher sein wird, kann zumindest als offen bezeichnet werden.[143]

III. Vergaberechtsregime

125 Beim dynamischen Beschaffungssystem handelt es sich nicht um ein eigenständiges Vergabeverfahren, sondern um eine besondere Ausgestaltung des nicht offenen Verfahrens (vgl. § 22 Abs. 2 VgV).

126 Das dynamische Beschaffungssystem kann angewendet werden im Zusammenhang mit der Beschaffung von marktüblichen Liefer- und Dienstleistungen nach der Vergabeverordnung, bei der Beschaffung von marktüblichen Bauleistungen gemäß § 4b EU VOB/A und bei der Beschaffung von marktüblichen Leistungen im Rahmen der Sektorenverordnung.

127 Als Vergabeverfahrensart ist ausweislich § 22 Abs. 2 VgV bzw. § 20 Abs. 2 SektVO nur das **nicht offene Verfahren** zugelassen. Früher war das Dynamische Verfahren nur im Rahmen eines offenen Verfahrens in Kombination mit unverbindlichen Angeboten zugelassen. Der Normgeber verspricht sich eine Vereinfachung vor allem dadurch, dass das dynamische Beschaffungssystem nunmehr als nicht offenes Verfahren durchzuführen und die früher vorgesehene Einreichung unverbindlicher Angebote gestrichen worden ist.[144] Das dynamische Beschaffungssystem darf inzwischen auch in Kombination mit elektronischen Katalogen angewendet werden.

---

[140] Vgl. *Segeth* in ders., Rahmenvereinbarungen, S. 98.
[141] Vgl. *Segeth* in ders., Rahmenvereinbarungen, S. 98.
[142] Vgl. *Schäfer* NZBau 2015, 131, 136.
[143] Vgl. *Braun* VergabeR 2016, 179, 185 f.
[144] Vgl. Erwägungsgrund 63 der Richtlinie 2014/24/EU; *Schäfer* NZBau 2015, 131, 136.

IV. Betrieb eines dynamischen Beschaffungssystems

Der öffentliche Auftraggeber hat gemäß § 23 Abs. 1 VgV in der EU-Auftragsbekanntmachung anzugeben, dass er ein dynamisches Beschaffungssystem nutzt und für welchen Zeitraum es betrieben wird. Ändert der öffentliche Auftraggeber die Gültigkeitsdauer, muss er die **Europäische Kommission** hierrüber gemäß § 23 Abs. 2 VgV wie folgt informieren: 128

1. Wird die **Gültigkeitsdauer** ohne Einstellung des dynamischen Beschaffungssystems **geändert,** ist das Muster gemäß Anhang II der Durchführungsverordnung (EU) 2015/1986 der Kommission vom 11.11.2015 zur Einführung von Standardformularen für die Veröffentlichung von Vergabebekanntmachungen für öffentliche Aufträge und zur Aufhebung der Durchführungsverordnung (EU) Nr. 842/2011 (ABl. L 296 vom 12.11.2015, S. 1) in der jeweils geltenden Fassung zu verwenden.
2. Wird das **dynamische Beschaffungssystem eingestellt,** ist das Muster gemäß Anhang III der Durchführungsverordnung (EU) 2015/1986 zu verwenden.

Der öffentliche Auftraggeber muss in den Vergabeunterlagen ausweislich § 23 Abs. 3 VgV mindestens die **Art** und die **geschätzte Menge** der zu beschaffenden Leistung sowie alle **erforderlichen Daten** des dynamischen Beschaffungssystems bekanntgeben. Darüber hinaus hat er gemäß § 23 Abs. 4 VgV anzugeben, ob er das dynamische Beschaffungssystem in Kategorien von Waren, Bau- oder Dienstleistungen untergliedert hat, unter Angabe der objektiven Merkmale jeder Kategorie. In diesem Fall werden jeweils alle für die einem konkreten Auftrag entsprechende Kategorie zugelassenen Bewerber aufgefordert, ein Angebot zu unterbreiten (§ 23 Abs. 6 S. 2 VgV). Der öffentliche Auftraggeber darf gemäß § 23 Abs. 5 VgV für jede Kategorie von Waren, Bau- oder Dienstleistungen die **Eignungskriterien** gesondert festlegen. 129

Gemäß § 23 Abs. 6 S. 1 VgV sind § 16 Abs. 4 VgV und § 51 Abs. 1 VgV mit der Maßgabe anzuwenden, dass die zugelassenen Bewerber für jede einzelne, über ein dynamisches Beschaffungssystem stattfindende Auftragsvergabe gesondert zur Angebotsabgabe aufzufordern sind. 130

V. Fristen beim dynamischen Beschaffungssystem

Die **Mindestfrist** für den **Eingang der Teilnahmeanträge** beträgt gemäß § 24 Abs. 2 S. 1 VgV **30 Kalendertage.** Sobald die Aufforderung zur Angebotsabgabe nach Ablauf dieser Frist für die erste einzelne Auftragsvergabe im Rahmen eines dynamischen Beschaffungssystems abgesandt worden ist, gelten gemäß § 24 Abs. 2 S. 3 VgV keine weiteren Fristen für den Eingang der Teilnahmeanträge. 131

Der öffentliche Auftraggeber **bewertet** ausweislich § 24 Abs. 3 VgV den Teilnahmeantrag eines Unternehmens unter Zugrundelegung der Eignungskriterien **innerhalb von zehn Arbeitstagen** nach dessen Eingang. In begründeten Einzelfällen, insbesondere wenn Unterlagen geprüft werden müssen oder um auf sonstige Art und Weise zu überprüfen, ob die Eignungskriterien erfüllt sind, kann die Frist auf **15 Arbeitstage** verlängert werden. Der öffentliche Auftraggeber muss gemäß § 24 Abs. 3 S. 5 VgV jedes Unternehmen **unverzüglich** darüber **informieren,** ob es zur Teilnahme an einem dynamischen Beschaffungssystem zugelassen wurde oder nicht. 132

Der öffentliche Auftraggeber kann von den zugelassenen Bewerbern gemäß § 24 Abs. 5 VgV jederzeit verlangen, **innerhalb von fünf Arbeitstagen** eine erneute und aktualisierte **Einheitliche Europäische Eigenerklärung** gemäß § 48 Abs. 3 VgV einzureichen. Auch bei einem dynamischen Beschaffungssystem darf der öffentliche Auftraggeber bei Bedarf die Vorlage von **zusätzlichen Unterlagen** verlangen (vgl. Erwägungsgrund 65 der Richtlinie 2014/24/EU). Die Frist für den **Eingang der Angebote** beträgt gemäß § 24 Abs. 4 VgV **mindestens zehn Kalendertage.** 133

VI. Unterschwellenbereich

1. VOL/A 2009

134 Gemäß **§ 5 VOL/A 2009** können Auftraggeber für die Vergabe marktüblicher Liefer- und Dienstleistungen ein **dynamisches elektronisches Verfahren** einrichten. Der **Abschnitt 1 der VOB/A** sieht ein solches Verfahren hingegen nicht vor.

135 Das dynamische elektronische Verfahren ist ein zeitlich befristetes ausschließlich elektronisches offen gestaltetes Verfahren zur Beschaffung marktüblicher Leistungen, im Rahmen der VOL/A 2009 unter Einhaltung der Vorschriften der **Öffentlichen Ausschreibung.** Bei Anwendung der UVgO ist ein dynamisches Beschaffungssystem nur bei einer beschränkten Ausschreibung mit Teilnahmewettbewerb zulässig. Dieses Verfahren soll der Vereinfachung und Beschleunigung wiederkehrender Beschaffungen standardisierter Waren und Leistungen dienen.[145]

136 Alle Unternehmen, die die Eignungskriterien erfüllen und ein erstes vorläufiges Angebot im Einklang mit den Vergabeunterlagen und den etwaigen zusätzlichen Dokumenten vorgelegt haben, werden zur Teilnahme zugelassen. Die Unternehmen können jederzeit ihre vorläufigen Angebote in Übereinstimmung mit den Vergabeunterlagen nachbessern.

137 Das Verfahren läuft bei Anwendung der VOL/A 2009 in **zwei Phasen** ab. In der **1. Phase** wird das dynamische elektronische Verfahren für einen Zeitraum von regelmäßig maximal vier Jahren eingerichtet, währenddessen Unternehmen vorläufige Angebote abgeben können, um diesem Verfahren beizutreten. In der **2. Phase** werden alle bereits zugelassenen Unternehmen aufgefordert, ein endgültiges Angebot innerhalb einer bestimmten angemessenen[146] Frist einzureichen. Das anhand der Wertungskriterien wirtschaftlichste Angebot erhält den **Zuschlag.**

138 Unterhalb der EU-Schwellenwerte wird das dynamische elektronische Verfahren äußerst selten angewendet. Ab Erreichen der EU-Schwellenwerte ist das Dynamische Beschaffungssystem seit der Vergaberechtsreform 2016 hingegen als **nicht offenes Verfahren** ausgestaltet ohne die Abgabe von vorläufigen Angeboten. Damit will der Gesetzgeber die Akzeptanz dieses Verfahrens erhöhen. Bei Anwendung der UVgO ist das Verfahren als Beschränkte Ausschreibung mit Teilnahmewettbewerb ausgerichtet.

2. UVgO

139 Die Unterschwellenvergabeordnung (UVgO) sieht gemäß § 17 UVgO ein Dynamisches Beschaffungssystem bei der Vergabe von öffentlichen Liefer- und Dienstleistungsaufträgen vor.

140 Gemäß § 17 Abs. 1 UVgO kann der Auftraggeber für die Beschaffung marktüblicher Leistungen ein Dynamisches Beschaffungssystem nutzen. Bei der Auftragsvergabe über ein Dynamisches Beschaffungssystem befolgt der Auftraggeber gemäß § 17 Abs. 2 UVgO die Vorschriften für die **Beschränkte Ausschreibung mit Teilnahmewettbewerb.** Ausweislich § 17 Abs. 3 UVgO wird das Dynamisches Beschaffungssystem ausschließlich mithilfe elektronischer Mittel eingerichtet und betrieben. Die §§ 11 oder 12 VgV sind entsprechend anzuwenden. Gemäß § 17 Abs. 4 UVgO steht das eingerichtete Dynamisches Beschaffungssystem im gesamten Zeitraum allen Bietern offen, die die im jeweiligen Vergabeverfahren festgelegten Eignungskriterien erfüllen. Die Zahl der zum Dynamischen Beschaffungssystem zugelassenen Bewerber darf nicht begrenzt werden. Der Zugang zu einem Dynamischen Beschaffungssystem muss gemäß § 17 Abs. 5 UVgO für alle Unternehmen **kostenlos** sein. Für den Betrieb eines Dynamischen Beschaffungssystems sind § 23 Abs. 1 und Abs. 3 bis 6 VgV entsprechend anzuwenden (vgl. § 17 Abs. 6 UVgO).

[145] Vgl. *Völlink* in Ziekow/Völlink, Vergaberecht, § 5 VOL/A, Rn. 1.

[146] Vgl. *Knauff* VergabeR 2008, 615, 619, der in aller Regel eine kurze Frist von 10 Kalendertagen als zulässig erachtet.

VII. Vergabestatistikverordnung

Die öffentlichen Auftraggeber und Sektorenauftraggeber müssen bestimmte Daten nach der Zuschlagserteilung im Rahmen der Vergabe eines öffentlichen Auftrages an das Bundesministerium für Wirtschaft und Energie übermitteln. Näheres regelt die Vergabestatistikverordnung (VergStatVO). 141

Gemäß Nr. 10 der Anlage 1 zu § 3 Abs. 1 VergStatVO für öffentliche Auftraggeber und der Nr. 10 der Anlage 3 zu § 3 Abs. 3 VergStatVO für Sektorenauftraggeber ist in den zu übermittelnden Daten anzugeben, wenn ein dynamisches Beschaffungssystem eingerichtet worden ist. 142

Besondere Vergabedaten über ein dynamisches Beschaffungssystem im **Unterschwellenbereich** müssen nicht, können aber freiwillig an das Bundesministerium für Wirtschaft und Energie übermittelt werden (vgl. § 4 VergStatVO). Zwar regelt § 4 Abs. 1 Nr. 3 VergStatVO, dass die Verfahrensart differenziert nach öffentlicher Ausschreibung, beschränkter Ausschreibung und freihändiger Vergabe sowie sonstiger Verfahrensart anzugeben ist. Jedoch handelt es sich bei dem dynamischen Beschaffungssystem nicht um eine eigene Verfahrensart sondern um ein vergaberechtliches Instrument, welches bei Anwendung der VOL/A 2009 als Öffentliche Ausschreibung und im Rahmen der UVgO mittels Beschränkter Ausschreibung mit vorgeschaltetem Teilnahmewettbewerb angewendet wird (vgl. § 17 Abs. 2 UVgO). 143

D. Elektronische Auktion

I. Definition

Eine **elektronische Auktion** ist gemäß § 120 Abs. 2 GWB ein sich schrittweise wiederholendes elektronisches Verfahren zur Ermittlung des wirtschaftlichsten Angebots im Anschluss an eine vollständige erste Bewertung aller Erstangebote. 144

II. Anwendungsbereich

Der öffentliche Auftraggeber darf gemäß § 25 Abs. 1 S. 1 VgV eine elektronische Auktion durchführen, sofern er den Inhalt der Vergabeunterlagen hinreichend präzise beschreibt und die Leistung mithilfe automatischer Bewertungsmethoden eingestuft werden kann. Insbesondere in Kombination mit **Rahmenvereinbarungen** und **dynamischen Beschaffungssystemen** kommt die elektronische Auktion zum Einsatz. **Geistig-schöpferische Leistungen** dürfen hingegen nicht Gegenstand elektronischer Auktionen sein (vgl. § 25 Abs. 1 S. 2 VgV). 145

Dem öffentlichen Auftraggeber bietet die elektronische Auktion die Chance, Leistungen besonders günstig zu erwerben. Die elektronische Auktion ist einem klassischen Vergabeverfahren zeitlich nachgelagert.[147] Mit der elektronischen Auktion wird somit eine zweite Wettbewerbsphase durchgeführt. Die Wirtschaftsteilnehmer können daher geneigt sein, in der ersten Wettbewerbsphase, dem klassischen Vergabeverfahren, überteuerte Angebote abzugeben, um erst während der elektronischen Auktion ihre Angebote soweit nötig zu verbessern. Daher sind öffentliche Auftraggeber gut beraten, elektronische Auktionen nur durchzuführen, wenn auch während der elektronischen Auktion mit einem ausreichenden Wettbewerb zu rechnen ist.[148] Zudem wird vereinzelt angemahnt, dass elektronische Auktionen durch den dabei entstehenden starken Preisdruck tendenziell zu minderwertigen Angeboten bzw. zum Verlust von Qualitätsanbietern führen könnten.[149] 146

---

[147] Vgl. *Knauff* EuZW 2004, 141, 142.
[148] Vgl. *Knauff* EuZW 2004, 141, 142.
[149] Vgl. *Schäfer* NZBau 2015, 131, 136.

III. Vergaberechtsregime

147 Bei einer elektronischen Auktion handelt es sich nicht um ein eigenständiges Vergabeverfahren. Der öffentliche Auftraggeber kann vielmehr im Rahmen eines offenen, eines nicht offenen oder eines Verhandlungsverfahrens vor der Zuschlagserteilung eine elektronische Auktion durchführen.

IV. Durchführung elektronischer Auktionen

148 Gemäß § 26 Abs. 1 VgV kündigt der öffentliche Auftraggeber in der Auftragsbekanntmachung oder in der Aufforderung zur Interessensbestätigung an, dass er eine elektronische Auktion durchführt. Die Vergabeunterlagen müssen gemäß § 26 Abs. 2 VgV mindestens folgende Angaben enthalten:

1. alle Angebotskomponenten, deren Werte Grundlage der automatischen Neureihung der Angebote sein werden,
2. gegebenenfalls die Obergrenzen der Werte nach Nummer 1, wie sie sich aus den technischen Spezifikationen ergeben,
3. eine Auflistung aller Daten, die den Bietern während der elektronischen Auktion zur Verfügung gestellt werden,
4. den Termin, an dem die Daten nach Nr. 3 den Bietern zur Verfügung gestellt werden,
5. alle für den Ablauf der elektronischen Auktion relevanten Daten und
6. die Bedingungen, unter denen die Bieter während der elektronischen Auktion Gebote abgeben können, insbesondere die Mindestabstände zwischen den der automatischen Neureihung der Angebote zugrunde liegenden Preisen oder Werten.

149 Bei einer elektronischen Auktion werden **zwei Wettbewerbsphasen** durchgeführt. In der **ersten Wettbewerbsphase,** dem klassischen Vergabeverfahren, haben die Bieter Erstangebote abzugeben. Bevor die **zweite Wettbewerbsphase,** die elektronische Auktion, beginnt, müssen gemäß § 25 Abs. 1 S. 3 VgV alle Erstangebote anhand der Zuschlagskriterien und der jeweils dafür festgelegten Gewichtung vollständig bewertet werden.

150 Die elektronische Auktion selbst darf gemäß § 25 Abs. 1 S. 5 VgV mehrere, aufeinanderfolgende Phasen umfassen.

151 Der öffentliche Auftraggeber fordert gemäß § 26 Abs. 3 VgV alle Bieter, die zulässige Angebote unterbreitet haben, **gleichzeitig** zur Teilnahme an der elektronischen Auktion auf. In dieser Aufforderung ist der Zeitpunkt des Beginns und des Abschlusses einer jeden Phase gemäß § 26 Abs. 6 VgV anzugeben und gegebenenfalls die Zeit, die jeweils nach Eingang der letzten neuen Preise oder Werte vergangen sein muss, bevor eine Phase einer elektronischen Auktion abgeschlossen wird. Die elektronische Auktion darf gemäß § 26 Abs. 4 VgV frühestens **zwei Arbeitstage** nach dieser Versendung der Aufforderung zur Teilnahme beginnen.

152 Mit dem Ablauf der Teilnahmefrist ist die **Internetverbindung** gemäß den in der Aufforderung zur Teilnahme an der elektronischen Auktion genannten Anweisungen zu nutzen. Der Aufforderung zur Teilnahme an der elektronischen Auktion ist jeweils das Ergebnis der vollständigen Bewertung des betreffenden Angebots nach § 25 Abs. 1 S. 3 VgV beizufügen.

153 Ausweislich § 26 Abs. 5 VgV hat der öffentliche Auftraggeber allen Bietern im Laufe einer jeden Phase der elektronischen Auktion unverzüglich zumindest den jeweiligen Rang ihres Angebots innerhalb der Reihenfolge aller Angebote mitzuteilen. Die **Identität** der Bieter muss in jeder Phase einer elektronischen Auktion **geheim gehalten** werden.

154 Gemäß § 25 Abs. 2 VgV werden die Angebote mittels festgelegter Methoden elektronisch bewertet und automatisch in eine Rangfolge gebracht. Die sich schrittweise wiederholende, elektronische Bewertung der Angebote beruht auf

1. neuen, nach unten korrigierten Preisen, wenn der Zuschlag allein aufgrund des Preises erfolgt (sogenannte „umgekehrte elektronische Auktion“[150]) oder
2. neuen, nach unten korrigierten Preisen oder neuen, auf bestimmte Angebotskomponenten abstellenden Werten, wenn das Angebot mit dem besten Preis-Leistungs-Verhältnis oder, bei Verwendung eines Kosten-Wirksamkeits-Ansatzes, mit den niedrigsten Kosten den Zuschlag erhält.[151]

Im UNCITRAL-Modellgesetz zum öffentlichen Auftragswesen,[152] das lediglich eine Empfehlung zur Gestaltung von Vergabevorschriften vornehmlich für Entwicklungs- und Schwellenländer darstellt, befinden sich besondere Regelungen zu umgekehrten elektronischen Auktionen.[153] 155

Die Bewertungsmethoden werden gemäß § 25 Abs. 3 VgV mittels einer mathematischen Formel definiert und in der Aufforderung zur Teilnahme an der elektronischen Auktion bekanntgemacht. Wird der Zuschlag nicht allein aufgrund des Preises erteilt, muss aus der mathematischen Formel auch die **Gewichtung** aller Angebotskomponenten gemäß § 25 Abs. 2 Nr. 2 hervorgehen. Sind **Nebenangebote** zugelassen, ist für diese ebenfalls eine mathematische Formel bekanntzumachen. 156

Eine elektronische Auktion wird gemäß § 25 Abs. 7 VgV **beendet,** wenn 157
1. der vorher festgelegte und in der Aufforderung zur Teilnahme an einer elektronischen Auktion bekanntgemachte Zeitpunkt erreicht ist,
2. von den Bietern keine neuen Preise oder Werte gemäß § 25 Abs. 2 S. 2 Nr. 1 und 2 VgV mitgeteilt werden, die die Anforderungen an Mindestabstände gemäß § 25 Abs. 2 Nr. 6 VgV erfüllen, und die vor Beginn einer elektronischen Auktion bekanntgemachte Zeit, die zwischen dem Eingang der letzten neuen Preise oder Werte und dem Abschluss der elektronischen Auktion vergangen sein muss, abgelaufen ist oder
3. die letzte Phase einer elektronischen Auktion abgeschlossen ist.

Der bei Abschluss der elektronischen Auktion in Führung liegende Bieter erhält schließlich den **Zuschlag.**[154] Der öffentliche Auftraggeber muss gemäß § 25 Abs. 8 VgV direkt nach dem Zuschlag und damit nach Abschluss einer elektronischen Auktion das entsprechende **Ergebnis den Bietern mitteilen** und damit auch den Namen des Gewinners. 158

Mangels einer anderweitigen Regelung ist auch eine sog. **„Umgekehrte Holländische Auktion“** vergaberechtlich zulässig, solange die vergaberechtlichen Grundsätze (insbesondere der Gleichbehandlung und der Transparenz) eingehalten werden. Hierbei handelt es sich um eine spezielle Auktionsform.

Kennzeichnet ist für umgekehrten Auktionen, dass der Einkäufer und somit der öffentliche Auftraggeber der Auktionator ist und nicht wie bei normalen Auktionen der Verkäufer.

Zu unterscheiden sind die folgenden beiden umgekehrten Auktionen:

- **Umgekehrte Auktion,** auch sog. **„Englische Auktion“** („Reverse Auction“): Im Rahmen einer umgekehrten Auktion erwirbt ein öffentlicher Auftraggeber als Einkäufer Artikel von einem Wirtschaftsteilnehmer. Der **Gebotspreis** bewegt sich während der Auktion **nach unten.** Der öffentliche Auftraggeber erteilt den Zuschlag dem Wirtschaftsteilnehmer, der das niedrigste Gebot abgegeben hat. In die Vergabeentscheidung des öffentlichen Auftraggebers können hierbei Anforderungen an Qualität, Lieferzeit, Kapazität oder andere wertbeeinflussende Faktoren mit einfließen.

[150] Sogenannte „reverse auctions“ (engl.).
[151] Die Angebotskomponenten müssen numerisch oder prozentual beschrieben werden.
[152] UNCITRAL Model Law on Public Procurement (reformierte Fassung 2011), erarbeitet von der United Nations Conference on International Trade Law, Veröffentlichung der Vereinten Nationen New York 2014.
[153] Art. 53–57 UNCITRAL Model Law (2011); *Schäfer* NZBau 2015, 131, 133.
[154] Vgl. *Knauff* EuZW 2004, 141, 142.

- **Umgekehrte Holländische Auktion** („Reverse Dutch Auction"): Im Rahmen einer umgekehrten holländischen Auktion bewegt sich der **Gebotspreis** von einem Startpreis aus jeweils um einen festgelegten Betrag in regelmäßigen Intervallen so lange **nach oben,** bis der Reserve Price (Höchstpreis) erreicht wird oder ein Wirtschaftsteilnehmer ein Gebot für den Artikel abgibt. Ab diesem Zeitpunkt können keine weiteren Gebote mehr für den Artikel abgegeben werden. Für die Umgekehrte Holländische Auktion muss das Zeitintervall für die Änderung des Gebotspreises und der Gebotsschritt (als Wert oder Prozentsatz) angegeben werden.

Wegen der hohen Manipulationsgefahr hat der öffentliche Auftraggeber sicherzustellen, dass die **Historie aller Gebote** vollständig revisionssicher gespeichert wird. Nur auf diese Weise lassen sich elektronische Auktionen bei Bedarf vollumfänglich von den Nachprüfungsinstanzen überprüfen.

V. Unterschwellenbereich

159 Der Hauptausschuss des Deutschen Verdingungsausschusses (DVAL) hat bei der Schaffung der VOL/A 2009 auf eine Umsetzung der elektronischen Auktion aus mittelstandspolitischen Gründen noch ausdrücklich verzichtet. Die Unterschwellenvergabeordnung (UVgO) sieht gemäß § 18 UVgO die Durchführung von elektronischen Auktionen inzwischen vor. Danach kann der Auftraggeber im Rahmen einer **Öffentlichen Ausschreibung** oder einer **Beschränkten Ausschreibung mit Teilnahmewettbewerb** eine elektronische Auktion durchführen, sofern der Inhalt der Vergabeunterlagen hinreichend präzise beschrieben und die Leistung mithilfe automatischer Bewertungsmethoden eingestuft werden kann. Die Vergabe von **geistig-schöpferische Leistungen** mittels elektronischer Auktion ist hingegen auch im Unterschwellenbereich nicht vorgesehen.

160 Eine elektronische Auktion kann mehrere, aufeinander folgende Phasen umfassen und findet unter entsprechender Beachtung der Grundsätze für die Durchführung elektronischer Auktionen gemäß § 25 Abs. 2 bis 4 VgV und § 26 VgV statt.

VI. Vergabestatistikverordnung

161 Die öffentlichen Auftraggeber und Sektorenauftraggeber müssen bestimmte Daten nach Zuschlagserteilung im Rahmen der Vergabe eines öffentlichen Auftrages an das Bundesministerium für Wirtschaft und Energie übermitteln. Näheres regelt die Vergabestatistikverordnung (VergStatVO).

162 Gemäß Nr. 12 der Anlage 1 zu § 3 Abs. 1 VergStatVO für öffentliche Auftraggeber und der Nr. 11 der Anlage 3 zu § 3 Abs. 3 VergStatVO für Sektorenauftraggeber ist in den zu übermittelnden Daten anzugeben, wenn eine elektronische Auktion durchgeführt worden und mit einem Zuschlag beendet worden ist. Außerdem ist gemäß Nr. 12 der Anlage 1 zu § 3 Abs. 1 VergStatVO für öffentliche Auftraggeber anzugeben, die **Anzahl der elektronisch eingegangenen Angebote.**

163 Besondere Vergabedaten über elektronische Auktionen im **Unterschwellenbereich** müssen nicht, können aber freiwillig an das Bundesministerium für Wirtschaft und Energie übermittelt werden (vgl. § 4 VergStatVO). Zwar regelt § 4 Abs. 1 Nr. 3 VergStatVO, das die Verfahrensart differenziert nach öffentlicher Ausschreibung, beschränkter Ausschreibung und freihändiger Vergabe sowie sonstiger Verfahrensart anzugeben ist. Jedoch handelt es sich bei der elektronischen Auktion nicht um eine eigene Verfahrensart sondern um ein vergaberechtliches Instrument, welches ausweislich § 18 UVgO im Rahmen einer Öffentlichen Ausschreibung oder einer Beschränkten Ausschreibung mit Teilnahmewettbewerb Anwendung finden soll.

E. Elektronischer Katalog

I. Definition

Ein elektronischer Katalog ist ein auf der Grundlage der Leistungsbeschreibung erstelltes elektronisches Verzeichnis über die zu beschaffenden Liefer-, Bau- und Dienstleistungen, mit Produktbeschreibungen, Preisinformationen und/oder Abbildungen (vgl. § 120 Abs. 3 GWB). 164

II. Anwendungsbereich

Elektronische Kataloge tragen vor allem durch eine **Zeit- und Geldersparnis** zur Stärkung des Wettbewerbs und zur Rationalisierung der öffentlichen Beschaffung bei. Ausweislich des Erwägungsgrundes 68 der Richtlinie 2014/24/EU bieten elektronische Kataloge ein Format zur Darstellung und Gestaltung von Informationen in einer Weise, die allen teilnehmenden Bietern gemeinsam ist und die sich für eine elektronische Bearbeitung anbietet, etwa eine **Kalkulationstabelle.** 165

Durch die Verwendung von elektronischen Katalogen wird der Anteil von grenzüberschreitenden Angeboten und Geschäftsbeziehungen innerhalb der Europäischen Union erhöht und gleichzeitig der dafür notwendige Zeit- und Kostenaufwand für öffentliche Auftraggeber und Auftragnehmer reduziert. Der Zeit und Kostenaufwand ist für die Beteiligten am geringsten, wenn der gesamte Beschaffungsprozess möglichst vollständig elektronisch abläuft, von der Veröffentlichung der Ausschreibung über die Vergabe des Auftrags bis hin zu der Bezahlung der Leistungen. Der Einsatz elektronischer Kataloge soll insbesondere kleinen- und mittelständischen Unternehmen (KMU) die Teilnahme an öffentlichen Ausschreibungen und Beschaffungsprozessen innerhalb der Europäischen Union erleichtern. Das internationale Projekt Pan-European Public Procurement OnLine **(PEPPOL)** als Teil des Rahmenprogramms für Wettbewerbsfähigkeit und Innovation **(CIP)** hat eine entsprechende Standardisierung für grenzüberschreitende elektronisch-unterstützte öffentliche Vergabeverfahren innerhalb der Europäischen Union entwickelt. Der öffentliche Auftraggeber hat diese Standardisierung zu berücksichtigen, um die mittelständischen Interessen angemessen zu berücksichtigen. 166

In aller Regel werden elektronische Kataloge über eine **Standardschnittstelle,** die in einem Browser läuft, eingebunden. Dadurch können die öffentlichen Auftraggeber unmittelbar in die Abläufe des Auftragnehmers eingreifen, Bestellungen platzieren, den Stand der Lieferung verfolgen und den Lagerbestand ansehen. Oftmals verlangt der öffentliche Auftraggeber darüber hinaus eine weitere Schnittstelle (etwa mit Java-Anwendungen), über die er die Anbindung in sein eigenes System selbst vornehmen kann. 167

Durch die unmittelbare Verbindung zweier interner Netze ergeben sich für den öffentlichen Auftraggeber und den Auftragnehmer meistens erhebliche Prozesskosteneinsparungen. Ohne E-Procurement-Lösung werden Bestellungen normalerweise vom öffentlichen Auftraggeber auf Papier ausgedruckt, unterzeichnet und dann postalisch, per Telefax oder eingescannt per E-Mail an den Auftragnehmer übermittelt. Der Auftragnehmer wiederum gibt die auf diese Weise erhaltenen relevanten Daten in sein System ein. Elektronische Kataloge sparen diesen Umweg und damit letztendlich für beide Seiten Zeit und Geld. 168

Darüber hinaus kann der öffentliche Auftraggeber einzelne oder alle Mitarbeiter berechtigen, über eine webbasierte Schnittstelle ihre Bestellungen selbst vorzunehmen. Von dem öffentlichen Auftraggeber wird ein webbasierter elektronischer Katalog festgelegt, mit dessen Hilfe der Mitarbeiter einen Warenkorb füllt. Die bestellten Waren werden entweder direkt an den Auftraggeber versendet, oder soweit diese genehmigungspflichtig sind, eine Anfrage zur Genehmigung an den im System hinterlegten Entscheider gesendet. 169

Üblicherweise werden in solchen Systemen nicht nur die Beschaffungsvorgänge als solche elektronisch abgewickelt, sondern auch die Rechnungsstellung erfolgt meistens über 170 das elektronische System. Hierbei müssen die entsprechenden Vorschriften der Finanzverwaltung für die steuerliche Anerkennung der elektronischen Rechnungen berücksichtigt werden. Zumal seit dem 27.11.2020 alle Rechnungssteller E-Rechnungen an Auftraggeber im Sinne des § 98 GWB ausstellen und übermitteln müssen. Ebenfalls automatisiert werden üblicherweise an der Menge des Einzelabrufs geknüpfte Rabattsysteme sowie diverse statistische Auswertungen und Dokumentationen. Ein elektronischer Katalog kann insbesondere beim Abschluss von **Rahmenvereinbarungen** eingesetzt werden und Abbildungen, Preisinformationen sowie Produktbeschreibungen umfassen.

III. Vergaberechtsregime

171 Der öffentliche Auftraggeber kann im Rahmen jeder Vergabeverfahrensart die Verwendung von elektronischen Katalogen vorsehen, soweit er die Nutzung elektronischer Kommunikationsmittel vorschreibt.

172 Gemäß § 27 Abs. 1 VgV kann der öffentliche Auftraggeber festlegen, dass Angebote in Form eines elektronischen Katalogs einzureichen sind oder einen elektronischen Katalog beinhalten müssen. Angeboten, die in Form eines elektronischen Katalogs eingereicht werden, können weitere Unterlagen beigefügt werden.[155]

IV. Verwendung elektronischer Kataloge

173 Bei der Verwendung elektronischer Kataloge müssen die öffentlichen Auftraggeber sicherstellen, dass die Grundsätze der Gleichbehandlung, der Nichtdiskriminierung und der Transparenz eingehalten werden. Insbesondere sind hierbei die konkreten Vorgaben der Richtlinie 2014/24/EU zu respektieren.[156]

1. Bekanntmachung

174 Akzeptiert der öffentliche Auftraggeber Angebote in Form eines elektronischen Katalogs oder schreibt der öffentliche Auftraggeber vor, dass Angebote in Form eines elektronischen Katalogs einzureichen sind, so weist er gemäß § 27 Abs. 2 VgV in der EU-Auftragsbekanntmachung oder sofern er eine Vorinformation veröffentlicht hat, in der Aufforderung zur Interessensbestätigung darauf hin.

2. Erstellung elektronischer Kataloge

175 Der öffentliche Auftraggeber darf den Wirtschaftsteilnehmern **nicht** gestatten, ihre **allgemeinen Kataloge** zu übermitteln. Wirtschaftsteilnehmer dürfen zwar bei der Erstellung ihrer elektronischen Kataloge in ihrem allgemeinen Katalog enthaltene Informationen kopieren, jedoch unter keinen Umständen den allgemeinen Katalog als solchen einreichen. Ansonsten kann die erforderliche Vergleichbarkeit der Kataloge der verschiedenen Wirtschaftsteilnehmer nicht mehr erreicht werden. Die Wirtschaftsteilnehmer müssen daher ihre allgemeinen Kataloge auf das konkrete Vergabeverfahren zuschneiden, bevor der öffentliche Auftraggeber hierauf zugreifen darf. Damit wird sichergestellt, dass der im Rahmen eines bestimmten Vergabeverfahrens übermittelte elektronische Katalog nur Waren, Bauleistungen oder Dienstleistungen enthält, die nach Einschätzung der Wirtschaftsteilnehmer, zu der sie nach einer aktiven Prüfung kommen müssen, den Anforderungen des öffentlichen Auftraggebers entsprechen.

---

[155] Siehe auch Art. 36 Abs. 1 Unterabs. 1 der Richtlinie 2014/24/EU.
[156] Vgl. *Schäfer* NZBau 2015, 131, 136 mwN.

3. Elektronische Kataloge im Zusammenhang mit Rahmenvereinbarungen

Werden elektronische Kataloge bei einem **dynamischen Beschaffungssystem** oder bei einem Kleinstwettbewerb auf Basis von bestehenden **Rahmenvereinbarungen** genutzt, darf der öffentliche Auftraggeber Angebote für bestimmte Beschaffungen anhand früher übermittelter elektronischer Kataloge generieren, sofern er eine ausreichende Rückverfolgbarkeit, Gleichbehandlung und Vorhersehbarkeit sicherstellt. Der öffentliche Auftraggeber muss bereits in den Vergabeunterlagen zum dynamischen Beschaffungssystem bzw. zu den Rahmenvereinbarungen die genaue diskriminierungsfreie Prozedur klar und deutlich bekanntgeben. 176

Daher kann der öffentliche Auftraggeber gemäß § 27 Abs. 3 VgV vorschreiben, dass ein erneutes Vergabeverfahren für Einzelaufträge auf der Grundlage aktualisierter elektronischer Kataloge erfolgt, indem er 177

1. die Bieter auffordert, ihre elektronischen Kataloge an die Anforderungen des zu vergebenden Einzelauftrages anzupassen und erneut einzureichen, oder
2. die Bieter informiert, dass er den bereits eingereichten elektronischen Katalogen zu einem bestimmten Zeitpunkt die Daten entnimmt, die erforderlich sind, um Angebote zu erstellen, die den Anforderungen des zu vergebenden Einzelauftrags entsprechen; dieses Verfahren ist in der EU-Auftragsbekanntmachung oder den Vergabeunterlagen für den Abschluss einer Rahmenvereinbarung anzukündigen; der Bieter kann diese Methode der Datenerhebung ablehnen.

Wenn Angebote durch den öffentlichen Auftraggeber generiert werden, muss dieser den Wirtschaftsteilnehmern die Möglichkeit innerhalb einer angemessenen Frist einräumen, sich davon zu überzeugen, dass das auf Basis der elektronischen Kataloge vom öffentlichen Auftraggeber erstellte Angebot keine sachlichen Fehler enthält (vgl. § 27 Abs. 4 VgV). Soweit und solange sachliche Fehler vorliegen, ist der Wirtschaftsteilnehmer nicht an das vom öffentlichen Auftraggeber auf Basis der elektronischen Kataloge generierte Angebot gebunden, bis alle Fehler korrigiert worden sind. Informiert der Wirtschaftsteilnehmer den Auftraggeber nicht fristgemäß über die Fehler, ist er nach Ablauf der Frist an das vom öffentlichen Auftraggeber auf Basis der elektronischen Kataloge generierte Angebot gebunden. 178

V. Unterschwellenbereich

Weder die VOL/A 2009 noch die VOB/A sehen die Möglichkeit der Verwendung elektronischer Kataloge vor. Die Unterschwellenvergabeordnung (UVgO) sieht jedoch mittlerweile in § 19 UVgO die Möglichkeit der Verwendung elektronischer Kataloge vor. Danach kann der Auftraggeber festlegen, dass Angebote in Form eines elektronischen Kataloges einzureichen sind oder einen elektronischen Katalog beinhalten müssen. Angeboten, die in Form eines elektronischen Kataloges eingereicht werden, können weitere Unterlagen beigefügt werden. § 27 Abs. 2 bis 4 VgV findet dann entsprechende Anwendung. 179

F. Planungswettbewerbe

I. Definitionen

Planungswettbewerbe sind Wettbewerbe, die dem Ziel dienen, alternative Vorschläge für Planungen insbesondere auf dem Gebiet der Raumplanung, des Städtebaus, des Bauwesens und im ITK-Sektor zu erhalten. 180

Wettbewerbe sind gemäß § 103 Abs. 6 GWB Auslobungsverfahren, die dem Auftraggeber aufgrund vergleichender Beurteilung durch ein Preisgericht mit oder ohne Verteilung von Preisen zu einem Plan oder einer Planung verhelfen sollen.

Unter **Auslobungsverfahren mit Verteilung von Preisen** wird ein Verfahren zur Auslobung im Sinne des § 657 BGB verstanden, also ein Verfahren mit dem der öffentliche Auftraggeber durch öffentliche Bekanntmachung eine Belohnung für die Vornahme einer Handlung, insbesondere für die Herbeiführung eines Erfolges, aussetzt.

Ein **Preisgericht** ist ein aus mehreren Personen besetztes Gremium, das über die Verleihung von Preisen entscheidet.

Ein **offener Wettbewerb** ist ein Planungswettbewerb ohne Beschränkung der Teilnehmerzahl.

Ein **nicht offener Wettbewerb** ist ein Planungswettbewerb mit Beschränkung der Teilnehmerzahl.

Bei einem **Realisierungswettbewerb** handelt es sich um einen mit offenkundiger Realisierungsabsicht durchgeführten Wettbewerb, mit dem Ziel, an den Gewinner oder einen der Gewinner den Planungsauftrag zu vergeben.

Ein **Ideenwettbewerb** ist ein Wettbewerb zum finden konzeptioneller Lösungen ohne endgültige Realisierungsabsicht.

Bei einem **Ideenwettbewerb ohne Realisierungschance**" handelt es sich um einen Wettbewerb, bei dem der öffentliche Auftraggeber von Beginn[157] an die Vergabe des Planungsauftrags ausschließt.

Ein **Ideenwettbewerb mit Realisierungsmöglichkeit** ist ein Wettbewerb, bei dem der öffentliche Auftraggeber zum Zeitpunkt der Wettbewerbsbekanntmachung noch nicht das Ziel hat aber in Erwägung zieht, den Planungsauftrag an einen der Preisträger zu vergeben.

II. Gegenstand von Planungswettbewerben

181 Planungswettbewerbe sind fachliche Leistungsvergleiche mit dem Ziel, alternative Ideen und optimierte Konzepte für die Lösung von Planungsaufgaben und bei Bedarf, den geeigneten Auftragnehmer für die weitere Planung zu finden. Im wetteifernden Vergleich fordern Planungswettbewerbe die schöpferischen Kräfte heraus und fördern innovative und nachhaltige Lösungen für eine zukunftsgerechte Umweltgestaltung.[158]

182 Der öffentliche Auftraggeber (bei Planungswettbewerben auch als ***„Auslober"*** bezeichnet) erhält über den Planungswettbewerb verschiedene Entwürfe, die er miteinander vergleicht, um die optimale Lösung für sein Projekt auszuwählen. Planungswettbewerbe können auch auf die Lösung konzeptioneller Aufgaben ausgerichtet sein.

183 Planungswettbewerbe dienen schließlich dazu, eine möglichst hohe **Akzeptanz bei der Bevölkerung** zu schaffen. Insbesondere Architektenwettbewerbe ziehen in aller Regel das Interesse der **Öffentlichkeit** und der Medien auf sich.

184 In einem demokratischen Verfahren prüft und bewertet ein von den Wettbewerbsteilnehmern unabhängiges **Preisgericht** deren anonym eingereichte Wettbewerbsarbeiten. Dabei werden vom öffentlichen Auftraggeber zuvor transparent gemachte Kriterien berücksichtigt, wie beispielsweise wirtschaftliche, technische, gestalterische, funktionale und ökologische Aspekte.

185 Planungswettbewerbe kommen hauptsächlich im Zusammenhang mit Architekten- und Ingenieurleistungen vor. Gelegentlich werden Planungswettbewerbe auch im ITK-Sektor[159] angewendet, insbesondere bei der Suche nach der besten Lösung in einem komplexen IT-Umfeld.

186 Auf **Planungswettbewerbe im Allgemeinen** findet insbesondere der Abschnitt 5 der Vergabeverordnung (§ 69 bis 72 VgV) Anwendung.

---

[157] Dieses Ausschließen ist bereits in der Wettbewerbsbekanntmachung bekanntzugeben.

[158] Vgl. Präambel der Richtlinie für Planungswettbewerbe (RPW 2013).

[159] ITK = Informations- und Kommunikationstechnik.

Bei **Planungswettbewerben für Architekten- und Ingenieurleistungen** ist vornehmlich der Abschnitt 6 – Unterabschnitt 2 der Vergabeverordnung (§ 78 bis 80 VgV) anzuwenden. Nachrangig sind – soweit sinnvoll – die Regelungen des Abschnitts 6 – Unterabschnitt 1 (§ 73 bis 77 VgV) und des Abschnitts 5 (§ 96 bis 72 VgV) der Vergabeverordnung zu gebrauchen. 187

Es lässt sich zwar argumentieren, dass auf Planungswettbewerbe für Architekten- und Ingenieurleistungen der Unterabschnitt 1 (§ 73 bis § 77 VgV) ausnahmslos nicht anzuwenden sei, weil § 78 Abs. 3 VgV nicht auf diesen Unterabschnitt verweist. Allerdings sprechen dagegen systematische Gründe. Denn hätte der Verordnungsgeber dies gewollt, hätte er keine Unterabschnitte bilden müssen. Vielmehr wäre dann der jetzige Unterabschnitt 1 als Abschnitt 6 auszugestalten gewesen und der jetzige Unterabschnitt 2 als Abschnitt 7.

Der öffentliche Auftraggeber hat aber in jedem Einzelfall zu prüfen, ob die Regelungen des Unterabschnitts 1 überhaupt sinnvoll im Rahmen eines Planungswettbewerbs anzuwenden sind. So betrifft § 73 VgV die **Vergabe** der Architekten- und Ingenieurleistungen, nicht hingegen den Wettbewerb um die beste Lösung. Auch § 74 VgV betrifft allenfalls das einem Planungswettbewerb nachgelagerte Vergabeverfahren. Zudem sind die § 76 VgV mangels Zuschlag und § 77 VgV wegen der Wettbewerbssumme auf die Besonderheiten eines Planungswettbewerbs nicht anzuwenden. Allerdings findet § 75 VgV auch bei Planungswettbewerben Anwendung. Denn auch bei Planungswettbewerben darf der öffentliche Auftraggeber gemäß § 75 Abs. 1 bis Abs. 3 eine bestimmte Berufsqualifikation fordern. Außerdem hat der öffentliche Auftraggeber bei einem nicht offenen Wettbewerb gemäß § 75 Abs. 4 VgV angemessene Eignungskriterien auszuwählen und diese dürfen in aller Regel kleinere Büroorganisationen und Berufsanfänger nicht benachteiligen. Außerdem sollte auch gemäß § 75 Abs. 5 VgV, außer in besonders zu begründenden Ausnahmefällen, hinsichtlich der Referenzprojekte nicht auf dieselbe Nutzungsart abgestellt werden.[160] Im Übrigen sollte auch bei einem nicht offenen Planungswettbewerb gemäß § 75 Abs. 6 VgV die Auswahl der zur Ausarbeitung einer Projektarbeit aufzufordernden Wettbewerbsteilnehmer ausnahmsweise im Falle eines Punktegleichstands mittels Los getroffen werden können.

Sowohl bei einem **Realisierungswettbewerb** als auch in aller Regel bei einem **Ideenwettbewerb**[161] ist der **geschätzte Auftragswert** gemäß § 3 Abs. 12 S. 1 und 2 VgV die Summe aus ausgelobten Preisgeldern sowie geplanten Zahlungen an die Teilnehmer des Wettbewerbs und des ordnungsgemäß zu schätzende Werts des sich dem Wettbewerb anschließenden Planungsauftrags. 188

Ausschließlich bei einem **Ideenwettbewerb,** bei dem der öffentliche Auftraggeber die Vergabe des Planungsauftrags explizit in der Wettbewerbsbekanntmachung ausgeschlossen hat[162], errechnet sich der **geschätzte Auftragswert** gemäß § 3 Abs. 12 S. 3 VgV lediglich aus den ausgelobten Preisgeldern zuzüglich der geplanten Zahlungen an die Teilnehmer des Wettbewerbs. 189

1. Planungswettbewerbe für Architekten- und Ingenieurleistungen

Planungswettbewerbe im Baubereich begünstigen das nachhaltige Planen und Bauen und dienen insbesondere dazu, die ästhetische, technische, funktionale, ökologische, ökonomische und soziale Qualität der gebauten Umwelt zu fördern.[163] 190

Teilnehmende Architekten sind berufsrechtlich verpflichtet, sich nur an solchen Wettbewerben zu beteiligen, in denen ein fairer Leistungswettbewerb sichergestellt ist. Dies ist der Regelfall, wenn dem Planungswettbewerb eine **der anerkannten veröffentlichten ein-** 191

[160] Vgl. OLG München Beschl. v. 13.3.2017 – Verg 15/16, NZBau 2017, 371 – Planungsleistungen.
[161] Wenn es sich um einen sogenannten **„Ideenwettbewerb mit Realisierungsmöglichkeit"** handelt.
[162] Hierbei handelt es sich um einen **„Ideenwettbewerb ohne Realisierungschance"**.
[163] Vgl. *Grosse* VPR 2013, 3, Rn. 1.

heitlichen Richtlinien[164] zugrunde gelegt worden ist (vgl. § 78 Abs. 2 S. 1 und 3 VgV). Überdies steht die Anwendung einer veröffentlichten einheitlichen Richtlinie dafür, dass das Verfahren rechtssicher und nach fairen Spielregeln durchgeführt wird. Es ist daher das Ziel der Architektenkammern, für die Planungswettbewerbe die Anwendung der aktuellen RPW 2013 durchzusetzen.

191a Der Auslober hat sich in aller Regel strikt an die Vorgaben aus der **RPW 2013** zu halten. Von einzelnen Regelungen der RPW 2013 darf lediglich aus **sachlich zwingenden Gründen** im **Einvernehmen** mit der zuständigen Architektenkammer bzw. Ingenieurekammer abgewichen werden, § 2 Abs. 4 Unterabs. 2 S. 1 RPW 2013. Dadurch sollen die Verfahren vereinfacht und standardisiert werden. Die teilnehmenden Planungsbüros dürfen sich darauf verlassen, dass die RPW 2013 vollumfänglich angewendet wird, soweit sich in den nichtdiskriminierenden Durchführungsregeln (vgl. § 71 Abs. 1 VgV), mithin in den Wettbewerbsunterlagen, nicht deutliche Hinweise unter Angabe der sachlich zwingenden Gründe für eine Abweichung finden. Soweit der Auslober von einzelnen Regelungen der RPW 2013 abweichen möchte, sollte er prüfen, ob dies vergaberechtlich zulässig ist, also ob überhaupt sachlich zwingenden Gründe vorliegen. In aller Regel ist dies nicht der Fall. Sodann hat der Auslober die Änderungen von den Regelungen der RPW 2013 in den Wettbewerbsunterlagen transparent mit aufzunehmen, bevor er diesen der zuständigen Architektenkammer bzw. Ingenieurekammer zur Prüfung und Registrierung vorzulegen hat. Ausweislich § 2 Abs. 4 Unterabs. 1 Hs. 2 RPW 2013 wird mit der Registrierung bestätigt, dass die **Teilnahme- und Wettbewerbsbedingungen** der RPW 2013 entsprechen. Damit wird allerdings nicht bestätigt, dass die Wettbewerbsunterlagen im Allgemeinen und die Teilnahme- und Wettbewerbsbedingungen im Besonderen auch vergaberechtskonform sind. Dies ist gerade nicht Inhalt der Prüfung der Architektenkammern bzw. Ingenieurekammern.

191b In den Wettbewerbsunterlagen ist zudem das **E-Vergabe-Verfahren** hinreichend konkret unter Beachtung des § 11 Abs. 3 VgV zu beschreiben. Zwar klammert § 69 Abs. 2 VgV die Vorschriften zur elektronischen Kommunikation (§§ 9–12 VgV) aus. Über eine richtlinienkonforme Anwendung des Art. 80 der EU-Richtlinie 2014/24/EU hat der Auslober deren Regelungsgehalt jedoch trotzdem zu beachten. Denn gemäß Art. 80 der EU-Richtlinie 2014/24/EU gelten auch für Planungswettbewerbe ausdrücklich die Vorschriften zu der elektronischen Kommunikation. Dies gilt auch für die Übermittlung der Plan-Dateien. Einzig die Übermittlung der plastischen Wettbewerbsarbeiten (Modelle) hat noch auf konventionelle Art und Weise zu erfolgen, soweit der Auftraggeber noch nicht über entsprechende 3D-Drucker verfügt. Auch hinsichtlich der plastischen Wettbewerbsarbeiten (Modelle) ist die Anonymität vollumfänglich zu wahren, selbst wenn die Modelle aus dem Ausland übermittelt werden.[165]

191c In dem Auslobungstext ist zudem darzustellen, wie die **Anonymität** hinsichtlich der Übermittlung der elektronischen Dokumente, vor allen Dingen hinsichtlich der **Verfassererklärungen,** sichergestellt wird (beispielsweise mittels eines sog. „elektronischen Tresors" in dem E-Vergabe-Portal). Die Verfassererklärungen dürfen ausweislich des Regelablaufs der Preisgerichtssitzung, Ziffer 5 lit. b) der Anlage VII zur RPW 2013, erst nach Abschluss der Preisgerichtssitzung geöffnet werden.

192 Planungswettbewerbe für Architekten- und Ingenieurleistungen erstrecken sich insbesondere auf folgende Aufgabenfelder und werden in geeigneten Fällen interdisziplinär ausgestaltet[166]:

- Städtebau, Stadtplanung, Stadtentwicklung
- Landschafts- und Freiraumplanung

---

[164] Wie etwa die RPW 2013; die RAW 2004; die GRW 1995.

[165] Zum Teil verweigern Logistikunternehmen im Ausland den Versand, wenn sowohl als Empfänger als auch als Absender die Adresse des Auslobers oder des Wettbewerbsbetreuers benannt wird.

[166] Vgl. Präambel der Richtlinie für Planungswettbewerbe (RPW 2013).

– Planung von Gebäuden und Innenräumen
– Planung von Ingenieurbauwerken und Verkehrsanlagen
– Technische Fachplanungen

Planungswettbewerbe erfreuen sich zunehmender Beliebtheit und werden immer öfter durchgeführt. Jedoch rechtfertigt nicht jedes Bauprojekt den mit einem Planungswettbewerb verbundenen finanziellen, administrativen und zeitlichen Aufwand. 193

Gemäß § 78 Abs. 2 S. 4 VgV hat der öffentliche Auftraggeber inzwischen vor der Einleitung eines Vergabeverfahrens im Zusammenhang mit der Aufgabenstellung im Hoch-, Städte- und Brückenbau sowie in der Landschafts- und Freiraumplanung zwingend zu prüfen, ob für diese ein Planungswettbewerb durchgeführt werden soll. Das Ergebnis seiner Entscheidung muss der öffentliche Auftraggeber **dokumentieren.** Dabei haben Bieter einen Anspruch darauf, dass der öffentliche Auftraggeber die Prüfung ordnungsgemäß vornimmt und dokumentiert. Ein direkter Anspruch darauf, dass der öffentliche Auftraggeber in Zweifelsfällen einen Planungswettbewerb durchzuführen hat, lässt sich aus seiner **Prüfungs- und Dokumentationspflicht** hingegen nicht ableiten. 194

Die Vergabe von Architektenleistungen im Wege eines **Verhandlungsverfahrens ohne Planungswettbewerb** stellt nach wie vor die Regel dar.[167] Der wesentliche Unterschied ist, dass bei einem Planungswettbewerb die Auswahl im Grundsatz nach den Lösungsvorschlägen der Wettbewerbsteilnehmer erfolgt, während der Vertragspartner in einem Verhandlungsverfahren ohne Planungswettbewerb nach dem besten Preis- Leistungsverhältnis ausgewählt wird. Hierbei werden als Wertungskriterien neben dem Preis (das jeweils angeboten Honorar) vor allem das Kriterium zu Organisation, Qualifikation und Erfahrung des mit der Ausführung des Auftrags betrauten Personals (vgl. § 58 Abs. 2 S. 1 Nr. 2 VgV) und das Kriterium zur Beurteilung der konkret zu erwartenden Qualität der auszuführenden Leistungen anhand von bestimmten Konzepten abgefragt. 195

2. Sonstige Planungswettbewerbe

Planungswettbewerbe werden außerhalb von Architekten- und Ingenieurleistungen vornehmlich bei der Suche nach Lösungen im ITK-Bereich[168] oder im Finanzierungsbereich angewendet. Beispiele sind Planungswettbewerbe zur Ermittlung der besten Lösung hinsichtlich 196

- Beratungsleistung zur IT-Strategie des öffentlichen Auftraggebers
- Agiles Projektmanagement[169]
- Planung der Software-Architektur
- Prozessoptimierung
- Softwareprogrammierung und -beratung
- Feststellung der bestehenden IT-Landschaft
- Archivverwaltung, Scandienstleistung, Aktenvernichtung
- Elektronisches Fahrgeldmanagementsystem
- Website-Gestaltung
- Kommunikations-App
- Kundeninformationssysteme
- Finanzierungstechnik

III. Durchführung eines Planungswettbewerbs, § 69 Abs. 2 VgV

Ein Planungswettbewerb lässt sich auf vielfältige Art und Weise gestalten. Eckfeiler bilden hierbei die Art des Wettbewerbs (**offener Wettbewerb** oder **nicht offener Wettbewerb**) 197

---

[167] Vgl. *Stolz* VergabeR 2014, 295, 299.
[168] ITK = Informations- und Kommunikationstechnik.
[169] Beispielsweise mithilfe des Vorgehensmodells **„Scrum“.** Dieses wird insbesondere bei der agilen Softwareentwicklung eingesetzt.

und die Frage, ob es vorerst nur bei dem Wettbewerb bleibt, also nur eine Idee gesucht wird, ohne Realisierungsversuche (sogenannter „**Ideenwettbewerb ohne Realisierungschance**[170]“) oder ob der Idee auch eine echte Realisierungschance gegeben wird und dem Wettbewerb damit in aller Regel ein Verhandlungsverfahren ohne Teilnahmewettbewerb folgt. Diese echte Realisierungschance ist gegeben bei einem **Realisierungswettbewerb** wegen der Realisierungsabsicht und bei einem **Ideenwettbewerb mit Realisierungsmöglichkeit,** weil hier eine Realisierung nicht von vornherein ausgeschlossen wird.

198 Der **Wettbewerb** und das sich gegebenenfalls anschließende **Verhandlungsverfahren ohne Teilnahmewettbewerb** stellen zwei eigenständige Verfahren dar. Diese eigenständigen Verfahren sind allerdings dadurch miteinander verknüpft, dass bestimmte Anforderungen an das Verhandlungsverfahren bereits in dem Wettbewerb bekanntgegeben werden[171]:

199 Zum Beispiel sind die **Eignungskriterien** und deren Nachweise bereits in der Wettbewerbsbekanntmachung gemäß § 70 Abs. 2 VgV bekannt zu geben. Bei Planungswettbewerben für Architekten- und Ingenieurleistungen ist darauf zu achten, dass bei geeigneten Aufgabenstellungen die Eignungskriterien so zu wählen sind, dass **kleinere Büroorganisationen und Berufsanfänger** sich beteiligen können (vgl. § 75 Abs. 4 VgV). Möchte der öffentliche Auftraggeber hinsichtlich der Anforderungen an Referenzen entgegen der in § 75 Abs. 5 VgV ausgedrückten Intension des Normgebers ausnahmsweise verlangen, dass bereits **Objekte derselben Nutzungsart** geplant oder realisiert worden sind, muss er dies mit im Einzelfall vorliegenden außergewöhnlichen Umständen hinsichtlich der Aufgabenstellung besonders begründen und vorab dokumentieren.

200 Aus Transparenzgründen sind darüber hinaus die **Zuschlagskriterien** und deren **Gewichtung** für das Verhandlungsverfahren bereits mit der Wettbewerbsbekanntmachung oder spätestens mit den Wettbewerbsunterlagen bekanntzugeben, um sich nicht dem Vorwurf auszusetzen, die Zuschlagskriterien seien erst unter besonderer Berücksichtigung des Wettbewerbsergebnisses erstellt worden.

200a Außerdem sind die Platzierungen aus dem Wettbewerb als Wertungspunkte in die Wertung des Verhandlungsverfahrens angemessen mit hinüber zu nehmen. Auch dieses Vorgehen muss der öffentliche Auftraggeber rechtzeitig transparent machen, spätestens mit der Bekanntgabe des Auslobungstexts. Ausweislich § 8 Abs. 2 RPW 2013 ist bei der Umsetzung des Projekts einer der Preisträger, in der Regel der Gewinner, unter Berücksichtigung der Empfehlung des Preisgerichts mit den weiteren Planungsleistungen zu beauftragen, sofern kein wichtiger Grund der Beauftragung entgegensteht. Diese Regelung der RPW 2013 wirkt damit in das Verhandlungsverfahren fort, weswegen es dem Auslober und späteren Auftraggeber grundsätzlich nicht (mehr) frei steht, welchen Preisträger er beauftragt. Wird ein Verhandlungsverfahren mit allen Preisträgern durchgeführt, ergibt sich aus der Verpflichtung des Auslobers, regelmäßig den ersten Preisträger zu beauftragen, die weitere Verpflichtung, diesen Umstand bei der Ausgestaltung der Zuschlagskriterien, deren Gewichtung und den Differenzierungsmöglichkeiten in geeigneter Weise zu berücksichtigen.[172] Zwar steht einem Auslober bei der Aufstellung der Zuschlagskriterien und deren Gewichtung ein weiter Ermessensspielraum zu. Dieser Spielraum darf aber nicht dazu führen, dass die Wertung des § 8 Abs. 2 RPW 2013, nach der regelmäßig der Wettbewerbsgewinner zu beauftragen ist, unterlaufen wird.[173]

---

[170] Hierbei muss der öffentliche Auftraggeber die Vergabe des Planungsauftrags explizit bereits in der Wettbewerbsbekanntmachung ausschießen.

[171] Lediglich bei einem Ideenwettbewerb ohne unmittelbare Realisierungschance kommt dies nicht zum Tragen.

[172] OLG Frankfurt Beschl. v. 11.4.2017 – 11 Verg 4/17, VPR 2017, 139 – Feuerwehrhaus; VK Südbayern Beschl. v. 3.7.2019 – Z3-3-3194-1-09-03/19, IBRRS 2019, 2539.

[173] VK Südbayern Beschl. v. 3.7.2019 – Z3-3-3194-1-09-03/19, IBRRS 2019, 2539.

Darüber hinaus hat der öffentliche Auftraggeber festzulegen und bekanntzugeben, ob **an den Gewinner, an einen der Gewinner**[174] der Planungsauftrag bzw. das Projekt vergeben werden soll. 201

1. Wettbewerbsbekanntmachung

Öffentliche Auftraggeber, die einen Planungswettbewerb durchführen wollen, teilen ihre Absicht in der Wettbewerbsbekanntmachung im Amtsblatt der Europäischen Union mit. Die Wettbewerbsbekanntmachung wird nach dem Muster des Anhangs IX der Durchführungsverordnung (EU) 2015/1986 erstellt. Die Wettbewerbsbekanntmachung muss schlechterdings alle Angaben des Anhang V Teil E der Richtlinie 2014/24/EU enthalten, es sei denn von einzelnen Angaben darf in begründeten Fällen aufgrund einer geschrieben Befreiungsklausel ausnahmsweise abgesehen werden. Solche Befreiungsklauseln stellen die Normbestandteile *„soweit nach nationalem Recht vorgesehen"* und *„gegebenenfalls"* dar. 202

In der Wettbewerbsbekanntmachung ist im Sinne des § 70 Abs. 2 VgV beispielsweise zwingend anzugeben, wenn der öffentliche Auftraggeber beabsichtigt, im Anschluss an einen Wettbewerb einen Dienstleistungsauftrag im **Verhandlungsverfahrens ohne Teilnahmewettbewerb** (14 Abs. 4 Nr. 8 VgV) zu vergeben. Der öffentliche Auftraggeber muss in der Wettbewerbsbekanntmachung auch angeben, ob er beabsichtigt, den anschließenden **Dienstleistungsauftrag an den Gewinner, an einen der Gewinner, an mehrere der Gewinner oder an alle Gewinner** des Wettbewerbs zu vergeben. Ohne eine solche Angabe, ist ein sich dem Wettbewerb anschließendes Verhandlungsverfahren ohne Teilnahmewettbewerb wegen Verstößen gegen Art. 79 Abs. 1 Unterabs. 2 der Richtlinie 2014/24/EU und das Transparenzgebot vergaberechtswidrig. 203

Somit muss sowohl bei einem **Realisierungswettbewerb** als auch bei einem **Ideenwettbewerb mit Realisierungsmöglichkeit** der öffentliche Auftraggeber in der Wettbewerbsbekanntmachung angeben, dass er beabsichtigt einen Dienstleistungsauftrag im Verhandlungsverfahrens ohne Teilnahmewettbewerb (14 Abs. 4 Nr. 8 VgV) an den Gewinner oder an einen, mehrere oder alle der Gewinner des Wettbewerbs zu vergeben. Bei einem **Ideenwettbewerb mit Realisierungsmöglichkeit** kann der öffentliche Auftraggeber die Realisierung von den Wettbewerbsergebnissen abhängig machen oder anhand anderer objektiver Gründe (Haushaltsmittel; Bewilligung von beantragten Fördermitteln; Empfehlung des Preisgerichts etc.). Diese objektiven Gründe sind in der Wettbewerbsbekanntmachung ebenfalls transparent anzugeben. 204

Bei einem **Ideenwettbewerb ohne Realisierungschance** fehlt diese Realisierungsabsicht hingegen gänzlich. Hierbei muss der öffentliche Auftraggeber bereits in der Wettbewerbsbekanntmachung angeben, dass er die Vergabe des Planungsauftrags ausschließt (vgl. § 3 Abs. 12 S. 2 Var. 2 VgV). Sollte der öffentliche Auftraggeber sich später wider Erwarten dafür entscheiden, einen Dienstleistungsauftrag auf Grundlage der Wettbewerbsergebnisse doch vergeben zu wollen, darf er keinesfalls ein Verhandlungsverfahren ohne Teilnahmewettbewerb durchführen, jedenfalls nicht gestützt auf § 14 Abs. 4 Nr. 8 VgV. 205

In diesem Zusammenhang stellt sich die Frage, ob ein **Ideenwettbewerb mit Realisierungsmöglichkeit** vergaberechtlich überhaupt zulässig ist. Denn der Wortlaut des § 14 Abs. 4 Nr. 8 VgV suggeriert, dass hiernach ein Verhandlungsverfahren ohne Teilnahmewettbewerb nur erlaubt sein könnte, wenn der Dienstleistungsauftrag im Anschluss an einen Wettbewerb vergeben werden **muss.** Allerdings ist ein öffentlicher Auftraggeber keinesfalls verpflichtet, einen Dienstleistungsauftrag zu vergeben, etwa wenn er von seiner Beschaffungsabsicht endgültig abrückt. Hierfür spricht auch Nr. 15 Anhang V Teil E der Richtlinie 2014/24/EU, der in der Bekanntmachung die Angabe fordert, ob die Aufträge im Anschluss an den Wettbewerb an den/die Gewinner des Wettbewerbs vergeben werden **können** oder nicht. Zudem zeigt die Regelung zur Schätzung des Auftragswerts, dass der 206

[174] „an einen der Preisträger".

Gesetzgeber neben dem **Realisierungswettbewerb** (§ 3 Abs. 12 S. 1 VgV) und dem **Ideenwettbewerb ohne Realisierungschance** (§ 3 Abs. 12 S. 2 Var. 2 VgV) auch den **Ideenwettbewerb mit Realisierungsmöglichkeit** (§ 3 Abs. 12 S. 2 Var. 1 VgV) kennt. Für einen Ideenwettbewerb mit Realisierungsmöglichkeit würde aber kein praktischer Anwendungsfall bestehen, wenn sich hieran nicht ein Verhandlungsverfahren ohne Teilnahmewettbewerb mit den Preisträgern anschließen dürfte. Außerdem spricht für diese Auslegung die in § 80 Abs. 1 VgV verwendete Begrifflichkeit **„sobald".** Nach dieser Regelung muss der öffentliche Auftraggeber die **Eignungsnachweise** mit der Aufforderung zur Teilnahme an den Verhandlungen verlangen, **sobald** das Ergebnis des Planungswettbewerbs realisiert werden soll. Somit haben die öffentlichen Auftraggeber noch Zeit, ihre endgültige Realisierungsabsicht während des Wettbewerbs zu entwickeln.

207 Damit der öffentliche Auftraggeber sich bei einem **Ideenwettbewerb mit Realisierungsmöglichkeit** die Option offen hält, im Anschluss an den Planungswettbewerb ein Verhandlungsverfahren ohne Teilnahmewettbewerb mit einem oder allen Preisträgern durchzuführen, muss er allerdings bereits in der Wettbewerbsbekanntmachung klar diese Absicht transparent machen. Der öffentliche Auftraggeber kommt bei einem **Ideenwettbewerb mit Realisierungsmöglichkeit** insbesondere nicht um die Anwendung des § 70 Abs. 2 VgV umhin, nach deren Regelungsgehalt er die **Eignungskriterien** und deren **Nachweise** bereits in der Wettbewerbsbekanntmachung anzugeben hat. Schließlich muss der öffentliche Auftraggeber auch bei einem **Ideenwettbewerb mit Realisierungsmöglichkeit** die Zuschlagskriterien und deren Gewichtung für das Verhandlungsverfahren ohne Teilnahmewettbewerb bereits mit den Wettbewerbsunterlagen bekanntgeben.

208 In der Wettbewerbsbekanntmachung müssen alle Kriterien angegeben werden, auf deren ausschließlicher Grundlage das Preisgericht seine Entscheidung nur treffen darf. Zudem hat der öffentliche Auftraggeber bereits in der Wettbewerbsbekanntmachung anzugeben, ob die Entscheidung des Preisgerichts für ihn bindend ist.

209 Nach Abschluss des Wettbewerbs muss der öffentliche Auftraggeber eine nachträgliche Bekanntmachung[175] im Amtsblatt der Europäischen Union über die Ergebnisse des Wettbewerbs veröffentlichen. Die Übermittlung an das Amt für Veröffentlichungen der Europäischen Union muss innerhalb von 30 Kalendertagen nach Abschluss des Wettbewerbs erfolgen (§ 70 Abs. 3 VgV). Lediglich in umfassend zu begründenden seltenen Ausnahmefällen darf von einer solchen nachträglichen Bekanntmachung abgesehen werden (vgl. § 70 Abs. 4 VgV iVm § 39 Abs. 6 VgV).

2. Wettbewerbsart

210 Der öffentliche Auftraggeber hat die Wirtschaftsteilnehmer über die von ihm vorgesehenen nichtdiskriminierenden Durchführungsregeln (vgl. § 71 Abs. 1 VgV) und die von ihm festgelegte Wettbewerbsart (offener Wettbewerb oder nicht offener Wettbewerb) vor Wettbewerbsbeginn rechtzeitig und transparent zu informieren.

211 **a) Offener Wettbewerb.** Bei einem **offenen Wettbewerb** handelt es sich um einen europaweit öffentlich ausgeschrieben Wettbewerb, an dem alle interessierten Fachleute teilnehmen und einen Lösungsvorschlag einreichen dürfen, soweit sie die persönlichen und fachlichen Anforderungen erfüllen.

212 Ausweislich § 1 Abs. 2 der RPW 2013 bietet der offene Wettbewerb die größtmögliche Lösungsvielfalt für eine Planungsaufgabe.

213 **b) Nicht offener Wettbewerb.** Ein **nicht offener Wettbewerb** ist ein zweistufiger Wettbewerb – auch als **Planungswettbewerb mit beschränkter Teilnehmerzahl** bezeichnet – bei dem zunächst auf der ersten Stufe alle interessierten Fachleute sich bewer-

[175] Sogenannte **„Bekanntmachung über die Ergebnisse des Wettbewerbs".**

ben dürfen und im Anschluss auf der zweiten Stufe eine bestimmte zuvor transparent gemachte Anzahl an Bewerbern anhand von Eignungskriterien ausgewählt und aufgefordert wird, ein Projekt, bzw. Pläne und Entwürfe oder Lösungsvorschläge einzureichen.

Ein nicht offener Wettbewerb ist zweistufig auszugestalten. Auf der **ersten Stufe** wird das Zulassungsverfahren und auf der **zweiten Stufe** der Wettbewerb mit einem zahlenmäßig beschränkten Teilnehmerkreis durchgeführt. Bei einem nicht offenen Wettbewerb erfolgt somit zunächst ein **Zulassungsverfahren,** welches öffentlich ausgeschrieben wird und an dem alle interessierten Wirtschaftsteilnehmer teilnehmen dürfen. In dem Zulassungsverfahren werden die Teilnehmer anhand von **Auswahlkriterien** ausgewählt, die an dem eigentlichen Wettbewerb teilnehmen dürfen. Als Auswahlkriterien dürfen gemäß § 71 Abs. 3 S. 1 VgV nur **klare und nichtdiskriminierende Eignungskriterien** angewendet werden mit oder ohne **Mindestanforderungen an die Leistungsfähigkeit.** Die Auswahlkriterien müssen mit dem Auftragsgegenstand, also dem Wettbewerbsgegenstand und dem sich anschließenden zu realisierenden Projekt, in Verbindung stehen. Eine Beschränkung der Zulassung auf ein bestimmtes Gebiet oder auf natürliche oder nur auf juristische Personen ist unzulässig (§ 71 Abs. 2 VgV). 214

Ausweislich § 3 Abs. 3 RPW 2013 muss bei einem nicht offenen Wettbewerb Folgendes beachtet werden: 214a

„Auslober fordern interessierte Fachleute öffentlich zur Bewerbung auf. In der Wettbewerbsbekanntmachung bzw. der Aufforderung zur Bewerbung sind die angestrebte Zahl an Teilnehmern, **die vorzulegenden Nachweise, das zur Auswahl der Teilnehmer angewandte Verfahren** sowie ggf. die Namen bereits vorausgewählter Teilnehmer anzugeben. Die **Teilnehmerzahl soll der Größe und Bedeutung der Wettbewerbsaufgabe angemessen sein.** Auslober wählen die Teilnehmer anhand **eindeutiger, nicht diskriminierender, angemessener** und **qualitativer** Kriterien aus dem Kreis der Bewerber aus. Bei der Auswahl können vom Auslober unabhängige, nicht dem Preisgericht angehörende Fachleute mit der Qualifikation der Teilnehmer beratend einbezogen werden. **Bereits vorausgewählte Teilnehmer müssen die gestellten Anforderungen und Kriterien ebenfalls erfüllen.** Ist die Bewerberanzahl nach einer objektiven Auswahl **entsprechend dieser Kriterien** zu hoch, kann die Auswahl unter den verbleibenden Bewerbern durch Los getroffen werden.“

Allerdings sind an die Anforderungen der **Auswahlkriterien** nicht so strenge Anforderungen zu stellen wie an die Anforderungen der Zuschlagskriterien in einem Vergabeverfahren.

Bereits die Transparenzanforderungen an die Bekanntgabe von Eignungskriterien zu Beurteilungskriterien sind unterschiedlich. Auslober sind im Gegensatz zu der Bekanntgabe von Beurteilungskriterien nicht verpflichtet, die Auswahlkriterien zu benennen, auf die sie sich bei der Prüfung der fachlichen Eignung stützen wollen.[176] Damit die Bekanntmachung ihre Funktion erfüllen kann, um den Wirtschaftsteilnehmern ein Urteil darüber zu ermöglichen, ob ein Wettbewerb für sie von Interesse ist, muss dies lediglich einen knappen Hinweis auf die besonderen Bedingungen enthalten, denen ein Bewerber zu genügen hat, um als geeignet für die Teilnahme am Wettbewerb angesehen werden zu können.[177] Gerade bei einem nicht offenen Wettbewerb mit einer geplanten hohen Anzahl an Wettbewerbsteilnehmern, muss den öffentlichen Auftraggebern mehr Wahlfreiheit bleiben, um für einen ausgewogenen Planungswettbewerb zu sorgen. Hierbei ist auch der Beschleunigungsgrundsatz eines Wettbewerbs zu beachten. Zudem dürfen an die Ausgestaltung eines solchen Wettbewerbs nicht übermäßige Anforderungen gestellt werden. Die Grenze einer solchen Ausgestaltung bildet ein rein willkürliches Verhalten des öffentlichen Auftraggebers.

---

[176] Vgl. EuGH Urt. v. 20.9.1988 – C-31/87, NJW 1990, 1414 = NVwZ 1990, 353 – Beentjes BV, Rn. 33.
[177] Vgl. EuGH Urt. v. 20.9.1988 – C-31/87, NJW 1990, 1414 = NVwZ 1990, 353 – Beentjes BV, Rn. 34.

215 Die **Anzahl der Bewerber,** die zur Teilnahme am Wettbewerb aufgefordert werden, muss ausreichen, um einen **echten Wettbewerb** zu gewährleisten. Die **Mindestzahl** kann in absoluten Ausnahmefällen bei lediglich drei Bewerbern liegen, um gerade noch einen echten Wettbewerb zu gewährleisten. In diesem Fall muss der Auslober dokumentieren, warum es ausnahmsweise objektiv ausreichend ist, nur drei Bewerber aufzufordern, um dennoch einen echten Wettbewerb zu gewährleisten. In Anlehnung an das nicht offene Verfahren, in dem mindestens fünf Bewerber aufgefordert werden, ein Angebot abzugeben, sollte der Auslober in den genannten absoluten Ausnahmefällen besser eine Mindestzahl von wenigstens fünf[178] festlegen (vgl. § 51 Abs. 2 VgV). Denn ein Planungswettbewerb zeichnet sich gerade dadurch aus, dass mit den Teilnehmern nicht zeit- und kostenintensive Verhandlungen geführt werden, wie dies bei einem Verhandlungsverfahren der Fall ist, bei dem ausnahmsweise mindestens drei Bewerber aufgefordert werden dürfen, um gerade noch einen echten Wettbewerb zu gewährleisten. Je bedeutender das im Anschluss an den Wettbewerb zu realisierende Projekt ist, desto mehr Teilnehmer sollten an dem Wettbewerb teilnehmen dürfen. Dies kann je nach Bedeutung des Wettbewerbs auch dazu führen, dass eine Mindestzahl von 25 Bewerbern gerade noch zulässig ist. Wirtschaftsteilnehmer können in einem Nachprüfungsverfahren als Vergaberechtsverstoß geltend machen, falls die Anzahl der Teilnehmer zu niedrig bemessen ist, um einen echten Wettbewerb sicherzustellen.

3. Das Preisgericht, § 72 VgV

216 Bei einem **Planungswettbewerb** wird die Auswahlentscheidung, zumindest aber eine Vorentscheidung, durch ein Preisgericht getroffen, auf dessen Zusammensetzung der Auftraggeber Einfluss nehmen kann. Demgegenüber erfolgt die Auswahlentscheidung bei einem reinen **Verhandlungsverfahren für Architekten- und Ingenieurleistungen** durch den Auftraggeber selbst.

217 Gemäß § 72 Abs. 1 S. 1 VgV darf das Preisgericht nur aus Preisrichtern bestehen, die von den Teilnehmern des Planungswettbewerbs unabhängig sind. Die Preisrichter müssen nicht unabhängig vom öffentlichen Auftraggeber sein. Es bietet sich sogar an, dass das Preisgericht auch mit Mitarbeitern des öffentlichen Auftraggebers besetzt wird. Vielmehr ist das Preisgericht in seinen Entscheidungen und Stellungnahmen unabhängig (§ 72 Abs. 2 S. 1 VgV).

217a Alle Mitglieder des Preisgerichts sind bei ihrer Bestellung und zu Beginn der Preisgerichtssitzung auf ihre Pflichten gemäß Anlage VII Nr. 1 lit. d) RPW 2013 explizit hinzuweisen. Zu Beginn der Preisgerichtssitzung hat jeder Anwesende zu versichern, dass er außerhalb von Kolloquien

1. keinen Meinungsaustausch mit Wettbewerbsteilnehmern über die Wettbewerbsaufgabe und deren Lösung geführt hat;
2. während der Dauer des Preisgerichts nicht führen wird;
3. bis zum Preisgericht keine Kenntnis der Wettbewerbsarbeiten erhalten hat, sofern er nicht an der Vorprüfung mitgewirkt hat;
4. das Beratungsgeheimnis gewahrt wird;
5. die Anonymität aller Arbeiten aus seiner Sicht gewahrt ist; und
6. es unterlassen wird, Vermutungen über den Verfasser einer Arbeit zu äußern.

Zudem bedarf es der persönlichen Verpflichtung jedes einzelnen Mitglieds des Preisgerichts auf eine objektive, allein an der Auslobung orientierte Beurteilung gemäß Anlage VII Nr. 1 lit. f) RPW 2013. Diese beiden Vorgänge sind zu protokollieren.

218 Wird von den Wettbewerbsteilnehmern eine bestimmte berufliche Qualifikation verlangt, muss gemäß § 72 Abs. 1 S. 2 VgV mindestens **ein Drittel** der Preisrichter über dieselbe oder eine gleichwertige Qualifikation verfügen **(Fachpreisrichter).** Abweichend

[178] Bei bedeutenden Projekten kann es vorkommen, dass ein echter Wettbewerb erst bei einer Mindestzahl von neun Teilnehmern gewährleistet wird.

hiervon muss bei einem **Planungswettbewerb für Architekten- und Ingenieurleistungen** gemäß § 79 Abs. 3 VgV **die Mehrheit** der Preisrichter aus Fachpreisrichtern bestehen. Das Preisgericht besteht neben Fachpreisrichtern in aller Regel auch noch aus Sachpreisrichtern. **Sachpreisrichter** sollen mit der Wettbewerbsaufgabe und den örtlichen Verhältnissen besonders vertraut sein. Öffentliche Auftraggeber sollten bereits im Eigeninteresse darauf achten, dass die Preisrichter in ihrer bisherigen Tätigkeit anerkannte berufliche Leistungen erbracht haben, die sie zur fachlichen Beurteilung des Wettbewerbsgegenstands besonders befähigen.[179]

Der Auslober hat im Sinne des § 6 Abs. 1 S. 4 RPW 2013 dafür zu sorgen, dass eine ausreichende Anzahl an **Stellvertretern** vorhanden ist. Bei interdisziplinären Wettbewerben (bspw. Objektplaner und Freianlagenplaner) ist dafür zu sorgen, dass jede Fachrichtung ausreichend vertreten ist; § 6 Abs. 1 S. 11 RPW 2013. Gemäß § 6 Abs. 2 S. 2 RPW 2013 ist auch sicherzustellen, dass die Fachpreisrichter während der gesamten Preisgerichtssitzung anwesend sind. Bei Ausfall beruft das Preisgericht für die gesamte weitere Dauer der Preisgerichtssitzung einen stellvertretenden Fachpreisrichter an seine/ihre Stelle, der/die während der bisherigen Sitzung des Preisgerichts ständig anwesend gewesen sein muss. Sachpreisrichter dürfen vorübergehend von ihren Stellvertretern ersetzt werden, wenn sie in den Meinungsbildungsprozess eingebunden bleiben. Es ist zu protokollieren, wie die Einbindung in den Meinungsbildungsprozess konkret erfolgt. Aus Transparenzgründen sollte in den Wettbewerbsunterlagen festgelegt werden, bei welchem Zeitraum noch von einer vorübergehenden Abwesenheit auszugehen ist. 218a

Das Preisgericht darf gemäß § 72 Abs. 2 S. 2 VgV seine Entscheidungen nur aufgrund von Kriterien treffen, die in der **Wettbewerbsbekanntmachung** genannt worden sind. Die Wettbewerbsarbeiten sind dem Preisgericht anonym vorzulegen. Die Anonymität ist bis zu den Stellungnahmen oder Entscheidungen des Preisgerichts zu wahren (§ 72 Abs. 2 S. 4 VgV). Deswegen sind **kooperative Verfahren,** bei denen die Teilnehmer gemeinsam Lösungsansätze diskutieren, vergaberechtwidrig. 219

Ein **Rückfragenkolloquium** dient der Beantwortung von über das E-Vergabe-Portal eingegangener als auch in einem Kolloquium mündlich gestellter Rückfragen der Wettbewerbsteilnehmer. Es ist empfehlenswert, dass ein Präsenztermin mit mündlich gestellten Fragen zur Wahrung der Anonymität und der Vorgaben des § 9 Abs. 2 VgV nicht stattfindet.[180] 219a

Soweit Fragen eingehen, die möglichst durch das Preisgericht zu beantworten sind, sollte nach dem ersten Drittel der Bearbeitungszeit eine **„Preisrichtervorbesprechung zur Beantwortung von Rückfragen"** stattfinden, ohne die Teilnahme der Planungsbüros. In dieser werden die Fragen erörtert und der Text zur Beantwortung der Fragen von dem Auslober verfasst. Die Antworten werden dem Preisgericht zur Freigabe vorgelesen. Nach der Freigabe (durch einfache Mehrheit) erhalten alle Wettbewerbsteilnehmer die Antworten auf die zu anonymisierenden Fragen über das E-Vergabe-Portal; zum Download bereitgestellt. Bei Rückfragen zu diesem Antwortkatalog ist bei Bedarf erneut vor Beginn des letzten Drittels der Bearbeitungszeit entsprechend vorzugehen. 219b

Darüber hinaus haben sowohl die Ausloberin als auch das Preisgericht bei der Prüfung der Wettbewerbsarbeiten darauf zu achten, dass über das geforderte Maß hinausgehende Teilleistungen von der Wertung ausgeschlossen werden (79 Abs. 4 S. 2 VgV). Aus Transparenzgründen sollte bereits in den Wettbewerbsunterlagen festgelegt werden, inwieweit Abweichungen von dem vorgegebenen Maß überhaupt zulässig sind. Ansonsten besteht die Gefahr, dass jede Wettbewerbsarbeit, die von dem vorgegebenen Maß abweicht, auszuschließen ist. Die Planungsbüros, die sich an die Vorgaben des Auslobers halten, haben

[179] Vgl. Dieckert/Osseforth/Steck/*Osseforth,* Praxiskommentar, § 72 VgV, Rn. 1.

[180] Zwar klammert § 69 Abs. 2 VgV die Vorschriften zur elektronischen Kommunikation aus. Über eine richtlinienkonforme Anwendung des Art. 80 der EU-Richtlinie 2014/24/EU hat der Auslober den Regelungsgehalt der §§ 9–12 VgV dennoch zu beachten.

einen durchsetzbaren Rechtsanspruch darauf, dass der Auslober die Wettbewerbsarbeiten auf die Einhaltung der von ihm aufgestellten Vorgaben prüft und im Falle einer Abweichung ausschließt.

220 Die RPW 2008 sah vor, dass bei der Umsetzung des Projekts einer der Preisträger zu beauftragen war, sofern kein wichtiger Grund der Beauftragung entgegenstand. Inzwischen regelt § 3 Abs. 2 S. 1 RPW 2013, dass **in aller Regel der Gewinner** mit den weiteren Planungsleistungen zu beauftragen ist, sofern kein wichtiger Grund der Beauftragung entgegensteht. Wenn der öffentliche Auftraggeber daher die RPW 2013 anwendet, erhält der 1. Preisträger eine rechtlich bessere Stellung als die anderen Preisträger. Das bisherige Wahlrecht des öffentlichen Auftraggebers wird dadurch eingeschränkt.[181] Demnach hat der öffentliche Auftraggeber im sich anschließenden Verhandlungsverfahren mit den Preisträgern auch die Beurteilung des Preisgerichts als Zuschlagskriterium angemessen zu berücksichtigen.[182] Die **Zuschlagskriterien** und deren **Gewichtung** sind bereits mit der Wettbewerbsbekanntmachung oder spätestens mit den Wettbewerbsunterlagen rechtzeitig vor dem Beginn des Wettbewerbs bekanntzugeben. Als Zuschlagskriterien dürfen nicht lediglich der Preis sowie das Wettbewerbsergebnis aus dem Planungswettbewerb festgelegt werden. Es bedarf darüber hinaus auch mindestens eines effektiven Qualitätskriteriums, Die Bieter müssen eine echte Chance erhalten, ihr Erstangebot auch hinsichtlich der Qualitäts- bzw. Leistungskriterien und nicht nur lediglich preislich zu verbessern. Denn § 17 Abs. 10 VgV vermittelt den Bietern einen Anspruch, dass der Auftraggeber in einem Verhandlungsverfahren auch tatsächlich mit dem Ziel verhandelt, „die Angebote inhaltlich zu verbessern". Das Qualitätskriterium muss von einigem Gewicht sein, ansonsten würde es sich um ein unzulässiges Scheinkriterium handeln.

221 Hat der öffentliche Auftraggeber zu Beginn des Planungswettbewerbs festgelegt, dass er nicht den 1. Preisträger sondern einen der Preisträger oder gar mehrere Preisträger weiter beauftragen wird, dann ist er weder verpflichtet noch berechtigt, den Planungsauftrag unmittelbar an den 1. Preisträger des Planungswettbewerbs zu erteilen, selbst wenn das Preisgericht dem öffentlichen Auftraggeber zusätzlich zur Preisverleihung **einstimmig empfohlen** hat, diese Arbeit zur Grundlage der weiteren Bearbeitung zu wählen.[183]

222 Das Preisgericht muss gemäß § 72 Abs. 3 VgV einen von den Preisrichtern zu unterzeichnenden **Bericht** über die Rangfolge der von ihm ausgewählten Wettbewerbsarbeiten erstellen. Hierbei hat es auf die einzelnen Projekte einzugehen und seine Bemerkungen sowie noch zu klärende Fragen aufzuführen.

223 Gemäß § 72 Abs. 4 VgV können die Teilnehmer zur Klärung bestimmter Aspekte der Wettbewerbsarbeiten aufgefordert werden, Fragen zu beantworten, die das Preisgericht in seinem Protokoll festzuhalten hat. Der Dialog zwischen Preisrichtern und Teilnehmern ist zu dokumentieren. Zur Wahrung der Anonymität wird dringend empfohlen, den Dialog über den öffentlichen Auftraggeber als Vermittler zu führen, der die Fragen und Antworten anonymisiert.

4. Vergütung

224 Grundsätzlich ist bei Wettbewerben eine Vergütung nicht zwingend vorgeschrieben. Denn ausweislich § 103 Abs. 6 GWB handelt es sich bei Wettbewerben um Auslobungsverfahren, die dem Auftraggeber aufgrund vergleichender Beurteilung durch ein Preisgericht **mit oder ohne Verteilung von Preisen** zu einem Plan oder einer Planung verhelfen sollen. Dennoch kann es sich bei Planungswettbewerben, insbesondere im IKT-Bereich anbieten, angemessene Preise auszuloben, um den Anreiz für die Teilnahme und die Motivation hinsichtlich der Ausarbeitung kreativer Lösungen zu erhöhen.

---

[181] Vgl. *Grosse* VPR 2013, 3, Rn. 6.

[182] Vgl. Dieckert/Osseforth/*Osseforth,* Kommentar zur VOF und VOB/A, § 15 VOF, Rn. 7.

[183] Vgl. Dieckert/Osseforth/*Osseforth,* Kommentar zur VOF und VOB/A, § 15 VOF, Rn. 7; VK Nordbayern Beschl. v. 28.1.2003 – 320.VK-3194-42/02, BeckRS 2003, 32440.

Für **Planungswettbewerbe für Architekten- und Ingenieurleistungen** sind demgegenüber Preise und Anerkennungen unter allen Umständen angemessen auszuloben (vgl. § 79 Abs. 1VgV) 225

Die neue Vergabeverordnung 2016 hat im Vergleich zu der nicht mehr anzuwendenden Vergabeordnung für freiberufliche Leistungen (VOF) keine abweichenden Vergütungsfolgen ausgelöst. Die Vergütungs-/Preisaussagen der Richtlinien für Planungswettbewerbe (RPW) behalten bei deren Anwendung ebenfalls ihre Gültigkeit.[184] 226

Gemäß § 79 Abs. 1VgV sind mit der Ausrichtung eines Planungswettbewerbs für Architekten- und Ingenieurleistungen Preise oder Anerkennungen auszuloben, die der Bedeutung und Schwierigkeit der Bauaufgabe sowie dem Leistungsumfang nach der jeweils geltenden Honorarordnung (HOAI) angemessen sind. Gemäß § 7 Abs. 1 RPW 2013 werden **Preise** solchen Arbeiten zuerkannt, auf deren Grundlage die Aufgabe realisiert werden kann. **Anerkennungen** werden für bemerkenswerte Teilleistungen vergeben. 227

Die **Wettbewerbssumme** (der Gesamtbetrag für alle Preise und Anerkennungen) entspricht in aller Regel mindestens dem **Honorar der Vorplanung** – nach der jeweils geltenden Honorarordnung (HOAI) – für alle in den Wettbewerb einbezogenen Fachdisziplinen (vgl. § 7 Abs. 2 RPW 2013). 228

Die Wettbewerbssumme beträgt bei Anwendung der RPW 2013 **mindestens 10.000 EUR** (vgl. Anlage II der RPW 2013). Wenn keine Honorarordnung mit Definition der Vorplanung vorliegt, entspricht die **Wettbewerbssumme** mindestens der üblichen Vergütung für die zu erbringenden Leistungen. Bei interdisziplinären Wettbewerben wird zur Ermittlung der Wettbewerbssumme die Summe der Honorierung aller beteiligten Fachdisziplinen herangezogen. 229

Führt der öffentliche Auftraggeber den Wettbewerb nicht mit offenkundiger Realisierungsabsicht durch, wie dies beim **Realisierungswettbewerb** der Fall wäre, hat er das Preisgeld angemessen zu erhöhen. Das Preisgeld ist daher sowohl bei einem **Ideenwettbewerb ohne Realisierungschance** als auch bei einem **Ideenwettbewerb mit Realisierungsmöglichkeit** angemessen zu erhöhen. 230

Werden bei Anwendung der RPW 2013 ausnahmsweise über die in der Anlage II der RPW 2013 aufgeführten Wettbewerbsleistungen hinausgehende Leistungen gefordert, so erhöht sich die Wettbewerbssumme ebenfalls angemessen. 231

Der öffentliche Auftraggeber muss vor Beginn des Wettbewerbs die **Aufteilung der Wettbewerbssumme** gegenüber den Wettbewerbsteilnehmern bekanntgeben. Die Aufteilung der Wettbewerbssumme kann durch einstimmigen Beschluss des Preisgerichts neu festgelegt werden, wenn hierauf in der Wettbewerbsbekanntmachung hingewiesen worden ist. Die ausgelobte Wettbewerbssumme ist auszuschöpfen. 232

5. Aufhebung eines Planungswettbewerbs

Fraglich ist, ob ein Planungswettbewerb vom öffentlichen Auftraggeber aufgehoben werden kann. 232a

Für die Aufhebung eines Planungswettbewerbs fehlt zwar sowohl in der Richtlinie 2014/24/EU als auch in der Vergabeverordnung (VgV) eine ausdrückliche Regelung. § 63 VgV regelt die Aufhebung eine Vergabeverfahrens, nicht hingegen eines Planungswettbewerbs. Ausweislich § 69 Abs. 2 VgV finden auf einen Planungswettbewerb von den Vorschriften für das Vergabeverfahren (§ 1 bis § 68 VgV) nur die §§ 5, 6 und 43 VgV Anwendung und damit nicht der § 63 VgV.

Für eine Aufhebung von Planungswettbewerben spricht hingegen eine teleologische Auslegung. Nach der Rechtsprechung des Bundesgerichtshofs müssen Wirtschaftsteilnehmer die Aufhebung des Vergabeverfahrens nicht nur dann hinnehmen, wenn sie von einem der in den einschlägigen Bestimmungen der Vergabe und Vertragsordnungen aufge-

[184] Vgl. *Motzke* NZBau 2016, 603, 604.

führten Gründe gedeckt und deshalb von vornherein rechtmäßig ist.[185] Im Einzelfall können reine Zweckmäßigkeitserwägungen eine Aufhebung rechtfertigen.[186] Auch das Unionsrecht sieht in Art. 55 Abs. 1 der Richtlinie 2014/24/EU die Befugnis des Auftraggebers, auf die Vergabe eines Auftrags, für den eine Ausschreibung stattgefunden hat, gänzlich zu verzichten oder aber ein neues Vergabeverfahren einzuleiten als gegeben an. Die Ausübung dieser Befugnis ist nicht vom Vorliegen schwerwiegender oder außergewöhnlicher Umstände abhängig.[187]

Es sind keine schlagenden Argumente ersichtlich, warum diese Grundsätze nicht auch auf Planungswettbewerbe zu übertragen sind. Nach dem Sinn und Zweck der hinter einer Aufhebung eines jeden Verfahrens im Vergaberecht steht, nämlich dass der öffentliche Auftraggeber nicht gezwungen werden kann, sehenden Auges ein vergaberechtliches fehlerbehaftetes Verfahren bis zum Ende durchzuführen, muss eine Aufhebung vielmehr möglich sein. Zumal auch bei einem Auslobungsverfahren kein Kontrahierungszwang besteht.[188] Als Korrektiv dient hierbei die von der Rechtsprechung entwickelte Dogmatik, dass eine Aufhebung rechtlich wirksam aber rechtswidrig sein kann. Der Auftraggeber darf daher einen Planungswettbewerb auch dann aufheben, wenn er den Aufhebungsgrund selbst zu verantworten hat.[189] Eine solche Aufhebung kann für einzelne Wettbewerbsteilnehmer in aller Regel allenfalls Ansprüche auf Schadensersatz hinsichtlich des negativen Interesses auslösen.[190]

Der öffentliche Auftraggeber darf im Falle eines fortbestehenden Beschaffungswillens bei seiner Entscheidung für eine Aufhebung eines Planungswettbewerbs allerdings nicht gegen die Grundprinzipien des Vergaberechts (Wettbewerb, Transparenz und Gleichbehandlung) verstoßen. Dies wäre dann der Fall, wenn die Aufhebung ohne sachlichen Grund

- einen Wirtschaftsteilnehmer aufgrund seiner Staatsangehörigkeit diskriminiert;
- dem vornehmlichen Zweck dient, die Auslobung eines Preises an einen bestimmten Wirtschaftsteilnehmer zu verhindern;
- erfolgt, um einem erwünschten Wirtschaftsteilnehmer, der im laufenden Planungswettbewerb keine Aussichten auf einen der Preise gehabt hätte, eine neue Chance zu geben.

Somit ist eine sog. **„Scheinaufhebung“**, für die kein sachlicher Grund gegeben ist, vergaberechtlich nicht zulässig.

Sowohl eine endgültige Aufhebung eines Planungswettbewerbs als auch eine Aufhebung, um wesentliche (auch eigene) Fehler des Verfahrens zu korrigieren, sind jedoch stets möglich.

6. Rechtsschutz im Rahmen eines Planungswettbewerbs

232b Der öffentliche Auftraggeber ist über den Wortlaut des 134 Abs. 1 GWB hinaus verpflichtet, in einem Vergabeverfahren, und damit auch in einem dem Realisierungswettbewerb folgenden Verhandlungsverfahrens, neben etwaigen Bietern auch die **unterlegenen Preisträger** des vorangegangenen Realisierungswettbewerbs vor der Erteilung des Zuschlags ordnungsgemäß zu informieren.[191] Dies ist insbesondere dann wichtig, wenn der Auftrag-

[185] Vgl. BGH Beschl. v. 20.3.2014– X ZB 18/13, NJW-Spezial 2014, 334 = NZBau 2014, 310 Rn. 20 – Autobahnkreuz Heidelberg; OLG Koblenz Beschl. v. 30.4.2014 – 1 Verg 2/14, ZfBR 2014, 705.

[186] Vgl. EuGH Urt. v. 11.12.2015 – C-440/13, IBRRS 2014, 3171 = EuZW 2015, 226 – Croce Amica One Italia.

[187] Vgl. EuGH Urt. v. 16.9.1999 – C-27/98, NZBau 2000, 153 – Fracasso und Leitschutz.

[188] Vgl. OLG München Urt. v. 28.7.2005– U (K) 1834/05, NJW-RR 2005, 1401 – Ausschluss von Teilnahme an Quizsendungen.

[189] Vgl. in einem Vergabeverfahren bei Anwendung ungeeigneter Zuschlagskriterien: EuGH Urt. v. 16.10. 2003 – C-244/02, IBRRS 2004, 1227 = ZfBR 2004, 589 – Kauppatalo Hansel.

[190] Vgl. zum positiven Interesse: BGH Urt. v. 16.12.2003 – X ZR 282/02, NJW 2004, 2165 – Krankenhausversorgung („Blockheizkraftwerk“).

[191] Vgl. OLG Düsseldorf Beschl. v. 2.12.2009 – Verg 39/09, IBR 2010, 220 = NZBau 2010, 393 – Stadtschloss Berlin.

geber beabsichtigt, das Verhandlungsverfahren ausschließlich mit dem ersten Preisträger zu führen.

Bei einem Planungswettbewerb stellt sich zudem die Frage, ob sich insbesondere diejenigen **teilnehmenden Planungsbüros,** die keine Preisträger geworden sind, sogar gegen die Entscheidung des Preisgerichts im Wege eines **Nachprüfungsverfahren** wenden können. Dies wird zum Teil damit abgelehnt, dass durch die Entscheidung des Preisgerichts und die Aufhebung der Anonymität eine Zäsur eingetreten sei. Die Preisgerichtssitzung könne nicht mehr mit Erfolg angegriffen werden. Dadurch würde den teilnehmenden Planungsbüros jedoch ein Anspruch auf effektiven Rechtsschutz versagt werden. Ein weites, auch die teilnehmenden Planungsbüros einbeziehendes Verständnis des Begriffs des Bieters im Sinne des § 134 GWB ist bereits angesichts der Vorgaben der europäischen Rechtsmittelrichtlinie 89/665/EWG sowie der Rechtsprechung des Europäischen Gerichtshofs geboten.[192] Der Begriff umfasst alle für den Auftraggeber erkennbar am Auftrag interessierten Unternehmen.[193] Schließlich haben alle an einem Realisierungswettbewerb teilnehmenden Planungsbüros ein Interesse an dem späteren öffentlichen Auftrag. 232c

Gemäß Art. 1 Abs. 1 der Richtlinie 2007/66/EG[194] muss sichergestellt sein, dass *„Entscheidungen der öffentlichen Auftraggeber … hinsichtlich der in den Anwendungsbereich der Richtlinie 2004/18/EG [jetzt: 2024/14/EU] fallenden Aufträge wirksam … nachgeprüft"* werden können. Zumal der Erwägungsgrund 2 der Richtlinie 2007/66/EG[195] neben den öffentlichen Aufträgen explizit die (Planungs-)Wettbewerbe in den Schutzbereich mit einbezieht.

Ohne eine ausreichende Information der unterlegenen Planungsbüros im Sinne des § 134 GWB, sowie ohne die Möglichkeit, auch die Entscheidung des Preisgerichts zu überprüfen, gäbe es keinen effektiven Rechtsschutz.[196] Letztendlich wird erst der Europäische Gerichtshof die Frage rechtssicher klären können, ob einem Planungsbüro effektiver Rechtschutz versagt werden darf mit dem Hinweis, durch die Entscheidung des Preisgerichts und die Aufhebung sei eine Zäsur eingetreten. Schließlich könnte dagegen eingewendet werden, dass die Aufhebung der Anonymität auch erst nach der Information der unterlegenen Planungsbüros und dem Abwarten einer angemessenen Stillhaltefrist erfolgen könnte. Freilich möchten Auslober in der Praxis nicht so lange warten, bis das Ergebnis der Öffentlichkeit präsentiert werden kann. Dieses praktische Argument dürfte jedoch nicht ausreichend sein, um den Wirtschaftsteilnehmern effektiven Rechtsschutz zu versagen.

IV. Verhandlungsverfahren

Gemäß § 14 Abs. 4 Nr. 8 VgV kann der öffentliche Aufraggeber Aufträge im Verhandlungsverfahren ohne Teilnahmewettbewerb vergeben, wenn im Anschluss an einen Planungswettbewerb im Sinne des § 69 VgV ein Dienstleistungsauftrag nach den Bedingungen dieses Wettbewerbs an den Gewinner oder an mindestens einen der Preisträger vergeben werden muss; im letzteren Fall müssen alle Preisträger des Wettbewerbs zur Teilnahme an den Verhandlungen aufgefordert werden. 233

[192] Vgl. EuGH Urt. v. 28.10.1999 – C-81/98, EuZW 1999, 75 = NJW 2000, 569 – Alcatel Austria ua.

[193] Vgl. OLG Düsseldorf Beschl. v. 24.2.2005 – VII-Verg 88/04, IBRRS 2005, 0986 = NZBau 2005, 535; OLG Jena Beschl. v. 14.10.2003 – 6 Verg 5/03, ZfBR 2004, 193 – De-facto-Vergabe.

[194] Richtlinie 2007/66/EG (sog. Rechtsmitteländerungsrichtlinie).

[195] Richtlinie 2007/66/EG (sog. Rechtsmitteländerungsrichtlinie).

[196] Vgl. EuGH Urt. v. 28.10.1999 – C-81/98, EuZW 1999, 75 = NJW 2000, 569 – Alcatel Austria ua; vgl. VK Bund Beschl. v. 11.9.2009 – VK 3-157/09, ZfBR 2009, 824 = IBR 2009, 596; in dieser Entscheidung wird der Anspruch auf effektiven Rechtschutz für die Preisträger unter Verweis auf die zitierte Entscheidung des EuGH begründet. Die Argumentation kann ebenso fruchtbar gemacht werden für die Notwendigkeit eines effektiven Rechtsschutzes für die bereits in einem Realisierungswettbewerb unterlegenen Planungsbüros. Auch in einem Planungswettbewerb unterlegene Planungsbüros müssen sich gegen Vergaberechtsverstöße effektiv zur Wehr setzen können.

234 Hat der öffentliche Auftraggeber in der Wettbewerbsbekanntmachung bekanntgegeben, dass er beabsichtigt, den Dienstleistungsauftrag an den Gewinner zu vergeben, führt er die Verhandlungen ausschließlich mit dem Gewinner dieses Verhandlungsverfahren ohne Teilnahmewettbewerb, wenn dieser die bereits in der Wettbewerbsbekanntmachung festgelegten Eignungskriterien und deren Mindestanforderungen erfüllt. Vor der Erteilung des Auftrags sollten unbedingt die anderen Preisträger gemäß § 134 Abs. 1 GWB informiert werden.[197]

235 Wenn der öffentliche Auftraggeber in der Wettbewerbsbekanntmachung bekanntgegeben hat, dass er beabsichtigt, den Dienstleistungsauftrag an mindestens einen der Gewinner zu vergeben, führt er das Verhandlungsverfahren ohne Teilnahmewettbewerb mit allen Preisträgern, welche die bereits in der Wettbewerbsbekanntmachung festgelegten Eignungskriterien und deren Mindestanforderungen erfüllen.

236 Bei einem **Ideenwettbewerb ohne Realisierungschance** muss der öffentliche Auftraggeber bereits in der Wettbewerbsbekanntmachung angeben, dass er die Vergabe des Planungsauftrags ausschließt (vgl. § § 3 Abs. 12 S. 2 Var. 2 VgV). Sollte sich der öffentliche Auftraggeber dennoch später entscheiden, einen Dienstleistungsauftrag auf Grundlage der Wettbewerbsergebnisse zu vergeben, ist ein **Verhandlungsverfahren mit Teilnahmewettbewerb** statthaft, bei dem grundsätzlich jeder Wirtschaftsteilnehmer teilnehmen kann.[198]

G. Zentrale Beschaffungstätigkeit und -stellen

I. Definitionen

1. Zentrale Beschaffungsstelle

237 Bei einer **zentralen Beschaffungsstelle** handelt es sich gemäß § 120 Abs. 4 S. 1 GWB um einen öffentlichen Auftraggeber[199], der für andere öffentliche Auftraggeber **dauerhaft** Liefer- und Dienstleistungen **beschafft,** öffentliche Aufträge **vergibt** oder Rahmenvereinbarungen **abschließt,** und damit eine zentrale Beschaffungstätigkeit ausübt.

Zentrale Beschaffungsstelle darf ein öffentlicher Auftraggeber im Sinne des § 99 GWB als auch ein Sektorenauftraggeber sein; vgl. § 120 Abs. 4 GWB iVm § 142 Abs. 1 GWB.

Eine zentrale Beschaffungstätigkeit darf nur von einer zentralen Beschaffungsstelle ausgeführt werden. Eine zentrale Beschaffungstätigkeit darf damit nicht von einem rein privatrechtlichen Unternehmen ausgeübt werden. Denn in Vergabeverfahren, die nicht von einem Auftraggeber im Sinne des § 98 GWB ausgeschrieben werden, besteht für die sich daran beteiligenden Unternehmen weder eine Rügeobliegenheit noch sind die Nachprüfungsinstanzen für die Überprüfung von nicht-kartellvergaberechtlichen Vergabeverfahren zuständig.[200] Damit würden den Bewerbern und Bieter die Möglichkeit genommen werden, effektiven Rechtsschutz im Wege eines Nachprüfungsverfahrens nachzusuchen. Ein rein privatrechtliches Unternehmen kann auch nicht den Rechtsweg zu den Nachprüfungsinstanzen festlegen. Dies ist einzig dem deutschen Gesetzgeber vorbehalten.

2. Zentrale Beschaffungstätigkeiten

238 Art. 2 Abs. 1 Nr. 14 der Richtlinie 2014/24/EU bezeichnet **„zentrale Beschaffungstätigkeiten"** als auf Dauer durchgeführte Tätigkeiten in einer der folgenden Formen:

---

[197] Vgl. OLG Düsseldorf Beschl. v. 2.12.2009 – Verg 39/09, IBR 2010, 219 = NZBau 2010, 393 – Stadtschloss Berlin.

[198] Jedenfalls darf ein Verhandlungsverfahren ohne Teilnahmewettbewerb nicht auf § 14 Abs. 4 Nr. 8 VgV gestützt werden.

[199] Art. 2 Abs. 1 Nr. 16 der Richtlinie 2014/24/EU.

[200] Vgl. die Argumentation → Rn. 12ff.; Schlussanträge des Generalsanwalts v. 2.4.2020 – C-3/19, BeckRS 2020, 4948, Rn. 56.

a) **Erwerb** von Lieferungen und/oder Dienstleistungen für öffentliche Auftraggeber;
b) **Vergabe** öffentlicher Aufträge oder Abschluss von Rahmenvereinbarungen über Bauleistungen, Lieferungen oder Dienstleistungen für öffentliche Auftraggeber;

3. Nebenbeschaffungstätigkeiten

Gemäß Art. 2 Abs. 1 Nr. 15 der Richtlinie 2014/24/EU sind **„Nebenbeschaffungstätigkeiten"** Tätigkeiten zur Unterstützung von Beschaffungstätigkeiten, insbesondere in einer der folgenden Formen: 239
a) Bereitstellung technischer Infrastruktur, die es öffentlichen Auftraggebern ermöglicht, öffentliche Aufträge zu vergeben oder Rahmenvereinbarungen über Bauleistungen, Lieferungen oder Dienstleistungen abzuschließen;
b) Beratung zur Ausführung oder Planung von Verfahren zur Vergabe öffentlicher Aufträge;
c) Vorbereitung und Verwaltung von Verfahren zur Vergabe öffentlicher Aufträge im Namen und für Rechnung des betreffenden öffentlichen Auftraggebers.

4. Beschaffungsdienstleister

Gemäß Art. 2 Abs. 1 Nr. 17 der Richtlinie 2014/24/EU handelt es sich bei einem **„Beschaffungsdienstleister"** entweder um eine **öffentliche Stelle** oder um eine **privatrechtliche Stelle,** die auf dem Markt **Nebenbeschaffungstätigkeiten** anbietet. 240

II. Zentrale Beschaffungstätigkeiten und -stellen

Öffentliche Auftraggeber und Sektorenauftraggeber dürfen **zentrale Beschaffungstätigkeiten**[201] ausführen, wenn diese auf Dauer ausgeübt werden.[202] Die zentralen Beschaffungstätigkeiten umfassen entweder den regelmäßigen **Erwerb** von Lieferungen und/oder Dienstleistungen für andere öffentliche Auftraggeber oder die regelmäßige **Vergabe** öffentlicher Aufträge bzw. den Abschluss von Rahmenvereinbarungen für andere öffentliche Auftraggeber. 241

§ 120 Abs. 4 GWB verbessert die Möglichkeiten, den Beschaffungsbedarf öffentlicher Auftraggeber zusammenzuführen, um so Größenvorteile zu erzielen und Transaktionskosten zu verringern.[203] Mit der Zentralisierung von Beschaffungstätigkeiten besteht ausschließlich für öffentliche Auftraggeber und Sektorenauftraggeber die Möglichkeit, das Beschaffungsmanagement zu verbessern und weiter zu professionalisieren. § 120 Abs. 4 GWB schränkt dabei nicht die Möglichkeit ein, dass öffentliche Auftraggeber ohne festen institutionellen Rahmen bei Gelegenheit gemeinsam Vergabeverfahren durchführen oder bei der Vorbereitung oder Durchführung von Vergabeverfahren zusammenarbeiten.[204]

Sobald ein öffentlicher Auftraggeber bzw. Sektorenauftraggeber rechtmäßig zentrale Beschaffungstätigkeiten ausübt, ist er **zentrale Beschaffungsstelle.** Denn gemäß Art. 2 Abs. 1 Nr. 16 der Richtlinie 2014/24/EU[205] handelt es sich bei einer **zentralen Beschaffungsstelle** um einen öffentlichen Auftraggeber, der **zentrale Beschaffungstätigkeiten** und eventuell **Nebenbeschaffungstätigkeiten** ausübt. Bei der Nebenbeschaffungstätigkeit muss es sich um eine erlaubte Tätigkeit handeln.[206] 242

---

[201] Derartige Dienstleistungsaufträge können gemäß § 120 Abs. 4 S. 4 GWB auch Beratungs- und Unterstützungsleistungen bei der Vorbereitung oder Durchführung von Vergabeverfahren umfassen.
[202] Auf Dauer bedeutet, dass die Tätigkeiten nicht nur regelmäßig erfolgen sondern für einen langen Zeitraum anhalten.
[203] BT-Drs. 18/6281 v. 8.10.2015, Begründung zu § 120 Abs. 4 GWB.
[204] BT-Drs. 18/6281 v. 8.10.2015, Begründung zu § 120 Abs. 4 GWB.
[205] Richtlinie 2014/24/EU des Europäischen Parlaments und des Rates v. 26.2.2014 über die öffentliche Auftragsvergabe und zur Aufhebung der Richtlinie 2004/18/EG (ABl. L 94 v. 28.3.2014, S. 65).
[206] Vgl. die Ausführungen im Anschluss → Rn. 248ff.

243 Die zentrale Beschaffungsstelle darf nicht eine so erhebliche **Nachfragemacht** entwickeln, dass der Wettbewerb wesentlich beeinträchtigt wird.[207] Die Nachprüfungsinstanzen prüfen in aller Regel nicht, ob eine solche erhebliche Nachfragemacht besteht. Drängen sich insoweit für die Nachprüfungsinstanzen Zweifel auf, haben sie die zuständigen Kartellbehörden über den Fall zu informieren.

244 Gemäß § 120 Abs. 4 S. 3 GWB dürfen öffentliche Auftraggeber öffentliche Aufträge zur Ausübung zentraler Beschaffungstätigkeiten an eine zentrale Beschaffungsstelle vergeben, **ohne** ein **Vergabeverfahren nach dem Kartellvergaberecht** (Teil 4 des GWB) durchführen zu müssen. Wird die zentrale Beschaffungsstelle **entgeltlich** tätig, ist jedoch daran zu denken, diesen Beschaffungsvorgang nach dem nationalen Vergaberecht auszuschreiben. In jedem Fall ist hierbei abgeleitet aus dem **Haushaltsrecht**[208] nach einheitlichen Richtlinien zu verfahren und es sind drei Vergleichsangebote einzuholen.

III. Nebenbeschaffungstätigkeiten

245 Zentrale Beschaffungstätigkeiten können ergänzt werden durch erlaubte Nebenbeschaffungstätigkeiten. Nebenbeschaffungstätigkeiten sind Tätigkeiten zur Unterstützung von Beschaffungstätigkeiten, wie beispielsweise die

a) Bereitstellung technischer Infrastruktur, die es öffentlichen Auftraggebern ermöglicht, öffentliche Aufträge zu vergeben oder Rahmenvereinbarungen über Bauleistungen, Lieferungen oder Dienstleistungen abzuschließen;
b) Beratung zur Ausführung oder Planung von Verfahren zur Vergabe öffentlicher Aufträge;
c) Vorbereitung und Verwaltung von Verfahren zur Vergabe öffentlicher Aufträge im Namen und für Rechnung des betreffenden öffentlichen Auftraggebers.

1. Nebenbeschaffungstätigkeiten durch einen öffentlichen Auftraggeber

246 Führt ein öffentlicher Auftraggeber neben zentralen Beschaffungstätigkeiten auch Nebenbeschaffungstätigkeiten aus, ist sie in Personalunion zentrale Beschaffungsstelle und Beschaffungsdienstleister.

2. Nebenbeschaffungstätigkeiten durch einen privatrechtliche Stelle

247 **a) Verbot der Erbringung von zentralen Beschaffungstätigkeiten.** Eine privatrechtliche Stelle[209] darf ausschließlich Nebenbeschaffungstätigkeiten aber keine zentralen Beschaffungstätigkeiten anbieten und erbringen.

248 **b) Verbot der Erbringung von Rechtsdienstleistungen.** Handelt es sich bei der privatrechtliche Stelle nicht um einen Rechtsanwalt[210] oder um einen Zusammenschluss von Rechtsanwälten, ist insbesondere darauf zu achten, dass die privatrechtliche Stelle bei der Beratung zur Ausführung, der Planung, Vorbereitung und Verwaltung von Vergabeverfahren nicht Rechtsdienstleistungen[211] im Sinne des § 2 Abs. 1 Rechtsdienstleis-

---

[207] Vgl. zu den Einkaufskooperationen BGH Urt. v. 12.11.2002 – KZR 11/01, GRUR 2003, 633 – Kommunales Einkaufskartell.

[208] Vgl. § 55 Abs. 2 BHO bzw. § oder Art 55 Abs. 2 der jeweils einschlägigen Landeshaushaltsordnung.

[209] Eine privatrechtliche Stelle ist ein nicht beim öffentlichen Auftraggeber angestellter externer Berater, wie beispielsweise externe Architekten, externe Ingenieure, oder sonstige Gesellschaften mit Beratungsleistungen.

[210] Zur Rechtsanwaltschaft kann gemäß § 4 Bundesrechtsanwaltsordnung (BRAO) nur zugelassen werden, wer die Befähigung zum Richteramt nach dem Deutschen Richtergesetz erlangt hat oder die Eingliederungsvoraussetzungen nach dem Gesetz über die Tätigkeit europäischer Rechtsanwälte in Deutschland v. 9.3.2000 (BGBl. I S. 182) erfüllt oder die Eignungsprüfung nach der Bundesrechtsanwaltsordnung bestanden hat.

[211] Rechtsdienstleistung ist jede Tätigkeit in konkreten fremden Angelegenheiten, sobald sie eine rechtliche Prüfung des Einzelfalls erfordert.

tungsgesetz (RDG)[212] in einem Umfang erbringt, der nicht mehr von der Ausnahmevorschrift des § 5 Abs. 1 RDG gedeckt ist.[213]

Die Begleitung eines Vergabeverfahrens wirft in der Praxis eine Vielzahl von vergaberechtlichen Fragestellungen auf, welche vom öffentlichen Auftraggeber – oder von seinen externen Beratern – entschieden werden müssen. Dabei handelt es sich stets um **Rechtsdienstleistungen** im Sinne des § 2 Abs. 1 RDG. 249

Gemäß § 5 Abs. 1 RDG sind nur solche Rechtdienstleistungen im Zusammenhang mit einer anderen Tätigkeit erlaubt, wenn sie als **Nebenleistung** zum Berufs- und Tätigkeitsbild gehören. Mit Blick auf die grundrechtlich geschützte Berufsausübungsfreiheit (Art. 12 GG) ist eine weite Auslegung dieser Ausnahmevorschrift angebracht.[214] Für die Annahme einer ausnahmsweise erlaubten Nebenleistung im Sinne des § 5 Abs. 1 S. 1 RDG muss es sich um eine fest umrissene, typisierte berufliche Betätigung handeln, mit der nach der Verkehrsanschauung bestimmte rein untergeordnete Rechtsdienstleistungen verbunden sind.[215] 250

Ob eine Nebenleistung vorliegt, ist gemäß § 5 Abs. 1 S. 2 RDG nach ihrem Inhalt, Umfang und sachlichen Zusammenhang zu beurteilen, die für die Haupttätigkeit erforderlich sind. Von einer Nebenleistung im Sinne von § 5 Abs. 1 S. 2 RDG kann nur dann gesprochen werden, wenn die rechtsberatende oder rechtsbesorgende Tätigkeit **die Leistung insgesamt nicht prägt.**[216] Dabei ist zum einen auf den Umfang und den Inhalt der Tätigkeiten abzustellen, zum anderen auf die Schwierigkeit und die Komplexität der Rechtsberatung.[217] 251

Ein lediglich geringer zeitlicher **Umfang** der Rechtsberatung im Vergleich zu den anderen Tätigkeiten kann ein Indiz für das Vorliegen einer bloßen Nebenleistung darstellen. Erreicht die Rechtsdienstleistung aber denselben Umfang wie die Haupttätigkeit, liegt keinesfalls mehr eine bloße Nebenleistung vor.[218] 252

Hinsichtlich der **Schwierigkeit und Komplexität** ist darauf abzustellen, ob für die Tätigkeit eine umfassende rechtliche Ausbildung eines Rechtsanwalts erforderlich ist.[219] Dies ist für das Vergaberecht in besonderem Maße zu bejahen[220], zumal auf das Vergaberecht spezialisierte Rechtsanwälte inzwischen als besondere Qualifikationsstufe den **„Fachanwalt für Vergaberecht"** erreichen können. 253

Die Begleitung eines Vergabeverfahrens wirft in der Praxis eine Vielzahl von vergaberechtlichen Fragestellungen auf, welche vom öffentlichen Auftraggeber – oder eben von seinen externen Beratern – entschieden werden müssen. Dies gilt vor allem dann, wenn nicht so genannte Handelsware ausgeschrieben wird, sondern beispielsweise komplexe Produkte und Dienstleistungen aus dem ITK-Bereich beschafft werden sollen oder wenn es um das Vergabemanagement im Zusammenhang mit der Ausschreibung von **geförderten Maßnahmen** geht. Wenn der öffentliche Auftragnehmer staatliche Zuwendungen erhält, sind besonders die Bewilligungsbescheide zu beachten, die in aller Regel als Auflage 254

---

[212] Das Rechtsdienstleistungsgesetz schützt die Rechtsuchenden, den Rechtsverkehr und die Rechtsordnung vor unqualifizierten Rechtsdienstleistungen.

[213] Erlaubt sind Rechtsdienstleistungen gem. § 5 Abs. 1 RDG im Zusammenhang mit einer anderen Tätigkeit nur, wenn sie als Nebenleistung zum Berufs- oder Tätigkeitsbild gehören. Ob eine Nebenleistung vorliegt, ist nach ihrem Inhalt, Umfang und sachlichen Zusammenhang mit der Haupttätigkeit unter Berücksichtigung der Rechtskenntnisse zu beurteilen, die für die Haupttätigkeit erforderlich sind. Gemäß § 5 Abs. 2 RDG gelten als erlaubte Nebenleistungen Rechtsdienstleistungen, die im engen Zusammenhang mit einer Testamentsvollstreckung einer Haus- und Wohnungsverwaltung sowie einer Fördermittelberatung erbracht werden.

[214] Für eine enge Auslegung: Grunewald/Römermann/Franz/*Hirtz,* Rechtsdienstleistungsgesetz, § 5 RDG, Rn. 12, 14; Unseld/Degen, RDG, 2009, § 5 Rn. 3).

[215] Vgl. BT-Drs. 16/3655.

[216] Vgl. *Deckenbrock/Henssler,* RDG-Kommentar, § 5 RDG, Rn. 29.

[217] Vgl. BT-Drs. 16/3655.

[218] Vgl. *Deckenbrock/Henssler,* RDG-Kommentar, § 5 RDG, Rn. 32.

[219] Vgl. *Deckenbrock/Henssler,* RDG-Kommentar, § 5 RDG, Rn. 33.

[220] Vgl. VK Brandenburg Beschl. v. 3.9.2014 – VK 14/14, NZBau 2014, 793 – Landesverwaltungsnetz.

die Einhaltung des Vergaberechts verlangen. Verstößt der Zuwendungsnehmer gegen diese Auflage, so fordert der Zuwendungsgeber regelmäßig die gewährten Zuwendungen zurück. Folglich hat der Zuwendungsempfänger ein gesteigertes Interesse daran, dass die vergaberechtlichen Vorgaben eingehalten werden; die weiteren Tätigkeiten treten in den Hintergrund.

255 Selbst wenn sich die **privatrechtliche Stelle allein im Eigentum von öffentlichen Auftraggebern** befindet, ist auch ihr die Rechtsberatung in Vergabeverfahren verboten. Der Ausnahmetatbestand des § 8 Abs. 1 Nr. 2 RDG greift insoweit nicht, denn die Vorbereitung und Durchführung von Vergabeverfahren stellt keine „öffentliche Aufgabe" im Sinne der Norm dar. Der Beschaffungsvorgang an sich ist ein rein fiskalisches Hilfsgeschäft der öffentlichen Hand.

256 Bei folgenden nicht abschließenden vergaberechtlichen Beratungsleistungen handelt es sich in aller Regel um tatsächliche Rechtsprüfungen sowie -gestaltungen und gerade nicht um bloße Rechtsanwendungen:

- **Vorbereitung des Vergabeverfahrens**
  Regelmäßig sind vergaberechtliche Beratungen im Vorfeld, also bei der Vorbereitung eines Vergabeverfahrens wegen ihrer Komplexität und der erforderlichen Ausarbeitung von mit dem Vergaberecht im Einklang stehenden konzeptionellen Lösungen nicht mehr als bloße Nebenleistungen im Sinne des § 5 Abs. 1 RDG anzusehen.
- **Losbildung**
  Die Frage, ob und wenn ja, welche **Fachlose** und welche **Teillose** in einem Vergabeverfahren gebildet werden müssen, wirft komplexe Rechtsfragen auf, erfordert eine Klärung im Einzelfall und bedarf die lückenlose Kenntnis der einschlägigen Rechtsprechung zu diesem Thema.
- **Vergaberechtsregime**
  Ebenso die Frage nach der einschlägigen Verfahrensordnung und der Wahl der richtigen Vergabeverfahrensart sowie die Begründung von Ausnahmetatbeständen erfordern spezifische vergaberechtliche Kenntnisse.
- **Erstellung der Leistungsbeschreibung**
  Schon bei der Erstellung von Leistungsbeschreibungen sind spezifisch vergaberechtliche Fragestellungen zu klären[221], wie die angemessene Berücksichtigung von Umweltkriterien und der Barrierefreiheit, die rechtssichere Ausübung des Leistungsbestimmungsrechts, Fragen der Produktneutralität sowie der rechtssichere Umgang mit Bedarfspositionen und Gütezeichen.
- **Erstellung von Eignungs- und Wertungskriterien**
  Auch die Anforderungen an Eignungskriterien und deren Nachweise, die aufzustellenden Mindestanforderungen sowie die Ausgestaltung von Bewertungskriterien und Bewertungsmethoden ist vergaberechtlich anspruchsvoll und war zuletzt immer wieder Prüfungsgegenstand der Nachprüfungsinstanzen.[222]

257 Die **Darlegungs- und Beweislast,** dass die Tatsachen für eine ausnahmsweise erlaubten Nebenleistung vorliegen, obliegt demjenigen (privatrechtliche Stelle oder der beauftragende öffentlicher Auftraggeber), der sich auf die Ausnahmevorschrift des § 5 Abs. 1 RDG beruft. Ein nicht von der Ausnahmevorschrift des § 5 Abs. 1 RDG gedeckter Vertrag über Vergabemanagementleistungen verstößt jedenfalls gegen § 3 RDG iVm § 3 Abs. 1 Bundesrechtsanwaltsordnung (BRAO) und ist gemäß § 134 BGB nichtig.[223] Denn gemäß § 3 RDG ist die selbständige Erbringung außergerichtlicher Rechtsdienstleistungen nur in dem Umfang zulässig, in dem sie durch das Rechtsdienstleistungsgesetz oder durch beziehungsweise aufgrund anderer Gesetze erlaubt wird.

---

[221] Vgl. VG Augsburg Urt. v. 23.2.2016 – 3 K 15.1070, BeckRS 2016, 43243.

[222] Vgl. OLG Düsseldorf Beschl. v. 16.12.2015 – Verg 25/15, ZfBR 2016, 411 = NZBau 2016, 232 – Interner Service I.

[223] Vgl. VK Südbayern Beschl. v. 22.12.2015 – Z3-3-3194-1-48-09/15, IBRRS 2016, 0211; VK Brandenburg Beschl. v. 3.9.2014 – VK 14/14, NZBau 2014, 793 – Landesverwaltungsnetz.

Die privatrechtliche Stelle verstößt auch gegen das Rechtsdienstleistungsgesetz, wenn sie sich der **Einschaltung eines Rechtsanwaltes als Erfüllungsgehilfen** bedient.[224] Die Beratung des öffentlichen Auftraggebers und auch die vorgelagert Beauftragung des Rechtsanwalts haben vielmehr direkt und ausschließlich durch diese beiden Parteien zu erfolgen. 258

Werden Rechtsdienstleistungen erbracht, die nicht mehr von der Ausnahmevorschrift des § 5 Abs. 1 RDG gedeckt sind, zieht dies eine Vielzahlt von Konsequenzen nach sich: 259

- Beratungsfehler bei der Ausübung nicht erlaubter Rechtsdienstleitungen werden von der **Berufshaftpflichtversicherung** verständlicherweise nicht gedeckt;
- Eine privatrechtliche Stelle kann für zurückzuerstattende Fördermittel in Regress genommen werden;[225]
- die privatrechtliche Stelle handelt **ordnungswidrig,** wenn sie entgegen § 15 Abs. 2 S. 1 RDG ohne Registrierung nach § 10 Abs. 1 S. 1 RDG eine in dieser Norm genannte Rechtsdienstleistung oder überhaupt fahrlässig eine vorübergehende Rechtsdienstleistung erbringt. Die Ordnungswidrigkeit wird gemäß § 20 Abs. 3 RDG mit einer **Geldbuße von bis zu 50.000 EUR** geahndet;
- werden Rechtsdienstleistungen ohne erforderliche Registrierung oder vorübergehende Registrierung von der privatrechtlichen Stelle vorgenommen, so kann die zuständige Behörde die **Fortsetzung des Betriebs** gemäß § 15b RDG **verhindern;**
- einer gegen das Rechtsdienstleistungsgesetz verstoßenden privatrechtlichen Stelle drohen **Unterlassungsansprüche** aus § 8 Abs. 1 S. 1, Abs. 3 und § 3 des Gesetzes gegen den unlauteren Wettbewerb (UWG).[226]

In jüngster Zeit gehen **Rechtsanwaltskammern** verstärkt gegen privatrechtliche Stellen vor, die gegen das Rechtsdienstleistungsgesetz verstoßen. Dabei wird die Rechtsanwaltskammer in aller Regel bereits auf eine hinreichend konkrete Mitteilung hin tätig. Falls eine Rechtsanwaltskammer selbst nicht zuständig ist, leitet sie das Verfahren eigenständig an die zuständige Rechtsanwaltskammer weiter. Die Rechtsanwaltskammer hat die Klagebefugnis eines rechtsfähigen Verbandes zur Förderung gewerblicher Interessen im Sinne des § 8 Abs. 3 Nr. 2 UWG. 260

---

[224] Vgl. BGH Beschl. v. 12.11.2015 – I ZR 211/14, NJW-RR 2016, 693, 694 – Anwalt als Erfüllungsgehilfe eines Unternehmens.

[225] Vgl. OLG Düsseldorf Urt. v. 27.6.2014 – 17 U 5/14, ZfBR 2014, 723 = NJW-Spezial 2014, 526 – Projektsteuerer haftet für Vergaberechtsverstöße.

[226] Vgl. BGH Urt. v. 4.11.2010 – I ZR 118/09, GRUR 2011, 539.

Kapitel 3 Bieter und Bewerber

§ 14 Projektanten und ausgeschlossene Personen

Übersicht

VgV: §§ 6, 7
SektVO: §§ 6, 7
KonzVgV: § 5
VSVgV: § 42
VOB/A EU: § 2 Abs. 5, § 6 Abs. 3 Nr. 4
VOB/A VS: § 2 Abs. 4, § 6 Abs. 3 Nr. 3
UVgO: §§ 4, 5

VgV:

§ 6 VgV Vermeidung von Interessenkonflikten

(1) Organmitglieder oder Mitarbeiter des öffentlichen Auftraggebers oder eines im Namen des öffentlichen Auftraggebers handelnden Beschaffungsdienstleisters, bei denen ein Interessenkonflikt besteht, dürfen in einem Vergabeverfahren nicht mitwirken.

(2) Ein Interessenkonflikt besteht für Personen, die an der Durchführung des Vergabeverfahrens beteiligt sind oder Einfluss auf den Ausgang eines Vergabeverfahrens nehmen können und die ein direktes oder indirektes finanzielles, wirtschaftliches oder persönliches Interesse haben, das ihre Unparteilichkeit und Unabhängigkeit im Rahmen des Vergabeverfahrens beeinträchtigen könnte.

(3) Es wird vermutet, dass ein Interessenkonflikt besteht, wenn die in Absatz 1 genannten Personen

1. Bewerber oder Bieter sind,
2. einen Bewerber oder Bieter beraten oder sonst unterstützen oder als gesetzliche Vertreter oder nur in dem Vergabeverfahren vertreten,
3. beschäftigt oder tätig sind
   a) bei einem Bewerber oder Bieter gegen Entgelt oder bei ihm als Mitglied des Vorstandes, Aufsichtsrates oder gleichartigen Organs oder

b) für ein in das Vergabeverfahren eingeschaltetes Unternehmen, wenn dieses Unternehmen zugleich geschäftliche Beziehungen zum öffentlichen Auftraggeber und zum Bewerber oder Bieter hat.

(4) Die Vermutung des Absatzes 3 gilt auch für Personen, deren Angehörige die Voraussetzungen nach Absatz 3 Nummer 1 bis 3 erfüllen. Angehörige sind der Verlobte, der Ehegatte, Lebenspartner, Verwandte und Verschwägerte gerader Linie, Geschwister, Kinder der Geschwister, Ehegatten und Lebenspartner der Geschwister und Geschwister der Ehegatten und Lebenspartner, Geschwister der Eltern sowie Pflegeeltern und Pflegekinder.

§ 7 VgV Mitwirkung an der Vorbereitung des Vergabeverfahrens

(1) Hat ein Unternehmen oder ein mit ihm in Verbindung stehendes Unternehmen den öffentlichen Auftraggeber beraten oder war auf andere Art und Weise an der Vorbereitung des Vergabeverfahrens beteiligt (vorbefasstes Unternehmen), so ergreift der öffentliche Auftraggeber angemessene Maßnahmen, um sicherzustellen, dass der Wettbewerb durch die Teilnahme dieses Unternehmens nicht verzerrt wird.

(2) Die Maßnahmen nach Absatz 1 umfassen insbesondere die Unterrichtung der anderen am Vergabeverfahren teilnehmenden Unternehmen in Bezug auf die einschlägigen Informationen, die im Zusammenhang mit der Einbeziehung des vorbefassten Unternehmens in der Vorbereitung des Vergabeverfahrens ausgetauscht wurden oder daraus resultieren, und die Festlegung angemessener Fristen für den Eingang der Angebote und Teilnahmeanträge.

(3) Vor einem Ausschluss nach § 124 Absatz 1 Nummer 6 des Gesetzes gegen Wettbewerbsbeschränkungen ist dem vorbefassten Unternehmen die Möglichkeit zu geben nachzuweisen, dass seine Beteiligung an der Vorbereitung des Vergabeverfahrens den Wettbewerb nicht verzerren kann.

SektVO:

§ 6 SektVO Vermeidung von Interessenkonflikten

(1) Organmitglieder oder Mitarbeiter des öffentlichen Auftraggebers oder eines im Namen des öffentlichen Auftraggebers handelnden Beschaffungsdienstleisters, bei denen ein Interessenkonflikt besteht, dürfen in einem Vergabeverfahren nicht mitwirken.

(2) Ein Interessenkonflikt besteht für Personen, die an der Durchführung des Vergabeverfahrens beteiligt sind oder Einfluss auf den Ausgang eines Vergabeverfahrens nehmen können und die ein direktes oder indirektes finanzielles, wirtschaftliches oder persönliches Interesse haben, das ihre Unparteilichkeit und Unabhängigkeit im Rahmen des Vergabeverfahrens beeinträchtigen könnte.

(3) Es wird vermutet, dass ein Interessenkonflikt besteht, wenn die in Absatz 1 genannten Personen

1. Bewerber oder Bieter sind,
2. einen Bewerber oder Bieter beraten oder sonst unterstützen oder als gesetzliche Vertreter oder nur in dem Vergabeverfahren vertreten,
3. beschäftigt oder tätig sind
   a) bei einem Bewerber oder Bieter gegen Entgelt oder bei ihm als Mitglied des Vorstandes, Aufsichtsrates oder gleichartigen Organs oder
   b) für ein in das Vergabeverfahren eingeschaltetes Unternehmen, wenn dieses Unternehmen zugleich geschäftliche Beziehungen zum öffentlichen Auftraggeber und zum Bewerber oder Bieter hat.

(4) Die Vermutung des Absatzes 3 gilt auch für Personen, deren Angehörige die Voraussetzungen nach Absatz 3 Nummer 1 bis 3 erfüllen. Angehörige sind der Verlobte, der Ehegatte, Lebenspartner, Verwandte und Verschwägerte gerader Linie, Geschwister, Kinder der

Geschwister, Ehegatten und Lebenspartner der Geschwister und Geschwister der Ehegatten und Lebenspartner, Geschwister der Eltern sowie Pflegeeltern und Pflegekinder.

§ 7 SektVO Mitwirkung an der Vorbereitung des Vergabeverfahrens

(1) Hat ein Unternehmen oder ein mit ihm in Verbindung stehendes Unternehmen den Auftraggeber beraten oder war auf andere Art und Weise an der Vorbereitung des Vergabeverfahrens beteiligt (vorbefasstes Unternehmen), so ergreift der Auftraggeber angemessene Maßnahmen, um sicherzustellen, dass der Wettbewerb durch die Teilnahme dieses Unternehmens nicht verzerrt wird.

(2) Die Maßnahmen nach Absatz 1 umfassen insbesondere die Unterrichtung der anderen am Vergabeverfahren teilnehmenden Unternehmen in Bezug auf die einschlägigen Informationen, die im Zusammenhang mit der Einbeziehung des vorbefassten Unternehmens in der Vorbereitung des Vergabeverfahrens ausgetauscht wurden oder daraus resultieren, und die Festlegung angemessener Fristen für den Eingang der Angebote und Teilnahmeanträge.

(3) Vor einem Ausschluss nach § 124 Absatz 1 Nummer 6 des Gesetzes gegen Wettbewerbsbeschränkungen ist dem vorbefassten Unternehmen die Möglichkeit zu geben, nachzuweisen, dass seine Beteiligung an der Vorbereitung des Vergabeverfahrens den Wettbewerb nicht verzerren kann.

KonzVgV:

§ 5 KonzVgV Vermeidung von Interessenkonflikten

(1) Organmitglieder und Mitarbeiter des Konzessionsgebers oder eines im Namen des Konzessionsgebers handelnden Beschaffungsdienstleisters, bei denen ein Interessenkonflikt besteht, dürfen in einem Vergabeverfahren nicht mitwirken.

(2) Ein Interessenkonflikt besteht für Personen, die an der Durchführung des Vergabeverfahrens beteiligt sind oder Einfluss auf den Ausgang eines Vergabeverfahrens nehmen können und die ein direktes oder indirektes finanzielles, wirtschaftliches oder persönliches Interesse haben, das ihre Unparteilichkeit und Unabhängigkeit im Rahmen des Vergabeverfahrens beeinträchtigen könnte.

(3) Es wird vermutet, dass ein Interessenkonflikt besteht, wenn die in Absatz 1 genannten Personen

1. Bewerber oder Bieter sind,
2. einen Bewerber oder Bieter beraten oder sonst unterstützen oder als gesetzlicher Vertreter oder nur in dem Vergabeverfahren vertreten oder
3. beschäftigt oder tätig sind
   a) bei einem Bewerber oder Bieter gegen Entgelt oder als Organmitglied oder
   b) für ein in das Vergabeverfahren eingeschaltetes Unternehmen, wenn dieses Unternehmen zugleich geschäftliche Beziehungen zum Konzessionsgeber und zum Bewerber oder Bieter hat.

(4) Die Vermutung des Absatzes 3 gilt auch für Personen, deren Angehörige die Voraussetzungen nach Absatz 3 Nummer 1 bis 3 erfüllen. Angehörige sind der Verlobte, der Ehegatte, Lebenspartner, Verwandte und Verschwägerte gerader Linie, Geschwister, Kinder der Geschwister, Ehegatten und Lebenspartner der Geschwister und Geschwister der Ehegatten und Lebenspartner, Geschwister der Eltern sowie Pflegeeltern und Pflegekinder.

VSVgV:

§ 42 VSVgV Ausgeschlossene Personen

(1) Als Organmitglied oder Mitarbeiter eines Auftraggebers oder als Beauftragter oder als Mitarbeiter eines Beauftragten eines Auftraggebers dürfen bei Entscheidungen in einem

Vergabeverfahren für einen Auftraggeber als voreingenommen geltende natürliche Personen nicht mitwirken, soweit sie in diesem Verfahren
1. Bieter oder Bewerber sind,
2. einen Bieter oder Bewerber beraten oder sonst unterstützen oder als gesetzlicher Vertreter oder nur in dem Vergabeverfahren vertreten,
3. beschäftigt oder tätig sind
   a) bei einem Bieter oder Bewerber gegen Entgelt oder bei ihm als Mitglied des Vorstandes, Aufsichtsrates oder gleichartigen Organs,
   b) für ein in das Vergabeverfahren eingeschaltetes Unternehmen, wenn dieses Unternehmen zugleich geschäftliche Beziehungen zum Auftraggeber und zum Bieter oder Bewerber hat,

es sei denn, dass daraus kein Interessenkonflikt für die Person entsteht oder sich die Tätigkeiten nicht auf die Entscheidungen in dem Vergabeverfahren auswirken.

(2) Als voreingenommen gelten auch die Personen, deren Angehörige die Voraussetzungen nach Absatz 1 Nummer 1 bis 3 erfüllen. Angehörige sind der Verlobte, der Ehegatte, Lebenspartner, Verwandte und Verschwägerte gerader Linie, Geschwister, Kinder der Geschwister, Ehegatten und Lebenspartner der Geschwister und Geschwister der Ehegatten und Lebenspartner, Geschwister der Eltern sowie Pflegeeltern und Pflegekinder.

VOB/A EU:

§ 2 VOB/A EU Grundsätze

(1) bis (4) hier nicht abgedruckt.

(5) Die Regelungen darüber, wann natürliche Personen bei Entscheidungen in einem Vergabeverfahren für einen öffentlichen Aufraggeber als voreingenommen gelten und an einem Vergabeverfahren nicht mitwirken dürfen, richten sich nach § 6 VgV.

(6) bis (9) hier nicht abgedruckt.

§ 6 VOB/A EU Teilnehmer am Wettbewerb

(1) und (2) hier nicht abgedruckt.

(3) Nr. 1 bis 3 hier nicht abgedruckt.

4. Hat ein Bewerber oder Bieter oder ein mit ihm in Verbindung stehendendes Unternehmen vor Einleitung des Vergabeverfahrens den öffentlichen Auftraggeber beraten oder sonst unterstützt, so ergreift der öffentliche Auftraggeber angemessene Maßnahmen, um sicherzustellen, dass der Wettbewerb durch die Teilnahme dieses Bieters oder Bewerbers nicht verfälscht wird.

Der betreffende Bewerber oder Bieter wird vom Verfahren nur dann ausgeschlossen, wenn keine andere Möglichkeit besteht, den Grundsatz der Gleichbehandlung zu gewährleisten. Vor einem solchen Ausschluss gibt der öffentliche Auftraggeber den Bewerbern oder Bietern die Möglichkeit, nachzuweisen, dass ihre Beteiligung an der Vorbereitung des Vergabeverfahrens den Wettbewerb nicht verzerren kann. Die ergriffenen Maßnahmen werden im Vergabevermerk dokumentiert.

VOB/A VS:

§ 2 VOB/A VS Grundsätze

(1) bis (3) hier nicht abgedruckt.

(4) Die Regelungen darüber, wann natürliche Personen bei Entscheidungen in einem Vergabeverfahren für einen Auftraggeber als voreingenommen gelten und an einem Vergabeverfahren nicht mitwirken dürfen, richten sich nach § 42 VSVgV.

(5) bis (7) hier nicht abgedruckt.

§ 6 VOB/A VS Teilnehmer am Wettbewerb

(1) und (2) hier nicht abgedruckt.

(3) Nr. 1 bis 2 hier nicht abgedruckt.

3. Hat ein Bewerber oder Bieter vor Einleitung des Vergabeverfahrens den Auftraggeber beraten oder sonst unterstützt, so hat der Auftraggeber sicherzustellen, dass der Wettbewerb durch die Teilnahme dieses Bewerbers oder Bieters nicht verfälscht wird.

UVgO:

§ 4 UVgO Vermeidung von Interessenkonflikten

(1) Organmitglieder oder Mitarbeiter des Auftraggebers oder eines im Namen des Auftraggebers handelnden Beschaffungsdienstleisters, bei denen ein Interessenkonflikt besteht, dürfen in einem Vergabeverfahren nicht mitwirken.

(2) Ein Interessenkonflikt besteht für Personen, die an der Durchführung des Vergabeverfahrens beteiligt sind oder Einfluss auf den Ausgang eines Vergabeverfahrens nehmen können und die ein direktes oder indirektes finanzielles, wirtschaftliches oder persönliches Interesse haben, das ihre Unparteilichkeit und Unabhängigkeit im Rahmen des Vergabeverfahrens beeinträchtigen könnte.

(3) Es wird vermutet, dass ein Interessenkonflikt besteht, wenn die in Absatz 1 genannten Personen

1. Bewerber oder Bieter sind,
2. einen Bewerber oder Bieter beraten oder sonst unterstützen oder als gesetzliche Vertreter oder nur in dem Vergabeverfahren vertreten, oder
3. beschäftigt oder tätig sind
   a) bei einem Bewerber oder Bieter gegen Entgelt oder bei ihm als Mitglied des Vorstandes, Aufsichtsrates oder gleichartigen Organs oder
   b) für ein in das Vergabeverfahren eingeschaltetes Unternehmen, wenn dieses Unternehmen zugleich geschäftliche Beziehungen zum Auftraggeber und zum Bewerber oder Bieter hat.

(4) [1]Die Vermutung des Absatzes 3 gilt auch für Personen, deren Angehörige die Voraussetzungen nach Absatz 3 Nummer 1 bis 3 erfüllen. [2]Angehörige sind Verlobte, Ehegatten, Lebenspartner, Verwandte und Verschwägerte gerader Linie, Geschwister, Kinder der Geschwister, Ehegatten und Lebenspartner der Geschwister und Geschwister der Ehegatten und Lebenspartner, Geschwister der Eltern sowie Pflegeeltern und Pflegekinder.

§ 5 UVgO Mitwirkung an der Vorbereitung des Vergabeverfahrens

(1) Hat ein Unternehmen oder ein mit ihm in Verbindung stehendes Unternehmen den Auftraggeber beraten oder war auf andere Art und Weise an der Vorbereitung des Vergabeverfahrens beteiligt (vorbefasstes Unternehmen), so ergreift der Auftraggeber angemessene Maßnahmen, um sicherzustellen, dass der Wettbewerb durch die Teilnahme dieses Unternehmens nicht verzerrt wird.

(2) Die Maßnahmen nach Absatz 1 umfassen insbesondere die Unterrichtung der anderen am Vergabeverfahren teilnehmenden Unternehmen in Bezug auf die einschlägigen Informationen, die im Zusammenhang mit der Einbeziehung des vorbefassten Unternehmens in der Vorbereitung des Vergabeverfahrens ausgetauscht wurden oder daraus resultieren, und die Festlegung angemessener Fristen für den Eingang der Angebote und Teilnahmeanträge.

(3) [1]Kann der Wettbewerbsvorteil eines vorbefassten Unternehmens nicht durch andere, weniger einschneidende Maßnahmen beseitigt werden, so kann dieses Unternehmen vom Vergabeverfahren ausgeschlossen werden. [2]Zuvor ist ihm die Möglichkeit zu geben nach-

zuweisen, dass seine Beteiligung an der Vorbereitung des Vergabeverfahrens den Wettbewerb nicht verzerren kann.

Literatur:
Behrens, Zulassung zum Vergabewettbewerb bei vorausgegangener Beratung des Auftraggebers – Zur Projektantenproblematik auf der Grundlage der Neuregelung des § 4 V VgV, NZBau 2006, 752; *Berstermann/Petersen,* Der Konzern im Vergabeverfahren – Die Doppelbeteiligung auf Bewerber-/Bieterseite und aufseiten der Vergabestelle sowie die Möglichkeiten von „Chinese Walls", VergabeR 2006, 740; *Burgi,* Die Bedeutung der allgemeinen Vergabegrundsätze Wettbewerb, Transparenz und Gleichbehandlung, NZBau 2008, 29; *Byok,* Die Entwicklung des Vergaberechts seit 1999, NJW 2001, 2295; *Greb,* Ausschluss von Personen in Wettbewerben wegen Verwandschaftsverhältnis, NZBau 2014, 28; *Greb,* Die vergaberechtliche Behandlung von Interessenkonflikten, NZBau 2016, 262; *Kleinert/Göres,* Welche Tätigkeit erlaubt die vergaberechtliche Voreingenommenheitsregelung konzernrechtlich verbundenen Unternehmen?, KommJur 2006, 361; *Knauff,* Die vergaberechtlichen Regelungen des ÖPP-Beschleunigungsgesetzes, NZBau 2005, 443; *Krohn,* Leistungsbeschreibung und Angebotsbewertung bei komplexen IT-Vergaben, NZBau 2013, 79; *Kupczyk,* Die Projektantenproblematik im Vergaberecht, NZBau 2010, 21; *Michel,* Die Projektantenregelung des ÖPP-Beschleunigungsgesetzes – ein Reparaturfall im „Reparaturgesetz"?, NZBau 2006, 689; *Müller-Wrede/Lux,* Die Behandlung von Projektanten im Vergabeverfahren – Zugleich eine Anmerkung zu OLG Düsseldorf Beschl. v. 25.10.2005 – Verg 67/05 und VK Bund Beschl. v. 6.6.2005 – VK 2-33/05, ZfBR 2006, 327; *Otting,* Die neue Vergabeverordnung, NVwZ 2001, 775; *Prieß/Friton/von Rummel,* Der „böse Schein" im Vergabeverfahren, NZBau 2019, 690; *Schröder,* Der Ausschluss voreingenommener Personen im Vergabeverfahren nach § 16 VgV, NVwZ 2004, 168; *Winnes,* Das Verbot von Doppelmandaten bei Ausschreibungen im ÖPNV-Bereich, NZBau 2002, 371.

A. Einleitung

1 Es ist die Pflicht des öffentlichen Auftraggebers, in Vergabeverfahren alle Interessenten, Bewerber und Bieter gleich zu behandeln und einen fairen Wettbewerb zu gewährleisten (§ 97 Abs. 1, 2 GWB). Dies stellt vor allem dann eine besondere Herausforderung dar, wenn ein interessiertes Unternehmen oder eine einem interessierten Unternehmen nahestehende Person über besondere Informationen oder Erfahrungen im Hinblick auf den Auftragsgegenstand oder über bestimmte Einflussnahmemöglichkeiten im Vergabeverfahren verfügt, die anderen Unternehmen nicht zugänglich sind. In einem solchen Fall besteht die Gefahr, dass dieses Unternehmen sich einen Vorteil im Wettbewerb mit anderen Unternehmen verschaffen oder diesen ausnutzen kann. Dabei sind zwei Grundkonstellationen zu unterscheiden: die Konstellation des vorbefassten Bieters („Projektant") und die Konstellation der Voreingenommenheit oder Befangenheit einzelner Personen.

2 Die so genannte **Projektantenproblematik** betrifft die Frage, wie mit Unternehmen und Beratern umzugehen ist, die den Auftraggeber zunächst bei der Vorbereitung des Vergabeverfahrens beraten oder unterstützen und anschließend, nach Beginn des Vergabeverfahrens, als Bewerber bzw. Bieter am Vergabeverfahren teilnehmen möchten (sog. „vorbefasste Bieter" oder „Projektanten"). In der Praxis tritt dieses Problem insbesondere bei komplexen Beschaffungsvorgängen, etwa im IT-Bereich[1], auf. In diesen Fällen können Gefahren für den Vergabewettbewerb bestehen, denn möglicherweise verfügt der vorbefasste Bieter durch seine vorbereitende Tätigkeit über einen Informations- und Wissensvorsprung gegenüber seinen Konkurrenten. Im Verlauf der vorbereitenden Untersuchungen können vorbefasste Bieter Know-how erwerben, das sich Konkurrenten – wenn überhaupt – nur durch umfangreiche zusätzliche Anstrengungen beschaffen können. Ferner hat der vorbefasste Bieter gegebenenfalls einen zeitlichen Vorteil, insbesondere dann, wenn ihm die Inhalte des Leistungsverzeichnisses oder anderer Vergabeunterlagen schon aus der Vorbereitung des Verfahrens bekannt sind. Faktisch verlängert sich für den vorbefassten Bieter damit die Angebotsfrist.

3 Zudem besteht die Gefahr, dass ein vorbefasster Bieter in der Vorbereitung für Weichenstellungen sorgt, die später sein Angebot begünstigen können. Beispielsweise könnten

[1] Dazu näher *Krohn* NZBau 2013, 79, 80.

Vergabeunterlagen so gestaltet werden, dass das spätere Angebot des vorbefassten Bieters im Vorteil ist. Dieser Wettbewerbsvorsprung kann gegen das in § 97 Abs. 2 GWB geregelte Gleichbehandlungsgebot verstoßen und den Wettbewerb entgegen § 97 Abs. 1 GWB verzerren.[2]

Die zweite Fallgruppe, in der es um die Frage des Ausschlusses von Personen von der Mitwirkung an Vergabeverfahren geht, betrifft **Interessenkonflikte** in Gestalt der Voreingenommenheit oder Befangenheit. Auch in diesen Fällen sind die Sicherstellung der Gleichbehandlung aller interessierten Unternehmen und die Gewährleistung eines fairen Wettbewerbs bedroht. Allerdings stehen nicht in erster Linie einzelne (potentielle) Teilnehmer am Vergabeverfahren und deren mögliche Wettbewerbsvorteile im Fokus. Vielmehr richtet sich der Blick auf den Auftraggeber und den Kreis der für den Auftraggeber tätigen und am Vergabeverfahren, insbesondere bei Entscheidungen im Vergabeverfahren mitwirkenden Personen. Aus diesem Kreis sollen solche Personen ausgeschlossen sein, bei denen die Gefahr der Voreingenommenheit oder Befangenheit besteht. 4

B. Projektantenproblematik

Bis zum Jahr 2005 ging die herrschende Meinung davon aus, dass Unternehmen, welche mit der Vorbereitung des Vergabeverfahrens befasst waren, unter Berücksichtigung des Gleichbehandlungsgrundsatzes zwingend vom Vergabeverfahren auszuschließen seien, um einen fairen Vergabewettbewerb zu gewährleisten.[3] Dieser Auffassung trat der EuGH entgegen, der sich im Frühjahr 2005 erstmals grundlegend mit der Projektantenproblematik beschäftigte. 5

I. Vorgaben des EuGH

In der Leitentscheidung „Fabricom“[4] stellte der EuGH fest, dass die gemeinschaftsrechtlichen Vorgaben einer mitgliedstaatlichen Regelung entgegen stehen, nach der eine Person, die mit Forschungs-, Erprobungs-, Planungs- oder Entwicklungsarbeiten für Bau-, Liefer- oder Dienstleistungen betraut war, nicht zur Einreichung eines Teilnahmeantrages oder eines Angebotes für einen öffentlichen Auftrag zugelassen ist, ohne dass ihr die Möglichkeit eröffnet wird zu beweisen, dass nach den Umständen des Einzelfalls die von dieser Person erworbene Erfahrung den Wettbewerb nicht hat verfälschen können.[5] 6

In seiner Begründung hob der EuGH hervor, dass eine solche Regelung über das hinausgehe, was erforderlich sei, um das Ziel der Gleichbehandlung aller Bieter zu erreichen. Die Anwendung einer solchen Vorschrift könne nämlich dazu führen, dass Personen, die bestimmte vorbereitende Arbeiten ausgeführt haben, vom Vergabeverfahren ausgeschlossen werden, ohne dass ihre Beteiligung daran eine Gefahr für den Wettbewerb unter den Bietern bedeuten würde. Auch einem vorbefassten Bieter müsse die Möglichkeit gegeben werden zu beweisen, dass nach den Umständen des Einzelfalls die von ihm erworbene Erfahrung den Wettbewerb nicht hat verfälschen können. Diese Rechtsgrundsätze leitet der Gerichtshof aus dem Gleichbehandlungsgrundsatz, dem Diskriminierungsverbot und dem Verhältnismäßigkeitsprinzip ab. 7

---

[2] Vgl. *Behrens* NZBau 2006, 752, 753; Immenga/Mestmäcker/*Dreher* § 97 GWB Rn. 80; *Müller-Wrede/Lux* ZfBR 2006, 327, 329.

[3] OLG Düsseldorf Beschl. v. 16.10.2003 – Verg 57/03, BeckRS 2004, 2042; OLG Jena Beschl. v. 8.4.2003 – 6 Verg 9/02, NZBau 2003, 624; zur Aktualisierung der „Reservefunktion“ der allgemeinen vergaberechtlichen Grundsätze in diesen Fällen *Burgi* NZBau 2008, 29, 32f.

[4] EuGH Urt. v. 3.3.2005 – C-21/03 und C-34/03, NZBau 2005, 351 – Fabricom.

[5] EuGH Urt. v. 3.3.2005 – C-21/03 und C-34/03, NZBau 2005, 351, 352 Rn. 25ff. – Fabricom.

II. Umsetzung im deutschen Vergaberecht

8 In Übereinstimmung mit der Fabricom-Entscheidung des EuGH sah die kurze Zeit später im deutschen Recht geschaffene, ausdrückliche Regelung zur Projektantenproblematik in § 4 Abs. 5 VgV aF auch keinen zwingenden Ausschluss vorbefasster Bieter vom Vergabeverfahren vor. Vielmehr legte sie dem Auftraggeber in einem solchen Fall die Pflicht auf sicherzustellen, dass der Wettbewerb nicht verfälscht werde.[6] Diese Vorschrift wurde knapp fünf Jahre später aus der VgV gestrichen[7] und in die einzelnen Vergabe- und Vertragsordnungen übernommen.[8] Im Zuge der Vergaberechtsreform 2016 wurde die Thematik in wortlautgetreuer Umsetzung des Art. 41 RL 2014/24/EU allerdings wiederum in Gestalt von § 7 in die VgV eingegliedert.[9] Eine entsprechende Regelung gilt mit § 7 SektVO im Bereich der Sektorentätigkeiten. Über § 2 VgV findet § 6 VgV auch in der VOB/A-EU Anwendung.[10] Außerdem wurde zuletzt mit § 5 UVgO eine entsprechende Regelung für Liefer- und Dienstleistungsaufträge im Unterschwellenbereich aufgenommen, die im Wesentlichen der Regelung in § 7 VgV entspricht. Die Vorschriften betreffend die Projektantenproblematik sind **bieterschützend.**[11]

9 Im Anschluss an die bisherige vergaberechtliche Rechtsprechung und die bislang maßgeblichen Regelungen in den Vergabe- und Vertragsordnungen geht § 7 Abs. 1 VgV davon aus, dass der Ausschluss eines vorbefassten Bieters vom Vergabeverfahren nur in Betracht kommt, wenn keine geeigneten Maßnahmen möglich sind, die eine Verfälschung des Wettbewerbs verhindern; der Ausschluss eines vorbefassten Bewerbers ist das letzte Mittel **(ultima ratio),** wenn der Wettbewerb nicht auf andere Weise hergestellt werden kann.[12]

10 Die Anwendung der vom Gerichtshof entwickelten Grundsätze erfordert im Streitfall zudem eine Prüfung, ob der Wettbewerb überhaupt durch Informationsvorteile des betroffenen Unternehmens verfälscht wurde bzw. werden kann. Diese fällt zugunsten des Unternehmens aus, wenn es keinen feststellbar wettbewerbsverzerrenden Informationsvorsprung durch die Vorbefassung erlangt hat.[13]

III. Vorbefasstheit

11 Vor diesem Hintergrund stellt sich auf Tatbestandsseite die Frage, wie weit der Kreis derjenigen Tätigkeiten und Sachverhalte zu ziehen ist, die einen Wirtschaftsteilnehmer zum

---

[6] Durch das Gesetz zur Beschleunigung der Umsetzung von Öffentlich Privaten Partnerschaften und zur Verbesserung gesetzlicher Rahmenbedingungen für Öffentlich Private Partnerschaften (ÖPP-Beschleunigungsgesetz) v. 1.9.2005 (BGBl. I, S. 2676) wurde mit Wirkung v. 8.9.2005 folgender § 4 Abs. 5 VgV eingefügt: *„Hat ein Bieter oder Bewerber vor Einleitung des Vergabeverfahrens den Auftraggeber beraten oder sonst unterstützt, so hat der Auftraggeber sicherzustellen, dass der Wettbewerb durch die Teilnahme des Bieters oder Bewerbers nicht verfälscht wird"*; hierzu *Behrens* NZBau 2006, 752ff.; *Knauff* NZBau 2005, 443, 444; *Michel* NZBau 2006, 689ff.

[7] Mit Wirkung zum 11.6.2010 wurde § 4 Abs. 5 VgV neu gefasst durch Anpassungsverordnung v. 7.6.2010 (BGBl. I, S. 724).

[8] Siehe die nicht mehr anwendbaren § 6 Abs. 7 VOB/A-EG, § 6 Abs. 7 VOL/A-EG, § 4 Abs. 5 VOF sowie den ebenfalls nicht mehr anwendbaren § 6 Abs. 6 VOL/A, der für die Vergabe von Liefer- und Dienstleistungen auch unterhalb der Schwellenwerte eine entsprechende Regelung enthält. Einen Sonderfall der Projektantenproblematik im Hinblick auf Auslobungs- bzw. Wettbewerbsverfahren im Anwendungsbereich der VOF regelte § 16 Abs. 2 VOF, der nun keine Entsprechung mehr in der VgV findet.

[9] Verordnung zur Modernisierung des Vergaberechts v. 12.4.2016 (BGBl. I, S. 203); BT-Drs. 18/7318, S. 151.

[10] Eine inhaltlich gleichlautende Regelung zur Projektantenproblematik findet sich im Anwendungsbereich der VOB/A-EU zwar in § 6 Abs. 3 Nr. 4, doch wird diese durch §§ 2, 7 VgV verdrängt.

[11] VK Sachsen Beschl. v. 29.5.2002 – 1/SVK/044-02, juris, Rn. 48.

[12] S. etwa OLG Koblenz Beschl. v. 6.11.2008 – 1 Verg 3/08, ZfBR 2009, 93; OLG Düsseldorf Beschl. v. 13.8.2008 – Verg 28/08, Rn. 53; VK Nordbayern Beschl. v. 4.5.2009 – 21.VK 3194-06/09, BeckRS 2009, 100009; VK Sachsen Beschl. v. 28.10.2008 – 1/SVK/054-08, BeckRS 2009, 22702 Rn. 44.

[13] OLG Düsseldorf Beschl. v. 25.10.2005 – Verg 67/05, NJOZ 2006, 1468, 1470f.

Projektanten machen. Insoweit erfordern noch verschiedene Einzelfragen eine endgültige Klärung.

1. Beratung oder anderweitige Beteiligung an der Vorbereitung des Vergabeverfahrens

Es besteht weitgehende Einigkeit, dass die einem Vergabeverfahren vorausgehende Beratung im Hinblick auf den Auftragsgegenstand (etwa zur Konkretisierung des Beschaffungsbedarfs oder zur Ausgestaltung der Leistungsbeschreibung) ebenso von der Projektantenproblematik erfasst wird wie jede sonstige Unterstützung im Vorfeld eines Vergabeverfahrens, die sich konkret auf den zu vergebenden Auftrag bezieht (zB die Prüfung der technischen Umsetzbarkeit bestimmter Leistungsanforderungen). Auch wird man es als ausreichend ansehen müssen, wenn ein Unternehmen für den Auftraggeber sonstige Leistungen erbracht hat, die in einem engen, untrennbaren Zusammenhang mit dem zu vergebenden Auftrag stehen.[14] So genügt es etwa für eine Vorbefassung, wenn ein Unternehmen, das sich im Rahmen eines größeren Projekts für einen Teilauftrag bewirbt, bereits in einer vorangegangenen Projektphase mit einer **Teilleistung** (zB Planungsleistungen im Vorfeld eines Bauauftrages) beauftragt war, bei deren Ausführung es für die Angebotserstellung relevante Informationen erlangen konnte.[15] 12

Nicht ausreichend ist dagegen die bloße vorherige Beauftragung eines Unternehmens mit derselben Leistung, die im laufenden Vergabeverfahren neu vergeben werden soll und ein möglicherweise damit einhergehender Wissensvorsprung; die bloße **Vorbeauftragung** stellt keinen Anwendungsfall der Projektantenproblematik dar.[16] Es liegt vielmehr in der Natur der Sache, dass der zuletzt bezuschlagte Bieter bzw. bisherige Auftragnehmer durch die Leistungserbringung zusätzliches Know-how und Erfahrungen sammeln und aufbauen konnte und damit deutlich besser mit den Besonderheiten des Auftragsgegenstands vertraut ist als seine Konkurrenten im Wettbewerb um den Folgeauftrag; dies ist aber im Sinne eines möglichst breit angelegten Wettbewerbs hinzunehmen und zwingt den Auftraggeber insbesondere nicht zu einem Ausschluss des bisherigen Auftragnehmers aus dem Vergabeverfahren.[17] Gleiches gilt für die Konstellation, dass ein Bieter durch die das Vergabeverfahren vorbereitende Tätigkeiten Erfahrungen erwirbt, welche seine Chancen im Wettbewerb im Allgemeinen verbessern. Es gehört zum Wesen des Wettbewerbs, dass Bieter sich im Laufe der Zeit aufgrund der gewonnenen Erfahrungen und Kenntnisse eine verbesserte Wettbewerbsposition erarbeiten.[18] 13

In derartigen Fällen sind die vergaberechtlichen Vorschriften zur Projektantenproblematik nicht einschlägig; allenfalls kommt ein Verstoß gegen den allgemeinen Wettbewerbsgrundsatz in Betracht, etwa wenn den übrigen Bietern im Rahmen der Leistungsbeschreibung angebotsrelevante Informationen vorenthalten werden, über die der bisherige Auftragnehmer verfügt.[19] Entsprechendes gilt auch für die der Beteiligung eines Bieters an einem Vergabeverfahren vorausgegangene Beteiligung als Bewerber in einem Planungswettbewerb.[20] 14

[14] Vgl. Kapellmann/Messerschmidt/*Glahs* § 6 VOB/A-EG Rn. 23; Müller-Wrede/*Röwekamp* VOF § 4 Rn. 49.
[15] VK Baden-Württemberg Beschl. v. 30.3.2007 – 1 VK 06/07, IBR 2007, 509.
[16] So zuletzt etwa OLG Düsseldorf Beschl. v. 5.12.2012 – VII-Verg 29/12, BeckRS 2013, 02606.
[17] OLG Düsseldorf Beschl. v. 5.12.2012 – VII-Verg 29/12, BeckRS 2013, 02606; OLG Bremen Beschl. v. 9.10.2012 – Verg 1/12; VK Bund Beschl. v. 16.7.2013 – VK 3-47/13, ZfBR 2013, 98, 101.
[18] VK Bund Beschl. v. 3.3.2015 – VK 1-4/15, juris Rn. 86; zur Abgrenzung gegenüber dem bloßen Informationsvorsprung wegen Durchführung des Vorauftrags vgl. VK Bund Beschl. v. 10.3.2017 – VK 2-19/17, juris Rn. 68ff.
[19] VK Bund Beschl. v. 8.4.2011 – VK 1-14/11, juris Rn. 101.
[20] VK Hessen Beschl. v. 12.2.2008 – 69d VK 01/2008 Rn. 36f.

2. Ausweitung des Projektantenbegriffs

15 In der Rechtsprechung einzelner Vergabekammern wird der Begriff des Projektanten indes deutlich weiter gefasst. Zum einen wird auf das Erfordernis einer gewissen Identität oder einem mindestens engen Zusammenhang zwischen dem Gegenstand der Vorbefassung und dem Auftragsgegenstand verzichtet. So soll nach Auffassung der Vergabekammer Nordbayern bereits dann eine Vorbefasstheit vorliegen, wenn im Rahmen der Ausschreibung einer Objekt- und Tragwerksplanung für ein bestimmtes Bauareal ein Bieter zuvor bereits Architektenleistungen in unmittelbarer örtlicher Nähe auf demselben Areal erbracht hat und hierdurch konkrete Einblicke in das Gelände gewinnen konnte, die über die üblichen Ortskenntnisse hinausgehen.[21] Als unerheblich wird nach dieser Rechtsprechung auch angesehen, ob Grundlage der Vorbefassung ein Auftragsverhältnis zwischen dem Bieter und der Vergabestelle war; es soll nicht einmal darauf ankommen, ob die Vergabestelle überhaupt Kenntnis von einem möglicherweise wettbewerbsverzerrenden Informationsvorsprung eines Bewerbers oder Bieters hat oder nicht.[22]

16 Eine derart weite Auslegung ist abzulehnen. Sie ist weder mit dem Wortlaut noch dem Sinn und Zweck der die Projektantenproblematik regelnden Vorschriften zu vereinbaren. Von einer Beratung oder sonstigen Beteiligung an der Vorbereitung des Vergabeverfahrens des Auftraggebers kann nur die Rede sein, wenn einem Vergabeverfahren eine Beauftragung (im weitesten Sinne) des betreffenden Unternehmens durch die Vergabestelle vorausging, deren Gegenstand einen **engen Bezug** zum Gegenstand des zu vergebenden Auftrages vorweist. Es ist auch Sinn und Zweck der Vorschriften, den Auftraggeber dann, wenn er sich im Vorfeld eines Vergabeverfahrens des Sachverstands oder der Unterstützung eines potentiellen Bieters bedient, zur Ergreifung zusätzlicher Maßnahmen zu verpflichten, um eine Gleichbehandlung und einen fairen Wettbewerb sicherzustellen. Daraus ergibt sich aber **keine allgemeine Kompensations- und Egalisierungspflicht** des Auftraggebers im Hinblick auf alle tatsächlich vorhandenen und potenziell den Wettbewerb beeinträchtigenden Informationsunterschiede unter den Bewerbern oder Bietern. Dementsprechend ist eine vergleichende Betrachtung zwischen dem Auftragsgegenstand und dem Gegenstand der Vorbeauftragung geboten.[23] Das deckt sich auch mit den Motiven des Gesetzgebers bei Einführung der Ausgangsregelung in § 4 Abs. 5 VgV aF. Danach sollten nur diejenigen Fälle erfasst werden, in denen ein Unternehmen den Auftraggeber bei der Vorbereitung des Vergabeverfahrens beraten oder sonst unterstützt hat und anschließend selbst am Vergabeverfahren teilnehmen möchte.[24]

17 Die extensive Auslegung ist zudem häufig auch nicht praktikabel. Wenn ein Auftraggeber bei der Vorbereitung und Durchführung eines Vergabeverfahrens besondere Maßnahmen ergreifen soll, um Wettbewerbsverzerrungen durch den Informationsvorsprung eines einzelnen Bieters zu verhindern, muss er davon Kenntnis haben, dass es überhaupt einen solchen Informationsvorsprung gibt, der sich im Vergabeverfahren auswirken kann.[25] Dies setzt in aller Regel voraus, dass der Auftraggeber selbst den Grund dafür gesetzt hat, dass der Bieter in den Besitz der Informationen gekommen ist, und diese Informationen sich auf den Gegenstand des Vergabeverfahrens beziehen.[26] Zumindest wird man verlangen müssen, dass es hinreichende Anhaltspunkte dafür gibt, dass eine solche Situation vorliegt, und der Auftraggeber sich hierüber hätte mit zumutbarem Aufwand Gewissheit verschaffen können.[27] Anderenfalls wären Auftraggeber faktisch gezwungen, vor jedem Vergabeverfahren das Feld der potenziellen Bieter systematisch auf etwaige Informationsvorsprün-

---

[21] VK Nordbayern Beschl. v. 9.8.2007 – 21.VK 3194-32/07, ZfBR 2007, 822, 824.
[22] VK Nordbayern Beschl. v. 9.8.2007 – 21.VK 3194-32/07, ZfBR 2007, 822, 824.
[23] VK Thüringen Beschl. v. 12.12.2008 – 250-4004.20-5909/2008-015-SM, juris Rn. 203ff.
[24] BT-Drs. 15/5668, S. 11; Müller-Wrede/*Röwekamp* VOF § 4 Rn. 49.
[25] VK Sachsen Beschl. v. 28.10.2008 – 1/SVK/054-08, BeckRS 2009, 22702 Rn. 45.
[26] Vgl. VK Hessen Beschl. v. 12.2.2008 – 69d VK 01/2008, Rn. 36.
[27] VK Sachsen Beschl. v. 28.10.2008 – 1/SVK/054-08, BeckRS 2009, 22702 Rn. 45.

ge zu überprüfen, was in den meisten Fällen praktisch nicht möglich wäre und erhebliche Verzögerungen für das Verfahren mit sich bringen könnte.

Schließlich ist eine weiter gehende Auslegung auch nicht erforderlich. Denn auch auf diejenigen Konstellationen, welche von den Vorschriften zur Projektantenproblematik nicht erfasst werden, finden selbstverständlich die allgemeinen Grundsätze des Vergabeverfahrens, insbesondere der Gleichbehandlungsgrundsatz und der Wettbewerbsgrundsatz im Sinne von § 97 Abs. 1, 2 GWB Anwendung.[28] Auch hieraus kann sich eine Verpflichtung des Auftraggebers ergeben, geeignete Maßnahmen zu ergreifen, um den fairen Vergabewettbewerb sicherzustellen, wenn er – etwa im Rahmen einer Rüge – Kenntnis davon erhält, dass ein interessiertes Unternehmen (aus welchen Gründen auch immer) über einen Informationsvorsprung gegenüber den Wettbewerbern verfügt, der den Wettbewerb zu verzerren droht. Die Vorschriften der Projektantenproblematik durch extensive Auslegung auf all diese Fälle auszudehnen, würde letztlich zu weniger anstatt zu mehr Rechtssicherheit und Rechtsklarheit führen. 18

3. Wechsel von Wissensträgern vom Auftraggeber zum Bieter

Die Pflicht des Auftraggebers zur Gewährleistung eines unverfälschten Wettbewerbs nach Maßgabe der Vorschriften zur Projektantenproblematik setzt voraus, dass „ein Unternehmen oder ein mit ihm in Verbindung stehendes Unternehmen den öffentlichen Auftraggeber beraten hat oder auf andere Art und Weise an der Vorbereitung des Vergabeverfahrens beteiligt war“. Fraglich ist, ob der Anwendungsbereich dieser Vorschriften auch dann eröffnet ist, wenn nicht das Bieterunternehmen als solches den Auftraggeber bei der Vorbereitung des Vergabeverfahrens beraten oder unterstützt hat, sondern nur eine natürliche Person, die erst nach dieser Tätigkeit (aber vor Beginn des Vergabeverfahrens oder jedenfalls vor Abgabe des (letzten) Angebotes) zu dem Bieterunternehmen gewechselt und seither für dieses Unternehmen als Mitarbeiter oder als Organ tätig ist. In der Literatur wird vertreten, dass die Beratungs- oder Unterstützungsleistungen nicht von dem Bieter selbst erbracht worden sein müssen. Ihm seien grundsätzlich auch die Tätigkeiten eines bei ihm Beschäftigten zuzurechnen.[29] Nach dieser Auffassung ist ein Fall der Projektantenproblematik ohne weiteres zu bejahen. 19

Lehnt man hingegen – etwa wegen des Wortlauts – die unmittelbare Anwendbarkeit der einschlägigen Vorschrift ab, kommt eine analoge Anwendung in Betracht. Von einer Regelungslücke kann dabei ausgegangen werden. Ebenso kann deren Planwidrigkeit unterstellt werden, da nicht ersichtlich ist, dass eine solche Konstellation absichtlich nicht geregelt werden sollte. Darüber hinaus dürfte auch eine vergleichbare Interessenlage gegeben sein. Hierfür spricht die drohende Wettbewerbsverzerrung durch den zumindest potentiell abrufbaren Wissensvorsprung für den jeweiligen Bieter, für den die betreffende Person nunmehr tätig ist. Dessen ungeachtet stellen die Regelungen zur Projektantenproblematik letztlich eine Konkretisierung der in § 97 Abs. 1 und 2 GWB geregelten Grundsätze des Vergaberechts (insbesondere der Grundsätze des unverfälschten Wettbewerbs und der Nichtdiskriminierung und Gleichbehandlung der Bieter) dar.[30] Insoweit sind die Regelungen zur Projektantenproblematik als ein dem Wettbewerb geschuldetes allgemeines vergaberechtliches Prinzip zu verstehen, das auf die Rechtsprechung des EuGH zurückgeht.[31] 20

Dies spricht letztlich für eine zumindest analoge Anwendung der jeweils einschlägigen Regelung zur Projektantenproblematik in derartigen Fällen. Im Ergebnis ist der Auftraggeber daher auch in diesen Fällen verpflichtet, hinreichende Vorkehrungen zur Sicherstellung eines fairen Wettbewerbs zu treffen. Verfügt ein Bieter aufgrund der Vorbefasstheit 21

[28] *Burgi* NZBau 2008, 29, 32f.
[29] *Behrens* NZBau 2006, 752, 754.
[30] *Behrens* NZBau 2006, 752, 753; Immenga/Mestmäcker/*Dreher* § 97 GWB Rn. 80; *Müller-Wrede/Lux* ZfBR 2006, 327, 329.
[31] OLG Düsseldorf Beschl. v. 13.8.2008 – Verg 28/08, BeckRS 2009, 5990.

eines Mitarbeiters über einen Wissensvorsprung gegenüber den anderen Bietern, der nicht in ausreichendem Maße durch den Auftraggeber ausgeglichen wird, stellt dies einen Verstoß gegen das Gleichbehandlungsgebot des § 97 Abs. 2 GWB dar.[32]

IV. Rechtsfolgen für den Auftraggeber

22 Liegt ein Fall der Projektantenproblematik vor, ist der betroffene Bewerber oder Bieter nicht zwingend von der Teilnahme am Vergabeverfahren auszuschließen. Es ist vielmehr zunächst geboten zu klären, ob die Vorbefassung den Vergabewettbewerb überhaupt negativ beeinflussen bzw. verzerren kann. Ist dies der Fall, dann ist auf der zweiten Stufe die Prüfung erforderlich, ob eine Wettbewerbsverzerrung durch geeignete Maßnahmen des Auftraggebers verhindert werden kann. Nur dann, wenn dies nicht möglich ist, ist der vorbefasste Bewerber oder Bieter vom Vergabeverfahren auszuschließen. Ein entsprechender Ausschlussgrund findet sich nun ausdrücklich in § 124 Abs. 1 Nr. 6 GWB.

1. Prüfung des Vorliegens eines Wettbewerbsvorteils

23 Die zur Projektantenproblematik entwickelten Grundsätze erfordern zunächst eine Prüfung, ob der Wettbewerb überhaupt durch Informationsvorteile des vorbefassten Bieters verfälscht wird.[33] Dies setzt auf der ersten Stufe das Vorliegen eines Informationsvorsprungs bei einem potentiellen Bewerber oder Bieter voraus. Verfügt ein potentieller Bewerber oder Bieter über einen Informationsvorsprung aufgrund einer Vorbefassung, ist auf der zweiten Stufe zu prüfen, ob daraus eine Gefahr der Wettbewerbsverfälschung resultiert.

24 **a) Informationsvorsprung.** Um einen Informationsvorsprung eines potentiellen Teilnehmers am Vergabewettbewerb zu identifizieren, muss die Vergabestelle sorgfältig prüfen, ob im Zusammenhang mit der Vorbereitung des Vergabeverfahrens, in dessen Vorfeld oder im Umfeld des zu vergebenden Auftrages bzw. im Zusammenhang mit dessen Gegenstand bereits eine – wie auch immer geartete – Zusammenarbeit zwischen dem Auftraggeber und dem Unternehmen bestand oder besteht. In der Regel sind die einschlägigen Sachverhalte den Auftraggebern bekannt; gleichwohl werden nicht immer die erforderlichen Konsequenzen daraus gezogen.

25 Dennoch ist nicht garantiert, dass ein möglicher Informationsvorsprung eines Unternehmens für die Vergabestelle ohne weiteres erkennbar ist. Hierauf kann sich der Auftraggeber indes nicht berufen. Denn für die vergaberechtliche Beurteilung soll es letztlich unerheblich sein, ob der Vergabestelle der Sachverhalt bekannt ist, aus dem sich der Informationsvorsprung ergibt, oder nicht.[34] Dieser – auf den ersten Blick sehr weitgehenden – Auffassung ist im Ausgangspunkt zuzustimmen. Denn für die Anwendbarkeit der bieterschützenden Regelungen über die Projektantenproblematik kann es nicht darauf ankommen, ob der jeweilige Auftraggeber bzw. die **Vergabestelle** rechtzeitig **positive Kenntnis** von einem solchen Sachverhalt hatte. Allerdings wird man schon unter Praktikabilitätsgesichtspunkten fordern, dass zumindest eine **fahrlässige Unkenntnis** vorliegt, dh dass es dem Auftraggeber bei sorgfältiger Prüfung möglich gewesen wäre, den bestehenden Informationsvorsprung rechtzeitig zu erkennen.

26 In Fällen, in denen ein potentielles Bieterunternehmen über einen Informationsvorsprung verfügt, ohne dass der Auftraggeber dies hätte erkennen können, etwa weil das Unternehmen durch Zufall an die Informationen gelangt ist oder sie sich auf rechtswidrige Weise und unbemerkt vom Auftraggeber verschafft hat, wird man vom Auftraggeber keine Vorkehrungen zum Ausgleich eines daraus resultierenden Wettbewerbsvorteils for-

---

[32] VK Baden-Württemberg Beschl. v. 30.3.2007 – 1 VK 06/07, IBR 2007, 509.
[33] OLG Düsseldorf Beschl. v. 25.10.2005 – Verg 67/05, NZBau 2006, 466, 468.
[34] Vgl. VK Bund Beschl. v. 11.8.2014 – VK 1-54/14, juris Rn. 112; VK Nordbayern Beschl. v. 9.8.2007 – 21.VK 3194-32/07, ZfBR 2007, 822, 824.

dern können. Dies gilt allerdings nur, solange dem Auftraggeber dieser Sachverhalt nicht nachträglich, etwa aufgrund einer Rüge im Vergabeverfahren, bekannt wird.

Vor diesem Hintergrund fordern Auftraggeber in der Praxis bisweilen sog. **Ethikerklärungen** von Bietern, in denen diese versichern, für den Auftraggeber keine Beratungs- oder sonstigen Unterstützungsleistungen im Vorfeld des Vergabeverfahrens erbracht zu haben. Solche Ethikerklärungen werden von der Vergaberechtsprechung zwar grundsätzlich akzeptiert.[35] Sie sind jedoch nur begrenzt zur Lösung des Problems geeignet. Jedenfalls entbinden sie den Auftraggeber nicht vollständig davon, auch eigene Erkenntnismöglichkeiten zu nutzen, um eine etwaige Vorbefassung zu identifizieren. Ungeachtet dessen besteht selbstverständlich eine Reaktionspflicht, wenn im Nachhinein Anhaltspunkte für eine Vorbefasstheit eines in das Vergabeverfahren einbezogenen Unternehmens bekannt werden, obwohl dieses die Erklärung wie gefordert abgegeben hat. 27

b) Gefahr der Wettbewerbsverzerrung. Liegt ein Informationsvorsprung aufgrund einer Vorbefassung vor, stellt sich die Frage, ob daraus die Gefahr einer Verfälschung des Vergabewettbewerbs resultiert. Auch hierfür müssen zumindest konkrete Anhaltspunkte im Sinne greifbarer Tatsachen oder Indizien vorliegen. Alleine die abstrakte Möglichkeit einer Vorteilserlangung oder der **„böse Schein"** genügen insoweit nicht.[36] Voraussetzung für das Eingreifen von Rechtsfolgen, die sich aus den Regelungen über die Projektantenproblematik ergeben, ist dabei auch, dass der mögliche Wettbewerbsvorteil gerade aus einem Informationsvorsprung resultiert, der kausal mit der Vorbefassung des Unternehmens zusammenhängt[37] und nicht etwa auf sonstige Gründe zurückzuführen ist, etwa auf Sachverhalte, die in den Anwendungsbereich des § 6 VgV fallen. 28

Erscheint es danach bei objektiver Betrachtung der ausgeschriebenen Leistung möglich, dass der Informationsvorsprung den Wettbewerb verfälscht, ist es Sache des vorbefassten Unternehmens darzulegen und im Streitfall nachzuweisen, dass ihm durch die Vorbefassung kein ungerechtfertigter Vorteil im Hinblick auf den Vergabewettbewerb erwachsen ist.[38] Hierzu kann sich der Bieter grundsätzlich aller zur Verfügung stehenden Mittel und Unterlagen bedienen. Dies eröffnet für den betroffenen Bieter Argumentations- und Handlungsspielräume. Dabei kann sich jedoch die **Darlegungs- und Beweislast** je nach Fallkonstellation auch auf den Auftraggeber verlagern. Will ein Mitbewerber einen potentiellen Projektanten vom Vergabewettbewerb ausschließen, so trifft ihn zunächst mangels weitergehender Kenntnisse vom konkreten Inhalt der Projektantenleistung lediglich eine allgemeine Darlegungslast.[39] Dieser folge dann notwendigerweise die eigentliche, substanzielle Darlegungslast des Auftraggebers bezüglich einer nicht bestehenden Wettbewerbsverfälschung bzw. bezüglich geeigneter Maßnahmen zur Prävention.[40] Entscheidend ist letztlich aber nicht, ob der Bieter im konkreten Verfahren tatsächlich einen Wettbewerbsvorteil hat oder sich zu verschaffen gedenkt, sondern ob die Möglichkeit hierzu besteht. 29

Die Prüfungspflicht des Auftraggebers besteht nicht nur zu Beginn des Vergabeverfahrens. Vielmehr muss er **während des gesamten Vergabeverfahrens** prüfen, ob eine mögliche Wettbewerbsverzerrung vorliegt, auch wenn er das möglicherweise in einem früheren Verfahrensstadium zutreffend verneint hat. Legt ein vorbefasstes Unternehmen 30

---

[35] VK Bund Beschl. v. 27.3.2007 – VK 2-18/07.

[36] OLG Brandenburg Beschl. v. 19.12.2011 – Verg W 17/11, ZfBR 2012, 182, 187; VK Sachsen Beschl. v. 15.2.2011 – 1/SVK/052-10, ZfBR 2011, 718, Rn. 106; VK Sachsen Beschl. v. 28.10.2008 – 1/SVK/054-08, BeckRS 2009, 22702 Rn. 68; *Prieß/Friton/von Rummel* NZBau 2019, 690ff.; vgl. auch KG Urt. v. 28.6.2019 – 9 U 55/18, BeckRS 2019, 34806 Rn. 28.

[37] VK Sachsen Beschl. v. 28.10.2008 – 1/SVK/054-08, BeckRS 2009, 22702 Rn. 65.

[38] OLG Celle Beschl. v. 14.4.2016 – 13 Verg 11/15, juris Rn. 46; OLG Brandenburg Beschl. v. 19.12.2011 – Verg W 17/11, ZfBR 2012, 182, 187; OLG München Beschl. v. 10.2.2011 – Verg 24/10, Rn. 53; VK Sachsen Beschl. v. 15.2.2011 – 1/SVK/052-10, ZfBR 2011, 718 Rn. 106.

[39] OLG Düsseldorf Beschl. v. 25.10.2005 – VII-Verg 67/05, NZBau 2006, 466 Rn. 29; Pünder/Schellenberg/*Tomerius* § 6 VOB/A EG Rn. 30.

[40] *Behrens* NZBau 2006, 752, 756; *Kupczyk* NZBau 2010, 21, 24.

ein Angebot vor, so ist dieses vom Auftraggeber stets einer vertieften Prüfung zu unterziehen.[41] Der Auftraggeber hat insbesondere zu untersuchen, ob sich Vorteile aus der Vorbefassung in dem Angebot – etwa in einem besonders günstigen Angebotspreis – niederschlagen. Gleiches gilt, wenn der Projektant bezüglich projektbezogener Wertungskriterien besonders gut abschneidet oder nur sein Angebot solche überhaupt aufweist.[42] Auch (erst) daraus können sich hinreichende Anhaltspunkte für eine potenzielle Wettbewerbsverzerrung ergeben.

2. Pflicht des Auftraggebers zur Egalisierung des Wettbewerbsvorteils

31 Verfügt ein (potentiell) am Vergabeverfahren teilnehmendes Unternehmen aufgrund einer Vorbefassung über einen Informationsvorsprung, der die Gefahr einer Wettbewerbsbeeinträchtigung begründet, hat der Auftraggeber nach den einschlägigen Vorschriften sicherzustellen, dass der Wettbewerb durch die Teilnahme des Bieter- oder Bewerberunternehmens nicht verzerrt wird. Das heißt, es besteht eine Pflicht des Auftraggebers, **angemessene Maßnahmen** zu treffen, um dennoch einen fairen Wettbewerb zu gewährleisten und die Einhaltung des Gleichbehandlungs- und Nichtdiskriminierungsgrundsatzes sicherzustellen. Der Auftraggeber muss daher entweder präventiv Vorkehrungen zur Vermeidung einer Wettbewerbsverzerrung treffen oder im Nachgang einen etwaigen potentiell wettbewerbsverzerrenden Wissensvorsprung durch geeignete Vorkehrungen egalisieren.[43]

32 Geeignete Maßnahmen zur Egalisierung etwaiger Wettbewerbsvorteile sind exemplarisch in § 7 Abs. 2 VgV genannt. Zum Ausgleich geeignet können insbesondere die Unterrichtung der anderen am Vergabeverfahren teilnehmenden Unternehmen in Bezug auf die einschlägigen durch die Vorbefassung erlangten Informationen sowie die Festlegung angemessener Fristen sein. Grundsätzlich erforderlich ist, dass sämtliche objektiv notwendigen Informationen an alle beteiligten Unternehmen weitergegeben werden, damit ein objektiv gleicher Informationsstand für alle Bieter bzw. Bewerber erreicht wird.[44] Um den möglichen Wissensvorsprung eines vorbefassten Bieters auszugleichen, müssen die Vergabeunterlagen eine detaillierte **Situationsbeschreibung** enthalten. Alles, was der vorbefasste Bieter möglicherweise an relevantem Exklusivwissen erworben haben könnte, ist durch Weitergabe zusätzlicher Informationen und ggf. Unterlagen an die übrigen Bieter, nötigenfalls auch durch entsprechende Verlängerung der **Ausschreibungsfristen**[45] auszugleichen.[46]

33 Dies bedeutet, dass in der Regel allen Interessenten zumindest die **Projektunterlagen** vollständig zur Verfügung zu stellen sind, die alle relevanten Informationen und Ergebnisse, die sich im Rahmen der Vorbefassung ergaben, sowie alle Unterlagen enthalten, an deren Erstellung das vorbefasste Unternehmen mitgewirkt hat.[47] Darüber hinaus kann es erforderlich sein, den Interessenten die Möglichkeit zu geben, sich vor Angebotsabgabe durch eine **Ortsbesichtigung** oder Inaugenscheinnahme zusätzliche Kenntnisse zu verschaffen, über die das vorbefasste Unternehmen bereits verfügt; ggf. kann es angezeigt sein, den Bietern ausdrücklich zu erlauben, die Ergebnisse des vorbefassten Unternehmens in ihr Konzept einfließen zu lassen.[48]

---

41 Kapellmann/Messerschmidt/*Glahs* § 6 VOB/A EG Rn. 27.

42 *Müller-Wrede/Lux* ZfBR 2006, 327, 329.

43 VK Sachsen Beschl. v. 28.10.2008 – 1/SVK/054-08, BeckRS 2009, 22702 Rn. 44.

44 VK Baden-Württemberg Beschl. v. 14.7.2014 – 1 VK 25/14, juris Rn. 37; *Noch,* 121 Rn. 62.

45 Vgl. VK Baden-Württemberg Beschl. v. 30.3.2007 – 1 VK 6/07, juris, Rn. 111.

46 Vgl. VK Bund Beschl. v. 11.8.2014 – VK 1-54/14, juris Rn. 112; unerheblich sei zudem, ob es den anderen Bietern selbst möglich gewesen wäre, vergleichbare Informationen zu erhalten. Der Anspruch auf Gleichbehandlung könne nicht verwirkt werden.

47 Vgl. OLG Brandenburg Beschl. v. 19.12.2011 – Verg W 17/11, ZfBR 2012, 182, 187; VK Baden-Württemberg Beschl. v. 29.11.2002 – 1 VK 62/02, juris, Rn. 36; *Müller-Wrede/Lux* ZfBR 2006, 327, 328.

48 Vgl. OLG Koblenz Beschl. v. 6.11.2008 – 1 Verg 3/08, ZfBR 2009, 93, 95.

3. Ausschluss des vorbefassten Unternehmens als ultima ratio

Nur dann, wenn der durch die Vorbefassung erlangte Wettbewerbsvorteil nicht durch geeignete Maßnahmen und Vorkehrungen so weit ausgeglichen werden kann, dass ein unverfälschter Vergabewettbewerb sichergestellt ist, kann und muss der Auftraggeber das vorbefasste Unternehmen gemäß § 124 Abs. 1 Nr. 6 GWB von der Teilnahme an dem Vergabeverfahren ausschließen.[49] § 5 Abs. 3 UVgO sieht für Liefer- und Dienstaufträge im Unterschwellenbereich nunmehr unmittelbar die Möglichkeit eines entsprechenden Ausschlusses vor. Ebenso wie nach § 7 Abs. 3 VgV ist auch hier dem vorbefassten Unternehmen die Möglichkeit zu geben nachzuweisen, dass seine Beteiligung an der Vorbereitung des Vergabeverfahrens den Wettbewerb nicht verzerren kann. Der vorbefasste Bieter hat einen Anspruch darauf, dass der Auftraggeber alles ihm Mögliche unternimmt, um ihm trotz seiner Vorbefassung eine Beteiligung an der Ausschreibung zu ermöglichen.[50] 34

Schließt der Auftraggeber ein vorbefasstes Unternehmen von der Teilnahme am Vergabeverfahren aus, obwohl eine Egalisierung des Wissensvorsprungs durch die Vergabestelle möglich gewesen wäre, diese es aber versäumt hat, einen fairen Wettbewerb durch geeignete Maßnahmen sicherzustellen, kann der ausgeschlossene Bieter im Wege des Vergabenachprüfungsverfahrens gegen seinen Ausschluss vorgehen. In diesem Fall ist das Verfahren aufzuheben bzw. ab demjenigen Zeitpunkt zu wiederholen, ab dem eine Egalisierung des Wettbewerbsvorsprungs möglich gewesen wäre.[51] Dies wird in aller Regel eine Wiedereröffnung der Angebotsfrist zur Folge haben. Bei dem (teilweise) zu wiederholenden Vergabeverfahren darf der vorbefasste Bieter nicht ausgeschlossen werden. 35

V. Maßnahmen vorbefasster Unternehmen zur Risikominimierung

Auch wenn die Reaktionspflichten im Falle einer Projektantenproblematik den Auftraggeber und nicht den Projektanten betreffen, kann es unter dem Gesichtspunkt der Risikominimierung auch aus Sicht des Projektanten ratsam sein, rechtzeitig Maßnahmen zur Wahrung der eigenen rechtlichen Interessen zu ergreifen. Denn ihm kann schlimmstenfalls immerhin der Ausschluss aus dem Vergabeverfahren drohen. 36

1. Kooperation mit dem Auftraggeber

Zum einen sollte der vorbefasste Bieter daher von Anfang an darauf achten und nötigenfalls darauf hinzuwirken versuchen, dass der Auftraggeber möglichst vor Beginn des Vergabeverfahrens sorgfältig prüft, ob und wenn ja welche Maßnahmen zur Sicherstellung eines unverfälschten Wettbewerbs zu treffen sind. Insbesondere sollte der Projektant darauf achten und ggf. daran mitwirken, dass den übrigen interessierten Unternehmen etwaige zusätzliche Informationen, über die der Projektant verfügt und die für den Wettbewerb relevant sein können, rechtzeitig zur Verfügung gestellt werden. 37

2. Interne Vorkehrungen des Projektanten

Zum anderen sind aber auch interne Maßnahmen im Unternehmen des Projektanten in Betracht zu ziehen. Dies gilt insbesondere in Fällen, in denen die Gefahr besteht, dass etwaige Wettbewerbsvorteile des Projektanten nicht durch entsprechende Vorkehrungen im Vergabeverfahren egalisiert werden können, so dass dem Projektanten der Ausschluss droht. Möchte der Projektant gleichwohl als Bieter am Vergabeverfahren teilnehmen, kann es erforderlich oder – zur Minimierung des vergaberechtlichen Risikos – zumindest 38

[49] VK Nordbayern Beschl. v. 4.5.2009 – 21.VK 3194-06/09, BeckRS 2010, 27030; VK Sachsen Beschl. v. 28.10.2008 – 1/SVK/054-08, IBR 2009, 164; VK Baden-Württemberg Beschl. v. 30.3.2007 – 1 VK 6/07, juris, Rn. 109.

[50] VK Baden-Württemberg Beschl. v. 19.4.2005 – 1 VK 11/05.

[51] OLG Brandenburg Beschl. v. 15.5.2007 – Verg W 2/07, VergabeR 2008, 242, 245 iVm 248.

anzuraten sein, Vorkehrungen zu treffen, die bereits das Entstehen eines Wettbewerbsvorteils nachvollziehbar verhindern. Hierfür kommen verschiedene, vor allem organisatorische Vorkehrungen auf Seiten des vorbefassten Bieters in Betracht. Geeignet sind alle Maßnahmen, die der Darlegung und ggf. dem Beweis dienen, dass sich der Bieter durch die Vorbefassung keine wettbewerbsrelevanten Vorteile verschafft hat und sich diese auch nicht verschaffen konnte.

39 Ein probates Mittel kann sein, im Unternehmen des Projektanten die Einheit, welche den Auftraggeber im Vorfeld des Verfahrens berät bzw. an der Vorbereitung mitwirkt und daher vorbefasst ist, vollständig von der Einheit zu trennen, die für die Teilnahme am Vergabeverfahren und die Angebotserstellung zuständig ist. Um die vollständige Trennung sicherzustellen, ist es erforderlich, interne Informationsbarrieren (**„Chinese Walls"**) zu errichten. Dadurch kann ein Informationsaustausch zwischen der einen und der anderen Einheit verhindert werden, sofern sichergestellt ist, dass es im gesamten Unternehmen (bis hin zur Unternehmensleitung) keine Möglichkeiten zur Überwindung der Barrieren gibt.

40 Bei der konkreten Ausgestaltung kommt eine örtliche bzw. räumliche Trennung der Mitglieder beider Einheiten (Teams) in Betracht. Soweit eine Unterbringung am gleichen Standort zwingend erforderlich ist, sollten die Arbeitsplätze der jeweiligen Teammitglieder zumindest auf verschiedene Stockwerke oder Stockwerksteile verteilt sein. Auch eine Zusammenarbeit von Mitgliedern beider Teams in anderen Projekten sollte für die Zeit ab Beginn der Vorbefassung bis zum Abschluss des Vergabeverfahrens unterbunden werden. Gleiches gilt für alle unterstützenden Einheiten wie Sekretariate, Assistenten und sonstige Mitarbeiter. Zugangsmöglichkeiten der Mitglieder eines Teams zu den jeweiligen Arbeitsbereichen der Mitglieder des anderen Teams sind auszuschließen. Neben der räumlichen Trennung sollten auch strikte Einschränkungen der Kommunikation und des Informationsaustausches eingeführt werden. Gegenseitige Zugriffsrechte auf IT-Verzeichnisse und Laufwerke sollten ausgeschlossen werden. Die wechselseitige elektronische Kommunikation sollte nach Möglichkeit blockiert werden. Für das Vergabeverfahren relevante Daten sollten nicht offen zugänglich sein. Die strenge Beachtung sämtlicher Barrieren sollte durch vollständige Information aller betroffenen Mitarbeiter und genaue Verhaltensanweisungen und Richtlinien sichergestellt und durch eine von beiden Seiten unabhängige und abgeschirmte Einheit überwacht und kontrolliert werden. Zu Beweiszwecken sind sämtliche damit zusammenhängenden Vorgänge umfassend zu dokumentieren.

41 Die Umsetzung eines solchen Konzepts kann im Einzelfall dazu beitragen, dass ein Ausschluss des Projektanten von der Teilnahme am Vergabeverfahren nicht notwendig wird. Gleichwohl wird – selbst bei strenger Einhaltung einer Chinese-Walls-Policy oder sonstiger Maßnahmen – jeweils im Einzelfall zu prüfen sein, ob alleine damit ein unverfälschter Wettbewerb hinreichend sichergestellt werden kann.

C. Ausgeschlossene Personen

42 Nach der neuen Regelung des § 6 Abs. 1 VgV, die den relativ komplexen § 16 VgV aF. in eine strukturierte und übersichtliche Form überführt, dürfen für einen Auftraggeber **natürliche Personen,** bei denen ein Interessenkonflikt besteht, in bestimmten Funktionen in einem **Vergabeverfahren** nicht **mitwirken.** Ergänzt wird § 6 VgV durch die gleichlautenden Vorschriften in § 6 SektVO und § 5 KonzVgV. Über § 2 VgV gilt § 6 VgV zudem in der VOB/A EU. Waren bisher konkrete europäische Vorgaben zur Behandlung von Interessenkonflikten nicht vorhanden, hat sich dies mit den aktuellen EU-Vergaberichtlinien aus 2014 geändert. Mit Art. 24 RL 2014/24/EU (Basisrichtlinie), Art. 42 RL 2014/25/EU (Sektorenrichtlinie) und Art. 35 RL 2014/23/EU (Konzessionsrichtlinie) stehen europäische Vorschriften als Vorbilder zur Verfügung, deren Umsetzung die ge-

nannten Normen dienen.[52] Für den Bereich Verteidigung und Sicherheit gilt mit § 42 VSVgV jedoch die alte, § 16 VgV aF. entsprechende Rechtslage fort.[53] Hinzuweisen ist an dieser Stelle darauf, dass neuerdings für den Bereich der Liefer- und Dienstleistungsaufträge unterhalb der Schwellenwerte mit § 4 UVgO eine dem § 6 VgV wortgleiche Regelung existiert; insofern gelten auch die folgenden Ausführungen entsprechend.

Die Vorschriften stellen eine Konkretisierung des vergaberechtlichen Neutralitätsgebots als besondere Ausprägung des Gleichbehandlungsgebots dar. Ihr Sinn und Zweck ist die Verhinderung von Wettbewerbsbeeinträchtigungen aufgrund von Interessenkonflikten.[54] 43

I. Normstruktur und Regelungssystematik

Auf **Tatbestandsseite** ist zunächst die Frage nach einem **Interessenkonflikt** einer Person zu prüfen. Eine Definition des Interessenkonflikts findet sich dabei in § 6 Abs. 2 VgV. **Rechtsfolge** eines Interessenkonflikts ist ein **Mitwirkungsverbot** zu Lasten der betroffenen Person. Nach der grundlegenden Definition in § 6 Abs. 2 VgV besteht ein Interessenkonflikt für Personen, die an der Durchführung des Vergabeverfahrens beteiligt sind oder Einfluss auf den Ausgang eines Vergabeverfahrens nehmen können und die ein direktes oder indirektes finanzielles, wirtschaftliches oder persönliches Interesse haben, das ihre Unparteilichkeit und Unabhängigkeit im Rahmen des Vergabeverfahrens beeinträchtigen könnte. Unabhängig davon wird für bestimmte Personenkreise ein Interessenkonflikt widerleglich vermutet. Dies gilt für Personen, die sowohl dem Auftraggeber nach § 6 Abs. 1 VgV zugehörig sind als auch einer der in § 6 Abs. 3 VgV genannten Gruppen angehören. Nach § 6 Abs. 4 VgV wird die Vermutung der Parteilichkeit auf Angehörige der betroffenen Personen erweitert. 44, 45

Eine widerlegliche Vermutung eines Interessenkonflikts besteht unabhängig davon gemäß § 6 Abs. 3 VgV, wenn die in Abs. 1 genannten Personen 46

- Bewerber oder Bieter sind (Abs. 3 Nr. 1),
- einen Bewerber oder Bieter beraten oder sonst unterstützen oder als gesetzliche Vertreter oder nur in dem Vergabeverfahren vertreten (Abs. 3 Nr. 2),
- beschäftigt oder tätig sind bei einem Bewerber oder Bieter gegen Entgelt oder bei ihm als Mitglied des Vorstandes, Aufsichtsrates oder gleichartigen Organs (Abs. 3 Nr. 3 lit. a) *oder*
- beschäftigt oder tätig sind für ein in das Vergabeverfahren eingeschaltetes Unternehmen, wenn dieses Unternehmen zugleich geschäftliche Beziehungen zum öffentlichen Auftraggeber und zum Bewerber oder Bieter hat (Abs. 3 Nr. 3 lit. b).

Die widerlegliche Vermutung eines Interessenkonflikts dehnt § 6 Abs. 4 VgV auf natürliche Personen aus, wenn einer ihrer **Angehörigen,** deren Kreis in der Vorschrift genau definiert ist,[55] eine der Voraussetzungen der Nrn. 1 bis 3 des § 6 Abs. 3 VgV erfüllt. 47

Im Gegensatz zur bisherigen Regelung des § 16 Abs. 1 Hs. 2 VgV aF. enthält die Neufassung keine Voraussetzungen zur Widerlegung der Vermutung, was mit der unterschiedlichen Struktur der Vorschrift zusammenhängt. Doch kann dafür auf die allgemeine Definition in § 6 Abs. 2 VgV zurückgegriffen werden. Die Vermutung ist daher widerlegt, wenn dargelegt werden kann, dass die dort genannten Voraussetzungen im Einzelfall nicht vorliegen, mithin ein Interessenkonflikt nicht besteht. 48

Von seinem **persönlichen** Anwendungsbereich her erfasst § 6 Abs. 1 VgV alle natürlichen Personen, die eine Funktion als 49

[52] BT-Drs. 18/7318, S. 151, 212.

[53] Krit. dazu *Greb* NZBau 2016, 262, 263.

[54] VK Brandenburg Beschl. v. 28.1.2013 – VK 43/12, BeckRS 2013, 7311; 2. VK Bund Beschl. v. 1.8.2008 – VK 2-88/08, juris Rn. 37; VK Lüneburg Beschl. v. 12.7.2011 – VgK-19/2011, BeckRS 2011, 53543; Ziekow/Völlink/*Greb* VgV § 6 Rn. 1 f.

[55] Näher zum insoweit inhaltsgleichen § 16 VgV aF Reidt/Stickler/Glahs/*Ganske* Vergaberecht, 3. Aufl. 2011, § 16 VgV Rn. 52 f.; Byok/Jäger/*Müller* Vergaberecht, 3. Aufl. 2011, § 16 VgV Rn. 56 ff.

– Organmitglied des Auftraggebers,
– Mitarbeiter des Auftraggebers oder
– Organmitglied oder Mitarbeiter eines im Namen des öffentlichen Auftraggeber handelnden Beschaffungsdienstleisters ausüben.[56]

Die Tatbestandsvoraussetzungen des § 6 VgV sind ernst zu nehmen. Die Norm soll nicht generell Personen von der Mitwirkung an einem Vergabeverfahren ausschließen, wenn Anhaltspunkte für eine mögliche Voreingenommenheit oder einen Interessenkonflikt vorliegen. Alleine der böse Schein genügt nicht.[57] Ein Ausschluss setzt vielmehr in jedem Einzelfall voraus, dass die Tatbestandsvoraussetzungen einer der Alternativen des § 6 VgV zu bejahen sind.[58]

II. Bestehen eines Interessenkonflikts (§ 6 Abs. 2 VgV)

50 Maßgeblicher Begriff innerhalb der Struktur des Tatbestandes ist der des Interessenkonflikts. Zu einem solchen führt nach der neu eingeführten Generalklausel die Beteiligung der fraglichen Person an der Durchführung eines Vergabeverfahrens oder ein Einfluss der betreffenden Person auf den Ausgang eines Vergabeverfahrens sowie zusätzlich ein persönliches Interesse, welches die Besorgnis der Parteilichkeit rechtfertigt. Die Beteiligung am Vergabeverfahren muss sich dabei nicht auf bestimmte Entscheidungen des Auftraggebers auswirken. Ausweislich des Wortlauts und angesichts der zweiten Alternative in § 6 Abs. 2 Hs. 1 VgV ist ein entscheidender Einfluss auf den Ausgang des Vergabeverfahrens nicht erforderlich. Die zeitliche Dimension der Beteiligung „an der Durchführung" des Verfahrens hat nur scheinbar eingrenzende Wirkung, zumal der Begriff des Verfahrensbeginns eher weit ausgelegt wird.[59] Doch kann auch ohne Beteiligung an einem konkreten Verfahren die Besorgnis der Parteilichkeit begründet werden, wenn eine hinreichend konkrete Einflussnahmemöglichkeit auf den Ausgang des Verfahrens besteht. Mit der zweiten Alternative in § 6 Abs. 2 Hs. 1 VgV wird diesem Umstand Rechnung getragen, so dass beispielsweise auch ein am Verfahren unbeteiligtes Mitglied etwa eines Aufsichtsgremiums einer Interessenkollision unterliegen kann, soweit ein aus anderen Gründen bestehender Einfluss bejaht wird.[60] Aus einer Zusammenschau der beiden Alternativen wird deutlich, dass jedenfalls ein hinreichend enger Bezug zu einem konkreten Vergabeverfahren bestehen muss. Passive und verfahrensfremde Tätigkeiten können insoweit den Vorwurf eines Interessenskonflikts nicht begründen.[61] Die bloße Information eines Aufsichtsrates reicht beispielsweise nicht aus.[62]

51 Die Vermutungsregeln in § 6 Abs. 3 und 4 VgV decken letztlich in wohl erschöpfender Weise Fälle ab, in denen Interessenkollisionen während des Verfahrens bzw. nach Eingang von Bewerbungen erfasst werden, mithin Fälle zeitlicher Parallelität der Tätigkeiten. Um den Anwendungsbereich der Generalklausel angesichts dieser typisierten Fälle nicht leerlaufen zu lassen, dürften daneben von § 6 Abs. 2 VgV noch weitere Interessenkonflikte erfasst sein, die nicht bereits unter die Vermutungsregelungen fallen. Dies wird insbeson-

---

[56] Pünder/Schellenberg/*Sturhahn* § 6 VgV Rn. 12.

[57] KG Urt. v. 28.6.2019 – 9 U 55/18, BeckRS 2019, 34806 Rn. 28; VK Lüneburg Beschl. v. 6.3.2015 – VgK-02/2015, BeckRS 2015, 12751; OLG Brandenburg Beschl. v. 22.5.2007 – Verg W 13/06, BeckRS 2008, 1089; VK Brandenburg Beschl. v. 28.1.2013 – VK 43/12, BeckRS 2013, 7311; VK Sachsen Beschl. v. 26.6.2009 – 1/SVK/024-09, BeckRS 2009, 23149 Rn. 109; VK Niedersachsen Beschl. v. 6.9.2004 – 203-VgK-39/2004, juris Rn. 62; *Winnes* NZBau 2002, 371, 373; *Otting* NVwZ 2001, 775, 777; *Byok* NJW 2001, 2295, 2301; vgl. auch *Prieß/Friton/von Rummel,* NZBau 2019, 690ff.

[58] KG Urt. v. 28.6.2019 – 9 U 55/18, BeckRS 2019, 34806 Rn. 28; VK Sachsen Beschl. v. 5.5.2014 – 1/SVK/010-14, BeckRS 2014, 21204; OLG Celle Beschl. v. 8.9.2011 – 13 Verg 4/11, BeckRS 2011, 22904 mwN.

[59] Dazu → Rn. 73.

[60] *Greb* NZBau 2016, 262, 264.

[61] *Greb* NZBau 2016, 262, 264.

[62] OLG Düsseldorf Beschl. v. 9.4.2003 – VII – Verg 66/02, BeckRS 2003, 17910.

dere durch das Merkmal eines direkten oder indirekten persönlichen Interesses sichergestellt, welches als Auffangtatbestand die Fälle der finanziellen und wirtschaftlichen Interessen miteinschließt und den Tatbestand deutlich erweitert. Ob ein solches vorliegt, ist im Einzelfall unter Berücksichtigung der konkreten Umstände und erkennbaren Interessen der betroffenen Person zu ermitteln. Grundsätzlich ist eine weite Auslegung angezeigt, um das die Vorschrift mittragende Wettbewerbsprinzip zu verwirklichen.[63] Gleichwohl muss auch das persönliche Interesse stets an ein konkretes Vergabeverfahren anknüpfen. Lediglich unpräzise Erwartungen, auf ein gutes Geschäftsklima beispielsweise, reichen dafür jedenfalls nicht aus.

Im Ergebnis füllt die Generalklausel damit den bisherigen Anwendungsbereich des § 16 52
VgV aF vollständig aus[64], dürfte angesichts der weit gefassten Definitionsmerkmale aber auch darüber hinausgehen.[65] Den Regelungen zur Unparteilichkeit kommt gleichwohl weiterhin ein abschließender Charakter zu; eine Ausdehnung bzw. analoge Anwendung auf unbenannte Fälle unter dem Gedanken der Vermeidung eines „bösen Scheins" ist abzulehnen.[66]

III. Widerlegliche Vermutung eines Interessenkonflikts gemäß § 6 Abs. 1 Nr. 3 und 2 VgV

Soweit eine natürliche Person in einem Vergabeverfahren selbst Bieter oder Bewerber ist 53
oder einen Bieter oder Bewerber entweder generell als gesetzlicher Vertreter oder nur in dem Vergabeverfahren vertritt oder soweit sie einen Bieter oder Bewerber berät oder sonst unterstützt, besteht unabhängig von den Voraussetzungen der Generalklausel gemäß § 6 Abs. 3 Nr. 1 oder 2 VgV die Vermutung eines Interessenkonflikts. Rechtfertigen lässt sich dies nachvollziehbar mit der dadurch entstehenden besonderen Nähebeziehung zwischen dem Auftraggeber und einem Bewerber bzw. Bieter. Diese Vermutung ist allerdings nach neuer Rechtslage widerlegbar.[67]

Die Widerlegbarkeit der Vermutung in den Fällen des § 6 Abs. 3 Nr. 1 VgV (betreffen- 54
de Person ist selbst Bewerber oder Bieter) bedeutet eine erhebliche Rechtsänderung im Vergleich zur alten Fassung des § 16 Abs. 1 Hs. 2 Nr. 1 VgV. Dort wurde eine Voreingenommenheit für diesen Fall unwiderlegbar vermutet; eine Exkulpation war folglich kategorisch ausgeschlossen. Erstaunlicherweise wird trotz der bestehenden Personenidentität nun eine solche Exkulpation für möglich gehalten. Dennoch bleibt die Frage, wie dieser Interessenkonflikt im Einzelfall aufgelöst werden kann. Ein Entlastungsbeweis wird angesichts der besonderen Nähebeziehung wohl in den seltensten Fällen gelingen; jedenfalls sind in diesem Fall hohe Anforderungen zu stellen.[68]

Eine widerlegbare Vermutung eines Interessenkonflikts besteht auch bei einer natürli- 55
chen Person, soweit sie einen Bieter oder Bewerber **berät oder sonst unterstützt** oder als gesetzlicher Vertreter oder nur in dem Vergabeverfahren **vertritt** (§ 6 Abs. 3 Nr. 2 VgV). Die Vermutung eines Interessenkonflikts setzt allerdings in diesen Fällen eine direkte Beziehung zwischen der Person und dem Bieter oder Bewerber voraus. Es genügt hingegen nicht, wenn diese Beziehung lediglich zu einem Gesellschafter oder einem konzernverbundenen Unternehmen eines Bieters besteht, etwa wenn ein Rechtsanwalt den Gesellschafter berät, der in das Vergabeverfahren nicht involviert ist, und keine fördernde

---

[63] OLG Brandenburg Urt. v. 16.12.2015 – 4 U 77/14, NZBau 2016, 184, 186.

[64] *Greb* NZBau 2016, 262, 264.

[65] Pünder/Schellenberg/*Sturhahn* § 6 VgV Rn. 7 verweist insoweit auf eine ggf. erforderliche richtlinienkonforme Auslegung.

[66] *Prieß/Friton/von Rummel* NZBau 2019, 690, 692.

[67] BT-Drs. 18/7318, S. 151.

[68] *Greb* NZBau 2016, 262, 265; *Prieß/Friton/von Rummel* NZBau 2019, 690, 691 mwN.

oder unterstützende Auswirkung der Tätigkeit des Beraters auf das Bieterunternehmen erkennbar ist.[69]

56 Im Zusammenhang mit der Vorgängerregelung in § 16 Abs. 1 Nr. 2 VgV war streitig, ob sich die Beratungs- und Unterstützungsleistung für einen Bewerber oder Bieter auf das konkrete Vergabeverfahren beziehen muss. Dieser Streit dürfte mit der Neuregelung in § 6 Abs. 3 Nr. 2 VgV obsolet sein. Die wesentlichen Argumente für einen Bezug der Beratungs- und Unterstützungsleistung auf das konkrete Verfahren ergaben sich aus dem Wortlaut der Vorgängernorm. Denn das Mitwirkungsverbot traf danach Personen, „soweit sie in diesem Verfahren einen Bieter beraten oder sonst unterstützen" (§ 16 Abs. 1 Nr. 2 VgV aF). Damit war eine Unterstützung in dem konkreten Vergabeverfahren erforderlich. Der Wortlaut konnte auch nicht bloß rein zeitlich in dem Sinne verstanden werden, dass nur eine Unterstützung „während dieses Verfahrens" erforderlich sei.

57 Eine vergleichbare auf die Unterstützung im konkreten Vergabeverfahren abzielende Formulierung findet sich nicht in § 6 Abs. 3 VgV. Daher ist ein im Zeitpunkt der maßgeblichen Mitwirkungshandlung noch andauerndes Näheverhältnis unmittelbar zum Bieter oder Bewerber hinreichend. Entscheidend ist also nicht die Unterstützung im konkreten Vergabeverfahren, sondern das durch eine grundsätzliche Unterstützung des Bieters/Bewerbers begründete Näheverhältnis zu diesem.[70] Es genügt daher auch eine Beratung oder Unterstützung eines Bewerbers oder Bieters in anderen Angelegenheiten durch eine Person im Sinne des § 6 Abs. 1 VgV.[71] Um jedoch eine uferlose Ausweitung der Vermutungsregel zu vermeiden, ist zumindest zu fordern, dass sich aus der Art bzw. dem Inhalt der Beratung oder Unterstützung eines Bewerbers oder Bieters hinreichende Anhaltspunkte ergeben, die berechtigte Zweifel an der Unvoreingenommenheit und Unparteilichkeit der betroffenen Person bei ihrer Mitwirkung am Vergabeverfahren begründen.[72]

58 Als **„sonstige Unterstützung"** im Sinne des § 6 Abs. 3 Nr. 2 VgV, die grundsätzlich auch bei einem Berater zu bejahen sein kann, kommt nur eine Tätigkeit in Betracht, die in ihrer Intensität mit der Alternative des „Beratens" vergleichbar ist.[73] Erforderlich ist ein unmittelbar förderndes Tätigwerden der Person für einen Bieter oder Bewerber.[74] Eine bloße „starke Affinität" eines Beraters zu einem Bieter oder die Vermutung, der Berater werde dem Bieter grundsätzlich gewogen sein, genügen jedenfalls nicht[75]; ebenso wenig eine bloß positive Äußerung in einem Zeitungsinterview[76].

IV. Widerlegliche Vermutung eines Interessenkonflikts gemäß § 6 Abs. 3 Nr. 3 VgV

59 In den Fällen des § 6 Abs. 3 Nr. 3 lit. a) und b) VgV gilt eine natürliche Person als voreingenommen, soweit sie in dem Vergabeverfahren bei einem Bieter oder Bewerber **gegen Entgelt beschäftigt** oder als **Organmitglied** tätig ist (Abs. 3 Nr. 3 lit. a) oder für ein in das Vergabeverfahren **eingeschaltetes Unternehmen** tätig ist, wenn dieses Unternehmen

[69] S. zur Vorgängerregelung in § 16 VgV aF: OLG Celle Beschl. v. 11.6.2015 – 13 Verg 4/15, BeckRS 2015, 11003 Rn. 103; OLG Celle Beschl. v. 8.9.2011 – 13 Verg 4/11, BeckRS 2011, 22904; OLG Dresden Beschl. v. 23.7.2002 – WVerg 0007/02, Rn. 25f. Anders kann die Situation freilich zu beurteilen sein, wenn ein Berater des Auftraggebers während des Vergabeverfahrens zugleich für ein konzernverbundenes Unternehmen eines Bewerbers oder Bieters tätig ist, das den Bewerber oder Bieter im Vergabeverfahren vertritt; dazu OLG Karlsruhe Beschl. v. 30.10.2018 – 15 Verg 6/18, ZfBR 2019, 505, 508.

[70] Kapellmann/Messerschmidt/*Schneider* § 6 VgV Rn. 46.

[71] OLG Karlsruhe Beschl. v. 30.10.2018 – 15 Verg 6/18, ZfBR 2019, 505, 508.

[72] IdS OLG Karlsruhe Beschl. v. 30.10.2018 – 15 Verg 6/18, ZfBR 2019, 505, 508; *Prieß/Friton/von Rummel* NZBau 2019, 690, 691.

[73] OLG Celle Beschl. v. 9.4.2009 – 13 Verg 7/08, NZBau 2009, 394, 397; Beck VergabeR/*Dreher/Hoffmann* § 6 VgV Rn. 39 mwN; Pünder/Schellenberg/*Sturhahn* § 6VgV Rn. 23.

[74] Kapellmann/Messerschmidt/*Schneider* VgV § 6 Rn. 45.

[75] OLG Celle Beschl. v. 8.9.2011 – 13 Verg 4/11, BeckRS 2011, 22904.

[76] OLG Celle Beschl v. 9.4.2009 – 13 Verg 7/08, NZBau 2009, 394; Kapellmann/Messerschmidt/*Schneider* VgV § 6 Rn. 45.

zugleich **geschäftliche Beziehungen** zum Auftraggeber und zum Bieter oder Bewerber hat (Abs. 3 Nr. 3 lit. b).

Diese Vermutung kann – wie schon nach alter Rechtslage – widerlegt werden. Im Gegensatz zur Fallgruppe des § 6 Abs. 3 Nr. 1 VgV besteht für eine Exkulpationsmöglichkeit auch ein naheliegender Grund. In diesen Fällen besteht keine Personenidentität und auch die Nähebeziehung zwischen dem Auftraggeber und dem Bieter oder Bewerber ist typischerweise weniger stark.[77] 60

1. Tatbestandsvoraussetzungen

Voraussetzung des § 6 Abs. 3 Nr. 3 lit. a) VgV ist ein unmittelbares Rechtsverhältnis zwischen der betroffenen Person und dem Auftraggeber. In der ersten Variante der „Beschäftigung" ist dabei mangels Legaldefinition eine weite Auslegung vorzunehmen.[78] Jede öffentlich-rechtliche oder privatrechtliche Rechtsbeziehung, unabhängig von Art und Umfang, ist als **„objektiv fassbare Nähebeziehung"**[79] einbezogen, wobei aufgrund der wirtschaftlichen Abhängigkeit auch arbeitnehmerähnliche Personen, wie Handelsvertreter oder freie Mitarbeiter, unter den Tatbestand subsumiert werden sollen.[80] Als Korrektiv dieser weiten Auslegung kann letztlich die Widerlegungsmöglichkeit im letzten Halbsatz dienen. 61

§ 6 Abs. 3 Nr. 3 lit. b) VgV regelt die Fälle, in denen ein Unternehmen durch den Auftraggeber in das Vergabeverfahren eingeschaltet, also als Beauftragter des Auftraggebers tätig wird. Dieses Unternehmen muss dann zugleich geschäftliche Beziehungen zum Bieter haben. Die Norm verbietet, dass die Mitarbeiter eines Unternehmens, die in ein konkretes Vergabeverfahren durch den Auftraggeber eingeschaltet sind, zugleich geschäftliche Beziehungen zu einem Bieter oder Bewerber unterhalten; insbesondere dürfen sie nicht als Mitarbeiter des beauftragten Unternehmens auf das Vergabeverfahren Einfluss nehmen.[81] Diskutiert wird, ob § 6 Abs. 3 Nr. 3 lit. b) dahingehend teleologisch reduziert werden muss, dass sog. „Berufsträgergesellschaften", also Beratungsgesellschaften, deren Angehörige an standesrechtliche Regelungen gebunden sind, wie etwa Rechtsanwalts-, Steuerberatungs- oder Wirtschaftsprüfungsgesellschaften, vom Anwendungsbereich ausgenommen sind. Dafür wird die starke Bindung an standesrechtliche Regelungen ins Feld geführt, die eine gewisse Unabhängigkeit sowie Verschwiegenheit und Vertraulichkeit der einzelnen Wissensträger innerhalb einer Berufsträgergesellschaft garantierten und auch ein Verbot der Wahrnehmung widerstreitender Interessen umfassen.[82] Insoweit darf zumindest bezweifelt werden, dass bei Berufsträgergesellschaften ein Interessenkonflikt bei einer bestimmten natürlichen Person, die selbst den einschlägigen standesrechtlichen Regelungen unterliegt, nur aufgrund der Zugehörigkeit zu einem bestimmten (Beratungs-)Unternehmen angenommen werden darf. 62

Welche Beziehungen genau als geschäftliche Beziehungen im Sinne des § 6 Abs. 1 Nr. 3 lit. b) VgV zu verstehen sind, ist in der Rechtsprechung bisher nicht abschließend geklärt. Erforderlich sind eine gewisse Dauerhaftigkeit der Zusammenarbeit und ein bestimmter Intensitätsgrad.[83] Der Begriff wird weit gefasst. Ausreichend soll zB eine rein lizenzrechtliche Vereinbarung sein.[84] Nicht ausreichend ist indes eine rein gesellschaftsrechtliche Ver- 63

[77] Ziekow/Völlink/*Greb* § 6 VgV Rn. 30.
[78] Willenbruch/Wieddekind/*Rechten* § 6 VgV Rn. 32.
[79] OLG Koblenz Beschl. v. 18.9.2003 – 1 Verg 4/03, ZfBR 2003, 822, 827.
[80] *Schröder* NVwZ 2004, 168, 169; Müller-Wrede/*Mußgnug* VgV/UVgO § 6 VgV Rn. 66.
[81] OLG Celle Beschl. v. 8.9.2011 – 13 Verg 4/11, BeckRS 2011, 22904 mwN; sowie jurisPK-VergabeR/*Dippel* § 6 VgV Rn. 29; *Greb* NZBau 2016, 262, 263.
[82] Eingehend dazu *Prieß/Friton/von Rummel* NZBau 2019, 690, 692f.
[83] OLG Brandenburg Urt. v. 16.12.2015 – 4 U 77/14, NZBau 2016, 184, 186 Rn. 38; Kapellmann/Messerschmidt/*Schneider* VgV § 6 Rn. 54; Pünder/Schellenberg/*Sturhahn* § 6VgV Rn. 30; jurisPK-VergabeR/*Dippel* § 6 VgV Rn. 30; Beck VergabeR/*Dreher/Hoffmann* VgV § 6 Rn. 48.
[84] VK Sachsen Beschl. v. 26.6.2009 – 1/SVK/024-09, BeckRS 2009, 23149.

bindung.[85] Auch einen einmaligen, punktuellen Kontakt, etwa aufgrund einer einzelnen Warenlieferung ohne weitere Folgeaufträge oder sonstige Rechtsbeziehungen (mit Ausnahme der üblichen Gewährleistung), wird man in der Regel nicht als ausreichend erachten können.[86]

2. Widerlegung der Vermutung

64 In § 6 VgV ist keine ausdrückliche Widerlegungsmöglichkeit geregelt, wie sie § 16 VgV aF für die Fälle nach Nr. 3 lit. a) und b) vorsah. Nach der amtlichen Begründung sollte jedoch der bisherige Regelungsgehalt des § 16 Abs. 1 Nr. 1 bis 3 VgV aF in Form einer widerlegbaren Vermutung in § 6 VgV überführt werden.[87] Dies spricht dafür, die bisherigen Anforderungen des § 16 VgV aF an eine Exkulpation auch weiterhin zu berücksichtigen. Dies gilt jedenfalls, soweit dargelegt werden kann, dass kein Interessenkonflikt besteht. Aber auch der Umstand, dass sich der Interessenkonflikt nicht auf das Vergabeverfahren ausgewirkt hat, dürfte weiterhin trotz der insoweit unterschiedlichen Formulierungen der Tatbestände grundsätzlich relevant sein und wie zuvor einem Mitwirkungsverbot entgegenstehen.[88] Ein solches Verständnis entspricht nicht nur Art. 24 RL 2014/24/EU. Denn das dort genannte Ziel der Vermeidung von Wettbewerbsbeeinträchtigungen wird im Falle fehlender Auswirkungen des Interessenkonflikts nicht verfehlt. Es trägt auch dem Verhältnismäßigkeitsprinzip gemäß § 97 Abs. 1 S. 2 GWB Rechnung. In jedem Fall müssen aber konkrete Anhaltspunkte für das Fehlen eines Interessenkonflikts oder eine mangelnde Einflussnahme ersichtlich sein. Zumindest in den Fällen des § 6 Abs. 3 Nr. 1 und Nr. 3 lit. a) VgV ist dies praktisch schwer möglich.[89]

65 Die **Darlegungs- und Beweislast** hierfür liegt grundsätzlich beim Auftraggeber.[90]

66 **a) Kein Interessenkonflikt.** Vor diesem Hintergrund stellt sich die Frage, wie eine Vergabestelle in der Praxis den Verdacht eines Interessenkonflikts entkräften kann. Ein Umstand, der für die Verneinung eines Interessenkonflikts sprechen kann, ist das Vorliegen einer verbindlichen **Erklärung** zum Nichtvorliegen eines Interessenkonflikts durch die jeweilige natürliche Person, die gegenüber dem Auftraggeber abzugeben ist. Allerdings wird dies alleine in der Regel nicht genügen, um die gesetzliche Vermutung zu widerlegen.

67 In der Rechtsprechung wurde für die Konstellation der Beendigung eines Beschäftigungsverhältnisses vor Mitwirkung im Vergabeverfahren bereits entschieden, dass die Annahme eines Interessenkonflikts objektiv nicht gerechtfertigt ist, wenn zum Zeitpunkt des Tätigwerdens das Beschäftigungsverhältnis und damit eine Beteiligung an den geschäftlichen Interessen eines früheren Konkurrenten nicht mehr bestanden hat. Denn die maßgeblichen Entscheidungen lägen im Zeitpunkt des Ausscheidens aus dem Unternehmen des Bieters noch weit in der Zukunft.[91] Davon abgesehen sei das Argument eines früheren Beschäftigungsverhältnisses mehrdeutig. Mit gleicher Berechtigung ließe sich aus der Trennung vom früheren Arbeitgeber ein Hinweis darauf gewinnen, dass im Beschäftigungsverhältnis Zerwürfnisse entstanden sind, die eine negative Einstellung gegenüber dem ehema-

---

[85] VK Baden-Württemberg Beschl. v. 29.10.2010 – 1 VK 54/10, BeckRS 2015, 55871; jurisPK-VergabeR/*Dippel* § 6 VgV Rn. 31; *Kleinert/Göres* KommJur 2006, 361, 363; Kapellmann/Messerschmidt/*Schneider* § 6 VgV Rn. 55; aA Beck VergabeR/*Dreher/Hoffmann* VgV § 6 Rn. 48 mwN; *Lange* NZBau 2008, 422 ff.; Pünder/Schellenberg/*Sturhahn* § 6VgV Rn. 30.

[86] *Berstermann/Petersen* VergabeR 2006, 740, 745; vgl. auch Kapellmann/Messerschmidt/*Schneider* VgV § 6 Rn. 54; Pünder/Schellenberg/*Sturhahn* § 6VgV Rn. 30.

[87] BT-Drs. 18/7318, S. 151.

[88] So auch Pünder/Schellenberg/*Sturhahn* § 6 VgV Rn. 31 zu Art. 24 RL 2014/24/EU.

[89] jurisPK-VergabeR/*Dippel* § 6 VgV Rn. 53; *Schröder* NVwZ 2004, 168, 170.

[90] OLG Jena Beschl. v. 8.4.2003 – 6 Verg 9/02, NZBau 2003, 624, 625; *Berstermann/Petersen* VergabeR 2006, 740, 747; Ziekow/Völlink/*Greb* VgV § 6 Rn. 34; Willenbruch/Wieddekind/*Rechten* § 6 VgV Rn. 39.

[91] VK Sachsen Beschl. v. 13.5.2002 – 1/SVK/029-02, juris, Rn. 120.

§ 15 Eignungsanforderungen

Übersicht

GWB: §§ 122 I, II, IV, 123, 124
VOB/A: §§ 2, 6
VOB/A EU: §§ 2 III, 6 I, II, 6d 6e I–V, VI
VgV: §§ 42, 43 I, 44, 45, 46, 47, 48
VSVgV: §§ 21, 23
VOB/A VS: § 6, 6d, 6e VI
UVgO: §§ 31, 32 I, 34, 35

GWB:

§ 122 GWB Eignung

(1) Öffentliche Aufträge werden an fachkundige und leistungsfähige (geeignete) Unternehmen vergeben, die nicht nach den §§ 123 oder 124 ausgeschlossen worden sind.

(2) Ein Unternehmen ist geeignet, wenn es die durch den öffentlichen Auftraggeber im Einzelnen zur ordnungsgemäßen Ausführung des öffentlichen Auftrags festgelegten Kriterien (Eignungskriterien) erfüllt. Die Eignungskriterien dürfen ausschließlich Folgendes betreffen:
1. Befähigung und Erlaubnis zur Berufsausübung,
2. wirtschaftliche und finanzielle Leistungsfähigkeit,
3. technische und berufliche Leistungsfähigkeit.

(3) Der Nachweis der Eignung und des Nichtvorliegens von Ausschlussgründen nach den §§ 123 und 124 kann ganz oder teilweise durch die Teilnahme an Präqualifizierungssystemen erbracht werden.

(4) Eignungskriterien müssen mit dem Auftragsgegenstand in Verbindung und zu diesem in einem angemessenen Verhältnis stehen. Sie sind in der Auftragsbekanntmachung, der Vorinformation oder der Aufforderung zur Interessensbestätigung aufzuführen.

VOB/A:

§ 2 VOB/A Grundsätze

(1) Bauleistungen werden im Wettbewerb und im Wege transparenter Verfahren vergeben. Dabei werden die Grundsätze der Wirtschaftlichkeit und der Verhältnismäßigkeit gewahrt. Wettbewerbsbeschränkende und unlautere Verhaltensweisen sind zu bekämpfen.

(2) bis (7) hier nicht abgedruckt.

§ 6 VOB/A Teilnehmer am Wettbewerb

(1) Der Wettbewerb darf nicht auf Unternehmen beschränkt werden, die in bestimmten Regionen oder Orten ansässig sind.

(2) Bietergemeinschaften sind Einzelbietern gleichzusetzen, wenn sie die Arbeiten im eigenen Betrieb oder in den Betrieben der Mitglieder ausführen.

(3) Am Wettbewerb können sich nur Unternehmen beteiligen, die sich gewerbsmäßig mit der Ausführung von Leistungen der ausgeschriebenen Art befassen.

VOB/A EU:

§ 2 EU VOB/A Grundsätze

(1) bis (2) hier nicht abgedruckt.

(3) Öffentliche Aufträge werden an fachkundige und leistungsfähige (geeignete) Unternehmen vergeben, die nicht nach § 6e EU ausgeschlossen worden sind.

(4) bis (9) hier nicht abgedruckt.

§ 6 EU VOB/A Teilnehmer am Wettbewerb

(1) Öffentliche Aufträge werden an fachkundige und leistungsfähige (geeignete) Unternehmen vergeben, die nicht nach § 6e EU ausgeschlossen worden sind.

(2) Ein Unternehmen ist geeignet, wenn es die durch den öffentlichen Auftraggeber im Einzelnen zur ordnungsgemäßen Ausführung des öffentlichen Auftrags festgelegten Kriterien (Eignungskriterien) erfüllt. Die Eignungskriterien dürfen ausschließlich Folgendes betreffen:

1. Befähigung und Erlaubnis zur Berufsausübung,
2. wirtschaftliche und finanzielle Leistungsfähigkeit,
3. technische und berufliche Leistungsfähigkeit.

Die Eignungskriterien müssen mit dem Auftragsgegenstand in Verbindung und zu diesem in einem angemessenen Verhältnis stehen.

§ 6d EU Kapazitäten anderer Unternehmen

(1) Ein Bewerber oder Bieter kann sich zum Nachweis seiner Eignung auf andere Unternehmen stützen – ungeachtet des rechtlichen Charakters der zwischen ihm und diesen Unternehmen bestehenden Verbindungen (Eignungsleihe). In diesem Fall weist er dem öffentlichen Auftraggeber gegenüber nach, dass ihm die erforderlichen Kapazitäten zur Verfügung stehen werden, indem er beispielsweise die diesbezüglichen verpflichtenden Zusagen dieser Unternehmen vorlegt. Eine Inanspruchnahme der Kapazitäten anderer Unternehmen für die berufliche Befähigung (§ 6a EU Absatz 1 Nummer 3 Buchstabe e) oder die berufliche Erfahrung (§ 6a EU Absatz 1 Nummer 3 Buchstaben a und b) ist nur möglich, wenn diese Unternehmen die Arbeiten ausführen, für die diese Kapazitäten benötigt werden. Der öffentliche Auftraggeber hat zu überprüfen, ob diese Unternehmen die entsprechenden Anforderungen an die Eignung gemäß § 6a EU erfüllen und ob Ausschlussgründe gemäß § 6e EU vorliegen. Der öffentliche Auftraggeber schreibt vor, dass der Bieter ein Unternehmen, das eine einschlägige Eignungsanforderung nicht erfüllt oder bei dem Ausschlussgründe gemäß § 6e EU Absatz 1 bis 5 vorliegen, zu ersetzen hat. Der öffentliche Auftraggeber kann vorschreiben, dass der Bieter ein Unternehmen, bei dem Ausschlussgründe gemäß § 6e EU Absatz 6 vorliegen, ersetzt.

(2) Nimmt ein Bewerber oder Bieter im Hinblick auf die Kriterien für die wirtschaftliche und finanzielle Leistungsfähigkeit die Kapazitäten anderer Unternehmen in Anspruch, so kann der öffentliche Auftraggeber vorschreiben, dass Bewerber oder Bieter und diese Unternehmen gemeinsam für die Auftragsausführung haften.

(3) Werden die Kapazitäten anderer Unternehmen gemäß Absatz 1 in Anspruch genommen, so muss die Nachweisführung entsprechend § 6b EU auch für diese Unternehmen erfolgen.

(4) Der öffentliche Auftraggeber kann vorschreiben, dass bestimmte kritische Aufgaben direkt vom Bieter selbst oder wenn der Bieter einer Bietergemeinschaft angehört – von einem Mitglied der Bietergemeinschaft ausgeführt werden.

§ 6e EU Ausschlussgründe

(1) bis (5) hier nicht abgedruckt

(6) Der öffentliche Auftraggeber kann unter Berücksichtigung des Grundsatzes der Verhältnismäßigkeit ein Unternehmen zu jedem Zeitpunkt des Vergabeverfahrens von der Teilnahme an einem Vergabeverfahren ausschließen, wenn

1. das Unternehmen bei der Ausführung öffentlicher Aufträge nachweislich gegen geltende umwelt-, sozial- und arbeitsrechtliche Verpflichtungen verstoßen hat,
2. das Unternehmen zahlungsunfähig ist, über das Vermögen des Unternehmens ein Insolvenzverfahren oder ein vergleichbares Verfahren beantragt oder eröffnet worden ist, die Eröffnung eines solchen Verfahrens mangels Masse abgelehnt worden ist, sich das Unternehmen im Verfahren der Liquidation befindet oder seine Tätigkeit eingestellt hat,
3. das Unternehmen im Rahmen der beruflichen Tätigkeit nachweislich eine schwere Verfehlung begangen hat, durch die die Integrität des Unternehmens infrage gestellt wird; § 6e EU Absatz 3 ist entsprechend anzuwenden,
4. der öffentliche Auftraggeber über hinreichende Anhaltspunkte dafür verfügt, dass das Unternehmen Vereinbarungen mit anderen Unternehmen getroffen hat, die eine Verhinderung, Einschränkung oder Verfälschung des Wettbewerbs bezwecken oder bewirken,
5. ein Interessenkonflikt bei der Durchführung des Vergabeverfahrens besteht, der die Unparteilichkeit und Unabhängigkeit einer für den öffentlichen Auftraggeber tätigen Person bei der Durchführung des Vergabeverfahrens beeinträchtigen könnte und der durch andere, weniger einschneidende Maßnahmen nicht wirksam beseitigt werden kann,
6. eine Wettbewerbsverzerrung daraus resultiert, dass das Unternehmen bereits in die Vorbereitung des Vergabeverfahrens einbezogen war, und diese Wettbewerbsverzerrung nicht durch andere, weniger einschneidende Maßnahmen beseitigt werden kann,
7. das Unternehmen eine wesentliche Anforderung bei der Ausführung eines früheren öffentlichen Auftrags erheblich oder fortdauernd mangelhaft erfüllt hat und dies zu einer vorzeitigen Beendigung, zu Schadensersatz oder zu einer vergleichbaren Rechtsfolge geführt hat,
8. das Unternehmen in Bezug auf Ausschlussgründe oder Eignungskriterien eine schwerwiegende Täuschung begangen, Auskünfte zurückgehalten hat oder nicht in der Lage ist, die erforderlichen Nachweise zu übermitteln oder
9. das Unternehmen
   a) versucht hat, die Entscheidungsfindung des öffentlichen Auftraggebers in unzulässiger Weise zu beeinflussen,
   b) versucht hat, vertrauliche Informationen zu erhalten, durch die es unzulässige Vorteile beim Vergabeverfahren erlangen könnte, oder
   c) fahrlässig oder vorsätzlich irreführende Informationen übermittelt hat, die die Vergabeentscheidung des öffentlichen Auftraggebers erheblich beeinflussen könnten oder versucht hat, solche Informationen zu übermitteln.

VgV:

§ 42 VgV Auswahl geeigneter Unternehmen; Ausschluss von Bewerbern und Bietern

(1) Der öffentliche Auftraggeber überprüft die Eignung der Bewerber oder Bieter anhand der nach § 122 des Gesetzes gegen Wettbewerbsbeschränkungen festgelegten Eignungskriterien und das Nichtvorliegen von Ausschlussgründen nach den §§ 123 und 124 des Gesetzes gegen Wettbewerbsbeschränkungen sowie gegebenenfalls Maßnahmen des Bewerbers oder Bieters zur Selbstreinigung nach § 125 des Gesetzes gegen Wettbewerbsbe-

schränkungen und schließt gegebenenfalls Bewerber oder Bieter vom Vergabeverfahren aus.

(2) Im nicht offenen Verfahren, im Verhandlungsverfahren mit Teilnahmewettbewerb, im wettbewerblichen Dialog und in der Innovationspartnerschaft fordert der öffentliche Auftraggeber nur solche Bewerber zur Abgabe eines Angebotes auf, die ihre Eignung nachgewiesen haben und nicht ausgeschlossen worden sind. § 51 bleibt unberührt.

§ 43 Rechtsform von Unternehmen und Bietergemeinschaften

(1) Bewerber oder Bieter, die gemäß den Rechtsvorschriften des Staates, in dem sie niedergelassen sind, zur Erbringung der betreffenden Leistung berechtigt sind, dürfen nicht allein deshalb zurückgewiesen werden, weil sie gemäß den deutschen Rechtsvorschriften eine natürliche oder juristische Person sein müssten. Juristische Personen können jedoch bei Dienstleistungsaufträgen sowie bei Lieferaufträgen, die zusätzlich Dienstleistungen umfassen, verpflichtet werden, in ihrem Antrag auf Teilnahme oder in ihrem Angebot die Namen und die berufliche Befähigung der Personen anzugeben, die für die Erbringung der Leistung als verantwortlich vorgesehen sind.

(2) und (3) hier nicht abgedruckt.

§ 44 Befähigung und Erlaubnis zur Berufsausübung

(1) Der öffentliche Auftraggeber kann verlangen, dass Bewerber oder Bieter je nach den Rechtsvorschriften des Staates, in dem sie niedergelassen sind, entweder die Eintragung in einem Berufs- oder Handelsregister dieses Staates nachweisen oder auf andere Weise die erlaubte Berufsausübung nachweisen. Für die Mitgliedstaaten der Europäischen Union sind die jeweiligen Berufs- oder Handelsregister und die Bescheinigungen oder Erklärungen über die Berufsausübung in Anhang XI der Richtlinie 2014/24/EU des Europäischen Parlaments und des Rates vom 26.2.2014 über die öffentliche Auftragsvergabe und zur Aufhebung der Richtlinie 2004/18/EG (ABl. L 94 vom 28.3.2014, S. 65) aufgeführt.

(2) Bei der Vergabe öffentlicher Dienstleistungsaufträge kann der öffentliche Auftraggeber dann, wenn Bewerber oder Bieter eine bestimmte Berechtigung besitzen oder Mitglied einer bestimmten Organisation sein müssen, um die betreffende Dienstleistung in ihrem Herkunftsstaat erbringen zu können, von den Bewerbern oder Bietern verlangen, ihre Berechtigung oder Mitgliedschaft nachzuweisen.

§ 45 Wirtschaftliche und finanzielle Leistungsfähigkeit

(1) Der öffentliche Auftraggeber kann im Hinblick auf die wirtschaftliche und finanzielle Leistungsfähigkeit der Bewerber oder Bieter Anforderungen stellen, die sicherstellen, dass die Bewerber oder Bieter über die erforderlichen wirtschaftlichen und finanziellen Kapazitäten für die Ausführung des Auftrags verfügen. Zu diesem Zweck kann er insbesondere Folgendes verlangen:

1. einen bestimmten Mindestjahresumsatz, einschließlich eines bestimmten Mindestjahresumsatzes in dem Tätigkeitsbereich des Auftrags,
2. Informationen über die Bilanzen der Bewerber oder Bieter; dabei kann das in den Bilanzen angegebene Verhältnis zwischen Vermögen und Verbindlichkeiten dann berücksichtigt werden, wenn der öffentliche Auftraggeber transparente, objektive und nichtdiskriminierende Methoden und Kriterien für die Berücksichtigung anwendet und die Methoden und Kriterien in den Vergabeunterlagen angibt, oder
3. eine Berufs- oder Betriebshaftpflichtversicherung in bestimmter geeigneter Höhe.

(2) Sofern ein Mindestjahresumsatz verlangt wird, darf dieser das Zweifache des geschätzten Auftragswerts nur überschreiten, wenn aufgrund der Art des Auftragsgegenstands spezielle Risiken bestehen. Der öffentliche Auftraggeber hat eine solche Anforderung in den Vergabeunterlagen oder im Vergabevermerk hinreichend zu begründen.

(3) Ist ein öffentlicher Auftrag in Lose unterteilt, finden die Absätze 1 und 2 auf jedes einzelne Los Anwendung. Der öffentliche Auftraggeber kann jedoch für den Fall, dass der erfolgreiche Bieter den Zuschlag für mehrere gleichzeitig auszuführende Lose erhält, einen Mindestjahresumsatz verlangen, der sich auf diese Gruppe von Losen bezieht.

(4) Als Beleg der erforderlichen wirtschaftlichen und finanziellen Leistungsfähigkeit des Bewerbers oder Bieters kann der öffentliche Auftraggeber in der Regel die Vorlage einer oder mehrerer der folgenden Unterlagen verlangen:
1. entsprechende Bankerklärungen,
2. Nachweis einer entsprechenden Berufs- oder Betriebshaftpflichtversicherung,
3. Jahresabschlüsse oder Auszüge von Jahresabschlüssen, falls deren Veröffentlichung in dem Land, in dem der Bewerber oder Bieter niedergelassen ist, gesetzlich vorgeschrieben ist,
4. eine Erklärung über den Gesamtumsatz und gegebenenfalls den Umsatz in dem Tätigkeitsbereich des Auftrags; eine solche Erklärung kann höchstens für die letzten drei Geschäftsjahre verlangt werden und nur, sofern entsprechende Angaben verfügbar sind.

(5) Kann ein Bewerber oder Bieter aus einem berechtigten Grund die geforderten Unterlagen nicht beibringen, so kann er seine wirtschaftliche und finanzielle Leistungsfähigkeit durch Vorlage anderer, vom öffentlichen Auftraggeber als geeignet angesehener Unterlagen belegen.

§ 46 Technische und berufliche Leistungsfähigkeit

(1) Der öffentliche Auftraggeber kann im Hinblick auf die technische und berufliche Leistungsfähigkeit der Bewerber oder Bieter Anforderungen stellen, die sicherstellen, dass die Bewerber oder Bieter über die erforderlichen personellen und technischen Mittel sowie ausreichende Erfahrungen verfügen, um den Auftrag in angemessener Qualität ausführen zu können. Bei Lieferaufträgen, für die Verlege- oder Installationsarbeiten erforderlich sind, sowie bei Dienstleistungsaufträgen darf die berufliche Leistungsfähigkeit der Unternehmen auch anhand ihrer Fachkunde, Effizienz, Erfahrung und Verlässlichkeit beurteilt werden.

(2) Der öffentliche Auftraggeber kann die berufliche Leistungsfähigkeit eines Bewerbers oder Bieters verneinen, wenn er festgestellt hat, dass dieser Interessen hat, die mit der Ausführung des öffentlichen Auftrags im Widerspruch stehen und sie nachteilig beeinflussen könnten.

(3) Als Beleg der erforderlichen technischen und beruflichen Leistungsfähigkeit des Bewerbers oder Bieters kann der öffentliche Auftraggeber je nach Art, Verwendungszweck und Menge oder Umfang der zu erbringenden Liefer- oder Dienstleistungen ausschließlich die Vorlage von einer oder mehrerer der folgenden Unterlagen verlangen:
1. geeignete Referenzen über früher ausgeführte Liefer- und Dienstleistungsaufträge in Form einer Liste der in den letzten höchstens drei Jahren erbrachten wesentlichen Liefer- oder Dienstleistungen, mit Angabe des Werts, des Liefer- beziehungsweise Erbringungszeitpunkts sowie des öffentlichen oder privaten Empfängers; soweit erforderlich, um einen ausreichenden Wettbewerb sicherzustellen, kann der öffentliche Auftraggeber darauf hinweisen, dass er auch einschlägige Liefer- oder Dienstleistungen berücksichtigen wird, die mehr als drei Jahre zurückliegen,
2. Angabe der technischen Fachkräfte oder der technischen Stellen, die im Zusammenhang mit der Leistungserbringung eingesetzt werden sollen, unabhängig davon, ob diese dem Unternehmen angehören oder nicht, und zwar insbesondere derjenigen, die mit der Qualitätskontrolle beauftragt sind,
3. Beschreibung der technischen Ausrüstung, der Maßnahmen zur Qualitätssicherung und der Untersuchungs- und Forschungsmöglichkeiten des Unternehmens,
4. Angabe des Lieferkettenmanagement- und -überwachungssystems, das dem Unternehmen zur Vertragserfüllung zur Verfügung steht,

5. bei komplexer Art der zu erbringenden Leistung oder bei solchen Leistungen, die ausnahmsweise einem besonderen Zweck dienen sollen, eine Kontrolle, die vom öffentlichen Auftraggeber oder in dessen Namen von einer zuständigen amtlichen Stelle im Niederlassungsstaat des Unternehmens durchgeführt wird; diese Kontrolle betrifft die Produktionskapazität beziehungsweise die technische Leistungsfähigkeit und erforderlichenfalls die Untersuchungs- und Forschungsmöglichkeiten des Unternehmens sowie die von diesem für die Qualitätskontrolle getroffenen Vorkehrungen,
6. Studien- und Ausbildungsnachweise sowie Bescheinigungen über die Erlaubnis zur Berufsausübung für die Inhaberin, den Inhaber oder die Führungskräfte des Unternehmens, sofern diese Nachweise nicht als Zuschlagskriterium bewertet werden,
7. Angabe der Umweltmanagementmaßnahmen, die das Unternehmen während der Auftragsausführung anwendet,
8. Erklärung, aus der die durchschnittliche jährliche Beschäftigtenzahl des Unternehmens und die Zahl seiner Führungskräfte in den letzten drei Jahren ersichtlich ist,
9. Erklärung, aus der ersichtlich ist, über welche Ausstattung, welche Geräte und welche technische Ausrüstung das Unternehmen für die Ausführung des Auftrags verfügt,
10. Angabe, welche Teile des Auftrags das Unternehmen unter Umständen als Unteraufträge zu vergeben beabsichtigt,
11. bei Lieferleistungen:
    a) Muster, Beschreibungen oder Fotografien der zu liefernden Güter, wobei die Echtheit auf Verlangen des öffentlichen Auftraggebers nachzuweisen ist, oder
    b) Bescheinigungen, die von als zuständig anerkannten Instituten oder amtlichen Stellen für Qualitätskontrolle ausgestellt wurden, mit denen bestätigt wird, dass die durch entsprechende Bezugnahmen genau bezeichneten Güter bestimmten technischen Anforderungen oder Normen entsprechen.

§ 47 Eignungsleihe

(1) Ein Bewerber oder Bieter kann für einen bestimmten öffentlichen Auftrag im Hinblick auf die erforderliche wirtschaftliche und finanzielle sowie die technische und berufliche Leistungsfähigkeit die Kapazitäten anderer Unternehmen in Anspruch nehmen, wenn er nachweist, dass ihm die für den Auftrag erforderlichen Mittel tatsächlich zur Verfügung stehen werden, indem er beispielsweise eine entsprechende Verpflichtungserklärung dieser Unternehmen vorlegt. Diese Möglichkeit besteht unabhängig von der Rechtsnatur der zwischen dem Bewerber oder Bieter und den anderen Unternehmen bestehenden Verbindungen. Ein Bewerber oder Bieter kann jedoch im Hinblick auf Nachweise für die erforderliche berufliche Leistungsfähigkeit wie Ausbildungs- und Befähigungsnachweise nach § 46 Absatz 3 Nummer 6 oder die einschlägige berufliche Erfahrung die Kapazitäten anderer Unternehmen nur dann in Anspruch nehmen, wenn diese die Leistung erbringen, für die diese Kapazitäten benötigt werden.

(2) Der öffentliche Auftraggeber überprüft im Rahmen der Eignungsprüfung, ob die Unternehmen, deren Kapazitäten der Bewerber oder Bieter für die Erfüllung bestimmter Eignungskriterien in Anspruch nehmen will, die entsprechenden Eignungskriterien erfüllen und ob Ausschlussgründe vorliegen. Legt der Bewerber oder Bieter eine Einheitliche Europäische Eigenerklärung nach § 50 vor, so muss diese auch die Angaben enthalten, die für die Überprüfung nach Satz 1 erforderlich sind. Der öffentliche Auftraggeber schreibt vor, dass der Bewerber oder Bieter ein Unternehmen, das das entsprechende Eignungskriterium nicht erfüllt oder bei dem zwingende Ausschlussgründe nach § 123 des Gesetzes gegen Wettbewerbsbeschränkungen vorliegen, ersetzen muss. Er kann vorschreiben, dass der Bewerber oder Bieter auch ein Unternehmen, bei dem fakultative Ausschlussgründe nach § 124 des Gesetzes gegen Wettbewerbsbeschränkungen vorliegen, ersetzen muss. Der öffentliche Auftraggeber kann dem Bewerber oder Bieter dafür eine Frist setzen.

(3) Nimmt ein Bewerber oder Bieter die Kapazitäten eines anderen Unternehmens im Hinblick auf die erforderliche wirtschaftliche und finanzielle Leistungsfähigkeit in Anspruch, so kann der öffentliche Auftraggeber eine gemeinsame Haftung des Bewerbers oder Bieters und des anderen Unternehmens für die Auftragsausführung entsprechend des Umfangs der Eignungsleihe verlangen.

(4) Die Absätze 1 bis 3 gelten auch für Bewerber- oder Bietergemeinschaften.

(5) Der öffentliche Auftraggeber kann vorschreiben, dass bestimmte kritische Aufgaben bei Dienstleistungsaufträgen oder kritische Verlege- oder Installationsarbeiten im Zusammenhang mit einem Lieferauftrag direkt vom Bieter selbst oder im Fall einer Bietergemeinschaft von einem Teilnehmer der Bietergemeinschaft ausgeführt werden müssen.

§ 48 Beleg der Eignung und des Nicht-Vorliegens von Ausschlussgründen

(1) In der Auftragsbekanntmachung oder der Aufforderung zur Interessensbestätigung ist neben den Eignungskriterien ferner anzugeben, mit welchen Unterlagen (Eigenerklärungen, Angaben, Bescheinigungen und sonstige Nachweise) Bewerber oder Bieter ihre Eignung gemäß den §§ 43 bis 47 und das Nichtvorliegen von Ausschlussgründen zu belegen haben.

(2) Der öffentliche Auftraggeber fordert grundsätzlich die Vorlage von Eigenerklärungen an. Wenn der öffentliche Auftraggeber Bescheinigungen und sonstige Nachweise anfordert, verlangt er in der Regel solche, die vom Online-Dokumentenarchiv e-Certis abgedeckt sind.

(3) bis (8) hier nicht abgedruckt.

UVgO:

§ 31 Auswahl geeigneter Unternehmen; Ausschluss von Bewerbern und Bietern

(1) Öffentliche Aufträge werden an fachkundige und leistungsfähige (geeignete) Unternehmen vergeben, die nicht in entsprechender Anwendung der §§ 123 oder 124 des Gesetzes gegen Wettbewerbsbeschränkungen ausgeschlossen worden sind.

(2) [1]Der Auftraggeber überprüft die Eignung der Bewerber oder Bieter anhand der nach § 33 festgelegten Eignungskriterien. [2]Die Eignungskriterien können die Befähigung und Erlaubnis zur Berufsausübung oder die wirtschaftliche, finanzielle, technische oder berufliche Leistungsfähigkeit betreffen. [3]Bei Vorliegen von Ausschlussgründen sind § 125 des Gesetzes gegen Wettbewerbsbeschränkungen zur Selbstreinigung und § 126 des Gesetzes gegen Wettbewerbsbeschränkungen zur zulässigen Höchstdauer des Ausschlusses entsprechend anzuwenden. [4]§ 123 Absatz 1 Nummer 4 und 5 des Gesetzes gegen Wettbewerbsbeschränkungen findet auch insoweit entsprechende Anwendung, soweit sich die Straftat gegen öffentliche Haushalte richtet. [5]§ 124 Absatz 1 Nummer 7 des Gesetzes gegen Wettbewerbsbeschränkungen findet mit der Maßgabe entsprechende Anwendung, dass die mangelhafte Vertragserfüllung weder zu einer vorzeitigen Beendigung des Vertrags, noch zu Schadensersatz oder einer vergleichbaren Rechtsfolge geführt haben muss.

(3) Bei Verfahrensarten mit Teilnahmewettbewerb fordert der Auftraggeber nur solche Bewerber zur Abgabe eines Angebots auf, die ihre Eignung nachgewiesen haben und nicht ausgeschlossen worden sind.

(4) Bei einer Öffentlichen Ausschreibung kann der Auftraggeber entscheiden, ob er die Angebotsprüfung vor der Eignungsprüfung durchführt.

§ 32 Rechtsform von Unternehmen und Bietergemeinschaften

(1) [1]Bewerber oder Bieter, die gemäß den Rechtsvorschriften des Staates, in dem sie niedergelassen sind, zur Erbringung der betreffenden Leistung berechtigt sind, dürfen nicht allein deshalb zurückgewiesen werden, weil sie gemäß den deutschen Rechtsvorschriften eine natürliche oder juristische Person sein müssten. [2]Juristische Personen können jedoch

bei Dienstleistungsaufträgen sowie bei Lieferaufträgen, die zusätzlich Dienstleistungen umfassen, verpflichtet werden, in ihrem Antrag auf Teilnahme oder in ihrem Angebot die Namen und die berufliche Befähigung der Personen anzugeben, die für die Erbringung der Leistung als verantwortlich vorgesehen sind.

§ 34 Eignungsleihe

(1) [1]Ein Bewerber oder Bieter kann für einen bestimmten öffentlichen Auftrag im Hinblick auf die erforderliche wirtschaftliche, finanzielle, technische und berufliche Leistungsfähigkeit die Kapazitäten anderer Unternehmen in Anspruch nehmen, wenn er nachweist, dass ihm die für den Auftrag erforderlichen Mittel tatsächlich zur Verfügung stehen werden, indem er beispielsweise eine entsprechende Verpflichtungserklärung dieser Unternehmen vorlegt. [2]Diese Möglichkeit besteht unabhängig von der Rechtsnatur der zwischen dem Bewerber oder Bieter und den anderen Unternehmen bestehenden Verbindungen. [3]Ein Bewerber oder Bieter kann jedoch im Hinblick auf Nachweise für die erforderliche berufliche Leistungsfähigkeit wie Ausbildungs- und Befähigungsnachweise oder die einschlägige berufliche Erfahrung die Kapazitäten anderer Unternehmen nur dann in Anspruch nehmen, wenn diese die Leistung erbringen, für die diese Kapazitäten benötigt werden.

(2) [1]Der Auftraggeber überprüft im Rahmen der Eignungsprüfung, ob die Unternehmen, deren Kapazitäten der Bewerber oder Bieter für die Erfüllung bestimmter Eignungskriterien in Anspruch nehmen will, die entsprechenden Eignungskriterien erfüllen und ob Ausschlussgründe vorliegen. [2]§ 26 Absatz 5 gilt entsprechend. [3]Legt der Bewerber oder Bieter eine Einheitliche Europäische Eigenerklärung nach § 50 der Vergabeverordnung vor, so muss diese auch die Angaben enthalten, die für die Überprüfung nach Satz 1 erforderlich sind.

(3) Nimmt ein Bewerber oder Bieter die Kapazitäten eines anderen Unternehmens im Hinblick auf die erforderliche wirtschaftliche und finanzielle Leistungsfähigkeit in Anspruch, so kann der Auftraggeber eine gesamtschuldnerische Haftung des Bewerbers oder Bieters und des anderen Unternehmens für die Auftragsausführung entsprechend dem Umfang der Eignungsleihe verlangen.

(4) Die Absätze 1 bis 3 gelten auch für Bewerber- oder Bietergemeinschaften.

§ 35 Beleg der Eignung und des Nichtvorliegens von Ausschlussgründen

(1) In der Auftragsbekanntmachung oder bei Verfahrensarten ohne Teilnahmewettbewerb in der Aufforderung zur Abgabe eines Angebots ist neben den Eignungskriterien ferner anzugeben, mit welchen Unterlagen (Eigenerklärungen, Angaben, Bescheinigungen und sonstige Nachweise) Bewerber oder Bieter ihre Eignung gemäß den §§ 33 und 34 und das Nichtvorliegen von Ausschlussgründen zu belegen haben.

(2) Der Auftraggeber fordert grundsätzlich die Vorlage von Eigenerklärungen an.

(3) [1]Als vorläufigen Beleg der Eignung und des Nichtvorliegens von Ausschlussgründen kann der Auftraggeber die Vorlage einer Einheitlichen Europäischen Eigenerklärung nach § 50 der Vergabeverordnung verlangen. [2]§ 50 Absatz 1 Satz 1 und Absatz 2 Satz 1 der Vergabeverordnung gelten entsprechend.

(4) Der Auftraggeber kann Bewerber oder Bieter auffordern, die erhaltenen Unterlagen zu erläutern.

(5) Kann ein Bewerber oder Bieter aus einem berechtigten Grund die geforderten Unterlagen nicht beibringen, so kann er die Befähigung und Erlaubnis zur Berufsausübung oder seine wirtschaftliche, finanzielle, technische oder berufliche Leistungsfähigkeit durch Vorlage anderer, vom Auftraggeber als geeignet angesehener Unterlagen belegen.

(6) [1]Sofern der Bewerber oder Bieter in einem amtlichen Verzeichnis eingetragen ist oder über eine Zertifizierung verfügt, die jeweils den Anforderungen des Artikels 64 der Richtlinie 2014/24/EU entsprechen, werden die im amtlichen Verzeichnis oder dem Zertifizie-

rungssystem niedergelegten Unterlagen und Angaben vom Auftraggeber nur in begründeten Fällen in Zweifel gezogen (Eignungsvermutung). [2]Ein den Anforderungen des Artikels 64 der Richtlinie 2014/24/EU entsprechendes amtliches Verzeichnis kann auch durch Industrie- und Handelskammern eingerichtet werden. [3]Die Industrie- und Handelskammern bedienen sich bei der Führung des amtlichen Verzeichnisses einer gemeinsamen verzeichnisführenden Stelle.

Literatur:
Bartosch, Schnittstellen zwischen öffentlicher Auftragsvergabe und europäischem Beihilferecht, WuW 2001, 673; *Blazek/Wagner,* EU-beihilferechtliche Risiken bei Bauvorhaben und Immobilienprojekten, NZBau 2016, 141; *Burgi,* Das Kartellvergaberecht als Sanktions- und Rechtsschutzinstrument bei Verstößen gegen das kommunale Wirtschaftsrecht?, NZBau 2003, 539, *Glahs,* Anmerkung zu OLG Düsseldorf Beschl. v. 23.12.2003 – Verg 58/03, VergabeR 2004, 379; *Glahs/Külpmann,* Die kommunalrechtlich unzulässige Betätigung öffentlicher Unternehmen im Vergaberecht, VergabeR 2002, 555; *Hattig/Maibaum,* Praxiskommentar Kartellvergaberecht, 2. Aufl. 2014; *Hertwig,* Der Staat als Bieter, NZBau 2008, 355; *Immenga/Mestmäcker,* Wettbewerbsrecht: GWB, 5. Aufl. 2014; *König/Hentschel,* Beihilfenempfänger als Bieter im Vergabeverfahren, NZBau 2006, 289; *Kulartz/Kus/Portz,* Kommentar zum GWB-Vergaberecht, 2. Aufl. 2009 u. 3. Aufl. 2014; *Macht/Städler,* Brennende Fragen des Vergaberechts – Immer Ärger mit der Eignung!, NZBau 2013, 14; *Müller-Wrede,* Örtliche Präsenz, Ortsnähe und Ortsansässigkeit als Wertungskriterien – eine Verletzung des Diskriminierungsverbots?, VergR 2005, 32; *Nielandt,* Zur Auslegung von § 7 Abs. 6 VOL/A, VergabeR 2004, 457; *Ortner,* Wirtschaftliche Betätigung des Staates und Vergaberecht, VergabeR 2009, 850; *Pünder/Schellenberg,* Vergaberecht, 2. Aufl. 2015; *Pünder,* Die Vergabe öffentlicher Aufträge unter den Vorgaben des europäischen Beihilferechts, NZBau 2003, 530; *Riese/Suermann,* Kommunale Unternehmen und öffentliche Aufträge, LKV 2005, 289; *Roth/Lamm/Weyand,* Zulässigkeit der Bevorzugung von anerkannten Werkstätten für behinderte Menschen im Vergabeverfahren, DÖV 2011, 545; *Schneider,* Öffentlich-rechtliche Marktzutrittsverbote im Vergaberecht, NZBau 2009, 352; *Willenbruch,* Anmerkung zu OLG Düsseldorf Beschl. v. 27.10. 2004 – Verg 52/04, VergabeR 2005, 252; *Ziekow/Völlink,* Vergaberecht, 1. Aufl. 2011; *Zimmermann,* Die Teilnahme der gGmbH an öffentlichen Ausschreibungen, ZfBR 2008, 778, 784

A. Einleitung

Mit der Ausführung öffentlicher Aufträge sind nur geeignete Unternehmen zu betrauen, 1
§ 122 Abs. 1 GWB iVm § 42 Abs. 1 VgV. Eine Festlegung der grundlegenden Anforderungen an die Eignung enthalten die Abs. 1, 2 und 4 des § 122 GWB. Die Vorgabe in § 122 Abs. 1 GWB erfordert die Vergabe an fachkundige und leistungsfähige Unternehmen. Diese Anforderungen an die Eignung finden sich auch in § 2 Abs. 1 Nr. 1, § 6a Abs. 1 VOB/A, § 2 Abs. 3, § 6 Abs. 1 VOB/A-EU, § 2 Abs. 3, § 6 Abs. 1 VOB/A-VS, § 31 UVgO wieder. § 123 GWB enthält zwingende Ausschlussgründe, insbesondere aufgrund rechtskräftiger Verurteilungen von Personen wegen bestimmter Straftaten nach dem StGB, die dem Unternehmen zuzurechnen sind. Eine Aufzählung der Gründe, bei denen ein Ausschluss des Unternehmens im Ermessen des Auftraggebers steht, findet sich in § 124 GWB.

Die Anforderungen an die Eignung eines Unternehmens gehen zurück auf die europäi- 2
schen Vergaberichtlinien.[1] Die VKR regelt in ihrem Titel II, Kapitel III, Abschnitt 3, Unterabschnitt 1, Art. 58 VKR die Eignungsprüfung und ermöglicht, Mindestanforderungen an die Leistungsfähigkeit der Bewerber und Bieter zu stellen.

Die „Eignungskriterien" werden in Art. 58 VKR näher ausgeführt. Die Vorschrift ent- 3
hält Vorgaben an die Befähigung zur Berufsausübung (Abs. 2), an die wirtschaftliche und finanzielle Leistungsfähigkeit (Abs. 3) sowie an die technische und berufliche Leistungsfähigkeit (Abs. 4), die mit der nur im nationalen Recht verwendeten Begrifflichkeit der Fachkunde korrespondieren. Art. 57 enthält „Ausschlussgründe", die in der Vorgängerre-

[1] RL 2014/24/EU des Europäischen Parlaments und des Rates v. 26.2.2014 über die öffentliche Auftragsvergabe und zur Aufhebung der RL 2004/18/EG (ABl. L 94 v. 28.3.2014, S. 65); RL 2014/25/EU des Europäischen Parlaments und des Rates v. 26.2.2014 über die Vergabe von Aufträgen durch Auftraggeber im Bereich der Wasser-, Energie- und Verkehrsversorgung sowie der Postdienste und zur Aufhebung der RL 2004/17/EG (ABl. L 94 v. 28.3.2014, S. 243).

gelung in Art. 45 unter „Persönliche Lage des Bewerbers bzw. Bieters" geregelt wurden. Ferner sind auch mögliche Anforderungen an die Qualitätssicherung und das Umweltmanagement normiert (Art. 62). In der SKR wird die Thematik der Eignungskriterien in Art. 78 SKR geregelt.

4 § 122 Abs. 1 GWB entfaltet – im Einklang mit der Rechtsprechung zur Vorgängervorschrift des § 97 Abs. 4 S. 1 GWB – dahingehend Bieterschutz, dass der öffentliche Auftraggeber die Überprüfung eines Bieters auf seine Eignung auch im Interesse der anderen am Auftrag interessierten Unternehmen vornehmen muss.[2] Leistungsfähige Unternehmen haben einen rechtlich geschützten Anspruch auf Ausschluss von Unternehmen, welche die Mindestkriterien an die Eignung nicht erfüllen.[3]

B. Die Eignungskriterien

5 Ob ein Unternehmen geeignet ist, die ausgeschriebene Leistung ordnungs- und vertragsgemäß zu erbringen, wird anhand der Eignungskriterien Befähigung und Erlaubnis zur Berufsausübung, wirtschaftliche und finanzielle Leistungsfähigkeit sowie technische und berufliche Leistungsfähigkeit geprüft. Welche Unterlagen der Auftraggeber von Bewerbern oder Bietern zum Nachweis der Eignung fordern darf, wird in den §§ 44–46 VgV festgelegt. § 47 VgV enthält Bestimmungen in Bezug auf die Eignungsleihe. Vorgaben in Bezug auf die Art des Nachweises der Eignung und des Nichtvorliegens von Ausschlussgründen enthält § 48 VgV. Siehe zu den einzelnen Eignungskriterien die näheren Ausführungen unter → § 30 Rn. 1 ff.

C. Bewerber/Bieter

I. Unternehmen

6 Nach dem Wortlaut des § 122 Abs. 1 GWB werden Aufträge an **geeignete Unternehmen** vergeben. Der Begriff des Unternehmens findet sich insbesondere auch in § 2 Abs. 1 Nr. 1, § 2 EU Abs. 3, § 2 VS Abs. 3 VOB/A und in den Bestimmungen des Unterabschnitts 5 der VgV und in § 31 Abs. 1 UVgO wieder. Dies korrespondiert mit dem Wortlaut des § 103 Abs. 1 GWB, der den Begriff der öffentlichen Aufträge legaldefiniert und ebenso von Unternehmen als Vertragspartner des öffentlichen Auftraggebers spricht. Da einer der Bewerber oder Bieter Vertragspartner des Auftraggebers wird, muss demnach beiden Regelungen derselbe Unternehmensbegriff zugrunde liegen.

7 Demnach liegt auch § 122 Abs. 1 GWB ein funktionaler, sehr weit zu verstehender Unternehmensbegriff zu Grunde. Art. 2 Abs. 1 Nr. 5 VKR spricht von Verträgen mit einem „Wirtschaftsteilnehmer",[4] wobei gemäß Art. 2 Abs. 1 Nr. 10 VKR unter dem Begriff Wirtschaftsteilnehmer „eine natürliche oder juristische Person oder öffentliche Einrichtung oder eine Gruppe solcher Personen und/oder Einrichtungen, einschließlich jedes vorübergehenden Zusammenschlusses von Unternehmen, die beziehungsweise der auf dem Markt die Ausführung von Bauleistungen, die Errichtung von Bauwerken, die Lieferung von Waren beziehungsweise die Erbringung von Dienstleistungen anbietet".[5] Nach der Rechtsprechung des EuGH wollte der Gemeinschaftsgesetzgeber den Begriff „Wirtschaftsteilnehmer, der Leistungen auf dem Markt anbietet" nicht auf unternehmerisch strukturierte

[2] Vgl. OLG Düsseldorf Beschl. v. 6.5.2011 – Verg 26/11, IBRRS 2011, 1895; OLG Düsseldorf Beschl. v. 2.12.2009 – Verg 39/09; NZBau 2010, 393; 2. VK Bund Beschl. v. 26.3.2014 – VK 2-19/14, ■■; Immenga/Mestmäcker/*Dreher* § 97 GWB Rn. 4 mwN.

[3] VK Südbayern Beschl. v. 27.4.2015 – Z3-3-3194-1-09-02/15, ZfBR 2016, 414.

[4] Vgl. auch Art. 2 Nr. 1, 7, 8 SKR.

[5] Art. 2 Abs. 1 Nr. 10 VKR; EuGH Urt. v. 23.12.2009 – C-305/08, NZBau 2010, 188 – CoNISMa; EuGH Urt. v. 19.12.2012 – C-159/11, EuZW 2013, 189.

Wirtschaftsteilnehmer beschränken, sondern öffentlichen Aufträge einem breiten Wettbewerb zugänglich machen. Der **Begriff des Unternehmens im Sinne des Wettbewerbsrechts der Gemeinschaft umfasst deshalb nach der Rechtsprechung des EuGH jede Einrichtung, die eine wirtschaftliche Tätigkeit ausübt, unabhängig von ihrer Rechtsform und der Art ihrer Finanzierung.**[6]

II. Beihilfeempfänger

Auch **Unternehmen, die staatliche Beihilfen**[7] **erhalten,** können sich grundsätzlich an einem Vergabeverfahren beteiligen. Hierbei ist zwischen dem Empfänger einer rechtswidrigen Beihilfe und dem Empfänger einer rechtmäßigen Beihilfe zu unterscheiden.[8] Der Ausschluss eines Beihilfenempfängers vom Vergabeverfahren in den Fällen, in denen dieser eine gemeinschaftsrechtskonforme Beihilfe erhalten hat, ist nach der Rechtsprechung nicht gerechtfertigt.[9] Weder das Vergabe- noch das Beihilfenrecht sehen eine solche Sanktion vor; es wäre auch sinnwidrig, ein Unternehmen in gemeinschaftsrechtlich zulässiger Weise zu unterstützen und im nächsten Schritt seine wirtschaftliche Tätigkeit zu beschneiden.[10] Wettbewerbsvorteile, die sich auf Grund zulässiger Beihilfen ergeben, sind als Ergebnis rechtmäßigen staatlichen Handelns und als rechtmäßig erlangte Wettbewerbsposition hinzunehmen.[11] 8

Rechtswidrige Beihilfen müssen im Vergabeverfahren Berücksichtigung finden. Zum einen besteht die Gefahr einer Rückforderung der zugewendeten Mittel und zwar sowohl bei materiell rechtswidrigen Beihilfen wie auch bei formell rechtswidrigen Beihilfen, deren materielle Prüfung noch aussteht. Die Gefahr der Rückforderung kann sich auf die Eignung des Bieters, konkret auf seine wirtschaftliche Leistungsfähigkeit, auswirken.[12] Des Weiteren liegt eine Wettbewerbsverzerrung und Ungleichbehandlung der anderen Bieter, die ohne staatliche Beihilfen ihre Preise kalkulieren, vor, da der Beihilfeempfänger den Preis aufgrund der Beihilfe niedriger kalkulieren kann; darüber hinaus unterliegt die Kalkulation der sonstigen Bieter nicht der Gefahr, Rückforderungsansprüchen ausgesetzt zu sein. 9

Sofern aufgrund zugewendeter Beihilfen ein Bieter die Leistung zu einem Preis anbieten kann, der ungewöhnlich niedrig erscheint, so regeln § 44 Abs. 2 Nr. 5 UVgO, § 60 Abs. 4 VgV, § 16d EU Abs. 1 Nr. 3, 16d VS Abs. 3 VOB/A, dass eine Zurückweisung des Angebotes allein aufgrund des ungewöhnlich niedrigen Preises nur erfolgen kann, wenn der Bieter nicht innerhalb einer durch den Auftraggeber festzulegenden ausreichenden Frist nachweist, dass die der Angebotskalkulation zugrunde liegenden Beihilfe rechtmäßig gewährt wurde. Dem Bieter obliegt mithin die Darlegungs- und Beweislast, dass er eine 10

[6] EuGH Urt. v. 12.12.2013 – C-327/12, EuZW 2014, 356 – „Soa Nazionale Costruttori"; EuGH Urt. v. 13.6.2013 – C-386/11, EuZW 2013, 591 – „Piepenbrock"; EuGH Urt. v. 11.7.2006 – C-205/03, EuZW 2006, 600; iErg ebenso EuGH Urt. v. 18.12.2014 – C-568/13, NVwZ 2015, 280 – „Azienda Ospedaliero"; vgl. auch OLG Naumburg Beschl. v. 3.11.2005 – 1 Verg 9/05, NVwZ-RR 2007, 49; OLG Frankfurt Beschl. v. 7.9.2004 – 11 Verg 11/04, NZBau 2004, 692.

[7] Zum Begriff der staatlichen Beihilfe iSd § 107 Abs. 1 AEUV vgl. *Blazek/Wagner* NZBau 2016, 141.

[8] *König/Hentschel* NZBau 2006, 289 (289f.); EuGH Urt. v. 18.12.2014 – C-568/13, NVwZ 2015, 280 – „Azienda Ospedaliero"; EuGH Urt. v. 7.12.2000 – C-94/99, ZIP 2000, 2324 – ARGE Gewässerschutz.

[9] VK Bund Beschl. v. 6.6.2007 – VK 1 38/07, ZfBR 2002, 621; EuGH Urt. v. 18.12.2014 – C-568/13, NVwZ 2015, 280 – „Azienda Ospedaliero"; EuGH Urt. v. 7.12.2000 – C-94/99, ZIP 2000, 2324 – ARGE Gewässerschutz; VK Düsseldorf Beschl. v. 18.4.2002 – VK 5/02-L, ZfBR 2002, 621; OLG Düsseldorf Beschl. v. 26.7.2002 – Verg 22/02, NZBau 2002, 634.

[10] *König/Hentschel* NZBau 2006, 289 (289f.) unter Verweis auf GA Léger Slg. 2000, I-11037 = NZBau 2001, 99 – „ARGE Gewässerschutz".

[11] EuGH Urt. v. 7.12.2000 – C-94/99, EuZW 2001, 94 – ARGE Gewässerschutz; VK Düsseldorf Beschl. v. 18.4.2002 – VK 5/02-L, ZfBR 2002, 621; OLG Düsseldorf Beschl. v. 26.6.2002 – Verg 22/02, NZBau 2002, 634, das jedoch nicht zwischen rechtmäßigen und rechtswidrigen Beihilfen differenzierte.

[12] *Bartosch* WuW 2001, 673 (681).

zulässige, sei es eine notifizierte oder nicht notifizierungspflichtige Beihilfe erhalten hat.[13] Kann der Nachweis der Rechtmäßigkeit nicht erbracht werden und weist der Auftraggeber deshalb das Angebot zurück, muss er die Kommission der Europäischen Gemeinschaften über diesen Vorgang unterrichten.[14] Diese Unterrichtungspflicht dient dem Ziel, die Kommission als Wettbewerbsbehörde bei der Verfolgung unzulässiger staatlicher Beihilfen zu unterstützen.[15]

11 Die Kalkulation eines Angebotes unter Einbeziehung einer rechtswidrigen Beihilfe führt nicht zum automatischen Angebotsausschluss, sondern der Ausschluss des Angebotes ist in das Ermessen des Auftraggebers gestellt. Die Prüfung einer möglichen Beihilfengewährung ist nur dann zwingend, wenn ein Angebot ungewöhnlich niedrig ist.[16] Eine Bereinigung des Angebotspreises um den rechtswidrigen Beihilfenanteil würde, abgesehen von den Schwierigkeiten der praktischen Umsetzung, dazu führen, dass der Angebotspreis durch den Auftraggeber unzulässig nach Angebotsabgabe verändert würde.[17]

III. Keine Beschränkung auf den örtlichen Markt

12 Es besteht ein örtliches Diskriminierungsverbot. Der Wettbewerb darf nicht nur auf Unternehmen beschränkt werden, die in bestimmten Regionen oder Orten ansässig sind.[18] Dies beinhaltet auch, keine Kriterien aufzustellen, die im Ergebnis dazu führen, dass die vor Ort etablierten Unternehmen bevorteilt werden.[19] Die Berücksichtigung der Nationalität als weiteres Eignungskriterium ist wegen Verstoßes gegen den Gleichbehandlungsgrundsatz von vornherein unzulässig und steht in diametralem Gegensatz zum Grundanliegen des europäischen Vergaberechts, nämlich der Herstellung des Binnenmarkts auch für den Sektor des öffentlichen Auftragswesens.[20] Die Stärkung der lokalen Wirtschaft oder auch die Erzielung zusätzlicher Gewerbesteuereinnahmen sind daher keine Aspekte, die eine Beschränkung des Wettbewerbs rechtfertigen können.

13 Abhängig vom Auftragsgegenstand kann die Forderung nach einer Präsenz vor Ort zulässig sein. Bei der Wartung und Störungsbeseitigung von technischen Anlagen, wie etwa von Aufzügen in Gebäuden, kann es durchaus notwendig sein, unverzüglich zu Einsätzen vor Ort sein zu können. Unternehmen, die vor Ort noch nicht über eine Repräsentanz verfügen, können im Auftragsfall entweder selbst eine lokale Niederlassung eröffnen oder durch Unterbeauftragung eines lokalen Unternehmens die Eignungsanforderung erfüllen. Auch können, zB bei Supportleistungen im IT-Bereich, die Vorgabe des Beherrschens der jeweils nationalen Sprache ein objektiv gerechtfertigtes Kriterium sein, um mit Nutzern angemessen in deren Sprache kommunizieren können.

IV. Die öffentliche Hand als Bieter

14 Grundsätzlich können sich auch öffentliche Auftraggeber um einen öffentlichen Auftrag bewerben. Auch öffentliche Stellen, die selbst als öffentlicher Auftraggeber einzustufen wären, genügen dem funktionalen Unternehmensbegriff des Vierten Teils des GWB,

---

[13] Vgl. Pünder/Schellenberg/*Pape* § 16d VOB/A-EU (Abs. 1 Nr. 3) Rn. 3 mit Verweis auf die Kommentierung zu § 60 VgV (dort Rn. 21) zur Beweislast des Bieters.
[14] Sa Art. 69 Abs. 4 VKR.
[15] Hattig/Maibaum/*Maibaum* § 97 GWB Rn. 70f.
[16] VK Westfalen Beschl. v. 31.1.2017 – VK 1-49/16, VPRRS 2017, 0083.
[17] Vgl. *Pünder* NZBau 2003, 530 (537).
[18] § 97 Abs. 2 GWB, § 6 Abs. 1 VOB/A 2019, § 6 EU Abs. 3 Nr. 1 VOB/A 2019, § 6 VS Abs. 3 Nr. 1 VOB/A 2019; 1. VK Bund Beschl. v. 19.7.2013 – VK 1-51/13, ZfBR 2014, 104.
[19] EuGH Urt. v. 29.5.2013 – T-384/10, NZBau 2013, 648.
[20] VK Bund Beschl. v. 12.11.2009 – VK 3-208/09, ZfBR 2010, 207; vgl. auch EuGH Urt. v. 16.12.2008 – C-213/07, EuZW 2009, 87; EuGH Urt. v. 20.10.2005 – C-264/03, ZfBR 2006, 69; *Müller-Wrede* VergabeR 2005, 32.

wenn sie wie ein Privater am Markt agieren.[21] Nach dem Europäischen Gerichtshof ist es **ohne Belang, dass ein Wirtschaftsteilnehmer selbst ein öffentlicher Auftraggeber ist und dass die betreffende Einrichtung nicht in erster Linie Gewinnerzielung anstrebt, nicht unternehmerisch strukturiert ist oder nicht ständig auf dem Markt tätig ist.**[22] Das Vergaberecht verbietet grundsätzlich nicht, dass auch ein öffentlicher Auftraggeber Bieter/Bewerber in einem Vergabeverfahren ist.[23]

Grenzen der wirtschaftlichen Betätigung ergeben sich jedoch für Kommunen und kommunale aus dem Gemeindewirtschaftsrecht der Kommunalverfassungen und Gemeindeordnungen. Sofern der Marktzutritt eines kommunalen Unternehmens nach den kommunalrechtlichen Vorgaben nicht zulässig ist, stellt sich die Frage, ob dies innerhalb eines Vergabeverfahrens beachtet werden muss, insbesondere ob die Bewerbung den vergaberechtlichen Wettbewerbsgrundsatz verletzt. 15

Das OLG Düsseldorf ist der Auffassung, dass die Verpflichtung der Auftraggeber, wettbewerbsbeschränkende und unlautere Verhaltensweisen zu bekämpfen, einen konkreten Normanwendungsbefehl darstellt.[24] Es stelle einen wettbewerbswidrigen Zustand dar, wenn es einem Unternehmen der öffentlichen Hand gesetzlich verboten ist, eine Tätigkeit auf einem bestimmten Markt anzunehmen, es diese aber dennoch annimmt. Diese Wettbewerbsverzerrung könne nur durch den Ausschluss des Unternehmens aus dem Vergabeverfahren behoben werden.[25] Bestehe ein kommunalwirtschaftsrechtliches Betätigungsverbot, sei das betreffende Unternehmen der öffentlichen Hand darüber hinaus nicht als rechtlich leistungsfähig im Sinne des § 122 Abs. 1 GWB zu betrachten.[26] Dieser Auffassung folgend, können Mitbewerber gegen die Beteiligung von Kommunen und kommunalen Unternehmen im Wege eines vergaberechtlichen Nachprüfungsverfahrens vorgehen, falls sich deren Tätigkeit außerhalb der Grenzen des Gemeindewirtschaftsrechts bewegt. 16

Die Judikatur des Oberlandesgerichts Düsseldorf[27] steht jedoch im Gegensatz zur Rechtsprechung des Bundesgerichtshofs. Dieser hat durch Grundsatzurteile einen langjährigen Rechtsstreit zur Abgrenzung des Lauterkeitsrechts vom Kommunalwirtschaftsrecht beendet, in dem er eindeutig und abschließend klarstellte, dass Verstöße gegen den **Marktzutritt** („Ob“) vor den Verwaltungsgerichten und Verstöße gegen das **Marktverhalten** („Wie“) vor den Zivilgerichten geltend zu machen sind.[28] 17

Die Art des Rechtsschutzes hängt demnach davon ab, mit welcher Begründung die Tätigkeit eines kommunalen Unternehmens für unzulässig gehalten wird. Richtet sich der Vorwurf gegen den öffentlich-rechtlich geregelten Marktzutritt, so ist gemäß § 40 VwGO der Verwaltungsrechtsweg gegeben. Gilt der Vorwurf dagegen der Art und Weise der wettbewerblichen Tätigkeit (wie zB Ausnutzen von amtlich erhaltenen Informationsvorsprüngen; Preisdumping zu Lasten der privaten Konkurrenz durch Zweckentfremdung öf- 18

---

[21] EuGH Urt. v. 11.5.2006 – C-340/04, NJW 2006, 2679 – Carbotermo; OLG Naumburg Beschl. v. 3.11.2005 – 1 Verg 9/05, NVwZ-RR 2007, 49.

[22] EuGH Urt. v. 13.6.2013 – C-386/11, EuZW 2013, 591; vgl. auch EuGH Urt. v. 18.12.2014 – C-568/13, NVwZ 2015, 280 – „Azienda Ospedaliero“.

[23] *Ortner* VergabeR 2009, 850 (852).

[24] OLG Düsseldorf Beschl. v. 13.8.2008 – Verg 42/07, IBRRS 2009, 2531; OLG Düsseldorf Beschl. v. 17.6.2002 – Verg 18/02, ZIP 2002, 1651; OLG Düsseldorf Beschl. v. 12.1.2000 – Verg 3/99, NVwZ 2000, 714. *Hertwig* NZBau 2008, 355 (357 f.).

[25] OLG Düsseldorf Beschl. v. 13.8.2008 – Verg 42/07, IBRRS 2009, 2531; OLG Düsseldorf Beschl. v. 17.6.2002 – Verg 18/02, ZIP 2002, 1651; Hattig/Maibaum/*Maibaum* § 97 GWB Rn. 68 f.; *Glahs/Külpmann* VergabeR 2002, 555 (565); vgl. auch OLG Celle Beschl. v. 9.4.2009 – 13 Verg 7/08, NZBau 2009, 394; *Ortner* VergabeR 2009, 850 (854).

[26] OLG Düsseldorf Beschl. v. 13.8.2008 – Verg 42/07, IBRRS 2009, 2531; *Schneider* NZBau 2009, 352 (355); zur rechtlichen Leistungsfähigkeit auch OLG Karlsruhe Beschl. v. 4.5.2012 – 15 Verg 3/12, IBRRS 2012, 4220.

[27] Vgl. OLG Düsseldorf Beschl. v. 17.6.2002 – Verg 18/02, ZIP 2002, 1651; OLG Düsseldorf Beschl. v. 13.8.2008 – Verg 42/07, IBRRS 2009, 2531.

[28] BGH Urt. v. 25.4.2002 – I ZR 250/00, NJW 2002, 2645; BGH Urt. v. 26.9.2002 – I ZR 293/99, NJW 2003, 586.

fentlicher Mittel, etc), so ist der Rechtsschutz nach Maßgabe des Wettbewerbsrechts vor den Zivilgerichten zu suchen.[29] Diese Rechtswegtrennung wird durch die vorzitierte Judikatur des Oberlandesgerichts Düsseldorf konterkariert, die für sich in Anspruch nimmt, über den Marktzutritt („Ob") des anbietenden Unternehmens im Vergabenachprüfungsverfahren zu entscheiden. Dies wird in der Rechtsprechung und Literatur kritisiert.[30]

19 Teilweise wird die Beachtung der jeweiligen Vorgaben des Gemeindewirtschaftsrechts für die Nachprüfung eines Vergabeverfahrens als irrelevant erachtet; die Kompetenz zur Überprüfung des Kommunalwirtschaftsrechts obliege den Verwaltungsgerichten und nicht den Nachprüfungsinstanzen.[31] Im Kern wird die Unzuständigkeit der Nachprüfungsinstanzen damit begründet, dass andernfalls die Gefahr der Divergenz zwischen verwaltungs- und zivilgerichtlicher Rechtsprechung entstünde.[32] Für eine solche Durchbrechung der Rechtswegtrennung besteht auch kein Rechtsschutzbedürfnis, da eine lückenlose Überprüfung der Zulässigkeit der wirtschaftlichen Betätigung vor den Verwaltungsgerichten gegeben ist.[33] Auch das Oberverwaltungsgericht Münster verwirft die Judikatur des Oberlandesgerichts Düsseldorf als mit den Grundsatzurteilen des Bundesgerichtshofs unvereinbar und begrenzt die Kompetenz der vergaberechtlichen Nachprüfungsinstanzen auf „offenkundige Rechtsverstöße".[34]

Das Oberlandesgericht Düsseldorf hat seine früheren Entscheidungen mittlerweile (teilweise) revidiert und seinen (vergaberechtlichen) **Prüfungsumfang der Gemeindeordnung** erheblich eingeschränkt. In Anlehnung an die Rechtsprechung des Oberverwaltungsgerichts Münster begrenzte das Oberlandesgericht Düsseldorf seine Prüfungskompetenz im Nachprüfungsverfahren auf „offenkundige Rechtsverstöße".[35]

V. Gewerbsmäßige Ausführung von Leistungen der ausgeschriebenen Art

20 Nach den Regelungen der VOB/A 2016 für Verfahren außerhalb des Anwendungsbereichs der Richtlinie 2014/24/EU waren Justizvollzugsanstalten, Einrichtungen der Jugendhilfe, Aus- und Fortbildungsstätten und ähnliche Einrichtungen sowie Betriebe der öffentlichen Hand und Verwaltungen zum Wettbewerb mit gewerblichen Unternehmen nicht zugelassen.[36] Diese Regelung des § 6 Abs. 3 VOB/A wurde ersatzlos gestrichen, um eine einheitliche europarechtskonforme[37] Regelung im Ober- und Unterschwellenbereich zu erreichen. Im Hinblick auf die Rechtsprechung des EuGH Bedenken, ob die Ausschlussvorschriften der VOB/A 2016 als europarechtskonform angesehen werden können. In der Rechtssache CoNISMa hatte der EuGH festgestellt, dass es Universitäten und Forschungsinstituten sowie Gruppen von Universitäten und Behörden, zu gestatten ist, an einem Verfahren zur Vergabe eines öffentlichen Dienstleistungsauftrages teilzunehmen.[38] In der Rechtsprechung wurde aufgrund der vorzitierten Entscheidung CoNISMa § 6 Abs. 1

---

[29] OVG Münster Beschl. v. 1.4.2008 – 15 B 122/08, NVwZ 2008, 1031; *Schink* NVwZ 2002, 129 (139).

[30] Vgl. OVG Münster Beschl. v. 1.4.2008 – 15 B 122/08, NVwZ 2008, 1031; OLG Naumburg Beschl. v. 9.9.2003 – 1 Verg 5/03, VergabeR 2004, 80; *Burgi* NZBau 2003, 539 (544); *Mann* NVwZ 2010, 857 (862); *Ennuschat* NVwZ 2008, 966 (967 f.); *Brüning* NVwZ 2012, 671 (672); *Gurlit* VergabeR 2017, 221 (225 f.); Ziekow/Völlink/*Losch*, Vergaberecht, 3. Aufl. 2018, GWB § 181 Rn. 13 ff.; *Faber* DVBl. 2003, 761 (768); *Heßhaus* NWVBL 2003, 173 (175); *Schink* NVwZ 2002, 129 (139); *Burgi*, Vergaberecht, 2. Aufl. 2018, § 6 Rn. 21; Pünder/Schellenberg/*Fehling*, Vergaberecht, 3. Aufl. 2019, GWB § 97 Rn. 57.

[31] Ziekow/Völlink/*Ziekow* § 99 GWB Rn. 91; *Burgi* NZBau 2003, 539; *Riese/Suermann* LKV 2005, 289 (292); OVG Nordrhein-Westfalen Beschl. v. 1.4.2008 – 15 B 122/08, NVwZ 2008, 1031; VK Mecklenburg-Vorpommern Beschl. v. 7.1.2020 – 3 VK 08/19, IBRRS 2019, 2405.

[32] VK Mecklenburg-Vorpommern Beschl. v. 7.1.2020 – 3 VK 08/19, IBRRS 2019, 2405.

[33] So ausf.: OVG Münster Beschl. v. 1.4.2008 – 15 B 122/08, NVwZ 2008, 1031; *Brüning* NVwZ 2012, 671 ff.

[34] OVG Münster Beschl. v. 1.4.2008 – 15 B 122/08, NVwZ 2008, 1031.

[35] OLG Düsseldorf Beschl. v. 7.8.2013 – Verg 14/13, NZBau 2014, 57.

[36] § 6 Abs. 3 VOB/A 2016.

[37] EuGH Urt. v. 18.12.2014 – C-568/13, NVwZ 2015, 280.

[38] EuGH Urt. v. 23.12.2009 – C-305/08, NZBau 2010, 188 – CoNISMa.

Nr. 3 VOB/A-EG 2012 aus unionsrechtlichen Gründen in Vergabenachprüfungsverfahren bereits nicht mehr angewendet.[39]

Als einzige Norm im deutschen Vergaberecht verlangt § 6 Abs. 3 VOB/A, dass am Wettbewerb sich nur Unternehmen beteiligen dürfen, „die sich gewerbsmäßig mit der Ausführung von Leistungen der ausgeschriebenen Art befassen". Andere Unternehmen sind mangels Eignung auszuschließen. Der Begriff der gewerbsmäßigen Befassung ist weder im Vergaberecht noch im Gewerberecht definiert. Selbst in der Gewerbeordnung ist der Gewerbebegriff als ein unbestimmter Rechtsbegriff anerkannt.[40] Unter Zugrundelegung des im Gewerberecht von der Rechtsprechung und Literatur entwickelten Gewerbebegriffs kann eine gewerbsmäßige Befassung als das selbstständige und erlaubte Tätigwerden mit Gewinnerzielungsabsicht verstanden werden, die auf Dauer angelegt ist.[41] Aus dem Tatbestandsmerkmal des erlaubten Tätigwerdens wird gefolgert, dass die gewerberechtlichen Anforderungen an die Leistungserbringung erfüllt sein müssen, wie beispielsweise die Erfüllung der Zulassungsvoraussetzungen der Handwerksordnung.[42] 21

Die gewerbsmäßige Befassung muss sich zudem ausdrücklich auf Leistung „der ausgeschriebenen Art" beziehen. Entsprechend dürfen nur solche Unternehmen Leistungen anbieten, für die sie eine gewerbliche Zulassung besitzen. Unternehmen sind mithin gehalten, sich nur für das von Ihnen jeweils ausgeführte Gewerk zu bewerben. Ob eine derartige Regel, die in einem Selbstausführungsgebot resultiert, mit Gemeinschaftsrecht vereinbar ist, wird jedenfalls für den Bereich der binnenmarktrelevanten Bauaufträge bezweifelt.[43] Der Europäische Gerichtshof ermöglicht Bietern in ständiger Rechtsprechung, sich zur Erbringung von Leistungen qualifizierter Nachunternehmer zu bedienen, unabhängig ob ein Unternehmen selbst über die notwendige Qualifikation zu verfügen.[44] Dabei bezieht sich der Gerichtshof jedoch in ständiger Rechtsprechung auf die Europäischen Richtlinien und nicht auf die Regeln der AEUV, so dass eine Begrenzung für den Bereich des Unterschwellenrechts durchaus mit der Rechtsprechung des Europäischen Gerichtshofs vereinbar sein dürfte. Dementsprechend gilt für den Bereich der Oberschwellenvergabe nach § 6d VOB/A-EU explizit kein Gebot der Selbstausführung, mit einer Ausnahme für kritische Arbeiten nach § 6d Abs. 4 VOB/A-EU. 22

Hintergrund der Ausschlussvorschrift ist, dass die dort genannten Einrichtungen andere als erwerbswirtschaftliche Ziele verfolgen und häufig steuerliche Vorteile genießen oder öffentliche Zuschusszahlungen erhalten. Sie sind daher aufgrund dieser Vorteile in der Lage, mit günstigeren Angeboten als private Konkurrenten in den Wettbewerb zu gehen und diese aufgrund ungleicher Wettbewerbsbedingungen zu verdrängen. Diesen Effekt wollen die Ausschlussvorschriften verhindern.[45] Hierbei ist es irrelevant, ob sich die Gefahr der Verdrängung im konkreten Vergabeverfahren realisiert.[46] Dem wird teilweise widersprochen, da der Ausschluss erfordere, dass eine tatsächliche Verzerrung des Wettbewerbs vorliegen muss.[47] Da bei den genannten Einrichtungen nicht die Gewinnerzielung im Vordergrund steht, sondern der sozialpolitische Zweck der Beschäftigung und sozialen Förderung der durch diese Einrichtungen betreuten bzw. eingegliederten Personen und die Leistungserbringung und Produktion nur Nebenzweck und Nebenprodukt der Ein- 23

[39] OLG Düsseldorf Beschl. v. 7.8.2013 – Verg 14/13, NZBau 2014, 57.

[40] Landmann/Rohmer/*Eisenmenger,* Gewerbeordnung, 82 EL (Stand Okt. 2019), § 1 Rn. 5f.

[41] Landmann/Rohmer/*Marcks,* Gewerbeordnung, 82. EL (Stand Okt. 2019), § 14 Rn. 13f.

[42] Pünder/Schellenberg/*Pape,* Vergaberecht, 3. Aufl. 2019, Rn. 12; Ingenstau/Korbion/*Schranner* VOB/A § 6 Rn. 29f.

[43] So auch: KKPP/*Hausmann/von Hoff,* 2. Aufl. 2013, § 6 Rn. 65; Kapellmann/Messerschmidt/*Glahs* § 6 Rn. 24.

[44] StRspr seit EuGH Urt. v. 18.12.1997 – C-5/97, IBRRS 2003, 1030 – Ballast Nedam; EuGH Urt. v. 18.3.2004 – C-314/01, NVwZ 2004, 967.

[45] *Weyand* VOL/A § 6 Rn. 261.

[46] OLG Düsseldorf Beschl. v. 23.12.2003 – Verg 58/03, VergabeR 2004, 379; Ziekow/Völlink/*Hänsel,* 3. Aufl. 2018, VOL/A § 6 Rn. 10.

[47] *Glahs* VergabeR 2004, 379 (381).

richtungen ist, wird teilweise ein Ausschluss aus dem Verfahren auf eine Abgrenzung der im konkreten Verfahren erfassten Einrichtungen über die wirtschaftliche Tätigkeit gestützt und auf eine alleinige Konkurrenzsituation betreffend dieser Nebenprodukte abgestellt.[48] Ein Ausschluss wird hierbei nur bejaht, wenn Leistungen ausgeschrieben werden, die mit und nicht für die eingegliederten bzw. betreuten Personen ausgeführt werden.[49]

24 Vom Anwendungsbereich der Ausschlussvorschriften sind nach der Rechtsprechung nur öffentliche Einrichtungen betroffen, die rechtlich unselbständig in der Trägerschaft der öffentlichen Hand stehen. Der Genuss von staatlich gewährten finanziellen Vorteilen oder eine sozialpolitische Zielsetzung führt nicht bereits zum Ausschluss vom Wettbewerb.[50]

VI. Einrichtungen ohne Gewinnerzielungsabsicht

25 Einrichtungen, die keine Gewinnerzielung anstreben, deren Zweck hauptsächlich auf Forschung und Lehre gerichtet ist und denen die Erbringung bestimmter Tätigkeiten generell gestattet ist, kann durch nationales Recht nicht untersagt werden, an Verfahren zur Vergabe öffentlicher Aufträge teilzunehmen, die die Erbringung eben dieser Leistungen betreffen; ein solches Verbot wäre nämlich nicht mit den Bestimmungen der VKR vereinbar.[51] Der gleichen Ansicht folgt nun auch die nationale Rechtsprechung die ebenfalls davon ausgeht, dass § 6 Abs. 1 Nr. 3 VOB/A-EG europarechtswidrig ist. Ein genereller Ausschluss der dort genannten Einrichtungen ist nicht mit dem Grundsatz zu vereinbaren, dass auch öffentliche Einrichtungen an Vergabeverfahren als Bieter teilnehmen können.[52]

26 Bereits für die Vorgängerregelungen war anerkannt, dass sie als Ausnahmevorschrift eng auszulegen war und gemeinnützige Kapitalgesellschaften nicht als „ähnliche Einrichtungen" im Sinne dieser Vorschriften verstanden werden konnten und somit ihrer Teilhabe am Vergabewettbewerb nichts entgegensteht.[53]

VII. Bevorzugte Vergabe an Werkstätten für Behinderte

27 § 118 Abs. 1 GWB sieht vor, dass Öffentliche Auftraggeber das Recht zur Teilnahme an Vergabeverfahren Werkstätten für Menschen mit Behinderung und Unternehmen vorbehalten können, deren Hauptzweck die soziale und berufliche Integration von Menschen mit Behinderung oder von benachteiligten Personen ist, oder bestimmen, dass öffentliche Aufträge im Rahmen von Programmen mit geschützten Beschäftigungsverhältnissen durchzuführen sind. Nach dem Abs. 2 dieser Vorschrift müssen allerdings mindestens 30 Prozent der in diesen Werkstätten oder Unternehmen Beschäftigten Menschen mit Behinderung oder benachteiligte Personen sein.

28 § 118 GWB dient der Umsetzung des Art. 20 Abs. 1 der Richtlinie 2014/24/EU, des Art. 24 S. 1 der Richtlinie 2014/23/EU und des Art. 38 Abs. 1 der Richtlinie 2014/25/EU. § 118 GWB hat keine Entsprechung im bisherigen deutschen Vergaberecht. Nach dem Willen des Gesetzgebers soll diese Bevorzugung bei der Auftragsvergabe der Integration von Menschen mit Behinderung und benachteiligten Personen in die Gesellschaft Vorschub leisten. Unter normalen Wettbewerbsbedingungen sei es für diese Institutionen schwierig, öffentliche Aufträge zu erhalten. Daher sollte den öffentlichen Auftraggebern die Möglichkeit eröffnet werden, Vergabeverfahren von vornherein auf diese Institutionen zu beschränken. Es ist Intention des Gesetzgebers, dass ein Wettbewerb in diesen Fällen nur noch zwischen Werkstätten für Menschen mit Behinderung und Sozialunternehmen

---

[48] *Nielandt* VergabeR 2004, 457 (460).
[49] *Willenbruch* VergabeR 2005, 252 (257).
[50] VK Bund Beschl. v. 20.8.2008 – VK 1-111/08, BeckRS 2008, 140969.
[51] EuGH Urt. v. 23.12.2009 – C-305/08, NZBau 2010, 188 – CoNISMa.
[52] OLG Düsseldorf Beschl. v. 7.8.2013 – Verg 14/13, NZBau 2014, 57.
[53] VK Bund Beschl. v. 2.12.2010 – VK 1-115/10, BeckRS 2010, 143642; OLG Düsseldorf Beschl. v. 14.7.2004 – Verg 33/04, IBRRS 2004, 2632; aA *Zimmermann* ZfBR 2008, 778 (784).

stattfindet. Die Teilnahme anderer privatwirtschaftlicher Bewerber oder Bieter ist damit ausgeschlossen. Von dieser Möglichkeit der Beschränkung des Teilnehmerkreises unberührt bleibt die Möglichkeit für die öffentlichen Auftraggeber zur Bevorzugung von geschützten Werkstätten bei der Zuschlagserteilung nach § 141 des Neunten Buchs Sozialgesetzbuch sowie den auf dieser Grundlage angewandten Verwaltungsvorschriften. Zuvor fand sich diese Vorgabe in §§ 56, 58 des inzwischen aufgehobenen Schwerbehindertengesetzes. Auf Grundlage dessen erließ das Bundesministerium für Wirtschaft und Technologie am 10.5. 2001 „Richtlinien für die Berücksichtigung von Werkstätten für Behinderte und Blindenwerkstätten bei der Vergabe öffentlicher Aufträge". Deren § 3 Nr. 1 sieht vor, dass bei Beschränkten Ausschreibungen und Freihändigen Vergaben regelmäßig auch die betreffenden Einrichtungen in angemessenem Umfang zur Angebotsabgabe mit aufzufordern sind.

Eine Bevorzugung nach den nationalen Richtlinien betrifft damit nur unterschwellige 29
Vergaben, dies wird zT im Rahmen von Runderlassen der Länder, wie zB in Nordrhein-Westfalen, deutlich gemacht.[54] § 141 SGB IX differenziert demgegenüber nicht zwischen Aufträgen oberhalb und unterhalb der Schwellenwerte.

[54] Berücksichtigung von Werkstätten für behinderte Menschen und Blindenwerkstätten bei der Vergabe öffentlicher Aufträge gem. RdErl. d. Ministeriums für Wirtschaft, Energie, Bauen, Wohnen und Verkehr, d. Ministeriums für Arbeit, Integration und Soziales, d. Ministeriums für Inneres und Kommunales und des Finanzministeriums v. 22.3.2011.

§ 16 Compliance, Selbstreinigung und Korruptionsprävention

Übersicht

GWB: §§ 123, 124, 125, 126
VOB/A 2019: § 6a
VOB/A EU: §§ 6e, 6f
UVgO: § 31
VgV: § 42

GWB:

§ 123 GWB Zwingende Ausschlussgründe

(1) Öffentliche Auftraggeber schließen ein Unternehmen zu jedem Zeitpunkt des Vergabeverfahrens von der Teilnahme aus, wenn sie Kenntnis davon haben, dass eine Person, deren Verhalten nach Absatz 3 dem Unternehmen zuzurechnen ist, rechtskräftig verurteilt oder gegen das Unternehmen eine Geldbuße nach § 30 des Gesetzes über Ordnungswidrigkeiten rechtskräftig festgesetzt worden ist wegen einer Straftat nach:

1. § 129 des Strafgesetzbuchs (Bildung krimineller Vereinigungen), § 129a des Strafgesetzbuchs (Bildung terroristischer Vereinigungen) oder § 129b des Strafgesetzbuchs (Kriminelle und terroristische Vereinigungen im Ausland),
2. § 89c des Strafgesetzbuchs (Terrorismusfinanzierung) oder wegen der Teilnahme an einer solchen Tat oder wegen der Bereitstellung oder Sammlung finanzieller Mittel in Kenntnis dessen, dass diese finanziellen Mittel ganz oder teilweise dazu verwendet werden oder verwendet werden sollen, eine Tat nach § 89a Absatz 2 Nummer 2 des Strafgesetzbuchs zu begehen,
3. § 261 des Strafgesetzbuchs (Geldwäsche; Verschleierung unrechtmäßig erlangter Vermögenswerte),

4. § 263 des Strafgesetzbuchs (Betrug), soweit sich die Straftat gegen den Haushalt der Europäischen Union oder gegen Haushalte richtet, die von der Europäischen Union oder in ihrem Auftrag verwaltet werden,
5. § 264 des Strafgesetzbuchs (Subventionsbetrug), soweit sich die Straftat gegen den Haushalt der Europäischen Union oder gegen Haushalte richtet, die von der Europäischen Union oder in ihrem Auftrag verwaltet werden,
6. § 299 des Strafgesetzbuchs (Bestechlichkeit und Bestechung im geschäftlichen Verkehr), §§ 299a und 299b des Strafgesetzbuchs (Bestechlichkeit und Bestechung im Gesundheitswesen),
7. § 108e des Strafgesetzbuchs (Bestechlichkeit und Bestechung von Mandatsträgern),
8. den §§ 333 und 334 des Strafgesetzbuchs (Vorteilsgewährung und Bestechung), jeweils auch in Verbindung mit § 335a des Strafgesetzbuchs (Ausländische und internationale Bedienstete),
9. Artikel 2 § 2 des Gesetzes zur Bekämpfung internationaler Bestechung (Bestechung ausländischer Abgeordneter im Zusammenhang mit internationalem Geschäftsverkehr) oder
10. den §§ 232, 232a Absatz 1 bis 5, den §§ 232b bis 233a des Strafgesetzbuches (Menschenhandel, Zwangsprostitution, Zwangsarbeit, Ausbeutung der Arbeitskraft, Ausbeutung unter Ausnutzung einer Freiheitsberaubung).

(2) Einer Verurteilung oder der Festsetzung einer Geldbuße im Sinne des Absatzes 1 stehen eine Verurteilung oder die Festsetzung einer Geldbuße nach den vergleichbaren Vorschriften anderer Staaten gleich.

(3) Das Verhalten einer rechtskräftig verurteilten Person ist einem Unternehmen zuzurechnen, wenn diese Person als für die Leitung des Unternehmens Verantwortlicher gehandelt hat; dazu gehört auch die Überwachung der Geschäftsführung oder die sonstige Ausübung von Kontrollbefugnissen in leitender Stellung.

(4) Öffentliche Auftraggeber schließen ein Unternehmen zu jedem Zeitpunkt des Vergabeverfahrens von der Teilnahme an einem Vergabeverfahren aus, wenn
1. das Unternehmen seinen Verpflichtungen zur Zahlung von Steuern, Abgaben oder Beiträgen zur Sozialversicherung nicht nachgekommen ist und dies durch eine rechtskräftige Gerichts- oder bestandskräftige Verwaltungsentscheidung festgestellt wurde oder
2. die öffentlichen Auftraggeber auf sonstige geeignete Weise die Verletzung einer Verpflichtung nach Nummer 1 nachweisen können.

Satz 1 ist nicht anzuwenden, wenn das Unternehmen seinen Verpflichtungen dadurch nachgekommen ist, dass es die Zahlung vorgenommen oder sich zur Zahlung der Steuern, Abgaben und Beiträge zur Sozialversicherung einschließlich Zinsen, Säumnis- und Strafzuschlägen verpflichtet hat.

(5) Von einem Ausschluss nach Absatz 1 kann abgesehen werden, wenn dies aus zwingenden Gründen des öffentlichen Interesses geboten ist. Von einem Ausschluss nach Absatz 4 Satz 1 kann abgesehen werden, wenn dies aus zwingenden Gründen des öffentlichen Interesses geboten ist oder ein Ausschluss offensichtlich unverhältnismäßig wäre. § 125 bleibt unberührt.

§ 124 GWB Fakultative Ausschlussgründe

(1) Öffentliche Auftraggeber können unter Berücksichtigung des Grundsatzes der Verhältnismäßigkeit ein Unternehmen zu jedem Zeitpunkt des Vergabeverfahrens von der Teilnahme an einem Vergabeverfahren ausschließen, wenn
1. das Unternehmen bei der Ausführung öffentlicher Aufträge nachweislich gegen geltende umwelt-, sozial- oder arbeitsrechtliche Verpflichtungen verstoßen hat,
2. das Unternehmen zahlungsunfähig ist, über das Vermögen des Unternehmens ein Insolvenzverfahren oder ein vergleichbares Verfahren beantragt oder eröffnet worden ist, die

Eröffnung eines solchen Verfahrens mangels Masse abgelehnt worden ist, sich das Unternehmen im Verfahren der Liquidation befindet oder seine Tätigkeit eingestellt hat,
3. das Unternehmen im Rahmen der beruflichen Tätigkeit nachweislich eine schwere Verfehlung begangen hat, durch die die Integrität des Unternehmens infrage gestellt wird; § 123 Absatz 3 ist entsprechend anzuwenden,
4. der öffentliche Auftraggeber über hinreichende Anhaltspunkte dafür verfügt, dass das Unternehmen mit anderen Unternehmen Vereinbarungen getroffen oder Verhaltensweisen aufeinander abgestimmt hat, die eine Verhinderung, Einschränkung oder Verfälschung des Wettbewerbs bezwecken oder bewirken,
5. ein Interessenkonflikt bei der Durchführung des Vergabeverfahrens besteht, der die Unparteilichkeit und Unabhängigkeit einer für den öffentlichen Auftraggeber tätigen Person bei der Durchführung des Vergabeverfahrens beeinträchtigen könnte und der durch andere, weniger einschneidende Maßnahmen nicht wirksam beseitigt werden kann,
6. eine Wettbewerbsverzerrung daraus resultiert, dass das Unternehmen bereits in die Vorbereitung des Vergabeverfahrens einbezogen war, und diese Wettbewerbsverzerrung nicht durch andere, weniger einschneidende Maßnahmen beseitigt werden kann,
7. das Unternehmen eine wesentliche Anforderung bei der Ausführung eines früheren öffentlichen Auftrags oder Konzessionsvertrags erheblich oder fortdauernd mangelhaft erfüllt hat und dies zu einer vorzeitigen Beendigung, zu Schadensersatz oder zu einer vergleichbaren Rechtsfolge geführt hat,
8. das Unternehmen in Bezug auf Ausschlussgründe oder Eignungskriterien eine schwerwiegende Täuschung begangen oder Auskünfte zurückgehalten hat oder nicht in der Lage ist, die erforderlichen Nachweise zu übermitteln, oder
9. das Unternehmen
   a) versucht hat, die Entscheidungsfindung des öffentlichen Auftraggebers in unzulässiger Weise zu beeinflussen,
   b) versucht hat, vertrauliche Informationen zu erhalten, durch die es unzulässige Vorteile beim Vergabeverfahren erlangen könnte, oder
   c) fahrlässig oder vorsätzlich irreführende Informationen übermittelt hat, die die Vergabeentscheidung des öffentlichen Auftraggebers erheblich beeinflussen könnten, oder versucht hat, solche Informationen zu übermitteln.

(2) § 21 des Arbeitnehmer-Entsendegesetzes, § 98c des Aufenthaltsgesetzes, § 19 des Mindestlohngesetzes und § 21 des Schwarzarbeitsbekämpfungsgesetzes bleiben unberührt.

§ 125 GWB Selbstreinigung

(1) Öffentliche Auftraggeber schließen ein Unternehmen, bei dem ein Ausschlussgrund nach § 123 oder § 124 vorliegt, nicht von der Teilnahme an dem Vergabeverfahren aus, wenn das Unternehmen nachgewiesen hat, dass es
1. für jeden durch eine Straftat oder ein Fehlverhalten verursachten Schaden einen Ausgleich gezahlt oder sich zur Zahlung eines Ausgleichs verpflichtet hat,
2. die Tatsachen und Umstände, die mit der Straftat oder dem Fehlverhalten und dem dadurch verursachten Schaden in Zusammenhang stehen, durch eine aktive Zusammenarbeit mit den Ermittlungsbehörden und dem öffentlichen Auftraggeber umfassend geklärt hat, und
3. konkrete technische, organisatorische und personelle Maßnahmen ergriffen hat, die geeignet sind, weitere Straftaten oder weiteres Fehlverhalten zu vermeiden.

§ 123 Absatz 4 Satz 2 bleibt unberührt.

(2) Öffentliche Auftraggeber bewerten die von dem Unternehmen ergriffenen Selbstreinigungsmaßnahmen und berücksichtigen dabei die Schwere und die besonderen Umstände der Straftat oder des Fehlverhaltens. Erachten die öffentlichen Auftraggeber die Selbstreinigungsmaßnahmen des Unternehmens als unzureichend, so begründen sie diese Entscheidung gegenüber dem Unternehmen.

§ 126 GWB Zulässiger Zeitraum für Ausschlüsse

Wenn ein Unternehmen, bei dem ein Ausschlussgrund vorliegt, keine oder keine ausreichenden Selbstreinigungsmaßnahmen nach § 125 ergriffen hat, darf es

1. bei Vorliegen eines Ausschlussgrundes nach § 123 höchstens fünf Jahre ab dem Tag der rechtskräftigen Verurteilung von der Teilnahme an Vergabeverfahren ausgeschlossen werden,
2. bei Vorliegen eines Ausschlussgrundes nach § 124 höchstens drei Jahre ab dem betreffenden Ereignis von der Teilnahme an Vergabeverfahren ausgeschlossen werden.

VOB/A 2019:

§ 6a VOB/A 2019 Eignungsnachweise

(1) [1]Zum Nachweis ihrer Eignung ist die Fachkunde, Leistungsfähigkeit und Zuverlässigkeit der Bewerber oder Bieter zu prüfen. [2]Bei der Beurteilung der Zuverlässigkeit werden Selbstreinigungsmaßnahmen in entsprechender Anwendung des § 6f EU Absatz 1 und 2 berücksichtigt.

(2) bis (5) hier nicht abgedruckt

VOB/A EU:

§ 6e EU VOB/A Ausschlussgründe

(1) Der öffentliche Auftraggeber schließt ein Unternehmen zu jedem Zeitpunkt des Vergabeverfahrens von der Teilnahme aus, wenn er Kenntnis davon hat, dass eine Person, deren Verhalten nach Absatz 3 dem Unternehmen zuzurechnen ist, rechtskräftig verurteilt oder gegen das Unternehmen eine Geldbuße nach § 30 des Gesetzes über Ordnungswidrigkeiten rechtskräftig festgesetzt worden ist wegen einer Straftat nach:

1. § 129 des Strafgesetzbuchs (StGB) (Bildung krimineller Vereinigungen), § 129a StGB (Bildung terroristischer Vereinigungen) oder § 129b StGB (kriminelle und terroristische Vereinigungen im Ausland),
2. § 89c StGB (Terrorismusfinanzierung) oder wegen der Teilnahme an einer solchen Tat oder wegen der Bereitstellung oder Sammlung finanzieller Mittel in Kenntnis dessen, dass diese finanziellen Mittel ganz oder teilweise dazu verwendet werden oder verwendet werden sollen, eine Tat nach § 89a Absatz 2 Nummer 2 StGB zu begehen,
3. § 261 StGB (Geldwäsche; Verschleierung unrechtmäßig erlangter Vermögenswerte),
4. § 263 StGB (Betrug), soweit sich die Straftat gegen den Haushalt der Europäischen Union oder gegen Haushalte richtet, die von der Europäischen Union oder in ihrem Auftrag verwaltet werden,
5. § 264 StGB (Subventionsbetrug), soweit sich die Straftat gegen den Haushalt der Europäischen Union oder gegen Haushalte richtet, die von der Europäischen Union oder in ihrem Auftrag verwaltet werden,
6. § 299 StGB (Bestechlichkeit und Bestechung im geschäftlichen Verkehr), §§ 299a und 299b StGB (Bestechlichkeit und Bestechung im Gesundheitswesen),
7. § 108e StGB (Bestechlichkeit und Bestechung von Mandatsträgern),
8. den §§ 333 und 334 StGB (Vorteilsgewährung und Bestechung), jeweils auch in Verbindung mit § 335a StGB (Ausländische und internationale Bedienstete),
9. Artikel 2 § 2 des Gesetzes zur Bekämpfung internationaler Bestechung (Bestechung ausländischer Abgeordneter im Zusammenhang mit internationalem Geschäftsverkehr) oder
10. den §§ 232, 232a Absatz 1 bis 5, den §§ 232b bis 233a StGB (Menschenhandel, Zwangsprostitution, Zwangsarbeit, Ausbeutung der Arbeitskraft, Ausbeutung unter Ausnutzung einer Freiheitsberaubung).

(2) Einer Verurteilung oder der Festsetzung einer Geldbuße im Sinne des Absatzes 1 stehen eine Verurteilung oder die Festsetzung einer Geldbuße nach den vergleichbaren Vorschriften anderer Staaten gleich.

(3) Das Verhalten einer rechtskräftig verurteilten Person ist einem Unternehmen zuzurechnen, wenn diese Person als für die Leitung des Unternehmens Verantwortlicher gehandelt hat; dazu gehört auch die Überwachung der Geschäftsführung oder die sonstige Ausübung von Kontrollbefugnissen in leitender Stellung.

(4) Der öffentliche Auftraggeber schließt ein Unternehmen von der Teilnahme an einem Vergabeverfahren aus, wenn

1. das Unternehmen seinen Verpflichtungen zur Zahlung von Steuern, Abgaben und Beiträgen zur Sozialversicherung nicht nachgekommen ist und dies durch eine rechtskräftige Gerichts- oder bestandskräftige Verwaltungsentscheidung festgestellt wurde, oder
2. der öffentliche Auftraggeber auf sonstige geeignete Weise die Verletzung einer Verpflichtung nach Nummer 1 nachweisen kann.

Satz 1 findet keine Anwendung, wenn das Unternehmen seinen Verpflichtungen dadurch nachgekommen ist, dass es die Zahlung vorgenommen oder sich zur Zahlung der Steuern, Abgaben und Beiträge zur Sozialversicherung einschließlich Zinsen, Säumnis- und Strafzuschlägen verpflichtet hat.

(5) Von einem Ausschluss nach Absatz 1 kann abgesehen werden, wenn dies aus zwingenden Gründen des öffentlichen Interesses geboten ist. Von einem Ausschluss nach Absatz 4 Satz 1 kann abgesehen werden, wenn dies aus zwingenden Gründen des öffentlichen Interesses geboten ist oder ein Ausschluss offensichtlich unverhältnismäßig wäre. § 6f EU Absatz 1 und 2 bleiben unberührt.

(6) Der öffentliche Auftraggeber kann unter Berücksichtigung des Grundsatzes der Verhältnismäßigkeit ein Unternehmen zu jedem Zeitpunkt des Vergabeverfahrens von der Teilnahme an einem Vergabeverfahren ausschließen, wenn

1. das Unternehmen bei der Ausführung öffentlicher Aufträge nachweislich gegen geltende umwelt-, sozial- und arbeitsrechtliche Verpflichtungen verstoßen hat,
2. das Unternehmen zahlungsunfähig ist, über das Vermögen des Unternehmens ein Insolvenzverfahren oder ein vergleichbares Verfahren beantragt oder eröffnet worden ist, die Eröffnung eines solchen Verfahrens mangels Masse abgelehnt worden ist, sich das Unternehmen im Verfahren der Liquidation befindet oder seine Tätigkeit eingestellt hat,
3. das Unternehmen im Rahmen der beruflichen Tätigkeit nachweislich eine schwere Verfehlung begangen hat, durch die die Integrität des Unternehmens infrage gestellt wird; § 6e EU Absatz 3 ist entsprechend anzuwenden,
4. der öffentliche Auftraggeber über hinreichende Anhaltspunkte dafür verfügt, dass das Unternehmen mit anderen Unternehmen Vereinbarungen getroffen oder Verhaltensweisen aufeinander abgestimmt hat, die eine Verhinderung, Einschränkung oder Verfälschung des Wettbewerbs bezwecken oder bewirken,
5. ein Interessenkonflikt bei der Durchführung des Vergabeverfahrens besteht, der die Unparteilichkeit und Unabhängigkeit einer für den öffentlichen Auftraggeber tätigen Person bei der Durchführung des Vergabeverfahrens beeinträchtigen könnte und der durch andere, weniger einschneidende Maßnahmen nicht wirksam beseitigt werden kann,
6. eine Wettbewerbsverzerrung daraus resultiert, dass das Unternehmen bereits in die Vorbereitung des Vergabeverfahrens einbezogen war, und diese Wettbewerbsverzerrung nicht durch andere, weniger einschneidende Maßnahmen beseitigt werden kann,
7. das Unternehmen eine wesentliche Anforderung bei der Ausführung eines früheren öffentlichen Auftrags erheblich oder fortdauernd mangelhaft erfüllt hat und dies zu einer vorzeitigen Beendigung, zu Schadensersatz oder zu einer vergleichbaren Rechtsfolge geführt hat,

8. das Unternehmen in Bezug auf Ausschlussgründe oder Eignungskriterien eine schwerwiegende Täuschung begangen, Auskünfte zurückgehalten hat oder nicht in der Lage ist, die erforderlichen Nachweise zu übermitteln oder
9. das Unternehmen
   a) versucht hat, die Entscheidungsfindung des öffentlichen Auftraggebers in unzulässiger Weise zu beeinflussen,
   b) versucht hat, vertrauliche Informationen zu erhalten, durch die es unzulässige Vorteile beim Vergabeverfahren erlangen könnte, oder
   c) fahrlässig oder vorsätzlich irreführende Informationen übermittelt hat, die die Vergabeentscheidung des öffentlichen Auftraggebers erheblich beeinflussen könnten oder versucht hat, solche Informationen zu übermitteln.

§ 6f EU VOB/A Selbstreinigung

(1) Öffentliche Auftraggeber schließen ein Unternehmen, bei dem ein Ausschlussgrund nach § 6e EU vorliegt, nicht von der Teilnahme an dem Vergabeverfahren aus, wenn das Unternehmen dem öffentlichen Auftraggeber oder nach § 8 des Wettbewerbsregistergesetzes dem Bundeskartellamt nachgewiesen hat, dass es

1. für jeden durch eine Straftat oder ein Fehlverhalten verursachten Schaden einen Ausgleich gezahlt oder sich zur Zahlung eines Ausgleichs verpflichtet hat,
2. die Tatsachen und Umstände, die mit der Straftat oder dem Fehlverhalten und dem dadurch verursachten Schaden in Zusammenhang stehen, durch eine aktive Zusammenarbeit mit den Ermittlungsbehörden und dem öffentlichen Auftraggeber umfassend geklärt hat und
3. konkrete technische, organisatorische und personelle Maßnahmen ergriffen hat, die geeignet sind, weitere Straftaten oder weiteres Fehlverhalten zu vermeiden.

§ 6e EU Absatz 4 Satz 2 bleibt unberührt.

(2) Bei der Bewertung der von dem Unternehmen ergriffenen Selbstreinigungsmaßnahmen sind die Schwere und die besonderen Umstände der Straftat oder des Fehlverhaltens zu berücksichtigen. Die Entscheidung, dass die Selbstreinigungsmaßnahmen des Unternehmens als unzureichend bewertet werden, ist gegenüber dem Unternehmen zu begründen.

(3) Wenn ein Unternehmen, bei dem ein Ausschlussgrund vorliegt, keine oder keine ausreichenden Selbstreinigungsmaßnahmen nach Absatz 1 ergreift, darf es

1. bei Vorliegen eines Ausschlussgrundes nach § 6e EU Absatz 1 bis 4 höchstens für einen Zeitraum von fünf Jahren ab dem Tag der rechtskräftigen Verurteilung von der Teilnahme an Vergabeverfahren ausgeschlossen werden,
2. bei Vorliegen eines Ausschlussgrundes nach § 6e EU Absatz 6 höchstens für einen Zeitraum von drei Jahren ab dem betreffenden Ereignis von der Teilnahme an Vergabeverfahren ausgeschlossen werden.

UVgO:

§ 31 UVgO Auswahl geeigneter Unternehmen; Ausschluss von Bewerbern und Bietern

(1) Öffentliche Aufträge werden an fachkundige und leistungsfähige (geeignete) Unternehmen vergeben, die nicht in entsprechender Anwendung der §§ 123 oder 124 des Gesetzes gegen Wettbewerbsbeschränkungen ausgeschlossen worden sind.

(2) Der Auftraggeber überprüft die Eignung der Bewerber oder Bieter anhand der nach § 33 festgelegten Eignungskriterien. Die Eignungskriterien können die Befähigung und Erlaubnis zur Berufsausübung oder die wirtschaftliche, finanzielle, technische oder berufliche Leistungsfähigkeit betreffen. Bei Vorliegen von Ausschlussgründen sind § 125 des Gesetzes gegen Wettbewerbsbeschränkungen zur Selbstreinigung und § 126 des Gesetzes gegen Wettbewerbsbeschränkungen zur zulässigen Höchstdauer des Ausschlusses entsprechend

anzuwenden. § 123 Absatz 1 Nummer 4 und 5 des Gesetzes gegen Wettbewerbsbeschränkungen findet auch insoweit entsprechende Anwendung, soweit sich die Straftat gegen öffentliche Haushalte richtet. § 124 Absatz 1 Nummer 7 des Gesetzes gegen Wettbewerbsbeschränkungen findet mit der Maßgabe entsprechende Anwendung, dass die mangelhafte Vertragserfüllung weder zu einer vorzeitigen Beendigung des Vertrags, noch zu Schadensersatz oder einer vergleichbaren Rechtsfolge geführt haben muss

(3) und (4) hier nicht abgedruckt

VgV:

§ 42 VgV Auswahl geeigneter Unternehmen; Ausschluss von Bewerbern und Bietern

(1) Der öffentliche Auftraggeber überprüft die Eignung der Bewerber oder Bieter anhand der nach § 122 des Gesetzes gegen Wettbewerbsbeschränkungen festgelegten Eignungskriterien und das Nichtvorliegen von Ausschlussgründen nach den §§ 123 und 124 des Gesetzes gegen Wettbewerbsbeschränkungen sowie gegebenenfalls Maßnahmen des Bewerbers oder Bieters zur Selbstreinigung nach § 125 des Gesetzes gegen Wettbewerbsbeschränkungen und schließt gegebenenfalls Bewerber oder Bieter vom Vergabeverfahren aus.

(2) und (3) hier nicht abgedruckt

Literatur:

Bürkle, Weitergabe von Informationen über Fehlverhalten in Unternehmen (Whistleblowing) und Steuerung auftretender Probleme durch ein Compliance-System, DB 2004, 2158; *Bürkle,* Corporate Compliance als Standard guter Unternehmensführung des Deutschen Corporate Governance Kodex, BB 2007, 1797; *Burgi,* Ausschluss und Vergabesperre als Rechtsfolgen von Unzuverlässigkeit, NZBau 2014, 595; *Caspar/Neubauer,* Korruptionsprävention in kommunalen Verwaltungen, LKV 2011, 200; *Dann/Dann,* Vergaberegister – viel Bewegung, wenig Fortschritt?, ZRP 2010, 256; *Dreher/Hoffmann,* Schlusswort: Vergaberechtliche Fremdreinigung zur Schadenswiedergutmachung, NZBau 2012, 426; *Dreher/Hoffmann,* Sachverhaltsaufklärung und Schadenswiedergutmachung bei der vergaberechtlichen Selbstreinigung, NZBau 2012, 265; *Dreher/Hoffmann,* Die erfolgreiche Selbstreinigung zur Wiedererlangung der kartellvergaberechtlichen Zuverlässigkeit und die vergaberechtliche Compliance – Teil 1, NZBau 2014, 67, *Dreher/Hoffmann,* Die erfolgreiche Selbstreinigung zur Wiedererlangung der kartellvergaberechtlichen Zuverlässigkeit und die vergaberechtliche Compliance – Teil 2, NZBau 2014, 150, *Eufinger,* Personelle Selbstreinigung nach Compliance-Verstößen, DB 2016, 471; *Freund,* Korruption in der Auftragsvergabe, VergabeR 2007, 311; *Fritz,* Selbstreinigung bei nicht rechtskräftiger Verurteilung eines früheren Geschäftsführers, NZBau 2018, 735; *Gabriel,* Einflussnahme von Unternehmen auf öffentliche Auftragsvergaben: Persuasion, Kollusion oder Korruption?, VergabeR 2006, 173; *Gabriel/Ziekow,* Die Selbstreinigung von Unternehmen nach dem neuen Vergaberecht, VergabeR 2017, 119; *Hauschka,* Corporate Compliance, München, 2010; *Hauschka,* Compliance, Compliance-Manager, Compliance-Programme: Eine geeignete Reaktion auf gestiegene Haftungsrisiken für Unternehmen und Management?, NJW 2004, 257; *Hauschka,* Die Voraussetzungen für ein effektives Compliance System iSv § 317 Abs. 4 HGB, DB 2006, 1143; *Hauschka/Greeve,* Compliance in der Korruptionsprävention – was müssen, was sollen, was können Unternehmen tun?, BB 2007, 165; *Hoffmann/Sandrock,* Der Ombudsmann – betriebliche Möglichkeit zur Bekämpfung der Wirtschaftskriminalität, DB 2001, 433; *Horn/Götz,* Ausschluss vom Vergabeverfahren aufgrund von Kartellverstößen und die vergaberechtliche Selbstreinigung, EuZW 2018, 13; *Hövelberndt,* Erfolgreiche Selbstreinigung bei Verstößen gegen das Kartell- oder Wettbewerbsrecht, NZBau 2017, 464; *Kreßner,* Die Auftragssperre im Vergaberecht, 2006; *Mellert/Frey,* Korruption auf kommunaler Ebene – Erscheinungsformen, Ursachen und Präventionsmöglichkeiten, KommJur 2016, 281 (289), *Mundt,* Wettbewerbsregister und Compliance: Der Ansatz des Bundeskartellamts, Der Betrieb 2020, 39, *Neun,* Vergaberechtliche Selbstreinigung für Kartellanten: Jetzt gesetzlich geregelt, NZKart 2016, 320; *Ohrtmann,* Korruption im Vergaberecht, Konsequenzen und Prävention – Teil 1: Ausschlussgründe, NZBau 2007, 201; *Ohrtmann,* Korruption im Vergaberecht, Konsequenzen und Prävention – Teil 2: Konsequenzen und Selbstreinigung, NZBau 2007, 278; *Opitz,* Wenn Schlieren bleiben: Die Gründlichkeit einer Selbstreinigung, NZBau 2018, 662; *Palatzke/Jürschik,* Bußgeld, Verurteilung, Schadensersatz – das Vergaberecht als vierte Sanktion für Kartellanten, NZKart 2015, 470; *Prieß,* Warum die Schadenswiedergutmachung Teil der vergaberechtlichen Selbstreinigung ist und bleiben muss, NZBau 2012, 425; *Prieß/Stein,* Nicht nur sauber, sondern rein: Die Wiederherstellung der Zuverlässigkeit durch Selbstreinigung, NZBau 2008, 230; *Pünder/Priess/Arrowsmith* (Hrsg.), Self-Cleaning in Public Procurement Law, 2010; *Quardt,* Die Auftragssperre im Vergaberecht, BB 1997, 477 ff.; *Reimers/Hainz,* Die neue Dico-Leitlinie „Kartellrechtliche Compliance" – Zugleich ein Diskussionsbeitrag zur vergaberechtlichen Selbstreinigung und kartellrechtlichen Bußgeldbemessung, CCZ 2016, 188; *Ritzenhoff,* Compliance leicht gemacht! NZBau 2012, S. 28; *Rodewald/Unger,* Corporate Compliance – Organisatorische Vorkehrungen zur Vermeidung von Haftungsfällen der Geschäftsleitung, BB 2006, 113; *Roth*, Selbstreinigung und Wiedergutmachung im Vergaberecht, NZBau 2016, 672; *Schnitzler*, Wettbewerbsrechtliche Compliance – vergaberechtliche Selbstreinigung als Gegenmaßnahme zum Kartellverstoß, BB 2016, 2115; *Ulshöfer*, Kartell- und Submissionsabsprachen von Bietern – Selbstreinigung und Schadenswiedergutmachung, VergabeR 2016, 327.

A. Einleitung

1 Das Schlagwort „Compliance" ist nunmehr seit einigen Jahren auch im Bereich der Öffentlichen Auftragsvergabe in aller Munde. Beschaffungsstellen sind nach „Compliance Gesichtspunkten" auszurichten, große Beschaffungsstellen ernennen Compliance Beauftragte und überprüfen im Rahmen der Angebotswertung, ob sich Bieter „compliant" verhalten haben. Bewerber und Bieter werden bei der Beteiligung an Vergabeverfahren für langlaufende Infrastrukturverträge immer häufiger aufgefordert, ihre Compliance Organisation als Teil der Eignungsprüfung darzustellen.

2 Fehlverhalten von Bietern kann dazu führen, dass diese entweder fakultativ oder zwingend von Vergabeverfahren auszuschließen sind. Ergreift das Unternehmen jedoch Maßnahmen, um ein Fehlverhalten für die Zukunft auszuschließen, unternimmt es also eine „Selbstreinigung", wäre ein solcher Ausschluss unverhältnismäßig.

3 Letztlich laufen Bieter bei Fehlverhalten Gefahr, in Vergabesperrlisten eingetragen zu werden, die unabhängig von konkreten Vergabeverfahren zentral, zB auf Landesebene, geführt werden. Während der Dauer der Vergabesperre sind Bieter dann von der Vergabe öffentlicher Aufträge wegen Unzuverlässigkeit ausgeschlossen.

B. Compliance

4 Der Begriff „Compliance" wird im deutschen Recht nicht definiert; er entstammt der angelsächsischen Rechtstradition.[1] Im Unternehmens- und Organisationsbereich bedeutet er die Befolgung der Gesetze und regulatorischen Anforderungen, der Organisationsgrundsätze, interner Kodizes und Richtlinien, der Prinzipien einer guten Unternehmens- bzw. Organisationsführung (Good Governance) sowie allgemein akzeptierter ethischer Normen. Angesichts dieses schlichten Begriffsinhalts, nämlich die Einhaltung von Recht und Gesetz, ist es erstaunlich, welche Bedeutung „Compliance" in den letzten Jahren gewonnen hat. Ist die öffentliche Hand bereits nach dem Grundgesetz zur Einhaltung von Recht und Gesetz verpflichtet (Art. 20 Abs. 3 GG), sollte sich unter Zugrundelegung des Leitmotivs unternehmerischen Handelns vom ehrbaren Kaufmann auch Unternehmen und ihre Organe ihr Verhalten selbstverständlich an den geltenden Regeln ausrichten. Die Befolgung der regulatorischen Vorgaben soll das Wohlverhalten einer Organisation im Geschäftsverkehr sicherstellen und damit der Minimierung von Risiken dienen, die sich aus der Nichtbeachtung von Regeln ergeben können. So können zum Beispiel aus der Missachtung der Normen des Kartellrechts oder des Umweltschutzrechts erhebliche Sanktionen wie zum Beispiel Strafzahlungen für ein Unternehmen resultieren.

5 Compliance selbst stellt grundsätzlich keine eigenständige Rechtsgrundlage dar, deren Nichtbeachtung eine eigene Sanktionsfolge auslöst. Anknüpfungspunkt ist jeweils vielmehr eine Rechtsvorschrift. Im Bereich der wirtschaftlichen Betätigung können sich derartige Verantwortlichkeiten aus dem Strafrecht, Antidiskriminierungsgesetzen, Umweltgesetzen, Arbeitsschutzgesetzen, aus Menschenrechten oder dem Datenschutzrecht ergeben.

6 Neben der Einhaltung von regulatorischen Einforderungen wird unter dem Begriff Compliance auch die unternehmenseigene Organisation verstanden, die Verstöße gegen Unternehmensregeln oder Recht und Gesetz verhindern sollen. Darunter fallen letztlich alle Maßnahmen der Risikofrüherkennung, wie Hinweisgebersysteme, und Risikominimie-

[1] *Hauschka*, Corporate Compliance, § 1 Rn. 2.

rung. Derartige Maßnahmen können für Unternehmen notwendig sein, um den vertretungsberechtigten Organmitgliedern auf der Grundlage von §§ 30, 130 OWiG den Vorwurf ordnungswidrigen Handelns zu ersparen, falls sie schuldhaft Aufsichtsmaßnahmen unterlassen haben, die *erforderlich* sind, um Rechtsverstöße von Arbeitnehmern im Zusammenhang mit der betrieblichen Tätigkeit zu verhindern. Das Aktienrecht verpflichtet darüber hinaus in § 91 Abs. 2 AktG sogar den Vorstand einer Aktiengesellschaft ***„geeignete Maßnahmen zu treffen, insbesondere ein Überwachungssystem einzurichten, damit den Fortbestand der Gesellschaft gefährdende Entwicklungen früh erkannt werden"***. Für börsennotierte Aktiengesellschaften ergibt sich über den Deutschen Corporate Government Kodex und die nach § 161 AktG abzugebende Entsprechenserklärung ein indirekter Zwang, für ein umfassendes Risikomanagement und geeignete Kontrollmechanismen zu sorgen. Nach § 33 Abs. 1 WpHG sind börsennotierte Unternehmen zudem verpflichtet, ***„angemessene interne Kontrollverfahren"*** vorzuhalten. Daneben existieren weitere spezialgesetzliche *Organisationsnormen, die Unternehmen zur Einrichtung von Compliance Strukturen verpflichten.*

C. Korruptionsprävention in der Auftragsvergabe

Verstöße gegen das Vergaberecht haben das Potenzial, zum Gegenstand öffentlicher Debatten zu werden. Auch wenn sich Vorwürfe vorsätzlichen Verhaltens gegen die jeweilige Vergabestelle nicht immer erhärten lassen, sind derartige Verdachtsfälle überaus schädlich für die Glaubwürdigkeit der öffentlichen Verwaltung und deren Umgang mit öffentlichen Haushaltsmitteln. Bei Verstößen gegen das Vergaberecht steht häufig nicht nur die Frage im Raum, warum die Vergabestelle die Vorschriften des Vergaberechts im Einzelfall nicht eingehalten hat. Deutlich gravierender wiegt der Vorwurf, einzelne Bieter wären in einem Vergabeverfahren bevorzugt worden oder hätten ohne formelles Vergabeverfahren öffentliche Aufträge erhalten. Gerade auf kommunaler Ebene ist Korruption besonders schädlich, da dadurch nicht nur immense materielle, sondern vor Allem auch immaterielle Schäden entstehen, wie die Zerrüttung des Vertrauensverhältnisses zwischen Bürgern und Behörde.[2] In derartigen Fällen sieht sich die Vergabestelle dem Verdacht von Bestechung und anderen Delikten des Wirtschaftsstrafrechts ausgesetzt. Relevante strafrechtliche Korruptionsdelikte sind insbesondere 7

- § 331 StGB Vorteilsannahme
- § 332 StGB Bestechlichkeit
- § 333 StGB Vorteilsgewährung
- § 334 StGB Bestechung
- § 335 StGB Besonders schwere Fälle der Bestechlichkeit und Bestechung
- § 299 f StGB Bestechung/Bestechlichkeit im geschäftlichen Verkehr (Angestelltenbestechung)

Damit gehen in der Regel Straftatbestände einher nach

- § 261 StGB Geldwäsche, Verschleierung illegalen Vermögens
- § 263 StGB Betrug
- § 264 StGB Subventionsbetrug
- § 265b StGB Kreditbetrug
- § 266 StGB Untreue

Zur Korruptionsprävention werden sich Öffentliche Auftraggeber Prozessabläufe im Bereich der Beschaffung definieren, ihre Beschaffungsorganisation adäquat strukturieren und die Einhaltung der internen Vorgaben fortlaufend überwachen müssen. Dies gilt zum einen unabhängig davon, ob die Beschaffungsorganisation in die Organisation des öffentlichen Auftraggebers vollständig eingebunden ist oder in eine Beschaffungsstelle ausgegliedert wurde. Zum anderen besteht die Notwendigkeit der Korruptionsprävention dem 8

[2] *Mellert/Frey* KommJur 2016, 281 (289).

Grunde nach unerheblich von der Größe des Öffentlichen Auftraggebers.[3] Gerade auch auf kommunaler Ebene kann es zu einer zu großen Nähe zwischen den Mitarbeitern des Auftraggebers und Hoflieferanten kommen, die es aus Sicht der Kommune unbedingt zu vermeiden gilt.

9 Für die Bundesverwaltung hat das Bundesministerium des Innern eine Richtlinie der Bundesregierung zur Korruptionsprävention in der Bundesverwaltung erlassen.[4] Die Richtlinie vom 30.7.2004 richtet sich nach ihrer Nr. 1.1 an alle Behörden der unmittelbaren und mittelbaren Bundesverwaltung, also die bundesunmittelbaren Körperschaften, Anstalten und Stiftungen, die für bestimmte bundesstaatliche Aufgaben gebildet sind, sowie an die Gerichte und das Sondervermögen des Bundes. Das Bundesministerium des Innern berichtet aufgrund der Beschlüsse des Rechnungsprüfungsausschusses vom 7.5. 2004, vom 28.5.2004 sowie vom 24.9.2004 dem Deutschen Bundestag jährlich zur Entwicklung und zu den Ergebnissen der Korruptionsprävention in der Bundesverwaltung.

10 Auch die Bundesländer haben Richtlinien, Erlasse, Rundschreiben und Merkblätter veröffentlicht, die insbesondere auch kommunalen Vergabestellen Handlungsanweisungen und Hilfestellungen zur Korruptionsvermeidung geben sollen.[5] Auf kommunaler Ebene gibt es derzeit nur wenige verbindliche Regelungen in Form von Gesetzen oder Richtlinien in Bezug auf Korruption.

11 Gerade Beschaffungsstellen Öffentlicher Auftraggeber gelten als gefährdet für die unlautere Einflussnahme auf Entscheidungsprozesse. Unabhängig von ihrer rechtlichen Ausgestaltung sind diese mithin so zu organisieren, dass bereits der Anschein von korruptivem Verhalten vermieden wird. Die Verwaltungsleitung hat die Organisation und Prozesse so zu definieren, dass Rechtsverstöße von Mitarbeitern unterbleiben oder jedenfalls frühzeitig erkannt und unterbunden werden können. Gleiches gilt für die Geschäftsführung einer in privatrechtlicher Rechtsform betriebenen Vergabestelle.

12 Aus diesem Grund haben sich einzelne Bundesländer, wie zum Beispiel Nordrhein-Westfalen (Verhütung und Bekämpfung von Korruption in der öffentlichen Verwaltung, RdErl. d. Innenministeriums, zugleich im Namen des Ministerpräsidenten und aller Landesministerien, v. 26.4.2005 – IR 12.2.2006) und Hessen (Korruptionserlass v. 15.12. 2008), Erlasse zur Korruptionsvermeidung gegeben. Diese enthalten insbesondere auch Vorgaben für die Organisation von Beschaffungsstellen und die internen Prozesse bei der Durchführung von Vergabeverfahren.

13 Als allgemeine Maßnahmen zur Korruptionsprävention sehen die Erlasse jedenfalls die Folgenden vor:

I. Transparenz der Verfahren

14 Die Einhaltung des unionsrechtlich anerkannten **Transparenzgrundsatzes** (§ 97 Abs. 1 u. 2 GWB) bei der Durchführung von Vergabeverfahren ist für die Verfolgung rechtmäßiger und nachvollziehbarer Beschaffungspraktiken von entscheidender Bedeutung. Dient der Grundsatz doch auch der Öffnung eines unverfälschten Wettbewerbs in allen Mitgliedstaaten. Nach Maßgabe der Rechtsprechung des Europäischen Gerichtshofs dient eine hinreichende Verfahrenstransparenz insbesondere auch der Eindämmung von Günstlingswirtschaft oder willkürlicher Entscheidungen des öffentlichen Auftraggebers.[6]

---

[3] *Caspar/Neubauer* LKV 2011, 200.
[4] RL v. 30.7.2004.
[5] S. für Rheinland-Pfalz: Merkblatt für die Beschäftigten der Landesverwaltung Rundschreiben des Ministeriums der Finanzen (O 1559 A-411) v. 30.12.2010; für Hessen: Erlass zur Korruptionsvermeidung in hessischen Kommunalverwaltungen v. 15.12.2008; NRW: RdErl. des Innenministeriums, zugleich im Namen des Ministerpräsidenten und aller Landesministerien, v. 26.4.2005 – IR 12.2.2006; Bayern: Korruptionsbekämpfungsrichtlinie v. 13.4.2004 – B III 2-515-238.
[6] EuGH Urt. v. 29.3.2012 – C-599/10, NVwZ 2012, 745.

Transparente Vergabeverfahren ermöglichen es zahlreichen Akteuren, Verhalten und Entscheidungen von Amtsträgern auf der einen und Auftragnehmern auf der anderen Seite einer kritischen Prüfung zu unterziehen. Diese gründliche Kontrolle sorgt gemeinsam mit anderen Mechanismen dafür, dass Amtsträger und Auftragnehmer einer ständigen Rechenschaftspflicht unterliegen. 15

II. Personalrotation in der Beschaffungsstelle

Zur Vorbeugung von Korruption wird häufig eine Rotation des Personals in der Vergabestelle empfohlen, wie sie zB auch in Ziff. 2.1 des Korruptionsrunderlasses in NRW oder in Ziff. 6 des Hessischen Korruptionserlasses vorgesehen ist. Danach sollen Beschäftigte in korruptionsgefährdeten Bereichen nicht länger als fünf Jahre ununterbrochen in der gleichen Position eingesetzt werden. Der planmäßige Wechsel des Arbeitsplatzes soll verhindern, dass Beschäftigte zu große Nähe zu Lieferanten und Dienstleistern aufbauen, die in Abhängigkeiten gegenüber diesen resultieren.[7] 16

Für kleine Beschaffungsstellen, die nur aus wenigen Mitarbeitern bestehen, ist eine solche Personalrotation häufig nur eine theoretische Option. Angesichts der Komplexität des Vergaberechts ließe sich auch für größere Vergabestellen argumentieren, dass es nicht ressourcenschonend wäre, die im Vergaberecht geschulten Mitarbeiter, die sich über Jahre vergaberechtliches Know-how angeeignet haben, in andere Dienststellen zu rotieren. Dies würde auch die oftmals geforderte Professionalisierung des öffentlichen Beschaffungswesens konterkarieren. Entsprechend sehen auch die Korruptionserlasse der Länder eine **Öffnungsklausel** von der regelmäßigen **Personalrotation** vor, wenn diese „fachlich und wirtschaftlich nicht vertretbar" ist. Ist keine Personalrotation möglich, sollte auf die strikte Einhaltung des **Vier-Augen-Prinzips** geachtet werden. Zudem sollte eine hausinterne Stelle bestimmt werden, zB die Innenrevision oder das Rechnungsprüfungsamt, die stichprobenartig die Beschaffungspraxis kontrolliert. 17

III. Trennung zwischen Fachabteilung und Beschaffungsstelle

Sowohl in der Vorbereitung als auch in der Durchführung des Vergabeverfahrens ist auf eine strikte Trennung zwischen der Vergabestelle und der Fachabteilung zu achten, welche den Bedarf angemeldet hat. Diese Trennung, die zur Einhaltung des Vier-Augen-Prinzips unerlässlich ist, sollte in einer Dienstanweisung oder einer Beschaffungsrichtlinie festgelegt werden. 18

Die Vergabestelle dient zunächst dem Hinterfragen und Prüfen der Bedarfsanmeldung und der Kontrolle der Leistungsbeschreibung. In diesem frühen Stadium können die Vorbereitungen für das Vergabeverfahren noch beendet und wiederholt werden. Die Vergabestelle ist im weiteren Verfahrensverlauf dann für die Prüfung der Vollständigkeit und Ordnungsmäßigkeit der Vergabeunterlage verantwortlich. Bezogen auf die Leistungsbeschreibung wird die Vergabestelle das Augenmerk auf eine präzise Ermittlung der Mengen und eine produktneutrale wie systemoffene Beschreibung des Beschaffungsbedarfs legen. 19

Im Rahmen der Angebotswertung ist es zur Korruptionsprävention von Bedeutung, dass die rechnerische und formale Angebotsprüfung von der fachtechnischen Prüfung und der Angebotswertung bei der Fachabteilung getrennt wird. Die Vergabestelle wird das Verzeichnis der Bieter sowie die Angebotsunterlagen vertraulich behandeln, um den Geheimwettbewerb zu gewährleisten. 20

Auch für die Durchführung eines formellen Eröffnungstermins, in dem die im verschlossenen Umschlag gelagerten Angebote im Beisein eines weiteren Mitarbeiters (Vier-Augen-Prinzip)[8] geöffnet werden, zeichnet die Vergabestelle und nicht die Fachabteilung 21

[7] *Birnfeld* CCZ 2010, 133.
[8] VK Südbayern Beschl. v. 2.1.2018 – Z3-3-3194-1-47-08/17, ZfBR 2018, 310.

oder beauftragte Planungsbüros verantwortlich. In der elektronischen Vergabe ist das Vier-Augen-Prinzip dadurch gewährleistet, gewährleistet, dass der Vorgang der Angebotsöffnung nur gestartet werden kann, wenn zwei Mitarbeiter im System angemeldet sind. Bei Bauvergaben, in denen noch Angebote in Papierform zugelassen sind, führt die Vergabestelle zudem den förmlichen **Submissionstermin** durch, zu dem auch Bieter zugelassen sind. In dem Termin werden die Angebotspreise verlesen und in ein Protokoll aufgenommen. Nach erfolgter Angebotsöffnung ist die Vergabestelle letztlich auch für die Sicherung der Angebote, zB in Form einer Stanzung zuständig.

22 In der Auftragsausführungsphase zeichnet die Vergabestelle dafür verantwortlich, dass die vereinbarten Preise eingehalten werden. Dies schließt insbesondere die Abwehr von unberechtigten Nachträgen des Auftragnehmers ein, der auf diesem Weg versuchen könnte, knapp kalkulierte Preise zu kompensieren.

IV. Geeignetes Personal in der Vergabestelle

23 In Deutschland gibt es nach wie vor kein Berufsbild für den öffentlichen Einkäufer. Gerade auch unter dem Gesichtspunkt der Korruptionsprävention ist dies bedauerlich. Dementsprechend identifiziert eine aktuelle OECD Studie zum Beschaffungswesen in Deutschland die Notwendigkeit, weiter in die Professionalisierung öffentlicher Beschaffer zu investieren.[9] Die Entwicklung einer systematischen Ausbildung für Beschaffer könnte eine weitere Spezialisierung ermöglichen und Beschaffer in die Lage versetzen, sich den Herausforderungen immer komplexerer strategischer Beschaffungsprozesse zu stellen.

24 Die Mitarbeiter im öffentlichen Einkauf sind Risiken ausgesetzt, die sie von anderen Mitarbeitern der Öffentlichen Hand unterscheidet. Zu nennen sind nur die Versuche von Unternehmen, unbotmäßig Einfluss auf Entscheidungen im Vorfeld und während eines Vergabeverfahrens zu nehmen. Aus diesem Grund ist eine sorgfältige Auswahl der Mitarbeiter der Beschaffungsstelle von besonderer Bedeutung. Ungeeignet sind zum Beispiel solche Personen, die aufgrund von Suchterkrankungen oder privaten Problemen zugänglich für das Anbieten von Geldbeträgen empfänglich sein könnten.

25 Das Personal der Vergabestelle ist letztlich fortlaufend zum Thema Korruptionsprävention zu schulen.[10]

V. Erarbeitung einer Beschaffungsrichtlinie

26 In der Praxis hat sich die Zusammenfassung der Dienst- und Arbeitsanweisungen in einer Beschaffungsrichtlinie bewährt. In diesem Dokument können die internen Arbeitsabläufe wie auch die internen Regeln im Zusammenhang mit Vergaben niedergelegt werden. Dies betrifft insbesondere die vorstehend unter Ziff. 3 dargelegte Aufgabenverteilung zwischen Fachabteilung und Vergabestelle sowie auch die Einhaltung des Vier-Augen Prinzips.

27 Themen der Korruptionsprävention werden ebenfalls regelmäßig zum Gegenstand der Beschaffungsrichtlinie gemacht.

D. Ausschluss vom Vergabeverfahren

28 Sollte es zu Verfehlungen kommen stellt sich die Frage, wie in einzelnen Vergabeverfahren mit Bewerbern oder Bietern umzugehen ist, denen Verfehlungen nachgewiesen wurden. Darüber hinaus stellt sich jedoch auch abstrakt für andere Vergabeverfahren die Frage, ob eine auftragsunabhängige Auftragssperre gegen ein Unternehmen ausgesprochen und die-

[9] OECD, Öffentliche Vergabe in Deutschland – Strategische Ansatzpunkte zum Wohl der Menschen und für wirtschaftliches Wachstum, Okt. 2019.

[10] Korruptionserlass des Landes Hessen v. 15.12.2008, Ziff. 3.

ses über einen zeitlich begrenzten Zeitraum von der Auftragsvergabe ausgeschlossen werden kann.

I. Fakultativer Ausschluss

Die fakultativen Ausschlussgründe des § 124 GWB eröffnen öffentlichen Auftraggebern ein Ermessen, ob sie bei Vorliegen eines der Ausschlussgründe das Unternehmen vom jeweiligen Vergabeverfahren ausschließen. Nach dem Willen des Gesetzgebers handelt es sich hierbei nicht nur um ein Beurteilungsermessen hinsichtlich des Vorliegens des Ausschlussgrundes, sondern auch um einen Ermessensspielraum hinsichtlich des „Ob" des Ausschlusses, im Falle des Vorliegens eines der fakultativen Ausschlussgründe. Es steht im Ermessen des öffentlichen Auftraggebers zu entscheiden, ob aufgrund des Fehlverhaltens des Unternehmens, das einen fakultativen Ausschlussgrund nach § 124 begründet, die Zuverlässigkeit des Unternehmens zu verneinen ist. Dabei handelt es sich um eine Prognoseentscheidung dahingehend, ob von dem Unternehmen trotz des Vorliegens eines fakultativen Ausschlussgrundes im Hinblick auf die Zukunft zu erwarten ist, dass es den öffentlichen Auftrag gesetzestreu, ordnungsgemäß und sorgfältig ausführt. Im Einzelfall und abhängig von dem anwendbaren Ausschlussgrund kann das Ermessen des öffentlichen Auftraggebers auf Null reduziert sein, so dass nur ein Ausschluss ermessensfehlerfrei ist.[11] Bei der Ausübung des Ermessens ist bereits nach dem Wortlaut von § 124 GWB der Grundsatz der Verhältnismäßigkeit zu beachten. Wie Erwägungsgrund 101 der Richtlinie 2014/24/EU ausführt, sollten daher kleinere Unregelmäßigkeiten nur in Ausnahmefällen zum Ausschluss eines Unternehmens führen; allerdings können wiederholte Fälle kleinerer Unregelmäßigkeiten einen Ausschluss rechtfertigen. 29

Sollten die Voraussetzungen eines zwingenden Ausschlussgrundes gemäß § 123 GWB nicht vorliegen, kommt ein fakultativer Ausschluss nach § 124 GWB in Betracht. Erwägungsgrund 101 der Richtlinie 2014/24/EU stellt klar, dass ein Öffentlicher Auftraggeber ein schwerwiegendes berufliches Fehlverhalten eines Unternehmens auch dann bejahen – und ihn deswegen nach § 124 ausschließen – kann, wenn vor einer rechtskräftigen Entscheidung über das Vorliegen zwingender Ausschlussgründe Nachweise vorliegen, dass das Unternehmen gegen seine Verpflichtungen verstoßen hat. 30

Im Gegensatz zu Art. 45 Abs. 2 der Richtlinie 2004/18/EG ist der Katalog fakultativer Ausschlussgründe in Art. 57 Abs. 4 der Richtlinie 2014/24/EU deutlich erweitert worden. Aufgenommen wurde die Möglichkeit eines Verfahrensausschlusses bei Verstoß gegen geltende umwelt-, sozial- und arbeitsrechtliche Verpflichtungen, bei wettbewerbsverzerrenden Absprachen, bei Interessenkonflikt, bei Wettbewerbsverzerrung aufgrund vorheriger Einbeziehung des Unternehmens, bei mangelhafter früherer Auftragsausführung sowie bei versuchter unzulässiger Einflussnahme auf die Entscheidungsfindung des öffentlichen Auftraggebers. Der bisherige fakultative Ausschlussgrund des Nichtentrichtens von Steuern oder Sozialabgaben wurde zu einem zwingenden Ausschlussgrund. 31

Bewerber oder Bieter, denen eine „schwere Verfehlung" nachgewiesen wurde, können von einem laufenden Vergabeverfahren gemäß § 124 Abs. 1 Nr. 3 GWB, § 16 Abs. 2 Nr. VOB/A, § 6e Abs. 6 Nr. 3 VOB/A-EU ausgeschlossen werden. 32

§ 124 Abs. 1 Nr. 3 setzt Art. 57 Abs. 4 Buchst. c der Richtlinie 2014/24/EU um. Nr. 3 enthält den fakultativen Ausschlussgrund der **„schweren Verfehlung"**, der in der bisherigen Praxis eine wichtige Rolle als Auffangtatbestand einnahm. Dieser Ausschlussgrund wird gegenüber der Formulierung in Art. 45 Abs. 2 Buchstabe d der Richtlinie 2004/18/EG in der neuen Richtlinie insofern etwas eingeengt, als nunmehr die schwere Verfehlung des Unternehmens oder einer für das Unternehmen im Rahmen ihrer beruflichen Tätigkeit handelnden Person die Integrität des Unternehmens infrage stellen muss. Eine schwere Verfehlung kommt nach dem Willen des Gesetzgebers nur bei der Verletzung ge- 33

[11] Gesetzesbegründung, S. 128f.

setzlicher oder vertraglicher Verpflichtungen (zB auch bei der Verletzung von Auftragsausführungsbedingungen bei früheren öffentlichen Aufträgen) in Betracht, die eine solche Intensität und Schwere aufweisen, dass der Öffentliche Auftraggeber berechtigterweise an der Integrität des Unternehmens zweifeln darf.[12]

34 Die bisherige Rechtsprechung zu dem Ausschlusstatbestand verweist zunächst darauf, dass es sich bei dem vergaberechtlichen Begriff der „schweren Verfehlung" um einen unbestimmten Rechtsbegriff handelt.[13] Nach der Rechtsprechung des Europäischen Gerichtshofs umfasst der Begriff „Verfehlung im Rahmen der beruflichen Tätigkeit" jedes fehlerhafte Verhalten, das Einfluss auf die berufliche Glaubwürdigkeit des betreffenden Wirtschaftsteilnehmers hat, und nicht nur Verstöße gegen berufsethische Regelungen im engen Sinne des Berufsstands, dem dieser Wirtschaftsteilnehmer angehört, die durch das Disziplinarorgan dieses Berufsstands oder durch eine rechtskräftige Gerichtsentscheidung festgestellt werden.[14] In der deutschen Rechtsprechung ist ein weiterer Begriff vertreten worden, der alle „erheblichen Rechtsverstöße umfasst, die geeignet sind, die Zuverlässigkeit eines Bewerbers grundlegend in Frage zu stellen, wobei sie schuldhaft begangen sein und erhebliche Auswirkungen haben müssen."[15]

Jedoch ist der Begriff der schweren Verfehlung so zu verstehen, dass er sich üblicherweise auf ein Verhalten des betreffenden Wirtschaftsteilnehmers bezieht, das bei ihm auf Vorsatz oder auf eine Fahrlässigkeit von gewisser Schwere schließen lässt.[16] So kann zwar jede nicht ordnungsgemäße, ungenaue oder mangelhafte Erfüllung eines Vertrags oder eines Vertragsteils unter Umständen von einer geringen fachlichen Eignung des Wirtschaftsteilnehmers zeugen, doch stellt sie nicht automatisch auch eine schwere Verfehlung dar. Die Feststellung einer „schweren Verfehlung" erfordert darüber hinaus grundsätzlich eine konkrete und auf den Einzelfall bezogene Beurteilung der Verhaltensweise des betreffenden Wirtschaftsteilnehmers.[17]

35 Das OLG Düsseldorf vertritt die Auffassung,[18] dass eine schwere Verfehlung im Sinne der genannten Vorschriften bei wertender Betrachtung vom Gewicht her den zwingenden Ausschlussgründen des § 123 GWB zumindest nahe kommen muss. Bei Bagatelldelikten wird eine schwere Verfehlung verneint.[19] Das kann, so das Oberlandesgericht in der vorzitierten Entscheidung, bei schwerwiegenden Verstößen gegen die Grundsätze des Geheimwettbewerbs der Fall sein, insbesondere bei Preisabsprachen oder sonst weitgehender, den Kernbereich des Angebots oder zugehöriger Kalkulationsgrundlagen betreffender Offenlegung von Angeboten.

36 Soll ein Unternehmen von einem Vergabeverfahren ausgeschlossen werden, müssen Öffentliche Auftraggeber neben der Feststellung des Vorliegens einer schweren Verfehlung auch sachliche Gründe dafür benennen, dass wegen der Verfehlungen in der Vergangenheit für den zu vergebenden Auftrag Zweifel an der Eignung des Bewerbers oder Bieters bestehen.[20] Ein Angebot ist jedoch nur dann von der Wertung auszuschließen, wenn der Öffentliche Auftraggeber, der eine nachweislich schwere Verfehlung des Bieters festgestellt hat eine auf den konkreten Auftrag bezogene Prognoseentscheidung getroffen hat, die

[12] Gesetzesbegründung, S. 130.
[13] OLG München Beschl. v. 21.4.2017 – Verg 2/17, VergabeR 2017, 525; OLG München Beschl. v. 22.11.2012 – Verg 22/12, NZBau 2013, 261; OLG München Beschl. v. 21.5.2010 – Verg 02/10, BauR 2010, 2169; VK Baden-Württemberg Beschl. v. 21.12.2011 – 1 VK 64/11, IBRRS 2012, 0573; VK Niedersachsen Beschl. v. 12.12.2011 – VgK 53/2011; VK Niedersachsen Beschl. v. 24.3.2011 – VgK 04/2011, NZBau 2011, 574.
[14] EuGH Urt. v. 18.12.2014 – C-470/13, VPRRS 2015, 0080; EuGH Urt. v. 13.12.2012 – C-465/11, EuZW 2013, 151.
[15] OLG Celle Beschl. v. 13.5.2019 – 13 Verg 2/19, NVwZ 2019, 1460.
[16] EuGH Urt. v. 13.12.2012 – C-465/11, EuZW 2013, 151.
[17] OLG Celle Beschl. v. 13.5.2019 – 13 Verg 2/19, NVwZ 2019, 1460.
[18] OLG Düsseldorf Beschl. v. 9.4.2008 – Verg 2/08, BauR 2008, 1946.
[19] OLG München Beschl. v. 22.11.2012 – Verg 22/12, NZBau 2013, 261; VG Düsseldorf Urt. v. 24.3.2015 – 20 K 6764/13, ZfBR 2015, 620.
[20] VK Baden-Württemberg Beschl. v. 21.12.2011 – 1 VK 64/11, IBRRS 2012, 0573.

dazu führt, dass aufgrund des Sachverhaltes die Eignung des Bieters nicht bejaht werden kann. Danach liegt es im Ermessen, ob ein Angebot in der Wertung verbleiben kann.[21]

Die Rechtsprechung nimmt weiter an, dass für den Nachweis einer schweren Verfehlung **keine rechtskräftige Verurteilung** vorliegen muss.[22] Bei der Beurteilung der Nachweisbarkeit kommt dem Umstand, dass unabhängige Gerichte bei der Prüfung eines Haftbefehls den dringenden Tatverdacht bejaht haben, entscheidendes Gewicht zu.[23] Dem öffentlichen Auftraggeber sei nicht zuzumuten, bei dringenden Verdachtsmomenten mit dem betreffenden Unternehmen in eine vertragliche Beziehung zu treten.[24] Allerdings ist der Auftraggeber für das Vorliegen der behaupteten schweren Verfehlung **beweisbelastet.**[25] Zudem hat der Auftraggeber bei einer Verfehlung, die nicht in einem gerichtlichen Urteil festgestellt wurde, dem Unternehmen rechtliches **Gehör** zu gewähren. Ist ein Strafverfahren gegen den Geschäftsführer des Unternehmens eingestellt worden, darf der öffentliche Auftraggeber davon ausgehen, dass dem Unternehmen keine schweren Verfehlungen nachgewiesen werden konnten.[26] 37

Bewerber oder Bieter *können* zudem von einem laufenden Vergabeverfahren gemäß dem neu eingeführten § 124 Abs. 1 Nr. 4 GWB ausgeschlossen werden, wenn der Öffentliche Auftraggeber über hinreichende Anhaltspunkte dafür verfügt, dass das Unternehmen **Vereinbarungen mit anderen Unternehmen getroffen hat, die eine Verhinderung, Einschränkung oder Verfälschung des Wettbewerbs bezwecken oder bewirken.** Die Formulierung in § 124 Abs. 1 Nr. 4, die Art. 57 Abs. 4 Buchst. d der Richtlinie 2014/24/EU umsetzt, greift die Formulierung des Verbots wettbewerbsbeschränkender Vereinbarungen in § 1 auf. 38

Nach der Gesetzesbegründung ist dieser fakultative Ausschlussgrund nicht auf Fälle von wettbewerbsbeschränkenden Vereinbarungen im Rahmen des laufenden Vergabeverfahrens beschränkt. Darüber hinaus sind nicht nur Submissionsabsprachen, sondern alle (horizontalen oder vertikalen) Kartellabsprachen erfasst. 39

„Hinreichende Anhaltspunkte" für eine wettbewerbsbeschränkende Abrede sollen jedenfalls dann vorliegen, wenn eine Kartellbehörde einen Verstoß in einer Entscheidung festgestellt hat. Die bloße Durchführung von kartellbehördlichen Ermittlungsmaßnahmen, beispielsweise Durchsuchungen, wird dagegen regelmäßig noch nicht ausreichen, um einen Ausschlussgrund nach Nr. 4 zu begründen. 40

Offen gelassen hat der Gesetzgeber die Frage, ob auch bei Kartellverfahren, die durch eine Vereinbarung („Settlement") mit der Kartellbehörde abgeschlossen wurden, von „hinreichenden Anhaltspunkten" ausgegangen werden kann. Hierfür wird in der Literatur angeführt, dass ein Settlement als „hinreichender Anhaltspunkt" für eine Verhinderung, Einschränkung oder Verfälschung des Wettbewerbs ausreicht, da dieser Vereinbarung umfangreiche Ermittlungen und die Anerkennung der Vorwürfe zugrunde liegen.[27] Zudem setzten Settlements eine Entscheidung der Kartellbehörde voraus, so dass in der Regel auch insoweit ein hinreichender Anhaltspunkt für eine wettbewerbsbeschränkende Abrede vorliegen dürfte.

---

[21] OLG München Beschl. v. 22.11.2012 – Verg 22/12, NZBau 2013, 261.

[22] VK Düsseldorf Beschl. v. 13.3.2006 – VK 08/2006-L, BeckRS 2014, 48940; VK Nordbayern Beschl. v. 22.1.2007 – 21.VK 3194-44/06, VPRRS 2007, 0066.

[23] OLG München Beschl. v. 22.11.2012 – Verg 22/12, NZBau 2013, 261.

[24] OLG Düsseldorf Beschl. v. 18.4.2018 – Verg 28/17, NZBau 2018, 486; OLG Saarland Beschl. v. 18.12. 2003 – 1 Verg 4/03, ZfBR 2003, 822; LG Berlin Urt. v. 22.3.2006 – 23 O 118/04, NZBau 2006, 397; VK Niedersachsen Beschl. v. 12.12.2011 – VgK 53/2011.

[25] OLG Düsseldorf Beschl. v. 29.1.2014 – Verg 28/13, NZBau 2014, 314; VK Hessen Beschl. v. 9.2.2004 – 69d VK 79/2003 u. 80/2003, IBRRS 2004, 0597; VK Lüneburg Beschl. v. 18.10.2005 – VgK 47/ 2005, VPRRS 2006, 0028; VK Niedersachsen Beschl. v. 12.12.2011 – VgK 53/2011; VK Nordbayern Beschl. v. 22.1.2007 – 21.VK 3194-44/06, IBRRS 2007, 0455.

[26] VK Lüneburg Beschl. v. 26.3.2019 – VgK 03/2019, VPRRS 2019, 0232.

[27] *Ulshöfer* VergabeR 2016, 327; *Mutschler-Siebert/Dorschfeldt* Vergaberechtliche Selbstreinigung und kartellrechtliche Compliance, BB 2015, 642.

Im Ergebnis kann daher nicht ausgeschlossen werden, dass ein Auftraggeber im Einzelfall das „Settlement“ mit einer Kartellbehörde zur Grundlage für eine Ausschlussentscheidung gemäß § 124 Abs. 1 Nr. 4 GWB macht.

41 § 124 Abs. 1 Nr. 5 GWB sieht den fakultativen Ausschluss für den Fall vor, dass im Rahmen des laufenden Vergabeverfahrens ein **Interessenkonflikt** im Hinblick auf die Unparteilichkeit einer für den öffentlichen Auftraggeber im Auswahlprozess tätigen Person besteht, der nicht wirksam durch andere, weniger einschneidende Maßnahmen beseitigt werden kann.

42 Nach § 124 Abs. 1 Nr. 6 GWB kann ein Unternehmen, das in die Vorbereitung des gerade laufenden Vergabeverfahrens einbezogen wurde, vom Vergabeverfahren ausgeschlossen werden, wenn die **durch die Vorbefassung entstandene Wettbewerbsverzerrung** nicht wirksam durch andere, weniger einschneidende Maßnahmen beseitigt werden kann. Ein derartiger Ausschluss kommt nur dann in Betracht, wenn keine andere Möglichkeit besteht, die Einhaltung der Pflicht zur Wahrung des Grundsatzes der Gleichbehandlung zu gewährleisten. Vor einem solchen Ausschluss muss den Bewerbern oder Bietern die Möglichkeit gegeben werden, nachzuweisen, dass ihre Beteiligung an der Vorbereitung des Vergabeverfahrens den Wettbewerb nicht verzerren kann.

43 Mit § 124 Abs. 1 Nr. 7 GWB wurde nunmehr eine weitere Ausschlussmöglichkeit aufgenommen. Danach kann ein Unternehmen von einem Vergabeverfahren ausgeschlossen werden, wenn es **bei der Ausführung eines früheren öffentlichen Auftrags in erheblichem Maße mangelhaft geleistet** hat. Dieser fakultative Ausschlussgrund liegt dann vor, wenn im Rahmen der Ausführung eines früheren öffentlichen Auftrags – nicht notwendigerweise desselben Auftraggebers – das Unternehmen eine wesentliche Anforderung erheblich oder fortdauernd mangelhaft erfüllt hat und dies auch zu einer vorzeitigen Beendigung, Schadensersatz oder einer vergleichbaren Rechtsfolge geführt hat. Eine einmalige mangelhafte Leistung kann nur dann einen Ausschlussgrund nach Nr. 7 begründen, wenn es sich dabei um eine erhebliche Schlechterfüllung einer wesentlichen Anforderung handelt.[28]

Erwägungsgrund 101 der Richtlinie 2014/24/EU führt als Beispiele für relevante Mängel Lieferungs- oder Leistungsausfall oder erhebliche Defizite der gelieferten Waren oder Dienstleistungen, die sie für den beabsichtigten Zweck unbrauchbar machten, an. Die mangelhafte Erfüllung einer wesentlichen vertraglichen Anforderung kann auch die Verletzung einer wesentlichen vertraglichen Pflicht sein, beispielsweise Verstöße gegen eine Verpflichtung zur Wahrung der Vertraulichkeit oder gegen wesentliche Sicherheitsauflagen. Erforderlich ist hier – ebenso wie bei den anderen fakultativen Ausschlussgründen – eine Prognoseentscheidung dahingehend, ob von dem Unternehmen trotz der festgestellten früheren Schlechtleistung im Hinblick auf die Zukunft zu erwarten ist, dass es den nunmehr zu vergebenden öffentlichen Auftrag gesetzestreu, ordnungsgemäß und sorgfältig ausführt.[29] Eine mangelhafte Erfüllung ist dabei jede nicht vertragsgerechte Erfüllung. Diese ist jedenfalls dann wesentlich, wenn sie den öffentlichen Auftraggeber in tatsächlicher und finanzieller Hinsicht deutlich belastet.[30] Beispielsweise stellt ein nicht genehmigter Nachunternehmereinsatz eine erhebliche oder fortdauernde mangelhafte Erfüllung einer wesentlichen Anforderung bei der Ausführung des früheren Vertrags dar.[31] Der öffentliche Auftraggeber muss bezüglich der Schlechterfüllung eines früheren öffentlichen Auftrags Gewissheit erlangt haben, insoweit dürfen keine vernünftigen Zweifel mehr bestehen.[32] Mindestens erforderlich sind aber Indiztatsachen von einigem Gewicht,[33] die im Wege einer kursorischen Prüfung zu plausibilisieren sind.

---

[28] Gesetzesbegründung S. 131.
[29] Gesetzesbegründung S. 131.
[30] OLG Düsseldorf Beschl. v. 28.3.2018 – Verg 49/17, NZBau 2018, 567.
[31] OLG Frankfurt Beschl. v. 3.5.2018 – 11 Verg 5/18, IBRRS 2018, 1999.
[32] OLG Düsseldorf Beschl. v. 11.7.2018 – Verg 7/18, NZBau 2018, 703.
[33] VK Baden-Württemberg Beschl. v. 24.1.2018 – 1 VK 54/17, IBRRS 2018, 1617.

Neben dem Vorliegen eines erheblichen Mangels ist für das Eingreifen dieses Ausschlussgrundes erforderlich, dass die Mängel zu einer vorzeitigen Beendigung, Schadensersatz oder einer vergleichbaren **Rechtsfolge** geführt haben. Eine Rechtsfolge muss jedoch nicht zu einer vorzeitigen vollständigen Beendigung des Vertragsverhältnisses geführt haben. Sie muss aber hinsichtlich ihres Schweregrades mit einer vorzeitigen Beendigung oder Schadensersatz vergleichbar sein. Insoweit kommt beispielsweise eine Ersatzvornahme in Betracht, aber auch das Verlangen nach umfangreichen Nachbesserungen.

Ob der Auftraggeber die **Rechtmäßigkeit der Kündigung** von dem Ausschluss abschließend klären muss, wird in der Rechtsprechung unterschiedlich beurteilt. Während die Vergabekammer Brandenburg eine Plausibilitätsprüfung der Kündigungsgründe ausreichen lässt,[34] fordert die Vergabekammer Südbayern eine zivilrechtlich wirksame Kündigung für die Begründung eines Ausschlusses. Ein unrechtmäßiges zivilrechtliches Vorgehen eines anderen öffentlichen Auftraggebers vermag einen Ausschluss nach § 124 Abs. 1 Nr. 7 GWB nicht zu rechtfertigen.[35] Einigkeit besteht allerdings insoweit, als die Tatsachen, auf die die Ausschlussentscheidung nach § 124 Abs. 1 Nr. 7 GWB gestützt wird, nicht unstreitig oder rechtskräftig festgestellt sein müssen.

Die **Zurechnungsvorschrift** des § 123 Abs. 3 GWB ist gemäß § 124 Abs. 1 Nr. 3 GWB auch auf fakultative Ausschlussgründe anwendbar.[36] Danach ist das Verhalten einer rechtskräftig verurteilten Person einem Unternehmen immer dann zuzurechnen, wenn diese Person als für die Leitung des Unternehmens Verantwortlicher gehandelt hat; dazu gehört auch die Überwachung der Geschäftsführung oder die sonstige Ausübung von Kontrollbefugnissen in leitender Stellung. Schon unter der alten Rechtslage stellte die Rechtsprechung bei Kapitalgesellschaften wegen der schweren Verfehlungen auf die verantwortlich handelnden natürlichen Personen ab. Dies ist bei einer Gesellschaft mit beschränkter Haftung der **Geschäftsführer**[37] oder auch ein Prokurist. Gleiches gilt *mutatis mutandis* für Personengesellschaften; auch bei diesen ist auf die Handlungen der verantwortlichen natürlichen Personen abzustellen.[38] 44

II. Zwingender Ausschluss

Zwingende Ausschlussgründe sind abschließend in § 123 GWB und § 6e Abs. 1 VOB/A-EU geregelt. Sie sind vorrangig zu prüfen und betreffen die rechtskräftige Verurteilung wegen eines Verstoßes gegen ein Strafgesetz wie zum Beispiel Bestechung und Geldwäsche, daneben auch verschiedene Vermögensdelikte zum Nachteil des Haushalts der Europäischen Union. Sie haben gemeinsam, dass sie die Integrität des Bieters bezüglich der Auftragsausführung in Frage stellen.[39] Beide Vorschriften basieren auf Art. 57 der Vergabekoordinierungsrichtlinie. Aufgrund der **Vorgaben der Vergabekoordinierungsrichtlinie** (Art. 57 VKR) bzw. der **EG-Sektorenrichtlinie** (Art. 80 SKR) **sind Vorkehrungen zu treffen,** um der Vergabe öffentlicher Aufträge an Wirtschaftsteilnehmer, die sich an einer kriminellen Vereinigung beteiligt oder der Bestechung oder des Betrugs zu Lasten der finanziellen Interessen der Europäischen Union oder der Geldwäsche schuldig gemacht haben, vorzubeugen. 45

Unternehmen sind gemäß § 123 Abs. 1 GWB und § 6e Abs. 1 VOB/A-EU von der Teilnahme an einem Vergabeverfahren auszuschließen, wenn der Auftraggeber Kenntnis davon hat, dass eine Person, deren Verhalten dem Unternehmen nach § 123 Abs. 3 GWB 46

---

[34] VK Brandenburg Beschl. v. 17.7.2018 – VK 11/18, IBRRS 2018, 3316.
[35] VK Südbayern Beschl. v. 8.4.2019 – Z3-3-3194-1-46-12/18, IBRRS 2019, 3150.
[36] Für die VOB/A: § 6e EU Abs. 6 Nr. 3 VOB/A, der auf § 6e EU Abs. 3 VOB/A verweist.
[37] OLG München Beschl. v. 22.11.2012 – Verg 22/12, NZBau 2013, 261; OLG Düsseldorf Beschl. v. 28.7.2005 – Verg 42/05, VPRRS 2005, 0603; OLG Saarland Beschl. v. 18.12.2003 – 1 Verg 4/03, ZfBR 2003, 822; VK Niedersachsen Beschl. v. 12.12.2011 – VgK 53/2011.
[38] VK Niedersachsen Beschl. v. 12.12.2011 – VgK 53/2011.
[39] *Hölzl/Ritzenhof* NZBau 2012, 28.

bzw. § 6e Abs. 3 VOB/A-EU zuzurechnen ist, rechtskräftig wegen Verstoßes gegen bestimmte Vorschriften verurteilt oder gegen das Unternehmen eine Geldbuße nach § 30 OWiG rechtskräftig festgesetzt worden ist.[40] Diese Vorschriften umfassen etwa die Eröffnung des Konkursverfahrens (Insolvenzverfahrens) oder die Nichterfüllung der Pflicht zur Zahlung von Steuern und Sozialabgaben. Den betriebsbezogenen Ausschlussgründen (Antrag auf Konkurseröffnung etc., Liquidation) liegt in der Regel kein Fehlverhalten zugrunde; deshalb entfällt der Ausschlussgrund, sobald die wirtschaftliche Schwierigkeit behoben ist. Die Nichterfüllung der Pflicht zur Zahlung von Steuern und Sozialabgaben stellt hingegen einen Gesetzesverstoß dar und kann in gravierenden Fällen zugleich das Ausschlusskriterium der Unzuverlässigkeit erfüllen.

47 Nach § 123 Abs. 1 GWB und § 6e Abs. 1 VOB/A-EU ist ein Unternehmen von dem Vergabeverfahren auszuschließen, wenn der Auftraggeber Kenntnis von einer zurechenbaren Verurteilung hat. Der Bieter hat die Möglichkeit, mit Hilfe amtlicher Urkunden den Nachweis zu führen, dass der Kenntnisstand des Auftraggebers falsch ist. Ein Unternehmen kann also nicht ausgeschlossen werden, wenn der Auftraggeber lediglich Zweifel daran hat, ob eine entsprechende Eigenerklärung eines Bieters richtig oder vollständig ist.[41] Nach § 6 Abs. 1 WRegG sind öffentliche Auftraggeber zudem nach § 99 GWB verpflichtet, vor der Erteilung des Zuschlags in einem Verfahren über die Vergabe öffentlicher Aufträge mit einem geschätzten Auftragswert ab 30 000 Euro ohne Umsatzsteuer bei der Registerbehörde abzufragen, ob im Wettbewerbsregister Eintragungen zu demjenigen Bieter, an den der öffentliche Auftraggeber den Auftrag zu vergeben beabsichtigt, gespeichert sind.

48 Das Verhalten einer rechtskräftig verurteilten Person ist dem Unternehmen dann zuzurechnen, wenn sie für dieses Unternehmen bei der Führung der Geschäfte selbst verantwortlich gehandelt hat (§ 123 Abs. 3 GWB) oder ein Aufsichts- oder Organisationsverschulden gemäß § 130 des Gesetzes über Ordnungswidrigkeiten (OWiG) einer Person im Hinblick auf das Verhalten einer anderen für das Unternehmen handelnden, rechtskräftig verurteilten Person vorliegt. Die Zurechnung scheitert, wenn sich das Unternehmen erfolgreich unter Berufung auf das Bestehen eines wirksamen Compliance-Systems exkulpieren kann.[42]

49 Nach Maßgabe der VK Lüneburg kann im Konzernverbund auch das Handeln der Muttergesellschaft der Tochtergesellschaft zugerechnet werden, wenn Mutter- und Tochterunternehmen auf dem gleichen Markt tätig sind und dieser Markt von den Verfehlungen betroffen war, eine Personenidentität des Geschäftsführers von Mutter- und Tochterunternehmen zum Zeitpunkt der schweren Verfehlung bestand und ein gesellschaftsrechtlich beherrschender Einfluss des Mutterunternehmens auf die Tochter vorliegt.[43] Das Europäische Gericht hat im Oktober 2013 entschieden, dass der Ausschluss der Konzernmuttergesellschaft wegen betrügerischem oder korruptem Verhalten nicht automatisch den Ausschluss einer Konzerntochtergesellschaft bedeutet. Vielmehr sei es notwendig, dass das Verhalten der Konzerntochtergesellschaft auch zugerechnet werden kann.[44]

E. Auftragssperre

50 Unabhängig von der Eignungsprüfung im Rahmen eines einzelnen Vergabeverfahrens können Unternehmen für eine gewisse Dauer von der Vergabe öffentlicher Aufträge aus-

---

40 Unverständlicherweise findet sich der Verweis auf die Geldbuße nach § 30 OWiG nicht in der VOB/A, sondern nur im GWB.

41 OLG Koblenz Beschl. v. 25.9.2012 – 1 Verg 5/12, ZfBR 2013, 69.

42 *Hölzl* § 97 Rn. 21 ff.

43 VK Lüneburg Beschl. v. 24.3.2011 – VgK 4/2011, NZBau 2011, 574.

44 EuG Urt. v. 15.10.2013 – T-457/10 u. T-474/10, BeckRS 2014, 80173 u. BeckRS 2014, 80176 – Evropaïki Dynamiki v European Commission.

geschlossen werden. Eine derartige Auftragssperre findet ihre Grundlage in Verwaltungsvorschriften, Erlassen und Gesetzen, zB von der Europäischen Kommission, internationalen Entwicklungsbanken oder Bundesländern.

Die Auftragssperre dient primär dem Schutz Öffentlicher Auftraggeber davor, mit unzuverlässigen Unternehmen eine vertragliche Beziehung einzugehen. Wie bereits oben angeführt, unterscheidet sich die Auftragssperre von dem einmaligen Ausschluss wegen Unzuverlässigkeit in einem konkreten Vergabeverfahren darin, dass die Auftragssperre unabhängig von Vergabeverfahren, also abstrakt, für einen gewissen Zeitraum verhängt wird. Es ist umstritten, ob Auftragssperren daneben einen **general- oder auch spezialpräventiven Charakter** haben, dh abschreckend oder auch strafend wirken sollen. 51

Pietzcker weist zu Recht darauf hin, dass die Auftragssperre de facto eine abschreckende und auch strafende Wirkung erzielt und dies insbesondere bei Unternehmen, die von öffentlichen Aufträgen oder Aufträgen der internationalen Entwicklungsbanken wirtschaftlich abhängig sind.[45] Auftragssperren sind rechtlich als **privatrechtliche Erklärung** einzuordnen, dass ein oder mehrere Öffentliche Auftraggeber für die Dauer der Sperre mit dem Unternehmen keine zivilrechtlichen Verträge abzuschließen gedenkt.[46] Aus diesem Grund stehen Auftragssperren grundsätzlich weder Europarecht noch deutschem Recht entgegen.[47] 52

Um die Wirkung von Auftragssperren zu erhöhen, sind Öffentliche Auftraggeber dazu übergegangen, ihre Auftragssperren zu koordinieren.[48] Dies gilt sowohl für Öffentliche Auftraggeber eines Bundeslandes, die sich bei der Verwaltungseinheit einer Auftragssperrliste die Zuverlässigkeit eines Bieters bestätigen lassen als auch für Internationale Entwicklungsbanken, die sowohl die Tatbestandsmerkmale für zu sanktionierende Praktiken als auch die Auftragssperre wechselseitig verhängen („cross-debarment", s.u. Ziff. E.IV.3). Gerade koordinierte Auftragssperren können für die gesperrten Unternehmen erhebliche wirtschaftliche Auswirkungen nach sich ziehen. Sind einzelne Unternehmen besonders von öffentlichen Aufträgen abhängig, wie zum Beispiel Unternehmen im Straßenbau, können Auftragssperren aufgrund der damit verbundenen Umsatzeinbußen, die Existenz des gesperrten Unternehmens bedrohen. 53

I. Voraussetzungen einer Auftragssperre

Eine Auftragssperre durch Aufnahme in ein Korruptionsregister, ob zeitlich befristet oder unbefristet, unabhängig von einer konkreten Auftragsvergabe ist den Vergabekoordinierungsrichtlinien 2014/24 und 2014/25 unbekannt. Regeln finden sich lediglich hinsichtlich der Aufhebung solcher Auftragssperren durch sog. „Selbstreinigung". Der Ausschluss eines Unternehmens von weiteren Vergabeverfahren wegen vorangegangenen Fehlverhaltens und daraus resultierender Unzuverlässigkeit ist in den europäischen Richtlinien nicht geregelt. Weder die Regelungen des deutschen Vergaberechts noch die europarechtlichen Reglungen enthalten jedoch Verbote zur Verhängung von Vergabesperren, soweit die Gründe für die Vergabesperre nicht nur für den Einzelfall, sondern generell geeignet sind, eine solche Ausschlussentscheidung zu rechtfertigen.[49] 54

Keine denkbare Rechtsgrundlage für das Betreiben einer Auftragssperre sind die vorgenannten Regeln zur Eignungsprüfung nach VOB oder VgV. Bei Auftraggebern erfolgt gerade keine einzelfallbezogene Eignungsprüfung.[50] Das Kammergericht hat entschieden, 55

[45] EuG Urt. v. 15.10.2013 – T-457/10 u. T-474/10, BeckRS 2014, 80173 u. BeckRS 2014, 80176 – Evropaïki Dynamiki v European Commission.
[46] OVG Lüneburg Urt. v. 19.1.2006 – 7 OA 168/05, NVwZ-RR 2006, 845; KG Urt. v. 8.12.2011 – 2 U 11/11, BSGE 112, 43; OLG Köln Beschl. v. 17.4.2013 – 11 W 2013, NZBau 2013, 600.
[47] Immenga/Mestmäcker/*Dreher* § 97 Rn. 160.
[48] LG Berlin Urt. v. 22.3.2006 – 23 O 118/04, NZBau 2006, 397.
[49] KG Urt. v. 17.1.2011 – 2 U 4/06, NZBau 2012, 65.
[50] *Ohrtmann* NZBau 2007, 278, aA: LG Berlin Urt. v. 22.3.2006 – 23 O 118/04, NZBau 2006, 397.

dass es keiner gesonderten gesetzlichen Ermächtigung für die Einrichtung einer Auftragssperre bedarf.[51]

Mit der Neuregelung der Auftragssperre in § 126 GWB hat der Gesetzgeber ausdrücklich darauf verzichtet, eine tatbestandliche Grundlage für Auftragssperren zu normieren. Dies überrascht angesichts der erheblichen wirtschaftlichen Konsequenzen für die betroffenen Unternehmen.

56 Voraussetzung einer jeden Auftragssperre ist zunächst die Feststellung einer besonders schwerwiegenden Verfehlung eines Unternehmens, welche die Zuverlässigkeit des Unternehmens nachhaltig in Frage stellt. Das Kammergericht stellt auf ***„Rechtsverstöße von einigem Gewicht"*** ab, ***„die sich unmittelbar auf die Durchführung eines öffentlichen Auftrags beziehen."***[52] Auch hier muss die Verfehlung nicht bereits zu einer Verurteilung geführt haben.[53] Aufgrund der besonders schwerwiegenden Rechtsfolge einer Auftragssperre, sind Öffentliche Auftraggeber gut beraten, besonders hohe Anforderungen an den Nachweis der Verfehlung zu stellen.

57 Dem Grundsatz der Verhältnismäßigkeit folgend muss die Dauer der Auftragssperre zeitlich begrenzt sein.[54] Die individuelle **Sperrfrist** muss somit in Abhängigkeit der Schwere der Verfehlung gewählt werden. Durch die Bestimmung der Sperrfrist wird auch der Zeitspanne Rechnung getragen, die das Unternehmen voraussichtlich für die Wiederherstellung der Zuverlässigkeit benötigen wird. Das Landgericht Berlin hat eine vierjährige Auftragssperre noch für verhältnismäßig gehalten.[55]

58 Aufgrund des privatrechtlichen Charakters der Erklärung über die Auftragssperre ist der ***Rechtsschutz*** vor den Zivilgerichten eröffnet.[56] Im Rahmen des Rechtsschutzes vor den Zivilgerichten geht das Oberlandesgericht Köln davon aus, dass eine Auftragssperre die Ankündigung eines bestimmten tatsächlichen Verhaltens des Auftraggebers im Rahmen zukünftiger Auftragsvergabeverfahren darstellt. Sie führt daher zu keiner unmittelbaren rechtlichen Wirkung zu Lasten des Auftragnehmers. Daher kann der Auftragnehmer gegen eine Auftragssperre nicht im Wege des vorläufigen Rechtsschutzes vorgehen, wenn noch kein weiteres Auftragsvergabeverfahren läuft oder konkret in Zukunft zu erwarten ist.[57]

II. Korruptionsregister des Bundes

59 Eine bundeseinheitliche Vergabesperrliste besteht derzeit in Deutschland noch nicht. In der Vergangenheit hat es immer wieder Bemühungen gegeben, ein solches zentrales Korruptionsregister des Bundes einzurichten.

60 So hatte die damalige Bundesregierung am 11.6.2002 den Entwurf eines Gesetzes zur Einrichtung eines Registers über unzuverlässige Unternehmen in den Bundestag eingebracht. Der Bundesrat hat am 27.9.2002 dieses Gesetz zur Einrichtung eines Registers über unzuverlässige Unternehmen („Korruptionsregister") abgelehnt, nachdem zuvor im Vermittlungsausschuss keine Einigung erzielt worden war.

61 Im Jahr 2005 wurde ein Referentenentwurf für ein bundesweites Korruptionsregistergesetz vorgelegt.[58] Das Gesetz wurde jedoch letztlich nicht verabschiedet.

62 Im Juni 2014 einigten sich die Justizminister von Bund und Ländern, ein bundesweit einheitliches Register einzurichten. Die Justizminister sehen in einer solchen Datenbank einen „wertvollen Beitrag zur Bekämpfung korruptiver und wirtschaftskrimineller Prakti-

---

51 KG Urt. v. 8.12.2011 – 2 U 11/11, BSGE 112, 43.
52 KG Urt. v. 8.12.2011 – 2 U 11/11, BSGE 112, 43.
53 KG Urt. v. 8.12.2011 – 2 U 11/11, BSGE 112, 43, LG Frankfurt a.M. Urt. v. 26.11.2003 – 345/03, NZBau 2004, 630.
54 KG Urt. v. 8.12.2011 – 2 U 11/11, BSGE 112, 43.
55 LG Berlin Urt. v. 22.3.2006 – 23 O 118/04, NZBau 2006, 397.
56 OVG Lüneburg Urt. v. 19.1.2006 – 7 OA 168/05, NZBau 2006, 396; LG Köln Beschl. v. 28.12.2013 – 17 O 74/13, ZfBR 2013, 606.
57 OLG Köln Beschl. v. 17.4.2013 – 11 W 20/13, NZBau 2013, 600.
58 BMWA Referentenentwurf v. 29.3.2005, I B 3-26 05 13.

ken", heißt es in dem Beschluss. Ein solches Register sei geeignet, einen fairen Wettbewerb unter den Bietern zu sichern und könne zudem Staat, Steuerzahler sowie integere Unternehmen vor Schäden bewahren. Vorbild für ein Bundesgesetz könnten demnach Landesregelungen von Schleswig-Holstein und Hamburg sein, die schon ein gemeinsames Register eingeführt haben. In den Eckpunkten zur Reform des Vergaberechts hat das Bundeskabinett am 7.1.2015 beschlossen, dass die Bundesregierung die Einführung eines zentralen bundesweiten Vergabeausschlussregisters und die Vereinheitlichung der inhaltlichen Regelungen prüfen will.

Am 18.7.2017 trat das Gesetz zur Einrichtung eines Registers zum Schutz des Wettbe- 63
werbs um öffentliche Aufträge und Konzessionen (WRegG) in Kraft. Die Einrichtung eines bundesweiten „Wettbewerbsregisters" soll es öffentlichen Auftraggebern ermöglichen, durch eine elektronische Abfrage bundesweit nachzuprüfen, ob es bei einem Bieterunternehmen zu wettbewerbsrelevanten Straftaten gekommen ist und schafft einen einheitlichen Rechtsrahmen für die Prüfung von Ausschlussgründen.[59]

Das Gesetz regelt abschließend die zur Eintragung von Unternehmen im Wettbewerbsregister führenden Straftaten und Ordnungswidrigkeiten. Eingetragen werden zum einen rechtskräftige Verurteilungen, Strafbefehle oder bestandskräftige Bußgeldentscheidungen wegen der Delikte, die gemäß § 123 Abs. 1 und Abs. 4 des Gesetzes gegen Wettbewerbsbeschränkungen (GWB) zwingend zum Ausschluss aus dem Vergabeverfahren führen (Bestechung, Menschenhandel, Bildung krimineller Vereinigungen, Terrorismusfinanzierung, Geldwäsche, Vorenthalten von Sozialabgaben, Steuerhinterziehung).

Zum anderen werden diejenigen fakultativen Ausschlussgründe nach § 124 GWB eingetragen, die die Vergabestellen bisher im Gewerbezentralregister abfragen mussten. Die Pflicht zur elektronischen Abfrage aus dem neuen Wettbewerbsregister soll die bisherige Pflicht der öffentlichen Auftraggeber nach dem Mindestlohngesetz und dem Schwarzarbeitsbekämpfungsgesetz zur Abfrage des Gewerbezentralregisters ersetzen.

Die Strafverfolgungsbehörden sowie die zur Verfolgung von Ordnungswidrigkeiten berufenen Behörden werden zur elektronischen Mitteilung von Informationen über Rechtsverstöße an die Registerbehörde verpflichtet. Registerführende Behörde wird eine Behörde im Geschäftsbereich des BMWi sein. Unternehmen, die eingetragen werden sollen, werden im Vorfeld von der Registerbehörde angehört und können Einwendungen geltend machen.

Öffentliche Auftraggeber und Konzessionsgeber sind nach § 6 WRegG ab einem Auftragswert von 30.000 EUR verpflichtet, vor Erteilung des Zuschlags für einen öffentlichen Auftrag beim Register elektronisch abzufragen, ob das Unternehmen, das den Auftrag erhalten soll, eingetragen ist. Die Abfragepflicht betrifft damit sowohl Vergabeverfahren oberhalb als auch unterhalb der EU-Schwellenwerte.

Die Eintragung in das Register führt nicht automatisch zu einem Ausschluss eines Unternehmens von der Teilnahme an einem Vergabefahren. Öffentliche Auftraggeber und Konzessionsgeber haben weiterhin eigenständig im Rahmen des ihnen zustehenden Beurteilungs- und Ermessensspielraums zu prüfen und zu entscheiden, ob ein Unternehmen aufgrund der Eintragung im konkreten Einzelfall ausgeschlossen wird. In der Regel wird jedoch die Eintragung wegen eines zwingenden Ausschlussgrundes zum Ausschluss aus dem Vergabeverfahren führen.

Nach Ablauf bestimmter Fristen (drei oder fünf Jahre) sind eingetragene Unternehmen aus dem Register zu löschen. Eingetragene Unternehmen haben zudem die Möglichkeit, nach erfolgter Selbstreinigung einen Antrag auf vorzeitige Löschung aus dem Register zu stellen (§ 8 WRegG). Die Voraussetzungen für die Anerkennung einer durchgeführten Selbstreinigung im Vergaberecht sind in § 125 GWB geregelt. Wenn die Registerbehörde zu dem Ergebnis kommt, dass das Unternehmen sich erfolgreich selbstgereinigt hat, wird die Eintragung gelöscht. In diesem Fall sind die Vergabestellen an die zentrale Entschei-

[59] *Mundt*, Wettbewerbsregister und Compliance: Der Ansatz des Bundeskartellamts, Der Betrieb 2020, 39.

dung der Registerbehörde gebunden und dürfen das Unternehmen nicht mehr ausschließen. Die Bindungswirkung entlastet sowohl die Wirtschaft als auch die Vergabestellen, weil die teilweise aufwändige Prüfung der Selbstreinigung nur einmal von der zentralen Registerbehörde durchgeführt wird. Falls der Löschungsantrag abgelehnt wird, kann das Unternehmen Rechtsschutz vor den Verwaltungsgerichten geltend machen.

III. Korruptionsregister der Länder

64 In zahlreichen Bundesländern bestehen Landeskorruptionsregister auf gesetzlicher Grundlage. Dazu zählen unter anderem die Bundesländer Berlin, Bremen[60], Hamburg[61] und Nordrhein-Westfalen. Per Erlass oder Ähnlichem sind Korruptionsregister geregelt in Baden-Württemberg, Rheinland-Pfalz und Hessen (seit 1997).[62] Insgesamt acht Bundesländer verfügen über kein landeseigenes Korruptionsregister im engeren Sinne. Das sind Bayern, Brandenburg, Mecklenburg-Vorpommern, Niedersachsen, Saarland, Sachsen, Sachsen-Anhalt und Thüringen.

65 In **Hessen** existiert ein sehr detaillierter Erlass der Hessischen Landesregierung über Vergabesperren zur Korruptionsbekämpfung.[63] Dieser enthält Verfahrensvorschriften über den Nachweis der Verfehlung, den Umfang der Sperre und die Einrichtung einer Melde- und Informationsstelle für Vergabesperren des Landes. Der Erlass verpflichtet die hessische Landesverwaltung bei geplanten Vergaben mit einem Wert über 15.000 EUR bei Dienstleistungsaufträgen, einem Wert über 25.000 EUR bei Lieferaufträgen bzw. einem Wert über 50.000 EUR bei Bauaufträgen vor der Vergabe bei der Melde- und Informationsstelle nachzufragen, ob die für die Vergabe in Aussicht genommene Firma vom Wettbewerb ausgeschlossen ist. Ist dies der Fall, übermittelt die Melde- und In-formationsstelle der Vergabestelle die Daten über die Sperre.

66 Der Erlass enthält auch Regelungen über die Voraussetzungen der Wiederzulassung von Unternehmen. Eine **Wiederzulassung** des ausgeschlossenen Unternehmens ist nach Ziff. 6 des Erlasses erst dann möglich, wenn erwartet werden kann, dass die Zuverlässigkeit des Unternehmens wiederhergestellt ist. Dies, so Ziff. 6.2 des Erlasses, kann in der Regel erwartet werden, wenn

- der Unternehmer durch geeignete organisatorische und personelle Maßnahmen Vorsorge gegen die Wiederholung der Verfehlungen getroffen hat (die weitere Zusammenarbeit mit den für die früheren Verfehlungen verantwortlichen Personen ist in aller Regel unzumutbar) und
- der Schaden ersetzt wurde oder eine verbindliche Anerkennung der Schadenersatzverpflichtung dem Grunde und der Höhe nach, verbunden mit der Vereinbarung eines Zahlungsplans, vorliegt und
- eine angemessene Sperrfrist von sechs Monaten verstrichen ist.

---

[60] Seit 2011.

[61] Nach der Verabschiedung der „Korruptionsregistergesetze" in Hamburg und Schleswig-Holstein wurde am 13.1.2014 das „Verwaltungsabkommen zur Einrichtung des gemeinsamen Registers zum Schutz fairen Wettbewerbs (Korruptionsregister)" zwischen beiden Ländern unterzeichnet und ein gemeinsames Register eingerichtet. Seit Anfang April 2016 hat die Finanzbehörde Hamburg nun das Register zum elektronischen Abruf zur Verfügung gestellt. Alle Auftraggeber iSd § 2 des Hamburgischen Vergabegesetzes (HmbVgG) sowie Empfängerinnen und Empfänger von Zuwendungen der Freien und Hansestadt Hamburg, die bei der Vergabe von Aufträgen zur Anwendung des Vergaberechts verpflichtet sind. Die Öffentlichen Auftraggeber sind verpflichtet, vor Entscheidungen über die Vergabe von Liefer- und Dienstleistungen sowie von Planungsleistungen ab einem Auftragswert von 25.000 EUR (ohne Umsatzsteuer) und vor Entscheidungen über die Vergabe von Bauleistungen ab einem Auftragswert von 50.000 EUR (ohne Umsatzsteuer) abzufragen, inwieweit Eintragungen im Register zu den für einen Zuschlag vorgesehenen Bieterinnen und Bietern, deren Geschäftsführungen, Bewerberinnen und Bewerbern sowie potenziellen Auftragnehmerinnen und Auftragnehmern vorliegen.

[62] Vgl. Überblick bei *Stoye* ZRP 2005, 265 Fn. 3, *Ohrtmann* NZBau 2007, 201 (278).

[63] Erlass v. 16.2.1995, StAnz 1995, 1308, neugefasst mit Erlassdatum v. 14.11.2007, StAnz 2007, 2327.

Daneben existiert in Hessen eine Mitteilung zur Korruptionsvermeidung in hessischen Kommunalverwaltungen.[64] 67

Der Erlass des Wirtschaftsministeriums und anderer Ministerien des Landes **Brandenburg** *„zur Bekämpfung unlauterer Beschäftigung"* geht über die Auftragssperren wegen Gesetzesverstößen hinaus und bezieht auch die *„wettbewerbsverzerrende Ausnutzung arbeits- und sozialrechtlicher Gestaltungsmöglichkeiten"* ein.[65] Dies betrifft nicht mehr den klar umrissenen Tatbestand der Auftragssperre wegen Unzuverlässigkeit, sondern den Einsatz öffentlicher Aufträge für weitere, sogenannte beschaffungsfremde Ziele. 68

Nach der Verabschiedung der jeweiligen „Korruptionsregistergesetze" in **Hamburg und Schleswig-Holstein** wurde das Verwaltungsabkommen zur Einrichtung des gemeinsamen Registers zum Schutz fairen Wettbewerbs (Korruptionsregister) zwischen beiden Ländern am 13.1.2014 unterzeichnet. Nach der Verabschiedung der jeweiligen „Korruptionsregistergesetze" in Hamburg und Schleswig-Holstein wurde am 13.1.2014 das „Verwaltungsabkommen zur Einrichtung des gemeinsamen Registers zum Schutz fairen Wettbewerbs (Korruptionsregister)" zwischen beiden Ländern unterzeichnet und ein gemeinsames Register eingerichtet. Am 5.4.2016 hat die Finanzbehörde nun das Register zum Schutz fairen Wettbewerbs zum elektronischen Abruf zur Verfügung gestellt. 69

Vor der Entscheidung über die Vergabe von öffentlichen Aufträgen sind alle Öffentlichen Auftraggeber verpflichtet, zu prüfen, ob es über die künftigen Auftragnehmer belastende Eintragungen im Register gibt. Liegen dort Erkenntnisse von Polizei oder Staatsanwaltschaft zB über Bestechung, Untreue, Geldwäsche, Urkundenfälschung, Steuerhinterziehung oder Schwarzarbeit vor oder sind dort Verstöße gegen die Tariftreue oder das Landesmindestlohngesetz verzeichnet, dann kann über Unternehmen eine Vergabesperre bis zu drei Jahren verhängt werden.

IV. Zulässiger Zeitraum für Ausschluss

Eine bedeutsame Frage bei der Beurteilung der Verhältnismäßigkeit einer Ausschlussentscheidung ist der Ablauf der Zeit zwischen dem Fehlverhalten und dem Zeitpunkt der Entscheidung über die Eignung. Generell ist bereits unter der alten Rechtslage angenommen worden, dass je länger das Fehlverhalten in der Vergangenheit zurückliegt, desto weniger beeinträchtigt ist die Zuverlässigkeit eines Bieters und desto geringer sind die Anforderungen an die zu ergreifenden Selbstreinigungsmaßnahmen. Diese Annahme lag dem Kammergericht Berlin zur Entscheidung vor,[66] das wie folgt entschied: 70

Wer, zumal vor Jahren, da die Anzeige von Dezember 2004 stammte, einen privaten Auftraggeber mit Schmiergeldern gefügig gemacht hat, muss deshalb noch nicht notwendig, selbst wenn eine Selbstreinigung noch nicht stattgefunden haben sollte, die für die anstehende Abwertung eines Bauauftrags erforderliche Zuverlässigkeit vermissen lassen.

Bei einem lange zurückliegenden Fehlverhalten ist, nach dem Kammergericht, davon auszugehen, dass dieses Fehlverhalten für die Beurteilung der Zuverlässigkeit des Unternehmens nur noch von geringer Bedeutung ist. 71

Aus diesem Grundsatz kann geschlossen werden, dass die Wiederherstellung der Zuverlässigkeit in manchen Fällen durch reinen Zeitablauf geschehen kann. Solange der Bieter sich kein neues Fehlverhalten zu Schulden hat kommen lassen, kann er seine Zuverlässigkeit wieder dadurch erlangen, dass er seit dem Fehlverhalten sein Unternehmen in verantwortungsvoller Weise geführt hat. Dies gilt umso mehr, wenn seit dem Fehlverhalten die Geschäftsführung oder die Gesellschafter des Unternehmens gewechselt haben. 72

---

[64] Erlass v. 15.12.2008, StAnz 3 2009, 132.

[65] Erlass v. 6.2.1996 ABl. 1996, 302. Ähnlich ein Erlass des Ministeriums für Wirtschaft des Landes Thüringen v. 1.12.1995, StAnz 1995, 2103.

[66] KG Urt. v. 13.3.2008 – 2 Verg 18/07, NZBau 2008, 466.

73 § 126 GWB regelt nunmehr erstmalig, dass der Ausschluss eines Unternehmens von Vergabeverfahren zeitlich zu begrenzen ist. Die Regel ist Ausfluss des Verhältnismäßigkeitsgrundsatzes und setzt Art. 57 Abs. 7 S. 2 und 3 der Richtlinie 2014/24/EU um. Die Umsetzung dieser Vorschrift in deutsches Recht geht inhaltlich nicht über die vorgenannte Regelung hinaus.

Nach § 126 GWB darf der Ausschluss eines Unternehmens wegen des Vorliegens eines Ausschlussgrundes nur während eines bestimmten Zeitraums nach der rechtskräftigen Verurteilung oder dem anderen betreffenden Ereignis erfolgen. Zudem darf die Dauer von Auftragssperren bestimmte Fristen nicht überschreiten. So darf ein Unternehmen bei Vorliegen eines zwingenden Ausschlussgrundes nach § 123 GWB höchstens fünf Jahre ab dem Tag der rechtskräftigen Verurteilung von der Teilnahme an Vergabeverfahren ausgeschlossen werden. Bei Vorliegen eines fakultativen Ausschlussgrundes nach § 124 darf der Ausschluss höchstens drei Jahre ab dem betreffenden Ereignis erfolgen. Zudem ist ein Ausschluss ausdrücklich nur dann zulässig, wenn das Unternehmen, bei dem ein Ausschlussgrund vorliegt, keine oder keine ausreichenden Selbstreinigungsmaßnahmen nach § 125 GWB ergriffen hat (hierzu unten Abschnitt F).

Der Zeitpunkt des Ereignisses, ab dem der zulässige Zeitraum zu laufen beginnt, bestimmt sich nach den Vorschriften zu den Ausschlussgründen (§§ 123 und 124 GWB). Bei den fakultativen Ausschlussgründen hängt es vom jeweils vorliegenden Ausschlussgrund ab, auf welches „betreffende Ereignis" abzustellen ist. So ist beispielsweise bei dem fakultativen Ausschlussgrund der Insolvenz des Bewerbers oder Bieters nach § 124 Abs. 1 Nr. 2 auf den Zeitpunkt abzustellen, an dem über das Vermögen des Unternehmens ein Insolvenzverfahren beantragt oder eröffnet worden ist. Bei dem fakultativen Ausschlussgrund eines Verstoßes gegen Wettbewerbsrecht nach § 124 Abs. 1 Nr. 4 kann das betreffende Ereignis insbesondere die Entscheidung der zuständigen Kartellbehörde über das Vorliegen eines Wettbewerbsverstoßes sein.[67]

74 § 126 regelt nicht nur den Zeitraum, innerhalb dessen das Vorliegen eines Ausschlussgrundes von einem öffentlichen Auftraggeber in einem konkreten Vergabeverfahren noch berücksichtigt werden darf, sondern auch die Höchstdauer von Auftragssperren, unabhängig von deren Art und Grundlage. Im Hinblick auf die Dauer einer Auftragssperre besteht innerhalb der durch § 126 festgelegten Grenzen Ermessen, bei dessen Ausübung die Schwere und die besonderen Umstände der Straftat oder des Fehlverhaltens berücksichtigt werden müssen. Bei der Bemessung der Auftragssperre im Einzelfall wird insbesondere der Verhältnismäßigkeitsgrundsatz zu beachten sein.[68] Nach der bestehenden Rechtsprechung bedarf eine über den Zeitraum von sechs Monaten hinausgehende Vergabesperre einer eingehenden Prüfung und Begründung[69]

V. Rechtsschutz

75 Die Rechtsprechung zum **Primärrechtsschutz gegen eine verhängte Auftragssperre** ist nicht einheitlich. Das OLG Schleswig argumentiert, dass sich die vergaberechtliche Beurteilung eines Ausschreibungsverfahrens durch die Nachprüfungsbehörden sich nicht darin erschöpft, die Vergabeentscheidung zu beurteilen. Das Nachprüfungsverfahren soll die Rechtmäßigkeit des Vergabeverfahrens insgesamt und nicht nur die der abschließenden Vergabeentscheidung **sichern.** Daher kann auch die Verhängung einer temporären Ausschreibungssperre, die vergaberechtlich begründet wird, von den Nachprüfungsbehörden überprüft werden.[70]

[67] Begr. des GE zu § 126 GWB, BT-Drs. 18/6281, S. 136ff.
[68] MwN: *Ulshöfer* VergabeR 2016, 327.
[69] OLG Düsseldorf Beschl. v. 25.7.2012 – Verg 27/12, ZfBR 2013, 310.
[70] Schleswig-Holsteinisches OLG Urt. v. 20.5.1999 –11 U 196/98, NZBau 2000, 263 – für den – alten – Vergabeüberwachungsausschuss.

Das OLG Köln differenziert danach, ob es sich um eine Klage gegen eine Vergabesperre handelt, die unabhängig von einem konkreten Vergabeverfahren erhoben worden ist. Lediglich wenn die Sperrentscheidung im Zusammenhang mit einem konkreten Vergabeverfahren angegriffen und der Zuschlag in diesem Verfahren aufgehalten oder in Frage gestellt werden soll, greift die ausschließliche Zuweisung nach § 156 Abs. 2 GWB ein.[71]

Rechtsschutz gegen die Eintragung eines Unternehmens in ein Korruptionsregister können je nach zugrunde liegendem Rechtsverhältnis auch durch die Verwaltungsgerichtsbarkeit überprüft werden.[72] Das VG Berlin hat – ohne den Rechtsweg zu problematisieren – über einen Antrag auf vorzeitige Löschung aus einem Korruptionsregister nach § 123 VwGO entschieden.[73] 76

VI. Internationale Beispiele von Auftragssperren

Internationale Organisationen haben in den letzten fünfzehn Jahren Auftragssperren eingeführt und stetig fortentwickelt. Die Evolution der Auftragssperren betrifft insbesondere die Ausgestaltung von Verfahrensregeln, die Harmonisierung der Ausschlusstatbestände und die Koordination der Sanktionierung zwischen den Internationalen Finanzierungsinstituten. 77

Ein aus Gründen der Rechtsstaatlichkeit gebotener nächster Schritt in der Evolution der Verfahren ist die Stärkung der Rechte der Beschuldigten. 78

1. Europäische Union

Für die Beschaffungen von EU Organen und für Beschaffungen, die von der EU finanziert werden, sind mögliche Ausschlusstatbestände im EU Haushaltsrecht geregelt. Daneben hat sich die EU mit Wirkung zum 1.1.2016 ein neues Vergabesperrsystem gegeben, das Elemente vergleichbarer Systeme von internationalen Finanzierungsinstituten aufgreift. Dies betrifft insbesondere die Veröffentlichung der Sanktionsentscheidung im Internet. 79

a) EU Haushaltsrecht als Grundlage für den Ausschluss in Vergabeverfahren. Rechtsgrundlage für die Beschaffung bzw. Finanzierung von Bau-, Liefer- und Dienstleistungen durch EU Organe ist das EU Haushaltsrecht. Dieses besteht aus der Haushaltsordnung sowie aus einer Anwendungsbestimmung.[74] 80

Nach Art. 106 Abs. 1c) HO müssen EU Organe Unternehmen von der Teilnahme an Vergabeverfahren ua dann ausschließen, wenn

„durch eine rechtskräftige Gerichts- oder eine endgültige Verwaltungsentscheidung festgestellt wurde, dass der Wirtschaftsteilnehmer im Rahmen seiner beruflichen Tätigkeit eine schwere Verfehlung begangen hat aufgrund eines Verstoßes gegen geltende Gesetze, Bestimmungen oder ethische Normen seines Berufsstandes oder aufgrund jeglicher Form von rechtswidrigem Handeln, das sich auf seine berufliche Glaubwürdigkeit auswirkt, wenn es vorsätzlich oder grob fahrlässig erfolgt."

Zu den schweren Verfehlungen nach Art. 106 Abs. 1c) HO zählen folgende Verhaltensweisen:

i) falsche Erklärungen, die im Zuge der Mitteilung der erforderlichen Auskünfte zur Überprüfung des Fehlens von Ausschlussgründen oder der Einhaltung der Eignungskriterien bzw. bei der Auftragsausführung

---

[71] OLG Köln Beschl. v. 17.4.2013 – 11 W 20/13, NZBau 2013, 600; LG Berlin Urt. v. 22.3.2006 – 23 O 118/04, NZBau 2006, 397; LG Düsseldorf Urt. v. 16.3.2005 – 12 O 225/04, VPRRS 2005, 0327; LG Köln Beschl. v. 28.2.2013 – 17 O 74/13, ZfBR 2013, 606.

[72] VG Köln Beschl. v. 7.6.2006 – 13 L 896/05, NZBau 2005, 488.

[73] VG Berlin Beschl. v. 9.8.2013 – 4 L 456.13, VPRRS 2013, 1373.

[74] Bei den Anwendungsbestimmungen handelt es sich um genauere, für die laufende Ausführung der Haushaltsordnung erforderliche technische Vorschriften. Seit dem 1.1.2016 gilt eine neue Haushaltsordnung in Verbindung mit neuen **Anwendungsbestimmungen.**

in betrügerischer Absicht oder durch Fahrlässigkeit abgegeben wurden, L 286/12 DE Amtsblatt der Europäischen Union 30. 10. 2015
ii) Absprachen mit anderen Wirtschaftsteilnehmern mit dem Ziel einer Wettbewerbsverzerrung,
iii) Verstoß gegen die Rechte des geistigen Eigentums,
iv) Versuch der Einflussnahme auf die Entscheidungsfindung des Öffentlichen Auftraggebers während des Vergabeverfahrens,
v) Versuch, vertrauliche Informationen über das Verfahren zu erhalten, durch die unzulässige Vorteile beim Vergabeverfahren erlangt werden könnten.

81 Andere Ausschlusstatbestände sind die Insolvenz des Unternehmens, die Begehung von Straftaten oder die in erheblicher Weise mangelhafte Auftragsausführung.

82 Nach Art. 106 Abs. 1c) HO müssen Unternehmen, deren schwere Verfehlung behördlich festgestellt wurde, von Auftragsvergaben von EU Organen daher im Grundsatz zwingend ausgeschlossen werden.[75] Die Haushaltsordnung sieht hierfür einen Ausschluss für die Dauer von maximal drei Jahren vor.[76] Wurden über einen Bieter finanzielle Sanktionen verhängt, so bleibt er für maximal fünf Jahre von Ausschreibungsprozessen ausgeschlossen.[77] Der Ausschluss muss mit dem Grundsatz der Verhältnismäßigkeit im Einklang stehen. Mithin müssen EU Organe die verstrichene Zeit, die Auswirkungen auf die finanziellen Interessen der EU und auch die Zusammenarbeit mit Ermittlungsbehörden in Ansatz bringen.

83 Der Ausschluss betrifft außerdem nicht nur diejenige juristische Person, die unmittelbar an dem Verstoß beteiligt war bzw. ist, sondern den gesamten „Wirtschaftsteilnehmer". Dieser kann ua auch aus einer Gruppe von juristischen Personen bestehen,[78] was ggf. einen gesamten Konzern erfasst. Dies bedeutet, dass nicht nur das jeweils betroffene Unternehmen, sondern auch dessen Tochtergesellschaften und verbundenen, von ihm kontrollierte Unternehmen von dem Ausschluss erfasst sind.

84 **b) Verhinderung des Ausschlusses durch Selbstreinigung.** Es bestehen allerdings Möglichkeiten, eine Vergabesperre zu Lasten der betroffenen Unternehme zu verhindern. Die Haushaltsordnung sieht eine Möglichkeit der Selbstreinigung von Unternehmen vor. Ein Ausschluss darf gemäß Art. 106 Abs. 7 HO nicht erfolgen, wenn **der Wirtschaftsteilnehmer Abhilfemaßnahmen nach Abs. 8 dieses Artikels getroffen und damit seine Zuverlässigkeit unter Beweis gestellt hat.**

Die Abhilfemaßnahmen in Art. 106 Abs. 8 HO stellen die folgenden Anforderungen an Unternehmen:

(8) Die in Absatz 7 genannten Maßnahmen, mit denen bezüglich der Ausschlusssituation Abhilfe geschaffen wird, können insbesondere Folgendes umfassen:
a) Maßnahmen zur Aufdeckung der Ursachen der Umstände, die zum Ausschluss geführt haben, sowie konkrete technische, organisatorische und personelle Maßnahmen in dem maßgeblichen Geschäftsbereich des Wirtschaftsteilnehmers, damit ein solches Verhalten berichtigt wird und in Zukunft nicht mehr vorkommt;
b) den Nachweis, dass der Wirtschaftsteilnehmer Maßnahmen zur Entschädigung oder Wiedergutmachung des Schadens oder Nachteils für die finanziellen Interessen der Union ergriffen hat, dem der Tatbestand zugrunde liegt, der zu der Ausschlusssituation geführt hat;
c) den Nachweis, dass der Wirtschaftsteilnehmer die von einer zuständigen Behörde verhängten Geldbußen bzw. die Steuern oder Sozialbeiträge nach Absatz 1 Buchstabe b gezahlt hat bzw. die Zahlung gewährleistet ist.

---

[75] Dies ist im Gegensatz zu Art. 57 der RL 2014/24/EU über die öffentliche Auftragsvergabe (ABl. 2014 L 94/65), die die im nationalen Recht für die Auftragsvergabe umzusetzenden Regeln vorgibt, ausdrücklich kein fakultativer Ausschlussgrund, der dem jeweiligen Auftraggeber ein Ermessen im Hinblick auf die Ausschlussentscheidung einräumt.
[76] Art. 106 Abs. 14c HO iVm Art. 106 Abs. 1c) HO.
[77] Art. 106 Abs. 15 HO.
[78] Art. 101 Abs. 1g) HO.

Im Unterschied zu den europäischen Richtlinien, und deren Umsetzung in deutsches Recht, ist die Begleichung von verhängten Geldbußen eine zusätzliche Anforderung der Selbstreinigung im Haushaltsrecht der EU. Ist einem Unternehmen zum Beispiel durch eine Entscheidung der EU Kommission (einschließlich einer Entscheidung im kartellrechtlichen Settlement-Verfahren) zum Abschluss eines Kartellverfahrens ein Bußgeld auferlegt worden, muss dieses Bußgeld zunächst entrichtet werden, bevor das Argument der Selbstreinigung vorgetragen werden kann. Die Anforderungen sind insoweit strenger als für die Selbstreinigung nach den EU-Vergaberichtlinien bzw. deren Umsetzung in § 125 GWB. 85

c) Zentrale Speicherung von Ausschlussentscheidungen: *„Early Detection and Exclusion System"*. Auf Initiative des Europäischen Parlaments wurde 1997 das europäische Frühwarnsystem (FWS) eingerichtet. Hierbei handelte es sich um eine interne IT-gestützte Datenbank der Europäischen Union, welche diejenigen Unternehmen und Individualpersonen identifiziert, die wegen ihrer Unzuverlässigkeit als Risiko insbesondere für EU-Haushaltsmittel betrachtet werden.[79] Seit dem 1.3.2004 stellte die Europäische Kommission entsprechende Warnmeldungen den übrigen Gemeinschaftsorganen, aber auch den sonstigen Gemeinschaftseinrichtungen und -agenturen sowie Drittländern, die Gemeinschaftsgelder oder sonstige Mittel, wie beispielsweise die des Europäischen Entwicklungsfonds, verwalten, zur Verfügung. Nach mehrfachen Änderungen fanden sich die Rechtsgrundlagen im Beschluss 2008/969/EG, Euratom der Kommission vom 16.12.2008 über das von den Anweisungsbefugten der Kommission und den Exekutivagenturen zu verwendende Frühwarnsystem.[80] 86

Um die finanziellen Interessen der Europäischen Union zu schützen hatten alle Institutionen, die mit der Verwaltung von Mitteln der Europäischen Union zu tun haben, Zugang zu einer **gemeinsamen Zentralen Ausschlussdatenbank (ZAD).** Darin waren alle Unternehmen und Organisationen erfasst, die aufgrund der nachfolgenden Umstände ein Risiko für die finanziellen Interessen der Europäischen Union darstellen konnten.[81] 87

Mit der Veränderung der EU-Haushaltsordnung ist zum 1.1.2016 das **„Early Detection and Exclusion System"** (EDES) eingeführt worden, das die bisherigen Systeme FWS und ZAD ersetzt. Gemäß Art. 105a Abs. 1 und Art. 106 HO wird eine neue Datenbank von der EU Kommission eingerichtet. In dieser Datenbank sollen zum Schutz der Haushaltsinteressen der EU verfügbare Informationen über Unternehmen gespeichert werden.[82] Hierzu gehören insbesondere Ausschlussentscheidungen in konkreten Vergabeverfahren. Diese Informationen werden von dem jeweiligen EU Auftraggeber im Rahmen seines laufenden Vergabeverfahrens und nach Unterrichtung des betreffenden Wirtschaftsteilnehmers in die Datenbank eingegeben. Eine solche Unterrichtung kann ausnahmsweise aufgeschoben werden, sofern aus zwingenden schutzwürdigen Gründen die Vertraulichkeit einer Untersuchung oder eines einzelstaatlichen Gerichtsverfahrens gewahrt werden muss, und zwar solange diese zwingenden schutzwürdigen Gründe zur Wahrung der Vertraulichkeit bestehen. 88

---

[79] Beschl. der Kommission v. 16.12.2008 über das von den Anweisungsbefugten der Kommission und den Exekutivagenturen zu verwendende Frühwarnsystem (2008/969/EG – Euratom), ABl. Nr. L 344, 125, zuletzt geändert durch Beschl. 2011/C 180/06 der Kommission v. 17.6.2011, ABl. Nr. C 180, 11.

[80] Beschl. über das von den Anweisungsbefugten der Kommission und den Exekutivagenturen zu verwendende Frühwarnsystem (2008/969/EG – Euratom), ABl. Nr. L 344, 125.

[81] Die Zentrale Ausschlussdatenbank war unmittelbar in der Europäischen Haushaltsordnung (HO), nämlich in deren ex Art. 108 HO, sowie den Anwendungsbestimmungen zur Haushaltsordnung, dort in Art. 144, vorgesehen. Nach Art. 106 HO mussten Unternehmen, auf die einer der in ex Art. 106 HO genannten Umstände zutrifft, von der Teilnahme an allen Verfahren zur Vergabe von öffentlichen Aufträgen oder zur Gewährung von Finanzhilfen der Gemeinschaft ausgeschlossen werden. Darunter fielen gem. Art. 106 Abs. 1 lit. e) HO zum Beispiel auch solche Unternehmen, die rechtskräftig wegen Korruption verurteilt wurden.

[82] Durch das Früherkennungs- und Ausschlusssystems sollen nach Art. 105a HO Informationen ausgetauscht werden, die in einer von der Kommission eingerichteten Datenbank zentralisiert und verwaltet werden (Art. 108 Abs. 1 HO).

89 EDES soll vor allem gewährleisten:[83]
– die frühzeitige Erkennung eines Wirtschaftsteilnehmers, der ein Risiko für die finanziellen Interessen der Union darstellt,
– den Ausschluss eines Wirtschaftsteilnehmers vom Erhalt finanzieller Hilfen aus den Fonds der Union (vgl. Art. 106 Abs. 1 HO),
– die Verhängung einer finanziellen Sanktion gegen einen Wirtschaftsteilnehmer (Art. 106 Abs. 13 HO).

In den schwersten Fällen erfolgt ferner eine Veröffentlichung von Informationen über den Ausschluss und gegebenenfalls die verhängte finanzielle Sanktion auf den Internetseiten der Kommission, um die abschreckende Wirkung zu verstärken (Art. 106 Abs. 16 und 17 HO).

90 **d) Verfahren.** Ist bei einem Unternehmen zum Beispiel von der EU Kommission ein relevantes Fehlverhalten festgestellt worden, könnte ein EU Organ gegen das Unternehmen eine Ausschlusssanktion verhängen.[84] Nur in Ermangelung einer rechtskräftigen Gerichts- bzw. endgültigen Verwaltungsentscheidung[85] müssen[86] EU Organe zunächst das in der Haushaltsordnung nunmehr vorgesehene Gremium[87] anrufen und um eine Sanktionsempfehlung (Ausschluss/finanzielle Sanktionen) zu dem konkreten Fall bitten.

91 Das Gremium sollte sich aus einem ständigen Vorsitzenden, Vertretern der Kommission und einem Vertreter des jeweiligen öffentlichen Auftraggebers zusammensetzen. Bei der Zusammensetzung des Gremiums soll sichergestellt werden, dass geeignetes rechtliches und technisches Fachwissen zur Verfügung steht. Das Gremium erhält ein ständiges, bei der Kommission angesiedeltes Sekretariat, das für seine laufende Verwaltung zuständig ist.

92 Das Verfahren für das Gremium ist in Art. 108 Abs. 8 HO niedergelegt. Dort sind auch die Verfahrensrechte des Unternehmens festgeschrieben, dem ein Anhörungsrecht und ein Recht zur Stellungnahme (binnen einer Frist von 15 Tagen) eingeräumt wird. Hier werden im Einzelfall von den betroffenen Unternehmen insbesondere die ergriffenen Selbstreinigungsmaßnahmen darzulegen sein.

Das Gremium entscheidet binnen 45 Tagen nach Anrufung durch den EU Auftraggeber. Die Empfehlung für einen Ausschluss und/oder die Verhängung einer finanziellen Sanktion muss je nach Einzelfall folgende Angaben enthalten:

a) die in Artikel 106 Absatz 2 genannten Sachverhalte oder Erkenntnisse und ihre vorläufige rechtliche Bewertung;
b) eine Beurteilung, ob und in welcher Höhe eine finanzielle Sanktion verhängt werden soll;
c) eine Beurteilung, ob der betreffende Wirtschaftsteilnehmer ausgeschlossen werden soll, und, sollte dies der Fall sein, einen Vorschlag für die Dauer des Ausschlusses;
d) eine Beurteilung, ob die Informationen über den Wirtschaftsteilnehmer, der ausgeschlossen wurde und/oder gegen den eine finanzielle Sanktion verhängt wurde, veröffentlicht werden sollen;
e) eine Beurteilung der vom Wirtschaftsteilnehmer eventuell ergriffenen Abhilfemaßnahmen.

93 Erwägt der Öffentliche Auftraggeber eine strengere Entscheidung als die von dem Gremium empfohlene, stellt er sicher, dass diese Entscheidung unter gebührender Berücksichtigung des Anspruchs auf rechtliches Gehör und der Vorschriften über den Schutz personenbezogener Daten getroffen wird.[88]

94 Der Unternehmer kann beim Europäischen Gerichtshof Rechtsschutz gegen die Empfehlung des Gremiums begehren (Art. 108 Abs. 11 HO). Die EU hat den Bieter über alle

[83] Art. 105a Abs. 1 HO.
[84] Art. 106 Abs. 1 HO.
[85] Art. 106 Abs. 2 HO.
[86] Art. 108 Abs. 5 HO.
[87] Das Gremium solle die kohärente Funktionsweise des Ausschlusssystems gewährleisten (Erwägungsgrund 10 zur HO).
[88] Art. 108 Abs. 9 HO.

Schritte zu informieren, um Transparenz zu gewährleisten. Zudem ist in der Haushaltsordnung ein Einsichtsrecht für EU Organe in die EDES-Datenbank vorgesehen (Art. 106 Abs. 12 HO).

Das neue EDES-System ist in die Vergabepraxis der EU Organe über den jährlich von der EU-Kommission aktualisierten *„PRAG – Practical Guide to Financial and Contractual Procedures for EU External Actions"* eingebunden. PRAG regelt die Vergabeverfahren für Ausschreibungen und Aufrufe zur Einreichung von Vorschlägen für Zuschüsse durch Drittstaatenprogramme der EU. 95

„insbesondere die Schwere des Tatbestands, einschließlich seiner Auswirkungen auf die finanziellen Interessen und den Ruf der Europäischen Union, die seit dem Tatbestand verstrichene Zeit, die Dauer seines Bestehens, ob es sich um einen Wiederholungsfall handelt, ob Vorsatz oder grobe Fahrlässigkeit vorliegt und welche Abhilfemaßnahmen der Betreffende ergriffen hat."

Bei der Festlegung der Ausschlussdauer dem Unternehmen Gelegenheit zur Stellungnahme gegeben werden.

2. Weltbank

Die Weltbank Gruppe[89] („Weltbank" im Folgenden) hat sich zwei besonders elaborierte 96
Systeme der Auftragssperre gegeben. Im Gegensatz zu den vorgenannten Auftragssperrlisten besteht die Weltbank in ihren Sperrsystemen aus generalpräventiven Gründen auf der öffentlichen Nennung der von der Auftragsvergabe gesperrten Unternehmen und Individualpersonen.[90]

Zum einen besteht für Beschaffungsvorhaben der Weltbank für eigene Zwecke („cor- 97
porate procurement") die Möglichkeit, Lieferanten von der Auftragsvergabe auszuschließen. Die Regeln für eine solche Ausschlussentscheidung sind in der World Bank **Vendor Eligibility Policy** niedergelegt.[91] Danach werden ungeeignete, dh insbesondere auch unzuverlässige, Vertragspartner nicht mehr bei Einkäufen der Weltbank berücksichtigt. Als unzuverlässig werden Vertragspartner ua dann eingestuft, wenn diese sich eines Fehlverhaltens schuldig gemacht haben. Als Fehlverhalten definiert die Policy Bestechung, Betrug, Nötigung, Absprachen und Rechtsbehinderung.[92]

Zuständig für die Verhängung der Auftragssperre ist der Weltbank Direktor der **Strate-** 98
gy, Performance and Administration (SPADR).[93] Dieser kann im Einzelfall eine verhängte Auftragssperre verlängern oder verkürzen, wenn während des Laufs einer Auftragssperre neue Erkenntnisse gewonnen werden. Die für unzuverlässig erklärten Lieferanten finden sich auf einer eigens eingerichteten Internetseite der Abteilung corporate procurement der Weltbank.

Hiervon zu unterscheiden ist das **Weltbank Sanktionsverfahren,** das in den Weltbank 99
Regeln zum Sanktionsverfahren[94] niedergelegt ist. Das Sanktionsverfahren, welches ebenfalls in einer Auftragssperre des betroffenen Unternehmens münden kann, betrifft jedoch nicht Vergabeverfahren zur Deckung des eigenen Bedarfs der Weltbank. Vielmehr betrifft die Auftragssperre von der Weltbank finanzierte Aufträge, die von Empfängerländern vergeben werden. Die Vergabe dieser Aufträge folgt zwei Richtlinien, nämlich den **Procurement Guidelines** und den **Consultant Guidelines.**

[89] Neben der Internationale Bank für Wiederaufbau (IBRD) und der Internationale Entwicklungsorganisation (IDA) gehören zur Weltbankgruppe die Internationale Finanz-Corporation, das Internationale Zentrum zur Beilegung von Investitionsstreitigkeiten und die Multilaterale Investitions-Garantie-Agentur.
[90] Liste mit gesperrten Unternehmen findet sich unter: https://www.worldbank.org/.
[91] Zuletzt überarbeitet im März 2017.
[92] Im Wortlaut: corruption, fraud, coercion, collusion and obstruction.
[93] Ziff. 1.1 der Vendor Eligibility Policy.
[94] World Bank Sanctions Procedures, as adopted by the World Bank as of January 1, 2011.

100 In einem der Auftragssperre vorgeschalteten zweiphasigen Sanktionssystem, das in den **Sanctions Procedures** geregelt ist,[95] ermöglicht die Weltbank dem betroffenen Unternehmen, zu den Vorwürfen Stellung zu nehmen.

101 Anknüpfungspunkt für ein Sanktionsverfahren ist ein Fehlverhalten eines Unternehmens oder einer Individualperson, das sich unter einen der fünf vorgenannten Sanktionstatbestände subsumieren lässt: Bestechung, Betrug, Nötigung, Absprachen und Rechtsbehinderung.

102 Gelangt das Fehlverhalten eines Unternehmens dem Integrity Vice-Presidency der Weltbank (INT im Folgenden) zur Kenntnis, nimmt es als Untersuchungsorgan der Weltbank eigene Ermittlungen des Falles auf. INT kann Kenntnis von Fehlverhalten durch Whistleblower erlangt haben aber auch durch eine Selbstanzeige des Betroffenen oder durch eine parallele eigene Untersuchung.

103 Gelangt INT nach Abschluss der Untersuchungen zur Überzeugung, dass eine sanktionswürdige Praxis vorliegt, legt sie dem Weltbank Suspension and Debarment Officer (SDO/EO) eine proposed notice of sanctions proceedings vor. Dieses Dokument fasst die Anschuldigungen gegen das Unternehmen zusammen (statement of accusation and evidence, SAE) und enthält die Beweismittel.

104 Der SDO/EO evaluiert die von INT gesammelten Beweismittel. Hält er die Vorwürfe für plausibel[96], informiert er das betroffene Unternehmen hierüber und gibt diesem die Möglichkeit, binnen einer Frist Stellung zu nehmen (Notice of Sanctions Proceedings). Bereits zu diesem Zeitpunkt kann der SDO/EO das betroffene Unternehmen vorübergehend von der Vergabe von durch die Weltbank finanzierten Projekten sperren. Die Notice of Sanctions Proceedings enthält bereits die vorgeschlagene Sanktion gegen das Unternehmen. Diese Sanktion tritt unmittelbar in Kraft, wenn das betroffene Unternehmen dieser Sanktion nicht binnen 90 Tagen widerspricht, und wird im Internet veröffentlicht. Auf der Grundlage der Stellungnahme des Unternehmens zu den Vorwürfen kann der SDO/EO die Notice of Sanctions Proceedings zurücknehmen, die vorgeschlagene Sanktion modifizieren oder die vorläufige Vergabesperre aufheben. Bestreitet das Unternehmen die Vorwürfe nicht, tritt die vom SDO/EO vorgeschlagene Sanktion automatisch ein. Widerspricht das Unternehmen den Vorwürfen oder der vorgeschlagenen Sanktion, leitet der SDO/EO das Verfahren an das **Sanctions Board der Weltbank** weiter.

105 Das Sanctions Board besteht derzeit aus vier unabhängigen Mitgliedern, die der Weltbank nicht angehören. Das Verfahren vor dem Sanctions Board ist detailliert in den Sanctions Procedures geregelt. Das Sanctions Board beurteilt den Fall und die präsentierten Beweismittel von Neuem (de novo review) und kann hierzu auch eine mündliche Verhandlung abhalten. In diesem Verfahren vor dem Sanctions Board übernimmt INT die Rolle einer Anklagevertretung. In der Entscheidungsfindung ist das Sanctions Board nicht an die Empfehlung des SDO/EO gebunden. Die Strafhöhe bemisst sich nach der Schwere der Verfehlung. Gemeinsam mit anderen Entwicklungsbanken hat sich die Weltbank auf einheitliche Standards verständigt.[97] Seit seiner Etablierung im Jahr 2007 hat das Sanctions Boards mehr als 120 Entscheidungen getroffen.[98] Nur in 16% der Verfahren kam das Sanctions Board zu der Entscheidung, dass keine Sanktion ausgesprochen werden sollte.[99]

106 Ein **Rechtsmittel** gegen die Entscheidung des Sanctions Board ist nicht vorgesehen, diese ist endgültig. Eine etwaige Auftragssperre wird sehr zeitnah zur Entscheidung des Sanctions Board auf der Internetseite veröffentlicht.

107 Im September 2010 wurde eine **„baseline sanction"** eingeführt. Diese besteht aus einer Auftragssperre, gewöhnlich von drei Jahren. Diese zeitige Auftragssperre perpetuiert sich so lange, bis das Unternehmen Bedingungen erfüllt hat, die ihm vom Sanctions Board

[95] Leroy/Fariello, The World Bank Group Sanctions Process and Its Recent Reforms, 2012.
[96] Der Standard lautet „more likely than not".
[97] General Principles and Guidelines for Sanctions.
[98] Word Bank Group Sanctions Board, Law Digest (2019), S. 11.
[99] Word Bank Group Sanctions Board, Law Digest (2019), S. 9.

im Einzelfall gesetzt wurden. Eine derartige Bedingung könnte zum Beispiel die Einführung eines adäquaten Compliance Management Systems sein, dessen Wirkung durch einen Compliance Monitor bestätigt werden muss (conditional release-Verfahren).

Im März 2012 hat die Weltbank begonnen, die Entscheidungen des Sanctions Board im Internet zu veröffentlichen. Auf diese Weise ist es Interessierten möglich, sich über die laufende Jurisdiktion des Sanctions Boards zu informieren. 108

3. Koordination der Vergabesperren (cross-debarment)

Multilaterale Entwicklungsbanken (MEB) haben im September 2006 begonnen, ihre Vergabesperren zu koordinieren. Hierzu wurde ein Abkommen unterzeichnet über den übergreifenden Ausschluss von Unternehmen und Einzelpersonen, die sich im Zusammenhang mit Entwicklungsprojekten, die von MEB finanziert wurden, eines Fehlverhaltens schuldig gemacht haben. An dem neuen Abkommen, das sich auf Ausschlüsse von **mehr als einjähriger Dauer** bezieht, sind beteiligt: die Afrikanische Entwicklungsbank-Gruppe, die Asiatische Entwicklungsbank, die Europäische Bank für Wiederaufbau und Entwicklung, die Interamerikanische Entwicklungsbank-Gruppe und die Weltbankgruppe. Nach den Bestimmungen des Abkommens können gegen Unternehmen oder Einzelne, die von einer MEB ausgeschlossen wurden, Sanktionen für dasselbe Fehlverhalten von anderen unterzeichneten Entwicklungsbanken beschlossen werden. 109

In der Vereinbarung von 2006 kamen die Institutionen überein, ihre Definitionen von sanktionierbaren Praktiken zu harmonisieren und Beweismaterialien in Untersuchungen untereinander auszutauschen. Zudem wurde die Gründung einer Taskforce (International Financial Institutions Anti-Corruption Task Force) beschlossen. 110

Die Koordination der Auftragssperren wurde im Abkommen über die gegenseitige Anerkennung und gemeinsame Durchsetzung von Sanktionen vom 9.4.2010 weiter vertieft. Grundlage war die Festlegung gemeinsamer Tatbestände verbotener Praktiken, gemeinsamer Grundsätze für die Durchführung von Untersuchungen und gemeinsamer Prinzipien für Sanktionsverfahren, insbesondere die Trennung zwischen dem Ermittlungsorgan und dem Organ, dass die Sanktion verhängt. 111

In der Folge wurden gemeinsame Richtlinien für Untersuchungen, die Verhängung von Sanktionen und die Behandlung von Unternehmensgruppen[100] erlassen.[101] 112

Aus Sicht betroffener Unternehmen ist die koordinierte Vergabesperre besonders nachteilig. Hat eine MEB gegen das Unternehmen eine Auftragssperre von mehr als einem Jahr verhängt, so wird das Unternehmen automatisch auch von den anderen vorgenannten MEBs von der Vergabe von durch die MEBs finanzierten Aufträgen gesperrt, wobei die anderen MEBs durchaus eine abweichende Sanktion verhängen können. Eine abermalige Überprüfung der Rechtmäßigkeit der Sanktion findet nicht statt, insbesondere nehmen die MEBs keine de novo Untersuchung des zugrundeliegenden Fehlverhaltens vor. Ebenso wenig wird das Unternehmen noch einmal angehört, bevor die Auftragssperre verhängt wird. Auch wenn die Koordination zwischen den MEBs ein wirksames generalpräventives Mittel ist, so bestehen doch aufgrund der Einschränkung der Verfahrensrechte der Unternehmen auch Rechtmäßigkeitsbedenken gegen die Koordination von Vergabesperren. 113

F. Selbstreinigung

Unternehmen, bei denen ein Ausschlussgrund nach § 123 oder § 124 GWB vorliegt, dürfen dann nicht von Auftragsvergaben ausgeschlossen werden, wenn sie eine „Selbstreinigung" iSd § 125 GWB nachweisen können. Die Vorschrift basiert auf Art. 57 Abs. 6 der 114

[100] V. 10.9.2012.

[101] Beide Dokumente sind verfügbar auf: www.crossdebarment.org.

VKR. Erstmals werden damit die Voraussetzungen normativ definiert, unter denen das Unternehmen seine Integrität wiederherstellen kann.

115 Der Prozess der Selbstreinigung ist ein international anerkanntes Instrument, um Unternehmen insbesondere nach Korruptions- oder Betrugsvorfällen zu ermöglichen, wieder an Verfahren zur Vergabe öffentlicher Aufträge teilzunehmen und ihre Zuverlässigkeit wiederherzustellen. Danach können Unternehmen, selbst wenn Ausschlussgründe vorliegen, von Öffentlichen Auftraggebern zur Teilnahme an Vergabeverfahren zugelassen werden, wenn die Unternehmen geeignete Maßnahmen getroffen haben, um die Folgen eines rechtswidrigen Verhaltens zu beheben und ein künftiges Fehlverhalten wirksam zu verhindern.

116 Lässt sich aufgrund der getroffenen Maßnahmen belegen, dass das Unternehmen die Selbstreinigung ernsthaft und konsequent betrieben hat, berechtigt das zur Erwartung, dass das Unternehmen auch in Zukunft allenfalls auftretenden Verdachtsmomenten nachgehen und bei Vorliegen eines hinreichenden Verdachts die gebotenen personellen und/oder organisatorischen Maßnahmen ergreifen wird. Hierzu sind jedoch alle Ursachen des *Fehlverhaltens zu beseitigen, so dass die Annahme gerechtfertigt ist,* dass künftig keine Verfehlungen mehr drohen. An eine solche *Selbstreinigung* sind jedoch hohe Anforderungen zu stellen.[102]

I. Rechtsgrundlage

117 Erstmalig wurden das Institut der Selbstreinigung und seine Voraussetzungen in den Europäischen Richtlinien 2014/23, 2014/24 und 2014/25 geregelt. Das Institut ist Ausfluss des **Verhältnismäßigkeitsgrundsatzes:** Der Ausschluss eines Unternehmens wegen eines in der Vergangenheit liegenden Fehlverhaltens ist unverhältnismäßig, wenn das Unternehmen jedenfalls die folgenden Voraussetzungen erfüllt habe:[103]

- einen eventuell entstandenen Schaden wiedergutmacht;
- den Sachverhalt umfassend aufklärt und dabei mit Ermittlungsbehörden und Vergabestellen zusammenarbeitet;
- konkrete technische, organisatorische und personelle Maßnahmen ergriffen hat, die geeignet sind, weitere Straftaten oder weiteres Fehlverhalten zu vermeiden.

Diese Voraussetzungen sind in § 125 Abs. 1 GWB übernommen worden.

118 Die Ausschlusstatbestände der §§ 123 und 124 GWB bezwecken zum einen den Schutz der öffentlichen Haushalte und der Interessen einer **vertragsgerechten Vertragserfüllung.**[104] Wenn das betroffene Unternehmen jedoch bereits effektive Selbstreinigungsmaßnahmen erlassen hat, kann ein zwingender oder auch fakultativer Ausschlussgrund nicht für notwendig betrachtet werden, um zu erreichen, nur mit zuverlässigen Unternehmen zu kontrahieren. Ein Unternehmen hat insbesondere dann effektive Selbstreinigungsmaßnahmen ergriffen, wenn die Personen, die sich das Fehlverhalten zu Schulden haben kommen lassen, aus dem Unternehmen entfernt und die notwendigen strukturellen und organisatorischen Änderungen herbeigeführt wurden, die eine Wiederholung des Fehlverhaltens verhindern. Auf diese Weise kann die Zuverlässigkeit eines Unternehmens wiederhergestellt werden. Das Ziel, nur mit zuverlässigen Unternehmen einen Vertrag abzuschließen, um öffentliche Haushaltsmittel zu schützen, kann so mit einem milderen Mittel als einem vollständigen Ausschluss von der Auftragsvergabe erreicht werden.

119 Das Gleiche gilt bezogen auf die Zielsetzung von § 123 GWB, insbesondere Korruption und anderes **Fehlverhalten von Relevanz für die Öffentliche Auftragsvergabe zu bekämpfen.** Wenn die Personen, die in das Fehlverhalten involviert waren, von ihren Positionen entfernt wurden und die notwendigen strukturellen und organisatorischen Maßnahmen ergriffen wurden, um sicherzustellen, dass eine Wiederholung des Fehlver-

[102] Immenga/Mestmäcker/*Dreher* § 97 Rn. 166, OLG Düsseldorf Beschl. v. 9.4.2003 – Verg 43/02, NZBau 2003, 578, LG Berlin Urt. v. 22.3.2006 23– O 118/04, NZBau 2006, 397, *Kreßner* S. 156ff.; VK Niedersachsen Beschl. v. 12.12.2011 – VgK-53/2011, ZfBR 2012, 727.

[103] *Prieß/Stein* NZBau 2008, 233.

[104] Sehr ausf. zur Verhältnismäßigkeit: Pünder/Prieß/Arrosmith, Self-cleaning in Public Procurement, 2010.

haltens ausgeschlossen ist, wird die Zielsetzung von § 123 GWB der **Korruptionsprävention** erreicht. Ein Unternehmen, das erfolgreich Compliance-Systeme eingeführt hat, seine Mitarbeiter im Bereich der Korruptionsvermeidung, des Wettbewerbs- und des Strafrechts schult, bindende Verhaltensrichtlinien erlassen hat und einen Compliance Officer beschäftigt, stellt ein geringeres Risiko im Hinblick auf die Begehung von Straftaten dar als ein Unternehmen, das nicht wegen einer Straftat verurteilt wurde, bislang aber auch keine Compliancemaßnahmen ergriffen hat.

Zusammenfassend lässt sich festhalten, dass die Regeln über den zwingenden Ausschluss 120 von Bietern von Auftraggebern dann nicht anzuwenden sind, wenn ein Unternehmen erfolgreich Selbstreinigungsmaßnahmen durchgeführt hat. In diesem Fall ist es Auftraggebern nicht gestattet, solche Unternehmen per se auszuschließen. Dies würde nach den vorstehenden Ausführungen den Grundsatz der Verhältnismäßigkeit verletzen: ein Ausschluss ist weder geeignet noch erforderlich, um die Ziele von § 123 GWB zu erreichen.

Die aus dem Verhältnismäßigkeitsgrundsatz folgende Einschränkung der Ausschlusstat- 121 bestände entspricht im Übrigen auch der ständigen Rechtsprechung von Vergabekammern und Oberlandesgerichten in Deutschland. Das Institut der Selbstreinigung ist im deutschen Vergaberecht mit seinen spezifischen Voraussetzungen seit Langem richterrechtlich anerkannt. Im Einklang mit ständiger Rechtsprechung sind Öffentliche Auftraggeber dort angehalten, einzelfallbezogen festzustellen, ob vor dem Hintergrund des Fehlverhaltens noch Bedenken gegen die Eignung des Bieters bestehen.[105] Liegt eine schwere Verfehlung vor, hat der Öffentliche Auftraggeber nicht an dieser Stelle seine Eignungsprüfung zu beenden, sondern zum einen zu fragen, inwieweit sich die Verfehlung auf den konkreten Auftrag auswirkt, und zum anderen, ob sich der Bieter zwischenzeitlich im Wege der Selbstreinigung vom Verdacht der Unzuverlässigkeit befreit hat, so dass von ihm eine ordnungsgemäße Ausführung des Auftrags erwartet werden kann.[106] Dies setzt voraus, dass der Bieter Vorsorge dafür getroffen hat, dass erneute Verfehlungen verhindert werden. Dazu zählen in erster Linie ein Bemühen um die Aufklärung der Vorgänge, ohne welche eine Vermeidung der Verfehlungen nicht möglich ist, sowie personelle und organisatorische Konsequenzen, um diejenigen, die an den Vorgängen beteiligt waren, an der erneuten Vornahme der inkriminierten Handlungen zu hindern. Bei juristischen Personen betrifft diese Forderung neben den Geschäftsführern auch leitende Angestellte, wenn diese verantwortlich gehandelt haben.

Für die Durchführung und Darlegung der Maßnahmen zur Selbstreinigung ist das be- 122 troffene Unternehmen darlegungspflichtig und beweisbelastet.[107]

II. Anwendungsbereich der Selbstreinigung

Bevor die Voraussetzungen einer Selbstreinigung betrachtet werden, soll der Blick zunächst 123 auf den Anwendungsbereich dieses Instruments gerichtet werden. Neben dem zeitlichen Moment für die Berücksichtigung einer Selbstreinigung ist für den Anwendungsbereich auch interessant, bei welchen Ausschlussgründen der gesetzliche Selbstreinigungsmechanismus sachlich überhaupt in Frage kommt.

In zeitlicher Hinsicht stellt sich zum einen die Frage, bis zu welchem Zeitpunkt der 124 Öffentliche Auftraggeber Selbstreinigungsmaßnahmen zu berücksichtigen hat oder diese noch berücksichtigen kann. Die gesetzlichen Regelungen zur Selbstreinigung geben keine entsprechenden Hinweise.[108] Aufgrund des sachlichen und normativen Zusammen-

[105] OLG Düsseldorf Beschl. v. 9.4.2003 – Verg 66/02, VPRRS 2003, 0475; OLG Frankfurt Beschl. v. 20.7. 2004 – 11 Verg 6/04, VergabeR 2004, 642; VK Lüneburg Beschl. v. 24.3.2011 – VgK-4/11, NZBau 2011, 574.
[106] EuGH Urt. v. 3.10.2019 – C-267/18, EuZW 2019, 952.
[107] Begr. des GE zu § 126 GWB, BT-Drs. 18/6281, S. 133.
[108] *Gabriel/Ziekow* VergabeR 2017, 119 (128).

hangs mit den Vorschriften über die Eignung ist mit der verbreiteten Auffassung[109] davon auszugehen, dass die Maßnahmen zur Selbstreinigung jedenfalls so in Gang gebracht sein müssen und dies durch den Bieter oder Bewerber derart nachgewiesen ist, dass der Öffentliche Auftraggeber bei der Eignungsprüfung in der Lage ist, die Zuverlässigkeit des betreffenden Unternehmens als Prognoseentscheidung zu prüfen. Wann die Eignungsprüfung stattfindet und die Eignungsnachweise erbracht sein müssen, hängt von der konkreten Verfahrensart ab. An die Beurteilung der Eignung aufgrund erfolgter oder erfolgender Selbstreinigung ist der Öffentliche Auftraggeber gebunden. Dementsprechend folgt aus einer Ausschlussentscheidung mangels ausreichender Selbstreinigung(-sbemühung), dass die Ausschlussentscheidung nicht nachträglich korrigiert werden kann. Dies widerspräche dem Gleichbehandlungsgrundsatz, da anderenfalls jeder Eignungsmangel bei jedem Bieter oder Bewerber nachträglich heilbar sein müsste. Dies ist aber nicht der Fall. Warum dies bei einem Selbstreinigungssachverhalt anders sein sollte, ist nicht ersichtlich. Weiter muss die materielle Eignung nach den allgemeinen Grundsätzen spätestens im Zeitpunkt der Auftragserteilung vorliegen.

125 Zeitlich relevant ist auch, zu welchem Zeitpunkt außerhalb eines konkreten Vergabeverfahrens eine Selbstreinigung Rechtswirkungen entfalten kann. Zunächst ist darauf hinzuweisen, dass über den Mechanismus der Präqualifizierung gewisse Aspekte der Eignungsprüfung in einem konkreten Vergabeverfahren vorweggenommen werden können. Im Rahmen des Präqualifizierungsverfahrens bzw. der Streichung eines Unternehmens von der Liste präqualifizierter Unternehmen ist eine Selbstreinigung wegen des Bezugs zur Eignungsprüfung zu berücksichtigen.

126 Eine zeitliche Beschränkung für die Berücksichtigung der Selbstreinigung besteht schließlich nicht, wenn ein Unternehmen wegen eines Fehlverhaltens in eines der einschlägigen Register eingetragen ist. Zwar bestehen Löschungsfristen, aber es besteht in aller Regel ein Interesse der Unternehmen an einer vorzeitigen Löschung einer Eintragung. Gegenüber der Registerbehörde können Selbstreinigungsmaßnahmen folglich angezeigt und eine Löschung aus dem Register erreicht werden.[110]

127 Die Anforderungen an eine erfolgreiche Selbstreinigung finden nicht auf alle Ausschlussgründe gleichermaßen Anwendung. Dies hängt damit zusammen, dass der in § 125 Abs. 1 GWB normierte Selbstreinigungsmechanismus nicht bei jedem Ausschlussgrund zur Beseitigung des Umstands führt, der den Ausschluss rechtfertigt.

128 § 125 Abs. 1 S. 2 GWB legt fest, dass § 123 Abs. 4 S. 2 GWB unberührt bleibt. Der Ausschlussgrund nach § 123 Abs. 4 GWB bezieht sich auf den Verstoß gegen die Verpflichtung zur Entrichtung von Steuern, Abgaben oder Beiträgen zur Sozialversicherung. Wenn ein solcher Verstoß durch rechtskräftige Gerichts- oder bestandskräftige Verwaltungsentscheidung festgestellt worden ist, sind Unternehmen zu jedem Zeitpunkt des Vergabeverfahrens von der Teilnahme auszuschließen. Der § 123 Abs. 4 S. 2 GWB, der gemäß § 125 Abs. 1 S. 2 GWB unberührt bleibt, normiert insoweit ein vereinfachtes Selbstreinigungsverfahren. Es reicht bei diesem Verstoß für die Selbstreinigung, dass das betreffende Unternehmen sich verpflichtet hat, die Zahlung der Steuern, Abgaben und Beiträge zur Sozialversicherung einschließlich Zinsen, Säumnis- und Strafzuschlägen vorzunehmen. Dasselbe gilt natürlich erst recht, wenn die Zahlung vorgenommen worden ist. In der Literatur wird zu Recht angenommen, dass dieser spezielle Selbstreinigungstatbestand[111] die Anwendbarkeit der allgemeinen Selbstreinigungsvorschriften aus § 125 Abs. 1 S. 1 GWB ausschließt.[112]

129 Weiter nimmt die Literatur[113] an, dass eine Selbstreinigung nach § 125 Abs. 1 GWB mangels Geeignetheit zur Wiederherstellung der diesbezüglichen Unzuverlässigkeit auch

[109] Pünder/Schellenberg/*Kaufmann*, Vergaberecht, 3. Aufl. 2019, GWB § 125 Rn. 9.
[110] Vgl. § 8 Wettbewerbsregistergesetz.
[111] BT-Drs. 18/6281, S. 104.
[112] Pünder/Schellenberg/*Kaufmann*, Vergaberecht, 3. Aufl. 2019, GWB § 125 Rn. 40.
[113] KKPP/*Prieß*/*Simonis*, GWB-Vergaberecht, 4. Aufl. 2016, § 125 Rn. 5.

bei dem fakultativen Ausschlussgrund nach § 124 Abs. 1 Nr. 2 GWB nicht in Betracht kommt. Dieser Auffassung dürfte ohne Weiteres zuzustimmen sein. Die Erfüllung der in § 125 Abs. 1 GWB normierten Tatbestandsvoraussetzungen für eine Selbstreinigung helfen dem Zustand der Zahlungsunfähigkeit nicht ab. Zudem sind wirtschaftliche Fehlentscheidungen und äußere Umstände kein zu sanktionierendes Fehlverhalten wie dasjenige, das dem Gedanken der Selbstreinigung zugrunde liegt. Stattdessen dürfte eine ermessensfehlerfreie Entscheidung über den fakultativen Ausschluss wegen § 124 Abs. 1 Nr. 2 GWB eher davon abhängen, ob das Unternehmen eine so vielversprechende Sanierungsprognose nachzuweisen im Stande ist, dass eine Erfüllung eventueller vertraglicher Pflichten gesichert erscheint. Ein solcher Nachweis gelingt aber nicht mit dem Selbstreinigungsmechanismus nach § 125 Abs. 1 GWB. Dieselbe Ratio dürfte zum einen für den fakultativen Ausschlussgrund nach § 124 Abs. 1 Nr. 6 GWB und denjenigen nach § 124 Abs. 1 Nr. 5 GWB gelten. In beiden Fällen sind die Selbstreinigungsmaßnahmen nach § 125 Abs. 1 GWB nicht geeignet, den jeweiligen Ausschlussgrund zu beseitigen.[114]

III. Voraussetzungen der Selbstreinigung

Vorstehend wurde erläutert, dass der Verhältnismäßigkeitsgrundsatz erfordert, die Ausschlusstatbestände der §§ 123 und 124 GWB in den Fällen einzuschränken, in denen eine Selbstreinigung stattgefunden hat. Eine solche effektive Selbstreinigung setzt nach § 125 GWB die folgenden Kriterien voraus, nämlich die aktive Mitwirkung an der Aufklärung des Sachverhalts, die Wiedergutmachung des entstandenen Schadens, personelle und organisatorische Veränderungen sowie die Einführung eines Compliance-Systems. 130

1. Wiedergutmachung des Schadens

Nur wenn ein Unternehmen sich zu seiner Verantwortung bekennt, Einsicht und Reue zeigt und das Fehlverhalten seiner Mitarbeiter ausgleicht, kann davon ausgegangen werden, dass das Unternehmen derartiges Fehlverhalten nicht mehr dulden wird. Insoweit ist der Ersatz des Schadens auch ein bedeutsames Signal an die eigenen Mitarbeiter. Der Ersatz des Schadens wird grundsätzlich die Form einer Geldleistung annehmen.[115] Da ein Schaden aber auch immateriell entstehen kann, ist auch eine anderweitige Wiedergutmachung denkbar.[116] 131

In der Rechtsprechung[117] und der Literatur[118] war unter der alten Rechtslage lange Zeit umstritten, ob die Wiedergutmachung des Schadens tatbestandliche Voraussetzung einer Selbstreinigung war. Diese Frage ist nun durch die eindeutige Regelung des § 125 Abs. 1 GWB geklärt. Danach muss das betroffene Unternehmen den Schaden ersetzen, der durch die dem Unternehmen zuzurechnende Straftat oder das Fehlverhalten dem öffentlichen Auftraggeber oder einem anderen entstanden ist. § 125 GWB setzt damit Art. 57 Abs. 6 der Richtlinie 2014/24/EU um, der regelt, dass jeder Schaden ersetzt werden muss, der durch die Straftat oder das Fehlverhalten des Unternehmens verursacht wurde. Alternativ genügt es auch, wenn sich das Unternehmen zur Zahlung eines Ausgleichs verpflichtet hat, es also die Verpflichtung zur Leistung eines Schadensersatzes dem Grunde und der Höhe nach verbindlich anerkannt hat.[119] 132

[114] KKPP/Prieß/Simonis, GWB-Vergaberecht, 4. Aufl. 2016, § 125 Rn. 5.

[115] S. a. Ziff. 6.2 des hessischen Gemeinsamen Runderlasses zum Ausschluss von Bewerbern und Bietern wegen schwerer Verfehlungen, Erlass v. 16.2.1995 (StAnz. S. 1308), neugefasst mit Erlassdatum v. 14.11. 2007 (StAnz. S. 2327).

[116] Pünder/Prieß/Arrowsmith/*Prieß/Pünder/Stein,* Selfcleaning in Public Procurement Law, S. 77.

[117] Abl.: OLG München Beschl. v. 22.11.2012 – Verg 22/12, NZBau 2013, 261; Einschränkend: KG Urt. v. 17.1.2011 – 2 U 4/06, NZBau 2012, 65.

[118] *Dreher/Hoffmann* NZBau 2012, 265, *Prieß* NZBau 2012, 425, NZBau 2009, 587.

[119] So bereits: LG Berlin Urt. v. 22.3.2006 – 23 U 118/04, NZBau 2006, 3.

133 Ist eine Schadensersatzforderung zwar dem Grunde nach unstreitig berechtigt, besteht aber über die Höhe des Schadens Unklarheit oder Streit, kann es für die Anerkennung von Selbstreinigungsmaßnahmen unter Umständen nach dem Willen des Gesetzgebers ausreichen, wenn das Unternehmen seine Verpflichtung zur Schadensersatzleistung dem Grunde nach anerkennt. Falls die genaue Bezifferung des Schadens noch nicht möglich ist bzw. an Umständen scheitert, die nicht dem Unternehmen zugerechnet werden können, oder falls die Höhe der Schadensersatzforderungen streitig ist, kann es unverhältnismäßig sein, dem Unternehmen allein aus diesem Grund eine Selbstreinigung zu verweigern. Von einem Unternehmen könne nicht verlangt werden, so die Gesetzesbegründung, dass es Schadensersatzforderungen anerkennt oder ausgleicht, die nicht substantiiert und möglicherweise unbegründet sind, damit seine Selbstreinigungsmaßnahmen als ausreichend angesehen werden.[120]

Das Recht des Unternehmens, einen streitigen Schadensersatzanspruch vor einem Gericht im Rahmen eines Schadensersatzprozesses zu klären, soll, nach dem Willen des Gesetzgebers, durch die Regelung zur Selbstreinigung nicht beeinträchtigt werden. Daher kann unter Umständen, wenn der verursachte Schaden nicht offensichtlich und unstreitig ist, der Ersatz nur des unstreitig entstandenen Schadens und bzw. oder eine Anerkennung der Verpflichtung zum Ausgleich des Schadens nur dem Grunde nach ausreichen. Insbesondere bei Kartellverstößen kann es angesichts der dabei häufig schwierigen Feststellung des Gesamtschadens und der Identität der einzelnen Gläubiger unter Umständen ausreichend für die Selbstreinigung sein, wenn das Unternehmen sich generell zum Ersatz des durch seine Beteiligung an einem Kartell entstandenen Schadens bereit erklärt beziehungsweise gegenüber Gläubigern, die konkret Schadensersatzforderungen geltend machen, die Verpflichtung zum Ausgleich des Schadens dem Grunde nach anerkennt.[121]

134 Eine Wiedergutmachung des Schadens kann aber daran scheitern, dass ein Unternehmen sich weigert, falls erforderlich an der Aufklärung der Schadenshöhe mitzuwirken. Das Unternehmen ist nach § 125 Abs. 1 Nr. 2 GWB zur umfassenden Aufklärung des Sachverhalts verpflichtet, wozu dem Wortlaut der Norm nach auch die Schadenshöhe gehört.[122] Eine Anerkennung dem Grunde nach reicht dann nicht aus.[123]

2. Aufklärung des Sachverhalts

135 Das Vertrauen in seine Zuverlässigkeit kann ein Unternehmen wiederherstellen, indem es die Ermittlungsbehörden und den Auftraggeber aktiv bei der Sachverhaltsaufklärung unterstützt.[124] Das Unternehmen muss den Sachverhalt anhand ihm zugänglicher Informationen ermitteln und die Verantwortlichkeiten der beteiligten Personen umfassend und zeitnah aufklären. Dies erfordert zunächst eine gründliche interne Untersuchung und Aufklärung des Fehlverhaltens. Zur erfolgreichen Erfüllung dieser Anforderung ist es erforderlich, dass das Unternehmen sich ändernde Umstände ebenfalls unverzüglich auch nachträglich mitteilt.[125]

136 Über die interne Aufklärung des Sachverhalts hinaus hatte das Oberlandesgericht Düsseldorf bereits unter der alten Rechtslage die Auffassung vertreten, dass eine erfolgreiche Selbstreinigung neben personellen Veränderungen auch eine nachhaltige Unterstützung der Sachverhaltsaufklärung durch Ermittlungsbehörden bedingt.[126] Das Unternehmen hatte eine Sonderprüfung durch externe Wirtschaftsprüfer veranlasst und die Ergebnisse den Ermittlungsbehörden zur Verfügung gestellt.[127] Die Zusammenarbeit mit den Ermittlern

[120] Begr. des GE zu § 126 GWB, BT-Drs. 18/6281, S. 133.
[121] Begr. des GE zu § 126 GWB, BT-Drs. 18/6281, S. 133.
[122] *Burgi* NZBau 2014, 595.
[123] Pünder/Schellenberg/*Kaufmann,* Vergaberecht, 3. Aufl. 2019, GWB § 125 Rn. 15.
[124] LG Berlin NZBau 2006, 397, 399, *Dreher/Hoffmann* NZBau 2012, 265.
[125] EuGH Urt. v. 20.12.2017 – C-178/16, NZBau 2018, 307.
[126] OLG Düsseldorf Beschl. v. 9.4.2003 – Verg 66/02, VPRRS 2003, 0475.
[127] OLG Frankfurt Urt. v. 20.7.2004 – 11 Verg 6/04, VergabeR 2004, 642.

ist mithin eine weitere Voraussetzung der Selbstreinigung. Unternehmen müssen ihre Bücher und Tore für die Ermittler öffnen und gegenüber den Ermittlern ein Höchstmaß an Transparenz herstellen.

Daneben sieht § 125 Abs. 1 Nr. 2 GWB das Unternehmen ausdrücklich auch in der Pflicht, den Auftraggeber bei der Aufklärung des Sachverhalts zu unterstützen. Auch dies war von der Rechtsprechung auch für die alte Rechtslage bereits konstatiert worden.[128] Unter der neuen Rechtslage leitet die Gesetzesbegründung die Aufnahme der Kooperationspflicht mit dem Auftraggeber aus einer extensiven Auslegung von Art. 57 Abs. 6 der Richtlinie 2014/24/EU. Dort sei von „Ermittlungsbehörden" die Rede, so dass neben dem Sinn und Zweck der Regelung insbesondere auch die englische Sprachfassung der Richtlinie, in der von „investigating authorities" die Rede ist, sowie die französische Sprachfassung, die von „autorités chargées de l'enquête" spricht, für diese Auslegung spreche. Diese Sprachfassungen legten nahe, dass nicht „Ermittlungsbehörden" im engeren Sinne, sondern „ermittelnde Behörden" gemeint seien. Der Öffentliche Auftraggeber muss zur Prüfung der Zuverlässigkeit des Bieters in der Lage sein, die durchgeführten Selbstreinigungsmaßnahmen vor dem Hintergrund des bestehenden Ausschlussgrundes zu beurteilen. Da der Bieter, bei dem ein Ausschlussgrund vorliegt, mit seinem Delikt oder Fehlverhalten die Ursache für die Notwendigkeit einer Selbstreinigungsprüfung gesetzt hat, muss er auch den das Vergabeverfahren durchführenden Öffentlichen Auftraggeber durch aktive Zusammenarbeit in die Lage versetzen zu bewerten, ob die ergriffenen Selbstreinigungsmaßnahmen unter Berücksichtigung der Schwere und der besonderen Umstände der Straftat oder des Fehlverhaltens ausreichend sind (vgl. § 125 Abs. 2). Eine Sachverhaltsaufklärungspflicht im Hinblick auf alle Details der Straftat oder des Fehlverhaltens besteht gegenüber dem öffentlichen Auftraggeber aber nicht, sondern nur hinsichtlich der für seine Prüfung relevanten Umstände.[129] 137

Der EuGH hat diese extensive Umsetzung der Richtlinienvorschrift durch den deutschen Gesetzgeber in der Sache Vossloh Laeis GmbH/Stadtwerke München GmbH bestätigt.[130] Die Vergabekammer Südbayern[131] hat dem EuGH im Zusammenhang mit der Sachverhaltsaufklärung und der Zusammenarbeit mit dem öffentlichen Auftraggeber verschiedene Fragen vorgelegt. Zum einen ging es darum, ob die deutsche Umsetzung des Art. 57 Abs. 6 UAbs. 2 der RL 2014/24 in § 125 Abs. 1 Nr. 2 GWB mit der Richtlinie vereinbar ist. Während die Richtlinie an dieser Stelle nur von der aktiven Zusammenarbeit mit den Ermittlungsbehörden spricht, verlangt das deutsche Umsetzungsrecht eine aktive Zusammenarbeit mit Ermittlungsbehörden *und* öffentlichen Auftraggebern. Zum anderen wollte die vorlegende Vergabekammer wissen, ob die Pflicht zur aktiven Zusammenarbeit mit den öffentlichen Auftraggebern so weit reicht, dass öffentliche Auftraggeber über die Möglichkeit der Zuverlässigkeitsprüfung hinaus von den dadurch erlangten Informationen profitieren können. In dem streitgegenständlichen Fall haben die Stadtwerke München von dem Unternehmen die Vorlage des Bußgeldbescheids vom Bundeskartellamt verlangt. Dadurch hätten sie auf vergaberechtlichem Wege Informationen zu ihren zivilrechtlich durchzusetzenden Kartellschadensersatzansprüchen auch gegen Vossloh Laeis erlangt. Zuletzt ging es bei den Vorlagefragen um den Zeitpunkt, ab dem die Frist für die Ausschlussdauer zu berechnen ist. Nach Art. 57 Abs. 7 S. 3 der RL 2014/24 beträgt der höchstzulässige Zeitraum für die Wirkung eines Ausschlussgrunds drei Jahre „ab dem betreffenden Ereignis". Dieses betreffende Ereignis, das einen Ausschluss begründet, kann je nach Lesart Entscheidungsdatum der sanktionierenden Behörde sein oder der Zeitpunkt der Beendigung des den Ausschluss begründenden Verhaltens, zB Ende der Kartellbeteiligung. 138

[128] OLG Düsseldorf Beschl. v. 9.4.2003 – Verg 66/02, VPRRS 2003, 0475; OLG Düsseldorf Beschl. v. 28.7.2004 – Verg 42/05, VPRRS 2005, 0603; LG Berlin Urt. v. 22.3.2006 – 23 O 118/04, NZBau 2006, 397.

[129] Begr. des GE zu § 126 GWB, BT-Drs. 18/6281, S. 134f.

[130] EuGH Urt. v. 24.10.2018 – C-124/17, EuZW 2019, 295.

[131] VK Südbayern Beschl. v. 7.3.2017 – Z3-3-3194-1-45-11/16, NZBau 2017, 509.

139 Die erste Frage hat der EuGH positiv zu Gunsten des deutschen Umsetzungsrechts beantwortet. Zur Begründung verweist er auf die unterschiedlichen Funktionen der Ermittlungsbehörden und der öffentlichen Auftraggeber. Die Ermittlungsbehörden sollen unparteiisch einen Rechtsverstoß aufklären, während der öffentliche Auftraggeber die Zuverlässigkeit des Bieters, seines möglichen Vertragspartners, überprüfen können muss. Aufgrund dieser unterschiedlichen Funktionen sei eine weitreichende Zusammenarbeit sowohl mit den Ermittlungsbehörden als auch mit dem öffentlichen Auftraggeber erforderlich, um eine Selbstreinigung erfolgreich durchführen zu können. Auch wenn die aktive Zusammenarbeit mit dem öffentlichen Auftraggeber insoweit nur in dem Ausmaß des „unbedingt Erforderlichen“ gefordert werden könne, sei die Vorlage einer Entscheidung der Kartellbehörden ohne Rücksicht auf die Konsequenzen in einem zivilrechtlichen Verfahren zulässig.

140 Aus der Entscheidung des EuGH kann nicht eindeutig gefolgert werden, dass das Vorlageverlangen eines gesamten Bußgeldbescheids grundsätzlich gerechtfertigt wäre. Zwar lassen die anderen Sprachfassungen der Richtlinien zu, dass „Ermittlungsbehörden“ nicht im engen Sinne als hoheitlich gegenüber dem Bieter eingriffsbefugte Behörde, sondern als ermittelnde/prüfende/untersuchende Behörde zu verstehen sind. Dann sind auch öffentliche Auftraggeber erfasst. Es ist allerdings systemwidrig, wenn ein öffentlicher Auftraggeber für die vergaberechtliche Zuverlässigkeitsprüfung den gesamten Bußgeldbescheid verlangen können soll. Gesetzliche Voraussetzung ist, dass der Bieter für die Selbstreinigung die Aufklärung des Sachverhalts aktiv unterstützt. Wenn ein Bieter sich an einem Kartell beteiligt hat und sich im Rahmen etwa der Kronzeugenregelung kooperativ zeigt, reicht es für die Feststellung der aktiven Aufklärung des Sachverhalts im Sinne einer vergaberechtlichen Zuverlässigkeit hin, dass der öffentliche Auftraggeber um die erlassende oder gekürzte Sanktion weiß. Diese Tatsache allein bestätigt die Voraussetzung der aktiven Mitwirkung an der Sachverhaltsaufklärung bereits. Weitergehende Detailinformationen zum gesamten Kartell sind für den öffentlichen Auftraggeber nicht über das Vergaberecht zu erlangen. Eine Aushändigung des gesamten Bescheids ist keinesfalls „unbedingt erforderlich“ im Sinne des vom EuGH benannten Maßstabs. Die Konsequenz aus der Verpflichtung, den gesamten Bußgeldbescheid aushändigen zu müssen, nämlich die massive Schlechterstellung in einem zivilrechtlichen Schadensersatzverfahren, ist vermeidbar, ohne dass dies zu Lasten der einzig und allein interessierenden Zuverlässigkeitsprüfung im Vergabeverfahren ginge.

141 Zum Fristbeginn trifft der EuGH nach hiesiger Auffassung eine systematisch zutreffende Entscheidung, indem er auf den Zeitpunkt der behördlichen Entscheidung und nicht auf die Beendigung der Kartellbeteiligung abstellt. Es ist nicht ersichtlich, warum es bei der in den in Art. 57 der RL 2014/24/EU Abs. 1 genannten Fällen fünf Jahre ab dem Tag der rechtskräftigen Verurteilung und ab in den in Abs. 4 genannten Fällen drei Jahre ab dem Ende der Kartellbeteiligung gerechnet werden sollte. Überzeugender ist es systematisch, in beiden Fällen eine offizielle – gerichtliche oder behördliche – Entscheidung zu meinen, auch wenn der Wortlaut nicht gleichermaßen eindeutig ist. Es kann den Schlussanträgen des Generalanwalts[132] entsprechend nur auf die abschließende rechtliche Beurteilung des Gerichts oder der Behörde ankommen. Die Beendigung eines kartellrechtlich relevanten Verhaltens lässt sich zeitlich zudem möglicherweise nicht konkret bestimmen, sodass die Auslegung des EuGH auch aus Gründen der Rechtssicherheit überzeugend ist. Es bestünde zumindest die Gefahr, widersprüchliche Anreize zu setzen, wenn es nur um die Beendigung des kartellrechtlich relevanten Verhaltens ginge. Es ist nicht ersichtlich, warum ein Kartellant dann aktiv an der Aufdeckung des Sachverhalts mitarbeiten und nicht einfach Zuwarten sollte, bis der Zeitraum von drei Jahren vergangen ist, um seine vergaberechtliche Zuverlässigkeit zu erlangen. Dies widerspräche den Anreizen der Kronzeugenregelung jedenfalls mittelbar, die eine aktive Mitarbeit honorieren will.

---

[132] Schlussanträge GA Sánchez-Bordona v. 16.5.2018 – C-124/17, VPRRS 2018, 0353.

3. Organisatorische und Personelle Maßnahmen

Die dritte Voraussetzung der Selbstreinigung umfasst zunächst disziplinarische („personelle") Maßnahmen bezogen auf diejenigen Führungskräfte und Mitarbeiter, die in das Fehlverhalten involviert waren. Für die Bewertung der Zuverlässigkeit eines Unternehmens kommt es maßgeblich auf die Zuverlässigkeit der das Unternehmen lenkenden Führungspersönlichkeiten und seiner Mitarbeiter an. Um seine Eignung wiederherzustellen, muss das Unternehmen im Ergebnis sicherstellen, dass die in das Fehlverhalten involvierten Mitarbeiter zukünftig nicht mehr für das Unternehmen auftreten bzw. keinen Einfluss mehr auf die Geschäftsführung des Unternehmens nehmen kann. 142

Darüber hinaus hat das Unternehmen personelle Maßnahmen zu treffen.[133] Betroffene Unternehmen müssen sich von den in das Fehlverhalten involvierten Gesellschaftern, Organen und Mitarbeitern trennen. Umfang und Schwere der jeweiligen disziplinarischen Sanktion wird sich an der Schwere des Fehlverhaltens orientieren. Das Unternehmen muss sicherstellen, dass sämtliche Personen, die an der signifikanten Verfehlung beteiligt waren, in Übereinstimmung mit den arbeitsrechtlichen Vorschriften gekündigt werden. Die disziplinarischen Konsequenzen haben präventiven Charakter und wirken in die Unternehmensorganisation hinein, indem sie ein wichtiges Signal an die Mitarbeiter geben, dass Fehlverhalten wie Korruption unter keinen Umständen geduldet wird und schwerwiegende Sanktionen nach sich zieht. Waren Gesellschafter in das Fehlverhalten involviert ist sicherzustellen, dass diesen die Einwirkungsmöglichkeit auf das operative Geschäft verwehrt wird.[134] 143

Wurde die Vergangenheit bewältigt, hat sich das Unternehmen mit seiner Zukunft auseinanderzusetzen. Vergabestellen können eine Selbstreinigung nur dann als ausreichend erachten, wenn das Unternehmen in **struktureller und organisatorischer Hinsicht Maßnahmen** ergriffen hat, die schwere Verfehlungen in der Zukunft weitestgehend vermeiden. In der Sache muss das Unternehmen im weiten Umfang Anti-Korruptionsmaßnahmen ergreifen, beispielsweise die Mitarbeiter über straf- und wettbewerbsrechtliche Hintergründe umfassend aufklären, verbindliche Unternehmensleitlinien zur Verhütung korruptionsrelevanter Vorgänge formulieren und einen unternehmensinternen oder -externen Compliance Officer bzw. Ombudsmann als Ansprechpartner für korruptionsrelevante Vorgänge installieren.[135] Wichtig ist insbesondere die dauerhafte Einrichtung einer internen Compliance Funktion, die unabhängig im Unternehmen agieren können muss. Hierfür ist ein Compliance Officer zu bestellen. Dieser hat die Verantwortung, die Geeignetheit der Compliancemechanismen fortlaufend zu überwachen und ggf. diese Mechanismen anzupassen. Der Compliance Officer berät zudem die Mitarbeiter und die Geschäftsführung bei der Einhaltung dieser Regeln. 144

Darüber hinaus sind die unternehmenseigenen Strukturen und Prozesse so anzupassen, dass eine Überprüfung von Entscheidungen durch eine zweite Person („Vier Augen Prinzip") vorgesehen ist. Die internen Kontrollmechanismen (IKS) sollten so aufgesetzt sein, dass eine Umgehung dieser Prozesse verunmöglicht oder doch wenigstens nachhaltig erschwert wird. Letztlich wird von der Unternehmensleitung eine Vorbildrolle zu erwarten sein („tone from the top"), dh die Geschäftsführung muss eine ethische Unternehmenspraxis propagieren und vorleben. 145

Letztlich können Unternehmen Kommunikationskanäle für Hinweisgeber, sog. Whistleblower, bereithalten, damit Mitarbeiter oder Kunden des Unternehmens einen neutralen Ansprechpartner haben, falls es zu Fehlverhalten kommen sollte. Wichtig in 146

---

[133] Umfassend *Eufinger* DB 2016, 471; vgl. VK Niedersachsen Beschl. v. 24.3.2011 – VgK-04/2011, ZfBR 2011, 595.

[134] OLG Düsseldorf Beschl. v. 28.7.2005 – Verg 42/05, BeckRS 2005, 11753; VK Düsseldorf Beschl. v. 13.3.2006 – VK 08/2006-L, BeckRS 2014, 48940.

[135] OLG Brandenburg Beschl. v. 14.12.2007 – Verg W 21/07, NZBau 2008, 277; *Freund* Sonderheft VergabeR Nr. 2a/2007, 311 (321).

diesem Zusammenhang ist, dass Unternehmen den Hinweisgebern zusichern, dass sie keine negativen Konsequenzen befürchten müssen, wenn sie einen Hinweis auf Fehlverhalten gegeben haben. Unternehmen müssen vielmehr ihre Mitarbeiter ermutigen, Hinweise zu geben.

147 Bislang ist nicht abschließend geklärt[136], ob eine konzerninterne Zurechnung von Fehlverhalten zwischen Mutter- und Tochtergesellschaften oder zwischen Tochtergesellschaften bzw. Schwestergesellschaften mit entsprechenden Konsequenzen für die Selbstreinigung stattzufinden hat. Bisweilen wird mit dem allgemeinen Hinweis auf den wettbewerblichen Charakter des Vergaberechts vertreten, dass der kartellrechtliche Unternehmensbegriff im Sinne einer wirtschaftlichen Einheit auch im Vergaberecht anzuwenden sei.[137] Es käme dann nicht auf die juristische Person, sondern auf die wirtschaftliche Einheit einer Konzernstruktur an. Bei personellen Verflechtungen zwischen Unternehmen einer Konzernstruktur mag diese Ansicht durchgreifen.[138]

148 Mit dem Verweis auf den kartellrechtlichen Unternehmensbegriff kann allerdings keine pauschale konzerninterne Zurechnung im Vergaberecht gerechtfertigt werden. Das Vergaberecht knüpft an das Bieterunternehmen oder die Bietergemeinschaft an. Dieses jeweilige Unternehmen bzw. die Bietergemeinschaft müssen zuverlässig sein und die erforderliche Eignung bieten können. Anders wäre es nicht zu verstehen, dass ein Bieter auch konzernintern Eignungsanforderungen per Eignungsleihe nach § 47 VgV beschaffen muss, wenn der Bieter als juristische Person eine bestimmte Eignungsanforderung sonst nicht erfüllen kann. Es besteht etwa auch keine automatische konzerninterne Haftung für die Vertragserfüllung innerhalb eines Konzern.[139] So ist auch die Legaldefinition zu *Wirtschaftsteilnehmern* in Art. 2 Abs. 1 Nr. 10 der RL 2014/24/EU zu verstehen, wenn sie davon spricht, dass *Wirtschaftsteilnehmer* juristische Personen oder eine Gruppe solcher Personen bedeuten kann. Es geht um ein einzelnes Bieterunternehmen oder eine Bietergemeinschaft, nicht aber um den Konzern dahinter. Der EuG hatte in zwei vergaberechtlichen Entscheidungen mit Bezug zum europäischen Haushaltsrecht zu entscheiden, ob eine Zurechnung ausschlussbegründender zwischen Mutter und Tochtergesellschaft stattzufinden hat. Auch er hat auf die „legal entity" abgestellt[140], wobei zu erwähnen ist, dass das Europäische Haushaltsrecht in der zugrundegelegten Fassung insoweit eindeutig war.

Gegen eine konzerninterne Zurechnung im Vergaberecht auch bei den Ausschlussgründen sprechen auch die Regelungen zum Wettbewerbsregister. Das WRegG bestimmt in § 2 Abs. 2 S. 2 WRegG, welche Bußgeldentscheidungen nicht einzutragen sind. Danach werden in das Wettbewerbsregister keine Bußgeldentscheidungen nach § 81 Abs. 3a bis 3c GWB eingetragen. Bei diesen Bußgeldern handelt es sich um solche, die nach den kartellrechtlichen konzerninternen Zurechnungsvorschriften verhängt worden sind bzw. aufgrund von Rechtsnachfolge gegen ein Unternehmen verhängt wurden. Damit hat der Gesetzgeber den angesprochenen Unterschied zwischen der kartellrechtlichen Zurechnung und der vergaberechtlichen Bietereigenschaft deutlich herausgestellt. Dabei handelte es sich auch nicht um Versehen, wie die Gesetzesbegründung deutlich macht. Eine konzerninterne Zurechnung kennt das Vergaberecht nicht[141] und es kommt bei der Registeranfrage auf den „Bieter" an[142], nicht aber auf den Konzern an. Dies ist nur anders, wenn es personelle Verflechtungen innerhalb des Konzern gibt.[143]

---

136 *Gabriel/Ziekow* VergabeR 2017, 118 (127).
137 *Frenz,* VergabeR EU und national, S. 426 Rn. 1379.
138 VK Lüneburg Beschl. v. 24.3.2011 – VgK-4/11, NZBau 2011, 574 (576).
139 EuG Urt. v. 15.10.2013 – T-457/10, BeckRS 2014, 80173 Rn. 35ff., sowie EuG Urt. v. 15.10.2013 – T-474/10, BeckRS 2014, 80176 Rn. 43ff.
140 EuG Urt. v. 15.10.2013 – T-457/10, BeckRS 2014, 80173 Rn. 35ff., sowie EuG Urt. v. 15.10.2013 – T-474/10, BeckRS 2014, 80176 Rn. 43ff.
141 BT-Drs. 18/12051, S. 27.
142 BT-Drs. 18/12051, S. 30.
143 BT-Drs. 18/12051, S. 28.

IV. Bewertung der Selbstreinigung

1. Grundsätzliches

Die Prüfung des Vorliegens der Voraussetzungen der Selbstreinigung und die Bewertung der Adäquanz der ergriffenen Maßnahmen obliegen nach § 125 Abs. 2 GWB grundsätzlich jedem einzelnen öffentlichen Auftraggeber. In der Praxis dürften insbesondere kommunale Auftraggeber mangels eigener Kompetenz und Ressourcen nur schwerlich in der Lage sein zu prüfen, ob zum Beispiel das implementierte Compliance Management System eines Unternehmens die positive Prognose gestattet, dass vom Unternehmen zukünftig Fehlverhalten unterlassen wird. Hierzu ist zunächst eine vertiefte Auseinandersetzung mit dem in der Vergangenheit liegenden Fehlverhalten notwendig. Bei Vorliegen eines obligatorischen Ausschlussgrundes sind sodann höhere Anforderungen an die Selbstreinigungsmaßnahmen zu stellen als bei Vorliegen eines fakultativen Ausschlussgrundes. Je nachdem, um welchen Ausschlussgrund es sich handelt, werden die erforderlichen risikobasierten Selbstreinigungsmaßnahmen unterschiedlich sein. Ferner hängen die erforderlichen Selbstreinigungsmaßnahmen unter anderem davon ab, ob es sich um einen Einzelfall oder um systematisches Fehlverhalten handelt, wie hoch der entstandene Schaden ist und wieviel Zeit seit dem Delikt bzw. dem Fehlverhalten verstrichen ist. 149

Der Gesetzgeber schlägt in der Gesetzesbegründung Maßnahmen vor, den öffentlichen Auftraggebern die Prüfung durchgeführter Selbstreinigungsmaßnahmen und den Bietern den Nachweis einer erfolgreichen Selbstreinigung zu erleichtern. So könnte die Prüfung durchgeführter Selbstreinigungsmaßnahmen in einem Land bei einzelnen Landesbehörden gebündelt werden. Ferner könnten Präqualifizierungsstellen hierbei eine entsprechende Funktion übernehmen. Es wäre aber etwa auch an die Möglichkeit einer Zertifizierung von Selbstreinigungsmaßnahmen durch eine unabhängige, dafür akkreditierte Stelle zu denken. Dabei würde das Unternehmen die Zertifizierung der von ihm durchgeführten Maßnahmen freiwillig beauftragen und die Anerkennung eines solchen Zertifikats würde im Ermessen des öffentlichen Auftraggebers stehen. 150

2. Ablehnende Entscheidung

Wenn der Öffentliche Auftraggeber die Selbstreinigungsmaßnahmen des Unternehmens nicht für ausreichend hält, verpflichtet der § 125 Abs. 2 S. 2 GWB ihn zur Begründung seiner ablehnenden Entscheidung. Eine ablehnende Entscheidung ohne weitere Begründung verletzt das betroffene Unternehmen in seinen subjektiven Rechten auf Teilnahme an einem fairen und transparenten Wettbewerb.[144] Die Vorschrift des § 125 Abs. 2 S. 2 GWB bestimmt keinerlei konkrete Anforderungen an diese Begründung. Unzureichend wird eine rein mündliche Begründung sein. Damit das Unternehmen in die Lage versetzt wird, effektiv um Rechtsschutz zu ersuchen, wird man von dem Erfordernis einer körperlichen und/oder elektronischen Begründung schriftlicher Art, also zumindest in Textform nach § 126b BGB ausgehen müssen.[145] Inhaltlich ist erforderlich, dass Öffentliche Auftraggeber die Selbstreinigungsmaßnahmen als Ganzes und im Einzelnen bewerten. Zumindest müssen sie aber substanziell auf diejenigen Maßnahmen eingehen, die sie für nicht ausreichend halten. Bezugspunkt ist dabei ausschließlich die für die Vertragsdurchführung erforderliche Zuverlässigkeit. Allein darauf kann sich die Begründung einer ablehnenden Entscheidung rechtmäßigerweise beziehen. Substanziell dargelegte Selbstreinigungsmaßnahmen des Unternehmens, mit denen sich der Öffentliche Auftraggeber in seiner Begründung nicht auseinandersetzt, dürften für die Annahme sprechen, dass der Öffentliche Auftraggeber sie für ausreichend hält. Die Begründung des Auftraggebers bildet mithin auch den Maßstab für die Rüge und das Nachprüfungsverfahren. An diese Begründung ist der Öffentliche Auftraggeber gebunden. 151

[144] KKPP/*Prieß/Simonis*, GWB-Vergaberecht, 4. Aufl. 2016, § 125 Rn. 61.
[145] Pünder/Schellenberg/*Kaufmann*, Vergaberecht, 3. Aufl. 2019, § 125 Rn. 49.

152 Ein Problem mit dem Selbstreinigungsmechanismus nach § 125 Abs. 1 GWB ist, dass betroffene Unternehmen im Prinzip keinerlei verbindliche Orientierungshilfen für die erfolgreiche Durchführung von Selbstreinigungsmaßnahmen haben. Jeder Öffentliche Auftraggeber kann im Rahmen der Ausschlussgründe nach eigenem Ermessen entscheiden, ob ihm die Selbstreinigungsmaßnahmen ausreichend erscheinen oder nicht. Diese Unsicherheit ist möglicherweise auch als Teil der mit dem Fehlverhalten einhergehenden und zu akzeptierenden Sanktionswirkung zu erklären, kann aber auch schwerwiegende Konsequenzen für Unternehmen haben. Um diesem Dilemma zumindest ein wenig zu begegnen, kann die Begründung nach § 125 Abs. 2 S. 2 GWB ein geeignetes Mittel sein. Daher werden Auftraggeber nach § 125 Abs. 2 S. 2 GWB nicht nur zu begründen haben, warum sie bestimmte Selbstreinigungsmaßnahmen für unzureichend halten, sondern auch, wie eine erfolgreiche Selbstreinigungsmaßnahme stattdessen hätte aussehen müssen.[146] Dies zwingt Öffentliche Auftraggeber zu einer ausführlichen Auseinandersetzung mit den jeweiligen Selbstreinigungsmaßnahmen des Unternehmens und trägt zur Effektivität eventueller Bemühungen um Rechtsschutz bei. Letztlich kann spätestens im Rahmen einer Rüge eine Selbstvergewisserung stattfinden oder im Rahmen eines Nachprüfungsverfahrens eine kompetente Stelle entscheiden, ob der Auftraggeber eine zutreffende Bewertung der Selbstreinigungsmaßnahmen vorgenommen hat. Eine solche Anforderung an die Begründung trägt auch dem Verhältnismäßigkeitsgrundsatz Rechnung, der dem Selbstreinigungsmechanismus innewohnt.

V. Rechtliche Folgen der Selbstreinigung

153 Wie oben dargestellt besitzen die Ausschlusstatbestände in § 123 und § 124 GWB nunmehr in § 125 GWB eine explizite Ausnahmeregelung für Unternehmen, die einen Selbstreinigungsprozess durchlaufen haben. Der Anwendungsbereich der Ausschlusstatbestände ist daher auf der Grundlage des Verhältnismäßigkeitsgrundsatzes mit § 125 GWB dahingehend eingeschränkt worden, dass Unternehmen, die einen Selbstreinigungsprozess erfolgreich durchlaufen haben, nicht von der Vergabe öffentlicher Aufträge ausgeschlossen werden.

§ 125 Abs. 1 S. 2 stellt klar, dass der in § 123 Abs. 4 S. 2 geregelte spezielle Selbstreinigungstatbestand für den zwingenden Ausschlussgrund der Nichtzahlung von Steuern oder Sozialversicherungsbeiträgen dem allgemeinen Selbstreinigungstatbestand nach § 125 vorgeht.

VI. Einführung des Wettbewerbsregistergesetzes

154 § 125 wurde durch das Gesetz zur Einführung eines Wettbewerbsregisters und zur Änderung des Gesetzes gegen Wettbewerbsbeschränkungen (WRegG) vom 18.7.2017 (BGBl 2017, 2739 f.) an die vorgesehene Einführung eines Wettbewerbsregisters angepasst. Nach Art. 3 Abs. 2 S. 2 WRegG treten die Änderungen des § 125 jedoch erst an dem Tag in Kraft, an dem die Rechtsverordnung nach § 10 WRegG in Kraft tritt.

[146] Beck VergabeR/*Opitz* GWB § 125 Rn. 37.

§ 17 Bietergemeinschaften

Übersicht

UVgO: § 32 Abs. 2, 3, § 34, § 38 Abs. 12
VOL/A: § 6 Abs. 1, § 13 Abs. 6
VgV: § 43 Abs. 2, 3, § 47, § 53 Abs. 9
VOB/A: § 6 Abs. 2, § 13 Abs. 5
VOB/A EU: § 6 Abs. 3, § 13 Abs. 5
VOB/A VS: § 6 Abs. 3, 6d, § 13 Abs. 5
SektVO: § 47, § 50 Abs. 2, 3
KonzVgV: § 24
VSVgV: § 21 Abs. 5, § 26 Abs. 3, § 27 Abs. 4, § 29 Abs. 7

UVgO:

§ 32 Abs. 2, 3 UVgO Rechtsform von Unternehmen und Bietergemeinschaften

(1) hier nicht abgedruckt.

(2) Bewerber- und Bietergemeinschaften sind wie Einzelbewerber und -bieter zu behandeln. Der Auftraggeber darf nicht verlangen, dass Gruppen von Unternehmen eine bestimmte Rechtsform haben müssen, um einen Antrag auf Teilnahme zu stellen oder ein Angebot abzugeben. Sofern erforderlich, kann der Auftraggeber in den Vergabeunterlagen Bedingungen festlegen, wie Gruppen von Unternehmen die Eignungskriterien zu erfüllen und den Auftrag auszuführen haben; solche Bedingungen müssen durch sachliche Gründe gerechtfertigt und angemessen sein.

(3) Unbeschadet des Absatzes 2 kann der Auftraggeber verlangen, dass eine Bietergemeinschaft nach Zuschlagserteilung eine bestimmte Rechtsform annimmt, soweit dies für die ordnungsgemäße Durchführung des Auftrags erforderlich ist.

§ 34 UVgO Eignungsleihe

(1) Ein Bewerber oder Bieter kann für einen bestimmten öffentlichen Auftrag im Hinblick auf die erforderliche wirtschaftliche, finanzielle, technische und berufliche Leistungsfähigkeit die Kapazitäten anderer Unternehmen in Anspruch nehmen, wenn er nachweist, dass ihm die für den Auftrag erforderlichen Mittel tatsächlich zur Verfügung stehen werden, indem er beispielsweise eine entsprechende Verpflichtungserklärung dieser Unternehmen vorlegt. Diese Möglichkeit besteht unabhängig von der Rechtsnatur der zwischen dem Bewerber oder Bieter und den anderen Unternehmen bestehenden Verbindungen. Ein Bewerber oder Bieter kann jedoch im Hinblick auf Nachweise für die erforderliche berufliche Leistungsfähigkeit wie Ausbildungs- und Befähigungsnachweise oder die einschlägige berufliche Erfahrung die Kapazitäten anderer Unternehmen nur dann in Anspruch nehmen, wenn diese die Leistung erbringen, für die diese Kapazitäten benötigt werden.

(2) Der Auftraggeber überprüft im Rahmen der Eignungsprüfung, ob die Unternehmen, deren Kapazitäten der Bewerber oder Bieter für die Erfüllung bestimmter Eignungskriterien in Anspruch nehmen will, die entsprechenden Eignungskriterien erfüllen und ob Ausschlussgründe vorliegen. § 26 Absatz 5 gilt entsprechend. Legt der Bewerber oder Bieter eine Einheitliche Europäische Eigenerklärung nach § 50 der Vergabeverordnung vor, so muss diese auch die Angaben enthalten, die für die Überprüfung nach Satz 1 erforderlich sind.

(3) Nimmt ein Bewerber oder Bieter die Kapazitäten eines anderen Unternehmens im Hinblick auf die erforderliche wirtschaftliche und finanzielle Leistungsfähigkeit in Anspruch, so kann der Auftraggeber eine gesamtschuldnerische Haftung des Bewerbers oder Bieters und des anderen Unternehmens für die Auftragsausführung entsprechend dem Umfang der Eignungsleihe verlangen.

(4) Die Absätze 1 bis 3 gelten auch für Bewerber- oder Bietergemeinschaften.

§ 38 Abs. 12 UVgO Form und Übermittlung der Teilnahmeanträge und Angebote

(1)–(11) hier nicht abgedruckt.

(12) Bewerber- oder Bietergemeinschaften haben im Teilnahmeantrag oder im Angebot jeweils die Mitglieder sowie eines ihrer Mitglieder als bevollmächtigten Vertreter für den Abschluss und die Durchführung des Vertrags zu benennen. Fehlt eine dieser Angaben, so ist sie vor der Zuschlagserteilung beizubringen.

VOL/A:

§ 6 Abs. 1 VOL/A Teilnehmer am Wettbewerb

(1) Bewerber- und Bietergemeinschaften sind wie Einzelbewerber und -bieter zu behandeln. Für den Fall der Auftragserteilung können die Auftraggeber verlangen, dass eine Bietergemeinschaft eine bestimmte Rechtsform annimmt, sofern dies für die ordnungsgemäße Durchführung des Auftrages notwendig ist.

(2)–(7) hier nicht abgedruckt.

§ 13 Abs. 6 VOL/A Form und Inhalt der Angebote

(1)–(5) hier nicht abgedruckt.

(6) Bietergemeinschaften haben in den Angeboten jeweils die Mitglieder sowie eines ihrer Mitglieder als bevollmächtigten Vertreter für den Abschluss und die Durchführung des Vertrages zu benennen. Fehlt eine dieser Angaben im Angebot, so ist sie vor der Zuschlagserteilung beizubringen.

VgV:

§ 43 Abs. 2, 3 VgV Rechtsform von Unternehmen und Bietergemeinschaften

(1) hier nicht abgedruckt.

(2) Bewerber- und Bietergemeinschaften sind wie Einzelbewerber und -bieter zu behandeln. Der öffentliche Auftraggeber darf nicht verlangen, dass Gruppen von Unternehmen eine bestimmte Rechtsform haben müssen, um einen Antrag auf Teilnahme zu stellen oder ein Angebot abzugeben. Sofern erforderlich kann der öffentliche Auftraggeber in den Vergabeunterlagen Bedingungen festlegen, wie Gruppen von Unternehmen die Eignungskriterien zu erfüllen und den Auftrag auszuführen haben; solche Bedingungen müssen durch sachliche Gründe gerechtfertigt und angemessen sein.

(3) Unbeschadet des Absatzes 2 kann der öffentliche Auftraggeber verlangen, dass eine Bietergemeinschaft nach Zuschlagserteilung eine bestimmte Rechtsform annimmt, soweit dies für die ordnungsgemäße Durchführung des Auftrags erforderlich ist.

§ 47 VgV Eignungsleihe

(1) Ein Bewerber oder Bieter kann für einen bestimmten öffentlichen Auftrag im Hinblick auf die erforderliche wirtschaftliche und finanzielle sowie die technische und berufliche Leistungsfähigkeit die Kapazitäten anderer Unternehmen in Anspruch nehmen, wenn er nachweist, dass ihm die für den Auftrag erforderlichen Mittel tatsächlich zur Verfügung stehen werden, indem er beispielsweise eine entsprechende Verpflichtungserklärung dieser Unternehmen vorlegt. Diese Möglichkeit besteht unabhängig von der Rechtsnatur der zwischen dem Bewerber oder Bieter und den anderen Unternehmen bestehenden Verbindungen. Ein Bewerber oder Bieter kann jedoch im Hinblick auf Nachweise für die erforderliche berufliche Leistungsfähigkeit wie Ausbildungs- und Befähigungsnachweise nach § 46 Absatz 3 Nummer 6 oder die einschlägige berufliche Erfahrung die Kapazitäten anderer Unternehmen nur dann in Anspruch nehmen, wenn diese die Leistung erbringen, für die diese Kapazitäten benötigt werden.

(2) Der öffentliche Auftraggeber überprüft im Rahmen der Eignungsprüfung, ob die Unternehmen, deren Kapazitäten der Bewerber oder Bieter für die Erfüllung bestimmter Eignungskriterien in Anspruch nehmen will, die entsprechenden Eignungskriterien erfüllen und ob Ausschlussgründe vorliegen. Legt der Bewerber oder Bieter eine Einheitliche Europäische Eigenerklärung nach § 50 vor, so muss diese auch die Angaben enthalten, die für die Überprüfung nach Satz 1 erforderlich sind. Der öffentliche Auftraggeber schreibt vor, dass der Bewerber oder Bieter ein Unternehmen, das das entsprechende Eignungskriterium nicht erfüllt oder bei dem zwingende Ausschlussgründe nach § 123 des Gesetzes gegen Wettbewerbsbeschränkungen vorliegen, ersetzen muss. Er kann vorschreiben, dass der Bewerber oder Bieter auch ein Unternehmen, bei dem fakultative Ausschlussgründe nach § 124 des Gesetzes gegen Wettbewerbsbeschränkungen vorliegen, ersetzen muss. Der öffentliche Auftraggeber kann dem Bewerber oder Bieter dafür eine Frist setzen.

(3) Nimmt ein Bewerber oder Bieter die Kapazitäten eines anderen Unternehmens im Hinblick auf die erforderliche wirtschaftliche und finanzielle Leistungsfähigkeit in Anspruch, so kann der öffentliche Auftraggeber eine gemeinsame Haftung des Bewerbers oder Bieters und des anderen Unternehmens für die Auftragsausführung entsprechend des Umfangs der Eignungsleihe verlangen.

(4) Die Absätze 1 bis 3 gelten auch für Bewerber- oder Bietergemeinschaften.

(5) Der öffentliche Auftraggeber kann vorschreiben, dass bestimmte kritische Aufgaben bei Dienstleistungsaufträgen oder kritische Verlege- oder Installationsarbeiten im Zusammenhang mit einem Lieferauftrag direkt vom Bieter selbst oder im Fall einer Bietergemeinschaft von einem Teilnehmer der Bietergemeinschaft ausgeführt werden müssen.

§ 53 Abs. 9 VgV Form und Übermittlung der Interessensbekundungen, Interessensbestätigungen, Teilnahmeanträge und Angebote

(1)–(8) hier nicht abgedruckt.

(9) Bewerber- oder Bietergemeinschaften haben in der Interessensbestätigung, im Teilnahmeantrag oder im Angebot jeweils die Mitglieder sowie eines ihrer Mitglieder als bevollmächtigten Vertreter für den Abschluss und die Durchführung des Vertrags zu benennen. Fehlt eine dieser Angaben, so ist sie vor der Zuschlagserteilung beizubringen.

VOB/A:

§ 6 Abs. 2 VOB/A Teilnehmer am Wettbewerb

(1) hier nicht abgedruckt.

(2) Bietergemeinschaften sind Einzelbietern gleichzusetzen, wenn sie die Arbeiten im eigenen Betrieb oder in den Betrieben der Mitglieder ausführen.

(3) hier nicht abgedruckt.

§ 13 Abs. 5 VOB/A Form und Inhalt der Angebote

(1)–(4) hier nicht abgedruckt.

(5) Bietergemeinschaften haben die Mitglieder zu benennen sowie eines ihrer Mitglieder als bevollmächtigten Vertreter für den Abschluss und die Durchführung des Vertrags zu bezeichnen. Fehlt die Bezeichnung des bevollmächtigten Vertreters im Angebot, so ist sie vor der Zuschlagserteilung beizubringen.

(6) hier nicht abgedruckt.

VOB/A EU:

§ 6 EU Abs. 3 VOB/A Teilnehmer am Wettbewerb

(1)–(2) hier nicht abgedruckt.

(3)
1. hier nicht abgedruckt.
2. Bewerber- und Bietergemeinschaften sind Einzelbewerbern und -bietern gleichzusetzen. Für den Fall der Auftragserteilung kann der öffentliche Auftraggeber verlangen, dass eine Bietergemeinschaft eine bestimmte Rechtsform annimmt, sofern dies für die ordnungsgemäße Durchführung des Auftrags notwendig ist.

3.–4. hier nicht abgedruckt.

§ 13 EU Abs. 5 VOB/A Form und Inhalt der Angebote

(1)–(4) hier nicht abgedruckt.

(5) Bietergemeinschaften haben die Mitglieder zu benennen sowie eines ihrer Mitglieder als bevollmächtigten Vertreter für den Abschluss und die Durchführung des Vertrags zu bezeichnen. Fehlt die Bezeichnung des bevollmächtigten Vertreters im Angebot, so ist sie vor der Zuschlagserteilung beizubringen.

(6) hier nicht abgedruckt.

VOB/A VS:

§ 6 VS Abs. 3 VOB/A Teilnehmer am Wettbewerb

(1)–(2) hier nicht abgedruckt.

(3)
1. hier nicht abgedruckt.
2. Bietergemeinschaften sind Einzelbietern gleichzusetzen. Der Auftraggeber kann von Bietergemeinschaften die Annahme einer bestimmten Rechtsform verlangen, wenn dies für

die ordnungsgemäße Durchführung des Auftrags notwendig ist. Die Annahme dieser Rechtsform kann von der Bietergemeinschaft nur verlangt werden, wenn ihr der Auftrag erteilt wird.

3. hier nicht abgedruckt.

§ 6d VS VOB/A Kapazitäten anderer Unternehmen

Ein Bewerber oder Bieter kann sich, gegebenenfalls auch als Mitglied einer Bietergemeinschaft, zur Erfüllung eines Auftrags der Fähigkeiten anderer Unternehmen bedienen. Dabei kommt es nicht auf den rechtlichen Charakter der Verbindung zwischen ihm und diesen Unternehmen an. In diesem Fall fordert der Auftraggeber von den in der engeren Wahl befindlichen Bewerbern oder Bietern den Nachweis darüber, dass ihnen die erforderlichen Mittel zur Verfügung stehen. Als Nachweise können beispielsweise entsprechende Verpflichtungserklärungen dieser Unternehmen vorgelegt werden.

§ 13 VS Abs. 5 VOB/A Form und Inhalt der Angebote

(1)–(4) hier nicht abgedruckt.

(5) Bietergemeinschaften haben die Mitglieder zu benennen sowie eines ihrer Mitglieder als bevollmächtigten Vertreter für den Abschluss und die Durchführung des Vertrags zu bezeichnen. Fehlt die Bezeichnung des bevollmächtigten Vertreters im Angebot, so ist sie vor der Zuschlagserteilung beizubringen.

(6) hier nicht abgedruckt.

SektVO:

§ 47 SektVO Eignungsleihe

(1) Ein Bewerber oder Bieter kann für einen bestimmten Auftrag im Hinblick auf die erforderliche wirtschaftliche und finanzielle sowie die technische und berufliche Leistungsfähigkeit die Kapazitäten anderer Unternehmen in Anspruch nehmen, wenn er nachweist, dass ihm die für den Auftrag erforderlichen Mittel tatsächlich zur Verfügung stehen werden, indem er beispielsweise eine entsprechende Verpflichtungserklärung dieser Unternehmen vorlegt. Diese Möglichkeit besteht unabhängig von der Rechtsnatur der zwischen dem Bewerber oder Bieter und den anderen Unternehmen bestehenden Verbindungen. Ein Bewerber oder Bieter kann jedoch im Hinblick auf Nachweise für die erforderliche berufliche Leistungsfähigkeit wie Ausbildungs- und Befähigungsnachweise oder die einschlägige berufliche Erfahrung die Kapazitäten anderer Unternehmen nur dann in Anspruch nehmen, wenn diese die Leistung erbringen, für die diese Kapazitäten benötigt werden.

(2) Der Auftraggeber überprüft im Rahmen der Eignungsprüfung, ob die Unternehmen, deren Kapazitäten der Bewerber oder Bieter für die Erfüllung bestimmter Eignungskriterien in Anspruch nehmen will, die entsprechenden Kriterien erfüllen und ob Ausschlussgründe vorliegen, sofern er solche festgelegt hat. Hat der Auftraggeber auf zwingende Ausschlussgründe nach § 123 des Gesetzes gegen Wettbewerbsbeschränkungen Bezug genommen, schreibt er vor, dass der Bewerber oder Bieter ein Unternehmen, das das entsprechende Eignungskriterium nicht erfüllt oder bei dem zwingende Ausschlussgründe nach § 123 des Gesetzes gegen Wettbewerbsbeschränkungen vorliegen, ersetzen muss. Hat der Auftraggeber auf fakultative Ausschlussgründe nach § 124 des Gesetzes gegen Wettbewerbsbeschränkungen Bezug genommen, kann er vorschreiben, dass der Bewerber oder Bieter auch ein Unternehmen, bei dem fakultative Ausschlussgründe nach § 124 des Gesetzes gegen Wettbewerbsbeschränkungen vorliegen, ersetzen muss. Der Auftraggeber kann dem Bewerber oder Bieter dafür eine Frist setzen.

(3) Nimmt ein Bewerber oder Bieter die Kapazitäten eines anderen Unternehmens im Hinblick auf die erforderliche wirtschaftliche und finanzielle Leistungsfähigkeit in Anspruch, so kann der Auftraggeber eine gemeinsame Haftung des Bewerbers oder Bieters und des an-

deren Unternehmens für die Auftragsausführung entsprechend dem Umfang der Eignungsleihe verlangen.

(4) Die Absätze 1 bis 3 gelten auch für Bewerber- oder Bietergemeinschaften.

(5) Der Auftraggeber kann vorschreiben, dass bestimmte kritische Aufgaben bei Bauaufträgen, Dienstleistungsaufträgen oder kritische Verlege- oder Installationsarbeiten im Zusammenhang mit einem Lieferauftrag direkt vom Bieter selbst oder im Fall einer Bietergemeinschaft von einem Teilnehmer der Bietergemeinschaft ausgeführt werden müssen.

§ 50 Abs. 2, 3 SektVO Rechtsform von Unternehmen und Bietergemeinschaften

(1) hier nicht abgedruckt.

(2) Bewerber- und Bietergemeinschaften sind wie Einzelbewerber und -bieter zu behandeln. Der Auftraggeber darf nicht verlangen, dass Gruppen von Unternehmen eine bestimmte Rechtsform haben müssen, um einen Antrag auf Teilnahme zu stellen oder ein Angebot abzugeben. Sofern erforderlich kann der Auftraggeber in den Vergabeunterlagen Bedingungen festlegen, wie Gruppen von Unternehmen die Eignungskriterien zu erfüllen und den Auftrag auszuführen haben; solche Bedingungen müssen durch sachliche Gründe gerechtfertigt und angemessen sein.

(3) Unbeschadet des Absatzes 2 kann der Auftraggeber verlangen, dass eine Bietergemeinschaft nach Zuschlagserteilung eine bestimmte Rechtsform annimmt, soweit dies für die ordnungsgemäße Durchführung des Auftrags erforderlich ist.

KonzVgV:

§ 24 KonzVgV Rechtsform von Unternehmen und Bietergemeinschaften

(1) Bewerber oder Bieter, die gemäß den Rechtsvorschriften des Staats, in dem sie niedergelassen sind, zur Erbringung der betreffenden Leistung berechtigt sind, dürfen nicht allein deshalb zurückgewiesen werden, weil sie gemäß den deutschen Rechtsvorschriften eine natürliche oder juristische Person sein müssten. Juristische Personen können verpflichtet werden, in ihrem Antrag auf Teilnahme oder in ihrem Angebot die Namen und die berufliche Befähigung der Personen anzugeben, die für die Durchführung des Konzessionsvertrags als verantwortlich vorgesehen sind.

(2) Bewerber- und Bietergemeinschaften sind wie Einzelbewerber und -bieter zu behandeln. Der Konzessionsgeber darf nicht verlangen, dass Gruppen von Unternehmen eine bestimmte Rechtsform haben müssen, um einen Antrag auf Teilnahme zu stellen oder ein Angebot abzugeben. Sofern erforderlich kann der Konzessionsgeber in den Vergabeunterlagen Bedingungen festlegen, wie Gruppen von Unternehmen die Eignungskriterien zu erfüllen und die Konzession auszuführen haben; solche Bedingungen müssen durch sachliche Gründe gerechtfertigt und angemessen sein.

(3) Unbeschadet des Absatzes 2 kann der Konzessionsgeber verlangen, dass eine Bietergemeinschaft nach Zuschlagserteilung eine bestimmte Rechtsform annimmt, soweit dies für die ordnungsgemäße Durchführung der Konzession erforderlich ist.

VSVgV:

§ 21 Abs. 5 VSVgV Eignung und Auswahl der Bewerber

(1)–(4) hier nicht abgedruckt.

(5) Bewerber- und Bietergemeinschaften sind wie Einzelbewerber und -bieter zu behandeln. Auftraggeber dürfen nicht verlangen, dass nur Gruppen von Unternehmen, die eine bestimmte Rechtsform haben, einen Teilnahmeantrag stellen oder ein Angebot abgeben dürfen. Für den Fall der Auftragserteilung können die Auftraggeber verlangen, dass eine Bietergemeinschaft eine bestimmte Rechtsform annimmt, sofern dies für die ordnungsgemäße Durchführung des Auftrags notwendig ist.

§ 26 Abs. 3 VSVgV Nachweis der wirtschaftlichen und finanziellen Leistungsfähigkeit

(1)–(2) hier nicht abgedruckt.

(3) Bewerber oder Bieter können sich für einen bestimmten Auftrag auf die Leistungsfähigkeit anderer Unternehmen berufen, wenn sie nachweisen, dass ihnen dadurch die erforderlichen Mittel zur Verfügung stehen. Dies gilt auch für Bewerber- oder Bietergemeinschaften.

§ 27 Abs. 4 VSVgV Nachweis der technischen und beruflichen Leistungsfähigkeit

(1)–(3) hier nicht abgedruckt.

(4) Bewerber oder Bieter können sich für einen bestimmten Auftrag auf die Leistungsfähigkeit anderer Unternehmen berufen, wenn sie nachweisen, dass diese ihnen die für die Auftragsausführung erforderlichen Mittel zur Verfügung stellen. Dies gilt auch für Bewerber- oder Bietergemeinschaften. Der Nachweis kann auch durch Zusage der Unternehmen erfolgen, die dem Bewerber oder Bieter die für die Auftragsausführung erforderlichen Mittel zur Verfügung stellen. Die Zusage muss in Schriftform oder elektronisch mindestens mittels einer fortgeschrittenen elektronischen Signatur oder mindestens mittels eines fortgeschrittenen elektronischen Siegels erfolgen.

§ 29 Abs. 7 VSVgV Aufforderung zur Abgabe eines Angebots

(1)–(6) hier nicht abgedruckt.

(7) Bietergemeinschaften haben im Angebot jeweils die Mitglieder sowie eines ihrer Mitglieder als bevollmächtigten Vertreter für den Abschluss und die Durchführung des Vertrags zu benennen. Fehlt eine dieser Angaben im Angebot, so ist sie vor der Zuschlagserteilung beizubringen. § 22 Absatz 6 gilt entsprechend.

Literatur:

Antweiler, Die Berücksichtigung von Mittelstandsinteressen im Vergabeverfahren – Rechtliche Rahmenbedingungen, VergabeR 2006, 637; *Arrowsmith,* The Law of Public and Utilities Procurement, 2. Aufl. 2005; *Aschoff,* Vergaberechtliche Kooperation und Konkurrenz im Konzern, 2010; *Bärwaldt/Hasselbrink,* Unternehmensumstrukturierungen in laufenden Vergabeverfahren – eine Bestandsaufnahme aus umwandlungsrechtlicher Perspektive, ZIP 2013, 1889; *Bechtold,* Grundlegende Umgestaltung des Kartellrechts: Zum Referentenentwurf der 7. GWB-Novelle, DB 2004, 235; *Bechtold/Buntscheck,* Die 7. GWB-Novelle und die Entwicklung des deutschen Kartellrechts 2003 bis 2005, NJW 2005, 2966; *Braun,* Ausschreibungspflicht bei automatischer Vertragsverlängerung! – Erwiderung zu Gruneberg, VergabeR 2005, 171, VergabeR 2005, 586; *Brown,* Post-Tender Changes in the Membership of a Bidding Consortium: Case-57/01 Makedoniko, P.P.L.R. 2003, NA56; *Burbulla,* Die Beteiligung von Objektgesellschaften an Vergabeverfahren, NZBau 2010, 145; *Burgi,* Mittelstandsfreundliche Vergabe – Möglichkeiten und Grenzen (Teil 2), NZBau 2006, 693; *Byok,* Das Verhandlungsverfahren – Praxishandbuch für die sichere Auftragsvergabe unter besonderer Berücksichtigung von PPP-Projekten, 2006; *Byok,* Die Entwicklung des Vergaberechts seit 2004, NJW 2006, 2076; *Byok,* Die Entwicklung des Vergaberechts seit 2009, NJW 2010, 817; *Byok/Ott,* Aktuelle Rechtsfragen zu der Auftragsvergabe in der Entsorgungswirtschaft – Unter besonderer Berücksichtigung der Rechtsprechung der Vergabesenate aus dem Jahr 2003, NVwZ 2005, 763; *Degen/Degen,* Pflicht zur Neuausschreibung bei sanierender Übertragung des Geschäftsbetriebs – Besteht eine Pflicht zur Neuausschreibung des öffentlichen Bauauftrags bei sanierender Übertragung des Geschäftsbetriebs des insolventen Auftragnehmers auf eine Auffanggesellschaft?, BauRB 2005, 313; *Dirksen/Schellenberg,* Mehrfachbeteiligungen auf Nachunternehmerebene, VergabeR 2010, 17; *Dreher,* Die Berücksichtigung mittelständischer Interessen bei der Vergabe öffentlicher Aufträge, NZBau 2005, 427; *Ehrig,* Die Doppelbeteiligung im Vergabeverfahren, VergabeR 2010, 11; *Fink,* Antragslegitimation von Bietergemeinschaften I, RPA 2004, 368; *Franke/Lintschinger,* Das neue österreichische Bundesvergabegesetz 2006 – wichtige Änderungen im Überblick, VergabeR 2006, 443; *Gabriel,* Bietergemeinschaftsbildung unter Prüfungsvorbehalt: Strengere kartellrechtliche Zulässigkeitsvoraussetzungen qua neuer Rechtsprechung, VergabeR 2012, 555; *Gabriel,* Neues zum Ausschluss von Bietern und Bietergemeinschaften wegen Mehrfachbeteiligungen: Einzelfallprüfung statt Automatismus, NZBau 2010, 225; *Gabriel,* Die Vergaberechtsreform 2009 und die Neufassung des vierten Teils des GWB, NJW 2009, 2011; *Gabriel,* Resümee zur Vergaberechtsreform 2006 – Die Sofortpakete zur VOL/A und VOB/A und die neue Vergabeverordnung, LKV 2007, 262; *Gabriel/Benecke/Geldsetzer,* Die Bietergemeinschaft, 2007; *Gölles,* Mehrfachbeteiligung eines Bieters – Ausschluss oder nicht?, ZVB 2005, 230; *Grasböck,* Die Bietergemeinschaft als Nachprüfungswerberin (Teil 1 und Teil 2), ZVB 2004, 203 und ZVB 2004, 4; *Gruber/Keznickl,* Auswirkungen des KartG 2005 und des BVergG 2006 auf Arbeits- und Bietergemeinschaften, ZVB 2006, 69; *Gruber,*

Arbeitsgemeinschaften nicht mehr generell kartellrechtsimmun – Grund zur Sorge?, ZVB 2004, 4; *Gruneberg,* Vergaberechtliche Relevanz von Vertragsänderungen und –verlängerungen in der Abfallwirtschaft, VergabeR 2005, 171; *Hausmann/Queisner,* Die Zulässigkeit von Bietergemeinschaften im Vergabeverfahren, NZBau 2015, 402; *Heiermann,* Der vergaberechtliche Grundsatz der Unveränderlichkeit der Bietergemeinschaft im Lichte der neueren Rechtsprechung des Bundesgerichtshofes zur Rechtsfähigkeit der Gesellschaft bürgerlichen Rechts, ZfBR 2007, 759; *Henty,* Can Member States Bar Court Action by Individual Members of a Consortium? The ECJ decision in Espace Trianon Case C-129/04, Espace Trianon SA and Société wallone de location-financement SA (Sofibail) v Office communautaire et régional de la formation professionelle et de l'emploi (FOREM), P.P.L.R. 2006, NA1; *Hertwig/Nelskamp,* Teilrechtsfähigkeit der GbR – Auswirkungen auf die Bau-ARGE, BauRB 2004, 183; *Hölzl,* „Assitur": Die Wahrheit ist konkret!, NZBau 2009, 751; *Jansen,* Wettbewerbsbeschränkende Abreden im Vergabeverfahren, WuW 2005, 502; *Jäger/Graef,* Bildung von Bietergemeinschaften durch konkurrierende Unternehmen, NZBau 2012, 213; *Kahlenberg/Haellmigk,* Referentenentwurf der 7. GWB-Novelle: Tief greifende Änderungen des deutschen Kartellrechts, BB 2004, 389; *Kirch/Kues,* Alle oder keiner? – Zu den Folgen der Insolvenz eines Mitglieds einer Bietergemeinschaft im laufenden Vergabeverfahren, VergabeR 2008, 32; *KKMPP,* Kommentar zur VgV, 2017; *Lausen,* Die Rechtsstellung der Bietergemeinschaft im Vergabeverfahren, 2010; *Latzenhofer,* Anmerkung zu Verwaltungsgerichtshof, Entscheidung vom 20.10.2004, 2004/04/0134, RPA 2004, 375; *Leinemann,* Erhöht sich der Prüfaufwand bei Angeboten von Bietergemeinschaften für die Vergabestellen?, VergabeR 2015, 281; *Lux,* Bietergemeinschaften im Schnittfeld von Gesellschafts- und Vergaberecht, 2009; *Mager/Lotz,* Grundsätzliche Unzulässigkeit von Bietergemeinschaften?, NZBau 2014, 328; *Mager/Frfr v. d. Recke,* Die Beachtung des Geheimwettbewerbs im Vergabeverfahren bei Parallelangeboten konzernverbundener Unternehmen, NZBau 2011, 541; *Malotki,* Ausschluss von Angeboten einer nach Angebotsaufforderung geschlossenen Bietergemeinschaft bei Beschränkter Ausschreibung, BauR 1997, 564; *Meininger/Kayser,* Die Mehrfachbeteiligung von Unternehmen in Vergabeverfahren – Mögliche Fallkonstellationen und deren Folgen, BB 2006, 283; *Müller,* Kartellrechtliche Aspekte von Bieter- und Arbeitsgemeinschaften im Vergaberecht, RPA 2004, 148; *Müller-Feldhammer,* Die Bieter- und Arbeitsgemeinschaft – kartellrechtlich ein Auslaufmodell, NZKart 2019, 463; *Noch,* Was passiert bei Umfirmierung oder Konzern-Eintritt?, Vergabe Navigator 2006, 25; *Öhler/Ohrtmann,* Bietergemeinschaften – Chancen und Risiken, VergabeR 2008, 426; *Pock,* Antragslegitimation von Bietergemeinschaften II, RPA 2004, 372; *Overbuschmann,* Verstößt die Verabredung einer Bietergemeinschaft gegen das Kartellrecht?, VergabeR 2014, 634; *Prieß/Friton,* Ausschluss bleibt Ausnahme, NZBau 2009, 300; *Prieß/Gabriel,* Die Bildung und Beteiligung von Bietergemeinschaften in Vergabe- und Nachprüfungsverfahren, WuW 2006, 385; *Prieß/Gabriel,* Bietergemeinschaften in Vergabeverfahren in Deutschland und Österreich, ZVB 2006 Spezial, Tagungsband Vergaberecht und PPP III, 141; *Prieß/Hölzl,* Auftragnehmer, wechsel Dich!, NZBau 2011, 513; *Prieß/Sachs,* Irrungen, Wirrungen: Der vermeintliche Bieterwechsel – Warum entgegen OLG Düsseldorf (NZBau 2007, 254) im Falle einer Gesamtrechtsnachfolge die Bieteridentität regelmäßig fortbesteht, NZBau 2007, 763; *Rißmann,* Kartellverbot und Kooperation zwischen kleinen und mittleren Unternehmen nach der 7. GWB-Novelle, WuW 2006, 881; *Rittwage,* Einzel- und Gesamtrechtsnachfolge bei öffentlichen Aufträgen, VergabeR 2006, 327; *Roth,* Änderung der Zusammensetzung von Bietergemeinschaften und Austausch von Nachunternehmern im laufenden Vergabeverfahren, NZBau 2005, 316; *Schmidt,* Wider den Ausschlussautomatismus: Kein zwingender Ausschluss einer Bietergemeinschaft bei Insolvenz eines Mitgliedsunternehmens, NZBau 2008, 41; *Schulte/Voll,* Das Bietergemeinschaftskartell im Vergaberecht – Drum prüfe wer sich (ewig) bindet, ZfBR 2013, 223; *Schulz/Englert,* Compliance in und für öffentliche(n) Vergabeverfahren, CCZ 2014, 126; *Steinberg,* Die neue Vergabe- und Vertragsordnung für Bauleistungen – europarechtliche Genese und nationale Umsetzung, NVwZ 2006, 1349; *Tresselt/Braren,* Das Bieterkonsortium im Vergabewettbewerb, NZBau 2018, 392; *Uechtritz/Otting,* Das „ÖPP-Beschleunigungsgesetz": Neuer Name, neuer Schwung für „öffentlich-private Partnerschaften"?, NVwZ 2005, 1105; *Wanderwitz,* Bietergemeinschaften – verbotene Kartelle?, WRP 2016, 684; *Wiedemann,* Die Bietergemeinschaft im Vergaberecht, ZfBR 2003, 240; *Willenbruch,* Vergaberecht als Finanzierungshindernis?, NZBau 2010, 352; *Wimmer-Leonhardt,* Zur zwischenstaatlichen Bedeutung von Mittelstandskartellen, WuW 2006, 486; *Wirner,* Nebenangebote und Änderungsvorschläge bei der Vergabe öffentlicher Bauaufträge in der Entscheidungspraxis der Vergabekammern und Oberlandesgerichte, ZfBR 2005, 152; *Wittkopp,* Die vergaberechtlichen Auswirkungen eines Gesellschafterwechsels bei Bieter- und Bewerbergemeinschaften sowie Auftragnehmergemeinschaften, 2012; *Ziekow,* Ausschreibungspflicht bei Auftragnehmerwechsel, VergabeR 2004, 430.

A. Einleitung

1 Bietergemeinschaften sind **Zusammenschlüsse mehrerer Unternehmen** zur gemeinschaftlichen Abgabe eines Angebots mit dem Ziel, den durch die Verdingungsunterlagen beschriebenen Auftrag gemeinschaftlich zu erhalten und auszuführen.[1] Ihre wettbewerb-

[1] VK Rheinland-Pfalz Beschl. v. 14.6.2005 – VK 16/05, IBRRS 2005, 2272; Kapellmann/Messerschmidt/*Planker* VOB/A § 13 Rn. 44; *Prieß/Gabriel* ZVB Spezial 2006, 141; *Dreher* NZBau 2005, 427 (431 f.); In-

liche Rolle ist mehrdimensional, da sie regelmäßig im Spannungsfeld zwischen der wettbewerbsrechtlich gewollten Erweiterung des Bieterwettbewerbs einerseits und der kartellrechtlich begründeten latenten Gefahr unzulässiger Wettbewerbsbeschränkungen andererseits agieren.[2] Die vergaberechtlichen Fragen, die im Zusammenhang mit der Bildung und Beteiligung von Bietergemeinschaften entstehen können, sind zahlreich und werden größtenteils kontrovers diskutiert. In der Regel sind daher bereits vor einem Zusammenschluss zu einer Bietergemeinschaft weichenstellende Aspekte zu prüfen, von der unternehmerischen Notwendigkeit der Beteiligung an einer Bietergemeinschaft bis hin zu möglichen alternativen Angebotsmodellen – sei es als Einzelbieter, als Nachauftragnehmer anderer Bieter oder gegebenenfalls als Mitglied einer Bietergemeinschaft und zugleich als Einzelbieter. Die **Bildung von Bietergemeinschaften** ist zumindest **für die Dauer eines Vergabeverfahrens** – unabhängig von der späteren Fortsetzung der Zusammenarbeit in einer Arbeitsgemeinschaft oder einer anderen Organisationsform – insofern dauerhaft, als dass viele Veränderungen einen Angebotsausschluss bewirken und bestimmte Rechtspositionen nur noch gemeinsam wahrgenommen werden können.

Mit der Beteiligung an einem Vergabeverfahren in Form einer Bietergemeinschaft ist 2
für Unternehmen nicht nur die Chance verbunden, ein attraktiveres Angebot abgeben zu können; es geht damit zugleich auch eine potentielle Einschränkung der unternehmerischen Handlungsspielräume des einzelnen Bietergemeinschaftsmitglieds einher.[3] Auch wenn die **Entscheidung über die Bildung einer Bietergemeinschaft** während der Angebots- bzw. Teilnahmefrist typischerweise unter hohem Zeitdruck getroffen wird, ist sie von entscheidender Bedeutung und Nachlässigkeiten bei ihrer Vorbereitung begründen nicht selten die **Gefahr eines Ausschlusses vom Vergabeverfahren.**[4]

Im Folgenden werden daher die zentralen Fragen im Zusammenhang mit der Bildung 3
und Beteiligung von Bietergemeinschaften in Vergabeverfahren behandelt. Dabei wird ua auf die kartellrechtlichen Voraussetzungen der Bildung von Bietergemeinschaften, die Zulässigkeit von Änderungen der Zusammensetzung von Bietergemeinschaften im Verlauf eines Vergabeverfahrens und die Frage der **Antragsbefugnis einzelner Bietergemeinschaftsmitglieder in Nachprüfungsverfahren** eingegangen. Außerdem werden denkbare Angebotsstrategien unter Beteiligung von Bietergemeinschaften an der Grenze zur unzulässigen Wettbewerbsbeschränkung dargestellt. Diese Fragen sind für Unternehmen, die sich um europaweit ausgeschriebene Aufträge im Rahmen von Zusammenschlüssen mit anderen Unternehmen bewerben wollen, von großem Interesse. Trotz dieser großen Bedeutung bewegt sich die **Beurteilung der Zulässigkeit sowie der rechtlichen Grenzen** einer Bildung von Bietergemeinschaften in einem Bereich, der in Deutschland nahezu ausschließlich durch die Rechtsprechung ausgefüllt wird, da das europäische wie das nationale Vergabe- und Kartellrecht diesbezüglich auch nach der umfassenden Reform des EU/GWB-Vergaberechts 2016 nur rudimentäre Vorgaben enthält. Die (vermeintliche) Freiheit, die der (nur wenige Vorgaben aufstellende) Rechtsrahmen Bietern und Bietergemeinschaften eröffnet, erschwert die Grenzziehung zwischen vergaberechtskonformem und vergaberechtswidrigem Verhalten.

---

genstau/Korbion/*Schranner* VOB/A § 6 EU Rn. 6; Heiermann/Riedl/Rusam/*Herrmann* VOB/A § 6 EU Rn. 24.

[2] *Wiedemann* ZfBR 2003, 240 (240 f.).

[3] Ebenso das Fazit von *Henty* P.P.L.R. 2006 NA1 (NA8).

[4] *Prieß/Gabriel* ZVB Spezial 2006, 141 (166).

B. Der Rechtsrahmen für Bietergemeinschaften

I. Europarechtliche vergaberechtliche Vorgaben

4 Die europarechtlichen Vorgaben zur Bildung und Beteiligung von Bietergemeinschaften an Vergabeverfahren sind spärlich.[5] Die **früheren EG-Vergaberichtlinien** (RL 93/37/EWG, RL 92/50/EWG, RL 93/36/EWG und RL 93/38/EWG) sahen durchweg lediglich vor, dass Bietergemeinschaften Angebote einreichen können[6] und dass die Zulassung von Bietergemeinschaften zu Vergabeverfahren nicht von vornherein – dh nicht vor Zuschlagserteilung – davon abhängig gemacht werden darf, dass eine bestimmte Rechtsform angenommen wird.[7] Lediglich die frühere Dienstleistungskoordinierungsrichtlinie RL 92/50/EWG sowie die frühere Sektorenkoordinierungsrichtlinie RL 93/38/EWG sahen darüber hinaus **besondere Diskriminierungsverbote** zugunsten von Bietergemeinschaften als juristischen Personen vor.[8]

5 In den **Vergaberichtlinien aus dem Jahr 2004** (RL 2004/18/EG und RL 2004/17/EG) haben Bietergemeinschaften eine nur geringfügig weitergehende Regelung erfahren.[9] Die vorgenannten bisherigen Regelungen wurden in Art. 4 Abs. 2 RL 2004/18/EG und Art. 11 Abs. 2 RL 2004/17/EG unverändert übernommen.[10] Zudem enthielten die Richtlinien Vorgaben zur **Zurechnung von Eignungsnachweisen** im Rahmen von Bietergemeinschaften, die auf entsprechenden Judikaten des EuGH basieren.[11] Danach steht es einem Bieter bzw. Bewerber, der nicht selbst die für die Teilnahme an einem Vergabeverfahren erforderlichen Eignungsvoraussetzungen erfüllt, frei, sich gegenüber dem Auftraggeber auf die wirtschaftliche und technische Leistungsfähigkeit Dritter zu berufen, die er in Anspruch nehmen will, wenn ihm der Auftrag erteilt wird. Allerdings muss er hierfür gegenüber dem Auftraggeber nachweisen, dass ihm die erforderlichen Mittel der Dritten tatsächlich zur Verfügung stehen, indem er beispielsweise diesbezügliche Zusagen dieser Unternehmen vorlegt.[12]

6 Die **aktuellen Vergaberichtlinien** (RL 2014/24/EU, RL 2014/23/EU, RL 2014/25/EU) halten inhaltlich an diesen wenigen Bestimmungen in Bezug auf die Teilnahme von Bietergemeinschaften an Vergabeverfahren fest und ergänzen diese lediglich um eine klarstellende Regelung, wonach sämtliche Bedingungen in Bezug auf die Durchführung eines Auftrags durch eine Bietergemeinschaft, die von den für einzelne Teilnehmer geltenden Bedingungen abweichen, durch objektive Gründe gerechtfertigt und verhältnismäßig sein müssen.[13]

---

[5] Ebenso *Prieß* VergabeR-Hdb S. 269 f.; *Prieß* VergabeR 2005, 751; *Krist* VergabeR 2003, 162; *Prieß/Gabriel* WuW 2006, 385 (385 f.); *Roth* NZBau 2005, 316; *Wiedemann* ZfBR 2003, 240.

[6] So Art. 21 S. 1 RL 93/37/EWG, Art. 18 S. 1 RL 93/36/EWG, Art. 26 Abs. 1 S. 1 RL 92/50/EWG, Art. 33 Abs. 1 S. 1 RL 93/38/EWG.

[7] So Art. 21 S. 2 RL 93/37/EWG, Art. 18 S. 2 RL 93/36/EWG, Art. 26 Abs. 1 S. 2 RL 92/50/EWG, Art. 33 Abs. 1 S. 2 RL 93/38/EWG.

[8] Vgl. Art. 26 Abs. 2, 3 RL 92/50/EWG, Art. 33 Abs. 2, 3 RL 93/38/EWG. Hierzu *Prieß* VergabeR-Hdb S. 269 f.

[9] Hierzu *Prieß* VergabeR-Hdb S. 269 f.; *Arrowsmith* Procurement Law Rn. 12.55 ff.

[10] Dort werden Bietergemeinschaften zwar als „Gruppen" bzw. „Gemeinschaften" von Wirtschaftsteilnehmern bezeichnet, allerdings ohne dass hiermit ein Unterschied zum Begriff Bietergemeinschaften einhergeht. In den Vorgaben zur Bekanntmachung wird dann allerdings wieder die Bezeichnung „Bietergemeinschaften" verwendet, vgl. Anhang VII Teil A Nr. 16 RL 2004/18/EG.

[11] Siehe EuGH Urt. v. 7.4.2016 – C-324/14, ECLI:EU:C:2016:214 = NZBau 2016, 373 – Partner Apelski Dariusz; EuGH Urt. v. 14.1.2016 – C-234/14, ECLI:EU:C:2016:6 = NZBau 2016, 227 – Ostas Celtnieks; EuGH Urt. v. 18.3.2004 – C-314/01, Slg. 2004, I-2581 = NZBau 2004, 340 – ARGE Telekom; EuGH Urt. v. 2.12.1999 – C-176/98, Slg. 1999, I-8607 = NZBau 2000, 149 – Holst Italia; EuGH Urt. v. 18.12.1997 – C-5/97, Slg. 1997, I-7549 = BeckRS 2004, 77499 – Ballast Nedam Groep II; EuGH Urt. v. 14.4.1994 – C-389/92, ECLI:EU:C:1994:133 = BeckRS 2004, 76951 – Ballast Nedam Groep I; hierzu auch *Arrowsmith* Procurement Law Rn. 12.5.

[12] Art. 47 Abs. 2, 3 RL 2004/18/EG und Art. 48 Abs. 3, 4 RL 2004/18/EG, Art. 54 Abs. 5, 6 RL 2004/17/EG.

[13] Art. 19 Abs. 2, 3 RL 2014/24/EU, Art. 37 Abs. 2, 3 RL 2014/25/EU, Art. 26 Abs. 2, 3 RL 2014/23/EU.

Der **EuGH** hat sich bisher in sieben Entscheidungen näher mit der Beteiligung von Bietergemeinschaften in Vergabe- und Nachprüfungsverfahren befasst. Während sich die Urteile in Sachen **„Club Hotel Loutraki“**,[14] **„Espace Trianon-Sofibail“**[15] und **„Consorzio Elisoccorso San Raffaele“**[16] mit der Prozessführungsbefugnis einzelner Bietergemeinschaftsmitglieder befassen, geht es in den Rechtssachen **„Makedoniko Metro“**[17] und **„MT Højgaard und Züblin“**[18] um die Zulässigkeit der Änderung der Zusammensetzung von Bietergemeinschaften nach Angebotsabgabe bzw. vor Abgabe eines finalen Angebots. Die Entscheidungen in den Rechtssachen **„Serrantoni“**[19] und **„Assitur“**[20] beschäftigten sich mit dem Ausschluss von Bietern und Bietergemeinschaften wegen Mehrfachbeteiligungen. Zusätzlich sind durch den EuGH in den letzten Jahren mehrere Urteile ergangen, die jedenfalls auch für Bietergemeinschaften von Bedeutung sind.[21] 7

II. Nationale vergaberechtliche Vorgaben

1. Grundsätzliche Zulässigkeit von Bietergemeinschaften

Im deutschen Vergaberecht sind die Vorgaben der europäischen Vergaberichtlinien bereits seit dem so genannten **ÖPP-Beschleunigungsgesetz vom 1.9.2005**[22] und der **Vergaberechtsreform 2009**[23] sowie der Neufassungen der Vergabe- und Vertragsordnungen im Zuge der 3. Verordnung zur Änderung der Vergabeverordnung am 1.11.2006 umgesetzt worden.[24] Die **GWB-Vergaberechtsreform des Jahres 2016** hat die bestehenden Regelungen inhaltlich weitgehend unangetastet gelassen. 8

Bei Auftragsvergaben **unterhalb der Schwellenwerte** sind Bewerber- und Bietergemeinschaften gemäß § 32 Abs. 2 UVgO (vorher § 6 Abs. 1 VOL/A) wie Einzelbewerber und -bieter zu behandeln. Für den Fall der Auftragserteilung kann der öffentliche Auftraggeber gemäß § 32 Abs. 3 UVgO (vorher § 6 Abs. 1 S. 2 VOL/A) verlangen, dass eine Bietergemeinschaft eine bestimmte Rechtsform annimmt, sofern dies für die ordnungsgemäße Durchführung des Auftrags notwendig ist. Zwar ist eine entsprechende Regelung in der VOB/A nicht enthalten, hier dürfte jedoch sachlich nichts anderes gelten. Das ergibt sich aus § 12 Abs. 1 Nr. 2 lit. v) VOB/A, wonach die Auftragsbekanntmachung bei einer öffentlichen Ausschreibung gegebenenfalls die Rechtsform, die die Bietergemeinschaft nach der Auftragsvergabe haben muss, zu enthalten hat. Diese Vorgabe wäre gegenstandslos, wenn es dem öffentlichen Auftraggeber verwehrt wäre, von einer Bietergemeinschaft nach der Auftragsvergabe eine bestimmte Rechtsform zu fordern. Zudem haben Bietergemeinschaften gemäß § 38 Abs. 12 UVgO, § 13 Abs. 6 VOL/A, § 13 Abs. 5 VOB/A die Mit- 9

[14] EuGH Urt. v. 6.5.2010 – C-145/08 und C-149/08, Slg. 2010, I-4204 = NZBau 2010, 506 – Club Hotel Loutraki.

[15] EuGH Urt. v. 16.12.2004 – C-129/04, NZBau 2005, 707 – Espace Trianon-Sofibail.

[16] EuGH Beschl. v. 4.10.2007 – C-492/06, Slg. 2007, I-8191 = ZfBR 2008, 202 – Consorzio Elisoccorso San Raffaele.

[17] EuGH Urt. v. 23.1.2003 – C-57/01, Slg. 2003, I-1091 = NZBau 2003, 219 – Makedoniko Metro.

[18] EuGH Urt. v. 24.5.2016 – C-396/14, ECLI:EU:C:2016:347 = NZBau 2016, 506 – MT Højgaard und Züblin; mit ausführlicher Besprechung *Mösinger/Juraschek* NZBau 2017, 76.

[19] EuGH Urt. v. 23.12.2009 – C-376/08, Slg. 2009, I-12172 = NZBau 2010, 261 – Serrantoni.

[20] EuGH Urt. v. 19.5.2009 – C-538/07, Slg. 2009, I-4236 = NZBau 2009, 607 – Assitur Sri.

[21] EuGH Urt. v. 14.9.2017 – C-223/16, ECLI:EU:C:2017:685 = NZBau 2018, 51 – Casertana Costruzioni Srl, mAnm *Reidt* EuZW 2017, 866 (869f.), mAnm *Summa* VPR 2017, 217; EuGH Urt. v. 4.5.2017 – C-387/14, ECLI:EU:C:2017:338 = NZBau 2017, 741 Rn. 46ff. – Esaprojekt; EuGH Urt. v. 5.4.2017 – C-298/15, ECLI:EU:C:2017:266 = NZBau 2017, 748 – Borta; mit ausführlicher Besprechung zu allen Entscheidungen *Tresselt/Braren* NZBau 2018, 392.

[22] Gesetz zur Beschleunigung der Umsetzung von Öffentlich Privaten Partnerschaften und zur Verbesserung gesetzlicher Rahmenbedingungen für Öffentlich Private Partnerschaften vom 1.9.2005 (BGBl. 2005 I 2676).

[23] *Gabriel* NJW 2009, 2011; *Byok* NJW 2010, 817 (822).

[24] Hierzu *Gabriel* LKV 2007, 262.

glieder zu benennen sowie eines ihrer Mitglieder als bevollmächtigten Vertreter für den Abschluss und die Durchführung des Vertrags zu bezeichnen.[25]

10 Für den Bereich **oberhalb der Schwellenwerte** sind die Bestimmungen der **VgV** und der **VOB/A** sowie der **SektVO,** der **VSVgV** und der **KonzVgV** bezüglich der Teilnahme von Bewerber- und Bietergemeinschaften inhaltlich weitgehend identisch. Bewerber- und Bietergemeinschaften werden Einzelbewerbern und -bietern gleichgesetzt.[26] Die Teilnahme einer Bewerber-/Bietergemeinschaft an einem Vergabeverfahren darf nicht von einer bestimmten Rechtsform abhängig gemacht werden.[27] Öffentliche Auftraggeber haben jedoch die Möglichkeit, zu verlangen, dass eine Bietergemeinschaft nach Zuschlagserteilung eine bestimmte Rechtsform annimmt, soweit das für die ordnungsgemäße Auftragsdurchführung notwendig ist.[28] Darüber hinaus können öffentliche Auftraggeber gemäß § 43 Abs. 2 S. 3 VgV, § 50 Abs. 2 S. 3 SektVO, § 24 Abs. 2 S. 3 KonzVgV – sofern erforderlich – in den Vergabeunterlagen Bedingungen festlegen, wie Gruppen von Unternehmen die Eignungskriterien zu erfüllen und den Auftrag auszuführen haben.[29] Solche Bedingungen müssen allerdings durch sachliche Gründe gerechtfertigt und angemessen sein. Im Übrigen gelten die Vorgaben über die Eignungsleihe auch für Bewerber- und Bietergemeinschaften.[30] Das sehen die VOB/A EU und die KonzVgV zwar nicht explizit vor, durch die grundsätzliche Gleichstellung von Bewerber- und Bietergemeinschaften mit Einzelbewerbern und -bietern dürfte für die Vergabe von Konzessionen jedoch nichts anderes gelten. Schließlich haben Bietergemeinschaften gemäß § 53 Abs. 9 VgV, § 13 EU Abs. 5 VOB/A, § 29 Abs. 7 VSVgV und § 13 VS Abs. 5 VOB/A entweder im Angebot, im Teilnahmeantrag oder in der Interessensbestätigung jeweils die Mitglieder sowie eines ihrer Mitglieder als bevollmächtigten Vertreter für den Abschluss und die Durchführung des Vertrags zu benennen. Eine entsprechende Regelung ist in der SektVO und in der KonzVgV nicht enthalten.

11 Über diese gesetzlichen Vorgaben hinaus wird von Bietergemeinschaften in der Praxis vielfach bereits mit der Angebotsabgabe eine Erklärung darüber verlangt, dass eine **gesamtschuldnerische Haftung** übernommen wird. In Ansehung der übereinstimmenden Regelungen in VgV, SektVO, KonzVgV und VOB/A EU[31], die in Umsetzung der europäischen Richtlinienvorgaben vorsehen, dass die Annahme einer bestimmten Rechtsform von einer Bietergemeinschaft lediglich für den Fall der Auftragserteilung und zudem nur dann verlangt werden darf, wenn das für die ordnungsgemäße Durchführung des Auftrags notwendig ist (→ Rn. 9 f.), wird bereits seit längerem kontrovers diskutiert, ob diese Praxis überhaupt rechtlich zulässig ist. In der Literatur wird vertreten, dass die Forderung nach einer gesamtschuldnerischen Haftung bereits zum Zeitpunkt der Angebotsabgabe unzulässig sei.[32] In der Rechtsprechung wird die Forderung nach einer gesamtschuldnerischen Haftung zwar überwiegend als angemessen beurteilt,[33] jedoch dürfte die Zulässigkeit von den (Markt-)Umständen im jeweiligen Einzelfall abhängen.[34]

---

[25] § 13 EU Abs. 5 VOB/A, § 13 VS Abs. 5 VOB/A.

[26] § 43 Abs. 2 S. 1 VgV, § 6 EU Abs. 3 Nr. 2 VOB/A, § 50 Abs. 2 S. 1 SektVO, § 24 Abs. 2 S. 1 KonzVgV, § 21 Abs. 5 S. 1 VSVgV, § 6 VS Abs. 3 Nr. 2 VOB/A.

[27] § 43 Abs. 2 S. 2 VgV, § 50 Abs. 2 S. 2 SektVO, § 24 Abs. 2 S. 2 KonzVgV, § 21 Abs. 5 S. 2 VSVgV.

[28] § 43 Abs. 3 VgV, § 6 EU Abs. 3 Nr. 2 S. 2 VOB/A, § 50 Abs. 3 SektVO, § 24 Abs. 3 KonzVgV, § 21 Abs. 5 S. 3 VSVgV, § 6 VS Abs. 3 Nr. 2 S. 2, 3 VOB/A.

[29] Die VSVgV enthält eine solche Bestimmung hingegen nicht.

[30] § 47 Abs. 4 VgV, § 47 Abs. 4 SektVO, § 26 Abs. 3 S. 2 VSVgV und § 27 Abs. 4 S. 2 VSVgV, § 6d VS VOB/A.

[31] § 43 Abs. 2 S. 2, Abs. 3 VgV, § 6 EU Abs. 3 Nr. 2 VOB/A, § 50 Abs. 2 S. 2, Abs. 3 SektVO, § 24 Abs. 2 S. 2, Abs. 3 KonzVgV, § 6 VS Abs. 3 Nr. 2 VOB/A.

[32] *Steinberg* NVwZ 2006, 1349 (1352) sieht diese Forderung daher als unzulässig an.

[33] OLG Düsseldorf Beschl. v. 29.3.2006 – VII-Verg 77/05, BeckRS 2006, 06017; VK Lüneburg Beschl. v. 17.3.2011 – VgK-65/2010, IBRRS 2011, 1784.

[34] So auch VK Berlin Beschl. v. 24.1.2013 – VK-B1-36/12, IBRRS 2014, 0709. Entsprechend hat die VK Schleswig-Holstein Beschl. v. 18.10.2012 – VK-SH 26/12, IBRRS 2012, 4233 aufgrund der Besonderheiten auf dem Markt für Versicherungsleistungen die Forderung nach einer gesamtschuldnerischen Haf-

Abgesehen davon sind Bietergemeinschaften zumeist Gesellschaften bürgerlichen Rechts (zur Rechtsnatur → Rn. 12–16). Die §§ 420 ff. BGB (Gesamtschuld) sind hier zwar nicht direkt anwendbar. Für die Gesellschaft als originär Verpflichtete ist aber die entsprechende Anwendung der Gesamtschuldregeln im Verhältnis zur Gesellschafterhaftung grundsätzlich angebracht.[35]

2. Die Rechtsnatur der Bietergemeinschaft

Das Vergaberecht schreibt keine bestimmte **Rechtsform für Bietergemeinschaften** vor. 12
Der Auftraggeber kann im Gegenteil die Annahme einer bestimmten Rechtsform nur für den Fall der Zuschlagserteilung und nur für den Fall, dass das für die Durchführung des Auftrags erforderlich ist, von Bietergemeinschaften verlangen.[36]

Eine Bietergemeinschaft ist nach einhelliger Ansicht in Rechtsprechung[37] und Litera- 13
tur[38] eine **Gesellschaft bürgerlichen Rechts** im Sinne der §§ 705 ff. BGB, denn die Bietergemeinschaftsmitglieder vereinbaren – zumindest konkludent – den Zweck, die Zuschlagserteilung durch Zusammenarbeit bei der Angebotsabgabe zu fördern.[39] Deshalb ist die Bietergemeinschaft grundsätzlich rechtsfähig,[40] mit der Folge, dass die Bietergemeinschaft selbst das **Rechtssubjekt im Sinne des Vergaberechts** ist und nicht die einzelnen, sie bildenden Bietergemeinschaftsmitglieder.[41] Grundlage dieser Gesellschaft bürgerlichen Rechts ist der Bestand der Gesellschafter. Fällt ein Gesellschafter weg, so sieht das Gesetz in den Fällen der Kündigung (§§ 723 ff. BGB), des Todes eines Gesellschafters (§ 727 BGB), der Eröffnung des Insolvenzverfahrens über das Vermögen eines Gesellschafters oder der Gesellschaft (§ 728 BGB) und bei Fortfall des Gesellschaftszwecks die Auflösung der Gesellschaft (§ 726 BGB) vor.[42] Ist Gesellschaftsvermögen vorhanden, so folgt die Auseinandersetzung (§ 730 Abs. 1 BGB). Erst mit deren Abschluss ist die Gesellschaft beendet. Üblicherweise haben Bietergemeinschaften aber kein eigenes Vermögen, sodass davon auszugehen ist, dass mit **Fortfall eines Mitglieds** die Gesellschaft aufgelöst und zugleich beendet ist.

Allerdings sind die Rechtsfolgen der Auflösung weitestgehend dispositiv. Die Gesell- 14
schafter können also vereinbaren, **die Gesellschaft** ggf. unter Ausschluss des vom Auflösungsgrund betroffenen Gesellschafters und **unter Wahrung ihrer rechtlichen Identität fortzusetzen.**[43] Eine solche Vereinbarung kann im Gesellschaftsvertrag niedergelegt sein. Aber auch durch (konkludenten) Fortsetzungsbeschluss aller Gesellschafter kann sich die Auseinandersetzungsgesellschaft unter Aufrechterhaltung ihrer Identität in eine werbende Gesellschaft zurückverwandeln, sofern der Auflösungsgrund entfallen ist oder dadurch entfällt.[44] Das gilt allerdings nicht im Fall einer **zweigliedrigen Bietergemeinschaft,** also einer Bietergemeinschaft, die nur aus zwei Mitgliedern besteht. Die gesetzlichen Regelungen sind in dieser Konstellation zwingend. Scheidet einer der Gesellschafter aus (Insol-

---

tung einer aus Versicherungsunternehmen bestehenden Bietergemeinschaft für unvereinbar mit dem Wettbewerbsgrundsatz erachtet. Zustimmend *Noch* IBR 2012, 1367.

[35] BGH Urt. v. 29.1.2001 – II ZR 331/00, BGHZ 146, 341 = NJW 2001, 1056 (1061).

[36] § 43 Abs. 3 VgV, § 6 EU Abs. 3 Nr. 2 VOB/A, § 50 Abs. 3 SektVO, § 24 Abs. 3 KonzVgV, § 6 VS Abs. 3 Nr. 2 VOB/A.

[37] OLG Celle Beschl. v. 5.9.2007 – 13 Verg 9/07, ZfBR 2007, 830 (833); KG Urt. v. 7.5.2007 – 23 U 31/06, BeckRS 2007, 12060; VK Brandenburg Beschl. v. 21.12.2004 – VK 64/04, IBRRS 2005, 0132.

[38] Beck VergabeR/*Mager* VgV § 43 Rn. 12; KKMPP/*Hausmann/v. Hoff* VgV § 43 Rn. 12 ff.; Ingenstau/Korbion/*Schranner* VOB/A § 6 EU Rn. 24; Kapellmann/Messerschmidt/*Planker* VOB/A § 13 Rn. 44; *Mösinger/Juraschek* NZBau 2017, 76 (77); *Lux* Bietergemeinschaften S. 54 mwN.

[39] *Lux* Bietergemeinschaften S. 54.

[40] Zur (Teil-)Rechtsfähigkeit der Außen-GbR siehe beispielhaft BGH Urt. v. 19.11.2013 – II ZR 150/12, NJW 2014, 1107; BGH Urt. v. 29.1.2001 – II ZR 331/00, BGHZ 146, 341 = NJW 2001, 1056.

[41] *Lux* Bietergemeinschaften S. 83; *Kirch/Kues* VergabeR 2008, 32 (36); *Ohrtmann* VergabeR 2008, 426 (427); *Heiermann* ZfBR 2007, 759 (763).

[42] Palandt/*Sprau* BGB Vorb. v. § 723 Rn. 1 mit weiteren Auflösungsgründen.

[43] Palandt/*Sprau* BGB Vorb. v. § 723 Rn. 1.

[44] Palandt/*Sprau* BGB Vorb. v. § 723 Rn. 2.

venzverfahren, Tod oder Kündigung), so löst sich die Gesellschaft durch Vereinigung der Gesellschafterstellung in einer Person auf und ist beendet.[45]

15 Auch in dem Fall der Eröffnung des **Insolvenzverfahrens über das Vermögen der Gesellschaft** (§ 728 Abs. 1 BGB) wird die Gesellschaft mit der Folge der Identitätsänderung zwingend aufgelöst. Dieser Fall dürfte jedoch wenig praktische Relevanz haben, da Bietergemeinschaften zumeist nicht über eigenes Vermögen verfügen.

16 Aus dem Grundsatz der Vertragsfreiheit und dem Hinweis auf die Zulässigkeit anderer Vereinbarungen in § 727 Abs. 1 BGB folgt hingegen, dass ein **neuer Gesellschafter** jederzeit in eine bestehende Gesellschaft unter Wahrung ihrer rechtlichen Identität **eintreten** kann.[46]

3. Eignungsnachweise

17 Grundsätzlich sind an die Eignung von Bietergemeinschaften die gleichen Anforderungen zu stellen wie an die Eignung von einzelnen Bietern, da Bietergemeinschaften Einzelbietern gleichgestellt sind.[47] Da es sich bei einer **Bietergemeinschaft** um eine juristische Person handelt, ist sie das **Objekt der Eignungsprüfung.** Sie kann und muss sich aber die Eignungsnachweise ihrer Mitglieder zurechnen lassen. Das ergibt sich aus den Bestimmungen über die Zurechnung von Eignungsnachweisen.[48] Im Regelfall weist also die Bietergemeinschaft ihre Eignung nach, indem sie die Eignung ihrer Mitglieder nachweist.

18 Die Bildung von Bietergemeinschaften ist für Unternehmen vor allem dann interessant, wenn sie sich hinsichtlich der Erfüllung der **Eignungsanforderungen gegenseitig ergänzen** können, also nicht alle Nachweise von jedem Mitglied der Bietergemeinschaft zu erbringen sind. Im Rahmen der alten Rechtslage galt, dass es ausreichend war, wenn geforderte Nachweise oder Eigenerklärungen zur Fachkunde oder zur Leistungsfähigkeit für ein Mitglied der Bietergemeinschaft nachgewiesen wurden, während die Zuverlässigkeit von jedem Mitglied in der geforderten Art und Weise zu belegen war.[49] Dieser durch die Rechtsprechung aufgestellte Grundsatz galt nur dann, wenn die Ausschreibungsunterlagen keine Vorgaben zur Möglichkeit einer **„Aufteilung" der Eignungsnachweise** auf die verschiedenen Mitglieder einer Bietergemeinschaft enthielten. Bis dieser Grundsatz durch die Rechtsprechung der Vergabenachprüfungsinstanzen aufgestellt wurde, beinhaltete es für Bietergemeinschaften ein hohes Risiko, wenn die Ausschreibungsunterlagen keine Vorgaben zur Möglichkeit einer „Aufteilung" der Eignungsnachweise auf die verschiedenen Mitglieder einer Bietergemeinschaft enthielten und Bietergemeinschaften sich auf den Standpunkt stellten, Nachweise zur Fachkunde nur von einem Mitglied liefern zu müssen. Denn nach der strengen **alten Rechtsprechung des BGH** konnte das Fehlen eines (ggf. sogar unwichtigen) Nachweises dazu führen, dass Bieter ausgeschlossen werden mussten.[50]

---

45 OLG Düsseldorf Beschl. v. 24.5.2005 – VII-Verg 28/05, NZBau 2005, 710 (711); *Lux* Bietergemeinschaften S. 108, S. 112ff.; Palandt/*Sprau* BGB Vorb. v. § 723 Rn. 1; zur Frage wie mit bereits abgegebenen Angeboten umzugehen ist → Rn. 84ff.

46 Palandt/*Sprau* BGB § 736 Rn. 5.

47 § 43 Abs. 2 S. 1 VgV, § 6 EU Abs. 3 Nr. 2 VOB/A, § 50 Abs. 2 S. 1 SektVO, § 6 VS Abs. 3 Nr. 2 VOB/A.

48 § 47 Abs. 4 VgV, § 47 Abs. 4 SektVO, § 6d VS VOB/A.

49 OLG Naumburg Beschl. v. 30.4.2007 – 1 Verg 1/07, ZfBR 2007, 504 (506); OLG Düsseldorf Beschl. v. 31.7. 2007 – VII-Verg 25/07, BeckRS 2008, 3763; VK Brandenburg Beschl. v. 11.7.2007 – 1 VK 23/07, IBRRS 2007, 3844; *Gabriel/Benecke/Geldsetzer* Bietergemeinschaft Rn. 124; KKMPP/*Hausmann/v. Hoff* VgV § 43 Rn. 29.

50 BGH Beschl. v. 18.5.2004 – X ZB 7/04, BGHZ 159, 186 = ZfBR 2004, 710 (713); BGH Beschl. v. 18.2.2003 – X ZB 43/02, BGHZ 154, 32 = ZfBR 2003, 401 (404f.); BGH Urt. v. 7.1.2003 – X ZR 50/01, ZfBR 2003, 503 (504); OLG Schleswig Beschl. v. 22.5.2006 – 1 Verg 5/06, ZfBR 2006, 607; OLG Naumburg Beschl. v. 25.10.2005 – 1 Verg 5/05, NJOZ 2005, 5146 (5149f.); OLG Hamburg Beschl. v. 21.1.2004 – 1 Verg 5/03, ZfBR 2004, 502; OLG Düsseldorf Beschl. v. 26.11.2003 – VII-Verg 53/ 03, BeckRS 2004, 03897; OLG Frankfurt a.M. Beschl. v. 16.9.2003 – 11 Verg 11/03, ZfBR 2004, 292; OLG Düsseldorf Beschl. v. 30.7.2003 – VII-Verg 32/03, NJOZ 2003, 3389 (3390f.); OLG Naumburg Beschl. v. 11.6.2003 – 1 Verg 6/03, NJOZ 2003, 3395 (3396f.); VK Sachsen Beschl. v. 12.5.2005 – 1/ SVK/038-05, IBRRS 2006, 0183; VK Thüringen Beschl. v. 27.10.2004 – 360-4002.20-016/04-SON,

Es war für den Auftraggeber der sichere Weg, die **Eignungsnachweise von jedem einzelnen Bietergemeinschaftsmitglied** vollumfänglich vorlegen zu lassen.[51] Anderenfalls setzte er sich der Gefahr aus, dass eine – nachträgliche – Differenzierung als Abrücken von zuvor in der Auftragsbekanntmachung bzw. den Ausschreibungsunterlagen verbindlich angeforderten Eignungsnachweisen angesehen werden konnte.

19 Nach der **jetzigen Rechtslage** ist ein Unternehmen nach § 122 GWB geeignet, wenn es fachkundig und leistungsfähig ist und nicht wegen Vorliegens von Ausschlussgründen nach §§ 123ff. GWB auszuschließen ist. Die Fachkunde und Leistungsfähigkeit sind gegeben, wenn das Unternehmen die Eignungskriterien hinsichtlich der Befähigung und Erlaubnis zur Berufsausübung, der wirtschaftlichen und finanziellen sowie der technischen und beruflichen Leistungsfähigkeit erfüllt. Während bei keinem der eingebundenen Unternehmen Ausschlussgründe verwirklicht sein dürfen, genügt es zum Nachweis der Fachkunde und Leistungsfähigkeit, **wenn Referenzen für ein Mitglied der Bietergemeinschaft vorgelegt werden.**[52] Hierfür spricht neben der zur alten Rechtslage ergangenen und insoweit übertragbaren Rechtsprechung auch, dass in Umsetzung von Art. 63 Abs. 1 UAbs. 4 RL 2014/24/EU die **Vorschriften zur Eignungsleihe** nach § 47 Abs. 4 VgV **auch für Bietergemeinschaften entsprechend** gelten, wonach die Kapazitäten anderer Unternehmen in Bezug auf die Leistungsfähigkeit herangezogen werden können. Zu berücksichtigen ist aber, dass die technische und berufliche Leistungsfähigkeit stets von dem Mitglied nachzuweisen ist, das den Leistungsteil erbringt, für den der entsprechende Nachweis gefordert wird.[53]

Referenzen gelten nicht als eigene Nachweise, wenn sie von einer Konzerngesellschaft stammen, die zwar faktisch in ein Mitglied der Bietergemeinschaft integriert ist, die **rechtliche Übernahme aber noch nicht abgeschlossen** ist. Denn in dieser Situation ist nicht sichergestellt, dass die erforderlichen Mittel tatsächlich für die Auftragsdurchführung zur Verfügung stehen werden. Die Kapazitäten eines solchen Konzernunternehmens sind im Wege der Eignungsleihe heranzuziehen.[54] **Verliert ein Bietergemeinschaftsmitglied eine Qualifikation,** die zum Nachweis der Leistungsfähigkeit diente, war die Bietergemeinschaft nach alter Rechtslage zwingend auszuschließen.[55] In Umsetzung des Art. 63 Abs. 1 UAbs. 2 RL 2014/24/EU steht der Bietergemeinschaft seit der Vergaberechtsreform zwar eine Ersetzungsmöglichkeit zu,[56] unter Berücksichtigung dieser restriktiven Rechtsprechung des EuGH dürfte jedoch nur ein einmaliger Austausch zulässig sein.[57] Der Auftraggeber darf zudem nicht vorgeben, dass die Unternehmen die technische und berufliche Leistungsfähigkeit proportional zu ihrem jeweiligen Ausführungsanteil nachzuweisen haben.[58]

IBRRS 2004, 3504; VK Bund Beschl. v. 21.1.2004 – VK 2-126/03, IBRRS 2004, 0415; VK Hamburg Beschl. v. 6.10.2003 – VKBB-3/03, IBRRS 2003, 2982; VK Sachsen-Anhalt Beschl. v. 5.3.2003 – 33-32571/07 VK 2/03 MD.

[51] So VK Sachsen Beschl. v. 20.9.2006 – 1-SVK/85/06, BeckRS 2006, 13313; VK Südbayern Beschl. v. 13.9.2002 – 37-08/02, IBRRS 2003, 0544; VK Hannover Beschl. v. 12.3.2001 – 26045-VgK-1/2001.

[52] In diese Richtung auch Ziekow/Völlink/*Goede/Hänsel* VgV § 43 Rn. 8.

[53] VK Bund Beschl. v. 19.7.2019 – VK 1-39/19, IBRRS 2019, 2813. Im zugrundeliegenden Fall forderte der Auftraggeber ein Zertifikat zum Nachweis dafür, dass durch die betriebliche Organisation ein gesetzeskonformer Umgang mit sensiblen personenbezogenen Daten gewährleist ist. Die Bietergemeinschaft reichte zwar ein Zertifikat ein, nicht aber für das Mitglied, das bei der Auftragsausführung primär mit den personenbezogenen Daten arbeiten sollte.

[54] OLG Düsseldorf Beschl. v. 17.4.2019 – Verg 36/18, IBRRS 2019, 2183.

[55] EuGH Urt. v. 14.9.2017 – C-223/16, ECLI:EU:C:2017:685 = NZBau 2018, 51 Rn. 42 – Casertana Costruzioni Srl, mAnm *Reidt* EuZW 2017, 866 (869f.), mAnm *Summa* VPR 2017, 217; mit ausführlicher Besprechung *Tresselt/Braren* NZBau 2018, 392 (396f.).

[56] § 47 Abs. 2, 4 VgV, § 6d EU Abs. 1 VOB/A, § 47 Abs. 2, 4 SektVO.

[57] So auch *Tresselt/Braren* NZBau 2018, 392 (396f.); *Summa* VPR 2017, 217.

[58] Noch in Bezug auf die RL 2004/17/EG EuGH Urt. v. 5.4.2017 – C-298/15, ECLI:EU:C:2017:266 = NZBau 2017, 748 Rn. 78ff. – Borta; mit ausführlicher Besprechung *Tresselt/Braren* NZBau 2018, 392.

Die dargestellten Grundsätze gelten für den Fall, dass die **Ausschreibungsunterlagen** in dieser Hinsicht unklar sind. Diese Unklarheiten gehen zu Lasten des Auftraggebers. Es bleibt ihm indes unbenommen, in den Ausschreibungsunterlagen festzulegen, dass sämtliche Nachweise bei allen Mitgliedern der Bietergemeinschaft vorliegen müssen bzw. dass sämtliche Verfügbarkeitsnachweise bereits mit dem Angebot vorgelegt werden sollen.

20 Nachdem ein Auftrag von einer Bietergemeinschaft erfolgreich ausgeführt wurde, kann sich ein Mitglied dieser Bietergemeinschaft, das sich an einem späteren Vergabeverfahren als Einzelbewerber/-bieter beteiligt, zum Eignungsnachweis hinsichtlich der technischen und beruflichen Leistungsfähigkeit grundsätzlich **in Form einer Referenz auf die Auftragsausführung im Rahmen der Bietergemeinschaft berufen.** Das gilt freilich nur für denjenigen Leistungsteil, den das jeweilige frühere Bietergemeinschaftsmitglied auch tatsächlich selbst erbracht hat.[59] Denn der Auftraggeber hat stets den vom Bietergemeinschaftsmitglied selbst erbrachten Auftragsteil zu berücksichtigen, die bloße Beteiligung an einem Bieterkonsortium reicht zum Nachweis der technischen und beruflichen Leistungsfähigkeit nicht aus.[60] Dem Auftraggeber ist es verwehrt, nur durch die Bietergemeinschaft gemeinsam erarbeitete Referenzen zuzulassen. Anderenfalls würde die Teilnahmemöglichkeit auf solche Bietergemeinschaften eingeschränkt werden, die bereits seit längerer Zeit zusammenarbeiten.[61]

4. Vollmachtsnachweise

21 Rechtliche Unsicherheiten können bei Angeboten von Bietergemeinschaften entstehen, die ohne eine von allen Mitgliedern der Bietergemeinschaft **unterschriebene Vollmacht** von einem einzelnen Unternehmen/Bietergemeinschaftsmitglied abgegeben wurden und bei denen auch keine Bietergemeinschaftserklärung Aufschluss über etwaige Bevollmächtigungen gibt. In der Praxis tritt immer wieder die Frage auf, ob das Angebot ausgeschlossen werden muss, weil es an einer **„rechtsverbindlichen Unterzeichnung"** fehlt.

22 Grundsätzlich haben Bietergemeinschaften eines ihrer Mitglieder als bevollmächtigten Vertreter für den Abschluss des Vertrags zu bezeichnen[62]; sollte diese Bezeichnung – zunächst – unterblieben sein, ist sie vor Zuschlagserteilung beizubringen. Soweit die Ausschreibungsunterlagen keine anderslautende ausdrückliche Vorgabe des Auftraggebers enthalten, muss das Angebot einer Bietergemeinschaft daher nicht von allen Bietergemeinschaftsmitgliedern unterschrieben sein, sondern kann auch von einem einzelnen Unternehmen/Bietergemeinschaftsmitglied in **Vertretung ohne gleichzeitige Vorlage eine Vollmachtsurkunde** unterschrieben und abgegeben werden.[63] Ein solches Angebot darf nicht wegen Formmangels vom Vergabeverfahren ausgeschlossen werden,[64] da die maßgeblichen Formvorgaben lediglich verlangen, dass Angebote „unterzeichnet"[65] bzw. „unterschrieben"[66] sein müssen.[67] Mangels entsprechender Formvorgaben in der SektVO und der KonzVgV droht ein Ausschluss vom Vergabeverfahren hier von vornherein nicht.

---

59 OLG Düsseldorf Beschl. v. 12.9.2012 – VII-Verg 108/11, NZBau 2013, 61 (63); VK Bund Beschl. v. 15.5.2015 – VK 1-32/15, IBRRS 2015, 3224.

60 Noch in Bezug auf die RL 2004/18/EG EuGH Urt. v. 4.5.2017 – C-387/14, ECLI:EU:C:2017:338 = NZBau 2017, 741 Rn. 46ff. – Esaprojekt; mit ausf. Besprechung *Tresselt/Braren* NZBau 2018, 392 (394ff.).

61 OLG Celle Beschl. v. 12.4.2016 – 13 Verg 1/16, IBRRS 2016, 2082.

62 § 53 Abs. 9 VgV, § 13 EU Abs. 5 VOB/A, § 29 Abs. 7 VSVgV, § 13 VS Abs. 5 VOB/A, § 38 Abs. 12 UVgO (vorher § 13 Abs. 6 VOL/A).

63 VK Sachsen-Anhalt Beschl. v. 27.1.2017 – 3 VK LSA 58/16, IBRRS 2017, 0496; VK Sachsen Beschl. v. 19.10.2010 – 1/SVK/037-10, BeckRS 2011, 01299.

64 Die maßgeblichen Ausschlusstatbestände wären § 57 Abs. 1 Nr. 1 VgV, § 16 EU Nr. 2 VOB/A, § 16 VS Nr. 2 VOB/A, § 42 Abs. 1 S. 2 Nr. 1 UVgO (vorher § 16 Abs. 3 lit. b) VOL/A), § 16 Abs. 1 Nr. 2 VOB/A.

65 § 13 EU Abs. 1 Nr. 1 VOB/A, § 13 VS Abs. 1 Nr. 1 VOB/A, § 13 Abs. 1 Nr. 1 VOB/A.

66 § 53 Abs. 6 VgV, § 31 Abs. 2 Nr. 2 VSVgV, § 38 Abs. 9 S. 1 UVgO (vorher § 13 Abs. 1 S. 2 VOL/A).

67 OLG Naumburg Beschl. v. 29.1.2009 – 1 Verg 10/08, BeckRS 2009, 6521; VK Sachsen Beschl. v. 19.10.2010 – 1/SVK/037-10, BeckRS 2011, 01299.

Die in Rede stehende Ansicht wurde **in der Vergangenheit** allerdings häufig unter Verweis auf die frühere Rechtsprechung mehrerer Nachprüfungsinstanzen in Abrede gestellt. So hatten die Vergabeüberprüfungsausschüsse Sachsen-Anhalt und Hessen entschieden, dass im Fall eines durch Vertreter unterschriebenen Angebots einer Bietergemeinschaft dem Angebot eine Vollmacht im Original beigefügt werden müsse.[68] Begründet wurde das mit dem damaligen Wortlaut von § 21 Nr. 1 VOL/A aF, § 21 Nr. 1 VOB/A aF, wonach ein **Angebot „rechtsverbindlich" unterschrieben** werden musste.[69] Trotz der Streichung des Worts „rechtsverbindlich" im Rahmen der Vergaberechtsnovelle im Jahr 2000 führten beispielsweise die Vergabekammern Lüneburg und Brandenburg diese strenge Rechtsprechung im Ergebnis fort.[70] 23

Diese Entscheidungspraxis der Vergabeüberprüfungsausschüsse bzw. einiger Vergabekammern ist allerdings in Ansehung der neueren Rechtsprechung einiger Oberlandesgerichte nicht mehr haltbar.[71] Bei **Unklarheiten über die Identität** des Bieters ist aus der Sicht eines objektiven Erklärungsempfängers durch Auslegung zu ermitteln, wer das Angebot abgegeben hat.[72] Bestehen Zweifel über das Vorliegen einer Vollmacht, muss der Auftraggeber zur Klärung den **Nachweis der Bevollmächtigung** gemäß § 9 Abs. 2 UvgO (zuvor § 15 VOL/A) bzw. § 15 VOB/A nachfordern.[73] 24

Trotz dieser neueren, weniger formalistischen Rechtsprechung, ist es dem Auftraggeber allerdings nach wie vor nicht verwehrt, das **ausdrückliche Erfordernis** einer „rechtsverbindlichen" Unterschrift **in den Ausschreibungsunterlagen** zu fordern.[74] Nach dem BGH wäre es allerdings mit dem Gebot der klaren und eindeutigen Abfassung von Vergabeunterlagen unvereinbar, einer solchen Klausel nach dem Empfängerhorizont den Erklärungsinhalt beizulegen, mit dem Angebot müsse die Bevollmächtigung des Unterzeichners dokumentiert werden, wenn nicht der gesetzliche Vertreter oder Prokurist des jeweiligen Unternehmens unterschrieben haben.[75] 25

5. Benennung der Mitglieder

Bietergemeinschaften haben darüber hinaus in ihren Angeboten **alle Mitglieder zu benennen.**[76] Diese Pflicht resultiert aus der praktischen Erkenntnis, dass es sich bei Bietergemeinschaften um kurzfristig entstandene, lediglich temporäre Zusammenschlüsse handelt.[77] Zudem müssen dem Auftraggeber die Mitglieder für die Eignungsprüfung namentlich bekannt sein, da er anderenfalls das Vorliegen von Ausschlussgründen nach §§ 123 f. GWB nicht nachprüfen kann. 26

---

[68] VÜA Sachsen-Anhalt Beschl. v. 30.11.1995 – 1 VÜ 1/94 mAnm *Schelle* IBR 1996, 97; VÜA Hessen Beschl. v. 3.2.1997 – VÜA 4/96 mAnm *Asam-Peter* IBR 1998, 325; BeckFormB VergabeR/*Ewers* A.VII.1. Anm 4; weitere Nachweise bei *Noch* VergabeR 2005, 268 und bei *Wirner* ZfBR 2005, 152 (156).

[69] Hierzu Kapellmann/Messerschmidt/*Planker* VOB/A § 13 Rn. 47; Ingenstau/Korbion/*v. Wietersheim* VOB/A § 13 Rn. 4.

[70] VK Lüneburg Beschl. v. 17.10.2003 – 203-VgK-20/2003; VK Brandenburg Beschl. v. 26.3.2002 – VK 3/02, IBRRS 2014, 0023; später auch VK Hessen Beschl. v. 13.3.2012 – 69d-VK-06/2012, BeckRS 2012, 13800.

[71] AA ist offenbar Kapellmann/Messerschmidt/*Planker* VOB/A § 13 Rn. 47; BeckFormB VergabeR/*Ewers* A.VII.1. Anm 4; zur Rechtsprechung im Einzelnen vgl. *Gabriel/Benecke/Geldsetzer* Bietergemeinschaft Rn. 114f.

[72] OLG Karlsruhe Beschl. v. 24.7.2007 – 17 Verg 6/07, NJOZ 2008, 3347 (3351 f.); OLG Düsseldorf Beschl. v. 3.1.2005 – VII-Verg 82/04, IBRRS 2005, 0658; VK Sachsen Beschl. v. 19.10.2010 – 1/SVK/037-10, BeckRS 2011, 01299; VK Nordbayern Beschl. v. 14.4.2005 – 320.VK-3194-09/05, IBRRS 2005, 1909.

[73] OLG Naumburg Beschl. v. 26.10.2004 – 1 U 30/04, ZfBR 2005, 210; VK Sachsen Beschl. v. 19.10.2010 – 1/SVK/037-10, BeckRS 2011, 01299; VK Baden-Württemberg Beschl. v. 6.9.2004 – 1 VK 54/04, IBRRS 2004, 3525; VK Baden-Württemberg Beschl. v. 20.9.2001 – 1 VK 26/01, IBRRS 2004, 3630.

[74] VK Lüneburg Beschl. v. 17.10.2003 – 203-VgK-20/2003; *Lausen* Bietergemeinschaften S. 140.

[75] BGH Urt. v. 20.11.2012 – V ZR 108/10, NZBau 2013, 180 Rn. 12.

[76] § 53 Abs. 9 VgV, § 13 EU Abs. 5 VOB/A, § 29 Abs. 7 VSVgV, § 13 VS Abs. 5 VOB/A, § 38 Abs. 12 UVgO (vorher § 13 Abs. 6 VOL/A).

[77] *Lux* Bietergemeinschaften S. 135.

27 Im Anwendungsbereich der UVgO[78], der VgV[79] und der VSVgV[80] können Bietergemeinschaften diese **Angabe zwischen Angebotsabgabe und vor Zuschlagserteilung nachholen.** Bei der Vergabe von Bauaufträgen nach Maßgabe der VOB/A[81] besteht hingegen nur für den Fall des Fehlens der Vertreterbezeichnung eine entsprechende Möglichkeit zur nachträglichen Beibringung, nicht aber für die Benennung der Mitglieder an sich. Fehlt die Benennung der Mitglieder, so muss der Auftraggeber diese Erklärung gemäß § 16a EU VOB/A, § 16a VS VOB/A, § 16a VOB/A nachfordern. Selbst wenn man der Ansicht ist, dass die Benennungspflicht wenigstens mittelbar ein Eignungsnachweis ist und weiter der Auffassung ist, Eignungsnachweise werden nicht von § 16a EU VOB/A, § 16a VS VOB/A, § 16a VOB/A erfasst, so hat der Auftraggeber dennoch in entsprechender Anwendung der jeweiligen Norm diese Angabe nachzufordern.[82]

C. Die kartellrechtliche Zulässigkeit der Bildung von Bietergemeinschaften

I. Die kartellrechtlichen Vorgaben

28 Bei der Bildung einer Bietergemeinschaft müssen auch kartellrechtliche Vorgaben beachtet werden.[83] Insbesondere muss dem **allgemeinen Kartellverbot des § 1 GWB** entsprochen werden, wonach bestimmte Vereinbarungen zwischen miteinander im Wettbewerb stehenden Unternehmen untersagt sind. Zudem finden grundsätzlich auch die Vorschriften über die **Fusionskontrolle gemäß §§ 35 ff. GWB** Anwendung, sofern die Bildung der Bietergemeinschaft einen Zusammenschluss im Sinne von § 37 GWB darstellt. In diesem Zusammenhang hat in Deutschland die zum 1. 7. 2005 in Kraft getretene 7. GWB-Novelle infolge der Ersetzung der bisherigen Pflicht zur (vorherigen) Anmeldung durch das System der Legalausnahme gemäß § 2 GWB eine deutliche Erleichterung mit sich gebracht.[84] Weitere Erleichterungen für die Bildung von Bietergemeinschaften, die aus kleineren und mittleren Unternehmen bestehen, können sich zudem aus § 3 GWB ergeben, wonach so genannte **Mittelstandskartelle** zur Steigerung der Wettbewerbsfähigkeit unter bestimmten Voraussetzungen **vom Kartellverbot freigestellt** werden.[85]

29 Darüber hinaus ist es denkbar, dass die Bildung von Bietergemeinschaften gegen das **europarechtliche Kartellverbot des Art. 101 AEUV** verstößt. Die Rechtsprechungshistorie zeigt jedoch, dass Bietergemeinschaften in Vergabeverfahren in der Regel keine, zumindest aber eher geringe Auswirkungen auf den zwischenstaatlichen Handel haben. So hat sich die kartellrechtliche Rechtsprechung – soweit ersichtlich – erst einmal mit den zwischenstaatlichen Auswirkungen eines (für Vergabeverfahren typischen) Mittelstandskartells befasst.[86]

II. Die vergaberechtlichen Auswirkungen

30 Vergaberechtlich wirken sich die kartellrechtlichen Vorgaben dahingehend aus, dass gemäß § 2 EU Abs. 1 S. 3 VOB/A, § 2 VS Abs. 1 S. 3 VOB/A, § 2 Abs. 1 S. 3 VOB/A insbeson-

[78] § 38 Abs. 12 S. 2 UVgO (vorher § 13 Abs. 6 S. 2 VOL/A).
[79] § 53 Abs. 9 S. 2 VgV.
[80] § 29 Abs. 7 S. 2 VSVgV.
[81] § 13 EU Abs. 5 S. 2 VOB/A, § 13 VS Abs. 5 S. 2 VOB/A, § 13 Abs. 5 S. 2 VOB/A.
[82] *DDVW* in KMPP VOB/A § 16 Rn. 165.
[83] Vgl. zum Ganzen eingehend *Gabriel/Benecke/Geldsetzer* Bietergemeinschaft Rn. 22 ff.; *Müller-Feldhammer* NZKart 2019, 463.
[84] Hierzu eingehend *Rißmann* WuW 2006, 881; sowie *Bechtold/Buntscheck* NJW 2005, 2966 (2967); *Bechtold* DB 2004, 235 (239); *Kahlenberg/Haellmigk* BB 2004 389 (391 f.).
[85] *Rißmann* WuW 2006, 881 (885 ff.); *Wimmer-Leonhardt* WuW 2006, 486; *Bechtold* DB 2004, 235 (237); *Kahlenberg/Haellmigk* BB 2004, 389 (390 f.).
[86] OLG Düsseldorf Beschl. v. 10. 6. 2005 – VI-2 Kart 12/04 (V), BeckRS2005, 30357898 mAnm *Wimmer-Leonhardt* WuW 2006, 486.

dere auf Bieterseite, **wettbewerbsbeschränkende Verhaltensweisen „zu bekämpfen“** sind.[87] Für Auftragsvergaben im Anwendungsbereich der VgV, SektVO, KonzVgV und der VSVgV findet sich ein solches Gebot nicht ausdrücklich. Gleichwohl kann im Anwendungsbereich der Vergabeverordnungen schon aufgrund der allgemeinen Geltung des **Wettbewerbsprinzips nach § 97 Abs. 1 GWB,** als zentralem vergaberechtlicher Grundsatz, sachlich nichts anderes gelten. Dementsprechend sieht § 124 Abs. 1 Nr. 4 GWB für sämtliche Vergabeverfahren im Anwendungsbereich des GWB-Vergaberechts gleichermaßen die Möglichkeit für öffentliche Auftraggeber vor, ein Unternehmen unter Berücksichtigung des Grundsatzes der Verhältnismäßigkeit zu jedem Zeitpunkt des Vergabeverfahrens von der Teilnahme auszuschließen, wenn hinreichende Anhaltspunkte dafür vorliegen, dass das Unternehmen Vereinbarungen mit anderen Unternehmen getroffen hat, die eine Verhinderung, Einschränkung oder Verfälschung des Wettbewerbs bezwecken oder bewirken.[88] Der **Oberbegriff der wettbewerbsbeschränkenden Abrede** ist dabei nicht auf gesetzeswidriges Verhalten beschränkt, sondern umfasst auch alle sonstigen Absprachen und Verhaltensweisen, die mit dem vergaberechtlichen Wettbewerbsgebot unvereinbar sind.[89] Beschränkungen des Bieterkreises auf Grundlage des Kartellverbots nach § 1 GWB nur auf kleine oder mittlere Unternehmen unterhalb einer bestimmten Umsatzgrenze sind in Vergabeverfahren jedoch ebenso wenig zulässig,[90] wie eine Bevorzugung von Bietergemeinschaften aus mittelständischen Unternehmen gegenüber anderen Bietergemeinschaften.[91] Zwingende Voraussetzung für einen Ausschluss aus diesem Grund ist vielmehr der Nachweis, dass eine Absprache mit dem Zweck einer unzulässigen Wettbewerbsbeschränkung in **Bezug auf eine konkrete Vergabe** getroffen wurde.[92] Wie die Gesetzesbegründung zu § 124 Abs. 1 Nr. 4 GWB ausdrücklich klarstellt, ist der Ausschlussgrund nicht auf Fälle von wettbewerbsbeschränkenden Vereinbarungen im Rahmen des laufenden Vergabeverfahrens beschränkt – von dem das jeweilige Unternehmen ausgeschlossen werden soll – und liegt jedenfalls dann vor, wenn eine Kartellbehörde einen Verstoß in einer Entscheidung festgestellt hat.[93] Die bloße Durchführung von kartellbehördlichen Ermittlungen, beispielsweise Durchsuchungen, werde dagegen regelmäßig noch nicht ausreichen, um einen Verfahrensausschluss begründen zu können.[94] Dementsprechend stellte auch die Rechtsprechung bislang hohe Anforderungen an den Nachweis einer wettbewerbsbeschränkenden Abrede und ließ insbesondere bloße Vermutungen nicht ausreichen, um einen Verfahrensausschluss zu begründen.[95] Namentlich das KG und das OLG Düsseldorf

---

[87] Vgl. hierzu eingehend *Gabriel/Benecke/Geldsetzer* Bietergemeinschaft Rn. 25ff.; *Wanderwitz* WRP 2016, 684.

[88] Unterhalb der Schwellenwerte sind gemäß § 16 Abs. 1 Nr. 5 VOB/A Angebote von Bietern auszuschließen, die in Bezug auf die Ausschreibung eine Abrede getroffen haben, die eine unzulässige Wettbewerbsbeschränkung darstellen.

[89] OLG Düsseldorf Beschl. v. 13.4.2011 – VII-Verg 4/11, NZBau 2011, 371 (372); VK Sachsen Beschl. v. 19.7.2006 – 1/SVK/059-06, BeckRS 2006, 10651; Beschl. v. 19.7.2006 – 1/SVK/060-06, BeckRS 2006, 09766; VK Rheinland-Pfalz Beschl. v. 14.6.2005 – VK 16/05, IBRRS 2005, 2272; VK Brandenburg Beschl. v. 25.4.2005 – VK 13/05, IBRRS 2006, 0687; *Jansen* WuW 2005, 502; MüKoWettbR/*Pauka* GWB § 124 Rn. 18; Ziekow/Völlink/*Stolz* GWB § 124 Rn. 25; zur Wettbewerbsbeschränkung auch *Wanderwitz* WRP 2016, 684 (686ff.).

[90] *Antweiler* VergabeR 2006, 637 (646).

[91] *Burgi* NZBau 2006, 693 (696).

[92] OLG Brandenburg Beschl. v. 16.2.2012 – Verg W 1/12, BeckRS 2012, 5195 mAnm *Gabriel/Voll* VergabeR 2012, 866 (876ff.); VK Nordbayern Beschl. v. 28.7.2003 – 320.VK-3194-26/03, BeckRS 2003, 32435 Rn. 78; *Prieß/Gabriel* WuW 2006, 385 (386f.); *Byok/Ott* NVwZ 2005, 763 (767).

[93] BT-Drs. 18/6281, 106.

[94] BT-Drs. 18/6281, 106.

[95] OLG Frankfurt a.M. Beschl. v. 30.3.2004 – 11 Verg 4/04, IBRRS 2004, 1385; VK Sachsen Beschl. v. 19.7.2006 – 1/SVK/059-06, BeckRS 2006, 10651; Beschl. v. 19.7.2006 – 1/SVK/060-06, BeckRS 2006, 09766; VK Schleswig-Holstein Beschl. v. 26.10.2004 – VK-SH 26/04, BeckRS 2004, 10250; VK Bund Beschl. v. 24.8.2004 – VK 2-115/04, IBRRS 2013, 4296; VK Sachsen Beschl. v. 12.3.2003 – 1/SVK/010-03, BeckRS 2003, 10140; *Jansen* WuW 2005, 502 (502f.).

ließen jedoch erkennen, dass sie die Zulässigkeit einer Bietergemeinschaft zwischen direkten Wettbewerbern an erheblich strengeren Voraussetzungen zu prüfen beabsichtigen.[96]

III. Die maßgebliche Rechtsprechung

31 Die Frage, unter welchen Voraussetzungen die Beteiligung einer Bietergemeinschaft an einem Vergabeverfahren gegen das Kartellverbot des § 1 GWB verstößt, sodass dem öffentlichen Auftraggeber die Möglichkeit eines Verfahrensausschlusses eröffnet wird, wurde in der Rechtsprechung jahrzehntelang anhand einheitlicher Grundsätze beantwortet. Seit dem Jahr 2009 vertraten das KG und das OLG Düsseldorf in mehreren Entscheidungen jedoch einen strengeren Ansatz, der zu einer gewissen Zäsur geführt hat. Andere Vergabenachprüfungsinstanzen, die sich in der Folge mit der Zulässigkeit von Bietergemeinschaften zu befassen hatten, sind diesem Ansatz überwiegend nicht gefolgt und ihm teilweise sogar ausdrücklich entgegengetreten. Inzwischen hat der Düsseldorfer Vergabesenat seine Rechtsauffassung in Teilaspekten konkretisiert und damit in den Konsequenzen beschränkt. Die Entwicklung wird im Folgenden chronologisch dargestellt und erörtert.

1. Grundsätze und frühere ständige Rechtsprechung

32 Die Gründung einer Bietergemeinschaft zur gemeinschaftlichen Beteiligung mehrerer Unternehmen an einem Ausschreibungswettbewerb umfasst regelmäßig die ausdrückliche oder konkludente Vereinbarung der beteiligten Unternehmen, sich nicht selbstständig mit einem eigenen Angebot an einem Vergabeverfahren zu beteiligen. Trotz grundsätzlicher (vergaberechtlicher) Zulässigkeit müssen deshalb entsprechend des bereits aufgezeigten rechtlichen Rahmens regelmäßig schon bei der **Bildung einer Bietergemeinschaft** kartellrechtliche Vorgaben berücksichtigt und geprüft werden, ob die Bietergemeinschaftsvereinbarung eine wettbewerbsbeschränkende Abrede iSv § 1 GWB darstellt.[97] Entscheidend ist in diesem Zusammenhang, ob es sich bei den möglichen Bietergemeinschaftsmitgliedern um Unternehmen handelt, die auf dem durch das Vergabeverfahren betroffenen sachlichen und geografischen Markt miteinander im Wettbewerb stehen.[98] Wird für ein Unternehmen durch die Beteiligung an einer Bietergemeinschaft erst die Möglichkeit geschaffen, auf einem bestimmten Markt tätig zu werden (sog. **Markteintrittsfähigkeit**), ist das Kartellverbot des § 1 GWB schon seinem Sinn und Zweck nach nicht einschlägig, da durch die Bietergemeinschaftsbildung keine Wettbewerbsbeschränkung sondern vielmehr eine Erweiterung des Wettbewerbs bewirkt wird.[99] Das ist der Fall, wenn sich die Mitglieder der Bietergemeinschaft einzeln „nicht oder nicht so" an dem Vergabeverfahren beteiligt hätten,[100] was etwa darauf beruhen kann, dass diese auf unterschiedlichen Märkten, respektive verschiedenen Stufen der Leistungs- und Lieferkette tätig sind. In letzterem Fall handelt es sich um eine **vertikale Bietergemeinschaft.** Gleiches gilt, wenn die Bietergemeinschaftsmitglieder zwar grundsätzlich auf demselben Markt tätig sind, diese aber alleine nicht in der Lage wären, die Eignungsanforderungen zu erfüllen.[101] Solche Bietergemeinschaften sind regelmäßig kartell- und vergaberechtlich zulässig.[102]

---

[96] OLG Düsseldorf Beschl. v. 11.11.2011, VII-Verg 92/11, NZBau 2012, 255 (256); Beschl. v. 9.11.2011 – VII-Verg 35/11, NZBau 2012, 252 (254); vertiefend → Rn. 37 ff.

[97] Vgl. hierzu eingehend *Gabriel/Benecke/Geldsetzer* Bietergemeinschaft Rn. 32 ff.

[98] *Hardraht* VergabeR 2005, 530 (531); *Wiedemann* ZfBR 2003, 240 (241); *Müller* RPA 2004, 148 (153). Ausführlich zu den zwischen den Bietergemeinschaftsmitgliedern bestehenden Wettbewerbsbeziehungen *Schulte/Voll* ZfBR 2013, 223.

[99] OLG Naumburg Beschl. v. 21.12.2000 – 1 Verg 10/00; *Dreher* NZBau 2005, 427 (432); *Schulte/Voll* ZfBR 2013, 223 (224); *Overbuschmann* VergabeR 2014, 634 (636).

[100] *Wiedemann* ZfBR 2003, 240 (241).

[101] Siehe VK Bund Beschl. v. 18.8.2015 – VK 2-43/15, ZfBR 2016, 390 (392 ff.) zu einer Fallkonstellation, in der bei einer Bietergemeinschaft aus zwei Unternehmen lediglich ein Unternehmen über die erforderliche Erlaubnis nach § 1 AÜG verfügte.

33 Schließen sich hingegen Unternehmen zu einer Bietergemeinschaft zusammen, die die ausgeschriebene Leistung auch selbständig erbringen könnten und dementsprechend auf dem von der Ausschreibung betroffenen Markt miteinander im Wettbewerb stehen **(horizontale Bietergemeinschaft)**, ist ein **Verstoß gegen den Wettbewerbsgrundsatz** und das Vorliegen einer **wettbewerbswidrigen Abrede** im Sinne von § 1 GWB bzw. § 124 Abs. 1 Nr. 4 GWB grundsätzlich möglich und im Einzelfall auch gegeben, soweit hierdurch eine spürbare Beeinflussung der Marktverhältnisse eintritt.[103] Schließlich führt die Beteiligung einer Bietergemeinschaft zwischen Unternehmen an einem Vergabeverfahren, die sich grundsätzlich auch selbstständig mit eigenen Angeboten an einem solchen beteiligen könnten, unmittelbar zu einer Reduzierung der Verfahrensteilnehmer und damit zu einer **Beeinträchtigung der Wettbewerbsintensität.**[104] Vor diesem Hintergrund besteht insbesondere dann Anlass für eine kritische Prüfung, wenn aufgrund der Natur des Auftrags von vornherein nur wenige (Spezial-)Unternehmen als geeignete Bieter in Frage kommen und sich gerade diejenigen zu einer Bietergemeinschaft zusammenschließen, denen prima facie das größte Leistungspotential zuzutrauen ist.[105]

34 Zur Beurteilung, ob die Gründung einer (horizontalen) Bietergemeinschaft zwischen direkten Wettbewerbern zu einer spürbaren Beschränkung des Wettbewerbs um den jeweiligen öffentlichen Auftrag führt, wurde in der Rechtsprechung, basierend auf einer Grundsatzentscheidung des BGH aus dem Jahr 1983, entscheidend darauf abgestellt, ob die **Zusammenarbeit** im Rahmen der Bietergemeinschaft für die beteiligten Unternehmen **eine im Rahmen zweckmäßigen und kaufmännisch vernünftigen Handelns liegende Unternehmensentscheidung** darstellt.[106] Sachlich beruht dieses subjektive Kriterium auf dem Umstand, dass es im Wirtschaftsleben mitunter Situationen gibt, in denen es für ein einzelnes Unternehmen trotz grundsätzlicher objektiver Leistungsfähigkeit aus tatsächlichen oder wirtschaftlichen Gründen unmöglich oder jedenfalls kaufmännisch unvernünftig ist, sich als selbstständiger (An-)Bieter dem Wettbewerb zu stellen, während die jeweiligen Hinderungsgründe bei einem gemeinsamen Auftreten am Markt entfallen.[107] Schließlich kann die Beteiligung an einer Bietergemeinschaft in Ermangelung beschränkbaren Wettbewerbs auch dann nicht zu einer Wettbewerbsbeschränkung führen, wenn sich ihre Mitglieder lediglich aus subjektiven Gründen nachweislich nicht als Einzelbieter an einem Vergabeverfahren beteiligt haben. Das betrifft vornehmlich Fälle, in denen ein einzelnes Mitglied einer Bietergemeinschaft objektiv über hinreichende Fähigkeiten (insbesondere ausreichende Kapazitäten und fachliche Eignung) verfügt, um sich auch allein um den jeweiligen Auftrag bewerben zu können, es aber erst durch den Zusammenschluss mit anderen Unternehmen zu einer Bietergemeinschaft in die Lage versetzt wird, ein letztlich auch Erfolg versprechendes Angebot (in Bietergemeinschaft) abgeben zu können.[108]

---

[102] KG Beschl. v. 24.10.2013 – Verg 11/13, NZBau 2013, 792 (794); OLG Düsseldorf Beschl. v. 11.11.2011 – Verg 92/11, NZBau 2012, 255 (256); Beschl. v. 9.11.2011 – Verg 35/11, NZBau 2012, 252 (254).

[103] BGH Urt. v. 13.12.1983 – KRB 3/83, GRUR 1984, 379; *Prieß/Gabriel* ZVB Spezial 2006, 141 (149); *Jansen* WuW 2005, 502 (503); *Hertwig/Nelskamp* BauRB 2004, 183 (185); *Müller* RPA 2004, 148 (153); Ziekow/Völlink/*Stolz* GWB § 124 Rn. 27 ff.; Beck VergabeR/*Opitz* GWB § 124 Rn. 57.

[104] VK Nordbayern Beschl. v. 5.6.2003 – 320.VK-3194-16/03, BeckRS 2003, 32431 Rn. 50 f.; Ziekow/Völlink/*Stolz* GWB § 124 Rn. 27; Beck VergabeR/*Opitz* GWB § 124 Rn. 57.

[105] OLG Saarbrücken Beschl. v. 27.6.2016 – 1 Verg 2/16, BeckRS 2016, 105181 Rn. 79; OLG Koblenz Beschl. v. 29.12.2004 – 1 Verg 6/04, ZfBR 2005, 407 (408); VK Sachsen Beschl. v. 19.7.2006 – 1/SVK/059-06, BeckRS 2006, 10651; Beschl. v. 19.7.2006 – 1/SVK/060-06, BeckRS 2006, 09766.

[106] BGH Urt. v. 13.12.1983 – KRB 3/83, GRUR 1984, 379 (379 f.); OLG Düsseldorf Beschl. v. 3.6.2004 – VI-W (Kart) 14/04, BeckRS 2004, 18475 Rn. 4; OLG Frankfurt a.M. Beschl. v. 27.6.2003 – 11 Verg 2/03, NZBau 2004, 60 (61); OLG Naumburg Beschl. v. 21.12.2000 – 1 Verg 10/00; dazu *Jansen* WuW 2005, 502 (503 f.); *Byok/Ott* NVwZ 2005, 763 (767); *Hertwig/Nelskamp* BauRB 2004, 183 (185); vertiefend *Gabriel/Benecke/Geldsetzer* Bietergemeinschaft Rn. 38 sowie *Schulte/Voll* ZfBR 2013, 223 (225).

[107] BGH Urt. v. 13.12.1983 – KRB 3/83, GRUR 1984, 379 (379 f.); BKartA Beschl. v. 16.11.2004 – B 10-74/04, BeckRS 2004, 15340 Rn. 209.

[108] *Hertwig/Nelskamp* BauR 2004, 183 (185); *Wiedemann* ZfBR 2003, 240 (241).

35 Durch diese Rechtsprechung werden **subjektive Umstände** zum maßgeblichen Kriterium für die Beurteilung der vergabe- und kartellrechtlichen Zulässigkeit von (horizontalen) Bietergemeinschaften. Das ist jedenfalls insoweit durchaus problematisch, als unternehmerische Entscheidungen von Dritten nur begrenzt nachvollzogen werden können und dadurch ein gewisser Spielraum für Unternehmen entsteht, die Bildung einer Bietergemeinschaft zu rechtfertigen, ohne dass das gerichtlich vollständig überprüft werden kann. Die Vergabenachprüfungsinstanzen dürfen die Überlegungen eines Unternehmers anerkanntermaßen nicht durch eigene „unternehmerische Bewertungen" – auch nicht durch Einholung eines betriebswissenschaftlichen Gutachtens – ersetzen.[109] Um gleichwohl eine vergabe- und kartellrechtliche Bewertung von Bietergemeinschaften vornehmen zu können, haben zum einen solche unternehmerischen Erwägungen, die typischerweise von jedem Kartell verfolgt werden – wie die Ersparung von Aufwendungen oder die Maximierung der erzielbaren Vergütung – bei der gerichtlichen Beurteilung von vornherein außer Betracht zu bleiben.[110] Zum anderen wird den Kriterien der „wirtschaftlichen Zweckmäßigkeit und der kaufmännischen Vernunft" ein **objektiviertes Verständnis** zugrunde gelegt und die entsprechende Entscheidung zur Eingehung einer Bietergemeinschaft daraufhin überprüft, ob sie objektiv nachvollziehbar ist.[111]

36 Als **objektiv nachvollziehbare Umstände** wurden in diesem Zusammenhang bisher etwa die Erhöhung der Personalkosten um 10–15% im Fall einer Teilnahme als Einzelbieter[112] oder die Reduzierung von Investitionskosten im Vergleich zur Abgabe eines Alleingebots sowie die Reduzierung der damit verbundenen Folge- und Wartungskosten anerkannt.[113] Wenn die Ausschreibungsunterlagen technische Mindestanforderungen enthalten, die den gewöhnlichen Ausstattungsgrad kleiner und mittlerer Unternehmen übersteigen und die einen hohen finanziellen Aufwand zur Bereithaltung der entsprechenden Technik voraussetzen, dessen Wirtschaftlichkeit in Relation zu den zu erwartenden Erlösen in Frage steht,[114] so ist die Bildung der Bietergemeinschaft ebenfalls nachvollziehbar. Das gilt auch dann, wenn aufgrund der Vorgaben der Vergabeunterlagen ein Leistungsspektrum verlangt wird, das erheblich über das durchschnittliche Leistungsvermögen kleiner und mittlerer Unternehmen hinausgeht.[115] Entstehen durch die Bildung der Bietergemeinschaft Synergieeffekte durch Einsparungen wie der gemeinsamen Nutzung vorhandener Standorte und der Erzielung besserer Einkaufsbedingungen,[116] so sind das ebenso nachvollziehbare Erwägungen, wie die Verteilung des wirtschaftlichen Risikos oder Personaleinsparungen.[117] Ist eine Ausweitung der eigenen Kapazitäten (die eine Bietergemeinschaftsbildung überflüssig machen könnte) – zB aufgrund der Verhältnisse auf dem betroffenen Markt – nicht gewollt,[118] so ist das ebenfalls eine wirtschaftlich sinnvolle und vernünftige Entscheidung. Hinsichtlich einer Bietergemeinschaft aus zwei großen nationalen Baukonzernen wurde

---

[109] OLG Brandenburg Beschl. v. 16.2.2012 – Verg W 1/12, BeckRS 2012, 5195 mAnm *Gabriel/Voll* VergabeR 2012, 866 (876ff.); OLG Düsseldorf Beschl. v. 9.11.2011 – VII-Verg 35/11, NZBau 2012, 252 (254); OLG Koblenz Beschl. v. 29.12.2004 – 1 Verg 6/04, ZfBR 2005, 407 (408); OLG Naumburg Beschl. v. 21.12.2000 – 1 Verg 10/00; VK Rheinland Beschl. v. 11.2.2015 – VK VOB 32/2014, IBRRS 2015, 0664.

[110] Vgl. *Jäger/Graef* NZBau 2012, 213 (215); *Schulte/Voll* ZfBR 2013, 223 (225).

[111] OLG Frankfurt a.M. Beschl. v. 27.6.2003 – 11 Verg 2/03, NZBau 2004, 60 (61); OLG Naumburg Beschl. v. 21.12.2000 – 1 Verg 10/00; dazu auch bereits *Schulte/Voll* ZfBR 2013, 223 (225).

[112] BGH Urt. v. 13.12.1983 – KRB 3/83, GRUR 1984, 379; OLG Brandenburg Beschl. v. 16.2.2012 – Verg W 1/12, BeckRS 2012, 5195.

[113] OLG Frankfurt a.M. Beschl. v. 27.6.2003 – 11 Verg 2/03, NZBau 2004, 60 (61); VK Sachsen Beschl. v. 19.7.2006 – 1/SVK/059-06, BeckRS 2006, 10651; Beschl. v. 19.7.2006 – 1/SVK/060-06, BeckRS 2006, 09766.

[114] OLG Naumburg Beschl. v. 21.12.2000 – 1 Verg 10/00; ähnlich auch OLG Dresden Beschl. v. 16.3.2010 – WVerg 2/10, BeckRS 2010, 7154.

[115] OLG Naumburg Beschl. v. 21.12.2000 – 1 Verg 10/00.

[116] OLG Frankfurt a.M. Beschl. v. 27.6.2003 – 11 Verg 2/03, NZBau 2004, 60 (61).

[117] OLG Frankfurt a.M. Beschl. v. 27.6.2003 – 11 Verg 2/03, NZBau 2004, 60 (61).

[118] OLG Koblenz Beschl. v. 29.12.2004 – 1 Verg 6/04, ZfBR 2005, 407 (409).

darüber hinaus der Umstand anerkannt, dass deren Personalkapazitäten für den Zeitraum der Auftragsausführung bereits stark ausgelastet waren und aufgrund eines engen Zeitrahmens für die Angebotsabgabe lediglich ein gemeinschaftliches Angebot in Frage kam.[119]

2. Strengerer Ansatz des KG und des OLG Düsseldorf

Während die frühere ständige Rechtsprechung von der Prämisse ausging, dass Bietergemeinschaften auch zwischen direkten Wettbewerbern grundsätzlich kartell- und vergaberechtlich zulässig sind und ein Verstoß gegen § 1 GWB lediglich in Ausnahmefällen vorliegt, in denen die Beteiligung im Rahmen einer Bietergemeinschaft nicht als wirtschaftlich zweckmäßig und kaufmännisch vernünftig erscheint, verfolgt das **KG**[120] und – zwischenzeitlich – auch das **OLG Düsseldorf**[121] einen anderen Ansatz, der seit dem Jahr 2009 zu einigen Kontroversen geführt hat und in der Literatur ganz überwiegend kritisch betrachtet wird.[122] Ausgehend von der zunächst zutreffenden Feststellung, dass die Eingehung einer Bietergemeinschaft in Bezug auf eine Auftragsvergabe die **gegenseitige Verpflichtung** beinhaltet, **von der Abgabe eigener Angebote** (bezogen auf die einzelnen Bietergemeinschaftsmitglieder) **abzusehen,** sodass sich die Bietergemeinschaftsmitglieder untereinander nicht wettbewerblich verhalten, stelle eine Bietergemeinschaft grundsätzlich eine Wettbewerbsbeschränkung iSd § 1 GWB dar und führe daher zum Ausschluss des Angebots der Bietergemeinschaft vom Vergabeverfahren. 37

Das OLG Düsseldorf führte weitergehend aus, eine Bietergemeinschaft zwischen Wettbewerbern könne nur dann als wettbewerbsunschädlich und damit rechtlich zulässig angesehen werden, wenn die einzelnen Mitglieder der Bietergemeinschaft objektiv – jeder für sich – nicht die zur Teilnahme an der Ausschreibung erforderliche Leistungsfähigkeit aufweisen und die Zusammenarbeit zudem in subjektiver Hinsicht eine im Rahmen wirtschaftlich zweckmäßigen und kaufmännisch vernünftigen Handelns liegende Unternehmensentscheidung darstellt. Neuere Entscheidungen legen den Schluss nahe, dass der Düsseldorfer Vergabesenat damit nicht zwei kumulativ zu erfüllende Kriterien zur Beurteilung der kartell- und vergaberechtlichen Zulässigkeit einer Bietergemeinschaft zwischen gleichartigen Unternehmen desselben Marktes heranzieht,[123] sondern in Anlehnung an die bisherige ständige Rechtsprechung die Auffassung vertritt, dass eine Zusammenarbeit lediglich dann auf einer wirtschaftlich zweckmäßigen und kaufmännisch vernünftigen Unternehmensentscheidung beruht, wenn die beteiligten Unternehmen selbstständig nicht über eine hinreichende objektive Leistungsfähigkeit verfügen.[124] Noch strenger stellt sich der Zulässigkeitsmaßstab nach der Rechtsprechung des KG dar.[125] Allenfalls dann, wenn die Mitglieder der Bietergemeinschaft zusammen einen nur unerheblichen Marktanteil haben oder wenn sie erst durch das Eingehen der Gemeinschaft in die Lage versetzt werden, ein Angebot abzugeben und somit am Wettbewerb teilzunehmen, ist eine Wettbewerbsbeschränkung iSv § 1 GWB zu verneinen. 38

[119] VK Sachsen Beschl. v. 28.8.2015 – 1/SVK/020-15, BeckRS 2015, 17933.

[120] KG Beschl. v. 24.10.2013 – Verg 11/13, NZBau 2013, 792 (794) mAnm *Gabriel/Voll* VergabeR 2014, 179 (184ff.); KG Beschl. v. 21.12.2009 – 2 Verg 11/09, BeckRS 2010, 3552 mAnm *Kohler* VergabeR 2010, 501 (508f.).

[121] OLG Düsseldorf Beschl. v. 28.1.2015 – VII-Verg 31/14, IBRRS 2015, 1171; Beschl. v. 17.12.2014 – VII-Verg 22/14, NZBau 2015, 176 Rn. 25; Beschl. v. 24.9.2014 – VII-Verg 17/14, VPRRS 2015, 0044; Beschl. v. 11.11.2011 – VII-Verg 92/11, NZBau 2012, 255 (256); Beschl. v. 9.11.2011 – VII-Verg 35/11, NZBau 2012, 252 (254).

[122] Siehe *Gabriel* VergabeR 2012, 555; *Jäger/Graef* NZBau 2012, 213; *Schulte/Voll* ZfBR 2013, 223; *Mager/Lotz* NZBau 2014, 328; *Overbuschmann* VergabeR 2014, 634; *Leinemann* VergabeR 2015, 281; *Hausmann/Queisner* NZBau 2015, 402.

[123] VK Sachsen Beschl. v. 23.5.2014 – 1/SVK/011-14, IBRRS 2014, 1644; zuvor bereits *Gabriel* VergabeR 2012, 555; *Overbuschmann* VergabeR 2014, 634 (636).

[124] OLG Düsseldorf Beschl. v. 28.1.2015 – VII-Verg 31/14, IBRRS 2015, 1171; Beschl. v. 17.12.2014 – VII-Verg 22/14, NZBau 2015, 176 Rn. 25.

[125] Dazu kritisch *Schulte/Voll* ZfBR 2013, 223; *Overbuschmann* VergabeR 2014, 634 (636); *Mager/Lotz* NZBau 2014, 328.

39 Dieser letztgenannte Ansatz führt im Ergebnis zu einem Wertungswiderspruch. Denn eine Bietergemeinschaft, deren Mitglieder objektiv grundsätzlich in der Lage wären, selbstständig aussichtsreiche Angebote abzugeben, werden selbst dann als kartell- und vergaberechtlich unzulässig beurteilt, wenn sich deren Mitglieder aus subjektiven Erwägungen nicht einzeln am Vergabeverfahren beteiligt hätten und ein beschränkbarer (potentieller) Wettbewerb auf dem relevanten Ausschreibungsmarkt überhaupt nicht vorliegt. Für Bietergemeinschaften zwischen direkten Wettbewerbern führt diese Rechtsprechung zu der **Vermutung einer generellen Unzulässigkeit,** die nur im Einzelfall und mit hohem Darlegungsaufwand widerlegbar ist. Das bedeutet gleichzeitig, dass die beabsichtigte Zuschlagserteilung an eine Bietergemeinschaft, an der Unternehmen beteiligt sind, die in einem direkten Wettbewerbsverhältnis stehen, im Rahmen eines **Vergabenachprüfungsverfahrens** mit Verweis auf die in Rede stehenden Entscheidungen grundsätzlich angreifbar ist.[126] Ähnliche Erwägungen könnten zudem – auch wenn von den Vergabenachprüfungsinstanzen so bislang noch nicht ausgesprochen – auch für Sub-/Nachunternehmervereinbarungen mit direkten Wettbewerbern gelten.

3. Reaktionen und Konkretisierungen der jüngeren Rechtsprechung

40 Wenngleich die neuere Rechtsprechung des KG und des OLG Düsseldorf eine effektive Kontrolle der vergabe- und kartellrechtlichen Zulässigkeit von Bietergemeinschaften ermöglicht, da es nicht mehr auf – im Einzelfall nur schwer zu bewertende – subjektive unternehmerische Entscheidungen und Erwägungen ankommt, führt diese auch dazu, dass Bietergemeinschaften zwischen selbstständig leistungsfähigen Unternehmen von vornherein als kartell- und vergaberechtswidrig beurteilt und damit unter einen generellen Unzulässigkeitsvorbehalt gestellt werden, ohne jedoch die tatsächlichen Wettbewerbsverhältnisse im konkreten Einzelfall zu berücksichtigen.[127] Vor diesem Hintergrund folgte die Mehrzahl der Nachprüfungsinstanzen, die sich in der Folge mit der kartell- und vergaberechtlichen Zulässigkeit von Bietergemeinschaften auseinanderzusetzen hatten, diesem Ansatz nicht, sondern trat ihm teilweise sogar ausdrücklich entgegen. Ob eine Bietergemeinschaft zwischen selbstständig leistungsfähigen Unternehmen kartell- und vergaberechtlich zulässig ist, bewerten diese Nachprüfungsinstanzen nach wie vor entsprechend der bisherigen ständigen Rechtsprechung. So betonte etwa das **OLG Brandenburg,** dass es für die Beurteilung der wettbewerbsrechtlichen Zulässigkeit von Bietergemeinschaften im Vergabeverfahren nicht entscheidend auf die objektive wirtschaftliche Leistungsfähigkeit der beteiligten Unternehmen ankommt. Maßgeblich ist vielmehr, ob ein Unternehmen bereit ist, sich allein um die Auftragsvergabe zu bewerben oder ob dem wirtschaftlich zweckmäßige und kaufmännisch vernünftige Gründe entgegenstehen.[128] Ähnlich griff die **VK Münster** – die die neuere Rechtsprechung des OLG Düsseldorf allerdings von vornherein nicht als Verschärfung der vergabe- und kartellrechtlichen Zulässigkeit von Bietergemeinschaften ansah – ebenfalls auf die Grundsätze der früheren ständigen Rechtsprechung zurück.[129] Die **VK Baden-Württemberg** erachtete die Umkehr des Regel-Ausnahme-Verhältnisses bei der Bewertung der Zulässigkeit einer Bietergemeinschaft durch die strengere Rechtsprechung namentlich des KG ausdrücklich für angreifbar.[130] Die **VK Rheinland** führte aus, dass Bietergemeinschaften auch aus direkten Wettbewerbern grundsätzlich zulässig sind und stellt damit das entsprechend Regel-Ausnahme-Verhältnis klar. Zudem „präzisierte" die

[126] *Gabriel* VergabeR 2012, 555 (558f.).

[127] *Gabriel* VergabeR 2012, 555 (558f.); *Schulte/Voll* ZfBR 2013, 223 (227). Ähnlich VK Sachsen Beschl. v. 23.5.2014 – 1/SVK/011-14, IBRRS 2014, 1644. Kritisch auch *Mager/Lotz* NZBau 2014, 328 (331f.).

[128] OLG Brandenburg Beschl. v. 16.2.2012 – Verg W 1/12, BeckRS 2012, 5195 mAnm *Gabriel/Voll* VergabeR 2012, 866 (876ff.).

[129] VK Münster Beschl. v. 22.3.2013 – VK 3/13, VPRRS 2013, 0591; siehe dazu *Gabriel/Voll* VergabeR 2014, 184.

[130] VK Baden-Württemberg Beschl. v. 4.6.2014 – 1 VK 15/14, BeckRS 2015, 47530; offen gelassen von OLG Karlsruhe Beschl. v. 5.11.2014 – 15 Verg 6/14, BeckRS 2015, 4323 Rn. 41.

Vergabekammer den vom OLG Düsseldorf aufgestellten Beurteilungsmaßstab dahingehend, dass sich die Prüfung der objektiven Unmöglichkeit einer eigenen Angebotserstellung nicht auf einer abstrakten Ebene bewegt, sondern sich auf die konkrete Situation der betroffenen Unternehmen vor dem Hintergrund und in Anbetracht der konkreten Ausschreibung bezieht.[131] Die **VK Sachsen** trat den Entscheidungen des KG und des OLG Düsseldorf entgegen und führt aus, dass die Bildung einer Bietergemeinschaft nur dann wettbewerbswidrig sein kann, wenn der Entschluss zur Mitgliedschaft für auch nur eines der beteiligten Unternehmen keine im Rahmen zweckmäßigen und kaufmännisch vernünftigen Handelns liegende Entscheidung ist.[132] Die **VK Südbayern** erachtete Bietergemeinschaften grundsätzlich für zulässig und lehnt einen „Generalverdacht der Kartellrechtswidrigkeit", wie sie insbesondere der – nur schwer mit der Rechtsprechung des BGH zu vereinbarenden – Rechtsprechung des KG zu Grunde liegt, ab.[133] Daneben findet sich eine Entscheidung des **OLG Schleswig,** in der die Zulässigkeit von Bietergemeinschaften zwar an dem strengen Prüfungsmaßstab des KG und des OLG Düsseldorf gemessen wird, eine kritische Auseinandersetzung mit diesem jedoch unterbleiben konnte, da die Bietergemeinschaft im konkreten Fall die entsprechenden Voraussetzungen erfüllte.[134]

Auch das **OLG Düsseldorf** wurde in Folge der in Rede stehenden Rechtsprechung wiederholt mit der Zulässigkeit von Bietergemeinschaften in bestimmten Einzelfällen befasst. Der Senat **hielt zunächst an seinem grundsätzlichen Ansatz fest,** dass die Bildung einer Bietergemeinschaft zwischen Unternehmen derselben Branche in der Regel eine Wettbewerbsbeschränkung darstelle,[135] konkretisierte jedoch auch das seiner Auffassung nach für die Beurteilung der kartell- und vergaberechtlichen Zulässigkeit maßgebliche Kriterium der objektiven Leistungsfähigkeit der Bietergemeinschaftsmitglieder. Objektiv leistungsfähig sei ein Unternehmen nicht bereits dann, wenn es aufgrund seiner betrieblichen oder geschäftlichen Verhältnisse überhaupt zu der Teilnahme an einem Vergabeverfahren mit einem eigenen Angebot in der Lage ist. **Das Angebot müsse selbstverständlich auch aussichtsreich sein.**[136] Eindeutig geklärt ist zudem, dass eine Bietergemeinschaft nicht schon mit der Angebotsabgabe darzulegen hat, dass ihre Bildung nicht gegen § 1 GWB verstößt, sondern das erst auf eine entsprechende gesonderte Aufforderung des Auftraggebers zur **Erläuterung der Gründe für die Bildung der Bietergemeinschaft** erfolgen muss.[137] Eine solche Aufforderung hat durch den Auftraggeber zu erfolgen, wenn es hinreichende Anhaltspunkte dafür gibt, dass es sich um eine unzulässige Bietergemeinschaft handelt. Das sei beispielsweise der Fall, wenn die beteiligten Unternehmen gleichartige, in der selben Branche tätige Wettbewerber sind und nichts dafür spricht, dass sie mangels Leistungsfähigkeit objektiv nicht in der Lage gewesen wären, unabhängig voneinander ein Angebot zu machen. 41

Inzwischen hat das OLG Düsseldorf in einer vielbeachteten Entscheidung den **strengen Zulässigkeitsmaßstab offenbar wieder aufgegeben** und ist wohl zur ursprünglichen Linie der ständigen Rechtsprechung zurückgekehrt. Die Entscheidung basiert bereits im Ansatz auf der grundsätzlichen Zulässigkeit von Bietergemeinschaften und betont, dass die- 42

[131] VK Rheinland Beschl. v. 11.2.2015 – VK VOB 32/2014, IBRRS 2015, 0664 mAnm *Gabriel* VPR 2015, 105; *Hausmann/Queisner* NZBau 2015, 402 (403f.).

[132] VK Sachsen Beschl. v. 23.5.2014 – 1/SVK/011-14, NZBau 2014, 790 (791).

[133] VK Südbayern Beschl. v. 1.2.2016 – Z3-3-3194-1-58-11/15, IBRRS 2016, 0868.

[134] OLG Schleswig Beschl. v. 15.4.2014 – 1 Verg 4/13, KommJur 2014, 416 mAnm *Gabriel/Voll* VPR 2014, 173.

[135] OLG Düsseldorf Beschl. v. 17.12.2014 – VII-Verg 22/14, NZBau 2015, 176 Rn. 25; Beschl. v. 17.2.2014 – VII-Verg 2/14, NZBau 2014, 716 (717). Siehe dazu auch *Hausmann/Queisner* NZBau 2015, 402.

[136] OLG Düsseldorf Beschl. v. 17.2.2014 – VII-Verg 2/14, NZBau 2014, 716 (717).

[137] OLG Düsseldorf Beschl. v. 1.7.2015 – Verg 17/15, ZfBR 2016, 822 (823); Beschl. v. 17.12.2014 – VII-Verg 22/14, NZBau 2015, 176 Rn. 25; zudem OLG Saarbrücken Beschl. v. 27.6.2016 – 1 Verg 2/16, BeckRS 2016, 105181 Rn. 83; VK Südbayern Beschl. v. 1.2.2016 – Z3-3-3194-1-58-11/15, IBRRS 2016, 0868.

se lediglich dann gegen § 1 GWB und Art. 101 AEUV verstoßen, wenn sie eine Verhinderung, Einschränkung oder Verfälschung des Wettbewerbs bezwecken oder bewirken.[138] Auch Bietergemeinschaften zwischen Unternehmen, die auf demselben Markt tätig sind und zueinander in einem potentiellen Wettbewerbsverhältnis stehen, seien danach wettbewerbsunschädlich, wenn

- die beteiligten Unternehmen jedes für sich zu einer Teilnahme an der Ausschreibung mit einem eigenständigen Angebot aufgrund ihrer betrieblichen und geschäftlichen Verhältnisse (zB mit Blick auf Kapazitäten, technische Einrichtungen und/oder fachliche Kenntnisse) nicht leistungsfähig sind und erst der Zusammenschluss zu einer Bietergemeinschaft sie in die Lage versetzt, sich daran mit Erfolgsaussicht zu beteiligen **(Fallgruppe 1),** oder
- die Unternehmen für sich genommen zwar leistungsfähig sind (insbesondere über die erforderlichen Kapazitäten verfügen), Kapazitäten aufgrund anderweitiger Bindung aktuell jedoch nicht einsetzbar sind **(Fallgruppe 2),** oder
- die beteiligten Unternehmen für sich genommen leistungsfähig sind, aber im Rahmen einer wirtschaftlich zweckmäßigen und kaufmännisch vernünftigen Entscheidung erst der Zusammenschluss ein erfolgversprechendes Angebot ermöglicht **(Fallgruppe 3).**[139]

43 Im Rahmen ihrer Einschätzungsprärogative können die Unternehmen entscheiden, ob sie sich als Einzelbieter oder Mitglied einer Bietergemeinschaft am Vergabeverfahren beteiligen möchten. Die Entscheidung zur Eingehung einer Bietergemeinschaft ist nur auf die Einhaltung ihrer Grenzen überprüfbar. Sie muss aber auf objektiven Kriterien basieren, die uneingeschränkt überprüfbar sind und die Bildung der Bietergemeinschaft hierdurch zumindest vertretbar erscheinen.[140]

In einem jüngeren Beschwerdeverfahren hat der **Düsseldorfer Vergabesenat** in Bezug auf die entwickelten Fallgruppen **Konkretisierungen vorgenommen.** Der Senat betont, dass die **erste Fallgruppe** auch dann einschlägig ist, wenn nur eines der beteiligten Unternehmen für sich genommen nicht leistungsfähig ist, das andere hingegen schon. Denn eine Beeinträchtigung des Wettbewerbs besteht in diesem Fall nicht, da zwischen den Unternehmen kein Wettbewerb bestand, der durch die Bildung der Bietergemeinschaft beschränkt werden könnte. Die Anzahl der Unternehmen, die zur Abgabe eines Angebots in der Lage sind, bleibt unverändert. Das gilt jedenfalls für die Konstellationen, in denen die Bildung der Bietergemeinschaft wirtschaftlich zweckmäßig und kaufmännisch vernünftig erscheint.[141] Zudem stellt das OLG Düsseldorf klar, dass hinreichende Anhaltspunkte für eine wettbewerbsbeschränkende Vereinbarung iSv § 124 Abs. 1 Nr. 4 GWB bestehen, „wenn aufgrund objektiver Tatsachen die Überzeugung gewonnen werden kann, dass ein Verstoß gegen § 1 GWB/Art. 101 AEUV mit hoher Wahrscheinlichkeit vorliegt“.[142] Zur Prüfung der Zulässigkeit einer Bietergemeinschaft **genügt vergaberechtlich eine Auf-**

---

[138] OLG Düsseldorf Beschl. v. 8.6.2016 – VII-Verg 3/16, PharmR 2016, 423 (424f.). Zustimmend OLG Celle Beschl. v. 8.7.2016 – 13 Verg 2/16, NZBau 2016, 783 Rn. 10ff. Anders noch die Vorinstanz VK Bund Beschl. v. 5.1.2016 – VK 1-112/15, IBRRS 2016, 2217.

[139] OLG Düsseldorf Beschl. v. 8.6.2016 – VII-Verg 3/16, PharmR 2016, 423 (424); Beschl. v. 1.7.2015 – Verg 17/15, ZfBR2016, 822 (823f.). Zustimmend OLG Celle Beschl. v. 8.7.2016 – 13 Verg 2/16, NZBau 2016, 783 Rn. 10. Inhaltlich ähnlich OLG Saarbrücken Beschl. v. 27.6.2016 – 1 Verg 2/16, BeckRS 2016, 105181 Rn. 80ff.; OLG Karlsruhe Beschl. v. 16.11.2016 – IBRRS 2017, 1670. Zustimmend zudem VK Thüringen Beschl. v. 9.11.2017 – 250-4003-8222/2017-E-S-015-GTH, BeckRS 2017, 141655 Rn. 74 und bereits zuvor in diese Richtung tendierend VK Lüneburg Beschl. v. 8.4.2016 – VgK-04/2016, BeckRS 2016, 17219.

[140] OLG Düsseldorf Beschl. v. 8.6.2016 – VII-Verg 3/16, PharmR 2016, 423 (424f.); Beschl. v. 1.7.2015 – VII-Verg 17/15, ZfBR 2016, 822 (824); im Anschluss auch OLG Karlsruhe Beschl. v. 16.11.2016 – 15 Verg 5/16, IBRRS 2017, 1670.

[141] OLG Düsseldorf Beschl. v. 17.1.2018 – VII-Verg 39/17, NZBau 2018, 237 Rn. 42. Zuvor bereits OLG Saarbrücken Beschl. v. 27.6.2016 – 1 Verg 2/16, BeckRS 2016, 105181 Rn. 84.

[142] OLG Düsseldorf Beschl. v. 17.1.2018 – VII-Verg 39/17, NZBau 2018, 237 Rn. 31.

forderung des Auftraggebers zur Darlegung der Gründe für den Zusammenschluss. Der Auftraggeber muss keine umfassenden Ermittlungen tätigen.[143]

4. Bietergemeinschaften aus konzernverbundenen Unternehmen

Ungeachtet des für die Prüfung der kartell-/vergaberechtlichen Zulässigkeit anzulegenden Maßstabs hat das OLG Düsseldorf in weiteren Entscheidungen klargestellt, dass Bietergemeinschaften aus konzernangehörigen Unternehmen unter bestimmten Voraussetzungen ohne weiteres als wettbewerbsrechtlich zulässig zu beurteilen sind. Das gelte zunächst für einen **vertraglichen Unterordnungskonzern,** in dem es dem beherrschenden Unternehmen – im konkreten Fall aufgrund eines Beherrschungs- und Gewinnabführungsvertrags nach § 291 Abs. 1 AktG – möglich ist, ihm angehörige Unternehmen zur Eingehung einer Bietergemeinschaft anzuweisen.[144] Allein die jederzeitige rechtliche Möglichkeit zu einer solchen Anweisung entziehe die wettbewerbsbeschränkende Vereinbarung einer Bietergemeinschaft dem Schutzbereich des § 1 GWB. Eine solche Anweisung, die die Anwendung des § 1 GWB sperrt, könne die Muttergesellschaft (auch im Nachhinein) jederzeit treffen. Das gelte darüber hinaus aber auch für **faktische Unterordnungskonzerne,** sofern das herrschende Unternehmen aufgrund mehrheitlicher oder ausschließlicher Kapitalbeteiligung und/oder personeller Verflechtungen in der Geschäftsführung oder im Aufsichtsrat über die tatsächliche und rechtliche Möglichkeit verfügt, das Wettbewerbsverhalten der konzernangehörigen Unternehmen zu steuern.[145] 44

D. Angebotsstrategien mit Beteiligung von Bietergemeinschaften an der Grenze zur Wettbewerbsbeschränkung

I. Doppel- und Mehrfachbeteiligungen

1. Unzulässige Mehrfachbewerbung für dieselbe Leistung

Unter einer so genannten **Mehrfachbeteiligung (oder Doppelbeteiligung)** versteht man den „mehrfachen" (meistens doppelten) Auftritt eines Unternehmens in einem Vergabeverfahren und die damit verbundene mehrfache Bewerbung um die Auftragserteilung. Eine solche Doppel- bzw. Mehrfachbeteiligung erfolgt typischerweise, indem ein Unternehmen ein eigenes Angebot abgibt und sich zugleich an einer Bietergemeinschaft beteiligt, die ebenfalls ein Angebot für den identischen Auftrag abgibt.[146] Die Problematik be- 45

[143] OLG Düsseldorf Beschl. v. 17.1.2018 – VII-Verg 39/17, NZBau 2018, 237 Rn. 44. Zuvor bereits VK Bund Beschl. v. 31.7.2017 – VK 2-68/17, BeckRS 2017, 130187.

[144] OLG Düsseldorf Beschl. v. 29.7.2015 – VII-Verg 5/15, NZBau 2015, 787 Rn. 22; Beschl. v. 29.7.2015 – VII-Verg 6/15, BeckRS 2015, 18294 Rn. 22 mAnm *Gabriel* VPR 2016, 8. So auch bereits die Vorinstanz VK Bund Beschl. v. 23.1.2015 – VK 1-122/14, IBRRS 2016, 0601; Beschl. v. 22.1.2015 – VK 1-112/14; Beschl. v. 21.1.2015 – VK 1-118/14; Beschl. v. 21.1.2015 – VK 1-116/14, IBRRS 2015, 3140; VK Bund Beschl. v. 20.1.2015 – VK 1-110/14, IBRRS 2015, 3148.

[145] OLG Düsseldorf Beschl. v. 29.7.2015 – VII-Verg 5/15, NZBau 2015, 787 Rn. 25; Beschl. v. 29.7.2015 – VII-Verg 6/15, BeckRS 2015, 18294 Rn. 25.

[146] Die bekanntesten Entscheidungen hierzu stammen vom Düsseldorfer Vergabesenat: OLG Düsseldorf Beschl. v. 16.11.2010 – Verg 50/10, BeckRS 2011, 1602; Beschl. v. 13.9.2004 – W (Kart) 24/04, IBRRS 2005, 1969; Beschl. v. 16.9.2003 – Verg 52/03, BeckRS 2004, 02041; Beschl. v. 28.5.2003 – VII-Verg 8/03, BeckRS 2004, 11759; mit der gleichen Situation einer Doppel- bzw. Mehrfachbeteiligung befassen sich außerdem OLG Naumburg Beschl. v. 30.7.2004 – 1 Verg 10/04, BeckRS 2004, 11908; VK Bund Beschl. v. 11.10.2010 – VK 3-96/10, IBRRS 2011, 1159; VK Sachsen Beschl. v. 19.7.2006 – 1/SVK/059-06, BeckRS 2006, 10651; Beschl. v. 19.7.2006 – 1/SVK/060-06, BeckRS 2006, 09766; VK Arnsberg Beschl. v. 2.2.2006 – VK 30/05, IBRRS 2006, 0743; VK Brandenburg Beschl. v. 19.1.2006 – 2 VK 76/05, IBRRS 2006, 1200; VK Berlin Beschl. v. 16.11.2005 – B1-49/05; VK Hamburg Beschl. v. 17.8.2005 – Vgk FB 5/05, IBRRS 2007, 0069; Beschl. v. 17.8.2005 – Vgk FB 6/05, IBRRS 2007, 0070; VK Rheinland-Pfalz Beschl. v. 14.6.2005 – VK 16/05, IBRRS 2005, 2272; Beschl. v. 27.5.2005 – VK 15/05, IBRRS 2005, 2549; VK Schleswig-Holstein Beschl. v. 12.11.2004 – VK-SH 30/04, BeckRS 2004, 10831; Beschl. v. 26.10.2004 – VK-SH 26/04, BeckRS 2004, 10250; VK Nordbayern Beschl.

steht in diesen Fällen darin, dass das mehrfach auftretende Unternehmen Kenntnis von mehreren (mindestens zwei) Angebotspreisen hat, sodass der vergaberechtliche Geheimwettbewerb beeinträchtigt wird. Die **wettbewerbsbeeinträchtigende Angebotskenntnis** muss sich dabei nicht unbedingt auf den Angebotspreis beziehen, vielmehr kann es für die Annahme eines Verstoßes gegen den Geheimwettbewerb ausreichen, wenn sich das Wissen auch nur auf Teile des Angebots[147] eines Mitbieters oder zumindest die Angebotsgrundlagen oder dessen Kalkulation bezieht.[148] Wesentliches und unverzichtbares Merkmal einer Auftragsvergabe im Wettbewerb ist gerade die Gewährleistung eines Geheimwettbewerbs zwischen den an einem Vergabeverfahren teilnehmenden Bietern. Nur dann, wenn jeder Bieter die ausgeschriebenen Leistungen in Unkenntnis der Angebote und Angebotsgrundlagen sowie der Angebotskalkulation seiner Mitbewerber anbietet, ist ein echter Wettbewerb möglich.[149] Sobald ein mehrfach auftretender Bieter Kenntnis von mehr als einem (dh seinem eigenen) Angebotsinhalt hat, besteht daher der Verdacht einer wettbewerbsbeschränkenden Absprache, die einen fakultativen Ausschluss vom Vergabeverfahren nach § 124 Abs. 1 Nr. 4 GWB rechtfertigen kann. Dabei darf insbesondere die (durch eine Doppel- oder Mehrfachbeteiligung zwangsläufig erhöhte) bloße Anzahl der Angebote nicht gleichgesetzt werden mit dem erreichten Maß an Wettbewerb, sofern die Angebote nicht unabhängig voneinander abgegeben wurden.[150]

46 **Die bisher maßgebliche Rechtsprechung** ging dahin, dass es dem Auftraggeber in der Situation einer typischen Mehrfachbeteiligung gestattet ist, allein deshalb eine Beeinträchtigung des Geheimwettbewerbs annehmen zu können und auf dieser Grundlage – ohne eine Verpflichtung, die beteiligten Bieter anzuhören bzw. weitere Nachforschungen anzustellen[151] – **sämtliche betroffenen Angebote auszuschließen.**[152] Seit der Entscheidung des **EuGH** in Sachen „**Serrantoni**"[153] ist es jedoch nicht länger möglich, konkurrierende Angebote derselben Bieter/Bietergemeinschaft auszuschließen, ohne den betroffenen Unternehmen zuvor die Möglichkeit eingeräumt zu haben, nachzuweisen, dass die jeweiligen Angebote unabhängig voneinander erstellt wurden.[154] Der Gerichtshof unterstreicht die Bedeutung des **Verhältnismäßigkeitsgrundsatzes**[155] und setzt eine Rechtsprechungslinie fort, die mittlerweile in mehreren Entscheidungen die zentrale Rolle kontradiktorischer Verfahren zur Einzelfallprüfung und die **Unzulässigkeit pauschaler Ausschlussentscheidungen** ohne Äußerungsmöglichkeit des Betroffenen hervorgehoben haben.[156] So hat der EuGH bereits einen automatischen Ausschluss vom Vergabeverfahren ohne Möglichkeit des Gegenbeweises wegen scheinbar unangemessener/unauskömmlicher

---

v. 28.7.2003 – 320.VK-3194-26/03, BeckRS 2003, 32435; Beschl. v. 5.6.2003 – 320.VK-3194-16/03, BeckRS 2003, 32431. Zusammenfassend *Gabriel/Benecke/Geldsetzer* Bietergemeinschaft Rn. 41 ff.; KKMPP/*Hausmann/v. Hoff* VgV § 43 Rn. 25 ff.; *Meininger/Kayser* BB 2006, 283; *Prieß/Gabriel* WuW 2006, 385 (390 ff.); *Prieß/Gabriel* ZVB Spezial 2006, 141 (156 ff.); *Jansen* WuW 2005, 502 (504 ff.); *Dreher* NZBau 2005, 427 (432); *Gölles* ZVB 2005, 230.

147 OLG München Beschl. v. 11.8.2008 – Verg 16/08, ZfBR 2008, 721 (723).

148 VK Baden-Württemberg Beschl. v. 15.4.2008 – 1 VK 8/08; VK Rheinland-Pfalz Beschl. v. 14.6.2005 – VK 16/05, IBRRS 2005, 2272.

149 OLG Düsseldorf Beschl. v. 27.7.2006 – VII-Verg 23/06, IBRRS 2006, 4391.

150 *Noch* Vergabe Navigator 2006, 25 (26).

151 So ausdrücklich OLG Düsseldorf Beschl. v. 27.7.2006 – VII-Verg 23/06, IBRRS 2006, 4391.

152 OLG Düsseldorf Beschl. v. 13.9.2004 – W (Kart) 24/04, IBRRS 2005, 1969; zustimmend *Ehrig* VergabeR 2010, 11 (12); *Dirksen/Schellenberg* VergabeR 2010, 17 (21); krit. *Wagner* VergabeR 2005, 120 (121); *Gabriel* NZBau 2010, 225 (226).

153 EuGH Urt. v. 23.12.2009 – C-376/08, Slg. 2009, I-12172 = NZBau 2010, 261 – Serrantoni.

154 EuGH Urt. v. 23.12.2009 – C-376/08, Slg. 2009, I-12172 = NZBau 2010, 261 Rn. 46 – Serrantoni; OLG Dresden Beschl. v. 28.3.2006 – WVerg 4/06, BeckRS 2006, 06134; hierzu eingehend *Gabriel* NZBau 2010, 225; *Arrowsmith* Procurement Law Rn. 12.57.

155 So in anderem Kontext EuGH Urt. v. 16.12.2008 – C-213/07, Slg. 2008, I-10021 = NZBau 2009, 133 Rn. 48 – Michaniki AE; hierzu *Prieß/Friton* NZBau 2009, 300.

156 *Gabriel* NZBau 2010, 225 (226).

Preise in Sachen „Impresa Lombardini",[157] wegen vermuteter Interessenkonflikte (Projektantenproblematik) in Sachen „Fabricom"[158] und wegen angenommener Gefährdung des Geheimwettbewerbs durch konkurrierende Beteiligung konzernverbundener Unternehmen in Sachen „Assitur"[159] für unverhältnismäßig und gemeinschaftsrechtswidrig erachtet.[160]

Diese Rechtsprechungslinie wurde durch die Entscheidung in Sachen „Serrantoni"[161] in 47
Bezug auf Mehrfachbeteiligungen im Verhältnis zwischen Bietergemeinschaft und Bietergemeinschaftsmitglied konsequent fortgeschrieben.[162] Ein automatischer Angebotsausschluss ohne **vorherige Prüfung der Einzelfallumstände** und Bejahung des Vorliegens einer tatsächlichen – und nicht nur abstrakten – Gefährdung des Geheimwettbewerbs ist unverhältnismäßig und würde überdies die Anzahl der beteiligten Bieter dezimieren und damit dem Wettbewerbsgrundsatz zuwiderlaufen.[163] Für Bietergemeinschaften und deren Mitglieder ist diese nunmehr gefestigte Rechtsprechung[164] des EuGH vorteilhaft, da sie keinen Ausschluss mehr in Fällen befürchten müssen, in denen eine Weitergabe wettbewerbserheblicher Informationen, ungeachtet eines gegebenenfalls anderen ersten Anscheins, nicht erfolgt ist.[165]

Damit ist einerseits rechtssicher klargestellt, dass sich – mitunter arbeitsaufwändige und 48
daher unternehmensseitig oftmals unter Kosten-Nutzen-Gesichtspunkten skeptisch hinterfragte – **Maßnahmen zur Wahrung des Geheimwettbewerbs** wie zum Beispiel die Einrichtung besonderer Vertraulichkeitsbereiche bei der Angebotserstellung (Chinese Walls) tatsächlich „lohnen" und einen Ausschluss effektiv verhindern können. Andererseits wird unnötiger Aufwand bei der Angebotserstellung vermieden, da derartige Maßnahmen nicht unbedingt bereits im Angebot selbst dargelegt werden müssen[166].

Der Grundsatz, dass eine Mehrfachbeteiligung nicht zum zwingenden Ausschluss führt, 49
sondern nur zu der (widerlegbaren) Vermutung einer Nichteinhaltung des Geheimwettbewerbs,[167] lässt sich jedoch nicht ohne einen deutlichen Risikovorbehalt auf die **Mehrfachbewerbung im offenen Verfahren** übertragen.[168] Zwar ist zutreffend, dass ein Angebotsausschluss auch in diesem Zusammenhang immer nur mit einer Beeinträchtigung des Geheimwettbewerbs begründet werden kann, sodass ein Ausschluss nicht in Betracht kommen darf, wenn es zu keiner Weitergabe wettbewerbserheblicher Informationen gekommen ist und nachweisbar effektive Maßnahmen ergriffen wurden, die eine Wahrung des Geheimwettbewerbs garantieren.[169] Allerdings dürfte das bei einer Doppel- bzw. Mehrfachbeteiligung als Einzelbieter sowie Mitglied einer Bietergemeinschaft kaum möglich sein. Im Regelfall ist deshalb davon auszugehen, dass ein **Verstoß gegen den Geheimwettbewerb** vorliegt und ein zwingender Ausschlussgrund gegeben ist.[170] Größere

[157] EuGH Urt. v. 27.11.2001 – C-285/99 und C-286/99, NZBau 2002, 101 Rn. 51 58 – Impresa Lombardini SpA.
[158] EuGH Urt. v. 3.3.2005 – C-21/03 und C-34/03, Slg. 2005, I-1577 = NZBau 2005, 351 – Fabricom SA; hierzu *Uechtritz/Otting* NVwZ 2005, 1105.
[159] EuGH Urt. v. 19.5.2009 – C-538/07, Slg. 2009, I-4236 = NZBau 2009, 607 – Assitur Sri; hierzu *Hölzl* NZBau 2009, 751.
[160] *Gabriel* NZBau 2010, 225 (226).
[161] EuGH Urt. v. 23.12.2009 – C-376/08, Slg. 2009, I-12172 = NZBau 2010, 261 – Serrantoni.
[162] *Gabriel* NZBau 2010, 225 (226).
[163] *Gabriel* NZBau 2010, 225 (226); zutreffend *Meininger/Kayser* BB 2006, 283.
[164] In diese Richtung auch VK Bund Beschl. v. 11.10.2010 – VK 3-96/10, IBRRS 2011, 1159, die zwar den Angebotsausschluss noch als Regelfall ansieht, aber auch Ausnahmen zulässt.
[165] *Gabriel* NZBau 2010, 225 (226f.).
[166] So noch VK Hamburg Beschl. v. 17.8.2005 – Vgk FB 5/05, IBRRS 2007, 0069; Beschl. v. 17.8.2005 – Vgk FB 6/05, IBRRS 2007, 0070; *Gabriel* NZBau 2010, 225 (227).
[167] OLG Dresden Beschl. v. 28.3.2006 – WVerg 4/06, BeckRS 2006, 06134; *Arrowsmith* Procurement Law Rn. 12.57.
[168] *Gabriel/Benecke/Geldsetzer* Bietergemeinschaft Rn. 42.
[169] *Gabriel/Benecke/Geldsetzer* Bietergemeinschaft Rn. 42.
[170] OLG Düsseldorf Beschl. v. 16.11.2010 – VII-Verg 50/10, BeckRS 2011, 1602; VK Bund Beschl. v. 11.10.2010 – VK 3-96/10, IBRRS 2011, 1159.

Praxisrelevanz kommt derartigen Maßnahmen im Fall der Teilnahme konzernverbundener Unternehmen zu (→ Rn. 59 ff.).

50 Der pauschale Ausschluss von konkurrierend teilnehmenden Unternehmen von **Vergabeverfahren mit Teilnahmewettbewerb** ist zur Gewährleistung des vergaberechtlichen Geheimwettbewerbs nicht erforderlich und damit unverhältnismäßig.[171] Denn einem Ausschluss der betroffenen Unternehmen von der weiteren Teilnahme am Vergabeverfahren steht entgegen, dass der Teilnahmewettbewerb selbst – in dem ja keine Angebote abgegeben werden – noch **keinen vergaberechtlichen Geheimwettbewerb** darstellt.[172] Da Auftraggeber wettbewerbsbeschränkende Verhaltensweisen zu bekämpfen haben, ist unzulässigen Doppel- bzw. Mehrfachbeteiligungen bereits im Rahmen des Teilnahmewettbewerbs gleichwohl entgegenzuwirken.[173] Allerdings ist ein Ausschluss sämtlicher betroffener Bewerber vom weiteren Verfahren zur Gewährleistung des vergaberechtlichen Geheimwettbewerbs nicht erforderlich und könnte dem Wettbewerbsgrundsatz sogar zuwider laufen.[174] Vielmehr würde auf diese Weise die Anzahl der späteren Bieter unnötig stark eingeschränkt. In der Praxis ist daher zu empfehlen, die betroffenen (doppelt bzw. mehrfach auftretenden) Bewerber darauf hinzuweisen, dass nach derzeitiger Sachlage ein Geheimwettbewerbsverstoß zu befürchten ist und zum (späteren) Ausschluss aller betroffenen Angebote führen kann. Um das zu verhindern, sollten sich die Bewerber deshalb vor der Angebotsabgabe entscheiden, in welcher Konstellation am weiteren Vergabeverfahren teilgenommen wird.[175]

2. Zulässige Mehrfachbewerbung für denselben Leistungsanteil bei Losvergaben

51 Eine Entscheidung des **OLG Düsseldorf** vom 28.5.2003, die auf den ersten Blick als Aufweichung der oben genannten Grundsätze zur vergaberechtlichen Bewertung von Doppel- und Mehrfachbeteiligung (miss-)verstanden werden könnte (und zum Teil auch wurde), beschäftigt sich mit der Frage, ob eine unzulässige Mehrfachbeteiligung an einem Vergabeverfahren vorlag, bei dem der verfahrensgegenständliche Auftrag in zwei Lose unterteilt worden ist.[176] Eine größere Bietergemeinschaft, die aus vier Unternehmen (A, B, C und D) bestand, hatte ein Angebot für beide Lose abgegeben. Eine weitere, kleinere Bietergemeinschaft, die aus drei Unternehmen der größeren Bietergemeinschaft (A, B und C) bestand, hatte ein Angebot nur für das erste Los abgegeben. Darüber hinaus hat das vierte Unternehmen (D), das ebenfalls Mitglied der größeren, nicht aber der kleineren Bietergemeinschaft war, als Einzelbieter ein Angebot nur für das zweite Los abgegeben. Im folgenden Nachprüfungsverfahren, das schwerpunktmäßig die Frage zum Gegenstand hatte, ob eine bzw. mehrere unzulässige Mehrfachbeteiligungen vorlagen, hat das OLG Düsseldorf entschieden, dass **sämtliche Beteiligungsformen vergaberechtsgemäß** waren und keine wettbewerbsbeschränkenden Verhaltensweisen darstellten.[177] Der Vergabesenat hat dieses Ergebnis vor allem mit der Erwägung begründet, dass aufgrund der konkreten Angebotslage keiner der Bieter ein und dieselbe Leistung zu unterschiedlichen Preisen angeboten hat. In solchen Fällen, in denen ein Unternehmen als Einzelbieter nur zu denjenigen Leistungsteilen ein separates Angebot abgibt, die ihm auch im Rahmen der Bietergemeinschaft zufallen, bestehe keine Gefahr, dass mehrere Bieter ihre Angebotspreise absprechen oder aufeinander abstimmen. Zudem – so das OLG Düsseldorf – läge **keine „Identität der Bieter"** vor, da im Hinblick auf das zweite Los ein einzelnes Unternehmen (D) als Bieter aufgetreten sei, während im Hinblick auf das erste Los eine aus drei

[171] *Hölzl* NZBau 2009, 751.
[172] *Meininger/Kayser* BB 2006, 283 (285).
[173] *Gabriel/Benecke/Geldsetzer* Bietergemeinschaft Rn. 43 ff.
[174] Zutreffend *Meininger/Kayser* BB 2006, 283 (286).
[175] *Gabriel/Benecke/Geldsetzer* Bietergemeinschaft Rn. 45.
[176] OLG Düsseldorf Beschl. v. 28.5.2003 – VII-Verg 8/03, BeckRS 2004, 11759 mAnm *Leinemann* VergabeR 2003, 465 (467 f.).
[177] OLG Düsseldorf Beschl. v. 28.5.2003 – VII-Verg 8/03, BeckRS 2004, 11759.

Unternehmen bestehende Bietergemeinschaft und im Hinblick auf beide Lose außerdem noch eine aus vier Unternehmen bestehende Bietergemeinschaft ein Angebot abgegeben hätte.

Im unmittelbaren Nachgang zu dieser Entscheidung wurde im Schrifttum darauf hinge- 52
wiesen, dass sich aus diesen Erwägungen im Lichte der Problematik der Doppel- bzw. Mehrfachbeteiligung interessante **Angebotsstrategien für Bietergemeinschaften** ergeben könnten.[178] Denn die Entscheidung des OLG Düsseldorf könnte dazu führen, dass immer dann, wenn laut Ausschreibungsunterlagen eine Teillosvergabe vorgesehen ist, neben Angeboten von Bietergemeinschaften für die Gesamtleistung auch Angebote von Mitgliedern der Bietergemeinschaften als Einzelbieter für die Einzellose abgegeben werden könnten – und zwar zu unterschiedlichen Preisen.[179] Auf diese Weise könnte ein typischer Nachteil von Bietergemeinschaften überwunden werden, nämlich dass einzelne Mitglieder die Preise für ihre (Teil-)Leistungen zu hoch ansetzen und dadurch der Preis der Bietergemeinschaft insgesamt zu hoch gerät. Denn in diesem Fall könnte ein einzelnes Bietergemeinschaftsmitglied, das befürchtet, den Zuschlag für die Gesamtleistung aufgrund des zu hohen Preises der Bietergemeinschaft nicht zu erhalten, zusätzlich seine Teilleistung im Rahmen eines Angebots für das entsprechende Los (günstiger) anbieten und so versuchen, zumindest den Zuschlag für dieses Los zu erhalten. Ebenso wäre es denkbar, dass eine Bietergemeinschaft bewusst ein Angebot zu einem verhältnismäßig hohen Preis abgibt, während die in dieser Bietergemeinschaft zusammengeschlossenen Unternehmen sich dann parallel („zur Sicherheit") als Einzelbieter um die einzelnen Lose bewerben.[180]

Kurz nach diesem vielbeachteten Beschluss des OLG Düsseldorf hat derselbe Vergabese- 53
nat die **Grenzen einer vergaberechtlich zulässigen Doppel- bzw. Mehrfachbeteiligung** in einer weiteren Entscheidung noch einmal unmissverständlich verdeutlicht.[181] In dieser Entscheidung hat sich ein Unternehmen (der spätere Antragsteller) sowohl als Einzelbieter als auch als Mitglied einer Bietergemeinschaft an einem Vergabeverfahren (ohne Teillosvergabe) beteiligt und für die ausgeschriebene Leistung ein Angebot abgegeben. Nach einem erfolglosen Nachprüfungsverfahren vor der Vergabekammer des Bundes[182] hat das OLG Düsseldorf die sofortige Beschwerde zurückgewiesen. Denn der Antragsteller habe sich in unzulässiger Weise gleichzeitig als Einzelbieter und als Bietergemeinschaftsmitglied am **Wettbewerb um die Vergabe derselben Leistung** beteiligt, weshalb beide Angebote auszuschließen gewesen wären.[183]

Insbesondere ergreift das OLG Düsseldorf die Gelegenheit, einige Passagen der Ent- 54
scheidung vom 28.5.2003 „nachträglich klarzustellen".[184] Danach liegt der maßgebliche Unterschied zwischen beiden Entscheidungen darin, dass sich die erste Entscheidung auf den zulässigen – und in gleicher Weise übrigens schon zuvor vom OLG Celle entschiedenen[185] – **Sonderfall** bezog, dass ein Unternehmen lediglich zu einem speziellen Leistungsteil ein separates Angebot als Einzelbieter abgibt, der diesem Unternehmen auch im Rahmen einer ebenfalls am Vergabeverfahren teilnehmenden Bietergemeinschaft zufällt, sodass **keine echte Konkurrenzsituation** entsteht.[186]

---

178 *Leinemann* VergabeR 2003, 467 (468).

179 *Leinemann* VergabeR 2003, 467 (468).

180 *Leinemann* VergabeR 2003, 467 (468).

181 OLG Düsseldorf Beschl. v. 16.9.2003 – VII-Verg 52/03, BeckRS 2004, 02041 mAnm *Leinemann* VergabeR 2003, 690 (693 ff.). Zuvor bereits VK Nordbayern Beschl. v. 5.6.2003 – 320.VK-3194-16/03, BeckRS 2003, 32431.

182 VK Bund Beschl. v. 19.8.2003 – VK 1-69/03.

183 OLG Düsseldorf Beschl. v. 16.9.2003 – VII-Verg 52/03, BeckRS 2004, 02041; im Anschluss hieran OLG Naumburg Beschl. v. 30.7.2004 – 1 Verg 10/04, BeckRS 11908; zuvor bereits VK Nordbayern Beschl. v. 5.6.2003 – 320.VK-3194-16/03, BeckRS 2003, 32431 Rn. 47 ff.

184 So OLG Düsseldorf Beschl. v. 16.9.2003 – VII-Verg 52/03, BeckRS 2004, 02041.

185 OLG Celle Beschl. v. 23.3.2000 – 13 Verg 1/00, BeckRS 2000, 31053358.

186 OLG München Beschl. v. 28.4.2006 – Verg 6/06, NZBau 2007, 59; OLG Jena Beschl. v. 19.4.2004 – 6 Verg 3/04, IBRRS 2004, 1059; krit. zu dieser Begründung *Leinemann* VergabeR 2003, 693 (694); zust. *Meininger/Kayser* BB 2006, 283 (284).

55 Die Vergabe nach Losen wird zudem auch als **Wettbewerb zwischen der Gesamtvergabe und der Einzelvergabe** verstanden, um so das wirtschaftlichste Angebot zu ermitteln.[187] In diesem Fall sei es sogar gewollt, dass die Bieter für Einzellose, für Kombinationen von Losen und zur Gesamtleistung anbieten, um die Synergieeffekte aus den zusammen auszuführenden Losen zu nutzen. Ein Verstoß gegen das Prinzip des Geheimwettbewerbs sei nicht gegeben.[188]

II. Beteiligung als Einzelbieter und Nachunternehmer, „verdeckte" und „gescheiterte" Bietergemeinschaft

56 Abzugrenzen sind unzulässige Doppel- bzw. Mehrfachbeteiligungen von solchen Fallgestaltungen, in denen sich ein Unternehmen einerseits als **Einzelbieter bzw. Bietergemeinschaftsmitglied und andererseits als Nachunternehmer** eines anderen Bieters an einem Vergabeverfahren beteiligt. Denn die Beteiligung eines Unternehmens einerseits als Einzelbieter oder Mitglied einer Bietergemeinschaft und andererseits als Nachunternehmer eines anderen Bieters ist grundsätzlich nicht wettbewerbswidrig.[189] Das gilt selbst dann, wenn ein Bewerber sich eines Subunternehmers bedient, der sich zuvor am Teilnahmewettbewerb beteiligt, aber schließlich doch kein eigenes Angebot abgegeben hat.[190] So hat das OLG Düsseldorf zutreffend entschieden, dass weitere Tatsachen hinzutreten müssen, die nach Art und Umfang des Nachunternehmereinsatzes sowie mit **Rücksicht auf die Begleitumstände** eine Kenntnis von dem zur selben Ausschreibung abgegebenen Konkurrenzangebot annehmen lassen.[191] Solche Begleitumstände liegen dann vor, wenn beispielsweise die jeweiligen Verpflichtungserklärungen von einer Person für beide Bieter ausgefüllt werden, der Firmenstempel des einen Bieters auf der Verpflichtungserklärung des anderen erscheint oder ein Bieter die Preise bei einem Zulieferer aushandelt, die dieser dann auch dem zweiten Bieter „in etwa" zugesteht. Das sei eine unzulässige wettbewerbswidrige Abrede gem. § 19 EG Abs. 3 lit. f) VOL/A (jetzt: § 124 Abs. 1 Nr. 4 GWB). Eine solche „verdeckte" Bietergemeinschaft führt zum Ausschluss beider Angebote.[192]

57 **Bieter und Nachunternehmer,** die ihrerseits als Bieter auftreten, können dann nicht ausgeschlossen werden, wenn beiden Bietern – dem jeweils anderen Bieter in ihrer Ausgestaltung unbekannt bleibende – nennenswerte **Gestaltungsfreiräume bei der Kalkulation** des jeweils eigenen Angebots verblieben sind.[193] Etwas anderes kann allerdings gelten, wenn die Tätigkeit des mehrfach benannten Nachunternehmers für die Bieter jeweils den

[187] VK Thüringen Beschl. v. 11.6.2009 – 250-4002.20-2532/2009-002-SOK, IBRRS 2009, 3213.

[188] VK Thüringen Beschl. v. 11.6.2009 – 250-4002.20-2532/2009-002-SOK, IBRRS 2009, 3213.

[189] KG Beschl. v. 13.3.2008 – 2 Verg 18/07, NZBau 2008, 466 (468); OLG Düsseldorf Beschl. v. 13.4.2006 – VII-Verg 10/06, BeckRS 2006, 7157 Rn. 15; *Wagner* VergabeR 2005, 120 (121). Erst recht ist es zulässig, dass die Angebote verschiedener Bieter den Einsatz desselben Nachunternehmers vorsehen. Soweit *Meininger/Kayser* BB 2006, 283 (285) und *Byok* NJW 2006, 2076 (2077 f.) die Entscheidungen VK Hamburg Beschl. v. 17.8.2005 – Vgk FB 5/05, IBRRS 2007, 0069 und Beschl. v. 17.8.2005 – VgK FB 6/05, IBRRS 2007, 0070 dahingehend interpretieren, dass hier „erstmals" auch die Mehrfachbeteiligung eines Unternehmens als Bieter einerseits und als Nachunternehmer eines anderen Bieters andererseits als wettbewerbsbeschränkende unzulässige Doppelbeteiligung eingestuft worden sei, ist anzumerken, dass die VK Hamburg keineswegs von dem Grundsatz, dass eine Mehrfachbeteiligung als Einzelbieter und Nachunternehmer grundsätzlich zulässig ist, abweicht. Die Entscheidungen gehören aufgrund der Besonderheiten des Sachverhalts vielmehr in die (sogleich unter → Rn. 58 ff. erörterten) Fallgruppen der „verdeckten Bietergemeinschaft" bzw. „konzernverbundenen Unternehmen". Nach VK Sachsen Beschl. v. 16.3.2005 – 1/SVK/014-05, BeckRS 2007, 15961 liegt zumindest die Vermutung einer Wettbewerbsverzerrung und die Besorgnis eines Wettbewerbsvorteils nahe.

[190] VK Düsseldorf Beschl. v. 2.3.2007 – VK 05/2007-L.

[191] OLG Düsseldorf Beschl. v. 13.4.2006 – VII-Verg 10/06, BeckRS 2006, 7157 Rn. 15; LSG Nordrhein-Westfalen Beschl. v. 10.3.2010 – L 21 SF 41/10 Verg, IBRRS 2013, 0685.

[192] VK Schleswig-Holstein Beschl. v. 17.9.2008 – VK-SH 10/08, BeckRS 2008, 21735.

[193] OLG Düsseldorf Beschl. v. 9.4.2008 – VII-Verg 2/08, BeckRS 2008, 7456.

Schwerpunkt des Auftrags ausmacht, da dieser Nachunternehmer dann die maßgeblichen Kalkulationsgrundlagen kennt.[194]

Der Befund, dass eine Mehrfachbeteiligung als Einzelbieter bzw. Bietergemeinschafts- 58
mitglied sowie Nachunternehmer eines anderen Bieters vergaberechtlich zulässig ist, hängt entscheidend davon ab, ob es sich tatsächlich nur um eine Beteiligung als Nachunternehmer handelt – oder um eine **„verdeckte" Bietergemeinschaft.**[195] Denn beteiligt sich ein Unternehmen zugleich als Einzelbieter und Mitglied einer „verdeckten", dh gegenüber dem Auftraggeber nicht zu erkennen gegebenen Bietergemeinschaft an einem Vergabeverfahren, liegt wiederum ein **Verstoß gegen den Geheimwettbewerb** vor, sodass die Angebote gemäß § 31 Abs. 1 UVgO iVm § 124 Abs. 1 Nr. 4 GWB, § 19 Abs. 3 lit. f) VOL/A aF, § 16 Abs. 1 Nr. 5 VOB/A bzw. § 124 Abs. 1 Nr. 4 GWB ausgeschlossen werden müssen. Ist nämlich in Wahrheit eine gemeinschaftliche Angebotsabgabe bezweckt, die grundsätzlich im Rahmen einer Bietergemeinschaft erfolgen soll, kann die Verschleierung dieses Umstands durch die Bezeichnung des zweiten Unternehmens als „Nachunternehmer" nichts daran ändern, dass eine solche mehrfache Beteiligung eine wettbewerbsbeschränkende Abrede darstellt und zu einem Ausschluss führen muss, soweit der „Nachunternehmer" volle Angebotskenntnis seiner „verdeckten" Bietergemeinschaft besitzt.[196] Ist daher eine Mehrfachbeteiligung als Einzelbieter sowie Nachunternehmer eines anderen Bieters beabsichtigt, sollte in dem Angebot des Bieters (des „Hauptunternehmers") der Leistungsanteil, der von dem mehrfach beteiligten Unternehmen als Nachunternehmerleistung erbracht werden soll, kenntlich gemacht und exakt bezeichnet werden.[197] Auf diese Weise wird der Entstehung des Verdachts, es könnte eine verdeckte Bietergemeinschaft vorliegen, effektiv vorgebeugt.

Ein ähnliches Problem – der **Verdacht einer wettbewerbsbeschränkenden Abrede** – 59
kann auch entstehen, wenn Unternehmen zunächst Details ihrer Angebotsgrundlagen oder -kalkulationen besprechen und sich sodann gegen die Bildung einer Bietergemeinschaft und für die Teilnahme als Einzelbieter entscheiden. In diesem Zusammenhang wird zum Teil erwogen, dass die Behauptung, es sei zunächst eine Bewerbung in Form einer Bietergemeinschaft geplant gewesen, unbeachtlich sein müsse, wenn sich die Parteien des **„gescheiterten Bieterkonsortiums"** im Nachhinein als „gegnerische" Mitbieter erweisen und sie ihre Angebotskalkulationen bezüglich der konkreten Auftragsvergabe im Vorfeld besprochen haben.[198] Hierbei ist zu berücksichtigen, dass die Beteiligung von Bietergemeinschaften an Vergabeverfahren eine grundsätzlich erwünschte Erscheinung ist, sodass auf eine Bietergemeinschaftsbildung gerichtete Verhandlungen gerade nicht von vornherein den Verdacht einer wettbewerbsbeschränkenden Verhaltensweise nahe legen.[199] Zudem dürften solche Erwägungen auch nur in wenigen Fällen zutreffen, da nach dem Scheitern der Verhandlungen zur Bildung einer Bietergemeinschaft die betroffenen Unternehmen ohnehin gezwungen sind, eine neue, selbstständige Angebotskalkulation zu unternehmen und ein eigenes Angebot zu erstellen, dessen Inhalt dem ehemaligen Verhandlungspartner nicht automatisch bekannt ist.[200] Weiter ist auch zu bedenken, dass im Vorfeld einer Angebotsabgabe stattfindende Gespräche über die Zusammenarbeit im Rahmen einer Bieterge-

---

[194] OLG Düsseldorf Beschl. v. 27.7.2006 – VII-Verg 23/06, IBRRS 2006, 4391.

[195] Zu „verdeckten Bietergemeinschaften" vgl. VK Arnsberg Beschl. v. 2.2.2006 – VK 30/05, ZfBR 2006, 519 (Ls.) = IBRRS 2006, 0743; VK Hamburg Beschl. v. 17.8.2005 – Vgk FB 5/05, IBRRS 2007, 0069; Beschl. v. 17.8.2005 – Vgk FB 6/05, IBRRS 2007, 0070; VK Rheinland-Pfalz Beschl. v. 14.6.2005 – VK 16/05, IBRRS 2005, 2272; Beschl. v. 27.5.2005 – VK 15/05, IBRRS 2005, 2549.

[196] VK Arnsberg Beschl. v. 2.2.2006 – VK 30/05, ZfBR 2006, 519 (Ls.) = IBRRS 2006, 0743.

[197] Die VK Hamburg Beschl. v. 17.8.2005 – Vgk FB 5/05, IBRRS 2007, 0069; Beschl. v. 17.8.2005 – Vgk FB 6/05, IBRRS 2007, 0070 bemängelte, dass das im entschiedenen Fall nicht geschehen sei und gelangte so zu der Überzeugung, dass eine verdeckte Bietergemeinschaft vorliegen müsse.

[198] VK Rheinland-Pfalz Beschl. v. 14.6.2005 – VK 16/05, IBRRS 2005, 2272.

[199] OLG Koblenz Beschl. v. 26.10.2005 – 1 Verg 4/05, BeckRS 2005, 12605 Rn. 68ff. mzustAnm *Willenbruch* VergabeR 2006, 392 (404ff.); ebenso *Noch* Vergabe Navigator 2006, 25 (27).

[200] *Noch* Vergabe Navigator 2006, 25 (27).

meinschaft weder gesetzeswidrig noch unlauter, sondern vielmehr wirtschaftlich sinnvoll und notwendig sind. Sehe man hierin schon wettbewerbswidriges Verhalten, würde man faktisch einen bloßen Verdachtsausschlussgrund schaffen.[201]

III. Beteiligung konzernverbundener Unternehmen

1. Keine grundsätzliche Vermutung der Unzulässigkeit nach europäischer Rechtsprechung

60 Die vergaberechtliche Bewertung einer Doppel- bzw. Mehrfachbeteiligung im Wege der Angebotsabgabe als Einzelbieter und zugleich Mitglied einer Bietergemeinschaft kann schließlich auf den Fall einer **Beteiligung konzernverbundener Unternehmen** nicht unbesehen übertragen werden.[202] Denn im Fall einer solchen Doppel- bzw. Mehrfachbeteiligung hat das betroffene Unternehmen zwangsläufig Kenntnis vom Inhalt zweier Angebote, sofern nicht ausnahmsweise besondere Maßnahmen zur Wahrung des Geheimwettbewerbs ergriffen wurden. Bei einer parallelen Beteiligung konzernverbundener Unternehmen (ebenso wie bei der Teilnahme als Einzelbieter und Nachunternehmer, hierzu → Rn. 56ff.) ist das gerade nicht der Fall. Eine unwiderlegbare Vermutung des Inhalts, dass Angebote verbundener Unternehmen für denselben Auftrag infolge der typischerweise bestehenden gesellschaftsrechtlichen, personellen und organisatorischen Verflechtungen stets voneinander beeinflusst sind, existiert nicht.[203] Denn diese Unternehmen bewegen sich überwiegend **wirtschaftlich selbstständig** und stehen zumindest im **internen Konkurrenzkampf** miteinander, sodass eine mit dem Vergaberecht nicht zu vereinbarende unzulässige Beschränkung des Wettbewerberkreises die Folge wäre.[204]

61 Der **EuGH** hat in Sachen **„Assitur"** entschieden, dass ein zwingender Ausschluss allein wegen der potentiellen Gefahr einer Beeinträchtigung des Wettbewerbs nicht verhältnismäßig ist.[205] Es muss der Verstoß gegen den vergaberechtlichen Geheimwettbewerb vielmehr anhand der konkreten Umstände nachgewiesen werden. Bereits in den Entscheidungen „Michaniki"[206] und „Fabricom"[207] hatte der EuGH im Hinblick auf die Bedeutung des Verhältnismäßigkeitsgrundsatzes entschieden, dass der automatische Ausschluss vom Vergabeverfahren nicht zulässig ist.[208] Denn der Ausschluss von Bietern, die mit ihrer Beteiligung keine Gefahr für den Wettbewerb bedeuten, geht über das hinaus, was **zur Wahrung des Grundsatzes der Gleichbehandlung der Bieter und des Transparenzgrundsatzes erforderlich** ist.[209] In konsequenter Fortsetzung dieser Rechtsprechungslinie hat der EuGH in Sachen „Assitur" diese Grundsätze auch auf konzernverbun-

---

[201] OLG Koblenz Beschl. v. 26.10.2005 – 1 Verg 4/05, BeckRS 2005, 12605 Rn. 68ff.

[202] So VK Lüneburg Beschl. v. 8.5.2006 – VgK-07/2006, BeckRS 2006, 07463; VK Hamburg Beschl. v. 17.8.2005 – Vgk FB 5/05, IBRRS 2007, 0069; Beschl. v. 17.8.2005 – Vgk FB 6/05, IBRRS 2007, 0070; VK Schleswig-Holstein Beschl. v. 2.2.2005 – VK-SH 01/05, IBRRS 2005, 0415; VK Lüneburg Beschl. v. 7.11.2003 – 203-VgK-32/2003; ebenso *Prieß/Gabriel* WuW 2006, 385 (391f.); *Prieß/Gabriel* ZVB Spezial 2006, 141 (159f.); *Meininger/Kayser* BB 2006, 283 (285); *Noch* Vergabe Navigator 2006, 25 (27); *Wagner* VergabeR 2005, 120 (121); *Gölles* ZVB 2005, 230 (232); aA *Jansen* WuW 2005, 502 (505f.).

[203] OLG Düsseldorf Beschl. v. 11.5.2011 – VII-Verg 8/11, ZfBR 2011, 789 (792); Beschl. v. 11.5.2011 – VII-Verg 1/11, BeckRS 2011, 18921; OLG Düsseldorf Beschl. v. 13.4.2011 – VII-Verg 4/11, NZBau 2011, 371 (373).

[204] VK Lüneburg Beschl. v. 8.5.2006 – VgK-07/2006, BeckRS 2006, 07463; VK Düsseldorf Beschl. v. 21.11.2003 – VK 33/2003-L.

[205] EuGH Urt. v. 19.5.2009 – C-538/07, Slg. 2009, I-4236 = NZBau 2009, 607 Rn. 30 – Assitur Sri; hierzu *Hölzl* NZBau 2009, 751.

[206] EuGH Urt. v. 16.12.2008 – C-213/07, Slg. 2008, I-10021 = NZBau 2009, 133 – Michaniki AE.

[207] EuGH Urt. v. 3.3.2005 – C-21/03 und C-34/03, Slg. 2005, I-1577 = NZBau 2005, 351 – Fabricom SA.

[208] EuGH Urt. v. 16.12.2008 – C-213/07, Slg. 2008, I-10021 = NZBau 2009, 133 Rn. 48f. – Michaniki AE; EuGH Urt. v. 3.3.2005 – C-21/03 und C-34/03, Slg. 2005, I-1577 = NZBau 2005, 351 Rn. 33ff. – Fabricom SA.

[209] EuGH Urt. v. 16.12.2008 – C-213/07, Slg. 2008, I-10021 = NZBau 2009, 133 Rn. 47f. – Michaniki AE.

dene Unternehmen bezogen. Es ist ihnen vor dem Ausschluss aus dem Vergabeverfahren die Möglichkeit zu geben, konkret nachzuweisen, dass sich die Verbundenheit nicht auf ihr Verhalten im Ausschreibungsverfahren ausgewirkt hat.[210] Allein die **parallele Beteiligung** von gesellschaftsrechtlich abhängigen oder verbundenen Unternehmen an ein und demselben Vergabeverfahren **darf nicht zwingend zum Ausschluss führen.**[211] Denn über die generelle Unzulässigkeit pauschaler Angebotsausschlüsse hinaus, so betont der EuGH in der Rechtssache „Serrantoni", muss zudem den betroffenen Unternehmen die Möglichkeit eingeräumt werden, nachzuweisen, dass die **Angebote unabhängig voneinander formuliert** worden sind. Das Damoklesschwert eines „vorwarnungslosen" Angebotsausschlusses, der nach der bis zu diesen EuGH-Entscheidungen maßgeblichen nationalen Rechtsprechung drohte, ist damit beseitigt und der Ausschluss darf erst erfolgen, wenn den betroffenen Unternehmen die Möglichkeit eingeräumt worden ist, nachzuweisen, dass die Angebote unter Wahrung des Vertraulichkeitsgrundsatz erstellt wurden.[212]

2. Maßstab für die Einhaltung des Geheimwettbewerbs

Die Beteiligung konzernverbundener Unternehmen an demselben Vergabeverfahren ist 62 daher grundsätzlich zulässig. Gleichwohl besteht die Gefahr, dass die verbundenen Unternehmen wettbewerbswidrige Abreden treffen, die zu einem Verstoß gegen den Geheimwettbewerb führen können, mit der Folge, dass die Angebote dieser Unternehmen vom Vergabeverfahren auszuschließen sind.

a) Ausschluss aufgrund konkreter Anhaltspunkte für einen Verstoß gegen den 63 **Geheimwettbewerb nach der bisherigen nationalen Rechtsprechung.** Nach der tradierten nationalen Rechtsprechung erfolgt der Angebotsausschluss dann zwingend, wenn der Auftraggeber konkrete Anhaltspunkte dafür hat, dass die Angebote unter Verstoß gegen den Geheimwettbewerb zustande gekommen sind.[213] Wenn die Umstände für das Vorliegen einer wettbewerbswidrigen Verhaltensweise sprechen, ist es jedoch nicht erforderlich, eine konkrete Absprache nachzuweisen.[214] Der Ausschluss wegen einer wettbewerbsbeschränkenden Absprache ist dann auch in Fällen zulässig, in denen sich lediglich Indizien so weit verdichten, dass die **gegenseitige Kenntnis angebotsrelevanter Informationen zu vermuten** ist und (lediglich) hinreichende Anhaltspunkte für wettbewerbsbeschränkende Absprachen bestehen. Es finden sich Formulierungen wie „äußere Indizien" und „Häufung von Indizien",[215] „eine ganze Anzahl von Indizien in ihrer Gesamtheit",[216] „kumulative Sachverhalte" und „starke Hinweise",[217] „verdichtete Indizienkette",[218] „nicht zu übersehende Indizien" und „dringende Vermutung",[219] „greifbare Anhaltspunkte".[220] Dementsprechend setzt der in Rede Ausschlussgrund nach § 124

[210] EuGH Urt. v. 19.5.2009 – C-538/07, Slg. 2009, I-4236 = NZBau 2009, 607 Rn. 29 – Assitur Srl.
[211] *Gabriel* NZBau 2010, 225; *Hölzl* NZBau 2009, 751 (752).
[212] *Gabriel* NZBau 2010, 225 (226).
[213] OLG Naumburg Beschl. v. 2.8.2012 – 2 Verg 3/12, BeckRS 2012, 21447; OLG Saarbrücken Beschl. v. 5.7.2006 – 1 Verg 1/06, BeckRS 2006, 8111 Rn. 40; OLG Frankfurt a.M. Beschl. v. 30.3.2004 – 11 Verg 5/04, IBRRS 2004, 1386; Beschl. v. 30.3.2004 – 11 Verg 4/04, IBRRS 2004, 1385; VK Bund Beschl. v. 27.8.2010 – VK 3-84/10, IBRRS 2013, 2445; Beschl. v. 20.5.2005 – VK 2-30/05; Beschl. v. 24.8.2004 – VK 2-115/04, IBRRS 2013, 4296.
[214] VK Münster Beschl. v. 21.7.2004 – VK 17/04, IBRRS 2004, 1807.
[215] VK Düsseldorf Beschl. v. 29.6.2004 – VK 21/2004; ähnlich VK Schleswig-Holstein Beschl. v. 17.9.2008 – VK-SH 10/08, BeckRS 2008, 21735.
[216] VK Baden-Württemberg Beschl. v. 3.6.2004 – 1 VK 29/04, IBRRS 2004, 3339.
[217] VK Mecklenburg-Vorpommern Beschl. v. 25.1.2008 – 2 VK 5/07, VPRRS 2008, 0403.
[218] VK Lüneburg Beschl. v. 5.3.2008 – VgK-03/2008, BeckRS 2008, 09129.
[219] VK Lüneburg Beschl. v. 28.10.2008 – VgK-36/2008, BeckRS 2009, 08145.
[220] LSG Nordrhein-Westfalen Beschl. v. 10.3.2010 – L 21 SF 41/10 Verg, IBRRS 2013, 0685; ähnlich LSG Berlin-Brandenburg Beschl. v. 6.3.2009 – L 9 KR 72/09 ER, BeckRS 2009, 59284.

Abs. 1 Nr. 4 GWB tatbestandlich auch kein subjektives Element im Sinne eines konspirativen Zusammenwirkens mehrerer Verfahrensteilnehmer voraus.[221]

64 Die Rechtsprechung hat verschiedene Kriterien entwickelt, aus denen sich diese **hinreichenden Anhaltspunkte** ergeben können. So sollen strukturelle Verflechtungen Indizien sein, die auf eine Verletzung des Geheimwettbewerbs schließen lassen. **Strukturelle Verflechtungen** sind beispielsweise bejaht worden, wenn „enge" Beziehungen zwischen den Unternehmen bestehen.[222] Aber auch dann, wenn eines der Unternehmen eine beherrschende Stellung innehat[223] oder aber die parallele Angebotsabgabe von Unternehmen erfolgt, die von den Mitgliedern einer Familie gehalten werden,[224] sind von der Rechtsprechung strukturelle Verflechtungen mit der Indizwirkung angenommen worden. Das gilt auch für Fälle, in denen es für die beteiligten Unternehmen ohne wirtschaftliche Bedeutung ist, welches der beiden den Auftrag erhält,[225] oder wenn sie die Erlöse der auf diesem Wege erlangten Aufträge untereinander aufteilen werden.[226]

65 Auch sollen solche Anhaltspunkte dann vorliegen, wenn bei **personellen Identitäten** in den Geschäftsführungen die betreffenden Geschäftsführer das tägliche Geschäft betreiben und damit auch die Beteiligung an Vergabeverfahren zu verantworten haben.[227] Die Personenidentität eines (von mehreren) Prokuristen sei unschädlich,[228] die Erstellung parallel abgegebener Angebote durch dieselben Sachbearbeiter stelle hingegen eine Verletzung des Geheimwettbewerbs dar.[229]

66 Anhaltspunkte für eine Verletzung des Geheimwettbewerbs können sich auch aus den **operativen Umständen,** die den Betrieb betreffen, ergeben, wie identische Geschäftsräume[230] oder Fax- oder Telefonnummern,[231] gleichzeitiger Abruf von Angebotsunterlagen,[232] gemeinsame Nutzung eines Zentrallagers und von Lieferfahrzeugen,[233] Auftragsabwicklung „wie bei einer Bietergemeinschaft",[234] Bereitstellen von Produktionsmitteln, weil das andere Unternehmen keine eigenen Produktionsstätten betreibt,[235] oder gemeinsame Kontakte zu einzelnen Lieferanten, um einen „guten Preis" zu erzielen.[236]

67 Aber auch aus dem Angebot selbst können sich **Indizien für wettbewerbswidriges Verhalten** ergeben. Die Rechtsprechung sieht Hinweise für Verletzungen des Geheimwettbewerbs in textlichen Übereinstimmungen,[237] dem gleichen Layout,[238] der gleichen

---

[221] VK Westfalen Beschl. v. 22.4.2015 – VK 1-12/15, IBRRS 2015, 2180.
[222] VK Mecklenburg-Vorpommern Beschl. v. 25.1.2008 – 2 VK 5/07, VPRRS 2008, 0403.
[223] OLG Düsseldorf Beschl. v. 27.7.2006 – VII-Verg 23/06, IBRRS 2006, 4391.
[224] OLG Düsseldorf Beschl. v. 27.7.2006 – VII-Verg 23/06, IBRRS 2006, 4391.
[225] OLG Düsseldorf Beschl. v. 27.7.2006 – VII-Verg 23/06, IBRRS 2006, 4391.
[226] VK Schleswig-Holstein Beschl. v. 13.7.2006 – VK-SH 15/06, BeckRS 2007, 10114.
[227] LSG Berlin-Brandenburg Beschl. v. 6.3.2009 – L 9 KR 72/09 ER, BeckRS 2009, 59284; VK Thüringen Beschl. v. 18.12.2008 – 250-4003.20-5944/2008-030-J; VK Mecklenburg-Vorpommern Beschl. v. 25.1.2008 – 2 VK 5/07, VPRRS 2008, 0403; VK Lüneburg Beschl. v. 24.9.2007 – VgK-37/2007, ZfBR2008, 393 (398); VK Bund Beschl. v. 4.5.2005 – VK 3-22/05, IBRRS 2005, 2140.
[228] VK Bund Beschl. v. 20.8.2008 – VK 1-108/08, IBRRS 2009, 0088.
[229] VK Mecklenburg-Vorpommern Beschl. v. 25.1.2008 – 2 VK 5/07, VPRRS 2008, 0403.
[230] OLG Düsseldorf Beschl. v. 27.7.2006 – VII-Verg 23/06, IBRRS 2006, 4391; VK Lüneburg Beschl. v. 5.3.2008 – VgK-03/2008, BeckRS 2008, 09129; VK Baden-Württemberg Beschl. v. 12.7.2004 – 1 VK 38/04, IBRRS 2004, 3345; Beschl. v. 3.6.2004 – 1 VK 29/04, IBRRS 2004, 3339.
[231] OLG Düsseldorf Beschl. v. 27.7.2006 – VII-Verg 23/06, IBRRS 2006, 4391; VK Düsseldorf Beschl. v. 29.6.2004 – VK 21/2004; VK Mecklenburg-Vorpommern Beschl. v. 25.1.2008 – 2 VK 5/07, VPRRS 2008, 0403.
[232] VK Düsseldorf Beschl. v. 29.6.2004 – VK 21/2004.
[233] VK Baden-Württemberg Beschl. v. 12.7.2004 – 1 VK 38/04, IBRRS 2004, 3345; Beschl. v. 3.6.2004 – 1 VK 29/04, IBRRS 2004, 3339.
[234] VK Arnsberg Beschl. v. 28.6.2005 – VK 08/05, IBRRS 2005, 2547.
[235] OLG Düsseldorf Beschl. v. 27.7.2006 – VII-Verg 23/06, IBRRS 2006, 4391.
[236] VK Schleswig-Holstein Beschl. v. 17.9.2008 – VK-SH 10/08, BeckRS 2008, 21735.
[237] LSG Berlin-Brandenburg Beschl. v. 6.3.2009 – L 9 KR 72/09 ER, BeckRS 2009, 59284; OLG Düsseldorf Beschl. v. 27.7.2006 – VII-Verg 23/06, IBRRS 2006, 4391; VK Schleswig-Holstein Beschl. v. 17.9.2008 – VK-SH 10/08, BeckRS 2008, 21735; VK Lüneburg Beschl. v. 5.3.2008 – VgK-03/2008, BeckRS 2008, 09129; VK Düsseldorf Beschl. v. 29.6.2004 – VK 21/2004.

Handschrift,[239] dem gleichen Schriftbild bzw. Zeilenumbruch und identischen orthographischen Fehlern[240] oder aber in der Verwendung des Firmenstempels des jeweils anderen Unternehmens im Angebot.[241]

b) Ausschluss aufgrund Nichtwiderlegung der Regelvermutung des Verstoßes gegen den Geheimwettbewerb nach neuerer Rechtsprechung. Nach einer neueren Rechtsprechung geht das OLG Düsseldorf davon aus, dass bei der (zulässigen) **Beteiligung mehrerer konzernverbundener Unternehmen** mit eigenen Angeboten grundsätzlich die – widerlegbare – Vermutung besteht, dass der Geheimwettbewerb nicht gewahrt ist.[242] Allerdings ist die tatsächliche parallele Beteiligung konzernangehöriger Unternehmen auch notwendige Voraussetzung für ein besonderes Gefährdungspotential hinsichtlich des Geheimwettbewerbs; die bloße Planung einer gemeinsamen Auftragsdurchführung ist insofern nicht hinreichend.[243] Um einen Angebotsausschluss zu rechtfertigen bestehen für den Auftraggeber keine Nachweispflichten, sondern es reicht allein die Tatsache der Konzernverbundenheit, welcher die **Vermutung** innewohnt, dass ein **Verstoß gegen den Vertraulichkeitsgrundsatz** vorliegt. Dieser Ansatz ist bereits vom EuG in zwei Entscheidungen, die allerdings nicht vor dem Hintergrund der EU-Vergaberichtlinien, sondern des sog. Eigenvergaberechts der europäischen Institutionen ergangen sind, verfolgt worden. Das EuG lässt die **Gefahr eines Interessenkonflikts** ausreichen, um einen Angebotsausschluss zu rechtfertigen; schon strukturelle Verbindungen zwischen den Unternehmen seien hinreichende Indizien für die Gefahr der Verfälschung des Wettbewerbs und rechtfertigten den Angebotsausschluss.[244] Demzufolge kehrt sich auch die **Darlegungs- und Beweislast** um. Der Entscheidung des OLG Düsseldorf zufolge ist es Sache der Unternehmen, nachzuweisen, dass eine Verletzung des Geheimwettbewerbs nicht erfolgt ist und bereits im Vorfeld der Angebotserstellung effektive strukturelle Maßnahmen ergriffen worden sind, um die Unabhängigkeit und Vertraulichkeit der Angebotserstellung zu gewährleisten.[245] Die Entscheidung ist im Rahmen einer Ausschreibung im „Mehr-Partner-Modell" ergangen, einer Ausschreibung einer Rahmenvereinbarung im Sinne von § 21 VgV, bei der mehrere Unternehmen den Zuschlag auf ein Los/einen Auftrag erhalten können. Die Besonderheit bei diesen Ausschreibungen liegt darin, dass die verbundenen Unternehmen in diesem Modell ein (noch) größeres Interesse an einem abgestimmten Angebotsverhalten haben können. Beim **„Ein-Partner-Modell"** ist nicht gewiss, ob sich die Chancen auf den Zuschlag durch Absprachen tatsächlich erhöhen, hingegen erhöht sich das Risiko, dass das Angebot wegen Verstoß gegen den Geheimwettbewerb ausgeschlossen wird, mit Sicherheit. Im **„Mehr-Partner-Modell"** steigt jedoch die Chance, dass die Angebote mehrerer der verbundenen Unternehmen bezuschlagt werden, was für den Konzern insgesamt und damit auch für die einzelnen Unternehmen von messbarem 68

[238] VK Sachsen Beschl. v. 23.6.2005 – 1/SVK/068-05, BeckRS 2005, 14124.

[239] VK Schleswig-Holstein Beschl. v. 17.9.2008 – VK-SH 10/08, BeckRS 2008, 21735.

[240] LSG Berlin-Brandenburg Beschl. v. 6.3.2009 – L 9 KR 72/09 ER, BeckRS 2009, 59284; OLG Düsseldorf Beschl. v. 27.7.2006 – VII-Verg 23/06, IBRRS 2006, 4391.

[241] VK Schleswig-Holstein Beschl. v. 17.9.2008 – VK-SH 10/08, BeckRS 2008, 21735.

[242] OLG Düsseldorf Beschl. v. 11.5.2011 – Verg 8/11, ZfBR 2011, 789 (792); Beschl. v. 11.5.2011 – VII-Verg 1/11, BeckRS 2011, 18921; Beschl. v. 13.4.2011 – VII-Verg 4/11, NZBau 2011, 371 (373); *Aschoff* Kooperation und Konkurrenz S. 200f.; *Mager/Frfr von der Recke* NZBau 2011, 541; *Jansen* WuW 2005, 502 (505f.); *Dicks* VergabeR 2013, 1 (6f.).

[243] OLG Düsseldorf Beschl. v. 6.6.2012 – VII-Verg 14/12, BeckRS 2012, 23824.

[244] EuG Urt. v. 18.4.2007 – T-195/05, ECLI:EU:T:2007:107 = BeckRS 2007, 70257 Rn. 64ff. – Deloitte Business Advisory, mAnm *Prieß/Gabriel* VergabeR 2007, 495 (508ff.); EuG Urt. v. 14.2.2006 – T-376/05 und T-383/05 – TEA-CEGOS; ausführliche Besprechung *Gabriel/Benecke/Geldsetzer* Bietergemeinschaft Rn. 68ff.

[245] OLG Düsseldorf Beschl. v. 13.4.2011 – VII-Verg 4/11, NZBau 2011, 371 (373); sich auf diese Entscheidung stützend OLG Düsseldorf Beschl. v. 19.9.2011 – VII-Verg 63/11, BeckRS 2011, 26032; Beschl. v. 11.5.2011 – VII-Verg 8/11, ZfBR 2011, 789 (792f.); Beschl. v. 11.5.2011 – VII-Verg 1/11, BeckRS 2011, 18921.

wirtschaftlichem Vorteil ist. Es ist in dieser Konstellation also ein deutlich höherer Anreiz für wettbewerbswidriges Verhalten gegeben. Gleichwohl gilt nach der Entscheidung des OLG Düsseldorf auch für diese Konstellation, dass ein zwingender Ausschlussgrund für die Angebote mehrerer konzernverbundener Unternehmen nicht von vornherein gilt, sondern dass auch hier den Unternehmen die Möglichkeit eingeräumt werden muss, nachzuweisen, dass bei der Angebotserstellung die Unabhängigkeit und Vertraulichkeit gewahrt worden ist.[246]

69 Bislang entsprach es der Praxis, dass die betroffenen Unternehmen Erklärungen der mit der Angebotserstellung betrauten Mitarbeiter, den Geheimwettbewerb gewahrt zu haben und sich an die unterzeichneten **Vertraulichkeitsverpflichtungen** gehalten zu haben, vorlegten. Das OLG Düsseldorf lässt diese Nachweise nicht ausreichen. Vielmehr ist seitens der Unternehmen darzulegen, welche **strukturellen Maßnahmen** bereits **im Vorfeld der Angebotserstellung** ergriffen worden sind, um die Vertraulichkeit zu gewährleisten. Verlangt werden Ausführungen dazu, ob und in welcher Form die Konzernmutter Einfluss auf das Ausschreibungsverfahren nimmt und ob die Unternehmen einer entsprechenden Konzernstrategie unterworfen sind, ob und auf welchen Unternehmensebenen Abstimmungen vorgenommen werden, ob und welche organisatorischen und personellen Verflechtungen bestehen und ob die Unternehmen räumlich getrennt agieren.[247] Eine gemeinsame Rechtsabteilung konzernverbundener Unternehmen ist beispielsweise dann unschädlich, wenn nachgewiesen werden kann, dass die Rechtsabteilung keine Kenntnis von kalkulationsrelevanten Tatsachen hat. Für den Fall, dass sie diese ausnahmsweise doch erlangt, indem sie nicht nur bei allgemeinen vergaberechtlichen Fragestellungen, insbesondere zu den Ausschreibungsbedingungen befragt wird, sondern auch zB zur Preiskalkulation bzw. zu Aspekten der Auskömmlichkeit zu Rate gezogen wird, reicht in einem solchen Fall die **Verschwiegenheitsverpflichtung** der Mitglieder der Rechtsabteilung aus.[248] Wenn also verbundene Unternehmen sich mit eigenen Angeboten beteiligen wollen, so sind bereits vor Erstellung des konkreten Angebots umfassende Vorkehrungen in der gesamten Konzernstruktur zu ergreifen, um diesem strengen Maßstab des OLG Düsseldorf für die Gewährleistung des Vertraulichkeitsgrundsatzes genügen zu können.[249]

70 Diese Umstände sind von den Unternehmen nicht notwendig in jedem Fall bereits mit dem Angebot darzulegen. Denn wenn die geforderten strukturellen Maßnahmen funktionieren, wissen die verbundenen Unternehmen gerade nicht von der Beteiligung des/der verbundenen Unternehmen. Das Fehlen von Erklärungen zur unabhängigen Angebotserstellung im Angebot allein rechtfertigt also noch keinen Angebotsausschuss.[250] Nach Auffassung des OLG Düsseldorf erscheint es seitens des Auftraggebers jedoch angemessen, bereits **in den Vergabeunterlagen** das **Erfordernis der Abgabe einer Versicherung zur Wahrung des Geheimwettbewerbs** zu fordern, sofern sich tatsächlich mehrere Konzerngesellschaften im gleichen Vergabeverfahren jeweils mit einem eigenständigen Angebot beteiligen.[251] Es ist **Sache des Auftraggebers die Nachweise zu verlangen,** sobald ihm während der Sichtung der Angebote oder durch eine Rüge die Beteiligung mehrerer konzernverbundener Unternehmen bekannt wird.[252] Diese Angaben und Erklärungen darf

[246] OLG Düsseldorf Beschl. v. 13.4.2011 – VII-Verg 4/11, NZBau 2011, 371 (373); dieser Entscheidung folgend OLG Düsseldorf Beschl. v. 19.9.2011 – VII-Verg 63/11, BeckRS 2011, 26032; Beschl. v. 11.5. 2011 – VII-Verg 8/11, ZfBR 2011, 789 (792f.); Beschl. v. 11.5.2011 – VII-Verg 1/11, BeckRS 2011, 18921.

[247] OLG Düsseldorf Beschl. v. 11.5.2011 – VII-Verg 8/11, ZfBR 2011, 789 (792f.); Beschl. v. 11.5.2011 – VII-Verg 1/11, BeckRS 2011, 18921; Beschl. v. 13.4.2011 – VII-Verg 4/11, NZBau 2011, 371 (374).

[248] OLG Düsseldorf Beschl. v. 19.9.2011 – VII-Verg 63/11, BeckRS 2011, 26032.

[249] *Boldt/Zerwell* VergabeR 2012, 9; *Mager/Frfr von der Recke* NZBau 2011, 541 (543); *Dicks* VergabeR 2013, 1 (6f.).

[250] *Aschoff* Kooperation und Konkurrenz S. 200f.

[251] OLG Düsseldorf Beschl. v. 6.6.2012 – VII-Verg 14/12, BeckRS 2012, 23824.

[252] OLG Düsseldorf Beschl. v. 11.5.2011 – VII-Verg 8/11, ZfBR 2011, 789 (792f.); Beschl. v. 13.4.2011 – VII-Verg 4/11, NZBau 2011, 371 (373f.).

ein öffentlicher Auftraggeber aber nicht unterschiedslos von sämtlichen Bietern bereits mit Angebotsabgabe fordern.[253] Der damit verbundene Aufwand steht – da die Bieter verpflichtet sind, vollständige und wahrheitsgemäße Angaben zu machen und eine unvollständige oder fehlerhafte Erklärung einen Angebotsausschluss nach sich ziehen kann – außer Verhältnis zu dem Nutzen für den Auftraggeber. Die vom Auftraggeber anzuwendende Prüfungstiefe steht im Spannungsfeld zwischen den vergaberechtlichen **Grundsätzen der Transparenz und Diskriminierungsfreiheit** einerseits und dem Interesse des Auftraggebers an einer zügigen Umsetzung seiner Beschaffungsabsichten und einem raschen Abschluss von Vergabeverfahren andererseits.[254] Die Anforderungen an die Darlegungspflichten des Auftragnehmers hingegen werden umso höher sein, je mehr Indizien vorliegen, die bisher bei entsprechender Kumulation einen Angebotsausschluss aufgrund gesicherten Nachweises einer Verletzung des Geheimwettbewerbs rechtfertigen konnten.

3. Sonderfall: „Spätere" Konzernverbundenheit

Für die Fälle, in denen die Konzernverbundenheit zum Zeitpunkt der Angebots- bzw. 71
Teilnahmeantragsabgabe noch nicht bestand, spricht im Fall der Beteiligung konzernverbundener Unternehmen **keine „Regelvermutung" für das Vorliegen einer wettbewerbsbeschränkenden Abrede.** Gemeint sind damit Fälle, in denen zB ein Bieter einen anderen Bieter bzw. das Mitglied einer anderen Bietergemeinschaft im Wege eines Unternehmenskaufs erwirbt oder aber die gesellschaftsrechtlichen Grundlagen für die Herstellung eines Konzernverbunds erst noch geschaffen werden müssen.

Erwirbt zB ein Bieter nach Angebotsabgabe das am Vergabeverfahren teilnehmende 72
Unternehmen eines anderen Bieters oder die Mehrheit der Gesellschaftsanteile eines Mitglieds einer Bietergemeinschaft, nimmt von diesem Zeitpunkt an das erwerbende Unternehmen in mehreren Rollen (als Einzelbieter sowie Anteilseigner eines weiteren Bieters bzw. Bietergemeinschaftsmitglieds) am Vergabeverfahren teil. Somit kann wiederum die Frage gestellt werden, ob aufgrund dieses Unternehmens (anteils-)kaufs eine unzulässige Wettbewerbsbeschränkung wegen Doppel- bzw. Mehrfachbeteiligung eingetreten ist. Dabei muss jedoch berücksichtigt werden, dass der **Geheimwettbewerb nicht beeinträchtigt** wird, wenn die mehrfache Beteiligung erst nach Ablauf der Angebots- bzw. Teilnahmeantragsfrist entsteht. Da nach diesem Zeitpunkt die Angebote/Teilnahmeanträge nicht mehr geändert werden dürfen, ist auch eine im Zuge des Unternehmensanteilskaufs gegebenenfalls verschaffte Kenntnis über die Angebotsgrundlagen und -kalkulationen des erworbenen Unternehmens grundsätzlich unerheblich. Im Fall offener Verfahren müssten somit beide Angebote in die Wertung einbezogen werden, im Fall von Vergabeverfahren mit Teilnahmewettbewerb gelten die obigen Ausführungen zu möglichen Vorgehensweisen des Auftraggebers, der in dieser Situation verhindern muss, dass solche Bewerber zur Angebotsabgabe aufgefordert werden, deren Angebote von vornherein absehbar wegen wettbewerbsbeschränkender Absprachen sogleich wieder ausgeschlossen werden müssten (→ Rn. 67 ff.).

In der Konstellation schließlich, in der ein **Bieter das Unternehmen eines Mitglieds** 73
einer Bietergemeinschaft erwirbt, sind zudem die Besonderheiten zu beachten, die sich aus Änderungen in der Zusammensetzung von Bietergemeinschaften während eines Vergabeverfahrens ergeben (→ Rn. 74 ff.). Das Gleiche gilt zudem, sollte der erwerbende Bieter lediglich die Mehrheit der Gesellschaftsanteile eines Mitglieds einer Bietergemeinschaft erwerben. In diesen Fallgestaltungen ist der Grundsatz zu beachten, dass ein Ausschluss wegen wettbewerbsbeschränkender Abreden niemals auf der Grundlage bloßer Ver-

[253] OLG Düsseldorf Beschl. v. 17.2.2016 – VII-Verg 41/15, NZBau 2016, 508 Rn. 34 mAnm *Franßen* VPR 2016, 2848.

[254] OLG Düsseldorf Beschl. v. 11.5.2011 – VII-Verg 8/11, ZfBR 2011, 789 (792); Beschl. v. 13.4.2011 – VII-Verg 4/11, NZBau 2011, 371 (374).

mutungen vorgenommen werden darf, sondern stets der entsprechende konkrete Nachweis erbracht werden muss (→ Rn. 59f.).

74 Über eine vergleichbare Situation, in der die Konzernverbundenheit zum Zeitpunkt der Beteiligung am Vergabeverfahren gesellschaftsrechtlich noch nicht wirksam bestand, hatte bereits das OLG Dresden zu entscheiden.[255] In diesem Fall sollte die Verbindung „künftiger Schwesterunternehmen" über eine Holdinggesellschaft erst noch hergestellt werden, nachdem sich bereits beide Unternehmen – unabhängig voneinander – an einem Vergabeverfahren beteiligt hatten. Dabei handelte es sich um ein Unternehmen als Einzelbieter, welches zugleich über eine gemeinsame Holdinggesellschaft (künftig) mit einem Mitglied einer ebenfalls am Vergabeverfahren teilnehmenden Bietergemeinschaft verbunden werden sollte.[256] Das OLG Dresden hat diese lediglich **„künftige Konzernverbundenheit"** zutreffend als nicht ausreichend angesehen, um die Vermutung einer wettbewerbsbeschränkenden Abrede begründen zu können, und daher jegliche Ähnlichkeit mit der typischen Situation einer Doppel- bzw. Mehrfachbeteiligung verneint.[257]

E. Änderungen der Zusammensetzung und Bildung von Bietergemeinschaften im Verlauf eines Vergabeverfahrens

75 Änderungen der Zusammensetzung einer Bietergemeinschaft liegen immer dann vor, wenn ein Gesellschafter der Bietergemeinschaft durch einen anderen Gesellschafter ausgewechselt wird oder einzelne Gesellschafter die Bietergemeinschaft verlassen. Gerade im Rahmen von oftmals viele Monate – in komplexen Verhandlungsverfahren mitunter über ein Jahr – dauernden Vergabeverfahren spielt die Frage, wie sich Änderungen der Zusammensetzung von Bietergemeinschaften im Verlauf des Vergabeverfahrens auswirken, eine große Rolle.[258]

Das Gebot hinreichender **Transparenz** erfordert ebenso wie das Gebot der **Gleichbehandlung** aller Bieter, dass nur der Inhalt der eingereichten Angebote zur Grundlage der Vergabeentscheidung gemacht werden darf.[259] Darüber hinaus dürfen Auftraggeber von den Bietern gemäß § 15 Abs. 5 VgV nur Aufklärungen über das Angebot oder deren Eignung verlangen. Verhandlungen sind deshalb ebenso unzulässig wie die nachträgliche Ergänzung des Angebots.[260] Denn Änderungen am Angebot, die Bieter und Auftraggeber im Zusammenwirken nicht verabreden dürfen, darf der Bieter auch nicht allein vornehmen.[261] Ohne diese **Bindung der Bieter an den Inhalt ihrer Angebote** – die sich für den Bereich unterhalb der Schwellenwerte zudem ausdrücklich aus § 13 Abs. 1 S. 1 UVgO (vorher § 10 Abs. 2 VOL/A), § 10 Abs. 4 VOB/A ergibt, könnten Teilnehmer am Vergabeverfahren willkürlich ihre Angebote verändern.[262] Grundsätzlich zutreffend hat vor allem das OLG Düsseldorf in mehreren Entscheidungen klargestellt, dass zum Inhalt des Angebots nicht nur die Beschaffenheit der versprochenen Leistung zählt, sondern auch die Person des bzw. der Leistenden.[263] Zur Wahrung eines fairen und transparenten Vergabewettbe-

[255] OLG Dresden Beschl. v. 28.3.2006 – WVerg 4/06, BeckRS 2006, 06134.

[256] Ähnlich auch der Sachverhalt bei VK Lüneburg Beschl. v. 8.5.2006 – VgK-07/2006, BeckRS 2006, 07463; hierzu *Noch* Vergabe Navigator 2006, 25 (25f.).

[257] Zustimmend *Noch* Vergabe Navigator 2006, 25 (26); ähnlich auch VK Lüneburg Beschl. v. 24.9.2007 – VgK-37/2007, ZfBR 2008, 393.

[258] Ebenso *Byok* Verhandlungsverfahren-Hdb S. 101f.; *Brown* P.P.L.R. 2003, NA56 (NA58); *Helmreich* RPA 2013, 319.

[259] OLG Düsseldorf Beschl. v. 12.2.2013 – VII-Verg 1/13, IBRRS 2013, 1367.

[260] VK Münster Beschl. v. 13.11.2013 – VK 19/13, ZfBR 2014, 182 (184).

[261] OLG Hamburg Beschl. v. 31.3.2014 – 1 Verg 4/13, NZBau 2014, 659 (662).

[262] OLG Düsseldorf Beschl. v. 18.10.2006 – VII-Verg 30/06, NZBau 2007, 254 (255); *Byok* Verhandlungsverfahren-Hdb S. 121; *Degen/Degen* BauRB 2005, 313 (314).

[263] OLG Düsseldorf Beschl. v. 18.10.2006 – VII-Verg 30/06, NZBau 2007, 254 (255); Beschl. v. 24.5.2005 – VII-Verg 28/05, NZBau 2005, 710 (711); Beschl. v. 26.1.2005 – VII-Verg 45/04, NZBau 2005, 354 mAnm *Leinemann* VergabeR 2005, 374 (382ff.).

werbs ist es daher unzulässig, ein Angebot – **einschließlich der Identität des Anbietenden** – nach Angebotsabgabe zu verändern. Ist nach Angebotsabgabe eine Änderung in der Person des Bieters eingetreten, gebieten die vergaberechtlichen Prinzipien des Wettbewerbs, der Transparenz und der Gleichbehandlung, das insofern geänderte Angebot insgesamt von der Wertung auszunehmen.[264] Eine solche Änderung in der Person eines Bieters liegt auch bei der **Änderung der Identität einer Bietergemeinschaft** vor. Die Beantwortung der Frage, ob und wie sich eine Veränderung im Bestand der Bietergemeinschaft auch auf deren Identität auswirkt und damit eine Änderung ihres Angebots darstellt, erfolgt dabei grundsätzlich nach gesellschaftsrechtlichen Regeln (→ Rn. 77 f.).

I. Verfahren ohne Teilnahmewettbewerb

Für Auftragsvergaben im **offenen Verfahren** war es in Rechtsprechung und Schrifttum 76 **bislang** anerkannt, dass Änderungen der Zusammensetzung einer Bietergemeinschaft bzw. die Bildung einer Bietergemeinschaft zwischen Angebotsabgabe und Zuschlagserteilung grundsätzlich unzulässig sind,[265] weil hierdurch die „rechtliche Identität" des Bieters geändert werde. Im Zeitraum zwischen Angebotsabgabe und Zuschlagserteilung seien **Angebotsänderungen** in sachlicher wie auch in personeller Hinsicht **grundsätzlich unstatthaft** (vgl. auch § 15 Abs. 3 VOB/A „unzulässiges Nachverhandeln"). Das Verbot einer Änderung des Angebots erstrecke sich auch auf die Zusammensetzung einer Bietergemeinschaft. Nach der Angebotsabgabe bis zur Erteilung des Zuschlags seien Änderungen, namentlich Auswechslungen, grundsätzlich nicht mehr zuzulassen, da in ihnen eine unzulässige Änderung des Angebots liege.[266] Vor allem in zwei prägenden Entscheidungen hat das OLG Düsseldorf[267] den **Wechsel des Mitgliederbestands** als ein **Eignungsproblem** begriffen und hierin die wettbewerbliche Relevanz der **Identitätsänderung** gesehen. Vereinzelt wurde vertreten, dass Änderungen der Zusammensetzung von Bietergemeinschaften unter bestimmten Voraussetzungen ausnahmsweise zulässig sein können, wenn die „Identität" der Bietergemeinschaft erhalten bleibe.[268]

Spätestens seit der Entscheidung des **OLG Celle** zum **„Jade-Weser-Port"** muss in 77 Präzisierung der bisherigen Ansätze in Rechtsprechung und Literatur gelten, dass durch das Ausscheiden eines Mitglieds der Bietergemeinschaft nach Angebotsabgabe bzw. Ablauf der Angebotsfrist sich die rechtliche Identität des Bieters nicht ändert und allein deswegen kein zwingender Ausschlussgrund wegen Änderung des Angebots vorliegt.[269] Das OLG Celle zieht die Konsequenzen aus der zutreffenden Ansicht, dass es sich bei einer **Bietergemeinschaft** um **eine GbR** handelt. Es hat klargestellt, dass die Bietergemeinschaft selbst der Bieter ist und nicht die einzelnen sie bildenden Unternehmen. Ob sich durch

[264] OLG Hamburg Beschl. v. 31.3.2014 – 1 Verg 4/13, NZBau 2014, 659 (662).

[265] So noch zB OLG Düsseldorf Beschl. v. 18.10.2006 – VII-Verg 30/06, NZBau 2007, 254 (255); Beschl. v. 26.1.2005 – VII-Verg 45/04, NZBau 2005, 354 (355); VK Hessen Beschl. v. 28.6.2005 – 69d-VK-07/2005, ZfBR 2006, 99 (Ls.) = IBRRS 2005, 2727; VK Bund Beschl. v. 30.5.2006 – VK 2-29/06; *Gabriel/Benecke/Geldsetzer* Bietergemeinschaft Rn. 76 ff.; *Byok* NJW 2006, 2076 (2078); *Prieß/Gabriel* WuW 2006, 385 (388); *Prieß/Gabriel* ZVB Spezial 2006, 141 (150); *Dreher* NZBau 2005, 427 (432); *Hertwig/Nelskamp* BauRB 2004, 183 (184); *Wiedemann* ZfBR 2003, 240 (242 f.); *Krist* VergabeR 2003, 162, (163).

[266] OLG Düsseldorf Beschl. v. 26.1.2005 – VII-Verg 45/04, NZBau 2005, 354 (355).

[267] OLG Düsseldorf Beschl. v. 26.1.2005 – VII-Verg 45/04, NZBau 2005, 354; Beschl. v. 24.5.2005 – VII-Verg 28/05, NZBau 2005, 710 (712).

[268] VK Hessen Beschl. v. 28.6.2005 – 69d-VK-07/2005, ZfBR 2006, 99 (Ls.) = IBRRS 2005, 2727; VK Arnsberg Beschl. v. 22.4.2005 – VK 03/05, IBRRS 2005, 2476; auch *Arrowsmith* sieht einen Ausschluss ausdrücklich als nicht zwingend an und hält „minor changes" für unschädlich, vgl. *Arrowsmith* Procurement Law Rn. 12.56; noch weitergehender *Brown* P.P.L.R. 2003, NA56 (NA58): „changes in consortium membership are prima facie permissible".

[269] OLG Celle Beschl. v. 5.9.2007 – 13 Verg 9/07, ZfBR 2007, 830; VK Nordbayern Beschl. v. 1.2.2008 – 21.VK-3194-54/07, BeckRS 2013, 46170; *Willenbruch* NZBau 2010, 352 (353); *Kirch/Kues* VergabeR 2008, 32 (37); *Ohrtmann* VergabeR 2008, 426 (437); *Heiermann* ZfBR 2007, 759 (764); *Leinemann* VergabeR 2007, 775 (776); aA wohl *Schmidt* NZBau 2008, 41 (43).

das Ausscheiden von Gesellschaftern auch die Identität der Gesellschaft ändert, richtet sich nach dem Gesellschaftsvertrag und/oder den gesellschaftsrechtlichen Regeln. Sehen diese vor, dass die Gesellschaft trotz des Ausscheidens eines Mitglieds weitergeführt werden kann, so ist aus vergaberechtlicher Sicht zwingend eine **erneute Eignungsprüfung** durch den Auftraggeber dahingehend durchzuführen, ob die Bietergemeinschaft mit den veränderten Mitgliedern nach wie vor geeignet ist (→ Rn. 84).

78 Auch der **Beitritt eines neuen Gesellschafters** ändert nicht die Identität der Bietergemeinschaft (→ Rn. 89 ff.). Setzt man die Linie der Rechtsprechung des OLG Celle fort, so führt die Erweiterung des Gesellschafterbestands ebenfalls nicht zu einer Angebotsänderung. Ein Grund für den Ausschluss des Angebots ist nicht ersichtlich.[270] Der Auftraggeber wird aber wiederum erneut zu prüfen haben, ob durch das Hinzukommen des neuen Gesellschafters die Eignung der Bietergemeinschaft weiterhin gegeben ist. Bei dieser Prüfung ist es dem Auftraggeber aus Gründen der Gleichbehandlung verwehrt, nach Angebotsabgabe Umstände zu berücksichtigen, die die Qualität/Eignung der Bietergemeinschaft verbessern. Die Bildung einer Bietergemeinschaft nach **Ablauf der Angebotsfrist** hingegen ist unzulässig, da dadurch ein neuer Bieter geschaffen wird.[271]

79 Diese Grundsätze gelten auch für das nicht offene Verfahren und das Verhandlungsverfahren ohne Teilnahmewettbewerb.[272]

II. Verfahren mit Teilnahmewettbewerb

80 In nicht offenen Vergabeverfahren und Verhandlungsverfahren mit jeweils vorgeschaltetem Teilnahmewettbewerb tritt die **Bindung bezüglich der Zusammensetzung** bzw. Bildung einer Bietergemeinschaft grundsätzlich bereits nach Ablauf der Teilnahmefrist ein.[273] Denn Voraussetzung für die Berücksichtigung eines Angebots im Rahmen von Vergabeverfahren mit vorgeschaltetem Teilnahmewettbewerb ist die Teilnahme des Bewerbers bereits am Teilnahmewettbewerb selbst. Die Berücksichtigung eines Bieters, der nach Abschluss des Teilnahmewettbewerbs nicht zur Abgabe aufgefordert wurde bzw. keinen Teilnahmeantrag gestellt hat, würde die übrigen Bewerber benachteiligen, die ein Recht darauf haben, sich im Wettbewerb nur mit Unternehmen messen zu müssen, die zuvor die Kriterien des Teilnahmewettbewerbs durch Vorlage der geforderten Nachweise erfüllt haben und im Anschluss hieran als geeignet ausgewählt wurden.[274] Daher sprechen überzeugende Argumente dafür, dass Änderungen der Zusammensetzung einer Bietergemeinschaft in nicht offenen Verfahren und Verhandlungsverfahren ab dem Zeitpunkt des **Ablaufs der Frist für Teilnahmeanträge,** spätestens jedenfalls ab Aufforderung zur Angebotsabgabe[275] vergaberechtlich ebenso unzulässig sind, wie in offenen Verfahren ab dem Zeitpunkt der Angebotsabgabe.[276] In Vergabeverfahren mit vorgeschaltetem Teilnahmewettbewerb dürfen

---

[270] In der Literatur wird vertreten, dass das Hinzutreten eines Gesellschafters bzw. das Auswechseln von Altmitgliedern durch neu in die Bietergemeinschaft eintretende Unternehmen oder die Aufnahme neuer Unternehmen generell wegen Verstoßes gegen § 97 Abs. 1, 2 GWB unzulässig sei, vgl. *Ohrtmann* VergabeR 2008, 426 (439).

[271] OLG Frankfurt a.M. Beschl. v. 27.8.2008 – 11 Verg 12/08, IBRRS 2009, 2547.

[272] Zum Fall des Verhandlungsverfahren ohne öffentliche Vergabebekanntmachung vgl. VK Hessen Beschl. v. 30.7.2008 – 69d-VK-34/2008, IBRRS 2009, 3547.

[273] So zB OLG Hamburg Beschl. v. 2.10.2002 – 1 Verg 1/00; VK Bund Beschl. v. 22.2.2008 – VK 1-4/08, IBRRS 2008, 0938; Beschl. v. 30.5.2006 – VK 2-29/06; VK Südbayern Beschl. v. 9.4.2003 – 120.3-3194-1-11-03/03, BeckRS 2003, 32292 Rn. 52 ff.; eingehend hierzu *Gabriel/Benecke/Geldsetzer* Bietergemeinschaft Rn. 82 ff.; *Prieß/Gabriel* WuW 2006, 385 (388); *Prieß/Gabriel* ZVB Spezial 2006, 141 (151 f.); *Roth* NZBau 2005, 316 (317).

[274] VK Südbayern Beschl. v. 9.4.2003 – 120.3-3194-1-11-03/03, BeckRS 2003, 32292 Rn. 52 ff.; Ingenstau/Korbion/*Schranner* VOB/A § 6 Rn. 25; *Arrowsmith* Procurement Law Rn. 12.56.

[275] Diesen letzteren Zeitpunkt hält *Byok* Verhandlungsverfahren-Hdb S. 103 für relevant, da die Eignungsprüfung erst mit der Aufforderung zur Angebotsabgabe abgeschlossen sei.

[276] Ebenso *Roth* NZBau 2005, 316 (317); *Malotki* BauR 1997, 564 (567).

daher nach Ablauf der Teilnahmefrist Bietergemeinschaften grundsätzlich weder gegründet noch in ihrer Zusammensetzung geändert werden.[277]

Diese Aussage wird in Ansehung verschiedener denkbarer Konstellationen, wie eine nachträgliche Bietergemeinschaftsbildung erfolgen könnte, bestätigt. Dabei können **zwei typische Fallgestaltungen** unterschieden werden: Zum einen die Bildung einer Bietergemeinschaft aus mehreren vom Auftraggeber **bereits ausgewählten** (dh zur Angebotsabgabe aufgeforderten) **Teilnehmern** und zum anderen die Bildung einer Bietergemeinschaft, an der neben einem oder mehreren vom Auftraggeber im Teilnahmewettbewerb ausgewählten Bewerbern auch Unternehmen beteiligt werden sollen, die entweder am Teilnahmewettbewerb **von vornherein nicht teilgenommen** haben oder die zwar teilgenommen haben, aber vom Auftraggeber nicht zur Abgabe eines Angebots aufgefordert worden sind.[278] 81

Im Hinblick auf die erste der vorgenannten Fallgestaltungen (Bildung einer Bietergemeinschaft aus mehreren vom Auftraggeber ausgewählten Teilnehmern) ist bereits entschieden worden, dass eine solche **nachträgliche Bietergemeinschaftsbildung unzulässig** ist, da auf diese Weise der vom Auftraggeber vorgesehene Teilnehmerkreis, und damit letztlich der Bieterwettbewerb, beschränkt werden würde.[279] Ähnlich hat auch die VK Brandenburg entschieden. Hiernach müssen in nicht offenen Verfahren Angebote von Bietergemeinschaften, die sich nach Aufforderung zur Angebotsabgabe aus aufgeforderten Unternehmen gebildet haben, nicht zugelassen werden. Die Bewerbungsbedingungen können einen solchen Fall ausdrücklich für unzulässig erklären.[280] In gleicher Weise hat auch die VK Bund eine Vorgabe in Ausschreibungsbedingungen in einem nicht offenen Verfahren mit Teilnahmewettbewerb unbeanstandet gelassen, wonach „vom Auftraggeber nur Angebote der Bieter/Bietergemeinschaft angenommen und gewertet werden, die durch ihn so zur Abgabe eines Angebots aufgefordert wurde", und die nachträgliche Bildung einer Bietergemeinschaft aus zwei zur Angebotsabgabe aufgeforderten Unternehmen als unzulässig angesehen.[281] 82

Auch im Hinblick auf die zweite der genannten Fallgestaltungen (Bildung einer Bietergemeinschaft mit **Einbeziehung von Unternehmen, die am Teilnahmewettbewerb nicht teilgenommen haben** bzw. vom Auftraggeber nicht zur Abgabe eines Angebots aufgefordert worden sind) kann unter dem Gesichtspunkt der Gleichbehandlung grundsätzlich nichts anderes gelten.[282] Unternehmen in dieser Situation die Beteiligung an einer Bietergemeinschaft zu gestatten, die sich aus Bewerbern zusammensetzt, die im Teilnahmewettbewerb unterlegen sind bzw. überhaupt nicht (zulässig) daran teilgenommen haben, stellte eine **Ungleichbehandlung** dar und würde dem Teilnahmewettbewerb dessen Bedeutung nehmen. Allerdings gibt es im Hinblick auf die letztgenannte Konstellation (Bietergemeinschaftsbildung unter Einbeziehung von Unternehmen, die nicht am Teilnahmewettbewerb teilgenommen haben) Ansichten, die in diesem Fall – wohl unter dem 83

[277] Das OLG Düsseldorf erachtet Änderungen in der Zusammensetzung von Bietergemeinschaften beim Verhandlungsverfahren hingegen dann für zulässig, wenn sie während der Verhandlungsphase und transparent erfolgen, OLG Düsseldorf Beschl. v. 3.8.2011 – ZfBR 2012, 72 (76); MüKoWettbR/*Hölzl* VgV § 43 Rn. 14 sieht verfahrensunabhängig den Zeitpunkt der Abgabe des letzten Angebots als zeitliche Zäsur zur Änderung der Zusammensetzung an.

[278] Hierzu sowie zum Folgenden *Gabriel/Benecke/Geldsetzer* Bietergemeinschaft Rn. 83.

[279] VK Bund Beschl. v. 30.5.2006 – VK 2-29/06; *Roth* NZBau 2005, 316 (317); *Wiedemann* ZfBR 2003, 240 (243); *Malotki* BauR 1997, 564 (566); *Dreher* NZBau 2005, 427 (432) und *Hertwig/Nelskamp* BauRB 2004, 183 (184) bezeichnen diese Konstellation als zumindest denkbar.

[280] VK Brandenburg Beschl. v. 1.2.2002 – 2 VK 119/01, IBRRS 2002, 2006; *Gabriel/Benecke/Geldsetzer* Bietergemeinschaft Rn. 84; die genau entgegengesetzte Regelung (Zulässigkeit von Bietergemeinschaftsänderungen auch noch nach Aufforderung zur Angebotsabgabe bei fortbestehender Eignung) hält *Byok* Verhandlungsverfahren-Hdb S. 102f. gleichfalls für möglich.

[281] VK Bund Beschl. v. 30.5.2006 – VK 2-29/06.

[282] VK Brandenburg Beschl. v. 1.2.2002 – 2 VK 119/01, IBRRS 2002, 2006; *Gabriel/Benecke/Geldsetzer* Bietergemeinschaft Rn. 85; *Prieß/Gabriel* WuW 2006, 385 (389); *Dreher* NZBau 2005, 427 (432); *Hertwig/Nelskamp* BauRB 2004, 183 (184); ähnlich *Malotki* BauR 1997, 564 (565f.).

Aspekt, dass sich die Eignung der aus ausgewählten Bewerbern gebildeten Bietergemeinschaft durch Beteiligung eines weiteren/„neuen" Unternehmens nicht verschlechtert – ein **Ermessen des Auftraggebers** annehmen.[283] Auch der VÜA Rheinland-Pfalz hat in diesem Zusammenhang grundsätzlich ein Ermessen des Auftraggebers anerkannt, dieses aber dann als auf Null reduziert angesehen (sodass die Änderung bzw. Bildung der Bietergemeinschaft nicht zugelassen werden dürfe), wenn in die Bietergemeinschaft ein im Teilnahmewettbewerb bereits ausgeschiedener Bewerber einbezogen werden soll.[284] Im Fall der Bildung einer Bietergemeinschaft unter Einbeziehung eines bisher nicht am Vergabeverfahren beteiligten Unternehmens soll die Ermessensreduzierung auf Null dagegen von einer Einzelfallprüfung abhängen.[285]

84 In die gleiche Richtung – Ermessensentscheidung des Auftraggebers – gehen auch Überlegungen zur vergaberechtlichen Bewertung von **Verkleinerungen von Bietergemeinschaften.** Ausgehend von dem Gedanken, dass das Ausscheiden einzelner Bietergemeinschaftsmitglieder nicht zwangsläufig schädlich sein muss, solange die bereits geprüfte Eignung der Bietergemeinschaft nicht beeinträchtigt wird, wird vereinzelt vertreten, dass es im **Ermessen des Auftraggebers** steht, die verkleinerte Bietergemeinschaft einer erneuten Eignungsprüfung zu unterziehen und im Verfahren zu belassen, wenn er zu dem Ergebnis gleichbleibender Eignung gelangt.[286] Die Zulässigkeit der **Verkleinerung einer Bietergemeinschaft** in einem Vergabeverfahren mit Teilnahmewettbewerb dürfte nach einer Entscheidung des **EuGH** in einem Vorabentscheidungsverfahren feststehen. Gegenstand des Ausgangsverfahrens war ein Vergabeverfahren mit Teilnahmewettbewerb, an dem sich eine aus zwei Unternehmen bestehende Bietergemeinschaft beteiligt hat. Nachdem diese im Teilnahmewettbewerb ausgewählt wurde, schied ein Mitglied der Bietergemeinschaft aufgrund eines Insolvenzverfahrens aus der Bietergemeinschaft aus. Das andere Unternehmen – das auch selbstständig die Eignungskriterien erfüllt – beteiligte sich nunmehr in eigener Person am Vergabeverfahren und erhielt den Zuschlag. Der EuGH erachtete ein solches Vorgehen als mit dem Grundsatz der Gleichbehandlung der Wirtschaftsteilnehmer vereinbar, sofern erwiesen ist, dass dieser Wirtschaftsteilnehmer die von dem Auftraggeber festgelegten Anforderungen allein erfüllt und dass seine weitere Teilnahme an diesem Verfahren nicht zu einer Beeinträchtigung der Wettbewerbssituation der übrigen Bieter führt.[287] Wie der **Generalanwalt beim EuGH Mengozzi** in seinen Schlussanträgen ausführt, dürfe eine Wettbewerbsbeeinträchtigung insbesondere dann vorliegen, wenn das verbliebene Mitglied der Bietergemeinschaft im Rahmen des Vergabeverfahrens Entscheidungen auf der Grundlage von Informationen treffen konnte, über die die anderen Bieter zu dem Zeitpunkt, zu dem sie die gleiche Entscheidung zu treffen hatten, nicht verfügten, und wenn es die Möglichkeit hatte, nach Eröffnung des Verfahrens für die Durchführung des Projekts entscheidende Elemente zu erwerben, über die es zu dem Zeitpunkt, zu dem es vorausgewählt worden wäre, nicht verfügte.[288]

---

[283] In diese Richtung gehen MüKoWettbR/*Hölzl* VgV § 43 Rn. 16; *Byok* Verhandlungsverfahren-Hdb S. 102; *Wiedemann* ZfBR 2003, 240 (242) und *Malotki* BauR 1997, 564 (566).

[284] VÜA Rheinland-Pfalz Beschl. v. 6.12.1995 – VÜ 3/95 mAnm *Schelle* IBR 1996, 272.

[285] VÜA Rheinland-Pfalz Beschl. v. 6.12.1995 – VÜ 3/95 mAnm *Schelle* IBR 1996, 272; *Wiedemann* ZfBR 2003, 240 (242) meint, dass jedenfalls aus kartellrechtlicher Sicht einiges für die Zulässigkeit sprechen müsste, da sich die Zuschlagschancen der Bietergemeinschaft durch Beteiligung eines weiteren Unternehmens erhöhen dürften und der Wettbewerb um ein aussichtsreiches Angebot erweitert würde.

[286] VK Sachsen Beschl. v. 1.10.2002 – 1/SVK/084-02, IBRRS 2002, 1947; *Byok* Verhandlungsverfahren-Hdb S. 102.

[287] EuGH Urt. v. 24.5.2016 – C-396/14, ECLI:EU:C:2016:347 = EuZW 2016, 509 Rn. 44 – MT Højgaard und Züblin, mAnm *Summa* VPR 2016, 146; mit ausführlicher Besprechung *Mösinger/Juraschek* NZBau 2017, 76.

[288] Generalanwalt *Mengozzi* Schlussanträge v. 25.11.2015 – C-396/14, ECLI:EU:C:2015:774 Rn. 83 – MT Højgaard und Züblin.

III. Erneute Eignungsprüfung

Sind Änderungen im Bestand der Bietergemeinschaft zulässig, so können sich möglicherweise die Umstände, die für die Beurteilung der Eignung des – in seiner Identität unveränderten – Bieters von Bedeutung sind, geändert haben. Tritt hierdurch eine **Verbesserung der Eignung des Bieters** ein, weil beispielsweise ein unzuverlässiger Gesellschafter ausgetauscht wird, so hat die Vergabestelle das nicht mehr zu berücksichtigen, um nicht gegen den Grundsatz des fairen Wettbewerbs zu verstoßen.[289] Verliert die Bietergemeinschaft jedoch ein Mitglied, liegen begründete **Zweifel an der Eignung der Bietergemeinschaft** vor, da sich die fachliche, sachliche, finanzielle und personelle Leistungsfähigkeit reduziert, sodass eine erneute Eignungsprüfung durchzuführen ist.[290] Die Prüfung der Eignung der Bietergemeinschaft ist grundsätzlich so wie ursprünglich nachgewiesen und unter Nichtberücksichtigung des ausgeschiedenen Mitglieds vorzunehmen. Zugrunde zu legen sind hierbei die ursprünglich eingereichten **Unterlagen zum Nachweis der Eignung.**[291] Der Bietergemeinschaft ist es nicht möglich, Eignungsdefizite, welche durch das Ausscheiden eines Mitglieds nach Ablauf der Angebots- bzw. Teilnahmefrist entstanden sind, durch Aufnahme neuer Mitglieder auszugleichen, denn die Eignungsnachweise liegen nach Ablauf der maßgeblichen Fristen vor und dürften wegen des Gleichbehandlungsgebots nicht mehr berücksichtigt werden.[292] Stellt sich heraus, dass die Bietergemeinschaft nunmehr über die erforderliche Eignung nicht verfügt, so ist ihr Angebot auszuschließen. 85

IV. Eröffnung des Insolvenzverfahrens über das Vermögen eines Bietergemeinschaftsmitglieds

Wird über das Vermögen eines Gesellschafters der Bietergemeinschaft das **Insolvenzverfahren** eröffnet, so löst sich gem. § 728 Abs. 2 S. 1 BGB die Gesellschaft auf.[293] Damit liegt eine **Identitätsänderung** vor. Das bereits abgegebene Angebot ist zwingend auszuschließen, die Bietergemeinschaft darf am weiteren Vergabeverfahren nicht mehr teilnehmen. Zur Vermeidung dieser gesetzlichen Folge bleibt es der Bietergemeinschaft jedoch unbenommen, im Gesellschaftsvertrag eine – ggf. auch konkludente – Vereinbarung aufzunehmen, nach welcher die **Fortsetzung der Gesellschaft** vorgesehen ist.[294] 86

Denn grundsätzlich hat der **Auftraggeber einen Ermessensspielraum,** innerhalb welchem er entscheiden kann, ob aufgrund der Tatsache, dass über das Vermögen des Bieters das Insolvenzverfahren eröffnet wurde, ein Ausschluss dessen Angebots zu erfolgen hat,[295] vgl. § 31 Abs. 1 UVgO iVm § 124 Abs. 1 Nr. 2 GWB, § 16 Abs. 2 Nr. 1 VOB/A. Um zu verhindern, dass die Bietergemeinschaft schlechter steht als der Einzelbieter, besteht dieses Ermessen erst recht in dem Fall, dass (nur) über das Vermögen eines Bietergemeinschaftsmitglieds das Insolvenzverfahren eröffnet worden ist.[296] Der Auftraggeber hat zu beurteilen, ob die Bietergemeinschaft trotz Ausscheidens des insolventen Gesellschafters 87

[289] OLG Celle Beschl. v. 5.9.2007 – 13 Verg 9/07, ZfBR 2007, 830 (833).

[290] OLG Celle Beschl. v. 5.9.2007 – 13 Verg 9/07, ZfBR 2007, 830 (833); OLG Düsseldorf Beschl. v. 26.1.2005 – VII-Verg 45/04, NZBau 2005, 354 (355); VK Nordbayern Beschl. v. 1.2.2008 – 21.VK-3194-54/07, BeckRS 2013, 46170; *Willenbruch* NZBau 2010, 352 (354).

[291] *Kirch/Kues* VergabeR 2008, 32 (39).

[292] OLG Celle Beschl. v. 5.9.2007 – 13 Verg 9/07, ZfBR 2007, 830 (833); *Lux* Bietergemeinschaften S. 123; *Kirch/Kues* VergabeR 2008, 32 (39); vgl. idS Generalanwalt *Mengozzi* Schlussanträge v. 25.11.2015 – C-396/14, ECLI:EU:C:2015:774 Rn. 83 – MT Højgaard und Züblin.

[293] Palandt/*Sprau* BGB § 728 Rn. 2.

[294] *Heiermann* ZfBR 2008, 759 (766); VK Thüringen Beschl. v. 14.1.2015 – 250-4003-7807/2014-E-01-G, IBRRS 2016, 1321.

[295] OLG Düsseldorf Beschl. v. 5.12.2006 – VII-Verg 56/06, NZBau 2007, 668 (670); Ingenstau/Korbion/*Schranner* VOB/A § 6a Rn. 21 betrachtet es jedoch als Regelfall, dass die Leistungsfähigkeit nach Eröffnung eines Insolvenzverfahrens anzuzweifeln ist.

[296] OLG Celle Beschl. v. 5.9.2007 – 13 Verg 9/07, ZfBR 2007, 830 (833); *Kirch/Kues* VergabeR 2008, 32 (37).

aus der Bietergemeinschaft weiter geeignet ist.[297] Allein der Umstand der **Insolvenz begründet** aber noch **nicht die Ungeeignetheit.**[298] Die fehlende Eignung wird sich aber dadurch ergeben, dass mit dem insolventen Gesellschafter fachliche oder sachliche Ressourcen fortfallen, die für das Verfahren wichtig sind. Denn die Bildung der Bietergemeinschaft kann aus kartellrechtlichen Gründen grundsätzlich nur dann zulässig sein, wenn die betroffenen Unternehmen die ausgeschriebene Leistung alleine so nicht hätten erbringen können (→ Rn. 37ff.). Aus diesem Grunde kann es für die Bietergemeinschaft von Interesse sein, das insolvent gewordene Mitglied dennoch in der Gesellschaft zu behalten.

88 Gesellschaftsrechtlich ist das über die **(Wieder-)Aufnahme des insolventen Gesellschafters** möglich, denn der insolvente Gesellschafter scheidet nach § 736 Abs. 1 BGB aus der Bietergemeinschaft aus. In diesem Fall erfolgt die Eignungsprüfung anhand der Unterlagen und Nachweise, die bereits zum Zeitpunkt der Angebotsabgabe dem Auftraggeber vorgelegen haben.[299] Allerdings besteht die Gesellschaft als solche während des Aus- und Eintrittsprozesses fort, der **Vorgang hat also keinen Einfluss** auf ihre Identität.[300] Die Eignungsnachweise lagen demnach fristgerecht vor. Ob das auch für den Fall gelten kann, dass der insolvente Gesellschafter ausscheidet und sich einer der verbliebenen Gesellschafter dessen eignungsrelevanten Ressourcen einverleibt, erscheint zweifelhaft, da dieser Gesellschafter für seine Person neue Eignungsnachweise nach Ablauf der Angebotsfrist vorlegt. Bei einer **zweigliedrigen Gesellschaft** hingegen ist § 728 Abs. 2 S. 1 BGB nicht abdingbar, sodass sich die Gesellschaft im Falle der Insolvenz eines der Gesellschafter auflöst, wodurch zur „Aufnahme" des früheren Gesellschafters die Neugründung erforderlich wird und die Identität der ursprünglichen Gesellschaft damit nicht mehr gewahrt ist.[301]

89 Es ist zudem Sache der Bietergemeinschaft, die **Vergabestelle auf die Insolvenz hinzuweisen,** wobei sie von sich aus darzulegen hat, dass sie weiterhin geeignet ist.[302] Unterlässt sie das, so kann schon aus diesem Verhalten die Vergabestelle auf das Vorliegen von Ausschlussgründen nach §§ 123ff. GWB schließen, mit der Folge, dass das Angebot nach § 31 Abs. 1 UVgO (vorher § 16 Abs. 5 VOL/A) iVm §§ 123, 124 GWB, § 16 Abs. 1, 2 VOB/A ausgeschlossen werden kann.[303] Denn verschweigt die Gemeinschaft trotz gezielter Nachfragen des Auftraggebers Umstände, die eine erneute Eignungsprüfung begründen, also den Insolvenzfall eines Mitglieds, so handelt es sich um eine **bewusste und gewollte Abgabe unzutreffender Erklärungen** und das Angebot der Bietergemeinschaft ist wegen § 16 Abs. 1 Nr. 10 VOB/A zwingend auszuschließen.[304] Oberhalb der Schwellenwerte würde das den fakultativen Ausschlussgrund nach § 124 Abs. 1 Nr. 8 GWB erfüllen.

V. Änderungen im Gesellschafterbestand und Umwandlungen eines Bietergemeinschaftsmitglieds

90 Kein Fall der Änderung der Zusammensetzung einer Bietergemeinschaft liegt vor, wenn lediglich die **Gesellschafterstruktur eines Mitglieds der Bietergemeinschaft** geändert wird. Das ist zB der Fall, wenn die Anteile einer GmbH, die Bietergemeinschaftsmitglied ist, von einer dritten Gesellschaft erworben werden. Hierbei wird die rechtliche Identität

---

[297] OLG Celle Beschl. v. 18.2.2013 – Verg 1/13, IBRRS 2013, 0992; OLG Schleswig Beschl. v. 30.5.2012 – 1 Verg 2/12, BeckRS 2012, 11885; OLG Düsseldorf Beschl. v. 5.12.2006 – VII-Verg 56/06, NZBau 2007, 668 (670); Ziekow/Völlink/*Stolz* GWB § 124 Rn. 12; *Kirch/Kues* VergabeR 2008, 33 (39).

[298] OLG Düsseldorf Beschl. v. 5.12.2006 – VII-Verg 56/06, NZBau 2007, 668 (670).

[299] *Kirch/Kues* VergabeR 2008, 32 (39).

[300] *Lux* Bietergemeinschaften S. 113.

[301] Palandt/*Sprau* BGB § 736 Rn. 9. Vgl. zu einer ähnlichen Konstellation, in der ein Dritter anstelle des insolventen Bietergemeinschaftsmitglied in die Gesellschaft eintreten sollte, VK Thüringen Beschl. v. 14.1.2015 – 250-4003-7807/2014-E-01-G, IBRRS 2016, 1321.

[302] OLG Düsseldorf Beschl. v. 26.1.2005 – VII-Verg 45/04, NZBau 2005, 354 (355); OLG Frankfurt a.M. Beschl. v. 30.5.2003, 11 Verg 3/03, NZBau 2003, 636 (637).

[303] *Ohrtmann* VergabeR 2008, 426 (439f.).

[304] VK Hessen Beschl. v. 28.6.2005 – 69d-VK-07/2005, ZfBR 2006, 99 (Ls.) = IBRRS 2005, 2727.

des Bietergemeinschaftsmitglieds gewahrt, da es als Rechtsträger weiter bestehen bleibt.[305] Damit wird zugleich die rechtliche Identität der Bietergemeinschaft erhalten, sodass sich an der „Zusammensetzung der Bietergemeinschaft" nichts ändert.[306] Dementsprechend ist auch für den (vergleichbaren) Fall, dass das beauftragte Unternehmen nach Zuschlagserteilung veräußert wird, anerkannt, dass allein diese Übertragung von Gesellschaftsanteilen die Rechtspersönlichkeit des Auftragnehmers nicht verändert und zu keiner Vertragsänderung führt, die gegebenenfalls zu einer Neuausschreibungspflicht führen könnte.[307] Allerdings muss der Auftraggeber in jedem Fall kontrollieren, ob die Bietergemeinschaft weiterhin für den Auftrag geeignet ist. Etwas anderes kann daher dann gelten, wenn im Zusammenhang mit der Veräußerung von Gesellschaftsanteilen eine **Änderung der Eignung** eintritt, zB aufgrund von Kündigungen des zuständigen Fachpersonals, der Veräußerung notwendiger Gerätschaften oder des Verlusts erforderlicher Genehmigungen.[308]

Ob **Unternehmensverschmelzungen** auf der Grundlage des Umwandlungsgesetzes ebenso bewertet werden können, ist in der vergaberechtlichen Rechtsprechung dagegen **umstritten.** So wurde einerseits bereits entschieden, dass es unschädlich ist, wenn ein Mitglied einer Bietergemeinschaft, das als GmbH verfasst ist, nach Angebotsabgabe entsprechend den Vorgaben des Umwandlungsgesetzes auf eine Aktiengesellschaft verschmolzen wird. Da dieser Vorgang lediglich bewirkt, dass gemäß § 20 Abs. 1 UmwG die Aktiengesellschaft an die Stelle der früheren GmbH tritt, wurde die Bietergemeinschaft als rechtlich **identitätswahrend fortbestehend** angesehen.[309] Auch die VK Münster sieht in der formwechselnden Umwandlung gem. § 202 Abs. 1 UmwG keine Änderung der Identität, mithin kann also auch das Angebot eines solchen Bieters nicht ausgeschlossen werden.[310] 91

Andererseits hat das **OLG Düsseldorf** in einem sehr ausführlich begründeten Beschluss – entgegen der Ansicht des OLG Schleswig-Holstein, aber ohne Vorlage an den BGH – entschieden, dass im Fall einer Umwandlung des Unternehmens durch Verschmelzung auf ein anderes Unternehmen die Person des Bieters gerade **nicht identitätswahrend erhalten** bleibt, sondern eine wesentliche Änderung erfolgt.[311] In einem derartigen Fall würden die vergaberechtlichen Prinzipien des Wettbewerbs, der Gleichbehandlung und der Transparenz zum Ausschluss des dermaßen geänderten Angebots zwingen.[312] 92

Angesichts dieser kontroversen Rechtsprechung ist wünschenswert, dass alsbald eine abschließende Klärung dieser Frage durch den BGH erfolgt. 93

[305] VK Münster Beschl. v. 28.8.2007 – VK 14/07, IBRRS 2007, 4268; VK Hessen Beschl. v. 28.6.2005 – 69d-VK-07/2005, ZfBR 2006, 99 (Ls.) = IBRRS 2005, 2727, vgl. *Bärwaldt/Hasselbrink* ZIP 2013, 1889; Generalanwalt *Mengozzi* Schlussanträge v. 25.11.2015 – C-396/14, ECLI:EU:C:2015:774 Rn. 76 – MT Højgaard und Züblin.

[306] VK Hessen Beschl. v. 28.6.2005 – 69d-VK-07/2005, ZfBR 2006, 99 (Ls.) = IBRRS 2005, 2727.

[307] *Rittwage* VergabeR 2006, 327 (335); *Prieß/Sachs* NZBau 2007, 763 (765); zur Ausschreibungspflicht aufgrund wesentlicher Vertragsänderungen siehe → Rn. 90ff.

[308] OLG Düsseldorf Beschl. v. 26.1.2005 – VII-Verg 45/04, NZBau 2005, 354 (355); VK Hessen Beschl. v. 28.6.2005 – 69d-VK-07/2005, ZfBR 2006, 99 (Ls.) = IBRRS 2005, 2727.

[309] OLG Schleswig-Holstein Beschl. v. 13.4.2006 – 1 (6) Verg 10/05, BeckRS 2006, 135129 Rn. 20; VK Hessen Beschl. v. 28.2.2006 – 69d-VK-02/2006, IBRRS 2006, 1712; ebenso *Rittwage* VergabeR 2006, 327 (337); ähnlich zu Umfirmierungen, die die rechtliche Identität des Bieters – und damit seine Eignung – unberührt lassen VK Thüringen Beschl. v. 23.2.2007 – 360-4003.20-62/2007-001-G; VK Lüneburg Beschl. v. 8.5.2006 – VgK-07/2006, BeckRS 2006, 07463.

[310] VK Münster Beschl. v. 28.8.2007 – VK 14/07, IBRRS 2007, 4268.

[311] OLG Düsseldorf Beschl. v. 18.10.2006 – VII-Verg 30/06, NZBau 2007, 254 (255ff.); bestätigend OLG Düsseldorf Beschl. v. 3.8.2011 – VII-Verg 16/11, ZfBR 2012, 72 (75ff.).

[312] OLG Düsseldorf Beschl. v. 18.10.2006 – VII-Verg 30/06, NZBau 2007, 254 (256).

VI. Vergaberechtliche Auswirkungen von Änderungen der Zusammensetzung von Bietergemeinschaften nach Zuschlagserteilung

94 Änderungen der Zusammensetzung einer Bietergemeinschaft bzw. die Bildung einer Arbeitsgemeinschaft kann auch nach Zuschlagserteilung ausnahmsweise vergaberechtlich relevant sein. Sollte in der hiermit verbundenen Änderung der Vertragspartner eine wesentliche Änderung des vormals nach Vergaberecht ausgeschriebenen Vertrags bzw. der Abschluss eines neuen Vertrags gesehen werden können, so müsste dieser (neue) Vertrag wiederum nach den Vorgaben des Vergaberechts vergeben werden. Denn **wesentliche Änderungen** von Verträgen, die dem Vergaberecht unterfallen, werden in der Rechtsprechung sowohl der Vergabenachprüfungsinstanzen[313] als auch des EuGH[314] als **ausschreibungspflichtige Neuvergaben** angesehen.[315] Die Änderung eines öffentlichen Auftrags während seiner Laufzeit wird unter anderem als wesentlich angesehen, wenn sie Bedingungen einführt, die die Zulassung anderer als der ursprünglich zugelassenen Bieter oder die Annahme eines anderen als des ursprünglich angenommenen Angebots erlaubt hätten, wenn sie Gegenstand des ursprünglichen Vergabeverfahrens gewesen wären. Insbesondere ist die **Ersetzung des ursprünglichen Auftragnehmers** durch einen anderen als Änderung einer wesentlichen Vertragsbestimmung anzusehen, wenn sie nicht in den Bedingungen des ursprünglichen Auftrags, beispielsweise im Rahmen einer Unterbeauftragung, vorgesehen war.[316] Im Zuge der EU/GWB-Vergaberechtsreform wurden diese aus der Rechtsprechung des EuGH stammenden Grundsätze nach Maßgabe von Art. 72 RL 2014/24/EU, Art. 89 RL 2014/25/EU und Art. 43 RL 2014/23/EU nunmehr in § 132 Abs. 1 Nr. 4 GWB gesetzlich festgeschrieben. Die Identitätsänderung einer Bieter-/Arbeitsgemeinschaft nach Zuschlagserteilung stellt dementsprechend grundsätzlich eine wesentliche Auftragsänderung dar. Für die Ersetzung des Auftragsnehmers gilt jedoch gemäß § 132 Abs. 2 Nr. 4 lit. b) GWB eine **Ausnahme.** Danach ist eine solche Auftragsänderung ohne Durchführung eines erneuten Vergabeverfahrens in Fällen von **Unternehmensumstrukturierungen** zulässig, die zB auf Übernahme, Zusammenschluss, Erwerb oder Insolvenz beruhen können, sofern das ersetzende Unternehmen die ursprünglich festgelegten Anforderungen an die Eignung erfüllt und die Ersetzung keine weiteren wesentlichen Änderungen des Auftrags zur Folge hat.

95 Darüber hinaus kann die Änderung einer Bietergemeinschaft bzw. die Bildung einer Arbeitsgemeinschaft nach Zuschlagserteilung gegebenenfalls mit einer **Übertragung des Vertrags gemäß § 415 BGB** auf eine neue – erstmals gebildete oder personell veränderte – Arbeitsgemeinschaft verbunden sein. Hierzu hat das OLG Düsseldorf in einem obiter dictum ausgeführt, dass eine Vertragsübernahme lediglich insoweit eine vergaberechtliche Relevanz besitzt, als sie Beschaffungsmaßnahmen der öffentlichen Hand unzulässig dem Wettbewerb entziehen kann.[317] Spätestens seit der pressetext-Entscheidung des EuGH steht fest, dass eine Vertragsübernahme jedenfalls dann als ausschreibungspflichtige Neuvergabe zu qualifizieren ist, wenn dadurch die Identität des Auftragnehmers geändert wird. Gleichwohl ist darüber hinaus anerkannt, dass eine **Vertragsübernahme** vergaberechtlich

---

[313] OLG Düsseldorf Beschl. v. 12.1.2004 – VII-Verg 71/03, NVwZ 2004, 510 (512); OLG Frankfurt a.M. Beschl. v. 5.8.2003 – 11 Verg 2/02, NZBau 2003, 633 (634); OLG Rostock Vorlagebeschl. v. 5.2.2003 – 17 Verg 14/02, NZBau 2003, 457 (458); OLG Düsseldorf Beschl. v. 20.6.2001 – VII-Verg 3/01, NZBau 2001, 696 (699f.); Beschl. v. 14.2.2001 – VII-Verg 13/00, NZBau 2002, 54 (55); VK Bund Beschl. v. 12.10.2004 – VK 2-187/04, IBRRS 2004, 3885; VK Baden-Württemberg Beschl. v. 26.3.2002 – 1 VK 7/02, NJOZ 2004, 1385 (1389); VK Bund Beschl. v. 7.4.1999 – VK A19/99. Dazu aus der Literatur *Braun* VergabeR 2005, 586 (588); *Gruneberg* VergabeR 2005, 171 (173ff.); *Degen/Degen* BauRB 2005, 313; *Latzenhofer* RPA 2005, 147; *Ziekow* VergabeR 2004, 430.

[314] EuGH Urt. v. 13.4.2010 – C-91/08, Slg. 2010, I-2858 = NZBau 2010, 382 Rn. 38 – Wall AG; EuGH Urt. 19.6.2008 – C-454/06, Slg. 2008, I-4401 = IBRRS 2008, 1720 Rn. 35 – pressetext.

[315] Dazu *Müller* VergabeR 2015, 652.

[316] EuGH Urt. 19.6.2008 – C-454/06, Slg. 2008, I-4401 = IBRRS 2008, 1720 Rn. 35 – pressetext. Dazu ausführlich *Prieß/Hölzl* NZBau 2011, 513.

[317] OLG Düsseldorf Beschl. v. 18.10.2006 – VII-Verg 30/06, NZBau 2007, 254 (256).

nicht zu beanstanden ist, soweit sich diese **innerhalb eines Konzernverbunds** abspielt.[318] Dementsprechend stellte der EuGH in seiner Entscheidung in der Rechtssache pressetext fest, dass die Übertragung eines öffentlichen Auftrags keine wesentliche Auftragsänderung darstellt, wenn dieser auf eine 100%-ige Tochtergesellschaft des ursprünglichen Auftragnehmers übertragen wird, gegenüber welcher er ein Weisungsrecht besitzt und wenn zwischen beiden ein Gewinn- und Verlustausschließungsvertrag besteht.[319]

Schließlich sind Änderungen nach der Zuschlagserteilung – dh in der Phase der Auftragsausführung – auch ein vertrags- bzw. gesellschaftsrechtliches Problem. In diesem Zusammenhang ist darauf hinzuweisen, dass nach Zuschlagserteilung das von der **VOB/B bzw. VOL/B** beeinflusste Werkvertragsrecht des BGB es (wohl) nicht erlaubt, den Mitgliederbestand einer Arbeitsgemeinschaft nach Belieben zu verändern.[320] Denn der Grundsatz der Selbstausführungspflicht gemäß § 4 Abs. 8 VOB/B, § 4 Nr. 4 VOL/B besagt, dass Leistungen an Nachauftragnehmer nur mit Zustimmung des Auftraggebers übertragen werden dürfen.[321] Dieses Zustimmungserfordernis könnte offensichtlich umgangen werden, wenn Nachunternehmer ohne jedes **Zustimmungserfordernis** als nachträgliche Mitglieder in eine Arbeitsgemeinschaft aufgenommen werden könnten.[322] Daher spricht bereits aus diesen (zivilrechtlichen) Gründen viel dafür, dass nachträgliche Änderungen von Bieter-/Arbeitsgemeinschaften nur eingeschränkt und jedenfalls nicht ohne Zustimmung des Auftraggebers möglich sind. 96

F. Die Prozessführungsbefugnis bei Bietergemeinschaften

I. Die Antragsbefugnis in Nachprüfungsverfahren

1. Antragsbefugnis grundsätzlich nur für die Bietergemeinschaft, nicht für die einzelnen Mitglieder

Ein einzelnes Mitglied einer Bietergemeinschaft ist nicht befugt, in Prozessstandschaft – dh im eigenen Namen – für die Bietergemeinschaft einen Nachprüfungsantrag zu stellen. Ein solches Ansinnen scheitert an der Voraussetzung eines „Interesses am Auftrag" gemäß § 160 Abs. 2 S. 1 GWB.[323] Dieses Interesse (im Rechtssinne) kann immer nur die Bietergemeinschaft haben, die ein Angebot abgegeben hat, nicht aber das einzelne Bietergemeinschaftsmitglied. Denn dieses hat selbst kein Angebot abgegeben und könnte daher den Auftrag auch nicht erhalten.[324] Insoweit ist auch in der vergaberechtlichen Rechtsprechung anerkannt, dass **einzelne Mitglieder einer Bietergemeinschaft nicht antrags-** 97

[318] OLG Frankfurt a.M. Beschl. v. 5.8.2003 – 11 Verg 2/02, NZBau 2003, 633; VK Bund Beschl. v. 29.6. 2005 – VK 3-52/05, IBRRS 2005, 2576; Beschl. v. 7.4.1999 – VK A-19/99.

[319] EuGH Urt. 19.6.2008 – C-454/06, Slg. 2008, I-4401 = IBRRS 2008, 1720 Rn. 43f. – pressetext.

[320] Vgl. eingehend hierzu *Hertwig/Nelskamp* BauRB 2004, 183 (184f.).

[321] Zur Zulässigkeit der Beauftragung von Nachauftragnehmern → § 18 Rn. 4ff.

[322] *Hertwig/Nelskamp* BauRB 2004, 183 (185).

[323] VK Berlin Beschl. v. 15.11.2010 – VK-B2-25/10, IBRRS 2011, 0010; *Gabriel/Benecke/Geldsetzer* Bietergemeinschaft Rn. 99ff.; KKMPP/*Hausmann/v. Hoff* VgV § 43 Rn. 33f.; Beck VergabeR/*Horn/Hofmann* GWB § 160 Rn. 27; BeckOK VergabeR/*Gabriel/Mertens* GWB § 160 Rn. 45.

[324] OLG München Beschl. v. 14.1.2015 – Verg 15/14, NZBau 2015, 575 Rn. 15; OLG Schleswig Beschl. v. 13.4.2006 – 1 (6) Verg 10/05, BeckRS 2006, 135129 Rn. 20; OLG Düsseldorf Beschl. v. 20.12.2004 – VII-Verg 101/04, IBRRS 2005, 0209; OLG Saarbrücken Beschl. v. 13.11.2002 – 5 Verg 1/02, IBRRS 2002, 2285; VK Nordbayern Beschl. v. 20.11.2014 – 21.VK-3194-31/14, IBRRS 2015, 0400; VK Berlin Beschl. v. 15.11.2010 – VK-B2-25/10, IBRRS 2011, 0010; VK Nordbayern Beschl. v. 14.4.2005 – 320.VK-3194-09/05, IBRRS 2005, 1909; VK Thüringen Beschl. v. 4.10.2004 – 360-4003.20-037/04-SLF; VK Bund Beschl. v. 4.10.2004 – VK 3-152/04, IBRRS 2005, 0140; *Prieß* VergabeR-Hdb S. 359; *Prieß/Niestedt* Rechtsschutz-Hdb S. 70; *Prieß/Gabriel* WuW 2006, 385 (392); *Prieß/Gabriel* ZVB Spezial 2006, 141 (160f.); *Gruber/Keznickl* ZVB 2006, 69 (74); *Prieß/Gabriel* VergabeR 2005, 751 (752f.); *Latzenhofer* RPA 2004, 375; *Öhler* ZVB 2004, 361; *Pock* RPA 2004, 372 (372f.); *Fink* RPA 2004, 368; *Grasböck* ZVB 2004, 203 (206f.); *Gruber* ZVB 2004, 4; Beck VergabeR/*Horn/Hofmann* GWB § 160 Rn. 27.

befugt iSv § 160 Abs. 2 S. 1 GWB sind.[325] Wird ein Nachprüfungsantrag nicht ausdrücklich für die Bietergemeinschaft erhoben, könnte jedenfalls ein von allen Mitgliedern gemeinsam gestellter Antrag im Zweifel der Bietergemeinschaft zugerechnet werden.[326] Treten jedoch nicht alle Mitglieder als Antragsteller im Nachprüfungsverfahren auf, kann gerade nicht ohne weiteres angenommen werden, dass es sich um einen Antrag der Bietergemeinschaft handelt.[327] In einem solchen Fall muss ausdrücklich klargestellt werden, dass die Bietergemeinschaft selbst die Nachprüfung begehrt und die auftretenden Bietergemeinschaftsmitglieder zur Vertretung der Bietergemeinschaft auch im Nachprüfungsverfahren berufen sind. Ein lediglich von einzelnen Mitgliedern der Bietergemeinschaft jeweils **im eigenen Namen erhobener Nachprüfungsantrag** ist dagegen als unzulässig zurückzuweisen.

98 Diese Aussage gilt für den Fall, in dem die Bietergemeinschaft zum Zeitpunkt der Stellung des Nachprüfungsantrags durch ein Bietergemeinschaftsmitglied noch besteht.[328] Dasselbe muss allerdings auch dann gelten, wenn eine Bietergemeinschaft durch Erklärung eines Gesellschafters oder gemäß § 728 Abs. 2 S. 1 BGB wegen Insolvenz eines Gesellschafters zum Zeitpunkt des Nachprüfungsverfahrens bereits aufgelöst oder sonst beendet wurde.[329] Denn mit dem **Erlöschen der Bietergemeinschaft** wird zugleich deren Angebot hinfällig.[330] Ein einzelnes Mitglied einer (aufgelösten/beendeten) Bietergemeinschaft kann daher auch in diesem Fall nicht im eigenen Namen antragsbefugt sein.[331]

99 Zu diesem Ergebnis gelangte auch der **EuGH** in seinem Urteil in Sachen **„Espace Trianon"**. Danach steht die Prozessführungsbefugnis (nur) demjenigen zu, der auch über die materiellen Rechte verfügen kann, die sich aus den EU-Vergaberichtlinien ergeben, da nur er ein Interesse am Auftrag im Sinne von Art. 1 Abs. 3 RL 89/665/EWG bzw. Art. 1 Abs. 3 RL 1992/13/EWG, jeweils zul. geändert durch RL 2007/66/EG, haben kann.[332] Im Fall der Teilnahme einer Bietergemeinschaft an einem Vergabeverfahren ist das ausschließlich die Bietergemeinschaft selbst, nicht aber eines (oder mehrere) ihrer Mitglieder, da das einzelne Bietergemeinschaftsmitglied kein eigenes Angebot abgibt.[333] Der EuGH sah daher keinen Widerspruch zwischen Art. 1 RL 89/665/EWG bzw. Art. 1 RL 1992/13/EWG, jeweils zul. geändert durch RL 2007/66/EG, und einer nationalen Verfahrensvorschrift, nach der ein Nachprüfungsverfahren von der Gesamtheit der Mitglieder einer als Bieter auftretenden Bietergemeinschaft (im konkreten Fall: einer so genannten Gelegenheitsgesellschaft nach belgischem Recht) eingereicht werden muss.[334] In gleicher Weise hat zuvor auch die Generalanwältin Stix-Hackl in ihren Schlussanträgen ausgeführt, dass „nur die Bietergemeinschaft über das **für die Aktivlegitimation erforderliche Interes-**

[325] OLG Düsseldorf Beschl. v. 20.12.2004 – VII-Verg 101/04, IBRRS 2005, 0209; zuvor bereits OLG Saarbrücken Beschl. v. 13.11.2002 – 5 Verg 1/02, IBRRS 2002, 2285; VK Berlin Beschl. v. 15.11.2010 – VK-B2-25/10, IBRRS 2011, 0010; *Roth* NZBau 2005, 316 (317).

[326] *Fink* RPA 2004, 368 (369).

[327] *Fink* RPA 2004, 368 (371).

[328] Ebenso die Fallgestaltung bei OLG Rostock Beschl. v. 10.6.2005 – 17 Verg 9/05, BeckRS 2005, 12086, wo der Nachprüfungsantrag allerdings von der – trotz Insolvenz eines Bietergemeinschaftsmitglieds noch existenten – Bietergemeinschaft gestellt wurde.

[329] VK Nordbayern Beschl. v. 14.4.2005 – 320.VK-3194-09/05, IBRRS 2005, 1909.

[330] Anderer Ansicht ist die VK Arnsberg Beschl. v. 22.4.2005 – VK 03/05, IBRRS 2005, 2476, wonach das verbliebene Mitglied einer aufgelösten Bietergemeinschaft antragsbefugt sein könne; diese Entscheidung ist allerdings durch das OLG Düsseldorf Beschl. v. 24.5.2005 – VII-Verg 28/05, NZBau 2005, 710 aufgehoben worden.

[331] Zutreffend VK Thüringen Beschl. v. 4.10.2004 – 360-4003.20-037/04-SLF; VK Bund Beschl. v. 4.10.2004 – VK 3-152/04, IBRRS 2005, 0140; anders offenbar Reidt/Stickler/Glahs/*Reidt* GWB § 160 Rn. 34.

[332] EuGH Urt. v. 16.12.2004 – C-129/04, NZBau 2005, 707 Rn. 19 – Espace Trianon-Sofibail.

[333] EuGH Urt. v. 16.12.2004 – C-129/04, NZBau 2005, 707 Rn. 20 – Espace Trianon-Sofibail. Ebenso zuvor Generalanwältin *Stix-Hackl* Schlussanträge v. 15.3.2005 – C-129/04, Slg. 2005, I-7805 = IBRRS 2005, 1012 Rn. 46 und 49 – Espace Trianon SA.

[334] EuGH Urt. v. 16.12.2004 – C-129/04, NZBau 2005, 707 Rn. 22 und 29 – Espace Trianon-Sofibail; *Henty* P.P.L.R. 2006, NA1 (NA1 ff.); *Prieß/Gabriel* VergabeR 2005, 751.

se verfügt, nicht hingegen ein einzelnes Mitglied".[335] Dementsprechend sind alle Mitglieder einer Bietergemeinschaft (gegebenenfalls über das vertretungsberechtigte Mitglied[336]), die ein Angebot abgegeben hat, antragsbefugt, solange sie den **Nachprüfungsantrag gemeinsam für die Bietergemeinschaft** stellen und nicht einzeln im eigenen Namen.[337] Der EuGH hat aber auch deutlich gemacht, dass Art. 1 Abs. 3 RL 89/665/EWG bzw. Art. 1 Abs. 3 RL 1992/13/EWG, jeweils zul. geändert durch RL 2007/66/EG, (nur) einen Mindestumfang an Rechtschutzmöglichkeiten festlegt. Die Mitgliedstaaten können demzufolge den Begriff der Antragsbefugnis auch weiter fassen und somit einen leichteren Zugang zu den Nachprüfungsverfahren ermöglichen.[338]

Dieser in Rechtsprechung wie Literatur weithin unbestrittenen Ansicht widerspricht – 100 soweit ersichtlich – lediglich eine Entscheidung des **OLG Hamburg** aus dem Jahr 2003. In dieser Entscheidung ging es darum, dass zwei Bietergemeinschaftsmitglieder einer aus drei Unternehmen bestehenden Bietergemeinschaft im eigenen Namen einen Nachprüfungsantrag gestellt haben, während sich das dritte Bietergemeinschaftsmitglied „aus übergeordneten Gründen, die nicht im Vergabeverfahren oder bei den anderen Mitgliedern der Bietergemeinschaft zu suchen sind", als gehindert ansah, sich an dem Nachprüfungsverfahren zu beteiligen. Allerdings hat dieses Bietergemeinschaftsmitglied auch darauf hingewiesen, dass es sich weiterhin als Mitglied der Bietergemeinschaft betrachtet und an der Auftragserteilung weiterhin interessiert ist.[339] Mit der Begründung, dass es den antragstellenden Bietergemeinschaftsmitgliedern darum gehe, dass der Auftrag nicht ihnen, sondern der Bietergemeinschaft insgesamt erteilt wird, hat das OLG Hamburg die Ablehnung der Antragsbefugnis zwar in Erwägung gezogen, dann jedoch als „eine reine Förmelei" verworfen und die **Mitglieder der Bietergemeinschaft als antragsbefugt** im Sinne von § 107 Abs. 2 GWB aF (jetzt: § 160 Abs. 2 GWB) angesehen. Allerdings dürfte diese – rechtlich schwer nachvollziehbare – Entscheidung ein Einzelfall bleiben, da es nicht Sache der Nachprüfungsinstanzen sein kann, etwaige fehlende Regelungen in Bietergemeinschaftsvereinbarungen zur Prozessführungs- und Vertretungsbefugnis (→ Rn. 100f.) zu kompensieren. Ausdrücklich der Hamburger Entscheidung entgegengetreten ist mittlerweile bereits die VK Hessen, die die Entscheidung des OLG Hamburg als „für die Kammer nicht nachvollziehbar" ansieht.[340] Würde der vom OLG Hamburg vertretenen Ansicht gefolgt werden, so wäre es möglich, dass sämtliche Mitglieder einer Bietergemeinschaft einen Nachprüfungsantrag stellen könnten, was, so die VK Hessen, die Absurdität dieser Rechtsauffassung gerade auch im Hinblick auf das Kostenrisiko und die Kostenlast des Auftraggebers im Falle des Unterliegens deutlich macht. Denn dann müsste der Auftraggeber eine Kostentragungspflicht für so viele verschiedene Bevollmächtigte, wie es Bietergemeinschaftsmitglieder gibt, befürchten, während einem Bevollmächtigten, der eine Bietergemeinschaft vertritt, keine Erhöhungsgebühr zusteht.[341]

Eine weitere Entscheidung zur Antragsbefugnis bei Bietergemeinschaften stammt 101 schließlich von der VK Rheinland-Pfalz, die sich mit dieser Frage im Zusammenhang mit einer **„verdeckten" Bietergemeinschaft** (→ Rn. 56ff.) zu befassen hatte.[342] In diesem Fall ist die Antragstellerin mit der Angebotsabgabe nach außen hin als Nachunternehmerin eines Einzelbieters aufgetreten, womit ihr aus diesem Grund bereits das Interesse am Auf-

335 Generalanwältin *Stix-Hackl* Schlussanträge v. 15.3.2005 – C-129/04, Slg. 2005, I-7805 = IBRRS 2005, 1012 Rn. 58 – Espace Trianon SA.
336 Hierzu OLG Schleswig Beschl. v. 13.4.2006 – 1 (6) Verg 10/05, BeckRS 2006, 135129 Rn. 20.
337 *Prieß/Niestedt* Rechtsschutz-Hdb S. 69f.; *Prieß* VergabeR-Hdb S. 359.
338 EuGH Beschl. v. 4.10.2007 – C-492/06, Slg. 2007, I-8191 = BeckRS 2008, 70915 Rn. 27f. – Consorzio Elisoccorso San Raffaele.
339 OLG Hamburg Beschl. v. 10.10.2003 – 1 Verg 2/03, ZfBR 2004, 296 (297).
340 VK Hessen Beschl. v. 26.1.2005 – 69d-VK-96/2004, IBRRS 2005, 2769; ähnlich *Prieß/Gabriel* VergabeR 2005, 751 (753).
341 VK Hessen Beschl. v. 26.1.2005 – 69d-VK-96/2004, IBRRS 2005, 2769; ebenso OLG München Beschl. v. 29.6.2005 – Verg 10/05, BeckRS 2005, 07609.
342 VK Rheinland-Pfalz Beschl. v. 27.5.2005 – VK 15/05, IBRRS 2005, 2549.

trag abzusprechen war, da sie lediglich ein Interesse am Auftrag für ihren Hauptunternehmer haben konnte. Erst eine im Nachprüfungsverfahren vorgelegte Vereinbarung zwischen ihr und dem Hauptunternehmer offenbarte, dass das tatsächliche Vertragsverhältnis zwischen beiden dahin ging, gemeinschaftlich ein Angebot zu erstellen. Gleichwohl hat die VK Rheinland-Pfalz zutreffend die Antragsbefugnis der Antragstellerin abgelehnt. Da die Antragstellerin dazu übergegangen ist, von einer eigenen Angebotsabgabe Abstand zu nehmen und stattdessen in Form einer Nachunternehmerbeteiligung bzw. als Mitglied einer verdeckten Bietergemeinschaft anzutreten, habe sie „alle Rechte verwirkt aus ihrer Position als verhinderte Bieterin eine eigene Antragsbefugnis abzuleiten".[343]

2. Antragsbefugnis einzelner Bietergemeinschaftsmitglieder über das Institut der „gewillkürten" Prozessstandschaft

102 In der Rechtsprechung der Vergabesenate herrscht Einigkeit darüber, dass das im Zivilprozess anerkannte Institut der **gewillkürten Prozessstandschaft** sowohl im vorgeschalteten Rügeverfahren nach § 160 Abs. 3 S. 1 Nr. 1 GWB als auch im Vergabenachprüfungsverfahren vor der Vergabekammer und dem Vergabesenat Anwendung findet.[344] Prozessstandschaft bedeutet, dass jemand fremdes Recht im eigenen Namen und auf eigene Rechnung im Prozess verfolgen kann.[345] Voraussetzungen der gewillkürten Prozessstandschaft sind zum einen ein eigenes **schutzwürdiges Interesse** an der Durchführung des Verfahrens und zum anderen die **Ermächtigung durch den Berechtigten.**[346] Ein schutzwürdiges Eigeninteresse an der Durchführung des Verfahrens ist anzunehmen, wenn die Entscheidung im Nachprüfungsverfahren Einfluss auf die eigene Rechtsposition des jeweiligen Antragstellers hat.[347] Das erforderliche schutzwürdige Interesse liegt mindestens mittelbar in dem wirtschaftlichen Interesse, den ausgeschriebenen Auftrag zu erhalten,[348] und ist bei dem Mitglied einer Bietergemeinschaft regelmäßig anzunehmen.[349] Die Ermächtigung der Bietergemeinschaft als Berechtigte muss zum Zeitpunkt der Antragstellung vorliegen und mit der Antragstellung zum Ausdruck kommen. Die Ermächtigung ist nicht in der dem Angebot beigefügten Bietergemeinschaftserklärung zu sehen; vielmehr bedarf es einer Ermächtigung in Form einer gesonderten Willenserklärung aller Bietergemeinschaftsmitglieder.[350] Sie ist formlos möglich und kann sich auch aus schlüssigem Verhalten ergeben.[351] Entscheidend ist, dass mit Stellung des Nachprüfungsantrags eine Ermächtigung vorliegt und in diesem zum Ausdruck kommt.[352] Wird sie erst nachträglich erteilt, so entfaltet sie **keine Rückwirkung**[353] und der Antrag ist dann unzulässig gemäß § 163 Abs. 2 S. 2 GWB.[354]

---

[343] VK Rheinland-Pfalz Beschl. v. 27.5.2005 – VK 15/05, IBRRS 2005, 2549.

[344] OLG München Beschl. v. 14.1.2015 – Verg 15/14, NZBau 2015, 575 Rn. 15; OLG Düsseldorf Beschl. v. 27.11.2013 – VII-Verg 20/13, NZBau 2014, 121 (122); OLG Frankfurt a.M. Beschl. v. 23.1.2007 – 11 Verg 11/06, BeckRS 2011, 198 Rn. 23; OLG Düsseldorf Beschl. v. 30.3.2005 – VII-Verg 101/04, BeckRS 2005, 4880 Rn. 8; VK Bund Beschl. v. 9.11.2018 – VK 1-101/18, BeckRS 2018, 37328 Rn. 51; VK Brandenburg Beschl. v. 28.7.2011 – VK 18/11, IBRRS 2011, 4497; VK Bund Beschl. v. 9.4.2009 – VK 3-58/09; Ziekow/Völlink/*Dicks* GWB § 160 Rn. 10; *Lux* Bietergemeinschaften S. 157; *Ohrtmann* VergabeR 2008, 426 (442).

[345] BGH Urt. v. 11.3.1999 – III ZR 205-97, NJW 1999, 1717; Urt. v. 24.10.1985 – VII ZR 337/84, BGHZ 96, 151 = NJW 1986, 850.

[346] OLG München Beschl. v. 14.1.2015 – Verg 15/14, NZBau 2015, 575 Rn. 15; VK Bund Beschl. v. 9.11.2018 – VK 1-101/18, BeckRS 2018, 37328 Rn. 51; Beschl. v. 9.4.2009 – VK 3-58/09.

[347] OLG Düsseldorf Beschl. v. 27.11.2013 – VII-Verg 20/13, NZBau 2014, 121 (122); OLG Frankfurt a.M. Beschl. v. 23.1.2007 – 11 Verg 11/06, BeckRS 2011, 198 Rn. 23.

[348] VK Bund Beschl. v. 9.4.2009 – VK 3-58/09; *Lux* Bietergemeinschaften S. 157; *Ohrtmann* VergabeR 2008, 426 (442).

[349] OLG München Beschl. v. 14.1.2015 – Verg 15/14, NZBau 2015, 575 Rn. 15; VK Bund Beschl. v. 9.4.2009 – VK 3-58/09; *Lux* Bietergemeinschaften S. 157; *Ohrtmann* VergabeR 2008, 426 (442).

[350] VK Bund Beschl. v. 29.9.2006 – VK 2-97/04; *Ohrtmann* VergabeR 2008, 426 (443).

[351] *Lux* Bietergemeinschaften S. 157.

[352] *Lux* Bietergemeinschaften S. 157.

[353] BGH Urt. v. 3.3.1993 – IV ZR 267/91, NJW-RR 1993, 669 (670).

II. Die Rügebefugnis

Ebenso wie die Antragsbefugnis iSv § 160 Abs. 2 S. 1 GWB nur der Bietergemeinschaft als solcher zusteht, müssen auch Rügen gemäß § 160 Abs. 3 GWB im Vergabeverfahren von der Bietergemeinschaft selbst erhoben werden, nicht aber von einzelnen Mitgliedern ohne entsprechende Bevollmächtigung.[355] **Bietergemeinschaften müssen einheitlich,** dh durch ihren bevollmächtigten Vertreter, **rügen** oder aber die Rüge durch jedes einzelne Mitglied ausdrücklich im Namen der Bietergemeinschaft erheben.[356] Als Bevollmächtigung reicht nicht die Bezeichnung eines Mitglieds, welches für den Abschluss und die Durchführung des abzuschließenden Vertrags im Sinne von § 53 Abs. 9 VgV, § 13 EU Abs. 5 VOB/A, § 29 Abs. 7 VSVgV, § 13 VS Abs. 5 VOB/A, § 13 Abs. 5 VOB/A ermächtigt sein soll.[357] Denn diese **Bevollmächtigung** bezieht sich auf den noch abzuschließenden Vertrag, also ein in der Zukunft liegendes, zivilrechtliches Verhältnis. Es muss sich vielmehr aus der Erklärung eindeutig ergeben, dass das entsprechende (geschäftsführende) Mitglied ermächtigt ist, die Bietergemeinschaft gegenüber dem Auftraggeber federführend zu vertreten.[358] Es ist umstritten, ob die Befugnis zur Erhebung der Rüge von der **organschaftlichen bzw. rechtsgeschäftlichen Vertretungsmacht** umfasst ist[359] oder ob sie sich aus **§ 14 VwVfG** ergibt, da es sich bei der Rüge um eine verfahrensrechtliche Erklärung handelt.[360] Die Unterscheidung ist vor allem relevant für die Frage, ob die nachträgliche Genehmigung der Rüge durch die Bietergemeinschaft möglich ist und ob der Auftraggeber diese ggf. zurückweisen kann.[361] In der Rechtsprechung der Vergabekammern finden sich zudem Beschlüsse, wonach im Falle einer ausreichenden und eindeutigen Bevollmächtigung eines Bietergemeinschaftsmitglieds eine von diesem erhobene Rüge auch dann der Bietergemeinschaft zuzurechnen ist, wenn sie nicht ausdrücklich in deren Namen erhoben worden ist.[362] Angesichts dieser Meinungsvielfalt ist bis zu einer obergerichtlichen Rechtsprechung den Bietergemeinschaften zu raten, in die Bevollmächtigung die **Rügebefugnis explizit aufzunehmen** und die Bevollmächtigungsurkunde der ausdrücklich im Namen der Bietergemeinschaft erklärten Rüge beizufügen. 103

Rügen von Bietergemeinschaftsmitgliedern, die einzelne Mitglieder **vor dem Zusammenschluss zur Bietergemeinschaft** erhoben haben, werden später nicht „automatisch" der Bietergemeinschaft zugerechnet. Die Bietergemeinschaft muss die Rügen, die sie als eigene aufrechterhalten will, gegenüber dem Auftraggeber konkret bezeichnen und sich ausdrücklich zu eigen machen.[363] Die Bietergemeinschaft muss dann nicht alle Rügen nochmal vollumfänglich vortragen und wird insofern entlastet. Zugleich ist aber auch das berechtigte Interesse des Auftraggebers bedient, zu wissen, welche Verfahrensverstöße Gegenstand von Rügen der einzelnen, ggf. neugebildeten Bieter(-gemeinschaften) sind. Das Risiko für den Auftraggeber im Rahmen eines Nachprüfungsverfahrens mit Rügen kon- 104

[354] *Lux* Bietergemeinschaften S. 157.

[355] VK Nordbayern Beschl. v. 12.10.2006 – 21.VK-3194-25/06, BeckRS 2010, 10912; VK Sachsen Beschl. v. 1.6.2006 – 1/SVK/045-06, IBRRS 2006, 1620; Beschl. v. 8.7.2004 – 1/SVK/044-04, IBRRS 2005, 1194.

[356] VK Sachsen Beschl. v. 19.10.2010 – 1/SVK/037-10, BeckRS 2011, 01299; Beschl. v. 1.6.2006 – 1/SVK/045-06, IBRRS 2006, 1620; VK Baden-Württemberg Beschl. v. 13.10.2005 – 1 VK 59/05, IBRRS 2006, 0110; VK Sachsen Beschl. v. 8.7.2004 – 1/SVK/044-04, IBRRS 2005, 1194.

[357] VK Sachsen Beschl. v. 1.6.2006 – 1/SVK/045-06, IBRRS 2006, 1620; *Ohrtmann* VergabeR 2008, 426 (445).

[358] VK Saarland Beschl. v. 9.3.2007 – 3 VK 01/2007, IBRRS 2007, 4023; VK Nordbayern Beschl. v. 12.10. 2006 – 21.VK-3194-25/06, BeckRS 2010, 10912.

[359] VK Bund Beschl. v. 29.12.2006 – VK 2-128/06, IBRRS 2007, 0154; *Lux* Bietergemeinschaften S. 149 ff.

[360] VK Sachsen Beschl. v. 19.10.2010 – 1/SVK/037-10, BeckRS 2011, 01299; VK Saarland Beschl. v. 9.3. 2007 – 3 VK 01/2007, IBRRS 2007, 4023.

[361] Vgl. zum Meinungsstand *Lux* Bietergemeinschaften S. 150 ff., *Ohrtmann* VergabeR 2008, 426 (444 ff.).

[362] VK Saarland Beschl. v. 9.3.2007 – 3 VK 01/2007, IBRRS 2007, 4023; VK Nordbayern Beschl. v. 12.10. 2006 – 21.VK-3194-25/06, BeckRS 2010, 10912; *Lausen* Bietergemeinschaften S. 229 f.

[363] VK Sachsen Beschl. v. 24.5.2007 – 1/SVK/029-07, BeckRS 2007, 10401; VK Hessen Beschl. v. 26.1. 2005 – 69d-VK-96/2004, IBRRS 2005, 2769; *Lux* Bietergemeinschaften S. 151 ff.

frontiert zu werden, welche ein Bietergemeinschaftsmitglied vor Gründung der Bietergemeinschaft erhoben hat, hat sich durch die Einführung der Frist nach § 107 Abs. 3 S. 1 Nr. 4 GWB aF (jetzt: § 160 Abs. 3 S. 1 Nr. 4 GWB) im Zuge der Vergaberechtsreform 2009[364] verringert. Denn hiernach ist der Antrag auf Durchführung des Nachprüfungsverfahrens unzulässig, wenn er nicht innerhalb von 15 Werktagen nach Eingang der Mitteilung des Auftraggebers, einer Rüge nicht abhelfen zu wollen, gestellt wird. Hat allerdings der ursprüngliche Einzelbieter die Einhaltung dieser 15-Tage-Frist versäumt und die Bietergemeinschaft hat sich diese Rüge nicht zu eigen gemacht, so muss es aufgrund der nicht identischen Rechtspersönlichkeiten zulässig sein, dass nunmehr die Bietergemeinschaft die Rüge in eigenem Namen erneut erhebt. Hierbei wird sie allerdings unverzüglich handeln müssen, um nicht nach § 160 Abs. 3 S. 1 Nr. 1 GWB präkludiert zu werden. Das gilt insbesondere dann, wenn die Rüge ursprünglich von dem Mitglied erhoben worden ist, welches dann zum Vertreter der Bietergemeinschaft bestellt wird, da dann die Wissenszurechnung nach § 166 BGB erfolgt.

III. Vereinbarungen zur Rüge- und Prozessführungsbefugnis

105 Von großer praktischer Bedeutung bei der Vorbereitung von Bietergemeinschaftsbildungen ist, dass spezielle Regelungen zur Antragsbefugnis in die im Vorfeld des Zusammenschlusses abzuschließenden Bietergemeinschaftsvereinbarungen aufgenommen werden. In diesen Bietergemeinschaftsvereinbarungen zwischen den Mitgliedern der (künftigen) Bietergemeinschaft sind zB auch **Stellvertretungsfragen** zu regeln, wonach gegebenenfalls ein (oder auch jedes) Mitglied der Bietergemeinschaft im Namen und mit Vollmacht der anderen Mitglieder Erklärungen für die Bietergemeinschaft abgeben und Nachprüfungsanträge erheben kann.[365] Das Gleiche gilt für Stellvertretungsregelungen hinsichtlich der Erhebung von Rügen.[366]

106 Größte Sorgfalt ist dabei auf die Formulierung und Reichweite der den einzelnen Bietergemeinschaftsmitgliedern in der Bietergemeinschaftsvereinbarung **eingeräumten Befugnisse** aufzuwenden. So besteht bspw. die Gefahr, dass ein vom geschäftsführenden Bietergemeinschaftsmitglied erhobener Nachprüfungsantrag für unzulässig angesehen werden könnte, wenn aus der gegenüber dem Auftraggeber vorgelegten Bietergemeinschaftserklärung sowie der (internen) Bietergemeinschaftsvereinbarung lediglich hervorgeht, dass das geschäftsführende Mitglied die Bietergemeinschaft gegenüber dem Auftraggeber vertritt. Denn danach wäre zwar eine Rüge gegenüber dem Auftraggeber durch das geschäftsführende Bietergemeinschaftsmitglied möglich und zulässig, allerdings folgt hieraus nicht zwangsläufig auch eine **Vertretungsvollmacht gegenüber der Vergabekammer.**[367] Ohne Nachweis einer Bevollmächtigung seitens der anderen Mitglieder einer Bietergemeinschaft könnte auch die Zurechnung einer von einem Bietergemeinschaftsmitglied ausgesprochenen Rüge gegenüber der Bietergemeinschaft fraglich sein.[368] Vereinzelt wurde zudem bereits entschieden, dass auch eine Bevollmächtigung iSv § 13 Abs. 6 VOL/A aF (Benennung eines bevollmächtigten Vertreters für den Abschluss und die Durchführung des Vertrags in Angeboten von Bietergemeinschaften) nicht ausreiche, um annehmen zu

[364] Vgl. hierzu *Gabriel* NJW 2009, 2011.

[365] Zur Benennung eines bevollmächtigten Vertreters in Bietergemeinschaftsvereinbarungen siehe OLG Schleswig Beschl. v. 13.4.2006 – 1 (6) Verg 10/05, BeckRS 2006, 135129 Rn. 19f.; OLG Düsseldorf Beschl. v. 11.4.2003 – VII-Verg 9/03, IBRRS 2003, 1277; *Henty* P.P.L.R. 2006, NA1 (NA8); *Prieß/Gabriel* VergabeR 2005, 751 (753f.); Heiermann/Riedl/Rusam/*Herrmann* VOB/A Einf § 6 Rn. 14.

[366] VK Baden-Württemberg Beschl. v. 13.10.2005 – 1 VK 59/05, IBRRS 2006, 0110; VK Hessen Beschl. v. 26.1.2005 – 69d-VK-96/2004, IBRRS 2005, 2769.

[367] So VK Nordbayern Beschl. v. 12.10.2006 – 21.VK-3194-25/06, BeckRS 2010, 10912; VK Thüringen Beschl. v. 4.10.2004 – 360-4003.20-037/04-SLF; anderer Ansicht ist die VK Sachsen Beschl. v. 1.6.2006 – 1/SVK/045-06, IBRRS 2006, 1620.

[368] VK Sachsen-Anhalt Beschl. v. 9.12.2005 – 1 VK LVwA 42/05, IBRRS 2006, 0064; VK Baden-Württemberg, Beschl. v. 13.10.2005 – 1 VK 59/05, IBRRS 2006, 0110.

können, dass das bevollmächtigte Mitglied, sofern es nicht erkennbar im Namen der Bietergemeinschaft handelt, gerade auch zu Rügen gegenüber dem Auftraggeber ermächtigt wurde.[369] Eine nachträgliche Genehmigung der Rüge eines ohne Vertretungsmacht handelnden Bietergemeinschaftsmitglieds durch die Bietergemeinschaft ist zwar grundsätzlich möglich, setzt allerdings voraus, dass das Mitglied von Anfang an erkennbar im Namen der Bietergemeinschaft gehandelt hat.[370]

[369] VK Sachsen Beschl. v. 1.6.2006 – 1/SVK/045-06, IBRRS 2006, 1620; anderer Ansicht ist die VK Nordbayern Beschl. v. 12.10.2006 – 21.VK-3194-25/06, BeckRS 2010, 10912 die der „formalistischen Auffassung" der VK Sachsen insofern nicht folgt.

[370] VK Sachsen Beschl. v. 1.6.2006 – 1/SVK/045-06, IBRRS 2006, 1620; VK Bund Beschl. v. 19.7.2005 – VK 3-58/05, VPRRS 2013, 0825.

§ 18 Unterauftragnehmer

Übersicht

GWB: § 97 Abs. 4
UVgO: § 26, § 34
VgV: § 36, § 47
VOB/A: § 8 Abs. 2 Nr. 2
VOB/A EU: § 8 EU Abs. 2 Nr. 2 VOB/A
VOB/A VS: § 8 VS Abs. 2 Nr. 2 VOB/A
SektVO: § 34, § 47
KonzVgV: § 25 Abs. 3, § 33
VSVgV: § 9

GWB:

§ 97 Abs. 4 GWB Grundsätze der Vergabe

(1)–(3) hier nicht abgedruckt.

(4) Mittelständische Interessen sind bei der Vergabe öffentlicher Aufträge vornehmlich zu berücksichtigen. Leistungen sind in der Menge aufgeteilt (Teillose) und getrennt nach Art oder Fachgebiet (Fachlose) zu vergeben. Mehrere Teil- oder Fachlose dürfen zusammen vergeben werden, wenn wirtschaftliche oder technische Gründe dies erfordern. Wird ein Unternehmen, das nicht öffentlicher Auftraggeber oder Sektorenauftraggeber ist, mit der Wahrnehmung oder Durchführung einer öffentlichen Aufgabe betraut, verpflichtet der öffentliche Auftraggeber oder Sektorenauftraggeber das Unternehmen, sofern es Unteraufträge vergibt, nach den Sätzen 1 bis 3 zu verfahren.

(5)–(6) hier nicht abgedruckt.

UVgO:

§ 26 Unteraufträge

(1) Der Auftraggeber kann Unternehmen in der Auftragsbekanntmachung oder den Vergabeunterlagen auffordern, bei Angebotsabgabe die Teile des Auftrags, die sie im Wege der Unterauftragsvergabe an Dritte zu vergeben beabsichtigen, sowie, falls zumutbar, die vorgesehenen Unterauftragnehmer zu benennen. Vor Zuschlagserteilung kann der Auftraggeber von den Bietern, deren Angebote in die engere Wahl kommen, verlangen, die Unterauftragnehmer zu benennen und nachzuweisen, dass ihnen die erforderlichen Mittel dieser Unterauftragnehmer zur Verfügung stehen. Wenn ein Bewerber oder Bieter die Vergabe eines Teils des Auftrags an einen Dritten im Wege der Unterauftragsvergabe beabsichtigt

und sich zugleich im Hinblick auf seine Leistungsfähigkeit gemäß § 34 Absatz 2 auf die Kapazitäten dieses Dritten beruft, ist auch § 35 anzuwenden.

(2) Die Haftung des Hauptauftragnehmers gegenüber dem Auftraggeber bleibt von Absatz 1 unberührt.

(3) Für Unterauftragnehmer aller Stufen gilt § 128 Absatz 1 des Gesetzes gegen Wettbewerbsbeschränkungen entsprechend.

(4) Der Auftraggeber kann in den Vertragsbedingungen vorschreiben, dass der Auftragnehmer spätestens bei Beginn der Auftragsausführung die Namen, die Kontaktdaten und die gesetzlichen Vertreter seiner Unterauftragnehmer mitteilt und dass jede im Rahmen der Auftragsausführung eintretende Änderung auf der Ebene der Unterauftragnehmer mitzuteilen ist. Des Weiteren können die Mitteilungspflichten des Auftragnehmers auch auf Lieferanten, die an Dienstleistungsaufträgen beteiligt sind, sowie auf weitere Stufen in der Kette der Unterauftragnehmer ausgeweitet werden.

(5) Erhält der Auftraggeber Kenntnis darüber, dass Gründe für einen zwingenden Ausschluss eines Unterauftragnehmers nach § 31 vorliegen, so verlangt der Auftraggeber die Ersetzung des Unterauftragnehmers. Betrifft die Kenntnis fakultative Ausschlussgründe nach § 31, kann der Auftraggeber verlangen, dass dieser ersetzt wird. Der Auftraggeber setzt dem Bewerber oder Bieter dafür eine Frist. Die Frist ist so zu bemessen, dass dem Auftraggeber durch die Verzögerung keine Nachteile entstehen. Ist dem Bewerber oder Bieter ein Wechsel des Unterauftragnehmers innerhalb dieser Frist nicht möglich, wird das Angebot ausgeschlossen.

(6) Der Auftraggeber kann vorschreiben, dass alle oder bestimmte Aufgaben bei der Leistungserbringung unmittelbar vom Auftragnehmer selbst oder im Fall einer Bietergemeinschaft von einem Teilnehmer der Bietergemeinschaft ausgeführt werden müssen.

§ 34 Eignungsleihe

(1) Ein Bewerber oder Bieter kann für einen bestimmten öffentlichen Auftrag im Hinblick auf die erforderliche wirtschaftliche, finanzielle, technische und berufliche Leistungsfähigkeit die Kapazitäten anderer Unternehmen in Anspruch nehmen, wenn er nachweist, dass ihm die für den Auftrag erforderlichen Mittel tatsächlich zur Verfügung stehen werden, indem er beispielsweise eine entsprechende Verpflichtungserklärung dieser Unternehmen vorlegt. Diese Möglichkeit besteht unabhängig von der Rechtsnatur der zwischen dem Bewerber oder Bieter und den anderen Unternehmen bestehenden Verbindungen. Ein Bewerber oder Bieter kann jedoch im Hinblick auf Nachweise für die erforderliche berufliche Leistungsfähigkeit wie Ausbildungs- und Befähigungsnachweise oder die einschlägige berufliche Erfahrung die Kapazitäten anderer Unternehmen nur dann in Anspruch nehmen, wenn diese die Leistung erbringen, für die diese Kapazitäten benötigt werden.

(2) Der Auftraggeber überprüft im Rahmen der Eignungsprüfung, ob die Unternehmen, deren Kapazitäten der Bewerber oder Bieter für die Erfüllung bestimmter Eignungskriterien in Anspruch nehmen will, die entsprechenden Eignungskriterien erfüllen und ob Ausschlussgründe vorliegen. § 26 Absatz 5 gilt entsprechend. Legt der Bewerber oder Bieter eine Einheitliche Europäische Eigenerklärung nach § 50 der Vergabeverordnung vor, so muss diese auch die Angaben enthalten, die für die Überprüfung nach Satz 1 erforderlich sind.

(3) Nimmt ein Bewerber oder Bieter die Kapazitäten eines anderen Unternehmens im Hinblick auf die erforderliche wirtschaftliche und finanzielle Leistungsfähigkeit in Anspruch, so kann der Auftraggeber eine gesamtschuldnerische Haftung des Bewerbers oder Bieters und des anderen Unternehmens für die Auftragsausführung entsprechend dem Umfang der Eignungsleihe verlangen.

(4) Die Absätze 1 bis 3 gelten auch für Bewerber- oder Bietergemeinschaften.

VgV:

§ 36 VgV Unteraufträge

(1) Der öffentliche Auftraggeber kann Unternehmen in der Auftragsbekanntmachung oder den Vergabeunterlagen auffordern, bei Angebotsabgabe die Teile des Auftrags, die sie im Wege der Unterauftragsvergabe an Dritte zu vergeben beabsichtigen, sowie, falls zumutbar, die vorgesehenen Unterauftragnehmer zu benennen. Vor Zuschlagserteilung kann der öffentliche Auftraggeber von den Bietern, deren Angebote in die engere Wahl kommen, verlangen, die Unterauftragnehmer zu benennen und nachzuweisen, dass ihnen die erforderlichen Mittel dieser Unterauftragnehmer zur Verfügung stehen. Wenn ein Bewerber oder Bieter die Vergabe eines Teils des Auftrags an einen Dritten im Wege der Unterauftragsvergabe beabsichtigt und sich zugleich im Hinblick auf seine Leistungsfähigkeit gemäß den §§ 45 und 46 auf die Kapazitäten dieses Dritten beruft, ist auch § 47 anzuwenden.

(2) Die Haftung des Hauptauftragnehmers gegenüber dem öffentlichen Auftraggeber bleibt von Absatz 1 unberührt.

(3) Bei der Vergabe von Dienstleistungsaufträgen, die in einer Einrichtung des öffentlichen Auftraggebers unter dessen direkter Aufsicht zu erbringen sind, schreibt der öffentliche Auftraggeber in den Vertragsbedingungen vor, dass der Auftragnehmer spätestens bei Beginn der Auftragsausführung die Namen, die Kontaktdaten und die gesetzlichen Vertreter seiner Unterauftragnehmer mitteilt und dass jede im Rahmen der Auftragsausführung eintretende Änderung auf der Ebene der Unterauftragnehmer mitzuteilen ist. Der öffentliche Auftraggeber kann die Mitteilungspflichten nach Satz 1 auch als Vertragsbedingungen bei der Vergabe anderer Dienstleistungsaufträge oder bei der Vergabe von Lieferaufträgen vorsehen. Des Weiteren können die Mitteilungspflichten auch auf Lieferanten, die an Dienstleistungsaufträgen beteiligt sind, sowie auf weitere Stufen in der Kette der Unterauftragnehmer ausgeweitet werden.

(4) Für Unterauftragnehmer aller Stufen gilt § 128 Absatz 1 des Gesetzes gegen Wettbewerbsbeschränkungen.

(5) Der öffentliche Auftraggeber überprüft vor der Erteilung des Zuschlags, ob Gründe für den Ausschluss des Unterauftragnehmers vorliegen. Bei Vorliegen zwingender Ausschlussgründe verlangt der öffentliche Auftraggeber die Ersetzung des Unterauftragnehmers. Bei Vorliegen fakultativer Ausschlussgründe kann der öffentliche Auftraggeber verlangen, dass dieser ersetzt wird. Der öffentliche Auftraggeber kann dem Bewerber oder Bieter dafür eine Frist setzen.

§ 47 VgV Eignungsleihe

(1) Ein Bewerber oder Bieter kann für einen bestimmten öffentlichen Auftrag im Hinblick auf die erforderliche wirtschaftliche und finanzielle sowie die technische und berufliche Leistungsfähigkeit die Kapazitäten anderer Unternehmen in Anspruch nehmen, wenn er nachweist, dass ihm die für den Auftrag erforderlichen Mittel tatsächlich zur Verfügung stehen werden, indem er beispielsweise eine entsprechende Verpflichtungserklärung dieser Unternehmen vorlegt. Diese Möglichkeit besteht unabhängig von der Rechtsnatur der zwischen dem Bewerber oder Bieter und den anderen Unternehmen bestehenden Verbindungen. Ein Bewerber oder Bieter kann jedoch im Hinblick auf Nachweise für die erforderliche berufliche Leistungsfähigkeit wie Ausbildungs- und Befähigungsnachweise nach § 46 Absatz 3 Nummer 6 oder die einschlägige berufliche Erfahrung die Kapazitäten anderer Unternehmen nur dann in Anspruch nehmen, wenn diese die Leistung erbringen, für die diese Kapazitäten benötigt werden.

(2) Der öffentliche Auftraggeber überprüft im Rahmen der Eignungsprüfung, ob die Unternehmen, deren Kapazitäten der Bewerber oder Bieter für die Erfüllung bestimmter Eignungskriterien in Anspruch nehmen will, die entsprechenden Eignungskriterien erfüllen und ob Ausschlussgründe vorliegen. Legt der Bewerber oder Bieter eine Einheitliche Europäi-

sche Eigenerklärung nach § 50 vor, so muss diese auch die Angaben enthalten, die für die Überprüfung nach Satz 1 erforderlich sind. Der öffentliche Auftraggeber schreibt vor, dass der Bewerber oder Bieter ein Unternehmen, das das entsprechende Eignungskriterium nicht erfüllt oder bei dem zwingende Ausschlussgründe nach § 123 des Gesetzes gegen Wettbewerbsbeschränkungen vorliegen, ersetzen muss. Er kann vorschreiben, dass der Bewerber oder Bieter auch ein Unternehmen, bei dem fakultative Ausschlussgründe nach § 124 des Gesetzes gegen Wettbewerbsbeschränkungen vorliegen, ersetzen muss. Der öffentliche Auftraggeber kann dem Bewerber oder Bieter dafür eine Frist setzen.

(3) Nimmt ein Bewerber oder Bieter die Kapazitäten eines anderen Unternehmens im Hinblick auf die erforderliche wirtschaftliche und finanzielle Leistungsfähigkeit in Anspruch, so kann der öffentliche Auftraggeber eine gemeinsame Haftung des Bewerbers oder Bieters und des anderen Unternehmens für die Auftragsausführung entsprechend dem Umfang der Eignungsleihe verlangen.

(4) Die Absätze 1 bis 3 gelten auch für Bewerber- oder Bietergemeinschaften.

(5) Der öffentliche Auftraggeber kann vorschreiben, dass bestimmte kritische Aufgaben bei Dienstleistungsaufträgen oder kritische Verlege- oder Installationsarbeiten im Zusammenhang mit einem Lieferauftrag direkt vom Bieter selbst oder im Fall einer Bietergemeinschaft von einem Teilnehmer der Bietergemeinschaft ausgeführt werden müssen.

VOB/A:

§ 8 Abs. 2 Nr. 2 VOB/A Vergabeunterlagen

(1) hier nicht abgedruckt.

(2)

1. hier nicht abgedruckt.
2. In den Vergabeunterlagen kann der Auftraggeber die Bieter auffordern, in ihrem Angebot die Leistungen anzugeben, die sie an Nachunternehmen zu vergeben beabsichtigen. […]

3.–6. hier nicht abgedruckt.

VOB/A EU:

§ 8 EU Abs. 2 Nr. 2 VOB/A Vergabeunterlagen

(1) hier nicht abgedruckt.

(2)

1. hier nicht abgedruckt.
2. In den Vergabeunterlagen kann der öffentliche Auftraggeber den Bieter auffordern, in seinem Angebot die Leistungen, die er im Wege von Unteraufträgen an Dritte zu vergeben gedenkt, sowie die gegebenenfalls vorgeschlagenenen Unterauftragnehmer mit Namen, gesetzlichen Vertretern und Kontaktdaten anzugeben. […]

3.–6. hier nicht abgedruckt.

VOB/A VS:

§ 8 VS Abs. 2 Nr. 2 VOB/A Vergabeunterlagen

(1) hier nicht abgedruckt.

(2)

1. hier nicht abgedruckt.
2. In den Vergabeunterlagen kann der Auftraggeber die Bieter auffordern, in ihrem Angebot die Leistungen anzugeben, die sie an Nachunternehmen zu vergeben beabsichtigen. […]

3.–6. hier nicht abgedruckt.

SektVO:

§ 34 SektVO Unteraufträge

(1) Der Auftraggeber kann Unternehmen in der Auftragsbekanntmachung oder den Vergabeunterlagen auffordern, bei Angebotsabgabe die Teile des Auftrags, die sie im Wege der Unterauftragsvergabe an Dritte zu vergeben beabsichtigen, sowie, falls zumutbar, die vorgesehenen Unterauftragnehmer zu benennen. Vor Zuschlagserteilung kann der Auftraggeber von den Bietern, deren Angebote in die engeWahl kommen, verlangen, die Unterauftragnehmer zu benennen und nachzuweisen, dass ihnen die erforderlichen Mittel dieser Unterauftragnehmer zur Verfügung stehen.

(2) Die Haftung des Hauptauftragnehmers gegenüber dem Auftraggeber bleibt von Absatz 1 unberührt.

(3) Bei der Vergabe von Bau- oder Dienstleistungsaufträgen, die in einer Einrichtung des Auftraggebers unter dessen direkter Aufsicht zu erbringen sind, schreibt der Auftraggeber in den Vertragsbedingungen vor, dass der Auftragnehmer spätestens bei Beginn der Auftragsausführung die Namen, die Kontaktdaten und die gesetzlichen Vertreter seiner Unterauftragnehmer mitteilt und dass jede im Rahmen der Auftragsausführung eintretende Änderung auf der Ebene der Unterauftragnehmer mitzuteilen ist. Der Auftraggeber kann die Mitteilungspflichten nach Satz 1 auch als Vertragsbedingungen bei der Vergabe anderer Dienstleistungsaufträge oder bei der Vergabe von Lieferaufträgen vorsehen. Des Weiteren können die Mitteilungspflichten auch auf Lieferanten, die an Dienstleistungsaufträgen beteiligt sind, sowie auf weitere Stufen in der Kette der Unterauftragnehmer ausgeweitet werden.

(4) Für Unterauftragnehmer aller Stufen gilt § 128 Absatz 1 des Gesetzes gegen Wettbewerbsbeschränkungen.

(5) Der öffentliche Auftraggeber im Sinne des § 100 Absatz 1 Nummer 1 des Gesetzes gegen Wettbewerbsbeschränkungen überprüft vor der Erteilung des Zuschlags, ob Gründe für den Ausschluss des Unterauftragnehmers vorliegen. Bei Vorliegen zwingender Ausschlussgründe verlangt der öffentliche Auftraggeber die Ersetzung des Unterauftragnehmers. Bei Vorliegen fakultativer Ausschlussgründe kann der öffentliche Auftraggeber verlangen, dass dieser ersetzt wird. Der öffentliche Auftraggeber kann dem Bewerber oder Bieter dafür eine Frist setzen.

§ 47 SektVO Eignungsleihe

(1) Ein Bewerber oder Bieter kann für einen bestimmten Auftrag im Hinblick auf die erforderliche wirtschaftliche und finanzielle sowie die technische und berufliche Leistungsfähigkeit die Kapazitäten anderer Unternehmen in Anspruch nehmen, wenn er nachweist, dass ihm die für den Auftrag erforderlichen Mittel tatsächlich zur Verfügung stehen werden, indem er beispielsweise eine entsprechende Verpflichtungserklärung dieser Unternehmen vorlegt. Diese Möglichkeit besteht unabhängig von der Rechtsnatur der zwischen dem Bewerber oder Bieter und den anderen Unternehmen bestehenden Verbindungen. Ein Bewerber oder Bieter kann jedoch im Hinblick auf Nachweise für die erforderliche berufliche Leistungsfähigkeit wie Ausbildungs- und Befähigungsnachweise oder die einschlägige berufliche Erfahrung die Kapazitäten anderer Unternehmen nur dann in Anspruch nehmen, wenn diese die Leistung erbringen, für die diese Kapazitäten benötigt werden.

(2) Der Auftraggeber überprüft im Rahmen der Eignungsprüfung, ob die Unternehmen, deren Kapazitäten der Bewerber oder Bieter für die Erfüllung bestimmter Eignungskriterien in Anspruch nehmen will, die entsprechenden Kriterien erfüllen, und ob Ausschlussgründe vorliegen, sofern er solche festgelegt hat. Hat der Auftraggeber auf zwingende Ausschlussgründe nach § 123 des Gesetzes gegen Wettbewerbsbeschränkungen Bezug genommen, schreibt er vor, dass der Bewerber oder Bieter ein Unternehmen, das das entsprechende Eignungskriterium nicht erfüllt oder bei dem zwingende Ausschlussgründe nach § 123 des

Gesetzes gegen Wettbewerbsbeschränkungen vorliegen, ersetzen muss. Hat der Auftraggeber auf fakultative Ausschlussgründe nach § 124 des Gesetzes gegen Wettbewerbsbeschränkungen Bezug genommen, kann er vorschreiben, dass der Bewerber oder Bieter auch ein Unternehmen, bei dem fakultative Ausschlussgründe nach § 124 des Gesetzes gegen Wettbewerbsbeschränkungen vorliegen, ersetzen muss. Der Auftraggeber kann dem Bewerber oder Bieter dafür eine Frist setzen.

(3) Nimmt ein Bewerber oder Bieter die Kapazitäten eines anderen Unternehmens im Hinblick auf die erforderliche wirtschaftliche und finanzielle Leistungsfähigkeit in Anspruch, so kann der Auftraggeber eine gemeinsame Haftung des Bewerbers oder Bieters und des anderen Unternehmens für die Auftragsausführung entsprechend dem Umfang der Eignungsleihe verlangen.

(4) Die Absätze 1 bis 3 gelten auch für Bewerber- oder Bietergemeinschaften.

(5) Der Auftraggeber kann vorschreiben, dass bestimmte kritische Aufgaben bei Bauaufträgen, Dienstleistungsaufträgen oder kritische Verlege- oder Installationsarbeiten im Zusammenhang mit einem Lieferauftrag direkt vom Bieter selbst oder im Fall einer Bietergemeinschaft von einem Teilnehmer der Bietergemeinschaft ausgeführt werden müssen.

KonzVgV:

§ 25 Abs. 3 KonzVgV Anforderungen an die Auswahl geeigneter Unternehmen; Eignungsleihe

(1)–(2) hier nicht abgedruckt.

(3) Zur Erfüllung der Eignungskriterien darf ein Unternehmen Kapazitäten anderer Unternehmen einbeziehen, unabhängig davon, welche rechtlichen Beziehungen zwischen ihm und diesen Unternehmen bestehen. Hinsichtlich der finanziellen Leistungsfähigkeit kann der Konzessionsgeber verlangen, dass die Unternehmen gemeinschaftlich für die Vertragsdurchführung haften.

§ 33 KonzVgV Vergabe von Unteraufträgen

(1) Der Konzessionsgeber kann Unternehmen in der Konzessionsbekanntmachung oder den Vergabeunterlagen auffordern, bei Angebotsabgabe die Teile der Konzession, die sie im Wege der Unterauftragsvergabe an Dritte zu vergeben beabsichtigen, sowie, falls zumutbar, die vorgesehenen Unterauftragnehmer zu benennen. Vor Zuschlagserteilung kann der Konzessionsgeber von den Bietern, deren Angebote in die engere Wahl kommen, verlangen, die Unterauftragnehmer zu benennen und nachzuweisen, dass ihnen die erforderlichen Mittel dieser Unterauftragnehmer zur Verfügung stehen. Wenn ein Bewerber oder Bieter die Vergabe eines Teils der Konzession an einen Dritten im Wege der Unterauftragsvergabe beabsichtigt und sich zugleich im Hinblick auf seine Leistungsfähigkeit auf die Kapazitäten dieses Dritten beruft, ist auch § 25 Absatz 3 anzuwenden.

(2) Die Haftung des Hauptauftragnehmers gegenüber dem Konzessionsgeber bleibt von Absatz 1 unberührt.

(3) Der Konzessionsnehmer einer Baukonzession, der im Rahmen dieser Baukonzession Aufträge an Dritte vergibt, deren Gegenstand die Erbringung von Bauleistungen im Sinne des § 103 Absatz 3 des Gesetzes gegen Wettbewerbsbeschränkungen ist, hat in der Regel Teil B der Vergabe- und Vertragsordnung für Bauleistungen, die Allgemeinen Vertragsbedingungen für die Ausführung von Bauleistungen, und Teil C der Vergabe und Vertragsordnung für Bauleistungen, die Allgemeinen Technischen Vertragsbedingungen für Bauleistungen, zum Vertragsgegenstand zu machen.

(4) Im Falle von Baukonzessionen und in Bezug auf Dienstleistungen, die in der Einrichtung des Konzessionsgebers unter dessen direkter Aufsicht zu erbringen sind, schreibt der Konzessionsgeber dem Konzessionsnehmer in den Vertragsbedingungen vor, dass dieser spätestens bei Beginn der Durchführung der Konzession die Namen, die Kontaktdaten und die

gesetzlichen Vertreter der Unterauftragnehmer mitteilt und dass jede im Rahmen der Durchführung der Konzession eintretende Änderung auf der Ebene der Unterauftragnehmer mitzuteilen ist. Der Konzessionsgeber kann die Mitteilungspflichten auch als Vertragsbedingungen für die Vergabe von Dienstleistungskonzessionen vorsehen, bei denen die Dienstleistungen nicht in der Einrichtung des Konzessionsgebers unter dessen direkter Aufsicht zu erbringen sind. Des Weiteren können die Mitteilungspflichten auch auf Lieferanten, die bei Bau- oder Dienstleistungskonzessionen beteiligt sind, sowie auf weitere Stufen in der Kette der Unterauftragnehmer ausgeweitet werden.

(5) Für Unterauftragnehmer aller Stufen ist § 152 Absatz 4 in Verbindung mit § 128 Absatz 1 des Gesetzes gegen Wettbewerbsbeschränkungen anzuwenden.

(6) Der Konzessionsgeber überprüft vor der Erteilung des Zuschlags, ob Gründe für den Ausschluss von Unterauftragnehmern vorliegen. Bei Vorliegen zwingender Ausschlussgründe verlangt der Konzessionsgeber, dass der Unterauftragnehmer ersetzt wird, bei Vorliegen fakultativer Ausschlussgründe kann der Konzessionsgeber verlangen, dass der Unterauftragnehmer ersetzt wird. Der Konzessionsgeber kann dem Bewerber oder Bieter dafür eine Frist setzen.

VSVgV:

§ 9 Unteraufträge

(1) Auftraggeber können den Bieter auffordern, in seinem Angebot den Teil des Auftrags, den er im Wege von Unteraufträgen an Dritte zu vergeben beabsichtigt, und die bereits vorgeschlagenen Unterauftragnehmer sowie den Gegenstand der Unteraufträge bekannt zu geben. Sie können außerdem verlangen, dass der Auftragnehmer ihnen jede im Zuge der Ausführung des Auftrags eintretende Änderung auf Ebene der Unterauftragnehmer mitteilt.

(2) Auftragnehmer dürfen ihre Unterauftragnehmer für alle Unteraufträge frei wählen, soweit Auftraggeber keine Anforderungen an die Erteilung der Unteraufträge im wettbewerblichen Verfahren gemäß Absatz 3 Nummer 1 und 2 stellen. Von Auftragnehmern darf insbesondere nicht verlangt werden, potenzielle Unterauftragnehmer anderer EU-Mitgliedstaaten aus Gründen der Staatsangehörigkeit zu diskriminieren.

(3) Folgende Anforderungen können Auftraggeber an die Erteilung von Unteraufträgen im wettbewerblichen Verfahren stellen:

1. Auftraggeber können Auftragnehmer verpflichten, einen Teil des Auftrags an Dritte weiter zu vergeben. Dazu benennen Auftraggeber eine Wertspanne unter Einschluss eines Mindest- und Höchstprozentsatzes. Der Höchstprozentsatz darf 30 Prozent des Auftragswerts nicht übersteigen. Diese Spanne muss im angemessenen Verhältnis zum Gegenstand und zum Wert des Auftrags und zur Art des betroffenen Industriesektors stehen, einschließlich des auf diesem Markt herrschenden Wettbewerbsniveaus und der einschlägigen technischen Fähigkeiten der industriellen Basis. Jeder Prozentsatz der Unterauftragsvergabe, der in die angegebene Wertspanne fällt, gilt als Erfüllung der Verpflichtung zur Vergabe von Unteraufträgen. Auftragnehmer vergeben die Unteraufträge gemäß den §§ 38 bis 41. In ihrem Angebot geben die Bieter an, welchen Teil oder welche Teile ihres Angebots sie durch Unteraufträge zu vergeben beabsichtigen, um die Wertspanne zu erfüllen. Auftraggeber können die Bieter auffordern, den oder die Teile ihres Angebots, den sie über den geforderten Prozentsatz hinaus durch Unteraufträge zu vergeben beabsichtigen, sowie die bereits in Aussicht genommenen Unterauftragnehmer offenzulegen.
2. Auftraggeber können verlangen, dass Auftragnehmer die Bestimmungen der §§ 38 bis 41 auf alle oder bestimmte Unteraufträge anwenden, die diese an Dritte zu vergeben beabsichtigen.

(4) Die in den Absätzen 1 und 3 genannten Anforderungen geben die Auftraggeber in der Bekanntmachung oder den Vergabeunterlagen an.

(5) Auftraggeber dürfen einen vom Bieter oder Auftragnehmer ausgewählten Unterauftragnehmer nur auf Grundlage der Kriterien ablehnen, die für den Hauptauftrag gelten und in der Bekanntmachung oder den Vergabeunterlagen angegeben wurden. Lehnen Auftraggeber einen Unterauftragnehmer ab, müssen sie dies gegenüber dem betroffenen Bieter oder dem Auftragnehmer in Textform nach § 126b des Bürgerlichen Gesetzbuchs begründen und darlegen, warum der Unterauftragnehmer ihres Erachtens die für den Hauptauftrag vorgegebenen Kriterien nicht erfüllt.

(6) Die Haftung des Auftragnehmers gegenüber dem Auftraggeber bleibt von den Vorschriften dieser Verordnung zur Unterauftragsvergabe unberührt.

Literatur:
Amelung, Ausgewählte Fragen im Zusammenhang mit der Benennung von Nachunternehmern im Vergabeverfahren, VergabeR 2012, 348; *Amelung,* Das unzulässige Selbstausführungsgebot, NZBau 2017, 139; *Burgi,* Nachunternehmerschaft und wettbewerbliche Untervergabe, NZBau 2010, 593; *Clodius,* Das neue Vergaberecht: Die Regelung zum Selbstausführungsgebot in § 47 Abs. 5 VgV, VergabeR 2019, 348; *Conrad,* Die vergaberechtliche Unterscheidung zwischen Nachunternehmereinsatz und Eignungsleihe, VergabeR 2012, 15; *Diemon-Wies/Viegener,* Die Beteiligung von Drittunternehmen bei der Vergabe öffentlicher Bauaufträge, VergabeR 2007, 576; *Dirksen/Schellenberg,* Mehrfachbeteiligungen auf Nachunternehmerebene, VergabeR 2010, 17; *Eydner,* Nachunternehmereinsatz und Eignungsleihe: Was ist der Unterschied?, IBR 2012, 64; *Fietz,* Die Auftragsvergabe an Generalübernehmer – ein Tabu?, NZBau 2003, 426; *Gabriel,* Konzerne und Konzernunternehmen als Bieter in Vergabeverfahren in Wettbewerb – Transparenz – Gleichbehandlung, 15 Jahre GWB-Vergaberecht, Festschrift für Fridhelm Marx, 2013, S. 167 ff.; *Hertwig/Nelskamp,* Teilrechtsfähigkeit der GbR – Auswirkungen auf die Bau-ARGE, BauRB 2004, 18; *Kafedzic,* Vergaberechtlich statthafter Zeitpunkt für die Forderung nach der Benennung von Unterauftragnehmern und „Eignungsverleihern", VergabeR 2018, 498; *Leinemann,* Die Vergabe öffentlicher Aufträge, 6. Aufl. 2016; *Losch,* Einbeziehung Dritter in Angebote von Bietern, insbesondere von Leihunternehmern, VergabeR 2007, 582; *v. Münchhausen,* Die Nachforderung von Unterlagen nach der VOB/A 2009, VergabeR 2010, 374; *Pauly,* Ist der Ausschluß des Generalübernehmers vom Vergabeverfahren noch zu halten?, VergabeR 2005, 312; *Scharen,* Vertragslaufzeit und Vertragsverlängerung als vergaberechtliche Herausforderung?, NZBau 2009, 679; *Schneevogl,* Generalübernehmervergabe – Paradigmenwechsel im Vergaberecht, NZBau 2004, 418; *Stickler,* Ersetzen ungeeigneter Nachunternehmer im Fall der Eignungsleihe – Wertungswidersprüche im neuen Vergaberecht, NZBau 2019, 153; *Stoye,* Generalübernehmervergabe – nötig ist ein Paradigmenwechsel bei den Vergaberechtlern, NZBau 2004, 648; *Stoye/Hoffmann,* Nachunternehmerbenennung und Verpflichtungserklärung im Lichte der neuesten BGH-Rechtsprechung und der VOB/A 2009, VergabeR 2009, 569; *Terwiesche,* Ausschluss und Marktzutritt des Newcomers, VergabeR 2009, 26; *Wirner,* Der Eigenleistungsanteil bei der Vergabe öffentlicher Aufträge, LKV 2005, 185.

A. Einleitung

1 Bei einem Unterauftragnehmer (häufig auch als Sub- oder Nachunternehmer bezeichnet) handelt es sich um einen Drittunternehmer, der von dem erfolgreichen Bieter mit der Erbringung (eines Teils) der vergebenen Leistung beauftragt wird. Da Bieter bei umfangreichen und komplexen Aufträgen aufgrund des hohen Spezialisierungsgrads oftmals nicht in der Lage sind, die nachgefragte Leistung in vollem Umfang zu erbringen, ist für sie der Einsatz von Unterauftragnehmern als **Mittel zur Erschließung fehlender Ressourcen** sinnvoll und notwendig.[1] Neben dem Bieter kann auch der Auftraggeber ein Interesse an einer Unterauftragsvergabe haben, da ihm so ein breiteres Angebot zur Verfügung steht und er seinen eigenen Koordinationsaufwand verringern kann.[2]

2 Die Unterauftragsvergabe dient zudem dem vergaberechtlichen **Grundsatz der Mittelstandsfreundlichkeit** (→ § 1 Rn. 70 ff.).[3] Für kleine und mittlere Unternehmen bietet

[1] Ingenstau/Korbion/*Schranner* VOB/A § 2 Rn. 8; HK-VergabeR/*Schellenberg* VgV § 36 Rn. 6.
[2] *Burgi* NZBau 2010, 593.
[3] So auch EuGH Urt. v. 5.4.2017 – C-298/15, ECLI:EU:C:2017:266 = IBRRS 2017, 1292 Rn. 48 – Borta, mAnm *Tresselt/Braren* NZBau 2018, 392 (393).

die Unterauftragsvergabe in vielen Fällen die einzige Möglichkeit, an der öffentlichen Beschaffung teilzunehmen und in den Vergabeprozess eingebunden zu werden. Daher sahen bereits die Erwgr. 32 RL/2004/18/EG und 43 RL/2004/17/EG fast wortgleich vor: Um die Beteiligung von kleinen und mittleren Unternehmen an öffentlichen Aufträgen zu fördern, ist es angebracht, Bestimmungen über Unteraufträge vorzusehen.[4]

Andererseits bestehen in der Praxis im Umgang mit dem Nachunternehmereinsatz zahlreiche Unsicherheiten. Häufig werden **Mängel bei der Unterauftragsvergabe** zum Anlass genommen, Unternehmen nicht als Bieter im Vergabeverfahren zuzulassen oder deren Angebote auszuschließen.[5] Im Folgenden werden zunächst die Struktur und die Eigenheiten der Unterauftragsvergabe in Abgrenzung zu anderen Formen der Einbeziehung Dritter dargestellt. Ein weiterer Schwerpunkt der Ausführungen liegt auf der höchst praxisrelevanten Frage nach den erforderlichen Nachweisen für einen Nachunternehmereinsatz. Schließlich wird auf einzelne Sonderprobleme der Unterauftragsvergabe eingegangen. 3

B. Der Rechtsrahmen für Unterauftragnehmer

I. Normen

Der Einsatz von Unterauftragnehmern wurde erst im Zuge der Vergaberechtsreform 2016 umfassend gesetzlich geregelt. Bis dahin wurde die Möglichkeit der Unterauftragsvergabe – die seit jeher praktiziert wurde – im europäischen wie auch im deutschen Vergaberecht stillschweigend vorausgesetzt, der rechtliche Rahmen jedoch durch die Vergabenachprüfungsinstanzen auf die Grundlage der allgemeinen Vergabegrundsätze gestützt. 4

Die im Jahr 2014 erlassenen **europäischen Vergaberichtlinien** enthalten Regelungen zur Unterauftragsvergabe in Art. 71 RL 2014/24/EU, Art. 88 RL 2014/25/EU und Art. 42 RL 2014/24/EU. Danach haben die Mitgliedstaaten sicherzustellen, dass auch Unterauftragnehmer bei der Ausführung öffentlicher Aufträge bestimmte umwelt-, sozial- und arbeitsrechtliche Verpflichtungen einhalten.[6] Der Auftraggeber kann die Bieter auffordern, in den Angeboten den Teil des Auftrags anzugeben, der ggf. im Wege von Unteraufträgen an Dritte vergeben werden soll. Außerdem sind Informationsrechte des Auftraggebers hinsichtlich Namen, Kontaktdaten und die gesetzlichen Vertreter von Unterauftragnehmern vorgesehen. Außerdem finden sich in Art. 63 RL 2014/24/EU und Art. 79 RL 2014/25/EU Vorgaben über die Inanspruchnahme von Kapazitäten anderer Unternehmen. 5

Für die Bereiche **Verteidigung und Sicherheit** ist die Unterauftragsvergabe in Art. 21, 50–53 RL 2009/81/EG geregelt (→ Rn. 50 ff.).[7] Eine Besonderheit besteht darin, dass Auftraggebern hier die Möglichkeit eröffnet wird, den erfolgreichen Bietern ein bestimmtes Verfahren für die Vergabe von Unteraufträgen vorzugeben[8] und sie gegebenenfalls sogar zu verpflichten, Teile des Auftrags an Nachunternehmer zu vergeben.[9] Grundsätzlich steht es Auftragnehmern jedoch frei, ob und wie sie Nachunternehmer zur Auftragsausführung einsetzen. Die Möglichkeiten des Auftraggebers zur größeren Einflussnahme auf die Ausgestaltung des Nachunternehmereinsatzes liegen im Ermessen der Vergabestelle und sind nicht auf Vergaben außerhalb des Anwendungsbereichs des Sondervergaberechts für verteidigungs- und sicherheitsspezifische Aufträge übertragbar. 6

Im deutschen **GWB-Vergaberecht** sind diese Vorgaben nahezu unverändert umgesetzt worden. Regelungen zur Vergabe von Unteraufträgen finden sich in § 36 VgV, § 34 Sekt- 7

---

[4] Erwgr. 43 RL 2004/17/EG; in Erwgr. 32 RL 2004/18/EG heißt es *„(…) sollten Bestimmungen über Unteraufträge vorgesehen werden"*.
[5] Ingenstau/Korbion/*Schranner* VOB/A § 2 Rn. 6.
[6] Art. 71 Abs. 1 RL 2014/24/EU, Art. 88 Abs. 1 RL 2014/25/EU, Art. 42 Abs. 1 RL 2014/23/EU.
[7] Dippel/Sterner/Zeiss/*Gabriel*/*Weiner* VSVgV § 9 Rn. 1 ff.
[8] Art. 21 Abs. 3 RL 2009/81/EG.
[9] Art. 21 Abs. 4 RL 2009/81/EG.

VO, § 33 KonzVgV und § 26 UVgO. Die Eignungsleihe ist in § 47 VgV, § 6d EU VOB/A, § 47 SektVO, § 25 Abs. 3 KonzVgV und § 34 UVgO geregelt. Für Auftragsvergaben in den Bereichen Verteidigung und Sicherheit finden sich die Vorgaben für die Unterauftragsvergabe in §§ 9, 38–41 VSVgV und in § 6d VS VOB/A.

II. Definition

8 Während in den europäischen Vergaberichtlinien seit jeher der Begriff **„Unterauftragnehmer"** geläufig ist, haben sich in der deutschen Vergaberechtsdogmatik zunächst mangels ausdrücklicher gesetzlicher Regelung die Begriffe **„Nachunternehmer"** und **„Subunternehmer"** etabliert.[10] Als solche wird nach gängiger Praxis ein Unternehmen bezeichnet, das sich an der Erbringung der vom Auftraggeber gewünschten und vom Auftragnehmer originär geschuldeten Leistung beteiligt und dabei in einem **Vertragsverhältnis zum Auftragnehmer,** nicht aber zum Auftraggeber steht.[11] Indem im Rahmen der Vergaberechtsreform 2016 erstmals Regelungen zur Unterauftragsvergabe im GWB-Vergaberecht eingeführt wurden, hat sich auch der deutsche Gesetzgeber für die Verwendung der Begriffe „Unterauftrag" bzw. „Unterauftragnehmer" entschieden.[12]

9 Lediglich in der VSVgV findet sich eine – wenig aussagekräftige – Legaldefinition des „Unterauftrags", welcher gem. § 4 Abs. 2 VSVgV „ein zwischen einem erfolgreichen Bieter und einem oder mehreren Unternehmen geschlossener entgeltlicher Vertrag über die Ausführung des betreffenden Auftrags oder von Teilen des Auftrags" ist. Als Nachunternehmer ist also derjenige anzusehen, der für den Auftragnehmer Leistungen aus dem Vertrag zwischen Auftragnehmer und Auftraggeber erbringt.[13] Führt der Auftragnehmer dabei auch selbst Teile der Leistung aus, wird er als **„Generalunternehmer"** bezeichnet; übernimmt er bloß die Koordination der Nachunternehmerleistungen, so ist er **„Generalübernehmer"**.[14]

10 Unterauftragnehmer kann jede rechtlich selbstständige juristische Person sein, auch konzernangehörige Unternehmen.[15] Allerdings ist nicht jedes dritte Unternehmen, welches in einem Verhältnis nur zum Auftragnehmer steht, auch Nachunternehmer. Vielmehr kann sich ein Bieter dritter Unternehmen allein zur Zurechnung von Eignungsnachweisen be-

---

[10] Zur gelegentlichen Differenzierung zwischen Nach- und Subunternehmer im Zivilrecht siehe MüKo-BGB/*Busche* § 631 Rn. 36–41.

[11] OLG Düsseldorf Beschl. v. 25.6.2014 – VII-Verg 38/13, BeckRS 2014, 15908 Rn. 22; Beschl. v. 27.10. 2010 – VII-Verg 47/10, BeckRS 2010, 27621; OLG München Beschl. v. 10.9.2009 – Verg 10/09, BeckRS 2009, 27004; OLG Naumburg Beschl. v. 4.9.2008 – 1 Verg 4/08, BeckRS 2008, 23015; OLG Celle Beschl. v. 5.7.2007 – 13 Verg 8/07, ZfBR 2007, 706 (708); OLG München Beschl. v. 23.11.2006 – Verg 16/06, IBRRS 2013, 1056; OLG Naumburg Beschl. v. 26.1.2005 – 1 Verg 21/04, BeckRS 2005, 1683 Rn. 18; VK Südbayern Beschl. v. 5.6.2019 – Z3-3-3194-1-06-02/19, BeckRS 2019, 14438 Rn. 110f.; VK Thüringen Beschl. v. 4.1.2019 – 250-4002-8706/2018-E-027-EF, IBRRS 2019, 1907; VK Sachsen-Anhalt Beschl. v. 23.7.2008 – VK 2 LVwA LSA-07/08, IBRRS 2008, 2548; VK Bund Beschl. v. 26.5. 2008 – VK 2-49/08, IBRRS 2008, 2500; VK Lüneburg Beschl. v. 8.4.2005 – VgK-10/2005, BeckRS 2005, 04608; Kapellmann/Messerschmidt/*von Rintelen* VOB/A § 8 Rn. 40; KKMPP/*Dicks* VgV § 36 Rn. 2; Ziekow/Völlink/*Püstow* VgV § 36 Rn. 5; Beck VergabeR/*Liebschwager* VgV § 36 Rn. 7; *Amelung* VergabeR 2012, 348; *Burgi* NZBau 2010, 593 (594f.).

[12] Im 2. und 3. Abschnitt der VOB/A verwendet der Verordnungsgeber hingegen uneinheitlich die Begriffe „Unterauftragnehmer" (bspw. in § 22 EU Abs. 2 Nr. 4 lit. c) VOB/A, § 2 VS Abs. 7 VOB/A) und „Nachunternehmen" (bspw. in § 8a EU Abs. 4 Nr. 1 lit. c) VOB/A, § 8 VS Abs. 2 Nr. 2 VOB/A). Für Bauvergaben im Unterschwellenbereich wird im 1. Abschnitt der VOB/A ausschließlich der Begriff „Nachunternehmen" verwendet.

[13] OLG Naumburg Beschl. v. 2.7.2009 – 1 Verg 2/09, BeckRS 2009, 25401; VK Sachsen Beschl. v. 22.7. 2010 – 1/SVK/022-10, BeckRS 2010, 23399.

[14] *Burgi* NZBau 2010, 593.

[15] OLG München Beschl. v. 15.3.2012 – Verg 2/12, NZBau 2012, 460 (463); OLG Düsseldorf Beschl. v. 30.6.2010 – VII-Verg 13/10, ZfBR 2011, 100 (101); Beschl. v. 23.6.2010 – VII-Verg 18/10, ZfBR 2010, 823 (824f.); Ziekow/Völlink/*Püstow* VgV § 36 Rn. 5; Beck VergabeR/*Liebschwager* VgV § 36 Rn. 7; aA OLG München Beschl. v. 29.11.2007 – Verg 13/07, BeckRS 2007, 19484 Rn. 52, welches jedoch nicht auf die einschlägige EuGH-Rechtsprechung eingeht.

dienen, ohne dass zwischen ihnen ein Nachunternehmervertrag geschlossen wird; ebenso wenig sind bloße Zulieferer des Auftragnehmers als Nachunternehmer anzusehen. Dazu im Einzelnen:

1. Abgrenzung zur Zurechnung von Eignungsnachweisen

Nach der Rechtsprechung des EuGH muss es einem Bieter erlaubt sein, sich für den Eignungsnachweis auf ein anderes Unternehmen zu beziehen, das nicht demselben Konzernverbund angehören muss.[16] Auf Grundlage dieser Rechtsprechung wurde die sog. **Eignungsleihe** erstmals im Rahmen der Vergabekoordinierungsrichtlinien aus dem Jahr 2014 vergaberechtlich geregelt (→ Rn. 4ff.). Nach aktueller Rechtslage kann ein Bewerber oder Bieter gemäß § 47 Abs. 1 VgV, § 6d EU Abs. 1 VOB/A, § 47 Abs. 1 SektVO, § 25 Abs. 3 KonzVgV und § 6d VS Abs. 1 VOB/A für einen bestimmten öffentlichen Auftrag im Hinblick auf die erforderliche **wirtschaftliche und finanzielle** sowie die **technische und berufliche Leistungsfähigkeit** die Kapazitäten anderer Unternehmen in Anspruch nehmen, wenn er nachweist, dass ihm die für den Auftrag erforderlichen Mittel tatsächlich zur Verfügung stehen werden.[17] Dieser Nachweis kann etwa durch die Vorlage entsprechender Verpflichtungserklärungen erbracht werden. 11, 12

Eine Besonderheit gilt dabei für den Fall, dass der Auftraggeber einen bestimmten **Mindestumsatz in den letzten drei Geschäftsjahren** fordert, um sicherzustellen, dass die Bieter auch tatsächlich in der Lage sind, Aufträge mit einem vergleichbaren Volumen zu bewältigen und von einer gewissen Erfahrung des Bieters mit Aufträgen einer bestimmten Größenordnung ausgegangen werden kann. In diesem Zusammenhang können die Umsätze von Nachunternehmern dem Umsatz des Bieters nicht ohne Weiteres hinzugerechnet werden, sondern es muss ein entsprechender **„Zugriff" auf die Umsätze der Nachunternehmer** belegt sein, wozu eine schlichte Verpflichtungserklärung, der zufolge sich ein Nachunternehmer zur Durchführung der konkret benannten Nachunternehmerleistungen verpflichtet, nicht ausreicht, da diese lediglich Gewähr dafür bietet, dass der Nachunternehmer (gegen Bezahlung durch den Hauptauftragnehmer) die geschuldete Leistung erbringen wird.[18] Für einen Beleg der finanziellen und wirtschaftlichen Leistungsfähigkeit des Hauptauftragnehmers muss hingegen dargelegt sein, dass auf Umsätze anderer Unternehmen in der erforderlichen Größenordnung zurückgegriffen werden kann.[19] 13

Die Eignungsleihe ist grundsätzlich unabhängig davon möglich, ob das Unternehmen, auf dessen Kapazitäten verwiesen wird, als Unterauftragnehmer zur Auftragsausführung eingesetzt wird.[20] Etwas anderes gilt gemäß § 47 Abs. 1 S. 3 VgV, § 6d EU VOB/A, § 47 Abs. 1 S. 3 SektVO jedoch für die **technische und berufliche Leistungsfähigkeit.** Diesbezügliche Kapazitäten eines anderen Unternehmens können nur in Anspruch genommen werden, wenn dieses die **Tätigkeiten selbst ausführt,** für die die Kapazitäten benötigt werden.[21] Über den Bereich der technischen und beruflichen Leistungsfähigkeit 14

---

[16] EuGH Urt. v. 7.4.2016 – C-324/14, ECLI:EU:C:2016:214 = NZBau 2016, 373 Rn. 49 – Partner Apelski Dariusz; EuGH Urt. v. 10.10.2013 – C-94/12, ECLI:EU:C:2013:646 = NZBau 2014, 114 Rn. 28ff. – Swm Costruzioni; EuGH Urt. v. 18.3.2004 – C-314/01, Slg. 2004, I-2581 = NVwZ 2004, 967 Rn. 52 – Siemens und ARGE Telekom; EuGH Urt. v. 2.12.1999 – C-176/98, Slg. 1999, I-8607 = EuZW 2000, 110 Rn. 24ff. – Holst Italia; EuGH Urt. v. 18.12.1997 – C-5/97, Slg. 1997, I-7549 = BeckRS 2004, 77499 – Ballast Nedam Groep II; EuGH Urt. v. 14.4.1994 – C-389/92, ECLI:EU:C:1994:133 = BeckRS 2004, 76951 Rn. 15 – Ballast Nedam Groep I; *Gabriel* FS Marx, 2013, 167 (170f.); *Conrad* VergabeR 2012, 15; *Losch* VergabeR 2007, 582 (583); *Pauly* VergabeR 2005, 312; *Schneevogl* NZBau 2004, 418; *Stoye* NZBau 2004, 648; *Dicks* in KKMPP VgV § 36 Rn. 2.

[17] Zur Abgrenzung der Begriffe Unterauftragnehmereinsatz und Eignungsleihe vgl. auch VK Sachsen Beschl. v. 7.6.2016 – 1 SVK/010-16, IBRRS 2016, 2034 und *Kafedzic* VergabeR 2018, 498 (498f.).

[18] VK Bund Beschl. v. 13.12.2013 – VK 1-109/13, IBRRS 2014, 1166.

[19] VK Bund Beschl. v. 13.12.2013 – VK 1-109/13, IBRRS 2014, 1166.

[20] OLG Düsseldorf Beschl. v. 25.6.2014 – VII-Verg 38713, BeckRS 2014, 15908 Rn. 24; Beschl. v. 30.6.2010 – VII-Verg 13/10, ZfBR 2011, 100 (101); VK Lüneburg Beschl. v. 30.1.2009 – VgK-54/08, BeckRS 2009, 12043; *Conrad* VergabeR 2012, 15 (18); *Eydner* IBR 2012, 64.

[21] So auch VK Bund Beschl. v. 19.7.2019 – VK 1-39/19, IBRRS 2019, 2813.

hinaus führte der EuGH in einer Entscheidung aus, es lasse sich nicht ausschließen, dass sich unter besonderen Umständen – in Anbetracht der Eigenart eines bestimmten Auftrags und der mit ihm verfolgten Ziele – die Kapazitäten, über die ein Drittunternehmen verfügt und die für die Ausführung eines bestimmten Auftrags erforderlich sind, nicht für eine Übertragung auf den Bieter eignen. Unter solchen Umständen kann sich der Bieter folglich nur dann auf die betreffenden Kapazitäten stützen, wenn das Drittunternehmen unmittelbar und persönlich an der Ausführung des Auftrags beteiligt ist.[22]

15 Darüber hinaus überschneiden sich Eignungsleihe und Unterauftragsvergabe in der Praxis häufig, sodass regelmäßig der Unterauftragnehmer dem Bieter die Eignung verleiht und umgekehrt. Der Einsatz eines Unterauftragnehmers kann aber auch dann erfolgen, wenn der Auftragnehmer schon von sich aus die Eignungsanforderungen erfüllt, wenn dieser etwa die Unterauftragsvergabe aus Kostengründen oder aus Gründen der Praktikabilität vornimmt. Für die Zurechnung von Eignungsnachweisen ist allein notwendig, dass dem Bieter die **Mittel des anderen Unternehmens**[23] **auch tatsächlich zur Verfügung stehen,**[24] etwa dessen finanzielle oder wirtschaftliche Leistungsfähigkeit,[25] unabhängig vom tatsächlichen Einsatz dieser Mittel.

16 Die Differenzierung zwischen der Zurechnung von Eignungsnachweisen und dem Unterauftragnehmereinsatz ist relevant, um zu bestimmen, welche Nachweise und Unterlagen der Bieter zu welchem Zeitpunkt vorlegen muss, um nicht mit seinem Angebot vom weiteren Verfahren ausgeschlossen zu werden (→ Rn. 37 ff.). Folglich ist nach Maßgabe des Einzelfalls stets zu unterscheiden, ob eine bloße Zurechnung von Eignungsnachweisen, reine Unterauftragnehmerschaft oder – wie üblicherweise – eine Kombination beider Modelle vorliegt.

2. Abgrenzung zu Zulieferern und sonstigen Dritten

17 Für den Einsatz von Unterauftragnehmern müssen zusätzliche Unterlagen mit dem Angebot eingereicht werden, denn der öffentliche Auftraggeber benötigt Informationen zu den vorgesehenen Unterauftragnehmern, um die Eignungsprüfung, zu der er nach vergaberechtlichen Vorschriften verpflichtet ist, durchzuführen.[26] Fehlen Angaben zum Unterauftragnehmer, ist das Angebot regelmäßig auszuschließen. Sofern ein **Drittunternehmer** dagegen **lediglich Hilfsfunktionen** ausübt, ist ein Interesse des öffentlichen Auftraggebers an dessen Eignungsprüfung zu verneinen. Dritte Unternehmen werden nicht dadurch zu Unterauftragnehmern, indem sie dem Bieter Personal- oder Sachmittel für die Auftragsausführung zur Verfügung stellen.[27] Das gilt etwa für Unternehmen, die dem Bieter für die Auftragsausführung notwendige Geräte vermieten,[28] oder die gegenüber einem Bauauftragnehmer lediglich durch Kaufvertrag verpflichtet sind.[29] Solche Drittunterneh-

[22] EuGH Urt. v. 7.4.2016 – C-324/14, ECLI:EU:C:2016:214 = NZBau 2016, 373 Rn. 41 – Partner Apelski Dariusz.

[23] Vgl. ausführlich dazu, dass auch Konzerngesellschaften andere Unternehmen sind OLG Düsseldorf Beschl. v. 17.4.2019 – Verg 36/18, IBRRS 2019, 2183.

[24] Vgl. § 47 Abs. 1 VgV, § 47 Abs. 1 SektVO, § 25 Abs. 3 KonzVgV iVm § 26 Abs. 3 KonzVgV.

[25] Vgl. Art. 47 Abs. 2 RL 2004/18/EG; OLG Düsseldorf Beschl. v. 25.6.2014 – VII-Verg 38/13, BeckRS 2014, 15908 Rn. 22; Beschl. v. 30.6.2010 – VII-Verg 13/10, ZfBR 2011, 100 (101); OLG Celle Beschl. v. 9.4.2009 – 13 Verg 7/08, BeckRS 2009, 10349; Müller-Wrede/*Gnittke*/*Hattig* GWB § 122 Rn. 36 ff.

[26] OLG Naumburg Beschl. v. 26.1.2005 – 1 Verg 21/04, BeckRS 2005, 1683 Rn. 22 f.; VK Sachsen Beschl. v. 10.10.2008 – 1/SVK/051-08, BeckRS 2009, 04139; VK Bund Beschl. v. 13.10.2004 – VK 3-194/04, IBRRS 2004, 3695.

[27] OLG Düsseldorf Beschl. v. 25.6.2014 – VII-Verg 38/13, BeckRS 2014, 15908 Rn. 24; VK Thüringen Beschl. v. 4.1.2019 – 250-4002-8706/2018-E-027-EF, IBRRS 2019, 1907; VK Bund Beschl. v. 6.6.2016 – VK 1-30/16, BeckRS 2016, 127271 Rn. 53; Ziekow/Völlink/*Püstow* VgV § 36 Rn. 6.

[28] OLG Düsseldorf Beschl. v. 30.6.2010 – VII-Verg 13/10, ZfBR 2011, 100 (101); VK Thüringen Beschl. v. 4.1.2019 – 250-4002-8706/2018-E-027-EF, IBRRS 2019, 1907; Beck VergabeR/*Liebschwager* VgV § 36 Rn. 7.

[29] OLG Schleswig Urt. v. 5.2.2004 – 6 U 23/03, ZfBR 2004, 494 (495); VK Hessen Beschl. v. 4.12.2006 – 69d-VK-58/2006, IBRRS 2007, 2926; diese Rechtsprechung beruht allerdings auf dem abgeschafften Ge-

men, die nach tradierter (deutscher) Begrifflichkeit häufig als **Zulieferer** bezeichnet werden, sind daher für die Bestimmung, welche Nachweise vom Auftraggeber verlangt werden können, von Unterauftragnehmern abzugrenzen.

Diese Abgrenzung kann allerdings mitunter schwierig sein. Zur Orientierung werden das Interesse des Auftraggebers am Nachweis der Eignung des Dritten,[30] sowie die Ausführung eines Teils der Leistung selbst, im Gegensatz zur Übernahme bloßer Hilfsfunktionen,[31] genannt. Ein häufig erwähntes **Abgrenzungskriterium** ist zudem die Frage nach dem **Pflichtenkreis:** Unterauftragnehmer ist, wer im Pflichtenkreis des Auftragnehmers gegenüber dem Auftraggeber tätig wird.[32] Der Pflichtenkreis wird durch den Auftragsgegenstand, insbesondere **durch die Leistungsbeschreibung, definiert.**[33] Folglich ist es primär die Entscheidung des Auftraggebers, der die Leistungsbeschreibung erstellt, wen er als Unterauftragnehmer einstuft und zu wem er infolgedessen Eignungsnachweise verlangt.[34] Denn es ist in der Leistungsbeschreibung festgelegt, wozu der Auftragnehmer sich gegenüber dem Auftraggeber verpflichtet bzw. für welche konkreten Arbeitsleistungen der Auftragnehmer vom Auftraggeber eine Vergütung erhält.[35] Wenn ein Dritter also eine Leistung, die sich direkt aus der Leistungsbeschreibung ergibt, übernimmt, ist er in der Regel als Unterauftragnehmer anzusehen.[36] 18

Weitere Indizien für die Einordnung als Unterauftragnehmer sind etwa ein hoher Grad an **Eigenständigkeit** der vom Dritten erbrachten **Teilleistung**[37] oder auch die Notwendigkeit einer besonderen fachlichen Qualifikation für die Durchführung dieser Leistung.[38] Hinsichtlich der Kosten der Drittleistung soll mehr als eine bloße Hilfsfunktion dann vorliegen, wenn sie 8–10% des Gesamtpreises übersteigen.[39] Gleiches gelte, wenn die Drittleistung von **Bedeutung für die Funktionsfähigkeit** der Gesamtleistung ist.[40] Somit 19

bot der Selbstausführung (→ Rn. 41 ff.); die Unterscheidung zwischen Kauf- und Werkvertrag ist für vergaberechtliche Wertungen grundsätzlich unerheblich, ebenso OLG Dresden Beschl. v. 25.4.2006 – 20 U 467/06, NZBau 2006, 529 (530).

30 VK Bund Beschl. v. 13.10.2004 – VK 3-194/04, IBRRS 2004, 3695.

31 OLG Düsseldorf Beschl. v. 27.10.2010 – VII-Verg 47/10, BeckRS 2010, 27621; OLG München Beschl. v. 10.9.2009 – Verg 10/09, BeckRS 2009, 27004; OLG Naumburg Beschl. v. 4.9.2008 – 1 Verg 4/08, BeckRS 2008, 23015; Beschl. v. 26.1.2005 – 1 Verg 21/04, BeckRS 2005, 1683 Rn. 19; VK Lüneburg Beschl. v. 30.1.2009 – VgK-54/08, BeckRS 2009, 12043; VK Sachsen Beschl. v. 20.4.2006 – 1/SVK/029-06, IBRRS 2006, 1842; VK Lüneburg Beschl. v. 8.4.2005 – VgK-10/2005, BeckRS 2005, 04608; VK Bund Beschl. v. 13.10.2004 – VK 3-194/04, IBRRS 2004, 3695; Kapellmann/Messerschmidt/*von Rintelen* VOB/A § 8 Rn. 40; *Conrad* VergabeR 2012, 15 (19); *Burgi* NZBau 2010, 593 (594 f.); vgl. ferner § 4 Abs. 8 Nr. 1 S. 1 und 2 VOB/B, § 4 Nr. 4 S. 1 VOL/B, Art. 25 RL 2004/18/EG.

32 OLG München Beschl. v. 10.9.2009 – Verg 10/09, BeckRS 2009, 27004; VK Thüringen Beschl. v. 4.1.2019 – 250-4002-8706/2018-E 027-EF, IBRRS 2019, 1907; VK Bund Beschl. v. 26.5.2008 – VK 2-49/08, IBRRS 2008, 2500; MüKoWettbR/*H.-P. Müller* VgV § 36 Rn. 13.

33 VK Thüringen Beschl. v. 4.1.2019 – 250-4002-8706/2018-E-027-EF, IBRRS 2019, 1907; VK Bund Beschl. v. 26.5.2008 – VK 2-49/08, IBRRS 2008, 2500; Beschl. v. 13.10.2004 – VK 3-194/04, IBRRS 2004, 3695.

34 So auch *Conrad* VergabeR 2012, 15 (19).

35 OLG München Beschl. v. 10.9.2009 – Verg 10/09, BeckRS 2009, 27004; VK Thüringen Beschl. v. 4.1.2019 – 250-4002-8706/2018-E-027-EF, IBRRS 2019, 1907; MüKoWettbR/*H.-P. Müller* VgV § 36 Rn. 13.

36 VK Südbayern Beschl. v. 5.6.2019 – Z3-3-3194-1-06-02/19, BeckRS 2019, 14438 Rn. 110; VK Thüringen Beschl. v. 4.1.2019 – 250-4002-8706/2018-E-027-EF, IBRRS 2019, 1907; VK Nordbayern Beschl. v. 31.3.2016 – 21.VK-3194-02/16, IBRRS 2016, 1099; VK Bund Beschl. v. 26.5.2008 – VK 2-49/08, IBRRS 2008, 2500; Beschl. v. 13.10.2004 – VK 3-194/04, IBRRS 2004, 3695; *Conrad* VergabeR 2012, 15 (19); MüKoWettbR/*H.-P. Müller* VgV § 36 Rn. 13.

37 OLG Naumburg Beschl. v. 4.9.2008 – 1 Verg 4/08, BeckRS 2008, 23015; Beschl. v. 26.1.2005 – 1 Verg 21/04, BeckRS 2005, 1683 Rn. 19; VK Südbayern Beschl. v. 5.6.2019 – Z3-3-3194-1-06-02/19, BeckRS 2019, 14438 Rn. 110; VK Bund Beschl. v. 6.6.2016 – VK 1-30/16, BeckRS 2016, 127271 Rn. 53; *Losch* VergabeR 2007, 582 (586 f.).

38 OLG Naumburg Beschl. v. 4.9.2008 – 1 Verg 4/08, BeckRS 2008, 23015; Beschl. v. 26.1.2005 – 1 Verg 21/04, BeckRS 2005, 1683 Rn. 19.

39 OLG Naumburg Beschl. v. 26.1.2005 – 1 Verg 21/04, BeckRS 2005, 1683 Rn. 21; VK Lüneburg Beschl. v. 30.1.2009 – VgK-54/08, BeckRS 2009, 12043.

40 OLG Naumburg Beschl. v. 26.1.2005 – 1 Verg 21/04, BeckRS 2005, 1683 Rn. 21.

kann auch eine schwere Verfügbarkeit von zu beschaffenden Materialien für die Unterauftragnehmerqualität einer Lieferleistung sprechen.[41] Neuere Tendenzen in der Rechtsprechung erachten den wertmäßigen Umfang bzw. Kostenanteil gemessen am Gesamtauftragswert hingegen als nicht maßgeblich.[42] Ein Unternehmen wird zudem nicht bereits dadurch zum Nachunternehmer, dass es aufgrund der Herstellung eines bestimmten Produkts naturgemäß Einfluss auf die Qualität der Auftragsausführung durch einen Kunden des Unternehmens nimmt.[43]

20 Hängt dagegen das Gesamtbild der vom Auftragnehmer geschuldeten Leistung nicht von der Tätigkeit des Dritten ab[44] oder weist dessen Leistung **keinerlei fachlichen Bezug** zur ausgeschriebenen Leistung auf,[45] so ist der Dritte meist bloß „Zulieferer". Auch dann, wenn auf Grundlage der Ausschreibungsunterlagen nicht festgestellt werden kann, dass der Bieter pflichtwidrig die Einschätzung des Auftraggebers über die Qualifikation der fraglichen Leistung als vertragliche Primärpflicht des Bieters verkannt hat,[46] oder wenn der Auftraggeber im Laufe des Vergabeverfahrens gar den Ausdruck „Zulieferer" und nicht „Unterauftragnehmer" verwendete,[47] handelt es sich nicht um eine Unterauftragnehmerleistung, sondern um eine sonstige Drittleistung.

21 Anhand der genannten Maßstäbe wurde ua entschieden, dass Speditionsleistungen, Gerätemiete, die Lieferung von Baustoffen und Bauteilen nicht als Unterauftragnehmerleistungen zu qualifizieren sind.[48] Ebenso sei ein Lieferant, der sein Produkt einbaut, grundsätzlich kein Unterauftragnehmer.[49] Andererseits wurde eine „wesentliche Ingenieursleistung" wegen ihrer qualitativen Bedeutung als Unterauftragnehmerleistung bewertet, obwohl sie im Verhältnis zum Gesamtauftragswert kein besonderes Gewicht hatte, jedoch aufgrund ihrer Bedeutung für die Auftragsausführung einen nicht unwesentlichen Leistungsteil bildete.[50]

22 Maßgeblich ist demnach, ob der Dritte lediglich **untergeordnete Zuarbeiten** erbringt, die als Grundlage für die ausgeschriebene Leistung des Auftragnehmers dienen, oder ob die Arbeiten des Dritten der Auftragsleistung selbst immanent sind.[51]

C. Erforderliche Erklärungen und Nachweise zum Unterauftragnehmereinsatz

23 Beabsichtigt ein Vergabeverfahrensteilnehmer für die Erbringung (von Teilen) einer ausgeschriebenen Leistung Unterauftragnehmer einzusetzen, so muss er das meist schon bei der Angebotsabgabe deutlich machen und regelmäßig weitere **besondere Nachweise und**

---

[41] OLG Naumburg Beschl. v. 4.9.2008 – 1 Verg 4/08, BeckRS 2008, 23015.

[42] VK Thüringen Beschl. v. 4.1.2019 – 250-4002-8706/2018-E-027-EF, IBRRS 2019, 1907; VK Bund Beschl. v. 6.6.2016 – VK 1-30/16, BeckRS 2016, 127271 Rn. 53.

[43] OLG Düsseldorf Beschl. v. 27.10.2010 – VII-Verg 47/10, BeckRS 2010, 27621; VK Baden-Württemberg Beschl. v. 23.7.2014 – 1 VK 28/14, BeckRS 2014, 21199.

[44] So aber OLG Dresden Beschl. v. 25.4.2006 – 20 U 467/06, NZBau 2006, 529 (530); vgl. *Losch* VergabeR 2007, 582 (586 f.).

[45] VK Sachsen-Anhalt Beschl. v. 6.6.2008 – 1 VK LVwA 7/08, IBRRS 2008, 2639.

[46] OLG München Beschl. v. 10.9.2009 – Verg 10/09, BeckRS 2009, 27004.

[47] OLG Düsseldorf Beschl. v. 27.10.2010 – VII-Verg 47/10, BeckRS 2010, 27621.

[48] OLG Düsseldorf Beschl. v. 27.10.2010 – VII-Verg 47/10; BeckRS 2010, 27621; OLG Naumburg Beschl. v. 4.9.2008 – 1 Verg 4/08, BeckRS 2008, 23015; OLG Dresden Beschl. v. 25.4.2006 – 20 U 467/06, NZBau 2006, 529 (530); VK Thüringen Beschl. v. 4.1.2019 – 250-4002-8706/2018-E-027-EF, IBRRS 2019, 1907; VK Bund Beschl. v. 6.6.2016 – VK 1-30/16, BeckRS 2016, 127271 Rn. 53; VK Sachsen Beschl. v. 20.4.2006 – 1/SVK/029-06, IBRRS 2006, 1842; Beschl. v. 8.6.2005 – 1/SVK/051-05, BeckRS 2005, 14119.

[49] VK Sachsen Beschl. v. 3.4.2002 – 1/SVK/020-02, IBRRS 2002, 0492.

[50] VK Bund Beschl. v. 14.2.2008 – VK 1-09/08.

[51] OLG Naumburg Beschl. v. 26.1.2005 – 1 Verg 21/04, BeckRS 2005, 1683 Rn. 19–21; VK Bund Beschl. v. 13.10.2004 – VK 3-194/04, IBRRS 2004, 3695.

Erklärungen beibringen. Dabei ist es grundsätzlich Sache der Vergabestelle, welche Erklärungen und Nachweise in Bezug auf Unterauftragnehmer verlangt werden.

Die Vergabestelle sollte ihre Anforderungen in den Vergabeunterlagen möglichst genau deutlich machen und beachten, dass ein hoher Formalismus zwar der **Vergleichbarkeit der Angebote** dient, aber gleichzeitig den Wettbewerb beschränken kann, wenn er zum Ausschluss von Angeboten aufgrund fehlender Nachweise führt.[52] Denn grundsätzlich gilt, dass Erklärungen und Nachweise, die in den Ausschreibungsunterlagen vom Auftraggeber verlangt werden, für die Vergabeentscheidung relevant sind,[53] sodass ihr Fehlen den zwingenden Ausschluss des jeweiligen Angebots nach sich zieht.[54] Zudem benötigt der Auftraggeber Informationen zum Unterauftragnehmereinsatz, um im Rahmen der **Eignungsprüfung des Bieters** dessen notwendige Fachkunde über die angemessene Beaufsichtigung und Überprüfung des Nachunternehmers feststellen zu können.[55] 24

Da hohe formale Anforderungen in den Vergabeunterlagen zahlreiche Angebotsausschlüsse nach sich ziehen, sollen Nachweise nur bis zu einer **Zumutbarkeitsgrenze** verlangt werden.[56] Wo diese Zumutbarkeitsgrenze verläuft, hängt jedoch von den jeweiligen Nachweisen, dem Zeitpunkt ihrer Beibringung im Vergabeverfahren und der konkreten Ausschreibung ab. Erklärungen und Nachweise, die den Einsatz von Unterauftragnehmern betreffen, sind: Absichtserklärungen über eine geplante Weitervergabe an Unterauftragnehmer mit Benennung der entsprechenden Leistungsteile, Nennungen des konkret vorgesehenen Unterauftragnehmers einschließlich eines Verfügbarkeitsnachweises sowie Nachweise über die Eignung des Unterauftragnehmers. Hierzu im Einzelnen: 25

I. Absichtserklärung

Öffentliche Auftraggeber können Unternehmen gemäß § 36 Abs. 1 VgV, § 34 Abs. 1 SektVO und § 33 KonzVgV in der Auftragsbekanntmachung oder den Vergabeunterlagen dazu auffordern, bei Angebotsabgabe die Teile des Auftrags bzw. der Konzession, die sie im Wege der Unterauftragsvergabe an Dritte zu vergeben beabsichtigen, sowie, falls zumutbar, die vorgesehenen Unterauftragnehmer zu benennen. Wenn eine demgemäß geforderte **Erklärung zum geplanten Unterauftragnehmereinsatz** fehlt oder wenn deren Art und Umfang unzureichend angegeben werden, sodass die Eignung des Bieters, die Zuverlässigkeit der Leistungserbringung oder der wertende Angebotsvergleich nicht mehr gewährleistet sind, folgt grundsätzlich ein Angebotsausschluss.[57] 26

Die Vergabestelle kann die Abgabe einer solchen Absichtserklärung schon **bei Angebotsabgabe** fordern, da sie ein Interesse daran haben kann, sich frühzeitig darüber ein 27

[52] *Burgi* NZBau 2010, 593 (597).

[53] OLG Celle Beschl. v. 2.10.2008 – 13 Verg 4/08, NZBau 2009, 58 (60).

[54] BGH Urt. v. 10.6.2008 – X ZR 78/07, NZBau 2008, 592 Rn. 14; Urt. v. 7.6.2005 – X ZR 19/02, NZBau 2005, 709 (710); OLG München Beschl. v. 6.11.2006 – Verg 17/06, NJOZ 2007, 258 (260); VK Nordbayern Beschl. v. 24.1.2008 – 21.VK-3194-52/07, BeckRS 2010, 09759; *Terwiesche* VergabeR 2009, 26 (37).

[55] *Stoye/Hoffmann* VergabeR 2009, 569 (571).

[56] BGH Urt. v. 10.6.2008 – X ZR 78/07, NZBau 2008, 592 Rn. 14; OLG Düsseldorf Beschl. v. 2.12.2009 – VII-Verg 39/09, NZBau 2010, 393 (398); OLG München Beschl. v. 22.1.2009 – Verg 26/08, BeckRS 2009, 4246.

[57] OLG Celle Beschl. v. 2.10.2008 – 13 Verg 4/08, NZBau 2009, 58 (62f.); OLG Schleswig Beschl. v. 10.3.2006 – 1 (6) Verg 13/05, BeckRS 2006, 5718 Rn. 30; VK Nordbayern Beschl. v. 24.1.2008 – 21.VK-3194-52/07, BeckRS 2010, 09759. Nach der VK Rheinland Beschl. v. 28.8.2019 – VK 25/19, IBRRS 2019, 2691 ist eine Nachforderung von Angaben zum beabsichtigten Unterauftragnehmereinsatz vor Angebotsausschluss erforderlich, wenn die Nachforderung in der Auftragsbekanntmachung zugelassen wurde. Zu weiteren Fällen der fehlerhaften Unterauftragnehmerbenennung, bei denen die nachträgliche Benennung als inhaltliche Änderung des Angebots eingestuft wurden, vgl. VK Südbayern Beschl. v. 5.6.2019 – Z3-3-3194-1-06-02/19, BeckRS 2019, 14438 Rn. 107–109; Beschl. v. 6.2.2017 – Z3-3-3194-1-50-12/16, BeckRS 2017, 124186 Rn. 185ff.

Bild zu machen, wie der einzelne Bieter den Auftrag zu erfüllen plant.[58] Daher ist es den Bietern auch zuzumuten, schon zu einem frühen Zeitpunkt Auskunft darüber zu geben, ob für bestimmte Leistungsteile eine Unterauftragnehmereinschaltung vorgesehen ist.[59]

II. Unterauftragnehmerbenennung und Verfügbarkeitsnachweis

28 Beruft sich ein Bieter im Rahmen der Zurechnung von Eignungsnachweisen nach § 47 Abs. 1 VgV, § 6d EU VOB/A, § 47 Abs. 1 SektVO, § 25 Abs. 3 KonzVgV und § 6d VS VOB/A auf die Kapazitäten Dritter, um seine wirtschaftliche und finanzielle sowie die technische und berufliche Leistungsfähigkeit darzulegen, so muss sichergestellt sein, dass ihm die Mittel der genannten Dritten auch tatsächlich zur Verfügung stehen.[60] Daher galt schon vor der Normierung einer entsprechenden Pflicht in den europäischen Vergaberichtlinien, dass der Bieter einen **Verfügbarkeitsnachweis über die Fremdkapazitäten** führen muss.[61]

Diese Pflicht ist aktuell in § 47 Abs. 1 VgV, § 6d EU Abs. 1 S. 2 VOB/A, § 47 Abs. 1 SektVO, § 26 Abs. 3 KonzVgV, § 26 Abs. 3 VSVgV und § 6d VS S. 3, 4 VOB/A ausdrücklich vorgesehen und wird in der Regel durch die Vorlage von Verpflichtungserklärungen derjenigen Unternehmen, die ihre Kapazitäten zur Verfügung stellen, erfüllt. Voraussetzung ist, dass die Verpflichtungserklärung bzw. ein anders geführter Verfügbarkeitsnachweis für das vorgesehene Drittunternehmen bindend ist. Ein „Gentlemen's Agreement" genügt dem nicht.

29 Regelmäßig handelt es sich bei den Dritten, auf deren Mittel sich der Bieter beruft, gleichzeitig um Unterauftragnehmer, mit der Folge, dass die Berufung auf den Dritten *uno actu* eine Unterauftragnehmerbenennung darstellt. In diesem Fall gehören die **Unterauftragnehmerbenennung und die Vorlage von Verfügbarkeitsnachweisen** untrennbar zusammen und müssen spätestens **zum Zeitpunkt der Eignungsprüfung** vorliegen.[62] Anders verhält es sich hingegen, soweit der Nachunternehmer unabhängig von der Eignungsleihe eingesetzt werden soll: Erfüllt der Bieter die Eignungsanforderungen ohne fremde Hilfe, so genügt es im Allgemeinen, wenn die Unterauftragnehmerbenennung und der entsprechende Verfügbarkeitsnachweis erst zu einem späteren Zeitpunkt, **nach Aufforderung durch die Vergabestelle,** vorgelegt werden.[63] Soll ein Unterauftragnehmer jedoch eine Teilleistung erbringen, für die gerade ein besonderer Eignungsnachweis erforderlich ist, müssen die Nachweise auch unabhängig von der Zurechnung von Eignungsnachweisen spätestens zum Zeitpunkt der Eignungsprüfung vorliegen.[64]

30 Die **Unterauftragnehmerbenennung** hat zudem so zu erfolgen, dass klar ist, welche Teilleistung durch welchen Unterauftragnehmer erfüllt werden soll. Denn die Eignungsprüfung des vorgesehenen Unterauftragnehmers muss gerade **hinsichtlich der Ausführung der konkreten Teilleistung** stattfinden (→ Rn. 37 ff.). Zugleich schließt das in der

---

[58] BGH Urt. v. 10.6.2008 – X ZR 78/07, NZBau 2008, 592 Rn. 14; VK Bund Beschl. v. 28.9.2017 – VK 1-93/17, IBRRS 2017, 3620; vgl. auch den Wortlaut der § 36 Abs. 1 S. 1 VgV, § 34 Abs. 1 S. 1 SektVO, § 33 Abs. 1 S. 1 KonzVgV.

[59] BGH Urt. v. 10.6.2008 – X ZR 78/07, NZBau 2008, 592 Rn. 14.

[60] OLG Düsseldorf Beschl. v. 28.3.2018 – VII-Verg 42/17, NZBau 2018, 491 Rn. 26; OLG München Beschl. v. 6.11.2006 – Verg 17/06, NJOZ 2007, 258 (260); *Terwiesche* VergabeR 2009, 26 (37); KKMPP/*Hausmann/Kern* VgV § 47 Rn. 7 ff.

[61] EuGH Urt. v. 18.3.2004 – C-314/01, Slg. 2004, I-2581 = NVwZ 2004, 967 Rn. 44–46 – Siemens und ARGE Telekom; *Stoye* NZBau 2004, 648.

[62] *Stoye/Hoffmann* VergabeR 2009, 569 (572). In diese Richtung auch VK Bund Beschl. v. 28.9.2017 – VK 1-93/17, IBRRS 2017, 3620, da hierbei die Vorlage der Eignungsnachweise die fehlende Eignung des Bieters ergänzt.

[63] BGH Urt. v. 10.6.2008 – X ZR 78/07, NZBau 2008, 592 Rn. 12; ab wann und von welchen Bietern diese Nachweise verlangt werden können, erläutern *Stoye/Hoffmann* VergabeR 2009, 569 (577 ff.); vgl. aber die insoweit eindeutige Regelung in § 9 Abs. 1 S. 1 VSVgV.

[64] OLG Düsseldorf Beschl. v. 16.11.2011 – Verg 60/11, ZfBR 2012, 179 (181); OLG Karlsruhe Beschl. v. 25.4.2008 – 15 Verg 2/08, BeckRS 2008, 41998.

Regel die alternative Benennung mehrerer Unternehmen für dieselbe Teilleistung aus, da das zum einen zu Unklarheiten im Angebot führt[65] und außerdem ungerechtfertigte Vorteile gegenüber anderen Bietern, die nur einen oder keine Unterauftragnehmer angeben, zur Folge haben kann.[66]

Für den **Zeitpunkt, zu dem die Nachweise beigebracht werden** müssen, kommt es maßgeblich auf deren Notwendigkeit bei der Eignungsprüfung an. Denn sowohl die Unterauftragnehmerbenennung als auch die entsprechenden Verfügbarkeitsnachweise sollen den Auftraggeber in die Lage versetzen, die fachliche Eignung und Zuverlässigkeit des Bieters beurteilen zu können,[67] was die Überprüfung desjenigen, der die Leistung tatsächlich ausführt, zwingend miteinschließt. Daher ist es auch unbeachtlich, welchen rechtlichen Charakter das Verhältnis zwischen Bieter und Unterauftragnehmer besitzt. Vielmehr ist lediglich der Umstand entscheidend, dass diese Unternehmen Tätigkeiten aus dem Aufgabenkreis des Bieters gegenüber dem Auftraggeber ausführen. 31

Die **Vorlagepflicht** von Unterauftragnehmerbenennung und Verfügbarkeitsnachweis besteht jedoch frühestens dann, wenn das ausdrücklich von der Vergabestelle verlangt wurde.[68] Somit kann der Auftraggeber die Vorlagepflicht in den Ausschreibungsunterlagen auch auf bestimmte Unterauftragnehmer beschränken, etwa wenn im Einzelfall Unterauftragnehmerangaben nur für solche Unternehmen verlangt werden, die lizenzpflichtige Leistungen erbringen.[69] Allein die Beifügung eines Unterauftragnehmerverzeichnisses zu den Vergabeunterlagen kann dagegen auch so verstanden werden, dass lediglich die Benennung derjenigen Leistungsteile, die zur Erfüllung durch einen Unterauftragnehmer vorgesehen sind, verlangt wird.[70] 32

Ursprünglich entsprach es der gängigen Praxis, die Benennung des Nachunternehmers und dessen Verpflichtungserklärung als Verfügbarkeitsnachweis mit Angebotsabgabe zu verlangen. Alle Angebote, welche die verlangte Benennung bzw. Verpflichtungserklärung der Nachunternehmer nicht enthielten, waren vor dem Hintergrund der Vergleichbarkeit der wertungsfähigen Angebote somit zwingend auszuschließen.[71] Da diese **strikte Handhabung** jedoch häufig zum Ausschluss vielversprechender Angebote führte, wurde dazu übergegangen, bei Angebotsabgabe bloß die Benennung der Leistungsteile, welche der Bieter an Nachunternehmer zu vergeben beabsichtigt, zu verlangen, während die konkrete Nachunternehmerbenennung sowie der Verfügbarkeitsnachweis erst auf gesondertes Verlangen vorzulegen waren. 33

Das entspricht auch der Feststellung des BGH, wonach ein **frühzeitiges Verlangen der Angaben** zum Nachunternehmer den Bieter **unverhältnismäßig belasten** kann.[72] In diesem Fall ist ein Angebotsausschluss wegen fehlender Benennung oder Vorlage des 34

---

[65] Vgl. VK Brandenburg Beschl. v. 30.6.2005 – 1 VK 29/05, IBRRS 2006, 0685. Die Unklarheiten können jedoch durch Nachforderung weiterer Angaben beseitigt werden, ehe das Angebot ausgeschlossen wird, vgl. § 56 Abs. 2 VgV, § 51 Abs. 2 SektVO, § 16a EU Abs. 1 VOB/A, § 16a VS Abs. 1 VOB/A, § 41 Abs. 2 UvgO, § 16a VOB/A.

[66] Näher dazu *Amelung* VergabeR 2012, 348 (349).

[67] OLG Celle Beschl. v. 2.10.2008 – 13 Verg 4/08, NZBau 2009, 58 (60f.); OLG Schleswig Beschl. v. 10.3. 2006 – 1 (6) Verg 13/05, BeckRS 2006, 5718 Rn. 38.

[68] VK Thüringen Beschl. v. 11.2.2008 – 360-4003.20-149/2008-004-EF, IBRRS 2008, 1316; VK Bund Beschl. v. 2.10.2007 – VK 1-104/07, IBRRS 2013, 2524; *Stoye/Hoffmann* VergabeR 2009, 569 (575); *Diemon-Wies/Viegener* VergabeR 2007, 576 (580); aA *Amelung* VergabeR 2012, 348 (351), mit Verweis auf VK Bund Beschl. v. 24.10.2007 – VK 1-116/07, die wegen des unterschiedlichen Wortlauts nur im Rahmen der VOB/A eine ausdrückliche Aufforderung zur Erbringung des Verfügbarkeitsnachweises für erforderlich hält, während im Rahmen der VOL/A und VOF der Nachweis in der Regel zusammen mit dem Angebot einzureichen war.

[69] OLG München Beschl. v. 29.3.2007 – Verg 2/07, BeckRS 2007, 05633.

[70] BGH Urt. v. 10.6.2008 – X ZR 78/07, NZBau 2008, 592 Rn. 13.

[71] Instruktiv OLG Düsseldorf Beschl. v. 20.10.2008 – VII-Verg 41/08, NZBau 2009, 63 (66); *Stoye/Hoffmann* VergabeR 2009, 569.

[72] BGH Urt. v. 10.6.2008 – X ZR 78/07, NZBau 2008, 592 Rn. 14; zust. OLG München Beschl. v. 22.1. 2009 – Verg 26/08, BeckRS 2009, 4246.

Verfügbarkeitsnachweises unzulässig.[73] Dementsprechend sehen § 36 Abs. 1 VgV, § 34 Abs. 1 SektVO und § 33 Abs. 1 KonzVgV vor, dass der Auftraggeber vor Zuschlagserteilung nur „von den Bietern, deren Angebote in die engere Wahl kommen" verlangen kann, die Unterauftragnehmer zu benennen und nachzuweisen, dass ihnen die erforderlichen Mittel dieser Unterauftragnehmer zur Verfügung stehen.[74] Die VK Sachsen übertrug den in Rede stehenden Rechtsprechungsgrundsatz des BGH auf den Teilnahmewettbewerb und erkannte, dass es unzumutbar sei, wenn schon beim Teilnahmeantrag ein Verfügbarkeitsnachweis verlangt wird.[75]

35 Nach dieser Rechtsprechung sind die eingesetzten Unterauftragnehmer also erst dann zu benennen und deren Verfügbarkeitsnachweise vorzulegen, wenn es für das weitere Verfahren auf sie ankommt, so etwa für die Eignungsprüfung oder auch erst für die Zuschlagsentscheidung.[76] Andererseits sind die Auswirkungen des BGH-Urteils auf die Praxis nicht unumstritten. Teilweise wird angenommen, es handele sich dabei nur um eine Einzelfallentscheidung, die zudem nur für die VOB/A gelte. Insbesondere wenn der Auftraggeber wegen der Art des Unterauftrags voraussichtlich eng mit dem Nachunternehmer zusammenarbeiten wird, oder wenn der Nachunternehmer zur Ausführung wesentlicher Leistungsteile eingesetzt werden soll, kann die Vergabestelle ein überwiegendes Interesse an Benennung der Unterauftragnehmer und Vorlage deren Verfügbarkeitsnachweise mit der Angebotsabgabe haben.[77] Übersteigt das **Informationsinteresse des Auftraggebers** die Belastung der Bieter, kann das die Vorgabe, den Nachunternehmer bereits bei Angebotsabgabe mitzuteilen, rechtfertigen.[78] Zudem soll eine unzumutbare Belastung für die Bieter nur dann vorliegen, wenn das Verlangen der frühzeitigen Vorlage von Verfügbarkeitsnachweisen gerügt wird.[79]

36 Für die Beurteilung, zu welchem Zeitpunkt Nachunternehmerbenennung und Verfügbarkeitsnachweis vorliegen müssen, und ob ihr Fehlen bei Angebotseinreichung zum Ausschluss des jeweiligen Angebots führen kann, hängt mithin vom **Einzelfall** ab.[80]

III. Eignungsnachweise des Unterauftragnehmers

37 Beabsichtigt ein Bieter für die Auftragsausführung Unterauftragnehmer einzusetzen, so treten diese an seine Stelle. Daher müssen Unterauftragnehmer grundsätzlich wie der Auftragnehmer die Eignungsanforderungen an die wirtschaftliche, persönliche und fachliche Leistungsfähigkeit gemäß den Ausschreibungsunterlagen erfüllen.[81]

38 Ist nichts anderes in den Vergabeunterlagen ausgeführt, so ist die **Eignungsprüfung des jeweiligen Unterauftragnehmers** aber nur insoweit notwendig, als dieser mit der Ausführung der Leistung betraut werden soll.[82] So ist es zum Beispiel ausreichend, wenn

---

[73] BGH Urt. v. 10.6.2008 – X ZR 78/07, NZBau 2008, 592 Rn. 14.

[74] So auch VK Bund Beschl. v. 28.9.2017 – VK 1-3/17, IBRRS 2017, 3620 mit Verweis auf den insoweit eindeutigen Wortlaut des § 36 Abs. 1 VgV.

[75] VK Sachsen Beschl. v. 7.6.2016 – 1/SVK/010-16, IBRRS 2016, 2034; Beschl. v. 10.10.2008 – 1/SVK/051-8, BeckRS 2009, 04139; *Stoye/Hoffmann* VergabeR 2009, 569 (570).

[76] OLG München Beschl. v. 22.1.2009 – Verg 26/08, BeckRS 2009, 4246.

[77] OLG Düsseldorf Beschl. v. 4.5.2009 – VII-Verg 68/08, BeckRS 2009, 24305; OLG Celle Beschl. v. 2.10.2008 – 13 Verg 4/08, NZBau 2009, 58 (61); *v. Münchhausen* VergabeR 2010, 374 (375).

[78] OLG München Beschl. v. 22.1.2009 – Verg 26/08, BeckRS 2009, 4246; OLG Celle Beschl. v. 2.10.2008 – 13 Verg 4/08, NZBau 2009, 58 (61).

[79] OLG Celle Beschl. v. 2.10.2008 – 13 Verg 4/08, NZBau 2009, 58 (61).

[80] Siehe insgesamt zur Problematik auch *Kafedzic* VergabeR 2018, 498.

[81] OLG Düsseldorf Beschl. v. 16.11.2011 – VII-Verg 60/11, ZfBR 2012, 179 (181); VK Hessen Beschl. v. 14.3.2018 – 69d-VK-25/2017, IBRRS 2018, 1632; VK Mecklenburg-Vorpommern Beschl. v. 20.12.2017 – 1 VK 5/17, BeckRS 2017, 153283 Rn. 54; VK Nordbayern Beschl. v. 31.3.2016 – 21.VK-3194-02/16, IBRRS 2016, 1099; VK Sachsen Beschl. v. 8.6.2005 – 1/SVK/051-05, BeckRS 2005, 14119.

[82] VK Rheinland Beschl. v. 23.4.2019 – VK 7/19, IBRRS 2019, 2519; VK Rheinland-Pfalz Beschl. v. 17.11.2009 – VK 2-51/09, IBRRS 2010, 0955; *Burgi* NZBau 2010, 593 (596); *Stoye/Hoffmann* VergabeR 2009, 574.

die Unterauftragnehmer bei Bauaufträgen über die notwendige Erfahrung für die Gewerke, für die sie eingesetzt werden sollen, verfügen.[83] Andererseits genügt die bloße Eignung für die auszuführenden Teilleistungen dann nicht, wenn die Vergabestelle die Geltung der generellen Eignungsanforderungen auch für die Unterauftragnehmer in den Vergabeunterlagen festschreibt.[84] In derartigen Fällen schlägt ein Eignungsmangel des Unterauftragnehmers auf den Bieter durch.[85] Um den Ausschluss seines Angebots zu vermeiden, hat insbesondere ein Generalunternehmer darauf zu achten, dass die von ihm bei der Angebotslegung genannten Nachunternehmer alle Mindestanforderungen an den Eignungsnachweis zumindest für den vom Unterauftragnehmer zu erbringenden Leistungsteil erfüllen.[86]

Bezüglich des **Zeitpunkts,**[87] **zu dem die Eignungsnachweise der Unterauftragnehmer vorliegen müssen,** gilt grundsätzlich das Gleiche wie bei der Vorlage der Verfügbarkeitsnachweise (→ Rn. 28 ff.).[88] Ein frühzeitiges Beibringen der Nachweise kann die Bieter je nach Einzelfall unverhältnismäßig belasten.[89] Außerdem kommt ein längerer Zeitraum, bis die Eignungsnachweise der Unterauftragnehmer vorliegen müssen, auch dem Auftraggeber zugute, da die Bieter diesen für ein ernsthaftes Verhandeln mit den potenziellen Unterauftragnehmern nutzen können.[90] Andererseits kann die Vergabestelle ein berechtigtes Interesse daran haben, frühzeitig die Leistungsfähigkeit und Fachkunde der tatsächlich für die Auftragsausführung zuständigen Unternehmen beurteilen zu können. Insbesondere bei größeren und komplexen Aufträgen kann es daher den Bietern zumutbar sein, schon mit Einreichung des Angebots neben ihren eigenen auch die Eignungsnachweise der vorgesehenen Unterauftragnehmer einzureichen.[91] Dann muss die Vergabestelle die Notwendigkeit, die Nachweise schon bei Angebotsabgabe einzureichen, in der Vergabebekanntmachung deutlich machen.[92] 39

Welche Eignungsnachweise zu welchem Zeitpunkt vorzulegen sind, hängt demnach vom **Einzelfall** ab. Vergabestellen sollten in jedem Fall die von den Bietern verlangten Unterlagen zu den Unterauftragnehmern ausdrücklich und möglichst genau angeben. Gibt es keine näheren Angaben, sind die Bieter gut damit beraten, die Eignungsnachweise zu den vorgesehenen Unterauftragnehmern möglichst früh und in demselben Umfang, wie für sich selbst, einzureichen, um der Gefahr eines Angebotsausschlusses zu begegnen. 40

---

[83] OLG Düsseldorf Beschl. v. 22.9.2005 – VII-Verg 50/05, BeckRS 2005, 13565 Rn. 32; *Terwiesche* VergabeR 2009, 26 (37).

[84] OLG Düsseldorf Beschl. v. 16.11.2011 – VII-Verg 60/11, ZfBR 2012, 179; VK Münster Beschl. v. 13.2.2007 – VK 17/06, IBRRS 2007, 0513; zu denken ist insbesondere an Voraussetzungen für die wirtschaftliche und finanzielle Leistungsfähigkeit.

[85] OLG Düsseldorf Beschl. v. 16.11.2011 – VII-Verg 60/11, ZfBR 2012, 179 (181).

[86] OLG Düsseldorf Beschl. v. 16.11.2011 – VII-Verg 60/11, ZfBR 2012, 179 (181).

[87] Siehe insgesamt zur Problematik auch *Kafedzic* VergabeR 2018, 498.

[88] Nach einer vereinzelten Entscheidung in der Rechtsprechung soll es dem Auftraggeber insgesamt versagt sein, Eignungsnachweise des Unterauftragnehmers zu verlangen, vgl. VK Bund Beschl. v. 28.9.2017 – VK 1-93/17, IBRRS 2017, 3620 mablAnm *Eydner* IBR 2018, 223. Die VK begründet das damit, dass § 36 VgV die Forderung von Eignungsnachweisen von Unterauftragnehmern nicht vorsehe. Das ist abzulehnen. Anderenfalls wäre eine Eignungsprüfung der Unterauftragnehmer nicht möglich, die aber gerade auch durch die Verordnungsbegründung zu § 36 VgV ausdrücklich vorgesehen ist, vgl. BR-Drs. 87/16, 190.

[89] BGH Urt. v. 10.6.2008 – X ZR 78/07, NZBau 2008, 592 Rn. 14; OLG Naumburg Beschl. v. 30.9.2010 – 1 U 50/10, ZfBR 2011, 196 (199).

[90] *Burgi* NZBau 2010, 593 (597).

[91] OLG Naumburg Beschl. v. 30.9.2010 – 1 U 50/10, ZfBR 2011, 196 (199).

[92] VK Sachsen Beschl. v. 22.7.2010 – 1/SVK/022-10, BeckRS 2010, 23399.

D. Probleme im Zusammenhang mit dem Unterauftragnehmereinsatz

I. Das Gebot der Selbstausführung

1. Die frühere Rechtslage

41 Nach früherer Rechtslage wurde einigen Regelungen der Vergabeordnungen ein **Gebot der Selbstausführung** entnommen. Für die Vergabe von Bauaufträgen wurde aus § 6 Abs. 2 Nr. 1 VOB/A aF, wonach bei öffentlicher Ausschreibung die Vergabeunterlagen (nur) an alle Bewerber abzugeben waren, die sich *gewerbsmäßig* mit der Ausführung von Leistungen der ausgeschriebenen Art befassen, und § 4 Abs. 8 Nr. 1 VOB/B, nach dem der Auftragnehmer die nachgefragten **Leistungen im eigenen Betrieb ausführen** muss, hergeleitet, dass die Auftragsausführung nur an einen Bieter vergeben werden sollte, der zumindest wesentliche Teile der ausgeschriebenen Leistung selbst erbringt.[93] Bis in das Jahr 2009 fand sich für die Vergabe von Liefer- und Dienstleistungsaufträgen in § 7 Nr. 2 Abs. 1 VOL/A 2002 eine entsprechende Regelung. Auf Grundlage der früheren Rechtslage wurde die Vergabe eines Auftrags an einen Generalübernehmer, der die Bauleistung vollständig durch Dritte erbringen lässt, als unzulässig betrachtet,[94] da er die Leistungen nicht im eigenen Betrieb erbringe, sondern nur als Vermittler auftrete.[95]

42 Der EuGH setzte sich immer wieder kritisch mit dem Gebot der Selbstausführung auseinander: Zunächst entschied er, dass einer Holdinggesellschaft, die den Nachweis ihrer technischen, finanziellen und wirtschaftlichen Leistungsfähigkeit mittels Berufung auf eine Tochtergesellschaft erbringt, die Zulassung zur Teilnahme an öffentlichen Bauaufträgen nicht verweigert werden darf, wenn sie nachweist, dass sie über die zur Ausführung des Auftrags erforderlichen Mittel der Tochtergesellschaft verfügt.[96] Später erweiterte der **EuGH** seine Rechtsprechung dahingehend, dass dem Bieter der **Verweis auf die Leistungsfähigkeit eines jeden anderen Unternehmens** offen steht, unabhängig vom zwischen ihnen bestehenden Rechtsverhältnis.[97]

2. Die Rechtslage nach dem ÖPP- Beschleunigungsgesetz 2006 und der Vergaberechtsreform 2016

43 **a) Vergaben oberhalb der Schwellenwerte.** Für den Bereich oberhalb der Schwellenwerte reagierte der Gesetzgeber im Zuge der Reform der Vergabeverordnung durch das ÖPP-Beschleunigungsgesetz von 2006 mit der Einführung der Zurechnung von Eignungsnachweisen.[98] Durch die gesetzgeberische Zulassung der Einbeziehung Dritter in die Auftragserfüllung wurde das Gebot der Selbstausführung verdrängt und der Weg zum Nachunternehmereinsatz eröffnet.[99] Aus der Zulassung des Verweises auf Drittunternehmen bei Eignungsnachweisen wurde die **Unzulässigkeit des Selbstausführungsgebots** gefolgert, da die Möglichkeit der Zurechnung von Eignungsnachweisen ansonsten meist sinnlos wäre.[100] Auch ein bestimmter „Kern“ eigener Leistungen bei der Auftragserfüllung durfte seither nicht mehr gefordert werden.[101]

---

[93] *Wirner* LKV 2005, 185 (186); *Leinemann,* Die Vergabe öffentlicher Aufträge, 5. Aufl. 2011, Rn. 674.
[94] *Leinemann,* Die Vergabe öffentlicher Aufträge, 5. Aufl. 2011, Rn. 674.
[95] VÜA Bayern Beschl. v. 28.2.1997 – VÜA 14/96 mAnm *Schelle* IBR 1998, 182.
[96] EuGH Urt. v. 18.12.1997 – C-5/97, Slg. 1997, I-7549 = BeckRS 2004, 77499 Rn. 13 – Ballast Nedam II; EuGH Urt. v. 14.4.1994 – C-389/92, ECLI:EU:C:1994:133 = BeckRS 2004, 76951 Rn. 15f. – Ballast Nedam I.
[97] EuGH Urt. v. 18.3.2004 – C-314/01, Slg. 2004, I-2581 = NVwZ 2004, 967 Rn. 42 – Siemens und ARGE Telekom; EuGH Urt. v. 2.12.1999 – C-176/98, Slg. 1999, I-8607 = EuZW 2000, 110 Rn. 24ff. – Holst Italia.
[98] § 47 Abs. 1 VgV, § 6d EU Abs. 1 VOB/A, § 47 Abs. 1 SektVO, § 25 Abs. 3 KonzVgV, § 34 UVgO.
[99] *Conrad* VergabeR 2012, 15 (16).
[100] OLG Düsseldorf Beschl. v. 30.6.2010 – VII-Verg 13/10, ZfBR 2011, 100 (101f.).
[101] OLG Düsseldorf Beschl. v. 28.6.2006 – VII-Verg 18/06, IBRRS 2006, 4349.

44 Die Vorgabe eines bestimmten Eigenleistungsanteils durch den öffentlichen Auftraggeber ist daher – wie auch der EuGH klarstellte[102] – nach geltender Rechtslage grundsätzlich unzulässig.[103] Auch der generelle Ausschluss einer Generalübernahmevergabe in den Ausschreibungsunterlagen ist daher nicht möglich.[104] Konsequenterweise darf ein Nachunternehmereinsatz auch nicht zu einem Nachteil in der Wertung führen.[105] Dieser Grundsatz gilt jedoch nicht ausnahmslos. Zum einen hat bereits der EuGH in einer neueren Entscheidung festgestellt, dass es Arbeiten geben kann, die aufgrund ihrer Besonderheiten eine bestimmte Kapazität erfordern, die sich durch die Zusammenfassung kleinerer Kapazitäten mehrerer Wirtschaftsteilnehmer möglicherweise nicht erlangen lässt, weshalb der Auftraggeber in einem solchen Fall berechtigt wäre, zu verlangen, dass ein einziger Wirtschaftsteilnehmer die Mindestanforderung hinsichtlich der betreffenden Kapazität erfüllt, soweit dieses Erfordernis mit dem fraglichen Auftragsgegenstand zusammenhängt und ihm angemessen ist.[106] Zum anderen sehen auch die im Rahmen der **Vergaberechtsreform 2016** eingeführten Regelungen in § 47 Abs. 5 VgV, § 6d EU Abs. 4 VOB/A und § 47 Abs. 5 SektVO ein Recht des Auftraggebers vor, vorzuschreiben, dass bestimmte **kritische Aufgaben** bei Bauaufträgen, Dienstleistungsaufträgen oder kritische Verlege- oder Installationsarbeiten im Zusammenhang mit einem Lieferauftrag direkt vom Bieter selbst oder im Fall einer Bietergemeinschaft von einem Teilnehmer der Bietergemeinschaft ausgeführt werden müssen. Dementsprechend ist die Vorgabe, einen bestimmten Teil der auftragsgegenständlichen Leistung selbst zu erbringen, ausnahmsweise zulässig.[107]

45 **b) Vergaben unterhalb der Schwellenwerte.** Im Unterschwellenbereich wurde das Gebot der Selbstausführung zwischenzeitlich durch Reformen der Verdingungsordnungen im Jahr 2009 für Liefer- und Dienstleistungsaufträge abgeschafft, ist aber mit Einführung der UVgO wieder niedergeschrieben worden. Denn § 26 Abs. 6 UVgO sieht ausdrücklich vor, dass der Auftraggeber vorschreiben darf, dass alle oder bestimmte Aufgaben bei der Leistungserbringung unmittelbar vom Auftragnehmer selbst oder im Fall einer Bietergemeinschaft von einem Teilnehmer der Bietergemeinschaft ausgeführt werden müssen. Es liegt also im Ermessen des öffentlichen Auftraggebers, zu entscheiden, ob bestimmte Teile eines Auftrags oder der gesamte Auftrag vom Auftragnehmer selbst zu erbringen sind. In der VOB/A ist das Selbstausführungsgebot weiterhin in § 6 Abs. 2, 3 VOB/A verankert. Hiernach dürfen sich nur solche Unternehmen am Wettbewerb beteiligen, die sich gewerbsmäßig mit der Ausführung von Leistungen der ausgeschriebenen Art im eigenen Betrieb oder in den Betrieben der Mitglieder befassen (vgl. auch → Rn. 41).[108]

46 Für Auftragsvergaben unterhalb der Schwellenwerte mit **Relevanz für den Binnenmarkt** hat der **EuGH entschieden,** dass der öffentliche Auftraggeber **nicht pauschal**

[102] EuGH Urt. v. 14.7.2016 – C-406/14, ECLI:EU:C:2016:562 = NZBau 2016, 571 Rn. 37 – Wrocław, mAnm *Amelung* NZBau 2017, 139; auf nationaler Ebene mit Verweis auf diese Entscheidung klarstellend OLG Rostock Beschl. v. 23.4.2018 – 17 Verg 1/18, NZBau 2018, 783 Rn. 8.

[103] OLG Rostock Beschl. v. 23.4.2018 – 17 Verg 1/18, NZBau 2018, 783 Rn. 8; VK Mecklenburg-Vorpommern Beschl. v. 20.12.2017 – BeckRS 2017, 153283 Rn. 49ff.; VK Thüringen Beschl. v. 9.11.2017 – 250-4003-8222/2017-E-S-015-GTH, IBRRS 2017, 4148; *Schranner* in Ingenstau/Korbion VOB/A § 6 Rn. 39; *Clodius* VergabeR 2019, 348; *Amelung* NZBau 2017, 139; zur Rechtslage vor der Vergaberechtsreform OLG Celle Urt. v. 23.2.2016 – 13 U 148/15, NZBau 2016, 381 Rn. 38.

[104] VK Bund Beschl. v. 13.2.2007 – VK 1-160/06, VPRRS 2007, 0044.

[105] Anders VK Lüneburg Beschl. v. 24.9.2007 – VgK-37/2007, ZfBR 2008, 393 (397f.), wonach es bei einer sensiblen Dienstleistung (wie bei Postzustellungsaufträgen der Justiz) zulässig sei, für die Leistungserbringung mit eigenen oder konzernverbundenen Mitarbeitern mehr Punkte zu vergeben als für einen Anbieter, der im erheblichen Maß auf den Einsatz konzernfremder Subunternehmer angewiesen ist.

[106] EuGH Urt. v. 7.4.2016 – C-324/14, ECLI:EU:C:2016:214 = NZBau 2016, 373 Rn. 40 – Partner Apelski Dariusz; EuGH Urt. v. 10.10.2013 – C-94/12, ECLI:EU:C:2013:646 = NZBau 2014, 114 Rn. 35 – Swm Costruzioni.

[107] Ausführlich zum Selbstausführungsgebot bei kritischen Aufgaben *Clodius* VergabeR 2019, 348.

[108] Vgl. zum Selbstausführungsgebot im Unterschwellenbereich der VOB/A auch FKZGM/*Mertens* VOB/A § 6 Rn. 12.

vorgeben darf, dass der Auftrag oder die „Hauptleistung" durch den Auftragnehmer selbst auszuführen ist.[109] Der EuGH führt aus, dass die pauschale Vorgabe der Selbstausführung geeignet ist, die Teilnahme von mitgliedstaatlichen Unternehmen an Vergabeverfahren zu beeinträchtigen und dadurch eine rechtfertigungsbedürftige Beschränkung der Niederlassungs- und Dienstleistungsfreiheit aus Art. 49, 56 AEUV darstellt. Zwar ist es ein legitimes Ziel, eine ordnungsgemäße Auftragsausführung sicherzustellen und die Pflicht zur Selbstausführung auch geeignet, dieses Ziel zu erreichen. Jedoch wird hierdurch der Wettbewerb mehr als erforderlich eingeschränkt, sodass diese Regelung zu Beeinträchtigung ist. Angelehnt an die Vorgaben im Oberschwellenbereich schlägt der EuGH als mildere Beeinträchtigung vor, dass der öffentliche Auftraggeber die Bieter zur Angabe verpflichten könnte, „welchen Anteil am Auftrag und welche Arbeiten sie an Unterauftragnehmer vergeben möchten, welche Unterauftragnehmer sie vorschlagen und welche Kapazitäten diese besitzen".[110] Durch diese Entscheidung ist jedenfalls für unterschwellige Vergabeverfahren mit Binnenmarktrelevanz das **Selbstausführungsgebot praktisch abgeschafft.**

47 **c) Vergaberechtliche Besonderheiten im Schienen- und Straßenpersonenverkehr.** Bei Vergaben im Bereich des öffentlichen Schienen- und Straßenpersonenverkehrs (→ Kap. 13) beschreitet der europäische Gesetzgeber einen vom allgemeinen Vergaberecht abweichenden Sonderweg. Gemäß **Art. 4 Abs. 7 S. 2 VO (EG) Nr. 1370/2007** ist im Falle der Unterauftragsvergabe der mit der Verwaltung und Erbringung von Personenverkehrsdiensten betraute Betreiber verpflichtet, einen bedeutenden Teil der Dienste selbst zu erbringen.

48 Ein bedeutender Leistungsteil kann ab einem Bereich von ca. 20–30% des Wertes des jeweiligen auftragsgegenständlichen Dienstes angenommen werden.[111] Als **Selbsterbringungsquote** kann nach der EuGH Rechtsprechung aber auch ein Bereich von bis zu 70% des Werts des in Rede stehenden Dienstes durch den öffentlichen Auftraggeber vorgesehen werden.[112] Die Selbsterbringungsquote soll der Gewährleistung eines sicheren, effizienten und hochwertigen Personenverkehrsdienstes dienen, um einen Beitrag zur Verbesserung der Umwelt und Mobilität zu leisten.[113] Wie sich aus der Entstehungsgeschichte der Vorschrift ergibt, ist es insbesondere Sinn und Zweck von Art. 4 Abs. 7 Satz 2 VO (EG) Nr. 1370/2007, dass die Pflichten des Betreibers gegenüber dem Aufgabenträger, bestimmte Sozial- und Qualitätsstandards einzuhalten, nicht durch Übertragung von Leistungen an Unterauftragnehmer entwertet werden und insbesondere im Wettbewerb mit kleineren und mittleren Unternehmen „Waffengleichheit" hergestellt ist.[114]

49 Da es namentlich bei großvolumigen Infrastrukturprojekten im Bereich ÖPNV/SPNV höchst unwahrscheinlich ist, dass ein Unternehmen in der Lage ist, einen entsprechenden Auftrag gänzlich selbst auszuführen, kommt vor diesem Hintergrund vor allem der Frage eine besondere Relevanz zu, bei welchen typischen vergaberechtlichen Kooperationsformen es sich um eine Selbsterbringung des Betreibers handelt oder eine

[109] EuGH Urt. v. 5.4.2017 – C-298/15, ECLI:EU:C:2017:266 = IBRRS 2017, 1292 Rn. 61 – Borta, mAnm *Otting* IBR 2017, 512.

[110] EuGH Urt. v. 5.4.2017 – C-298/15, ECLI:EU:C:2017:266 = IBRRS 2017, 1292 Rn. 47–57 – Borta, mAnm *Otting* IBR 2017, 512.

[111] *BKLLP* in Linke VO (EG) Nr. 1370/2007 Art. 4 Rn. 93.

[112] EuGH Urt. v. 27.10.2016 – C-292/15, ECLI:EU:C:2016:817 = NZBau 2017, 48 (51) – Hörmann Reisen GmbH. Unter Verweis auf diese EuGH Entscheidung wurde eine vom Auftraggeber vorgesehene Selbstausführungsquote von (nur) 33% vom OLG Frankfurt a.M. Beschl. v. 18.7.2017 – 11 Verg 7/17, BeckRS 2017, 121590 Rn. 56 als unproblematisch erachtet.

[113] *BKLLP* in Linke VO (EG) Nr. 1370/2007 Art. 4 Rn. 95.

[114] Das ergibt sich aus dem ursprünglichen Verordnungsvorschlag der Kommission v. 26.7.2000, KOM(2000) 7, endgültig sowie den Materialien des weiteren Gesetzgebungsverfahrens: Erste Lesung im Europäischen Parlament v. 18.10.2001 – EP-Dok. A5-0364/2001 endgültig, 43, ABl.EG 2002, C 140/262; Empfehlungen für die zweite Lesung v. 4.4.2007 – EP-Dok. A6-0131/2007.

Unterauftragsvergabe iSv Art. 4 Abs. 7 VO (EG) Nr. 1370/2007 vorliegt. Während „Betreiber eines öffentlichen Dienstes" gemäß Art. 2 lit. d) VO (EG) Nr. 1370/2007 jedes privat- oder öffentlich-rechtliche Unternehmen oder jede Gruppe von privat- oder öffentlich-rechtlichen Unternehmen ist, das/die öffentliche Personenverkehrsdienste betreibt (→ § 70 Rn. 11), findet sich in der Verordnung **keine gesetzliche Definition des Unterauftrags.** Aufgrund dessen und angesichts des Umstands, dass die Verordnung den Begriff des Unterauftrags gleichwohl kennt, wird man davon ausgehen können, dass sich die Qualifikation eines Unterauftrags nach den gleichen Grundsätzen wie im Bereich der RL 2004/18/EG, RL 2004/17/EG und der RL 2009/81/EG vollzieht. Um einen Unterauftragnehmer iSv Art. 4 Abs. 7 VO (EG) Nr. 1370/2007 handelt es sich dementsprechend bei einem Unternehmen, das auf vertraglicher Grundlage in die Ausführung der auftragsgegenständlichen Verkehrsleistungen einbezogen wird und bei dem es sich im Verhältnis zu dem Betreiber um einen „Dritten" handelt.[115] Daraus folgt, dass es sich bei den **Mitgliedern einer Bietergemeinschaft,** die gegenüber dem öffentlichen Auftraggeber stets gesamtschuldnerisch für die Auftragsausführung haften,[116] **nicht um Unterauftragnehmer iSv Art. 4 Abs. 7 VO (EG) Nr. 1370/2007 handelt.** Die Mitglieder einer Bietergemeinschaft sind deshalb keine „dritten Unternehmen" im vorgenannten Sinne, sondern vielmehr unmittelbar selbst als „Betreiber" iSv Art. 2 lit. d) VO (EG) Nr. 1370/2007 einzuordnen (→ § 70 Rn. 11). Für die bietergemeinschaftsinterne Aufteilung der Leistungsanteile zwischen den einzelnen Bietergemeinschaftsmitgliedern besitzt die hier in Rede stehende Selbsterbringungsquote dementsprechend keine Geltung.

d) Vergaberechtliche Besonderheiten im Bereich der Verteidigung und Sicherheit. 50
Für Vergaben im Bereich der Verteidigung und Sicherheit (→ Kap. 11) wurde im GWB-Vergaberecht zur Umsetzung der RL 2009/81/EG ein neuer dritter Teil der VOB/A bestehend aus § 1 VS bis § 22 VS VOB/A sowie die VSVgV[117] geschaffen. Ungleich den vergaberechtlichen Vorschriften im Bereich der klassischen öffentlichen Aufträge, für Aufträge im Sektorenbereich und Aufträgen im ÖPNV/SPNV-Bereich sehen die RL 2009/81/EG und deren Umsetzung im deutschen Recht ausführliche Regelungen betreffend die Vergabe von Unteraufträgen vor. Damit wird die stärkere Einbeziehung kleinerer und mittlerer Unternehmen im Verteidigungsbereich bezweckt. Der Marktzugang mittelständischer Unternehmen in ganz Europa soll durch eine Verbesserung des **Wettbewerbs in der Zulieferkette** gefördert werden.[118] Dazu werden den öffentlichen Auftraggebern weitreichende Entscheidungskompetenzen hinsichtlich des „Ob", des „Wie" und des Umfangs einer Unterauftragsvergabe eingeräumt.

Dementsprechend kann ein öffentlicher Auftraggeber einen Auftragnehmer gemäß § 9 51
Abs. 3 Nr. 1 VSVgV dazu verpflichten, einen Teil des Auftrags bis zu einem Höchstprozentsatz von 30% des Auftragswerts an einen Unterauftragnehmer zu vergeben. Einem Bieter ist es jedoch unbenommen, dem Auftraggeber anzubieten, einen über die geforderte Quote hinausgehenden Anteil des Auftrags im Wege der Unterauftragsvergabe an andere Unternehmen weiterzureichen. Der deutsche Verordnungsgeber hat auf eine Regelung dieser Vorschlagsmöglichkeit, die in Art. 21 Abs. 4 UAbs. 3 RL 2009/81/EG ausdrücklich enthalten ist, zu Recht verzichtet, da sie nur klarstellende Wirkung besitzt.[119] Es darf hingegen weder eine Eigenleistungs-/Selbstausführungsquote verlangt werden, noch darüber

---

[115] In diesem Sinne auch *BKLLP* in Linke VO (EG) Nr. 1370/2007 Art. 4 Rn. 94.

[116] Vgl. zu dieser Unterscheidung OLG Koblenz Beschl. v. 8. 2. 2001 – 1 Verg 5/00, NZBau 2001, 452 (453); VK Bund Beschl. v. 4. 10. 2004 – VK 3-152/04, IBRRS 2005, 0140.

[117] BR-Drs. 321/12.

[118] Dippel/Sterner/Zeiss/*Gabriel/Weiner* VSVgV § 9 Rn. 27 ff.; vgl. Europäische Kommission Guidance Note „Subcontracting" Ziff. 1 ff.

[119] Vgl. Europäische Kommission Guidance Note „Subcontracting" Ziff. 17; Dippel/Sterner/Zeiss/*Gabriel/Weiner* VSVgV § 9 Rn. 39.

bestimmt werden, welcher Teil des Auftrags (in technischer Hinsicht) an Unterauftragnehmer vergeben werden soll.[120]

52 Obwohl ein Auftragnehmer einen Unterauftragnehmer gemäß § 9 Abs. 2 S. 1 VSVgV grundsätzlich frei wählen kann, ist der öffentliche Auftraggeber im Verteidigungs- und Sicherheitsbereich gemäß § 9 Abs. 3 Nr. 2 VSVgV dazu berechtigt, die **Durchführung eines wettbewerblichen Auswahlverfahrens** nach Maßgabe der §§ 38 ff. VSVgV anzuordnen und darüber hinausgehend gemäß § 9 Abs. 3 Nr. 1 VSVgV bestimmte Anforderungen an die Erteilung der Unteraufträge zu stellen (→ § 58 Rn. 36 ff.). Das gilt auch dann, wenn der Auftraggeber darauf verzichtet hat, die Bieter zu einer Unterauftragsvergabe zu verpflichten.

II. Mehrfachbeteiligungen

53 Die mehrfache Beteiligung eines Unternehmens an derselben Ausschreibung kann zu einer Verfälschung des Wettbewerbs führen, sodass die davon betroffenen Angebote auszuschließen sind. Allerdings hat nicht jede Mehrfachbeteiligung eine **Wettbewerbsverfälschung** zur Folge. Denkbare Konstellationen der Mehrfachbeteiligung sind die Beteiligung eines Unternehmens als Bieter und als Unterauftragnehmer, als Unterauftragnehmer von mehreren Bietern und im Rahmen einer so genannten Überkreuzbeteiligung.

1. Beteiligung eines Unternehmens als Bieter und Unterauftragnehmer

54, 55 Die Beteiligung eines Unternehmens zugleich als Bieter und Unterauftragnehmer ist grundsätzlich nicht wettbewerbswidrig[121] und führt daher nicht zwangsläufig zu einem Ausschluss aus dem Vergabeverfahren wegen eines **Verstoßes gegen den vergaberechtlichen Geheimwettbewerb** (→ § 1 Rn. 24 f., → § 17 Rn. 45 ff.). Für einen Ausschluss sind weitere Umstände erforderlich, die nach Art und Umfang des Nachunternehmereinsatzes sowie mit Rücksicht auf die Begleitumstände eine zumindest teilweise **Kenntnis von dem** zur selben Ausschreibung abgegebenen **Konkurrenzangebot** annehmen lassen.[122] Das kann der Fall sein, wenn der Unterauftragnehmer, der zugleich Bieter ist, im Wesentlichen die gesamte Leistung für das entsprechende Gebot bereitstellt und sich der eigentliche Bieter auf eine Steuerungsleistung beschränkt,[123] da dann die Vermutung einer Doppelbewerbung begründet sein kann (→ § 17 Rn. 51 ff.).[124]

2. Beteiligung als Unterauftragnehmer mehrerer Bieter

56 Ist ein Unternehmen als Unterauftragnehmer in mehreren Angeboten verschiedener Bieter präsent, droht ein vergaberechtswidriges Handeln des Unterauftragnehmers, sofern er die Angebote der Bieter über seinen eigenen Beitrag hinaus kennt oder gar die Bieter über das Konkurrenzangebot informiert. Jedoch begründet allein die Unterauftragnehmerstellung bei unterschiedlichen Bietern nicht die Vermutung eines derartigen Verstoßes gegen den Geheimwettbewerb.[125] Ein Unterauftragnehmer ist grundsätzlich nicht über das Angebot des Bieters informiert und kann nicht wissen, zu welchem Endpreis seine Leis-

---

[120] Dippel/Sterner/Zeiss/*Gabriel/Weiner* VSVgV § 9 Rn. 40.

[121] OLG Düsseldorf Beschl. v. 13.4.2006 – Verg 10/06, BeckRS 2006, 7157 Rn. 15; *Wagner* VergabeR 2005, 120 (121).

[122] OLG München Beschl. v. 11.8.2008 – Verg 16/08, ZfBR 2008, 721 (722 f.); OLG Düsseldorf Beschl. v. 13.4.2006 – Verg 10/06, BeckRS 2006, 7157 Rn. 15; Beschl. v. 16.9.2003 – Verg 52/03, BeckRS 2004, 02041; Entscheidungen zu Sachverhalten, die eine unzulässige Absprache indizieren VK Bund Beschl. v. 16.8.2006 – VK 2-74/06; VK Baden-Württemberg Beschl. v. 3.6.2004 – 1 VK 29/04, IBRRS 2004, 3339; VK Lüneburg Beschl. v. 7.11.2003 – 203-VgK-32/2003, BeckRS 2003, 154360 Rn. 51.

[123] *Dirksen/Schellenberg* VergabeR 2010, 17 (19).

[124] *Dirksen/Schellenberg* VergabeR 2010, 17 (19).

[125] Vgl. KG Urt. v. 13.3.2008 – 2 Verg 18/07, NZBau 2008, 466 (468); *Dirksen/Schellenberg* VergabeR 2010, 17 (19).

tung weitergereicht wird, da diese immer mit einem variablen Gewinnaufschlag versehen werden kann.[126] Nur wenn weitere Anhaltspunkte hinzukommen und ein **vergaberechtswidriges Verhalten nach den allgemeinen Regeln** nachgewiesen wird, müssen die Angebote, an denen der Unterauftragnehmer beteiligt ist, ausgeschlossen werden.

3. Überkreuzbeteiligung

Bei einer Überkreuzbeteiligung setzen sich zwei Hauptbieter wechselseitig als Unterauf- 57
tragnehmer ein. Ein **Verstoß gegen den Geheimwettbewerb** kommt in Betracht, wenn die Unternehmen sowohl Kenntnis ihrer eigenen Leistung als auch der Unterauftragnehmerleistung des Mitbieters haben. Das kommt häufig vor, da ihnen Rückschlüsse auf den Teil des konkurrierenden Angebots, der nicht den eigenen Subunternehmeranteil darstellt, möglich sind; im Falle von inhaltsgleichen Unterauftragnehmeranteilen kennen sie das konkurrierende Angebot sogar vollständig.[127] Geben die beteiligten Unternehmen ein Angebot ab, in dem das jeweils andere Unternehmen als Unterauftragnehmer vorgesehen ist und die Leistung nur gemeinschaftlich erbracht werden kann, handelt es sich nicht um eine Überkreuzbeteiligung mit Unterauftragsvergabe, sondern um eine **verdeckte Bietergemeinschaft** (→ § 17 Rn. 56 ff.).[128]

Die VK Bund[129] erkannte bei einer Überkreuzbeteiligung einen Angebotsausschluss für 58
zwingend, wenn die Bieter sich wechselseitig für jeweils ungefähr die Hälfte des Angebots als Unterauftragnehmer einsetzen, da die Eigenleistung im Hauptangebot des jeweils anderen sich inhaltlich höchstwahrscheinlich nicht wesentlich von dem unterscheidet, was der Wettbewerber als Unterauftragnehmer angeboten hat. Es ist davon auszugehen, dass die beteiligten Unternehmen die gegenseitigen Bedingungen von Leistungsumfang und Preis kennen.[130] Anders wird die Überkreuzbeteiligung unter anderem von der VK Hamburg[131] und dem OLG Düsseldorf[132] beurteilt.[133] Der Umstand der Überkreuzbeteiligung reiche für einen Wettbewerbsausschluss nicht aus, da sich von dieser nicht auf eine positive Kenntnis vom Angebotsinhalt des Wettbewerbers schließen lasse.[134] Eine Überkreuzbeteiligung sei vergaberechtlich nicht zu beanstanden, solange den Wettbewerbern ein **Gestaltungsspielraum** verbleibe, den der jeweilige Konkurrent nicht kenne.[135]

III. Austausch von Unterauftragnehmern

1. Austausch auf Betreiben eines Unternehmens

Bei der Frage nach der Zulässigkeit des Austauschs von Unterauftragnehmern muss in zeit- 59
licher Hinsicht danach differenziert werden, ob dieser vor oder nach dem Zuschlag erfolgen soll. Nach Ansicht des OLG Bremen kann für den Zeitraum **vor Erteilung des Zuschlags** der Austausch eines bereits benannten Unterauftragnehmers folgenlos bleiben, da das Unterauftragnehmerverzeichnis kein Bestandteil des bindenden Angebots ist, solange

---

[126] *Dirksen/Schellenberg* VergabeR 2010, 17 (19).

[127] *Dirksen/Schellenberg* VergabeR 2010, 17 (20).

[128] Zu „verdeckten Bietergemeinschaften" siehe auch VK Arnsberg Beschl. v. 2.2.2006 – VK 30/05, IBRRS 2006, 0743; VK Hamburg Beschl. v. 17.8.2005 – Vgk FB 5/05, IBRRS 2007, 0069; Beschl. v. 17.8. 2005 Vgk FB 6/05, IBRRS 2007, 0070; VK Rheinland-Pfalz Beschl. v. 14.6.2005 – VK 16/05, IBRRS 2005, 2272; Beschl. v. 27.5.2005 – VK 15/05, IBRRS 2005, 2549; *Ehrig* VergabeR 2011, 11 (13 f.).

[129] VK Bund Beschl. v. 21.12.2007 – VK 3-142/07.

[130] *Dirksen/Schellenberg* VergabeR 2010, 17 (20).

[131] VK Hamburg Beschl. v. 23.5.2008 – VK BSU 2/08.

[132] OLG Düsseldorf Beschl. v. 9.4.2008 – VII-Verg 2/08, BeckRS 2008, 7456; Beschl. v. 13.4.2006 – VII-Verg 10/06, BeckRS 2006, 7157 Rn. 15; vgl. auch LSG Nordrhein-Westfalen Beschl. v. 10.3.2010– L 21 SF 41/10 Verg, IBRRS 2013, 0685.

[133] Vgl. dazu *Ehrig* VergabeR 2010, 11 (14 f.).

[134] VK Hamburg Beschl. v. 23.5.2008 – VK BSU 2/08.

[135] OLG Düsseldorf Beschl. v. 9.4.2008 – VII-Verg 2/08, BeckRS 2008, 7456, zust. *Ehrig* VergabeR 2010, 11 (15).

der Bieter mangels Aussicht auf Erteilung des Zuschlags noch keine konkreten Verhandlungen mit Unterauftragnehmern führen kann.[136] Er werde daher in der Regel nur diejenigen Unterauftragnehmer benennen, mit denen er in ständigen Geschäftsbeziehungen steht, ohne sicher sein zu können, dass diese später den Auftrag annehmen werden.[137] Nach anderer Auffassung ist der Bieter, der in seinem Angebot einen Unterauftragnehmer benennt, mit Ablauf der Angebotsabgabefrist hieran gebunden.[138] Ein Wechsel stellt eine **Änderung des Angebots** bzw. ein unzulässiges Nachverhandeln dar, sodass der Bieter für die betreffenden Arbeiten weder einen anderen noch einen zusätzlichen Unterauftragnehmer anbieten darf.[139] Insbesondere können auch vor Zuschlagserteilung bereits konkrete Verhandlungen mit Unterauftragnehmern geführt werden und deren Angebot unter der aufschiebenden Bedingung der Zuschlagserteilung angenommen werden.[140] Unproblematisch ist ein Austausch des Unterauftragnehmers vor Zuschlagserteilung nur dann, wenn es in den Ausschreibungsunterlagen ausdrücklich gestattet ist, sowie im Rahmen eines Verhandlungsverfahrens. Fällt ein Unterauftragnehmer (überraschend) aus, entfällt die Leistungsfähigkeit des Bieters, sodass das Angebot auszuschließen ist.[141]

60 **Nach Erteilung des Zuschlags** ist ein Austausch des Unterauftragnehmers in entsprechender Anwendung der § 4 Nr. 4 VOL/B und § 4 Abs. 8 VOB/B nur mit Genehmigung des Auftraggebers möglich.[142] Auch wenn der Wortlaut Schriftform verlangt, genügt nach der Rechtsprechung eine konkludente oder mündliche Genehmigung, da es sich um eine gewillkürte Schriftform iSv § 127 BGB handele.[143] Dieses **Zustimmungserfordernis** darf auch nicht durch eine nachträgliche Aufnahme von Unterauftragnehmern als Mitglieder in eine Arbeitsgemeinschaft umgangen werden.[144] Weiterhin ist insbesondere mit Blick auf Generalübernahmeverträge zu beachten, dass der Austausch des Nachunternehmers keine wesentlichen Vertragsänderungen bewirken darf, da diese nach der Rechtsprechung des EuGH – die mit § 132 GWB Eingang in das GWB-Vergaberecht gefunden hat – eine Pflicht zur Neuvergabe nach sich ziehen kann.[145] Ein Wechsel des Unterauftragnehmers kann ausnahmsweise eine solche Änderung darstellen, wenn die Heranziehung eines Unterauftragnehmers anstelle eines anderen unter Berücksichtigung der besonderen Merkmale der betreffenden Leistung ein ausschlaggebendes Element für den Abschluss der Vertrags war.[146] Eine erneute Untervergabe wirkt sich somit nicht nur auf das Verhältnis zwischen dem Auftraggeber und dem Auftragnehmer aus, sondern kann auf das vom Vergaberecht beherrschte Verhältnis des Auftraggebers zu allen anderen am Auftrag interessierten Unternehmen durchschlagen und die Pflicht zur Neuvergabe auslösen.[147]

---

[136] OLG Bremen Beschl. v. 20.7.2000 – Verg 1/00, IBRRS 2002, 2133.

[137] OLG Bremen Beschl. v. 20.7.2000 – Verg 1/00, IBRRS 2002, 2133.

[138] OLG Düsseldorf Beschl. v. 5.5.2004 – VII-Verg 10/04, NZBau 2004, 460.

[139] OLG Düsseldorf Beschl. v. 5.5.2004 – VII-Verg 10/04, NZBau 2004, 460.

[140] OLG Düsseldorf Beschl. v. 5.5.2004 – VII-Verg 10/04, NZBau 2004, 460 (460f.).

[141] OLG Düsseldorf Beschl. v. 5.5.2004 – VII-Verg 10/04, NZBau 2004, 460 (461).

[142] OLG Frankfurt a.M. Beschl. v. 3.5.2018 – 11 Verg 5/18, IBRRS 2018, 1999; Beschl. v. 12.10.2017 – 11 Verg 13/17, IBRRS 2018, 1885; VK Hessen Beschl. v. 14.3.2018 – 69d-VK-25/2017, IBRRS 2018, 1632; Beschl. v. 7.9.2017 – 69d-VK-25/2017, IBRRS 2018, 1984; Kapellmann/Messerschmidt/*Merkens* VOB/B § 4 Rn. 194f.

[143] OLG Frankfurt a.M. Beschl. v. 3.5.2018 – 11 Verg 5/18, IBRRS 2018, 1999; Beschl. v. 12.10.2017 – 11 Verg 13/17, IBRRS 2018, 1885; aA VK Hessen Beschl. v. 14.3.2018 – 69d-VK-25/2017, IBRRS 2018, 1632.

[144] *Hertwig/Nelskamp* BauRB 2004, 183 (185).

[145] EuGH Urt. v. 19.6.2008 – C-454/06, Slg. 2008, I-4447 = NZBau 2008, 518 Rn. 35ff. – pressetext; dazu *Scharen* NZBau 2009, 679. Zu Auftragsänderungen nach § 132 GWB *Linke* NVwZ 2017, 510.

[146] EuGH Urt. v. 13.4.2010 – C-91/108, Slg. 2010, I-2858 = NZBau 2010, 382 Rn. 39 – Wall AG. Zu einer Konstellation, in der der Austausch des Unterauftragnehmers keine wesentliche Auftragsänderung dargestellt hat, VK Bund Beschl. v. 26.6.2019 – VK 2-34/19, IBRRS 2019, 2147.

[147] *Burgi* NZBau 2010, 593 (598).

2. Austausch auf Betreiben des öffentlichen Auftraggebers

Im Rahmen der Vergaberechtsreform 2016 wurde in § 36 Abs. 5 VgV, § 6d EU Abs. 1 S. 4–6 VOB/A, § 34 Abs. 5 SektVO, § 26 Abs. 5 UVgO zudem vorgesehen, dass öffentliche Auftraggeber vor Erteilung des Zuschlags prüfen, ob Gründe für den Ausschluss eines Unterauftragnehmers vorliegen.[148] Das umfasst sowohl die Ausschlussgründe gemäß §§ 123, 124 GWB bzw. § 6e EU VOB/A als auch die Eignung des Unterauftragnehmers.[149] Für den Fall, dass zwingende Ausschlussgründe iSv § 123 GWB bzw. § 6e EU Abs. 1 VOB/A vorliegen, hat der Auftraggeber die Ersetzung des Unterauftragnehmers von dem jeweiligen Verfahrensteilnehmer zu verlangen. Liegen fakultative Ausschlussgründe iSv § 124 GWB bzw. § 6e EU Abs. 6 VOB/A vor, steht es im Ermessen des öffentlichen Auftraggebers, die Ersetzung des Unterauftragnehmers zu verlangen.[150] Dafür kann dem Verfahrensteilnehmer gemäß § 36 Abs. 5 S. 5 VgV eine Frist gesetzt werden. Wie sich aus der entsprechenden Verordnungsbegründung ergibt, besteht diese Möglichkeit der Fristsetzung ausschließlich für den Fall, dass fakultative Ausschlussgründe vorliegen.[151] 61

[148] Siehe zur Ersetzung ungeeigneter Nachunternehmer auch *Stickler* NZBau 2019, 153.
[149] BR-Drs. 87/16, 190.
[150] Hierzu auch Generalanwalt *Sánchez-Bordona* Schlussantrag v. 11.7.2019 – C-395/18, BeckRS 2019, 14127.
[151] BR-Drs. 87/16, 190.

Kapitel 4 Auftragsgegenstand, Leistungsbeschreibung und Vergabeunterlagen

§ 19 Leistungsbeschreibung

Übersicht

GWB: § 121
VgV: § 31, § 32, § 33, § 34, § 67 Abs. 1–4, § 68, Anlagen 1–3
VOB/A EU: § 7, § 7a, § 7b, § 7c, § 8c, Anhang TS
SektVO: § 28, § 29, § 58, § 59, Anlagen 1–3
VSVgV: § 15
VOB/A VS: § 7, § 7a, § 7b, § 7c, Anhang TS
KonzVgV: § 15
UVgO: § 23, § 24
VOL/A: § 7
VOB/A: § 7, § 7a, § 7b, § 7c, Anhang TS

GWB:

§ 121 GWB Leistungsbeschreibung

(1) In der Leistungsbeschreibung ist der Auftragsgegenstand so eindeutig und erschöpfend wie möglich zu beschreiben, so dass die Beschreibung für alle Unternehmen im gleichen Sinne verständlich ist und die Angebote miteinander verglichen werden können. Die Leistungsbeschreibung enthält die Funktions- oder Leistungsanforderungen oder eine Beschrei-

bung der zu lösenden Aufgabe, deren Kenntnis für die Erstellung des Angebots erforderlich ist, sowie die Umstände und Bedingungen der Leistungserbringung.

(2) Bei der Beschaffung von Leistungen, die zur Nutzung durch natürliche Personen vorgesehen sind, sind bei der Erstellung der Leistungsbeschreibung außer in ordnungsgemäß begründeten Fällen die Zugänglichkeitskriterien für Menschen mit Behinderungen oder die Konzeption für alle Nutzer zu berücksichtigen.

(3) Die Leistungsbeschreibung ist den Vergabeunterlagen beizufügen.

VgV:

§ 31 VgV Leistungsbeschreibung

(1) Der öffentliche Auftraggeber fasst die Leistungsbeschreibung (§ 121 des Gesetzes gegen Wettbewerbsbeschränkungen) in einer Weise, dass sie allen Unternehmen den gleichen Zugang zum Vergabeverfahren gewährt und die Öffnung des nationalen Beschaffungsmarkts für den Wettbewerb nicht in ungerechtfertigter Weise behindert.

(2) In der Leistungsbeschreibung sind die Merkmale des Auftragsgegenstands zu beschreiben:

1. in Form von Leistungs- oder Funktionsanforderungen oder einer Beschreibung der zu lösenden Aufgabe, die so genau wie möglich zu fassen sind, dass sie ein klares Bild vom Auftragsgegenstand vermitteln und hinreichend vergleichbare Angebote erwarten lassen, die dem öffentlichen Auftraggeber die Erteilung des Zuschlags ermöglichen,
2. unter Bezugnahme auf die in Anlage 1 definierten technischen Anforderungen in der Rangfolge:
   a) nationale Normen, mit denen europäische Normen umgesetzt werden,
   b) Europäische Technische Bewertungen,
   c) gemeinsame technische Spezifikationen,
   d) internationale Normen und andere technische Bezugssysteme, die von den europäischen Normungsgremien erarbeitet wurden oder,
   e) falls solche Normen und Spezifikationen fehlen, nationale Normen, nationale technische Zulassungen oder nationale technische Spezifikationen für die Planung, Berechnung und Ausführung von Bauwerken und den Einsatz von Produkten oder
3. als Kombination von den Nummern 1 und 2
   a) in Form von Leistungs- oder Funktionsanforderungen unter Bezugnahme auf die technischen Anforderungen gemäß Nummer 2 als Mittel zur Vermutung der Konformität mit diesen Leistungs- und Funktionsanforderungen oder
   b) mit Bezugnahme auf die technischen Anforderungen gemäß Nummer 2 hinsichtlich bestimmter Merkmale und mit Bezugnahme auf die Leistungs- und Funktionsanforderungen gemäß Nummer 1 hinsichtlich anderer Merkmale.

Jede Bezugnahme auf eine Anforderung nach Nummer 2 Buchstabe a bis e ist mit dem Zusatz „oder gleichwertig" zu versehen.

(3) Die Merkmale können auch Aspekte der Qualität und der Innovation sowie soziale und umweltbezogene Aspekte betreffen. Sie können sich auch auf den Prozess oder die Methode zur Herstellung oder Erbringung der Leistung oder auf ein anderes Stadium im Lebenszyklus des Auftragsgegenstands einschließlich der Produktions- und Lieferkette beziehen, auch wenn derartige Faktoren keine materiellen Bestandteile der Leistung sind, sofern diese Merkmale in Verbindung mit dem Auftragsgegenstand stehen und zu dessen Wert und Beschaffungszielen verhältnismäßig sind.

(4) In der Leistungsbeschreibung kann ferner festgelegt werden, ob Rechte des geistigen Eigentums übertragen oder dem öffentlichen Auftraggeber daran Nutzungsrechte eingeräumt werden müssen.

(5) Werden verpflichtende Zugänglichkeitserfordernisse im Sinne des § 121 Absatz 2 des Gesetzes gegen Wettbewerbsbeschränkungen mit einem Rechtsakt der Europäischen Union erlassen, so muss die Leistungsbeschreibung, soweit die Kriterien der Zugänglichkeit für Menschen mit Behinderungen oder der Konzeption für alle Nutzer betroffen sind, darauf Bezug nehmen.

(6) In der Leistungsbeschreibung darf nicht auf eine bestimmte Produktion oder Herkunft oder ein besonderes Verfahren, das die Erzeugnisse oder Dienstleistungen eines bestimmten Unternehmens kennzeichnet, oder auf gewerbliche Schutzrechte, Typen oder einen bestimmten Ursprung verwiesen werden, wenn dadurch bestimmte Unternehmen oder bestimmte Produkte begünstigt oder ausgeschlossen werden, es sei denn, dieser Verweis ist durch den Auftragsgegenstand gerechtfertigt. Solche Verweise sind ausnahmsweise zulässig, wenn der Auftragsgegenstand anderenfalls nicht hinreichend genau und allgemein verständlich beschrieben werden kann; diese Verweise sind mit dem Zusatz „oder gleichwertig" zu versehen.

§ 32 VgV Technische Anforderungen

(1) Verweist der öffentliche Auftraggeber in der Leistungsbeschreibung auf technische Anforderungen nach § 31 Absatz 2 Nummer 2, so darf er ein Angebot nicht mit der Begründung ablehnen, dass die angebotenen Liefer- und Dienstleistungen nicht den von ihm herangezogenen technischen Anforderungen der Leistungsbeschreibung entsprechen, wenn das Unternehmen in seinem Angebot dem öffentlichen Auftraggeber mit geeigneten Mitteln nachweist, dass die vom Unternehmen vorgeschlagenen Lösungen diesen technischen Anforderungen gleichermaßen entsprechen.

(2) Enthält die Leistungsbeschreibung Leistungs- oder Funktionsanforderungen, so darf der öffentliche Auftraggeber ein Angebot nicht ablehnen, wenn diese Anforderungen die von ihm geforderten Leistungs- oder Funktionsanforderungen betreffen und das Angebot Folgendem entspricht:

1. einer nationalen Norm, mit der eine europäische Norm umgesetzt wird,
2. einer Europäischen Technischen Bewertung,
3. einer gemeinsamen technischen Spezifikation,
4. einer internationalen Norm oder
5. einem technischen Bezugssystem, das von den europäischen Normungsgremien erarbeitet wurde.

Das Unternehmen muss in seinem Angebot belegen, dass die jeweilige der Norm entsprechende Liefer- oder Dienstleistung den Leistungs- oder Funktionsanforderungen des öffentlichen Auftraggebers entspricht. Belege können insbesondere eine technische Beschreibung des Herstellers oder ein Prüfbericht einer anerkannten Stelle sein.

§ 33 VgV Nachweisführung durch Bescheinigungen von Konformitätsbewertungsstellen

(1) Als Beleg dafür, dass eine Liefer- oder Dienstleistung bestimmten, in der Leistungsbeschreibung geforderten Merkmalen entspricht, kann der öffentliche Auftraggeber die Vorlage von Bescheinigungen, insbesondere Testberichten oder Zertifizierungen, einer Konformitätsbewertungsstelle verlangen. Wird die Vorlage einer Bescheinigung einer bestimmten Konformitätsbewertungsstelle verlangt, hat der öffentliche Auftraggeber auch Bescheinigungen gleichwertiger anderer Konformitätsbewertungsstellen zu akzeptieren.

(2) Der öffentliche Auftraggeber akzeptiert auch andere als die in Absatz 1 genannten geeigneten Unterlagen, insbesondere ein technisches Dossier des Herstellers, wenn das Unternehmen keinen Zugang zu den in Absatz 1 genannten Bescheinigungen oder keine Möglichkeit hatte, diese innerhalb der einschlägigen Fristen einzuholen, sofern das Unternehmen den fehlenden Zugang nicht zu vertreten hat. In den Fällen des Satzes 1 hat das

Unternehmen durch die vorgelegten Unterlagen zu belegen, dass die von ihm zu erbringende Leistung die angegebenen Anforderungen erfüllt.

(3) Eine Konformitätsbewertungsstelle ist eine Stelle, die gemäß der Verordnung (EG) Nr. 765/2008 des Europäischen Parlaments und des Rates vom 9.7.2008 über die Vorschriften für die Akkreditierung und Marktüberwachung im Zusammenhang mit der Vermarktung von Produkten und zur Aufhebung der Verordnung (EWG) Nr. 339/93 des Rates (ABl. L 218 vom 13.8.2008, S. 30) akkreditiert ist und Konformitätsbewertungstätigkeiten durchführt.

§ 34 VgV Nachweisführung durch Gütezeichen

(1) Als Beleg dafür, dass eine Liefer- oder Dienstleistung bestimmten, in der Leistungsbeschreibung geforderten Merkmalen entspricht, kann der öffentliche Auftraggeber die Vorlage von Gütezeichen nach Maßgabe der Absätze 2 bis 5 verlangen.

(2) Das Gütezeichen muss allen folgenden Bedingungen genügen:

1. Alle Anforderungen des Gütezeichens sind für die Bestimmung der Merkmale der Leistung geeignet und stehen mit dem Auftragsgegenstand nach § 31 Absatz 3 in Verbindung.
2. Die Anforderungen des Gütezeichens beruhen auf objektiv nachprüfbaren und nichtdiskriminierenden Kriterien.
3. Das Gütezeichen wurde im Rahmen eines offenen und transparenten Verfahrens entwickelt, an dem alle interessierten Kreise teilnehmen können.
4. Alle betroffenen Unternehmen haben Zugang zum Gütezeichen.
5. Die Anforderungen wurden von einem Dritten festgelegt, auf den das Unternehmen, das das Gütezeichen erwirbt, keinen maßgeblichen Einfluss ausüben konnte.

(3) Für den Fall, dass die Leistung nicht allen Anforderungen des Gütezeichens entsprechen muss, hat der öffentliche Auftraggeber die betreffenden Anforderungen anzugeben.

(4) Der öffentliche Auftraggeber muss andere Gütezeichen akzeptieren, die gleichwertige Anforderungen an die Leistung stellen.

(5) Hatte ein Unternehmen aus Gründen, die ihm nicht zugerechnet werden können, nachweislich keine Möglichkeit, das vom öffentlichen Auftraggeber angegebene oder ein gleichwertiges Gütezeichen innerhalb einer einschlägigen Frist zu erlangen, so muss der öffentliche Auftraggeber andere geeignete Belege akzeptieren, sofern das Unternehmen nachweist, dass die von ihm zu erbringende Leistung die Anforderungen des geforderten Gütezeichens oder die vom öffentlichen Auftraggeber angegebenen spezifischen Anforderungen erfüllt.

§ 67 VgV Beschaffung energieverbrauchsrelevanter Liefer- oder Dienstleistungen

(1) Wenn energieverbrauchsrelevante Waren, technische Geräte oder Ausrüstungen Gegenstand einer Lieferleistung oder wesentliche Voraussetzung zur Ausführung einer Dienstleistung sind (energieverbrauchsrelevante Liefer- oder Dienstleistungen), sind die Anforderungen der Absätze 2 bis 5 zu beachten.

(2) In der Leistungsbeschreibung sollen im Hinblick auf die Energieeffizienz insbesondere folgende Anforderungen gestellt werden:

1. das höchste Leistungsniveau an Energieeffizienz und
2. soweit vorhanden, die höchste Energieeffizienzklasse im Sinne der Energieverbrauchskennzeichnungsverordnung.

(3) In der Leistungsbeschreibung oder an anderer geeigneter Stelle in den Vergabeunterlagen sind von den Bietern folgende Informationen zu fordern:

1. konkrete Angaben zum Energieverbrauch, es sei denn, die auf dem Markt angebotenen Waren, technischen Geräte oder Ausrüstungen unterscheiden sich im zulässigen Energieverbrauch nur geringfügig, und

2. in geeigneten Fällen,
   a) eine Analyse minimierter Lebenszykluskosten oder
   b) die Ergebnisse einer Buchstabe a vergleichbaren Methode zur Überprüfung der Wirtschaftlichkeit.

(4) Der öffentliche Auftraggeber darf nach Absatz 3 übermittelte Informationen überprüfen und hierzu ergänzende Erläuterungen von den Bietern fordern.

(5) [hier nicht abgedruckt]

§ 68 VgV Beschaffung von Straßenfahrzeugen

(1) Der öffentliche Auftraggeber muss bei der Beschaffung von Straßenfahrzeugen Energieverbrauch und Umweltauswirkungen berücksichtigen. Zumindest müssen hierbei folgende Faktoren, jeweils bezogen auf die Gesamtkilometerleistung des Straßenfahrzeugs im Sinne der Tabelle 3 der Anlage 2, berücksichtigt werden:
1. Energieverbrauch,
2. Kohlendioxid-Emissionen,
3. Emissionen von Stickoxiden,
4. Emissionen von Nichtmethan-Kohlenwasserstoffen und
5. partikelförmige Abgasbestandteile.

(2) Der öffentliche Auftraggeber erfüllt die Verpflichtung nach Absatz 1 zur Berücksichtigung des Energieverbrauchs und der Umweltauswirkungen, indem er
1. Vorgaben zu Energieverbrauch und Umweltauswirkungen in der Leistungsbeschreibung macht oder
2. den Energieverbrauch und die Umweltauswirkungen von Straßenfahrzeugen als Zuschlagskriterien berücksichtigt.

(3) Sollen der Energieverbrauch und die Umweltauswirkungen von Straßenfahrzeugen finanziell bewertet werden, ist die in Anlage 3 definierte Methode anzuwenden. Soweit die Angaben in Anlage 2 dem öffentlichen Auftraggeber einen Spielraum bei der Beurteilung des Energiegehaltes oder der Emissionskosten einräumen, nutzt der öffentliche Auftraggeber diesen Spielraum entsprechend den lokalen Bedingungen am Einsatzort des Fahrzeugs.

(4) Von der Anwendung der Absätze 1 bis 3 sind Straßenfahrzeuge ausgenommen, die für den Einsatz im Rahmen des hoheitlichen Auftrags der Streitkräfte, des Katastrophenschutzes, der Feuerwehren und der Polizeien des Bundes und der Länder konstruiert und gebaut sind (Einsatzfahrzeuge). Bei der Beschaffung von Einsatzfahrzeugen werden die Anforderungen nach den Absätzen 1 bis 3 berücksichtigt, soweit es der Stand der Technik zulässt und hierdurch die Einsatzfähigkeit der Einsatzfahrzeuge zur Erfüllung des in Satz 1 genannten hoheitlichen Auftrags nicht beeinträchtigt wird.

Anlage 1 (zu § 31 Abs. 2) Technische Anforderungen, Begriffsbestimmungen

1. „Technische Spezifikation" bei Liefer- oder Dienstleistungen hat eine der folgenden Bedeutungen:

eine Spezifikation, die in einem Schriftstück enthalten ist, das Merkmale für ein Produkt oder eine Dienstleistung vorschreibt, wie Qualitätsstufen, Umwelt- und Klimaleistungsstufen, „Design für Alle" (einschließlich des Zugangs von Menschen mit Behinderungen) und Konformitätsbewertung, Leistung, Vorgaben für Gebrauchstauglichkeit, Sicherheit oder Abmessungen des Produkts, einschließlich der Vorschriften über Verkaufsbezeichnung, Terminologie, Symbole, Prüfungen und Prüfverfahren, Verpackung, Kennzeichnung und Beschriftung, Gebrauchsanleitungen, Produktionsprozesse und -methoden in jeder Phase des Lebenszyklus der Liefer- oder Dienstleistung sowie über Konformitätsbewertungsverfahren;

2. „Norm" bezeichnet eine technische Spezifikation, die von einer anerkannten Normungsorganisation zur wiederholten oder ständigen Anwendung angenommen wurde, deren Einhaltung nicht zwingend ist und die unter eine der nachstehenden Kategorien fällt:

a) internationale Norm: Norm, die von einer internationalen Normungsorganisation angenommen wurde und der Öffentlichkeit zugänglich ist;
b) europäische Norm: Norm, die von einer europäischen Normungsorganisation angenommen wurde und der Öffentlichkeit zugänglich ist;
c) nationale Norm: Norm, die von einer nationalen Normungsorganisation angenommen wurde und der Öffentlichkeit zugänglich ist;

3. „Europäische Technische Bewertung" bezeichnet eine dokumentierte Bewertung der Leistung eines Bauprodukts in Bezug auf seine wesentlichen Merkmale im Einklang mit dem betreffenden Europäischen Bewertungsdokument gemäß der Begriffsbestimmung in Artikel 2 Nummer 12 der Verordnung (EU) Nr. 305/2011 des Europäischen Parlaments und des Rates vom 9.3.2011 zur Festlegung harmonisierter Bedingungen für die Vermarktung von Bauprodukten und zur Aufhebung der Richtlinie 89/106/EWG des Rates (ABl. L 88 vom 4.4.2011, S. 5);

4. „gemeinsame technische Spezifikationen" sind technische Spezifikationen im Bereich der Informations- und Kommunikationstechnologie, die gemäß den Artikeln 13 und 14 der Verordnung (EU) Nr. 1025/2012 des Europäischen Parlaments und des Rates vom 25.10. 2012 zur europäischen Normung, zur Änderung der Richtlinien 89/686/EWG und 93/15/ EWG des Rates sowie der Richtlinien 94/9/EG, 94/25/EG, 95/16/EG, 97/23/EG, 98/34/ EG, 2004/22/EG, 2007/23/EG, 2009/23/EG und 2009/105/EG des Europäischen Parlaments und des Rates und zur Aufhebung des Beschlusses 87/95/EWG des Rates und des Beschlusses Nr. 1673/2006/EG des Europäischen Parlaments und des Rates (ABl. L 316 vom 14.11.2012, S. 12) festgelegt wurden;

5. „technische Bezugsgröße" bezeichnet jeden Bezugsrahmen, der keine europäische Norm ist und von den europäischen Normungsorganisationen nach den an die Bedürfnisse des Markts angepassten Verfahren erarbeitet wurde.

Anlage 2 (zu § 68 Absatz 1 und 3) Daten zur Berechnung der über die Lebensdauer von Straßenfahrzeugen anfallenden externen Kosten [hier nicht abgedruckt]

Anlage 3 (zu § 68 Absatz 3) Methode zur Berechnung der über die Lebensdauer von Straßenfahrzeugen anfallenden Betriebskosten [hier nicht abgedruckt]

VOB/A EU:

§ 7 EU VOB/A Leistungsbeschreibung

(1)

1. Die Leistung ist eindeutig und so erschöpfend zu beschreiben, dass alle Bewerber die Beschreibung im gleichen Sinne verstehen müssen und ihre Preise sicher und ohne umfangreiche Vorarbeiten berechnen können.
2. Um eine einwandfreie Preisermittlung zu ermöglichen, sind alle sie beeinflussenden Umstände festzustellen und in den Vergabeunterlagen anzugeben.
3. Dem Auftragnehmer darf kein ungewöhnliches Wagnis aufgebürdet werden für Umstände und Ereignisse, auf die er keinen Einfluss hat und deren Einwirkung auf die Preise und Fristen er nicht im Voraus schätzen kann.
4. Bedarfspositionen sind grundsätzlich nicht in die Leistungsbeschreibung aufzunehmen. Angehängte Stundenlohnarbeiten dürfen nur in dem unbedingt erforderlichen Umfang in die Leistungsbeschreibung aufgenommen werden.
5. Erforderlichenfalls sind auch der Zweck und die vorgesehene Beanspruchung der fertigen Leistung anzugeben.
6. Die für die Ausführung der Leistung wesentlichen Verhältnisse der Baustelle, zB Boden- und Wasserverhältnisse, sind so zu beschreiben, dass der Bewerber ihre Auswirkungen auf die bauliche Anlage und die Bauausführung hinreichend beurteilen kann.

7. Die „Hinweise für das Aufstellen der Leistungsbeschreibung" in Abschnitt 0 der Allgemeinen Technischen Vertragsbedingungen für Bauleistungen, DIN 18299 ff., sind zu beachten.

(2) Soweit es nicht durch den Auftragsgegenstand gerechtfertigt ist, darf in technischen Spezifikationen nicht auf eine bestimmte Produktion oder Herkunft oder ein besonderes Verfahren, das die von einem bestimmten Unternehmen bereitgestellten Produkte charakterisiert, oder auf Marken, Patente, Typen oder einen bestimmten Ursprung oder eine bestimmte Produktion verwiesen werden, wenn dadurch bestimmte Unternehmen oder bestimmte Produkte begünstigt oder ausgeschlossen werden. Solche Verweise sind jedoch ausnahmsweise zulässig, wenn der Auftragsgegenstand nicht hinreichend genau und allgemein verständlich beschrieben werden kann; solche Verweise sind mit dem Zusatz „oder gleichwertig" zu versehen.

(3) Bei der Beschreibung der Leistung sind die verkehrsüblichen Bezeichnungen zu beachten.

§ 7a EU VOB/A Technische Spezifikationen, Testberichte, Zertifizierungen, Gütezeichen

(1)

1. Die technischen Anforderungen (Spezifikationen – siehe Anhang TS Nummer 1) an den Auftragsgegenstand müssen allen Unternehmen gleichermaßen zugänglich sein.
2. Die geforderten Merkmale können sich auch auf den spezifischen Prozess oder die spezifische Methode zur Produktion beziehungsweise Erbringung der angeforderten Leistungen oder auf einen spezifischen Prozess eines anderen Lebenszyklus-Stadiums davon beziehen, auch wenn derartige Faktoren nicht materielle Bestandteile von ihnen sind, sofern sie in Verbindung mit dem Auftragsgegenstand stehen und zu dessen Wert und Zielen verhältnismäßig sind.
3. In den technischen Spezifikationen kann angegeben werden, ob Rechte des geistigen Eigentums übertragen werden müssen.
4. Bei jeglicher Beschaffung, die zur Nutzung durch natürliche Personen – ganz gleich, ob durch die Allgemeinheit oder das Personal des öffentlichen Auftraggebers – vorgesehen ist, werden die technischen Spezifikationen – außer in ordnungsgemäß begründeten Fällen – so erstellt, dass die Kriterien der Zugänglichkeit für Personen mit Behinderungen oder der Konzeption für alle Nutzer berücksichtigt werden.
5. Werden verpflichtende Zugänglichkeitserfordernisse mit einem Rechtsakt der Europäischen Union erlassen, so müssen die technischen Spezifikationen, soweit die Kriterien der Zugänglichkeit für Personen mit Behinderungen oder der Konzeption für alle Nutzer betroffen sind, darauf Bezug nehmen.

(2) Die technischen Spezifikationen sind in den Vergabeunterlagen zu formulieren:

1. entweder unter Bezugnahme auf die in Anhang TS definierten technischen Spezifikationen in der Rangfolge
   a) nationale Normen, mit denen europäische Normen umgesetzt werden,
   b) europäische technische Bewertungen,
   c) gemeinsame technische Spezifikationen,
   d) internationale Normen und andere technische Bezugssysteme, die von den europäischen Normungsgremien erarbeitet wurden oder,
   e) falls solche Normen und Spezifikationen fehlen, nationale Normen, nationale technische Zulassungen oder nationale technische Spezifikationen für die Planung, Berechnung und Ausführung von Bauleistungen und den Einsatz von Produkten.

   Jede Bezugnahme ist mit dem Zusatz „oder gleichwertig" zu versehen;
2. oder in Form von Leistungs- oder Funktionsanforderungen, die so genau zu fassen sind, dass sie den Unternehmen ein klares Bild vom Auftragsgegenstand vermitteln und dem Auftraggeber die Erteilung des Zuschlags ermöglichen;

3. oder in Kombination von Nummer 1 und Nummer 2, das heißt
   a) in Form von Leistungs- oder Funktionsanforderungen unter Bezugnahme auf die Spezifikationen gemäß Nummer 1 als Mittel zur Vermutung der Konformität mit diesen Leistungs- oder Funktionsanforderungen;
   b) oder mit Bezugnahme auf die Spezifikationen gemäß Nummer 1 hinsichtlich bestimmter Merkmale und mit Bezugnahme auf die Leistungs- oder Funktionsanforderungen gemäß Nummer 2 hinsichtlich anderer Merkmale.

(3)

1. Verweist der öffentliche Auftraggeber in der Leistungsbeschreibung auf die in Absatz 2 Nummer 1 genannten Spezifikationen, so darf er ein Angebot nicht mit der Begründung ablehnen, die angebotene Leistung entspräche nicht den herangezogenen Spezifikationen, sofern der Bieter in seinem Angebot dem öffentlichen Auftraggeber nachweist, dass die von ihm vorgeschlagenen Lösungen den Anforderungen der technischen Spezifikation, auf die Bezug genommen wurde, gleichermaßen entsprechen. Als geeignetes Mittel kann ein Prüfbericht oder eine Zertifizierung einer akkreditierten Konformitätsbewertungsstelle gelten.
2. Eine Konformitätsbewertungsstelle im Sinne dieses Absatzes muss gemäß der Verordnung (EG) Nr. 765/2008 des Europäischen Parlaments und des Rates akkreditiert sein.
3. Der öffentliche Auftraggeber akzeptiert auch andere geeignete Nachweise, wie beispielsweise eine technische Beschreibung des Herstellers, wenn
   a) das betreffende Unternehmen keinen Zugang zu den genannten Zertifikaten oder Prüfberichten hatte oder
   b) das betreffende Unternehmen keine Möglichkeit hatte, diese Zertifikate oder Prüfberichte innerhalb der einschlägigen Fristen einzuholen, sofern das betreffende Unternehmen den fehlenden Zugang nicht zu verantworten hat
   c) und sofern es anhand dieser Nachweise die Erfüllung der festgelegten Anforderungen belegt.

(4) Legt der öffentliche Auftraggeber die technischen Spezifikationen in Form von Leistungs- oder Funktionsanforderungen fest, so darf er ein Angebot, das einer nationalen Norm entspricht, mit der eine europäische Norm umgesetzt wird, oder einer europäischen technischen Zulassung, einer gemeinsamen technischen Spezifikation, einer internationalen Norm oder einem technischen Bezugssystem, das von den europäischen Normungsgremien erarbeitet wurde, entspricht, nicht zurückweisen, wenn diese Spezifikationen die geforderten Leistungs- oder Funktionsanforderungen betreffen. Der Bieter muss in seinem Angebot mit geeigneten Mitteln dem öffentlichen Auftraggeber nachweisen, dass die der Norm entsprechende jeweilige Leistung den Leistungs- oder Funktionsanforderungen des öffentlichen Auftraggebers entspricht. Als geeignetes Mittel kann eine technische Beschreibung des Herstellers oder ein Prüfbericht einer Konformitätsbewertungsstelle gelten.

(5)

1. Zum Nachweis dafür, dass eine Bauleistung bestimmten, in der Leistungsbeschreibung geforderten Merkmalen entspricht, kann der öffentliche Auftraggeber die Vorlage von Bescheinigungen, insbesondere Testberichten oder Zertifizierungen, einer Konformitätsbewertungsstelle verlangen. Wird die Vorlage einer Bescheinigung einer bestimmten Konformitätsbewertungsstelle verlangt, hat der öffentliche Auftraggeber auch Bescheinigungen gleichwertiger anderer Konformitätsbewertungsstellen zu akzeptieren.
2. Der öffentliche Auftraggeber akzeptiert auch andere als die in Nummer 1 genannten geeigneten Nachweise, insbesondere ein technisches Dossier des Herstellers, wenn das Unternehmen keinen Zugang zu den in Nummer 1 genannten Bescheinigungen oder keine Möglichkeit hatte, diese innerhalb der einschlägigen Fristen einzuholen, sofern das Unternehmen den fehlenden Zugang nicht zu vertreten hat. In diesen Fällen hat das Unternehmen durch die vorgelegten Nachweise zu belegen, dass die von ihm zu erbrin-

gende Leistung die vom öffentlichen Auftraggeber angegebenen spezifischen Anforderungen erfüllt.

3. Eine Konformitätsbewertungsstelle ist eine Stelle, die gemäß der Verordnung (EG) Nr. 765/2008 des Europäischen Parlaments und des Rates vom 9.7.2008 über die Vorschriften für die Akkreditierung und Marktüberwachung im Zusammenhang mit der Vermarktung von Produkten und zur Aufhebung der Verordnung (EWG) Nr. 339/93 des Rates (ABl. L 218 vom 13.8.2008, S. 30) akkreditiert ist und Konformitätsbewertungstätigkeiten durchführt.

(6)

1. Der öffentliche Auftraggeber kann für Leistungen mit spezifischen umweltbezogenen, sozialen oder sonstigen Merkmalen in den technischen Spezifikationen, den Zuschlagskriterien oder den Ausführungsbedingungen ein bestimmtes Gütezeichen als Nachweis dafür verlangen, dass die Leistungen den geforderten Merkmalen entsprechen, sofern alle nachfolgend genannten Bedingungen erfüllt sind:
   a) die Gütezeichen-Anforderungen betreffen lediglich Kriterien, die mit dem Auftragsgegenstand in Verbindung stehen und für die Bestimmung der Merkmale des Auftragsgegenstandes geeignet sind;
   b) die Gütezeichen-Anforderungen basieren auf objektiv nachprüfbaren und nichtdiskriminierenden Kriterien;
   c) die Gütezeichen werden im Rahmen eines offenen und transparenten Verfahrens eingeführt, an dem alle relevanten interessierten Kreise – wie zB staatliche Stellen, Verbraucher, Sozialpartner, Hersteller, Händler und Nichtregierungsorganisationen – teilnehmen können;
   d) die Gütezeichen sind für alle Betroffenen zugänglich;
   e) die Anforderungen an die Gütezeichen werden von einem Dritten festgelegt, auf den der Unternehmer, der das Gütezeichen beantragt, keinen maßgeblichen Einfluss ausüben kann.
2. Für den Fall, dass die Leistung nicht allen Anforderungen des Gütezeichens entsprechen muss, hat der öffentliche Auftraggeber die betreffenden Anforderungen anzugeben.
3. Der öffentliche Auftraggeber akzeptiert andere Gütezeichen, die gleichwertige Anforderungen an die Leistung stellen.
4. Hatte ein Unternehmen aus Gründen, die ihm nicht zugerechnet werden können, nachweislich keine Möglichkeit, das vom öffentlichen Auftraggeber angegebene oder ein gleichwertiges Gütezeichen innerhalb der einschlägigen Fristen zu erlangen, so muss der öffentliche Auftraggeber andere geeignete Nachweise akzeptieren, sofern das Unternehmen nachweist, dass die von ihm zu erbringende Leistung die Anforderungen des geforderten Gütezeichens oder die vom öffentlichen Auftraggeber angegebenen spezifischen Anforderungen erfüllt.

§ 7b EU VOB/A Leistungsbeschreibung mit Leistungsverzeichnis

(1) Die Leistung ist in der Regel durch eine allgemeine Darstellung der Bauaufgabe (Baubeschreibung) und ein in Teilleistungen gegliedertes Leistungsverzeichnis zu beschreiben.

(2) Erforderlichenfalls ist die Leistung auch zeichnerisch oder durch Probestücke darzustellen oder anders zu erklären, zB durch Hinweise auf ähnliche Leistungen, durch Mengen- oder statische Berechnungen. Zeichnungen und Proben, die für die Ausführung maßgebend sein sollen, sind eindeutig zu bezeichnen.

(3) Leistungen, die nach den Vertragsbedingungen, den Technischen Vertragsbedingungen oder der gewerblichen Verkehrssitte zu der geforderten Leistung gehören (§ 2 Absatz 1 VOB/B), brauchen nicht besonders aufgeführt zu werden.

(4) Im Leistungsverzeichnis ist die Leistung derart aufzugliedern, dass unter einer Ordnungszahl (Position) nur solche Leistungen aufgenommen werden, die nach ihrer technischen Beschaffenheit und für die Preisbildung als in sich gleichartig anzusehen sind.

Ungleichartige Leistungen sollen unter einer Ordnungszahl (Sammelposition) nur zusammengefasst werden, wenn eine Teilleistung gegenüber einer anderen für die Bildung eines Durchschnittspreises ohne nennenswerten Einfluss ist.

§ 7c EU VOB/A Leistungsbeschreibung mit Leistungsprogramm

(1) Wenn es nach Abwägen aller Umstände zweckmäßig ist, abweichend von § 7b EU Absatz 1 zusammen mit der Bauausführung auch den Entwurf für die Leistung dem Wettbewerb zu unterstellen, um die technisch, wirtschaftlich und gestalterisch beste sowie funktionsgerechteste Lösung der Bauaufgabe zu ermitteln, kann die Leistung durch ein Leistungsprogramm dargestellt werden.

(2)

1. Das Leistungsprogramm umfasst eine Beschreibung der Bauaufgabe, aus der die Unternehmen alle für die Entwurfsbearbeitung und ihr Angebot maßgebenden Bedingungen und Umstände erkennen können und in der sowohl der Zweck der fertigen Leistung als auch die an sie gestellten technischen, wirtschaftlichen, gestalterischen und funktionsbedingten Anforderungen angegeben sind, sowie gegebenenfalls ein Musterleistungsverzeichnis, in dem die Mengenangaben ganz oder teilweise offengelassen sind.
2. § 7b EU Absätze 2 bis 4 gelten sinngemäß.

(3)

1. Von dem Bieter ist ein Angebot zu verlangen, das außer der Ausführung der Leistung den Entwurf nebst eingehender Erläuterung und eine Darstellung der Bauausführung sowie eine eingehende und zweckmäßig gegliederte Beschreibung der Leistung – gegebenenfalls mit Mengen- und Preisangaben für Teile der Leistung – umfasst. Bei Beschreibung der Leistung mit Mengen- und Preisangaben ist vom Bieter zu verlangen, dass er
2. die Vollständigkeit seiner Angaben, insbesondere die von ihm selbst ermittelten Mengen, entweder ohne Einschränkung oder im Rahmen einer in den Vergabeunterlagen anzugebenden Mengentoleranz vertritt, und
3. etwaige Annahmen, zu denen er in besonderen Fällen gezwungen ist, weil zum Zeitpunkt der Angebotsabgabe einzelne Teilleistungen nach Art und Menge noch nicht bestimmt werden können (zB Aushub-, Abbruch- oder Wasserhaltungsarbeiten) – erforderlichenfalls anhand von Plänen und Mengenermittlungen – begründet.

§ 8c EU VOB/A Anforderungen an energieverbrauchsrelevante Waren, technische Geräte oder Ausrüstungen

(1) Wenn die Lieferung von energieverbrauchsrelevanten Waren, technischen Geräten oder Ausrüstungen wesentlicher Bestandteil einer Bauleistung ist, müssen die Anforderungen der Absätze 2 bis 4 beachtet werden.

(2) In der Leistungsbeschreibung sollen im Hinblick auf die Energieeffizienz insbesondere folgende Anforderungen gestellt werden:

1. das höchste Leistungsniveau an Energieeffizienz und
2. soweit vorhanden, die höchste Energieeffizienzklasse im Sinne der Energieverbrauchskennzeichnungsverordnung.

(3) In der Leistungsbeschreibung oder an anderer geeigneter Stelle in den Vergabeunterlagen sind von den Bietern folgende Informationen zu fordern:

1. konkrete Angaben zum Energieverbrauch, es sei denn, die auf dem Markt angebotenen Waren, technischen Geräte oder Ausrüstungen unterscheiden sich im zulässigen Energieverbrauch nur geringfügig, und
2. in geeigneten Fällen,
   a) eine Analyse minimierter Lebenszykluskosten oder
   b) die Ergebnisse einer Buchstabe a vergleichbaren Methode zur Überprüfung der Wirtschaftlichkeit.

(4) Sind energieverbrauchende Waren, technische Geräte oder Ausrüstungen wesentlicher Bestandteil einer Bauleistung und sind über die in der Leistungsbeschreibung gestellten Mindestanforderungen hinsichtlich der Energieeffizienz hinaus nicht nur geringfügige Unterschiede im Energieverbrauch zu erwarten, ist das Zuschlagskriterium „Energieeffizienz" zu berücksichtigen.

Anhang TS Technische Spezifikationen

1. „Technische Spezifikationen hat eine der folgenden Bedeutungen:

a) bei öffentlichen Bauaufträgen die Gesamtheit der insbesondere in den Vergabeunterlagen enthaltenen technischen Beschreibungen, in denen die erforderlichen Eigenschaften eines Werkstoffs, eines Produkts oder einer Lieferung definiert sind, damit dieser/diese den vom öffentlichen Auftraggeber beabsichtigten Zweck erfüllt; zu diesen Eigenschaften gehören Umwelt- und Klimaleistungsstufen, „Design für alle" (einschließlich des Zugangs von Menschen mit Behinderungen) und Konformitätsbewertung, Leistung, Vorgaben für Gebrauchstauglichkeit, Sicherheit oder Abmessungen, einschließlich der Qualitätssicherungsverfahren, der Terminologie, der Symbole, der Versuchs- und Prüfmethoden, der Verpackung, der Kennzeichnung und Beschriftung, der Gebrauchsanleitungen sowie der Produktionsprozesse und -methoden in jeder Phase des Lebenszyklus der Bauleistungen; außerdem gehören dazu auch die Vorschriften für die Planung und die Kostenrechnung, die Bedingungen für die Prüfung, Inspektion und Abnahme von Bauwerken, die Konstruktionsmethoden oder -verfahren und alle anderen technischen Anforderungen, die der öffentliche Auftraggeber für fertige Bauwerke oder dazu notwendige Materialien oder Teile durch allgemeine und spezielle Vorschriften anzugeben in der Lage ist;

b) bei öffentlichen Dienstleistungs- oder Lieferaufträgen eine Spezifikation, die in einem Schriftstück enthalten ist, das Merkmale für ein Produkt oder eine Dienstleistung vorschreibt, wie Qualitätsstufen, Umwelt- und Klimaleistungsstufen, „Design für alle" (einschließlich des Zugangs von Menschen mit Behinderungen) und Konformitätsbewertung, Leistung, Vorgaben für Gebrauchstauglichkeit, Sicherheit oder Abmessungen des Produkts, einschließlich der Vorschriften über Verkaufsbezeichnung, Terminologie, Symbole, Prüfungen und Prüfverfahren, Verpackung, Kennzeichnung und Beschriftung, Gebrauchsanleitungen, Produktionsprozesse und -methoden in jeder Phase des Lebenszyklus der Lieferung oder der Dienstleistung sowie über Konformitätsbewertungsverfahren;

2. „Norm" bezeichnet eine technische Spezifikation, die von einer anerkannten Normungsorganisation zur wiederholten oder ständigen Anwendung angenommen wurde, deren Einhaltung nicht zwingend ist und die unter eine der nachstehenden Kategorien fällt:

a) internationale Norm: Norm, die von einer internationalen Normungsorganisation angenommen wurde und der Öffentlichkeit zugänglich ist;

b) europäische Norm: Norm, die von einer europäischen Normungsorganisation angenommen wurde und der Öffentlichkeit zugänglich ist;

c) nationale Norm: Norm, die von einer nationalen Normungsorganisation angenommen wurde und der Öffentlichkeit zugänglich ist;

3. „Europäische technische Bewertung" bezeichnet eine dokumentierte Bewertung der Leistung eines Bauprodukts in Bezug auf seine wesentlichen Merkmale im Einklang mit dem betreffenden Europäischen Bewertungsdokument gemäß der Begriffsbestimmung in Artikel 2 Nummer 12 der Verordnung (EU) Nr. 305/2011 des Europäischen Parlaments und des Rates;

4. „gemeinsame technische Spezifikationen" sind technische Spezifikationen im IKT-Bereich, die gemäß den Artikeln 13 und 14 der Verordnung (EU) Nr. 1025/2012 festgelegt wurden;

5. „technische Bezugsgröße" bezeichnet jeden Bezugsrahmen, der keine europäische Norm ist und von den europäischen Normungsorganisationen nach den an die Bedürfnisse des Marktes angepassten Verfahren erarbeitet wurde.

SektVO:

§ 28 SektVO Leistungsbeschreibung

(1) Der Auftraggeber fasst die Leistungsbeschreibung (§ 121 des Gesetzes gegen Wettbewerbsbeschränkungen) in einer Weise, dass sie allen Unternehmen den gleichen Zugang zum Vergabeverfahren gewährt und die Öffnung des nationalen Beschaffungsmarktes für den Wettbewerb nicht in ungerechtfertigter Weise behindert.

(2) In der Leistungsbeschreibung sind die Merkmale des Auftragsgegenstandes zu beschreiben:

1. in Form von Leistungs- oder Funktionsanforderungen oder einer Beschreibung der zu lösenden Aufgabe die so genau wie möglich zu fassen sind, dass sie ein klares Bild vom Auftragsgegenstand vermitteln und hinreichend vergleichbare Angebote erwarten lassen, die dem Auftraggeber die Erteilung des Zuschlags ermöglichen,
2. unter Bezugnahme auf die in der Anlage 1 definierten technischen Anforderungen in der Rangfolge:
   a) nationale Normen, mit denen europäische Normen umgesetzt werden,
   b) europäische technische Bewertungen,
   c) gemeinsame technische Spezifikationen,
   d) internationale Normen und andere technische Bezugssysteme, die von den europäischen Normungsgremien erarbeitet wurden oder,
   e) falls solche Normen und Spezifikationen fehlen, nationale Normen, nationale technische Zulassungen oder nationale technische Spezifikationen für die Planung, Berechnung und Ausführung von Bauwerken und den Einsatz von Produkten, oder
3. als Kombination von Nummer 1 und 2
   a) in Form von Leistungs- oder Funktionsanforderungen unter Bezugnahme auf die technischen Anforderungen gemäß Nummer 2 als Mittel zur Vermutung der Konformität mit diesen Leistungs- und Funktionsanforderungen oder
   b) mit Bezugnahme auf die technischen Anforderungen gemäß Nummer 2 hinsichtlich bestimmter Merkmale und mit Bezugnahme auf die Leistungs- und Funktionsanforderungen gemäß Nummer 1 hinsichtlich anderer Merkmale.

   Jede Bezugnahme auf eine Anforderung nach Nummer 2 Buchstabe a bis e ist mit dem Zusatz „oder gleichwertig" zu versehen.

(3) Die Merkmale können auch Aspekte der Qualität und der Innovation sowie soziale und umweltbezogene Aspekte betreffen. Sie können sich auch auf den Prozess oder die Methode zur Herstellung oder Erbringung der Leistung oder auf ein anderes Stadium im Lebenszyklus des Auftragsgegenstandes einschließlich der Produktions- und Lieferkette beziehen, auch wenn derartige Faktoren keine materiellen Bestandteile der Leistung sind, sofern diese Merkmale in Verbindung mit dem Auftragsgegenstand stehen und zu dessen Wert und Beschaffungszielen verhältnismäßig sind.

(4) In der Leistungsbeschreibung kann ferner festgelegt werden, ob Rechte des geistigen Eigentums übertragen oder dem Auftraggeber daran Nutzungsrechte eingeräumt werden müssen.

(5) Werden verpflichtende Zugänglichkeitserfordernisse im Sinne des § 121 Absatz 2 des Gesetzes gegen Wettbewerbsbeschränkungen mit einem Rechtsakt der Europäischen Union erlassen, so muss die Leistungsbeschreibung, soweit die Kriterien der Zugänglichkeit für Menschen mit Behinderungen oder der Konzeption für alle Nutzer betroffen sind, darauf Bezug nehmen.

(6) In der Leistungsbeschreibung darf nicht auf eine bestimmte Produktion oder Herkunft oder ein besonderes Verfahren oder auf gewerbliche Schutzrechte, Typen oder einen bestimmten Ursprung verwiesen werden, wenn dadurch bestimmte Unternehmen oder bestimmte Produkte begünstigt oder ausgeschlossen werden, es sei denn, dieser Verweis ist durch den Auftragsgegenstand gerechtfertigt. Solche Verweise sind ausnahmsweise zulässig, wenn der Auftragsgegenstand anderenfalls nicht hinreichend genau und allgemein verständlich beschrieben werden kann; die Verweise sind mit dem Zusatz „oder gleichwertig" zu versehen.

§ 29 SektVO Technische Anforderungen

(1) Verweist der Auftraggeber in der Leistungsbeschreibung auf technische Anforderungen nach § 28 Absatz 2 Nummer 2, so darf er ein Angebot nicht mit der Begründung ablehnen, dass die angebotenen Liefer- und Dienstleistungen nicht den von ihm herangezogenen technischen Anforderungen der Leistungsbeschreibung entsprechen, wenn das Unternehmen in seinem Angebot dem Auftraggeber mit geeigneten Mitteln nachweist, dass die vom Unternehmen vorgeschlagenen Lösungen diesen technischen Anforderungen gleichermaßen entsprechen.

(2) Legt der Auftraggeber die technischen Anforderungen in Form von Leistungs- oder Funktionsanforderungen fest, so darf der Auftraggeber ein Angebot nicht ablehnen, das Folgendem entspricht:
1. einer nationalen Norm, mit der eine europäische Norm umgesetzt wird,
2. einer europäischen technischen Bewertung,
3. einer gemeinsamen technischen Spezifikation,
4. einer internationalen Norm oder
5. einem technischen Bezugssystem, das von den europäischen Normungsgremien erarbeitet wurde, wenn diese technischen Anforderungen die von ihm geforderten Leistungs- und Funktionsanforderungen betreffen. Das Unternehmen muss in seinem Angebot belegen, dass die jeweilige der Norm entsprechende Liefer- oder Dienstleistung den Leistungs- oder Funktionsanforderungen des Auftraggebers entspricht. Belege können insbesondere eine technische Beschreibung des Herstellers oder ein Prüfbericht einer anerkannten Stelle sein.

§ 58 SektVO Beschaffung energieverbrauchsrelevanter Leistungen

(1) Mit der Leistungsbeschreibung sind im Rahmen der technischen Spezifikationen von den Bietern Angaben zum Energieverbrauch von technischen Geräten und Ausrüstungen zu fordern. Bei Bauleistungen sind diese Angaben dann zu fordern, wenn die Lieferung von technischen Geräten und Ausrüstungen Bestandteil dieser Bauleistungen sind. Dabei ist in geeigneten Fällen eine Analyse minimierter Lebenszykluskosten oder eine vergleichbare Methode zur Gewährleistung der Wirtschaftlichkeit vom Bieter zu fordern.

(2) Bei technischen Geräten und Ausrüstungen kann deren Energieverbrauch bei der Entscheidung über den Zuschlag berücksichtigt werden, bei Bauleistungen jedoch nur dann, wenn die Lieferung der technischen Geräte oder Ausrüstungen ein wesentlicher Bestandteil der Bauleistung ist.

§ 59 SektVO Beschaffung von Straßenfahrzeugen

(1) Der Auftraggeber muss bei der Beschaffung von Straßenfahrzeugen Energieverbrauch und Umweltauswirkungen berücksichtigen. Zumindest müssen folgende Faktoren, jeweils bezogen auf die Gesamtkilometerleistung des Straßenfahrzeugs im Sinne der Tabelle 3 der Anlage 2, berücksichtigt werden:
1. Energieverbrauch,
2. Kohlendioxid-Emissionen,
3. Emissionen von Stickoxiden,

4. Emissionen von Nichtmethan-Kohlenwasserstoffen und
5. partikelförmige Abgasbestandteile.

(2) Der Auftraggeber erfüllt die Verpflichtung, indem er
1. Vorgaben zu Energieverbrauch und Umweltauswirkungen in der Leistungsbeschreibung oder in den technischen Spezifikationen macht oder
2. den Energieverbrauch und die Umweltauswirkungen von Straßenfahrzeugen als Zuschlagskriterien berücksichtigt.

Sollen der Energieverbrauch und die Umweltauswirkungen von Straßenfahrzeugen finanziell bewertet werden, ist die in Anlage 3 definierte Methode anzuwenden. Soweit die Angaben in Anlage 2 dem Auftraggeber einen Spielraum bei der Beurteilung des Energiegehaltes oder der Emissionskosten einräumen, nutzt er diesen Spielraum entsprechend den lokalen Bedingungen am Einsatzort des Fahrzeugs.

Anlage 1 (zu § 28 Absatz 2) Technische Anforderungen, Begriffsbestimmungen [hier nicht abgedruckt]

Anlage 2 (zu § 59) Daten zur Berechnung der über die Lebensdauer von Straßenfahrzeugen anfallenden externen Kosten [hier nicht abgedruckt]

Anlage 3 (zu § 59 Absatz 2) Methode zur Berechnung der über die Lebensdauer von Straßenfahrzeugen anfallenden Betriebskosten [hier nicht abgedruckt]

VSVgV:

§ 15 VSVgV Leistungsbeschreibung und technische Anforderungen

(1) Die Auftraggeber stellen sicher, dass die Leistungsbeschreibung allen Bewerbern und Bietern gleichermaßen zugänglich ist und die Öffnung des nationalen Beschaffungsmarktes für den Wettbewerb durch Anbieter aus anderen EU-Mitgliedstaaten nicht in ungerechtfertigter Weise behindert wird.

(2) Die Leistung ist eindeutig und vollständig zu beschreiben, sodass die Vergleichbarkeit der Angebote gewährleistet ist. Technische Anforderungen im Sinne des Anhangs III Nummer 1 Buchstabe b der Richtlinie 2009/81/EG sind zum Gegenstand der Bekanntmachung oder der Vergabeunterlagen zu machen.

(3) Unbeschadet zwingender technischer Vorschriften einschließlich solcher zur Produktsicherheit und technischer Anforderungen, die laut internationaler Standardisierungsvereinbarungen zur Gewährleistung der in diesen Vereinbarungen geforderten Interoperabilität zu erfüllen sind, sind technische Anforderungen in der Leistungsbeschreibung wie folgt festzulegen:
1. unter Bezugnahme auf die in Anhang III der Richtlinie 2009/81/EG definierten technischen Anforderungen in folgender Rangfolge, wobei jede dieser Bezugnahmen mit dem Zusatz „oder gleichwertig" zu versehen ist:
   a) zivile Normen, mit denen europäische Normen umgesetzt werden,
   b) europäische technische Zulassungen,
   c) gemeinsame zivile technische Spezifikationen,
   d) zivile Normen, mit denen internationale Normen umgesetzt werden,
   e) andere internationale zivile Normen,
   f) andere technische Bezugssysteme, die von den europäischen Normungsgremien erarbeitet wurden, oder, falls solche Normen und Spezifikationen fehlen, andere nationale zivile Normen, nationale technische Zulassungen oder nationale technische Spezifikationen für die Planung und Berechnung und Ausführungen von Erzeugnissen sowie den Einsatz von Produkten,
   g) zivile technische Spezifikationen, die von der Industrie entwickelt wurden und von ihr allgemein anerkannt werden, oder

h) wehrtechnische Normen im Sinne des Anhangs III Nummer 3 der Richtlinie 2009/81/EG und Spezifikationen für Verteidigungsgüter, die diesen Normen entsprechen,
2. oder in Form von Leistungs- oder Funktionsanforderungen, die auch Umwelteigenschaften umfassen können. Diese Anforderungen müssen so klar formuliert werden, dass sie den Bewerbern und Bietern den Auftragsgegenstand eindeutig und abschließend erläutern und den Auftraggebern die Erteilung des Zuschlags ermöglichen,
3. oder als Kombination der Nummern 1 und 2,
   a) entweder in Form von Leistungs- oder Funktionsanforderungen gemäß Nummer 2 unter Bezugnahme auf die in Anhang III der Richtlinie 2009/81/EG definierten technischen Anforderungen gemäß Nummer 1 als Mittel zur Vermutung der Konformität mit diesen Leistungs- und Funktionsanforderungen oder
   b) hinsichtlich bestimmter Merkmale unter Bezugnahme auf die in Anhang III der Richtlinie 2009/81/EG definierten technischen Anforderungen gemäß Nummer 1 und hinsichtlich anderer Merkmale unter Bezugnahme auf die Leistungs- und Funktionsanforderungen gemäß Nummer 2.

(4) Verweisen die Auftraggeber auf die in Absatz 3 Nummer 1 genannten technischen Anforderungen, dürfen sie ein Angebot nicht mit der Begründung ablehnen, die angebotenen Güter und Dienstleistungen entsprächen nicht den von ihnen herangezogenen Anforderungen, sofern die Unternehmen in ihrem Angebot den Auftraggebern mit geeigneten Mitteln nachweisen, dass die von ihnen vorgeschlagenen Lösungen den technischen Anforderungen, auf die Bezug genommen wurde, gleichermaßen entsprechen. Als geeignetes Mittel gelten insbesondere eine technische Beschreibung des Herstellers oder ein Prüfbericht einer anerkannten Stelle.

(5) Legt der Auftraggeber die technischen Anforderungen nach Absatz 3 Nummer 2 in Form von Leistungs- oder Funktionsanforderungen fest, so darf er ein Angebot, das einer Norm, mit der eine europäische Norm umgesetzt wird, oder einer europäischen technischen Zulassung, einer gemeinsamen technischen Spezifikation, einer internationalen Norm oder einem technischen Bezugssystem, das von den europäischen Normungsgremien erarbeitet wurde, entspricht, nicht zurückweisen, wenn diese Spezifikationen die von ihm geforderten Leistungs-oder Funktionsanforderungen betreffen. Die Bieter müssen in ihren Angeboten dem Auftraggeber mit allen geeigneten Mitteln nachweisen, dass die der Norm entsprechende jeweilige Ware oder Dienstleistung den Leistungs- oder Funktionsanforderungen des Auftraggebers entspricht. Als geeignetes Mittel kann eine technische Beschreibung des Herstellers oder ein Prüfbericht einer anerkannten Stelle gelten.

(6) Schreiben die Auftraggeber Umwelteigenschaften in Form von Leistungs- oder Funktionsanforderungen gemäß Absatz 3 Nummer 2 vor, so können sie ganz oder teilweise die Spezifikationen verwenden, die in europäischen, multinationalen, nationalen oder anderen Umweltzeichen definiert sind, wenn
1. diese sich zur Definition der Merkmale der Güter oder Dienstleistungen eignen, die Gegenstand des Auftrags sind,
2. die Anforderungen an das Umweltzeichen auf der Grundlage von wissenschaftlich abgesicherten Informationen ausgearbeitet werden,
3. die Umweltzeichen im Rahmen eines Verfahrens erlassen werden, an dem interessierte Kreise teilnehmen können und
4. das Umweltzeichen für alle Betroffenen zugänglich und verfügbar ist.

Die Auftraggeber können in der Leistungsbeschreibung angeben, dass bei Gütern oder Dienstleistungen, die mit einem Umweltzeichen ausgestattet sind, vermutet wird, dass diese den in der Leistungsbeschreibung festgelegten technischen Anforderungen genügen. Die Auftraggeber müssen jedes andere geeignete Beweismittel wie technische Unterlagen des Herstellers oder Prüfberichte anerkannter Stellen zulassen.

(7) Anerkannte Stellen sind die Prüf- und Kalibrierlaboratorien sowie die Inspektions- und Zertifizierungsstellen, die den Anforderungen der jeweils anwendbaren europäischen Normen entsprechen. Die Auftraggeber erkennen Bescheinigungen von in anderen Mitgliedstaaten ansässigen anerkannten Stellen an.

(8) Soweit es nicht durch den Auftragsgegenstand gerechtfertigt ist, darf in der Leistungsbeschreibung nicht auf eine bestimmte Produktion oder Herkunft oder ein besonderes Verfahren oder auf Marken, Patente, Typen, einen bestimmten Ursprung oder eine bestimmte Produktion verwiesen werden, wenn dadurch bestimmte Unternehmen oder bestimmte Güter begünstigt oder ausgeschlossen werden. Solche Verweise sind jedoch ausnahmsweise zulässig, wenn der Auftragsgegenstand nach den Absätzen 2 und 3 nicht eindeutig und vollständig beschrieben werden kann; solche Verweise sind mit dem Zusatz „oder gleichwertig" zu versehen.

VOB/A VS:

§ 7 VS VOB/A Leistungsbeschreibung

(1)

1. Die Leistung ist eindeutig und so erschöpfend zu beschreiben, dass alle Unternehmen die Beschreibung im gleichen Sinne verstehen müssen und ihre Preise sicher und ohne umfangreiche Vorarbeiten berechnen können.
2. Um eine einwandfreie Preisermittlung zu ermöglichen, sind alle sie beeinflussenden Umstände festzustellen und in den Vergabeunterlagen anzugeben.
3. Dem Auftragnehmer darf kein ungewöhnliches Wagnis aufgebürdet werden für Umstände und Ereignisse, auf die er keinen Einfluss hat und deren Einwirkung auf die Preise und Fristen er nicht im Voraus schätzen kann.
4. Bedarfspositionen sind grundsätzlich nicht in die Leistungsbeschreibung aufzunehmen. Angehängte Stundenlohnarbeiten dürfen nur in dem unbedingt erforderlichen Umfang in die Leistungsbeschreibung aufgenommen werden.
5. Erforderlichenfalls sind auch der Zweck und die vorgesehene Beanspruchung der fertigen Leistung anzugeben.
6. Die für die Ausführung der Leistung wesentlichen Verhältnisse der Baustelle, zB Boden- und Wasserverhältnisse, sind so zu beschreiben, dass das Unternehmen ihre Auswirkungen auf die bauliche Anlage und die Bauausführung hinreichend beurteilen kann.
7. Die „Hinweise für das Aufstellen der Leistungsbeschreibung" in Abschnitt 0 der Allgemeinen Technischen Vertragsbedingungen für Bauleistungen, DIN 18299 ff., sind zu beachten.

(2) Soweit es nicht durch den Auftragsgegenstand gerechtfertigt ist, darf in technischen Spezifikationen nicht auf eine bestimmte Produktion oder Herkunft oder ein besonderes Verfahren, das die von einem bestimmten Unternehmen bereitgestellten Produkte charakterisiert, oder auf Marken, Patente, Typen oder einen bestimmten Ursprung oder eine bestimmte Produktion verwiesen werden, wenn dadurch bestimmte Unternehmen oder bestimmte Produkte begünstigt oder ausgeschlossen werden. Solche Verweise sind jedoch ausnahmsweise zulässig, wenn der Auftragsgegenstand nicht hinreichend genau und allgemein verständlich beschrieben werden kann; solche Verweise sind mit dem Zusatz „oder gleichwertig" zu versehen.

(3) Bei der Beschreibung der Leistung sind die verkehrsüblichen Bezeichnungen zu beachten.

§ 7a VS VOB/A Technische Spezifikationen

(1) Die technischen Anforderungen (Spezifikationen – siehe Anhang TS Nummer 1) an den Auftragsgegenstand müssen allen Unternehmen gleichermaßen zugänglich sein.

(2) Die technischen Spezifikationen sind in den Vergabeunterlagen zu formulieren:

1. entweder unter Bezugnahme auf die in Anhang TS definierten technischen Spezifikationen in der Rangfolge
   a) nationale zivile Normen, mit denen europäische Normen umgesetzt werden,
   b) europäische technische Zulassungen,
   c) gemeinsame zivile technische Spezifikationen,
   d) nationale zivile Normen, mit denen internationale Normen umgesetzt werden,
   e) andere internationale zivile Normen,
   f) andere technische Bezugssysteme, die von den europäischen Normungsgremien erarbeitet wurden oder, falls solche Normen und Spezifikationen fehlen, nationale Normen, nationale technische Zulassungen oder nationale technische Spezifikationen für die Planung, Berechnung und Ausführung von Bauwerken und den Einsatz von Produkten,
   g) zivile technische Spezifikationen, die von der Industrie entwickelt wurden und von ihr allgemein anerkannt werden oder
   h) die in Anhang III Nummer 3 der Richtlinie 2009/81/EG definierten nationalen „Verteidigungsnormen" und Spezifikationen für Verteidigungsgüter, die diesen Normen entsprechen.

   Jede Bezugnahme ist mit dem Zusatz „oder gleichwertig" zu versehen;
2. oder in Form von Leistungs- oder Funktionsanforderungen, die so genau zu fassen sind, dass sie den Unternehmen ein klares Bild vom Auftragsgegenstand vermitteln und dem Auftraggeber die Erteilung des Zuschlags ermöglichen;
3. oder in Kombination von Nummer 1 und Nummer 2, das heißt
   a) in Form von Leistungs- oder Funktionsanforderungen unter Bezugnahme auf die Spezifikationen gemäß Nummer 1 als Mittel zur Vermutung der Konformität mit diesen Leistungs- oder Funktionsanforderungen;
   b) oder mit Bezugnahme auf die Spezifikationen gemäß Nummer 1 hinsichtlich bestimmter Merkmale und mit Bezugnahme auf die Leistungs- oder Funktionsanforderungen gemäß Nummer 2 hinsichtlich anderer Merkmale.

(3) Verweist der Auftraggeber in der Leistungsbeschreibung auf die in Absatz 2 Nummer 1 genannten Spezifikationen, so darf er ein Angebot nicht mit der Begründung ablehnen, die angebotene Leistung entspräche nicht den herangezogenen Spezifikationen, sofern der Bieter in seinem Angebot dem Auftraggeber nachweist, dass die von ihm vorgeschlagenen Lösungen den Anforderungen der technischen Spezifikation, auf die Bezug genommen wurde, gleichermaßen entsprechen. Als geeignetes Mittel kann eine technische Beschreibung des Herstellers oder ein Prüfbericht einer anerkannten Stelle gelten.

(4) Legt der Auftraggeber die technischen Spezifikationen in Form von Leistungs- oder Funktionsanforderungen fest, so darf er ein Angebot, das einer nationalen Norm entspricht, mit der eine europäische Norm umgesetzt wird, oder einer europäischen technischen Zulassung, einer gemeinsamen technischen Spezifikation, einer internationalen Norm oder einem technischen Bezugssystem, das von den europäischen Normungsgremien erarbeitet wurde, entspricht, nicht zurückweisen, wenn diese Spezifikationen die geforderten Leistungs- oder Funktionsanforderungen betreffen. Der Bieter muss in seinem Angebot mit geeigneten Mitteln dem Auftraggeber nachweisen, dass die der Norm entsprechende jeweilige Leistung den Leistungs- oder Funktionsanforderungen des Auftraggebers entspricht. Als geeignetes Mittel kann eine technische Beschreibung des Herstellers oder ein Prüfbericht einer anerkannten Stelle gelten.

(5) Schreibt der Auftraggeber Umwelteigenschaften in Form von Leistungs- oder Funktionsanforderungen vor, so kann er die Spezifikationen verwenden, die in europäischen, multinationalen oder anderen Umweltzeichen definiert sind, wenn
1. sie sich zur Definition der Merkmale des Auftragsgegenstands eignen,
2. die Anforderungen des Umweltzeichens auf Grundlage von wissenschaftlich abgesicherten Informationen ausgearbeitet werden,

3. die Umweltzeichen im Rahmen eines Verfahrens erlassen werden, an dem interessierte Kreise – wie zB staatliche Stellen, Verbraucher, Hersteller, Händler und Umweltorganisationen – teilnehmen können, und
4. das Umweltzeichen für alle Betroffenen zugänglich und verfügbar ist.

Der Auftraggeber kann in den Vergabeunterlagen angeben, dass bei Leistungen, die mit einem Umweltzeichen ausgestattet sind, vermutet wird, dass sie den in der Leistungsbeschreibung festgelegten technischen Spezifikationen genügen. Der Auftraggeber muss jedoch auch jedes andere geeignete Beweismittel, wie technische Unterlagen des Herstellers oder Prüfberichte anerkannter Stellen, akzeptieren. Anerkannte Stellen sind die Prüf- und Eichlaboratorien sowie die Inspektions- und Zertifizierungsstellen, die mit den anwendbaren europäischen Normen übereinstimmen. Der Auftraggeber erkennt Bescheinigungen von in anderen Mitgliedstaaten ansässigen anerkannten Stellen an.

§ 7b VS VOB/A Leistungsbeschreibung mit Leistungsverzeichnis

(1) Die Leistung ist in der Regel durch eine allgemeine Darstellung der Bauaufgabe (Baubeschreibung) und ein in Teilleistungen gegliedertes Leistungsverzeichnis zu beschreiben.

(2) Erforderlichenfalls ist die Leistung auch zeichnerisch oder durch Probestücke darzustellen oder anders zu erklären, zB durch Hinweise auf ähnliche Leistungen, durch Mengen- oder statische Berechnungen. Zeichnungen und Proben, die für die Ausführung maßgebend sein sollen, sind eindeutig zu bezeichnen.

(3) Leistungen, die nach den Vertragsbedingungen, den Technischen Vertragsbedingungen oder der gewerblichen Verkehrssitte zu der geforderten Leistung gehören (§ 2 Absatz 1 VOB/B), brauchen nicht besonders aufgeführt zu werden.

(4) Im Leistungsverzeichnis ist die Leistung derart aufzugliedern, dass unter einer Ordnungszahl (Position) nur solche Leistungen aufgenommen werden, die nach ihrer technischen Beschaffenheit und für die Preisbildung als in sich gleichartig anzusehen sind. Ungleichartige Leistungen sollen unter einer Ordnungszahl (Sammelposition) nur zusammengefasst werden, wenn eine Teilleistung gegenüber einer anderen für die Bildung eines Durchschnittspreises ohne nennenswerten Einfluss ist.

§ 7c VS VOB/A Leistungsbeschreibung mit Leistungsprogramm

(1) Wenn es nach Abwägen aller Umstände zweckmäßig ist, abweichend von § 7b VS Absatz 1 zusammen mit der Bauausführung auch den Entwurf für die Leistung dem Wettbewerb zu unterstellen, um die technisch, wirtschaftlich und gestalterisch beste sowie funktionsgerechteste Lösung der Bauaufgabe zu ermitteln, kann die Leistung durch ein Leistungsprogramm dargestellt werden.

(2)

1. Das Leistungsprogramm umfasst eine Beschreibung der Bauaufgabe, aus der die Unternehmen alle für die Entwurfsbearbeitung und ihr Angebot maßgebenden Bedingungen und Umstände erkennen können und in der sowohl der Zweck der fertigen Leistung als auch die an sie gestellten technischen, wirtschaftlichen, gestalterischen und funktionsbedingten Anforderungen angegeben sind, sowie gegebenenfalls ein Musterleistungsverzeichnis, in dem die Mengenangaben ganz oder teilweise offengelassen sind.
2. § 7b VS Absätze 2 bis 4 gelten sinngemäß.

(3) Von dem Bieter ist ein Angebot zu verlangen, das außer der Ausführung der Leistung den Entwurf nebst eingehender Erläuterung und eine Darstellung der Bauausführung sowie eine eingehende und zweckmäßig gegliederte Beschreibung der Leistung – gegebenenfalls mit Mengen- und Preisangaben für Teile der Leistung – umfasst. Bei Beschreibung der Leistung mit Mengen- und Preisangaben ist vom Bieter zu verlangen, dass er

1. die Vollständigkeit seiner Angaben, insbesondere die von ihm selbst ermittelten Mengen, entweder ohne Einschränkung oder im Rahmen einer in den Vergabeunterlagen anzugebenden Mengentoleranz vertritt, und
2. etwaige Annahmen, zu denen er in besonderen Fällen gezwungen ist, weil zum Zeitpunkt der Angebotsabgabe einzelne Teilleistungen nach Art und Menge noch nicht bestimmt werden können (zB Aushub-, Abbruch- oder Wasserhaltungsarbeiten) – erforderlichenfalls anhand von Plänen und Mengenermittlungen – begründet.

Anhang TS Technische Spezifikationen [hier nicht abgedruckt]

KonzVgV:

§ 15 KonzVgV Leistungsbeschreibung

(1) In der Leistungsbeschreibung werden die für die vertragsgegenständlichen Bau- oder Dienstleistungen geforderten Merkmale durch technische und funktionelle Anforderungen festgelegt. Der Konzessionsgeber fasst die Leistungsbeschreibung gemäß § 152 Absatz 1 in Verbindung mit § 121 Absatz 1 und 3 des Gesetzes gegen Wettbewerbsbeschränkungen in einer Weise, dass allen Unternehmen der gleiche Zugang zum Vergabeverfahren gewährt wird und die Öffnung des nationalen Beschaffungsmarktes für den Wettbewerb nicht in ungerechtfertigter Weise behindert wird.

(2) Die Merkmale können Aspekte der Qualität und Innovation sowie soziale und umweltbezogene Aspekte betreffen. Sie können sich auch auf den Prozess oder die Methode zur Herstellung oder Erbringung der Bau- oder Dienstleistungen oder auf ein anderes Stadium im Lebenszyklus des Gegenstands der Konzession einschließlich der Produktions- und Lieferkette beziehen, auch wenn derartige Faktoren keine materiellen Bestandteile des Gegenstands der Konzession sind, sofern diese Merkmale in Verbindung mit dem Gegenstand der Konzession stehen und zu dessen Wert und Beschaffungszielen verhältnismäßig sind.

(3) In der Leistungsbeschreibung darf nicht auf eine bestimmte Produktion oder Herkunft oder ein besonderes Verfahren, das die Erzeugnisse oder Dienstleistungen eines bestimmten Unternehmens kennzeichnet, oder auf gewerbliche Schutzrechte, Typen oder eine bestimmte Erzeugung verwiesen werden, wenn dadurch bestimmte Unternehmen oder bestimmte Produkte begünstigt oder ausgeschlossen werden, es sei denn, dieser Verweis ist durch den Konzessionsgegenstand gerechtfertigt. Solche Verweise sind ausnahmsweise zulässig, wenn der Konzessionsgegenstand andernfalls nicht hinreichend genau und allgemein verständlich beschrieben werden kann; diese Verweise sind mit dem Zusatz „oder gleichwertig" zu versehen.

(4) Ein Angebot darf nicht mit der Begründung abgelehnt werden, dass die angebotenen Bau- oder Dienstleistungen nicht den in der Leistungsbeschreibung genannten technischen und funktionellen Anforderungen entsprechen, wenn der Bieter in seinem Angebot mit geeigneten Mitteln nachgewiesen hat, dass die von ihm vorgeschlagenen Lösungen diese Anforderungen in gleichwertiger Weise erfüllen.

UVgO:

§ 23 UVgO Leistungsbeschreibung

(1) [1]In der Leistungsbeschreibung ist der Auftragsgegenstand so eindeutig und erschöpfend wie möglich zu beschreiben, sodass die Beschreibung für alle Unternehmen im gleichen Sinne verständlich ist und die Angebote miteinander verglichen werden können. [2]Die Leistungsbeschreibung enthält die Funktions- oder Leistungsanforderungen oder eine Beschreibung der zu lösenden Aufgabe, deren Kenntnis für die Erstellung des Angebots erforderlich ist, sowie Umstände und Bedingungen der Leistungserbringung.

(2) [1]Die Leistungsbeschreibung kann auch Aspekte der Qualität sowie soziale, innovative und umweltbezogene Merkmale umfassen. [2]Diese können sich auch auf den Prozess oder

die Methode zur Herstellung oder Erbringung der Leistung oder auf ein anderes Stadium im Lebenszyklus des Auftragsgegenstandes einschließlich der Produktions- und Lieferkette beziehen, auch wenn derartige Faktoren keine materiellen Bestandteile der Leistung sind, sofern diese Merkmale in Verbindung mit dem Auftragsgegenstand stehen und zu dessen Wert und Beschaffungszielen verhältnismäßig sind.

(3) In der Leistungsbeschreibung kann ferner festgelegt werden, ob Rechte des geistigen Eigentums übertragen oder dem Auftraggeber daran Nutzungsrechte eingeräumt werden müssen.

(4) Bei der Beschaffung von Leistungen, die zur Nutzung durch natürliche Personen vorgesehen sind, sind bei der Erstellung der Leistungsbeschreibung außer in ordnungsgemäß begründeten Fällen die Zugänglichkeitskriterien für Menschen mit Behinderungen oder die Konzeption für alle Nutzer zu berücksichtigen.

(5) [1]Bezeichnungen für bestimmte Erzeugnisse oder Verfahren wie beispielsweise Markennamen dürfen ausnahmsweise, jedoch nur mit dem Zusatz „oder gleichwertig", verwendet werden, wenn eine hinreichend genaue Beschreibung durch verkehrsübliche Bezeichnungen nicht möglich ist. [2]Der Zusatz „oder gleichwertig" kann entfallen, wenn ein sachlicher Grund die Produktvorgabe ansonsten rechtfertigt. [3]Ein solcher Grund liegt insbesondere dann vor, wenn die Auftraggeber Erzeugnisse oder Verfahren mit unterschiedlichen Merkmalen zu bereits bei ihnen vorhandenen Erzeugnissen oder Verfahren beschaffen müssten und dies mit unverhältnismäßig hohem finanziellen Aufwand oder unverhältnismäßigen Schwierigkeiten bei Integration, Gebrauch, Betrieb oder Wartung verbunden wäre. [4]Die Gründe sind zu dokumentieren.

§ 24 UVgO Nachweisführung durch Gütezeichen

(1) Als Beleg dafür, dass eine Leistung bestimmten, in der Leistungsbeschreibung geforderten Merkmalen entspricht, kann der Auftraggeber die Vorlage von Gütezeichen nach Maßgabe der Absätze 2 bis 4 verlangen.

(2) Das Gütezeichen muss allen folgenden Bedingungen genügen:

1. Die Anforderungen des Gütezeichens beruhen auf objektiv nachprüfbaren und nichtdiskriminierenden Kriterien, die für die Bestimmung der Merkmale der Leistung geeignet sind.
2. Das Gütezeichen wurde im Rahmen eines offenen und transparenten Verfahrens entwickelt, an dem alle interessierten Kreise teilnehmen können.
3. Alle betroffenen Unternehmen haben Zugang zum Gütezeichen.
4. Die Anforderungen wurden von einem Dritten festgelegt, auf den das Unternehmen, das das Gütezeichen erwirbt, keinen maßgeblichen Einfluss ausüben konnte.

(3) Für den Fall, dass die Leistung nicht allen Anforderungen des Gütezeichens entsprechen muss, hat der Auftraggeber die betreffenden Anforderungen anzugeben.

(4) Der Auftraggeber muss andere Gütezeichen akzeptieren, wenn der Bieter nachweist, dass diese gleichwertige Anforderungen an die Leistung stellen.

(5) Hatte ein Unternehmen aus Gründen, die ihm nicht zugerechnet werden können, nachweislich keine Möglichkeit, das vom Auftraggeber angegebene oder ein gleichwertiges Gütezeichen innerhalb einer einschlägigen Frist zu erlangen, so muss der Auftraggeber andere geeignete Belege akzeptieren, sofern das Unternehmen nachweist, dass die von ihm zu erbringende Leistung die Anforderungen des geforderten Gütezeichens oder die vom Auftraggeber angegebenen spezifischen Anforderungen erfüllt.

VOL/A:

§ 7 VOL/A Leistungsbeschreibung

(1) Die Leistung ist eindeutig und erschöpfend zu beschreiben, so dass alle Bewerber die Beschreibung im gleichen Sinne verstehen müssen und dass miteinander vergleichbare Angebote zu erwarten sind (Leistungsbeschreibung).

(2) Die Leistung oder Teile derselben sollen durch verkehrsübliche Bezeichnungen nach Art, Beschaffenheit und Umfang hinreichend genau beschrieben werden. Andernfalls können sie

a) durch eine Darstellung ihres Zweckes, ihrer Funktion sowie der an sie gestellten sonstigen Anforderungen,
b) in ihren wesentlichen Merkmalen und konstruktiven Einzelheiten oder
c) durch Verbindung der Beschreibungsarten, beschrieben werden.

(3) Bestimmte Erzeugnisse oder Verfahren sowie bestimmte Ursprungsorte und Bezugsquellen dürfen nur dann ausdrücklich vorgeschrieben werden, wenn dies durch die Art der zu vergebenden Leistung gerechtfertigt ist.

(4) Bezeichnungen für bestimmte Erzeugnisse oder Verfahren (zB Markennamen) dürfen ausnahmsweise, jedoch nur mit dem Zusatz „oder gleichwertiger Art verwendet werden, wenn eine hinreichend genaue Beschreibung durch verkehrsübliche Bezeichnungen nicht möglich ist. Der Zusatz „oder gleichwertiger Art" kann entfallen, wenn ein sachlicher Grund die Produktvorgabe rechtfertigt. Ein solcher Grund liegt dann vom; wenn die Auftraggeber Erzeugnisse oder Verfahren mit unterschiedlichen Merkmalen zu bereits bei ihren vorhandenen Erzeugnissen oder Verfahren beschaffen müssten und dies mit unverhältnismäßig hohem finanziellen Aufwand oder unverhältnismäßigen Schwierigkeiten bei Integration, Gebrauch, Betrieb oder Wartung verbunden wäre. Die Gründe sind zu dokumentieren.

VOB/A:

§ 7 VOB/A Leistungsbeschreibung

(1)

1. Die Leistung ist eindeutig und so erschöpfend zu beschreiben, dass alle Unternehmen die Beschreibung im gleichen Sinne verstehen müssen und ihre Preise sicher und ohne umfangreiche Vorarbeiten berechnen können.
2. Um eine einwandfreie Preisermittlung zu ermöglichen, sind alle sie beeinflussenden Umstände festzustellen und in den Vergabeunterlagen anzugeben.
3. Dem Auftragnehmer darf kein ungewöhnliches Wagnis aufgebürdet werden für Umstände und Ereignisse, auf die er keinen Einfluss hat und deren Einwirkung auf die Preise und Fristen er nicht im Voraus schätzen kann.
4. Bedarfspositionen sind grundsätzlich nicht in die Leistungsbeschreibung aufzunehmen. Angehängte Stundenlohnarbeiten dürfen nur in dem unbedingt erforderlichen Umfang in die Leistungsbeschreibung aufgenommen werden.
5. Erforderlichenfalls sind auch der Zweck und die vorgesehene Beanspruchung der fertigen Leistung anzugeben.
6. Die für die Ausführung der Leistung wesentlichen Verhältnisse der Baustelle, zB Boden- und Wasserverhältnisse, sind so zu beschreiben, dass das Unternehmen ihre Auswirkungen auf die bauliche Anlage und die Bauausführung hinreichend beurteilen kann.
7. Die „Hinweise für das Aufstellen der Leistungsbeschreibung" in Abschnitt 0 der Allgemeinen Technischen Vertragsbedingungen für Bauleistungen, DIN 18299 ff., sind zu beachten.

(2) In technischen Spezifikationen darf nicht auf eine bestimmte Produktion oder Herkunft oder ein besonderes Verfahren, das die von einem bestimmten Unternehmen bereitgestell-

ten Produkte charakterisiert, oder auf Marken, Patente, Typen oder einen bestimmten Ursprung oder eine bestimmte Produktion verwiesen werden, es sei denn

1. dies ist durch den Auftragsgegenstand gerechtfertigt oder
2. der Auftragsgegenstand kann nicht hinreichend genau und allgemein verständlich beschrieben werden; solche Verweise sind mit dem Zusatz „oder gleichwertig" zu versehen.

(3) Bei der Beschreibung der Leistung sind die verkehrsüblichen Bezeichnungen zu beachten.

§ 7a VOB/A Technische Spezifikationen

(1) Die technischen Anforderungen (Spezifikationen – siehe Anhang TS Nummer 1) an den Auftragsgegenstand müssen allen Unternehmen gleichermaßen zugänglich sein.

(2) Die technischen Spezifikationen sind in den Vergabeunterlagen zu formulieren:

1. entweder unter Bezugnahme auf die in Anhang TS definierten technischen Spezifikationen in der Rangfolge
   a) nationale Normen, mit denen europäische Normen umgesetzt werden,
   b) europäische technische Zulassungen,
   c) gemeinsame technische Spezifikationen,
   d) internationale Normen und andere technische Bezugssysteme, die von den europäischen Normungsgremien erarbeitet wurden oder,
   e) falls solche Normen und Spezifikationen fehlen, nationale Normen, nationale technische Zulassungen oder nationale technische Spezifikationen für die Planung, Berechnung und Ausführung von Bauwerken und den Einsatz von Produkten.
   Jede Bezugnahme ist mit dem Zusatz „oder gleichwertig" zu versehen;
2. oder in Form von Leistungs- oder Funktionsanforderungen, die so genau zu fassen sind, dass sie den Unternehmen ein klares Bild vom Auftragsgegenstand vermitteln und dem Auftraggeber die Erteilung des Zuschlags ermöglichen;
3. oder in Kombination von den Nummern 1 und 2, dh
   a) in Form von Leistungs- oder Funktionsanforderungen unter Bezugnahme auf die Spezifikationen gemäß Nummer 1 als Mittel zur Vermutung der Konformität mit diesen Leistungs- oder Funktionsanforderungen;
   b) oder mit Bezugnahme auf die Spezifikationen gemäß Nummer 1 hinsichtlich bestimmter Merkmale und mit Bezugnahme auf die Leistungs- oder Funktionsanforderungen gemäß Nummer 2 hinsichtlich anderer Merkmale.

(3) Verweist der Auftraggeber in der Leistungsbeschreibung auf die in Absatz 2 Nummer 1 genannten Spezifikationen, so darf er ein Angebot nicht mit der Begründung ablehnen, die angebotene Leistung entspräche nicht den herangezogenen Spezifikationen, sofern der Bieter in seinem Angebot dem Auftraggeber nachweist, dass die von ihm vorgeschlagenen Lösungen den Anforderungen der technischen Spezifikation, auf die Bezug genommen wurde, gleichermaßen entsprechen. Als geeignetes Mittel kann eine technische Beschreibung des Herstellers oder ein Prüfbericht einer anerkannten Stelle gelten.

(4) Legt der Auftraggeber die technischen Spezifikationen in Form von Leistungs- oder Funktionsanforderungen fest, so darf er ein Angebot, das einer nationalen Norm entspricht, mit der eine europäische Norm umgesetzt wird, oder einer europäischen technischen Zulassung, einer gemeinsamen technischen Spezifikation, einer internationalen Norm oder einem technischen Bezugssystem, das von den europäischen Normungsgremien erarbeitet wurde, entspricht, nicht zurückweisen, wenn diese Spezifikationen die geforderten Leistungs- oder Funktionsanforderungen betreffen. Der Bieter muss in seinem Angebot mit geeigneten Mitteln dem Auftraggeber nachweisen, dass die der Norm entsprechende jeweilige Leistung den Leistungs- oder Funktionsanforderungen des Auftraggebers entspricht. Als geeignetes Mittel kann eine technische Beschreibung des Herstellers oder ein Prüfbericht einer anerkannten Stelle gelten.

(5) Schreibt der Auftraggeber Umwelteigenschaften in Form von Leistungs- oder Funktionsanforderungen vor, so kann er die Spezifikationen verwenden, die in europäischen, multinationalen oder anderen Umweltzeichen definiert sind, wenn

1. sie sich zur Definition der Merkmale des Auftragsgegenstands eignen,
2. die Anforderungen des Umweltzeichens auf Grundlage von wissenschaftlich abgesicherten Informationen ausgearbeitet werden,
3. die Umweltzeichen im Rahmen eines Verfahrens erlassen werden, an dem interessierte Kreise – wie zB staatliche Stellen, Verbraucher, Hersteller, Händler und Umweltorganisationen – teilnehmen können, und
4. wenn das Umweltzeichen für alle Betroffenen zugänglich und verfügbar ist.

Der Auftraggeber kann in den Vergabeunterlagen angeben, dass bei Leistungen, die mit einem Umweltzeichen ausgestattet sind, vermutet wird, dass sie den in der Leistungsbeschreibung festgelegten technischen Spezifikationen genügen. Der Auftraggeber muss jedoch auch jedes andere geeignete Beweismittel, wie technische Unterlagen des Herstellers oder Prüfberichte anerkannter Stellen, akzeptieren. Anerkannte Stellen sind die Prüf- und Eichlaboratorien sowie die Inspektions- und Zertifizierungsstellen, die mit den anwendbaren europäischen Normen übereinstimmen. Der Auftraggeber erkennt Bescheinigungen von in anderen Mitgliedstaaten ansässigen anerkannten Stellen an.

§ 7b VOB/A Leistungsbeschreibung mit Leistungsverzeichnis

(1) Die Leistung ist in der Regel durch eine allgemeine Darstellung der Bauaufgabe (Baubeschreibung) und ein in Teilleistungen gegliedertes Leistungsverzeichnis zu beschreiben.

(2) Erforderlichenfalls ist die Leistung auch zeichnerisch oder durch Probestücke darzustellen oder anders zu erklären, zB durch Hinweise auf ähnliche Leistungen, durch Mengen- oder statische Berechnungen. Zeichnungen und Proben, die für die Ausführung maßgebend sein sollen, sind eindeutig zu bezeichnen.

(3) Leistungen, die nach den Vertragsbedingungen, den Technischen Vertragsbedingungen oder der gewerblichen Verkehrssitte zu der geforderten Leistung gehören (§ 2 Absatz 1 VOB/B), brauchen nicht besonders aufgeführt zu werden.

(4) Im Leistungsverzeichnis ist die Leistung derart aufzugliedern, dass unter einer Ordnungszahl (Position) nur solche Leistungen aufgenommen werden, die nach ihrer technischen Beschaffenheit und für die Preisbildung als in sich gleichartig anzusehen sind. Ungleichartige Leistungen sollen unter einer Ordnungszahl (Sammelposition) nur zusammengefasst werden, wenn eine Teilleistung gegenüber einer anderen für die Bildung eines Durchschnittspreises ohne nennenswerten Einfluss ist.

§ 7c VOB/A Leistungsbeschreibung mit Leistungsprogramm

(1) Wenn es nach Abwägen aller Umstände zweckmäßig ist, abweichend von § 7b Absatz 1 zusammen mit der Bauausführung auch den Entwurf für die Leistung dem Wettbewerb zu unterstellen, um die technisch, wirtschaftlich und gestalterisch beste sowie funktionsgerechteste Lösung der Bauaufgabe zu ermitteln, kann die Leistung durch ein Leistungsprogramm dargestellt werden.

(2)

1. Das Leistungsprogramm umfasst eine Beschreibung der Bauaufgabe, aus der die Unternehmen alle für die Entwurfsbearbeitung und ihr Angebot maßgebenden Bedingungen und Umstände erkennen können und in der sowohl der Zweck der fertigen Leistung als auch die an sie gestellten technischen, wirtschaftlichen, gestalterischen und funktionsbedingten Anforderungen angegeben sind, sowie gegebenenfalls ein Musterleistungsverzeichnis, in dem die Mengenangaben ganz oder teilweise offengelassen sind.
2. § 7b Absatz 2 bis 4 gilt sinngemäß.

(3) Von dem Bieter ist ein Angebot zu verlangen, das außer der Ausführung der Leistung den Entwurf nebst eingehender Erläuterung und eine Darstellung der Bauausführung sowie eine eingehende und zweckmäßig gegliederte Beschreibung der Leistung – gegebenenfalls mit Mengen- und Preisangaben für Teile der Leistung – umfasst. Bei Beschreibung der Leistung mit Mengen- und Preisangaben ist vom Bieter zu verlangen, dass er

1. die Vollständigkeit seiner Angaben, insbesondere die von ihm selbst ermittelten Mengen, entweder ohne Einschränkung oder im Rahmen einer in den Vergabeunterlagen anzugebenden Mengentoleranz vertritt, und dass er
2. etwaige Annahmen, zu denen er in besonderen Fällen gezwungen ist, weil zum Zeitpunkt der Angebotsabgabe einzelne Teilleistungen nach Art und Menge noch nicht bestimmt werden können (zB Aushub-, Abbruch- oder Wasserhaltungsarbeiten) – erforderlichenfalls anhand von Plänen und Mengenermittlungen – begründet.

Anhang TS Technische Spezifikationen [hier nicht abgedruckt]

Literatur:
Brauer, Die Behandlung ungewöhnlicher Wagnisse nach der Neufassung der VOL/A, VergabeR 2012, 343; *Byok,* Das Verhandlungsverfahren: Praxishandbuch für die sichere Auftragsvergabe unter besonderer Berücksichtigung von PPP-Projekten, 2006; *Carstens,* Modernisierung des Vergaberechts – nicht ohne Barrierefreiheit, ZRP 2015, 141; *Czaki/Winkelmann,* Die praktische Umsetzung der EuGH-Rechtsprechung zu Rahmenvereinbarungen, NZBau 2019, 758; *Dicks,* Ungewöhnliche und unzumutbare Wagnisse, NZBau 2014, 731; *Dieckmann,* Vom Schatten ins Licht – Umweltzeichen in Vergabeverfahren, NVwZ 2016, 1369; *Erdl,* Unklare Leistungsbeschreibung des öffentlichen Auftraggebers im Vergabe- und im Nachprüfungsverfahren, BauR 2004, 166; *Fischer/Schleper,* Zwingende Festlegung einer Höchstmenge abrufbarer Leistungen bei Rahmenvereinbarungen, NZBau 2019, 762; *Funk/Tomerius,* Aktuelle Ansatzpunkte umwelt- und klimaschützender Beschaffung in Kommunen – Überblicke und Wege im Dschungel des Vergaberechts (Teil 2), KommJur 2016, 47; *Gabriel/Voll,* Markterkundungen öffentlicher Auftraggeber im Grenzbereich zwischen Leistungsbestimmungsrecht und Ausschreibungspflicht, NZBau 2019, 83; *Haak,* Vergaberecht in der Energiewende – Teil I: Energieeffiziente Beschaffung und Ausschreibungsmodelle nach dem EEG 2014, NZBau 2015, 11; *Hertwig,* Praxis der öffentlichen Auftragsvergabe: Systematik, Verfahren, Rechtsschutz, 2009; *Huerkamp,* Technische Spezifikationen und die Grenzen des § 97 IV 2 GWB, NZBau 2009, 755; *Jaeger,* Reichweite und Grenzen der Beschaffungsfreiheit des öffentlichen Auftraggebers, ZWeR 2011, 365; *Kaufhold,* Die Vergabe freiberuflicher Leistungen ober- und unterhalb der Schwellenwerte – Handlungsanleitungen mit Praxisbeispielen: VOF, GWB, VgV, SektVO, 2. Aufl. 2011; *Knauff,* Die Verwendbarkeit von (Umwelt-)Gütezeichen in Vergabeverfahren, VergabeR 2017, 553; *Krohn,* Leistungsbeschreibung und Angebotswertung bei komplexen IT-Vergaben, NZBau 2013, 79; *Krohn,* Vertragsänderungen und Vergaberecht – Wann besteht eine Pflicht zur Neuausschreibung? NZBau 2008, 619; *Krohn,* Öffentliche Auftragsvergabe und Umweltschutz, 2003; *Latzel,* Soziale Aspekte bei der Vergabe öffentlicher Aufträge nach der Richtlinie 2014/24/EU, NZBau 2014, 673; *Ortner,* Anmerkung zu EuGH Urteil v. 19.12.2018, C-216/17, VergabeR 2019, 368; *Prieß,* Die Leistungsbeschreibung – Kernstück des Vergabeverfahrens, Teil 1: NZBau 2004, 20; Teil 2: NZBau 2004, 87; *Schneider,* Der Wettbewerbliche Dialog im Spannungsfeld der Grundsätze des Vergaberechts, Berlin 2009; *Schwabe,* Diskurs: Sind die neuen Energieeffizienzregelungen bieterschützend?, in Vergabeblog (www.vergabeblog.de) vom 19.12.2011; *Stockmann/Rusch,* Anforderungen an Leistungsbeschreibung und Wertung nach § 4 IV bis VI b VgV; *Wegener/Hahn,* Ausschreibung von Öko- und Fair-Trade-Produkten mittels Gütezeichen, NZBau 2012, 684; *Zeiss,* Energieeffizienz in der Beschaffungspraxis, NZBau 2012, 201.

A. Einleitung

1 Die Leistungsbeschreibung ist das **Kernstück der Vergabeunterlagen.** Sie bestimmt, welche Leistungen der Auftragnehmer unter dem Vertrag erbringen muss. Sie ist daher sowohl für den Erfolg des Vergabeverfahrens als auch für die Vertragsausführung von zentraler Bedeutung. Die Leistungsbeschreibung ist für die Bieter im Vergabeverfahren die **Basis der Angebotserstellung.** Ohne aussagekräftige Angaben zum Leistungsinhalt können Bieter kein seriöses Angebot legen. Wird die Leistung mangelhaft beschrieben, läuft der Auftraggeber Gefahr, dass die Angebote seinen Anforderungen nicht gerecht werden. Zweifel über den Leistungsinhalt können Bieter zu Risikozuschlägen veranlassen und so zu unnötig hohen Preisen führen. Die Leistungsbeschreibung bildet gemeinsam mit den Zuschlagskriterien zugleich die entscheidende Grundlage für die Angebotswertung. Bei un-

klaren Vorgaben zur anzubietenden Leistung droht ein inhaltliches Auseinanderlaufen der Angebote; ein objektiver Angebotsvergleich ist dann nicht mehr möglich.[1]

Der Leistungsbeschreibung kommt **auch nach Vertragsschluss fundamentale Bedeutung** zu. Sie bestimmt sowohl die Leistungspflichten des Auftragnehmers unter dem Vertrag, aber auch deren Grenzen. Sie bildet damit die Grundlage für die Abrechnung der Leistungen des Auftragnehmers und die Beurteilung von Mängeln und Gewährleistungsfragen. Falsche, ungenaue oder lückenhafte Angaben in der Leistungsbeschreibung machen folglich nicht nur das Vergabeverfahren angreifbar, sondern wirken auch in der Phase der Vertragsabwicklung fort. Mängel der Leistungsbeschreibung führen regelmäßig zu Nachtragsforderungen des Auftragnehmers während der Ausführung, die aufgrund des dann fehlenden Wettbewerbsdrucks oft besonders kostspielig sind. Fehler der Leistungsbeschreibung können auch Schadensersatzansprüche des Auftragnehmers auslösen.[2] Aus all diesen Gründen liegt die Erstellung einer ordnungsgemäßen Leistungsbeschreibung im ureigenen Interesse des Auftraggebers. 2

B. Ermittlung des Beschaffungsbedarfs

Die Leistungsbeschreibung erfordert sorgfältige Vorbereitung. Ausgangspunkt ist eine vollständige und richtige Erfassung des Beschaffungsbedarfs. Der Auftraggeber kann die zu erbringende Leistung nur dann eindeutig und erschöpfend beschreiben, wenn er sich über Inhalt und Umfang seines Bedarfs im Klaren ist. 3

Bei der **Bedarfsermittlung** ist zu klären, welche Leistungen bzw. Produkte der Auftraggeber genau braucht und welche Anforderungen sie im Einzelnen erfüllen müssen. Dabei sind auch die Rahmenbedingungen der geplanten Beschaffung in den Blick zu nehmen. Beabsichtigt der Auftraggeber beispielsweise die Anschaffung von IT-Geräten, so ist bereits vorab zu klären, ob sich die Geräte in eine vorhandene IT-Infrastruktur einfügen müssen. Ferner ist bspw. zu überlegen, ob ergänzende Installations-, Service- und Supportleistungen für Einrichtung und Betrieb erforderlich sind. Dabei ist auch zu berücksichtigen, welche Aufgaben der Auftraggeber ggf. mit eigenem Personal bewältigen kann, und wie die Zusammenarbeit zwischen internen und externen Kräften koordiniert werden soll. 4

Nachdem der Auftraggeber seinen Bedarf ermittelt hat, muss er klären, wie er diesen **optimal decken** kann. Das erfordert einen guten Überblick über die am Markt verfügbaren Lösungen und deren Vor- und Nachteile. Hierin liegt insbesondere bei Beschaffungen in den schnelllebigen Bereichen der Hochtechnologie und der Informationstechnik sowie bei innovativen Beschaffungsvorhaben eine erhebliche Herausforderung. Bei der Gestaltung der Ausschreibung müssen zudem die **konkreten Verhältnisse auf dem Markt** berücksichtigt werden. Dies betrifft bspw. die tatsächliche Verfügbarkeit der ausgeschriebenen Produkte oder die Festlegung von marktgerechten Lieferfristen oder Service Levels. Bei Leistungen, die nur von wenigen großen Anbietern erbracht werden (insbesondere im IT-Bereich) sollte auch auf marktgerechte Vertragsmodelle geachtet werden. Leistungsbeschreibungen, die den tatsächlichen Marktgegebenheiten nicht gerecht werden, führen zu qualitativ und preislich nicht optimalen Beschaffungsergebnissen. Verfügt der Auftraggeber selbst nicht über die notwendigen Marktkenntnisse, etwa weil vergleichbare Waren oder Dienstleistungen nur in größeren zeitlichen Abständen beschafft werden, ist die Einbeziehung externer Experten bei der Marktrecherche ratsam. 5

Bei besonders komplexen oder innovativen Beschaffungsprojekten kann es sich anbieten, im Rahmen der Markterkundung ein **Interessenbekundungsverfahren** durchzuführen. Dies gibt potentiellen Interessenten die Möglichkeit, frühzeitig eigene Optimie- 6

[1] BGH Urt. v. 24.4.2003 – X ZR 50/01, NZBau 2003, 406, 407; siehe auch *Prieß* NZBau 2004, 20, 21.
[2] Vgl. BGH Urt. v. 26.1.2010 – X ZR 86/08, ZfBR 2010, 389.

rungsvorschläge für die Beschaffung einzubringen.[3] Dem Auftraggeber wird dadurch eine marktgerechte Gestaltung der Leistungsbeschreibung erleichtert. Da ein Interessenbekundungsverfahren den beteiligten Unternehmen im gewissen Umfang die Möglichkeit verschafft, auf Inhalt und Ausgestaltung des Beschaffungsvorhabens Einfluss zu nehmen, muss der Auftraggeber allerdings darauf achten, dass die Teilnehmer des Interessenbekundungsverfahrens im anschließenden Vergabeverfahren nicht bevorzugt werden. Der Auftraggeber muss daher sowohl bei der Leistungsbeschreibung als auch im weiteren Verfahren geeignete Maßnahmen treffen um sicherzustellen, dass auch solche Bieter und Bewerber, die nicht bereits am Interessenbekundungsverfahren beteiligt waren, die gleichen Chancen bekommen, insbesondere die gleichen Informationen erhalten.[4]

7 Ist die **Hinzuziehung externer Experten** erforderlich, ist das beim Zeitplan des Vergabeverfahrens zu berücksichtigen. Auch der Beratervertrag ist ein öffentlicher Auftrag, der ggf. nach Vergaberecht auszuschreiben ist. Bei der Einschaltung externer Berater ist ferner die sog. **Projektantenproblematik**[5] im Blick zu behalten. Gerade bei technisch komplexen Beschaffungsvorhaben kommt es vor, dass einschlägig spezialisierte Unternehmen den Auftraggeber nicht nur bei der Vorbereitung des Projekts beraten, sondern auch am Auftrag selbst interessiert sind. In diesem Fall muss gem. § 7 VgV bzw. § 7 SektVO vermieden werden, dass die betreffenden Unternehmen daraus einen Wettbewerbsvorteil im anschließenden Kampf um den Auftrag ziehen können. Ein solcher Vorteil kann sich zum einen aus einer gezielten Beeinflussung des Leistungsinhalts entsprechend den eigenen wettbewerblichen Stärken ergeben (Problem der „maßgeschneiderten Leistungsbeschreibung"), zum anderen aus Informationsvorsprüngen, die der Bieter oder Bewerber bei seiner vorherigen Beratungstätigkeit erlangt hat. Der Auftraggeber muss in diesem Fall durch geeignete Maßnahmen sicherstellen, dass eine Wettbewerbsverzerrung vermieden wird.

C. Arten der Leistungsbeschreibung

8 § 121 Abs. 1 GWB gesteht den Auftraggebern einen weiten Spielraum bei Art und Umfang der Beschreibung der Leistung zu.[6] Die klassische, konventionelle Form ist die **konstruktive Leistungsbeschreibung,** bei der der Leistungsinhalt durch konkrete technische Leistungsanforderungen definiert wird, oft mittels eines detaillierten Leistungsverzeichnisses. Zum anderen ist eine offenere Herangehensweise im Wege einer **funktionalen Leistungsbeschreibung** möglich, im Baubereich insbesondere in Form einer „Leistungsbeschreibung mit Leistungsprogramm" (§ 7c EU bzw. § 7c VOB/A).

I. Konstruktive Leistungsbeschreibung

9 Eine konstruktive Leistungsbeschreibung mit Vorgabe **konkreter technischer Leistungsanforderungen** ist insbesondere dann zweckmäßig, wenn es um handelsübliche und standardisierte Leistungsgegenstände geht. Sie hat den Vorteil, dass sie im Regelfall wenig Aufwand erfordert und auch für Bieter leicht zu handhaben ist. Bei Leistungen, die sich aus zahlreichen Einzelkomponenten zusammensetzen, oder speziellen Lieferungen oder Leistungen, die eine detailliertere Beschreibung erfordern, ist die Vorgabe von **technisch-konstruktiven Einzelheiten** regelmäßig zweckmäßig. Die einzelnen Anforderungen werden oftmals in einem detaillierten Leistungsverzeichnis zusammengefasst, welches im

[3] Siehe bspw. das Interessenbekundungsverfahren des Landes Hessen für die Entwicklung/Lieferung von digitalen Alarmmeldeempfängern bzw. digitalen Sirenensteuerempfängern für den BOS-Digitalfunk, ABl. EG 2010/S 137-210872, zur Markterkundung als Vorstufe des anschließenden Verhandlungsverfahrens 2010/S 242-369999.

[4] Vgl. VK Bund Beschl. v. 10.7.2002 – VK 2-34/02, IBRRS 2002, 1808 – IT-Selbstinformationssystem; *Krohn* NZBau 2013, 79, 81.

[5] → § 14 Rn. 1 ff.

[6] BT-Drs. 18/6281, S. 100.

weiteren Verfahren sowohl als Grundlage für die Preisangebote genutzt werden kann (durch Bepreisung der einzelnen Positionen), als auch zur Einholung von Bieterangaben zur Erfüllung der jeweiligen Anforderungen.

Im **Baubereich** ist die technisch-konstruktive Leistungsbeschreibung der **Regelfall.** Sie wird dort als **Leistungsbeschreibung mit Leistungsverzeichnis** bezeichnet. Sie setzt sich üblicherweise aus einer allgemeinen Darstellung der Bauaufgabe (Baubeschreibung) und einem in Teilleistungen gegliederten Leistungsverzeichnis zusammen (vgl. § 7b EU Abs. 1 bzw. § 7b Abs. 1 VOB/A), welches detaillierte Angaben zu den Teilleistungen enthält. Gemäß § 8a EU Abs. 1 bzw. 8a Abs. 1 VOB/A sind bei Bauaufträgen stets neben der **VOB/B** auch die **Allgemeinen Technischen Vertragsbedingungen für Bauleistungen (VOB/C)** in den Vertrag einzubeziehen. Diese enthalten technische Vorgaben für die Ausführung, die der Sache nach ebenfalls Teil der Leistungsbeschreibung sind. Gemäß § 7b EU Abs. 3 bzw. § 7b Abs. 3 VOB/A brauchen Leistungen, die nach den VOB/C oder der gewerblichen Verkehrssitte zur geforderten Leistung gehören (und gemäß § 2 Abs. 1 VOB/B mit der Vergütung als abgegolten gelten) in der Leistungsbeschreibung nicht besonders aufgeführt zu werden.[7] 10

Aufgrund des **hohen Detaillierungsgrads** erfordert eine detaillierte konstruktive Leistungsbeschreibung bzw. eine Leistungsbeschreibung mit Leistungsverzeichnis meist umfassende Fachkenntnisse des Auftraggebers (im Baubereich wird sie daher üblicherweise durch einen Architekten oder Bauingenieur aufgestellt). Im Anwendungsbereich der VOB/A ist die Leistung erforderlichenfalls auch **zeichnerisch,** durch Probestücke oder anders zu erklären (§ 7b EU Abs. 2 bzw. § 7b Abs. 2 VOB/A). Auch bei Vergaben nach der VgV, VSVgV, UVgO und VOL/A kann der Textteil durch eine zeichnerische Darstellung ergänzt werden, wenn das für eine eindeutige und erschöpfende Beschreibung der Leistung sinnvoll ist.[8] 11

II. Funktionale Leistungsbeschreibung

Bei einer funktionalen Leistungsbeschreibung beschreibt der Auftraggeber die zu erbringende Leistung anhand einer Darstellung ihres **Zwecks,** ihrer **Funktion** und der sonstigen an sie gestellten **Anforderungen.** Die Art und Weise der Realisierung, dh das „Wie" der Ausführung, bleibt demgegenüber weitgehend offen.[9] Die Bieter müssen sich selbst darüber Gedanken machen, wie sie die Anforderungen des Auftraggebers umsetzen können. Die funktionale Leistungsbeschreibung wälzt die Festlegung der zur Ausführung der Leistung erforderlichen Arbeitsschritte damit zum Teil auf den Auftragnehmer über. Der Auftraggeber kann sich so bis zu einem gewissen Grad von der Entwicklung eigener technischer Lösungen entlasten;[10] gleichzeitig kann er sich das kreative Potential der Bieter zunutze machen.[11] Auch die funktionale Leistungsbeschreibung muss aber eine eindeutige und erschöpfende Beschreibung des Beschaffungsgegenstands enthalten.[12] 12

Insbesondere im **Baubereich** verlangt eine funktionale Ausschreibung von den Bietern typischerweise die **Erbringung planerischer Leistungen.** Soweit der Auftraggeber zusammen mit der Bauausführung auch den Entwurf dem Wettbewerb unterstellt, spricht man von einer **Leistungsbeschreibung mit Leistungsprogramm** (§ 7c EU bzw. § 7c VOB/A). Hierfür müssen die Bieter über entsprechend ausgebildete Mitarbeiter verfügen 13

[7] Siehe dazu KG Urt. v. 9.5.2017 – 21 U 97/15, NJW 2017, 3530.

[8] Vgl. Müller-Wrede/*Traupel* VOL/A 2009, § 7 Rn. 15 mit Anwendungsbeispielen.

[9] Vgl. OLG Düsseldorf Beschl. v. 2.8.2002 – VII-Verg 25/02, IBRRS 2003, 0300.

[10] Müller-Wrede/*Traupel* VOL/A 2009 § 8 EG Rn. 44.

[11] OLG Naumburg Beschl. v. 16.9.2002 – 1 Verg 2/02, NZBau 2003, 628; BeckFormB VergabeR/*Hausmann/Mestwerdt* A II. 12 Anm. 17.

[12] OLG Düsseldorf Beschl. v. 10.8.2011 – VII-Verg 36/11, BeckRS 2011, 21312; einschränkend KKMPP/*Prieß/Simonis* VgV § 31 Rn. 14.

oder sich dieses Know-how extern beschaffen.[13] Die Planungsleistungen erhöhen den mit der Angebotserstellung verbundenen Aufwand. § 8b EU Abs. 1 Nr. 1 bzw. § 8b Abs. 1 Nr. 1 VOB/A sehen daher vor, dass wenn der Auftraggeber von den Bietern die **Ausarbeitung von Entwürfen,** Plänen, Zeichnungen, technischen Berechnungen oä verlangt, insbesondere bei funktionaler Leistungsbeschreibung, für alle Bieter einheitlich eine **angemessene Entschädigung** festzusetzen ist (→ § 20 Rn. 77). In der Praxis wird über eine Entschädigung allerdings nicht selten hinweggegangen, oder sie ist nicht kostendeckend. Das führt tendenziell zu einer Benachteiligung kleiner und mittelständischer Unternehmen, denen die Verbuchung dieser Aufwendungen als Akquisekosten schwerer fällt. Anders als bei einem Architektenwettbewerb zielt die funktionale Leistungsbeschreibung bei Bauvergaben indes nicht primär auf die Erstellung einer Planung ab, sondern auf die Ausführung der Bauleistung.[14] Geht es dem Auftraggeber nur um eine etwaige Verbesserung vorhandener Planungsvorgaben, so kann er die Bieter durch Zulassung von Nebenangeboten zur Erstellung von Alternativvorschlägen auffordern.[15]

III. Rangverhältnis

14 Im Bereich der **VgV,** der **SektVO,** der **VSVgV,** der **UVgO** und der **VOL/A** stehen dem Auftraggeber die konstruktive und die funktionale Leistungsbeschreibung **gleichrangig** zur Verfügung. Auch eine Kombination der beiden Arten der Beschreibung ist zulässig[16] und ist in der Praxis nicht selten.

15 **Bei VOB-Vergaben** ist die **Leistungsbeschreibung mit Leistungsverzeichnis vorrangig.** Das folgt aus § 7b EU Abs. 1 bzw. § 7b Abs. 1 VOB/A, wonach die Leistung „in der Regel" durch eine allgemeine Darstellung der Bauaufgabe (Baubeschreibung) und ein in Teilleistungen gegliedertes Leistungsverzeichnis zu beschreiben ist. Nur ausnahmsweise, wenn es nach Abwägen aller Umstände zweckmäßig ist, kann der Auftraggeber hiervon abweichend die Leistung funktional beschreiben (§ 7c EU Abs. 1, § 7c Abs. 1 VOB/A). Dem Auftraggeber steht dabei ein Ermessensspielraum zu. Die Entscheidung für eine funktionale Ausschreibung ist nicht zu beanstanden, wenn die zu beschaffenden Leistungen auf anderem Wege nicht hinreichend genau beschrieben werden können, der Auftraggeber die Zweck- und Verhältnismäßigkeit der Funktionalausschreibung mit vertretbarem Ergebnis abgewogen hat und die Vergleichbarkeit der Angebote durch die Festlegung der Rahmenbedingungen und der wesentlichen Einzelheiten der Leistungen sichergestellt ist.[17]

[13] *Ax/Schneider/Nette* Kapitel 13, Rn. 44.

[14] *Hertwig* Rn. 120.

[15] *Hertwig* Rn. 121.

[16] Vgl. § 31 Abs. 2 Nr. 3 VgV zum speziellen Fall der Kombination von technischen und/oder funktionalen Anforderungen mit einer Bezugnahme auf die in § 31 Abs. 2 Nr. 2 VgV genannten Normen und technischen Regelwerke. Siehe auch OLG Celle Urt. v. 15.3.2017 – 14 U 42/14, BeckRS 2017, 136842 zur Zulässigkeit der funktionalen Beschreibung von Einzelpositionen in einem ansonsten konstruktiven Leistungsverzeichnis.

[17] OLG Düsseldorf Beschl. v. 16.8.2010 – VII-Verg 35/10, BeckRS 2010, 27680; OLG Düsseldorf Beschl. v. 14.2.2001 – VII-Verg 14/00, BeckRS 2001, 3588; Instruktiv auch OLG Celle Urt. v. 15.3.2017 – 14 U 42/14, BeckRS 2017, 136842 zur funktionalen Beschreibung einer Einzelposition in einem ansonsten konstruktiven Leistungsverzeichnis. In dem Fall hatten die Bieter bei einem Brückenbauprojekt aufgrund der Positionsbeschreibung „Betonstahl entsprechend statischen und konstruktiven Erfordernissen einbauen ..." nach der Vertragsauslegung des Gerichts – zulässigerweise – die statischen und konstruktiven Grundlagen und Erfordernisse selbst zu ermitteln; das umfasste auch die benötigte Menge des einzubauenden Stahls.

D. Grundsätze der Leistungsbeschreibung

I. Bestimmungsrecht des Auftraggebers

16 Die Festlegung des **Beschaffungsgegenstands** unterliegt dem **Bestimmungsrecht** des Auftraggebers. Es ist seine kaufmännische Entscheidung, ob und welche Leistungen mit welchen Merkmalen ausgeschrieben werden. Der Grundsatz lautet, dass **allein der Auftraggeber entscheidet,** was er haben will und wie er es haben will.[18] Seine Wahl unterliegt dabei allenfalls der haushaltsrechtlichen Überprüfung, nicht jedoch der vergaberechtlichen Kontrolle.[19] Die Entscheidung über den Beschaffungsgegenstand ist dem Anwendungsbereich des Vergaberechtsregimes **vorgelagert.**[20] Das Vergaberecht regelt nicht, was der öffentliche Auftraggeber beschafft, sondern nur die Art und Weise der Beschaffung.[21] Ob die Anforderungen erforderlich oder zweckmäßig sind, ist vergaberechtlich ohne Belang.[22] So ist, wie das OLG Koblenz einmal sehr plastisch formuliert hat, bei einer Schienenverkehrsausschreibung die Vorgabe der „Ausstattung der Zugtoiletten mit goldenen Armaturen mit hoher Wahrscheinlichkeit ein Fall für die Aufsichtsbehörde oder den Rechnungshof, vergaberechtlich jedoch nicht zu beanstanden."[23]

17 Das Bestimmungsrecht des Auftraggebers unterliegt freilich **vergaberechtlichen Grenzen.** Diese ergeben sich zum einen aus den Vergaberechtsgrundsätzen des Wettbewerbs, der Gleichbehandlung und der Transparenz, vor allem in Gestalt der **Produktneutralität** (→ Rn. 45 ff.), zum anderen aus bestimmten Nachhaltigkeitsanforderungen (→ Rn. 134 ff. und 143 ff.), insbesondere im Bereich Energieeffizienz (→ Rn. 159 ff.).

II. Auslegung der Leistungsbeschreibung

18 Die Leistungsbeschreibung ist nach den allgemeinen Regeln für Willenserklärungen gemäß §§ 133 und 147 BGB vom **objektiven Empfängerhorizont** her auszulegen. Maßgeblich ist dementsprechend die Sicht der potentiellen Bieter.[24] Das subjektive Verständnis eines einzelnen Auftragnehmers ist nicht entscheidend. Abzustellen ist auf einen verständigen Bieter, der mit dem für die konkrete Ausschreibung verwendeten Fachvokabular vertraut ist. Soweit bei einem einzelnen Bieter Zweifel und Unklarheiten aufkommen, muss er diese ggf. durch eine Rückfrage beim Auftraggeber klären.[25] Der Bieter kann die Vergabeunterlagen nicht nach eigenem Belieben in einer ihm genehmen Weise auslegen.

19 Bei der Bestimmung des aus objektiver Empfängersicht gebotenen Verständnisses kommt dem **Wortlaut** besonders große Bedeutung zu.[26] Sind die Vergabeunterlagen bereits danach nur in einem bestimmten Sinne zu verstehen, bleibt kein Raum für eine Auslegung.[27] Ist der Wortlaut nicht eindeutig, ist als Leitlinie der Auslegung grundsätzlich zu unterstellen, dass sich der öffentliche Auftraggeber **vergaberechtskonform** verhalten will.

---

[18] OLG Koblenz Beschl. v. 5.9.2002 – 1 Verg 2/02, NZBau 2002, 699 (703) –Westerwaldnetz.

[19] *Jaeger* ZWeR 2011, 365 366.

[20] OLG Düsseldorf Beschl. v. 27.6.2012 – VII-Verg 7/12, BeckRS 2012, 15939; *Jaeger* ZWeR 2011, 365, 366.

[21] OLG Düsseldorf Beschl. v. 1.8.2012 – VII-Verg 10/12, NZBau 2012, 785; OLG Düsseldorf Beschl. v. 17.2. 2010 – VII-Verg 42/09, IBRRS 2010, 0975; OLG Düsseldorf Beschl. v. 3.3.2010 – VII-Verg 46/09, IBRRS 2010, 2989; OLG München Beschl. v. 9.9.2010 – Verg 10/10, BeckRS 2010, 26909; OLG München Beschl. v. 28.7.2008 – Verg 10/08, BeckRS 2008, 17225; *Jaeger* ZWeR 2011, 365, 380.

[22] OLG Rostock, Beschl. v. 17.7.2019 – 17 Verg 1/19, NZBau 2020, 120 (124).

[23] OLG Koblenz Beschl. v. 5.9.2002 – 1 Verg 2/02, NZBau 2002, 699 (703).

[24] BGH Urt. v. 22.4.1993 – VII ZR 118/92, NJW-RR 1993, 1109; OLG Düsseldorf Beschl. v. 31.7.2007 – VII-Verg 25/07, BeckRS 2008, 3763.

[25] OLG Brandenburg Beschl. v. 4.8.2008 – Verg W 3/08, BeckRS 2008, 5188.

[26] BGH Urt. v. 22.12.2011 – VII ZR 67/11, NZBau 2012, 102.

[27] OLG Brandenburg Beschl. v. 4.3.2008 – Verg W 3/08, BeckRS 2008, 5188.

Im Zweifel sind die Vergabeunterlagen und andere Erklärungen im Vergabeverfahren daher so zu verstehen, dass sie im Einklang mit den vergaberechtlichen Vorschriften stehen.[28]

20 Lässt sich der Inhalt der Leistungsbeschreibung auch mittels Auslegung nicht eindeutig ermitteln, ist sie mehrdeutig. Eine **mehrdeutige Leistungsbeschreibung** verstößt gegen das Gebot der eindeutigen und erschöpfenden Leistungsbeschreibung. Kann der Fehler nicht durch Klarstellung im laufenden Verfahren korrigiert werden, ist das Verfahren in den Stand vor Versendung der Vergabeunterlagen zurück zu versetzen.[29] Kann der Mangel auch durch eine Zurückversetzung des Verfahrens nicht geheilt werden, leidet das Vergabeverfahren an einem schwerwiegenden Mangel und muss aufgehoben werden. Anderes gilt allenfalls dann, wenn der Fehler nur einen Aspekt von ganz untergeordneter Bedeutung betrifft.[30] In einem solchen Fall kann der Auftraggeber bei der Ermessensentscheidung über eine Zurückversetzung bzw. Aufhebung der Ausschreibung auch berücksichtigen, dass die Bieter auf die Beendigung des Verfahrens durch Zuschlagserteilung vertrauen. Soweit nicht eine schwerwiegende Beeinträchtigung des Wettbewerbs oder gewichtige Interessen einzelner Bieter, etwa eine Beeinträchtigung der Chancengleichheit, entgegenstehen, kann der Auftraggeber das Verfahren dann trotz des Fehlers in der Leistungsbeschreibung fortführen.

III. Eindeutige und erschöpfende Beschreibung

1. Grundsatz

21 Für alle Formen der Leistungsbeschreibung gilt, dass die Leistung so **eindeutig und erschöpfend zu beschreiben** ist, dass sie von allen Bietern **im gleichen Sinne verstanden** wird und vergleichbare Angebote zu erwarten sind (§ 121 Abs. 1 GWB).[31] Das Gebot der eindeutigen und erschöpfenden Beschreibung der Leistung dient der **Transparenz** und der Gleichbehandlung der Bieter. Alle Bieter sollen ihr Angebot unter Verwendung vergleichbarer Informationen über die zu erbringende Leistung vorbereiten können. Nur durch eine eindeutige und erschöpfende Leistungsbeschreibung wird die **Vergleichbarkeit der Angebote** gewährleistet.[32] Wettbewerbsverzerrungen im Rahmen der Zuschlagsentscheidung lassen sich nur dadurch vermeiden, dass in die Wertung ausschließlich in jeder Hinsicht vergleichbare Angebote aufgenommen werden.[33]

22 Eindeutig ist eine Leistungsbeschreibung dann, wenn aus **Perspektive eines verständigen Bieters** auch ohne intensive Auslegungsbemühungen klar ist, welche Leistung in welcher Weise gefordert wird.[34] Der bloße Umstand, dass die Leistungsbeschreibung überhaupt auslegungsbedürftig ist, stellt demgegenüber keinen Verstoß gegen das Gebot der eindeutigen Leistungsbeschreibung dar.[35] Gewisse sprachliche Ungenauigkeiten lassen sich auch bei sorgfältiger Erstellung der Leistungsbeschreibung nie vollständig ausschließen.

23 Erschöpfend ist die Leistungsbeschreibung, wenn keine Restbereiche verbleiben, die von der Vergabestelle nicht **klar umrissen** sind.[36] Entsprechend Sinn und Zweck des Ge-

---

[28] BGH Urt. v. 22.12.2011 – VII ZR 67/11, NZBau 2012, 102; BGH Urt. v. 11.5.2009 – VII ZR 11/08, BeckRS 2009, 12598; BGH Urt. v. 11.11.1993 – VII ZR 47/93, NJW 1994, 850.

[29] OLG Koblenz Beschl. v. 26.10.2005 – 1 Verg 4/05, BeckRS 2005, 12605.

[30] BayOblG Beschl. v. 17.2.2005 – Verg 27/04, NZBau 2005, 595.

[31] Der Grundsatz gilt für alle Bereiche des Vergaberechts, siehe § 142 GWB für den Sektorenbereich, § 147 GWB für den Verteidigungs- und Sicherheitsbereich und § 152 Abs. 1 GWB für Konzessionen; im Unterschwellenbereich § 23 Abs. 1 UVgO und § 7 Abs. 1 Nr. 1 VOB/A.

[32] OLG Brandenburg Beschl. v. 27.3.2012 – Verg W 13/11, ZfBR 2012, 513.

[33] BGH Urt. v. 7.1.2003 – X ZR 50/01, ZfBR 2003, 503.

[34] OLG Saarbrücken Beschl. v. 29.9.2004 – 1 Verg 6/04, BeckRS 2004, 9658. Für ein prägnantes Beispiel einer insoweit völlig untauglichen Leistungsbeschreibung siehe OLG Düsseldorf Beschl. v. 7.3.2012 – VII-Verg 82/11, BeckRS 2012, 5922.

[35] AA *Erdl* VergabeR 2004, 166, 167.

[36] OLG Saarbrücken Beschl. v. 29.9.2004 – 1 Verg 6/04, BeckRS 2004, 9658; VK Bund Beschl. v. 23.11.2009 – VK 3-199/09, VPRRS 2009, 0456.

bots zur eindeutigen und erschöpfenden Leistungsbeschreibung bezieht sich das jedenfalls auf alle kalkulationsrelevanten Tatsachen. Nebensächliche Details ohne Kalkulationsrelevanz sind in dem Zusammenhang nicht maßgeblich.[37] Die kalkulationsrelevanten Tatsachen sind **ausdrücklich** in der Leistungsbeschreibung als Teil der Vergabeunterlagen (§ 29 Abs. 1 S. 2 Nr. 3 VgV) anzuführen. Eine ausdrückliche Angabe kann aber ausnahmsweise entbehrlich sein, wenn sich die betreffenden Tatsachen aus den **gesamten Umständen klar ergeben.**[38]

Ergeben sich Einzelheiten erst aus umfangreichen Untersuchungen, Prüfberichten etc. (etwa Baugrundgutachten), deren Vervielfältigung und Abgabe an die Bieter nicht möglich ist, kann es bei Bauvergaben im Unterschwellenbereich gemäß § 12a Abs. 2 VOB/A ausreichen, die Unterlagen **zur Einsicht** auszulegen.[39] Bei Liefer- und Dienstleistungsaufträgen und bei Oberschwellen-Bauvergaben sind die Voraussetzungen, unter denen Teile der Leistungsbeschreibung zur bloßen Einsicht ausgelegt werden können. weniger klar. § 41 VgV und § 12a EU VOB/A, die die elektronische Bereitstellung der Vergabeunterlagen anordnen, enthalten keine § 12a Abs. 2 VOB/A entsprechende Ausnahme. Doch sehen § 20 Abs. 2 VgV und § 10 EU Abs. 2 VOB/A vor, dass wenn die Angebote nur nach Ortsbesichtigung oder Einsichtnahme in nicht übersandte Unterlagen erstellt werden können, längere Bewerbungs- oder Angebotsfristen als die Mindestfristen zu setzen sind. Diese Regelungen haben in Art. 47 Abs. 2 VRL auch eine EU-rechtliche Grundlage (betreffend die „Anlagen zu den Auftragsunterlagen"). Das spricht dafür, dass auch im Bereich der VgV und der VOB/A-EU besonders umfangreiche Anlagen zur Leistungsbeschreibung, die weder elektronisch noch auf anderem Wege angemessen versandt werden können, zur Einsicht ausgelegt werden können. 24

Sind dem Auftraggeber nicht **alle kalkulationsrelevanten Einzelheiten** bekannt, muss er sie ermitteln. Für Bauleistungen ergibt sich das ausdrücklich aus § 7 EU Abs. 1 Nr. 2, § 7 VS Abs. 1 Nr. 2 und § 7 Abs. 1 Nr. 2 VOB/A. VgV, SektVO, VSVgV, UVgO und VOL/A enthalten keine entsprechende Regelung. Im Liefer- und Dienstleistungsbereich folgt die Pflicht zur Ermittlung und Angabe aller kalkulationsrelevanten Umstände jedoch unmittelbar aus dem nach der Vergaberechtsmodernisierung 2016 in § 121 Abs. 1 GWB verankerten Gebot der eindeutigen und erschöpfenden Leistungsbeschreibung.[40] 25

Ist der Auftraggeber nicht mit eigenen Mitteln in der Lage, alle für die Preisermittlung relevanten Umstände festzustellen, muss er ggf. **externe Unterstützung** in Anspruch nehmen. Grenzen ergeben sich allerdings aus dem **Verhältnismäßigkeitsgrundsatz.** Nach wohl überwiegender Ansicht muss der Auftraggeber keinen unzumutbaren finanziellen Aufwand betreiben, um die kalkulationsrelevanten Leistungsgrundlagen restlos aufzuklären.[41] Das bedeutet indes nicht, dass ein Auftraggeber sich bei komplexen Projekten unter Berufung auf die Kosten der Pflicht zur Aufstellung einer ordnungsgemäßen Leis- 26

---

[37] So ist bei der Beschaffung von Küchentechnik die Verwendung von „ca."-Maßen für Abmessungen sowie von Richtwerten für Anschlusswerte jedenfalls dann nicht zu beanstanden, wenn sie der hersteller- und produktneutralen Beschreibung dient, OLG Düsseldorf Beschl. v. 25.4.2012 – VII-Verg 61/11, ZfBR 2012, 613.

[38] BGH Urt. v. 22.12.2011 – VII ZR 67/11, BGHZ 192, 172 Rn. 22 – Teerstraße; OLG Naumburg Urt. v. 27.6.2019 – 2 U 11/18, BeckRS 2019, 32031 Rn. 38 – Straßenaufbruch, jeweils betr. eine Bodenkontamination.

[39] Diese Voraussetzung ist bei einem (nur) 58-seitigen geotechnischen Bericht nicht erfüllt, OLG Naumburg Urt. v. 27.6.2019 – 2 U 11/18, BeckRS 2019, 32031 Rn. 45 – Straßenaufbruch (zu § 12 Abs. 5 VOB/A 2012).

[40] Vgl. RKPP/*Friton/Prieß* GWB, § 121 Rn. 20 mwN.

[41] OLG Düsseldorf Beschl. v. 10.4.2013 – VII-Verg 50/12, NZBau 2013, 597: „Der öffentliche Auftraggeber hat in der Leistungsbeschreibung diejenigen Daten und Fakten bekanntzugeben, über die er liquide verfügt oder die er sich – gemessen an den Grundsätzen der Zumutbarkeit – mit der Ausschreibung adäquaten Mitteln, in der für das Vergabeverfahren zur Verfügung stehenden vergleichsweise kurzen Zeit und mit den dafür in der Regel nur begrenzt verfügbaren administrativen Ressourcen beschaffen kann." Ebenso OLG Celle Beschl. v. 19.3.2019 – 13 Verg 7/18, NZBau 2019, 462; im gleichen Sinne VK Lüneburg Beschl. v. 12.1.2007 – VgK-33/2006, BeckRS 2007, 10110 unter II. 2. a; *Prieß* NZBau 2004, 87, 90.

tungsbeschreibung entziehen könnte.[42] Welcher Aufwand zumutbar ist, richtet sich vielmehr nach Größe und Komplexität des Vorhabens.[43] Das ist eine Frage des Einzelfalls. Lässt sich die Leistung mit angemessenem Aufwand nicht hinreichend genau beschreiben, dass vergleichbare Angebote erwartet werden können und eine seriöse Kalkulation möglich ist, muss der Auftraggeber erforderlichenfalls ein Planungsprojekt vorschalten.

27 Das Gebot der eindeutigen und erschöpfenden Leistungsbeschreibung gilt grundsätzlich auch für die **funktionale Leistungsbeschreibung.**[44] Er gilt in diesem Fall jedoch nur eingeschränkt, da eine funktionale Beschreibung den Auftragsgegenstand per se nicht gleichermaßen detailliert festlegen kann wie eine konventionelle Leistungsbeschreibung.[45] Soweit die Bieter im Rahmen einer funktionalen Leistungsbeschreibung selbst Planungsunterlagen erstellen müssen, steht das einer erschöpfenden Leistungsbeschreibung nicht entgegen.[46] Die teilweise Überwälzung von Planungsleistungen auf die Bieter ist für die funktionale Leistungsbeschreibung gerade charakteristisch.[47] Ebenfalls zulässig und bei **komplexen Leistungen** (insbesondere im IT- und Hochtechnologiebereich) nicht unüblich ist es, bei einer funktionalen Leistungsbeschreibung die Erstellung des konkreten Lastenhefts bzw. Leistungsverzeichnisses in die Ausführungsphase zu verlagern. In diesem Fall ist es besonders wichtig, dass die Funktionalbeschreibung tatsächlich umfassend und hinreichend präzise ist, weil anderenfalls die Gefahr besteht, dass der Auftragnehmer bei der Erstellung des Lastenhefts (welches sodann Grundlage der weiteren Vertragsdurchführung wird) seine Leistungspflichten zu eigenen Gunsten einschränkt.

2. Sonderfälle

28 **a) Rahmenvereinbarungen.** Bei der Vergabe von Rahmenvereinbarungen gelten Besonderheiten für die Leistungsbeschreibung. Rahmenvereinbarungen zeichnen sich dadurch aus, dass das in Aussicht genommene **Auftragsvolumen,** ggf. aber auch die genauen Leistungsinhalte, in den Vergabeunterlagen noch nicht abschließend festgelegt sind (§ 21 Abs. 1 S. 2 VgV, § 19 Abs. 1 S. 2 SektVO, § 4 Abs. 2 S. 2 VSVgV, § 4a EU Abs. 1 S. 2 VOB/A, § 15 Abs. 2 S. 2 UVgO, § 4 Abs. 1 S. 2 VOL/A); vielmehr genügt es, wenn die Menge „so genau wie möglich" angegeben wird. Die Einzelheiten, insbesondere die genauen Volumina und ggf. Leistungsinhalte, ergeben sich in diesem Fall erst aus den Einzelabrufen. Insoweit liegt es in der Natur der Sache, dass für die Bieter **Unwägbarkeiten** verbleiben. Die Gebote der Bestimmtheit, Eindeutigkeit und Vollständigkeit der Leistungsbeschreibung gelten für Rahmenvereinbarungen daher nur eingeschränkt.[48]

29 Rahmenvereinbarungen sind indessen kein Freibrief, Leistungsinhalte und Mengen völlig offen zu halten. Nach der vielbeachteten **EuGH-Entscheidung** „Antitrust u. Coopservice"[49] von 2018 muss der Auftraggeber in Rahmenvereinbarungen jedenfalls eine **Höchstmenge** der abrufbaren Leistungen festlegen. Die Entscheidung erging zwar noch zur im Einzelnen etwas anders formulierten VKR. Die Erwägungen, auf die der EuGH sich gestützt hat, gelten unter der VRL jedoch in gleicher Weise (ua die Richtlinienbestimmungen über die Schätzung des Auftragswerts bei Rahmenvereinbarungen, die

---

[42] So zutreffend Eschenbruch/Opitz/Röwekamp/*Wolters* SektVO § 28 Rn. 31.

[43] VK Sachsen Beschl. v. 10.5.2011 – 1/SVK/009-11, IBRRS 2011, 2714.

[44] OLG Düsseldorf Beschl. v. 22.1.2014 – VII-Verg 26/13, NZBau 2014, 371.

[45] OLG Düsseldorf Beschl. v. 16.8.2019 – VII-Verg 56/18, NZBau 2020, 249.

[46] Müller-Wrede/*Traupel* VOL/A 2009, § 8 EG Rn. 36. Siehe für einen instruktiven Praxisfall OLG Celle Urt. v. 15.3.2017 – 14 U 42/14, BeckRS 2017, 136842.

[47] Siehe → Rn. 12f. Nach Auffassung des OLG Düsseldorf ist die Übertragung wesentlicher Planungsleistungen auf den Bieter sogar wesentliches Merkmal einer funktionalen Ausschreibung. Fehlt es an einer solchen Übertragung, ist die Leistungsbeschreibung in Bezug auf Eindeutigkeit und Vollständigkeit an den Anforderungen eines konstruktiven Leistungsverzeichnisses zu messen, OLG Düsseldorf Beschl. v. 28.6. 2017 – Verg 2/17, ZfBR 2018, 84 – Erweiterungsbau Wallraf-Richartz-Museum.

[48] Vgl. OLG Düsseldorf Beschl. v. 28.11.2012 – VII-Verg 8/12, NZBau 2013, 258; OLG Düsseldorf Beschl. v. 18.4.2012 – VII-Verg 93/11, NZS 2012, 747.

[49] EuGH Urt. v. 19.12.2018 – C-216/17, NZBau 2019, 116 (120) Rn. 59ff. – Antitrust u. Coopservice.

Grundsätze des Wettbewerbs, der Gleichbehandlung und Transparenz und das Missbrauchsverbot). Die Entscheidung hat daher auch unter der VRL Gültigkeit.[50] Die früher nicht unübliche Praxis, nur **unverbindliche Schätzungen** des Auftragsvolumens anzugeben und die Rahmenvereinbarung auch nach Ausschöpfen der angegebenen Schätzmenge weiterlaufen zu lassen, dürfte daher **nicht mehr zulässig** sein.

30 Bei einer **Unterschreitung** der Schätzmengen trifft den Auftraggeber im Regelfall keine Abnahmeverpflichtung, sofern nicht ausdrücklich eine Mindestabnahmemenge vereinbart wurde. Allerdings ist ein Offenlassen der Menge „nach unten" **nicht unbegrenzt zulässig.** Denn daraus würde sich für die Bieter potentiell ein unzumutbares Kalkulationsrisiko ergeben. Für eine ordnungsgemäße Kalkulation brauchen Bieter typischerweise ein Mindestmaß an Gewissheit, in welchem Umfang ihre Leistungen in Anspruch genommen werden. Zwar sind einer Rahmenvereinbarung insoweit gewisse Unwägbarkeiten und damit Risiken immanent. Der Auftraggeber darf das Mengenrisiko allerdings nicht einseitig auf den Bieter überwälzen.[51] Die Pflicht, das in Aussicht genommene Auftragsvolumen zumindest „so genau wie möglich" zu ermitteln und bekannt zu geben, gewinnt vor diesem Hintergrund besonderen Stellenwert. Der Auftraggeber muss dabei nicht nur Schätzmengen als solche bekannt geben, sondern – soweit möglich – auch die Schätzgrundlage offen legen, wie etwa historische Daten und Erfahrungswerte[52] oder sonstige Parameter, auf denen die Prognose basiert.

31 **b) Verhandlungsverfahren und Verhandlungsvergabe.** Das Gebot der eindeutigen und erschöpfenden Leistungsbeschreibung gilt im Grundsatz auch für das Verhandlungsverfahren und die Verhandlungsvergabe bzw. Freihändige Vergabe. Bei diesen Vergabearten besteht zwar die Besonderheit, dass die Einzelheiten des Leistungsinhalts oftmals gerade nicht von vornherein feststehen. So kann der Auftraggeber beim Verhandlungsverfahren und der Verhandlungsvergabe den Verfahrensablauf flexibel gestalten und über alle Aspekte des Auftrags und damit auch über den Leistungsinhalt verhandeln.[53] Das ändert jedoch nichts daran, dass der Beschaffungsgegenstand vorab so eindeutig wie möglich beschrieben werden muss. Nur so lassen sich gleiche Ausgangsbedingungen für alle Verfahrensteilnehmer schaffen. Auch die Verhandlungen benötigen aus Gründen der Gleichbehandlung und Transparenz einen für alle Bieter gleichermaßen gültigen Ausgangspunkt. Zudem eröffnen die Verhandlungen keinen unbegrenzten Spielraum zur Änderung der Leistung. Vielmehr dürfen die vorgegebenen Mindestanforderungen nicht geändert werden (§ 17 Abs. 10 S. 2 VgV, § 12 Abs. 4 S. 1 UVgO). Zudem ist in jedem Fall die **Identität des Beschaffungsvorhabens** zu wahren, dh es dürfen im Ergebnis nicht völlig andere Leistungen beschafft werden, als mit der Ausschreibung angekündigt.[54]

32 Allerdings stehen das Verhandlungsverfahren und die Verhandlungsvergabe in einem **Spannungsverhältnis** zur Pflicht zur vollständigen und erschöpfenden Beschreibung der Leistung.[55] So ist ein Verhandlungsverfahren insbesondere zulässig, wenn der Auftrag eine Anpassung bereits verfügbarer Lösungen erfordert, konzeptionelle oder innovative Lösungen umfasst, aufgrund seiner Art und Komplexität oder der damit verbundenen Risiken nicht ohne vorherige Verhandlungen vergeben werden kann, oder die Leistung nicht mit

---

[50] So auch *Fischer/Schleper,* NZBau 2019, 762, 764f.; *Ortner,* VergabeR 2019, 368 (368f.); *Czaki/Winkelmann,* NZBau 2019, 758, 759f.; AA VK Bund Beschl. v. 19.7.2019 – VK 1-39/19, BeckRS 2019, 19883 Rn. 56f.

[51] Für das Offenhalten der Mengen bei Rahmenvereinbarungen gelten in diesem Punkt ähnliche Überlegungen wie für die Ausschreibung von Optionen (→ Rn. 38f.).

[52] OLG Düsseldorf Beschl. v. 18.4.2012 – VII-Verg 93/11, NZS 2012, 747.

[53] Siehe → § 10 Rn. 1ff. und → § 11 Rn. 1ff.

[54] Vgl. OLG Dresden Beschl. v. 11.3.2005– W Verg 5/05, NZBau 2006, 469; OLG Naumburg Beschl. v. 1.9.2004 – 1 Verg 11/04, IBRRS 2004, 3295; OLG Dresden Beschl. v. 3.12.2003– W Verg 15/03, NZBau 2005, 118; OLG Celle Beschl. v. 16.1.2002 – 13 Verg 1/02, BeckRS 2002, 160346.

[55] VK Lüneburg Beschl. v. 8.7.2009 – VgK-29/2009, IBRRS 2009, 3843; Müller-Wrede/*Kaelble* VOL/A 2009, § 3 EG.

ausreichender Genauigkeit unter Verweis auf technische Normen und Regelwerte beschrieben werden kann (§ 14 Abs. 3 Nr. 1 bis 4 VgV; ähnlich für die Verhandlungsvergabe § 8 Abs. 4 Nr. 3 und 5 UVgO). In all diesen Fällen ist eine eindeutige und erschöpfende Leistungsbeschreibung im og Sinne typischerweise gerade nicht möglich; vielmehr muss der genaue Leistungsinhalt erst im Verhandlungswege erarbeitet werden.[56] Der Auftraggeber bleibt aber in jedem Fall verpflichtet, den Beschaffungsgegenstand zumindest so weit wie möglich (ggf. funktional) zu beschreiben. Die Anforderungen an Eindeutigkeit und Vollständigkeit der Leistungsbeschreibung werden in diesen Sonderfällen somit zwar abgesenkt, entfallen jedoch nicht ganz.[57]

33 **c) Wettbewerblicher Dialog und Innovationspartnerschaft.** Beim Wettbewerblichen Dialog und der Innovationspartnerschaft ist das Spannungsverhältnis zwischen dem Gebot der eindeutigen und erschöpfenden Leistungsbeschreibung und den Besonderheiten des Verfahrens in der Regel sogar noch größer. So wird beim Wettbewerblichen Dialog die anzubietende Lösung erst in der Dialogphase abschließend ermittelt.[58] Auch der Innovationspartnerschaft ist immanent, dass die endgültige Leistung erst im Rahmen des Projekts entwickelt wird. Gleichwohl ist auch bei diesen Verfahren der **Beschaffungsbedarf,** der durch das Vergabevorhaben gedeckt werden soll, so **eindeutig wie möglich** – in der Regel **funktional** – zu beschreiben, um gleiche Ausgangsbedingungen für alle Verfahrensteilnehmer zu schaffen.[59]

34 Auch beim Wettbewerblichen Dialog und der Innovationspartnerschaft eröffnen die Dialog- bzw. Entwicklungsphase im Übrigen keinen unbegrenzten Spielraum zur Änderung der zu beschaffenden Leistung; vielmehr ist auch bei diesen Verfahren die **Identität des Beschaffungsvorhabens** zu wahren. Die endgültige Leistungsbeschreibung beim Wettbewerblichen Dialog darf auch keine Voraussetzungen enthalten, die anfänglich noch nicht absehbar waren.[60]

35 **d) Konzessionen.** Der Grundsatz der eindeutigen und erschöpfenden Leistungsbeschreibung gilt gem. § 152 Abs. 1 GWB iVm § 121 Abs. 1 GWB auch für die Vergabe von Konzessionen. Zwar wird er in § 15 KonzVgV nicht noch einmal ausdrücklich erwähnt (anders als in VgV, SektVO und VSVgV); über die Bezugnahme auf § 121 GWB wird seine Geltung aber nochmals verdeutlicht. § 15 Abs. 1 S. 1 KonzVgV schreibt im Übrigen in Umsetzung von Art. 36 Abs. 1 KRL vor, dass die Leistungsmerkmale durch „technische und funktionelle Anforderungen" festzulegen sind. Dabei wird in S. 2 betont, dass die Leistungsbeschreibung so zu fassen ist, dass allen Unternehmen der gleiche Zugang zum Vergabeverfahren gewährt wird und die Öffnung des nationalen Beschaffungsmarktes für den Wettbewerb nicht in ungerechtfertigter Weise behindert wird. Das unterstreicht, dass auch Konzessionsvergaben trotz des deutlich flexibleren Verfahrens nach strikt wettbewerblichen Grundsätzen durchzuführen sind. Dazu gehört nicht nur, dass alle Verfahrensteilnehmer von einem eindeutigen und einheitlichen Verständnis der zu erbringenden Leistung ausgehen können. Da der Konzessionär das Nutzungs- und Verwertungsrisiko der Leistung trägt, muss der Konzessionsgeber auch die für die Ertragskalkulation relevanten tatsächlichen und rechtlichen Rahmenbedingungen der Leistungserbringung jedenfalls insoweit, wie sie in seiner Verantwortungs- oder Einflusssphäre liegen, vollständig ermitteln und offenlegen.

---

[56] Vgl. OLG Düsseldorf Beschl. v. 28.3.2018 – VII-Verg 54/17, NZBau 2018, 548 – Cannabis IV: Zulässige Vorgabe des Auftraggebers, dass in der Phase der Erstangebote über alle Aspekte der Leistungsbeschreibung verhandelt werden soll, auch soweit sie als Mindestanforderung bezeichnet wurden.

[57] Ebenso RKPP/*Friton/Prieß* GWB § 121 Rn. 78; vgl. auch → § 10 Rn. 48 ff.

[58] Siehe → § 12 Rn. 45 ff.

[59] RKPP/*Friton/Prieß* GWB § 121 Rn. 73 f.

[60] Müller-Wrede/*Traupel* VOL/A 2009, § 8 EG Rn. 42.

3. Offenhalten von Wahlmöglichkeiten des Auftraggebers

Oftmals hat der Auftraggeber ein Interesse daran, bestimmte Einzelheiten der Leistung zunächst offen zu halten und erst später darüber zu entscheiden, ob ein bestimmter Leistungsteil zur Ausführung kommt, oder wie die Leistung genau ausgeführt werden soll. Zu diesem Zweck werden in die Leistungsbeschreibung neben den Grundpositionen, die in jedem Fall auszuführen sind, oftmals sog. **Bedarfs- oder Eventualpositionen** oder auch **Optionen** aufgenommen. Dabei handelt es sich um Positionen, bei denen der Auftraggeber sich vorbehält, die Ausführung erst später anzuordnen.[61] Auch Leistungen, für die lediglich ein Stundenverrechnungssatz oä vereinbart wird, ohne den Umfang der Inanspruchnahme klar zu regeln, fallen der Sache nach in diese Kategorie.[62] Darüber hinaus werden gelegentlich sog. **Wahl- oder Alternativpositionen** vorgegeben. Bei diesen behält sich der Auftraggeber vor, nach Kenntnisnahme der Angebotsinhalte zu entscheiden, ob er den Zuschlag anstelle der Grundposition auf die Wahlposition erteilt.[63] 36

Sowohl Bedarfspositionen als auch Wahlpositionen sind im Hinblick auf die Eindeutigkeit der Leistungsbeschreibung **problematisch.** Durch solche Positionen lässt der Auftraggeber offen, ob er bestimmte Teile der Leistung überhaupt in Anspruch nehmen will bzw. in welcher Form die Leistung zu erbringen ist. Für die Bieter erschwert das die Kalkulation erheblich. Zudem können Bedarfs- oder Wahlpositionen den Bietern unerwünschte Spekulationsmöglichkeiten eröffnen. Wahlpositionen stehen zudem in einem **Spannungsverhältnis** zum vergaberechtlichen Transparenzgebot. Es besteht die Gefahr, dass der Auftraggeber durch seine Entscheidung für oder gegen eine Wahlposition das Wertungsergebnis beeinflusst.[64] 37

a) Bedarfs- oder Eventualpositionen. Bei VOB-Vergaben sind Bedarfspositionen (Eventualpositionen, Optionen) grundsätzlich nicht in die Leistungsbeschreibung aufzunehmen (§ 7 EU Abs. 1 Nr. 4 S. 1, § 7 VS Abs. 1 Nr. 4 S. 1, § 7 Abs. 1 Nr. 4 VOB/A). Die Verwendung von Bedarfspositionen ist danach ausdrücklich **nur in Ausnahmefällen** möglich. Hierfür gelten strenge Voraussetzungen. Trotz Ausschöpfung aller örtlichen und technischen Erkenntnismöglichkeiten darf im Zeitpunkt der Ausschreibung objektiv nicht feststellbar sein, ob und in welchem Umfang die Leistung ausgeführt werden muss, eine gesonderte Vergabe an ein anderes Unternehmen zu einem späteren Zeitpunkt muss technisch und wirtschaftlich unvertretbar sein und die zusätzliche Leistung muss zur Ausführung der ursprünglich vergebenen Leistung notwendig sein.[65] 38

Für den Liefer- und Dienstleistungsbereich enthalten VgV, SektVO und VSVgV wie auch UVgO und VOL/A keine ausdrücklichen Regelungen zu Bedarfspositionen bzw. Optionen. Nach überwiegender Meinung dürfen jedoch auch dort Bedarfspositionen nur im Ausnahmefall in die Leistungsbeschreibung aufgenommen werden. Der Auftraggeber muss ein **anzuerkennendes Bedürfnis** nach der Aufnahme der Bedarfspositionen vorweisen können und die Bedarfsposition muss in den Vergabeunterlagen hinreichend als solche bezeichnet und für einen fachkundigen Bieter zu erkennen sein.[66] Die zusätzliche Leistung darf zudem nur von untergeordneter Art sein und nur einen unerheblichen Anteil am Gesamtauftrag ausmachen.[67] Der zulässige Maximalanteil optionaler Leistungen ist 39

[61] OLG Düsseldorf Beschl. v. 13.4.2010 – VII-Verg 58/10, ZfBR 2011, 508; OLG Düsseldorf Beschl. v. 15.5.2019 – VII-Verg 61/18, NZBau 2019, 742.

[62] Siehe zB OLG Celle Beschl. v. 29.6.2017 – 13 Verg 1/17, NZBau 2017, 687 (wo das Gericht die Leistungen allerdings nicht ausdrücklich als Bedarfsposition eingeordnet hat).

[63] OLG Düsseldorf Beschl. v. 13.4.2010 – VII-Verg 58/10, ZfBR 2011, 508.

[64] OLG Düsseldorf Beschl. v. 13.4.2010 – VII-Verg 58/10, ZfBR 2011, 508. Siehe zur Pflicht des Auftraggebers, Bedarfspositionen, die wirksam vorgegeben wurden, auch bei der Angebotswertung zu berücksichtigen, VK Schleswig-Holstein Beschl. v. 12.7.2005 – VK-SH 14/05, IBRRS 2005, 2466 unter II. 2.

[65] Ingenstau/Korbion/*Kratzenberg* VOB/A 2009, § 7 Rn. 47.

[66] OLG Düsseldorf Beschl. v. 10.2.2010 – VII-Verg 36/09, ZfBR 2011, 298.

[67] OLG Dresden Beschl. v. 2.8.2011 – Verg 4/11, NZBau 2011, 775; OLG Oldenburg Beschl. v. 3.5.2007 – 8 U 254/06, BeckRS 2008, 13421.

umstritten, wird aber überwiegend und zutreffend bei rund 10–15% des Gesamtvolumens des Auftrags verortet.[68] Bei **projektbezogenen Beratungsleistungen,** deren Umfang wesentlich vom Projektverlauf abhängt, lässt sich der genaue Leistungsumfang freilich oftmals nicht mit dieser Genauigkeit vorhersagen. In solchen Fällen ist es daher nicht unüblich, nur Projektinhalt und -ziel konkret vorzugeben und den Leistungsumfang offen zu lassen, bei Vergütung auf Tages- oder Stundensatzbasis.[69]

40 **b) Wahl- oder Alternativpositionen.** Die Zulässigkeit von Wahlpositionen ist weder im Baubereich noch im Liefer- und Dienstleistungsbereich ausdrücklich geregelt. Sie bemisst sich aber nach ähnlichen Maßstäben wie die von Bedarfspositionen. Auch Wahlpositionen sind **nur unter engen Voraussetzungen** zulässig. Ihre Verwendung setzt zunächst voraus, dass der Auftraggeber ein berechtigtes Bedürfnis hat, die zu beauftragende Leistung in den betreffenden Punkten einstweilen offen zu halten.[70] Ein solches Bedürfnis besteht nicht, wenn dem Auftraggeber eine Festlegung auf eine der beiden Alternativen vor der Aufforderung zur Angebotsabgabe möglich und zumutbar ist.[71] Aus Transparenzgründen muss der Auftraggeber den Bietern zudem vorab bekannt geben, welche Kriterien für die Inanspruchnahme der Wahlposition maßgeblich sein sollen.[72] Wie auch bei Bedarfspositionen bestehen keine festen prozentualen Grenzen für den zulässigen Umfang von Wahlpositionen. Als noch zulässig wurden Wahlpositionen im Umfang von 15% des Gesamtauftrags angesehen.[73]

IV. Verbot ungewöhnlicher Wagnisse bzw. unzumutbarer Kalkulationsrisiken

41 Bei **Bauvergaben** darf dem Auftragnehmer nach § 7 EU Abs. 1 Nr. 3, § 7 VS Abs. 1 Nr. 3 bzw. § 7 Abs. 1 Nr. 3 VOB/A kein ungewöhnliches Wagnis für Umstände und Ereignisse aufgebürdet werden, auf die er keinen Einfluss hat und deren Einwirkung auf die Preise und Fristen er nicht im Voraus schätzen kann. Zweck des Verbots ist es, zugunsten der häufig spezialisierten und auf öffentliche Aufträge angewiesenen Bieter einen Ausgleich zur überlegenen Marktmacht des Auftraggebers zu schaffen.[74] Es soll verhindert werden, dass der Auftraggeber auf die Bieter Wagnisse überwälzt, die **normale vertragliche Risiken überschreiten.**[75]

42 Ungewöhnlich im Sinne des § 7 EU Abs. 1 Nr. 3, § 7 VS Abs. 1 Nr. 3 bzw. § 7 Abs. 1 Nr. 3 VOB/A sind solche Wagnisse, die regelmäßig nicht vom Auftragnehmer zu tragen sind und auf die er keinen Einfluss hat. Dies betrifft bspw. das Risiko der Finanzierbarkeit der Bauleistung, das Risiko der Richtigkeit von Beschaffenheitsangaben zum Baugrund und das Risiko unvorhersehbarer behördlicher Maßnahmen.[76] Selbst **außergewöhnliche**

[68] VK Bund Beschl. v. 14.7.2005 – VK 1-50/05, WKRS 2005, 18886; RKPP/*Friton/Prieß* GWB § 121 Rn. 59; *Prieß* NZBau 2004, 20, 27. Das OLG München (Beschl. v. 6.8.2012, Verg 14/12, ZfBR 2012, 805) hat in einer Entscheidung einen Mengenschwankungsvorbehalt von +/- 20 bis 25% bei einem Auftrag über Restabfallentsorgung unter dem Aspekt eines unzumutbaren Kalkulationsrisikos als zwar „grenzwertig", aber noch zulässig angesehen.

[69] Siehe zB OLG Celle Beschl. v. 29.6.2017 – 13 Verg 1/17, NZBau 2017, 687, wo eine bloße Stundensatzvereinbarung bei einem Auftrag als Sanierungsträger gemäß §§ 158f. BauGB für zulässig gehalten wurde, da die anfallenden Aufgaben nicht im Vorhinein abschließend festgestellt werden konnten.

[70] OLG Düsseldorf Beschl. v. 13.4.2011 – VII-Verg 58/10, ZfBR 2011, 508; OLG München Beschl. v. 27.1.2006 – Verg 1/06, BeckRS 2006, 2401; OLG Düsseldorf Beschl. v. 24.3.2004 – VII-Verg 7/04, NZBau 2004, 463; VK Bund Beschl. v. 18.6.2012 – VK 2-53/12, ZfBR 2013, 75; VK Baden-Württemberg Beschl. v. 9.6.2011 – 1 VK 26/11, BeckRS 2011, 25959.

[71] OLG Düsseldorf Beschl. v. 15.5.2019 – VII-Verg 61/18, NZBau 2019, 742.

[72] OLG Düsseldorf Beschl. v. 13.4.2011 – VII-Verg 58/10, ZfBR 2011, 508; VK Bund Beschl. v. 18.6.2012, VK 2-53/12, ZfBR 2013, 75; RKPP/*Friton/Prieß* GWB § 121 Rn. 63.

[73] OLG Düsseldorf Beschl. v. 14.9.2016 – VII-Verg 7/16, BeckRS 2016, 119587 Rn. 40; RKPP/*Friton/Prieß* GWB § 121 Rn. 64.

[74] OLG Saarbrücken Beschl. v. 29.9.2004 – 1 Verg 6/04, BeckRS 2004, 9658.

[75] Ingenstau/Korbion/*Kratzenberg* VOB/A 2009, § 7 Rn. 37; *Dicks* NZBau 2014, 731, 737.

[76] Kapellmann/Messerschmidt/*Kapellmann* VOB/A 2009 § 7 Rn. 21.

Wagnisse sollen allerdings dann nicht erfasst werden, wenn das Wagnis durch eine hohe Vergütungsleistung des Auftraggebers oder durch Versicherungsleistungen gedeckt wird.[77] In diesem Fall ist der Bieter hinsichtlich des von ihm übernommenen Risikos finanziell abgesichert bzw. kann die für seine Risikoentlastung entstehenden Aufwendungen bei der Angebotskalkulation berücksichtigen.

Für **Lieferungen und Dienstleistungen** enthalten VgV, SektVO und VSVgV wie 43 auch UVgO und VOL/A **kein ausdrückliches Verbot** der Aufbürdung ungewöhnlicher Wagnisse mehr. Die früheren Parallelvorschriften zu § 7 Abs. 1 Nr. 3 VOB/A wurden bereits im Zuge der VOL/A-Novelle 2009 gestrichen. Teilweise wird allerdings vertreten, dass sich die Unzulässigkeit der Überwälzung ungewöhnlicher Wagnisse bereits aus dem allgemeinen Gebot der eindeutigen und erschöpfenden Leistungsbeschreibung herleiten lässt.[78] Dem ist entgegenzuhalten, dass die Verpflichtung zur klaren und erschöpfenden Beschreibung nicht zwingend etwas damit zu tun hat, ob den Bietern bestimmte Risiken auferlegt werden dürfen oder nicht.[79] Ein Wagnis kann eindeutig und erschöpfend beschrieben sein und dennoch ein ungewöhnliches Risiko für den Bieter bleiben.[80] Nach wohl herrschender Meinung ist die Streichung des Verbots durch die Novelle von 2009 dementsprechend als echte Rechtsänderung zu verstehen, so dass die Überwälzung ungewöhnlicher Wagnisse im Liefer- und Dienstleistungsbereich **nicht mehr per se unzulässig** ist.[81]

Das bedeutet freilich nicht, dass der Auftraggeber nunmehr jegliches Risiko auf die Bie- 44 ter abwälzen dürfte. Nach den allgemeinen Grundsätzen sind **unzumutbare Anforderungen,** die eine vernünftige kaufmännische Kalkulation unmöglich machen, **weiterhin unzulässig.**[82] In der Praxis führt das zu ähnlichen Ergebnissen wie die frühere Rechtslage. Denn das Verbot der Überwälzung ungewöhnlicher Wagnisse galt schon immer (und gilt im Bereich der VOB/A auch heute noch) nur für solche Risiken, die vom Bieter nicht beherrschbar und für ihn nicht kalkulierbar sind.[83] In solchen Fällen ist jedenfalls ab einer gewissen Größenordnung schnell die Schwelle der Unzumutbarkeit erreicht. Das gilt insbesondere dann, wenn die Risiken in der Sphäre des Auftraggebers wurzeln. Etwas größerer Spielraum dürfte vor allem dort bestehen, wo zwar ungewöhnliche Risiken im Raum stehen, die Bieter sie aber durch angemessene **Risikozuschläge** auffangen können. Das gilt jedoch nicht, wenn die Risiken so schwer zu kalkulieren sind, dass die Angebotskalkulation letztlich reine „Glückssache" wird. Wenn die Preisgestaltung der Bieter maßgeblich

---

[77] Ingenstau/Korbion/*Kratzenberg* VOB/A 2009 § 7 Rn. 42.

[78] OLG Dresden Beschl. v. 2.8.2011– W Verg 4/11, IBRRS 2011, 3668; OLG Jena Beschl. v. 22.8.2011 – 9 Verg 2/11, NZBau 2011, 771; VK Sachsen Beschl. v. 19.5.2011 – 1/SVK/015-11, IBRRS 2011, 3704; Beschl. v. 10.5.2011 – 1/SVK/009-11, IBRRS 2011, 2714; Müller-Wrede/*Traupel* VOL/A 2009, § EG Rn. 18; Schellenberg/Pünder/*Schellenberg* Praxiskommentar Vergaberecht, VOL/A 2009, § 8 EG Rn. 26ff.; tendenziell auch *Brauer,* VergabeR 2012, 343, 346f.

[79] OLG Düsseldorf Beschl. v. 24.11.2011 – VII-Verg 62/11, ZfBR 2012, 187.

[80] OLG Düsseldorf Beschl. v. 24.11.2011 – VII-Verg 62/11, ZfBR 2012, 187.

[81] OLG Düsseldorf Beschl. v. 18.4.2012 – VII-Verg 93/11, NZS 2012, 747, mwN; Beschl. v. 19.10.2011 – VII-Verg 54/11, NZBau 2011, 762; OLG München Beschl. v. 6.8.2012 – Verg 14/12, ZfBR 2012, 805; RKPP/*Friton/Prieß* GWB § 121 Rn. 44.

[82] OLG Dresden Beschl. v. 28.11.2013 – Verg 6/13, ZfBR 2014, 812; OLG Düsseldorf Beschl. v. 18.4.2012 – VII-Verg 93/11, NZS 2012, 747; Beschl. v. 19.10.2011 – VII-Verg 54/11, NZBau 2011, 762; OLG München Beschl. v. 6.8.2012 – Verg 14/12, ZfBR 2012, 805 (dort verneint für einen Mengenschwankungs-Vorbehalt von +/– 20 bis 25%); tendenziell ähnlich bereits BGH Beschl. v. 10.6.2008 – X ZR 78/07, ZfBR 2008, 702.

[83] Der Umstand, dass ein Bieter ein Angebot abgegeben hat, welches für den Zuschlag vorgesehen ist, spricht nach Ansicht des OLG Düsseldorf dafür, dass die Kalkulationsvorgaben des Auftraggebers nicht unzumutbar waren, OLG Düsseldorf Beschl. v. 18.4.2018 – VII-Verg 56/17, NZBau 2018, 631 Rn. 19 – Drei-Partner-Modell. Diese Auffassung übersieht, dass ungewöhnliche Wagnisse sich regelmäßig dadurch auszeichnen, dass sie bei der Angebotskalkulation nicht angemessen berücksichtigt werden können (mit der Folge, dass der Bieter sich mit dem Auftrag „überhebt"). Dass ein Bieter überhaupt ein Angebot abgibt und dieses sich dann als das günstigste erweist, widerlegt die Unzumutbarkeit der Risikoüberwälzung in solchen Fällen nicht.

davon abhängt, wie sie ein für sie nicht beherrschbares und objektiv nicht kalkulierbares Risiko individuell bewerten, ist ein fairer, leistungsorientierter Wettbewerb nicht mehr möglich.

V. Grundsatz der Produktneutralität

45 Obwohl der Auftraggeber in der Festlegung des Beschaffungsgegenstands grundsätzlich frei ist,[84] erlegt das Vergaberecht der öffentlichen Hand zwecks Öffnung der öffentlichen Beschaffungsmärkte und zur effektiven Durchsetzung der Warenverkehrsfreiheit gewisse Restriktionen auf. Zu den wesentlichen Beschränkungen gehört der Grundsatz der Produktneutralität. Er soll verhindern, dass der Auftraggeber den Wettbewerb durch eine **Vorfestlegung** auf bestimmte **Produkte, Herkunftsorte, Bezugsquellen** oä einschränkt. Aus diesem Grund darf der Auftraggeber in der Leistungsbeschreibung grundsätzlich nicht auf bestimmte Produkte, Marken, Verfahren oder Herkunftsquellen verweisen, wenn dadurch bestimmte Unternehmen oder Produkte begünstigt oder ausgeschlossen werden (Art. 42 Abs. 4 S. 1 VRL, § 31 Abs. 6 VgV, § 7 EU Abs. 2 S. 1 VOB/A, § 28 Abs. 6 SektVO, § 15 Abs. 8 VSVgV, § 7 VS Abs. 2 S. 1 VOB/A, § 15 Abs. 3 KonzVgV, § 7 Abs. 3 VOL/A, § 7 Abs. 2 Nr. 1 VOB/A; ähnlich § 23 Abs. 5 UVgO). Das Bestimmungsrecht des Auftraggebers wird dadurch bis zu einem gewissen Grad eingeschränkt.[85]

46 Der Grundsatz der produktneutralen Ausschreibung verbietet zunächst eine **unmittelbare hersteller- oder markenbezogene Beschreibung** des Beschaffungsgegenstands, oder die Vorgabe bestimmter Verfahren oder Bezugsquellen. Er ist aber auch dann verletzt, wenn der Auftraggeber die Ausschreibung durch **versteckte Festlegungen** auf ein bestimmtes Produkt zuschneidet. In der Praxis kommt das insbesondere dann vor, wenn der Auftraggeber die Leistung zwar mit allgemein formulierten Anforderungen beschreibt, dabei aber die Spezifikationen eines bestimmten Produkts „eins zu eins" übernimmt. Hierdurch macht der Auftraggeber den Bietern ein Ausweichen auf Alternativfabrikate unmöglich. Solche Vorgaben sind daher unter Wettbewerbsgesichtspunkten nicht anders zu bewerten als ausdrückliche Vorgaben zur Verwendung eines spezifischen Produkts.[86]

1. Ausnahme bei sachlicher Rechtfertigung

47 **a) Allgemeines.** Der Grundsatz der produktneutralen Beschreibung gilt allerdings nicht uneingeschränkt. Vielmehr darf der Auftraggeber ausnahmsweise auf Marken, Produkte oder Verfahren etc. verweisen, wenn dies „**durch den Auftragsgegenstand gerechtfertigt** ist" (Art. 42 Abs. 4 S. 1 VRL, § 31 Abs. 6 VgV, § 7 EU Abs. 2 S. 1 VOB/A, § 28 Abs. 6 SektVO, § 15 Abs. 8 VSVgV, § 7 VS Abs. 2 S. 1 VOB/A, § 15 Abs. 3 KonzVgV, § 7 Abs. 3 VOL/A, § 7 Abs. 2 Nr. 1 VOB/A; ähnlich § 23 Abs. 5 UVgO). Eine sachliche Rechtfertigung im Sinne der Vorschrift kann sich insbesondere aus der besonderen Aufgabenstellung (zB auch dem Erfordernis der Kompatibilität mit Bestandsprodukten), der Nutzung der Sache (zB dem Einsatz unter speziellen Bedingungen) oder aus gestalterischen Anforderungen ergeben.

48 Die Ausnahme betrifft Fälle, in denen der **Beschaffungsgegenstand** als solcher eine Festlegung auf ein bestimmtes Produkt, eine Marke oder ein Verfahren impliziert oder erfordert. Die Festlegung auf einen solchen Beschaffungsgegenstand ist vergaberechtlich

---

[84] → Rn. 16f.

[85] OLG Düsseldorf Beschl. v. 1.8.2012 – VII-Verg 10/12, NZBau 2012, 725 – Satellitengestütztes Warnsystem; Beschl. v. 31.5.2017 – VII-Verg 36/16, NZBau 2017, 623 – Drohnen.

[86] OLG München Beschl. v. 17.9.2007 – Verg 10/07, ZfBR 2007, 828 (830); Beschl. v. 5.11.2009 – Verg 15/09, BeckRS 2009, 86656, unter II 2 c) – Tonanlage; OLG Rostock Beschl. v. 17.7.2019 – 17 Verg 1/19, NZBau 2020, 120 Rn. 48; KKMPP/*Prieß/Simonis* VgV § 51 Rn. 43.

dann zulässig, wenn sie auf **sach- und auftragsbezogenen Gründen** und **nicht auf willkürlichen, sachfremden oder diskriminierenden Erwägungen** beruht.[87]

b) Kontrollmaßstab. Die Kontrolle durch die Nachprüfungsinstanzen beschränkt sich nach einer vom OLG Düsseldorf geprägten, inzwischen weitgehend anerkannten Formel auf die Prüfung, ob die Festlegung durch den Auftragsgegenstand **sachlich gerechtfertigt** ist, vom Auftraggeber **nachvollziehbare objektive und auftragsbezogene Gründe angegeben** worden sind und die Bestimmung folglich **willkürfrei** getroffen worden ist, die Gründe **tatsächlich vorhanden** (festzustellen und notfalls erwiesen) sind, und die Bestimmung andere Wirtschaftsteilnehmer **nicht diskriminiert.**[88] 49

Hintergrund dieses im Ausgangspunkt zurückhaltenden Prüfungsansatzes ist, dass der Auftraggeber in der Festlegung des Beschaffungsgegenstands grundsätzlich frei ist; die Bestimmung des Auftragsgegenstands ist dem Vergabeverfahren vorgelagert und daher vergaberechtlich nicht bzw. nur in den genannten Grenzen zu überprüfen (sog. **Leistungsbestimmungsrecht** des Auftraggebers).[89]

Die Formel des OLG Düsseldorf (→ Rn. 49) löst freilich nicht das **Problem,** dass zwischen dem Leistungsbestimmungsrecht des Auftraggebers und dem Grundsatz der Produktneutralität ein **Spannungsverhältnis** besteht. Die Formulierung, dass die Bestimmung des Auftragsgegenstands der Vergabe vorgelagert sei, suggeriert zwar auf den ersten Blick, dass der Auftraggeber bei dieser Bestimmung den Vergabevorschriften nicht unterworfen ist. Dem ist jedoch nicht so. Vielmehr erkennt auch die Rechtsprechung an, dass die Grundsätze der **Marktöffnung,** der **Wettbewerbsgrundsatz** und die damit zusammenhängende explizite Verpflichtung zur **Produktneutralität** das Leistungsbestimmungsrecht des Auftraggebers beschränken. Die Formel des OLG Düsseldorf umreißt insoweit die **Grenzen des Leistungsbestimmungsrechts.**[90] 50

Die Prüfung, ob die Grenzen eingehalten sind – dh ob die Bestimmung des Auftraggebers durch den Auftragsgegenstand sachlich gerechtfertigt ist, der Auftraggeber nachvollziehbare objektive und auftragsbezogene Gründe angegeben hat und die Bestimmung folglich willkürfrei getroffen wurde, die Gründe tatsächlich vorhanden sind und die Bestimmung niemanden diskriminiert – erfordert letztlich eine **wertende Betrachtung.** Das umfasst – anders als vom OLG Düsseldorf zeitweilig vertreten[91] – durchaus auch eine **Kontrolle der Vertretbarkeit und Nachvollziehbarkeit** der Gründe.[92] Eine Festlegung auf ein Produkt oder Verfahren, die inhaltlich unvertretbar oder nicht nachvollziehbar ist, ist weder „sachlich gerechtfertigt", noch beruht sie auf „nachvollziehbaren objektiven und auftragsbezogenen Gründen". Richtig ist allein, dass dem Auftraggeber insoweit, wie er

---

[87] OLG Düsseldorf Beschl. v. 17.2.2010 – VII-Verg 42/09, BeckRS 2010, 6143 – ISM-Funk; Beschl. v. 3.3. 2010 – VII-Verg 46/09, BeckRS 2016, 19890 – Lysimeter; Beschl. v. 15.6.2010 – VII-Verg 10/10, BeckRS 2010, 19462; ebenso VK Münster Beschl. v. 24.6.2011 – VK 6/11, IBRRS 2011, 3576. Ein instruktiver Überblick über Einzelfälle aus der Rechtsprechung findet sich bei Pünder/Schellenberg/*Schellenberg* VergabeR § 8 EG VOL/A Rn. 71–79.

[88] OLG Düsseldorf Beschl. v. 17.2.2010 – VII-Verg 42/09, BeckRS 2010, 6143 – ISM-Funk; Beschl. v. 1.8. 2012 – VII-Verg 10/12, NZBau 2012, 785 – Satellitengestütztes Warnsystem. Ebenso für Vergaben im Verteidigungs- und Sicherheitsbereich OLG Düsseldorf Beschl. v. 31.5.2017 – VII-Verg 36/16, NZBau 2017, 623 – Drohnen, mwN (zu § 15 Abs. 8 VSVgV); in dem Fall wurde bei militärischen Drohnen der Umstand, dass das ausgewählte System deutlich früher als die Konkurrenzprodukte verfügbar und einsatzfähig war und der Kauf und Einsatz nicht von weiteren Genehmigungen des Herstellerlands abhing, als ausreichender sachlicher Grund für die Produktfestlegung angesehen.

[89] Grundlegend OLG Düsseldorf Beschl. v. 17.2.2010 – VII-Verg 42/09, BeckRS 2010, 6143 – ISM-Funk; aus jüngerer Zeit s. OLG Düsseldorf Beschl. v. 31.5.2017 – VII-Verg 36/16, NZBau 2017, 623 – Drohnen, mwN; siehe dazu auch → Rn. 16f.

[90] Zusammenfassend OLG Düsseldorf Beschl. v. 31.5.2017 – VII-Verg 36/, NZBau 2017, 623 – Drohnen, mwN.

[91] Insbes. OLG Düsseldorf Beschl. v. 17.2.2010 – VII-Verg 42/09, BeckRS 2010, 6143 unter II 2 a) bb) – ISM-Funk.

[92] So auch OLG Düsseldorf Beschl. v. 27.6.2012 – VII-Verg 7/12, BeckRS 2012, 12847 – Fertigspritzen, unter II. 1. c) aa): „Des Weiteren muss die Begründung nachvollziehbar sein".

sich auf vertretbare, nachvollziehbare, objektive auftragsbezogene Gründe stützt, ein **weiter Entscheidungsspielraum** zuzubilligen ist. Gleichwohl sind Gewicht und Qualität der Gründe stets gegen die wettbewerbsbeschränkende Wirkung der Festlegung **abzuwägen.**

51 **c) Strenge Kontrolle bei vollständigem Ausschluss von Wettbewerb.** Führt die Festlegung des Beschaffungsgegenstands dazu, dass die Leistung im Sinne von § 14 Abs. 4 Nr. 2 lit. a) oder b) VgV **nur von einem einzigen Unternehmen** angeboten werden kann, ist seit der Vergaberechtsmodernisierung 2016 in jedem Fall **§ 14 Abs. 6 VgV** zu beachten. Danach ist die Festlegung nur zulässig, wenn es **keine vernünftige Alternative** oder Ersatzlösung gibt; der mangelnde Wettbewerb darf auch nicht das Ergebnis einer künstlichen Einschränkung der Auftragsparameter sein. Diese Vorschrift bildet ein wichtiges **Korrektiv** zum Bestimmungsrecht des Auftraggebers in den Fällen, in denen die Festlegung auf einen bestimmten Beschaffungsgegenstand zu einer vollständigen Ausschaltung des Wettbewerbs führt.[93] Damit wird der Entscheidungsspielraum im praktisch wichtigsten Fall der Produktvorgabe – nämlich wenn sie zugleich eine Festlegung auf einen bestimmten Lieferanten bedeutet – ganz erheblich beschränkt.

Der Auftraggeber muss in einem solchen Fall konkret darlegen und ggf. nachweisen, dass die gewählte Lösung **tatsächlich alternativlos** ist und nicht auf eine künstliche Wettbewerbseinschränkung hinausläuft. Das wird von der Rechtsprechung in den Fällen des § 14 Abs. 6 VgV mittlerweile **streng überprüft;** die Formel des OLG Düsseldorf (→ Rn. 49) und die darauf aufbauende frühere, großzügigere Rechtsprechung[94] ist für diese Fälle überholt. Eine vernünftige Ersatzlösung fehlt dabei nicht schon dann, wenn die verfügbaren Alternativprodukte dem gewünschten Produkt in bestimmter Hinsicht graduell unterlegen sind. Ein vollständiger Verzicht auf Wettbewerb ist vielmehr nur dann zulässig, wenn mit anderen Produkten der **Beschaffungszweck nicht mehr erreicht** werden kann.[95] Das ist wiederum eine Frage der Abwägung, die der gerichtlichen Kontrolle unterliegt.

52 **d) Kontrolle in anderen Fällen.** Verbleibt trotz der Produktvorgabe des Auftraggebers ein Wettbewerb (etwa weil es für das Produkt mehrere untereinander konkurrierende Händler gibt, oder das Produkt nur eine von mehreren Komponenten des Ausschreibungsgegenstand ist), gilt § 14 Abs. 6 VgV zwar nicht. Für diese Fälle hält die Rechtsprechung im Ausgangspunkt an der Formel des OLG Düsseldorf (→ Rn. 49) fest. Allerdings ist auch hier stets eine wertende Betrachtung erforderlich (→ Rn. 50). Generell bedarf eine Leistungsbestimmung, die den Wettbewerb einschränkt, einer **umso größeren Rechtfertigungstiefe, je stärker sie den Wettbewerb beschränkt;** es handelt sich um eine Frage der **Verhältnismäßigkeit.** Das folgt mittlerweile auch aus § 97 Abs. 1 S. 2 GWB.[96] Der Auftraggeber hat abzuwägen, ob die Gründe für die Produktvorgabe sprechen, so gewichtig sind, dass sie die damit einhergehende Verengung des Wettbewerbs rechtfertigen. Das ist eine Frage des Einzelfalls, bei der es einerseits darauf ankommt, welche konkreten Vorteile die Produktfestlegung hat bzw. welche Nachteile mit einer wettbewerbsoffeneren Gestaltung verbunden sind, und andererseits, wieviel Wettbewerb angesichts der Produktvorgabe noch verbleibt. Je größer die objektiven Vorteile (bzw. umgekehrt die Nachteile) für den Auftraggeber sind, und je mehr Wettbewerb verbleibt,

---

[93] OLG Düsseldorf Beschl. v. 7.6.2017 – VII-Verg 53/16, NZBau 2018, 118 – PET MRT-Geräte; Beschl. v. 12.7.2017 – VII-Verg 13/17, NZBau 2017, 679 – Leberdialysesystem.

[94] Vgl. die Nachweise in → Fn. 88 bis → Fn. 91. Weiter Bestand hat die Rechtsprechung jedoch im Bereich der VSVgV (die keine § 14 Abs. 6 VgV entsprechende Vorschrift enthält), OLG Düsseldorf Beschl. v. 31.5. 2017 – Verg 36/16, NZBau 2017, 623 (zu § 15 Abs. 8 VSVgV) – Drohnen.

[95] OLG Düsseldorf Beschl. v. 7.6.2017 – VII-Verg 53/17, NZBau 2018, 118 – PET MRT-Geräte.

[96] Vgl. aber OLG München Beschl. v. 9.3.2018 – Verg 10/17, NZBau 2018, 427 (429f.), wonach die ausdrückliche Aufnahme des Verhältnismäßigkeitsgrundsatzes in § 97 Abs. 2 S. 2 GWB den überkommenen Freiraum des Auftraggebers bei der Leistungsbestimmung nicht weiter beschränkt hat.

desto eher können sachbezogene Produktvorgaben als gerechtfertigt angesehen werden. Der Dokumentation der Vor- und Nachteile kommt dabei entscheidende Bedeutung zu (→ Rn. 58)

53 Auch die **Rechtsprechung** folgt im Ergebnis diesem Ansatz. So entstammt die (in der Sache verunglückte[97]) Aussage des OLG Düsseldorf, dass eine Beschaffungsentscheidung, die zu einer Wettbewerbsbeschränkung führt, von den Nachprüfungsinstanzen „nicht inhaltlich auf Vertretbarkeit, Nachvollziehbarkeit oder erst recht auf Richtigkeit zu kontrollieren" sei,[98] einem Fall, in dem der Auftraggeber sich für ein Datenfunkübertragungssystem zwar auf einen bestimmten Übertragungsstandard **(ISM-Funk)** festgelegt hatte, aber gleichwohl ein relevanter Wettbewerb unter verschiedenen Anbietern dieser Technologie verblieb. Vor diesem Hintergrund war die Zurückhaltung des Gerichts bei der Prüfung, ob die vom Auftraggeber angeführten Gründe gewichtig genug waren, um die mit der Technologiewahl einhergehende Wettbewerbsverengung auf Anbieter der gewählten Technik zu rechtfertigen, im Ergebnis verständlich.

Ähnlich verhält es sich mit der Entscheidung aus dem Jahr 2012 zur Beschaffung von Grippeimpfstoffen in **Fertigspritzen,** bei der die Vorgabe der ausschreibenden Krankenkassen, dass die Spritzen entweder keine oder eine abnehmbare Kanüle haben sollten, zwar Anbieter von Spritzen mit fester Kanüle ausschloss, im Übrigen aber einen breiten Wettbewerb unter Anbietern anforderungsgerechter Spritzen zuließ.[99] Umgekehrt hat das OLG Düsseldorf im **Drohnen**-Fall von 2017, in dem die Produktfestlegung des Auftraggebers zwar einen Wettbewerb ausschloss, § 14 Abs. 6 VgV aber unanwendbar war, weil es um eine Rüstungsbeschaffung nach der VSVgV ging, trotz Festhaltens an seiner Formel eine auffallend ausführliche Prüfung der vom Auftraggeber angeführten Gründe vorgenommen, die auch eine eingehende, wertende Auseinandersetzung mit den Vorteilen der gewählten Lösung bzw. den Risiken der Alternativen umfasste.[100]

Auch der **EuGH-Rechtsprechung** lässt sich entnehmen, dass eine **Verhältnismäßigkeitsprüfung** erforderlich ist. Der EuGH betont mit Blick auf die Grundsätze der Marktöffnung, des Wettbewerbs und der Nichtdiskriminierung, dass mit steigender Detaillierung der technischen Spezifikationen die Gefahr wächst, dass Produkte bestimmter Hersteller bevorzugt werden. Hieraus leitet er ab, dass der Detaillierungsgrad der Spezifikationen den Grundsatz der Verhältnismäßigkeit wahren muss, was insbesondere eine Prüfung erfordert, ob er zur Erreichung der verfolgten Ziele notwendig ist.[101]

54 **e) Einzelfälle.** Praxisfälle zulässiger Produktvorgaben finden sich insbesondere im **IT-Bereich.** Dort werden Hersteller- und Produktvorgaben regelmäßig dann für akzeptabel gehalten, wenn sie zur Sicherstellung der **Kompatibilität** und/oder **Interoperabilität** mit Bestandssystemen notwendig sind, insbesondere zur Einpassung in eine vorhandene Hard- ware- oder Softwareumgebung.[102] Allerdings reicht die bloße Berufung auf (nicht näher begründete) technische Schwierigkeiten bei der Integration alternativer Produkte nicht aus.[103] Erforderlich ist vielmehr eine konkrete Darlegung, weshalb die Integration solcher Produkte nicht möglich oder aber mit unverhältnismäßigen Schwierigkeiten oder Risiken verbunden ist. Bei der Beschaffung eines Hochschulverwaltungs-Systems wurde die Festlegung des Auftraggebers auf das Nachfolgeprodukt zum vorhandenen System gebilligt, da es auf derselben Basisarchitektur beruhte und daher eine **„sanfte Migration"** ermöglich-

[97] Zur Kritik → Rn. 50.

[98] OLG Düsseldorf Beschl. v. 17.2.2010 – VII-Verg 42/09, BeckRS 2010, 6143 unter II 2 a) bb) – ISM-Funk.

[99] OLG Düsseldorf Beschl. v. 27.6.2012 – VII-Verg 7/12, BeckRS 2012, 15939 unter II. 1. c) – Fertigspritzen.

[100] OLG Düsseldorf Beschl. v. 31.5.2017 – VII-Verg 36/16, NZBau 2017, 623 unter II B 1 (zu § 15 Abs. 8 VSVgV) – Drohnen.

[101] EuGH Urt. v. 25.10.2018 – C-413/17, ZfBR 2019, 494 Rn. 37 u. 41 – Roche Lietuva.

[102] Beck VergabeR/*Lampert* VgV § 31 Rn. 103.

[103] KKMPP/*Prieß*/*Simonis* VgV § 31 Rn. 54.

te, während ein Komplettwechsel („Big Bang") den Auftraggeber vor unverhältnismäßige, im Einzelnen dargelegte Schwierigkeiten gestellt hätte.[104] Bei einer IT-Software zur Verwaltung von Leitungsnetzen, die in ein Gemeinschaftsunternehmen mit einem anderen Stadtwerk eingebracht werden sollten, wurde die Festlegung auf das vom Partner bereits verwendete System für zulässig gehalten, da der Partner eine Umstellung ablehnte.[105] Bei der Beschaffung eines Enterprise Mobile Management (EMM) Systems durfte sich der Auftraggeber auf eine bestimmte Standardsoftware festlegen, da nur diese seine spezifischen Anforderungen an die **Einbindung** in die vorhandene **IT-Sicherheitsstruktur** erfüllte.[106] Dass eine generelle Festlegung des Auftraggebers auf eine sog. **„Ein-Hersteller-Strategie"** ein ausreichender Grund ist, bei der Beschaffung von IT-Equipment den Hersteller vorzugeben,[107] scheint dagegen eher fraglich. Eine solche Strategie kann aber ein ausreichender Grund sein, wenn damit **entscheidende betriebliche Vorteile** für den Auftraggeber verbunden sind, insbesondere nur auf diese Weise eine reibungslose Fehleranalyse und -beseitigung im Rahmen eines einheitlichen Hersteller-Supports sichergestellt ist.[108]

55 Bei **Bauaufträgen** sind Produktvorgaben insbesondere dann zulässig, wenn sie auf **gestalterischen Gründen** beruhen.[109] Auch **funktionale Gründe** können produktspezifische Vorgaben rechtfertigen, etwa für einen Kunstrasen für Sportzwecke, der besonderen Haltbarkeitsanforderungen genügen muss.[110] Im Übrigen sind echte Produkt- oder Herstellervorgaben beim Bau eher selten, weil es für die meisten gängigen Produkte Alternativen gibt. Verbreitet sind dagegen sog. **Leitfabrikate;** dabei handelt es sich jedoch nicht um echte Produktvorgaben, vielmehr muss der Auftraggeber in diesem Fall auch gleichwertige Produkte zulassen (→ Rn. 59 ff.). Technische Gründe können indessen die Festlegung auf ein bestimmtes **technisches Verfahren** rechtfertigen, etwa die Vorgabe einer bestimmten Bodenverdichtungstechnik bei der Herstellung eines Baugrunds, oder die Ausschreibung eines Rauchmeldesystems mit Luftsammelrohr.[111]

56 Im **Kulturbereich** werden regemäßig auch **künstlerische** und **ästhetische** Gründe herangezogen. So wurde die Entscheidung des Staatstheaters Stuttgart, die Beschaffung von drei **Konzertflügeln** der Marke Steinway auszuschreiben, gebilligt. Die Festlegung basierte zum einen darauf, dass das Theater über einen Fundus von fast 80 Klavieren von 18 Herstellern verfügte, von denen nur ein kleiner Teil ausgetauscht werden sollte. Zudem durfte das Theater als Drei-Sparten-Haus berücksichtigen, dass das ausgeschriebene Instrument im Konzertbereich die größte Verbreitung habe und von zahlreichen Konzertpianisten bevorzugt würde (wie im Nachprüfungsverfahren durch Stellungnahmen von Musikern bestätigt wurde).[112]

57 **f) Pflicht zur Markterkundung?** Durch § 14 Abs. 6 VgV hat die früher intensiv diskutierte Frage, ob der Auftraggeber bei wettbewerbsverengenden Produktfestlegungen zunächst eine Markterkundung durchführen muss, stark an Bedeutung verloren. Ein Teil der Rechtsprechung hatte in der Vergangenheit vertreten, dass der Auftraggeber sich vor der Festlegung auf ein bestimmtes Produkt erst einen möglichst breiten **Überblick über die**

[104] OLG Düsseldorf Beschl. v. 22.5.2013 – VII-Verg 16/12, NZBau 2013, 650 (652) – HISinOne.
[105] OLG Düsseldorf Beschl. v. 14.4.2005 – VII-Verg 93/04, NZBau 2005, 532.
[106] So VK Bund Beschl. v. 10.6.2015 – VK 1-40/15, VPRRS 2015, 0384.
[107] Siehe dazu VK Bund Beschl. v. 9.9.2015 – VK 1-82/15, IBRRS 2016, 0984.
[108] OLG Düsseldorf Beschl. v. 13.4.2016 – VII-Verg 47/15, NZBau 2016, 656 (657 f.) – VoIP-Telefone. Ein Verstoß gegen die Produktneutralität liegt aber vor, wenn die Technik, die der Auftraggeber zur Vermeidung von Technologiebrüchen beschaffen will, tatsächlich gar nicht mehr fortgeführt wird; OLG Düsseldorf 13.9.2016 – VII-Verg 36/16, BeckRS 2016, 21110 Rn. 11 – Drohnen.
[109] OLG Düsseldorf Beschl. v. 9.1.2013 – VII-Verg 33/12, BeckRS 2013, 4078 – Außenputz; VK Münster Beschl. v. 24.6.2011 – VK 6/11, IBRRS 2011, 3576 – Irischer Blaustein.
[110] OLG Düsseldorf Beschl. v. 6.7.2005 – VII-Verg 26/05, BeckRS 2005, 12127 – Polythan Kunstrasen.
[111] VK Nordbayern Beschl. v. 16.1.2007 – 21.VK-3194-43/06, IBRRS 2007, 0492.
[112] OLG Karlsruhe Beschl. v. 14.9.2016 – 15 Verg 7/16 – Konzertflügel (veröffentlicht auf dem Landesrechtsportal Baden-Württemberg, www.landesrecht-bw.de).

im Markt verfügbaren Lösungen verschaffen und positiv feststellen muss, warum die durch die produktbezogene Ausschreibung ausgeschlossenen Lösungsvarianten nicht in Betracht kommen.[113] Das OLG Düsseldorf ist dem unter Hervorhebung des Bestimmungsrechts des Auftraggebers und der Effektivität der Beschaffung entgegengetreten. Würde verlangt, dass in den Vergabeunterlagen der Ausschluss von Alternativen bereits dokumentiert sei, würde das Vergabeverfahren zu sehr verkompliziert.[114]

Durch die nunmehr in § 14 Abs. 6 VgV festgeschriebene Pflicht des Auftraggebers, bei **Produktvorgaben, die nur ein einziger Anbieter erfüllt,** darzulegen und ggf. nachzuweisen, dass es keine vernünftigen Alternativen oder Ersatzlösungen gibt, ist der großzügige Ansatz des OLG Düsseldorf jedenfalls für diese wichtige Fallgruppe praktisch überholt. Auch wenn § 14 Abs. 6 VgV eine förmliche Markterkundung nicht explizit vorschreibt, liegt es im eigenen Interesse des Auftraggebers, seinen Befund, dass es keine vernünftigen Alternativen gibt, auf eine möglichst solide Grundlage zu stellen. Eine Markterkundung ist dafür typischerweise **ein gutes Mittel.**[115]

Auch außerhalb der Fälle des § 14 Abs. 6 VgV kann von einem Auftraggeber erwartet werden, dass jeder Vorabfestlegung auf konkrete Produkte, Hersteller oder Verfahren zumindest eine **sorgfältige Ermittlung** vorausgeht, ob sie tatsächlich der einzige bzw. ein angemessener Weg ist, seinen objektiven Bedarf zu decken.[116] Das ist im Rahmen einer Nachprüfung ggf. auch zu kontrollieren.[117]

g) Dokumentation der Gründe. Das Transparenzgebot verpflichtet den Auftraggeber in 58
jedem Fall, die **rechtfertigenden Gründe** für eine produktbezogene Ausschreibung in der Vergabeakte vor Verabschiedung der Leistungsbeschreibung sorgfältig zu dokumentieren.[118] Die Dokumentation muss dabei erkennen lassen, welche Ermittlungen und Überlegungen der Auftraggeber unternommen bzw. angestellt hat um festzustellen, dass die Produktvorgabe für die Deckung des Beschaffungsbedarfs notwendig und angemessen ist.[119] Dazu gehört einerseits eine konkrete Darlegung, aus welchen Gründen die Produktvorgabe getroffen wurde, dh welche Nutzen damit verbunden ist bzw. welche Nachteile sich ergeben würden, wenn der Auftraggeber auch andere Produkte zulassen würde. Entscheidend ist dabei, dass die **Darlegung konkret** ist. Der Auftraggeber sollte also beispielsweise nicht nur vermerken, dass eine Ein-Hersteller-Strategie mit dem Vorteil eines einheitlichen Hersteller-Supports verbunden ist, sondern auch, weshalb ein solcher einheitlicher Support im konkreten Fall notwendig bzw. eine Mehrzahl von Lieferanten mit einem unverhältnismäßigen Risiko verbunden ist. Das schließt jedenfalls in gewissem Umfang stets auch eine Auseinandersetzung mit den Alternativen ein. Die Dokumentation sollte auch erkennen lassen, dass der Auftraggeber sich mit den wettbewerbsbeschränkenden Wirkun-

[113] Vgl. OLG Jena Beschl. v. 26.6.2006 – 9 Verg 2/06, NZBau 2006, 735; OLG Celle Beschl. v. 22.5.2008 – 13 Verg 1/08, BeckRS 2008, 10353; *Jaeger* ZWeR 2011, 365, 380.

[114] OLG Düsseldorf Beschl. v. 27.6.2012 – VII-Verg 7/12, IBRRS 2012, 2628; prägnant auch OLG Düsseldorf Beschl. v. 1.8.2012 – VII-Verg 10/12, ZfBR 2013, 63 – Satellitengestütztes Warnsystem. Ebenso OLG Naumburg Beschl. v. 20.9.2012 – 2 Verg 4/12, IBR 2013, 169.

[115] So auch *Gabriel/Voll* NZBau 2019, 83, 84f.

[116] Im Ergebnis ebenso *Orthmann* VergabeR 2012, 376, 385, unter Verweis auf das besonders hohe Missbrauchspotential bei Produktvorgaben.

[117] Ein anschauliches Beispiel ist VK Bund Beschl. v. 28.11.2016 – VK 1-104/16, IBRRS 2017, 0801, wo die Vorgabe eines herstellerspezifischen Störunterdrückungsverfahrens unter Ausschluss alternativer Verfahren wegen nicht nachgewiesener Notwendigkeit abgelehnt wurde.

[118] OLG München Beschl. v. 9.3.2018 – Verg 10/17, NZBau 2018, 427 (429f.); VK Münster Beschl. v. 24.6.2011 – VK 6/11, IBR 2011, 713; VK Sachsen Beschl. v. 4.5.2011 – 1/SVK/010-11, IBRRS 2011, 2356; Beck VergabeR/*Lampert* VgV § 31 Rn. 107./

[119] *Orthmann* VergabeR 2012, 376, 390. Ähnlich OLG München Beschl. v. 9.3.2018 – Verg 10/17, NZBau 2018, 427 (429f.).

gen seiner Vorgabe auseinandergesetzt hat, und die Vorteile seiner Produktvorgabe ordnungsgemäß gegen diese Wirkungen abgewogen hat.[120]

2. Vorgabe von Leitfabrikaten

59 Eine weitere Einschränkung des Gebots der produktneutralen Beschreibung ergibt sich aus den Regelungen zur Zulässigkeit der Vorgabe von Leitfabrikaten. Dabei handelt es sich um Produkte, Typen oder Marken, deren **Einsatz für sich genommen zwar nicht zwingend** ist, die aus Sicht des Auftraggebers jedoch seinen Bedarf decken würden. In der Leistungsbeschreibung nennt der Auftraggeber das Leitfabrikat als eine mögliche Lösung und lässt zugleich gleichwertige Alternativen zu (Beispiel: „Prozessor Intel XY oder gleichwertig").

60 Die Benennung solcher Leitfabrikate kollidiert mit dem **Gebot der produktneutralen Beschreibung.** Nach den vergaberechtlichen Regelungen, insbesondere vor dem Hintergrund des Wettbewerbsgrundsatzes, sollen die Auftragnehmer grundsätzlich selbst bestimmen dürfen, welche Produkte sie liefern bzw. welche Materialien sie zu Ausführung des Auftrags einsetzen.[121] Die Vorgabe von Leitfabrikaten schränkt den kaufmännischen und technischen Wettbewerb zwischen den Unternehmen ein.[122] Der Auftraggeber steuert die Ausschreibung durch eine solche Vorgabe auf das angegebene Produkt zu. Zwar können die Bieter auch abweichende Produkte anzubieten; sie müssen dann aber die Gleichwertigkeit zum Leitfabrikat nachweisen.[123] Bieter, die das Leitprodukt anbieten, können hingegen gewiss sein, dass dies die Anforderungen des Auftraggebers erfüllt. Das Leitfabrikat wird damit in gewissem Umfang privilegiert. Aus diesem Grund sind Leitfabrikate **nur ausnahmsweise** zulässig, wobei die Ausnahmetatbestände eng auszulegen sind.[124]

61 Voraussetzung für die Verwendung von Leitfabrikaten ist zunächst, dass die Leistung auf andere Weise nicht hinreichend genau und allgemein verständlich beschrieben werden kann (Art. 42 Abs. 4 S. 2 VRL; § 31 Abs. 6 S. 2 VgV, § 7 EU Abs. 2 S. 2 VOB/A, § 28 Abs. 6 S. 2 SektVO, § 15 Abs. 8 S. 2 VSVgV, § 7 VS Abs. 2 S. 2 VOB/A, § 15 Abs. 3 S. 2 KonzVgV, § 23 Abs. 5 S. 1 UVgO, § 7 Abs. 4 S. 1 VOL/A, § 7 Abs. 2 Nr. 2 VOB/A). Hierfür gelten strenge Anforderungen. Eine abstrakte Beschreibung anhand von Produktspezifika darf dem Auftraggeber nicht möglich sein.[125] Der Auftraggeber darf nicht allein deshalb ein Leitfabrikat angeben, weil ihm dies die Erstellung der Leistungsbeschreibung erleichtert. Die Vorgabe eines Leitfabrikats kommt insbesondere bei Produkten in Betracht, die sich am Markt derart durchgesetzt haben, dass ihre Bezeichnung in den **allgemeinen fachlichen Sprachgebrauch** übergegangen ist,[126] oder die sich aufgrund ihrer Verbreitung als **Quasi-Industriestandards** etabliert haben.[127] Selbst in solchen Fällen wird allerdings vielfach eine neutrale Beschreibung möglich sein.[128] Die Vorgabe eines

---

[120] Die Notwendigkeit der Dokumentation der für die Festlegung erforderlichen Ermessensausübung betonen auch Beck VergabeR/*Lampert* VgV § 31 Rn. 107 und KKMPP/*Prieß/Simonis* VgV § 31 Rn. 49.

[121] Ingenstau/Korbion/*Schranner* (21. Aufl.), VOB/A § 7 Rn. 68.

[122] OLG Frankfurt a.M. Beschl. v. 29.5.2007 – 11 Verg 12/06, IBR 2008, 1121; Ingenstau/Korbion/*Schranner* (21. Aufl.), VOB/A § 7 Rn. 68.

[123] Ingenstau/Korbion/*Schranner* (21. Aufl.), VOB/A § 7 Rn. 69; KKMPP/*Prieß/Simonis* VgV § 31 Rn. 62.

[124] BayObLG Beschl. v. 15.9.2004 – 11 Verg 12/06, VergabeR 2005, 130.

[125] Instruktiv VK Bund Beschl. v. 27.10.2008 – VK 3-134/08, BeckRS 2008, 140963. In diesem Fall hatte der Auftraggeber einen Baustoff per Leitfabrikat ausgeschrieben. Nachdem es zum Streit über die Gleichwertigkeit des Angebots eines Bieters gekommen war, hatte der Auftraggeber den Stoff in einer anschließenden Ausschreibung für einen folgenden Bauabschnitt produktneutral beschrieben. Die Vergabekammer schloss hieraus, dass eine neutrale Beschreibung auch schon im ersten Bauabschnitt möglich gewesen wäre, so dass die Vorgabe des Leitfabrikats unzulässig war.

[126] Ingenstau/Korbion/*Schranner* (21. Aufl.), VOB/A § 7 Rn. 68.

[127] Zust. Beck VergabeR/*Lampert* § 31 Rn. 113. Zu Leitfabrikaten bei IT-Ausschreibungen vgl. *Krohn* NZBau 2013, 79, 82.

[128] Pünder/Schellenberg/*Schellenberg* VOL/A, § 8 EG Rn. 59.

Leitfabrikats ist dann unzulässig. Für die Verwendung von Leitfabrikaten verbleibt damit streng genommen nur ein kleiner Anwendungsbereich.[129]

62 Weitere Voraussetzung ist, dass die Leitfabrikate mit dem Zusatz **„oder gleichwertig"** versehen werden. Hieraus können die Bieter ersehen, dass es sich nicht um eine zwingende Vorgabe handelt, sondern auch andere gleichwertige Produkte eingesetzt werden können. Die Möglichkeit, gleichwertige Produkte anzubieten, darf dabei nicht durch überzogen strenge Vorgaben unterminiert werden. Der Auftraggeber darf nicht einerseits gleichwertige Fabrikate zulassen, andererseits aber die Spezifikationen des Leitfabrikats so umfassend und detailliert zur Mindestanforderung erheben, dass letztlich kein Alternativprodukt mehr in Betracht kommt.[130] In einem solchen Fall liegt nicht die Ausschreibung eines Leitfabrikats, sondern eine verdeckte produktbezogene Ausschreibung vor.

Die **Gleichwertigkeit** ist **vom Bieter nachzuweisen.**[131] Jedoch darf vom Bieter nicht verlangt werden, den Gleichwertigkeitsnachweis bereits mit dem Angebot vorzulegen; eine solche Vorgabe würde das Leitfabrikat weiter bevorzugen als notwendig und ist daher angesichts des Ausnahmecharakters der Regelung unzulässig.[132]

63 Wann Gleichwertigkeit vorliegt, ist oft Gegenstand von Streit. Gleichwertigkeit ist anzunehmen, wenn die **Qualität des angebotenen Produkts** nach Ansicht der betreffenden Fachkreise diejenige des Leitfabrikats erreicht oder übertrifft.[133] Dabei kommt dem Auftraggeber ein **Beurteilungsspielraum** zu, der im Rahmen einer Nachprüfung nur begrenzt überprüfbar ist.[134] Verneint der Auftraggeber trotz eines vom Bieter vorgelegten Nachweises die Gleichwertigkeit eines Produkts (mit der Folge des Ausschlusses des Angebots), dürfte jedoch der Auftraggeber die Beweislast tragen.

Aus Gründen der **Transparenz** muss sich den Vergabeunterlagen zudem entnehmen lassen, welche **Parameter für die Gleichwertigkeit** maßgeblich sind.[135] Die Vergleichbarkeit der Angebote ist bei Ausschreibung eines Leitprodukts mit dem Zusatz „oder gleichwertig" nur gesichert, wenn der Auftraggeber bereits in der Leistungsbeschreibung **klar und deutlich angibt,** was er als gleichwertig einstuft und was er als wesentliche und unbedingt zu liefernde Produkteigenschaft verlangt.[136] Zwar ist es für fachkundige Bieter oftmals evident oder es ergibt sich aus dem Zusammenhang, in welcher Hinsicht (zB funktional, statisch, dem äußeren Erscheinungsbild nach, in Bezug auf die Haltbarkeit oä) das Produkt gleichwertig sein muss.[137] Das ist jedoch keineswegs immer so. Streit entzündet sich insbesondere im Baubereich oft dann, wenn sich bei der Gleichwertigkeitsprüfung herausstellt, dass es dem Auftraggeber auf Produktaspekte ankommt, die der Bieter selbst nicht für relevant gehalten hat. Lässt sich den Unterlagen auch nach den Umständen nicht zweifelsfrei entnehmen, nach welchen Kriterien die Gleichwertigkeit zu bestimmen ist, ist die Leistung nicht hinreichend bestimmt. Die Ausschreibung verstößt dann gegen das Eindeutigkeitsgebot des § 122 Abs. 1 GWB.[138]

64 Bei Leistungen unterhalb der EU-Schwellenwerte sieht § 23 Abs. 5 S. 2 UVgO (wie schon § 7 Abs. 4 S. 2 VOL/A 2009) die Möglichkeit vor, **auf den Zusatz „oder gleichwertig" zu verzichten,** wenn ein sachlicher Grund die Produktvorgabe rechtfertigt. Nach § 23 Abs. 5 S. 3 UVgO liegt ein solcher Grund insbesondere dann vor, wenn an-

[129] Was allerdings in gewissem Gegensatz zur Praxis insbesondere im Baubereich steht, wo die Verwendung von Leitfabrikaten weit verbreitet ist.
[130] VK Sachsen Beschl. v. 1.7.2011 – 1/SVK/025-11, IBR 2011, 538.
[131] Ingenstau/Korbion/*Schranner* (21. Aufl.), VOB/A § 7 Rn. 69; KKMPP/*Prieß/Simonis* VgV § 31 Rn. 62.
[132] Grundlegend OLG Düsseldorf Beschl. v. 23.3.2010 – VII-Verg 61/09, ZfBR 2011, 103 (104).
[133] *Lampert* in Beck VergabR § 31 Rn. 117.
[134] OLG Düsseldorf Beschl. v. 1.10.2012 – VII-Verg 34/12, BeckRS 2012, 23822 unter II 1.
[135] KKMPP/*Prieß/Simonis* VgV § 31 Rn. 62.
[136] VK Baden-Württemberg, Beschl. v. 29.1.2015 – 1 VK 59/14, BeckRS 2015, 55880.
[137] OLG Düsseldorf Beschl. v. 9.1.2013 – VII-Verg 33/12, BeckRS 2013, 4078 – Außenputz: Für fachkundige Bieter war erkennbar, dass es beim Außenputz für ein Museum am Domplatz Münster auf die äußere Optik ankam.
[138] VK Baden-Württemberg Beschl. v. 29.1.2015 – 1 VK 59/14, BeckRS 2015, 55880.

sonsten Erzeugnisse oder Verfahren mit unterschiedlichen Merkmalen zu bereits vorhandenen Erzeugnissen oder Verfahren beschafft werden müssten und sich für den Auftraggeber ein unverhältnismäßig hoher finanzieller Aufwand oder unverhältnismäßige Schwierigkeiten bei Integration, Gebrauch oder Wartung ergeben würden. Die Vorschrift ist insbesondere auf IT-Beschaffungen zugeschnitten. Dort stellt sich regelmäßig das Problem der Kompatibilität und Integration neuer Produkte und Systeme. Die als Erleichterung für den Auftraggeber vorgesehene Regelung steht jedoch in dieser Allgemeinheit nicht mit dem EU-Recht in Einklang. Nach der Rechtsprechung des EuGH verstößt das Weglassen des Zusatzes „oder gleichwertig" auch bei Ausschreibungen im Unterschwellenbereich gegen die Warenverkehrsfreiheit nach Art. 34 AEUV.[139] Der Zusatz „oder gleichwertig" darf daher allenfalls dann weggelassen werden, wenn die in → Rn. 46 ff. beschriebenen Voraussetzungen für eine produktspezifische Ausschreibung erfüllt sind.

VI. Änderungen der Leistungsbeschreibung

65 Die Leistungsbeschreibung kann vom Auftraggeber während des Vergabeverfahrens grundsätzlich ohne weiteres geändert werden. Das ergibt sich aus dem Leistungsbestimmungsrecht des Auftraggebers.[140] Eine Änderung ist insbesondere dann möglich (und sinnvoll), wenn der Auftraggeber aufgrund von Bieterfragen oder Rügen oder auch von sich aus **Fehler, Lücken** oder **Ungenauigkeiten** feststellt. Änderungen sind aber auch möglich, wenn sich Anforderungen der Leistungsbeschreibung als **unzweckmäßig** herausstellen. In komplexeren Verfahren sind Berichtigungen und Änderungen im Rahmen der Beantwortung von Bieterfragen gang und gäbe.

66 Der Auftraggeber muss bei Änderungen allerdings die vergaberechtlichen **Grundsätze** beachten. Insbesondere müssen alle Änderungen **transparent** kommuniziert werden. Das schließt eine Verpflichtung ein, die Änderungen in den Unterlagen deutlich kenntlich zu machen, so dass Bieter ohne weiteres erkennen können, welche Änderungen sich ergeben haben. Die Mitteilung muss zudem so **rechtzeitig** erfolgen, dass die Bieter sich darauf angemessen einstellen können. Bei Änderungen, die Anlass zu einer Neukalkulation geben oder sonstige Dispositionen der Bieter erforderlich machen, ist die Angebotsfrist ggf. angemessen zu verlängern (§ 20 Abs. 3 VgV).

67 Der Auftraggeber muss ferner die Grundsätze der **Gleichbehandlung** und **Nichtdiskriminierung** beachten. Er muss daher alle Bieter gleichzeitig von der Änderung in Kenntnis setzen. Zudem darf die Änderung nicht erfolgen, um einzelne Bieter zu bevorzugen oder zu benachteiligen.[141] Das kann im Einzelfall eine schwierige Abwägung sein. Beantragt zB ein Bieter, der eine technische Anforderung der Leistungsbeschreibung nicht erfüllen kann, eine Änderung, so kann sich die Frage stellen, ob ein Eingehen auf diese Forderung eine wettbewerbswidrige Bevorzugung dieses Bieters ist, oder aber im Gegenteil den Wettbewerb stärkt, weil sie auch dem ansonsten ausgeschlossenen Bieter eine Teilnahmemöglichkeit eröffnet. In solchen Fällen kommt es letztlich auf das Ziel des Auftraggebers an. Liegt einer als zu streng erkannten Anforderung die irrige Vorstellung des Auftraggebers zugrunde, sie könne von allen in Betracht kommenden Bietern problemlos erfüllt werden, und kann der Auftraggeber ohne Beeinträchtigung seines Beschaffungsziels darauf verzichten, spricht viel dafür, dass der Wettbewerb durch einen Verzicht auf die Anforderung gestärkt wird. Würde der Auftraggeber dagegen eine Vorgabe, die er an sich für wichtig hält, nur streichen, um einem von ihm favorisierten Bieter den Weg zur Teilnahme zu ebnen, wäre das ein Verstoß gegen das Diskriminierungsverbot.

---

[139] EuGH Beschl. v. 3.12.2001 – C-59/00, ECLI: EU:C:2001:654 Rn. 26 – Vestergaard; im gleichen Sinne bereits EuGH Urt. v. 24.1.1995 – C-359/93, ECLI:EU:C:1995:14 Rn. 28 – Unix.

[140] OLG Düsseldorf Beschl. v. 23.12.2009 – VII-Verg 30/09, IBRRS 2010, 1512, unter II 2, mwN.

[141] OLG Düsseldorf Beschl. v. 23.12.2009 – VII-Verg 30/09, IBRRS 2010, 1512, unter II 2.

68 Selbst **wesentliche Änderungen** der Leistungsbeschreibung sind im laufenden Vergabeverfahren nicht ausgeschlossen, wie sich aus § 20 Abs. 3 S. 1 Nr. 2 VgV bzw. § 10a EU Abs. 6 Nr. 2 VOB/A ergibt. Allerdings muss der Auftraggeber in diesem Fall eine angemessene **Verlängerung der Angebotsfristen** vorsehen.

Wesentliche Änderungen sind jedoch **unzulässig,** wenn anzunehmen ist, dass auf Basis der geänderten Bedingungen **andere** als die ursprünglich ausgewählten **Bewerber zugelassen** worden wären oder das **Interesse zusätzlicher Teilnehmer** am Vergabeverfahren geweckt worden wäre. Das ergibt sich aus Erwägungsgrund 81 VRL, wo weiter erläutert wird, dass eine solche Änderung insbesondere dann vorliegen könnte, wenn sie dazu führt, dass sich der Auftrag „von der Art her substanziell von dem unterscheidet, was ursprünglich in den Auftragsunterlagen festgelegt worden war".[142] Die Grenze entspricht derjenigen für wesentliche Vertragsänderungen nach § 132 Abs. 1 S. 2 Nr. 1 Buchst. a) und c) GWB.[143] In solchen Fällen ist ein vollständiger Neustart erforderlich, um auch Unternehmen, die auf Basis der ursprünglichen, für sie unerfüllbaren oder unattraktiven Bedingungen von einer Teilnahme abgesehen haben, eine Chance auf den geänderten Auftrag zu geben. Wann eine Änderung so wesentlich ist, dass das Verfahren aufgehoben und insgesamt neu gestartet werden muss, ist eine Frage des Einzelfalls.[144]

69 Im Grundsatz ist sogar eine **Änderung** der Leistungsbeschreibung **nach Angebotsabgabe** möglich. Eine solche Änderung ist allerdings nur in engen Grenzen zulässig, da sie im Regelfall eine **Zurückversetzung** des Verfahrens und die Einholung neuer Angebote erfordert. Die Änderung muss daher unumgänglich sein, um den Bietern die Möglichkeit zu geben, auf die Korrektur nachträglich festgestellter Fehler oder Zweideutigkeiten reagieren zu können.[145] Der in bisweilen beschrittene Weg, das Verfahren nur teilweise zurückzuversetzen und den Bietern eine Angebotsänderung nur in Bezug auf einzelne Leistungspositionen zu ermöglichen, ist höchst fragwürdig. Er ist mit erheblicher Manipulationsgefahr verbunden und daher in den Vergabevorschriften mit gutem Grund nicht vorgesehen.[146]

E. Inhalt der Leistungsbeschreibung

I. Allgemeines

70 Die Leistungsbeschreibung ist das Kernstück der Vergabeunterlagen. Sie enthält alle Angaben zum **Inhalt der Leistung,** die der Auftragnehmer im Auftragsfall zu erbringen hat. Dazu gehören nicht nur die unmittelbaren Funktions- und Leistungsanforderungen, die zu erfüllen sind, oder die zu lösende Aufgabe, sondern – wie § 121 GWB klarstellt – auch die **Umstände und Bedingungen,** unter denen die Leistung zu erbringen ist. Die Leistungsbeschreibung muss daher auch die **Ausgangslage** abbilden, auf die die Bieter sich einzustellen haben. Dieser Punkt ist besonders bei Bauaufträgen von besonderer Praxisrelevanz (etwa in Bezug auf Baugrundbeschaffenheit und Baufreiheit). Zu den Umständen

[142] Hierauf weist auch Beck VergabeR/*Dörn* VgV § 20, Rn. 33 hin.

[143] Das ist auch mit der Rechtsprechung zu wesentlichen Änderungen konsistent. Der EuGH hatte bereits in der „Matra"-Entscheidung aus dem Jahr 2000 entschieden, dass wesentliche Änderungen des Leistungsinhalts im laufenden Vergabeverfahren, die auf eine Einführung wesentlich anderer Merkmale bzw. eine Neuverhandlung wesentlicher Vertragsbestimmungen hinauslaufen, die Kontinuität des Vergabeverfahrens unterbrechen (EuGH Urt. v. 5.10.2000 – C-337/98, NZBau 2001, 272 Rn. 44ff. – Matra-Transport). Auf diesen Prüfmaßstab hat sich der EuGH in der „Pressetext"-Entscheidung von 2008, in der es um Änderungen bereits vergebener Aufträge ging, und auf der der heutige § 132 GWB beruht, ausdrücklich bezogen (EuGH Urt. v. 19.6.2008 – C-454/06, NZBau 2008, 518 Rn. 34 – Pressetext). Siehe dazu näher *Krohn* NZBau 2008, 619 (621). AA Beck VergabeR/*Lampert* GWB § 121, Rn. 144.

[144] So auch *Dörn* in Beck VergabeR VgV § 20, Rn. 33.

[145] OLG Düsseldorf Beschl. v. 28.1.2004 – VII-Verg 35/03, BeckRS 2004, 18432.

[146] Ablehnend auch OLG Dresden Beschl. v. 23.7.2013 – Verg 2/13, BeckRS 2013, 18693, wonach eine Teil-Rückversetzung jedenfalls dann unzulässig ist, wenn der Wert der Leistungspositionen, für die das Angebot geändert werden soll, 15% der Angebotssumme übersteigt.

und Bedingungen der Leistungserbringung gehören ferner etwaige **Mitwirkungsleistungen** des Auftraggebers, die für die Ausführung von Bedeutung sind. Auch die Einzelheiten von Serviceleistungen („Service Levels") oder Nachbesserungsarbeiten gehören dazu. Auch besondere rechtliche Anforderungen des Auftraggebers können dazu gehören; das gilt insbesondere für die Einräumung von Nutzungsrechten (§ 31 Abs. 4 VgV).[147] Zwar unterscheidet § 29 Abs. 1 S. 2 Nr. 3 VgV im Rahmen der Vergabeunterlagen zwischen der Leistungsbeschreibung und den Vertragsbedingungen. Die Abgrenzung zu den Vertragsbedingungen ist jedoch gerade in Bezug auf rechtliche Anforderungen fließend.

II. Auftragsbezug der Merkmale

71 Die Leistungsbeschreibung enthält gemäß § 31 Abs. 2 S. 1 VgV die „Merkmale des Auftragsgegenstands". Diese Formulierung fasst die Essenz der Leistungsbeschreibung griffig zusammen, zeigt aber auch ihre Grenzen. Die Leistungsbeschreibung enthält alle, aber auch nur solche Merkmale, die sich **auf die auftragsgegenständliche Leistung selbst** beziehen (einschließlich der Umstände und Bedingungen der Leistungserbringung). Davon zu unterscheiden sind Merkmale und Anforderungen, die ausschließlich die Person des Bieters unabhängig vom konkreten Auftrag oder sonstige von der Leistung unabhängige Umstände betreffen, wie etwa die allgemeine Unternehmenspolitik des Bieters.[148]

72 Beim Auftragsbezug handelt es sich um einen wichtigen **vergaberechtlichen Grundsatz,** der nicht nur für die Leistungsbeschreibung gilt, sondern auch für etwaige besondere Bedingungen für die Auftragsausführung im Sinne von § 128 Abs. 2 GWB, die Zuschlagskriterien (§ 127 Abs. 3 GWB) und die Eignungskriterien (§ 122 Abs. 4 S. 1 GWB). Die in den vorstehend zitierten Vorschriften verwendete Formulierung, dass die jeweiligen Vorgaben und Kriterien „mit dem Auftragsgegenstand in Verbindung stehen" müssen, meint der Sache nach jeweils dasselbe wie der Auftragsbezug im Rahmen der Leistungsbeschreibung (wie auch § 31 Abs. 3 S. 2 VgV zeigt).

73 Anforderungen an das zur Auftragsausführung **eingesetzte Personal** und seine Qualifikation und Erfahrungen sind in diesem Sinne auftragsbezogen. Das spielt besonders bei spezialisierten Dienstleistungen eine Rolle, bei denen die Qualität der Leistung auch von der Qualifikation des Personals abhängt.[149]

74 Auch im Übrigen ist das Konzept des Auftragsbezugs in einem **weiten Sinne** zu verstehen. Das zeigt sich anschaulich an § 31 Abs. 3 VgV bzw. § 7a EU Abs. 1 Nr. 2 VOB/A, der auf Art. 42 Abs. 1 Unterabs. 2 VRL beruht. Danach können Leistungsmerkmale bzw. technische Spezifikationen sich auch auf den **Herstellungsprozess** oder ein **anderes Lebenszyklus-Stadium** des Auftragsgegenstands beziehen, auch wenn derartige Faktoren keine materiellen Bestandteile der Leistung sind. § 31 Abs. 3 S. 2 VgV stellt klar, dass das auch die **Produktions- und Lieferkette** einschließt. Voraussetzung ist lediglich, dass die Merkmale in Verbindung mit dem Auftragsgegenstand stehen und verhältnismäßig sind. Die Regelung definiert zwar nicht abschließend, wann ein Merkmal in diesem Sinne mit dem Auftragsgegenstand in Verbindung steht. Sie zeigt aber, dass eine solche Verbindung nicht dadurch ausgeschlossen wird, dass sich das Merkmal (nur) auf den Herstellungsprozess oder ein anderes Lebenszyklus-Stadium einschließlich der Produktions- und Lieferkette bezieht.

75 Von Bedeutung ist das besonders für Umweltschutz- und Nachhaltigkeitsanforderungen, die nicht unmittelbar die Leistungsausführung durch den Auftragnehmer betreffen oder Produkteigenschaften, die dem Produkt nicht physisch anhaften, sondern sich ausschließlich auf **Vorstadien der Leistung** einschließlich etwaiger **Vorprodukte** beziehen.

---

147 Siehe auch Art. 42 Abs. 1 Unterabs. 3 VRL.

148 Erwägungsgrund 97 VRL (aE); ähnlich Erwägungsgrund 104 VRL betr. besondere Ausführungsbedingungen.

149 In solchen Fällen dürfen Qualifikation und Erfahrung des eingesetzten Personals gem. § 58 Abs. 2 S. 1 Nr. 2 VgV dementsprechend auch als Zuschlagskriterium verwendet werden.

Ein klassischer Fall sind Umweltschutzanforderungen an das Herstellungsverfahren bei Lieferaufträgen (zB Verzicht auf Chlorbleiche bei der Papierproduktion). In jüngerer Zeit an Bedeutung gewonnen haben darüber hinaus Vorgaben an die Herstellung von Vorprodukten und die Rohstoffgewinnung, besonders die Einhaltung der **ILO-Kernarbeitsnormen** und der Ausschluss ausbeuterischer Kinderarbeit bei Bauteilen und Rohstoffen sowie Vorgaben zum **fairen Handel** („Fair Trade"). Auch derartige Vorgaben stehen mit dem Auftragsgegenstand in Verbindung, sofern sie sich auf die Herstellung bzw. die Vorprodukte der auftragsgegenständlichen Leistung oder den Handel damit betreffen.[150] Auf Umweltschutz- und Nachhaltigkeitsanforderungen in der Leistungsbeschreibung wird in → Rn. 143 ff. näher eingegangen.

III. Technische Anforderungen bzw. Spezifikationen

VgV, SektVO und VSVgV und VOB/A enthalten im Zusammenhang mit der Leistungsbeschreibung umfangreiche Regelungen zu **technischen Anforderungen** bzw. **technischen Spezifikationen.** Diese Regelungen sind im Wesentlichen aus den jeweiligen EU-Richtlinien übernommen. Da es sich um EU-rechtliche Vorgaben handelt, betreffen sie im Ausgangspunkt nur Aufträge oberhalb der EU-Schwellenwerte. Für den Baubereich wurden sie durch Aufnahme in den 1. Abschnitt der VOB/A jedoch auch auf den Unterschwellenbereich erstreckt. Im Liefer- und Dienstleistungsbereich enthält die UVgO (ebenso wie schon die VOL/A 2009) dagegen keine entsprechenden Regelungen. 76

1. Begriff

Die Vorschriften zu den technischen Anforderungen bzw. Spezifikationen werfen zahlreiche Fragen auf. Das beruht hauptsächlich darauf, dass bereits der Begriff – trotz umfangreicher Definitionen – nicht restlos geklärt ist.[151] Vor allem ist die (etwaige) Abgrenzung zu sonstigen Anforderungen der Leistungsbeschreibung umstritten. Der Begriff erfordert daher zunächst eine nähere Betrachtung. 77

a) Technische „Anforderungen" vs. „Spezifikationen". Anknüpfungspunkt der Vorschriften sind die in der Leistungsbeschreibung enthaltenen **„technischen Anforderungen"** (so die Formulierung in VgV, SektVO und VSVgV) bzw. **„technischen Spezifikationen"** (so die EU-Richtlinien und die VOB/A). Die parallele Verwendung beider Begriffe führt in der Praxis gelegentlich zu Verwirrung. In der Sache handelt es sich jedoch **um das gleiche.**[152] Für die VgV ergibt sich das daraus, dass § 31 Abs. 2 S. 1 Nr. 2 VgV („technische Anforderungen") auf die Begriffsbestimmungen in Anlage 1 zur VgV verweist; diese setzt Anlage VII VRL um, welche die EU-rechtlichen Definitionen der „technischen Spezifikationen" enthält (dazu sogleich → Rn. 79 ff.). Der Begriff „technische Anforderungen" wurde offenbar aus § 8 EU Abs. 2 VOL/A 2009 übernommen. Dort ging er allerdings über den Begriff der „technischen Spezifikationen" hinaus und bezeichnete in einem generellen Sinne das, wofür in § 31 Abs. 2 VgV nun der allgemeine Begriff „Merkmale des Auftragsgegenstands" gewählt wurde.[153] 78

---

[150] Zur selben Frage im Rahmen der sog. technischen Spezifikationen → Rn. 86.

[151] Siehe dazu bereits *Krohn* Öffentliche Auftragsvergabe und Umweltschutz, 194 ff. zu den weitgehend ähnlichen Definitionen in den Vorgängerrichtlinien 93/37/EG, 93/36/EG und 92/50/EWG.

[152] Zu Recht kritisch zur Verwendung des Begriffs „technische Anforderungen" in § 31 ff. VgV Beck VergabeR/*Lampert* VgV Anlage 1 Rn. 8, mit dem Verweis darauf, dass es sich beim Begriff „technische Spezifikationen", der in den Bestimmungen umgesetzt wird, um einen durch Art. 42 und Anhang VII VRL geprägten EU-rechtlichen Begriff handelt, der im Sinne der Richtlinie autonom auszulegen ist. Die parallele Verwendung der beiden Begriffe „technische Anforderungen" und „technische Spezifikationen", die suggeriert, dass es zwischen beiden einen Unterschied gibt, ist daher nicht überzeugend.

[153] In § 8 EU Abs. 2 VOL/A 2009 waren die „technischen Anforderungen" noch der Übergriff zu einen für die in Nr. 1 genannten „technischen Spezifikationen" im EU-rechtliche Sinne und zum anderen die in

79 **b) EU-rechtliche Definition der „Technischen Spezifikationen". aa) Grundlage der Definition.** Der Begriff der technischen Spezifikationen entstammt dem EU-Recht. Begriffsgrundlage sind **Art. 42 VRL** und die **Definitionen in Anhang VII VRL** bzw. die Parallelvorschriften der SRL und der RL 2009/81/EG.[154] Die Richtlinien-Anhänge mit den Definitionen sind für Lieferungen und Dienstleistungen in **Anhang 1 zur VgV** und zur SektVO und für Bauleistungen im **Anhang TS zur VOB/A** umgesetzt; die VSVgV verweist direkt auf Anhang III der Richtlinie 2009/81/EG.

80 Der Begriff bezeichnet zunächst in einem **generellen Sinne** – vereinfacht gesagt – **alle technischen Anforderungen,** die der Auftraggeber an die Leistung stellt. Gemäß Nr. 1 der Anhänge sind technische Spezifikationen bei öffentlichen Bauaufträgen „die Gesamtheit der insbesondere in den Auftragsunterlagen enthaltenen technischen Beschreibungen, in denen die erforderlichen Eigenschaften eines Werkstoffs, eines Produkts oder einer Lieferung definiert sind, damit dieser/diese den vom öffentlichen Auftraggeber beabsichtigten Zweck erfüllt".[155] Für Lieferungen und Dienstleistungen wird der Begriff etwas anders definiert als „Spezifikationen, die in einem Schriftstück enthalten sind, das Merkmale für ein Erzeugnis oder eine Dienstleistung vorschreibt".[156]

81 Technische Spezifikationen in diesem Sinne umfassen ausdrücklich – neben anderem – auch Qualitäts-, Klima- und Umweltleistungsstufen, Vorgaben für die Konformitätsbewertung, die Gebrauchstauglichkeit, Verwendung, Sicherheit und Abmessungen einschließlich der Qualitätssicherungsverfahren; ferner Vorschriften über Verkaufsbezeichnungen, Prüfungen und Prüfverfahren, Verpackung, Kennzeichnung und Beschriftung, Gebrauchsanleitungen sowie über Produktionsprozesse und -methoden in jeder Phase des Lebenszyklus der Leistung.

82 Zu den technischen Spezifikationen gehören auch solche technischen Anforderungen, die in **Normen** und bestimmten **anderen technischen Regelwerken** niedergelegt sind. Gemäß Nr. 2 bis 5 der Anhänge umfasst der Begriff der technischen Spezifikationen insbesondere internationale, europäische und nationale Normen (Nr. 2), Europäische Technische Bewertungen im Sinne der Bauprodukte-VO (EU) 305/2011 (Nr. 3), gemeinsame technische Spezifikationen im Bereich der IT- und Kommunikationstechnologie im Sinne der Europäischen Normungs-VO (EU) 1025/2012 (Nr. 4) sowie technische Bezugsgrößen, die von den europäischen Normungsorganisationen erarbeitet wurden (Nr. 5).[157]

83 **bb) Keine Beschränkung auf Normen, technische Regelwerke und Standards.** In der deutschen Praxis wird der Begriff der technischen Spezifikationen **teilweise einschränkend** dahin gehend **ausgelegt,** dass er ausschließlich Anforderungen aus Normen und anderen **standardisierten technischen Regelwerken** im Sinne der Nr. 2 bis 5 der Anhänge umfasst, nicht aber auch sonstige, vom Auftraggeber für den Einzelfall selbst aufgestellte Anforderungen im Sinne der Nr. 1 der Anhänge.[158] Das wird zum einen damit begründet, dass die in Anhang VII VRL (zuvor Anhang VI Richtlinie 2004/18/EG) genannten Anforderungen in allgemeinen oder speziellen Vorschriften geregelt seien.[159]

Nr. 2 genannten (sonstigen) Leistungs- und Funktionsanforderungen. In der VgV wird der Begriff der technischen Anforderungen dagegen ausschließlich für solche Anforderungen verwendet, die in der VOL/A 2009 bereits als „technische Spezifikationen" bezeichnet wurden. Die geänderte Begriffswahl wird in der Verordnungsbegründung nicht erläutert; es wird lediglich ausgeführt, dass § 31 Abs. 2 VgV inhaltlich § 8 EG Abs. 2 VOL/A 2009 entspricht (BR-Drs. 87/16, 184).

[154] Art. 60 und Anhang VIII SRL; Art. 18 und Anhang III RL 2009/81/EG.

[155] Anhang VII Nr. 1 lit. a VRL.

[156] Anhang VII Nr. 1 lit. b VRL.

[157] Anhang VII Nr. 2 bis 5 VRL, Anhang VIII Nr. 2 bis 5 SRL und Anhang III Nr. 2 und 4 bis 6 der RL 2009/81/EG; die RL 2009/81 nennt unter Nr. 3 zusätzlich „Verteidigungsnormen".

[158] OLG München Beschl. v. 28.7.2008 – Verg 10/08, BeckRS 2008, 17225, in Bezug auf § 21 Nr. 2 VOB/A 2006; OLG Düsseldorf Beschl. v. 6.10.2004 – VII-Verg 56/04, NZBau 2005, 169 (170); Müller-Wrede/*Traupel,* VgV/UVgO, § 31 VgV Rn. 29.

[159] OLG Düsseldorf Beschl. v. 6.10.2004 – VII-Verg 56/04, NZBau 2005, 169 (170f.).

Technische Spezifikationen seien daher nur technische Regelwerke, Normen oder allgemeine Eigenschafts- und Funktionsbeschreibungen, nicht aber individuelle, auf das konkrete Vorhaben bezogene Angaben.[160] Zum anderen wird geltend gemacht, dass bei einem weiteren Begriffsverständnis die Gefahr drohe, dass der Auftraggeber keine verbindlichen individuellen technischen Vorgaben mehr machen könne, da er nach den (früheren) Vorschriften über die technischen Spezifikationen verpflichtet sei, auch davon abweichende technische Lösungen zu akzeptieren, wenn der Anbieter deren Gleichwertigkeit in Bezug auf Sicherheit, Gesundheit und Gebrauchstauglichkeit nachweise.[161]

Diese Auffassung überzeugt nicht. Sie steht nicht im Einklang mit der gesetzlichen Definition. Auch die Sorge, dass ein Auftraggeber bei einem weiten Begriffsverständnis gleichsam uferlos Abweichungen von seinen technischen Vorgaben akzeptieren müsste, ist jedenfalls auf Grundlage der aktuellen Regelungen in § 32 Abs. 1 VgV und § 7a EU Abs. 3 Nr. 1 VOB/A unbegründet. Danach sind nur Abweichungen von technischen Spezifikationen im Sinne des § 31 Abs. 2 Nr. 2 VgV bzw. § 7a EU Abs. 2 Nr. 1 VOB/A zulässig, dh von Normen und anderen technischen Regelwerken gemäß Nr. 2 bis 5 des Anhangs 1 zur VgV bzw. des Anhangs TS zur VOB/A. 84

Das **einschränkende Begriffsverständnis widerspricht** zudem dem **EU-Recht.** Art. 42 VRL und Anhang VII Nr. 1 VRL definieren den Begriff der technischen Spezifikationen in einem weiten Sinne. Gemäß Art. 42 Abs. 3 lit. a) VRL können die technischen Spezifikationen ua in Form von hinreichend genauen **Leistungs- oder Funktionsanforderungen** formuliert werden. Nach Art. 42 Abs. 3 lit. b) VRL können sie zwar *auch* unter Bezugnahme auf standardisierte technische Regelwerke (Normen etc.) formuliert werden; ein **Vorrang** dieser Methode gegenüber allgemeinen Leistungs- oder Funktionsanforderungen im Sinne von Art. 42 Abs. 3 lit. a) VRL besteht dem EuGH zufolge aber ausdrücklich **jedoch nicht.**[162] Die Auffassung, dass der Begriff der technischen Spezifikationen nur standardisierte Anforderungen aus technischen Regelwerken umfasse, ist damit unvereinbar. Auch der EuGH verwendet den Begriff der technischen Spezifikationen durchweg in einem allgemeinen Sinne, im Ergebnis synonym zu dem, was man nach überkommenen deutschen Begriffsverständnis im weiten Sinne als Leistungsanforderungen bezeichnet.[163] Die Auffassung, der Begriff der technische Spezifikationen umfasse nur Anforderungen aus standardisierten technischen Regelwerken, ist nach alledem unzutreffend.[164] 85

c) Nur produktbezogene Anforderungen. Der Begriff der technischen Spezifikation umfasst nur produktbezogene Anforderungen.[165] Nach dem Wortlaut der Definitionen ist das jedoch in einem **weiten Sinne** zu verstehen und schließt auch Vorgaben an die **(Produktions-)prozesse und -methoden in jeder Phase des Lebenszyklus** ein. Insoweit gilt das gleiche wie für die Leistungsbeschreibung im Allgemeinen (→ Rn. 71 ff.) Der Begriff umfasst somit zunächst auch Anforderungen an den Herstellungsprozess der zu lie- 86

[160] OLG München Beschl. v. 28.7.2008 – Verg 10/08, BeckRS 2008, 17225.

[161] OLG München Beschl. v. 28.7.2008 – Verg 10/08, BeckRS 2008, 17225; ähnlich bereits OLG Düsseldorf, Beschl. v. 6.10.2004 – VII-Verg 56/04, NZBau 2005, 169 (170).

[162] EuGH Urt. v. 25.10.2018 – C-413/17, ZfBR 2019, 494 Rn. 28 – Roche Lietuva.

[163] Siehe etwa EuGH Urt. v. 22.10.2015 – C-552/13 – *Grupo Hospitalario Quirón SA,* Rn. 28 (Anforderung, dass sich die leistungserbringenden Gesundheitszentren in der Gemeinde Bilbao befinden mussten); EuGH Urt. 29.3.2012 – C-599/10, NZBau 2012, 376 Rn. 35 f. – SAG ELV (Vorgabe, dass die Parameter zur Maut-Berechnung abschnittsbezogen nach Jahreszeit, Wochentag und Uhrzeit anzugeben sind, sowie die Anforderung, dass ein Notstromaggregat mit Dieselmotor zu liefern ist); EuGH Urt. v. 16.4.2015 – C-278/14, NZBau 2015, 383 Rn. 8, 24, 27 – Enterprise Focused Solutions (Vorgabe eines Leitfabrikats „Intel Core i5 3,2 GHz oder gleichwertig"; EuGH Urt. v. 8.6.2017 – C-296/15, ECLI:EU:C:2017:431 Rn. 69 – Medisanus (Vorgabe, dass aus Plasma-Arzneimittel aus Plasma hergestellt werden, das im Staat des Auftraggebers gewonnen wurde).

[164] So auch Beck VergabeR/*Lampert* VgV Anlage 1 Rn. 9, mit eingehender Darstellung der Thematik. Ebenso im Ergebnis bereits KMPP/*Prieß* VOL/A 2009, § 8 EG Rn. 89.

[165] *Prieß* NZBau 2004, 87, 91.

fernden Waren, die zu verwendenden Baumaterialien oder die für einen Dienstleistungsauftrag eingesetzten Gebrauchsgüter (zB Streumaterial).[166] Aufgrund der ausdrücklichen Erwähnung sämtlicher Lebenszyklus-Phasen in Art. 42 Abs. 1 Unterabs. 2 VRL und Anhang VII Nr. 1 VRL umfasst der Begriff nach neuem Recht aber auch alle Anforderungen an **Vorprodukte** und die **Lieferkette.** Das gilt auch für die Vorgabe, dass ein Produkt **„fair gehandelt"** wurde (sofern sie sich tatsächlich auf das Produkt und nicht die allgemeine Einkaufspolitik des Bieters bezieht). Die noch zur VKR ergangene Entscheidung des EuGH im Fall „Max Havelaar", der zufolge eine Fair-Trade-Anforderung keine technische Spezifikation ist, weil sie nicht das Produkt oder dessen Herstellung betrifft, sondern lediglich die Handelsbedingungen zwischen Lieferant und Erzeuger,[167] ist durch die Neufassung der Definition der technischen Spezifikationen in der VRL überholt.[168] Die technischen Spezifikationen können auch die Anforderung umfassen, dass der Liefergegenstand ohne Einsatz von Kinderarbeit hergestellt wurde.[169]

2. Bezugnahme auf Normen und andere technische Regelwerke

87 **a) Grundkonzept.** Gemäß § 31 Abs. 2 VgV und § 7a EU Abs. 2 VOB/A hat der Auftraggeber die technischen Anforderungen an die Leistung bzw. die technischen Spezifikationen[170] entweder in Form von Leistungs- und Funktionsanforderungen oder unter Bezugnahme auf die in den Vorschriften näher definierten Normen und anderen technischen Regelwerke oder durch eine Kombination von beidem zu formulieren.[171]

88 Ein Vorrang der einen oder anderen Methode besteht nicht.[172] Verwendet der Auftraggeber aber Normen oder andere standardisierte technischen Anforderungen, muss er dabei soweit wie möglich in erster Linie auf **internationale bzw. europäische bzw. internationale Normen** und technische Regelwerke zurückzugreifen. Zweck der Vorschriften ist die weitere Öffnung der öffentlichen Beschaffungsmärkte.[173] Unterschiedliche nationale Standards und/Normen sind ein klassisches Handelshemmnis; das gilt gerade auch im Bereich öffentlicher Aufträge. Es liegt auf der Hand, dass Aufträge, deren technische Spezifikationen internationalen bzw. europäischen Normen und Standards entsprechen, für Anbieter aus anderen Mitgliedstaaten attraktiver und leichter zugänglich sind als solche, die auf rein nationalen Regelwerken oder sogar individuellen Vorgaben des Auftraggebers basieren. Der Rückgriff auf allgemein akzeptierte Normen entspricht damit dem **Marktöffnungsziel** der **internationalen Produktnormung.**[174] Die flankierenden Bestimmungen zur Zulassung gleichwertiger alternativer Lösungen (§ 32 Abs. 1 VgV und § 7a EU Abs. 3 Nr. 1 VOB/A) sollen dabei gewährleisten, dass die Verwendung von Normen und Standards nicht konträr zu ihrem Zweck zu einer Verengung des Wettbewerbs führt.

89 Soweit der Auftraggeber auf Normen oder andere technische Regelwerke Bezug nimmt, hat er die in § 31 Abs. 2 S. 1 VgV bzw. § 7a EU Abs. 2 Nr. 1 VOB/A genannte **Rangfolge** zu beachten. In erster Linie ist auf Normen Bezug zu nehmen, die **europäische Normen** umsetzen (der klassische Fall von EN/DIN-Normen), ersatzweise auf Europäische technische Bewertungen, gemeinsame technische Spezifikationen oder **inter-**

---

166 *Huerkamp* NZBau 2009, 755 (757 f.).

167 EuGH Urt. v. 10.5.2012 – C-368/10, NZBau 2012, 445 – EKO und Max Havelaar.

168 Ebenso Beck VergabeR/*Lampert* VgV § 31 Rn. 74 und Anlage 1, Rn. 16.

169 So bereits *Huerkamp* NZBau 2009, 755 (758) zur alten Rechtslage.

170 Siehe zur unterschiedlichen Begriffsverwendung oben → Rn. 78 ff.; in der Sache handelt es sich um das gleiche.

171 Art. 42 Abs. 3 VRL bzw. Art. 60 Abs. 3 SRL, § 31Abs. 2 VgV, § 7 Abs. 4 Nr. 1 VOL/A; § 7a EG Abs. 2 VOB/A; § 15 Abs. 3 VSVgV.

172 EuGH Urt. v. 25.10.2018 – C-413/17, ZfBR 2019, 494 Rn. 28 – Roche Lietuva.

173 VRL Erwägungsgrund 74.

174 IdS OLG Düsseldorf Urt. v. 14.12.2016 – VII-Verg 20/16, IBRRS 2017, 1409, das bei einer Ausschreibung von Abfallsammelbehältern, für die es eine einschlägige DIN/EN-Norm gibt, die Forderung nach zusätzlicher Einhaltung einer (urdeutschen) RAL-Güte- und Prüfbestimmung als Verstoß gegen die EU-Warenverkehrsfreiheit nach Art. 34 AEUV qualifiziert hat.

nationale Normen oder andere technische Regelwerke, die von europäischen Normungsgremien erarbeitet wurden. Falls solche Normen und Spezifikationen fehlen, kann auf **inländische Normen,** technische Zulassungen oder technische Spezifikationen für die Errichtung von Bauwerken oder den Produkteinsatz zurückgegriffen werden. Die verschiedenen Kategorien von Normen sowie die Begriffe „Europäische Technische Bewertung" und „gemeinsame technische Spezifikation" sind in den Richtlinien-Anhängen und den Anhängen zur VgV, SektVO und VOB/A definiert. **Europäische Technische Bewertungen** sind EU-weit dokumentierte Bewertungen der Leistungen eines Bauprodukts in Bezug auf seine wesentlichen Merkmale. **Gemeinsame technische Spezifikationen** sind technische Spezifikationen im Bereich der Informations- und Telekommunikationstechnik, die gemäß den Art. 11 und 14 der Verordnung (EU) Nr. 1025/2012 festgelegt wurden.[175]

Der Wortlaut der Vorschriften („in der Rangfolge") legt nahe, dass zwischen den verschiedenen Kategorien von Normen und anderen Regelwerken eine **Hierarchie** besteht. Soweit es um europäische Normen, Europäische technische Bewertungen und gemeinsame technische Spezifikationen geht, ist das **insoweit missverständlich,** als diese Kategorien sich untereinander regelmäßig ausschließen. Grund ist, dass Europäische Technische Bewertungen oder gemeinsame technische Spezifikationen typischerweise für Produkte und Anwendungen erarbeitet werden, für die europäische Normen (noch) nicht existieren.[176] Die Frage einer Hierarchie stellt sich dann nicht. Dagegen darf auf **rein nationale Normen** oder Regelwerke ausdrücklich nur dann Bezug genommen werden, wenn es an einer europäischen Standardisierung oder internationalen Normen fehlt. 90

b) Zulässigkeit strengerer oder abweichender Anforderungen. Die Verpflichtung zur Bezugnahme auf Normen und sonstige technische Regelwerke gilt nur insoweit, wie entsprechende Normen usw. existieren und diese dem Bedarf des Auftraggebers tatsächlich entsprechen. Soweit es für ein Produkt oder Leistungen keine einschlägigen Normen oder andere technischen Regeln gibt, kann (und muss) der Auftraggeber die **Anforderungen frei formulieren.** Entsprechendes gilt, wenn der Auftraggeber wegen des von ihm vorgesehenen Verwendungszwecks oder aus anderen Gründen Anforderungen an die Leistung stellt, die das in den einschlägigen Normen festgelegte Leistungsniveau übersteigen. Der Auftraggeber ist dann nicht gehindert, diese weitergehenden Anforderungen in die Leistungsbeschreibung aufzunehmen. Die Verpflichtung zur Bezugnahme auf Normen soll lediglich sicherstellen, dass der Auftraggeber insoweit, wie sein Beschaffungsbedarf mit Normprodukten befriedigt werden kann, auch die Ausschreibung entsprechend gestaltet, um einen möglichst breiten Wettbewerb zu ermöglichen. Sie dient dagegen nicht dazu, den Auftraggeber bei seinen Beschaffungen auf das Norm-Niveau zu beschränken. 91

Die Befugnis, strengere Anforderungen zu stellen als in den einschlägigen Normen vorgesehen, steht freilich in einem **Spannungsverhältnis** zum Ziel der **Marktöffnung.** Die Verpflichtung aus § 31 Abs. 2 Nr. 2 VgV und § 7a EU Abs. 2 Nr. 1 bzw. § 7a Abs. 2 Nr. 1 VOB/A, vorrangig europäische, danach internationale und erst nachranging nationale Normen zu verwenden, dient dem Ziel, die aus unterschiedlichen nationalen Standards und Usancen erwachsenden Hürden für den innergemeinschaftlichen Handel abzubauen (→ Rn. 88).[177] Will ein Auftraggeber Anforderungen stellen, die von europäischen Normen oder sonstigen international akzeptierten Regelwerken abweichen oder über das dort festgelegte Leistungsniveau hinausgehen, muss er daher zunächst sorgfältig prüfen, ob dies 92

[175] Anhang VII Nr. 4 VRL.

[176] *Krohn* Öffentliche Auftragsvergabe und Umweltschutz, 207.

[177] IdS auch OLG Düsseldorf Beschl. v. 6.10.2004 – VII-Verg 56/04, NZBau 2005, 169 (170f.); Müller-Wrede/*Traupel* VgV/UVgO, § 31 VgV Rn. 30; Ingenstau/Korbion/Schranner (21. Aufl.), VOB/A § 7a Rn. 4.

für die Erfüllung seines Beschaffungszwecks tatsächlich notwendig ist.[178] Gibt es (in Deutschland umgesetzte) europäische oder internationale Normen, mit denen der Beschaffungsbedarf gedeckt werden kann, darf der Auftraggeber nicht zusätzlich die Erfüllung weitergehender, rein nationaler Gütestandards verlangen.[179] Allerdings steht ihm ein Beurteilungs- und Ermessenspielraum zu. Kommt der Auftraggeber mit nachvollziehbarer Begründung zu dem Ergebnis, dass nicht-normgerechte Produkte oder Leistungen benötigt werden oder die Leistung weitergehende Güteanforderungen erfüllen muss, ist er nicht gehindert, seine Anforderungen entsprechend zu formulieren.

93 **c) Zulassung gleichwertiger Lösungen.** Bei jeder Bezugnahme auf Normen oder andere technische Regelwerke muss der Auftraggeber den **Zusatz „oder gleichwertig"** hinzusetzen.[180] Diese Vorgabe ist im Zusammenhang mit § 32 Abs. 1 VgV und § 7a EU Abs. 3 Nr. 1 VOB/A (bzw. den Parallelregelungen[181]) zu lesen, wonach ein Auftraggeber, der bei seinen technischen Anforderungen auf Normen oder andere Regelwerke verwiesen hat, ein Angebot nicht mit der Begründung ablehnen darf, die betreffende Spezifikationen sei nicht eingehalten, falls der Bieter mit geeigneten Mitteln nachweist, dass die von ihm angebotene Lösung der in Bezug genommenen Spezifikation gleichermaßen entspricht.

94 Diese Regelung soll sicherstellen, dass der **Marktöffnungseffekt,** der mit der Bezugnahme auf Normen und andere technische Standardisierungen verbunden ist, nicht dadurch in sein Gegenteil verkehrt wird, dass Lösungen, die die technischen Anforderungen objektiv erfüllen, ausgeschlossen werden, nur weil sie nicht unmittelbar der betreffenden Norm etc. entsprechen.[182]

95 Der Nachweis der Gleichwertigkeit obliegt dem Bieter.[183] Der Gleichwertigkeitsnachweis ist bereits mit dem Angebot vorzulegen (§ 32 Abs. 1 VgV; § 7a EU Abs. 3 Nr. 1 bzw. § 7a Abs. 3 VOB/A). Der Nachweis kann insbesondere mit einer **technischen Beschreibung des Herstellers** oder einem **Prüfbericht einer Konformitätsbewertungsstelle** geführt werden.[184] Konformitätsbewertungsstellen sind die Prüf- und Eichlaboratorien im Sinne des Eichgesetzes und die Inspektions- und Zertifizierungsstellen, die den anwendbaren europäischen Normen entsprechen. Bescheinigungen von in anderen Mitgliedstaaten ansässigen anerkannten Stellen sind vom Auftraggeber anzuerkennen.[185]

96 Legt der Bieter eine die Gleichwertigkeit bestätigende Herstellerbescheinigung oder einen Prüfbericht vor, wird die **Gleichwertigkeit vermutet.**[186] Es obliegt dann dem Auf-

---

[178] Das entspricht im Kern dem Grundsatz aus § 8 Nr. 3 Abs. 1 VOL/A 2006, dass „ungewöhnliche Anforderungen" an die Beschaffenheit der Leistung „nur so weit zu stellen sind, wie es unbedingt notwendig ist."

[179] OLG Düsseldorf Urt. v. 14.12.2016 – VII-Verg 20/16, IBRRS 2017, 1409 – Abfallsammelbehälter: Da es für die ausgeschriebenen Behälter eine einschlägige EU-Norm gibt (DIN EN 840-1) durfte der Auftraggeber nicht zusätzlich die Einhaltung der Güte- und Prüfbestimmungen RAL-GZ 951/1 verlangen. Nach Ansicht des OLG Düsseldorf verstößt eine solche Vorgabe nicht nur gegen den Vorrang der EU-Normen gem. § 8 EG Abs. 2 Nr. 1 VOL/A 2009 (jetzt § 32 Abs. 2 VgV), sondern auch die EU-Warenverkehrsfreiheit gem. Art. 34 AEUV.

[180] Art. 42 Abs. 3 lit. b) VRL; Art. 60 Abs. 3 lit. b SRL; § 31 Abs. 2 S. 2 VgV; § 7a EU Abs. 2 Nr. 1 S. 2 VOB/A; § 28 Abs. 2 S. 2 SektVO; § 15 Abs. 3 Nr. 1 VSVgV; § 7a VS Abs. 2 Nr. 1 S. 2 VOB/A; § 7a Abs. 2 Nr. 1 S. 2 VOB/A.

[181] § 29 Abs. 1 SektVO; § 15 Abs. 4 VSVgV; § 7a VS Abs. 3 Nr. 1 VOB/A; § 7a Abs. 3 Nr. 1 VOB/A. EU-rechtliche Grundlage sind Art. 42 Abs. 5 u. 6 VRL und Art. 60 Abs. 5 u. 6 SRL.

[182] OLG Düsseldorf Beschl. v. 6.10.2004 – VII-Verg 56/04, NZBau 2005, 169 (170).

[183] KKMPP/*Prieß/Simonis* VgV § 32 Rn. 5.

[184] Art. 42 Abs. 5 iVm Art. 44 VRL; Art. 60 Abs. 5 iVm 62 SRL; § 32 Abs. 2 VgV; § 7a EU Abs. 4 S. 3 VOB/A; § 31 SektVO; § 15 Abs. 4 VSVgV.

[185] Art. 42 Abs. 1 VRL; Art. 62 Abs. 1 SRL; § 33 Abs. 2 u. 3 VgV; § 7a EU Abs. 5 Nr. 1 u. 3 VOB/A; § 31 Abs. 1 u. 3 SektVO; 15 Abs. 7 S. 2 VSVgV; § 7a VS Abs. 5 Nr. 1 u. 3 VOB/A; § 7a Abs. 5 Nr. 1 u. 3 VOB/A.

[186] KKMPP/*Prieß/Simonis* VgV, § 32 Rn. 6.

traggeber bzw. ggf. einem die Vergabeentscheidung beanstandenden Konkurrenten, die Vermutung zu widerlegen.

Abweichende Lösungen sind allerdings nur zugelassen, wenn der Bieter nachweist, dass sie den zugrundeliegenden technischen Anforderungen der Norm „gleichermaßen entsprechen". Der Auftraggeber muss also keine Kompromisse eingehen, sondern kann verlangen, dass die angebotene Lösung die technischen Anforderungen, die der Norm zugrunde liegen, tatsächlich einschränkungslos erfüllt, dh im Grunde den Anforderungen der Norm entspricht. 97

d) Bedeutung von Normen bei Vorgabe von Leistungs- und Funktionsanforderungen. Der Auftraggeber kann seine technischen Anforderungen auch in Form von Leistungs- und Funktionsanforderungen formulieren (→ Rn. 85) Das gilt sowohl bei einer technisch-konstruktiven Leistungsbeschreibung als auch insbesondere bei einer funktionalen Leistungsbeschreibung. Wählt der Auftraggeber diesen Weg, besteht **keine Pflicht zur Bezugnahme auf Normen** und anderen technischen Regelwerke. 98

Allerdings spielen Normen bzw. Regelwerke auch in diesem Fall eine wichtige Rolle. Denn soweit es **europäische Normen** etc. gibt, die sich auf die betreffenden Leistungs- oder Funktionsanforderungen beziehen, müssen Angebote, die diesen Normen entsprechen, grundsätzlich zugelassen werden. Der Bieter muss in diesem Fall jedoch mit dem Angebot nachweisen, dass die Norm (und damit das Angebot) tatsächlich die konkreten Leistungs- und Funktionsanforderungen des Auftraggebers erfüllt.[187] Der Auftraggeber muss also auch in diesem Fall kein Norm-Niveau akzeptieren, das seinen spezifischen Anforderungen nicht gerecht wird. Sofern seine Anforderungen jedoch von der Norm abgedeckt werden und der Bieter dies mit dem Angebot nachgewiesen hat, sind Normprodukte zwingend zuzulassen. 99

Der **Nachweis,** dass die Normanforderungen den Leistungs- und Funktionsanforderungen des Auftraggebers entsprechen, kann wiederum durch eine technische Herstellerbeschreibung oder den Prüfbericht einer anerkannten Stelle geführt werden.[188] 100

Der Auftraggeber kann seine technischen Anforderungen auch mittels einer Kombination formulieren, bei der eine Beschreibung unter Bezugnahme auf Normen etc. mit der Vorgabe von Leistungs- und Funktionsanforderungen verbunden wird. Insbesondere kann der Auftraggeber bei **funktionalen Anforderungen** festlegen, dass die Erfüllung bestimmter Normen etc. die Vermutung der Konformität mit den Anforderungen begründet. Ferner kann er einen Teil der Anforderungen unter Bezugnahme auf Normen etc. und die übrigen Anforderungen funktional beschreiben.[189] Für diese Fälle gelten die og Ausführungen zur Zulassung abweichender Lösungen bzw. normkonformer Produkte entsprechend. 101

IV. Konformitätsnachweis durch Bescheinigungen und Gütezeichen

Bei komplexen technischen Anforderungen stellt sich regelmäßig die Frage, wie der **Nachweis** zu erbringen ist oder erbracht werden kann, dass das angebotene Produkt den **Vorgaben tatsächlich entspricht.** Das ist nicht nur eine Frage der Angebotsprüfung, sondern immer dann, wenn der Auftraggeber förmliche Nachweise bereits mit dem Angebot verlangt, auch schon eine der Leistungsbeschreibung. Eine eigene technische Prüfung ist dem Auftraggeber in vielen Fällen nicht möglich. Selbst wenn sie möglich wäre, 102

[187] Art. 42 Abs. 6 VRL; Art. 60 Abs. 6 SRL; § 32 Abs. 2 VgV; § 7a EU Abs. 4 S. 1 VOB/A; § 29 Abs. 2 SektVO; § 15 Abs. 5 VSVgV.

[188] Art. 42 Abs. 6 VRL; Art. 60 Abs. 6 SRL; § 32 Abs. 2 VgV; § 7a EU Abs. 4 S. 1 VOB/A; § 29 Abs. 2 SektVO; § 15 Abs. 5 VSVgV.

[189] Art. 42 Abs. 3 lit. d VRL; Art. 60 Abs. 3 lit. d SRL; § 31 Abs. 2 Nr. 3 lit. b) VgV; § 7a EU Abs. 2 Nr. 3 lit. b VOB/A; § 28 Abs. 2 Nr. 3 lit. b SektVO; § 15 Abs. 3 Nr. 3 lit. b VSVgV; § 7a VS Abs. 2 Nr. 3 lit. b VOB/A; § 7a Abs. 2 Nr. 3 lit. b VOB/A.

ist sie wegen des damit verbundenen Aufwands meist nicht erwünscht. Bei standardisierten Anforderungen ist es daher naheliegend, sich auf **externe Konformitätsprüfungen und -bestätigungen** zu stützen. Die Vergabevorschriften sehen solche externen Bestätigungen vor allem in Form von Konformitätsbescheinigungen und Zertifikaten akkreditierter Stellen vor (§ 33 VgV und § 7a EU Abs. 5 VOB/A). Daneben ist insbesondere in Bezug auf Umwelt- und Nachhaltigkeitsanforderungen ein Nachweis durch sog. Gütezeichen vorgesehen (§ 34 VgV und § 24 UVgO; im Baubereich § 7a EU Abs. 6 und § 7a Abs. 5 VOB/A).

103 Die Forderung nach Vorlage von externen Konformitätsbescheinigungen und Gütezeichen steht in einem **Spannungsverhältnis** zum Ziel der **Marktöffnung** und des **Wettbewerbs,** zum einen weil derartige Bescheinigungen oft nur mit erheblichen Aufwand zu erlangen sind, und zum anderen, weil die Voraussetzungen (insbesondere bei Gütezeichen) oftmals sehr spezifisch sind. Die Vergabevorschriften setzen der Freiheit des Auftraggebers, solche Nachweise zu verlangen, daher enge Grenzen.

1. Nachweis durch Konformitätsbescheinigungen und Zertifikate akkreditierter Prüfstellen

104 **a) Allgemeines.** Der Auftraggeber kann zum Nachweis, dass ein angebotenes Produkt oder eine Leistung seinen Anforderungen entspricht, gemäß § 33 VgV und § 7a EU Abs. 5 VOB/A die Vorlage von Bescheinigungen oder Zertifikaten akkreditierter Konformitätsbewertungsstellen verlangen. Der Auftraggeber muss sich bei der Prüfung der Konformität also nicht auf bloße Herstellererklärungen oder Bieterzusagen verlassen.

105 Die Regelung basiert auf Art. 44 VRL. Die Bescheinigung der Konformität von Produkten mit europäischen Normen durch akkreditierte Prüfstellen ist ein wesentliches Element der sog. „Neuen Konzeption" der EU-Kommission im Bereich der **EU-Produktharmonisierung.**[190] Diese Konzeption dient dem **Abbau von Handelshemmnissen** aufgrund divergierender nationaler technischer Standards. Sie verfolgt keine Vollharmonisierung der einzelstaatlichen Anforderungen, sondern beschränkt sich auf die Festlegung EU-weit geltender grundlegender Sicherheitsanforderungen, bei deren Erfüllung ein Produkt als verkehrsfähig gilt (dokumentiert durch das „CE"-Zeichen). Die Übereinstimmung von Produkten mit den im Rahmen dieses Konzepts festgelegten Anforderungen kann ein Hersteller durch Prüfberichte und Zertifizierungen nachweisen, die von Prüfstellen erteilt werden, die ihrerseits nach gemeinsamen Regeln akkreditiert sind und so Gewähr für eine verlässliche Prüfung bieten. Das Verfahren bietet für Hersteller einen transparenten und EU-weit verfügbaren Weg, die Verkehrsfähigkeit ihrer Produkte nachzuweisen. Die Beibringung von Prüfberichten und Zertifizierungen akkreditierter Stellen ist allerdings potentiell aufwendig und kann daher ihrerseits als **Hürde** für den Wettbewerb wirken. Aus diesem Grund setzen § 33 VgV und § 7a EU Abs. 5 VOB/A auch Grenzen für die Forderung nach solchen Bescheinigungen.

106 Verlangt der Auftraggeber die Vorlage von Konformitätsbescheinigungen, ist er daran **gebunden.** Er darf daher im Rahmen der Angebotsprüfung und Wertung keine Produkte akzeptieren, für die die Bescheinigung (ggf. auch auf Nachforderung) nicht vorgelegt wurde; das ist ein Gebot der Transparenz und der Gleichbehandlung. Erkennt der Auftraggeber im Verfahren, dass die Forderung nach Vorlage einer Konformitätsbescheinigung unzweckmäßig ist, kann er darauf auch verzichten; er muss das jedoch transparent kommunizieren. Findet sich die Forderung bereits in der EU-Auftragsbekanntmachung, ist ggf. eine Korrektur-Bekanntmachung zu veröffentlichen.

107 **b) Konformitätsbescheinigung durch akkreditierte Prüfstelle.** § 33 Abs. 1 VgV und § 7a EU Abs. 5 Nr. 1 VOB/A gestatten dem Auftraggeber, von Bietern die Vorlage von

[190] Entschließung des Rates v. 7.5.1985 über eine neue Konzeption auf dem Gebiet der technischen Harmonisierung und der Normung, ABlEG Nr. C 136 v. 4.6.1985.

Bescheinigungen dafür zu verlangen, dass eine angebotene Leistung „bestimmten, in der Leistungsbeschreibung geforderten **Merkmalen entspricht**". Diese Merkmale können vom Wortlaut der Vorschrift her grundsätzlich sämtliche Leistungsanforderungen des Auftraggebers betreffen, dh auch vom Auftraggeber vorgegebene Leistungs- und Funktionsanforderungen.[191] Praktisch betrifft die Möglichkeit, förmliche Konformitätsbescheinigungen zu verlangen, jedoch typischerweise Anforderungen, die Gegenstand **EU-weit harmonisierter Normen** oder standardisierter technischer Regelwerke sind. Das ergibt sich daraus, dass nur Prüfberichte oder Zertifizierungen von Konformitätsbewertungsstellen verlangt werden können, die gemäß VO (EG) 765/2008 akkreditiert sind (→ Rn. 108). Solche Stellen befassen sich in der Regel mit der Prüfung und Zertifizierung der Übereinstimmung mit EU-weit geltenden Normen und Standards. Diese Normen betreffen insbesondere grundlegende Sicherheitsanforderungen im Sinne der „Neuen Konzeption" (→ Rn. 105), gehen aber oftmals auch darüber hinaus. Die Bescheinigung kann durch Prüfberichte (im Einzelfall) oder durch Zertifizierungen (generell) oder auch andere Bestätigungen erfolgen. Mit der Bescheinigung der Konformitätsbewertungsstelle ist der Nachweis erbracht, dass das angebotene Produkt die Anforderung erfüllt; weiterer Nachweise (etwa Herstellererklärungen oä) bedarf es dann nicht.

Die Konformitätsbescheinigung muss von einer **Konformitätsbewertungsstelle** im Sinne von § 33 Abs. 3 VgV bzw. § 7a EU Abs. 5 Nr. 3 VOB/A ausgestellt sein. Dabei handelt es sich um eine Prüfstelle, die gemäß der VO (EG) 765/2008[192] **akkreditiert** ist und Konformitätsbewertungen durchführt. In der Akkreditierung, die durch nationale Akkreditierungsstellen im Sinne von Art. 4 ff. der VO (EG) 765/2008 erfolgt, liegt eine Anerkennung, dass die Prüfstelle die Konformitätsbewertungen in Übereinstimmung mit den einschlägigen rechtlichen Vorgaben und Normen durchführt und die von ihr ausgestellten Bescheinigungen zum Nachweis der Produktkonformität geeignet sind. Akkreditierungsstelle in Deutschland ist Deutsche Akkreditierungsstelle GmbH (DAkkS), die im Eigentum des Bundes, der Länder und des BDI steht. Der Auftraggeber kann gemäß § 33 Abs. 1 S. 2 VgV und § 7a EU Abs. 5 Nr. 1 S. 2 VOB/A zwar die Vorlage einer Bescheinigung einer bestimmten Prüfstelle verlangen, er muss in diesem Fall aber auch Bescheinigungen anderer, gleichwertiger Prüfstellen akzeptieren. 108

Nicht von § 33 VgV bzw. § 7a EU Abs. 5 VOB/A umfasst sind **Eigenzertifizierungen** durch den Auftraggeber, den Hersteller oder sonstige, nicht akkreditierte Stellen. Der Auftraggeber darf insbesondere keine Vorab-Zertifizierung durch ihn selbst fordern.[193] Soweit es keine von akkreditierten Stellen ausgestellten Konformitätsbescheinigungen gibt, darf der Auftraggeber grundsätzlich nur die Erfüllung der Anforderungen als solche verlangen; eine bestimmte Form des Nachweises kann er dagegen – außer durch Gütesiegel nach § 34 VgV (→ Rn. 111) – nicht vorschreiben. 109

c) Alternative Nachweisführung. Kann ein Bieter eine geforderte Konformitätsbescheinigung nicht vorlegen, weil er keinen Zugang zu derartigen Bescheinigungen hat oder sie innerhalb der Fristen nicht bekommen konnte, muss der Auftraggeber gemäß § 33 Abs. 2 VgV und § 7a EU Abs. 5 Nr. 1 VOB/A auch andere geeignete Nachweisunterlagen akzeptieren, sofern der Bieter den fehlenden Zugang zu den geforderten Konformitätsbescheinigungen nicht zu vertreten hat. Nicht zu vertreten hat ein Bieter den Zugang insbesondere dann, wenn es in seinem Heimatstaat keine Konformitätsbewertungsstelle gibt, die die geforderte Konformitätsbewertung durchführt, und vom Bieter auch nicht erwartet werden konnte, sich an eine Konformitätsbewertungsstelle in einem anderen Staat zu wenden.[194] Musste der Bieter allerdings mit der Forderung nach Vorlage einer Bescheini- 110

[191] So auch die Gesetzesbegründung, BR-Drs. 87/16, 186 (zu § 33 VgV).
[192] VO (EG) Nr. 765/2008 v. 9.7.2008 über die Vorschriften für die Akkreditierung und Marktüberwachung im Zusammenhang mit der Vermarktung von Produkten, ABlEG Nr. L 218/30 v. 13.8.2008.
[193] VK Bund Beschl. v. 31.7.2017 – VK 1-67/17, BeckRS 2017, 129617 Rn. 45.
[194] Ähnlich Beck VergabeR/*Lampert* VgV § 33 Rn. 18.

gung rechnen und hatte er ausreichend Zeit, sich darauf einzustellen (beispielsweise durch Einholung einer Bescheinigung einer Konformitätsbewertungsstelle aus einem anderen Land), hat er die Nichtvorlage zu vertreten.

Als geeignete andere Unterlagen kommen insbesondere „technische Dossiers" in Betracht, dh technische Unterlagen und Erklärungen des Herstellers, aus denen sich die Übereinstimmung des Produkts mit den Anforderungen ergibt. Der Nachweis der Konformität, dh insbesondere die Darlegung, dass die Unterlagen die Übereinstimmung tatsächlich belegen, obliegt dabei dem Bieter.

2. Nachweis durch Gütezeichen

111 **a) Allgemeines.** Der Auftraggeber kann zum Nachweis, dass eine Lieferung oder Dienstleistung bestimmten, in der Leistungsbeschreibung geforderten **Merkmalen entspricht,** gemäß § 34 VgV und § 7a EU Abs. 6 VOB/A die **Vorlage von Gütezeichen** verlangen. Die Regelung basiert auf Art. 43 VRL. Sie gilt auch im Sektorenbereich (§ 32 SektVO, basierend auf Art. 61 SRL). Im Unterschwellenbereich gilt sie (mit geringfügigen Abweichungen) nur für Lieferungen und Dienstleistungen (§ 24 UVgO). Für Verteidigungs- und Sicherheitsvergaben und für Unterschwellen-Vergaben im Baubereich gilt noch die frühere, etwas abweichende Regelung (→ Rn. 113).

112 Gütezeichen haben in verschiedener Hinsicht Ähnlichkeit mit Konformitätsbescheinigungen nach § 33 VgV bzw. § 7a EU Abs. 5 VOB/A (→ Rn. 91 ff.). Gemeinsam ist beiden, dass sie die Übereinstimmung des Produkts, auf das sie sich beziehen, mit bestimmten Anforderungen belegen. Auch Gütezeichen eröffnen Bietern damit eine einfache Form des Konformitätsnachweises. Ein wesentlicher Unterschied liegt aber darin, dass Gütezeichen stets auf einem vom Herausgeber – beispielsweise einem Güteschutzverein – vordefinierten Anforderungs-Katalog basieren, den der Auftraggeber sich durch die Bezugnahme auf das Gütezeichen zu eigen machen kann. Der Verweis auf Gütezeichen ist damit auch eine **Vereinfachung für Auftraggeber,** weil diese so auf einfache und klare Weise ihre Anforderungen formulieren können. Das ist für Auftraggeber besonders dann praktisch, wenn es um spezielle Qualitätsanforderungen geht, oder auch um Umwelt- oder soziale Aspekte, deren eigenständige Definition außerhalb der fachlichen Kernkompetenzen des Auftraggebers liegt. Gütezeichen spielen darum gerade im Bereich von **Umweltschutz-** und anderen **Nachhaltigkeitsanforderungen** eine besondere Rolle (näher → Rn. 152).

Die besondere Bedeutung von Gütezeichen für ökologische und soziale Leistungsmerkmalen wird durch die vorrangige Erwähnung derartiger Merkmale in Art. 43 VRL unterstrichen. Das bedeutet freilich nicht, dass der Anwendungsbereich der Regelung auf umweltbezogene, soziale oder andere Nachhaltigkeitsaspekte beschränkt ist. Gütezeichen können sich vielmehr ausdrücklich auch auf sonstige Merkmale der Leistung beziehen. Die „verallgemeinernde" Umsetzung in § 34 Abs. 1 VgV, der lediglich von „bestimmten, in der Leistungsbeschreibung geforderten Merkmalen" spricht, ist damit inhaltlich klarer als die eng am Richtlinien-Wortlaut angelehnte Umsetzung in § 7a EU Abs. 6 Nr. 1 VOB/A.

113 Die Regelung geht über die **frühere Rechtslage** gem. Art. 23 Abs. 6 VKR hinaus, wonach Auftraggeber bei leistungsbezogenen (Umwelt-)Anforderungen zwar Spezifikationen aus europäischen, internationalen oder auch sonstigen Umweltzeichen (dh umweltbezogenen Gütezeichen) verwenden konnten, dabei aber **nur** die **Erfüllung der Anforderungen als solche** verlangen durften, nicht aber, dass das Produkt tatsächlich mit dem Umweltzeichen versehen ist.[195] Die Auftraggeber konnten lediglich vorgeben, dass bei Produkten, die das Gütezeichen tragen, die Erfüllung der Anforderungen vermutet wird (Art. 23 Abs. 6 Unterabs. 2 VKR). Diese Regelung gilt nach wie vor für Verteidigungs-

[195] Im deutschen Recht vor der Vergaberechtsmodernisierung umgesetzt in § 8 EU Abs. 5 VOL/A 2009 und § 7 EG Abs. 7 VOB/A. Siehe dazu auch EuGH Urt. v. 10.5.2012 – C-368/10, NZBau 2012, 445 Rn. 70 – EKO und Max Havelaar.

und Sicherheitsvergaben (§ 15 Abs. 6 VSVgV)[196] und für Bauvergaben im Unterschwellenbereich (§ 7a Abs. 5 VOB/A).

Bisweilen umfasst der Anforderungskatalog eines Gütezeichens auch Anforderungen, auf die der Auftraggeber keinen Wert legt oder die im Rahmen der Leistungsbeschreibung nicht zulässig gefordert werden können (etwa weil ihnen der konkrete Produktbezug fehlt). Für diese Fälle kann der Auftraggeber sich darauf beschränken, anstelle der Vorlage des Gütezeichens nur die Erfüllung einzelner Anforderungen des Gütezeichens zu verlangen; er muss diese Anforderungen dann genau bezeichnen (§ 34 Abs. 3 VgV bzw. § 7a EU Abs. 6 Nr. 2 VOB/A). 114

b) Wettbewerbliche Problematik. Gütezeichen werden überwiegend von **privaten Organisationen** verliehen, insbesondere **Industrieverbänden** oder **gemeinnützigen Einrichtungen** (NGOs). Beispiele sind insbesondere **Güteschutzvereine** wie die RAL-Gütegemeinschaften, oder der Forest Stuartship Council (FSC). Es gibt jedoch auch Gütezeichen, die von der öffentlichen Hand getragen werden (zB vom Bundesumweltministerium beim Öko-Label „Blauer Engel"). Die Träger erstellen regelmäßig auch die zugrundeliegenden Anforderungskataloge. Bei den Trägerorganisationen handelt es sich indes weder um anerkannte Normungsorganisationen, noch haben sie sonst ein offizielles Mandat für die Festlegung der jeweiligen Güteanforderungen. Vielmehr handelt es meist um rein privatwirtschaftliche oder politische Initiativen. Die Güteanforderungen, die den Zeichen zugrunde liegen, sind auch keine allgemein anerkannten Normen, sondern gehen typischerweise gerade darüber hinaus. Sie spiegeln die wirtschaftlichen oder politischen Ziele und Überzeugungen der Trägerorganisationen bzw. ihrer Mitglieder wieder und dienen Vermarktungszwecken oder der Förderung umwelt- und sozialpolitischer Anliegen. 115

Daher ist es unter dem Aspekt der **Marktöffnung und Nichtdiskriminierung nicht unproblematisch,** wenn öffentliche Auftraggeber derartige Gütezeichen fordern und sich die zugrundeliegenden Anforderungen damit zu eigen machen. Denn je spezifischer und detaillierter diese Anforderungen sind, desto mehr **schränken** sie den **Wettbewerb ein,** da sie dazu führen, dass nur noch bestimmte Produkte für den Auftrag in Betracht kommen. Die Problematik entspricht insoweit bis zu einem gewissen Grad derjenigen der produktspezifischen Ausschreibung (→ Rn. 45). Zwar kann der Auftraggeber im Rahmen seines Leistungsbestimmungsrechts frei entscheiden, welche Anforderungen er an die Leistung stellt. Er muss dabei aber die Grundsätze der Marktöffnung, des Wettbewerbs und der Nichtdiskriminierung[197] sowie der Verhältnismäßigkeit[198] beachten (vgl. → Rn. 52 f.). Das gilt auch bei der Vorgabe, dass die Leistung ein bestimmtes Gütezeichen tragen bzw. den Anforderungen eines solchen Gütezeichens entsprechen muss. 116

Die Erlangung eines Gütezeichens kann aufgrund der jeweiligen Prüf- und Verleihungsprozeduren zudem **zeitaufwendig** und **kostenträchtig** sein. Sie lohnt sich für Unternehmen darum nur dann, wenn der verkaufsfördernde Nutzen des Gütezeichens diese Kosten übersteigt. Das hängt regemäßig auch davon ab, wie verbreitet das Gütezeichen bzw. die Forderung danach am Markt ist. 117

Aus diesen Gründen enthalten § 34 Abs. 2 bis 5 VgV und § 7a EU Abs. 6 Nr. 1 bis 4 VOB/A Schranken für die Forderung nach Vorlage von Gütezeichen. Diese betreffen zum einen die Gütezeichen selbst, zum anderen verpflichten sie den Auftraggeber in bestimmten Fällen, auch alternative Nachweise zuzulassen. 118

c) Anforderungen an Gütezeichen. Der Auftraggeber darf nur die Vorlage von Gütezeichen verlangen, die die Voraussetzungen des § 34 Abs. 2 VgV bzw. § 7a EU Abs. 6 Nr. 1 Buchst. a) bis e) VOB/A erfüllen: 119

[196] Grundlage ist Art. 18 Abs. 6 RL 2009/81, der noch dem früheren Konzept entspricht.
[197] OLG Düsseldorf Beschl. v. 31.5.2017 – VII-Verg 36/16, NZBau 2017, 623 (625 f.) – Drohnen.
[198] EuGH Urt. v. 25.10.2018 – C-413/17, ZfBR 2019, 494 Rn. 37 u. 41 – Roche Lietuva.

- Alle Anforderungen des Gütezeichens sind für die Bestimmung der Merkmale der Leistung geeignet und stehen mit dem Auftragsgegenstand in Verbindung;
- die Anforderungen des Gütezeichens beruhen auf objektiv nachprüfbaren und nichtdiskriminierenden Kriterien;
- das Gütezeichen wurde im Rahmen eines offenen und transparenten Verfahrens entwickelt, an dem alle interessierten Kreise teilnehmen können;
- alle betroffenen Unternehmen haben Zugang zum Gütezeichen;
- die Anforderungen wurden von einem Dritten festgelegt, auf den das Unternehmen, das das Gütezeichen erwirbt, keinen maßgeblichen Einfluss ausüben konnte.

120 Durch diese Vorgaben soll der oben beschriebenen Problematik, dass der Verweis auf Gütezeichen einen potentiell **wettbewerbsbeschränkenden Effekt** hat (→ Rn. 116) **begegnet** werden. Insbesondere soll verhindert werden, dass Auftraggeber mittels Gütezeichen Anforderungen einführen, denen der Auftragsbezug fehlt oder die intransparent und diskriminierend sind. Freilich bietet der Umstand, dass ein Gütezeichen die o. g. Voraussetzungen erfüllt, **noch keine Gewähr** dafür, dass die Vorgabe wettbewerbskonform ist. Vielmehr muss der Auftraggeber auch dann noch den Grundsatz der Verhältnismäßigkeit wahren. Die Forderung nach dem Gütezeichen muss insbesondere für den Zweck notwendig und angemessen sein. Die Beweislast, dass das Gütezeichen die Anforderungen erfüllt, trägt im Streitfall der Auftraggeber.

121 **aa) Geeignetheit und Verbindung zum Auftragsgegenstand.** Alle Anforderungen des Gütezeichens müssen zur Bestimmung der Leistungsmerkmale geeignet sein und mit dem Auftragsgegenstand in Verbindung stehen (§ 34 Abs. 2 Nr. 1 VgV bzw. § 7a EU Abs. 6 Nr. 1 Buchst. a) VOB/A; im Unterschwellenbereich gilt die Vorgabe gem. § 24 UVgO nicht). Dass die Anforderungen geeignet sein müssen, ist eine Selbstverständlichkeit und Ausprägung des Verhältnismäßigkeitsgrundsatzes. Die **Verbindung zum Auftragsgegenstand** ist dagegen eine wichtige Einschränkung. Sie fehlt bei Anforderungen, die ausschließlich das Unternehmen des Bieters, seine allgemeine Unternehmenspolitik oder sein generelles Verhalten betreffen, ohne sich in irgendeiner Weise auf die konkrete auftragsgegenständliche Leistung zu beziehen.[199] Beispiele sind etwa die Anforderung, dass das Bieterunternehmen einen Compliance-Beauftragten[200] oder ein betriebliches Frauenförderprogramm hat, oder nur tarifvertragliche Mitarbeiter beschäftigt, oder ausschließlich Waren aus fairem Handel in seinem Sortiment führt.[201]

122 Andererseits ist die Verbindung mit dem Auftragsgegenstand in einem **weiten Sinne** zu verstehen. In § 34 Abs. 2 Nr. 1 VgV wird das durch den Verweis auf § 31 Abs. 3 VgV klargestellt. Danach können Leistungsmerkmale neben Qualitätsaspekten auch solche der Innovation sowie soziale und umweltbezogene Aspekte betreffen und sich auch auf den **Herstellungsprozess** oder ein **anderes Lebenszyklus-Stadium** des Auftragsgegenstands einschließlich der Produktions- und **Lieferkette** beziehen, auf wenn derartige Faktoren keine materiellen Bestandteile der Leistung sind. Voraussetzung ist lediglich, dass die Merkmale in Verbindung mit dem Auftragsgegenstand stehen und verhältnismäßig sind.[202] Die Regelung im **Baubereich** ist zwar etwas weniger klar. So enthält die VOB/A-EU insbesondere keine § 31 Abs. 3 VgV entsprechende Vorschrift (und dementsprechend § 7a EU Abs. 6 Nr. VOB/A auch keinen Verweis auf eine solche Vorschrift). Doch entspricht § 31 Abs. 3 VgV weitestgehend Art. 42 Abs. 1 Unterabs. 2 VRL, der auch für Bauleistungen gilt.[203] In der Sache besteht daher kein Unterschied. Von Bedeutung ist das insbeson-

---

[199] Müller-Wrede/*Evermann* VgV/UVgO, § 34 VgV Rn. 29.

[200] *Leinemann/Zoller* Vergabe-News 2017, 82 (83); Beck VergabeR/*Lampert* VgV § 34 Rn. 24.

[201] Ziekow/Völlink/*Püstow* VgV § 34 Rn. 6.

[202] So auch Müller-Wrede/*Evermann* VgV/UVgO, § 34 VgV Rn. 32.

[203] Zwar wird in Art. 42 Abs. 1 Unterabs. 2 VRL die Produktions- und Lieferkette nicht ausdrücklich erwähnt. Doch umfasst die Vorschrift alle Lebenszyklus-Stadien der Leistung, was auch die Lieferkette einschließt.

dere für Anforderungen, die die Handelsbedingungen („Fair Trade") betreffen, die danach zulässigerweise Gegenstand eines Gütezeichens nach § 34 VgV bzw. § 7a EU Abs. 6 VOB/A sein können (dazu näher → Rn. 75 und → Rn. 86). Voraussetzung ist lediglich, dass sich die „Fair Trade"-Vorgabe (nur) auf die konkrete Leistung bezieht, dh nicht auch das sonstige Sortiment des Bieters.[204]

bb) Objektiv nachprüfbare und nichtdiskriminierende Kriterien. Die Anforderungen des Gütezeichens müssen auf objektiv nachprüfbaren und nichtdiskriminierenden Kriterien beruhen (§ 34 Abs. 2 Nr. 2 VgV und § 7a EU Abs. 6 Nr. 1 Buchst. b) VOB/A). Nichtdiskriminierend bedeutet insbesondere, dass die Kriterien keine regionalen Bezugsquellen oder Produktvorgaben oä iSv § 31 Abs. 6 VgV umfassen dürfen.[205] Sie dürfen zudem nicht mit dem Ziel aufgestellt sein, bestimmte Unternehmen zu bevorzugen oder zu benachteiligen. Wann Anforderungen auf „objektiv nachprüfbaren Kriterien" beruhen, ist weniger klar. Nach alter Rechtslage mussten die Anforderungen von Umweltzeichen, auf die der Auftraggeber Bezug nahm, „auf der Grundlage von wissenschaftlich abgesicherten Informationen ausgearbeitet sein" (Art. 23 Abs. 6 Unterabs. 1 VRL). Teilweise wird vertreten, dass die Neuregelung im Ergebnis das gleiche meint.[206] Richtigerweise dürfte „objektiv nachprüfbar" jedoch eine etwas niedrigere, aber auch klarere Schwelle bezeichnen als „wissenschaftlich abgesichert".[207] Entscheidend ist, dass der Produktnutzen, der durch die Anforderungen sichergestellt werden soll, nicht nur auf Vermutungen und Überzeugungen beruht, sondern auf nachprüfbaren Fakten. 123

cc) Offenes und transparentes Verfahren. Das Gütezeichen muss in einem offenen und transparenten Verfahren entwickelt worden sein, an dem alle interessierten Kreise teilnehmen können (§ 34 Abs. 2 Nr. 3 VgV und § 7a EU Abs. 6 Nr. 1 Buchst. c) VOB/A). Diese Voraussetzung ist ein Korrektiv für den Umstand, dass es sich bei den Trägerorganisationen von Gütezeichen regelmäßig um private, nicht offiziell mandatierte oder legitimierte Einrichtungen handelt (im Einzelnen → Rn. 115). Daher muss zumindest gewährleistet sein, dass die Organisation ein offenes und transparentes, für alle interessierten Kreise zugängliches Verfahren eingehalten hat. Auf diese Weise sollen „Closed Shop"-Gütezeichen, die von den Trägern einseitig und auf Grundlage intransparenter Kriterien definiert wurden, ausgeschlossen werden. 124

Transparent bedeutet vor allem, dass das Verfahren und die Zuständigkeiten für die Festlegung der Anforderungen klar geregelt sind. In der Praxis werden die Anforderungen meist von einem von der Trägerorganisation eingesetzten Fachgremium (Güteausschuss) festgelegt.[208] Transparent bedeutet ferner, dass die Materialien und Erwägungen, die den Anforderungen zugrunde liegen, publik sind, jedenfalls aber auch für Außenstehende zugänglich sind. Ein **offenes** Verfahren setzt ferner voraus, dass der Festlegung ein ergebnisoffener Konsultations- und Entscheidungsprozess zugrunde liegt, in den auch Externe etwa im Wege einer Anhörung einbezogen werden.[209] Das Verfahren ist dann für alle interessierten Kreise zugänglich, wenn allen Stakeholdern, die dies wünschen, nach Maßgabe der Verfahrensregeln eine Mitwirkung möglich ist. Das gilt nach der Verordnungsbe-

---

[204] Ziekow/Völlink/*Püstow* VgV § 34 Rn. 6, unter Verweis auf die Schlussanträge der Generalanwältin Kokott v. 15.12.2011 in EuGH C-368/10, NZBau 2012, 445 Rn. 88 – EKO und Max Havelaar.

[205] *Knauff* VergabeR 2017, 553 (555); Beck VergabeR/*Lampert* VgV § 34 Rn. 26.

[206] Umweltbundesamt (Hrsg.), Rechtsgutachten Umweltfreundliche Beschaffung (Aktualisierung Februar 2019), 75f. (abrufbar über die Homepage des UBA unter www.umweltbundesamt.de); zustimmend Beck VergabeR/*Lampert* VgV § 34 Rn. 26.

[207] Etwas anders Müller-Wrede/*Evermann* VgV/UVgO, § 34 VgV Rn. 38, der zufolge der Verzicht auf die Wissenschaftlichkeit darauf beruht, dass die verwendbaren Gütezeichen nach der Neuregelung nicht nur wissenschaftlich verifizierbare Umweltaspekte, sondern auch Sozialbelange umfassen können. Eine Änderung des Qualitätsstandards sei damit allerdings nicht verbunden.

[208] Beck VergabeR/*Lampert* VgV § 34 Rn. 28.

[209] Ähnlich Beck VergabeR/*Lampert* VgV § 34 Rn. 28.

gründung insbesondere für staatliche Stellen, Verbraucher, Sozialpartner, Hersteller, Händler und Nichtregierungsorganisationen.[210]

125 **dd) Zugang zum Gütezeichen.** Ferner müssen alle betroffenen Unternehmen Zugang zum Gütezeichen haben (§ 34 Abs. 2 Nr. 4 VgV und § 7a EU Abs. 6 Nr. 1 Buchst. d) VOB/A). Das bedeutet, dass das Gütezeichen für alle Unternehmen, deren Produkte die Vorgaben des Gütezeichens erfüllen, erhältlich sein muss. Das wird teilweise so verstanden, dass die Vergabe des Gütezeichens nicht die Mitgliedschaft in der Trägerorganisation voraussetzen darf (wie etwa in einer RAL-Gütegemeinschaft, die RAL-Gütezeichen an ihre Mitglieder verleiht).[211] Das erscheint jedoch zu streng. Richtigerweise kommt es darauf an, ob die Mitgliedschaft tatsächlich eine Zugangshürde darstellt. Das wird man nur annehmen können, wenn die Mitgliedschaft nicht allen Unternehmen offensteht, die die Güteanforderungen erfüllen und die ggf. geltenden Gütesicherungsmaßnahmen akzeptieren, sondern die Mitgliedschaft beispielsweise zusätzlich die Zustimmung der übrigen Mitglieder nach deren Ermessen erfordert, oder mit prohibitiven Kosten verbunden ist. Das Gütezeichen ist auch dann nicht für alle Unternehmen zugänglich, wenn die Verleihung selbst unangemessene Kosten verursacht, die über die tatsächlichen Kosten der Güteprüfung und die notwendigen Verwaltungskosten der Trägerorganisation hinausgehen.

126 **ee) Festlegung durch unabhängigen Dritten.** Die Anforderungen müssen schließlich durch einen unabhängigen Dritten festgelegt worden sein, auf den das Unternehmen, das das Gütezeichen erwirbt, keinen maßgeblichen Einfluss ausüben konnte (§ 34 Abs. 2 Nr. 5 VgV und § 7a EU Abs. 6 Nr. 1 Buchst. e) VOB/A). Auch diese Regelung ist ein Korrektiv dazu, dass Gütezeichen oftmals von privatwirtschaftlichen Organisationen verliehen werden, die gerade von den Unternehmen getragen werden, die das Gütezeichen verwenden; durch die Regelung soll sichergestellt werden, dass die Unternehmen nicht im Ergebnis lediglich sich selbst auszeichnen.[212] In einem allgemeineren Sinne geht es um die Vermeidung von Interessenkonflikten.[213] Das schließt allerdings nicht aus, dass auch Unternehmen, deren Produkte das Gütesiegel tragen, Mitglieder der Trägerorganisation sind und bei der Festlegung der Standards eine Rolle spielen. Unzulässig ist lediglich, dass sie einen „maßgeblichen Einfluss" haben.[214] Unabhängige Dritte in diesem Sinne sind insbesondere die Jury Umweltzeichen (Umweltsiegel „Blauer Engel"), der Forest Stewardship Council (FSC-Gütezeichen nachhaltige Holzwirtschaft), die Aid by Trade Foundation („Cotton made in Africa") oder die Fair Wear Foundation.[215]

127 Bei reinen Unternehmensinitiativen oder Gütezeichen, deren Herausgeberorganisationen vollständig von den Unternehmen, die das Gütezeichen verwenden, finanziert werden, kann eine Unabhängigkeit dagegen normalerweise nicht angenommen werden.[216] Allerdings ist das eine Frage des Einzelfalls. So setzt die Verleihung von RAL-Gütezeichen durch eine RAL-Gütegemeinschaft zunächst die Anerkennung der Anforderungen durch das RAL voraus. Im Rahmen des Anerkennungsverfahrens werden die von der Gütegemeinschaft vorgesehenen Güte- und Prüfbestimmungen zunächst an die betroffenen Fach- und Verkehrskreise (Verbände der anbietenden Wirtschaft und der Verbraucher bzw. Anwender des Prüfwesens sowie betroffene staatliche Stellen und ggf. sonstige fachkundige Institutionen) zur Stellungnahme übermittelt. Das RAL entscheidet erst auf Basis dieser

---

[210] BR-Drs. 87/16, 187 (zu § 34 Abs. 2 Nr. 3 VgV).
[211] So Beck VergabeR/*Lampert* VgV § 34 Rn. 29.
[212] Ähnlich Müller-Wrede/*Evermann* VgV/UVgO § 34 VgV Rn. 45.
[213] KKMPP/*Prieß/Simonis* VgV § 34 Rn. 6.
[214] Müller-Wrede/*Evermann* VgV/UVgO § 34 VgV Rn. 47, unter Verweis darauf, dass viele Gütezeichen-Konzepte auf einem „Multi-Stakeholder"-Ansatz beruhen, der auch die Unternehmen einbezieht.
[215] Müller-Wrede/*Evermann* VgV/UVgO § 34 VgV Rn. 47.
[216] Müller-Wrede/*Evermann* VgV/UVgO § 34 VgV Rn. 47.

Stellungnahmen über die Anerkennung.[217] Auf diese Weise wird zumindest eine unabhängige Kontrolle der Anforderungen sichergestellt.

d) Nachweis durch gleichwertige Gütezeichen. Der Auftraggeber muss gemäß § 34 Abs. 4 VgV bzw. § 7a EU Abs. 6 Nr. 3 VOB/A auch andere Gütezeichen als Nachweis akzeptieren, die gleichwertige Anforderungen an die Leistung stellen. Auch diese Regelung soll verhindern, dass der Wettbewerb durch die Vorgabe eines spezifischen Gütezeichens übermäßig beschränkt wird. 128

Die Anforderungen eines anderen Gütezeichens sind dann gleichwertig, wenn sie in Bezug auf die maßgeblichen Kriterien **mindestens dasselbe Qualitäts- oder Schutzniveau** bieten wie das vom Auftraggeber geforderte Gütezeichen. Das ist eine objektive Frage, die anhand der Anforderungskataloge zu entscheiden ist.[218] Bei quantitativ messbaren Kriterien wie etwa einer bestimmten Mindesthaltbarkeit (in Jahren) oder dem Energieverbrauch ist eine Gleichwertigkeitsprüfung normalerweise leicht möglich. Bei qualitativen Kriterien lässt sich die Gleichwertigkeit dagegen meist nur dann klar bejahen, wenn die Anforderungen dieselben sind. In anderen Fällen kann man über die Gleichwertigkeit dagegen leicht streiten. So ist es bei einem Gütezeichen für Holzprodukte mit der Anforderung, dass kein Tropenholz enthalten ist, eine Frage der Perspektive, ob man ein Gütezeichen mit der Anforderung, dass Tropenholz nur verwendet werden darf, wenn es aus nachhaltigem Plantagen-Anbau stammt, im Sinne der Vorschrift für gleichwertig hält. Bieter sollten sich in solchen Fällen per Bieterfrage um eine Klärung bemühen. Die Gleichwertigkeit muss auch **verfahrensbezogene Qualitätsmerkmale** umfassen, wie etwa die unabhängige Verifizierung der Erfüllung der Anforderungen.[219] Auch solche Merkmale sind ein wesentliches Element einer Güteanforderung. 129

Die **Beweislast** für die Gleichwertigkeit liegt grundsätzlich beim Bieter, soweit er sich auf die Gleichwertigkeit beruft.[220] Beruft sich der Auftraggeber gegenüber einem konkurrierenden Bieter auf die Gleichwertigkeit (etwa in einem Nachprüfungsverfahren, in dem der Konkurrent geltend macht, dass der Auftraggeber unzulässig ein nicht gleichwertiges Gütezeichen akzeptiert habe) richtet sich die Beweislast dagegen nach allgemeinen prozessualen Grundsätzen. Der Auftraggeber muss dann darlegen können, dass er die Gleichwertigkeit ordnungsgemäß geprüft hat; der Nachweis, dass diese Prüfung nicht ordnungsgemäß durchgeführt wurde oder zum falschen Ergebnis geführt hat, obliegt dagegen dem konkurrierenden Bieter. 130

e) Nachweis durch andere Belege. Kann ein Bieter weder das geforderte Gütezeichen noch ein gleichwertiges Gütezeichen unverschuldet innerhalb der einschlägigen Fristen erlangen, muss der Auftraggeber auch andere geeignete Belege als Nachweis akzeptieren, dass angebotene Leistung die Anforderungen des Gütezeichens bzw. die vom Auftraggeber vorgegebenen Gütezeichen-Anforderungen erfüllt (§ 34 Abs. 5 VgV, § 7a EU Abs. 6 Nr. 4 VOB/A). Diese Regelung basiert auf Art. 43 Abs. 1 Unterabs. 4 VRL. Sie trägt dem Umstand Rechnung, dass die Erlangung von Gütezeichen oft zeitaufwendig und kompliziert ist. 131

Voraussetzung ist zunächst, dass der Bieter nachweislich weder das geforderte Gütezeichen noch ein gleichwertiges Gütezeichen im Sinne von § 34 Abs. 4 VgV bzw. § 7a EU Abs. 6 Nr. 3 VOB/A innerhalb der einschlägigen Fristen erlangen kann. Das ist insbesondere bei Gütezeichen aus dem Ausland relevant, die möglicherweise nicht oder nur mit 132

---

[217] RAL-Informationsbroschüre „Der Weg zum RAL-Gütezeichen", Stand Januar 2019, abrufbar über die Homepage des RAL unter www.ral-guetezeichen.de.

[218] Beck VergabeR/*Lampert* VgV § 34 Rn. 33.

[219] Müller-Wrede/*Evermann* VgV/UVgO, § 34 VgV Rn. 53.

[220] Erwägungsgrund 74 VRL; ausführl. Müller-Wrede/*Evermann* VgV/UVgO, § 34 VgV Rn. 55ff.; *Dieckmann* NVwZ 2016, 1369 (1373).

unverhältnismäßigem Aufwand kurzfristig zu erhalten sind.[221] Die Gründe dafür dürfen dem Bieter nicht selbst zuzuschreiben sein. Insoweit gelten die gleichen Grundsätze wie für die alternative Nachweisführung bei Konformitätsbescheinigungen gemäß § 33 Abs. 3 VgV bzw. § 7a EU Abs. 5 Nr. 2 VOB/A (oben → Rn. 110).

133 Sind diese Voraussetzungen erfüllt, kann der Bieter den Nachweis, dass die Anforderungen des Gütezeichens erfüllt sind, auch durch andere geeignete Belege führen. Geeignet sind Belege allerdings nur dann, wenn sie ein vergleichbares Niveau an Verlässlichkeit bieten. Bloße Eigenerklärungen des Bieters reichen nicht aus.[222] Vielmehr bedarf es regelmäßig einer unabhängigen Prüfung und Bestätigung. Das gilt insbesondere dann, wenn das Gütezeichen selbst eine förmliche Verifizierung der Erfüllung durch ein Prüfgremium oder einen unabhängigen Prüfer voraussetzt. Eine bloße Herstellererklärung, dass die Anforderungen erfüllt werden, oder bloße Herstellerangaben über die Produktmerkmale genügen in solchen Fällen nicht.

F. Barrierefreiheit und „Design für Alle"

I. Allgemein

134 Gemäß 121 Abs. 2 GWB hat der Auftraggeber bei der Beschaffung von Leistungen, die zur Benutzung durch natürliche Personen vorgesehen sind, die **Zugänglichkeit für Menschen mit Behinderungen** oder die Konzeption **für alle Nutzer** zu berücksichtigen. Die Regelung, die mit der Vergaberechtsmodernisierung 2016 neu eingeführt wurde, setzt Art. 42 Abs. 1 Unterabs. 4 und 5 VRL um. Sie dient dem Ziel, im Rahmen der öffentlichen Beschaffung die **Barrierefreiheit** zu fördern.[223] Sie ist zugleich ein weiterer Schritt zur Umsetzung der UN-Behindertenrechtskonvention,[224] die zur gleichberechtigten Teilhabe von Menschen mit Behinderungen in allen gesellschaftlichen Bereichen weitgehende Barrierefreiheit verlangt.[225] Die Regelung gilt nur „klassische" Aufträge und im Sektorenbereich. Für Verteidigungs- und Sicherheitsaufträge und Konzessionen gilt sie nicht; § 147 S. 1 und § 152 Abs. 1 GWB verweisen für verteidigungs- und sicherheitsspezifische Aufträge und für Konzessionen bei der Leistungsbeschreibung gerade nicht auf § 121 Abs. 2 GWB.[226]

135 Die Regelung sticht unter den Vergabevorschriften dogmatisch heraus, da sie nicht das Beschaffungsverfahren, sondern den Beschaffungsinhalt betrifft. Sie schränkt die Wahlfreiheit des Auftraggebers ein. Damit wird der Grundsatz durchbrochen, dass die Festlegung des Beschaffungsgegenstands eine fachliche und betriebliche Entscheidung des Auftraggebers ist, die dem Vergaberecht vorgelagert ist.[227] Mit Blick auf die Vorgabe in Art. 42 VRL, die im nationalen Recht umzusetzen war, wie auch aus pragmatischen Gründen erscheint die Einordnung in die Verfahrensvorschriften jedoch sachgerecht.

II. Nutzung durch natürliche Personen

136 Die Vorschrift gilt für sämtliche Leistungen, die zur Nutzung durch natürliche Personen vorgesehen sind. Unerheblich ist, ob die Nutzung durch das Personal des Auftraggebers

[221] Vgl. *Wegner/Hahn* NZBau 2012, 684 (685).
[222] So ausdrücklich die Verordnungsbegründung, BR-Drs. 87/16, 188.
[223] Siehe dazu bereits den Beschluss des Bundeskabinetts zu den Eckpunkten der Reform des Vergaberechts vom 7.1.2015, S. 5.
[224] BGBl. II 2008, 1419; 2009, 818.
[225] *Carstens* ZRP 2015, 141, 142; RKPP/*Friton/Prieß* GWB § 121 Rn. 86.
[226] Das steht in Einklang mit der KRL, die den Grundsatz des „Design für alle" ebenfalls nicht enthält.
[227] Siehe dazu → Rn. 16f.

oder die Allgemeinheit erfolgt.[228] Sie gilt für alle Arten von Leistungen, dh nicht nur Lieferungen, sondern auch Bau- und Dienstleistungen.

Bei der Beschaffung von Leistungen, die zur Nutzung durch natürliche Personen vorgesehen sind, soll schon bei der Festlegung des Beschaffungsgegenstands und der Beschreibung der Leistung auf die **Zugänglichkeit** für **Menschen mit Behinderungen** bzw. für **alle Nutzer** geachtet werden. Zugänglichkeit ist dabei in einem weiten Sinne zu verstehen; sie meint insbesondere die **Nutzbarkeit** der Leistung für ihren eigentlichen Zweck. 137

Bei der Umsetzung kann sich der Auftraggeber insbesondere an den Vorgaben des **Behindertengleichstellungsgesetzes (BGG)** orientieren.[229] Das BGG verpflichtet die öffentliche Hand, bei der Aufgabenwahrnehmung aktiv auf eine Beseitigung von Benachteiligungen von Menschen mit Behinderungen hinzuwirken und die Gewährleistung einer gleichberechtigten Teilhabe am gesellschaftlichen Leben zu fördern (§ 1 Abs. 1 und 2 BGG). Damit verbunden ist die Pflicht, angemessene Vorkehrungen für Menschen mit Behinderungen zu treffen (§ 7 BGG). Für Vorhaben in den Bereichen Bau und Verkehr sieht das Gesetz eine konkrete Verpflichtung zur **Barrierefreiheit** vor (§ 8 BGG). Der Begriff der Barrierefreiheit ist in § 3 BGG definiert. Danach sind bauliche und sonstige Anlagen, Verkehrsmittel, technische Gebrauchsgegenstände, Systeme der Informationsverarbeitung, akustische und visuelle Informationsquellen und Kommunikationseinrichtungen sowie andere gestaltete Lebensbereiche barrierefrei, wenn sie für Menschen mit Behinderungen in der allgemein üblichen Weise, ohne besondere Erschwernis und grundsätzlich ohne fremde Hilfe **auffindbar, zugänglich und nutzbar** sind.

Bei **elektronischen Dienstleistungen** der öffentlichen Verwaltung sind insbesondere die Vorgaben der Barrierefreie-Informationstechnik-Verordnung **(BITV 2.0)** zu beachten. Diese enthält konkrete Vorgaben für die Barrierefreiheit von elektronisch bereitgestellten Informationen und Dienstleistungen öffentlicher Stellen sowie elektronisch unterstützte Verwaltungsabläufe, dh den gesamten Bereich des e-Government. Sie gilt für Websites, mobile Anwendungen und elektronische Verwaltungsabläufe, einschließlich der elektronischen Aktenführung. Die Verordnung verpflichtet öffentliche Stellen, elektronische Angebote und Anwendungen barrierefrei zu gestalten, was für Zwecke der Verordnung als „wahrnehmbar, bedienbar, verständlich und robust" definiert ist (§ 3 Abs. 1 BITV 2.0). Dabei sind die in § 3 Abs. 2 und 3 BITV 2.0 genannten Barrierefreiheit-Standards einzuhalten, entweder gemäß EU-weit harmonisierten Normen, oder nach dem Stand der Technik. 138

Daneben kann der Auftraggeber sich bei der Leistungsbeschreibung am Begriff des **„universellen Designs"** gem. Art. 2 der **UN-Behindertenrechtskonvention** orientieren.[230] Dieser Begriff entspricht in etwa dem der **„Konzeption für alle Nutzer"** (englisch: *„design for all"*). Es bezeichnet die Gestaltung von Produkten, Umfeldern, Programmen oder Dienstleistungen in einer Weise, die eine Nutzbarkeit von allen Menschen möglichst weitgehend ohne Anpassung oder spezielles Design ermöglicht. Das Konzept des „design for all" ist damit **umfassender** als das der Zugänglichkeit für Menschen mit Behinderungen.[231] Mit Blick darauf, dass in Erwägungsgrund 3 der VRL ausdrücklich auf die UN-Behindertenrechtskonvention Bezug genommen wird, entspricht die Heranziehung des Konzepts des „universellen Designs" auch der gesetzgeberischen Intention. 139

Soweit es für die Barrierefreiheit bereits nationale oder internationale **Normen** gibt, sind diese nach der Gesetzesbegründung grundsätzlich anzuwenden.[232] Beispiele aus dem **Baubereich** sind DIN 18040-1 und DIN 18040-2 (Barrierefreies Bauen – Planungs- 140

[228] So ausdrücklich Erwägungsgrund 76 VRL.
[229] RKPP/*Friton/Prieß* GWB, § 121 Rn. 89; Beck VergabeR/*Lampert* GWB § 121 Rn. 130.
[230] So explizit Erwägungsgrund 3 VRL und Erwägungsgrund 5 SRL; *Carstens* ZRP 2015, 141; RKPP/*Friton/Prieß* GWB § 121 Rn. 90.
[231] *Carstens* ZRP 2015, 141.
[232] BT-Drs. 18/6281, 100. Im Bereich elektronischer Informationen und Dienste der öffentlichen Hand verweist § 3 Abs. 2 BITV 2.0 ebenfalls auf EU-weit harmonisierte Normen (→ Rn. 90).

grundlagen, Teil 1: Öffentlich zugängliche Gebäude, Teil 2: Wohnungen), DIN 32984 (Bodenindikatoren im öffentlichen Raum), DIN 32975 (Gestaltung visueller Informationen im öffentlichen Raum zur barrierefreien Nutzung – Kontraste) DIN 32986 (Taktile Schriften) und DIN 18041 (Hörsamkeit in Räumen);[233] aus dem **IT-Bereich:** DIN ISO 9241-20 (Leitlinien für die Zugänglichkeit der Geräte und Dienste in der Informations- und Kommunikationstechnologie); DIN ISO 9241-171 (Leitlinien für die Zugänglichkeit von Software) und DIN ISO 14289-1 (Verbesserung der Barrierefreiheit für das Dateiformat von elektronischen Dokumenten).[234]

III. Grenzen und Ausnahmen

141 § 121 Abs. 2 GWB verlangt die „Berücksichtigung" der Zugänglichkeitskriterien für Menschen mit Behinderungen bzw. der Konzeption für alle Nutzer. Das ist weniger als eine strikte Pflicht, die Leistungsbeschreibung in jedem Fall so zu fassen, dass eine vollständige Barrierefreiheit bzw. ein „universelles Design" gewährleistet ist. Eine Berücksichtigung setzt vielmehr (nur) voraus, dass der Auftraggeber sich mit dem Ziel, die Barrierefreiheit bzw. Nutzbarkeit für alle zu gewährleisten, auseinandersetzt, die diesbezüglichen Optionen sorgfältig prüft und anschließend nach pflichtgemäßem Ermessen unter Beachtung der gesetzgeberischen Intention, die allerdings eine klare Zielrichtung vorgibt, über die konkrete Ausgestaltung entscheidet.[235] Dabei darf der Auftraggeber im Rahmen der Verhältnismäßigkeit auch andere Gesichtspunkte, wie etwa Kosten oder Einschränkungen der Nutzbarkeit einbeziehen.

142 In **ordnungsgemäß begründeten Fällen** kann von der Berücksichtigung der Zugänglichkeitskriterien ausnahmsweise auch ganz **abgesehen** werden. Welche Fälle das sind, ist nicht geregelt und ergibt sich auch nicht aus der VRL oder der Gesetzesbegründung. Die **Ausnahme** ist jedoch nach allgemeinen Grundsätzen **eng auszulegen.**[236] Aus dem ausdrücklichen Erfordernis einer „ordnungsgemäßen Begründung" folgt zugleich, dass die Gründe in den Vergabeakten zu dokumentieren sind.

G. Umweltschutzanforderungen und Nachhaltigkeit

143 Ökologie und Nachhaltigkeit haben sich in den vergangenen Jahren zu einem wichtigen Aspekt der öffentlichen Auftragsvergabe entwickelt. Aufgrund des großen Umfangs öffentlicher Beschaffungen bietet die **Berücksichtigung von Umweltschutz- und Nachhaltigkeitsaspekten** beim Einkauf besonders hohes Potential für eine Minimierung nachteiliger Umweltauswirkungen des „öffentlichen Konsums".[237] Der öffentlichen Hand kommt darüber hinaus aufgrund ihrer besonderen Verantwortung für den Umweltschutz (ua aus Art. 20a GG) und ihrer Marktmacht eine besondere **Vorreiter- und Vorbildfunktion** bei der Etablierung ökologischer Standards für Waren und Dienstleistungen zu. Wenn die öffentliche Hand beim Einkauf umweltfreundlicher Produkte mit gutem Beispiel vorangeht, entfaltet das eine Signalwirkung auch für den Privatsektor. Eine gezielte öffentliche Nachfrage nach umweltfreundlichen Produkten kann zudem deren **Konkurrenzfähigkeit stärken** und damit einen Anreiz zu einem verstärkten Angebot oder zur Neuentwicklung solcher Produkte setzen.[238]

---

[233] Dazu *Carstens* ZPR 2015, 141 (142).
[234] Näher Beck VergabeR/*Lampert* GWB § 121 Rn. 130.
[235] So auch Beck VergabeR/*Lampert* GWB § 121 Rn. 126.
[236] RKPP/*Friton/Prieß* GWB § 121 Rn. 93.
[237] So bereits die OECD-Studie „Greener Public Purchasing – Issues and Practical Solutions" (2000), S. 15 ff.
[238] *Krohn* Öffentliche Auftragsvergabe und Umweltschutz, 25 mwN.

Während die Berücksichtigung von Umweltschutzaspekten bei der öffentlichen Beschaffung früher teilweise noch als **„vergabefremder Zweck"** charakterisiert wurde,[239] dessen Legitimität und Zulässigkeit zweifelhaft, zumindest aber erklärungsbedürftig schienen, ist die umweltfreundliche und nachhaltige Beschaffung heute nicht nur anerkannte Praxis, sondern in bestimmten Fällen sogar Teil des vergaberechtlichen Pflichtenkanons.[240] Eine eingehende Darstellung der Berücksichtigung ökologischer Gesichtspunkte bei der Auftragsvergabe finden sich in → § 22; die folgende Darstellung beschränkt sich auf spezifische Fragen der Einbeziehung von Umwelt- und Nachhaltigkeitsaspekten in die Leistungsbeschreibung. 144

I. Umweltschutzanforderungen als Teil der Leistungsbeschreibung

Öffentlichen Auftraggebern stehen **verschiedene Wege** offen, um Umweltschutz- und Nachhaltigkeitsbelange im Rahmen des Vergabeverfahrens zu berücksichtigen.[241] Die Aufnahme von Umweltschutzanforderungen in die Leistungsbeschreibung, insbesondere als Teil der technischen Anforderungen, ist der einfachste und verbreitetste Weg. 145

Die Vorgabe von Umweltanforderungen ist **bei jeder Art von Leistungsbeschreibung** (konventionell, konstruktiv oder funktional) möglich (§ 31 Abs. 3 VgV, § 7a EU Abs. 5 VOB/A, § 28 Abs. 3 SektVO, § 15 Abs. 6 VSVgV, § 7a VS Abs. 5 VOB/A, § 23 Abs. 2 UVgO, § 7a Abs. 5 VOB/A). Die Anforderungen müssen dabei so genau gefasst werden, dass sie den Bietern ein klares Bild vom Auftragsgegenstand vermitteln, so dass ohne weiteres vergleichbare, zuschlagsfähige Angebote zu erwarten sind. 146

1. Umweltanforderungen als Teil der technischen Anforderungen

Der klassische Weg zur Einbeziehung von Umwelt- und Nachhaltigkeitsaspekten in die Beschaffung ist die Aufnahme entsprechender Vorgaben im Rahmen der **technischen Produktanforderungen. bzw. Spezifikationen.** 147

a) Produktbezug der Anforderungen. Technische Anforderungen bzw. Spezifikationen sind grundsätzlich produktbezogen, dh sie beziehen sich ausschließlich auf die **Merkmale der Leistung oder des Erzeugnisses.**[242] Im Rahmen der technischen Spezifikationen können daher nur solche ökologischen Anforderungen gestellt werden, die das Produkt selbst betreffen. Das Konzept des Produktbezugs ist mit Blick auf Art. 42 Abs. 1 Unterabs. 2 VRL und § 31 Abs. 3 VgV allerdings **in einem weiten Sinne** zu verstehen. Erfasst sind nicht nur Eigenschaften, die dem Produkt als solchem anhaften oder seinen Gebrauch betreffen, sondern der **gesamte Lebenszyklus** der Leistung, insbesondere die **Herstellung,** die **Entsorgung** und – wie § 31 Abs. 3 S. 2 VgV klarstellt – die **Lieferkette.** 148

In der Leistungsbeschreibung können demnach ohne weiteres Anforderungen gestellt werden, die die **Umweltauswirkungen durch das Produkt als solches** betreffen, insbesondere beim **Gebrauch,** wie etwa der Energieverbrauch oder der Schadstoffausstoß. Ferner können Umweltauswirkungen bei der **Entsorgung** berücksichtigt werden, insbesondere die Belastung mit Schadstoffen, die bei der Entsorgung in die Umwelt gelangen können. 149

---

[239] Siehe zu dem Begriff *Krohn* Öffentliche Auftragsvergabe und Umweltschutz, 8 ff.

[240] Beispielsweise in Bezug auf die **Energieeffizienz** und bei **Straßenfahrzeugen;** dazu → Rn. 159 ff. und → Rn. 175 ff. In der **Abfallwirtschaft** verpflichtet → KrWG § 45 die öffentliche Hand bei der Auftragsvergabe, den Einsatz umweltfreundlicher und wiederverwertbarer Produkte zu prüfen. Nach dem Gesetzentwurf zur Umsetzung der EU-Abfallrahmenrichtlinie vom (Referentenentwurf vom 3. 2. 2020) ist vorgesehen, diese bloße Prüfpflicht durch eine **Pflicht zur Bevorzugung** solcher Produkte zu ersetzen.

[241] *Wegener/Hahn* NZBau 2012, 684.

[242] Näher → Rn. 86; EuGH Urt. v. 10. 5. 2012 – C-368/10, NZBau 2012, 445 Rn. 74 – EKO und Max Havelaar; *Prieß* NZBau 2004, 87, 91.

150 Besonders praxisrelevant sind auch Umweltauswirkungen und Nachhaltigkeitsaspekte der **Gewinnung, Herstellung und Verarbeitung.**[243] Auch zu diesen Produktphasen können die Spezifikationen ökologische Anforderungen enthalten. Das gilt **unabhängig** davon ob die Merkmale dem fertigen Produkt **physisch „anhaften"** oder in ihm nachwirken. Beispiele sind etwa Papier, das ohne Verwendung von Chlorbleiche hergestellt wurde, oder eine Gebäudereinigungsleistung ohne Einsatz phosphathaltiger Putzmittel, oder Möbel, deren Holzteile aus nachhaltiger Produktion stammen. Die noch bis Anfang der 2000er-Jahre geführte Diskussion, ob herstellungsbezogene Umweltaspekte einer Leistung oder eines Produkts auch dann Teil der technischen Spezifikationen sein können, wenn sie dem Produkt nicht physisch anhaften,[244] wurde bereits 2004 durch die ausdrückliche Erwähnung der Herstellungsmethoden und Prozesse in Anhang VI Nr. 1 VKR weitgehend entschieden. Art. 42 Abs. 1 Unterabs. 2 VRL und § 31 Abs. 3 VgV stellen nunmehr klar, dass es auf ein „Nachwirken" im Produkt selbst nicht ankommt.

151 Umwelt- und Nachhaltigkeitsanforderungen in den technischen Spezifikationen können auch die **Lieferkette** betreffen. Das ergibt sich aus Art. 42 Abs. 1 Unterabs. 2 VRL (umgesetzt in § 31 Abs. 3 S. 2 VgV und § 7a EU Abs. 1 Nr. 2 VOB/A), wonach die Spezifikationen die Prozesse in jedem Lebenszyklus-Stadium umfassen können. Das betrifft insbesondere den Aspekt des **fairen Handels** („Fair Trade"). Auch solche Anforderungen können danach nunmehr Teil der technischen Spezifikationen sein.[245] Sie müssen sich jedoch tatsächlich auf den Auftragsgegenstand beziehen, dh den Handel mit dem konkreten Produkt, und nicht etwa auf die allgemeine Unternehmens- oder Einkaufspolitik des Bieters.[246] Umwelt- und Nachhaltigkeitsanforderungen können schließlich auch **Vorprodukte** und **Rohstoffe** einschließlich deren Gewinnung betreffen.[247] Das gilt etwa für die Vorgabe, dass bei einem Bauauftrag der Lieferung von keine Steine verwendet werden, die unter Verstoß gegen die **ILO-Kernarbeitsnormen** gewonnen wurden.[248] Dabei ist jedoch stets der Bezug zur ausgeschriebenen Leistung zu wahren; die Forderung, nur Vorprodukte aus Ländern zu verwenden, die sich zur Einhaltung der ILO-Kernarbeitsnormen verpflichtet haben, würde darüber hinausgehen.[249]

152 **b) Verwendung von Umweltzeichen.** Die **Festlegung sinnvoller ökologischer Produktanforderungen** ist für den Auftraggeber meist keine einfache Aufgabe. Hersteller von Produkten und Anbieter von Leistungen haben längst erkannt, dass Umweltfreundlichkeits- und Nachhaltigkeitsaspekte für ihre Kunden wichtige Themen sind. Der Stand der Technik unterliegt der ständigen Fortentwicklung und Verbesserung. Das erschwert den Überblick, welche Anforderungen zweckmäßig sind, um einerseits eine echte ökologische Wirkung zu erzielen, andererseits den Wettbewerb aber auch nicht unnötig zu begrenzen oder gar das Vergabeverfahren durch allzu ausgefallene oder schwer erfüllbare Vorgaben zu blockieren.

153 Vor diesem Hintergrund bietet es sich oftmals an, sich bei der Definition umweltbezogener Vorgaben und/oder anderer Nachhaltigkeitsanforderungen an eingeführten **Um-**

---

243 *Krohn* Öffentliche Auftragsvergabe und Umweltschutz, 222. f.

244 *Krohn* Öffentliche Auftragsvergabe und Umweltschutz, 197 ff.

245 Dazu → Rn. 86.

246 Beck VergabeR/*Lampert* VgV § 31 Rn. 68; Müller-Wrede/*Evermann* VgV/UVgO, § 34 Rn. 29 (zum insoweit analogen Merkmal der Verbindung mit dem Auftragsgegenstand in § 34 Abs. 2 Nr. 1 VgV). Ebenso bereits die Schlussanträge der Generalanwältin Kokott v. 15.12.2011 in EuGH C-368/10 Rn. 88 – EKO und Max Havelaar.

247 Für Lieferungen und Dienstleistungen klargestellt durch den Verweis auf die Produktions- und Lieferkette in § 31 Abs. 3 S. 2 VgV; im Baubereich gilt aber nichts anderes (da auch dort Anforderungen bezüglich sämtlicher Lebenszyklus-Stadien möglich sind, was auch die Produktions- und Lieferkette einschließt).

248 Verordnungsbegründung zu § 31 VgV, BR-Drs. 87/16, 185, wonach die Regelung insbesondere Vorgaben zur Einhaltung der ILO-Kernarbeitsnormen entlang der Produktionskette ermöglichen soll; näher dazu Beck VergabeR/*Lampert* VgV § 31 Rn. 73 ff.

249 So auch Beck VergabeR/*Lampert* VgV § 31 Rn. 68.

weltgütezeichen (Umweltsiegel, Eco-Labels) zu orientieren. Wie (→ Rn. 111) näher erläutert, können Auftraggeber von Bietern die Vorlage von Gütezeichen als Nachweis dafür verlangen, dass die angebotenen Leistungen ihnen Anforderungen entsprechen. Diese Anforderungen können insbesondere ökologische und soziale Aspekte betreffen. Das folgt aus Art. 43 Abs. 1 VRL, der explizit auf Leistungen „mit spezifischen umweltbezogenen, sozialen oder sonstigen Merkmalen" verweist. Darin liegt zwar keine Beschränkung auf Umwelt- und Sozialaspekte, wie sich aus der Erwähnung auch „sonstiger" Merkmale ergibt. Die Formulierung zeigt aber, dass die Regelung primär auf Umwelt- und soziale Anforderungen abzielt.[250]

Wie oben näher erläutert (→ Rn. 119ff.) müssen (Umwelt-) Gütezeichen, deren Vorlage der Auftraggeber verlangt, besonderen Voraussetzungen entsprechen, die in § 34 Abs. 2 VgV bzw. § 7a EU Abs. 6 Nr. 1 VOB/A aufgeführt sind. Insbesondere müssen alle Anforderungen des Gütezeichens in Verbindung mit dem Auftragsgegenstand stehen; zudem müssen sie von einem unabhängigen Dritten in einem transparenten und offenen Verfahren aufgestellt worden sein, an dem alle interessierten Kreisen teilnehmen können. Darüber hinaus muss das Gütezeichen für alle Unternehmen zugänglich sein. 154

Für Auftraggeber ist es oftmals **nicht einfach festzustellen,** ob ein Umweltsiegel diesen Anforderungen entspricht. Zunächst ist es bereits ein Überblick schwierig, welche Umweltsiegel welche genauen Anforderungen stellen und wie sinnvoll diese im konkreten Beschaffungskontext sind. Viele Gütesiegel umfassen auch Anforderungen, die über den reinen Produktbezug hinausgehen. Zudem sind die Verfahrensregeln, nach denen die Anforderungen aufgestellt werden, nicht immer hinreichend klar, um entscheiden zu können, ob die Voraussetzungen des § 34 Abs. 2 VgV bzw. § 7a Abs. 6 Nr. 1 VOB/A erfüllt sind. 155

Gewisse Hilfe bieten im Internet verfügbare **Informationsdienste.** So gibt das ua von verschiedenen Bundesministerien, ua BMZ und BMU (allerdings nicht BMWi oder BMBau) betriebene Verbraucherinformationsportal „Siegelklarheit.de" eine breitgefächerte Übersicht über eine Vielzahl von Umweltsiegeln, samt einer Bewertung in Bezug auf Glaubwürdigkeit, Umweltfreundlichkeit und Sozialverträglichkeit. Viele der dort empfohlenen Umweltsiegel umfassen jedoch insbesondere unter dem Aspekt Sozialverträglichkeit auch Anforderungen wie etwa die Gewährleistung kollektiver Arbeitnehmerrechte, die typischerweise keine Verbindung zum Auftragsgegenstand haben und daher nicht die Voraussetzungen des § 34 Abs. 2 VgV erfüllen. Speziell für öffentliche Auftraggeber gibt es das Projekt **„Kompass Nachhaltigkeit"** des BMZ und der Kompetenzstelle Nachhaltige Beschaffung des Beschaffungsamts des BMI.[251] Das Projekt publiziert einen **„Gütezeichen-Finder"**, der nicht nur einen Überblick über zahlreiche Umweltsiegel und ihre Anforderungen gibt, sondern auch einen Suchfilter bezüglich der Erfüllung der Anforderungen des § 34 Abs. 2 Nr. 2 bis 5 VgV enthält.[252] Eine nicht unwesentliche Einschränkung ergibt sich jedoch daraus, dass auch der Gütezeichen-Finder keine Bewertung enthält, ob die Umweltsiegel die Voraussetzung des Auftragsbezug gemäß § 34 Abs. 2 Nr. 1 VgV erfüllen. Beim EU Ecolabel, das auf Grundlage der Verordnung (EG) Nr. 66/2010[253] von den zuständigen Stellen der Mitgliedstaaten vergeben wird, und dem deutschen Umweltzeichen „Blauer Engel"[254] wird allgemein angenommen, dass sie die Anforderungen des § 34 Abs. 2 VgV erfüllen.[255] 156

[250] Vgl. dazu → Rn. 112.

[251] Kompass Nachhaltigkeit für öffentliche Beschaffungsverantwortliche, unter www.kompass-nachhaltigkeit.de.

[252] Kompass Nachhaltigkeit: Konformitätsprüfung mit § 34 Abs. 2 Nr. 2–5 VgV, abrufbar unter www.kompass-nachhaltigkeit.de.

[253] Verordnung (EG) Nr. 66/2010 v. 25.11.2009 über das EU-Umweltzeichen, ABl. EG 2010 L 27, 1, zuletzt geändert durch Verordnung (EU) 2017/1941 v. 24.10.2017, ABl. EU Nr. L 275 v. 25.10.2017, 9.

[254] Im Internet: www.blauer-engel.de; siehe dazu *Krohn* Öffentliche Auftragsvergabe und Umweltschutz, 9f.

[255] Müller-Wrede/*Evermann* VgV/UVgO, § 34 VgV Rn. 23. Ähnlich *Haak* NZBau 2015, 2015, 11 (17).

157 Der Auftraggeber kann zur Beschreibung seiner umweltbezogenen Anforderungen auch auf Vorgaben in **Rechts- und Verwaltungsvorschriften oder Normen verweisen.**[256] Wünscht der Auftraggeber beispielsweise Erzeugnisse, die aus ökologischem Landbau stammen, kann er auf die EU-Verordnung verweisen, die die Anforderungen an den ökologischen Landbau regelt.[257] Der Auftraggeber kann die Bezugnahme auf Vorschriften oder Normen auch mit der Verwendung von (Umwelt-) Gütezeichen kombinieren. So kann der Auftraggeber beispielsweise im Rahmen der technischen Anforderungen auf die Vorgaben einer EU-Verordnung zu verweisen, die die Voraussetzungen für die Vergabe eines bestimmten Umweltzeichens regelt, kombiniert mit der Vorgabe, dass bei der Kennzeichnung des Produkts mit dem Umweltzeichen die umweltbezogenen Anforderungen als erfüllt angesehen werden.[258]

2. Umwelt- und Nachhaltigkeitsanforderungen als besondere Ausführungsbedingungen

158 Ökologische Anforderungen, die sich **nicht auf** die **Merkmale des Erzeugnisses selbst,** seiner **Produktion** oder eines **sonstigen Lebenszyklus-Stadiums** beziehen, sind keine technischen Spezifikationen und auch sonst kein (regulärer) Teil der Leistungsbeschreibung, können uU aber besondere Ausführungsbedingungen im Sinne von § 128 Abs. 2 GWB (bzw. Art. 70 VRL und Art. 87 SRL) sein. Danach können die Auftraggeber besondere Bedingungen für die Auftragsausführung festlegen, die mit dem Auftragsgegenstand im Sinne von § 127 Abs. 3 GWB in Verbindung stehen. Das betrifft insbesondere Anforderungen zur Förderung von Umweltschutz- oder sozialen Belangen.

Im Bereich Umweltschutz und Nachhaltigkeit spielen besondere Ausführungsbedingungen seit Erlass der VRL und der Vergaberechtsmodernisierung 2016 eine deutlich geringere Rolle als nach früherem Recht. Grund ist, dass Art. 42 Abs. 1 Unterabs. 2 und Anhang VII VRL den Begriff der „technischen Spezifikationen" deutlich ausgeweitet haben und dieser nunmehr den gesamten Lebenszyklus der Leistung umfasst. Im deutschen Recht hat das insbesondere in § 31 Abs. 3 VgV Eingang gefunden, der den Kreis der Merkmale, die Gegenstand der Leistungsbeschreibung sein können, entsprechend weit fasst und insbesondere auch Merkmale nennt, die die Lieferkette („Fair Trade") betreffen. Solche Anforderungen wurden vormals gerade nicht als technische Spezifikationen eingeordnet, sondern als besondere Ausführungsbedingung.[259] Aufgrund der Erweiterung des Begriffs der technischen Spezifikationen auf den gesamten Lebenszyklus bedarf es des Umwegs über die Ausführungsbedingungen in solchen Fällen heute nicht mehr. Freilich müssen auch die besonderen Ausführungsbedingungen in Verbindung mit dem Auftragsgegenstand stehen, was bedeutet, dass sie nicht uferlos sein können, sondern sich stets auf die angebotene Leistung müssen (und nicht etwa nur die allgemeine Unternehmenspolitik des Bieters).[260] Die meisten Umwelt- und Nachhaltigkeitsanforderungen, die früher nur als Ausführungsbedingungen aufgestellt werden konnten, können daher heute problemlos in die Leistungsbeschreibung aufgenommen werden.

II. Zwingende Vorgaben zur Energieeffizienz

159 § 67 VgV und § 8c EU VOB/A enthalten zwingende Vorgaben zur Berücksichtigung von Aspekten der Energieeffizienz. Die Regelungen dienen der Umsetzung von RL 2010/30/

[256] EuGH Urt. v. 10.5.2012 – C-368/10, NZBau 2012, 445 Rn. 68 – EKO und Max Havelaar.
[257] EuGH Urt. v. 10.5.2012 – C-368/10, NZBau 2012, 445 Rn. 68 – EKO und Max Havelaar.
[258] Vgl. *Wegner/Hahn* NZBau 2012, 684, 685.
[259] EuGH Urt. v. 10.5.2012 – C-368/10, NZBau 2012, 445 Rn. 74f. – EKO und Max Havelaar; siehe dazu auch → Rn. 86.
[260] Beck VergabeR/*Opitz* GWB § 128 Rn. 25.

EU[261], der RL 2012/27/EU[262] sowie des Energiekonzepts der Bundesregierung vom 28.9. 2010 zur Verbesserung der Energieeffizienz.[263] Für den Sektorenbereich enthält § 58 SektVO eine entsprechende Regelung. Für den Verteidigungs- und Sicherheitsbereich und den Unterschwellenbereich gelten die Vorgaben nicht.

Für die Beschaffung energieverbrauchsrelevanter Waren, technischer Geräte und Ausrüstungen stellen die Regelungen der VgV und der VOB/A-EU zwei Kernanforderungen an den Auftraggeber: Zum einen ist grundsätzlich das **höchste Energieeffizienzniveau zu verlangen;** hierzu sind von den Bietern geeignete Angaben zu den angebotenen Produkten einzuholen. Zum anderen ist die **Energieeffizienz beim Zuschlag angemessen zu berücksichtigen.** Im Sektorenbereich gelten etwas weniger strenge Anforderungen; hier genügt es, von den Bietern Angaben zum Energieverbrauch und, in geeigneten Fällen, zu den Lebenszykluskosten zu fordern. Bei der Entscheidung über den Zuschlag ist die Berücksichtigung des Energieverbrauchs fakultativ (§ 58 Abs. 2 SektVO). 160

Die Bestimmungen sind (ähnlich wie § 121 Abs. 2 GWB) in gewisser Weise ein **Fremdkörper** in den Vergabevorschriften, da sie nicht das Beschaffungsverfahren, sondern den Beschaffungsinhalt betreffen. Sie **beschränken die Wahlfreiheit** des Auftraggebers bezüglich des Leistungsgegenstands, dessen Festlegung an sich dem Vergaberecht vorgelagert ist.[264] Unter pragmatischen Gesichtspunkten erscheint die Einordnung in die Verfahrensvorschriften der VgV, VOB/A-EU und SektVO allerdings sachgerecht, weil die Zusammenführung den Überblick über die Gesamtheit der bei der Vergabe zu beachtenden Regeln erleichtert. 161

1. Anwendungsbereich: „Energieverbrauchsrelevante" Güter

Die Regelungen erfassen alle energieverbrauchsrelevanten Waren, technischen Geräte und Ausrüstungen, die Gegenstand einer Lieferleistung, wesentliche Voraussetzung für die Ausführung einer Dienstleistung oder wesentlicher Bestandteil einer Bauleistung sind (67 Abs. 1 VgV, § 8c EU Abs. 1 VOB/A; ähnlich § 58 Abs. 1 S. 2 SektVO). Die Bestimmungen sind damit sowohl bei der Vergabe von Dienstleistungs- und Lieferverträgen als auch bei Bauaufträgen zu beachten. 162

Für die Bestimmung des Begriffs der „energieverbrauchsrelevanten Ware" kann auf die **Legaldefinition** des „energieverbrauchsrelevanten Produkts" in Art. 2 lit. a RL 2010/30/EU zurückgegriffen werden.[265] Danach handelt es sich um einen „Gegenstand, dessen Nutzung den Verbrauch an Energie beeinflusst und der in der Union in Verkehr gebracht und/oder in Betrieb genommen wird, einschließlich Teilen, die zum Einbau in ein unter diese Richtlinie fallendes energieverbrauchsrelevantes Produkt bestimmt sind, als Einzelteil für Endverbraucher in Verkehr gebracht und/oder in Betrieb genommen werden und getrennt auf ihre Umweltverträglichkeit geprüft werden können". Die Definition umfasst sowohl Waren, die unmittelbar selbst Energie verbrauchen (wie zB Heizung, Klimaanlage, Lüftung, Beleuchtung, elektrische Bürogeräte) als auch solche, die mittelbar den Energieverbrauch beeinflussen (zB Stromabschaltautomatik, rollwiderstandsarme Reifen).[266] 163

Bei Dienstleistungsaufträgen sind all diejenigen Waren wesentliche Voraussetzung für die Dienstleistung, ohne die die Dienstleistung nicht erbracht werden kann. Erforderlich ist 164

---

[261] Richtlinie 2010/30/EU des Europäischen Parlaments und des Rates vom 19.5.2010 über die Angabe des Verbrauchs an Energie und anderen Ressourcen durch energieverbrauchsrelevante Produkte mittels einheitlicher Etiketten und Produktinformationen, ABl. EG Nr. L 153 v. 18.6.2010 S. 1.

[262] Richtlinie 2012/27/EU des Europäischen Parlaments und des Rates v. 25.10.2012 zur Energieeffizienz, zur Änderung der Richtlinien 2009/125/EG und 2010/30/EU und zur Aufhebung der Richtlinien 2004/8/EG und 2006/32/EG, Abl. EU Nr. L 315 v. 14.11.2012, S. 1.

[263] Begr. d. Verordnungsentwurfs, BR-Drs 345/11, 1 und des Verordnungsentwurfs BT-Drs. 18/7318, 201, 247.

[264] Vgl. *Zeiss* NZBau 2012, 201, 205.

[265] Begr. d. Verordnungsentwurfs, BR-Drs. 345/11, 9; *Zeiss* NZBau 2012, 201, 202; *Stockmann/Rusch* NZBau 2013, 71; *Funk/Tomerius* KommJur 2016, 47, 48.

[266] *Zeiss* NZBau 2012, 201, 202.

zudem ein **unmittelbarer Sachzusammenhang zwischen der Ware und der Dienstleistung.** So sind zB Fahrzeuge wesentliche Voraussetzung für die Erbringung von Personenbeförderungsleistungen, jedoch nicht für die Erbringung von (Vor-Ort-) IT-Serviceleistungen.[267]

165 Bei Bauaufträgen gelten ähnliche Grundsätze. Ob ein **wesentlicher Bestandteil einer Bauleistung** vorliegt, kann daher nicht anhand § 94 BGB beurteilt werden.[268] § 94 Abs. 2 BGB definiert als wesentliche Bestandteile eines Gebäudes alle zur Herstellung des Gebäudes *eingefügten* Sachen. Bei diesem Verständnis wäre das zur Durchführung der Baumaßnahme eingesetzte technische Gerät wie zB Baufahrzeuge, Pumpen, Bohranlagen nie wesentlicher Bestandteil der Bauleistung. Es spricht daher viel dafür, analog zum Begriff der wesentlichen Voraussetzung für die Dienstleistung nach § 4 Abs. 4 VgV dann von einem wesentlichen Bestandteil der Bauleistung auszugehen, wenn die die Bauleistung ohne die Ware, das technische Gerät oder die Ausrüstung nicht ausführbar wäre.

2. Anforderung des höchsten Energieeffizienz-Niveaus

166 Nach § 67 Abs. 2 VgV sowie § 8c EU Abs. 2 VOB/A sollen öffentliche Auftraggeber das höchste Leistungsniveau an Energieeffizienz und, soweit vorhanden, die höchste Energieeffizienzklasse im Sinne der Energieverbrauchskennzeichnungsverordnung fordern. Der Begriff „sollen" räumt den Auftraggebern **Spielraum** für Fälle ein, in denen die Forderung des höchsten Energieeffizienzniveaus bzw. der höchsten Energieeffizienzklasse ausnahmsweise nicht möglich ist;[269] entsprechender Spielraum dürfte bestehen, wenn die Anforderung im Einzelfall unzweckmäßig ist. Von jeglichen Anforderungen an die Energieeffizienz absehen darf der Auftraggeber allerdings nicht. Der Auftraggeber ist in diesem Fall vielmehr gehalten, die höchstmöglichen Anforderungen zu stellen.[270]

167 Energieeffizienzklassen sind der Energieverbrauchskennzeichnungsverordnung derzeit nur für Haushaltsgeräte zu entnehmen, so dass nur für diese die höchste Energieeffizienzklasse gefordert werden kann.[271] In allen anderen Fällen sind die Anforderungen in der Leistungsbeschreibung im Regelfall anhand des höchsten Leistungsniveaus an Energieeffizienz zu formulieren. Dieses Niveau ist ggf. anhand einer Marktrecherche zu ermitteln.[272] Nur ausnahmsweise kann der Auftraggeber von der Forderung des höchsten Leistungsniveaus absehen. Das gilt vor allem dann, wenn dieses Leistungsniveau das Beschaffungsbudget des Auftraggebers für die Leistung oder Lieferung sprengen würde. In diesem Fall kollidiert die **Wahlfreiheit** des Auftraggebers hinsichtlich des Beschaffungsgegenstands[273] mit der Verpflichtung zur möglichst weitgehenden Berücksichtigung von Energieeffizienzaspekten. Der Konflikt kann dadurch gelöst werden, dass in der Leistungsbeschreibung ein finanziell akzeptables, niedrigeres Energieeffizienzniveau gefordert wird und der Energieeffizienz zugleich als Zuschlagskriterium in der Angebotswertung besonderes Gewicht zugemessen wird.[274]

168 Die Pflicht, das höchste Energieeffizienzniveau bzw. die höchste Energieeffizienzklasse zu verlangen, gilt nur für „klassische" öffentliche Auftraggeber und Aufträge; für den Sektorenbereich gilt sie nicht.

169 Der Auftraggeber hat von den Bietern in der Leistungsbeschreibung oder an anderer geeigneter Stelle der Unterlagen konkrete Angaben zum Energieverbrauch zu fordern, es sei denn, die auf dem Markt angebotenen Waren, technischen Geräte oder Ausrüstungen

[267] *Zeiss* NZBau 2012, 201, 202.
[268] AA noch Beck VOB/A online/*Hertwig/Slawinski* SektVO § 7 Rn. 22.
[269] Begr. d. Verordnungsentwurfs, BR-Drs. 345/11, 8.
[270] Begr. d. Verordnungsentwurfs, BR-Drs. 345/11, 8.
[271] *Zeiss* NZBau 2012, 201, 202.
[272] *Stockmann/Rusch* NZBau 2013, 71,74; *Zeiss* NZBau 2012, 201, 203.
[273] Vgl. → Rn. 161.
[274] *Zeiss* NZBau 2012, 201, 203.

unterscheiden sich im zulässigen Energieverbrauch nur geringfügig (§ 67 Abs. 3 Nr. 1 VgV, § 8c EU Abs. 3 Nr. 1 VOB/A).

Die Pflicht, Angaben zum Energieverbrauch zu fordern, gilt auch im **Sektorenbereich** 170 (§ 58 Abs. 1 S. 1 SektVO), wobei diese Vorschrift keine Einschränkung für den Fall enthält, dass sich die am Markt angeboten Geräte nur geringfügig im Verbrauch unterscheiden.

In geeigneten Fällen sollen die Auftraggeber darüber hinaus eine **Analyse minimierter** 171 **Lebenszykluskosten oder eine vergleichbare Wirtschaftlichkeitsanalyse** verlangen (§ 67 Abs. 3 Nr. 2 VgV, § 8c EU Abs. 3 Nr. 2 VOB/A, § 58 Abs. 1 S. 2 SektVO). Die Regelung kommt immer dann zur Anwendung, wenn der Auftraggeber anhand der Informationen einschätzen kann, welche Kosten auf ihn über die Lebensdauer des zu beschaffenden Gegenstands – insbesondere unter dem Aspekt des Energieverbrauchs – zukommen werden.[275]

3. Bieterschützende Vorschrift

Umstritten ist, ob die Pflicht der Auftraggeber, bei der Beschaffung von energiever- 172 brauchsrelevanten Leistungen das höchste bzw. höchstmögliche Energieeffizienzniveau zu verlangen, bieterschützende Wirkung entfaltet. Davon hängt ab, ob Bieter die Beachtung dieser Vorschriften einfordern und ggf. im Rahmen einer **Vergabenachprüfung** durchsetzen können.

Der bieterschützende Charakter wird teilweise mit der Begründung verneint, dass es 173 sich bei den Vorgaben zum Anforderungsniveau an die Energieeffizienz nicht um eine Vorschrift über das Vergabeverfahren im Sinne von § 97 Abs. 7 GWB handelt, sondern eine **inhaltliche Beschränkung des Leistungsbestimmungsrecht** des Auftraggebers, die – ähnlich wie zB die Verpflichtung zur Beachtung technischer Vorschriften oder bauordnungsrechtlicher Beschränkungen – nicht dem Schutz des Wettbewerbs und der Wettbewerbschancen der Bieter dient, sondern allein allgemeinen umwelt- und strukturpolitischen Zielen.[276]

Dem ist entgegenzuhalten, dass die Energieeffizienzvorschriften der VgV, der VOB/ 174 A-EU und der SektVO gerade auch einen Fördereffekt zugunsten einer stärkeren Verbreitung von energieeffizienten Waren, Geräten und Ausrüstungen entfalten sollen.[277] Das ergibt sich ua aus dem **Normzweck,** die Richtlinie 2010/30/EU umzusetzen,[278] in deren Erwägungsgründen der mit einer Einbeziehung von Energieeffizienzaspekten bei der öffentlichen Beschaffung verbundene Anreizeffekt zugunsten effizienter Produkte und eine erleichterte Marktaufnahme solcher Produkte ausdrücklich hervorgehoben wird.[279] Dieser Effekt kann nur erreicht werden, wenn Unternehmen, die sich – entsprechend dem Normzweck – darauf verlegen, entsprechen konzipierte Produkte anzubieten, von den Beschaffungsstellen auch die Anwendung der Vorgaben verlangen und diese ggf. durchsetzen können. Die Vorschriften sind daher richtigerweise als **bieterschützend** zu qualifizieren.[280]

---

[275] Siehe dazu näher *Stockmann/Rusch* NZBau 2013, 71,74.

[276] *Zeiss* NZBau 2012, 201, 205f.; *Stockmann/Rusch* NZBau 2013, 71, 78.

[277] Vgl. dazu → Rn. 143 zur Vorreiter- und Vorbildfunktion der öffentlichen Hand bei der nachhaltigen Beschaffung.

[278] Begr. d. Verordnungsentwurfs, BR-Drs. 345/11, S. 1 und 5.

[279] Richtlinie 2010/30/EU v. 19.5.2010 über die Angabe des Verbrauchs an Energie und anderen Ressourcen durch energieverbrauchsrelevante Produkte mittels einheitlicher Etiketten und Produktinformationen, ABl. EG Nr. L 153 v. 18.6.2010 S. 1, Erwägungsgrund 16.

[280] OLG Düsseldorf Beschl. v. 1.8.2012 – VII-Verg 105/11, ZfBR 2012, 826, unter II. 2 b aa); Beck VergabeR/*Knauff* VgV § 68 Rn. 6; Müller-Wrede/*Schröder* VgV/UVgO § 68 VgV Rn. 54ff.

III. Zwingende Vorgaben für Straßenfahrzeuge

175 Für die Beschaffung von Straßenfahrzeugen enthalten § 68 VgV und § 59 SektVO besondere Vorgaben für die Berücksichtigung des **Energieverbrauchs** und der Umweltauswirkungen (konkret der **Schadstoffemissionen**) der Fahrzeuge. Die Regelungen dienen nach der Verordnungsbegründung[281] der Umsetzung der RL 2009/33/EG.[282]

178 Öffentliche Auftraggeber sind danach bei der Beschaffung von Straßenfahrzeugen verpflichtet, Energieverbrauch und Umweltauswirkungen angemessen zu **berücksichtigen.** Neben dem Energieverbrauch ist „zumindest" der Ausstoß an Kohlendioxid, Stickoxiden, Kohlenwasserstoffen und Feinpartikeln zu berücksichtigen.

179 Zu diesem Zweck müssen die Auftraggeber gem. § 68 Abs. 2 Nr. 1 VgV bzw. § 57 Abs. 2 S. 1 Nr. 1 SektVO in der Leistungsbeschreibung Vorgaben zu Energieverbrauch und den Umweltauswirkungen (dh den Emissionen) machen. Alternativ sind diese Aspekte angemessen als Zuschlagskriterium zu berücksichtigen (§ 68 Abs. 2 Nr. 2 VgV bzw. § 57 Abs. 2 S. 1 Nr. 2 SektVO).

180 Im Gegensatz zu den Vorschriften zur Energieeffizienz verpflichten die Vorschriften für Straßenfahrzeuge den Auftraggeber nicht dazu, bei den genannten Umweltaspekten stets oder auch nur grundsätzlich das höchste Leistungsniveau zu verlangen; der Auftraggeber hat hinsichtlich der konkreten Vorgaben vielmehr ein Ermessen. Es besteht aber jedenfalls eine **Verpflichtung, überhaupt Vorgaben** zu diesen Aspekten im Rahmen der Leistungsbeschreibung oder der Zuschlagskriterien zu machen.

181 Bei der Beschaffung von Neufahrzeugen bilden die jeweils aktuellen Euro-Normen faktisch eine Mindestanforderung, weil ihre Einhaltung Voraussetzung für die Erteilung der EU-Typgenehmigung ist.[283] Eine zwingende Vorgabe strengerer Anforderungen kann allerdings die in Betracht kommende Produktpalette stark beschränken. Aus diesem Grund bietet es sich in der Praxis eher an, Energieverbrauch und Emissionen als Zuschlagskriterien zu berücksichtigen; die Anlagen 2 und 3 zur VgV und zur SektVO enthalten dazu konkrete Daten und Vorgehenshinweise zur Bewertung der mit Energieverbrauch und Schadstoffemissionen verbundenen externen Kosten und der Gesamt-Betriebskosten über den Lebenszyklus.

182 Die Vorgaben zur Berücksichtigung von Energieverbrauch und Schadstoffausstoß gelten nicht für Einsatzfahrzeuge der Streitkräfte, des Katastrophenschutzes, der Feuerwehren und der Polizei; allerdings sind die Vorgaben insoweit zu berücksichtigen, wie es der Stand der Technik zulässt und die Einsatzfähigkeit der Fahrzeuge nicht beeinträchtigt wird.[284] Für die Fahrzeugbeschaffung im Rahmen eines Verteidigungs- oder Sicherheitsauftrags gelten die Vorgaben insgesamt nicht.

183 Auch die Vorgaben zur Berücksichtigung von Energieverbrauch und Umweltauswirkungen von Straßenfahrzeugen sind **bieterschützend;** die Ausführungen in → Rn. 174 gelten insoweit entsprechend.

---

[281] Begr. d. Verordnungsentwurfs, BT-Drs. 18/7318, 202.

[282] Richtlinie 2009/33/EG des Europäischen Parlaments und des Rates vom 23.4.2009 über die Förderung sauberer und energieeffizienter Straßenfahrzeuge, Abl.EG L 120 v. 15.5.2009, S. 5.

[283] Beck VergabeR/*Knauff* VgV § 68 Rn. 17.

[284] § 68 Abs. 4 S. 2 VgV.

§ 20 Vergabeunterlagen und Vertragsbedingungen

Übersicht

GWB: §§ 128, 129
VgV: §§ 29, 52, 61
VSVgV: §§ 16, 29 Abs. 2–5
UVgO: §§ 21, 37, 45
VOL/A: §§ 8 Abs. 1–3, 9
VOB/A: §§ 4, 8, 8a, 8b, 9, 9a, 9b, 9c, 9d
VOB/A EU: §§ 4, 8, 8a, 8b, 9, 9a, 9b, 9c, 9d
VOB/A VS: §§ 4, 8, 8a, 8b, 9, 9a, 9b, 9c, 9d

GWB:

§ 128 GWB Auftragsausführung

(1) Unternehmen haben bei der Ausführung des öffentlichen Auftrags alle für sie geltenden rechtlichen Verpflichtungen einzuhalten, insbesondere Steuern, Abgaben und Beiträge zur Sozialversicherung zu entrichten, die arbeitsschutzrechtlichen Regelungen einzuhalten und den Arbeitnehmerinnen und Arbeitnehmern wenigstens diejenigen Mindestarbeitsbedingungen einschließlich des Mindestentgelts zu gewähren, die nach dem Mindestlohngesetz, einem nach dem Tarifvertragsgesetz mit den Wirkungen des Arbeitnehmer-Entsendegesetzes für allgemein verbindlich erklärten Tarifvertrag oder einer nach § 7, § 7a oder § 11 des Arbeitnehmer-Entsendegesetzes oder einer nach § 3a des Arbeitnehmerüberlassungsgesetzes erlassenen Rechtsverordnung für die betreffende Leistung verbindlich vorgegeben werden.

(2) Öffentliche Auftraggeber können darüber hinaus besondere Bedingungen für die Ausführung eines Auftrags (Ausführungsbedingungen) festlegen, sofern diese mit dem Auftragsgegenstand entsprechend § 127 Absatz 3 in Verbindung stehen. Die Ausführungsbedingungen müssen sich aus der Auftragsbekanntmachung oder den Vergabeunterlagen ergeben. Sie können insbesondere wirtschaftliche, innovationsbezogene, umweltbezogene, soziale oder beschäftigungspolitische Belange oder den Schutz der Vertraulichkeit von Informationen umfassen.

§ 129 GWB Zwingend zu berücksichtigende Ausführungsbedingungen

Ausführungsbedingungen, die der öffentliche Auftraggeber dem beauftragten Unternehmen verbindlich vorzugeben hat, dürfen nur aufgrund eines Bundes- oder Landesgesetzes festgelegt werden.

VgV:

§ 29 VgV Vergabeunterlagen

(1) Die Vergabeunterlagen umfassen alle Angaben, die erforderlich sind, um dem Bewerber oder Bieter eine Entscheidung zur Teilnahme am Vergabeverfahren zu ermöglichen. Sie bestehen in der Regel aus

1. dem Anschreiben, insbesondere der Aufforderung zur Abgabe von Teilnahmeanträgen oder Angeboten oder Begleitschreiben für die Abgabe der angeforderten Unterlagen,
2. der Beschreibung der Einzelheiten der Durchführung des Verfahrens (Bewerbungsbedingungen), einschließlich der Angabe der Eignungs- und Zuschlagskriterien, sofern nicht bereits in der Auftragsbekanntmachung genannt, und
3. den Vertragsunterlagen, die aus der Leistungsbeschreibung und den Vertragsbedingungen bestehen.

(2) Der Teil B der Vergabe- und Vertragsordnung für Leistungen in der Fassung der Bekanntmachung vom 5.8.2003 (BAnz. Nr. 178a) ist in der Regel in den Vertrag einzubeziehen. Dies gilt nicht für die Vergabe von Aufträgen, die im Rahmen einer freiberuflichen Tätigkeit erbracht oder im Wettbewerb mit freiberuflichen Tätigen angeboten werden und deren Gegenstand eine Aufgabe ist, deren Lösung nicht vorab eindeutig und erschöpfend beschrieben werden kann.

§ 52 VgV Aufforderung zur Interessensbestätigung, zur Angebotsabgabe, zur Verhandlung oder zur Teilnahme am Dialog

(1) Ist ein Teilnahmewettbewerb durchgeführt worden, wählt der öffentliche Auftraggeber gemäß § 51 Bewerber aus, die er auffordert, in einem nicht offenen Verfahren oder einem Verhandlungsverfahren ein Angebot einzureichen, am wettbewerblichen Dialog teilzunehmen oder an Verhandlungen im Rahmen einer Innovationspartnerschaft teilzunehmen.

(2) Die Aufforderung nach Absatz 1 enthält mindestens:

1. einen Hinweis auf die veröffentlichte Auftragsbekanntmachung,
2. den Tag, bis zu dem ein Angebot eingehen muss, die Anschrift der Stelle, bei der es einzureichen ist, die Art der Einreichung sowie die Sprache, in der es abzufassen ist,
3. beim wettbewerblichen Dialog den Termin und den Ort des Beginns der Dialogphase sowie die verwendete Sprache,
4. die Bezeichnung der gegebenenfalls beizufügenden Unterlagen, sofern nicht bereits in der Auftragsbekanntmachung enthalten,
5. die Zuschlagskriterien sowie deren Gewichtung oder gegebenenfalls die Kriterien in der Rangfolge ihrer Bedeutung, wenn diese Angaben nicht bereits in der Auftragsbekanntmachung oder in der Aufforderung zur Interessensbestätigung enthalten sind.

Bei öffentlichen Aufträgen, die in einem wettbewerblichen Dialog oder im Rahmen einer Innovationspartnerschaft vergeben werden, sind die in Satz 1 Nummer 2 genannten Angaben nicht in der Aufforderung zur Teilnahme am Dialog oder an den Verhandlungen aufzuführen, sondern in der Aufforderung zur Angebotsabgabe.

(3) Im Falle einer Vorinformation nach § 38 Absatz 4 fordert der öffentliche Auftraggeber gleichzeitig alle Unternehmen, die eine Interessensbekundung übermittelt haben, nach § 38 Absatz 5 auf, ihr Interesse zu bestätigen. Diese Aufforderung umfasst zumindest folgende Angaben:

1. Umfang des Auftrags, einschließlich aller Optionen auf zusätzliche Aufträge, und, sofern möglich, eine Einschätzung der Frist für die Ausübung dieser Optionen; bei wiederkehrenden Aufträgen Art und Umfang und, sofern möglich, das voraussichtliche Datum der Veröffentlichung zukünftiger Auftragsbekanntmachungen für die Liefer- oder Dienstleistungen, die Gegenstand des Auftrags sein sollen,
2. Art des Verfahrens,

3. gegebenenfalls Zeitpunkt, an dem die Lieferleistung erbracht oder die Dienstleistung beginnen oder abgeschlossen sein soll,
4. Internetadresse, über die die Vergabeunterlagen unentgeltlich, uneingeschränkt und vollständig direkt verfügbar sind,
5. falls kein elektronischer Zugang zu den Vergabeunterlagen bereitgestellt werden kann, Anschrift und Schlusstermin für die Anforderung der Vergabeunterlagen sowie die Sprache, in der die Interessensbekundung abzufassen ist,
6. Anschrift des öffentlichen Auftraggebers, der den Zuschlag erteilt,
7. alle wirtschaftlichen und technischen Anforderungen, finanziellen Sicherheiten und Angaben, die von den Unternehmen verlangt werden,
8. Art des Auftrags, der Gegenstand des Vergabeverfahrens ist, und
9. die Zuschlagskriterien sowie deren Gewichtung oder gegebenenfalls die Kriterien in der Rangfolge ihrer Bedeutung, wenn diese Angaben nicht bereits in der Vorinformation oder den Vergabeunterlagen enthalten sind.

§ 61 VgV Ausführungsbedingungen

Für den Beleg, dass die angebotene Leistung den geforderten Ausführungsbedingungen gemäß § 128 Absatz 2 des Gesetzes gegen Wettbewerbsbeschränkungen entspricht, gelten die §§ 33 und 34 entsprechend.

VSVgV:

§ 16 VSVgV Vergabeunterlagen

(1) Die Vergabeunterlagen umfassen alle Angaben, die erforderlich sind, um eine Entscheidung zur Teilnahme am Vergabeverfahren oder zur Angebotsabgabe zu ermöglichen. Sie bestehen in der Regel aus

1. dem Anschreiben (Aufforderung zur Teilnahme oder Angebotsabgabe oder Begleitschreiben für die Abgabe der angeforderten Unterlagen),
2. der Beschreibung der Einzelheiten der Durchführung des Verfahrens (Bewerbungsbedingungen), einschließlich der Angabe der Zuschlagskriterien und deren Gewichtung oder der absteigenden Reihenfolge der diesen Kriterien zuerkannten Bedeutung, sofern nicht in der Bekanntmachung bereits genannt,
3. den Vertragsunterlagen, die aus Leistungsbeschreibung und Vertragsbedingungen bestehen, und
4. Name und Anschrift der Vergabekammer, die für die Nachprüfung zuständig ist.

(2) Sofern die Auftraggeber Nachweise verlangen, haben sie diese in einer abschließenden Liste zusammenzustellen.

§ 29 VSVgV Aufforderung zur Abgabe eines Angebots

(1) hier nicht abgedruckt.

(2) Die Aufforderung enthält die Vergabeunterlagen und alle unterstützenden Unterlagen oder die Angabe, wie darauf gemäß § 20 Absatz 4 Satz 2 elektronisch zugegriffen werden kann.

(3) Hält eine andere Stelle als der für das Vergabeverfahren zuständige Auftraggeber die Unterlagen bereit, gibt der Auftraggeber in der Aufforderung die Anschrift dieser Stelle an und den Zeitpunkt, bis zu dem die Unterlagen angefordert werden können. Darüber hinaus sind der Betrag, der für den Erhalt der Unterlagen zu entrichten ist, und die Zahlungsbedingungen anzugeben. Die Unternehmen erhalten die Unterlagen unverzüglich nach Zugang der Anforderung.

(4) Veröffentlicht der Auftraggeber zusätzliche Informationen über die Vergabeunterlagen und sonstige ergänzende Unterlagen, so gilt § 20 Absatz 5.

(5) Die Aufforderung enthält über die in den Absätzen 2, 3 und 4 genannten Angaben mindestens:
1. den Hinweis auf die veröffentlichte Bekanntmachung;
2. den Tag, bis zu dem die Angebote eingehen müssen, die Anschrift der Stelle, bei der sie einzureichen sind, sowie die Sprache, in der sie abzufassen sind. Im Falle eines wettbewerblichen Dialogs ist diese Information nicht in der Aufforderung zur Teilnahme am Dialog, sondern in der Aufforderung zur Angebotsabgabe aufzuführen;
3. beim wettbewerblichen Dialog den Termin und den Ort des Beginns der Konsultationsphase sowie die verwendeten Sprachen;
4. die Liste der beizufügenden Eignungsnachweise im Falle des Verhandlungsverfahrens ohne Teilnahmewettbewerb;
5. die Gewichtung der Zuschlagskriterien oder die absteigende Reihenfolge der diesen Kriterien zuerkannten Bedeutung, anhand derer das wirtschaftlichste Angebot bestimmt wird, wenn diese nicht bereits in der Bekanntmachung enthalten sind.

(6) bis (7) hier nicht abgedruckt.

UVgO:

§ 21 UVgO Vergabeunterlagen

(1) Die Vergabeunterlagen umfassen alle Angaben, die erforderlich sind, um dem Bewerber oder Bieter eine Entscheidung zur Teilnahme am Vergabeverfahren zu ermöglichen. Sie bestehen in der Regel aus
1. dem Anschreiben, insbesondere der Aufforderung zur Abgabe von Teilnahmeanträgen oder Angeboten oder Begleitschreiben für die Abgabe der angeforderten Unterlagen,
2. der Beschreibung der Einzelheiten der Durchführung des Verfahrens (Bewerbungsbedingungen), einschließlich der Angabe der Eignungs- und Zuschlagskriterien, sofern nicht bereits in der Auftragsbekanntmachung genannt, und
3. den Vertragsunterlagen, die aus der Leistungsbeschreibung und den Vertragsbedingungen bestehen.

(2) Der Teil B der Vergabe- und Vertragsordnung für Leistungen in der bei Einleitung des Vergabeverfahrens jeweils geltenden Fassung ist in der Regel in den Vertrag einzubeziehen.

(3) Vertragsstrafen sollen nur für die Überschreitung von Ausführungsfristen vereinbart werden, wenn die Überschreitung erhebliche Nachteile verursachen kann. Die Strafe ist in angemessenen Grenzen zu halten.

(4) Andere Verjährungsfristen als die in Teil B der Vergabe- und Vertragsordnung für Leistungen in der bei Einleitung des Vergabeverfahrens jeweils geltenden Fassung enthaltenen Verjährungsfristen sind nur vorzusehen, wenn dies nach der Eigenart der Leistung erforderlich ist.

(5) Auf Sicherheitsleistungen soll ganz oder teilweise verzichtet werden, es sei denn, sie erscheinen ausnahmsweise für die sach- und fristgemäße Durchführung der verlangten Leistung notwendig. Die Sicherheit für die Erfüllung sämtlicher Verpflichtungen aus dem Vertrag soll fünf Prozent der Auftragssumme nicht überschreiten.

§ 37 UVgO Aufforderung zur Angebotsabgabe oder zur Verhandlung nach Teilnahmewettbewerb

(1) Ist ein Teilnahmewettbewerb durchgeführt worden, wählt der Auftraggeber alle geeigneten, nicht ausgeschlossenen Bewerber oder gemäß § 36 eine begrenzte Anzahl an geeigneten, nicht ausgeschlossenen Bewerbern aus, die er auffordert, ein Angebot einzureichen oder an Verhandlungen teilzunehmen.

(2) Die Aufforderung nach Absatz 1, ein Angebot einzureichen, enthält mindestens:
1. einen Hinweis auf die veröffentlichte Auftragsbekanntmachung,

2. den Tag, bis zu dem ein Angebot eingehen muss, die Anschrift der Stelle, bei der es einzureichen ist, die Art der Einreichung sowie die Sprache, in der es abzufassen ist,
3. die Bezeichnung der gegebenenfalls beizufügenden Unterlagen, sofern nicht bereits in der Auftragsbekanntmachung enthalten.

§ 45 UVgO Auftragsausführung

(1) Für die Ausführung von öffentlichen Aufträgen gilt § 128 Absatz 1 des Gesetzes gegen Wettbewerbsbeschränkungen entsprechend.

(2) Auftraggeber können Bedingungen für die Ausführung eines Auftrags festlegen, sofern diese mit dem Auftragsgegenstand in entsprechender Anwendung des § 127 Absatz 3 des Gesetzes gegen Wettbewerbsbeschränkungen in Verbindung stehen. Die Ausführungsbedingungen müssen sich aus der Auftragsbekanntmachung oder den Vergabeunterlagen ergeben. Sie können insbesondere wirtschaftliche, innovationsbezogene, umweltbezogene, soziale oder beschäftigungspolitische Belange oder den Schutz der Vertraulichkeit von Informationen umfassen.

(3) Für den Beleg, dass die angebotene Leistung den geforderten Ausführungsbedingungen entspricht, gilt § 24 entsprechend.

VOL/A:

§ 8 VOL/A Vergabeunterlagen

(1) Die Vergabeunterlagen umfassen alle Angaben, die erforderlich sind, um eine Entscheidung zur Teilnahme am Vergabeverfahren oder zur Angebotsabgabe zu ermöglichen. Sie bestehen in der Regel aus

a) dem Anschreiben (Aufforderung zur Angebotsabgabe oder Begleitschreiben für die Abgabe der angeforderten Unterlagen),
b) der Beschreibung der Einzelheiten der Durchführung des Verfahrens (Bewerbungsbedingungen), einschließlich der Angabe der Zuschlagskriterien, sofern nicht in der Bekanntmachung bereits genannt und
c) den Vertragsunterlagen, die aus Leistungsbeschreibung und Vertragsbedingungen bestehen.

(2) Bei Öffentlicher Ausschreibung darf bei direkter oder postalischer Übermittlung für die Vervielfältigung der Vergabeunterlagen Kostenersatz gefordert werden. Die Höhe des Kostenersatzes ist in der Bekanntmachung anzugeben.

(3) Sofern die Auftraggeber Nachweise verlangen, haben sie diese in einer abschließenden Liste zusammenzustellen.

(4) hier nicht abgedruckt.

§ 9 VOL/A Vertragsbedingungen

(1) Die Allgemeinen Vertragsbedingungen (VOL/B) sind grundsätzlich zum Vertragsgegenstand zu machen. Zusätzliche Allgemeine Vertragsbedingungen dürfen der VOL/B nicht widersprechen. Für die Erfordernisse einer Gruppe gleichgelagerter Einzelfälle können Ergänzende Vertragsbedingungen Abweichungen von der VOL/B vorsehen.

(2) Vertragsstrafen sollen nur für die Überschreitung von Ausführungsfristen vereinbart werden, wenn die Überschreitung erhebliche Nachteile verursachen kann. Die Strafe ist in angemessenen Grenzen zu halten.

(3) Andere Verjährungsfristen als nach § 14 VOL/B sind nur vorzusehen, wenn dies nach der Eigenart der Leistung erforderlich ist.

(4) Auf Sicherheitsleistungen soll ganz oder teilweise verzichtet werden, es sei denn, sie erscheinen ausnahmsweise für die sach- und fristgemäße Durchführung der verlangten Leistung notwendig. Die Sicherheit für die Erfüllung sämtlicher Verpflichtungen aus dem Vertrag soll 5 vom Hundert der Auftragssumme nicht überschreiten.

VOB/A:

§ 4 VOB/A Vertragsarten

(1) Bauleistungen sind so zu vergeben, dass die Vergütung nach Leistung bemessen wird (Leistungsvertrag), und zwar:

1. in der Regel zu Einheitspreisen für technisch und wirtschaftlich einheitliche Teilleistungen, deren Menge nach Maß, Gewicht oder Stückzahl vom Auftraggeber in den Vertragsunterlagen anzugeben ist (Einheitspreisvertrag),
2. in geeigneten Fällen für eine Pauschalsumme, wenn die Leistung nach Ausführungsart und Umfang genau bestimmt ist und mit einer Änderung bei der Ausführung nicht zu rechnen ist (Pauschalvertrag).

(2) Abweichend von Absatz 1 können Bauleistungen geringeren Umfangs, die überwiegend Lohnkosten verursachen, im Stundenlohn vergeben werden (Stundenlohnvertrag).

(3) Das Angebotsverfahren ist darauf abzustellen, dass der Bieter die Preise, die er für seine Leistungen fordert, in die Leistungsbeschreibung einzusetzen oder in anderer Weise im Angebot anzugeben hat.

(4) Das Auf- und Abgebotsverfahren, bei dem vom Auftraggeber angegebene Preise dem Auf- und Abgebot der Bieter unterstellt werden, soll nur ausnahmsweise bei regelmäßig wiederkehrenden Unterhaltungsarbeiten, deren Umfang möglichst zu umgrenzen ist, angewandt werden.

§ 8 VOB/A Vergabeunterlagen

(1) Die Vergabeunterlagen bestehen aus

1. dem Anschreiben (Aufforderung zur Angebotsabgabe gemäß Absatz 2 Nummer 1 bis 3), gegebenenfalls Teilnahmebedingungen (Absatz 2 Nummer 6) und
2. den Vertragsunterlagen (§§ 7 bis 7c und 8a).

(2)

1. Das Anschreiben muss alle Angaben nach § 12 Absatz 1 Nummer 2 enthalten, die außer den Vertragsunterlagen für den Entschluss zur Abgabe eines Angebots notwendig sind, sofern sie nicht bereits veröffentlicht wurden.
2. In den Vergabeunterlagen kann der Auftraggeber die Bieter auffordern, in ihrem Angebot die Leistungen anzugeben, die sie an Nachunternehmen zu vergeben beabsichtigen.
3. Der Auftraggeber hat anzugeben:
   a) ob er Nebenangebote nicht zulässt,
   b) ob er Nebenangebote ausnahmsweise nur in Verbindung mit einem Hauptangebot zulässt.

   Die Zuschlagskriterien sind so festzulegen, dass sie sowohl auf Hauptangebote als auch auf Nebenangebote anwendbar sind. Es ist dabei auch zulässig, dass der Preis das einzige Zuschlagskriterium ist.

   Von Bietern, die eine Leistung anbieten, deren Ausführung nicht in Allgemeinen Technischen Vertragsbedingungen oder in den Vergabeunterlagen geregelt ist, sind im Angebot entsprechende Angaben über Ausführung und Beschaffenheit dieser Leistung zu verlangen.
4. Der Auftraggeber kann in den Vergabeunterlagen angeben, dass er die Abgabe mehrerer Hauptangebote nicht zulässt.
5. Der Auftraggeber hat an zentraler Stelle in den Vergabeunterlagen abschließend alle Unterlagen im Sinne von § 16a Absatz 1 mit Ausnahme von Produktangaben anzugeben.
6. Auftraggeber, die ständig Bauleistungen vergeben, sollen die Erfordernisse, die die Unternehmen bei der Bearbeitung ihrer Angebote beachten müssen, in den Teilnahmebedingungen zusammenfassen und dem Anschreiben beifügen.

§ 8a VOB/A Allgemeine, Besondere und Zusätzliche Vertragsbedingungen

(1) In den Vergabeunterlagen ist vorzuschreiben, dass die Allgemeinen Vertragsbedingungen für die Ausführung von Bauleistungen (VOB/B) und die Allgemeinen Technischen Vertragsbedingungen für Bauleistungen (VOB/C) Bestandteile des Vertrags werden. Das gilt auch für etwaige Zusätzliche Vertragsbedingungen und etwaige Zusätzliche Technische Vertragsbedingungen, soweit sie Bestandteile des Vertrags werden sollen.

(2)

1. Die Allgemeinen Vertragsbedingungen bleiben grundsätzlich unverändert. Sie können von Auftraggebern, die ständig Bauleistungen vergeben, für die bei ihnen allgemein gegebenen Verhältnisse durch Zusätzliche Vertragsbedingungen ergänzt werden. Diese dürfen den Allgemeinen Vertragsbedingungen nicht widersprechen.
2. Für die Erfordernisse des Einzelfalles sind die Allgemeinen Vertragsbedingungen und etwaige Zusätzliche Vertragsbedingungen durch Besondere Vertragsbedingungen zu ergänzen. In diesen sollen sich Abweichungen von den Allgemeinen Vertragsbedingungen auf die Fälle beschränken, in denen dort besondere Vereinbarungen ausdrücklich vorgesehen sind und auch nur soweit es die Eigenart der Leistung und ihre Ausführung erfordern.

(3) Die Allgemeinen Technischen Vertragsbedingungen bleiben grundsätzlich unverändert. Sie können von Auftraggebern, die ständig Bauleistungen vergeben, für die bei ihnen allgemein gegebenen Verhältnisse durch Zusätzliche Technische Vertragsbedingungen ergänzt werden. Für die Erfordernisse des Einzelfalles sind Ergänzungen und Änderungen in der Leistungsbeschreibung festzulegen.

(4)

1. In den Zusätzlichen Vertragsbedingungen oder in den Besonderen Vertragsbedingungen sollen, soweit erforderlich, folgende Punkte geregelt werden:
   a) Unterlagen (§ 8b Absatz 3; § 3 Absatz 5 und 6 VOB/B),
   b) Benutzung von Lager- und Arbeitsplätzen, Zufahrtswegen, Anschlussgleisen, Wasser- und Energieanschlüssen (§ 4 Absatz 4 VOB/B),
   c) Weitervergabe an Nachunternehmen (§ 4 Absatz 8 VOB/B),
   d) Ausführungsfristen (§ 9; § 5 VOB/B),
   e) Haftung (§ 10 Absatz 2 VOB/B),
   f) Vertragsstrafen und Beschleunigungsvergütungen (§ 9a; § 11 VOB/B),
   g) Abnahme (§ 12 VOB/B),
   h) Vertragsart (§§ 4, 4a), Abrechnung (§ 14 VOB/B),
   i) Stundenlohnarbeiten (§ 15 VOB/B),
   j) Zahlungen, Vorauszahlungen (§ 16 VOB/B),
   k) Sicherheitsleistung (§ 9c; § 17 VOB/B),
   l) Gerichtsstand (§ 18 Absatz 1 VOB/B),
   m) Lohn- und Gehaltsnebenkosten,
   n) Änderung der Vertragspreise (§ 9d).
2. Im Einzelfall erforderliche besondere Vereinbarungen über die Mängelansprüche sowie deren Verjährung (§ 9b; § 13 Absatz 1, 4 und 7 VOB/B) und über die Verteilung der Gefahr bei Schäden, die durch Hochwasser, Sturmfluten, Grundwasser, Wind, Schnee, Eis und dergleichen entstehen können (§ 7 VOB/B), sind in den Besonderen Vertragsbedingungen zu treffen. Sind für bestimmte Bauleistungen gleichgelagerte Voraussetzungen im Sinne von § 9b gegeben, so dürfen die besonderen Vereinbarungen auch in Zusätzlichen Technischen Vertragsbedingungen vorgesehen werden.

§ 8b VOB/A Kosten- und Vertrauensregelung, Schiedsverfahren

(1)
1. Bei Öffentlicher Ausschreibung kann eine Erstattung der Kosten für die Vervielfältigung der Leistungsbeschreibung und der anderen Unterlagen sowie für die Kosten der postalischen Versendung verlangt werden.
2. Bei Beschränkter Ausschreibung und Freihändiger Vergabe sind alle Unterlagen unentgeltlich abzugeben.

(2)
1. Für die Bearbeitung des Angebots wird keine Entschädigung gewährt. Verlangt jedoch der Auftraggeber, dass der Bieter Entwürfe, Pläne, Zeichnungen, statische Berechnungen, Mengenberechnungen oder andere Unterlagen ausarbeitet, insbesondere in den Fällen des § 7c, so ist einheitlich für alle Bieter in der Ausschreibung eine angemessene Entschädigung festzusetzen. Diese Entschädigung steht jedem Bieter zu, der ein der Ausschreibung entsprechendes Angebot mit den geforderten Unterlagen rechtzeitig eingereicht hat.
2. Diese Grundsätze gelten für die Freihändige Vergabe entsprechend.

(3) Der Auftraggeber darf Angebotsunterlagen und die in den Angeboten enthaltenen eigenen Vorschläge eines Bieters nur für die Prüfung und Wertung der Angebote (§§ 16c und 16d) verwenden. Eine darüber hinausgehende Verwendung bedarf der vorherigen schriftlichen Vereinbarung.

(4) Sollen Streitigkeiten aus dem Vertrag unter Ausschluss des ordentlichen Rechtswegs im schiedsrichterlichen Verfahren ausgetragen werden, so ist es in besonderer, nur das Schiedsverfahren betreffender Urkunde zu vereinbaren, soweit nicht § 1031 Absatz 2 der Zivilprozessordnung (ZPO) auch eine andere Form der Vereinbarung zulässt.

§ 9 VOB/A Ausführungsfristen, Einzelfristen, Verzug

(1)
1. Die Ausführungsfristen sind ausreichend zu bemessen; Jahreszeit, Arbeitsbedingungen und etwaige besondere Schwierigkeiten sind zu berücksichtigen. Für die Bauvorbereitung ist dem Auftragnehmer genügend Zeit zu gewähren.
2. Außergewöhnlich kurze Fristen sind nur bei besonderer Dringlichkeit vorzusehen.
3. Soll vereinbart werden, dass mit der Ausführung erst nach Aufforderung zu beginnen ist (§ 5 Absatz 2 VOB/B), so muss die Frist, innerhalb derer die Aufforderung ausgesprochen werden kann, unter billiger Berücksichtigung der für die Ausführung maßgebenden Verhältnisse zumutbar sein; sie ist in den Vergabeunterlagen festzulegen.

(2)
1. Wenn es ein erhebliches Interesse des Auftraggebers erfordert, sind Einzelfristen für in sich abgeschlossene Teile der Leistung zu bestimmen.
2. Wird ein Bauzeitenplan aufgestellt, damit die Leistungen aller Unternehmen sicher ineinandergreifen, so sollen nur die für den Fortgang der Gesamtarbeit besonders wichtigen Einzelfristen als vertraglich verbindliche Fristen (Vertragsfristen) bezeichnet werden.

(3) Ist für die Einhaltung von Ausführungsfristen die Übergabe von Zeichnungen oder anderen Unterlagen wichtig, so soll hierfür ebenfalls eine Frist festgelegt werden.

(4) Der Auftraggeber darf in den Vertragsunterlagen eine Pauschalierung des Verzugsschadens (§ 5 Absatz 4 VOB/B) vorsehen; sie soll 5 Prozent der Auftragssumme nicht überschreiten. Der Nachweis eines geringeren Schadens ist zuzulassen.

§ 9a VOB/A Vertragsstrafen, Beschleunigungsvergütung

Vertragsstrafen für die Überschreitung von Vertragsfristen sind nur zu vereinbaren, wenn die Überschreitung erhebliche Nachteile verursachen kann. Die Strafe ist in angemessenen

Grenzen zu halten. Beschleunigungsvergütungen (Prämien) sind nur vorzusehen, wenn die Fertigstellung vor Ablauf der Vertragsfristen erhebliche Vorteile bringt.

§ 9b VOB/A Verjährung der Mängelansprüche

Andere Verjährungsfristen als nach § 13 Absatz 4 VOB/B sollen nur vorgesehen werden, wenn dies wegen der Eigenart der Leistung erforderlich ist. In solchen Fällen sind alle Umstände gegeneinander abzuwägen, insbesondere, wann etwaige Mängel wahrscheinlich erkennbar werden und wieweit die Mängelursachen noch nachgewiesen werden können, aber auch die Wirkung auf die Preise und die Notwendigkeit einer billigen Bemessung der Verjährungsfristen für Mängelansprüche.

§ 9c VOB/A Sicherheitsleistung

(1) Auf Sicherheitsleistung soll ganz oder teilweise verzichtet werden, wenn Mängel der Leistung voraussichtlich nicht eintreten. Unterschreitet die Auftragssumme 250 000 Euro ohne Umsatzsteuer, ist auf Sicherheitsleistung für die Vertragserfüllung und in der Regel auf Sicherheitsleistung für die Mängelansprüche zu verzichten. Bei Beschränkter Ausschreibung sowie bei Freihändiger Vergabe sollen Sicherheitsleistungen in der Regel nicht verlangt werden.

(2) Die Sicherheit soll nicht höher bemessen und ihre Rückgabe nicht für einen späteren Zeitpunkt vorgesehen werden, als nötig ist, um den Auftraggeber vor Schaden zu bewahren. Die Sicherheit für die Erfüllung sämtlicher Verpflichtungen aus dem Vertrag soll fünf Prozent der Auftragssumme nicht überschreiten. Die Sicherheit für Mängelansprüche soll drei Prozent der Abrechnungssumme nicht überschreiten.

§ 9d VOB/A Änderung der Vergütung

Sind wesentliche Änderungen der Preisermittlungsgrundlagen zu erwarten, deren Eintritt oder Ausmaß ungewiss ist, so kann eine angemessene Änderung der Vergütung in den Vertragsunterlagen vorgesehen werden. Die Einzelheiten der Preisänderungen sind festzulegen.

VOB/A EU:

§ 4 EU VOB/A Vertragsarten

(1) Bauaufträge sind so zu vergeben, dass die Vergütung nach Leistung bemessen wird (Leistungsvertrag), und zwar:

1. in der Regel zu Einheitspreisen für technisch und wirtschaftlich einheitliche Teilleistungen, deren Menge nach Maß, Gewicht oder Stückzahl vom öffentlichen Auftraggeber in den Vertragsunterlagen anzugeben ist (Einheitspreisvertrag),
2. in geeigneten Fällen für eine Pauschalsumme, wenn die Leistung nach Ausführungsart und Umfang genau bestimmt ist und mit einer Änderung bei der Ausführung nicht zu rechnen ist (Pauschalvertrag).

(2) Abweichend von Absatz 1 können Bauaufträge geringeren Umfangs, die überwiegend Lohnkosten verursachen, im Stundenlohn vergeben werden (Stundenlohnvertrag).

(3) Das Angebotsverfahren ist darauf abzustellen, dass der Bieter die Preise, die er für seine Leistungen fordert, in die Leistungsbeschreibung einzusetzen oder in anderer Weise im Angebot anzugeben hat.

(4) Das Auf- und Abgebotsverfahren, bei dem vom öffentlichen Auftraggeber angegebene Preise dem Auf- und Abgebot der Bieter unterstellt werden, soll nur ausnahmsweise bei regelmäßig wiederkehrenden Unterhaltungsarbeiten, deren Umfang möglichst zu umgrenzen ist, angewandt werden.

§ 8 EU VOB/A Vergabeunterlagen

(1) Die Vergabeunterlagen bestehen aus

1. dem Anschreiben (Aufforderung zur Angebotsabgabe gemäß Absatz 2 Nummer 1 bis 3), gegebenenfalls Teilnahmebedingungen (Absatz 2 Nummer 6) und
2. den Vertragsunterlagen (§ 8a EU und §§ 7 EU bis 7c EU).

(2)

1. Das Anschreiben muss die in Anhang V Teil C der Richtlinie 2014/24/EU geforderten Informationen enthalten, die außer den Vertragsunterlagen für den Entschluss zur Abgabe eines Angebots notwendig sind, sofern sie nicht bereits veröffentlicht wurden.
2. In den Vergabeunterlagen kann der öffentliche Auftraggeber den Bieter auffordern, in seinem Angebot die Leistungen, die er im Wege von Unteraufträgen an Dritte zu vergeben gedenkt, sowie die gegebenenfalls vorgeschlagenen Unterauftragnehmer mit Namen, gesetzlichen Vertretern und Kontaktdaten anzugeben.
3. Der öffentliche Auftraggeber kann Nebenangebote in der Auftragsbekanntmachung oder in der Aufforderung zur Interessensbestätigung zulassen oder vorschreiben. Fehlt eine entsprechende Angabe, sind keine Nebenangebote zugelassen. Nebenangebote müssen mit dem Auftragsgegenstand in Verbindung stehen. Hat der öffentliche Auftraggeber in der Auftragsbekanntmachung oder in der Aufforderung zur Interessensbestätigung Nebenangebote zugelassen oder vorgeschrieben, hat er anzugeben,
   a) in welcher Art und Weise Nebenangebote einzureichen sind, insbesondere, ob er Nebenangebote ausnahmsweise nur in Verbindung mit einem Hauptangebot zulässt,
   b) die Mindestanforderungen an Nebenangebote.

   Die Zuschlagskriterien sind so festzulegen, dass sie sowohl auf Hauptangebote als auch auf Nebenangebote anwendbar sind. Es ist auch zulässig, dass der Preis das einzige Zuschlagskriterium ist.

   Von Bietern, die eine Leistung anbieten, deren Ausführung nicht in Allgemeinen Technischen Vertragsbedingungen oder in den Vergabeunterlagen geregelt ist, sind im Angebot entsprechende Angaben über Ausführung und Beschaffenheit dieser Leistung zu verlangen.
4. Der öffentliche Auftraggeber kann in der Auftragsbekanntmachung oder in der Aufforderung zur Interessensbestätigung angeben, dass er die Abgabe mehrerer Hauptangebote nicht zulässt.
5. Der öffentliche Auftraggeber hat an zentraler Stelle in den Vergabeunterlagen abschließend alle Unterlagen im Sinne von § 16a EU Absatz 1 mit Ausnahme von Produktangaben anzugeben.
6. Öffentliche Auftraggeber, die ständig Bauaufträge vergeben, sollen die Erfordernisse, die die Unternehmen bei der Bearbeitung ihrer Angebote beachten müssen, in den Teilnahmebedingungen zusammenfassen und dem Anschreiben beifügen.

§ 8a EU VOB/A Allgemeine, Besondere und Zusätzliche Vertragsbedingungen

(1) In den Vergabeunterlagen ist vorzuschreiben, dass die Allgemeinen Vertragsbedingungen für die Ausführung von Bauleistungen (VOB/B) und die Allgemeinen Technischen Vertragsbedingungen für Bauleistungen (VOB/C) Bestandteile des Vertrags werden. Das gilt auch für etwaige Zusätzliche Vertragsbedingungen und etwaige Zusätzliche Technische Vertragsbedingungen, soweit sie Bestandteile des Vertrags werden sollen.

(2)

1. Die Allgemeinen Vertragsbedingungen bleiben grundsätzlich unverändert. Sie können von öffentlichen Auftraggebern, die ständig Bauaufträge vergeben, für die bei ihnen allgemein gegebenen Verhältnisse durch Zusätzliche Vertragsbedingungen ergänzt werden. Diese dürfen den Allgemeinen Vertragsbedingungen nicht widersprechen.
2. Für die Erfordernisse des Einzelfalles sind die Allgemeinen Vertragsbedingungen und etwaige Zusätzliche Vertragsbedingungen durch Besondere Vertragsbedingungen zu er-

gänzen. In diesen sollen sich Abweichungen von den Allgemeinen Vertragsbedingungen auf die Fälle beschränken, in denen dort besondere Vereinbarungen ausdrücklich vorgesehen sind und auch nur soweit es die Eigenart der Leistung und ihre Ausführung erfordern.

(3) Die Allgemeinen Technischen Vertragsbedingungen bleiben grundsätzlich unverändert. Sie können von öffentlichen Auftraggebern, die ständig Bauaufträge vergeben, für die bei ihnen allgemein gegebenen Verhältnisse durch Zusätzliche Technische Vertragsbedingungen ergänzt werden. Für die Erfordernisse des Einzelfalles sind Ergänzungen und Änderungen in der Leistungsbeschreibung festzulegen.

(4)

1. In den Zusätzlichen Vertragsbedingungen oder in den Besonderen Vertragsbedingungen sollen, soweit erforderlich, folgende Punkte geregelt werden:
   a) Unterlagen (§ 8b EU Absatz 2; § 3 Absatz 5 und 6 VOB/B),
   b) Benutzung von Lager- und Arbeitsplätzen, Zufahrtswegen, Anschlussgleisen, Wasser- und Energieanschlüssen (§ 4 Absatz 4 VOB/B),
   c) Weitervergabe an Nachunternehmen (§ 4 Absatz 8 VOB/B),
   d) Ausführungsfristen (§ 9 EU; § 5 VOB/B),
   e) Haftung (§ 10 Absatz 2 VOB/B),
   f) Vertragsstrafen und Beschleunigungsvergütungen (§ 9a EU; § 11 VOB/B),
   g) Abnahme (§ 12 VOB/B),
   h) Vertragsart (§§ 4 EU, 4a EU), Abrechnung (§ 14 VOB/B),
   i) Stundenlohnarbeiten (§ 15 VOB/B),
   j) Zahlungen, Vorauszahlungen (§ 16 VOB/B),
   k) Sicherheitsleistung (§ 9c EU; § 17 VOB/B),
   l) Gerichtsstand (§ 18 Absatz 1 VOB/B),
   m) Lohn- und Gehaltsnebenkosten,
   n) Änderung der Vertragspreise (§ 9d EU).
2. Im Einzelfall erforderliche besondere Vereinbarungen über die Mängelansprüche sowie deren Verjährung (§ 9b EU; § 13 Absatz 1, 4 und 7 VOB/B) und über die Verteilung der Gefahr bei Schäden, die durch Hochwasser, Sturmfluten, Grundwasser, Wind, Schnee, Eis und dergleichen entstehen können (§ 7 VOB/B), sind in den Besonderen Vertragsbedingungen zu treffen. Sind für bestimmte Bauleistungen gleichgelagerte Voraussetzungen im Sinne von § 9b EU gegeben, so dürfen die besonderen Vereinbarungen auch in Zusätzlichen Technischen Vertragsbedingungen vorgesehen werden.

§ 8b EU VOB/A Kosten- und Vertrauensregelung, Schiedsverfahren

(1)

1. Für die Bearbeitung des Angebotes wird keine Entschädigung gewährt. Verlangt jedoch der öffentliche Auftraggeber, dass das Unternehmen Entwürfe, Pläne, Zeichnungen, statische Berechnungen, Mengenberechnungen oder andere Unterlagen ausarbeitet, insbesondere in den Fällen des § 7c EU, so ist einheitlich für alle Bieter in der Ausschreibung eine angemessene Entschädigung festzusetzen. Diese Entschädigung steht jedem Bieter zu, der ein der Ausschreibung entsprechendes Angebot mit den geforderten Unterlagen rechtzeitig eingereicht hat.
2. Diese Grundsätze gelten für Verhandlungsverfahren, wettbewerbliche Dialoge und Innovationspartnerschaften entsprechend.

(2) Der öffentliche Auftraggeber darf Angebotsunterlagen und die in den Angeboten enthaltenen eigenen Vorschläge eines Bieters nur für die Prüfung und Wertung der Angebote (§§ 16c EU und 16d EU) verwenden. Eine darüber hinausgehende Verwendung bedarf der vorherigen schriftlichen Vereinbarung.

(3) Sollen Streitigkeiten aus dem Vertrag unter Ausschluss des ordentlichen Rechtsweges im schiedsrichterlichen Verfahren ausgetragen werden, so ist es in besonderer, nur das

Schiedsverfahren betreffender Urkunde zu vereinbaren, soweit nicht § 1031 Absatz 2 ZPO auch eine andere Form der Vereinbarung zulässt.

§ 9 EU VOB/A Ausführungsfristen, Einzelfristen, Verzug

(1)
1. Die Ausführungsfristen sind ausreichend zu bemessen; Jahreszeit, Arbeitsbedingungen und etwaige besondere Schwierigkeiten sind zu berücksichtigen. Für die Bauvorbereitung ist dem Auftragnehmer genügend Zeit zu gewähren.
2. Außergewöhnlich kurze Fristen sind nur bei besonderer Dringlichkeit vorzusehen.
3. Soll vereinbart werden, dass mit der Ausführung erst nach Aufforderung zu beginnen ist (§ 5 Absatz 2 VOB/B), so muss die Frist, innerhalb derer die Aufforderung ausgesprochen werden kann, unter billiger Berücksichtigung der für die Ausführung maßgebenden Verhältnisse zumutbar sein; sie ist in den Vergabeunterlagen festzulegen.

(2)
1. Wenn es ein erhebliches Interesse des öffentlichen Auftraggebers erfordert, sind Einzelfristen für in sich abgeschlossene Teile der Leistung zu bestimmen.
2. Wird ein Bauzeitenplan aufgestellt, damit die Leistungen aller Unternehmen sicher ineinandergreifen, so sollen nur die für den Fortgang der Gesamtarbeit besonders wichtigen Einzelfristen als vertraglich verbindliche Fristen (Vertragsfristen) bezeichnet werden.

(3) Ist für die Einhaltung von Ausführungsfristen die Übergabe von Zeichnungen oder anderen Unterlagen wichtig, so soll hierfür ebenfalls eine Frist festgelegt werden.

(4) Der öffentliche Auftraggeber darf in den Vertragsunterlagen eine Pauschalierung des Verzugsschadens (§ 5 Absatz 4 VOB/B) vorsehen; sie soll fünf Prozent der Auftragssumme nicht überschreiten. Der Nachweis eines geringeren Schadens ist zuzulassen.

§ 9a EU VOB/A Vertragsstrafen, Beschleunigungsvergütung

Vertragsstrafen für die Überschreitung von Vertragsfristen sind nur zu vereinbaren, wenn die Überschreitung erhebliche Nachteile verursachen kann. Die Strafe ist in angemessenen Grenzen zu halten. Beschleunigungsvergütungen (Prämien) sind nur vorzusehen, wenn die Fertigstellung vor Ablauf der Vertragsfristen erhebliche Vorteile bringt.

§ 9b EU VOB/A Verjährung der Mängelansprüche

Andere Verjährungsfristen als nach § 13 Absatz 4 VOB/B sollen nur vorgesehen werden, wenn dies wegen der Eigenart der Leistung erforderlich ist. In solchen Fällen sind alle Umstände gegeneinander abzuwägen, insbesondere, wann etwaige Mängel wahrscheinlich erkennbar werden und wieweit die Mängelursachen noch nachgewiesen werden können, aber auch die Wirkung auf die Preise und die Notwendigkeit einer billigen Bemessung der Verjährungsfristen für Mängelansprüche.

§ 9c EU VOB/A Sicherheitsleistung

(1) Auf Sicherheitsleistung soll ganz oder teilweise verzichtet werden, wenn Mängel der Leistung voraussichtlich nicht eintreten. Unterschreitet die Auftragssumme 250 000 Euro ohne Umsatzsteuer, ist auf Sicherheitsleistung für die Vertragserfüllung und in der Regel auf Sicherheitsleistung für die Mängelansprüche zu verzichten. Bei nicht offenen Verfahren sowie bei Verhandlungsverfahren und wettbewerblichen Dialogen sollen Sicherheitsleistungen in der Regel nicht verlangt werden.

(2) Die Sicherheit soll nicht höher bemessen und ihre Rückgabe nicht für einen späteren Zeitpunkt vorgesehen werden, als nötig ist, um den öffentlichen Auftraggeber vor Schaden zu bewahren. Die Sicherheit für die Erfüllung sämtlicher Verpflichtungen aus dem Vertrag soll fünf Prozent der Auftragssumme nicht überschreiten. Die Sicherheit für Mängelansprüche soll drei Prozent der Abrechnungssumme nicht überschreiten.

§ 9d EU VOB/A Änderung der Vergütung

Sind wesentliche Änderungen der Preisermittlungsgrundlagen zu erwarten, deren Eintritt oder Ausmaß ungewiss ist, so kann eine angemessene Änderung der Vergütung in den Vertragsunterlagen vorgesehen werden. Die Einzelheiten der Preisänderungen sind festzulegen.

VOB/A VS:

§ 4 VS VOB/A Vertragsarten

(1) Bauaufträge sind so zu vergeben, dass die Vergütung nach Leistung bemessen wird (Leistungsvertrag), und zwar:

1. in der Regel zu Einheitspreisen für technisch und wirtschaftlich einheitliche Teilleistungen, deren Menge nach Maß, Gewicht oder Stückzahl vom Auftraggeber in den Vertragsunterlagen anzugeben ist (Einheitspreisvertrag),
2. in geeigneten Fällen für eine Pauschalsumme, wenn die Leistung nach Ausführungsart und Umfang genau bestimmt ist und mit einer Änderung bei der Ausführung nicht zu rechnen ist (Pauschalvertrag).

(2) Abweichend von Absatz 1 können Bauaufträge geringeren Umfangs, die überwiegend Lohnkosten verursachen, im Stundenlohn vergeben werden (Stundenlohnvertrag).

(3) Das Angebotsverfahren ist darauf abzustellen, dass der Bieter die Preise, die er für seine Leistungen fordert, in die Leistungsbeschreibung einzusetzen oder in anderer Weise im Angebot anzugeben hat.

(4) Das Auf- und Abgebotsverfahren, bei dem vom Auftraggeber angegebene Preise dem Auf- und Abgebot der Bieter unterstellt werden, soll nur ausnahmsweise bei regelmäßig wiederkehrenden Unterhaltungsarbeiten, deren Umfang möglichst zu umgrenzen ist, angewandt werden.

§ 8 VS VOB/A Vergabeunterlagen

(1) Die Vergabeunterlagen bestehen aus

1. dem Anschreiben (Aufforderung zur Angebotsabgabe gemäß Absatz 2 Nummer 1 bis 3), gegebenenfalls Teilnahmebedingungen (Absatz 2 Nummer 6) und
2. den Vertragsunterlagen (Absatz 3 und §§ 7 VS bis 7c VS, § 8a VS Absatz 1 bis 3).

(2)

1. Das Anschreiben muss die in Anhang XV der Durchführungsverordnung (EU) Nr. 2015/1986 geforderten Informationen enthalten, die außer den Vertragsunterlagen für den Entschluss zur Abgabe eines Angebots notwendig sind, sofern sie nicht bereits veröffentlicht wurden.
2. In den Vergabeunterlagen kann der Auftraggeber die Bieter auffordern, in ihrem Angebot die Leistungen anzugeben, die sie an Nachunternehmen zu vergeben beabsichtigen.
3. Hat der Auftraggeber in der Auftragsbekanntmachung Nebenangebote zugelassen, hat er anzugeben,
   a) ob er Nebenangebote ausnahmsweise nur in Verbindung mit einem Hauptangebot zulässt,
   b) die Mindestanforderungen für Nebenangebote.
   Von Bietern, die eine Leistung anbieten, deren Ausführung nicht in Allgemeinen Technischen Vertragsbedingungen oder in den Vergabeunterlagen geregelt ist, sind im Angebot entsprechende Angaben über Ausführung und Beschaffenheit dieser Leistung zu verlangen.
4. Der Auftraggeber kann in der Auftragsbekanntmachung angeben, dass er die Abgabe mehrerer Hauptangebote nicht zulässt.

5. Der Auftraggeber hat an zentraler Stelle in den Vergabeunterlagen abschließend alle Unterlagen im Sinne von § 16a VS Absatz 1 mit Ausnahme von Produktangaben anzugeben.
6. Auftraggeber, die ständig Bauaufträge vergeben, sollen die Erfordernisse, die die Unternehmen bei der Bearbeitung ihrer Angebote beachten müssen, in den Teilnahmebedingungen zusammenfassen und dem Anschreiben beifügen.

(3) Bei der Vergabe von Verschlusssachenaufträgen und Aufträgen, die Anforderungen an die Versorgungssicherheit beinhalten, benennt der Auftraggeber in der Auftragsbekanntmachung oder den Vergabeunterlagen alle Maßnahmen und Anforderungen, die erforderlich sind, um den Schutz solcher Verschlusssachen entsprechend der jeweiligen Sicherheitsstufe zu gewährleisten bzw. um die Versorgungssicherheit zu gewährleisten.

§ 8a VS VOB/A Allgemeine, Besondere und Zusätzliche Vertragsbedingungen

(1) In den Vergabeunterlagen ist vorzuschreiben, dass die Allgemeinen Vertragsbedingungen für die Ausführung von Bauleistungen (VOB/B) und die Allgemeinen Technischen Vertragsbedingungen für Bauleistungen (VOB/C) Bestandteile des Vertrags werden. Das gilt auch für etwaige Zusätzliche Vertragsbedingungen und etwaige Zusätzliche Technische Vertragsbedingungen, soweit sie Bestandteile des Vertrags werden sollen.

(2)
1. Die Allgemeinen Vertragsbedingungen bleiben grundsätzlich unverändert. Sie können von Auftraggebern, die ständig Bauaufträge vergeben, für die bei ihnen allgemein gegebenen Verhältnisse durch Zusätzliche Vertragsbedingungen ergänzt werden. Diese dürfen den Allgemeinen Vertragsbedingungen nicht widersprechen.
2. Für die Erfordernisse des Einzelfalles sind die Allgemeinen Vertragsbedingungen und etwaige Zusätzliche Vertragsbedingungen durch Besondere Vertragsbedingungen zu ergänzen. In diesen sollen sich Abweichungen von den Allgemeinen Vertragsbedingungen auf die Fälle beschränken, in denen dort besondere Vereinbarungen ausdrücklich vorgesehen sind und auch nur soweit es die Eigenart der Leistung und ihre Ausführung erfordern.

(3) Die Allgemeinen Technischen Vertragsbedingungen bleiben grundsätzlich unverändert. Sie können von Auftraggebern, die ständig Bauaufträge vergeben, für die bei ihnen allgemein gegebenen Verhältnisse durch Zusätzliche Technische Vertragsbedingungen ergänzt werden. Für die Erfordernisse des Einzelfalles sind Ergänzungen und Änderungen in der Leistungsbeschreibung festzulegen.

(4)
1. In den Zusätzlichen Vertragsbedingungen oder in den Besonderen Vertragsbedingungen sollen, soweit erforderlich, folgende Punkte geregelt werden:
   a) Unterlagen (§ 8b VS Absatz 3; § 3 Absatz 5 und 6 VOB/B),
   b) Benutzung von Lager- und Arbeitsplätzen, Zufahrtswegen, Anschlussgleisen, Wasser- und Energieanschlüssen (§ 4 Absatz 4 VOB/B),
   c) Weitervergabe an Nachunternehmen (§ 4 Absatz 8 VOB/B),
   d) Ausführungsfristen (§ 9 VS; § 5 VOB/B),
   e) Haftung (§ 10 Absatz 2 VOB/B),
   f) Vertragsstrafen und Beschleunigungsvergütungen (§ 9a VS; § 11 VOB/B),
   g) Abnahme (§ 12 VOB/B),
   h) Vertragsart (§ 4 VS), Abrechnung (§ 14 VOB/B),
   i) Stundenlohnarbeiten (§ 15 VOB/B),
   j) Zahlungen, Vorauszahlungen (§ 16 VOB/B),
   k) Sicherheitsleistung (§ 9c VS; § 17 VOB/B),
   l) Gerichtsstand (§ 18 Absatz 1 VOB/B),
   m) Lohn- und Gehaltsnebenkosten,
   n) Änderung der Vertragspreise (§ 9d VS).

2. Im Einzelfall erforderliche besondere Vereinbarungen über die Mängelansprüche sowie deren Verjährung (§ 9b VS; § 13 Absatz 1, 4 und 7 VOB/B) und über die Verteilung der Gefahr bei Schäden, die durch Hochwasser, Sturmfluten, Grundwasser, Wind, Schnee, Eis und dergleichen entstehen können (§ 7 VOB/B), sind in den Besonderen Vertragsbedingungen zu treffen. Sind für bestimmte Bauleistungen gleichgelagerte Voraussetzungen im Sinne von § 9b VS gegeben, so dürfen die besonderen Vereinbarungen auch in Zusätzlichen Technischen Vertragsbedingungen vorgesehen werden.

§ 8b VS VOB/A Kosten- und Vertrauensregelung, Schiedsverfahren

(1) Beim nicht offenen Verfahren, beim Verhandlungsverfahren und beim wettbewerblichen Dialog sind alle Unterlagen unentgeltlich abzugeben.

(2)
1. Für die Bearbeitung des Angebotes wird keine Entschädigung gewährt. Verlangt jedoch der Auftraggeber, dass der Bieter Entwürfe, Pläne, Zeichnungen, statische Berechnungen, Mengenberechnungen oder andere Unterlagen ausarbeitet, insbesondere in den Fällen des § 7c VS, so ist einheitlich für alle Bieter in der Ausschreibung eine angemessene Entschädigung festzusetzen. Diese Entschädigung steht jedem Bieter zu, der ein der Ausschreibung entsprechendes Angebot mit den geforderten Unterlagen rechtzeitig eingereicht hat.
2. Diese Grundsätze gelten für Verhandlungsverfahren und wettbewerblichen Dialog entsprechend.

(3) Der Auftraggeber darf Angebotsunterlagen und die in den Angeboten enthaltenen eigenen Vorschläge eines Bieters nur für die Prüfung und Wertung der Angebote (§§ 16c VS und 16d VS) verwenden. Eine darüber hinausgehende Verwendung bedarf der vorherigen schriftlichen Vereinbarung.

(4) Sollen Streitigkeiten aus dem Vertrag unter Ausschluss des ordentlichen Rechtsweges im schiedsrichterlichen Verfahren ausgetragen werden, so ist es in besonderer, nur das Schiedsverfahren betreffender Urkunde zu vereinbaren, soweit nicht § 1031 Absatz 2 ZPO auch eine andere Form der Vereinbarung zulässt.

§ 9 VS VOB/A Ausführungsfristen, Einzelfristen, Verzug

(1)
1. Die Ausführungsfristen sind ausreichend zu bemessen; Jahreszeit, Arbeitsbedingungen und etwaige besondere Schwierigkeiten sind zu berücksichtigen. Für die Bauvorbereitung ist dem Auftragnehmer genügend Zeit zu gewähren.
2. Außergewöhnlich kurze Fristen sind nur bei besonderer Dringlichkeit vorzusehen.
3. Soll vereinbart werden, dass mit der Ausführung erst nach Aufforderung zu beginnen ist (§ 5 Absatz 2 VOB/B), so muss die Frist, innerhalb derer die Aufforderung ausgesprochen werden kann, unter billiger Berücksichtigung der für die Ausführung maßgebenden Verhältnisse zumutbar sein; sie ist in den Vergabeunterlagen festzulegen.

(2)
1. Wenn es ein erhebliches Interesse des Auftraggebers erfordert, sind Einzelfristen für in sich abgeschlossene Teile der Leistung zu bestimmen.
2. Wird ein Bauzeitenplan aufgestellt, damit die Leistungen aller Unternehmen sicher ineinandergreifen, so sollen nur die für den Fortgang der Gesamtarbeit besonders wichtigen Einzelfristen als vertraglich verbindliche Fristen (Vertragsfristen) bezeichnet werden.

(3) Ist für die Einhaltung von Ausführungsfristen die Übergabe von Zeichnungen oder anderen Unterlagen wichtig, so soll hierfür ebenfalls eine Frist festgelegt werden.

(4) Der Auftraggeber darf in den Vertragsunterlagen eine Pauschalierung des Verzugsschadens (§ 5 Absatz 4 VOB/B) vorsehen; sie soll fünf Prozent der Auftragssumme nicht überschreiten. Der Nachweis eines geringeren Schadens ist zuzulassen.

§ 9a VS VOB/A Vertragsstrafen, Beschleunigungsvergütung

Vertragsstrafen für die Überschreitung von Vertragsfristen sind nur zu vereinbaren, wenn die Überschreitung erhebliche Nachteile verursachen kann. Die Strafe ist in angemessenen Grenzen zu halten. Beschleunigungsvergütungen (Prämien) sind nur vorzusehen, wenn die Fertigstellung vor Ablauf der Vertragsfristen erhebliche Vorteile bringt.

§ 9b VS VOB/A Verjährung der Mängelansprüche

Andere Verjährungsfristen als nach § 13 Absatz 4 VOB/B sollen nur vorgesehen werden, wenn dies wegen der Eigenart der Leistung erforderlich ist. In solchen Fällen sind alle Umstände gegeneinander abzuwägen, insbesondere, wann etwaige Mängel wahrscheinlich erkennbar werden und wieweit die Mängelursachen noch nachgewiesen werden können, aber auch die Wirkung auf die Preise und die Notwendigkeit einer billigen Bemessung der Verjährungsfristen für Mängelansprüche.

§ 9c VS VOB/A Sicherheitsleistung

(1) Auf Sicherheitsleistung soll ganz oder teilweise verzichtet werden, wenn Mängel der Leistung voraussichtlich nicht eintreten. Unterschreitet die Auftragssumme 250 000 Euro ohne Umsatzsteuer, ist auf Sicherheitsleistung für die Vertragserfüllung und in der Regel auf Sicherheitsleistung für die Mängelansprüche zu verzichten. Bei nicht offenen Verfahren sowie bei Verhandlungsverfahren und wettbewerblichem Dialog sollen Sicherheitsleistungen in der Regel nicht verlangt werden.

(2) Die Sicherheit soll nicht höher bemessen und ihre Rückgabe nicht für einen späteren Zeitpunkt vorgesehen werden, als nötig ist, um den Auftraggeber vor Schaden zu bewahren. Die Sicherheit für die Erfüllung sämtlicher Verpflichtungen aus dem Vertrag soll fünf Prozent der Auftragssumme nicht überschreiten. Die Sicherheit für Mängelansprüche soll drei Prozent der Abrechnungssumme nicht überschreiten.

§ 9d VS VOB/A Änderung der Vergütung

Sind wesentliche Änderungen der Preisermittlungsgrundlagen zu erwarten, deren Eintritt oder Ausmaß ungewiss ist, so kann eine angemessene Änderung der Vergütung in den Vertragsunterlagen vorgesehen werden. Die Einzelheiten der Preisänderungen sind festzulegen.

Literatur:
Burgi, Nachunternehmerschaft und wettbewerbliche Untervergabe, NZBau 2010, 593; *Gabriel/Bärenbrinker,* Der „No Spy"-Erlass des Bundesinnenministeriums: Resümee nach 1,5 Jahren der Anwendung und Ausblick für die weitere Praxis, VergabeR 2016, 166; *Höfler,* Transparenz bei der Vergabe öffentlicher Aufträge, NZBau 2010, 73; *Höfler,* Kostenerstattung im Vergabeverfahren nach der VOB/A, BauR 2000, 337; *Horn,* Anforderungen an die Formulierung bei der Auslegung von Vergabeunterlagen, VergabeR 2008, 785; *Stoye/Hoffmann,* Nachunternehmerbenennung und Verpflichtungserklärung im Lichte der neuesten BGH-Rechtsprechung und der VOB/A 2009, VergabeR 2009, 569.

A. Einleitung

1 Bei den Vergabeunterlagen handelt es sich um diejenigen Unterlagen, die die Bieter bzw. Bewerber vom Auftraggeber zum Vergabeverfahren erhalten und die über alle für die Teilnahme am Vergabeverfahren notwendigen Einzelheiten informieren sollen.[1] Die Vergabeunterlagen bestehen daher zum einen aus den Informationen zum Ablauf des Vergabeverfahrens (Anschreiben bzw. Aufforderung zur Teilnahme oder Angebotsabgabe, Bewerbungsbedingungen) und zum anderen aus den Informationen zum Auftragsgegenstand und den Auftragsbedingungen, den sog. Vertragsunterlagen, die sich wiederum regelmäßig

[1] Vgl. § 29 Abs. 1 S. 1 VgV, § 16 Abs. 1 S. 1 VSVgV, § 21 Abs. 1 S. 1 UVgO, § 8 Abs. 1 S. 1 VOL/A, § 8 (EU/VS) Abs. 2 Nr. 1 VOB/A.

aus der Leistungsbeschreibung und den Vertragsbedingungen zusammensetzen. Der früher verwendete Begriff der **„Verdingungsunterlagen"**, der im Wesentlichen dem heutigen Begriff der „Vertragsunterlagen" entspricht,[2] aber auch als Synonym für Vergabeunterlagen verwendet wurde, ist mit Überarbeitung der VOL/A und VOB/A im Jahr 2009 vollständig abgelöst worden. In den deutschen Fassungen der europäischen Richtlinien wird neuerdings weitgehend der Ausdruck „Auftragsunterlagen" gebraucht.[3] Dieser Begriff umfasst allerdings nach den europäischen Legaldefinitionen[4] neben den Vergabeunterlagen, wie sie hier definiert sind, auch die Auftragsbekanntmachung und ggf. Vorinformation und ist damit weiter zu verstehen.[5] Der Begriff der Vergabeunterlagen ist demgegenüber auf Unterlagen begrenzt, die den potentiellen Bewerbern oder Bietern für die Teilnahme am Vergabeverfahren zur Verfügung gestellt werden, und umfasst keine Veröffentlichungen der Absicht einer Beschaffung, wie es Bekanntmachungen darstellen. Einen **Sonderfall** stellt in diesem Zusammenhang die sog. **Aufforderung zur Interessensbestätigung** dar (s. im Einzelnen → Rn. 67 ff.), wie sie neuerdings für Auftragsvergaben nach Kartellvergaberecht gemäß §§ 97 ff. GWB unter bestimmten Bedingungen vorgesehen ist. Während es sich hier – vergleichbar mit der Aufforderung zur Angebotsabgabe und anderen Vergabeunterlagen – um ein Dokument handelt, das den interessierten Unternehmen durch direkte Übersendung und nicht über ein Veröffentlichungsorgan bekanntgegeben wird, übernimmt es jedoch dem Inhalt und der Funktion nach in der Regel die Rolle der Auftragsbekanntmachung; Regelungen zu zwingenden Inhalten der Auftragsbekanntmachung oder mit Bezug auf deren Veröffentlichungszeitpunkt nennen daher vielfach alternativ die Aufforderung zur Interessensbestätigung.[6]

Die Vergabeunterlagen sind – neben der Auftragsbekanntmachung und ggf. einer Vorinformation – die wesentlichen Informationsquellen für Bieter bzw. Bewerber in einem Vergabeverfahren. Sie dienen daher auch der **Transparenz** des Vergabeverfahrens.[7] Die normierten Anforderungen an Vergabeunterlagen sind dementsprechend regelmäßig als Konkretisierungen des allgemeinen Transparenzgrundsatzes, wie er in § 97 Abs. 1 S. 1 GWB sowie der UVgO bzw. den Vergabe- und Vertragsordnungen normiert ist (vgl. § 2 Abs. 1 S. 1 UVgO, § 2 Abs. 1 S. 1 VOL/A, § 2 Abs. 1 Nr. 1 VOB/A), zu verstehen, und zwar im Sinne einer ex-ante-Transparenz, die eine Vorhersehbarkeit für den Bieter bewirkt;[8] er kann so etwa bis zu einem gewissen Maße abschätzen, welche Chancen er im Vergabeverfahren hat,[9] und sich im Vergabeverfahren mit seinen Möglichkeiten möglichst optimal präsentieren. Mit den Festlegungen in den Vergabeunterlagen bindet sich der öffentliche Auftraggeber und gewährleistet insoweit zugleich die Chancengleichheit bzw. **Gleichbehandlung** der Bieter.[10] 2

Obwohl in der Regel die Auftragsbekanntmachung einer beabsichtigten Auftragsvergabe für potentielle Bieter bzw. Bewerber den ersten erkennbaren Schritt in einem Vergabeverfahren darstellt und die Bereitstellung der Vergabeunterlagen – je nach anwendbarem Vergaberechtsregime und Verfahrensart – unter Umständen zeitlich deutlich später erfolgen darf, sind aus Sicht des Auftraggebers zuerst die Vergabeunterlagen und damit die Ausschreibungsbedingungen einschließlich der Bestimmung des Auftragsgegenstands zu erarbeiten. Nur wenn diese feststehen, ist gewährleistet, dass auch die notwendigen Inhalte der 3

[2] Vgl. Kapellmann/Messerschmidt/*von Rintelen* VOB/A § 8 Rn. 3.
[3] Vgl. zB Art. 2 Abs. 1 Nr. 13 VRL, Art. 2 Nr. 9 SRL.
[4] Vgl. Art. 2 Abs. 1 Nr. 13 VRL, Art. 2 Nr. 9 SRL.
[5] In der Begründung zum Verordnungsentwurf der VgV wird klargestellt, dass weiterhin der engere Begriff von „Vergabeunterlagen" gemeint ist, BR-Drucks. 87/16, S. 182 (zu § 29).
[6] Vgl. zB § 122 Abs. 4 S. 2 GWB, § 35 Abs. 1 S. 1, § 41 Abs. 1 VgV, § 5 EU Abs. 2 Nr. 3, § 10b EU Abs. 1 VOB/A.
[7] Vgl. auch BGH Urt. v. 11.5.2009 – VII ZR 11/08, NJW 2009, 2443; KKMPP/*Verfürth* VgV § 29 Rn. 8.
[8] Vgl. Müller-Wrede/*Müller-Wrede* GWB § 97 Rn. 24.
[9] Vgl. *Höfler* NZBau 2010, 73, 76.
[10] Vgl. Müller-Wrede/*Gnittke/Hattig* VOL/A-EG § 9 Rn. 2; vgl. auch KKMPP/*Verfürth* VgV § 29 Rn. 8 mwN.

Bekanntmachung zutreffend und konsistent bestimmt werden können. Dementsprechend regelt § 2 Abs. 6 bzw. § 2 EU Abs. 8 VOB/A ausdrücklich, dass der Auftraggeber erst dann ausschreiben soll, wenn alle Vergabeunterlagen fertiggestellt sind und damit die sog. Ausschreibungsreife gegeben ist.[11] Im Anwendungsbereich der VgV bzw. der VOB/A-EU (dh des Kartellvergaberechts für die klassische Auftragsvergabe) müssen die Vergabeunterlagen ohnehin vom öffentlichen Auftraggeber ab Auftragsbekanntmachung (bzw. Aufforderung zur Interessensbestätigung) elektronisch zur Verfügung gestellt werden.[12]

4 Zu den Besonderheiten von Vergabeunterlagen bei der Vergabe im Sektorenbereich, dh im Anwendungsbereich der SektVO → § 52 Rn. 1ff.

B. Bestandteile der Vergabeunterlagen

5 Vergabeunterlagen sollen den Bietern bzw. Bewerbern alle Informationen an die Hand geben, die für eine Entscheidung über die Teilnahme an einem Vergabeverfahren erforderlich sind (§ 29 Abs. 1 S. 1 VgV, § 16 Abs. 1 S. 1 VSVgV, § 21 Abs. 1 S. 1 UVgO, § 8 Abs. 1 S. 1 VOL/A, § 8 (EU/VS) Abs. 2 Nr. 1 VOB/A). Vergabeunterlagen umfassen dementsprechend zum einen Unterlagen, die über den **Ablauf des Vergabeverfahrens** informieren, und zum anderen Unterlagen, die den Auftragsgegenstand und die Auftragsbedingungen definieren und damit den späteren **Vertragsinhalt** bilden sollen.[13] Für Informationen zum Verfahrensablauf sind das **Anschreiben** bzw. die Aufforderung zur Teilnahme bzw. Angebotsabgabe und ggf. die **Bewerbungsbedingungen bzw. Teilnahmebedingungen** vorgesehen (→ Rn. 6ff.). Auch die Aufforderung zur Interessensbestätigung nach §§ 38 Abs. 5, 52 Abs. 3 VgV bzw. § 12a EU Abs. 1 Nr. 3 VOB/A enthält derartige Informationen, wird aber aufgrund ihrer besonderen Funktion zwischen Bekanntmachung (bzw. Vorinformation) und den eigentlichen Vergabeunterlagen hier gesondert behandelt (→ Rn. 67ff.). Die Informationen zum Auftragsgegenstand und den Auftragsbedingungen sind in den sog. **Vertragsunterlagen** enthalten (→ Rn. 29ff.), die wiederum regelmäßig aus der Leistungsbeschreibung und den Vertragsbedingungen bestehen. Auch wenn nach VgV, VSVgV, UVgO bzw. den Vergabe- und Vertragsordnungen den einzelnen Bestandteilen der Vergabeunterlagen jeweils bestimmte Informationsinhalte zugewiesen werden, die diese enthalten sollen, ist es mit Blick auf den Transparenzgrundsatz prinzipiell unschädlich und nicht per se vergaberechtswidrig, wenn Informationen in einem anderen als dem nach VgV, VSVgV, VOL/A bzw. VOB/A vorgesehenen Teil der Vergabeunterlagen enthalten sind oder die Bestandteile abweichend von der jeweils verwendeten Terminologie bezeichnet werden. Dies gilt jedenfalls, soweit die Bieter die notwendigen Informationen ohne Weiteres den Vergabeunterlagen insgesamt deutlich und widerspruchsfrei entnehmen können.[14]

I. Anschreiben und Bewerbungsbedingungen/Teilnahmebedingungen

1. Begriffe

6 Mit dem **Anschreiben** werden potentielle Bieter zur Abgabe eines Angebots aufgefordert.[15] Alternativ kann das Anschreiben nach § 29 Abs. 1 S. 2 Nr. 1 VgV, § 16 Abs. 1 S. 2 Nr. 1 VSVgV, § 21 Abs. 1 S. 2 Nr. 1 UVgO auch die Aufforderung zur Abgabe eines Teil-

[11] Vgl. zur Ausschreibungsreife Ziekow/Völlink/*Völlink* VOB/A-EU § 2 Rn. 13ff.

[12] Zu den Einzelheiten vgl. § 23 Rn. 19ff.

[13] Vgl. Ingenstau/Korbion/*von Wietersheim* VOB/A § 8 Rn. 4.

[14] Vgl. aber zur Unzulässigkeit von über die Vergabeunterlagen verteilten Leistungserfordernissen: OLG Düsseldorf Beschl. v. 7.3.2012 – VII-Verg 82/11, BeckRS 2012, 5922.

[15] Siehe entsprechende Erläuterung zum Begriff „Anschreiben" in den § 29 Abs. 1 S. 2 Nr. 1 VgV, § 16 Abs. 1 S. 2 Nr. 1 VSVgV, § 21 Abs. 1 S. 2 Nr. 1 UVgO, § 8 Abs. 1 S. 2 lit. a) VOL/A, § 8 (EU/VS) Abs. 1 Nr. 1 VOB/A.

nahmeantrags (bei Vergabeverfahren mit Teilnahmewettbewerb) enthalten. Soweit es sich nach § 8 Abs. 1 S. 2 lit. a) VOL/A, aber auch § 29 Abs. 1 S. 2 Nr. 1 VgV, § 16 Abs. 1 S. 2 Nr. 1 VSVgV, § 21 Abs. 2 Nr. 1 UVgO beim Anschreiben auch um ein „**Begleitschreiben** für die Abgabe der angeforderten Unterlagen" handeln kann, ist hier ebenfalls ein Anforderungsschreiben des Auftraggebers im Rahmen eines Teilnahmewettbewerbs gemeint, mit dem zur Abgabe eines Teilnahmeantrags und der dazu erforderlichen (Eignungs-)Unterlagen aufgefordert wird.[16] Letzteres hat der Verordnungsgeber vermutlich nicht gesehen, als er die Aufforderung zur Abgabe eines Teilnahmeantrags in § 29 Abs. 1 VgV, § 16 Abs. 1 VSVgV bzw. § 21 Abs. 1 UVgO neu[17] aufnahm, so dass dieser Fall nun doppelt geregelt ist. Dass die Regelungen der VOB/A die Aufforderung zum Teilnahmeantrag überhaupt nicht erwähnen, liegt vermutlich daran, dass diese regelmäßig mit der Auftragsbekanntmachung selbst erfolgt und es einer gesonderten Aufforderung regelmäßig nicht bedarf. Im Rahmen der besonderen Verfahrensarten des wettbewerblichen Dialogs[18] (zu den Einzelheiten → § 12 Rn. 1 ff.) und der Innovationspartnerschaft[19] (zu den Einzelheiten → § 12 Rn. 101 ff.) enthält das Anschreiben nach beendetem Teilnahmewettbewerb die Aufforderung zur Teilnahme am wettbewerblichen Dialog (der Dialogphase) bzw. an Verhandlungen im Rahmen der Innovationspartnerschaft (vgl. zB § 52 Abs. 1 VgV, § 29 Abs. 1 VSVgV).

Neben der förmlichen **Aufforderung zur Angebotsabgabe** (invitatio ad offerendum) 7 oder **zur Abgabe eines Teilnahmeantrags** fassen Anschreiben und Bewerbungsbedingungen im Übrigen diejenigen Bestimmungen des öffentlichen Auftraggebers zusammen, die das Vergabeverfahren selbst – im Gegensatz zum Auftragsgegenstand und zur Auftragsdurchführung – betreffen. Dabei werden die Begriffe „Anschreiben" und **„Bewerbungsbedingungen"** in VgV, VSVgV, UVgO bzw. VOL/A einerseits und VOB/A andererseits leicht unterschiedlich verstanden; die VOB/A spricht im Übrigen jetzt nicht mehr von „Bewerbungsbedingungen" (so noch VOB/A 2012), sondern von **„Teilnahmebedingungen"**, womit jedoch keine inhaltliche Änderung verbunden ist. Während das Anschreiben iSd § 29 Abs. 1 S. 2 Nr. 1 VgV, § 16 Abs. 1 S. 2 Nr. 1 VSVgV, § 21 Abs. 1 S. 1 Nr. 1 UVgO, § 8 Abs. 1 S. 2 lit. a) VOL/A vor allem die Angebotsaufforderung enthält und die Bewerbungsbedingungen gemäß Legaldefinition in den § 29 Abs. 1 S. 2 Nr. 2 VgV, § 16 Abs. 1 S. 2 Nr. 2 VSVgV, § 21 Abs. 1 S. 2 Nr. 2 UVgO, § 8 Abs. 1 S. 2 lit. b) VOL/A sämtliche **Durchführungsbestimmungen zum Vergabeverfahren** umfassen, sollen bei Bauleistungen die Durchführungsbestimmungen typischerweise bereits im Anschreiben nach § 8 (EU/VS) Abs. 2 Nr. 1 VOB/A mit enthalten sein; Teilnahmebedingungen sind hier hingegen – wie sie in § 8 (EU/VS) Abs. 1 Nr. 1 iVm Abs. 2 Nr. 6 VOB/A definiert sind – enger zu verstehen, und zwar im Sinne einer **standardisierten, formularhaften Zusammenfassung,**[20] die ein Auftraggeber vornimmt, der „ständig" Vergabeverfahren durchführt. Separate Bewerbungs- bzw. Teilnahmebedingungen ermöglichen es, das Anschreiben selbst übersichtlich zu halten[21] und die Erarbeitung und auch Prüfung von Vergabeunterlagen zu rationalisieren.[22] Welche Bestimmungen er in den Bewerbungsbedingungen zusammenfasst, ist dabei Sache des Auftraggebers.[23] Als für eine Vielzahl von Vergabeverfahren vorformulierte Bedingungen stellen die Teilnahmebedin-

[16] So auch KKMPP/*Verfürth* VgV § 29 Rn. 12, 14, der darüber hinaus auch Nachforderungsschreiben davon erfasst sieht.

[17] Ausgehend von § 9 EG Abs. 1 S. 2 lit. a) bzw. § 8 Abs. 1 S. 2 lit. a) VOL/A.

[18] Vgl. § 119 Abs. 6 GWB, § 18 VgV, § 13 VSVgV, §§ 3 EU Nr. 4, 3b EU Abs. 4, §§ 3 VS Nr. 3, 3b VS Abs. 3 VOB/A.

[19] Vgl. § 119 Abs. 7 GWB, § 19 VgV, §§ 3 EU Nr. 5, 3b EU Abs. 5 VOB/A.

[20] Vgl. auch Kapellmann/Messerschmidt/*von Rintelen* VOB/A § 8 Rn. 74.

[21] Vgl. auch Ziekow/Völlink/*Goede/Hänsel* VgV § 29 Rn. 10.

[22] Vgl. OLG Koblenz Beschl. v. 7.7.2004 – 1 Verg 1 und 2/04, NZBau 2004, 571; Heiermann/Riedl/Rusam/*Heiermann/Bauer* § 8 VOB/A Rn. 32.

[23] Vgl. OLG Koblenz Beschl. v. 7.7.2004 – 1 Verg 1 und 2/04, NZBau 2004, 571; Heiermann/Riedl/Rusam/*Heiermann/Bauer* § 8 VOB/A Rn. 32.

gungen Allgemeine Geschäftsbedingungen im Sinne der §§ 305 ff. BGB dar;[24] dies setzt jedoch nach § 305 Abs. 1 BGB voraus, dass sie im Einzelfall vertragliche Regelungen enthalten.[25]

2. Inhalt

8 Gemäß § 29 Abs. 1 S. 1 VgV, § 16 Abs. 1 S. 1 VSVgV, § 21 Abs. 1 S. 1 UVgO bzw. § 8 Abs. 1 S. 1 VOL/A sollen die Vergabeunterlagen alle diejenigen Angaben enthalten, die erforderlich sind, um eine Entscheidung zur Teilnahme am Vergabeverfahren (durch Teilnahmeantrag oder Angebotsabgabe) zu ermöglichen. Speziell bezogen auf das Anschreiben soll dieses nach § 8 (EU/VS) Abs. 2 Nr. 1 VOB/A alle in der Auftragsbekanntmachung anzugebenden Informationen enthalten, die außer den Vertragsunterlagen für den Entschluss zur Abgabe eines Angebots notwendig sind, sofern sie nicht bereits bekanntgemacht wurden. Allen Regelungen lässt sich entnehmen, dass Anschreiben und ggf. Bewerbungs- bzw. Teilnahmebedingungen alle diejenigen Informationen enthalten sollen, die ein potentieller Bewerber oder Bieter über die Vertragsunterlagen hinaus als **Entscheidungsgrundlage für eine Teilnahme** am Vergabeverfahren benötigt. Das sind – da die Vertragsunterlagen mit Leistungsbeschreibung und Vertragsbedingungen bereits den Auftragsgegenstand und die Ausführungsbedingungen definieren – vor allem Informationen zum Ablauf des Vergabeverfahrens (wie Fristen und Zuschlagskriterien) und mögliche Vorgaben für die Angebotserstellung bzw. Erstellung eines Teilnahmeantrags (zB erforderliche Erklärungen bzw. Nachweise oder Formvorgaben). Die Angaben, die eine jeweils dazugehörige Bekanntmachung enthalten muss bzw. soll, sind nach § 8 (EU/VS) Abs. 2 Nr. 1 VOB/A der Ausgangspunkt für Bauaufträge, stellen aber auch für die Gestaltung von Vergabeunterlagen für Liefer- und Dienstleistungsaufträge nach VgV, VSVgV, UVgO oder VOL/A eine gute Orientierung dar.

9 Ausdrücklich erwähnt sind in § 29 Abs. 1 S. 2 Nr. 2 VgV, § 16 Abs. 1 S. 2 Nr. 2 VSVgV, § 21 Abs. 1 S. 2 Nr. 2 UVgO bzw. § 8 Abs. 1 S. 2 lit. b) VOL/A die Benennung der **Zuschlagskriterien** und ggf. deren Gewichtung (→ Rn. 14 ff.), in § 8 Abs. 4 VOL/A bzw. § 8 (EU/VS) Abs. 2 Nr. 3 VOB/A Angaben zur Zulassung von und ggf. (Mindest-) Anforderungen an **Nebenangebote** (→ Rn. 18 ff.) und in § 8 (EU/VS) Abs. 2 Nr. 2 VOB/A die mögliche Anforderung von Erklärungen zum Einsatz von **Nachunternehmern** bzw. Unterauftragnehmern (→ Rn. 23 ff.; → § 18 Rn. 23 ff.). Nach § 52 Abs. 2 VgV, § 37 Abs. 2 UVgO bzw. § 29 Abs. 2 bis 5 VSVgV sind zudem abhängig von der jeweiligen Verfahrensart im nicht offenen Verfahren, Verhandlungsverfahren, wettbewerblichen Dialog oder der Innovationspartnerschaft **bestimmte Pflichtangaben** erforderlich (→ Rn. 26 ff.). Für Bauaufträge, die dem 1. Abschnitt der VOB/A unterfallen, kann der Auftraggeber zudem seit 2019 in den Vergabeunterlagen (oder auch in der Auftragsbekanntmachung, § 12 Abs. 1 Nr. 2 lit. k) VOB/A) bestimmen, dass er die **Abgabe mehrerer Hauptangebote** nicht zulässt, § 8 Abs. 2 Nr. 4 VOB/A.[26] Macht der Auftraggeber davon mit entsprechender Angabe in den Vergabeunterlagen Gebrauch, darf jeder Bieter nur ein Hauptangebot abgeben.[27] Fehlt eine solche Angabe, soll die Abgabe mehrerer Hauptangebote grundsätzlich zulässig sein.[28] Die Vergabeunterlagen werden in § 8 VS Abs. 3 VOB/A (vgl. auch § 7 Abs. 1 S. 1, § 8 Abs. 1 VSVgV) ferner als Ort genannt – alternativ zur Auftragsbekanntmachung –, an dem auf erforderliche Schutzmaßnahmen, -anforderungen oder -auflagen im Hinblick auf Verschlusssachenaufträge bzw. Versor-

---

[24] Vgl. OLG Koblenz Beschl. v. 7.7.2004 – 1 Verg 1 und 2/04, NZBau 2004, 571; Heiermann/Riedl/Rusam/*Heiermann/Bauer* § 8 VOB/A Rn. 32.

[25] Vgl. Kapellmann/Messerschmidt/*von Rintelen* VOB/A § 8 Rn. 75.

[26] Für Bauaufträge nach VOB/A-EU und -VS besteht diese Möglichkeit allein für die Auftragsbekanntmachung oder ggf. die Aufforderung zur Interessensbestätigung, § 8 EU/VS Abs. 2 Nr. 4 VOB/A.

[27] Bieter mit mehreren Hauptangeboten werden mit diesen Angeboten ausgeschlossen, § 16 Abs. 1 Nr. 7 VOB/A.

[28] Vgl. jurisPK-Vergaberecht/*Lausen* § 8 VOB/A Rn. 36.6.

gungssicherheit hinzuweisen ist (s. dazu im Einzelnen → § 59 Rn. 11 ff. bzw. → § 60 Rn. 5 ff.). § 29 Abs. 1 S. 2 Nr. 2 VgV und § 21 Abs. 1 S. 2 Nr. 2 UVgO nennen schließlich noch die **Eignungskriterien** als mögliche Angabe in den Vergabeunterlagen; hier kann es bei § 29 Abs. 1 S. 2 Nr. 2 VgV im Regelfall – nämlich wenn es sich nicht ausnahmsweise um eine Aufforderung zur Interessensbestätigung handelt (→ Rn. 67 ff.) – jedoch nur noch um eine Wiederholung der Eignungskriterien gehen, die gemäß § 122 Abs. 4 S. 2 GWB zwingend bereits in der Auftragsbekanntmachung oder der Vorinformation aufzuführen sind.

Teilweise wird die Pflicht zur Benennung bestimmter Angaben (zB der Zuschlagskrite- 10
rien) davon abhängig gemacht, dass sie nicht bereits in der Bekanntmachung genannt wurden. Zur Übersichtlichkeit für die Bieter und damit aus Gründen der Transparenz sollten jedoch auch diese Angaben in den Vergabeunterlagen wiederholt werden.[29] Durch eine möglichst vollständige Darstellung der Ausschreibungsbedingungen in den Vergabeunterlagen kann der Auftraggeber unterstützen, dass alle Teilnehmer des Vergabeverfahrens auf derselben Informationsbasis ihre Angebote oder Teilnahmeanträge – ausgehend von allen maßgeblichen Ausschreibungsbedingungen – möglichst optimal erstellen. Dabei ist darauf zu achten, dass Widersprüche zwischen Vergabeunterlagen und Bekanntmachung vermieden werden (zu den Folgen → Rn. 72 f.).

Soweit bestimmte **Anforderungen an Form und Inhalt** der Angebote (etwa nach 11
§ 53 VgV, § 38 UVgO, § 13 VOL/A bzw. § 13 (EU/VS) VOB/A) gestellt werden (zu den Einzelheiten → § 26), sollten auch diese in die Vergabeunterlagen aufgenommen werden. Für die Vergabe von Bauaufträgen schreibt dies § 13 (EU/VS) Abs. 6 VOB/A ausdrücklich vor.

Nach § 14 Abs. 1 VgV aF war der öffentliche Auftraggeber bisher bei der Vergabe von 12
Aufträgen, die dem Kartellvergaberecht (§§ 97 ff. GWB) unterfallen,[30] **verpflichtet,** nicht nur in der Auftragsbekanntmachung (so weiterhin etwa nach § 37 Abs. 3 VgV; zu den Einzelheiten → § 23 Rn. 28 ff.), sondern auch noch einmal in den Vergabeunterlagen die für die Nachprüfung der jeweiligen Auftragsvergabe **zuständige Vergabekammer** zu benennen. Diese Verpflichtung besteht so nur noch gemäß § 21 EU/VS VOB/A bei der Vergabe von Bauaufträgen sowie bei Liefer- und Dienstleistungsaufträgen, die in den Anwendungsbereich der VSVgV fallen (vgl. § 16 Abs. 1 S. 2 Nr. 4 VSVgV – allerdings mit der Einschränkung „in der Regel"); auch in Bezug auf Liefer- und Dienstleistungsaufträge nach der VgV sollte jedoch weiterhin in Erwägung gezogen werden, auf die zuständige Vergabekammer auch in den Vergabeunterlagen hinzuweisen. Nach § 21 VOB/A sind im Anwendungsbereich des 1. Abschnitts der VOB/A entsprechend mögliche **Nachprüfungsstellen** in Bekanntmachung und Vergabeunterlagen anzugeben (zu den Einzelheiten → § 23 Rn. 57). Diese Angaben sollten in den Vergabeunterlagen systematisch zutreffend in das Anschreiben bzw. eventuelle Bewerbungsbedingungen aufgenommen werden.

Dem Anschreiben und den Bewerbungsbedingungen (bzw. Teilnahmebedingungen) sys- 13
tematisch zuzuordnen, aber separat zu erstellen ist die für Liefer- und Dienstleistungsaufträge gemäß § 16 Abs. 2 **VSVgV,** § 8 Abs. 3 **VOL/A** erforderliche **abschließende Liste derjenigen Nachweise,** die der Auftraggeber von den Bietern bzw. Bewerbern verlangt. Für Bauaufträge enthält die **VOB/A** seit 2019 mit § 8 (EU/VS) Abs. 2 Nr. 5 VOB/A eine ähnliche Regelung, nach der der Auftraggeber **an zentraler Stelle abschließend alle Unterlagen** (mit Ausnahme von Produktangaben) **anzugeben** hat, die ansonsten nachzufordern wären. Für Liefer- und Dienstleistungsaufträge nach **VgV** bzw. **UVgO** gibt es hingegen keine entsprechende Regelung. Auch hier kann jedoch eine abschließende Auflistung der geforderten Nachweise bzw. Unterlagen die Transparenz erhöhen und

---

[29] Vgl. auch Ziekow/Völlink/*Goede/Hänsel* VgV § 29 Rn. 8.

[30] Insbesondere muss der fragliche öffentliche Auftrag den maßgeblichen Schwellenwert nach § 106 Abs. 2 GWB erreichen und darf nicht von einem Ausnahmetatbestand nach §§ 107 ff., 117, 137 ff., 145 GWB erfasst sein.

mögliche Nachforderungen minimieren. Zu den Anforderungen an eine solche Liste bzw. Aufstellung → Rn. 59 ff.

14 **a) Zuschlagskriterien und deren Gewichtung.** In den Vergabeunterlagen sind insbesondere die **Zuschlagskriterien** und – insbesondere soweit das Kartellvergaberecht (§§ 97 ff. GWB) anwendbar ist – auch die **Gewichtung** der Zuschlagskriterien anzugeben. Dies ergibt sich aus § 127 Abs. 5 GWB und § 58 Abs. 3 S. 1 VgV, § 34 Abs. 2 S. 1 VSVgV bzw. § 8 EU/VS Abs. 2 Nr. 1 VOB/A[31] für Auftragsvergaben nach Kartellvergaberecht und ansonsten für Liefer- und Dienstleistungsaufträge aus § 21 Abs. 1 S. 2 Nr. 2 UVgO bzw. § 8 Abs. 1 S. 2 lit. b) VOL/A und für Bauaufträge aus § 8 Abs. 2 Nr. 1 iVm § 12 Abs. 1 Nr. 2 lit. r) (auch § 16d Abs. 1 Nr. 5 S. 1) VOB/A. Soweit nach diesen Vorschriften die Benennung in den Vergabeunterlagen entfallen kann, weil sie bereits in der (Auftrags-)Bekanntmachung erfolgte, empfiehlt es sich jedoch aus Transparenzgründen, Zuschlagskriterien und ggf. Gewichtung noch einmal in den Vergabeunterlagen zu wiederholen.

15 Soweit der Auftraggeber zur Bekanntgabe der Gewichtung der Zuschlagskriterien gegenüber den Bietern verpflichtet ist, reicht für Liefer- und Dienstleistungsaufträge oberhalb der Schwellenwerte nach § 58 Abs. 3 S. 2 und 3 VgV als Angabe eine (der Bandbreite nach) angemessene Spanne (vgl. Art. 67 Abs. 5 UAbs. 2 VRL) oder – wenn die Angabe einer Gewichtung aus objektiven Gründen nicht möglich ist – eine Angabe der Kriterien in absteigender Rangfolge (vgl. Art. 67 Abs. 5 UAbs. 3 VRL). Letzteres ist nur in begründeten Ausnahmefällen zulässig, etwa wenn aufgrund der Komplexität des zu vergebenden Auftrags eine Festlegung der Gewichtung im Vorhinein nicht möglich ist.[32] § 34 Abs. 2 S. 1 VSVgV[33] sieht eine § 58 Abs. 3 S. 3 VgV vergleichbare Formulierung vor. Für Bauaufträge oberhalb der Schwellenwerte muss nach § 8 EU Abs. 2 Nr. 1 VOB/A iVm Anhang V Teil C Nr. 18 VRL und Art. 67 Abs. 5 UAbs. 2 und 3 VRL letztlich dasselbe gelten.[34]

16 Zu den Vorgaben für die Bestimmung der Zuschlagskriterien und deren Gewichtung im Einzelnen → § 32 Rn. 5 ff.

17 Unabhängig davon, in welchem Umfang ein Auftraggeber im Einzelfall zur Angabe von Zuschlagskriterien und ggf. Unterkriterien sowie deren jeweiliger Gewichtung vergaberechtlich verpflichtet ist, sollte er diese in seinem eigenen Interesse an einer wirtschaftlichen Beschaffung den Bietern so weit wie möglich transparent machen. Denn aus diesen Angaben können sich die Bieter ein möglichst genaues Bild von den Nachfragepräferenzen des Auftraggebers machen und ihr Angebot so gut wie möglich daran ausrichten. Umgekehrt erfordert dies vom Auftraggeber, dass er im Vorhinein nicht nur den Auftragsgegenstand genau beschreibt, sondern auch Erwägungen dazu anstellt, welche qualitativen oder preislichen Eigenschaften des Auftragsgegenstands für ihn in welchem Maße von Bedeutung sind.

18 **b) Angaben zu Nebenangeboten.** Abhängig davon, ob ein Auftraggeber von den Bietern Nebenangebote[35] erhalten und diese berücksichtigen will, sind ggf. Angaben dazu in den Vergabeunterlagen erforderlich.

19 Für die Berücksichtigung von Nebenangeboten ist grundsätzlich erforderlich, dass sie vom Auftraggeber zugelassen wurden. Die **Zulassung von Nebenangeboten** muss bei

[31] Jeweils iVm dem in Bezug genommenen Anhang der VRL bzw. der Durchführungsverordnung (EU) 2015/1986; vgl. auch § 16d EU Abs. 2 Nr. 2 S. 1 bzw. § 16d VS Abs. 2 S. 1 VOB/A.

[32] Vgl. Erwägungsgrund 90 (dort aE) VRL.

[33] Für Bauaufträge nach VOB/A-VS siehe § 8 VS Abs. 2 Nr. 1 VOB/A iVm „Anhang XV" (gemeint ist Anhang XIV) der Durchführungsverordnung (EU) 2015/1986.

[34] Für Bauaufträge nach VOB/A-VS s. o. → Fn. 33.

[35] Zum Begriff des Nebenangebots → § 28 Rn. 3.

Auftragsvergaben, die dem Kartellvergaberecht (§§ 97 ff. GWB) unterfallen,[36] bereits ausdrücklich in der Auftragsbekanntmachung oder der Aufforderung zur Interessensbestätigung erfolgen; eine nachträgliche Zulassung in den Vergabeunterlagen ist nicht mehr möglich (s. im Einzelnen → § 28 Rn. 13 f.). Gleiches gilt grundsätzlich für Auftragsvergaben nach UVgO (s. → § 28 Rn. 23 f.). Im Anwendungsbereich des jeweiligen **1. Abschnitts der VOB/A** bzw. VOL/A ist die Zulassung hingegen sowohl in der (Auftrags-) Bekanntmachung als auch noch in den Vergabeunterlagen zulässig (§§ 8 Abs. 2 Nr. 3 S. 1 lit. a), 16 Abs. 1 Nr. 6 VOB/A, § 8 Abs. 4 VOL/A). Fehlt sowohl in der Bekanntmachung als auch in den Vergabeunterlagen eine Aussage dazu, ob Nebenangebote zugelassen sind oder nicht, gilt auch im Falle von Liefer- und Dienstleistungsaufträgen, die noch der VOL/A (und nicht der UVgO) unterfallen, dass Nebenangebote nicht zugelassen sind (§ 8 Abs. 4 S. 2 VOL/A). Im Falle von Bauaufträgen sind hingegen Nebenangebote grundsätzlich zugelassen (§§ 8 Abs. 2 S. 1 Nr. 3 lit. a), 16 Abs. 1 Nr. 6 VOB/A); hier muss der Auftraggeber ausdrücklich angeben, wenn er keine Nebenangebote zulassen will (vgl. → § 28 Rn. 23 f.). Soweit also der 1. Abschnitt der VOB/A bzw. VOL/A anwendbar ist, sollte der Auftraggeber spätestens vor Herausgabe der Vergabeunterlagen eine Entscheidung zur Zulassung von Nebenangeboten treffen und dies den Bietern in den Vergabeunterlagen mitteilen. Angaben aus der (Auftrags-)Bekanntmachung sollten aus Transparenzgründen wiederholt werden.

Soweit der Auftraggeber Nebenangebote zugelassen hat, kann er die Berücksichtigung 20 von Nebenangeboten von der gleichzeitigen Abgabe eines wertungsfähigen Hauptangebots abhängig machen. Gemäß § 8 Abs. 2 Nr. 3 S. 1 lit. b), § 8 EU Abs. 2 Nr. 3 S. 4 lit. a) bzw. § 8 VS Abs. 2 Nr. 3 S. 1 lit. a) VOB/A kann er eine entsprechende Vorgabe in die Vergabeunterlagen aufnehmen, dass Nebenangebote **nur in Verbindung mit einem Hauptangebot** zugelassen sind; Gleiches ist – auch ohne ausdrückliche Regelung in der VgV, VSVgV, UVgO oder VOL/A – bei der Vergabe von Liefer- und Dienstleistungsaufträgen möglich (vgl. dazu im Einzelnen → § 28 Rn. 27).

Soweit eine Auftragsvergabe der VgV oder der VSVgV (ggf. iVm der VOB/A-EU bzw. 21 -VS) unterliegt, sind für den Fall, dass Nebenangebote zugelassen sind, sog. **Mindestanforderungen** anzugeben, die Nebenangebote erfüllen müssen, um berücksichtigt zu werden (zu den Einzelheiten und Anforderungen an solche Mindestanforderungen → § 28 Rn. 28 ff.). Fehlen entsprechende Angaben, dürfen abgegebene Nebenangebote nicht berücksichtigt werden (s. im Einzelnen → § 28 Rn. 28, 32).

Speziell bei der Vergabe von **Bauaufträgen** ist im Rahmen der Erstellung der Vergabe- 22 unterlagen zudem zu beachten, dass Bieter gemäß § 13 (EU/VS) Abs. 3 S. 1 VOB/A dazu verpflichtet sind, die **Anzahl der** von ihnen abgegebenen **Nebenangebote** an einer vom Auftraggeber bezeichneten Stelle aufzuführen; dies setzt voraus, dass der Auftraggeber eine solche Stelle in den Vergabeunterlagen vorgesehen hat. Zudem sind Nebenangebote gemäß § 13 (EU/VS) Abs. 3 S. 2 VOB/A auf **besonderer Anlage** zu machen und als solche **deutlich zu kennzeichnen.** Da ein Verstoß gegen diese Vorgabe gemäß § 16 Abs. 1 Nr. 8 bzw. § 16 EU/VS Nr. 7 VOB/A zum Ausschluss des jeweiligen Nebenangebots führt (vgl. auch → § 28 Rn. 47), ist es sinnvoll, den Bietern eine Formularvorlage für Nebenangebote mit den Vergabeunterlagen zur Verfügung zu stellen. Auf beide Formerfordernisse nach § 13 (EU/VS) Abs. 3 S. 1 und 2 VOB/A hat der Auftraggeber im Übrigen gemäß § 13 (EU/VS) Abs. 6 VOB/A in den Vergabeunterlagen hinzuweisen. Zudem sind gemäß § 8 Abs. 2 Nr. 3 S. 4, § 8 EU Abs. 2 Nr. 3 S. 7 bzw. § 8 VS Abs. 2 Nr. 3 S. 2 VOB/A in Bezug auf Nebenangebote Angaben über die Ausführung und Beschaffenheit einer Leistung zu verlangen, wenn die Ausführung der Leistung nicht in Allgemeinen Technischen Vertragsbedingungen (→ Rn. 34 f.) oder den Vergabeunterlagen geregelt ist;

[36] Insbesondere muss der fragliche öffentliche Auftrag den maßgeblichen Schwellenwert nach § 106 Abs. 2 GWB erreichen und darf nicht von einem Ausnahmetatbestand nach §§ 107 ff., 117, 137 ff., 145 GWB erfasst sein.

auch diese Forderung ist in die Vergabeunterlagen aufzunehmen. Bei der Vergabe von **Liefer- oder Dienstleistungen** nach VgV oder UVgO sind die Bieter ebenfalls verpflichtet, **Nebenangebote** als solche **zu kennzeichnen** (§ 53 Abs. 7 S. 3 VgV bzw. § 38 Abs. 10 S. 3 UVgO). Auch hier führt ein Verstoß gegen die Kennzeichnungspflicht regelmäßig nach § 57 Abs. 1 VgV bzw. § 42 Abs. 1 S. 2 UVgO zum Ausschluss des jeweiligen Nebenangebots (vgl. zu den Einzelheiten auch → § 28 Rn. 35, 48), sodass es wie bei Bauaufträgen sinnvoll ist – um unnötige Ausschlüsse von Nebenangeboten zu vermeiden –, den Bietern eine Formularvorlage für Nebenangebote mit den Vergabeunterlagen zur Verfügung zu stellen.

23 **c) Erklärungen zu Nachunternehmern bzw. Unterauftragnehmern.** Gemäß § 36 Abs. 1 S. 1 VgV, § 9 Abs. 1 S. 1 VSVgV, § 26 Abs. 1 S. 1 UVgO bzw. § 8 (EU/VS) Abs. 2 Nr. 2 VOB/A kann ein Auftraggeber in den Vergabeunterlagen die Bieter auffordern, in ihrem Angebot diejenigen Leistungen anzugeben, die sie an **Nachunternehmen** zu vergeben beabsichtigen; die genannten Vorschriften in VgV, VSVgV, UVgO und VOB/A-EU sprechen hier von Leistungen, die „im Wege der Unterauftragsvergabe (bzw. von **Unteraufträgen**) an Dritte" vergeben werden sollen, und entsprechend von **Unterauftragnehmern,** ohne dass damit jedoch etwas anderes gemeint ist.[37] Die Regelungen definieren dabei nicht ausdrücklich, welche Leistungen begrifflich unter diese sog. **Nachunternehmerleistungen** fallen. Allgemein anerkannt ist, dass trotz des offenen Wortlauts nicht jede beliebige Hilfs- oder Zuliefertätigkeit dazu zählt bzw. nicht jeder Erfüllungs- bzw. Verrichtungsgehilfe Nachunternehmer ist.[38] Um Nachunternehmerleistungen handelt es sich in jedem Fall bei Teilleistungen des zu vergebenden Auftrags entsprechend der Leistungsbeschreibung bzw. dem Leistungsverzeichnis, für die der Nachunternehmer dem Auftragnehmer selbst die Leistung vertraglich schuldet.[39] Dieses Verständnis wird auch durch die Formulierungen in § 36 Abs. 1 S. 1 VgV, § 9 Abs. 1 S. 1 VSVgV bzw. § 26 Abs. 1 S. 1 UVgO gestützt, die nicht allgemein von Leistungen, sondern von „Teilen des Auftrags" sprechen. Nicht unter Nachunternehmerleistungen fallen demgegenüber bloße Zuliefertätigkeiten, Hilfstätigkeiten wie Speditionsleistungen oder Gerätevermietungen.[40] Vgl. zum Ganzen → § 18 Rn. 8 ff.

24 Nach § 36 Abs. 1 S. 1 VgV, § 9 Abs. 1 S. 1 VSVgV, § 27 Abs. 1 S. 1 UVgO bzw. § 8 (EU/VS) Abs. 2 Nr. 2 VOB/A können Angaben von den Bietern dazu verlangt werden, welche Leistungen (Teile des Auftrags) der Bieter an Nachunternehmer bzw. Unterauftragnehmer vergeben will. Hierfür sollte ein Auftraggeber, der diese Angaben anfordert, ein Formular (sog. **Nachunternehmerverzeichnis**) für die Bieter zur Verfügung stellen, in dem die geforderten Angaben (in der Regel tabellarisch) eingetragen werden können. Werden derartige Angaben gefordert, haben Bieter die erforderlichen Angaben vollständig und klar zu machen; insbesondere muss aus den Angaben eindeutig ersichtlich sein, um welche Leistungen es sich handelt, die von Nachunternehmern erbracht werden sollen.[41] Dies ist durch die Angabe von Ordnungsziffern des Leistungsverzeichnisses oder auch die Verwendung von Schlagwörtern, denen konkrete Leistungsbereiche zuordenbar sind,

---

37 Dementsprechend spricht die Verordnungsbegründung zu § 36 VgV (BR-Drucks. 18/7417 S. 189) abwechselnd sowohl vom „Unterauftragnehmer" als auch vom bisher überwiegend gebrauchten Begriff des „Nachunternehmers".

38 Vgl. OLG Naumburg Beschl. v. 26.1.2005 – 1 Verg 21/04, BeckRS 2005, 1683; Ziekow/Völlink/*Goede/Hänsel* VOB/A-EU § 8 Rn. 6.

39 Vgl. OLG Naumburg Beschl. v. 2.7.2009 – 1 Verg 2/09, BeckRS 2009, 25401; Beschl. v. 26.1.2005 – 1 Verg 21/04, BeckRS 2005, 1683; *Burgi* NZBau 2010, 593, 594 f.

40 Vgl. OLG Düsseldorf Beschl. v. 27.10.2010 – VII-Verg 47/10, IBRRS 2010, 4429; OLG Naumburg Beschl. v. 26.1.2005 – 1 Verg 21/04, BeckRS 2005, 1683; Ziekow/Völlink/*Goede/Hänsel* VOB/A-EU § 8 Rn. 6; Kapellmann/Messerschmidt/*von Rintelen* VOB/A § 8 Rn. 47.

41 Vgl. OLG Dresden Beschl. v. 11.4.2006 – WVerg 6/06, NJOZ 2006, 2320; BayObLG Beschl. v. 27.7.2004 – Verg 14/04, BayObLGZ 2004, 189; Ziekow/Völlink/*Goede/Hänsel* VOB/A-EU § 8 Rn. 11.

möglich.[42] Ist die eindeutige Zuordnung nicht möglich, fehlen die Angaben und führen ggf. zum Ausschluss des jeweiligen Angebots (vgl. → § 18 Rn. 26f.).

Nach § 36 Abs. 1 S. 1 und 2 VgV, § 9 Abs. 1 S. 1 VSVgV, § 27 Abs. 1 S. 1 und 2 UVgO bzw. § 8 EU Abs. 2 Nr. 2 VOB/A sowie über den Wortlaut von § 8 (VS) Abs. 2 Nr. 2 VOB/A hinaus kann unter Umständen bei Angebotsabgabe bzw. vor Zuschlagserteilung neben der Bezeichnung der Nachunternehmerleistungen von den Bietern die **Benennung** der jeweils vorgesehenen **Nachunternehmer** bzw. Unterauftragnehmer und ggf. die Vorlage von sog. **Verpflichtungserklärungen** verlangt werden, in denen die benannten Nachunternehmer sich verpflichten, im Falle der Auftragserteilung für die Ausführung der fraglichen Leistungen zur Verfügung zu stehen (s. zu den Voraussetzungen im Einzelnen → § 18 Rn. 28ff.). Auch hierfür empfiehlt es sich für den Auftraggeber, den Bietern ein Muster oder Formular zur Verfügung zu stellen. 25

d) Mindestangaben nach § 52 Abs. 2 VgV, § 29 Abs. 2 bis 5 VSVgV, § 37 Abs. 2 UVgO. Die Regelungen in § 52 Abs. 2 S. 1 VgV, § 29 Abs. 2 bis 5 VSVgV bzw. § 37 Abs. 2 UVgO sehen für Verfahrensarten mit Teilnahmewettbewerb,[43] in denen also nur zuvor ausgewählte Teilnehmer zur Angebotsabgabe bzw. zur Teilnahme am Dialog bzw. Verhandlungen aufgefordert werden, vor, dass hier die Aufforderung zur Angebotsabgabe bzw. zur Teilnahme am wettbewerblichen Dialog bzw. an Verhandlungen im Rahmen der Innovationspartnerschaft bestimmte **zwingende Angaben** enthält. Die Vorgabe nach § 52 Abs. 2 S. 1 Nr. 5 VgV bzw. § 29 Abs. 5 Nr. 5 VSVgV, dass in der Aufforderung die Zuschlagskriterien und deren Gewichtung bzw. Rangfolge anzugeben sind,[44] deckt sich allerdings mit der allgemeinen Vorgabe nach § 127 Abs. 5 GWB und § 58 Abs. 3 S. 1 VgV, § 34 Abs. 2 S. 1 VSVgV bzw. § 8 EU/VS Abs. 2 Nr. 1 VOB/A; insoweit kann auf die Ausführungen → Rn. 14ff. verwiesen werden. 26

Darüber hinaus ist nach § 52 Abs. 2 S. 1 Nr. 1 VgV, § 29 Abs. 5 Nr. 1 VSVgV bzw. § 37 Abs. 2 Nr. 1 UVgO in der Angebotsaufforderung ein Hinweis auf die veröffentlichte (Auftrags-)Bekanntmachung aufzuführen, und es sind nach § 52 Abs. 2 S. 1 Nr. 4 VgV bzw. § 37 Abs. 2 Nr. 3 UVgO die einzureichenden Eignungsnachweise zu benennen;[45] § 29 Abs. 5 Nr. 4 VSVgV sieht dies mit Blick auf § 18 Abs. 3 Nr. 1 VSVgV[46] nur noch für Angebotsaufforderungen in Verhandlungsverfahren ohne Teilnahmewettbewerb vor. Im **nicht offenen Verfahren** sowie im **Verhandlungsverfahren mit Teilnahmewettbewerb** sind zudem nach § 52 Abs. 2 S. 1 Nr. 2 VgV bzw. § 29 Abs. 5 Nr. 2 S. 1 VSVgV Angaben zur Angebotsfrist, Angebotssprache, Art der Einreichung sowie der Stelle, bei der das Angebot einzureichen ist, erforderlich. Dies gilt gemäß § 52 Abs. 2 S. 2 VgV bzw. § 29 Abs. 5 Nr. 2 S. 2 VSVgV auch für die Aufforderung zum Angebot im wettbewerblichen Dialog (nach Abschluss der Dialogphase) bzw. im Rahmen der Innovationspartnerschaft, nicht aber schon bei der Aufforderung zur Teilnahme am Dialog bzw. an den Verhandlungen. Im Falle eines **wettbewerblichen Dialogs** sind zudem gemäß § 52 Abs. 2 S. 1 Nr. 3 VgV bzw. § 29 Abs. 5 Nr. 3 VSVgV Termin und Ort des Beginns der Dialogphase sowie 27

---

[42] Vgl. OLG Dresden Beschl. v. 11.4.2006 – WVerg 6/06, NJOZ 2006, 2320; OLG Schleswig Beschl. v. 10.3.2006 – 1 (6) Verg 13/05, BeckRS 2006, 5718; BayObLG Beschl. v. 27.7.2004 – Verg 14/04, BayObLGZ 2004, 189; Ziekow/Völlink/*Goede/Hänsel* VOB/A-EU § 8 Rn. 11.

[43] Und zwar nicht offenes Verfahren bzw. beschränkte Ausschreibung, Verhandlungsverfahren (bzw. -vergabe) mit Teilnahmewettbewerb, wettbewerblicher Dialog und Innovationspartnerschaft.

[44] Sofern die Zuschlagskriterien und deren Gewichtung nicht bereits in der Auftragsbekanntmachung oder Aufforderung zur Interessensbestätigung angeben wurden, § 52 Abs. 2 S. 1 Nr. 5 VgV aE bzw. § 29 Abs. 5 Nr. 5 VSVgV aE.

[45] Vgl. Art. 54 Abs. 2 S. 3 iVm Anhang IX Nr. 1 lit. d) VRL mit Verweis auf Art. 59, 60, 62 VRL. Da § 37 Abs. 2 UVgO nach den Erläuterungen zur UVgO (BAnz AT v. 7.2.2017, dort S. 8, zu § 37) dem § 52 Abs. 2 Nr. 1, 2 und 4 VgV entsprechen soll, muss es sich auch bei den in § 37 Abs. 2 Nr. 3 UVgO genannten „Unterlagen" um Eignungsnachweise handeln.

[46] Danach sind im nicht offenen Verfahren und Verhandlungsverfahren mit Teilnahmewettbewerb geforderte Eignungsnachweise bereits in der Auftragsbekanntmachung zu benennen.

die verwendete(n) Sprache(n) anzugeben. Auch nach § 37 Abs. 2 Nr. 2 **UVgO** sind in der Angebotsaufforderung Angaben zur Angebotsfrist, Angebotssprache, Art der Einreichung und Anschrift der Stelle, bei der die Angebote einzureichen sind, erforderlich.

28 Nach § 29 Abs. 2, 3 S. 1 VSVgV hat die Aufforderung entweder die **Vergabeunterlagen (im Übrigen)** unmittelbar zu enthalten oder aber einen Hinweis, wie darauf elektronisch zugegriffen werden kann bzw. bei welcher (anderen) Stelle die Vergabeunterlagen zu erhalten sind. Auch soweit die VgV (ggf. iVm der VOB/A-EU) einschlägig ist, hat die Aufforderung eine elektronische Adresse, unter der die Vergabeunterlagen abrufbar sind, bzw. – wenn ein unentgeltlicher, uneingeschränkter und vollständiger direkter Zugang derart nicht möglich ist – die Vergabeunterlagen selbst zu enthalten;[47] dies ergibt sich aus Art. 54 Abs. 2 S. 1 und 2 VRL und ist in die VgV bzw. VOB/A-EU hineinzulesen. Im Übrigen handelt es sich jedoch bei der Bereitstellung der Vergabeunterlagen mit der Angebotsaufforderung um eine Selbstverständlichkeit, die auch für Vergaben nach dem 1. Abschnitt der VOB/A bzw. VOL/A oder der UVgO aus Gründen der Transparenz gelten muss.

II. Vertragsunterlagen

29 Die Vertragsunterlagen für den Auftrag, der im Rahmen des Vergabeverfahrens vergeben werden soll, zählen ebenfalls zu den Vergabeunterlagen und bestehen aus der **Leistungsbeschreibung**[48] und den **Vertragsbedingungen.** Für Vergaben von Dienst- und Lieferleistungen ergibt sich dies direkt aus § 29 Abs. 1 S. 2 Nr. 3 VgV, § 16 Abs. 1 S. 2 Nr. 3 VSVgV, § 21 Abs. 1 S. 2 Nr. 3 UVgO bzw. § 8 Abs. 1 S. 2 lit. c) VOL/A. Für Vergaben von Bauleistungen ergibt sich dies aus den Verweisen in § 8 (EU/VS) Abs. 1 Nr. 2 VOB/A auf die §§ 7 (EU/VS) bis 7c (EU/VS) VOB/A (Leistungsbeschreibung) einerseits und andererseits auf § 8a (EU) bzw. § 8a VS Abs. 1 bis 3 VOB/A, in denen Regelungen zu den (Allgemeinen, Besonderen und Zusätzlichen) Vertragsbedingungen getroffen werden. Eine besondere Art der Vertragsbedingungen stellen die sog. **Ausführungsbedingungen** dar, die speziell die Ausführung einer ausgeschriebenen Leistung betreffen. Für sie stellen sich besondere Rechtsfragen, so dass die Ausführungsbedingungen im Folgenden gesondert behandelt werden (→ Rn. 50 ff.).

1. Leistungsbeschreibung

30 Die Leistungsbeschreibung dient der Beschreibung des konkret zu vergebenden Auftragsgegenstands, dh welche Leistung vom auszuwählenden Auftragnehmer nach Bezuschlagung zu erbringen ist. Die Anforderungen an die Leistungsbeschreibung sind in gesonderten Vorschriften geregelt (vgl. insbesondere § 121 GWB, § 31 VgV, § 15 VSVgV, § 23 UVgO, § 7 VOL/A, §§ 7 (EU/VS) ff. VOB/A). Zu den Einzelheiten vgl. → § 19.

2. Vertragsbedingungen

31 **a) Arten und Bedeutung von Vertragsbedingungen.** Die Vertragsbedingungen regeln die Bedingungen für die Ausführung des Auftrags bzw. die Durchführung des mit der Auftragsvergabe geschlossenen Vertrags. Sie bilden zusammen mit der Leistungsbeschreibung den **Vertragsinhalt** für den zu erteilenden Auftrag. Gesonderte Regelungen zu Arten und Inhalten der Vertragsbedingungen finden sich in den § 29 Abs. 2 VgV, § 21 Abs. 2 bis 5 UVgO, § 9 VOL/A und § 8a (EU/VS), § 8b (VS) Abs. 4, § 8b EU Abs. 3, § 9 (EU/VS) bis 9d (EU/VS) VOB/A. Auch die Regelungen zu den „Vertragsarten" nach § 4 (EU/VS) VOB/A, die letztlich die Art der Vergütung betreffen, normieren Vorgaben für

[47] Zu den Einzelheiten der Bereitstellung der Vergabeunterlagen siehe im Übrigen Rn. 74 ff.

[48] § 121 Abs. 3 GWB sieht ausdrücklich vor, dass die Leistungsbeschreibung Bestandteil der Vergabeunterlagen ist bzw. zu sein hat.

Vertragsbedingungen, nämlich Vergütungsregelungen. Von den §§ 128, 129 GWB und § 61 VgV sowie § 45 UVgO besonders adressiert werden im Übrigen die sog. **Ausführungsbedingungen,** die – wenn es sich nicht um gesetzliche Rahmenbedingungen handelt, vgl. § 128 Abs. 1 GWB (bzw. § 45 Abs. 1 UVgO) – auch als Vertragsbedingungen in die Vergabeunterlagen eingehen können (vgl. dazu im Einzelnen → Rn. 50 ff.).

Sowohl VOL/A als auch VOB/A unterscheiden zwischen Allgemeinen, Zusätzlichen und Ergänzenden (VOL/A) bzw. Besonderen (VOB/A) Vertragsbedingungen (s. dazu im Einzelnen unten Rn. 34 ff.); VgV, VSVgV und UVgO treffen hingegen keine weiteren Regelungen zur Differenzierung von Vertragsbedingungen. Die **Allgemeinen Vertragsbedingungen** sind in der VOL/B bzw. VOB/B niedergelegt; für Bauleistungen gibt es zudem Allgemeine *Technische* Vertragsbedingungen, die in der VOB/C festgehalten sind. Bei den **Zusätzlichen**[49] **Vertragsbedingungen** handelt es sich um Vertragsbedingungen, die vom Auftraggeber selbst für eine Vielzahl von Vergaben vorformuliert sind;[50] auch hier sind im Bereich der Bauauftragsvergabe sog. Zusätzliche *Technische* Vertragsbedingungen möglich. **Ergänzende Vertragsbedingungen** werden vom Auftraggeber für Gruppen gleichgelagerter Einzelfälle,[51] **Besondere Vertragsbedingungen** für den Einzelfall[52] aufgestellt. In den Allgemeinen Vertragsbedingungen ist jeweils entsprechend dem Grundsatz, dass individuelle bzw. speziellere Regelungen den allgemeineren vorgehen, die **Geltungsrangfolge** unter den verschiedenen Arten von Vertragsbedingungen geregelt (vgl. § 1 Nr. 2 VOL/B, § 1 Abs. 2 VOB/B).[53] Danach gehen bei Widersprüchen zwischen einzelnen Vertragsbedingungen die Besonderen Vertragsbedingungen den (nur in der VOL/A vorgesehenen) Ergänzenden Vertragsbedingungen, den Zusätzlichen (Technischen) und den Allgemeinen (Technischen) Vertragsbedingungen vor. Sollte § 1 Nr. 2 VOL/B bzw. § 1 Abs. 2 VOB/B im Einzelfall abbedungen sein, sollte der Auftraggeber in den Vergabeunterlagen eine anderweitige klare Regelung treffen. Sofern die entsprechenden Regelungen wirksam einbezogen werden, handelt es sich bei Allgemeinen (Technischen) Vertragsbedingungen und Zusätzlichen (Technischen) Vertragsbedingungen sowie ggf. Ergänzenden Vertragsbedingungen um **Allgemeine Geschäftsbedingungen** im Sinne der §§ 305 ff. BGB.[54] Im Einzelfall können auch Besondere Vertragsbedingungen Allgemeine Geschäftsbedingungen darstellen.[55] 32

Auch wenn Vertragsbedingungen erst die spätere Leistungserbringung und Durchführung des Auftrags betreffen, sind sie wie die Leistungsbeschreibung selbst als Kalkulationsgrundlage für die Angebotserstellung der Bieter und damit auch für das **Vergabeverfahren** von Bedeutung. Wie im Fall von Leistungsanforderungen in der Leistungsbeschreibung kann insbesondere auch eine Vertragsbedingung oder das Fehlen einer vertraglichen Regelung zu einem bestimmten Aspekt ein **ungewöhnliches Wagnis** und damit einen Vergaberechtsverstoß nach § 7 (EU/VS) Abs. 1 Nr. 3 VOB/A darstellen[56] (so bei Bauaufträgen) oder – nach Abschaffung des Verbots des ungewöhnlichen Wagnisses für den Anwendungsbereich der VOL/A[57] (die VgV und die UVgO nehmen den Begriff des ungewöhnlichen Wagnisses ebenfalls nicht mehr auf) – in Einzelfällen wegen **Unzumutbarkeit** einer kaufmännisch vernünftigen Kalkulation vergaberechtlich unzulässig sein.[58] 33

[49] Gemäß § 9 Abs. 1 S. 2 VOL/A „Zusätzliche Allgemeine Vertragsbedingungen".
[50] Vgl. KKMPP/*Verfürth* VgV § 29 Rn. 27; vgl. auch § 8a (EU/VS) Abs. 2 Nr. 1 S. 2 VOB/A.
[51] § 9 Abs. 1 S. 3 VOL/A.
[52] § 8a (EU/VS) Abs. 2 Nr. 2 VOB/A.
[53] Vgl. Heuvels/Höß/Kuß/Wagner/*el-Barudi* VOL/A-EG § 9 Rn. 9; Kapellmann/Messerschmidt/*von Rintelen* VOB/B § 1 Rn. 28, 31.
[54] Vgl. KKMPP/*Verfürth* VgV § 29 Rn. 24.
[55] Vgl. auch Ziekow/Völlink/*Goede/Hänsel* VOB/A-EU § 8a Rn. 5.
[56] Vgl. OLG Düsseldorf Beschl. v. 7.9.2003 – VII-Verg 26/03, BeckRS 2006, 744.
[57] Vgl. OLG Düsseldorf Beschl. v. 7.11.2012 – VII-Verg 24/12, NZBau 2013, 184; Beschl. v. 19.10.2011 – VII-Verg 54/11, NZBau 2011, 762, mwN.
[58] Vgl. OLG Düsseldorf Beschl. v. 7.11.2012 – VII-Verg 24/12, NZBau 2013, 184; Beschl. v. 7.11.2011 – VII-Verg 90/11, ZfBR 2012, 196; Beschl. v. 19.10.2011 – VII-Verg 54/11, NZBau 2011, 762, mwN.

34 **b) Einbeziehung und Inhalt. aa) Allgemeine Vertragsbedingungen.** Die Allgemeinen (Technischen) Vertragsbedingungen (VOB/B und VOB/C) sind bei der Vergabe von Bauleistungen **zwingend** als Vertragsbestandteil vorzusehen.[59] Im Anwendungsbereich der VgV, der UVgO bzw. der VOL/A sind die Allgemeinen Vertragsbedingungen (VOL/B) hingegen nur **„in der Regel"** in den Vertrag einzubeziehen bzw. **„grundsätzlich"** zum Vertragsgegenstand zu machen.[60] Damit hat der Auftraggeber sie im Rahmen der Vergabe von Liefer- oder Dienstleistungen im Regelfall zu verwenden, kann jedoch in begründeten Einzelfällen davon abweichen.[61] Die grundsätzliche Verpflichtung zur Verwendung der VOL/B gilt allerdings nicht für die Vergabe von **freiberuflichen Leistungen,** die früher der VOF unterlagen; denn nach § 29 Abs. 2 S. 2 VgV gilt die Verpflichtung nicht für Auftragsleistungen, „die im Rahmen einer freiberuflichen Tätigkeit erbracht oder im Wettbewerb mit freiberuflich Tätigen angeboten werden und deren Gegenstand eine Aufgabe ist, deren Lösung nicht vorab eindeutig und erschöpfend beschrieben werden kann."

35 Für die **Einbeziehung** als Vertragsbestandteil müssen die Allgemeinen Vertragsbedingungen, da sie allgemein veröffentlicht sind, nicht selbst beigefügt werden, sondern es reicht ein entsprechender Hinweis in den Vergabeunterlagen (vgl. § 8a (EU/VS) Abs. 1 S. 1 VOB/A) aus, genauer in den Vertragsunterlagen (§ 29 Abs. 2 S. 1 VgV), zB in den Vorbemerkungen der Leistungsbeschreibung, den Zusätzlichen oder sonstigen Vertragsbedingungen.[62] Die Regelungen der VOL/B bzw. VOB/B und VOB/C sind zudem **grundsätzlich unverändert** zu belassen.[63] Insbesondere dürfen Zusätzliche (Technische) Allgemeine Vertragsbedingungen diese nur ergänzen und ihnen nicht widersprechen (§ 9 Abs. 1 S. 2 VOL/A, § 8a (EU/VS) Abs. 2 Nr. 1 S. 2, 3, Abs. 3 S. 2 VOB/A). Abweichungen von der VOL/B bzw. VOB/B und VOB/C können lediglich für Einzelfälle in Ergänzenden bzw. Besonderen Vertragsbedingungen (§ 9 Abs. 1 S. 3 VOL/A, § 8a (EU/VS) Abs. 2 Nr. 2 VOB/A) bzw. – bei Abweichungen von der VOB/C – in der Leistungsbeschreibung enthalten sein (§ 8a (EU/VS) Abs. 3 S. 3 VOB/A).

36 Die über einen langen Zeitraum gewachsenen Regelwerke von VOL/B bzw. VOB/B und VOB/C werden allgemein als **ausgewogen,** den Interessen beider Vertragspartner gerecht werdend angesehen.[64] Indem sie als Grundlage für den Vertragsinhalt einer Auftragsvergabe vorgeschrieben sind, kann einer missbräuchlichen Vertragsgestaltung durch den – vielfach nachfragemächtigen – Auftraggeber vorgebeugt werden.[65] Durch die durchgängige Verwendung von VOL/A bzw. VOB/A bei Auftragsvergaben können sich Unternehmen auf diese Art von Standardregelungen gut einstellen. Zudem ergibt sich durch die regelmäßige Verwendung eine Harmonisierung der rechtlichen Auftragsbedingungen.[66]

37 **bb) Zusätzliche Vertragsbedingungen.** Neben den Allgemeinen (Technischen) Vertragsbedingungen **können** öffentliche Auftraggeber auch eigene Zusätzliche (Allgemeine) Vertragsbedingungen aufstellen und zum Vertragsbestandteil machen.[67] Eine entsprechende Pflicht besteht jedoch nicht. Zur Einbeziehung als Vertragsbestandteil sind sie, wenn sie nicht in geeigneter Form veröffentlicht und damit allen Bietern ohne Weiteres zugänglich sind, den Vergabeunterlagen beizufügen.[68]

---

59 § 8a (EU/VS) Abs. 1 S. 1 VOB/A.

60 § 29 Abs. 2 S. 1 VgV, § 21 Abs. 2 UVgO, § 9 Abs. 1 S. 1 VOL/A.

61 Vgl. Ziekow/Völlink/*Hänsel* VOL/A § 9 Rn. 1; KKMPP/*Verfürth* VgV § 29 Rn. 23.

62 Vgl. KKMPP/*Verfürth* VgV § 29 Rn. 24.; Ziekow/Völlink/*Goede/Hänsel* VOB/A-EU § 8a Rn. 2.

63 Dies ergibt sich für VOB/B und VOB/C bereits aus § 8a (EU/VS) Abs. 2 Nr. 1 S. 1, Abs. 3 S. 1 VOB/A.

64 Vgl. BGH Urt. v. 22.1.2004 – VII ZR 419/02, DNotI-Report 2004, 61; Ziekow/Völlink/*Goede/Hänsel* VOB/A-EU § 8a Rn. 3; KKMPP/*Verfürth* VgV § 29 Rn. 23.

65 Vgl. Müller-Wrede/*Gnittke/Hattig* VOL/A-EG § 11 Rn. 6.

66 Vgl. Müller-Wrede/*Gnittke/Hattig* VOL/A-EG § 11 Rn. 9.

67 Vgl. insbesondere § 8a (EU/VS) Abs. 2 Nr. 1 S. 2, Abs. 3 S. 2 VOB/A; implizit geht auch § 9 Abs. 1 S. 2 VOL/A von der möglichen Existenz von Zusätzlichen Allgemeinen Vertragsbedingungen aus.

68 Vgl. Ziekow/Völlink/*Goede/Hänsel* VOB/A-EU § 8a Rn. 2; Ingenstau/Korbion/*von Wietersheim* VOB/A § 8a Rn. 8; Kapellmann/Messerschmidt/*von Rintelen* VOB/A § 8a Rn. 10.

Mithilfe von Zusätzlichen (Allgemeinen) Vertragsbedingungen können öffentliche Auftraggeber die Allgemeinen Vertragsbedingungen **ergänzen.** Von den Allgemeinen Vertragsbedingungen abweichende Regelungen sind im Anwendungsbereich der VOL/A bzw. VOB/A hingegen nicht zulässig[69] (wohl aber – mangels entsprechender Regelung – im Anwendungsbereich der VgV und der UVgO[70]). Dadurch wird verhindert, dass die in ihrer Gesamtheit grundsätzlich als ausgewogen angesehenen Regelwerke der VOL/B, VOB/B und VOB/C formularmäßig zu Gunsten des Auftraggebers bzw. zu Lasten des Auftragnehmers verändert werden. § 8a (EU/VS) Abs. 4 Nr. 1 VOB/A sieht eine beispielhafte Aufzählung möglicher Regelungsinhalte von Zusätzlichen Vertragsbedingungen vor,[71] die allerdings auch in die Besonderen Vertragsbedingungen aufgenommen werden können. Typischerweise wird es sich bei dem Inhalt der Zusätzlichen Vertragsbedingungen um Regelungen handeln, die der Auftraggeber regelmäßig für von ihm zu vergebende Aufträge zur Anwendung bringen will.[72] 38

cc) Ergänzende und Besondere Vertragsbedingungen. Indem öffentliche Auftraggeber Ergänzende oder Besondere Vertragsbedingungen den Vergabeunterlagen beifügen, werden auch solche Vertragsbedingungen Vertragsinhalt. Bei den Besonderen Vertragsbedingungen handelt es sich um diejenigen Regelungen, die „den Erfordernissen des Einzelfalles“ (vgl. § 8a (EU) Abs. 2 Nr. 2 S. 1 VOB/A), dh den individuellen Umständen der einzelnen Auftragsvergabe Rechnung tragen sollen. Ergänzende Vertragsbedingungen – so nur in der VOL/A vorgesehen[73] – sollen dies für eine Gruppe von Einzelfällen tun. Die VOL/A sieht eine Begriffsdefinition der Besonderen Vertragsbedingungen im Gegensatz zur VOL/A 2006 nicht mehr vor und erwähnt diese Art von Vertragsbedingungen auch nicht mehr. Es versteht sich jedoch von selbst, dass für den jeweiligen Auftrag erforderliche **individuelle Vertragsregelungen** auch im Anwendungsbereich der VOL/A sowie natürlich auch im Anwendungsbereich der VgV sowie UVgO weiterhin möglich sind. § 1 Nr. 2 VOL/B, der die Geltungsrangfolge unter den verschiedenen Arten von Vertragsbedingungen regelt, führt die Besonderen Vertragsbedingungen dementsprechend unter lit. b) auf.[74] Auch § 9 Abs. 2 bis 4 VOL/A setzen die Möglichkeit individueller Vertragsbedingungen voraus. 39

Ergänzende und Besondere Vertragsbedingungen ergänzen die übrigen Vertragsbedingungen und dürfen – anders als Zusätzliche Vertragsbedingungen – von den Allgemeinen Vertragsbedingungen **abweichen.**[75] Dies ist der Notwendigkeit geschuldet, dass aufgrund der Umstände des Einzelfalls Abweichungen erforderlich sein können.[76] Im Rahmen der Vergabe von Bauaufträgen sollen sich die Abweichungen zudem auf Fälle beschränken, in denen die VOB/B sog. Öffnungsklauseln enthält, dh besondere Vereinbarungen ausdrücklich vorgesehen sind. § 8a (EU/VS) Abs. 4 Nr. 1 VOB/A enthält einen Beispielskatalog zu möglichen Regelungsinhalten, der nicht nur für Zusätzliche, sondern auch für Besondere Vertragsbedingungen gilt. Ebenso weisen die Regelungen in § 9 (EU/VS) bis 9d (EU/VS) VOB/A bzw. § 9 Abs. 2 bis 4 VOL/A (vgl. auch § 2 Abs. 3–5 UVgO auf mögliche Inhalte hin. Möglich und – soweit der Auftraggeber die von den Bietern eingereichten Angebotsunterlagen über die Angebotswertung[77] hinaus verwenden will – erforderlich ist zudem eine Regelung über weitergehende Verwendungsmöglichkeiten der 40

[69] Vgl. § 9 Abs. 1 S. 2 VOL/A, § 8a (EU/VS) Abs. 2 Nr. 1 S. 3 VOB/A.
[70] Auch hier dürfte jedoch zu beachten sein, dass nach § 29 Abs. 2 S. 1 VgV und § 21 Abs. 2 UVgO in der Regel die VOL/B und damit letztlich grundsätzlich alle ihre Regelungen zur Anwendung kommen sollen.
[71] Vgl. Ingenstau/Korbion/*von Wietersheim* VOB/A § 8a Rn. 28.
[72] Vgl. auch § 8a (EU/VS) Abs. 2 Nr. 1 S. 2 VOB/A: „für die bei ihnen allgemein gegebenen Verhältnisse“.
[73] § 9 Abs. 1 S. 3 VOL/A.
[74] Vgl. Heuvels/Höß/Kuß/Wagner *el-Barudi* VOL/A-EG § 9 Rn. 7.
[75] § 9 Abs. 1 S. 3 VOL/A, § 8a (EU) Abs. 2 Nr. 2 S. 2 VOB/A.
[76] Vgl. auch Ingenstau/Korbion/*von Wietersheim* VOB/A § 8a Rn. 37.
[77] Zunächst einzig zulässige Verwendung nach § 8b (VS) Abs. 3 S. 1 bzw. § 8b EU Abs. 2 S. 1 VOB/A.

Angebotsunterlagen für den Auftraggeber (**§ 8b (VS) Abs. 3 S. 2** bzw. **§ 8b EU Abs. 2 S. 2 VOB/A**).

41 **dd) Vorgaben für einzelne Vertragsbedingungen. § 9 Abs. 2 bis 4 VOL/A bzw. § 21 Abs. 3 bis 5 UVgO und §§ 9 (EU/VS) bis 9d (EU/VS) VOB/A** enthalten Regelungen zu bestimmten Typen von Vertragsbedingungen, in denen für diese inhaltliche Vorgaben gemacht werden. Sie betreffen Vertragsstrafen,[78] die Verjährung von Mängelansprüchen[79] und Sicherheitsleistungen[80] sowie – im Anwendungsbereich der VOB/A – auch Ausführungsfristen und pauschalierten Verzugsschaden,[81] eventuelle Prämien für vorzeitige Fertigstellung („Beschleunigungsvergütung")[82] und Preisgleitklauseln.[83]

42 Die dort enthaltenen Vorgaben sind regelmäßig in Form von **Sollvorschriften** formuliert. Dies bedeutet, dass sie im Regelfall einzuhalten sind, in begründeten Ausnahmefällen jedoch von ihnen abgewichen werden darf. Soweit es sich nicht um Sollvorgaben handelt, werden **ausfüllungsbedürftige Begriffe** wie „ausreichend", „angemessen" oder „erhebliche Nachteile" verwendet, die jeweils eine Beurteilung anhand der Umstände des Einzelfalls erfordern und damit für sich genommen ebenfalls keine zwingenden bzw. starren Vorgaben darstellen. Es wird regelmäßig auch hier der **Regelfall** normiert, von dem **Ausnahmen möglich** sind (zB zu Ob und Höhe von Sicherheitsleistungen). Die Vorschriften stellen letztlich eine Konkretisierung des Üblichen an Vertragsbedingungen für die entsprechende Vergabe- und Vertragsordnung dar und geben damit Anhaltspunkte dafür, wann aufgrund des Abweichens von der üblichen (ausgewogenen) Risikoverteilung bzw. Interessenabwägung zwischen Auftraggeber und Auftragnehmer Vertragsbedingungen möglicherweise gegen das Verbot des ungewöhnlichen Wagnisses nach § 7 (EU/VS) Abs. 1 Nr. 3 VOB/A verstoßen[84] bzw. – in den Anwendungsbereichen von VOL/A, UVgO bzw. VgV oder VSVgV, für die eine Regelung dieses Verbots nicht mehr besteht bzw. nie bestanden hat – in einem Maße für den Bieter (aus kalkulatorischen Gründen) unzumutbar sind, dass sie vergaberechtlich unzulässig sind.[85] Vor diesem Hintergrund muss in der Regel nicht entschieden werden, ob eine einzelne der genannten Regelungen für sich genommen bieterschützend ist,[86] sondern ob sie im konkreten Fall ein ungewöhnliches Wagnis bzw. eine unzumutbare Bedingung darstellt.

43 Für den Fall der Vergabe von **bestimmten Dienstleistungen,** nämlich solchen, die in einer Einrichtung des öffentlichen Auftraggebers unter dessen Aufsicht zu erbringen sind,[87] sieht § 36 Abs. 3 S. 1 VgV (in Umsetzung von Art. 71 Abs. 5 UAbs. 1 VRL) **zwingend in die Vertragsbedingungen aufzunehmende** Mitteilungspflichten des Auftragnehmers für die Unterauftragsvergabe vor. Gemäß § 36 Abs. 3 S. 1 GWB ist in den Vertragsbedingungen (mithilfe einer entsprechenden Klausel) vorzuschreiben, dass der Auftragnehmer spätestens bei Beginn der Auftragsausführung die Namen, Kontaktdaten und gesetzlichen Vertreter seiner Unterauftragnehmer (Nachunternehmer) sowie jede später während der Auftragsausführung eintretende Änderung auf Ebene der Unterauftragnehmer mitzuteilen

[78] § 9 Abs. 2 VOL/A, § 21 Abs. 3 UVgO, § 9a (EU/VS) S. 1, 2 VOB/A.

[79] § 9 Abs. 3 VOL/A, § 21 Abs. 4 UVgO, § 9b (EU/VS) VOB/A.

[80] § 9 Abs. 4 VOL/A, § 21 Abs. 5 UVgO, § 9c (EU/VS) VOB/A.

[81] § 9 (EU/VS) VOB/A.

[82] § 9a (EU/VS) S. 3 VOB/A.

[83] § 9d (EU/VS) VOB/A.

[84] Vgl. Heuvels/Höß/Kuß/Wagner/*Schätzlein* VOB/A § 9 Rn. 2; Ziekow/Völlink/*Goede/Hänsel* VOB/A-EU § 9 Rn. 17.

[85] Vgl. OLG Düsseldorf Beschl. v. 7.11.2012, VII-Verg 24/12, NZBau 2013, 184; Beschl. v. 7.11.2011, VII-Verg 90/11, ZfBR 2012, 196; Beschl. v. 19.10.2011, VII-Verg 54/11, NZBau 2011, 762, mwN.

[86] Vgl. Ziekow/Völlink/*Goede/Hänsel* VOB/A-EU § 9 Rn. 17; zum Streitstand bzw. differenzierenden Ansätzen im Einzelnen: Ingenstau/Korbion/*Sienz* VOB/A § 9 Rn. 31.

[87] Vgl. hierzu die in Erwägungsgrund 105 VRL genannten Beispiele: „Dienstleistungen in oder an Gebäuden, Infrastruktur oder Arealen wie Rathäusern, städtischen Schulen, Sporteinrichtungen, Häfen oder Straßen […], für die die öffentlichen Auftraggeber zuständig sind oder die unter ihrer unmittelbaren Aufsicht stehen."

hat. Während der öffentliche Auftraggeber bei der Vergabe der betreffenden Dienstleistungen derartige Mitteilungspflichten in die Vertragsbedingungen (zwingend) aufnehmen muss, steht es ihm nach § 36 Abs. 3 S. 2 VgV frei, dies auch bei der Vergabe sonstiger Dienstleistungen oder von Lieferleistungen zu tun. Nach § 36 Abs. 3 S. 3 VgV ist dies des Weiteren für die nachgelagerten Ebenen möglich, dh in Bezug auf Lieferanten, die an Dienstleistungen beteiligt sind (dem Dienstleister also Waren zur Auftragsdurchführung zuliefern), und Unterauftragnehmer der weiteren Stufen. § 26 Abs. 4 UVgO enthält § 36 Abs. 3 S. 2 und 3 VgV entsprechende Regelungen, die es dem Auftraggeber ermöglichen, entsprechende Mitteilungspflichten in die Vertragsbedingungen aufzunehmen. Für die Vergabe von **Bauleistungen** sind ebenfalls § 36 Abs. 3 S. 1 VgV entsprechende Mitteilungspflichten vorgesehen (vgl. auch Art. 71 Abs. 5 UAbs. 1 VRL). Hier erfolgt die zwingende Einbeziehung in die Vertragsbedingungen allerdings über die VOB/B, ohne dass in den Vertragsbedingungen eine spezielle Klausel dafür aufgenommen werden muss.[88] § 4 Abs. 8 Nr. 3 S. 1 VOB/B sieht in seiner aktuellen Fassung vor, dass der Auftragnehmer dem Auftraggeber „die Nachunternehmer und deren Nachunternehmer ohne Aufforderung spätestens bis zum Leistungsbeginn des Nachunternehmers mit Namen, gesetzlichen Vertretern und Kontaktdaten bekannt zu geben“ hat. Über die zwingend vorgeschriebene Einbeziehung der VOB/B insgesamt in den auszuschreibenden Vertrag (vgl. § 8a (EU/VS) Abs. 1 S. 1 VOB/A) werden automatisch auch die genannten Mitteilungspflichten Vertragsbestandteil.

ee) Insbesondere: Schiedsvereinbarungen. Nach **§ 8b (VS) Abs. 4 bzw. § 8b EU Abs. 3 VOB/A** hat eine Vereinbarung zwischen Auftraggeber und Auftragnehmer, die eine Streitbeilegung – unter Ausschluss des ordentlichen Rechtswegs – allein einem schiedsrichterlichen Verfahren vorbehält, grundsätzlich in einer gesonderten, nur das Schiedsverfahren betreffenden Urkunde zu erfolgen. Danach ist die Aufnahme einer solchen Vereinbarung in die Zusätzlichen oder Besonderen Vertragsbedingungen im Rahmen einer Bauvergabe dem Grundsatz nach nicht zulässig. Dieses Formerfordernis gilt allerdings nicht (vgl. § 8b (VS) Abs. 4 bzw. § 8b EU Abs. 3 VOB/A aE), wenn nach § 1031 Abs. 2 ZPO eine andere Form der Vereinbarung zulässig ist. Diese als Ausnahme formulierte Möglichkeit ist jedoch in der Regel anwendbar.[89] Denn nach § 1031 Abs. 5 ZPO müssen **Schiedsvereinbarungen** nur noch dann in einer von den Parteien eigenhändig unterzeichneten Urkunde enthalten sein, wenn ein Verbraucher (vgl. § 13 BGB) an der Vereinbarung beteiligt ist. Dies ist bei Auftragnehmern wie Auftraggebern regelmäßig nicht der Fall. Demnach kann eine Schiedsvereinbarung in der Regel auch als Vertragsbedingung in die Zusätzlichen oder Besonderen Vertragsbedingungen aufgenommen werden.[90] Dies gilt, da auch hier § 1031 Abs. 2, 5 ZPO anwendbar ist, ebenfalls bei der Beschaffung von Liefer- und Dienstleistungen. 44

ff) Insbesondere: Vertragsarten nach § 4 (EU/VS) VOB/A. Die Regelungen in § 4 (EU/VS) VOB/A unter der begrifflich weitgefassten Überschrift „Vertragsarten“ betreffen tatsächlich allein die Vergütung für die zu vergebende Leistung bzw. dazu in den Vertragsbedingungen enthaltene Regelungen. Die Vorschriften gelten aufgrund ihres Standorts in der VOB/A naturgemäß nur für die Vergabe von **Bauaufträgen.** Für die in § 4 (EU/VS) VOB/A angesprochenen Aspekte der Vergütung muss ein öffentlicher Auftraggeber allerdings auch bei der Vergabe anderer Leistungen – wenn auch losgelöst von den Vorgaben in § 4 (EU/VS) VOB/A – grundsätzlich Regelungen treffen. 45

---

[88] Etwas anderes gilt für eine mögliche (vgl. Art. 71 Abs. 5 UAbs. 5 lit. a) VRL aE), dann aber in die Vertragsbedingungen explizit mit aufzunehmende Pflicht zur Benennung der Lieferanten, die Waren zur Bauausführung liefern.

[89] Vgl. Ziekow/Völlink/*Völlink* VOB/A-EU § 8b Rn. 12.

[90] Vgl. Ziekow/Völlink/*Völlink* VOB/A-EU § 8b Rn. 12.

46 § 4 (EU/VS) Abs. 1 und 2 VOB/A betreffen konkret die Ausgestaltung der **Vertragsbedingungen** in Bezug auf die (Art der) **Vergütung** und die Vergütungsberechnung. Nach § 4 (EU/VS) Abs. 1 VOB/A ist danach grundsätzlich der sog. **Leistungsvertrag** zu wählen; entsprechend der dort enthaltenen Legaldefinition ist die Vergütung also nach Leistung(steilen) zu bemessen. Dh den ausgeschriebenen Leistungen ist jeweils ein Wert (Preis) zuzuordnen, der vergütet wird, wenn die jeweilige Leistung vollständig und mangelfrei erbracht worden ist.[91] Der Leistungsvertrag ist wiederum grundsätzlich („in der Regel") gemäß § 4 (EU/VS) Abs. 1 Nr. 1 VOB/A als **Einheitspreisvertrag** auszugestalten. Auch hier hält die Vorschrift eine Legaldefinition bereit; danach sind in technischer und wirtschaftlicher Hinsicht einheitliche Teilleistungen jeweils mit einem sog. Einheitspreis zu bepreisen. Das Leistungsverzeichnis hat in diesem Fall die einzelnen Teilleistungen und die dazu gehörigen Mengenvorsätze (dh erforderliche Stückzahl, Maß oder Gewicht der fraglichen Teilleistung bzw. Einheit) aufzuführen (vgl. auch § 7b (EU/VS) Abs. 4 S. 1 VOB/A). Der Gesamtangebotspreis bildet sich dann regelmäßig aus der Aufsummierung der einzelnen Produkte, die sich aus der Multiplikation der einzelnen Einheitspreise mit der jeweiligen Menge ergeben; maßgeblich – insbesondere bei der rechnerischen Richtigkeit – sind hier die Einheitspreise (vgl. § 16c (EU) Abs. 2 Nr. 1, § 16c VS Abs. 1 Nr. 1 VOB/A). Bei der tatsächlichen Vergütung sind die tatsächlich vom Auftraggeber abgefragten Mengen anzusetzen. Das Mengenrisiko trägt daher der Auftraggeber.[92] Bei Mengenabweichungen von über 10% können Preisanpassungen erforderlich sein (vgl. § 2 Abs. 3 VOB/B). Alternativ kann als Leistungsvertrag auch der sog. **Pauschalvertrag** nach § 4 (EU/VS) Abs. 1 Nr. 2 VOB/A gewählt werden. Hier ist von den Bietern eine Pauschalsumme (ein Pauschalpreis) für die (jeweilige) vom Auftrag umfasste Leistung anzubieten, dh die Vergütung bestimmt sich unabhängig von der benötigten Menge (oder dem benötigten Personalaufwand).[93] Mithin liegt das Mengenrisiko hier beim Bieter bzw. Auftragnehmer.[94] Von der Vertragsart des Pauschalvertrags soll nur in „geeigneten Fällen" Gebrauch gemacht werden, und zwar „wenn die Leistung nach Ausführungsart und Umfang genau bestimmt ist und mit einer Änderung bei der Ausführung nicht zu rechnen ist" (§ 4 (EU/VS) Abs. 1 Nr. 2 VOB/A). Dies beschreibt in erster Linie den sog. Detail-Pauschalvertrag, der davon gekennzeichnet ist, dass die zu erbringenden Leistungen (das Bausoll) detailliert festgelegt und Mengenänderungen (weitgehend) ausgeschlossen sind,[95] so dass pauschalierte Preise ohne Weiteres kalkulierbar sind. Daneben ist aber auch der sog. Global-Pauschalvertrag möglich, bei dem die Leistung (teil-)funktional – mit einem Leistungsprogramm, § 7c (EU/VS) VOB/A – beschrieben ist und mit einem Pauschalpreis vergütet wird.[96] Zudem sind Mischformen möglich.[97]

47 Das Gegenstück zum Leistungsvertrag ist ein **Aufwandsvertrag,** bei dem der erbrachte Aufwand (Kosten) des Auftragnehmers vergütet wird, ohne dass es eines Leistungserfolgs bedarf. In § 4 (EU/VS) VOB/A ist als Form des Aufwandsvertrags in Abs. 2 nur der **Stundenlohnvertrag** erwähnt. Danach werden Bauleistungen im Stundenlohn vergütet; es wird also der zeitliche Aufwand vergütet.[98] Diese Vertragsart soll gemäß § 4 (EU/VS) Abs. 2 VOB/A nur für Bauleistungen von geringerem Umfang verwendet werden, die zudem überwiegend Lohnkosten verursachen. Möglich ist auch, dass Stundenlohnarbeiten

[91] Vgl. KMPP/*Kus* VOB/A § 4 Rn. 5; Ziekow/Völlink/*Püstow* VOB/A-EU § 4 Rn. 7.
[92] Vgl. Ziekow/Völlink/*Püstow* VOB/A-EU § 4 Rn. 11.
[93] Ziekow/Völlink/*Püstow* VOB/A-EU § 4 Rn. 13.
[94] Vgl. Ziekow/Völlink/*Püstow* VOB/A-EU § 4 Rn. 13.
[95] Vgl. zum Detail-Pauschalvertrag auch Kapellmann/Messerschmidt/*Kapellmann* VOB/A § 4 Rn. 35; Ziekow/Völlink/*Püstow* VOB/A-EU § 4 Rn. 12a.
[96] Vgl. Kapellmann/Messerschmidt/*Kapellmann* VOB/A § 4 Rn. 35; Ziekow/Völlink/*Püstow* VOB/A-EU § 4 Rn. 12a.
[97] Vgl. Kapellmann/Messerschmidt/*Kapellmann* VOB/A § 4 Rn. 35.
[98] Vgl. Kapellmann/Messerschmidt/*Kapellmann* VOB/A § 4 Rn. 45.

mit einem Leistungsvertrag verbunden werden (sog. unselbständige Stundenlohnarbeiten).[99]

Den Vorgaben des § 4 (EU/VS) Abs. 1, 2 VOB/A zu den Vertragsarten kommt unter Umständen Bieterschutz zu;[100] es kann auch im Einzelfall zu prüfen sein, ob die Ausgestaltung der Art der Vergütung im konkreten Fall ein ungewöhnliches Wagnis darstellt.[101] 48

§ 4 (EU/VS) Abs. 3 und 4 VOB/A betreffen hingegen die (redaktionelle) Ausgestaltung der Vergabeunterlagen, insbesondere der Leistungsbeschreibung, und zwar dahingehend, wie die Bieter die geforderten Preise (Einheits- oder Pauschalpreise) im Angebot anzugeben haben. § 4 (EU/VS) Abs. 3 VOB/A regelt dabei den Regel- und Normalfall – das sog. **Angebotsverfahren;** hier gibt der Bieter jeweils den von ihm für die fragliche Leistung geforderten (vollständigen) Preis an. Dementsprechend muss die Leistungsbeschreibung oder müssen andere Teile der Vertragsunterlagen Stellen (Felder, Platzhalter oä) vorsehen, an denen die Bieter die geforderten Preise eintragen können. Demgegenüber schlägt der öffentliche Auftraggeber im Ausnahmefall des **Auf- und Abgebotsverfahrens** nach § 4 (EU/VS) Abs. 4 VOB/A für die einzelnen Leistungen selbst Preise vor, die von den Bietern bestätigt oder durch höhere oder niedrigere Preise ersetzt werden können; auch hier müssen entsprechende Eintragungsmöglichkeiten in den Vertragsunterlagen für die Bieter vorgesehen sein. Das Auf- und Abgebotsverfahren soll nur ausnahmsweise bei regelmäßig wiederkehrenden Unterhaltungsarbeiten, die zudem ihrem Umfang nach möglichst zu begrenzen sind, zur Anwendung kommen (§ 4 (EU/VS) Abs. 4 VOB/A). Da dieses Verfahren Bieter zur Spekulation (zugunsten oder zulasten des Auftraggebers) – anstatt ordnungsgemäßer Kalkulation – verleiten kann,[102] sollte weitestgehend darauf verzichtet werden. 49

3. Ausführungsbedingungen

Gemäß der in § 128 Abs. 2 S. 1 GWB enthaltenen **Legaldefinition** handelt es sich bei sog. Ausführungsbedingungen um „besondere Bedingungen für die Ausführung eines Auftrags“. In § 97 Abs. 4 S. 2 GWB aF,[103] der Vorgängervorschrift zu § 128 Abs. 2 GWB, war noch von „besonderen Anforderungen an die Auftragsausführung“ die Rede; inhaltlich ist damit jedoch keine Änderung verbunden. Ausführungsbedingungen dienen der Festlegung konkreter Anforderungen bezüglich der Ausführung des Auftrags; sie stellen dabei festgelegte, objektive Anforderungen dar, von denen – anders als bei Zuschlagskriterien – die Bewertung der Angebote unberührt bleibt.[104] Der Begriff der „besonderen Bedingung“ ist nun auch in Zusammenhang mit § 128 Abs. 1 GWB zu sehen, wo auf die Pflicht des Auftragnehmers hingewiesen wird, die allgemein, dh auch ohne vertragliche Vereinbarung geltenden rechtlichen Verpflichtungen einzuhalten (→ Rn. 58). Ausführungsbedingungen bedürfen also – im Gegensatz zu allgemeinen Verpflichtungen nach § 128 Abs. 1 GWB – der vertraglichen Vereinbarung und damit zunächst der Aufnahme in die **Vertragsunterlagen,** um Angebotsinhalt der Bieter und bei Zuschlag Vertragsinhalt zu werden. Sie sind dogmatisch den (besonderen) **Vertragsbedingungen** zuzuordnen,[105] können aber auch in die Leistungsbeschreibung Eingang finden; in jedem Fall sind sie Teil der Vertragsunterlagen (zur Definition → Rn. 29, 31). Eine spätere Verletzung dieser Vorgaben bei der Auftragsausführung stellt dementsprechend eine Vertragsverletzung durch den Auftragnehmer dar.[106] 50

---

[99] Vgl. Kapellmann/Messerschmidt/*Kapellmann* VOB/A § 4 Rn. 46.

[100] Vgl. Ziekow/Völlink/*Püstow* VOB/A-EU § 4 Rn. 3; vgl. auch Kapellmann/Messerschmidt/*Kapellmann* VOB/A § 4 Rn. 36f.

[101] Vgl. VK Düsseldorf Beschl. v. 22.7.2011 – VK 19/2011-B, NZBau 2011, 637.

[102] Vgl. ausführlich Heiermann/Riedl/Rusam/*Bauer* VOB/A § 4 Rn. 37.

[103] Die Vorschrift geht zurück auf Art. 26 der Richtlinie 2004/18/EG.

[104] Vgl. Erwägungsgrund 104 VRL.

[105] Vgl. auch RKPP/*Wiedemann* GWB, § 128 Rn. 25.

[106] Vgl. auch Begründung des Gesetzentwurfs, BT-Drs. 18/6281, S. 113.

51 Ausführungsbedingungen haben ihrer Definition entsprechend zwingende Vorgaben für die Auftragsausführung zum **Inhalt,**[107] dh Vorgaben für die Erbringung der vom Auftragnehmer geschuldeten Leistungen im Rahmen der Auftragsdurchführung. Der Begriff ist allerdings weit zu verstehen; dies ist insbesondere Erwägungsgrund 97 VRL zu entnehmen. So können Ausführungsbedingungen den gesamten „Lebenszyklus" von Waren betreffen, dh von der Gewinnung der Rohstoffe bis zur Entsorgung. Zudem können Ausführungsbedingungen Aspekte bzw. Faktoren zum Inhalt haben, die den spezifischen Prozess der Herstellung oder Bereitstellung der fraglichen Bau-, Liefer- oder Dienstleistungen betreffen oder auch den Handel mit ihnen und die damit verbundenen Bedingungen oder einen spezifischen Prozess in einem späteren Lebenszyklus-Stadium. Dabei müssen die Faktoren sich nicht in der stofflichen Beschaffenheit niederschlagen.[108] Ausführungsbedingungen dienen dementsprechend vielfach nicht dazu, die Qualität der beschafften Leistung zu verbessern oder zu definieren, sondern können von öffentlichen Auftraggebern (zulässigerweise) verwendet werden, um ihre Präferenzen als Nachfrager[109] in die Auftragsvergabe einzubringen, etwa indem Waren aus fairem Handel beschafft werden. In § 128 Abs. 2 S. 3 GWB werden dementsprechend beispielhaft Belange aufgeführt, die im Rahmen von Ausführungsbedingungen verfolgt werden können. Der aufgeführte Katalog ist dabei nicht abschließend („insbesondere").[110] Genannt sind wirtschaftliche, innovationsbezogene, umweltbezogene, soziale oder beschäftigungspolitische Belange und – über den Wortlaut des Art. 70 S. 2 VRL hinaus, dessen Umsetzung § 128 Abs. 2 S. 3 GWB dient[111] – auch der Schutz der Vertraulichkeit von Informationen. So können die Vertragsunterlagen Ausführungsbedingungen zur Datensicherheit bzw. zur Unterbindung der Weitergabe von Daten des Auftragsgebers an Dritte enthalten.[112] Weitere Beispiele aus der bisherigen Rechtsprechung zur Vorgängervorschrift § 97 Abs. 4 S. 2 GWB aF sind etwa Umweltanforderungen an Abschleppfahrzeuge bei der Vergabe von Abschleppdienstleistungen[113], die Einhaltung bestimmter Ruhepausen bei Bewachungsdienstleistungen[114] und die Einhaltung von ILO-Kernarbeitsnormen.[115] Auch Erwägungsgrund 97 VRL nennt Beispiele für (zulässige) Ausführungsbedingungen, und zwar die Vorgaben, dass zur Herstellung von zu beschaffenden Waren keine giftigen Chemikalien verwendet wurden, dass Dienstleistungen mithilfe von energieeffizienten Maschinen erbracht wurden oder dass die zu beschaffenden Waren aus dem fairen Handel stammen, was auch das Erfordernis einschließen kann, Erzeugern einen Mindestpreis und einen Preisaufschlag zu zahlen; in ökologischer Hinsicht können Anforderungen etwa an die Anlieferung, Verpackung und Entsorgung von Waren bzw. hinsichtlich der Abfallminimierung oder der Ressourceneffizienz bei Bau- oder Dienstleistungsaufträgen aufgestellt werden.

52 Gemäß § 128 Abs. 2 S. 1 GWB aE ist eine Ausführungsbedingung vergaberechtlich nur zulässig, wenn sie **mit dem Auftragsgegenstand** entsprechend § 127 Abs. 3 GWB **in Verbindung** steht. Während der Verweis auf § 127 Abs. 3 S. 1 GWB keinen zusätzlichen Erklärungsgehalt mit sich bringt, macht der Verweis auf § 127 Abs. 3 S. 2 GWB noch ein-

[107] Vgl. Begründung des Gesetzentwurfs, BT-Drs. 18/6281, S. 113.
[108] Vgl. zum Ganzen Erwägungsgrund 97 VRL.
[109] In der Regel werden damit Politikziele verfolgt.
[110] Vgl. Begründung des Gesetzentwurfs, BT-Drs. 18/6281, S. 114.
[111] In der Begründung zum Gesetzentwurf (BT-Drs. 18/6281, S. 114) wird für die Ergänzung („Schutz der Vertraulichkeit von Informationen") auf Art. 21 Abs. 2 VRL und die Parallelnormen in SRL und KRL verwiesen – diese beziehen sich allerdings auf den Schutz von Informationen im Vergabeverfahren und nicht auf die Auftragsausführung. Hingegen gilt § 128 Abs. 2 GWB für verteidigungs- und sicherheitsspezifische Aufträge gemäß § 147 S. 1 GWB entsprechend, und Art. 20 der Richtlinie 2009/81/EG, die dortige Regelung zu Ausführungsbedingungen, nennt in S. 2 den Art. 22 und die darin geregelte Informationssicherheit von Verschlusssachen als berücksichtigungsfähigen Belang.
[112] Vgl. (noch zu § 97 Abs. 4 S. 2 GWB aF) OLG Düsseldorf Beschl. v. 21.10.2015 – VII-Verg 28/14, NZBau 2016, 235; VK Bund Beschl. v. 24.6.2014 – VK 2-39/14, BeckRS 2014, 21187.
[113] Vgl. OLG Düsseldorf Beschl. v. 7.5.2014 – VII-Verg 46/13, ZfBR 2014, 785.
[114] Vgl. OLG Düsseldorf Beschl. v. 30.4.2014 – VII-Verg 33/13, BeckRS 2015, 14051.
[115] Vgl. OLG Düsseldorf Beschl. v. 29.1.2014 – VII-Verg 28/13, ZfBR 2014, 502.

mal deutlich, dass sich die Ausführungsbedingungen nicht auf die materiellen Eigenschaften des Auftragsgegenstands auswirken müssen, sich sehr wohl aber auf Prozesse im Zusammenhang mit der Herstellung, Bereitstellung oder Entsorgung der Leistung, auf den Handel mit der Leistung oder auf ein anderes Stadium im Lebenszyklus der Leistung beziehen müssen. Nach Art. 67 Abs. 3 VRL, dessen Umsetzung § 127 Abs. 3 GWB dient, ist das In-Verbindung-Stehen mit dem Auftragsgegenstand ausdrücklich (genau) dann gegeben, „wenn sich [hier: die Ausführungsbedingungen] in irgendeiner Hinsicht und in irgendeinem Lebenszyklus-Stadium auf die gemäß dem Auftrag zu erbringenden Bauleistungen, Lieferungen oder Dienstleistungen beziehen, einschließlich Faktoren, die zusammenhängen mit a) dem spezifischen Prozess der Herstellung oder der Bereitstellung solcher Bauleistungen, Lieferungen oder Dienstleistungen oder des Handels damit oder b) einem spezifischen Prozess in Bezug auf ein anderes Lebenszyklus-Stadium, auch wenn derartige Faktoren sich nicht auf die materiellen Eigenschaften des Auftragsgegenstandes auswirken." Dies ist regelmäßig der Fall, wenn die fragliche Vertragsbedingung tatsächlich entsprechend der Legaldefinition eine Bedingung ist, die (allein) die Auftragsausführung im zuvor beschriebenen Sinne regelt und damit inhaltlich unter den – wenn auch weiten – Begriff der Ausführungsbedingung fällt (→ Rn. 51). In Bezug auf Ausführungsbedingungen, die soziale Aspekte des Produktionsprozesses betreffen (etwa Mindestlöhne), weist Erwägungsgrund 98 VRL ausdrücklich darauf hin, dass sich die fraglichen Ausführungsbedingungen (konkret) auf im Rahmen des Auftrags zu erbringende Leistungen beziehen müssen. Gleiches gilt etwa für Maßnahmen des Arbeitsschutzes und der Integration von benachteiligten Personengruppen wie Langzeitarbeitslosen.[116] Der Bezug zum Auftragsgegenstand fehlt demgegenüber, wenn die fragliche Bedingung die allgemeine Unternehmenspolitik oder Betriebsorganisation der Bieter regeln will;[117] hier wird nicht mehr der konkrete Prozess der Herstellung oder Bereitstellung von Waren oder Leistungen charakterisiert.[118] Als Beispiel nennt Erwägungsgrund 97 VRL die Verpflichtung der Bieter zu einer „bestimmten Politik der sozialen oder ökologischen Verantwortung". Die Anforderung des Bezugs zum Auftragsgegenstand korreliert in gewissem Umfang mit der bisherigen Rechtsprechung zu § 97 Abs. 4 S. 2 GWB aF. Hiernach war ein **sachlicher Zusammenhang** der Ausführungsbedingung mit dem Auftragsgegenstand gefordert.[119] Ein sachlicher Zusammenhang lag vor, wenn sich die Ausführungsbedingungen auf die Art und Weise oder den Prozess der Leistungserbringung beziehen, bestimmte Verhaltensmaßregeln aufgeben oder sich gegenständlich in der Leistung niederschlagen.[120] So betrifft die Einhaltung bestimmter Ruhepausen bei Bewachungsdienstleistungen den Prozess der Leistungserbringung und steht damit im erforderlichen sachlichen Zusammenhang.[121]

Über den Wortlaut von § 128 Abs. 2 GWB (und auch Art. 70 VRL) hinaus sind Aus- 53
führungsbedingungen dann unzulässig, wenn sie unmittelbar oder mittelbar eine **Diskriminierung** bewirken; darauf weist Erwägungsgrund 104 VRL hin.[122] Im Übrigen dürfte dies aus dem allgemeinen Diskriminierungsverbot (§ 97 Abs. 2 GWB, Art. 18 Abs. 1 S. 1 VRL) folgen. Auch der Grundsatz der **Verhältnismäßigkeit** (§ 97 Abs. 1 S. 2 GWB, Art. 18 Abs. 1 S. 1 VRL) ist zu wahren;[123] insbesondere dürfen für das angestrebte Ziel

[116] Vgl. zu diesen und weiteren Beispielen Erwägungsgrund 98, 99 VRL.
[117] Vgl. Begründung des Gesetzentwurfs, BT-Drs. 18/6281, S. 114; Erwägungsgrund 97, 104 VRL.
[118] Vgl. Erwägungsgrund 97 VRL aE.
[119] Vgl. etwa OLG Schleswig Beschl. v. 25.1.2013 – 1 Verg 6/12, NZBau 2013, 395; OLG Düsseldorf Beschl. v. 17.1.2013 – VII-Verg 35/12, NZBau 2013, 329.
[120] Vgl. OLG Düsseldorf Beschl. v. 7.5.2014 – VII-Verg 46/13, ZfBR 2014, 785.
[121] OLG Düsseldorf Beschl. v. 30.4.2014 – VII-Verg 33/13, BeckRS 2015, 14051.
[122] So auch schon Erwägungsgrund 33 der Richtlinie 2004/18/EG; vgl. auch EuGH Urt. v. 17.11.2015 – C-115/14 – RegioPost, ZfBR 2016, 172.
[123] Vgl. auch RKPP/*Wiedemann* GWB § 128 Rn. 41ff.

(etwa den Arbeitnehmerschutz) nicht geeignete Vorgaben nicht dazu führen, dass Wettbewerbsvorteile beseitigt bzw. nivelliert werden.[124]

54 Grundsätzlich ist der öffentliche Auftraggeber frei („können"), ob er für einen bestimmten Auftrag Ausführungsbedingungen festlegt und wenn ja, welche Ausführungsbedingungen er konkret bestimmt – vorausgesetzt, sie sind grundsätzlich zulässig (→ Rn. 52f.). Insoweit steht dem öffentlichen Auftraggeber grundsätzlich ein Gestaltungsspielraum zu; dies ist Teil der dem Auftraggeber zustehenden **Bestimmungsfreiheit** in Bezug auf den Auftragsgegenstand.[125] Insbesondere muss der Auftraggeber Ausführungsbedingungen nicht so gestalten, dass sie zum Unternehmens- und Geschäftskonzept aller am Auftrag interessierter Unternehmen passen; ausreichend ist, dass sich der Auftraggeber auf einen anerkennenswerten und durch den Auftragsgegenstand gerechtfertigten Grund beruft.[126]

55 Allerdings können öffentliche Auftraggeber rechtlich verpflichtet werden, bestimmte Ausführungsbedingungen **zwingend** in die Vertragsunterlagen aufzunehmen; dieses muss allerdings gemäß **§ 129 GWB** aufgrund eines Bundes- oder Landesgesetzes erfolgen, dh eine solche zwingende Vorgabe muss durch den Bundes- oder Landesgesetzgeber veranlasst sein. Anders als nach der Vorgängervorschrift des § 97 Abs. 4 S. 3 GWB aF muss sich die Verpflichtung jedoch nicht mehr aus einem Gesetz im formellen Sinne ergeben („durch Bundes- oder Landesgesetz"),[127] sondern kann auch in Rechtsverordnungen oder anderen untergesetzlichen Regelungen enthalten sein, die auf einem formellen Gesetz beruhen („aufgrund eines Bundes- oder Landesgesetzes").[128] Typische Beispiele für derartige Vorgaben zur Verwendung bestimmter Ausführungsbedingungen finden sich insbesondere in Landesvergabe- und -tariftreuegesetzen, wonach insbesondere die Einhaltung bestimmter Mindestlöhne[129] oder auch die Beachtung der ILO-Kernarbeitsnormen[130] von den Bietern gefordert werden muss. Anders als noch § 97 Abs. 4 S. 3 GWB aF, der von „anderen oder weitergehenden Anforderungen" (gegenüber § 97 Abs. 4 S. 2 GWB aF) sprach, bezieht sich § 129 GWB schlicht auf „Ausführungsbedingungen" und damit auf die Definition und die Voraussetzungen des § 128 Abs. 2 GWB; eine weitergehende Öffnung des Begriffs der Ausführungsbedingungen für den Fall, dass sie gesetzlich vorgegeben werden, kann weder dem Wortlaut des § 129 GWB[131] noch der zugrundeliegenden VRL entnommen werden;[132] Art. 70 VRL unterscheidet nicht zwischen verschiedenen Arten von Ausführungsbedingungen.[133]

56 Soweit der öffentliche Auftraggeber Ausführungsbedingungen fordern will (oder muss), muss er diese gemäß § 128 Abs. 2 S. 2 GWB in der Auftragsbekanntmachung oder den Vergabeunterlagen **bekanntgeben,** um die erforderliche Transparenz zu gewährleisten.[134] Da Ausführungsbedingungen begrifflich Vertragsinhalt werden sollen, sind sie in jedem Fall in die Vertragsunterlagen aufzunehmen, ggf. durch Einbeziehung der Auftragsbe-

---

[124] Vgl. EuGH Urt. v. 18.9.2014 – C-549/13, EuZW 2014, 942; auch Urt. v. 3.4.2008 – C-346/06 – Rüffert, EuZW 2008, 306.

[125] Vgl. Begründung des Gesetzentwurfs, BT-Drs. 18/6281, S. 114 (zu § 129); vgl. auch OLG Düsseldorf Beschl. v. 7.5.2014 – VII-Verg 46/13, ZfBR 2014, 785; Beschl. v. 30.4.2014 – VII-Verg 33/13, BeckRS 2015, 14051; RKPP/*Wiedemann* GWB § 129 Rn. 1.

[126] Vgl. OLG Düsseldorf Beschl. v. 21.10.2015 – VII-Verg 28/14, NZBau 2016, 235.

[127] Vgl. insoweit auch OLG Koblenz Beschl. v. 29.11.2012 – 1 Verg 6/12, IBRRS 2012, 4471; OLG Düsseldorf Beschl. v. 29.7.2009 – VII-Verg 18/09, BeckRS 2009, 23467.

[128] Vgl. auch jurisPK-Vergaberecht/*Dorschfeldt/Mutschler-Siebert* GWB § 129 Rn. 8.

[129] Vgl. zB § 2 Abs. 6 TVgG-NRW, §§ 3, 7 LTTG-RP, §§ 4, 5 Abs. LTMG-BW.

[130] Vgl. § 14 RVO TVgG-NRW; vgl. auch OLG Düsseldorf Beschl. v. 29.1.2014 – VII-Verg 28/13, NZBau 2014, 314.

[131] So aber wohl jurisPK-Vergaberecht/*Dorschfeldt/Mutschler-Siebert* GWB § 129 Rn. 6.

[132] Vgl. auch EuGH Urt. v. 17.11.2015 – C-115/14 – RegioPost, ZfBR 2016, 172, der Verpflichtungen nach § 3 LTTG-RP dem Anwendungsbereich der Ausführungsbedingungen (noch nach Art. 26 der Richtlinie 2004/18/EG) zuordnet.

[133] Soweit Art. 18 Abs. 2 VRL im Übrigen von *vom Wirtschaftsteilnehmer* einzuhaltenden rechtlichen Verpflichtungen spricht, ist dies in § 128 Abs. 1 GWB umgesetzt worden.

[134] Vgl. auch EuGH Urt. v. 17.11.2015 – C-115/14 – RegioPost, ZfBR 2016, 172.

kanntmachung in den Vertrag. Bei Angaben zu Ausführungsbedingungen in den Vergabeunterlagen, die von denen in der Auftragsbekanntmachung abweichen, ist darauf zu achten, dass sie – weil sie eine Änderung der Ausschreibungsbedingungen darstellen – den Bietern in transparenter und diskriminierungsfreier Weise bekanntgegeben werden;[135] insbesondere ist ein deutlicher Hinweis in den Vergabeunterlagen erforderlich.

Um den Ausführungsbedingungen besonderes Augenmerk bei den Bietern zu verschaffen, kann sich der öffentliche Auftraggeber ergänzend die Einhaltung der Ausführungsbedingungen durch eine gesonderte Erklärung der Bieter mit dem Angebot zusichern lassen;[136] fehlt eine solche geforderte Erklärung, kann und muss der entsprechende Bieter (ggf. nach erfolgloser Nachforderung) ausgeschlossen werden (vgl. zB § 57 Abs. 1 Nr. 2 VgV).[137] Zur Absicherung, dass die Ausführungsbedingungen später auch eingehalten werden, kann der Auftraggeber die Ausführungsbedingungen mit Regelungen zu Vertragsstrafen oder Sonderkündigungsrechten in den Vertragsbedingungen flankieren.[138] Der öffentliche Auftraggeber kann sich zudem gemäß § 61 VgV durch Bescheinigungen und Gütezeichen entsprechend §§ 33, 34 VgV vom Bieter (im Angebot) belegen lassen, dass die angebotene Leistung den geforderten Ausführungsbedingungen entspricht. Es handelt sich allerdings nur insoweit um eine Analogie bzw. entsprechende Anwendung, als §§ 33, 34 VgV sich ihrem Wortlaut nach allein auf die Leistungsbeschreibung bzw. die darin enthaltenen Leistungsmerkmale beziehen und deren Regelungen mit § 61 VgV auf die Ausführungsbedingungen erstreckt werden; Art. 43 Abs. 1 und Art. 44 Abs. 1 VRL, deren Umsetzung § 61 VgV dient, regeln die fraglichen Nachweismöglichkeiten hingegen einheitlich für Leistungsmerkmale (technische Spezifikationen), Zuschlagskriterien und eben Ausführungsbedingungen gleichermaßen. Es sind somit mit Blick auf die Ausführungsbedingungen keine weiteren Anpassungen bei der entsprechenden Anwendung von §§ 33, 34 VgV vorzunehmen. Unzulässig ist es hingegen regelmäßig, wenn Anforderungen an die Ausführung der Leistung im Rahmen der Eignung geprüft werden (sollen) bzw. entsprechende Eignungskriterien aufgestellt oder Eignungsnachweise gefordert werden.[139] 57

Für Vergaben nach der UVgO enthält § 45 Abs. 2 und 3 UVgO Regelungen, die § 128 Abs. 2 GWB bzw. § 61 VgV weitestgehend entsprechen.[140] Daher sind die vorstehenden Ausführungen zu diesen Vorschriften (→ Rn. 50 ff.) sinngemäß auch für die Auslegung von § 45 Abs. 2 und 3 UVgO heranzuziehen. 57a

Von den Ausführungsbedingungen (als Vertragsbedingungen) zu trennen sind **rechtliche Verpflichtungen** eines Auftragnehmers, die ihn als Unternehmen und vor allem als Arbeitgeber im Geschäftsbetrieb und damit auch bei der Ausführung eines öffentlichen Auftrags aufgrund gesetzlicher Regelungen bzw. Rechtsvorschriften treffen. **§ 128 Abs. 1 GWB** regelt dazu ausdrücklich (letztlich eine Selbstverständlichkeit[141]), dass diese Verpflichtungen bei der Ausführung von öffentlichen Aufträgen einzuhalten sind, gemäß § 36 Abs. 4 VgV gilt § 128 Abs. 1 GWB auch für Nachunternehmer aller Stufen. Für Vergaben nach UVgO erklären § 45 Abs. 1 und (für Unteraufträge) § 26 Abs. 3 UVgO den § 128 Abs. 1 GWB für entsprechend anwendbar. Beispielhaft werden in § 128 Abs. 1 GWB Verpflichtungen zur Zahlung von Steuern, Abgaben und Sozialversicherungsbeiträgen sowie 58

[135] Vgl. OLG Düsseldorf Beschl. v. 17.1.2013 – VII-Verg 35/12, NZBau 2013, 329.
[136] Vgl. EuGH Urt. v. 17.11.2015 – C-115/14 – RegioPost, ZfBR 2016, 172; OLG Düsseldorf Beschl. v. 7.5.2014 – VII-Verg 46/13, ZfBR 2014, 785; Begründung des Gesetzentwurfs, BT-Drs. 18/6281, S. 113.
[137] Vgl. OLG Koblenz Beschl. v. 16.3.2016 – 1 Verg 8/13, NZBau 2014, 317; vgl. auch EuGH Urt. v. 17.11.2015 – C-115/14 – RegioPost, ZfBR 2016, 172.
[138] Vgl. Begründung des Gesetzentwurfs, BT-Drs. 18/6281, S. 113.
[139] Vgl. OLG Düsseldorf Beschl. v. 21.10.2015 – VII-Verg 28/14, NZBau 2016, 235; Beschl. v. 7.5.2014 – VII-Verg 46/13, ZfBR 2014, 785; Beschl. v. 29.1.2014 – VII-Verg 28/13, ZfBR 2014, 502; VK Bund Beschl. v. 24.6.2014 – VK 2-39/14, BeckRS 2014, 21187; vgl. auch EuGH Urt. v. 10.5.2012 – C-368/10 – Max Havelaar, EuZW 2012, 592.
[140] Vgl. Erläuterungen zur UVgO, BAnz AT v. 7.2.2017, S. 9, zu § 45.
[141] So zu Recht RKPP/*Wiedemann* GWB § 128 Rn. 4.

Mindestlöhnen und die Einhaltung von sonstigen Mindestarbeitsbedingungen und den Arbeitsschutzvorschriften genannt. Wie sich auch aus der Formulierung „alle *für sie* geltenden“ ergibt, sind diejenigen Verpflichtungen maßgeblich, die den jeweiligen Auftragnehmer tatsächlich treffen; dafür ist regelmäßig auch der Ort der Leistungserbringung entscheidend.[142] § 128 Abs. 1 GWB dient der Umsetzung von Art. 18 Abs. 2 VRL,[143] wonach von den Mitgliedstaaten sichergestellt werden soll, dass bei der Auftragsausführung die einschlägigen Rechtsvorschriften eingehalten werden. Letztlich hat die Regelung jedoch nur klarstellende Funktion[144] und keine eigenständige Bedeutung. Denn die „geltenden rechtlichen Verpflichtungen“, auf die in § 128 Abs. 1 GWB Bezug genommen wird, verpflichten schon aus sich heraus zur Einhaltung, wie sich aus der Verwendung des Begriffs „Verpflichtung“ bereits ergibt; die Gesetzesbegründung weist dementsprechend auch auf die bereits bestehenden Sanktionsmechanismen hin, die regelmäßig mit den rechtlichen Verpflichtungen verbunden sind.[145] Verstöße können zudem den Ausschluss bei künftigen Vergaben nach §§ 123, 124 GWB nach sich ziehen. § 128 Abs. 1 GWB selbst enthält hingegen keine gesonderten Sanktionierungsmöglichkeiten. Die Regelung stellt zudem – wie auch Art. 18 Abs. 2 VRL – einen **Fremdkörper** im Vergaberecht dar. Denn sowohl der Anwendungsbereich des Teils 4 des GWB (Kartellvergaberecht) als auch der der VRL gelten allein für die Vergabe öffentlicher Aufträge,[146] dh nur für den Auswahlprozess hinsichtlich des Auftragnehmers bzw. des zu bezuschlagenden Angebots (einschließlich Angebotsinhalten), der mit Zuschlag und Vertragsschluss beendet ist (vgl. § 106 Abs. 1 S. 1 GWB, Art. 1 Abs. 1, 2 VRL). Die sich erst daran anschließende Auftragsdurchführung kann damit für sich genommen nicht mehr dem Vergaberecht unterfallen. Ferner ist § 128 Abs. 1 GWB ein Beispiel für Regelungen, wie sie vermehrt in das Vergaberecht Einzug halten und in denen nicht den Auftraggebern, sondern den Unternehmen oder hier Auftragnehmern gesetzliche Verpflichtungen im Rahmen der Auftragsvergabe auferlegt werden sollen, obwohl primäres Ziel des Vergaberechts die Durchführung eines den vergaberechtlichen Vorgaben entsprechenden Vergabeverfahrens auf Auftraggeberseite ist.

III. Weitere mögliche Bestandteile

1. Liste der geforderten Nachweise bzw. Angabe der einzureichenden Unterlagen

59 Bei der Vergabe von **Liefer- und Dienstleistungen** ist der öffentliche Auftraggeber, sofern er von den Bietern Nachweise verlangt, im Anwendungsbereich der VOL/A (1. Abschnitt) und der VSVgV gemäß § 8 Abs. 3 VOL/A bzw. § 16 Abs. 2 VSVgV dazu verpflichtet, eine abschließende Liste der Nachweise zusammenzustellen und diese den Bietern zur Verfügung zu stellen; eine entsprechende Regelung[147] wurde in die VgV und die UVgO hingegen nicht aufgenommen (zu Bauaufträgen → Rn. 63a). Aus der systematischen Stellung der Regelung in den Vorschriften zu den Vergabeunterlagen folgt, dass die Liste **Teil der Vergabeunterlagen** sein soll.[148]

60 Die Regelung, die in die VOL/A 2009 neu aufgenommen wurde und auch in der VSVgV enthalten ist, erhöht die **Transparenz** für die Bieter dahingehend, welche Nachweise sie vorzulegen haben. Den Bietern wird dadurch die Abgabe eines vollständigen, alle geforderten Nachweise enthaltenden Angebots erleichtert, indem sie anhand der Liste ohne größeren Aufwand die Vollständigkeit ihrer Angebotsunterlagen kontrollieren kön-

142 Vgl. Begründung des Gesetzentwurfs, BT-Drs. 18/6281, S. 11, wonach mit Verweis auf Erwägungsgrund 37 und 38 VRL die für den Auftragnehmer am Ort der Leistungserbringung geltenden rechtlichen Verpflichtungen maßgeblich sein sollen.

143 Vgl. Begründung des Gesetzentwurfs, BT-Drs. 18/6281, S. 113.

144 So auch die Begründung zum Gesetzentwurf, BT-Drs. 18/6281, S. 113.

145 Vgl. BT-Drs. 18/6281.

146 Oberhalb der maßgeblichen Schwellenwerte, soweit nicht eine Ausnahmevorschrift greift.

147 Wie zuvor in § 9 EG Abs. 4 VOL/A 2009 enthalten.

148 Vgl. auch OLG Düsseldorf Beschl. v. 3.8.2011 – VII-Verg 30/11, BeckRS 2011, 21699.

nen.[149] Während ansonsten von Auftraggebern vielfach an verschiedenen Stellen einzelne Nachweise gefordert werden und die Gefahr besteht, dass die Bieter Forderungen von Nachweisen übersehen (und ihr Angebot in der Folge uU auszuschließen ist), fördert die Zusammenstellung der Nachweise, dass die Bieter insoweit vollständige Angebote einreichen.[150] Dies dient auch dem Interesse des Auftraggebers an möglichst vielen wertbaren Angeboten und verringert den ggf. erforderlichen Aufwand bei Nachforderungen von Nachweisen nach § 16 Abs. 2 VOL/A bzw. § 22 Abs. 6 VSVgV. Vor diesem Hintergrund sollten öffentliche Auftraggeber auch im Anwendungsbereich der VgV oder der UVgO in Erwägung ziehen, den Bietern eine solche abschließende Liste zur Verfügung zu stellen, obwohl sie dazu nicht verpflichtet sind.

Entsprechend dem Wortlaut **(„abschließende Liste")** und dem Sinn und Zweck von § 8 Abs. 3 VOL/A bzw. § 16 Abs. 2 VSVgV hat der Auftraggeber eine gesonderte Aufstellung zu erstellen, die alle – ggf. an anderer Stelle in den Vergabeunterlagen schon einmal aufgeführten oder bereits in der Auftragsbekanntmachung genannten[151] – geforderten Nachweise (noch einmal) zusammenfasst.[152] Die Aufstellung soll als „Checkliste" („zum Abhaken") den Bietern einen verwendbaren und verlässlichen Überblick über die Nachweisforderungen des Auftraggebers geben.[153] Da es insofern an einer zusammenfassenden (einheitlichen) Aufstellung fehlt, ist auch eine bloße Ergänzung der Nachweisliste durch einzelne Angaben in Bieterinformationen nicht möglich; vielmehr ist es in diesem Fall erforderlich, dass eine neue vollständige Liste der geforderten Nachweise den Bietern übermittelt wird.[154] 61

Die Verpflichtung zur Erstellung einer zusammenfassenden Liste nach § 8 Abs. 3 VOL/A bzw. § 16 Abs. 2 VSVgV bezieht sich pauschal auf **„Nachweise"** und spezifiziert diese nicht weiter. Aufgrund der Verwendung desselben Begriffs in den § 6 Abs. 3 VOL/A bzw. § 22 Abs. 1 VSVgV sind in jedem Fall Eignungsnachweise umfasst.[155] Darüber hinaus schließt der Begriff im Rahmen der Anwendung von § 8 Abs. 3 VOL/A bzw. § 16 Abs. 2 VSVgV jedoch auch alle anderen, insbesondere leistungsbezogenen Nachweise mit ein.[156] 62

Hat der Auftraggeber eine den Anforderungen entsprechende abschließende Liste der geforderten Nachweise nicht erstellt und den Bietern bekanntgegeben, sind die Nachweise, soweit sie ansonsten wirksam gefordert wurden, von den Bietern nachzufordern und kann deren Fehlen nicht zu Lasten der Bieter als Ausschlussgrund herangezogen werden.[157] Das Gleiche gilt für einzelne Nachweise, die der Auftraggeber nicht in der Nachweisliste nach § 8 Abs. 3 VOL/A bzw. § 16 Abs. 2 VSVgV oder in einer freiwillig verwendeten Nachweisliste aufgeführt hat.[158] § 16 Abs. 2 VSVgV ist insoweit bieterschützend.[159] 63

Für **Bauaufträge** sieht § 8 (EU/VS) Abs. 2 Nr. 5 VOB/A seit 2019 eine **ähnliche Verpflichtung** des Auftraggebers **zu einer Auflistung** vor. Danach hat der Auftraggeber 63a

---

[149] Vgl. OLG Naumburg Beschl. v. 2.8.2012 – 2 Verg 3/12, IBRRS 88001.

[150] Vgl. Müller-Wrede/*Gnittke/Hattig* VOL/A-EG § 9 Rn. 70.

[151] Vgl. OLG Düsseldorf Beschl. v. 16.5.2011 – VII-Verg 44/11, BeckRS 2011, 18448.

[152] Vgl. OLG Düsseldorf Beschl. v. 26.3.2012 – VII-Verg 4/12, IBRRS 2012, 1999; Beschl. v. 3.8.2011 – VII-Verg 30/11, BeckRS 2011, 21699.

[153] Vgl. OLG Düsseldorf Beschl. v. 6.2.2013 – VII-Verg 32/13, BeckRS 2013, 3174; Beschl. v. 26.3.2012 – VII-Verg 4/12, IBRRS 2012, 1999; Beschl. v. 3.8.2011 – VII-Verg 30/11, BeckRS 2011, 21699; Ziekow/Völlink/*Hänsel* VOL/A § 8 Rn. 4; Ziekow/Völlink/*Rosenkötter* VSVgV § 16 Rn. 1.

[154] Vgl. OLG Naumburg Beschl. v. 2.8.2012 – 2 Verg 3/12, IBRRS 88001.

[155] Vgl. Ziekow/Völlink/*Hänsel* VOL/A § 8 Rn. 4; Ziekow/Völlink/*Rosenkötter* VSVgV § 16 Rn. 1.

[156] Vgl. OLG Düsseldorf Beschl. v. 26.3.2012 – VII-Verg 4/12, IBRRS 2012, 1999; Beschl. v. 3.8.2011 – VII-Verg 30/11, BeckRS 2011, 21699.

[157] Vgl. OLG Düsseldorf Beschl. v. 17.7.2013 – VII-Verg 10/13, BeckRS 2013, 19903; anders (iS einer fehlenden wirksamen Forderung) noch Beschl. v. 26.3.2012 – VII-Verg 4/12, IBRRS 2012, 1999; Beschl. v. 3.8.2011 – VII-Verg 30/11, BeckRS 2011, 21699.

[158] Vgl. OLG Naumburg Beschl. v. 2.8.2012 – 2 Verg 3/12, IBRRS 88001; speziell zu einer freiwillig verwendeten, aber unvollständigen Nachweisliste: VK Sachsen Beschl. v. 29.11.2019 – 1/SVK/032-19, BeckRS 2019, 39461, mit Verweis auf KKMPP/*Dittmann* VgV § 56 Rn. 24.

[159] Vgl. (noch zu § 9 EG Abs. 4 VOL/A) OLG Düsseldorf Beschl. v. 3.8.2011 – VII-Verg 30/11, BeckRS 2011, 21699.

„**an zentraler Stelle** in den Vergabeunterlagen abschließend alle Unterlagen im Sinne von § 16a (EU/VS) Abs. 1 VOB/A mit Ausnahme von Produktangaben anzugeben." Auch hiernach hat der Auftraggeber somit an einer Stelle, und zwar „zentral" und damit leicht auffindbar,[160] eine abschließende (dh vollständige und lückenlose[161]) Auflistung zur Verfügung zu stellen. Aufzulisten sind hier – so ist der Bezug auf § 16a (EU/VS) VOB/A zu verstehen – diejenigen Unterlagen, die mit dem Angebot einzureichen sind und ansonsten nachzufordern wären. Dies sind sowohl **unternehmensbezogene** Unterlagen (etwa Eignungsnachweise) als auch **leistungsbezogene Unterlagen,** jedoch mit Ausnahme von Produktangaben. Letztere sind – soweit angefordert – typischerweise in der Leistungsbeschreibung an den entsprechenden Positionen einzutragen. Wie die abschließende Liste nach VOL/A bzw. VSVgV erleichtert auch die Auflistung der Unterlagen an zentraler Stelle nach § 8 (EU/VS) Abs. 2 Nr. 5 VOB/A im Sinne einer Checkliste den Bietern, ein von vornherein vollständiges Angebot abzugeben. Dies erspart dem Auftraggeber Nachforderungen nach § 16a (EU/VS) Abs. 1 VOB/A. Hat der Auftraggeber nach dem ebenfalls 2019 neu eingeführten § 16a (EU/VS) Abs. 3 VOB/A eine Nachforderung von Unterlagen von vornherein ausgeschlossen, dient die Auflistung dazu, dass möglichst viele Angebote vollständig (und wertbar) eingereicht werden.[162]

2. Formulare für die Angebotserstellung

64 Neben den eigentlichen Vergabeunterlagen wie dem Aufforderungsschreiben zur Angebotsabgabe bzw. zur Abgabe eines Teilnahmeantrags, den Bewerbungs- und Vertragsbedingungen sind auch die (unausgefüllten) Formulare, die ein Auftraggeber den Bietern oder Bewerbern für die Erstellung ihrer Angebote bzw. Teilnahmeanträge zur Verfügung stellt, den Vergabeunterlagen zuzurechnen. Formulare werden in der Praxis häufig für das Angebotsschreiben selbst (das dann regelmäßig Eintragungen der Bieter etwa zu Eignungsvoraussetzungen und ggf. auch zum Preis und eventuellen Preisnachlässen[163] vorsieht), aber auch für separate Eignungserklärungen oder sonstige Erklärungen wie Nachunternehmerverzeichnis und entsprechende Verpflichtungserklärungen vorgegeben. Sie enthalten vielfach – je nach Funktion – Konkretisierungen von Bewerbungsbedingungen (zB zu Zeitpunkten, wann bestimmte Nachweise vorzulegen sind) oder aber gelegentlich auch zu Vertragsbedingungen.

3. Antworten auf Bieterfragen und sonstige Bieterinformationen

65 Zu den Vergabeunterlagen zählen nicht nur die ursprünglich verschickten Unterlagen, sondern grundsätzlich auch Antworten auf Bieterfragen, von den Auftraggebern geführte Fragen- und Antwortenkataloge sowie sonstige Informationen, die den Bietern in der Angebotsphase zur Verfügung gestellt werden (vgl. § 20 Abs. 3 VgV, § 20 Abs. 5 VSVgV, § 10b EU Abs. 6 VOB/A, § 13 Abs. 4 UVgO). Dies gilt insbesondere dann, wenn der Auftraggeber im Wege der Antwort auf eine Bieterfrage oder sonstiger Bieterinformation Teile der übersandten Vergabeunterlagen konkretisiert, ergänzt oder ändert. Davon, dass derartige Erläuterungen ebenfalls zu den Vergabeunterlagen zählen, geht auch die Rechtsprechung aus, ohne dies ausdrücklich herauszustellen. Den Vergabeunterlagen zuzurechnen sind danach zB Erläuterungen zu (fehlenden) Zuschlagskriterien,[164] zu geforderten Nachweisen,[165] zu Leis-

[160] Vgl. jurisPK-Vergaberecht/*Lausen* VOB/A § 8 Rn. 36.9: „deutlich auf Anhieb erkennbar".
[161] Vgl. jurisPK-Vergaberecht/*Lausen* VOB/A § 8 Rn. 36.10.
[162] Vgl. auch jurisPK-Vergaberecht/*Lausen* VOB/A § 8 Rn. 36.8.
[163] So sieht zB § 13 (EU/VS) Abs. 4 VOB/A vor, dass Preisnachlässe ohne Bedingungen an einer vom Auftraggeber in den Vergabeunterlagen bezeichneten Stelle anzugeben sind; andernfalls können sie nicht gewertet werden, § 16d (EU) Abs. 4 S. 1, § 16d VS Abs. 5 S. 1 VOB/A.
[164] Vgl. OLG Düsseldorf Beschl. v. 22.2.2012 – VII-Verg 87/11, BeckRS 2012, 8573.
[165] Vgl. OLG Naumburg Beschl. v. 2.8.2012 – 2 Verg 3/12, IBRRS 88001.

tungsanforderungen[166] und zu Vertragsbedingungen.[167] Damit die Bieter vergleichbare, weil denselben Leistungsanforderungen entsprechende Angebote erstellen können und das Vergabeverfahren ordnungsgemäß – insbesondere diskriminierungsfrei ohne Informationsvorsprünge einzelner Bieter – ablaufen kann, sind Antworten auf Bieterfragen und sonstige Erläuterungen zum Vergabeverfahren wie die Vergabeunterlagen selbst grundsätzlich allen potentiellen Bietern möglichst zeitgleich zu übermitteln bzw. zur Verfügung zu stellen (vgl. auch § 12a (VS) Abs. 4, § 12a EU Abs. 3 VOB/A).[168]

4. Insbesondere: Änderung von Vergabeunterlagen

Bieterinformationen können insbesondere zum Inhalt haben, dass Vergabeunterlagen geändert werden. Dies ist während des laufenden Vergabeverfahrens grundsätzlich zulässig (vgl. auch § 20 Abs. 3 S. 1 Nr. 2 VgV, § 10b EU Abs. 6 S. 1 Nr. 2 VOB/A, § 13 Abs. 4 Nr. 2 UVgO).[169] Ein entsprechendes Verbot ist nicht normiert und gerade für den Fall, dass mit der Änderung Vergaberechtsverstöße beseitigt werden,[170] auch nicht angezeigt; § 20 Abs. 3 S. 1 Nr. 2 VgV, § 10b EU Abs. 6 S. 1 Nr. 2 VOB/A, § 13 Abs. 4 Nr. 2 UVgO gehen sogar implizit von der Möglichkeit der Änderung von Vergabeunterlagen während der Angebotsfrist aus. Änderungen der Vergabeunterlagen müssen allen Bietern in einem transparenten und diskriminierungsfreien Verfahren mitgeteilt werden.[171] Zudem müssen Änderungen so rechtzeitig versandt werden, dass die Bieter sie bei der Angebotserstellung berücksichtigen können; ggf. ist die Angebotsfrist zu verlängern.[172] 66

IV. Sonderfall: Aufforderung zur Interessensbestätigung

Das Instrument der Aufforderung zur Interessensbestätigung, das auf europäischer Regelungsebene erstmals durch die VRL (und auch die SRL) eingeführt wurde, ist dem folgend der **Auftragsvergabe nach VgV** (ggf. iVm VOB/A-EU) bzw. nach SektVO (siehe hierzu § 42 Abs. 3 SektVO) vorbehalten. Sie kommt im Geltungsbereich der VgV zur Anwendung, wenn ein öffentlicher Auftraggeber (mit Ausnahme von obersten Bundesbehörden) ein nicht offenes Verfahren oder ein Verhandlungsverfahren (mit Teilnahmewettbewerb) führt und anstelle einer Auftragsbekanntmachung eine Vorinformation als Aufruf zum Wettbewerb veröffentlicht (vgl. § 38 Abs. 4 VgV bzw. § 12 EU Abs. 2 VOB/A); diese Vorinformation muss dann vor allem bestimmte Angaben enthalten, unter anderem eine Aufforderung zur Interessensbekundung an interessierte Unternehmen (vgl. zu einer solchen Vorinformation im Einzelnen → § 23 Rn. 67, 70, 75). Den Unternehmen, die dem Auftraggeber daraufhin ihr Interesse an der Vergabe bekundet haben, hat der Auftraggeber gemäß §§ 38 Abs. 5, 52 Abs. 3 VgV bzw. § 12a EU Abs. 1 Nr 3 VOB/A gleichzeitig zur Bestätigung ihres Interesses (an der weiteren Teilnahme) aufzufordern. Eine solche Interessensbestätigung kommt einem Teilnahmeantrag gleich (zu dem ansonsten die Auftragsbe- 67

[166] Vgl. OLG Düsseldorf Beschl. v. 12.10.2011 – VII-Verg 46/11, BeckRS 2011, 26031; Beschl. v. 2.11. 2011 – VII-Verg 22/11, NZBau 2012, 194; Beschl. v. 11.2.2009 – VII-Verg 64/08, BeckRS 2009, 29062.

[167] Vgl. OLG Naumburg Beschl. v. 29.1.2009 – 1 Verg 10/08, BeckRS 2009, 6521 (zu Sicherheiten); OLG Düsseldorf Beschl. v. 7.9.2003 – VII-Verg 26/03, BeckRS 2006, 744.

[168] Vgl. BGH Beschl. v. 26.9.2006– X ZB 14/06, NZBau 2006, 800; OLG Düsseldorf Beschl. v. 17.4.2008 – VII-Verg 15/08, BeckRS 2008, 13107.

[169] Vgl. zB OLG Düsseldorf Beschl. v. 17.1.2013 – VII-Verg 35/12, BeckRS 2013, 4079, mit Verweis auf BGH Beschl. v. 26.9.2006– X ZB 14/06, NZBau 2006, 800.

[170] Vgl. auch BGH Beschl. v. 26.9.2006– X ZB 14/06, NZBau 2006, 800 (zur Beseitigung unerfüllbarer Anforderungen); OLG Düsseldorf Beschl. v. 17.4.2008 – VII-Verg 15/08, BeckRS 2008, 13107; VK Bund Beschl. v. 30.7.2008 – VK 1-90/08, BeckRS 2008, 14513.

[171] Vgl. BGH Beschl. v. 26.9.2006– X ZB 14/06, NZBau 2006, 800; OLG Düsseldorf Beschl. v. 17.4.2008 – VII-Verg 15/08, BeckRS 2008, 13107.

[172] Vgl. § 20 Abs. 3 S. 1 Nr. 2 VgV, § 10b EU Abs. 6 S. 1 Nr. 2 VOB/A, § 13 Abs. 4 Nr. 2 UVgO.

kanntmachung auffordern würde),[173] so dass die Aufforderung zur Interessensbestätigung gleichbedeutend mit einer Aufforderung zur Abgabe eines Teilnahmeantrags ist und somit ebenfalls den Teilnahmewettbewerb einleitet (vgl. so auch explizit § 38 Abs. 5 S. 2 VgV). Nach allem handelt es sich bei der Aufforderung zur Interessensbestätigung der Art nach eher um eine Vergabeunterlage, während sie ihrer Funktion und den Inhalten nach eher Aufgaben erfüllt, die andernfalls von einer Auftragsbekanntmachung übernommen würden (siehe auch schon → Rn. 1 aE).

68 Die Anforderungen an den **Inhalt** einer Aufforderung zur Interessensbestätigung sind (wie auch in der VRL) über viele Vorschriften verteilt. Die Aufforderung zur Interessensbestätigung wird dabei regelmäßig alternativ zur Auftragsbekanntmachung genannt. Anders als für Bekanntmachungen gibt es jedoch für Aufforderungen zur Interessensbestätigung keine Standardformulare, in denen für alle Pflichtangaben Felder vorgesehen sind. § 52 Abs. 3 S. 2 VgV enthält allerdings einen Katalog von Pflichtangaben, der Anhang IX Nr. 2 VRL entspricht, auf den wiederum Art. 54 Abs. 2 S. 3 VRL verweist; da dieser einheitlich für Bau-, Liefer- und Dienstleistungsaufträge gilt, kann der Katalog in § 52 Abs. 3 S. 2 VgV bzw. Anhang IX Nr. 2 VRL auch bei der Bauauftragsvergabe als Orientierung herangezogen werden. Darüber hinaus enthalten GWB, VgV und VOB/A-EU Regelungen zu einer Reihe von Angaben, die nur dann Wirkung entfalten, wenn sie in der Aufforderung zur Interessensbestätigung (oder alternativ der Auftragsbekanntmachung) bekanntgegeben werden. Dazu gehören die Eignungskriterien (§ 122 Abs. 4 S. 2 GWB), Eignungsnachweise (§ 48 Abs. 1 VgV), Auswahlkriterien zur Begrenzung der Teilnehmerzahl (§ 51 Abs. 1 VgV, § 3b EU Abs. 2 Nr. 3 VOB/A), die Zulassung von Nebenangeboten (§ 35 Abs. 1 VgV, § 8 EU Abs. 2 Nr. 3 VOB/A), der Hinweis auf eine mögliche Bezuschlagung der Erstangebote in einem Verhandlungsverfahren (§ 17 Abs. 11 VgV, § 3b EU Abs. 3 Nr. 7 VOB/A) und zum Ob und Wie einer Loslimitierung (§ 30 Abs. 2 S. 1, Abs. 3 VgV, § 5 EU Abs. 2 Nr. 3 VOB/A) sowie die Angabe der elektronischen Adresse, unter der die Vergabeunterlagen verfügbar sind (§ 41 Abs. 1 VgV, § 11 EU Abs. 3, § 12a EU Abs. 1 Nr. 1 VOB/A; s. auch § 41 Abs. 3 VgV, § 11b EU Abs. 2 VOB/A).

69 Die Aufforderung zur Interessensbestätigung hat der öffentliche Auftraggeber gemäß §§ 38 Abs. 5, 52 Abs. 3 VgV bzw. § 12a EU Abs. 1 Nr. 3 VOB/A **gleichzeitig** an alle Unternehmen (in Textform, § 126b BGB) zu übersenden, die dem Auftraggeber auf die Vorinformation hin ihr Interesse an der Vergabe bekundet haben. Zudem ist zu beachten, dass sich ausgehend vom Zeitpunkt der Übermittlung der Vorinformation an das Amt für Veröffentlichungen der Europäischen Union ein bestimmtes **Zeitfenster** gemäß § 38 Abs. 4 S. 1 Nr. 5 VgV, § 12 EU Abs. 2 Nr. 1 S. 1 lit. d) VOB/A ergibt, innerhalb dessen eine Aufforderung zur Interessensbestätigung zulässig ist (→ § 23 Rn. 75).

C. Eindeutigkeit und Auslegung der Vergabeunterlagen

70 Vergabeunterlagen müssen **eindeutig und unmissverständlich** formuliert sein.[174] Dies gilt zum einen für die für das Vergabeverfahren aufgestellten Bedingungen, insbesondere wenn diese den Ausschluss eines Angebots vom Vergabeverfahren nach sich ziehen können.[175] Dementsprechend haben öffentliche Auftraggeber in den Vergabeunterlagen (ggf. iVm der Bekanntmachung) eindeutige und unmissverständliche Festlegungen dahingehend zu treffen, welche Erklärungen, Unterlagen und Nachweise ein Bieter zu welchem Zeit-

[173] Vgl. insoweit zB auch Art. 28 Abs. 1 UAbs. 2 VRL, der einheitlich von der Frist für den Eingang von Teilnahmeanträgen spricht – unabhängig davon, ob zuvor eine Bekanntmachung oder eine Aufforderung zur Interessensbestätigung erfolgte; die Reaktion des interessierten Unternehmens (Teilnahmeantrag ieS oder Interessensbestätigung) wird also einheitlich als Teilnahmeantrag aufgefasst.

[174] Vgl. BGH Urt. v. 3.4.2012 – X ZR 130/10, ZfBR 2012, 600.

[175] Vgl. BGH Urt. v. 3.4.2012 – X ZR 130/10, ZfBR 2012, 600; Urt. v. 10.6.2008 – X ZR 78/07, ZfBR 2008, 702.

punkt und ggf. auf wessen Initiative und in welcher Form abzugeben hat.[176] So müssen die Bieter den Vergabeunterlagen – in Anbetracht der schwerwiegenden Konsequenzen – klar entnehmen können, welche Erklärungen oder Nachweise von ihnen mit Angebotsabgabe verlangt werden.[177] Dies entbindet die Bieter allerdings nicht von einem genauen Lesen der Vergabeunterlagen.[178] Fehlt es an der gebotenen Deutlichkeit der Forderung in den Vergabeunterlagen, darf ein Angebot nicht ohne Weiteres ausgeschlossen werden.[179] In Bezug auf den Auftragsgegenstand ist die Eindeutigkeit der Vergabeunterlagen explizit in den Vorschriften zur Leistungsbeschreibung geregelt,[180] die eine eindeutige und erschöpfende – von allen Bewerbern im gleichen Sinne zu verstehende – Beschreibung der Leistung mit Blick auf die Vergleichbarkeit der Angebote verlangen (vgl. im Einzelnen → § 19 Rn. 21 ff.). Auch der Ausschluss eines Angebots wegen Abweichung von den Vergabeunterlagen ist ausgeschlossen, wenn die Vergabeunterlagen mehrere Interpretationsmöglichkeiten eröffnen und es daher insoweit an zwingenden Vorgaben fehlt.[181] Sind Vergabeunterlagen teilweise unvollständig, in sich widersprüchlich oder missverständlich formuliert und verstoßen daher in ihrer Gesamtheit gegen den Transparenzgrundsatz nach § 97 Abs. 1 S. 1 GWB, ist ein Vergabeverfahren zurückzuversetzen.[182] Ob Vergabeunterlagen hinreichend eindeutig formuliert sind bzw. welchen Erklärungswert sie haben, ist im Einzelfall im Wege der Auslegung zu ermitteln.

Für die **Auslegung** der Vergabeunterlagen sind die für die Auslegung von Willenserklärungen geltenden Grundsätze (§§ 133, 157 BGB) heranzuziehen, da die Vergabeunterlagen, auch wenn sie selbst keine Angebote im Sinne der §§ 145 ff. BGB sind, die von den Bietern einzureichenden Angebote gleichsam spiegelbildlich abbilden.[183] Für die Auslegung ist dabei der **objektive Empfängerhorizont der potentiellen Bieter,** also eines abstrakt bestimmten Adressatenkreises, maßgeblich.[184] Dabei ist auf einen verständigen und fachkundigen, mit den ausgeschriebenen Beschaffungsleistungen vertrauten Bieter abzustellen.[185] Das tatsächliche (individuelle) Verständnis der Bieter hat demgegenüber nur indizielle Bedeutung.[186] Maßgeblich ist auch nicht das subjektive Verständnis des Auftraggebers.[187] Ausgangspunkt für die Auslegung ist der Wortlaut.[188] Zudem sind die konkreten Umstände des Einzelfalles, insbesondere die konkreten Verhältnisse der ausgeschriebenen 71

---

[176] Vgl. OLG München Beschl. v. 10.9.2009 – Verg 10/09, BeckRS 2009, 27004; Müller-Wrede/*Gnittke/Hattig* VOL/A-EG § 9 Rn. 8.

[177] Vgl. BGH Urt. v. 10.6.2008 – X ZR 78/07, ZfBR 2008, 702; Urt. v. 3.4.2012 – X ZR 130/10, ZfBR 2012, 600; BayObLG Beschl. v. 28.5.2003 – Verg 6/03, ZfBR 2003, 717; OLG Düsseldorf Beschl. v. 20.10.2008 – VII-Verg 41/08, NZBau 2009, 63.

[178] Vgl. OLG Düsseldorf Beschl. v. 24.9.2014 – VII-Verg 19/14, BeckRS 2015, 5269.

[179] Vgl. BGH Urt. v. 3.4.2012 – X ZR 130/10, ZfBR 2012, 600; OLG Brandenburg Beschl. v. 5.1.2006 – Verg W 12/05, ZfBR 2006, 503.

[180] Vgl. insbesondere § 121 Abs. 1 S. 1 GWB, § 15 Abs. 2 S. 1 VSVgV, § 23 Abs. 1 S. 1 UVgO, § 7 Abs. 1 VOL/A, § 7 (EU/VS) Abs. 1 Nr. 1 VOB/A.

[181] Vgl. OLG München Beschl. v. 10.12.2009 – Verg 16/09, IBRRS 2010, 2916.

[182] Vgl. OLG Düsseldorf Beschl. v. 7.3.2012 – VII-Verg 82/11, BeckRS 2012, 5922.

[183] Vgl. BGH Urt. v. 10.6.2008 – X ZR 78/07, ZfBR 2008, 702; vgl. auch OLG Düsseldorf Beschl. v. 20.10.2008 – VII-Verg 41/08, NZBau 2009, 63; OLG München Beschl. v. 24.11.2008 – Verg 23/08, BeckRS 2008, 26321.

[184] BGH Urt. v. 3.4.2012 – X ZR 130/10, ZfBR 2012, 600; Urt. v. 10.6.2008 – X ZR 78/07, ZfBR 2008, 702; OLG Düsseldorf Beschl. v. 5.11.2014 – VII-Verg 21/14, BeckRS 2015, 11625; OLG Saarbrücken Urt. v. 13.6.2012 – 1 U 357/11, NZBau 2012, 654.

[185] Vgl. OLG Koblenz Beschl. v. 5.12.2007 – 1 Verg 7/07, BeckRS 2010, 9736, mwN; vgl. auch BGH Urt. v. 3.6.2004 – X ZR 30/03, ZfBR 2004, 813; OLG Düsseldorf Beschl. v. 11.2.2009 – VII-Verg 64/08, BeckRS 2009, 29062; OLG München Beschl. v. 24.11.2008 – Verg 23/08, BeckRS 2008, 26231; Ziekow/Völlink/*Goede/Hänsel* VgV § 29 Rn. 4.

[186] Vgl. OLG Düsseldorf Beschl. v. 20.10.2008 – VII-Verg 41/08, NZBau 2009, 63; Beschl. v. 19.5.2010 – VII-Verg 4/10, BeckRS 2010, 14550.

[187] Vgl. OLG Düsseldorf Beschl. v. 19.5.2010 – VII-Verg 4/10, BeckRS 2010, 14550.

[188] Vgl. VK Bund Beschl. v. 1.2.2011 – VK 3-165/10, BeckRS 2011, 140417; OLG Koblenz Beschl. v. 5.12.2007 – 1 Verg 7/07, BeckRS 2010, 9736, mwN; vgl. auch BGH Urt. v. 3.6.2004 – X ZR 30/03, ZfBR 2004, 813; OLG Düsseldorf Beschl. v. 11.2.2009 – VII-Verg 64/08, BeckRS 2009, 29062.

Leistung zu berücksichtigen.[189] Verbleiben nach der Auslegung Zweifel, ist eine mehrdeutige Bestimmung in den Vergabeunterlagen restriktiv zugunsten der Bieter auszulegen.[190]

D. Verhältnis zwischen Bekanntmachung und Vergabeunterlagen

72 Soweit die Vergabeunterlagen sich inhaltlich in **Widerspruch zur** entsprechenden **Bekanntmachung** (Auftragsbekanntmachung oder auch Vorinformation als Aufruf zum Wettbewerb) setzen, ist zu differenzieren, welcher Inhalt im Weiteren für die Teilnehmer des Vergabeverfahrens maßgeblich ist. Handelt es sich um Angaben, die zwingend in der Bekanntmachung zu erfolgen haben, können diese nicht in den Vergabeunterlagen nachgeholt werden. Hier ist grundsätzlich der Inhalt der Bekanntmachung maßgeblich und geht den Vergabeunterlagen vor.[191] Auf diesen Inhalt haben sich die Bieter (europaweit) eingestellt.[192] Andernfalls könnte die Funktion der Bekanntmachung, potentiellen Bietern anhand der bekanntgemachten (und bekanntzumachenden) Angaben zur Ausschreibung eine (zutreffende) Informationsgrundlage für ihre Entscheidung über die Teilnahme am Vergabeverfahren zu geben, ausgehöhlt werden. Insoweit stellt sich in Bezug auf abweichende Vergabeunterlagen nur noch die Frage, ob sie eine zulässige Konkretisierung der Bekanntmachung darstellen oder ob sie als unbeachtlich zu verwerfen sind, weil es für das richtige Verständnis der Bekanntmachung grundsätzlich nur auf den Inhalt der Bekanntmachung ankommen kann.[193] Beachtlich sind danach aber Abweichungen in den Vergabeunterlagen, die gegenüber der Bekanntmachung verminderte bzw. verringerte Vorgaben enthalten.[194] Das Vorstehende muss im Übrigen auch für das Verhältnis zwischen einer **Aufforderung zur Interessensbestätigung** (s. o. Rn. 67 ff.), die in Bezug auf die frühzeitige Bekanntgabe von Informationen im Vergabeverfahren des Öfteren die Funktion einer Bekanntmachung übernimmt,[195] und den Vergabeunterlagen (im Übrigen) gelten. Auch hier gehen Angaben, die zwingend spätestens in der Aufforderung zur Interessensbestätigung erfolgen müssen und dort erfolgen, abweichenden Angaben in den Vergabeunterlagen vor.

73 Im Übrigen ist jedoch zu berücksichtigen, dass es sich bei den Vergabeunterlagen aus Sicht des Bieters um diejenigen Unterlagen handelt, die er später (nach der Bekanntmachung) erhalten hat und die im Übrigen detaillierter und ausführlicher sind. Er muss daher davon ausgehen können, dass der Inhalt dieser der Bekanntmachung nachfolgenden und detaillierteren Unterlagen in jedem Fall maßgeblich ist.[196] Soweit jedenfalls Widersprüche zwischen Bekanntmachung (oder auch der Vorinformation als Aufruf zum Wettbewerb bzw. der Aufforderung zur Interessensbestätigung) und Vergabeunterlagen dazu führen, dass Forderungen bestimmter Angaben oder Nachweise aus Sicht eines verständigen Bieters nicht eindeutig bzw. nicht unmissverständlich aufgestellt wurden, kann das Fehlen

---

[189] Vgl. BGH Urt. v. 13.3.2008 – VII ZR 194/06, NJW 2008, 2106, mwN; OLG Koblenz Beschl. v. 5.12. 2007 – 1 Verg 7/07, BeckRS 2010, 9736.

[190] Vgl. OLG Jena Beschl. v. 11.1.2007 – 9 Verg 9/06, ZfBR 2007, 380; OLG Brandenburg Beschl. v. 5.1. 2006 – Verg W 12/05, ZfBR 2006, 503.

[191] Vgl. OLG München Beschl. v. 12.11.2010 – Verg 21/10, BeckRS 2010, 29116; Beschl. v. 29.11.2007 – Verg 13/07, IBRRS 2007, 4925; OLG Düsseldorf Beschl. v. 24.5.2006 – VII-Verg 14/06, ZfBR 2007, 181; OLG Naumburg Beschl. v. 26.2.2004 – Verg 17/03, NJOZ 2004, 1828.

[192] Vgl. OLG München Beschl. v. 29.11.2007 – Verg 13/07, IBRRS 2007, 4925; OLG Naumburg Beschl. v. 26.2.2004 – Verg 17/03, NJOZ 2004, 1828.

[193] Vgl. OLG Düsseldorf Beschl. v. 24.5.2006 – VII-Verg 14/06, ZfBR 2007, 181.

[194] Vgl. für Mindestanforderungen an die Leistungsfähigkeit: OLG Düsseldorf Beschl. v. 28.11.2012 – VII-Verg 8/12, NZBau 2013, 258; OLG Jena Beschl. v. 21.9.2009 – 9 Verg 7/09, BeckRS 2009, 86482; zur De-facto-Revidierung der Zulassung von Nebenangeboten durch entsprechende Formulierung der Mindestanforderungen: OLG Düsseldorf Beschl. v. 4.2.2013 – VII-Verg 31/12, BeckRS 2013, 4705.

[195] Vgl. zB § 122 Abs. 4 S. 2 GWB, §§ 35 Abs. 1 S. 1, 41 Abs. 1 VgV.

[196] Vgl. auch Kapellmann/Messerschmidt/*von Rintelen* § 8 VOB/A Rn. 13; aA Ziekow/Völlink/*Goede/Hänsel* VgV § 29 Rn. 6.

dieser Angaben bzw. die Nichtvorlage der Nachweise nicht zu Lasten der Bieter zum Angebotsausschluss führen; verbleibende Unklarheiten gehen vielmehr zu Lasten des Auftraggebers.[197] Das Gleiche gilt für andere Ausschreibungsbedingungen wie etwa die Angebotsfrist.[198]

E. Kostenersatz

I. Bereitstellung und Kostenersatz für Vergabeunterlagen

Der Auftraggeber darf nur in bestimmten Fällen ein Entgelt für die Bereitstellung der Vergabeunterlagen in Form eines Kostenersatzes von (potentiellen) Bietern verlangen, und zwar wenn die Vergabe im Wege einer **öffentlichen Ausschreibung** nach dem 1. Abschnitt der VOL/A bzw. VOB/A erfolgt (vgl. § 8 Abs. 2 VOL/A, § 8b Abs. 1 Nr. 1 VOB/A); in allen übrigen Verfahrensarten des 1. Abschnitts der VOL/A bzw. VOB/A ist ein Kostenersatz ausgeschlossen (vgl. so ausdrücklich § 8b Abs. 1 Nr. 2 VOB/A). Der Grund der Differenzierung liegt darin, dass bei einer öffentlichen Ausschreibung die Vergabeunterlagen grundsätzlich an eine durch den Auftraggeber nicht beschränkbare Anzahl von Unternehmen abzugeben sind, nämlich an alle anfordernden Unternehmen (vgl. § 12 Abs. 3 lit. a) VOL/A, aber auch § 3 Nr. 1 VOB/A); dies kann mit einem erheblichen Kostenaufwand verbunden sein.[199] 74

In Vergabeverfahren, die in den Anwendungsbereich des **Kartellvergaberechts** gemäß §§ 97 ff. GWB fallen, ist ein Kostenersatz für Vergabeunterlagen hingegen mittlerweile regelmäßig ausgeschlossen. Denn im Anwendungsbereich der VgV ist der öffentliche Auftraggeber nach § 41 Abs. 1 VgV grundsätzlich zur elektronischen und insbesondere unentgeltlichen Bereitstellung der Vergabeunterlagen verpflichtet (vgl. dazu im Einzelnen → § 23 Rn. 19 ff.). Gleiches gilt im Übrigen auch für Vergaben nach UVgO (vgl. § 29 Abs. 1 UVgO). Im Rahmen der VSVgV, nach der als Verfahrensarten überhaupt nur das nicht offene Verfahren, das Verhandlungsverfahren (mit und ohne Teilnahmewettbewerb) sowie der wettbewerbliche Dialog, nicht aber das offene Verfahren vorgesehen sind, ist allerdings in § 29 Abs. 3 S. 2 VSVgV die Benennung eines Betrags und der Zahlungsbedingungen für Vergabeunterlagen vorgesehen (betrifft somit Liefer- und Dienstleistungsaufträge), während nach § 8b VS Abs. 1 VOB/A konsequenterweise kein Kostenersatz für Vergabeunterlagen vorgesehen ist. 75

Der Kostenersatz nach § 8 Abs. 2 VOL/A bzw. § 8b Abs. 1 Nr. 1 VOB/A umfasst in jedem Fall die Kosten der Vervielfältigung; die erstmalige Erstellung der Vergabeunterlagen ist hingegen nicht einzurechnen.[200] Zu den **Vervielfältigungskosten** zählen neben Materialkosten (zB für Papier, Toner) auch Abschreibungs- und Instandhaltungskosten für die genutzten Geräte sowie etwaige Materialgemeinkosten.[201] Umstritten ist, ob (anteilige) Arbeitskosten für die Vervielfältigung ebenfalls einzubeziehen sind.[202] Umsatzsteuer ist einzurechnen, wenn der Auftraggeber nicht vorsteuerabzugsberechtigt ist.[203] Soweit die VOB/A anwendbar ist, können darüber hinaus auch die **Kosten der postalischen Versendung** (insbesondere Materialkosten für die Verpackung und Portokosten) verlangt werden (vgl. § 8b Abs. 1 Nr. 1 VOB/A); in § 8 Abs. 2 VOL/A sind Übermittlungskosten hingegen nicht aufgeführt und können daher auch nicht verlangt werden.[204] Der Kosten- 76

[197] Vgl. OLG München Beschl. v. 2.3.2009 – Verg 1/09, BeckRS 2009, 7803.
[198] Vgl. OLG Düsseldorf Beschl. v. 12.12.2007 – VII-Verg 34/07, NJOZ 2008, 1439.
[199] Vgl. Ziekow/Völlink/*Völlink* VOB/A § 8b Rn. 1.
[200] Vgl. Ziekow/Völlink/*Völlink* VOB/A § 8b Rn. 3.
[201] Vgl. Kapellmann/Messerschmidt/*von Rintelen* VOB/A § 8b Rn. 7; Ingenstau/Korbion/*von Wietersheim* VOB/A § 8b Rn. 8.
[202] Vgl. zum Streitstand: KMPP/*Verfürth* VOB/A § 8 Rn. 74, dort Fn. 79, mwN.
[203] Vgl. Ziekow/Völlink *Völlink* VOB/A § 8b Rn. 3.
[204] Vgl. Ziekow/Völlink *Völlink* VOL/A § 8 Rn. 2.

ersatz kann nur gefordert werden, wenn die Bieter tatsächlich vervielfältigte Vergabeunterlagen (postalisch oder direkt) erhalten haben und somit tatsächlich Kosten entstanden sind. Eine elektronische Übersendung, die keine Vervielfältigung erfordert, hat kostenlos zu erfolgen.[205] Die Höhe des Kostenersatzes und ggf. die Zahlungsbedingungen sind vorab **in der Auftragsbekanntmachung anzugeben.** Dies ergibt sich aus § 12 Abs. 2 S. 2 lit. m) VOL/A bzw. § 12 Abs. 1 Nr. 2 lit. m) VOB/A.

II. Kostenersatz für die Angebotserarbeitung

77 Nach § 8b (VS) Abs. 2 Nr. 1 S. 1, Nr. 2 bzw. § 8b EU Abs. 1 Nr. 1 S. 1, Nr. 2 VOB/A sind für die Ausarbeitung von Angeboten vom Auftraggeber **grundsätzlich keine Kosten** an die Bieter **zu erstatten.** Insoweit handelt es sich um eine Klarstellung der Rechtslage, wonach den Bietern ein solcher Anspruch nicht zusteht, da es sich um allgemeinen Geschäftsaufwand handelt, den sie selbst zu tragen haben.[206] Verlangt der Auftraggeber jedoch, dass der Bieter im Angebot nicht nur Angaben zu den Leistungsinhalten macht, sondern darüber hinaus **Entwürfe, Pläne, Zeichnungen, Berechnungen oder andere Unterlagen** auszuarbeiten und einzureichen hat, sehen § 8b (VS) Abs. 2 Nr. 1 S. 2, Nr. 2 bzw. § 8b EU Abs. 1 Nr. 1 S. 2, Nr. 2 VOB/A die Verpflichtung des Auftraggebers vor, dafür eine **angemessene Entschädigung** festzusetzen. Daraus ergibt sich selbst keine unmittelbare Anspruchsgrundlage der Bieter; nach dem Standort der Regelung in § 8b (EU/VS) VOB/A ist die Festsetzung einer solchen Entschädigung jedoch **in die Vergabeunterlagen aufzunehmen.** Die Entschädigung ist grundsätzlich allen Bietern gegenüber und für diese einheitlich festzusetzen. § 8b (VS) Abs. 2 Nr. 1 S. 3, Nr. 2 bzw. § 8b EU Abs. 1 Nr. 1 S. 3, Nr. 2 VOB/A begrenzt die Verpflichtung zur Entschädigung jedoch auf diejenigen Bieter, die ein der Ausschreibung entsprechendes Angebot mit den geforderten Unterlagen rechtzeitig eingereicht haben. Dies schützt den Auftraggeber vor Entschädigungszahlungen für Angebote, die aus formalen Gründen (vgl. § 16 (EU/VS) Abs. 1 VOB/A) ohnehin nicht in die Wertung gelangt wären[207] und daher für ihn nicht von Interesse sind. Die Höhe der Entschädigung bemisst sich – da ein einheitlicher Betrag für alle Bieter festzusetzen ist – nicht am konkreten Ausarbeitungsaufwand des jeweiligen Bieters, sondern an dem **durchschnittlichen voraussichtlichen Aufwand;** ein Gewinnanteil ist nicht einzurechnen.[208]

78 Soweit die VOL/A anwendbar ist, ist die Regelung, die bisher ähnlich wie § 8b Abs. 2 Nr. 1 S. 2 VOB/A die Erstattung bestimmter Kosten der Angebotserarbeitung an den Bieter vorsah (vgl. § 20 Abs. 3 VOL/A aF), mittlerweile entfallen. Eine entsprechende Pflicht des Auftraggebers zur Regelung einer Entschädigung besteht somit nicht mehr. Auch für die Vergabe von Liefer- und Dienstleistungen nach der VgV (mit Ausnahme von Architekten- und Ingenieurleistungen, § 77 VgV), der UVgO und der VSVgV ist die Erstattung von Kosten der Angebotserarbeitung nicht vorgesehen.

---

205 Vgl. Ziekow/Völlink/*Völlink* VOB/A § 8b Rn. 3.

206 Vgl. OLG Düsseldorf Beschl. v. 30.1.2003 – I-5 U 13/02, NZBau 2003, 459; Heuvels/Höß/Kuß/Wagner/*el-Barudi* VOB/A§ 8 VOB/A Rn. 27; Ziekow/Völlink/*Völlink* VOB/A-EU § 8b Rn. 1.

207 Vgl. *Höfler* BauR 2000, 337; Ziekow/Völlink/*Völlink* VOB/A-EU § 8b Rn. 5.

208 Vgl. Heuvels/Höß/Kuß/Wagner/*el-Barudi* VOB/A § 8 Rn. 29; Ziekow/Völlink/*Völlink* VOB/A-EU § 8b Rn. 7; Kapellmann/Messerschmidt/*von Rintelen* VOB/A § 8b Rn. 16.

§ 21 Öffentliches Preisrecht

Übersicht

UVgO: § 2 Abs. 5
VSVgV: § 10 Abs. 5

UVgO:

§ 2 Abs. 5 UVgO

(1)–(4) hier nicht abgedruckt.

(5) Die Vorschriften über die Preise bei öffentlichen Aufträgen bleiben unberührt.

VSVgV:

§ 10 Abs. 5 VSVgV

(1)–(4) hier nicht abgedruckt.

(5) Bei der Vergabe sind die Vorschriften über die Preise bei öffentlichen Aufträgen zu beachten.

Literatur:

Berstermann, Öffentliche Auftragspreisverordnung, 2012; *Berstermann* in Pünder/Schellenberg, Vergaberecht, 3. Aufl. 2019; *Berstermann/Petersen,* Vergaberecht und Preisrecht – Zivilrechtliche Unwirksamkeit des öffentlichen Auftrages bei Überschreitung des preisrechtlich zulässigen Höchstpreises, ZfBR 2008, 22; *Berstermann/Petersen,* Das Preisrecht – Bedeutungsloses Relikt aus dem letzten Jahrtausend oder praxisrelevante Ergänzung des Vergaberechts?, ZfBR 2007, 767; *Brüning* in Säcker/Meier-Beck/Bien/Montag, Münchener Kommentar zum Wettbewerbsrecht, 2. Aufl. 2018, Band 2, 6. Teil, Öffentliches Preisrecht; *Brüning,* Zum Verhältnis von öffentlichem Preisrecht und Vergaberecht, ZfBR 2012, 642; *Brüning,* Die Erweiterungsfähigkeit des geltenden öffentlichen Preisrechts, VergabeR 2012, 833; *Dörr/Hoffjan,* Die Bedeutung der Verordnung PR Nr. 30/53 über die Preise bei öffentlichen Aufträgen, Studie im Auftrag des Bundesministeriums für Wirtschaft und Energie, 2015; *Ebisch/Gottschalk/Hoffjan/Müller,* Preise und Preisprüfungen bei öffentlichen Aufträgen, 9. Aufl. 2020; *Fischer,* Marktwirtschaftliche Preisbildung bei öffentlichen Aufträgen, ZIP 3/2005, 106; *Gabriel/Schulz,* Die Verwendung von Preisgleitklauseln bei öffentlichen Auftragsvergaben, ZfBR 2007, 448; *Georgi,* Die Preisbildung bei öffentlichen Aufträgen im Einklang mit der VO PR 30/53, 2015; *Greiffenhagen,* Die Erweiterungsfähigkeit des geltenden öffentlichen Preisrechts, VergabeR 2013, 415; *Hertel/Pietraszek,* Die Preisbildung und das Preisprüfrecht bei öffentlichen Aufträgen – Ausgewählte Themen, 1988; *Hoffjan,* Das öffentliche Preisrecht als Instrument des Auftraggebers, DÖV 2017, 977; *Hoffjan/Georgi,* Auslegungsspielräume bei der Preisbildung für öffentliche Aufträge gem. VO PR 30/53 – Ergebnisse einer empirischen Untersuchung unter Auftragnehmern und Preisprüfern, ZögU 2015, 133; *Hoffjan/Hövelborn/Strickmann,* Das Preisrecht bei öffentlichen Aufträgen – Status quo und empirische Befunde vor dem Hintergrund aktueller Reformbemühungen, ZögU 2013, 3; *Hoffjan/Mengis,* Der Nachweis von Marktpreisen im öffentlichen Preisrecht, ZfBR 2017, 439; *Horstkotte/Hünemörder,* Grundzüge des öffentlichen Preisrechts, LKV 2016, 14; *Meng,* Die Auszehrung der allgemeinen preisrechtlichen Ermächtigungsgrundlage (§ 2 Abs. 1 Preisgesetz), DVBl. 1980, 613; *Michaelis/Rhösa,* Preisbildung bei öffentlichen Aufträgen, 107. Aktualisierung 2018; *Moritz,* Nichtigkeit der Verordnung PR Nr. 30/53 über Preise bei öffentlichen Aufträgen?, BB 1994, 1871; *Müller,* Die Preistreppe – das wenig bekannte Wesen, ZfBR 2018, 555; *Müller,* Das Preisrecht bei öffentlichen Aufträgen – vorbeugendes Instrumentarium gegen Wettbewerbsverstöße, NZBau 2011, 720; *Müller,* Preisgestaltung bei öffentlichen Aufträgen, 3. Aufl. 1993; *Müller-Wrede,* Das Verhandlungsverfahren im Spannungsfeld zwischen Beurteilungsspielraum und Willkür, VergabeR 2010, 754; *Pauka/Chrobot,* Hinweise zu § 2 Abs. 4 VOL/A, insbesondere bei der Einbeziehung von Unterauftragnehmern, VergabeR 2011, 405; *Rittner,* Rechtsgrundlagen und Rechtsgrundsätze des öffentlichen Auftragswesens, 1988.

A. Einleitung

1 Der Begriff „Preisrecht" bezeichnet ganz allgemein rechtliche Vorgaben, die die Bildung von Preisen betreffen. Um Preisrecht handelt es sich somit etwa bei den Vorgaben für die Arzneimittelpreisbildung und -regulierung (sog. Arzneimittelpreisrecht), den Regelungen über die Bestimmung der Honorare für Architekten- und Ingenieurleistungen nach der Honorarordnung für Architekten und Ingenieure (HOAI) oder den Bestimmungen des Rechtsanwaltsvergütungsgesetzes (RVG) über die Vergütung für anwaltliche Tätigkeiten der Rechtsanwältinnen und Rechtsanwälte.

2 Das hier gegenständliche **öffentliche Preisrecht** (das auch als „klassisches Preisrecht" bezeichnet wird) regelt die Preisbildung bei öffentlichen Aufträgen. Es handelt sich dementsprechend um einen eigenständigen Teilbereich des Rechts der öffentlichen Aufträge,[1] der neben dem Vergaberecht Anwendung findet. Vergaberecht und öffentliches Preisrecht sind voneinander unabhängige Rechtsmaterien, deren Anwendungsbereiche sich zwar teilweise überschneiden, die jedoch normtechnisch nicht aufeinander abgestimmt sind.[2] Während das Vergaberecht die Frage betrifft, wie bei der Vergabe von öffentlich Bau-, Liefer- und Dienstleistungsaufträgen ein Auftragnehmer auszuwählen ist, regelt das öffentliche Preisrecht die Bestimmung des dabei zu vereinbarenden Preises.[3]

3 Die Vorgaben des öffentlichen Preisrechts ergeben sich im Wesentlichen aus der **Verordnung (VO) PR Nr. 30/53** vom 21.11.1953 über die Preise bei öffentlichen Aufträgen sowie aus den in der Anlage zur VO PR Nr. 30/53 enthaltenen **Leitsätzen für die Preisermittlung auf Grund von Selbstkosten (LSP).** Die VO PR Nr. 30/53 wurde auf Grundlage von § 2 des Übergangsgesetzes über Preisbildung und Preisüberwachung vom 10.4.1948 **(Preisgesetz – PreisG)**[4] zum Zwecke der Aufrechterhaltung des Preisstandes erlassen.

4 Sie verfolgt das übergeordnete Ziel, auch bei Beschaffungsvorgängen der öffentlichen Hand eine **marktwirtschaftliche Preisbildung** zu ermöglichen.[5] Durch die Vorgaben der VO PR Nr. 30/53 soll verhindert werden, dass Marktmechanismen, die zur Bildung von Wettbewerbspreisen für bestimmte Leistungen geführt haben, durch abweichende, höhere Preisvereinbarungen für öffentliche Aufträge gestört werden.[6] Deshalb soll ein öffentlicher Auftraggeber bei der Preisbildung nicht schlechter, aber auch nicht besser als der private Auftraggeber gestellt werden.[7] Hintergrund dieser Zwecksetzung ist, dass sich die staatliche Beschaffungstätigkeit von derjenigen privater Auftraggeber unterscheidet. Zum einen dient die Nachfragetätigkeit der öffentlichen Hand am Markt grundsätzlich der Erfüllung von übergeordneten staatlichen Aufgaben und erfolgt nicht mit der Absicht der

---

[1] VG Gelsenkirchen Urt. v. 20.2.2007 – 13 K 1420/06, BeckRS 2007, 23550; EGHM Einf. Rn. 10; *Brüning* ZfBR 2012, 642 (643); MüKoWettbR/*Brüning* 6. Teil VO PR Nr. 30/53 Eingangsformel Rn. 1.

[2] *Berstermann/Petersen* ZfBR 2007, 767 (770) mit Verweis auf die Entstehungsgeschichte der beiden Rechtsmaterien.

[3] Siehe zu dieser Unterscheidung auch: VG Düsseldorf Urt. v. 11.11.2003 – 17 K 5472/02, NVwZ 2004, 1523 (1525).

[4] Übergangsgesetz über Preisbildung und Preisüberwachung v. 10.4.1948, WiGBl. S. 27, BGBl. III/FNA 720-1, geändert durch Art. 22 Erstes VwVerfahrensrechts-BereinigungsG v. 18.2.1986 (BGBl. I S. 265).

[5] *Hoffjan* DÖV 2017, 977 (978); siehe dazu auch die Eingangsformel zur VO PR Nr. 30/53.

[6] BVerwG Urt. v. 13.4.2016 – 8 C 2/15, NZBau 2016, 577 (579).

[7] *Hoffjan/Mengis* ZfBR 2017, 439 (441).

Gewinnerzielung.[8] Zum anderen ist der Staat – anders als private Marktakteure – jedenfalls nicht vollständig den Marktkräften unterworfen, da er seine finanziellen Mittel durch Steuer- und Abgabeerhebung erhält und damit faktisch nur einem sehr eingeschränkten Insolvenzrisiko unterliegt.[9] Daraus folgt, dass jedenfalls die Gefahr besteht, dass sich die staatliche Beschaffung am Markt nach anderen als wirtschaftlichen Erwägungen vollzieht und der Staat letztlich zu höheren Preisen beschafft als ein privater Nachfrager. Das soll durch die VO PR Nr. 30/53 vermieden und damit gleichzeitig die Aufrechterhaltung des Marktpreisniveaus sichergestellt werden.

Die wesentlichen Preisbildungsgrundsätze des öffentlichen Preisrechts nach der VO PR Nr. 30/53 lassen sich wie folgt zusammenfassen: Zunächst ist Marktpreisen bei der Vereinbarung von Preisen für Leistungen aufgrund öffentlicher Aufträge grundsätzlich der Vorzug gegenüber Selbstkostenpreisen zu geben, die nur ausnahmsweise vereinbart werden dürfen **(Marktpreisvorrang).**[10] Soweit es die Verhältnisse des Auftrags ermöglichen, sind feste Preise zu vereinbaren **(Festpreisvorrang).**[11] Schließlich dürfen keine höheren Preise gefordert, versprochen, vereinbart, angenommen oder gewährt werden, als es nach der VO PR Nr. 30/53 zulässig ist **(Höchstpreisprinzip).**[12] 5

Der **praktische Anwendungsbereich** der VO PR Nr. 30/53 ist seit ihrem Inkrafttreten aufgrund von Privatisierungen – insbesondere von Post und Bahn – zurückgegangen. Besondere Relevanz besitzt das öffentliche Preisrecht aktuell im Bereich der verteidigungs- und sicherheitsspezifischen öffentlichen Aufträge und im Bereich Forschung und Entwicklung.[13] Relevanz kommt dem öffentlichen Preisrecht in der Praxis ungeachtet des Alters der gesetzlichen Regelungen vor allem aufgrund der Rechtsfolgen von Verstößen gegen preisrechtliche Vorschriften zu, die zur Unwirksamkeit der Preisvereinbarung nach § 134 BGB führen können.[14] 6

B. Rechtsquellen und Grundprinzipien des öffentlichen Preisrechts

I. Rechtsquellen

Rechtlicher Ausgangspunkt des klassischen öffentlichen Preisrechts ist das vom Wirtschaftsrat im Jahre 1948 erlassene Übergangsgesetz über Preisbildung und Preisüberwachung (Preisgesetz – **PreisG**). Gemäß § 16 PreisG sollte dieses an sich bereits am 31.12.1948 außer Kraft treten. Die Geltungsdauer des PreisG wurde jedoch zuletzt durch das Gesetz zur weiteren Verlängerung der Geltungsdauer des Preisgesetzes vom 29.3.1951 *„bis zum Inkrafttreten eines neuen Preisgesetzes"* verlängert.[15] Da ein neues Preisgesetz bis heute nicht erlassen worden ist, gilt das an sich als Übergangsregelung geschaffene PreisG noch immer fort. 7

Auf Grundlage der in § 2 PreisG vorgesehenen Verordnungsermächtigung wurden diverse Preisverordnungen erlassen, aus denen sich das sog. materielle Preisrecht ergibt. Hervorgehobene Bedeutung besitzt dabei die **VO PR Nr. 30/53** vom 21.11.1953 über die Preise bei öffentlichen Aufträgen. Diese Preisverordnung wurde in bewusster Ergänzung des geltenden Vergaberechts geschaffen, um Regeln für eine marktwirtschaftliche Preisbil- 8

---

[8] *Michaelis/Rhösa* Preisbildung bei öffentlichen Aufträgen, Band 1, Einf., 2a; VG Düsseldorf Urt. v. 11.11. 2003 – 17 K 5472/02, NVwZ 2004, 1523 (1525).

[9] *Bungenberg* Vergaberecht im Wettbewerb der Systeme, 2007, 136; *Pietzcker*, Der Staatsauftrag als Instrument des Verwaltungshandelns, Recht und Praxis der Beschaffungsverträge in den Vereinigten Staaten von Amerika und der Bundesrepublik Deutschland, 1978, 250; *Rittner* ZHR 152, 318 (323).

[10] Siehe § 1 Abs. 1 VO PR Nr. 30/53.

[11] Siehe § 1 Abs. 2 VO PR Nr. 30/53.

[12] Siehe § 1 Abs. 3 VO PR Nr. 30/53.

[13] *Michaelis/Rhösa* Preisbildung bei öffentlichen Aufträgen, Band 1, Einf., 8.

[14] *Berstermann/Petersen* ZfBR 2007, 767; *Höfler* NZBau 2015, 736 (742ff.).

[15] BGBl. I, 223.

dung bei der öffentlichen Auftragsvergabe vorzugeben[16] und so auch auf dem Gebiet des öffentlichen Auftragswesens marktwirtschaftliche Grundsätze durchzusetzen.[17] Vervollständigt wird die VO PR Nr. 30/53 durch die der Verordnung angehängten **Leitsätze für die Preisermittlung auf Grund von Selbstkosten (LSP).** Daneben findet die **VO PR Nr. 4/72** über die Bemessung des kalkulatorischen Zinssatzes Anwendung.[18]

9 Da die VO PR Nr. 30/53 auf die Vergabe von Bauleistungen ausdrücklich keine Anwendung findet[19], wurde sie bis ins Jahr 1999 ergänzt durch die **VO PR Nr. 1/72** über die Preise für Bauleistungen bei öffentlichen oder mit öffentlichen Mitteln finanzierten Aufträgen.[20] Die VO PR Nr. 1/72 ist jedoch aufgrund ihres starken Bezugs zu Selbstkostenpreisen, die bei Bauaufträgen in der Praxis immer mehr an Bedeutung verloren,[21] mit Wirkung ab 1.7.1999 ersatzlos aufgehoben worden.[22] Für Bauleistungen gelten deshalb seither anstelle spezieller preisrechtlicher Regelungen nur allgemeine Pflichten, wie etwa die Grundsätze der Wirtschaftlichkeit und Sparsamkeit iSv § 7 BHO.[23]

10 **Andere gesetzliche Regelungen** enthalten vereinzelte Bezüge zum Preisrecht – wie etwa § 3 Wirtschaftsstrafgesetz 1954 oder die Allgemeine Verwaltungsvorschrift zur Bundeshaushaltsordnung (dort: Punkt 1.2.4 zu § 23 BHO) – oder konstituieren – wie beispielsweise das Preisklauselgesetz, das Preisangabengesetz oder die Preisangabenverordnung spezifische preisbezogene Vorgaben, die jedoch keinen unmittelbaren Bezug zur öffentlichen Auftragsvergabe aufweisen.

11 Auch das **Vergaberecht** enthält vereinzelte (deklaratorische) Bezüge zum öffentlichen Preisrecht. Für die Vergabe verteidigungs- und sicherheitsspezifischer öffentlicher Aufträge iSv § 104 GWB sieht **§ 10 Abs. 5 VSVgV** vor, dass bei der Vergabe die Vorschriften über die Preise bei öffentlichen Aufträge zu beachten sind. Für die Vergabe von Liefer- und Dienstleistungsaufträgen unterhalb der Schwellenwerte stellt **§ 2 Abs. 5 UVgO** klar, dass die Vorschriften über die Preise bei öffentlichen Aufträgen unberührt bleiben.

II. Prinzipien des öffentlichen Preisrechts

12 Ausgangspunkt der im öffentlichen Preisrecht nach der VO PR Nr. 30/53 geltenden Grundsätze und Prinzipien ist die in der Ermächtigungsgrundlage in § 2 PreisG vorgesehene Zwecksetzung, den Preisstand aufrechtzuerhalten. Daran anknüpfend ergeben sich aus der VO PR Nr. 30/53 als preisrechtliche Grundprinzipien insbesondere der Marktpreisvorrang, der Festpreisvorrang und das Höchstpreisprinzip. Mit diesen preisrechtlichen Grundprinzipien statuiert die VO PR Nr. 30/53 ein geschlossenes und streng hierarchisch aufgebautes System von Preistypen.[24]

1. Marktpreisvorrang

13 Der Marktpreisvorrang ist das tragende **Grundprinzip des öffentlichen Preisrechts.** Danach ist gemäß § 1 Abs. 1 VO PR Nr. 30/53 für Leistungen auf Grund öffentlicher Aufträge bei der Vereinbarung von Preisen grundsätzlich Marktpreisen vor Selbstkostenpreisen der Vorzug zu geben. Das bedeutet, dass sich die Höhe der bei öffentlichen Aufträgen vereinbarten Preise grundsätzlich an den auf dem Markt gezahlten Preisen zu orien-

[16] *Müller* ZfBR 2018, 555.

[17] Erster Runderlass betr. Durchführung der VO PR Nr. 30/53 über die Preise bei öffentlichen Aufträgen vom 21.11.1953, zu § 1 Abs. 1, v. 22.12.1953, MinBlBMWi 1953, 515.

[18] § 1 VO PR Nr. 4/72 legt einen zulässigen Höchstsatz für kalkulatorische Zinsen in Höhe von 6,5% fest.

[19] Siehe § 2 Abs. 5 VO PR Nr. 30/53.

[20] Baupreisverordnung, VO PR Nr. 1/72, ursprünglich v. 6.3.1972, BGBl. I, 293 aber danach geändert, mit Wirkung ab 1.7.1999 aufgehoben durch VO v. 16.6.1999, BGBl. I, 1419.

[21] *Michaelis/Rhösa* Preisbildung bei öffentlichen Aufträgen, Band 1, § 2 VPöA, G, 1.

[22] Verordnung zur Aufhebung der Verordnung PR Nr. 1/72 über die Preise für Bauleistungen bei öffentlichen oder mit öffentlichen Mitteln finanzierten Aufträgen vom 16.6.1999, BGBl. I, 1419.

[23] Vgl. EGHM § 2 Rn. 70ff.

[24] *Brüning* ZfBR 2012, 642 (643).

tieren haben und die dem Auftragnehmer für die Leistungserbringung anfallenden Kosten (Einstands- bzw. Selbstkosten) lediglich ausnahmsweise bei der Preisbildung berücksichtigt werden dürfen.

Als Marktpreis wird nach der VO PR Nr. 30/53 derjenige Preis einer Leistung aner- 14
kannt und geschützt, der sich als Ergebnis eines tatsächlich vorgefundenen, funktionierenden Wettbewerbs auf dem Markt für diese Leistung herausgebildet hat.[25] Der Sinn und Zweck des Marktpreisvorrangs besteht darin, die **marktwirtschaftliche Ordnung und die Stabilität der wettbewerblich gebildeten Preise zu schützen.** Durch diesen soll verhindert werden, dass Marktmechanismen, die zur Bildung von Wettbewerbspreisen für bestimmte Leistungen geführt haben, durch abweichende, höhere Preisvereinbarungen für öffentliche Aufträge gestört werden.[26] Der allgemeine Preisstand wird nach der VO PR Nr. 30/53 mittels Orientierung an marktwirtschaftlich gebildeten Preisen gerade dadurch bewahrt, dass der öffentliche Auftraggeber bei der Preisbildung nicht schlechter, aber auch nicht besser als der private Auftraggeber gestellt wird.[27]

2. Festpreisvorrang

Gemäß § 1 Abs. 2 S. 1 VO PR Nr. 30/53 sind, soweit es die Verhältnisse des Auftrags 15
ermöglichen, feste Preise zu vereinbaren (Festpreisvorrang). Nach § 1 Abs. 2 S. 2 VO PR Nr. 30/53 sollen die Preise bei Abschluss des Vertrages festgelegt werden. Dieser Vorrang fester Preise dient der **Gewährleistung einer größtmöglichen Preisstabilität.**[28]

Feste Preise in diesem Sinne sind sowohl Marktpreise gemäß § 4 VO PR Nr. 30/53 als auch Selbstkostenfestpreise nach § 6 Abs. 1 und 2 VO PR Nr. 30/53.[29] Feste Preise bieten beiden Vertragspartnern Planungssicherheit; der Auftraggeber kann risikofrei kalkulieren und der Auftragnehmer weiß mit welchen Einnahmen er rechnen kann.[30] Allerdings trägt der Auftragnehmer dadurch das Risiko, dass Preise für Material etc unerwartet ansteigen. Dem kann durch Preisvorbehalte bzw. Preisgleitklauseln begegnet werden.[31] Nachträgliche Änderungen fester Preise sind durch zivilrechtliche Vereinbarung der Parteien möglich, solange die Änderung nicht gegen preisrechtliche Bestimmungen verstößt und mit dem geltenden Haushaltsrecht (§ 58 Abs. 1 Nr. 1 BHO) und Vergaberecht (§ 132 GWB) im Einklang steht.[32]

Aus dem Umstand, dass § 1 Abs. 2 S. 1 VO PR Nr. 30/53 den Vorrang fester Preise lediglich insoweit anordnet, wie es die Verhältnisse des Auftrags ermöglichen, folgt, dass der öffentliche Auftraggeber grundsätzlich darauf verpflichtet ist, feste Preise zu vereinbaren und eine Abweichung nur dann preisrechtlich zulässig ist, wenn eine atypische Situation vorliegt.[33]

3. Höchstpreisprinzip

Das Höchstpreisprinzip bedeutet, dass keine höheren Preise gefordert, versprochen, verein- 16
bart, angenommen oder gewährt werden dürfen als nach den Bestimmungen der Preisvor-

[25] → Rn. 49ff.
[26] BVerwG Urt. v. 13.4.2016 – 8 C 2/15, NZBau 2016, 577 (579).
[27] *Hoffjan/Mengis* ZfBR 2017, 439 (441), *Michaelis/Rhösa* Preisbildung bei öffentlichen Aufträgen, Band 1, Einf., 16.
[28] *Müller* Preisgestaltung bei öffentlichen Aufträgen, 23.
[29] *Müller* Preisgestaltung bei öffentlichen Aufträgen, 23; *Michaelis/Rhösa* Preisbildung bei öffentlichen Aufträgen, Band 1, § 1 VPöA, 8; EGHM § 1 Rn. 53; MüKoWettbR/*Brüning* 6. Teil VO PR Nr. 30/53 § 1 Rn. 19.
[30] *Michaelis/Rhösa* Preisbildung bei öffentlichen Aufträgen, Band 1, § 1 VPöA, 8.
[31] Siehe hierzu Rn. 86ff.
[32] *Michaelis/Rhösa* Preisbildung bei öffentlichen Aufträgen, Band 1, § 1 VPöA, 9f; siehe auch Allgemeine Verwaltungsvorschriften zur Bundeshaushaltsordnung (VV-BHO) zu § 58 BHO v. 14.3.2001, GMBl 2001, 307, welcher enge Voraussetzungen für eine nachträgliche Änderung durch ein Bundesministerium aufstellt.
[33] MüKoWettbR/*Brüning* 6. Teil VO PR Nr. 30/53, § 1 Rn. 22.

schriften zulässig ist (§ 1 Abs. 3 VO PR Nr. 30/53). Auftraggeber und Auftragnehmer sind daran in gleichem Maße gebunden.[34]

17 Höchstpreisprinzip bedeutet nicht im Umkehrschluss, dass das Preisrecht auch eine Aussage zu einem **Mindestpreis** träfe. Vielmehr darf der Höchstpreis zwar nicht über- aber durchaus unterschritten werden.[35] Es werden vielfach Einschränkungen dieses Prinzips diskutiert, insbesondere ob ein Unterschreiten des Selbstkostenpreises möglich ist. Ein Unterschreiten des preisrechtlich zulässigen Preises ist deswegen problematisch, weil die nach der VO PR Nr. 30/53 ermittelten Preise den „richtigen" Preis widerspiegeln sollen[36] und das Zivilrecht einer Unterschreitung dadurch Grenzen setzt, dass es Verträge für nichtig erklärt, in denen Leistung und Gegenleistung in einem offensichtlichen Missverhältnis stehen[37]. Letzteres sind jedoch eher Ausnahmefälle. Jedenfalls sofern ein Abweichen bereits in der Angebotsaufforderung bzw. im Vertrag enthalten ist,[38] ist ein Unterschreiten genau zu prüfen jedoch zulässig. Ebenso lehnt die Mehrheit der Literatur es ab, dass Selbstkostenpreise Festpreise seien und deshalb nicht unterschritten werden dürfen.[39]

18 Der **Zeitpunkt,** an dem der zulässige Höchstpreis ermittelt wird, ist bei Marktpreisen, Selbstkostenfestpreisen und Selbstkostenerstattungspreisen der Angebotszeitpunkt. Der gleiche Zeitpunkt gilt bei Selbstkostenrichtpreisen für den bis zum Umwandlungsangebot erbrachten Leistungsanteil; für den noch zu erbringenden Leistungsanteil dagegen der Zeitpunkt des Umwandlungsangebots.[40]

19 **Zuwiderhandlungen** gegen die Höchstpreisvorschriften der VO PR Nr. 30/53 werden nach § 3 Wirtschaftsstrafgesetz (WiStG) als Ordnungswidrigkeit geahndet. Den Tatbestand des Forderns eines unzulässig hohen Preises erfüllt der Bieter auch dann, wenn es später nicht zu einer Auftragserteilung kommt.[41] Ein Rechtsanspruch des öffentlichen Auftraggebers auf den **unzulässig erlangten Mehrerlös** lässt sich dem WiStG nicht entnehmen.[42] Stattdessen hat der Täter den Mehrerlös an das Land abzuführen (§ 8 Abs. 1 WiStG) und eine Rückerstattung an den Geschädigten geschieht nur auf Antrag des Geschädigten „wenn sein Rückforderungsanspruch gegen den Täter begründet erscheint" (§ 9 Abs. 1 WiStG). Beachte: Die Verpflichtung, den durch einen Preisrechtsverstoß erlangten Mehrerlös abzuführen, kann unabhängig von einem Verschulden des Auftragnehmers angeordnet werden (§ 8 Abs. 1 S. 2 WiStG). Auch kann die Abführung oder Rückerstattung des Mehrerlöses unabhängig von Straf- oder Bußgeldverfahren angeordnet werden (§ 10 Abs. 1 WiStG).

20 Weitere **Folgen einer Höchstpreisüberschreitung** sind zivilrechtlicher Natur – dh der Verstoß kann zu einer Nichtigkeit des aufgrund des Auftrags geschlossenen zivilrechtlichen Vertrages führen. § 1 Abs. 3 VO PR Nr. 30/53 ist ein **Verbotsgesetz nach § 134 BGB.**[43] Ob und inwieweit Nichtigkeit eintritt hängt vom Stadium des öffentlichen Auftrags ab.[44] Liegt ein über dem preisrechtlich zulässigen Höchstpreis liegendes Angebot eines Bieters vor, und will der Auftraggeber den Auftrag unter Beachtung des zulässigen Höchstpreises erteilen, so ist letzteres eine Angebotsablehnung mit neuem Antrag, hin-

---

[34] *Müller* Preisgestaltung bei öffentlichen Aufträgen, 23; *Berstermann/Petersen* ZfBR 2008, 22, 23; *Michaelis/Rhösa* Preisbildung bei öffentlichen Aufträgen, Band 1, § 1 VPöA, 28; *Roth* NZBau 2015, 209 (211).

[35] *Berstermann/Petersen* ZfBR 2008, 22; *Michaelis/Rhösa* Preisbildung bei öffentlichen Aufträgen, Band 1, § 1 VPöA, 32; EGHM § 1 Rn. 60.

[36] *Rittner* Rechtsgrundlagen und Rechtsgrundsätze des öffentlichen Auftragswesens, Rn. 121.

[37] *Hertel/Pietraszek* Die Preisbildung und das Preisprüfrecht bei öffentlichen Aufträgen – Ausgewählte Themen, 10; *Michaelis/Rhösa* Preisbildung bei öffentlichen Aufträgen, Band 1, § 1 VPöA, 32f.

[38] *Michaelis/Rhösa* Preisbildung bei öffentlichen Aufträgen, Band 1, § 1 VPöA, 33.

[39] Eine Zusammenfassung der Argumente gegen Selbstkostenpreise als Festpreise findet sich in *Michaelis/Rhösa* Preisbildung bei öffentlichen Aufträgen, Band 1, § 1 VPöA, 31f.; siehe auch *Rittner* Rechtsgrundlagen und Rechtsgrundsätze des öffentlichen Auftragswesens, Rn. 164; EGHM § 5 Rn. 4ff.

[40] *Michaelis/Rhösa* Preisbildung bei öffentlichen Aufträgen, Band 1, § 1 VPöA, 29.

[41] *Michaelis/Rhösa* Preisbildung bei öffentlichen Aufträgen, Band 1, § 1 VPöA, 28f.

[42] *Müller* Preisgestaltung bei öffentlichen Aufträgen, 24.

[43] *Pauka/Chrobot* VergabeR 2011, 405 (407) mwN.

[44] *Berstermann/Petersen* ZfBR 2008, 22 (23).

sichtlich dessen es dem Bieter freisteht, an- oder abzulehnen (vgl. § 150 Abs. 2 BGB).[45] Wurde der Vertrag dagegen schon mit einem unzulässigen Preis geschlossen, träte nach § 134 BGB iVm § 1 Abs. 3 VO PR Nr. 30/53 grundsätzlich Nichtigkeit des Vertrages ein – die Nichtigkeitsfolge wird jedoch nach allgemeiner Meinung dahingehend abgeändert, dass der Vertrag als zum zulässigen Preis zustande gekommen gilt.[46] Folglich bleibt der Rest des Vertrages unverändert bestehen. Entsprechendes gilt auch für Höchstpreisvorschriften außerhalb der VO PR Nr. 30/53, etwa § 7 Abs. 4 HOAI 2013, § 3 II Nr. 1 KAV[47] und die inzwischen aufgehobene VO PR Nr. 1/72. Hat der Auftraggeber bereits den unzulässigen Preis bezahlt, kann ein Rückforderungsanspruch aus § 812 Abs. 1 Satz 1 Alt. 1 BGB bestehen. Es kann davon ausgegangen werden, dass nur in Einzelfällen der Rückforderungsanspruch wegen Kenntnis der fehlenden Pflicht zur Leistung (§ 814 BGB) oder wegen vorsätzlichen Verstoßes (oder leichtfertigen Verschließen vor dem Verbotensein) beider Parteien gegen das Höchstpreisprinzip (§ 817 S. 2 BGB) ausgeschlossen ist.[48]

C. Vorgaben der VO PR Nr. 30/53 und Leitsätze für die Preisermittlung auf Grund von Selbstkosten

Die VO PR Nr. 30/53 ist das **Hauptregelwerk des öffentlichen Preisrechts.** Sie stellt 21
materielles öffentliches Recht dar, das sowohl für den öffentlichen Auftraggeber als auch für den Auftragnehmer bei öffentlichen Aufträgen ohne weitere vertragliche Vereinbarung oder Anordnung rechtsverbindlich ist.[49] Als zwingendes Recht durchbricht das öffentliche Preisrecht damit den Grundsatz der Vertragsfreiheit, lässt den Parteien dabei jedoch Spielräume.[50]

I. Anwendungsbereich der VO PR Nr. 30/53

Die preisrechtlichen Vorgaben der VO PR Nr. 30/53 finden ausweislich der Regelungen 22
in § 1 VO PR Nr. 30/53 Anwendung auf die **Preise für Leistungen auf Grund öffentlicher Aufträge.** Der öffentliche Auftrag ist dementsprechend der zentrale Anknüpfungspunkt für die Anwendung der VO PR Nr. 30/53.

1. Begriff des Auftrags

Der Begriff des Auftrags wird in der Verordnung nicht näher definiert.[51] Aus der wieder- 23
holten Bezugnahme der VO PR Nr. 30/53 auf den Zusammenhang zwischen Preis und Leistung sowie der zu Grunde liegenden Verordnungsermächtigung in § 2 PreisG, die sich auf „Preise, Mieten, Pachten, Gebühren und sonstige Entgelte für Güter und Leistungen jeder Art" bezieht, wird in der Literatur zutreffend gefolgert, dass sich der Begriff des Auftrags im Sinne der VO PR Nr. 30/53 auf **Austauschverhältnisse** bezieht, bei denen sich

---

[45] *Berstermann/Petersen* ZfBR 2008, 22 (24); Pünder/Schellenberg/*Berstermann* § 1 VO PR Nr. 30/53 Rn. 43 ff.

[46] OVG Lüneburg Urt. v. 22.6.2009 – 9 LC 409/06, BeckRS 2009, 36217; BGH Urt. v. 11.10.2007 – VII ZR 25/06, NJW 2008, 55; BGH Urt. v. 3.6.1953 – VI ZR 234/52, BeckRS 1953, 31370776 bzgl. solcher Geschäfte, deren Durchführung von volkswirtschaftlichen Bedürfnissen gefordert wird; OLG Hamm Urt. v. 1.7.1992 – 12 U 143/91, BeckRS 1992, 30994153; *Michaelis/Rhösa* Preisbildung bei öffentlichen Aufträgen, Band 1, § 1 VPöA, 35; § 11 VPöA, 35 f; EGHM § 1 Rn. 109 ff.; Immenga/Mestmäcker/*Dreher* GWB Vorbem. vor §§ 97 ff, Rn. 141 f.

[47] BGH Urt. v. 7.10.2014 – EnZR 86/13, NZBau 2015, 115.

[48] Vgl. zu den Voraussetzungen des § 814 BGB und § 817 S. 2 BGB *Berstermann/Petersen* ZfBR 2008, 22 (25).

[49] MüKoWettbR/*Brüning* 6. Teil VO PR Nr. 30/53 Eingangsformel, Rn. 3; *Brüning* ZfBR 2012, 642; VGH Kassel Urt. v. 30.8.1995 – 8 UE 900/91; EGHM § 1 Rn. 4.

[50] *Rittner* Rechtsgrundlagen und Rechtsgrundsätze des öffentlichen Auftragswesens, Rn. 120, 156.

[51] Pünder/Schellenberg/*Bestermann* § 1 VO PR Nr. 30/53 Rn. 4; EGHM § 1 Rn. 10.

Leistung und Entgelt im Sinne eines „do ut des" synallagmatisch gegenüberstehen.[52] Die Art der vom Auftragnehmer zu erbringenden Leistung und die Form des dafür vom Auftraggeber zu leistenden Entgelts sind dabei ohne Bedeutung. Der Begriff des Auftrags im Sinne der VO PR Nr. 30/53 umfasst dementsprechend etwa Kauf-, Miet-, Werk- und Geschäftsbesorgungsverträge ebenso wie Dienstleistungsverträge und Verträge eigener Art, solange die jeweilige Leistung im Gegenseitigkeitsverhältnis steht und gegen Entgelt erbracht wird.[53] Die Rechtsnatur des Vertrages ist dabei irrelevant, weshalb die VO PR Nr. 30/53 grundsätzlich auch auf öffentlich-rechtliche Verträge iSd §§ 54 ff. VwVfG Anwendung finden kann.[54]

24 Die Anwendbarkeit der VO PR Nr. 30/53 erfordert darüber hinaus, dass ein solches synallagmatisches Leistungsverhältnis zwischen (mindestens) zwei unterschiedlichen Rechtspersönlichkeiten abgeschlossen wird; **verwaltungsinterne Leistungsbeziehungen** werden vom Anwendungsbereich des öffentlichen Preisrechts nicht erfasst, selbst wenn sie Gegenstand von sog Zielvereinbarungen sind und eine Kosten- und Leistungsrechnung etabliert ist.[55]

25 **Dienst- und Arbeitsverhältnisse** fallen – obwohl diese die vorgenannten Voraussetzungen des preisrechtlichen Auftragsbegriffs erfüllen – nicht in den Anwendungsbereich der VO PR Nr. 30/53. Das folgt aus dem Umstand, dass die Ermächtigungsgrundlage in § 2 Abs. 1 PreisG, auf der die VO PR Nr. 30/53 beruht, ausdrücklich nicht „Löhne" umfasst. Dementsprechend kann die VO PR Nr. 30/53 mangels entsprechender Ermächtigungsgrundlage für diese ebenfalls keine Anwendung finden.[56]

26 Die Bestimmungen der VO PR Nr. 30/53 gelten gemäß § 2 Abs. 5 S. 1 VO PR Nr. 30/53 ausdrücklich nicht für **Bauleistungen.**[57] Bauleistungen im Sinne dieser Verordnung sind nach der im Jahre 2010 eingefügten Legaldefinition in § 2 Abs. 5 S. 1 VO PR Nr. 30/53 alle Bauarbeiten, soweit sie mit oder ohne Lieferung von Stoffen und Bauteilen der Herstellung, Instandsetzung, Instandhaltung, Änderung oder Beseitigung baulicher Anlagen dienen. Montagearbeiten einschließlich der Installationsarbeiten der Elektroindustrie und des Maschinenbaus stellen ausdrücklich keine Bauleistungen dar.[58]

2. Persönlicher Anwendungsbereich

27 In § 2 Abs. 1 VO PR Nr. 30/53 wird darüber hinaus klargestellt, dass **öffentliche Aufträge** im Sinne der Verordnung lediglich Aufträge des Bundes, der Länder, der Gemeinden und Gemeindeverbände und der sonstigen juristischen Personen des öffentlichen Rechts sind. Zu den „Gemeinden und Gemeindeverbänden" gehören dabei auch Städte und Landkreise.[59] Als „sonstige juristische Personen des öffentlichen Rechts" erfasst werden zudem die öffentlich-rechtlichen Körperschaften, Anstalten und Stiftungen, wie beispielsweise Sozialversicherungsträger, Berufsgenossenschaften, Kirchen und Universitäten.[60]

28 Anders als im GWB-Vergaberecht knüpft die VO PR Nr. 30/53 damit nicht an einen funktionalen, sondern an einen **institutionellen Auftraggeberbegriff** an,[61] sodass die Qualifikation als öffentlicher Auftrag hier ausschließlich von der öffentlich-rechtlichen Ei-

---

52 EGHM § 1 Rn. 12.

53 *Michaelis/Rhösa* Preisbildung bei öffentlichen Aufträgen, Band 1, Einf., 16a, § 2 VPöA, A, 3f; EGHM § 1 Rn. 10ff.

54 EGHM § 1 Rn. 25; MüKoWettbR/*Brüning* 6. Teil VO PR Nr. 30/53 § 1 Rn. 11.

55 MüKoWettbR/*Brüning* 6. Teil VO PR Nr. 30/53 § 1 Rn. 7. Zur Anwendbarkeit auf vergaberechtsfreie In-State-Geschäfte siehe → Rn. 32.

56 MüKoWettbR/*Brüning* 6. Teil VO PR Nr. 30/53 § 1 Rn. 9.

57 Dazu bereits → Rn. 7.

58 Vgl. BT Drs. 17/3109, 6. Näher zu Bauleistungen *Michaelis/Rhösa* Preisbildung bei öffentlichen Aufträgen, Band 1, § 2 VPöA, G, 2ff.

59 Pünder/Schellenberg/*Berstermann* § 2 VO PR Nr. 30/53 Rn. 5; *Michaelis/Rhösa* Preisbildung bei öffentlichen Aufträgen, Band 1, § 2 VPöA, A, 10.

60 EGHM § 2 Rn. 8.

61 Pünder/Schellenberg/*Berstermann* § 2 VO PR Nr. 30/53 Rn. 3.

genschaft des Auftraggebers abhängt.[62] Nicht in den Anwendungsbereich der VO PR Nr. 30/53 fallen mithin Aufträge, die von staatlich beherrschten Unternehmen in privater Rechtsform sowie privatrechtlich organisierten Sektorenauftraggebern vergeben werden.[63]

Werden öffentliche Aufgaben auf juristische Personen des Privatrechts ausgelagert, führt das dementsprechend zu einer (rechtlich zulässigen) **„Flucht aus dem Preisrecht"**, da die preisrechtlichen Vorgaben der VO PR Nr. 30/53 auch auf die von diesen vergebenen Aufträge nicht anwendbar sind.[64] Fungiert eine juristische Person des Privatrechts für einen öffentlichen Auftraggeber jedoch lediglich als Vergabestelle, indem sie einen öffentlichen Auftrag im Namen des öffentlichen Auftraggebers vergibt, bleiben die preisrechtlichen Vorschriften der VO PR Nr. 30/53 freilich anwendbar.[65] 29

Gemäß § 2 Abs. 3 VO PR Nr. 30/53 findet die Verordnung auch für in Deutschland **stationierte ausländische Truppen** und des zivilen Gefolges einer Truppe iSv Art. I Abs. 1b des NATO-Truppenstatuts Anwendung. 30

Aufträge ausländischer öffentlicher Auftraggeber sind von der VO PR Nr. 30/53 nicht erfasst, da sie nicht den in § 2 Abs. 1 VO PR Nr. 30/53 aufgeführten Auftraggeberkategorien zugeordnet werden können.[66] 31

3. Auftragnehmer

Da § 2 Abs. 1 VO PR Nr. 30/53 ausschließlich auf die Person des öffentlichen Auftraggebers abstellt, ist es für die Anwendbarkeit des öffentlichen Preisrechts unerheblich, ob der Auftragnehmer eine juristische Person des öffentlichen oder des privaten Rechts oder eine natürliche Person ist.[67] Dementsprechend gilt die VO PR Nr. 30/53 auch für In-State-Geschäfte, die gemäß § 108 GWB von den Vorgaben des GWB-Vergaberechts ausgenommen sind.[68] 32

In der Literatur ist umstritten, ob die Vorgaben der VO PR Nr. 30/53 lediglich für inländische Auftragnehmer gelten, wenn an diese ein öffentlicher Auftrag iSv § 2 Abs. 1 VO PR Nr. 30/53 vergeben wird, oder ob darüber hinaus auch **ausländische Auftragnehmer** an das öffentliche Preisrecht der Verordnung gebunden sind. Einerseits wird darauf verwiesen, dass sich die staatliche Hoheitsgewalt (und damit die Tätigkeit der Preisaufsichts- und Preisüberwachungsbehörden) von vornherein nur auf Vorgänge bezieht, die sich innerhalb des Staatsgebietes vollziehen.[69] Für eine Bindung ausländischer Auftragnehmer an das öffentliche Preisrecht sei deshalb eine ausdrückliche vertragliche Vereinbarung erforderlich.[70] 33

Andererseits wird zu Recht darauf hingewiesen, dass der Wortlaut der VO PR Nr. 30/53 für eine solche Differenzierung nach inländischen und ausländischen Auftragnehmern nichts hergibt und das die in § 2 PreisG zum Ausdruck kommende übergeordnete Zielsetzung des Preisrechts, den Preisstand aufrechtzuerhalten, nur erreicht werden kann, wenn die Vorgaben des öffentlichen Preisrechts für sämtliche Aufträge von öffentlichen Auftraggebern iSv § 2 Abs. 1 VO PR Nr. 30/53 Anwendung finden.[71] Das gilt umso mehr in Ansehung der mit dem EU-Vergaberecht verfolgten Binnenmarktziele.

[62] EGHM § 1 Rn. 31.

[63] Eine potentielle Harmonisierung mit dem vergaberechtlichen Auftraggeberbegriff diskutiert *Brüning* ZfBR 2012, 642.

[64] EGHM § 1 Rn. 34; Immenga/Mestmäcker/*Dreher* GWB Vorbem vor §§ 97ff., Rn. 179.

[65] Vgl. EGHM § 2 Rn. 10.

[66] *Michaelis/Rhösa* Preisbildung bei öffentlichen Aufträgen, Band 1, § 2 VPöA, A, 12; EGHM § 2 Rn. 19ff.

[67] *Pauka/Chrobot* VergabeR 2011, 405 (406); Pünder/Schellenberg/*Berstermann* § 2 VO PR Nr. 30/53 Rn. 9.

[68] So auch *Brüning* ZfBR 2012, 642 (644); *Pauka/Chrobot* VergabeR 2011, 405 (407).

[69] *Michaelis/Rhösa* Preisbildung bei öffentlichen Aufträgen, Band 1, § 2 VPöA, A., 15.

[70] *Müller* Preisgestaltung bei öffentlichen Aufträgen, 17.

[71] EGHM § 2 Rn. 23, 25; Immenga/Mestmäcker/*Dreher* GWB Vorbem vor §§ 97ff., Rn. 179; Pünder/Schellenberg/*Berstermann* § 2 VO PR Nr. 30/53 Rn. 11; *Georgi* Die Preisbildung bei öffentlichen Aufträgen im Einklang mit der VO PR 30/53, 23.

4. Befreiungsmöglichkeit für erwerbswirtschaftlich tätige öffentliche Auftraggeber

34 Für erwerbswirtschaftlich tätige öffentliche Auftraggeber ist in § 2 Abs. 2 VO PR Nr. 30/53 eine **Befreiungsmöglichkeit durch das Bundeswirtschaftsministerium** vorgesehen. Dieses kann im Einvernehmen mit dem fachlich zuständigen Bundesministerium gemäß § 2 Abs. 2 VO PR Nr. 30/53 verfügen, dass die Vorschriften dieser Verordnung auf Aufträge bestimmter Unternehmen, die juristische Personen des öffentlichen Rechts sind oder von juristischen Personen des öffentlichen Rechts betrieben werden, nicht anzuwenden sind, sofern sie mit ihren Lieferungen und Leistungen im Wettbewerb mit privaten Unternehmen stehen.

35 Die Befreiungsmöglichkeit ist auftragsbezogen und kann entweder für einen Einzelauftrag, bestimmte Gruppen von öffentlichen Aufträgen oder für sämtliche Aufträge eines bestimmten Unternehmens erfolgen.[72] Die praktische Relevanz der Befreiungsmöglichkeit ist ausgesprochen gering; eine entsprechende Verfügung ist bisher noch nicht erlassen worden.[73]

5. Fakultative Anwendung auf Nachunternehmerleistungen

36 Gemäß **§ 2 Abs. 4 Nr. 1** VO PR Nr. 30/53 findet die Verordnung auf Verlangen des öffentlichen Auftraggebers auch Anwendung auf die Preise für **Unterauftragnehmer- bzw. Nachunternehmerleistungen** (die VO PR Nr. 30/53 spricht insofern von „mittelbaren Leistungen zu öffentlichen Aufträgen") im Verhältnis zwischen Auftragnehmer und Nachunternehmer (von der VO PR Nr. 30/53 als „mittelbare Auftragnehmer" bezeichnet). Voraussetzung für die Anwendung der VO PR Nr. 30/53 auch auf die Preise für Nachunternehmerleistungen ist dabei, dass der mittelbare Auftragnehmer (dh der Nachunternehmer) von diesem Verlangen vor oder bei Abschluss seines Vertrages Kenntnis erhalten hat oder nach Abschluss seines Vertrages zustimmt. Erfährt der potenzielle Nachunternehmer vor Vertragsschluss vom Verlangen des öffentlichen Auftraggebers, kann er die Anwendung der VO PR Nr. 30/53 faktisch nur dadurch verhindern, dass er auf den Vertragsschluss verzichtet.[74]

37 Das Bundeswirtschaftsministerium und das Bundesfinanzministerium haben in ihren Richtlinien für öffentliche Auftraggeber zur Anwendung der VO PR Nr. 30/53 in diesem Zusammenhang jedoch einschränkend vorgesehen, dass ein Verlangen nach § 2 Abs. 4 VO PR Nr. 30/53 nur in besonders begründeten Ausnahmefällen, vor allem nur dann gestellt werden sollte, wenn für die unmittelbare Leistung Selbstkostenpreise vereinbart werden und die in Frage kommende mittelbare Leistung von wesentlichem Einfluss auf den Preis der unmittelbaren Leistung ist.[75] Für die Entscheidung eines öffentlichen Auftraggebers des Bundes darüber, die Anwendung der VO PR Nr. 30/53 auf Nachunternehmerleistungen zu verlangen, wird dadurch ein gebundenes Ermessen begründet.[76]

38 Wie in der Rechtsprechung der Verwaltungsgerichte bereits mehrfach festgestellt worden ist, besteht **keine Pflicht** für einen öffentlichen Auftraggeber **aus kommunal- oder gebührenrechtlichen Gründen,** für mittelbare Leistungen nach § 2 Abs. 4 Nr. 1 VO PR Nr. 30/53 die Anwendbarkeit der Verordnung zu verlangen; was auch dann gilt, wenn die mittelbare Leistung durch eine mehrheitlich vom öffentlichen Auftraggeber selbst gehaltene Gesellschaft erbracht wird und der öffentliche Auftraggeber durch derartige ver-

[72] EGHM § 2 Rn. 32; Pünder/Schellenberg/*Berstermann* § 2 VO PR Nr. 30/53 Rn. 13; *Michaelis/Rhösa* Preisbildung bei öffentlichen Aufträgen, Band 1, § 2 VPöA, C, 1.

[73] *Michaelis/Rhösa* Preisbildung bei öffentlichen Aufträgen, Band 1, § 2 VPöA, C, 2.

[74] *Michaelis/Rhösa* Preisbildung bei öffentlichen Aufträgen, Band 1, § 2 VPöA.

[75] Richtlinien des Bundesministers für Wirtschaft und des Bundesministers für Finanzen für öffentliche Auftraggeber zur Anwendung der VO PR Nr. 30/53 über die Preise bei öffentlichen Aufträgen v. 21.11. 1953, v. 1.7.1955 idF v. 6.3.1961 und v. 18.7.1962, Nr. 12a zu § 2 Abs. 4.

[76] *Michaelis/Rhösa* Preisbildung bei öffentlichen Aufträgen, Band 1, § 2 VPöA, E, 2.

tragliche Konstruktionen die preisrechtlichen Vorgaben unterlaufen könnte.[77] Im Einzelfall ist es jedoch denkbar, dass sich eine entsprechende Verpflichtung aus dem Grundsatz von Treu und Glauben zur Verhinderung eines Rechtsmissbrauchs ergibt.[78]

Da die Kosten der Nachunternehmer in der Regel preisrechtlich unbedeutend sind, wenn im Hauptauftrag Marktpreise vereinbart wurden, kommt eine Anwendung des öffentlichen Preisrechts auf die Nachunternehmerleistung nach § 2 Abs. 4 Nr. 1 VO PR Nr. 30/53 an sich nur in Betracht, wenn im Hauptauftrag **Selbstkostenpreise** vereinbart wurden.[79] Der anzuwendende Preistyp für den Unterauftrag ist jedoch eigenständig zu ermitteln und ist nicht abhängig vom Hauptvertrag.[80] 39

Betrifft der Unterauftrag (auch) Bauleistungen, oder bilden Nichtbauleistungen (die grundsätzlich unter die VO PR Nr. 30/53 fallen) einen Unterauftrag von Bauleistungen, so kann die Geltung des Preisrechts für diese wegen der Bereichsausnahme des § 2 Abs. 5 VO PR Nr. 30/53 nicht verlangt werden.[81] 40

6. Verhältnis zu anderen preisrechtlichen Regelungen

Schließlich stellt **§ 3 VO PR Nr. 30/53** zum Verhältnis der VO PR Nr. 30/53 zu anderen preisrechtlichen Regelungen klar, dass auch öffentliche Aufträge den allgemeinen und besonderen Preisvorschriften unterliegen. Daraus folgt, dass es sich bei der VO PR Nr. 30/53 nicht um ein abschließendes Sonderrecht für die Preise bei öffentlichen Aufträgen handelt und die Anwendung allgemeiner und besonderer Preisvorschriften durch diese nicht ausgeschlossen wird.[82] Vielmehr gehen die allgemeinen und besonderen Preisvorschriften gegenüber der VO PR Nr. 30/53 grundsätzlich vor, sofern durch diese bestimmte Preise (Fest-, Höchst- oder Mindestpreise) festgesetzt werden und führen in diesem Fall zur Unanwendbarkeit der VO PR Nr. 30/53.[83] 41

Um **allgemeine Preisvorschriften** handelt es sich bei formellen und materiellen Preisvorschriften, die nicht an bestimmte Erzeugnis- oder Leistungskategorien gebunden sind, sondern allgemein bei der Preisbildung zu beachten sind.[84] 42

Besondere Preisvorschriften betreffen demgegenüber die Preisbildung für bestimmte Waren oder Leistungen (wie etwa das Arzneimittelpreisrecht, die Preisvorschriften für bestimmte freiberufliche Leistungen oder Vorgaben für Strom-, Gas- und Wasserpreise)[85].[86] 43

---

[77] OVG Münster Urt. v. 1.6.2007 – 9 A 372/06, BeckRS 2007, 25337; OVG Münster Urt. v. 14.12.2004 – 9 A 4187/01, BeckRS 2005, 22107; OVG Münster Beschl. v. 25.11.2010 – 9 A 94/09, BeckRS 2010, 57035.

[78] VG Düsseldorf Urt. v. 10.9.2008 – 16 K 4245/07, BeckRS 2008, 39462 und Urt. v. 10.9.2008 – 16 K 4529/07, BeckRS 2008, 39578.

[79] *Pauka/Chrobot* VergabeR 2011, 405 (410); *Michaelis/Rhösa* Preisbildung bei öffentlichen Aufträgen, Band 1, § 2 VPöA, E, 3; EGHM § 2 Rn. 46.

[80] *Hertel/Pietraszek* Die Preisbildung und das Preisprüfrecht bei öffentlichen Aufträgen – Ausgewählte Themen, 84; so auch *Michaelis/Rhösa* Preisbildung bei öffentlichen Aufträgen, Band 1, § 2 VPöA, E, 8b.

[81] EGHM § 2 Rn. 70ff.

[82] Pünder/Schellenberg/*Bestermann* § 3 VO PR Nr. 30/53 Rn. 1; *Michaelis/Rhösa* Preisbildung bei öffentlichen Aufträgen, Band 1, § 3 VPöA, 2.

[83] EGHM § 3 Rn. 14; *Michaelis/Rhösa* Preisbildung bei öffentlichen Aufträgen, Band 1, § 3 VPöA, 2f.; *Müller* Preisgestaltung bei öffentlichen Aufträgen, 22.

[84] MüKoWettbR/*Brüning* 6. Teil VO PR Nr. 30/53 § 3 Rn. 2; EGHM § 3 Rn. 6f.; *Michaelis/Rhösa* Preisbildung bei öffentlichen Aufträgen, Band 1, § 3 VPöA, 9f.

[85] MüKoWettbR/*Brüning* 6. Teil VO PR Nr. 30/53 § 3 Rn. 3; EGHM § 3 Rn. 8f.

[86] Eine umfassende Auflistung der allgemeinen und besonderen Preisvorschriften findet sich bei *Michaelis/Rhösa* Preisbildung bei öffentlichen Aufträgen, Band 1, § 3 VPöA, 14ff.

II. Preistypen und ihre Zulässigkeit nach der VO PR Nr. 30/53

1. Allgemeines

44 Die VO PR Nr. 30/53 enthält eine abschließende Aufzählung von Preistypen, die für Leistungen auf Grund öffentlicher Aufträge vereinbart werden dürfen. Dabei gilt zwischen diesen Preistypen eine strenge Hierarchie, die in der Literatur mit dem Begriff der **„Preistreppe"** beschrieben wird.[87] Vorrang vor den in der VO PR Nr. 30/53 vorgesehenen Preistypen kommt zunächst den aufgrund allgemeiner oder besonderer Preisvorschriften nach § 3 VO PR Nr. 30/53 zu bestimmenden Preisen zu, die eine Anwendung der VO PR Nr. 30/53 ausschließen.[88] Innerhalb der Preistypen der VO PR Nr. 30/53 sind gemäß § 4 VO PR Nr. 30/53 vorrangig Marktpreise zu vereinbaren. Diese stehen in der Hierarchie der Preistypen an erster Stelle. Danach folgen in absteigender Rangfolge Selbstkostenfestpreise, Selbstkostenrichtpreise und Selbstkostenerstattungspreise.[89]

45 Die grobe **Rangfolge der Preistypen** des öffentlichen Preisrechts lautet zusammengefasst:

1. Preistypen aufgrund besonderer Preisvorschriften iSv § 3 VO PR Nr. 30/53
2. Marktpreise nach § 4 VO PR Nr. 30/53
3. Selbstkostenfestpreise nach § 6 Abs. 1 und 2 VO PR Nr. 30/53
4. Selbstkostenrichtpreise nach § 6 Abs. 3 VO PR Nr. 30/53
5. Selbstkostenerstattungspreise nach § 7 VO PR Nr. 30/53

46 Zwischen den in der VO PR Nr. 30/53 vorgesehenen Preistypen besteht **kein Wahlrecht** der Vertragsparteien. Zulässig ist jeweils nur der nach den Umständen des Einzelfalls für den jeweiligen öffentlichen Auftrag anwendbare ranghöchste Preistyp.[90]

47 Für den Fall, dass die Parteien einen nach der VO PR Nr. 30/53 unzulässigen Preistyp vereinbaren, wird in der Literatur darauf hingewiesen, dass das zur **Nichtigkeit der getroffenen Preisvereinbarung nach § 134 BGB** führt, da die Preisvereinbarung gegen ein gesetzliches Verbot verstößt, der Vertrag jedoch im Übrigen grundsätzlich wirksam bleibt.[91] Darüber hinaus soll an die Stelle des unzulässigen Preises der nach der VO PR Nr. 30/53 zulässige Preis treten.[92]

Das entspricht zwar der Rechtsprechung zur Verletzung des Höchstpreisprinzips, ist in dieser Absolutheit aber nicht ganz zutreffend. Zum einen wird die Frage nach der Wirksamkeit des verbleibenden Vertrages anhand von § 139 BGB zu beurteilen sein, wonach die Teilnichtigkeit eines Rechtsgeschäfts zur Nichtigkeit des ganzen Rechtsgeschäfts führt, wenn nicht anzunehmen ist, dass es auch ohne den nichtigen Teil vorgenommen sein würde. Da aber ein öffentlicher Auftrag ohne Preisvereinbarung praktisch kaum vorstellbar ist, wird in der Regel von der Nichtigkeit des öffentlichen Auftrags insgesamt auszugehen sein. Zum anderen kann eine Preisvereinbarung, die aufgrund der Vereinbarung eines unzulässigen Preistyps nichtig ist, nicht einfach durch den nach der VO PR Nr. 30/53 zulässigen Preis ersetzt werden. Eine entsprechende Regelung, aus der sich diese Rechtsfolge ergeben könnte, ist in der VO PR Nr. 30/53 nicht enthalten. Vielmehr wäre im jeweiligen Einzelfall eine rechtsgeschäftliche Vereinbarung eines preisrechtlich zulässigen Preises erforderlich. Die vorgenannte Auffassung entspricht allerdings der Praxis der Preisbehörden.

---

[87] Dazu instruktiv: *Müller* ZfBR 2018, 555.

[88] → Rn. 41 ff.

[89] Eine detaillierte Übersicht über die Rangfolge der Preistypen findet sich bei EGHM § 1 Rn. 78.

[90] EGHM § 1 Rn. 84.

[91] Pünder/Schellenberg/*Berstermann* § 1 VO PR Nr. 30/53 Rn. 13; *Michaelis/Rhösa* Preisbildung bei öffentlichen Aufträgen, Band 1, § 1 VPöA, 5; MüKoWettbR/*Brüning* 6. Teil VO PR Nr. 30/53 § 1 Rn. 18.

[92] *Hertel/Pietraszek* Die Preisbildung und das Preisprüfrecht bei öffentlichen Aufträgen – Ausgewählte Themen, 15; *Michaelis/Rhösa* Preisbildung bei öffentlichen Aufträgen, Band 1, § 1 VPöA, 5, § 5 VPöA, 7; EGHM § 1 Rn. 102 ff.

48 Ändern sich während der Laufzeit eines Vertrages die für die Zulässigkeit eines Preistyps maßgeblichen Umstände, hat das keine Auswirkungen auf den vereinbarten Preis; maßgeblich für die Zulässigkeit des Preistyps ist ausschließlich der Zeitpunkt des Vertragsschlusses.[93]

2. Marktpreise

49 Nach der preisrechtlichen Grundsatznorm in § 1 Abs. 1 VO PR Nr. 30/53 ist bei der Vereinbarung von Preisen für Leistungen auf Grund öffentlicher Aufträge grundsätzlich Marktpreisen gemäß § 4 VO PR Nr. 30/53 vor Selbstkostenpreisen gemäß §§ 5 bis 8 VO PR Nr. 30/53 der Vorzug zu geben. Bei der Vereinbarung von Preisen ist dementsprechend soweit wie möglich auf Preise zurückzugreifen, die sich im funktionierenden Wettbewerb herausgebildet haben.[94] Selbstkostenpreise dürfen demgegenüber gemäß § 5 Abs. 1 VO PR Nr. 30/53 nur ausnahmsweise vereinbart werden, wenn entweder Marktpreise nach § 4 VO PR Nr. 30/53 nicht feststellbar sind bzw. eine Mangellage vorliegt oder der Wettbewerb auf der Anbieterseite beschränkt ist und hierdurch die Preisbildung nach § 4 VO PR Nr. 30/53 nicht nur unerheblich beeinflusst wird.

50 Das öffentliche Preisrecht unterscheidet in § 4 VO PR Nr. 30/53 zwischen **drei verschiedenen Arten von Marktpreisen,** dem tatsächlichen Marktpreis nach § 4 Abs. 1 VO PR Nr. 30/53, dem abgeleiteten Marktpreis nach § 4 Abs. 2 VO PR Nr. 30/53 und dem modifizierten Marktpreis nach § 4 Abs. 4 VO PR Nr. 30/53.

51 **a) Tatsächliche Marktpreise, § 4 Abs. 1 VO PR Nr. 30/53.** Der Begriff des (tatsächlichen) Marktpreises wird näher konkretisiert durch die Regelung in § 4 Abs. 1 VO PR Nr. 30/53. Danach dürfen für marktgängige Leistungen die im Verkehr üblichen preisrechtlich zulässigen Preise nicht überschritten werden. Der Marktpreis iSd VO PR Nr. 30/53 ist danach grundsätzlich der **für marktgängige Leistungen im Verkehr übliche Preis.** Ob ein Marktpreis vorliegt, hängt dementsprechend entscheidend davon ab, ob Gegenstand des jeweiligen öffentlichen Auftrags eine marktgängige Leistung ist und ob für diese ein im Verkehr üblicher Preis feststellbar ist.[95] Ist das der Fall, bildet dieser tatsächliche Marktpreis – vorbehaltlich der Regelungen in § 4 Abs. 3 und 4 VO PR Nr. 30/53 – die preisrechtliche Höchstgrenze.[96]

52 In Rechtsprechung und Literatur wird im Zusammenhang mit der Feststellung tatsächlicher Marktpreise nach § 4 Abs. 1 VO PR Nr. 30/53 zwischen einem allgemeinen Markt und einem besonderen Markt unterschieden. Der **allgemeine Markt** umfasst danach Leistungen des allgemeinen Bedarfs, die unabhängig von der konkreten Nachfrage eines öffentlichen Auftraggebers allgemein gehandelt werden.[97] Demgegenüber entsteht ein **besonderer Markt** erst durch die konkrete Nachfrage eines öffentlichen Auftraggebers, wenn durch diese – etwa aufgrund der Durchführung eines wettbewerblichen Vergabeverfahrens – ein (Preis-)Wettbewerb zwischen mehreren Anbietern entsteht.[98] Die Differenzierung zwischen einem allgemeinen und einem besonderen Markt ist sowohl für die Frage nach der Marktgängigkeit einer Leistung, insbesondere aber für die Bestimmung des verkehrsüblichen Preises von Bedeutung.

---

[93] *Michaelis/Rhösa* Preisbildung bei öffentlichen Aufträgen, Band 1, § 1 VPöA, 5; MüKoWettbR/*Brüning* 6. Teil VO PR Nr. 30/53 § 1 Rn. 3; EGHM § 1 Rn. 106.

[94] EGHM § 4 Rn. 4.

[95] Vgl. BVerwG Urt. v. 13.4.2016 – 8 C 2/15, NZBau 2016, 577 (579). Zum Nachweis der Marktpreiskriterien in der Praxis *Georgi* Die Preisbildung bei öffentlichen Aufträgen im Einklang mit der VO PR 30/53, 158 ff. sowie *Hoffjan/Mengis* ZfBR 2017, 439.

[96] EGHM § 4 Rn. 34, 93.

[97] Vgl. EGHM § 4 Rn. 17 ff.; *Michaelis/Rhösa* Preisbildung bei öffentlichen Aufträgen, Band 1, § 4 VPöA, B II; Pünder/Schellenberg/*Berstermann* § 4 VO PR Nr. 30/53 Rn. 6.

[98] EGHM § 4 Rn. 12 ff.; *Michaelis/Rhösa* Preisbildung bei öffentlichen Aufträgen, Band 1, § 4 VPöA, B III; Pünder/Schellenberg/*Bestermann* § 4 VO PR Nr. 30/53 Rn. 6. Zur Abgrenzung zwischen allgemeinem Markt und Ausschreibungsmarkt im Kontext des Wettbewerbsrechts bereits *Immenga* DB 1984, 385.

53 **aa) Marktgängigkeit der Leistung.** Für das Vorliegen eines Marktpreises ist zunächst erforderlich, dass der öffentliche Auftrag eine marktgängige Leistung betrifft. Wann eine Leistung iSv § 4 Abs. 1 VO PR Nr. 30/53 marktgängig ist, wird in der Verordnung nicht näher definiert. Nach dem ersten Runderlass des Bundeswirtschaftsministeriums zur Durchführung der VO PR Nr. 30/53 vom 22.12.1953 werden marktgängige Leistungen beschrieben als Leistungen, die allgemein **im wirtschaftlichen Verkehr hergestellt und gehandelt** werden.[99]

54 Von der Marktgängigkeit einer Leistung iSv § 4 Abs. 1 VO PR Nr. 30/53 ist dabei sowohl dann auszugehen, wenn diese auf dem allgemeinen Markt angeboten und gehandelt wird als auch für den Fall, dass für diese erst durch die Nachfrage des öffentlichen Auftraggebers ein besonderer (Ausschreibungs-)Markt begründet wird.[100]

55 Für die Marktgängigkeit entscheidend ist lediglich, dass ein **echter Wettbewerb** mit den entsprechenden Konkurrenzwirkungen die Preishöhe der Angebote am Markt beeinflusst.[101] Instruktiv führt das VG Köln hierzu in einer Entscheidung aus dem Jahr 1999 aus, dass es für die Frage der Marktgängigkeit einer Leistung entscheidend darauf ankomme, ob es für die in Auftrag gegebene Leistung einen durch Angebot und Nachfrage gekennzeichneten Markt gibt, auf dem sich die Preisbildung durch einen funktionierenden Wettbewerb unter den Anbietern vollziehen kann.[102]

Nach der Rechtsprechung des BVerwG sind Leistungen – sofern nicht durch Ausschreibung ein besonderer Markt geschaffen wurde – iSv § 4 Abs. 1 VO PR Nr. 30/53 marktgängig, wenn sie auf einem bestimmten allgemeinen Markt wiederholt unter Wettbewerbsbedingungen umgesetzt werden, aber nicht schon dann, wenn mehrere Anbieter die Leistung – hypothetisch – erbringen können, da § 4 Abs. 1 VO PR Nr. 30/53 den Umsatz der Leistung auf einem Markt mit funktionierendem Wettbewerb und eine wettbewerbliche Preisbildung für die betreffende Leistung voraussetzt. Dazu muss die geforderte Leistung auch von anderen als dem ausgewählten Anbieter tatsächlich zu einem bestimmten Preis angeboten worden sein.[103]

56 Die Marktgängigkeit einer Leistung liegt auch dann vor, wenn mehrere Nachfrager nur einem Auftragnehmer gegenüberstehen, da sich der Preis auch in einem solchen Fall aufgrund des bestehenden Angebots- und Nachfrageverhältnisses herausbildet.[104] An der Marktgängigkeit einer Leistung fehlt es aber jedenfalls dann, wenn einem Nachfrager lediglich ein Anbieter gegenübertritt; für die Marktgängigkeit einer Leistung ist vielmehr erforderlich, dass entweder mehrere Anbieter oder mehrere Nachfrager am Markt agieren.[105]

57 Nicht immer können sämtliche Leistungen und Leistungsbestandteile eines Vertrags gleichermaßen als marktgängige Leistungen nach § 4 Abs. 1 VO PR Nr. 30/53 eingestuft werden. In diesem Fall ist nach den jeweiligen Leistungsbestandteilen zu differenzieren. Denn der Vorrang marktwirtschaftlicher Preisbildung betrifft sowohl den Gesamtpreis als auch die Bestandteile von Selbstkostenpreisen.[106] Diejenigen Leistungen, die marktgängigen Leistungen entsprechen, sind nach den Kriterien des § 4 Abs. 1 VO PR Nr. 30/53 zu beurteilen, nur soweit bestimmte Leistungen aufgrund der „Eigenart des öffentlichen Be-

---

[99] Erster Runderlass betr. Durchführung der VO PR Nr. 30/53 über die Preise bei öffentlichen Aufträgen vom 21.11.1953, v. 22.12.1953, MinBlBMWi 1953 Nr. 24, 515, zu § 4 Abs. 1 lit. a).

[100] EGHM § 4 Rn. 44ff.; *Fischer* ZIP 3/2005, 106; MüKoWettbR/*Brüning* 6. Teil VO PR Nr. 30/53 § 4 Rn. 6; *Hoffjan/Mengis* ZfBR 2017, 439 (440).

[101] MüKoWettbR/*Brüning* 6. Teil, VO PR Nr. 30/53, § 4 Rn. 6.

[102] VG Köln Urt. v. 26.2.1999 – 14 K 7217/96, BeckRS 2004, 27199.

[103] BVerwG Urt. v. 13.4.2016 – 8 C 2/15, NZBau 2016, 577 (581f.).

[104] EGHM § 4 Rn. 56.

[105] OVG Münster Urt. v. 5.4.2001 – 9 A 1795/99, NVwZ-RR 2002, 223 (225); VG Düsseldorf Urt. v. 11.11.2003 – 17 K 5472/02, NVwZ 2004, 1523 (1524); VG Köln Urt. v. 25.2.2003 – 14 K 20010/99, NWVBl 2003, 443; MüKoWettbR/Brüning 6. Teil VO PR Nr. 30/53, § 4 Rn. 6; EGHM § 4 Rn. 56; *Müller* Preisgestaltung bei öffentlichen Aufträgen, 29ff.

[106] MüKoWettbR/*Brüning* 6. Teil, VO PR Nr. 30/53, § 4 Rn. 1; EGHM § 4 Rn. 45.

darfs" nicht marktgängig sind, sind **Zu- oder Abschläge nach § 4 Abs. 2 VO PR Nr. 30/53** vorzunehmen.[107] Ebenso ist es möglich, dass bezüglicher einer Leistung, für die grundsätzlich ein Selbstkostenpreis vereinbart werden darf, **für Teilleistungen ein Marktpreis** besteht, der dann für diese Teilleistungen vorrangig anzuwenden ist.[108]

Ob **ausländische Märkte** in die Einstufung als Marktpreis mit einzubeziehen sind, ist richtigerweise eine Frage des Einzelfalls und kann nicht pauschal beantwortet werden. In Zeiten der zusammenwachsenden Märkte haben ausländische Preise auch vermehrt Einfluss auf die nationale Preisbildung, da die Märkte nicht voneinander abgekoppelt sind.[109] 58

bb) Verkehrsüblicher Preis. Ein Marktpreis iSv § 4 Abs. 1 VO PR Nr. 30/53 setzt neben der Marktgängigkeit der Leistung als **eigenständiges Tatbestandsmerkmal** zusätzlich voraus, dass für diese Leistung auch ein verkehrsüblicher Preis feststellbar ist. Das hat das BVerwG in einer lesenswerten und vielbeachteten Entscheidung vom 13.4.2016 klargestellt[110], nachdem in Rechtsprechung und Literatur teilweise die Auffassung vertreten worden war, aus dem Vorhandensein eines Marktes mit mehreren Anbietern folge ohne weiteres, dass sich ein feststellbarer verkehrsüblicher Preis gebildet hat.[111] 59

Auch der Begriff des verkehrsüblichen Preises ist in der VO PR Nr. 30/53 nicht näher definiert. Auf Grundlage der Richtlinien des Bundesministers für Wirtschaft und des Bundesministers für Finanzen für öffentliche Auftraggeber zur Anwendung der VO PR Nr. 30/53 besteht in Rechtsprechung und Literatur jedoch Einigkeit darüber, dass unter dem Begriff des verkehrsüblichen Preises derjenige Preis zu verstehen ist, der **bei vergleichbaren Aufträgen üblicherweise auf dem Markt erzielt wird.**[112] 60

Dass eine Leistung auf einem Markt angeboten und umgesetzt wird, führt allerdings nicht zwangsläufig zur Bildung eines verkehrsüblichen Preises iSd § 4 Abs. 1 VO PR Nr. 30/53; diese Vorschrift setzt nämlich voraus, dass der auf dem Markt üblicherweise für die Leistung gezahlte Preis **unter wettbewerblichen Bedingungen zu Stande gekommen** ist, woran es fehlen kann wenn Wettbewerbsbeeinträchtigungen wie etwa ein Kartell oder ein Abschotten des Marktes gegenüber einzelnen Anbietern eine wettbewerbliche Preisbildung verhindert haben.[113] 61

Darüber hinaus wurde in Rechtsprechung und Literatur teilweise argumentiert, ein Marktpreis könne auch im Falle eines **potentiellen Wettbewerbs** (dh bei der hypothetischen Möglichkeit der Leistungserbringung durch andere Anbieter) vorliegen, wenn der tatsächliche Anbieter das Fehlen von Konkurrenzangeboten nicht kennt.[114] Das BVerwG erachtet das jedoch zu Recht für zweifelhaft, da eine Wettbewerbsbeschränkung auch in einem solchen Fall nicht von vornherein auszuschließen ist.[115]

Auch hinsichtlich der Feststellung eines verkehrsüblichen Preises ist im Übrigen danach zu differenzieren, ob für die nachgefragte Leistung ein allgemeiner oder ein besonderer Markt besteht. 62

[107] VGH Kassel Urt. v. 29.8.2000 – 11 UE 537/98, BeckRS 2005, 23185.

[108] *Michaelis/Rhösa* Preisbildung bei öffentlichen Aufträgen, Band 1, § 5 VPöA, 43; EGHM § 5 Rn. 48ff.

[109] Eher abl. gegenüber der Einbeziehung ausländischer Märkte *Müller* Preisgestaltung bei öffentlichen Aufträgen, 28f.; eher zust. *Willenbruch* PharmR 2010, 321 (323); EGHM § 4 Rn. 39.

[110] BVerwG Urt. v. 13.4.2016 – 8 C 2/15, NZBau 2016, 577 (581f.). Zur Bedeutung dieser Entscheidung: *Hoffjan/Mengis* ZfBR 2017, 439.

[111] OVG Lüneburg Urt. v. 20.12.2000 – 7 L 1276/00, BeckRS 2012, 47041; *Hertel/Pietraszek* Die Preisbildung und das Preisprüfrecht bei öffentlichen Aufträgen – Ausgewählte Themen, 19f.

[112] Richtlinien des Bundesministers für Wirtschaft und des Bundesministers für Finanzen für öffentliche Auftraggeber zur Anwendung der VO PR Nr. 30/53 über die Preise bei öffentlichen Aufträgen v. 21.11. 1953, v. 1.7.1955 idF v. 6.3.1961 und v. 18.7.1962, Nr. 18b; *Fischer* ZIP 3/2005, 108; ähnlich: VGH Kassel Urt. v. 29.8.2000 – 11 UE 537/98, BeckRS 2005, 23185; EGHM § 4 Rn. 60, 64.

[113] Vgl. BVerwG Urt. v. 13.4.2016 – 8 C 2/15, NZBau 2016, 577 (579).

[114] OLG Hamm Urt. v. 10.7.1961 – 2 U 4/61; *Hertel* BB 1983, 1315).

[115] BVerwG Urt. v. 13.4.2016 – 8 C 2/15, NZBau 2016, 577 (580).

63 **(1) Allgemeiner Markt.** Besteht für eine Leistung ein **allgemeiner Markt,** ist es grundsätzlich möglich, dass ein einheitlicher **objektiver Marktpreis** festgestellt werden kann.[116] Praktisch ist das allerdings lediglich ausnahmsweise vorstellbar, wenn etwa die jeweilige Leistung an einer Börse gehandelt wird oder die Preise staatliche gebunden sind.[117] Bereits in den Richtlinien des Bundesministers für Wirtschaft und des Bundesministers für Finanzen für öffentliche Auftraggeber zur Anwendung der VO PR Nr. 30/53 wurde ausdrücklich darauf hingewiesen, dass der Markt in aller Regel nicht so vollkommen ist, dass sich für die gleiche Leistung ein einheitlicher Preis herausbildet; vielmehr umfasse der Begriff der verkehrsüblichen Preise eine Mehrzahl verschiedener am Markt wiederholt gezahlter Preise.[118]

64 Liegt für eine Leistung ein im vorgenannten Sinne **unvollkommener Markt** vor, auf dem für die jeweilige Leistung verschiedene Preise gezahlt werden, ist nicht jeder innerhalb der vorgefundenen Bandbreite liegende Preis als verkehrsüblicher Preis iSd § 4 Abs. 1 VO PR Nr. 30/53 anzusehen. Das hat das **BVerwG** in der bereits angesprochenen Entscheidung vom 13.4.2016 klargestellt.[119] Danach bezeichnet das Tatbestandsmerkmal des verkehrsüblichen Preises keine Spannbreite, sondern einen bestimmten Preis für die geforderte Leistung, der als Obergrenze zulässiger Preisvereinbarung definiert wird. Dieser Preis stimme weder mit dem höchsten in der Bandbreite liegenden Preis überein, noch könne er aus dem Durchschnitt der gezahlten Preise errechnet oder – wie das OVG Lüneburg[120] vorgeschlagen hatte – anhand betriebswirtschaftlicher Methoden ermittelt werden. Als verkehrsüblicher Preis innerhalb der Bandbreite am Markt für eine bestimmte Leistung gezahlter Preise stelle sich vielmehr der **betriebssubjektive Marktpreis** dar. Das ist der Preis, den der betreffende Anbieter für die Leistung unter Wettbewerbsbedingungen auf dem Markt durchsetzen konnte.[121]

65 Dementsprechend erfordert die Bestimmung des betriebssubjektiven Preises für eine Leistung, dass diese von dem jeweiligen Anbieter **wiederholt am Markt umgesetzt** worden ist, was bereits durch den Wortlaut von § 4 Abs. 1 VO PR Nr. 30/53 impliziert wird, der für die Bestimmung eines tatsächlichen Marktpreises auf den im Verkehr üblichen Preis für marktgängige Leistungen abstellt.[122]

In der Literatur wurde in diesem Zusammenhang darauf hingewiesen, dass dadurch für Leistungen von neuen Anbietern am Markt (sog. **Newcomer**) faktisch kein Marktpreis iSv § 4 Abs. 1 VO PR Nr. 30/53 vorliegen würde, wodurch kleine und mittelständische Unternehmen benachteiligt werden könnten.[123] Wie das BVerwG in seiner Entscheidung vom 13.4.2016 jedoch ebenfalls klargestellt hat, kann ein betriebssubjektive Preis gleichwohl auch dann als verkehrsüblicher Preis herangezogen werden, wenn die jeweilige Leistung durch einen neuen Anbieter auf dem Markt im Rahmen des jeweiligen öffentlichen Auftrags erstmals umgesetzt wird.[124] Schließlich könne im Rahmen der nach § 9 VO PR Nr. 30/53 ohnehin stets nachträglich durchzuführenden Preisprüfung anhand nachfolgender weiterer Umsätze des Anbieters beurteilt werden, ob dieser den beim ersten Vertragsabschluss vereinbarten Preis für die marktgängige Leistung auch bei späteren Abschlüssen

[116] MüKoWettbR/*Brüning* 6. Teil VO PR Nr. 30/53, § 4 Rn. 9.
[117] *Müller* NZBau 2011, 720 (722).
[118] Richtlinien des Bundesministers für Wirtschaft und des Bundesministers für Finanzen für öffentliche Auftraggeber zur Anwendung der VO PR Nr. 30/53 über die Preise bei öffentlichen Aufträgen v. 21.11. 1953, v. 1.7.1955 idF v. 6.3.1961 und v. 18.7.1962, Nr. 18b.
[119] BVerwG Urt. v. 13.4.2016 – 8 C 2/15, NZBau 2016, 577 (579).
[120] OVG Lüneburg Urt. v. 20.12.2000 – 7 L 1276/00, BeckRS 2012, 47041.
[121] So auch OLG Koblenz Urt. v. 7.1.1988 – 5 U 1090/87, BeckRS 2013, 17836; VGH Kassel Urt. v. 29.8. 2000 – 11 UE 537/98, BeckRS 2005, 23185; *Michaelis/Rhösa* Preisbildung bei öffentlichen Aufträgen, Band 1, § 5 VPöA, 6; EGHM § 4 Rn. 23, 60ff.; *Dierkes/Hamann* Öffentliches Preisrecht in der Wasserwirtschaft, 2009, 208; MüKoWettbR/*Brüning* 6. Teil VO PR Nr. 30/53 § 4 Rn. 9.
[122] Vgl. EGHM § 4 Rn. 62ff.
[123] *Fischer* ZIP 3/2005, 108.
[124] BVerwG Urt. v. 13.4.2016 – 8 C 2/15, NZBau 2016, 577 (580).

durchsetzen konnte. Gleiches gelte in Fällen von Preiserhöhungen einschließlich der Anhebung von Listenpreisen. Auch hier lasse sich rückblickend ohne Weiteres feststellen, ob der Anbieter den höheren Preis nur einmal oder auch bei späteren Umsätzen erzielen konnte. Welche Zeiträume dabei in den Blick zu nehmen sind, richte sich nach den zeitlichen Grenzen des Marktes für die umgesetzte Leistung; regelmäßig sollen dazu mindestens die Umsätze innerhalb eines Jahreszeitraums zu betrachten sein.

Um einen typischen betriebssubjektiven Marktpreis handelt es sich bei **Listenpreisen** 66 für eine bestimmte Leistung, sofern dieser in der Praxis auch tatsächlich angewendet wird.[125] Ein Indiz dafür ist, dass eine Preisliste regelmäßig aktualisiert und veröffentlicht wird.[126] Ist das nicht der Fall, so muss der verkehrsübliche Preis anhand der tatsächlichen Absätze ermittelt werden.[127]

(2) Besonderer Markt. Wird durch ein **wettbewerbliches Vergabeverfahren** ein be- 67 sonderer Markt für die von einem öffentlichen Auftraggeber konkret nachgefragte Leistung begründet, ist dieser für die Bestimmung des verkehrsüblichen Preises maßgeblich.[128] Das ist typischerweise sowohl bei Anwendung einer wettbewerblichen Vergabeverfahrensart als auch bei der Durchführung einer freihändigen Vergabe bzw. eines Verhandlungsverfahrens ohne Teilnahmewettbewerb der Fall, wenn mehrere Unternehmer zur Angebotsabgabe aufgefordert worden sind.[129]

Wie bereits in den Richtlinien des Bundesministers für Wirtschaft und des Bundesmi- 68 nisters für Finanzen für öffentliche Auftraggeber zur Anwendung der VO PR Nr. 30/53 ausgeführt wurde, sind Preise, die durch eine öffentliche oder beschränkte Ausschreibung ermittelt worden sind, Marktpreise nach § 4 VO PR Nr. 30/53, wenn der Wettbewerb der Anbieter alle ausreichenden Garantien für ein ordnungsgemäßes Zustandekommen der Preise geboten hat.[130] Daran anknüpfen führt das LG Bonn in einer Entscheidung vom 18.12.2013 aus, dass **die Durchführung einer Ausschreibung das Vorliegen eines Marktpreises indiziert.**[131]

Nach der wohl herrschenden Auffassung in der Literatur kann das Ergebnis eines wettbewerblichen Vergabeverfahrens (dh der sog. **„Wettbewerbspreis"**) demgegenüber jedoch nicht automatisch als Marktpreis nach § 4 Abs. 1 VO PR Nr. 30/53 angesehen werden.[132] Auch bei Durchführung eines wettbewerblichen Vergabeverfahrens gelte nach § 4 Abs. 1 VO PR Nr. 30/53, dass der im Verkehr übliche Preis nicht überschritten werden darf, was jedoch durch ein Vergabeverfahren nicht gewährleistet werden könne, da der Wettbewerbspreis über dem jeweiligen betriebssubjektiven Preis eines Bieters liegen könne.[133] In Konsequenz wäre die Vereinbarung eines solchen Preises wegen einer Überschreitung des Marktpreises unzulässig, selbst wenn sich dieser in einem ordnungsgemäßen und funktionierenden Vergabewettbewerb ergeben hätte. Dem hat sich auch der VGH Kassel in einer Entscheidung vom 29.8.2000 angeschlossen.[134]

Das überzeugt allerdings nicht. Diese Auffassung berücksichtigt insbesondere nicht hinreichend, dass bei Durchführung eines wettbewerblichen Vergabeverfahrens ein besonderer

---

125 Voraussetzung der Anerkennung als subjektiver Marktpreis VGH Kassel Urt. v. 29.8.2000 – 11 UE 537/98, BeckRS 2005, 23185.

126 Ähnlich *Müller* Preisgestaltung bei öffentlichen Aufträgen, 33f; EGHM § 4 Rn. 69ff.

127 *Hertel/Pietraszek* Die Preisbildung und das Preisprüfrecht bei öffentlichen Aufträgen – Ausgewählte Themen, 21.

128 VGH Kassel Urt. v. 29.8.2000 – 11 UE 537/98, BeckRS 2005, 23185.

129 VGH Kassel Urt. v. 29.8.2000 – 11 UE 537/98, BeckRS 2005, 23185.

130 Richtlinien des Bundesministers für Wirtschaft und des Bundesministers für Finanzen für öffentliche Auftraggeber zur Anwendung der VO PR Nr. 30/53 über die Preise bei öffentlichen Aufträgen vom 21.11.1953, v. 1.7.1955 idF v. 6.3.1961 und v. 18.7.1962, Nr. 18b.

131 LG Bonn Urt. v. 18.12.2013 – 1 O 465/12, NZBau 2014, 390; ähnlich: *Brüning* ZfBR 2012, 642.

132 *Georgi* Die Preisbildung bei öffentlichen Aufträgen im Einklang mit der VO PR 30/53, 27 EGHM § 4 Rn. 82ff.; *Müller* NZBau 2011, 720 (722f.).

133 EGHM § 4 Rn. 84ff.; *Müller* NZBau 2011, 720 (722f.).

134 VGH Kassel Urt. v. 29.8.2000 – 11 UE 537/98, BeckRS 2005, 23185.

Markt begründet wird, auf den bei der Bestimmung des Marktpreises abzustellen ist. Das Ergebnis eines wettbewerblichen Vergabeverfahrens entspricht einer Bestandsaufnahme der für die ganz konkret nachgefragte Leistung aktuell erzielbaren Preise. Der Wettbewerbspreis bildet deshalb den aktuellen Preisstand präziser ab als ein aus Vergangenheitswerten ermittelter betriebssubjektiver Preis, der auf dem allgemeinen Markt erzielt werden konnte. Der Wettbewerbspreis kann daher als **Inbegriff des Marktpreises** bezeichnet werden, bei dem ein Rückgriff auf verkehrsübliche Preise von vornherein nicht erforderlich ist. Gegen diese Auffassung spricht zudem der latente potentielle Zielkonflikt mit den vergaberechtlichen und haushaltsrechtlichen Grundsätzen nach dem Prinzip der Einheit der Rechtsordnung.[135]

69 Wird für einen bestimmten öffentlichen Auftrag mit der Durchführung eines Vergabeverfahrens ein besonderer Markt geschaffen, sollte zur Bestimmung des Marktpreises lediglich dann auf den betriebssubjektiven Preis der Bieter zurückzugreifen werden, wenn durch das Vergabeverfahren kein **funktionierender Wettbewerb** entstanden ist.[136] Genau genommen besteht in einem solchen Fall jedoch bereits kein (funktionierender) besonderer Markt, sodass die Bestimmung des Marktpreises ohnehin nach den für allgemeine Märkte geltenden Grundsätzen zu erfolgen hat.

Preisrechtlich entscheidend ist vor diesem Hintergrund weniger, dass das Vergabeverfahren förmlich ordnungsgemäß durchgeführt wird und welche Vergabeart angewendet wird, sondern dass durch dieses Verfahren ein Markt mit wettbewerblicher Preisbildung entsteht.[137] Ein Wettbewerbspreis entsteht nur dann durch eine Vergabe, wenn (i) eine exakte Leistungsbeschreibung des Auftraggebers gewährleistet, dass sich alle Preisangebote auf die funktional oder konstruktiv gleiche Leistung beziehen, (ii) tatsächlich Angebote mehrerer Anbieter abgegeben werden, und (iii) die Angebote sowohl in technischer Leistung als auch preislich vergleichbar sind, dh in Preisart (zB Total-Festpreis versus Basis-Festpreis mit Preisgleitklausel) und Preisrelation (dh die Preise dürfen nicht so weit auseinander liegen, dass keine Wettbewerbswirkung mehr besteht).[138]

70 Besteht kein allgemeiner Markt und hat es der öffentliche Auftraggeber unterlassen, durch ein wettbewerbliches Vergabeverfahren einen besonderen Markt zu schaffen, hat das aus preisrechtlicher Sicht keine Folgen; in Ermangelung eines Marktpreises ist der Preis dann anhand der Selbstkosten zu ermitteln.[139] Nach der Rechtsprechung führt das Fehlen einer erforderlichen Ausschreibung zwar nicht zur Rechtswidrigkeit einer Berücksichtigung vertraglich vereinbarter Entgelte in einer Gebührenkalkulation. Der öffentliche Auftraggeber muss dann jedoch auf andere Weise nachweisen, dass das vereinbarte und in die Kalkulation eingestellte Entgelt erforderlich ist. Dieser Nachweis, dass voraussichtlich auch bei einer Ausschreibung keine niedrigeren Entgelte hätten vereinbart werden können, ist in der Regel erbracht, wenn der geschlossene Vertrag den Vorschriften des Preisprüfungsrechts, va der VO PR Nr. 30/53, entspricht, unerheblich davon, ob die VO PR Nr. 30/53 tatsächlich anwendbar ist.[140] (Preisrechtlich) entscheidend sei nicht die fehlende Ausschreibung, sondern ob die Preise erforderlich sind.[141]

71 **b) Abgeleitete Marktpreise für vergleichbare Leistungen, § 4 Abs. 2 VO PR Nr. 30/53.** Kann ein tatsächlicher Marktpreis iSv § 4 Abs. 1 VO PR Nr. 30/53 nicht er-

[135] Vgl. MüKoWettbR/*Brüning* 6. Teil VO PR Nr. 30/53 § 4 Rn. 13f.

[136] Vgl. *Dörr/Hoffjan* Die Bedeutung der Verordnung PR Nr. 30/53 über die Preise bei öffentlichen Aufträgen, Studie im Auftrag des Bundesministeriums für Wirtschaft und Energie, 84; *Pauka/Chrobot* VergabeR 2011, 405 (408).

[137] *Müller* Preisgestaltung bei öffentlichen Aufträgen, 40f.

[138] *Müller* Preisgestaltung bei öffentlichen Aufträgen, 42f.

[139] VGH Mannheim Urt. v. 31.5.2010 – 2 S 2423/08, BeckRS 2010, 50831; OVG Schleswig Urt. v. 16.2.2005 – 2 LB 109/03, BeckRS 2005, 27260; *Müller* Preisgestaltung bei öffentlichen Aufträgen, 41f.; EGHM § 1 Rn. 111.

[140] VG Stade Urt. v. 28.3.2007 – 4 A 936/05, BeckRS 2007, 23200.

[141] VG Freiburg Urt. v. 20.6.2008 – 4 K 1144/07, BeckRS 2008, 37895.

mittelt werden, ist zu prüfen, ob ein abgeleiteter Marktpreis nach § 4 Abs. 2 VO PR Nr. 30/53 bestimmt werden kann. Auch ein abgeleiteter Marktpreis genießt nach § 1 Abs. 1 VO PR Nr. 30/53 **Vorrang vor Selbstkostenpreisen.** Dadurch gewährleistet die VO PR Nr. 30/53 den Marktpreisvorrang auch in Fällen, in denen bestimmte Leistungsanforderungen eines öffentlichen Auftraggebers dazu führen, dass sich die nachgefragte Leistung von einer marktgängigen Grundleistung derart unterscheidet, dass von einer „marktgängigen Leistung" im Sinne des § 4 Abs. 1 VO PR Nr. 30/53 nicht mehr gesprochen werden kann.[142] Minderleistungen sind dabei durch Abschlägen Rechnung zu tragen; für Mehrleistungen können Zuschläge vereinbart werden.[143]

Abgeleitete Marktprise können gemäß § 4 Abs. 2 VO PR Nr. 30/53 bestimmt werden für Leistungen, die unter gleichartigen Voraussetzungen mit marktgängigen Leistungen im Wesentlichen vergleichbar sind **(vergleichbare Leistungen).** In der Literatur wird zutreffend darauf hingewiesen, dass der Wortlaut der Vorschrift missverständlich ist. Selbstverständlich muss eine Vergleichbarkeit zu einer marktgängigen Leistung mit einem verkehrsüblichen Preis vorliegen, um von dieser einen Preis für eine vergleichbare Leistung ableiten zu können; die Marktgängigkeit einer Leistung an sich ist dafür nicht ausreichend.[144] 72

Wann die durch einen öffentlichen Auftraggeber nachgefragte Leistung mit einer marktgängigen Grundleistung **„im wesentlichen vergleichbar"** ist, wird in der VO PR Nr. 30/53 nicht näher bestimmt. Nach dem ersten Runderlass des Bundesministers für Wirtschaft zur Durchführung der VO PR Nr. 30/53 vom 22. 12. 1953 ist Vergleichbarkeit in der Regel unter technischen Gesichtspunkten zu prüfen. Eine Vergleichbarkeit werde vorliegen, wenn öffentliche Auftraggeber Sonderausführungen von sonst marktgängiger Erzeugnisse in Auftrag geben. Das Erzeugnis müsse jedoch mit der üblichen marktgängigen Leistung wenigstens noch in seinen wesentlichen Bestandteilen übereinstimmen.[145] Der Vergleichspreis ist bei technischen Leistungsunterschieden dementsprechend immer der Preis derjenigen marktgängigen Leistung, die der geforderten Leistung technisch und marktgängig am nächsten steht und die unter gleichartigen Auftragsverhältnissen und örtlichen und zeitlichen Bedingungen zustande gekommen ist.[146] Auch das BVerwG hat in seiner Entscheidung vom 13. 4. 2016 klargestellt, dass die Vergleichbarkeit **technisch-leistungsbezogen** zu bestimmen ist und die subjektiven Merkmale des Anbieters nicht zu berücksichtigen sind.[147] 73

Darüber hinaus wird in der Literatur die Auffassung vertreten, dass hinsichtlich der Vergleichbarkeit auf die Marktverhältnisse abzustellen sei. Vergleichbarkeit iSv § 4 Abs. 2 VO PR Nr. 30/53 sei nur dann gegeben, wenn davon ausgegangen werden kann, dass eine marktmäßige Preisbildung bei dem nachgefragten Gegenstand unter Zugrundelegung der vorhandenen Parallelen zum gleichen Ergebnis führen würde. Umgekehrt sei eine Leistung nicht vergleichbar, wenn die entsprechende Übertragung der Ergebnisse der marktmäßigen Preisbildung das Marktgeschehen verfälschen würde.[148] Diese vom Ergebnis gedachte Herangehensweise dürfte jedoch mit dem Wortlaut der Regelung in § 4 Abs. 2 VO PR Nr. 30/53 nicht zu vereinbaren sein, der lediglich auf die Vergleichbarkeit der Leistung und nicht auf die Marktverhältnisse abstellt.[149]

142 Vgl. VGH Kassel Urt. v. 29. 8. 2000 – 11 UE 537/98, BeckRS 2005, 23185; MüKoWettbR/*Brüning* 6. Teil VO PR Nr. 30/53, § 4 Rn. 17.

143 EGHM § 4 Rn. 104.

144 Pünder/Schellenberg/*Bestermann* § 4 VO PR Nr. 30/53 Rn. 31; EGHM § 4 Rn. 88; MüKoWettbR/*Brüning* 6. Teil VO PR Nr. 30/53 § 4 Rn. 17.

145 Erster Runderlass betr. Durchführung der VO PR Nr. 30/53 über die Preise bei öffentlichen Aufträgen vom 21. 11. 1953, v. 22. 12. 1953, MinBlBMWi 1953 Nr. 24, 515, zu § 4 Abs. 2 lit. a).

146 *Müller* Preisgestaltung bei öffentlichen Aufträgen, 51 f.

147 BVerwG Urt. v. 13. 4. 2016 – 8 C 2/15, NZBau 2016, 577 (581); so auch MüKoWettbR/*Brüning* 6. Teil VO PR Nr. 30/53, § 4 Rn. 19.

148 EGHM § 4 Rn. 116.

149 Ähnlich: Pünder/Schellenberg/*Berstermann* § 4 VO PR Nr. 30/53 Rn. 34.

74 Zu den **gleichartigen Voraussetzungen,** unter denen die Vergleichbarkeit der Leistungen nach § 4 Abs. 2 VO PR Nr. 30/53 gegeben sein muss, werden die Marktbedingungen, die Auftragsverhältnisse sowie örtliche und zeitliche Bedingungen, unter denen sich ein Marktpreis gebildet hat, verstanden.[150] Dabei wird zu Recht darauf hingewiesen, dass deshalb im Inland bestehende Marktpreise nicht mit Exportpreisen vergleichbar sind und in zeitlicher Hinsicht gleichartige Voraussetzungen nur vorliegen, wenn das Marktgeschehen, aus dem der Marktpreis abgeleitet wird, vergleichbar war.[151]

75 Zur **Bestimmung des abgeleiteten Marktpreises** sind gemäß § 4 Abs. 2 VO PR Nr. 30/53 Abschläge von dem Marktpreis der marktgängigen Leistung vorzunehmen. Darüber hinaus können Zuschläge vorgenommen werden, soweit es die Abweichungen von den marktgängigen Leistungen rechtfertigen. Danach ist ein abgeleiteter Marktpreis nach § 4 Abs. 2 VO PR Nr. 30/53 folgendermaßen zu bestimmen: Zunächst ist für die Mehr- oder Minderleistung ein Marktpreis zu ermitteln und dieser entweder von dem Marktpreis der vergleichbaren Leistung abzuziehen oder diesem zuzuschlagen. Ist das nicht möglich, sind der Nutzungs- oder Gebrauchswert zwischen der vergleichbaren Leistung und der marktgängigen Grundleistung zu vergleichen und entsprechend ein Zu- oder Abschlag in Höhe des Unterschieds vorzunehmen. Kommt keine der beiden Möglichkeiten in Betracht, bestimmt die Höhe der Mehr- oder Minderkosten gegenüber der marktgängigen Leistung die Größe des Zu- oder Abschlags.[152] In der Praxis ist die letzte Methode die häufigste.[153] Bei der Ermittlung der Zu- und Abschläge sind die LSP nicht als zwingende Preisvorschrift anwendbar, sie können jedoch als Anhaltspunkt herangezogen werden.[154]

76 Der so bestimmte abgeleitete Marktpreis nach § 4 Abs. 2 VO PR Nr. 30/53 hat Höchstpreischarakter und genießt nach § 1 Abs. 1 VO PR Nr. 30/53 grundsätzlich Vorrang vor Selbstkostenpreisen, wenn nicht die Voraussetzungen des § 5 Abs. 1 Nr. 2 VO PR Nr. 30/53 erfüllt sind.

77 **c) Sonstige Vorteile, § 4 Abs. 3 VO PR Nr. 30/53.** Gemäß § 4 Abs. 3 VO PR Nr. 30/53 ist der Auftragnehmer verpflichtet, dem öffentlichen Auftraggeber diejenigen Vorteile einzuräumen, die beim Vorliegen gleicher Verhältnisse nichtöffentlichen Auftraggebern üblicherweise gewährt werden oder gewährt werden würden. Die Regelung ist unmittelbarer Ausfluss des Grundsatzes, dass öffentliche Auftraggeber nicht besser aber eben auch nicht schlechter gestellt werden sollen als private Auftraggeber.[155]

78 Als **Regelbeispiele** für entsprechende Vorteile, die öffentlichen Auftraggebern zu gewähren sind, nennt die Vorschrift dabei Mengen- und Wertrabatte, Skonti und besondere Lieferungsbedingungen. Wie sich nicht nur aus dieser Aufzählung, sondern auch aus dem ausdrücklichen Wortlaut ergibt, betrifft die Vorschrift ausschließlich solche Gestaltungen, die für den öffentlichen Auftraggeber einen Vorteil bedeuten.[156] Welche Vorteile einem öffentlichen Auftraggeber zu gewähren sind bzw. ob diesem überhaupt besondere Vorteile einzuräumen sind, hängt entscheidend davon ab, ob diese **marktüblich** sind, dh ob diese beim Vorliegen gleicher Verhältnisse auch einem nichtöffentlichen Auftraggeber üblicherweise gewährt werden oder gewährt werden würden.[157] Einmalige oder außergewöhnliche Begünstigungen sind nicht vom Regelungsgehalt erfasst.[158]

---

[150] Pünder/Schellenberg/*Berstermann* § 4 VO PR Nr. 30/53 Rn. 35.
[151] Pünder/Schellenberg/*Berstermann* § 4 VO PR Nr. 30/53 Rn. 35.
[152] Erster Runderlass betr. Durchführung der VO PR Nr. 30/53 über die Preise bei öffentlichen Aufträgen vom 21.11.1953, v. 22.12.1953, MinBlBMWi 1953 Nr. 24, 515, zu § 4 Abs. 2 lit. a).
[153] EGHM § 4 Rn. 127.
[154] OLG Koblenz Urt. v. 10.12.1999 – 10 U 38/99, abgedruckt in *Michaelis/Rhösa* Preisbildung bei öffentlichen Aufträgen, Band 4, Teil II 1996–2000, 36.
[155] Siehe auch: EGHM § 4 Rn. 141.
[156] MüKoWettbR/*Brüning* 6. Teil VO PR Nr. 30/53, § 4 Rn. 23; EGHM § 4 Rn. 144; aA *Michaelis/Rhösa* Preisbildung bei öffentlichen Aufträgen, Band 1, § 4 D V.
[157] MüKoWettbR/Brüning 6. Teil VO PR Nr. 30/53, § 4 Rn. 24.
[158] Pünder/Schellenberg/*Berstermann* § 4 VO PR Nr. 30/53 Rn. 38.

Vorteile die *„gewährt werden würden"* sind solche, die zwar bisher noch nicht gewährt wurden, aber bei denen mit an Sicherheit grenzender Wahrscheinlichkeit davon ausgegangen werden kann, dass der Auftragnehmer sie gewährt hätte, wenn ein solcher Fall bereits vorgekommen wäre (zB ein erhöhter Rabatt bei einer Bestellung in einer noch nicht vorgekommenen Größenordnung).[159] 79

Für den Auftragnehmer ergibt sich aus § 4 Abs. 3 VO PR Nr. 30/53 eine unmittelbare Pflicht zur Einräumung der jeweiligen Vorteile zu Gunsten des öffentlichen Auftraggebers. Welche **Rechtsfolgen** sich aus einer Verletzung dieser Pflicht ergeben, ist allerdings nicht ganz klar. Aufgrund des Regelungszusammenhangs wird man wohl davon ausgehen können, dass eine Verletzung dieser Vorgabe ebenso wie bei einem Verstoß gegen das Höchstpreisprinzip die Unwirksamkeit der jeweiligen vertraglichen Regelung nach § 134 BGB zur Folge hat, sodass diese durch eine preisrechtskonforme Regelung zu ersetzen ist.[160] 80

d) Marktpreisanpassung, § 4 Abs. 4 VO PR Nr. 30/53. Gemäß § 4 Abs. 4 VO PR Nr. 30/53 sind die Preise nach den Absätzen 1 bis 3 zu unterschreiten oder können überschritten werden, wenn es die bei dem Auftrag vorliegenden besonderen Verhältnisse kostenmäßig rechtfertigen. Dadurch wird die Möglichkeit eröffnet, sowohl tatsächliche Marktpreise nach § 4 Abs. 1 VO PR Nr. 30/53 als auch abgeleitete Marktpreise nach § 4 Abs. 2 VO PR Nr. 30/53 an die besonderen Verhältnisse der jeweiligen konkreten Beschaffung anzupassen. Besondere Bedeutung kommt dabei den dem Auftragnehmer verursachten Kosten zu, die im Rahmen der Marktpreisbestimmung nach § 4 Abs. 1 und 2 VO PR Nr. 30/53 ansonsten keine Rolle spielen.[161] 81

Besondere Verhältnisse, die eine Anpassung des Marktpreises rechtfertigen, können zB vorliegen, wenn der Auftragnehmer aufgrund des außergewöhnlich hohen Umfangs des Auftrags geringere Kosten als üblich hat, oder der Auftraggeber Arbeitskräfte oder Material bereitstellt oder die Auftragsgegenstände selbst abholt und dem Auftragnehmer dadurch geringere Kosten entstehen.[162] Nicht darunter fallen jedoch Produktions- und Anlieferungsrisiken des Auftragnehmers.[163]

3. Selbstkostenpreise

Selbstkostenpreise dürfen gemäß § 5 Abs. 1 VO PR Nr. 30/53 nur ausnahmsweise vereinbart werden, wenn 82
- keine gesetzlich geregelten Preise gelten,
- keine Marktpreise festgestellt werden können,
- eine Mangellage vorliegt oder
- der Wettbewerb auf der Anbieterseite beschränkt ist und hierdurch die Marktpreisbildung nicht unerheblich beeinflusst wird.

Gemäß § 5 Abs. 6 können Selbstkostenpreise vereinbart werden als Selbstkostenfestpreise, Selbstkostenrichtpreise oder als Selbstkostenerstattungspreise. Diese unterschiedlichen Arten von Selbstkostenpreisen stehen wiederum in einem Stufenverhältnis zueinander. Vorrangig sind Selbstkostenfestpreise zu vereinbaren. Können diese nicht festgestellt werden, dürfen Selbstkostenrichtpreise vereinbart werden und nur als letzte Möglichkeit ist die Vereinbarung von Selbstkostenerstattungspreisen zulässig. 83

Selbstkosten im Sinne des § 5 VO PR Nr. 30/53 sind die angemessenen (nicht die tatsächlichen) Kosten des jeweiligen Auftragnehmers, wobei der Begriff der Angemessenheit anhand der Vorgaben der LSP ausgelegt wird.[164] Der **Selbstkostenpreis besteht aus** den 84

---

[159] EGHM § 4 Rn. 150 ff.
[160] So auch EGHM § 4 Rn. 153; MüKoWettbR/*Brüning* VO PR Nr. 30/53 § 4 Rn. 25.
[161] Vgl. EGHM § 4 Rn. 166; Pünder/Schellenberg/*Berstermann* § 4 VO PR Nr. 30/53 Rn. 42.
[162] *Müller* Preisgestaltung bei öffentlichen Aufträgen, 58 f.; siehe auch EGHM § 4 Rn. 167 ff.
[163] OLG Celle Beschl. v. 6.11.1964 – 3 Ws (B) 14/64, abgedruckt in *Michaelis/Rhösa* Preisbildung bei öffentlichen Aufträgen, Band 4, II 1961–1965, 16, 17.
[164] EGHM § 5 Rn. 12.

Selbstkosten, dh den Herstellungskosten (Fertigungsstoffkosten, Fertigungskosten, Entwicklungs- und Entwurfskosten), den Verwaltungskosten und den Vertriebskosten sowie dem kalkulatorischen Gewinn (vgl. Nr. 4 Abs. 3 LSP).

85 Der Wettbewerb kann nach **§ 5 Abs. 1 Nr. 2** auf der Anbieterseite dadurch beschränkt sein, dass die Wettbewerber wettbewerbsbeschränkende Vereinbarungen tätigen (§ 1 GWB), zB Preise absprechen (und nicht nur, siehe oben, im Falle einer mangelnden Anzahl von Anbietern).[165] Erfährt der Auftraggeber von einer solchen wettbewerbsbeschränkenden Vereinbarung nach Durchführung der Ausschreibung, aber vor Erteilung des Zuschlags, so werden die betroffenen Bieter vom Verfahren ausgeschlossen (§ 124 Abs. 1 Nr. 4 GWB). Ist der Vertrag bereits abgeschlossen, so hat der Auftraggeber das Recht vom Vertrag zurückzutreten oder ihn mit sofortiger Wirkung zu kündigen (§ 8 Nr. 2 VOL/B). Der Auftraggeber kann den Vertrag jedoch auch fortsetzen, wobei die Vergütung im Sinne von § 5 Abs. 1 Nr. 2 auf einen Selbstkostenpreis umzustellen wäre.[166]

86 **a) Selbstkostenfestpreis, § 6 Abs. 1, 2 VO PR Nr. 30/53.** Selbstkostenfestpreise werden anhand einer Vorkalkulation ermittelt und spätestens unmittelbar nach Abschluss des Vertrags festgelegt. Sie sind für beide Parteien von Vorteil, da Planungssicherheit bezüglich des finanziellen Spielraums besteht, der Auftragnehmer eventuell durch Einsparmaßnahmen weitere Gewinne erzielen kann und der Verwaltungsaufwand geringer ist als bei den anderen Arten der Selbstkostenpreise. Das Risiko, dass die tatsächlichen Kosten höher oder niedriger ausfallen als in der Vorkalkulation ermittelt, tragen, sofern keine anderslautenden Preisvorbehalte vereinbart werden, beide Parteien.

87 **b) Selbstkostenrichtpreis, § 6 Abs. 3 VO PR Nr. 30/53.** Der Selbstkostenrichtpreis wird anhand einer Vorkalkulation ermittelt und beim Vertragsabschluss als vorläufiger Preis vereinbart. Der Selbstkostenrichtpreis soll dann vor Beendigung der Fertigung, dh während der Leistungserbringung, und sobald die Grundlagen der Kalkulation übersehbar sind, in einen Selbstkostenfestpreis umgewandelt werden. Obwohl der Selbstkostenrichtpreis nicht bindend ist (und sich in beide Richtungen verändern kann), verlangen öffentliche Auftraggeber in der Regel, dass der später durch Umwandlung entstehende Selbstkostenfestpreis einem bestimmten Betrag gemäß in der Höhe begrenzt ist. In der Regel entspricht dieser vereinbarte Höchstbetrag dem Selbstkostenrichtpreis.[167] Anwendungsbereich der Selbstkostenrichtpreise sind zB neuartige Güter, Serienanfertigung bei Übergang von der Versuchsfertigung und umfangreiche Beschaffungsvorhaben von technisch hochwertigen und aus vielen Einzelteilen bestehenden Geräten, insbesondere im Verteidigungsbereich.[168]

88 **c) Selbstkostenerstattungspreis, § 7 VO PR Nr. 30/53.** Selbstkostenerstattungspreise sind nur vorläufige Preise und werden endgültig durch Nachkalkulation ermittelt (Nr. 6b LSP). Die Vergütung wird zunächst dem Grunde nach vereinbart, die Höhe ergibt sich dann durch Kalkulation nach Abschluss der Leistungserbringung.[169] Die Unsicherheit der Vergütung und das damit einhergehende finanzielle Risiko der Parteien kann dadurch begrenzt werden, dass entsprechend § 7 Abs. 1 S. 2 VO PR Nr. 30/53 die Höhe der erstattungsfähigen Kosten durch Vereinbarung begrenzt wird. Um dem Vorrang der anderen

---

[165] Vertiefend hierzu *Michaelis/Rhösa* Preisbildung bei öffentlichen Aufträgen, Band 1, § 5 VPöA, 12ff; EGHM § 5 Rn. 19ff.

[166] Siehe hierzu auch Richtlinien des Bundesministers für Wirtschaft und des Bundesministers für Finanzen für öffentliche Auftraggeber zur Anwendung der VO PR Nr. 30/53 über die Preise bei öffentlichen Aufträgen vom 21.11.1953, v. 1.7.1955 idF v. 6.3.1961 und v. 18.7.1962, Nr. 24d (4), 15 sowie *Michaelis/Rhösa* Preisbildung bei öffentlichen Aufträgen, Band 1, § 5 VPöA, 19.

[167] *Michaelis/Rhösa* Preisbildung bei öffentlichen Aufträgen, Band 1, § 6 VPöA, 32; EGHM § 6 Rn. 42ff.

[168] *Michaelis/Rhösa* Preisbildung bei öffentlichen Aufträgen, Band 1, § 6 VPöA, 33; *Georgi* Die Preisbildung bei öffentlichen Aufträgen im Einklang mit der VO PR 30/53, 167.

[169] *Michaelis/Rhösa* Preisbildung bei öffentlichen Aufträgen, Band 1, § 7 VPöA, 4.

Preistypen genüge zu tun sollen auch bei grundsätzlicher Anwendung des Selbstkostenerstattungspreises, soweit möglich, für Kalkulationsbereiche feste Sätze oder Preise, dh Selbstkostenfestpreise, vereinbart werden (§ 7 Abs. 2 VO PR Nr. 30/53).

Anwendungsbereich des Selbstkosterstattungspreises sind Studien-, Forschungs- und Entwicklungsverträge, Instandsetzungs- und Wartungsleistungen, Fertigung von Prototypen und andere Leistungen, bei denen vor Abschluss der Leistungserbringung keine zuverlässigen Kalkulationsgrundlagen bestehen.[170] 89

d) Aufgaben der Preisbildungsstelle und Vorgehen bei gleichen Leistungsaufträgen an mehrere Auftragnehmer. Bei den Wirtschaftsministerien eines jeden Bundeslands ist eine sog. Preisbildungsstelle eingerichtet.[171] Diese sind nach der VO PR Nr. 30/53 für zwei verschiedene Dinge zuständig. 90

Kommt zwischen dem Auftraggeber und dem Auftragnehmer kein Einverständnis über das Vorliegen der Voraussetzungen nach § 5 Abs. 1 Nr. 2 VO PR Nr. 30/53 zustande, so entscheidet hierüber auf Antrag durch Verfügung gemäß § 5 Abs. 2 Nr. 1 VO PR Nr. 30/53 das Bundeswirtschaftsministerium, wenn die Mangellage oder die Wettbewerbsbeschränkung die Preisbildung in mehr als einem Land beeinflusst oder beeinflussen kann, und gemäß § 5 Abs. 2 Nr. 2 VO PR Nr. 30/53 in allen übrigen Fällen die für den Sitz des Auftragnehmers zuständige Preisbildungsstelle. Verfügt die zuständige Preisbildungsstelle, dass die Voraussetzungen für die Vereinbarung eines Selbstkostenpreises nicht vorliegen, darf ein solcher nicht vereinbart werden; im umgekehrten Fall ist ein Selbstkostenpreis zu vereinbaren.[172]

Zudem ist die Preisbildungsstelle am Sitz des Auftragnehmers gemäß § 10 Abs. 4 S. 2 VO PR Nr. 30/53 dazu befugt, auf Antrag eines Beteiligten den Selbstkostenpreis festzusetzen, wenn es zwischen Auftraggeber und Auftragnehmer Meinungsverschiedenheiten über das Ergebnis der Feststellung der Selbstkostenpreise gibt, über die eine gütliche Einigung zwischen Auftraggeber und Auftragnehmer nicht zustande gekommen ist. Die Festsetzung durch die Preisbildungsstelle erfolgt durch Verwaltungsakt.[173] 91

Die Sollvorschrift des § 5 Abs. 4 VO PR Nr. 30/53 normiert eine Abweichung vom grundsätzlich anzuwendenden betriebssubjektiven Preis, sofern **mehrere Auftragnehmer über die gleiche Leistung** zu Selbstkostenpreisen beauftragt werden. Liegen gleiche Voraussetzungen im Sinne von Startbedingungen vor und sind keine Besonderheiten bei einem Auftragnehmer zu berücksichtigen, so sollen für die Aufträge auch die gleichen Preise vereinbart werden.[174] 92

III. Ermittlung des Selbstkostenpreises nach LSP und Rechtsprechung

Die LSP sind nach § 8 VO PR Nr. 30/53 anwendbar bzw. in den in Nr. 1 Abs. 1 LSP dargelegten Fällen für die Preisermittlung auf Grund von Selbstkosten heranzuziehen.[175] Dass die Anwendbarkeit der LSP auch vertraglich vereinbart werden kann zeigt, dass es sich bei diesen nicht nur um verbindliche Preisvorschriften für öffentliche Aufträge handelt, sondern diese vielmehr betriebswirtschaftliche Grundsätze und Regeln zur Ermittlung eines nach wirtschafts- und preispolitischen Gesichtspunkten angemessenen Selbstkostenpreises darstellen. Allerdings muss bei der Forderung der **Anwendbarkeit** immer beachtet werden, dass nicht durch die Anwendbarkeit der Leitsätze in anderen Fällen als 93

[170] *Michaelis/Rhösa* Preisbildung bei öffentlichen Aufträgen, Band 1, § 7 VPöA, 13.
[171] In Berlin, Brandenburg, Bremen, Hamburg und Mecklenburg-Vorpommern gibt es eine einheitliche Preisbildungs- und Überwachungsstelle.
[172] *Michaelis/Rhösa* Preisbildung bei öffentlichen Aufträgen, Band 1, § 5 VPöA, 31.
[173] *Michaelis/Rhösa* Preisbildung bei öffentlichen Aufträgen, Band 1, § 10 VPöA, 17.
[174] Siehe auch EGHM § 5 Rn. 36 ff.
[175] Detailliert zur Ermittlung der Selbstkostenpreise *Georgi* Die Preisbildung bei öffentlichen Aufträgen im Einklang mit der VO PR 30/53, 31–51.

im Anwendungsbereich der VO PR Nr. 30/53 marktwirtschaftliche Grundsätze umgangen werden.[176]

1. Allgemeine Anforderungen an Auftragnehmer

94 Nr. 2 LSP verpflichtet die Auftragnehmer zur Führung eines geordneten Rechnungswesens. Das ist erforderlich, da nur dadurch auch tatsächlich Selbstkosten ermittelt, dh Kosten und Leistungen des Betriebs festgestellt werden können. Mindestinhalt des geordneten Rechnungswesens ist, dass dadurch Kosten und Leistungen festgestellt, Kosten- und Leistungsrechnung mit der Aufwands- und Ertragsrechnung abgestimmt sowie Preise auf Grund von Selbstkosten ermittelt werden können (Nr. 2 S. 2 LSP). Soweit ein Auftragnehmer den Grundsätzen der ordnungsgemäßen Buchführung folgt, kann davon ausgegangen werden, dass auch dem Maßstab der Nr. 2 LSP genügt wird.[177]

95 Die Pflicht des Auftragnehmers nach Nr. 3 LSP, auf Verlangen eine Erklärung über die Einhaltung der preisrechtlichen Vorschriften und Leitsätze abzugeben, soll va zur Beachtung der Vorschriften anhalten und wird insbesondere dann genutzt, wenn der Auftraggeber vom Auftragnehmer keine Einzelheiten der Kalkulation verlangt.[178]

2. Grundsätze der Preisermittlung

96 Abschnitt II der LSP enthält die Grundsätze der Preisermittlung auf Grund von Selbstkosten, dh welche Kosten bei der Preisermittlung zu berücksichtigen sind (Nr. 4), welche Arten der Preisermittlung auf Grund von Selbstkosten (Nr. 5) und Selbstkostenpreise (Nr. 6) existieren, welche Mengen zugrunde zu legen sind (Nr. 7), wie die Güter und Dienste in Bezug auf Vorsteuern und Beträge sowie Tagespreis bzw. Anschaffungspreis zu bewerten sind (Nr. 8), welche Angaben bei der Preiskalkulation anzugeben sind (Nr. 9) sowie Vorgaben zur Gliederung der Preiskalkulation (Nr. 10).

97 Nach Nr. 4 werden die Kosten aus Menge, dh Verbrauch, und Wert der verbrauchten Güter und in Anspruch genommenen Diensten ermittelt. Ferner sind, in Präzisierung der nur zulässigen Berücksichtigung von angemessenen Kosten (vgl. § 5 Abs. 1 VO PR Nr. 30/53), nur solche Kosten zu berücksichtigen, die bei wirtschaftlicher Betriebsführung zur Erstellung der Leistungen entstehen. Diese zentrale Vorgabe verhindert, dass ein Selbstkostenpreis zur Kostentreibung und Unwirtschaftlichkeit verleitet.[179]

98 Praktische Bedeutung für den Auftragnehmer hat Nr. 10 LSP, die Vorgaben zu Aufbau und Form der Gliederung der Preiskalkulation macht, wobei dem Auftragnehmer ein Gestaltungsspielraum verbleibt.

3. Bestandteile des Selbstkostenpreises

99 Abschnitt III beschreibt, unterteilt in verschiedene Kosten, die einzelnen **Bestandteile des Selbstkostenpreises.** Im Detail machen die LSP Vorgaben zu den Stoffen (LSP Nr. 11–21), dh die verschiedenen Stoffarten werden erfasst und definiert sowie Vorgaben gemacht, inwieweit diese Stoffe in die Kosten einzuberechnen sind. Die Leitsätze teilen Stoffe in Fertigungsstoffe (Nr. 11), auswärtige Bearbeitung (Nr. 12), Hilfs- und Betriebsstoffe (Nr. 12), Sonderbetriebsmittel (Nr. 14) und Brennstoffe und Energie (Nr. 15) ein; Nr. 16 bis 21 geben dann zusätzliche Vorgaben wie bei den Stoffen die Menge zu ermitteln (Nr. 16) und zu bewerten ist (Nr. 17), Einstandspreise zu verstehen sind (Nr. 18) sowie Zulieferungen aus eigenen Vorbetrieben (Nr. 19), kostenlos beigestellte Stoffe (Nr. 20) sowie Reststoffe (Nr. 21) einzupreisen sind. Weitere Vorgaben beziehen sich etwa auf die

---

[176] *Michaelis/Rhösa* Preisbildung bei öffentlichen Aufträgen, Band 1, Einf., 22.

[177] *Hertel/Pietraszek* Die Preisbildung und das Preisprüfrecht bei öffentlichen Aufträgen – Ausgewählte Themen, 42.

[178] *Michaelis/Rhösa* Preisbildung bei öffentlichen Aufträgen, Band 1, Einf., 23.

[179] *Michaelis/Rhösa* Preisbildung bei öffentlichen Aufträgen, Band 1, Einf., 24.

Einbeziehung von Personalkosten, Steuern und Gebühren oder kalkulatorische Kosten wie Zinsen und Einzelwagnisse sowie den kalkulatorischen Gewinn. Die Regeln hier einzeln darzulegen würde den Rahmen dieser Kommentierung sprengen – erwähnt sei hier lediglich beispielhaft, dass grundsätzlich von den Leitsätzen abweichende Bewertungsgrundsätze zulässig sind (Nr. 17 Abs. 4) und der Auftragnehmer alle Vorteile wie Mengenrabatte an den Auftraggeber preismindernd weiterreichen muss (Nr. 18 Abs. 2, 3).

Vorgaben zur Berücksichtigung der **Kosten für Forschung und Entwicklung** finden 100
sich vereinzelt in den LSP – sie sind in der Preiskalkulation gesondert auszuweisen (Nr. 10 Abs. 3 LSP) und es ist zwischen freier und gebundener Entwicklung zu unterscheiden, wobei letztere[180] zwischen Auftraggeber und Auftragnehmer ausdrücklich zu vereinbaren und in den Kalkulationen getrennt von den freien Entwicklungen auszuweisen sind (Nr. 28 Abs. 2 LSP). Während sich die freie Entwicklung an technischen und wirtschaftlichen Bedürfnissen des Auftragnehmers orientiert und so vom Auftragnehmer zu bestimmen ist, geht die explizit zu vereinbarende gebundene Entwicklung darüber hinaus; für diese trägt der Auftraggeber die Kosten.[181]

Nr. 37 ff. LSP machen **Vorgaben zu den kalkulatorischen Kosten,** dh Kostenarten, 101
die nicht aufgrund ihres unmittelbaren Anfalls bei der Selbstkostenpreisbildung berücksichtigt werden können.[182] Hierzu zählen Anlageabschreibungen, Zinsen und Einzelwagnisse[183]. Die kalkulatorischen Kosten können als Mittel genutzt werden, den Preis anhand dieser dehnbareren Vorgaben zu verändern. Dadurch, dass es anders als bei den effektiv angefallenen Kosten keine tatsächlich eindeutige Preisangabe gibt, kann der öffentliche Auftraggeber etwa durch öffentliche Diskussion, ob die angegebenen Kosten gerechtfertigt sind, Druck auf den Auftragnehmer ausüben,[184] sowie der Auftragnehmer seinerseits Flexibilität an den Tag legen; selbstredend nur innerhalb einer zulässigen Auslegung der Regelungen.

Entsprechend Nr. 48 Abs. 1, 51, 52 LSP wird im Rahmen des kalkulatorischen Ge- 102
winns das **allgemeine Unternehmerwagnis**[185] sowie ein **Leistungsgewinn,** sofern eine besondere unternehmerische Leistung in wirtschaftlicher, technischer oder organisatorischer Hinsicht vorliegt, abgegolten. Letzterer kann nur berechnet werden, wenn er zwischen Auftraggeber und Auftragnehmer vereinbart wurde. Sinn des allgemeinen Unternehmerwagnisses ist es, langfristig das Unternehmen gegen Gefahren und Risiken unternehmerischer Tätigkeit zu sichern. Zum allgemeinen Unternehmerwagnis gehören zB Konjunkturrückgänge, plötzliche Nachfrageverschiebungen, Geldentwertungen und technische Fortschritte; außerdem müssen daraus alle Aufwendungen gedeckt werden, die nach den LSP nicht zu den Kosten gehören.[186]

Die **Höhe des kalkulatorischen Gewinns** richtet sich nach der jeweiligen Vereinba- 103
rung zwischen dem öffentlichen Auftraggeber und dem Auftragnehmer, berechnet sich in der Regel nach einem Prozentsatz der Netto-Selbstkosten und bewegt sich in der Praxis zwischen 2,5 % und 5 %.[187] Es ist jedoch jeder Einzelfall zu prüfen – auch ein Unterneh-

---

[180] Nr. 27 LSP: *„Entwicklungs- und Entwurfsarbeiten, Forschungen, Versuche und Herstellung von Probestücken, die die werkseigene so genannte „freie" Entwicklung überschreiten".*

[181] EGHM Nr. 27 LSP Rn. 3 f.

[182] *Hertel/Pietraszek* Die Preisbildung und das Preisprüfrecht bei öffentlichen Aufträgen – Ausgewählte Themen, 44.

[183] Nr. 47 Abs. 3 LSP: *„Einzelwagnisse sind die mit der Leistungserstellung in den einzelnen Tätigkeitsgebieten des Betriebes verbundenen Verlustgefahren".* Näheres zu Ermittlung und Nachweis der Einzelwagnisse in Nr. 48 Abs. 2, 49 und 50 LSP.

[184] *Hertel/Pietraszek* Die Preisbildung und das Preisprüfrecht bei öffentlichen Aufträgen – Ausgewählte Themen, 45 f.

[185] Nr. 47 Abs. 2 LSP: *„Wagnisse, die das Unternehmen als Ganzes gefährden, die in seiner Eigenart, in den besonderen Bedingungen des Wirtschaftszweiges oder in wirtschaftlicher Tätigkeit schlechthin begründet sind."*

[186] St. Rspr, zB OVG Münster Urt. v. 24.6.2008 – 9 A 373/06, BeckRS 2008, 37215; VG Freiburg Urt. v. 20.6.2008 – 4 K 1144/07, BeckRS 2008, 37895, Rn. 75.

[187] VGH Mannheim Urt. v. 31.5.2010 – 2 S 2423/08, BeckRS 2010, 50831; *Michaelis/Rhösa* Preisbildung bei öffentlichen Aufträgen, Band 1, LSP Nr. 51, 7.

merwagnis von unter 1% kann ausreichend sein, etwa wenn der Auftraggeber sich zu Mindestabnahmen verpflichtet hat.[188] Bei der Beurteilung der Angemessenheit eines Unternehmerwagnisses ist auch einzubeziehen, ob die Preise vorkalkulatorisch oder nachkalkulatorisch festgelegt werden. Denn bei letzterem ist das Risiko von Ausfällen für den Auftragnehmer geringer, unabhängig davon, ob für die Selbstkostenfestpreise eine Preisgleitklausel vereinbart wurde.[189]

104 Obwohl die VO PR Nr. 30/53 grundsätzlich für jede Vergabe öffentlicher Aufträge gilt (in den Grenzen des § 2 VO PR Nr. 30/53), können andere Vorschriften eine **nach den LSP zulässige Geltendmachung von Kosten ausschließen.** Speziell zum kalkulatorischen Gewinn hat das BVerwG ein Urteil des OVG Münster bestätigt und dessen Auslegung nicht widersprochen, wonach das Kommunalwirtschafts- und abgabenrecht bei der Vergabe eines öffentlichen Auftrags an eine kommunale Eigengesellschaft im Vergleich zur VO PR Nr. 30/53 speziellere Vorgaben macht und so die Geltendmachung eines Gewinnzuschlags ausschließen kann.[190]

IV. Preisaufsicht und Preisprüfung

105 Durch die Preisaufsicht und Preisprüfung werden die materiellen Preisregelungen der VO PR Nr. 30/53 und die Preisermittlungsgrundsätze für die Bemessung der Selbstkostenpreise verfahrensmäßig abgesichert.[191] Im Rahmen der Preisprüfung überprüft die zuständige Dienststelle am Ort der Auftragnehmerleistung die Rechtmäßigkeit des Zustandekommens des Preises.[192] Das Preisprüfungsrecht ist ein öffentlich-rechtliches **Instrument der Preisüberwachung.** Es ist zwar systemfremd in einer freien Marktwirtschaft, jedoch zur Aufrechterhaltung des Preisstandes auf dem Gebiet des öffentlichen Auftragswesens und wohl auch aufgrund der besonderen Verantwortung des Fiskus für die Ausgabe von Steuergeldern erforderlich.[193]

106 Es bestehen **drei Arten von Preisprüfungsrechten** – dass der Preisdienststellen der Länder nach § 9 VO PR Nr. 30/53, das Feststellungsrecht bezüglich Selbstkostenpreisen der dazu ermächtigten öffentlichen Auftraggeber nach § 10 VO PR Nr. 30/53, und das des Bundesamtes für Ausrüstung, Informationstechnik und Nutzung der Bundeswehr (BAAINBw, früher Bundesamt für Wehrtechnik und Beschaffung (BWB)) auf der Grundlage des Übereinkommens zwischen dem Bundesminister der Verteidigung und dem Bundesminister für Wirtschaft vom 14.7.1966, letzte Fassung vom 1.2.2010.

107 Auch die Vereinbarung anderer Prüfrechte aufgrund **privatrechtlicher Vereinbarung** zusätzlich zu den hoheitlichen Prüfrechten oder als Ersatz, falls kein Prüfungsrecht nach §§ 9, 10 VO PR Nr. 30/53 greift, ist üblich und zulässig, solange nicht in das hoheitliche Prüfungsrecht verändernd eingegriffen wird.[194]

1. Preisprüfungsrecht der Preisüberwachungsstellen

108 Ausweislich einer statistischen Erhebung des Bundeswirtschaftsministeriums wurden im Jahr 2018 insgesamt 1.687 öffentliche Aufträge preisrechtlichen Prüfungen unterzogen. Der Wert der geprüften Aufträge betrug dabei ca. EUR 2,6 Mrd. Eine Rechnungskürzung

188 OVG Schleswig Urt. v. 16.2.2005 – 2 LB 109/03, BeckRS 2005, 27260.

189 VG Minden Urt. v. 17.10.2007 – 13 K 795/06, BeckRS 2008, 34049; vgl. auch OVG Münster Urt. v. 24.6.2008 – 9 A 373/06, BeckRS 2008, 37215; VG Düsseldorf Urt. v. 10.9.2008 – 16 K 4245/07, BeckRS 2008, 39462.

190 BVerwG Beschl. v. 14.9.2006 – 9 B 2/06, NVwZ 2006, 1404 (1405f.).

191 *Brüning* ZfBR 2012, 642.

192 *Hertel/Pietraszek* Die Preisbildung und das Preisprüfrecht bei öffentlichen Aufträgen – Ausgewählte Themen, 94.

193 *Müller* Preisgestaltung bei öffentlichen Aufträgen, 26.

194 Zum Streit um die Zulässigkeit privatrechtlicher Prüfungsrechte und Unterschieden zur hoheitlichen Prüfung siehe EGHM § 10 Rn. 37ff; Pünder/Schellenberg/*Berstermann* § 9 VO PR Nr. 30/53 Rn. 34ff.

wurde in insgesamt 476 Fällen durchgeführt, was für die öffentliche Hand zu Einsparungen in Höhe von über EUR 21 Mio. geführt hat. Die Preisprüfungen führten dabei weder zu Mehrerlösen, noch wurden Geldbußen verhängt.[195]

Eine Preisprüfung muss nicht bedeuten, dass auch der Verdacht eines Preisverstoßes vor- 109
liegt. Sie kann auch stattfinden um einen Preisverstoß rechtzeitig zu vermeiden.[196] Grundsätzlich kann jeder im Zusammenhang mit öffentlichen Aufträgen angebotene, vereinbarte oder in Rechnung gestellte Preis einer Preisprüfung unterzogen werden.[197] In der Praxis beantragen meist Auftraggeber eine Preisprüfung – sie kann jedoch auch auf Initiative der für die Preisüberwachung zuständigen Behörde oder auf Antrag des Auftragnehmers hin vorgenommen werden.[198]

Es gibt **keine zeitliche Befristung** der Preisprüfung. Die Preisprüfung ist frühestens ab 110
Einreichung eines Angebots möglich.[199]

Das Preisprüfungsrecht nach § 9 VO PR Nr. 30/53 bezieht sich auf alle Preisarten der 111
VO und wird von den derzeit fast 40 Preisüberwachungsstellen des Bundes und der Länder durchgeführt.[200] Prüft die Behörde Marktpreise und Wettbewerbspreise, so untersucht sie zB die Verkaufsunterlagen um die Marktgängigkeit und Verkehrsüblichkeit des Preises feststellen zu können und berücksichtigt dabei auch die tatsächliche Wettbewerbssituation auf der Anbieterseite.[201] Der **Nachweis des Zustandekommens des Preises** wird bei Marktpreisen nicht über Offenlegung einer Kalkulation erbracht, sondern durch Vorlage von Unterlagen, va Angebotsaufforderungen, Angeboten, Verträgen und Rechnungen um damit nachzuweisen, dass die Leistung marktgängig ist, dass ein Marktpreis gebildet wurde und dem öffentlichen Auftraggeber kein über dem Marktpreis liegender Preis berechnet wurde sowie die anderen Voraussetzungen des § 4 Abs. 1 bis 3 VO PR Nr. 30/53 eingehalten wurden.[202] Die Preisbehörde prüft die Unterlagen vergleichend statt wie bei der Prüfung von Selbstkostenpreisen die Kalkulation.[203] Bei einer Überprüfung abgeleiteter Preise nach § 4 Abs. 2 und iSv § 4 Abs. 4 VO PR Nr. 30/53 modifizierter Marktpreise werden auch die Kosten untersucht.[204] Bei Selbstkostenerstattungspreisen überprüft die Behörde nur die Kosten.[205] Bestehen bei durch Ausschreibung oder freihändige Vergabe im Wettbewerb zustande gekommenem besonderem Marktpreis Zweifel, ob es einen ordnungsgemäßen Wettbewerb gab, wird die Preisbehörde die mit der Angebotsaufforderung zusammenhängenden Unterlagen prüfen.[206]

Im Rahmen der Preisprüfung obliegen den Auftragnehmern **Preisauskunfts- und** 112
Preisnachweispflichten. Verlangen der Preisüberprüfungsbehörde nach § 9 VO PR

[195] Statistische Erhebungen gemäß Verordnung PR Nr. 30/53 (Preisverordnung), abrufbar unter: https://www.bmwi.de/Redaktion/DE/Downloads/P-R/preisstatistik-2018.pdf?__blob=publicationFile&v=4 (zuletzt abgerufen am 30.4.2020, 17:38 Uhr).

[196] *Michaelis/Rhösa* Preisbildung bei öffentlichen Aufträgen, Band 1, Einf., 21.

[197] *Müller* Preisgestaltung bei öffentlichen Aufträgen, 147.

[198] *Müller* Preisgestaltung bei öffentlichen Aufträgen, 150; *Georgi* Die Preisbildung bei öffentlichen Aufträgen im Einklang mit der VO PR 30/53, 120, 147.

[199] *Michaelis/Rhösa* Preisbildung bei öffentlichen Aufträgen, Band 1, § 9 VPöA, 6.

[200] Anschriftenverzeichnis „Preisrecht bei öffentlichen Aufträgen" Stand: 28.8.2017 abrufbar unter: http://www.bmwi.de/BMWi/Redaktion/PDF/A/anschriftenverzeichnis-preisrecht-oeffentliche-auftraegen,property=pdf,bereich=bmwi2012,sprache=de,rwb=true.pdf (zuletzt abgerufen am 30.4.2020 um 17:42 Uhr). § 8 Abs. 1 S. 1 PreisG, wonach die obersten Landesbehörden die Preisüberwachung ausüben, ist als Zuständigkeitsregel inzwischen obsolet, da das vorrangige Grundgesetz in Art. 83, Art. 84 Abs. 1 Satz 1 bestimmt, dass die Länder die Einrichtung der Behörden und das Verwaltungsverfahren ausführen und folglich die Festlegung der für die Preisüberwachung zuständigen Stelle den Ländern obliegt.

[201] *Müller* Preisgestaltung bei öffentlichen Aufträgen, 148.

[202] *Michaelis/Rhösa* Preisbildung bei öffentlichen Aufträgen, Band 1, § 9 VPöA, 19.

[203] *Michaelis/Rhösa* Preisbildung bei öffentlichen Aufträgen, Band 1, § 9 VPöA, 19; EGHM § 9 Rn. 36.

[204] *Müller* Preisgestaltung bei öffentlichen Aufträgen, 148; *Michaelis/Rhösa* Preisbildung bei öffentlichen Aufträgen, Band 1, § 9 VPöA, 20.

[205] *Müller* Preisgestaltung bei öffentlichen Aufträgen, 149.

[206] *Michaelis/Rhösa* Preisbildung bei öffentlichen Aufträgen, Band 1, § 9 VPöA, 19f.

Nr. 30/53 sind in der Regel als Verwaltungsakte ausgestaltet[207] und können dann auch mit Widerspruch angegriffen werden. Innerhalb der (behördlichen oder) verwaltungsgerichtlichen Kontrolle der Verfügungen nach § 9 VO PR Nr. 30/53 kann auch uneingeschränkt überprüft werden, ob die Behörde den richtigen Preistyp bestimmt hat.[208] Der Auftragnehmer hat kein Recht, gegenüber der Preisüberprüfungsbehörde wegen Geschäftsgeheimnissen Dokumente oder Informationen zurückzuhalten, da er ausreichend dadurch geschützt ist, dass die Behörde diese Informationen nicht weitergeben darf (§ 30 VwVfG).[209] Ein Auskunftsverweigerungsrecht des Auftragnehmers besteht im Rahmen des § 9 Abs. 2 VO PR Nr. 30/53 nur insoweit, als sich der Auftragnehmer sonst selbst einer strafbaren Handlung oder Ordnungswidrigkeit bezichtigen würde.[210] Die Preisnachweis- und auskunftspflicht besteht bereits für den Bieter, auch den erfolglosen.[211] Dies begründet sich daraus, dass die VO PR Nr. 30/53 bereits Verhaltensregeln für den Bietzeitraum aufstellt, dass bereits der Verstoß gegen die Preisvorschriften verhindert werden soll und es für die Preisprüfung keine zeitliche Vorgabe gibt. Zum Inhalt der Preisnachweispflicht siehe bereits oben. Beachte: Der Auftragnehmer muss nach § 9 Abs. 1 S. 1 VO PR Nr. 30/53 nicht die Zulässigkeit des Preises, sondern das Zustandekommen des Preises nachweisen. Die weitreichendsten gehenden Pflichten obliegen dem Auftragnehmer bei Selbstkostenpreisen; er muss umfassend die entstandenen Kosten und deren Angemessenheit nachweisen und der Preisbehörde hierfür alle erforderlichen Unterlagen zugänglich machen. Die LSP geben Aufschluss darüber, wie die Kosten im Rechnungswesen des Auftragnehmers darzustellen sind.

113 Die Prüfungsbehörde ist an den **Grundsatz der Erforderlichkeit** gebunden.[212] Dadurch können je nach Preistyp auch nur bestimmte Unterlagen verlangt und eingesehen werden, bei Marktpreisen nach § 4 Abs. 1 VO PR Nr. 30/53 etwa Preislisten, Ausschreibungsunterlagen, Angebote, Ausgangsrechnungen und einschlägige Korrespondenz, bei Selbstkostenfestpreisen nach § 6 Abs. 2 dagegen die Vorkalkulation.[213] Weil der Preistyp die Erforderlichkeit des behördlichen Eingriffs festlegt, ist vor Erlass einer auf § 9 VO PR Nr. 30/53 gestützten Verfügung eine verbindliche Entscheidung der Behörde über den Preistyp notwendig.[214]

114 Aus dem hoheitlichen Preisprüfungsrecht folgt auch die Pflicht der Auftragnehmer, die für die Überprüfung notwendigen Unterlagen mindestens fünf Jahre aufzubewahren (§ 9 Abs. 1 S. 3 VO PR Nr. 30/53). Die Fünfjahrespflicht beginnt im Falle eines Vergabeverfahrens mit Aushändigung des Angebots an den Auftraggeber.[215]

115 Als **Ergebnis der Preisprüfung** erstellt die Preisüberprüfungsbehörde einen Prüfungsbericht als gutachterliche Stellungnahme (dh keinen Verwaltungsakt), so dass die Vertragsparteien auch nicht per se an das Prüfergebnis gebunden sind.[216] Es besteht nur

---

[207] *Müller* Preisgestaltung bei öffentlichen Aufträgen, 151; *Michaelis/Rhösa* Preisbildung bei öffentlichen Aufträgen, Band 1, § 9 VPöA, 41 f.

[208] OVG Lüneburg Urt. v. 20.12.2000 – 7 L 1276/00, abgedruckt in *Michaelis/Rhösa* Preisbildung bei öffentlichen Aufträgen, Band 4, Teil II 1996–2000, 56, 58.

[209] EGHM § 9 Rn. 28.

[210] EGHM § 9 Rn. 88 f.

[211] *Michaelis/Rhösa* Preisbildung bei öffentlichen Aufträgen, Band 1, § 9 VPöA, 11; EGHM § 9 Rn. 51 f.

[212] Siehe Wortlaut § 9 Abs. 2 S. 2 VO PR Nr. 30/53; *Rittner* Rechtsgrundlagen und Rechtsgrundsätze des öffentlichen Auftragswesens Rn. 172; *Michaelis/Rhösa* Preisbildung bei öffentlichen Aufträgen, Band 1, § 9 VPöA, 15; EGHM § 9 Rn. 72.

[213] OVG Lüneburg Urt. v. 20.12.2000 – 7 L 1276/00, abgedruckt in *Michaelis/Rhösa* Preisbildung bei öffentlichen Aufträgen, Band 4, Teil II 1996–2000, 56, 57.

[214] OVG Lüneburg Urt. v. 20.12.2000 – 7 L 1276/00, abgedruckt in *Michaelis/Rhösa* Preisbildung bei öffentlichen Aufträgen, Band 4, Teil II 1996–2000, 56, 58.

[215] EGHM § 9 Rn. 82.

[216] OVG Lüneburg Urt. v. 20.12.2000 – 7 L 1276/00, abgedruckt in *Michaelis/Rhösa* Preisbildung bei öffentlichen Aufträgen, Band 4, Teil II 1996–2000, 56, 58; *Müller* Preisgestaltung bei öffentlichen Aufträgen, 150; *Hertel/Pietraszek* Die Preisbildung und das Preisprüfrecht bei öffentlichen Aufträgen – Ausgewählte Themen, 11, 96.

eine materielle Bindungswirkung insoweit, als dass der festgestellte Höchstpreis, sofern er ordnungsgemäß ermittelt wurde, nach § 1 Abs. 3 nicht überschritten werden darf. Gegen den Prüfungsbericht ist der Widerspruch mangels Verwaltungsaktscharakters nicht möglich; auch ein anderer förmlicher Rechtsbehelf vor den Verwaltungsgerichten wird in der Regel nicht zulässig sein (aufgrund fehlender Beschwer durch den Preisbericht). Die gerichtliche Überprüfung des Prüfungsberichts erfolgt jedoch inzident im Nachgang der Preisprüfung nach § 11.[217] Der Prüfungsbericht folgt in der Regel bundesweit abgestimmten Mustern.[218] Nach derzeitiger Rechtsprechung[219] besitzt der Prüfungsbericht keine Wirkung für ein zwischen Auftraggeber und Auftragnehmer durchzuführendes Zivilverfahren über eventuelle Rückzahlungen. Die Nachweispflicht des Auftragnehmers über das Zustandekommen des Preises (§ 9 Abs. 1 S. 1 VO PR Nr. 30/53) führe nicht zu einer Beweislastumkehr. Es handele sich vielmehr um eine öffentlich-rechtliche Vorschrift mit unmittelbarer Anwendung nur im Verhältnis zwischen der Preisprüfungsbehörde und dem Auftragnehmer. Folglich müsse der Auftraggeber seinen Rückzahlungsanspruch darlegen und beweisen.

Welche Rechtsfolgen damit verbunden sind, wenn die Preisbehörde bereits **vor Abschluss einer Preisvereinbarung** über einen Selbstkostenpreis zu dem Ergebnis kommt, dass der angebotene Preis über dem zulässigen Preis liegt, ist strittig.[220] Nach einer Ansicht wird das Angebot durch das Ergebnis der Preisprüfung analog § 134 ff. BGB angepasst und der Bieter ist an dieses abgewandelte Angebot gebunden. Für diese Ansicht spricht insbesondere, dass so das Höchstpreisgebot wirksam in jedem Stadium des Verfahrens durchgesetzt werden kann. Dagegen spricht jedoch, dass §§ 134 ff. BGB für Rechtsgeschäfte gilt, nicht für eine einseitige Willenserklärung wie das Angebot des Bieters. Stattdessen könne der Auftraggeber das Angebot zwar mit einem anderen Preis annehmen, dies wäre dann jedoch ein neuer Antrag. Der Bieter kann nicht automatisch an ein von ihm so nicht abgegebenes Gebot gebunden sein. Im Ergebnis ist der letzteren Auffassung aus rechtssystematischen und wettbewerblichen Gründen Vorzug zu geben. Dem Höchstpreisgebot wird genüge getan, indem kein Vertrag mit einem gegen das Höchstpreisprinzip verstoßenden Preis abgeschlossen wird. Die Vertragsfreiheit, die auch Ausdruck des Wettbewerbsprinzips ist, welches wiederum auch dem Preisrecht zugrunde liegt, sowie eine präzise Anwendung der §§ 133 bis 150 BGB gebieten es, den Bieter nicht ohne zwingenden Anlass an ein von ihm nicht getätigtes Angebot zu binden. 116

2. Feststellungsrechte nach § 10 VO PR Nr. 30/53

Das Feststellungsrecht ist das Recht, (neben der Preisbehörde) alle Arten von Selbstkostenpreisen anhand der VO PR Nr. 30/53 sowie der LSP zu prüfen.[221] Der Auftraggeber hat die in § 9 Abs. 2 S. 2 und Abs. 3 VO PR Nr. 30/53 beschriebenen Befugnisse. Da er diese nicht hoheitlich wahrnimmt, sondern aufgrund einer öffentlich-rechtlichen Ermächtigung privatrechtlich tätig wird, ist der Verwaltungsrechtsweg gegen Prüfmaßnahmen des Auftraggebers im Rahmen des Feststellungsrechts nicht möglich. Gerichtliche Auseinandersetzungen über Unterlassungsansprüche gegen den Auftraggeber oder zu leistende Zahlungen wären vor den ordentlichen Gerichten auszutragen. Gegenwärtig bestehen keine Feststellungsrechte nach § 10 VO PR Nr. 30/53;[222] in der Vergangenheit besaßen die Deutsche Bundesbahn sowie die Deutsche Bundespost ein allgemeines Feststellungsrecht.[223] 117

---

[217] *Michaelis/Rhösa* Preisbildung bei öffentlichen Aufträgen, Band 1, § 9 VPöA, 45.
[218] Abgedruckt in *Michaelis/Rhösa* Preisbildung bei öffentlichen Aufträgen, Band 2, Teil II 2 l.
[219] LG Bonn Urt. v. 18.12.2013 – 1 O 465/12, NZBau 2014, 390.
[220] Vertiefend hierzu mwN *Michaelis/Rhösa* Preisbildung bei öffentlichen Aufträgen, Band 1, § 9 VPöA, 37 ff.
[221] *Michaelis/Rhösa* Preisbildung bei öffentlichen Aufträgen, Band 1, § 10 VPöA, 9.
[222] *Michaelis/Rhösa* Preisbildung bei öffentlichen Aufträgen, Band 1, Einf., 20.
[223] *Müller* Preisgestaltung bei öffentlichen Aufträgen, 152; *Hertel/Pietraszek* Die Preisbildung und das Preisprüfrecht bei öffentlichen Aufträgen – Ausgewählte Themen, 97; Verleihung des Feststellungsrechts vom

3. Prüfungsrecht des Bundesamtes für Ausrüstung, Informationstechnik und Nutzung der Bundeswehr

118 Das Recht des Verteidigungsministeriums mit Auftragnehmern privatrechtliche Preisprüfrechte zu vereinbaren gründet sich auf das Übereinkommen mit dem BMWi.[224] Das Prüfungsrecht wird jeweils vertraglich mit dem Auftragnehmer vereinbart und bezieht sich nur auf Selbstkostenpreise – für die Überprüfung von Marktpreisen sind die Preisüberprüfungsbehörden ausschließlich zuständig und auch sonst bleiben die Befugnisse der Preisüberwachungsbehörden vom Ressortabkommen unberührt.

119 Unabhängig von dieser inhaltlichen Einschränkung erscheint es zumindest kritikwürdig, dass hier der Preisprüfer zugleich Auftraggeber ist. Die Gefahr besteht, dass in der Praxis Auftragsverhandlungen und Preisprüfungen miteinander vermischt werden und dadurch der im öffentlichen Preisrecht intendierte Interessenausgleich nicht ausreichend zur Geltung kommt.[225]

V. Preisvorbehalte

1. Zulässigkeit von Preisvorbehalten

120 **Preisvorbehalte dienen dazu,** bei Vertragsschluss nicht vorhersehbare Marktrisiken auf die Parteien zu verteilen, indem sich der zunächst vereinbarte Preis unter festgelegten Bedingungen im Nachhinein verändert oder veränderbar ist. Eine Form des Preisvorbehalts sind **Preisgleitklauseln,** bei denen der endgültige Preis, ausgehend vom ursprünglich festgelegten Preis, von der Preisentwicklung bestimmter Kostenelemente, etwa Materialpreise oder Löhne, abhängig gemacht und die Mehr- oder Minderkosten dem ursprünglichen Preis hinzugerechnet oder abgezogen werden.[226] Sie sind ein wichtiger Teil des Preisrechts, da sie Marktrisiken zwischen den Vertragspartnern verteilen, und dadurch sowohl zu Einsparungen für die öffentliche Hand führen können als auch dem Auftragnehmer einen Anreiz zur Angebotsabgabe geben.

121 Weder die VO PR Nr. 1/72 über die Preise für Bauleistungen bei öffentlichen oder mit öffentlichen Mitteln finanzierten Aufträgen noch die VO PR Nr. 30/53 enthalten eine **Regelung zur Zulässigkeit von Preisvorbehalten.** Insbesondere hat § 1 Abs. 2, wonach feste Preise vereinbart werden sollen, nichts mit Vereinbarungen eines Preisvorbehalts zu tun. Denn das Gegenstück zu festen Preisen sind nicht Preisvorbehalte sondern vorläufige Preise, dh im Rahmen der VO PR Nr. 30/53 Selbstkostenricht- und Selbstkostenerstattungspreise.[227] Weder die Vereinbarung von Preisvorbehalten noch die von Preisgleitklauseln wird durch den Grundsatz fester Preise ausgeschlossen,[228] da mit Vorbehalten und Gleitklauseln va die in- und deflationäre Preisentwicklung während der Vertragslaufzeit nominal erfasst wird.[229]

24.12.1953 abgedruckt in *Michaelis/Rhösa* Preisbildung bei öffentlichen Aufträgen, Band 2, Teil II 1e; aufgehoben am 27.1.1994, *Michaelis/Rhösa* Preisbildung bei öffentlichen Aufträgen, Band 2, Teil II 1n.

[224] Übereinkommen zwischen dem Bundesminister der Verteidigung und dem Bundesminister für Wirtschaft v. 14.7.1966, zuletzt geändert am 1.2.2010. Siehe auch Erläuterungen des Bundesministers für Wirtschaft und Technologie zur Ressortvereinbarung v. 21.2.2006.

[225] *Dörr/Hoffjan* Die Bedeutung der Verordnung PR Nr. 30/53 über die Preise bei öffentlichen Aufträgen, Studie im Auftrag des Bundesministeriums für Wirtschaft und Energie, 124.

[226] *Michaelis/Rhösa* Preisbildung bei öffentlichen Aufträgen, Band 1, § 1 VPöA, 11f.

[227] Auch *Müller* Preisgestaltung bei öffentlichen Aufträgen, 23 beschreibt den Gegensatz von festen Preisen als Preise, die zunächst nur vorläufiger Natur sind bzw. nach Vertragsschluss in ihrer Höhe noch nicht feststehen, zB Selbstkostenricht- und Selbstkostenerstattungspreise.

[228] Siehe bereits Erster Runderlass betr. Durchführung der VO PR Nr. 30/53 über die Preise bei öffentlichen Aufträgen vom 21.11.1953, v. 22.12.1953, MinBlBMWi 1953 Nr. 24, 515, zu § 1 Abs. 2.

[229] *Müller* Preisgestaltung bei öffentlichen Aufträgen, 23.

Zu beachten sind jedoch die **Grundsätze zur Anwendung von Preisvorbehalten** 122
bei öffentlichen Aufträgen von 1972 für alle öffentlichen Aufträge.[230] Nach diesen ist die Genehmigung von Preisvorbehalten restriktiv zu handhaben, da Preisvorbehalte dazu geeignet seien Preissteigerungsimpulse auszulösen und bestehende Preisauftriebstendenzen zu verstärken sowie den Widerstand von Unternehmen gegen Kostenerhöhungen zu schwächen. Das Rundschreiben erkennt jedoch auch das schwer kalkulierbare Risiko künftiger Entwicklungen für die Unternehmer an. Nichtsdestotrotz seien Preisvorbehalte nur zu vereinbaren, wenn wesentliche und nachhaltige Änderungen der Grundlagen für die Preisbildung zu erwarten seien. Im Wesentlichen werden folgende Grundsätze aufgestellt: Festen Preisen ohne Preisvorbehalten ist der Vorzug zu geben; Preisvorbehalte sind nicht zu vereinbaren, wenn sie unter den gegebenen Umständen nicht üblich sind; es soll keine Preisvorbehalte ohne Bindung an bestimmte Kostenfaktoren geben; und grundsätzlich sind Preisvorbehalte nur möglich, wenn zwischen Angebotsabgabe und Lieferung bzw. Fertigstellung mindestens zehn Monate liegen. Zusätzlich werden recht strenge Vorgaben für Preisgleitklauseln aufgestellt.

Da die einschränkende Anwendung von Preisvorbehalten nicht verordnet, sondern le- 123
diglich in den Grundsätzen dargestellt wird, ist es den öffentlichen Auftraggebern nicht gesetzlich verwehrt, entgegen der Grundsätze Preisvorbehalte zuzugestehen oder abzulehnen. Die öffentlichen Auftraggeber sind jedoch innerdienstlich an die Grundsätze gebunden, so dass sie in der Regel auch angewandt werden.[231]

Im Prinzip sind Preisvorbehalte für alle Arten von festen Preisen möglich; bei Markt- 124
preisen muss jedoch danach differenziert werden, ob nicht für die gleiche Leistung (zeitlich und sachlich) ein Marktpreis ohne Preisklausel besteht (dann unter Umständen Verstoß gegen Vorrang des Marktpreises),[232] ob sich der Marktpreis nach Listenpreisen richtet (dann Preisvorbehalt in der Regel möglich; Listenpreise werden anhand der veränderten Kosten neu kalkuliert), oder sich ein Marktpreis durch eine Vergabe herausgebildet hat (dann Preisvorbehalt möglich, sofern Auftraggeber einen solchen in der Angebotsaufforderung zugelassen hat).[233]

2. Insbesondere: Preisgleitklauseln

Preisgleitklauseln sind eine besondere Form der Preisvorbehalte. 125

Explizite Regeln zu Preisgleitklauseln im öffentlichen Preisrecht (auch außerhalb vom 126
Vergaberecht) finden sich insbesondere im PrKG. § 1 Abs. 1 PrKG verbietet **automatisch wirkende Indexierungen.**[234] § 1 Abs. 2 PrKG benennt Klauseln, die von dem Verbot ausgenommen sind (Leistungsvorbehalts-, Spannungs- und Kostenelementeklauseln sowie Klauseln, die zu einer Ermäßigung der Geldschuld führen können), während § 2 Abs. 1 PrKG iVm §§ 3 bis 7 PrKG bestimmte Preisklauseln in bestimmten Vertragstypen von dem Verbot ausnimmt (näher eingegrenzte Preisklauseln in langfristigen Verträgen (§ 3), Erbbaurechtsverträge (§ 4), Geld- und Kapitalverkehr (§ 5), Verträge mit Gebietsfremden (§ 6) sowie Verträge zur Deckung des Bedarfs der Streitkräfte (§ 7)). Zusätzlich gilt die **Ausnahme vom Preisklauselverbot** bei langfristigen Verträgen nach § 3 PrKG und in Verbraucherkreditverträgen iSd §§ 491 und 506 BGB verwendeten Preisklauseln nur, wenn die Preisklausel hinreichend bestimmt ist und keine Vertragspartei unangemessen benachteiligt (§ 2 Abs. 1 PrKG). Die unbestimmten Rechtsbegriffe „hinreichend bestimmt"

---

[230] Rundschreiben des Bundesministers für Wirtschaft und Finanzen betr. Grundsätze zur Anwendung von Preisvorbehalten bei öffentlichen Aufträgen vom 2.5.1972, Anlage 6 zu EGHM.

[231] EGHM § 1 Rn. 59.

[232] EGHM § 1 Rn. 62.

[233] *Michaelis/Rhösa* Preisbildung bei öffentlichen Aufträgen, Band 1, § 1 VPöA, 22 ff; zu letzterem siehe auch Rn. 97.

[234] BT Drs. 13/10334, 41; Die Norm befand sich bis zum 7.9.2007 in § 2 Abs. 1 Preisangabengesetz. § 2 Preisangabengesetz wurde zu dem Datum aufgehoben, ebenfalls die aufgrund von § 2 Abs. 2 Preisangabengesetz erlassene Preisklauselverordnung; alle Normen wurden im PrKG zusammengefügt.

und „unangemessene Benachteiligung“ werden in § 2 Abs. 2 und Abs. 3 PrKG näher erläutert. So ist es zwar nicht erforderlich, dass der Preis in beide Richtungen identisch durch die Preisklausel veränderbar ist, oder dass unterschiedliche Schwankungsbreiten oder Kappungsgrenzen zwischen Betrag und Bezugsgröße vorgesehen werden.[235] Es muss jedoch durch die Preisklausel nicht nur eine Erhöhung, sondern auch eine entsprechende Ermäßigung des Zahlungsanspruchs möglich sein (§ 2 Abs. 3 Nr. 1 PrKG) oder sich der geschuldete Betrag gegenüber der Entwicklung der Bezugsgröße unverhältnismäßig ändern können (§ 2 Abs. 3 Nr. 3 PrKG).

127 Anders als in der bis 2007 geltenden Rechtslage (siehe FN 190) sieht das PrKG **keine Genehmigungen von Preisklauseln** vor. Nicht unter die Ausnahmeklauseln fallende Preisklauseln sind (erst) unwirksam, wenn der Verstoß gegen das PrKG rechtskräftig festgestellt wurde; bis zu dieser Feststellung bestehen die Rechtswirkungen der Preisklausel fort (§ 8 PrKG). Dem Risiko, dass die Parteien die Klauseln selbst prüfen und dadurch möglicherweise unwirksame Klauseln verwenden, wird dadurch Rechnung getragen, dass die Unwirksamkeit erst zum Zeitpunkt des rechtskräftig festgestellten Verstoßes eintritt.[236] Die Sonderregelung des § 8 S. 1 PrKG geht folglich der nach § 134 BGB grundsätzlich sofort eintretenden Nichtigkeit vor.

128 Bezüglich der **Folge der Unwirksamkeit** der Preisklausel für den Rest des Vertrages gelten die allgemeinen Grundsätze der §§ 134 ff. BGB,[237] insbesondere § 139 BGB. Im Falle eines überhöhten Preises ist aus Schutz des benachteiligten Vertragspartners grundsätzlich von einer Teil- und keiner Gesamtnichtigkeit auszugehen[238] und es ist zu prüfen, ob die Parteien eine andere wirksame Vereinbarung akzeptiert hätten um die Unwirksamkeit des Vertrags zu vermeiden.[239] Eventuelle Rückforderungsansprüche richten sich insbesondere nach § 812 Abs. 1 BGB.

129 Über die Regelungen im PrKG hinaus normiert **§ 9d VOB/A** für öffentliche Beschaffungen über Bauleistungen, dass eine angemessene Änderung der Vergütung in den Vertragsunterlagen möglich ist, wenn wesentliche Änderungen der Preisermittlungsgrundlagen zu erwarten sind,[240] deren Eintritt oder Ausmaß ungewiss ist. Dabei sind die Einzelheiten der Preisänderungen festzulegen. Dem Wortlaut nach gilt § 9d VOB/A zwar nicht nur für längerfristige Verträge, allerdings sind nur bei diesen wesentliche Änderungen der Preisermittlungsgrundlagen zu erwarten, deren Eintritt oder Ausmaß ungewiss ist.[241] Sind die Voraussetzungen von § 9d VOB/A liegt es im Ermessen des öffentlichen Auftraggebers, vorsorglich eine Preisgleitklausel in den Vertragsunterlagen vorzusehen,[242] wobei bei der Beurteilung, ob die Voraussetzungen gegeben sind und ob eine Preisgleitklausel vereinbart werden sollte, die oben dargestellten Grundsätze des Bundesministers für Wirtschaft und Finanzen herangezogen werden können. Der Ermessensspielraum kann von den Vergabekammern nur begrenzt überprüft werden, dh es sind mehrere vertretbare Entscheidungsergebnisse möglich.[243]

130 Für **Liefer- und Dienstleistungsaufträge** enthielt § 15 Nr. 2 VOL/A bis zum Jahr 2009 eine wortgleiche Regelung für längerfristige Verträge. Diese ist jedoch bereits im Zuge der Vergaberechtsreform 2009 entfallen. Weder in der VgV noch in der UVgO ist aktuell eine entsprechende Regelung enthalten. Das bedeute jedoch nicht, dass die Ver-

235 *Gabriel/Schulz* ZfBR 2007, 448 (450).
236 OLG Celle Beschl. v. 20.12.2007 – 4 W 220/07, NZM 2008, 301, 302.
237 BGH Urt. v. 3.10.1953, II ZR 216/52, BeckRS 31203717.
238 MüKoBGB/*Armbrüster* § 134 Rn. 63, 107.
239 *Gabriel/Schulz* ZfBR 2007, 448, 451.
240 Siehe *Weyand* ibr-online, Stand 14.9.2015, § 9 VOB/A Rn. 74 mit Rechtsprechungsbeispielen.
241 *Weyand* ibr-online, Stand 14.9.2015, § 9 VOB/A Rn. 79 mwN zur Rechtsprechung zum Begriff „längerfristige Verträge“.
242 Siehe Wortlaut und zB VK Baden-Württemberg Beschl. v. 26.3.2010 – 1 VK 11/10, BeckRS 2010, 24477.
243 VK Bund Beschl. v. 21.6.2010 – VK 2-53/10, IBRRS 2010, 3559; *Weyand* ibr-online, Stand 14.9.2015, § 9 VOB/A Rn. 67 ff mwN.

einbarung von Preisgleitklauseln nunmehr bei Lieder- und Dienstleistungsaufträgen unzulässig wäre. Denn die VO PR Nr. 30/53 enthält kein derartiges Verbot und die oben beschriebenen Grundsätze gelten auch hier. Für eine grundsätzliche Zulässigkeit spricht auch, dass eine Klausel in Ausschreibungsbedingungen, nach der eine Preiskorrektur gänzlich ausgeschlossen wird, unwirksam ist, weil es sich dabei um eine unangemessene Benachteiligung zu Lasten der Bieter handelt, mit dem der Auftraggeber einseitig seine Interessen ohne angemessene Berücksichtigung der Belange des Bieters durchzusetzen sucht.[244]

Um Vergleichbarkeit herzustellen können Preisgleitklauseln nur einheitlich durch entsprechende **Vorgaben in den Verdingungsunterlagen** von allen Bietern angeboten werden.[245] Denn würde ein Nebenvorschlag mit einer in den Verdingungsunterlagen nicht vorgesehenen Preisgleitklausel berücksichtigt werden, würde dies eine unterschiedliche Bewertung der Preise bedingen und damit die Preise untereinander nicht vergleichbar erscheinen lassen.[246] Der öffentliche Auftraggeber kann jedoch die Preisgleitklausel im Laufe der Ausschreibung statt in den ursprünglichen Verdingungsunterlagen aufnehmen; solange alle Bewerber informiert werden liegt auch kein Verstoß gegen den Gleichbehandlungsgrundsatz vor.[247] 131

Preisgleitklauseln sollten immer eine **Bagatellklausel** enthalten, dh erst wirksam werden wenn ein bestimmter Mindestbetrag der Kostenänderung überschritten wird.[248] Eine Preisgleitklausel ist mit einem Selbstkostenfestpreis vereinbar.[249] 132

VI. Gültigkeit und Relevanz der VO PR Nr. 30/53

1. Verfassungsmäßigkeit

§ 2 PreisG und die VO PR Nr. 30/53 sind – unabhängig vom Alter und veränderten Wirtschaftsrahmenbedingungen – wirksam. Diese Einschätzung wird auch vom großen Teil der Literatur[250], gestützt auf die Rechtsprechung[251], geteilt. 133

Nach mehreren Entscheidungen des BVerfG[252] hat sich auch die Verwaltungsgerichte explizit mit der Verfassungsgemäßheit des § 2 PreisG auseinandergesetzt und diese bestätigt.[253] Während das BVerfG noch offen gelassen hat, ob § 2 PreisG aufgrund seines Übergangscharakters infolge Zeitablaufs gegenstandslos geworden ist und somit nicht mehr als 134

---

[244] VK Hessen Beschl. v. 19.9.2002 – 69d VK 46/2002; *Weyand* ibr-online, Stand 14.9.2015, § 9 VOB/A Rn. 70; Auch § 2 Nr. 3 VOL/B sowie § 2 Abs. 3 VOB/B, wonach unter bestimmten Umständen ein neuer Preis zu vereinbaren ist.

[245] VK Düsseldorf Beschl. v. 7.6.2001 – VK 13/2001-B.

[246] VK Düsseldorf Beschl. v. 7.6.2001 – VK 13/2001-B; *Weyand* ibr-online, Stand 14.9.2015, § 9 VOB/A Rn. 72.

[247] VK Baden-Württemberg Beschl. v. 26.3.2010 – 1 VK 11/10, BeckRS 2010, 24477.

[248] *Gabriel/Schulz* ZfBR 2007, 448 (452); *Weyand* ibr-online, Stand 14.9.2015, § 9 VOB/A Rn. 74.

[249] EGHM Nr. 6 LSP Rn. 1.

[250] *Greiffenhagen* VergabeR 2013, 415; *Michaelis/Rhösa* Preisbildung bei öffentlichen Aufträgen, Band 1, Präambel VPöA, 3ff; Pünder/Schellenberg/*Berstermann* Einl. VO PR Nr. 30/53 Rn. 20f.; EGHM Einf. Rn. 18f.

[251] St. Rspr, ua BVerwG Urt. v. 21.2.1995 – 1 C 36.92, NVwZ-RR 1995, 425 zur VO PR Nr. 1/72; VGH Kassel Beschl. v. 27.9.2006 – 5 N 358/04, BeckRS 2007, 20150; VGH Kassel Beschl. v. 11.1.1999 – 8 UE 3300/94, BeckRS 1999, 21428; VG Freiburg Urt. v. 20.6.2008 – 4 K 1144/07, BeckRS 2008, 37895; OLG Bayern Beschl. v. 30.12.1959 – 4 StrS – BWReg 87/58, abgedruckt in *Michaelis/Rhösa* Preisbildung bei öffentlichen Aufträgen, Band 4, I 1956–1960, 11.

[252] BVerfG Beschl. v. 8.11.1983 – 1 BvR 1249/81, BVerfGE 65, 248 = NJW 1984, 861; BVerfG Beschl. v. 4.12.1979 – 2 BvR 64/78 und 460/79, BVerfGE 53, 1 = NJW 1980, 929; BVerfG Beschl. v. 8.8.1978, 2 BvR 406/78, abgedruckt in *Michaelis/Rhösa* Preisbildung bei öffentlichen Aufträgen, Band 4, I 1976–1980, 1; BVerfG Beschl. v. 12.11.1958 – 2 BvL 4, 26, 40/56, 1, 7/57, BVerfGE 8, 274 = NJW 1959, 475.

[253] OVG Thüringen Beschl. v. 13.4.1999 – 8 E 3033/98, amtl. Umdruck S. 4; BVerwG Urt. v. 21.2.1995 – 1 C 36.92, NVwZ-RR 1995, 425; OVG Frankfurt/Oder Beschl. v. 13.6.1996 – 4 B 85/96, abgedruckt in *Michaelis/Rhösa* Preisbildung bei öffentlichen Aufträgen, Band 4, Teil I 1996–2000, 1.

Ermächtigungsnorm dienen kann,[254] haben spätere Entscheidungen etwa des BVerwG das explizit verneint.[255] Begründet wird dies damit, dass es Aufgabe des Gesetzgebers sei darüber zur entscheiden, ob ein nicht befristetes Gesetz wegen Erreichung seines Ziels außer Kraft treten soll. Ohne eine solche Entscheidung entfalle die rechtliche Wirksamkeit nur, wenn der Regelungsgegenstand oder der Regelungsanlass offensichtlich weggefallen ist; im Bereich des öffentlichen Auftragswesens dagegen hätten sich die Verhältnisse nicht derart grundlegend verändert.[256] Auch halte sich die VO PR Nr. 30/53 im Rahmen der Ermächtigung des § 2 PreisG, insbesondere da sie sich an marktwirtschaftlichen Verhältnissen orientiere und auf eine kontrollierende Tätigkeit der Preisbehörden ziele und nicht gegen europäisches Recht verstoße.[257] Im Übrigen komme es für die Gültigkeit der VO PR Nr. 30/53 nicht darauf an ob § 2 PreisG inzwischen obsolet sei, da eine im Zeitpunkt ihres Erlasses auf gesetzlicher Grundlage ergangene Rechtsverordnung nicht durch den Fortfall der Ermächtigungsvorschrift in ihrer Gültigkeit berührt werde.[258]

135 Zwar werden in der **Literatur** zum Teil **Zweifel** vorgebracht, ob § 2 Abs. 1 PreisG Inhalt, Zweck und Ausmaß der Ermächtigung zum Erlass einer Rechtsverordnung hinreichend genau bestimmt und somit im Einklang mit Art. 80 Abs. 1 S. 2 GG steht.[259] Argumentiert wird insbesondere, dass die VO PR Nr. 30/53 nichtig sei, da ihr Zweck außerhalb des vom BVerfG gesteckten Rahmens von § 2 PreisG sei beziehungsweise das Ziel, die Aufrechterhaltung des Preisstandes, längst durch andere gesetzliche Maßnahmen verwirklicht werde, insbesondere durch GWB und Stabilitätsgesetz.[260] Ferner sei die VO PR Nr. 30/53 mangels Ermächtigungsgrundlage nichtig, weil § 2 PreisG inzwischen mangels sachlichen Anwendungsbereichs seit Einführung des Stabilitätsgesetzes 1967 unanwendbar sei.[261]

136 Diesen Literaturstimmen ist an **rechtlichen Argumenten** im Wesentlichen nichts anderes entgegenzusetzen als bereits die ständige Rechtsprechung (siehe oben) an Argumenten vorgebracht hat. Zwar mag es stimmen, dass sich die Notwendigkeit einer gesetzlichen Regelung zur Aufrechterhaltung des Preisstandes seit Erlass des PreisG und der VO PR Nr. 30/53 durch Veränderung der marktwirtschaftlichen Rahmenbedingungen stark verändert hat. Jedoch bleibt jedenfalls im Bereich des öffentlichen Auftragswesens bis heute sowohl ein sachlicher Anwendungsbereich als auch die Notwendigkeit einer solchen Regelung, weil hier eben – trotz Marktwirtschaft – mit dem öffentlichen Beschaffungsmarkt ein besonderer Markt betroffen ist, der zusätzlicher unterstützender Regelungen bedarf. Die Existenz des Stabilitätsgesetzes ändert an diesem Ergebnis nichts, da Stabilitätsgesetz und VO PR Nr. 30/53 grundlegend unterschiedliche Instrumentarien bereitstellen. Ein Gesetz, bei dem es um Maßnahmen aufgrund einer die volkswirtschaftliche Leistungsfähigkeit übersteigenden Nachfrageausweitung oder eine gefährdende Abschwächung der allgemeinen Wirtschaftstätigkeit geht, kann nicht ohne weiteres eine VO ersetzen, die einen gezielten Preisprüfungsmechanismus konkreter Verträge vorsieht, da die Maßstäbe der Normen nicht vergleichbar sind.

---

[254] BVerfG Beschl. v. 8.11.1983 – 1 BvR 1249/81, BVerfGE 65, 248, 260 = NJW 1984, 861; BVerfG, Beschluß vom 4.12.1979 – 2 BvR 64/78 und 460/79, BVerfGE 53, 1 (16) = NJW 1980, 929.

[255] BVerwG Urt. v. 21.2.1995 – 1 C 36.92, NVwZ-RR 1995, 425; OVG Thüringen Beschl. v. 13.4.1999 – 8 E 3033/98, amtl. Umdruck S. 4.; VGH Kassel Beschl. v. 11.1.1999 – 8 UE 3300/94, BeckRS 1999, 21428.

[256] BVerwG Beschl. v. 4.5.1999 – 1 B 34–99, NVwZ 1999, 1112; BVerwG Urt. v. 21.2.1995 – 1 C 36.92, NVwZ-RR 1995, 425, 426; Thüringer OVG Beschl. v. 13.4.1999 – 8 E 3033/98, amtl. Umdruck S. 4f.; VGH Kassel Beschl. v. 11.1.1999 – 8 UE 3300/94, BeckRS 1999, 21428.

[257] OVG Thüringen Beschl. v. 13.4.1999 – 8 E 3033/98, amtl. Umdruck Seite 5f.

[258] BVerwG Beschl. v. 4.5.1999 – 1 B 34–99, NVwZ 1999, 1112; VGH Kassel Beschl. v. 11.1.1999 – 8 UE 3300/94, BeckRS 1999, 21428 mwN zur BVerfG-Rechtsprechung.

[259] *Brüning* VergabeR 2012, 836; *Moritz* BB 1994, 1871.; *Meng* DVBl. 1980, 613.

[260] *Moritz* BB 1994, 1871 (1872f.).

[261] *Moritz* BB 1994, 1871 (1873f.).

2. Fortbestehende Relevanz

In der Literatur werden jedoch zunehmend auch **Zweifel** laut **bezüglich Angemessenheit und Erfordernis des Preisrechts** in der heutigen marktwirtschaftlichen Rechtslandschaft.[262] Unabhängig von rechtlichen Fragestellungen sollte die geringere Bedeutung der VO im heutigen wirtschaftlichen Gefüge nicht außer Acht gelassen werden.[263] Doch auch neue Studien sprechen der VO nicht ihre volkswirtschaftliche und rechtliche Daseinsberechtigung ab.[264] Das Preisrecht wurde auch im Rahmen der Modernisierung des Vergaberechts nicht verändert. Dies war EU-rechtlich auch nicht erforderlich. Die 2016 umzusetzende VRL[265] enthält keine Regelungen zur Preisbildung bei öffentlichen Aufträgen. Vielmehr sollen gemäß Art. 67 Abs. 1 VRL die „für den Preis bestimmter Lieferungen oder die Vergütung bestimmter Dienstleistungen geltenden nationalen Rechts- und Verwaltungsvorschriften" unberührt bleiben. Ingesamt kann der VO aus hiesiger Sicht nicht die Relevanz abgesprochen werden. Eine Reform des Preisrechts durch den Verordnungsgeber, insbesondere eine zeitgemäße Anpassung an die heutigen wirtschaftlichen Gegebenheiten und das kürzlich reformierte Normgefüge, wäre jedoch zu begrüßen. 137

VII. Rechtsfolgen von Verstößen

Verstöße gegen die VO PR Nr. 30/53 sind **Ordnungswidrigkeiten** (vgl. § 11 iVm §§ 3, 16 WiStG). Der Verweis in § 11 ist erforderlich, da § 3 WiStG als Blankettnorm durch auf sie verweisende Normen ausgefüllt werden muss,[266] § 11 selbst ist jedoch auch eine Blankettvorschrift, die nicht benennt, bei welchen Verstößen das WiStG Anwendung findet. Es ist allgemein anerkannt, dass bußgeldbewehrt zum einen Verstöße gegen das materielle Preisrecht in Form des Höchstpreisprinzips sind (hierzu bereits → Rn. 14, dh Verstöße gegen allgemeine und besondere Preisvorschriften (§ 3) sowie insbesondere § 1 Abs. 3 iVm §§ 4–7) als auch Verstöße gegen die über § 8 geltenden LSP sowie nicht gerechtfertigte Verstöße gegen die Preisnachweispflicht in den §§ 9 und 10.[267] Trotz Zweifel an der Rechtmäßigkeit einer solchen nicht klar umrissenen Verweisung und damit verbundener Begründung von Ordnungswidrigkeiten wird die Norm allgemein nicht als ungültig angesehen, sondern nur eine sorgfältige Beachtung des Grundsatzes der Verhältnismäßigkeit gefordert.[268] Das **Bußgeld** kann gemäß § 3 Abs. 2 WiStG bis zu 25.000 EUR betragen – bußgeldbewehrt ist jedoch nur vorsätzliches oder fahrlässiges Handeln. Erfasst werden sowohl der Auftragnehmer als auch der Auftraggeber,[269] nach dem OWiG kann auch Täter sein wer für einen anderen (juristische oder natürliche Person) handelt (§ 9 OWiG) oder wer seine Aufsichtspflicht verletzt (§ 130 OWiG). Ferner kann auch gegen juristische Personen und Personenvereinigungen des Privatrechts ein Bußgeld, ebenfalls bis zu 25.000 EUR, verhängt werden (§ 30 OWiG). Zuständig für die Verfolgung von Ord 138

---

[262] *Roth* Das öffentliche Preisrecht im Spannungsfeld zwischen Zivilrecht und Vergaberecht, NZBau 2015, 209.

[263] *Dörr/Hoffjan* Die Bedeutung der Verordnung PR Nr. 30/53 über die Preise bei öffentlichen Aufträgen, Studie im Auftrag des Bundesministeriums für Wirtschaft und Energie, 7–30.

[264] *Dörr/Hoffjan* Die Bedeutung der Verordnung PR Nr. 30/53 über die Preise bei öffentlichen Aufträgen, Studie im Auftrag des Bundesministeriums für Wirtschaft und Energie, 5, 28–30, 110; *Greiffenhagen* Programmatische Überlegungen zu einer möglichen Reform der Preisverordnung für öffentliche Aufträge.

[265] Richtlinie 2014/24/EU v. 26. 2. 2014 über die öffentliche Auftragsvergabe und zur Aufhebung der Richtlinie 2004/18/EG, ABlEU 2014 L 94/65.

[266] Müller-Gugenberger/*Haas*, Wirtschaftsstrafrecht, 6. Aufl. 2015, § 61 Rn. 92.

[267] EGHM § 11 Rn. 7; *Michaelis/Rhösa* Preisbildung bei öffentlichen Aufträgen, Band 1, § 11 VPöA, 4, § 9 VPöA, 27 f.

[268] EGHM § 11 Rn. 10; *Michaelis/Rhösa* Preisbildung bei öffentlichen Aufträgen, Band 1, § 11 VPöA, 3 f.

[269] *Michaelis/Rhösa* Preisbildung bei öffentlichen Aufträgen, Band 1, § 11 VPöA, 5; OLG Bayern Beschl. v. 28. 1. 1960, BayObLGSt 1960, 38 f.

nungswidrigkeiten und die Verhängung von Bußgeldern ist die jeweils örtlich zuständige Preisüberwachungsbehörde (§§ 35 ff OWiG).[270]

139 **Mitbieter** können einen Verfügungsanspruch (und damit eine **eigene Rechtsverletzung**) durch das Berufen auf eine Verletzung des Preisrechts geltend machen, dh vorbringen, dass das dem Zuschlag erteilte Angebot eines Mitbewerbers unterhalb von zwingendem Preisrecht liegt.[271] Anspruchsgrundlage ist entweder §§ 311, 241, 280 BGB in Verbindung mit der jeweiligen Verdingungsordnung oder Art. 3 GG in Verbindung mit den sich aus dem Rechtsstaatsprinzip ergebenden wesentlichen Vergabegrundsätzen.[272]

106 Stehen vom Auftraggeber in den Vergabeunterlagen festgelegte Vergütungsbestimmungen im Widerspruch zu verbindlichem Preisrecht (zB der HOAI oder der VO PR Nr. 30/53), kann der potentielle Auftragnehmer dies in einem **Vergabenachprüfungsverfahren** beanstanden.[273] Dass die Vergütungsbestimmung verbindlichem Preisrecht widerspricht ist eine für die Bieter unzumutbare Auftragsbedingung, der sich die Bieter nur durch einen Widerspruch entziehen können, wodurch sie jedoch die Vergabeunterlagen abändern was wiederum zum Ausschluss der Wertung des Angebots führt.[274]

---

270 EGHM § 11 Rn. 53.

271 LG Potsdam Beschl. v. 20.11.2009 – 4 O 371/09, BeckRS 2010, 11367.

272 LG Potsdam Beschl. v. 20.11.2009 – 4 O 371/09, BeckRS 2010, 11367.

273 OLG Düsseldorf Beschl. v. 21.5.2008 – Verg 19/08, ZfBR 2008, 834 (837); *Pauka/Chrobot* VergabeR 2011, 405.

274 OLG Düsseldorf Beschl. v. 21.5.2008 – Verg 19/08, ZfBR 2008, 834 (837).

§ 22 Berücksichtigung strategischer Ziele – Green und Sustainable Public Procurement

Übersicht

RL 2014/24/EU: Art. 42 Abs. 6, Art. 70, Art. 62, Art. 67 Abs. 1, 2 lit. a)
RL 2014/25/EU: Art. 60 Abs. 6, Art. 87, Art. 81 Abs. 2, Art. 82 Abs. 1, 2
GWB: § 97 Abs. 3
VgV: §§ 31 Abs. 3, 34, 49, 67, 68
UVgO: § 2 Abs. 3

GWB:

§ 97 GWB Grundsätze der Vergabe

(3) Bei der Vergabe werden Aspekte der Qualität und der Innovation sowie soziale und umweltbezogene Aspekte nach Maßgabe dieses Teils berücksichtigt.

VgV:

§ 31 VgV Leistungsbeschreibung

(3) [1]Die Merkmale können auch Aspekte der Qualität und der Innovation sowie soziale und umweltbezogene Aspekte betreffen. [2]Sie können sich auch auf den Prozess oder die Methode zur Herstellung oder Erbringung der Leistung oder auf ein anderes Stadium im Lebenszyklus des Auftragsgegenstands einschließlich der Produktions- und Lieferkette beziehen, auch wenn derartige Faktoren keine materiellen Bestandteile der Leistung sind, sofern diese Merkmale in Verbindung mit dem Auftragsgegenstand stehen und zu dessen Wert und Beschaffungszielen verhältnismäßig sind.

§ 68 Beschaffung von Straßenfahrzeugen

(1) [1]Der öffentliche Auftraggeber muss bei der Beschaffung von Straßenfahrzeugen Energieverbrauch und Umweltauswirkungen berücksichtigen. [2]Zumindest müssen hierbei folgende Faktoren, jeweils bezogen auf die Gesamtkilometerleistung des Straßenfahrzeugs im Sinne der Tabelle 3 der Anlage 2, berücksichtigt werden:[1]
1. Energieverbrauch,
2. Kohlendioxid-Emissionen,
3. Emissionen von Stickoxiden,
4. Emissionen von Nichtmethan-Kohlenwasserstoffen und
5. partikelförmige Abgasbestandteile.

(2) Der öffentliche Auftraggeber erfüllt die Verpflichtung nach Absatz 1 zur Berücksichtigung des Energieverbrauchs und der Umweltauswirkungen, indem er
1. Vorgaben zu Energieverbrauch und Umweltauswirkungen in der Leistungsbeschreibung macht oder
2. den Energieverbrauch und die Umweltauswirkungen von Straßenfahrzeugen als Zuschlagskriterien berücksichtigt.

[1] **[Amtl. Anm.:]** § 68 der Vergabeverordnung dient der Umsetzung der Richtlinie 2009/33/EG des Europäischen Parlaments und des Rates vom 23.4.2009 über die Förderung sauberer und energieeffizienter Straßenfahrzeuge (ABl. L 120 vom 15.5.2009, S. 5).

(3) [1]Sollen der Energieverbrauch und die Umweltauswirkungen von Straßenfahrzeugen finanziell bewertet werden, ist die in Anlage 3 definierte Methode anzuwenden. [2]Soweit die Angaben in Anlage 2 dem öffentlichen Auftraggeber einen Spielraum bei der Beurteilung des Energiegehaltes oder der Emissionskosten einräumen, nutzt der öffentliche Auftraggeber diesen Spielraum entsprechend den lokalen Bedingungen am Einsatzort des Fahrzeugs.

(4) [1]Von der Anwendung der Absätze 1 bis 3 sind Straßenfahrzeuge ausgenommen, die für den Einsatz im Rahmen des hoheitlichen Auftrags der Streitkräfte, des Katastrophenschutzes, der Feuerwehren und der Polizeien des Bundes und der Länder konstruiert und gebaut sind (Einsatzfahrzeuge). [2]Bei der Beschaffung von Einsatzfahrzeugen werden die Anforderungen nach den Absätzen 1 bis 3 berücksichtigt, soweit es der Stand der Technik zulässt und hierdurch die Einsatzfähigkeit der Einsatzfahrzeuge zur Erfüllung des in Satz 1 genannten hoheitlichen Auftrags nicht beeinträchtigt wird.

UVgO:

§ 2 UVgO Grundsätze der Vergabe

(3) Bei der Vergabe werden Aspekte der Qualität und der Innovation sowie soziale und umweltbezogene Aspekte nach Maßgabe dieser Verfahrensordnung berücksichtigt.

Literatur:

Acker, Rechtliche Grundlagen der umweltfreundlichen Beschaffung, 33–62, in: Umweltfreundliche Beschaffung Schulungsskripte, UBA 2010; *Acker/Quack,* Einführung in die Verwendung von Produktkriterien aus Umweltzeichen, 63–82, in: Umweltfreundliche Beschaffung Schulungsskripte, UBA 2010; *Barth/Erdmenger/Günther,* Umweltfreundliche öffentliche Beschaffung, Innovationspotenziale, Hemmnisse, Strategien, Heidelberg, 2005; Buy Smart, Beschaffung und Klimaschutz – Leitfaden zur Beschaffung energieeffizienter Produkte und Dienstleistungen, Allgemeiner Teil, Hrsg: Berliner Energieagentur GmbH, 2010; *Beneke,* Nachhaltige Beschaffung als ganzheitlicher Ansatz, VergabeR 2018, 227–236; *Burgi,* Vergaberecht, 2016; *Europäische Kommission,* Umweltorientierte Beschaffung! Ein Handbuch für ein umweltorientiertes öffentliches Beschaffungswesen, 3. Aufl., 2016; *Europäische Kommission,* Sozialorientierte Beschaffung – Ein Leitfaden für die Berücksichtigung sozialer Belange im öffentlichen Beschaffungswesen, 2011; *Gaus,* Ökologische Kriterien in der Vergabeentscheidung, Eine Hilfe zur vergaberechtskonformen nachhaltigen Beschaffung, NZBau 2013, 401; *Gabriel,* Nicht Zeichen setzen, sondern Standards!, EWS 2012, Heft 6, 1; *Gabriel/Weiner,* Vergaberecht und Energieeffizienz, Die Änderung der Vergabeverordnung im Zuge der Energiewende, REE 04–2011, S. 213–216; *Glaser,* Zwingende soziale Mindeststandards bei der Vergabe öffentlicher Aufträge, 2015; *Haak,* Vergaberecht in der Energiewende – Teil I, Energieeffiziente Beschaffung und Ausschreibungsmodelle nach dem EEG 2014, NZBau 2015, 11 ff; *dies.,* Vergaberecht in der Energiewende – Teil II, Energieeffiziente Beschaffung und Ausschreibungsmodelle nach dem EEG 2014, NZBau 2015, 64 ff.; *Hattenhauer/Butzert,* Die Etablierung ökologischer, sozialer, innovativer und qualitativer Aspekte im Vergabeverfahren, VergabeR 2017, 129–134; *Hermann,* Rechtsgutachten Umweltfreundliche öffentliche Beschaffung, UBA Juli 2012; *Hermann/Acker,* Regelungen der Bundesländer auf dem Gebiet der umweltfreundlichen Beschaffung, UBA Texte 52/2011; Buy Smart, Beschaffung und Klimaschutz – Leitfaden zur Beschaffung energieeffizienter Produkte und Dienstleistungen, Allgemeiner Teil, Berliner Energieagentur, 2010; *Heyne,* Die Verfolgung von umweltschutzzielen im öffentlichen Beschaffungswesen, ZUR 2011, 578–586; *Herrmann,* Umweltbundesamt, Rechtgutachten umweltfreundliche Beschaffung, Aktualisierung Februar 2019,; *Homann/Büdenbender,* Die Beschaffung von Straßenfahrzeugen nach neuem Vergaberecht, VergabeR 2012, 1–9; *Kühling/Huerkamp,* Vergaberechtsnovelle 2010/2011: Reformbedarf bei den vergabefremden Ausführungsbedingungen nach § 97 Abs. 4 Satz 2 GWB?, VergabeR 2010, 545–554; *Latzel,* Soziale Aspekte bei der Vergabe öffentlicher Aufträge nach der Richtlinie 2014/24/EU, NZBau 2014, 673 ff.; *Leinemann,* Überblick über die (neuen) vergaberechtlichen Anforderungen hinsichtlich der Berücksichtigung ökonomischer, ökologischer und sozialer Aspekte, Vergabe News 2017, 82–85; *McKinsey & Company, Inc.*, Potenziale der öffentlichen Beschaffung für ökologische Industriepolitik und Klimaschutz, Studie im Auftrag des BMU 2008; *Müller-Wrede,* Nachhaltige Beschaffung, VergabeR 2012, 416–425; *Pforte-von Randow,* Getrennt oder gemeinsam? Ökologische und soziale Kriterien in der öffentlichen Beschaffung, 38–40, in: Quo Vadis Beschaffung?, Nachweise – Kontrolle – Umsetzung, Hrsg: Netzwerk Unternehmensverantwortung, Berlin 2010; *Roth,* Energiekonzept der Bundesregierung: Änderung der VgV in Kraft getreten!, IBR 2011, 1150 (online); *Schrotz/Mayer,* Verordnete Innovationsförderung – Neue Vorgaben für die öffentliche Kfz-Beschaffung, KommJur 2011, 81–85; *Stockmann/Rusch,* Wie viel Energieeffizienz muss es sein? Anforderungen an Leistungsbeschreibung und Wertung nach § 4 IV bis VI b VgV, NZBau 2013, 71 ff.; *Varga,* Berücksichtigung sozialpolitischer Anforderungen nach dem neuen § 97 Abs. 4 Satz 2 GWB – europarechtskonform?, VergabeR 2009, 535–543; *Wegener,* Umweltschutz in der öffentlichen Auftragsvergabe, NZBau 2010, 273–279; *Zeiss,* Weniger Energieverbrauch! – Beschaffung energieeffizienter Geräte und Ausrüstung, NZBau 2011, 658–662; *Zeiss,* Energieeffizienz in der Beschaffungspraxis, NZBau 2012, 201 ff.

A. Einleitung

Während die Instrumentalisierung des Beschaffungsvorgangs zur Verfolgung vergabefremder, dh nicht unmittelbar mit dem Beschaffungsgegenstand zusammenhängender Ziele (zB sozial- oder umweltpolitischer Art) vor einigen Jahren insbesondere aus europäischer Sicht noch als unzulässig angesehen wurde, wird das öffentlichen Auftragswesen aufgrund seiner wirtschaftlichen Bedeutung[2] heute als wirksamen Mittel zur Verwirklichung politischer Ziele angesehen. Die Verfolgung sogenannter strategischer Ziele[3] ist daher ein anerkannter Grundsatz des nationalen und europäischen Vergaberechts.[4] Auf europäischer Ebene existiert mittlerweile auch eine eigene Expertengruppe, die sich ausschließlich mit dem Thema Green Public Procurement (GPP) und Sustainable Public Procurement (SPP) beschäftigt. Sie ist bei der Generaldirektion Umwelt (GD ENV) angesiedelt, tagt zweimal pro Jahr und berät die Kommission bei der Entwicklung und Umsetzung von Maßnahmen zur umweltorientierten und nachhaltigen Beschaffung.[5] Wenig überraschend sind GPP und SPP daher auch im sog. Green Deal der Europäischen Kommission, dem Fahrplan für eine nachhaltige EU-Wirtschaft von 11.12.2019, verankert.[6] Die Kommission hat darin weitere Rechtsvorschriften und Leitlinien für ein umweltgerechtes öffentliches Beschaffungswesen angekündigt. In dem im Frühjahr 2020 in Bezug auf den Green Deal veröffentlichten Aktionsplan[7] sind als ein Baustein zur Förderung der Kreislaufwirtschaft auch Maßnahmen in Bezug auf die öffentliche Beschaffung enthalten. Diese betreffen zum einen verpflichtende Umweltkriterien und -ziele für beschaffte Waren und Dienstleistungen und zum anderen ein verpflichtendes Reporting. Aus dem Aktionsplan ging allerdings noch nicht hervor, welche Sektoren bzw. Produktgruppen adressiert werden sollen. Damit kann der vergaberechtliche Paradigmenwechsel[8] im Hinblick auf die Berücksichtigung vergabefremder Zwecke endgültig als abgeschlossen angesehen werden. 1

Der erste Schritt in Richtung Öffnung[9] des öffentlichen Auftragswesens für solche Erwägungen wurde im Rahmen der Neufassung der EU-Richtlinien in 2004 mit der Aufnahme „zusätzlicher Bedingungen für die Ausführung des Auftrags"[10] gemacht. Zuvor hatte der EuGH in zwei Entscheidungen die Berücksichtigung von ökologische Kriterien für die Auftragsausführung grundsätzlich für zulässig erklärt,[11] wodurch auf europäischer Ebene eine Reform des Vergaberechts unter ökologischen Gesichtspunkten angestoßen wurde. In der Begründung der EU-Kommission zu den Entwürfen der aktuellen Richtlinien für das öffentliche Auftragswesen wird die Möglichkeit der Instrumentalisierung des Vergabeverfahrens zur Verwirklichung politischer Ziele ausdrücklich hervorgehoben.[12] Denn auf diese Weise kann das kritische Maß für die Nachfrage nach nachhaltigeren Gütern und Dienstleistungen erreicht werden. GPP und SPP sind daher ein starker Anreiz für umweltorientierte und nachhaltige Innovationen. 2

---

[2] Schätzungen der EU Kommission zufolge macht das öffentlichen Auftragswesen etwa 19% des EU-weiten BIP vgl. EU-Kommission, Themenblatt zum Europäischen Semester – Öffentliches Auftragswesen, 2017; in Deutschland wird das jährliche Beschaffungsvolumen auf zwischen 150 und 360 Mrd. Euro geschätzt.
[3] Vgl. Begründung zu § 97 Abs. 3 GWB, BT-Drs. 18/6281 v. 08.10.2015, S. 67 f.
[4] *Burgi,* § 7 Rn. 9 ff.
[5] https://ec.europa.eu/environment/gpp/index_en.htm.
[6] KOM(2019) 640 final.
[7] KOM(2020) 98 final.
[8] *Gabriel* EWS 2012, 1.
[9] Ausführlich zu dieser Entwicklung vgl. auch *Burgi,* § 7 Rn. 10.
[10] Art. 26 RL VKR.
[11] EuGH Urt. v. 17.9.2002 – C-513/99, ZfBR 2002, 812 = NZBau 2002, 618; EuGH Urt. v. 4.12.2003 – C-448/01, NVwZ 2004, 201 = NZBau 2004, 105 – Wienstrom.
[12] KOM (2011) 896/2, 2 f.; KOM (2011) 895, 2.

3 In Deutschland begann die entsprechende Entwicklung noch früher und zwar hauptsächlich im Hinblick auf die Verwirklichung umweltpolitischer Ziele. So begann das Umweltbundesamt schon in den frühen achtziger Jahren Impulse für eine umweltfreundliche Beschaffung durch die öffentliche Hand zu setzen.[13] Daran anschließend rückte auf nationaler Ebene zunächst die Berücksichtigung umweltpolitischer Ziele durch die Förderung der sog. nachhaltigen Beschaffung in den Fokus.[14] Im Zuge des Vergaberechtsmodernisierungsgesetzes ist die Berücksichtigung strategischer Ziele bei der Vergabe öffentlicher Aufträge gemäß § 97 Abs. 3 GWB mittlerweile zum einem Grundsatz des nationalen Vergaberechts erhoben.

B. Umweltorientierte Auftragsvergabe – Green Public Procurement (GPP)

4 Umweltpolitische bzw. ökologische Erwägungen spielen bei der Berücksichtigung strategischer Ziele im Vergabeverfahren eine Vorreiterrolle. Das sog. Green Public Procurement (GPP), dh die umweltorientierte Auftragsvergabe, soll einen spürbaren Umweltnutzen herbeiführen, indem Güter und Leistungen beschafft werden, die während ihrer gesamten Lebensdauer der Umwelt weniger schaden als andere vergleichbare Produkte.[15] Dabei kommt es nicht nur auf die offensichtliche Umweltfreundlichkeit der Produkte an, sondern auch auf wirtschaftliche Vorteile wie zum Beispiel die Möglichkeit der Kostenersparnis durch den Einkauf klimafreundlicher Geräte mit vergleichsweise geringerem Energie- und Wasserverbrauch.[16] GPP soll zudem dazu beitragen, einen wichtigen Anreiz für Innovationen zu schaffen und der Industrie reale Anreize für die Entwicklung umweltverträglicher Produkte und Dienstleistungen bieten. Darüber hinaus soll GPP die Innovation von Öko-Technologien in Europa stimulieren und somit die Wettbewerbsfähigkeit der europäischen Industrie in diesem Bereich erhöhen.[17]

I. Rechtliche Grundlagen

5 Der überwiegende Teil der Regelungen zur Berücksichtigung von Umweltaspekten bei der Vergabe hat seine Grundlage in europäischen Richtlinien und Verordnungen, die im nationalen Recht in den für öffentliche Aufträge geltenden Vorschriften umgesetzte wurden.

1. Rechtsgrundlagen auf europäischer Ebene

6 **a) Primärrecht. Primärrechtlich** kann die Berücksichtigung von umweltpolitischen Belangen bei der Beschaffung vornehmlich mit Bezugnahme auf Art. 11 AEUV gerechtfertigt werden. Nach dieser sogenannten Querschnittsklausel müssen die „Erfordernisse des Umweltschutzes" in der Unionspolitik stets beachtet werden. Eine konkrete Verpflichtung zur umweltfreundlichen Vergabe ergibt sich für öffentliche Auftraggeber daraus zwar nicht, jedoch ist sie als **Unionszielbestimmung** stets zu beachten und zur Auslegung des europäischen und nationalen Rechts heranzuziehen.[18] Bei der Schaffung der aktuellen Vergaberichtlinie 2014/24/EU wurde zudem ausdrücklich auf diese Querschnittsklausel Bezug genommen.[19]

---

[13] Das „Handbuch Umweltfreundliche Beschaffung" wurde erstmals schon 1987 herausgegeben.

[14] Vgl. BT-Drs. 17/9485 v. 2.5.2012, Antwort auf 57 Fragen zum Thema „Öffentliche Beschaffung durch die Bundesregierung nach sozialen, ökologischen und entwicklungspolitischen Kriterien"; aktuell Leinemann, VergabeNews 2017, 82 ff.

[15] KOM (2008) 400, 5.

[16] *Europäische Kommission* Umweltorientierte Beschaffung, 5 f.

[17] KOM (2008) 400, 2; *Wegener* NZBau 2010, 273, 274.

[18] *Heyne* ZUR 2011, 578, 584.

[19] Erwägungsgrund 91.

Andere Bestimmungen aus dem Primärrecht setzen der Berücksichtigung von Umweltaspekten bei der Vergabe dagegen eher Grenzen. Insbesondere ist dabei an die Warenverkehrsfreiheit, Art. 34 AEUV, die Dienstleistungsfreiheit, Art. 56 AEUV, und das allgemeine Diskriminierungsverbot, Art. 18 AEUV, zu denken,[20] nach denen es Bietern aus anderen Mitgliedstaaten grundsätzlich nicht schwerer gemacht werden darf als einheimischen Bietern, an einem Vergabeverfahren teilzunehmen. Die Berücksichtigung von Umweltaspekten bei der Vergabe ist daher nur zulässig, soweit das nicht zur Benachteiligung ausländischer Bieter führt. Die Umsetzung dieser Vorgabe ist entsprechend auch das Ziel der vergaberechtlichen Umweltbestimmungen. 7

b) Sekundärrecht – Vergaberichtlinien. Auf **sekundärrechtlicher Ebene** finden sich in den aktuell geltenden **Vergaberichtlinien 2014/24/EU**[21] **und 2014/25/EU**[22] mittlerweile umfassende Regelungen zum Green Public Procurement.[23] 8

Nachdem der EuGH die Berücksichtigung von umweltbezogenen Aspekten für die Auftragsausführung bei der Vergabe auf Grundlage von Vorgängerrichtlinien[24] bereits in weiten Teilen für zulässig erklärt hatte,[25] wurden entsprechende Regelungen zur Klarstellung auch in die Richtlinien von 2004 aufgenommen.[26] Bereits in ihren Erwägungsgründen wird mehrfach auf die Förderung einer nachhaltigen Beschaffung hingewiesen[27]. In den geltenden Richtlinien von 2014 finden sich an zahlreichen Stellen Regelungen, die auf Umweltaspekte bei der Auftragsvergabe Bezug nehmen. Betroffen sind dabei fast alle Phasen des Vergabeverfahrens: In den Art. 43 der RL 2014/24/EU sowie deren Erwägungsgrund 75 und Art. 61 der RL 2014/25/EU sowie deren Erwägungsgrund 85 wird auf die Möglichkeit verwiesen, bei der Aufstellung von technischen Spezifikationen in der Leistungsbeschreibung auf Umweltgütezeichen zu verweisen. In der Definition bestimmter technischer Spezifikationen[28] ist unter anderem auch die Vorgabe von Umweltleistungsstufen aufgeführt. Im Rahmen der Bieterauswahl können im Zusammenspiel mit dem nationalen Recht Verstöße gegen Umweltrecht als schwere Verfehlung im Sinne des Art 57 Abs. 4 lit. c) RL 2014/24/EU[29] gewertet werden, welche zum Ausschluss des Bieters führen kann. Außerdem darf nach Art. 62 und Erwägungsgrund 88 der RL 2014/24/EU sowie Art. 81 Abs. 2 und Erwägungsgrund 93 der RL 2014/25/EU auf das Gemeinschaftssystem für das Umweltmanagement und die Umweltbetriebsprüfung (EMAS) zum Eignungsnachweis zurückgegriffen werden.[30] Schließlich wird auch bei der Festlegung von Zuschlagskriterien ausdrücklich die Einbeziehung von Umwelteigenschaften erwähnt[31] und zusätzlich können Umweltaspekte in die Bedingungen für die Auftragsausführung einfließen.[32] Sämtliche Regelungen wurden ins deutsche Recht übernommen.

c) Sekundärrecht – sonstige Richtlinien und Verordnungen. Im Einklang mit der Unionszielbestimmung des Art. 11 AEUV wurden in den letzten Jahren zudem außerhalb des vergaberechtlichen Fokus zahlreiche Richtlinien und Verordnungen zur Verwirkli- 9

[20] Barth/Dross/Fischer in: Barth/Erdmenger/Günther, 239 ff. mit Beispielen.
[21] EU-ABl. L 94 v. 28.3.2014, S. 65 ff.
[22] EU-ABl. L 94 v. 28.3.2014, S. 243 ff.
[23] ZB Art. 62 RL 2014/24/EU.
[24] RL 92/50/EWG, RL 93/36/EWG, RL 93/37/EWG.
[25] EuGH Urt. v. 17.9.2002 – C-513/99, Rn. 69 = ZfBR 2002, 812, EuGH Urt. v. 4.12.2003 – C-448/01, Rn. 33 = ZfBR 2004, 185.
[26] Erwägungsgründe 1 der SKR und VKR.
[27] Erwägungsgründe 5 und 6 der VKR und 12 und 13 der SKR.
[28] Anhang VI Nr. 1 lit. b) VKR, Anhang XXI Nr. 1 lit. b) SKR.
[29] Art. 80 RL 2014/25/EU verweist auf diese Regelung.
[30] Näher dazu siehe → Rn. 31.
[31] Art. 67 Abs. 2 lit. a) RL 2014/24/EU und Art. 82 Abs. 2 RL 2014/25/EU.
[32] Erwägungsgrund 97 und Art. 70 RL 2014/24/EU und Erwägungsgrund 102 und Art. 87 RL 2014/25/EU.

chung umweltpolitischer Aspekte erlassen, die zum Teil auch relevante Vorgaben für die Vergabe öffentlicher Aufträge beinhalten.

10 Die **Energieeffizienzrichtlinie**[33] stellt konkrete Anforderungen an die Leistungsbeschreibung hinsichtlich der Energieeffizienz des Beschaffungsgegenstands auf.[34] Der öffentliche Auftraggeber soll nur Produkte beschaffen, die das höchste Leistungsniveau in Bezug auf Energieeffizienz vorweisen und zur höchsten Energieeffizienzklasse gehören. Diese Vorgabe ist national in § 67 VgV umgesetzt. Zudem wird den öffentlichen Auftraggebern aufgegeben, von Dienstleistungserbringern die ausschließliche Verwendung von Produkten zu fordern, die bestimmte Energieeffizienzkriterien erfüllen. Es existieren zudem verbindliche Anforderungen an die Renovierung öffentlicher Gebäude und an Kaufverträge und neue Mietverträge festgelegt, die Energieeffizienz-Mindeststandards zu erfüllen haben.

11 Ebenfalls Eingang in die aktuelle VgV[35] fanden Regelungen der **Richtlinie zur Förderungen sauberer und energieeffizienter Straßenfahrzeuge** (RL 2009/33/EG),[36] der zufolge Energieverbrauch und Emissionen bei der Fahrzeugbeschaffung in die Zuschlagsentscheidung mit einbezogen werden müssen. Nach der letzten Änderung[37] dieser Richtlinie, welche bis 2.8.2021 in nationales Recht umzusetzen ist, sind verbindliche, auf die Jahre 2025 und 2030 bezogene Mindestziele für die Beschaffung emissionsfreier und emissionsarmer leichter Nutzfahrzeuge, LKW und Busse für die Mitgliedstaaten vorgesehen. Für Deutschland ist ein Anteil von sauberen Nutzfahrzeugen in Höhe von 38,5% (leichte Nutzfahrzeuge), von 10% und 15% (schwere Nutzfahrzeuge) sowie von 45% und 65% (Busse) vorgesehen. Die neuen Vorschriften gelten für ein breiteres Spektrum von Dienstleistungen, einschließlich öffentlicher Straßenverkehrsdienste, Sonderpersonenverkehrsdienste, die Müllabfuhr/Abfallentsorgung sowie Post- und Paketzustelldienste. Es wurde zudem klargestellt, dass neben Verträgen über den Kauf von Straßenfahrzeugen auch Verträge über Leasing, Miete oder Mietkauf von Straßenfahrzeugen von der Richtlinie erfasst werden.[38]

12 Schließlich bestimmt Art. 9 Abs. 1 lit. b) der Richtlinie 2010/31/EU[39] über die **Gesamtenergieeffizienz von Gebäuden,** dass ab 2019 neue Gebäude, die von Behörden als Eigentümer genutzt werden, Niedrigstenergiegebäude sein müssen.

13 Neben den europäischen Regelungen, die sich konkret auf das Vergabeverfahren beziehen, gibt es zahlreiche **weitere Maßnahmen,** die schrittweise zur Verbesserung des Umweltschutzes im Zusammenhang mit der öffentlichen Auftragsvergabe führen sollen. Größtenteils handelt es sich dabei um die Entwicklung **einheitlicher Standards von Umweltkriterien** in verschiedenen Bereichen, die für höhere Kompatibilität zwischen den Mitgliedstaaten sorgen und somit geeignete Vorgaben etwa für technische Spezifikationen darstellen können. Dazu gehören die **Verordnung zum Europäischen Umweltzeichen,**[40] die **Energy-Star-Verordnung**[41] und die **Richtlinie zur umweltgerechten Gestaltung energiebetriebener Produkte.**[42] Um Vergabebehörden die Identifizierung und Beschaffung umweltverträglicherer Produkte, Dienstleistungen und Bauleistungen zu erleichtern, wurden von der Expertengruppe der EU-Kommission für mehr als 20 Produkt- und Dienstleistungsgruppen (zB Reinigungsmittel, Möbel, IT-Technik, Strom, Textilien) Kriterien für umweltorientierte Beschaffung entwickelt, die unmittelbar in Ausschreibungsunterlagen aufgenommen werden können. Die GPP-Kriterien werden regelmäßig überprüft und aktualisiert, um neuesten wissenschaftlichen

[33] RL 2012/27/EU zuletzt geändert durch RL 2019/944/EU v. 14.6.2019.
[34] Vgl. Art. 6 Abs. 1, 3 RL 2012/27/EU.
[35] § 68 VgV; vgl. außerdem §§ 58, 59 SektVO.
[36] Insbes. Art. 5 RL 2009/33/EG.
[37] RL 2019/1161/EU v. 20.6.2019.
[38] Vgl. Art. 3 RL 2019/1161/EU.
[39] Zuletzt geändert durch EU-VO 2018/1999 v. 21.12.2018.
[40] VO Nr. 66/2010 zuletzt geändert durch VO Nr. 2017/1941 v. 24.10.2017.
[41] VO Nr. 106/2008 zuletzt geändert durch VO Nr. 174/2013 v. 5.2.2013.
[42] RL 2009/125/EG zuletzt geändert durch RL 2012/27/EU v. 25.10.2012.

Produktdaten, neuen Technologien, Marktentwicklungen und Gesetzesänderungen Rechnung zu tragen. Die meisten Kriterien liegen in allen Amtssprachen der EU vor.[43]

2. Rechtsgrundlagen auf nationaler Ebene

Wie in den europäischen Rechtsgrundlagen werden Umweltkriterien in Deutschland ebenfalls durch zahlreiche unterschiedliche Normen, Maßnahmen und Beschlüsse in das Vergaberecht eingeführt. Nicht zuletzt durch die Erhebung der Verfolgung strategischer Ziele als ein Grundprinzip des deutschen Vergaberechts gemäß § 97 Abs. 3 GWB, § 2 Abs. 3 UVgO, soll die Einbeziehung (umwelt-)politischer Ziele in die Vergabeentscheidungen zum Regelfall werden. Dieser Trend wird auch durch die Praxis belegt.[44] Der Begriff „vergabefremd" für die Berücksichtigung von Umweltaspekten bei der Vergabe kann damit als überholt bezeichnet werden.[45] Die Einbeziehung von Umweltaspekten in das Vergabeverfahren ist mittlerweile nicht nur politisch erwünscht, sondern zum Großteil sogar gesetzlich zwingend vorgesehen. 14

Der Umweltschutz ist im nationalen Recht zwar im Grundgesetz verankert. Nach überwiegender Meinung kann aus dem **verfassungsrechtlich verankerten Umweltschutzziel des Art. 20a GG** jedoch keine Verpflichtung für die öffentliche Hand zur Berücksichtigung von Umweltaspekten bei der Auftragsvergabe abgeleitet werden. Allerdings kann mit Bezug hierauf eine Rechtfertigung für die Wahl des wegen der Umweltaspekte teureren Beschaffungsgegenstands erfolgen.[46] Die Staatszielbestimmung kann außerdem zur grundrechtskonformen Auslegung des Wirtschaftlichkeitsbegriffs herangezogen werden[47] und generell die Verfolgung ökologischer Zwecke bei der Auftragsvergabe rechtfertigen.[48] 15

In die früheren Vergabe(ver)ordnungen (VOB/A, VOL/A, VOF, SektVO sowie VSVgV) wurden Umweltaspekte erstmals mit Umsetzung der EU-Vergaberichtlinien im Jahr 2006 aufgenommen,[49] welche in den folgenden Jahren noch ergänzt wurden. In das GWB wurde mit Einfügung des § 97 Abs. 4 S. 2 aF im Zuge der Reform im Jahr 2008 erstmals ausdrücklich eine Regelung zur Berücksichtigung umweltrechtlicher Aspekte im Rahmen des Beschaffungsvorgangs eingeführt. In der VgV wurden im Jahre 2011[50] erstmals die europäischen Vorgaben in nationales Recht umgesetzt. Im Zuge der letzten Reform des Vergaberechts wurde die Berücksichtigung von Umweltaspekten in § 97 Abs. 3 GWB und § 2 Abs. 3 UVgO schließlich zu einem **Vergaberechtsgrundsatz** erhoben und damit das Green Public Procurement zum Regelfall erklärt. 16

Umweltschützende Vorgaben mit Bezug auf die staatliche Auftragsvergabe finden sich neben dem Vergaberecht auch in § 49 **KrWG** und vergleichbaren landesrechtlichen Regelungen,[51] die grundsätzlich zur Prüfung der der Möglichkeiten der Förderung von Umweltaspekten im Rahmen der staatlichen Beschaffungstätigkeit verpflichten. 17

Auf **Landesebene** enthalten die **Vergabegesetze** der Länder ebenfalls Vorgaben zum Green Procurement, beispielsweise indem der Wunsch des Gesetzgebers zur umwelt- 18

[43] https://ec.europa.eu/environment/gpp/eu_gpp_criteria_en.htm.

[44] Laut eines Gutachtens des Wissenschaftlichen Beirats des Bundesministeriums für Wirtschaft und Technologie haben 2007 schon 30% der Vergabestellen in Deutschland Umweltaspekte bei der Mehrzahl ihrer Vergaben berücksichtigt, Wissenschaftlicher Beirat BMWi, Gutachten Nr. 2/07, Rn. 35.

[45] In diesem Sinn *Burgi*, § 7 Rn. 9 ff.

[46] Buy Smart, 9.

[47] Barth/Dross/Fischer in: Barth/Erdmenger/Günther, 263.

[48] *Beckmann* NZBau 2004, 600.

[49] *Acker* in: Schulungsskripte UBA, 36.

[50] BGBl. I S. 1724 vom 20.8.2011 zur Umsetzung der Richtlinien 2006/32/EG und 2010/30/EU und BGBl. I S. 8 00 vom 12.5.2011 zur Umsetzung der Richtlinie 2009/33/EG.

[51] Zusammenfassende Darstellung abrufbar unter: https://www.umweltbundesamt.de/sites/default/files/medien/376/publikationen/texte_44_2014_regelungen_der_bundeslaender_beschaffung_korr.pdf.

freundlichen Gestaltung des öffentlichen Auftragswesens durch die verbindliche Vorgabe von Grundsätzen und Zielen an die Normadressen deutlich wird.[52]

19 Darüber hinaus betreffen auch verschiedene **Beschlüsse der Bundesbehörden** die Berücksichtigung von Umweltaspekten bei der öffentlichen Beschaffung und zwar im Zusammenhang mit dem nachhaltigen Einkauf. Zu nennen sind beispielsweise der Gemeinsame Erlass des BMWi, des BMELV, des BMU und des BMVBS zur Beschaffung von Holzprodukten,[53] die Allgemeine Verwaltungsvorschrift zur Beschaffung energieeffizienter Produkte und Dienstleistungen (AVV-EnEff)[54] oder die Nachhaltigkeitsstrategie des Bundes.[55] Darin wird beispielsweise zur Beschaffung von Holz nur aus nachhaltiger Forstwirtschaft, zum Einkauf energieeffizienter Geräte, zur Verwendung von Umweltzeichen und zur Umstellung auf Recyclingpapier aufgefordert.

II. Konsequenzen für die Ausschreibungsgestaltung

20 So genannte „grüne Kriterien" können in allen Phasen des Beschaffungsvorgangs berücksichtigt werden. Angefangen bei der Auswahl des Beschaffungsgegenstands über die Leistungsbeschreibung bis hin zum Zuschlag gibt es zahlreiche Möglichkeiten, Umweltaspekte bei der Auftragsvergabe in zulässiger Weise zu berücksichtigen.

1. Auswahl des Auftragsgegenstands

21 Am Anfang des Beschaffungsvorgangs steht zunächst die **Definition des Auftragsgegenstands.** Dabei genießt der Auftraggeber einen umfassenden – grundsätzlich nicht justiziablen – Entscheidungsspielraum, denn das GWB-Vergaberecht enthält insoweit, ebenso wie die europäischen Vergaberichtlinien, keine Vorgaben. Das heißt, in Ansehung der Regelung des § 97 Abs. 3 GWB steht es der öffentlichen Hand frei, ihren Bedarf über die reine Funktionalität hinaus anhand von politischen Zielen zu definieren. Daher kann die Vergabestelle den Auftragsgegenstand auch von vornherein so wählen, dass nur bestimmte Produkte oder Dienstleistungen angeboten werden können, wenn Aspekte des Umweltschutzes dafürsprechen, sofern diese auftrags- und sachbezogen sind. Insofern bestehen in dieser Phase des Beschaffungsvorgangs umfassende Möglichkeiten, Umweltaspekte zu berücksichtigen.

§§ 67, 68 VgV enthalten schließlich konkrete Vorgaben für den Fall der Beschaffung energieverbrauchsrelevanter Liefer- und Dienstleistungen[56] sowie für die Beschaffung von Straßenfahrzeugen.

2. Leistungsbeschreibung

22 Der Übergang zwischen der Auswahl des Beschaffungsgegenstands und der **Leistungsbeschreibung** ist mitunter fließend.[57] In der Leistungsbeschreibung sind Art und Umfang des zu vergebenden Auftrags so eindeutig und erschöpfend zu beschreiben, dass alle Bewerber oder Bieter die Beschreibung im gleichen Sinne verstehen müssen und die erwarteten Angebote miteinander vergleichbar sind. Dafür soll der Auftragsgegenstand insbeson-

---

[52] Vgl. zB § 3b Abs. 1 HmbgVG sowie Leitfaden Umweltverträgliche Beschaffung 2019 der Stadt Hamburg, abrufbar unter https://www.hamburg.de/contentblob/12418146/2c01ee26be5da2bd4496ad98d263ce3e/data/d-umweltleitfaden-2019.pdf; Berliner Verwaltungsvorschrift Beschaffung und Umwelt (VwVBU), 2016.

[53] Beschluss von den Bundesministerien für Wirtschaft und Technologie (BMWi), für Ernährung, Landwirtschaft und Verbraucherschutz, für Umwelt (BMELV), Naturschutz und Reaktorsicherheit (BMU) und für Verkehr, Bau und Stadtentwicklung (BMVBS) v. 17.1.2007.

[54] Beschluss des Bundeskabinetts v. 18.1.2008, zuletzt geändert am 16.1.2013, BAnz AT 24.1.2013 B1.

[55] Beschluss des Bundeskabinetts v. 7.11.2018.

[56] Ausführlich noch zu den Vorgängervorschriften, die im Wesentlichen aber unverändert übernommen wurden: *Haak* NZBau, 11 ff.; *Gaus* NZBau 2013, 401 ff.; *Stockmann/Rusch* NZBau 2013, 71 ff.; *Zeiss* NZBau 2012,. 201 ff.

[57] Barth/Dross/Fischer in: Barth/Erdmenger/Günther, 203.

dere mittels **technischer Spezifikationen**[58] detailliert werden. Nach § 31 Abs. 3 VgV, § 23 Abs. 2 UVgO können die Merkmale, die den Auftragsgegenstand ausmachen, auch umweltbezogene Aspekte betreffen.[59]

Nach § 67 VgV soll bei allen Vergaben, die energieverbrauchsrelevante Waren, technische Geräte oder Ausrüstungen zum Gegenstand haben bzw. wenn solche Geräte wesentliche Voraussetzung zur Ausführung einer Dienstleistung sind, das **höchste Leistungsniveau** in Bezug auf Energieeffizienz und die **höchste Energieeffizienzklasse** gefordert werden. Die Gründe hierfür sollten dann im Vergabevermerk festgehalten[60] und stattdessen jedenfalls die höchstmöglichen Anforderungen an die Energieeffizienz gestellt werden.[61] Gerade in Fällen, in denen das höchste Leistungsniveau nicht gefordert werden kann, aber auch weil es innerhalb einer Energieeffizienzklasse noch erhebliche Unterschiede geben kann, müssen gemäß § 67 Abs. 3 Nr. 1 VgV mit dem Angebot grundsätzlich auch **Informationen zum Energieverbrauch**[62] und in geeigneten Fällen eine **Analyse minimierter Lebenszykluskosten**[63] der angebotenen Leistung und Produkte abgefragt werden. Im Sektorenbereich ist die Informationsabfrage zum Energieverbrauch und den Lebenszykluskosten gemäß § 58 Abs. 1 SektVO ebenfalls zwingend vorgegeben. 23

Grundsätzlich gehören der Energieaufwand beim Herstellungsprozess der Produkte und lediglich geringfügige Emissionen nicht zu dem im Zusammenhang mit den Anforderungen an die Energieeffizienz und der Abfrage des Energieverbrauchs zu berücksichtigenden Verbrauch.[64] Umwelteigenschaften, die der Auftragsgegenstand erfüllen muss, können sich aber auch auf bestimmte **Produktionsverfahren** beziehen.[65] Voraussetzung ist, dass alle herstellungsspezifischen Anforderungen und Gesichtspunkte zur Charakterisierung des Beschaffungsgegenstands beitragen.[66] So kann zum Beispiel die Forderung gestellt werden, dass zu liefernder Strom aus erneuerbaren Energien erzeugt wird.[67] Ebenso ist das Merkmal der ökologischen Landwirtschaft eine Produktionsmethode, die zur Charakterisierung des Produkts beiträgt.[68] 24

Emissionen spielen allerdings bei der **Beschaffung von Straßenfahrzeugen** eine Rolle, da dort nicht nur der Energieverbrauch, sondern auch die Umweltauswirkungen der Fahrzeuge berücksichtigt werden müssen. Nach § 68 VgV und § 59 SektVO, die zur Umsetzung der Richtlinie 2009/33/EG[69] in das deutsche Vergaberecht eingefügt wurden, ist die Berücksichtigung dieser Fahrzeugeigenschaften entweder durch Vorgaben zum Energieverbrauch und zu Umweltauswirkungen **in der Leistungsbeschreibung** bzw. den technischen Spezifikationen oder **im Rahmen der Zuschlagskriterien** möglich. Davon ausgenommen ist gemäß § 68 Abs. 4 S. 1 VgV lediglich die Beschaffung von Einsatzfahrzeugen. 25

Im Rahmen der Leistungsbeschreibung war es schon immer üblich zur Beschreibung der geforderten Umwelteigenschaften des Auftragsgegenstands auf internationale und europäische Normen, technische Zulassungen oder **europäische, multinationale und an-** 26

[58] Näheres zu „technischen Spezifikationen" in dem Anhang VII, Art. 42 RL 2014/24/EU; Anhang VIII, Art. 60 RL 2014/25/EU sowie in den § 7a VOB/A, § 31 Abs. 2 Nr. 2 lit. c) VgV, 28 Abs. 2 Nr. 2 lit. c) SektVO.

[59] Vgl. hierzu auch *Burgi* § 12 Rn. 25.

[60] *Weyand*, § 8 EG VOL/A Rn. 36/2.

[61] *Roth* IBR 2011, 1150 Rn. 4; BR-Drucks. 345/11 v. 6.6.2011, S. 8.

[62] § 67 Abs. 3 Nr. 1 VgV, § 58 SektVO.

[63] § 67 Abs. 3 Nr. 2 lit. a) VgV, § 58 Abs. 1 S. 2 SektVO.

[64] *Gabriel/Weiner* REE 4/2011, 213, 214.

[65] Erwägungsgrund 74 und Anhang VII Nr. 1RL 2014/24/EU, Erwägungsgrund 83 und Anhang VIII Nr. 1RL 2014/25/EU; KOM (2011) 895 endgültig, 12; KOM (2011) 896/2, 11.

[66] KOM (2001) 274 endgültig, 12.

[67] Vgl. EuGH Urt. v. 4.12.2003 – C-448/01 – ZfBR 2004, 185 – wo dieses Merkmal jedoch in der Zuschlagsentscheidung berücksichtigt wurde; *Wegener* NZBau 2010, 273, 276.

[68] *Wegener* NZBau 2010, 273, 276.

[69] RL 2009/33/EG; näher zu den sich aus der RL ergebenden Vorgaben vgl. *Homann/Büdenbender* VergabeR 2012, 1, 3.

dere Umweltzeichen zu verweisen und eine solche Bezugnahme mit dem Zusatz „oder gleichwertig" zu versehen.[70] Solche Umweltzeichen werden in der Regel an Produkte verliehen, die sich durch eine geringere Umweltbelastung auszeichnen als vergleichbare konventionelle Produkte. Dadurch soll die Auswahl umweltgerechter Produkte erleichtert werden.[71] Der Nachweis, dass das angebotene Produkt mit dem jeweiligen Umweltzeichen ausgezeichnet ist, gilt dann als vereinfachter Nachweis für die Übereinstimmung des Produkts mit den technischen Spezifikationen. Allerdings ist diese Vorgehensweise gemäß Art. 43 Abs. 2 RL 2014/24/EU nur zulässig, wenn zur Beschreibung von Umwelteigenschaften in der Leistungsbeschreibung nicht auf das Umweltzeichen selbst verwiesen wird, sondern lediglich auf die Spezifikationen der Umweltzeichen.[72] Denn nur auf diese Weise wird die nötige Transparenz der Leistungsbeschreibung hergestellt und eine Diskriminierung ausländischer Bieter verhindert.[73] Das bedeutet, dass die Standards, die Gegenstand des Umweltzeichens sind und die der Beschaffungsgegenstand erfüllen muss, in der Leistungsbeschreibung ausdrücklich benannt werden müssen.[74]

27 Eine weitere Möglichkeit, Umweltaspekte bei der Auftragsvergabe zu berücksichtigen, ist die ausdrückliche Gestattung von **Nebenangeboten,**[75] um so umweltfreundliche Varianten bei der Zuschlagsentscheidung berücksichtigen zu können.[76] Indem neben den notwendigen Mindestanforderungen auch ein auf die Berücksichtigung von Umweltaspekten gerichtetes Ziel für die Nebenangebote vorgegeben wird, besteht die Möglichkeit, den Zuschlag dem Angebot zu erteilen, welches das beste Verhältnis zwischen Umweltschutz und Preis bietet.[77] Die Zulassung von Nebenangeboten ist besonders dann empfehlenswert, wenn Beschaffer nicht sicher sind, ob umweltfreundliche Alternativen technisch möglich und zu einem angemessenen Preis auf dem Markt erhältlich sind.[78]

3. Eignungskriterien

28 Im Rahmen der **Eignungsprüfung** können Umweltaspekte in zweierlei Hinsicht eine Rolle spielen: zum einen auf der Ebene der (fakultativen) Ausschlussgründe und zum anderen bei dem Nachweis der technischen Leistungsfähigkeit.

29 Nach § 124 Abs. 1 Nr. 3 GWB, § kann ein Bieter ausgeschlossen werden, dem eine „schwere Verfehlung" vorgeworfen wird. Die Erwähnung von **Umweltstraftaten als möglicher Ausschlussgrund** im 101 Erwägungsgrund der RL 2014/24/EU legt nahe, eine solche als schwere Verfehlung anzusehen, insbesondere dann, wenn zwischen dem Auftragsgegenstand und dem Delikt ein Zusammenhang besteht.[79] Hinzukommt, dass der Umweltschutz der Staatszielbestimmung des Art. 20a GG als besonders schützenswertes Rechtsgut anzusehen ist und eine Verfehlung als „schwer" einzustufen ist, wenn sie erhebliche Auswirkungen hat, dh wenn besonders schützenswerte Rechtsgüter verletzt wurden und sie schuldhaft begangen wurde.[80] Vor diesem Hintergrund kann auch bei zumindest vorsätzlichem Begehen einer Umweltordnungswidrigkeit ein Ausschlussgrund vorliegen.[81] Im Übrigen nennt § 124 Abs. 1 Nr. 1 GWB den nachweislichen Verstoß gegen umweltrechtliche Verpflichtungen ausdrücklich als fakultativen Ausschlussgrund.

---

[70] § 34 VgV, § 24 UVgO, § 7 Abs. 4 Nr. 1 letzter Hs. VOB/A, § 7 Abs. 3 Nr. 1 letzter Hs. SektVO.

[71] *Acker/Quack* in: Schulungsskripte UBA, 64; Beispiele für Umweltzeichen sind der Blaue Engel, der Skandinavische Schwan oder auch das EU-Umweltzeichen („EU Eco-label").

[72] EuGH Urt. v. 10.5.2012 – C-368/10, Rn. 63 = ZfBR 2012, 489.

[73] EuGH Urt. v. 10.5.2012 – C-368/10, Rn. 66f = ZfBR 2012, 489.

[74] *Gabriel* EWS 2012, Heft 6, 1.

[75] § 35 VgV, § 25 UVgO, § 8 Abs. 2 Nr. 3, § 8 EU Abs. 2 Nr. 3 VOB/A, § 33 Abs. 1 SektVO.

[76] *Barth/Dross/Fischer* in: Barth/Erdmenger/Günther, 208; Heyne ZUR 2011, 578, 580.

[77] KOM (2001) 274, 14f.; *Heyne* ZUR 2011, 578, 580.

[78] *Barth/Dross/Fischer* in: Barth/Erdmenger/Günther, 208.

[79] *Heyne* ZUR 2011, 578, 580; *Losch*, 50.

[80] VK Lüneburg, Beschl. v. 24.3.2011 – VgK-4/11.

[81] *Heyne* ZUR 2011, 578, 580; *Dageförde/Dross* NVwZ 2005, 19, 22.

Sofern im Rahmen der **Leistungsfähigkeit** Umweltaspekte berücksichtigt werden sollen, müssen diese gemäß § 122 Abs. 4 GWB direkt mit dem Auftragsgegenstand verknüpft sein. Spezifische Erfahrungen im Umweltbereichen können mithin beispielsweise nur verlangt werden, wenn diese für den Auftrag erforderlich erscheinen, etwa für den Bau einer Abfallbeseitigungsanlage oder eines Niedrigenergiehauses.[82] 30

Zudem kann das Vorhalten eines Umweltmanagementsystems verlangt werden.[83] Dabei muss sich der Auftraggeber auf Systeme beziehen, die europäischen Normen genügen und von akkredizierten Stellen zertifiziert sind. Als Nachweis kann eine Registrierung nach dem **europäischen Umweltmanagementsystem EMAS** oder eine Zertifizierung nach anderen europäischen oder internationalen Normen (zB der internationalen privatwirtschaftlichen Norm DIN EN ISO 14001) verlangt werden. 31

4. Zuschlagskriterien

a) Grundsätze. Umweltaspekte können zudem gemäß §§ 127 Abs. 1 S. 3 GWB, 58 Abs. 2 S. 2 VgV, 43 Abs. 2 S. 2 UVgO im Rahmen der Zuschlagsentscheidung berücksichtigt werden,[84] sofern sie der Ermittlung des wirtschaftlich günstigsten Angebots dienen und gemäß § 127 Abs. 3 S. 1 GWB mit dem Auftragsgegenstand im Zusammenhang stehen (Auftragsbezogenheit).[85] Darüber hinaus müssen die Umweltaspekte, die in Form von Zuschlagskriterien Eingang in das Vergabeverfahren finden, mit dem EU-Primärrecht in Einklang stehen. Das bedeutet insbesondere, dass sie das Diskriminierungsverbot nicht verletzen dürfen.[86] 32

Auftragsbezogenheit liegt vor, wenn die Umweltaspekte „durch den Auftragsgegenstand gerechtfertigt" sind.[87] Das heißt, die Umwelteigenschaften sind auf den Auftragsgegenstand selbst zu begrenzen und dürfen nicht das allgemeine Geschäftsgebaren des Bieters betreffen.[88] Keinen Bezug zum Produkt haben daher etwa die Form, in der das Unternehmen geführt wird,[89] allgemeine Anforderungen, die sich auf die gesamten Tätigkeiten des Bieters beziehen,[90] oder die generelle Verwendung von Recyclingpapier im Büro des Unternehmers.[91] Hinsichtlich Kriterien, die das Herstellungsverfahren des Beschaffungsgegenstands betreffen, gilt, dass diese sich nicht notwendig in physischen Produkteigenschaften niederschlagen müssen, solange der Herstellungsprozess des Beschaffungsgegenstands selbst (und nicht anderer Güter) betroffen ist.[92] 33

In der Regel dürfte sich eine Berücksichtigung von Umweltaspekten im Rahmen der Zuschlagsentscheidung mittels der **Lebenszykluskosten** (Life Cycle Costs/LCC) des Beschaffungsgegenstands anbieten. Denn ein geringerer Energieverbrauch, längere Haltbarkeit oder einfachere Entsorgung wirken sich auf mittelfristige bis lange Sicht unmittelbar wirtschaftlich für den Auftraggeber aus, so dass eine in diesem Sinn nachhaltige Beschaffung häufig die kostengünstigere Alternative darstellt. Lebenszykluskosten umfassen alle 34

---

[82] KOM (2001) 274, 18; *Barth/Dross/Fischer* in: *Barth/Erdmenger/Günther*, 211; *Heyne* ZUR 2011, 578, 580.

[83] § 49 VgV, § 6c EU Abs. 2 VOB/A.

[84] Vgl. auch §§, 16d Abs. 1 Nr. 3, Abs. 2 Nr. 2 lit. a) VOB/A, 52 Abs. 2 Nr. 1 SektVO.

[85] EuGH Urt. v. 17.9.2002 – C-513/99, Ls. 1 = ZfBR 2002, 812; EuGH Urt. v. 20.9.1988 – C-31/87, Rn. 19 = BeckRS 2004, 70722; VK Niedersachsen Beschl. v. 17.3.2011-, VgK-65/2010, IBR 2011, 1253; OLG Saarbrücken Beschl. v. 13.11.2002 – 5 Verg 1/02, NZBau 2003, 625.

[86] EuGH Urt. v. 17.9.2002 – C-513/99, Rn. 64 = ZfBR 2002, 812, 69; EuGH Urt. v. 4.12.2003 – C-448/01, Rn. 33 f. = ZfBR 2004, 185; *Gabriel/Weiner* REE 04/2011, 213, 215.

[87] §§ 58 Abs. 2 VgV, 16 Abs. 8 VOL/A, 16d Abs. 1 Nr. 3, 16d EU Abs. 2 Nr. 2 lit. a) VOB/A, 52 Abs. 2 Nr. 1 SektVO; Art. 67 Abs. 2 lit. a) RL 2014/24/EU, Art. 82 Abs. 2 lit. a) RL 2014/25/EU.

[88] EuGH Urt. v. 12.11.2009 – C-199/07, Rn. 55 f = ZfBR 2010, 98.; VK Schleswig-Holstein Beschl. v. 22.4.2008 -VK-SH 3/08, BeckRS 2008, 17002.

[89] Barth/Dross/Fischer in: Barth/Erdmenger/Günther, 206.

[90] KOM (2011) 895, 12; KOM (2011) 896/2, 11.

[91] Dross/Dagefürder/Acker, 53.

[92] Vgl EuGH Urt. v. 4.12.2003 – C-448/01, ZfBR 2004, 185 – die nachhaltige Erzeugung schlägt sich nicht im Strom wieder.

Kosten, die bei Anschaffung, Verbrauch, Nutzung[93] und Entsorgung eines Produktes oder einer Dienstleistung anfallen,[94] angefangen bei der Beschaffung der Rohstoffe oder der Erzeugung von Ressourcen bis hin zu Entsorgung, Aufräumarbeiten bzw. Beendigung.[95] Nicht zu den Lebenszykluskosten zählen dagegen die Produktionskosten, da sie grundsätzlich schon vollständig im Anschaffungspreis enthalten sind.[96] Teil der Lebenszykluskosten sind daher nur diejenigen Kosten, die später im Lebenszyklus auftreten. Nach den EU-Vergaberichtlinien werden zudem neben den direkten monetären Aufwendungen auch externe Umweltkosten zu den Lebenszykluskosten gezählt, soweit ihr Geldwert bestimmt und überprüft werden kann.[97]

35 Dabei muss das **wirtschaftlichste Angebot,** auf das der Zuschlag zu erteilen ist, jedoch nicht unbedingt allein anhand der betriebswirtschaftlich relevanten Kosten ermittelt werden.[98] Der Begriff des „wirtschaftlich günstigsten Angebots" ist insoweit weit zu verstehen. Das heißt, es ist nicht notwendig, dass die Berücksichtigung ökologischer Aspekte auch einen direkten wirtschaftlichen Vorteil begründet, etwa durch Einsparung von Betriebskosten.[99] Vielmehr könnten auch mittelbare Einsparungen, wie Einsparung von Kosten, die aufgrund von Treibhausgas- und Schadstoffemissionen verursacht werden,[100] ausreichen.[101] Jedoch dürfen Aspekte, die mit den zulässigen Wirtschaftlichkeitskriterien gar nicht im Zusammenhang stehen, nach deutschem Vergaberecht nicht berücksichtigt werden.[102]

36 **b) Zwingende Berücksichtigung.** Nach der Energiekennzeichnungsrichtlinie besteht sogar eine **Pflicht** des öffentlichen Auftraggebers **Umweltaspekte** bei der Zuschlagsentscheidung **zu berücksichtigen**[103] Gemäß § 67 Abs. 5 VgV muss – nach § 58 Abs. 2 S. 2 SektVO kann – daher der mit der Leistungsbeschreibung abgefragte Energieverbrauch bei der Angebotswertung angemessen berücksichtigt werden. Das gilt auch, wenn der Auftraggeber sowieso die höchste Energieleistungsklasse von den angebotenen Produkten fordert, da auch innerhalb einer Leistungsklasse noch erhebliche Unterschiede beim Energieverbrauch bestehen können.[104] War die Forderung des höchsten Leistungsniveaus in Bezug auf die Energieeffizienz nicht möglich, so ist die **Energieeffizienz in der Wertungsentscheidung** noch größeres Gewicht einzuräumen.[105] Eine Gewichtung von 45 % für die Beschaffung von Strom aus erneuerbaren Energien[106] oder 40 % für das Wertungskriterium „Gesamt-Ökologie" bei dem Bau und Betrieb eines Biomasseheizwerks[107] werden dabei durchaus als zulässig anerkannt.

---

93 Etwa Energie- oder Wasserverbrauch.

94 KOM (2001) 274, 22; *Barth/Dross/Fischer* in: *Barth/Erdmenger/Günther*, 215; *Europäische Kommission* Umweltorientierte Beschaffung!, S. 60 ff.

95 KOM (2011) 895, 12; KOM (2011) 896/2, 11; Erwägungsgrund 96 RL 2014/24/EU; Erwägungsgrund 101 RL 2014/25/EU.

96 KOM (2001) 274, 22.

97 *Europäische Kommission* Umweltorientierte Beschaffung!, S. 63 ff.; KOM (2011) 895, 12; KOM (2011) 896/2, 11; Rat der Europäischen Union, SN 3113/13 v. 5. 8. 2013; Erwägungsgrund 96 und Art. 68 Abs. 1 lit. a) RL 2014/24/EU; Erwägungsgrund 101 und Art. 83 Abs. 2 RL 2014/25/EU.

98 EuGH Urt. v. 17. 9. 2002 – C-513/99, Rn. 55 = ZfBR 2002, 812; EuGH Urt. v. 4. 12. 2003 – C-448/01, Rn. 32 = ZfBR 2004, 185.

99 *Heyne* ZUR 2011, 578, 581.

100 Art. 67 Nr. 1 lit. b) in KOM (2011) 869/2, Art. 77 Nr. 1 lit. b) in KOM (2011) 895.

101 Kritisch *Burgi* § 17 Rn. 19.

102 *Burgi* in: *Grabitz/Hilf*, B 13 Rn. 45; in Europa wurden weitere Kriterien in einer stark kritisierten Entscheidung des EuGH für zulässig gehalten, EuGH Urt. v. 26. 9. 2000 – C-225/98, Rn. 49 ff = NJW 2000, 3629.

103 RL 2012/27/EU.

104 BR-Drucks. 345/11 v. 6. 6. 2011, 9.

105 BR-Drucks. 345/11 (B) v. 8. 7. 2011, 3.

106 EuGH Urt. v. 4. 12. 2003 – C-448/01, Ls. 1 = ZfBR 2004, 185.

107 VK Nordbayern Beschl. v. 2. 7. 2008 – 21.VK-3194-29/08, IBRRS 2008, 2253.

c) Beschaffung von Straßenfahrzeugen. Auch bei der **Beschaffung von Straßenfahrzeugen** müssen deren Energieverbrauch und Emissionen grundsätzlich bei der Zuschlagsentscheidung berücksichtigt werden, § 68 Abs. 1 VgV, § 59 Abs. 1 SektVO.[108] 37

5. Auftragsausführungsbedingungen

Nach § 128 Abs. 2 S. 3 GWB, § 45 UVgO können Umweltaspekte schließlich auch in Form von Auftragsausführungsbedingungen Berücksichtigung finden. Wie die meisten anderen Regelungen des Vergaberechts mit Umweltbezug wurde auch durch die Regelung des § 128 Abs. 2 S. 3 GWB eine europäische Vorgabe in nationales Recht umgesetzt.[109] Die zusätzlichen Anforderungen für die Auftragsausführung bzw. Auftragsausführungsbedingungen im Sinne des § 128 Abs. 2 S. 3 GWB stellen ein *aliud* zu den Eignungs- und Zuschlagskriterien dar.[110] Denn sie betreffen den auf Grundlage des Vergabeverfahrens abzuschließenden Vertrag und geben vor, wie der Auftrag auszuführen ist. Sie werden demnach erst nach Abschluss des Vergabeverfahrens relevant. 38

Ebenso wie die Zuschlagskriterien müssen die Anforderungen an die Auftragsausführung gemäß § 128 Abs. 2 S. 2 GWB, § 45 Abs. 2 VgV einen **Bezug zum konkreten Auftragsgegenstand** haben und sich aus der Leistungsbeschreibung ergeben. Unzulässig ist demnach etwa die Vorgabe, dass sich das Unternehmen im Allgemeinen am Markt oder bei seiner internen Unternehmenspolitik an bestimmte (zB Umweltschutz-) Standards halten soll.[111] Die Einhaltung solcher Standards bei Ausführung des konkreten Auftrags kann hingegen gefordert werden.[112] Allerding darf von den Bietern nicht verlangt werden, schon während des Vergabeverfahrens nachzuweisen, dass sie sich an die Ausführungsklauseln halten werden. Vor diesem Hintergrund sollten vor allem vertragliche Konsequenzen bei Nichterfüllung vorgesehen werden. Das können beispielsweise entsprechende Rücktritts- und Kündigungsrechte sowie Vertragsstrafenegelungen sein.[113] Das ist auch notwendig, um zu verhindern, dass die Berücksichtigung von Umweltaspekten durch Auftragsausführungsbedingungen lediglich eine bloße Symbolpolitik darstellt. Denn wenn eine Vergabestelle die Einhaltung von Auftragsausführungsklauseln weder ex-ante überprüft noch durch Kündigung oder Vertragsstrafen durchzusetzen vermag, kommt ihnen keine praktische Bedeutung zu. Um den Nutzen der zusätzlichen Bedingungen zu gewährleisten muss es dem Auftraggeber außerdem möglich sein, solche Bieter, bei denen bereits im Vergabeverfahren feststeht, dass sie die Bedingungen nicht einhalten können oder wollen, vom Verfahren auszuschließen.[114] 39

III. Nachhaltige Auftragsvergabe – Sustainable Public Procurement (SPP)

Im Zuge des Vergaberechtsmodernisierungsgesetzes ist im Rahmen der Einführung der Berücksichtigung sog. strategischer Ziele bei der Vergabe öffentlicher Aufträge gemäß § 97 Abs. 3 GWB als Vergaberechtsgrundsatz des nationalen Vergaberechts auch die Berücksichtigung sozialer Aspekte adressiert worden. Damit hat auch das sog. Sustainable Procurement seinen Weg in das deutsche Vergaberecht gefunden. Unter Sustainable Public Procurement (SPP) wird ein Beschaffungsprozessverstanden, der versucht, ein angemessenes Gleichgewicht zwischen den drei Säulen der nachhaltigen Entwicklung – Wirtschaft, Soziales und Umwelt – zu erreichen. Das heißt, es werden neben Umweltaspekten auch so- 40

[108] Vgl. schon weiter → Rn. 11.

[109] Art. 70 RL 2014/24/EUund Art. 87 RL 2014/25/EU, vgl. BT-Drs. 16/10117 v. 13.8.2008, 16.

[110] Für Beispiele zu Auftragsausführungsbedingungen siehe *Europäische Kommission,* Umweltorientierte Beschaffung!, S. 66 ff.; *Hermann,* S. 104 ff., 116 ff.

[111] *Kühling/Huerkamp* VergabeR 2010, 545, 547.

[112] *Vgl.* auch *Burgi* in: *Grabitz/Hilf,* B 13 Rn. 46; zur Zulässigkeit von Tariftreueregelungen als Ausführungsbedingung siehe BVerfG Urt. v. 11.7.2006 – 1 BvL 4/00, NZBau 2007, 53 ff.

[113] *Europäische Kommission,* Umweltorientierte Beschaffung!, S. 66 ff.

[114] *Kühling/Huerkamp* VergabeR 2010, 545, 550; *Heyne* ZUR 2011, 578, 581.

ziale Aspekte berücksichtigt. Im Gegensatz zum Green Public Procurement, welches bereits als weitestgehend etabliert gelten kann, sind die Regelungen zum Sustainable Public Procurement bei der Vergabe noch nicht so umfassend. Dennoch finden sich nahezu zu jeder Phase des Vergabeverfahrens auch Regelungen zu Berücksichtigung sozialer Aspekte.

41 Bereits im Jahr 2011 hat die EU-Kommission einen Leitfaden zur Sozialorientierten Beschaffung[115] herausgegeben. Von Dezember 2017 bis März 2018 erfolgte eine öffentliche Konsultation über die Aktualisierung und Entwicklung der Berücksichtigung sozialer Belange bei der öffentlichen Auftragsvergabe.[116] Nach Auffassung der Europäischen Kommission wird das Potential öffentlicher Aufträge zur Förderung politischer Ziele noch nicht ausreichend genutzt, da bei der Mehrzahl der Auftragsvergaben immer noch der Preis das entscheidende Zuschlagskriterium ist.[117] Nach den Vorstellungen der EU-Kommission, soll die Einführung von Kriterien der sozialen Verantwortung bei der Vergabe öffentlicher Aufträge daher erleichtert werden, um

42 Behörden können öffentliche Aufträge in sozial verantwortlicher Weise vergeben, indem sie ethisch korrekt produzierte Waren und Dienstleistungen kaufen und öffentliche Ausschreibungen dazu nutzen, Arbeitsplätze zu schaffen, für menschenwürdige Arbeit sowie die soziale und berufliche Eingliederung zu sorgen und die Bedingungen für Menschen mit Behinderungen und benachteiligte Menschen zu verbessern. Die verantwortliche und ethische Beschaffung kann so Anreize für Unternehmer schaffen, sich zu einer verantwortlicheren und nachhaltigeren Lenkung des Produktionsprozesses und der Beschäftigung der Arbeitskräfte zu verpflichten. Das macht die nachhaltige Vergabe öffentlicher Aufträge zu einem strategischen Instrument, das die sozial- und arbeitsmarktpolitischen Maßnahmen in wirksamer Weise voranbringt. Die Europäische Kommission beabsichtigt daher, die Einführung von Kriterien der sozialen Verantwortung bei der Vergabe öffentlicher Aufträge zu erleichtern und ihre Anwendung in der gesamten EU zu fördern.

1. Leistungsbeschreibung

43 Nach § 31 Abs. 3 VgV, § 23 Abs. 2 UVgO können die Merkmale, die den Auftragsgegenstand ausmachen auch soziale Aspekte betreffen.[118] Hierzu gehört beispielsweise die in § 31 Abs. 5 VgV, § 23 Abs. 4 UVgO ausdrücklich genannte Möglichkeit des Zugangs für Menschen mit Behinderung. Daneben kennzeichnen soziale Aspekte nur seltenen Fällen den Auftragsgegenstand und spielen daher bei der Leistungsbeschreibung eher eine untergeordnete Rolle.

44 Da sich die sozialen Aspekte aber gemäß § 31 Abs. 3 S. 2 VgV, § 23 Abs. 2 S. 2 UVgO auf den gesamten Lebenszyklus des Beschaffungsgegenstands beziehen können, ist jedoch zu prüfen, ob gefordert werden kann und müsste, dass die zu beschaffenden Produkte bestimmte ethische Vorgaben (zB nicht aus Kinderarbeit stammend) erfüllen.[119]

2. Eignungskriterien

45 Im Rahmen der Eignungsprüfung können nachhaltige Aspekte in zweierlei Hinsicht eine Rolle spielen: zum einen auf der Ebene der (fakultativen) Ausschlussgründe und zum anderen bei dem Nachweis der technischen Leistungsfähigkeit.[120]

46 Nach § 123 Abs. 4 GWB stellt die rechts- und bestandskräftige Feststellung der unzulässigen Nichtzahlung von Sozialabgaben einen zwingenden Ausschlussgrund dar. Im Übri-

---

[115] Abrufbar unter https://op.europa.eu/en/publication-detail/-/publication/cb70c481-0e29-4040-9be2-c408cddf081f/language-de.

[116] https://ec.europa.eu/info/consultations/commission-guide-socially-responsible-public-procurement_en.

[117] KOM(2017) 572 final v. 3.10.2017.

[118] Vgl. hierzu auch *Burgi* § 12 Rn. 26.

[119] Ausführung hierzu *Burgi* § 12 Rn. 27.

[120] Hierzu *Burgi* § 16 Rn. 37.

gen nennt § 124 Abs. 1 Nr. 1 GWB den nachweislichen Verstoß gegen sozial- oder arbeitsrechtliche Verpflichtungen ausdrücklich als fakultativen Ausschlussgrund. Mit letzterer Regelung wurde eine europäische Vorgabe umgesetzt,[121] die vornehmlich auf die Einhaltung von ILO-Kernarbeitsnormen[122] gerichtet ist.[123]

3. Zuschlagskriterien

Soziale Aspekte können zudem gemäß §§ 127 Abs. 1 S. 3 GWB, 58 Abs. 2 S. 2 VgV, § 43 Abs. 2 S. 2 UVgO im Rahmen der Zuschlagsentscheidung berücksichtigt werden,[124] sofern sie der Ermittlung des wirtschaftlich günstigsten Angebots dienen und gemäß § 127 Abs. 3 S. 1 GWB mit dem Auftragsgegenstand im Zusammenhang stehen (Auftragsbezogenheit). 47

4. Ausführungsbedingungen

Nach § 128 Abs. 2 S. 3 GWB können soziale Aspekte schließlich auch in Form von Auftragsausführungsbedingungen Berücksichtigung finden. 48

Die Möglichkeit soziale Aspekte als Ausführungsbedingungen vorzusehen, findet ihre Veranlassung in Art. 18 Abs. 2 der RL 2014/24/EU und zielt damit vornehmlich auf die Einhaltung der ILO-Kernarbeitsnormen sowie der anderen in Anhang X zur Richtlinie aufgezählten internationalen Vereinbarungen. Daneben sind auch Maßnahmen in Bezug auf die Ökobilanz den Auftragnehmers, Quotenregelungen für Auszubildende oder weibliche Angestellte und Tariftreuer- und Mindestlohnregelungen denkbar.[125] 49

Die zusätzlichen Anforderungen für die Auftragsausführung bzw. Auftragsausführungsbedingungen im Sinne des § 128 Abs. 2 S. 3 GWB betreffen den auf Grundlage des Vergabeverfahrens abzuschließenden Vertrag und geben vor, wie der Auftrag auszuführen ist. Sie werden demnach erst nach Abschluss des Vergabeverfahrens relevant. Zur Durchsetzbarkeit dieser Bedingungen müssen vertragliche Konsequenzen bei Nichterfüllung vorgesehen werden.[126] Das können beispielsweise entsprechende Rücktritts- und Kündigungsrechte sowie Vertragsstrafenegelungen sein. Das ist auch notwendig, um zu verhindern, dass die Berücksichtigung von Umweltaspekten durch Auftragsausführungsbedingungen lediglich eine bloße Symbolpolitik darstellt. Denn wenn eine Vergabestelle die Einhaltung von Auftragsausführungsklauseln gem. § 128 Abs. 2 S. 3 GWB weder ex-ante überprüft noch durch Kündigung oder Vertragsstrafen durchzusetzen vermag,[127] kommt ihnen keine praktische Bedeutung zu. Um den Nutzen der zusätzlichen Bedingungen zu gewährleisten muss es dem Auftraggeber außerdem möglich sein, solche Bieter, bei denen bereits im Vergabeverfahren feststeht, dass sie die Bedingungen nicht einhalten können oder wollen, vom Verfahren auszuschließen.[128] 50

---

[121] Art. 18 Abs. 2 RL 2014/24/EU.
[122] Siehe Anhang X zu RL 2014/24/EU.
[123] Ausführlich hierzu *Latzel* NZBau 2014, 676; *Glaser* 40f.; *Burgi* § 16 Rn. 37.
[124] Vgl. auch §§, 16d Abs. 1 Nr. 3, Abs. 2 Nr. 2 lit. a) VOB/A, 52 Abs. 2 Nr. 1 SektVO und Art. 67 Abs. 2 lit. a) RL 2014/24/EU.
[125] Ausführlich hierzu *Burgi* § 19 Rn. 13ff.
[126] *Burgi* § 19 Rn. 11ff.
[127] *Kühling/Huerkamp* VergabeR 2010, 545, 551.
[128] *Kühling/Huerkamp* VergabeR 2010, 545, 550; *Heyne* ZUR 2011, 578, 581.

Kapitel 5 Bekanntmachungen, Form- und Fristvorgaben

§ 23 Auftragsbekanntmachungen und andere Ex-ante-Veröffentlichungen

Übersicht

VgV: §§ 37, 38, 40, 41
VSVgV: §§ 17, 18
UVgO: §§ 27, 28, 29
VOL/A: § 12 Abs. 1, 2
VOB/A: § 12 Abs. 1, 2, § 21
VOB/A EU: §§ 12, 21
VOB/A VS: §§ 12, 21

VgV:

§ 37 VgV Auftragsbekanntmachung; Beschafferprofil

(1) Der öffentliche Auftraggeber teilt seine Absicht, einen öffentlichen Auftrag zu vergeben oder eine Rahmenvereinbarung abzuschließen, in einer Auftragsbekanntmachung mit. § 17 Abs. 5 und § 38 Absatz 4 bleiben unberührt.

(2) Die Auftragsbekanntmachung wird nach dem Muster gemäß Anhang II der Durchführungsverordnung (EU) 2015/1986 erstellt.

(3) Der öffentliche Auftraggeber benennt in der Auftragsbekanntmachung die Vergabekammer, an die sich die Unternehmen zur Nachprüfung geltend gemachter Vergabeverstöße wenden können.

(4) Der öffentliche Auftraggeber kann im Internet zusätzlich ein Beschafferprofil einrichten. Es enthält die Veröffentlichung von Vorinformationen, Angaben über geplante oder laufende Vergabeverfahren, über vergebene Aufträge oder aufgehobene Vergabeverfahren sowie alle sonstigen für die Auftragsvergabe relevanten Informationen wie zum Beispiel Kontaktstelle, Anschrift, E-Mail-Adresse, Telefon- und Telefaxnummer des öffentlichen Auftraggebers.

§ 38 VgV Vorinformation

(1) Der öffentliche Auftraggeber kann die Absicht einer geplanten Auftragsvergabe mittels Veröffentlichung einer Vorinformation nach dem Muster gemäß Anhang I der Durchführungsverordnung (EU) 2015/1986 bekanntgeben.

(2) Die Vorinformation kann an das Amt für Veröffentlichungen der Europäischen Union versandt oder im Beschafferprofil veröffentlicht werden. Veröffentlicht der öffentliche Auftraggeber eine Vorinformation im Beschafferprofil, übermittelt er die Mitteilung dieser Veröffentlichung dem Amt für Veröffentlichungen der Europäischen Union nach dem Muster gemäß Anhang VIII der Durchführungsverordnung (EU) 2015/1986.

(3) Hat der öffentliche Auftraggeber eine Vorinformation gemäß Absatz 1 veröffentlicht, kann die Mindestfrist für den Eingang von Angeboten im offenen Verfahren auf 15 Tage und im nicht offenen Verfahren oder Verhandlungsverfahren auf zehn Tage verkürzt werden, sofern

1. die Vorinformation alle nach Anhang I der Durchführungsverordnung (EU) 2015/1986 geforderten Informationen enthält, soweit diese zum Zeitpunkt der Veröffentlichung der Vorinformation vorlagen, und
2. die Vorinformation wenigstens 35 Tage und nicht mehr als zwölf Monate vor dem Tag der Absendung der Auftragsbekanntmachung zur Veröffentlichung an das Amt für Veröffentlichungen der Europäischen Union übermittelt wurde.

(4) Mit Ausnahme oberster Bundesbehörden kann der öffentliche Auftraggeber im nicht offenen Verfahren oder im Verhandlungsverfahren auf eine Auftragsbekanntmachung nach § 37 Absatz 1 verzichten, sofern die Vorinformation

1. die Liefer- oder Dienstleistungen benennt, die Gegenstand des zu vergebenden Auftrages sein werden,
2. den Hinweis enthält, dass dieser Auftrag im nicht offenen Verfahren oder Verhandlungsverfahren ohne gesonderte Auftragsbekanntmachung vergeben wird,
3. die interessierten Unternehmen auffordert, ihr Interesse mitzuteilen (Interessensbekundung),
4. alle nach Anhang I der Durchführungsverordnung (EU) 2015/1986 geforderten Informationen enthält und
5. wenigstens 35 Tage und nicht mehr als zwölf Monate vor dem Zeitpunkt der Absendung der Aufforderung zur Interessensbestätigung veröffentlicht wird.

Ungeachtet der Verpflichtung zur Veröffentlichung der Vorinformation können solche Vorinformationen zusätzlich in einem Beschafferprofil veröffentlicht werden.

(5) Der öffentliche Auftraggeber fordert alle Unternehmen, die auf die Veröffentlichung einer Vorinformation nach Absatz 4 hin eine Interessensbekundung übermittelt haben, zur Bestätigung ihres Interesses an einer weiteren Teilnahme auf (Aufforderung zur Interessensbestätigung). Mit der Aufforderung zur Interessensbestätigung wird der Teilnahmewettbewerb nach § 16 Absatz 1 und § 17 Absatz 1 eingeleitet. Die Frist für den Eingang der Interessensbestätigung beträgt 30 Tage, gerechnet ab dem Tag nach der Absendung der Aufforderung zur Interessensbestätigung.

(6) Der von der Vorinformation abgedeckte Zeitraum beträgt höchstens zwölf Monate ab dem Datum der Übermittlung der Vorinformation an das Amt für Veröffentlichungen der Europäischen Union.

§ 40 VgV Veröffentlichung von Bekanntmachungen

(1) Auftragsbekanntmachungen, Vorinformationen, Vergabebekanntmachungen und Bekanntmachungen über Auftragsänderungen (Bekanntmachungen) sind dem Amt für Veröffentlichungen der Europäischen Union mit elektronischen Mitteln zu übermitteln. Der öffentliche Auftraggeber muss den Tag der Absendung nachweisen können.

(2) Bekanntmachungen werden durch das Amt für Veröffentlichungen der Europäischen Union veröffentlicht. Als Nachweis der Veröffentlichung dient die Bestätigung der Veröffentlichung der übermittelten Informationen, die der öffentliche Auftraggeber vom Amt für Veröffentlichungen der Europäischen Union erhält.

(3) Bekanntmachungen dürfen auf nationaler Ebene erst nach der Veröffentlichung durch das Amt für Veröffentlichungen der Europäischen Union oder 48 Stunden nach der Bestätigung über den Eingang der Bekanntmachung durch das Amt für Veröffentlichungen der Europäischen Union veröffentlicht werden. Die Veröffentlichung darf nur Angaben enthalten, die in den an das Amt für Veröffentlichungen der Europäischen Union übermittelten Bekanntmachungen enthalten sind oder in einem Beschafferprofil veröffentlicht wurden. In der nationalen Bekanntmachung ist der Tag der Übermittlung an das Amt für Veröffentlichungen der Europäischen Union oder der Tag der Veröffentlichung im Beschafferprofil anzugeben.

(4) Der öffentliche Auftraggeber kann auch Auftragsbekanntmachungen über öffentliche Liefer- oder Dienstleistungsaufträge, die nicht der Bekanntmachungspflicht unterliegen, an das Amt für Veröffentlichungen der Europäischen Union übermitteln.

§ 41 VgV Bereitstellung der Vergabeunterlagen

(1) Der öffentliche Auftraggeber gibt in der Auftragsbekanntmachung oder der Aufforderung zur Interessensbestätigung eine elektronische Adresse an, unter der die Vergabeunterlagen unentgeltlich, uneingeschränkt, vollständig und direkt abgerufen werden können.

(2) Der öffentliche Auftraggeber kann die Vergabeunterlagen auf einem anderen geeigneten Weg übermitteln, wenn die erforderlichen elektronischen Mittel zum Abruf der Vergabeunterlagen

1. aufgrund der besonderen Art der Auftragsvergabe nicht mit allgemein verfügbaren oder verbreiteten Geräten und Programmen der Informations- und Kommunikationstechnologie kompatibel sind,
2. Dateiformate zur Beschreibung der Angebote verwenden, die nicht mit allgemein verfügbaren oder verbreiteten Programmen verarbeitet werden können oder die durch andere als kostenlose und allgemein verfügbare Lizenzen geschützt sind, oder
3. die Verwendung von Bürogeräten voraussetzen, die dem öffentlichen Auftraggeber nicht allgemein zur Verfügung stehen.

Die Angebotsfrist wird in diesen Fällen um fünf Tage verlängert, sofern nicht ein Fall hinreichend begründeter Dringlichkeit gemäß § 15 Absatz 3, § 16 Absatz 7 oder § 17 Absatz 8 vorliegt.

(3) Der öffentliche Auftraggeber gibt in der Auftragsbekanntmachung oder in der Aufforderung zur Interessensbestätigung an, welche Maßnahmen er zum Schutz der Vertraulichkeit von Informationen anwendet und wie auf die Vergabeunterlagen zugegriffen werden kann. Die Angebotsfrist wird in diesen Fällen um fünf Tage verlängert, es sei denn, die Maßnahme zum Schutz der Vertraulichkeit besteht ausschließlich in der Abgabe einer Verschwiegenheitserklärung oder es liegt ein Fall hinreichend begründeter Dringlichkeit gemäß § 15 Absatz 3, § 16 Absatz 7 oder § 17 Absatz 8 vor.

VSVgV:

§ 17 VSVgV Vorinformation

(1) Auftraggeber können durch Vorinformation, die von der Europäischen Kommission oder von ihnen selbst in ihrem Beschafferprofil veröffentlicht wird, den geschätzten Gesamtwert der Aufträge oder Rahmenvereinbarungen mitteilen, die sie in den kommenden zwölf Monaten zu vergeben oder abzuschließen beabsichtigen.

1. Lieferaufträge sind nach Warengruppen unter Bezugnahme auf das Gemeinsame Vokabular für öffentliche Aufträge gemäß der Verordnung (EG) Nr. 213/2008 der Europäi-

schen Kommission vom 28.11.2007 zur Änderung der Verordnung (EG) Nr. 2195/2002 des Europäischen Parlaments und des Rates über das Gemeinsame Vokabular für öffentliche Aufträge (CPV) und der Vergaberichtlinien des Europäischen Parlaments und des Rates 2004/17/EG und 2004/18/EG im Hinblick auf die Überarbeitung des Vokabulars (ABl. L 74 vom 15.3.2008, S. 1) in der jeweils geltenden Fassung,

2. Dienstleistungsaufträge sind nach den in Anhang I der Richtlinie 2009/81/EG genannten Kategorien

aufzuschlüsseln.

(2) Die Mitteilungen nach Absatz 1 werden unverzüglich nach der Entscheidung über die Genehmigung des Projekts, für das die Auftraggeber beabsichtigen, Aufträge zu erteilen oder Rahmenvereinbarungen abzuschließen, an die Europäische Kommission übermittelt oder im Beschafferprofil veröffentlicht. Die Bekanntmachung der Vorinformation wird nach dem Muster gemäß Anhang XIII der Durchführungsverordnung (EU) 2015/1986 der Kommission vom 11.11.2015 zur Einführung von Standardformularen für die Veröffentlichung von Vergabebekanntmachungen für öffentliche Aufträge und zur Aufhebung der Durchführungsverordnung (EU) Nr. 842/2011 (ABl. L 296 vom 12.11.2015, S. 1) in der jeweils geltenden Fassung erstellt. Veröffentlicht ein Auftraggeber eine Vorinformation in seinem Beschafferprofil, so meldet er dies dem Amt für Veröffentlichungen der Europäischen Union unter Verwendung des Musters gemäß Anhang VIII der Durchführungsverordnung (EU) 2015/1986. Die Vorinformationen dürfen nicht in einem Beschafferprofil veröffentlicht werden, bevor die Ankündigung dieser Veröffentlichung an die Europäische Kommission abgesendet wurde. Das Datum der Absendung muss im Beschafferprofil angegeben werden.

(3) Auftraggeber sind zur Veröffentlichung verpflichtet, wenn sie beabsichtigen, von der Möglichkeit einer Verkürzung der Fristen für den Eingang der Angebote gemäß § 20 Absatz 3 Satz 3 und 4 Gebrauch zu machen.

(4) Die Absätze 1, 2 und 3 gelten nicht für das Verhandlungsverfahren ohne Teilnahmewettbewerb.

§ 18 VSVgV Bekanntmachung von Vergabeverfahren

(1) Auftraggeber, die einen Auftrag oder eine Rahmenvereinbarung im Wege eines nicht offenen Verfahrens, eines Verhandlungsverfahrens mit Teilnahmewettbewerb oder eines wettbewerblichen Dialogs zu vergeben beabsichtigen, müssen dies durch eine Bekanntmachung mitteilen.

(2) Die Bekanntmachung muss zumindest die in Anhang IV der Richtlinie 2009/81/EG aufgeführten Informationen enthalten. Sie wird nach dem Muster gemäß Anhang XIV der Durchführungsverordnung (EU) 2015/1986 erstellt.

(3) Auftraggeber müssen in der Bekanntmachung insbesondere angeben:

1. bei der Vergabe im nicht offenen Verfahren oder Verhandlungsverfahren mit Teilnahmewettbewerb, welche Eignungsanforderungen gelten und welche Eignungsnachweise vorzulegen sind,
2. gemäß § 9 Absatz 4, ob gemäß § 9 Absatz 1 oder 3 Anforderungen an die Vergabe von Unteraufträgen gestellt werden und welchen Inhalt diese haben,
3. ob beabsichtigt ist, ein Verhandlungsverfahren mit Teilnahmewettbewerb oder einen wettbewerblichen Dialog in verschiedenen Phasen abzuwickeln, um die Zahl der Angebote zu verringern, und
4. Namen und Anschrift der Vergabekammer, die für die Nachprüfung zuständig ist.

(4) Die Bekanntmachung ist unter Beachtung der Muster und Modalitäten für die elektronische Übermittlung von Bekanntmachungen nach Anhang VI Nummer 3 der Richtlinie 2009/81/EG oder auf anderem Wege unverzüglich dem Amt für amtliche Veröffentlichungen der Europäischen Union zu übermitteln. Im beschleunigten Verfahren nach § 20 Ab-

satz 2 Satz 2 und Absatz 3 Satz 2 muss die Bekanntmachung unter Beachtung der Muster und Modalitäten für die elektronische Übermittlung von Bekanntmachungen nach Anhang VI Nummer 3 der Richtlinie 2009/81/EG mittels Telefax oder auf elektronischem Weg übermittelt werden. Die Auftraggeber müssen den Tag der Absendung nachweisen können.

(5) Die Bekanntmachung und ihr Inhalt dürfen auf nationaler Ebene oder in einem Beschafferprofil nicht vor dem Tag der Absendung an das Amt für amtliche Veröffentlichungen der Europäischen Union veröffentlicht werden. Die Veröffentlichung auf nationaler Ebene darf keine anderen Angaben enthalten als die Bekanntmachung an das Amt für amtliche Veröffentlichungen der Europäischen Union oder die Veröffentlichung im Beschafferprofil. Auf das Datum der Absendung der europaweiten Bekanntmachung an das Amt für amtliche Veröffentlichungen der Europäischen Union oder der Veröffentlichung im Beschafferprofil ist in der nationalen Bekanntmachung hinzuweisen.

UVgO:

§ 27 UVgO Auftragsbekanntmachung; Beschafferprofil

(1) Der Auftraggeber teilt seine Absicht, im Wege einer Öffentlichen Ausschreibung, einer Beschränkten Ausschreibung mit Teilnahmewettbewerb oder einer Verhandlungsvergabe mit Teilnahmewettbewerb einen öffentlichen Auftrag zu vergeben oder eine Rahmenvereinbarung abzuschließen, in einer Auftragsbekanntmachung mit.

(2) Der Auftraggeber kann im Internet zusätzlich ein Beschafferprofil einrichten. Es enthält die Veröffentlichung von Angaben über geplante oder laufende Vergabeverfahren, über vergebene Aufträge oder aufgehobene Vergabeverfahren sowie alle sonstigen für die Auftragsvergabe relevanten Informationen wie zum Beispiel Kontaktstelle, Anschrift, E-Mail-Adresse, Telefon- und Telefaxnummer des Auftraggebers.

§ 28 UVgO Veröffentlichung von Auftragsbekanntmachungen

(1) Auftragsbekanntmachungen sind auf den Internetseiten des Auftraggebers oder auf Internetportalen zu veröffentlichen. Zusätzlich können Auftragsbekanntmachungen in Tageszeitungen, amtlichen Veröffentlichungsblättern oder Fachzeitschriften veröffentlicht werden. Auftragsbekanntmachungen auf Internetseiten des Auftraggebers oder auf Internetportalen müssen zentral über die Suchfunktion des Internetportals www.bund.de ermittelt werden können.

(2) Aus der Auftragsbekanntmachung müssen alle Angaben für eine Entscheidung zur Teilnahme am Vergabeverfahren oder zur Angebotsabgabe ersichtlich sein. Sie enthält mindestens:

1. die Bezeichnung und die Anschrift der zur Angebotsabgabe auffordernden Stelle, der den Zuschlag erteilenden Stelle sowie der Stelle, bei der die Angebote oder Teilnahmeanträge einzureichen sind,
2. die Verfahrensart,
3. die Form, in der Teilnahmeanträge oder Angebote einzureichen sind,
4. gegebenenfalls in den Fällen des § 29 Absatz 3 die Maßnahmen zum Schutz der Vertraulichkeit und die Informationen zum Zugriff auf die Vergabeunterlagen,
5. Art und Umfang der Leistung sowie den Ort der Leistungserbringung,
6. gegebenenfalls die Anzahl, Größe und Art der einzelnen Lose,
7. gegebenenfalls die Zulassung von Nebenangeboten,
8. etwaige Bestimmungen über die Ausführungsfrist,
9. die elektronische Adresse, unter der die Vergabeunterlagen abgerufen werden können oder die Bezeichnung und die Anschrift der Stelle, die die Vergabeunterlagen abgibt oder bei der sie eingesehen werden können,
10. die Teilnahme- oder Angebots- und Bindefrist,
11. die Höhe etwa geforderter Sicherheitsleistungen,

12. die wesentlichen Zahlungsbedingungen oder die Angabe der Unterlagen, in denen sie enthalten sind,
13. die mit dem Angebot oder dem Teilnahmeantrag vorzulegenden Unterlagen, die der Auftraggeber für die Beurteilung der Eignung des Bewerbers oder Bieters und des Nichtvorliegens von Ausschlussgründen verlangt, und
14. die Angabe der Zuschlagskriterien, sofern diese nicht in den Vergabeunterlagen genannt werden.

§ 29 UVgO Bereitstellung der Vergabeunterlagen

(1) Der Auftraggeber gibt in der Auftragsbekanntmachung eine elektronische Adresse an, unter der die Vergabeunterlagen unentgeltlich, uneingeschränkt, vollständig und direkt abgerufen werden können.

(2) Der Auftraggeber kann die Vergabeunterlagen auf einem anderen geeigneten Weg übermitteln, wenn die erforderlichen elektronischen Mittel zum Abruf der Vergabeunterlagen

1. aufgrund der besonderen Art der Auftragsvergabe nicht mit allgemein verfügbaren oder verbreiteten Geräten und Programmen der Informations- und Kommunikationstechnologie kompatibel sind,
2. Dateiformate zur Beschreibung der Angebote verwenden, die nicht mit allgemein verfügbaren oder verbreiteten Programmen verarbeitet werden können oder die durch andere als kostenlose und allgemein verfügbare Lizenzen geschützt sind, oder
3. die Verwendung von Bürogeräten voraussetzen, die dem Auftraggeber nicht allgemein zur Verfügung stehen.

(3) Der Auftraggeber gibt in der Auftragsbekanntmachung an, welche Maßnahmen er zum Schutz der Vertraulichkeit von Informationen anwendet und wie auf die Vergabeunterlagen zugegriffen werden kann.

VOL/A:

§ 12 VOL/A Bekanntmachung, Versand von Vergabeunterlagen

(1) Öffentliche Ausschreibungen, Beschränkte Ausschreibungen mit Teilnahmewettbewerb und Freihändige Vergaben mit Teilnahmewettbewerb sind in Tageszeitungen, amtlichen Veröffentlichungsblättern, Fachzeitschriften oder Internetportalen bekannt zu machen. Bekanntmachungen in Internetportalen müssen zentral über die Suchfunktion des Internetportals www.bund.de ermittelt werden können.

(2) Aus der Bekanntmachung müssen alle Angaben für eine Entscheidung zur Teilnahme am Vergabeverfahren oder zur Angebotsabgabe ersichtlich sein. Sie enthält mindestens:

a) die Bezeichnung und die Anschrift der zur Angebotsabgabe auffordernden Stelle, der den Zuschlag erteilenden Stelle sowie der Stelle, bei der die Angebote oder Teilnahmeanträge einzureichen sind,
b) die Art der Vergabe,
c) die Form, in der Teilnahmeanträge oder Angebote einzureichen sind,
d) Art und Umfang der Leistung sowie den Ort der Leistungserbringung,
e) gegebenenfalls die Anzahl, Größe und Art der einzelnen Lose,
f) gegebenenfalls die Zulassung von Nebenangeboten,
g) etwaige Bestimmungen über die Ausführungsfrist,
h) die Bezeichnung und die Anschrift der Stelle, die die Vergabeunterlagen abgibt oder bei der sie eingesehen werden können,
i) die Teilnahme- oder Angebots- und Bindefrist,
j) die Höhe etwa geforderter Sicherheitsleistungen,
k) die wesentlichen Zahlungsbedingungen oder Angabe der Unterlagen, in denen sie enthalten sind,

l) die mit dem Angebot oder dem Teilnahmeantrag vorzulegenden Unterlagen, die die Auftraggeber für die Beurteilung der Eignung des Bewerbers oder Bieters verlangen,
m) sofern verlangt, die Höhe der Kosten für die Vervielfältigungen der Vergabeunterlagen bei Öffentlichen Ausschreibungen,
n) die Angabe der Zuschlagskriterien, sofern diese nicht in den Vergabeunterlagen genannt werden.

(3) bis (4) hier nicht abgedruckt.

VOB/A:

§ 12 VOB/A Auftragsbekanntmachung

(1)

1. Öffentliche Ausschreibungen sind bekannt zu machen, zB in Tageszeitungen, amtlichen Veröffentlichungsblättern oder auf unentgeltlich nutzbaren und direkt zugänglichen Internetportalen; sie können auch auf www.service.bund.de veröffentlicht werden.
2. Diese Auftragsbekanntmachungen sollen folgende Angaben enthalten:
   a) Name, Anschrift, Telefon-, Telefaxnummer sowie E-Mail-Adresse des Auftraggebers (Vergabestelle),
   b) gewähltes Vergabeverfahren,
   c) gegebenenfalls Auftragsvergabe auf elektronischem Wege und Verfahren der Ver- und Entschlüsselung,
   d) Art des Auftrags,
   e) Ort der Ausführung,
   f) Art und Umfang der Leistung,
   g) Angaben über den Zweck der baulichen Anlage oder des Auftrags, wenn auch Planungsleistungen gefordert werden,
   h) falls der Auftrag in mehrere Lose aufgeteilt ist, Art und Umfang der einzelnen Lose und Möglichkeit, Angebote für eines, mehrere oder alle Lose einzureichen,
   i) Zeitpunkt, bis zu dem die Bauleistungen beendet werden sollen oder Dauer des Bauleistungsauftrags; sofern möglich, Zeitpunkt, zu dem die Bauleistungen begonnen werden sollen,
   j) gegebenenfalls Angaben nach § 8 Absatz 2 Nummer 3 zur Nichtzulassung von Nebenangeboten,
   k) gegebenenfalls Angaben nach § 8 Absatz 2 Nummer 4 zur Nichtzulassung der Abgabe mehrerer Hauptangebote,
   l) Name und Anschrift, Telefon- und Telefaxnummer, E-Mail-Adresse der Stelle, bei der die Vergabeunterlagen und zusätzliche Unterlagen angefordert und eingesehen werden können; bei Veröffentlichung der Auftragsbekanntmachung auf einem Internetportal die Angabe einer Internetadresse, unter der die Vergabeunterlagen unentgeltlich, uneingeschränkt, vollständig und direkt abgerufen werden können; § 11 Absatz 7 bleibt unberührt,
   m) gegebenenfalls Höhe und Bedingungen für die Zahlung des Betrags, der für die Unterlagen zu entrichten ist,
   n) bei Teilnahmeantrag: Frist für den Eingang der Anträge auf Teilnahme, Anschrift, an die diese Anträge zu richten sind, Tag, an dem die Aufforderungen zur Angebotsabgabe spätestens abgesandt werden,
   o) Frist für den Eingang der Angebote und die Bindefrist,
   p) Anschrift, an die die Angebote zu richten sind, gegebenenfalls auch Anschrift, an die Angebote elektronisch zu übermitteln sind,
   q) Sprache, in der die Angebote abgefasst sein müssen,
   r) die Zuschlagskriterien, sofern diese nicht in den Vergabeunterlagen genannt werden, und gegebenenfalls deren Gewichtung,

s) Datum, Uhrzeit und Ort des Eröffnungstermins sowie Angabe, welche Personen bei der Eröffnung der Angebote anwesend sein dürfen,
t) gegebenenfalls geforderte Sicherheiten,
u) wesentliche Finanzierungs- und Zahlungsbedingungen und/oder Hinweise auf die maßgeblichen Vorschriften, in denen sie enthalten sind,
v) gegebenenfalls Rechtsform, die die Bietergemeinschaft nach der Auftragsvergabe haben muss,
w) verlangte Nachweise für die Beurteilung der Eignung des Bewerbers oder Bieters,
x) Name und Anschrift der Stelle, an die sich der Bewerber oder Bieter zur Nachprüfung behaupteter Verstöße gegen Vergabebestimmungen wenden kann.

(2)

1. Bei Beschränkter Ausschreibung mit Teilnahmewettbewerb sind die Unternehmen durch Auftragsbekanntmachungen, zB in Tageszeitungen, amtlichen Veröffentlichungsblättern oder auf unentgeltlich nutzbaren und direkt zugänglichen Internetportalen, aufzufordern, ihre Teilnahme am Wettbewerb zu beantragen. Die Auftragsbekanntmachung kann auch auf www.service.bund.de veröffentlicht werden.
2. Diese Auftragsbekanntmachungen sollen die Angaben gemäß § 12 Absatz 1 Nummer 2 enthalten.

(3) hier nicht abgedruckt.

§ 21 VOB/A Nachprüfungsstellen

In der Auftragsbekanntmachung und den Vergabeunterlagen sind die Nachprüfungsstellen mit Anschrift anzugeben, an die sich der Bewerber oder Bieter zur Nachprüfung behaupteter Verstöße gegen die Vergabebestimmungen wenden kann.

VOB/A EU:

§ 12 EU VOB/A Vorinformation, Auftragsbekanntmachung

(1)

1. Die Absicht einer geplanten Auftragsvergabe kann mittels einer Vorinformation bekannt gegeben werden, die die wesentlichen Merkmale des beabsichtigten Bauauftrags enthält.
2. Eine Vorinformation ist nur dann verpflichtend, wenn der öffentliche Auftraggeber von der Möglichkeit einer Verkürzung der Angebotsfrist gemäß § 10a EU Absatz 2 oder § 10b EU Absatz 3 Gebrauch machen möchten.
3. Die Vorinformation ist nach den von der Europäischen Kommission festgelegten Standardformularen zu erstellen und enthält die Informationen nach Anhang V Teil B der Richtlinie 2014/24/EU.
4. Nach Genehmigung der Planung ist die Vorinformation sobald wie möglich dem Amt für Veröffentlichungen der Europäischen Union zu übermitteln oder im Beschafferprofil zu veröffentlichen; in diesem Fall ist dem Amt für Veröffentlichungen der Europäischen Union zuvor auf elektronischem Weg die Ankündigung dieser Veröffentlichung mit den von der Europäischen Kommission festgelegten Standardformularen zu melden. Dabei ist der Tag der Übermittlung anzugeben. Die Vorinformation kann außerdem in Tageszeitungen, amtlichen Veröffentlichungsblättern oder Internetportalen veröffentlicht werden.

(2)

1. Bei nicht offenen Verfahren und Verhandlungsverfahren kann ein subzentraler öffentlicher Auftraggeber eine Vorinformation als Aufruf zum Wettbewerb bekannt geben, sofern die Vorinformation sämtliche folgenden Bedingungen erfüllt:
   a) sie bezieht sich eigens auf den Gegenstand des zu vergebenden Auftrags;
   b) sie muss den Hinweis enthalten, dass dieser Auftrag im nicht offenen Verfahren oder im Verhandlungsverfahren ohne spätere Veröffentlichung eines Aufrufs zum Wettbe-

werb vergeben wird, sowie die Aufforderung an die interessierten Unternehmen, ihr Interesse mitzuteilen;

c) sie muss darüber hinaus die Informationen nach Anhang V Teil B Abschnitt I und die Informationen nach Anhang V Teil B Abschnitt II der Richtlinie 2014/24/EU enthalten;

d) sie muss spätestens 35 Kalendertage und frühestens zwölf Monate vor dem Zeitpunkt der Absendung der Aufforderung zur Interessensbestätigung an das Amt für Veröffentlichungen der Europäischen Union zur Veröffentlichung übermittelt worden sein.

Derartige Vorinformationen werden nicht in einem Beschafferprofil veröffentlicht. Allerdings kann gegebenenfalls die zusätzliche Veröffentlichung auf nationaler Ebene gemäß Absatz 3 Nummer 5 in einem Beschafferprofil erfolgen.

2. Die Regelungen des Absatzes 3 Nummer 3 bis 5 gelten entsprechend.
3. Subzentrale öffentliche Auftraggeber sind alle öffentlichen Auftraggeber mit Ausnahme der obersten Bundesbehörden.

(3)

1. Die Unternehmen sind durch Auftragsbekanntmachung aufzufordern, am Wettbewerb teilzunehmen. Dies gilt für alle Arten der Vergabe nach § 3 EU, ausgenommen Verhandlungsverfahren ohne Teilnahmewettbewerb und Verfahren, bei denen eine Vorinformation als Aufruf zum Wettbewerb nach Absatz 2 durchgeführt wurde.
2. Die Auftragsbekanntmachung erfolgt mit den von der Europäischen Kommission festgelegten Standardformularen und enthält die Informationen nach Anhang V Teil C der Richtlinie 2014/24/EU. Dabei sind zu allen Nummern Angaben zu machen; die Texte des Formulars sind nicht zu wiederholen. Die Auftragsbekanntmachung ist dem Amt für Veröffentlichungen der Europäischen Union elektronisch [Fußnote 5: http://simap.europa.eu/] zu übermitteln.
3. Die Auftragsbekanntmachung wird unentgeltlich fünf Kalendertage nach ihrer Übermittlung in der Originalsprache veröffentlicht. Eine Zusammenfassung der wichtigsten Angaben wird in den übrigen Amtssprachen der Europäischen Union veröffentlicht; der Wortlaut der Originalsprache ist verbindlich.
4. Der öffentliche Auftraggeber muss den Tag der Absendung der Auftragsbekanntmachung nachweisen können. Das Amt für Veröffentlichungen der Europäischen Union stellt dem öffentlichen Auftraggeber eine Bestätigung des Erhalts der Auftragsbekanntmachung und der Veröffentlichung der übermittelten Informationen aus, in denen der Tag dieser Veröffentlichung angegeben ist. Diese Bestätigung dient als Nachweis der Veröffentlichung.
5. Die Auftragsbekanntmachung kann zusätzlich im Inland veröffentlicht werden, beispielsweise in Tageszeitungen, amtlichen Veröffentlichungsblättern oder Internetportalen; sie kann auch auf www.service.bund.de veröffentlicht werden. Sie darf nur die Angaben enthalten, die dem Amt für Veröffentlichungen der Europäischen Union übermittelt wurden, und muss auf den Tag der Übermittlung hinweisen. Sie darf nicht vor der Veröffentlichung durch dieses Amt veröffentlicht werden. Die Veröffentlichung auf nationaler Ebene kann jedoch in jedem Fall erfolgen, wenn der öffentliche Auftraggeber nicht innerhalb von 48 Stunden nach Bestätigung des Eingangs der Auftragsbekanntmachung gemäß Nummer 4 über die Veröffentlichung unterrichtet wurde.

§ 21 EU VOB/A Nachprüfungsbehörden

In der Bekanntmachung und den Vergabeunterlagen ist die Nachprüfungsbehörde mit Anschrift anzugeben, an die sich der Bewerber oder Bieter zur Nachprüfung behaupteter Verstöße gegen die Vergabebestimmungen wenden kann.

VOB/A VS:

§ 12 VS VOB/A Vorinformation, Auftragsbekanntmachung

(1)

1. Als Vorinformation sind die wesentlichen Merkmale der beabsichtigten Bauaufträge oder Rahmenvereinbarungen mit mindestens einem geschätzten Gesamtauftragswert für Bauleistungen nach § 106 Absatz 2 Nummer 3 GWB ohne Umsatzsteuer bekannt zu machen.
2. Eine Vorinformation ist nur dann verpflichtend, wenn der Auftraggeber von der Möglichkeit einer Verkürzung der Angebotsfrist gemäß § 10b VS Absatz 4 Gebrauch machen möchte.
3. Die Vorinformation ist nach dem Muster gemäß Anhang XIII der Durchführungsverordnung (EU) Nr. 2015/1986 zu erstellen.
4. Nach Genehmigung der Planung ist die Vorinformation sobald wie möglich dem Amt für Veröffentlichungen der Europäischen Union [Fußnote 8: Amt für Veröffentlichungen der Europäischen Union, 2, rue Mercier, L-2985 Luxemburg] zu übermitteln oder im Beschafferprofil nach § 11 VS Absatz 2 zu veröffentlichen; in diesem Fall ist dem Amt für Veröffentlichungen der Europäischen Union zuvor auf elektronischem Weg die Veröffentlichung mit dem Muster gemäß Anhang VIII der Durchführungsverordnung (EU) Nr. 2015/1986 zu melden, Anhang VI der Richtlinie 2009/81/EG ist zu beachten. Die Vorinformation kann außerdem in Tageszeitungen, amtlichen Veröffentlichungsblättern oder Internetportalen veröffentlicht werden.

(2)

1. Die Unternehmen sind durch Auftragsbekanntmachungen aufzufordern, ihre Teilnahme am Wettbewerb zu beantragen, wenn Bauaufträge im Sinne von § 1 VS oder Rahmenvereinbarungen in einem nicht offenen Verfahren, in einem Verhandlungsverfahren mit Teilnahmewettbewerb oder in einem wettbewerblichen Dialog vergeben werden.
2. Die Auftragsbekanntmachungen müssen die in Anhang XV der Durchführungsverordnung (EU) Nr. 2015/1986 geforderten Informationen enthalten und sollen nicht mehr als 650 Wörter umfassen, wenn der Inhalt der Auftragsbekanntmachung nicht auf elektronischem Weg gemäß dem Muster und unter Beachtung der Verfahren bei der Übermittlung nach Anhang VI Nummer 3 der Richtlinie 2009/81/EG abgesendet wird. Auftragsbekanntmachungen sind im Amtsblatt der Europäischen Union zu veröffentlichen und dem Amt für Veröffentlichungen der Europäischen Union unverzüglich, in Fällen des beschleunigten Verfahrens per Telefax oder elektronisch [Fußnote 9: http://simap.europa.eu/] zu übermitteln.
3. Der Auftraggeber muss nachweisen können, an welchem Tag die Auftragsbekanntmachung an das Amt für Veröffentlichungen der Europäischen Union abgesendet wurde.
4. Die Auftragsbekanntmachung wird unentgeltlich, spätestens zwölf Kalendertage nach der Absendung im Supplement zum Amtsblatt der Europäischen Union in der Originalsprache veröffentlicht. Eine Zusammenfassung der wichtigsten Angaben wird in den übrigen Amtssprachen der Europäischen Union veröffentlicht; der Wortlaut der Originalsprache ist verbindlich.
5. Auftragsbekanntmachungen, die über das Internetportal des Amtes für Veröffentlichungen der Europäischen Union [Fußnote 9: http://simap.europa.eu/] auf elektronischem Weg erstellt und übermittelt wurden, werden abweichend von Nummer 4 spätestens fünf Kalendertage nach ihrer Absendung veröffentlicht.
6. Die Auftragsbekanntmachungen können zusätzlich im Inland veröffentlicht werden, beispielsweise in Tageszeitungen, amtlichen Veröffentlichungsblättern oder Internetportalen; sie können auch auf www.service.bund.de veröffentlicht werden. Sie dürfen nur die Angaben enthalten, die dem Amt für Veröffentlichungen der Europäischen Union übermittelt wurden, und dürfen nicht vor Absendung an dieses Amt veröffentlicht werden.

(3)
1. Die Auftragsbekanntmachung ist beim nicht offenen Verfahren, Verhandlungsverfahren und wettbewerblichen Dialog nach dem Muster gemäß Anhang XV der Durchführungsverordnung (EU) Nr. 2015/1986 zu erstellen.
2. Dabei sind zu allen Nummern Angaben zu machen; die Texte des Musters sind nicht zu wiederholen.

§ 21 VS VOB/A Nachprüfungsbehörden

In der Bekanntmachung und den Vergabeunterlagen ist die Nachprüfungsbehörde mit der Anschrift anzugeben, an die sich der Bewerber oder Bieter zur Nachprüfung behaupteter Verstöße gegen die Vergabebestimmungen wenden kann.

Literatur:

Dicks, Verfahrensrechtliche Entscheidungen der Vergabesenate im Jahre 2009 – Teil I, ZfBR 2010, 235; *Drügemöller,* Elektronische Bekanntmachungen im Vergaberecht, NVwZ 2007, 177; *Jaeger,* Neuerungen zur Rügeobliegenheit (§ 107 III GWB) durch das Vergaberechtsmodernisierungsgesetz, NZBau 2009, 558; *Henzel,* Rechtssichere De-facto-Vergabe nur zehn Tage nach Ex-ante-Transparenzbekanntmachung?, NZBau 2016, 148; *Just/Sailer,* Die neue Vergabeverordnung 2010, NVwZ 2010, 937; *Lindenthal,* Erläuterungen zu den neuen Standardmustern für Veröffentlichungen im EU-Amtsblatt gemäß Verordnung EG/1564/2005, VergabeR 2006, 1; *Kuhn,* Zur Pflicht der Benennung eines Schlusstermins für die Anforderung von Vergabeunterlagen in der Vergabebekanntmachung, VergabeR 2012, 21; *Opitz,* Die Entwicklung des EG-Vergaberechts in den Jahren 2001 und 2002 – Teil 1, NZBau 2003, 183; *Püstow/Meiners,* Vorrang des Unionsrechts bei vergaberechtswidrigen Verträgen, EuZW 2016, 325; *Rechten/Portner,* Wie viel Wettbewerb muss sein? – Das Spannungsverhältnis zwischen Beschaffungsautonomie und Wettbewerbsprinzip, NZBau 2014, 276.

A. Einleitung

Mit Bekanntmachungen treten Auftraggeber im Sinne des Vergaberechts (vgl. §§ 98 ff. GWB) mit einem Beschaffungsvorhaben an die Öffentlichkeit heran. Mit **Ex-ante-Bekanntmachungen** machen sie auf voraussichtliche oder beabsichtigte öffentliche Auftragsvergaben[1] oder Konzessionsvergaben (hierzu → § 63 Rn. 1 ff.) aufmerksam. Sie sind dabei meist der **erste äußere Hinweis** für potentielle Bewerber oder Bieter auf ein mögliches oder beabsichtigtes Beschaffungsvorhaben.[2] Bekanntmachungen dienen vor allem dem **Transparenz- und** dem **Wettbewerbsgrundsatz.** Mit ihnen bekunden Auftraggeber für jedermann ersichtlich ihre Absicht, bestimmte Waren oder Leistungen zu beschaffen, und sorgen so dafür, dass möglichst viele Wirtschaftsteilnehmer von dem Beschaffungsvorhaben erfahren und am Wettbewerb um den zu vergebenden Auftrag teilnehmen können.[3] Ex-ante-Bekanntmachungen enthalten erste wichtige Informationen zur geplanten oder beabsichtigten Auftragsvergabe, die es den potentiellen Bewerbern oder Bietern ermöglicht zu entscheiden, ob sie an dem jeweiligen Vergabeverfahren teilnehmen wollen bzw. auch können.[4] 1

Neben der eigentlichen **Auftragsbekanntmachung** (→ Rn. 4 ff.), mit der Bewerber oder Bieter in der Regel zur Teilnahme am Vergabeverfahren aufgefordert werden, gibt es im Oberschwellenbereich[5] zudem die Möglichkeit, bereits zuvor durch eine sog. **Vorinformation** (→ Rn. 61 ff.) auf eine geplante Auftragsvergabe aufmerksam zu machen; in bestimmten Fällen kann die Vorinformation auch die Auftragsbekanntmachung ent- 2

---

[1] Einschließlich der Vergabe von Rahmenvereinbarungen, die gemäß § 103 Abs. 5 S. 2 GWB jeweils wie eine Auftragsvergabe zu behandeln ist.

[2] Vgl. OLG München Beschl. v. 12.11.2010 – Verg 21/10, BeckRS 2010, 29116.

[3] Vgl. Ziekow/Völlink/*Völlink* VOB/A § 12 Rn. 2, 4.

[4] Vgl. auch OLG Frankfurt Beschl. v. 10.6.2008 – 11 Verg 3/08, IBRRS 2008, 3075; OLG Düsseldorf Beschl. v. 9.3.2007 – VII-Verg 5/07, BeckRS 2007, 17754; Beschl. v. 1.2.2006 – VII-Verg 83/05, BeckRS 2006, 2267.

[5] Hierunter fallen öffentliche Aufträge, die insbesondere den maßgeblichen Schwellenwert nach § 106 GWB erreichen und für die kein Ausnahmetatbestand (vgl. §§ 107 ff., 116 f., 137 ff., 145 GWB) einschlägig ist.

behrlich machen bzw. diese ersetzen (→ Rn. 62, 67). Zudem können Auftraggeber ein sog. **Beschafferprofil** einrichten, auf dem über geplante oder laufende Vergabeverfahren informiert wird (→ Rn. 84 f.). Zu unterscheiden von den hier erläuterten (Ex-ante-) Bekanntmachungen vor Auftragsvergabe sind die **Ex-post-Bekanntmachungen,** die nach einer erfolgten Zuschlagserteilung (sog. Vergabebekanntmachung, s. hierzu → § 36 Rn. 96 ff.) oder nach bestimmten Auftragsänderungen vorzunehmen sind (s. hierzu → § 36 Rn. 102).

3 Zu den Besonderheiten von Bekanntmachungen zu öffentlichen Aufträgen über **soziale und andere besondere Dienstleistungen** nach § 130 Abs. 1 GWB, zu öffentlichen Aufträgen im **Sektorenbereich** sowie zu den Bekanntmachungen im **Planungswettbewerb** siehe die gesonderten Ausführungen in →§ 7 Rn. 13, → § 53 Rn. 1 ff. bzw. → § 13 Rn. 202 ff. Zu Bekanntmachungen im Bereich der **Konzessionsvergabe** siehe → § 64 Rn. 4 ff.

B. Auftragsbekanntmachung

I. Allgemeines

4 Mit der sog. **Auftragsbekanntmachung**[6] werden potentielle Bieter oder Bewerber bzw. Teilnehmer öffentlich dazu aufgerufen, sich am jeweiligen Beschaffungsverfahren – je nach Verfahrensart durch Angebotsabgabe oder zunächst durch Einreichung eines Teilnahmeantrags – zu beteiligen. Die Auftragsbekanntmachung stellt damit in der Regel den **Aufruf zum Wettbewerb**[7] dar. Die Auftragsbekanntmachung ist für Liefer- und Dienstleistungen (und entsprechende Rahmenvereinbarungen) in § 37 Abs. 1 bis 3 VgV, § 18 VSVgV, §§ 27 Abs. 1, 28 UVgO bzw. § 12 Abs. 1, 2 VOL/A und für Bauleistungen in § 12 EU Abs. 3, § 12 VS Abs. 2, 3 bzw. § 12 Abs. 1, 2 VOB/A geregelt. Unter bestimmten Voraussetzungen findet der Aufruf zum Wettbewerb bereits durch die Vorinformation statt, so dass auf die Auftragsbekanntmachung verzichtet werden kann; Einzelheiten hierzu → Rn. 62, → Rn. 67, → Rn. 70, → Rn. 75.

5 Die Bekanntmachung der Beschaffungsabsicht – verbunden mit dem Aufruf, sich an dem Vergabeverfahren zu beteiligen – dient der Verwirklichung des **Wettbewerbsgrundsatzes** (§ 97 Abs. 1 S. 1 GWB bzw. § 2 Abs. 1 S. 1 UVgO, § 2 Abs. 1 S. 1 VOL/A, § 2 Abs. 1 S. 1 VOB/A), indem durch die mit der Bekanntmachung bewirkte Publizität ein möglichst großer potentieller Bewerber- bzw. Bieterkreis angesprochen wird.[8] Zudem gibt der Auftraggeber mit der Bekanntmachung interessierten Unternehmen die Möglichkeit, ihr Interesse an dem Auftrag zu bekunden,[9] und macht den potentiellen Bietern bzw. Bewerbern wesentliche Informationen zum Auftragsgegenstand und Vergabeverfahren zugänglich, die für die Unternehmen die Entscheidungsgrundlage dafür bilden, ob sie sich am bekanntgegebenen Vergabeverfahren beteiligen.[10] Damit trägt der Auftraggeber dem

---

[6] Der Begriff entstammt den europäischen Regelungen, vgl. nur Durchführungsverordnung (EU) 2015/1986, dort Anhang II (Standardformular 2), findet sich nunmehr aber auch in § 37 Abs. 1 S. 1 VgV und §§ 12 EU Abs. 3 Nr. 1, 12 VS Abs. 2 Nr. 1 VOB/A sowie auch §§ 27, 28 UVgO.

[7] Dieser Begriff wird auch als Oberbegriff in den neuen EU-Richtlinien VRL und SRL verwendet, und zwar für Auftragsbekanntmachungen sowie für Vorinformationen, soweit sie an die Stelle von Auftragsbekanntmachungen treten → Rn. 62, 67.

[8] Vgl. BayObLG Beschl. v. 4.2.2003 – Verg 31/02, IBRRS 2003, 0908; Ziekow/Völlink/*Völlink* VOB/A § 12 Rn. 2.

[9] Vgl. EuGH Urt. v. 21.7.2005 – C-231/03 – Coname, NZBau 2005, 592, Rn. 21; *Drügemöller* NVwZ 2007, 177, 178.

[10] Vgl. OLG Naumburg Beschl. v. 26.2.2004 – 1 Verg 17/03, NJOZ 2004, 1828.

Transparenzgebot (§ 97 Abs. 1 S. 1 GWB bzw. § 2 Abs. 1 S. 1 UVgO, § 2 Abs. 1 S. 1 VOL/A, § 2 Abs. 1 S. 1 VOB/A) Rechnung.[11]

Die Auftragsbekanntmachung ist für die meisten Vergabeverfahrensarten **konstitutiver Bestandteil des Vergabeverfahrens.** So dient die Bekanntmachung im offenen Verfahren bzw. der öffentlichen Ausschreibung als **Aufruf** an alle potentiellen Bieter, **Angebote abzugeben.** Im nicht offenen Verfahren bzw. der beschränkten Ausschreibung mit Teilnahmewettbewerb, im Verhandlungsverfahren (bzw. Verhandlungsvergabe) mit Teilnahmewettbewerb sowie im wettbewerblichen Dialog und im Verfahren der Innovationspartnerschaft (§ 119 Abs. 7 GWB) fungiert die Auftragsbekanntmachung als öffentlicher Aufruf zur Teilnahme am Vergabeverfahren durch **Abgabe eines Teilnahmeantrags.** Kennzeichnend ist dabei jeweils, dass sich die Bekanntmachung an die Öffentlichkeit und damit einen grundsätzlich **unbeschränkten Bieter- bzw. Bewerberkreis** richtet.[12] Ohne die Auftragsbekanntmachung würden Vergabeverfahren nicht den genannten Verfahrensarten entsprechen.[13] Nur unter bestimmten Voraussetzungen kann diese Funktion in nicht offenen Verfahren oder Verhandlungsverfahren mit Teilnahmewettbewerb bereits durch eine Vorinformation erfüllt werden (→ Rn. 62, → Rn. 67). 6

Die (Absendung der) Auftragsbekanntmachung markiert in der Regel den **Beginn des formellen Vergabeverfahrens.**[14] Sie ist zudem regelmäßig der erste Schritt, mit dem der Auftraggeber nach außen erkennbar mit der Durchführung eines Verfahrens beginnt, das zu einem konkreten Vertragsabschluss führen soll,[15] und markiert daher regelmäßig auch den Beginn des **materiellen** Vergabeverfahrens.[16] Der Tag der Absendung der Bekanntmachung ist demzufolge auch in der Regel der maßgebliche Zeitpunkt für die Schätzung des Auftragswerts mit Blick auf die Schwellenwerte, § 3 Abs. 3 VgV § 3 Abs. 8 VSVgV. 7

II. Bekanntmachungspflicht

Ob eine Bekanntmachungspflicht für den Auftraggeber besteht, bestimmt sich in erster Linie danach, welche Verfahrensart er für die Auftragsvergabe wählen darf.[17] Die Bekanntmachung der beabsichtigten Auftragsvergabe ist Bestandteil der meisten **Verfahrensarten** und dann für den Auftraggeber verpflichtend. Dies gilt für 8
- offene Verfahren bzw. öffentliche Ausschreibungen,
- nicht offene Verfahren[18] bzw. beschränkte Ausschreibungen mit Teilnahmewettbewerb,
- Verhandlungsverfahren mit Teilnahmewettbewerb,[19] Verhandlungsvergaben mit Teilnahmewettbewerb bzw. freihändige Vergaben mit Teilnahmewettbewerb,
- wettbewerbliche Dialoge sowie
- Innovationspartnerschaften.

[11] Vgl. auch OLG Frankfurt Beschl. v. 10.6.2008 – 11 Verg 3/08, IBRRS 2008, 3075; OLG Düsseldorf Beschl. v. 9.3.2007 – VII-Verg 5/07, BeckRS 2007, 17754; Beschl. v. 1.2.2006 – VII-Verg 83/05, BeckRS 2006, 2267; BayObLG Beschl. v. 4.2.2003 – Verg 31/02, IBRRS 2003, 0908.

[12] Vgl. § 119 Abs. 3 GWB, § 3 Abs. 1 S. 1 VOL/A, § 3 Abs. 1 VOB/A; vgl. auch BayObLG Beschl. v. 4.2.2003 – Verg 31/02, IBRRS 2003, 0908.

[13] Vgl. zu den Definitionen der Verfahrensarten § 119 Abs. 3 bis 7 GWB, §§ 15ff. VgV, § 3 EU/VS VOB/A bzw. § 3 Abs. 1 VOL/A, §§ 9ff. UVgO § 3 VOB/A.

[14] Vgl. OLG Düsseldorf Beschl. v. 7.3.2012 – VII-Verg 82/11, BeckRS 2012, 5922; Beschl. v. 15.9.2010 – VII-Verg 16/10, BeckRS 2011, 5607; OLG Naumburg Beschl. v. 8.10.2009 – 1 Verg 9/09, BeckRS 2009, 28647.

[15] Vgl. OLG München Beschl. v. 12.11.2010 – Verg 21/10, BeckRS 2010, 29116.

[16] Vgl. zum materiellen Begriff des Vergabeverfahrens zB OLG Düsseldorf Beschl. v. 1.8.2012 – VII-Verg 10/12, NZBau 2012, 785; auch EuGH Urt. v. 10.7.2014 – C-213/13 – Impresa Pizzarotti, NZBau 2014, 572; Urt. v. 11.7.2013 – C-576/10 – Kommission/Niederlande, NVwZ 2013, 1071.

[17] Zu den einzelnen Vergabeverfahrensarten vgl. → §§ 10ff.

[18] Siehe aber → Rn. 62, 67.

[19] Siehe aber → Rn. 62, 67.

9 Die **Bekanntmachungspflicht** ergibt sich für Aufträge, die dem Kartellvergaberecht nach §§ 97ff. GWB unterliegen,[20] bereits aus § 119 Abs. 3 bis 7 GWB, der von der öffentlichen Aufforderung zur Abgabe eines Angebots (Abs. 3) bzw. zur Teilnahme (Abs. 4) spricht;[21] § 119 Abs. 5 bis 7 GWB greifen auf die Legaldefinition des Teilnahmewettbewerbs aus Abs. 4 zurück, die die öffentliche Aufforderung zur Teilnahme enthält. Des Weiteren ist die Bekanntmachungspflicht für Liefer- und Dienstleistungsaufträge in § 37 Abs. 1 S. 1 VgV, § 18 Abs. 1 VSVgV bzw. § 27 Abs. 1 UVgO, § 12 Abs. 1 S. 1 VOL/A, für Bauleistungen in § 12 EU Abs. 3 Nr. 1, § 12 VS Abs. 2 Nr. 1 bzw. § 12 Abs. 1 Nr. 1, Abs. 2 Nr. 1 VOB/A geregelt.

10 Abhängig davon, welche dieser vergaberechtlichen Vorschriften im Einzelnen anwendbar ist, besteht die Pflicht, die beabsichtigte Auftragsvergabe entweder EU-weit (→ Rn. 12ff.) oder (jedenfalls) auf nationaler Ebene (→ Rn. 48ff.) bekanntzumachen. Eine **EU-weite Bekanntmachungspflicht** ist – soweit eine der og Verfahrensarten zu wählen ist – gegeben, wenn auf einen Auftrag Kartellvergaberecht (§§ 97ff. GWB)[22] und in der Folge die Vorschriften der VgV, VSVgV, ggf. in Verbindung mit Abschnitt 2 (EU) oder 3 (VS) der VOB/A, anwendbar sind. Mit Umsetzung der VRL ist bei Dienstleistungen die Differenzierung zwischen sog. vorrangigen (EU-weit bekanntzumachenden) und nachrangigen (nur national bekanntzumachenden) Dienstleistungsaufträgen aufgegeben worden; auch für die an die Stelle der nachrangigen Dienstleistungen getretenen „sozialen und anderen besonderen Dienstleistungen“[23] gilt nunmehr eine EU-weite Bekanntmachungspflicht;[24] zu den Einzelheiten → § 7 Rn. 13. Ist Kartellvergaberecht hingegen nicht einschlägig, muss die Bekanntmachung nur **auf nationaler Ebene** erfolgen.

11 Besteht im Einzelfall keine Bekanntmachungspflicht, so kann eine Bekanntmachung auf **freiwilliger** Basis erfolgen (s. auch → Rn. 80ff.).

III. EU-weite Bekanntmachung

12 Aus § 37 Abs. 1 S. 1 VgV bzw. § 18 Abs. 1 VSVgV (Liefer- und Dienstleistungen) sowie § 12 EU Abs. 3 Nr. 1 bzw. § 12 VS Abs. 2 Nr. 1 VOB/A (Bauleistungen) ergibt sich für den öffentlichen Auftraggeber die Pflicht, eine beabsichtigte Auftragsvergabe **EU-weit** bekanntzumachen. Eine Bekanntmachung ist **lediglich entbehrlich,** wenn ausnahmsweise die Vergabe im **Verhandlungsverfahren ohne Teilnahmewettbewerb** zulässig ist[25] oder unter den Anwendungsvoraussetzungen des § 38 Abs. 4 VgV oder § 12 Abs. 2 VOB/A-EU eine **Vorinformation bereits** als **Aufruf zum Wettbewerb** fungiert und auf eine Bekanntmachung verzichtet werden kann (→ Rn. 62, 67, 70, 75). Soweit eine Bekanntmachungspflicht nicht besteht, ist allerdings eine freiwillige Bekanntmachung möglich (→ Rn. 71f.).

13 Die Veröffentlichung einer EU-weiten Bekanntmachung erfolgt im **Amtsblatt der Europäischen Union,** dort im sog. **Supplement.**[26] Die EU-weite Bekanntmachung dient insbesondere dem grenzüberschreitenden diskriminierungsfreien Wettbewerb in einem einheitlichen **Binnenmarkt.**[27]

---

[20] Der fragliche öffentliche Auftrag muss den maßgeblichen Schwellenwert nach § 106 GWB erreichen; zudem darf für ihn kein Ausnahmetatbestand (etwa nach den §§ 107ff. GWB) einschlägig sein.

[21] Vgl. auch OLG Düsseldorf Beschl. v. 7.3.2012 – VII-Verg 82/11, BeckRS 2012, 5922.

[22] S. o. → Fn. 20.

[23] Vgl. § 130 Abs. 1 S. 1 GWB iVm Anhang XIV der VRL.

[24] Vgl. § 66 VgV.

[25] Zu den Anwendungsvoraussetzungen s. § 14 Abs. 4, 6 VgV, § 12 VSVgV, § 3a EU Abs. 3 VOB/A.

[26] Reihe S „Bekanntmachungen öffentlicher Aufträge“ (ABl. S) des Amtsblatts der Europäischen Union.

[27] Vgl. Ziekow/Völlink/*Völlink* VgV § 37 Rn. 1.

1. Bekanntmachungsinhalt

a) Bekanntmachungsmuster und sonstige allgemeine Vorgaben. Was nach Gemeinschaftsrecht zwingend in der Auftragsbekanntmachung anzugeben ist, ergibt sich für sog. klassische Aufträge gemäß Art. 51 Abs. 1 S. 1 VRL aus der entsprechenden Auflistung in Anhang V Teil C der Richtlinie und für Aufträge aus dem Verteidigungs- und Sicherheitsbereich gemäß Art. 32 Abs. 1 RL 2009/81/EG aus Anhang IV der Richtlinie (dort unter der Überschrift „Bekanntmachungen"). Diese Vorgaben wurden in die entsprechenden sog. Standardformulare übernommen, die mittlerweile in den Anhängen zur **Durchführungsverordnung (EU) 2015/1986**[28] aufgeführt sind und als Muster für die jeweilige Bekanntmachung dienen. Gemäß Art. 1 ff. der Durchführungsverordnung, die nach Art. 288 AEUV **unmittelbar anwendbar** ist (vgl. aber auch § 37 Abs. 2 VgV, § 18 Abs. 2 S. 2 VSVgV, § 12 EU Abs. 3 Nr. 2 S. 1 bzw. § 12 VS Abs. 2 Nr. 2 S. 1, Abs. 3 Nr. 1 VOB/A), sind diese Muster zwingend zu verwenden. 14

Für den Inhalt der Auftragsbekanntmachung wird dementsprechend von den jeweiligen Vorschriften der VgV, VSVgV und VOB/A auf den jeweils einschlägigen Anhang mit dem entsprechenden Standardformular der Durchführungsverordnung (EU) 2015/1986 verwiesen. Dies ist gemäß § 37 Abs. 2 VgV für Lieferungen und Dienstleistungen im **Normalfall** der **Anhang II** der Durchführungsverordnung mit dem **Standardformular 2;** Gleiches gilt regelmäßig für Bauleistungen gemäß § 12 EU Abs. 3 Nr. 2 S. 1 VOB/A, der allgemein auf die „von der Europäischen Kommission festgelegten Standardformulare" verweist. Für **verteidigungs- oder sicherheitsspezifische** öffentliche Aufträge nach § 104 GWB gilt hingegen **Anhang XIV** der Durchführungsverordnung mit dem **Standardformular 17,** auf den § 18 Abs. 2 S. 2 VSVgV (für Liefer- und Dienstleistungen) verweist und § 12 VS Abs. 2 Nr. 2 S. 1, Abs. 3 Nr. 1 VOB/A (Bauleistungen) verweisen will.[29] Alle Standardformulare stehen als pdf- oder Online-Formular zur Verfügung.[30] Zu den Standardformularen für Vergaben von sozialen und anderen besonderen Dienstleistungen nach § 130 Abs. 1 GWB, für Planungswettbewerbe, Vergaben im Sektorenbereich und die Konzessionsvergabe siehe → § 7 Rn. 13, → § 13 Rn. 202, → § 53 Rn. 5 bzw. → § 64 Rn. 5. 15

Mit dem Verweis auf das jeweilige Standardformular wird gleichzeitig dessen **Verwendung** für die Erstellung der Auftragsbekanntmachung **vorgeschrieben.** Für den (notwendigen) Inhalt der Auftragsbekanntmachung bedeutet die Verwendung des jeweils zutreffenden Standardformulars, dass die in dem Standardformular abgefragten Angaben einzutragen sind, soweit sie nach dem Formular erforderlich sind. Dies ist insbesondere dann nicht der Fall, wenn das entsprechende Feld mit der Bemerkung oder Fußnote „falls zutreffend" oder „falls diese Information bekannt ist" versehen ist und die entsprechende Abfrage in Bezug auf das konkrete Vergabeverfahren bzw. den Auftragsgegenstand nicht einschlägig ist. Soweit § 12 EU Abs. 3 Nr. 2 S. 2 bzw. § 12 VS Abs. 3 Nr. 2 VOB/A vorgibt, dass Angaben zu allen Nummern im Standardformular zu machen sind, kann dies nur so verstanden werden, dass das Formular vollständig auszufüllen ist, aber dort, wo Angaben im Einzelfall entbehrlich oder nicht zutreffend sind, auch keine zu machen sind;[31] ggf. kann als Bemerkung „entfällt" eingetragen werden.[32] 16

---

[28] Die Durchführungsverordnung (EU) 2015/1986 hat gemäß ihrem Art. 8 die Vorgängerverordnung (EU) Nr. 842/2011 mit Wirkung v. 18. 4. 2016 aufgehoben und damit abgelöst.

[29] Fälschlicherweise wird in § 12 VS Abs. 2 Nr. 2 S. 1 und Abs. 3 Nr. 1 VOB/A auf Anhang XV der Durchführungsverordnung (EU) 2015/1986 verwiesen, der das Standardformular für die nachträgliche Vergabebekanntmachung enthält; dabei handelt es vermutlich um ein Redaktionsversehen. Aufgrund der unmittelbaren Anwendbarkeit der Durchführungsverordnung ist in jedem Fall der Anhang XIV (mit dem Standardformular 17 für die „Auftragsbekanntmachung – Verteidigung und Sicherheit") zu verwenden.

[30] S. https://simap.ted.europa.eu.

[31] Vgl. auch *Kuhn* VergabeR 2012, 21, 24 f.

[32] Vgl. Ingenstau/Korbion/*von Wietersheim* VOB/A-EU § 12 Rn. 11.

17 Gemäß § 12 VS Abs. 2 Nr. 2 S. 1 VOB/A soll die Auftragsbekanntmachung nicht mehr als **650 Wörter** enthalten, **sofern** der Bekanntmachungstext **nicht elektronisch übermittelt** wird (s. zu den Einzelheiten → Rn. 38). Die entsprechende Regelung, die sich auch noch in Art. 36 Abs. 6 der Vorgängerrichtlinie 2014/18/EG zur VRL befand, beruht auf Art. 32 Abs. 6 RL 2009/81/EG und soll vermutlich den in diesem Fall beim Amt für Veröffentlichungen der Europäischen Union anfallenden Aufwand der Datenübertragung in das Supplement des EU-Amtsblatts auf ein bestimmtes Maß begrenzen. Aus Art. 32 Abs. 6 der fraglichen Richtlinie ergibt sich bereits („ca."), dass es sich um keine starre Grenze handelt; praktische Erfahrungen zeigen offensichtlich, dass auch längere Bekanntmachungstexte veröffentlicht werden.[33] Für elektronisch übermittelte Bekanntmachungen gilt diese Inhaltsbegrenzung im Übrigen nicht.

18 **b) Einzelheiten.** Aufgeführt entsprechend der Reihung im Standardformular 2[34] für Auftragsbekanntmachungen im Anwendungsbereich der VgV (ggf. iVm VOB/A-EU) sind zu einzelnen auszufüllenden Feldern die folgenden Hinweise angezeigt (→ Rn. 19 ff.). Sie sind – ggf. unter anderer Bezifferung – auch für andere Standardformulare von Bedeutung.

18a Für **Bauaufträge** sieht die VOB/A-EU/-VS seit 2019 über die in den Standardformularen geforderten Angaben hinaus eine weitere mögliche Angabe als nationale Besonderheit vor: Will der Auftraggeber die **Abgabe mehrerer Hauptangebote nicht zulassen** (dh jeder Bieter darf dann nur ein Hauptangebot abgeben), muss er dies gemäß § 8 EU/VS Abs. 2 Nr. 4 VOB/A zwingend in der Auftragsbekanntmachung (bzw. – im Falle der Vorinformation als Aufruf zum Wettbewerb[35] – in der Aufforderung zur Interessensbestätigung) angeben. Naturgemäß sieht das EU-Standardformular 2 hierfür kein eigenes Feld vor. Da eine solche Vorgabe des Auftraggebers wie die Frage der Zulassung von Nebenangeboten (→ Rn. 27 ff.) den Ausschreibungsgegenstand betrifft, dürfte das Feld „Zusätzliche Angaben" unter Ziffer II.14) des Standardformulars der am ehesten passende Ort für diese Angabe zu sein.

19 **aa) Bereitstellung der Vergabeunterlagen.** Zu Beginn von **Ziffer I.3)** des Standardformulars 2 ist nunmehr unter dem Oberbegriff „Kommunikation" vorgesehen, dass der öffentliche Auftraggeber entweder eine **Internetadresse (URL)** angibt, unter der die **Vergabeunterlagen**[36] („Auftragsunterlagen") für einen uneingeschränkten und vollständigen direkten Zugang gebührenfrei zur Verfügung stehen, dh abrufbar sind, oder – für den Fall, dass der Zugang eingeschränkt ist (→ Rn. 22 f.) – eine Internetadresse, unter der weitere Auskünfte (zum Erhalt der Vergabeunterlagen) erhältlich sind. Dies geht auf die mit Art. 53 Abs. 1 VRL neu eingeführten und damit nur für Aufträge im Anwendungsbereich der VgV (ggf. iVm VOB/A-EU) geltenden Regelungen zur möglichst elektronischen Verfügbarkeit von Vergabeunterlagen mit Auftragsbekanntmachung bzw. Aufforderung zur Interessensbestätigung zurück. Für Liefer- und Dienstleistungsaufträge sind die entsprechenden Verpflichtungen des öffentlichen Auftraggebers in § 41 VgV geregelt, für Bauaufträge in § 11 Abs. 3 und § 11b Abs. 1, 2 VOB/A-EU. Für verteidigungs- und sicherheitsspezifische Aufträge nach § 104 Abs. 1 GWB bestehen hingegen keine solchen Verpflichtungen.

20 Gemäß § 41 Abs. 1 VgV, § 11 EU Abs. 3 VOB/A sind öffentliche Auftraggeber demnach **im Regelfall**[37] (zu den Ausnahmen → Rn. 22 f.) verpflichtet, in der Auftragsbekanntmachung oder – wenn stattdessen eine Vorinformation als Aufruf zum Wettbewerb

---

[33] Vgl. jurisPK-VergabeR/*Haug/Panzer*, 4. Aufl., § 9 VOF Rn. 288.
[34] S. Anhang II der Durchführungsverordnung (EU) 2015/1986.
[35] → Rn. 62, 67.
[36] Zum Begriff der Vergabeunterlagen → § 20 Rn. 5.
[37] Vgl. KKMPP/*Rechten* VgV § 41 Rn. 41.

genutzt wurde (→ Rn. 62, 67) – in der Aufforderung zur Interessensbestätigung[38] (siehe dazu auch → § 20 Rn. 67 ff.) eine „elektronische Adresse" (Internetadresse) anzugeben, unter der die Vergabeunterlagen unentgeltlich, uneingeschränkt, vollständig und direkt abgerufen werden können. Dies bedeutet auch, dass die Vergabeunterlagen **ab dem Tag der Veröffentlichung** der Bekanntmachung bzw. der Versendung[39] der Aufforderung zur Interessensbestätigung tatsächlich unter dieser Adresse **zur Verfügung** stehen. Das geht zwar nicht unmittelbar aus den genannten Vorschriften hervor, ist aber hineinzulesen, um der entsprechenden europarechtlichen Vorgabe des Art. 53 Abs. 1 UAbs. 1 S. 1 VRL gerecht zu werden, wonach die öffentlichen Auftraggeber ab dem fraglichen Zeitpunkt „unentgeltlich einen uneingeschränkten und vollständigen direkten Zugang anhand elektronischer Mittel zu diesen Auftragsunterlagen an[bieten]."

Unentgeltlich ist der Zugang dann, wenn kein an den Vergabeunterlagen Interessierter 21
für das Auffinden, den Empfang und das Anzeigen von Vergabeunterlagen einem öffentlichen Auftraggeber oder einem Dritten ein Entgelt entrichten muss, wobei von dem Merkmal der Unentgeltlichkeit sämtliche Funktionen elektronischer Mittel,[40] die nach dem jeweils aktuellen Stand der Technik erforderlich sind, um auf Vergabeunterlagen zuzugreifen, umfasst sind.[41] Dass die Vergabeunterlagen daneben auch zB über entgeltliche (ggf. vom Auftraggeber selbst angebotene) Dienste wie sog. Alert-Dienste abgerufen werden können, beseitigt die Unentgeltlichkeit nicht.[42] **Uneingeschränkt** (engl. „unrestricted") ist der Zugang dann, wenn er keinerlei Beschränkungen personeller, zeitlicher oder sonstiger Art gibt. ZB darf der Zugang nicht zeitlich auf einen bestimmten Zeitraum (innerhalb der Angebots- oder Bewerbungsfrist) begrenzt werden. Ebenso ist der Zugang eingeschränkt, wenn der Abruf der Vergabeunterlagen eine vorherige Registrierung oder Anmeldung (auf einer Plattform) erfordert, dh dass nicht jedem, sondern nur angemeldeten bzw. registrierten Unternehmen der Zugang gewährt wird. Der Übergang zum Merkmal des **direkten** Zugangs ist hier fließend, da auch durch eine vorher erforderliche Registrierung der Abruf der Unterlagen nur indirekt möglich ist.[43] Vom Auftraggeber vermieden werden sollte auch die Angabe einer allgemeinen Internetadresse, von der aus man erst in mehreren Schritten zu den konkreten Vergabeunterlagen gelangt; auch dies könnte als nicht direkter Zugang eingeordnet werden. **Vollständig** zugänglich sind die Vergabeunterlagen, wenn sämtliche zum konkreten Vergabeverfahren existierenden Vergabeunterlagen (und nicht nur Teile oder Ausschnitte) abrufbar sind.[44] Vollständig bedeutet auch, dass die Vergabeunterlagen immer auf dem aktuellen Stand des Vergabeverfahrens sind, dh die jeweils aktuellen (ggf. geänderten) Fassungen der einzelnen Unterlagen und im Verfahren zusätzlich entstehende Unterlagen (wie ein Antwortenkatalog des Auftraggebers zu Bieterfragen) abrufbar sind.[45] Der Umstand, dass die Vergabeunterlagen bereits zum Zeitpunkt der Auftragsbekanntmachung bzw. der Aufforderung zur Interessensbestätigung vollständig und uneingeschränkt zugänglich sein müssen, wird vielfach dazu führen, dass die Vergabeunterlagen im laufenden Vergabeverfahren noch geändert oder ergänzt werden (müssen), der Auftraggeber aber potentielle Bieter bzw. Teilnehmer auf diese Änderungen mangels Registrierung oder ähnlichem unter Umständen nicht gezielt hinweisen kann; dieser Fall kann insbesondere im offenen Verfahren vor Ablauf der Angebotsfrist und in Verfahren mit Teilnahmewettbewerb vor Ablauf der Teilnahmefrist eintreten. Der Auftraggeber ist dann darauf angewiesen, dass sich die interessierten Unternehmen von sich

---

[38] Vgl. §§ 38 Abs. 5, 52 Abs. 3 VgV, § 12a EU VOB/A.

[39] Die englische Sprachfassung von Art. 53 Abs. 1 UAbs. 1 S. 1 VRL ist insoweit deutlicher als die deutsche Fassung.

[40] Zum Begriff vgl. § 9 Abs. 1 VgV.

[41] So die Verordnungsbegründung zu § 41 VgV, BR-Drucks. 87/16, S. 195.

[42] Vgl. KKMPP/*Rechten* VgV § 41 Rn. 24, mit Verweis auf die Verordnungsbegründung zu § 41 VgV, BR-Drucks. 87/16, S. 195.

[43] Vgl. zum Ganzen auch Verordnungsbegründung zu § 41 VgV, BR-Drucks. 87/16, S. 196.

[44] Vgl. Verordnungsbegründung zu § 41 VgV, BR-Drucks. 87/16, S. 196.

[45] Vgl. auch KKMPP/*Rechten* VgV § 41 Rn. 34.

aus laufend auf dem aktuellen Stand halten; so sieht es auch der Verordnungsgeber.[46] Das Angebot einer freiwilligen Registrierung beim Auftraggeber, um über Änderungen oder Aktualisierungen der Vergabeunterlagen informiert zu werden, wäre eine Möglichkeit, Informationsdefizite zu vermeiden; eine Aktualisierung der Vergabeunterlagen auf der uneingeschränkt zugänglichen Internetseite ersetzt ein solches Registrierungsangebot hingegen nicht.

22 In **Ausnahmefällen** kann der öffentliche Auftraggeber die Vergabeunterlagen abweichend – etwa in Papierform per Post[47] – zugänglich machen, nämlich wenn ein unentgeltlicher, uneingeschränkter, vollständiger und direkter Zugang aus bestimmten technischen Gründen nicht möglich oder aus Gründen des Vertraulichkeitsschutzes nicht geboten ist. In § 41 Abs. 2 VgV bzw. § 11b EU Abs. 1 VOB/A sind die **technisch bedingten** Konstellationen aufgeführt, unter denen eine anderweitige Bereitstellung der Vergabeunterlagen zugelassen ist. Die drei Fallgruppen gehen auf Art. 22 Abs. 1 UAbs. 2 lit. a) bis c)[48] VRL zurück, auf die Art. 53 Abs. 1 UAbs. 2 VRL verweist. Auch wenn dies aus § 41 Abs. 2 S. 1 lit. a) VgV, § 11b EU Abs. 1 S. 1 Nr. 1 VOB/A nicht so deutlich hervorgeht (wohl aber aus Art. 22 Abs. 1 UAbs. 2 lit. a) VRL), bezieht sich die erste Fallgruppe auf Konstellationen, in denen aufgrund der besonderen Art („specialised nature") der Auftragsvergabe für die elektronische Kommunikation selbst (als Übertragungsweg), hier also den Abruf der Vergabeunterlagen, bestimmte Instrumente, Vorrichtungen oder auch Dateiformate erforderlich wären, die nicht allgemein verfügbar sind oder nicht von allgemein verfügbaren Anwendungen unterstützt werden. Dies könnte zB der Fall sein, wenn die fragliche Auftragsvergabe eine bestimmte gesicherte elektronische Kommunikation erfordern würde. Die unter § 41 Abs. 2 S. 1 lit. b) VgV, § 11b EU Abs. 1 S. 1 Nr. 2 VOB/A beschriebene Fallgruppe deckt die Konstellationen ab, in denen die Vergabeunterlagen, wenn sie für den elektronischen Abruf in geeigneter Form[49] bereitzustellen wären, in Dateiformaten zur Verfügung gestellt würden, die nicht mit allgemein verfügbaren oder verbreiteten Softwareanwendungen verarbeitet werden können oder für deren Verarbeitung die erforderlichen Anwendungen durch andere als kostenlose und allgemein verfügbare Lizenzen geschützt sind (und auch nicht vom Auftraggeber zur Verfügung gestellt werden können). In die dritte Fallgruppe (§ 41 Abs. 2 S. 1 lit. c) VgV, § 11b EU Abs. 1 S. 1 Nr. 3 VOB/A) fallen die Konstellationen, in denen spezielle Bürogeräte für die Bereitstellung der Vergabeunterlagen seitens des Auftraggebers erforderlich sind, diese jedoch Auftraggebern nicht allgemein zur Verfügung stehen. Ein Beispiel für ein solches Bürogerät könnte ein Scanner für Großformate sein, um großformatige Pläne zu digitalisieren.[50] Soweit ein unentgeltlicher, uneingeschränkter, vollständiger und direkter Zugang aus den genannten technischen Gründen nicht möglich ist, **„kann"** der öffentliche Auftraggeber die Vergabeunterlagen auf einem anderen geeigneten Weg übermitteln und **muss es unter Umständen** aus Gründen des Diskriminierungsverbot bzw. des Transparenzgebots auch. Nach Art. 53 Abs. 1 UAbs. 2 VRL, der insoweit nicht ausdrücklich umgesetzt wurde, ist in der Auftragsbekanntmachung bzw. – wenn stattdessen eine Vorinformation als Aufruf zum

[46] Vgl. Verordnungsbegründung zu § 41 VgV, BR-Drucks. 87/16, S. 196.

[47] Vgl. Art. 22 Abs. 1 UAbs. 3 VRL.

[48] Auf lit. d), der nur die Einreichung von physischen bzw. maßstabsgetreuen Modellen *bei Angebotsabgabe* betrifft, wird nicht Bezug genommen, und zwar vermutlich, weil Vergabeunterlagen, um die es hier geht, – anders als Angebote – grundsätzlich keine Modelle enthalten.

[49] Das verwendete Dateiformat muss sich für die Beschreibung der Angebote (hier wohl eher: Angebotsunterlagen) eignen.

[50] Vgl. KKMPP/*Rechten* VgV § 41 Rn. 47, der zu Recht den unglücklichen Hinweis in der Begründung zum Verordnungsentwurf (BR-Drucks. 87/16, S. 196) auf „Großformatdrucker" kritisiert; denn das in Erwägungsgrund 53 VRL genannte Beispiel des Großformatdruckers (worauf die Verordnungsbegründung zielt) bezieht sich direkt auf Art. 22 Abs. 1 UAbs. 2 lit. c) VRL, der unmittelbar nur die Angebotsabgabe (der Bieter an den Auftraggeber) regelt, während der hier einschlägige Art. 53 Abs. 1 UAbs. 2 VRL, wenn er Art. 22 Abs. 1 UAbs. 2 lit. c) VRL in Bezug nimmt, die umgekehrte Kommunikationsrichtung (Bereitstellung der Vergabeunterlagen durch den Auftraggeber gegenüber den Bietern) betrifft.

Wettbewerb genutzt wurde (→ Rn. 62, 67) – in der Aufforderung zur Interessensbestätigung darauf hinzuweisen, dass die Vergabeunterlagen nicht elektronisch, sondern durch andere Mittel übermittelt werden; eine dezidiert dafür vorgesehene Stelle für derartige Angaben enthält das Standardformular 2 allerdings nicht.

Nach § 41 Abs. 3 VgV bzw. § 11b EU Abs. 2 VOB/A[51] kann von der elektronischen Bereitstellung der Vergabeunterlagen auch aus Gründen der **Vertraulichkeit** von (sensiblen) Informationen abgewichen werden. Voraussetzung dafür ist, dass der öffentliche Auftraggeber beabsichtigt, den Teilnehmern bzw. Bietern im Vergabeverfahren Anforderungen zum Schutz der Vertraulichkeit von Informationen vorzuschreiben[52] („Maßnahmen zum Schutz der Vertraulichkeit von Informationen anzuwenden") und daher ein elektronischer Zugang in der geforderten unbeschränkten Form nicht möglich ist. In diesem Fall hat er in der Auftragsbekanntmachung (bzw. in der Aufforderung zur Interessensbestätigung) anzugeben, welche Maßnahmen zum Schutz der Vertraulichkeit der Informationen er fordert und wie auf die Vergabeunterlagen zugegriffen werden kann. Auch hierfür findet sich allerdings im Standardformular 2 keine ausdrücklich dafür vorgesehene Stelle. 23

In beiden Ausnahmefällen verlängert sich die Angebotsfrist gemäß § 41 Abs. 2 S. 2 bzw. Abs. 3 S. 2 VgV bzw. § 11b EU Abs. 1 S. 2 bzw. Abs. 2 S. 2 VOB/A grundsätzlich um **fünf Tage;** die **Verlängerung der Angebotsfrist** tritt allerdings nicht in Fällen hinreichend begründeter Dringlichkeit nach §§ 15 Abs. 3, 16 Abs. 7, 17 Abs. 8 VgV bzw. § 10a EU Abs. 3, § 10b EU Abs. 5 (ggf. iVm § 10c EU Abs. 1) VOB/A ein. Für den Fall des § 41 Abs. 3 VgV hat der deutsche Verordnungsgeber zudem dann keine Fristverlängerung vorgesehen (ohne dass dies seine Entsprechung in Art. 53 Abs. 1 UAbs. 3 VRL findet), wenn die Maßnahme zum Schutz der Vertraulichkeit ausschließlich in der Abgabe einer Verschwiegenheitserklärung besteht; das zwingende Gebot der Fristverlängerung erscheine hier überzogen.[53] Diese Regelung ist – was ihre Konformität mit dem Gemeinschaftsrecht, hier Art. 53 Abs. 1 UAbs. 3 VRL, betrifft – bedenklich. Denn entweder fällt eine solche Schutzmaßnahme für sich genommen tatbestandlich schon gar nicht unter Art. 53 Abs. 1 UAbs. 3 VRL und damit (bei europarechtskonformem Verständnis) auch nicht unter § 41 Abs. 3 VgV; hier muss nämlich eine Kausalität zwischen den beabsichtigten Schutzmaßnahmen und einer fehlenden Realisierbarkeit eines unentgeltlichen, uneingeschränkten, vollständigen und direkten elektronischen Zugangs zu den Vergabeunterlagen gegeben sein; eine Verschwiegenheitserklärung allein macht den geforderten elektronischen Zugang jedoch noch nicht unmöglich. Ist indes gemeint, dass die Abgabe einer Verschwiegenheitserklärung Voraussetzung dafür ist, die Vergabeunterlagen übermittelt zu bekommen bzw. erst danach als interessiertes Unternehmen darauf zugreifen zu können, erscheint eine Verlängerung der Angebotsfrist durchaus angezeigt und keineswegs überzogen. 24

bb) Beschreibung des Auftragsgegenstands mithilfe des CPV. Unter **Ziffer II.1.2)** und ggf. Ziffer II.2.2) des Standardformulars 2 bzw. Ziffer II.1.6) des Standardformulars 17 ist der Beschaffungsgegenstand mithilfe des sog. Gemeinsamen Vokabulars für das öffentliche Auftragswesen **(Common Procurement Vocabulary – CPV)** zu beschreiben. Es handelt sich dabei um ein (alpha-)numerisches Klassifizierungssystem, das der Transparenz dienen soll[54] und in der Verordnung (EG) Nr. 213/2008,[55] dort vor allem im Anhang I aufgeführt ist. Die Klassifizierung durch sog. CPV-Codes ermöglicht insbesondere die sprachbarrierefreie **Recherche** in Tenders Electronic Daily[56] und erleichtert so interessier- 25

[51] Die der Umsetzung von Art. 53 Abs. 1 UAbs. 3 VRL dienen.
[52] Vgl. Art. 21 Abs. 2 VRL, auf den Art. 53 Abs. 1 UAbs. 3 VRL verweist.
[53] Vgl. BR-Drucks. 87/16, S. 197.
[54] Vgl. *Opitz* NZBau 2003, 183, 187; Byok/Jaeger/*Müller* VgV § 14 Rn. 10; Hattig/Maibaum/*Beurskens* Praxiskommentar, § 14 VgV Rn. 8.
[55] Verordnung zur Änderung der Verordnung (EG) Nr. 2195/2002, mit der das CPV eingeführt wurde.
[56] Elektronische Datenbank aller EU-weiten Bekanntmachungen; unter www.ted.europa.eu; s. auch unten Rn. 35.

ten Unternehmen binnenmarktweit einen Überblick über Beschaffungsvorgänge jeweils bezogen auf bestimmte Leistungen.[57] Die Verordnung gilt gemäß Art. 288 AEUV unmittelbar in den EU-Mitgliedstaaten, ohne dass es einer Umsetzung in nationales Recht bedarf. Auch eine gesonderte nationale Bekanntgabe im Bundesanzeiger erfolgt nicht mehr (so noch § 14 S. 2 VgV aF).[58] Die Internetseite der Europäischen Kommission zum Europäischen Vergaberecht enthält einen Link auf das aktuell geltende CPV.[59]

26 Das CPV enthält alle denkbaren Arten von Waren und Bau- sowie Dienstleistungen, denen jeweils eine neunstellige Zahl (sog. „Hauptteil" des CPV-Codes) zugeordnet ist; für die Einordnung sind nur die ersten acht Ziffern relevant, während die neunte Ziffer als Kontrollziffer dient. So sind zB alle erdenklichen Waren (mit Ausnahme von Software und IT-Servern) unter den Ziffern 03000000-1 bis 44930000-8 und anschließend Bauleistungen und bauverwandte Leistungen ab Ziffer 45000000-7 aufgeführt. Die Leistungen sind dabei jeweils nach Abteilungen (die ersten beiden Ziffern), darunter nach Gruppen (ersten drei Ziffern), Klassen (ersten vier Ziffern) und Kategorien (ersten fünf Ziffern) geordnet. Mithilfe der letzten drei Ziffern kann innerhalb der Kategorien weiter spezifiziert werden. Der jeweils zutreffende Zahlen-Code ist im Formular in der Spalte „Hauptteil" einzutragen. In der Spalte „Zusatzteil" kann ggf. ein weiterer alphanumerischer Code eingetragen werden, mit dem eine bestimmte Eigenschaft oder Zweckbestimmung verbunden ist, um den Beschaffungsgegenstand weiter zu präzisieren.

27 **cc) Zulassung von Nebenangeboten.** Unter **Ziffer II.2.10)** des Standardformulars 2 bzw. Ziffer II.1.9) des Standardformulars 17 ist anzugeben, ob Nebenangebote („Varianten/Alternativangebote") zugelassen sind. Nur wenn in der Auftragsbekanntmachung[60] (positiv) angegeben bzw. angekreuzt ist, dass Nebenangebote zulässig sind, können Nebenangebote vom öffentlichen Auftraggeber berücksichtigt werden. Fehlt es an einer Angabe hierzu, sind Nebenangebote nicht zugelassen (s. zu den Einzelheiten → § 28 Rn. 13 ff.). Gemäß § 35 Abs. 1 S. 1 VgV a.E. bzw. § 8 EU Abs. 2 Nr. 3 S. 1 VOB/A aE[61] darf ein öffentlicher Auftraggeber den Bietern neuerdings im Anwendungsbereich der VgV (ggf. iVm VOB/A-EU) sogar vorschreiben, Nebenangebote einzureichen (→ § 28 Rn. 15). Im Standardformular 2 steht dem Auftraggeber für diese Variante unter Ziffer II.2.10) jedoch keine entsprechende Ankreuzoption zur Verfügung, sondern nur wie bisher die Möglichkeit anzukreuzen, ob „ja" oder „nein" „Varianten/Alternativangebote" zugelassen sind. Will der öffentliche Auftraggeber Nebenangebote vorschreiben, so sollte er an anderer Stelle im Standardformular 2 (zB unter Ziffer II.2.14) – „Zusätzliche Angaben") darauf hinweisen, da das Vergaberecht (vgl. Art. 45 Abs. 1 S. 2 VRL bzw. § 35 Abs. 1 S. 1 VgV, § 8 EU Abs. 2 Nr. 3 S. 1 VOB/A) einen Hinweis darauf in der Bekanntmachung verlangt.

28 **dd) Angabe der zuständigen Vergabekammer.** In der Bekanntmachung ist gemäß § 37 Abs. 3 VgV, § 18 Abs. 3 Nr. 4 VSVgV die **Vergabekammer** (mit Anschrift) zu nennen, die für eine Nachprüfung[62] des jeweiligen Vergabeverfahrens zuständig ist. Die entsprechenden Vorschriften für Bauaufträge, §§ 21 EU, 21 VS VOB/A, verwenden den Begriff der „Nachprüfungsbehörde"; darunter ist jedoch die zuständige Vergabekammer zu verstehen.[63] Mit der Angabe der für eine Nachprüfung zuständigen Vergabekammer wird es (potentiellen) Bewerbern oder Bietern erleichtert, die für den Primärrechtsschutz zuständigen Stellen zu finden, um mögliche Vergaberechtsverstöße geltend machen zu kön-

[57] Vgl. auch KKMPP/*Rechten* VgV § 37 Rn. 27.
[58] Vgl. auch *Just/Sailer* NVwZ 2010, 937, 939.
[59] S. https://simap.ted.europa.eu.
[60] Oder in der Aufforderung zur Interessenbestätigung (wenn nach § 38 Abs. 4 bzw. § 66 Abs. 2 VgV auf eine Auftragsbekanntmachung verzichtet werden darf).
[61] In Umsetzung von Art. 45 Abs. 1 S. 1 Alt. 2 VRL.
[62] Zum Nachprüfungsverfahren s. im Einzelnen → §§ 40 ff.
[63] Vgl. auch Ziekow/Völlink/*Völlink* VOB/A-EU § 21 Rn. 1, 2.

nen. Da vielfach der Verlust des Primärrechtsschutzes durch Zuschlagserteilung droht, ist ein zeitnaher Nachprüfungsantrag bei der zuständigen Vergabekammer von großer Bedeutung für den Bieter. Die Regelungen dienen daher der Gewährleistung eines **effektiven Rechtsschutzes.**[64].

Welches die **zuständige Vergabekammer** ist, ergibt sich aus den §§ 156 Abs. 1, 158, 159 GWB. In den Fällen einer länderübergreifenden Beschaffung ist gemäß § 159 Abs. 3 S. 2 GWB in der Bekanntmachung nur eine zuständige Vergabekammer zu benennen. Wird fälschlicherweise in einer Bekanntmachung eine **unzuständige Vergabekammer** benannt, begründet die Benennung selbst nicht die Zuständigkeit der Kammer;[65] die Benennung hat dann keine konstitutive Wirkung.[66] Die angerufene Vergabekammer hat jedoch das Nachprüfungsverfahren an die zuständige Kammer entsprechend § 83 S. 1 VwGO, § 17a Abs. 2 GVG zu verweisen.[67] Gleiches gilt, wenn ein Bieter aufgrund einer fehlenden Benennung der zuständigen Vergabekammer seinen Nachprüfungsantrag bei einer unzuständigen Kammer anhängig macht. Die falsche oder fehlende Benennung der Vergabekammer kann ggf. Schadensersatzansprüche der Bieter oder Bewerber begründen.[68] 29

Als **Anschrift** ist in jedem Fall die Postanschrift anzugeben. Darüber hinaus ist auch die Angabe von Telefonnummer und vor allem Faxnummer der Vergabekammer sinnvoll; letztere ermöglicht einem Bewerber oder Bieter die schnelle Übermittlung eines (gemäß § 161 Abs. 1 S. 1 GWB schriftlich einzureichenden) Nachprüfungsantrags, die etwa in Anbetracht der Fristen nach § 134 Abs. 2, § 135 Abs. 2 oder § 160 Abs. 3 S. 1 Nr. 4 GWB erforderlich sein kann. Das für die Auftragsbekanntmachung zu verwendende **Standardformular** 2 bzw. 17 sieht dementsprechend unter **Ziffer VI.4.1),** unter der die Vergabekammer als zuständige Nachprüfungsinstanz einzutragen ist, neben der Postanschrift als **weitere Angaben** die von Telefon- und Faxnummer sowie E-Mail- und Internetadresse vor. 30

Dem gegenüber § 37 Abs. 3 VgV, § 18 Abs. 3 Nr. 4 VSVgV offener gehaltenen Wortlaut der §§ 21 EU, 21 VS VOB/A („Nachprüfungsbehörde") könnte prinzipiell entnommen werden, dass neben den Vergabekammern auch eventuell existierende **Vergabeprüfstellen** im Sinne des § 103 GWB aF zu nennen sind.[69] Dagegen spricht allerdings, dass Vergabeprüfstellen nach § 103 GWB aF nicht zur „Nachprüfung", sondern nur zur „Überprüfung der Einhaltung der … Vergabebestimmungen" eingerichtet wurden und die §§ 21 EU, 21 VS VOB/A jeweils nur von einer „Nachprüfungsbehörde" im Singular sprechen, bei der es sich zwingend um die Vergabekammer handeln muss.[70] Soweit eine Vergabeprüfstelle jedoch als Stelle für ein Schlichtungsverfahren fungiert, kann sie unter Ziffer VI.4.2) (Standardformular 2) bzw. Ziffer VI.4.1) (Standardformular 17) als „Zuständige Stelle für Schlichtungsverfahren" in das Standardformular eingetragen werden. 31

ee) Angaben zur Einlegung von Rechtsbehelfen. Unter den **Ziffern VI.4.3) und VI.4.4)** des Standardformulars 2 bzw. Ziffern VI.4.2) und VI.4.3) des Standardformulars 17 sind genaue Angaben zu den Fristen für die Einlegung von Rechtsbehelfen und – „falls zutreffend"[71] – zu der Stelle einzutragen, die Auskünfte über die Einlegung von Rechtsbehelfen erteilt. Dass diese Informationen in der Auftragsbekanntmachung enthalten sein müssen, ergibt sich für sog. klassische Aufträge aus Art. 49 S. 2 iVm Anhang V Teil C der 32

[64] S. Begründung zur Vorgängervorschrift des § 17 VgV aF, BR-Drucks. 455/00, S. 20 (zu § 17 VgV).
[65] Vgl. Kapellmann/Messerschmidt/*Glahs* VOB/A-EU § 21 Rn. 7; Ziekow/Völlink/*Völlink* VOB/A-EU § 21 Rn. 3.
[66] Vgl. auch RKPP/*Ohlerich* GWB § 159 Rn. 26.
[67] Vgl. Ziekow/Völlink/*Völlink* VOB/A-EU § 21 Rn. 3; RKPP/*Ohlerich* GWB § 159 Rn. 30.
[68] Vgl. Kapellmann/Messerschmidt/*Glahs* VOB/A-EU § 21 Rn. 1, 7; Ingenstau/Korbion/*Portz/Reichling* VOB/A-EU § 21 Rn. 9.
[69] So noch FKZG/*Mertens* 4. Aufl., § 21a VOB/A Rn. 6.
[70] Vgl. auch Ingenstau/Korbion/*Portz/Reichling* VOB/A-EU § 21 Rn. 1.
[71] Vgl. entsprechende Fußnote im Standardformular 2 und 21.

VRL, dort Nr. 25. Danach sind neben der Bezeichnung der für Nachprüfungen zuständigen Stelle und ggf. Schlichtungsstelle „[g]enaue Angaben zu den Fristen für Nachprüfungsverfahren beziehungsweise gegebenenfalls Name, Adresse,… der Stelle, bei der diese Informationen erhältlich sind" erforderlich. Danach sind nunmehr Angaben zu Rechtsbehelfsfristen für das Nachprüfungsverfahren in jedem Fall erforderlich; dementsprechend sieht Standardformular 2 einen solchen Eintrag unter Ziffer VI.4.3) vor, während unter Ziffer VI.4.4) nur dann Angaben einzutragen sind, wenn eine solche Stelle angegeben werden kann („falls zutreffend"). Im Falle verteidigungs- und sicherheitsspezifischer öffentlicher Aufträge nach § 104 GWB gilt entsprechend dem Hinweis unter Ziffer VI.4.2) im Standardformular 17 – wie auch früher noch im klassischen Bereich –, dass dort zumindest zu einer der beiden Ziffern (vollständige) Angaben zu machen sind.

33 Die danach erforderlichen Angaben haben zum **Nachprüfungsverfahren** nach §§ 155 ff. GWB als dem nach inländischem Vergaberecht vorgesehenen Rechtsbehelfsverfahren zu erfolgen. Für dieses besteht grundsätzlich keine allgemeine Rechtsbehelfsfrist im Sinne einer Ausschlussfrist.[72] Etwas anderes gilt, wenn der Auftraggeber einem Bieter auf dessen Rüge mitteilt, dass er der Rüge nicht abhelfe. Mit Eingang dieser Mitteilung beginnt für den Bieter gemäß **§ 160 Abs. 3 S. 1 Nr. 4 GWB**[73] eine Ausschlussfrist von 15 Kalendertagen, nach deren Ablauf ein Nachprüfungsantrag nicht mehr zulässig ist.[74] Auf diese Rechtsbehelfsfrist[75] ist daher unter Ziffer VI.4.3) des Standardformulars 2 bzw. 21 (Ziffer VI.4.2) des Standardformulars 17) hinzuweisen; für verteidigungs- und sicherheitsspezifische öffentliche Aufträge reicht es möglicherweise aus, wenn zumindest unter Ziffer VI.4.3) die Stelle benannt ist, bei der darüber Auskunft eingeholt werden kann. Fehlen entsprechende Informationen in der Bekanntmachung, ist die Zurückweisung eines Nachprüfungsantrags wegen Unzulässigkeit nach § 160 Abs. 3 S. 1 Nr. 4 GWB nicht möglich.[76] Da auch die Präklusionsvorschriften nach § 160 Abs. 3 S. 1 Nr. 1 bis 3 GWB (Präklusion bei Verletzung der entsprechenden Rügeobliegenheit) zur Unzulässigkeit des Nachprüfungsantrags und damit zur Verwehrung des Rechtsschutzes führen können, ist es zumindest zweckdienlich, wenn nicht sogar geboten, auch hierauf in der Auftragsbekanntmachung hinzuweisen.

2. Veröffentlichung im EU-Amtsblatt

34 Die Veröffentlichung der Bekanntmachung erfolgt im **Supplement des Amtsblatts der Europäischen Union** (vgl. zu den Einzelheiten → Rn. 40 ff.). Um die Veröffentlichung zu bewirken, ist der Bekanntmachungstext dem Amt für Veröffentlichungen der Europäischen Union zu übermitteln (→ Rn. 35 ff.). Die Veröffentlichung ist anschließend vom Auftraggeber zu dokumentieren (→ Rn. 43 f.). Neben der Veröffentlichung im EU-Amtsblatt ist zudem eine Veröffentlichung im Inland möglich (→ Rn. 45).

35 **a) Übermittlung.** Zur Veröffentlichung ist der Bekanntmachungstext dem Amt für Veröffentlichungen der Europäischen Union zu übermitteln. Die Übermittlung hat mittlerweile im Anwendungsbereich der VgV (einschließlich des 2. Abschnitts der VOB/A) zwingend elektronisch zu erfolgen (→ Rn. 36). Im Anwendungsbereich der VSVgV (einschließlich des 3. Abschnitts der VOB/A) kann der Auftraggeber daneben auch andere **Übermittlungswege** nutzen (→ Rn. 37 ff.).

36 In der **klassischen Auftragsvergabe** hat die Übermittlung der Bekanntmachung nach § 40 Abs. 1 S. 1 VgV, § 12 EU Abs. 3 Nr. 2 S. 3 VOB/A nunmehr ausschließlich **elektro-**

---

72 Vgl. auch *Jaeger* NZBau 2009, 558, 561; *Lindenthal* VergabeR 2006, 1, 7.

73 Mit Ausnahme der dort in S. 2 genannten Fälle.

74 Zu den Einzelheiten vgl. § 41 Rn. 86 f.

75 Vgl. *Jaeger* NZBau 2009, 558, 562.

76 Vgl. OLG Brandenburg Beschl. v. 13.9.2011 – Verg W 10/11, BeckRS 2011, 25288; OLG Celle Beschl. v. 12.5.2010 – 13 Verg 3/10, BeckRS 2010, 13101; OLG Düsseldorf Beschl. v. 9.12.2009 – VII-Verg 37/09, BeckRS 2010, 5178; *Dicks* ZfBR 2010, 235, 242; *Jaeger* NZBau 2009, 558, 562.

nisch zu erfolgen. Die Modalitäten der elektronischen Übermittlung sind im Internet unter https://simap.ted.europa.eu abrufbar; hierauf verweist die VOB/A in § 12 EU Abs. 3 Nr. 2 S. 3 bzw. § 12 VS Abs. 2 Nr. 2 S. 2 jeweils explizit mit einer Fußnote, die Vorgaben gelten jedoch auch für die elektronische Übermittlung bei Liefer- und Dienstleistungsaufträgen nach der VgV und auch der VSVgV.[77] Soweit es in § 40 Abs. 1 S. 1 VgV heißt, dass „mit elektronischen Mitteln" zu übermitteln ist, ist dies nicht zusätzlich als Verweis auf die Legaldefinition von „elektronischen Mitteln" in § 9 Abs. 1 VgV zu verstehen; maßgeblich sind vielmehr allein die Vorgaben unter https://simap.ted.europa.eu, auf die Art. 51 Abs. 2 S. 1 iVm Anhang VIII Nr. 3 VRL ausschließlich verweist. Danach ist eine elektronische Übermittlung über die web-basierte Anwendung eNotices oder über eine Qualifizierung als sog. eSender möglich.[78] Auftraggeber können dabei auch – ohne selbst als eSender qualifiziert zu sein – die Dienste eines eSenders zur Übermittlung nutzen. Unter der Anwendung **eNotices,** die nach einer (kostenlosen) Registrierung kostenlos zugänglich ist, werden alle Standardformulare als **Online-Formulare** zur Verfügung gestellt, die über Eingabemasken ausgefüllt, ggf. zwischengespeichert und schließlich elektronisch abgesandt werden können. Die Zulassung als sog. **eSender,** um dem Amt für Veröffentlichungen der Europäischen Union standardisierte XML-Dateien zusenden zu können, setzt eine eigene Software-Entwicklung und Testphasen mit dem Amt für Veröffentlichungen voraus und ist für Stellen, die regelmäßig eine Vielzahl von Bekanntmachungen elektronisch übermitteln, eine interessante Alternative zu eNotices.[79]

Auch für **verteidigungs- und sicherheitsspezifische** öffentliche Aufträge nach § 104 Abs. 1 GWB kann der Auftraggeber gemäß § 18 Abs. 4 S. 1, 2 VSVgV bzw. § 12 VS Abs. 2 Nr. 2 S. 1 VOB/A den elektronischen Übermittlungsweg wählen (zu den Modalitäten der elektronischen Übermittlung s. o. Rn. 36). Erfolgt die Erstellung und Übermittlung der Bekanntmachung im Falle verteidigungs- oder sicherheitsspezifischer Aufträge elektronisch, sind **Fristverkürzungen möglich.** So kann in einem nicht offenen Verfahren, Verhandlungsverfahren mit Teilnahmewettbewerb oder wettbewerblichen Dialog die Frist für Teilnahmeanträge um sieben Tage verkürzt werden (vgl. § 20 Abs. 4 S. 1 VSVgV bzw. § 10b VS Abs. 2 VOB/A).[80] Darüber hinaus kann in Fällen besonderer Dringlichkeit (sog. beschleunigtes Verfahren) unter der Voraussetzung der elektronischen Übermittlung die Frist für Teilnahmeanträge im nicht offenen Verfahren oder Verhandlungsverfahren mit Teilnahmewettbewerb auf bis zu zehn Tage (statt ansonsten 15 Tage) verkürzt werden (vgl. § 20 Abs. 2 S. 2 VSVgV bzw. § 10b VS Abs. 6 Nr. 1 VOB/A).[81] 37

Alternativ darf die Übermittlung im Fall von verteidigungs- oder sicherheitsspezifischen öffentlichen Aufträgen nach § 104 Abs. 1 GWB auch **auf anderem Wege** als elektronisch erfolgen; hierzu stehen dem Auftraggeber aufgrund der vom Amt für Veröffentlichungen der Europäischen Union zur Verfügung gestellten Kontaktdaten[82] der Postweg und E-Mail-Übersendung zur Verfügung. Dabei ist das **ausgefüllte Standardformular** nach Durchführungsverordnung (EU) 2015/1986 zu verwenden. Wird wegen besonderer Dringlichkeit ein sog. **beschleunigtes Verfahren** durchgeführt (vgl. § 20 Abs. 2 S. 2 VSVgV, § 10b VS Abs. 6 Nr. 1 VOB/A),[83] hat die Übermittlung allerdings elektronisch oder per Fax zu erfolgen (vgl. § 18 Abs. 4 S. 2 VSVgV, § 12 VS Abs. 2 Nr. 2 S. 2 VOB/A aE);[84] die Übermittlung auf dem Postweg scheidet dann aus. 38

---

[77] Vgl. Art. 51 Abs. 2 S. 1 iVm Anhang VIII Nr. 3 VRL bzw. Art. 32 Abs. 2 S. 2 iVm Anhang VI Nr. 3 RL 2009/81/EG.
[78] Vgl. dazu auch jurisPK-VergabeR/*Bock* § 40 VgV Rn. 8 ff.
[79] Zu den Zulassungsvoraussetzungen als TED eSender s. https://simap.ted.europa.eu.
[80] Vgl. auch Art. 33 Abs. 4 RL 2009/81/EG.
[81] Vgl. auch Art. 33 Abs. 7 1. Spiegelstrich RL 2009/81/EG.
[82] S. https://op.europa.eu.
[83] Vgl. Art. 33 Abs. 7 1. Spiegelstrich RL 2009/81/EG.
[84] Vgl. Art. 32 Abs. 2 S. 2 RL 2009/81/EG.

39 Nach § 18 Abs. 4 S. 1 VSVgV, § 12 VS Abs. 2 Nr. 2 S. 2 VOB/A soll die Übermittlung an das Amt für Veröffentlichungen der Europäischen Union **„unverzüglich"** erfolgen. Eine mögliche Verzögerung hat allerdings in Bezug auf die Auftragsbekanntmachung selbst keine Konsequenzen und wird dementsprechend nicht sanktioniert. Dass damit jedoch etwa der Tag der Absendung, der zB Ausgangspunkt für die Berechnung der Bewerbungsfrist ist, ein späterer Termin ist, hat der Auftraggeber vor allem mit Blick auf den weiteren zeitlichen Ablauf des Vergabeverfahrens zu berücksichtigen. Eine zögerliche Übermittlung kann im Übrigen Zweifel an einer dringlichen Vergabe aufkommen lassen.

40 **b) Veröffentlichung.** Die Veröffentlichung der Bekanntmachung erfolgt im **Supplement des Amtsblatts der Europäischen Union.**[85] Dieses erscheint mittlerweile nicht mehr in Papierform, sondern nur noch elektronisch, und zwar im Internet auf **„Tenders Electronic Daily"** („TED"), der elektronischen Datenbank der Europäischen Union, in der alle EU-weiten (vergabebezogenen) Bekanntmachungen eingestellt werden.

41 Abhängig davon, welcher Übermittlungsweg vom öffentlichen Auftraggeber genutzt wird, erfolgt die **Veröffentlichung** im Supplement des EU-Amtsblatts – wenn die Übermittlung elektronisch erfolgte, → Rn. 36 – spätestens fünf Kalendertage nach Übermittlung der Bekanntmachung[86] oder – bei Übermittlung auf anderem Wege – spätestens zwölf Kalendertage ab Absendung.[87] Die Veröffentlichung erfolgt ungekürzt in der/den vom Auftraggeber gewählten Originalsprache(n); daneben werden Zusammenfassungen in den anderen Amtssprachen der Europäischen Union veröffentlicht; verbindlich ist dabei allein der in der/den Originalsprache(n) veröffentlichte – und damit vom Auftraggeber selbst stammende – Text.[88]

42 Die Bekanntmachung im Supplement des EU-Amtsblatts erfolgt für den Auftraggeber **kostenlos.** Die Veröffentlichungskosten werden von der Europäischen Union getragen.[89]

43 **c) Dokumentation der Veröffentlichung.** Der Auftraggeber muss den **Tag der Absendung** der Bekanntmachung an das Amt für Veröffentlichungen der Europäischen Union **nachweisen** können (vgl. § 40 Abs. 1 S. 2 VgV, § 18 Abs. 4 S. 3 VSVgV, § 12 EU Abs. 3 Nr. 4 S. 1, § 12 VS Abs. 2 Nr. 3 VOB/A). Der Tag der Absendung der Auftragsbekanntmachung ist vor allem maßgeblich für die Berechnung von Angebots- bzw. Bewerbungsfristen.[90] Da ein Nachweis[91] gefordert ist und nicht nur eine Dokumentation nach § 8 VgV, § 43 VSVgV, § 20 EU/VS VOB/A, dürfte eine Aktennotiz im Vergabevermerk nicht ausreichen.[92] Erfolgt die Übermittlung elektronisch (→ Rn. 36), wird das Datum der Absendung automatisch eingetragen; hier kann ein Ausdruck als Nachweis zu den Akten genommen werden. Bei Übermittlung auf anderem Wege sollte der Fax-Sendebericht, der Ausdruck der versandten E-Mail, Poststempel auf dem Einlieferungsschein oder ähnliches als Nachweis genutzt werden.[93]

---

[85] Reihe S „Bekanntmachungen öffentlicher Aufträge" (ABl. S) des Amtsblatts der Europäischen Union.
[86] Vgl. § 12 EU Abs. 3 Nr. 3 S. 1, § 12 VS Abs. 2 Nr. 5 VOB/A bzw. Art. 51 Abs. 2 S. 2 VRL, Art. 32 Abs. 3 UAbs. 1 RL 2009/81/EG.
[87] Vgl. § 12 VS Abs. 2 Nr. 4 S. 1 VOB/A bzw. Art. 32 Abs. 3 UAbs. 2 RL 2009/81/EG.
[88] Vgl. § 12 EU Abs. 3 Nr. 3, § 12 VS Abs. 2 Nr. 4 VOB/A sowie auch Art. 51 Abs. 3 VRL bzw. Art. 32 Abs. 4 UAbs. 1 RL 2009/81/EG.
[89] Vgl. § 12 EU Abs. 3 Nr. 3 S. 1, § 12 VS Abs. 2 Nr. 4 S. 1 VOB/A sowie auch Art. 51 Abs. 2 S. 3 VRL bzw. Art. 32 Abs. 4 UAbs. 2 RL 2009/81/EG.
[90] Vgl. zB § 15 Abs. 2, 3, § 16 Abs. 2, 3 VgV.
[91] In der englischen Fassung von Art. 36 Abs. 7 VKR heißt es „to supply proof".
[92] So aber KKMPP/*Rechten* VgV § 40 Rn. 10.
[93] Vgl. Ingenstau/Korbion/*von Wietersheim*, 19. Aufl., § 12 EG VOB/A Rn. 9.

Des Weiteren erhält der Auftraggeber als **Nachweis für die Veröffentlichung** der Auftragsbekanntmachung eine entsprechende Bestätigung vom Amt für Veröffentlichungen der Europäischen Union.[94] 44

3. Parallele Veröffentlichung im Inland

Die Auftragsbekanntmachung kann zusätzlich zur EU-weiten Veröffentlichung auch **im Inland veröffentlicht** werden (§ 40 Abs. 3 VgV, § 18 Abs. 5 VSVgV, § 12 EU Abs. 3 Nr. 5, § 12 VS Abs. 2 Nr. 6 VOB/A); diese Möglichkeit ergibt sich auch implizit aus den gemeinschaftsrechtlichen Vorgaben für eine parallele nationale Veröffentlichung.[95] Nach den genannten Vorschriften dürfen zusätzlich auf nationaler Ebene veröffentlichte Bekanntmachungen nur diejenigen Angaben enthalten, die in den an das Amt für Veröffentlichungen der Europäischen Union übermittelten Bekanntmachungen enthalten sind.[96] Dies gewährleistet, dass inländische Bieter oder Bewerber **keinen inhaltlichen Informationsvorsprung** gegenüber ausländischen Unternehmen erhalten, die im Zweifel die inländische Veröffentlichung nicht kennen, und dient der **Gleichbehandlung.**[97] In zeitlicher Hinsicht ist zu beachten, dass die Veröffentlichung der Bekanntmachung im Inland nach § 40 Abs. 3 S. 1 VgV bzw. § 12 EU Abs. 3 Nr. 5 S. 3, 4 VOB/A grundsätzlich erst nach Veröffentlichung im EU-Amtsblatt bzw. – falls der Auftraggeber nicht innerhalb von 48 Stunden vom Amt für Veröffentlichungen der Europäischen Union eine Bestätigung über die Veröffentlichung (→ Rn. 44) erhalten hat – nach Ablauf dieser Frist veröffentlicht werden darf; für verteidigungs- und sicherheitsspezifische öffentliche Aufträge nach § 104 Abs. 1 GWB ist gemäß § 18 Abs. 5 S. 1 VSVgV bzw. § 12 VS Abs. 2 Nr. 6 S. 2 VOB/A der Tag der Absendung der Bekanntmachung an das Amt für Veröffentlichungen der Europäischen Union der früheste Zeitpunkt einer parallelen nationalen Bekanntmachung. Hierdurch soll ein **zeitlicher Vorsprung** inländischer Bieter **verhindert** bzw. begrenzt werden.[98] Des Weiteren ist in der nationalen Bekanntmachung das Datum der Übermittlung an das Amt für Veröffentlichungen der Europäischen Union bzw. der Veröffentlichung im Beschafferprofil anzugeben.[99] 45

4. Rechtsfolgen einer fehlenden Auftragsbekanntmachung

Die Verpflichtung des öffentlichen Auftraggebers, eine beabsichtigte Auftragsvergabe EU-weit bekanntzumachen, ist – auch als Teil der entsprechend gewählten Verfahrensart – grundsätzlich **bieterschützend.**[100] Das gilt ebenso für den Fall, dass statt einer erforderlichen EU-weiten Bekanntmachung nur eine Bekanntmachung auf nationaler Ebene erfolgt.[101] Hat ein Unternehmen allerdings trotz fehlender Bekanntmachung von der beabsichtigten Auftragsvergabe erfahren und die Möglichkeit erhalten, ein Angebot oder einen Teilnahmeantrag abzugeben, fehlt es regelmäßig an der entsprechenden Antragsbefugnis gemäß § 160 Abs. 2 GWB bzw. Rechtsverletzung dieses Bieters bzw. Bewerbers nach § 168 Abs. 1 S. 1 GWB.[102] 46

---

[94] Vgl. § 40 Abs. 2 S. 2 VgV, § 12 EU Abs. 3 Nr. 4 S. 2, 3 VOB/A; für verteidigungs- oder sicherheitsspezifische Aufträge vgl. Art. 32 Abs. 8 RL 2009/81/EG.

[95] Vgl. Art. 52 VRL bzw. Art. 32 Abs. 5 RL 2009/81/EG.

[96] Soweit § 40 Abs. 3 S. 2 VgV bzw. § 18 Abs. 5 S. 1 VSVgV zusätzlich auf den Inhalt der Veröffentlichung im sog. Beschafferprofil (→ Rn. 78f.) abstellen, bezieht sich dies nicht auf Auftragsbekanntmachungen, sondern Vorinformationen (→ Rn. 72).

[97] Vgl. KKMPP/*Rechten* VgV, § 40 Rn. 13, 14.

[98] Vgl. KKMPP/*Rechten* VgV, § 40 Rn. 13.

[99] Vgl. § 40 Abs. 3 S. 3 VgV, § 18 Abs. 5 S. 3 VSVgV, § 12 EU Abs. 3 Nr. 5 S. 2 VOB/A; für Bekanntmachungen nach § 12 VS VOB/A, der keine entsprechende Regelung enthält, muss dies ebenfalls gelten (vgl. Art. 32 Abs. 5 UAbs. 2 RL 2009/81/EG).

[100] Vgl. BGH Urt. v. 27.11.2007 – X ZR 18/07, ZfBR 2008, 299; KKMPP/*Marx* VgV § 37 Rn. 10.

[101] Vgl. BGH Urt. v. 27.11.2007 – X ZR 18/07, ZfBR 2008, 299; OLG Düsseldorf Beschl. v. 14.4.2010 – VII-Verg 60/09, BeckRS 2010, 15895.

[102] Vgl. BGH Urt. v. 27.11.2007 – X ZR 18/07, ZfBR 2008, 299.

47 Ist ein öffentlicher Auftrag vergeben worden, ohne dass zuvor eine EU-weite Auftragsbekanntmachung erfolgt ist, obwohl sie vergaberechtlich geboten war, kann dies zur Folge haben, dass der geschlossene **Vertrag unwirksam** ist. § 135 Abs. 1 Nr. 2 GWB ist grundsätzlich auch dann anwendbar, wenn der Auftraggeber zwar mit mehreren Bietern verhandelt, aber die erforderliche Bekanntmachung unterlassen hat; dies gilt jedenfalls dann, wenn ein nicht an den Verhandlungen beteiligtes Unternehmen die Unwirksamkeit geltend macht.[103] In jedem Fall ist Voraussetzung, dass die Feststellung der Unwirksamkeit nach § 135 Abs. 2 GWB rechtzeitig beantragt wird.

IV. Bekanntmachung auf nationaler Ebene

1. Anwendungsbereich

48 Eine Pflicht zur Bekanntmachung auf nationaler Ebene besteht für Auftragsvergaben, die nicht unter das Kartellvergaberecht fallen, wenn diese im Wege der **öffentlichen Ausschreibung** oder der **beschränkten Ausschreibung mit Teilnahmewettbewerb** zu erfolgen haben (§ 27 Abs. 1 UVgO, § 12 Abs. 1 S. 1 VOL/A, § 12 Abs. 1 Nr. 1, Abs. 2 Nr. 1 VOB/A). Wählt der Auftraggeber für die Vergabe eines Liefer- oder Dienstleistungsauftrags nach UVgO bzw. VOL/A die dort mögliche Form der **Verhandlungsvergabe bzw. freihändigen Vergabe mit Teilnahmewettbewerb,** ist ebenfalls eine Bekanntmachung erforderlich. Im Rahmen der Auftragsvergabe im Wege der beschränkten Ausschreibung ohne Teilnahmewettbewerb und der schlichten Verhandlungsvergabe bzw. freihändigen Vergabe (ohne Teilnahmewettbewerb) ist hingegen – wie sich aus den Verfahrensarten bereits ergibt – keine Bekanntmachung vorzunehmen.

49 Zur freiwilligen Bekanntmachung auf nationaler Ebene siehe → Rn. 81.

2. Bekanntmachungsinhalt

50 Anders als bei einer EU-weiten Auftragsbekanntmachung gibt es für die Bekanntmachung auf nationaler Ebene **keine Muster,** die bei der Erstellung des Bekanntmachungstextes zu nutzen sind. Die Auftragsbekanntmachung soll Bietern bzw. Bewerbern jedoch als Grundlage für ihre Entscheidung dienen, ob sie sich an dem jeweiligen Vergabeverfahren beteiligen wollen bzw. können, und daher alle Informationen enthalten, die **für eine Entscheidung über die Teilnahme** am Vergabeverfahren erforderlich sind. Darauf weisen § 28 Abs. 2 S. 1 UVgO und § 12 Abs. 2 S. 1 VOL/A ausdrücklich hin; es gilt jedoch übergreifend für alle Auftragsarten, dass die Bekanntmachung am Auftrag interessierten Unternehmen eine sachgerechte Entscheidung darüber ermöglichen soll, ob sie sich am Vergabeverfahren beteiligen bzw. eine Teilnahme für sie in Frage kommt.[104] Die in der Bekanntmachung veröffentlichten Angaben sollen einem Unternehmen daher eine ausreichende Kenntnis über die zu erbringenden Leistungen und über die an ihr Unternehmen gestellten besonderen Anforderungen verschaffen.[105] Gegenüber den Vergabeunterlagen, die ebenfalls alle Angaben enthalten sollen, die für eine Entscheidung zur Teilnahme bzw. zur Angebotsabgabe erforderlich sind (vgl. § 21 Abs. 1 S. 1 UVgO, § 8 Abs. 1 S. 1 VOL/A, § 8 Abs. 2 Nr. 1 VOB/A), hat jedoch der Bekanntmachungsinhalt meist einen geringeren Detaillierungs- bzw. Konkretisierungsgrad aufzuweisen;[106] dies gilt naturgemäß insbesondere für die Beschreibung der zu vergebenden Leistung, die in der Auftragsbekanntmachung nur kurz umschrieben werden kann, während erst Leis-

---

[103] Vgl. OLG Düsseldorf Beschl. v. 28.3.2012 – VII-Verg 37/11, NZBau 2012, 518; Beschl. v. 3.8.2011 – VII-Verg 33/11, BeckRS 2011, 22546.

[104] Vgl. OLG Frankfurt Beschl. v. 10.6.2008 – 11 Verg 3/08, IBRRS 2008, 3075; OLG Düsseldorf Beschl. v. 9.3.2007 – VII-Verg 5/07, BeckRS 2007, 17754; Beschl. v. 1.2.2006 – VII-Verg 83/05, BeckRS 2006, 2267; Ingenstau/Korbion/*von Wietersheim* VOB/A § 12 Rn. 4.

[105] Vgl. OLG Düsseldorf Beschl. v. 1.2.2006 – VII-Verg 83/05, BeckRS 2006, 2267.

[106] Vgl. auch KMPP/*Rechten* VOL/A § 12 Rn. 17.

tungsbeschreibung bzw. -verzeichnis eine genaue Darstellung des Auftragsgegenstands liefern.

Sowohl UVgO und VOL/A als auch VOB/A enthalten jeweils einen **Katalog** von Angaben, die in einer Auftragsbekanntmachung enthalten sein müssen (§ 28 Abs. 2 S. 2 UVgO, § 12 Abs. 2 S. 2 VOL/A) bzw. sollen (§ 12 Abs. 1 Nr. 2, Abs. 2 Nr. 2 VOB/A). Diese Kataloge sind jeweils **nicht abschließend;** es können vielmehr auch darüber hinaus weitere Angaben in eine Bekanntmachung aufgenommen werden.[107] Nach § 12 Abs. 2 S. 2 VOL/A bzw. § 28 Abs. 2 S. 2 UVgO handelt es sich bei dem Katalog um **Mindestangaben,** dh dass eine Bekanntmachung jeweils Angaben dazu enthalten muss. Zu beachten ist jedoch, dass auch hier nur Angaben gemacht werden müssen, soweit sie einschlägig bzw. erforderlich sind. Dies ergibt sich aus den Formulierungen „gegebenenfalls", „etwa(ige)" und „sofern".[108] Nach § 12 Abs. 1 Nr. 2, Abs. 2 Nr. 2 VOB/A „soll" eine Bekanntmachung die Katalogangaben enthalten. Auch hier ist jedoch mit Blick auf die Funktion der Auftragsbekanntmachung in der Regel von Mindestangaben auszugehen,[109] die – außer wenn sie nicht einschlägig sind – allenfalls in atypischen Sonderfällen nicht erfolgen müssen.[110] 51

Die **Kataloge von Mindestangaben** gelten einheitlich für alle Verfahrensarten, sofern diese eine Bekanntmachung erfordern (vgl. § 27 Abs. 1 UVgO § 12 Abs. 1 iVm Abs. 2 VOL/A, § 12 (Abs. 2 Nr. 2 iVm) Abs. 1 Nr. 2 VOB/A). Auch **unterscheiden sich** die Kataloge für Liefer- und Dienstleistungsaufträge einerseits und Bauaufträge andererseits inhaltlich **kaum.** § 12 Abs. 1 Nr. 2 VOB/A sieht zusätzlich Angaben zur Sprache, in der die Angebote abgefasst sein müssen (lit. q)), zum Submissionstermin (lit. s)), der nach UVgO und VOL/A ohnehin nicht vorgesehen ist, und zu einer ggf. vorgegebenen Rechtsform für Bietergemeinschaften (lit. v)) vor; zudem ist die Stelle zu benennen, an die sich ein Bewerber oder Bieter zur Nachprüfung behaupteter Vergaberechtsverstöße wenden kann (lit. x); s. hierzu → Rn. 57). Bei Vergaben nach UVgO ist im Regelfall, dh wenn die Bereitstellung der Vergabeunterlagen elektronisch gemäß § 29 Abs. 1 UVgO erfolgt, die **elektronische Adresse** anzugeben, **unter der die Vergabeunterlagen abgerufen werden können** (§ 28 Abs. 2 S. 2 Nr. 9 UVgO). Für Bauaufträge kann sich der Auftraggeber nach § 11 Abs. 1 S. 1, 2 VOB/A für die elektronische Kommunikation (frei) entscheiden und muss dann ebenfalls die Vergabeunterlagen elektronisch zur Verfügung stellen (§ 11 Abs. 2 VOB/A). Auch in diesem Fall ist in der Auftragsbekanntmachung eine elektronische Adresse anzugeben, unter der die Vergabeunterlagen abgerufen werden können, § 11 Abs. 3 S. 1 VOB/A (vgl. auch § 12 Abs. 1 Nr. 2 lit. l) VOB/A aE). Für die Anforderungen an eine **elektronische Bereitstellung der Vergabeunterlagen** nach § 29 Abs. 1 UVgO bzw. § 11 Abs. 3 kann, da die Vorschriften fast wortgleich § 41 Abs. 1 VgV bzw. § 11 EU Abs. 3 VOB/A entsprechen, auf die entsprechenden Ausführungen verwiesen werden (→ Rn. 19 ff.); Gleiches gilt auch für die Ausnahmen vom Regelfall der elektronischen Bereitstellung nach UVgO, die – nahezu wortgleich zu § 41 Abs. 2 VgV – in § 29 Abs. 2 UVgO geregelt sind (siehe hierzu → Rn. 22). Sieht der Auftraggeber nach § 29 Abs. 3 UVgO bzw. § 11 Abs. 7 VOB/A Maßnahmen zum Schutz der Vertraulichkeit von Informationen bei der Bereitstellung der Vergabeunterlagen vor (siehe hierzu auch → Rn. 23 zu § 41 Abs. 3 VgV bzw. § 11b EU Abs. 2 VOB/A), sind entsprechende Informationen zu den Schutzmaßnahmen sowie den Zugriffsmöglichkeiten gemäß § 28 Abs. 2 S. 2 Nr. 4 UVgO bzw. § 11 Abs. 7 S. 3 VOB/A in der Auftragsbekanntmachung anzugeben. 52

Entsprechend den Katalogen sind insbesondere die **Kontaktdaten** des **Auftraggebers** (des künftigen Vertragspartners) und ggf. – falls hier die Kontaktdaten abweichen – der Stelle, die das Vergabeverfahren durchführt **(Vergabestelle),** der Stelle (bzw. die entspre- 53

[107] Vgl. jurisPK-VergabeR/*Lausen* § 12 VOB/A Rn. 17.
[108] Vgl. § 12 Abs. 2 S. 2 lit. e), f), g), j), m) und n) VOL/A, § 28 Abs. 2 S. 2 Nr. 4, 6, 7, 8, 11 und 14 UVgO.
[109] Vgl. Ziekow/Völlink/*Völlink* VOB/A § 12 Rn. 9.
[110] Vgl. auch Kapellmann/Messerschmidt/*Planker* VOB/A § 12 Rn. 9.

chende elektronische Adresse), bei der die Vergabeunterlagen und ggf. zusätzliche relevante Unterlagen angefordert bzw. eingesehen werden können, sowie der Stelle, bei der die Teilnahmeanträge oder Angebote einzureichen sind, anzugeben.

54 Des Weiteren ist der **Auftragsgegenstand** möglichst konkret und aussagekräftig zu beschreiben, insbesondere dahingehend, um welche Art von Leistungen es sich handelt, wo und in welchem Zeitrahmen diese zu erbringen sind, welchen Umfang sie haben und ob eine losweise Vergabe beabsichtigt ist; in diesem Fall sind auch die einzelnen Lose genau zu beschreiben und ggf. Loslimitierungen[111] mitzuteilen. Zur Beschreibung des Auftragsgegenstands gehören auch eventuell vorzuweisende Sicherheiten und für den Auftrag geltende Finanzierungs- und Zahlungsbedingungen. Zudem können die **Zuschlagskriterien** und ggf. ihre Gewichtung schon in der Auftragsbekanntmachung (und nicht erst in den Vergabeunterlagen) transparent gemacht werden. § 28 Abs. 2 S. 2 Nr. 14 UVgO und § 12 Abs. 2 S. 2 lit. n) VOL/A sowie neuerdings auch § 12 Abs. 1 Nr. 2 lit. r), Abs. 2 Nr. 2 VOB/A sehen dies als Option vor.

55 In Bezug auf das durchzuführende Vergabeverfahren ist die **Verfahrensart** anzugeben und abhängig davon die **Abgabefrist** für Angebote (öffentliche Ausschreibung) bzw. Teilnahmeanträge (Verfahrensarten mit Teilnahmewettbewerb). Für Bauaufträge sind zudem genaue Angaben zum Submissionstermin (§ 14 VOB/A) und zu den Voraussetzungen der Teilnahme daran zu machen. Auch eventuelle **Vorgaben für** die Erstellung der **Angebote bzw. Teilnahmeanträge** sollen in der Bekanntmachung angegeben werden. Darunter fallen insbesondere **Formvorgaben** für die Einreichung (zB für die elektronische Form) und die Benennung der vom Bieter oder Bewerber vorzulegenden **Eignungsnachweise.** Zudem kann der Auftraggeber bereits in der Bekanntmachung eine Entscheidung über die **Zulassung von Nebenangeboten** treffen bzw. muss dies tun, wenn die UVgO anwendbar ist.[112] Gleichfalls kann der Auftraggeber im Falle einer Bauauftragsvergabe – soweit er von dieser neuen Möglichkeit nach § 8 Abs. 2 Nr. 4 VOB/A Gebrauch machen möchte – gemäß § 12 Abs. 2 lit. k) VOB/A schon in der Auftragsbekanntmachung (und nicht erst in den Vergabeunterlagen) angeben, dass er die **Abgabe mehrerer Hauptangebote nicht zulässt** (vgl. auch → § 20 Rn. 9).

56 Soweit der Auftraggeber für die Bereitstellung der Vergabeunterlagen **Kostenersatz** verlangen möchte (vgl. im Einzelnen → § 20 Rn. 74ff.), hat er die Höhe des erforderlichen Betrags in der Bekanntmachung anzugeben (§ 8 Abs. 2 S. 2 VOL/A, § 12 Abs. 1 Nr. 2 lit. m) VOB/A).

57 Für **Bauaufträge** sehen §§ 12 Abs. 1 Nr. 2 lit. x), 21 VOB/A ebenfalls die Benennung der Stelle vor, an die sich Bewerber oder Bieter für eine Nachprüfung wenden können. Da es sich hier um Aufträge unterhalb der Schwellenwerte handelt und daher Kartellvergaberecht einschließlich des Rechtsschutzes nach §§ 155ff. GWB vor den Vergabekammern nicht anwendbar ist,[113] sind hier anderweitige **Nachprüfungsstellen** (einschließlich deren Anschrift) zu benennen. Dies sind grundsätzlich die zuständigen Fach- bzw. Rechtsaufsichtsbehörden der jeweiligen Auftraggeber.[114] Zum Rechtsschutz unterhalb der Schwellenwerte → § 89 Rn. 1ff.

3. Veröffentlichung

58 Bekanntmachungen zu **Liefer- und Dienstleistungsaufträgen** sind nach § 12 Abs. 1 S. 1 VOL/A in Tageszeitungen, amtlichen Veröffentlichungsblättern, Fachzeitschriften

---

[111] Beschränkung der Bieter, nur für ein Los oder eine bestimmte Anzahl von Losen Angebote einreichen zu dürfen.

[112] Vgl. zu den Einzelheiten → § 28 Rn. 23f.

[113] Die Benennung einer Vergabekammer würde auch nicht den Rechtsweg zu der Kammer eröffnen; vgl. OLG München Beschl. v. 28.9.2005 – Verg 19/05, BeckRS 2005, 11622; OLG Stuttgart Beschl. v. 12.8. 2002 – 2 Verg 9/02, NZBau 2003, 340; Kapellmann/Messerschmidt/*Glahs* VOB/A § 21 Rn. 2.

[114] Vgl. Ingenstau/Korbion/*Reichling* VOB/A § 21 Rn. 2; Kapellmann/Messerschmidt/*Glahs* VOB/A § 21 Rn. 7.

oder Internetportalen zu veröffentlichen, wobei Bekanntmachungen in Internetportalen zentral über die Suchfunktion des Internetportals www.bund.de[115] ermittelbar sein müssen, § 12 Abs. 1 S. 2 VOL/A. Ist die UVgO anwendbar, sind Auftragsbekanntmachungen gemäß § 28 Abs. 1 S. 1 UVgO zwingend[116] auf den Internetseiten des Auftraggebers oder auf Internetportalen[117] zu veröffentlichen; die Bekanntmachungen müssen auch hier zentral über die Suchfunktion des Internetportals www.bund.de ermittelt werden können, § 28 Abs. 1 S. 3 UVgO. Daneben können die Bekanntmachungen in Tageszeitungen, amtlichen Veröffentlichungsblättern oder Fachzeitschriften veröffentlicht werden, § 28 Abs. 1 S. 2 UVgO. Die Aufzählung der Veröffentlichungsorgane nach UVgO bzw. VOL/A ist jeweils abschließend. Für Bekanntmachungen von **Bauaufträgen** findet sich in § 12 Abs. 1 Nr. 1, Abs. 2 Nr. 1 VOB/A hingegen nur eine beispielhafte Aufzählung der Veröffentlichungsorgane, nämlich Tageszeitungen, amtliche Veröffentlichungsblätter und Internetportale; letztere müssen unentgeltlich nutzbar und direkt zugänglich sein (so seit 2019 ausdrücklich geregelt). Bekanntmachungen können auch auf www.service.bund.de[118] veröffentlicht werden. Der Auftraggeber ist grundsätzlich frei in der Wahl des Veröffentlichungsorgans. Wegen des Sinns und Zwecks der Bekanntmachung, einen möglichst großen Kreis von Unternehmen über die beabsichtigte Auftragsvergabe zu informieren, hat der Auftraggeber jedoch dabei darauf zu achten, dass das Veröffentlichungsorgan einen **ausreichenden Verbreitungsgrad** hat.[119] So kann die Veröffentlichung allein in einer nur regional verbreiteten Tageszeitung unzureichend sein, zumal sie ortsansässige Unternehmen bzw. solche aus einer speziellen Region unzulässigerweise bevorzugt (vgl. § 6 Abs. 1 VOB/A bzw. § 2 Abs. 1 S. 2 VOL/A, § 2 Abs. 2 VOB/A).[120] Auch bei der Benutzung von Internetportalen kann – je nach Nutzerkreis und ggf. auch Zersplitterungsgrad der in einem Bereich tätigen Bekanntmachungsportale[121] – drohen, dass der Verbreitungsgrad bei Veröffentlichung auf einer Internetplattform sehr klein ist. Zentrale Veröffentlichungsplattformen wie www.service.bund.de können dem entgegenwirken. Gegebenenfalls ist auch eine Bekanntmachung parallel in mehreren Veröffentlichungsorganen in Betracht zu ziehen.

V. Auslegung von Bekanntmachungen

Da sich eine Bekanntmachung an eine unbestimmte Vielzahl von Adressaten richtet, ist 59
für die Auslegung der Bekanntmachung der **objektive Empfängerhorizont** maßgeblich.[122] Daher sind nicht die subjektiven (individuellen) Vorstellungen einzelner Bieter oder Bewerber ausschlaggebend; entscheidend ist vielmehr die objektive Sicht eines verständigen und mit Leistungen der ausgeschriebenen Art vertrauten Bieters oder Bewerbers.[123] Unerheblich für die Auslegung und den danach festgestellten Inhalt der Bekanntmachung ist zudem, welchen Inhalt Vergabeunterlagen haben, die später an die Bieter versandt werden.[124] Nur solche Umstände, die bis zur Veröffentlichung der Bekanntmachung bereits vorlagen, können für die Auslegung relevant und dafür von Be-

[115] Nunmehr www.service.bund.de (automatische Weiterleitung von www.bund.de).

[116] Vgl. Erläuterungen zur UVgO, BAnz AT v. 7.2.2017, S. 7, zu § 28.

[117] ZB Vergabeplattformen von Drittanbietern, vgl. Erläuterungen zur UVgO, BAnz AT v. 7.2.2017, S. 7, zu § 28.

[118] Früher www.bund.de.

[119] Vgl. BayObLG Beschl. v. 4.2.2003 – Verg 31/02, BeckRS 2003, 2434; Ziekow/Völlink/*Völlink* VOB/A § 12 Rn. 6.

[120] Vgl. BayObLG Beschl. v. 4.2.2003 – Verg 31/02, BeckRS 2003, 2434.

[121] Vgl. auch *Drügemöller* NVwZ 2007, 177, 179f.

[122] Vgl. OLG München Beschl. v. 10.9.2009 – Verg 10/09, BeckRS 2009, 27004; Ziekow/Völlink/*Völlink* VOB/A § 12 Rn. 10.

[123] Vgl. OLG Düsseldorf Beschl. v. 22.9.2005 – VII-Verg 49 und 50/05, BeckRS 2005, 13565; Beschl. v. 24.5.2006 – VII-Verg 14/06, ZfBR 2007, 181.

[124] Vgl. OLG Düsseldorf Beschl. v. 24.5.2006 – VII-Verg 14/06, ZfBR 2007, 181; Ziekow/Völlink/*Völlink* VOB/A § 12 Rn. 10.

deutung sein, wie die Bekanntmachung zum maßgeblichen Zeitpunkt der Veröffentlichung objektiv zu verstehen war.[125] Der danach der Bekanntmachung zuzumessende Inhalt kann nicht durch später übersandte Vergabeunterlagen verändert werden.[126] Nichts anderes muss darüber hinaus auch für Vergabeunterlagen gelten, die gemäß § 41 Abs. 1 VgV bzw. § 29 Abs. 1 UVgO bereits mit Veröffentlichung der Bekanntmachung elektronisch abrufbar sind (→ Rn. 19 ff., 58). Denn andernfalls würde eine Auslegung dem Sinn und Zweck einer Bekanntmachung zuwiderlaufen, nämlich übersichtlich und prägnant über die beabsichtigte Vergabe und deren wichtigsten Merkmale zu informieren, damit sich potentielle Bieter ein Bild machen und entscheiden können, ob sie sich vertieft (anhand der Vergabeunterlagen) mit dem Vergabeverfahren beschäftigen. Zu trennen ist allerdings hiervon die Frage, welche Inhalte maßgeblich sind, falls die im Anschluss versandten **Vergabeunterlagen** inhaltlich **von der Bekanntmachung abweichen.** Siehe → § 20 Rn. 72 f.

60 Wie konkret und eindeutig Bekanntmachungsinhalte formuliert sind, kann im Einzelfall in einem dem Kartellvergaberecht unterliegenden Vergabeverfahren auch für die Frage von Bedeutung sein, ob seitens eines Bieter eine Rügeobliegenheit nach § 160 Abs. 3 S. 1 Nr. 2 GWB besteht.[127] Dies setzt voraus, dass der geltend gemachte Vergaberechtsverstoß aufgrund der Bekanntmachung erkennbar ist.[128]

C. Vorinformation

I. Allgemeines

61 Bei der Vorinformation handelt es sich um eine Bekanntmachung, die bereits vor der eigentlichen Auftragsbekanntmachung (→ Rn. 4 ff.) erfolgt. Mit der Vorinformation kann ein öffentlicher Auftraggeber bereits zu einem sehr frühen Zeitpunkt und grundsätzlich **im Vorfeld des eigentlichen Vergabeverfahrens** auf eine mögliche Auftragsvergabe hinweisen. Unter bestimmten Bedingungen kann die Vorinformation allerdings bereits als Aufruf zum Wettbewerb dienen (→ Rn. 62, 67). Anders als zur Auftragsbekanntmachung ist der Auftraggeber zur Veröffentlichung einer Vorinformation grundsätzlich **nicht verpflichtet** (→ Rn. 65).

62 Die Veröffentlichung einer Vorinformation **dient** grundsätzlich **dazu,** über ein beabsichtigtes Vergabeverfahren **frühzeitig zu informieren,** so dass sich an dem jeweiligen Auftrag interessierte Wirtschaftsteilnehmer aufgrund des zeitlichen Vorlaufs frühzeitig auf eine Teilnahme am Vergabeverfahren einstellen und insbesondere ihre Kapazitäten für eine mögliche Auftragsdurchführung daraufhin ausrichten können.[129] Dies gilt insbesondere auch für ausländische Unternehmen.[130] So kann ein Wettbewerb unter möglichst vielen Teilnehmern um den jeweiligen Auftrag entstehen. Andererseits eröffnet die Veröffentlichung einer Vorinformation dem öffentlichen Auftraggeber – jeweils unter bestimmten Voraussetzungen – die Möglichkeit, die Angebotsfristen in Vergabeverfahren zu verkürzen (→ Rn. 66) oder auf eine Auftragsbekanntmachung zu verzichten (→ Rn. 67); im letzteren Fall stellt die Vorinformation (anstelle der Auftragsbekanntmachung) bereits den **Aufruf zum Wettbewerb** dar (vgl. Art. 26 Abs. 5 UAbs. 2 VRL), so dass hiermit auch schon

---

[125] Vgl. OLG Düsseldorf Beschl. v. 24.5.2006 – VII-Verg 14/06, ZfBR 2007, 181.
[126] Vgl. OLG Düsseldorf Beschl. v. 24.5.2006 – VII-Verg 14/06, ZfBR 2007, 181.
[127] Vgl. auch OLG Frankfurt Beschl. v. 10.6.2008 – 11 Verg 3/08, IBRRS 2008, 3075 (noch zu § 107 Abs. 3 S. 1 Nr. 2 GWB aF).
[128] Zu den Einzelheiten → § 41 Rn. 74 f.
[129] Vgl. auch Ziekow/Völlink/*Völlink* VgV § 38 Rn. 3; Ingenstau/Korbion/*von Wietersheim* VOB/A-EU § 12 Rn. 2.
[130] Vgl. EuGH Urt. v. 26.9.2000 – C-225/98 – Kommission/Frankreich, NJW 2000, 3629; Ziekow/Völlink/*Völlink* VgV § 38 Rn. 3.

das entsprechende **Vergabeverfahren beginnt** (und nicht wie ansonsten erst mit der Auftragsbekanntmachung, → Rn. 7).

63 Das Instrument der Vorinformation wurde im Gemeinschaftsrecht geprägt. Seine Grundlagen sind derzeit etwa in Art. 48 VRL normiert. Dementsprechend ist im deutschen Vergaberecht nur für öffentliche Aufträge im sog. **Oberschwellenbereich**[131] die Möglichkeit geregelt, mit der Vorinformation die Öffentlichkeit über eine geplante Auftragsvergabe bereits im Vorfeld zu informieren. Da jedoch eine Vorinformation für Auftragsvergaben **unterhalb der Schwellenwerte** nicht verboten ist, ist es grundsätzlich möglich, dass ein öffentlicher Auftraggeber auch in diesem Fall mit einer (nach Art. 51 Abs. 6 VRL bzw. Art. 31 RL 2009/81/EG möglichen) freiwilligen Vorinformation oder anderweitigen Vorabbekanntmachung bereits frühzeitig auf Pläne einer Beschaffung hinweist.[132] Auch wenn es dafür keine speziellen Regelungen im Vergaberecht gibt, ist dabei darauf zu achten, dass die allgemein geltenden Grundsätze der Transparenz, des Wettbewerbs und der Gleichbehandlung – zB bei der Wahl des Bekanntmachungsmediums – nicht verletzt werden.

II. Anwendungsbereich und Erforderlichkeit einer Vorinformation

64 Grundsätzlich ist das Instrument der Vorinformation nur für öffentliche Aufträge im **Oberschwellenbereich**[133] normiert (vgl. §§ 38, 66 Abs. 2 VgV, § 17 VSVgV, § 12 EU Abs. 1, 2, § 12 VS Abs. 1 VOB/A). Die nachfolgenden Ausführungen gelten daher auch nur für diese Auftragsvergaben; zu den Besonderheiten für Vorinformationen zu öffentlichen Aufträgen über soziale und andere besondere Dienstleistungen nach § 130 Abs. 1 GWB siehe allerdings → § 7 Rn. 13.

65 Der öffentliche Auftraggeber ist zu einer Vorinformation im Allgemeinen **nicht verpflichtet.**[134] Dies ergibt sich schon aus dem Wortlaut von § 38 Abs. 1 VgV, § 17 Abs. 1 S. 1 VSVgV bzw. § 12 EU Abs. 1 Nr. 1 VOB/A („kann" bzw. „können"). Für Bauaufträge regelt § 12 EU/VS Abs. 1 Nr. 2 VOB/A zudem ausdrücklich, dass eine Vorinformation nur dann verpflichtend ist, wenn der Auftraggeber von der Möglichkeit einer Verkürzung der Angebotsfrist Gebrauch machen möchte. Für die Freiwilligkeit der Vorinformation spricht im Übrigen auch, dass sie explizit Voraussetzung für eine mögliche Fristverkürzung nach § 38 Abs. 3 VgV, § 20 Abs. 3 S. 3, 4 VSVgV bzw. § 10a EU Abs. 2, § 10b EU Abs. 3 (ggf. iVm § 10c EU Abs. 1) oder § 10b VS Abs. 4 VOB/A ist (→ Rn. 66); eine solche Regelung wäre bei einer generellen Verpflichtung zur Vorinformation überflüssig.[135] Diese Überlegung gilt gleichermaßen mit Blick auf die neu eingeführte Möglichkeit für bestimmte öffentliche Auftraggeber, im Falle einer Vorinformation anschließend auf eine Auftragsbekanntmachung verzichten zu können (→ Rn. 67).

66 **Erforderlich** ist die Veröffentlichung einer Vorinformation dementsprechend zum einen immer dann, wenn der Auftraggeber von der Möglichkeit einer **Verkürzung der Angebotsfrist** nach § 38 Abs. 3 VgV, § 20 Abs. 3 S. 3, 4 VSVgV bzw. § 10a EU Abs. 2, § 10b EU Abs. 3 (ggf. iVm § 10c EU Abs. 1) oder § 10b VS Abs. 4 VOB/A Gebrauch machen möchte. In diesem Fall ist wichtig, dass die Vorinformation auch die inhaltlichen und zeitlichen Vorgaben erfüllt (→ Rn. 63 und → Rn. 68).

67 Eine Vorinformation ist auch Voraussetzung, wenn der öffentliche Auftraggeber im Bereich der klassischen Auftragsvergabe, dh im Anwendungsbereich der VgV (ggf. iVm VOB/A-EU), auf eine Auftragsbekanntmachung gemäß § 38 Abs. 4 VgV bzw. § 12 EU

[131] Insbesondere muss der fragliche öffentliche Auftrag den maßgeblichen Schwellenwert nach § 106 Abs. 2 GWB erreichen und darf nicht von einem Ausnahmetatbestand nach §§ 107 ff., 117, 137 ff., 145 GWB erfasst sein.
[132] Vgl. auch jurisPK-VergabeR/*Haug/Panzer* 4. Aufl., § 9 VOF Rn. 44.
[133] → Fn. 131.
[134] Vgl. auch EuGH Urt. v. 26. 9. 2000 – C-225/98 – Kommission/Frankreich, NJW 2000, 3629 Rn. 38.
[135] Vgl. auch EuGH Urt. v. 26. 9. 2000 – C-225/98 – Kommission/Frankreich, NJW 2000, 3629 Rn. 39.

Abs. 2 VOB/A verzichten möchte; auch in diesem Fall ist eine Vorinformation – die hier den **Aufruf zum Wettbewerb** darstellt, → Rn. 62 – somit **erforderlich.** Sie muss in diesem Fall ebenfalls bestimmte inhaltliche und zeitliche Anforderungen erfüllen (→ Rn. 70 und → Rn. 75). Diese Möglichkeit des Verzichts auf eine Auftragsbekanntmachung ist jedoch zum einen auf **nicht offene Verfahren und Verhandlungsverfahren mit Teilnahmewettbewerb** beschränkt. Zum anderen steht diese Möglichkeit gemäß § 38 Abs. 4 S. 1 VgV bzw. § 12 EU Abs. 2 Nr. 1 S. 1 iVm Nr. 3 VOB/A in subjektiver Hinsicht nur öffentlichen Auftraggebern (vgl. § 99 GWB) zu, die **nicht oberste Bundesbehörden** sind. Art. 26 Abs. 5 UAbs. 2 VRL hat den Mitgliedstaaten hier bezüglich des Ob und des subjektiven Anwendungsbereichs (beschränkt allerdings auf „subzentrale öffentliche Auftraggeber") einen Umsetzungsspielraum eingeräumt, den der Verordnungsgeber genutzt hat. Im Hinblick auf den subjektiven Anwendungsbereich hat er sich allerdings dafür entschieden, die Möglichkeit nicht jeglichem subzentralen öffentlichen Auftraggeber[136] einzuräumen, sondern nur den öffentlichen Auftraggebern, die nicht oberste Bundesbehörden sind; auch „subzentrale öffentliche Auftraggeber" wie das Bundespräsidialamt, die Bundestagsverwaltung oder der Bundesrechnungshof fallen somit als oberste Bundesbehörden aus dem Anwendungsbereich heraus.

III. Erstellung der Vorinformation

68 Welche **inhaltlichen Angaben** eine Vorinformation enthalten muss, ergibt sich für öffentliche Aufträge, die in den **Anwendungsbereich der VgV** (ggf. iVm der VOB/A-EU) fallen, aus dem Anhang I der Durchführungsverordnung (EU) 2015/1986,[137] auf den § 38 Abs. 1 VgV ausdrücklich und § 12 EU Abs. 1 Nr. 3 VOB/A implizit verweist; dieser Anhang enthält ein entsprechendes Muster (Standardformular 1) für Vorinformationen (einheitlich für Liefer- und Dienstleistungsaufträge sowie Bauaufträge). Für **verteidigungs- oder sicherheitsspezifische Aufträge** nach § 104 Abs. 1 GWB ist das Standardformular 16 in Anhang XIII der Durchführungsverordnung (EU) 2015/1986 vorgesehen (vgl. § 17 Abs. 2 S. 2 VSVgV, § 12 VS Abs. 1 Nr. 3 VOB/A). Das jeweils einschlägige Standardformular ist zwingend zu verwenden. § 12 EU Abs. 1 Nr. 3 VOB/A enthält zusätzlich die Vorgabe, dass die Vorinformation die nach Anhang V Teil B der VRL geforderten Angaben enthält; dieser Anforderung ist jedoch genügt, wenn das Standardformular 1, das auf die Erfüllung dieser Vorgaben ausgelegt ist, ordnungsgemäß ausgefüllt wird. Dass § 12 EU/VS Abs. 1 Nr. 1 VOB/A daneben für Bauaufträge normiert, dass die wesentlichen Merkmale der beabsichtigen Bauaufträge bekanntzumachen sind, hat für die inhaltlichen Angaben einer Vorinformation keine weitere Bedeutung; hier ist ebenfalls davon auszugehen, dass diese wesentlichen Merkmale bereits in dem fraglichen Standardformular der Durchführungsverordnung (EU) 2015/1986 enthalten sind. Die auszufüllenden Felder des Standardformulars „Vorinformation" entsprechen weitgehend Feldern des Standardformulars „Bekanntmachung"; für Einzelheiten kann daher – soweit im Einzelfall einschlägig – auf die Ausführungen dazu verwiesen werden (→ Rn. 18 ff.).

69 Voraussetzung **für eine Verkürzung der Angebotsfrist** nach § 38 Abs. 3 VgV ist gemäß § 38 Abs. 3 Nr. 1 VgV, dass die Vorinformation alle nach Anhang I (Standardformular 1) der Durchführungsverordnung (EU) 2015/1986 geforderten Informationen enthält, soweit diese zum Zeitpunkt der Veröffentlichung der Vorinformation vorliegen. Dies entspricht weitestgehend den gemeinschaftsrechtlichen Vorgaben nach Art. 27 Abs. 2 lit. a), 28 Abs. 3 lit. a) VRL, die allerdings nur die nach Anhang V Teil B Abschnitt I aufzuführenden Angaben erfordern; aus dem Standardformular 1 ergibt sich jedoch anhand der

---

[136] „Subzentrale öffentliche Auftraggeber" sind gemäß Art. 2 Abs. 1 Nr. 3 VRL alle öffentlichen Auftraggeber, die nicht „zentrale Regierungsbehörden" nach Anhang I VRL (vgl. Art. 2 Abs. 1 Nr. 2 VRL) sind. Nach Anhang I VRL sind „zentrale Regierungsbehörden" in Deutschland nur das Bundeskanzleramt und die Bundesministerien.

[137] Dem liegen wiederum die Vorgaben von Anhang V Teil B der VRL zugrunde.

dort vorhandenen Fußnoten auch, dass nicht in allen Feldern Eintragungen vorzunehmen sind. Nach § 10a EU Abs. 2 S. 3 bzw. § 10b EU Abs. 3 S. 3 VOB/A muss die Vorinformation hingegen alle für die Auftragsbekanntmachung nach Anhang V Teil C („In der Auftragsbekanntmachung aufzuführende Angaben") der VRL geforderten Angaben enthalten, soweit diese zum Zeitpunkt der Absendung der Vorinformation vorliegen. Dies entspricht nicht mehr den gemeinschaftsrechtlichen Vorgaben nach Art. 27 Abs. 2 lit. a), 28 Abs. 3 lit. a) VRL und stellt eine überschießende Umsetzung der europäischen Rechtsgrundlagen dar. Soweit § 20 Abs. 3 S. 4 VSVgV bzw. § 10b VS Abs. 4 S. 3 VOB/A für eine Verlängerung der Angebotsfrist bei verteidigungs- und sicherheitsspezifischen Aufträgen auf die für die Auftragsbekanntmachung geforderten Informationen nach Anhang IV RL 2009/81/EG bzw. „Anhang XV" (gemeint ist Anhang XIV bzw. Standardformular 17)[138] der Durchführungsverordnung (EU) 2015/1986 verweisen (soweit die fraglichen Informationen bereits zum Zeitpunkt der Veröffentlichung der Vorinformation vorliegen), entspricht dies hingegen weiterhin den europarechtlichen Vorgaben nach Art. 33 Abs. 3 UAbs. 3 RL 2009/81/EG.

Auch für den Fall, dass die Vorinformation gemäß § 38 Abs. 4 VgV bzw. § 12 EU Abs. 2 VOB/A als **Aufruf zum Wettbewerb** dienen und auf eine Auftragsbekanntmachung verzichtet werden soll, hat die Vorinformation gewisse inhaltliche Anforderungen zu erfüllen. Diese ergeben sich aus § 38 Abs. 4 S. 1 Nr. 1 bis 4 VgV bzw. § 12 EU Abs. 2 S. 1 Nr. 1 lit. a) bis c) VOB/A. Zunächst sind die Bau-, Liefer- oder Dienstleistungen zu benennen, die konkret Gegenstand des zu vergebenden Auftrags sein werden, dh es ist eine genaue Bezeichnung des Auftragsgegenstands gefordert. Zudem sind alle geforderten Informationen nach Anhang V Teil B Abschnitt I *und* Abschnitt II VRL anzugeben (vgl. Art. 48 Abs. 2 UAbs. 2 lit. b) VRL, § 12 EU Abs. 2 S. 1 Nr. 1 lit. c) VOB/A). Während Abschnitt I die auch ansonsten geforderten Informationen benennt (vgl. → Rn. 69), sind die Informationen nach Abschnitt II speziell für die Vorinformation als Aufruf zum Wettbewerb erforderlich.[139] Im Standardformular 1 (Anhang I der Durchführungsverordnung (EU) 2015/1986) sind diese Angaben regelmäßig daran zu erkennen, dass sie mit der Fußnote 5 („angeben, wenn es sich bei der Bekanntmachung um einen Aufruf zum Wettbewerb handelt") gekennzeichnet sind. Dies ist auch zu berücksichtigen, wenn § 38 Abs. 4 S. 1 Nr. 4 VgV hier ebenfalls wie für eine Fristverkürzung nach § 38 Abs. 3 VgV (→ Rn. 69) auf Anhang I der Durchführungsverordnung verweist. Schließlich muss die Vorinformation den Hinweis enthalten, dass der fragliche Auftrag im nicht offenen Verfahren oder Verhandlungsverfahren (mit Teilnahmewettbewerb) ohne gesonderte Auftragsbekanntmachung vergeben wird, sowie die Aufforderung an interessierte Unternehmen, dem Auftraggeber ihr Interesse (am Auftrag bzw. an der Teilnahme am Vergabeverfahren) mitzuteilen. Beides findet im Standardformular 1 Eingang, indem direkt zu Beginn des Formulars die folgende Option angekreuzt werden kann: „Diese Bekanntmachung ist ein Aufruf zum Wettbewerb – Interessierte Wirtschaftsteilnehmer müssen dem öffentlichen Auftraggeber mitteilen, dass sie an den Aufträgen interessiert sind; die Aufträge werden ohne spätere Veröffentlichung eines Wettbewerbsaufrufs vergeben." 70

IV. Veröffentlichung der Vorinformation

Die Veröffentlichung kann zum einen durch Übermittlung des entsprechenden Standardformulars an das Amt für Veröffentlichungen der Europäischen Union bewirkt werden (vgl. § 38 Abs. 2 S. 1 VgV, § 17 Abs. 1 S. 1, Abs. 2 S. 1, 2 VSVgV, § 12 EU/VS Abs. 1 Nr. 4 S. 1 VOB/A). In diesem Fall wird die Vorinformation im **Supplement zum EU-Amtsblatt** entsprechend dem übermittelten Standardformular als solche veröffentlicht, 71

[138] → Fn. 29.

[139] Dementsprechend die Überschrift „Zu erteilende zusätzliche Auskünfte, wenn die Bekanntmachung als Aufruf zum Wettbewerb dient (Art. 48 AbS. 2)".

also auf „Tenders Electronic Daily" eingestellt.[140] Für öffentliche Aufträge im Anwendungsbereich der VgV bzw. VOB/A-EU ist das Standardformular 1 (Anhang I der Durchführungsverordnung (EU) 2015/1986) zu verwenden, im Anwendungsbereich der VSVgV bzw. VOB/A-VS das Standardformular 16 (Anhang XIII der Durchführungsverordnung (EU) 2015/1986). Im Fall der klassischen Auftragsvergabe (VgV, VOB/A-EU) ist das ausgefüllte Standardformular (die Vorinformation) dem Amt für Veröffentlichungen der Europäischen Union elektronisch zu übermitteln (so ausdrücklich § 40 Abs. 1 S. 1 VgV, vgl. auch Art. 51 Abs. 2 S. 1 VRL).[141] Im Falle verteidigungs- oder sicherheitsspezifischer Aufträge (VSVgV, VOB/A-VS) kann die Übermittlung sowohl elektronisch als auch in der herkömmlichen Papierform erfolgen.[142] Die Veröffentlichung im Amtsblatt der Europäischen Union ist kostenlos (vgl. Art. 51 Abs. 2 S. 3 VRL, Art. 32 Abs. 4 UAbs. 2 RL 2009/81/EG).

72 Alternativ dazu kann eine Vorinformation auf dem **Beschafferprofil** des Auftraggebers veröffentlicht werden (§§ 37 Abs. 4 S. 2, 38 Abs. 2 VgV, § 17 Abs. 1 S. 1, Abs. 2 S. 1, 3, 4 VSVgV, § 12 EU/VS Abs. 1 Nr. 4 VOB/A), wenn dieser ein solches eingerichtet hat (→ Rn. 84f.). In diesem Fall ist die Veröffentlichung zuvor dem Amt für Veröffentlichungen der Europäischen Union durch Übersendung des in Anhang VIII der Durchführungsverordnung (EU) 2015/1986 enthaltenen und ausgefüllten Musters (Standardformular 8) zu melden; die Übersendung hat dabei auf elektronischem Wege[143] zu erfolgen (vgl. ausdrücklich § 12 EU/VS Abs. 1 Nr. 4 S. 1 Hs. 2 VOB/A; vgl. auch Art. 51 Abs. 2 S. 1 VRL). Das Datum der Absendung bzw. Übermittlung ist später im Beschafferprofil anzugeben (vgl. § 17 Abs. 2 S. 5 VSVgV, § 12 EU Abs. 1 Nr. 4 S. 2 VOB/A (ungenau hingegen § 40 Abs. 3 S. 3 VgV); vgl. auch Art. 52 Abs. 3 S. 2 VRL, Art. 32 Abs. 5 UAbs. 3 RL 2009/81/EG). Das Standardformular enthält ua einen Hinweis auf das Beschafferprofil und wird im Supplement des EU-Amtsblatts veröffentlicht. Diese verkürzte zusätzliche Bekanntmachung weist potentielle Bieter auf die vollständige Veröffentlichung im Beschafferprofil hin.[144] Die Veröffentlichung der Vorinformation im Beschafferprofil darf nicht vor Übermittlung des Standardformulars an das Amt für Veröffentlichungen der Europäischen Union erfolgen (vgl. § 17 Abs. 2 S. VSVgV, § 12 EU/VS Abs. 1 Nr. 4 S. 1 Hs. 2 VOB/A; vgl. auch Art. 52 Abs. 3 S. 1 VRL, Art. 32 Abs. 5 UAbs. 3 RL 2009/81/EG). Eine Veröffentlichung der Vorinformation **allein im Beschafferprofil** des öffentlichen Auftraggebers ist **allerdings dann nicht zulässig** (so § 12 EU Abs. 2 Nr. 1 S. 2 VOB/A, (weniger deutlich:) § 38 Abs. 4 S. 2 VgV; vgl. aber auch Art. 48 Abs. 2 UAbs. 2 VRL), wenn die Vorinformation gemäß § 38 Abs. 4 VgV bzw. § 12 EU Abs. 2 VOB/A bereits als **Aufruf zum Wettbewerb** dienen und damit eine Auftragsbekanntmachung entbehrlich machen soll (→ Rn. 67). In diesem Fall ist jedoch eine zusätzliche Veröffentlichung im Beschafferprofil möglich und zugelassen, § 38 Abs. 4 S. 2 VgV, § 12 EU Abs. 2 Nr. 1 S. 3 VOB/A.

73 Für verteidigungs- und sicherheitsspezifische Aufträge nach § 104 Abs. 1 GWB sind Vorinformationen „unverzüglich nach der Entscheidung über die Genehmigung des Projekts" (§ 17 Abs. 2 S. 1 VSVgV; vgl. auch Art. 30 Abs. 1 UAbs. 2 RL 2009/81/EG: sobald wie möglich) bzw. – in anderen Worten – „so bald wie möglich nach der Genehmigung der Planung" (§ 12 VS Abs. 1 Nr. 4 S. 1 Hs. 1 VOB/A) zu veröffentlichen. Welche Genehmigungen erforderlich sind, richtet sich dabei nach den jeweils maßgeblichen baurechtlichen Vorschriften; zudem müssen die Genehmigungsentscheidungen bestandskräftig sein.[145] Die **Vorgaben für eine rechtzeitige Veröffentlichung** gelten jedoch nur, falls

---

140 Vgl. → Rn. 40.
141 S. auch → Rn. 36.
142 Vgl. auch → Rn. 37f.
143 Vgl. dazu → Rn. 36.
144 Vgl. *Lindenthal* VergabeR 2006, 1, 3.
145 Vgl. Ingenstau/Korbion/*von Wietersheim* VOB/A-EU § 12 Rn. 4; Ziekow/Völlink/*Völlink* VOB/A-EU § 12 Rn. 5.

sich der öffentliche Auftraggeber überhaupt zur Veröffentlichung einer Vorinformation entschlossen hat; eine Verpflichtung zur Vorinformation entsteht durch die Regelungen nicht (siehe insoweit auch schon → Rn. 65). Außer bei der Verletzung der zeitlichen Vorgaben, die einzuhalten sind, wenn aufgrund einer Vorinformation die Angebotsfrist verkürzt werden soll (→ Rn. 74), hat die verspätete oder auch verfrühte Veröffentlichung einer Vorinformation daher mangels entsprechender Regelungen keine nachteiligen Rechtsfolgen.[146] Für den Bereich der klassischen Auftragsvergabe sind hingegen nach § 38 VgV keine Zeitvorgaben mehr dafür vorgesehen, wann eine Veröffentlichung der Vorinformation zu erfolgen hat (vgl. auch Art. 48 VRL). Für Bauaufträge sieht § 12 EU Abs. 1 Nr. 4 S. 1 Hs. 1 VOB/A allerdings noch eine § 12 VS Abs. 1 Nr. 4 S. 1 Hs. 1 VOB/A entsprechende Regelung („sobald wie möglich nach der Genehmigung der Planung") vor; dies entspricht jedoch nicht mehr den europarechtlichen Vorgaben und kann – auch mit Blick auf fehlende Rechtsfolgen bei Verstoß – unbeachtet bleiben.

Für den Fall, dass der Auftraggeber die Veröffentlichung der Vorinformation vornimmt, 74
um die **Angebotsfrist zu verkürzen,** hat er die **zeitlichen Vorgaben** nach § 38 Abs. 3 Nr. 2 VgV, § 20 Abs. 3 S. 4 VSVgV bzw. § 10a EU Abs. 2 S. 2, § 10b EU Abs. 3 S. 2 (ggf. iVm § 10c EU Abs. 1), § 10b VS Abs. 4 S. 2 VOB/A zu beachten. Danach ist die Vorinformation **mindestens 35 Tage** (im Anwendungsbereich der VgV bzw. VOB/A-EU) **bzw. mindestens 52 Tage** (im Anwendungsbereich der VSVgV bzw. VOB/A-VS) **und höchstens zwölf Monate** vor Absendung der Auftragsbekanntmachung zur Veröffentlichung zu übermitteln. Demnach öffnet sich 35 bzw. 52 Tage nach Übermittlung der Vorinformation an das Amt für Veröffentlichungen der Europäischen Union für den öffentlichen Auftraggeber ein Zeitfenster, das sich zwölf Monate nach Übermittlung der Vorinformation wieder schließt und innerhalb dessen der Auftraggeber die Auftragsbekanntmachung absenden muss, um die Angebotsfrist verkürzen zu dürfen.

Soll die Vorinformation indes gemäß § 38 Abs. 4 VgV bzw. § 12 EU Abs. 2 VOB/A 75
bereits **als Aufruf zum Wettbewerb** dienen, so dass im Anschluss auf eine Auftragsbekanntmachung verzichtet werden kann, muss die Vorinformation **mindestens 35 Tage** vor der Absendung der Aufforderung zur Interessensbestätigung (vgl. § 52 Abs. 3 VgV)[147] dem Amt für Veröffentlichungen der Europäischen Union zur Veröffentlichung übermittelt werden; zugleich darf sie **nicht mehr als zwölf Monate** vor der Absendung der Aufforderung zur Interessensbestätigung übermittelt werden (§ 12 EU Abs. 2 Nr. 1 S. 1 lit. d) VOB/A; auch Art. 48 Abs. 2 UAbs. 1 lit. d) VRL).[148] Soweit § 38 Abs. 4 S. 1 Nr. 5 VgV hier auf den Zeitpunkt der Veröffentlichung der Vorinformation (und nicht den Zeitpunkt der Übermittlung zur Veröffentlichung) abstellt, ist dies im Wege europarechtskonformer Auslegung zu berichtigen. Auch hier ergibt sich somit – ausgehend von dem Zeitpunkt der Übermittlung der Vorinformation zur Veröffentlichung – ein Zeitfenster für den Auftraggeber, innerhalb dessen er die Aufforderung zur Interessensbestätigung an die Unternehmen, die ihr Interesse am Auftrag auf die Vorinformation hin bekundet haben, zulässigerweise versenden und auf eine zusätzliche Auftragsbekanntmachung verzichten darf.

Eine Vorinformation kann zusätzlich zur europaweiten Veröffentlichung auch **auf na-** 76
tionaler Ebene veröffentlicht werden; davon gehen Art. 52 VRL und Art. 32 Abs. 5 RL 2009/81/EG implizit aus. Dementsprechend sieht § 12 EU Abs. 1 Nr. 4 S. 3 bzw. § 12 VS Abs. 1 Nr. 4 S. 2 VOB/A für Bauaufträge die Veröffentlichung in (inländischen) Tageszeitungen, amtlichen Veröffentlichungsblättern oder Internetportalen ausdrücklich vor. Für Liefer- und Dienstleistungsaufträge folgt dies aus § 40 Abs. 3 VgV, der nach der Legaldefinition für „Bekanntmachungen" in Abs. 1 S. 1 der Vorschrift auch für Vorinformationen gilt. Wie bei Auftragsbekanntmachungen ist allerdings zu beachten, dass Vorinformationen

---

[146] Vgl. Ingenstau/Korbion/*von Wietersheim* VOB/A-EU § 12 Rn. 5.

[147] Vgl. zum Begriff der Aufforderung zur Interessensbestätigung auch → § 20 Rn. 67.

[148] Zur Sonderregelung für soziale und andere besondere Dienstleistungen nach § 130 Abs. 1 GWB → § 7 Rn. 13.

auf nationaler Ebene nicht zu früh im Vergleich zur europaweiten Bekanntmachung veröffentlicht werden. In Bezug auf Aufträge, die der VgV bzw. der VOB/A-EU unterfallen, darf die Veröffentlichung auf nationaler Ebene nicht vor Veröffentlichung der Vorinformation auf europäischer Ebene (bzw. jedenfalls nach Ablauf von 48 Stunden nach Bestätigung des Eingangs der Vorinformation) erfolgen – so § 40 Abs. 3 S. 1 VgV bzw. Art. 52 Abs. 1 S. 2 VRL; § 12 EU Abs. 1 Nr. 4 S. 3 VOB/A ist insoweit europarechtskonform auszulegen bzw. § 12 EU Abs. 3 Nr. 5 S. 3, 4 VOB/A entsprechend anzuwenden. Bei verteidigungs- und sicherheitsspezifischen Aufträgen nach § 104 Abs. 1 GWB darf die Veröffentlichung der Vorinformation auf nationaler Ebene nicht vor Absendung des entsprechenden Standardformulars an das Amt für Veröffentlichungen der Europäischen Union erfolgen (vgl. Art. 32 Abs. 5 UAbs. 1 RL 2009/81/EG). Zudem dürfen die auf nationaler Ebene veröffentlichten Vorinformationen nur die Angaben enthalten, die auch EU-weit veröffentlicht werden, und müssen einen Hinweis auf das Datum der Übermittlung an das Amt für Veröffentlichung bzw. der Veröffentlichung im Beschafferprofil enthalten (§ 40 Abs. 3 S. 2, 3 VgV, Art. 52 Abs. 2 VRL, Art. 32 Abs. 5 UAbs. 2 RL 2009/81/EG).

V. Rechtsfolgen einer Vorinformation

77 Die Vorinformation hat **grundsätzlich keine verbindlichen Rechtsfolgen** für den öffentlichen Auftraggeber.[149] Weder ist der bekanntgemachte Inhalt der Vorinformation für den Auftraggeber verbindlich[150] noch ist der Auftraggeber verpflichtet, ein Vergabeverfahren einzuleiten oder gar den Auftrag zu vergeben.[151] Die Regelungen zur Vorinformation begründen damit grundsätzlich keine subjektiven Rechte eines (potentiellen) Bieters.[152] Mit der Vorinformation hat regelmäßig auch noch kein Vergabeverfahren begonnen (s. aber → Rn. 62 aE), das der Nachprüfung nach den §§ 155 ff. GWB unterliegt; ein entsprechender Nachprüfungsantrag wäre unstatthaft.[153]

78 Die Veröffentlichung einer Vorinformation eröffnet dem öffentlichen Auftraggeber indes die Möglichkeit einer **Verkürzung der Angebotsfrist** gemäß § 38 Abs. 3 VgV, § 20 Abs. 3 S. 3, 4 VSVgV bzw. § 10a EU Abs. 2, § 10b EU Abs. 3 (ggf. iVm § 10c EU Abs. 1) oder § 10b VS Abs. 4 VOB/A (→ Rn. 66, 69). Insoweit ist allerdings der **Zeitpunkt der Absendung** der Vorinformation von Bedeutung, weil dieser das Zeitfenster für die nachfolgende Auftragsbekanntmachung bestimmt (→ Rn. 74). Gleiches gilt, wenn ein öffentlicher Auftraggeber nach § 38 Abs. 4 VgV bzw. § 12 EU Abs. 2 VOB/A ganz von einer Auftragsbekanntmachung absehen will und bereits die Vorinformation den **Aufruf zum Wettbewerb** darstellt; auch hier bestimmt sich das entsprechende Zeitfenster für die Aufforderung zur Interessensbestätigung durch den Zeitpunkt der Übermittlung der Vorinformation (→ Rn. 75). Da die Vorinformation hier als Aufruf zum Wettbewerb und damit auch den Beginn des Vergabeverfahrens darstellt, kommen der Vorinformation hier die gleichen Rechtswirkungen wie die einer Auftragsbekanntmachung zu, insbesondere Bieterschutz.[154]

79 Da die Veröffentlichung einer Vorinformation grundsätzlich unverbindlich ist, ist es auch möglich und rechtlich zulässig, bezogenen auf einen Beschaffungsgegenstand mehr-

---

[149] Vgl. Ingenstau/Korbion/*von Wietersheim* VOB/A-EU § 12 Rn. 2; Ziekow/Völlink/*Völlink* VgV § 38 Rn. 24.

[150] Vgl. OLG Düsseldorf Beschl. v. 15.9.2010 – VII-Verg 16/10, BeckRS 2011, 5607.

[151] Vgl. OLG Düsseldorf Beschl. v. 15.9.2010 – VII-Verg 16/10, BeckRS 2011, 5607; Ziekow/Völlink/*Völlink* VgV § 38 Rn. 4.

[152] Vgl. KKMPP/*Rechten* VgV § 38 Rn. 6.

[153] Vgl. OLG Düsseldorf Beschl. v. 15.9.2010 – VII-Verg 16/10, BeckRS 2011, 5607; nach OLG Naumburg (Beschl. v. 8.10.2009 – 1 Verg 9/09, BeckRS 2009, 28647) ist ein Primärrechtsschutz prinzipiell möglich, obwohl mit der Vorinformation noch kein konkretes Vergabeverfahren eingeleitet wurde; vgl. ähnlich auch noch VK Bund Beschl. v. 25.2.2010 – VK 3-9/10; VK Sachsen Beschl. v. 10.2.2012 – 1/SVK/050-11.

[154] Vgl. auch Ziekow/Völlink/*Völlink* VgV § 38 Rn. 25; KKMPP/*Rechten* VgV § 38 Rn. 6.

fach hintereinander eine Vorinformation zu veröffentlichen, etwa um auch nach Ablauf einer ersten 12-monatigen Frist nach § 38 Abs. 3 Nr. 2 VgV, § 20 Abs. 3 S. 4 VSVgV VOL/A bzw. § 10a EU Abs. 2 S. 2 (ggf. iVm § 10c Abs. 1), § 10b VS Abs. 4 S. 2 VOB/A die Möglichkeit der Fristverkürzung nutzen zu können.[155]

D. Freiwillige Bekanntmachungen

I. Freiwillige Auftragsbekanntmachung trotz fehlender Bekanntmachungspflicht

Soweit eine Pflicht zur **EU-weiten Bekanntmachung** einer Auftragsvergabe nicht besteht, hat der Auftraggeber trotz allem die Möglichkeit, dies zu tun. Dies ergibt sich aus Art. 51 Abs. 6 VRL bzw. Art. 31 RL 2009/81/EG. § 40 Abs. 4 VgV enthält eine entsprechende Regelung; die Möglichkeit der freiwilligen Bekanntmachung muss jedoch darüber hinaus auch für Aufträge gelten, die nicht der VgV unterfallen.[156] Eine freiwillige EU-weite Bekanntmachung kommt insbesondere bei der Vergabe von Aufträgen unterhalb der jeweils maßgeblichen Schwellenwerte in Betracht,[157] die ohnehin nicht in den Anwendungsbereich der VgV (ggf. iVm der VOB/A-EU) bzw. der VSVgV (ggf. iVm der VOB/A-VS) fallen. Insbesondere wenn eine Auftragsvergabe Binnenmarktrelevanz hat, kann eine freiwillige EU-weite Bekanntmachung für die erforderliche Transparenz sorgen.[158] Für die freiwillige EU-weite Bekanntmachung eines Auftrags ist gemäß Art. 51 Abs. 6 iVm Anhang VIII Nr. 3 VRL bzw. Anhang VI Nr. 3 der RL 2009/81/EG jeweils das vorgesehene Bekanntmachungsmuster (vgl. Durchführungsverordnung (EU) 2015/1986) zu verwenden, das im Falle einer Bekanntmachungspflicht zu verwenden wäre,[159] und auf elektronischem Wege dem Amt für Veröffentlichungen der Europäischen Union zu übermitteln. 80

Auch soweit keine Bekanntmachungspflicht **auf nationaler Ebene** besteht, besteht die Möglichkeit einer freiwilligen Bekanntmachung. Dies ergibt sich für Aufträge, für die (nur) eine EU-weite Bekanntmachungspflicht besteht, aus § 40 Abs. 3 VgV, § 18 Abs. 5 VSVgV, § 12 EU Abs. 3 Nr. 5 bzw. § 12 VS Abs. 2 Nr. 6 VOB/A (s. allerdings zu den zu beachtenden Vorgaben → Rn. 45). Aber auch im Übrigen ist eine Bekanntmachung auf nationaler Ebene mangels anderweitigen Verbots grundsätzlich zulässig. 81

II. Freiwillige Ex-ante-Transparenzbekanntmachung

Von einer freiwilligen EU-weiten Bekanntmachung nach Art. 51 Abs. 6 VRL bzw. Art. 31 RL 2009/81/EG zu unterscheiden ist die freiwillige Ex ante Transparenzbekanntmachung, für die die Durchführungsverordnung (EU) 2015/1986 gemäß Art. 5 in Anhang XII das **Standardformular 15** vorsieht. Nach Art. 2d Abs. 4 RL 89/665/EWG bzw. RL 92/13/EWG, jeweils in ihrer zuletzt durch die KRL geänderten Fassung, ist vorgesehen, dass ein unter Verstoß gegen die Bekanntmachungspflicht vergebener Auftrag nicht unwirksam ist (so aber ansonsten nach Art. 2d Abs. 1 lit. a) der genannten Richtlinien), falls der Auftraggeber zuvor, wenn er der Ansicht ist, dass die Auftragsvergabe ohne vorherige Bekanntmachung zulässig ist, eine solche (den Vorgaben des Art. 3a der genannten Richtlinien entsprechende) freiwillige Ex-ante-Transparenzbekanntmachung veröffentlicht hat und eine Wartefrist von zehn Kalendertagen ab Veröffentlichung eingehalten hat. Die- 82

[155] Vgl. Ingenstau/Korbion/*von Wietersheim* VOB/A-EU § 12 Rn. 5.
[156] Für Bauaufträge (noch zur VOB/A 2012) vgl. KKMPP/*Rechten* VOB/A-EG § 12 Rn. 87.
[157] Vgl. KKMPP/*Rechten* VgV § 40 Rn. 18.
[158] Vgl. Mitteilung der Kommission zu Auslegungsfragen in Bezug auf das Gemeinschaftsrecht, das für die Vergabe öffentlicher Aufträge gilt, die nicht oder nur teilweise unter die Vergaberichtlinien fallen, ABl. EU Nr. C 179, S. 2, dort unter Ziffer 2.1.2.
[159] Vgl. KKMPP/*Rechten* VgV § 40 Rn. 19.

se gemeinschaftsrechtlich vorgesehene Ausnahme von der Unwirksamkeit vergaberechtswidrig nicht bekanntgemachter[160] bzw. De-facto-Vergaben hat der deutsche Gesetzgeber 2016 in § 135 Abs. 3 GWB umgesetzt (zu den Einzelheiten → § 37 Rn. 55 ff.).

83 Ziel der Regelung ist es, Rechtssicherheit in Bezug auf die Wirksamkeit von erteilten Aufträgen in solchen Fällen zu vermitteln, in denen der Auftraggeber (ggf. irrigerweise) der Auffassung ist, dass die Vergabe des Auftrags ohne vorherige Bekanntmachung (als Aufruf zum Wettbewerb) erfolgen darf.[161] Hierzu hat der Auftraggeber vor Auftragsvergabe die sog. freiwillige Ex-ante-Transparenzbekanntmachung im EU-Amtsblatt (Supplement) zu veröffentlichen und eine Wartefrist ab Veröffentlichung einzuhalten, die mit zehn Tagen zulasten eines effektiven Rechtsschutzes[162] und zugunsten einer zügig eintretenden (vermeintlichen) Rechtssicherheit äußerst kurz bemessen ist. Tatsächlich vermag eine Ex-ante-Transparenzbekanntmachung jedoch **nur bedingt** die erwünschte **Rechtssicherheit** zu vermitteln, da insbesondere die (ggf. fehlerhafte) Einschätzung des Auftraggebers, dass eine vorherige Bekanntmachung im konkreten Fall nicht erforderlich sei (vgl. § 135 Abs. 3 S. 1 Nr. 1 GWB), in gewissem Umfang durch die Nachprüfungsinstanzen auch nach Ablauf der Wartefrist und Zuschlagserteilung überprüfbar ist. Zwar haben diese nicht zu prüfen, ob die Voraussetzungen für eine Vergabe ohne vorherige Bekanntmachung tatsächlich vorlagen; sie haben jedoch im Rahmen ihrer Überprüfung insbesondere zu würdigen, ob der Auftraggeber, als er seine Entscheidung getroffen hat, den Auftrag ohne vorherige Bekanntmachung zu vergeben, „sorgfältig gehandelt hat und ob er der Ansicht sein durfte, dass die [dafür] aufgestellten Voraussetzungen tatsächlich erfüllt waren."[163] Somit kann auch ein nach Ablauf der Wartefrist und Erteilung des Zuschlags eingeleitetes Nachprüfungsverfahren noch zur Unwirksamkeit des Zuschlags führen (und ist der Auftrag damit nicht wirklich rechtsicher wirksam vergeben), nämlich dann, wenn die Nachprüfungsinstanzen zu dem Ergebnis kommen, dass der Auftraggeber seine Entscheidung, auf eine vorherige Bekanntmachung zu verzichten, nicht sorgfältig getroffen hat. Eine Rechtssicherheit tritt damit auch hier erst nach bestands- bzw. rechtskräftiger Nachprüfungsentscheidung ein. Eine freiwillige Ex-ante-Transparenzbekanntmachung kann allerdings dann eine Klärung zur Bekanntmachungspflicht und damit Rechtssicherheit herbeiführen, wenn potentielle Bieter die Bekanntmachung zum Anlass für ein Nachprüfungsverfahren nehmen.[164] Letztlich schützt eine freiwillige Ex-ante-Transparenzbekanntmachung nur Vergaben, bei denen die Entscheidung, auf eine vorherige Bekanntmachung zu verzichten, vergaberechtskonform ist oder in einen Graubereich fällt (dh dass trotz sorgfältiger Prüfung Fehlentscheidungen möglich sind), während bewusste Umgehungen des Vergaberechts nicht geschützt sind.[165]

E. Beschafferprofil

84 Auftraggeber können im Internet ein sog. Beschafferprofil einrichten. Dies ist ausdrücklich in § 37 Abs. 4 VgV und § 11 VS Abs. 2 VOB/A geregelt, muss aber aufgrund der europarechtlichen Grundlagen (Art. 48 Abs. 1 S. 3 iVm Anhang VIII Nr. 2 lit. b) VRL und Art. 30 Abs. 1 UAbs. 1 iVm Anhang VI Nr. 2 RL 2009/81/EG) auch in die VOB/A-EU

160 Im Verhandlungsverfahren ohne Teilnahmewettbewerb.

161 Vgl. Erwägungsgrund 26 RMR; vgl. auch EuGH Urt. v. 11.9.2014 – C-19/13 – Fastweb, IBRRS 2014, 3193 Rn. 43 f.

162 Um als betroffenes Unternehmen die vollen zehn Tage für eine Sachverhaltsermittlung und eine rechtliche Einschätzung zur Verfügung zu haben und darauf basierend eine Entscheidung zu treffen, ein Nachprüfungsverfahren einzuleiten, müssen Unternehmen letztlich jeden Tag im EU-Amtsblatt nach Ex-ante-Transparenzbekanntmachungen suchen; ansonsten stehen ihnen unter Umständen deutlich weniger Tage zur Verfügung.

163 So EuGH Urt. v. 11.9.2014 – C-19/13 – Fastweb, IBRRS 2014, 3193 Rn. 50 f.

164 Vgl. auch *Rechten/Portner* NZBau 2014, 276, 279.

165 Vgl. *Püstow/Meiners* EuZW 2016, 325, 327.

und die VSVgV hineingelesen werden, zumal beide Regelwerke die Existenz von Beschafferprofilen voraussetzen (vgl. nur § 12 EU Abs. 1 Nr. 4 VOB/A, § 17 Abs. 1 VSVgV). Bei dem Beschafferprofil handelt es sich um einen **Internetauftritt,** auf dem ein Auftraggeber Informationen zu Auftragsvergaben veröffentlichen kann. Der Begriff des Beschafferprofils stammt aus den zugrundeliegenden europäischen Vorschriften,[166] wonach ein Beschafferprofil Bekanntmachungen von Vorinformationen, Angaben über laufende Ausschreibungen, geplante und vergebene Aufträge, annullierte (= aufgehobene) Verfahren sowie sonstige Informationen von allgemeinem Interesse wie insbesondere Kontaktstelle, Telefon- und Faxnummer, Postanschrift und E-Mail-Adresse enthalten kann; § 37 Abs. 4 S. 2 VgV übernimmt diesen Informationskatalog fast wörtlich, § 11 VS Abs. 2 VOB/A weitestgehend. Das Beschafferprofil stellt insoweit ein alternatives Veröffentlichungsmedium zum EU-Amtsblatt dar.[167] Die Aufzählung von möglichen Angaben im Beschafferprofil ist jeweils nicht abschließend, so dass darüber hinaus auch weitere Informationen aufgenommen werden können.[168] Die Einrichtung eines Beschafferprofils ist **freiwillig;** das Beschafferprofil sollte in diesem Fall von einem Auftraggeber trotz leicht unterschiedlicher Formulierungen zu den Inhalten in VgV und VOB/A-VS (und gänzlich fehlenden Regelungen hierzu in VOB/A-EU und VSVgV) einheitlich für alle Arten von Aufträgen geführt werden. Auch die Aufnahme von Informationen zu Aufträgen, die nicht den genannten Vorschriften unterfallen (zB wegen Nichterreichens von Schwellenwerten) ist möglich.

Die Einrichtung eines Beschafferprofils ermöglicht es interessierten Unternehmen, sich 85
bezüglich der **Beschaffungsaktivitäten eines bestimmten Auftraggebers** zu informieren; daher sind regelmäßige Aktualisierungen seitens des Auftraggebers sinnvoll. Dem jeweiligen Auftraggeber ermöglicht das Beschafferprofil, dort unter bestimmten Bedingungen **Vorinformationen** zu Aufträgen **bekanntzumachen.**[169]

---

[166] Art. 48 Abs. 1 S. 3 iVm Anhang VIII Nr. 2 lit. b) VRL bzw. Art. 30 Abs. 1 UAbs. 1 iVm Anhang VI Nr. 2 RL 2009/81/EG.

[167] Vgl. *Lindenthal* VergabeR 2006, 1, 2f.

[168] Vgl. KKMPP/*Rechten* VgV § 37 Rn. 120.

[169] → Rn. 72.

§ 24 Bereitstellung und Versand von Vergabeunterlagen

Übersicht

VgV: § 41
VOB/A: §§ 8b, 12a
VOB/A EU: § 12a
VOB/A VS: § 12a
SektVO: § 41
UVgO: § 29

VgV:

§ 41 VgV Bereitstellung der Vergabeunterlagen

(1) Der öffentliche Auftraggeber gibt in der Auftragsbekanntmachung oder der Aufforderung zur Interessensbestätigung eine elektronische Adresse an, unter der die Vergabeunterlagen unentgeltlich, uneingeschränkt, vollständig und direkt abgerufen werden können.

(2) Der öffentliche Auftraggeber kann die Vergabeunterlagen auf einem anderen geeigneten Weg übermitteln, wenn die erforderlichen elektronischen Mittel zum Abruf der Vergabeunterlagen

1. aufgrund der besonderen Art der Auftragsvergabe nicht mit allgemein verfügbaren oder verbreiteten Geräten und Programmen der Informations- und Kommunikationstechnologie kompatibel sind,
2. Dateiformate zur Beschreibung der Angebote verwenden, die nicht mit allgemein verfügbaren oder verbreiteten Programmen verarbeitet werden können oder die durch andere als kostenlose und allgemein verfügbare Lizenzen geschützt sind, oder
3. die Verwendung von Bürogeräten voraussetzen, die dem öffentlichen Auftraggeber nicht allgemein zur Verfügung stehen.

Die Angebotsfrist wird in diesen Fällen um fünf Tage verlängert, sofern nicht ein Fall hinreichend begründeter Dringlichkeit gemäß § 15 Absatz 3, § 16 Absatz 7 oder § 17 Absatz 8 vorliegt.

(3) Der öffentliche Auftraggeber gibt in der Auftragsbekanntmachung oder in der Aufforderung zur Interessensbestätigung an, welche Maßnahmen er zum Schutz der Vertraulichkeit von Informationen anwendet und wie auf die Vergabeunterlagen zugegriffen werden kann. Die Angebotsfrist wird in diesen Fällen um fünf Tage verlängert, es sei denn, die

Maßnahme zum Schutz der Vertraulichkeit besteht ausschließlich in der Abgabe einer Verschwiegenheitserklärung oder es liegt ein Fall hinreichend begründeter Dringlichkeit gemäß § 15 Absatz 3, § 16 Absatz 7 oder § 17 Absatz 8 vor.

VOB/A:

§ 8b VOB/A Kosten- und Vertrauensregelung, Schiedsverfahren

(1)
1. Bei Öffentlicher Ausschreibung kann eine Erstattung der Kosten für die Vervielfältigung der Leistungsbeschreibung und der anderen Unterlagen sowie für die Kosten der postalischen Versendung verlangt werden.
2. Bei Beschränkter Ausschreibung und Freihändiger Vergabe sind alle Unterlagen unentgeltlich abzugeben.

(2)
1. Für die Bearbeitung des Angebots wird keine Entschädigung gewährt. Verlangt jedoch der Auftraggeber, dass der Bieter Entwürfe, Pläne, Zeichnungen, statische Berechnungen, Mengenberechnungen oder andere Unterlagen ausarbeitet, insbesondere in den Fällen des § 7c, so ist einheitlich für alle Bieter in der Ausschreibung eine angemessene Entschädigung festzusetzen. Diese Entschädigung steht jedem Bieter zu, der ein der Ausschreibung entsprechendes Angebot mit den geforderten Unterlagen rechtzeitig eingereicht hat.
2. Diese Grundsätze gelten für die Freihändige Vergabe entsprechend.

(3) Der Auftraggeber darf Angebotsunterlagen und die in den Angeboten enthaltenen eigenen Vorschläge eines Bieters nur für die Prüfung und Wertung der Angebote (§§ 16c und 16d) verwenden. Eine darüber hinausgehende Verwendung bedarf der vorherigen schriftlichen Vereinbarung.

(4) Sollen Streitigkeiten aus dem Vertrag unter Ausschluss des ordentlichen Rechtswegs im schiedsrichterlichen Verfahren ausgetragen werden, so ist es in besonderer, nur das Schiedsverfahren betreffender Urkunde zu vereinbaren, soweit nicht § 1031 Absatz 2 der Zivilprozessordnung (ZPO) auch eine andere Form der Vereinbarung zulässt.

§ 12a VOB/A Versand der Vergabeunterlagen

(1) Soweit die Vergabeunterlagen nicht elektronisch im Sinne von § 11 Absatz 2 und 3 zur Verfügung gestellt werden, sind sie
1. den Unternehmen unverzüglich in geeigneter Weise zu übermitteln.
2. bei Beschränkter Ausschreibung und Freihändiger Vergabe an alle ausgewählten Bewerber am selben Tag abzusenden.

(2) Wenn von den für die Preisermittlung wesentlichen Unterlagen keine Vervielfältigungen abgegeben werden können, sind diese in ausreichender Weise zur Einsicht auszulegen.

(3) Die Namen der Unternehmen, die Vergabeunterlagen erhalten oder eingesehen haben, sind geheim zu halten.

(4) Erbitten Unternehmen zusätzliche sachdienliche Auskünfte über die Vergabeunterlagen, so sind diese Auskünfte allen Unternehmen unverzüglich in gleicher Weise zu erteilen.

VOB/A EU:

§ 12a EU VOB/A Versand der Vergabeunterlagen

(1)
1. Die Vergabeunterlagen werden ab dem Tag der Veröffentlichung einer Auftragsbekanntmachung gemäß § 12 EU Absatz 3 oder dem Tag der Aufforderung zur Interessensbestätigung gemäß Nummer 3 unentgeltlich mit uneingeschränktem und vollständigem direkten Zugang anhand elektronischer Mittel angeboten. Die Auftragsbekanntmachung oder

die Aufforderung zur Interessensbestätigung muss die Internet-Adresse, über die diese Vergabeunterlagen abrufbar sind, enthalten.
2. Diese Verpflichtung entfällt in den in Fällen nach § 11b EU Absatz 1.
3. Bei nicht offenen Verfahren, Verhandlungsverfahren, wettbewerblichen Dialogen und Innovationspartnerschaften werden alle ausgewählten Bewerber gleichzeitig in Textform aufgefordert, am Wettbewerb teilzunehmen oder wenn eine Vorinformation als Aufruf zum Wettbewerb gemäß § 12 EU Absatz 2 genutzt wurde, zu einer Interessensbestätigung aufgefordert.

Die Aufforderungen enthalten einen Verweis auf die elektronische Adresse, über die die Vergabeunterlagen direkt elektronisch zur Verfügung gestellt werden.

Bei den in Nummer 2 genannten Gründen sind den Aufforderungen die Vergabeunterlagen beizufügen, soweit sie nicht bereits auf andere Art und Weise zur Verfügung gestellt wurden.

(2) Die Namen der Unternehmen, die Vergabeunterlagen erhalten oder eingesehen haben, sind geheim zu halten.

(3) Rechtzeitig beantragte Auskünfte über die Vergabeunterlagen sind spätestens sechs Kalendertage vor Ablauf der Angebotsfrist allen Unternehmen in gleicher Weise zu erteilen. Bei beschleunigten Verfahren nach § 10a EU Absatz 2, sowie § 10b EU Absatz 5 beträgt diese Frist vier Kalendertage.

VOB/A VS:

§ 12a VS VOB/A Versand der Vergabeunterlagen

(1)
1. Die Vergabeunterlagen sind den Unternehmen unverzüglich in geeigneter Weise zu übermitteln.
2. Die Vergabeunterlagen sind bei nicht offenen Verfahren sowie bei Verhandlungsverfahren und wettbewerblichem Dialog an alle ausgewählten Bewerber am selben Tag abzusenden.

(2) Wenn von den für die Preisermittlung wesentlichen Unterlagen keine Vervielfältigungen abgegeben werden können, sind diese in ausreichender Weise zur Einsicht auszulegen.

(3) Die Namen der Unternehmen, die Vergabeunterlagen erhalten oder eingesehen haben, sind geheim zu halten.

(4) Rechtzeitig beantragte Auskünfte über die Vergabeunterlagen sind spätestens sechs Kalendertage vor Ablauf der Angebotsfrist allen Unternehmen in gleicher Weise zu erteilen. Bei nicht offenen Verfahren und beschleunigten Verhandlungsverfahren nach § 10b VS Absatz 6 beträgt diese Frist vier Kalendertage.

SektVO:

§ 41 SektVO Bereitstellung der Vergabeunterlagen

(1) Der Auftraggeber gibt in der Auftragsbekanntmachung oder der Aufforderung zur Interessensbestätigung eine elektronische Adresse an, unter der die Vergabeunterlagen unentgeltlich, uneingeschränkt, vollständig und direkt abgerufen werden können.

(2) Im Falle einer Bekanntmachung über das Bestehen eines Qualifizierungssystems nach § 37 ist dieser Zugang unverzüglich, spätestens zum Zeitpunkt der Absendung der Aufforderung zur Angebotsabgabe oder zu Verhandlungen anzubieten. Der Text der Bekanntmachung oder dieser Aufforderung muss die Internetadresse, über die diese Vergabeunterlagen abrufbar sind, enthalten.

(3) Der Auftraggeber kann die Vergabeunterlagen auf einem anderen geeigneten Weg zur Verfügung stellen oder übermitteln, wenn die erforderlichen elektronischen Mittel zum Abruf der Unterlagen

1. aufgrund der besonderen Art der Auftragsvergabe nicht mit allgemein verfügbaren oder verbreiteten Geräten und Programmen der Informations- und Kommunikationstechnologie kompatibel sind,
2. Dateiformate zur Beschreibung der Angebote verwenden, die nicht mit allgemein verfügbaren oder verbreiteten Programmen verarbeitet werden können oder die durch andere als kostenlose und allgemein verfügbare Lizenzen geschützt sind, oder
3. die Verwendung von Bürogeräten voraussetzen, die Auftraggebern nicht allgemein zur Verfügung stehen.

Die Angebotsfrist wird in diesen Fällen um fünf Tage verlängert, sofern nicht ein Fall hinreichend begründeter Dringlichkeit gemäß § 14 Absatz 3 vorliegt oder die Frist gemäß § 15 Absatz 3 im gegenseitigen Einvernehmen festgelegt wurde.

(4) Der Auftraggeber gibt in der Auftragsbekanntmachung oder der Aufforderung zur Interessensbestätigung oder, sofern eine Bekanntmachung über das Bestehen eines Qualifizierungssystems erfolgt, in den Vergabeunterlagen an, welche Maßnahmen er zum Schutz der Vertraulichkeit von Informationen anwendet und wie auf die Vergabeunterlagen zugegriffen werden kann. Die Angebotsfrist wird in diesen Fällen um fünf Tage verlängert, es sei denn, die Maßnahme zum Schutz der Vertraulichkeit besteht ausschließlich in der Abgabe einer Verschwiegenheitserklärung, es liegt ein Fall hinreichend begründeter Dringlichkeit gemäß § 14 Absatz 3 vor oder die Frist wurde gemäß § 15 Absatz 3 im gegenseitigen Einvernehmen festgelegt.

UVgO:

§ 29 UVgO Bereitstellung der Vergabeunterlagen

(1) Der Auftraggeber gibt in der Auftragsbekanntmachung eine elektronische Adresse an, unter der die Vergabeunterlagen unentgeltlich, uneingeschränkt, vollständig und direkt abgerufen werden können.

(2) Der Auftraggeber kann die Vergabeunterlagen auf einem anderen geeigneten Weg übermitteln, wenn die erforderlichen elektronischen Mittel zum Abruf der Vergabeunterlagen

1. aufgrund der besonderen Art der Auftragsvergabe nicht mit allgemein verfügbaren oder verbreiteten Geräten und Programmen der Informations- und Kommunikationstechnologie kompatibel sind,
2. Dateiformate zur Beschreibung der Angebote verwenden, die nicht mit allgemein verfügbaren oder verbreiteten Programmen verarbeitet werden können oder die durch andere als kostenlose und allgemein verfügbare Lizenzen geschützt sind, oder
3. die Verwendung von Bürogeräten voraussetzen, die dem Auftraggeber nicht allgemein zur Verfügung stehen.

(3) Der Auftraggeber gibt in der Auftragsbekanntmachung an, welche Maßnahmen er zum Schutz der Vertraulichkeit von Informationen anwendet und wie auf die Vergabeunterlagen zugegriffen werden

A. Einleitung

1 **Europarechtliche Vorgaben** mit unmittelbarem Bezug zum physischen Versand der Vergabeunterlagen existieren kaum. Anders sieht es bei der elektronischen Bereitstellung aus, die in Art. 53 Abs. 1 RL 2014/24/EU bzw. Art. 73 RL 2014/25/EU geregelt ist und im Regelfall anzuwenden ist.

Vergaberechtliche Grundsätze wie **Gleichbehandlung der Bieter** und **Selbstbindung des Auftraggebers** sind für den Versand natürlich dennoch zu beachten. Diese Grundsätze hat das deutsche Vergaberecht für einige Verfahrensarten näher ausgestaltet. 2

In der Praxis werden die Bereitstellung und die Versendung der Vergabeunterlagen und die damit zusammenhängenden Vorgaben als Routine wahrgenommen, rechtlich spielen die Vorgaben zum postalischen Versand auch kaum eine Rolle. So gibt es praktisch keine Entscheidungen von Nachprüfungsinstanzen, bei denen Fragen im Zusammenhang mit der postalischen Versendung der Vergabeunterlagen entscheidungsrelevant sind. Dies ist anders im Zusammenhang mit der elektronischen Bereitstellung, so haben zB Fragen des freien und vollständigen Zugangs die Nachprüfungsinstanzen beschäftigt.

Auch wenn die Bereitstellung und die Versendung als Routine-Vorgang wahrgenommen werden, sind die mit ihr zusammenhängenden **Folgefragen** praxisrelevant (werden aber oft auch als Routine wahrgenommen), so geht es zB um die Bemessung und ggf. Verlängerung von Angebotsfristen, etwa bei verspätetem Versand oder der Ergänzung von Vergabeunterlagen. 3

Der **Begriff der Vergabeunterlagen** und die Vorgaben für deren **Inhalt und Form** sind in → § 18 Rn. 1 ff. dieses Buches dargestellt. Dieser Abschnitt befasst sich mit den Modalitäten der Versendung der Vergabeunterlagen an die Bewerber und – wegen der größeren praktischen Bedeutung als erstes – den Vorgaben für die elektronische Bereitstellung. 4

Lediglich klarstellend ist darauf hinzuweisen, dass in den Texten der EU-Vergaberichtlinien der in Deutschland nicht eingeführte Begriff der **„Auftragsunterlagen"** benutzt wird. Inhaltlich hat dies keine Auswirkungen. In den 2014 in Kraft getretenen EU-Vergaberichtlinien wird der noch in den 2004 erlassenen EU-Vergabekoordinierungsrichtlinien auftauchende Begriff der „Verdingungsunterlagen" nicht mehr verwendet. Im deutschen Recht wird durchgängig der Begriff der **„Vergabeunterlagen"** verwendet. 5

B. Elektronische Bereitstellung

I. VgV, VOB/A-EU, SektVO

Im Geltungsbereich von VgV, VOB/A-EU und SektVO gelten identische Regelungen für die **elektronische Bereitstellung** der Vergabeunterlagen. Diese sind in §§ 41 VgV, 11b EU VOB/A, 41 SektVO zu finden. Diese Regelungen dienen der Umsetzung von Art. 53 Abs. 1 RL 2014/24/EU bzw. Art. 73 RL 2014/25/EU. 6

1. Bereitstellung im Regelfall

Als Regelfall sehen diese Vorschriften vor, dass der Auftraggeber in der **Auftragsbekanntmachung** oder der **Aufforderung zur Interessensbestätigung** eine elektronische Adresse angibt, unter der die Vergabeunterlagen **unentgeltlich, uneingeschränkt, vollständig und direkt** zur Verfügung stehen. Dies bedeutet insbesondere, dass der Zugriff nicht von einer vorherigen Registrierung oder einer Kostenerstattung abhängig gemacht werden darf.[1] 7

Zulässig und auch sinnvoll ist eine **freiwillige Registrierung** dergestalt, dass die registrierten Unternehmen automatisch auf Änderungen und Aktualisierungen der Vergabeunterlagen hingewiesen werden oder in anderer Weise eine Kontaktaufnahme durch den Auftraggeber möglich ist. Diese Registrierung hat für Unternehmen den Vorteil, dass sie hinsichtlich von Änderungen der Vergabeunterlagen nicht mehr in einer Holschuld sind. 8

Diese Vorgabe ist nicht auf bestimmte Verfahrensarten beschränkt, gilt also auch für **zweistufige Verfahren** wie das offene Verfahren oder das Verhandlungsverfahren. Aus- 9

[1] Vgl. dazu ausführlich → § 23 Rn. 19 ff.

drücklich ist dies in den Vorschriften so nicht ausgeführt. Der Anwendungsbereich ergibt sich jedoch aus dem Fehlen einer Begrenzung auf bestimmte Vergabeverfahren.

2. Bereitstellung auf anderem Weg

10 In bestimmten Fällen darf der Auftraggeber den interessierten Unternehmen die Vergabeunterlagen **auf einem anderen geeigneten Weg** zur Verfügung stellen oder übermitteln. Dies ist nach den insoweit gleichlautenden Vorschriften möglich, wenn die erforderlichen elektronischen Mittel zum Abruf der Unterlagen entweder aufgrund der besonderen Art der Auftragsvergabe nicht mit allgemein verfügbaren oder verbreiteten Geräten und Programmen der Informations- und Kommunikationstechnologie kompatibel sind, oder wenn Dateiformate zur Beschreibung der Angebote verwendet werden, die nicht mit allgemein verfügbaren oder verbreiteten Programmen verarbeitet werden können oder die durch andere als kostenlose und allgemein verfügbare Lizenzen geschützt sind, oder wenn sie die Verwendung von Bürogeräten voraussetzen, die Auftraggebern nicht allgemein zur Verfügung stehen.

11 Andere geeignete Wege sind vor allem Papierausdrucke, aber in Einzelfällen erscheint auch eine Übermittlung als CD denkbar.

12 Bei der Regelung zu **Fristen** in § 20 Abs. 2 VgV ist die Möglichkeit angesprochen, dass Anlagen zu den Vergabeunterlagen **nur zur Einsicht** zur Verfügung gestellt werden, was als ein weiterer geeigneter Weg anzusehen ist. Die Unterlagen müssen so zur Verfügung gestellt werden, dass Unternehmen eine angemessene Möglichkeit zur Einsichtnahme haben, dh es müssen ausreichend Exemplare sein, Ort und Zeit der Einsichtnahmemöglichkeit dürfen nicht prohibitiv vorgegeben werden.

3. Maßnahmen zum Schutz von Vertraulichkeit

13 Die Vorschriften erlauben auch Maßnahmen zum Schutz der Vertraulichkeit. Es werden aber weder weitere Anforderungen an solche Maßnahmen beschrieben noch wird der **Begriff der Vertraulichkeit** selber erläutert. In den Vorschriften betreffend Wahrung der Vertraulichkeit (§ 5 VgV, § 13 Abs. 1 Nr. 2 EU VOB/A, jeweils beruhend auf Art. 21 RL 2014/24/EU) geht es um den Schutz von Informationen, die aus Sicht der Bieter vertraulich sind. Aus Sicht des Auftraggebers kann insoweit aus Erwägungsgrund 128 RL 2014/24/EU geschlossen werden, dass es um allgemeine Vertraulichkeitsvorschriften geht.

14 Als vertraulich sind daher insbesondere alle **Geschäfts- und Betriebsgeheimnisse** des Auftraggebers anzusehen. Bei **urheberrechtlich geschützten Unterlagen** liegt eine Vertraulichkeit in der Regel nicht vor. Verschlussachen-Aufträge fallen im Zweifel in den Anwendungsbereich der VSVgV, § 104 Abs. 3 GWB.

15 Der Auftraggeber darf bestimmen, dass für den Zugriff auf vertrauliche Informationen ein eingeschränkter Zugriff möglich ist. Ausdrücklich als Beispiel genannt wird die **Vertraulichkeitserklärung.** Dies bedeutet, dass die intereressierten Unternehmen erst nach Genehmigung bzw. Freischaltung durch den Auftraggeber Zugriff auf die Unterlagen haben. Aber auch andere Maßnahmen sind denkbar, so eine Übersendung per Post, wenn ein Datenzugriff während des Ladens der Unterlagen bzw. der Angebote zu befürchten ist.

16 Diese Maßnahmen stehen unter der allgemeinen Einschränkung der **Erforderlichkeit und Angemessenheit,** sind also stets so zu gestalten, dass der Wettbewerb möglichst wenig eingeschränkt wird.

II. KonzVgV

17 § 17 KonzVgV enthält Vorgaben für die **elektronische Bereitstellung** der Unterlagen. Es gilt insoweit grundsätzlich das für VgV, VOB/A-EU und SektVO Gesagte. Die KonzVgV spricht aber bei der Bereitstellung auf einem anderen Wege als dem elektronischen nur

allgemein von hinreichend begründeten Umständen wegen außergewöhnlichen Sicherheitsgründen oder technischen Gründen oder von besonderer Sensibilität von Handelsinformationen, die eines sehr hohen Datenschutzniveaus bedürfen. Dies macht in der Sache keinen Unterschied.

III. Verteidigung- und sicherheitsrelevante Vergaben

Die VSVgV enthält lediglich in § 19 VSVgV allgemeine Anforderungen an die elektronische Kommunikation (vgl. § 11 VS VOB/A). Eine Verpflichtung zur allgemein zugänglichen elektronischen Bereitstellung sieht sie **nicht** vor, was sich bei den betroffenen Vergaben auch von selbst verbieten würde. 18

IV. Unterschwellenbereich

Die VOB/A sieht keine verpflichtende elektronische Bereitstellung der Vergabeunterlagen vor, anders § 29 UVgO, der in seinen Anforderungen § 41 VgV entspricht. Wählt der Auftraggeber bei der VOB/A die elektronische Kommunikation, muss er diese Anforderungen nach § 11 Abs. 4 VOB/A ebenfalls beachten. 19

C. Vorgaben für den Versand

I. Oberschwellenvergaben

1. Vorgaben der RL 2014/24/EU

Vorgaben für die Versendung der Vergabeunterlagen enthält die RL 2014/24/EU nicht; dies ist angesichts der für den Regelfall zwingend vorgesehenen elektronischen Bereitstellung der Vergabeunterlagen konsequent. 20

2. VgV – Abschnitt 2

a) Übermittlung der Vergabeunterlagen. Im Hinblick auf die als **Regelfall** vorgesehene elektronische Bereitstellung der Vergabeunterlagen sieht die VgV in konsequenter Umsetzung der insoweit ebenfalls schweigenden RL 2014/24/EU keine Regelungen für den Versand von Papier-Unterlagen vor. 21

§ 41 VgV öffnet dem Auftraggeber unter den dort dargestellten Voraussetzungen die Möglichkeit, die Vergabeunterlagen auf einem anderen geeigneten Weg zu übermitteln. Daher stellt sich jedenfalls in diesen Fällen die Frage, wie dies zu erfolgen hat. 22

Bei den meisten Verfahrensarten hat es der Auftraggeber in der Hand, wann er die Vergabeunterlagen auf den Weg zu den Unternehmen bringt, zB bei einem Teilnahmewettbewerb nach Auswahl der Unternehmen, die er zur Abgabe eines Angebotes auffordern will. In diesen Fällen muss der Auftraggeber nach dem allgemeinen Gleichbehandlungsgrundsatz die Unterlagen an alle Bieter **am gleichen Tag** versenden. 23

Beim offenen Verfahren hängt der Zeitpunkt, ab dem der Auftraggeber zur Übermittlung verpflichtet sein könnte, von der **Anforderung** durch den Bieter ab. Für diesen Fall gibt es als Anhalt für die vom Auftraggeber einzuhaltende Zeit die in § 41 Abs. 2 S. 2 VgV vorgesehene Verlängerung der Angebotsfrist um 5 Tage. Bei diesen fünf Tagen ist vom Regelgeber im Zweifel noch der Postlauf zum Unternehmen berücksichtigt, der aber nicht in der Hand des Auftraggebers liegt. Es bleibt, vom Auftraggeber eine unverzügliche Versendung der Unterlagen zu fordern. 24

25 **b) Dokumentation.** Um die Einhaltung seiner Pflichten zur fristgerechten bzw. an alle Bewerber am gleichen Tag erfolgten Absendung nachweisen zu können, muss der Auftraggeber jeweils den **Zeitpunkt der Versendung** dokumentieren.

26 Dies muss in einer Weise erfolgen, die in einem Nachprüfungsverfahren nachvollzogen werden kann. Insofern bietet es sich an, auf die Grundsätze für die Dokumentation des Zeitpunktes des Eingangs eines Angebotes zurückzugreifen.

27 Der Auftraggeber muss also dokumentieren, **welcher Mitarbeiter** die an ein bestimmtes Unternehmen gerichteten Vergabeunterlagen an die Poststelle gegeben hat. Hierzu muss es einen mit **Namenszug** versehenen Versand- bzw. Übergabebeleg geben, aus dem der Aussteller hervorgeht.

3. VgV – Abschnitte 3, 5 und 6

28 Für die Vergabe von sozialen und anderen besonderen Dienstleistungen iSd §§ 64 ff. VgV und die Vergabe von Architekten- und Ingenieurleistungen iSd §§ 73 ff. VgV enthält die VgV keine von Abschnitt 2 abweichenden Regelungen.

29 Für die Durchführung von Wettbewerben iSd §§ 69 ff. VgV und von Planungswettbewerben für Architekten- und Ingenieurleistungen nach §§ 78 ff. VgV ist § 41 VgV nicht anwendbar. In diesen Verfahren ist also nur die allgemeine Anwendung der elektronischen Kommunikation zu beachten.

4. KonzVgV und SektVO

30 Es gilt für die KonzVgV und die SektVO uneingeschränkt das für die VgV Gesagte.

5. VOB/A-EU

31 **a) Offenes Verfahren.** § 12a EU VOB/A trägt zwar die Überschrift „Versand der Vergabeunterlagen", doch tatsächlich geht es im Wesentlichen um die elektronische Bereitstellung, die Geheimhaltung der Namen der interessierten Unternehmen und die Erteilung von Auskünften.

32 Anders als die VOB/A 2012 in § 6 EG Abs. 2 Nr. 1 VOB/A legt die VOB/A seit der Ausgabe 2016 nicht mehr ausdrücklich fest, dass die Unterlagen **an alle Bewerber** abzugeben sind. Dies ergibt sich jedoch aus dem Wesen des offenen Verfahrens auch ohne ausdrückliche Festlegung. Die in Art. 39 Abs. 1 VKR bzw. § 12 EG Abs. 4 Nr. 1 VOB/A aF vorgesehene Frist für den Versand von nicht elektronisch bereitgestellten Unterlagen ist im Hinblick auf die generelle Verpflichtung zur elektronischen Bereitstellung nicht weitergeführt worden.

33 Eine Verpflichtung zur **„unverzüglichen" Versendung ab Anforderung** kann allenfalls noch dann in Frage kommen, wenn der Auftraggeber aufgrund von in § 11b EU Abs. 1 VOB/A genannten Gründen die Unterlagen nicht elektronisch zur Verfügung stellt. Da in diesen Fällen die Angebotsfrist um fünf Kalendertage zu verlängern ist, ist der Auftraggeber zu größtmöglicher Beschleunigung aufgefordert, damit eine angemessene Angebotsfrist gewahrt bleibt. Eine Versendung innerhalb der früher vorgesehenen Frist von sechs Tagen ist regelmäßig nicht ausreichend.

34 Unausgesprochen ist in diesen Fällen aus rein praktischen Gründen zu prüfen, ob ein Antrag noch **„rechtzeitig vor Ablauf der Angebotsfrist"** eingegangen ist (so § 12 EG Abs. 4 Nr. 1 VOB/A aF). Abzustellen ist darauf, ob es dem Bewerber nach Erhalt der Unterlagen noch möglich sein wird, ein Angebot zu erstellen und zum Auftraggeber zu transportieren. Dies liegt natürlich maßgeblich im Bereich des Bewerbers und ist vom Auftraggeber nur schwer einzuschätzen (vgl. zu einer Fehleinschätzung des Auftraggebers OLG Düsseldorf Beschl. v. 21.12.2005 – VII 75/05).

35 Daher sollte ein Auftraggeber **im Zweifel** die Unterlagen auch dann versenden, wenn er der Auffassung ist, dass die Angebotserstellung nur unter ganz besonderen Anstrengun-

gen möglich ist. Da es allein die Aufgabe der Unternehmen ist, sich wegen interessanter Aufträge rechtzeitig zu informieren, muss der Auftraggeber wegen einer solchen späten Anforderung auch nicht die Angebotsfrist verlängern.

Aus den dargestellten Gründen dürfte es für den Auftraggeber nur schwer möglich sein, die Dauer der Angebotserstellung bereits bei der Bekanntmachung zu ermitteln und dort eine Frist festzulegen, bis zu der die Bewerber die Unterlagen abzufordern haben. Die **Standardformulare**[2] sehen eine solche Fristsetzung, anders als die Vorgänger-Formulare in „IV.3.3) Bedingungen für den Erhalt von Ausschreibungs- und ergänzenden Unterlagen bzw. der Beschreibung" jedenfalls nicht mehr vor. Soweit nach altem Recht angenommen wurde, der Auftraggeber sei zur Benennung einer solchen Frist auch verpflichtet[3], sprechen die „uneingeschränkte" elektronische Bereitstellung und die Neufassung der Formulare dafür, dass dies nach der RL 2014/24/EU auf keinen Fall mehr anzunehmen ist. Angesichts der Schwierigkeit des Auftraggebers, diese Frist richtig zu ermitteln und genau zu beschreiben, ohne damit den Wettbewerb übermäßig zu beschränken, erscheint schon deswegen **eine solche Verpflichtung nicht sinnvoll.** Dies hatte *Kuhn* unter Bezugnahme auf den Text der Vergabekoordinierungsrichtlinie und ihre Vorgaben überzeugend dargestellt[4]. 36

b) Andere Vergabeverfahren mit und ohne Teilnahmewettbewerb. Auch die frühere Verpflichtung des Auftraggebers, bei nicht offenen Verfahren, Verhandlungsverfahren und dem wettbewerblichen Dialog die Vergabeunterlagen **an alle ausgewählten Bewerber am gleichen Tag** zu verschicken, § 12 EG Abs. 4 Nr. 2 VOB/A aF, wurde im Hinblick auf die elektronische Bereitstellung der Unterlagen nicht in die VOB/A 2016 übernommen. Sie gilt jedoch fort, wenn ausnahmsweise die Vergabeunterlagen nicht elektronisch bereitgestellt werden, vgl. § 11b EU Abs. 1 VOB/A. Aufgrund des Gleichbehandlungsgrundsatzes wäre jede andere Vorgehensweise des Auftraggebers bei allen Vergabeverfahren außer dem offenen Verfahren vergaberechtswidrig. 37

c) Dokumentation. Um die Einhaltung seiner Pflichten zur fristgerechten bzw. an alle Bewerber am gleichen Tag erfolgten Absendung nachweisen zu können, muss der Auftraggeber jeweils den **Zeitpunkt der Versendung** dokumentieren. 38

Dies muss in einer Weise erfolgen, die in einem Nachprüfungsverfahren nachvollzogen werden kann. Insofern bietet es sich an, auf die Grundsätze für die Dokumentation des Zeitpunktes des Eingangs eines Angebotes zurückzugreifen. 39

Der Auftraggeber muss also dokumentieren, **welcher Mitarbeiter** die an ein bestimmtes Unternehmen gerichteten Vergabeunterlagen an die Poststelle gegeben hat. Hierzu muss es einen mit **Namenszug** versehenen Versand- bzw. Übergabebeleg geben, aus dem der Aussteller hervorgeht. 40

II. Unterschwellenvergaben

1. VOB/A

a) Öffentliche Ausschreibung. Bei der öffentlichen Ausschreibung veröffentlicht der Auftraggeber eine Bekanntmachung und die interessierten Unternehmen wenden sich an ihn, um die Unterlagen zu erhalten, sofern der Auftraggeber diese Unterlagen nicht elektronisch zur Verfügung stellt. Wann die Unternehmen von der Ausschreibung erfahren, wie schnell sie den Entschluss, sich zu beteiligen, fassen und ihm mitteilen und wie schnell 41

[2] Anhang II der Durchführungsverordnung (EU) 2015/1986.

[3] Zur Zulässigkeit einer solchen Forderung auch VK Bund Beschl. v. 5.10.2012 – VK 3-114/12, IBRRS 2010, 2735.

[4] Ebenso Kapellmann/Messerschmidt/*Planker* VOB/A § 12a Rn. 16; zur Länge der festzusetzenden Frist nach altem Recht *Kuhn* VergabeR 2012, 21; VK Sachsen Beschl. v. 19.4.2012 – 1/SKV/009-12.

eine ggf. verlangte Zahlung für die Vergabeunterlagen nachgewiesen werden kann, entzieht sich den Steuerungsmöglichkeiten des Auftraggebers.

42 Daher kann er im Ergebnis nur auf die **eingehenden Bewerbungen** reagieren. Dementsprechend verlangt die VOB/A vom Auftraggeber in § 12a Abs. 1 Nr. 1 VOB/A, dass die Unterlagen **unverzüglich** an die Bewerber zu versenden sind. Der maßgebliche Zeitpunkt der Versendung ist zu **dokumentieren.**

43 Diese Verpflichtung setzt mit **Zugang** der Bewerbung ein. Der Zeitpunkt des Zugangs ist nach allgemeinen Regeln zu beurteilen, dh ein nach Dienstschluss eingeworfener Brief oder eine nachts versandte Mail gehen erst am nächsten Arbeitstag zu.

44 Auch der Begriff der **Unverzüglichkeit** ist nach allgemeinen Regeln zu bestimmen und beinhaltet, dass der Auftraggeber ohne schuldhaftes Zögern handeln muss, § 121 Abs. 1 BGB.

45 „Unverzüglich" heißt nicht sofort, sondern innerhalb einer nach den Umständen des Einzelfalls zu bemessenden **Prüfungs- und Überlegungsfrist.** Bei der Versendung der Unterlagen hat der Auftraggeber allenfalls zu prüfen, ob der Bewerber auch tatsächlich einen verlangten Kostenvorschuss für die Vergabeunterlagen eingezahlt hat.

46 Will ein Bewerber die Unterlagen ausschließlich verwenden, um sie selber Dritten zugänglich zu machen, muss der Auftraggeber berücksichtigen, dass es **nachträgliche Änderungen** geben kann. Dann muss er im Eigeninteresse sicherstellen, dass er eindeutig erkennen kann, ob der Bewerber – dem er die Änderungen natürlich mitteilen muss – diese auch an die Dritten weitergeleitet hat oder nicht. Dazu muss er die Vergabeunterlagen und vor allem die Änderungen entsprechend gestalten, also zB eindeutige Bearbeitungsstände aufnehmen oder ähnliches. Fehler solcher Dritter, zB bei Übernahme der Veröffentlichung, gehen zu Lasten des Unternehmens, das diesen Dienst nutzt[5].

47 Angesichts dieser sehr eingeschränkten Prüfungen und Überlegungen dürfte eine Versendung der Vergabeunterlagen **regelmäßig innerhalb kürzester Frist** erfolgen können.

48 Ein Engpass kann sein, dass der Auftraggeber in Papierform zu sendenden Unterlagen **nicht in der ausreichenden Anzahl** vorbereitet hat und daher erst weitere Kopien anfertigen muss. Dies muss er mit der gebotenen Eile nachholen.

49 Diese Verzögerung ist von den Bewerbern grundsätzlich hinzunehmen, da man vom Auftraggeber nicht erwarten kann, dass er bei jedem Vergabeverfahren größere Stückzahlen der Vergabeunterlagen produziert.

50 Eine **schuldhafte Verzögerung** kann darin liegen, dass der Auftraggeber die vorbereitete Anzahl der Vergabeunterlagen erkennbar zu niedrig angesetzt hat. Gab es bei ähnlichen Vergaben in der Vergangenheit bereits eine Vielzahl von Bewerbern, muss der Auftraggeber hierauf vorbereitet sein. Hat der Auftraggeber die Anzahl der Bewerber unterschätzt und kommt es zu Verzögerungen beim Versand, so muss er ggf. die Angebotsfrist verlängern.

51 Die VOB/A sieht bei öffentlichen Ausschreibungen nicht vor, dass der Auftraggeber ab einem bestimmten Zeitpunkt keine Unterlagen mehr versenden müsste. Daher muss der Auftraggeber auch bei einer kurz vor dem Ende der Angebotsfrist eintreffenden Bewerbung die Unterlagen unverzüglich versenden. Eine **Verlängerung der Angebotsfrist** ist jedoch allein wegen einer solchen späten Anforderung nicht geboten.

52 Wie im Oberschwellenbereich dürfte es auch im Unterschwellenbereich nicht zweckmäßig sein, eine Frist für das Ende der Anforderungsmöglichkeit zu setzen[6].

53 Nach § 12a Abs. 2 VOB/A sind die für die Preisermittlung wesentlichen Unterlagen in ausreichender Weise **zur Einsicht auszulegen,** wenn von ihnen keine Vervielfältigungen abgegeben werden können. Der Auftraggeber muss die Einsichtnahme in einem angemes-

---

[5] VK Rheinland-Pfalz Beschl. v. 10.11.2015 – VK 1-26/15, IBR 2016, 170.

[6] Für den Oberschwellenbereich OLG Düsseldorf Beschl. v. 21.12.2005 – Verg 75/05, IBR 2006, 218 jedenfalls bei undeutlicher Formulierung, wenn es um auf dem Postweg zum Interessenten verloren gegangene Unterlagen geht.

senen Rahmen ermöglichen, also etwa während üblicher Bürozeiten und an einem geeigneten Ort. Auch im eigenen Interesse sollte der Auftraggeber die Einsichtnahme nicht unnötig erschweren, da sich dies in Zahl und Qualität der eingehenden Angebote niederschlagen wird.

b) Beschränkte Ausschreibung und Freihändige Vergabe. Bei beschränkter Ausschreibung und freihändiger Vergabe bestimmt der Auftraggeber selber, welche **Bewerber** in welcher Zahl er aussucht. Dieser **Auswahlprozess** findet rein Auftraggeber-intern statt, so dass der Auftraggeber den Abschluss des Auswahlprozesses festlegen und kontrollieren kann. 54

Die VOB/A verlangt daher vom Auftraggeber, dass er nach Abschluss des Auswahlprozesses die Vergabeunterlagen an alle Bewerbern **am selben Tag** absendet, § 12a Abs. 1 Nr. 2 VOB/A, sofern er sie nicht elektronisch bereitstellt. Der Zeitpunkt der Versendung ist zu dokumentieren. 55

2. UVgO

Für die Bereitstellung und den Versand der Vergabeunterlagen im Geltungsbereich der UVgO gilt uneingeschränkt das für die VgV in → Rn. 21 ff. Gesagte. 56

[nicht besetzt] 57–62

D. Kostenerstattung bei Oberschwellenvergaben

Anders als nach altem Recht sprechen VgV und VOB/A-EU die Frage einer Kostenerstattung für den Versand der Vergabeunterlagen nicht mehr an. Das ist eine konsequente Folge aus dem Grundsatz, dass Vergabeunterlagen im Regelfall auf elektronischem Weg „unentgeltlich, uneingeschränkt, vollständig und direkt abgerufen werden können". 63

Wenn die Unterlagen jedoch ausnahmsweise in anderer Weise zur Verfügung gestellt werden, stellt sich die Frage nach einer Kostenerstattung. Nach altem Recht (§§ 9 EG Abs. 3 VOL/A, 8 EG Abs. 7 VOB/A) konnten Auftraggeber diese zumindest bei offenen Verfahren verlangen. 64

Die Rahmenbedingungen haben sich bei der Bereitstellung der Vergabeunterlagen jedoch insgesamt verändert. So wurde der Vorrang des offenen Verfahrens aufgegeben. Es steht dem Auftraggeber also frei, bei von ihm als zu hoch empfundenen Kosten für eine (bei offenen Verfahren theoretisch) unbegrenzte Anzahl von Vervielfältigungen von vornherein das nicht offene Verfahren zu wählen. Außerdem haben die Vergaberichtlinien eine Grundsatzentscheidung dahin getroffen, dass die elektronische Veröffentlichung unentgeltlich erfolgt – trotz der hierfür erforderlichen Kosten einer IT-Struktur. 65

All dies spricht dafür, im Oberschwellenbereich dem Auftraggeber **keine Möglichkeit** mehr zuzugestehen, von den Bietern Kostenerstattung für die Überlassung der Vergabeunterlagen zu verlangen. 66

E. Kostenerstattung für die Versendung nach VOB/A und UVgO

I. VOB/A

Das Verlangen einer Kostenerstattung für die Vergabeunterlagen lässt die VOB/A nur für **öffentliche Ausschreibungen** zu. Diese Differenzierung beruht nicht zuletzt darauf, dass der Auftraggeber bei diesen Verfahren keinerlei Einfluss darauf hat, welche und wie viele Unternehmen die Unterlagen anfordern. Auch ist in keiner Weise absehbar, wie viele der anfordernden Unternehmen dann tatsächlich ein Angebot abgeben. 67

68 Sucht der Auftraggeber, ob mit oder ohne Teilnahmewettbewerb, hingegen eine geringe Anzahl von Bietern aus, so halten sich zum einen die Kosten für Vervielfältigung und Versendung in Grenzen, zum anderen ist damit zu rechnen, dass diese Unternehmen auch tatsächlich ein Angebot einreichen, da sie sich vergleichsweise gute Chancen auf die Auftragserteilung ausrechnen können.

1. Versendung erst nach Zahlung

69 Die VOB/A sieht bei öffentlichen Ausschreibungen vor, dass der Auftraggeber von den Bewerbern eine Kostenerstattung verlangen kann. Diese Kostenerstattung müssen die Bewerber **vor Anforderung der Unterlagen** bezahlen, die Zahlung ist dem Auftraggeber nachzuweisen. Der Auftraggeber kann die Versendung der Vergabeunterlagen **davon abhängig machen,** dass die Zahlung auch tatsächlich erfolgt ist[7].

70 Der Auftraggeber sollte **in der Veröffentlichung eindeutige Angaben** darüber machen, ob er die Versendung der Unterlagen von der vorherigen Einzahlung abhängig macht oder nicht. Der Betrag und die Kontoverbindung sind nach § 12 Abs. 1 Nr. 2 lit. m) VOB/A bekanntzugeben.Wie bei fast allen Angaben im Vergabeverfahren gehen nicht eindeutige Angaben zu Lasten des Auftraggebers.

2. Möglichkeit der Kostenerstattung

71 Der Auftraggeber darf nach § 8b Abs. 1 Nr. 1 VOB/A bei öffentlicher Ausschreibung eine Erstattung für die **Kosten der Vervielfältigung** der Leistungsbeschreibung und der anderen Unterlagen sowie für die **Kosten der postalischen Versendung** verlangen.

72 Der Auftraggeber kann von dieser Möglichkeit Gebrauch machen, muss es aber nicht. Stehen also zB die erwarteten Kosten und der mit der Buchung etc. zusammenhängende Aufwand nicht in einem wirtschaftlichen Verhältnis, kann der Auftraggeber auf die Geltendmachung der Kostenerstattung **verzichten.**

73 Auch die **Kosten einer elektronischen Vervielfältigung** kann der Auftraggeber – anders als die Kosten der elektronischen Versendung – erstattet verlangen. Allerdings dürfte sich dies im Kern auf das Kopieren von DVD und CD beschränken. Das Vorhalten von Daten auf einer elektronischen Vergabeplattform dürfte hingegen weder eine Vervielfältigung noch einen Versand darstellen.

3. Höhe der Kostenerstattung

74 Die vom Auftraggeber zu verlangende Kostenerstattung bezieht bei der VOB/A sowohl die Kosten der Vervielfältigung als auch die der postalischen Versendung ein.

75 Die Kosten der postalischen Versendung können bei umfangreichen Vergabeunterlagen mit einer großen Anzahl von Plänen etc. erheblich sein. Dies unterscheidet das typische große Bauvorhaben von wohl den allermeisten Vergaben von Liefer- und Dienstleistungen. Daher sieht die VOB/A anders als die UVgO auch insoweit eine Kostenerstattung vor.

76 **Erstattungsfähig** sind die Kosten für die Vervielfältigung der gesamten Vergabeunterlagen. Teilweise wird eine Erstattungsfähigkeit für die Vervielfältigung des Bieteranschreibens und der Bewerbungsbedingungen verneint, weil in § 8b Abs. 1 Nr. 1 VOB/A von der Leistungsbeschreibung und „anderen Unterlagen" gesprochen wird. Diese „anderen Unterlagen" sollen (nur) die „zusätzlichen Unterlagen" iSd § 12 Abs. 1 Nr. 2 lit. l) VOB/A sein[8]. Diese Auffassung übersieht, dass der Begriff der Unterlagen in der VOB/A zB in § 3b Abs. 1 VOB/A für **die gesamten Vergabeunterlagen** verwendet wird, der Begriff der „anderen Unterlagen" hingegen nirgends sonst.

---

[7] Ohne weiteres für zulässig gehalten zB in OLG Düsseldorf Beschl. v. 21.12.2005 – Verg 75/05, IBR 2006, 218; ebenso Pünder/Schellenberg/*Franzius* § 8b VOB/A Rn. 4.

[8] Kapellmann/Messerschmidt/*von Rintelen* VOB/A § 8b Rn. 6.

Lässt der Auftraggeber die Vervielfältigung von einem Dritten vornehmen, so sind die Kosten für diesen Auftrag vollständig erstattungsfähig. 77

Erstellt **der Auftraggeber selber** die Vervielfältigungen, kann er für die Erstattung die Selbstkosten heranziehen. Dies sind alle Kosten, die sich der Erstellung der Vervielfältigung zuordnen lassen, also Papierkosten, aber auch anteilige Kosten für Toner, Anschaffung von Vervielfältigungsgeräten, Personal etc. Die Kosten für den Versand umfassen insbesondere Verpackung und Porto. Umsatzsteuer kann der Auftraggeber jeweils zu den Kosten hinzurechnen, sofern er nicht vorsteuerabzugsberechtigt ist. 78

II. UVgO

Für die Kostenerstattung sind auch bei der UVgO die Ausführungen zu Oberschwellenvergaben in Rn. 63 ff. uneingeschränkt zu beachten. 79

[nicht besetzt] 80–84

F. Rechtsfolgen verspäteter Versendung

Der Auftraggeber muss die Angebotsfrist verlängern, wenn sie wegen einer von ihm gesetzten Ursache sonst für einige Bieter verkürzt würde. Letztlich beruht die Verpflichtung des Auftraggebers jedoch auf allgemeinen Grundsätzen, so zB Gleichbehandlung der Bieter und der Gewährung eines fairen Wettbewerbs. Anders ist es, wenn der Bieter selber die Verantwortung für den verspäteten Erhalt trägt. Zum einen trägt der Bieter das Risiko, dass die Unterlagen auf dem Postweg verlorengehen, zum anderen muss er zB eine geeignete Adresse angeben.[9] 85

G. Bereich Verteidigung und Sicherheit

I. VSVgV

Die VSVgV sieht aufgrund der Eigenart der von ihr umfassten Leistungen nicht die Vergabe in offenen Verfahren vor. **Regelverfahren** sind nach § 11 Abs. 1 VSVgV das nicht offene Verfahren und das Verhandlungsverfahren. 86

Bei diesen Verfahren sucht der Auftraggeber die Bieter aus, die er zur Abgabe eines Angebotes auffordert, § 22 Abs. 5 VSVgV. 87

Die VSVgV differenziert hinsichtlich der Übersendung der Vergabeunterlagen an die derart ausgesuchten Bieter danach, ob der Auftraggeber selber oder eine andere Stelle die Vergabeunterlagen bereithalten. 88

Eine ausdrückliche Regelung ist für den Fall vorgesehen, dass **eine andere Stelle** als der Auftraggeber die Vergabeunterlagen bereithält. Bei dieser Stelle müssen die Bewerber dann die Unterlagen anfordern. Nach § 29 Abs. 3 VSVgV gibt der Auftraggeber in der Aufforderung zur Abgabe eines Angebotes diese Stelle an. Weiter gibt er den Zeitraum an, bis zu dem diese Unterlagen angefordert werden können und den Betrag, der für den Erhalt der Unterlagen zu entrichten ist, nebst den Zahlungsbedingungen. 89

Nach § 29 Abs. 3 S. 3 VSVgV erhalten die Unternehmen „die Unterlagen **unverzüglich nach Zugang der Anforderung**". Dies unterscheidet sich deutlich von der europarechtlichen Vorgabe in Art. 34 Abs. 3 S. 2 RL 2009/81. Danach schicken die zuständigen Stellen diese Unterlagen den Wirtschaftsteilnehmern nach Erhalt der Anfrage unverzüglich zu. Diese Formulierung beschreibt deutlicher als die deutsche Umsetzung, welche Pflicht der Auftraggeber bzw. die von ihm beauftragte Stelle hat. Entscheidend ist das unverzügliche Versenden an die Bewerber. Wann diese die Unterlagen erhalten und ob dies unver- 90

[9] OLG Karlsruhe Beschl. v. 2.10.2009 – Verg 4/09, IBRRS 2010, 2735.

züglich ist, hängt auch von den Möglichkeiten der Versendung ab und das Risiko, dass es hierbei zu einer schuldhaften Verzögerung durch das mit der Versendung beauftragte Unternehmen kommt, ist nach der RL 2009/81 wie im gesamten Vergaberecht dem Bewerber zugewiesen.

91 Weil sowohl die VSVgV als auch die RL 2009/81 ausschließlich auf den Eingang der Aufforderung des Bewerbers bei der beauftragten Stelle abstellen, erscheint es auf den ersten Blick unzulässig, die Versendung von dem Eingang des verlangten Betrages abhängig zu machen. Hierfür spricht auch, dass die Bewerber zu diesem Zeitpunkt ja bereits ausgesucht sind und die Angebotsfrist läuft. Ein Warten auf den Zahlungseingang, die Verbuchung und die interne Mitteilung der Verbuchung würde zu erheblichen Verzögerungen führen. Außerdem geht es, weil der Auftraggeber nur eine beschränkte Zahl von Unternehmen auffordert, nur um eine geringe Anzahl an Vergabeunterlagen. Für die hierfür entstehenden Kosten trägt der Auftraggeber das Ausfallrisiko, wenn er die Unterlagen vor Gutschrift, Verbuchung etc. versendet.

92 Für den Fall, dass der Auftraggeber die Unterlagen selber bereitstellt, enthält die VSVgV wie die RL 2009/81 weder eine Regelung **wann** die Vergabeunterlagen zu versenden sind noch etwas zur **Kostenerstattung.**

93 Hält der Auftraggeber die Vergabeunterlagen selber vor, spricht der allgemeine Grundsatz der Gleichbehandlung der Bewerber dafür, dass der Auftraggeber die Vergabeunterlagen bereits mit der Aufforderung zur Abgabe eines Angebotes versendet, und zwar **an alle ausgesuchten Bewerber am gleichen Tag.**

94 Es spricht nichts dagegen, dass der Auftraggeber auch für die derart versandten Unterlagen eine **Kostenerstattung** verlangt, da es letztlich zufällig ist, wo die Unterlagen bereit liegen, ob beim Auftraggeber oder bei einem Dritten. Allerdings darf der Auftraggeber auch in diesem Fall die Versendung nicht von der vorherigen Zahlung des dafür verlangten Betrages abhängig machen.

II. VOB/A-VS

95 Die VOB/A-VS enthält in § 12a VS Abs. 1 Nr. 1 VOB/A die Regelung, dass die Vergabeunterlagen den Bewerbern unverzüglich in geeigneter Weise zu übermitteln sind. Regelungsinhalt ist die Forderung der „unverzüglichen" Übermittlung. Ergänzend legt § 12a VS Abs. 1 Nr. 2 VOB/A fest, dass die Vergabeunterlagen bei nicht offenen Verfahren sowie bei Verhandlungsverfahren und wettbewerblichem Dialog **an alle ausgewählten Bewerber am selben Tag** abzusenden sind.

96 Eine **Kostenerstattung** für die Kosten der Vervielfältigung oder des Versandes spricht die VOB/A-VS nicht ausdrücklich an, also weder gestattend noch verbietend. Die Vorschrift des § 29 VSVgV ist in § 2 Abs. 2 VSVgV bei den für die Vergabe von Bauleistungen geltenden Vorschriften nicht ausdrücklich angesprochen.

97 Dies lässt jedoch für sich genommen keinen Rückschluss darauf zu, ob eine solche Kostenerstattung der VOB/A-VS unzulässig sein soll oder nicht. Im 1. und 2. Abschnitt ist für die entsprechenden Verfahren die Erstattung ausdrücklich ausgeschlossen. Auch sehen die europarechtlichen Vorgaben insoweit anders aus. Letztlich erscheint es daher zulässig, unter Rückgriff auf Art. 34 RL 2009/81 dem Auftraggeber die Möglichkeit einer Kostenerstattung zuzugestehen.

§ 25 Fristen

Übersicht

VgV: § 20
VOB/A: § 10
VOB/A EU: §§ 10, 10a–10d
KonzVgV: § 27
SektVO: § 16

VSVgV: § 20
UVgO: § 13

VgV:

§ 20 VgV Angemessene Fristsetzung; Pflicht zur Fristverlängerung

(1) Bei der Festlegung der Fristen für den Eingang der Angebote und der Teilnahmeanträge nach den §§ 15 bis 19 sind die Komplexität der Leistung und die Zeit für die Ausarbeitung der Angebote angemessen zu berücksichtigen. § 38 Absatz 3 bleibt unberührt.

(2) Können Angebote nur nach einer Besichtigung am Ort der Leistungserbringung oder nach Einsichtnahme in die Anlagen zu den Vergabeunterlagen vor Ort beim öffentlichen Auftraggeber erstellt werden, so sind die Angebotsfristen so festzulegen, dass alle Unternehmen von allen Informationen, die für die Erstellung des Angebots erforderlich sind, unter gewöhnlichen Umständen Kenntnis nehmen können.

(3) Die Angebotsfristen sind, abgesehen von den in § 41 Absatz 2 und 3 geregelten Fällen, zu verlängern,

1. wenn zusätzliche Informationen trotz rechtzeitiger Anforderung durch ein Unternehmen nicht spätestens sechs Tage vor Ablauf der Angebotsfrist zur Verfügung gestellt werden; in den Fällen des § 15 Absatz 3, § 16 Absatz 7 oder § 17 Absatz 8 beträgt dieser Zeitraum vier Tage, oder
2. wenn der öffentliche Auftraggeber wesentliche Änderungen an den Vergabeunterlagen vornimmt.

Die Fristverlängerung muss in einem angemessenen Verhältnis zur Bedeutung der Information oder Änderung stehen und gewährleisten, dass alle Unternehmen Kenntnis von den Informationen oder Änderungen nehmen können. Dies gilt nicht, wenn die Information oder Änderung für die Erstellung des Angebots unerheblich ist oder die Information nicht rechtzeitig angefordert wurde.

VOB/A:

§ 10 VOB/A Angebots-, Bewerbungs-, Bindefristen

(1) Für die Bearbeitung und Einreichung der Angebote ist eine ausreichende Angebotsfrist vorzusehen, auch bei Dringlichkeit nicht unter zehn Kalendertagen. Dabei ist insbesondere der zusätzliche Aufwand für die Besichtigung von Baustellen oder die Beschaffung von Unterlagen für die Angebotsbearbeitung zu berücksichtigen.

(2) Bis zum Ablauf der Angebotsfrist können Angebote in Textform zurückgezogen werden.

(3) Für die Einreichung von Teilnahmeanträgen bei Beschränkter Ausschreibung mit Teilnahmewettbewerb ist eine ausreichende Bewerbungsfrist vorzusehen.

(4) Der Auftraggeber bestimmt eine angemessene Frist, innerhalb der die Bieter an ihre Angebote gebunden sind (Bindefrist). Diese soll so kurz wie möglich und nicht länger bemessen werden, als der Auftraggeber für eine zügige Prüfung und Wertung der Angebote (§§ 16 bis 16d) benötigt. Eine längere Bindefrist als 30 Kalendertage soll nur in begründeten Fällen festgelegt werden. Das Ende der Bindefrist ist durch Angabe des Kalendertages zu bezeichnen.

(5) Die Bindefrist beginnt mit dem Ablauf der Angebotsfrist.

(6) Die Absätze 4 und 5 gelten bei Freihändiger Vergabe entsprechend.

VOB/A EU:

§ 10 EU VOB/A Fristen

(1) Bei der Festsetzung der Fristen für den Eingang der Angebote (Angebotsfrist) und der Anträge auf Teilnahme (Teilnahmefrist) berücksichtigt der öffentliche Auftraggeber die Komplexität des Auftrags und die Zeit, die für die Ausarbeitung der Angebote erforderlich ist (Angemessenheit). Die Angemessenheit der Frist prüft der öffentliche Auftraggeber in jedem Einzelfall gesondert. Die nachstehend genannten Mindestfristen stehen unter dem Vorbehalt der Angemessenheit.

(2) Falls die Angebote nur nach einer Ortsbesichtigung oder Einsichtnahme in nicht übersandte Unterlagen erstellt werden können, sind längere Fristen als die Mindestfristen festzulegen, damit alle Unternehmen von allen Informationen, die für die Erstellung des Angebots erforderlich sind, Kenntnis nehmen können.

§ 10a EU VOB/A Fristen im offenen Verfahren

(1) Beim offenen Verfahren beträgt die Angebotsfrist mindestens 35 Kalendertage, gerechnet vom Tag nach Absendung der Auftragsbekanntmachung.

(2) Die Angebotsfrist kann auf 15 Kalendertage, gerechnet vom Tag nach Absendung der Auftragsbekanntmachung, verkürzt werden. Voraussetzung dafür ist, dass eine Vorinformation nach dem vorgeschriebenen Muster gemäß § 12 EU Absatz 1 Nummer 3 mindestens 35 Kalendertage, höchstens aber zwölf Monate vor dem Tag der Absendung der Auftragsbekanntmachung an das Amt für Veröffentlichungen der Europäischen Union abgesandt wurde. Diese Vorinformation muss mindestens die im Muster einer Auftragsbekanntmachung nach Anhang V Teil C der Richtlinie 2014/24/EU für das offene Verfahren geforderten Angaben enthalten, soweit diese Informationen zum Zeitpunkt der Absendung der Vorinformation vorlagen.

(3) Für den Fall, dass eine vom öffentlichen Auftraggeber hinreichend begründete Dringlichkeit die Einhaltung der Frist nach Absatz 1 unmöglich macht, kann der öffentliche Auftraggeber eine Frist festlegen, die 15 Kalendertage, gerechnet vom Tag nach Absendung der Auftragsbekanntmachung, nicht unterschreiten darf.

(4) Die Angebotsfrist nach Absatz 1 kann um fünf Kalendertage verkürzt werden, wenn die elektronische Übermittlung der Angebote gemäß § 11 EU Absatz 4 akzeptiert wird.

(5) Kann ein unentgeltlicher, uneingeschränkter und vollständiger direkter Zugang aus den in § 11b EU genannten Gründen zu bestimmten Vergabeunterlagen nicht angeboten werden, so kann in der Auftragsbekanntmachung angegeben werden, dass die betreffenden Vergabeunterlagen im Einklang mit § 11b EU Absatz 1 nicht elektronisch, sondern durch andere Mittel übermittelt werden, bzw. welche Maßnahmen zum Schutz der Vertraulichkeit der Informationen gefordert werden und wie auf die betreffenden Dokumente zugegriffen werden kann.

In einem derartigen Fall wird die Angebotsfrist um fünf Kalendertage verlängert, außer im Fall einer hinreichend begründeten Dringlichkeit gemäß Absatz 3.

(6) In den folgenden Fällen verlängert der öffentliche Auftraggeber die Fristen für den Eingang der Angebote, sodass alle betroffenen Unternehmen Kenntnis aller Informationen haben können, die für die Erstellung des Angebots erforderlich sind:

1. wenn rechtzeitig angeforderte Zusatzinformationen nicht spätestens sechs Kalendertage vor Ablauf der Angebotsfrist allen Unternehmen in gleicher Weise zur Verfügung gestellt werden können. Bei beschleunigten Verfahren (Dringlichkeit) im Sinne von Absatz 3 beträgt dieser Zeitraum vier Kalendertage;
2. wenn an den Vergabeunterlagen wesentliche Änderungen vorgenommen werden.

Die Fristverlängerung muss in einem angemessenen Verhältnis zur Bedeutung der Informationen oder Änderungen stehen.

Wurden die Zusatzinformationen entweder nicht rechtzeitig angefordert oder ist ihre Bedeutung für die Erstellung zulässiger Angebote unerheblich, so ist der öffentliche Auftraggeber nicht verpflichtet, die Fristen zu verlängern.

(7) Bis zum Ablauf der Angebotsfrist können Angebote in Textform zurückgezogen werden.

(8) Der öffentliche Auftraggeber bestimmt eine angemessene Frist, innerhalb der die Bieter an ihre Angebote gebunden sind (Bindefrist). Diese soll so kurz wie möglich und nicht länger bemessen werden, als der öffentliche Auftraggeber für eine zügige Prüfung und Wertung der Angebote (§§ 16 EU bis 16d EU) benötigt. Die Bindefrist beträgt regelmäßig 60 Kalendertage. In begründeten Fällen kann der öffentliche Auftraggeber eine längere Frist festlegen. Das Ende der Bindefrist ist durch Angabe des Kalendertags zu bezeichnen.

(9) Die Bindefrist beginnt mit dem Ablauf der Angebotsfrist.

§ 10b EU VOB/A Fristen im nicht offenen Verfahren

(1) Beim nicht offenen Verfahren beträgt die Teilnahmefrist mindestens 30 Kalendertage, gerechnet vom Tag nach Absendung der Auftragsbekanntmachung oder der Aufforderung zur Interessensbestätigung.

(2) Die Angebotsfrist beträgt mindestens 30 Kalendertage, gerechnet vom Tag nach Absendung der Aufforderung zur Angebotsabgabe.

(3) Die Angebotsfrist nach Absatz 2 kann auf zehn Kalendertage, gerechnet vom Tag nach Absendung der Aufforderung zur Angebotsabgabe, verkürzt werden. Voraussetzung dafür ist, dass eine Vorinformation nach dem vorgeschriebenen Muster gemäß § 12 EU Absatz 1 Nummer 3 mindestens 35 Kalendertage, höchstens aber zwölf Monate vor dem Tag der Absendung der Auftragsbekanntmachung an das Amt für Veröffentlichungen der Europäischen Union abgesandt wurde. Diese Vorinformation muss mindestens die im Muster einer Auftragsbekanntmachung nach Anhang V Teil C der Richtlinie 2014/24/EU für das nicht offene Verfahren geforderten Angaben enthalten, soweit diese Informationen zum Zeitpunkt der Absendung der Vorinformation vorlagen.

(4) Die Angebotsfrist nach Absatz 2 kann um fünf Kalendertage verkürzt werden, wenn die elektronische Übermittlung der Angebote gemäß § 11 EU Absatz 4 akzeptiert wird.

(5) Aus Gründen der Dringlichkeit kann

1. die Teilnahmefrist auf mindestens 15 Kalendertage, gerechnet vom Tag nach Absendung der Auftragsbekanntmachung,
2. die Angebotsfrist auf mindestens zehn Kalendertage, gerechnet vom Tag nach Absendung der Aufforderung zur Angebotsabgabe

verkürzt werden.

(6) In den folgenden Fällen verlängert der öffentliche Auftraggeber die Angebotsfrist, sodass alle betroffenen Unternehmen Kenntnis aller Informationen haben können, die für die Erstellung des Angebots erforderlich sind:

1. wenn rechtzeitig angeforderte Zusatzinformationen nicht spätestens sechs Kalendertage vor Ablauf der Angebotsfrist allen Unternehmen in gleicher Weise zur Verfügung gestellt werden können. Bei beschleunigten Verfahren im Sinne von Absatz 5 beträgt dieser Zeitraum vier Kalendertage;
2. wenn an den Vergabeunterlagen wesentliche Änderungen vorgenommen werden.

Die Fristverlängerung muss in einem angemessenen Verhältnis zur Bedeutung der Informationen oder Änderungen stehen.

Wurden die Zusatzinformationen entweder nicht rechtzeitig angefordert oder ist ihre Bedeutung für die Erstellung zulässiger Angebote unerheblich, so ist der öffentliche Auftraggeber nicht verpflichtet, die Fristen zu verlängern.

(7) Bis zum Ablauf der Angebotsfrist können Angebote in Textform zurückgezogen werden.

(8) Der öffentliche Auftraggeber bestimmt eine angemessene Frist, innerhalb der die Bieter an ihre Angebote gebunden sind (Bindefrist). Diese soll so kurz wie möglich und nicht länger bemessen werden, als der öffentliche Auftraggeber für eine zügige Prüfung und Wertung der Angebote (§§ 16 EU bis 16d EU) benötigt. Die Bindefrist beträgt regelmäßig 60 Kalendertage. In begründeten Fällen kann der öffentliche Auftraggeber eine längere Frist festlegen. Das Ende der Bindefrist ist durch Angabe des Kalendertags zu bezeichnen.

(9) Die Bindefrist beginnt mit dem Ablauf der Angebotsfrist.

§ 10c EU VOB/A Fristen im Verhandlungsverfahren

(1) Beim Verhandlungsverfahren mit Teilnahmewettbewerb ist entsprechend den §§ 10 EU und 10b EU zu verfahren.

(2) Beim Verhandlungsverfahren ohne Teilnahmewettbewerb ist auch bei Dringlichkeit für die Bearbeitung und Einreichung der Angebote eine ausreichende Angebotsfrist nicht unter zehn Kalendertagen vorzusehen. Dabei ist insbesondere der zusätzliche Aufwand für die Besichtigung von Baustellen oder die Beschaffung von Unterlagen für die Angebotsbearbeitung zu berücksichtigen. Es ist entsprechend § 10b EU Absatz 7 bis 9 zu verfahren.

§ 10d EU VOB/A Fristen im wettbewerblichen Dialog und bei der Innovationspartnerschaft

Beim wettbewerblichen Dialog und bei einer Innovationspartnerschaft beträgt die Teilnahmefrist mindestens 30 Kalendertage, gerechnet vom Tag nach Absendung der Auftragsbekanntmachung. § 10b EU Absatz 7 bis 9 gilt entsprechend.

KonzVgV:

§ 27 KonzVgV Fristen für den Eingang von Teilnahmeanträgen und Angeboten

(1) Der Konzessionsgeber berücksichtigt bei der Festsetzung von Fristen insbesondere die Komplexität der Konzession und die Zeit, die für die Einreichung der Teilnahmeanträge und für die Ausarbeitung der Angebote erforderlich ist.

(2) Auf ausreichend lange Fristen ist insbesondere zu achten, wenn eine Ortsbesichtigung oder eine persönliche Einsichtnahme in nicht übermittelte Anlagen zu den Vergabeunterlagen vor Ort erforderlich ist.

(3) Die Mindestfrist für den Eingang von Teilnahmeanträgen mit oder ohne Angebot beträgt 30 Tage ab dem Tag nach der Übermittlung der Konzessionsbekanntmachung.

(4) Findet das Verfahren in mehreren Stufen statt, beträgt die Mindestfrist für den Eingang von Erstangeboten 22 Tage ab dem Tag nach der Aufforderung zur Angebotsabgabe. Der Konzessionsgeber kann die Frist für den Eingang von Angeboten um fünf Tage verkürzen, wenn diese mit elektronischen Mitteln eingereicht werden.

SektVO:

§ 16 SektVO Fristsetzung; Pflicht zur Fristverlängerung

(1) Bei der Festlegung der Fristen für den Eingang der Angebote und der Teilnahmeanträge berücksichtigt der Auftraggeber die Komplexität der Leistung und die Zeit, die für die Ausarbeitung der Angebote erforderlich ist.

(2) Können die Angebote nur nach einer Ortsbesichtigung oder Einsichtnahme in Anlagen zu den Vergabeunterlagen beim Auftraggeber erstellt werden, so ist die Mindestangebotsfrist erforderlichenfalls so zu bemessen, dass die Bewerber im Besitz aller Informationen sind, die sie für die Angebotserstellung benötigen.

(3) Die Angebotsfristen sind zu verlängern,
1. wenn zusätzliche Informationen trotz rechtzeitiger Anforderung durch ein Unternehmen nicht spätestens sechs Tage vor Ablauf der Angebotsfrist zur Verfügung gestellt werden; in Fällen hinreichend begründeter Dringlichkeit nach § 14 Absatz 3 beträgt dieser Zeitraum vier Tage, oder
2. wenn der Auftraggeber wesentliche Änderungen an den Vergabeunterlagen vornimmt.

Die Fristverlängerung muss in einem angemessenen Verhältnis zur Bedeutung der Information oder Änderung stehen und gewährleisten, dass alle Unternehmen Kenntnis von den Informationen oder Änderungen nehmen können. Dies gilt nicht, wenn die Information oder Änderung nicht rechtzeitig angefordert wurde oder ihre Bedeutung für die Erstellung des Angebots unerheblich ist.

VSVgV:

§ 20 VSVgV Fristen für den Eingang von Anträgen auf Teilnahme und Eingang der Angebote

(1) Bei der Festsetzung der Fristen für den Eingang der Angebote und der Anträge auf Teilnahme berücksichtigen die Auftraggeber unbeschadet der nachstehend festgelegten Mindestfristen insbesondere die Komplexität des Auftrags und die Zeit, die für die Ausarbeitung der Angebote erforderlich ist.

(2) Beim nicht offenen Verfahren, im Verhandlungsverfahren mit Teilnahmewettbewerb und im wettbewerblichen Dialog beträgt die von den Auftraggebern festzusetzende Frist für den Eingang der Anträge auf Teilnahme mindestens 37 Tage ab dem Tag der Absendung der Bekanntmachung. In Fällen besonderer Dringlichkeit (beschleunigtes Verfahren) beim nicht offenen Verfahren und Verhandlungsverfahren mit Teilnahmewettbewerb beträgt diese Frist mindestens 15 Tage oder mindestens zehn Tage bei elektronischer Übermittlung , jeweils gerechnet vom Tag der Absendung der Bekanntmachung an.

(3) Die von den Auftraggebern festzusetzende Angebotsfrist beim nicht offenen Verfahren beträgt mindestens 40 Tage, gerechnet vom Tag der Absendung der Aufforderung zur Angebotsabgabe an. Im beschleunigten Verfahren beträgt die Frist mindestens zehn Tage, gerechnet vom Tag der Absendung der Aufforderung zur Angebotsabgabe an. Haben die Auftraggeber eine Vorinformation gemäß § 17 veröffentlicht, können sie die Frist für den Eingang der Angebote in der Regel auf 36 Tage ab dem Tag der Absendung der Aufforderung zur Angebotsabgabe, jedoch keinesfalls weniger als 22 Tage festsetzen. Diese verkürzte Frist ist zulässig, sofern die Vorinformation alle die für die Bekanntmachung nach Anhang IV der Richtlinie 2009/81/EG geforderten Informationen – soweit diese zum Zeitpunkt der Veröffentlichung der Bekanntmachung vorlagen – enthielt und die Vorinformation spätestens 52 Tage und frühestens zwölf Monate vor dem Tag der Absendung der Bekanntmachung zur Veröffentlichung übermittelt wurde.

(4) Bei elektronisch erstellten und übermittelten Bekanntmachungen können die Auftraggeber die Frist nach Absatz 2 Satz 1 um sieben Tage verkürzen. Die Auftraggeber können die Frist für den Eingang der Angebote nach Absatz 3 Satz 1 um weitere fünf Tage verkürzen, wenn sie ab der Veröffentlichung der Bekanntmachung die Vergabeunterlagen und unterstützende Unterlagen entsprechend der Angaben in Anhang VI der Richtlinie 2009/81/EG elektronisch frei, direkt und vollständig verfügbar machen; in der Bekanntmachung ist die Internetadresse anzugeben, unter der diese Unterlagen abrufbar sind. Diese Verkürzung nach Satz 2 kann mit der in Satz 1 genannten Verkürzung verbunden werden.

(5) Die Auftraggeber müssen rechtzeitig angeforderte zusätzliche Informationen über die Vergabeunterlagen, die Beschreibung oder die unterstützenden Unterlagen im Falle des nicht offenen Verfahrens spätestens sechs Tage oder im Falle des beschleunigten Verhandlungsverfahrens spätestens vier Tage vor Ablauf der für die Einreichung von Angeboten festgelegten Frist übermitteln.

(6) Können die Angebote nur nach einer Ortsbesichtigung oder Einsichtnahme in nicht übersandte Vergabeunterlagen erstellt werden oder konnten die Fristen nach Absatz 5 nicht eingehalten werden, so sind die Angebotsfristen entsprechend zu verlängern, und zwar so, dass alle betroffenen Unternehmen von allen Informationen, die für die Erstellung des Angebots notwendig sind, Kenntnis nehmen können.

(7) Bis zum Ablauf der Angebotsfrist können Bieter ihre Angebote zurückziehen. Dabei sind die für die Einreichung der Angebote maßgeblichen Formerfordernisse zu beachten.

UVgO:

§ 13 UVgO Angemessene Fristsetzung; Pflicht zur Fristverlängerung

(1) Der Auftraggeber legt angemessene Fristen für den Eingang der Teilnahmeanträge (Teilnahmefrist) und Angebote (Angebotsfrist) nach den §§ 9 bis 12 sowie für die Geltung der Angebote (Bindefrist) fest. Bei der Festlegung der Fristen sind insbesondere die Komplexität der Leistung, die beizubringenden Erklärungen und Nachweise (Unterlagen), die Zeit für die Ausarbeitung der Teilnahmeanträge und Angebote, die Zeit für die Auswertung der Teilnahmeanträge und Angebote, die gewählten Kommunikationsmittel und die zuvor auf Beschafferprofilen veröffentlichten Informationen angemessen zu berücksichtigen.

(2) Allen Bewerbern und Bietern sind gleiche Fristen zu setzen.

(3) Können Angebote nur nach einer Besichtigung am Ort der Leistungserbringung oder nach Einsichtnahme in die Anlagen zu den Vergabeunterlagen vor Ort beim Auftraggeber erstellt werden, so sind die Angebotsfristen so festzulegen, dass alle Unternehmen von allen Informationen, die für die Erstellung des Angebots erforderlich sind, unter gewöhnlichen Umständen Kenntnis nehmen können.

(4) Die nach Absatz 1 gesetzten Fristen sind, soweit erforderlich, angemessen zu verlängern, wenn
1. zusätzliche wesentliche Informationen vom Auftraggeber vor Ablauf der Angebotsfrist zur Verfügung gestellt werden oder
2. der Auftraggeber wesentliche Änderungen an den Vergabeunterlagen vornimmt.

A. Einleitung

Für Fristen enthalten die europäischen Vorgaben vergleichsweise detaillierte Vorgaben. Ziel dieser Regelungen ist es im besonderen Maße, **Diskriminierung** – insbesondere von auswärtigen Bietern – zu verhindern[1]. 1

Dabei differenzieren die europarechtlichen Vorgaben erheblich zwischen den Vergabeverfahren, um dem Auftraggeber keine übermäßigen Fesseln anzulegen. So sind zB für das Verhandlungsverfahren und den Wettbewerblichen Dialog nur Fristen für die Bewerbung geregelt, alle weiteren stehen im Ermessen des Auftraggebers. 2

B. Grundlagen der Fristberechnung

I. FristenVO als gemeinsame Grundlage

Grundlage für die Bemessung der Fristen ist neben den Vergaberichtlinien insbesondere die Verordnung VO 1182/71 v. 3. 6. 1971 **(FristenVO).** Hierauf wird ausdrücklich in § 82 VgV, § 16 Abs. 4 SektVO und § 36 KonzVgV hingewiesen. Die FristenVO ist im BGB ebenfalls berücksichtigt, so dass die dortigen Regelungen ergänzend herangezogen werden können. Die UVgO verweist in § 54 Abs. 2 UVgO auf die §§ 186–193 BGB. 3

[1] *Prieß,* S. 233.

II. Abgrenzung Tag – Kalendertag – Werktag – Arbeitstag

4 Der Begriff „Tag" wird in verschiedenen Zusammensetzungen verwendet, die teilweise zu einer anderen Berechnung führen. Die Begriffe „Tag – Kalendertag – Werktag – Arbeitstag" sind näher zu definieren.

5 Hierzu gibt es jeweils gesetzliche Grundlagen.

6 Der Begriff **„Tag"** ist in Art. 3 Abs. 2, 3 FristenVO erläutert. Art. 3 Abs. 2 lit. b) FristenVO definiert Beginn und Ende der nach Tagen ausgedrückten Fristen. Eine solche Frist beginnt am Anfang der ersten Stunde des ersten Tages und endet mit Ablauf der letzten Stunde des letzten Tages der Frist. Art. 3 Abs. 2 FristenVO verweist in seinem ersten Satz aber auch auf Art. 3 Abs. 3 FristenVO, der also auch für die Bemessung einer Frist gilt, die in Tagen bemessen wird. Nach Art. 3 Abs. 3 FristenVO umfasst eine solche Frist auch die Feiertage, Sonntage und die Sonnabende. **Damit ist der Begriff „Tag" letztlich identisch mit dem Begriff „Kalendertag".**

7 **Werktage** sind nach der gesetzlichen Definition des § 3 Abs. 2 Bundesurlaubsgesetz alle Kalendertage, die nicht Sonn- oder gesetzliche Feiertage sind. Also ist insbesondere der Samstag – sofern er kein gesetzlicher Feiertag ist – ein Werktag. Der Begriff des „Werktages" wird zB in § 169 Abs. 4 GWB verwendet, außerdem ist er wichtig für die Anwendung des § 193 BGB.

8 **Arbeitstage** sind alle Tage, die kein Feiertag, Sonntag oder Samstag sind. Dies ergibt sich wiederum aus Art. 3 Abs. 3 FristenVO, wonach eine Frist auch die Feiertage, Sonntag und Samstage umfasst, außer sie ist nach Arbeitstagen bemessen.

III. Beginn und Ende von Fristen

1. Beginn

9 Zahlreiche Fristen des Vergaberechts knüpfen an eine **Handlung des Auftraggebers** an, zB an das Versenden der Bekanntmachung oder der Bieterinformation.

10 Nach Art. 3 Abs. 1 UA 2 FristenVO gilt, dass wenn für den Anfang einer nach Tagen bemessenen Frist der Zeitpunkt maßgebend ist, an dem eine Handlung vorgenommen wird, bei der Berechnung der Frist der Tag nicht mitgerechnet wird, in den die Handlung fällt. **Damit beginnen alle an eine Handlung geknüpften Fristen erst am Tag nach der Handlung,** zB bei der Absendung der Bekanntmachung also erst am Tag nach der Absendung. In § 187 Abs. 1 BGB findet sich die gleiche Regelung.

11 In den vergaberechtlichen Vorschriften findet sich dies mit der Reform 2016 konsequent berücksichtigt, sieht man von der VSVgV ab. Dennoch gilt dort angesichts der klaren europarechtlichen Vorgabe nichts anderes.

2. Ende

12 Die europarechtliche Vorgabe für das Ende von Fristen findet sich in Art. 3 Abs. 2 lit. b) FristenVO. Danach endet eine nach Tagen bemessene Frist mit dem **Ablauf der letzten Stunde des letzten Tages.**

13 Bei der Bemessung von Fristen ist demnach zu berücksichtigen, dass der letzte Tag einer Frist mit seiner letzten Stunde endet und daher voll zur Verfügung stehen muss. Nimmt man die Mindestangebotsfrist von 35 Tagen, so ist der erste Tag dieser Frist der nach Absendung der Bekanntmachung. Damit die Frist den Bietern vollständig zur Verfügung steht, muss der Auftraggeber entweder am 35. Tag bis Mitternacht für den Empfang von Angeboten bereit sein oder er darf ein Fristende erst auf den Verlauf des nächsten Tages festsetzen.

14 Eine **Ausnahme** gilt für Fristen, bis zu deren Ende eine **Handlung** vorzunehmen ist, die an einem **Feiertag, einem Samstag oder Sonntag** enden. Nach Art. 3 Abs. 4 UA 1 FristenVO endet eine solche Frist mit Ablauf der letzten Stunde des folgenden Arbeitsta-

ges. Endet also eine vom Auftraggeber zu gewährende Angebotsfrist an einem Sonntag, kann der Bieter den gesamten nachfolgenden Montag nutzen. Das BGB bestimmt in § 193 BGB, dass bei einer Frist für die Abgabe einer Erklärung, deren Ende auf einen Samstag, Sonntag oder einen Feiertag fällt, an die Stelle eines solchen Tages der nächste Werktag fällt. Im europarechtlich begründeten Vergaberecht führen diese leicht unterschiedlich formulierten Regelungen jedoch nicht zu unterschiedlichen Ergebnissen.

Tritt am letzten Tag eine **Rechtswirkung** ein – wie zB bei § 134 GWB die Möglichkeit, wirksam den Zuschlag zu erteilen – so verschiebt sich das Fristende nicht. Wird also ein Informationsschreiben nach § 134 GWB per Mail versandt, so läuft eine Frist von zehn Kalendertagen an. Wird ein solches Informationsschreiben an einem Dienstag verschickt, ist der Mittwoch der erste Tag der Frist und der übernächste Freitag der 10. Tag. Der Auftraggeber muss weder Sonntag noch Montag abwarten, er kann vielmehr am Samstag das Zuschlagsschreiben versenden. Auch wenn es dem Empfänger normalerweise erst am Montag früh zugeht, ist jedenfalls ein nach diesem Zugang am Montag tagsüber eingereichter Nachprüfungsantrag unzulässig. 15

IV. Definitionen

1. Bewerbungsfrist oder Teilnahmefrist

Bewerbungsfrist oder Teilnahmefrist ist die Frist, bis zu deren Ende sich ein Unternehmen um die Berücksichtigung im Vergabeverfahren beworben haben muss. **Bei einstufigen Verfahren** ist dies die (sich mit der Angebotsfrist überlappende) Frist, innerhalb derer ein Unternehmen die Vergabeunterlagen beim Auftraggeber anfordern muss. Hat der Auftraggeber im Geltungsbereich von VgV und SektVO bei nicht offenen und Verhandlungsverfahren die Möglichkeit wahrgenommen, die Vorinformation bzw. die regelmäßige nicht verbindliche Bekanntmachung als Aufruf zum Wettbewerb zu verwenden, geht es um den rechtzeitigen Eingang der **Interessensbestätigung.** 16

2. Angebotsfrist

Angebotsfrist ist die Frist, bis zu deren Ende ein Angebot beim Auftraggeber eingetroffen sein muss, um als rechtzeitig geprüft und gewertet zu werden. 17

3. Bindefrist

Bindefrist ist die Frist, bis zu deren Ende ein Bieter an sein Angebot gebunden ist. 18

V. Angemessenheit von Fristen

Die Forderung, dass Fristen „angemessen" sein sollen, findet sich an zahlreichen Stellen. In der UVgO etwa findet sich außer dieser grundsätzlichen, in § 12 Abs. 1 UVgO enthaltenen Forderung kein näherer Hinweis dazu, wie lange Fristen sein sollen. Die Forderung nach angemessenen Fristen wurzelt im allgemeinen Verhältnismäßigkeitsgrundsatz des § 97 Abs. 1 GWB und ist nicht nur rein formal. Zu berücksichtigen ist in Zeiten guter Konjunktur auch, dass zu kurze Fristen Bieter davon abhalten können, sich an einem Vergabeverfahren zu beteiligen oder sich bis zum Ende daran zu beteiligen. 18a

Nach ständiger Rechtsprechung ist eine Frist nicht allein deswegen angemessen, wenn eine zu beachtende Mindestfrist eingehalten wird.[2] 18b

Die Angemessenheit einer Frist ist stets im Einzelfall festzustellen. Bei der Bemessung der angemessenen Frist ist zu berücksichtigen, dass diese Vorgabe die Teilnahme von möglichst vielen interessierten Unternehmen ermöglichen soll. Weiter soll diesen Unterneh- 18c

[2] OLG Düsseldorf Beschl. v. 7.11.2018 – Verg 39/18, VPRRS 2019, 0149.

men ein Teilnahmeantrag in hoher Qualität mit echten Auswahlchancen ermöglicht werden. Hierbei ist auch das durchschnittliche Unternehmen in den Blick zu nehmen, an das sich die Ausschreibung richtet. Bei der Angemessenheit der Frist ist zu berücksichtigen, dass der Auftraggeber durch die Forderung von Eigenerklärungen abgemilderte Anforderungen gestellt hat. Als Indiz für die ausreichende Frist für die Abgabe der Teilnahmeanträge kann sprechen, dass mehrere Unternehmen die Anforderungen fristgerecht erfüllen konnten.[3]

18d Bei der Bemessung einer Frist für die Vorlage von Unterlagen, bei denen sich der Auftraggeber die Vorlage in den Vergabeunterlagen vorbehalten hat, ist zu berücksichtigen, dass Bieter nicht wissen können, ob sie eine solche Nachforderung erfüllen müssen oder nicht. Daher sind sie nicht verpflichtet, etwaig erforderliche Muster vorrätig zu halten und auf Anfrage unverzüglich zu übersenden.[4] Feiertage sind bei der Fristfestlegung zu berücksichtigen.[5] Eine Frist von 24 h ist regelmäßig unangemessen kurz.[6]

18e Eine zu kurze Frist ist noch im Vergabeverfahren zu rügen.[7] Will sich ein Unternehmen darauf berufen, die Verlängerung der Angebotsfrist sei nicht angemessen, muss es näher dazu vortragen, warum die Erarbeitung eines Angebotes nicht möglich gewesen sei.[8]

C. VgV – allgemeine Vorschriften in Abschnitt 2

19 Für die Vergabe von Aufträgen mit Auftragswerten oberhalb der EU-Schwellenwerte enthält das EU-Sekundärrecht, wie oben angesprochen, in den **Vergaberichtlinien** und der FristenVO umfassende Vorgaben zu Bemessung und Berechnung von Fristen.

20 [nicht besetzt]

21 Besonderheiten für die Vergabe von sozialen und anderen besonderen Dienstleistungen iSd §§ 64 ff. VgV, für die Durchführung von Wettbewerben iSd §§ 69 ff. VgV und die Vergabe von Architekten- und Ingenieurleistungen iSd §§ 73 ff. VgV sind unten in Rdnr. 91 ff. dargestellt. In diesem Abschnitt werden die Vorgaben des 2. Abschnittes der VgV erläutert.

22 In § 20 Abs. 1 VgV findet sich der ausdrückliche Hinweis, dass bei der **Bemessung der jeweiligen Frist** die Komplexität der Leistung und die Zeit für die Ausarbeitung der Angebote **angemessen** zu berücksichtigen ist. Dies wird dazu führen, dass wie bisher **Mindestfristen nur in Ausnahmefällen** angemessen sein dürften. Die Grundsätze des § 20 Abs. 1 VgV sind natürlich auch bei allen Möglichkeiten der Fristverkürzung zu berücksichtigen.

23 Zur näheren Erläuterung des § 20 Abs. 1 VgV findet sich in § 20 Abs. 2 VgV die Vorgabe, dass dann, wenn Angebote nur nach einer **Ortsbesichtigung** am Ort der Leistungserbringung oder nach **Einsichtnahme** in die Anlagen zu den Vergabeunterlagen vor Ort beim öffentlichen Auftraggeber erstellt werden können, die Angebotsfristen so festzulegen sind, dass alle Unternehmen von allen Informationen, die für die Erstellung des Angebots erforderlich sind, unter gewöhnlichen Umständen Kenntnis nehmen können.

---

[3] OLG Düsseldorf Beschl. v. 7.11.2018 – Verg 39/18, VPRRS 2019, 0149; OLG Düsseldorf Beschl v. 28.3.2018 – VII – Verg 40/17, NZBau 2018, 555; OLG Naumburg Beschl. v. 20.9.2012 – 2 Verg 4/12, IBR 2012, 724.

[4] VK Nordbayern Beschl. v. 19.8.2019 – RMF-SG 21-3194-4-40, BeckRS 2019, 31392.

[5] VK Bund Beschl v. 22.1.2019 – VK 1-109/18, ZfBR 2019, 519.

[6] VK Bund Beschl. v. 7.5.2018 – VK 2-38/18, VPR 2018, 1028.

[7] OLG München Urt v. 12.2.2019 – 9 U 728/18 Bau, ZfBR 2019, 462.

[8] VK Bund Beschl. v. 15.2.2018 – VK 1-161/17, VPRRS 2018, 0184.

Tabelle 1

Fristen im Oberschwellenbereich: VgV – Allgemeine Bestimmungen Abschnitt 2		
	Offenes Verfahren	
Angebotsfrist		
Regel-Mindestfrist	35 Tage	§ 15 Abs. 2 VgV
Verlängerung im Zusammenhang mit Bereitstellung der Vergabeunterlagen	Um 5 Tage	§ 41 Abs. 2, Abs. 3 VgV
Elektronische Übermittlung akzeptiert, Verkürzung	Um 5 Tage	§ 15 Abs. 4 VgV
Vorinformation	15 Tage	§ 38 Abs. 3 VgV
Dringlichkeit	15 Tage	§ 15 Abs. 3 VgV
	nicht offenes Verfahren/ Verhandlungsverfahren mit Teilnahmewettbewerb	
Teilnahmefristen		
Regel-Mindestfrist	30 Tage	§ 16 Abs. 2 VgV, § 17 Abs. 2 VgV
Dringlichkeit	15 Tage	§ 16 Abs. 3 VgV, § 17 Abs. 3 VgV
Frist für Eingang der Interessensbestätigung	30 Tage	§ 38 Abs. 5 VgV
Angebotsfristen		
Mindestfrist	30 Tage	§ 16 Abs. 5 VgV, § 17 Abs. 6 VgV
Verlängerung im Zusammenhang mit Bereitstellung der Vergabeunterlagen	Um 5 Tage	§ 41 Abs. 2, Abs. 3 VgV
Elektronische Übermittlung akzeptiert, Verkürzung	Um 5 Tage	§ 16 Abs. 8 VgV, § 17 Abs. 9 VgV
Vorinformation	10 Tage	§ 38 Abs. 3 VgV
Bei einvernehmlicher Festlegung Mindestfrist	10 Tage	§ 16 Abs. 6 VgV, § 17 Abs. 7 VgV
Dringlichkeit	10 Tage	§ 16 Abs. 7 VgV, § 17 Abs. 8 VgV
	Wettbewerblicher Dialog	
Frist für den Eingang der Teilnahmeanträge	30 Tage	§ 18 Abs. 3 VgV
	Innovationspartnerschaft	
Frist für den Eingang der Teilnahmeanträge	30 Tage	§ 19 Abs. 3 VgV
	Dynamisches Beschaffungssystem	

Fristen im Oberschwellenbereich: VgV – Allgemeine Bestimmungen Abschnitt 2		
Frist für den Eingang der Teilnahmeanträge	30 Tage	§ 24 Abs. 2 VgV
Angebotsfrist	10 Tage	§ 24 Abs. 4 VgV
	Elektronische Auktion	
Beginn	2 Arbeitstage	§ 26 Abs. 4 VgV

I. Offenes Verfahren

1. Angebotsfrist

24 **a) Dauer.** Beim offenen Verfahren findet **kein separates Bewerbungsverfahren** statt, so dass in die Angebotsfrist auch alles einzurechnen ist, was erforderlich ist, damit interessierte Unternehmen von einem Vergabeverfahren erfahren und die Angebotsunterlagen erhalten.

25 Nach § 15 Abs. 2 VgV ist die Angebotsfrist auf **mindestens 35 Kalendertage** festzusetzen. Diese 35 Kalendertage sind eine Mindestfrist.

Diese Mindestfrist dürfte jedoch für sehr viele **Vergabeverfahren nicht ausreichend** sein. Bei der Frist sind neben dem Auffinden des Vergabeverfahrens durch interessierte Unternehmen, der Anforderung und Versendung der Vergabeunterlagen auch die Zeiten für Angebotsprüfung, Einholen von Nachunternehmerangeboten, ggf. Ermittlung von Kalkulationsgrundlagen etc. nebst allen etwaigen Postlaufzeiten zu berücksichtigen.

26 **b) Verkürzungsmöglichkeit bei elektronischer Angebotsabgabe.** Eine Möglichkeit zur Verkürzung der Angebotsfrist bietet § 15 Abs. 4 VgV. Danach kann der Auftraggeber die Angebotsfrist **um 5 Kalendertage** verkürzen, wenn er die elektronische Übermittlung der Angebote akzeptiert – was inzwischen dem Regelfall entspricht.

27 Diese Verkürzungsmöglichkeit gilt **nur** für die 35-tägige Mindest-Angebotsfrist nach § 15 Abs. 2 VgV. Mit der zwingenden Einführung der e-Vergabe ist diese Verkürzung zum Normalfall geworden.

28 Der Auftraggeber sollte aber darauf achten, nicht durch zu kurze Fristen den Wettbewerb über die Maßen zu beeinträchtigen, da dies letztlich bei zu wenigen Angeboten zu seinen Lasten geht.

29 **c) Verkürzungsmöglichkeit durch Vorinformation.** Etwas entfernt von der für das offene Verfahren zentralen Vorschrift des § 15 VgV, nämlich in § 38 Abs. 3 VgV, findet sich die Vorschrift zur Verkürzungsmöglichkeit **nach Veröffentlichung einer Vorinformation.** Die **Angebotsfrist** von mindestens 35 Kalendertagen nach § 15 Abs. 2 VgV kann nach § 38 Abs. 3 VgV **auf 15 Kalendertage** verkürzt werden. Voraussetzung für die Verkürzung ist, dass der Auftraggeber eine Vorinformation versandt hat und dabei die Voraussetzungen des § 38 Abs. 3 VgV eingehalten hat. Diese Vorinformation muss nach § 38 Abs. 3 Nr. 1 VgV mindestens die im Muster einer Bekanntmachung geforderten **Angaben** enthalten, soweit sie zum Zeitpunkt der Versendung vorlagen. Die Übermittlung der Vorinformation an das Amt für Veröffentlichungen der Europäischen Union muss mindestens 35 Kalendertage, höchstens aber 12 Monate vor Absendung der Auftragsbekanntmachung erfolgt sein. Anders als die Vorgänger-Vorschriften wird davon gesprochen, dass es auf die **„Übermittlung"** der Vorinformation ankommen soll; bisher wurde von „Versendung" gesprochen. Bei einer Übermittlung auf elektronischem Weg ist jedoch davon auszugehen, dass ein versendetes Formular unmittelbar nach Versendung an das Amt für Veröffentlichungen der Europäischen Union übermittelt wird. Eine materielle Änderung ist daher mit der geänderten Formulierung nicht verbunden.

Diese Fristverkürzung soll berücksichtigen, dass sich Unternehmen bereits im Vorfeld auf das Vergabeverfahren einstellen können. Daher sollte der Auftraggeber so viele Informationen wie möglich veröffentlichen, um den interessierten Unternehmen eine frühzeitige Entscheidung über die Beteiligung zu ermöglichen. 30

d) Verkürzungsmöglichkeit bei Dringlichkeit. Der Auftraggeber darf die 35-tägige Mindestfrist nach § 15 Abs. 3 VgV weiter verkürzen, wenn eine **hinreichend begründete Dringlichkeit** hinzutritt, wegen der die Einhaltung der Frist nach § 15 Abs. 2 VgV unmöglich ist. Die so verkürzte Angebotsfrist darf 15 Tag jedoch nicht unterschreiten. Als Ausnahmevorschrift ist diese Regelung eng auszulegen. 31

Generell gilt für alle Handlungsmöglichkeiten wegen Dringlichkeit, dass diese **nicht durch ein fehlerhaftes Verhalten des Auftraggebers** oder durch eine von ihm selber verantwortete Zeitplanung herbeigeführt worden sein dürfen[9]. 32

e) Verlängerung wegen verspäteter Übersendung oder verspäteter Auskunft und Änderungen der Vergabeunterlagen. In § 20 Abs. 3 S. 1 Nr. 1 VgV ist vorgesehen, dass der Auftraggeber die Angebotsfrist verlängern muss, wenn **zusätzliche Informationen trotz rechtzeitiger Anforderung** durch ein Unternehmen nicht spätestens sechs Tage vor Ablauf der Angebotsfrist zur Verfügung gestellt werden bzw. bei einer nach § 15 Abs. 3 VgV wegen Dringlichkeit verkürzte Angebotsfrist spätestens vier Tage vor Ablauf der Angebotsfrist. Die Frist nach § 15 Abs. 2 VgV ist in angemessener Weise zu verlängern. 33

Auch wenn der Auftraggeber **wesentliche Änderungen** an den Vergabeunterlagen vornimmt, muss er die Angebotsfrist verlängern, § 20 Abs. 3 S. 1 Nr. 2 VgV. 34

Zusätzlich ist aber für die beiden genannten Konstellationen zu beachten, dass nach § 20 Abs. 3 S. 2 VgV die Fristverlängerung in einem angemessenen **Verhältnis** zur Bedeutung der Information oder Änderung stehen muss und gewährleisten muss, dass alle Unternehmen Kenntnis von den Informationen oder Änderungen nehmen können. Die Angebotsfrist ist daher – außer im genannten Fall der wegen Dringlichkeit verkürzten Angebotsfrist – je nach Einzelfall angemessen zu verlängern.[10] 35

Eine Fristverlängerung ist nach § 20 Abs. 3 Satz 2 nicht erforderlich, wenn die Information oder Änderung für die Erstellung des Angebotes **unerheblich** ist oder die Information **nicht rechtzeitig angefordert** wurde. 36

f) Verlängerung im Zusammenhang mit Bereitstellung der Vergabeunterlagen. In § 41 Abs. 2 VgV ist der Fall angesprochen, dass der Auftraggeber in den dort genannten **Ausnahmefällen** die Vergabeunterlagen nicht so zu Verfügung stellt, dass sie unentgeltlich, uneingeschränkt, vollständig und direkt elektronisch abgerufen werden können. Der Auftraggeber muss die Vergabeunterlagen dann **auf einem anderen geeigneten Weg** übermitteln. Dies ist zulässig, wenn die erforderlichen elektronischen Mittel zum Abruf der Vergabeunterlagen 37

1. aufgrund der besonderen Art der Auftragsvergabe nicht mit allgemein verfügbaren oder verbreiteten Geräten und Programmen der Informations- und Kommunikationstechnologie kompatibel sind,
2. Dateiformate zur Beschreibung der Angebote verwenden, die nicht mit allgemein verfügbaren oder verbreiteten Programmen verarbeitet werden können oder die durch andere als kostenlose und allgemein verfügbare Lizenzen geschützt sind, oder
3. die Verwendung von Bürogeräten voraussetzen, die dem öffentlichen Auftraggeber nicht allgemein zur Verfügung stehen.

---

[9] OLG Düsseldorf Beschl. v. 10.6.2015 – VII-Verg 39/14, NZBau 2015, 572.
[10] Zur Angemessenheit von Fristen allg. → Rn. 18a ff.

38 Die Angebotsfrist wird in diesen Fällen um fünf Tage verlängert. Diese **zwingend** vorgesehene Verlängerung betrifft allerdings nicht die wegen Dringlichkeit verkürzte Angebotsfrist nach § 15 Abs. 3 VgV.

39 In § 41 Abs. 3 VgV geht es um Anforderungen iSd § 5 Abs. 3 VgV, die auf den **Schutz der Vertraulichkeit der Informationen** im Rahmen des Vergabeverfahrens abzielen. Wenn der Auftraggeber solche Maßnahmen ergreifen will, muss er diese in der Auftragsbekanntmachung oder in der Aufforderung zur Interessensbestätigung angeben. Sehen diese Maßnahmen eine Einschränkung des Zugriffs auf die Vergabeunterlagen vor, muss er auch mitteilen, wie auf die Vergabeunterlagen zugegriffen werden kann. In diesem Fall sieht § 41 Abs. 3 S. 2 VgV eine (fest vorgegebene) Verlängerung der Angebotsfrist um 5 Tage vor. Diese Verlängerung ist dann nicht erforderlich, wenn die Maßnahme zum Schutz der Vertraulichkeit ausschließlich in der Abgabe einer Verschwiegenheitserklärung besteht. Diese letzte Regelung stellt klar, dass – wie in der umgesetzten Vorschrift des Art. 53 Abs. 1 UAbs. 2 RL 2014/24/EU vorgesehen – **ein kausaler Zusammenhang** zwischen den Maßnahmen zum Schutz der Vertraulichkeit der Informationen und der Erschwernis der Möglichkeit des Zugriffes auf die Unterlagen bestehen muss.

40 Auch diese zwingend vorgesehene Verlängerung betrifft nicht die wegen Dringlichkeit verkürzte Angebotsfrist nach § 15 Abs. 3 VgV.

41 **g) Beginn.** Nach der ausdrücklichen Festlegung in § 15 Abs. 1 VgV beginnt die Angebotsfrist am **Tag nach Absendung der Auftragsbekanntmachung gemäß § 37 VgV.** Daher muss der Auftraggeber diesen Tag dokumentieren, um die ordnungsgemäße Bemessung der Frist nachweisen zu können.

42 **h) Ende.** In der VgV findet sich keine ausdrückliche Regelung dazu, wann die Angebotsfrist endet. Daher sind die allgemeinen Grundsätze und insbesondere die FristenVO anzuwenden. Die Angebotsfrist endet danach bei einer nach Tagen festgelegten Frist mit Ablauf des letzten Tages der Frist.

43 Ein Auftraggeber müsste also bei einer nach Tagen bemessenen Frist bis Mitternacht bereit und in der Lage sein, Angebote entgegenzunehmen. Er muss auch feststellen können, dass ein Angebot erst nach Mitternacht und damit verspätet eintrifft. Praxisgerechter ist es daher, dass der Auftraggeber für den Ablauf der Angebotsfrist einen Zeitpunkt während des Tages benennt. Der so benannte Zeitpunkt muss nach der wie vorstehend berechneten Frist liegen.

2. Bindefrist

44 Regeln zu Bemessung, Beginn und Ende einer Zuschlags- oder Bindefrist enthält die VgV nicht. Auch ein § 12 EG Abs. 1 VOL/A entsprechender Grundsatz, dass die Auftraggeber eine angemessene Frist bestimmen müssen, innerhalb der die Bieter an ihre Angebote gebunden sind, enthält die VgV nicht mehr. Es kann daher allenfalls auf den allgemeinen Grundsatz der Verhältnismäßigkeit zurückgegriffen werden, um den Auftraggeber an der Bemessung überlanger Fristen zu hindern. Allerdings dürften allenfalls grob missbräuchliche Fristsetzungen angreifbar sein.

45 Nach § 147 Abs. 2 BGB kann ein Angebot nur bis zu dem Zeitpunkt angenommen werden, in welchem der Antragende den Eingang der Antwort unter regelmäßigen Umständen erwarten darf. Um dies zu verhindern, muss der Auftraggeber mit den Angeboten eine Erklärung iSd § 148 BGB abverlangen, dass die Bieter bis zum Ablauf der festgesetzten Bindefrist an ihr Angebot gebunden sind. Die Bindefrist endet mit Ablauf des so festgesetzten **Zeitpunktes.**

II. Nicht offenes Verfahren

Das nicht offene Verfahren sieht immer einen **öffentlichen Teilnahmewettbewerb** vor. 46
Für diesen ist eine Bewerbungsfrist festzulegen. Bei der Angebotsfrist ist demgegenüber zu berücksichtigen, dass alle mit der Bewerbung und dem Eignungsnachweis zusammenhängenden Prozesse bereits abgeschlossen sind und dass an alle Bewerber die Unterlagen am gleichen Tag versandt werden.

1. Bewerbungsfrist

a) Bemessung. In § 16 Abs. 2 VgV ist die Dauer der Bewerbungsfrist auf mindestens 30 47
Kalendertage festgesetzt. Die Bewerbungsfrist ist ab **dem Tag nach Versendung der Bekanntmachung** zu rechnen. Der Zeitpunkt der Versendung ist demgemäß zu dokumentieren.

48 [nicht besetzt]

b) Verkürzungsmöglichkeit bei Dringlichkeit. Macht eine **hinreichend begründete** 49
Dringlichkeit die Einhaltung der Teilnahmefrist unmöglich, darf der Auftraggeber nach § 16 Abs. 3 VgV die Bewerbungsfrist **auf 15 Tage** verkürzen. Diese 15 Kalendertage sind dabei als unterste Grenze der Verkürzung zu beachten.

Ob und inwieweit eine Dringlichkeit vorliegt, die dem Auftraggeber eine Verkürzung 50
erlaubt, richtet sich nach den Gegebenheiten des Einzelfalles. Wichtig ist dabei, dass hier eine Dringlichkeit und nicht wie bei den Zulässigkeitsvoraussetzungen für ein Verhandlungsverfahren ohne Teilnahmewettbewerb äußerst dringliche, zwingende Gründe (§ 14 Abs. 4 Nr. 3 VgV) gefordert werden. Es kommt für die Beurteilung der Dringlichkeit auf rein sachliche Gründe an, die eine eilige Vergabe notwendig machen, und zwar allein deswegen, weil die eilige Ausführung erforderlich ist. Dabei stellt die Vorschrift eine **Ausnahmeregelung** dar, so dass zum einen die Möglichkeit eng auszulegen ist und zum anderen der Auftraggeber für das Vorliegen der Voraussetzungen in einem Nachprüfungsverfahren darlegungspflichtig ist.

Eine Verkürzung aus anderen Gründen sieht die VgV nicht vor. Kann der Auftraggeber 51
auch diese verkürzte Frist nicht einhalten, ist die Durchführung eines Verhandlungsverfahrens ohne Teilnahmewettbewerb nach § 14 Abs. 4 VgV zu prüfen.

c) Frist für den Eingang der Interessensbestätigung nach § 38 Abs. 5 VgV. Hat der 52
Auftraggeber von der Möglichkeit des § 38 Abs. 4 VgV Gebrauch gemacht, nach Veröffentlichung einer Vorinformation auf eine Auftragsbekanntmachung zu verzichten, fordert der Auftraggeber alle Unternehmen, die auf die Veröffentlichung dieser Vorinformation eine **Interessensbekundung** übermittelt haben, zur Bestätigung ihres Interesses an einer weiteren Teilnahme auf **(Aufforderung zur Interessensbestätigung).** Die Frist für den Eingang der Interessensbestätigung beträgt 30 Tage, gerechnet ab dem Tag nach der Absendung der Aufforderung zur Interessensbestätigung.

2. Angebotsfrist

a) Bemessung. Die Angebotsfrist kann wegen des durchgeführten Bewerbungs- und 53
Auswahlverfahrens kürzer ausfallen als bei offenen Verfahren. Nach § 16 Abs. 5 VgV beträgt die Angebotsfrist **mindestens 30 Kalendertage.** Dies ist als **Mindestfrist** zu verstehen.

Die Frist ist ab dem Tag der Absendung der Aufforderung zur Angebotsabgabe durch 54
den Auftraggeber zu rechnen. Der Auftraggeber muss daher diesen Zeitpunkt dokumentieren.

55 **b) Gemeinsame Festlegung.** Nach § 16 Abs. 6 VgV dürfen Auftraggeber mit Ausnahme oberster Bundesbehörden mit den Bewerbern, die zur Angebotsabgabe aufgefordert werden, die Angebotsfrist im gegenseitigen Einvernehmen festlegen. Ausdrücklich wird gefordert, dass allen Bewerbern dieselbe Frist für die Einreichung der Angebote gewährt wird.

56 Nicht ganz eindeutig erscheint die Regelung in § 16 Abs. 6 S. 2 VgV. Danach beträgt die Angebotsfrist, wenn keine einvernehmliche Festlegung der Angebotsfrist erfolgt, **mindestens zehn Tage,** gerechnet ab dem Tag nach der Absendung der Aufforderung zur Angebotsabgabe. Die Begründung zur VgV weist ausdrücklich darauf hin, dass auch bei der so vom Auftraggeber einseitig festgelegten Frist die Anforderungen des § 20 VgV an **eine angemessene Fristsetzung** gewahrt bleiben müssen.[11] Bei der Anwendung dieser Vorschrift ist besonders zu berücksichtigen, dass es nicht zu einer Umgehung des § 16 Abs. 5 VgV mit der darin festgesetzten, längeren Mindest-Angebotsfrist kommen darf. Die Festsetzung der Angebotsfrist folgt den gleichen Grundsätzen wie bei § 16 Abs. 5 VgV, weswegen im Zweifel die **30-tägige Mindest-Angebotsfrist als Ausgangspunkt** zu betrachten ist. Lässt sich nach den Grundsätzen des § 20 VgV eine kürzere Frist vertreten, greift die Untergrenze des § 16 Abs. 6 VgV von 10 Tagen. Ein lediglich formaler Versuch, eine Angebotsfrist einvernehmlich festzulegen, kann aber nicht als ausreichend für die Festsetzung dieser kurzen Frist angesehen werden.

57 **c) Verkürzungsmöglichkeit bei elektronischer Angebotsabgabe.** Eine Möglichkeit zur Verkürzung der Angebotsfrist bietet § 16 Abs. 8 VgV. Danach kann der Auftraggeber die Angebotsfrist **um 5 Kalendertage** verkürzen, wenn er die elektronische Übermittlung der Angebote akzeptiert, was inzwischen dem Regelfall der elektronischen Vergabe entspricht. Diese Verkürzungsmöglichkeit gilt nur für die 30-tägige Mindest-Angebotsfrist nach § 16 Abs. 5 VgV.

58 **d) Verkürzungsmöglichkeit bei Vorinformation.** Wie für offene Verfahren findet sich in § 38 Abs. 3 VgV eine Vorschrift mit einer Verkürzungsmöglichkeit nach Veröffentlichung einer Vorinformation. Die Angebotsfrist von mindestens 30 Kalendertagen nach § 16 Abs. 5 VgV kann nach § 38 Abs. 3 VgV auf 10 Kalendertage verkürzt werden. Voraussetzung für die Verkürzung ist, dass der Auftraggeber eine Vorinformation versandt hat und dabei die Voraussetzungen des § 38 Abs. 3 VgV eingehalten hat. Diese Vorinformation muss nach § 38 Abs. 3 Nr. 1 VgV mindestens die im Muster einer Bekanntmachung geforderten Angaben enthalten, soweit sie zum Zeitpunkt der Versendung vorlagen. Die Übermittlung der Vorinformation an das Amt für Veröffentlichungen der Europäischen Union muss mindestens 35 Kalendertage, höchstens aber 12 Monate vor Absendung der Auftragsbekanntmachung erfolgt sein.

59 **f) Verkürzungsmöglichkeit bei Dringlichkeit.** Der Auftraggeber darf die 30-tägige Mindestfrist nach § 16 Abs. 7 VgV weiter verkürzen, wenn eine hinreichend begründete Dringlichkeit hinzutritt, wegen der die Einhaltung dieser Frist unmöglich ist. Die so verkürzte Angebotsfrist darf 10 Tag jedoch nicht unterschreiten.

60 **g) Verlängerung wegen verspäteter Übersendung oder verspäteter Auskunft und Änderungen der Vergabeunterlagen.** In § 20 Abs. 3 S. 1 Nr. 1 VgV ist vorgesehen, dass der Auftraggeber die Angebotsfrist verlängern muss, wenn zusätzliche Informationen **trotz rechtzeitiger Anforderung** durch ein Unternehmen nicht spätestens sechs Tage vor Ablauf der Angebotsfrist zur Verfügung gestellt werden bzw. im Fall der nach § 16 Abs. 7 VgV wegen Dringlichkeit verkürzte Angebotsfrist nicht spätestens vier vor Ablauf der Angebotsfrist.

[11] Zur Angemessenheit von Fristen allg. → Rn. 18a ff.

Auch wenn der Auftraggeber **wesentliche Änderungen** an den Vergabeunterlagen vornimmt, muss er die Angebotsfrist verlängern, § 20 Abs. 3 S. 1 Nr. 2 VgV. 61

Zusätzlich ist aber für die beiden genannten Konstellationen zu beachten, dass nach § 20 Abs. 3 S. 2 VgV die Fristverlängerung in einem **angemessenen Verhältnis** zur Bedeutung der Information oder Änderung stehen muss und gewährleisten muss, dass alle Unternehmen Kenntnis von den Informationen oder Änderungen nehmen können. Die Angebotsfrist ist daher – außer im genannten Fall der wegen Dringlichkeit verkürzten Angebotsfrist – je nach Einzelfall angemessen zu verlängern. 62

Eine Fristverlängerung ist nach § 20 Abs. 3 S. 3 **nicht erforderlich,** wenn die Information oder Änderung für die Erstellung des Angebotes unerheblich ist oder die Information nicht rechtzeitig angefordert wurde. 63

h) Verlängerung im Zusammenhang mit Bereitstellung der Vergabeunterlagen. In § 41 Abs. 2 VgV ist der Fall angesprochen, dass der Auftraggeber in den dort genannten Ausnahmefällen die Vergabeunterlagen nicht so zu Verfügung stellt, dass sie unentgeltlich, uneingeschränkt, vollständig und direkt abgerufen werden können. Der Auftraggeber muss die Vergabeunterlagen dann **auf einem anderen geeigneten Weg** übermitteln. Diese Voraussetzungen für diese Vorgehensweise sind in → Rn. 37 dargestellt. 64

Die Angebotsfrist wird in diesen Fällen um fünf Tage verlängert. Diese zwingend vorgesehene Verlängerung betrifft allerdings **nicht** die wegen Dringlichkeit verkürzte Angebotsfrist nach § 16 Abs. 7 VgV. 65

In § 41 Abs. 3 VgV geht es um Anforderungen iSd § 5 Abs. 3 VgV, die auf den **Schutz der Vertraulichkeit der Informationen** im Rahmen des Vergabeverfahrens abzielen. Wenn der Auftraggeber solche Maßnahmen ergreifen will, muss er diese in der Auftragsbekanntmachung oder in der Aufforderung zur Interessensbestätigung angeben. Sehen diese Maßnahmen eine Einschränkung des Zugriffs auf die Vergabeunterlagen vor, muss er auch mitteilen, wie auf die Vergabeunterlagen zugegriffen werden kann. Auch in diesem Fall sieht § 41 Abs. 3 S. 2 VgV eine (fest vorgegebene) Verlängerung der Angebotsfrist um 5 Tage vor. Diese Verlängerung ist dann nicht erforderlich, wenn die Maßnahme zum Schutz der Vertraulichkeit ausschließlich in der Abgabe einer Verschwiegenheitserklärung besteht. 66

Auch diese zwingend vorgesehene Verlängerung betrifft nicht die wegen Dringlichkeit verkürzte Angebotsfrist nach § 16 Abs. 7 VgV. 67

3. Bindefrist

Auch für das nicht offene Verfahren sieht die VgV hinsichtlich der Zuschlags- bzw. Bindefrist keine Regelungen vor. Es kann insoweit auf die zum offenen Verfahren in → Rn. 44f. gegebenen Hinweise verwiesen werden. 68

III. Verhandlungsverfahren mit Teilnahmewettbewerb

1. Bewerbungsfrist

a) Bemessung. In § 17 Abs. 2 VgV ist die Dauer der Bewerbungsfrist auf mindestens 30 Kalendertage festgesetzt. Die Bewerbungsfrist ist ab **dem Tag nach Versendung der Bekanntmachung** zu rechnen. Der Zeitpunkt der Versendung ist demgemäß zu dokumentieren. 69

b) Verkürzungsmöglichkeit bei Dringlichkeit. Macht eine hinreichend begründete Dringlichkeit die Einhaltung der Teilnahmefrist unmöglich, darf der Auftraggeber nach § 17 Abs. 3 VgV die Bewerbungsfrist **auf 15 Tage** verkürzen. Diese 15 Kalendertage sind dabei als unterste Grenze der Verkürzung zu beachten. 70

71 Hinsichtlich der Anforderungen an die Dringlichkeit wird auf die Darstellung zum nicht offenen Verfahren verwiesen, vgl. → Rn. 49. Kann der Auftraggeber auch diese verkürzte Frist nicht einhalten, ist die Durchführung eines Verhandlungsverfahrens ohne Teilnahmewettbewerb nach § 14 Abs. 4 VgV zu prüfen.

72 **c) Frist für den Eingang der Interessensbestätigung nach § 38 Abs. 5 VgV.** Hat der Auftraggeber von der Möglichkeit des § 38 Abs. 4 VgV Gebrauch gemacht, nach Veröffentlichung einer Vorinformation auf eine Auftragsbekanntmachung zu verzichten, fordert der Auftraggeber alle Unternehmen, die auf die Veröffentlichung dieser Vorinformation eine Interessensbekundung übermittelt haben, zur Bestätigung ihres Interesses an einer weiteren Teilnahme auf **(Aufforderung zur Interessensbestätigung).** Die Frist für den Eingang der Interessensbestätigung beträgt 30 Tage, gerechnet ab dem Tag nach der Absendung der Aufforderung zur Interessensbestätigung.

2. Angebotsfrist

73 Die Angebotsfrist kann wegen des durchgeführten Bewerbungs- und Auswahlverfahrens kürzer ausfallen als bei offenen Verfahren. Nach § 17 Abs. 6 VgV beträgt die Angebotsfrist **für Erstangebote mindestens 30 Kalendertage.** Dies ist als **Mindestfrist** zu verstehen.

74 Die Vorschriften zur Ermittlung der angemessenen Angebotsfrist, zu Verkürzungsmöglichkeiten und Verlängerungen der Angebotsfrist entsprechen wörtlich denen zum offenen Verfahren. Es wird daher auf die Darstellung oben verwiesen betreffend der

- Angemessenheit von Fristen allgemein → Rn. 18a ff.
- Möglichkeit gemeinsamer Festlegung gemäß § 17 Abs. 7 VgV, vgl. → Rn. 55
- Verkürzungsmöglichkeit bei elektronischer Angebotsabgabe gemäß § 17 Abs. 9 VgV, vgl. → Rn. 57
- Verkürzungsmöglichkeit bei Vorinformation gemäß § 38 Abs. 3 VgV, vgl. → Rn. 58
- Verkürzungsmöglichkeit bei Dringlichkeit gemäß § 17 Abs. 8 VgV, vgl. → Rn. 59
- Verlängerung wegen verspäteter Übersendung oder verspäteter Auskunft und Änderungen der Vergabeunterlagen gemäß § 20 Abs. 3 VgV, vgl. → Rn. 60
- Verlängerung im Zusammenhang mit Bereitstellung der Vergabeunterlagen gemäß § 41 Abs. 2 und 3 VgV, vgl. → Rn. 64.

3. Bindefrist

75 Auch für das nicht offene Verfahren sieht die VgV hinsichtlich der Zuschlags- bzw. Bindefrist **keine Regelungen** vor. Es kann insoweit auf die zum offenen Verfahren in → Rn. 44 f. gegebenen Hinweise verwiesen werden.

IV. Verhandlungsverfahren ohne Teilnahmewettbewerb

76 Für das Verhandlungsverfahren ohne Teilnahmewettbewerb iSd § 14 Abs. 4 VgV sind hinsichtlich der Fristen **keine besonderen Vorgaben** in der VgV enthalten. Die Grundsätze des § 20 Abs. 1 VgV zu angemessenen Fristfestsetzungen sind nach dem Wortlaut dieser Vorschrift auf die in den §§ 15 bis 19 VgV geregelten Verfahren anzuwenden, also auch auf das Verhandlungsverfahren ohne Teilnahmewettbewerb. Es gilt aber **nicht** die in § 17 Abs. 8 VgV angesprochene Mindest-Angebotsfrist von 10 Tagen, worauf das BWMi und die Europäische Kommission im Zusammenhang mit der Corona-Pandemie zu Recht hingewiesen haben und was mit Wirkung zum 19.11.2020 durch das „Gesetz zur Änderung des Gesetzes zur Regelung von Ingenieur- und Architektenleistungen und anderer Gesetze" durch Einfügung eines klarstellenden Zusatzes auch im Vorschriftentext berücksichtigt wurde.[12] Dies entspricht der dieser Regelung zugrundeliegenden europarechtli-

[12] Rundschreiben des BMWi zur Anwendung des Vergaberechts im Zusammenhang mit der Beschaffung

chen Vorgabe in Art. 32 Abs. 2c Richtlinie 2014/24/EU. Danach ist das Verhandlungsverfahren ohne Teilnahmewettbewerb zulässig, wenn die für „die Verhandlungsverfahren" vorgeschriebenen Fristen (darunter auch die Mindest-Angebotsfrist) nicht eingehalten werden könnten. Unter „Verhandlungsverfahren" ist nach der eindeutigen Systematik nur das in Art. 29 Richtlinie 2014/24/EU geregelte Verfahren mit Aufruf zum Wettbewerb zu verstehen.

Dennoch sollten Auftraggeber im wohlverstandenen Eigeninteresse keine zu kurzen Fristen setzen (abgesehen natürlich für den Fall, dass äußerst dringliche, zwingende Gründe iSd § 14 Abs. 4 Nr. 3 VgV vorliegen). Zu kurze Fristen zwingen Bieter dazu, nicht ausgereifte oder flüchtig kalkulierte Angebote einzureichen. Aus Sicht eines vorsichtigen Kaufmannes müssen solche Angebote eher großzügig nach oben kalkuliert werden, um die nicht abschließend prüfbaren Risiken aufzufangen. Angesichts des bei diesem Verfahren sowieso eingeschränkten Wettbewerbs ist dies ein zusätzliches Einfallstor für überhöhte und damit unwirtschaftliche Angebote. 77

V. Wettbewerblicher Dialog

Für die bei Durchführung eines wettbewerblichen Dialogs zu beachtenden Fristen findet sich nur in § 18 Abs. 3 VgV eine ausdrückliche Festlegung. Danach muss die **Frist für den Eingang der Teilnahmeanträge** mindestens 30 Tage betragen. Auch diese Frist ist beginnend mit dem Tag nach der Absendung der Auftragsbekanntmachung zu berechnen. 78

Es ist nachvollziehbar, dass für dieses Verfahren keine weiteren Vorgaben gemacht werden, weil sich sowohl Verfahrensgegenstand als auch Verfahrensablauf von Verfahren zu Verfahren stark unterscheiden werden. 79

Bei den festzusetzenden Fristen sind die Grundsätze des § 20 Abs. 1 VgV zu beachten, vgl. dazu → Rn. 22f. Ohne feste Vorgaben muss der Auftraggeber besonders darauf achten, angemessene Fristen zu setzen. Es ist letztlich im Interesse des Auftraggebers, in der erhofften Zahl belastbar kalkulierte Angebote zu erhalten.[13] 80

VI. Innovationspartnerschaft

Auch für die im Verfahren über die Vergabe im Wege der Innovationspartnerschaft zu beachtenden Fristen findet sich nur in § 19 Abs. 3 VgV eine ausdrückliche Festlegung. Danach muss die **Frist für den Eingang der Teilnahmeanträge** mindestens 30 Tage betragen. Auch diese Frist ist beginnend mit dem Tag nach der Absendung der Auftragsbekanntmachung zu berechnen. 81

Es ist nachvollziehbar, dass für dieses Verfahren keine weiteren Vorgaben gemacht werden, weil sich sowohl Verfahrensgegenstand als auch Verfahrensablauf von Verfahren zu Verfahren stark unterscheiden werden. 82

Bei den festzusetzenden Fristen sind die Grundsätze des § 20 Abs. 1 VgV zu beachten, vgl. dazu → Rn. 22f. Ohne feste Vorgaben muss der Auftraggeber besonders darauf achten, angemessene Fristen zu setzen. Es ist letztlich im Interesse des Auftraggebers, in der erhofften Zahl belastbar kalkulierte Angebote zu erhalten. 83

VII. Dynamisches Beschaffungssystem

In § 24 Abs. 2 S. 1 VgV ist vorgesehen, dass die **Frist für den Eingang der Teilnahmeanträge** mindestens 30 Tage betragen muss. Wurde die Aufforderung zur Angebotsabgabe für die erste einzelne Auftragsvergabe im Rahmen eines dynamischen Beschaffungssystems 84

von Leistungen zur Eindämmung der Ausbreitung des neuartigen Coronavirus SARS-CoV-2 vom 19.3. 2020; Mitteilung der Kommission (ABl. 2020/C 108 1/01).

[13] Zur Angemessenheit von Fristen allg. → Rn. 18a ff.

abgesandt, gelten nach § 24 Abs. 2 S. 2 VgV keine weiteren Fristen für den Eingang der Teilnahmeanträge.

85 Nach § 24 Abs. 4 S. 1 VgV beträgt die **Angebotsfrist** mindestens 10 Tage. In § 24 Abs. 4 S. 2 VgV wird durch Verweis auf § 16 Abs. 6 VgV die Möglichkeit eröffnet, wie bei nicht offenen Verfahren und Verhandlungsverfahren mit vorherigem Teilnahmewettbewerb mit den ausgewählten Bewerbern gemeinsam die Angebotsfrist festzusetzen.

86 Im Hinblick darauf, dass nach § 24 Abs. 1 VgV die Vorschriften des § 16 VgV gelten sollen, sofern § 24 Abs. 2 bis 5 VgV keine Abweichungen enthalten, sind auch die Regelungen des § 20 VgV zur **angemessenen Fristsetzung** bei dynamischen Beschaffungssystemen zu beachten.

VIII. Elektronische Auktion

87 Für die elektronische Auktion enthält die VgV als **einzige Fristvorgabe** in § 26 Abs. 4 VgV, dass sie frühestens zwei Arbeitstage nach der Versendung der Aufforderung zur Teilnahme gemäß § 26 Abs. 3 VgV beginnen darf.

88 Im Hinblick auf die allgemeinen Grundsätze des Vergaberechts ist auch bei diesem Verfahren den beteiligten Unternehmen eine angemessene Möglichkeit der Beteiligung zu verschaffen, dies ist bei der Festsetzung des Verfahrensablaufs und der dabei zu berücksichtigenden Fristen zu beachten.

IX. Elektronische Kataloge

89 Für elektronische Kataloge enthält die VgV **keine festen Fristvorgaben.** Im Hinblick auf die allgemeinen Grundsätze des Vergaberechts ist auch bei diesem Verfahren den beteiligten Unternehmen eine angemessene Möglichkeit der Beteiligung zu verschaffen, dies ist bei der Festsetzung des Verfahrensablaufs und der dabei zu berücksichtigenden Fristen zu beachten.

D. VgV – besondere Vorschriften der Abschnitte 3–6

I. Allgemeine Grundsätze

90 Die VgV enthält in ihrem 2. Abschnitt allgemeine Vorschriften für die Durchführung von Vergabeverfahren. Die darin enthaltenen Vorgaben für Fristen sind in → Rn. 44 f. dargestellt. Nachfolgend werden **Besonderheiten** für die Vergabe von sozialen und anderen besonderen Dienstleistungen iSd §§ 64 ff. VgV, für die Durchführung von Wettbewerben iSd §§ 69 ff. VgV und die Vergabe von Architekten- und Ingenieurleistungen iSd §§ 73 ff. VgV erläutert.

II. Vergabe von sozialen und anderen besonderen Dienstleistungen iSd §§ 64 ff. VgV

91 Die von dem Abschnitt 3 der VgV erfassten Leistungen werden in § 130 Abs. 1 GWB definiert, der auf Art. 74 Richtlinie 2014/24/EU beruht.

92 Nach § 65 Abs. 3 VgV kann der öffentliche Auftraggeber für den Eingang der Angebote und der Teilnahmeanträge von den §§ 15 bis 19 VgV **abweichende Fristen** bestimmen. Dabei muss er zum einen die Besonderheiten der jeweiligen Dienstleistung berücksichtigen, also zB besondere Schwierigkeiten der Kalkulation oder der Beschaffung von Nachunternehmerangeboten.

93 Zum anderen weist § 65 Abs. 3 S. 2 VgV ausdrücklich darauf hin, dass der Auftraggeber für die **Angemessenheit der Fristen** zu sorgen hat und verweist hierzu auf § 20 VgV.

Im Hinblick auf diese Pflichten dürfte eine Unterschreitung der Mindestfristen des ersten Abschnittes der VgV nur im Ausnahmefall möglich erscheinen. 94

Im Übrigen enthalten die Vorschriften des Abschnittes 3 der VgV keine weiteren Vorgaben für Fristen. 95

III. Durchführung von Wettbewerben iSd §§ 69 ff. VgV und §§ 78 ff. VgV

Der Anwendungsbereich des Abschnittes 5 der VgV ergibt sich aus § 103 Abs. 6 GWB. 96

Besondere Vorschriften für Fristen sind im Abschnitt 5 der VgV nicht ausdrücklich vorgesehen. Im Hinblick auf die Prinzipien des Vergaberechts wie den Wettbewerbsgrundsatz und das Gleichbehandlungsgebot, insbesondere aber auf den Grundsatz der **Verhältnismäßigkeit** nach § 97 Abs. 1 GWB ist jedoch auch bei Wettbewerben auf eine **angemessene Fristsetzung** zu achten. Die Grundsätze des § 20 VgV sind daher auch bei solchen Verfahren anwendbar. 97

IV. Vergabe von Architekten- und Ingenieurleistungen iSd §§ 73 ff. VgV

In Abschnitt 6 der VgV sind für die Vergabe von Architekten- und Ingenieurleistungen sowie für die Durchführung von Planungswettbewerben iSd 78 ff. VgV **keine von Abschnitt 2 abweichenden Vorgaben für Fristen** vorgesehen. 98

E. VOB/A-EU

I. Allgemeine Grundsätze

Für die Vergabe von Aufträgen mit Auftragswerten oberhalb der EU-Schwellenwerte enthält das EU-Sekundärrecht, wie oben angesprochen, in den **Vergaberichtlinien** und der FristenVO umfassende Vorgaben zu Bemessung und Berechnung von Fristen. 99

In der VOB/A 2016 sind in den §§ 10 EU – 10d EU VOB/A die Regelungen zu Fristen zusammengestellt. Wie in der VgV ist jeder Verfahrensart ein eigener Paragraph gewidmet, was teils zu Wiederholungen führt. Inhaltlich gibt es nur wenige Abweichungen von der VgV, weswegen nachstehend weitgehend auf die Darstellung zur VgV verwiesen wird. 100

In **§ 10 VOB/A-EU** sind den für einzelne Vergabeverfahren anwendbaren Vorschriften allgemeine Grundsätze vorangestellt. 101

Nach § 10 EU Abs. 1 VOB/A berücksichtigt der Auftraggeber bei der Festsetzung von Angebotsfristen und Teilnahmefristen die **Komplexität des Auftrages.** Weiter berücksichtigt er, welche **Zeit für die Ausarbeitung der Angebote** angemessen ist. Dies muss er für jedes Vergabeverfahren im Einzelfall prüfen, wie in § 10 EU Abs. 1 S. 2 VOB/A ausdrücklich herausgestellt wird. Dieser Grundsatz gilt natürlich im Bereich der VgV ebenso, ohne dort jedoch in ähnlicher Weise betont zu werden.[14] 102

Gleiches gilt für die Feststellung in § 10 EU Abs. 1 S. 3 VOB/A, dass alle in den §§ 10a – 10d VOB/A-EU genannten Mindestfristen unter dem Vorhalt stehen, dass sie im jeweiligen Einzelfall angemessen sind. Dies wird in der Begründung der VgV (vgl. neben der Begründung zu § 20 VgV auch zB die Begründung zu § 15 Abs. 2 VgV[15]) ebenfalls festgestellt, ohne dies allerdings in den Text der VgV zu integrieren. Angesichts der in der Praxis zu beobachtenden Neigung, die Mindestfristen wie Regelfristen anzuwenden, hat sich die VOB/A für einen ausdrücklichen Hinweis entschieden. 103

In § 10 EU Abs. 2 VOB/A geht es um die Fälle, dass Angebote nur nach **Ortsbesichtigung** oder Einsichtnahme in nicht übersandte Unterlagen erstellt werden können. Da- 104

---

[14] Zur Angemessenheit von Fristen allg. → Rn. 18a ff.
[15] BT-Drs. 18/7693.

mit alle Unternehmen von allen Informationen, die für die Erstellung des Angebotes erforderlich sind, Kenntnis nehmen können, sind längere Fristen als die Mindestfristen festzusetzen.

105 Die VOB/A spricht durchgängig von „Kalendertagen", die VgV von „Tagen". Wie in → Rn. 6 dargestellt, sind die Begriffe inhaltsgleich.

106 Die Regelungen der VOB/A-VS sind unten nach den Erläuterungen zur VSVgV dargestellt.

Tabelle 2

Fristen im Oberschwellenbereich: VOB/A-EU		
	Offenes Verfahren	
Angebotsfrist		
Mindestfrist	35 Tage	§ 10a EU Abs. 1 VOB/A
Verlängerung im Zusammenhang mit Bereitstellung der Vergabeunterlagen	Um 5 Tage	§ 10a EU Abs. 5 VOB/A
Elektronische Übermittlung akzeptiert, Verkürzung	Um 5 Tage	§ 10a EU Abs. 4 VOB/A
Vorinformation	15 Tage	§ 10a Abs. 2 VOB/A
Dringlichkeit	15 Tage	§ 10a EU Abs. 3 VOB/A
Bindefrist		
Regelfrist	60 Tage	§ 10a EU Abs. 8 VOB/A
	nicht offenes Verfahren/ Verhandlungsverfahren mit Teilnahmewettbewerb	Für Verhandlungsverfahren genereller Verweis in § 10c EU Abs. 1 VOB/A auf § 10b EU VOB/A
Teilnahmefristen		
Mindestfrist	30 Tage	§ 10b EU Abs. 1 VOB/A
Dringlichkeit	15 Tage	§ 10b EU Abs. 5 Nr. 1 VOB/A
Frist für Eingang der Interessensbestätigung	30 Tage	§ 10b EU Abs. 1 VOB/A
Angebotsfristen		
Mindestfrist	30 Tage	§ 10b Abs. 2 VOB/A
Verlängerung im Zusammenhang mit Bereitstellung der Vergabeunterlagen	Um 5 Tage	§ 11b EU Abs. 1, Abs. 2 VOB/A
Elektronische Übermittlung akzeptiert, Verkürzung	Um 5 Tage	§ 10b EU Abs. 4 VOB/A
Vorinformation	10 Tage	§ 10b EU Abs. 3 VOB/A
Dringlichkeit	10 Tage	§ 10b EU Abs. 5 Nr. 2 VOB/A
Bindefrist		

Fristen im Oberschwellenbereich: VOB/A-EU		
Regelfrist	60	§ 10b EU Abs. 8 VOB/A
	Verhandlungsverfahren ohne Teilnahmewettbewerb	
Angebotsfrist		
Mindestfrist	10 Tage	§ 10c EU Abs. 2 VOB/A
	Wettbewerblicher Dialog	
Frist für den Eingang der Teilnahmeanträge	30 Tage	§ 10d EU Satz 1 VOB/A
	Innovationspartnerschaft	
Frist für den Eingang der Teilnahmeanträge	30 Tage	§ 10d EU Satz 1 VOB/A
	Dynamisches Beschaffungssystem	
Frist für den Eingang der Teilnahmeanträge	30 Tage	§ 4b EU Abs. 1 VOB/A
Angebotsfrist	10 Tage	§ 4b EU Abs. 1 VOB/A
	Elektronische Auktion	
Beginn	2 Arbeitstage	§ 4b EU Abs. 2 VOB/A

II. Offenes Verfahren

1. Angebotsfrist

a) Bemessung. Beim offenen Verfahren findet **kein separates Bewerbungsverfahren** statt, so dass in die Angebotsfrist auch alles einzurechnen ist, was erforderlich ist, damit interessierte Unternehmen von einem Vergabeverfahren erfahren und die Angebotsunterlagen erhalten. 107

Nach § 10a EU Abs. 1 VOB/A beträgt die Angebotsfrist **mindestens 35 Kalendertage.** 108

Diese Mindestfrist dürfte jedoch für sehr viele **Bauvergaben nicht ausreichend** sein. Bei der Frist sind neben außer der Zeit zum Auffinden der Ausschreibung auch die Zeiten für Angebotsprüfung, Einholen von Nachunternehmerangeboten, ggf. Ermittlung von Kalkulationsgrundlagen etc. zu berücksichtigen. In solchen Fällen wird ein Auftraggeber auch die nachfolgend dargestellten Verkürzungsmöglichkeiten nicht nutzen können, ohne massiv den Wettbewerb zu beschränken. 109

Die Vorschriften der VOB/A-EU entsprechen inhaltlich denen der VgV, weswegen zu der Bemessung der Angebotsfrist auf die Darstellungen zur VgV verwiesen werden kann. 110

Die **Verkürzungsmöglichkeit** der Regel-Mindestfrist des § 10a EU Abs. 1 VOB/A bei **elektronischer Angebotsabgabe** um 5 Tage findet sich in § 10a EU Abs. 4 VOB/A. Diese Regelung entspricht inhaltlich § 15 Abs. 4 VgV, vgl. dazu → Rn. 26. 111

Die Möglichkeit in § 10a EU Abs. 2 VOB/A, die Angebotsfrist bei **Veröffentlichung einer Vorinformation** auf 15 Tage zu verkürzen, entspricht der Regelung in § 38 Abs. 3 VgV, vgl. → Rn. 29. 112

Ist die Einhaltung der regulären Angebotsfrist nach § 10a EU Abs. 1 VOB/A wegen **hinreichend begründeter Dringlichkeit** dem Auftraggeber nicht möglich, kann er 113 nach § 10a EU Abs. 3 eine verkürzte Angebotsfrist festlegen, die 15 Tage nicht unterschreiten darf. Dies entspricht der Verkürzungsmöglichkeit bei Dringlichkeit gemäß § 15 Abs. 3 VgV, vgl. → Rn. 31.

114 Die **Pflicht zur Verlängerung** wegen verspäteter Übersendung oder verspäteter Auskunft und Änderungen der Vergabeunterlagen findet sich in § 10a EU Abs. 6 VOB/A und entspricht der Regelung in § 20 Abs. 3 VgV, vgl. → Rn. 33.

115 Wenn aus den in § 11b EU Abs. 1 VOB/A genannten Gründen **kein unentgeltlicher, uneingeschränkter und vollständiger direkter Zugang** zu bestimmten Vergabeunterlagen nicht angeboten werden kann, ist nach § 10a EU Abs. 5 UAbs. 2 VOB/A die Angebotsfrist, außer im Fall einer dringlichen Vergabe iSd § 10a EU Abs. 3 VOB/A, um 5 Tage zu verlängern. Inhaltlich entspricht dies § 41 Abs. 2 und 3 VgV, vgl. → Rn. 37. Aus der – praktisch wortgleich an Art. 53 Abs. 1 UAbs. 2 RL 2014/24/EU angelehnten – Formulierung der VOB/A geht jedoch klarer hervor, dass auch die zur Verlängerung führenden Maßnahmen zum Schutz der Vertraulichkeit der Informationen auf den in § 11b VOB/A-EU genannten Gründen beruhen müssen.

116 **b) Beginn.** Nach der ausdrücklichen Festlegung der VOB/A beginnt die Angebotsfrist am **Tag nach Absendung der Bekanntmachung** iSd § 10a EU Abs. 1 VOB/A. Daher muss der Auftraggeber diesen Tag dokumentieren, um die ordnungsgemäße Bemessung der Frist nachweisen zu können.

117 **c) Ende.** Die Angebotsfrist endet wie bei der VOB/A 1. Abschnitt mit ihrem rechnerisch zu ermittelnden Ablauf. In § 10a EU Abs. 9 VOB/A ist festgelegt, dass die Bindefrist mit Ablauf der Angebotsfrist beginnt. In § 16 EU Nr. 1 VOB/A ist festgelegt, dass Angebote auszuschließen sind, die bei Ablauf der Angebotsfrist nicht vorgelegen haben. Es wird also in Abweichung von § 10 EG Abs. 1 Nr. 7 VOB/A aF nicht mehr auf den Zeitpunkt der **Öffnung der Angebote abgestellt.**

2. Bindefrist

118 Die VOB/A spricht seit der Ausgabe 2016 nicht mehr von „Zuschlagsfrist", sondern von **„Bindefrist".** Inhaltlich bedeutet dies keine Änderung.

119 **a) Bemessung.** Die Regelung für offene Verfahren in § 10a EU Abs. 8 S. 1 VOB/A entspricht weitgehend § 10 Abs. 6 VOB/A. Danach soll die Bindefrist **so kurz wie möglich** sein und nicht länger dauern, als der Auftraggeber für eine zügige Prüfung und Wertung der Angebote benötigt. Regelmäßig soll die Bindefrist 60 Tage betragen, § 10a EU Abs. 8 S. 2 VOB/A. In begründeten Fällen kann der öffentliche Auftraggeber nach § 10a EU Abs. 8 S. 3 VOB/A eine längere Frist festlegen, wobei an diese Begründung keine zu hohen Anforderungen zu stellen sind. Fehlt jegliche Begründung, geht dies zu Lasten des Auftraggebers[16].

120 Anders als im Geltungsbereich des 1. Abschnittes der VOB/A können Vergaben nach dem 2. Abschnitt in **Nachprüfungsverfahren** iSd §§ 160 ff. GWB angegriffen werden. Diese gesetzliche Möglichkeit der Bieter kann vom Auftraggeber antizipiert werden, indem er bei der Bemessung der Bindefrist die Dauer eines möglichen Nachprüfungsverfahrens berücksichtigt. Die Vergabekammern sollen nach 5 Wochen ihre Entscheidung getroffen haben, § 167 Abs. 1 GWB, das Zuschlagsverbot läuft dann noch weitere 2 Wochen bis zum Ende der Beschwerdefrist, § 167 Abs. 1 GWB. Zumindest diesen Zeitraum kann der Auftraggeber daher in die Bindefrist einrechnen.

[16] LG Frankfurt (Oder) Urt. v. 20.8.2015 – 31 O 16/15, IBR 2015, 1123.

b) Beginn. Wie im Unterschwellenbereich beginnt die Bindefrist mit dem **Ablauf der Angebotsfrist.** Die Regelung in § 10a EU Abs. 9 VOB/A ist wortgleich mit § 10 Abs. 5 VOB/A. 121

c) Ende. Die Bindefrist endet mit Ablauf des vom Auftraggeber **angegebenen Zeitpunktes.** Verlängerungsmöglichkeiten – auch nach Ablauf der Bindefrist – sind in → Rn. 40 dargestellt. 122

III. Nicht offenes Verfahren

Das nicht offene Verfahren sieht immer einen **Teilnahmewettbewerb** vor. Für diesen ist eine Bewerbungsfrist festzulegen. Bei der Angebotsfrist ist demgegenüber zu berücksichtigen, dass alle mit der Bewerbung und dem Eignungsnachweis zusammenhängenden Prozesse bereits abgeschlossen sind und dass an alle Bewerber die Unterlagen am gleichen Tag versandt werden. 123

1. Bewerbungsfrist

a) Bemessung und Beginn. In § 10b EU Abs. 1 VOB/A ist die Dauer der Bewerbungsfrist auf mindestens 30 Kalendertage festgesetzt. Die Bewerbungsfrist ist ab **dem Tag nach Absendung der Bekanntmachung** zu rechnen oder, wenn der Auftraggeber die Vorinformation in Anwendung von § 12 EU Abs. 2 VOB/A als Aufruf zum Wettbewerb nutzt, der Aufforderung zur **Interessensbestätigung.** Der Zeitpunkt der Absendung ist demgemäß zu dokumentieren. 124

b) Verkürzungsmöglichkeit bei Dringlichkeit. Nach § 10b EU Abs. 5 Nr. 1 VOB/A darf der Auftraggeber die Bewerbungsfrist aus Gründen der Dringlichkeit **auf mindestens 15 Kalendertage** verkürzen. Diese 15 Kalendertage sind dabei als unterste Grenze der Verkürzung zu beachten. 125

Ob und inwieweit eine Dringlichkeit vorliegt, die dem Auftraggeber eine Verkürzung erlaubt, richtet sich nach den Gegebenheiten des Einzelfalles. Wichtig ist dabei, dass hier eine Dringlichkeit und nicht eine besondere Dringlichkeit zu fordern ist. Hier kommt es für die Beurteilung der Dringlichkeit auf rein sachliche Gründe an, die eine eilige Vergabe notwendig machen, und zwar allein deswegen, weil die eilige Ausführung erforderlich ist. Dabei stellt die Vorschrift eine Ausnahmeregelung dar, so dass zum einen die Möglichkeit eng auszulegen ist und zum anderen der Auftraggeber für das Vorliegen der Voraussetzungen in einem Nachprüfungsverfahren darlegungspflichtig ist. 126

Eine Verkürzung aus anderen Gründen sieht die VOB/A nicht vor. Kann der Auftraggeber diese Frist nicht einhalten, ist die Durchführung eines Verhandlungsverfahrens ohne öffentlichen Teilnahmewettbewerb nach §§ 3 EU Nr. 3, 3a EU Abs. 3 VOB/A zu prüfen. 127

2. Angebotsfrist

a) Bemessung. Die Angebotsfrist kann wegen des durchgeführten Bewerbungs- und Auswahlverfahrens kürzer ausfallen als bei offenen Verfahren. Nach § 10b EU Abs. 2 VOB/A beträgt die Angebotsfrist **mindestens 30 Kalendertage.** Dies ist als **Mindestfrist** zu verstehen. 128

Die Frist ist **ab der Absendung der Aufforderung zur Angebotsabgabe** durch den Auftraggeber zu rechnen, sie beginnt am Tag nach der Absendung. 129

Die Regel-Angebotsfrist nach § 10b EU Abs. 2 VOB/A kann um fünf Kalendertage gekürzt werden, wenn der Auftraggeber **die elektronische Übermittlung der Angebote** nach § 11 EU Abs. 4 VOB/A akzeptiert. 130

Nach § 10b EU Abs. 3 VOB/A kann die Angebotsfrist **auf 10 Kalendertage** verkürzt werden, wenn der Auftraggeber eine **Vorinformation** iSv § 12 EU Abs. 1 Nr. 3 VOB/A 131 versandt hatte. Angesichts dieser sehr kurzen Frist ist besonders an die Vorgabe des § 10 EU Abs. 1 VOB/A mit der Forderung nach angemessenen Fristen zu erinnern. Diese Möglichkeit der Fristverkürzung gilt nur für die Regel-Angebotsfrist nach § 10b EU Abs. 2 VOB/A. Zu den Anforderungen an die Vorinformation gilt das oben Gesagte.

132 § 10b EU Abs. 5 Nr. 2 VOB/A bestimmt, dass aus Gründen der **Dringlichkeit** die Angebotsfrist auf mindestens 10 Kalendertage verkürzt werden kann. Auch diese Abkürzung der Angebotsfrist muss eine seltene Ausnahme sein. Für eine solche Verkürzung müssen ganz besondere Gründe der Dringlichkeit vorliegen, wie zB eine Baumaßnahme, deren schnellstmögliche Erledigung im Allgemeininteresse liegt und die derart dringend ist, dass sie keinen Aufschub duldet. Der Auftraggeber ist in der vollen Darlegungslast dafür, dass diese Voraussetzungen vorliegen. Hinsichtlich der Dringlichkeit kann im Übrigen auf das in → Rn. 77 Dargestellte verwiesen werden.

133 Die in § 20 Abs. 2 VgV vorgesehene Verlängerung der Angebotsfrist, wenn Angebote nur nach einer **Ortsbesichtigung** oder **Einsicht in nicht übersandte Unterlagen** erstellt werden können, findet sich in allgemeiner Form ohne Vorgabe einer festen Frist in § 10 EU Abs. 2 VOB/A.

134 Die Pflicht zur Verlängerung wegen verspäteter Übersendung oder verspäteter Auskunft und Änderungen der Vergabeunterlagen findet sich in § 10b EU Abs. 6 VOB/A und entspricht der Regelung in § 20 Abs. 3 VgV, vgl. → Rn. 33 f.

135 Die Vorschriften des § 41 Abs. 2, 3 VgV, vgl. → Rn. 37 ff. betreffend die **Verlängerung im Zusammenhang mit Bereitstellung der Vergabeunterlagen** sind für das nicht offene Verfahren in § 11b EU Abs. 2, 3 VOB/A umgesetzt.

136 **b) Vergleich zu VgV.** Nicht in der VOB/A zu finden ist die Möglichkeit einer **gemeinsamen Festlegung der Angebotsfrist,** vgl. § 16 Abs. 6 VgV. Dies mag beeinflusst sein von Zweifeln an der Praktikabilität dieser Vorschrift (und insbesondere dem Potential an Beschleunigung). § 16 Abs. 6 VgV beruht auf der nur optional umzusetzenden Vorschrift des Art. 28 Abs. 4 RL 2014/24/EU.

3. Bindefrist

137 Die Regelungen zur Bindefrist sind in § 10b EU Abs. 8 VOB/A wortgleich mit denen bei offenen Verfahren, daher kann insoweit auf die obige Darstellung in → Rn. 118 ff. verwiesen werden.

IV. Verhandlungsverfahren

1. Verhandlungsverfahren mit Teilnahmewettbewerb

138 Eng angelehnt an die Vorgaben der RL 2014/24/EU enthält die VOB/A-EU für Verhandlungsverfahren nur wenige Vorgaben hinsichtlich der Fristen.

139 Bei Verhandlungsverfahren mit Teilnahmewettbewerb iSd § 3a EU Abs. 2 VOB/A legt § 10c EU Abs. 1 VOB/A fest, dass die allgemeinen Regeln zur Fristfestsetzung nach § 10 EU VOB/A und die Vorgaben für das nicht offene Verfahren in § 10b EU VOB/A entsprechend anzuwenden sind. Auch die Regelungen zur Bestimmung der Teilnahmefrist, der Angebotsfrist und der Bindefrist sind entsprechend anzuwenden.

140 Dabei ist den **Besonderheiten des Verhandlungsverfahrens** Rechnung zu tragen. So ist etwa bei den Verhandlungsrunden zu berücksichtigen, in welchem Umfang die Angebote geändert werden müssen, bei geringfügigen Änderungen sind entsprechend kurze Fristen auch unterhalb der nach § 10b EU VOB/A zu beachtenden Mindestfristen möglich, sofern dies den interessierten Unternehmen eine ausreichende Bearbeitungszeit bietet.

2. Verhandlungsverfahren ohne Teilnahmewettbewerb

Für das Verhandlungsverfahren ohne öffentliche Bekanntmachung iSd § 3 EU Nr. 3 VOB/A sieht die VOB/A noch weniger Regelungen vor. 141

Allerdings weicht die VOB/A in einem Punkt von der RL 2014/25/EU ab und enthält eine dort nicht vorgesehene Frist. Nach § 10c EU Abs. 2 VOB/A ist bei einem Verhandlungsverfahren ohne Teilnahmewettbewerb auch bei Dringlichkeit eine **ausreichende Angebotsfrist** vorzusehen, wobei diese Angebotsfrist 10 Kalendertage nicht unterschreiten darf. Besonders wird auf die Berücksichtigung eines zusätzlichen Aufwandes für Baustellenbesichtigungen oder die Beschaffung von Unterlagen für die Angebotserstellung hingewiesen. 142

Ausnahmen von dieser Mindestfrist müssen jedoch möglich sein, insbesondere für dringliche Maßnahmen im Sinne des § 3a EU Abs. 3 Nr. 4 VOB/A. Dieser erlaubt ein Verhandlungsverfahren ohne Teilnahmewettbewerb in Fällen wie **Notmaßnahmen** zur Abstützung von brechenden Dämmen, einsturzgefährdeten Gebäuden oder bei der Errichtung von Notkrankenhäusern im Pandemie-Fall (vgl. dazu oben auch → Rn. 76) etc. Diese Fallgestaltungen lassen auch eine auf 10 Tage verkürzte Angebotsfrist nicht zu. Natürlich müssen sich die beauftragten Leistungen auf das unbedingt und dringend Erforderliche beschränken. Der Auftraggeber trägt die Nachweislast für das Vorliegen eines solchen Ausnahmefalls. 143

Weiterhin sind § 10b EU Abs. 7 bis 9 VOB/A entsprechend anzuwenden, also die Bestimmungen zur Rücknahme von Angeboten und zur Bemessung der Angebotsfrist. 144

V. Wettbewerblicher Dialog und Innovationspartnerschaft

Auch für den wettbewerblichen Dialog und die Innovationspartnerschaft wurden die europarechtlichen Vorgaben noch einmal reduziert. Nach § 10d EU S. 1 VOB/A beträgt die Teilnahmefrist mindestens 30 Kalendertage, gerechnet vom Tag nach Absendung der Auftragsbekanntmachung. Nach § 10d EU S. 2 VOB/A sind die Regelungen zu **Beginn und Dauer der Bindefrist** sowie der Bindung der Bieter an ihr Angebot in § 10b EU Abs. 7 bis 9 VOB/A entsprechend anzuwenden. 145

Es wird daher auf die Darstellung zum nicht offenen Verfahren unter → Rn. 73 ff. verwiesen. 146

Für die Angebotsfrist und die verschiedenen Runden des Dialogs sieht die VOB/A-EU keine Vorgaben vor. Hier gilt der allgemeine Grundsatz, dass diese **angemessen** sein müssen und den interessierten Unternehmen eine ausreichende Bearbeitungszeit bieten müssen. Dies sollte der Auftraggeber auch aus dem eigenen Interesse an einem verzerrungsfreien und spekulationsfreien Wettbewerb beachten.[17] 147

VI. Dynamisches Beschaffungssystem

§ 4b EU Abs. 1 VOB/A verweist auf die §§ 22 bis 24 VgV und die darin enthaltenen Vorgaben für Fristen, vgl. → Rn. 137. 148

VII. Elektronische Auktion und elektronische Kataloge

Diese Verfahren sind in der VOB/A-EU nicht eigenständig geregelt. Für elektronische Kataloge verweist § 4b EU Abs. 3 S. 2 VOB/A ausdrücklich auf die Anwendung des § 27 VgV, der jedoch für Fristen keine Vorgaben enthält, für die elektronische Auktion verweist § 4b EU Abs. 2 VOB/A auf §§ 25, 26 VgV, vgl. → Rn. 87. 149

---

[17] Zur Angemessenheit von Fristen allg. → Rn. 18a ff.

F. KonzVgV

150 Bei der Vergabe von Konzessionen haben die Konzessionsgeber große Freiheiten. So gibt es keinen abgeschlossenen Katalog von Vergabeverfahren, sondern die Konzessionsgeber können selber den Verfahrensablauf festlegen.

151 Wichtige **Leitlinien** und zugleich Schranken für die Ausgestaltung der Vergabeverfahren sind die Verfahrensgarantien in § 13 KonzVgV. Außerdem sind natürlich die **Grundsätze des Vergaberechts** zu beachten, also insbesondere Gleichbehandlung der Bieter, Transparenz des Verfahrens und Wahrung der Bieterrechte.

Tabelle 3

Fristen in der KonzVgV		
Frist für Eingang Teilnahmeanträge – auch mit Angeboten		
Mindestfrist	30 Tage	§ 27 Abs. 3 KonzVgV
Frist für Eingang von Erstangeboten		
Mindestfrist	22 Tage	§ 27 Abs. 4 Satz 1 KonzVgV
Elektronische Übermittlung akzeptiert	Um 5 Tage	§ 27 Abs. 4 Satz 2 KonzVgV

I. Zeitplan

152 Nach § 13 Abs. 3 S. 1 KonzVgV übermittelt der Konzessionsgeber den Teilnehmern an einem Vergabeverfahren einen **Organisations- und Zeitplan** des Vergabeverfahrens einschließlich eines unverbindlichen Schlusstermins. Nach § 13 Abs. 3 S. 2 KonzVgV ist der Konzessionsgeber verpflichtet, sämtliche Änderungen allen Teilnehmern mitzuteilen.

II. Fristbemessung

153 § 27 Abs. 1 KonzVgV verpflichtet den Konzessionsgeber, bei der Festsetzung von Fristen **insbesondere** die Komplexität der Konzession und die Zeit, die für die Einreichung der Teilnahmeanträge und für die Ausarbeitung der Angebote erforderlich ist, zu berücksichtigen. Dies entspricht weitgehend der Formulierung des § 20 VgV, lediglich der dort in Abs. 1 und der Überschrift zu findende Begriff der Angemessenheit wird in § 27 KonzVgV nicht wiederholt. Die Grundsätze für die Fristbemessung sind jedoch die gleichen wie bei § 20 VgV.

154 In § 27 Abs. 2 KonzVgV wird der Konzessionsgeber aufgefordert, insbesondere dann auf **„ausreichend lange Fristen"** zu achten, wenn eine Ortsbesichtigung oder eine persönliche Einsichtnahme in nicht übermittelte Anlagen zu den Vergabeunterlagen vor Ort erforderlich ist.

155 Als **Mindestfrist** für den Eingang von Teilnahmeanträgen setzt § 27 Abs. 3 KonzVgV 30 Tage fest. Diese Frist soll unabhängig davon, ob mit dem Teilnahmeantrag bereits ein Angebot vorzulegen ist, gelten.

156 Die Mindestfrist für den Eingang von **Erstangeboten** beträgt nach § 27 Abs. 4 S. 1 KonzVgV 22 Tage, gerechnet ab dem Tag nach der Aufforderung zur Angebotsabgabe.

157 Eine Verkürzung der Frist für den Eingang von Erstangeboten um 5 Tage sieht § 27 Abs. 3 S. 2 KonzVgV für den Fall vor, dass die Angebote **mit elektronischen Mitteln** eingereicht werden können.

158 Kann für die Vergabeunterlagen aufgrund hinreichend begründeter Umstände aus außergewöhnlichen Sicherheitsgründen oder technischen Gründen oder aufgrund der besonderen Sensibilität von Handelsinformationen, die eines sehr hohen Datenschutzniveaus

bedürfen, ein unentgeltlicher, uneingeschränkter und vollständiger elektronischer Zugang **nicht** angeboten werden, ist nach § 17 Abs. 2 KonzVgV die Angebotsfrist zu verlängern.

§ 31 Abs. 2 KonzVgV spricht unter der Überschrift „Zuschlagskriterien" den Fall an, dass ein Angebot eine innovative Lösung mit außergewöhnlich hoher funktioneller Leistungsfähigkeit, die der Konzessionsgeber nicht vorhersehen konnte, enthält **und** der Auftraggeber beabsichtigt, die Reihenfolge der Zuschlagskriterien zu ändern. Nach § 31 Abs. 2 S. 2 muss der Konzessionsgeber die Bieter in diesem Fall über die geänderte Reihenfolge der Zuschlagskriterien unterrichten und unter Wahrung der 22-tägigen Mindestfrist nach § 27 Abs. 4 S. 1 KonzVgV eine neue Aufforderung zur Angebotsabgabe veröffentlichen. 159

G. Fristen im Sektorenbereich

I. Europarechtliche Grundlagen

Grundlage der deutschen Regelungen ist weitestgehend die RL **2014/25/EU.** Bereits in den am 7.1.2015 vom Bundeskabinett beschlossenen Eckpunkten findet sich der Grundsatz, das EU-Recht „eins zu eins" in deutsches Recht umzusetzen. 160

II. Vorgaben der SektVO

Tabelle 4 160a

Fristen in der SektVO		
	Offenes Verfahren	
Angebotsfrist		
Mindestfrist	35 Tage	§ 14 Abs. 2 SektVO
Verlängerung im Zusammenhang mit Bereitstellung der Vergabeunterlagen	Um 5 Tage	§ 41 Abs. 3, 4 SektVO
Elektronische Übermittlung akzeptiert	30 Tage	§ 14 Abs. 4 SektVO
Regelmäßige nichtverbindliche Bekanntmachung	15 Tage	§ 36 Abs. 3 SektVO
Dringlichkeit	15 Tage	§ 14 Abs. 3 SektVO
	nicht offenes Verfahren/ Verhandlungsverfahren mit Teilnahmewettbewerb	
Teilnahmefristen		
Mindestfrist	30 Tage, Untergrenze 15 Tage	§ 15 Abs. 2 Satz 1 SektVO
Frist für Eingang der Interessensbestätigung	30 Tage	§ 36 Abs. 5 SektVO
Angebotsfristen		
Bei einvernehmlicher Festlegung Mindestfrist	10 Tage	§ 15 Abs. 3 Satz 3 SektVO
	Wettbewerblicher Dialog	

Fristen in der SektVO		
Frist für den Eingang der Teilnahmeanträge	30 Tage, Untergrenze 15 Tage	§ 17 Abs. 3 SektVO
	Innovationspartnerschaft	
Frist für den Eingang der Teilnahmeanträge	30 Tage, Untergrenze 15 Tage	§ 18 Abs. 3 SektVO
	Dynamisches Beschaffungssystem	
Frist für den Eingang der Teilnahmeanträge	30 Tage	§ 22 Abs. 2 SektVO
Angebotsfrist	10 Tage	§ 22 Abs. 4 SektVO
	Elektronische Auktion	
Beginn	2 Arbeitstage	§ 24 Abs. 3 SektVO

1. Grundsatz

161 In der aktuellen Fassung der SektVO werden die Fristen im Zusammenhang mit den sonstigen Vorgaben für das jeweilige Verfahren geregelt, wobei § 16 SektVO allgemeine Grundsätze für die Fristfestlegung vorsieht.

162 **a) Bedeutung des § 16 SektVO. Allgemeine Grundsätze für die Fristfestlegung** finden sich in § 16 SektVO. Diese Vorschrift steht zwischen den Vorschriften für das offene Verfahren in § 14 SektVO sowie das nicht offene Verfahren und das Verhandlungsverfahren mit vorherigem Teilnahmewettbewerb in § 15 SektVO auf der einen Seite und den Regelungen zum wettbewerblichen Dialog in § 17 SektVO und zur Innovationspartnerschaft in § 18 SektVO auf der anderen Seite. Dies könnte systematisch dafür sprechen, dass § 16 SektVO nur für einen der beiden Blöcke gilt. Dies würde jedoch dem allgemeinen Grundsatz der fairen und transparenten Verfahrensgestaltung widersprechen, der für alle Verfahren gilt. Auch in der Begründung zu § 16 VgV heißt es ausdrücklich, dass „Alle bei den Verfahrensarten geregelten Fristen" Mindestfristen sind, also ohne Einschränkung auf bestimmte Verfahrensarten. Hierfür spricht auch, dass die europarechtliche Grundlage des § 16 SektVO, Art. 66 RL 2014/25/EU, ausdrücklich durch Verweis auf Art. 45 bis 49 RL 2014/25/EU alle genannten Verfahren erfasst, bis auf das dynamische Beschaffungssystem. Allerdings sind nach Art. 52 RL 2014/25/EU und § 22 Abs. 1 SektVO die jeweiligen Regelungen zum offenen Verfahren zu beachten, bis auf die jeweils ausdrücklich vorgesehenen Abweichungen. Dies spricht dafür, dass auch für das dynamische Beschaffungssystem die gleichen Verfahrensgrundsätze gelten. Daher wird nachfolgend davon ausgegangen, dass § 16 SektVO ungeachtet seines Standortes **für alle in der SektVO vorgegebenen Verfahrensarten** gilt.

163 **b) Grundsätzliche Regelungen des § 16 SektVO.** Nach der weitgehend mit § 20 Abs. 1 VgV wortgleichen Regelung des § 16 Abs. 1 SektVO sind – auch wenn der Begriff dort nicht verwendet wird – **angemessene Fristen** unter Berücksichtigung der Komplexität der Leistung und der für die Ausarbeitung der Angebote erforderlichen Zeit festzusetzen. Dieser Grundsatz der angemessenen Fristbemessung wird in der SektVO an einigen Stellen noch zusätzlich angesprochen: in § 7 Abs. 2 SektVO bei dem Ausgleich von Vorteilen eines vorbefassten Unternehmens, wo die Festlegung angemessener Fristen für den Eingang der Angebote und Teilnahmeanträge verlangt wird oder in § 51 Abs. 4 SektVO bei der für die Nachforderung zu setzenden, angemessenen Frist.

Besonders wird in § 16 Abs. 2 SektVO angesprochen, dass die Notwendigkeit einer **Ortsbesichtigung** oder einer **Einsichtnahme** in Unterlagen bei der Mindestangebotsfrist zu berücksichtigen ist. 164

Eine Verlängerung der Angebotsfristen sieht § 16 Abs. 3 SektVO vor, wenn **zusätzliche Informationen** trotz rechtzeitiger Anforderung durch ein Unternehmen nicht spätestens sechs Tage vor Ablauf der Angebotsfrist zur Verfügung gestellt werden, in Fällen **hinreichend begründeter Dringlichkeit** nach § 14 Abs. 3 SektVO nicht spätestens vier Tage vor Ablauf der Angebotsfrist. Eine Verlängerung der Angebotsfristen muss auch erfolgen, wenn der Auftraggeber wesentliche Änderungen an den Vergabeunterlagen vornimmt§ 16 Abs. 3 Nr. 2 SektVO. Dies kann unterbleiben, wenn die Information oder Änderung nicht rechtzeitig angefordert wurde oder sie nur unerhebliche Bedeutung für die Erstellung des Angebotes hat. 165

2. Offene Verfahren

a) Angebotsfrist. Die Angebotsfrist soll nach § 14 Abs. 2 SektVO **mindestens 35 Kalendertage** betragen. Diese gegenüber der früheren Mindestfrist von 52 Kalendertagen § 17 Abs. 2 SektVO aF deutlich verkürzte Mindestfrist dürfte nur in Ausnahmefällen angemessen sein, um ein Angebot zu erstellen. 166

Diese Angebotsfrist kann der Auftraggeber um fünf Tage verkürzen, wenn er die **elektronische Übermittlung der Angebote** akzeptiert, § 14 Abs. 3 SektVO. 167

Macht eine hinreichend begründete **Dringlichkeit** die Einhaltung der Frist nach § 14 Abs. 2 SektVO nicht möglich, kann der Sektorenauftraggeber eine Frist von mindestens 15 Tagen festlegen. 168

Bei Bekanntmachung einer **regelmäßigen nicht verbindlichen Bekanntmachung** kann der Auftraggeber unter den Voraussetzungen des § 36 Abs. 3 SektVO die Angebotsfrist auf 15 Tage verkürzen. 169

Die Vorgaben für die Verlängerung von Fristen in § 16 Abs. 2, 3 SektVO sind zu beachten. 170

Kann der Auftraggeber die **Vergabeunterlagen** nur auf anderem Weg (§ 41 Abs. 3 SektVO) oder zum **Schutz der Vertraulichkeit von Informationen** (§ 41 Abs. 4 SektVO) nur eingeschränkt zur Verfügung stellen, ist die Angebotsfrist des § 14 Abs. 2 SektVO um fünf Tage zu verlängern, es sei denn, die Maßnahme zum Schutz der Vertraulichkeit besteht ausschließlich in der Abgabe einer Verschwiegenheitserklärung, es liegt ein Fall hinreichend begründeter Dringlichkeit gemäß § 14 Abs. 3 SektVO vor oder die Frist wurde gemäß § 15 Abs. 3 SektVO im gegenseitigen Einvernehmen festgelegt. 171

b) Bindefrist. Zur Bindefrist enthält die SektVO **keine Vorgaben,** auch nicht in Form eines Grundsatzes, da sich § 16 Abs. 1 SektVO von seinem Wortlaut her nur auf die Angebots- und die Bewerbungsfrist bezieht. Ein fair agierender Auftraggeber wird jedoch insofern von einer übermäßigen Bindung der Bieter Abstand nehmen. Es steht ihm jedoch frei, sowohl interne Vorgänge als auch die Zeit eines Nachprüfungsverfahrens zu berücksichtigen. 172

3. Nicht offene Verfahren und Verhandlungsverfahren mit vorherigem Teilnahmewettbewerb

a) Bewerbungsfrist. Nach § 15 Abs. 2 S. 1 SektVO beträgt die Bewerbungsfrist bei nicht offenen **Verfahren und Verhandlungsverfahren mit vorherigem Teilnahmewettbewerb mindestens 30 Kalendertage,** gerechnet ab dem Tag nach der Absendung der Auftragsbekanntmachung oder im Falle einer regelmäßigen nicht verbindlichen Bekanntmachung nach § 36 Abs. 4 SektVO nach der Absendung der Aufforderung zur Interessensbestätigung (§ 36 Abs. 5 S. 3 SektVO). Als absolute Unterfrist setzt § 15 Abs. 2 S. 2 SektVO eine Frist von 15 Tagen fest. 173

174 Hat der Auftraggeber von der Möglichkeit des § 36 Abs. 4 SektVO Gebrauch gemacht, nach Veröffentlichung einer **regelmäßigen nicht verbindlichen Bekanntmachung** auf eine Auftragsbekanntmachung zu verzichten, fordert der Auftraggeber alle Unternehmen, die auf die Veröffentlichung dieser regelmäßigen nicht verbindlichen Bekanntmachung hin eine Interessensbekundung übermittelt haben, zur Bestätigung ihres Interesses an einer weiteren Teilnahme auf **(Aufforderung zur Interessensbestätigung).** Die Frist für den Eingang der Interessensbestätigung beträgt 30 Tage, gerechnet ab dem Tag nach der Absendung der Aufforderung zur Interessensbestätigung.

175 **b) Angebotsfrist.** Für die Angebotsfrist enthält § 15 Abs. 3 S. 3 SektVO die Vorgabe, dass **sie mindestens 10 Kalendertage** beträgt, falls nicht einvernehmlich zwischen dem Auftraggeber und den ausgewählten Bewerbern eine andere Frist festgelegt wurde. Auf die Pflicht zur Festsetzung angemessener Fristen nach § 16 Abs. 1 SektVO ist an dieser Stelle natürlich hinzuweisen.

176 Es erscheint eher unwahrscheinlich, dass es einem Auftraggeber gelingt, eine kürzere Frist als 10 Kalendertage mit den ausgewählten Bewerbern zu vereinbaren, da alle Bewerber der Fristfestlegung zustimmen müssen und allein der Prozess der Fristvereinbarung ebenfalls Zeit benötigt.

177 **c) Bindefrist.** Vorgaben für die Bemessung der Bindefrist enthält die SektVO nicht. Es gilt jedoch die allgemeine Vorgabe, dass Auftraggeber die **Angemessenheit** einer Fristsetzung prüfen müssen.

4. Verhandlungsverfahren ohne Teilnahmewettbewerb

178 Vorgaben für die in Verhandlungsverfahren ohne Teilnahmewettbewerb zu beachtenden Fristen enthält die SektVO nicht. Es sind die Grundsätze des Vergaberechts zu beachten, die im Zweifel auch die Festsetzung **angemessener Fristen** umfassen; zu den Anforderungen für Beschaffungen zur Eindämmung der Corona-Pandemie vgl. auch → Rn. 76.

5. Wettbewerblicher Dialog

179 In § 17 SektVO findet sich in § 17 Abs. 3 SektVO die Vorgabe, dass die Frist für den Eingang der **Teilnahmeanträge** mindestens 30 Tage betragen muss und dass sie auf keinen Fall weniger als 15 Tage betragen darf.

180 Darüber hinaus sieht die SektVO keine festen zeitlichen Vorgaben vor. Es sind daher – auch bei der Bewerbungsfrist – die Regelungen des § 16 SektVO zu beachten.

6. Innovationspartnerschaft

181 In § 18 SektVO findet sich in § 18 Abs. 3 SektVO die Vorgabe, dass die Frist für den Eingang der **Teilnahmeanträge** mindestens 30 Tage betragen muss und dass sie auf keinen Fall weniger als 15 Tage betragen darf.

182 Darüber hinaus sieht die SektVO keine festen zeitlichen Vorgaben vor. Es sind daher – auch bei der Bewerbungsfrist – die Regelungen des § 16 SektVO zu beachten.

7. Dynamisches Beschaffungssystem

183 In § 22 Abs. 2 S. 1 SektVO ist vorgesehen, dass die Frist für den **Eingang der Teilnahmeanträge** mindestens 30 Tage betragen muss, gerechnet ab dem Tag nach der Absendung der Auftragsbekanntmachung oder im Falle einer regelmäßigen nicht verbindlichen Bekanntmachung nach § 36 Abs. 4 SektVO nach der Absendung der Aufforderung zur Interessensbestätigung. Wurde die Aufforderung zur Angebotsabgabe für die erste einzelne Auftragsvergabe im Rahmen eines dynamischen Beschaffungssystems abgesandt, gelten

nach § 22 Abs. 2 S. 2 SektVO keine weiteren Fristen für den Eingang der Teilnahmeanträge.

Nach § 22 Abs. 4 S. 1 SektVO beträgt die **Angebotsfrist** mindestens 10 Tage. In § 22 Abs. 4 S. 2 SektVO wird durch Verweis auf § 15 Abs. 3 SektVO die Möglichkeit eröffnet, wie bei nicht offenen Verfahren und Verhandlungsverfahren mit vorherigem Teilnahmewettbewerb mit den ausgewählten Bewerbern gemeinsam die Angebotsfrist festzusetzen. **184**

8. Elektronische Auktion

Für die elektronische Auktion enthält die SektVO als einzige Fristvorgabe in § 24 Abs. 4 VgV, dass sie frühestens zwei Arbeitstage nach der Versendung der Aufforderung zur Teilnahme gemäß § 24 Abs. 3 SektVO **beginnen** darf. **185**

Im Hinblick auf die allgemeinen Grundsätze des Vergaberechts ist auch bei diesem Verfahren den beteiligten Unternehmen eine angemessene Möglichkeit der Beteiligung zu verschaffen, dies ist bei der Festsetzung des Verfahrensablaufs und der dabei zu berücksichtigenden Fristen zu beachten. **186**

9. Elektronische Kataloge

Für elektronische Kataloge enthält die SektVO keine festen Fristvorgaben. Im Hinblick auf die **allgemeinen Grundsätze des Vergaberechts** ist auch bei diesem Verfahren den beteiligten Unternehmen eine angemessene Möglichkeit der Beteiligung zu verschaffen, dies ist bei der Festsetzung des Verfahrensablaufs und der dabei zu berücksichtigenden Fristen zu beachten. **187**

H. Fristen im Verteidigungs- und Sicherheitsbereich

Tabelle 5 **187a**

Fristen im Bereich VS		
	nicht offenes Verfahren	
Teilnahmefristen		
Mindestfrist	37 Tage	§ 20 Abs. 1 VSVgV, § 10b VS Abs. 1 VOB/A
Verkürzung bei elektronischer Bekanntmachung	Um 7 Tage	§ 20 Abs. 4 VSVgV, § 10b VS Abs. 2 VOB/A
Dringlichkeit	15 Tage	§ 20 Abs. 2 VSVgV, § 10b VS Abs. 6 VOB/A
Dringlichkeit und elektronische Übermittlung	10 Tage	§ 20 Abs. 2 VSVgV, § 10b VS Abs. 6 VOB/A
Angebotsfristen		
Mindestfrist	40 Tage	§ 20 Abs. 3 VSVgV, § 10b VS Abs. 3 VOB/A
Bei Vorinformation	36 Tage, mindestens 22 Tage	§ 20 Abs. 3 VSVgV, § 10b VS Abs. 4 VOB/A
Bei elektronische Kommunikation Verkürzung der Mindestfrist	Um 5 Tage	§ 20 Abs. 4 VSVgV, § 10b VS Abs. 5 VOB/A

Fristen im Bereich VS		
Dringlichkeit – Mindestfrist	10 Tage	§ 20 Abs. 3 VSVgV,, § 10b VS Abs. 6 VOB/A
	Bindefrist	
Regelfrist	30 Tage	§ 10b VS Abs. 8 VOB/A
	Verhandlungsverfahren mit Teilnahmewettbewerb	
Teilnahmefristen		
Mindestfrist	37 Tage	§ 20 Abs. 1 VSVgV, § 10c VS Abs. 1 VOB/A
Verkürzung bei elektronischer Bekanntmachung	Um 7 Tage	§ 20 Abs. 4 VSVgV, § 10c VS Abs. 1 VOB/A
Dringlichkeit	15 Tage	§ 20 Abs. 2 VSVgV, § 10c VS Abs. 1 VOB/A
Dringlichkeit und elektronische Übermittlung	10 Tage	§ 20 Abs. 2 VSVgV, § 10c VS Abs. 1 VOB/A
	Bindefrist	
Regelfrist	30 Tage	§ 10c VS Abs. 1 VOB/A
	Verhandlungsverfahren ohne Teilnahmewett-bewerb	
Angebotsfrist		
Mindestfrist	10 Tage	§ 10c EU Abs. 2 VOB/A
	Wettbewerblicher Dialog	
Mindestfrist	37 Tage	§ 20 Abs. 1 VSVgV, § 10d VS VOB/A
Verkürzung bei elektronischer Bekanntmachung	Um 7 Tage	§ 20 Abs. 4 VSVgV, § 10d VS VOB/A
	Bindefrist	
Regelfrist	30 Tage	§ 10d VS VOB/A

I. VSVgV

188 Europarechtliche Grundlage der VSVgV und der VOB/A-VS ist die Richtlinie 2009/81/EG des europäischen Parlaments und des Rates vom 13.7.2009 über die Koordinierung der Verfahren zur Vergabe bestimmter Bau-, Liefer- und Dienstleistungsaufträge in den Bereichen Verteidigung und Sicherheit und zur Änderung der Richtlinien 2004/17/EG und 2004/18/EG (nachfolgend RL 2009/81/EG).

189 Dort finden sich in Art. 33 RL 2009/81/EG Vorgaben zu den vom Auftraggeber zu beachtenden Fristen. Diese ähneln in weiten Teilen den in der RL 2014/24/EU und der RL 2014/25/EU enthaltenen Regelungen.

Als **Regelverfahren** sieht die VSVgV nicht offene Verfahren oder Verhandlungsverfahren mit Teilnahmewettbewerb vor. In begründeten Ausnahmefällen sind ein Verhandlungsverfahren ohne Teilnahmewettbewerb oder ein wettbewerblicher Dialog zulässig. 190

Generell gilt für alle in der VSVgV genannten Fristen, bei denen für den Fristbeginn auf eine Handlung abgestellt wird, dass wie in → Rn. 9f. ausführlich dargestellt, die Frist nach der **FristenVO** erst ab dem auf die Handlung folgenden Tag berechnet wird, insoweit **abweichend vom Wortlaut** der VSVgV. 191

1. Grundsatz

Nach § 20 Abs. 1 VSVgV berücksichtigen die Auftraggeber bei der Festsetzung der Fristen für den Eingang der Angebote und der Anträge auf Teilnahme unbeschadet der weiteren in § 20 VSVgV festgelegten Mindestfristen **insbesondere** die Komplexität des Auftrags und die Zeit, die für die Ausarbeitung der Angebote erforderlich ist. Dies ist praktisch wörtlich aus Art. 33 Abs. 1 RL 2009/81/EG übernommen. Wie auch bei der RL 2014/24/EU und der RL 2014/25/EU bzw. den deutschen Umsetzungsakten sind die in den vergaberechtlichen Vorschriften genannten Fristen auch im Bereich der VSVgV grundsätzlich **Mindestfristen.** Der Auftraggeber muss diese verlängern, um den interessierten Unternehmen angemessene Bearbeitungszeiten zu ermöglichen und damit einen möglichst intensiven Wettbewerb zu ermöglichen. 192

2. Bewerbungsfrist bei nicht offenen Verfahren, im Verhandlungsverfahren mit Teilnahmewettbewerb und im wettbewerblichen Dialog

Die Bewerbungsfrist beträgt für die drei Verfahrensarten nicht offenes Verfahren, Verhandlungsverfahren mit Teilnahmewettbewerb und wettbewerblichen Dialog einheitlich nach § 20 Abs. 1 VSVgV **mindestens 37 Tage.** 193

Diese Frist können Auftraggeber nach § 20 Abs. 4 S. 1 VSVgV um sieben Tage kürzen, wenn sie die Bekanntmachung elektronisch erstellen und übermitteln. 194

In Fällen **besonderer Dringlichkeit** kann bei nicht offenen Verfahren und Verhandlungsverfahren mit Teilnahmewettbewerb diese Frist auf mindestens 15 Tage bzw. mindestens zehn Tage bei elektronischer Übermittlung verkürzt werden. 195

3. Angebotsfrist bei nicht offenen Verfahren

a) Bemessung. Nach § 20 Abs. 3 VSVgV beträgt die Angebotsfrist beim nicht offenen Verfahren **mindestens 40 Tage,** gerechnet vom Tag nach Absendung der Aufforderung zur Angebotsabgabe. 196

Im beschleunigten Verfahren, also Verfahren mit besonderer Dringlichkeit iSd § 20 Abs. 2 VSVgV, beträgt die Frist mindestens zehn Tage, gerechnet vom Tag nach Absendung der Aufforderung zur Angebotsabgabe an. 197

b) Möglichkeit der Fristverkürzung bei Vorinformation. Hat der Auftraggeber eine **Vorinformation** gemäß § 17 VSVgV veröffentlicht, hat er nach § 20 Abs. 3 VSVgV die Möglichkeit, die Angebotsfrist **„in der Regel"** auf 36 Tage ab dem Tag nach der Absendung der Aufforderung zur Angebotsabgabe zu verkürzen, sie darf jedoch keinesfalls weniger als 22 Tage betragen. Voraussetzung ist, dass die Vorinformation alle die im Bekanntmachungsformular geforderten Informationen – soweit diese zum Zeitpunkt der Veröffentlichung der Bekanntmachung vorlagen und soweit sie für das Vergabeverfahren jeweils relevant sind – enthielt und sie spätestens 52 Tage und frühestens zwölf Monate vor dem Tag der Absendung der Bekanntmachung zur Veröffentlichung übermittelt wurde. Der Auftraggeber hat zur Wahrung dieser Verkürzungsmöglichkeit auch die Möglichkeit, die Vorinformation zu wiederholen. Es kommt für die Einhaltung der Fristen auf die zuletzt veröffentliche Vorinformation an. 198

199 **c) Fristverlängerung.** Wenn die Angebote nur nach einer **Ortsbesichtigung** oder Einsichtnahme in nicht übersandte Vergabeunterlagen erstellt werden können oder der Auftraggeber Informationen oder Antworten auf Bieteranfragen nicht innerhalb der Frist des § 20 Abs. 5 VSVgV versenden konnte, ist die Angebotsfrist nach § 20 Abs. 6 VSVgV zu verlängern, und zwar so, dass alle betroffenen Unternehmen von allen Informationen, die für die Erstellung des Angebots notwendig sind, Kenntnis nehmen können.

200 **d) Verkürzung bei elektronischer Kommunikation.** Nach § 20 Abs. 4 S. 2 VSVgV kann ein Auftraggeber die Regel-Angebotsfrist nach § 20 Abs. 2 S. 1 VSVgV um weitere fünf Tage verkürzen, wenn er ab der Veröffentlichung der Bekanntmachung die Vergabeunterlagen und unterstützende Unterlagen **elektronisch, frei, direkt und vollständig verfügbar** macht. Diese Verkürzung kann mit der Verkürzung der Angebotsfrist bei elektronischer Übermittlung der Bekanntmachung kombiniert werden. Hintergrund der Verkürzungsmöglichkeit ist, dass interessierte Unternehmen sich bereits frühzeitig ein Bild von den Anforderungen des Auftraggebers machen können und die Angebotserstellung – auch wenn sie vom Auftraggeber erst noch als Bewerber auszuwählen sind – vorbereiten können. Daher muss der Zugang tatsächlich frei sein, also unabhängig von einer Prüfung des Auftraggebers hinsichtlich Zuverlässigkeit etc. Bei den regelmäßig **sensiblen** Vergaben im Bereich von Verteidigung und Sicherheit dürfte eine allgemein zugängliche Verfügbarkeit jedoch nicht geboten sein, so dass diese Verkürzungsmöglichkeit kaum praktische Anwendung finden dürfte.

4. Verhandlungsverfahren

201 Für Verhandlungsverfahren mit Teilnahmewettbewerb enthält die VSVgV nur die Vorgaben betreffend die **Bewerbungsfrist,** die in → Rn. 193 dargestellt sind. Darüber hinaus sind keine Regelungen vorgesehen, erst recht nicht für Verhandlungsverfahren **ohne Teilnahmewettbewerb.**

5. Auskunftsfrist bei nicht offenen Verfahren und Verhandlungsverfahren

202 Nach § 20 Abs. 5 VSVgV müssen Auftraggeber rechtzeitig angeforderte zusätzliche Informationen über die Vergabeunterlagen, die Beschreibung oder die unterstützenden Unterlagen im Falle des nicht offenen Verfahrens spätestens sechs Tage oder im Falle des infolge Dringlichkeit beschleunigten Verhandlungsverfahrens spätestens vier Tage vor Ablauf der für die Einreichung von Angeboten festgelegten Frist übermitteln.

II. VOB/A-VS

203 Die VOB/A-VS enthält gegenüber der VSVgV mehrere für Bauvorhaben erforderliche spezifische Regelungen. Wesentlicher Unterschied ist zum einen, dass die VOB/A-VS Vorgaben für die **Bindefrist** enthält und zum andern dass die VOB/A-VS wie die VOB/A-EU eine Mindest-Angebotsfrist für **Verhandlungsverfahren ohne Teilnahmewettbewerb** vorsieht.

204 Der Aufbau der §§ 10–10d VS VOB/A entspricht in seiner Grundidee dem der § 10 EU – 10d EU VOB/A. Für jedes Verfahren finden sich zusammengefasst in einem Absatz die dafür geltenden Vorgaben.

205 In § 10 VS VOB/A ist für alle Verfahren vorangestellt, dass längere Fristen als die Mindestfristen festzulegen sind, wenn Angebote nur nach einer **Ortsbesichtigung** oder einer **Einsichtnahme** in nicht übersandte Unterlagen erstellt werden können. Dies dient nach § 10 VS S. 2 VOB/A dazu, dass alle Unternehmen von allen Informationen, die für die Erstellung des Angebotes erforderlich sind, Kenntnis nehmen können.

206 § 10a VS VOB/A ist, da ein **offenes Verfahren** im Bereich der VOB/A-VS nicht vorgesehen ist, freigelassen.

1. Nicht offene Verfahren

a) Bewerbungsfrist. Nach § 10b VS Abs. 1 VOB/A beträgt die Bewerbungsfrist **mindestens 37 Kalendertage.** Diese Frist wird also ausdrücklich als Mindestfrist bezeichnet und sollte daher im Regelfall länger angesetzt werden. 207

Der Auftraggeber kann nach § 10b VS Abs. 2 VOB/A die Bewerbungsfrist um sieben Kalendertage kürzen, wenn er die **Bekanntmachung** auf elektronischem Weg erstellt und übermittelt. 208

Bei Dringlichkeit kann der Auftraggeber die Bewerbungsfrist nach § 10b VS Abs. 6 Nr. 1 VOB/A auf mindestens 15 Kalendertage bzw. – wenn er die Bekanntmachung auf elektronischem Weg erstellt und übermittelt hat – auf mindestens 10 Kalendertage kürzen. Dies steht unter der zusätzlichen Bedingung, dass alle zusätzlichen Unterlagen **auf elektronischem Weg frei** zugänglich, direkt und vollständig zur Verfügung gestellt werden. Bei nicht offenen Verfahren nach der VSVgV wurde oben auf die besondere Problematik dieser Regelung bei geheimhaltungsbedürftigen Unterlagen hingewiesen. 209

b) Angebotsfrist. Für die Angebotsfrist sieht § 10b VS Abs. 3 VOB/A vor, dass sie **mindestens 40 Tage** dauern soll. Angesichts der von der Geltung der VOB/A-VS erfassten Bauvorhaben dürfte diese Mindestfrist tatsächlich nur in wenigen Ausnahmefällen ausreichend sein, um ein Angebot zu erstellen. 210

Gemäß § 10b VS Abs. 4 VOB/A kann nach Veröffentlichung einer **Vorinformation** gemäß § 12 VS Abs. 1 Nr. 3 VOB/A die Angebotsfrist **auf 36 Kalendertage verkürzt** werden, dabei darf sie 22 Kalendertage nicht unterschreiten. Diese Vorinformation muss mindestens 52 Kalendertage, höchstens aber 12 Monate vor Absendung der Bekanntmachung des Auftrages an das Amt für Veröffentlichungen der Europäischen Union abgesandt worden sein. Sie muss mindestens die im Bekanntmachungsmuster einer Bekanntmachung für das nicht offene Verfahren geforderten Angaben enthalten, soweit diese Informationen zum Zeitpunkt der Absendung der Vorinformation vorlagen. 211

Eine weitere Verkürzungsmöglichkeit um 5 Kalendertage bietet § 10b VS Abs. 5 VOB/A dem Auftraggeber, wenn er ab der Veröffentlichung der Bekanntmachung die Vertragsunterlagen und alle zusätzlichen Unterlagen **auf elektronischem Weg frei** zugänglich, direkt und vollständig zur Verfügung stellt. Bei nicht offenen Verfahren nach der VSVgV wurde oben auf die besondere Problematik dieser Regelung bei geheimhaltungsbedürftigen Unterlagen hingewiesen. 212

Bei **Dringlichkeit** kann nach § 10b VS Abs. 6 Nr. 2 VOB/A die Angebotsfrist auf mindestens 10 Kalendertage verkürzt werden. Bei einer solchen kurzen Frist ist der Auftraggeber natürlich gehalten, seinerseits bei Auswahl der Kommunikationswege alle Beschleunigungsmöglichkeiten zu nutzen. 213

Die Regelung, dass die Angebotsfrist zu **verlängern** ist, wenn die Angebote nur nach einer Ortsbesichtigung oder Einsichtnahme in nicht übersandte Unterlagen erstellt werden können, findet sich inhaltlich unverändert in § 10 VS VOB/A. 214

Das **Ende der Angebotsfrist** ist in der VOB/A-VS ausdrücklich geregelt. Wie bei den anderen Abschnitten der VOB/A endet sie nicht mehr mit dem Beginn des Eröffnungstermins, sondern mit Ablauf des kalendarisch zu bestimmenden Endes. 215

c) Bindefrist. Anders als die VSVgV enthält die VOB/A-VS auch Regelungen zur **Bindefrist.** Diese sind fast durchweg identisch mit den Regelungen in der VOB/A-EU. Nach § 10b VS Abs. 8 VOB/A soll die Bindefrist **so kurz wie möglich** und nicht länger bemessen werden, als der Auftraggeber für eine zügige Prüfung und Wertung der Angebote benötigt. Eine längere Bindefrist als 30 Kalendertage soll nur in begründeten Fällen 216 festgelegt werden, wobei diese Frist in der Praxis kaum zu halten sein dürfte und dem Auftraggeber insoweit ein weiter Bestimmungsspielraum zugestanden wird[18].

2. Verhandlungsverfahren

217 **a) Verhandlungsverfahren mit Teilnahmewettbewerb.** Hinsichtlich des Verhandlungsverfahrens mit Teilnahmewettbewerb sieht § 10c VS Abs. 1 VOB/A vor, dass die Regelungen zur **Bewerbungsfrist** in § 10b VS Abs. 1, 2, 6 Nr. 1 VOB/A (Mindestdauer 37 Kalendertage, Verkürzung bei elektronischen Bekanntmachungen um sieben Kalendertage und bei Dringlichkeit) und zur **Bindefrist** in § 10b VS Abs. 8, 9 VOB/A (Beginn und Dauer) entsprechend anzuwenden sind. Nicht mehr in Bezug genommen wird die Regelung in § 10b VS Abs. 7 VOB/A zur Bindung der Bieter. Außerdem verweist § 10c VS Abs. 1 VOB/A, insoweit über die Vorfassung hinausgehend, hinsichtlich der **Angebotsfrist** auch auf § 10 VS VOB/A, nach dem längere Fristen als die Mindestfristen festzulegen sind, wenn Angebote nur nach einer Ortsbesichtigung oder einer Einsichtnahme in nicht übersandte Unterlagen erstellt werden können.

218 **b) Verhandlungsverfahren ohne Teilnahmewettbewerb.** Abweichend von der VSVgV sieht die VOB/A-VS – insoweit wie die VOB/A-EU – eine **Mindest-Angebotsfrist** für Verhandlungsverfahren ohne Teilnahmewettbewerb vor. Diese Frist soll nach § 10c VS Abs. 2 S. 1 VOB/A auch bei Dringlichkeit nicht unter 10 Kalendertagen liegen. Als **Handlungsanweisung** gibt die VOB/A-VS vor, dass insbesondere der zusätzliche Aufwand für die Besichtigung von Baustellen oder die Beschaffung von Unterlagen für die Angebotsbearbeitung zu berücksichtigen ist. Diese Frist gilt nicht bei besonders dringlichen Beschaffungen wie zB zur Eindämmung der Corona-Pandemie, vgl. dazu oben auch → Rn. 76.

219 Außerdem sind die Vorgaben zur **Bindefrist** in § 10 VS Abs. 1 Nr. 10 bis 12 VOB/A (Beginn, Dauer und Bindung der Bieter) entsprechend anzuwenden.

3. Wettbewerblicher Dialog

220 Für Wettbewerbliche Dialoge sieht § 10d VS VOB/A vor, dass die Regelungen zur **Bewerbungsfrist** in § 10b VS Abs. 1, 2 VOB/A (Mindestdauer 37 Kalendertage, Verkürzung bei elektronischen Bekanntmachungen um sieben Kalendertage) und zur **Bindefrist** in § 10b VS Abs. 8, 9 VOB/A (Beginn und Dauer) entsprechend anzuwenden sind. Darüber hinaus enthält die VOB/A-VS insoweit keine weiteren Regelungen. Nicht mehr in Bezug genommen wird die Regelung in § 10b VS Abs. 7 VOB/A zur Bindung der Bieter.

I. VOB/A Abschnitt 1

221 Der **erste Abschnitt der VOB/A** beruht nicht auf europarechtlichen Vorgaben. Die in ihm enthaltenen Regelungen dienen nicht zuletzt der Konkretisierung der Anforderungen einer wirtschaftlichen und geordneten Beschaffung. Anders als im Oberschwellenbereich finden sich jedoch keine detaillierten Vorgaben zu Fristen. Stattdessen wird dem öffentlichen Auftraggeber jedenfalls insoweit **ein weiter Spielraum** gelassen, seine Vergabeverfahren an die zu vergebende Leistung bzw. Art und Umfang der Vergabeunterlagen einerseits und die den Bewerbern zustehende Bearbeitungszeit andererseits anzupassen. Daher sind die Hinweise der VOB/A für die Bemessung der Fristen im ersten Abschnitt sehr allgemein gehalten. Insbesondere der **Grundsatz der Verhältnismäßigkeit** ist jedoch auch bei diesen Vergaben zu beachten.

---

[18] Vgl. → Rn. 119f.

Tabelle 6

Fristen in der VOB/A		
	Öffentliche Ausschreibung	
Angebotsfrist		
Auch bei Dringlichkeit	Nicht unter 10 Tagen	§ 10 Abs. 1 VOB/A
Bindefrist		
Regelfrist	30 Tage	§ 10 Abs. 4 VOB/A
	Beschränkte Ausschreibung	
Auch bei Dringlichkeit	Nicht unter 10 Tagen	§ 10 Abs. 1 VOB/A
Bindefrist		
Regelfrist	30 Tage	§ 10 Abs. 4 VOB/A

I. Öffentliche Ausschreibung

1. Angebotsfrist

a) Bemessung. Für die Angebotsfrist verlangt § 10 Abs. 1 VOB/A **eine ausreichende Bemessung.** Eine generelle Mindestfrist wird nicht festgesetzt, doch darf die Angebotsfrist **auch bei Dringlichkeit** nicht kürzer als 10 Tage sein. 222

Bei der Bemessung der Frist muss der Auftraggeber unterscheiden zwischen den Verfahren, bei denen Unternehmen überhaupt erst von dem Vergabeverfahren erfahren müssen, um dann die Vergabeunterlagen anzufordern – also allen öffentlichen Ausschreibungen – und denjenigen, bei denen er den Bewerbern mit der Aufforderung zur Abgabe eines Angebotes die Unterlagen zusendet. 223

Bei **öffentlichen Ausschreibungen** muss die Angebotsfrist entsprechend länger sein und auch die Zeiträume für Veröffentlichung der Bekanntmachung, Finden durch interessierte Unternehmen, Entschluss zur Teilnahme, Entrichten und Verbuchung der Zahlung für die Vergabeunterlagen, den Zeitraum für Versendung der Vergabeunterlagen durch den Auftraggeber und die Zeit, bis die Vergabeunterlagen beim Bieter sind, berücksichtigen. 224

Die Angebotsfrist soll so bemessen sein, dass Bewerber die **Vergabeunterlagen** auswerten und bepreisen sowie dem Auftraggeber übermitteln können. Sind sehr unterschiedliche Leistungen umfasst, müssen die Unternehmen Subunternehmeranfragen vorbereiten und auswerten. Bei ganz oder teilweise **funktional beschriebenen Leistungen** müssen die Unternehmen Gelegenheit haben, die Vorgaben des Auftraggebers auszufüllen. 225

Der Auftraggeber sollte **im eigenen Interesse** den Bewerbern ausreichend Zeit lassen, die Angebotsunterlagen auszuwerten. Bieter sind verpflichtet, die Leistungsbeschreibung zu prüfen und erkennbare **Lücken** und **Unklarheiten** zu klären[19]. Sie dürfen Unklarheiten nicht einfach hinnehmen und ausnutzen[20]. Der Auftraggeber muss den Bewerbern daher Gelegenheit geben, Unklarheiten zu finden und sich mit einer Frage an ihn zu wenden. 226

[19] BGH Urt. v. 13.3.2008 – VII ZR 194/06, NJW 2008, 2106 unter Verweis auf BGH Urt. v. 25.6.1998 – VII ZR 107/86, wo dies bereits als gefestigte Rechtsprechung bezeichnet wird.

[20] Zum Ausnutzen von Unklarheiten durch Vorsehen eines sittenwidrigen Einzelpreises OLG Jena Urt. v. 11.8.2009 – 5 U 899/05, NZBau 2010, 376; zum Ausnutzen klarer Fehler einer Leistungsbeschreibung OLG München Beschl. v. 4.4.2013 – Verg 4/13, NZBau 2013, 524; OLG Stuttgart Urt. v. 9.2.2010 – 10 U 76/09, IBR 2010, 485 und BGH Urt. v. 14.5.2014 – VII ZR 334/12, NJW 2014, 2100 mit der Pflicht von Bietern, Änderungen deutlich zu kennzeichnen.

227 Je nach Art der vom Auftraggeber eröffneten Kommunikationsmittel und dem Umfang der verlangten Erklärungen und Nachweise kann auch die Übermittlung des Angebotes spürbare Zeit in Anspruch nehmen.

228 Auch bei Dringlichkeit soll die Angebotsfrist 10 Tage nicht unterschreiten.

229 Eine **Verlängerung** der Angebotsfrist ist erforderlich, wenn der Auftraggeber die Vergabeunterlagen verspätet verschickt hat oder wenn die Erstellung des Angebotes nur erfolgen kann, wenn die Bewerber Einsicht in weitere Unterlagen nehmen oder wenn eine Ortsbesichtigung erforderlich ist.

230 Angesichts der sehr flexiblen Regelung ist besonders darauf hinzuweisen, dass Auftraggeber ein Eigeninteresse an möglichst vielen Angeboten und an möglichst sorgfältig erarbeiteten Angeboten haben. Daher sollten sie den interessierten Unternehmen ausreichend Zeit lassen, sich für bekanntgemachte Aufträge zu interessieren und ihre Angebote zu erstellen.

231 **b) Beginn.** Die Angebotsfrist beginnt bei Öffentlichen Ausschreibungen am Tag nach der **Versendung** der Bekanntmachung. Dies ergibt sich aus den in der FristenVO geregelten allgemeinen Grundsätzen der Fristberechnung.

232 **c) Ende.** Die in § 10 Abs. 2 VOB/A aF vorgesehene Regelung, dass die Angebotsfrist mit der Öffnung im Eröffnungstermin endet, wurde bereits mit der VOB/A 2016 gestrichen. Nach § 10 Abs. 5 VOB/A gilt nunmehr, dass die Bindefrist **mit Ablauf der Angebotsfrist** beginnt.

233 In den Vorschriften zur Öffnung der Angebote und zum Eröffnungstermin bzw. Öffnungstermin, §§ 14, 14a VOB/A, wird ebenfalls mehrfach auf den Ablauf der Angebotsfrist eingegangen. So sind zur Eröffnung nur Angebote zugelassen, die bis zum Ablauf der Angebotsfrist eingegangen sind, § 14a Abs. 2 VOB/A.

2. Bindefrist

234 **a) Bemessung.** Die VOB/A spricht seit der Ausgabe 2016 nicht mehr von der „Zuschlagsfrist", sondern von der „Bindefrist". Inhaltlich bedeutet dies keine Änderung. Nach § 10 Abs. 4 S. 1 VOB/A soll die Bindefrist **so kurz wie möglich** sein. Sie soll nicht länger sein, als der Auftraggeber für eine zügige Prüfung und Wertung der Angebote benötigt. Zusätzlich zu dieser eher allgemeinen Forderung enthält § 10 Abs. 4 S. 2 VOB/A die Festlegung, dass eine längere Bindefrist als 30 Tage **nur in begründeten Fällen** festgelegt werden soll. Eine Rechtfertigung für die Überschreitung dieser Frist kann zB sein, dass es sich um ein größeres Bauvorhaben handelt und mit zahlreichen Nebenangeboten zu rechnen ist. Aber auch die zwingend erforderliche Einschaltung kommunaler Gremien gibt dem Auftraggeber die Möglichkeit, eine längere Frist festzusetzen. Bereits 1991 hat der BGH entschieden, dass diese Frist keine Höchst- oder Obergrenze darstellt und längere Bindungsfristen lediglich einer **hinreichenden Begründung** bedürfen[21].

235 Außerdem sind hier die organisatorischen und sonstigen Besonderheiten des Auftraggebers zu berücksichtigen. Bei öffentlichen Auftraggebern, die zum sparsamen und sorgfältigen Umgang mit den ihnen anvertrauten Steuermitteln verpflichtet sind, gibt es eine Vielzahl von internen Prüfungen und Genehmigungen, um die Erfüllung dieser Verpflichtungen sicherzustellen und zu überwachen. Dies unterscheidet öffentliche Auftraggeber von privaten Auftraggebern zumindest im Maß der Formalitäten, denn auch in der privaten Wirtschaft gibt es sehr differenzierte Vorgaben zu Mitzeichnungen und abgestuften Vollmachtsverhältnissen. Diese Besonderheiten sind von den Bietern als unabänderbar hinzunehmen und dürfen daher auch bei der Bemessung der Bindefrist berücksichtigt werden.

---

[21] BGH Urt. v. 21.11.1991 – VII ZR 203/90, BauR 1992, 221.

Hinzu kommt, dass die aus früheren Ausgaben der VOB/A überkommene Höchstfrist auch in der Ausgabe 2019 unverändert geblieben ist. Eine Anpassung hätte nahegelegen. So sieht die VOB/A seit der Ausgabe 2009 zwingend vor, dass **Auftraggeber fehlende Nachweise und Erklärungen** nachfordern müssen und sieht hierfür eine nicht abzuändernde Frist von sechs Kalendertagen vor. Damit sind allein die erste formale Prüfung, die Nachforderung mit der Nachforderungsfrist und die zweite Prüfung, ob alle Unterlagen nachgereicht wurden, kaum unter zwei Wochen zu schaffen. 236

b) Beginn. Die Bindefrist beginnt mit dem **Ablauf der Angebotsfrist** (vgl. dazu → Rn. 232). 237

c) Ende. Nach § 10 Abs. 4 S. 3 VOB/A ist der Auftraggeber verpflichtet, das Ende der Bindefrist durch **Angabe eines Kalendertages** anzugeben. 238

Kann der Auftraggeber den festgelegten Zuschlagstermin nicht einhalten, besteht die Möglichkeit, die Bindefristen durch Vereinbarung mit den Bietern einvernehmlich zu **verlängern.** Dabei müssen nicht alle Bieter der Verlängerung zustimmen, aber der Auftraggeber muss diskriminierungsfrei bei allen Bietern angefragt haben[22]. Diese Verlängerungsmöglichkeit besteht auch nach Ablauf der Bindefrist[23]. 239

II. Beschränkte Ausschreibung

1. Bewerbungsfrist

Bei beschränkten Ausschreibungen mit öffentlichem Teilnahmewettbewerb ist zunächst der Teilnahmewettbewerb durchzuführen und den interessierten Unternehmen die Möglichkeit zu geben, sich zu bewerben. 240

Für die Bewerbungsfrist, also die Frist zur Einreichung von Teilnahmeanträgen bei beschränkter Ausschreibung nach öffentlichem Teilnahmewettbewerb ist, so § 10 Abs. 3 VOB/A, **eine ausreichende Frist** vorzusehen. 241

Bei der Prüfung, welche Frist angemessen ist, muss der Auftraggeber ua die Erscheinungsdaten seiner Bekanntmachung, Entscheidungsfristen bei den interessierten Unternehmen und die Zeit für die Zusammenstellung der geforderten Nachweise berücksichtigen. Dabei sollte er im Zweifel mehr Zeit lassen als bei äußerster Anstrengung der Unternehmen ausreichen würde, um einen möglichst intensiven Wettbewerb zu gewährleisten. 242

2. Angebotsfrist

Für die Festlegung der Angebotsfrist gilt das Gleiche wie bei öffentlichen Ausschreibungen nach § 10 Abs. 1 VOB/A, insbesondere die Forderung nach einer **ausreichenden Bemessung.** Die Mindestfrist von 10 Tagen gilt auch für beschränkte Ausschreibungen. Die Angebotsfrist kann allerdings kürzer ausfallen, weil keine Zeiten für die Bewerbung (also Auffinden der Bekanntmachung etc.) zu berücksichtigen sind. 243

Die Vergabeunterlagen sind an alle Bieter am gleichen Tag abzusenden, § 12a Abs. 1 Nr. 2 VOB/A. 244

---

[22] OLG Naumburg Beschl. v. 13. 5. 2003 – 1 Verg 2/03, NZBau 2004, 62; BayObLG Beschl. v. 21. 5. 1999 – Verg 1/99, NZBau 2000, 49; Thüringer OLG Beschl. v. 22. 12. 1999 – 6 Verg 3/99, ZVgR 2000, 38.

[23] BayObLG Beschl. v. 21. 5. 1999 – Verg 1/99, NZBau 2000, 49; OLG Düsseldorf Beschl. v. 29. 12. 2001 – Verg 22/01, NZBau 2002, 578; VK Baden-Württemberg Beschl. v. 26. 1. 2007 – 1 VK 78/06, IBR 2007, 646; VK Bund Beschl. v. 26. 2. 2007 – VK 2-9/07, IBR 2007, 330.

3. Bindefrist

245 Hier gilt uneingeschränkt das Gleiche wie für öffentliche Ausschreibungen, vgl. → Rn. 234 ff.

III. Freihändige Vergabe

246 Für die Fristen bei freihändiger Vergabe gelten die **Regelungen zur öffentlichen Ausschreibung nicht entsprechend.** Die VOB/A 2019 hält daran fest, in § 10 Abs. 6 VOB/A wie in der Vorgänger-Regelung in § 10 Abs. 8 VOB/A 2012 insbesondere nicht auf die bei der Festlegung der Angebotsfrist zu beachtende Vorschrift in § 10 Abs. 1 VOB/A zu verweisen, sondern nur auf die Regeln zur Bindefrist in § 10 Abs. 4 und 5 VOB/A. Es kann daher nicht mehr ein Redaktionsversehen unterstellt werden.

1. Angebotsfrist

247 Es ist daher davon auszugehen, dass der Auftraggeber bei Freihändigen Vergaben die Angebotsfrist **nach pflichtgemäßen Ermessen** festsetzt. Dabei hat er auch die Interessen der Bieter zu berücksichtigen, wobei der Auftraggeber auch bei diesen Vergaben ein Eigeninteresse an sorgfältig erstellten und auskömmlichen Angeboten ohne vermeidbare Risikozuschläge hat. Dies geht allerdings nicht aus der Regelung des § 10 Abs. 6 VOB/A hervor, denn dieser verweist ebenso wie Vorgängerfassung nur auf § 10 Abs. 4 und 5 VOB/A, sondern **aus den allgemeinen Grundsätzen des Vergaberechts** wie insbesondere dem Wettbewerbsgrundsatz. Insbesondere ist also auch bei dringlichen Vergaben nicht die Untergrenze von 10 Tagen zu beachten (die in den Fällen des § 3a Abs. 4 S. 1 Nr. 2 VOB/A sowieso unbeachtlich war).

248 Die Vergabeunterlagen sind an alle Bieter am gleichen Tag abzusenden, § 12a Abs. 1 Nr. 2 VOB/A.

2. Bindefrist

249 Nach § 10 Abs. 6 VOB/A sind die Regelungen in § 10 Abs. 4 und 5 VOB/A zur Bemessung der Bindefrist und ihrem Beginn entsprechend anzuwenden. Es wird auf → Rn. 234 ff. verwiesen.

250–252 [nicht besetzt]

J. UVgO

253 Die UVgO enthält keine ins Detail gehenden Regelungen zu den zu beachtenden Fristen.

254 Nach § 54 Abs. 2 UVgO sind die §§ 186–193 BGB bei der **Fristberechnung** zu berücksichtigen. § 54 Abs. 1 UVgO sieht vor, dass der Auftraggeber nach dem Kalendertag bestimmte Fristen setzen soll. Diese Soll-Regelungen gibt dem Auftraggeber aber die Möglichkeit, auch Fristen während eines Tages zu setzen, zB eine Angebotsfrist bis 15.00 h eines Tages, um den Fristablauf mit den Öffnungszeiten einer Poststelle zu koordinieren.

255 In § 13 Abs. 1 UVgO wird dem Auftraggeber aufgegeben, **angemessene Fristen** zu setzen. Bei der Festlegung der Fristen hat der Auftraggeber insbesondere die Komplexität der Leistung, die beizubringenden Erklärungen und Nachweise (Unterlagen), die Zeit für die Ausarbeitung der Teilnahmeanträge und Angebote, die Zeit für die Auswertung der Teilnahmeanträge und Angebote, die gewählten Kommunikationsmittel und die zuvor auf Beschafferprofilen veröffentlichten Informationen angemessen zu berücksichtigen.[24]

---

[24] Zur Angemessenheit von Fristen allg. → Rn. 18a ff.

In § 5 Abs. 2 UVgO ist dies ausdrücklich für den Ausgleich von Informationsvorsprüngen vorbefasster Unternehmen angesprochen. 256

In § 13 Abs. 2 UvgO ist als Ausfluss des allgemeinen Gleichbehandlungsgrundsatzes ausdrücklich vorgesehen, dass allen Bewerbern und Bietern die gleichen Fristen zu setzen sind. 257

Wenn Angebote nur nach einer Besichtigung am Ort der Leistungserbringung oder nach Einsichtnahme in die Anlagen zu den Vergabeunterlagen vor Ort beim Auftraggeber erstellt werden können, so hat der Auftraggeber nach § 13 Abs. 3 UVgO die Angebotsfristen so festzulegen, dass alle Unternehmen von allen Informationen, die für die Erstellung des Angebots erforderlich sind, unter gewöhnlichen Umständen Kenntnis nehmen können. 258

Eine Verpflichtung zur **Verlängerung** der angemessenen Fristen sieht § 13 Abs. 4 UVgO vor, wenn zusätzliche wesentliche Informationen vom Auftraggeber vor Ablauf der Angebotsfrist zur Verfügung gestellt werden oder der Auftraggeber wesentliche Änderungen an den Vergabeunterlagen vornimmt. 259

Nach § 40 Abs. 1 S. 2 UVgO soll der Auftraggeber bereits vor Ablauf der Angebotsfrist Kenntnis von einem Angebot nehmen dürfen, wenn er nur ein Unternehmen zur Abgabe eines Angebotes aufgefordert hat. Nach den allgemeinen Grundsätzen ist jedoch auch bei einer solchen vorzeitigen Kenntnisnahme davon auszugehen, dass ein Bieter bis zum Ablauf der Angebotsfrist sein Angebot zurücknehmen bzw. austauschen kann und dass er erst ab diesem Zeitpunkt zivilrechtlich an sein Angebot gebunden ist. Auch sollte der Auftraggeber bereits für diese Kenntnisnahme die Vorgabe des § 40 Abs. 2 UVgO, mindestens zwei Vertreter des Auftraggebers zu beteiligen, berücksichtigen. Insgesamt ist eine solche vorzeitige Kenntnisnahme als kritisch einzustufen und nur in begründeten Fällen vorzunehmen. 260

H. RPW

Die RPW 2013 enthalten in § 1 Abs. 3 RPW ausdrücklich nur die Forderung, dass alle Bewerber beim Zugang zum Wettbewerb und im Verfahren gleich behandelt werden und insbesondere für alle Teilnehmer die gleichen Bedingungen und Fristen gelten. Weiter wird dort gefordert, dass ihnen die gleichen Informationen jeweils zum gleichen Zeitpunkt übermittelt werden. 261

Auch bei der Anwendung der RPW ist der allgemeine Grundsatz der Verhältnismäßigkeit aus § 97 Abs. 1 S. 2 GWB zu beachten. Dieser ist bei der Bemessung von Fristen dahingehend zu berücksichtigen, dass der Auftraggeber die Komplexität der Leistungen und die Zeit für die Ausarbeitung der Wettbewerbsbeiträge, Angebote etc. angemessen zu berücksichtigen hat[25]. 262

[25] Beck VergabeR/*Dörr* GWB § 97 Abs. 1 Rn. 58.

§ 26 Form und Inhalt von Teilnahmeanträgen und Angeboten

Übersicht

VgV: §§ 5, 17 Abs. 5, 53
VOB/A: § 11 Abs. 1, 4 und 5, 11 EU Abs. 1, 4 und 5, § 12 Abs. 3, 13, 13 EU, 11 VS, 13 VS
SektVO: § 43
KonzVgV: § 28
VSVgV: § 19
UVgO: §§ 3, 7

VgV:

§ 5 Wahrung der Vertraulichkeit

(1) Sofern in dieser Verordnung oder anderen Rechtsvorschriften nichts anderes bestimmt ist, darf der öffentliche Auftraggeber keine von den Unternehmen übermittelten und von diesen als vertraulich gekennzeichneten Informationen weitergeben. Dazu gehören insbesondere Betriebs- und Geschäftsgeheimnisse und die vertraulichen Aspekte der Angebote einschließlich ihrer Anlagen.

(2) Bei der gesamten Kommunikation sowie beim Austausch und der Speicherung von Informationen muss der öffentliche Auftraggeber die Integrität der Daten und die Vertraulichkeit der Interessensbekundungen, Interessensbestätigungen, Teilnahmeanträge und Angebote einschließlich ihrer Anlagen gewährleisten. Die Interessensbekundungen, Interessensbestätigungen, Teilnahmeanträge und Angebote einschließlich ihrer Anlagen sowie die Dokumentation über Öffnung und Wertung der Teilnahmeanträge und Angebote sind auch nach Abschluss des Vergabeverfahrens vertraulich zu behandeln.

(3) Der öffentliche Auftraggeber kann Unternehmen Anforderungen vorschreiben, die auf den Schutz der Vertraulichkeit der Informationen im Rahmen des Vergabeverfahrens abzielen. Hierzu gehört insbesondere die Abgabe einer Verschwiegenheitserklärung.

§ 17 Verhandlungsverfahren

(5) In einem Verhandlungsverfahren ohne Teilnahmewettbewerb nach § 14 Abs. 4 Nummer 3 ist der öffentliche Auftraggeber von den Verpflichtungen der §§ 9 bis 13, des § 53 Absatz 1 sowie der §§ 54 und 55 befreit.

§ 53 Form und Übermittlung der Interessensbekundungen, Interessensbestätigungen, Teilnahmeanträge und Angebote

(1) Die Unternehmen übermitteln ihre Interessensbekundungen, Interessensbestätigungen, Teilnahmeanträge und Angebote in Textform nach § 126b des Bürgerlichen Gesetzbuchs mithilfe elektronischer Mittel gemäß § 10.

(2) Der öffentliche Auftraggeber ist nicht verpflichtet, die Einreichung von Angeboten mithilfe elektronischer Mittel zu verlangen, wenn auf die zur Einreichung erforderlichen elek-

tronischen Mittel einer der in § 41 Absatz 2 Nummer 1 bis 3 genannten Gründe zutrifft oder wenn zugleich physische oder maßstabsgetreue Modelle einzureichen sind, die nicht elektronisch übermittelt werden können. In diesen Fällen erfolgt die Kommunikation auf dem Postweg oder auf einem anderen geeigneten Weg oder in Kombination von postalischem oder einem anderen geeigneten Weg und Verwendung elektronischer Mittel. Der öffentliche Auftraggeber gibt im Vergabevermerk die Gründe an, warum die Angebote mithilfe anderer als elektronischer Mittel eingereicht werden können.

(3) Der öffentliche Auftraggeber prüft, ob zu übermittelnde Daten erhöhte Anforderungen an die Sicherheit stellen. 2Soweit es erforderlich ist, kann der öffentliche Auftraggeber verlangen, dass Interessensbekundungen, Interessensbestätigungen, Teilnahmeanträge und Angebote zu versehen sind mit

1. einer fortgeschrittenen elektronischen Signatur,
2. einer qualifizierten elektronischen Signatur,
3. einem fortgeschrittenen elektronischen Siegel oder
4. einem qualifizierten elektronischen Siegel.

(4) Der öffentliche Auftraggeber kann festlegen, dass Angebote mithilfe anderer als elektronischer Mittel einzureichen sind, wenn sie besonders schutzwürdige Daten enthalten, die bei Verwendung allgemein verfügbarer oder alternativer elektronischer Mittel nicht angemessen geschützt werden können, oder wenn die Sicherheit der elektronischen Mittel nicht gewährleistet werden kann. Der öffentliche Auftraggeber gibt im Vergabevermerk die Gründe an, warum er die Einreichung der Angebote mithilfe anderer als elektronischer Mittel für erforderlich hält.

(5) Auf dem Postweg oder direkt übermittelte Interessensbekundungen, Interessensbestätigungen, Teilnahmeanträge und Angebote sind in einem verschlossenen Umschlag einzureichen und als solche zu kennzeichnen.

(6) Auf dem Postweg oder direkt übermittelte Interessensbekundungen, Interessensbestätigungen, Teilnahmeanträge und Angebote müssen unterschrieben sein. Bei Abgabe mittels Telefax genügt die Unterschrift auf der Telefaxvorlage.

(7) Änderungen an den Vergabeunterlagen sind unzulässig. Die Interessensbestätigungen, Teilnahmeanträge und Angebote müssen vollständig sein und alle geforderten Angaben, Erklärungen und Preise enthalten. Nebenangebote müssen als solche gekennzeichnet sein.

(8) Die Unternehmen haben anzugeben, ob für den Auftragsgegenstand gewerbliche Schutzrechte bestehen, beantragt sind oder erwogen werden.

(9) Bewerber- oder Bietergemeinschaften haben in der Interessensbestätigung, im Teilnahmeantrag oder im Angebot jeweils die Mitglieder sowie eines ihrer Mitglieder als bevollmächtigten Vertreter für den Abschluss und die Durchführung des Vertrags zu benennen. Fehlt eine dieser Angaben, so ist sie vor der Zuschlagserteilung beizubringen.

VOB/A:

§ 11 Grundsätze der Informationsübermittlung

(1) Der Auftraggeber gibt in der Auftragsbekanntmachung oder den Vergabeunterlagen an, auf welchem Weg die Kommunikation erfolgen soll. Für den Fall der elektronischen Kommunikation gelten die Absätze 2 bis 6 sowie § 11a. Eine mündliche Kommunikation ist jeweils zulässig, wenn sie nicht die Vergabeunterlagen, die Teilnahmeanträge oder die Angebote betrifft und wenn sie in geeigneter Weise ausreichend dokumentiert wird.

(2) bis (3) hier nicht abgedruckt

(4) Die Unternehmen übermitteln ihre Angebote und Teilnahmeanträge in Textform mithilfe elektronischer Mittel.

(5) Der Auftraggeber prüft im Einzelfall, ob zu übermittelnde Daten erhöhte Anforderungen an die Sicherheit stellen. Soweit es erforderlich ist, kann der Auftraggeber verlangen, dass Angebote und Teilnahmeanträge zu versehen sind mit
1. einer fortgeschrittenen elektronischen Signatur,
2. einer qualifizierten elektronischen Signatur,
3. einem fortgeschrittenen elektronischen Siegel oder
4. einem qualifizierten elektronischen Siegel.

(6) bis (7) hier nicht abgedruckt

§ 12 Bekanntmachung

(1) bis (2) hier nicht abgedruckt

(3) Teilnahmeanträge sind auch dann zu berücksichtigen, wenn sie durch Telefax oder in sonstiger Weise elektronisch übermittelt werden, sofern die sonstigen Teilnahmebedingungen erfüllt sind.

§ 13 Form und Inhalt der Angebote

(1)
1. Der Auftraggeber legt fest, in welcher Form die Angebote einzureichen sind. Schriftlich eingereichte Angebote müssen unterzeichnet sein. Elektronische Angebote sind nach Wahl des Auftraggebers in Textform oder versehen mit
   a) einer fortgeschrittenen elektronischen Signatur,
   b) einer qualifizierten elektronischen Signatur,
   c) einem fortgeschrittenen elektronischen Siegel oder
   d) einem qualifizierten elektronischen Siegel
   zu übermitteln.
2. Der Auftraggeber hat die Datenintegrität und die Vertraulichkeit der Angebote auf geeignete Weise zu gewährleisten. Per Post oder direkt übermittelte Angebote sind in einem verschlossenen Umschlag einzureichen, als solche zu kennzeichnen und bis zum Ablauf der für die Einreichung vorgesehenen Frist unter Verschluss zu halten. Bei elektronisch übermittelten Angeboten ist dies durch entsprechende technische Lösungen nach den Anforderungen des Auftraggebers und durch Verschlüsselung sicherzustellen. Die Verschlüsselung muss bis zur Öffnung des ersten Angebots aufrechterhalten bleiben.
3. Die Angebote müssen die geforderten Preise enthalten.
4. Die Angebote müssen die geforderten Erklärungen und Nachweise enthalten.
5. Änderungen an den Vergabeunterlagen sind unzulässig. Änderungen des Bieters an seinen Eintragungen müssen zweifelsfrei sein.
6. Bieter können für die Angebotsabgabe eine selbstgefertigte Abschrift oder Kurzfassung des Leistungsverzeichnisses benutzen, wenn sie den vom Auftraggeber verfassten Wortlaut des Leistungsverzeichnisses im Angebot als allein verbindlich anerkennen; Kurzfassungen müssen jedoch die Ordnungszahlen (Positionen) vollzählig, in der gleichen Reihenfolge und mit den gleichen Nummern wie in dem vom Auftraggeber verfassten Leistungsverzeichnis wiedergeben.
7. Muster und Proben der Bieter müssen als zum Angebot gehörig gekennzeichnet sein.

(2) Eine Leistung, die von den vorgesehenen technischen Spezifikationen nach § 7a Absatz 1 abweicht, kann angeboten werden, wenn sie mit dem geforderten Schutzniveau in Bezug auf Sicherheit, Gesundheit und Gebrauchstauglichkeit gleichwertig ist. Die Abweichung muss im Angebot eindeutig bezeichnet sein. Die Gleichwertigkeit ist mit dem Angebot nachzuweisen.

(3) Die Anzahl von Nebenangeboten ist an einer vom Auftraggeber in den Vergabeunterlagen bezeichneten Stelle aufzuführen. Etwaige Nebenangebote müssen auf besonderer Anlage erstellt und als solche deutlich gekennzeichnet werden. Werden mehrere Hauptange-

bote abgegeben, muss jedes aus sich heraus zuschlagsfähig sein. Absatz 1 Nummer 2 Satz 2 gilt für jedes Hauptangebot entsprechend.

(4) Soweit Preisnachlässe ohne Bedingungen gewährt werden, sind diese an einer vom Auftraggeber in den Vergabeunterlagen bezeichneten Stelle aufzuführen.

(5) Bietergemeinschaften haben die Mitglieder zu benennen sowie eines ihrer Mitglieder als bevollmächtigten Vertreter für den Abschluss und die Durchführung des Vertrags zu bezeichnen. Fehlt die Bezeichnung des bevollmächtigten Vertreters im Angebot, so ist sie vor der Zuschlagserteilung beizubringen.

(6) Der Auftraggeber hat die Anforderungen an den Inhalt der Angebote nach den Absätzen 1 bis 5 in die Vergabeunterlagen aufzunehmen.

VOB/A EU:

§ 11 EU Grundsätze der Informationsübermittlung

(1) Für das Senden, Empfangen, Weiterleiten und Speichern von Daten in einem Vergabeverfahren verwenden der öffentliche Auftraggeber und die Unternehmen grundsätzlich Geräte und Programme für die elektronische Datenübermittlung (elektronische Mittel).

(2) bis (3) hier nicht abgedruckt

(4) Die Unternehmen übermitteln ihre Angebote, Teilnahmeanträge, Interessensbekundungen und Interessensbestätigungen in Textform mithilfe elektronischer Mittel.

(5) Der öffentliche Auftraggeber prüft im Einzelfall, ob zu übermittelnde Daten erhöhte Anforderungen an die Sicherheit stellen. Soweit es erforderlich ist, kann der öffentliche Auftraggeber verlangen, dass Angebote, Teilnahmeanträge, Interessensbestätigungen und Interessensbekundungen zu versehen sind mit:

1. einer fortgeschrittenen elektronischen Signatur,
2. einer qualifizierten elektronischen Signatur,
3. einem fortgeschrittenen elektronischen Siegel oder
4. einem qualifizierten elektronischen Siegel.

(6) bis (7) hier nicht abgedruckt

§ 13 EU Form und Inhalt der Angebote

(1)

1. Der öffentliche Auftraggeber legt unter Berücksichtigung von § 11 EU fest, in welcher Form die Angebote einzureichen sind. Schriftliche Angebote müssen unterzeichnet sein. Elektronisch übermittelte Angebote sind nach Wahl des Auftraggebers zu versehen mit
   a) einer fortgeschrittenen elektronischen Signatur,
   b) einer qualifizierten elektronischen Signatur,
   c) einem fortgeschrittenen elektronischen Siegel oder
   d) einem qualifizierten elektronischen Siegel,
   sofern der öffentliche Auftraggeber dies in Einzelfällen entsprechend § 11 EU verlangt hat.
2. Der öffentliche Auftraggeber hat die Datenintegrität und die Vertraulichkeit der Angebote gemäß § 11a EU Absatz 2 zu gewährleisten. Per Post oder direkt übermittelte Angebote sind in einem verschlossenen Umschlag einzureichen, als solche zu kennzeichnen und bis zum Ablauf der für die Einreichung vorgesehenen Frist unter Verschluss zu halten. Bei elektronisch übermittelten Angeboten ist dies durch entsprechende technische Lösungen nach den Anforderungen des öffentlichen Auftraggebers und durch Verschlüsselung sicherzustellen. Die Verschlüsselung muss bis zur Öffnung des ersten Angebots aufrechterhalten bleiben.
3. Die Angebote müssen die geforderten Preise enthalten.
4. Die Angebote müssen die geforderten Erklärungen und Nachweise enthalten.

5. Das Angebot ist auf der Grundlage der Vergabeunterlagen zu erstellen. Änderungen an den Vergabeunterlagen sind unzulässig. Änderungen des Bieters an seinen Eintragungen müssen zweifelsfrei sein.
6. Bieter können für die Angebotsabgabe eine selbstgefertigte Abschrift oder Kurzfassung des Leistungsverzeichnisses benutzen, wenn sie den vom öffentlichen Auftraggeber verfassten Wortlaut des Leistungsverzeichnisses im Angebot als allein verbindlich anerkennen; Kurzfassungen müssen jedoch die Ordnungszahlen (Positionen) vollzählig, in der gleichen Reihenfolge und mit den gleichen Nummern wie in dem vom öffentlichen Auftraggeber verfassten Leistungsverzeichnis, wiedergeben.
7. Muster und Proben der Bieter müssen als zum Angebot gehörig gekennzeichnet sein.

(2) Eine Leistung, die von den vorgesehenen technischen Spezifikationen nach § 7a EU Absatz 1 Nummer 1 abweicht, kann angeboten werden, wenn sie mit dem geforderten Schutzniveau in Bezug auf Sicherheit, Gesundheit und Gebrauchstauglichkeit gleichwertig ist. Die Abweichung muss im Angebot eindeutig bezeichnet sein. Die Gleichwertigkeit ist mit dem Angebot nachzuweisen.

(3) Die Anzahl von Nebenangeboten ist an einer vom öffentlichen Auftraggeber in den Vergabeunterlagen bezeichneten Stelle aufzuführen. Etwaige Nebenangebote müssen auf besonderer Anlage erstellt und als solche deutlich gekennzeichnet werden. Werden mehrere Hauptangebote abgegeben, muss jedes aus sich heraus zuschlagsfähig sein. Absatz 1 Nummer 2 Satz 2 gilt für jedes Hauptangebot entsprechend.

(4) Soweit Preisnachlässe ohne Bedingungen gewährt werden, sind diese an einer vom öffentlichen Auftraggeber in den Vergabeunterlagen bezeichneten Stelle aufzuführen.

(5) Bietergemeinschaften haben die Mitglieder zu benennen sowie eines ihrer Mitglieder als bevollmächtigten Vertreter für den Abschluss und die Durchführung des Vertrags zu bezeichnen. Fehlt die Bezeichnung des bevollmächtigten Vertreters im Angebot, so ist sie vor der Zuschlagserteilung beizubringen.

(6) Der öffentliche Auftraggeber hat die Anforderungen an den Inhalt der Angebote nach den Absätzen 1 bis 5 in die Vergabeunterlagen aufzunehmen.

SektVO:

§ 43 Form und Übermittlung der Angebote, Teilnahmeanträge, Interessensbekundungen und Interessensbestätigungen

(1) Die Unternehmen übermitteln ihre Angebote, Teilnahmeanträge, Interessensbekundungen und Interessensbestätigungen in Textform nach § 126b des Bürgerlichen Gesetzbuchs mithilfe elektronischer Mittel.

(2) Der Auftraggeber ist nicht verpflichtet, die Einreichung von Angeboten, Teilnahmeanträgen, Interessensbekundungen und Interessensbestätigungen mithilfe elektronischer Mittel zu verlangen, wenn auf die zur Einreichung erforderlichen elektronischen Mittel einer der in § 41 Absatz 3 genannten Gründe zutrifft oder wenn zugleich physische oder maßstabsgetreue Modelle einzureichen sind, die nicht elektronisch übermittelt werden können. In diesen Fällen erfolgt die Kommunikation auf dem Postweg oder auf einem anderen geeigneten Weg oder in Kombination von postalischem oder einem anderen geeigneten Weg und unter Verwendung elektronischer Mittel.

(3) Der Auftraggeber gibt im Vergabevermerk die Gründe an, warum die Angebote mithilfe anderer als elektronischer Mittel eingereicht werden können.

KonzVgV:

§ 28 Form und Übermittlung der Teilnahmeanträge und Angebote

(1) Bewerber oder Bieter übermitteln ihre Teilnahmeanträge und Angebote grundsätzlich in Textform nach § 126b des Bürgerlichen Gesetzbuchs mithilfe elektronischer Mittel.

(2) Der Konzessionsgeber ist nicht verpflichtet, die Einreichung von Teilnahmeanträgen und Angeboten mithilfe elektronischer Mittel zu verlangen, wenn auf die zur Einreichung erforderlichen elektronischen Mittel einer der in § 17 Absatz 2 genannten Gründe zutrifft oder wenn zugleich physische oder maßstabsgetreue Modelle einzureichen sind, die nicht elektronisch übermittelt werden können. In diesen Fällen erfolgt die Kommunikation auf dem Postweg oder auf einem anderen geeigneten Weg oder in Kombination von postalischem oder einem anderen geeigneten Weg und der Verwendung elektronischer Mittel. Der Konzessionsgeber gibt im Vergabevermerk die Gründe an, warum die Angebote mithilfe anderer als elektronischer Mittel eingereicht werden können.

(3) Der Konzessionsgeber prüft, ob zu übermittelnde Daten erhöhte Anforderungen an die Sicherheit der Datenübermittlung stellen. Soweit es erforderlich ist, kann der Konzessionsgeber verlangen, dass Teilnahmeanträge und Angebote zu versehen sind mit
1. einer fortgeschrittenen elektronischen Signatur,
2. einer qualifizierten elektronischen Signatur,
3. einem fortgeschrittenen elektronischen Siegel oder
4. einem qualifizierten elektronischen Siegel.

(4) Der Konzessionsgeber kann festlegen, dass Angebote mithilfe anderer als elektronischer Mittel einzureichen sind, wenn sie besonders schutzwürdige Daten enthalten, die bei Verwendung allgemein verfügbarer oder alternativer elektronischer Mittel nicht angemessen geschützt werden können. Der Konzessionsgeber gibt im Vergabevermerk die Gründe an, warum er die Einreichung der Angebote mithilfe anderer als elektronischer Mittel für erforderlich hält.

VSVgV:

§ 19 Informationsübermittlung

(1) Die Auftraggeber geben in der Bekanntmachung oder den Vergabeunterlagen an, ob Informationen auf dem Postweg, mittels Telefax, elektronisch, telefonisch oder durch eine Kombination dieser Kommunikationsmittel zu übermitteln sind.

(2) Das gewählte Kommunikationsmittel muss allgemein verfügbar sein und darf den Zugang der Unternehmen zu dem Vergabeverfahren nicht beschränken.

(3) Die Auftraggeber haben bei der Mitteilung oder Übermittlung und Speicherung von Informationen die Unversehrtheit der Daten und die Vertraulichkeit der Angebote und Teilnahmeanträge zu gewährleisten. Auftraggeber dürfen vom Inhalt der Angebote und Teilnahmeanträge erst nach Ablauf der Frist für ihre Einreichung Kenntnis nehmen. Auf dem Postweg oder direkt zu übermittelnde Angebote sind in einem verschlossenen Umschlag einzureichen, als solche zu kennzeichnen und bis zum Ablauf der Angebotsfrist unter Verschluss zu halten. Bei elektronisch zu übermittelnden Angeboten ist die Unversehrtheit durch entsprechende organisatorische und technische Lösungen nach den Anforderungen des Auftraggebers und die Vertraulichkeit durch Verschlüsselung sicherzustellen. Die Verschlüsselung muss bis zum Ablauf der Angebotsfrist aufrechterhalten bleiben.

(4) Bei elektronischen Kommunikationsmitteln müssen die technischen Merkmale allgemein zugänglich, kompatibel mit den allgemein verbreiteten Geräten der Informations- und Kommunikationstechnologie und nicht diskriminierend sein. Die Auftraggeber haben dafür Sorge zu tragen, dass den interessierten Unternehmen die Informationen über die Spezifikationen, die für die elektronische Übermittlung der Anträge auf Teilnahme und der Angebote erforderlich sind, einschließlich der Verschlüsselung, zugänglich sind. Außerdem muss gewährleistet sein, dass die Vorrichtungen für den elektronischen Eingang der Angebote und Teilnahmeanträge den Anforderungen des Anhangs VIII der Richtlinie 2009/81/EG genügen.

(5) Neben den Hinweisen nach Absatz 1 geben die Auftraggeber in der Bekanntmachung an, in welcher Form Anträge auf Teilnahme am Vergabeverfahren oder Angebote einzurei-

chen sind. Insbesondere können sie festlegen, dass die Teilnahmeanträge im Falle der elektronischen Übermittlung zu versehen sind mit

1. einer fortgeschrittenen elektronischen Signatur,
2. einer qualifizierten elektronischen Signatur,
3. einem fortgeschrittenen elektronischen Siegel oder
4. einem qualifizierten elektronischen Siegel.

Anträge auf Teilnahme am Vergabeverfahren können schriftlich oder telefonisch gestellt werden. Wird ein solcher Antrag telefonisch gestellt, ist dieser vor Ablauf der Frist für den Eingang der Anträge in Schriftform zu bestätigen. Die Auftraggeber können verlangen, dass per Telefax gestellte Anträge in Schriftform oder elektronischer Form bestätigt werden, sofern dies für das Vorliegen eines gesetzlich gültigen Nachweises erforderlich ist. In diesem Fall geben die Auftraggeber in der Bekanntmachung diese Anforderung zusammen mit der Frist für die Übermittlung der Bestätigung an.

UVgO:

§ 3 Wahrung der Vertraulichkeit

(1) Sofern in dieser Verfahrensordnung oder anderen Rechtsvorschriften nichts anderes bestimmt ist, darf der Auftraggeber keine von den Unternehmen übermittelten und von diesen als vertraulich gekennzeichneten Informationen weitergeben. Dazu gehören insbesondere Betriebs- und Geschäftsgeheimnisse und die vertraulichen Aspekte der Angebote einschließlich ihrer Anlagen.

(2) Bei der gesamten Kommunikation sowie beim Austausch und der Speicherung von Informationen muss der Auftraggeber die Integrität der Daten und die Vertraulichkeit der Teilnahmeanträge und Angebote einschließlich ihrer Anlagen gewährleisten. Die Teilnahmeanträge und Angebote einschließlich ihrer Anlagen sowie die Dokumentation über Öffnung und Wertung der Teilnahmeanträge und Angebote sind auch nach Abschluss des Vergabeverfahrens vertraulich zu behandeln.

(3) Der Auftraggeber kann Unternehmen Anforderungen vorschreiben, die auf den Schutz der Vertraulichkeit der Informationen im Rahmen des Vergabeverfahrens abzielen. Hierzu gehört insbesondere die Abgabe einer Verschwiegenheitserklärung.

§ 7 Grundsäte der Kommunikation

(1) Für das Senden, Empfangen, Weiterleiten und Speichern von Daten in einem Vergabeverfahren verwenden der Auftraggeber und die Unternehmen grundsätzlich Geräte und Programme für die elektronische Datenübermittlung (elektronische Mittel) nach Maßgabe dieser Verfahrensordnung.

(2) Die Kommunikation in einem Vergabeverfahren kann mündlich erfolgen, wenn sie nicht die Vergabeunterlagen, die Teilnahmeanträge oder die Angebote betrifft und wenn sie ausreichend und in geeigneter Weise dokumentiert wird.

(3) Der Auftraggeber kann von jedem Unternehmen die Angabe einer eindeutigen Unternehmensbezeichnung sowie einer elektronischen Adresse verlangen (Registrierung). Für den Zugang zur Auftragsbekanntmachung und zu den Vergabeunterlagen darf der Auftraggeber keine Registrierung verlangen; eine freiwillige Registrierung ist zulässig.

(4) Die §§ 10 bis 12 der Vergabeverordnung gelten für die Anforderungen an die verwendeten elektronischen Mittel und deren Einsatz entsprechend.

§ 38 Form und Übermittlung der Teilnahmeanträge und Angebote

Der Auftraggeber legt fest, ob die Unternehmen ihre Teilnahmeanträge und Angebote in Textform nach § 126b des Bürgerlichen Gesetzbuchs mithilfe elektronischer Mittel gemäß § 7, auf dem Postweg, durch Telefax oder durch einen anderen geeigneten Weg oder durch Kombination dieser Mittel einzureichen haben. Dasselbe gilt für die sonstige Kommunikation nach § 7.

(2) Ab dem 1. 1. 2019 akzeptiert der Auftraggeber die Einreichung von Teilnahmeanträgen und Angeboten in Textform nach § 126b des Bürgerlichen Gesetzbuchs mithilfe elektronischer Mittel gemäß § 7, auch wenn er die Übermittlung auf dem Postweg, durch Telefax oder durch einen anderen geeigneten Weg oder durch Kombination dieser Mittel vorgegeben hat. Dasselbe gilt für die sonstige Kommunikation nach § 7.

(3) Ab dem 1. 1. 2020 gibt der Auftraggeber vor, dass die Unternehmen ihre Teilnahmeanträge und Angebote in Textform nach § 126b des Bürgerlichen Gesetzbuchs ausschließlich mithilfe elektronischer Mittel gemäß § 7 übermitteln. Dasselbe gilt für die sonstige Kommunikation nach § 7.

(4) Der Auftraggeber ist zur Akzeptanz oder Vorgabe elektronisch eingereichter Teilnahmeanträge oder Angebote nach den Absätzen 2 und 3 nicht verpflichtet, wenn

1. der geschätzte Auftragswert ohne Umsatzsteuer 25 000 Euro nicht überschreitet oder
2. eine Beschränkte Ausschreibung ohne Teilnahmewettbewerb oder eine Verhandlungsvergabe ohne Teilnahmewettbewerb durchgeführt wird.

Dasselbe gilt für die sonstige Kommunikation nach § 7.

(5) Eine Verpflichtung zur Einreichung von Angeboten mithilfe elektronischer Mittel gemäß § 7 besteht nicht, wenn auf die zur Einreichung erforderlichen elektronischen Mittel einer der in

§ 29 Absatz 2 genannten Gründe zutrifft oder wenn zugleich physische oder maßstabsgetreue Modelle einzureichen sind, die nicht elektronisch übermittelt werden können. In diesen Fällen erfolgt die Kommunikation auf dem Postweg oder auf einem anderen geeigneten Weg.

(6) Ist die Verwendung elektronischer Mittel vorgegeben, prüft der Auftraggeber, ob zu übermittelnde Daten erhöhte Anforderungen an die Sicherheit stellen. Soweit es erforderlich ist, kann der Auftraggeber verlangen, dass Teilnahmeanträge und Angebote

1. mit einer fortgeschrittenen elektronischen Signatur gemäß Artikel 3 Nummer 11 der Verordnung (EU) Nr. 910/2014 oder mit einem fortgeschrittenen elektronischen Siegel gemäß Artikel 3 Nummer 26 der Verordnung (EU) Nr. 910/2014 oder

2. mit einer qualifizierten elektronischen Signatur gemäß Artikel 3 Nummer 12 der Verordnung (EU) Nr. 910/2014 oder mit einem qualifizierten elektronischen Siegel gemäß Artikel 3 Nummer 27 der Verordnung (EU) Nr. 910/2014 zu versehen sind.

(7) Der Auftraggeber kann festlegen, dass Angebote mithilfe anderer als elektronischer Mittel einzureichen sind, wenn sie besonders schutzwürdige Daten enthalten, die bei Verwendung allgemein verfügbarer oder alternativer elektronischer Mittel nicht angemessen geschützt werden können, oder wenn die Sicherheit der elektronischen Mittel nicht gewährleistet werden kann.

(8) Auf dem Postweg oder direkt übermittelte Teilnahmeanträge und Angebote sind in einem verschlossenen Umschlag einzureichen und als solche zu kennzeichnen.

(9) Auf dem Postweg oder direkt übermittelte Teilnahmeanträge und Angebote müssen unterschrieben sein. Bei Abgabe mittels Telefax genügt die Unterschrift auf der Telefaxvorlage.

(10) Änderungen an den Vergabeunterlagen sind unzulässig. Die Teilnahmeanträge und Angebote müssen vollständig sein und alle geforderten Angaben, Erklärungen und Preise enthalten. Nebenangebote müssen als solche gekennzeichnet sein.

(11) Die Unternehmen haben anzugeben, ob für den Auftragsgegenstand gewerbliche Schutzrechte bestehen, beantragt sind oder erwogen werden.

(12) Bewerber- oder Bietergemeinschaften haben im Teilnahmeantrag oder im Angebot jeweils die Mitglieder sowie eines ihrer Mitglieder als bevollmächtigen Vertreter für den Abschluss und die Durchführung des Vertrags zu benennen. Fehlt eine dieser Angaben, so ist sie vor der Zuschlagserteilung beizubringen.

Literatur:

Dreher, Die Berücksichtigung mittelständischer Interessen bei der Vergabe öffentlicher Aufträge, NZBau 2005, 426; *Jagenburg/Schröder/Baldringer,* Der ARGE-Vertrag, 3. Aufl. 2012; *Joussen/Schranner,* Die wesentlichen Änderungen der VOB/A 2006, BauR 2006, 1038; *Lux,* Bietergemeinschaften im Schnittfeld zwischen Gesellschafts- und Vergaberecht, 2009; *Ohrtmann,* Bietergemeinschaften, VergabeR 2008, 426; *Pooth/Sudbrock,* Auswirkungen der Sektorenverordnung auf die Vergabepraxis in kommunalen Unternehmen, KommJur 2010, 446; *Schindler,* Zulässigkeit der Beschränkung der Angebotsabgabe auf elektronische Form durch öffentlichen Auftraggeber, NZBau 2008, 746; *Schwenker/Schmidt,* Anm. zu OLG München Beschl. v. 22.1. 2009 – Verg 26/08, VergabeR 2009, 485; *Uwer/Hübschen,* Gewerbezentralregisterauszug und Vergabeverfahren – Zur Umgehung beschränkter Auskunftsansprüche öffentlicher Auftraggeber, NZBau 2007, 757.

A. Formerfordernisse

I. Grundsätze der Informationsübermittlung

Den äußeren Rahmen für die im Vergabeverfahren bestehenden Übermittlungsmöglichkeiten geben die „Grundsätze der Informationsübermittlung" an. Hiermit wird allgemein festgelegt, wie Informationen zwischen dem Auftraggeber und den Bietern ausgetauscht werden; die Vorgaben gelten übergreifend für den vollständigen Kommunikationsprozess und die Informationsübermittlung im Vergabeverfahren.[1] In Umsetzung der durch die Europäischen Vergaberichtlinien vorgegebenen Einführung der E-Vergabe wird grundsätzlich die elektronische Datenübermittlung („elektronische Mittel") vorgegeben (vgl. etwa § 9 VgV, § 7 UVgO). Eine Ausnahme besteht für das Verhandlungsverfahren ohne Teilnahmewettbewerb, sofern es mit äußerster Dringlichkeit begründet wurde (vgl. §§ 14 Abs. 4 Nr. 3 VgV, 13 Abs. 2 Nr. 4 SektVO, § 12 Abs. 1 Nr. 1 lit. b) VSVgV); dort ist der Auftraggeber – den besonderen Umständen eines solchen Verfahrens entsprechend – von dieser Vorgabe nunmehr ausdrücklich befreit. Diese Vorgaben gelten allein für den Informationsaustausch zwischen dem Auftraggeber und den Bewerbern/Bietern; die Modalitäten der internen Kommunikation beim Auftraggeber werden nicht erfasst und stehen im Ermessen des Auftragegbers.[2] 1

Unterhalb der Schwellenwerte ist dem Auftraggeber in der VOB/A eine Entscheidung über die eröffneten Kommunikationswege überlassen (§ 11 Abs. 1 VOB/A).[3]

Für Lieferungen und Dienstleistungen sieht die UVgO für den Zeitraum seit dem 1.1. 2020 wie im Oberschwellenbereich von Ausnahmen abgesehen in Anlehnung an die VgV grundsätzlich die elektronische Kommunikation vor.

Mündliche Kommunikation wird nur insoweit zugelassen, als nicht die Vergabeunterlagen, die Teilnahmeanträge oder die Angebote betroffen sind und eine ordnungsgemäße Dokumentation, etwa durch Tonbandaufnahme oder Fertigung einer Niederschrift erfolgt (§ 11 Abs. 7 EU VOB/A; § 9 Abs. 2 VgV; § 9 Abs. 2 SektVO; § 7 Abs. 2 KonzVgV); der Raum für mündliche Kommunikation ist also eng begrenzt. Die Dokumentation mündlicher Kommunikation muss gewährleisten, dass der Gang des Gesprächs inhaltlich nachvollzogen und kontrolliert werden kann.[4]

Allein die VSVgV sieht in § 19 Abs. 5 S. 3 die telefonische Stellung von Teilnahmeanträgen vor; diese sind schriftlich zu bestätigen.

---

[1] Vgl. KKMPP/*Müller* VgV § 9 Rn. 14; Kapellmann/Messerschmidt/*Planker* VOB/A § 11 Rn. 1.
[2] Vgl. Beck VergabeR/*Wanderwitz* § 9 VgV Rn. 19.
[3] Vgl. MüKoWettbR/*Pauka* § 11 VOB/A Rn. 3.
[4] Vgl. KKMPP/*Müller* VgV § 9 Rn. 31.

Elektronische Mittel und deren technische Merkmale müssen allgemein verfügbar, nicht diskriminierend und mit verbreiteten Geräten und Programmen kompatibel sein. Der Zugang zum Wettbewerb darf nicht unangemessen eingeschränkt werden.

Die E-Vergabe ist inzwischen allgemein gebräuchlich und es kann der Auftraggeber erwarten, dass sich die Bieter hierauf eingestellt haben. Gleichwohl dürfen die Hürden nicht ohne Not erhöht werden, weshalb die Auftraggeber mit Blick auf die Vermeidung unangemessener Wettbewerbsbeschränkungen gehalten sind, durch die Wahl leicht sowie kostengünstig verfügbarer elektronischer Mittel und/oder die Gewährung ausreichender Fristen in besonderer Weise Einschränkungen des Wettbewerbs vorzubeugen. Zur Gewährleistung einer elektronischen Kommunikation können die Auftraggeber von den Bietern die Angabe einer elektronischen Adresse (E-Mail-Adresse) verlangen; diese Registrierung darf allerdings nicht Voraussetzung für den Zugang zu der Bekanntmachung und für den Abruf der Vergabeunterlagen sein (vgl. etwa § 9 Abs. 3 VgV).

2 Der Auftraggeber ist verpflichtet, den Unternehmen alle notwendigen Informationen über die verwendeten elektronischen Mittel, die technischen Parameter zur Einreichung von Teilnahmeanträgen und Angeboten und verwendete Verschlüsselungs- und Zeiterfassungsverfahren bekannt zu geben (vgl. etwa § 11a Abs. 3 EU VOB/A, § 11 Abs. 3 VgV). Dies verhindert nicht nur Übermittlungspannen durch Inkompatibilitäten, sondern ermöglicht den Bietern/Bewerbern auch eine Überprüfung, ob die eingesetzten technischen Mittel auch hinreichend manipulationssicher ausgestaltet sind (vgl. zu diesen Anforderungen etwa § 10 Abs. 1 VgV bzw. § 11a Abs. 4 EU VOB/A).

Das Vertrauen der Bieter auf eine gleich behandelnde Einhaltung der einmal bekannt gegebenen Übermittlungswege und Parameter ist geschützt; Verstöße können zur Aufhebung des Vergabeverfahrens führen.[5]

3 Diese Grundsätze bilden wie dargelegt nur den äußeren Rahmen für den Informationsaustausch im Vergabeverfahren; für die Einreichung von Teilnahmeanträgen und Angeboten gelten zusätzlich besondere Vorschriften.[6]

II. Spezifische Anforderungen an Teilnahmeanträge

1. Übermittlungswege für Teilnahmeanträge

4 Unterhalb der Schwellenwerte kann der Auftraggeber in der VOB/A zusätzlich zur elektronischen Angebotseinreichung noch schriftliche Angebote zulassen. Für Lieferungen und Dienstleistungen sieht die UVgO vor, dass ein Auftraggeber bei Kleinbeschaffungen bis maximal 25.000 Euro netto sowie für die Beschränkte Vergabe und die Verhandlungsvergabe ohne Teilnahmewettbewerb nicht zur Akzeptanz elektronischer Angebote und Teilnahmeanträge verpflichtet ist (§ 38 Abs. 5 UVgO). Im Übrigen gilt – von den ausdrücklich gesetzlich normierten Ausnahmefällen abgesehen, eine grundsätzliche Vorgabe der elektronischen Einreichung.

Bewerber und Bieter haben keinen Anspruch darauf, dass ihnen bestimmte rechtlich an sich zulässige Übermittlungswege vom Auftraggeber für die Einreichung ihres Teilnahmeantrages eröffnet werden.[7] Der Auftraggeber muss seine Entscheidung zum Übermittlungsweg in der Bekanntmachung oder in etwa für den Teilnahmeantrag von den Bewerbern anzufordernden Vergabeunterlagen treffen.[8]

[5] Vgl. Kapellmann/Messerschmidt/*Planker* VOB/A § 11 Rn. 2; eingeschränkt KKMPP/*Müller* VgV § 9 Rn. 47.
[6] Vgl. Heuvels/Hoß/Kuß/Wagner/*Scheel* VOB/A § 11 Rn. 6.
[7] Vgl. Ziekow/Völlink/*Völlink* VOB/A § 11a Rn. 5.
[8] Vgl. Eschenbruch/Opitz/Röwekamp/*Stalmann* SektVO § 5 Rn. 8.

2. Unversehrtheit/Vertraulichkeit der Teilnahmeanträge

Als obersten – und vergaberechtlich selbstverständlichen – Grundsatz bestimmen §§ 5 Abs. 1, 2 VgV, 5 Abs. 1 und 2 SektVO, 4 Abs. 1 und 2 KonzVgV, 2 EU Abs. 6 VOB/A, dass der Auftraggeber die Unversehrtheit bzw. Datenintegrität und Vertraulichkeit der Teilnahmeanträge sicherzustellen hat. Die Teilnahmeanträge sind bis zum Ablauf der Bewerbungsfrist unter Verschluss zu halten; mit der Sichtung und Auswertung ihres Inhalts darf erst nach Fristablauf begonnen werden.[9] Dies bestimmt nun ausdrücklich § 55 Abs. 1 VgV; in den anderen Vergabeordnungen gilt dieser Grundsatz entsprechend. Erstmals wird bestimmt, dass die Teilnahmeanträge (und Angebote) auch nach Abschluss des Vergabeverfahrens vertraulich zu behandeln sind (Vgl. § 5 Abs. 2 S. 2 VgV, § 4 Abs. 2 KonzVgV.) In der SektVO fehlt eine entsprechende Vorgabe; hier ist nach Abschluss des Verfahrens Vertraulichkeit nur hinsichtlich der von den Bewerbern/Bietern selbst als vertraulich oder geheim gekennzeichneten Teile zu gewährleisten. Das Verhältnis der Vertraulichkeitsanforderungen zu Akteneinsichtsrechten nach den Informationsfreiheitsgesetzen ist nicht geregelt; es ist davon auszugehen, dass die rechtmäßige Gewährung von Akteneinsicht nach diesen Vorschriften nicht gegen den vergaberechtlichen Vertraulichkeitsgrundsatz verstößt, sodass es auch für die VgV und KonzVgV im Ergebnis dabei bleibt, dass nur die geheimhaltungsbedürftigen Inhalte vor der Einsichtnahme durch Dritte geschützt sind. 5

Die Anforderungen an die Wahrung der Vertraulichkeit und Datenintegrität werden nur für die Verwendung elektronischer Mittel näher spezifiziert (vgl. § 10 VgV, § 8 KonzVgV, § 10 SektVO). Hier kann auf die Erläuterungen unter § 5 dieses Handbuchs verwiesen werden. Per Post oder direkt (persönlich) übermittelte Teilnahmeanträge sind – wenn zugelassen – in einem verschlossenen Umschlag einzureichen, als solche zu kennzeichnen (§ 53 Abs. 5 VgV); auch wenn in der SektVO und KonzVgV diese Vorgabe nicht enthalten ist, gilt dies dort entsprechend, weil nur so sichergestellt ist, dass die Vertraulichkeit bis zum Schluss der Teilnahmefrist gewahrt bleibt (vgl. hierzu § 5 SektVO, § 4 KonzVgV).

Die Gewährleistung der Vertraulichkeit ist nicht nur eine Pflicht des Auftraggebers; der Bieter muss im eigenen Interesse sicherstellen, dass sein Teilnahmeantrag nicht vorzeitig gesichtet werden kann. Denn § 57 Abs. 1, VgV bestimmt ausdrücklich, dass Teilnahmeanträge, die den Formvorgaben – wie etwa der Verwendung eines verschlossenen Umschlages – nicht entsprechen, auszuschließen sind. Aber auch soweit es an einer entsprechenden Regelung fehlt, ist Teilnahmeantrag auszuschließen, wenn den formalen Anforderungen des Auftraggebers entspricht.[10] 6

Welche geeigneten Vorkehrungen der Auftraggeber im Übrigen zum Schutz der Unversehrtheit/Datenintegrität und der Vertraulichkeit von Teilnahmeanträgen trifft, steht – mit Ausnahme der technischen Anforderungen an die verwendeten elektronischen Mittel – in seinem Ermessen. Zur Gewährleistung der Unversehrtheit kann es etwa geboten sein, den Kreis derjenigen Personen, der Zugang zu den unter Verschluss gehaltenen Teilnahmeanträgen hat, zu begrenzen. Dies kann bei körperlich vorliegenden Anträgen durch Verschluss in einem nur den zuständigen Personen zugänglichen Raum/Schrank geschehen. Bei elektronischen Vergaben wird die Datenintegrität durch die eingesetzte Vergabeplattform zu schützen sein; bei der Speicherung der Daten muss ebenfalls ein der Sensibilität der Daten entsprechend ausreichender Schutz durch ausreichende technische Sicherungen der verwendeten IT-Systeme gewährleistet sein.[11] Im Übrigen bietet sich eine Orientierung an den Maßgaben der Datenschutzvorschriften an. 7

Besonders problematisch sind Teilnahmeanträge per Telefax, weil hier eine effektive Zugangskontrolle und überdies – anders als bei Teilnahmeanträgen in einem verschlossenen Umschlag oder elektronisch in verschlüsselter Form eingereichten Teilnahmeanträgen – 8

[9] Vgl. Ziekow/Völlink/*Völlink* VOB/A § 11a Rn. 3.
[10] Vgl. Beck VergabeR/*Ricken* § 43 SektVO Rn. 34.
[11] Vgl. Beck VergabeR/*Krohn* § 5 SektVO Rn. 31.

eine Kenntnisnahme vom Inhalt ohne Weiteres möglich ist. Auch wenn ein nur einem mit dem Verfahren nicht betrauten Mitarbeiter zugängliches Faxgerät eingesetzt wird, liegt hier am ehesten eine Gefährdung der Vertraulichkeit und Unversehrtheit des Teilnahmeantrages vor. Daher sollte die Einreichung von Teilnahmeanträgen per Telefax nur in absoluten Ausnahmefällen zugelassen werden, etwa wenn dies aufgrund besonderer Dringlichkeit unbedingt notwendig erscheint.

Verletzt der Auftraggeber die Vorgaben zur Wahrung der Vertraulichkeit, so ist ein Geheim-wettbewerb regelmäßig nicht mehr gewährleistet, sodass im Zweifel das Verfahren zu wiederholen bzw. aber in den Stand vor Angebotseinreichung zurückzuversetzen ist. Werden hierdurch Betriebs- und/oder Geschäftsgeheimnisse eines Bieters offenbart, so kommen zudem Schadensersatzansprüche in Betracht.

3. Unterschriftserfordernisse/Elektronische Signatur

9 Bislang war die Unterzeichnung schriftlich (in einem Umschlag oder per Fax) eingereichter Teilnahmeanträge – anders als für Angebote – nicht geregelt. Daraus wurde nachvollziehbar gefolgert, dass die Unterzeichnung von Teilnahmeanträgen nicht erforderlich sei und bewusst auf das Unterschriftserfordernis verzichtet wurde.[12] Die SektVO ebenso wie die KonzVgV verzichten auf eine Unterschriftsvorgabe für Teilnahmeanträge, sodass entsprechend der bisherigen Rezeption durch die Fachliteratur davon auszugehen ist, dass eine Unterzeichnung nicht erforderlich ist. Die VgV bestimmt demgegenüber nunmehr in § 53 Abs. 6 demgegenüber, dass auf dem Postweg oder direkt übermittelte Teilnahmeanträge unterschrieben sein müssen. Da § 57 Abs. 1 VgV die Nichteinhaltung der Formvorgaben des § 53 VgV mit dem Ausschluss bedroht, ist auf die Wahrung des Unterschrifterfordernisses unbedingt zu achten.

10 Die Übermittlung von Teilnahmeanträgen mittels elektronischer Signatur ist nicht generell vorgeschrieben; der Auftraggeber kann bei erhöhten Sicherungsinteressen allerdings gem. §§ 53 Abs. 3 VgV, 44 Abs. 1 SektVO, 28 Abs. 3 KonzVgV verlangen, dass Teilnahmeanträge mit einer fortschrittlichen oder qualifizierten elektronischen Signatur zu versehen sind.

Die Voraussetzungen, unter denen der Auftraggeber eine qualifizierte oder fortgeschrittene Signatur verlangen kann, werden nicht umrissen. Allerdings wird der Auftraggeber nur bei einem besonderen Sicherungsbedürfnis eine solche Anforderung zulässiger Weise aufstellen können. Für Oberschwellenvergaben geht § 13 Abs. 1 Nr. 1 VOB/A-EU davon aus, dass dies nur in „Einzelfällen" verlangt wird. § 53 Abs. 3 VgV gestattet entsprechende Vorgaben, soweit dies aufgrund „erhöhter Anforderungen an die Sicherheit" und nur soweit dies „erforderlich" ist. Die Forderung entsprechender Signaturen wird daher selbst bei europaweiten Vergaben als wesentliche und daher nur in begründeten Fällen zulässige Hürde bewertet. Vor diesem Hintergrund ist auch bei Unterschwellenvergaben von einem Auftraggeber bei seiner Ermessensentscheidung[13] über die Forderung elektronischer Signaturen eine tragfähige Begründung anhand besonderer Sicherheitserfordernisse zu erwarten. Wird eine Signatur gefordert, aber das Angebot nicht hiermit versehen bzw. erfasst die Signatur nicht den gesamten Angebotsinhalt, so ist das Angebot – wenn nicht durch eine Auslegung die mit der Signaturvorgabe bezweckte Identifikation, Verifikation und Echtheit geklärt werden kann – zwingend von der Wertung auszuschließen.[14]

---

[12] Vgl. KMPP/*Dittmann* VOB/A § 11a Rn. 13.

[13] Vgl. Ingenstau/Korbion/*von Wietersheim* VOB/A § 13 Rn. 6.

[14] Vgl. OLG Düsseldorf Beschl. v. 13.4.2016 – VII-Verg 52/15, BeckRS 2016, 13185; VK Sachsen-Anhalt Beschl. v. 2.9.2019 – 2 VK LSA 31/19, BeckRS 2019, 37113.

4. Bestätigung von Teilnahmeanträgen

Mündlich bzw. telefonisch angekündigte bzw. gestellte Teilnahmeanträge genügen – wenig überraschend – nicht. Sie müssen bis zum Ablauf der Teilnahmefrist in der vom Auftraggeber für die Teilnahmeanträge vorgegebenen Form bestätigt werden. Die Vergabeordnungen enthalten zumeist keine ausdrücklichen Bestimmungen zur Bestätigung telefonisch angekündigter Teilnahmeanträge mehr; lediglich die VSVgV sieht in § 19 Abs. 4 Satz 3 die telefonische Stellung von Teilnahmeanträgen vor und bestimmt, dass diese schriftlich (vor Fristablauf) zu bestätigen sind. Im Übrigen wird betont, dass mündliche Kommunikation hinsichtlich ua der Teilnahmeanträge unzulässig ist (vgl. etwa § 9 Abs. 2 VgV, § 11 EU Abs. 7 VOB/A), sodass eine telefonische Ankündigung von Teilnahmeanträgen unverändert keinerlei Dispenswirkung von der Frist zur Einreichung der Teilnahmeanträge entfalten kann. Die noch in § 11 EG Abs. 4 VOB/A 2012 vorgegebene Bestätigung von per Telefax eingegangenen Teilnahmeanträgen ist entfallen; allein die VSVgV behandelt diese Frage und gestattet dem Auftraggeber die Vorgabe, dass per Telefax gestellte Teilnahmeanträge in Schriftform oder in elektronischer Form bestätigt werden müssen. 11

III. Anforderungen an Angebote

1. Formvorgaben

Gemäß §§ 53 Abs. 1 VgV, 43 Abs. 1 SektVO, 28 Abs. 1 KonzVgV, sind die Angebote im Oberschwellenbereich grundsätzlich in Textform mithilfe elektronischer Mittel einzureichen; lediglich die VSVgV lässt dem Auftraggeber in § 19 Abs. 1, Abs. 3 die Wahl der Kommunikationsform. Andere Übermittlungswege können nur dann zugelassen werden, wenn physische oder maßstabsgerechte Modelle einzureichen sind oder die Voraussetzungen des § 41 Abs. 2 Nr. 1–3 VgV vorliegen (§ 53 Abs. 2 VgV); hierzu kann auf die Erläuterungen unter § 23 dieses Handbuchs verwiesen werden. Die Gründe für die Wahl einer anderen Übermittlungsform sind nach § 53 Abs. 2 S. 3 VgV im Vergabevermerk zu dokumentieren. 12

Unterhalb der Schwellenwerte hat der Auftraggeber bei der Ausschreibung von Bauleistungen die Wahl, auf welchem Wege er die Angebotseinreichung eröffnet (§§ 11 Abs. 1, 13 Abs. 1 VOB/A). 13

Elektronisch übermittelte Angebote sind nach Wahl des Auftraggebers mit einer fortgeschrittenen elektronischen Signatur oder mit einer qualifizierten elektronischen Signatur bzw. einem entsprechenden Siegel zu versehen (§§ 13 Abs. 13 Abs. 1 VOB/A-EU, § 53 Abs. 3 VgV, 28 Abs. 3 KonzVgV, 44 Abs. 1 SektVO, 38 Abs. 6 UVgO). Eine solche Anforderung darf der Auftraggeber jedoch nicht gewillkürt stellen; vielmehr ist eine solche Anforderung nur in „Einzelfällen" (vgl. etwa § 13 Abs. 1 Nr. 1 VOB/A-EU) bzw. bei „Erforderlichkeit" höhere Datenintegrität (vgl. etwa § 38 Abs. 6 UVgO) zulässig. Dem liegt die Einschätzung zugrunde, dass auch ohne solche Mittel die elektronische Angebotsabgabe grundsätzlich hinreichend zuverlässig ist und besondere Anforderungen an eine Signatur bzw. ein Siegel damit in der Regel zu unverhältnismäßigen weil nicht erforderlichen Erschwernissen führen würden. 14

2. Unterschriftserfordernisse

Die VgV gibt die Unterzeichnung postalisch oder direkt übermittelter Angebote zwingend vor (§ 53 Abs. 6 VgV); eine gleichlautende Vorgabe enthält die VOB/A-EU in § 13 Abs. 1 Nr. 1 S. 1. In anderen Vergabeordnungen wird die Unterzeichnung nicht verlangt. Da die Angebote nach § 43 Abs. 1 SektVO, 28 Abs. 1 KonzVgV grundsätzlich (lediglich) in Textform einzureichen sind, ist die Unterschrift nicht mehr prinzipiell gefordert. Während bislang auch ohne ausdrückliche Anordnung die Unterschrift unter einem postalisch eingereichten Angebot als zwingender Bestandteil des Angebots und damit als konstitutiv 15 für das Vorliegen eines Angebots angesehen wurde, ist mit Blick auf die nach neuem Recht grundsätzlich genügende Textform bei Vorgabe postalischer Einreichung eine Unterschrift nicht mehr grundsätzlich erforderlich. Allerdings kann der Auftraggeber höhere Anforderungen stellen und eine Unterschrift verlangen.

16 Unterhalb der Schwellenwerte wird demgegenüber die Unterzeichnung schriftlicher Angebote unverändert in § 13 Abs. 1 VOB/A und § 38 Abs. 9 UVgO verlangt.

17 Eine „rechtsverbindliche" Unterschrift, wie sie früher in der VOB/A und der VOL/A gefordert wurde, wird bereits seit der Neufassung der VOB/A und VOL/A 2000 nicht mehr gefordert. Eine erforderliche Unterzeichnung muss deshalb nicht unbedingt durch Geschäftsführer oder Prokuristen eines Unternehmens erfolgen, sondern es gelten die allgemeinen Regeln der Stellvertretung.[15] Die Vertretungsmacht ist nicht zwingend mit dem Angebot nachzuweisen;[16] der Auftraggeber kann aber eine Bestätigung der Vollmacht nachfordern, wenn er Zweifel an der hinreichenden Vertretungsmacht hat.

18 Bei Bietergemeinschaften ist bei Bestehen eines Unterschrifterfordernisses grundsätzlich eine Unterzeichnung des Angebots durch sämtliche Mitglieder notwendig; wurde allerdings in der Bietergemeinschaftserklärung oder auf anderem Weg ein Mitglied zum Vertreter der Bietergemeinschaft bestimmt, so genügt dessen Unterschrift.[17]

Der Auftraggeber ist nicht gehindert, weitergehende Anforderungen an das Angebot zu stellen und diese in der Bekanntmachung oder der Angebotsaufforderung zu formulieren. Er ist insbesondere berechtigt, bereits mit Angeboteinreichung einen Nachweis der Vertretungsmacht zu fordern.[18]

B. Notwendige Inhalte

I. Eindeutige Bezeichnung des Bewerbers bzw. Bieters

19 Im Grunde eine Selbstverständlichkeit ist es, dass aus dem Teilnahmeantrag bzw. dem Angebot eindeutig hervorgehen muss, wer sich bewirbt. In der Praxis fällt die Identifikation des Bieters mitunter gleichwohl nicht leicht. So lässt sich etwa aus Bewerbungen im Konzernverbund stehender Unternehmen zuweilen nicht eindeutig ablesen, welches Unternehmen sich konkret bewirbt und es ist nicht immer eindeutig, ob es sich um einen Einzelbieter mit Nachunternehmer oder eine Bietergemeinschaft handelt.[19] Mit Schluss der Angebotsfrist und bei vorgezogenem Teilnahmewettbewerb bei Schluss der Bewerbungsfrist muss jedoch der Kreis der am Vergabeverfahren teilnehmenden Unternehmen feststehen; spätere Identitätsänderungen des Bewerbers bzw. Bieters sind unzulässig.[20] Der Teilnahmeantrag bzw. das Angebot muss deshalb eine sichere Feststellung der Identität des Bewerbers/Bieters ermöglichen; ist beispielsweise nicht ersichtlich, ob sich ein Einzelbieter oder eine Bietergemeinschaft bewirbt, muss dies zwingend zum Ausschluss des Bewerbers/Bieters führen.[21]

---

[15] Vgl. Beck VergabeR/*Lausen* § 13 VOB/A-EU Rn. 18.

[16] Vgl. Beck VergabeR/*Lausen* § 13 VOB/A-EU Rn. 18; Jagenburg/Schröder/Baldringer/*Haupt* Der ARGE-Vertrag, Anhang 4, Rn. 756.

[17] Vgl. *Lux* Bietergemeinschaften, S. 139; Jagenburg/Schröder/Baldringer/*Haupt*, Der ARGE-Vertrag, Anhang 4, Rn. 756.

[18] Vgl. OLG Karlsruhe Beschl. v. 24.7.2013 – 17 Verg 61/07.

[19] Vgl. zum letztgenannten Fall etwa VK Bund Beschl. v. 18.2.2010 – VK 3-6/10, IBR 2010, 416.

[20] Vgl. allgemein OLG Celle Beschl. v. 5.9.2007 – 13 Verg 9/07, NZBau 2007, 663ff.; OLG Düsseldorf Beschl. v. 24.5.2005 – Verg 28/05, NZBau 2005, 710; Beschl. v. 18.10.2006 – Verg 30/06, NZBau 2007, 254 sowie zur Vorverlagerung des maßgeblichen Zeitpunkts auf den Schluss des Teilnahmewettbewerbs OLG Hamburg Beschl. v. 2.10.2002 – 1 Verg 1/00, NZBau 2003, 223; VK Bund Beschl. v. 22.2.2008 – VK 1-4/08, ZfBR 2008, 412.

[21] Vgl. VK Bund Beschl. v. 18.2.2010 – VK 3-6/10, IBR 2010, 416.

II. Inhalte des Teilnahmeantrages

Teilnahmeanträge müssen alle geforderten Angaben, Erklärungen und Nachweise enthalten. Ist ein Teilnahmeantrag unvollständig und wird er auch nicht in einer vom Auftraggeber gesetzten Nachbesserungsfrist nicht vervollständigt, so ist er auszuschließen (§ 57 Abs. 1 Nr. 2 iVm § 57 Abs. 3 VgV). Nur diejenigen Unternehmen, die nicht ausgeschlossen worden sind und ihre Eignung nachgewiesen haben, sind zur Angebotsabgabe aufzufordern (§ 42 Abs. 2 VgV). Maßgebend ist also, welche Angaben der Auftraggeber im Rahmen des Teilnahmeantrages verlangt; diese sind vollständig einzureichen und müssen inhaltlich den gestellten (Mindest-) Anforderungen entsprechen. 20

Im Teilnahmewettbewerb wird in erster Linie die Eignung der Unternehmen überprüft, sodass vorrangig Eignungsnachweise zum Nichtvorliegen von Ausschlussgründen (entspricht dem bisherigen Begriff der Zuverlässigkeit), zur wirtschaftlichen und finanziellen Leistungsfähigkeit sowie zur technischen und beruflichen Leistungsfähigkeit vorzulegen sind. Die Auftraggeber können aber auch ihnen für die Auftragsdurchführung wichtig erscheinende Mindestbedingungen überprüfen, wie etwa eine ausreichende Haftpflichtversicherung der Bewerber. 21

1. Formblätter

Soweit möglich sollten die von den Bewerbern abgefragten Erklärungen auf vom Auftraggeber vorbereiteten Formblättern abgefragt werden. Dies reduziert die Fehlerquote ungemein und vermindert so die Notwendigkeit von Nachforderungen und/oder Ausschlüssen. Möchte der Auftraggeber etwa bei Referenzen neben einer Beschreibung der erbrachten Leistungen den Zeitraum der Auftragsdurchführung und einen Ansprechpartner beim Referenz-Auftraggeber genannt bekommen, so ist die Fehlerrate deutlich geringer, wenn diese Angaben auf Formblättern mit jeweils vorbereiteten Feldern für die einzelnen Informationen eingetragen werden können, als wenn der Bewerber seine Referenzen in „freier Prosa" zu Papier bringt. Dabei ist darauf zu achten, dass die Vorgaben auf den Formblättern auf den Formblättern mit den Maßgaben der Bekanntmachung übereinstimmen; Verschärfungen der Eignungsanforderungen auf den Formblättern sind unzulässig und damit unbeachtlich, so sie denn implementiert wurden. 22

Die Tariftreue- und Vergabegesetze der Länder bzw. die zur Durchführung erlassenen Rechtsverordnungen sehen zunehmend nur noch die Zugrundelegung von Vertragsbedingungen sowie Erklärungen mit Angebotsabgabe bzw. Vor Zuschlag vor, sodass sich die Frage von Erklärungen zu Tariftreuevorgaben im Teilnahmeantrag in aller Regel nicht mehr stellt. 23

2. Erklärungen und Nachweise zu Mindestbedingungen

Der Auftraggeber kann ein berechtigtes Interesse daran haben, auch außerhalb der geforderten Eignungsnachweise Mindestbedingungen des Auftrages bereits für den Teilnahmewettbewerb zu formulieren und sich hierfür Nachweise bzw. Erklärungen vorlegen zu lassen. Hierzu werden bei europaweiten Ausschreibungen Erklärungen in der Regel unter Ziff. III.2.2 „Bedingungen für die Ausführung des Auftrags" des europäischen Bekanntmachungsformulars verlangt. 24

Ein häufiger Fall ist im Bereich von Dienstleistungen das Bestehen bzw. die Verpflichtung zum Abschluss einer ausreichenden Haftpflichtversicherung. Soweit die geforderte Haftpflichtversicherung über die nach gesetzlichen Vorschriften etwa vom Bewerberkreis ohnehin vorzuhaltende Versicherung (nach Höhe oder sachlichem Umfang) hinausgeht, wäre es allerdings regelmäßig unverhältnismäßig, von den Bewerbern hierfür bereits im Teilnahmewettbewerb – und damit noch ohne konkrete Aussicht auf den Auftrag – die Vorlage eines entsprechenden Versicherungsnachweises zu verlangen; hier muss ersatzweise die verbindliche Erklärung des Bewerbers ausreichen, dass er im Fall der Auftragserteilung 25 eine entsprechende Versicherung abschließen werde.[22] Demgegenüber sieht die bislang wohl herrschende Meinung das Verlangen des bereits mit dem Teilnahmeantrag zu erbringenden Nachweises eines bereits in der geforderten Höhe bestehenden Versicherungsschutzes als zulässig an.[23] Diese Wertung wird damit begründet, dass ua nach § 45 Abs. 4 Nr. 2 VgV bzw. § 6a Abs. 2 lit. a) VOB/A-EU der Auftraggeber zum Nachweis der finanziellen und wirtschaftlichen Leistungsfähigkeit den Nachweis „entsprechender Berufshaftpflichtversicherung" verlangen kann; niedergelegt. Hierbei gilt jedoch der allgemeine Grundsatz, dass Eignungsanforderungen mit dem Auftragsgegenstand in Verbindung stehen und zu diesem in einem angemessenen Verhältnis stehen müssen (§ 122 Abs. 4 GWB). Durch den Auftrag ist nur das Verlangen gerechtfertigt, dass für die Auftragserfüllung eine entsprechende Haftpflichtversicherung bereitgestellt wird; diesem Interesse ist auch mit einer Selbstverpflichtung des Auftragnehmers Rechnung getragen, die Versicherung im Fall der Auftragserteilung abzuschließen bzw. an die Vorgaben des Auftraggebers anzupassen; etwas anderes mag dann gelten, wenn der Versicherungsschutz schwer zu erlangen ist und daher die bloße Eigenerklärung aus Sicht des Auftraggebers nicht hinreichend wäre. Der Auftraggeber kann jedenfalls aber dem für den Zuschlag vorgesehenen Bieter aufgeben, den Nachweis einer angepassten Haftpflichtversicherung vor Zuschlagserteilung beizubringen; gelingt dem Bieter dies entgegen seiner Eigenerklärung nicht, so wäre er auszuschließen.

3. Eignungsnachweise

26 Im Zentrum des Teilnahmewettbewerbs steht der Nachweis der Eignung für den konkreten Auftrag. Die Auftraggeber geben bereits in der Bekanntmachung, der Vorinformation oder der Aufforderung zur Interessensbestätigung an, welche Nachweise vorzulegen sind (vgl. § 122 Abs. 4 S. 2 GWB).

Die Formulare zum Europäischen Amtsblatt sehen die Möglichkeit vor, anzukreuzen, dass sich die Eignungsanforderungen aus den Vergabeunterlagen ergeben. Diese technische Möglichkeit ist mit den Vorgaben des § 122 Abs. 4 S. 2 GWB nicht zu vereinbaren. Obgleich die Rechtsprechung dies bereits wiederholt festgestellt hat, wurden die Formulare bislang noch nicht angepasst, sodass immer wieder Auftraggeber hier zu einem vergaberechtswidrigen Vorgehen verleitet werden.[24] Erfüllt ein Bieter die lediglich in den Vergabeunterlagen aufgeführten Eignungsanforderungen nicht, kann er mangels ordnungsgemäßer Bekanntmachung derselben nicht vom Vergabeverfahren ausgeschlossen werden.[25]

Der Auftraggeber darf insoweit nur solche Eignungskriterien aufstellen, die mit dem Auftragsgegenstand in Verbindung stehen und zu diesem in einem angemessenen Verhältnis stehen" (§ 122 Abs. 4 S. 1 GWB). Die VgV bestimmt in §§ 45, 46 und 48, welche Erklärungen und Nachweise der Auftraggeber fordern darf und sieht insoweit bereits konkrete Beschränkungen zur Wahrung der Angemessenheit vor; gleichermaßen geht die VOB/A-EU in § 6a vor. So bestimmt etwa § 45 Abs. 2 VgV, dass ein vorgegebener Mindestumsatz grundsätzlich das Zweifache des Auftragswerts nicht überschreiten darf, es sei denn, aufgrund der Art des Auftragsgegenstandes bestehen spezielle Risiken, die höhere Mindestanforderungen rechtfertigen. Die VOB/A formuliert hier etwas weicher und lässt höhere Anforderungen nur in „hinreichend begründeten Fällen" zu (vgl. § 6a Nr. 2 lit. c) VOB/A-EU). Die anderen Vergabeordnungen verzichten auf solche spezifischen Vorgaben. Hier bleibt es bei dem allgemeinen Grundsatz, dass die geforderten Nachweise zur Prüfung der Eignung für den konkreten Auftrag geeignet und verhältnismäßig sein müs-

---

[22] Vgl. OLG Thüringen Beschl. v. 30.4.2009 – 9 Verg 3/09.
[23] Vgl. etwa VK Bund Beschl. v. 13.6.2019 – VK 2-26/19, ZfBR 2020, 202; VK Lüneburg Beschl. v. 11.3.2013 – VgK-3/2013; VK Thüringen Beschl. v. 18.7.2012 – 250-4004-9055/2012-E-002-HBN.
[24] Vgl. OLG Düsseldorf Beschl. v. 11.7.2018 – VII_Verg 24/18, NZBau 2019, 64; VK Bund Beschl. v. 4.10.2019 – VK 1-73/19, IBR 2020, 143.
[25] Vgl. OLG Düsseldorf Beschl. v. 11.7.2018 – VII_Verg 24/18, NZBau 2019, 64.

sen.[26] Die SektVO verlangt in ihrem § 46 Abs. 1 und 2 lediglich die Auswahl anhand „objektiver und nichtdiskriminierender Kriterien", die allen Unternehmen zugänglich sein müssen; die KonzVgV formuliert in § 25 Abs. 2 sehr ähnlich, dass die Eignungskriterien nichtdiskriminierend sein und dem Zweck dienen müssen, die Fähigkeit des Konzessionärs zur Durchführung sicherzustellen und den Wettbewerb zu gewährleisten. Es gelten daher auch ohne spezifische Vorgaben unverändert die allgemeinen Grundsätze der Transparenz, Diskriminierungsfreiheit und Gleichbehandlung, sodass insbesondere auch hier das Gebot geeigneter und angemessener Kriterien besteht. Bei der Ausgestaltung kann sich eine Anlehnung an die äußeren Schranken der VgV auch im Sektorenbereich und bei Konzessionsvergaben anbieten.

Die Entscheidung über die von den Bewerbern beizubringenden Eignungsnachweise 27 steht (bei der VgV nur innerhalb des dort gezogenen recht konkreten Rahmens) im – gerichtlich nur eingeschränkt überprüfbaren – Ermessen des Auftraggebers.[27] Die Grenze zulässiger Ermessensbetätigung ist dort überschritten, wo sich die Eignungsanforderung nicht mehr durch den Auftragsgegenstand vernünftig begründen lässt. Handelt es sich etwa um eine schlichte Lieferung der von einem Dritten hergestellten Ware, so wäre es nicht nachvollziehbar, hohe Anforderungen an die technische Leistungsfähigkeit des Auftragnehmers als bloßem Lieferanten zu stellen. Ebenso wenig wäre es angemessen, Erfahrungen mit der Erstellung eines Netzwerks mit mindestens 1000 angeschlossenen PCs zu fordern, wenn an das konkret in Rede stehende Netz nur 200 PCs angeschlossen werden sollen. Die Rechtsprechung stellt zu Recht im Ergebnis darauf ab, ob der Wettbewerb unnötig eingeschränkt wird.[28] Die Gewährleistung des Wettbewerbs wird in den Vergabeordnungen stärker betont als bislang, sodass mit einer tendenziell strengeren Prüfung der Angemessenheit von Eignungskriterien zu rechnen ist; der Auftraggeber ist gehalten, kritisch abzuwägen zwischen der Notwendigkeit hoher Eignungsanforderungen und einer daraus möglicherweise folgenden Einschränkung des Wettbewerbsumfelds.

Der Auftraggeber ist an die einmal festgelegten Eignungsanforderungen gebunden und 28 kann im Nachhinein bei der Wertung der Teilnahmeanträge bzw. Angebote nicht hiervon abweichen und etwa zugunsten einzelner Bewerber/Bieter auf die Einhaltung von Mindestanforderungen verzichten. Der Auftraggeber darf allerdings, wenn er feststellt, dass die Anforderungen überzogen sind, im Wege der Zurückversetzung des Verfahrens die Eignungsanforderungen im Verlauf des Verfahrens ändern, muss insoweit aber transparent und diskriminierungsfrei vorgehen.[29] Wird bei einer Reduktion der Eignungsanforderungen ein anderer Bieterkreis angesprochen, so muss auf der Grundlage einer ergänzenden Bekanntmachung der Wettbewerb zu den ermäßigten Bedingungen neu eröffnet werden.

Bei der Festlegung der Eignungsnachweise kann der Auftraggeber Mindestvoraussetzun- 29 gen festlegen, bei deren Nichterfüllung der Bewerber in jedem Fall auszuschließen ist. Darüber hinaus können im nicht offenen Verfahren und im Verhandlungsverfahren in der Bekanntmachung relative Eignungsanforderungen festgelegt werden, die bei vorgesehener Verringerung des Teilnehmerkreises auf die (zB fünf) am besten geeigneten Unternehmen zur Auswahl herangezogen werden (vgl. hierzu etwa § 51 VgV). Wichtig ist insoweit, dass transparente Kriterien aufgestellt werden, deren Bewertung dem Auftraggeber keine willkürlichen Entscheidungsspielräume erlaubt; daher ist es zu empfehlen, konkrete, mathematisch nachvollziehbare, Bewertungsmethoden aufzustellen und in der Bekanntmachung anzugeben.

Der Eignungsnachweis kann ganz oder teilweise auch durch die Teilnahme an einem 30 Präqualifikationssystem im Hinblick auf die dort erworbenen und vom Auftraggeber direkt abrufbaren Eignungsnachweise geführt werden (§ 122 Abs. 3 GWB).

---

[26] Vgl. Beck VergabeR/*Mager* § 46 SektVO Rn. 6.
[27] Vgl. Ziekow/Völlink/*Hänsel* § 7 EG VOL/A Rn. 2.
[28] Vgl. OLG Koblenz Beschl. v. 16.6.2012 – 1 Verg 2/12.
[29] Vgl. OLG Düsseldorf Beschl. v. 16.5.2011 – Verg 44/11, IBR 2011, 483.

Zur Vereinfachung sehen die VgV und die VOB/A EU einen (vorläufigen) Eignungsnachweis durch Abgabe der Einheitlichen Europäischen Eigenerklärung (EEE) vor (§ 50 VgV, § 6b Abs. 1 S. 2 VOB/A-EU). Der Auftraggeber kann bei Übermittlung der EEE die Vorlage von Einzelnachweisen verlangen; spätestens ist dies vor Zuschlagserteilung vorgesehen (§ 50 Abs. 2 S. 2 VgV).

Zu den Einzelheiten der vorzulegenden Eignungsnachweise kann auf → § 30 dieses Handbuchs verwiesen werden.

4. Besonderheiten bei Bietergemeinschaften

31 Der Zusammenschluss mehrerer Unternehmen zu einer Bewerber- bzw. Bietergemeinschaft[30] erleichtert – gerade bei komplexen Projekten – den Nachweis der Eignung und ermöglicht es damit auch mittelständischen Unternehmen, sich gemeinsam um größere Aufträge zu bewerben.

Von der Bietergemeinschaft ist im Anwendungsbereich der VgV zwingend eine Bietergemeinschaftserklärung abzugeben, aus welcher die Mitglieder der Bietergemeinschaft und ein bevollmächtigter Vertreter für den Abschluss und die Durchführung des Vertrages ersichtlich sind (vgl. § 53 Abs. 9 S. 1 VgV). Fehlt diese Erklärung im Teilnahmeantrag oder Angebot, so ist sie jedenfalls vor Zuschlagserteilung beizubringen (§ 53 Abs. 9 S. 2 VgV). Die anderen Vergabeordnungen sehen diese Angaben nicht verpflichtend vor; der Auftraggeber kann aber dort entsprechende Anforderungen stellen und – der gängigen Praxis entsprechend – eine Bietergemeinschaftserklärung verlangen.

32 Im Hinblick auf die wirtschaftliche und technische Leistungsfähigkeit können die Unternehmen ihre Ressourcen bündeln und leichter den Eignungsnachwies führen. Die fehlende Zuverlässigkeit, das heißt das Vorliegen von Ausschlussgründen auch nur hinsichtlich eines einzigen Bietergemeinschaftsmitgliedes gefährdet demgegenüber die Bewerbung.

33 **a) Nichtvorliegen von Ausschlussgründen.** Unabdingbare Voraussetzung für die Eignung einer Bietergemeinschaft ist es, dass sämtliche ihrer Mitglieder die erforderliche Zuverlässigkeit besitzen bzw. nachweisen. Die erforderliche Zuverlässigkeit fehlt, wenn zwingende Ausschlussgründe vorliegen oder ein fakultativer Ausschlussgrund vorliegt und der Auftraggeber zu der Einschätzung gelangt, das Unternehmen sei deshalb für die Durchführung des Auftrages ungeeignet und folglich auszuschließen. Die Unzuverlässigkeit eines Bietergemeinschaftsmitglieds strahlt auf die Bietergemeinschaft insgesamt aus und führt zwingend zur Unzuverlässigkeit der Bietergemeinschaft insgesamt.[31] Auch wenn der Auftraggeber dies in der Bekanntmachung nicht ausdrücklich verlangt, sind deshalb die Erklärungen und Nachweise zum Nichtvorliegen von Ausschlussgründen stets von allen Mitgliedern einer Bietergemeinschaft zu erbringen.[32]

34 **b) Finanzielle und technische Leistungsfähigkeit.** Hinsichtlich der finanziellen/wirtschaftlichen und technischen Leistungsfähigkeit wird von der herrschenden Rechtsprechung und Literatur demgegenüber auf die Bietergemeinschaft als Gesamtheit abgestellt. Hintergrund ist, dass es der Zweck der nach §§ 43 Abs. 2 VgV, 50 Abs. 2 SektVO, 24 Abs. 2 KonzVgV, 6 Abs. 3 Nr. 2 VOB/A-EU ausdrücklich zulässigen und Einzelbietern gleichzustellenden Bietergemeinschaften ist, zur Schaffung der erforderlichen Kapazitäten ihre Ressourcen zu bündeln und zu ergänzen.

---

30 Nachfolgend übergreifend jeweils als „Bietergemeinschaft" bezeichnet.

31 Vgl. OLG Düsseldorf Beschl. v. 15.12.2004 – Verg 48/04, IBRRS 2005, 0142; Jagenburg/Schröder/Baldringer/*Haupt*, Der ARGE-Vertrag, Anhang 4, Rn. 758; aA *Lux* Bietergemeinschaften, S. 135 – Ausgleich der Unzuverlässigkeit eines Mitglieds der Bietergemeinschaft durch die Zuverlässigkeit der anderen Mitglieder und Verpflichtung der Vergabestelle zur Gesamtbetrachtung.

32 Vgl. OLG Naumburg Beschl. v. 30.4.2007 – 1 Verg 1/07, NZBau 2008, 73 ff.; Jagenburg/Schröder/Baldringer/*Haupt*, Der ARGE-Vertrag, Anhang 4, Rn. 758.

Entscheidend ist deshalb nach der herrschenden Auffassung, dass die Bietergemeinschaft als solche über die erforderlichen finanziellen und technischen Ressourcen verfügt, ohne dass jedes einzelne Mitglied diese jeweils gesondert nachweisen müsste. Es ist deshalb nach dieser Auffassung nicht erforderlich, dass alle Mitglieder der Bietergemeinschaft jeweils sämtliche der geforderten Nachweise zur finanziellen und technischen Leistungsfähigkeit einreichen. Formal wird es vielmehr als ausreichend angesehen, wenn jeder geforderte Nachweis bzw. jede Erklärung von zumindest einem Mitglied der Bietergemeinschaft abgegeben wird.[33] 35

Dem ist nicht uneingeschränkt zu folgen: Zwar ist es richtig, dass für die Eignung der Bietergemeinschaft auf die Gesamtheit der Mitglieder abzustellen ist, sodass es etwa bei zwei geforderten Referenzen ausreichend ist, wenn beide Mitglieder einer Bietergemeinschaft je eine Referenz nachweisen. Jedoch ist hieraus entgegen der wohl überwiegenden Auffassung nicht der Schluss zu ziehen, dass die formale Vorlage der geforderten Nachweise für die anderen Mitglieder einer Bietergemeinschaft entbehrlich ist, wenn ein Mitglied bereits allein ausreichende Referenzen etc. vorlegen kann. Denn bei einer solchen nur ausschnittsweisen Vorlage von Eignungsnachweisen ergäbe sich für den Auftraggeber nur ein bruchstückhaftes Bild, das keinen wirklich aussagekräftigen Überblick über die Eignung der Bietergemeinschaft zulassen würde. Treten etwa ein technisch sehr versiertes aber aufgrund massiver Umsatzrückgänge finanzschwaches und ein finanzstarkes aber technisch nicht erfahrenes Unternehmen als Bietergemeinschaft auf, so resultiert hieraus nicht ein finanziell und technisch starker Bewerber. In dieser Konstellation bestünde nämlich – vor allem bei langfristig angelegten Projekten – die erhöhte Gefahr, dass das angeschlagene technisch versierte Unternehmen in Insolvenz geriete und deshalb die Bietergemeinschaft den Auftrag im Zuschlagsfall nicht abschließend erfüllen könnte. Die sichere und aussagekräftige Prüfung der Leistungsfähigkeit einer Bietergemeinschaft kann deshalb nur erfolgen, wenn sämtliche Mitglieder der Bietergemeinschaft auch hinsichtlich der finanziellen und technischen Leistungsfähigkeit alle geforderten Eignungsnachweise einreichen. 36

Überdies ist insoweit der Gedanke des § 47Abs. 1 S. 3 VgV heranzuziehen: Ein Bewerber bzw. eine Bewerbergemeinschaft kann sich hiernach nur dann auf berufliche Kapazitäten Dritter berufen, wenn diese die Leistung erbringen, für welche die Kapazitäten benötigt werden. Weist ein Mitglied der Bietergemeinschaft entsprechende Kapazitäten nach, soll die betreffende Leistung indes von einem anderen Mitglied erbracht werden, so beinhalt der Kapazitätsnachweis keine belastbare Aussage zur Eignung. Nur wenn alle Mitgliedsunternehmen sämtliche Eignungserklärungen formal erbringen, kann der Auftraggeber anhand einer von ihm etwa verlangten Angabe, welches Mitgliedsunternehmen welche Leistungsanteile erbringt, valide einschätzen, ob die Bietergemeinschaft tatsächlich in der Lage ist, den ausgeschriebenen Auftrag ordnungsgemäß zu erbringen.

Deshalb spricht viel dafür, dass zwar für die materielle Eignungsprüfung die Eignung der Bietergemeinschaft insgesamt und damit ggf. auch die Leistungsfähigkeit eines einzelnen Mitglieds ausreicht, aber für sämtliche Mitglieder jeweils alle geforderten Erklärungen und Nachweise zur finanziellen und technischen Leistungsfähigkeit eingereicht werden müssen.[34] Dies bedeutet nicht, dass alle Mitglieder der Bietergemeinschaft etwa sämtliche Referenzen nachweisen müssten; es genügt zunächst wenn sie sich hierzu erklären, also etwa die Mitteilung machen, über keine eigenen Referenzen zu verfügen. 37

Soweit weitergehend verlangt wird, dass alle Mitglieder der Bietergemeinschaft jeweils für sich nicht nur zuverlässig, sondern auch finanziell und technisch leistungsfähig sein müssten,[35] kann dem allerdings nur eingeschränkt in dem Sinne zugestimmt werden, dass 38

---

[33] Vgl. OLG Naumburg Beschl. v. 30.4.2007 – 1 Verg 1/07, NZBau 2008, 73ff.; OLG Düsseldorf Beschl v. 31.7.2007 – Verg 25/07, BeckRS 2008, 3763; aA *Dreher* NZBau 2005, 426, 432 und wohl auch OLG Dresden Beschl. v. 17.10.2006 – WVerg 15/06, IBR 2007, 46.

[34] Vgl. Jagenburg/Schröder/Baldringer/*Haupt*, Der ARGE-Vertrag, Anhang 4, Rn. 759; in diese Richtung auch *Herig* Praxiskommentar VOB/A § 25 Rn. 78.

[35] Vgl. *Dreher* NZBau 2005, 426, 432.

zwar nicht für sich betrachtet alle Mitglieder für die Auftragsdurchführung die volle Leistungsfähigkeit besitzen müssen, aber doch durch eine stark eingeschränkte Leistungsfähigkeit einzelner Mitglieder die Eignung der Bietergemeinschaft nicht insgesamt in Frage gestellt sein darf, was etwa im Falle drohender Insolvenz eines Mitglieds oder bei fehlender technischer Kompetenz eines Mitglieds, welches bestimmte Leistungsbestandteile erbringen soll, für welche nur ein anderes Mitglied materiell die Eignung nachgewiesen hat, der Fall sein kann.

5. Unterauftragnehmererklärungen

39 **a) Verpflichtende Angabe von Unterauftragnehmern.** Der Auftraggeber kann ein berechtigtes Interesse an einer Erklärung haben, hinsichtlich welcher Leistungsbestandteile Unterauftragnehmer (früher: Nachunternehmer) eingesetzt werden sollen und welche Unterauftragnehmer vorgesehen sind. Derartige Erklärungen können aber – abgesehen vom Fall der Eignungsleihe – im Rahmen des Teilnahmewettbewerbs noch keine Bedeutung haben und deshalb frühestens im Rahmen des Angebots gefordert werden (vgl. § 36 Abs. 1 VgV); die Verpflichtung zur Angabe konkreter Nachunternehmer ist selbst zum Zeitpunkt der Angebotsabgabe regelmäßig unzumutbar.[36]

40 **b) Eignungsleihe.** Die Angabe von Unterauftragnehmern kann allerdings bereits im Teilnahmeantrag notwendig werden, wenn der Bewerber sich zum Nachweis der Eignung auf die Fähigkeiten eines Nachunternehmers stützen möchte, etwa hinsichtlich der technischen Leistungsfähigkeit. Ein Bewerber/Bieter kann sich nach § 47 VgV, § 47 SektVO, 25 Abs. 3 KonzVgV, 6d VOB/A-EU zum Nachweis der wirtschaftlichen/finanziellen sowie technischen/beruflichen Leistungsfähigkeit der Kapazitäten anderer Unternehmen bedienen. Dies gilt unabhängig von der Rechtsnatur der zwischen dem Bewerber/Bieter und dem Dritten bestehenden Verbindungen, sodass es sich nicht um Nachunternehmer handeln muss; hinsichtlich der beruflichen Leistungsfähigkeit können die Kapazitäten eines Dritten indes nur dann für den Eignungsnachweis in Anspruch genommen werden, wenn der Dritte auch die Leistungen erbringt, für welche die Kapazitäten benötigt werden (§ 47 Abs. 1 S. 3 VgV). Zu begrüßen ist die Neuregelung, dass der Auftraggeber bei kritischen Aufgaben/Leistungen eine unmittelbare Durchführung durch den Bieter bzw. ein Mitglied der Bietergemeinschaft verlangen kann (§ 47 Abs. 5 VgV, § 6d Abs. 4 VOB/A-EU). Leiht sich der Bewerber/Bieter die Kapazitäten eines anderen Unternehmens zum Nachweis seiner finanziellen/wirtschaftlichen Leistungsfähigkeit, so kann der Auftraggeber überdies eine gemeinsame Haftung beider Unternehmen im Umfang der Eignungsleihe (§ 47 Abs. 3 VgV) bzw. insgesamt für die Auftragsdurchführung verlangen (§ 6d Abs. 2 VOB/A-EU, § 25 Abs. 3 KonzVgV).

41 Im Rahmen einer solchen „Eignungsleihe" ist der Nachweis zu führen, dass dem Bewerber/Bieter die Mittel des Drittunternehmens im Auftragsfall zur Verfügung stehen.[37]

Will oder muss sich der Bewerber bzw. Bieter zum Nachweis der Eignung auf die Fähigkeiten eines Nachunternehmers beziehen, so ist es – auch wenn außerhalb der Eignungsleihe die Angabe von Nachunternehmern mit dem Teilnahmeantrag regelmäßig nicht gefordert werden kann – eine selbstverständliche Obliegenheit, entsprechende Angaben und Verfügbarkeitsnachweise im Teilnahmewettbewerb bzw. im offenen Verfahren mit dem Angebot einzureichen.[38] Dabei darf der öffentliche Auftraggeber dem Bieter/Bewerber allerdings nicht vorgeben, auf welche Weise er den Verfügbarkeitsnachweis führt; insbesondere darf er nicht zwingend eine Erklärung des die Eignung leihenden Unternehmens oder den Abschluss eines Kooperationsvertrages zwischen dem Bewerber/Bieter und

[36] Vgl. zur eingeschränkten Zulässigkeit der Forderung einer Nachunternehmerangabe im Rahmen des Angebots BGH Urt. v. 10.6.2008 – X ZR 78/07, ZfBR 2008, 702.

[37] Vgl. hierzu etwa OLG München Beschl. v. 9.8.2012 – Verg 10/12, IBR 2012, 666.

[38] Vgl. *Schwenker/Schmidt* VergabeR 2009, 485.

dem die Eignung leihenden Unternehmen verlangen.[39] Dem Bewerber/Bieter muss es freistehen, auch auf andere Weise nachzuweisen, dass ihm die Mittel des anderen Unternehmens im Auftragsfalle tatsächlich zur Verfügung stehen; davon, dass dies der Fall ist, muss sich der Auftraggeber überzeugen.[40] In der Praxis wird indes freilich die Verfügbarkeitserklärung die einfachste Möglichkeit für den Nachweis darstellen, dass die Kapazitäten des die Eignung leihenden Unternehmens im Auftragsfall auch wirklich zur Verfügung stehen.

III. Weitergehende Inhalte des Angebots

1. Preise, Erklärungen und Angaben

Über die Inhalte eines Teilnahmeantrages hinaus müssen die Angebote alle geforderten Unterlagen und Preise enthalten (vgl. § 13 Abs. 1 Nr. 3 und 4 VOB/A-EU, § 57 Abs. 1 Nr. 2, 5 VgV, § 31 Abs. 2 Nr. 1 und 8 VSVgV). Für den Sektorenbereich ergibt sich diese im Grunde selbstverständliche Forderung mittelbar aus der Regelung zur Nachforderung fehlender Unterlagen (insbesondere Erklärungen und Nachweise sowie eingeschränkt Preisangaben) in § 51 Abs. 2 und 3 SektVO. 42

Der Begriff der „Unterlagen" ist sehr weit zu verstehen und umfasst – wie § 48 Abs. 1 VgV verdeutlicht – alle Eigenerklärungen, Angaben und „sonstigen Nachweise", die der Auftraggeber von den Bietern verlangt, wie beispielsweise Eignungsnachweise, Formblätter, Urkalkulation, Muster und Proben. 43

Dem Angebot ist im Bereich der VOB/A grundsätzlich ein ausgefülltes Leistungsverzeichnis beizufügen; Bieter können jedoch gem. § 13 Abs. 1 Nr. 6 VOB/A-EU bzw. § 13 Abs. 1 Nr. 6 VOB/A eine selbstgefertigte Abschrift oder Kurzfassung des Leistungsverzeichnisses beifügen, wenn sie den vom Auftraggeber verfassten Wortlaut des Leistungsverzeichnisses im Angebot als allein verbindlich anerkennen. Eine entsprechende Erklärung ist in diesem Fall also Voraussetzung für die Vollständigkeit des Angebots. Bei Verwendung von Kurzfassungen müssen die Ordnungszahlen bzw. Positionen vollständig, in identischer Reihenfolge und mit den gleichen Nummern wie in dem vom Auftraggeber vorgesehenen Leistungsverzeichnis wiedergegeben werden (vgl. § 13 Abs. 1 Nr. 6 2. HS VOB/A-EU bzw. § 13 Abs. 1 Nr. 6 2. HS VOB/A). 44

Muster und Proben sind als zum Angebot gehörig zu kennzeichnen (§ 13 Abs. 1 Nr. 7 VOB/A-EU). Sie haben den Zweck, die angebotene Leistung eindeutig und erschöpfend darzustellen.[41] Die Kennzeichnung muss nicht nur erkennen lassen, zu welchem Angebot sie gehört, sondern auch, welchen Teil des Angebots die Probe konkret ergänzt.[42] 45

Auf Verlangen des Auftraggebers muss der Bieter im Bereich der VgV (und entsprechend auch in anderen Vergaberegimen) angeben, ob für den Gegenstand des Angebots gewerbliche Schutzrechte bestehen oder beantragt sind oder erwogen werden (§ 53 Abs. 8 VgV). Hintergrund ist, dass beim Bestehen fremder Schutzrechte der Bieter wegen Schutzrechtsverletzung vom Rechteinhaber auf Unterlassung der Lieferung in Anspruch genommen und in diesem Fall für den konkreten Auftrag nicht als leistungsfähig angesehen werden kann bzw. bei berechtigter Inanspruchnahme gewerblicher Schutzrechte durch einen Bieter ein Verhandlungsverfahren ohne Teilnahmewettbewerb nach § 14 Abs. 4 Nr. 2c) VgV zulässig sein kann.[43] Sofern der Bieter auch nur erwägt, Angaben aus seinem Angebot für die Anmeldung eines gewerblichen Schutzrechts zu verwerten, muss dies daher unaufgefordert mit dem Angebot mitgeteilt werden. 46

---

[39] EuGH Urt. v. 14.1.2016 – C-234/14, NZBau 2016, 227.
[40] Vgl. EuGH Urt. v. 14.1.2016 – C-234/14, NZBau 2016, 227.
[41] Vgl. Beck VergabeR/*Lausen* § 13 VOB/A-EU Rn. 66.
[42] Vgl. MüKoWettbR/*Stollhoff* § 13 VOB/A Rn. 83.
[43] Vgl. KKMPP/*Verfürth* VgV § 53 Rn. 80.

47 Nicht vergessen werden darf schließlich bei schriftlich übermittelten Angeboten soweit rechtlich erforderlich die Unterschrift bzw. bei elektronisch eingereichten Angeboten die etwa geforderte elektronische Signatur als nicht nur formaler, sondern auch inhaltlicher Teil des Angebots (vgl. § 13 Abs. 1 Nr. 1 VOB/A-EU, § 53 Abs. 3 und 6 VgV).

2. Angabe der notwendigen Inhalte in der Angebotsaufforderung

48 Nach § 9 EG Abs. 4 VOL/A 2012 waren Auftraggeber bis zur Vergabereform 2016 verpflichtet, sämtliche verlangten „Nachweise" in den Vergabeunterlagen in einer abschließenden Liste aufzuführen. Sinn und Zweck dieser Regelung war die Schaffung einer größeren Übersicht für den Bieter, indem an einer zentralen Stelle alle zu erbringenden Nachweise aufgeführt werden. Diese Verpflichtung ist im Zuge der Vergabereform aufgegeben worden. Nach § 52 Abs. 2 Nr. 4 VgV enthält die Angebotsaufforderung im zweistufigen Verfahren die „Bezeichnung der gegebenenfalls beizufügenden Unterlagen, sofern nicht bereits in der Auftragsbekanntmachung enthalten"; eine zusammenführende Liste ist also nicht gefordert; ähnlich ist dies in § 8 Abs. 2 Nr. 1 VOB/A-EU geregelt. Gleichwohl ist eine entsprechende Liste zu empfehlen, um Stolpersteine für die Bieter zu minimieren.

3. Nachunternehmererklärungen

49 Der Auftraggeber kann von den Bietern mit dem Angebot die Angabe verlangen, welche Leistungsteile diese beabsichtigen, im Wege der Unterauftragsvergabe an Dritte zu vergeben (§ 36 Abs. 1 VgV, § 34 Abs. 1 SektVO, § 9 Abs. 1 VSVgV). Darüber hinaus kann bereits im Rahmen der Eignungsprüfung eine Erklärung verlangt werden, welche Auftragsteile der Bewerber/Bieter unter Umständen als Unteraufträge zu vergeben beabsichtigt (§ 46 Abs. 3 Nr. 10 VgV, § 6a Nr. 3 lit. i) VOB/A-EU. Wo dieses berechtigte Anliegen nicht ausdrücklich geregelt ist (etwa in der KonzVgV) kann dem Auftraggeber aber dieses Recht nicht abgesprochen werden.

50 Unterauftragnehmer sind zumindest im Bereich der VOB/A nur diejenigen vom Auftragnehmer eingeschalteten Unternehmen, die selbst einen werkvertraglichen Erfolg schulden, nicht hingegen bloße Lieferanten oder Zulieferer.[44]

51 Hinsichtlich der Angabe der zur Vergabe an Unterauftragnehmer vorgesehenen Leistungen ist eine klare und eindeutige Eingrenzung erforderlich. Regelmäßig erfordert dies die Bezugnahme auf bestimmte Leistungspositionen.[45] Umschreibungen der Leistungsbereiche genügen den Bestimmtheitsanforderungen nur dann, wenn sich die entsprechenden Leistungsbereiche, ggf. im Wege der Auslegung, eindeutig ermitteln lassen.[46]

52 Darüber hinaus kann der Auftraggeber auch die namentliche Angabe der vorgesehenen Nachunternehmer verlangen, um auf dieser Grundlage deren Eignung prüfen zu können.[47] Regelmäßig wird allerdings eine Benennung der konkreten Nachunternehmer – vom Fall der Eignungsleihe abgesehen – bereits mit Angebotsabgabe dem Bieter nicht zumutbar sein.[48] Spätestens ist die Angabe der vorgesehenen Nachunternehmer aber vor Zuschlagserteilung von denjenigen Bietern geschuldet, die in die engere Wahl kommen; dies ist nun ausdrücklich etwa in § 36 Abs. 1 S. 2 VgV geregelt. Berücksichtigt man, dass die Angabe der Unterauftragnehmer bereits zur Angebotsabgabe regelmäßig als unzumutbar angesehen wird, weil eine feste Vertragsbindung vor konkreter Zuschlagsaussicht als zu weitgehende Anforderung angesehen wird, so muss der Auftraggeber bei einer solchen Aufforderung vor Zuschlag davon ausgehen, dass feste vertragliche Vereinbarungen noch

[44] Vgl. MüKoWettbR/*Baldringer* § 8 VOB/A Rn. 53f.; Beck VergabeR/*Liebschwager* § 36 VgV Rn. 7.
[45] Vgl. VK Schleswig-Holstein Beschl. v. 6.10.2005 – VK-SH 27/05, IBRRS 2005, 3121.
[46] Vgl. OLG Schleswig Urt. v. 10.3.2006 – 1 Verg 13/05.
[47] Vgl. BGH Beschl. v. 18.9.2007 – X ZR 89/04, NZBau 2008, 137.
[48] Vgl. BGH Urt. v. 10.6.2008 – X ZR 78/07, ZfBR 2008, 702; OLG München Beschl. v. 22.1.2009 – Verg 26/08, IBR 2009, 158.

nicht bestehen. Dies ist bei der Bemessung einer angemessenen Frist zur namentlichen Angabe der Unterauftragnehmer zu berücksichtigen.

4. Angaben bei Nebenangeboten

Die Anzahl von Nebenangeboten ist nach § 13 EU Abs. 3 Satz 1 VOB/A an einer vom Auftraggeber bezeichneten Stelle aufzuführen. Nebenangebote sind auf einer gesonderten Anlage einzureichen und als solche kenntlich zu machen § 13 EU Abs. 3 Satz 2 VOB/A). Dies erfordert ein vom Hauptangebot getrenntes Dokument, welches die klare Kennzeichnung als Nebenangebot enthält.[49] Die Einreichung eines Nebenangebots auf gesonderter und gekennzeichneter Anlage ist konstitutiv für die Wertbarkeit eines Nebenangebots.[50] Die Anforderung einer eindeutigen Kennzeichnung als Nebenangebot ist auf andere Vergaberegime zu übertragen, denn ein Nebenangebot muss in jedem Fall erkennen lassen, dass der Bieter ein alternatives Angebot abgeben will. Der Auftraggeber kann darüber hinaus in Anlehnung die Maßgaben der VOB/A auch bei Ausschreibungen im Anwendungsbereich etwa der VgV oder der SektVO zur Schaffung einer klaren Angebotsdokumentation vorgeben, dass Nebenangebote auf gesonderter Anlage eingereicht werden müssen.[51] 53

Der Auftraggeber gibt bei der Zulassung von Nebenangeboten insbesondere auch die Mindestanforderungen an Nebenangebote an (vgl. etwa § 8 Abs. 2 Nr. 3 lit. b) VOB/A-EU). Bei der Einreichung von Nebenangeboten ist deshalb die Wahrung sämtlicher Mindestanforderungen sicherzustellen bzw. darzulegen. Hierbei verbieten sich mangels Transparenz die früher üblichen formalen Wendungen zur Gleichwertigkeit, sondern es ist inhaltlich bzw. leistungsbezogen die Mindestanforderungen konkret anzugeben.[52] Dabei dient die Festlegung von Mindestanforderungen der Annäherung des Nebenangebots an den Beschaffungsbedarf es Auftraggebers; die Freiheit des Auftraggebers bei der Festlegung des Beschaffungsbedarfs strahlt daher auf die Bestimmung der Mindestanforderungen aus.[53] Da das Vergaberecht keine konkreten Vorgaben an die Mindestanforderungen statuiert, besteht daher weitgehende Freiheit des Auftraggebers; lediglich sachfremde, willkürliche und diskriminierende ebenso wie intransparente Vorgaben sind somit zu beanstanden.[54] 54

[49] Vgl. MüKoWettbR/*Stollhoff* § 13 VOB/A Rn. 104.
[50] Vgl. MüKoWettbR/*Stollhoff* § 13 VOB/A Rn. 104.
[51] Vgl. Beck VergabeR/*Liebschwager* § 35 VgV Rn. 23.
[52] Vgl. KKMPP/*Dicks* VgV § 35 Rn. 11.
[53] Vgl. OLG Düsseldorf Beschl. v. 20. 12. 2019 – VII Verg 35/19, NZBau 2020, 194.
[54] Vgl. OLG Düsseldorf Beschl. v. 20. 12. 2019 – VII Verg 35/19, NZBau 2020, 194.

Kapitel 6 Angebote und Wertung

§ 27 Angebotsöffnung

Übersicht

VgV: §§ 54, 55
VOB/A: §§ 14, 14a, 14 EU, 14 VS
UVgO: §§ 39, 40

VgV:

§ 54 VgV Aufbewahrung ungeöffneter Interessensbekundungen, Interessensbestätigungen, Teilnahmeanträge und Angebote

Elektronisch übermittelte Interessensbekundungen, Interessensbestätigungen, Teilnahmeanträge und Angebote sind auf geeignete Weise zu kennzeichnen und verschlüsselt zu speichern. Auf dem Postweg und direkt übermittelte Interessensbestätigungen, Teilnahmeanträge und Angebote sind ungeöffnet zu lassen, mit Eingangsvermerk zu versehen und bis zum Zeitpunkt der Öffnung unter Verschluss zu halten. Mittels Telefax übermittelte Interessensbestätigungen, Teilnahmeanträge und Angebote sind ebenfalls entsprechend zu kennzeichnen und auf geeignete Weise unter Verschluss zu halten.

§ 55 VgV Öffnung der Interessensbestätigungen, Teilnahmeanträge und Angebote

(1) Der öffentliche Auftraggeber darf vom Inhalt der Interessensbestätigungen, Teilnahmeanträge und Angebote erst nach Ablauf der entsprechenden Fristen Kenntnis nehmen.

(2) Die Öffnung der Angebote wird von mindestens zwei Vertretern des öffentlichen Auftraggebers gemeinsam an einem Termin unverzüglich nach Ablauf der Angebotsfrist durchgeführt. Bieter sind nicht zugelassen.

VOB/A:

§ 14 VOB/A Öffnung der Angebote, Öffnungstermin bei ausschließlicher Zulassung elektronischer Angebote

(1) Sind nur elektronische Angebote zugelassen, wird die Öffnung der Angebote von mindestens zwei Vertretern des Auftraggebers gemeinsam an einem Termin (Öffnungstermin) unverzüglich nach Ablauf der Angebotsfrist durchgeführt. Bis zu diesem Termin sind die elektronischen Angebote zu kennzeichnen und verschlüsselt aufzubewahren.

(2)

1. Der Verhandlungsleiter stellt fest, ob die elektronischen Angebote verschlüsselt sind.
2. Die Angebote werden geöffnet und in allen wesentlichen Teilen im Öffnungstermin gekennzeichnet.
3. Muster und Proben der Bieter müssen im Termin zur Stelle sein.

(3) Über den Öffnungstermin ist eine Niederschrift in Textform zu fertigen, in der die beiden Vertreter des Auftraggebers zu benennen sind. Der Niederschrift ist eine Aufstellung mit folgenden Angaben beizufügen:

a) Name und Anschrift der Bieter,
b) die Endbeträge der Angebote oder einzelner Lose,
c) Preisnachlässe ohne Bedingungen,
d) Anzahl der jeweiligen Nebenangebote.

(4) Angebote, die nach Ablauf der Angebotsfrist eingegangen sind, sind in der Niederschrift oder in einem Nachtrag besonders aufzuführen. Die Eingangszeiten und die etwa bekannten Gründe, aus denen die Angebote nicht vorgelegen haben, sind zu vermerken.

(5) Ein Angebot, das nachweislich vor Ablauf der Angebotsfrist dem Auftraggeber zugegangen war, aber dem Verhandlungsleiter nicht vorgelegen hat, ist mit allen Angaben in die Niederschrift oder in einen Nachtrag aufzunehmen. Den Bietern ist dieser Sachverhalt unverzüglich in Textform mitzuteilen. In die Mitteilung sind die Feststellung, ob die Angebote verschlüsselt waren, sowie die Angaben nach Absatz 3 Buchstabe a bis d aufzunehmen. Im Übrigen gilt Absatz 4 Satz 2.

(6) Bei Ausschreibungen stellt der Auftraggeber den Bietern die in Absatz 3 Buchstabe a bis d genannten Informationen unverzüglich elektronisch zur Verfügung. Den Bietern und ihren Bevollmächtigten ist die Einsicht in die Niederschrift und ihre Nachträge (Absätze 4 und 5 sowie § 16c Absatz 3) zu gestatten.

(7) Die Niederschrift darf nicht veröffentlicht werden.

(8) Die Angebote und ihre Anlagen sind sorgfältig zu verwahren und geheim zu halten.

§ 14a VOB/A Öffnung der Angebote, Eröffnungstermin bei Zulassung schriftlicher Angebote

(1) Sind schriftliche Angebote zugelassen, ist bei Ausschreibungen für die Öffnung und Verlesung (Eröffnung) der Angebote ein Eröffnungstermin abzuhalten, in dem nur die Bieter und ihre Bevollmächtigten zugegen sein dürfen. Bis zu diesem Termin sind die zugegangenen Angebote auf dem ungeöffneten Umschlag mit Eingangsvermerk zu versehen und

unter Verschluss zu halten. Elektronische Angebote sind zu kennzeichnen und verschlüsselt aufzubewahren.

(2) Zur Eröffnung zuzulassen sind nur Angebote, die bis zum Ablauf der Angebotsfrist eingegangen sind.

(3)

1. Der Verhandlungsleiter stellt fest, ob der Verschluss der schriftlichen Angebote unversehrt ist und die elektronischen Angebote verschlüsselt sind.
2. Die Angebote werden geöffnet und in allen wesentlichen Teilen im Eröffnungstermin gekennzeichnet. Name und Anschrift der Bieter und die Endbeträge der Angebote oder einzelner Lose, sowie Preisnachlässe ohne Bedingungen werden verlesen. Es wird bekannt gegeben, ob und von wem und in welcher Zahl Nebenangebote eingereicht sind. Weiteres aus dem Inhalt der Angebote soll nicht mitgeteilt werden.
3. Muster und Proben der Bieter müssen im Termin zur Stelle sein.

(4)

1. Über den Eröffnungstermin ist eine Niederschrift in Schriftform oder in elektronischer Form zu fertigen. In ihr ist zu vermerken, dass die Angaben nach Absatz 3 Nummer 2 verlesen und als richtig anerkannt oder welche Einwendungen erhoben worden sind.
2. Sie ist vom Verhandlungsleiter zu unterschreiben oder mit einer Signatur nach § 13 Absatz 1 Nummer 1 zu versehen; die anwesenden Bieter und Bevollmächtigten sind berechtigt, mit zu unterzeichnen oder eine Signatur nach § 13 Absatz 1 Nummer 1 anzubringen.

(5) Angebote, die nach Ablauf der Angebotsfrist eingegangen sind (Absatz 2), sind in der Niederschrift oder in einem Nachtrag besonders aufzuführen. Die Eingangszeiten und die etwa bekannten Gründe, aus denen die Angebote nicht vorgelegen haben, sind zu vermerken. Der Umschlag und andere Beweismittel sind aufzubewahren.

(6) Ein Angebot, das nachweislich vor Ablauf der Angebotsfrist dem Auftraggeber zugegangen war, aber dem Verhandlungsleiter nicht vorgelegen hat, ist mit allen Angaben in die Niederschrift oder in einen Nachtrag aufzunehmen. Den Bietern ist dieser Sachverhalt unverzüglich in Textform mitzuteilen. In die Mitteilung sind die Feststellung, ob der Verschluss unversehrt war und die Angaben nach Absatz 3 Nummer 2 aufzunehmen. Im Übrigen gilt Absatz 5 Satz 2 und 3.

(7) Den Bietern und ihren Bevollmächtigten ist die Einsicht in die Niederschrift und ihre Nachträge (Absätze 5 und 6 sowie § 16c Absatz 3) zu gestatten; den Bietern sind nach Antragstellung die Namen der Bieter sowie die verlesenen und die nachgerechneten Endbeträge der Angebote sowie die Zahl ihrer Nebenangebote nach der rechnerischen Prüfung unverzüglich mitzuteilen.

(8) Die Niederschrift darf nicht veröffentlicht werden.

(9) Die Angebote und ihre Anlagen sind sorgfältig zu verwahren und geheim zu halten; dies gilt auch bei Freihändiger Vergabe.

VOB/A EU:

§ 14 EU VOB/A Öffnung der Angebote, Öffnungstermin

(1) Die Öffnung der Angebote wird von mindestens zwei Vertretern des öffentlichen Auftraggebers gemeinsam an einem Termin (Öffnungstermin) unverzüglich nach Ablauf der Angebotsfrist durchgeführt. Bis zu diesem Termin sind die elektronischen Angebote zu kennzeichnen und verschlüsselt aufzubewahren. Per Post oder direkt zugegangene Angebote sind auf dem ungeöffneten Umschlag mit Eingangsvermerk zu versehen und unter Verschluss zu halten.

(2)

1. Der Verhandlungsleiter stellt fest, ob der Verschluss der schriftlichen Angebote unversehrt ist und die elektronischen Angebote verschlüsselt sind.
2. Die Angebote werden geöffnet und in allen wesentlichen Teilen im Öffnungstermin gekennzeichnet.
3. Muster und Proben der Bieter müssen im Termin zur Stelle sein.

(3) Über den Öffnungstermin ist eine Niederschrift in Textform zu fertigen, in der die beiden Vertreter des öffentlichen Auftraggebers zu benennen sind. Der Niederschrift ist eine Aufstellung mit folgenden Angaben beizufügen:

a) Name und Anschrift der Bieter,
b) die Endbeträge der Angebote oder einzelner Lose,
c) Preisnachlässe ohne Bedingungen,
d) Anzahl der jeweiligen Nebenangebote.

(4) Angebote, die nach Ablauf der Angebotsfrist eingegangen sind, sind in der Niederschrift oder in einem Nachtrag besonders aufzuführen. Die Eingangszeiten und die etwa bekannten Gründe, aus denen die Angebote nicht vorgelegen haben, sind zu vermerken. Der Umschlag und andere Beweismittel sind aufzubewahren.

(5) Ein Angebot, das nachweislich vor Ablauf der Angebotsfrist dem öffentlichen Auftraggeber zugegangen war, aber dem Verhandlungsleiter nicht vorgelegen hat, ist mit allen Angaben in die Niederschrift oder in einen Nachtrag aufzunehmen. Den Bietern ist dieser Sachverhalt unverzüglich in Textform mitzuteilen. In die Mitteilung sind die Feststellung, ob bei schriftlichen Angeboten der Verschluss unversehrt war oder bei elektronischen Angeboten diese verschlüsselt waren und die Angaben nach Absatz 3 Buchstabe a bis d aufzunehmen. Im Übrigen gilt Absatz 4 Satz 2 und 3.

(6) In offenen und nicht offenen Verfahren stellt der öffentliche Auftraggeber den Bietern die in Absatz 3 Buchstabe a bis d genannten Informationen unverzüglich elektronisch zur Verfügung. Den Bietern und ihren Bevollmächtigten ist die Einsicht in die Niederschrift und ihre Nachträge (Absätze 4 und 5 sowie § 16c EU Absatz 3) zu gestatten.

(7) Die Niederschrift darf nicht veröffentlicht werden.

(8) Die Angebote und ihre Anlagen sind sorgfältig zu verwahren und geheim zu halten.

VOB/A VS:

§ 14 VS VOB/A Öffnung der Angebote, Öffnungstermin

(1) Die Öffnung der Angebote wird von mindestens zwei Vertretern des Auftraggebers gemeinsam an einem Termin (Öffnungstermin) unverzüglich nach Ablauf der Angebotsfrist durchgeführt. Bis zu diesem Termin sind die elektronischen Angebote zu kennzeichnen und verschlüsselt aufzubewahren. Per Post oder direkt zugegangene Angebote sind auf dem ungeöffneten Umschlag mit Eingangsvermerk zu versehen und unter Verschluss zu halten.

(2)

1. Der Verhandlungsleiter stellt fest, ob der Verschluss der schriftlichen Angebote unversehrt ist und die elektronischen Angebote verschlüsselt sind.
2. Die Angebote werden geöffnet und in allen wesentlichen Teilen im Öffnungstermin gekennzeichnet.
3. Muster und Proben der Bieter müssen im Termin zur Stelle sein.

(3) Über den Öffnungstermin ist eine Niederschrift in Textform zu fertigen, in der die beiden Vertreter des Auftraggebers zu benennen sind. Der Niederschrift ist eine Aufstellung mit folgenden Angaben beizufügen:

a) Name und Anschrift der Bieter,
b) die Endbeträge der Angebote oder einzelner Lose,

c) Preisnachlässe ohne Bedingungen,
d) Anzahl der jeweiligen Nebenangebote.

(4) Angebote, die nach Ablauf der Angebotsfrist eingegangen sind, sind in der Niederschrift oder in einem Nachtrag besonders aufzuführen. Die Eingangszeiten und die etwa bekannten Gründe, aus denen die Angebote nicht vorgelegen haben, sind zu vermerken. Der Umschlag und andere Beweismittel sind aufzubewahren.

(5) Ein Angebot, das nachweislich vor Ablauf der Angebotsfrist dem Auftraggeber zugegangen war, aber dem Verhandlungsleiter nicht vorgelegen hat, ist mit allen Angaben in die Niederschrift oder in einen Nachtrag aufzunehmen. Den Bietern ist dieser Sachverhalt unverzüglich in Textform mitzuteilen. In die Mitteilung sind die Feststellung, ob bei schriftlichen Angeboten der Verschluss unversehrt war und bei elektronischen Angeboten diese verschlüsselt waren, sowie die Angaben nach Absatz 3 Buchstabe a bis d aufzunehmen. Im Übrigen gilt Absatz 4 Satz 2 und 3.

(6) In nicht offenen Verfahren stellt der Auftraggeber den Bietern die in Absatz 3 Buchstabe a bis d genannten Informationen unverzüglich elektronisch zur Verfügung. Den Bietern und ihren Bevollmächtigten ist die Einsicht in die Niederschrift und ihre Nachträge (Absätze 4 und 5 sowie § 16c VS Absatz 3) zu gestatten.

(7) Die Niederschrift darf nicht veröffentlicht werden.

(8) Die Angebote und ihre Anlagen sind sorgfältig zu verwahren und geheim zu halten.

UVGO:

§ 39 UVgO Aufbewahrung ungeöffneter Teilnahmeanträge und Angebote

Elektronisch übermittelte Teilnahmeanträge und Angebote sind auf geeignete Weise zu kennzeichnen und verschlüsselt zu speichern. Auf dem Postweg und direkt übermittelte Teilnahmeanträge und Angebote sind ungeöffnet zu lassen, mit Eingangsvermerk zu versehen und bis zum Zeitpunkt der Öffnung unter Verschluss zu halten. Mittels Telefax übermittelte Teilnahmeanträge und Angebote sind ebenfalls entsprechend zu kennzeichnen und auf geeignete Weise unter Verschluss zu halten.

§ 40 UVgO Öffnung der Teilnahmeanträge und Angebote

(1) Der Auftraggeber darf vom Inhalt der Teilnahmeanträge und Angebote erst nach Ablauf der entsprechenden Fristen Kenntnis nehmen. Dies gilt nicht, wenn nach § 12 Absatz 3 nur ein Unternehmen zur Abgabe eines Angebots aufgefordert wurde.

(2) Die Öffnung der Angebote wird von mindestens zwei Vertretern des Auftraggebers gemeinsam an einem Termin unverzüglich nach Ablauf der Angebotsfrist durchgeführt. Bieter sind nicht zugelassen.

A. Einleitung

I. Europarechtlicher Hintergrund

1 Für den Vorgang der Angebotsöffnung selber gibt es in den Vergaberichtlinien keine europarechtlichen Vorgaben, also gelten hierfür die **allgemeinen Grundsätze,** insbesondere die Grundsätze von Geheimwettbewerb und Diskriminierungsverbot[1].

2 Zeit und Ort der Angebotsöffnung werden aber in den **Bekanntmachungsformularen** angesprochen[2]. Nach einer älteren Entscheidung des EuGH sind diese Angaben – soweit sie in den Formularen ohne Einschränkung vorgesehen sind – **zwingend** zu machen,

[1] *Prieß* 273.
[2] Vgl. zB Durchführungsverordnung (EU) 2015/1986, Anhang II, IV.2.7. „Bedingungen für die Öffnung des Angebotes"

um eine Bieterteilnahme zu ermöglichen[3]. Betont wird in dieser Entscheidung, unter Verweis auf die Anträge des Schlussanwalts, dass nur diese Informationen es den Unternehmen ermöglichen, herauszufinden, wer ihre Konkurrenten sind und zu prüfen, ob diese die verlangte Eignung haben[4]. Diese Teilnahmemöglichkeit wird als Kontrollmöglichkeit bezeichnet, die nicht durch Verschweigen von Termin und Ort vereitelt werden darf. Ob daraus geschlossen werden kann, dass diese Kontrollmöglichkeit durch einen nicht-öffentlichen Öffnungstermin zulässigerweise vereitelt werden darf, erscheint nicht sicher.

3 Allerdings erging dieses Urteil zur früheren Rechtslage. Die damalige Regelung der RL 77/62 bzw. das damalige Muster in Anhang III sah keine Einschränkungen bei der Angabe der Personen, die bei der Öffnung anwesend sein dürfen. Das für die RL 2004/18/EG vorgesehene Muster sah sowohl bei dieser Angabe als auch bei der Angabe des Ortes den Zusatz **„falls zutreffend"** vor. Daraus konnte geschlossen werden, dass diese Angaben anders als nach der früheren Rechtslage nicht mehr zwingend zu machen waren. Im aktuellen Bekanntmachungsformular Durchführungsverordnung (EU) 2015/1986, Anhang II, findet sich unter IV.2.7. nur der Hinweis, das „Angaben über befugte Personen" gemacht werden können. Dies könnte nahelegen, dass nunmehr (wieder) zwingend Bietern die Möglichkeit der Teilnahme am Öffnungstermin gewährt werden muss. Der unionsrechtliche Grundsatz des **Geheimwettbewerbes** spricht jedoch dagegen, dass der Öffnungstermin zwingend bieteröffentlich sein muss[5], insbesondere in Verfahren mit Verhandlungsmöglichkeit. Letztlich ist dem Europarecht eine eindeutige Vorgabe nicht zu entnehmen, so dass zB bei offenen und nicht offenen Verfahren durchaus eine Bieteröffentlichkeit gewährt werden könnte, da in diesen Verfahren keine Verhandlungen stattfinden und daher Transparenz zu diesem Zeitpunkt unbedenklich erscheint.

4 Europarechtliche Vorgaben gibt es jedoch für die Wahrung der Integrität der Daten und der Vertraulichkeit der Angebote bis zum Ablauf der Frist für ihre Einreichung, Art. 22 Abs. 3 RL 2014/24/EU.

II. Bedeutung

1. Schutz vor Manipulation

5 Die Öffnung der Angebote ist ein sensibler Moment des Vergabeverfahrens. Wurden Angebote beispielsweise schon vor dem Öffnungstermin geöffnet und die darin enthaltenen Informationen weitergegeben, wäre das ein massiver Verstoß gegen den Grundsatz des Geheimwettbewerbes und natürlich ein pflichtwidriges Verhalten des Auftraggeber-seitig Handelnden. Daher muss die Öffnung mit der damit einhergehenden Prüfung der Angebote möglichst durch am Vergabeverfahren nicht Beteiligte erfolgen.

2. Bindung des Bieters

6 Eine der entscheidenden Rechtswirkungen der Ablauf der Angebotsfrist ist, dass die Bieter ihre Angebote nicht mehr frei zurücknehmen können. Steht ihnen dies bis zum Ablauf der Angebotsfrist jederzeit offen, sind sie ab dem Ablauf zivilrechtlich **an ihre Angebote gebunden.**

7 Kündigt ein Bieter bereits **vor Auftragserteilung** an, den Vertrag nicht erfüllen zu wollen, macht er sich wegen Verschuldens bei Vertragsverhandlungen schadensersatzpflichtig und der Auftraggeber kann Ersatz der Mehrkosten verlangen, die ihm durch die Beauftragung eines anderen Bieters entstehen. Dabei muss der Auftraggeber nicht dem seinen Vertragsbruch ankündigenden Bieter den Auftrag erteilen und dann anschließend wieder

---

[3] EuGH Urt. v. 24.1.1995 – C-359/93 – Kommission./. Königreich der Niederlande, BeckRS 2004, 76720.
[4] Schlussanträge des Generalanwalts Tesauro v. 17.11.1994, Ziff. 8.
[5] Ebenso Müller-Wrede/*Aicher:* Kompendium des Vergaberechts, 2. Aufl., Verfahrensgrundsätze, Rn. 20; grundsätzlich kritisch zum bieteröffentlichen Eröffnungstermin VK Bund Beschl. v. 8.1.2016 – VK 2-175/15.

entziehen. Der Auftraggeber kann ohne diesen Zwischenschritt einen anderen Bieter beauftragen und von dem vertragsbrüchigen Bieter Schadensersatz in Höhe der Mehrkosten verlangen[6].

III. Begriffliches

Die Begriffe **„Submissionstermin"**, **„Eröffnungstermin"** und **„Öffnungstermin"** 8
werden in der vergaberechtlichen Rechtsprechung und Literatur überwiegend synonym verwendet. In der VOB/A wird seit der Ausgabe 2016 wird zwischen dem **„Eröffnungstermin"**, der nach § 14a VOB/A bieteröffentlich ist, und dem nicht-bieteröffentlichen **„Öffnungstermin"** (§ 14 VOB/A, § 14 EU VOB/A) unterschieden. Da nur diese beiden Begriffe in den vergaberechtlichen Vorschriften ausdrücklich vorgesehen sind, werden in diesem Beitrag ausschließlich diese Begriffe und zwar mit dem ihnen in der VOB/A gegebenen Inhalt verwendet.

B. VgV

I. Vorgaben der VgV für den Öffnungstermin

Die für die Angebotsöffnung maßgebliche Vorschrift des § 55 VgV gilt nach ihrer Über- 9
schrift für die **Öffnung von Interessensbetätigungen, Teilnahmeanträgen und Angeboten.** Dies macht deutlich, dass sie für sämtliche Verfahrensarten gilt, Ausnahmen von der Pflicht zur Beachtung der §§ 54, 55 VgV sind in § 17 Abs. 15 VgV für das Verhandlungsverfahren ohne Teilnahmewettbewerb vorgesehen.

Inhaltlich enthält § 55 VgV nur wenige Vorgaben. Ausdrücklich wird in § 55 Abs. 2 10
Satz 2 VgV festgelegt, dass bei der Öffnung der Angebote Bieter nicht zugelassen sind. Nach § 55 Abs. 2 Satz 1 VgV führen mindestens zwei Vertreter des öffentlichen Auftraggebers gemeinsam den Öffnungstermin durch. Dies müssen nicht unbedingt Mitarbeiter des Auftraggebers selber sein, vielmehr können auch Mitarbeiter eines Beauftragten die Angebotsöffnung vornehmen.[7] Dieser Öffnungstermin soll unverzüglich nach Ablauf der Angebotsfrist durchgeführt werden.

In den **Abschnitten 3–6** der VgV sind für die die Vergabe von **sozialen und ande-** 11
ren besonderen Dienstleistungen iSd §§ 64ff. VgV, für die Durchführung von **Wettbewerben** iSd §§ 69ff. VgV und §§ 78ff. VgV und die **Vergabe von Architekten- und Ingenieurleistungen** iSd §§ 73ff. VgV keine Besonderheiten vorgesehen.

II. Wahrung der Vertraulichkeit

Der öffentliche Auftraggeber darf nach § 55 Abs. 1 VgV **erst nach Ablauf der Ange-** 12
botsfrist Kenntnis von den Angebotsinhalten bekommen. Bis dahin muss er sie in Erfüllung der Pflichten nach Art. 22 Abs. 3 RL 2014/24/EU geheim halten. Dies legt die VgV in § 5 Abs. 2 S. 1 VgV ausdrücklich fest. Einzelheiten sind in § 54 VgV geregelt. Nach § 54 S. 1 VgV muss der Auftraggeber elektronisch übermittelte Interessensbekundungen, Interessensbestätigungen, Teilnahmeanträge und Angebote auf geeignete Weise kennzeichnen und bis zur Entschlüsselung verschlüsselt speichern. § 54 S. 2 VgV enthält Vorgaben für postalisch oder direkt übermittelte Angebote.

Bei der Zulassung von Telefax (vgl. § 53 Abs. 6 VgV) sind Vorkehrungen zum Schutz 13
der Vertraulichkeit der eingehenden Erklärungen zu treffen. Mittels Telefax übermittelte Interessensbestätigungen, Teilnahmeanträge und Angebote sind nach § 54 S. 3 VgV vom

---

[6] BGH Urt. v. 24.11.2005 – VII ZR 87/04, BauR 2006, 514; Kapellmann/Messerschmidt/*Planker* VOB/A § 10 Rn. 28.

[7] OLG Düsseldorf Beschl. v. 14.1.2018 – VII-Verg 31/18.

Auftrageber ebenfalls entsprechend zu kennzeichnen und bis zur Angebotsöffnung auf geeignete Weise unter Verschluss zu halten. Die Verwendung eines allgemein zugänglichen Faxgerätes als Eingangsgerät verbietet sich beispielsweise[8]. Gleiches gilt für die Einreichung mit einfacher E-Mail.[9]

III. Dokumentation

14 Nach § 8 Abs. 1 S. 2 VgV umfasst die vom Auftraggeber vorzunehmende Dokumentation auch die **Öffnung der Angebote.** Dieser Vorgang ist – da § 8 Abs. 1 S. 2 VgV weiter keine Aussagen macht – so zu dokumentieren, wie es dem Zweck der Dokumentation entspricht.

15 **Zweck der Dokumentationspflicht** sind vor allem der Nachweis eines ordnungsgemäßen Vergabeverfahrens und das Schaffen einer sicheren Grundlage für die Einschätzung von Ausschlussgründen, also zB fehlenden Verschluss, Unvollständigkeit, Verspätung. Damit dient die Dokumentation der Verfahrenstransparenz und steht auch als Beweismittel für Auftraggeber wie für Bieter zur Verfügung[10].

16 Diese Dokumentation kann zwingend nur **im unmittelbaren zeitlichen Zusammenhang** mit der Angebotsöffnung erstellt werden. Aus der Dokumentation der Angebotsöffnung müssen sich erst einmal Zeit, Ort und durchführende Personen ergeben. Eine Unterschrift bzw. Signatur ist unbedingt zu empfehlen. Für den Inhalt der Dokumentation empfiehlt es sich, in Anlehnung an § 14 EU VOB/A neben wichtigen Angaben aus den Angeboten wie Name und Anschrift der Bieter, Endbeträge der Angebote oder einzelner Lose, Preisnachlässe ohne Bedingungen und die Anzahl der jeweiligen Nebenangebote auch Feststellungen zu Verschluss bzw. Verschlüsselung der Angebote festzuhalten.

17 Dieser Vermerk über die Öffnung sollte **geheim** gehalten werden, den Bietern ist zur Wahrung des Geheimwettbewerbes keine Einsicht zu gewähren. Dies gilt insbesondere bei allen Verfahren, bei denen sich an die erste Angebotsrunde weitere Verhandlungsrunden anschließen und ergibt sich aus dem Gebot der vertraulichen Behandlung in § 5 Abs. 2 S. 2 VgV.

IV. Aufbewahrung

18 Auch nach der Angebotsöffnung ist ein sorgfältiger Umgang mit den Angeboten erforderlich. Nach der Formulierung des § 5 Abs. 2 S. 2 VgV sind Angebote „auch nach Abschluss des Vergabeverfahrens vertraulich zu behandeln". Im Umkehrschluss besteht diese Pflicht vor Abschluss des Vergabeverfahrens erst recht. Der **Zugang zu den Angeboten** muss so geregelt sein, dass kein Unbefugter Zugang hat, ebenso nicht Personen mit einem Interessenkonflikt. Dies verbietet von vornherein die Lagerung auf Fluren oder in allgemein zugänglichen Aktenschränken. Aufbewahrungsschränke sollten außerhalb der Arbeitszeiten abgeschlossen sein, vertrauliche Auswertungen nicht frei herumliegen. Auch sollte der Verbleib der Angebote stets nachvollziehbar sein[11].

19 Soweit teilweise das Aufheben des gesamten **Verpackungsmaterials** als erforderlich angesehen wird, erscheint dies zu weitgehend[12]. Können sich allerdings aus dem Verpackungsmaterial Rückschlüsse auf einen Verschluss eines Angebotes ergeben (zB Klebe-Reste bei einem geöffnet vorliegenden Brief oder Karton), empfiehlt sich ein Aufbewahren.

---

[8] Müller-Wrede/*Schnelle*, VgV, UVgO, § 54 VgV, Rn. 66 mwN.

[9] OLG München Beschl. v. 2.5.2019 – Verg 5719.

[10] Vgl. zum Beweiswert einer Dokumentation anschaulich OLG Celle Beschl. v. 21.1.2016 – 13 Verg 8/15, ZfBR 2016, 386.

[11] Vgl. zur Beweislast bei später festgestelltem Fehlen von Angebotsteilen OLG Celle Beschl. v. 21.1.2016 – 13 Verg 8/15, ZfBR 2016, 386.

[12] Fraglich, so VK Sachsen-Anhalt Beschl. v. 26.1.2012 – 2 VK LSA 33/11, BeckRS 2012, 20897.

In § 8 Abs. 4 VgV sind **Aufbewahrungsfristen** für die Angebote genannt. Sie müssen bis zum Ende der Laufzeit des Vertrages, mindestens aber drei Jahre ab dem Tag des Zuschlags aufbewahrt werden. 20

V. Anforderungen nach allgemeinen Grundsätzen

Über diese Anforderungen hinaus ergeben sich aber noch weitere Verpflichtungen des Auftraggebers aus den Grundsätzen des Vergaberechts. Diese beinhalten ua Wahrung des Geheimwettbewerbes, Transparenz, aus denen sich eine Reihe von Verfahrensvorgaben für den Umgang mit Angeboten und die Angebotsöffnung ergeben. 21

So ist bei postalisch eingereichten Angeboten ein **Eingangsvermerk** nach § 54 S. 2 VgV vorgeschrieben, um die Rechtzeitigkeit von Angeboten nachvollziehbar darlegen zu können. Der Eingangsvermerk sollte Datum und vorsichtshalber auch die Uhrzeit des Einganges enthalten. Auch die Unterschrift desjenigen, der den Eingangsvermerk vornimmt sowie (lesbar) die Angabe des vollständigen Namens der Person erscheinen sinnvoll. 22

Die **Angebotsöffnung** durch nicht mit dem Vergabeverfahren befasste Personen empfiehlt sich, um bei diesem sensiblen Moment größtmögliche Vorsicht walten zu lassen. 23

Eine **Markierung der Angebote** zwecks Verhinderung von Manipulationen und Erleichterung des Nachweises des Inhaltes der eingegangenen Angebote ist ebenfalls über die Anforderungen der VgV hinaus geboten[13]. 24

C. VOB/A-EU

Seit der VOB/A 2016 wird für die VOB/A-EU anstelle eines öffentlichen Eröffnungstermin nur noch der nicht-öffentliche Öffnungstermin vorgesehen. 25

I. Zwingend vorgesehener Öffnungstermin

Ohne Beschränkung auf Verfahrensarten legt § 14 EU Abs. 1 VOB/A fest, dass unverzüglich **nach Ablauf der Angebotsfrist** ein Öffnungstermin durchzuführen ist. Diese Vorgabe ist also anders als nach § 14 EG VOB/A aF nicht auf Ausschreibungen beschränkt. 26

Führt der Auftraggeber in einem Vergabeverfahren mit Verhandlungsmöglichkeit **mehrere Verhandlungsrunden** durch, empfiehlt sich eine Angebotsöffnung nach jeder Verhandlungsrunde; § 14 EU Abs. 1 S. 1 VOB/A differenziert nicht zwischen Erst-Angeboten und Folgeangeboten. 27

Nach § 14 EU Abs. 1 S. 1 VOB/A wird dieser Termin von mindestens zwei Vertretern des öffentlichen Auftraggebers gemeinsam durchgeführt. Dies müssen nicht unbedingt Mitarbeiter des Auftraggebers selber sein, vielmehr können auch Mitarbeiter eines Beauftragten die Angebotsöffnung vornehmen.[14] 28

Es empfiehlt sich, dass die Vertreter des Auftraggebers an der Bearbeitung der Vergabeunterlagen, Vergabe und Vertragsabwicklung nicht beteiligt waren. 29

Bis zum Zeitpunkt der Angebotsöffnung sind die zugegangenen Angebote **verschlossen** bzw. bei elektronischen Angeboten **verschlüsselt** zu halten, § 14 EU Abs. 1 S. 2 VOB/A. Bei in Papierform eingegangenen Angeboten ist der ungeöffnete Umschlag mit einem **Eingangsvermerk** zu versehen. Bereits das Fehlen eines solchen Vermerkes verletzt ein bieterschützendes Recht und führt zur Zurückversetzung des Vergabeverfahrens[15]. Dieser muss erkennen lassen, wer den Vermerk angebracht hat[16]. Der Eingangsvermerk muss das Datum des Eingangs enthalten, außerdem empfiehlt es sich immer vorsichtshalber 30

[13] Müller-Wrede/*Schnelle* VgV/UVgO § 54 VgV Rn. 28.
[14] OLG Düsseldorf Beschl. v. 14.1.2018 – VII-Verg 31/18.
[15] OLG Naumburg Beschl. v. 27.5.2010 – 1 Verg 1/10, ZfBR 2010, 714.
[16] OLG Naumburg Beschl. v. 27.5.2010 – 1 Verg 1/10. ZfBR 2010, 714.

auch die Uhrzeit aufzunehmen. Ist ein Angebot bereits zu diesem Zeitpunkt unverschlossen, bietet es sich zu Beweiszwecken an, dies mit dem Eingangsvermerk zu dokumentieren.

31 **Elektronische Angebote** sind zu kennzeichnen und verschlüsselt aufzubewahren. In diesem Zusammenhang ist besonders auf § 11a EU Abs. 4 VOB/A und die dort zusammengestellten Anforderungen an die Geräte, die für den elektronischen Empfang der Anträge auf Teilnahme und der Angebote verwendet werden, hinzuweisen.

II. Prüfung der Unversehrtheit

32 Nach § 14 EU Abs. 2 Nr. 1 VOB/A prüft der Verhandlungsleiter, ob die Angebote unversehrt sind. Bei digitalen Angeboten prüft er die Verschlüsselung.

33 Geöffnete oder entschlüsselte Angebote sind **zwingend** vom Vergabeverfahren auszuschließen. Dies betrifft bei der VOB/A-EU zB per Telefax oder mündlich eingereichte Angebote. Eine Ausnahme kann nur gegeben sein, wenn die Öffnung bzw. Aufhebung der Verschlüsselung versehentlich erfolgte und sichergestellt ist, dass Manipulationen ausgeschlossen werden können.

34 Nicht ausdrücklich angesprochen ist die sehr sinnvolle Prüfung, ob im Termin alle eingegangenen Angebote vorliegen. Dazu ist im Vorfeld des Öffnungstermins eine Eingangsliste zu führen, mit der die vorliegenden Angebote abgeglichen werden.

35 Ist ein Angebot bereits **vor Beginn** der Öffnung durch den Verhandlungsleiter unverschlossen bzw. unverschlüsselt, ist dies in der Niederschrift des Öffnungstermins zu vermerken. Der Ursache ist nachzugehen, insbesondere ob eine Wettbewerbsverfälschung möglich ist; dem Bieter ist Gelegenheit zur Stellungnahme zu geben.

III. Kennzeichnung der Angebote

36 Nach Öffnung der Angebote sind diese zu **kennzeichnen,** § 14 EU Abs. 2 Nr. 2 VOB/A. Dies betrifft jedoch im Ergebnis nur die schriftlich eingereichten Angebote, bei elektronischen Angeboten entfällt das Erfordernis einer zusätzlichen physischen Kennzeichnung. Dies muss noch im Öffnungstermin erfolgen, also im gleichen Raum und im unmittelbaren Anschluss an die Öffnung. Ist dies nicht möglich – etwa weil ein nicht transportables Stanzgerät in einem anderen Raum steht – muss die Kennzeichnung unmittelbar im Anschluss erfolgen und durch Zeugen begleitet werden.

37 Es müssen alle wesentlichen Teile der Angebote markiert werden, dies sind insbesondere alle, die mit **Preisen oder preisrelevanten Angaben** versehen sind.

38 Die Kennzeichnung dient dazu, einen späteren Austausch einzelner Blätter oder Unterlagenteile zu verhindern und muss daher entsprechend deutlich erfolgen. Daher reichen veränderbare Zeichen nicht aus, in der Praxis hat sich weitgehend das Stanzen durchgesetzt[17].

39 Bei einem **Verstoß** gegen die Kennzeichnungspflicht ist ein ordnungsgemäßer Wettbewerb nicht mehr gegeben und die Ausschreibung ist aufzuheben[18].

40 Nach Öffnung der Angebote sind sie weiterhin vertraulich und gegen unbefugte Einsichtnahmen geschützt aufzubewahren.

---

[17] Zum Beweiswert des Stanzens auch OLG Celle Beschl. v. 21.1.2016 – 13 Verg 8/15, ZfBR 2016, 386.

[18] Ingenstau/Korbion/*von Wietersheim* § 14a VOB/A Rn. 23; FKZGM/*Grünhagen* § 14a VOB/A, Rn. 50; näher zur Durchführung der Stanzung auch OLG Hamburg Beschl. v. 21.1.2004 – 1 Verg 5/03, ZfBR 2004, 502.

IV. Niederschrift

§ 14 EU Abs. 3 VOB/A verlangt, dass über den Öffnungstermin eine Niederschrift aufgenommen wird. Als **Form** der Niederschrift sieht § 14 EU Abs. 3 VOB/A in der Ausgabe 2019 nur noch die Textform vor. Das in § 14 EU Abs. 3 Nr. 2 VOB/A aF enthaltene Erfordernis einer Unterschrift oder Signatur ist mit der Ausgabe 2019 entfallen. 41

Für den **Inhalt** der Niederschrift macht § 14 EU Abs. 3 VOB/A nähere Vorgaben. Danach sind der Niederschrift in einer Aufstellung beizufügen Angaben zu Namen und Anschrift der Bieter, den Endbeträgen der Angebote oder einzelner Lose, Preisnachlässen ohne Bedingungen und der Anzahl der jeweiligen Nebenangebote. 42

In der Niederschrift sind **die wichtigsten Vorgänge** der Angebotsöffnung zu vermerken. Neben den zu verlesenden Merkmalen der Angebote sind dies vor allem Tag und Stunde des Öffnungstermins, die Namen der Durchführenden sowie die Feststellungen zu Verschluss bzw. Verschlüsselung der Angebote. 43

War ein Angebot dem Auftraggeber rechtzeitig zugegangen, lag es aber dem Verhandlungsleiter nicht im Öffnungstermins vor, war es nach § 14 EU Abs. 5 Nr. 1 VOB/A aF wie ein rechtzeitig eingegangenes Angebot zu behandeln und nach § 14 EU Abs. 4 VOB/A in die Niederschrift oder einen Nachtrag dazu aufzunehmen. Mit der Streichung dieser nicht konsequent an die mit der VOB/A 2016 erfolgte Umstellung der Fristenberechnungen angepassten Regelung in der Ausgabe 2019 ist klargestellt, dass es sich um ein rechtzeitig eingegangenes Angebot wie alle anderen auch handelt, verblieben ist nur die Pflicht zur Ergänzung der Niederschrift und zur Information der anderen Bieter. 44

V. Information der Bieter

Ausdrücklich beschränkt auf offene und nicht offene Verfahren sieht § 14 EU Abs. 6 S. 1 VOB/A vor, dass der öffentliche Auftraggeber den Bietern die in § 14 EU Abs. 3 lit a) bis d) VOB/A genannten Informationen zur Verfügung stellt. Dies muss **unverzüglich und elektronisch** erfolgen. Bei einem nach § 14 EU Abs. 5 VOB/A ergänzten Angebot werden die Bieter nach § 14 EU Abs. 5 VOB/A unverzüglich in Textform informiert. 45

Bieter und ihre Bevollmächtigten haben nach § 14 EU Abs. 6 S. 2 VOB/A auch die Möglichkeit, Einsicht in die Niederschrift und ihre Nachträge zu nehmen. Die Niederschrift darf nicht veröffentlicht werden. 46

D. SektVO

Grundlage der deutschen Regelungen ist weitestgehend die Sektorenvergaberichtlinie RL 2014/25/EU. Der Verordnungsgeber hat bewusst darauf verzichtet, über diese Vorgaben hinaus Regelungen vorzusehen. Insbesondere im Bereich der SektVO zeigt sich die Beschränkung auf eine „eins zu eins" Umsetzung. 47

Eine § 55 VgV entsprechende Vorschrift enthält die SektVO nicht. Auch bei der Dokumentation ist in § 8 SektVO, anders als in der VgV, die Öffnung der Angebote nicht ausdrücklich erwähnt. 48

§ 5 SektVO mit den Anforderungen an die **Wahrung der Vertraulichkeit** von Interessensbekundungen, Interessensbestätigungen, Teilnahmeanträge und Angebote einschließlich ihrer Anlagen entspricht wörtlich § 5 VgV. Die dort verlangte Wahrung der Vertraulichkeit „auch" nach Abschluss des Vergabeverfahrens, § 5 Abs. 2 S. 2 SektVO, macht deutlich, dass dies während des Vergabeverfahrens erst recht gilt. 49

Auch im Geltungsbereich der SektVO ergeben sich aus den allgemeinen Verfahrensgrundsätzen jedoch weitere Anforderungen an den Umgang mit den Angeboten und an die Angebotsöffnung. 50

51 So sollten eingehende Angebote einen **Eingangsvermerk** unter Berücksichtigung der oben[19] dargestellten Anforderungen erhalten, damit der Auftraggeber rechtssicher den Zeitpunkt des Eingangs nachweisen kann.

52 Bei der **Angebotsöffnung** ist das Vier-Augen-Prinzip als allgemeiner Grundsatz zu beachten[20]. Auch die oben dargestellten Anforderungen an die Dokumentation der Angebotsöffnung sind zu beachten. Gleiches gilt für die weiteren oben dargestellten Anforderungen aus allgemeinen Grundsätzen.[21] Ein **bieter-öffentlicher Eröffnungstermin,** ähnlich dem früher in der VOB/A vorgesehenen, scheint weiterhin zulässig, insbesondere im Hinblick auf die oben[22] dargestellte EuGH-Rechtsprechung. Auch nach Angebotsöffnung sollten die Unterlagen vertraulich aufbewahrt werden.

E. KonzVgV

I. Vorgaben der KonzVgV

53 Die der KonzVgV unterworfenen Konzessionsgeber dürfen das Verfahren **frei gestalten.** Die KonzVgV enthält daher konsequenterweise keine dem § 55 VgV vergleichbare Regelung.

54 Nach § 29 KonzVgV prüft der Konzessionsgeber den Inhalt der Teilnahmeanträge und Angebote **erst nach Ablauf der Frist** für ihre Einreichung. Bei der Aufbewahrung der ungeöffneten Teilnahmeanträge und Angebote ist der Konzessionsgeber verpflichtet, die Integrität und die Vertraulichkeit der Daten zu gewährleisten.

55 In § 6 Abs. 1 KonzVgV wird bei der **Dokumentation die Öffnung der Angebote** ausdrücklich angesprochen, dies entspricht der Rechtslage bei der VgV. Gleiches gilt für Wahrung der Vertraulichkeit „auch" nach Abschluss des Vergabeverfahrens, § 4 Abs. 2 S. 2 KonzVgV.

II. Anforderungen aus Allgemeinen Grundsätzen

56 Wie bei VgV und SektVO ergeben sich weitere Anforderungen an das Vergabeverfahren direkt aus den Grundsätzen des Vergaberechts. Diese Anforderungen umfassen auch bei der KonzVgV
- Kennzeichnung der eingehenden Angebote
- Öffnung der Angebote durch nicht mit dem Vergabeverfahren befasste Personen
- Markierung der Angebote
- Aufbewahrung mit Schutz gegen unbefugte Einsichtnahme.

57 Es wird daher auf die Darstellung zu VgV und SektVO verwiesen.

F. Bereich Verteidigung und Sicherheit

I. VSVgV

58 Nach § 30 Abs. 1 VSVgV sind die Angebote **ungeöffnet** zu lassen, mit einem **Eingangsvermerk** zu versehen und bis zum Zeitpunkt der Öffnung unter Verschluss zu halten. **Elektronische Angebote** sind ebenfalls auf geeignete Weise zu kennzeichnen und unter Verschluss zu halten. Mittels Telefax eingereichte Angebote sind entsprechend zu kennzeichnen und auf geeignete Weise unter Verschluss zu halten.

---

[19] → Rn. 22.
[20] Müller-Wrede/*Schnelle* VgV/UVgO § 54 VgV Rn. 24.
[21] Vgl. → Rn. 21 ff.
[22] Vgl. → Rn. 2 f.

Bei Angeboten per **Telefax** stellt sich das Problem der Geheimhaltung, das durch technische Vorgaben wie Umleitung auf ein geschütztes Mail-Postfach gelöst werden muss. 59

Die Vorgabe des § 30 Abs. 2 S. 1, 3 VSVgV ähnelt im Übrigen stark der Regelung in der VgV. Danach müssen **mindestens zwei Vertreter des Auftraggebers** gemeinsam die Angebotsöffnung durchführen und dokumentieren. Die Angebotsöffnung ist nicht-bieteröffentlich. 60

Bei der Öffnung sind nach § 30 Abs. 2 S. 3 VgV zu dokumentieren Name und Anschrift der Bieter, Endbeträge und andere den Preis betreffende Angaben sowie ob und von wem Nebenangebote eingereicht wurden. Außerdem sind alle für den ordnungsgemäßen Vergabevorgang wesentlichen Punkte zu dokumentieren, so zB ob die Angebote verschlossen bzw. verschlüsselt waren und ggf. bei welchem Angebot dies nicht der Fall war. 61

II. VOB/A-VS

Eine Beschränkung der Regelung in § 14 VS VOB/A zur Öffnung der Angebote und zum Öffnungstermin auf bestimmte Verfahren, wie dies in § 14 VS Abs. 1 S. 1 VOB/A aF vorgesehen war, enthält die neue Fassung der VOB/A-VS nicht mehr. § 14 VS VOB/A gilt daher **für alle Verfahrensarten.** 62

§ 14 VS VOB/A ist bis auf redaktionelle Abweichungen vollständig wortgleich mit den Regelungen in § 14 EU VOB/A. Daher wird auf die Erläuterung oben zu dieser Vorschrift verwiesen. 63

Eine Angebotseinreichung per Telefax ist in der VOB/A-VS anders als in der VSVgV nicht vorgesehen und daher wie bei allen anderen Abschnitten der VOB/A unzulässig[23]. 64

G. VOB/A – Unterschwellenbereich

Waren in der VOB/A 2012 § 14 VOB/A aF und § 14 EG VOB/A wortgleich, weichen die Regelungen von §§ 14, 14a VOB/A und § 14 EU VOB/A jetzt inhaltlich voneinander ab. **Im Unterschwellenbereich ist in § 14a VOB/A bei Ausschreibungen weiterhin eine bieteröffentliche Angebotsöffnung vorgesehen, allerdings nur dann, wenn schriftliche Angebote zugelassen sind.** 65

Der wesentliche Unterschied zwischen dem in § 14 VOB/A dargestellten Öffnungstermin und dem in § 14a VOB/A geregelten Eröffnungstermin liegt bei der Bieteröffentlichkeit. Bei Ausschreibungen werden die Bieter nach einem (nicht-bieteröffentlichen) Öffnungstermin gemäß § 14 Abs. 6 VOB/A nachträglich informiert.

Seit der Ausgabe 2016 unterscheidet die VOB/A zwischen Verfahren, bei denen der Auftraggeber nur elektronische Angebote zulässt – was nach dem früheren, inzwischen wegen der zeitlichen Überholung geänderten § 13 Abs. 1 VOB/A aF seit dem 18.10. 2018 zulässig ist – und solchen, bei denen auch schriftliche Angebote zugelassen sind. Nach § 14a Abs. 1 VOB/A ist **bei Zulassung schriftlicher Angebote** bei **Ausschreibungen** – also öffentlicher und beschränkter Ausschreibung – zwingend ein bieteröffentlicher Eröffnungstermin abzuhalten[24], werden keine schriftlichen Angebote zugelassen, ist nach § 14 VOB/A ein nicht-bieteröffentlicher Öffnungstermin durchzuführen.

I. Öffnungstermin bei Ausschreibungen ohne Zulassung schriftlicher Angebote

Die Regelung des § 14 VOB/A mit dem nicht-bieteröffentlichen Öffnungstermin entspricht weitgehend § 14 EU VOB/A und unterscheidet sich nur hinsichtlich der nicht

[23] Ingenstau/Korbion/*von Wietersheim* § 14a VOB/A Rn. 9.
[24] Ingenstau/Korbion/*von Wietersheim* § 14a VOB/A Rn. 2.

gegebenen Bieteröffentlichkeit und dem Verzicht auf die Kennzeichnung der Angebote von § 14a VOB/A.

Es kann daher auf die Erläuterungen oben zu § 14 EU VOB/A verwiesen werden sowie auf die Erläuterungen zu Besonderheiten bei elektronischen Angeboten, → Rn. 69.

II. Eröffnungstermin bei Ausschreibungen bei Zulassung schriftlicher Angebote

1. Zwingend vorgesehener Eröffnungstermin, Teilnehmer

66 Nach § 14a Abs. 1 VOB/A ist bei Zulassung schriftlicher Angebote bei **Ausschreibungen** – also öffentlicher und beschränkter Ausschreibung – zwingend ein bieteröffentlicher Eröffnungstermin abzuhalten[25]. An dem bieteröffentlichen Eröffnungstermin nach § 14a VOB/A dürfen nur **Bieter und ihre Vertreter** teilnehmen. In der Bekanntmachung hat der Auftraggeber bei Unterschwellenvergaben nach § 12 Abs. 1 Nr. 2 lit. s) VOB/A Angaben zu Datum, Uhrzeit und Ort des Eröffnungstermins zu machen sowie anzugeben, welche Personen anwesend sein dürfen.

67 Die VOB/A sieht nicht ausdrücklich vor, dass für den Auftraggeber mehrere Personen teilnehmen müssen, sondern spricht nur den Verhandlungsleiter im Singular an. Von Seiten des Auftraggebers sollten bei diesem wichtigen Verfahrensschritt dennoch nach dem Vier-Augen-Prinzip **mindestens zwei Personen** teilnehmen, und diese sollten nicht mit dem konkreten Vergabeverfahren oder der zu vergebenden Leistung befasst sein[26].

2. Umgang mit eingegangenen Angeboten

68 Bis zum Zeitpunkt der Angebotsöffnung sind die zugegangenen Angebote verschlossen bzw. bei elektronischen Angeboten verschlüsselt zu halten, § 14a Abs. 1 S. 2 VOB/A. Bei in Papierform eingegangenen Angeboten ist der ungeöffnete Umschlag mit einem **Eingangsvermerk** zu versehen. Bereits das Fehlen eines solchen Vermerkes verletzt ein bieterschützendes Recht und führt zur Zurückversetzung des Vergabeverfahrens[27]. Dieser muss erkennen lassen, wer den Vermerk angebracht hat[28]. Ist ein Angebot bereits zu diesem Zeitpunkt unverschlossen, bietet es sich zu Beweiszwecken an, dies mit dem Eingangsvermerk zu dokumentieren.

69 **Elektronische Angebote** sind zu kennzeichnen und verschlüsselt aufzubewahren. In diesem Zusammenhang ist besonders auf § 11a VOB/A und die dort zusammengesellten Anforderungen an die Geräte, die für den elektronischen Empfang der Anträge auf Teilnahme und der Angebote verwendet werden, hinzuweisen. Die Geräte müssen danach gewährleisten, dass Tag und Uhrzeit des Eingangs der Teilnahmeanträge oder Angebote genau bestimmbar sind, ein Zugang zu den Daten nicht vor Ablauf des hierfür festgesetzten Termins erfolgt, bei einem Verstoß gegen das Zugangsverbot der Verstoß sicher festgestellt werden kann, ausschließlich die hierfür bestimmten Personen den Zeitpunkt der Öffnung der Daten festlegen oder ändern können, der Zugang zu den übermittelten Daten nur möglich ist, wenn die hierfür bestimmten Personen gleichzeitig und erst nach dem festgesetzten Zeitpunkt tätig werden und die übermittelten Daten ausschließlich den zur Kenntnisnahme bestimmten Personen zugänglich bleiben.

70 Nach § 14a Abs. 2 VOB/A sind zur Eröffnung nur Angebote zugelassen, die **bis zum Ablauf der Angebotsfrist** eingegangen sind.

[25] Ingenstau/Korbion/*von Wietersheim* § 14a VOB/A Rn. 2.
[26] FKZGM/*Grünhagen* § 14a VOB/A Rn. 41.
[27] OLG Naumburg Beschl. v. 27.5.2010 – 1 Verg 1/10, ZfBR 2010, 714.
[28] OLG Naumburg Beschl. v. 27.5.2010 – 1 Verg 1/10. ZfBR 2010, 714.

3. Prüfung der Unversehrtheit

Nach § 14a Abs. 3 Nr. 1 VOB/A prüft der Verhandlungsleiter, ob die Angebote unversehrt sind. Bei digitalen Angeboten prüft er die Verschlüsselung. 71

Geöffnete oder entschlüsselte Angebote sind **zwingend** vom Vergabeverfahren auszuschließen. Dies betrifft zB bei der VOB/A per Telefax oder mündlich eingereichte Angebote. 72

Nicht ausdrücklich angesprochen ist die sehr sinnvolle Prüfung, ob im Termin alle eingegangenen Angebote vorliegen. Dazu ist im Vorfeld des Eröffnungstermins eine Eingangsliste zu führen, mit der die vorliegenden Angebote abgeglichen werden. 73

Ist ein Angebot bereits vor Beginn der Öffnung durch den Verhandlungsleiter unverschlossen bzw. unverschlüsselt, ist dies im Protokoll des Eröffnungstermins zu vermerken. Der Ursache ist nachzugehen, insbesondere ob eine Wettbewerbsverfälschung möglich ist; dem Bieter ist Gelegenheit zur Stellungnahme zu geben. 74

4. Kennzeichnung der Angebote

Nach Öffnung der schriftlich eingereichten Angebote sind diese zu kennzeichnen, § 14a Abs. 3 Nr. 2 Satz 1 VOB/A. Dies muss noch im Eröffnungstermin erfolgen, also im gleichen Raum und im unmittelbaren Anschluss an die Öffnung. Ist dies nicht möglich – etwa weil ein nicht transportables Stanzgerät in einem anderen Raum steht – muss die Kennzeichnung unmittelbar im Anschluss erfolgen und muss durch Zeugen begleitet werden. 75

Es müssen alle wesentlichen Teile der Angebote markiert werden, dies sind insbesondere alle, die mit **Preisen oder preisrelevanten Angaben** versehen sind. 76

Die Kennzeichnung dient dazu, einen späteren Austausch einzelner Blätter oder Unterlagenteile zu verhindern und muss daher entsprechend deutlich erfolgen. Daher reichen veränderbare Zeichen nicht aus, in der Praxis hat sich weitgehend das Stanzen durchgesetzt. Bei einem **Verstoß** gegen die Kennzeichnungspflicht ist ein ordnungsgemäßer Wettbewerb nicht mehr gegeben und die Ausschreibung ist aufzuheben[29]. 77

5. Verlesung

§ 14a Abs. 3 Nr. 2 VOB/A gibt vor, **was aus den Angeboten zu verlesen ist.** Dies sind Name und Anschrift der Bieter, die Endbeträge ihrer Angebote oder einzelner Abschnitte (zB bei vorbehaltener Losvergabe). Weiter sollen andere den Preis betreffende Angaben wie zB Preisnachlässe ohne Bedingungen verlesen werden. Es wird bekannt gegeben, ob und von welchen Bietern in welcher Zahl Nebenangebote eingereicht wurden. Die Regelung schließt mit der Vorgabe, dass weiteres aus dem Inhalt der Angebote **nicht mitgeteilt** werden soll. Dies ist vor dem Hintergrund des Schutzes von Geschäftsgeheimnissen einerseits und der Wahrung eines möglichst gleichen Informationsstandes aller Bieter andererseits möglichst zu beachten. 78

Wird aber zB ein eingereichtes Nebenangebot entgegen dieser Vorschrift nicht bekanntgegeben, so führt dies nicht zum Ausschluss, weil es sich um eine reine **Ordnungsvorschrift** handelt[30]. Auch das Nichtverlesen von einzelnen Angaben führt nicht insoweit zu einem Prüf- oder Wertungsausschluss[31]. 79

---

[29] Ingenstau/Korbion/*von Wietersheim* § 14a VOB/A Rn. 23; FKZGM/*Grünhagen* § 14a VOB/A Rn. 50.
[30] Messerschmidt/Kapellmann/*Planker* § 14a VOB/A, Rn. 22.
[31] Ingenstau/Korbion/*von Wietersheim* § 14a VOB/A Rn. 27; VK Baden-Württemberg Beschl. v. 22.6.2004 – 1 VK 32/04, IBRRS 2004, 3340.

6. Niederschrift

80 § 14a Abs. 4 Nr. 1 VOB/A verlangt, dass über den Eröffnungstermin eine Niederschrift aufgenommen wird. Dieses Protokoll ist ein wichtiges **Beweismittel** für Auftraggeber wie für die Bieter.

81 Die **Form** der Niederschrift ist dem Auftraggeber beim Eröffnungstermin nach § 14a VOB/A freigestellt, als gleichwertig die Schriftform und die elektronische Form zugelassen sind während beim Öffnungstermin nach § 14 Abs. 3 VOB/A (nur) die Textform vorgesehen ist. Die in Schriftform erstellte Niederschrift ist nach § 14a Abs. 4 Nr. 2 VOB/A vom Verhandlungsleiter zu unterschreiben, die Niederschrift in elektronischer Form ist mit einer Signatur iSv § 13 Abs. 1 Nr. 1 VOB/A zu versehen. Die anwesenden Bieter und ihre Bevollmächtigten sind berechtigt, in gleicher Weise zu zeichnen.

82 In der Niederschrift sind **die wichtigsten Vorgänge** der Eröffnung zu vermerken. Neben den zu verlesenden Merkmalen der Angebote sind dies vor allem Tag und Stunde des Eröffnungstermins, die Namen der Teilnehmer und der Nachweis ihrer Vertretungsmacht sowie die Feststellungen zu Verschluss bzw. Verschlüsselung der Angebote.

83 Das früher § 14a Abs. 4 Nr. 1 VOB/A vorgesehene Verlesen der Niederschrift ist nicht mehr vorgesehen.

84 War ein Angebot dem Auftraggeber rechtzeitig zugegangen, lag es aber dem Verhandlungsleiter nicht im Eröffnungstermins vor, so ist ein weiteres rechtzeitig eingegangenes Angebot und ist wie diese zu behandeln. Insoweit wurde § 14a Abs. 6 VOB/A an die bereits mit der Ausgabe 2016 geänderte Festlegung der Angebotsfrist angepasst. Das Angebot ist in die Niederschrift oder einen Nachtrag dazu aufzunehmen, die Bieter sind unverzüglich in Textform zu informieren.

85 Auch nach der Angebotsöffnung sind die Angebote vertraulich und geschützt gegen unbefugte Einsichtnahme aufzubewahren und zu behandeln.

7. Einsicht und Mitteilung

86 Bieter und ihre Bevollmächtigten dürfen nach § 14a Abs. 7 S. 1 VOB/A **Einsicht** in die Niederschrift nehmen.

87 Stellt ein Bieter nach dem Eröffnungstermin einen entsprechenden Antrag, sind ihm die Namen der Bieter, die verlesenen und die nachgerechneten Endbeträge der Angebote sowie die Zahl der Nebenangebote unverzüglich **mitzuteilen.** Antragsberechtigt sind alle Bieter, die ein rechtzeitig eingegangenes Angebot eingereicht haben[32]. Darüber hinaus darf der Auftraggeber keine Mitteilungen machen. Nach § 14a Abs. 8 VOB/A darf die Niederschrift nicht veröffentlicht werden, dies schließt auch das **Übersenden** von vollständigen Kopien auf einen Antrag iSd § 14a Abs. 7 S. 1 VOB/A hin aus. Zulässig ist die Versendung von Kopien, bei denen alle außer den mitzuteilenden Informationen geschwärzt sind.

II. Freihändige Vergabe

88 Weil § 14a VOB/A nur für Ausschreibungen gilt, kann diese Regelung für die freihändige Vergabe nicht direkt angewendet werden. Für diese Verfahren sind die **allgemeinen Grundsätze** zu berücksichtigen.

89 Bei der freihändigen Vergabe, die nach § 3 Abs. 3 VOB/A „in einem vereinfachten Verfahren" abläuft, sind die Anforderungen niedriger anzusetzen.

90 Es steht dem Auftraggeber frei, Bieter zur Eröffnung zuzulassen oder nicht.

91 Der Grundsatz der Gleichbehandlung sowie die Selbstbindung des Auftraggebers erlaubt nur die Berücksichtigung **rechtzeitig eingegangener** Angebote. Zur Wahrung des **Geheimwettbewerbes** muss sichergestellt sein, dass eine Kenntnisnahme der Angebote vor

[32] Ingenstau/Korbion/*von Wietersheim* § 14a VOB/A Rn. 50.

Ende der Angebotsfrist nicht möglich ist. Auch bei einer freihändigen Vergabe sollten zwei nicht mit dem Vergabeverfahren befasste Mitarbeiter des Auftraggebers die Angebotsöffnung durchführen, um Manipulationsmöglichkeiten insoweit zu verhindern.

H. UVgO

Wesentliche **Unterschiede zur VOB/A** sind die immer nicht-bieteröffentliche Angebotsöffnung, die Zulassung von Teilnahmeanträgen und Angeboten per Telefax und die Geheimhaltung des Protokolls über die Angebotsöffnung. Insgesamt sind die Regelungen weniger formalisiert als bei der VOB/A. 92

§§ 39, 40 UVgO gelten grundsätzlich für alle Verfahrensarten. 93

I. Keine Bieteröffentlichkeit, Anwesenheit

Ein wesentlicher Unterschied zur VOB/A ist, dass die UVgO durchweg **keinen bieteröffentlichen Eröffnungstermin** vorsieht. 94

In § 40 Abs. 2 UVgO ist geregelt, dass die Öffnung der Angebote von **mindestens zwei Vertretern des Auftraggebers** gemeinsam durchgeführt und dokumentiert wird. Die Anwesenheit von Bietern wird in § 40 Abs. 2 S. 2 UVgO ausdrücklich ausgeschlossen. Die gleiche früher in der VOL/A vorhandene Regelung wurde teilweise im Vergleich zur VOB/A als ein Verstoß des Gleichbehandlungsgrundsatzes diskutiert[33]. Angesichts der zahlreichen Unterschiede zwischen den Vergabeordnungen erscheint es jedoch eindeutiger Wille des Regelsetzers zu sein, solche Unterschiede aufrechtzuerhalten, zumal beide Regelungen mit dem Europarecht vereinbar sind[34]. 95

Die Vertreter des Auftraggebers sollten solche sein, die ansonsten mit dem Vergabeverfahren nicht befasst sind. Dies ist in § 40 Abs. 2 S. 1 UVgO nicht ausdrücklich vorgesehen, trägt aber dem Schutz vor Manipulationen Rechnung. 96

II. Umgang mit eingegangenen Angeboten

§ 39 UVgO sieht vor, dass auf dem **Postweg** und direkt übermittelte Angebote ungeöffnet zu lassen sind. Sie sind mit einem Eingangsvermerk zu versehen und bis zum Zeitpunkt der Öffnung unter Verschluss zu halten. Der Eingangsvermerk muss so gestaltet sein, dass der genaue **Zeitpunkt des Eingangs und der Ersteller** erkennbar sind[35]. Ist ein Angebot bereits zu diesem Zeitpunkt unverschlossen, bietet es sich an, dies zu Beweiszwecken mit dem Eingangsvermerk zu dokumentieren. 97

Elektronische Angebote sind auf geeignete Weise zu kennzeichnen und verschlüsselt aufzubewahren. Eine **Ausnahme** gilt **unabhängig von der Form der Angebote**, wenn der Auftraggeber nach § 12 Abs. 3 UVgO nur ein Unternehmen zur Angebotsabgabe aufgefordert hat. Diese Angebote kann der Auftraggeber früher zur Kenntnis nehmen, was aber die Möglichkeit des Bieters, sein Angebot zurückzuziehen, unberührt lässt. 98

Eine in der VOB/A nicht vorgesehene Regelung betrifft Teilnahmeanträge und Angebote, die per **Telefax** eintreffen. Diese sind ebenfalls entsprechend zu kennzeichnen und auf geeignete Weise unter Verschluss zu halten. Solche Angebote sind bei der VOB/A von vornherein auszuschließen, weil sie technikbedingt offen eintreffen. Die Berücksichtigung solcher Angebote ist in der Tat angesichts der **Geheimhaltungspflicht** des Auftraggebers nicht ganz unbedenklich[36]. 99

[33] Zur VOL/A Müller-Wrede/*Müller-Wrede* § 17 EG VOL/A Rn. 15.
[34] Vgl. → Rn. 2.
[35] OLG Naumburg Beschl. v. 27.5.2010 – 1 Verg 1/10, ZfBR 2010, 714.
[36] *Höfler* NZBau 2000, 449, 452.

100 Allerdings gibt es mittlerweile Techniken, die bessere Handlungsmöglichkeiten und eine Möglichkeit der Geheimhaltung bieten. So ist es möglich, Faxe nicht auszudrucken, sondern direkt als Datei unter einer bestimmten, besonders geschützten Email-Adresse zu empfangen. Damit handelt es sich um digitale Informationen, bei denen sich Zugangszeitpunkt und Möglichkeiten der Kenntnisnahme technisch bestimmen lassen. Ein elektronisches Angebot ist dies natürlich nicht, so fehlt die Möglichkeit, eine Signatur anzubringen.

101 Wie bei der neugefassten VOB/A sind auch bei der UVgO der Ablauf der Angebotsfrist und die tatsächliche Angebotsöffnung nicht miteinander verbunden. Die Angebotsfrist endet mit dem Zeitpunkt, den der Auftraggeber **bestimmt** hat. Ob ein Angebot rechtzeitig eingetroffen ist, wird bei der (möglichst zeitnah) später stattfindenden Angebotsöffnung anhand des Eingangsvermerkes geprüft.

III. Prüfung und Kennzeichnung

102 In der UVgO sind wie schon in der VOL/A 2009 die in der VOL/A 2006 und in der VOB/A vorgesehene Prüfung auf Verschlossenheit bzw. Verschlüsselung und die Kennzeichnung der Angebote nicht mehr ausdrücklich vorgesehen.

103 Die Prüfung, ob ein Angebot verschlossen bzw. verschlüsselt war, ist jedoch zwingend vorzunehmen, um Verstöße gegen den Geheimwettbewerb zu verhindern.

104 Eine **Kennzeichnung** nach Öffnung hingegen ist zwar zum Verhindern von nachträglichen Manipulationen sinnvoll, aber nach der UVgO nicht mehr vorgeschrieben und kann daher auch unterbleiben.

105 Auch nach der Angebotsöffnung sind die Angebote vertraulich und geschützt gegen unbefugte Einsichtnahme aufzubewahren.

IV. Dokumentation

106 Detaillierte Anforderungen an die Dokumentation der Angebotsöffnung enthält die UVgO nicht. Als Minimum erscheint es jedoch, wie nach § 14 Abs. 2 S. 3 VOL/A Name und Anschrift der Bieter, die Endbeträge der Angebote und andere den Preis betreffende Angaben sowie ob und von wem Nebenangebote eingereicht wurden, zu dokumentieren. Aufbewahrungsfristen für Angebote, Teilnahmeanträge und die Anlagen dazu sind in § 6 Abs. 2 UVgO vorgesehen.

107 Darüber hinaus sind andere für das weitere Vergabeverfahren **erhebliche Punkte** zu dokumentieren, so sollte ein Hinweis nicht fehlen, dass die Angebote verschlüsselt bzw. verschlossen waren – auf jeden Fall muss aber festgehalten werden, falls dies einmal nicht der Fall war.

V. Umgang mit der Dokumentation

108 Die UVgO enthält keine Regelung dazu, dass der Auftraggeber die Dokumentation der Angebotsöffnung den Bietern zur Verfügung stellen soll. Ein ausdrückliches Verbot ist jedoch auch nicht vorgesehen. Es erscheint daher zulässig, sowohl – ggf. auf Nachfrage – die Bieter über das Ergebnis der Angebotsöffnung zu informieren als auch diese Information nicht herauszugeben, wobei eine Herausgabe nur unter Wahrung des Geheimwettbewerbes und des Schutzes von Betriebs- und Geschäftsgeheimnissen erfolgen darf.

§ 28 Nebenangebote

Übersicht

VgV: § 35
VSVgV: § 32
UVgO: § 25
VOL/A: § 8 Abs. 4
VOB/A: § 8 Abs. 2 Nr. 3, § 13 Abs. 3
VOB/A EU: § 8 Abs. 2 Nr. 3, § 13 Abs. 3
VOB/A VS: § 8 Abs. 2 Nr. 3, § 13 Abs. 3

VgV:

§ 35 VgV Nebenangebote

(1) Der öffentliche Auftraggeber kann Nebenangebote in der Auftragsbekanntmachung oder in der Aufforderung zur Interessensbestätigung zulassen oder vorschreiben. Fehlt eine entsprechende Angabe, sind keine Nebenangebote zugelassen. Nebenangebote müssen mit dem Auftragsgegenstand in Verbindung stehen.

(2) Lässt der öffentliche Auftraggeber Nebenangebote zu oder schreibt er diese vor, legt er in den Vergabeunterlagen Mindestanforderungen fest und gibt an, in welcher Art und Weise Nebenangebote einzureichen sind. Die Zuschlagskriterien sind gemäß § 127 Absatz 4 des Gesetzes gegen Wettbewerbsbeschränkungen so festzulegen, dass sie sowohl auf Hauptangebote als auch auf Nebenangebote anwendbar sind. Nebenangebote können auch zugelassen oder vorgeschrieben werden, wenn der Preis oder die Kosten das alleinige Zuschlagskriterium sind.

(3) Der öffentliche Auftraggeber berücksichtigt nur Nebenangebote, die die Mindestanforderungen erfüllen. Ein Nebenangebot darf nicht deshalb ausgeschlossen werden, weil es im Falle des Zuschlags zu einem Dienstleistungsauftrag anstelle eines Lieferauftrags oder zu einem Lieferauftrag anstelle eines Dienstleistungsauftrags führen würde.

VSVgV:

§ 32 VSVgV Nebenangebote

(1) Auftraggeber können Nebenangebote in der Bekanntmachung zulassen. In diesem Fall geben Auftraggeber in den Vergabeunterlagen an, welche Mindestanforderungen für Nebenangebote gelten und in welcher Art und Weise Nebenangebote einzureichen sind. Auftraggeber berücksichtigen nur Nebenangebote, die den in den Vergabeunterlagen festge-

legten Mindestanforderungen entsprechen. Nebenangebote sind auszuschließen, wenn sie in der Bekanntmachung nicht ausdrücklich zugelassen sind.

(2) Auftraggeber dürfen ein Nebenangebot nicht deshalb zurückweisen, weil es im Falle des Zuschlags zu einem Dienstleistungsauftrag anstelle eines Lieferauftrags oder zu einem Lieferauftrag anstelle eines Dienstleistungsauftrags führen würde.

UVgO:

§ 25 UVgO Nebenangebote

Der Auftraggeber kann Nebenangebote bei Öffentlichen Ausschreibungen und Verfahrensarten mit Teilnahmewettbewerb bereits in der Auftragsbekanntmachung, ansonsten in den Vergabeunterlagen zulassen. Fehlt eine entsprechende Angabe, sind keine Nebenangebote zugelassen. Nebenangebote müssen mit dem Auftragsgegenstand in Verbindung stehen. Bei der Entscheidung über den Zuschlag sind die Grundsätze der Transparenz und Gleichbehandlung zu beachten.

VOL/A:

§ 8 VOL/A Vergabeunterlagen

(1) bis (3) hier nicht abgedruckt.

(4) Die Auftraggeber können Nebenangebote zulassen. Fehlt eine entsprechende Angabe in der Bekanntmachung oder den Vergabeunterlagen, sind keine Nebenangebote zugelassen.

VOB/A:

§ 8 VOB/A Vergabeunterlagen

(1) hier nicht abgedruckt.

(2)

(Nr. 1 bis 2 hier nicht abgedruckt.)

3. Der Auftraggeber hat anzugeben:
   a) ob er Nebenangebote nicht zulässt,
   b) ob er Nebenangebote ausnahmsweise nur in Verbindung mit einem Hauptangebot zulässt.

   Die Zuschlagskriterien sind so festzulegen, dass sie sowohl auf Hauptangebote als auch auf Nebenangebote anwendbar sind. Es ist dabei auch zulässig, dass der Preis das einzige Zuschlagskriterium ist.

   Von Bietern, die eine Leistung anbieten, deren Ausführung nicht in Allgemeinen Technischen Vertragsbedingungen oder in den Vergabeunterlagen geregelt ist, sind im Angebot entsprechende Angaben über Ausführung und Beschaffenheit dieser Leistung zu verlangen.

(Nr. 4 bis 6 hier nicht abgedruckt.)

§ 13 VOB/A Form und Inhalt der Angebote

(1) bis (2) hier nicht abgedruckt.

(3) Die Anzahl von Nebenangeboten ist an einer vom Auftraggeber in den Vergabeunterlagen bezeichneten Stelle aufzuführen. Etwaige Nebenangebote müssen auf besonderer Anlage erstellt und als solche deutlich gekennzeichnet werden. (Sätze 3 bis 4 hier nicht abgedruckt.)

(4) bis (6) hier nicht abgedruckt.

VOB/A EU:

§ 8 EU VOB/A Vergabeunterlagen

(1) hier nicht abgedruckt.

(2)

(Nr. 1 bis 2 hier nicht abgedruckt.)

3. Der öffentliche Auftraggeber kann Nebenangebote in der Auftragsbekanntmachung oder in der Aufforderung zur Interessensbestätigung zulassen oder vorschreiben. Fehlt eine entsprechende Angabe, sind keine Nebenangebote zugelassen. Nebenangebote müssen mit dem Auftragsgegenstand in Verbindung stehen. Hat der öffentliche Auftraggeber in der Auftragsbekanntmachung oder der Aufforderung zur Interessensbestätigung Nebenangebote zugelassen oder vorgeschrieben, hat er anzugeben,

a) in welcher Art und Weise Nebenangebote einzureichen sind, insbesondere, ob er Nebenangebote ausnahmsweise nur in Verbindung mit einem Hauptangebot zulässt,

b) die Mindestanforderungen an Nebenangebote.
Die Zuschlagskriterien sind so festzulegen, dass sie sowohl auf Hauptangebote als auch auf Nebenangebote anwendbar sind. Es ist auch zulässig, dass der Preis das einzige Zuschlagskriterium ist.
Von Bietern, die eine Leistung anbieten, deren Ausführung nicht in Allgemeinen Technischen Vertragsbedingungen oder in den Vergabeunterlagen geregelt ist, sind im Angebot entsprechende Angaben über Ausführung und Beschaffenheit dieser Leistung zu verlangen.

(Nr. 4 bis 6 hier nicht abgedruckt.)

§ 13 EU VOB/A Form und Inhalt der Angebote

(1) bis (2) hier nicht abgedruckt.

(3) Die Anzahl von Nebenangeboten ist an einer vom Auftraggeber in den Vergabeunterlagen bezeichneten Stelle aufzuführen. Etwaige Nebenangebote müssen auf besonderer Anlage erstellt und als solche deutlich gekennzeichnet werden. (Sätze 3 bis 4 hier nicht abgedruckt.)

(4) bis (6) hier nicht abgedruckt.

VOB/A VS:

§ 8 VS VOB/A Vergabeunterlagen

(1) hier nicht abgedruckt.

(2)

(Nr. 1 bis 2 hier nicht abgedruckt.)

3. Hat der Auftraggeber in der Auftragsbekanntmachung Nebenangebote zugelassen, hat er anzugeben:

a) ob er Nebenangebote ausnahmsweise nur in Verbindung mit einem Hauptangebot zulässt,

b) die Mindestanforderungen für Nebenangebote.
Von Bietern, die eine Leistung anbieten, deren Ausführung nicht in Allgemeinen Technischen Vertragsbedingungen oder in den Vergabeunterlagen geregelt ist, sind im Angebot entsprechende Angaben über Ausführung und Beschaffenheit dieser Leistung zu verlangen.

(Nr. 4 bis 6 hier nicht abgedruckt.)

(3) hier nicht abgedruckt.

§ 13 VS VOB/A Form und Inhalt der Angebote

(1) bis (2) hier nicht abgedruckt.

(3) Die Anzahl von Nebenangeboten ist an einer vom Auftraggeber in den Vergabeunterlagen bezeichneten Stelle aufzuführen. Etwaige Nebenangebote müssen auf besonderer Anlage erstellt und als solche deutlich gekennzeichnet werden. (Sätze 3 bis 4 hier nicht abgedruckt.)

(4) bis (6) hier nicht abgedruckt.

Literatur:

Conrad, Alte und neue Fragen zu Nebenangeboten, ZfBR 2014, 342; *Dicks,* Nebenangebote – Erfordern Zulassung, Zulässigkeit, Mindestanforderungen und Gleichwertigkeit inzwischen einen Kompass?, VergabeR 2012, 318; *Dicks,* Nebenangebote nach der Vergabemodernisierung 2016: Lösung oder Perpetuieren eines Dilemmas?, VergabeR 2016, 309; *Frister,* Entrechtlichung und Vereinfachung des Vergaberechts, VergabeR 2011, 295; *Gielen,* Anmerkung zu OLG Nürnberg Beschl. v. 26.5.2015 – 1 U 1430/14, VergabeR 2015, 726; *Herrmann,* Anmerkung zu BGH Beschl. v. 7.1.2014 – X ZB 15/13, VergabeR 2014, 155; *Kirch,* Weg mit alten Zöpfen: Die Wertung von Nebenangeboten, NZBau 2014, 212; *Kues/Kirch,* Nebenangebote und Zuschlagskriterien: Das Offensichtliche (v)erkannt, NZBau 2011, 335; *Goede,* Anmerkung zu OLG Schleswig Beschl. v. 15.4.2011 – 1 Verg 10/10, VergabeR 2011, 595; *Goede,* Anmerkung zu OLG Brandenburg Beschl. v. 17.5.2011 – Verg W 16/10, VergabeR 2012, 131; *Herrmann,* Rechtsprobleme bei der Zulassung und Wertung von Nebenangeboten im Bereich europaweiter Ausschreibungen, VergabeR 2012, 673; *Mantler,* Anmerkung zu BGH Beschl. v. 10.5.2016 – X ZR 66/15, VergabeR 2016, 750; *Müller-Wrede,* Anmerkung zu BGH Urt. v. 30.8.2011 – X ZR 55/10, VergabeR 2012, 30; *Noelle,* Anmerkung zu OLG Brandenburg Beschl. v. 23.2.2012 – 2 Verg 15/11, VergabeR 2012, 739; *Schweda,* Nebenangebotet im Vergaberecht, VergabeR 2003, 268; *Stolz,* Die Behandlung von Angeboten, die von den ausgeschriebenen Leistungspflichten abweichen, VergabeR 2008, 322; *Stoye,* Anmerkung zu OLG Düsseldorf Beschl. v. 2.11.2011 – VII-Verg 22/11, VergabeR 2012, 193; *Voppel,* Anmerkung zu OLG Düsseldorf Beschl. v. 28.1.2015 – VII-Verg 31/14, VergabeR 2015, 676; *Wagner/Steinkemper,* Bedingungen für die Berücksichtigung von Nebenangeboten und Änderungsvorschlägen, NZBau 2004, 253; *Willner,* Zulässige Abweichungen von technischen Spezifikationen im Hauptangebot, VergabeR 2014, 741.

A. Einleitung

1 Neben Hauptangeboten können Bieter unter bestimmten Voraussetzungen auch sog. Nebenangebote abgeben. Vereinzelt werden dafür auch die Begriffe „Änderungsvorschlag“, „Alternativvorschlag“ oder „Alternativangebot“ gebraucht. Im europäischen Recht wird der Begriff der „Variante“ verwendet; dort finden sich die maßgeblichen Regelungen in Art. 45 VRL bzw. Art. 64 SRL und Art. 19 RL 2009/81/EG. Bei Varianten bzw. Nebenangeboten handelt es sich um Angebote, die von dem eigentlich geforderten Angebot und damit von den Vergabeunterlagen – oder genauer: den Vertragsunterlagen[1] – abweichen.[2] Nebenangebote stellen insoweit – ihre Zulässigkeit im Einzelfall vorausgesetzt – eine **Ausnahme** vom grundsätzlich geltenden **Verbot des Abweichens von den Vergabeunterlagen**[3] dar.

2 Im Rahmen von Nebenangeboten haben Bieter die Möglichkeit, Konzepte zur Deckung des Beschaffungsbedarfs des Auftraggebers anzubieten, die sich von den aus den Vergabeunterlagen vorgegebenen und vom Auftraggeber vorbedachten Lösungsmöglichkeiten unterscheiden.[4] Aus Sicht des Auftraggebers dient die Zulassung von Nebenangeboten dazu, das unternehmerische Potenzial der für die Bedarfsdeckung geeigneten Bieter dadurch auszuschöpfen, dass der Auftraggeber Vorschläge für alternative Lösungen zur Deckung seines Beschaffungsbedarfs erhält, auf die er bzw. seine Mitarbeiter nicht kommen

---

[1] Zur begrifflichen Differenzierung vgl. → § 20 Rn. 5.
[2] Vgl. nur OLG Düsseldorf Beschl. v. 20.12.2019 – VII-Verg 35/19, NZBau 2020, 194.
[3] Vgl. zB §§ 53 Abs. 7 S. 1, 57 Abs. 1 Nr. 4 VgV oder § 16 EU Nr. 2 bzw. § 16 Abs. 1 Nr. 2 iVm § 13 (EU) Abs. 1 Nr. 5 VOB/A.
[4] Vgl. OLG Düsseldorf Beschl. v. 23.12.2009 – VII-Verg 30/09, IBRRS 2010, 1512.

(konnten).[5] Dies ist insbesondere dann für den Auftraggeber interessant, wenn alternative Lösungsansätze zu Kosteneinsparungen führen können. Vor allem in Verfahren ohne Verhandlungen (insbesondere offenen und nicht offenen Verfahren bzw. öffentlichen und beschränkten Ausschreibungen) und wenn es sich beim Auftragsgegenstand nicht um weitgehend homogene Güter oder Leistungen handelt, kann die Zulassung von Nebenangeboten nützlich sein.

B. Begriff

Eine Legaldefinition für den Begriff des „Nebenangebots" findet sich weder im GWB 3
noch im untergesetzlichen Vergaberecht. Auch die europäischen Vorschriften halten keine Begriffsdefinition bereit. Aus den synonym verwandten Begriffen „Änderungsvorschlag", „Alternativvorschlag" oder „Alternativangebot" sowie auch dem im europäischen Recht verwendeten Begriff der „Variante" lässt sich jedoch ablesen, dass eine alternative und damit von den Vorgaben des Auftraggebers abweichende Lösung für die angestrebte Deckung des Beschaffungsbedarfs angeboten wird (→ Rn. 4). Art. 45 Abs. 1 S. 5 VRL, wonach Varianten mit dem Auftragsgegenstand in Verbindung stehen müssen, und die entsprechenden Umsetzungen in § 35 Abs. 1 S. 3 VgV und § 8 EU Abs. 2 Nr. 3 S. 3 VOB/A setzen ein solches Verständnis voraus. In Einzelfällen ist besonders sorgfältig zu prüfen, ob es sich wirklich um ein Nebenangebot oder doch ein Hauptangebot handelt (→ Rn. 5 ff.).

I. Abweichung von den Vergabeunterlagen

Der Begriff des „Nebenangebots" umfasst jede **Abweichung vom geforderten** 4
(Haupt-)Angebot,[6] dh von der geforderten Leistung, wie sie der Auftraggeber in den Vergabeunterlagen formuliert hat (sog. Amtsentwurf oder Amtsvorschlag). Ein Nebenangebot liegt vor, wenn der Gegenstand des Angebots von der nach den Vergabeunterlagen vorgesehenen Leistung in technischer, wirtschaftlicher oder rechtlicher Hinsicht abweicht.[7] Die neue Regelung des § 35 Abs. 1 S. 3 VgV bzw. § 8 EU Abs. 2 Nr. 3 S. 3 VOB/A (ebenso nun auch § 25 S. 3 UVgO), wonach Nebenangebote **mit dem Auftragsgegenstand in Verbindung stehen** müssen, bekräftigt dieses Verständnis, dass Nebenangebote einen konkreten Leistungsbezug aufweisen müssen. Typischerweise betreffen die Abweichungen die Leistungsbeschreibung bzw. das Leistungsverzeichnis und damit die technischen Leistungsinhalte. Dabei kann es sich ebenso um qualitative wie um quantitative Abweichungen handeln.[8] Denkbar sind aber auch Abweichungen von den Vertragsbedingungen im Übrigen, wie etwa Ausführungszeiträume oder Zahlungsmodalitäten.[9] Sie sollten allerdings die Ausführungsbedingungen für die zu erbringende Leistung oder die Bedingungen für die Auftragsabwicklung betreffen. Demgegenüber handelt es sich bei unbedingten oder bedingten Preisnachlässen bzw. Skonti für sich genommen nicht um

[5] Vgl. BGH Urt. v. 30.8.2011 – X ZR 55/10, ZfBR 2012, 25; Beschl. v. 7.1.2014 – X ZB 15/13, NZBau 2014, 185.

[6] Vgl. OLG Saarbrücken Beschl. v. 13.6.2012 – 1 U 357/11-107, ZfBR 2012, 799; OLG Düsseldorf Beschl. v. 20.12.2019 – VII-Verg 35/19, NZBau 2020, 194; Kapellmann/Messerschmidt/*Planker* VOB/A § 13 Rn. 36; vgl. auch Erläuterungen zur VOL/A (Anhang IV zur VOL/A 2009), dort III., Abschnitt 1, zu § 8 Abs. 4.

[7] Vgl. OLG Düsseldorf Beschl. v. 2.11.2011 – VII-Verg 22/11, NZBau 2012, 194; OLG Jena Beschl. v. 21.9. 2009 – 9 Verg 7/09, BeckRS 2009, 86482; *Dicks* VergabeR 2016, 309, 310; Ziekow/Völlink/*Goede*/*Hänsel* VgV § 35 Rn. 1.

[8] Vgl. OLG Düsseldorf Beschl. v. 23.12.2009 – VII-Verg 30/09, IBRRS 2010, 1512.

[9] Vgl. Kapellmann/Messerschmidt/*Planker* VOB/A § 13 Rn. 37; *Herrmann* VergabeR 2012, 673, 676 f.; vgl. auch *Dicks* VergabeR 2016, 309, 310.

Nebenangebote;[10] sie stellen keine Abweichung von den Leistungsvorgaben dar. Dementsprechend wird in der VOB/A die Wertung von Preisnachlässen separat geregelt (vgl. §§ 16d (EU) Abs. 4, 16d VS Abs. 5 VOB/A).[11] Nicht maßgeblich ist, wie umfänglich oder wesentlich eine Abweichung von den Leistungsvorgaben des Auftraggebers ist.[12]

II. Abgrenzung zu Hauptangeboten

5 Für die Frage, ob es sich bei einem Angebot um ein Nebenangebot oder doch um ein Hauptangebot handelt, ist nicht entscheidend, dass dieses als Nebenangebot bezeichnet wird. Maßgeblich ist vielmehr der materielle Angebotsinhalt und damit, ob das Angebot von den Leistungsvorgaben des Auftraggebers abweicht. Eine **Falschbezeichnung** macht ein Hauptangebot somit noch nicht zum Nebenangebot.[13] Umgekehrt würde allerdings die fehlende (deutliche) Kennzeichnung eines (echten) Nebenangebots in Vergabeverfahren, für die eine solche Kennzeichnung vorgeschrieben ist (so nach § 53 Abs. 7 S. 3 VgV, § 13 (EU/VS) Abs. 3 S. 2 VOB/A, § 38 Abs. 10 S. 3 UVgO), unter Umständen nach § 57 Abs. 1 iVm § 53 Abs. 7 S. 3 VgV bzw. § 16 Abs. 1 Nr. 8, § 16 EU/VS Nr. 7 VOB/A bzw. § 42 Abs. 1 S. 2 iVm § 38 Abs. 10 S. 3 UVgO zum Ausschluss des Nebenangebots führen (→ Rn. 47 f.).

6 Zu unterscheiden sind Nebenangebote von Hauptangeboten hingegen danach, von wem die angebotenen Alternativen herrühren. Der Inhalt eines Nebenangebots wird **vom Bieter** – jedenfalls soweit er von der geforderten Leistung abweicht – selbst **gestaltet** und nicht vom Auftraggeber vorgegeben;[14] inhaltliche Vorgaben stellt der Auftraggeber allenfalls im Rahmen von Mindestanforderungen (→ Rn. 28 ff.) auf. Mit der Zulassung von Nebenangeboten soll gerade das Potenzial der Bieter, innovative und möglicherweise wirtschaftlichere – vom Auftraggeber bisher nicht bedachte – Lösungsvorschläge zu entwickeln, genutzt werden. In Abgrenzung dazu weichen Hauptangebote **mit Alternativ- oder Wahlpositionen** (auch alternative Hauptangebote genannt) gerade nicht von der Leistungsbeschreibung des Auftraggebers ab, sondern entsprechen dieser vielmehr.[15] Im Falle von alternativen Hauptangeboten hat der Auftraggeber selbst eine alternative Ausführung vorgesehen und deren Parameter bestimmt;[16] dies kann uU auch mit dem Zusatz „oder gleichwertig" geschehen, mit dem der Auftraggeber gleichwertige Alternativen zulässt.[17] Ferner ist bei einer funktionalen Leistungsbeschreibung genau zu prüfen, ob es sich ein Angebot nicht doch noch innerhalb der Leistungsbeschreibung befindet (Hauptangebot).[18]

7 Abzugrenzen von Nebenangeboten sind insbesondere (Haupt-)Angebote, die lediglich zulässige Abweichungen von sog. **technischen Spezifikationen**[19] **bzw.** – wie sie jetzt von VgV und VSVgV (und auch SektVO) bezeichnet werden – **technischen Anforde-**

[10] Vgl. OLG Jena Beschl. v. 21.9.2009 – 9 Verg 7/09, BeckRS 2009, 86482; Kapellmann/Messerschmidt/*Planker* VOB/A § 13 Rn. 38; s. aber auch BGH Beschl. v. 11.3.2008 – X ZR 134/05, NZBau 2008, 459 (von den Vorgaben des Auftraggebers abweichendes Skontoangebot als mögliches Nebenangebot).

[11] Vgl. *Herrmann* VergabeR 2012, 673, 676.

[12] Vgl. OLG Düsseldorf Beschl. v. 29.11.2000 – Verg 21/00, IBRRS 36805; OLG Frankfurt Beschl. v. 21.4.2005 – 11 Verg 1/05, IBRRS 2006, 1591; OLG Saarbrücken Beschl. v. 18.5.2016 – 1 Verg 1/16, BeckRS 2016, 10023; *Dicks* VergabeR 2012, 318.

[13] Vgl. OLG München Beschl. v. 6.12.2012 – Verg 25/12, BeckRS 2012, 25589; OLG Düsseldorf Beschl. v. 9.3.2011 – VII-Verg 52/10, IBRRS 2011, 1064; *Dicks* VergabeR 2012, 318, 329.

[14] Vgl. OLG Düsseldorf Beschl. v. 2.11.2011 – VII-Verg 22/11, NZBau 2012, 194; Beschl. v. 9.3.2011 – VII-Verg 52/10; OLG Jena Beschl. v. 21.9.2009 – 9 Verg 7/09, BeckRS 2009, 86482; so wohl auch BGH Beschl. v. 23.1.2013 – X ZB 8/11, ZfBR 2013, 498.

[15] Vgl. OLG Düsseldorf Beschl. v. 22.12.2012 – VII-Verg 87/11; Beschl. v. 2.11.2011 – VII-Verg 22/11, NZBau 2012, 194.

[16] Vgl. OLG Düsseldorf Beschl. v. 2.11.2011 – VII-Verg 22/11, NZBau 2012, 194.

[17] Vgl. OLG Düsseldorf Beschl. v. 27.9.2017 – VII-Verg 12/17, BeckRS 2017, 144378.

[18] Vgl. OLG Hamburg Beschl. v. 6.9.2019 – 1 Verg 3/19, BeckRS 2019, 31735.

[19] Vgl. zur Definition jeweils Anhang TS zur VOB/A(-EU/VS).

rungen[20] enthalten. Im Unterschied zu Nebenangeboten stellen zulässigerweise angebotene Abweichungen von den in der Leistungsbeschreibung enthaltenen technischen Spezifikationen gerade keine Abweichungen von den Vergabeunterlagen dar. Denn technische Spezifikationen dienen lediglich der Beschreibung von Leistungsvorgaben und sind dementsprechend grundsätzlich auch produktneutral zu formulieren (vgl. § 31 Abs. 6 VgV, § 15 Abs. 8 VSVgV, § 7 (EU/VS) Abs. 2 VOB/A). Eine Abweichung von einer technischen Spezifikation ist per se zugelassen (vgl. zB § 32 Abs. 1 VgV, § 15 Abs. 4 VSVgV, § 7a (EU/VS) Abs. 3 VOB/A), wenn der – abhängig von der Art der technischen Spezifikation – erforderliche Nachweis der Gleichwertigkeit vom Bieter erfolgreich geführt wird. Ein Angebot, das lediglich solche Abweichungen enthält, ist dementsprechend als Hauptangebot zu werten (vgl. so explizit §§ 16d Abs. 2, 16d EU Abs. 3, 16d VS Abs. 4 iVm 13 (EU/VS) Abs. 2 VOB/A).[21] Die Abgrenzung zwischen Haupt- und Nebenangeboten hängt hier somit maßgeblich vom Begriff der technischen Spezifikation ab, der zum Teil im engeren Sinne von abstrakt-generellen Normen verstanden wird,[22] zum Teil aber auch so weit ausgelegt wird, dass er individuelle Leistungsanforderungen in den Vergabeunterlagen ebenfalls umfasst[23] (zu den weiteren Einzelheiten → § 19 Rn. 76 ff.). Des Weiteren ist auch dann von einem Hauptangebot auszugehen, wenn **Leitfabrikate** oder anderweitige **produktspezifische** Vorgaben vom Auftraggeber verwendet wurden (versehen mit dem Zusatz „oder gleichwertig", vgl. § 31 Abs. 6 VgV, § 15 Abs. 8 VSVgV, § 7 (EU/VS) Abs. 2 VOB/A) und der Bieter davon abweicht und gleichwertige Leistungen anbietet.[24]

Soweit ein als Nebenangebot bezeichnetes Angebot tatsächlich ein Hauptangebot dar- 8
stellt, steht dem grundsätzlich nicht entgegen, dass der Bieter daneben bereits ein Hauptangebot abgegeben hat. Es ist jedoch zu prüfen, ob es im konkreten Vergabeverfahren zulässig war, **mehrere Hauptangebote** abzugeben, bzw. die konkreten Hauptangebote nebeneinander zugelassen werden können.[25]

C. Voraussetzungen für die Zulässigkeit von Nebenangeboten

Falls der öffentliche Auftraggeber von den Bietern Nebenangebote erhalten und diese bei 9
der Wertung berücksichtigen möchte, muss er grundsätzlich vorab die Abgabe von Nebenangeboten **zulassen** (→ Rn. 10 ff.) sowie ggf. **Mindestanforderungen** aufstellen, die Nebenangebote erfüllen müssen, damit sie gewertet werden dürfen (→ Rn. 28 ff.). Nur unter diesen Voraussetzungen ist die Berücksichtigung von Nebenangeboten bei der Angebotswertung grundsätzlich zulässig. Ob die konkret eingereichten Nebenangebote im Einzelfall für die Zuschlagserteilung berücksichtigt werden dürfen, ist dann anschließend im Rahmen der Angebotswertung zu klären (→ Rn. 37 ff.).

[20] Vgl. § 31 Abs. 2 iVm Anlage 1 VgV bzw. § 15 Abs. 2, 3 VSVgV, der direkt auf Anhang III der Richtlinie 2009/81/EG verweist.

[21] Vgl. BGH Beschl. v. 7.1.2014 – X ZB 15/13, NZBau 2014, 185; OLG München Beschl. v. 6.12.2012 – Verg 25/12, BeckRS 2012, 25589; OLG Düsseldorf Beschl. v. 1.10.2012 – VII-Verg 34/12, NJW-Spezial 2012, 750; Beschl. v. 14.10.2009 – VII-Verg 9/09, IBRRS 2009, 3894; OLG Koblenz Beschl. v. 2.2. 2011 – 1 Verg 1/11, NZBau 2011, 316; *Dicks* VergabeR 2012, 318, 329; *Willner* VergabeR 2014, 741, 742, 750.

[22] Vgl. OLG München Beschl. v. 28.7.2008 – Verg 10/08, NZBau 2008, 794; OLG Düsseldorf Beschl. v. 6.10.2004 – VII-Verg 56/04, NZBau 2005, 169.

[23] Vgl. zum Ganzen *Dicks* VergabeR 2012, 318, 331; vgl. auch *Stolz* VergabeR 2008, 322, 328 f.

[24] Vgl. OLG München Beschl. v. 6.12.2012 – Verg 25/12, BeckRS 2012, 25589; OLG Düsseldorf Beschl. v. 1.10.2012 – VII-Verg 34/12, NJW-Spezial 2012, 750; Ziekow/Völlink/*Goede/Hänsel* VgV § 35 Rn. 3.

[25] Vgl. grundlegend OLG Düsseldorf Beschl. v. 21.10.2015 – VII-Verg 28/14; vgl. auch BGH Urt. v. 29.11. 2016 – X ZR 122/14; vgl. ferner OLG Düsseldorf Beschl. v. 1.10.2012 – VII-Verg 34/12, NJW-Spezial 2012, 750; Beschl. v. 9.3.2011 – VII-Verg 52/10; OLG München Beschl. v. 6.12.2012 – Verg 25/10.

I. Zulassung von Nebenangeboten

10 Nebenangebote dürfen von Bietern nur angeboten und bei der Angebotswertung berücksichtigt werden, wenn sie als solche **vom Auftraggeber zugelassen** sind. Lässt er Nebenangebote zu, müssen diese grundsätzlich gewertet werden.[26] Sind Nebenangebote hingegen in einem Vergabeverfahren nicht zugelassen, sind von Bietern trotz allem abgegebene Nebenangebote zwingend auszuschließen (vgl. § 57 Abs. 1 Nr. 6 VgV, § 32 Abs. 1 S. 4 VSVgV, §§ 16d Abs. 3, 16 EU/VS Nr. 5 VOB/A, § 42 Abs. 1 S. 2 Nr. 6 UVgO).[27] Die Zulassung von Nebenangeboten erfolgt grundsätzlich durch **Bekanntgabe** gegenüber den (potentiellen) Bietern.[28]

11 Wie diese zu erfolgen hat, ist davon abhängig, ob eine Vergabe dem Kartellvergaberecht unterfällt und damit dem sog. **Oberschwellenbereich**[29] zuzuordnen ist (→ Rn. 13 f.), auf den jeweils die VgV, VSVgV (ggf. iVm dem 2. bzw. 3. Abschnitt der VOB/A) oder die SektVO (hierzu speziell → § 54 Rn. 22) Anwendung findet, oder dem sog. **Unterschwellenbereich** (→ Rn. 23 f.). Ein Sonderregime für sog. nachrangige Dienstleistungen gemäß Anhang I Teil B VOL/A aF gibt es mit Umsetzung der VRL nicht mehr, so dass nunmehr für Dienstleistungen – jedenfalls was den Großteil der Vergabevorschriften anbetrifft, einschließlich derer für Nebenangebote – auch im Oberschwellenbereich einheitlich dieselben Regelungen wie für Liefer- und Bauleistungen zur Anwendung kommen (vgl. § 64 VgV).

12 In seiner Entscheidung, ob er Nebenangebote zulässt oder nicht, ist der öffentliche Auftraggeber grundsätzlich frei.[30] Er kann zudem die Zulassung von Nebenangeboten von der Abgabe eines Hauptangebots abhängig machen (→ Rn. 26 f.).

1. Oberschwellenbereich

13 **a) Zulassung in der Bekanntmachung.** Soweit ein Vergabeverfahren dem Oberschwellenbereich[31] unterfällt, hat der öffentliche Auftraggeber grundsätzlich bereits **in der (Auftrags-)Bekanntmachung**[32] anzugeben, ob er Nebenangebote zulässt. Dies ergibt sich für **Dienst- und Lieferleistungen** aus § 35 Abs. 1 S. 1, 2 VgV bzw. § 32 Abs. 1 S. 1, 4 VSVgV. Für **Bauleistungen** folgt dies für den Normalfall ebenfalls unmittelbar aus § 8 EU Abs. 2 Nr. 3 S. 1, 2 VOB/A. Im Fall von verteidigungs- oder sicherheitsspezifischen öffentlichen Bauaufträgen ergibt sich die Vorgabe, dass die Zulassung von Nebenangeboten bereits in der Bekanntmachung zu erfolgen hat (falls Nebenangebote zugelassen sein sollen), mittelbar aus § 12 VS Abs. 3 Nr. 2 VOB/A, der vorschreibt, dass Auftragsbekanntmachungen die in Anhang XV (gemeint ist Anhang XIV(!) = Standardformular 17) der Durchführungsverordnung (EU) 2015/1986 geforderten Informationen enthalten müssen, wozu auch die Angabe unter Ziffer II.1.9) gehört, ob Varianten/Alternativangebote zulässig sind. Ebenso setzt § 8 VS Abs. 2 Nr. 3 VOB/A die Zulassung von Nebenangeboten in der Bekanntmachung voraus. Erfolgt unter bestimmten Voraussetzungen in einem nicht offenen oder Verhandlungsverfahren **keine Auftragsbekanntmachung,** sondern als Aufruf zum Wettbewerb nur eine Vorinformation (mit Aufruf zur Interessensbekundung, vgl.

---

[26] Zu möglichen Ausnahmen in Zusammenhang mit den gewählten Zuschlagskriterien vgl. → Rn. 16 ff.

[27] Vgl. im Einzelnen → § 29 Rn. 79 ff.

[28] Nur ausnahmsweise (→ Rn. 24) sind auch bei fehlender Äußerung des Auftraggebers Nebenangebote zugelassen.

[29] Insbesondere muss der fragliche öffentliche Auftrag den maßgeblichen Schwellenwert nach § 106 Abs. 2 GWB erreichen und darf nicht von einem Ausnahmetatbestand nach §§ 107 ff., 117, 137 ff., 145 GWB erfasst sein.

[30] So auch OLG Düsseldorf Beschl. v. 20.12.2019 – VII-Verg 35/19, NZBau 2020, 194 (echtes, der vergaberechtlichen Kontrolle entzogenes Bestimmungsrecht); KKMPP/*Dicks* VgV § 39 Rn. 8.

[31] S. o. → Fn. 29.

[32] Gemeint ist die Auftragsbekanntmachung, mit der der Auftraggeber seine Vergabeabsicht bekanntgibt und damit zum Wettbewerb aufruft – im Gegensatz zur nachträglichen (Vergabe-)Bekanntmachung.

§ 38 Abs. 4 VgV, § 12 EU Abs. 2 VOB/A),[33] hat der Auftraggeber **in der** anschließend erfolgenden **Aufforderung zur Interessensbestätigung** anzugeben, ob er Nebenangebote zulässt. Für Dienst- und Lieferleistungen ergibt sich dies aus § 35 Abs. 1 S. 1 VgV, für Bauleistungen aus § 8 EU Abs. 2 Nr. 3 S. 1 VOB/A. Eine spätere, nachträgliche Zulassung **in den Vergabeunterlagen** ist **nicht möglich.**[34]

Fehlt die Angabe des öffentlichen Auftraggebers in der Auftragsbekanntmachung oder – soweit anwendbar – in der Aufforderung zur Interessensbestätigung dahingehend, ob er Nebenangebote zulässt, sind Nebenangebote nicht zugelassen. Dies ergibt sich ausdrücklich aus § 35 Abs. 1 S. 2 VgV, § 32 Abs. 1 S. 4 VSVgV bzw. § 8 EU Abs. 2 Nr. 3 S. 2 VOB/A. Demnach sind Nebenangebote grundsätzlich – dh insbesondere bei Schweigen der Bekanntmachung dazu – nicht zugelassen. Für die Zulassung von Nebenangeboten bedarf es vielmehr einer **ausdrücklichen positiven Aussage** des Auftraggebers dazu in der Auftragsbekanntmachung bzw. (bei Aufruf zum Wettbewerb durch Vorinformation) in der Aufforderung zur Interessensbestätigung. Eine in der Bekanntmachung vorgenommene Zulassung von Nebenangeboten kann allerdings in den Vergabeunterlagen auch wieder **zurückgenommen** werden, etwa wenn in den Vergabeunterlagen als Mindestanforderungen[35] für Nebenangebote dieselben Anforderungen wie für Hauptangebote vorgegeben werden.[36] 14

Gemäß § 35 Abs. 1 S. 1 VgV aE bzw. § 8 EU Abs. 2 Nr. 3 S. 1 VOB/A aE darf der öffentliche Auftraggeber den Bietern neuerdings sogar **vorschreiben,** Nebenangebote einzureichen. Damit wird Art. 45 Abs. 1 S. 1 Alt. 2 VRL in deutsches Recht umgesetzt. Hintergrund der europäischen Regelung ist vermutlich die mit Nebenangeboten vielfach einhergehende Innovation, die gefördert werden soll (vgl. Erwägungsgrund 48 VRL). Ob Auftraggeber auch die Vorlage bestimmter Nebenangebote vorschreiben dürfen, was in den Wortlaut von § 35 Abs. 1 S. 1 VgV aE bzw. § 8 EU Abs. 2 Nr. 3 S. 1 VOB/A aE hineingelesen werden könnte, lässt sich Art. 45 Abs. 1 S. 1 VRL jedoch nicht ohne weiteres entnehmen. Allerdings kann der Auftraggeber bei der Bestimmung der Mindestanforderungen an die Nebenangebote (→ Rn. 28 ff.) durchaus Vorgaben machen. Im Falle, dass der Auftraggeber die Abgabe von Nebenangeboten vorschreibt, müssten allerdings, falls die Vorgaben an die Nebenangebote – etwa weil ungerechtfertigterweise produktspezifisch – über Gebühr wettbewerbsbeschränkend wirken, vergleichbare Grenzen wie für Hauptangebote aufgrund des Wettbewerbsgrundsatzes und seiner Ausprägungen (zB § 31 Abs. 6 S. 1 VgV) gelten. Weder die VRL noch die entsprechenden deutschen Vorschriften regeln im Übrigen, welche Sanktionen verschiedene denkbare Verstöße von Bietern gegen eine Vorgabe des Auftraggebers, Nebenangebote einzureichen, nach sich ziehen sollen; siehe dazu → Rn. 52. 15

b) Geeignete Zuschlagskriterien als Voraussetzung für die Zulassung. Vor der Vergaberechtsnovellierung 2016 galt mit Entscheidung des BGH vom 7. 1. 2014[37] letztlich als 16

---

[33] Im Einzelnen → § 23 Rn. 62, 67.

[34] Vgl. VK Bund Beschl. v. 17. 9. 2014 – VK 1-72/14 – noch zu § 12 EG Abs. 2 Nr. 2 S. 1 VOB/A 2012; in der diesbezüglichen Beschwerdeentscheidung (Beschl. v. 28. 1. 2015 – VII-Verg 31/14) geht das OLG Düsseldorf jedenfalls für den Fall, dass der Auftraggeber die in der Bekanntmachung erfolgte Nichtzulassung nachträglich ändern will, davon aus, dass dies auch noch nachträglich (allein) in den Vergabeunterlagen möglich ist, wenn das Gebot der Gleichbehandlung der Bieter und die sich daraus ergebende Verpflichtung zur Transparenz beachtet werden. Während nach Auffassung der VK Bund dafür zwingend eine Änderungsbekanntmachung erforderlich ist, hält das OLG Düsseldorf die europäischen Vorgaben in Art. 24 Abs. 2 1. HS. VKR bzw. Art. 45 Abs. 1 S. 2 VLR an den Ort der Bekanntgabe der (Nicht-)Zulassung offensichtlich nicht für zwingend und spricht nur von einer „eröffneten Möglichkeit, in der Bekanntmachung Nebenangebote zuzulassen".

[35] Zu den Einzelheiten → Rn. 28 ff.

[36] Vgl. OLG Düsseldorf Beschl. v. 4. 2. 2013 – VII-Verg 31/12, NZBau 2013, 321, mwN.

[37] Vgl. BGH Beschl. v. 7. 1. 2014 – X ZB 15/13, NZBau 2014, 185 (nach Divergenzvorlage durch das OLG Jena mit Beschl. v. 16. 9. 2013 – 9 Verg 3/13); über eine zuvor anhängige Divergenzvorlage des OLG Düsseldorf mit Beschl. v. 2. 11. 2011 (VII-Verg 22/11) zu dieser Frage musste wegen Erledigung in der Haupt-

höchstrichterlich geklärt,[38] dass Nebenangebote in Vergabeverfahren im Oberschwellenbereich jedenfalls grundsätzlich nur zugelassen und bei der Wertung berücksichtigt werden durften, wenn als Zuschlagskriterium nicht allein der Preis bestimmt war, bzw. – umgekehrt ausgedrückt – die Zulassung und Berücksichtigung von Nebenangeboten grundsätzlich ausgeschlossen war, wenn **alleiniges Zuschlagskriterium der Preis** war. Dem ging eine umfassende Diskussion der Anwendungspraxis voraus (→ Rn. 17 f.). Demgegenüber sehen § 35 Abs. 2 S. 3 VgV bzw. § 8 EU Abs. 2 Nr. 3 S. 6 VOB/A nunmehr ausdrücklich vor, dass Nebenangebote auch dann zugelassen oder vorgeschrieben werden können, wenn der Preis oder die Kosten das alleinige Zuschlagskriterium ist (so die Formulierung in § 35 Abs. 2 S. 3 VgV), bzw. dass es zulässig ist, dass der Preis das einzige Zuschlagskriterium ist (§ 8 EU Abs. 2 Nr. 3 S. 6 VOB/A). Es ist daher grundsätzlich davon auszugehen, dass der Verordnungsgeber die og Rechtsprechung mit dem Ergebnis korrigieren wollte, dass neuerdings auch für den Fall, dass Nebenangebote zugelassen sind, alleiniges Zuschlagskriterium der Preis (bzw. die Kosten) sein darf. Der Rechtsanwender wird allerdings auch künftig gut beraten sein, die insbesondere vom BGH angestellten materiellen Erwägungen zu den bisherigen Regelungen weiter zu beachten (→ Rn. 19), da diese insbesondere an die Grundsätze des Wettbewerbs und der Wirtschaftlichkeit anknüpfen und daher weiterhin maßgeblich sein dürften.

17 Hintergrund der bisherigen Diskussion waren zunächst vornehmlich die Regelungen in Art. 24 Abs. 1 und Art. 53 Abs. 1 VKR und daraus folgende gesetzessystematische Erwägungen. Denn nach Art. 24 Abs. 1 VKR war vorgesehen, dass bei „Aufträgen, die nach dem Kriterium des wirtschaftlich günstigsten Angebots vergeben werden," Varianten (Nebenangebote) zugelassen werden konnten. Vor dem Hintergrund, dass in der VKR zwischen den Zuschlagskriterien „wirtschaftlich günstigstes Angebot" einerseits und „niedrigster Preis" andererseits unterschieden wurde (vgl. Art. 53 Abs. 1 lit. a) bzw. b) VKR),[39] war die Regelung in Art. 24 Abs. 1 VKR richtigerweise so zu verstehen, dass mit Bezugnahme nur auf das eine Kriterium („wirtschaftlich günstigstes Angebot") im Umkehrschluss die Möglichkeit der Zulassung von Nebenangeboten im Falle des anderen Kriteriums („niedrigster Preis") nicht bestand;[40] nur so konnte dem ansonsten überflüssigen Einschub des Relativsatzes ein Regelungsgehalt beigemessen werden. Eine vergleichbare **Richtliniensystematik** gilt im Übrigen noch immer im **Verteidigungs- und Sicherheitsbereich,** für den Art. 19 Abs. 1 und Art. 47 Abs. 1 RL 2009/81/EG parallele Regelungen zu Art. 24 Abs. 1 und Art. 53 Abs. 1 VKR enthalten. Es wurde jedoch auch die Auffassung vertreten, dass sich weder Art. 24 Abs. 1 VKR noch der VKR im Übrigen ein (ausdrückliches) Verbot von Nebenangeboten habe entnehmen lassen, wenn als einziges Zuschlagskriterium der Preis bestimmt sei.[41] Für den Bereich der **klassischen Auftragsvergabe,** die gemeinschaftsrechtlich nunmehr von der VRL bestimmt wird, sind die vorgenannten systematischen Erwägungen jedenfalls nicht mehr zutreffend, da Art. 45 Abs. 1 S. 1 VRL (anders als noch Art. 24 Abs. 1 VKR) nicht mehr auf ein bestimmtes Zuschlagskriterium

---

sache nicht entschieden werden; der BGH hätte andernfalls den EuGH um eine Vorabentscheidung nach Art. 267 Abs. 3 AEUV ersucht (vgl. Beschl. v. 23.1.2013 – X ZB 8/11).

[38] Vgl. zB *Conrad* ZfBR 2014, 342, 343 f.; *Herrmann* VergabeR 2014, 155, 156; *Kirch* NZBau 2014, 212, 213; s. auch *Dicks* VergabeR 2016, 309, 313.

[39] Vgl. auch Erwägungsgrund 46 der VKR, wonach nur zwei Zuschlagskriterien zuzulassen sind: das des „niedrigsten Preises" und das des „wirtschaftlichsten Angebots".

[40] Vgl. OLG Jena Beschl. v. 16.9.2013 – 9 Verg 3/13, ZfBR 2013, 824; OLG Düsseldorf Beschl. v. 18.10. 2010 – VII-Verg 39/10, NZBau 2011, 57, NZBau 2011, 57; Beschl. v. 2.11.2011 – VII-Verg 22/11, NZBau 2012, 194 mwN; *Dicks* VergabeR 2012, 318, 320 ff.; *Herrmann* VergabeR 2012, 673, 681 f.; *Kues/Kirch* NZBau 2011, 335, 337 ff.; *Stolz* VergabeR 2008, 322, 334 f.; wohl auch schon ebenso: BayObLG Beschl. v. 22.6.2004 – Verg 13/04, BayObLGZ 2004, 154.

[41] Vgl. OLG Schleswig Beschl. v. 15.4.2011 – 1 Verg 10/10, NZBau 2011, 375; bisher offengelassen: OLG München Beschl. v. 31.1.2013 – Verg 31/12; OLG Koblenz Beschl. v. 26.7.2010 – 1 Verg 6/10, NZBau 2011, 58; OLG Celle Beschl. v. 3.6.2010 – 13 Verg 6/10, BeckRS 2010, 16078; *Goede* VergabeR 2011, 595, 596 f.

Bezug nimmt, sondern uneingeschränkt die Zulassung von Nebenangeboten einräumt.[42] Die explizite Regelung der Zulässigkeit des Preises als alleiniges Zuschlagskriterium in § 35 Abs. 2 S. 3 VgV bzw. § 8 EU Abs. 2 Nr. 3 S. 6 VOB/A weist letztlich auf diese europäische Normänderung hin.[43]

Hinter den vorgenannten gesetzessystematischen Erwägungen standen jedoch auch **materielle Gesichtspunkte,** die sich bei der gemeinsamen Wertung von Haupt- und Nebenangeboten auftun und weiterhin von Bedeutung sind. Denn während Hauptangebote aufgrund ihrer Konformität mit der Leistungsbeschreibung und den übrigen Vertragsunterlagen die gleiche – und damit ohne weiteres vergleichbare (vgl. § 121 Abs. 1 S. 1 GWB)[44] – Leistung beinhalten und deshalb ohne weiteres in einen reinen Preiswettbewerb gestellt werden können, weichen Nebenangebote begriffsnotwendig vom Amtsentwurfs ab[45] und sind damit in Bezug auf den Leistungsinhalt unter Umständen nur bedingt vergleichbar mit Hauptangeboten. Nebenangebote entsprechen dabei in qualitativer Hinsicht oft nur den aufgestellten Mindestanforderungen (→ Rn. 28 ff.) und sind daher in der Regel auch preisgünstiger, während Hauptangebote alle Leistungsanforderungen des Auftraggebers erfüllen; aber auch umgekehrt ist denkbar, dass ein Nebenangebot qualitativ höherwertig ist als ein Hauptangebot.[46] Der meist **fehlenden Vergleichbarkeit** von Haupt- und Nebenangeboten in qualitativer Hinsicht kann durch zusätzliche – auftragsbezogene – Zuschlagskriterien (neben dem Preis) Rechnung getragen werden, so dass mögliche Qualitätsunterschiede zwischen Haupt- und Nebenangeboten so berücksichtigt und Preisvorteile von Nebenangeboten ggf. durch ein mehr an Qualität von Hauptangeboten (oder umgekehrt) ausgeglichen werden können.[47] Vor diesem materiellen Hintergrund entschied der BGH noch zum bisher geltenden Recht und allein gestützt auf den Wettbewerbsgrundsatz nach § 97 Abs. 1 GWB (aF) sowie den mit diesem eng zusammenhängenden, aus § 97 Abs. 5 GWB aF folgenden Gebot, den Zuschlag auf das wirtschaftlichste Angebot zu erteilen, dass die Zulassung bzw. Wertung von Nebenangeboten grundsätzlich unzulässig ist, wenn alleiniges Zuschlagskriterium der Preis ist.[48] Ob bei einer Beschaffung weitgehend homogener Leistungen, bei der sich die Homogenität der nachgefragten Leistungen ebenso auf eingereichte Nebenangebote erstreckt, ausnahmsweise Nebenangebote auch dann zugelassen bzw. gewertet werden können, wenn alleiniges Zuschlagskriterium der Preis ist, ließ der BGH – auch mit Verweis auf eine zu prüfende Vereinbarkeit mit den gemeinschaftsrechtlichen Vorgaben (Art. 24 Abs. 1 VKR) – offen.[49] 18

Da nach der Vergaberechtsnovellierung 2016 weiterhin der Wettbewerbsgrundsatz (§ 97 Abs. 1 S. 1 GWB) sowie das Gebot der wirtschaftlichen Auftragsvergabe (§§ 97 Abs. 1 S. 2, 127 Abs. 1 S. 1 GWB) gelten, ist davon auszugehen, dass die vorgenannte BGH-Rechtsprechung **auch künftig** bei der Bestimmung der Zuschlagskriterien zu beachten ist, wenn Nebenangebote zugelassen werden. Hierauf weist der BGH in einer jüngeren Entscheidung[50] explizit hin,[51] wobei er sich nun (allein) auf den in § 127 Abs. 1 S. 1 und 3 GWB niedergelegten Grundsatz bezieht, dass der Zuschlag auf das wirtschaftlichste Ange- 19

[42] Vgl. auch *Conrad* ZfBR 2014, 342, 346.
[43] Die Regierungsbegründung zu § 35 Abs. 2 VgV (vgl. BR-Drucks. 87/16 v. 29.2.2016, S. 188) spricht von „Klarstellung".
[44] Vgl. auch *Conrad* ZfBR 2014, 342.
[45] → Rn. 4.
[46] Vgl. *Conrad* ZfBR 2014, 342, 344.
[47] Vgl. zunächst OLG Düsseldorf Beschl. v. 2.11.2011 – VII-Verg 22/11, NZBau 2012, 194; auch OLG Jena Beschl. v. 16.9.2013 – 9 Verg 3/13, ZfBR 2013, 824; *Kues/Kirch* NZBau 2011, 335, 338; *Stolz* VergabeR 2008, 322, 335; in diesem Sinne nun auch BGH Beschl. v. 7.1.2014 – X ZB 15/13, NZBau 2014, 185; OLG Düsseldorf Beschl. v. 28.1.2015 – VII-Verg 31/14, NZBau 2015, 503.
[48] Vgl. BGH Beschl. v. 7.1.2014 – X ZB 15/13, NZBau 2014, 185; sich anschließend: OLG Düsseldorf Beschl. v. 28.1.2015 – VII-Verg 31/14, NZBau 2015, 503.
[49] Vgl. BGH Beschl. v. 7.1.2014 – X ZB 15/13, NZBau 2014, 185; Beschl. v. 23.1.2013 – X ZB 8/11, mit Hinweis auf eine Vorlagebedürftigkeit nach Art. 267 Abs. 3 AEUV.
[50] BGH Beschl. v. 10.5.2016 – X ZR 66/15.
[51] Vgl. auch *Conrad* ZfBR 2014, 342, 346; *Mantler* VergR 2016, 750 ff.

bot erteilt wird und sich das wirtschaftlichste Angebot nach dem besten Preis-Leistungs-Verhältnis bestimmt. Um eine nach Auffassung des BGH vergaberechtskonforme[52] Wertung von Nebenangeboten zu gewährleisten, müssen demzufolge aussagekräftige, auf den jeweiligen Auftragsgegenstand und den mit ihm zu deckenden Bedarf zugeschnittene Zuschlagskriterien bestimmt werden. Diese müssen es zudem ermöglichen, das Qualitätsniveau von Nebenangeboten und ihren technisch-funktionellen und sonstigen sachlichen Wert über die Mindestanforderungen hinaus nachvollziehbar und überprüfbar mit dem für die Hauptangebote nach dem Amtsvorschlag vorausgesetzten Standard zu vergleichen, so dass das wirtschaftlichste Angebot auf dieser Basis ermittelt und dabei ggf. auch eingeschätzt werden kann, ob ein preislich günstigeres Nebenangebot mit einem solchen Abstand hinter der Qualität eines dem Amtsvorschlag entsprechenden Hauptangebots zurückbleibt, dass es nicht als das wirtschaftlichste Angebot bewertet werden kann.[53] Da dies mit dem Preis als einzigem Zuschlagskriterium (wie in → Rn. 18 dargestellt) in aller Regel nicht gewährleistet werden kann, sind im Lichte der BGH-Rechtsprechung bei Vergaben im Oberschwellenbereich grundsätzlich weiterhin **neben dem Preis** (oder den Kosten) weitere – einen **Qualitätsvergleich von Haupt- und Nebenangeboten** ermöglichende[54] – Zuschlagskriterien zu bestimmen, wenn Nebenangebote zugelassen sind. Eine Prüfung anhand ungeschriebener Wertungskriterien wie einer allgemeinen Gleichwertigkeit der Nebenangebote mit dem Amtsvorschlag kommt demgegenüber schon aufgrund fehlender Bekanntgabe gegenüber den Bietern und damit fehlender Transparenz eines solchen Wertungskriteriums nicht in Betracht.[55] Der geforderte Qualitätsvergleich bzw. die Herstellung der Vergleichbarkeit von Haupt- und Nebenangeboten kann aber unter Umständen anhand konkret bestimmter und den Bietern vorab bekanntgegebener Gleichwertigkeitsanforderungen erreicht werden.[56] Nur in **Ausnahmefällen,** nämlich wenn nach dem Gegenstand des Auftrags und der Gesamtheit der Vergabeunterlagen auch mit dem Preis als alleinigem Zuschlagskriterium sichergestellt ist, dass das wirtschaftlichste Angebot mit dem besten Preis-Leistungs-Verhältnis bestimmt werden kann, darf nach der genannten Rechtsprechung der Preis einziges Zuschlagskriterium sein.[57]

20 Was in den zitierten BGH-Entscheidungen nicht ausdrücklich adressiert wird, aber im vorliegenden Zusammenhang durchaus von Bedeutung ist, ist das Verständnis des wirtschaftlichsten Angebots bzw. des Angebots mit dem besten Preis-Leistungs-Verhältnis. Dieses bestimmt sich nämlich für jede Vergabe im Oberschwellenbereich gemäß Art. 67 Abs. 2 S. 1 VRL bzw. § 127 Abs. 1 S. 2 GWB anhand der Zuschlagskriterien, die wiederum vom Auftraggeber festgelegt werden. Letzteres ergibt sich insbesondere aus Art. 67 Abs. 2 S. 1 VRL („aus der Sicht des öffentlichen Auftraggebers") sowie auch Erwägungsgrund 89 der VRL („was der einzelne öffentliche Auftraggeber für die wirtschaftlich beste Lösung unter der Angeboten hält").[58] Der Maßstab der Wirtschaftlichkeit ist demnach grundsätzlich der subjektive des Auftraggebers, dem insoweit ein entsprechendes, weitgehend unbeschränktes Bestimmungsrecht zukommt.[59] Dies korreliert im Übrigen mit dem

[52] Weil dem Ziel der Erschließung des wettbewerblichen Potentials entsprechende.
[53] Vgl. zum Ganzen (mit weiteren Ausführungen): BGH Beschl. v. 7.1.2014 – X ZB 15/13, NZBau 2014, 185; vgl. auch OLG Düsseldorf Beschl. v. 28.1.2015 – VII-Verg 31/14, NZBau 2015, 503.
[54] Vgl. OLG Düsseldorf Beschl. v. 28.1.2015 – VII-Verg 31/14, NZBau 2015, 503.
[55] Vgl. BGH Beschl. v. 7.1.2014 – X ZB 15/13, NZBau 2014, 185.
[56] Vgl. OLG Düsseldorf Beschl. v. 28.1.2015 – VII-Verg 31/14, NZBau 2015, 503; kritisch hierzu aber im Hinblick auf § 127 Abs. 4 S. 2 GWB KKPP/*Wiedemann* GWB § 127 Rn. 82.
[57] Vgl. BGH Beschl. v. 10.5.2016 – X ZR 66/15; vgl. auch BGH Beschl. v. 7.1.2014 – X ZB 15/13, NZBau 2014, 185, mit Verweis auf BGH Beschl. v. 23.1.2013 – X ZB 8/11, ZfBR 2013, 498, dem eine Beschaffung weitgehend homogener Dienstleistungen (dies traf sowohl für Haupt- wie für Nebenangebote zu) zugrunde lag.
[58] Vgl. im Übrigen auch Erwägungsgrund 92 der VRL („Öffentliche Auftraggeber sollten zur Wahl von Zuschlagskriterien ermutigt werden, mit denen …").
[59] Vgl. ausführlich (auch zu den Beschränkungen des Bestimmungsrechts) OLG Celle Beschl. v. 11.6.2015 – 13 Verg 4/15; vgl. auch OLG Düsseldorf Beschl. v. 15.6.2016 – VII-Verg 49/15, mit Verweis auf Beschl. v. 21.5.2012 – VII-Verg 3/12.

Leistungsbestimmungsrecht des Auftraggebers (→ § 19 Rn. 16f.); denn schließlich bestimmen auch die Zuschlagskriterien, welche Leistung letztlich beschafft wird. Einen irgendwie gearteten objektiven – und damit auch umfassend nachprüfbaren – **Wirtschaftlichkeitsbegriff** sieht das Vergaberecht demgegenüber nicht vor. Vor diesem Hintergrund stellt sich die Frage, ob ein Auftraggeber nicht auch Haupt- und Nebenangebote allein nach dem Zuschlagskriterium Preis bewerten können muss, wenn er dabei bewusst in Kauf nimmt (oder dies sogar beabsichtigt), dass er letztlich dem (Haupt- oder Neben-) Angebot, das in qualitativer Hinsicht jedenfalls die Mindestanforderungen an Nebenangebote erfüllt und preislich das günstigste ist, den Zuschlag erteilen muss. Diese Möglichkeit wollte offensichtlich auch der Verordnungsgeber mit Einführung von § 35 Abs. 2 S. 3 VgV bzw. § 8 EU Abs. 2 Nr. 3 S. 6 VOB/A einräumen. Der vorgenannten Rechtsprechung zu den Zuschlagskriterien bei Nebenangeboten[60] ist demgegenüber jedoch ein zwingend vorzunehmender Qualitätsvergleich zu entnehmen. Immerhin wird man der Rechtsprechung mit Blick auf den Wirtschaftlichkeitsbegriff keinen Anspruch der Bieter auf „die richtigen", dh ihren bzw. allen denkbaren Nebenangeboten (und damit angebotenen Qualitätsabstrichen oder -vorteilen) gerecht werdenden Zuschlagskriterien entnehmen können. Nach allem werden Auftraggeber in der Regel – auch im Interesse, das wirtschaftlichste (Haupt- oder Neben-)Angebot mit dem besten Preis-Leistungs-Verhältnis anhand der Zuschlagskriterien ermitteln zu können – neben dem Angebotspreis (bzw. den Kosten) ein oder mehrere aussagekräftige, zum qualitativen Vergleich von Haupt- und Nebenangeboten geeignete Zuschlagskriterien benennen, wenn sie Nebenangebote zulassen.

Bestimmt der öffentliche Auftraggeber den Preis bzw. die Kosten als alleiniges Zuschlagskriterium und ist dies im konkreten Einzelfall nach Vergaberecht nicht ausreichend, hat dies zur **Konsequenz,** dass die Zulassung bzw. jedenfalls die Wertung von Nebenangeboten nicht zulässig ist und eine trotz allem bekanntgegebene **Zulassung von Nebenangeboten unbeachtlich.** Von den Bietern abgegebene Nebenangebote dürfen daher nicht berücksichtigt werden.[61] Soweit ein Bieter im Rahmen einer Nachprüfung die Wertung seiner Nebenangebote geltend macht, müssen die Nachprüfungsinstanzen ggf. prüfen, ob der Bieter dahingehend in seinen Rechten verletzt ist, dass er durch die letztlich unbeachtliche Zulassung von Nebenangeboten in der Kalkulation seines Hauptangebots in unzulässigem Maße nachteilig beeinflusst wurde, und daher eine **Zurückversetzung des Vergabeverfahrens** in den Stand vor Angebotsabgabe erforderlich ist.[62] Hiervon kann wohl im Allgemeinen ausgegangen werden.[63] 21

Bei der Bestimmung der **Zuschlagskriterien** hat der Auftraggeber zudem für den Fall, dass er Nebenangebote zulässt oder sogar vorschreibt, gemäß § 127 Abs. 4 S. 2 GWB und § 35 Abs. 2 S. 2 VgV bzw. § 8 EU Abs. 2 Nr. 3 S. 5 VOB/A zu beachten, dass die gewählten Zuschlagskriterien **sowohl auf Hauptangebote als auch auf Nebenangebote anwendbar sein müssen.** Der Preis bzw. die Kosten als Kriterium dürften diese Voraussetzung in jedem Fall erfüllen.[64] Ob in Bezug auf qualitative Zuschlagskriterien aufgrund der genannten Vorgabe nunmehr auch ein vergaberechtlicher Anspruch auf Kriterien besteht, die jeden Qualitätsunterschied zwischen dem Amtsentwurf (Hauptangebot) und einem (denkbaren) Nebenangebot zu erfassen geeignet sind, erscheint allerdings zweifelhaft (→ Rn. 20 aE). Sollten die im Einzelfall gewählten Zuschlagskriterien die Anforderung gemäß § 127 Abs. 4 S. 2 GWB bzw. § 35 Abs. 2 S. 2 VgV oder § 8 EU Abs. 2 Nr. 3 S. 5 22

[60] → Rn. 18f.

[61] Vgl. noch zu den bisher geltenden Vorschriften: OLG Düsseldorf Beschl. v. 2.11.2011 – VII-Verg 22/11, NZBau 2012, 194; Beschl. v. 18.10.2010 – VII-Verg 39/10.

[62] Vgl. OLG Düsseldorf Beschl. v. 28.1.2015 – VII-Verg 31/14, NZBau 2015, 503; Beschl. v. 2.11.2011 – VII-Verg 22/11, NZBau 2012, 194; Beschl. v. 9.3.2011 – VII-Verg 52/10; vgl. auch BGH Beschl. v. 7.1. 2014 – X ZB 15/13, NZBau 2014, 185, wonach entsprechender Vortrag des Antragstellers erforderlich ist; OLG Jena Beschl. v. 16.9.2013 – 9 Verg 3/13, ZfBR 2013, 824; *Dicks* VergabeR 2012, 318, 323f.; vgl. auch *Stoye* VergabeR 2012, 193.

[63] Vgl. dazu ausführlich OLG Düsseldorf Beschl. v. 28.1.2015 – VII-Verg 31/14, NZBau 2015, 503.

[64] Vgl. auch *Conrad* ZfBR 2014, 342, 346.

VOB/A nicht erfüllen, dürfte das Vergabeverfahren regelmäßig – jedenfalls in dem Fall, dass tatsächlich Nebenangebote vorliegen – in den Stand vor Angebotsabgabe zurückzuversetzen sein, um anschließend geeignete Kriterien bestimmen zu können.

2. Unterschwellenbereich

23 Im **Unterschwellenbereich**[65] kann die Zulassung von Nebenangeboten seitens des Auftraggebers grundsätzlich entweder durch entsprechende Angabe **in der (Auftrags-)Bekanntmachung oder** aber auch erst **in den Vergabeunterlagen** erfolgen (vgl. § 16 Abs. 1 Nr. 6 VOB/A, § 8 Abs. 4 VOL/A); im Anwendungsbereich der UVgO hat die Zulassung von Nebenangeboten in Vergabeverfahren mit Auftragsbekanntmachung (zB Öffentlichen Ausschreibungen) hingegen gemäß § 25 S. 1 UVgO bereits zwingend in der Auftragsbekanntmachung zu erfolgen,[66] während nur bei Verfahrensarten ohne Auftragsbekanntmachung die Bekanntgabe in den Vergabeunterlagen reicht. Bei der Vergabe von Bauleistungen ist zudem gemäß § 8 Abs. 2 Nr. 3 S. 1 lit. a) VOB/A in jedem Fall zwingend in den Vergabeunterlagen durch den Auftraggeber anzugeben, ob er Nebenangebote nicht zulässt.

24 **Fehlt eine Angabe** des Auftraggebers dahingehend, ob Nebenangebote zugelassen sind, sind Nebenangebote, soweit es sich um die Vergabe von **Liefer- oder Dienstleistungen** nach UVgO bzw. VOL/A handelt, gemäß § 25 S. 2 UVgO bzw. § 8 Abs. 4 S. 2 VOL/A nicht zugelassen; Nebenangebote sind somit grundsätzlich nicht zugelassen, es sei denn, der Auftraggeber gibt dies ausdrücklich in der Bekanntmachung oder den Vergabeunterlagen bekannt. Bei der Vergabe von **Bauleistungen** sind hingegen im Unterschwellenbereich Nebenangebote grundsätzlich zugelassen (vgl. §§ 8 Abs. 2 Nr. 3 S. 1 lit. a), 16 Abs. 1 Nr. 6 VOB/A);[67] hier bedarf es einer ausdrücklichen Äußerung des Auftraggebers in der Bekanntmachung oder den Vergabeunterlagen, wenn er Nebenangebote nicht zulassen will.[68]

25 Die Rechtsprechung zur Frage, ob Nebenangebote auch dann zugelassen sind bzw. werden dürfen, falls der Preis das einzige Zuschlagskriterium ist, wie sie zum Oberschwellenbereich ergangen ist (→ Rn. 16 ff.), ist auf Vergaben im Unterschwellenbereich nicht übertragbar.[69] Die Möglichkeit, das Einreichen von Nebenangeboten vorzuschreiben, wie sie Auftraggeber im Oberschwellenbereich nach § 35 Abs. 1 S. 1 VgV bzw. § 8 EU Abs. 2 Nr. 3 S. 1 VOB/A haben (→ Rn. 15), gibt es im Unterschwellenbereich nicht.[70]

3. Notwendigkeit eines Hauptangebots

26 Bei der Vergabe von **Bauleistungen** hat der öffentliche Auftraggeber gemäß § 8 Abs. 2 Nr. 3 S. 1 lit. b), § 8 EU Abs. 2 Nr. 3 S. 4 lit. a) bzw. § 8 VS Abs. 2 Nr. 3 S. 1 lit. a) VOB/A in den Vergabeunterlagen anzugeben, ob er Nebenangebote ausnahmsweise **nur in Verbindung mit einem Hauptangebot** zulässt. Fehlt eine entsprechende Angabe des Auftraggebers, sind Nebenangebote bei der Wertung zu berücksichtigen, auch wenn sie nicht zusammen mit einem Hauptangebot abgegeben werden. Dies ist auch dem Zusatz **„ausnahmsweise"** zu entnehmen, wonach die Unabhängigkeit des Nebenangebots vom Hauptangebot die Regel und die zwingende Verknüpfung die Ausnahme ist. Lässt der Auftraggeber Nebenangebote nur im Zusammenhang mit Hauptangeboten zu, kann dies nicht nur eine einschränkende Wirkung auf den Bieterkreis zur Folge haben,[71] sondern

---

65 Dh wenn der Auftrag nicht in den Oberschwellenbereich (vgl. → Fn. 29) fällt.
66 Vgl. Erläuterungen zur UVgO, BAnz AT v. 7.2.2017, S. 6, Zu § 25.
67 Vgl. auch Kapellmann/Messerschmidt/*Frister* VOB/A § 16 Rn. 44.
68 Vgl. FKZGM/*Franke*/*Klein* VOB/A § 8 Rn. 6 mwN.
69 Vgl. VK Sachsen-Anhalt Beschl. v. 26.6.2014 – 3 VK LSA 47/14; VK Thüringen Beschl. v. 17.7.2013 – 250-4002-6432/2013-N-003-AP.
70 Vgl. Erläuterungen zur UVgO, BAnz AT v. 7.2.2017, S. 6, Zu § 25.
71 Vgl. Heiermann/Riedl/Rusam/*Heiermann*/*Bauer* VOB/A § 8 Rn. 30.

auch Konsequenzen für die Anzahl der wertbaren Nebenangebote, da deren Wertbarkeit dann von der Wertbarkeit des jeweiligen Hauptangebots abhängt (→ Rn. 44f.).

27 Für Vergaben von **Liefer- und Dienstleistungen** enthalten die UVgO und der 1. Abschnitt der VOL/A (Unterschwellenbereich) keine entsprechende Regelung. § 35 Abs. 2 S. 1 VgV und § 32 Abs. 1 S. 2 VSVgV sehen nur allgemein vor, dass der öffentliche Auftraggeber in den Vergabeunterlagen anzugeben hat, in welcher Art und Weise Nebenangebote einzureichen sind (siehe dazu auch → Rn. 35). Allerdings führt Art. 45 Abs. 2 VRL, der insoweit nicht vollständig in § 35 Abs. 2 S. 1 VgV übernommen wurde, dazu beispielhaft („insbesondere") die mögliche Vorgabe auf, dass Nebenangebote nur eingereicht werden dürfen, wenn auch ein Hauptangebot eingereicht wird. Daher kann in richtlinienkonformem Verständnis des § 35 Abs. 2 S. 1 VgV auch hier die Möglichkeit des Auftraggebers hineingelesen werden, dass er Nebenangebote nur in Verbindung mit einem Hauptangebot zulässt.[72] Die Richtlinie 2009/81/EG für verteidigungs- und sicherheitsspezifische Aufträge bleibt insoweit stumm. Es ist aber auch hier denkbar und möglich, dass der öffentliche Auftraggeber Nebenangebote nur unter der Bedingung (im Sinne einer formalen Mindestanforderung) zulässt, dass sie in Verbindung mit einem Hauptangebot eingereicht werden.[73] Dies muss auch für Vergaben nach der UVgO bzw. dem 1. Abschnitt der VOL/A gelten, so lange die Grundsätze der Transparenz und Gleichbehandlung gewahrt bleiben (vgl. § 25 S. 4 UVgO).

II. Mindestanforderungen

1. Oberschwellenbereich

28 Soweit ein Vergabeverfahren in den **Oberschwellenbereich**[74] fällt, dürfen Nebenangebote – auch wenn sie grundsätzlich zugelassen worden sind (→ Rn. 13ff.) – nur dann berücksichtigt werden, wenn der öffentliche Auftraggeber für sie zuvor sog. Mindestanforderungen **in den Vergabeunterlagen** festgelegt hat (§ 35 Abs. 2 S. 1 VgV, § 32 Abs. 1 S. 2 VSVgV, § 8 EU Abs. 2 Nr. 3 S. 4 lit. b) bzw. § 8 VS Abs. 2 Nr. 3 S. 1 lit. b) VOB/A). Dh der Auftraggeber hat in den Vergabeunterlagen diejenigen Anforderungen zu benennen (und damit **verschriftlicht** zur Verfügung zu stellen), die Nebenangebote in jedem Fall erfüllen müssen, um in die Wertung zu gelangen. Eine rein interne Dokumentation von den Bietern nur mündlich bekanntgegebenen Mindestanforderungen in der Vergabeakte ist nicht ausreichend.[75] Mindestanforderungen für Nebenangebote sollten auch als solche in den Vergabeunterlagen bezeichnet werden; auch ohne ausdrückliche Bezeichnung kann es aber ausreichen, wenn der Bieter erkennen kann, dass es sich im konkreten Fall um eine Mindestanforderung handelt.[76] Die Bekanntgabe in den Vergabeunterlagen ermöglicht es den Bietern, in gleicher Weise von den Mindestanforderungen Kenntnis nehmen zu können; die entsprechende Verpflichtung des Auftraggebers zur Transparenz dient der Gewährleistung der Gleichbehandlung aller Bieter.[77]

[72] So auch explizit Begründung zum Regierungsentwurf v. 29.2.2016, BR-Drucks. 87/16, S. 189 (§ 35 (Nebenangebote) Zu Abs. 2).
[73] Vgl. Müller-Wrede/*Gnittke/Hattig* VOL/A-EG § 9 Rn. 73, zu entsprechenden Erwägungen zur VOL/A 2009.
[74] Vgl. oben → Fn. 29.
[75] Vgl. OLG Düsseldorf Beschl. v. 28.1.2015 – VII-Verg 31/14, NZBau 2015, 503; hier waren als Mindestanforderungen in Betracht kommende Anforderungen in Bietergesprächen mündlich mitgeteilt und auch im Gesprächsprotokoll schriftlich festgehalten worden, jedoch war das Protokoll nicht den Bietern übersandt worden, so dass es nicht Bestandteil der Vergabeunterlagen geworden war.
[76] Vgl. OLG Düsseldorf Beschl. v. 20.12.2019 – VII-Verg 35/19, NZBau 2020, 194.
[77] Vgl. EuGH Urt. v. 16.10.2003 – C-421/01 – Traunfellner, NZBau 2004, 279 Rn. 29; BGH Beschl. v. 7.1.2014 – X ZB 15/13, NZBau 2014, 185; OLG Düsseldorf Beschl. v. 22.10.2009 – VII-Verg 25/09; BayObLG Beschl. v. 22.6.2004 – Verg 13/04, BayObLGZ 2004, 154.

29 Mindestanforderungen müssen **inhaltliche (materielle) Vorgaben** in Bezug auf den Auftrag enthalten.[78] Rein formale Anforderungen reichen nicht aus.[79] Dies ergibt sich aus dem Umstand, dass in der umgesetzten Vorschrift des Art. 45 Abs. 2 S. 1 VLR bzw. Art. 19 Abs. 3 UAbs. 1 der RL 2009/81/EG[80] zwischen „Mindestanforderungen" einerseits und Vorgaben zur „Art und Weise", in der Nebenangebote eingereicht werden sollen, und damit formalen Vorgaben andererseits differenziert wird. Mindestanforderungen müssen sich somit inhaltlich auf die anzubietende Leistung beziehen bzw. sachlich-technischer Art sein.[81]

30 Die Mindestanforderungen dürfen zudem nicht lediglich abstrakt gehalten und für die konkrete Gestaltung von Nebenangeboten inhaltsleer sein,[82] sondern müssen **konkrete Vorgaben** enthalten. So genügt zB der Hinweis, dass das Nebenangebot alle Leistungen umfassen muss, die zu einer einwandfreien Ausführung der (Bau-)Leistung erforderlich sind, nicht.[83] Nicht ausreichend ist ferner der allgemeine Hinweis des Auftraggebers auf die in der Leistungsbeschreibung erwähnten Leistungskriterien,[84] auf das Erfordernis einer Gleichwertigkeit des Nebenangebots mit dem Hauptangebot[85] oder auf eine entsprechende Rechtsvorschrift.[86] Ein (pauschaler) Rückgriff auf die Anforderungen, die das Leistungsverzeichnis bzw. die Leistungsbeschreibung aufstellt, ist auch schon deshalb nicht geeignet, da es sich hier gerade um die Anforderungen handelt, die an das Hauptangebot gestellt werden, und ein Nebenangebot typischerweise bzw. begriffsnotwendig davon abweicht.[87] Ein den Anforderungen an Hauptangebote entsprechendes „Nebenangebot" wäre im Übrigen nur ein (zweites) Hauptangebot.[88] Hingegen kann es sich um ausreichende Mindestanforderungen handeln, wenn auf die inhaltlichen Anforderungen an Hauptangebote Bezug genommen wird, diesbezüglich jedoch eine inhaltliche Auswahl getroffen wird,[89] wenn die inhaltlichen Anforderungen an Hauptangebote für Nebenangebote in bestimmtem Umfang gelockert werden[90] oder wenn Mindestanforderungen negativ umschrieben sind (dh wenn beschrieben ist, welche Abweichungen von den Vergabeunterlagen nicht zugelassen sind).[91] Inhaltlich hinreichend können auch Mindestanforderungen sein, wonach Nebenangebote den Konstruktionsprinzipien und den vom Auftraggeber vorgesehenen Planungsvorgaben entsprechen müssen.[92] Wie eingehend und detailliert Mindestanforderungen an Nebenangebote beschrieben sein müssen, ist vom Einzelfall und den jeweiligen Gesamtumständen abhängig. Dabei spielen vor allem der Auftragsgegenstand (insbesondere seine mögliche Komplexität) sowie der Zweck von Nebenangeboten, das unternehmerische Potenzial der Bieter zu nutzen, auf der einen Seite und der Sinn und Zweck von Mindestanforderungen (die Schaffung einer gewissen Transparenz zugunsten der Bieter) auf der anderen Seite eine Rolle. Erforderlich, aber im Inter-

[78] Vgl. OLG Düsseldorf Beschl. v. 24.10.2007 – VII-Verg 32/07, BeckRS 2007, 146569; *Dicks* VergabeR 2012, 318, 324; *Frister* VergabeR 2011, 295, 303; implizit auch: BGH Urt. v. 30.8.2011 – X ZR 55/10, ZfBR 2012, 25.
[79] Vgl. OLG Koblenz Beschl. v. 31.5.2006 – 1 Verg 3/06, ZfBR 2006, 813; OLG Brandenburg Beschl. v. 20.3.2007 – Verg W 12/06; *Dicks* VergabeR 2012, 318, 324; *Frister* VergabeR 2011, 295, 303f.
[80] So auch Art. 64 Abs. 1 UAbs. 2 S. 1 SRL.
[81] Vgl. OLG Koblenz Beschl. v. 31.5.2006 – 1 Verg 3/06, ZfBR 2006, 813; OLG Brandenburg Beschl. v. 20.3.2007 – Verg W 12/06.
[82] Vgl. OLG Düsseldorf Beschl. v. 23.12.2009 – VII-Verg 30/09, IBRRS 2010, 1512, mwN.
[83] Vgl. OLG München Beschl. v. 11.8.2005 – Verg 12/05.
[84] Vgl. OLG Düsseldorf Beschl. v. 22.10.2009 – VII-Verg 25/09.
[85] Vgl. BGH Beschl. v. 7.1.2014 – X ZB 15/13, NZBau 2014, 185; OLG Düsseldorf Beschl. v. 23.12.2009 – VII-Verg 30/09, IBRRS 2010, 1512; BayObLG Beschl. v. 22.6.2004 – Verg 13/04, BayObLGZ 2004, 154.
[86] Vgl. EuGH Urt. v. 16.10.2003 – C-421/01 – Traunfellner, NZBau 2004, 279 Rn. 30.
[87] Vgl. BayObLG Beschl. v. 22.6.2004 – Verg 13/04, BayObLGZ 2004, 154.
[88] Vgl. OLG Düsseldorf Beschl. v. 4.2.2013 – VII-Verg 31/12, NZBau 2013, 321.
[89] Vgl. OLG Düsseldorf Beschl. v. 22.8.2007 – VII-Verg 20/07, ZfBR 2009, 102.
[90] Vgl. OLG Düsseldorf Beschl. v. 24.10.2007 – VII-Verg 32/07, BeckRS 2007, 146569.
[91] Vgl. OLG Düsseldorf Beschl. v. 10.12.2008 – VII-Verg 51/08, BeckRS 2009, 5995.
[92] Vgl. OLG Düsseldorf Beschl. v. 23.12.2009 – VII-Verg 30/09, IBRRS 2010, 1512.

esse des Transparenzgebots auch ausreichend ist, dass den Bietern als Mindestanforderungen in allgemeinerer Form der Standard und die wesentlichen Merkmale deutlich gemacht werden, die eine Alternativausführung aus Sicht des öffentlichen Auftraggebers aufweisen muss; umgekehrt müssen Mindestanforderungen im Allgemeinen nicht alle Details der Ausführung erfassen, sondern dürfen hinreichend Spielraum für eine hinreichend große Variationsbreite in der Ausarbeitung von Alternativvorschlägen lassen.[93]

Mindestanforderungen müssen aufgrund ihrer Zielrichtung, den Bietern die Wertungsvoraussetzungen für Nebenangebote transparent zu machen, außerdem **eindeutig und verständlich**[94] formuliert sein. Maßgeblich dafür, wie Mindestanforderungen im Einzelnen inhaltlich zu verstehen sind, ist – wie auch im Übrigen bei Vergabeunterlagen – nicht das individuelle Verständnis eines Bieters oder gar des Auftraggebers, sondern das eines verständigen, sach- und fachkundigen Bieters.[95] 31

Versäumt es der öffentliche Auftraggeber, Mindestanforderungen überhaupt oder in inhaltlich hinreichendem Ausmaß bekanntzugeben, dürfen in dem betreffenden Vergabeverfahren abgegebene Nebenangebote bei der Wertung nicht berücksichtigt werden.[96] Im Einzelfall ist zu prüfen, ob Bieter, die auf die vom Auftraggeber bekanntgegebene Zulassung von Nebenangeboten vertraut haben und deren Nebenangebote wegen fehlender Mindestanforderungen nicht berücksichtigt werden können, derart in ihren Rechten verletzt sind, dass eine Zurückversetzung des Vergabeverfahrens in den Stand vor Angebotsabgabe angezeigt ist;[97] dies wird regelmäßig der Fall sein, da im allgemeinen davon ausgegangen werden kann, dass die Zulassung von Nebenangeboten Einfluss auf die Erstellung des Hauptangebots hat.[98] 32

2. Unterschwellenbereich

Für Vergaben im **Unterschwellenbereich**[99] ist die Festlegung von **Mindestanforderungen** für Nebenangebote **nicht vorgeschrieben.** Die entsprechenden Vorschriften aus dem Oberschwellenbereich, etwa dem zweiten Abschnitt der VOB/A, sind – mangels ungewollter Regelungslücke – auch nicht analog anwendbar.[100] Gegebenenfalls – sofern ein grenzüberschreitendes Interesse am Auftrag zu bejahen ist[101] – ist im Einzelfall zu prüfen, ob aus dem Primärrecht der Europäischen Union (insbesondere zur Warenverkehrs- oder Dienstleistungsfreiheit) und den abgeleiteten Grundsätzen der Gleichbehandlung und Transparenz Verpflichtungen für den Auftraggeber abzuleiten sind.[102] Die Vorgabe inhaltlich-auftragsbezogener Mindestanforderungen ist allerdings auch danach wohl nicht erforderlich; Vorgaben des Auftraggebers dazu, wie Nebenangebote vom Bieter auszugestalten bzw. zu beschreiben sind, können ausreichen.[103] Aus Gründen der Transparenz und Gleichbehandlung kann es jedoch auch im Unterschwellenbereich sinnvoll oder sogar geboten sein, dass der Auftraggeber mit gewissen Mindestanforderungen den Bietern be- 33

[93] Vgl. zum Ganzen ausführlich: BGH Beschl. v. 7.1.2014 – X ZB 15/13, NZBau 2014, 185.
[94] Vgl. OLG Düsseldorf Beschl. v. 19.5.2010 – VII-Verg 4/10, IBRRS 2010, 2870; OLG Schleswig Beschl. v. 15.4.2011 – 1 Verg 10/10, NZBau 2011, 375.
[95] → § 20 Rn. 71; vgl. auch OLG Düsseldorf Beschl. v. 19.5.2010 – VII-Verg 4/10, IBRRS 2010, 2870; OLG München Beschl. v. 24.11.2008 – Verg 23/08, BeckRS 2008, 26321.
[96] Vgl. EuGH Urt. v. 16.10.2003 – C-421/01 – Traunfellner, NZBau 2004, 279 Rn. 33; OLG Düsseldorf Beschl. v. 28.1.2015 – VII-Verg 31/14, NZBau 2015, 503; Beschl. v. 19.5.2010 – VII-Verg 4/10, IBRRS 2010, 2870; OLG Koblenz Beschl. v. 31.5.2006 – 1 Verg 3/06, ZfBR 2006, 813; *Frister* VergabeR 2011, 295, 304; *Stolz* VergabeR 2008, 322, 335.
[97] Vgl. *Frister* VergabeR 2011, 295, 304, Fn. 32; *Dicks* VergabeR 2012, 318, 323f.
[98] Vgl. OLG Düsseldorf Beschl. v. 28.1.2015 – VII-Verg 31/14, NZBau 2015, 503, mwN.
[99] Vgl. oben → Fn. 65.
[100] Vgl. BGH Urt. v. 30.8.2011 – X ZR 55/10, ZfBR 2012, 25 bestätigt durch Beschl. v. 10.5.2016 – X ZR 66/15; OLG Koblenz Urt. v. 22.3.2010 – 12 U 354/07; *Müller-Wrede* VergabeR 2012, 30, mwN.
[101] Vgl. EuGH Urt. v. 23.12.2009 – C-376/08 – Serrantoni, Rn. 24; vgl. auch BGH Urt. v. 30.8.2011 – X ZR 55/10, ZfBR 2012, 25.
[102] Zurückhaltend: BGH Urt. v. 30.8.2011 – X ZR 55/10, ZfBR 2012, 25.
[103] Vgl. BGH Urt. v. 30.8.2011 – X ZR 55/10, ZfBR 2012, 25; *Müller-Wrede* VergabeR 2012, 30, 31.

kannt gibt, welches aus seiner Sicht die qualitativen Untergrenzen einer Abweichung vom Amtsentwurf sind bzw. in welcher Hinsicht Nebenangebote auftraggeberseitig nicht gewollt oder gerade erwünscht sind. § 25 S. 4 UVgO greift diesen Aspekt auf, indem er (in Bezug auf Nebenangebote) allgemein die Beachtung der Grundsätze der Transparenz und der Gleichbehandlung „[b]ei der Entscheidung über den Zuschlag" vorschreibt; aus den Erläuterungen zur UVgO ergibt sich, dass sich dies auch auf die Frage der Vorgabe von Mindestanforderungen bezieht.[104] Stellt der Auftraggeber Mindestanforderungen für Nebenangebote auf, muss er diese bei der Wertung der eingereichten Nebenangebote beachten und Nebenangebote, die die aufgestellten Mindestanforderungen nicht erfüllen, gemäß § 42 Abs. 2 UVgO von der weiteren Wertung ausschließen.

III. Sonstige Anforderungen

34 Gemäß § 8 Abs. 2 Nr. 3 S. 4, § 8 EU Abs. 2 Nr. 3 S. 7 bzw. § 8 VS Abs. 2 Nr. 3 S. 2 VOB/A ist bei der Vergabe von **Bauleistungen** von den Bietern, die als Nebenangebot Leistungen anbieten, deren Ausführung nicht in Allgemeinen Technischen Vertragsbedingungen oder in den Vergabeunterlagen geregelt sind, zu verlangen, dass sie im Angebot entsprechende **Angaben über die Ausführung und Beschaffenheit der Leistung** machen. Diese Anforderung hat der Auftraggeber – wie sich aus dem Standort der Regelung ergibt – in die Vergabeunterlagen aufzunehmen. Darüber hinaus ist seitens der Bieter – auch im Rahmen **anderer Auftragsvergaben** – grundsätzlich darauf zu achten, dass Nebenangebote hinreichend präzise und konkret beschrieben werden, damit sich dem Auftraggeber der Angebotsinhalt umfassend erschließt, um ihn prüfen und werten zu können.[105] Ein eindeutiger Angebotsinhalt ist im Übrigen auch für die spätere Ausführung des Auftrags von Bedeutung.[106]

35 Gemäß § 13 (EU/VS) Abs. 3 S. 1 und 2 VOB/A ist bei Angeboten zu **Bauaufträgen** die **Anzahl der Nebenangebote** an der vom Auftraggeber in den Vergabeunterlagen bezeichneten Stelle aufzuführen, und etwaige Nebenangebote müssen auf **besonderer Anlage** erstellt und als solche **deutlich gekennzeichnet** werden. Auf diese förmlichen Anforderungen hat der Auftraggeber die Bieter gemäß § 13 (EU/VS) Abs. 6 iVm Abs. 3 VOB/A in den Vergabeunterlagen hinzuweisen. Auch darüber hinaus sind weitere förmliche Anforderungen, **„in welcher Art und Weise Nebenangebote einzureichen sind"**, denkbar; solche hat der Auftraggeber gemäß § 8 EU Abs. 2 Nr. 3 S. 4 lit. a) VOB/A ebenfalls in den Vergabeunterlagen anzugeben. Ebenso sind bei der Vergabe von **Liefer- und Dienstleistungsaufträgen** Vorgaben zur Art und Weise der Erstellung von Nebenangeboten nach § 35 Abs. 2 S. 1 VgV bzw. § 32 Abs. 1 S. 2 VSVgV den Bietern in den Vergabeunterlagen bekanntzugeben. Nebenangebote müssen zudem gemäß § 53 Abs. 7 S. 3 VgV **„als solche gekennzeichnet"** sein; darin ist eine vom Verordnungsgeber zwingend vorgegebene Konkretisierung der „Art und Weise", wie Nebenangebote einzureichen sind, nach § 35 Abs. 2 S. 1 VgV zu sehen, auf die der öffentliche Auftraggeber daher in jedem Fall in den Vergabeunterlagen hinweisen muss. Wie § 53 Abs. 7 S. 3 VgV sieht auch § 38 Abs. 10 S. 3 UVgO eine Kennzeichnungspflicht für Nebenangebote vor; auf diese sollte der Auftraggeber – auch wenn keine vergleichbare Hinweispflicht wie nach § 35 Abs. 2 S. 1 VgV besteht – in den Vergabeunterlagen hinweisen, um unnötige Ausschlüsse von Nebenangeboten wegen fehlender Kennzeichnung zu vermeiden.

36 Legt ein Bieter Nebenangebote nicht in der geforderten Form vor, führt dies in der Regel zum Angebotsausschluss (→ Rn. 47 ff.).

---

[104] Vgl. Erläuterungen zur UVgO, BAnz AT v. 7.2.2017, S. 6, Zu § 25, wonach bewusst auf eine Regelung zur zwingenden Vorgabe von Mindestanforderungen (§ 35 Abs. 2 S. 1 VgV) verzichtet und stattdessen in allgemeiner Form die Einhaltung Transparenz- und Gleichbehandlungsgrundsatz gefordert wurde.

[105] Vgl. Ingenstau/Korbion/*von Wietersheim* § 8 VOB/A Rn. 18; Kapellmann/Messerschmidt/*von Rintelen* VOB/A § 8 Rn. 66.

[106] Vgl. Ingenstau/Korbion/*von Wietersheim* § 8 VOB/A Rn. 16.

D. Wertung von Nebenangeboten

37 Dass Nebenangebote in einem Vergabeverfahren grundsätzlich bei der Wertung berücksichtigt werden dürfen, setzt zunächst voraus, dass sie zulässig sind (→ Rn. 9 ff.). Zudem sind im Rahmen der Angebotswertung in Bezug auf Nebenangebote einige besondere Prüfungen vorzunehmen (→ Rn. 38 ff.). Daneben sind auf Nebenangebote grundsätzlich alle allgemein für die Angebotswertung geltenden Vorschriften anzuwenden. Dies gilt insbesondere für die vierte Wertungsstufe (Bestimmung des wirtschaftlichsten Angebots anhand der Zuschlagskriterien).[107] Nebenangebote, die nach der Angebotsprüfung im Übrigen berücksichtigungsfähig sind, sind dann **wie Hauptangebote** einheitlich nach den vom Auftraggeber **bekanntgegebenen Zuschlagskriterien** zu werten. Besondere, nur für Nebenangebote geltende Zuschlagskriterien sind nicht zulässig; die vom Auftraggeber im konkreten Vergabeverfahren bekanntgegebenen Zuschlagskriterien gelten vielmehr unterschiedslos sowohl für Haupt- als auch für Nebenangebote. Für den Oberschwellenbereich[108] ist vor diesem Hintergrund in § 127 Abs. 4 S. 2 GWB (wiederholt in § 35 Abs. 2 S. 2 VgV und § 8 EU Abs. 2 Nr. 3 S. 5 VOB/A)[109] mittlerweile ausdrücklich geregelt, dass die Zuschlagskriterien in einem Vergabeverfahren, in dem Nebenangebote zugelassen sind, so festzulegen sind, dass sie sowohl auf Hauptangebote als auch auf Nebenangebote anwendbar sind (vgl. dazu auch → Rn. 22). Auch ohne eine solche Regelung sollte der Auftraggeber, falls er Nebenangebote zulässt, jedoch schon bei der Bestimmung der Zuschlagskriterien darauf achten, dass die Zuschlagskriterien auch in Bezug auf zu erwartende Nebenangebote geeignet sind, das aus Sicht des Auftraggebers wirtschaftlichste (Haupt- oder Neben-)Angebot herauszufiltern. Dabei ist zu beachten, dass mit Nebenangeboten – insbesondere, wenn sie Preisvorzüge mit sich bringen – oftmals Qualitätsminderungen gegenüber dem sog. Amtsentwurf einhergehen können. Die Berücksichtigung solcher Qualitätseinbußen bei der Bestimmung des wirtschaftlichsten Angebots kann der Auftraggeber durch passende qualitative Zuschlagskriterien gewährleisten.

I. Besonderheiten bei inhaltlichen Anforderungen

38 Nebenangebote haben bestimmte inhaltliche Anforderungen zu erfüllen, damit sie als grundsätzlich **vergleichbar** mit Hauptangeboten angesehen und in der Wertung berücksichtigt werden können. Dazu hat der öffentliche Auftraggeber zuvor ggf. Mindestanforderungen aufgestellt (→ Rn. 28 ff.), die zu erfüllen sind (→ Rn. 40), oder die Vergleichbarkeit wird im Rahmen einer sog. Gleichwertigkeitsprüfung ermittelt (→ Rn. 41 ff.). Fehlt danach eine entsprechende grundsätzliche Vergleichbarkeit des Nebenangebots, ist es auszuschließen. Ein Ausschluss darf allerdings nach § 35 Abs. 3 S. 2 VgV, § 32 Abs. 2 VSVgV nicht allein deshalb erfolgen, weil es sich im Falle eines Zuschlags um einen **Dienstleistungsauftrag anstelle eines Liederauftrags oder umgekehrt** um einen Lieferauftrag anstelle eines Dienstleistungsauftrags handeln würde.

39 Um Nebenangebote werten zu können, aber auch um beurteilen zu können, ob sie die nachfolgend aufgeführten inhaltlichen Anforderungen erfüllen, muss der **Angebotsinhalt** der Nebenangebote entsprechend **klar und deutlich** in den vom Bieter vorgelegten Angebotsunterlagen **beschrieben** sein.[110] Da ein Nebenangebot definitionsgemäß von den Leistungsvorgaben des Auftraggebers abweicht, sind regelmäßig insbesondere die Abweichungen, etwa in Art und Maß, präzise zu beschreiben.[111] Insgesamt ist eine Orientierung

---

[107] Vgl. Ziekow/Völlink/*Goede/Hänsel* VgV § 35 Rn. 21; so auch für die formalen Anforderungen ausdrücklich: KKMPP/*Dittmann* VgV § 57 Rn. 75.

[108] Vgl. → Fn. 29.

[109] Vgl. Art. 45 Abs. 2 S. 2 VRL als zugrundeliegende europäische Vorschrift.

[110] Vgl. OLG Koblenz Beschl. v. 2.2.2011 – 1 Verg 1/11, NZBau 2011, 316.

[111] Vgl. Müller-Wrede/*Gnittke/Hattig* VOL/A-EG § 9 Rn. 84.

an den Anforderungen einer eindeutigen Leistungsbeschreibung angezeigt.[112] Eine entsprechende Verpflichtung trifft hier den Bieter; er muss Nebenangebote so eindeutig und erschöpfend beschreiben, dass sich der Auftraggeber ein klares Bild von der angebotenen Leistung machen kann, insbesondere von der vorgesehenen Ausführung der Leistung, ihrem Preis sowie Art und Umfang der geplanten Abweichung vom sog. Amtsvorschlag.[113] Angebotsaufklärungen richten sich nach den allgemeinen Regeln (vgl. zB § 15 Abs. 5 VgV, § 15 (EU/VS) VOB/A). Unklarheiten gehen zu Lasten des Bieters.[114]

1. Erfüllen der Mindestanforderungen

40 Nebenangebote müssen, soweit das fragliche Vergabeverfahren in den sog. **Oberschwellenbereich**[115] fällt, die für sie vom Auftraggeber für das Vergabeverfahren festgelegten und den Bietern bekanntgegebenen Mindestanforderungen (→ Rn. 28 ff.) erfüllen; andernfalls sind die Nebenangebote auszuschließen (vgl. § 57 Abs. 2 VgV, § 32 Abs. 1 S. 3 VSVgV, § 16 EU/VS Nr. 5 VOB/A). Bei Vergabeverfahren im **Unterschwellenbereich** ist das Aufstellen von Mindestanforderungen durch den Auftraggeber grundsätzlich nicht erforderlich (→ Rn. 33). Hat ein Auftraggeber dies trotz allem getan, kann dies als Begrenzung der Zulassung von Nebenangeboten bzw. als Maßstab für eine Gleichwertigkeitsprüfung (→ Rn. 41 ff.) zu verstehen sein. In jedem Fall haben auch dann Nebenangebote die aufgestellten Anforderungen zu erfüllen. § 42 Abs. 2 UVgO sieht dementsprechend ausdrücklich vor, dass nur Nebenangebote berücksichtigt werden dürfen, die die vom Auftraggeber verlangten Mindestanforderungen erfüllen.

2. Gleichwertigkeitsprüfung

41 Im Rahmen der Wertung von Nebenangeboten wird unter der sog. Gleichwertigkeitsprüfung die Prüfung der Gleichwertigkeit der Nebenangebote mit den für das Hauptangebot maßgeblichen Leistungsanforderungen verstanden. Hintergrund ist, eine Vergleichbarkeit von eingereichten – von den Leistungsanforderungen abweichenden – Nebenangeboten mit den die Leistungsanforderungen vollumfänglich erfüllenden Hauptangeboten zu gewährleisten.[116] Zu trennen ist hiervon eine Gleichwertigkeitsprüfung, die bei einem Abweichen von technischen Spezifikationen oder Leitfabrikaten, welches für sich genommen kein Nebenangebot darstellt,[117] ggf. vorzunehmen ist.

42 Ob bei Vergabeverfahren im **Oberschwellenbereich**[118] über die Prüfung der Mindestanforderungen hinaus (→ Rn. 40) grundsätzlich die Durchführung einer (allgemeinen) Gleichwertigkeitsprüfung zulässig bzw. sogar erforderlich ist, war umstritten,[119] ist aber mit dem BGH[120] zu verneinen.[121] Denn zum einen dient die Bekanntgabe von Mindestanfor-

---

112 Vgl. Kapellmann/Messerschmidt/*von Rintelen* VOB/A § 8 Rn. 66; *Schweda* VergabeR 2003, 268, 276; Ingenstau/Korbion/*von Wietersheim* VOB/A § 16d Rn. 41.

113 Vgl. OLG Koblenz Urt. v. 22.3.2010 – 12 U 354/07; Beschl. v. 29.8.2003 – 1 Verg 7/03; vgl. auch Ziekow/Völlink/*Herrmann* VgV § 53 Rn. 56; Ingenstau/Korbion/*von Wietersheim* VOB/A § 16d Rn. 41.

114 Vgl. OLG Koblenz Beschl. v. 2.2.2011 – 1 Verg 1/11, NZBau 2011, 316.

115 Vgl. oben → Fn. 29.

116 Vgl. zur Problematik der Vergleichbarkeit von Haupt- und Nebenangeboten auch BGH Beschl. v. 23.1.2013 – X ZB 8/11, ZfBR 2013, 498.

117 Im Einzelnen → Rn. 7.

118 Vgl. oben → Fn. 29.

119 Für eine Prüfung der Gleichwertigkeit: OLG Brandenburg Beschl. v. 17.5.2011 – Verg W 16/10, BeckRS 2011, 22444; OLG Saarbrücken Beschl. v. 27.4.2011 – 1 Verg 5/10, BeckRS 2011, 11576, mwN; gegen eine Prüfung der Gleichwertigkeit: OLG Koblenz Beschl. v. 26.7.2010 – 1 Verg 6/10, NZBau 2011, 58; OLG München Beschl. v. 7.4.2011 – Verg 5/11; *Dicks* VergabeR 2012, 318, 326; *Herrmann* VergabeR 2012, 673, 684 ff.; *Frister* VergabeR 2011, 295, 305; *Stolz* VergabeR 2008, 322, 336; *Goede* VergabeR 2011, 595, 596; implizit auch: OLG Düsseldorf Beschl. v. 10.8.2011 – VII-Verg 66/11, ZfBR 2012, 207.

120 BGH Beschl. v. 7.1.2014 – X ZB 15/13, NZBau 2014, 185; vgl. auch OLG Düsseldorf Beschl. v. 20.12.2019 – VII-Verg 35/19, NZBau 2020, 194.

derungen gemäß der Rechtsprechung des EuGH zu Art. 24 Abs. 3 VKR (Vorgängervorschrift von Art. 45 Abs. 2 S. 1 VRL)[122] der Transparenz für die Bieter dahingehend, welche Anforderungen ein Nebenangebot erfüllen muss, um bei der Wertung vom Auftraggeber berücksichtigt zu werden. Dies muss dann jedoch auch umgekehrt bedeuten, dass der Auftraggeber verpflichtet ist, ein Nebenangebot in die Angebotswertung einzubeziehen, wenn es die geforderten Mindestanforderungen erfüllt. Eine über die aufgestellten Mindestanforderungen hinausgehende allgemeine Gleichwertigkeitsprüfung ist nach Art. 45 VLR (oder Art. 19 der RL 2009/81/EG) auch nicht vorgesehen und würde mithin gegen europäisches Recht verstoßen.[123] Es würde zum anderen aber auch deshalb an der vergaberechtlich geforderten Transparenz fehlen, weil es für die (allgemeine) Gleichwertigkeitsprüfung keine Bezugspunkte gibt, wonach für die Bieter bei Angebotsabgabe hinreichend voraussehbar ist, welche Nebenangebote der Auftraggeber noch als gleichwertig anerkennen wird und welche nicht mehr.[124] Für die Berücksichtigung von Nebenangeboten in der Oberschwellenvergabe ist danach allein maßgeblich, ob die Mindestanforderungen erfüllt sind.[125] Hingegen unbenommen bleibt es dem öffentlichen Auftraggeber, die Gleichwertigkeit bzw. den Nachweis der Gleichwertigkeit von Nebenangeboten als Mindestanforderung zu formulieren.[126] Mit Blick auf das Transparenzgebot ist dabei jedoch auch hier unbedingt darauf zu achten, dass nicht pauschal – ohne weitere Konkretisierungen – die Gleichwertigkeit mit den Leistungsanforderungen an Hauptangebote gefordert wird; vielmehr muss auch hier für den Bieter transparent werden, welche konkreten inhaltlichen Anforderungen an die Leistung gestellt werden[127] (vgl. → Rn. 29 f.) und wo umgekehrt Spielraum für eigene Konzepte, Innovationen etc. verbleibt. Es besteht bei solchen Mindestanforderungen allerdings die Gefahr, dass der Sinn und Zweck von Nebenangeboten – das unternehmerische Potential der Bieter für die Bedarfsdeckung zu erschließen – nicht erreicht wird.[128]

Die konkrete Beurteilung der Gleichwertigkeit eines Nebenangebots durch den Auf- 43
traggeber ist regelmäßig abhängig von den Umständen des Einzelfalls und ggf. **nur eingeschränkt** von den Nachprüfungsinstanzen bzw. den Instanzen des Sekundärrechtschutzes **überprüfbar.**[129] Es kommt darauf an, dass die Beurteilung vertretbar ist.[130] Voraussetzung für eine Nachvollziehbarkeit durch die Gerichte ist eine angemessene Dokumentation der Beurteilung, ggf. im Rahmen einer Nachholung.[131] Die Beurteilung der Gleichwertigkeit eines Nebenangebots setzt voraus, dass der Bieter sein Nebenangebot in Bezug auf die maßgeblichen Aspekte ausreichend beschrieben hat; er hat die Gleichwertigkeit **darzulegen und nachzuweisen.**[132]

---

[121] Vgl. auch *Dicks* VergabeR 2016, 309, 313 f.; *Kirch* NZBau 2014, 212, 214; *Herrmann* VergabeR 2014, 155, 156; aA noch OLG Schleswig Beschl. v. 22.1.2019 – 54 Verg 3/18, NZBau 2019, 480.

[122] Vgl. EuGH Urt. v. 16.10.2003 – C-421/01 – Traunfellner, NZBau 2004, 279 Rn. 29.

[123] Vgl. (noch zu Art. 24 VKR) *Dicks* VergabeR 2012, 318, 326; *Stolz* VergabeR 2008, 322, 336.

[124] Vgl. BGH Beschl. v. 7.1.2014 – X ZB 15/13, NZBau 2014, 185; vgl. auch OLG Düsseldorf Beschl. v. 20.12.2019 – VII-Verg 35/19, NZBau 2020, 194; *Dicks* VergabeR 2016, 309, 314.

[125] Vgl. OLG Düsseldorf Beschl. v. 10.8.2011 – VII-Verg 66/11, ZfBR 2012, 207; OLG Schleswig Beschl. v. 15.4.2011 – 1 Verg 10/10, NZBau 2011, 375.

[126] Vgl. *Frister* VergabeR 2011, 295, 305; *Dicks* VergabeR 2012, 318, 327; vgl. auch OLG Düsseldorf Beschl. v. 10.8.2011 – VII-Verg 66/11, ZfBR 2012, 207 – in dem zu entscheidenden Fall wurde im Rahmen der aufgestellten Mindestanforderungen vom Auftraggeber die objektive Gleichwertigkeit gefordert.

[127] Vgl. *Dicks* VergabeR 2012, 318, 327; *Dicks* VergabeR 2016, 309, 314; eher ablehnend bzw. an der Zweckmäßigkeit zweifelnd: BGH Beschl. v. 7.1.2014 – X ZB 15/13, NZBau 2014, 185.

[128] Vgl. BGH Beschl. v. 7.1.2014 – X ZB 15/13, NZBau 2014, 185; *Dicks* VergabeR 2016, 309, 314; vgl. auch *Voppel* VergabeR 2015, 676, 677.

[129] Vgl. BGH Urt. v. 23.3.2011 – X ZR 92/09, NZBau 2011, 438; OLG Schleswig Beschl. v. 22.1.2019 – 54 Verg 3/18, NZBau 2019, 480.

[130] *Dicks* VergabeR 2012, 318, 328, mit Verweis auf: BGH Urt. v. 23.3.2011 – X ZR 92/09, NZBau 2011, 438.

[131] *Dicks* VergabeR 2012, 318, 328; zur ggf. möglichen Nachholung der Dokumentation vgl. BGH Beschl. v. 8.2.2011 – X ZB 4/10, NZBau 2011, 175.

[132] Vgl. OLG Koblenz Beschl. v. 29.8.2003 – 1 Verg 7/03, BeckRS 2004, 00260.

II. Gegebenenfalls: Vorliegen eines wertbaren Hauptangebots

44 Sind Nebenangebote vom Auftraggeber nur in Verbindung mit einem Hauptangebot zugelassen worden (→ Rn. 26 f.), kann das Nebenangebot eines Bieters nur dann bei der Wertung berücksichtigt werden, wenn der Bieter zugleich ein Hauptangebot eingereicht hat und dieses auch wertbar ist; umgekehrt hat das Fehlen oder der Ausschluss des Hauptangebots eines Bieters in diesem Fall automatisch auch den Ausschluss seiner Nebenangebote zur Folge.[133] Für Bauaufträge lässt sich dies dem Umstand entnehmen, dass nach § 8 Abs. 2 Nr. 3 S. 1 lit. b), § 8 EU Abs. 2 Nr. 3 S. 4 lit. a) bzw. § 8 VS Abs. 2 Nr. 3 S. 1 lit. a) VOB/A die Abgabe eines Hauptangebots als Bedingung für die Zulässigkeit von Nebenangeboten bestimmt werden kann und es sich dann andernfalls um nicht zugelassene und daher nach §§ 16d Abs. 3, 16 EU/VS Nr. 5 VOB/A auszuschließende Nebenangebote handelt. Den Regelungen der VgV kann dem Wortlaut nach ein solcher Ausschlussgrund nicht ohne weiteres entnommen werden, insbesondere da man aus der Regelung des § 35 Abs. 2 S. 1 VgV schon die Möglichkeit des Junktims von Haupt- und Nebenangeboten erst mit Blick in Art. 45 Abs. 2 VRL bzw. die Verordnungsbegründung klar ersehen kann und auch § 57 VgV zu einem etwaigen Ausschluss bei Verletzung des Junktims keine ausdrückliche Regelung trifft. In europarechtskonformer Auslegung – etwa von § 57 Abs. 1 Nr. 4, 6 oder Abs. 2 VgV – muss aber auch hier ein Ausschluss möglich sein.

45 Wurde die Zulassung von Nebenangeboten hingegen nicht von der Abgabe eines Hauptangebots abhängig gemacht, sind die Nebenangebote grundsätzlich unabhängig von einem eventuellen Fehlen oder Ausschluss des Hauptangebots zu werten. Dabei können allerdings unter Umständen dieselben Ausschlussgründe, die für die Nichtberücksichtigung des Hauptangebots ausschlaggebend sind, auch den Ausschluss eines Nebenangebots nach sich ziehen, etwa wenn das Angebot insgesamt nicht rechtzeitig eingereicht wurde oder der Bieter als ungeeignet auszuschließen ist.

III. Besonderheiten bei formalen Anforderungen

1. Unterzeichnung von Nebenangeboten

46 Soweit Angebote zu unterzeichnen sind (vgl. § 53 Abs. 6 S. 1 VgV, § 13 (EU/VS) Abs. 1 Nr. 1 S. 2 VOB/A), ist für Nebenangebote Folgendes zu beachten: Ein Nebenangebot muss grundsätzlich **nicht gesondert unterschrieben** werden, wenn zugleich ein unterzeichnetes Hauptangebot eingereicht wird; im Regelfall ist es vom Bindungswillen des Bieters mit umfasst, wenn dieser das Nebenangebot zusammen mit dem ordnungsgemäß unterzeichneten Hauptangebot unterbreitet und in Bezug auf das Nebenangebot die vom Auftraggeber festgelegten und vom Vergaberecht hierfür vorgesehenen Formvorschriften einhält.[134] Allenfalls aufgrund besonderer Umstände können im Einzelfall Zweifel am Bindungswillen hinsichtlich des Nebenangebots zu einer anderen rechtlichen Beurteilung führen.

2. Besondere Formerfordernisse

47 Für die Vergabe von **Bauleistungen** sind nach § 13 (EU/VS) Abs. 3 VOB/A **zusätzliche Anforderungen** an die Form des (Neben-)Angebots vorgesehen. So haben die Bieter die **Anzahl ihrer Nebenangebote** an einer vom Auftraggeber in den Vergabeunterlagen bezeichneten Stelle anzugeben (vgl. § 13 (EU/VS) Abs. 3 S. 1 VOB/A), die dann auch in die Niederschrift aufgenommen wird (vgl. § 14 (EU/VS) Abs. 3 S. 2 lit. d) VOB/A). Dies setzt voraus, dass der Auftraggeber eine solche Stelle in den Vergabeunterlagen überhaupt

133 Vgl. noch zu VOB/A 2012: OLG Düsseldorf Beschl. v. 23.12.2009 – VII-Verg 30/09, IBRRS 2010, 1512.

134 Vgl. BGH Urt. v. 23.3.2011 – X ZR 92/09, NZBau 2011, 438; vgl. auch Vorinstanz: OLG Karlsruhe Urt. v. 8.7.2009 – 7 U 160/08, BeckRS 2011, 13957.

vorgesehen hat. Fehlt eine Angabe der Anzahl der Nebenangebote, ist ein Ausschluss nur denkbar, wenn es sich bei der Angabe nach den Vergabeunterlagen um eine geforderte Erklärung handelt; diese wäre dann zunächst nach § 16a (EU/VS) S. 1 VOB/A nachzufordern.[135] Ein separater Ausschlussgrund ist in den §§ 16 (EU/VS) ff. VOB/A nicht vorgesehen. Etwas anderes gilt für die Erfordernisse nach § 13 (EU/VS) Abs. 3 S. 2 VOB/A, Nebenangebote **auf besonderer Anlage** zu machen und **deutlich zu kennzeichnen.** Eine besondere Anlage setzt die deutliche körperliche Trennung von Haupt- und Nebenangeboten einschließlich sämtlicher Anlagen voraus,[136] so dass der öffentliche Auftraggeber ohne Weiteres erkennen kann, was Inhalt des Hauptangebots ist und welche hiervon abweichenden Vorschläge die Nebenangebote ausmachen.[137] Entsprechendes muss dem Auftraggeber aufgrund der Kennzeichnung als Nebenangebot möglich sein. Bei Nichtbeachtung dieser Erfordernisse ist gemäß § 16 Abs. 1 Nr. 8 bzw. § 16 EU/VS Nr. 7 VOB/A mittlerweile[138] der zwingende Ausschluss des jeweiligen Nebenangebots vorgesehen.[139] Auftraggeber haben auf diese formalen Anforderungen in den Vergabeunterlagen gemäß § 13 (EU/VS) Abs. 6 iVm Abs. 3 VOB/A hinzuweisen; zudem sollten sie auch auf den Ausschlussgrund in den Vergabeunterlagen hinweisen, um die Bieter zu sensibilisieren und sich nicht der Möglichkeit zu berauben, interessante, aber die genannten formalen Anforderungen nicht erfüllende Nebenangebote berücksichtigen zu können.

Auch bei der Vergabe von **Liefer- und Dienstleistungsaufträgen** nach der VgV müs- 48
sen Nebenangebote vom Bieter **als solche gekennzeichnet** sein (§ 53 Abs. 7 S. 3 VgV). Ein Verstoß führt – ebenso wie bei der Vergabe von Bauaufträgen – nach § 57 Abs. 1 VgV zum Ausschluss („Von der Wertung ausgeschlossen werden … Angebote, die nicht den Erfordernissen des § 53 genügen"). Ein Ausschluss dürfte aber auch hier nur zulässig sein, wenn der Auftraggeber zuvor gemäß § 35 Abs. 2 S. 1 VgV die Kennzeichnung der Nebenangebote in den Vergabeunterlagen gefordert hatte (als „Art und Weise der Einreichung von Nebenangeboten"); denn ansonsten würde die diesbezügliche Transparenzpflicht des Auftraggebers nach Art. 45 Abs. 2 S. 1 VRL, die § 35 Abs. 2 S. 1 VgV gleichlautend umsetzt, unterlaufen. Bei der Vergabe von Liefer- und Dienstleistungen nach der UVgO müssen die Bieter ebenfalls Nebenangebote als solche kennzeichnen, § 38 Abs. 10 S. 3 UVgO. Eine fehlende Kennzeichnung führt auch hier grundsätzlich nach § 42 Abs. 1 S. 2 iVm § 38 Abs. 10 S. 3 UVgO zum Ausschluss. Aufgrund der Verpflichtung zur Beachtung des Transparenzgrundsatzes (vgl. § 25 S. 4 UVgO) hat aber auch hier der Auftraggeber wohl zuvor auf die entsprechende Kennzeichnungspflicht in den Vergabeunterlagen hinzuweisen.

Auch soweit der Auftraggeber im Übrigen in den Vergabeunterlagen Vorgaben dazu 49
angegeben hat, in welcher **Art und Weise** Bieter ihre Nebenangebote einreichen sollen, ist die Einhaltung dieser förmlichen Anforderungen zu prüfen. Sind derartige Vorgaben nicht vorab bekanntgegeben worden, können sie nicht nachträglich vom Auftraggeber als Ausschlussgrund herangezogen werden; denn die Anforderungen an die Art und Weise, an die Nebenangebote einzureichen sind, sind zuvor zwingend in den Vergabeunterlagen bekanntzugeben (vgl. § 35 Abs. 2 S. 1 VgV, § 8 EU Abs. 2 Nr. 3 lit. a) VOB/A).

3. Nachreichen von Erklärungen und Nachweisen

Erklärungen oder Nachweise, die vom Auftraggeber zu Nebenangeboten gefordert wer- 50
den, unterfallen grundsätzlich ebenso wie geforderte Erklärungen und Nachweise zu

[135] Vgl. OLG Naumburg Beschl. v. 23.2.2012 – 2 Verg 15/11, BeckRS 2012, 5985; OLG Düsseldorf Beschl. v. 10.8.2011 – VII-Verg 66/11, ZfBR 2012, 207; *Noelle* VergabeR 2012, 739.

[136] Vgl. OLG Düsseldorf Beschl. v. 29.3.2006 – VII-Verg 77/05, BeckRS 2006, 06017.

[137] Siehe Ingenstau/Korbion/*von Wietersheim* VOB/A § 13 Rn. 30.

[138] Mit Inkrafttreten der VOB/A 2012.

[139] So schon früher: OLG Frankfurt Beschl. v. 21.4.2005 – 11 Verg 1/05, IBRRS 2006, 1591.

Hauptangeboten den Vorschriften über die **Nachforderung** dieser Unterlagen (§ 56 Abs. 2ff. VgV, § 41 Abs. 2ff. § 16a (EU/VS) VOB/A, § 16 Abs. 2 VOL/A).[140]

IV. Folgen des Nebenangebotsausschlusses für das Hauptangebot

51 Grundsätzlich tangiert der Ausschluss eines oder aller Nebenangebote eines Bieters nicht dessen Hauptangebot; dieses verbleibt – soweit es selbst berücksichtigungsfähig ist – in der Wertung. Eine ausdrückliche Regelung, wonach die Wertung eines Hauptangebotes vom Vorliegen eines (wertbaren) Nebenangebots desselben Bieters abhängt bzw. abhängig gemacht werden kann (so aber für den umgekehrten Fall zB § 8 Abs. 2 Nr. 3 S. 1 lit. b), § 8 EU Abs. 2 Nr. 3 S. 4 lit. a) VOB/A; → Rn. 26f.), gibt es im Vergaberecht nicht.

52 Etwas anderes mag künftig im Einzelfall für Vergabeverfahren gelten, die in den **Anwendungsbereich der VgV bzw. VOB/A-EU** fallen. Nach § 35 Abs. 1 S. 1 VgV bzw. § 8 EU Abs. 2 Nr. 3 S. 1 VOB/A, die jeweils auf Art. 45 Abs. 1 S. 1 VRL zurückgehen, kann der Auftraggeber nun in einem Vergabeverfahren nicht nur **Nebenangebote** zulassen, sondern sie sogar **vorschreiben,** dh das Einreichen von Nebenangeboten von den Bietern verlangen. In diesem Fall stellt sich die Frage, wie mit dem Hauptangebot eines Bieters umzugehen ist, wenn der entsprechende Bieter trotz verlangter Nebenangebote kein oder nur ein nicht berücksichtigungsfähiges Nebenangebot eingereicht hat. Um einer solchen Vorgabe des Auftraggebers, Nebenangebote einzureichen, Durchsetzbarkeit zu verleihen, liegt es nahe, einen Verstoß mit dem Ausschluss des Hauptangebots zu sanktionieren. Eine solche ausdrückliche Ausschlussregelung findet sich jedoch weder in der VgV noch in der VOB/A-EU. Es könnte unter Umständen ein Ausschluss des Hauptangebots wegen „Änderungen an den Vergabeunterlagen" (hier allerdings der Bewerbungsbedingungen und nicht – wie sonst – der Vertragsunterlagen; siehe zur Unterscheidung → § 20 Rn. 5) nach § 57 Abs. 1 Nr. 4 VgV bzw. § 16 EU Nr. 2 iVm § 13 EU Abs. 1 Nr. 5 VOB/A in Betracht kommen; das fehlende Nebenangebot könnte auch als fehlende geforderte Unterlage (einschließlich fehlendem Preis) des Hauptangebots (zB nach § 57 Abs. 1 Nr. 2, 5 VgV) angesehen werden und daher zum Ausschluss des Hauptangebots führen. Ob ein solch weites Verständnis der normierten Ausschlusstatbestände zulässig ist, wird die Rechtsprechung klären müssen. In jedem Fall sollte ein Auftraggeber sehr genau prüfen, ob er Nebenangebote tatsächlich zwingend vorschreiben will und damit unter Umständen verpflichtet ist, wirtschaftliche Hauptangebote nicht berücksichtigen zu dürfen, weil der entsprechende Bieter kein Nebenangebot eingereicht hat oder sein Nebenangebot aus formalen oder inhaltlichen Gründen nicht wertbar ist. Auch könnten Bieter mit Blick auf den Angebotserstellungsaufwand ganz von einer Angebotsabgabe abgehalten werden, wenn sie neben einem Hauptangebot zugleich ein Nebenangebot einreichen müssen.

[140] Vgl. OLG Naumburg Beschl. v. 23.2.2012 – 2 Verg 15/11, BeckRS 2012, 5985; OLG Düsseldorf Beschl. v. 10.8.2011 – VII-Verg 66/11, ZfBR 2012, 207; *Noelle* VergabeR 2012, 739.

§ 29 Formelle Angebotsprüfung (erste Wertungsstufe)

Übersicht

VgV: § 56, § 57
VOB/A: § 16 Abs. 1, § 16a
VOB/A EU: § 16 EU, § 16a EU
VOB/A VS: § 16, § 16a
VSVgV: § 25, § 31
UVgO: § 41, § 42

VgV:

§ 56 Prüfung der Interessensbestätigungen, Teilnahmeanträge und Angebote; Nachforderung von Unterlagen

(1) Die Interessensbestätigungen, Teilnahmeanträge und Angebote sind auf Vollständigkeit und fachliche Richtigkeit, Angebote zudem auf rechnerische Richtigkeit zu prüfen.

(2) Der öffentliche Auftraggeber kann den Bewerber oder Bieter unter Einhaltung der Grundsätze der Transparenz und der Gleichbehandlung auffordern, fehlende, unvollständige oder fehlerhafte unternehmensbezogene Unterlagen, insbesondere Eigenerklärungen, Angaben, Bescheinigungen oder sonstige Nachweise, nachzureichen, zu vervollständigen oder zu korrigieren, oder fehlende oder unvollständige leistungsbezogene Unterlagen nachzureichen oder zu vervollständigen. Der öffentliche Auftraggeber ist berechtigt, in der

Auftragsbekanntmachung oder den Vergabeunterlagen festzulegen, dass er keine Unterlagen nachfordern wird.

(3) Die Nachforderung von leistungsbezogenen Unterlagen, die die Wirtschaftlichkeitsbewertung der Angebote anhand der Zuschlagskriterien betreffen, ist ausgeschlossen. Dies gilt nicht für Preisangaben, wenn es sich um unwesentliche Einzelpositionen handelt, deren Einzelpreise den Gesamtpreis nicht verändern oder die Wertungsreihenfolge und den Wettbewerb nicht beeinträchtigen.

(4) Die Unterlagen sind vom Bewerber oder Bieter nach Aufforderung durch den öffentlichen Auftraggeber innerhalb einer von diesem festzulegenden angemessenen, nach dem Kalender bestimmten Frist vorzulegen.

(5) Die Entscheidung zur und das Ergebnis der Nachforderung sind zu dokumentieren.

§ 57 Ausschluss von Interessensbekundungen, Interessensbestätigungen, Teilnahmeanträgen und Angeboten

(1) Von der Wertung ausgeschlossen werden Angebote von Unternehmen, die die Eignungskriterien nicht erfüllen, und Angebote, die nicht den Erfordernissen des § 53 genügen, insbesondere:

1. Angebote, die nicht form- oder fristgerecht eingegangen sind, es sei denn, der Bieter hat dies nicht zu vertreten,
2. Angebote, die nicht die geforderten oder nachgeforderten Unterlagen enthalten,
3. Angebote, in denen Änderungen des Bieters an seinen Eintragungen nicht zweifelsfrei sind,
4. Angebote, bei denen Änderungen oder Ergänzungen an den Vergabeunterlagen vorgenommen worden sind,
5. Angebote, die nicht die erforderlichen Preisangaben enthalten, es sei denn, es handelt sich um unwesentliche Einzelpositionen, deren Einzelpreise den Gesamtpreis nicht verändern oder die Wertungsreihenfolge und den Wettbewerb nicht beeinträchtigen, oder
6. nicht zugelassene Nebenangebote.

(2) Hat der öffentliche Auftraggeber Nebenangebote zugelassen, so berücksichtigt er nur die Nebenangebote, die die von ihm verlangten Mindestanforderungen erfüllen.

(3) Absatz 1 findet auf die Prüfung von Interessensbekundungen, Interessensbestätigungen und Teilnahmeanträgen entsprechende Anwendung.

VOB/A:

§ 16 Ausschluss von Angeboten

(1) Auszuschließen sind:

1. Angebote, die nicht fristgerecht eingegangen sind,
2. Angebote, die den Bestimmungen des § 13 Absatz 1 Nummer 1, 2 und 5 nicht entsprechen,
3. Angebote, die die geforderten Unterlagen im Sinne von § 8 Absatz 2 Nummer 5 nicht enthalten, wenn der Auftraggeber gemäß § 16a Absatz 3 festgelegt hat, dass er keine Unterlagen nachfordern wird. Satz 1 gilt für Teilnahmeanträge entsprechend,
4. Angebote, bei denen der Bieter Erklärungen oder Nachweise, deren Vorlage sich der Auftraggeber vorbehalten hat, auf Anforderung nicht innerhalb einer angemessenen, nach dem Kalender bestimmten Frist vorgelegt hat. Satz 1 gilt für Teilnahmeanträge entsprechend,
5. Angebote von Bietern, die in Bezug auf die Ausschreibung eine Abrede getroffen haben, die eine unzulässige Wettbewerbsbeschränkung darstellt,
6. Nebenangebote, wenn der Auftraggeber in der Auftragsbekanntmachung oder in den Vergabeunterlagen erklärt hat, dass er diese nicht zulässt,

7. Hauptangebote von Bietern, die mehrere Hauptangebote abgegeben haben, wenn der Auftraggeber die Abgabe mehrerer Hauptangebote in der Auftragsbekanntmachung oder in den Vergabeunterlagen nicht zugelassen hat,
8. Nebenangebote, die dem § 13 Absatz 3 Satz 2 nicht entsprechen,
9. Hauptangebote, die dem § 13 Absatz 3 Satz 3 nicht entsprechen,
10. Angebote von Bietern, die im Vergabeverfahren vorsätzlich unzutreffende Erklärungen in Bezug auf ihre Fachkunde, Leistungsfähigkeit und Zuverlässigkeit abgegeben haben.

(2) Außerdem können Angebote von Bietern ausgeschlossen werden, wenn
1. ein Insolvenzverfahren oder ein vergleichbares gesetzlich geregeltes Verfahren eröffnet oder die Eröffnung beantragt worden ist oder der Antrag mangels Masse abgelehnt wurde oder ein Insolvenzplan rechtskräftig bestätigt wurde,
2. sich das Unternehmen in Liquidation befindet,
3. nachweislich eine schwere Verfehlung begangen wurde, die die Zuverlässigkeit als Bewerber oder Bieter in Frage stellt,
4. die Verpflichtung zur Zahlung von Steuern und Abgaben sowie der Beiträge zur Sozialversicherung nicht ordnungsgemäß erfüllt wurde,
5. sich das Unternehmen nicht bei der Berufsgenossenschaft angemeldet hat.

§ 16a Nachforderung von Unterlagen

(1) Der Auftraggeber muss Bieter, die für den Zuschlag in Betracht kommen, unter Einhaltung der Grundsätze der Transparenz und der Gleichbehandlung auffordern, fehlende, unvollständige oder fehlerhafte unternehmensbezogene Unterlagen – insbesondere Erklärungen, Angaben oder Nachweise – nachzureichen, zu vervollständigen oder zu korrigieren, oder fehlende oder unvollständige leistungsbezogene Unterlagen – insbesondere Erklärungen, Produkt- und sonstige Angaben oder Nachweise – nachzureichen oder zu vervollständigen (Nachforderung), es sei denn, er hat von seinem Recht aus Absatz 3 Gebrauch gemacht. Es sind nur Unterlagen nachzufordern, die bereits mit dem Angebot vorzulegen waren.

(2) Fehlende Preisangaben dürfen nicht nachgefordert werden. Angebote, die den Bestimmungen des § 13 Absatz 1 Nummer 3 nicht entsprechen, sind auszuschließen. Dies gilt nicht für Angebote, bei denen lediglich in unwesentlichen Positionen die Angabe des Preises fehlt und sowohl durch die Außerachtlassung dieser Positionen der Wettbewerb und die Wertungsreihenfolge nicht beeinträchtigt werden als auch bei Wertung dieser Positionen mit dem jeweils höchsten Wettbewerbspreis. Hierbei wird nur auf den Preis ohne Berücksichtigung etwaiger Nebenangebote abgestellt. 5Der Auftraggeber fordert den Bieter nach Maßgabe von Absatz 1 auf, die fehlenden Preispositionen zu ergänzen. [6]Die Sätze 3 bis 5 gelten nicht, wenn der Auftraggeber das Nachfordern von Preisangaben gemäß Absatz 3 ausgeschlossen hat.

(3) Der Auftraggeber kann in der Auftragsbekanntmachung oder den Vergabeunterlagen festlegen, dass er keine Unterlagen oder Preisangaben nachfordern wird.

(4) Die Unterlagen oder fehlenden Preisangaben sind vom Bewerber oder Bieter nach Aufforderung durch den Auftraggeber innerhalb einer angemessenen, nach dem Kalender bestimmten Frist vorzulegen. Die Frist soll sechs Kalendertage nicht überschreiten.

(5) Werden die nachgeforderten Unterlagen nicht innerhalb der Frist vorgelegt, ist das Angebot auszuschließen.

(6) Die Absätze 1, 3, 4 und 5 gelten für den Teilnahmewettbewerb entsprechend.

VOB/A EU:

§ 16 EU Ausschluss von Angeboten

Auszuschließen sind
1. Angebote, die nicht fristgerecht eingegangen sind,

2. Angebote, die den Bestimmungen des § 13 EU Absatz 1 Nummer 1, 2 und 5 nicht entsprechen,
3. Angebote, die die geforderten Unterlagen im Sinne von § 8 EU Absatz 2 Nummer 5 nicht enthalten, wenn der öffentliche Auftraggeber gemäß § 16a EU Absatz 3 festgelegt hat, dass er keine Unterlagen nachfordern wird. Satz 1 gilt für Teilnahmeanträge entsprechend,
4. Angebote, bei denen der Bieter Erklärungen oder Nachweise, deren Vorlage sich der öffentliche Auftraggeber vorbehalten hat, auf Anforderung nicht innerhalb einer angemessenen, nach dem Kalender bestimmten Frist vorgelegt hat. Satz 1 gilt für Teilnahmeanträge entsprechend,
5. nicht zugelassene Nebenangebote sowie Nebenangebote, die den Mindestanforderungen nicht entsprechen,
6. Hauptangebote von Bietern, die mehrere Hauptangebote abgegeben haben, wenn der öffentliche Auftraggeber die Abgabe mehrerer Hauptangebote in der Auftragsbekanntmachung oder in der Aufforderung zur Interessensbestätigung nicht zugelassen hat,
7. Nebenangebote, die dem § 13 EU Absatz 3 Satz 2 nicht entsprechen,
8. Hauptangebote, die dem § 13 EU Absatz 3 Satz 3 nicht entsprechen.

§ 16a EU Nachforderung von Unterlagen

(1) Der öffentliche Auftraggeber muss Bieter, die für den Zuschlag in Betracht kommen, unter Einhaltung der Grundsätze der Transparenz und der Gleichbehandlung auffordern, fehlende, unvollständige oder fehlerhafte unternehmensbezogene Unterlagen – insbesondere Erklärungen, Angaben oder Nachweise – nachzureichen, zu vervollständigen oder zu korrigieren, oder fehlende oder unvollständige leistungsbezogene Unterlagen – insbesondere Erklärungen, Produkt- und sonstige Angaben oder Nachweise – nachzureichen oder zu vervollständigen (Nachforderung), es sei denn, er hat von seinem Recht aus Absatz 3 Gebrauch gemacht. Es sind nur Unterlagen nachzufordern, die bereits mit dem Angebot vorzulegen waren.

(2) Fehlende Preisangaben dürfen nicht nachgefordert werden. Angebote, die den Bestimmungen des § 13 EU Absatz 1 Nummer 3 nicht entsprechen, sind auszuschließen. Dies gilt nicht für Angebote, bei denen lediglich in unwesentlichen Positionen die Angabe des Preises fehlt und sowohl durch die Außerachtlassung dieser Positionen der Wettbewerb und die Wertungsreihenfolge nicht beeinträchtigt werden als auch bei Wertung dieser Positionen mit dem jeweils höchsten Wettbewerbspreis. Hierbei wird nur auf den Preis ohne Berücksichtigung etwaiger Nebenangebote abgestellt. Der öffentliche Auftraggeber fordert den Bieter nach Maßgabe von Absatz 1 auf, die fehlenden Preispositionen zu ergänzen. Die Sätze 3 bis 5 gelten nicht, wenn der öffentliche Auftraggeber das Nachfordern von Preisangaben gemäß Absatz 3 ausgeschlossen hat.

(3) Der öffentliche Auftraggeber kann in der Auftragsbekanntmachung oder den Vergabeunterlagen festlegen, dass er keine Unterlagen oder Preisangaben nachfordern wird.

(4) Die Unterlagen oder fehlenden Preisangaben sind vom Bewerber oder Bieter nach Aufforderung durch den öffentlichen Auftraggeber innerhalb einer angemessenen, nach dem Kalender bestimmten Frist vorzulegen. Die Frist soll sechs Kalendertage nicht überschreiten.

(5) Werden die nachgeforderten Unterlagen nicht innerhalb der Frist vorgelegt, ist das Angebot auszuschließen.

(6) Die Absätze 1, 3, 4 und 5 gelten für den Teilnahmewettbewerb entsprechend.

VOB/A VS:

§ 16 VS Ausschluss von Angeboten

Auszuschließen sind:
1. Angebote, die nicht fristgerecht eingegangen sind,

2. Angebote, die den Bestimmungen des § 13 VS Absatz 1 Nummer 1, 2 und 5 nicht entsprechen,
3. Angebote, die die geforderten Unterlagen im Sinne von § 8 VS Absatz 2 Nummer 5 nicht enthalten, wenn der Auftraggeber gemäß § 16a VS Absatz 3 festgelegt hat, dass er keine Unterlagen nachfordern wird. Satz 1 gilt für Teilnahmeanträge entsprechend,
4. Angebote, bei denen der Bieter Erklärungen oder Nachweise, deren Vorlage sich der öffentliche Auftraggeber vorbehalten hat, auf Anforderung nicht innerhalb einer angemessenen, nach dem Kalendertag bestimmten Frist vorgelegt hat. Satz 1 gilt für Teilnahmeanträge entsprechend,
5. nicht zugelassene Nebenangebote sowie Nebenangebote, die den Mindestanforderungen nicht entsprechen,
6. Hauptangebote, von Bietern, die mehrere Hauptangebote abgegeben haben, wenn der Auftraggeber die Abgabe mehrerer Hauptangebote in der Auftragsbekanntmachung nicht zugelassen hat,
7. Nebenangebote, die dem § 13 VS Absatz 3 Satz 2 nicht entsprechen.
8. Hauptangebote, die dem § 13 VS Absatz 3 Satz 3 nicht entsprechen.

§ 16a VS Nachforderung von Unterlagen

Fehlen geforderte Erklärungen oder Nachweise und wird das Angebot nicht entsprechend § 16 VS ausgeschlossen, verlangt der Auftraggeber die fehlenden Erklärungen oder Nachweise nach. Diese sind spätestens innerhalb von sechs Kalendertagen nach Aufforderung durch den Auftraggeber vorzulegen. Die Frist beginnt am Tag nach der Absendung der Aufforderung durch den Auftraggeber. Werden die Erklärungen oder Nachweise nicht innerhalb der Frist vorgelegt, ist das Angebot auszuschließen.

VSVgV:

§ 25 Nachweis der Erlaubnis zur Berufsausübung

(1) Die Auftraggeber können die Bewerber oder Bieter auffordern, als Nachweis für die Erlaubnis zur Berufsausübung

1. den Auszug eines Berufs- oder Handelsregisters gemäß der unverbindlichen Liste des Anhangs VII Teil B und C der Richtlinie 2009/81/EG vorzulegen, wenn die Eintragung gemäß den Vorschriften des Mitgliedstaats ihrer Herkunft oder Niederlassung Voraussetzung für die Berufsausübung ist,
2. darüber eine Erklärung unter Eid abzugeben oder
3. eine sonstige Bescheinigung vorzulegen.

(2) Müssen Bewerber oder Bieter eine bestimmte Berechtigung besitzen oder Mitglied einer bestimmten Organisation sein, um eine Dienstleistung in ihrem Herkunftsmitgliedstaat erbringen zu können, können Auftraggeber Bewerber oder Bieter auffordern, darüber den Nachweis zu erbringen.

§ 31 Prüfung der Angebote

(1) Die Angebote sind auf Vollständigkeit sowie auf fachliche und rechnerische Richtigkeit zu prüfen.

(2) Ausgeschlossen werden:

1. Angebote, die nicht die geforderten oder nachgeforderten Erklärungen und Nachweise enthalten;
2. Angebote, die nicht unterschrieben oder nicht mindestens versehen sind mit einer fortgeschrittenen elektronischen Signatur oder mit einem fortgeschrittenen elektronischen Siegel;
3. Angebote, in denen Änderungen des Bieters an seinen Eintragungen nicht zweifelsfrei sind;

4. Angebote, bei denen Änderungen oder Ergänzungen an den Vergabeunterlagen vorgenommen worden sind;
5. Angebote, die nicht form- oder fristgerecht eingegangen sind, es sei denn, der Bieter hat dies nicht zu vertreten;
6. Angebote von Bietern, die in Bezug auf die Vergabe eine unzulässige, wettbewerbsbeschränkende Abrede getroffen haben;
7. Angebote von Bietern, die auch als Bewerber gemäß § 24 von der Teilnahme am Wettbewerb hätten ausgeschlossen werden können;
8. Angebote, die nicht die erforderlichen Preisangaben enthalten, es sei denn, es handelt sich um unwesentliche Einzelpositionen, deren Einzelpreise den Gesamtpreis nicht verändern oder die Wertungsreihenfolge und den Wettbewerb nicht beeinträchtigen.

UVgO:

§ 41 Prüfung der Teilnahmeanträge und Angebote; Nachforderung von Unterlagen

(1) Die Teilnahmeanträge und Angebote sind auf Vollständigkeit und fachliche Richtigkeit, Angebote zudem auf rechnerische Richtigkeit zu prüfen.

(2) Der Auftraggeber kann den Bewerber oder Bieter unter Einhaltung der Grundsätze der Transparenz und der Gleichbehandlung auffordern, fehlende, unvollständige oder fehlerhafte unternehmensbezogene Unterlagen, insbesondere Eigenerklärungen, Angaben, Bescheinigungen oder sonstige Nachweise, nachzureichen, zu vervollständigen oder zu korrigieren, oder fehlende oder unvollständige leistungsbezogene Unterlagen nachzureichen oder zu vervollständigen. Der Auftraggeber ist berechtigt, in der Auftragsbekanntmachung oder den Vergabeunterlagen festzulegen, dass er keine Unterlagen nachfordern wird.

(3) Die Nachforderung von leistungsbezogenen Unterlagen, die die Wirtschaftlichkeitsbewertung der Angebote anhand der Zuschlagskriterien betreffen, ist ausgeschlossen. Dies gilt nicht für Preisangaben, wenn es sich um unwesentliche Einzelpositionen handelt, deren Einzelpreise den Gesamtpreis nicht verändern oder die Wertungsreihenfolge und den Wettbewerb nicht beeinträchtigen.

(4) Die Unterlagen sind vom Bewerber oder Bieter nach Aufforderung durch den Auftraggeber innerhalb einer von diesem festzulegenden angemessenen, nach dem Kalender bestimmten Frist vorzulegen.

(5) Die Entscheidung zur und das Ergebnis der Nachforderung sind zu dokumentieren.

§ 42 Ausschluss von Teilnahmeanträgen und Angeboten

(1) Angebote von Unternehmen, die gemäß § 31 die Eignungskriterien nicht erfüllen oder die wegen des Vorliegens von Ausschlussgründen ausgeschlossen worden sind, werden bei der Wertung nicht berücksichtigt. Darüber hinaus werden Angebote von der Wertung ausgeschlossen, die nicht den Erfordernissen des § 38 genügen, insbesondere
1. Angebote, die nicht form- oder fristgerecht eingegangen sind, es sei denn, der Bieter hat dies nicht zu vertreten,
2. Angebote, die nicht die geforderten oder nachgeforderten Unterlagen enthalten,
3. Angebote, in denen Änderungen des Bieters an seinen Eintragungen nicht zweifelsfrei sind,
4. Angebote, bei denen Änderungen oder Ergänzungen an den Vergabeunterlagen vorgenommen worden sind,
5. Angebote, die nicht die erforderlichen Preisangaben enthalten, es sei denn, es handelt sich um unwesentliche Einzelpositionen, deren Einzelpreise den Gesamtpreis nicht verändern oder die Wertungsreihenfolge und den Wettbewerb nicht beeinträchtigen, oder
6. nicht zugelassene Nebenangebote.

(2) Hat der Auftraggeber Nebenangebote zugelassen und hierfür Mindestanforderungen vorgegeben, so berücksichtigt er nur die Nebenangebote, die die von ihm verlangten Mindestanforderungen erfüllen.

(3) Absatz 1 findet auf die Prüfung von Teilnahmeanträgen entsprechende Anwendung.

A. Einleitung

Die formelle Angebotsprüfung beinhaltet die Prüfung von Ausschlussgründen und steht 1
am Anfang der Angebotsprüfung. Die VOB/A gibt in § 16b EU Abs. 1 bzw. § 16b Abs. 1 für das offene Verfahren bzw. die öffentliche Ausschreibung eine Prüfungsreihenfolge vor, die im Oberschwellenbereich nach § 16b EU Abs. 2 VOB/A (nur) durchbrochen werden kann, wenn sichergestellt ist, dass die an die eigentliche Angebotswertung anschließende Prüfung von Ausschlussgründen und der Einhaltung der Eignungsanforderungen unparteiisch und transparent erfolgt. Ausdruck der grundsätzlich vorgegebenen Prüfungsreihenfolge sind auch §§ 16c, 16c EU und 16c VS VOB/A. Danach sind die „nicht ausgeschlossenen Angebote geeigneter Bieter" auf die Einhaltung der gestellten Anforderungen zu prüfen, was eine vorherige Prüfung von Ausschlussgründen sowie der Eignung voraussetzt.

Auf der ersten Wertungsstufe steht die Prüfung von Ausschlussgründen, die Eignungsprüfung folgt auf der 2. Wertungsstufe; erst danach darf grundsätzlich die Prüfung ungewöhnlich niedriger oder hoher Preise auf der 3. Wertungsstufe und schließlich die Wertung der in die engere Wahl gekommenen Angebote nach den bekannt gegebenen Zuschlagskriterien auf der 4. Wertungsstufe erfolgen. Die Einhaltung dieser Wertungsstufen dient insbesondere der Transparenz des Verfahrens.[1]

Die Bestimmung des § 16 Abs. 2 VOB/A-EU verdeutlicht die Sorge, dass der Auftraggeber nach einer vorgezogenen Prüfung auf der Grundlage der Wertungsmatrix geneigt sein könnte, Ausschlussgründe oder Eignungsmängel bezogen auf das wirtschaftlich günstigste Angebot zu ignorieren. Wie der Auftraggeber eine unparteiische und transparente nachgezogene Prüfung von Ausschlussgründen „sicherzustellen" hat; erläutert die VOB/A nicht. Hinsichtlich der zwingenden Ausschlusstatbestände besteht kein Ermessen, sodass hier grundsätzlich keine Verzerrungen – es sei denn durch bewusstes Ignorieren von Ausschlusstatbeständen zu befürchten sind. Hinsichtlich der fakultativen Ausschlusstatbestände erscheint es demgegenüber lebensnah, dass die Angebotswertung sich auf die Ermessensausübung auswirkt und bei besonders günstigen Angeboten eine weniger kritische Bewertung erfolgt. Zur Gewährleistung einer sicher unparteiischen und transparenten Prüfung von Ausschlusstatbeständen bietet es sich daher an, eine Prüfung durch zwei erfahrene Mitarbeiter vorzusehen, die in die eigentliche Angebotswertung nicht eingebunden waren, sodass eine Beeinflussung durch die vorgezogene Wertung auf der 3. und 4. Wertungsstufe ausgeschlossen ist.

Die Eröffnung einer abweichenden Prüfungsreihenfolge trägt den Bedürfnissen der Praxis nach einer möglichst effizienten Vergabe Rechnung. So kann es bei einfacher Angebotsprüfung (Zuschlagskriterium etwa allein der Preis) deutlich effizienter sein, nur die Eignung des günstigsten Angebotes zu prüfen; vor allem dann, wenn sich die Eignungsprüfung aufgrund zahlreicher Anforderungen als sehr zeitaufwändig darstellt.[2] Der Bundesgerichtshof hatte einen solchen „vereinfachten Wertungsvorgang" schon früher gebilligt.[3]

Die VgV, die SektVO, die VSVgV und die KonzVgV geben demgegenüber keine Wer- 2
tungsstufen vor, sodass insoweit keine verbindliche Prüfungsreihenfolge vorgegeben ist;[4] § 42 Abs. 3 VgV erlaubt sogar ausdrücklich, im offenen Verfahren die Angebotsprüfung vor der Eignungsprüfung durchzuführen. Es bietet sich gleichwohl grundsätzlich eine Prü-

[1] Vgl. Heuvels/Höß/Kuß/Wagner/*Heuvels* VOB/A § 16 Rn. 4.
[2] Vgl. Beck VergabeR/*Mager* VgV § 42 Rn. 18.
[3] Vgl. BGH Beschl. v. 15.4.2008 – X ZR 129/06, VergabeR 2008, 641.
[4] Vgl. etwa MüKoWettbR/*Pauka* VgV § 56 Rn. 4.

fung entsprechend der in der VOB/A vorgegebenen Prüfungsreihenfolge an, da sie erstens sachlich logisch ist sowie das Verfahren transparenter und weniger angreifbar macht.

3 Zumindest im Bereich der VOB/A sind die Wertungsstufen grundsätzlich strikt getrennt durchzuführen; das Wertungsergebnis einer Stufe ist in die nächste Stufe zu übernehmen und dort nicht erneut aufzugreifen.[5] Der Auftraggeber ist an das Ergebnis auf einer Wertungsstufe grundsätzlich gebunden.[6] Treten allerdings auf einer nachfolgenden Wertungsstufe erstmals Tatsachen zu Tage, die eine neue Betrachtung rechtfertigen, so kann – ausnahmsweise – zurückgesprungen und die Prüfung erneut durchgeführt werden.[7] Nach §§ 16b Abs. 3, 16b EU Abs. 3 bzw. 16b VS VOB/A sind in einer beschränkten Ausschreibung und einer freihändigen Vergabe bzw. oberhalb der Schwellenwerte bei allen zweistufigen Verfahren hinsichtlich der Eignung auf der Ebene der Angebotsprüfung nur solche Umstände zu berücksichtigen, die nach der Aufforderung zur Angebotsabgabe (erstmals oder weitergehend) Zweifel an der Eignung des Bieters begründen. Ein Rücksprung kann aber auch beispielsweise dann zulässig und sogar geboten sein, wenn sich erst auf der Ebene der 4. Wertungsstufe die Erheblichkeit einer unterbliebenen Preisangabe herausstellt; in einem solchen Fall müsste dann wieder in die erste Wertungsstufe eingetreten werden.[8]

4 Im Rahmen der 1. Wertungsstufe ist zu unterscheiden zwischen zwingenden Ausschlussgründen, bei deren Vorliegen der Auftraggeber ohne Wahlmöglichkeit einen Ausschluss vornehmen muss und fakultativen Ausschlussgründen, bei welchem die Entscheidung über den Ausschluss im Ermessen des Auftraggebers steht.

B. Zwingende Ausschlussgründe

I. Verspätete Angebote

5 Ein nicht fristgerecht vorgelegtes Angebot ist zur Wahrung des Gleichbehandlungsgrundsatzes zwingend von der Wertung auszuschließen, es sei denn der Bieter hat die Verspätung nicht zu vertreten (vgl. § 57 Abs. 1 Nr. 1 VgV, § 16 Nr. 1 iVm § 14 Abs. 5 VOB/A-EU, § 31 Abs. 2 Nr. 5 VSVgV). Auch wenn ein entsprechender Ausschlussgrund in der KonzVgV und der SektVO nicht ausdrücklich niedergelegt wurde, ist diese Entscheidung durch den Gleichbehandlungsgrundsatz (vgl. § 97 Abs. 2 GWB) für alle Vergaberegime zwingend vorgegeben.[9]

6 Die Vorgaben zum Ausschluss verspäteter Angebote dienen einem unverfälschten Wettbewerb und damit insbesondere auch der Gleichbehandlung und Chancengleichheit; sie haben deshalb bieterschützende Wirkung.[10] Ein Bieter, dessen Angebot rechtzeitig vorlag, hat also einen Anspruch darauf, dass unentschuldigt verspätet eingegangene Angebote auf der ersten Wertungsstufe ausgeschlossen und nicht in die Wertung auf der 4. Wertungsstufe einbezogen werden. Dies gilt auch für lediglich kurzzeitige Verspätungen von wenigen Minuten[11] und einschränkungslos auch im Verhandlungsverfahren.[12]

1. Maßgeblicher Zeitpunkt

7 Alle Vergabeordnungen stellen nunmehr einheitlich darauf ab, dass das Angebot bis zum Ablauf der Angebotsfrist vorgelegen hat. Bis zur Fassung 2012 stellte VOB/A in § 16 EG

5 Vgl. Kapellmann/Messerschmidt/*Frister* VOB/A § 16 Rn. 2; KMPP/*Dittmann* VOB/A § 16 Rn. 1.
6 Vgl. Eschenbruch/Opitz/Röwekamp/*Röwekamp* SektVO § 26 Rn. 9.
7 Vgl. Ziekow/Völlink/*Vavra* VOB/A § 16 Rn. 2; KMPP/*Dittmann* VOB/A § 16 Rn. 1.
8 Vgl. Kapellmann/Messerschmidt/*Frister* VOB/A § 16 Rn. 22; Heuvels/Höß/Kuß/Wagner/*Heuvels* VOB/A § 16 Rn. 4.
9 Vgl. VK Bund Beschl. v. 10. 5. 2013 – VK 1-27/13, IBRRS 2013, 2494.
10 Vgl. KKMPP/*Dittmann* VgV § 57 Rn. 13.
11 Vgl. OLG Düsseldorf Beschl. v. 7. 1. 2002 – Verg 36/01, IBR 2002, 208.
12 Vgl. Juris-PK Vergaberecht/*Wagner* § 57 VgV Rn. 56.

Abs. 1 Nr. 1 lit. a) bzw. § 16 Abs. 1 Nr. 1 lit. a) VOB/A demgegenüber noch darauf ab, dass die Angebote „im Eröffnungstermin dem Verhandlungsleiter bei Öffnung des ersten Angebots" vorgelegen haben.

Oberhalb der Schwellenwerte ist der bieteröffentliche Submissionstermin entfallen – hier ist ein nicht öffentlicher „Öffnungstermin" vorgesehen (§ 16 EU Abs. 1 VOB/A, § 16 VS Abs. 1 VOB/A); nur der 1. Abschnitt der VOB/A sieht einen bieteröffentlichen „Eröffnungstermin" in § 14 Abs. 1 noch vor.

Die bis zur VOB-Novelle geltende Sondervorschrift des § 14 Abs. 5 bzw. § 14a Abs. 6 aF VOB/A für die Fälle, in welchen das Angebot nachweislich zwar dem Auftraggeber vor Ablauf der Angebotsfrist vorlag, aus vom Bieter nicht zu vertretenden Gründen jedoch dem Verhandlungsleiter im Öffnungstermin nicht vorlag, wurde gestrichen, sodass es nunmehr in Angleichung an die übrigen Vergabeordnungen auch im Bereich der VOB/A schlicht auf die fristgerechte Vorlage des Angebots beim Auftraggeber ankommt. 8

Alle Vergabeordnungen[13] stellen somit auf die Einhaltung der Angebotsfrist ab und kennen keine Sonderregelungen für eine zwar rechtzeitige Vorlage beim Auftraggeber aber verspätete Vorlage bei der Angebotsöffnung. Die SektVO sowie die KonzVgV enthalten keine ausdrücklichen Ausschlusstatbestände für verspätete Angebote; vom Auftraggeber gesetzte Angebotsfristen (vgl. etwa § 29 Abs. 5 Nr. 2 SektVO), sind jedoch auch ohne ausdrücklich normierten Ausschluss verspäteter Angebote für den Auftraggeber bindend und verpflichten den Auftraggeber zum Ausschluss verspäteter Angebote.[14] 9

Entscheidend ist, dass das Angebot vor Schluss der Angebotsfrist beim Auftraggeber und zwar bei der von diesem angegebenen Stelle eingegangen ist;[15] auf den Zeitpunkt der Angebotsöffnung kommt es nicht an.[16] Der „Eingang" ist mit einem „Zugang" einer Willenserklärung nach § 130 BGB gleichzusetzen.[17] Ein Angebot ist beim Auftraggeber eingegangen, wenn es derart in den Herrschaftsbereich des Auftraggebers übergegangen ist, dass er die Möglichkeit hat, hiervon unter normalen Umständen Kenntnis zu nehmen und gleichzeitig der Bieter keine Möglichkeit mehr hat, den Inhalt seines Angebots zu verändern.[18] 10

Der Auftraggeber ist verpflichtet, die Fristwahrung effektiv zu überprüfen; verlangt er etwa die Einreichung von Angeboten über sein Postfach, so muss er das Postfach zum Fristablauf leeren.[19] Bei der elektronischen Einreichung der Angebote erübrigt sich eine solche Kontrolle; denn die eingesetzte Software muss gewährleisten, dass Datum und Uhrzeit des Datenempfangs genau zu bestimmen sind (vgl. etwa § 10 Abs. 1 Nr. 1 VgV bzw. § 11a Abs. 4 VOB/A bzw. VOB/A EU). 11

Grundsätzlich trägt der Bieter die Beweislast für die rechtzeitige Vorlage des Angebots beim Auftraggeber, da die fristgerechte Angebotseinreichung in seinem Verantwortungsbereich liegt.[20] 12

Für den Bereich der elektronischen Angebotseinreichung muss nun das vom Auftraggeber eingesetzte System den Zeitpunkt des Datenempfangs sicher bestimmbar machen. Setzt der Auftraggeber ein diesen Anforderungen genügendes System ein, so spricht eine widerlegbare Vermutung für die Richtigkeit des von dem System angegebenen Zeitpunkts

---

[13] Unter dem Begriff der „Vergabeordnungen" werden nachfolgend die VOB/A, die VgV, die SektVO, die KonzVgV sowie die VSVgV und die UVgO zum Zwecke der Vereinfachung nachfolgend zusammengefasst.

[14] Vgl. VK Bund Beschl. v. 10.5.2013 – VK 1-27/13, IBRRS 2013, 2494.

[15] Vgl. VK Brandenburg Beschl. v. 26.1.2005 – VK 81/04, IBRRS 2005, 2854.

[16] Vgl. OLG Jena Beschl. v. 22.4.2004 – 6 Verg 2/04.

[17] Vgl. OLG Celle Beschl. v. 7.6.2007 – 13 Verg 5/07.

[18] Vgl. OLG Koblenz Beschl. v. 2.12.2009 – VK 1-206/09; VK Bund Beschl. v. 28.8.2006 – VK 3-99/06; MüKoWettbR/*Pauka* § 57 VgV, Rn. 15.

[19] Vgl. VK Bund Beschl. v. 28.8.2006 – VK 3-99/06, VPRRS 2014, 0118; VK Bund Beschl. v. 2.12.2009 – VK 1-206/99.

[20] Vgl. VK Bund Beschl. v. 28.8.2006 – VK 3-99/06, VPRRS 2014, 0118; KKMPP/*Dittmann* VgV § 57 Rn. 10.

des Eingangs. Weist das System einen rechtzeitigen Angebotseingang nach, so müsste also der Auftraggeber darlegen und beweisen, dass diese Angabe aufgrund eines Systemfehlers unzutreffend ist. Umgekehrt müsste der Bieter bei einem von dem System angegebenen verspäteten Eingang beweisen, dass sein Angebot tatsächlich rechtzeitig eingetroffen ist. Ein solcher Beweis wird in der Praxis nur in den seltensten Fällen gelingen. In der Regel hat der Bieter aber die Möglichkeit, die Empfangsdaten abzugleichen, da ihn das System über den Zeitpunkt des Eingangs informiert. Reicht ein Bieter beispielsweise am 29.2. sein Angebot ein, wird ihm aber als Datum des Empfangs der 1.3. angezeigt, so müsste er dies sogleich dokumentieren und dem Auftraggeber mitteilen.

Bei Einreichungen per Post kann der Auftraggeber demgegenüber nur feststellen, ob nach den Feststellungen seiner Mitarbeiter ein Angebot vor Schluss der Angebotsfrist bzw. im Bereich der VOB/A vor Angebotseröffnung vorgelegen hat. Wenn der Bieter demgegenüber einen rechtzeitigen Zugang behauptet, so muss er diesen auch beweisen. Nach allgemeinen Grundsätzen trägt prinzipiell der Erklärende die Beweislast für den rechtzeitigen Zugang einer Willenserklärung und damit auch eines Angebots.[21]

2. Entschuldbarkeit von Verspätungen

13 Ein verspätetes Angebot ist ausnahmsweise dann nicht auszuschließen, sondern in die weitere Wertung einzubeziehen, wenn der Bieter die Verspätung nicht zu vertreten hat (vgl. etwa § 57 Abs. 1 Nr. 1 VgV).

14 **a) Vertretenmüssen von Verspätungen.** Der Bieter muss sich dabei nicht nur eigenes Verschulden, sondern auch ein Verschulden der von ihm zur Angebotsübermittlung eingeschalteten Boten- oder Postdienste zurechnen lassen.[22] Der Bieter trägt grundsätzlich das Risiko der Übermittlung und des rechtzeitigen Eingangs seines Angebots.[23] Ein Angebot wäre also beispielsweise auch dann als verspätet auszuschließen, wenn der Bieter das Angebot mit angemessenem Vorlauf einem Botendienst übergibt, dieser das Dokument jedoch verliert oder aufgrund eines von ihm verschuldeten Unfalls nicht rechtzeitig abgeben kann.

15 Die Zurechnung einer Verspätung scheidet im Ergebnis nur dann aus, wenn sie auf höhere Gewalt zurückzuführen ist (etwa: Naturereignisse, unverschuldeter Unfall eines Botendienstes und daraus folgende Unmöglichkeit rechtzeitiger Angebotseinreichung trotz an sich ausreichenden zeitlichen Vorlaufs) oder – allein – vom Auftraggeber zu vertreten ist.[24] Ein bloßes Mitverschulden des Auftraggebers genügt insoweit nicht; vielmehr hat der Bieter jedes auch nur geringe Mitverschulden zu vertreten und ist nur dann nicht verantwortlich, wenn überhaupt niemand oder der Auftraggeber allein die Verspätung zu vertreten hat.[25]

16 Ein Verschulden des Auftraggebers liegt etwa vor, wenn dieser durch unpräzise/widersprüchliche Angaben die Abgabe bei einer falschen Stelle veranlasst,[26] aus in seiner Sphäre liegenden Gründen ein (elektronisches oder per Fax eingereichtes) Angebot nicht rechtzeitig zugeht[27] oder er die gebotenen organisatorischen Maßnahmen zur Sicherstellung des ordnungsgemäßen Posteingangs unterlässt.

Ein solcher die Verantwortlichkeit des Bieters ausschließender „Annahmeverzug" des Auftraggebers liegt insbesondere auch dann vor, wenn eingesetzte Plattformen oder Programme zur Einreichung elektronischer Angebote nicht funktionsfähig sind und der Bieter

21 Vgl. Palandt/*Ellenberger* BGB § 130 Rn. 21 mwN.

22 Vgl. VK Bund Beschl. v. 28.8.2006 – VK 3-99/06, VPRRS 2014, 0118; OLG Frankfurt a.M. Beschl. v. 11.5.2004 – 11 Verg 8/04.

23 Vgl. Ziekow/Völlink/*Vavra* VOB/A § 16 Rn. 4.

24 Vgl. MüKoWettbR/*Pauka* § 57 VgV Rn. 15.

25 Vgl. VK Nordbayern Beschl. v. 1.4.2008 – 21.VK-3194/08.

26 Vgl. Eschenbruch/Opitz/Röwekamp/*Röwekamp* SektVO § 26 Rn. 31.

27 Vgl. Ziekow/Völlink/*Vavra* VOB/A § 16 Rn. 4 zum Faxzugang.

daher außer Stande ist, seinen Teilnahmeantrag bzw. sein Angebot rechtzeitig hochzuladen.[28] Sobald der Bieter eine solche Fehlfunktion allerdings feststellen kann, muss er unverzüglich den Auftraggeber informieren und alles tun, um noch eine rechtzeitige Übermittlung zu gewährleisten, damit die Verspätung nicht wegen Mitverschuldens des Bieters zum Ausschluss führt.

In der Praxis sind überdies zumeist Einstellungen oder fehlende Aktualität der von den Bietern eingesetzten IT-Infrastruktur ursächlich für das Fehlschlagen einer rechtzeitigen Abgabe von Teilnahmeanträgen oder Angeboten. Es ist einschränkungslos Sache des Bieters, dafür zu sorgen, dass seine Hard- und Software korrekt installiert ist und aktuell gehalten wird. Ebenso hat der Bieter sicherzustellen, dass seine aktuelle Netzwerkumgebung und Internetverbindung leistungsfähig ist, um die erforderliche Datenmenge zu transportieren und im erforderlichen Maß mit der jeweiligen Vergabeplattform zu kommunizieren. Der Verantwortungsbereich des Bieters beginnt und endet am Übergabepunkt, also dort, wo die Daten seinen technischen Einflussbereich erreichen bzw. verlassen.[29]

Hinsichtlich der Sicherstellung ordnungsgemäßen Postempfangs durch den Auftraggeber hat die VK Bund ein Verschulden des Auftraggebers allein deshalb bejaht, weil dieser bei Einschreibebriefen nicht realisiert hatte, dass (bei fortlaufender Nummerierung) ein Beleg für den Zugang fehlte und deshalb nicht nachgeforscht sowie die versehentlich unterbliebene Zustellung innerhalb der Angebotsfrist noch einmal veranlasst hatte.[30] Dies dürfte indes die Sorgfalts- und Organisationspflichten des Auftraggebers überdehnen. 17

b) Besonderheiten in der VOB/A. Im Bereich der VOB/A kann eine Verspätung demgegenüber nur in dem Fall entschuldigt werden, dass das Angebot zwar in den Herrschaftsbereich des Auftraggebers gelangt ist, dem Verhandlungsleiter jedoch aus vom Bieter nicht zu vertretenden Gründen nicht zugeleitet wurde. Ein insoweit verspätetes Angebot ist nach §§ 16 EU bzw. VS Abs. 1 Nr. 1, 14 EU bzw. VS Abs. 5 VOB/A, §§ 16 Abs. 1 Nr. 1, 14 Abs. 6 VOB/A dann als rechtzeitig zugegangen zu betrachten. Aus Gründen der Manipulationsgefahren muss der Verschluss dieses Angebots unversehrt gewesen sein (vgl. etwa § 14 Abs. 5 Nr. 2 VOB/A-EU). 18

Im Gegensatz zu früheren Fassungen der VOB/A wird nicht mehr darauf abgestellt, dass das Angebot „bei Öffnung des ersten Angebots" (vgl. § 16 Abs. 1 Nr. 1 lit. a) VOB/A 2012) vorgelegen hat. Anders als bisher muss daher ein Angebot, das erst nach Angebotsöffnung in den Herrschaftsbereich des Auftraggebers gelangt, nicht mehr unabhängig davon ausgeschlossen werden, ob dieser verspätete Zugang vom Bieter zu vertreten ist oder nicht.[31] 19

II. Formal fehlerhafte Angebote

Ein Angebot ist auch dann zwingend auszuschließen, wenn es die durch die Vergabeordnungen bzw. vom Auftraggeber vorgegebenen formalen Anforderungen[32] nicht erfüllt. Dies ist in der VgV, der VOB/A und der VSVgV ausdrücklich vorgeschrieben (vgl. § 16 Nr. 2 iVm § 13 Abs. 1 Nr. 1 VOB/A-EU, § 57 Abs. 1 Nr. 1 VgV, § 31 Abs. 2 Nr. 5 VSVgV). 21

In der SektVO und der KonzVgV sind zwar die Formvorgaben (§ 43 SektVO, § 28 KonzVgV), nicht aber die Folgen einer Abweichung hiervon geregelt. Auch hier muss ein Formverstoß allerdings zwingend zum Angebotsausschluss führen. Der Auftraggeber ist an seine den Bietern bekannt gegebenen Formvorgaben gebunden und kann mit Blick auf 22

[28] Vgl. Beck VergabeR/*Haak/Hogeweg* VgV § 57 Rn. 26.
[29] Vgl. VK Sachsen Beschl. v. 27.2.2020 – 1/SVK/041-19, IBRRS 2020, 0818.
[30] Vgl. VK Bund Beschl. v. 2.12.2009 – VK 1-206/09, IBRRS 2009, 4449.
[31] Vgl. zur früheren Rechtslage Heuvels/Höß/Kuß/Wagner/*Koenigsmann-Hölken* VOB/A § 14 Rn. 27; Ingenstau/Korbion/*Kratzenberg* VOB/A § 14 Rn. 42.
[32] Vgl. hierzu → § 26 Rn. 1ff.

den Gleichbehandlungsgrundsatz hiervon nicht nachträglich abweichen und insbesondere zugunsten einzelner Bieter abschwächen.[33]

23 Ein Ausschluss wegen formalen Mängeln ist in folgenden Fällen zwingend:

- Das Angebot wird in der falschen Form übermittelt (zB schriftlich bei allein zulässiger elektronischer Übermittlung oder umgekehrt (vgl. § 57 Abs. 1 Nr. 1 VgV, § 16 Nr. 2 iVm § 13 Abs. 1 Nr. 1 VOB/A-EU);
- ein schriftliches Angebot ist nicht unterzeichnet (vgl. § 57 Abs. 1 Nr. 1 iVm § 53 Abs. 6 S. 1 VgV, § 16 EU Nr. 2 iVm § 13 EU Abs. 1 Nr. 1 VOB/A);
- ein elektronisches Angebot ist nicht mit der vom Auftraggeber geforderten elektronischen Signatur versehen (vgl. § 57 Abs. 1 Nr. 1 VgV, § 16 EU Nr. 2 iVm § 13 EU Abs. 1 Nr. 1 VOB/A);[34]
- ein per Post oder direkt übermitteltes Angebot wird nicht in einem verschlossenen Umschlag eingereicht oder nicht als Angebot gekennzeichnet (vgl. § 57 Abs. 1 Nr. 1 iVm § 53 Abs. 5 VgV, § 16 EU Nr. 2 iVm § 13 EU Abs. 1 Nr. 2 VOB/A)
- ein elektronisch übermitteltes Angebot verfügt nicht über eine Verschlüsselung oder diese bleibt nicht bis zum Schluss der Angebotsfrist (VOL/A, VOF, SektVO) bzw. bis zur Öffnung des ersten Angebots (VOB/A) aufrecht erhalten (vgl. § 57 Abs. 1 Nr. 2 VgV, § 16 EU Nr. 2 iVm § 13 EU Abs. 1 Nr. 2 VOB/A).

24 Eine Nachbesserung wie bei der Nachforderung fehlender Erklärungen und Nachweise (vgl. § 16a VOB/A, § 16a EU VOB/A, § 16a VS VOB/A, § 56 Abs. 2, Abs. 3 VgV, § 51 Abs. 2, Abs. 3 SektVO) ist nicht möglich.[35] Insbesondere kann die Unterzeichnung des Angebots oder die geforderte Signatur eines elektronisch eingereichten Angebots nicht als fehlende „Erklärung" nachgefordert werden: Die Vorschriften zur Nachforderung fehlender Erklärungen und Nachweise sind auf eine Vervollständigung des Angebots gerichtet; eine Angebotsunterschrift ergänzt demgegenüber nicht das Angebot, sondern schafft überhaupt erst ein wirksames Angebot.[36]

Immer wieder findet man auch nach der Umstellung auf die E-Vergabe Formblätter von Auftraggebern, die eine „Unterzeichnung" vorsehen. Der Bieter genügt den Anforderungen an die Einreichung des Angebotes, wenn er die Formblätter ausfüllt und den Namen des Erklärenden einträgt; eine „fehlende" Unterzeichnung führt nicht zum Ausschluss des Angebotes, jedenfalls dann, wenn nicht der Auftraggeber ausdrücklich und eindeutig von der bloßen Textform abweichen und weitergehende rügelos gebliebene Anforderungen gestellt hat.[37]

III. Änderungen an den Vergabeunterlagen

25 Der Auftraggeber muss auch solche Angebote ausschließen, die (unzulässige) Änderungen oder Ergänzungen an den Vergabeunterlagen beinhalten (vgl. § 57 Abs. 1 Nr. 4 VgV, § 16 EU Nr. 2 iVm § 13 EU Abs. 1 Nr. 5 VOB/A). Das Verbot einer Änderung der Vergabe- bzw. Vertragsunterlagen dient insbesondere der Vergleichbarkeit der Angebote und damit einem fairen Wettbewerb.[38]

[33] Vgl. OLG Karlsruhe Beschl. v. 17.3.2017 – 15 Verg 2/17; *Opitz* VergabeR 2009, 689, 698.
[34] Vgl. OLG Karlsruhe Beschl. v. 17.3.2017 – 15 Verg 2/17.
[35] Vgl. Eschenbruch/Opitz/Röwekamp/*Röwekamp* SektVO § 26 Rn. 29.
[36] Vgl. Eschenbruch/Opitz/Röwekamp/*Finke* SektVO § 19 Rn. 23; Lampe-Helbig/Jagenburg/Baldringer/*Haupt/Baldringer* Handbuch der Bauvergabe, Teil F, Rn. 176.
[37] Vgl OLG Sachsen-Anhalt Beschl. v. 4.10.2019 – 7 Verg 3/19, NZBau 2020, 324.
[38] Vgl. Ziekow/Völlink/*Vavra* VOB/A § 16 Rn. 9; KKMPP/*Dittmann* VgV § 57 Rn. 50.

1. Vorliegen einer Änderung an den Vergabeunterlagen

Der Begriff der „Änderung" ist weit auszulegen.[39] Betroffen sind Abweichungen sowohl hinsichtlich der Leistungsinhalte (Änderung des Leistungsverzeichnisses bzw. der Leistungsbeschreibung) als auch in Bezug auf die Vertragsbedingungen.[40] Es dürfen also weder in rechtlicher, noch in technischer oder zeitlicher Hinsicht Abweichungen von den vorgegebenen Kalkulationsgrundlagen im Angebot enthalten sein.[41] Auch die Bewerbungsbedingungen zählen zu den Vergabeunterlagen; ist dort also die Verwendung der jeweils aktuellsten Formblätter vorgesehen und verwendet der Bieter statt dessen ältere Versionen, so ist auch in diesem Fall das Angebot wegen Veränderung der Vergabeunterlagen auszuschließen.[42] 26

Im Verhandlungsverfahren, im wettbewerblichen Dialog und bei der Innovationspartnerschaft kann der Auftraggeber Elemente seiner rechtlichen, zeitlichen oder technischen Vorgaben zur Verhandlung stellen, sodass insoweit im ausdrücklich zugelassenen Rahmen Änderungen zulässig sein können. Insoweit bestimmt die VOB/A folgerichtig, dass ua die Ausschlussgründe des § 16 Abs. 1 VOB/A-EU „entsprechend" auch bei Verhandlungsverfahren, der Innovationspartnerschaft sowie im wettbewerblichen Dialog anzuwenden sind (vgl. § 16d Abs. 5 VOB/A-EU). Sie gelten also unter Berücksichtigung der Besonderheiten dieser Verfahrensarten. 27

Eine Änderung der Vergabeunterlagen liegt insbesondere bei Streichungen oder Hinzufügungen aber auch bei jeder anderen Abweichung von den Vergabeunterlagen vor.[43] Während die VOB/A pauschal Änderungen der Vergabeunterlagen anspricht, untersagt die VgV „Änderungen oder Ergänzungen". Da eine Ergänzung denklogisch auch eine Änderung der Vergabeunterlagen darstellt, ist die zusätzliche Erwähnung von Ergänzungen in der VgV überflüssig; dass die VOB/A Ergänzungen nicht ausdrücklich untersagt bedeutet damit nicht, dass Ergänzungen im Anwendungsbereich der VOB/A zulässig wären. 28

Bereits die bloße Angabe eines „ca."-Wertes zu einem wertungsrelevanten Kriterium – im entschiedenen Fall der Entfernung von Werkstätten – kann als unzulässige Abweichung von den Vergabeunterlagen anzusehen sein und zu einem zwingenden Angebotsausschluss führen.[44]

Eine Änderung muss nicht in den Vergabeunterlagen selbst vermerkt sein, sondern kann sich auch aus Inhalten eines Angebotsschreibens bzw. Begleitschreibens ergeben, wenn hieraus der Wille zur Modifizierung der vertraglichen oder technischen Auftragsbedingungen ersichtlich wird.[45] Entscheidend ist, wie die Erklärung des Bieters aus der Sicht eines verständigen und branchenkundigen sowie mit der ausgeschriebenen Leistung vertrauten Empfängers zu verstehen ist.[46]

Aufgrund der weiten Auslegung des Änderungsbegriffs ist eine unzulässige Änderung der Vergabe- bzw. Vertragsunterlagen in der Praxis häufig. So nimmt die Rechtsprechung beispielsweise bereits dann eine unzulässige Änderung der Vergabeunterlagen an, wenn der Bieter von den Vorgaben für die Berechnung der Bauzeit abweicht und diese nach eigenen Berechnungsmethoden ermittelt[47] bzw. abweichend von einem auftraggeberseitig vorgegebenen Kalkulationsschema sein Angebot erstellt.[48] 29

[39] Vgl. OLG Frankfurt a. M. Beschl. v. 26.6.2012 – 11 Verg 12/11; OLG Frankfurt a. M. Beschl. v. 26.5. 2009 – 11 Verg 2/09.
[40] Vgl. OLG Frankfurt a. M. Beschl. v. 26.6.2012 – 11 Verg 12/11.
[41] Vgl. MüKoWettbR/*Pauka* § 57 VgV Rn. 23.
[42] Vgl. VK Bund Beschl. v. 17.7.2018 – VK 2-54/18, BeckRS 2018, 18117.
[43] Vgl. MüKoWettbR/*Haak/Hogeweg* VgV § 57 Rn. 44.
[44] Vgl. VK Südbayern Beschl. v. 27.2.2019 – Z3-3.3194-1-44-11/18, IBRRS 2019, 2150.
[45] Vgl. OLG Stuttgart Urt. v. 9.2.2010 – 10 U 76/09; OLG München, IBR 2008, 232.
[46] Vgl. OLG Düsseldorf Beschl. v. 27.9.2006 – Verg 36/06.
[47] Vgl. OLG Frankfurt a. M. Urt. v. 21.2.2012 – 11 Verg 11/11.
[48] Vgl. OLG Schleswig-Holstein Beschl. v. 21.12.2018 – 54 Verg 1/18.

30 Das Fehlen einer Leistungsverzeichnisposition ist nicht gleichzusetzen mit einer fehlenden Preisangabe, sondern stellt eine Änderung der Vergabeunterlagen dar.[49] Eine Änderung der Vergabeunterlagen und nicht (lediglich) eine fehlende Preisangabe oder Erklärung stellt es deshalb etwa dar, wenn der Bieter sein Angebot auf eine ursprüngliche Fassung des Leistungsverzeichnisses bezieht und eine zwischenzeitliche Ergänzung um weitere Positionen unberücksichtigt lässt.[50] Ein Angebotsausschluss ist insoweit allerdings nur gerechtfertigt, wenn der Auftraggeber die ergänzte (im Angebot fehlende) Position unmissverständlich verlangt hat.[51]

31 Auf die Wettbewerbsrelevanz der Änderung kommt es nicht an[52]; es ist nicht entscheidend, ob sie zu einer wesentlichen oder bloß geringfügigen Änderung des Vertrages führt.[53] Denn die Vorschrift dient auch dem Schutz des Auftraggebers vor Angeboten, die er mit diesem Inhalt nicht wollte.[54]

32 Der Bieter kann auch nicht zulässiger Weise – vermeintliche – Fehler des Auftraggebers durch eine Änderung der Vergabeunterlagen korrigieren. Selbst wenn der Bieter weiß, dass der Auftraggeber eine bestimmte Leistungsposition bei einem anderen Beschaffungsvorhaben nachträglich wegen technischer Probleme anders ausführen ließ als jetzt ausgeschrieben, muss gleichwohl die im konkreten Vergabeverfahren nachgefragte Leistung angeboten werden.[55]

33 Der Auftraggeber kann nicht auf eine nachträgliche Korrektur bzw. Rücknahme einer durch den Bieter erfolgten Änderung der Vergabeunterlagen hinwirken, da für den Angebotsinhalt der Schluss der Angebotsfrist maßgebend ist.[56] Insbesondere sind Aufklärungsgespräche, die dem Ziel einer Beseitigung von Abweichungen des Angebots von den Vergabeunterlagen dienen, im offenen und nicht offenen Verfahren als unzulässige Nachverhandlung anzusehen.[57]

Gerade weil auch unwesentliche Änderungen an den Vergabeunterlagen schnell zum Ausschluss eines Angebots führen und hierdurch uU erhebliche Mehrkosten bei der öffentlichen Beschaffung entstehen können, versucht die Rechtsprechung allerdings zunehmend, Angebote über eine Aufklärung zu retten. So betrachtete etwa die Vergabekammer Westfalen die Eintragung von mehreren alternativen Positionen in eine vom Auftraggeber geforderte Fabrikatsliste und sogar eine Eintragung eines Fabrikats mit dem Zusatz „oder gleichwertig" nicht als unzulässige Änderung der Vergabeunterlagen.[58] Neben Zweifeln an der Eindeutigkeit der Vorgaben für die Fabrikatsangaben begründete die Vergabekammer dies mit einer möglichen und vom Auftraggeber nicht durchgeführten Aufklärung. Wird jedoch vom Auftraggeber bei einer funktionalen Ausschreibung die Angabe eines bestimmten Fabrikats und damit eine Festlegung des Bieters hierauf gefordert, behält sich der Bieter indes durch Zusätze wie „oder gleichwertig" eine eigene Auswahl irgendeines gleichwertigen Fabrikats vor, so liegt hierin eine Änderung der Vergabeunterlagen, welche durch eine Aufklärung nicht geheilt werden kann, da eine solche nicht zu einer Änderung des Angebots führen darf. Die Bemühungen der Rechtsprechung, über Aufklärung Angebotsausschlüsse zur Vermeidung unnötig hoher Beschaffungskosten zu vermeiden, sind nachvollziehbar, finden jedoch in dem formalen Korsett des Vergaberechts ihre Grenze (zur Sonderkonstellation der Beifügung von Bieter AGB vgl. nachfolgend Ziff. 2). Bieter

[49] Vgl. VK Hessen Beschl. v. 10.12.2010 – 69d VK 38/2010.
[50] Vgl. VK Hessen Beschl. v. 10.12.2010 – 69d VK 38/2010.
[51] Vgl. BGH Beschl. v. 10.6.2008 – X ZR 78/07; OLG München Beschl. v. 7.4.2011 – Verg 5/11.
[52] Vgl. VK Bund Beschl. v. 17.7.2018 – VK 2-54/18, BeckRS 2018, 18117.
[53] Vgl. OLG Frankfurt a.M. Beschl. v. 26.6.2012 – 11 Verg 12/11; OLG München Beschl. v. 2.3.2009 – Verg 1/09; KKMPP/*Dittmann* VgV § 57 Rn. 56.
[54] Vgl. OLG Frankfurt a.M. Beschl. v. 21.2.2012 – 11 Verg 11/11.
[55] Vgl. OLG Düsseldorf Beschl. v. 12.2.2013 – Verg 1/13.
[56] Vgl. KKMPP/*Dittmann* VgV § 57 Rn. 57.
[57] Vgl. BGH Beschl. v. 18.9.2007 – X ZR 89/04; OLG Düsseldorf Beschl. v. 22.10.2009 – Verg 9/09; KMPP/*Dittmann* VOL/A-EG § 16 Rn. 88.
[58] Vgl. VK Westfalen Beschl. v. 25.10.2016 – VK 1-36/16, IBRRS 2016, 2942.

sollten sich daher nicht darauf verlassen, dass etwaige von der Ausschreibung abweichende Angaben über eine Aufklärung geheilt werden können.

2. Sonderfall: Allgemeine Geschäftsbedingungen

Immer wieder sind Bieter bei der Bewerbung um öffentliche Aufträge an ihren eigenen Allgemeinen Geschäftsbedingungen (AGB), weil sie diese – bewusst oder unbewusst – zur Grundlage ihres Angebotes gemacht haben. Dies indem entweder ein Bieter in seinem Angebot ausdrücklich auf seine AGB Bezug nahm[59] oder dadurch, dass dem Angebot (ggf. auf der Rückseite des Begleitschreibens) die AGB des Bieters beigefügt waren; dies wurde wiederholt als unzulässige Veränderung der Vergabeunterlagen verstanden.[60] 34

Bislang hat die Rechtsprechung allein darauf abgestellt, ob eine am Empfängerhorizont orientierte Auslegung des Angebots dazu führt, dass die Bieter-AGB dem Angebot zugrunde gelegt werden sollten; auf die subjektive Zielrichtung des Bieters komme es dagegen nicht an, weshalb auch die irrtümliche Beifügung der Bieter-AGB zum Ausschluss des Angebots führen könne.[61] Die Vergabestelle müsse bei einer Beifügung von AGB auch ohne ausdrückliche Inbezugnahme regelmäßig davon ausgehen, dass der Bieter sein Angebot sorgfältig erstellt habe und die Beifügung von AGB nicht versehentlich erfolge, der Bieter sie also in sein Angebot einbeziehen wolle.[62] Eine eingehende materielle Prüfung des Auftraggebers, ob sich die AGB des Bieters und die der Ausschreibung zugrunde liegenden Vertragsbedingungen des Auftraggebers ausnahmsweise nicht widersprechen, sei erforderlich.[63] 35

Der Bundesgerichtshof hat nun eine deutlich bieterfreundlichere Handhabung vorgegeben und im konkreten Fall einen Ausschluss wegen Inbezugnahme von AGB jedenfalls ohne vorherige Aufklärung als unzulässig angesehen.[64] Im entschiedenen Fall hatte der Auftraggeber seiner Ausschreibung eine „Abwehrklausel" zugrunde gelegt, wonach ua Liefer- und Vertragsbedingungen des Bieters nicht Vertragsbestandteil werden. Den auf eine Veränderung der Vergabeunterlagen gestützten Angebotsausschluss sah der Bundesgerichtshof als nicht gerechtfertigt an, da keine unzulässige Veränderung der Vergabeunterlagen vorliege, weil die beigefügten AGB aufgrund der Abwehrklausel des Auftraggebers nicht zum Vertragsbestandteil werden konnten. Eine solche Abwehrklausel ziele gerade darauf ab, den Ausschluss von Angeboten zu vermeiden, wenn ein Bieter seinem Angebot eigene Vertragsklauseln beifüge und zwar unabhängig davon, ob es sich um AGB oder einzelvertragliche Regelungen handele. Der Auftraggeber müsse in solchen Fällen daher eine Aufklärung durchführen und dem Bieter Gelegenheit geben, von der hinzugefügten eigenen Regelung Abstand zu nehmen.[65] Der BGH weist allerdings darauf hin, dass unverändert dann ein Ausschluss ohne Notwendigkeit (und Zulässigkeit) einer Aufklärung erfolgen muss, wenn ein inhaltlich von den Vergabeunterlagen abweichendes Angebot abgegeben wird und dieses nicht durch bloßes Hinwegdenken der Abweichung in ein zuschlagsfähiges Angebot überführt werden kann. 36

[59] Vgl. VK Bund Beschl. v. 6.6.2013 – VK 3-35/13, BeckRS 2013, 19594.

[60] Vgl. hierzu OLG München Beschl. v. 21.2.2008 – Verg 1/08; OLG Schleswig-Holstein Beschl. v. 30.6. 2005 – 6 Verg 5/05; Müller-Wrede/*Müller-Wrede* VOL/A-EG § 19 Rn. 131; Ziekow/Völlink/*Vavra* § 16 VOB/A Rn. 6; KMPP/*Dittmann* VOL/A-EG § 16 Rn. 87; ablehnend wenn kein Verwies auf die AGB vorgenommen wird: OLG Celle Beschl. v. 22.5.2008 – 13 Verg 1/08.

[61] Vgl. Müller-Wrede/*Müller-Wrede* VOL/A-EG § 19 Rn. 131; Ziekow/Völlink/*Vavra* VOB/A § 16 Rn. 6; Kapellmann/Messerschmidt/*Frister* VOB/A § 13 Rn. 19.

[62] Zutreffend Müller-Wrede/*Lausen* VOL/A-EG § 16 Rn. 92.

[63] Vgl. OLG München Beschl. v. 21.2.2008 – 13 Verg 1/08; Ziekow/Völlink/*Vavra* VOB/A § 16 Rn. 6.

[64] Vgl. BGH Beschl. v. 18.6.2019 – X ZR 86/17.

[65] Vgl. BGH Beschl. v. 18.6.2019 – X ZR 86/17.

3. Umdeutung in ein Nebenangebot

37 Nebenangeboten ist eine Abweichung von den Vorgaben der Ausschreibung, sei es in technischer, zeitlicher oder rechtlicher Hinsicht, immanent. Für sie gilt deshalb das Verbot einer Änderung der Vergabeunterlagen nicht. Vor diesem Hintergrund ist nach herrschender Auffassung ein (Haupt-)Angebot, welches eine Änderung der Vergabeunterlagen beinhaltet, regelmäßig in ein Nebenangebot umzudeuten.[66] Dabei ist freilich zu beachten, dass Nebenangebote im Bereich der VOB/A auf gesonderter Anlage erstellt sowie im Bereich der VOB/A und der VgV eindeutig als solche gekennzeichnet sein müssen (vgl. § 13 EU Abs. 3 S. 2 VOB/A; § 53 Abs. 7 S. 3 VgV); bei entsprechender Forderung des Auftraggebers gilt dies freilich auch bei Ausschreibungen, welche einer anderen Vergabeordnung unterliegen. Über die Qualifizierung eines Nebenangebotes durch Abweichungen von den Vergabeunterlagen wird man eine solche eindeutige Kennzeichnung indes nur annehmen können, wenn der Wille zu Abweichungen und damit zur Abgabe eines Nebenangebotes deutlich hervortritt.

38 Die Umdeutung in ein Nebenangebot hilft dem Bieter freilich nur dann, wenn Nebenangebote überhaupt zugelassen sind.[67] Bei europaweiten Ausschreibungen sind Nebenangebote nur zulässig, wenn der Auftraggeber sie ausdrücklich in der Bekanntmachung oder den Vergabeunterlagen zugelassen hat (vgl. etwa § 8 EU Abs. 2 Nr. 3 VOB/A, § 35 Abs. 1 VgV, § 33 Abs. 2 SektVO, § 32 Abs. 1 VSVgV). Für nationale Bauvergaben sieht § 8 Abs. 2 Nr. 3 VOB/A demgegenüber vor, dass der Auftraggeber angeben muss, wenn er **keine** Nebenangebote zulassen will; hier sind Nebenangebote also zulässig, wenn der Auftraggeber nichts Gegenteiliges mitgeteilt hat. Nicht zugelassene Nebenangebote sind zwingend auszuschließen (vgl. § 16 Abs. 1 Nr. 6 VOB/A, § 16 EU Nr. 5 VOB/A, § 57 Abs. 1 Nr. 6 VgV).

IV. Nicht eindeutige Änderungen an Eintragungen des Bieters

39 Ein Angebot muss einen eindeutigen Inhalt aufweisen, damit es mit den Angeboten der anderen Bieter sachgerecht verglichen werden kann. Hierzu bestimmen die VOB/A, die VgV und die VSVgV ausdrücklich, dass Änderungen des Bieters an seinen Eintragungen – die bis zum Schluss der Angebotsfrist grundsätzlich zulässig sind – „zweifelsfrei" sein müssen (vgl. § 57 Abs. 1 Nr. 3 VgV, § 16 EU Nr. 2 iVm § 13 EU Abs. 1 Nr. 5 S. 2 VOB/A, § 31 Abs. 2 Nr. 3 VSVgV). Hierdurch soll auch sichergestellt werden, dass sich Bieter nicht durch mehrdeutige Änderungen an ihren Eintragungen einer Festlegung entziehen in der Hoffnung, der Auftraggeber werde die unklare Eintragung zu ihren Gunsten auslegen oder sich nach Vertragsschluss auf die für sie günstigere Variante berufen zu können.[68]

40 Der Begriff der „Änderungen" ist weit auszulegen und umfasst jedwede Korrekturen und/oder Ergänzungen am ursprünglichen Angebotsinhalt und an allen seinen Bestandteilen.[69] Nach zutreffender Auffassung beziehen sich die einschlägigen Vorschriften nur auf „angebotswesentliche" Inhalte, sodass mehrdeutige Änderungen an für die Vertragsbeziehung von vorneherein nicht relevanten Erklärungen nicht zum Ausschluss führen.[70]

41 Korrekturen mittels Selbstklebekorrekturband werden als eindeutig betrachtet, sofern sich das Korrekturband nicht ohne Beschädigung des Papiers lösen lässt.[71] Korrekturen mittels Tipp-Ex sind zumindest dann nicht zu beanstanden, wenn nach den Inhalten des Angebots eine Manipulation ausgeschlossen ist, etwa weil sich aus der Multiplikation der

---

[66] Vgl. BGH Beschl. v. 16.4.2002 – X ZR 67/00; OLG Düsseldorf Beschl. v. 22.10.2009 – Verg 25/09; VK Mecklenburg-Vorpommern Beschl. v. 25.7.2018 – 1 VK 3/18.
[67] Vgl. VK Mecklenburg-Vorpommern Beschl. v. 25.7.2018 – 1 VK 3/18.
[68] Vgl. MüKoWettbR/*Pauka* VgV § 57 Rn. 20.
[69] Vgl. OLG Düsseldorf Beschl. v. 13.8.2008 – Verg 42/07; MüKoWettbR/*Pauka* VgV § 57 Rn. 20.
[70] Vgl. OLG Schleswig Beschl. v. 11.8.2006 – 1 Verg 1/06.
[71] Vgl. OLG Schleswig Beschl. v. 11.8.2006 – 1 Verg 1/06.

Mengenzahl mit dem korrigierten Einheitspreis der unkorrigierte Gesamtpreis ergibt.[72] Wichtig ist, dass die Änderung eindeutig auf den Bieter zurückgeführt werden kann, weshalb eine Angabe bzw. Nachvollziehbarkeit des Urhebers und Änderungstages empfohlen[73] bzw. sogar als zwingend erforderlich betrachtet wird.[74] Im Rahmen der elektronischen Angebotseinreichung sollten sich die diesbezüglichen Fehlerquellen minimieren.

Der Auftraggeber kann das Angebot zur Beurteilung der Zweifelsfreiheit von Ände- 42
rungen auslegen.[75] Ob hingegen der Auftraggeber den Inhalt einer Korrektur durch Aufklärung ermitteln darf,[76] erscheint fraglich, denn die Aufklärung dient gerade der Ausräumung von Zweifeln was in Widerspruch zur – aus sich heraus gegebenen – Zweifelsfreiheit der Änderungen steht.

V. Fehlende/Unvollständige/Unrichtige Unterlagen

Große praktische Bedeutung hat der vorgeschriebene Ausschluss bei (endgültig) fehlenden 43
Unterlagen – früher: Erklärungen und Nachweisen – (vgl. § 57 Abs. 1 Nr. 2 iVm § 56 Abs. 2 und 3 VgV, § 16a Abs. 5 VOB/A-EU, § 31 VSVgV). Auch soweit es hierzu keine ausdrückliche Ausschlussanordnung gibt (KonzVgV, SektVO), gebietet der Gleichbehandlungsgrundsatz einen Ausschluss (endgültig) unvollständiger Angebote; diejenigen Bieter, die ihre Angebote rechtzeitig und vollständig eingereicht haben, haben Anspruch darauf, nicht in Konkurrenz mit Bietern zu stehen, welche diese zentrale Vorgabe nicht erfüllt haben.

1. Unterlagen

Der Begriff der Unterlagen ist weit zu verstehen und umfasst sämtliche angebots- und 44
eignungsbezogenen Angaben und Erklärungen sowie Nachweise des Bieters, die der Auftraggeber gefordert hat.[77] „Unternehmensbezogene Unterlagen" sind insbesondere alle Eignungsnachweise und Eigenerklärungen zur Eignung; demgegenüber umfasst der Begriff der „leistungsbezogenen Unterlagen" Angaben zum Angebot selbst wie beispielsweise Hersteller-, Typ- und Produktangaben, Produktdatenblätter sowie technische Erklärungen und Erläuterungen zu technischen Nebenangeboten. Die Grenze ist dort erreicht, wo nicht eine das Angebot ergänzende Erklärung fehlt, sondern der Angebotsinhalt selbst nicht mehr ohne die Nachforderung ermittelbar ist.[78] Bis auf die VOB/A sind gleichermaßen nicht nur die mit dem Angebot einzureichenden Erklärungen und Nachweise, sondern auch die nach Angebotsabgabe von der Vergabestelle zusätzlich verlangten Unterlagen erfasst.[79]

Die VOB/A regelt demgegenüber den Fall der vom Auftraggeber erst für die spätere Anforderung vorbehaltenen, sodann erstmalig nach Angebotsabgabe bzw. Teilnahmeantragseinreichung geforderten und nicht rechtzeitig eingereichten Unterlagen in § 16 Nr. 4 VOB/A-EU gesondert und – anders als bei den bereits mit Angebotsabgabe vorzulegenden Unterlagen – ohne jede Nachforderungsmöglichkeit. Ein Ausschluss nach§ 16 Abs. 1 Nr. 4 VOB/A setzt zunächst voraus, dass sich der Auftraggeber die spätere Forderung vorbehalten hat. Hierbei wird es in der Regel um solche Unterlagen bzw. Erklärungen gehen, deren Forderung bereits mit dem Angebot unnötig erscheint bzw. sogar als unange-

[72] Vgl. OLG München Beschl. v. 23.6.2009 – Verg 8/09; vgl. auch VK Bund Beschl. v. 29.6.2006 – VK 3-39/06, BeckRS 2006, 136088.
[73] Vgl. Ziekow/Völlink/*Vavra* VOB/A § 16 Rn. 7.
[74] Vgl. Heuvels/Höß/Kuß/Wagner/*Koenigsmann-Hölken* VOB/A § 13 Rn. 29.
[75] Vgl. KKMPP/*Dittmann* VgV § 57 Rn. 43.
[76] So KKMPP/*Dittmann* VgV § 57 Rn. 45, sofern es nicht zu einer Angebotsänderung kommt.
[77] Vgl. KKMPP/*Dittmann* VgV § 57 Rn. 28.
[78] Vgl. OLG Dresden Beschl. v. 21.2.2012 – Verg 1/12; VK Thüringen Beschl. v. 12.4.2013, 250-4002-2400/2013-E-008-SOK, IBRRS 2013, 2246.
[79] Vgl. OLG Celle Beschl. v. 16.6.2011 – 13 Verg 3/11.

messen anzusehen wäre (etwa Nachunternehmererklärungen; Vorlage einer Bürgschaftsurkunde oä).[80] An den Vorbehalt sind keine allzu hohen Anforderungen zu stellen, wobei allerdings eine hinreichende Konkretisierung der in Betracht kommenden Unterlagen notwendig ist und folglich ein gänzlich allgemeiner Vorbehalt der Anforderung weiterer Unterlagen oder Erklärungen nicht genügen kann.[81] Eine Sammelbezeichnung, etwa der Vorbehalt einer Anforderung von Eignungsnachweisen für Subunternehmer für den Fall, dass sich der Bieter auf diese beruft, erscheint aber ausreichend, sodass nicht für jeden einzelnen in Betracht kommenden Eignungsnachweis insoweit ein spezifizierter Vorbehalt formuliert werden müsste.[82]

Die Frist für die Einreichung der vorbehaltenen und nach Angebotseinreichung bzw. Abgabe des Teilnahmeantrages geforderten Unterlagen muss angemessen sein. Hierbei ist der Umfang und der Zeitaufwand der Bereitstellung der Unterlagen zu berücksichtigen, wobei der Auftraggeber allerdings berücksichtigen kann, dass sich die Bieter aufgrund des ausdrücklichen Vorbehalts der Nachforderung auf die Forderung einstellen konnten. In der Regel wird eine Anlehnung an die 6-Tages-Frist des § 16a VOB/A-EU sachgerecht sein. Müssen aber beispielsweise ausländische Unterlagen noch übersetzt werden, kann im Einzelfall auch eine deutlich längere Fristsetzung erforderlich sein.

2. Korrigierbare Mängel

45 **a) „Fehlende" und „unvollständige" Unterlagen.** Bis auf die VSVgV erlauben alle Vergabeordnungen die Aufforderung des Bieters zur Nachreichung „fehlender" ebenso wie die Vervollständigung „unvollständiger" Unterlagen, soweit es sich um unternehmensbezogene Unterlagen, also insbesondere Eignungsnachweise handelt. Erhebliche Unsicherheit besteht nach wie vor hinsichtlich der Frage, wann eine „fehlende" Erklärung vorliegt und dementsprechend nachverlangt werden kann bzw. muss (vgl. hierzu auch nachfolgend 3.): Nach der Rechtsprechung „fehlt" eine Erklärung bzw. ein Nachweis nur dann, wenn diese(r) entweder nicht vorgelegt wurde oder formale Mängel aufweist,[83] obgleich die Erklärung bzw. der Nachweis eindeutig und unmissverständlich gefordert wurde.[84] Als unvollständig sind entsprechend dem allgemeinen Wortverständnis solche Erklärungen und Nachweise anzusehen, welche nicht alle zwingend geforderten Angaben enthalten, wo also beispielsweise ein Pflichtfeld nicht ausgefüllt wurde.

46 Eine Erklärung fehlt auch dann, wenn sie zwar vorgelegt, aber nicht unterschrieben wurde. Denn die Unterschrift als entsprechende Bestätigung der geforderten Erklärung ist nichts anderes als eine eigenständige Erklärung des Bewerbers bzw. Bieters.[85]

48 **b) „Fehlerhafte" Unterlagen.** Weiterhin sehen die Vergabeordnungen auch die Möglichkeit vor, den Bieter zur Korrektur „fehlerhafter" Unterlagen aufzufordern. In der KonzVgV fehlt eine entsprechende Regelung; da sie dem Auftraggeber aber noch größeren Spielraum zubilligt, als die übrigen Vergabeordnungen, kann der Konzessionsauftraggeber ebenfalls von dieser Möglichkeit Gebrauch machen; er sollte sich aus Transparenzgründen diese Möglichkeit in der Bekanntmachung ausdrücklich vorbehalten.

Diese Korrekturmöglichkeit ist allerdings nicht gleichzusetzen mit dem Austausch inhaltlich unzureichender Unterlagen gegen „bessere" Erklärungen und Nachweise:

§ 56 Abs. 2 VgV und § 51 Abs. 2 SektVO gestatten es, den Bieter aufzufordern „fehlende, unvollständige oder fehlerhafte" Unterlagen „nachzureichen, zu vervollständigen oder

[80] Vgl. Beck VergabeR/*Opitz* VOB/A-EU § 16 Rn. 118.
[81] Vgl. Beck VergabeR/*Opitz* VOB/A-EU § 16 Rn. 118.
[82] Vgl. Ziekow/Völlink/*Herrmann* § 16 VOB/A-EU Rn. 14.
[83] Vgl. OLG Düsseldorf Beschl. v. 27.11.2013 – VII-Verg 20/13; OLG Koblenz Beschl. v. 30.3.2012 – 1 Verg 1/12.
[84] Vgl. hierzu OLG München Beschl. v. 12.10.2012 – Verg 16/12.
[85] Vgl. OLG Düsseldorf Beschl. v. 25.4.2012 – Verg 9/2; Lampe-Helbig/Jagenburg/*Haupt/Baldringer* Handbuch der Bauvergabe, Teil F, Rn. 175.

zu korrigieren". Die Nachreichung bezieht sich ersichtlich auf fehlende, die Vervollständigung auf unvollständige Unterlagen und die „Korrektur" auf fehlerhafte Unterlagen. Ein „Austausch" inhaltlich fehlerhafter bzw. unzureichender Unterlagen ginge über eine bloße Korrektur ein- und derselben Unterlage hinaus; eine Gestattung eines Austauschs gegen bessere Unterlagen ist damit nach dem Wortlaut nicht gestattet.

Die Korrekturmöglichkeit bezieht sich daher der Sache nach auf ersichtliche Fehleintragungen, nicht aber auf eine inhaltliche Verbesserung einer in sich richtigen, aber den materiellen Anforderungen nicht genügenden Erklärung wie etwa einer Referenzangabe. Der Auftraggeber ist daher gehindert, den Bieter/Bewerber zum Austausch einer Referenz gegen einer bessere, weil den Mindestanforderungen entsprechenden anderen Referenz aufzufordern.

c) Abgrenzungsfragen. Schwierigkeiten bereitet in der Praxis bisweilen die Abgrenzung zwischen fehlenden, weil etwa den formalen Anforderungen nicht entsprechenden Unterlagen und inhaltlich unzureichenden Erklärungen und Nachweisen. 49

Eindeutig ist noch, dass eine Referenz, der es an inhaltlicher Vergleichbarkeit mangelt, kein Gegenstand einer Nachforderung sein kann.[86] Demgegenüber fehlt ersichtlich ein Nachweis wenn statt des geforderten ein anderer, nicht geforderter Nachweis erbracht wurde, wie etwa eine Creditreform-Auskunft anstelle einer geforderten Bankauskunft.

Schwieriger ist indes die Beurteilung, wenn etwa ein zu alter (Eignungs-)Nachweis vor- 50
gelegt wurde. Die VK Münster hat einen nicht den Aktualitätsanforderungen entsprechenden Eigenkapitalnachweis als inhaltlich unzureichend und deshalb nicht nachforderbar angesehen;[87] legte man diese Beurteilung zugrunde wäre auch nach der aktuellen VgV und SektVO keine Heilungsmöglichkeit gegeben, da keine Korrektur, sondern ein Austausch gegen eine andere Erklärung notwendig wäre. Zur Begründung ihrer Entscheidung hat die VK Münster ausgeführt, dass die Eignung zu bestimmten Zeitpunkten geprüft werde. Die Bewertung einer inhaltlich richtigen, aber nicht hinreichend aktuellen Unterlage als inhaltlich unrichtig und nicht etwa fehlend ist nicht frei von rechtlichen Bedenken: Denn bei der Feststellung, dass ein Nachweis nicht aktuell genug ist, bedarf es letztlich keiner inhaltlichen (Eignungs-)Prüfung; der Nachweis entspricht schlicht nicht einer – durchaus formalen – Anforderung. Zu dieser Feststellung bedarf es keiner inhaltlichen Prüfung, ein Blick auf das Ausstellungsdatum genügt. Es spricht deshalb einiges dafür, dass nicht hinreichend aktuelle Nachweise als formal ungenügend und damit im Rechtssinne „fehlend" und somit nachforderbar angesehen werden können.

Eine Erklärung fehlt auch dann, wenn Erklärungen/Nachweise für einen falschen Zeit- 51
raum eingereicht werden. Sind also etwa Umsatzzahlen für die letzten drei Geschäftsjahre gefordert (etwa 2019, 2018, 2017) und werden stattdessen Zahlen für die Jahre 2018, 2017 und 2016 eingereicht, so fehlt die Angabe für das Jahr 2019; diese kann nachgefordert werden.

In Bezug auf die Abgrenzung formaler und inhaltlicher Unzulänglichkeiten von Erklärungen und Nachweisen bleiben die Grenzen durch die Rechtsprechung noch auszuloten.

3. Möglichkeit bzw. Pflicht zur Nachforderung

Bis zur Vergaberechtsreform 2009 musste eine Vielzahl von oftmals attraktiven Angeboten 52
– nicht nur zum Leidwesen der Bieter, sondern oft auch zum Nachteil des Auftraggebers – wegen Fehlens auch nur eines einzigen Nachweises bzw. auch nur einer einzigen Erklärung ausgeschlossen werden. Dies hat in der Praxis den Wettbewerb unnötig eingeengt, weshalb mit unterschiedlichen Nuancen eine Nachforderung fehlender – und nunmehr im Bereich der VgV und der SektVO auch eine möglicher Vervollständigung unvollständi-

[86] Vgl. OLG Düsseldorf Beschl. v. 17.12.2012 – Verg 47/12.
[87] Vgl. VK Münster. Beschl. v. 17.1.2013 – VK 22/12, IBRRS 2013, 0460.

ger bzw. eine Korrektur fehlerhafter Erklärungen und Nachweise vorgesehen bzw. ermöglicht wurde.

53 Die VOB/A ist hierbei wiederum besonders formal: Sofern das Angebot für den Zuschlag in Betracht kommt, muss der öffentliche Auftraggeber den Bieter unter Einhaltung der Grundsätze der Transparenz und Gleichbehandlung zu Nachreichung, Vervollständigung bzw. Korrektur auffordern. (§ 16a Abs. 1 bzw. § 16a EU Abs. 1 bzw. § 16a Abs. 1 VS VOB/A), sofern er nicht von seinem Recht aus § 16a Abs. 3 bzw. § 16a EU Abs. 3 bzw. § 16 VS Abs. 3 VOB/A Gebrauch gemacht hat, in der Bekanntmachung oder den Vergabeunterlagen festzulegen, dass er keine Unterlagen oder Preisangaben nachfordern wird. Der Auftraggeber ist hiernach also ohne vorherigen Ausschluss einer Nachforderung verpflichtet, fehlende Erklärungen und Nachweise nachzufordern und hat insoweit – anders als bei der Entscheidung über einen vorherigen Ausschluss der Nachforderung – kein Ermessen.

54 Diese Struktur kann zumindest in der Theorie bei Bauvergaben im Wege der öffentlichen und beschränkten Ausschreibung bzw. des offenen oder nicht offenen Verfahrens erhebliche Manipulationsgefahren begründen: Ein Bieter könnte bewusst eine Erklärung „vergessen" ohne ein Risiko einzugehen, da ja nachgefordert werden muss. Erfährt er sodann aufgrund der zwingenden Übermittlung der wesentlichen Inhalte der über die Angebotsöffnung zu fertigenden Niederschrift – namentlich der Preise (§ 14 Abs. 3 und 6 bzw. 14 EU Abs. 3 und 6 VOB/A) – dass sein Angebot deutlich niedriger als das Konkurrenzumfeld liegt und erkennt er einen Kalkulationsirrtum, so reicht er die fehlende Erklärung auf Anforderung des Auftragsgebers nicht nach und kann so einen Angebotsausschluss erreichen, sich also durch eine Unvollständigkeit ein „Hintertürchen" offen halten.[88] Bis dato ist allerdings in der Praxis keine strukturelle und zielgerichtete Verhaltensweise der Bieter in dieser Richtung zu erkennen. Sie würde bei Wiederholung auch die Zuverlässigkeit eines Bieters massiv in Frage stellen.

55 Demgegenüber bestimmen die SektVO in § 51 Abs. 2 und die VgV in § 56 Abs. 2, dass der Auftraggeber zur Nachreichung/Vervollständigung/Korrektur auffordern „kann". Folglich steht dem Auftraggeber hier – anders als in der VOB/A – hinsichtlich der Entscheidung, ob er nach nachfordert, ein Ermessen zu und kann ein Bieter keinen Anspruch auf Nachforderung, sondern lediglich auf ordnungsgemäße Ermessensausübung haben.[89]

56 Das Ermessen ist unter Beachtung des Gleichheitsgrundsatzes auszuüben. Wird also hinsichtlich eines Nachweises einem Bewerber/Bieter eine Nachfrist gewährt, so muss sie gegenüber allen Bewerbern/Bietern gewährt werden.[90] Eine Nachforderung ist allerdings entbehrlich, wenn das Angebot eines Bieters bereits aus anderen Gründen zwingend auszuschließen wäre; die Nachforderung wäre von Anfang an fruchtlose Förmelei, wollte man sie in derartigen Fällen zur Erfüllung des Gleichheitsgebots verlangen.[91]

57 Der Auftraggeber kann im Bereich der VgV, der SektVO und der UVgO seine Ermessensausübung nunmehr ausdrücklich vorverlagern und seine Entscheidung, in welchen Fällen er nachfordert, bereits in der Auftragsbekanntmachung verbindlich niederlegen bzw. im Bereich der VOB/A erklären, dass er keine Nachforderung vornehmen wird.[92] Wörtlich sehen §§ 56 Abs. 2 VgV bzw. § 51 Abs. 2 SektVO und § 41 Abs. 2 UVgO nur die negative Vorverlagerung vor; hiernach kann der Auftraggeber in der Bekanntmachung angeben, dass er keine Nachforderung vornehmen wird. Gleichsam „erst Recht", weil die Bieter/Bewerber geringer beeinträchtigend, muss auch die positive Angabe zulässig sein,

---

[88] Vgl. *Röwekamp/Fandrey* NZBau 2011, 463, 465; *Schwabe/John* VergabeR 2012, 559, 560 f.; *Dittmann* VergabeR 2012, 292, 294 mwN.

[89] Vgl. zur insoweit gleichgelagerten bisherigen Rechtslage OLG Karlsruhe Beschl. v. 23.3.2011 – 15 Verg 2/11; VK Nordbayern Beschl. v. 9.2.2012 – 21.VK-3194-43/11, IBRRS 2012, 0979.

[90] Vgl. OLG Naumburg Beschl. v. 18.8.2011 – 2 Verg 3/11; *Dittmann* VergabeR 2012, 292, 297.

[91] Vgl. *Dittmann* VergabeR 2012, 292, 297.

[92] Vgl. zur bisherigen, insoweit ungeschriebenen Rechtslage VK Münster Beschl. v. 17.1.2013 – VK 22/12; VK Hessen Beschl. v. 18.4.2012 – 69d VK 10/2012.

dass eine Nachforderung erfolgen wird. Im Bereich der VOB/A ist ohne vorherigen Ausschluss der Nachforderung dieselbe zwingend, sodass hier nur eine negative Entscheidung in Rede steht.

Verdeutlicht der Auftraggeber in der Bekanntmachung, dass eine Nachreichungsmöglichkeit hinsichtlich bestimmter oder sämtlicher Nachweise und Erklärungen nicht gewährt wird, so ist er an diese ausdrückliche „Festlegung" gebunden und kann nicht im Nachhinein eine Nachfrist zur Einreichung von Unterlagen gewähren.[93].

Eine vorverlagerte Ermessensentscheidung muss zur Wahrung der erforderlichen Trans- 58
parenz eindeutig sein. Ob bereits aus Formulierungen wie „hat der Bieter vorzulegen" eine solche Ermessensbindung hervorgeht,[94] erscheint zweifelhaft. Denn die Entscheidung, dass eine Erklärung zwingend gefordert wird, sagt nicht unbedingt etwas darüber aus, ob hierzu ggf. eine Nachfrist gewährt wird oder nicht. Eine verbindliche Vorverlagerung der Ermessensausübung wird man nur dann annehmen können, wenn der Auftraggeber sichtbar und unmissverständlich von der ihm grundsätzlich eingeräumten Nachforderungsmöglichkeit bzw. Nachforderungspflicht abrückt.[95] Die Rechtsprechung scheint indes zu einer strengen Handhabung zu tendieren, sodass Bieter sich generell nicht auf eine Nachreichungsmöglichkeit verlassen sollten.

4. Länge der Nachfrist

Die Frist zur Nachreichung ist vom Auftraggeber kalendarisch festzulegen und muss ange- 59
messen sein. Die VOB/A enthält nicht mehr die frühere starre Frist von 6 Kalendertagen, sondern macht in Annäherung an die übrigen Vergabeordnungen nur die Angemessenheit zur Vorgabe verbunden mit der Maßgabe dass diese Frist 6 Kalendertage nicht überschreiten „soll". Die Frist kann daher durchaus bei schnell beizubringenden Unterlagen wie etwa dem elektronisch abrufbaren Handelsregisterauszug auch deutlich kürzer sein; wird eine längere Frist gewährt, sollte der Auftraggeber diese großzügige Fristbestimmung im Vergabevermerk begründen; eine denkbare Konstellation sind etwa Feiertage wie Ostern oder Weihnachten.

Die Frist beginnt am Tag nach der Absendung der Aufforderung durch den Auftragge- 60
ber, auf den Zugang beim Bieter kommt es nicht an.[96] Endet die Frist an einem Samstag, Sonntag oder an einem am Empfangsort des Auftraggebers geltenden gesetzlichen Feiertag, so läuft sie erst am folgenden Werktag ab.[97]

Die VgV und wie die SektVO verzichten auf eine Regelffall-Obergrenze. Hiernach 61
sind die Unterlagen bis zum Ablauf angemessenen Nachfrist vorzulegen. Der Auftraggeber ist in der Bestimmung der Frist weitgehend frei; da ein Bieter keinen Anspruch auf Nachforderung hat, kann er im Anwendungsbereich der VgV und der SektVO auch keine ihm genehme Frist zu einer ihm gewährten Nachreichung beanspruchen. Bei der Fristbestimmung kann berücksichtigt werden, dass der Bieter nicht erstmalig von der Forderung des Auftraggebers erfährt.[98] Der Auftraggeber hat einen Entscheidungsspielraum, um welchen Zeitraum er bereit ist, sein Vergabeverfahren durch die Nachforderung von Unterlagen zu verzögern. Es ist grundsätzlich eine Orientierung an der 6-Kalendertags-Frist aus der VOB/A empfehlenswert – diese ist im Regelfall angemessen.[99] Es kann allerdings auch eine uU deutlich kürzere Frist angemessen sein.

---

[93] Vgl. VK Hessen Beschl. v. 18.4.2012 – 69d VK 10/2012; VK Münster Beschl. v. 17.1.2013 – VK 22/12, IBRRS 2013, 0460; Lampe-Helbig/Jagenburg/Baldringer/*Haupt/Baldringer*, Handbuch der Bauvergabe, Teil F, Rn. 172.

[94] So VK Hessen Beschl. v. 18.4.2012 – 69d VK 10/2012.

[95] Vgl. Lampe-Helbig/Jagenburg/*Haupt/Baldringer*, Handbuch der Bauvergabe, Teil F, Rn. 173.

[96] Vgl. *Dittmann* VergabeR 2012, 292, 294.

[97] Vgl. *Dittmann* VergabeR 2012, 292, 294.

[98] Vgl. *Dittmann* VergabeR 2012, 292, 299.

[99] Vgl. OLG Düsseldorf Beschl. v. 14.11.2018 – VII-Verg 31/18, NZBau 2019, 393.

VI. Fehlende Preisangaben

62 Leistungsbezogene Unterlagen, welche die Wirtschaftlichkeitsbewertung der Angebote anhand der Zuschlagskriterien betreffen, dürfen im Anwendungsbereich der VgV nicht nachgefordert werden (§ 56 Abs. 3 VgV). Die VOB/A lässt demgegenüber lediglich nicht die Korrektur von leistungsbezogenen Unterlagen wohl aber die Nachforderung fehlender und die Vervollständigung unvollständiger leistungsbezogener Unterlagen zu. Allen Vergabeordnungen ist gemein, dass fehlende Preisangaben nur in engen Ausnahmefällen nachgefordert werden können, wozu insbesondere die fehlende Wettbewerbsrelevanz und Erheblichkeit zählen.

Nachgefordert werden dürfen Preisangaben nur, wenn es sich 1. um unwesentliche Einzelpositionen handelt, die 2. den Gesamtpreis nicht verändern bzw. die Wertungsreihenfolge nicht verändern (§ 56 Abs. 3 VgV, § 51 Abs. 3 SektVO, § 16a Abs. 2 VOB/A-EU). In der VOB/A ist zusätzlich vorgegeben, dass der fehlende Preises sowohl bei Außerachtlassung der Position also auch bei Wertung dieser Position mit dem höchsten Wettbewerbspreis die Wertungsreihenfolge unberührt lässt.

1. „Fehlende" Preisangabe

63 Eine Preisangabe „fehlt", wenn ein Preis überhaupt nicht eingetragen ist. Eine Preisangabe mit 0,00 EUR oder wenigen Cent beinhaltet demgegenüber ein Preisangebot und kann deshalb nicht als fehlende Preisangabe angesehen werden.[100] Ein Strich im Preisfeld einer Position stellt ebenfalls eine Preisangabe dar, denn er ist so zu verstehen, dass für diese Position kein Entgelt gefordert wird, also die Leistung zu 0,00 EUR angeboten wird. Auch ein Minuspreis stellt eine Preisangabe dar; ein Minuspreis wird beispielsweise mitunter bei Entsorgungsleistungen angeboten, wenn das zu entsorgende Gut einen Marktwert hat (zB Altpapier), der über den Aufwand des Bieters zur Einsammlung und zum Transport hinausgeht. Handelt es sich demgegenüber ersichtlich oder nach Aufklärung nicht um den „wirklichen" kalkulierten Preis und liegt der Sache nach eine spekulative Verlagerung von Kosten im Wege einer Mischkalkulation vor, so kann der Preis fehlen, weil nicht die geforderten Preise angegeben wurden und der Auftraggeber den Bietern Kalkulationsvorgaben machen darf.[101]

Bloße Kalkulationsangaben, die nicht unmittelbar den Preis beeinflussen, sondern nur dessen Kalkulation erläutern, sind demgegenüber keine Preise, sondern vielmehr sonstige (nachforderbare) Erklärungen.[102]

2. Nachforderung fehlender Preisangaben

64 Für die Frage einer Nachforderungsmöglichkeit sind die zentralen Fragestellungen in allen Vergabeordnungen gleich: Handelt es sich um eine „unwesentliche" Position und wird der Wettbewerb bzw. die Wertungsreihenfolge durch die Nachforderung bzw. Außerachtlassung der fehlenden Preisangabe beeinträchtigt?

70 **a) „Unwesentliche Einzelposition".** Teilweise wird vertreten, die Frage der „Unwesentlichkeit" habe keine eigenständige Bedeutung und werde durch die weiter geforderte Wettbewerbsneutralität erschöpfend definiert.[103] Dem ist entgegenzuhalten, dass das Merkmal der „Unwesentlichkeit" nach dieser Auslegung letztlich inhaltsleer und überflüssig wäre. Hiervon kann jedoch – erst recht nach Bestätigung dieses Kriteriums im Rahmen der Vergaberechtsreform 2016 – nicht ausgegangen werden; die Frage der „Wesentlich-

[100] Vgl. OLG München Beschl. v. 12.11.2010 – Verg 21/10; OLG Naumburg Beschl. v. 29.1.2009 – Verg 10/08.
[101] Vgl. KKMPP/*Dicks* VgV § 56 Rn. 56ff.
[102] Vgl. OLG Schleswig-Holstein Beschl. v. 21.12.2018 – 54 Verg 1/18.
[103] Vgl. *Gröning* VergabeR 2009, 117, 125.

keit" einer Position spricht ihre Bedeutung vor allem im Hinblick auf das insgesamt in Rede stehende Auftragsvolumen an.

Zu Recht wird deshalb dem Merkmal der „Unwesentlichkeit" von der wohl überwiegenden Auffassung in Rechtsprechung und Literatur eine eigenständige Bedeutung zugesprochen und wird zur Prüfung der „Unwesentlichkeit" einer Position primär ein Vergleich zum Auftragsvolumen angestellt, da sich daran letztlich ihre Bedeutung für das Angebot bemisst.[104] 71

Insoweit wird eine Schwelle von 1% des Gesamtauftragswerts vorgeschlagen.[105] Dem Auftraggeber wird allerdings bei der Beurteilung der Wesentlichkeit ein auftragsbezogener Beurteilungsspielraum zugestanden,[106] sodass er auch nicht gehindert wäre, im Einzelfall einen Anteil von beispielsweise 1,2% als unwesentlich anzusehen. Dieser Beurteilungsspielraum ist indes nicht grenzenlos. Ein Anteil von 10% am Gesamtauftragsvolumen kann jedenfalls nicht mehr als „unwesentlich" angesehen werden und ist daher wenn nicht als wesentlich, so doch zumindest für die Annahme einer Unwesentlichkeit als Obergrenze anzusehen.[107] 72

Bei großvolumigen Aufträgen kann zudem auch eine summenmäßige Betrachtung geboten sein. Das Verhältnis zum Gesamtauftragsvolumen ist wie dargelegt zwar prinzipiell eine zutreffende Beurteilungsgrundlage; bei summenmäßig hohen Einzelpositionen fällt es aber unabhängig von dem Verhältnis zur Gesamtauftragssumme schwer, von einer „unwesentlichen" Position zu sprechen. So wäre beispielsweise bei einem großvolumigen Bauauftrag von 120 Mio. EUR eine Position von 1,1 Mio. EUR zwar prozentual nicht bedeutend, jedoch wertmäßig unabhängig hiervon nicht mehr als unbedeutend oder unwesentlich anzusehen. Leistungen, die das Volumen eines in der Praxis üblichen Teilloses erreichen und als solches nicht privilegiert wären, können spätestens nicht mehr als „unwesentlich" angesehen werden. 73

Soweit darüber hinaus auch die Summe der Positionen eines Leistungsverzeichnisses zur Prüfung der Wesentlichkeit herangezogen wird,[108] so überzeugt dies nicht. Auch kompakte Leistungsverzeichnisse mit wenigen Positionen können einzelne unwesentliche Positionen enthalten, wenn diese denn nur einen unbedeutenden Anteil am Gesamtauftragswert ausmachen. Das OLG München hat in seinem Beschluss vom 7.11.2017[109] zwar auch auf die Anzahl der Positionen im LV abgestellt und bei 1 von 10 Positionen das Fehlen der Preisangabe als Wesentlich angesehen. Insoweit hat das OLG München aber nicht pauschal auf die Anzahl der Positionen abgestellt, sondern entscheidend hervorgehoben, dass es sich um eine von 10 gleichwertigen Positionen handelte und ein Durchschnittpreis ermittelt werden sollte; der Sache nach hat das OLG daher hier eher den Preisanteil von 10% und nicht den Anteil an den LV-Positionen für sich genommen als ausschlaggebend angesehen. 74

b) Beeinträchtigung der Wertung. Ein Einfluss der unbedeutenden Position auf die Wertung bzw. das Wertungsergebnis muss sicher ausgeschlossen sein. Dies ist zunächst der Fall, wenn der fehlende Preis nachweislich in den Gesamtpreis eingeflossen ist und sich aus der Differenz zwischen den übrigen Einzelpreisen und dem angebotenen Gesamtpreis der fehlende Einzelpreis ermitteln lässt. Weiterhin wird die Wertung auch dann nicht beein- 75

---

[104] Vgl. OLG Brandenburg Beschl. v. 1.11.2011 – Verg W 12/1; Heuvels/Höß/Kuß/Wagner/*Heuvels* VOB/A § 16 Rn. 14; Ziekow/Völlink/*Vavra* VOB/A § 16 Rn. 13; KKMPP/*Dicks* VgV § 56 Rn. 60.

[105] Vgl. VK Niedersachsen Beschl. v. 29.10.2019 – VgK 38/2019, BeckRS 2019, 30621; Heiermann/Riedl/Rusam/*Bauer* VOB/A § 16 Rn. 43; Ingenstau/Korbion/*Kratzenberg* VOB/A § 16 Rn. 14 mit Verweis auf die Diskussion zur Neuregelung im Ausschuss.

[106] Vgl. Ingenstau/Korbion/*Kratzenberg* VOB/A § 16 Rn. 14; Heuvels/Höß/Kuß/Wagner/*Heuvels* VOB/A § 16 Rn. 14.

[107] So OLG Brandenburg Beschl. v. 1.11.2011 – Verg W 12/11; KKMPP/*Dicks* VgV § 56 Rn. 62 mit Fn. 121.

[108] So OLG Brandenburg Beschl. v. 1.11.2011 – Verg W 12/11: Wesentlichkeit, wenn eine Position von 17 nicht eingetragen wird und damit 6% der geforderten Preisangaben fehlen.

[109] OLG München Beschl. v. 7.11.2017 – Verg 8/17, NZBau 2018, 127.

trächtigt, wenn der Preisangabe in Bezug auf den (preislichen) Rang des Angebots keine wettbewerbliche Relevanz zukommt.[110] Dies ist nur dann der Fall, wenn der Rang des Angebots auch bei Einsatz des höchsten Wettbewerbspreises nicht verändert wird.[111]

76 Im Baubereich stellt § 16 bzw. § 16 EG Abs. 1 Nr. 1c) VOB/A **zusätzlich** darauf ab, dass auch bei „Außerachtlassung" der Position das Wettbewerbsergebnis nicht beeinträchtigt werden darf; deshalb muss hier zusätzlich noch ein Vergleich der Angebote ohne die fragliche Position durchgeführt werden.[112] Nur wenn in beiden Vergleichen die Reihenfolge der Wertung unverändert bleibt, kann im Bereich der VOB/A ein Ausschluss unterbleiben.[113]

3. Besonderheiten im Konzessionsbereich

77 Die KonzVgV regelt die Nachforderung fehlender Preisangaben – ebenso wie die Nachforderung fehlender/unvollständiger/fehlerhafter Unterlagen – nicht. Die Frage kann sich freilich auch bei der Vergabe von Konzessionen stellen. Zwar wird regelmäßig ein Gesamt-Konzessionsentgelt abgefragt und kein Einzelpreis-LV ausgefüllt; nicht selten sind allerdings zusätzlich einmalige Nebenleistungen zu verpreisen, wie etwa die Zahlung eines Kaufpreises für übernommene Anlagen. Das Fehlen einer expliziten Regelung zur Nachforderung fehlender Preisangaben bedeutet nicht, dass dem Konzessionsauftraggeber die Nachforderungsmöglichkeiten hier nicht zur Verfügung stünden:

Die KonzVgV gewährt dem Konzessionsauftraggeber größtmögliche Flexibilität und bleibt in ihrer Regelungsdichte und Bindungsenge noch deutlich hinter der SektVO zurück. Die KonzVgV stellt damit eine weitgehende Privilegierung des Auftraggebers dar und kann ihn nie strenger binden als eine engere Vergabeordnung wie etwa die VgV oder die SektVO.

Der Konzessionsauftraggeber darf das Verfahren nach § 12 Abs. 1 Satz 1 KonzVgV frei gestalten und damit auch entscheiden, ob er Unterlagen und Preisangaben nachfordert und wenn ja in welchem Rahmen. Wegen der nur rudimentären Regelung des Verfahrens empfiehlt es sich zur Wahrung der Transparenzanforderungen, in der Bekanntmachung anzugeben, ob und wenn ja in welchem Rahmen Nachforderungen erfolgen werden bzw. nach dem Ermessen des Auftraggebers vorbehalten bleiben.

Zur Gewährleistung eines unverfälschten Wettbewerbs ist eine Grenze allerdings dort zu ziehen, wo der Bieter durch das Nachreichen von Preisangaben im Rahmen verbindlicher Angebote die Möglichkeit erhalten würde, seinen Angebotspreis nach allen anderen Bietern zu benennen und damit das Wettbewerbsergebnis zu verändern. Die Nachreichung solcher Preisangaben wäre mit dem Gebot eines transparenten Verfahrens nicht vereinbar. Nachgefordert und nachgereicht werden dürfen Preisangaben im Bereich der KonzVgV deshalb nur, sofern und soweit nicht zu erwarten steht, dass das Wettbewerbsergebnis hierdurch verändert bzw. verfälscht wird.[114] Dies ist – wie in der VgV und SektVO – dann der Fall, wenn sich der Rang des Angebots auch durch den Einsatz des höchsten Wettbewerbspreises bei der/n fehlenden Position(en) nicht verändert.

78 Der zentrale Unterschied zwischen der KonzVgV und der SektVO/VgV liegt also hinsichtlich der Nachforderung fehlender Preisangaben in der Erforderlichkeit der „Unwesentlichkeit" einer Preisangabe, die nur die VgV/SektVO verlangt. Liegt etwa das günstigste Angebot bei 100 Mio. EUR und das zweitgünstigste bei 106 Mio. EUR, fehlt aber eine Preisangabe zu einer Position, die im Wettbewerb mit 1,0–1,5 Mio. EUR angeboten

---

[110] Vgl. KMPP/*Kulartz/Dicks* VOL/A-EG § 19 Rn. 108.

[111] Vgl. OLG Brandenburg Beschl. v. 1.11.2011 – Verg W 12/11; KMPP/*Kulartz/Dicks* VOL/A-EG § 19 Rn. 109.

[112] Vgl. Heuvels/Höß/Kuß/Wagner/*Heuvels* VOB/A § 16 Rn. 16; Ziekow/Völlink/*Vavra* VOB/A § 16 Rn. 13; Kapellmann/Messerschmidt/*Frister* VOB/A § 16 Rn. 22.

[113] Vgl. Heuvels/Höß/Kuß/Wagner/*Heuvels* VOB/A § 16 Rn. 16.

[114] Vgl. zur ebenfalls nicht eingegrenzten Nachforderungsmöglichkeit nach der Alt-Fassung der SektVO Lampe-Helbig/Jagenburg/Baldringer/*Haupt/Baldringer* Handbuch der Bauvergabe, Teil F, Rn. 196.

wurde, so bestehen in beiden Regimen unterschiedliche Rechtsfolgen: Eine Preisangabe zu einer solchen Position wäre nicht „unwesentlich", weshalb sie im Bereich der VgV/SektVO nicht nachgefordert werden könnte. Sie ist aber nicht entscheidend für das Wettbewerbsergebnis, weshalb sie im Bereich der KonzVgV nachgefordert werden dürfte.

VII. Nicht zugelassene und nicht den Mindestanforderungen entsprechende Nebenangebote

Ein nicht zugelassenes Nebenangebot ist zwingend auszuschließen (vgl. etwa § 57 Abs. 1 79
Nr. 6 VgV, § 16 Nr. 5 VOB/A-EU). Hierdurch wird sichergestellt, dass erstens der Auftraggeber nicht gegen seinen Willen gezwungen werden kann, Nebenangebote in seine Wertung einzubeziehen und zweitens es einem Bieter nicht möglich ist, sich durch die ungefragte Einreichung eines Nebenangebots zusätzliche Zuschlagschancen zum Nachteil der anderen Bieter zu verschaffen.

Hierbei ist nach der Rechtsprechung des OLG Düsseldorf allerdings eine genaue Prü- 80
fung erforderlich, ob es sich um ein Haupt- und Nebenangebot handelt oder zwei Hauptangebote vorliegen. Ein Bieter ist hiernach nicht grundsätzlich gehindert, zwei in technischer Hinsicht unterschiedliche Hauptangebote abzugeben; die irrtümliche Bezeichnung als Nebenangebot schadet nicht.[115] Die Abgabe mehrerer Hauptangebote ist zulässig, wenn der Auftraggeber dies zugelassen oder veranlasst hat und sich die Angebote, etwa in technischer Hinsicht unterscheiden.[116] Eine Veranlassung ist etwa dann gegeben, wenn der Auftraggeber Leitfabrikate vorgibt und der Bieter nicht sicher sein kann, dass ein von ihm alternativ angebotenes (aus seiner Sicht gleichwertiges) Produkt auch als gleichwertig betrachtet.[117] Ein zweites Hauptangebot liegt dementsprechend etwa dann vor, wenn der Bieter neben dem Leitfabrikat ein als gleichwertig dargestelltes Alternativfabrikat anbietet, also von der Leistungsbeschreibung nicht abweichen möchte; ein Nebenangebot ist demgegenüber anzunehmen, wenn der Bieter eine andere als die nachgefragte Leistung anbietet.[118]

Für nationale Bauvergaben muss ein Auftraggeber Nebenangebote ausdrücklich aus- 81
schließen, wenn er sie nicht zulassen will; ohne einen solchen Hinweis sind sie zulässig, § 8 Abs. 2 Nr. 3 VOB/A. § 16 Abs. 1 Nr. 5 VOB/A sieht deshalb einen Ausschluss von Nebenangeboten nur dann vor, wenn der Auftraggeber in der Bekanntmachung oder den Vergabeunterlagen ausdrücklich erklärt hat, dass er keine Nebenangebote zulässt.

Im 2. Abschnitt der VOB/A sowie in den anderen Vergabeordnungen gilt, dass Nebenangebote unzulässig sind, wenn sie nicht ausdrücklich zugelassen wurden.[119] Im Gegensatz zum ersten Abschnitt der VOB/A sind Nebenangebote nach § 16 Nr. 5 VOB/A-EU, § 57 Abs. 1 Nr. 6 VgV auszuschließen, wenn sie nicht ausdrücklich zugelassen worden sind.

Weiterhin sind auch solche Nebenangebote zwingend auszuschließen, welche die vom 82
Auftraggeber festgelegten Mindestanforderungen nicht erfüllen. Diese Vorgabe dient in erster Linie einem fairen Wettbewerb, denn nur Angebote, welche die Mindestbedingungen des Auftraggebers erfüllen, können sachgerecht miteinander verglichen werden. Diese hat der Auftraggeber in der Bekanntmachung oder den Vergabeunterlagen festzulegen (vgl. etwa § 35 Abs. 2 S. 1 VgV, § 33 Abs. 1 S. 2 SektVO). Ein öffentlicher Auftraggeber ist an seine einmal festgelegten Mindestanforderungen gebunden und darf nicht im Nachhinein zugunsten einzelner Bieter hiervon abweichen.[120]

[115] Vgl. OLG Düsseldorf Beschl. v. 9.3.2011 – VII-Verg 52/10.
[116] OLG Düsseldorf Beschl. v. 27.5.2015 – VII-Verg 2/15; OLG Düsseldorf Beschl. v. 21.10.2015 – VII-Verg 28/14.
[117] Diese Konstellation lag der Entscheidung des OLG Düsseldorf Beschl. v. 9.3.2011 – Verg 52/11 zugrunde.
[118] Vgl. OLG Düsseldorf Beschl. vom 9.3.2011 – Verg 52/11.
[119] Vgl. KMPP/*Kus* VOL/A § 8 Rn. 53; KMPP/*Verfürth/Dittmann* VOL/A-EG § 19 EG Rn. 152; Eschenbruch/Opitz/Röwekamp/*Opitz* SektVO § 8 Rn. 17.
[120] Vgl. KMPP/*Dittmann* VOL/A-EG § 19 Rn. 157.

83 Ein Ausschluss ist zudem auch dann zwingend, wenn der Auftraggeber zwar Nebenangebote formell zugelassen, jedoch die Formulierung von Mindestanforderungen unterlassen hat.[121] Denn ohne entsprechende Mindestanforderungen ist eine Vergleichbarkeit der Angebote nicht mehr sichergestellt und kann eine transparente Angebotswertung nicht mehr durchgeführt werden.

Im Verhandlungsverfahren muss der Auftraggeber die Mindestanforderungen nicht bereits für die Erstangebote festlegen; es genügt, wenn die Anforderungen für die Folgeangebote festgelegt werden.[122] Missachtet der Bieter die Mindestanforderungen sodann, so ist sein Angebot zwingend auszuschließen, da das Gebot der Festlegung von Mindestanforderungen für Nebenangebote auch im Verhandlungsverfahren gilt.[123]

84 Im Bereich der VOB/A ist ein Angebotsausschluss ferner dann vorgeschrieben, wenn die formalen Anforderungen an Nebenangebote nicht eingehalten werden, also das Nebenangebot nicht auf gesonderter Anlage eingereicht und als solches gekennzeichnet wird (vgl. § 16 bzw. 16 EU Nr. 6 iVm § 13 bzw. § 13 EU Abs. 3 S. 2 VOB/A).

VIII. Abgabe mehrerer Hauptangebote entgegen den Vorgaben des Auftraggebers

84a Anders als die übrigen Vergabeordnungen regelt die VOB/A ausdrücklich den Fall, dass ein Bieter mehrere Hauptangebote abgegeben hat, obgleich der Auftraggeber von der Möglichkeit Gebrauch gemacht hat, in der Auftragsbekanntmachung festzulegen, dass er die Abgabe mehrerer Hauptangebote nicht zulässt (§ 16 EU Nr. 6 VOB/A). Nach der Rechtsprechung war die Abgabe mehrerer Hauptangebote auch bislang zulässig, wenn der Auftraggeber dies zugelassen oder veranlasst hat und sich die Angebote, etwa in technischer Hinsicht unterscheiden.[124] Eine Veranlassung ist nach der Rechtsprechung vor allem dann gegeben, wenn der Auftraggeber Leitfabrikate vorgibt und der Bieter nicht sicher sein kann, dass ein von ihm alternativ angebotenes (aus seiner Sicht gleichwertiges) Produkt auch als gleichwertig betrachtet wird.

84b Ein zweites Hauptangebot liegt dementsprechend etwa dann vor, wenn der Bieter neben dem Leitfabrikat ein als gleichwertig dargestelltes Alternativfabrikat anbietet, also von der Leistungsbeschreibung nicht abweichen möchte; ein Nebenangebot ist demgegenüber anzunehmen, wenn der Bieter eine andere als die nachgefragte Leistung anbietet.

Nunmehr ist ein Ausschluss in § 16 Abs. 1 Nr. 7 VOB/A bzw. § 16 Nr. 6 VOB/A-EU vorgesehen für Hauptangebote von Bietern, die mehrere Hauptangebote abgegeben haben, wenn der Auftraggeber die Abgabe mehrerer Hauptangebote in der Auftragsbekanntmachung oder in den Vergabeunterlagen (§ 16 Abs. 1 Nr. 7 VOB/A) bzw. in der Aufforderung zur Interessensbestätigung (§ 16 Nr. 6 VOB/A-EU) nicht zugelassen hat. Der Auftraggeber muss daher nunmehr ausdrücklich die Abgabe mehrerer Hauptangebote zugelassen haben; eine „Veranlassung" durch Vorgabe von Leitfabrikaten oä genügt daher im Anwendungsbereich der VOB/A nicht mehr; ein Bieter müsste daher eine unterbleibende Zulassung mehrerer Hauptangebote trotz technischer „Veranlassung" rügen. Werden mehrere Hauptangebote abgegeben, obgleich dies nicht zugelassen wurde, sind alle Hauptangebote dieses Bieters auszuschließen.

84c Nach § 13 Abs. 3 S. 3 VOB/A und § 13 Abs. 3 S. 2 VOB/A-EU muss bei Abgabe mehrerer Hauptangebote jedes aus sich heraus zuschlagsfähig sein; ist diese Anforderung nicht gewahrt, führt dies zum Ausschluss der betroffenen Hauptangebote. Eine Zuschlagsfähigkeit aus „sich heraus" setzt voraus, dass das 2. Hauptangebot nicht nur in Verbindung mit anderen Hauptangeboten gewertet werden kann, sondern auch bei alleiniger Betrach-

[121] Vgl. KMPP/*Dittmann* VOL/A-EG § 19 Rn. 158.
[122] Vgl. OLG Düsseldorf Beschl. v. 28.3.2018 – VII-Verg 54/17.
[123] Vgl. OLG Düsseldorf Beschl. v. 28.3.2018 – VII-Verg 54/17.
[124] Vgl. OLG Düsseldorf Beschl. v. 9.3.2011 – Verg 52/11.

tung mit einem „ja" angenommen werden kann, also insbesondere alle erforderlichen Erklärungen und Angaben (ggf. nach Nachforderung) enthält. Hauptangebote, die nur im Kontext mit einander gewertet werden können, sollen hierdurch vermieden werden. Der Bieter wird daher in der Regel auch bei Unterscheidung der Hauptangebote beispielsweise nur in 1 Position des LV zwei vollständige und getrennte Hauptangebote vorzulegen haben.

IX. Angebote von Bietern, die im Vergabeverfahren vorsätzlich unzutreffende Erklärungen in Bezug auf ihre Fachkunde, Leistungsfähigkeit und Zuverlässigkeit abgegeben haben, § 16 Abs. 1 Nr. 10 VOB/A

Neu mit der VOB-Novelle 2019 eingeführt wurde für nationale Bauvergabe der Ausschlusstatbestand des 16 Abs. 1 Nr. 10 VOB/A, wonach Angebote von Bietern auszuschließen sind, die Vergabeverfahren vorsätzlich unzutreffende Erklärungen in Bezug auf ihre Fachkunde, Leistungsfähigkeit und Zuverlässigkeit abgegeben haben. Die Vorschrift bezieht sich – anders als etwa der Tatbestand des § 124 Abs. 1 Nr. 8 GWB – nur auf Täuschungshandlungen im konkreten Vergabeverfahren, was durch den Bezug auf Erklärungen „im Vergabeverfahren" ausgedrückt wird. Täuschungsversuche in früheren Ausschreibungsverfahren sind dementsprechend nicht von der Vorschrift umfasst. **84d**

Der Ausschlusstatbestand trägt dem Umstand Rechnung, dass ein Bieter, der vorsätzlich die Unwahrheit zu seiner Eignung vorträgt, nicht vertrauenswürdig sein kann; der Auftraggeber soll nicht gezwungen sein, einen Vertrag mit einem solchen Bieter zu schließen.[125]

Nur eine vorsätzlich unzutreffende Erklärung berechtigt und verpflichtet zum Ausschluss; fahrlässige, auch grob fahrlässige Falscherklärungen genügen demgegenüber nicht. Der Tatbestand ist allerdings nicht nur dann erfüllt, wenn der Bieter positiv weiß, dass er unzutreffend vorträgt, sondern auch dann, wenn er Falsch-Behauptungen „ins Blaue hinein" aufstellt.[126] Es genügt im Übrigen auch, wenn der Bieter mit der Unrichtigkeit seiner Angaben rechnet und diese Unrichtigkeit billigend in Kauf nimmt (bedingter Vorsatz).[127]

Die Erklärung kann nicht nur durch ausdrückliche Erklärung falscher Tatsachen vorsätzlich unzutreffend werden; ebenso kann auch ein Zurückhalten von Auskünften im Sinne einer Täuschung durch Unterlassen ausreichend sein.[128] wenn der Bieter etwa nicht über ersichtlich für die Auftragsvergabe bedeutsame, vom Auftraggeber geforderte und seine Eignung in Frage stellende Umstände bzw. Veränderungen nicht aufgeklärt hat. Beispielsweise kann dies der Fall sein, wenn im Rahmen einer geforderten Angabe von Unternehmensverflechtungen nur ein Teil der Verflechtungen preisgegeben wird.

X. Verstoß gegen die Pflicht zur Zahlung von Steuern und Abgaben

Die nach der bis zur Vergabereform 2016 gültigen Rechtslage nur einen fakultativen Ausschlusstatbestand eröffnenden Verstöße gegen die Pflichten zur Zahlung von Steuern und Abgaben sowie der Beiträge zur gesetzlichen Sozialversicherung begründen nunmehr nach § 123 Abs. 4 GWB einen zwingenden Ausschlusstatbestand. Hiernach schließen öffentliche Auftraggeber zu jedem Zeitpunkt Unternehmen aus, wenn entsprechende Verstöße entweder durch rechtskräftige Gerichts- oder bestandkräftige Verwaltungsentscheidung festgestellt wurden oder vom Auftraggeber auf sonstige geeignete Weise nachgewiesen werden können. **85**

[125] Vgl. Ingenstau/Korbion/*Kratzenberg* VOB/A § 16 Rn. 34.
[126] Vgl. Ingenstau/Korbion/*Kratzenberg* VOB/A § 16 Rn. 35.
[127] Vgl. VK Sachsen-Anhalt Beschl. v. 30.7.2012 – 2 VK LSA 15/12, BeckRS 2013, 14299.
[128] Vgl. Beck VergabeR/*Opitz* GWB § 124 Rn. 102.

Entsprechende Verfehlungen stellen die Leistungsfähigkeit des Bieters in Frage.[129] Steuerrückstände beinhalten angesichts drohender Vollstreckungsmaßnahmen und hoher Säumniszuschläge erhebliche Nachteile für den Bieter; wenn der Bieter schon diese für ihn besonders bedrohlichen Forderungen nicht erfüllen kann, liegt die Vermutung nahe, dass seine Liquidität deutlich angeschlagen ist.[130]

86 Entscheidend ist, dass der Bieter seine Zahlungspflichten „nicht ordnungsgemäß" entrichtet hat; die tatsächliche Zahlung aller Steuern ist demgegenüber nicht erforderlich. Sind Steuern oder Abgaben gestundet oder wurde die Vollziehung ausgesetzt, kann deshalb die bloße Nichtzahlung keinen Ausschluss rechtfertigen.[131]

Ein Ausschluss ist zudem nur dann gerechtfertigt, wenn die Pflichten aktuell verletzt sind; ist das Unternehmen zwischenzeitlich seinen Verpflichtungen nachgekommen, indem es die Rückstände ausgeglichen oder sich zur Zahlung einschließlich Zinsen, Säumnis- und Strafzuschlägen verpflichtet hat, so ist der Ausschlusstatbestand nicht anzuwenden (§ 123 Abs. 4 S. 2 GWB). Sofern allerdings in der Vergangenheit Verstöße mit einer Intensität erfolgt sind, dass eine konkrete Wiederholungsgefahr auch aktuell noch anzunehmen ist, kann dies eine schwere Verfehlung darstellen, welche die Integrität des Unternehmens in Frage stellt und den fakultativen Ausschlusstatbestand des § 124 Abs. 1 Nr. 3 GWB eröffnet.

C. Fakultative Ausschlussgründe

87 Neben den zwingenden Ausschlussgründen sieht das GWB in § 124 Abs. 1 GWB einen abschließenden Katalog[132] weiterer Tatbestände, in welchen die Entscheidung über den Ausschluss im Ermessen des Auftraggebers steht. Teilweise sind früher zwingende Ausschlusstatbestände (wettbewerbsbeschränkende Handlungen in Bezug auf die konkrete Ausschreibung, vorsätzlich unzutreffende Angaben zur Eignung) nunmehr ins Ermessen des Auftraggebers gestellt. Neue Gründe sind hinzugekommen. Die Ausschlussgründe sprechen Sachverhalte an, in welchen typischerweise die Zuverlässigkeit oder Leistungsfähigkeit eines Unternehmens zweifelhaft erscheint; der Sache nach handelt es sich insoweit um einen vorweggenommenen Teil der Eignungsprüfung.[133]

I. Nachweislicher Verstoß gegen umwelt-, sozial- oder arbeitsrechtliche Verpflichtungen im Rahmen der Ausführung öffentlicher Aufträge

88 Neu aufgenommen wurde ein möglicher Ausschluss, wenn der Bieter im Rahmen der Ausführung öffentlicher Aufträge nachweislich gegen geltende umwelt-, sozial- oder arbeitsrechtliche Verpflichtungen verstoßen hat (§ 124 Abs. 1 Nr. 1 GWB). Dies korrespondiert mit der stärkeren Betonung entsprechender Vorgaben als zulässige/gebotene Mindestanforderungen sowie im Rahmen der Auswahl des wirtschaftlichsten Angebots (vgl. etwa § 127 Abs. 1 GWB, § 128 Abs. 2 GWB).

Angesprochen wird nicht der Verstoß gegen „Vorschriften", sondern gegen „Verpflichtungen", sodass auch die Nichtbeachtung vertraglicher Vorgaben etwa zum Umwelt- oder Arbeitnehmerschutz den zum Ausschluss berechtigenden Tatbestand verwirklicht.

Ein „nachweislicher" Verstoß verlangt etwa durch schriftliche Zeugenaussagen, Aufzeichnungen, Belege oder Schriftstücke nachweisbare objektivierte Anhaltspunkte für die

[129] Vgl. KMPP/*Verfürth* VOB/A § 16 Rn. 136.
[130] Vgl. KMPP/*Verfürth* VOB/A § 16 Rn. 136.
[131] Vgl. Kapellmann/Messerschmidt/*Frister* VOB/A § 16 Rn. 35.
[132] Vgl. zur insoweit gleichgelagerten früheren Rechtslage Heuvels/Höß/Kuß/Wagner/*Heuvels* Vergaberecht, § 16 VOB/A Rn. 33.
[133] Vgl. Kapellmann/Messerschmidt/*Frister* VOB/A § 16 Rn. 29.

fraglichen Verfehlungen; eine rechtskräftige Feststellung entsprechender Verfehlungen oder Verurteilung sind nicht erforderlich.[134]

Der Sache nach wird der Kreis der Ausschlusstatbestände hierdurch nicht erweitert, da entsprechende Verstöße regelmäßig zugleich eine schwere Verfehlung darstellten welche die Integrität des Unternehmens in Frage stellt und damit einen Ausschluss nach § 124 Abs. 1 Nr. 3 GWB rechtfertigen würde. Der Verstoß gegen die spezifischen in § 124 Abs. 1 Nr. 1 GWB geschützten Pflichten muss selbst – wie der Vergleich mit § 124 Abs. 1 Nr. 3 GWB zeigt – nicht schwerwiegend sein; eine lediglich fahrlässige und geringfügige Verfehlung wird allerdings bei ermessensgerechter Entscheidung einen Ausschluss nicht rechtfertigen können. Der Auftraggeber muss vor einem Ausschluss den Bieter anhören, um die Umstände aufzuklären und sodann mit Blick auf die Schwere des Verstoßes, den Verschuldensgrad und die Bedeutung der verletzten Pflicht für den konkreten Auftrag über den Ausschluss zu entscheiden.

II. Zahlungsunfähigkeit/Insolvenz/Liquidation/Einstellung der Tätigkeit

Zusammengefasst sind die früher getrennten Ausschlusstatbestände der Insolvenz und Liquidation, welche durch die Ausschlussgründe der „Zahlungsunfähigkeit" und der „Einstellung der Tätigkeit" ergänzt werden. 89

1. Zahlungsunfähigkeit

Die Zahlungsunfähigkeit tritt als 1. Alternative des § 124 Abs. 1 Nr. 2 GWB nach dem Wortlaut neben Insolvenz und Liquidation als selbständiger Ausschlussgrund hinzu. Dabei spricht das Gesetz nicht von „Anhaltspunkten für eine Zahlungsunfähigkeit", sondern setzt objektiv das Bestehen einer Zahlungsunfähigkeit voraus, sodass der Auftraggeber jedenfalls gesicherte Anhaltspunkte für das Bestehen einer Zahlungsunfähigkeit zur Begründung eines Ausschlusses vorweisen können muss. Von einer gesicherten Zahlungsunfähigkeit wird der Auftraggeber nur dann ausgehen können, wenn ihm bekannt ist, dass der Bewerber/Bieter eine fällige Forderung allein aus Gründen mangelnder Geldmittel nachhaltig nicht zahlt, also keine Einwendungen in der Sache erhoben werden. Ein Ausschluss wird in aller Regel die Anhörung des Unternehmens voraussetzen; nur wenn das Unternehmen nicht in der Lage ist, das Vorliegen eines nachhaltigen Zahlungsverzuges zu entkräften nicht plausibel erklären bzw. eine inzwischen erfolgte oder umgehend erfolgende Zahlung nachzuweisen, kann ein Ausschluss wegen einer noch nicht durch ein Insolvenzverfahren oder eine Liquidation nach außen hin manifestierte Zahlungsunfähigkeit rechtmäßig erfolgen. 90

2. Insolvenz

Ein Bewerber/Bieter kann nach § 124 Abs. 1 Nr. 2 2. Alternative GWB ausgeschlossen werden, wenn 91

- über das Vermögen des Unternehmens ein Insolvenzverfahren oder ein vergleichbares Verfahren eröffnet wurde oder
- die Eröffnung beantragt wurde oder
- dieser Antrag mangels Masse abgelehnt worden ist.

In diesen Fällen steht es im Ermessen des Auftraggebers, ob er das Unternehmen ausschließt, oder das Angebot in die (weitere) Wertung hineinnimmt. Maßstab für die Ermessensausübung ist die Frage der Eignung und insbesondere der finanziellen Leistungsfähigkeit, die mit der Eröffnung oder Beantragung eines Insolvenzverfahrens nicht automatisch entfällt, sondern im jeweiligen Einzelfall zu prüfen ist. Hierbei steht dem Auftraggeber ein eigener Beurteilungsspielraum zu.[135] 92

---

[134] Vgl. OLG Düsseldorf Beschl. v. 14. 11. 2018 – VII-Verg 31/18.
[135] Vgl. VK Sachsen-Anhalt Beschl. v. 20. 12. 2012 – 2 VK-LSA 37/12, IBRRS 2013, 1030.

93 Der Auftraggeber ist zu einer umfassenden Prüfung und Nachforschung verpflichtet, ob der Bewerber/Bieter im Hinblick auf seine personelle, technische und finanzielle Ausstattung für den konkreten Auftrag die Gewähr einer reibungslosen Abwicklung bietet und ob man sich auf ihn verlassen kann.[136] Dabei indiziert die Beantragung bzw. Eröffnung eines Insolvenzverfahrens allein noch keine fehlende Leistungsfähigkeit und gestattet keine generalisierende Ermessensbetätigung des Auftraggebers.[137] Die allgemeinen Risiken, die bei einem insolventen Unternehmen immer bestehen, können deshalb für sich genommen keinen Ausschluss rechtfertigen.[138]

94 Geboten ist deshalb eine Beurteilung der Leistungsfähigkeit und Zuverlässigkeit für den konkreten Auftrag, wofür insbesondere ein Insolvenzplan, die Höhe der von Gläubigern angemeldeten Forderungen und sonstige Erkenntnisse zur Wahrscheinlichkeit einer Erholung des Unternehmens herangezogen werden können.[139] Auf der anderen Seite kann der Auftraggeber die Bedeutung, Komplexität und Dauer des ausgeschriebenen Auftrages sowie die Risiken einer vorzeitigen Beendigung des Auftrages in seiner Betrachtungen einstellen.

95 Die Rechtsprechung billigt dem Auftraggeber einen Entscheidungsspielraum zu, in welchem Maße er bereit ist, Risiken einzugehen. Hierbei kann der Auftraggeber auch den Abstand zum nächsten Bieter berücksichtigen und somit wirtschaftliche Chancen und Risiken in die Entscheidung einfließen lassen.[140]

96 Sofern ein Insolvenzantrag allerdings mangels Masse abgelehnt wurde, wird in aller Regel eine positive Prognose kaum möglich sein und ist ein Ausschluss regelmäßig ohne tiefer gehende Aufklärungen und Ermessenserwägungen gerechtfertigt.[141]

97 Teilweise wird angenommen, dass der Ausschlussgrund bei der Beteiligung von Bietergemeinschaften bereits dann eröffnet ist, wenn ein Mitglied der Bietergemeinschaft insolvent wird.[142] Dies erscheint insoweit zweifelhaft, als die Ausschlussgründe an die Insolvenz des Bewerbers bzw. Bieters anknüpfen und die einem Einzelbieter gleichzusetzende Bietergemeinschaft als solche in dieser Konstellation nicht in Insolvenz geraten ist. Allerdings ist freilich die Insolvenz eines Bietergemeinschaftsmitglieds auf der Ebene der Eignungsprüfung zu würdigen.[143] Darüber hinaus begründet bei einer zweigliedrigen Bietergemeinschaft der Wegfall eines Mitglieds durch Insolvenz einen zwingenden Ausschluss, weil das verbliebene Mitglied nunmehr als Einzelbieter auftritt und damit eine unzulässige Identitätsänderung vorliegt.[144]

Der Ausschlussgrund entfällt schließlich, wenn das Insolvenzverfahren beendet wurde und der Betrieb wieder ordnungsgemäß arbeitet und insbesondere seine Verpflichtungen wieder voll erfüllt.[145]

---

[136] Vgl. OLG Celle Beschl. v. 18.2.2013 – 13 Verg 1/13; Juris-PK-Vergaberecht/*Summa* VOB/A § 16 Rn. 225f.

[137] Vgl. OLG Düsseldorf Beschl. v. 2.5.2012 – Verg 68/11; OLG Celle Beschl. v. 18.2.2013 – Verg 1/13; Kapellmann/Messerschmidt/*Frister* VOB/A § 16 Rn. 30.

[138] Vgl. OLG Celle Beschl. v. 18.2.2013 – Verg 1/13.

[139] Vgl. OLG Celle Beschl. v. 18.2.2013 – Verg 1/13; VK Sachsen-Anhalt Beschl. v. 21.6.2012 – 2 VK-LSA 08/12, IBRRS 2012, 3933.

[140] Vgl. OLG Celle Beschl. v. 18.2.2013 – Verg 1/13.

[141] Vgl. Ingenstau/Korbion/*Kratzenberg* VOB/A § 16 Rn. 42; KMPP/*Hausmann/von Hoff* VOL/A-EG § 19 Rn. 99; Heuvels/Höß/Kuß/Wagner/*Heuvels* Vergaberecht, § 16 VOB/A, Rn. 36.

[142] Vgl. KMPP/*Hausmann/von Hoff* VOL/A-EG § 6 Rn. 100.

[143] Vgl. OLG Celle Beschl. v. 17.7.2007 – 13 Verg 9/07; Müller-Wrede/*Müller-Wrede* VOL/A-EG § 6 Rn. 53.

[144] Vgl. OLG Karlsruhe Beschl. v. 15.10.2008 – 15 Verg 9/08; OLG Düsseldorf Beschl. v. 24.5.2005 – Verg 28/05.

[145] Vgl. Ingenstau/Korbion/*Kratzenberg* VOB/A § 16 Rn. 42.

3. Liquidation

Sofern sich ein Unternehmen in Liquidation befindet, kann das Angebot ebenfalls ausgeschlossen werden (§ 124 Abs. 1 Nr. 2 Alt. 3 GWB). Die Liquidation setzt die Auflösung der Gesellschaft voraus und beinhaltet die Abwicklung des Unternehmens bis zum Erlöschen.[146] Bei der Liquidation ist damit – im Gegensatz zum Insolvenzantrag – das Erlöschen des Unternehmens ausdrücklich angestrebt und konkret absehbar. Zumindest für längerfristige Verträge kann ein solches Unternehmen nicht mehr als leistungsfähig angesehen werden, weshalb die Liquidation in aller Regel einen Ausschluss des Bieters rechtfertigt.[147] 98

4. Einstellung der Tätigkeit

Dass ein Unternehmen außerhalb der vorgenannten Ausschlusstatbestände seine Tätigkeit einstellt, nachdem es sich kurz zuvor um einen öffentlichen Auftrag beworben hat, dürfte eine seltene Ausnahmekonstellation aus Vorstufe zur Insolvenz oder Liquidation sein und kaum eigenständige Bedeutung haben. Gemeint ist hier die Einstellung der Tätigkeit insgesamt; die Einstellung eines Teilbereichs genügt nicht, auch wenn allein dieser für den Auftrag relevant ist. Hier wäre allerdings eine erneute Prüfung der technischen/beruflichen Leistungsfähigkeit veranlasst. 99

III. Nachweisbare schwere Verfehlung, die die Eignung in Frage stellt

Einen in der Praxis bedeutenden Ausschlussgrund stellt der Tatbestand der „nachweislich schweren Verfehlung" des Bieters im Rahmen seiner beruflichen Tätigkeit dar, welche die Integrität des Unternehmens infrage stellt (§ 124 Abs. 1 Nr. 3 GWB). Unter den Begriff der „schweren Verfehlungen" können insbesondere Straftaten und Ordnungswidrigkeiten im Rahmen einer Geschäftstätigkeit, schwerwiegende Verstöße gegen Grundprinzipien des Vergaberechts wie etwa Wettbewerb und Diskriminierungsfreiheit sowie schwere Vertragsverstöße fallen.[148] 100

Für die mangelhafte Ausführung eines früheren öffentlichen Auftrages hält § 124 Abs. 1 Nr. 7 GWB nunmehr einen gesonderten Tatbestand bereit, sodass diese Regelung für entsprechende aus Mängeln resultierende Vertragsverstöße als speziellere Regelung und spezifische Ausformung der „schweren Verfehlung" vorgeht; sonstige Vertragsverstöße können noch unter dem Begriff der schweren Verfehlung geprüft werden. Demgegenüber sieht der 1. Abschnitt der VOB/A eine gesonderte Regelung insoweit nicht vor, sodass Vertragsverstöße unverändert unter dem Gesichtspunkt der „schweren Verfehlung" zu prüfen sind.

1. Begehung von Straftaten und Ordnungswidrigkeiten

Eine schwere Verfehlung kann insbesondere dann vorliegen und die Integrität des Unternehmens infrage stellen, wenn sich Führungskräfte eines Unternehmens der Begehung von Straftaten im Zusammenhang mit der Geschäftstätigkeit schuldig gemacht oder schwere Ordnungswidrigkeiten begangen haben.[149] Bedeutsam sind insoweit insbesondere Vermögens- und Eigentumsdelikte wie etwa Betrugsdelikte, Bestechung, Vorteilsgewährung oder Urkundenfälschung.[150] Relevant sind ebenfalls Verstöße gegen Vorschriften des 101

[146] Vgl. Müller-Wrede/*Müller-Wrede* VOL/A-EG § 6 Rn. 54.
[147] Vgl. Heuvels/Höß/Kuß/Wagner/*Heuvels* Vergaberecht, § 16 VOB/A, Rn. 37; Kapellmann/Messerschmidt/*Frister* VOB/A § 16 Rn. 31; Ingenstau/Korbion/*Kratzenberg* VOB/A § 16 Rn. 43.
[148] Vgl. Müller-Wrede/*Müller-Wrede* VOL/A-EG § 6 Rn. 58.
[149] Vgl. Kapellmann/Messerschmidt/*Glahs* VOB/A § 6 Rn. 49, 59.
[150] Vgl. Kapellmann/Messerschmidt/*Frister* VOB/A § 16 Rn. 32; Heuvels/Höß/Kuß/Wagner/*Heuvels* Vergaberecht, § 16 VOB/A, Rn. 39.

GWB, des UWG, des Umweltrechts, des Schwarzarbeitsgesetzes oder des Arbeitnehmerüberlassungsgesetzes.[151].

102 Im Bereich europaweiter Vergaben ist bei rechtskräftiger Verurteilung wegen bestimmter Straftatbestände, insbesondere solcher zum Nachteil der Europäischen Union, sogar ein zwingender Ausschluss vorgegeben (im Sektorenbereich nach § 142 Nr. 2 GWB iVm § 100 Abs. 1 GWB nur für öffentliche Auftraggeber nach § 99 Nr. 1–3 GWB, die eine Sektorentätigkeit ausüben), von welchem der Auftraggeber nur in eng begrenzten Fällen absehen kann (§ 123 Abs. 5 GWB). Ein Ausschluss ist in diesen Fällen nur dann entbehrlich, wenn das öffentliche Interesse dies zwingend erfordert, etwa weil andere Unternehmen die Leistung nicht erbringen können oder aber ein Ausschluss auch ohne Berücksichtigung von Selbstreinigungsmaßnahmen offensichtlich unverhältnismäßig wäre; hierfür darf durch die Verfehlung die Eignung des Unternehmens für den konkreten Auftrag nicht (mehr) in Zweifel stehen.

103 Eine Verurteilung oder gar deren Rechtskraft sind für die „Nachweislichkeit" der zum fakultativen Ausschluss berechtigenden Straftaten hingegen nicht erforderlich; es genügt ein konkreter und greifbarer Tatverdacht.[152] Dieser ist insbesondere dann zu bejahen, wenn ein Haftbefehl wegen dringenden Tatverdachts beantragt und erlassen worden ist[153] oder durch die Staatsanwaltschaft Anklage erhoben wurde.[154]

104 Der Auftraggeber ist auf die Feststellungen von Strafverfolgungsbehörden und Gerichten indes nicht angewiesen, sondern kann den Nachweis auch selbst führen. Hierbei reichen bloße Verdächtigungen und Vorwürfe indes nicht aus, sondern es müssen zumindest konkrete und belastbare Anhaltspunkte vorliegen, die sich aus schriftlich fixierten Zeugenaussagen, Aufzeichnungen, Belegen oder sonstigen Urkunden aus seriösen Quellen ergeben.[155] Wegen der Schwierigkeiten eines sicheren Nachweises wird den Auftraggebern ein zurückhaltender Umgang mit Ausschlüssen wegen Straftaten empfohlen, wenn die Schuld des Bieters nicht durch behördliche und/oder gerichtliche Feststellung dokumentiert ist.[156]

105 Entscheidend für die Auswirkungen eines strafbewehrten Verhaltens ist neben Art und Schwere der Straftat auch der zeitliche Zusammenhang mit dem Auftrag. Eine Straftat wird umso eher zur Negierung der Zuverlässigkeit führen müssen, je kürzer der Zeitraum zwischen der Begehung und der formellen Angebotsprüfung im konkreten Vergabeverfahren ist.[157]

2. Vertragswidriges Verhalten

106 Auch ein vertragswidriges Verhalten kann eine „schwerwiegende Verfehlung" darstellen, welche die Zuverlässigkeit in Frage stellt.[158] Ausgenommen sind Verstöße, die aus einer „mangelhaften" Erfüllung eines früheren öffentlichen Auftrages herrühren; solche sind nun für europaweite Vergaben spezieller in § 124 Abs. 1 Nr. 7 GWB erfasst.

Zwar rechtfertigen Streitigkeiten über Vertragsinhalte nicht per se die Annahme der Unzuverlässigkeit des Vertragspartners, auch wenn sie gerichtlich ausgefochten werden.[159] Allerdings können nachweisliche, schwerwiegende und insbesondere auch vorsätzliche Vertragsverstöße den Vorwurf der Unzuverlässigkeit tragen. In Bezug auf die „Nachweislichkeit" ist kein abschließender Beweis oder gar eine gerichtliche Feststellung zu verlan-

---

151 Vgl. Müller-Wrede/*Müller-Wrede* VOL/A-EG § 6 Rn. 58.

152 Vgl. OLG München Beschl. v. 22.11.2012 – Verg 22/12; OLG Saarbrücken Beschl. v. 18.12.2003 – Verg 4/03.

153 Vgl. OLG München Beschl. v. 22.11.2012 – Verg 22/12; OLG Saarbrücken Beschl. v. 18.12.2003 – Verg 4/03.

154 Vgl. Ingenstau/Korbion/*Kratzenberg* VOB/A § 16 Rn. 53.

155 Vgl. OLG Düsseldorf Beschl. v. 14.11.2018 – VII-Verg 31/18; OLG Düsseldorf Beschl. v. 9.4.2003 – Verg 43/02; Kapellmann/Messerschmidt/*Frister* VOB/A § 16 Rn. 34.

156 Vgl. Ingenstau/Korbion/*Kratzenberg* VOB/A § 16 Rn. 54.

157 Vgl. Heuvels/Höß/Kuß/Wagner/*Heuvels* Vergaberecht, § 16 VOB/A, Rn. 43.

158 Vgl. Müller-Wrede/*Müller-Wrede* VOL/A-EG § 6 Rn. 60 mwN.

159 Vgl. KMPP/*Hausmann/von Hoff* VOL/A-EG § 6 Rn. 105.

gen. Es genügt, wenn der Auftraggeber nachvollziehbar und durch Unterlagen/Zeugenaussagen unterlegt die Rechtswidrigkeit des bieterseitigen Handelns plausibel darlegen kann.

Dabei kann und muss der Auftraggeber insbesondere auch das frühere Vertragsverhalten 107
des Bieters ihm gegenüber berücksichtigen. Ein Ausschluss wegen früherer Vertragsverstöße ist insbesondere dann gerechtfertigt, wenn über den konkret neu zu vergebenden Auftrag solche Streitigkeiten bestanden, dass der Vertrag nicht durchgeführt werden konnte und sich das gekündigte Unternehmen im Rahmen der Neuausschreibung der Leistungen wieder um den Auftrag bewirbt.[160] So ist beispielsweise der Ausschluss eines Unternehmens bestätigt worden, welches den Auftraggeber zunächst durch Kündigungsandrohung zur sofortigen Akzeptanz eines eklatant übersetzten Nachtrags von rund 140% der ursprünglichen Auftragssumme bewegen wollte, ansonsten diverse Vertragspflichten nicht beachtete (etwa eine vereinbarte Sicherheit nicht stellte) und schließlich selbst den Auftrag rechtswidrig fristlos gekündigt hatte, ohne dass ein nachvollziehbarer Grund vorlag.[161]

3. Bezugspunkt: Handelnde Personen

Bei der Prüfung schwerer Verfehlungen ist nicht auf das Unternehmen, sondern die ver- 108
antwortlich handelnden natürlichen Personen abzustellen, denn die Frage der Zuverlässigkeit hängt entscheidend von den handelnden Personen ab.[162] Deshalb kann ein Ausschluss nach § 124 Abs. 1 Nr. 3 GWB auch dann gerechtfertigt sein, wenn der handelnde Mitarbeiter seine Verfehlung noch während einer Tätigkeit für ein anderes Unternehmen beging, jedoch inzwischen bei dem Bieter tätig ist.[163]

Des Weiteren kann die Unzuverlässigkeit eines Unternehmens auf andere Unternehmen 109
ausstrahlen; dies gilt insbesondere auch dann, wenn (konzernverbundene) Unternehmen weitgehende Identität aufweisen, weil sie die denselben Geschäftsführer und denselben Justitiar haben sowie unter gleicher Anschrift und identischen Kontaktdaten auftreten.[164] Auch eine formale Unternehmensneugründung kann deshalb bei Identität der handelnden Personen die Unzuverlässigkeit nicht ausräumen.[165]

Das Handeln einer natürlichen Person ist dem Unternehmen zuzurechnen, wenn die 110
natürliche Person bei der Führung der Geschäfte selbst verantwortlich gehandelt hat oder ein Aufsichts- oder Organisationsverschulden vorliegt (§ 124 Abs. 1 Nr. 3 iVm § 123 Abs. 3 GWB).[166]

4. Vergabesperre

Verfehlungen der dargestellten Art können über das konkrete Vergabefahren hinaus die 111
Vermutung der Unzuverlässigkeit begründen, sodass ein Auftraggeber berechtigt sein kann, das Unternehmen nicht nur vom aktuellen Vergabeverfahren auszuschließen, sondern für einen gewissen Zeitraum von uU mehreren Jahren eine Vergabesperre gegen das Unternehmen zu verhängen.[167] Eine äußerste Grenze hierfür bestimmt § 126 GWB, wonach

[160] Vgl. OLG Düsseldorf Beschl. v. 25.7.2012 – Verg 27/12; OLG Düsseldorf Beschl. v. 4.2.2009 – Verg 65/08; OLG Brandenburg Beschl. v. 14.9.2010 – Verg W 8/10; VK Köln Beschl. v. 18.6.2012 – VK VOL 1/2012 und VK VOL 4/2012).

[161] Vgl. OLG Düsseldorf Beschl. v. 25.7.2012 – Verg 27/12; vorhergehend VK Köln Beschl. v. 18.6.2012 – VK VOL 1/2012 und VK VOL 4/2012).

[162] Vgl. OLG Düsseldorf Beschl. v. 28.7.2005 – Verg 42/05; Müller-Wrede/*Müller-Wrede* VOL/A-EG § 6 Rn. 61.

[163] Vgl. Müller-Wrede/*Müller-Wrede* VOL/A-EG § 6 Rn. 62.

[164] Vgl. OLG Düsseldorf Beschl. v. 25.7.2012 – Verg 27/12.

[165] Vgl. OLG Düsseldorf Beschl. v. 18.7.2001 – Verg 16/01; Müller-Wrede/*Müller-Wrede* VOL/A-EG § 6 Rn. 62.

[166] Vgl. zur insoweit identischen bisherigen Rechtslage ausführlich KMPP/*Hausmann/von Hoff* VOL/A-EG § 6 Rn. 107, 50ff.

[167] Vgl. KG Berlin Urt. v. 17.1.2011 – 2 U 4/06 Kart, NZBau 2012, 56ff.

auch beim Fehlen jedweder Selbstreinigungsmaßnahmen ein zwingender Ausschlussgrund längstens 5 Jahre und ein fakultativer Ausschlussgrund längstens 3 Jahre nach Verurteilung bzw. Verfehlung einen Ausschluss rechtfertigen kann. Insoweit bestimmt das Vergaberecht nun faktisch eine „Verjährung" von Ausschlussgründen. Da die Eignung jeweils im konkreten Verfahren geprüft wird, entbindet eine Vergabesperre den Auftraggeber überdies nicht, im konkreten Vergabeverfahren erneut die Voraussetzungen eines Ausschlusses zu prüfen und sein Ermessen auszuüben; er kann sich zwar auf die seiner Vergabesperre zugrunde liegenden Feststellungen stützen, muss jedoch prüfen, ob diese auch aktuell noch und für das konkrete Vergabeverfahren den Vorwurf der Unzuverlässigkeit tragen. Insbesondere muss er sich in diesem Rahmen mit etwaigen zwischenzeitlich ergriffenen Selbstreinigungsmaßnahmen auseinandersetzen (vgl. hierzu nachfolgend D.)

IV. Wettbewerbsbeschränkende Abreden

112 Nach § 124 Abs. 1 Nr. 4 GWB kann der Auftraggeber Angebote ausschließen, wenn er über hinreichende Anhaltspunkte darüber verfügt, dass das Unternehmen Vereinbarungen mit anderen Unternehmen getroffen hat, die eine Verhinderung, Einschränkung oder Verfälschung des Wettbewerbs bezwecken oder bewirken; ein zwingender Ausschluss ist, anders als etwa nach § 19 EG Abs. 3 lit. f) VOL/A aF bzw. § 16 EG Abs. 1 Nr. 1 lit d) VOB/A aF, nicht mehr vorgeschrieben.

Der mit diesem Ausschlusstatbestand zum Ausdruck gebrachte Wettbewerbsgrundsatz ist bieterschützend.[168] Der frühere Begriff der „unzulässigen wettbewerbsbeschränkenden Abrede" (etwa § 16 EG Abs. 1 lit. d) VOB/A aF ist begrifflich weiter aufgegliedert worden. Eine Erweiterung des Kreises unzulässiger Abreden ist damit indes nicht verbunden, da bereits der Begriff der „unzulässigen wettbewerbsbeschränkenden Abrede" außerordentlich weit auszulegen war und alle Absprachen und sonstigen Verhaltensweisen eines Bieters umfasste, die mit dem vergaberechtlichen Gebot eines unverfälschten Wettbewerbs nicht vereinbar sind.[169] Hierunter können Kartellabsprachen wie Preisabsprachen oder Marktaufteilungen ebenso fallen wie ein sachlich nicht zu rechtfertigender Zusammenschluss von Bietergemeinschaften oder die Verletzung des Geheimwettbewerbs durch wechselseitige Kenntnis von Angebotsinhalten. Durch die Betonung, dass die Abrede eine Wettbewerbsbeschränkung nicht bewirken muss, sondern bereits das „Bezwecken" ausreicht, wird klargestellt, dass auch der untaugliche Versuch einer Wettbewerbsbeschränkung den Ausschluss rechtfertigt.

Der Auftraggeber muss nur „hinreichende Anhaltspunkte" für eine wettbewerbsbeschränkende Abrede haben, muss eine solche Abrede also nicht beweisen. Die Einleitung eines Strafverfahrens oder eines kartellrechtlichen Bußgeldverfahrens schafft hier – ebenso wie glaubhafte und mit hinreichenden Anknüpfungstatsachen unterlegte Informationen durch Dritte – eine hinreichende Grundlage für eine entsprechende Annahme. Der Auftraggeber wird allerdings dem betroffenen Unternehmen – außer bei vollkommen offensichtlichen Verstößen – vor einem Ausschluss Gelegenheit zur Stellungnahme geben müssen. Kann der Bieter/Bewerber den Eindruck nicht entkräften, so ist der Auftraggeber berechtigt, einen Ausschluss vorzunehmen.

1. Kartellabsprachen

113 Den eklatantesten und zugleich regelmäßig am schwersten zu beweisenden Verstoß stellen unzulässige Kartellabsprachen zwischen Unternehmen dar wie etwa Preisabsprachen oder Marktaufteilungen mit der Folge einer uU massiven Wettbewerbsverengung. Ein typisches

---

[168] Vgl. OLG Düsseldorf Beschl. v. 4.2.2013 – Verg 31/12.

[169] Vgl. OLG Düsseldorf Beschl. v. 4.2.2013 – Verg 31/12; OLG München Beschl. v. 11.8.2008 – Verg 16/08; OLG Düsseldorf Beschl. v. 27.7.2006 – Verg 23/06; OLG Brandenburg Beschl. v. 6.10.2005 – Verg W 7/05; KMPP/*Verfürth* VOL/A-EG § 19 Rn. 139.

Beispiel stellt des „Feuerwehrkartell“ bzw. „Feuerwehrfahrzeugekartell“ dar, welches im Jahr 2011 durch das Bundeskartellamt aufgedeckt wurde. Auf dem Markt für Feuerwehrfahrzeuge in Deutschland hatten vier Unternehmen einen Marktanteil von zusammen 90%; diese vier Unternehmen vereinbarten eine Marktaufteilung zu festgelegten Sollquoten, sprachen Preise ab und teilten sich so den Markt in einer Weise auf, dass bei Ausschreibungen de facto keine Konkurrenz mehr bestand und entsprechend höhere Preise durchgesetzt werden konnten.[170]

Ein Auftraggeber darf in einer solchen Konstellation einen Bieter nicht erst dann ausschließen, wenn (rechtskräftige) Bußgeldentscheidungen oder strafgerichtliche Urteile gegen den Bieter vorliegen. Er muss „hinreichende Anhaltspunkte“ von dem Verstoß haben, wozu es ausreicht, dass er aufgrund konkreter Anhaltspunkte davon ausgehen kann bzw. muss, dass der Bieter unzulässige Preis- bzw. Kartellabsprachen getroffen hat.[171] 114

Ein Ausschluss unter dem Gesichtspunkt wettbewerbsbeschränkender Abreden ist allerdings nur vorgesehen, wenn die unzulässigen Preis- bzw. Kartellabsprachen in Bezug auf die Ausschreibung getroffen wurden; der Gesetzeswortlaut stellt auf eine aktuelle Beschränkung/Verfälschung „des Wettbewerbs“ ab; Verfehlungen in früheren/anderen Verfahren können unter dem Gesichtspunkt „nachweislicher schwerer Verfehlungen“ einen fakultativen Ausschlussgrund nach § 124 Abs. 1 Nr. 3 GWB.[172] 115

2. Bildung von Bietergemeinschaften

Immer wieder wird auch die Bildung einer Bietergemeinschaft unter dem Gesichtspunkt wettbewerbsbeschränkender Abreden kritisch betrachtet. Es wird empfohlen, bei Angeboten von Bietergemeinschaft stets ein „besonderes Augenmerk“ auf die Einhaltung des Wettbewerbsgrundsatzes zu legen.[173] Die Bildung einer Bietergemeinschaft ist jedoch vergaberechtlich grundsätzlich zulässig und kann nur in Ausnahmefällen eine wettbewerbsbeschränkende Handlung darstellen: 116

a) Grundsätzliche Zulässigkeit von Bietergemeinschaften. Übereinstimmend sehen Art. 19 Abs. 2 der Auftragsvergaberichtlinie[174], Art. 37 Abs. 2 der Sektorenvergaberichtlinie[175] sowie Art. 26 Abs. 2 der Konzessionsvergaberichtlinie[176] die Beteiligung von Bietergemeinschaften vor. Die Richtlinien enthalten weiterhin Regelungen zu Vorgaben an die Rechtsform von Bietergemeinschaften sowie zur Eignungsbewertung bei Beteiligung von Bietergemeinschaften. Das europäische Vergaberecht geht folglich von der prinzipiellen Zulässigkeit der Beteiligung von Bietergemeinschaften aus. 117

Auch die nationalen Vergabevorschriften sehen die Bietergemeinschaft ausdrücklich vor. So bestimmen § 43 Abs. 2 VgV, § 6 Abs. 3 Nr. 2 VOB/A-EU, § 50 Abs. 2 SektVO, § 24 Abs. 2 KonzVgV, § 21 Abs. 5 VSVgV und § 32 Abs. 2 UVgO übereinstimmend, dass Bietergemeinschaften Einzelbietern gleichzusetzen sind. 118

b) Grundsätzlich keine Wettbewerbsbeschränkung. Die Bildung einer Bietergemeinschaft begründet grundsätzlich keine unzulässige Wettbewerbsbeschränkung iSd § 1 119

[170] Vgl. BKartA Beschl. v. 10.2.2011 – B 12-11/09.
[171] Vgl. OLG München Beschl. v. 22.11.2012 – Verg 22/12.
[172] Vgl. hierzu nachfolgend C III 1, → Rn. 101.
[173] Vgl. KMPP/*Verfürth* VOL/A-EG § 19 Rn. 141.
[174] Richtlinie 2014/24/EU des Europäischen Parlaments und des Rates v. 26.2.2014 über die öffentliche Auftragsvergabe und zur Aufhebung der Richtlinie 2004/18/EG.
[175] Richtlinie 2014/25/EG des Europäischen Parlaments und des Rates v. 26.2.2014 über die Vergabe von Aufträgen durch Auftraggeber im Bereich der Wasser-, Energie- und Verkehrsversorgung sowie der Postdienste und zur Aufhebung der Richtlinie 2004/17/EG.
[176] Richtlinie 2014/23/EU des Europäischen Parlaments und des Rates v. 26.2.2014 über die Konzessionsvergabe.

GWB[177] und unterliegt daher nicht dem Generalverdacht der Kartellrechtswidrigkeit.[178] Die Wertung des KG Berlin,[179] wonach die Bildung einer Bietergemeinschaft ohne Weiteres eine wettbewerbsbeschränkende Handlung darstelle und nur im Ausnahmefall zulässig sei, steht in diametralem Widerspruch zu den vergaberechtlichen Vorgaben und verkehrt das Regel-Ausnahmeverhältnis einer zulässigen Beteiligung von Bietergemeinschaften unzulässig.

Bietergemeinschaften sind nach zutreffender Auffassung zulässig, wenn sich Unternehmen verschiedener Fachrichtungen zu einer Bietergemeinschaft zusammenschließen und die Mitglieder dementsprechend unterschiedliche, technisch abgrenzbare Teilleistungen des Auftrages erbringen (vertikale Ausrichtung); ebenso ist es auch zulässig, wenn sich mehrere Unternehmen einer Fachrichtung aus Kapazitätsgründen zusammenschließen, um die Leistung gemeinsam zu erbringen (horizontale Ausrichtung).[180]

120 Der vertikale Zusammenschluss mehrerer Spezialunternehmen bedingt keine Wettbewerbsverkürzung, sondern schafft regelmäßig erst die Möglichkeit zur Beteiligung am Vergabeverfahren und führt so zu einer Stärkung des Wettbewerbs. Solche Zusammenschlüsse können deshalb grundsätzlich keine unzulässigen Wettbewerbsbeschränkungen bedingen.[181]

121 Auch horizontale Bietergemeinschaften aus mehreren Unternehmen einer Fachrichtung begründen grundsätzlich nicht den Verdacht einer Wettbewerbsbeschränkung. Solche Bietergemeinschaften sind problemlos dann zulässig, wenn die Mitgliedsunternehmen allein mangels ausreichender Kapazitäten und ausreichender Wirtschaftskraft nicht allein am Ausschreibungsverfahren teilnehmen könnten.[182]

122 Ist eine alleinige Teilnahme am Verfahren wirtschaftlich nicht zweckmäßig oder kaufmännisch nicht vernünftig, so ist die Bietergemeinschaft selbst dann zulässig, wenn sich Großunternehmen zusammenschließen, deren Kapazitäten, technische Einrichtungen und fachliche Kenntnisse objektiv ausreichen würden, um den Auftrag eigenständig durchzuführen.[183] Entscheidend ist damit die Zweckmäßigkeit des Zusammenschlusses im Einzelfall.[184]

Eine Bietergemeinschaft ist somit zulässig

- wenn die Unternehmen objektiv nicht zur alleinigen Auftragsdurchführung in der Lage sind;
- wenn die Unternehmen eigentlich hierzu in der Lage sind, aber ihre Kapazitäten anderweitig gebunden haben und
- wenn die Unternehmen zwar eigentlich zur Auftragsdurchführung allein in der Lage wären, aber aus vernünftigen unternehmerischen Gründen eine Bietergemeinschaft gegründet haben.[185]

Im Rahmen dieser Bewertung dürfen weder der Auftraggeber noch die Vergabenachprüfungsinstanzen die Überlegungen der beteiligten Unternehmen durch eigene „unternehmerische" Erwägungen ersetzen.[186] Vielmehr steht den Unternehmen eine Einschätzungsprärogative zu, im Rahmen eines Nachprüfungsverfahrens nur auf Vertretbarkeit zu überprüfen ist.[187] Sie muss allerdings auf objektiven Anhaltspunkten beruhen, deren Vor-

[177] Vgl. OLG Koblenz Beschl. v. 29.12.2004 – 1 Verg 6/04, VergabeR 2005, 527; Ziekow/Völlink/*Hänsel* VOB/A § 6 Rn. 4; Jagenburg/Schröder/Baldringer/*Haupt* Der ARGE-Vertrag, Anhang 4, Rn. 742.
[178] OLG Düsseldorf Beschl. v. 17.12.2014 – VII-Verg 22/14.
[179] KG Berlin Beschl. v. 24.10.2013 – Verg 11/13, NZBau 2013, 792.
[180] Vgl. Ziekow/Völlink/*Hänsel* VOB/A § 6 Rn. 4.
[181] OLG Düsseldorf Beschl. v. 1.7.2015 – VII-Verg 17/15.
[182] Vgl. Jagenburg/Schröder/Baldringer/*Haupt* Der ARGE-Vertrag, Anhang 4, Rn. 742.
[183] Vgl. BGH Urt. v. 13.12.1983 – KRB 3/8; KMPP/*Hausmann* VOB/A § 6 Rn. 34.
[184] Vgl. OLG Düsseldorf Beschl. v. 23.3.2005 – Verg 68/04.
[185] OLG Düsseldorf Beschl. v. 1.7.2015 – VII-Verg 17/15.
[186] Vgl. OLG Koblenz Beschl. v. 29.12.2004 – 1 Verg 6/04.
[187] Vgl. OLG Düsseldorf Beschl. v. 9.11.2011 – VII-Verg 35/11.

liegen uneingeschränkt zu überprüfen ist, so dass die Entscheidung zur Eingehung der Bietergemeinschaft vertretbar erscheint.[188]

c) Erforderlichkeit einer Prüfung. Da öffentliche Auftraggeber nicht primär mit der Prüfung kartellrechtlicher Vorgaben befasst sind, müssen sie nur naheliegende Verstöße einer Prüfung unterziehen.[189] Liegt ein solcher Fall nicht vor, kann die Vergabestelle im Hinblick auf die grundsätzliche Zulässigkeit von Bietergemeinschaften von deren Zulässigkeit ausgehen auf eine Prüfung verzichten.[190] Nur wenn es konkrete Anhaltspunkte für eine mögliche Unzulässigkeit der Bietergemeinschaft gibt, muss der öffentliche Auftraggeber die Gründe für den Zusammenschluss aufklären. Solche Anhaltspunkte nimmt die Rechtsprechung an, wenn die beteiligten Unternehmen auf demselben Markt tätige Wettbewerber sind und dem Auftraggeber nichts dafür bekannt ist, dass sie objektiv nicht in der Lage wären, unabhängig voneinander Angebote einzureichen.[191] Ist der ausgeschriebene Auftrag von seinem Umfang und seinen Spezifikationen her für einzelne oder alle Mitglieder einer Bietergemeinschaft von ihrer Größe, technischen Kompetenz und Finanzkraft her ohne Weiteres alleine zu bewältigen, muss der öffentliche Auftraggeber sich daher die Gründe für den Zusammenschluss darlegen lassen. Eine bieterseitige Darlegung bereits mit Angebotsabgabe bzw. mit Einreichung eines Teilnahmeantrages ist nicht veranlasst.[192] 123

Ein Ausschluss ohne Aufklärung ist weder zulässig noch veranlasst. Vielmehr ist hier eine Prüfung durch den Auftraggeber vorzunehmen und nach zutreffender Auffassung in Rechtsprechung und Literatur darauf abzustellen, ob vernünftige unternehmerische Gründe für den Zusammenschluss angeführt werden können.[193] Für den Zusammenschluss können etwa Aspekte der Risikobegrenzung, der Bindung vorhandener technischer, personeller oder finanzieller Ressourcen durch andere Projekte, und sonstige nachvollziehbare unternehmerische Erwägungen sprechen.[194] 124

Kann die Bietergemeinschaft in solch einem Fall jedoch keine nachvollziehbaren Gründe für den Zusammenschluss darlegen und ist folglich von einer wettbewerbsbeschränkenden Abrede auszugehen, so ist der Auftraggeber verpflichtet, die Bietergemeinschaft auszuschließen. 125

d) Besonderheiten bei konzernverbundenen Gesellschaften. Die vorgenannten Schranken gelten ausdrücklich nicht für die Bildung einer Bietergemeinschaft aus mehreren konzernverbundenen Gesellschaften. Besteht die Bietergemeinschaft aus Gesellschaften, die von einer gemeinsamen Muttergesellschaft zu 100% beherrscht werden und könnte die Muttergesellschaft gesellschaftsrechtlich die Bildung einer Bietergemeinschaft anordnen, so ist die Vorschrift des § 1 GWB wegen des Konzernprivilegs bereits nicht tangiert und kann ein Angebot der Bietergemeinschaft nicht wegen wettbewerbsbeschränkender Handlungen ausgeschlossen werden.[195] 126

3. Kenntnis des Bieters von Angeboten anderer Bieter

Eine unzulässige Wettbewerbsbeschränkung liegt auch dann vor, wenn mehrere Bieter ihre Angebote in wechselseitiger Kenntnis der Angebotsinhalte abgegeben haben.[196] Denn nur 127

[188] OLG Düsseldorf Beschl. v. 1.7.2015 – VII-Verg 17/15.
[189] *Lux* Bietergemeinschaften, S. 62.
[190] *Lux* Bietergemeinschaften, S. 61.
[191] OLG Düsseldorf Beschl. v. 1.7.2015 – VII-17/15; OLG Düsseldorf Beschl. v. 17.12.2014 – VII-Verg 22/14.
[192] OLG Düsseldorf Beschl. v. 1.7.2015 – VII-Verg 17/15.
[193] Vgl. BGH Urt. v. 13.12.1983 – KRB 3/83, BB 1984, 364; OLG Düsseldorf Beschl. v. 3.6.2004 – W (Kart) 14/04; OLG Frankfurt/Main Beschl. v. 27.6.2003 – 11 Verg 2/03, NZBau 2004, 60; *Hertwig/Nelskamp* BauRB 2004, 183, 185.
[194] Vgl. Jagenburg/Schröder/Baldringer/*Haupt*, Der ARGE-Vertrag, Anhang 4, Rn. 743.
[195] OLG Düsseldorf Beschl. v. 29.7.2015 – VII-Verg 5/15.
[196] OLG Düsseldorf Beschl. v. 16.9.2003 – Verg 52/03, IBR 2003, 686; Ingenstau/Korbion/*Schranner* VOB/A § 2 Rn. 67.

wenn die Bieter ihre Angebote wechselseitig in Unkenntnis von den Angeboten der Konkurrenz abgeben, kann echter Wettbewerb entstehen.[197]

128 Eine unzulässige Durchbrechung des Geheimwettbewerbs ist hierbei nicht erst dann gegeben, wenn der Angebots(gesamt-)preis bekannt ist; ausreichend kann auch das Wissen um Angebotsgrundlagen, Angebotsteile oder die Kalkulation sein.[198] Dabei wird es als ausreichend angesehen, wenn ein Bieter „wesentliche Teile" des Angebots des Mitbewerbers kennt; eine Kenntnis von mehr als 50% der Angebotsgrundlagen eines Mitbewerbers ist insoweit „mehr als ausreichend".[199] Die Grenze einer unbedenklichen „unwesentlichen Kenntnis" ist in der Rechtsprechung noch nicht geklärt. Für die Frage, wann eine Kenntnis von Angebotsteilen den Wettbewerb beeinträchtigt, kommt es auf die Struktur des Auftrages an. Abhängig davon, welche Fixkosten oder gesetzliche Vorgaben bestehen, kann uU bereits ein kleiner Teil der Kalkulation erhebliche Wettbewerbsrelevanz aufweisen.

129 **a) Mehrfachbeteiligung von Mitgliedern einer Bietergemeinschaft.** Wiederholt sind Verstöße gegen den Geheimwettbewerb aufgrund einer Mehrfachbeteiligung von Mitgliedern einer Bietergemeinschaft (als Mitglied mehrerer Bietergemeinschaften oder als Einzelbieter und zudem als Mitglied einer Bietergemeinschaft) und daraus folgender wechselseitiger Angebotskenntnis festgestellt worden.

130 Bewirbt sich ein Unternehmen nicht nur als Mitglied einer Bietergemeinschaft um einen Auftrag, sondern gibt darüber hinaus auch als Einzelbieter ein Angebot ab, so besteht eine (nur mit erheblichem Aufwand widerlegbare) Vermutung dafür, dass der Geheimwettbewerb nicht gewahrt ist, weil wechselseitige Kenntnis der Angebote oder zumindest der Angebotsgrundlagen bestand.[200] Ein automatischer Ausschluss ohne Eröffnung bzw. Berücksichtigung der Führung des Gegenbeweises durch die betroffenen Bieter ist indes unzulässig.[201]

131 Das parallel als eigenständiger Bieter auftretende Mitglied der Bietergemeinschaft hat jedenfalls grundsätzlich Kenntnis von dem Angebot der Bietergemeinschaft, der es angehört. Umgekehrt hat auch die Bietergemeinschaft über ihr sich mehrfach beteiligendes Mitglied Kenntnis von dessen Einzelangebot. Selbst wenn keine Information der Bietergemeinschaft bzw. der übrigen Mitglieder erfolgt, muss sich die Bietergemeinschaft die Kenntnis ihres Mitglieds zurechnen lassen.[202]

132 Dementsprechend muss prinzipiell eine Verletzung des Geheimwettbewerbs bei Mehrfachbeteiligungen angenommen und einer Prüfung durch die Vergabestelle unterzogen werden. Dies gilt wegen der Zurechnung der Kenntnisse eines Mitglieds gegenüber der jeweiligen Bietergemeinschaft ebenso bei doppelter Beteiligung als Mitglied von zwei Bietergemeinschaften.

133 Nicht alle Formen der Mehrfachbeteiligung sind jedoch dem Verdacht wettbewerbsbeschränkender Abreden ausgesetzt. Kritisch und zumeist unzulässig sind Mehrfachbeteiligungen „für dieselbe Leistung". Als zulässig wird es hingegen angesehen, wenn sich eine Bietergemeinschaft um einen Gesamtauftrag bewirbt und Mitglieder der Bietergemeinschaft entsprechend ihrem Aufgabenbereich in der Bietergemeinschaft daneben Angebote für ein oder mehrere Lose abgeben.[203] Hierin liegt nach der Rechtsprechung keine Be-

---

197 Vgl. OLG München Beschl. v. 11.8.2008 – Verg 17/08.

198 VK Rheinland-Pfalz Beschl. v. 14.6.2005 – VK 16/05, IBRRS 2005, 2272; Gabriel/Benecke/Geldsetzer Die Bietergemeinschaft, Rn. 41.

199 Vgl. OLG München Beschl. v. 11.8.2008 – Verg 16/08.

200 Vgl. OLG Naumburg Beschl. v. 30.7.2004 – 1 Verg 10/04, IBR 2005, 115; OLG Celle Beschl. v. 13.12. 2007 – 13 Verg 10/07; KMPP/*Verfürth* VOB/A § 16, Rn. 107; Eschenbruch/Opitz/Röwekamp/*Röwekamp* SektVO § 26 Rn. 22.

201 EuGH Urt. v. 23.12.2009 – C-376/08 – Serrantoni.

202 Zutreffend *Lux* Bietergemeinschaften, S. 143f.

203 OLG Düsseldorf Beschl. v. 28.5.2003 – Verg 8/03, VergabeR 2003, 461; OLG Thüringen Beschl. v. 31.8.2009 – 9 Verg 6/09; skeptisch *Leinemann* VergabeR 2003, 467, 468.

werbung um „dieselbe Leistung“ und entsteht keine – durch wechselseitiges Angebotswissen durchbrochene – Konkurrenzsituation, da sich die Bewerbung auf unterschiedliche Auftragsinhalte bezieht.

b) Mehrfachbeteiligung von Nachunternehmern. Große praktische Bedeutung hat die Frage, ob auch bei einer Mehrfachbeteiligung von Nachunternehmern eine wechselseitige Angebotskenntnis vermutet und von den Bietern widerlegt werden muss.[204] Diese Frage stellt sich zuvorderst, wenn ein Unternehmen einmal als Bieter und einmal als Nachunternehmer auftritt. Eine solche Parallelbeteiligung bedeutet nicht immer einen Verstoß gegen das Gebot des Geheimwettbewerbs. Einem Nachunternehmer ist grundsätzlich keine Kenntnis von dem Angebot des betreffenden Bieters zu unterstellen; anders als ein Bietergemeinschaftsmitglied kennt er regelmäßig nur den von ihm angebotenen Preis, nicht aber die weiteren Inhalte des Angebots und insbesondere die Preise des auf ihn zugreifenden Bieters. Es müssen deshalb weitere Tatsachen hinzukommen, die nach Art und Umfang des Nachunternehmereinsatzes sowie mit Rücksicht auf die Begleitumstände eine Kenntnis von dem zur selben Ausschreibung abgegebenen Konkurrenzangebot annehmen lassen.[205] Erstrecken sich die Leistungen des Nachunternehmers auf große Teile oder gar die gesamte operative Leistung des Konkurrenzangebotes, so kennt er wesentliche Kalkulationsgrundlagen, die einer Kenntnis des Angebotes selbst gleichzustellen sind. Stellt der Nachunternehmer in einer solchen Konstellation zusätzlich ein eigenes Angebot, so liegt ein Verstoß gegen den Grundsatz des Geheimwettbewerbs vor. 134

Praxisrelevant ist zudem die Beteiligung eines Unternehmens als Nachunternehmer für mehrere Bieter. Denn insbesondere bei komplexen und hoch spezialisierten Aufträgen wird nicht selten ein und dasselbe Unternehmen von mehreren Bietern als Nachunternehmer angesprochen. Der Nachunternehmer kennt zumindest dann wesentliche Angebotsgrundlagen, wenn er zentrale Leistungsinhalte abdeckt. Entscheidend ist aber nicht die Kenntnis des Nachunternehmers, sondern die Kenntnis des Bieters. Da ein Bieter regelmäßig keine Kenntnis davon hat, dass der von ihm angesprochene Nachunternehmer auch für andere Bieter Nachunternehmerleistungen im für einen ausgeschriebenen Auftrag anbietet, kann aus der Beteiligung eines Unternehmens als Nachunternehmer für mehrere Bieter regelmäßig nicht auf eine wettbewerbsbeschränkende Verhaltensweise der betroffenen Bieter geschlossen werden, sodass in dieser Konstellation ein Ausschlussgrund regelmäßig nicht vorliegt. 135

c) Bewerbung mehrerer konzernverbundener Unternehmen. Die (widerlegbare) Vermutung wechselseitiger Angebotskenntnis besteht nicht nur bei mehrfacher Beteiligung eines Unternehmens, sondern erstreckt sich auch auf die parallele Beteiligung konzernverbundener Unternehmen. Denn auch hier ist grundsätzlich von einer entsprechenden Informationsweitergabe auszugehen, sodass auch in diesem Fall eine – widerlegbare – Vermutung für eine Verletzung des Geheimwettbewerbs besteht.[206] Gleiches gilt, wenn mehrere Angebote rechtlich verschiedener und auch nicht konzernverbundener Anbieter von ein und derselben Person (etwa einem Berater) erstellt worden sind.[207] 136

d) Widerlegung der Vermutung. Sofern die Vermutung einer Verletzung des Geheimwettbewerbs im Raum steht, droht der Ausschluss aller beteiligten Bieter aus dem Verga- 137

[204] Vgl. zu dieser Thematik eingehend *Hertwig,* Praxis der Auftragsvergabe, Rn. 479.

[205] Vgl. OLG Düsseldorf Beschl. v. 13.4.2006 – Verg 10/06; VK Sachsen-Anhalt Beschl. v. 5.3.2012 – 2 VK LSA 35/11, IBRRS 2012, 3608; VK Schleswig-Holstein Beschl. v. 17.9.2008 – VK-SH 10/08, IBRRS 2008, 2797.

[206] Vgl. OLG Düsseldorf Beschl. v. 13.4.2011 – Verg 4/11; aA Eschenbruch/Opitz/Röwekamp/*Röwekamp* SektVO § 26, Rn. 23.

[207] OLG Thüringen Beschl. v. 19.4.2004 – 6 Verg 3/04; Ingenstau/Korbion/*Schranner* VOB/A § 2 Rn. 69.

beverfahren. Diesem Ausschluss kann nur mit dem Nachweis entgegen gewirkt werden, dass auf Grund entsprechender Vorkehrungen keine relevante Angebotskenntnis besteht.

138 Ein solcher Nachweis dürfte für die Beteiligung eines Unternehmens als Mitglied einer Bietergemeinschaft und als Einzelbieter nur selten möglich sein, wenn sich beide Angebote auf die Gesamtleistung beziehen. Hier müsste erstens der Leistungsanteil in der Bietergemeinschaft unwesentlich sein, um die Kenntnis des Bieters noch als unbedenklich einstufen zu können. Zweitens müsste zusätzlich durch rechtliche und/oder technische Maßgaben sichergestellt sein, dass das betroffene Unternehmen keinerlei Kenntnisse von den übrigen Angebotsinhalten der Bietergemeinschaft erhält und wechselseitig keine Informationen ausgetauscht werden.

139 Bei paralleler Beteiligung konzernverbundener Unternehmen kann über die Darlegung unterschiedlicher Personalbesetzungen und entsprechende technische und/oder rechtliche Sicherungsmechanismen (Chinese Walls oÄ) der erforderliche Nachweis durchaus erbracht werden. Die bloße Versicherung der beteiligten Mitarbeiter, Vertraulichkeit gewahrt zu haben, genügt indes nicht. Vielmehr sind die strukturellen Umstände darzulegen, die einen Wettbewerbsverstoß bereits im Ansatz verhindern. Dies erfordert konkrete Ausführungen zu den strukturellen Bedingungen der Angebotserstellung und insbesondere dazu, ob und in welcher Form die Konzernmutter Einfluss auf die Ausschreibungsbeteiligung nimmt, ob die Unternehmen einer entsprechenden Konzernstrategie unterworfen sind, auf welchen Unternehmensebenen Abstimmungen vorgenommen werden und welche organisatorischen und personellen Verflechtungen bestehen.[208]

140 Ein entsprechender Nachweis ist spätestens bei Angebotsabgabe erforderlich. Denn nach der Rechtsprechung bedarf es nicht aktiver Aufklärungsbemühungen des Auftraggebers, sondern sind die Bieter gehalten, entsprechende Verdachtsmomente (spätestens) bei der Angebotserhebung auszuräumen.[209] Es obliegt dem Bieter, in seinem Angebot diejenigen besonderen Umstände und Vorkehrungen nachzuweisen, die ausnahmsweise einem Angebotsausschluss entgegen stehen.[210]

141 Bei Verfahren mit vorgeschaltetem Teilnahmewettbewerb empfiehlt sich eine entsprechende Darlegung bereits bei Einreichung des Teilnahmeantrages. Vor Angebotsabgabe besteht zwar regelmäßig keine Kenntnis wettbewerblicher Angebotspreise oder Angebotsgrundlagen, sodass noch kein Verstoß gegen den Wettbewerbsgrundsatz bzw. den Geheimwettbewerb vorliegt.[211] Allerdings wäre es widersinnig, wenn der Auftraggeber trotz absehbarem Ausschluss die betroffenen Bewerber sämtlich zur Angebotsabgabe auffordern müsste. Deshalb wirkt der (drohende) Verstoß gegen den Grundsatz des Geheimwettbewerbs bereits auf den Teilnahmewettbewerb vor, sodass der öffentliche Auftraggeber die betroffenen Bewerber – bei evidenten Verstößen – bereits im Teilnahmewettbewerb ausschließen kann.[212] In Zweifelsfällen wird zwar hier eine Aufklärung durch den öffentlichen Auftraggeber erforderlich sein; vorsorglich ist ein Nachweis der betroffenen Bewerber jedoch bereits bei Einreichung des Teilnahmeantrages zu empfehlen.

V. Interessenskonflikt

142 Neu hinzugetreten – aber der Sache nach nicht neu – ist der in § 124 Abs. 1 Nr. 5 niedergelegte Ausschlussgrund eines nicht wirksam zu beseitigenden Interessenskonflikts, der die

208 OLG Düsseldorf Beschl. v. 13. 4. 2011 – VII-Verg 4/11.

209 So OLG Düsseldorf in stRspr, vgl. insbesondere Beschl. v. 27. 7. 2006 – Verg 23/06, VergabeR 2007, 229, 233; Beschl. v. 13. 4. 2011 – Verg 4/11.

210 Vgl. OLG Düsseldorf Beschl. v. 27. 7. 2006 – Verg 23/06, VergabeR 2007, 229, 233.

211 Vgl. OLG München Beschl. v. 28. 4. 2006 – Verg 6/06; *Meininger/Kayser* BB 2006, 283, 285.

212 Vgl. VK Brandenburg Beschl. v. 2. 10. 2006 – 2 VK 38/06, IBRRS 2006, 4105; VK Brandenburg Beschl. v. 21. 2. 2007 – 2 VK 58/06, IBRRS 2007, 3697; *Meininger/Kayser* BB 2006, 283, 285; *Lux* Bietergemeinschaften, S. 147.

Unparteilichkeit und Unabhängigkeit einer für den Auftraggeber tätigen Person bei der Durchführung des Vergabeverfahrens beeinträchtigen könnte.

Ein solcher Fall kann insbesondere dann bestehen, wenn sich Unternehmen um einen Auftrag bewirbt, welches mit dem Auftraggeber verbunden ist. Die Beteiligung eines mit dem Auftraggeber wirtschaftlich verbundenen Unternehmens ist nicht per se unzulässig. Aus einer solchen Beteiligung folgenden Risiken für eine Neutralität des Vergabeverfahrens können am ehesten dadurch bewältigt werden, dass harte, objektiv überprüfbare Zuschlagskriterien gewählt werden, die keinen Beurteilungsspielraum im Sinne einer Bewertung eines Besser oder Schlechter eröffnen und somit bereits im Ansatz Möglichkeiten einer Begünstigung ausschließen. Überdies muss sichergestellt werden, dass keine vorzeitigen oder zusätzlichen Informationen an den Bieter geleitet werden. Hierzu wäre ein erfahrenes Vergabeteam zu bestimmen und entsprechend – sei es durch Einzelanweisung oder interne Vergaberichtlinien – entsprechend anzuweisen. Idealerweise wird sichergestellt, dass in diesem Fall nur die betroffenen Mitarbeiter Zugriffsmöglichkeiten haben. Verhandlungsverfahren sind aufgrund der ihnen innewohnenden höheren Manipulationsmöglichkeit zu vermeiden. Nur wenn der Auftraggeber keine Möglichkeiten ergreift, um entsprechende Interessenskonflikte strukturell wirksam zu verhindern, ist als ultima ratio ein Ausschluss zulässig und geboten.

Eine weitere Fallgruppe bilden Fälle, in welchen Mitarbeiter des Auftraggebers selbst oder über Verwandte mit dem Bieterunternehmen verbunden sind. Hier wäre vorrangig vor einem Ausschluss sicherzustellen, dass die entsprechenden Mitarbeiter strukturell vom Informationsfluss für dieses Projekt ausgeschlossen sind und auch auf sonstige Weise das Verfahren nicht beeinflussen können. Vorbeugend empfiehlt sich eine verbindliche Anweisung an alle mit Ausschreibungen befasste Mitarbeiter, entsprechende Interessenskonflikte frühzeitig und unbefragt mitzuteilen.

VI. Wettbewerbsverzerrung durch Beteiligung von Projektanten

Ist ein Unternehmen an der Vorbereitung eines Vergabeverfahrens beteiligt, etwa durch 143
Fertigung einer Machbarkeitsstudie als Grundlage für die Ausschreibung von Planungsleistungen, so können sich hieraus wettbewerbsverzerrende Wissensvorsprünge ergeben. Solche „Projektanten" oder „vorbefassten Bieter" haben aus ihrer Tätigkeit heraus regelmäßig ein uU erhebliches Vorwissen gewonnen, welches insbesondere die Kalkulation erheblich beeinflussen und erleichtern kann.

Eine Beteiligung von Projektanten ist nicht grundsätzlich unzulässig, erfordert aber geeignete Maßnahmen zum Ausgleich der durch die Vorbefassung mit dem Auftrag erlangten Wissensvorsprünge. Nur wenn diese nicht effektiv bereinigt werden können, ist ein Ausschluss nach § 124 Abs. 1 Nr. 6 GWB zulässig und im Regelfall geboten.[213] Hierzu ist es in der Regel ausreichend, die von dem Projektanten erarbeiteten Ergebnisse allen Bietern im Verfahren – anonymisiert – zugänglich zu machen. Soweit dem Projektanten darüber hinaus andere Unterlagen zugänglich gemacht wurden, die für die Angebotskalkulation erheblich sind, so müssen auch diese allen Bietern offengelegt werden.

Ein Ausschluss eines Projektanten ist lediglich als ultima ratio zulässig, wenn eine Wettbewerbsverfälschung durch Ausgleich des Informationsvorsprungs nicht erfolgen kann.[214]

---

[213] Vgl. EuGH Urt. v. 3.3.2005 – C-21/03 und C-34/03, VergabeR 2005, 319 ff.; OLG Düsseldorf Beschl. v. 13.8.2008 – VII-Verg 28/08.

[214] VK Bund Beschl. v. 24.5.2012 – VK 3-45/12, BeckRS 2012, 211349.

VII. Mangelhafte Vertragserfüllung in Bezug auf einen früheren öffentlichen Auftrag

144 Hat ein Unternehmen 1. eine wesentliche Anforderung 2. bei der Ausführung eines früheren öffentlichen Auftrages oder Konzessionsvertrages 3. erheblich oder fortdauernd mangelhaft erfüllt und hat dies 4. zu einer vorzeitigen Beendigung zu Schadensersatz oder zu einer vergleichbaren Rechtsfolge geführt, so kann ein Unternehmen nach § 127 Abs. 1 Nr. 7 GWB ausgeschlossen werden.

Der Begriff der mangelhaften Erfüllung ist nicht streng zivilrechtlich zu interpretieren, sondern umfassend im Sinne einer nicht vertragsgerechten Erfüllung zu verstehen und erfasst sowohl die Verletzung von Haupt- als auch Nebenpflichten.[215] Sofern man abweichend von diesem Verständnis nur im engeren Sinne „Mangelhafte" Vertragserfüllung unter § 124 Abs. 1 Nr. 7 GWB fassen wollte, wären sonstige Vertragsverstöße wie etwa eine vorsätzliche Nichtvorlage einer Vertragserfüllungsbürgschaft damit nicht sanktionslos, sondern unter § 124 Abs. 1 Nr. 3 GWB zu fassen.

145 Durch die Begrenzung auf „wesentliche Anforderungen" wird verdeutlicht, dass die Verletzung von unbedeutenden Nebenpflichten, selbst wenn sie zu Schadensersatz geführt haben, den Ermessenspielraum nicht eröffnen. Für die Frage der Wesentlichkeit ist die Bedeutung der verletzten Vertragspflicht für den Auftraggeber maßgebend und nicht die Auswirkungen der mangelhaften Leistung selbst.[216] Ein Ausschluss wäre indes ohnehin nur dann ermessensgerecht, wenn die Schlechterfüllung ernsthaft die Eignung für den konkret in Rede stehenden Auftrag in Frage stellen würde; kleinere Mängel wären hierzu nicht geeignet, sodass das Merkmal der „wesentlichen Anforderung" voraussichtlich geringe Praxisrelevanz aufweisen wird.

146 Die Vorschrift bezieht sich nur auf Schlechterfüllungen bei der Ausführung öffentlicher Aufträge oder Konzessionsaufträge. Nicht erfasst sind dementsprechend mangelhafte Vertragserfüllungen für private Auftraggeber. Diese können eine schwere Verfehlung nach § 124 Abs. 1 Nr. 3 GWB darstellen, wobei dort keine geringeren Anforderungen als nach § 124 Abs. 1 Nr. 7 für den Ausschluss bestehen können.

147 Nur eine erhebliche oder fortdauernde Mangelhaftigkeit der Vertragserfüllung begründet den Ausschlusstatbestand. Es muss also entweder der Mangel sehr tiefgreifend oder eine für sich nicht zwingend erhebliche Mangelhaftigkeit beharrlich beibehalten worden sein. Die erste Variante spricht insbesondere schadensträchtige oder tatsächlich schadensverursachende schwere Mängel an. Die zweite Variante hebt eher auf eine Unbelehrbarkeit des Unternehmens ab; hat das Unternehmen etwa fortdauernd trotz mehrfacher Abmahnungen durch den Auftraggeber beispielsweise für verschiedene Bauteile einheitlich geltende Standards nicht eingehalten, so begründet auch eine solche Nachhaltigkeit den Verdacht fehlender Eignung und eröffnet den Ausschlusstatbestand.

148 Die mangelhafte Vertragserfüllung muss schließlich zu einer vorzeitigen Beendigung (=Kündigung/Rücktritt), zu Schadensersatz oder einer „ähnlichen Rechtsfolge" geführt haben. Als „ähnliche Rechtsfolge" kommt insbesondere eine Minderung des Werklohns in Betracht. Dabei wird man es nicht als erforderlich ansehen müssen, dass eine Kündigung bzw. ein Rücktritt des betroffenen öffentlichen Auftraggebers anerkannt oder gerichtlich rechtskräftig für zulässig erklärt worden sein muss. Es muss genügen, dass der Auftraggeber mit hinreichender Sicherheit von der Berechtigung der Kündigung ausgehen kann. Entsprechendes gilt für Schadensersatz oder ähnliche Rechtsfolgen; hier muss eine plausible und vom Bieter im Rahmen einer Aufklärung nicht überzeugend entkräftete Aufrechnung des seinerzeitigen Auftraggebers bzw. die voraussichtlich berechtigte Ausübung eines Zurückbehaltungsrechts infolge der Mangelschäden ausreichend sein.

---

[215] Vgl. OLG Düsseldorf Beschl. v. 11.7.2018 – VII-Verg 7/18.
[216] Vgl. OLG Düsseldorf Beschl. v. 11.7.2018 – VII-Verg 7/18.

VIII. Unzutreffende Angaben zur Eignung

Weiterhin kann ein Angebot nach § 124 Abs. 1 Nr. 8 auch dann geschlossen werden, 149
wenn das Unternehmen in Bezug auf Ausschlussgründe oder Eignungskriterien eine „schwerwiegende Täuschung" begangen oder Auskünfte zurückgehalten hat oder nicht in der Lage ist, die erforderlichen Nachweis zu übermitteln.

Dieser Ausschlusstatbestand tritt an die Stelle des Ausschlussgrundes vorsätzlich unzutreffender Erklärungen in Bezug auf die Eignung. Diese Ausschlusstatbestände tragen dem Umstand Rechnung, dass ein Bieter, der vorsätzlich die Unwahrheit zu seiner Eignung vorträgt, nicht vertrauenswürdig sein kann; der Auftraggeber soll nicht gezwungen sein, einen Vertrag mit einem solchen Bieter zu schließen.[217]

Der Begriff der „Täuschung" setzt begrifflich unverändert Vorsatz voraus. Der Tatbe- 150
stand ist sowohl dann erfüllt, wenn der Bieter positiv weiß, dass er unzutreffend vorträgt, als auch, wenn er Falsch-Behauptungen „ins Blaue hinein" aufstellt.[218] Es genügt im Übrigen auch, wenn der Bieter mit der Unrichtigkeit seiner Angaben rechnet und diese Unrichtigkeit billigend in Kauf nimmt (bedingter Vorsatz).[219] Falschauskünfte eines vom Bieter benannten Nachunternehmers sind dem Bieter zuzurechnen.[220] Ein Ausschluss wird etwa für zulässig erachtet, wenn der Bieter angibt, keine Nachunternehmer einsetzen zu wollen, sich jedoch in der Aufklärung (der Bieter hatte in der Kalkulation auch Zuschläge für Nachunternehmer aufgeführt, sodass widersprüchliche Angaben vorlagen) herausstellt, dass er dies sehr wohl vorhatte.[221]

Der Tatbestand ist nur dann erfüllt, wenn **im konkreten Vergabeverfahren** vorsätzlich unzutreffende Angaben durch Tun oder Unterlassen gemacht wurden, bzw. Nachweise nicht beigebracht werden können; Falscherklärungen etc. aus anderen Vergabeverfahren genügen nicht.[222] Zwar enthält der Wortlaut keinen ausdrücklichen sprachlichen Bezug auf das konkret laufende Vergabeverfahren; aus der im Präsens gehaltenen 3. Alternative, wonach der Bieter „nicht in der Lage ist" erforderliche Nachweise zu übermitteln, kann jedoch auf eine entsprechende Bezugnahme geschlossen werden. Täuschungen in früheren Ausschreibungsverfahren können allerdings einen Ausschluss wegen schwerer Verfehlungen nach § 124 Abs. 1 Nr. 3 GWB begründen.

Das „Zurückhalten" von Auskünften entspricht einer Täuschung durch Unterlassen, 151
weil der Bieter etwa nicht über ersichtlich für die Auftragsvergabe bedeutsame, vom Auftraggeber geforderte und seine Eignung in Frage stellende Umstände bzw. Veränderungen nicht aufgeklärt hat; beispielsweise kann dies der Fall sein, wenn im Rahmen einer geforderten Angabe von Unternehmensverflechtungen nur ein Teil der Verflechtungen preisgegeben wird. Auch nach bisheriger Rechtslage konnte die Fehlerhaftigkeit der Darstellung auch aus dem gezielten Unterlassen einzelner Angaben resultieren.[223]

Die Unfähigkeit, „die erforderlichen Nachweise zu übermitteln" kann nicht mit der 152
Unvollständigkeit des Angebots gleichgesetzt werden, dann diese führt zwingend zum Ausschluss (Vgl. etwa § 57 Abs. 1 Nr. 2 VgV). Mit Blick auf die Verbindung zu den ersten beiden Alternativen ist vielmehr davon auszugehen, dass hier eine vom Auftraggeber im Rahmen einer Aufklärung geforderte Beibringung von Nachweisen zur Bereinigung von Zweifeln an der Eignung angesprochen ist.

---

[217] Vgl. Ingenstau/Korbion/*Kratzenberg* VOB/A § 16 Rn. 34.

[218] Vgl. Ingenstau/Korbion/*Kratzenberg* VOB/A § 16 Rn. 35.

[219] Vgl. VK Sachsen-Anhalt Beschl. v. 30.7.2012 – 2 VK LSA 15/12, BeckRS 2013, 14299.

[220] Vgl. OLG Düsseldorf Beschl. v. 16.11.2011 – Verg 60/11.

[221] Vgl. VK Sachsen-Anhalt Beschl. v. 30.7.2012, 2 VK LSA 15/12.

[222] Vgl. zur weitgehend identischen bisherigen Rechtslage Heuvels/Höß/Kuß/Wagner/*Heuvels* Vergaberecht, § 16 VOB/A, Rn. 32; KMPP/*Hausmann/von Hoff* VOL/A-EG § 6 Rn. 127.

[223] Vgl. VK Hessen Beschl. v. 28.6.2005 – 69d VK 07/2005; KMPP/*Hausmann/von Hoff* VOL/A-EG § 6 Rn. 128.

IX. Unzulässige Beeinflussung der Entscheidungsfindung des öffentlichen Auftraggebers

152a Nach § 124 Abs. 1 Nr. 9 GWB kann ein öffentlicher Auftraggeber weiterhin Unternehmen vom Vergabeverfahren ausschließen, wenn das Unternehmen

a) versucht hat, die Entscheidungsfindung des öffentlichen Auftraggebers in unzulässiger Weise zu beeinflussen,
b) versucht hat, vertrauliche Informationen zu erhalten, durch die es unzulässige Vorteile beim Vergabeverfahren erlangen könnte oder
c) fahrlässig oder vorsätzlich irreführende Informationen übermittelt hat, die die Vergabeentscheidung des öffentlichen Auftraggebers erheblich beeinflussen könnten oder versucht hat, solche Informationen zu übermitteln.

Die aufgezählten Beeinflussungshandlungen als Ausschlussgründe ist abschließend.[224]

Der Versuch einer unzulässigen Beeinflussung kann in jeder Phase des Vergabeverfahrens stattfinden und sogar dem Vergabeverfahren vorgelagert sein, wenn etwa der Bieter versucht hat, den Auftraggeber zu einer Direktvergabe ohne Durchführung einer Ausschreibung zu veranlassen.[225] Allerdings kann eine unzulässige Beeinflussung jedenfalls dann nicht mehr angenommen werden, wenn das Unternehmen plausible Gründe für die Zulässigkeit einer Direktvergabe anführen konnte und damit letztlich nur in lauterer Weise Möglichkeiten aufgezeigt hat und das Handeln damit nicht auf die Erwirkung einer unzulässigen Umgehung des Vergaberechts ausgerichtet war.

Der Versuch, vertrauliche Informationen zu erlangen ist dann anzunehmen, wenn ein Unternehmen Schritte unternommen hat, um sich in den Besitz Informationen zu bringen, die von Relevanz für das Vergabeverfahren sind und die der Auftraggeber noch nicht in die Ausschreibung eingeführt hat.[226] Die Informationen müssen grundsätzlich dazu geeignet erscheinen, den Wettbewerb zu verfälschen und dem Unternehmen unzulässige Vorteile zu verschaffen,[227] was etwa bereits bei der vorzeitigen Kenntnis zentraler Ausschreibungsinhalte der Fall sein kann.

Ebenso ist der Tatbestand erfüllt, wenn ein Bieterversucht, an Betriebs- und Geschäftsgeheimnisse anderer Bieter zu gelangen oder etwa im Verhandlungsverfahren versucht, den Bieterkreis zu ermitteln, um hieran seine weitere Angebotsstrategie auszurichten.[228]

Erforderlich ist es, dass der Bieter Bemühungen unternommen hat, sich in die unzulässige Kenntnis zu bringen; demgegenüber liegt eine unzulässige Bemühung um vertrauliche Informationen nicht gegeben, wenn ein Unternehmen ohne eigenes Zutun Kenntnisse – etwa vom Angebot eines Konkurrenten erhält und dieses Wissen für seine Angebotserstellung nutzt.[229]

Eine zum Ausschluss berechtigende Übermittlung irreführender Informationen setzt voraus, dass einerseits Informationen geeignet sind, beim Auftraggeber einen Irrtum über den Angebotsinhalt zu erwecken und andererseits diese Verzerrung geeignet ist, die Vergabeentscheidung erheblich zu beeinflussen.[230] Ergibt die Auslegung von Vergabeunterlagen eindeutig, dass der Auftraggeber die Lieferung neuer bzw. zumindest neuwertiger Komponenten und deren Montage verlangt und bietet ein Unternehmen ganz überwiegend gebrauchte, wirtschaftlich vollständig abgeschriebene Einzelkomponenten an, ohne dies offen zu legen, so erfüllt dies – neben dem Tatbestand der unzulässigen Veränderung der Vergabeunterlagen – den Ausschlussgrund es § 124 Abs. 1 Nr. 9c) GWB.[231]

---

224 Vgl. Reidt/Stockler/Glahs/*Ley* GWB § 124 Rn. 179.
225 Vgl. Beck VergabeR/*Opitz* GWB § 124 Rn. 109.
226 Vgl. KKPP/*Hausmann/von Hoff* GWB § 124 Rn. 64.
227 Vgl. Reidt/Stickler/Glahs/*Ley* GWB § 124 Rn. 187.
228 Vgl. Reidt/Stickler/Glahs/*Ley* GWB § 124 Rn. 188.
229 Vgl. Beck VergabeR/*Opitz* GWB § 124 Rn. 113.
230 Vgl. Reidt/Stickler/Glahs/*Ley* GWB § 124 Rn. 192.
231 Vgl. OLG Sachsen-Anhalt Beschl. v. 9.8.2019 – 7 Verg 1/19.

X. Fehlende Anmeldung bei einer Berufsgenossenschaft

Schließlich ist der Auftraggeber im Bereich nationaler Ausschreibungen nach der VOB/A nach § 16 Abs. 2 Nr. 5 VOB/A auch dann zu einem Ausschluss berechtigt, wenn sich der Bieter nicht bei einer Berufsgenossenschaft angemeldet hat. Es gehört zur Zuverlässigkeit eines Unternehmens, seiner Pflicht zur Anmeldung bei einer Berufsgenossenschaft nachzukommen.[232] Die Vorschrift trägt dem Umstand Rechnung, dass die Sicherung einer Kontrolle der Unfallverhütungsvorschriften insbesondere im Baubereich für den öffentlichen Auftraggeber von besonderer Bedeutung ist.[233] 153

D. Selbstreinigung

Selbst ein schwerer Verstoß kann einen Ausschluss und eine Vergabesperre hingegen dann nicht rechtfertigen, wenn das Unternehmen in der Zwischenzeit effektive Maßnahmen der „Selbstreinigung" durchgeführt hat. Zur Berufung auf eine erfolgreiche Selbstreinigung muss das Unternehmen nach § 125 Abs. 1 S. 1 GWB nachweisen, dass 154

- ein Schadensausgleich für jeden eingetretenen Schaden durch Zahlung erfolgt ist oder zumindest eine Verpflichtungserklärung wurde abgegeben **und**
- umfassende Aufklärung durch aktive Zusammenarbeit mit dem Auftraggeber und den Ermittlungsbehörden erfolgt ist **und**
- konkrete technische, organisatorische **und** personelle Maßnahmen ergriffen wurden, die geeignet sind, weitere Straftaten bzw. weiteres Fehlverhalten zu vermeiden.

Eine wirksame Selbstreinigung erfordert vor diesem Hintergrund, dass das Unternehmen die Tatsachen und Umstände, die mit der Straftat oder dem Fehlverhalten in Zusammenhang stehen, durch eine aktive Zusammenarbeit mit den Ermittlungsbehörden und dem öffentlichen Auftraggeber umfassend geklärt hat und konkrete technische, organisatorische und personelle Maßnahmen ergriffen hat, die geeignet sind, weitere Straftaten oder weiteres Fehlverhalten zu vermeiden.[234]

Fehlende personelle Maßnahmen können aufgrund der ausdrücklichen kumulativen Anforderungen durch organisatorische Maßnahmen nicht kompensiert werden.[235] Bei personellen Maßnahmen genügt nicht eine bloße Abberufung von Funktionen wie etwa der Geschäftsführung; vielmehr kommt es darauf an, welche Einflussmöglichkeiten noch bestehen.

Ebenso ist beispielsweise ein Kronzeuge im Bußgeldverfahren vor dem Bundeskartellamt also weder von einer Schadenswiedergutmachung noch von der Erforderlichkeit personeller und organisatorischer Maßnahmen befreit, nur weil er in vorbildlicher Weise zur Aufklärung beigetragen hat.

Eine erfolgreiche Selbstreinigung muss insbesondere in der unverzüglichen und eindeutigen Trennung des Unternehmens von den für die Verfehlung verantwortlichen Mitarbeitern bestehen.[236] Darüber hinaus muss das Unternehmen den verantwortlichen Personen jeden Einfluss auf die Geschäftsführung verwehren, was insbesondere bei Gesellschaftern in der Praxis meist nicht ausreichend gelingt.[237] Es genügt also keine bloß formale Trennung, sondern es ist sicherzustellen, dass die verantwortlichen Personen auch tatsächlich keinerlei Einfluss mehr auf die Geschäftsführung des Unternehmens, sei es als Gesellschafter oder Berater haben. Ist ein Geschäftsführer zugleich Mehrheitsgesellschafter und für das fragliche Fehlverhalten verantwortlich, so räumt dessen bloße Abberufung als Geschäftsführer

---

232 Vgl. Heuvels/Höß/Kuß/Wagner/*Heuvels* Vergaberecht, § 16 VOB/A, Rn. 46.
233 Vgl. Ingenstau/Korbion/*Kratzenberg* VOB/A § 16 Rn. 64.
234 Vgl. OLG Düsseldorf Beschl. v. 18.4.2018 – VII-Verg 28/17.
235 VK Bund Beschl. v. 12.6.2015 – VK 2-31/15, IBRRS 2015, 2506.
236 Vgl. Heuvels/Höß/Kuß/Wagner/*Heuvels* § 16 VOB/A Rn. 43; KMPP/*Verfürth* VOB/A § 16 Rn. 145.
237 Vgl. OLG Düsseldorf Beschl. v. 28.7.2005 – Verg 42/05.

die Gefahr eines künftigen Fehlverhaltens nicht hinreichend aus, da er als Gesellschafter noch auf das Handeln der Gesellschaft großen Einfluss nehmen und etwa auch nicht in seinem Sinne handelnde neue Geschäftsführer abberufen kann.[238]

[238] Vgl. OLG Düsseldorf Beschl. v. 18.4.2018 – VII-Verg 28/17.

§ 30 Eignungsprüfung (zweite Wertungsstufe)

Übersicht

GWB: § 122 III, 123, 124
UVgO: § 31 II, 33, 34
VgV: § 42, 45, 46, 47, 48, 49, 50
VOB/A: § 6a, 6b, 16 II, 16b, 6a EU, 6b EU, 6c EU, 6d EU, § 6e I–V EU, § 6e VI EU, 16b EU
VOB/A VS: § 6a, 6b, 6c, 6d, 6e I–V
VSVgV: § 23, 25, 26, 27, 28

GWB:

§ 122 GWB Eignung

(1) bis (2) hier nicht abgedruckt

(3) Der Nachweis der Eignung und des Nichtvorliegens von Ausschlussgründen nach den §§ 123 und 124 kann ganz oder teilweise durch die Teilnahme an Präqualifizierungssystemen erbracht werden.

§ 123 GWB Zwingende Ausschlussgründe

(1) Öffentliche Auftraggeber schließen ein Unternehmen zu jedem Zeitpunkt des Vergabeverfahrens von der Teilnahme aus, wenn sie Kenntnis davon haben, dass eine Person, deren Verhalten nach Absatz 3 dem Unternehmen zuzurechnen ist, rechtskräftig verurteilt oder gegen das Unternehmen eine Geldbuße nach § 30 des Gesetzes über Ordnungswidrigkeiten rechtskräftig festgesetzt worden ist wegen einer Straftat nach:

1. § 129 des Strafgesetzbuchs (Bildung krimineller Vereinigungen), § 129a des Strafgesetzbuchs (Bildung terroristischer Vereinigungen) oder § 129b des Strafgesetzbuchs (Kriminelle und terroristische Vereinigungen im Ausland),
2. § 89c des Strafgesetzbuchs (Terrorismusfinanzierung) oder wegen der Teilnahme an einer solchen Tat oder wegen der Bereitstellung oder Sammlung finanzieller Mittel in Kenntnis dessen, dass diese finanziellen Mittel ganz oder teilweise dazu verwendet werden oder verwendet werden sollen, eine Tat nach § 89a Absatz 2 Nummer 2 des Strafgesetzbuchs zu begehen,
3. § 261 des Strafgesetzbuchs (Geldwäsche; Verschleierung unrechtmäßig erlangter Vermögenswerte),
4. § 263 des Strafgesetzbuchs (Betrug), soweit sich die Straftat gegen den Haushalt der Europäischen Union oder gegen Haushalte richtet, die von der Europäischen Union oder in ihrem Auftrag verwaltet werden,
5. § 264 des Strafgesetzbuchs (Subventionsbetrug), soweit sich die Straftat gegen den Haushalt der Europäischen Union oder gegen Haushalte richtet, die von der Europäischen Union oder in ihrem Auftrag verwaltet werden,
6. § 299 des Strafgesetzbuchs (Bestechlichkeit und Bestechung im geschäftlichen Verkehr),
7. § 108e des Strafgesetzbuchs (Bestechlichkeit und Bestechung von Mandatsträgern),
8. den §§ 333 und 334 des Strafgesetzbuchs (Vorteilsgewährung und Bestechung), jeweils auch in Verbindung mit § 335a des Strafgesetzbuchs (Ausländische und internationale Bedienstete),
9. Artikel 2 § 2 des Gesetzes zur Bekämpfung internationaler Bestechung (Bestechung ausländischer Abgeordneter im Zusammenhang mit internationalem Geschäftsverkehr) oder
10. den §§ 232 und 233 des Strafgesetzbuchs (Menschenhandel) oder § 233a des Strafgesetzbuchs (Förderung des Menschenhandels).

(2) Einer Verurteilung nach diesen Vorschriften steht eine Verurteilung nach vergleichbaren Vorschriften anderer Staaten gleich.

(3) Das Verhalten einer rechtskräftig verurteilten Person ist einem Unternehmen zuzurechnen, wenn diese Person als für die Leitung des Unternehmens Verantwortlicher gehandelt hat; dazu gehört auch die Überwachung der Geschäftsführung oder die sonstige Ausübung von Kontrollbefugnissen in leitender Stellung.

(4) Öffentliche Auftraggeber schließen ein Unternehmen zu jedem Zeitpunkt des Vergabeverfahrens von der Teilnahme an einem Vergabeverfahren aus, wenn

1. das Unternehmen seinen Verpflichtungen zur Zahlung von Steuern, Abgaben oder Beiträgen zur Sozialversicherung nicht nachgekommen ist und dies durch eine rechtskräftige Gerichts- oder bestandskräftige Verwaltungsentscheidung festgestellt wurde oder
2. die öffentlichen Auftraggeber auf sonstige geeignete Weise die Verletzung einer Verpflichtung nach Nummer 1 nachweisen können. Satz 1 ist nicht anzuwenden, wenn das Unternehmen seinen Verpflichtungen dadurch nachgekommen ist, dass es die Zahlung

vorgenommen oder sich zur Zahlung der Steuern, Abgaben und Beiträge zur Sozialversicherung einschließlich Zinsen, Säumnis- und Strafzuschlägen verpflichtet hat.

(5) Von einem Ausschluss nach Absatz 1 kann abgesehen werden, wenn dies aus zwingenden Gründen des öffentlichen Interesses geboten ist. Von einem Ausschluss nach Absatz 4 Satz 1 kann abgesehen werden, wenn dies aus zwingenden Gründen des öffentlichen Interesses geboten ist oder ein Ausschluss offensichtlich unverhältnismäßig wäre. § 125 bleibt unberührt.

§ 124 GWB Fakultative Ausschlussgründe

(1) Öffentliche Auftraggeber können unter Berücksichtigung des Grundsatzes der Verhältnismäßigkeit ein Unternehmen zu jedem Zeitpunkt des Vergabeverfahrens von der Teilnahme an einem Vergabeverfahren ausschließen, wenn

1. das Unternehmen bei der Ausführung öffentlicher Aufträge nachweislich gegen geltende umwelt-, sozial- oder arbeitsrechtliche Verpflichtungen verstoßen hat,
2. das Unternehmen zahlungsunfähig ist, über das Vermögen des Unternehmens ein Insolvenzverfahren oder ein vergleichbares Verfahren beantragt oder eröffnet worden ist, die Eröffnung eines solchen Verfahrens mangels Masse abgelehnt worden ist, sich das Unternehmen im Verfahren der Liquidation befindet oder seine Tätigkeit eingestellt hat,
3. das Unternehmen im Rahmen der beruflichen Tätigkeit nachweislich eine schwere Verfehlung begangen hat, durch die die Integrität des Unternehmens infrage gestellt wird; § 123 Absatz 3 ist entsprechend anzuwenden,
4. der öffentliche Auftraggeber über hinreichende Anhaltspunkte dafür verfügt, dass das Unternehmen Vereinbarungen mit anderen Unternehmen getroffen hat, die eine Verhinderung, Einschränkung oder Verfälschung des Wettbewerbs bezwecken oder bewirken,
5. ein Interessenkonflikt bei der Durchführung des Vergabeverfahrens besteht, der die Unparteilichkeit und Unabhängigkeit einer für den öffentlichen Auftraggeber tätigen Person bei der Durchführung des Vergabeverfahrens beeinträchtigen könnte und der durch andere, weniger einschneidende Maßnahmen nicht wirksam beseitigt werden kann,
6. eine Wettbewerbsverzerrung daraus resultiert, dass das Unternehmen bereits in die Vorbereitung des Vergabeverfahrens einbezogen war, und diese Wettbewerbsverzerrung nicht durch andere, weniger einschneidende Maßnahmen beseitigt werden kann,
7. das Unternehmen eine wesentliche Anforderung bei der Ausführung eines früheren öffentlichen Auftrags oder Konzessionsvertrags erheblich oder fortdauernd mangelhaft erfüllt hat und dies zu einer vorzeitigen Beendigung, zu Schadensersatz oder zu einer vergleichbaren Rechtsfolge geführt hat,
8. das Unternehmen in Bezug auf Ausschlussgründe oder Eignungskriterien eine schwerwiegende Täuschung begangen oder Auskünfte zurückgehalten hat oder nicht in der Lage ist, die erforderlichen Nachweise zu übermitteln, oder
9. das Unternehmen
   a) versucht hat, die Entscheidungsfindung des öffentlichen Auftraggebers in unzulässiger Weise zu beeinflussen,
   b) versucht hat, vertrauliche Informationen zu erhalten, durch die es unzulässige Vorteile beim Vergabeverfahren erlangen könnte, oder
   c) fahrlässig oder vorsätzlich irreführende Informationen übermittelt hat, die die Vergabeentscheidung des öffentlichen Auftraggebers erheblich beeinflussen könnten, oder versucht hat, solche Informationen zu übermitteln.

(2) § 21 des Arbeitnehmer-Entsendegesetzes, § 98c des Aufenthaltsgesetzes, § 19 des Mindestlohngesetzes und § 21 des Schwarzarbeitsbekämpfungsgesetzes bleiben unberührt.

UVgO:

§ 31 Auswahl geeigneter Unternehmen; Ausschluss von Bewerbern und Bietern

Absatz 1 nicht abgedruckt.

(2) [1]Der Auftraggeber überprüft die Eignung der Bewerber oder Bieter anhand der nach § 33 festgelegten Eignungskriterien. [2]Die Eignungskriterien können die Befähigung und Erlaubnis zur Berufsausübung oder die wirtschaftliche, finanzielle, technische oder berufliche Leistungsfähigkeit betreffen. [3]Bei Vorliegen von Ausschlussgründen sind des Gesetzes gegen Wettbewerbsbeschränkungen zur Selbstreinigung und § 126 des Gesetzes gegen Wettbewerbsbeschränkungen zur zulässigen Höchstdauer des Ausschlusses entsprechend anzuwenden. [4]§ 123 Absatz 1 Nummer 4 und 5 des Gesetzes gegen Wettbewerbsbeschränkungen findet auch insoweit entsprechende Anwendung, soweit sich die Straftat gegen öffentliche Haushalte richtet. [5]§ 124 Absatz 1 Nummer 7 des Gesetzes gegen Wettbewerbsbeschränkungen findet mit der Maßgabe entsprechende Anwendung, dass die mangelhafte Vertragserfüllung weder zu einer vorzeitigen Beendigung des Vertrags, noch zu Schadensersatz oder einer vergleichbaren Rechtsfolge geführt haben muss.

Absätze 3 und 4 nicht abgedruckt.

§ 33 Eignungskriterien

(1) [1]Der Auftraggeber kann im Hinblick auf die Befähigung und Erlaubnis zur Berufsausübung und die wirtschaftliche, finanzielle, technische und berufliche Leistungsfähigkeit Anforderungen stellen, die sicherstellen, dass die Bewerber oder Bieter über die erforderliche Eignung für die ordnungsgemäße Ausführung des Auftrags verfügen. [2]Die Anforderungen müssen mit dem Auftragsgegenstand in Verbindung und zu diesem in einem angemessenen Verhältnis stehen. [3]Sie sind bei Öffentlichen Ausschreibungen und Verfahrensarten mit Teilnahmewettbewerb bereits in der Auftragsbekanntmachung, ansonsten in den Vergabeunterlagen aufzuführen.

(2) Soweit eintragungs-, anzeige- oder erlaubnispflichtige Tätigkeiten Gegenstand der Leistung sind, kann der Auftraggeber zu jedem Zeitpunkt des Verfahrens entsprechende Nachweise der Befähigung und Erlaubnis zur Berufsausübung verlangen.

§ 34 Eignungsleihe

(1) [1]Ein Bewerber oder Bieter kann für einen bestimmten öffentlichen Auftrag im Hinblick auf die erforderliche wirtschaftliche, finanzielle, technische und berufliche Leistungsfähigkeit die Kapazitäten anderer Unternehmen in Anspruch nehmen, wenn er nachweist, dass ihm die für den Auftrag erforderlichen Mittel tatsächlich zur Verfügung stehen werden, indem er beispielsweise eine entsprechende Verpflichtungserklärung dieser Unternehmen vorlegt. [2]Diese Möglichkeit besteht unabhängig von der Rechtsnatur der zwischen dem Bewerber oder Bieter und den anderen Unternehmen bestehenden Verbindungen. [3]Ein Bewerber oder Bieter kann jedoch im Hinblick auf Nachweise für die erforderliche berufliche Leistungsfähigkeit wie Ausbildungs- und Befähigungsnachweise oder die einschlägige berufliche Erfahrung die Kapazitäten anderer Unternehmen nur dann in Anspruch nehmen, wenn diese die Leistung erbringen, für die diese Kapazitäten benötigt werden.

(2) [1]Der Auftraggeber überprüft im Rahmen der Eignungsprüfung, ob die Unternehmen, deren Kapazitäten der Bewerber oder Bieter für die Erfüllung bestimmter Eignungskriterien in Anspruch nehmen will, die entsprechenden Eignungskriterien erfüllen und ob Ausschlussgründe vorliegen. [2]§ 26 Absatz 5 gilt entsprechend. [3]Legt der Bewerber oder Bieter eine Einheitliche Europäische Eigenerklärung nach § 50 der Vergabeverordnung vor, so muss diese auch die Angaben enthalten, die für die Überprüfung nach Satz 1 erforderlich sind.

(3) Nimmt ein Bewerber oder Bieter die Kapazitäten eines anderen Unternehmens im Hinblick auf die erforderliche wirtschaftliche und finanzielle Leistungsfähigkeit in Anspruch, so kann der Auftraggeber eine gesamtschuldnerische Haftung des Bewerbers oder Bieters und des anderen Unternehmens für die Auftragsausführung entsprechend dem Umfang der Eignungsleihe verlangen.

(4) Die Absätze 1 bis 3 gelten auch für Bewerber- oder Bietergemeinschaften.

VgV:

§ 42 VgV Auswahl geeigneter Unternehmen von Bewerbern und Bietern

(1) Der öffentliche Auftraggeber überprüft die Eignung der Bewerber oder Bieter anhand der nach § 122 des Gesetzes gegen Wettbewerbsbeschränkungen festgelegten Eignungskriterien und das Nichtvorliegen von Ausschlussgründen nach den §§ 123 und 124 des Gesetzes gegen Wettbewerbsbeschränkungen sowie gegebenenfalls Maßnahmen des Bewerbers oder Bieters zur Selbstreinigung nach § 125 des Gesetzes gegen Wettbewerbsbeschränkungen und schließt gegebenenfalls Bewerber oder Bieter vom Vergabeverfahren aus.

(2) Im nicht offenen Verfahren, im Verhandlungsverfahren mit Teilnahmewettbewerb, im wettbewerblichen Dialog und in der Innovationspartnerschaft fordert der öffentliche Auftraggeber nur solche Bewerber zur Abgabe eines Angebotes auf, die ihre Eignung nachgewiesen haben und nicht ausgeschlossen worden sind. § 51 bleibt unberührt.

(3) Bei offenen Verfahren kann der öffentliche Auftraggeber entscheiden, ob er die Angebotsprüfung vor der Eignungsprüfung durchführt.

§ 45 VgV Wirtschaftliche und finanzielle Leistungsfähigkeit

(1) Der öffentliche Auftraggeber kann im Hinblick auf die wirtschaftliche und finanzielle Leistungsfähigkeit der Bewerber oder Bieter Anforderungen stellen, die sicherstellen, dass die Bewerber oder Bieter über die erforderlichen wirtschaftlichen und finanziellen Kapazitäten für die Ausführung des Auftrags verfügen. Zu diesem Zweck kann er insbesondere Folgendes verlangen:

1. einen bestimmten Mindestjahresumsatz, einschließlich eines bestimmten Mindestjahresumsatzes in dem Tätigkeitsbereich des Auftrags,
2. Informationen über die Bilanzen der Bewerber oder Bieter; dabei kann das in den Bilanzen angegebene Verhältnis zwischen Vermögen und Verbindlichkeiten dann berücksichtigt werden, wenn der öffentliche Auftraggeber transparente, objektive und nichtdiskriminierende Methoden und Kriterien für die Berücksichtigung anwendet und die Methoden und Kriterien in den Vergabeunterlagen angibt, oder
3. eine Berufs- oder Betriebshaftpflichtversicherung in bestimmter geeigneter Höhe. (2) Sofern ein Mindestjahresumsatz verlangt wird, darf dieser das Zweifache des geschätzten Auftragswerts nur überschreiten, wenn aufgrund der Art des Auftragsgegenstands spezielle Risiken bestehen. Der öffentliche Auftraggeber hat eine solche Anforderung in den Vergabeunterlagen oder im Vergabevermerk hinreichend zu begründen.

(3) Ist ein öffentlicher Auftrag in Lose unterteilt, finden die Absätze 1 und 2 auf jedes einzelne Los Anwendung. Der öffentliche Auftraggeber kann jedoch für den Fall, dass der erfolgreiche Bieter den Zuschlag für mehrere gleichzeitig auszuführende Lose erhält, einen Mindestjahresumsatz verlangen, der sich auf diese Gruppe von Losen bezieht.

(4) Als Beleg der erforderlichen wirtschaftlichen und finanziellen Leistungsfähigkeit des Bewerbers oder Bieters kann der öffentliche Auftraggeber in der Regel die Vorlage einer oder mehrerer der folgenden Unterlagen verlangen:

1. entsprechende Bankerklärungen,
2. Nachweis einer entsprechenden Berufs- oder Betriebshaftpflichtversicherung,
3. Jahresabschlüsse oder Auszüge von Jahresabschlüssen, falls deren Veröffentlichung in dem Land, in dem der Bewerber oder Bieter niedergelassen ist, gesetzlich vorgeschrieben ist,
4. eine Erklärung über den Gesamtumsatz und gegebenenfalls den Umsatz in dem Tätigkeitsbereich des Auftrags; eine solche Erklärung kann höchstens für die letzten drei Geschäftsjahre verlangt werden und nur, sofern entsprechende Angaben verfügbar sind.

(5) Kann ein Bewerber oder Bieter aus einem berechtigten Grund die geforderten Unterlagen nicht beibringen, so kann er seine wirtschaftliche und finanzielle Leistungsfähigkeit

durch Vorlage anderer, vom öffentlichen Auftraggeber als geeignet angesehener Unterlagen belegen.

§ 46 VgV Technische und berufliche Leistungsfähigkeit

(1) Der öffentliche Auftraggeber kann im Hinblick auf die technische und berufliche Leistungsfähigkeit der Bewerber oder Bieter Anforderungen stellen, die sicherstellen, dass die Bewerber oder Bieter über die erforderlichen personellen und technischen Mittel sowie ausreichende Erfahrungen verfügen, um den Auftrag in angemessener Qualität ausführen zu können. Bei Lieferaufträgen, für die Verlege- oder Installationsarbeiten erforderlich sind, sowie bei Dienstleistungsaufträgen darf die berufliche Leistungsfähigkeit der Unternehmen auch anhand ihrer Fachkunde, Effizienz, Erfahrung und Verlässlichkeit beurteilt werden.

(2) Der öffentliche Auftraggeber kann die berufliche Leistungsfähigkeit eines Bewerbers oder Bieters verneinen, wenn er festgestellt hat, dass dieser Interessen hat, die mit der Ausführung des öffentlichen Auftrags im Widerspruch stehen und sie nachteilig beeinflussen könnten.

(3) Als Beleg der erforderlichen technischen und beruflichen Leistungsfähigkeit des Bewerbers oder Bieters kann der öffentliche Auftraggeber je nach Art, Verwendungszweck und Menge oder Umfang der zu erbringenden Liefer- oder Dienstleistungen ausschließlich die Vorlage von einer oder mehrerer der folgenden Unterlagen verlangen:

1. geeignete Referenzen über früher ausgeführte Liefer- und Dienstleistungsaufträge in Form einer Liste der in den letzten höchstens drei Jahren erbrachten wesentlichen Liefer- oder Dienstleistungen, mit Angabe des Werts, des Liefer- beziehungsweise Erbringungszeitpunkts sowie des öffentlichen oder privaten Empfängers; soweit erforderlich, um einen ausreichenden Wettbewerb sicherzustellen, kann der öffentliche Auftraggeber darauf hinweisen, dass er auch einschlägige Liefer- oder Dienstleistungen berücksichtigen wird, die mehr als drei Jahre zurückliegen,
2. Angabe der technischen Fachkräfte oder der technischen Stellen, die im Zusammenhang mit der Leistungserbringung eingesetzt werden sollen, unabhängig davon, ob diese dem Unternehmen angehören oder nicht, und zwar insbesondere derjenigen, die mit der Qualitätskontrolle beauftragt sind,
3. Beschreibung der technischen Ausrüstung, der Maßnahmen zur Qualitätssicherung und der Untersuchungs- und Forschungsmöglichkeiten des Unternehmens,
4. Angabe des Lieferkettenmanagement- und -überwachungssystems, das dem Unternehmen zur Vertragserfüllung zur Verfügung steht,
5. bei komplexer Art der zu erbringenden Leistung oder bei solchen Leistungen, die ausnahmsweise einem besonderen Zweck dienen sollen, eine Kontrolle, die vom öffentlichen Auftraggeber oder in dessen Namen von einer zuständigen amtlichen Stelle im Niederlassungsstaat des Unternehmens durchgeführt wird; diese Kontrolle betrifft die Produktionskapazität beziehungsweise die technische Leistungsfähigkeit und erforderlichenfalls die Untersuchungs- und Forschungsmöglichkeiten des Unternehmens sowie die von diesem für die Qualitätskontrolle getroffenen Vorkehrungen,
6. Studien- und Ausbildungsnachweise sowie Bescheinigungen über die Erlaubnis zur Berufsausübung für die Inhaberin, den Inhaber oder die Führungskräfte des Unternehmens, sofern diese Nachweise nicht als Zuschlagskriterium bewertet werden,
7. Angabe der Umweltmanagementmaßnahmen, die das Unternehmen während der Auftragsausführung anwendet,
8. Erklärung, aus der die durchschnittliche jährliche Beschäftigtenzahl des Unternehmens und die Zahl seiner Führungskräfte in den letzten drei Jahren ersichtlich ist,
9. Erklärung, aus der ersichtlich ist, über welche Ausstattung, welche Geräte und welche technische Ausrüstung das Unternehmen für die Ausführung des Auftrags verfügt,
10. Angabe, welche Teile des Auftrags das Unternehmen unter Umständen als Unteraufträge zu vergeben beabsichtigt,

11. bei Lieferleistungen:
    a) Muster, Beschreibungen oder Fotografien der zu liefernden Güter, wobei die Echtheit auf Verlangen des öffentlichen Auftraggebers nachzuweisen ist, oder
    b) Bescheinigungen, die von als zuständig anerkannten Instituten oder amtlichen Stellen für Qualitätskontrolle ausgestellt wurden, mit denen bestätigt wird, dass die durch entsprechende Bezugnahmen genau bezeichneten Güter bestimmten technischen Anforderungen oder Normen entsprechen.

§ 47 VgV Eignungsleihe

(1) Ein Bewerber oder Bieter kann für einen bestimmten öffentlichen Auftrag im Hinblick auf die erforderliche wirtschaftliche und finanzielle sowie die technische und berufliche Leistungsfähigkeit die Kapazitäten anderer Unternehmen in Anspruch nehmen, wenn er nachweist, dass ihm die für den Auftrag erforderlichen Mittel tatsächlich zur Verfügung stehen werden, indem er beispielsweise eine entsprechende Verpflichtungserklärung dieser Unternehmen vorlegt. Diese Möglichkeit besteht unabhängig von der Rechtsnatur der zwischen dem Bewerber oder Bieter und den anderen Unternehmen bestehenden Verbindungen. Ein Bewerber oder Bieter kann jedoch im Hinblick auf Nachweise für die erforderliche berufliche Leistungsfähigkeit wie Ausbildungs- und Befähigungsnachweise nach § 46 Absatz 3 Nummer 6 oder die einschlägige berufliche Erfahrung die Kapazitäten anderer Unternehmen nur dann in Anspruch nehmen, wenn diese die Leistung erbringen, für die diese Kapazitäten benötigt werden.

(2) Der öffentliche Auftraggeber überprüft im Rahmen der Eignungsprüfung, ob die Unternehmen, deren Kapazitäten der Bewerber oder Bieter für die Erfüllung bestimmter Eignungskriterien in Anspruch nehmen will, die entsprechenden Eignungskriterien erfüllen und ob Ausschlussgründe vorliegen. Legt der Bewerber oder Bieter eine Einheitliche Europäische Eigenerklärung nach § 50 vor, so muss diese auch die Angaben enthalten, die für die Überprüfung nach Satz 1 erforderlich sind. Der öffentliche Auftraggeber schreibt vor, dass der Bewerber oder Bieter ein Unternehmen, das das entsprechende Eignungskriterium nicht erfüllt oder bei dem zwingende Ausschlussgründe nach § 123 des Gesetzes gegen Wettbewerbsbeschränkungen vorliegen, ersetzen muss. Er kann vorschreiben, dass der Bewerber oder Bieter auch ein Unternehmen, bei dem fakultative Ausschlussgründe nach § 124 des Gesetzes gegen Wettbewerbsbeschränkungen vorliegen, ersetzen muss. Der öffentliche Auftraggeber kann dem Bewerber oder Bieter dafür eine Frist setzen.

(3) Nimmt ein Bewerber oder Bieter die Kapazitäten eines anderen Unternehmens im Hinblick auf die erforderliche wirtschaftliche und finanzielle Leistungsfähigkeit in Anspruch, so kann der öffentliche Auftraggeber eine gemeinsame Haftung des Bewerbers oder Bieters und des anderen Unternehmens für die Auftragsausführung entsprechend des Umfangs der Eignungsleihe verlangen.

(4) Die Absätze 1 bis 3 gelten auch für Bewerber- oder Bietergemeinschaften.

(5) Der öffentliche Auftraggeber kann vorschreiben, dass bestimmte kritische Aufgaben bei Dienstleistungsaufträgen oder kritische Verlege- oder Installationsarbeiten im Zusammenhang mit einem Lieferauftrag direkt vom Bieter selbst oder im Fall einer Bietergemeinschaft von einem Teilnehmer der Bietergemeinschaft ausgeführt werden müssen.

§ 48 VgV Beleg der Eignung und des Nicht-Vorliegens von Ausschlussgründen

(1) In der Auftragsbekanntmachung oder der Aufforderung zur Interessensbestätigung ist neben den Eignungskriterien ferner anzugeben, mit welchen Unterlagen (Eigenerklärungen, Angaben, Bescheinigungen und sonstige Nachweise) Bewerber oder Bieter ihre Eignung gemäß den §§ 43 bis 47 und das Nichtvorliegen von Ausschlussgründen zu belegen haben.

(2) Der öffentliche Auftraggeber fordert grundsätzlich die Vorlage von Eigenerklärungen an. Wenn der öffentliche Auftraggeber Bescheinigungen und sonstige Nachweise anfor-

dert, verlangt er in der Regel solche, die vom Online-Dokumentenarchiv e-Certis abgedeckt sind.

(3) Als vorläufigen Beleg der Eignung und des Nichtvorliegens von Ausschlussgründen akzeptiert der öffentliche Auftraggeber die Vorlage einer Einheitlichen Europäischen Eigenerklärung nach § 50.

(4) Als ausreichenden Beleg dafür, dass die in § 123 Absatz 1 bis 3 des Gesetzes gegen Wettbewerbsbeschränkungen genannten Ausschlussgründe auf den Bewerber oder Bieter nicht zutreffen, erkennt der öffentliche Auftraggeber einen Auszug aus einem einschlägigen Register, insbesondere ein Führungszeugnis aus dem Bundeszentralregister oder, in Ermangelung eines solchen, eine gleichwertige Bescheinigung einer zuständigen Gerichts- oder Verwaltungsbehörde des Herkunftslandes oder des Niederlassungsstaates des Bewerbers oder Bieters an.

(5) Als ausreichenden Beleg dafür, dass die in § 123 Absatz 4 und in § 124 Absatz 1 Nummer 2 des Gesetzes gegen Wettbewerbsbeschränkungen genannten Ausschlussgründe auf den Bewerber oder Bieter nicht zutreffen, erkennt der öffentliche Auftraggeber eine von der zuständigen Behörde des Herkunftslandes oder des Niederlassungsstaates des Bewerbers oder Bieters ausgestellte Bescheinigung an.

(6) Werden Urkunden oder Bescheinigungen nach den Absätzen 4 und 5 von dem Herkunftsland oder dem Niederlassungsstaat des Bewerbers oder Bieters nicht ausgestellt oder werden darin nicht alle Ausschlussgründe nach § 123 Absatz 1 bis 4 sowie § 124 Absatz 1 Nummer 2 des Gesetzes gegen Wettbewerbsbeschränkungen erwähnt, so können sie durch eine Versicherung an Eides statt ersetzt werden. In den Staaten, in denen es keine Versicherung an Eides statt gibt, darf die Versicherung an Eides statt durch eine förmliche Erklärung ersetzt werden, die ein Vertreter des betreffenden Unternehmens vor einer zuständigen Gerichts- oder Verwaltungsbehörde, einem Notar oder einer dazu bevollmächtigten Berufs- oder Handelsorganisation des Herkunftslandes oder des Niederlassungsstaates des Bewerbers oder Bieters abgibt.

(7) Der öffentliche Auftraggeber kann Bewerber oder Bieter auffordern, die erhaltenen Unterlagen zu erläutern.

(8) Sofern der Bewerber oder Bieter in einem amtlichen Verzeichnis eingetragen ist oder über eine Zertifizierung verfügt, die jeweils den Anforderungen des Artikel 64 der Richtlinie 2014/24/EU entsprechen, werden die im amtlichen Verzeichnis oder dem Zertifizierungssystem niedergelegten Unterlagen und Angaben vom öffentlichen Auftraggeber nur in begründeten Fällen in Zweifel gezogen (Eignungsvermutung). Ein den Anforderungen des Artikels 64 der Richtlinie 2014/24/EU entsprechendes amtliches Verzeichnis kann auch durch Industrie- und Handelskammern eingerichtet werden. Die Industrie- und Handelskammern bedienen sich bei der Führung des amtlichen Verzeichnisses einer gemeinsamen verzeichnisführenden Stelle. Der öffentliche Auftraggeber kann mit Blick auf die Entrichtung von Steuern, Abgaben oder Sozialversicherungsbeiträgen die gesonderte Vorlage einer entsprechenden Bescheinigung verlangen.

§ 49 VgV Beleg der Einhaltung von Normen der Qualitätssicherung und des Umweltmanagements

(1) Verlangt der öffentliche Auftraggeber als Beleg dafür, dass Bewerber oder Bieter bestimmte Normen der Qualitätssicherung erfüllen, die Vorlage von Bescheinigungen unabhängiger Stellen, so bezieht sich der öffentliche Auftraggeber auf Qualitätssicherungssysteme, die

1. den einschlägigen europäischen Normen genügen und
2. von akkreditierten Stellen zertifiziert sind. Der öffentliche Auftraggeber erkennt auch gleichwertige Bescheinigungen von akkreditierten Stellen aus anderen Staaten an. Konnte ein Bewerber oder Bieter aus Gründen, die er nicht zu vertreten hat, die betref-

fenden Bescheinigungen nicht innerhalb einer angemessenen Frist einholen, so muss der öffentliche Auftraggeber auch andere Unterlagen über gleichwertige Qualitätssicherungssysteme anerkennen, sofern der Bewerber oder Bieter nachweist, dass die vorgeschlagenen Qualitätssicherungsmaßnahmen den geforderten Qualitätssicherungsnormen entsprechen.

(2) Verlangt der öffentliche Auftraggeber als Beleg dafür, dass Bewerber oder Bieter bestimmte Systeme oder Normen des Umweltmanagements erfüllen, die Vorlage von Bescheinigungen unabhängiger Stellen, so bezieht sich der öffentliche Auftraggeber

1. entweder auf das Gemeinschaftssystem für das Umweltmanagement und die Umweltbetriebsprüfung EMAS der Europäischen Union oder
2. auf andere nach Artikel 45 der Verordnung (EG) Nr. 1221/2009 des Europäischen Parlaments und des Rates vom 25. 11. 2009 über die freiwillige Teilnahme von Organisationen an einem Gemeinschaftssystem für Umweltmanagement und Umweltbetriebsprüfung (ABl. L 342 vom 22. 12. 2009, S. 1) anerkannte Umweltmanagementsysteme oder
3. auf andere Normen für das Umweltmanagement, die auf den einschlägigen europäischen oder internationalen Normen beruhen und von akkreditierten Stellen zertifiziert sind. Der öffentliche Auftraggeber erkennt auch gleichwertige Bescheinigungen von Stellen in anderen Staaten an. Hatte ein Bewerber oder Bieter aus Gründen, die ihm nicht zugerechnet werden können, nachweislich keinen Zugang zu den betreffenden Bescheinigungen oder aus Gründen, die er nicht zu vertreten hat, keine Möglichkeit, diese innerhalb der einschlägigen Fristen zu erlangen, so muss der öffentliche Auftraggeber auch andere Unterlagen über gleichwertige Umweltmanagementmaßnahmen anerkennen, sofern der Bewerber oder Bieter nachweist, dass diese Maßnahmen mit denen, die nach dem geltenden System oder den geltenden Normen für das Umweltmanagement erforderlich sind, gleichwertig sind.

§ 50 VgV Einheitliche Europäische Eigenerklärung

(1) Die Einheitliche Europäische Eigenerklärung ist in der Form des Anhangs 2 der Durchführungsverordnung der Kommission (EU) Nr. 7/2016 vom 5. 1. 2016 zur Einführung des Standardformulars für die Einheitliche Europäische Eigenerklärung (ABl. L 3 vom 6. 1. 2016, S. 16) zu übermitteln. Bewerber oder Bieter können eine bereits bei einer früheren Auftragsvergabe verwendete Einheitliche Europäische Eigenerklärung wiederverwenden, sofern sie bestätigen, dass die darin enthaltenen Informationen weiterhin zutreffend sind.

(2) Der öffentliche Auftraggeber kann bei Übermittlung einer Einheitlichen Europäischen Eigenerklärung Bewerber oder Bieter jederzeit während des Verfahrens auffordern, sämtliche oder einen Teil der nach den §§ 44 bis 49 geforderten Unterlagen beizubringen, wenn dies zur angemessenen Durchführung des Verfahrens erforderlich ist. Vor der Zuschlagserteilung fordert der öffentliche Auftraggeber den Bieter, an den er den Auftrag vergeben will, auf, die geforderten Unterlagen beizubringen.

(3) Ungeachtet von Absatz 2 müssen Bewerber oder Bieter keine Unterlagen beibringen, sofern und soweit die zuschlagerteilende Stelle

1. die Unterlagen über eine für den öffentlichen Auftraggeber kostenfreie Datenbank innerhalb der Europäischen Union, insbesondere im Rahmen eines Präqualifikationssystems, erhalten kann oder
2. bereits im Besitz der Unterlagen ist.

VOB/A:

§ 6a VOB/A Eignungsnachweise

(1) Zum Nachweis ihrer Eignung ist die Fachkunde, Leistungsfähigkeit und Zuverlässigkeit der Bewerber oder Bieter zu prüfen. Bei der Beurteilung der Zuverlässigkeit werden Selbstreinigungsmaßnahmen in entsprechender Anwendung des § 6 f EU Absatz 1 und 2 berücksichtigt.

(2) Der Nachweis umfasst die folgenden Angaben:
1. den Umsatz des Unternehmens jeweils bezogen auf die letzten drei abgeschlossenen Geschäftsjahre, soweit er Bauleistungen und andere Leistungen betrifft, die mit der zu vergebenden Leistung vergleichbar sind, unter Einschluss des Anteils bei gemeinsam mit anderen Unternehmen ausgeführten Aufträgen,
2. die Ausführung von Leistungen in den letzten bis zu fünf abgeschlossenen Kalenderjahren, die mit der zu vergebenden Leistung vergleichbar sind. Um einen ausreichenden Wettbewerb sicherzustellen, kann der Auftraggeber darauf hinweisen, dass auch einschlägige Bauleistungen berücksichtigt werden, die mehr als fünf Jahre zurückliegen,
3. die Zahl der in den letzten drei abgeschlossenen Kalenderjahren jahresdurchschnittlich beschäftigten Arbeitskräfte, gegliedert nach Lohngruppen mit gesondert ausgewiesenem technischem Leitungspersonal,
4. die Eintragung in das Berufsregister ihres Sitzes oder Wohnsitzes, sowie Angaben,
5. ob ein Insolvenzverfahren oder ein vergleichbares gesetzlich geregeltes Verfahren eröffnet oder die Eröffnung beantragt worden ist oder der Antrag mangels Masse abgelehnt wurde oder ein Insolvenzplan rechtskräftig bestätigt wurde,
6. ob sich das Unternehmen in Liquidation befindet,
7. dass nachweislich keine schwere Verfehlung begangen wurde, die die Zuverlässigkeit als Bewerber oder Bieter in Frage stellt,
8. dass die Verpflichtung zur Zahlung von Steuern und Abgaben sowie der Beiträge zur Sozialversicherung ordnungsgemäß erfüllt wurde,
9. dass sich das Unternehmen bei der Berufsgenossenschaft angemeldet hat.

(3) Andere, auf den konkreten Auftrag bezogene zusätzliche, insbesondere für die Prüfung der Fachkunde geeignete Angaben können verlangt werden.

(4) Der Auftraggeber wird andere ihm geeignet erscheinende Nachweise der wirtschaftlichen und finanziellen Leistungsfähigkeit zulassen, wenn er feststellt, dass stichhaltige Gründe dafür bestehen.

(5) Der Auftraggeber kann bis zu einem Auftragswert von 10 000 Euro auf Angaben nach Absatz 2 Nummer 1 bis 3, 5 und 6 verzichten, wenn dies durch Art und Umfang des Auftrags gerechtfertigt ist.

§ 6b VOB/A Mittel der Nachweisführung, Verfahren

(1) Der Nachweis der Eignung kann mit der vom Auftraggeber direkt abrufbaren Eintragung in die allgemein zugängliche Liste des Vereins für die Präqualifikation von Bauunternehmen e.V. (Präqualifikationsverzeichnis) erfolgen.

(2) Die Angaben können die Bewerber oder Bieter auch durch Einzelnachweise erbringen. Der Auftraggeber kann dabei vorsehen, dass für einzelne Angaben Eigenerklärungen ausreichend sind. Eigenerklärungen, die als vorläufiger Nachweis dienen, sind von den Bietern, deren Angebote in die engere Wahl kommen, oder von den in Frage kommenden Bewerbern durch entsprechende Bescheinigungen der zuständigen Stellen zu bestätigen.

(3) Der Auftraggeber verzichtet auf die Vorlage von Nachweisen, wenn die den Zuschlag erteilende Stelle bereits im Besitz dieser Nachweise ist.

(4) Bei Öffentlicher Ausschreibung sind in der Aufforderung zur Angebotsabgabe die Nachweise zu bezeichnen, deren Vorlage mit dem Angebot verlangt oder deren spätere Anforderung vorbehalten wird. Bei Beschränkter Ausschreibung mit Teilnahmewettbewerb ist zu verlangen, dass die Eigenerklärungen oder Nachweise bereits mit dem Teilnahmeantrag vorgelegt werden.

(5) Bei Beschränkter Ausschreibung und Freihändiger Vergabe ist vor der Aufforderung zur Angebotsabgabe die Eignung der Unternehmen zu prüfen. Dabei sind die Unternehmen auszuwählen, deren Eignung die für die Erfüllung der vertraglichen Verpflichtungen notwendige Sicherheit bietet; dies bedeutet, dass sie die erforderliche Fachkunde, Leistungsfä-

higkeit und Zuverlässigkeit besitzen und über ausreichende technische und wirtschaftliche Mittel verfügen.

§ 16 VOB/A Ausschluss von Angeboten

(1) hier nicht abgedruckt

(2) Außerdem können Angebote von Bietern ausgeschlossen werden, wenn

1. ein Insolvenzverfahren oder ein vergleichbares gesetzlich geregeltes Verfahren eröffnet oder die Eröffnung beantragt worden ist oder der Antrag mangels Masse abgelehnt wurde oder ein Insolvenzplan rechtskräftig bestätigt wurde,
2. sich das Unternehmen in Liquidation befindet,
3. nachweislich eine schwere Verfehlung begangen wurde, die die Zuverlässigkeit als Bewerber oder Bieter in Frage stellt,
4. die Verpflichtung zur Zahlung von Steuern und Abgaben sowie der Beiträge zur Sozialversicherung nicht ordnungsgemäß erfüllt wurde,
5. sich das Unternehmen nicht bei der Berufsgenossenschaft angemeldet hat.

§ 16b VOB/A Eignung

(1) Bei Öffentlicher Ausschreibung ist die Eignung der Bieter zu prüfen. Dabei sind anhand der vorgelegten Nachweise die Angebote der Bieter auszuwählen, deren Eignung die für die Erfüllung der vertraglichen Verpflichtungen notwendigen Sicherheiten bietet; dies bedeutet, dass sie die erforderliche Fachkunde, Leistungsfähigkeit und Zuverlässigkeit besitzen und über ausreichende technische und wirtschaftliche Mittel verfügen.

(2) Abweichend von Absatz 1 können die Angebote zuerst geprüft werden, sofern sichergestellt ist, dass die anschließende Prüfung der Eignung unparteiisch und transparent erfolgt.

(3) Bei Beschränkter Ausschreibung und Freihändiger Vergabe sind nur Umstände zu berücksichtigen, die nach Aufforderung zur Angebotsabgabe Zweifel an der Eignung des Bieters begründen (vgl. § 6b Absatz 4).

§ 6a EU VOB/A Eignungsnachweise

Der öffentliche Auftraggeber kann Unternehmen nur die in den Nummern 1 bis 3 genannten Anforderungen an die Teilnahme auferlegen.

1. Zum Nachweis der Befähigung und Erlaubnis zur Berufsausübung kann der öffentliche Auftraggeber die Eintragung in das Berufs- oder Handelsregister oder der Handwerksrolle ihres Sitzes oder Wohnsitzes verlangen.
2. Zum Nachweis der wirtschaftlichen und finanziellen Leistungsfähigkeit kann der öffentliche Auftraggeber verlangen:
   a) die Vorlage entsprechender Bankerklärungen oder gegebenenfalls den Nachweis einer entsprechenden Berufshaftpflichtversicherung.
   b) die Vorlage von Jahresabschlüssen, falls deren Veröffentlichung in dem Land, in dem das Unternehmen ansässig ist, gesetzlich vorgeschrieben ist. Zusätzlich können weitere Informationen, zum Beispiel über das Verhältnis zwischen Vermögen und Verbindlichkeiten in den Jahresabschlüssen, verlangt werden. Die Methoden und Kriterien für die Berücksichtigung weiterer Informationen müssen in den Vergabeunterlagen spezifiziert werden; sie müssen transparent, objektiv und nichtdiskriminierend sein.
   c) eine Erklärung über den Umsatz des Unternehmens jeweils bezogen auf die letzten drei abgeschlossenen Geschäftsjahre, soweit er Bauleistungen und andere Leistungen betrifft, die mit der zu vergebenden Leistung vergleichbar sind, unter Einschluss des Anteils bei gemeinsam mit anderen Unternehmen ausgeführten Aufträgen. Der öffentliche Auftraggeber kann von den Unternehmen insbesondere verlangen, einen bestimmten Mindestjahresumsatz, einschließlich eines Mindestumsatzes in dem vom Auftrag abgedeckten Bereich nachzuweisen. Der geforderte Mindestjahresumsatz

darf das Zweifache des geschätzten Auftragswerts nur in hinreichend begründeten Fällen übersteigen. Die Gründe sind in den Vergabeunterlagen oder in dem Vergabevermerk gemäß § 20 EU anzugeben. Ist ein Auftrag in Lose unterteilt, finden diese Regelungen auf jedes einzelne Los Anwendung. Der öffentliche Auftraggeber kann jedoch den Mindestjahresumsatz, der von Unternehmen verlangt wird, unter Bezugnahme auf eine Gruppe von Losen in dem Fall festlegen, dass der erfolgreiche Bieter den Zuschlag für mehrere Lose erhält, die gleichzeitig auszuführen sind. Sind auf einer Rahmenvereinbarung basierende Aufträge infolge eines erneuten Aufrufs zum Wettbewerb zu vergeben, wird der Höchstjahresumsatz aufgrund des erwarteten maximalen Umfangs spezifischer Aufträge berechnet, die gleichzeitig ausgeführt werden, oder – wenn dieser nicht bekannt ist – aufgrund des geschätzten Werts der Rahmenvereinbarung. Bei dynamischen Beschaffungssystemen wird der Höchstjahresumsatz auf der Basis des erwarteten Höchstumfangs konkreter Aufträge berechnet, die nach diesem System vergeben werden sollen. Der öffentliche Auftraggeber wird andere ihm geeignet erscheinende Nachweise der wirtschaftlichen und finanziellen Leistungsfähigkeit zulassen, wenn er feststellt, dass stichhaltige Gründe dafür bestehen.

3. Zum Nachweis der beruflichen und technischen Leistungsfähigkeit kann der öffentliche Auftraggeber je nach Art, Menge oder Umfang oder Verwendungszweck der ausgeschriebenen Leistung verlangen:
   a) Angaben über die Ausführung von Leistungen in den letzten bis zu fünf abgeschlossenen Kalenderjahren, die mit der zu vergebenden Leistung vergleichbar sind, wobei für die wichtigsten Bauleistungen Bescheinigungen über die ordnungsgemäße Ausführung und das Ergebnis beizufügen sind. Um einen ausreichenden Wettbewerb sicherzustellen, kann der öffentliche Auftraggeber darauf hinweisen, dass er auch einschlägige Bauleistungen berücksichtigen werde, die mehr als fünf Jahre zurückliegen;
   b) Angabe der technischen Fachkräfte oder der technischen Stellen, unabhängig davon, ob sie seinem Unternehmen angehören oder nicht, und zwar insbesondere derjenigen, die mit der Qualitätskontrolle beauftragt sind, und derjenigen, über die der Unternehmer für die Errichtung des Bauwerks verfügt;
   c) die Beschreibung der technischen Ausrüstung und Maßnahmen des Unternehmens zur Qualitätssicherung und seiner Untersuchungs- und Forschungsmöglichkeiten;
   d) Angabe des Lieferkettenmanagement- und überwachungssystems, das dem Unternehmen zur Vertragserfüllung zur Verfügung steht;
   e) Studiennachweise und Bescheinigungen über die berufliche Befähigung des Dienstleisters oder Unternehmers und/oder der Führungskräfte des Unternehmens, sofern sie nicht als Zuschlagskriterium bewertet werden;
   f) Angabe der Umweltmanagementmaßnahmen, die der Unternehmer während der Auftragsausführung anwenden kann;
   g) Angaben über die Zahl der in den letzten drei abgeschlossenen Kalenderjahren jahresdurchschnittlich beschäftigten Arbeitskräfte, gegliedert nach Lohngruppen mit gesondert ausgewiesenem technischem Leitungspersonal;
   h) eine Erklärung, aus der hervorgeht, über welche Ausstattung, welche Geräte und welche technische Ausrüstung das Unternehmen für die Ausführung des Auftrags verfügt;
   i) Angabe, welche Teile des Auftrags der Unternehmer unter Umständen als Unteraufträge zu vergeben beabsichtigt.

§ 6b EU VOB/A Mittel der Nachweisführung, Verfahren

(1) Der Nachweis, auch über das Nichtvorliegen von Ausschlussgründen nach § 6e EU, kann wie folgt geführt werden:

1. durch die vom öffentlichen Auftraggeber direkt abrufbare Eintragung in die allgemein zugängliche Liste des Vereins für die Präqualifikation von Bauunternehmen e.V. (Präqua-

lifikationsverzeichnis). Die im Präqualifikationsverzeichnis hinterlegten Angaben werden nicht ohne Begründung in Zweifel gezogen. Hinsichtlich der Zahlung von Steuern und Abgaben sowie der Sozialversicherungsbeiträge kann grundsätzlich eine zusätzliche Bescheinigung verlangt werden. Die Eintragung in ein gleichwertiges Verzeichnis anderer Mitgliedstaaten ist als Nachweis ebenso zugelassen.
2. durch Vorlage von Einzelnachweisen. Der öffentliche Auftraggeber kann vorsehen, dass für einzelne Angaben Eigenerklärungen ausreichend sind. Eigenerklärungen, die als vorläufiger Nachweis dienen, sind von den Bietern, deren Angebote in die engere Wahl kommen, durch entsprechende Bescheinigungen der zuständigen Stellen zu bestätigen. Der öffentliche Auftraggeber akzeptiert als vorläufigen Nachweis auch eine Einheitliche Europäische Eigenerklärung (EEE).

(2)
1. Wenn dies zur angemessenen Durchführung des Verfahrens erforderlich ist, kann der öffentliche Auftraggeber Bewerber und Bieter, die eine Eigenerklärung abgegeben haben, jederzeit während des Verfahrens auffordern, sämtliche oder einen Teil der Nachweise beizubringen.
2. Beim offenen Verfahren fordert der öffentliche Auftraggeber vor Zuschlagserteilung den Bieter, an den er den Auftrag vergeben will und der bislang nur eine Eigenerklärung als vorläufigen Nachweis vorgelegt hat, auf, die einschlägigen Nachweise unverzüglich beizubringen und prüft diese.
3. Beim nicht offenen Verfahren, beim Verhandlungsverfahren sowie beim wettbewerblichen Dialog und bei der Innovationspartnerschaft fordert der öffentliche Auftraggeber die in Frage kommenden Bewerber auf, ihre Eigenerklärungen durch einschlägige Nachweise unverzüglich zu belegen und prüft diese. Dabei sind die Bewerber auszuwählen, deren Eignung die für die Erfüllung der vertraglichen Verpflichtungen notwendige Sicherheit bietet.
4. Der öffentliche Auftraggeber greift auf das Informationssystem e-Certis zurück und verlangt in erster Linie jene Arten von Bescheinigungen und dokumentarischen Nachweisen, die von e-Certis abgedeckt sind.

(3) Unternehmen müssen keine Nachweise vorlegen, – sofern und soweit die Zuschlag erteilende Stelle diese direkt über eine gebührenfreie nationale Datenbank in einem Mitgliedstaat erhalten kann, oder – wenn die Zuschlag erteilende Stelle bereits im Besitz dieser Nachweise ist.

§ 6c EU VOB/A Qualitätssicherung und Umweltmanagement

(1) Verlangt der öffentliche Auftraggeber zum Nachweis dafür, dass Bewerber oder Bieter bestimmte Normen der Qualitätssicherung erfüllen, die Vorlage von Bescheinigungen unabhängiger Stellen, so bezieht sich der öffentliche Auftraggeber auf Qualitätssicherungssysteme, die
1. den einschlägigen europäischen Normen genügen und
2. von akkreditierten Stellen zertifiziert sind. Der öffentliche Auftraggeber erkennt auch gleichwertige Bescheinigungen von akkreditierten Stellen aus anderen Staaten an. Konnte ein Unternehmen aus Gründen, die es nicht zu vertreten hat, die betreffenden Bescheinigungen nicht innerhalb der einschlägigen Fristen einholen, so muss der öffentliche Auftraggeber auch andere Unterlagen über gleichwertige Qualitätssicherungssysteme anerkennen, sofern das Unternehmen nachweist, dass die vorgeschlagenen Qualitätssicherungsmaßnahmen den geforderten Qualitätssicherungsnormen entsprechen.

(2) Verlangt der öffentliche Auftraggeber zum Nachweis dafür, dass Bewerber oder Bieter bestimmte Systeme oder Normen des Umweltmanagements erfüllen, die Vorlage von Bescheinigungen unabhängiger Stellen, so bezieht sich der öffentliche Auftraggeber
1. entweder auf das Gemeinschaftssystem für das Umweltmanagement und die Umweltbetriebsprüfung (EMAS) der Europäischen Union oder

2. auf andere nach Artikel 45 der Verordnung (EG) 1221/2009 anerkannte Umweltmanagementsysteme oder
3. auf andere Normen für das Umweltmanagement, die auf den einschlägigen europäischen oder internationalen Normen beruhen und von akkreditierten Stellen zertifiziert sind. Der öffentliche Auftraggeber erkennt auch gleichwertige Bescheinigungen von Stellen in anderen Staaten an. Hatte ein Unternehmen aus Gründen, die ihm nicht zugerechnet werden können, nachweislich keinen Zugang zu den betreffenden Bescheinigungen oder aus Gründen, die es nicht zu vertreten hat, keine Möglichkeit, diese innerhalb der einschlägigen Fristen zu erlangen, so muss der öffentliche Auftraggeber auch andere Nachweise über gleichwertige Umweltmanagementmaßnahmen anerkennen, sofern das Unternehmen nachweist, dass diese Maßnahmen mit denen, die nach dem geltenden System oder den geltenden Normen für das Umweltmanagement erforderlich sind, gleichwertig sind.

§ 6d EU VOB/A Kapazitäten anderer Unternehmen

(1) Ein Bewerber oder Bieter kann sich zum Nachweis seiner Eignung auf andere Unternehmen stützen – ungeachtet des rechtlichen Charakters der zwischen ihm und diesen Unternehmen bestehenden Verbindungen (Eignungsleihe). In diesem Fall weist er dem öffentlichen Auftraggeber gegenüber nach, dass ihm die erforderlichen Kapazitäten zur Verfügung stehen werden, indem er beispielsweise die diesbezüglichen verpflichtenden Zusagen dieser Unternehmen vorlegt. Eine Inanspruchnahme der Kapazitäten anderer Unternehmen für die berufliche Befähigung (§ 6a EU Absatz 1 Nummer 3 Buchstabe e) oder die berufliche Erfahrung (§ 6a EU Absatz 1 Nummer 3 Buchstaben a und b) ist nur möglich, wenn diese Unternehmen die Arbeiten ausführen, für die diese Kapazitäten benötigt werden. Der öffentliche Auftraggeber hat zu überprüfen, ob diese Unternehmen die entsprechenden Anforderungen an die Eignung gemäß § 6a EU erfüllen und ob Ausschlussgründe gemäß § 6e EU vorliegen. Der öffentliche Auftraggeber schreibt vor, dass der Bieter ein Unternehmen, das eine einschlägige Eignungsanforderung nicht erfüllt oder bei dem Ausschlussgründe gemäß § 6e EU Absatz 1 bis 5 vorliegen, zu ersetzen hat. Der öffentliche Auftraggeber kann vorschreiben, dass der Bieter ein Unternehmen, bei dem Ausschlussgründe gemäß § 6e EU Absatz 6 vorliegen, ersetzt.

(2) Nimmt ein Bewerber oder Bieter im Hinblick auf die Kriterien für die wirtschaftliche und finanzielle Leistungsfähigkeit die Kapazitäten anderer Unternehmen in Anspruch, so kann der öffentliche Auftraggeber vorschreiben, dass Bewerber oder Bieter und diese Unternehmen gemeinsam für die Auftragsausführung haften.

(3) Werden die Kapazitäten anderer Unternehmen gemäß Absatz 1 in Anspruch genommen, so muss die Nachweisführung entsprechend § 6b EU auch für diese Unternehmen erfolgen.

(4) Der öffentliche Auftraggeber kann vorschreiben, dass bestimmte kritische Aufgaben direkt vom Bieter selbst oder – wenn der Bieter einer Bietergemeinschaft angehört – von einem Mitglied der Bietergemeinschaft ausgeführt werden.

§ 6e EU VOB/A Ausschlussgründe

(1) Der öffentliche Auftraggeber schließt ein Unternehmen zu jedem Zeitpunkt des Vergabeverfahrens von der Teilnahme aus, wenn er Kenntnis davon hat, dass eine Person, deren Verhalten nach Absatz 3 dem Unternehmen zuzurechnen ist, rechtskräftig verurteilt worden ist oder gegen das Unternehmen eine Geldbuße nach § 30 des Gesetzes über Ordnungswidrigkeiten rechtskräftig festgesetzt worden ist wegen einer Straftat nach:

1. § 129 des Strafgesetzbuchs (StGB) (Bildung krimineller Vereinigungen), § 129a StGB (Bildung terroristischer Vereinigungen) oder § 129b StGB (kriminelle und terroristische Vereinigungen im Ausland),

2. § 89c StGB (Terrorismusfinanzierung) oder wegen der Teilnahme an einer solchen Tat oder wegen der Bereitstellung oder Sammlung finanzieller Mittel in Kenntnis dessen, dass diese finanziellen Mittel ganz oder teilweise dazu verwendet werden oder verwendet werden sollen, eine Tat nach § 89a Absatz 2 Nummer 2 StGB zu begehen,
3. § 261 StGB (Geldwäsche; Verschleierung unrechtmäßig erlangter Vermögenswerte),
4. § 263 StGB (Betrug), soweit sich die Straftat gegen den Haushalt der Europäischen Union oder gegen Haushalte richtet, die von der Europäischen Union oder in ihrem Auftrag verwaltet werden,
5. § 264 StGB (Subventionsbetrug), soweit sich die Straftat gegen den Haushalt der Europäischen Union oder gegen Haushalte richtet, die von der Europäischen Union oder in ihrem Auftrag verwaltet werden,
6. § 299 StGB (Bestechlichkeit und Bestechung im geschäftlichen Verkehr), §§ 299a und 299b des StGB (Bestechlichkeit und Bestechung im Gesundheitswesen)
7. § 108e StGB (Bestechlichkeit und Bestechung von Mandatsträgern),
8. den §§ 333 und 334 StGB (Vorteilsgewährung und Bestechung), jeweils auch in Verbindung mit § 335a StGB (Ausländische und internationale Bedienstete),
9. Artikel 2 § 2 des Gesetzes zur Bekämpfung internationaler Bestechung (Bestechung ausländischer Abgeordneter im Zusammenhang mit internationalem Geschäftsverkehr) oder
10. den §§ 232, 232a Absatz 1 bis 5, den §§ 232b bis 233a StGB (Menschenhandel, Zwangsprostitution, Zwangsarbeit, Ausbeutung, der Arbeitskraft, Ausbeutung unter Ausnutzung einer Freiheitsberaubung).

(2) Einer Verurteilung oder der Festsetzung einer Geldbuße im Sinne des Absatzes 1 stehen eine Verurteilung oder die Festsetzung einer Geldbuße nach den vergleichbaren Vorschriften anderer Staaten gleich.

(3) Das Verhalten einer rechtskräftig verurteilten Person ist einem Unternehmen zuzurechnen, wenn diese Person als für die Leitung des Unternehmens Verantwortlicher gehandelt hat; dazu gehört auch die Überwachung der Geschäftsführung oder die sonstige Ausübung von Kontrollbefugnissen in leitender Stellung.

(4) Der öffentliche Auftraggeber schließt ein Unternehmen von der Teilnahme an einem Vergabeverfahren aus, wenn

1. das Unternehmen seinen Verpflichtungen zur Zahlung von Steuern, Abgaben und Beiträgen zur Sozialversicherung nicht nachgekommen ist und dies durch eine rechtskräftige Gerichts- oder bestandskräftige Verwaltungsentscheidung festgestellt wurde, oder
2. der öffentliche Auftraggeber auf sonstige geeignete Weise die Verletzung einer Verpflichtung nach Nummer 1 nachweisen kann.

Satz 1 findet keine Anwendung, wenn das Unternehmen seinen Verpflichtungen dadurch nachgekommen ist, dass es die Zahlung vorgenommen oder sich zur Zahlung der Steuern, Abgaben und Beiträge zur Sozialversicherung einschließlich Zinsen, Säumnis- und Strafzuschlägen verpflichtet hat.

(5) Von einem Ausschluss nach Absatz 1 kann abgesehen werden, wenn dies aus zwingenden Gründen des öffentlichen Interesses geboten ist. Von einem Ausschluss nach Absatz 4 Satz 1 kann abgesehen werden, wenn dies aus zwingenden Gründen des öffentlichen Interesses geboten ist oder ein Ausschluss offensichtlich unverhältnismäßig wäre. § 6f EU Absatz 1 und 2 bleiben unberührt.

(6) Der öffentliche Auftraggeber kann unter Berücksichtigung des Grundsatzes der Verhältnismäßigkeit ein Unternehmen zu jedem Zeitpunkt des Vergabeverfahrens von der Teilnahme an einem Vergabeverfahren ausschließen, wenn

1. das Unternehmen bei der Ausführung öffentlicher Aufträge nachweislich gegen geltende umwelt-, sozial- und arbeitsrechtliche Verpflichtungen verstoßen hat,

2. das Unternehmen zahlungsunfähig ist, über das Vermögen des Unternehmens ein Insolvenzverfahren oder ein vergleichbares Verfahren beantragt oder eröffnet worden ist, die Eröffnung eines solchen Verfahrens mangels Masse abgelehnt worden ist, sich das Unternehmen im Verfahren der Liquidation befindet oder seine Tätigkeit eingestellt hat,
3. das Unternehmen im Rahmen der beruflichen Tätigkeit nachweislich eine schwere Verfehlung begangen hat, durch die die Integrität des Unternehmens infrage gestellt wird; § 6e EU Absatz 3 ist entsprechend anzuwenden,
4. der öffentliche Auftraggeber über hinreichende Anhaltspunkte dafür verfügt, dass das Unternehmen mit anderen Unternehmen Vereinbarungen getroffen oder Verhaltensweisen aufeinander abgestimmt hat, die eine Verhinderung, Einschränkung oder Verfälschung des Wettbewerbs bezwecken oder bewirken,
5. ein Interessenkonflikt bei der Durchführung des Vergabeverfahrens besteht, der die Unparteilichkeit und Unabhängigkeit einer für den öffentlichen Auftraggeber tätigen Person bei der Durchführung des Vergabeverfahrens beeinträchtigen könnte und der durch andere, weniger einschneidende Maßnahmen nicht wirksam beseitigt werden kann,
6. eine Wettbewerbsverzerrung daraus resultiert, dass das Unternehmen bereits in die Vorbereitung des Vergabeverfahrens einbezogen war, und diese Wettbewerbsverzerrung nicht durch andere, weniger einschneidende Maßnahmen beseitigt werden kann,
7. das Unternehmen eine wesentliche Anforderung bei der Ausführung eines früheren öffentlichen Auftrags erheblich oder fortdauernd mangelhaft erfüllt hat und dies zu einer vorzeitigen Beendigung, zu Schadensersatz oder zu einer vergleichbaren Rechtsfolge geführt hat,
8. das Unternehmen in Bezug auf Ausschlussgründe oder Eignungskriterien eine schwerwiegende Täuschung begangen, Auskünfte zurückgehalten hat oder nicht in der Lage ist, die erforderlichen Nachweise zu übermitteln oder
9. das Unternehmen
   a) versucht hat, die Entscheidungsfindung des öffentlichen Auftraggebers in unzulässiger Weise zu beeinflussen,
   b) versucht hat, vertrauliche Informationen zu erhalten, durch die es unzulässige Vorteile beim Vergabeverfahren erlangen könnte, oder
   c) fahrlässig oder vorsätzlich irreführende Informationen übermittelt hat, die die Vergabeentscheidung des öffentlichen Auftraggebers erheblich beeinflussen könnten oder versucht hat, solche Informationen zu übermitteln.

§ 16b EU VOB/A Eignung

(1) Beim offenen Verfahren ist die Eignung der Bieter zu prüfen. Dabei sind anhand der vorgelegten Nachweise die Angebote der Bieter auszuwählen, deren Eignung die für die Erfüllung der vertraglichen Verpflichtungen notwendigen Sicherheiten bietet; dies bedeutet, dass sie die erforderliche Fachkunde und Leistungsfähigkeit besitzen, keine Ausschlussgründe gemäß § 6e EU vorliegen und sie über ausreichende technische und wirtschaftliche Mittel verfügen.

(2) Abweichend von Absatz 1 können die Angebote zuerst geprüft werden, sofern sichergestellt ist, dass die anschließende Prüfung des Nichtvorliegens von Ausschlussgründen und der Einhaltung der Eignungsanforderungen unparteiisch und transparent erfolgt.

(3) Beim nicht offenen Verfahren, Verhandlungsverfahren, beim wettbewerblichen Dialog und bei einer Innovationspartnerschaft sind nur Umstände zu berücksichtigen, die nach Aufforderung zur Angebotsabgabe Zweifel an der Eignung des Bieters begründen (vgl. § 6b EU Absatz 2 Nummer 3).

VOB/A VS:

§ 6a VS VOB/A Eignungsnachweise

(1) Zum Nachweis ist die Eignung (Fachkunde und Leistungsfähigkeit) sowie das Nichtvorliegen von Ausschlussgründen gemäß § 6e VS der Bewerber oder Bieter zu prüfen.

(2)

1. Der Nachweis umfasst die folgenden Angaben:
   a) den Umsatz des Unternehmens jeweils bezogen auf die letzten drei abgeschlossenen Geschäftsjahre, soweit er Bauleistungen und andere Leistungen betrifft, die mit der zu vergebenden Leistung vergleichbar sind, unter Einschluss des Anteils bei gemeinsam mit anderen Unternehmen ausgeführten Aufträgen,
   b) die Ausführung von Leistungen in den letzten fünf abgeschlossenen Geschäftsjahren, die mit der zu vergebenden Leistung vergleichbar sind,
   c) die Zahl der in den letzten drei abgeschlossenen Geschäftsjahren jahresdurchschnittlich beschäftigten Arbeitskräfte, gegliedert nach Lohngruppen mit gesondert ausgewiesenem technischem Leitungspersonal,
   d) die Eintragung in das Berufsregister ihres Sitzes oder Wohnsitzes und
   e) die Anmeldung des Unternehmens bei der Berufsgenossenschaft.
2. Andere, auf den konkreten Auftrag bezogene zusätzliche geeignete Angaben können verlangt werden, insbesondere Angaben und Nachweise, die für den Umgang mit Verschlusssachen erforderlich sind oder die Versorgungssicherheit gewährleisten sollen, sowie Angaben, die für die Prüfung der Fachkunde geeignet sind.
3. Der Auftraggeber wird andere ihm geeignet erscheinende Nachweise der wirtschaftlichen und finanziellen Leistungsfähigkeit zulassen, wenn er feststellt, dass stichhaltige Gründe dafür bestehen.
4. Kann ein Unternehmen aus einem berechtigten Grund die geforderten Nachweise nicht beibringen, kann es den Nachweis seiner Eignung durch Vorlage anderer Belege erbringen, die der Auftraggeber für geeignet hält.

§ 6b VS VOB/A Mittel der Nachweisführung, Verfahren

(1) Der Nachweis, auch über das Nichtvorliegen von Ausschlussgründen nach § 6e VS, kann mit der vom Auftraggeber direkt abrufbaren Eintragung in die allgemein zugängliche Liste des Vereins für die Präqualifikation von Bauunternehmen e.V. (Präqualifikationsverzeichnis) erfolgen. Die Eintragung in ein gleichwertiges Verzeichnis anderer Mitgliedstaaten ist als Nachweis zugelassen.

(2) Die Angaben können die Bewerber oder Bieter auch durch Einzelnachweise erbringen. Der Auftraggeber kann dabei vorsehen, dass für einzelne Angaben Eigenerklärungen ausreichend sind, soweit es mit Verteidigungs- und Sicherheitsinteressen vereinbar ist. Eigenerklärungen, die als vorläufiger Nachweis dienen, sind von den Bietern, deren Angebote in die engere Wahl kommen, durch entsprechende Bescheinigungen der zuständigen Stellen zu bestätigen.

(3) Der Auftraggeber verlangt, dass die Nachweise bereits mit dem Teilnahmeantrag vorgelegt werden.

(4) Vor der Aufforderung zur Angebotsabgabe ist die Eignung der Unternehmen zu prüfen. Dabei sind die Unternehmen auszuwählen, deren Eignung die für die Erfüllung der vertraglichen Verpflichtungen notwendige Sicherheit bietet.

(5) Muss einem Bewerber für das Erstellen eines Angebotes der Zugang zu Verschlusssachen des Grades „VS-VER-TRAULICH“ oder höher gewährt werden, muss der Bewerber bereits vor Gewährung des Zugangs die geforderten Angaben und Nachweise vorlegen. Kommt der Bewerber dem nicht nach, schließt der Auftraggeber ihn von der Teilnahme am Vergabeverfahren aus.

§ 6c VS VOB/A Qualitätssicherung und Umweltmanagement

(1) Der Auftraggeber kann zusätzlich Angaben über Umweltmanagementverfahren verlangen, die der Bewerber oder Bieter bei der Ausführung des Auftrags gegebenenfalls anwenden will. In diesem Fall kann der Auftraggeber zum Nachweis dafür, dass der Bewerber oder Bieter bestimmte Normen für das Umweltmanagement erfüllt, die Vorlage von Bescheinigungen unabhängiger Stellen verlangen. Der Auftraggeber nimmt dabei Bezug auf
1. das Gemeinschaftssystem für das Umweltmanagement und die Umweltbetriebsprüfung (EMAS) oder
2. Normen für das Umweltmanagement, die
   a) auf den einschlägigen europäischen oder internationalen Normen beruhen und
   b) von entsprechenden Stellen zertifiziert sind, die dem Gemeinschaftsrecht oder einschlägigen europäischen oder internationalen Zertifizierungsnormen entsprechen. Gleichwertige Bescheinigungen von Stellen in anderen Mitgliedstaaten sind anzuerkennen. Der Auftraggeber erkennt auch andere Nachweise für gleichwertige Umweltmanagement-Maßnahmen an, die von Bewerbern oder Bietern vorgelegt werden.

(2) Auftraggeber können zum Nachweis dafür, dass der Bewerber oder Bieter bestimmte Qualitätssicherungsnormen erfüllt, die Vorlage von Bescheinigungen unabhängiger Stellen verlangen. Der Auftraggeber nimmt dabei auf Qualitätssicherungsverfahren Bezug, die
1. den einschlägigen europäischen Normen genügen und
2. von entsprechenden Stellen zertifiziert sind, die den europäischen Zertifizierungsnormen entsprechen. Gleichwertige Bescheinigungen von Stellen aus anderen Mitgliedstaaten sind anzuerkennen. Der Auftraggeber erkennt auch andere gleichwertige Nachweise für Qualitätssicherungsmaßnahmen an.

§ 6d VS VOB/A Kapazitäten anderer Unternehmen

Ein Bewerber oder Bieter kann sich, gegebenenfalls auch als Mitglied einer Bietergemeinschaft, zur Erfüllung eines Auftrags der Fähigkeiten anderer Unternehmen bedienen. Dabei kommt es nicht auf den rechtlichen Charakter der Verbindung zwischen ihm und diesen Unternehmen an. In diesem Fall fordert der Auftraggeber von den in der engeren Wahl befindlichen Bewerbern oder Bietern den Nachweis darüber, dass ihnen die erforderlichen Mittel zur Verfügung stehen. Als Nachweise können beispielsweise entsprechende Verpflichtungserklärungen dieser Unternehmen vorgelegt werden.

§ 6e VS VOB/A Ausschlussgründe

(1) Der Auftraggeber schließt ein Unternehmen zu jedem Zeitpunkt des Vergabeverfahrens von der Teilnahme aus, wenn er Kenntnis davon hat, dass eine Person, deren Verhalten nach Absatz 3 dem Unternehmen zuzurechnen ist, rechtskräftig verurteilt oder gegen das Unternehmen eine Geldbuße nach § 30 des Gesetzes über Ordnungswidrigkeiten rechtskräftig festgesetzt worden ist wegen einer Straftat nach:
1. § 129 StGB (Bildung krimineller Vereinigungen), § 129a StGB (Bildung terroristischer Vereinigungen) oder § 129b StGB (kriminelle und terroristische Vereinigungen im Ausland),
2. § 89c StGB (Terrorismusfinanzierung) oder wegen der Teilnahme an einer solchen Tat oder wegen der Bereitstellung oder Sammlung finanzieller Mittel in Kenntnis dessen, dass diese finanziellen Mittel ganz oder teilweise dazu verwendet werden oder verwendet werden sollen, eine Tat nach § 89a Absatz 2 Nummer 2 StGB zu begehen,
3. § 261 StGB (Geldwäsche; Verschleierung unrechtmäßig erlangter Vermögenswerte),
4. § 263 StGB (Betrug), soweit sich die Straftat gegen den Haushalt der Europäischen Union oder gegen Haushalte richtet, die von der Europäischen Union oder in ihrem Auftrag verwaltet werden,

5. § 264 StGB (Subventionsbetrug), soweit sich die Straftat gegen den Haushalt der Europäischen Union oder gegen Haushalte richtet, die von der Europäischen Union oder in ihrem Auftrag verwaltet werden,
6. § 299 StGB (Bestechlichkeit und Bestechung im geschäftlichen Verkehr), §§ 299a und 299b StGB (Bestechlichkeit und Bestechung im Gesundheitswesen),
7. § 108e StGB (Bestechlichkeit und Bestechung von Mandatsträgern),
8. den §§ 333 und 334 StGB (Vorteilsgewährung und Bestechung), jeweils auch in Verbindung mit § 335a StGB (Ausländische und internationale Bedienstete),
9. Artikel 2 § 2 des Gesetzes zur Bekämpfung internationaler Bestechung (Bestechung ausländischer Abgeordneter im Zusammenhang mit internationalem Geschäftsverkehr) oder
10. den §§ 232, 232a Absatz 1 bis 5, den §§ 232b bis 233a StGB (Menschenhandel, Zwangsprostitution, Zwangsarbeit, Ausbeutung, der Arbeitskraft, Ausbeutung unter Ausnutzung einer Freiheitsberaubung).

(2) Einer Verurteilung oder der Festsetzung einer Geldbuße im Sinne des Absatzes 1 stehen eine Verurteilung oder die Festsetzung einer Geldbuße nach den vergleichbaren Vorschriften anderer Staaten gleich.

(3) Das Verhalten einer rechtskräftig verurteilten Person ist einem Unternehmen zuzurechnen, wenn diese Person als für die Leitung des Unternehmens Verantwortlicher gehandelt hat; dazu gehört auch die Überwachung der Geschäftsführung oder die sonstige Ausübung von Kontrollbefugnissen in leitender Stellung.

(4) Der Auftraggeber schließt ein Unternehmen von der Teilnahme an einem Vergabeverfahren aus, wenn

1. das Unternehmen seinen Verpflichtungen zur Zahlung von Steuern, Abgaben und Beiträgen zur Sozialversicherung nicht nachgekommen ist und dies durch eine rechtskräftige Gerichts- oder bestandskräftige Verwaltungsentscheidung festgestellt wurde, oder
2. der Auftraggeber auf sonstige geeignete Weise die Verletzung einer Verpflichtung nach Nummer 1 nachweisen kann. Satz 1 findet keine Anwendung, wenn das Unternehmen seinen Verpflichtungen dadurch nachgekommen ist, dass es die Zahlung vorgenommen oder sich zur Zahlung der Steuern, Abgaben und Beiträge zur Sozialversicherung einschließlich Zinsen, Säumnis- und Strafzuschlägen verpflichtet hat.

(5) Von einem Ausschluss nach Absatz 1 kann abgesehen werden, wenn dies aus zwingenden Gründen des öffentlichen Interesses geboten ist. Von einem Ausschluss nach Absatz 4 Satz 1 kann abgesehen werden, wenn dies aus zwingenden Gründen des öffentlichen Interesses geboten ist oder ein Ausschluss offensichtlich unverhältnismäßig wäre. § 6 f VS Absatz 1 und 2 bleiben unberührt.

(6) hier nicht abgedruckt

VSVgV:

§ 23 VSVgV Zwingender Ausschluss

(1) Der Auftraggeber schließt ein Unternehmen zu jedem Zeitpunkt des Vergabeverfahrens von der Teilnahme aus, wenn ein zwingender Ausschlussgrund nach § 147 in Verbindung mit § 123 des Gesetzes gegen Wettbewerbsbeschränkungen vorliegt. § 147 in Verbindung mit § 125 des Gesetzes gegen Wettbewerbsbeschränkungen bleibt unberührt.

(2) Zur Anwendung des Absatzes 1 kann der öffentliche Auftraggeber die erforderlichen Informationen über die persönliche Lage der Bewerber oder Bieter bei den zuständigen Behörden einholen, wenn er Bedenken in Bezug auf das Nichtvorliegen von Ausschlussgründen hat. Betreffen die Informationen einen Bewerber oder Bieter, der in einem anderen Mitgliedstaat als der Auftraggeber ansässig ist, so kann dieser die zuständigen Behörden um Mitarbeit ersuchen. Nach Maßgabe des nationalen Rechts des Mitgliedstaats, in dem der Bewerber oder Bieter ansässig ist, betreffen diese Ersuchen juristische und natürliche

Personen, gegebenenfalls auch die jeweiligen Unternehmensleiter oder jede andere Person, die befugt ist, den Bewerber oder Bieter zu vertreten, in seinem Namen Entscheidungen zu treffen oder ihn zu kontrollieren.

(3) Als ausreichenden Nachweis dafür, dass die in § 147 in Verbindung mit § 123 Absatz 1 bis 3 des Gesetzes gegen Wettbewerbsbeschränkungen genannten Ausschlussgründe auf den Bewerber oder Bieter nicht zutreffen, erkennt der Auftraggeber einen Auszug aus einem einschlägigen Register, insbesondere ein Führungszeugnis aus dem Bundeszentralregister oder, in Ermangelung eines solchen, eine gleichwertige Bescheinigung einer zuständigen Gerichts- oder Verwaltungsbehörde des Herkunftslandes oder des Niederlassungsstaates des Bewerbers oder Bieters an.

(4) Als ausreichenden Nachweis dafür, dass die in § 147 in Verbindung mit § 123 Absatz 4 des Gesetzes gegen Wettbewerbsbeschränkungen genannten Ausschlussgründe auf den Bewerber oder Bieter nicht zutreffen, erkennt der öffentliche Auftraggeber eine von der zuständigen Behörde des Herkunftslandes oder des Niederlassungsstaates des Bewerbers oder Bieters ausgestellte Bescheinigung an.

(5) Wird eine Urkunde oder Bescheinigung von dem Herkunftsland des Bewerbers oder Bieters nicht ausgestellt oder werden darin nicht alle vorgesehenen Fälle erwähnt, so kann sie durch eine Versicherung an Eides statt ersetzt werden. In den Staaten, in denen es keine Versicherung an Eides statt gibt, darf die Versicherung an Eides statt durch eine förmliche Erklärung ersetzt werden, die ein Vertreter des betreffenden Unternehmens vor einer zuständigen Gerichts- oder Verwaltungsbehörde, einem Notar oder einer dafür qualifizierten Berufsorganisation des Herkunftslands abgibt.

§ 25 VSVgV Nachweis der Erlaubnis zur Berufsausübung

(1) Die Auftraggeber können die Bewerber oder Bieter auffordern, als Nachweis für die Erlaubnis zur Berufsausübung

1. den Auszug eines Berufs- oder Handelsregisters gemäß der unverbindlichen Liste des Anhangs VII Teil B und C der Richtlinie 2009/81/EG vorzulegen, wenn die Eintragung gemäß den Vorschriften des Mitgliedstaats ihrer Herkunft oder Niederlassung Voraussetzung für die Berufsausübung ist,
2. darüber eine Erklärung unter Eid abzugeben oder
3. eine sonstige Bescheinigung vorzulegen.

(2) Müssen Bewerber oder Bieter eine bestimmte Berechtigung besitzen oder Mitglied einer bestimmten Organisation sein, um eine Dienstleistung in ihrem Herkunftsmitgliedstaat erbringen zu können, können Auftraggeber Bewerber oder Bieter auffordern, darüber den Nachweis zu erbringen.

§ 26 VSVgV Nachweis der wirtschaftlichen und finanziellen Leistungsfähigkeit

(1) Auftraggeber können je nach Art, Verwendungszweck und Menge der zu liefernden Güter oder dem Umfang der zu erbringenden Dienstleistungen angemessene Nachweise der finanziellen und wirtschaftlichen Leistungsfähigkeit der Bewerber oder Bieter verlangen, insbesondere die Vorlage

1. entsprechender Bankerklärungen oder des Nachweises einer entsprechenden Berufshaftpflichtversicherung,
2. von Bilanzen oder Bilanzauszügen, falls deren Veröffentlichung in dem Land, in dem der Bewerber oder Bieter ansässig ist, gesetzlich vorgeschrieben ist,
3. einer Erklärung über den Gesamtumsatz und den Umsatz für den durch den Auftragsgegenstand vorausgesetzten Tätigkeitsbereich, jedoch höchstens für die letzten drei Geschäftsjahre, entsprechend dem Gründungsdatum oder dem Datum der Tätigkeitsaufnahme des Unternehmens, sofern entsprechende Angaben verfügbar sind.

(2) Können Bewerber oder Bieter aus einem berechtigten Grund die geforderten Nachweise nicht beibringen, so kann der Auftraggeber die Vorlage jedes anderen geeigneten Nachweises zulassen.

(3) Bewerber oder Bieter können sich für einen bestimmten Auftrag auf die Leistungsfähigkeit anderer Unternehmen berufen, wenn sie nachweisen, dass ihnen dadurch die erforderlichen Mittel zur Verfügung stehen. Dies gilt auch für Bewerber- oder Bietergemeinschaften.

§ 27 VSVgV Nachweis der technischen und beruflichen Leistungsfähigkeit

(1) Auftraggeber können je nach Art, Verwendungszweck und Menge der zu liefernden Güter oder dem Umfang der zu erbringenden Dienstleistungen angemessene Nachweise der technischen und beruflichen Leistungsfähigkeit verlangen. Insbesondere können die Auftraggeber verlangen:

1. bei Lieferaufträgen
   a) eine Liste der wesentlichen in den letzten fünf Jahren erbrachten Lieferungen;
   b) Muster, Beschreibungen oder Fotografien der zu liefernden Güter, deren Echtheit nach Aufforderung durch den Auftraggeber nachzuweisen ist;
   c) Bescheinigungen, die von zuständigen Instituten oder amtlichen Stellen für Qualitätskontrolle ausgestellt wurden, mit denen bestätigt wird, dass die durch entsprechende Bezugnahmen genau bezeichneten Güter bestimmten Spezifikationen oder Normen entsprechen;
   d) die Angabe der technischen Fachkräfte oder der technischen Stellen, unabhängig davon, ob diese dem Unternehmen angeschlossen sind oder nicht, und zwar insbesondere derjenigen, die mit der Qualitätskontrolle beauftragt sind;
   e) eine Beschreibung der technischen Ausrüstung, der Maßnahmen des Unternehmens zur Qualitätssicherung und der Untersuchungs- und Forschungsmöglichkeiten des Unternehmens sowie der internen Vorschriften in Bezug auf gewerbliche Schutzrechte;
   f) bei komplexer Art der zu liefernden Güter oder solchen, die ausnahmsweise einem besonderen Zweck dienen, eine Kontrolle, die vom Auftraggeber oder in dessen Namen von einer zuständigen amtlichen Stelle im Herkunftsland des Unternehmens durchgeführt wird. Diese Kontrolle betrifft Produktionskapazitäten und erforderlichenfalls die Untersuchungs- und Forschungsmöglichkeiten des Unternehmens sowie die von diesem für die Qualitätskontrolle getroffenen Vorkehrungen;
   g) im Falle zusätzlicher Dienst- oder Bauleistungen die Studien- und Ausbildungsnachweise sowie Bescheinigungen darüber, dass das Unternehmen die Erlaubnis zur Berufsausübung sowie die Führungskräfte des Unternehmens und insbesondere die für die Erbringung der Dienst- oder Bauleistung verantwortlichen Personen die erforderliche berufliche Befähigung besitzen;
   h) eine Erklärung, aus der die durchschnittliche jährliche Beschäftigtenzahl des Unternehmens und die Zahl seiner Führungskräfte in den letzten drei Jahren ersichtlich ist;
   i) eine Beschreibung der Ausstattung, der Geräte, der technischen Ausrüstung sowie die Angabe der Anzahl der Mitarbeiter und ihrer Kenntnisse sowie die Angabe der Zulieferer, auf die das Unternehmen zurückgreifen kann, um den Auftrag auszuführen und einen etwaigen steigenden Bedarf des Auftraggebers infolge einer Krise zu decken oder die Wartung, Modernisierung oder Anpassung der im Rahmen des Auftrags gelieferten Güter sicherzustellen. Zur Angabe der Zulieferer gehört die Angabe des geografischen Standortes, falls diese Zulieferer außerhalb der Europäischen Union ansässig sind;
2. bei Dienstleistungsaufträgen
   a) eine Liste der wesentlichen in den letzten fünf Jahren erbrachten Dienstleistungen;

b) Muster, Beschreibungen oder Fotografien der zu erbringenden Dienstleistungen, deren Echtheit nach Aufforderung durch den Auftraggeber nachzuweisen ist;
c) Studien- und Ausbildungsnachweise sowie Bescheinigungen darüber, dass das Unternehmen die Erlaubnis zur Berufsausübung sowie die Führungskräfte des Unternehmens und insbesondere die für die Erbringung der Dienstleistung verantwortlichen Personen die erforderliche berufliche Befähigung besitzen;
d) die Angabe der technischen Fachkräfte oder der technischen Stellen, unabhängig davon, ob diese dem Unternehmen angeschlossen sind oder nicht, und zwar insbesondere derjenigen, die mit der Qualitätskontrolle beauftragt sind;
e) bei Dienstleistungen komplexer Art oder solchen, die ausnahmsweise einem besonderen Zweck dienen, eine Kontrolle, die vom Auftraggeber oder in dessen Namen von einer zuständigen amtlichen Stelle im Herkunftsland des Unternehmens durchgeführt wird. Diese Kontrolle betrifft die technische Leistungsfähigkeit und erforderlichenfalls die Untersuchungs- und Forschungsmöglichkeiten des Unternehmens sowie die von diesem für die Qualitätskontrolle getroffenen Vorkehrungen;
f) im Falle zusätzlicher Bauleistungen die Studien- und Ausbildungsnachweise sowie Bescheinigungen darüber, dass das Unternehmen die Erlaubnis zur Berufsausübung sowie die Führungskräfte des Unternehmens und insbesondere die für die Ausführung der Bauleistung verantwortlichen Personen die erforderliche berufliche Befähigung besitzen;
g) die Angabe der durch den Auftragsgegenstand erforderlichen Umweltmanagementmaßnahmen;
h) eine Erklärung, aus der die durchschnittliche jährliche Beschäftigtenzahl des Unternehmens und die Zahl seiner Führungskräfte in den letzten drei Jahren ersichtlich ist;
i) eine Beschreibung der Ausstattung, der Geräte, der technischen Ausrüstung sowie die Angabe der Anzahl der Mitarbeiter und ihrer Kenntnisse sowie die Angabe der Zulieferer, auf die das Unternehmen zurückgreifen kann, um den Auftrag auszuführen und einen etwaigen steigenden Bedarf des Auftraggebers infolge einer Krise zu decken. Zur Angabe der Zulieferer gehört die Angabe ihres geografischen Standortes, falls diese Zulieferer außerhalb der Europäischen Union ansässig sind.

(2) Verlangt der Auftraggeber Angaben zu erbrachten Liefer- und Dienstleistungen im Sinne des Absatzes 1 Nummer 1 Buchstabe a und Nummer 2 Buchstabe a über erbrachte Leistungen, so sind diese zu erbringen
1. bei Leistungen an öffentliche Auftraggeber durch eine von der zuständigen Behörde ausgestellte Bescheinigung, die beglaubigt werden kann, oder
2. bei Leistungen an private Auftraggeber durch eine von diesen ausgestellte Bescheinigung oder, falls eine solche Bescheinigung nicht erhältlich ist, durch einfache Erklärung.

(3) Auskünfte im Sinne des Absatzes 2 enthalten mindestens die folgenden Angaben:
1. Name der Auskunftsperson;
2. Wert der Leistung;
3. Zeit der Leistungserbringung;
4. Angabe, ob die Lieferleistung sachmangelfrei und ordnungsgemäß oder die Dienstleistung fachgerecht und ordnungsgemäß ausgeführt wurde.

(4) Bewerber oder Bieter können sich für einen bestimmten Auftrag auf die Leistungsfähigkeit anderer Unternehmen berufen, wenn sie nachweisen, dass diese ihnen die für die Auftragsausführung erforderlichen Mittel zur Verfügung stellen. Dies gilt auch für Bewerber- oder Bietergemeinschaften. Der Nachweis kann auch durch Zusage der Unternehmen erfolgen, die dem Bewerber oder Bieter die für die Auftragsausführung erforderlichen Mittel zur Verfügung stellen. Die Zusage muss in Schriftform oder elektronisch mindestens mittels einer fortgeschrittenen elektronischen Signatur im Sinne des Signaturgesetzes erfolgen.

(5) Können Bewerber oder Bieter aus einem berechtigten Grund die geforderten Nachweise ihrer technischen und beruflichen Leistungsfähigkeit nicht beibringen, so kann der Auftraggeber die Vorlage jedes anderen geeigneten Nachweises zulassen.

§ 28 VSVgV Nachweis für die Einhaltung von Normen des Qualitäts- und Umweltmanagements

(1) Verlangen Auftraggeber zum Nachweis dafür, dass Bewerber oder Bieter bestimmte Normen des Qualitätsmanagements erfüllen, die Vorlage von Bescheinigungen unabhängiger und akkreditierter Stellen, so beziehen sich Auftraggeber auf Qualitätsmanagementsysteme, die
1. den einschlägigen europäischen Normen genügen und
2. von unabhängigen akkreditierten Stellen zertifiziert sind, die den europäischen Normen für die Akkreditierung und Zertifizierung entsprechen. Auftraggeber erkennen gleichwertige Bescheinigungen von unabhängigen akkreditierten Stellen aus anderen Mitgliedstaaten und andere Nachweise für gleichwertige Qualitätsmanagementsysteme an.

(2) Verlangen Auftraggeber bei der Vergabe von Dienstleistungsaufträgen als Nachweis der technischen Leistungsfähigkeit, dass Bewerber oder Bieter bestimmte Normen für das Umweltmanagement erfüllen, die Vorlage von Bescheinigungen unabhängiger Stellen, so beziehen sich Auftraggeber
1. entweder auf das Gemeinschaftssystem für das Umweltmanagement und die Umweltbetriebsprüfung (EMAS) oder
2. auf Normen für das Umweltmanagement, die auf den einschlägigen europäischen oder internationalen Normen beruhen und von entsprechenden Stellen zertifiziert sind, die dem Gemeinschaftsrecht oder europäischen oder internationalen Zertifizierungsnormen entsprechen. Gleichwertige Bescheinigungen von Stellen in anderen Mitgliedstaaten sind anzuerkennen. Auftraggeber erkennen auch andere Nachweise für gleichwertige Umweltmanagementmaßnahmen an, die von Bewerbern oder Bietern vorgelegt werden.

Literatur:

Birk, Die einheitliche europäische Eigenerklärung als Eignungsnachweis im Vergaberecht, VR 2020, S. 84, *Bonhage/Ritzenhoff,* Mindestanforderungen an die finanzielle Leistungsfähigkeit in Vergabeverfahren, NZBau 2013, 151; *Csaki/Freundt,* Europarechtskonformität von vergaberechtlichen Mindestlöhnen, KommJur 2012, 246; *Dreher/Hoffmann,* Der Marktzutritt von Newcomern als Herausforderung für das Kartellvergaberecht, NZBau 2008, 545; *Freise,* Berücksichtigung von Eignungsmerkmalen bei der Ermittlung des wirtschaftlichsten Angebots?, NZBau 2009, 225; *Hözl/Friton,* Entweder – Oder: Eignungs- sind keine Zuschlagskriterien, NZBau 2008, 307; *Hofmann,* Noch einmal: Die Auswirkungen von Rüffert, RdA 2010, 351; *Ingenstau/Korbion,* VOB Teile A und B, Köln 2013; *Kapellmann/Messerschmidt,* VOB Teile A und B, München 2013; *Kulartz/Kus/Portz,* Kommentar zum GWB-Vergaberecht, 2. Aufl. 2009; *Kus,* Inhalt und Reichweite des Begriffs der Gesetzestreue in § 97 Abs. 4 GWB 2009, VergabeR 2010, 321; *Meißner,* Landesvergabegesetze – Besonderheiten, Innovationen, Schwierigkeiten, ZfBR 2013, 20; *Motzke/Pietzcker/Prieß,* Beck,scher VOB-Kommentar, 1. Aufl. 2002; *Müller-Wrede,* Vergabe- und Vertragsordnung für Leistungen, Berlin 2010; *Pauka,* Entbürokratisierung oder Mehraufwand? – Die Regelungen der Einheitlichen Europäischen Eigenerklärung EEE in der VKR, Vergaberecht 2015, 155; *Redmann,* Landesvergaberecht 2.0, LKV 2012, 295; *Stolz,* Die Einheitliche Europäische Eigenerklärung, VergabeR 2016, 155; *Schaller,* Die Einheitliche Europäische Eigenerklärung, NZBau 2020, 19; *Thüsing/Granetzny,* Noch einmal: Was folgt aus Rüffert?, NZA 2009, 183; *Wirner,* Die Eignung von Bewerbern und Bietern bei der Vergabe öffentlicher Bauaufträge, ZfBR 2003, 545; *Wittjen,* Tariftreue am Ende?, ZfBR 2009, 30.

A. Einleitung

Auf der zweiten Wertungsstufe prüfen Auftraggeber die Eignung von Bietern oder Bewerbern. Die Eignungsprüfung dient im System der Wertungsstufen dazu, diejenigen Unternehmen zu ermitteln, die zur Erbringung der konkret nachgefragten Leistung nach ihrer wirtschaftlichen und technischen Leistungsfähigkeit in Betracht kommen. Sie dient nach 1 ständiger Rechtsprechung jedoch nicht dazu, qualitative Unterschiede zwischen den einzelnen Bewerbern oder Bietern herauszuarbeiten.

2 Die Eignungsprüfung ist streng unternehmensbezogen durchzuführen. Dies bedeutet insbesondere, dass die Eignungskriterien wie auch die Eignungsnachweise sich nur auf das Unternehmen und nicht etwa die verfahrensgegenständliche Auftragsdurchführung beziehen.

3 Zur Vereinfachung der Eignungsprüfung und letztlich zum Zwecke des Bürokratieabbaus dient die Einführung von Präqualifikationssystemen. Unternehmen können in solchen Systemen unabhängig von einer konkreten Auftragsvergabe ihre Eignungsnachweise, wie zum Beispiel ihre Referenzen, hinterlegen. Dies bietet für Unternehmen den Vorteil, dass sie ihre Eignungsnachweise nicht für jedes Vergabeverfahren erneut zusammenstellen müssen. Öffentlichen Auftraggebern erleichtern Präqualifikationssysteme die Durchführung der Eignungsprüfung, da sie sich auf die Vollständigkeit und Aktualität der dort hinterlegten Nachweise verlassen können.

B. Die Eignungskriterien

4 Mit den Eignungskriterien legen Auftraggeber die Anforderungen an die Bieter und Bewerber fest, welche diese erfüllen müssen, um sich an dem konkreten Vergabeverfahren beteiligen zu können. Die Eignungskriterien sind damit strikt von den Auftrags- oder Zuschlagskriterien zu trennen; die jeweiligen Kriterien dürfen nicht miteinander vermischt werden. Eignung und Wertung sind also zwei unterschiedliche Vorgänge, die unterschiedlichen Regeln unterliegen.[1]

5 Kriterien, nach denen die Eignung eines Bewerbers oder Bieters zu bestimmen ist, sind dessen Fachkunde und Leistungsfähigkeit.[2] Die inhaltliche Bedeutung des in Art. 58 Abs. 1 lit. b VKR enthaltenen Begriffs der „wirtschaftlichen und finanziellen Leistungsfähigkeit" ist mit dem Kriterium der Leistungsfähigkeit aus § 122 Abs. 1 GWB gleichzusetzen und die „technische und berufliche Leistungsfähigkeit" (Art. 58 Abs. 1 lit. c VKR) stimmt inhaltlich deckungsgleich mit der in § 122 Abs. 1 GWB erwähnten Fachkunde überein.[3]

Während nach der bisherigen deutschen Systematik des § 97 Abs. 4 S. 1 GWB die Eignung aus den vier Elementen Fachkunde, Leistungsfähigkeit, Zuverlässigkeit und Gesetzestreue bestand, orientiert sich § 122 Abs. 1 GWB an den Vorgaben des Art. 58 Abs. 1 VKR. Zwar bleiben die Begriffe Fachkunde und Leistungsfähigkeit als zentrale, definierende Komponenten der Eignung erhalten. Das Begriffspaar Fachkunde und Leistungsfähigkeit wird jedoch vollständig durch die in Abs. 2 aufgeführten drei Kategorien ausgefüllt, die die Anforderungen der Richtlinie 2014/24/EU abbilden, nämlich: Befähigung und Erlaubnis zur Berufsausübung, wirtschaftliche und finanzielle Leistungsfähigkeit sowie die technische und berufliche Leistungsfähigkeit.

6 Nach ständiger Rechtsprechung handelt es sich bei den Eignungskriterien um unbestimmte Rechtsbegriffe.[4] Die Überprüfung, ob die Eignungskriterien von einem Bewerber oder Bieter erfüllt werden, ist eine Wertungsentscheidung, in die zahlreiche einzelne Umstände einfließen. Zudem handelt es sich bei der Prüfung der Eignung eines Bieters um eine Prognoseentscheidung, im Rahmen derer ihm ein Beurteilungsspielraum zukommt. Der Beurteilungsspielraum der Auftraggeber ist nur einer eingeschränkten Kontrolle durch die Nachprüfungsinstanzen zugänglich.[5]

---

[1] BGH Urt. v. 15.4.2008 – X ZR 129/06, MDR 2008, 1030.
[2] § 122 Abs. 1 GWB.
[3] *Dreher/Hoffmann* NZBau 2008, 545 (546).
[4] OLG Düsseldorf Beschl. v. 25.7.2012 – Verg 25/12, BeckRS 2012, 23818; VK Lüneburg Beschl. v. 2.5.2019 – VgK 09/2019, VPR 2020, 20.
[5] OLG Düsseldorf Beschl. v. 17.8.2011 – Verg 55/11, IBRRS 2011, 3752; VK Sachsen-Anhalt Beschl. v. 20.10.2017 – 1 VK LSA 17/17, VPRRS 2018, 0137.

Hat der Auftraggeber die Eignung geprüft und bejaht, erlangt aber vor wirksamer Zuschlagserteilung Kenntnis von Umständen, die – bezogen auf den zu vergebenden Auftrag – nunmehr Zweifel an der Eignung des Bieters begründen, muss er erneut in die Eignungsprüfung eintreten.[6] 7

I. Fachkunde

Das Kriterium der Fachkunde bezieht sich auf Kenntnisse, Erfahrungen und Fertigkeiten, die es einem Unternehmen ermöglichen, den zu vergebenden Auftrag ordnungsgemäß durchzuführen.[7] Ein „fachkundiges" Unternehmen verfügt mithin über die für die Auftragsdurchführung notwendigen Kenntnisse. Dies umfasst zB auch die Anzahl und Qualifikation der Mitarbeiter des Unternehmens,[8] oder die bestehende Erfahrung in dem betreffenden Leistungsbereich.[9] 8

Grundsätzlich wird die Fachkunde eines Unternehmens durch die personelle Ausstattung geprägt und beruht auf den Erfahrungen und Kenntnissen der Mitarbeiter. Woher diese Kenntnisse stammen, ist jedoch letztlich unerheblich; deshalb können Mitarbeiter ihre Kenntnisse und Erfahrungen auch bei anderen Unternehmen erworben haben.[10] 9

Die Fachkunde eines Bewerbers oder Bieters muss für alle geforderten Leistungsbereiche, die Gegenstand des Vergabeverfahrens sind, vorliegen. Ein Ausschluss wegen mangelnder Fachkunde ist demnach schon dann möglich, wenn bereits einzelne, vom Auftraggeber jedoch für wesentlich erachtete Leistungsbestandteile des zu vergebenen Auftrags nach Überzeugung des Auftraggebers von dem Unternehmen nicht erbracht werden können.[11] 10

II. Leistungsfähigkeit

Ein Bieter ist leistungsfähig, wenn sein Betrieb in technischer, kaufmännischer, personeller und finanzieller Hinsicht so ausgestattet ist, dass er Gewähr und Sicherheit für die fach- und fristgerechte Ausführung der zu erbringenden Leistungen innerhalb der Vertragsfrist bietet.[12] 11

In **finanzieller** Hinsicht verlangt die Leistungsfähigkeit, dass das Unternehmen über ausreichend finanzielle Mittel verfügt, die es ihm ermöglichen, seinen laufenden Verpflichtungen gegenüber seinem Personal, dem Staat und sonstigen Gläubigern nachzukommen.[13] Die Feststellung einer ausreichenden finanziellen Leistungsfähigkeit soll sicherstellen, dass der spätere Auftragnehmer finanziell in der Lage ist, den zu vergebenen Auftrag abzuwickeln. Sie ist zu verneinen, wenn der Unternehmer nicht in der Lage ist, seinen laufenden Verpflichtungen nachzukommen. 12

In **technischer Hinsicht** muss der Betrieb so eingerichtet sein, dass er nach Ausstattung und Organisation den verfahrensgegenständlichen Auftrag erbringen kann. Dem Unternehmen müssen dementsprechend die notwendigen Maschinen, Werkzeuge oder IT-Ausstattung zur Verfügung stehen, um den Auftrag fachgerecht zu erbringen. 13

---

[6] OLG Düsseldorf Beschl. v. 25.4.2012 – Verg 61/11, ZfBR 2012, 613.

[7] Müller-Wrede/*Müller-Wrede* VOL/A-EG § 7 Rn. 20 unter Verweis auf OLG Saarbrücken Beschl. v. 12.5.2004 – 1 Verg 4/04, ZfBR 2004, 714; OLG Düsseldorf Beschl. v. 7.2.2018 – Verg 55/16, NZBau 2018, 495; VK Düsseldorf Beschl. v. 21.1.2009 – VK 43/2008-L, VPRRS 2012, 0032.

[8] Vgl. VK Sachsen Beschl. v. 15.11.2012 – 1/SVK/033-12, VPRRS 2013, 0364.

[9] Vgl. OLG Düsseldorf Beschl. v. 27.6.2018 – Verg 4/18, NZBau 2018, 707; OLG Düsseldorf Beschl. v. 16.11.2011 – Verg 60/11, ZfBR 2012, 179.

[10] Thüringer OLG Beschl. v. 21.9.2009 – 9 Verg 7/09, BauR 2010, 959.

[11] VK Bund Beschl. v. 11.1.2005 – VK 2-220/04, IBRRS 2005, 1579.

[12] *Wirner* ZfBR 2003, 545 (545).

[13] OLG Düsseldorf Beschl. v. 9.6.2004 – Verg 11/04, VPRRS 2004, 0657; VK Baden-Württemberg Beschl. v. 9.4.2013 – 1 VK 08/13, ZfBR 2013, 497.

C. Keine Vermengung von Eignungskriterien und Zuschlagskriterien

14 Es darf grundsätzlich keine Vermengung von Kriterien, die innerhalb der bieterbezogenen Eignungsprüfung maßgeblich sind, und den auftragsbezogenen Zuschlagskriterien, nach denen bei der Wirtschaftlichkeitsprüfung der obsiegende Bieter ermittelt wird, erfolgen.[14] Eignungsprüfung und Angebotswertung sind also zwei unterschiedliche Vorgänge, die unterschiedlichen Regeln unterliegen.[15]

15 Die Prüfung der Eignung und der Zuschlag unterliegen verschiedenen Regeln. Sie sind als unterschiedliche Vorgänge klar voneinander zu trennen. Bei der den Zuschlag betreffenden Entscheidung dürfen nur Kriterien zur Anwendung kommen, die der Ermittlung des wirtschaftlichsten Angebots dienen. Das bedeutet, dass prinzipiell nur Faktoren berücksichtigt werden dürfen, die mit dem Gegenstand des Auftrags zusammenhängen, dh sich auf die Leistung beziehen, die den Gegenstand des Auftrags bildet.[16] Infolge dessen ist eine nochmalige Anwendung von Eignungskriterien im Rahmen der Wirtschaftlichkeitsprüfung prinzipiell ausgeschlossen.[17] Wenn, beispielsweise, Studien- und Ausbildungsnachweise und Bescheinigungen über die Erlaubnis zur Berufsausübung im Rahmen der Angebotswertung Verwendung finden, dürfen dieselben nicht beim Nachweis der Eignung verwendet werden.[18]

16 Dementsprechend hat es der Europäische Gerichtshof als unzulässig erachtet, wenn der öffentliche Auftraggeber im Rahmen eines Vergabeverfahrens die Erfahrung der Bieter, deren Personalbestand und deren Ausrüstung sowie deren Fähigkeit, den Auftrag zum vorgesehenen Zeitpunkt zu erfüllen, nicht als „Eignungskriterien", sondern als „Zuschlagskriterien" berücksichtigt.[19]

D. Mindestanforderungen an die Eignung

17 Der Auftraggeber kann Mindestanforderungen an die Eignung formulieren; es steht ihm ein Beurteilungsspielraum zu, welche Mindestanforderungen die Bieter erfüllen müssen.[20] Diesen muss er unter Berücksichtigung der Grundsätze der Transparenz, Gleichbehandlung und Verhältnismäßigkeit wahrnehmen, insbesondere muss ein Bezug zum konkreten Auftrag bestehen.[21] Er ist jedoch nicht zur Festlegung von Mindestanforderungen verpflichtet.[22]

18 In der Vergabebekanntmachung müssen Mindestanforderungen konkret benannt werden.[23] Der Auftraggeber darf sich nicht damit begnügen, in der Bekanntmachung auf die

---

[14] Vgl. zu der Thematik *Freise* NZBau 2009, 225; vgl. BGH Urt. v. 15.4.2008 – X ZR 129/06, MDR 2008, 1030; BGH Urt. v. 16.10.2001 – X ZR 100/99, NZBau 2002, 107; BGH Urt. v. 8.9.1998 – X ZR 109-96, NJW 1998, 3644; OLG Celle Beschl. v. 12.1.2012 – 13 Verg 9/11, NZBau 2012, 198; OLG Naumburg Beschl. v. 12.4.2012 – 2 Verg 1/12, NZBau 2012, 600; *Hözl/Friton* NZBau 2008, 307.

[15] EuGH Urt. v. 12.11.2009 – C-199/07, NZBau 2010, 120.

[16] Vgl. exemplarisch zur ständigen EuGH-Rechtsprechung EuGH Urt. v. 24.1.2008 – C-532/06, NVwZ 2008, 400 – Lianakis, mwN.

[17] OLG Düsseldorf Beschl. v. 3.8.2011 – Verg 16/11, ZfBR 2012, 72; VK Südbayern Beschl. v. 2.4.2019 – Z3-3-3194-1-43-11/18, NZBau 2019, 544.

[18] VK Südbayern Beschl. v. 2.4.2019 – Z3-3-3194-1-43-11/18, NZBau 2019, 544; VK Baden-Württemberg Beschl. v. 12.11.2019 – 1 VK 62/19, IBRRS 2019, 3871 ebenso die RL 2014/24/EU Anh. XII Teil II.

[19] EuGH Urt. v. 24.1.2008 – C-532/06, NVwZ 2008, 400 – Lianakis.

[20] OLG Düsseldorf Beschl. v. 16.5.2011 – Verg 44/11, IBRRS 2011, 2234.

[21] § 122 Abs. 4 GWB, vgl. zur alten Rechtslage: *Bonhage/Ritzenhoff* NZBau 2013, 151 (153).

[22] VK Bund Beschl. v. 13.11.2017 – VK 1-117/17, IBRRS 2018, 1139; VK Bund Beschl. v. 4.10.2012 – VK 2-86/12, IBRRS 2012, 3950.

[23] § 122 Abs. 4 GWB.

Vergabeunterlagen zu verweisen. Ihre erstmalige Bekanntgabe in den Vergabeunterlagen ist unzulässig.[24]

Durch die Vorgabe von Mindestbedingungen erfolgt eine Selbstbindung des Auftraggebers. Er darf im weiteren Verfahren von diesen Anforderungen nicht mehr Abrücken; jedenfalls nicht, wenn mindestens ein Bieter die Mindestanforderungen erfüllt.[25] Ein Angebot, das die Mindestanforderungen nicht erfüllt, ist aufgrund des Gleichbehandlungsgrundsatzes und des Wettbewerbsprinzips aus dem weiteren Verfahren auszuschließen.[26] Diese Grundsätze finden auch im Verhandlungsverfahren Anwendung.[27] 19

Eine besondere Ausprägung des Verhältnismäßigkeitsgrundsatzes des § 122 Abs. 4 GWB findet sich in § 45 (2) VgV und 6a Nr. 2 lit. c) VOB/A-EU bezogen auf den Mindestjahresumsatz. Sofern ein solcher verlangt wird, darf dieser das Zweifache des geschätzten Auftragswerts nur überschreiten, wenn aufgrund der Art des Auftragsgegenstands spezielle Risiken bestehen.[28] Dies soll insbesondere klein- und mittelständischen Unternehmen die Möglichkeit der Teilnahme an Vergabeverfahren eröffnen. Der öffentliche Auftraggeber hat eine solche Anforderung in den Vergabeunterlagen oder im Vergabevermerk hinreichend zu begründen. 20

E. Bekanntmachung der Eignungskriterien und der Nachweisform

Die geforderten Eignungskriterien[29] bzw. die Eignungsnachweise[30] sind in der Bekanntmachung, der Vorinformation oder der Aufforderung zur Interessensbestätigung Auftragsbekanntmachung aufzuführen. Die Pflicht zur Bekanntgabe ist Auswuchs des vergaberechtlichen Transparenzgebots.[31] 21

Die Verpflichtung, die Eignungskriterien zu veröffentlichen, soll es interessierten Unternehmen ermöglichen, ohne Analyse der oft umfangreichen Vergabeunterlagen, „auf einen Blick" zu erkennen, ob der Auftrag für ihn in Frage kommt und sich die weitere Beschäftigung mit den Vergabeunterlagen lohnt.[32] Damit ist eine kurze Beschreibung in der Auftragsbekanntmachung zwingend. Nur wenn die Angaben frei zugänglich und transparent sind, können sie diesem Zweck der Auftragsbekanntmachung gerecht werden.[33]

Dementsprechend genügt die Aufnahme eines Verweises (Links) in der Auftragsbekanntmachung unter Abschnitt III, wo Angaben zu den Eignungskriterien bzw. zu der Nachweisform aufzunehmen sind, auf die gesamte Vergabeunterlage[34] oder eine Vergabeplattform[35] nicht. Teilweise wird in der Rechtsprechung, in Dehnung des Wortlauts des § 122 Abs. 4 GWB, die Bekanntgabe der Eignungskriterien durch Aufnahme eines so ge-

---

[24] OLG Düsseldorf Beschl. v. 17.1.2013 – Verg 35/12, NZBau 2013, 329; OLG Düsseldorf Beschl. v. 5.12.2012 – Verg 29/12, IBRRS 2012, 4685 mwN; VK Bund Beschl. v. 13.11.2017 – VK 1-117/17, IBRRS 2018, 1139; VK Bund Beschl. v. 23.12.2010 – VK 1-133/10, IBRRS 2011, 4498.

[25] OLG Celle Beschl. v. 4.3.2010 – 13 Verg 1/10, NZBau 2010, 333.

[26] OLG Düsseldorf Beschl. v. 3.3.2010 – Verg 46/09, IBRRS 2010, 2989; VK Sachsen Beschl. v. 13.2.2017 – 1/SVK/032-16, IBRRS 2017, 3125; VK Bund Beschl. v. 23.7.2012 – VK 3-81/12, ZfBR 2012, 831; VK Düsseldorf Beschl. v. 29.3.2007 – VK 08/2007.

[27] OLG Düsseldorf Beschl. v. 3.3.2010 – Verg 46/09, IBRRS 2010, 2989; BGH Urt. v. 1.8.2006 – X ZR 115/04, MDR 2007, 404.

[28] Die Vorschriften basieren auf Art. 58 Abs. 3 VKR.

[29] § 122 Abs. 4 GWB, § 37 Abs. 2 VgV.

[30] § 12 Abs. 1 Nr. 2 VOB/A, § 28 Abs. 2 Nr. 13 UVgO.

[31] MüKoVergabeR II/*Hölzl GWB § 122 Rn. 81.*

[32] *OLG München* Beschl. v. 27.7.2018 – Verg 02/18, NZBau 2019, 138 Rn. 60; BeckRS 2017, 107792 Rn. 85; VK Rheinland-Pfalz Beschl. v. 9.8.2018 – Verg 2-11/18, VPR 2019, 133.

[33] OLG München Beschl. v. 25.2.2019 – Verg 11/18, NZBau 2019, 471 Rn. 50; OLG Düsseldorf Beschl. v. 11.7.2018 – VII Verg 24/18, NZBau 2019, 64 Rn. 38; VK Nordbayern Beschl. v. 15.2.2018 – RMF-SG21-3194-3-1, IBRRS 2018, 1084.

[34] OLG Düsseldorf Beschl. v. 11.7.2018 – VII Verg 24/18 NZBau 2019, 64 Rn. 38; VK Rheinland-Pfalz Beschl. v. 9.8.2018 – Verg 2-11/18, IBRRS 2018, 3399.

[35] OLG München Beschl. v. 25.2.2019 – Verg 11/18, NZBau 2019, 471 Rn. 50.

nannten Deep-links ersetzt werden können. Der Deep-link zeichnet sich dadurch aus, dass er dem interessierten Unternehmen einen unmittelbaren Zugriff auf die Eignungskriterien „mit einem Klick" ermöglicht,[36] indem er ein Dokument oder eine Webseite öffnet, welches die Eignungskriterien aufführt.[37] Zu dieser Rechtsprechung ist allerdings anzumerken, dass die in Deutschland gängigen elektronischen Vergabeplattformen mit einem Vergabemanagementsystem gegenwärtig keine Deep-links auf ein einzelnes Dokument setzen können. Interessierte Unternehmen müssen sich derzeit vielmehr die Eignungsanforderungen aus der Vergabeunterlage heraussuchen.

Weitergehend hält das OLG Dresden[38] einen „problemlosen Link" auf die Eignungskriterien für ebenfalls ausreichend. Die Bekanntgabe der Eignungskriterien müsse transparent erfolgen, die Kriterien dürfen sich also nicht an versteckten oder missverständlich bezeichneten Stellen befinden. Diesem Erfordernis wird nach Maßgabe des Vergabesenats Rechnung getragen durch eine eindeutige und problemlos zu verfolgende Verlinkung, die unmittelbar – zB durch bloßes, auch mehrfaches Anklicken – zu den Eignungskriterien und den insoweit vorzulegenden Unterlagen führe. Auch eine zuvor notwendige Anmeldung des Interessenten auf einer Internetplattform mittels Benutzernamen und Passwort bildet kein vergaberechtlich relevantes Hindernis, solange nur der Text gem. § 122 Abs. 4 S. 2 GWG selbst das elektronische Dokument konkret bezeichnet, das die bekanntzumachenden Informationen enthält.

22 Sind die Eignungskriterien nicht ordnungsgemäß bekannt gemacht worden, können diese nicht für Eignungsprüfung herangezogen werden. Auch können Unternehmen nicht wegen fehlender Nachweise ausgeschlossen werden, wenn diese nicht wirksam gefordert wurden.[39] In diesen Fällen komme eine Aufhebung des Verfahrens nur dann in Betracht, wenn der Zuschlag auf einen nicht geeigneten Bieter droht.[40] In Vorhaben, die mit Fördermitteln der Europäischen Union finanziert wurden, droht bei einer fehlenden Benennung der Eignungsanforderungen in der Auftragsbekanntmachung, so droht in Vorhaben eine Kürzung um 25 % gemäß der Finanzkorrekturrichtlinie.[41]

F. Die Eignungsprüfung

23 Nach der Ermittlung, welche Angebote wegen inhaltlicher oder formeller Mängel auszuschließen sind, dient die zweite Stufe der Angebotswertung der Eignungsprüfung. Der Auftraggeber prüft hierbei, ob ein Unternehmen für die vertragsgemäße Ausführung der Leistungen die erforderliche Fachkunde und Leistungsfähigkeit besitzt.

24 Die Eignungsprüfung muss zu einem abschließenden und unbedingten Ergebnis kommen, ob die Eignung eines Bieters/Bewerbers vorliegt.[42]

25 Hierbei ist grundsätzlich keine Eignungsabstufung zwischen den Bietern vorzunehmen. Ein „Mehr an Eignung" darf bei der Eignungsprüfung keine Rolle spielen. Eine Ausnahme hierzu besteht nur bei der Durchführung eines Teilnahmewettbewerbs, bei welchem die Eignungsprüfung vorgelagert und grundsätzlich abschließend im Teilnahmewettbewerb

---

[36] VK Bund Beschl. v. 19.7.2018 – VK2-58/18, IBRRS 2018, 2633.
[37] OLG Düsseldorf Beschl. v. 11.7.2018 – Verg 24/18, IBRRS 2018, 2949.
[38] OLG Dresden Beschl. v. 15.2.2019 – Verg 5/18, NZBau 2019, 745.
[39] VK Nordbayern Beschl. v. 15.2.2018 – RMF-SG21-3194-3-1, IBRRS 2018, 1084.
[40] VK Südbayern Beschl. v. 5.6.2018 – Z3-3-3194-1-12-04/18, IBRRS 2018, 2155; OLG München Beschl. v. 27.7.2018 – Verg 02/18, NZBau 2019, 138.
[41] Leitlinien zur Festsetzung von FinanzkorrekturenZ3-3-3194-1-12-04/18, die bei Verstößen gegen die Vorschriften für die Vergabe öffentlicher Aufträge auf von der EU im Rahmen der geteilten Mittelverwaltung finanzierte Ausgaben anzuwenden sind, S. 14, Ziff. 8.
[42] Vgl. *Weyand* GWB § 97 Rn. 601 unter Verweis auf VK Bund Beschl. v. 9.9.2010 – VK 3-87/10, IBRRS 2011, 1160.

erfolgt und eine gewisse Anzahl an Bewerbern nach vorab festgelegten und transparenten Kriterien ausgewählt und zur Abgabe eines Angebotes aufgefordert wird.[43]

Für die Durchführung der Eignungsprüfung ist weder ein bestimmtes Verfahren noch eine bestimmte Form vorgeschrieben.[44] Im Rahmen der formellen Eignungsprüfung ist die Vollständigkeit der für den Beleg der Eignung geforderten Nachweise zu prüfen. Durch die materielle Eignungsprüfung wird festgestellt, ob der Inhalt der vorgelegten Nachweise tatsächlich die Eignung des Bieters/Bewerbers belegt.[45] Für jeden Auftrag ist die Eignung des Bieters spezifisch und auftragsbezogen festzustellen.[46] Es kann deshalb beim Fehlen von Eignungsnachweisen auch nach Ablauf einer Frist zur Nachreichung, die Eignung nicht allein auf der Grundlage von Kenntnissen aus früheren Verfahren bejaht werden. Er hat solche Erkenntnisse aber im Rahmen der materiellen Eignungsprüfung zu berücksichtigen, denn der Auftraggeber hat bei der Eignungsprüfung alle Quellen zu berücksichtigen, aus denen sich Informationen über den Bieter gewinnen lassen.[47] Aber vorangegangene schlechte Erfahrungen mit einem sich erneut beteiligenden Bieter berechtigen keinesfalls zu einer nicht substantiell begründeten Ablehnung. Vielmehr ist in jedem Vergabeverfahren erneut eine Einzelfallprüfung vorzunehmen, weil der Unternehmer Anspruch auf eine ordnungsgemäße Prüfung seiner Eignung hat.[48] 26

Hierbei sind an die Sachverhaltsermittlung keine überspannten Anforderungen zu stellen. Der Aufwand, den der Auftraggeber zumutbar zur Ermittlung des relevanten Sachverhalts und zur Durchführung der Eignungsprüfung leisten kann, wird begrenzt durch den kurzen Zeitraum, in dem die Entscheidung über die Auftragsvergabe zu treffen ist, sowie durch die begrenzten Ressourcen und administrativen Möglichkeiten des öffentlichen Auftraggebers, weitere Überprüfungen vorzunehmen.[49] 27

Da die Prüfung der Eignung eines Unternehmens ein wertender Vorgang ist, in den zahlreiche Einzelumstände einfließen, ist davon auszugehen, dass den Auftraggebern ein Beurteilungsspielraum zur Verfügung steht, der nur einer eingeschränkten Kontrolle durch die Nachprüfungsinstanzen zugänglich ist.[50] Die Vergabekammer kann im Rahmen eines Nachprüfungsverfahrens die Entscheidung der Vergabestelle über die Eignung eines Unternehmens folglich nur daraufhin überprüfen, ob die rechtlichen Grenzen dieses Beurteilungsspielraums überschritten sind.[51] 28

Die Feststellung, dass ein Bieter die erforderliche Fachkunde und Leistungsfähigkeit besitzt, um einen Auftrag zufriedenstellend auszuführen, ist Ergebnis einer fachlich tatsächlichen Prognose,[52] die zum einen – ähnlich einer Bewertungsentscheidung in Prüfungsverfahren – auf einer Vielzahl von Detailerwägungen beruht, für welche die Verwaltungsbehörde in aller Regel fachlich besser geeignet und erfahrener ist als die Nach- 29

[43] Ziekow/Völlink/*Ziekow* GWB § 97 Rn. 92.
[44] Vgl. VK Lüneburg Beschl. v. 14.1.2002 – 203-VgK-22/2001, IBRRS 2004, 3608; VK Sachsen Beschl. v. 3.11.2005 – 1/SVK/125/05, IBRRS 2006, 2352.
[45] OLG Karlsruhe Beschl. v. 22.7.2011 – 15 Verg 8/11, IBRRS 2011, 3757.
[46] OLG München Beschl. v. 5.10.2012 – Verg 15/12, NZBau 2012, 791.
[47] Motzke/Pietzcker/Prieß/*Brinker* VOB/A § 25 Rn. 27.
[48] OLG Frankfurt a.M. Beschl. v. 24.2.2009 – 11 Verg 19/08, BauR 2009, 1343.
[49] Kapellmann/Messerschmidt/*Frister* VOB/A § 16 Rn. 76; vgl. zur zumutbaren Sachverhaltsermittlung beim Mittelstandsschutz VK Bund Beschl. v. 18.10.2012 – VK 2-77/12, VPRRS 2013, 0002.
[50] VK Westfalen Beschl. v. 16.4.2015 – VK 2-9/15, IBRRS 2015, 0989; VK Niedersachsen Beschl. v. 4.10.2012 – VgK – 38/2012, BeckRS 2012, 23581; BayObLG Beschl. v. 3.7.2002 – Verg 13/02, NZBau 2003, 105; VK Lüneburg Beschl. v. 18.10.2005 – VgK-47/05, IBRRS 2006, 0113; OLG Hamm Urt. v. 12.9.2012 – 12 U 50/12, IBRRS 2012, 3790.
[51] VK Niedersachsen Beschl. v. 23.11.2012 – VgK-43/2012, ZfBR 2013, 409; OLG München Beschl. v. 21.4.2006 – Verg 8/06, ZfBR 2013, 409; OLG Düsseldorf Beschl. v. 5.10.2005 – Verg 55/05, IBRRS 2016, 2451; OLG Düsseldorf Beschl. v. 25.7.2012 – Verg 27/12, ZfBR 2013, 310.
[52] OLG Düsseldorf Beschl. v. 25.4.2012 – Verg 61/11, ZfBR 2012, 613; OLG Düsseldorf Beschl. v. 17.8.2011 – Verg 55/11, IBRRS 2011, 3752; OLG Celle Beschl. v. 8.9.2011 – 13 Verg 4/11, IBRRS 2011, 4145; OLG München Beschl. v. 1.7.2013 – Verg 8/13, ZfBR 2014, 85; VK Sachsen-Anhalt Beschl. v. 2.5.2017 – 3 VK LSA 11/17, VPRRS 2017, 0323.

prüfungsinstanz und zum anderen eine subjektive Komponente in der Einschätzung des Auftraggebers hinsichtlich der zu erwartenden Auftragserfüllung beinhaltet.[53]

30 Die Beurteilung der **Fachkunde** fragt danach, ob der Unternehmer die Erfahrungen und Kenntnisse besitzt, um gerade die ausgeschriebenen vertraglichen Verpflichtungen zu erfüllen.

31 Bei der **Wertung der finanziellen Leistungsfähigkeit** ist einem Auftraggeber ein Beurteilungsspielraum eingeräumt, der durch die Vergabekammer nur begrenzt nachprüfbar ist. Dieser Beurteilungsspielraum ist erst dann überschritten, wenn das vorgeschriebenen Verfahren nicht eingehalten wird, nicht von einem zutreffend oder vollständig ermittelten Sachverhalt ausgegangen wird, sachwidrige Erwägungen in die Wertung einbezogen werden oder der sich im Rahmen der Beurteilungsermächtigung haltende Beurteilungsmaßstab nicht zutreffend angewandt wird.[54]

32 Gleiches gilt auch für die Beurteilung der **technischen Leistungsfähigkeit.** Der Auftraggeber hat insoweit zu prüfen, ob ein Unternehmen, das aufgrund seiner Personalausstattung zwar der Durchführung eines kleineren oder mittleren Auftragsvolumens gewachsen ist, auch den verfahrensgegenständlichen Auftrag erbringen kann, der womöglich ein größeres und komplexeres Vorhaben darstellt. Ebenso können spezifische technische Anforderungen eines Projekts die Eignung eines Bieters limitieren. Individuelle und konkrete Aspekte des ausgeschriebenen Auftrags können es demnach zweifelsfrei rechtfertigen, die Eignung eines Unternehmens für diesen Auftrag zu verneinen und bei anderen Vorhaben zu bejahen.[55]

I. Zeitpunkt der Eignungsprüfung

33 Sofern ein Verfahren mit vorgeschaltetem Teilnahmewettbewerb durchgeführt wird, erfolgt die Prüfung der Eignung der Bewerber abschließend im Rahmen des Teilnahmewettbewerbs.

34 Wird kein Teilnahmewettbewerb vorgeschaltet, so ist im Rahmen der Angebotswertung nach Ermittlung der Angebote, die aufgrund inhaltlicher oder formeller Mängel auszuschließen sind die Eignung der Bieter zu prüfen. Nur die geeigneten Bieter können in die weitere Wertung der Angemessenheit des Preises und der Auswahl des wirtschaftlichsten Angebots einbezogen werden.[56]

35 Sofern sich nach Abschluss der Eignungsprüfung jedoch noch Anhaltspunkte ergeben, die das Ergebnis der Eignungsprüfung in Frage stellen, muss der Auftraggeber erneut die Eignung des Bieters prüfen und hierbei diese Anhaltspunkte berücksichtigen und prüfen.[57]

36 Die strikte Einhaltung der Reihenfolge der Wertungsstufen ist jedoch keineswegs zwingend vorgegeben. § 42 Abs. 3 VgV regelt ausdrücklich, dass kein Zwang besteht, die Eignung abschließend vor der Wirtschaftlichkeit zu prüfen. Die im Jahr 2016 neu eingeführte Vorschrift gestattet es Auftraggebern, die Angebotsprüfung vor der Eignungsprüfung durchzuführen. Dies kann insbesondere in Fällen relevant werden, in denen der Preis das alleinige Zuschlagskriterium ist. Eine Änderung der Prüfungsfolge kann dazu führen, dass das Angebot, das als wirtschaftlichstes ermittelt wurde, heraus fällt und das nächst wirtschaftlichste „nachrückt"; das Ergebnis wäre nicht anders als bei Einhaltung der regelmäßigen Reihenfolge.[58] Deshalb ist es auch unproblematisch, dass der Auftraggeber in eine er-

---

53 VK Arnsberg Beschl. v. 21.11.2012 – VK 14/12; OLG Koblenz Beschl. v. 15.10.2009 – 1 Verg 9/09, VergabeR 2010, 696; 2. VK Bund Beschl. v. 30.10.2009 – VK 2-118/09, IBRRS 2005, 1585; *Weyand* ibrOK VergabeR GWB § 97 Rn. 714.

54 VK Arnsberg Beschl. v. 9.4.2009 – VK 05/09, IBRRS 2010, 0374.

55 OLG München Beschl. v. 5.10.2012 – Verg 15/12, BauR 2013, 284.

56 VK Bund Beschl. v. 25.1.2013 – VK 3-2/13, VPRRS 2013, 1827.

57 VK Bund Beschl. v. 25.1.2013 – VK 3-2/13, VPRRS 2013, 1827; VK Niedersachsen Beschl. v. 7.8.2009 – VgK – 32/2009, IBRRS 2009, 2696.

58 *Weyand* ibrOK VergabeR VOB/A § 16 Rn. 26f.

neute Prüfung der Eignung eintritt, wenn die Vergabestelle zB von schweren Verfehlungen erst nachträglich erfährt; dann ist der Auftraggeber sogar verpflichtet, nochmals zu prüfen, ob Ausschlussgründe vorliegen.[59]

Der Grundsatz der Trennung der Wertungsstufen ist also nicht zeitlich dergestalt zu verstehen, dass jede einzelne Stufe gleichermaßen „bestandskräftig" abgeschlossen ist, bevor die nächste angegangen wird. Vielmehr ist das Gebot der Trennung der Wertungsstufen in erster Linie inhaltlicher Natur, das heißt Aspekte, die bereits auf einer Stufe bei der Angebotsprüfung eine Rolle gespielt haben, dürfen bei der späteren Wertung auf der vierten Stufe nicht mehr berücksichtigt werden. Dies betrifft, wie vorstehend geschildert, in erster Linie die Trennung von Eignung und Wirtschaftlichkeitsprüfung, so dass einem geeigneten Unternehmen bei der Wirtschaftlichkeitsprüfung auf der vierten Wertungsebene nicht nochmals „Pluspunkte" gegeben werden dürfen, weil der Auftraggeber es für geeigneter hält als einen ebenfalls grundsätzlich geeigneten Konkurrenten.[60] 37

II. Entscheidungsspielraum des Auftraggebers

Grundsätzlich kann ein Auftraggeber, der die Eignung eines Bieters oder Bewerbers für einen Auftrag geprüft und bejaht hat, seine Beurteilung nicht nachträglich auf identischer Informationsbasis revidieren. Er ist vielmehr an seine Einschätzung gebunden.[61] Dies setzt allerdings voraus, dass eine Eignungsprüfung vorgenommen wurde und sich der Abschluss der Prüfung nach außen niedergeschlagen hat, sei es in Form eines Aktenvermerks oder durch Kundgabe gegenüber dem Bieter.[62] Der Auftraggeber hat nicht die Möglichkeit, den Mangel an Eignung durch den Übergang in die nächste Verfahrensstufe zu heilen.[63] Der Auftraggeber ist an die getroffene Wertungsentscheidung im Hinblick auf die Eignung gebunden und kann diese auf einer anderen Wertungsstufe nicht wieder rückgängig machen kann.[64] Dies gilt aber nur für Ermessensentscheidungen, die ohne Änderung der Sachlage willkürlich revidiert werden.[65] Ergeben sich jedoch neue Sachverhalte, die die Eignung eines Bieters in Frage stellen, muss der Auftraggeber diese Sachverhalte im Rahmen einer erneuten Prüfung der Eignung dieses Bieters einbeziehen. 38

Die Eignung des Unternehmens zur vertragsgemäßen Auftragsausführung muss für den Auftraggeber zweifelsfrei feststehen. Können berechtigte Zweifel des Auftraggebers an der Eignung, die sich nicht auf bloße Vermutungen des Auftraggebers stützen dürfen, sondern auf einer vom Auftraggeber gesicherten Tatsachengrundlage beruhen müssen, vom Bewerber oder Bieter nicht ausgeräumt werden, dann braucht sich der Auftraggeber auf die Bewerbung oder das Angebot dieses Unternehmens nicht einzulassen.[66] 39

III. Aufklärungen über die Eignung

§ 15 Abs. 5 VgV und § 15 Abs. 1 Nr. 1 VOB/A-EU sehen vor, dass die Aufklärungen über die Eignung des Bieters vorgenommen werden dürfen. 40

Aufklärungsgespräche sind jedoch kein jedem Bieter grundsätzlich eröffnetes Forum zur Erläuterung seines Angebots oder zur Beseitigung eventueller Unklarheiten, sondern eine restriktiv zu handhabende Ausnahme vom allgemeinen vergaberechtlichen Nachverhandlungsverbot. Es besteht demnach grundsätzlich kein Anspruch des Bieters auf eine Aufklä- 41

[59] 2. VK Mecklenburg-Vorpommern Beschl. v. 7.1.2008 – 2 VK 5/07, VPRRS 2008, 0403.
[60] 3. VK Bund Beschl. v. 23.1.2009 – VK 3-194/08, VPRRS 2009, 0251.
[61] OLG Frankfurt Beschl. v. 20.7.2004 – Verg 6/04, NVwZ 2005, 117; OLG Jena Beschl. v. 16.9.2013 – 9 Verg 3/13, BauR 2014, 326.
[62] OLG München Beschl. v. 5.10.2012 – Verg 15/12, BauR 2013, 284.
[63] VK Bund Beschl. v. 25.1.2013 – VK 3-2/13, VPRRS 2013, 1827.
[64] OLG Düsseldorf Beschl. v. 7.11.2001 – Verg 23/01, IBRRS 2003, 0280.
[65] VK Bund Beschl. v. 25.1.2013 – VK 3-2/13, VPRRS 2013, 1827.
[66] Ingenstau/Korbion/*Schranner* § 6 Rn. 92; OLG Düsseldorf Beschl. v. 15.8.2011 – Verg 71/11, BeckRS 2011, 23806.

rung seines Angebotes.[67] Ein Anspruch kann sich nur in Ausnahmefällen ergeben: Wenn der Auftraggeber zuvor einen Vertrauenstatbestand geschaffen hat, kann er nach den Grundsätzen von Treu und Glauben zur Aufklärung verpflichtet sein;[68] ebenso wenn er die Unklarheiten im Angebot verursacht hat.[69]

42 Bei der Ausübung des Ermessens, über das der öffentliche Auftraggeber somit verfügt, hat er die verschiedenen Bewerber gleich und fair zu behandeln, so dass am Ende des Verfahrens zur Auswahl der Angebote und im Hinblick auf das Ergebnis dieses Verfahrens nicht der Eindruck entstehen kann, dass die Aufforderung zur Erläuterung den oder die Bewerber, an den bzw. die sie gerichtet war, ungerechtfertigt begünstigt oder benachteiligt hätte.[70]

43 Die Nachverhandlung von Angeboten im offenen und im nicht offenen Verfahren ist unzulässig, insbesondere, wenn sie die Änderung der Angebote oder Preise zum Gegenstand hat.[71] Verbindliche Angebote dürfen nur so gewertet werden, wie sie vorgelegt wurden. Als oberster Grundsatz für Aufklärungsgespräche gilt, dass solche Gespräche nur zur Abklärung bestehender Zweifelsfragen, niemals aber zur Abänderung des Angebots führen dürfen, weil sonst der Gleichbehandlungsgrundsatz nicht gewahrt werden würde.[72] Dieser Gedanke ist auch für eingereichte Unterlagen heranzuziehen, welche nicht unmittelbar das Angebot selbst, wohl aber Eignungsnachweise, wie zum Beispiel auch Referenzen, betreffen.[73] Eine unzulässige Änderung des Angebots und damit ein Verstoß gegen das Nachverhandlungsverbot ist daher ebenfalls gegeben, wenn die Ausführungszeit abweichend von den Ausschreibungsbedingungen bestimmt werden soll. Eine unstatthafte Verhandlung über den Preis liegt insbesondere dann vor, wenn einzelne Preispositionen geändert oder nachträglich ergänzt werden.[74] Bei nachverhandelten verbindlichen Angeboten erfolgt kein Ausschluss des Bieters aus der Wertung, sondern lediglich des geänderten Angebotes, in der Weise, dass die Änderungen, die Gegenstand der Nachverhandlung waren, unberücksichtigt bleiben.[75]

44 Es besteht jedoch nur Anlass zur Aufklärung, wenn beim Auftraggeber tatsächlich ein Aufklärungsbedarf besteht. Aufklärungsbedarf bedeutet, dass der Auftraggeber für die ordnungsgemäße Prüfung und Wertung des Angebots Erläuterungen oder Angaben benötigt, weil es Zweifel an dem Inhalt des Angebotes oder an der Eignung des Bieters gibt. Die Zweifel müssen so erheblich sein, dass ohne die Aufklärung eine inhaltliche Bewertung des Angebotes nicht möglich ist.[76]

45 Kommt ein Bieter dem Aufklärungsverlangen des Auftraggebers nicht nach, so geht dies zu Lasten des Bieters, denn schließlich ist es **Sache des Bieters, ein vollständiges und zweifelsfreies Angebot abzugeben.**[77] Kommt er dieser Vorgabe durch Verweigerung

[67] OLG Frankfurt Beschl. v. 16.9.2003 – 11 Verg 11/03, ZfBR 2004, 292; OLG Brandenburg Beschl. v. 6.9.2011 – 6 U 2/11, VPRRS 2011, 0414; OLG Dresden Beschl. v. 9.1.2004 – WVerg 16/03, VergabeR 2004, 748; VK Mecklenburg-Vorpommern Beschl. v. 20.5.2011 – 2 VK 2/11, IBRRS 2012, 2756.

[68] OLG Dresden Beschl. v. 10.7.2003 – WVerg 0015/02, NZBau 2003, 573.

[69] Vgl. die Bsp. bei *Weyand* ibrOK VergabeR VOL/A § 15 Rn. 10 ff.; OLG Frankfurt Beschl. v. 26.5.2009 – 11 Verg 2/09, BauR 2009, 1946; vgl. auch VK Rheinland-Pfalz Beschl. v. 18.7.2012 – VK 2-14/12, IBRRS 2013, 0592.

[70] EuGH Urt. v. 29.3.2012 – C-599/10, NVwZ 2012, 745.

[71] OLG Koblenz Beschl. v. 15.7.2008 – 1 Verg 2/08, ZfBR 2008, 735.

[72] OLG München Beschl. v. 2.9.2010 – Verg 17/10, VPRRS 2010, 0335.

[73] OLG München Beschl. v. 15.3.2012 – Verg 2/12, NZBau 2012, 460.

[74] VK Hessen Beschl. v. 23.5.2014 – 69d VK 5/2013, IBRRS 2013, 3086.

[75] OLG Düsseldorf Beschl. v. 14.10.2009 – Verg 9/09, BauR 2010, 672; BGH Urt. v. 6.2.2002 – X ZR 185/99, NJW 2002, 1952; Ziekow/Völlink/*Vavra* VOB/A § 15 Rn. 23.

[76] Pünder/Schellenberg/*Christiani* EG VOL/A § 18 Rn. 12; vgl. auch VK Rheinland-Pfalz Beschl. v. 18.7.2012 – VK 2-14/12, IBRRS 2013, 0592.

[77] OLG Koblenz Beschl. v. 15.7.2008 – 1 Verg 2/08, ZfBR 2008, 735.

gegenüber dem Aufklärungsverlangen des Auftraggebers nicht nach, kann sein Angebot aus dem weiteren Verfahren berechtigt ausgeschlossen werden.[78]

G. Eignungsnachweise

I. Allgemeine Anforderungen an die Eignungsnachweise

Mit der Pflicht des Auftraggebers, die Eignung der am Auftrag interessierten Unternehmen zu prüfen, korrespondiert aber auch das Recht, die Vorlage von Eignungsnachweisen zu fordern.[79] Die Eignungsnachweise müssen jedoch in unmittelbarem Sachzusammenhang mit dem zu vergebenden Auftrag stehen bzw. durch den Auftragsgegenstand gerechtfertigt sein.[80] 46

II. Eignungsnachweise in den Einzelbereichen

1. Nachweis der Leistungsfähigkeit (wirtschaftliche Leistungsfähigkeit)

a) Bankauskünfte. Nach § 45 Abs. 4 Nr. 1 VgV und 6a Nr. 2 VOB/A-EU können Auftraggeber von Bewerbern und Bietern die Vorlage „entsprechender Bankerklärungen" verlangen. 47

Auftraggeber sollten bei der Forderung von Bankerklärungen definieren, welchen genauen Erklärungsinhalt sie wünschen. Unterlässt der Auftraggeber eine solche Definition, welche Bankerklärung mit welchem Inhalt er möchte, entscheidet der objektive Empfängerhorizont, dh es wird maßgeblich darauf abgestellt, wie ein durchschnittlicher Bieter die Anforderung verstehen durfte. Dementsprechend bleibt es bei fehlender Konkretisierung der Nachweisforderung den Bietern überlassen, mit welchem Inhalt solche Bankerklärungen abgegeben werden.[81] Nur wenn eine bestimmte Erklärung unmissverständlich gefordert wurde, ist damit auch ein Ausschluss des Angebots zulässig. 48

b) Nachweis der Berufshaftpflichtversicherungsdeckung. Bei Bau-, Liefer- und Dienstleistungsaufträgen kann auch der Nachweis einer Berufshaftpflichtversicherung verlangt werden.[82] 49

Das Verlangen eines vollumfänglichen Versicherungsschutzes versucht der Gefährdung der vertragsgemäßen Leistungserbringung durch eine Verschlechterung der wirtschaftlichen Lage des Leistungserbringers ebenso entgegenzuwirken, wie die Realisierung der eigenen Ansprüche auf Schadensersatz gegen das Risiko einer Insolvenz des Auftragnehmers abzusichern.[83] Die Vorgabe einer Mindestdeckungssumme für einzelne Risiken ist dabei nicht nur zulässig, sondern auch ratsam, um die Vergleichbarkeit der Angebote sicherzustellen.[84] 50

Aus Gründen der unzumutbaren Einschränkung von Bieterrechten ist im Regelfall lediglich die Zusage von Bewerbern und Bietern zu verlangen, dass sie im Auftragsfall eine Versicherung in entsprechender Höhe abschließen werden. Versicherungen stellen darüber hinaus auch Erklärungen aus, dass sie im Zuschlagsfall eine Versicherungsdeckung, die den Vorgaben des Auftraggebers entspricht, bereitstellen werden. 51

---

[78] VK Niedersachsen Beschl. v. 3.11.2011 – VgK – 47/2011.
[79] VK Sachsen Beschl. v. 4.2.2013 – 1/SVK/039-12, VPRRS 2013, 0267.
[80] § 122 Abs. 4 GWB.
[81] OLG Düsseldorf Beschl. v. 6.7.2005 – Verg 22/05, VPRRS 2006, 0043; VK Düsseldorf Beschl. v. 28.10.2005 – VK 34/2005-L.
[82] § 45 Abs. 4 Nr. 2 VgV, § 6a Nr. 2 lit. a) VOB/A-EU.
[83] OLG Jena Beschl. v. 6.6.2007 – 9 Verg 3/07, NZBau 2007, 730; VK Baden-Württemberg Beschl. v. 13.11.2008 – 1 VK 41/08; VK Südbayern Beschl. v. 7.7.2006 – 11-04/06; VK Niedersachsen Beschl. v. 11.3.2013 – VgK-03/2013, VPRRS 2013, 0933.
[84] VK Baden-Württemberg Beschl. v. 13.11.2008 – 1 VK 41/08.

52 **c) Bilanzen oder Bilanzauszüge.** Nach § 45 Abs. 1 Nr. 2 VgV können Auftraggeber Bilanzen oder Bilanzauszüge verlangen, soweit nach dem nationalen Gesellschaftsrecht eine Veröffentlichung vorgesehen ist. Für Deutschland ergibt sich dies für Kapitalgesellschaften aus §§ 325 ff. HGB und nach § 264a HGB für offene Handelsgesellschaften und die Kommanditgesellschaft.

53 Der Europäische Gerichtshof hat entschieden, dass Mindestanforderungen an die wirtschaftliche und finanzielle Leistungsfähigkeit nicht unter Bezugnahme auf die Bilanz im Ganzen festgelegt werden können. Solche Mindestanforderungen seien nur hinsichtlich einzelner oder mehrerer vorab definierter Elemente der Bilanz zulässig. Hinsichtlich der Auswahl dieser Elemente der Bilanzen bestehe für Auftraggeber Wahlfreiheit wie bei der Bestimmung der Mindestanforderungen an die wirtschaftliche und finanzielle Leistungsfähigkeit.[85] Allerdings müssen die Mindestanforderungen an die Leistungsfähigkeit mit dem Auftragsgegenstand zusammenhängen und ihm angemessen sein.

54 **d) Erklärung über den Gesamtumsatz.** Nach § 45 Abs. 4 Nr. 4 VgV und § 6 Nr. 2 lit. c VOB/A-EU dürfen Auftraggeber Nachweise über den Umsatz des Unternehmens in den letzten drei abgeschlossenen Geschäftsjahren verlangen. Dies betrifft sowohl den Gesamtumsatz als auch den Umsatz in den verfahrensgegenständlichen Leistungsbereichen. In die Berechnung des letztgenannten Teilumsatzes eines Unternehmens kann auch der Umsatz einfließen, der in Form einer Bietergemeinschaft erzielt wurde. Allerdings ist dabei nur der von dem Unternehmen erwirtschaftete Umsatzteil der Bietergemeinschaft zu berücksichtigen.

55 Mit der Angabe der Umsatzzahlen sollen Auftraggeber beurteilen können, in welchem finanziellen Rahmen sich die bisherige Geschäftstätigkeit eines Bieters bewegte und ob er voraussichtlich über die wirtschaftliche Leistungsfähigkeit verfügt, die für die Ausführung des konkreten Auftrags notwendig ist.[86]

56 Ein Verweis auf die Umsätze von anderen Konzerngesellschaften ist unzulässig, solange diese nicht als Nachunternehmer benannt werden. Ist eine solche Nachunternehmerbenennung ausgeblieben, kann nur der Umsatz des sich bewerbenden Unternehmens angegeben werden.[87]

57 Besteht das Unternehmen weniger als drei Jahre, kann es insoweit keine vollständigen Angaben zum Umsatz über drei Geschäftsjahre hinweg machen. Daraus kann jedoch nicht die Folgerung gezogen werden, dass das neugegründete Unternehmen die gestellten Eignungsanforderungen nicht erfüllt. Dies ist nur dann der Fall, wenn der Auftraggeber explizit eine Mindestanforderung definiert hat, dass er nicht nur – soweit vorhanden – die Daten aus drei vergangenen Geschäftsjahren erhalten möchte, sondern dass eine (mindestens) dreijährige Existenz bzw. werbende Tätigkeit des Unternehmens eine Mindestanforderung an die Eignung darstellt.[88]

58 Es steht im Ermessen der Auftraggeber, als Nachweis der wirtschaftlichen und finanziellen Leistungsfähigkeit einen Mindestumsatz zu fordern, da die Eignungsnachweise in finanzieller und wirtschaftlicher Hinsicht nicht abschließend sind. Der geforderte Mindestumsatz muss allerdings in einem angemessenen Verhältnis zur ausgeschriebenen Leistung stehen.[89]

59 In der Praxis wird die Aussagekraft dieser häufig geforderten Angabe überschätzt. Solange ein Auftraggeber in diesem Eignungskriterium keine Mindestanforderungen festsetzt, wird er kaum Bewerber oder Bieter auf der Grundlage einer vergleichsweise geringen

[85] EuGH Urt. v. 18.10.2012 – C-218/11, EuZW 2012, 954.
[86] OLG München Beschl. v. 21.9.2018 – Verg 4/18, NZBau 2018, 707; OLG Koblenz Beschl. v. 25.9. 2012 – 1 Verg 5/12, NZBau 2013, 63.
[87] VK Bund Beschl. v. 26.6.2008 – VK 3-71/08.
[88] VK Hessen Beschl. v. 27.6.2012 – 69d VK 21/2012; VK Düsseldorf Beschl. v. 2.11.2011 – VK 24/ 2011-L.
[89] VK Sachsen-Anhalt Beschl. v. 10.6.2009 – VK 2 LVwA LSA-13/09, VPRRS 2009, 0386.

Umsatzangabe von einem Vergabeverfahren mangels Eignung ausschließen, da diese nicht auf mangelnde Leistungsfähigkeit schließen lässt.[90]

2. Nachweis der Fachkunde

Im Rahmen des Nachweises der erforderlichen Fachkunde/technischen Leistungsfähigkeit orientieren sich die geforderten Nachweise an Art, Menge und Verwendungszweck der zu erbringenden Leistung. 60

Die Nachweise umfassen im Anwendungsbereich der VgV insbesondere: 61

a) Referenzen. Referenzen[91] dienen Bewerbern und Bietern als Nachweis ihrer praktischen Erfahrung bei der Durchführung von Vorhaben, die mit dem verfahrensgegenständlichen Vorhaben vergleichbar sind.[92] Insbesondere auch weil in der jüngsten Vergabepraxis die übrigen Eignungsnachweise meist aus Eigenerklärungen bestehen, bekommen Referenzen einen höheren Stellenwert. Die Eignungsprüfung maßgeblich auf die Referenzen eines Unternehmens zu stützen ist eine geeignete, vergaberechtskonforme Maßnahme, die nicht zu beanstanden ist.[93] 62

Für die Bescheinigung der Referenzen von öffentlichen und privaten Auftraggebern genügt grundsätzlich eine Eigenerklärung des Unternehmens. Auftraggeber sind gerade bei Eigenerklärungen gut beraten, bei den Ansprechpartnern bezüglich der Referenzen Erkundigungen einzuholen, ob die Leistungen erbracht wurden, wie in der Referenz beschrieben. Eine Verpflichtung, die Referenzangaben zu überprüfen, wird jedoch von der Rechtsprechung abgelehnt.[94] 63

Nach der Rechtsprechung des OLG Düsseldorf ist eine Beschränkung der Anzahl der Referenzen (zB maximal drei Referenzen) unzulässig, auch wenn diese Praxis den Wertungsvorgang auf Seiten des Auftraggebers beschleunigt. Das Oberlandesgericht sieht hierin jedoch einen Verstoß gegen den Wettbewerbsgrundsatz im Sinne des § 97 Abs. 1 GWB.[95] 64

Auftraggeber fordern häufig, dass die angebotenen **Referenzen vergleichbar** mit dem verfahrensgegenständlichen Auftrag sein müssen. Der Auftraggeber darf und sollte die vorzulegenden Nachweise in dieser Hinsicht auf „vergleichbare" Leistungen beschränken – und das in der Bekanntmachung eindeutig klarstellen, denn Unklarheiten gehen zu seinen Lasten.[96] Wann eine Referenz tatsächlich vergleichbar mit dem verfahrensgegenständlichen Vorhaben ist, ist in der Praxis dabei häufig umstritten. Zwar verweist die Rechtsprechung bei der Bestimmung der Vergleichbarkeit auf die Auslegung des Wortlauts der Vergabeunterlagen unter Berücksichtigung von Sinn und Zweck der geforderten Angaben sowie unter Berücksichtigung des Wettbewerbs- und Gleichbehandlungsgrundsatzes des Vergabeverfahrens. Die vorgelegten Referenzen müssen danach quantitativ und qualitativ vergleichbare oder gleichartige Leistungen betreffen und den Schluss zulassen, dass der Bieter in der Lage sein wird, die ausgeschriebene Maßnahme vertragsgemäß durchzuführen.[97] Vergleichbar oder gleichartig ist eine Leistung bereits dann, wenn sie der ausge- 65

---

[90] BGH Urt. v. 24.5.2005 – X ZR 243/02, NZBau 2005, 594.

[91] § 46 Abs. 3 Nr. 1 VgV.

[92] OLG Düsseldorf Beschl. v. 17.4.2019 – Verg 36/18, NZBau 2019, 737; VK Schleswig-Holstein Beschl. v. 27.1.2009 – VK-SH 19/08, VPRRS 2009, 0024.

[93] OLG Koblenz Beschl. v. 4.10.2010 – 1 Verg 9/10, VPRRS 2010, 0341.

[94] 3. VK Bund Beschl. v. 27.9.2011 – VK 3-119/11; VK Nordbayern Beschl. v. 9.2.2012 – 21.VK-3194-43/11; VK Sachsen Beschl. v. 14.11.2012 – 1/SVK/035-12, IBRRS 2013, 1408.

[95] OLG Düsseldorf Beschl. v. 12.9.2012 – Verg 108/11, NZBau 2013, 61; so ausdr. auch für einen Teilnahmewettbewerb: 2. VK Bund Beschl. v. 3.6.2013 – VK 2-31/13, VPRRS 2013, 0932.

[96] 2. VK Bund Beschl. v. 17.7.2012 – VK 2-4712.

[97] 2. VK Bund Beschl. v. 30.4.2010 – VK 2-29/10.

schriebenen Leistung nahe kommt und entsprechend ähnelt; sie muss keineswegs identisch mit der ausgeschriebenen Leistung sein.[98]

66 Der Auftraggeber hat bezogen auf die Frage, ob eine Referenz vergleichbar ist, ein nur eingeschränkt überprüfbaren Beurteilungsspielraum.[99]

67 Aus Sicht von Bewerbern und Bietern gestaltet sich die Auswahl von vergleichbaren Referenzen in der Praxis gerade in Teilnahmewettbewerben als eine anspruchsvolle Aufgabe, weil dann der eigentliche Ausschreibungsgegenstand lediglich in knappen Worten in der Vergabebekanntmachung beschrieben ist. Daher liegen bei der Zusammenstellung der Unterlagen für den Teilnahmewettbewerb nur wenige Anhaltspunkte für die Vergleichbarkeit der Referenzen vor. Zur Vermeidung von Konflikten sind Auftraggeber gut beraten, konkrete Vorgaben für die Vergleichbarkeit zu machen. Solche Vorgaben können die Ausführungsdauer, die benötigte Personalstärke oder das Auftragsvolumen beinhalten.

68 Die VgV legt als Referenzzeitraum die letzten drei abgeschlossenen Geschäftsjahre zugrunde.[100] Die VOB/A hingegen stellt auf vergleichbare Leistungen ab, die in den vergangenen fünf abgeschlossenen Kalenderjahren erbracht wurden.[101]

69 **b) Beschreibung technischer Ausrüstung, der Maßnahmen zur Qualitätsgewährleistung, der Untersuchungs- und Forschungsmöglichkeiten.** Auftraggeber können Bewerber und Bieter auffordern, Angaben über die ihnen bei der Auftragsdurchführung zur Verfügung stehende technische Ausrüstung zu machen.[102] Dies ist in der Praxis besonders relevant bei Aufträgen, in denen Bieter eine eigene Ausrüstung für die Auftragsdurchführung verwenden sollen. Wie bei anderen Eignungsnachweisen kann es dabei genügen, wenn der Bewerber oder Bieter darstellt, dass ihm die relevante technische Ausrüstung im Auftragsfall zur Verfügung stehen wird oder von Dritten zur Verfügung gestellt wird.

70 **c) Angabe technische Leitung/technische Stellen.** Dieser Eignungsnachweis erstreckt sich vorrangig auf die berufliche Befähigung des im Auftragsfalle für die technische Leitung vorgesehenen Personals. Der Bieter hat nachzuweisen, dass ihr Personal für die technische Leitung des Vorhabens über die notwendige Qualifikation verfügt. Dies gilt insbesondere für das Personal, das mit der Qualitätskontrolle bei der Auftragsdurchführung betraut wird.

71 **d) Muster, Beschreibungen, Fotografien.** Bereits im Rahmen der Eignungsprüfung kann sich bei Lieferaufträgen anbieten, sich Muster von Produkten der Bewerber oder Bieter vorlegen zu lassen. Dies ermöglicht eine Überprüfung des Qualitätsniveaus.

72 **e) Amtliche Bescheinigungen über Entsprechung von Spezifikationen/Normen.** Auftraggeber dürfen weiterhin Entsprechungserklärungen verlangen. Darin bestätigen amtliche Kontrollinstitute, ob die von einem Unternehmen angebotenen Produkte den relevanten Spezifikationen oder Normen entsprechen.

73 **f) Kontrolle zuständiger Stellen.** Um die eigene Lieferkette lückenlos zu kontrollieren, können Auftraggeber, entweder selbst oder durch dritte Behördenstellen, die Produktion von Bewerbern oder Bietern überprüfen. Eine solche aufwendige Vorgehensweise bietet

[98] KG Berlin Beschl. v. 14.11.2018 – Verg 7/18, NZBau 2018, 703; OLG Frankfurt Beschl. v. 8.4.2014 – 11 Verg 1/14, ZfBR 2016, 103; OLG Karlsruhe Beschl. v. 22.7.2011 – 15 Verg 8/11, IBRRS 2011, 3757; VK Baden-Württemberg Beschl. v. 27.3.2012 – 1 VK 06/12, VPRRS 2012, 0308; OLG München Beschl. v. 12.11.2012 – Verg 23/12, BauR 2013, 1010; VK Arnsberg Beschl. v. 6.8.2013 – VK 11/13, ZfBR 2013, 832; VK Bund Beschl. v. 9.10.2017 – VK 2-112/17, IBRRS 2017, 3720; VK Bund Beschl. v. 18.9.2017 – VK 2-96/17, VPRRS 2017, 0350.

[99] OLG München Beschl. v. 12.11.2012 – Verg 23/12, VergabeR 2013, 508.

[100] § 46 Abs. 3 Nr. 1 VgV.

[101] § 6a Abs. 2 Nr. 2 VOB/A, § 6a Nr. 3 lit a) VOB/A-EU.

[102] § 46 Abs. 33 Nr. 3 VgV, § 6a Nr. 3 lit. c VOB/A-EU.

sich dann an, wenn zum Beispiel bei der Beschaffung von Textilprodukten die Einhaltung von Regeln über Arbeitsstandards im Ausland kontrolliert werden soll.

g) Studien- und berufliche Befähigungsnachweise verantwortlicher Personen. Letztlich kann sich der Auftraggeber auch die Studiennachweise des verantwortlichen Personals eines Bewerbers oder Bieters vorlegen lassen. 74

Hierbei steht der öffentliche Auftraggeber jedoch vor der grundsätzlichen Entscheidung, ob die Erfahrung des eingesetzten Personals im Rahmen der Eignungsprüfung berücksichtigt, oder aber als Zuschlagskriterium bewertet wird. Sowohl § 16d Abs. 2 Nr. 2 VOB/A-EU als auch § 58 Abs. 2 Nr. 2 VgV ermöglichen die Bewertung der persönlichen Eignung der mit der Vertragserfüllung betrauten Mitarbeiter, wenn deren Qualität erheblichen Einfluss auf das Niveau der Ausführung der Leistung haben kann. Wegen der Trennung von Eignungs- und Zuschlagskriterien kann die Qualität des Personals jedoch nicht sowohl auf der Eignungs- als auch auf der Zuschlagsebene berücksichtigt werden.[103] Dementsprechend gilt, dass wenn Studien- und Ausbildungsnachweise und Bescheinigungen über die Erlaubnis zur Berufsausübung als Nachweis der Eignung Verwendung finden, dürfen dieselben nicht im Rahmen der Angebotswertung verwendet werden. 75

h) Umweltmanagement. Nach § 6c Abs. 2 VOB/A-EU dürfen Auftraggeber Angaben zur Implementierung eines Umweltmanagementsystems bei den Bewerbern oder Bietern verlangen. Dies kann zum Beispiel in Form einer EMAS Zertifizierung (Eco-Management and Audit Scheme) erfolgen. Der Verweis auf das Qualitätsmanagementsystem, was unter Umständen nach der DIN EN ISO 9001:2000 zertifiziert ist, ist kein geeigneter Nachweis eines Umweltmanagementsystems.[104] 76

i) Qualitätssicherung. Nach § 6c Abs. 1 VOB/A-EU können Auftraggeber zum Nachweis dafür, dass der Bewerber oder Bieter bestimmte Qualitätssicherungsnormen erfüllt, die Vorlage von Bescheinigungen unabhängiger Stellen verlangen. 77

III. Qualität der Nachweise

Grundsätzlich sind zum Nachweis der Eignung von den Bietern Eigenerklärungen über die relevanten Informationen für die Eignungsprüfung abzufordern.[105] Der Nachweisaufwand und damit die Hürden für Unternehmen, sich um einen Auftrag zu bewerben sollen damit gemindert werden, was letztendlich dem Wettbewerbsprinzip geschuldet ist. 78

Sofern weitergehende Anforderungen an die Qualität der Nachweise gestellt werden, besteht eine Pflicht des Auftraggebers, dies zu begründen und die Gründe zu dokumentieren. 79

IV. Abschließende Festlegung der Eignungsnachweise in der gesetzlichen Normierung?

Gemäß den Vorgaben der VOB/A können neben den enumerativ aufgelisteten Nachweisen andere Angaben verlangt werden. Dies gilt insbesondere für Angaben zum Nachweis der beruflichen und technischen Leistungsfähigkeit. Im Hinblick auf andere dem Auftraggeber zum Beleg der wirtschaftlichen und finanziellen Leistungsfähigkeit geeignet erscheinende Nachweise muss der Auftraggeber festgestellt haben, dass stichhaltige Gründe für die Forderung bestehen.[106] 80

---

[103] VK Baden-Württemberg Beschl. v. 12.11.2019 – 1 VK 62/19, IBRRS 2019, 3871; VK Südbayern Beschl. v. 2.4.2019 – Z3-3-3194-1-43-11/18, NZBau 2019, 544.
[104] VK Schleswig-Holstein Beschl. v. 22.4.2008 – VK-SH 03/08, VPRRS 2008, 0206.
[105] § 48 Abs. 2 S. 1 VgV, § 6b Abs. 1 Nr. 2 VOB/A-EU.
[106] § 6a Nr. 2 VOB/A-EU.

81 Auch diese Nachweise müssen einen sachlichen Bezug zu den konkreten ausgeschriebenen Leistungen aufweisen. Wenn die Leistung beispielsweise besonders umfangreich oder komplex bzw. hochspezialisiert ist, kann es besonderer fachlicher Qualifikation und zusätzlichen Wissens des ausführenden Personals bedürfen.[107]

82 In der VgV existiert diese ausdrückliche Möglichkeit, andere oder weitere Nachweise, als ausdrücklich aufgezählt anzufordern, nicht. Dennoch kann der Katalog der möglichen Eignungsnachweise auch in der VgV nicht als abschließend betrachtet werden. Je nach den spezifischen Erfordernissen einer ausgeschriebenen Leistung muss es dem Auftraggeber möglich sein, korrespondierend hierzu entsprechende Anforderungen an den Nachweis der Eignung zu stellen.[108]

83 Die vorstehend erörterte Situation betrifft den Fall, dass der Auftraggeber andere als die gesetzlich ausdrücklich genannten Nachweise fordert. Hiervon zu unterscheiden ist die Situation, dass der Auftraggeber bestimmte Nachweise gefordert hat und der Bewerber/Bieter die geforderten Nachweise nicht beibringen kann. Sofern die Vorlage der geforderten Nachweise durch das Unternehmen aus stichhaltigen Gründen unterbleibt, muss dem Unternehmen die Möglichkeit gegeben werden, die erforderliche Eignung auch durch andere Nachweise, die der Auftraggeber jedoch auch als zum Eignungsnachweis geeignet erachten muss, nachzuweisen.

H. Präqualifikationssysteme

I. Einführung

84 Bereits Ende der 1980er/Anfang der 1990er Jahre wurde die Einführung eines allgemein gültigen, auftragsübergreifenden Präqualifizierungsverfahrens in Deutschland im Bereich der klassischen öffentlichen Auftragsvergabe gefordert.[109] Bis zur tatsächlichen Einführung eines solchen Präqualifikationsverfahrens in der Bundesrepublik zogen jedoch noch einige Jahre ins Land. Erst im Jahre 2002 wurde das erste Präqualifikationsverfahren eingeführt, welches jedoch zunächst nur Sektorenauftraggebern vorbehalten blieb[110]. Dies änderte sich mit dem Erlass der Vergabekoordinierungsrichtlinie (RL 2004/18/EG) im Jahre 2004. Zwei Jahre nach Erlass dieser Richtlinie wurde für den Baubereich eine nationale untergesetzliche Regelung erlassen, die auf das zwischenzeitlich etablierte nationale Präqualifikationsverfahren verwies (vgl. § 8 Nr. 3 VOB/A 2006). Mit der Novellierung des Gesetzes gegen Wettbewerbsbeschränkungen (GWB) im Jahr 2009 wurde eine allgemeine und für alle Bereiche (Sektorenbereich, Bereich der klassischen öffentlichen Auftraggeber) geltende Regelung zu Präqualifikationsverfahren in das GWB aufgenommen[111]. Auf untergesetzlicher Ebene befindet sich aktuell im § 6b Abs. 1 VOB/A eine Regelung betreffend das Präqualifikationsverfahren. Nach dieser Vorschrift ist die Präqualifikation die favorisierte Form der Vorlage von Eignungsnachweisen. In der UVgO fehlt es an einer entsprechenden Regel.

85 Nach § 122 Abs. 3 GWB können Unternehmen ihre Eignung ganz oder teilweise durch die Teilnahme an Präqualifikationssystemen nachweisen. § 122 Abs. 3 GWB setzt damit eine in Art. 64 Richtlinie 2014/24 vorgesehene Möglichkeit zur Einrichtung solcher Prüfsysteme um. Art. 64 der Richtlinie spricht hierbei von amtlichen Verzeichnissen zugelassener Bauunternehmer, Lieferanten oder Dienstleistungserbringer oder von einer Zertifizierung durch öffentlich-rechtliche oder private Stellen. Art. 77 Abs. 1 der Richtli-

[107] Vgl. *Mertens* VERIS-VOB/A-Online-Kommentar § 6 Abs. 3 Nr. 3.
[108] Vgl. OLG Karlsruhe Beschl. v. 29.8.2008 – 15 Verg 8/08, ZfBR 2013, 415; VK Düsseldorf Beschl. v. 23.5.2008 – VK 7/2008-L, VPRRS 2008, 0250; VK Saarland Beschl. v. 19.1.2004 – 3 VK 05/2003, IBRRS 2013, 4944.
[109] Vgl. *Werner* NZBau 2006, 12 (12).
[110] *Tugendreich* NZBau 2011, 467 (467).
[111] *Tugendreich* NZBau 2011, 467 (468).

nie spricht hingegen von Qualifizierungssystemen und legt einzelne Vorgaben für die Ausgestaltung der Qualifizierungssystem fest (objektive Kriterien, bzgl. technische Spezifikationen, jederzeitiges Verlangen der Prüfung).

II. Begriffsbestimmung und Vorteile des Präqualifikationsverfahrens

Nach allgemeiner Begriffsbestimmung bedeutet Präqualifikation (PQ) die generelle und 86
vom konkreten Einzelvergabefall unabhängige Bewertung eines Unternehmens, ob bzw. inwieweit es zur Ausführung bestimmter Leistungen überhaupt geeignet ist. Im Rahmen der Präqualifizierung werden ausschließlich unternehmensbezogene Eignungskriterien geprüft. Die Präqualifikation erfolgt verfahrensunabhängig und freiwillig.[112]

Der große Vorteil für Bieter bei einem solchen Bewertungssystem besteht darin, dass 87
der Aufwand für die Beteiligung an Ausschreibungen reduziert wird, weil eine einmal festgestellte Eignung für diverse Auftragsbewerbungen verwendet werden kann.[113] Die Präqualifikation entlastet darüber hinaus auch die öffentlichen Auftraggeber vom Aufwand der Eignungsprüfung im Einzelfall.[114] Über die Aufwandsminimierung hinaus können durch die Einführung von Präqualifikationsverfahren Kosten auf Seiten der Vergabestellen gesenkt werden. Auch werden illegale Praktiken in der Bauwirtschaft einer besseren Kontrolle unterzogen. Ein solches Verfahren dient des Weiteren wegen der abgestimmten, für alle Präqualifizierungsstellen verbindlichen Prüfmaßstäbe für die Eignung der Unternehmer der Chancengleichheit und Gewährleistung von Transparenz bei der Eignungsprüfung.[115]

III. Einrichtung von Präqualifikationssystemen

Nachdem im Jahre 2002 offiziell das Scheitern der Arbeiten an einer Europäischen Norm 88
zur Qualifizierung erklärt worden war, wurde im darauffolgenden Jahr zwischen den damaligen Bundesministern einerseits und Bauwirtschaftsverbänden sowie der IG Bau andererseits vereinbart, möglichst schnell ein nationales Präqualifikationssystem am deutschen Baumarkt aufzubauen[116]. Das Scheitern einer europäischen Norm wurde darauf zurückgeführt, dass viele europäische Länder bereits über ein Präqualifikationssystem verfügten, mit diesem zufrieden waren, und daher eine Europäische Norm nur unter der Bedingung akzeptieren wollten, dass diese ihr vorhandenes System nicht beeinträchtigen würde[117]. Das nationale Präqualifikationssystem PQ-VOB wiederum sollte möglichst unbürokratisch sein sowie keine finanzielle Belastung der öffentlichen Hand nach sich ziehen. Zu diesem Zweck wurde auf Ebene der Staatssekretäre von Bundesministerium für Wirtschaft und Arbeit (BMWA) und Bundesministerium für Verkehr, Bau- und Wohnungswesen (BMVBW) unter Einbezug der am Branchengespräch Beteiligten eine interministerielle Arbeitsgruppe ins Leben gerufen, die die Einzelheiten zur Schaffung eines nationalen Präqualifikationssystems erarbeiten sollte[118]. Insbesondere erstellte sie hierfür eine Leitlinie (Leitlinie des BMVBS v. 25. 4. 2005), welche ua ihrerseits die Organisation und die Vorgehensweise des Vereins für Präqualifikation e.V. regelt.

Am 20. 6. 2005 wurde sodann der privatrechtlich organisierte „Verein für die Präqualifi- 89
kation von Bauunternehmen e.V.“ (im Folgenden Präqualifikationsverein) gegründet. Zweck des Vereins war bzw. ist es, eine bundesweit einheitliche Liste der präqualifizierten

---

[112] Vgl. *Braun/Petersen* VergabeR 3/2010, 433 (441).
[113] *Tugendreich* NZBau 2011, 467 (467).
[114] Vgl. Erlass des Bundesministeriums für Verkehr, Bau und Stadtentwicklung (im Folgenden BMVBS) v. 17. 1. 2008, B 15-01082-102/11.
[115] Erlass des BMVBS v. 17. 1. 2008 – B 15-01082-102/11.
[116] *Werner* NZBau 2006, 12 (14).
[117] *Werner* NZBau 2006, 12 (13).
[118] *Werner* NZBau 2006, 12 (14).

Unternehmen zu führen. Die hierfür erforderlichen Daten erhält der Verein wiederum von den Präqualifizierungsstellen.[119] Dem Präqualifikationsverein gehören Vertreter zahlreicher öffentlicher Auftraggeber, Behördenvertreter des Bundes und der Länder, sonstige öffentliche Auftraggeber, kommunale Spitzenverbände und Spitzenorganisationen der Wirtschaft und der Technik an.[120] Im Frühjahr 2005 wurde die Dienstleistung der Präqualifizierungsstellen öffentlich ausgeschrieben. Insgesamt wurden sechs Institutionen hierfür ausgewählt. Der Verein beauftragt die im Wettbewerb ausgewählten Präqualifizierungsstellen, überwacht und kontrolliert deren Arbeitsweise und sorgt für die Einhaltung eines bundesweit einheitlichen Verfahrens aller Präqualifikationsstellen.[121] Die Präqualifikationsstellen haben sich verpflichtet, die Beschlüsse des Vereins bzw. des Beirates „Präqualifikation von Bauunternehmen" umzusetzen.[122] Der Verein selbst ist bei seiner Tätigkeit an die Leitlinie des BMVBS für die Durchführung eines Präqualifizierungsverfahrens gebunden.[123]

90 § 8 Abs. 2 S. 1 VOB/A 2006 besagte, dass als Nachweis der Eignung insbesondere auch die vom Auftraggeber direkt abrufbare Eintragung in die allgemein zugängliche Liste des Vereins für die Präqualifikation von Bauunternehmen e.V. zulässig sei.

91 Mit der Novellierung des GWB im Jahr 2009 wurde eine allgemeine und für alle Bereiche geltende Regelung auf Gesetzesniveau zu Präqualifikationsverfahren in das GWB aufgenommen. § 97 Abs. 4a GWB ist die erste deutsche Regelung über Präqualifikationsverfahren und gilt sowohl für den Sektorenbereich als auch für den Bereich der klassischen öffentlichen Auftraggeber[124]. Danach können Auftraggeber Präqualifikationssysteme einrichten oder zulassen, mit denen die Eignung von Unternehmen nachgewiesen werden kann. Die Vorschrift beruht auf Art. 52 Abs. 5 der Richtlinie 2004/18/EG, der ausdrücklich vorsieht, dass die Mitgliedstaaten amtliche Verzeichnisse zugelassener Bauunternehmer, Lieferanten oder Dienstleistungserbringer oder eine Zertifizierung durch öffentlich-rechtliche oder privat-rechtliche Stellen einführen können[125].

92 Seit dem 1.10.2008 sind bei Vergaben unterhalb der Schwellenwerte, welche von dem Bundeshochbau ausgeschrieben werden im Verfahren der Beschränkten Ausschreibung ohne öffentlichen Teilnahmewettbewerb (§ 3 Abs. 2 VOB/A) und im Verfahren der Freihändigen Vergabe (§ 3 Abs. 3 VOB/A) grundsätzlich nur Unternehmen zur Abgabe eines Angebots aufzufordern, die ihre Eignung durch eine Eintragung in die allgemein zugängliche Liste des Vereins für die Präqualifikation von Bauunternehmen e.V. (PQ-Liste) nachgewiesen haben. Dies wurde vom BMVBS im Erlasswege angeordnet.[126] Hierdurch soll die Vergabestelle bei beschränkten Ausschreibungen ohne Teilnahmewettbewerb und bei Freihändigen Vergaben von der Prüfung der Eignung der Unternehmer weitgehend entlastet werden.[127]

93 Neben PQ-VOB existieren weitere Präqualifikationssyteme, wobei insbesondere das Hessische Präqualifikationssystem HPQR zu nennen ist, das im Vergabegesetz des Landes in dessen § 13 verankert ist.

94 Im Bereich der Liefer- und Dienstleistungen sind Präqualifikationsverzeichnisse nach § 48 Abs. 8 VgV ebenfalls zulässige Instrumente für Bewerber oder Bieter, um ihre Eignung nachzuweisen. In Deutschland betreibt der Deutsche Industrie- und Handelskammertag (DIHK) ein Präqualifikationssystem als hoheitliche Aufgabe, welches Amtliches Verzeichnis präqualifizierter Unternehmen (AVPQ) heißt. Der Zertifizierungsumfang des

[119] *Koenig* VergabeR 2006, 691 (691).
[120] *Koenig* VergabeR 2006, 691 (691).
[121] *Werner* NZBau 2006, 12 (15).
[122] Vgl. Leitlinie des Bundesministeriums für Verkehr, Bau und Stadtentwicklung (im Folgenden BMVBS) für die Durchführung eines Präqualifizierungsverfahrens v. 25.4.2005 idF v. 7.4.2011, 1 (5).
[123] Vgl. *Steinberg* NVwZ 2006, 1349 (1352).
[124] *Tugendreich* NZBau 2011, 467 (467).
[125] Vgl. *Werner* NZBau 2006, 12 (12).
[126] Vgl. Erlass des BMVBS v. 17.1.2008 – B 15-01082-102/11.
[127] Vgl. Erlass des BMVBS v. 17.1.2008 – B 15-01082-102/11.

AVPQ orientiert sich an den auftragsunabhängigen Kriterien, die in der VgV verankert sind und von den Beschaffungsstellen regelmäßig als Eignungsnachweis gefordert werden.

IV. Nachweise der Eignung mittels Präqualifikationssystem

Präqualifizierte Bewerber oder Bieter können ihre Eignungsnachweise mittels ihrer Registrierung im Präqualifikationssystem erbringen. So kann statt der Abgabe von Referenzen auf die im Präqualifikationssystem hinterlegten Referenzen durch die Angabe der Registernummer verwiesen werden. Der Auftraggeber ist dann gehalten, sich die Unterlagen aus dem Präqualifikationssystem beizuziehen. Bewerber und Bieter sind jedoch gut beraten, die Anforderungen des Auftraggebers in jedem Einzelfall zu erfassen, um zu entscheiden, ob die im Präqualifikationssystem hinterlegten Informationen alle Anforderungen quantitativ wie qualitativ erfüllen. Gegebenenfalls sind die Präqualifikationsunterlagen durch Einzelnachweise zu ergänzen. Andernfalls droht ein unvollständiges Angebot oder ein unvollständiger Teilnahmeantrag.[128] 95

Gemäß § 122 Abs. 3 GWB kann der Nachweis der Eignung und des Nichtvorliegens von Ausschlussgründen ganz oder teilweise durch die Teilnahme an Präqualifizierungssystemen erbracht werden. Das Präqualifizierungssystem ist europarechtskonform und eine in der Regel zeitlich befristete Zertifizierung oder Zulassung als Bewerber oder Bieter und damit eine Vorstufe für spätere Vergabeverfahren. Auch die Gesetzesbegründung spricht diesbezüglich von „anerkannten Präqualifizierungssystemen". Während der Gesetz- bzw. Verordnungsgeber dem öffentlichen Auftraggeber in § 97 Abs. 4a) GWB in der Fassung der Bekanntmachung vom 26. 6. 2013 und § 7 EG Abs. 4 VOL/A in der Fassung der Bekanntmachung vom 20. 11. 2009 noch ein Ermessen hinsichtlich der Einbeziehung von Präqualifikationsverfahren zur Feststellung der Eignung einräumte, trifft den öffentlichen Auftraggeber nunmehr die uneingeschränkte Verpflichtung zur Berücksichtigung entsprechender Erkenntnisquellen **(Anerkenntnispflicht).**[129] Mit dem Wegfall des Ermessens entfiel denknotwendig gleichzeitig auch das Erfordernis zur Dokumentation seiner Ausübung in der Bekanntmachung. Ein Auftraggeber ist demnach unabhängig davon, ob er in der Bekanntmachung seine Bereitschaft zur Umsetzung des § 50 Abs. 3 Nr. 1 VgV zum Ausdruck bringt, verpflichtet, eben dies zu tun.[130] 96

Die Vorschrift des § 50 Abs. 3 Nr. 1 VgV gilt unabhängig von der Verwendung einer Einheitlichen Europäischen Eigenerklärung mit der Folge, dass Bewerber bzw. Bieter die vom öffentlichen Auftraggeber geforderten Unterlagen nur insoweit beizubringen haben, als der öffentliche Auftraggeber sie ua nicht über eine kostenfreie Datenbank innerhalb der EU beiziehen kann. Mit dieser Regelung wurde Art. 59 Abs. 5 der Richtlinie 2014/24/EU umgesetzt. Dieser Grundsatz gilt nicht nur für den Anwendungsbereich des § 48 Abs. 3, § 50 Abs. 2 S. 1 VgV, sondern generell für jegliche Anforderung von Eigenerklärungen oder sonstigen Unterlagen zum Zwecke der Prüfung der Eignung und des Nichtvorliegens von Ausschlussgründen.[131] Die Registereintragung führt zum **Verzicht auf Vorlage von Einzelnachweisen,** soweit diese in der Datenbank hinterlegt sind. 97

Eine Frage, die sich in der Praxis häufig im Zusammenhang mit der Präqualifikation stellt ist, was passiert, wenn die Gültigkeit eines zertifizierten Einzelnachweises abläuft oder turnusmäßig aktuelle Referenzen noch nicht zertifiziert sind. Die Vergabekammer Sachsen entschied hierzu, dass die Präqualifikation ad absurdum geführt würde, wenn Nachweislücken, die sich lediglich aufgrund der noch nicht durch die Präqualifizierungsstelle erfolgten jährlichen Aktualisierungen ergeben, zu Lasten eines Bieters gingen. Dann wäre der 98

[128] 2. VK Bund Beschl. v. 30. 11. 2009 – VK 2-195/09, BeckRS 2009, 139076.
[129] § 48 Abs. 8 VGV, § 6b EU Abs. 1 u. 3 VOB/A, § 13 HVTG.
[130] VK Sachsen-Anhalt Beschl. v. 26. 6. 2019 – 1 VK LSA 30/18, IBRRS 2019, 2361; VK Sachsen-Anhalt Beschl. v. 5. 9. 2018 – 3 VK LSA 52/18, IBRRS 2018, 3749.
[131] VK Sachsen-Anhalt Beschl. v. 26. 6. 2019 – 1 VK LSA 30/18, IBRRS 2019, 2361.

Bieter – wie zuvor auch – vor jeder neuen Ausschreibung gehalten, zu überprüfen, ob die hinterlegten Dokumente noch dem aktuellen Anforderungsniveau entsprechen.[132]

V. Anerkennung anderer Präqualifikationsverzeichnisse

99 Die Formulierung des § 6b Abs. 1 VOB/A legt vom Wortlaut her eine Fokussierung auf PQ-VOB nahe. Ihrem Wortlaut nach lässt die VOB/A keine andere Präqualifizierung als PQ-VOB zu. Eine solche Beschränkung auf ein nationales Präqualifikationssystem wäre jedoch bereits europarechtlich unzulässig, da sie Anbieter aus anderen EU Mitgliedsstaaten diskriminieren würde.

100 Im Regelungsbereich oberhalb der Schwellenwerte konzediert § 6b EU Abs. 1 Nr. 1, dass die Eintragung in ein gleichwertiges Verzeichnis anderer Mitgliedstaaten als Nachweis zugelassen ist. Die Vorschrift erfasst auch deutsche Präqualifikationssysteme, die neben dem PQ-VOB System existieren. Eintragungen in solche gleichwertigen Präqualifikationsregister sind nach § 6b Abs. 1 Nr. 1 VOB/A-EU von Auftraggebern als Eignungsnachweise zuzulassen.

I. Einheitliche Europäische Eigenerklärung (EEE)

I. Regelungsziele

101 Die Europäische Kommission sieht es als eines der wesentlichen Ziele der Richtlinien 2014/24/EU und 2014/25/EU an, den Verwaltungsaufwand für öffentliche Auftraggeber, Sektorenauftraggeber und Wirtschaftsteilnehmer, nicht zuletzt für kleine und mittlere Unternehmen zu senken. Der Erwägungsgrund 84 zur Richtlinie 2014/24/EU identifiziert als Haupthindernis für die Beteiligung an Vergabeverfahren den Verwaltungsaufwand im Zusammenhang mit der Beibringung einer Vielzahl von Bescheinigungen oder anderen Dokumenten, die die Ausschluss- und Eignungskriterien betreffen. Dies gelte insbesondere für klein- und mittelständische Unternehmen. Mit Einführung einer Einheitlichen Europäischen Eigenerklärung (EEE) soll dieses Hindernis reduziert werden. Ein weiteres Ziel der EEE ist die Reduzierung des Verwaltungsaufwands, der sich aus der Notwendigkeit ergibt, eine Vielzahl von Bescheinigungen oder anderen Dokumenten beizubringen, die die Ausschlussgründe und Eignungskriterien betreffen.

102 Die Einheitliche Europäische Eigenerklärung (EEE) ist eine Eigenerklärung von Wirtschaftsteilnehmern, die als **vorläufiger Nachweis ihrer Eignung** dient und Bescheinigungen von Behörden oder Dritten ersetzt.[133] Nach Art. 59 der Richtlinie 2014/24/EU handelt es sich um eine förmliche Erklärung des Wirtschaftsteilnehmers, dass er sich in keiner Situation befindet, in der Wirtschaftsteilnehmer ausgeschlossen werden oder ausgeschlossen werden können, und dass er die einschlägigen Eignungskriterien und gegebenenfalls die objektiven Vorschriften und Kriterien erfüllt, die zur Verringerung der Zahl geeigneter Bewerber, die zur Teilnahme aufgefordert werden sollen, festgelegt wurden. Im Regelfall soll nur noch der zuschlagsverdächtige Bieter die relevanten Eignungsnachweise vorlegen müssen. Alle anderen Bieter erfüllen die Eignungsnachweise durch Einreichung der EEE. Nur wenn dies nach Ansicht des öffentlichen Auftraggebers zur angemessenen Durchführung des Verfahrens erforderlich ist, ist dieser berechtigt, sämtliche oder einen Teil der unterstützenden Unterlagen zu verlangen.

103 Nach Art. 59 Abs. 2 der Richtlinie 2014/24 wird die EEE auf der Grundlage eines elektronischen Standardformulars erstellt. Die Kommission hat das Standardformular im

[132] VK Sachsen Beschl. v. 11.5.2010 – 1/SVK/011-10, IBRRS 2010, 2366.
[133] *Birk* VR 2020, 84.

Wege einer Durchführungsverordnung[134] festgelegt. Nach dem Willen der Kommission sollte die EEE zu einer Vereinfachung für Unternehmen dadurch beitragen, indem sie unterschiedliche und abweichende nationale Eigenerklärungen durch dieses einheitliche Standardformular auf europäischer Ebene ersetzt. Dies diene dem Bürokratieabbau und vermindere die Transaktionskosten für Bieter und Auftraggeber gleichermaßen.

Dabei soll die EEE explizit auch die Teilnahme an öffentlichen Vergabeverfahren in anderen Mitgliedstaaten erleichtern, ohne den grenzüberschreitender Wettbewerb nicht möglich ist. Zu diesem Zweck wird die EEE durch das Informationssystem **„e-certis"** komplementiert. Diese Datenbank gestattet es Öffentlichen Auftraggebern und Wirtschaftsteilnehmern in der EU festzustellen, ob der nationale Nachweis eines Wirtschaftsteilnehmers aus einem anderen Mitgliedsstaat den Anforderungen an Nachweise in einem anderen Mitgliedsstaat entspricht.[135] Bescheinigungen und sonstige Nachweise, die bei Ausschreibungsverfahren in den 28 Mitgliedstaaten der EU, Beitrittskandidaten wie der Türkei sowie den drei EWR-Staaten (Island, Liechtenstein und Norwegen) häufig verlangt werden, können mit dem e-certis System auf ihre Gleichwertigkeit überprüft werden.[136] Die Mitgliedsstaaten hinterlegen die Standardnachweise bei eCertis bis spätestens 18.10. 2018.[137] 104

Die Einführung der EEE hat viel Kritik erfahren.[138] Dies sei gerade im Vergleich mit den üblichen Eigenerklärungen zu umfangreich. Das Formular umfasst in seiner letzten Fassung 12 Seiten. Viele Vergabestellen in den Mitgliedsstaaten verwenden derzeit bereits vorformulierte Eigenerklärungen, die einen deutlich geringeren Umfang aufweisen. 105

II. Eignungsnachweis durch EEE

In § 48 Abs. 3 VgV ist grundlegend geregelt, dass Auftraggeber die EEE „als vorläufigen Beleg der Eignung und des Nichtvorliegens von Ausschlussgründen akzeptiert". Entsprechend ist es Wirtschaftsteilnehmern freigestellt, ihre Eignung in Vergabeverfahren durch die Vorlage einer EEE nachzuweisen. Allerdings kann der öffentliche Auftraggeber im Fall der Übermittlung einer Einheitlichen Europäischen Eigenerklärung den Bewerber oder Bieter jederzeit während des Verfahrens auffordern, sämtliche oder einen Teil der nach den §§ 44 bis 49 VgV geforderten Unterlagen beizubringen, wenn dies zur angemessenen Durchführung des Verfahrens erforderlich ist.[139] Die Anforderung zusätzlicher Nachweise von einem Bewerber oder Bieter kommt dabei insbesondere dann in Betracht, wenn der öffentliche Auftraggeber Anhaltspunkte für die Annahme hat, dass dessen Einheitliche Europäische Eigenerklärung unzutreffende Angaben enthält. 106

Im **offenen Verfahren** fordert der öffentliche Auftraggeber vor der Zuschlagserteilung den Bieter, an den er den Auftrag vergeben will, auf, die nach §§ 44 bis 49 vom öffentlichen Auftraggeber (in der Regel in der Auftragsbekanntmachung) geforderten Unterlagen als Beleg der Eignung des Bieters und des Nichtvorliegens von Ausschlussgründen beizubringen. Die Eignungsprüfung erfolgt im Fall einer Einheitlichen Europäischen Eigenerklärung zweistufig: Nach einer vorläufigen Eignungsprüfung aller Bewerber oder Bieter anhand der Einheitlichen Europäischen Eigenerklärungen führt der öffentliche Auftraggeber vor der Zuschlagserteilung eine endgültige Eignungsprüfung anhand der geforderten Unterlagen bei demjenigen Bieter durch, an den er den öffentlichen Auftrag vergeben will. 107

[134] Durchführungsverordnung (EU) 2016/7 der Kommission v. 5.1.2016 zur Einführung des Standardformulars für die Einheitliche Europäische Eigenerklärung, ABl. L 3/16 v. 6.1.2016.
[135] Das Instrument ist hier abrufbar: https://data.europa.eu/euodp/de/data/dataset/ecertis.
[136] § 48 Abs. 2 VgV. § 6b Abs. 2 VOB/A-EU.
[137] Art. 90 Abs. 5 iVm Art. 61 Abs. 2 RL 2014/24.
[138] *Pauka* VergabeR 2015, 155.
[139] § 50 Abs. 2 VgV, § 6b Abs. 2 Nr. 1 VOB/A-EU.

108 In **zweistufigen Verfahren** hingegen ist die Vorlage der geforderten Eignungsnachweise bereits zu einem früheren Verfahrensstadium erforderlich. In nichtoffenen Verfahren, Verhandlungsverfahren, wettbewerblichen Dialogen und Innovationspartnerschaften, bei denen die öffentlichen Auftraggeber von der Möglichkeit Gebrauch machen, die Anzahl der zur Einreichung eines Angebots aufgeforderten Bewerber zu begrenzen, sind die Eignungsnachweise beizubringen. Andernfalls müsse der öffentliche Auftraggeber Bewerber zur zweiten Stufe des Verfahrens einladen, obwohl diese sich später in der zweiten Verfahrensstufe als unfähig erweisen, die zusätzlichen Unterlagen einzureichen, und damit geeigneten Bewerbern die Möglichkeit der Teilnahme nehmen.

109 Von der Vorlage zur Vorlage der einzelnen Eignungsnachweise ist auch ein zuschlagsverdächtiger Bieter dann entbunden, sofern und soweit der Auftraggeber (1) die Unterlagen über eine für den öffentlichen Auftraggeber kostenfreie Datenbank innerhalb der Europäischen Union, insbesondere im Rahmen eines Präqualifikationssystems,[140] erhalten kann oder (2) bereits im Besitz der Unterlagen ist.[141] Dabei muss es sich um aktuelle, noch gültige Nachweise halten. Falls die Nachweise, die der öffentliche Auftraggeber erhalten hat, nicht vollständig oder nicht aus sich heraus eindeutig sind, kann er nach § 48 Abs. 7 beim Bewerber oder Bieter nachfragen und ggf. um Vervollständigung bitten.

110 Der öffentliche Auftraggeber fordert grundsätzlich die Vorlage von Eigenerklärungen an. Wenn der öffentliche Auftraggeber Bescheinigungen und sonstige Nachweise anfordert, verlangt er in der Regel solche, die vom Online-Dokumentenarchiv e-Certis abgedeckt sind.

111 Die in der EEE enthaltenen Erklärungen beinhalten die folgenden Versicherungen des Bewerbers bzw. Bieters:

1. Es liegen keine Ausschlussgründe vor (Art. 57 RL 2014/24/EU).
2. Die Vorgaben des öffentlichen Auftraggebers zur Eignung (Art. 58 RL 2014/24/EU) werden erfüllt mit Blick auf
   a) die Befähigung zur Berufsausübung
   b) die wirtschaftliche und finanzielle Leistungsfähigkeit sowie
   c) die technische und berufliche Leistungsfähigkeit.
3. Die objektiven und nichtdiskriminierenden Kriterien des öffentlichen Auftraggebers zur Reduzierung der Teilnehmer am Wettbewerb (Art. 65 RL 2014/24/EU) werden erfüllt (nur relevant bei zweistufigen Verfahren).
4. Die Nachweise, dass die Eignungskriterien erfüllt werden, können jederzeit vom Unternehmen vorgelegt werden.

112 Im Fall von Bietergemeinschaften oder Nachunternehmern muss für jedes beteiligte Unternehmen jeweils eine separate EEE mit den in den Teilen II bis V verlangten Informationen vorgelegt werden.[142]

III. Standardformular der EEE

113 Das EEE Standardformular wird durch eine europäische Durchführungsverordnung eingeführt.[143] Nach dem Willen der Kommission ist das Standardformular so abgefasst, dass die Notwendigkeit zur Beibringung einer Vielzahl von Bescheinigungen oder anderen Dokumenten, die die Ausschlussgründe und Eignungskriterien betreffen, entfällt. Zur Verwirklichung des gleichen Ziels enthält das Standardformular auch die relevanten Informationen über Unternehmen, deren Kapazitäten ein Wirtschaftsteilnehmer in Anspruch nimmt, sodass die Überprüfung dieser Informationen zusammen mit der Überprüfung bezüglich des

[140] Wie PQ-VOL, PQ-VOB oder HPQR.
[141] § 50 Abs. 3 VgV, § 6b Abs. 3 VOB/A-EU.
[142] *Schaller* NZBau 2020, 19.
[143] Durchführungsverordnung (EU) 2016/7 der Kommission v. 5.1.2016 zur Einführung des Standardformulars für die Einheitliche Europäische Eigenerklärung, ABl. L 3/16 v. 6.1.2016.

Hauptwirtschaftsteilnehmers und unter den gleichen Voraussetzungen durchgeführt werden kann.

Das Standardformular der EEE ist in sechs Teile untergliedert. In Teil I des Formulars hat der öffentliche Auftraggeber in geringem Umfang Informationen zu seiner Identität und zum Vergabeverfahren einzutragen. Teile II bis VI sind vom Unternehmen auszufüllen, das sich um die Teilnahme an einem Vergabeverfahren bewerben oder ein Angebot abgeben möchte. Neben Angaben zur Identität des Bieters bzw. Bewerbers und seiner rechtlichen Vertreter (Teil II) wird das Unternehmen aufgefordert, Erklärungen zum Nicht-Vorliegen von Ausschlussgründen (Teil III), zur Erfüllung der vom Auftraggeber vorgegebenen Eignungskriterien (Teil IV) und ggf. zur Erfüllung von Kriterien zur Reduzierung der Anzahl der Teilnehmer bei sog. zweistufigen Vergabeverfahren (Teil V) abzugeben. Letztlich sind Bewerber oder Bieter in Teil VI gehalten, eine Abschlusserklärung abzugeben. 114

Zu den konkreten Eignungskriterien (Teil IV) müssen vom Unternehmen nur dann Eintragungen vorgenommen und Angaben (zB zum Jahresumsatz oder der Höhe der Berufshaftpflichtversicherung) gemacht werden, wenn dies in den Vergabeunterlagen oder der Auftragsbekanntmachung durch den öffentlichen Auftraggeber unmittelbar gefordert wurde (1. Alt.). Der öffentliche Auftraggeber kann auch vorsehen, dass eine bloße Bestätigung durch das Unternehmen ausreicht, dass die Eignungskriterien erfüllt werden (2. Alt.). 115

Die EEE kann über einen elektronischen Online-Dienst der EU-Kommission ausgefüllt werden. Die EU stellt hierfür einen Webservice zur Verfügung, der das Generieren der EEE für Auftraggeber (nach seinen Anforderungen) und das Ausfüllen des Bieters unterstützt (ESPD-Service). Dieser Online-Dienst führt die Nutzer Schritt für Schritt durch die Erstellung einer EEE.[144] Die Erklärung kann nach Abschluss der Eintragungen als PDF und in weiteren elektronischen Formaten abgerufen werden. Auf diese Weise können Wirtschaftsteilnehmer jedenfalls Teile der EEE für zukünftige Verfahren speichern. 116

IV. Verwendungspflicht oder Akzeptanzpflicht der EEE

Nach Art. 59 der Richtlinie 2014/24/EU sind Auftraggeber verpflichtet, eine als Eignungsnachweis eingereichte EEE zu akzeptieren. Diese Akzeptanzpflicht ist in deutsches Recht in § 48 Abs. 3 VgV, § 35 Abs. 3 UVgO und § 6b Abs. 1 VOB/A-EU umgesetzt worden. 117

Die Frage, ob Art. 59 der Richtlinie 2014/24/EU und die Durchführungsverordnung neben der Akzeptanzpflicht auch eine Verwendungspflicht der EEE enthält, wird kontrovers diskutiert.[145] Während die Europäische Kommission von einer Pflicht zur Verwendung der EEE in europaweiten Vergabeverfahren auszugehen scheint, enthält der Wortlaut insbesondere der deutschen Umsetzung keinerlei Hinweise auf eine solche Verpflichtung von Auftraggebern. 118

Nimmt man mit der Kommission eine Verwendungspflicht der EEE an, so hat dies erhebliche Auswirkungen auf die Praxis des Nachweises der Eignung und insbesondere auf das Verhältnis von Präqualifikationssystemen und EEE. Bei einer verpflichtenden Vorgabe der EEE müssten auch präqualifizierte Unternehmen eine EEE in Vergabeverfahren befüllen, obwohl sie ihre Eignungsnachweise durch einen einfachen Verweis auf ihre Präqualifikation erbringen könnten. Zudem dürften nach Maßgabe der Kommission von Auftraggebern selbst formulierte Eigenerklärungen oder Eigenerklärungen aus Vergabehandbüchern wie dem VHB nicht weiter verwandt werden. 119

Dass die Kommission von einer verpflichtenden Vorgabe der EEE durch öffentliche Auftraggeber ausgeht, ist der Durchführungsverordnung zu entnehmen. In der Anleitung zur EEE führt die Kommission aus, dass „einem Angebot […] müssen die Wirtschaftsteil-

[144] https://ec.europa.eu/growth/tools-databases/espd/filter?lang=de.
[145] *Stolz* VergabeR 2016, 155.

nehmer eine ausgefüllte EEE beifügen, um einschlägige Informationen vorzulegen."[146] Sodann führt die Kommission explizit Ausnahmen von dieser Grundregel auf, nämlich Aufträge, die auf der Grundlage von Rahmenvereinbarungen vergeben werden. Im folgenden Absatz stellt die Kommission die Entscheidung darüber, ob die Anwendung der EEE auch bei Konzessionsvergaben oder bei Vergaben von sozialen und besonderen Dienstleistungen, in das Ermessen der Mitgliedsstaaten. Auch damit wird verdeutlicht, dass vom Grundsatz einer Anwendungsverpflichtung bei klassischen öffentlichen Aufträgen ausgegangen wird.

Für eine solche Verpflichtung spricht auch der von der Kommission mit der EEE verfolgte Zweck, nämlich die Teilnehmer an Vergabeverfahren von bürokratischen Hürden zu entlasten. Dieser Zweck kann vernünftigerweise nur erreicht werden, wenn die EEE unionsweit angewendet wird und nicht jeder Öffentliche Auftraggeber individuelle Vorgaben macht.[147]

120 Nach einer am Wortlaut orientierten Lesart verpflichtet Art. 59 Abs. 1 der Richtlinie den Öffentlichen Auftraggeber (nur) dazu, die EEE als vorläufigen Nachweis zu akzeptieren, wenn der Bieter sie ihm vorlegt. Im deutschen Recht besteht damit nur eine Akzeptanzpflicht. Diese Pflicht des Öffentlichen Auftraggebers, die Einheitliche Europäische Eigenerklärung als vorläufigen Beleg der Eignung zu akzeptieren, ergibt sich aus § 48 Abs. 3 VgV. Darüber hinaus sind öffentliche Auftraggeber derzeit nach deutschem Recht nicht gezwungen, die Verwendung der EEE vorzuschreiben. Nach Lesart des Bundeswirtschaftsministeriums sollen Öffentliche Auftraggeber die Bewerber oder Bieter jedoch durch eine entsprechende Aufforderung in der Bekanntmachung zwingen können, eine EEE im jeweiligen Vergabeverfahren zu verwenden. Für die Möglichkeit einer solchen einseitigen Vorgabe findet sich zwar weder in Art. 59 VKR noch in § 48 Abs. 3 VgV ein Hinweis. Diese Möglichkeit folgt aus der Hoheit des Auftraggebers über die Ausgestaltung des Vergabeverfahrens.

V. Wiederverwendung der EEE und Verweis auf öffentlich zugängliche Datenbanken

121 Nach § 50 Abs. 1 S. 2 VgV können Bewerber oder Bieter eine bereits bei einer früheren Auftragsvergabe verwendete Einheitliche Europäische Eigenerklärung wiederverwenden, sofern sie bestätigen, dass die darin enthaltenen Informationen weiterhin zutreffend sind. Eine solche Wiederverwendung von Eignungsnachweisen, die in einem anderen Vergabeverfahren bei demselben öffentlichen Auftraggeber eingereicht wurden, war nach der vorherigen Rechtslage nicht möglich. Zum Zwecke der Wiederverwendung von EEEs können Bieter unter Nutzung des vorerwähnten Webdienstes der Kommission eine bereits ausgefüllte EEE als Grundlage für eine neu zu erstellende EEE nehmen. Dies natürlich nur, wenn die dort verwandten Angaben noch korrekt und passend sind. Da die geforderten Angaben zur Eignung jedoch von Auftrag zu Auftrag selbst bei demselben Auftraggeber divergieren dürften, sind der Wiederverwendung der EEE in der Praxis Grenzen gesetzt.

122 Bezogen auf die in den Teilen III bis V der EEE verlangten Informationen können präqualifizierte Unternehmen auf ihre Präqualifikation verweisen. Gemäß § 48 Abs. 3 VgV müssen Bewerber oder Bieter dann keine Unterlagen beibringen, „sofern und soweit die zuschlagerteilende Stelle die Unterlagen über eine für den öffentlichen Auftraggeber kostenfreie Datenbank innerhalb der Europäischen Union, insbesondere im Rahmen eines Präqualifikationssystems, erhalten kann." Eine entsprechende Eintragung kann in der EEE in Teil V vorgenommen werden. Sofern und soweit Bewerber oder Bieter ihre Eignungs-

[146] Abs. 4 der Anleitung.

[147] *Prieß*, Einheitliche Europäische Eigenerklärung (EEE) – Herausforderung an die vergaberechtliche Praxis, Dokumentation der Siebzehnten forum vergabe Gespräche 2015, 113.

nachweise in frei zugänglichen Präqualifikationsregistern hinterlegt haben, werden sie damit von ihrer Vorlagepflicht entbunden.

J. Zeitpunkt der Vorlage der geforderten Nachweise

I. Bekanntgabe der geforderten Nachweise in der Bekanntmachung

Eignungsanforderungen bedürfen gemäß Art. 44 Abs. 2 der Richtlinie 2004/18/EG einer Angabe in der EU-Bekanntmachung. Diese Vorgabe wurde auch in den Verdingungsordnungen umgesetzt.[148] 123

Die Vorgaben des Auftraggebers zu den Eignungsnachweisen in der Bekanntmachung sind verbindlich. Dies erfordert der Transparenz- und Gleichbehandlungsgrundsatz. Es darf im Nachgang hiervon nicht abgewichen werden, lediglich eine Konkretisierung der Angaben der Bekanntmachung ist in den Vergabeunterlagen möglich.[149] Es darf also weder auf geforderte Nachweise verzichtet noch dürfen weitere Nachweise gefordert werden. Eine unmittelbare und freie Zugänglichkeit der Anforderung an den Nachweis der Eignung über eine Verlinkung dieser Angaben aus der Bekanntmachung heraus kann diesen Vorgaben genügen.[150] 124

Die Vergabebekanntmachung muss etwaige Mindestanforderungen konkret bezeichnen und darf sich nicht damit begnügen, auf die Vergabeunterlagen zu verweisen. Ihre erstmalige Bekanntgabe in den Vergabeunterlagen ist unzulässig.[151] 125

Ebenfalls unzulässig ist die nachträgliche Verschärfung von Eignungsnachweisen in den Vergabeunterlagen. Der Auftraggeber ist vielmehr an die Festlegungen in der Bekanntmachung gebunden und darf in den Vergabeunterlagen keine weiteren Anforderungen stellen, sondern die in der Bekanntmachung verlangten Nachweise nur konkretisieren.[152] 126

II. Vorlage mit dem Teilnahmeantrag bzw. dem Angebot

Es richtet sich grundsätzlich nach der Vorgabe des Auftraggebers, zu welchem Zeitpunkt bestimmte Erklärungen und Nachweise vorgelegt werden müssen. Die Vorlage hat grundsätzlich bis zum Ablauf der Teilnahme- oder der Angebotsfrist oder Nachforderungsfrist für die Vorlage fehlender Nachweise zu erfolgen. Es besteht auch die tatsächliche Notwendigkeit, dass der Auftraggeber bei Durchführung der Eignungsprüfung über die erforderlichen Nachweise verfügt, um diese vornehmen zu können. Deshalb sind bei der Durchführung eines Teilnahmewettbewerbs die geforderten Eignungsnachweise mit dem Teilnahmeantrag und ansonsten grundsätzlich mit dem Angebot vorzulegen. 127

Bis zum Ablauf dieser Fristen können Nachweise jederzeit nachgeliefert oder vervollständigt werden. 128

III. Nachforderung fehlender Nachweise

§ 56 Abs. 2 VgV sieht vor, dass Auftraggeber Bewerber oder Bieter unter Einhaltung der Grundsätze der Transparenz und der Gleichbehandlung auffordern können, fehlende, unvollständige oder fehlerhafte unternehmensbezogene Unterlagen, insbesondere Eigenerklä- 129

---

[148] § 48 Abs. 1 VgV.

[149] OLG Düsseldorf Beschl. v. 6.2.2013 – Verg 32/12, BauR 2013, 2071; OLG Düsseldorf Beschl. v. 23.6. 2010 – Verg 18/10, ZfBR 2010, 823; OLG Frankfurt Beschl. v. 15.7.2008 – 11 Verg 4/08, ZfBR 2009, 86.

[150] OLG Düsseldorf Beschl. v. 16.11.2011 – Verg 60/11, ZfBR 2012, 179; VK Bund Beschl. v. 11.7.2012 – VK 1-67/12, BeckRS 2012, 211144.

[151] OLG Düsseldorf Beschl. v. 17.1.2013 – Verg 35/12, NZBau 2013, 329; OLG Düsseldorf Beschl. v. 5.12. 2012 – Verg 29/12, IBRRS 2012, 4685 mwN; VK Bund Beschl. v. 18.9.2017 – VK 2-96/17, VPRRS 2017, 0350.

[152] OLG Jena Beschl. v. 21.9.2009 – 9 Verg 7/09, VergabeR 2010, 509.

rungen, Angaben, Bescheinigungen oder sonstige Nachweise, nachzureichen, zu vervollständigen oder zu korrigieren, oder fehlende oder unvollständige leistungsbezogene Unterlagen nachzureichen oder zu vervollständigen. Hierfür setzt er eine angemessene Nachfrist. Der öffentliche Auftraggeber ist berechtigt, in der Auftragsbekanntmachung oder den Vergabeunterlagen festzulegen, dass er keine Unterlagen nachfordern wird.

§ 16a VOB/A enthält darüberhinausgehend eine Verpflichtung für Auftraggeber, unvollständige oder fehlerhafte unternehmensbezogene Unterlagen – insbesondere Erklärungen, Angaben oder Nachweise – von Bietern nachzufordern, die für den Zuschlag in Betracht kommen. Zudem müssen die fehlenden Erklärungen und Nachweise innerhalb einer angemessenen Frist nach Aufforderung durch den Auftraggeber nachgereicht werden.[153] Die Nachfrist kann durch den Auftraggeber verlängert werden.[154]

130 Nachweise und Erklärungen im Sinne dieser Regelungen umfassen jedenfalls solche, die die Eignung eines Bieters betreffen.[155] Jedoch können keine fehlenden wesentlichen Preisangaben nachgereicht werden. Es kann auch kein Austausch tatsächlich vorgelegter, aber inhaltlich unzureichender Unterlagen erfolgen.[156] Dementsprechend gilt unverändert das Nachverhandlungsverbot für den Inhalt des Angebots, da andernfalls die Wettbewerbsstellung im Nachgang zur Angebotsabgabe beeinflusst werden.[157] Ebenso unzulässig bleibt die Nachforderung leistungsbezogenen Unterlagen, die Relevanz für die Angebotswertung als Zuschlagskriterien haben. Unterlagen mit belegendem Charakter können hingegen immer nachgefordert werden.[158]

131 Unterlagen fehlen, wenn diese körperlich nicht dem Angebot beigefügt sind. Dokumente werden auch dann als „fehlend“ betrachtet, wenn sie in rein formaler Hinsicht nicht den Vorgaben genügen, diese unleserlich sind,[159] eine **Bescheinigung in Kopie** statt im Original beigebracht wird,[160] die Gültigkeitsdauer eines Dokuments abgelaufen ist[161] oder ein Dokument mit einem einseitigen Sperrvermerk versehen wurde.[162]

Hingegen fehlen Nachweise nicht, wenn diese inhaltlich nicht den Anforderungen des Auftraggebers nicht entsprechen. So dürfen Referenzangaben, denen die Auftragsbezogenheit fehlt oder die unvollständig sind, nicht nachgefordert werden.[163] Auch eine Versicherungspolice mit zu geringer Deckungssumme darf nicht als fehlend nachgefordert werden.[164]

132 Angebote, die auch nach Ablauf der Nachforderungsfrist nicht alle Nachweise vorgelegt haben, müssen von der weiteren Wertung ausgeschlossen werden.[165]

---

153 § 16a VOB/A, § 16a VOB/A-EU.
154 OLG München Beschl. v. 27.7.2018 – Verg 2/18, NZBau 2019, 138.
155 Ingenstau/Korbion/*Kratzenberg* VOB/A § 16 Rn. 66.
156 OLG Karlsruhe Beschl. v. 14.8.2019 – Verg 10/15, NZBau 2020, 267; OLG Düsseldorf Beschl. v. 7.11. 2018 – Verg 39/18, VPRRS 2019, 0149; OLG Koblenz 11.9.2018 – Verg 3/18, NZBau 2019, 270; OLG Düsseldorf Beschl. v. 12.9.2012 – Verg 108/11, NZBau 2013, 61.
157 Instruktiv zu den damit einhergehenden Abgrenzungsproblemen: OLG München Beschl. v. 27.7.2018 – Verg 2/18, NZBau 2019, 138.
158 EuGH Urt. v. 10.10.2013 – C-336/12, EuZW 2013, 949 für eine Unternehmensbilanz, die veröffentlicht ist.
159 OLG Düsseldorf Beschl. v. 26.1.2006 – Verg 92/05, IBRRS 2006, 0814 für Handelsregisterauszug.
160 OLG Düsseldorf Beschl. v. 22.12.2010 – Verg 56/10, VPRRS 2013, 0165.
161 OLG München Beschl. v. 27.7.2018 – Verg 02/18, NZBau 2019, 138 für Gültigkeitsdauer eines Führungszeugnisses.
162 OLG Oldenburg Beschl. v. 25.4.2017 – 6 U 170/16, VPRRS 2017, 0182.
163 OLG Düsseldorf Beschl. v. 7.11.2018 – Verg 39/18, VPRRS 2019, 0149.
164 EuGH Urt. v. 10.10.2013 – C-336/12, EuZW 2013, 949 Rz. 38; OLG Karlsruhe Beschl. v. 14.8.2019 – 15 Verg 10/19, IBRRS 2019, 2882.
165 S. hierzu → § 29 Rn. 1 ff.

IV. Nachweis der Eignung durch Bezugnahme auf dritte Unternehmen

Ein Unternehmen kann sich zum Nachweis der Leistungsfähigkeit und Fachkunde der Fähigkeit anderer Unternehmen bedienen. Dies kann zum einen in Form einer Nachunternehmerschaft erfolgen. Dann wird das dritte Unternehmen in der Vertragsausführungsphase in die Leistungserbringung eingebunden. Hiervon abzugrenzen ist die Eignungsleihe, bei der das dritte Unternehmen keinen operativen Leistungsanteil erbringt.[166] Der Eignungsverleiher gleicht vielmehr bestehende Defizite des Bieters bei dessen Eignung aus. So kann zum Beispiel die finanzielle Leistungsfähigkeit des Bieters mittels einer Patronatserklärung oder einer gesamtschuldnerischen Haftung unterstützt werden. Im Bereich der technischen und beruflichen Erfahrung kann mit Hilfe eines Know-how Transfers, dh durch Beratung und fortlaufende Unterstützung des Bieters, die Eignungsdefizite ohne operatives Tätigwerden des Eignungsverleihers ausgeglichen werden.[167] 133

Sofern sich ein Unternehmen zum Nachweis seiner eigenen Eignung auf die Ressourcen eines Drittunternehmens stützt, ist der Nachweis der tatsächlichen Verfügbarkeit dieser Ressourcen notwendig zum Nachweis der Eignung des betreffenden Unternehmens. Entsprechende Verpflichtungserklärungen von solchen Drittunternehmen/Nachunternehmern sind deshalb Eignungsnachweise und ebenso mit dem Angebot bzw. Teilnahmeantrag vorzulegen. 134

Bei dem Einsatz von Leiharbeitnehmern handelt es sich weder um Nachunternehmer noch um sonstige „andere Unternehmen" iSd § 47 VgV. Der Leiharbeitnehmer selbst steht zu dem entleihenden Unternehmen in keiner Rechtsbeziehung, da vertragliche Beziehungen ausschließlich zwischen dem Entleiher und Verleiher bestehen. Der Leiharbeitnehmer wird nur vorübergehend in den Betrieb des Entleihers integriert und zählt zu den „internen Ressourcen" des Auftragnehmers.[168] 135

K. Erläuterung der Unterlagen

§ 48 Abs. 7 VgV gestattet Auftraggebern Bewerber und Bieter aufzufordern, vorgelegte Unterlagen zu erläutern. Die Vorschrift bezieht sich auf alle Eignungsanforderungen.[169] 136

Der öffentliche Auftraggeber ist jedoch nur berechtigt, einen Bieter zur Erläuterung aufzufordern, wenn ein konkreter Nachweis zwar vorgelegt wurde, dieser aber uneindeutig oder erklärungsbedürftig ist. 137

Die Möglichkeit der Erläuterung eingereichter Nachweise ist abzugrenzen von der Möglichkeit der Nachforderung fehlender Nachweise und Erklärungen.[170] 138

L. Nachweis der Eignung durch andere geeignete Nachweise

Letztlich ist es einem Unternehmen nach § 45 Abs. 5 VgV gestattet, wenn es aus einem berechtigten Grund die geforderten Nachweise nicht beibringen kann, den Nachweis seiner Eignung durch Vorlage jedes anderen vom Auftraggeber als geeignet erachteten Belegs zu erbringen. Im Umkehrschluss sind Auftraggeber verpflichtet, die von ihnen als geeignet erachteten Belege anzuerkennen. Geeignet sind nur solche Nachweise, welche dem Auftraggeber die Überprüfung der Eignung in gleicher Weise ermöglichen. 139

---

[166] § 47 VgV, § 6d VOB/A-EU.
[167] VK Bund Beschl. v. 28.9.2017 – VK 1-93/17, VPRRS 2017, 0316.
[168] VK Rheinland-Pfalz Beschl. v. 31.10.2012 – VK 1-26/12, IBRRS 2012, 4156; VK Sachsen-Anhalt Beschl. v. 15.2.2013 – 2 VK LSA 42/12, IBRRS 2013, 3306.
[169] Zur Vorgängervorschrift: OLG Düsseldorf Beschl. v. 14.10.2009 – Verg 40/09, VPRRS 2010, 0104.
[170] OLG München Beschl. v. 12.11.2012 – Verg 23/12, VergabeR 2013, 508.

§ 31 Preisprüfung (dritte Wertungsstufe)

Übersicht

VgV: § 60
SektVO: § 54
VSVgV: § 33
VOB/A: § 16d Abs. 1
VOB/A EU: § 16d Abs. 1
VOB/A VS: § 16d Abs. 1
UVgO: § 44

VgV:

§ 60 VgV Ungewöhnlich niedrige Angebote

(1) Erscheinen der Preis oder die Kosten eines Angebots im Verhältnis zu der zu erbringenden Leistung ungewöhnlich niedrig, verlangt der öffentliche Auftraggeber vom Bieter Aufklärung.

(2) Der öffentliche Auftraggeber prüft die Zusammensetzung des Angebots und berücksichtigt die übermittelten Unterlagen. Die Prüfung kann insbesondere betreffen:

1. die Wirtschaftlichkeit des Fertigungsverfahrens einer Lieferleistung oder der Erbringung der Dienstleistung,
2. die gewählten technischen Lösungen oder die außergewöhnlich günstigen Bedingungen, über die das Unternehmen bei der Lieferung der Waren oder bei der Erbringung der Dienstleistung verfügt,
3. die Besonderheiten der angebotenen Liefer- oder Dienstleistung,
4. die Einhaltung der Verpflichtungen nach § 128 Absatz 1 des Gesetzes gegen Wettbewerbsbeschränkungen, insbesondere der für das Unternehmen geltenden umwelt-, sozial- und arbeitsrechtlichen Vorschriften, oder
5. die etwaige Gewährung einer staatlichen Beihilfe an das Unternehmen.

(3) Kann der öffentliche Auftraggeber nach der Prüfung gemäß den Absätzen 1 und 2 die geringe Höhe des angebotenen Preises oder der angebotenen Kosten nicht zufriedenstellend aufklären, darf er den Zuschlag auf dieses Angebot ablehnen. Der öffentliche Auftraggeber lehnt das Angebot ab, wenn er festgestellt hat, dass der Preis oder die Kosten des Angebots ungewöhnlich niedrig sind, weil Verpflichtungen nach Absatz 2 Satz 2 Nummer 4 nicht eingehalten werden.

(4) Stellt der öffentliche Auftraggeber fest, dass ein Angebot ungewöhnlich niedrig ist, weil der Bieter eine staatliche Beihilfe erhalten hat, so lehnt der öffentliche Auftraggeber das Angebot ab, wenn der Bieter nicht fristgemäß nachweisen kann, dass die staatliche Beihilfe rechtmäßig gewährt wurde. Der öffentliche Auftraggeber teilt die Ablehnung der Europäischen Kommission mit.

SektVO:

§ 54 SektVO Ungewöhnlich niedrige Angebote

(1) Erscheinen der Preis oder die Kosten eines Angebots im Verhältnis zu der zu erbringenden Leistung ungewöhnlich niedrig, verlangt der Auftraggeber vom Bieter Aufklärung.

(2) Der Auftraggeber prüft die Zusammensetzung des Angebots und berücksichtigt die übermittelten Unterlagen. Die Prüfung kann insbesondere betreffen:

1. die Wirtschaftlichkeit des Fertigungsverfahrens einer Lieferleistung oder der Erbringung der Dienstleistung,
2. die gewählten technischen Lösungen oder die außergewöhnlich günstigen Bedingungen, über die das Unternehmen bei der Lieferung der Waren oder bei der Erbringung der Dienstleistung verfügt,
3. die Besonderheiten der angebotenen Liefer- oder Dienstleistung,
4. die Einhaltung der Verpflichtungen nach § 128 Absatz 1 des Gesetzes gegen Wettbewerbsbeschränkungen, insbesondere der für das Unternehmen geltenden umwelt-, sozial- und arbeitsrechtlichen Vorschriften, oder
5. die etwaige Gewährung einer staatlichen Beihilfe an das Unternehmen.

(3) Kann der Auftraggeber nach der Prüfung gemäß den Absätzen 1 und 2 die geringe Höhe des angebotenen Preises oder der angebotenen Kosten nicht zufriedenstellend aufklären, darf er den Zuschlag auf dieses Angebot ablehnen. Er lehnt das Angebot ab, wenn er festgestellt hat, dass der Preis oder die Kosten des Angebots ungewöhnlich niedrig sind, weil Verpflichtungen nach Absatz 2 Satz 2 Nummer 4 nicht eingehalten werden.

(4) Stellt der Auftraggeber fest, dass ein Angebot ungewöhnlich niedrig ist, weil der Bieter eine staatliche Beihilfe erhalten hat, so lehnt der Auftraggeber das Angebot ab, wenn der Bieter nicht fristgemäß nachweisen kann, dass die staatliche Beihilfe rechtmäßig gewährt wurde. Der Auftraggeber teilt die Ablehnung der Europäischen Kommission mit.

VSVgV:

§ 33 VSVgV Ungewöhnlich niedrige Angebote

(1) Erscheint ein Angebot im Verhältnis zu der zu erbringenden Leistung ungewöhnlich niedrig, verlangen die Auftraggeber vor Ablehnung dieses Angebots vom Bieter Aufklärung über dessen Einzelpositionen. Auf Angebote, deren Preise in offenbarem Missverhältnis zur Leistung stehen, darf der Zuschlag nicht erteilt werden.

(2) Auftraggeber prüfen die Zusammensetzung des Angebots und berücksichtigen die gelieferten Nachweise. Sie können Bieter zur Aufklärung betreffend der Einzelpositionen des Angebots auffordern.

(3) Angebote, die aufgrund einer staatlichen Beihilfe im Sinne des Artikels 107 des Vertrags über die Arbeitsweise der Europäischen Union ungewöhnlich niedrig sind, dürfen aus diesem Grund nur abgelehnt werden, wenn das Unternehmen nach Aufforderung innerhalb einer von den Auftraggebern festzulegenden ausreichenden Frist nicht nachweisen kann, dass die betreffende Beihilfe rechtmäßig gewährt wurde. Auftraggeber, die unter diesen Umständen ein Angebot ablehnen, müssen dies der Europäischen Kommission mitteilen.

VOB/A:

§ 16d VOB/A Wertung

(1)

1. Auf ein Angebot mit einem unangemessen hohen oder niedrigen Preis darf der Zuschlag nicht erteilt werden.
2. Erscheint ein Angebotspreis unangemessen niedrig und ist anhand vorliegender Unterlagen über die Preisermittlung die Angemessenheit nicht zu beurteilen, ist in Textform vom Bieter Aufklärung über die Ermittlung der Preise für die Gesamtleistung oder für

Teilleistungen zu verlangen, gegebenenfalls unter Festlegung einer zumutbaren Antwortfrist. Bei der Beurteilung der Angemessenheit sind die Wirtschaftlichkeit des Bauverfahrens, die gewählten technischen Lösungen oder sonstige günstige Ausführungsbedingungen zu berücksichtigen.

(1) Nr. 3 bis (5) hier nicht abgedruckt.

VOB/A EU:

§ 16d EU VOB/A Wertung

(1)

1. Auf ein Angebot mit einem unangemessen hohen oder niedrigen Preis oder mit unangemessen hohen oder niedrigen Kosten darf der Zuschlag nicht erteilt werden. Insbesondere lehnt der öffentliche Auftraggeber ein Angebot ab, das unangemessen niedrig ist, weil es den geltenden umwelt-, sozial- und arbeitsrechtlichen Anforderungen nicht genügt.
2. Erscheint ein Angebotspreis unangemessen niedrig und ist anhand vorliegender Unterlagen über die Preisermittlung die Angemessenheit nicht zu beurteilen, ist vor Ablehnung des Angebots vom Bieter in Textform Aufklärung über die Ermittlung der Preise oder Kosten für die Gesamtleistung oder für Teilleistungen zu verlangen, gegebenenfalls unter Festlegung einer zumutbaren Antwortfrist. Bei der Beurteilung der Angemessenheit prüft der öffentliche Auftraggeber – in Rücksprache mit dem Bieter – die betreffende Zusammensetzung und berücksichtigt dabei die gelieferten Nachweise.
3. Sind Angebote auf Grund einer staatlichen Beihilfe ungewöhnlich niedrig, ist dies nur dann ein Grund sie zurückzuweisen, wenn der Bieter nicht nachweisen kann, dass die betreffende Beihilfe rechtmäßig gewährt wurde. Für diesen Nachweis hat der öffentliche Auftraggeber dem Bieter eine ausreichende Frist zu gewähren. Öffentliche Auftraggeber, die trotz entsprechender Nachweise des Bieters ein Angebot zurückweisen, müssen die Kommission der Europäischen Union darüber unterrichten.

(1) Nr. 4 bis (5) hier nicht abgedruckt.

VOB/A VS:

§ 16d VS VOB/A Wertung

(1)

1. Auf ein Angebot mit einem unangemessen hohen oder niedrigen Preis darf der Zuschlag nicht erteilt werden.
2. Erscheint ein Angebotspreis unangemessen niedrig und ist anhand vorliegender Unterlagen über die Preisermittlung die Angemessenheit nicht zu beurteilen, ist vor Ablehnung des Angebots vom Bieter in Textform Aufklärung über die Ermittlung der Preise für die Gesamtleistung oder für Teilleistungen zu verlangen, gegebenenfalls unter Festlegung einer zumutbaren Antwortfrist. Bei der Beurteilung der Angemessenheit prüft der Auftraggeber – in Rücksprache mit dem Bieter – die betreffende Zusammensetzung und berücksichtigt dabei die gelieferten Nachweise.

(1) Nr. 3 bis (5) hier nicht abgedruckt.

UVgO:

§ 44 Ungewöhnlich niedrige Angebote

(1) Erscheinen der Preis oder die Kosten eines Angebots, auf das der Zuschlag erteilt werden soll, im Verhältnis zu der zu erbringenden Leistung ungewöhnlich niedrig, verlangt der Auftraggeber vom Bieter Aufklärung.

(2) Der Auftraggeber prüft die Zusammensetzung des Angebots und berücksichtigt die übermittelten Unterlagen. Die Prüfung kann insbesondere betreffen:

1. die Wirtschaftlichkeit des Fertigungsverfahrens einer Lieferleistung oder der Erbringung der Dienstleistung,
2. die gewählten technischen Lösungen oder die außergewöhnlich günstigen Bedingungen, über die das Unternehmen bei der Lieferung der Waren oder bei der Erbringung der Dienstleistung verfügt,
3. die Besonderheiten der angebotenen Leistung,
4. die Einhaltung der Verpflichtungen nach § 128 Absatz 1 des Gesetzes gegen Wettbewerbsbeschränkungen, insbesondere der für das Unternehmen geltenden umwelt-, sozial- und arbeitsrechtlichen Vorschriften, oder
5. die etwaige Gewährung einer staatlichen Beihilfe an das Unternehmen.

(3) Kann der Auftraggeber nach der Prüfung gemäß den Absätzen 1 und 2 die geringe Höhe des angebotenen Preises oder der angebotenen Kosten nicht zufriedenstellend aufklären, darf er den Zuschlag auf dieses Angebot ablehnen. Der Auftraggeber lehnt das Angebot ab, wenn er festgestellt hat, dass der Preis oder die Kosten des Angebots ungewöhnlich niedrig sind, weil Verpflichtungen nach Absatz 2 Satz 2 Nummer 4 nicht eingehalten werden. Der Auftraggeber lehnt das Angebot auch dann ab, wenn der Bieter an der Aufklärung nach den Absätzen 1 und 2 nicht mitwirkt.

(4) Stellt der Auftraggeber fest, dass ein Angebot ungewöhnlich niedrig ist, weil der Bieter eine staatliche Beihilfe erhalten hat, so lehnt der Auftraggeber das Angebot nur dann ab, wenn der Bieter nicht innerhalb einer vom Auftraggeber gesetzten angemessenen Frist nachweisen kann, dass die staatliche Beihilfe rechtmäßig gewährt wurde.

Literatur:
V. Bechtolsheim/Fichtner, „Stolperstein Angemessenheitsprüfung", VergabeR 2005, 574; *Brieskorn/Stamm,* Die vergaberechtliche Renaissance der Urkalkulation und deren Bedeutung für das Nachtragsmanagement, NZBau 2008, 414; *Csaki,* Die Auskömmlichkeitsprüfung nach § 19 VI VOL/A-EG. Prüfpflicht, Drittschutz und besondere Anforderungen aufgrund landesrechtlicher Vorschriften, NZBau 2013, 342; *Eiermann,* Primärrechtsschutz gegen öffentliche Auftraggeber bei europaweiten Ausschreibungen durch Vergabenachprüfungsverfahren – Teil 2, NZBau 2016, 76; *Feldmann,* Praktische Fragen der Durchführung von Preisangemessenheitsprüfungen aus der Sicht von Bietern, Vergabestellen und Nachprüfungsinstanzen, VergabeR 2019, 730; *Gabriel,* Die vergaberechtliche Preisprüfung auf dritter Angebotsbewertungsstufe und die (Un-)Zulässigkeit von sog. Unterkostenangeboten, VergabeR 2013, 300; *Gabriel/Schulz,* Auskömmlichkeit von Unterkostenangeboten mittels Einpreisung des Großhandelszuschlags?, PharmR 2011, 448; *Gushchina,* Vergaberechtliche Auskömmlichkeit von Angeboten im Lichte der aktuellen Rechtsprechung, KommJur 2015, 161; *Hildebrandt,* Der schmale Grad zwischen wirtschaftlichstem und unauskömmlichem Angebot, ZfBR 2019, 550, 552; *Hartung,* Anmerkung zu OLG Karlsruhe, Beschl. v. 27.7.2009, 15 Verg 3/09, VergabeR 2010, 104; *Hausmann/Ruf,* Anm zu EuGH Urt. v. 29.3.2012 – C-599/10 – SAG ELV Slovensko ua, VergabeR 2012, 591; *Jaeger,* Die neue Basisvergaberichtlinie der EU v. 26.2.2014 – ein Überblick, NZBau 2014, 259; *Knauff,* Anm zu EuGH Urt. v. 29.3.2012 – C-599/10 – SAG ELV Slovensko ua, EuZW 2012, 391; *Lausen,* Angebote mit unangemessen niedrigen Preisen, NZBau 2018, 585; *Müller-Wrede,* Die Behandlung von Mischkalkulationen unter besonderer Berücksichtigung der Darlegungs- und Beweislast, NZBau 2006, 73; *Müller-Wrede,* Die Wertung von Unterpreisangeboten – Das Ende einer Legende, VergabeR 2011, 46; *Noch,* Anm. zu OLG München Beschl. v. 2.6.2006 – Verg 12/06, VergabeR 2006, 808; *Otting,* Anm zu EuGH Urt. v. 15.5.2008 – C-147/06 und C-148/06 – SECAP und Santoroso, VergabeR 2008, 630; *Schranner,* Anm zu OLG Düsseldorf Beschl. v. 19.12.2000 – Verg 28/00, VergabeR 2001, 129; *Stolz,* Die Behandlung von Niedrigpreisangeboten unter Berücksichtigung gemeinschaftsrechtlicher Vorgaben, VergabeR 2002, 219; *Summa,* Die Entscheidung über die Auftragsvergabe – Ein Ausblick auf das künftige Unionsrecht, NZBau 2012, 729; *Ulshöfer,* Anmerkung zu OLG Düsseldorf Beschl. v. 9.5.2011 – Verg 45/11, VergabeR 2011, 886; *Weihrauch,* Anmerkung zu EuGH Urt. v. 29.3.2012 – C-599/10 – SAG ELV Slovensko ua, IBR 2012, 278.

A. Einleitung

1 Sinn und Zweck der Preisprüfung im Rahmen der Angebotsbewertung ist es, diejenigen Angebote, deren Preis außer Verhältnis zur Leistung steht, ohne dass dies durch Gründe veranlasst ist, die mit einem fairen Wettbewerb vereinbar sind, zu identifizieren und auszuschließen, sodass für die Zuschlagserteilung nur noch Angebote mit angemessenem Preis

bzw. nach dem Verständnis der VgV nur noch annehmbare Angebote[1] verbleiben. Die Preisprüfung (oder auch „Auskömmlichkeitsprüfung") wurde früher angesichts der bis zur Vergaberechtsreform 2016 üblichen vierstufigen Prüfungsreihenfolge bei der Angebotsprüfung (Vollständigkeit – Eignung – Preis/Auskömmlichkeit – Wirtschaftlichkeit) üblicherweise als „dritte Wertungsstufe" bezeichnet. Angesichts der weiteren Auflockerung dieser Stufenfolge, insbesondere bei offenen Verfahren, durch die Vergaberechtsreform (s. § 42 Abs. 3 VgV), wird im Folgenden auf diese Bezeichnung verzichtet.

Im Hinblick auf die zentrale Frage der Preisprüfung verwenden die einschlägigen Regelwerke im deutschen Recht teilweise unterschiedliche Begriffe. Im Rahmen der Vergaberechtsreform 2016 wurden die Vorgaben in Art. 69 RL 2014/24/EU bzw. Art. 84 RL 2014/25/EU vom deutschen Normgeber weitgehend wortgleich in die Regelungen in § 60 VgV, § 54 SektVO und später auch § 44 UVgO übernommen. Dort ist jeweils in Abs. 1 die Rede davon, dass der Auftraggeber vom Bieter Aufklärung verlangt, wenn der **Preis** oder die **Kosten** eines Angebots im **Verhältnis** zu der zu erbringenden **Leistung ungewöhnlich niedrig** erscheinen. Gleiches gilt für § 33 Abs. 1 S. 1 VSVgV. Im Anwendungsbereich der VOB/A verlangt der Auftraggeber demgegenüber Aufklärung, wenn der **„Angebotspreis unangemessen niedrig"** erscheint (§§ 16d Abs. 1 Nr. 2 S. 1 VOB/A, 16d Abs. 1 Nr. 2 S. 1 EU VOB/A, 16d Abs. 1 Nr. 2 S. 1 VS VOB/A). 2

Für die Durchführung der Aufklärung sind die Vorgaben unterschiedlich detailliert: Während in § 60 Abs. 2 VgV, § 54 Abs. 2 SektVO und § 44 Abs. 2 UVgO – wiederum in Übereinstimmung mit Art. 69 Abs. 2 RL 2014/24/EU bzw. Art. 84 Abs. 2 RL 2014/25/EU – detaillierte Vorgaben zu den möglichen Gegenständen bzw. **Fragestellungen der Preisprüfung** (von der Wirtschaftlichkeit des Fertigungsverfahrens, den gewählten technischen Lösungen, etwaigen außergewöhnlich günstigen Bedingungen und Besonderheiten über die Einhaltung von umwelt-, sozial- und arbeitsrechtlichen Vorschriften bis hin zur Gewährung staatlicher Beihilfen) enthalten sind, sucht man vergleichbare Hinweise in der VOB/A und der VSVgV vergebens. 2a

Ein weiterer begrifflicher Unterschied betrifft die Rechtsfolgenseite der Normen: In § 33 Abs. 1 S. 2 VSVgV findet sich noch die vor der Vergaberechtsreform 2016 gebräuchliche und in § 16 Abs. 6 S. 2 VOL/A bzw. § 19 Abs. 6 S. 2 VOL/A-EG enthaltene Formulierung, wonach der Zuschlag nicht erteilt werden darf, wenn ein **„offenbares Missverhältnis"** zwischen Angebotspreis und angebotener Leistung besteht. Demgegenüber sprechen die Vorschriften in § 16d Abs. 1 Nr. 1 VOB/A und den wortgleichen §§ 16d Abs. 1 Nr. 1 S. 1 EU VOB/A, 16d Abs. 1 Nr. 1 S. 1 VS VOB/A von Angeboten mit einem **unangemessen hohen oder niedrigen Preis,** auf das der **Zuschlag nicht erteilt** werden darf. Nach § 60 Abs. 3 VgV, § 54 Abs. 3 SektVO und § 44 Abs. 3 UVgO ist – entsprechend der Vorgaben in den EU-Richtlinien – nur noch von Bedeutung, ob sich die geringe Höhe des Preises oder der Kosten des Angebots **„zufriedenstellend aufklären"** lässt. Ist dies nicht der Fall, *darf* der öffentliche Auftraggeber das Angebot ausschließen; stellt er fest, dass die geringe Höhe auf einer Verletzung des § 128 Abs. 1 GWB oder der für das Unternehmen geltenden umwelt-, sozial- oder arbeitsrechtlichen Vorschriften beruht, dann *muss* er das Angebot ausschließen. Dasselbe gilt nach § 60 Abs. 4 VgV und den entsprechenden Parallelvorschriften in Fällen, in denen der niedrige Angebotspreis auf einer rechtswidrig gewährten staatlichen Beihilfe beruht. 2b

Trotz dieser unterschiedlichen Begrifflichkeiten und Regelungstiefen besteht letztlich auch nach der Vergaberechtsreform zwischen den verschiedenen Regelungen in der Sache kein entscheidender Unterschied.[2] Ein Gleichlauf der Prüfungsmaßstäbe wird bereits durch Art. 69 RL 2014/24/EU nahegelegt, der zwischen Dienst- und Lieferleistungen einerseits 2c

[1] Vgl. die Terminologie in § 14 Abs. 3 Nr. 5 VgV im Zusammenhang mit ungewöhnlich niedrigen Angeboten.

[2] Vgl. Dieckmann/Scharf/Wagner-Cardenal/*Ackermann* § 60 VgV Rn. 5; Beck VergabeR/*Lausen* VgV § 60 Rn. 5 f.; *Müller-Wrede* in VOL/A, 4. Aufl. 2014, § 19 VOL/A-EG Rn. 18; Pünder/Schellenberg/*Pape* § 60 VgV Rn. 1.

und Bauleistungen andererseits nicht differenziert.[3] Auch wenn die neuen Richtlinienvorgaben und in ihrer Umsetzung die VgV, die SektVO sowie die UVgO den inhaltlichen Prüfungsmaßstab (das Missverhältnis zwischen Preis und Leistung) durch einen eher prozeduralen Maßstab (die hinreichende Aufklärbarkeit des Missverhältnisses) ersetzt zu haben scheinen, ist damit jedenfalls im Kern keine relevante materielle Änderung gegenüber der früheren Rechtslage nach der VOL/A und der weiterhin geltenden Rechtslage nach der VOB/A und der VSVgV verbunden, so dass auch die hierzu ergangene Rechtsprechung grundsätzlich weiterhin von Bedeutung bleibt. Denn einerseits geht es ungeachtet der verschiedenen Formulierungen im Kern immer um dieselbe Frage, nämlich darum, ob ein Angebotspreis (bzw. die Angebotskosten) in einem **angemessenen oder annehmbaren Verhältnis** zu der angebotenen Leistung steht. Und hinsichtlich der Frage, ob sich diese Frage nach Aufklärung der Umstände bzw. Durchführung der Preisprüfung bejahen lässt, hat der öffentliche Auftraggeber auch weiterhin sein Ermessen auszuüben und wird er auch weiterhin einen materiellen Maßstab anlegen müssen, im Rahmen dessen nicht alleine auf die Unauskömmlichkeit im Sinne nicht vollständiger Kostendeckung abgestellt werden darf und die bisher entscheidenden Gesichtspunkte der hinreichenden Vertragserfüllungsprognose sowie einer etwaigen Marktverdrängungsabsicht durch ein Dumping-Angebot weiterhin von Bedeutung sein werden.[4] Jedenfalls soweit es sich um die Prüfung unangemessen bzw. ungewöhnlich *niedriger* Angebote handelt, gelten die nachfolgenden Ausführungen daher für Bauleistungen ebenso wie für Lieferungen und Dienstleistungen. Lediglich hinsichtlich ungewöhnlich hoher Angebotspreise, die in der Praxis aber kaum zu rechtlichen Problemen führen, finden sich nur (noch) in der VOB/A Sonderregelungen. Im Folgenden werden die relevanten Rechtsfragen daher vornehmlich anhand der Regelung in § 60 VgV diskutiert; die Ausführungen gelten aber grundsätzlich auch für die entsprechenden Vorschriften in den übrigen Vergabeordnungen, soweit nicht auf Unterschiede besonders hingewiesen wird.

3 Die gesamte Preisprüfung dient der Beurteilung der Angemessenheit des Preises, weshalb sie mehrheitlich zutreffend als **„Angemessenheitsprüfung"** im weiten Sinne bezeichnet wird. Der gleichwohl weitverbreitete Begriff der „Auskömmlichkeitsprüfung"[5] ist als Bezeichnung für diese Wertungsstufe unpräzise. Den folgenden Ausführungen liegt das Verständnis zugrunde, dass die Auskömmlichkeit des Preises bei Unterkostenangeboten nur *ein* Kriterium dieser Wertungsstufe ist.[6]

4 Für **Angebote mit niedrigem Preis** lässt sich die Preisprüfung in mehrere Prüfschritte untergliedern.[7] Im ersten Schritt werden zunächst Angebote, die hinsichtlich ihres Preises ungewöhnlich bzw. unangemessen niedrig erscheinen und deshalb Anlass zu einer genaueren Prüfung geben, ermittelt.[8] In einem zweiten Schritt hat der Auftraggeber von den jeweiligen Bietern eines solchen Angebots **Aufklärung** zu verlangen.[9] Die vorgelegten Erklärungen überprüft der Auftraggeber sodann auf Vollständigkeit und Schlüssigkeit.

5 Auf dieser Grundlage nimmt er danach eine Beurteilung des Preises vor. Diese erfolgt in zwei – zumindest gedanklich zu trennenden – Schritten[10]: Zunächst prüft der Auftraggeber das Angebot in tatsächlicher Hinsicht auf seine **Auskömmlichkeit** hin, dh ob ein sog. Unterkostenangebot vorliegt. Dies ist der Fall, wenn der Angebotspreis dem Bieter

---

[3] So schon zu Art. 55 VKR *v. Bechtolsheim/Fichtner* VergabeR 2005, 574, 575.

[4] IErg ebenso OLG Rostock Beschl. v. 6.2.2019 – 17 Verg 6/18, BeckRS 2019, 28978 Rn. 37 ff.; *Hildebrandt* ZfBR 2019, 550, 552, 553; Heiermann/Zeiss/Summa/*Wagner* jurisPK-VergabeR § 60 VgV Rn. 24 ff.

[5] Statt vieler VK Münster Beschl. v. 19.10.2011 – VK 15/11, juris Rn. 71.

[6] Vgl. VK Niedersachsen Beschl. v. 29.10.2014 – VgK-39/2014, juris Rn. 57; *v. Bechtolsheim/Fichtner* VergabeR 2005, 574, 574 ff.

[7] Vgl. EuGH Urt. v. 27.11.2001 – C-285/99 und C-286/99, NZBau 2002, 101 Rn. 55 – Lombardini und Mantovani; *v. Bechtolsheim/Fichtner* VergabeR 2005, 574, 574 ff.

[8] Vgl. → Rn. 15.

[9] Vgl. → Rn. 36.

[10] Vgl. *v. Bechtolsheim/Fichtner* VergabeR 2005, 574, 581 ff.

keine kostendeckende Auftragserfüllung ermöglicht.[11] Anschließend bewertet der Auftraggeber die **Angemessenheit des Preises im engeren Sinne.**[12] Das Erfordernis einer sich der Auskömmlichkeitsprüfung anschließenden Bewertung impliziert, dass ein nicht kostendeckendes Angebot nicht zwingend ausgeschlossen werden muss. Entscheidend ist insofern, ob die Gründe im konkreten Fall für ein nicht kostendeckendes Angebot wettbewerblich legitim sind. Im letzten Schritt hat der Auftraggeber dann darüber zu entscheiden, ob das Angebot aus der Wertung auszuschließen ist oder nicht.[13]

Bei **überhöhten Preisen** beschränkt sich die Prüfung, sofern sie überhaupt vorgesehen 6 ist, namentlich im Anwendungsbereich der VOB/A, auf die Prüfung der Angemessenheit (im engeren Sinne). Eine Vorprüfung und ein Aufklärungsverfahren sind nicht vorgeschrieben. Die Frage der Auskömmlichkeit stellt sich bei deutlich überhöhten Preisen selbstverständlich nicht.

Im Ausgangspunkt gilt für die Preisprüfung der **Grundsatz der Kalkulationsfreiheit** 7 **der Bieter** als Teil des Kernbereichs unternehmerischer Freiheit im Wettbewerb um öffentliche Aufträge. Danach ist es dem Bieter überlassen, wie er seine Preise kalkuliert und zu welchen Preisen er welche Leistungen anbietet.[14] Verbindliche Kalkulationsvorgaben sind gesetzlich nicht vorgesehen[15] und auch der Auftraggeber darf nicht ohne weiteres die Kalkulationsfreiheit der Bieter beschränken.[16] Gleichwohl muss sich jedes Angebot im Rahmen der Preisprüfung unabhängig von der individuellen Kalkulation des Bieters an objektiven Kriterien messen lassen.

B. Bieterschützende Funktion

Die Rechtsfrage, die im Zusammenhang mit der Preisprüfung seit Jahren im Zentrum der 8 Diskussion stand, ist, ob bzw. inwieweit die entsprechenden vergaberechtlichen Vorschriften Drittschutz vermitteln, dh bieterschützend sind. In der Praxis entscheidet die Antwort auf diese Frage vor allem darüber, ob sich ein unterlegener Bieter erfolgreich gegen die geplante Zuschlagserteilung auf das Angebot eines Konkurrenten zur Wehr setzen und zulässigerweise ein Nachprüfungsverfahren gemäß §§ 160 Abs. 2 S. 1, 97 Abs. 6 GWB einleiten kann, wenn Anhaltspunkte dafür bestehen, dass der für den Zuschlag vorgesehene Bieter einen unangemessen niedrigen Preis angeboten hat.

Nach der früher herrschenden Auffassung, die auf das OLG Düsseldorf zurückging, 9 wurde der Zweck der Vorschriften grundsätzlich (nur) in der Wahrung der Interessen des Auftraggebers gesehen.[17] Auf dieser Basis wurde im Regelfall ein bieterschützender Cha-

---

[11] Vgl. → Rn. 62.
[12] Vgl. → Rn. 67.
[13] Vgl. → Rn. 93.
[14] BGH Beschl. v. 18.5.2004 – X ZB 7/04, BGHZ 159, 186, 196; OLG Düsseldorf Beschl. v. 9.2.2009 – Verg 66/08, VergabeR 2009, 956, 961; Beschl. v. 28.9.2006 – Verg 49/06, BeckRS 2007, 2781; OLG München Beschl. v. 21.5.2010 – Verg 02/10, ZfBR 2010, 606, 619; OLG Naumburg Beschl. v. 29.1. 2009 – 1 Verg 10/08, VergabeR 2009, 642, 645; VK Südbayern Beschl. v. 10.2.2014 – Z3-3-3194-1-42 11/13, juris Rn. 71.
[15] Vgl. OLG Brandenburg Beschl. v. 13.9.2005 – Verg W9/05, NZBau 2006, 126, 128.
[16] Eine (möglicherweise weitgehende) Einschränkbarkeit der Kalkulationsfreiheit der Bieter durch die „Bestimmungsfreiheit des Auftraggebers hinsichtlich der Regularien des Vergabeverfahrens" schien sich jüngst durch OLG Düsseldorf Beschl. v. 14.11.2012 – VII-Verg 42/12, BeckRS 2013, 2327, anzudeuten; dem ist die Rechtsprechung im Anschluss aber überwiegend nicht gefolgt; vgl. OLG München Beschl. v. 25.9. 2014 – Verg 10/14, BeckRS 2014, 18451; OLG Karlsruhe Beschl. v. 6.8.2014 – 15 Verg 7/14, ZfBR 2014, 809. Zum Ganzen eingehend *Gushchina* KommJur 2015, 161.
[17] OLG Bremen Beschl. v. 9.10.2012 – Verg 1/12; OLG Düsseldorf Beschl. v. 22.12.2010 – Verg 40/10, ZfBR 2011, 388, 390; Beschl. v. 19.12.2000 – Verg 28/00, VergabeR 2001, 128, 128; BayObLG Beschl. v. 3.7.2002 – Verg 13/02, NZBau 2003, 105, 107; OLG Koblenz Beschl. v. 26.10.2005 – 1 Verg 4/05, VergabeR 2006, 392, 401 f.; OLG Naumburg Beschl. v. 2.4.2009 – 1 Verg 10/08,VergabeR 2009, 642, 645; KG Beschl. v. 23.6.2011 – 2 Verg 7/10, BeckRS 2012, 15851; LSG Nordrhein-Westfalen Beschl.

rakter abgelehnt. Nur in Ausnahmefällen[18], so bei Marktverdrängung(sabsicht) oder negativer Vertragserfüllungsprognose, sollte Drittschutz vermittelt werden.[19] Dass der Schutz des Auftraggebers vor nicht ordnungsgemäßer Vertragserfüllung weiterhin der primäre Schutzzweck bleibt, hat der BGH klargestellt, zugleich aber auch auf den Schutz des Wettbewerbs durch die Preisaufklärung hingewiesen.[20]

10 Demgegenüber ging der EuGH davon aus, dass zumindest die Aufklärungspflicht des öffentlichen Auftraggebers in solchen Fällen eine Willkür des öffentlichen Auftraggebers verhindern und einen gesunden Wettbewerb zwischen den Unternehmen gewährleisten soll.[21] Diese Argumentation war geeignet, jedenfalls ein subjektives Recht der Mitbewerber auf Einhaltung der Preisaufklärungspflicht zu begründen.[22]

11 Diesen nach vorheriger Rechtsprechung nur eingeschränkt gewährleisteten Drittschutz dehnte der BGH in einer grundlegenden Entscheidung auf einen idR umfassenden Drittschutz der Regelungen in § 60 VgV sowie den parallelen Vorschriften aus, und zwar sowohl im Hinblick auf die Pflicht des öffentlichen Auftraggebers zur Prüfung unangemessen niedriger Preis als auch im Hinblick auf die Durchführung und das Ergebnis der Preisprüfung einschließlich der Entscheidung über einen möglichen Angebotsausschluss.[23] Es bedarf somit von einem unterlegenen Bieter keiner weitergehenden Darlegung einer Marktverdrängung(sabsicht) oder negativen Vertragserfüllungsprognose, um eine Rechtsverletzung geltend zu machen. Es überspanne die Anforderung an den Zugang zum vergaberechtlichen Nachprüfungsverfahren, vom Antragssteller hierzu substanziierten Vortrag zu verlangen, da er in aller Regel keinen Einblick in die maßgeblichen Umstände und Vorgänge bei einem Konkurrenzunternehmen habe.[24]

12 Aber auch der Bestbieter, dessen Angebotspreis besonders niedrig ist, kann aus den Regelungen über die Preisprüfung ein subjektiv-öffentliches Recht ableiten (und ggf. im Nachprüfungsverfahren geltend machen), das ihn vor Rechtsverletzungen des Auftraggebers im Hinblick auf die Preisprüfung und die Entscheidung über einen Angebotsausschluss schützt.[25] Gleichwohl bleibt es aber dabei, dass es nicht Sinn und Zweck der Regelungen über die Preisprüfung ist, den Bietern auskömmliche Preise zu garantieren und den einzelnen Bieter vor sich selbst zu schützen.[26] Folglich ist es einem Bieter verwehrt, wegen Unauskömmlichkeit des eigenen Angebots den Ausschluss desselben zu verlangen, denn das Risiko einer Fehlkalkulation trägt grundsätzlich der Bieter.[27]

---

v. 10.3.2010 – L 21 SF 41/10 Verg, BeckRS 2010, 69537; VK Baden-Württemberg Beschl. v. 26.3.2010 – 1 VK 11/10, BeckRS 2010, 24477 Rn. 55.

18 OLG Düsseldorf Beschl. v. 19.12.2000 – Verg 28/00; VergabeR 2001, 128, 128; VK Rheinland-Pfalz Beschl. v. 23.5.2012 – VK 2-11/12, juris, Rn. 65.

19 OLG Düsseldorf Beschl. v. 9.5.2011 – Verg 45/11, VergabeR 2011, 884, 885; Beschl. v. 28.9.2006 – Verg 49/06, BeckRS 2007, 2781 Rn. 17; OLG Düsseldorf Beschl. v. 17.6.2002 – Verg 18/02, NZBau 2002, 626, 627 f.; ausdrücklich gegen letztgenannte Ausnahme VK Schleswig-Holstein Beschl. v. 13.7.2015 – VK-SH 06/15, juris Rn. 65.

20 BGH Beschl. v. 31.1.2017 – X ZB 10/16, ZfBR 2017, 492, 494.

21 EuGH Urt. v. 29.3.2012 – C-599/10, NZBau 2012, 376 Rn. 29 – SAG ELV Slovensko ua; OLG Düsseldorf Beschl. v. 2.8.2017 – VII-Verg 17/17, NZBau 2018, 169, 171.

22 So *Weihrauch* IBR 2012, 278; ein subjektives Recht aufgrund dieser Entscheidung bejahend KMPP/*Dicks* VOL/A, 3. Aufl. 2014, § 19 VOL/A-EG Rn. 246; offengelassen von OLG Düsseldorf Beschl. v. 31.10.2012 – Verg 17/12, NZBau 2013, 333, 336; zweifelnd VK Westfalen Beschl. v. 22.4.2015 – VK 1-10/15, juris Rn. 50 ff. sowie VK Südbayern Beschl. v. 14.8.2015 – Z3-3-3194-1-34-05/15, juris Rn. 80 ff. mit Verweis auf die dem Urteil zugrundeliegende Fallkonstellation, aus der sich nicht unmittelbar Rückschlüsse für einen Konkurrentenschutz ziehen ließen.

23 BGH Beschl. v. 31.1.2017 – X ZB 10/16, ZfBR 2017, 492, 493; Beck VergabeR/*Lausen* § 60 VgV Rn. 19; ausführlich hierzu *Feldmann* VergabeR 2019, 730 ff.

24 BGH Beschl. v. 31.1.2017 – X ZB 10/16, ZfBR 2017, 492, 493.

25 BGH Beschl. v. 31.1.2017 – X ZB 10/16, ZfBR 2017, 492, 494; Heiermann/Zeiss/Summa/*Wagner* juris-PK-VergabeR, § 60 VgV Rn. 6.1.

26 BGH Beschl. v. 31.8.1994 – 2 StR 256/94, NJW 1995, 737; OLG Düsseldorf Beschl. v. 19.12.2000 – Verg 28/00; VergabeR 2001, 128; Beck VergabeR/*Lausen* § 60 VgV Rn. 18.

27 So bereits BGH Urt. v. 4.10.1979 – VII ZR 11/79, NJW 1980, 180; ähnlich OLG Brandenburg NZBau 2016, 217, 219 f.; *Lausen* NZBau 2018, 585.

Im Ergebnis bleibt also festzuhalten, dass die vergaberechtlichen Vorschriften über die Preisaufklärung und die Behandlung von Unterkostenangeboten Drittschutz für die Teilnehmer am Vergabeverfahren vermitteln. Dadurch wird unterlegenen Bietern ermöglicht, sich gegen die geplante Zuschlagserteilung auf das Angebot eines Konkurrenten zur Wehr zu setzen und zulässigerweise ein Nachprüfungsverfahren gemäß §§ 160 Abs. 2 S. 1, 97 Abs. 6 GWB einzuleiten, wenn sie Anhaltspunkte für ein Unterkostenangebot bzw. einen unangemessen niedrigen Angebotspreis geltend machen können. Alleine die bloße (ins Blaue hinein erhobene) Behauptung, ein günstigerer Preis als der eigene müsse unauskömmlich sein, wird dafür aber auch in Zukunft nicht ausreichen. 13

C. Inhalt und Ablauf der Preisprüfung

I. Unterkostenangebot

Die Preisprüfung im Falle ungewöhnlich niedriger Angebote ist, wie dargelegt[28], in mehreren Prüfschritten durchzuführen. Dabei hat der Auftraggeber zwei wesentliche Prüfungsaufgaben: Zum einen muss er ungewöhnlich niedrige Angebote identifizieren, um von den betroffenen Bietern Aufklärung zu verlangen. Zum anderen muss er auf Grundlage dieser Aufklärung feststellen, ob der Preis unangemessen bzw. ungewöhnlich niedrig ist und darüber entscheiden, ob das Angebot aus diesem Grund auszuschließen ist. 14

1. Vorprüfung: Ermittlung zweifelhafter Angebote

In einem ersten Schritt ist zu ermitteln, ob überhaupt Anlass zu einer vertieften Überprüfung der Angemessenheit des Preises besteht. § 60 Abs. 1 VgV und die entsprechenden Parallelvorschriften statuieren eine Preisaufklärungspflicht (nur) für den Fall, dass ein Angebot im Verhältnis zu der zu erbringenden Leistung unangemessen bzw. ungewöhnlich niedrig erscheint. Die genannten Normen wie auch das europäische Vorbild des Art. 69 RL 2014/24/EU enthalten weder eine Definition des ungewöhnlich bzw. unangemessen niedrig erscheinenden Preises noch eine konkrete Berechnungsmethode.[29] 15

a) Beurteilungsspielraum. Aus dem Wortlaut der Vorschriften („erscheint") ergibt sich, dass dem Auftraggeber ein gewisser Beurteilungsspielraum in der Frage zukommt, ab welcher Preisabweichung er ein Angebot als ungewöhnlich niedrig qualifiziert und deshalb eine Pflicht zur Aufklärung besteht.[30] Logische Konsequenz eines Beurteilungsspielraums ist eine nur beschränkt mögliche Überprüfung dieser Beurteilung durch die Nachprüfungsinstanzen im Rahmen eines Nachprüfungsverfahrens.[31] 16

b) Prüfungsgegenstand: Gesamtpreis. Bei der Vorprüfung, ob ein Angebot im Verhältnis zur Leistung unangemessen bzw. ungewöhnlich hoch oder niedrig ist, ist stets der **Gesamtpreis** maßgebend.[32] Die einschlägigen Regelungen stellen auf das „Angebot" als sol- 17

---

[28] Vgl. → Rn. 4.

[29] Vgl. EuGH Urt. v. 27.11.2001 – C-285/99 und C-286/99, NZBau 2002, 101 Rn. 67 – Lombardini und Mantovani noch zu Art. 30 Abs. 4 Richtlinie 93/37/EWG des Rates v. 14.6.1993 („*Scheinen bei einem Auftrag Angebote im Verhältnis zur Leistung ungewöhnlich niedrig* …").

[30] Müller-Wrede/*Horn* § 60 VgV Rn. 20; KKMPP/*Dicks* § 60 VgV Rn. 9 („Entscheidungsspielraum"); ebenso zur früheren Rechtslage OLG Celle Beschl. v. 17.11.2011 – 13 Verg 6/11, BeckRS 2011, 26616 Rn. 30; VK Sachsen Beschl. v. 26.5.2015 – 1/SVK/015-15, BeckRS 2015, 16422 Rn. 39; aA Dieckmann/Scharf/Wagner-Cardenal/*Ackermann* § 60 VgV Rn. 8. S. hierzu sogleich auch noch näher → Rn. 26.

[31] OLG Düsseldorf Beschl. v. 20.12.2017 – VII-Verg 8/17, NZBau 2018, 373; Müller-Wrede/*Horn* § 60 VgV Rn. 20; Ziekow/Völlink/*Steck* § 60 VgV Rn. 4.

[32] OLG Karlsruhe Beschl. v. 7.5.2014 – 15 Verg 4/13, BeckRS 2015, 08088 Rn. 44; OLG München Beschl. v. 6.12.2012 – Verg 29/12, BeckRS 2012, 26033 Rn. 29; Dieckmann/Scharf/Wagner-Cardenal/

ches ab.[33] Das bedeutet, dass im Rahmen der Vorprüfung, bei der sich entscheidet, ob ein Angebot überhaupt im Hinblick auf die Auskömmlichkeit auffällig ist und einer näheren Überprüfung unterzogen werden muss, nicht die Einzelpreise bzw. die Einzelpositionen maßgeblich sind, sondern der Angebotsendpreis. Das bedeutet allerdings nicht, dass die Einzelpreise auf dieser Wertungsstufe völlig unberücksichtigt blieben. Sie sind jedoch erst dann näher zu überprüfen, wenn feststeht, dass der Gesamtangebotspreis ungewöhnlich bzw. unangemessen niedrig erscheint, § 60 Abs. 2 S. 2 VgV.

18 Strikt von der Preis- bzw. Auskömmlichkeitsprüfung zu unterscheiden sind die rechnerische Prüfung von Angebotspreisen und ein Ausschluss eines Angebots auf der ersten Wertungsstufe aufgrund unvollständiger oder unrichtiger Preisangaben einzelner Preisposten.[34] Insofern sind jeweils auch die einzelnen Leistungspositionen maßgeblich.

19 **c) Aufgreifkriterien.** Ob ein Angebot ungewöhnlich bzw. unangemessen niedrig erscheint, kann nur in Relation zu einer bestimmten Vergleichsgröße, sogenannter Aufgreifkriterien, entschieden werden. Am aussagekräftigsten ist ein Vergleich mit dem üblichen **Marktpreis**[35]. Dieser steht jedoch nicht abstrakt fest, sondern ergibt sich regelmäßig gerade durch eine aktuelle Nachfrage und aktuelle Angebote.[36] Die Durchführung einer detaillierten Marktanalyse zur Bestimmung des Marktpreises kann dem Auftraggeber im Rahmen der Vorprüfung nicht zugemutet werden.[37] Daher kommen als Vergleichsmaßstäbe vor allen Dingen die eigenen Kostenermittlungen bzw. die Kostenschätzung des Auftraggebers (sog. Haushaltsansatz)[38] – soweit diese vertretbar und belastbar sind[39] – und die Preise der eingegangenen Konkurrenzangebote[40] in Betracht.[41] Denkbar ist es aber auch, auf Angebote aus früheren oder auch nachfolgenden vergleichbaren Vergabeverfahren, sonst erfahrungsgemäß verlangte Preise[42] oder auf Grobkalkulationen beratender Ingenieurbüros[43] abzustellen. Entscheidend ist, dass ausschließlich auf objektive Kriterien zurückgegriffen werden kann.[44] In der Praxis werden in der Regel mehrere Kriterien kombiniert.

Ackermann § 60 VgV Rn. 9; *Gabriel* VergabeR 2013, 300, 301; *v. Bechtolsheim/Fichtner* VergabeR 2005, 574, 577.

[33] Müller-Wrede/*Horn* § 60 VgV Rn. 16; Willenbruch/Wieddekind/*Stolz* § 19 VOL/A-EG Rn. 83. § 25 Abs. 2 S. 2 Nr. 2 VOL/A aF bezog sich hingegen noch auf „Einzelposten".

[34] Vgl. BGH Beschl. v. 18.5.2004 – X ZB 7/04, BGHZ 159, 186, 194; Willenbruch/Wieddekind/*Stolz* § 19 VOL/A-EG Rn. 84.

[35] Vgl. zum Marktpreis OLG München Beschl. v. 2.6.2006 – Verg 12/06, ZfBR 2006, 600, 604.

[36] VK Hessen Beschl. v. 30.5.2005 – 69d VK 16/2005, juris Rn. 63; VK Niedersachsen Beschl. v. 19.11. 2010 – VgK-55/2010, BeckRS 2011, 00139.

[37] OLG München Beschl. v. 7.3.2013, Verg 36/12, BeckRS 2013, 05399, unter A. II.; *v. Bechtolsheim/Fichtner* VergabeR 2005, 574, 578.

[38] Vgl. OLG Celle Beschl. v. 30.9.2010 – 13 Verg 10/10, NZBau 2011, 189, 190; VK Schleswig-Holstein Beschl. v. 15.12.2014 – VK-SH 23/14, juris Rn. 99; VK Südbayern Beschl. v. 31.5.2011 – Z3-3-3194-1-11-03/11, ZfBR 2012, 397, 400; VK Sachsen Beschl. v. 9.2.2008 – 1/SVK/071-08, juris Rn. 121.

[39] Zu den insoweit geltenden Anforderungen OLG München Beschl. v. 7.3.2013 – Verg 36/12, BeckRS 2013, 05399, unter A. II.

[40] OLG München Beschl. v. 21.5.2010 – Verg 02/10, ZfBR 2010, 606, 619.

[41] Auf die Risiken und Unzuverlässigkeit dieser Methoden weist *Csaki* NZBau 2013, 342, 343, zu Recht hin.

[42] BGH Beschl. v. 31.1.2017 – X ZB 10/16, ZfBR 2017, 492, 493; OLG München Beschl. v. 21.5.2010 – Verg 2/10, VergabeR 2010, 992, 1008; OLG Karlsruhe Beschl. v. 27.7.2009 – 15 Verg 3/09, ZfBR 2010, 196, 200; vgl. VK Niedersachsen Beschl. v. 19.11.2010 – VgK-55/2010, BeckRS 2011, 00139; aA OLG Koblenz Beschl. v. 23.12.2003 – 1 Verg 8/03, ZfBR 2004, 488, 489; VK Sachsen Beschl. v. 26.7.2001 – 1/SVK/73-01, ZfBR 2002, 91, 93. Zweifel äußert *Hartung* VergabeR 2010, 104, 105.

[43] OLG Karlsruhe Beschl. v. 27.9.2013 – 15 Verg 3/13, NZBau 2014, 189, 190f. Rn. 33; OLG Karlsruhe Beschl. v. 27.7.2009 – 15 Verg 3/09, ZfBR 2010, 196, 198; OLG Koblenz Beschl. v. 23.12.2003 – 1 Verg 8/03, ZfBR 488, 489.

[44] OLG München Beschl. v. 7.3.2013 – Verg 36/12, BeckRS 2013, 05399, unter A. II.

aa) Eigene Kostenermittlung. Die eigene Kostenermittlung des Auftraggebers ist nur dann eine zuverlässige Vergleichsgröße, wenn sie aktuell, zutreffend und präzise genug ist.[45] Enthält die Kostenberechnung des Auftraggebers beispielsweise gar nicht sämtliche Leistungen, die letztlich ausgeschrieben wurden, so ist sie als Vergleichsmaßstab offensichtlich nicht aussagekräftig und somit ungeeignet.[46] Bei bloßen Schätzungen des Auftragsvolumens ist zu berücksichtigen, dass diese in der Regel erforderlich sind, um die notwendigen Mittel im Haushalt einplanen zu können. Hierbei wird häufig auf bisherige Erfahrungswerte zurückgegriffen und ein Sicherheitszuschlag einkalkuliert, sodass die Schätzung oftmals nicht dem Marktpreis entspricht.[47] Dieser ergibt sich nämlich erst aus einer aktuellen Nachfrage auf dem Markt, wobei je nach Ausschreibungsgegenstand und Ausschreibungszeitpunkt zahlreiche individuelle Faktoren mit einfließen.[48] Insofern ist jedem Auftraggeber eine selbstkritische Überprüfung der eigenen Kostenermittlung anzuraten, soll sie als Vergleichsmaßstab für die Vorprüfung herangezogen werden.[49] Von besonderer Bedeutung ist der Vergleich mit der eigenen Kostenermittlung insbesondere dann, wenn das zweitgünstigste Angebot selbst unangemessen niedrig oder umgekehrt bereits überteuert ist.[50] Liegt das zweitgünstigste Angebot deutlich über der eigenen Kostenermittlung, kann dies ein Indiz für eine unzulässige Preisabsprache[51] oder zumindest dafür sein, dass das Problem nicht in einer Unauskömmlichkeit des erstplatzierten sondern eher in einer überhöhten Kalkulation des nächstplatzierten Bieters liegt.[52] Der Umstand, dass die (nach obigen Kriterien belastbare) Kostenkalkulation des Auftraggebers unter allen Angeboten liegt, spricht grundsätzlich gegen die Annahme unangemessen niedriger Preise.[53] 20

bb) Konkurrenzangebote. Die Preise der Konkurrenzangebote sind in der Praxis das wichtigste Aufgreifkriterium. Am gängigsten ist zunächst ein Vergleich mit dem nächstgünstigsten Angebot. Teilweise wird als Aufgreifkriterium auch der Mittelwert verschiedener Angebote, die relativ eng beieinander liegen (sog. Angebotsgruppe), oder aber der Durchschnittspreis aller Angebote herangezogen.[54] 21

Die Rechtsprechung ist – zumindest auf den ersten Blick – uneinheitlich in der Frage, ob Konkurrenzangebote, die auf einer vorherigen Wertungsstufe bereits ausgeschlossen werden mussten, beim Preisvergleich zu berücksichtigen sind.[55] Besonders relevant ist diese Frage in der Vergabepraxis, wenn dem Auftraggeber allein ausgeschlossene Angebote als Vergleichsmaßstab zur Verfügung stehen. 22

Nach Auffassung des **OLG Koblenz** können bereits ausgeschlossene Angebote nicht mehr „mittelbar wertend zur Prüfung der Wirtschaftlichkeit" der übrigen Angebote herangezogen werden.[56] Dem liegt die Annahme zugrunde, dass sich der Ausschlussgrund inzident auf den Preis auswirken müsse. Richtigerweise ist die Aussage des Urteils dahingehend zu beschränken, dass ausgeschlossene Angebote nur dann nicht bei der Wertung der 23

---

[45] Vgl. zu einem unzulässigen Rückgriff auf die eigenen Kostenberechnungen OLG München Beschl. v. 31.10.2012 – Verg 19/12, BeckRS 2012, 22638; vgl. OLG Düsseldorf Beschl. v. 12.10.2005 – Verg 37/05, BeckRS 2006, 38; VK Bund Beschl. v. 19.9.2014, VK 1-70/14, juris, Rn. 69.

[46] Vgl. VK Schleswig-Holstein Beschl. v. 6.4.2011 – VK-SH 05/11, BeckRS 2014, 53859 Rn. 54; OLG Düsseldorf Beschl. v. 12.10.2005 – Verg 37/05, BeckRS 2006, 38.

[47] VK Hessen Beschl. v. 30.5.2005 – 69d VK 16/2005, juris Rn. 63.

[48] VK Hessen Beschl. v. 30.5.2005 – 69d VK 16/2005, juris Rn. 63f.

[49] VK Thüringen Beschl. v. 12.4.2001 – 216-4003. 20-024/01 – EF – S; VK Sachsen Beschl. v. 9.2.2008 – 1/SVK/071-08, juris Rn. 122 diff. insbes. zw. Kostenschätzungen (vgl. § 3 VgV) und Kostenberechnungen.

[50] Vgl. *v. Bechtolsheim/Fichtner* VergabeR 2005, 574, 578.

[51] Vgl. *v. Bechtolsheim/Fichtner* VergabeR 2005, 574, 578.

[52] OLG Bremen Beschl. v. 9.10.2012 – Verg 1/12.

[53] OLG Brandenburg Beschl. v. 6.11.2007 – Verg W 12/07, VergabeR 2008, 676, 678.

[54] VK Thüringen Beschl. v. 12.4.2001 – 216-4003. 20-024/01 – EF – S.

[55] Vgl. VK Hessen Beschl. v. 28.2.2006 – 69d VK 02/2006.

[56] OLG Koblenz Beschl. v. 23.12.2003 – 1 Verg 8/03, VergabeR 2004, 244, 246 zu einem unangemessen hohen Preis.

übrigen Angebote berücksichtigt werden dürfen, wenn der Ausschlussgrund tatsächlich kalkulationserheblich ist. Im konkreten Fall ging das OLG – insoweit zumindest vertretbar[57] – von der Kalkulationserheblichkeit der Nachunternehmererklärungen aus.

24 Das **OLG München** lehnt ausdrücklich eine streng formale Berücksichtigung eines Ausschlusses ab und sieht in Angeboten, die aufgrund eines Verstoßes gegen Formvorschriften oder aufgrund des Fehlens für das Gesamtvorhaben belangloser Angaben ausgeschlossen wurden, einen zulässigen Vergleichsmaßstab.[58] Nur vereinzelt wird die Richtigkeit dieser Auffassung mit dem Argument angezweifelt, dass hinter einem formalen Ausschlussgrund insbesondere auch Kalkulationsirrtümer stehen könnten.[59]

25 Nach zutreffender Ansicht ist im Einzelfall zu prüfen, ob der Ausschluss auf kalkulationserheblichen Gründen beruht.[60] Ist dies der Fall, so sind die ausgeschlossenen Angebote kein zulässiger Vergleichsmaßstab. Auch bei Angeboten, die aufgrund fehlender Eignung ausgeschlossen wurden, ist im Einzelfall genau zu prüfen, ob Mängel in Bezug auf Fachkunde, Leistungsfähigkeit oder Zuverlässigkeit sich auf den Preis ausgewirkt haben (können).[61] Ist eine Preisrelevanz des Ausschlussgrundes zu verneinen, steht einer Berücksichtigung des Angebots beim Preisvergleich nichts entgegen.

26 **d) Aufgreifschwelle.** Ab welcher Aufgreifschwelle, dh ab welchem prozentualen Abstand zu obigen Aufgreifkriterien, insbesondere zum nächsthöheren Angebot, der Auftraggeber zur Durchführung einer Preisaufklärung und einer tiefergehenden Prüfung verpflichtet ist, ist eine Frage des Einzelfalls – je nach Auftragsgegenstand und Marktsituation.[62] So liegt beispielsweise auf volatilen Märkten die Aufgreifschwelle deutlich höher als auf gefestigten Märkten ohne große Preisschwankungen.[63]

27 Bezugspunkt für die prozentuale Abweichung ist immer das nächsthöhere Angebot (= 100%). Mehrheitlich gehen die Nachprüfungsinstanzen von einer einheitlichen Aufgreifschwelle von 20% sowohl für den Liefer- und Dienstleistungsbereich als auch für die Vergabe von Bauleistungen aus.[64] Teilweise soll im Anwendungsbereich der VOB wegen engerer Marktverhältnisse eine Aufgreifschwelle von nur 10% gelten.[65] Insbesondere das

[57] Der Grad der Untervergabe an Nachunternehmer kann im Einzelfall durchaus kalkulationserheblich sein.

[58] OLG München Beschl. v. 2.6.2006 – Verg 12/06, ZfBR 2006, 600, 604.

[59] Mit etwas konstruiert anmutenden Beispielen *Noch* VergabeR 2006, 808, 809f.

[60] OLG Karlsruhe Beschl. v. 6.8.2014 – 15 Verg 7/14, ZfBR 2014, 809, 810; VK Schleswig-Holstein Beschl. v. 15.12.2014 – VK-SH 23/14, juris, Rn. 101; VK Nordbayern Beschl. v. 27.6.2008 – 21 VK 3194-23/08, BeckRS 2008, 46580 Rn. 86; KKMPP/*Dicks* § 60 VgV Rn. 7; *Gabriel* VergabeR 2013, 300, 302; Müller-Wrede/*Horn* § 60 VgV Rn. 18; Willenbruch/Wieddekind/*Stolz* § 19 VOL/A-EG Rn. 86; aA VK Bund Beschl. v. 20.4.2005 – VK 1-23/05, juris Rn. 82 mit Verweis auf OLG Koblenz Beschl. v. 23.12.2003 – 1 Verg 8/03.

[61] KKMPP/*Dicks* § 60 VgV Rn. 7.

[62] OLG Celle Beschl. v. 18.12.2003 – 13 Verg 22/03, VergabeR 2004, 397, 405; VK Lüneburg Beschl. v. 8.7.2011 – VgK-23/2011, BeckRS 2011, 24298, unter II. 3. c); Müller-Wrede/*Horn* § 60 VgV Rn. 19.

[63] Müller-Wrede/*Horn* § 60 VgV Rn. 2019; ähnlich *Gabriel* VergabeR 2013, 300, 301; *Csaki* NZBau 2013, 342, 343.

[64] OLG Rostock Beschl. v. 6.2.2019. 17 Verg 6/18, BeckRS 2019, 28978 Rn. 32; OLG Düsseldorf Beschl. v. 20.12.2017 – VII-Verg 8/17, NZBau 2018, 373, 376f.; OLG Düsseldorf Beschl. v. 2.8.2017 – VII-Verg 17/17, NZBau 2019, 169, 171; OLG Karlsruhe Beschl. v. 6.8.2014 – 15 Verg 7/14, ZfBR 2014, 809, 810; OLG Düsseldorf Beschl. v. 25.4.2012 – Verg 61/11, ZfBR 2012, 613, 615; OLG Düsseldorf Beschl. v. 23.1.2008 – Verg 36/07, BeckRS 2008, 13109 Rn. 59; Beschl. v. 23.3.2005 – Verg 77/04, BeckRS 2005, 4430 Rn. 69; OLG Celle Beschl. v. 17.11.2011 – 13 Verg 6/11, BeckRS 2011, 26616 II. 1); OLG Frankfurt a.M. Beschl. v. 30.3.2004 – 11 Verg 4/04, 11 Verg 5/04, juris Rn. 49; VK Bund Beschl. v. 29.7.2019 – VK 1-47/19, juris Rn. 39; VK Sachsen Beschl. v. 26.5.2015 – 1/SVK/015-15, BeckRS 2015, 16422 Rn. 36; VK Münster Beschl. v. 19.10.2011 – VK 15/11, juris Rn. 91; dem OLG Jena Beschl. v. 22. 12.1999-6 Verg 3/99, NZBau 2000, 349, 352 genügt eine Abweichung von 20% noch nicht; zur VOB VK Baden-Württemberg Beschl. v. 26.1.2010 – 1 VK 71/09, juris Rn. 89; KKMPP/*Dicks* § 60 VgV Rn. 9.

[65] Nach OLG Dresden Beschl. v. 28.3.2006 – WVerg 4/06, VergabeR 2006, 793, 798 besteht jedenfalls bei einem Preisabstand von weniger als 10% keine Pflicht zur Preisaufklärung; VK Südbayern Beschl. v. 31.5. 2011 – Z3-3-3194-1-11-03/11, ZfBR 2012, 397, 400; VK Nordbayern Beschl. v. 15.1.2004 – 320.VK-

Vergabe- und Vertragshandbuch für die Baumaßnahmen des Bundes[66] schreibt als Aufgreifschwelle einen Abstand ab 10% vor. Vereinzelt lässt die Rechtsprechung selbst bei der Vergabe von Liefer- und Dienstleistungen eine Abweichung von 10% genügen.[67]

Die VK Thüringen geht sogar davon aus, dass auch Preisdifferenzen unterhalb von 10% Anlass zu Zweifeln an der Angemessenheit des Preises geben können, wenn im Einzelfall wesentliche Kostenbestandteile von der Vergabestelle zwingend vorgegeben werden und diese einen großen Anteil der gesamten Kosten ausmachen.[68] Dem mag im Einzelfall ausnahmsweise zuzustimmen sein; gleichwohl ist es vergaberechtlich mit Blick auf den erheblichen Prüfungsaufwand innerhalb der Zuschlagsfrist nicht zu beanstanden, wenn Auftraggeber bei der Vergabe von Liefer- oder Dienstleistungen grundsätzlich von einer Aufgreifschwelle von 20% ausgehen und nur bei besonders engen Marktverhältnissen bereits eine geringere Aufgreifschwelle zum Anlass nehmen, in die detaillierte Preisprüfung einzusteigen. Bei der Vergabe von Bauleistungen sind Auftraggeber hingegen gut beraten, grundsätzlich eine Aufgreifschwelle von 10% genügen zu lassen, es sei denn es liegen Marktstrukturen vor, die Abstände von mehr als 10% rechtfertigen. 28

In einigen Bundesländern sind jedoch gesetzliche Regelungen zu beachten, die explizit eine Aufgreifschwelle von 10% sowie zT die besondere Prüfung der Tariftreue in diesem Zusammenhang vorschreiben, sodass insofern der Beurteilungsspielraum eingeschränkt ist.[69] Auch auf europäischer Ebene wurde überlegt, eine konkrete Aufgreifschwelle vorzugeben. So sah der Richtlinienentwurf der Europäischen Kommission für eine Neuregelung des europäischen Vergaberechts[70] in Art. 69 Abs. 1 eine Preisaufklärung zwingend vor, wenn der Angebotspreis mehr als 20% unter dem Preis oder den Kosten des zweitniedrigsten Angebots und mehr als 50% unter dem Durchschnitt der übrigen Angebote liegt und wenn mindestens fünf Angebote eingereicht wurden. Eine solche Regelung wäre im Sinne zusätzlicher Rechtssicherheit grundsätzlich zu begrüßen.[71] Es ist aber zweifelhaft, ob durch solch starre Kriterien alle relevanten Fälle erfasst würden. Als abschließende Regelung für alle Fallkonstellationen dürften sich derart pauschale Vorgaben wohl nicht eignen; dann allerdings ist auch kaum eine Mehr an Rechtssicherheit zu erzielen, weshalb im Ergebnis nicht beklagt werden muss, dass dieser Vorschlag letztlich keinen Ein- 29

3194-46/03, BeckRS 2014, 53862, unter Begründung, 2.; VK Sachsen Beschl. v. 12.4.2002 – 1/SVK/024-02; VK Sachsen Beschl. v. 26.7.2001 – 1/SVK/73-01, ZfBR 2002, 91, 93.

[66] Ausgabe 2017; Stand März 2020; abrufbar unter: http://www.bmvbs.de, S. 227. Das VHB – Bund entfaltet jedoch keine verbindliche Außenwirkung gegenüber Dritten, vgl. VK Niedersachsen Beschl. v. 29.10.2014 – VgK-39/2014, juris Rn. 54.

[67] OLG Brandenburg Beschl. v. 22.3.2011 – Verg W 18/10, BeckRS 2011, 6542 II. 2. a) unter Hinweis auf die verbreitete Auffassung von 20%; (nur) in einem obiter dictum OLG München Beschl. v. 2.6.2006 – Verg 12/06, ZfBR 2006, 600, 604 (das betroffene Angebot lag *„weit jenseits der Spanne von 10%“*); vgl. auch VK Thüringen Beschl. v. 30.1.2006 – 360-4003.20-055/05-EF-S; Ziekow/Völlink/*Steck* VgV § 60 Rn. 4; *Noch* VergabeR 2006, 808, 808f.

[68] Vgl. VK Thüringen Beschl. v. 30.1.2006, 360-4003.20-055/05-EF-S, S. 18/30; ähnlich OLG Düsseldorf Beschl. v. 14.11.2012 – VII-Verg 42/12, ZfBR 2013, 510, dazu bereits unter A. Rn. 6.

[69] ZB sieht § 14 Abs. 2 S. 1 Tariftreue- und Vergabegesetz Bremen eine Überprüfungspflicht im Falle der Abweichung der Lohnkalkulation um mehr als 10% vor. § 5 S. 1 HS 2 Landesvergabegesetz Niedersachsen sieht eine Überprüfungspflicht bei einer Abweichung von mindestens 10% vor, gilt jedoch gem. § 1 nur für öffentliche Bauaufträge. Siehe ferner § 6 S. 1 Hamburgisches Vergabegesetz, § 3 S. 2 Berliner Ausschreibungs- und Vergabegesetz, § 14 Abs. 2 S. 1 Landesvergabegesetz Sachsen-Anhalt und § 14 Abs. 2 S. 1 Thüringer Vergabegesetz, die jeweils eine Prüfpflicht bei einer Abweichung von 10% vorsehen. Zur Auskömmlichkeitsprüfung im Anwendungsbereich des TVgG-NW vgl. VK Münster Beschl. v. 1.10.2013, VK 12/13; VK Düsseldorf Beschl. v. 9.1.2013 – VK 29/2012, ZfBR 2013, 301; *Csaki* NZBau 2013, 342, 346.

[70] Europäische *Kommission,* Vorschlag für Richtlinie des Europäischen Parlaments und des Rates über die öffentliche Auftragsvergabe, KOM(2011) 896/2.

[71] So die Stellungnahme der Bundesrechtsanwaltskammer vom 16.11.2012 zum Richtlinienvorschlag unter Nr. 18, juris.

gang in den am 15.1.2014 vom Europäischen Parlament verabschiedeten Richtlinientext fand.[72]

30 Insbesondere in der Literatur wird teilweise die Auffassung vertreten, dass ein Anlass zur weiteren Prüfung auch dann bestehe, wenn ein auffälliger Abstand zwar nicht zwischen dem günstigsten und dem zweitgünstigsten, dafür aber zwischen zwei schlechter platzierten Angeboten besteht.[73] Dem kann nicht pauschal gefolgt werden. Vielmehr ist in solchen Fällen eine genaue Betrachtung aller Umstände des Einzelfalles erforderlich. Liegen etwa von zehn Angeboten die beiden günstigsten sehr eng beieinander, sind allerdings erheblich günstiger als alle anderen, kann dies ein Aufgreifen beider Angebote rechtfertigen. Besteht dagegen beispielsweise bei insgesamt fünf vorliegenden Angeboten zwischen dem dritt- und viertplatzierten Angebot ein größerer Abstand, wird man alleine daraus kaum Rückschlüsse auf die Angemessenheit der Preise der drei günstigsten Angebote ziehen können.

Auch in seiner grundlegenden Entscheidung zum Drittschutz der Preisprüfung hat der BGH die Frage offen gelassen, ob bei einer Preisdifferenz zwischen dem besten und dem zweitbesten Angebot erst um 20% (oder schon bei 10%) die Aufgreifschwelle für eine Auskömmlichkeitsprüfung zwingend erreicht ist.[74] Ebenfalls noch nicht eindeutig geklärt ist die Frage, ob dem Auftraggeber trotz Erreichens der Aufgreifschwelle aufgrund der Umstände des Einzelfalls eine Einschätzungsprärogative hinsichtlich des Ob einer Preisprüfung zukommen kann. Zunächst machte das OLG Düsseldorf geltend, dass die Aufgreifschwelle eine starre Grenze sei und diese auch in Einzelfällen nicht relativiert werden könne.[75] Abweichend davon gestand dasselbe Gericht in einer späteren Entscheidung dem Auftraggeber in der Frage der Prüfungsaufnahme eine Einschätzungsprärogative bei Erreichen der Aufgreifschwelle zu, sofern ein Verzicht auf eine Überprüfung vertretbar und „insbesondere nicht willkürlich ist und sich im Ergebnis nicht als krasse Fehlentscheidung darstellt".[76] Dem schloss sich das OLG Rostock an.[77] Es darf daher davon ausgegangen werden, dass die Fragen im Zusammenhang mit der Aufgreifschwelle auch in Zukunft die Vergabenachprüfungsinstanzen beschäftigen wird.

31 **e) Grundsätzlich keine Informationspflicht bzgl. Aufgreifkriterien und -schwelle.** Die Vergabestelle kann eine relative Grenze für das Einsetzen der Aufklärungspflicht selbst bereits vor Durchführung der Ausschreibung festlegen.[78] Eine Pflicht hierzu besteht nicht. Eine vorherige Festlegung einer absoluten Preisgrenze auf Grundlage eigener Schätzungen wäre indes vergaberechtlich unzulässig.[79] Schließlich soll gerade die Durchführung eines Vergabeverfahrens einen angemessenen Preis ergeben. Legt der Auftraggeber aber im Vorfeld bereits fest, ab welchem konkreten Preis ein Angebot angemessen ist, so vereitelt er einen ungehinderten Wettbewerb.

32 Legt die Vergabestelle intern bestimmte Aufgreifkriterien und eine bestimmte Aufgreifschwelle fest, besteht grundsätzlich keine Pflicht, die Bieter darüber zu informieren.[80] Da die Aufgreifschwelle in einem ersten Schritt nur eine Prüfungspflicht auslöst, ist sie kein Zuschlagskriterium, das gemäß § 29 Abs. 1 Nr. 2 VgV in die Vergabeunterlagen aufzuneh-

---

[72] Zum ungewissen Schicksal dieser Regelung im Rahmen des Reformprozesses bereits *Summa* NZBau 2012, 729, 736 Fn. 33.

[73] So (uneingeschränkt) *Gabriel* VergabeR 2013, 300, 301.

[74] BGH Beschl. v. 31.1.2017 – X ZB 10/16, ZfBR 2017, 492, 493.

[75] OLG Düsseldorf Beschl. v. 2.8.2017 – VII-Verg 17/17, NZBau 2019, 169, 171.

[76] OLG Düsseldorf Beschl. v. 20.12.2017, VII-Verg 8/17, NZBau 2018, 373, 376f.

[77] OLG Rostock Beschl. v. 6.2.2019. 17 Verg 6/18, BeckRS 2019, 28978, Rn. 32; noch weitergehend *Lausen* NZBau 2018, 586, 589.

[78] VK Bund Beschl. v. 20.4.2005 – VK 1-23/05, juris Rn. 81.

[79] VK Baden-Württemberg Beschl. v. 21.8.2014 – 1 VK 33/14, BeckRS 2016, 40677, unter II.B.1.; VK Hessen Beschl. v. 30.5.2005 – 69d VK 16/2005, juris Rn. 64.

[80] im RahmenBeschl. v. 31.5.2011 – VK 3-56/11, juris Rn. 82ff.

men bzw. gemäß § 3 Abs. 4 Nr. 8 S. 1 EU VOB/A bekannt zu machen ist.[81] Zudem handelt es sich bei einer Aufgreifschwelle in aller Regel nicht um eine bekannt zu machende Mindestanforderung im Rahmen der Eignung; auch aus den Grundsätzen des Wettbewerbs, der Transparenz und der Gleichbehandlung lässt sich grundsätzlich keine Pflicht zur Bekanntmachung ableiten.[82]

f) Ergebnis der Vorprüfung. Ist das Ergebnis der Vorprüfung, dass das Angebot unangemessen bzw. ungewöhnlich niedrig erscheint, so führt dies allein noch nicht zu einem (automatischen) Ausschluss des Angebots. Ein zwingender Ausschluss (alleine) aufgrund mathematischer Kriterien ohne eine vorherige Aufklärung wäre mit dem Wortlaut der nationalen Vorschriften und auch mit den Vorgaben des Europarechts[83] nicht zu vereinbaren. 33

Keine Zustimmung verdient eine Entscheidung der VK Bund, wonach ein beträchtlicher Preisabstand zwischen dem niedrigsten und den nachfolgenden Angeboten nicht ausreiche, um von einem ungewöhnlich niedrig erscheinenden Preis auszugehen; bereits im Rahmen der Vorprüfung seien Anhaltspunkte dafür erforderlich, dass es sich nicht um einen Wettbewerbspreis handelt.[84] Damit überstrapaziert die VK Bund die Anforderungen an ein ungewöhnlich niedrig erscheinendes Angebot innerhalb der Vorprüfung. Ob das betroffene Angebot wettbewerblich begründet ist, ist richtigerweise eine nach erfolgter Preisaufklärung innerhalb der Angemessenheitsprüfung zu klärende Frage.[85] 34

Insbesondere dann, wenn der Auftraggeber in der Vorprüfung zum Ergebnis kommt, dass eine Preisprüfung nicht geboten ist, ist eine nachvollziehbare Dokumentation der diesbezüglich angestellten Überlegungen im Vergabevermerk besonders wichtig. 35

2. Preisaufklärung

Gelangt der Auftraggeber nach Maßgabe der hier dargelegten Kriterien – im Rahmen seines Beurteilungsspielraums – aufgrund der Vorprüfung zu dem Ergebnis, dass ein ungewöhnlich bzw. unangemessen niedriges Angebot vorliegt, trifft ihn eine Preisaufklärungspflicht. Die Preisaufklärung dient der Beschaffung aller für die Prüfung der Auskömmlichkeit und der Angemessenheit und letztlich für die Entscheidung über einen Ausschluss notwendigen Informationen über die Preisbildung. 36

a) Aufklärungspflicht. aa) Europarechtliche Vorgaben: kein Ausschluss ohne vorherige Aufklärung. Art. 55 VKR verlangte nach der Rechtsprechung des EuGH **zwin-** 37

---

[81] VK Bund Beschl. v. 5.10.2012 – VK 3-111/12, juris Rn. 83ff.; Beschl. v. 31.5.2011 – VK 3-56/11, juris Rn. 83.

[82] VK Bund Beschl. v. 31.5.2011 – VK 3-56/11, juris Rn. 83f., auch zu denkbaren Ausnahmefällen. Viel zu weitgehend daher die Anforderungen unter Transparenzgesichtspunkten im Beschluss der VK Bund v. 1.2. 2011 (VK 3-126/10), BeckRS 2011, 55205; diese Entscheidung erlangte zwar Bestandskraft, wurde vom OLG Düsseldorf durch Beschl. v. 9.5.2011 – VII-Verg 45/11, VergabeR 2011, 884, in einem obiter dictum aber für falsch erklärt, so dass eine Fortsetzung dieser Rechtsprechung nicht zu erwarten ist, zumal sie einen nicht verallgemeinerungsfähigen Sonderfall (Staffelrabatte im Rahmen einer Ausschreibung von Arzneimittelrabattverträgen gem. § 130a Abs. 8 SGB V) betraf; s. auch *Gabriel* VergabeR 2013, 300, 307; *Ulshöfer* VergabeR 2011, 886ff.

[83] EuGH Urt. v. 27.11.2001 – C-285/99 und 286/99, NZBau 2002, 101 Rn. 45, 47f., 53 – Lombardini und Mantovani; noch zu Art. 30 Abs. 4 RL 93/37/EWG; nichts anderes gilt jetzt im Hinblick auf Art. 69 RL 2014/24/EU.

[84] VK Bund Beschl. v. 30.6.1999 – VK A 12/99, NZBau 2000, 165, 166 mit Verweis auf VK Bund Beschl. v. 17.12.1997 – 1 VÜ 23/97, IBR 1998, 136, 136.

[85] EuGH Urt. v. 29.3.2012 – C-599/10, NZBau 2012, 376 Rn. 28f. – SAG ELV Slovensko ua; EuGH Urt. v. 27.11.2001 – C-285/99 und C-286/99, NZBau 2002, 101 Rn. 44, 50f., 55f. – Lombardini und Mantovani (noch zu Art. 30 Abs. 4 Richtlinie 93/37/EWG des Rates v. 14.6.1993: Art. 30 Abs. 4 Unterabs. 4 der Richtlinie, der nur Fälle bis Ende 1992 erfasst, stelle die einzige Ausnahme vom kontradiktorischen Verfahren dar); vgl. *Stolz* VergabeR 2002, 219, 219f.

gend[86], dass eine **„effektive kontradiktorische Erörterung"** zwischen dem öffentlichen Auftraggeber und dem Bewerber stattfindet, die dem Bieter ermöglicht, die Seriosität seines Angebots nachzuweisen.[87] Noch deutlicher bringt dieses Erfordernis nun die Vorschrift des Art. 69 RL 2014/24/EU zum Ausdruck.[88] Dadurch soll eine Willkür des Auftraggebers ausgeschlossen und ein gesunder Wettbewerb zwischen den Unternehmen gewährleistet werden.[89]

38 Selbst bei Aufträgen, die unterhalb des Schwellenwerts liegen und deshalb nicht von der Richtlinie erfasst sind, kann eine Aufklärung aufgrund des **Primärrechts,** namentlich aufgrund des Verbots der Diskriminierung aus Gründen der Staatsangehörigkeit, europarechtlich geboten sein.[90] Zu beachten ist, dass die sich aus dem Primärrecht ergebenden Anforderungen nicht deckungsgleich mit den Vorgaben aus der Richtlinie sind; insbesondere soll die Aufklärung nicht immer zwingend erforderlich sein.[91] Eine indirekte Diskriminierung kann nach Ansicht des EuGH nämlich darin gesehen werden, dass ein Ausschluss ohne eine vorherige Anhörung Bieter aus anderen Mitgliedstaaten benachteiligt, die sich beispielsweise mit geringeren Gewinnmargen zufrieden geben, um auf dem Markt in einem anderen Mitgliedstaat Fuß fassen zu können.[92] Voraussetzung für die Anwendung des Primärrechts ist allerdings, dass es sich um einen Auftrag handelt, an dem ein **eindeutiges grenzüberschreitendes Interesse** besteht.[93] Ob dies im Einzelfall gegeben ist und ein Aufklärungsverfahren aufgrund der Vorgaben des Primärrechts erforderlich ist, hat indes kaum praktische Relevanz, da sich eine Aufklärungspflicht im deutschen Recht auch unterhalb der EU-Schwellenwerte bereits aus § 44 Abs. 1 UVgO sowie dem ersten Abschnitt der VOB/A ausdrücklich ergibt.[94]

39 Demnach steht es bei Vorliegen entsprechender Anhaltspunkte für einen ungewöhnlich bzw. unangemessen niedrigen Angebotspreis nicht im Ermessen der Vergabestelle, ob sie eine Überprüfung und eine entsprechende Aufklärung durchführt oder nicht.[95] Auch der deutsche Verordnungsgeber sieht in der Verpflichtung des Auftraggebers, dem Bieter vor einem Ausschluss Gelegenheit zur Stellungnahme zu geben, einen wesentlichen Grundsatz der Preisprüfung und spricht insofern davon, dass die Regelung dem Anspruch des Bieters auf rechtliches Gehör bzw. auf Anhörung Rechnung trage.[96]

40 **bb) Ausnahmen von der Aufklärungspflicht?** Fraglich ist, ob in Ausnahmefällen auch ein Ausschluss ohne vorherige kontradiktorische Aufklärung zulässig sein kann. Eine in der deutschen Rechtsprechung immer wieder erwähnte mögliche Ausnahme von der Aufklärungspflicht für Angebote, bei denen der angebotene (Gesamt-)Preis derart eklatant von dem an sich angemessenen Preis abweicht, dass es sofort ins Auge fällt[97], erscheint mit

---

[86] *V. Bechtolsheim/Fichtner* VergabeR 2005, 574, 579; *Gabriel* VergabeR 2013, 300, 301 mwN auch zur Bedeutung des Verhältnismäßigkeitsgrundsatzes in der diesbezüglichen Rechtsprechung des EuGH.

[87] EuGH Urt. v. 29.3.2012 – C-599/10, NZBau 2012, 376 Rn. 29 – SAG ELV Slovensko ua; Urt. v. 27.11. 2001 – C-285/99 und C-286/99, NZBau 2002, 101 Rn. 57 – Lombardini und Mantovani; s. auch VK Bund Beschl. v. 24.4.2013 – VK 3-20/13.

[88] *Eiermann* NZBau 2016, 76, 82 spricht von einer „Verschärfung" der Anforderungen.

[89] EuGH Urt. v. 29.3.2012 – C-599/10, NZBau 2012, 376 Rn. 29 – SAG ELV Slovensko ua.

[90] EuGH Urt. v. 15.5.2008 – C-147/06 und C-148/06, NZBau 2008, 453 Rn. 20ff.– SECAP.

[91] EuGH Urt. v. 15.5.2008 – C-147/06 und C-148/06, NZBau 2008, 453 Rn. 32 – SECAP.

[92] EuGH Urt. v. 15.5.2008 – C-147/06 und C-148/06, NZBau 2008, 453 Rn. 34ff.– SECAP.

[93] EuGH Urt. v. 15.5.2008 – C-147/06 und C-148/06, NZBau 2008, 453 Rn. 21 – SECAP. Zur Beweislast siehe *Otting* VergabeR 2008, 630, 631.

[94] Vgl. OLG Celle Beschl. v. 30.9.2010 – 13 Verg 10/10, NZBau 2011, 189, 191.

[95] VK Bund Beschl. v. 20.4.2005 – VK 1-23/05, juris Rn. 80; Beschl. v. 25.2.2005 – VK 1-08/05; VK Schleswig-Holstein Beschl. v. 6.4.2011 – VK-SH 05/11, BeckRS 2014, 53859 unter II. 2.; KKMPP/*Dicks* § 60 VgV Rn. 5, 10; ebenso *Eiermann* NZBau 2016, 76, 82 der insoweit von „Anfangsverdacht" spricht.

[96] BR-Drs. 87/16, S. 215.

[97] OLG Celle Beschl. v. 30.9.2010 – 13 Verg 10/10, NZBau 2011, 189, 190 mit Verweis auf OLG Düsseldorf Beschl. v. 19.11.2003 – Verg 22/03, VergabeR 2004, 248, 251 und BGH Beschl. v. 21.10.1976 – VII ZR 327/74, BauR 1977, 52, 53.

Blick auf die europarechtlichen Vorgaben fragwürdig. Sie ist weder im Wortlaut der Normen angelegt noch ist sie nach Sinn und Zweck der Aufklärungspflicht geboten. Auch im Falle einer eklatanten Abweichung soll der Bieter vor der Willkür des Auftraggebers geschützt werden und die Möglichkeit erhalten, seine Leistungsfähigkeit darzulegen. Daher wäre eine solche Ausnahme, sofern man sie überhaupt zulassen will, sehr restriktiv zu handhaben. Selbst in Fällen, in denen ein Angebot nach Auffassung des Auftraggebers unrealistisch bzw. völlig wirklichkeitsfremd ist, ist ihm daher zu empfehlen, den Bieter dennoch zur Stellungnahme aufzufordern.[98]

Auch die Europarechtskonformität der Einschränkung der §§ 16d Abs. 1 Nr. 2 S. 1 41 VOB/A und 16 Abs. 1 Nr. 2 S. 1 EU VOB/A, wonach eine Aufklärungspflicht nur dann besteht, wenn anhand vorliegender Unterlagen über die Preisermittlung die Angemessenheit nicht zu beurteilen ist, erscheint angesichts der Vorgaben des Art. 69 RL 2014/24/EU zweifelhaft.[99] Dies gilt gerade auch für den Fall, dass der Auftraggeber bereits bei Abgabe des Angebots die Einreichung einer sogenannten Urkalkulation, dh einer detaillierten Gesamtkalkulation des Bieters, verlangt. Urkalkulationen sind in der Praxis vor allem aus dem Anwendungsbereich der VOB bekannt, wo sie die Grundlage für Nachtragskalkulationen im Rahmen des § 2 Abs. 2 VOB/B bilden. Auftraggeber sind nach mittlerweile herrschender Meinung grundsätzlich berechtigt, das Vorlegen einer Urkalkulation bereits bei Abgabe des Angebots zu verlangen.[100] Selbst dann darf die Vergabestelle aber nicht auf eine Aufklärung verzichten, sondern muss dem Bieter vor einem möglichen Ausschluss Gelegenheit zur Stellungnahme geben.[101]

Vor dem Hintergrund der europarechtlichen Vorgaben, insbesondere der im Vergleich 42 zur Vorgängerregelung schärferen Formulierung des maßgeblichen Art. 69 RL 2014/24/EU[102], sind Vergabestellen bei Vergabeverfahren – jedenfalls im Anwendungsbereich der Richtlinie – gut beraten, auf der Wertungsstufe der Preisprüfung ohne vorheriges (kontradiktorisches) Aufklärungsverfahren keinen Ausschluss auszusprechen.

cc) Fakultative Aufklärung. Aus der Aufklärungspflicht ab einer bestimmten Aufgreif- 43 schwelle lässt sich unstreitig der Umkehrschluss ziehen, dass bei nicht ungewöhnlich bzw. unangemessen niedrig erscheinenden Angeboten keine Pflicht zur Aufklärung besteht. Uneinigkeit besteht allerdings in der Frage, ob der Auftraggeber bei nicht ungewöhnlich bzw. unangemessen niedrig erscheinenden Angeboten zu einer fakultativen Aufklärung und Preisüberprüfung berechtigt ist. Dagegen könnte sprechen, dass das Verlangen weiterer Kalkulationsnachweise möglicherweise die Geschäftsgeheimnisse des Bieters berührt und daher eine ausdrückliche Legitimation des Auftraggebers erforderlich machen könnte.[103] Insofern kann allerdings auf die allgemeinen Vorschriften (s. va §§ 15 Abs. 5 VgV, 15 Abs. 1 Nr. 1 VOB/A, 15 Abs. 1 Nr. 1 EU VOB/A) zur Aufklärung über das Angebot bzw. die Angemessenheit der Preise zurückgegriffen werden. Unter teleologischen Gesichtspunkten kann es nicht überzeugen, aus der *Pflicht* zur Aufklärung bei ungewöhnlich niedrig erscheinenden Angeboten ein *Verbot* der Aufklärung bei nicht ungewöhnlich niedrig erscheinenden Angeboten abzuleiten. Die Preisprüfung dient in erster Linie dem Schutz des Auftraggebers vor dem Risiko der Zuschlagserteilung an einen Bieter, der keine hinreichende Gewähr für eine ordnungsgemäße Vertragserfüllung bietet.[104] Daher muss es dem Auftraggeber zumindest erlaubt sein, auch Angebote, die zwar – gemessen an der

---

[98] VK Lüneburg Beschl. v. 24.9.2003, 203-VgK-17/2003.

[99] Vgl. *v. Bechtolsheim/Fichtner* VergabeR 2005, 574, 580; *Stolz* VergabeR 2002, 219, 221 jeweils zu Art. 55 VKR.

[100] OLG Karlsruhe Beschl. v. 24.7.2007 – 17 Verg 6/07, NJOZ 2008, 3347, 3353; *Brieskorn/Stamm* NZBau 2008, 414, 414ff.; aA zB noch VÜA Hessen Beschl. v. 9.1.1998 – VÜA 7/97, IBR 1999, 453, 453.

[101] OLG Celle Beschl. v. 30.9.2010 – 13 Verg 10/10, NZBau 2011, 189, 190; Willenbruch/Wieddekind/*Stolz* § 19 VOL/A-EG Rn. 89; *Stolz* VergabeR 2002, 219, 220.

[102] Vgl. *Eiermann* NZBau 2016, 76, 82.

[103] VK Bund Beschl. v. 26.4.2011 – VK 3-50/11, juris Rn. 55.

[104] Vgl. → Rn. 12.

Aufgreifschwelle der Rechtsprechung – nicht überprüfungspflichtig sind, aber konkreten Anlass zur Prüfung geben, vertieft zu überprüfen und eine Preisaufklärung vorzunehmen.[105]

44 **b) Formelle Anforderungen an das Verfahren. aa) Form.** Nach §§ 16d Abs. 1 Nr. 2 S. 1 VOB/A, 16d Abs. 1 Nr. 2 S. 1 EU VOB/A ist der Auftraggeber ausdrücklich verpflichtet, vom Bieter in **Textform** Aufklärung über die Ermittlung der Preise zu verlangen. Während die Altfassung des § 25 Nr. 2 Abs. 2 VOL/A-EG (und ebenso aktuell noch die VOB/A) explizit eine Anhörung in Textform vorsah, macht § 60 Abs. 1 VgV für die Vergabe von Liefer- und Dienstleistungen diesbezüglich keine Vorgaben mehr. Auch auf europäischer Ebene ist das ehemals in Art. 55 VKR statuierte Schriftformerfordernis nunmehr in Art. 69 RL 2014/24/EU nicht mehr enthalten. Das für Bauleistungen normierte Textformerfordernis geht somit (zulässigerweise) über die europarechtlichen Vorgaben hinaus. Im Anwendungsbereich der VgV sowie der UVgO ist für den Liefer- und Dienstleistungsbereich oberhalb und unterhalb der Schwellenwerte daher auch eine mündliche Preisaufklärung vergaberechtlich zulässig. Gründe der Transparenz, insbesondere die hohen Dokumentationsanforderungen des § 8 VgV, sprechen jedoch dafür, an der Textform gleichwohl auch im Liefer- und Dienstleistungsbereich festzuhalten.[106] Die Textform wird gemäß § 126b BGB auch durch E-Mail oder Fax gewahrt.[107]

45 Neben dem Verfahren in Textform ist zusätzlich auch eine Ladung zum Bietergespräch nach §§ 15 Abs. 5 VgV, 15 Abs. 1 VOB/A, 15 Abs. 1 EU VOB/A möglich.[108]

46 **bb) Frist.** Dem Bieter kann für seine Antwort eine zumutbare bzw. angemessene Frist gesetzt werden.[109] In der Regel wird eine kurze Frist (zB von nur wenigen Tagen) zumutbar bzw. angemessen sein, da Bieter ohnehin bereits mit ihrer eigenen Kalkulation vertraut sind und daher eine Aufklärung in kurzer Zeit leisten können.[110] Für eine kurze Frist sprechen im Übrigen auch der das Vergabeverfahren prägende Beschleunigungsgrundsatz und die gebotene Rücksicht auf andere Bieter.[111]

47 Hält der Bieter die zumutbare Frist nicht ein, ist ein Ausschluss des Angebots – unabhängig von einer etwaigen Unangemessenheit des Preises – möglich.[112] Im Hinblick auf öffentliche Liefer- und Dienstleistungsaufträge im Unterschwellenbereich folgt dies nun mehr ausdrücklich aus § 44 Abs. 3 S. 3 UVgO. Zu weitgehend ist indes die Auffassung, eine Verlängerung der Frist sei dann grundsätzlich nur mit Zustimmung der anderen Bieter zulässig.[113] Da es dem Auftraggeber obliegt, die Frist zu bestimmen, ist es ihm auch unbenommen, eine Nachfrist zu setzen, solange er alle Bieter gleich behandelt.

---

105 VK Sachsen Beschl. v. 11.2.2005 – 1/SVK/128-04, BeckRS 2006, 9228; *v. Bechtolsheim/Fichtner* VergabeR 2005, 574, 577; aA VK Bund Beschl. v. 26.4.2011 – VK 3-50/11, juris Rn. 54f. ohne eine Auseinandersetzung mit dem von der VK Sachsen vorgebrachten teleologischen Argument.

106 *Weihrauch* IBR 2010, 649; weitergehend *Csaki* NZBau 2013, 342, 343 (Schriftform); dasselbe gilt mit Hinsicht auf § 6 UVgO im Unterschwellenbereich bei Liefer- und Dienstaufträgen, der allerdings keinen Vergabevermerk fordert, sondern nur eine Dokumenation, Pünder/Schellenberg/*Mentzinis* § 6 UVgO Rn. 2.

107 Palandt/*Ellenberger* BGB § 126b Rn. 3; Pünder/Schellenberg/*Ruhland* § 16 VOB/A Rn. 70.

108 Vgl. *v. Bechtolsheim/Fichtner* VergabeR 2005, 574, 581.

109 So explizit §§ 16 Abs. 1 Nr. 2 VOB/A, 16d Abs. 1 Nr. 2 EU VOB/A. Dies gilt bzw. galt – ohne explizite Regelung – nach Auffassung der Nachprüfungsinstanzen auch im Anwendungsbereich der nicht mehr anwendbaren VOL/A bzw. VOL/A-EG und sollte daher auch im Rahmen des § 60 VgV gelten, vgl. OLG Celle Beschl. v. 30.9.2010 – 13 Verg 10/10, NZBau 2011, 189, 190; VK Bund Beschl. v. 9.5.2011 – VK 3-47/11, juris Rn. 44; Willenbruch/Wieddekind/*Stolz* § 60 VgV Rn. 10.

110 *Csaki* NZBau 2013, 342, 344; KKMPP/*Dicks* § 60 VgV Rn. 10.

111 Vygen/Kratzenberg/*Kratzenberg* § 16 VOB/A Rn. 110.

112 *v. Bechtolsheim/Fichtner* VergabeR 2005, 574, 581 stellen hierzu auf eine analoge Anwendung des § 24 Abs. 2 VOB/A aF, der § 15 Abs. 2 VOB/A nF entspricht, ab. Im Bereich der Liefer- und Dienstleistungen entspricht dem wohl § 57 Abs. 1 Nr. 2 VgV; vgl. VK Sachsen Beschl. v. 8.7.2004, 1/SVK/004-04.

113 So Vygen/Kratzenberg/*Kratzenberg* § 16 VOB/A Rn. 110.

Gibt der Bieter innerhalb der Frist Erklärungen ab, die widersprüchlich oder nicht nachvollziehbar sind, dann kann eine Angemessenheitsprüfung nicht durchgeführt werden und ist das Angebot folglich wegen Unangemessenheit des Preises auszuschließen.[114] Dem Bieter kann auch in diesem Fall grundsätzlich eine weitere Frist zur Ergänzung seiner Darlegungen gesetzt bzw. erneut Gelegenheit zur Stellungnahme gegeben werden, solange die Gleichbehandlung gewahrt ist.[115] Grundsätzlich ist der Auftraggeber zwar nur zu einer einmaligen Aufklärung und nicht zur wiederholten Aufklärung bis zur Behebung sämtlicher Zweifel verpflichtet;[116] ein Anspruch des Bieters auf Einräumung einer Möglichkeit zur Ergänzung bzw. Nachholung der Darlegung besteht nicht.[117] Eine Nachfristsetzung ist ihm indes auch nicht von vorneherein versagt. Vergaberechtlich nicht zu beanstanden ist es daher, wenn der Auftraggeber – unter strikter Wahrung des Gleichbehandlungsgrundsatzes – von den Bietern weitere Präzisierungen der aus Sicht des Auftraggebers noch unzureichenden Erklärungen verlangt. 48

c) Inhalt der Aufklärung. Das Aufklärungsverfahren soll der Rechtsprechung des EuGH zufolge dem Bieter den Nachweis der **„Seriosität des Angebots"** ermöglichen.[118] Dem oben[119] beschriebenen Prüfungsprogramm entsprechend obliegt es dem Bieter, 49

- den Nachweis der **Auskömmlichkeit** des Angebots im Sinne der Kostendeckung zu erbringen oder
- darzulegen, in welcher konkreten Höhe das Angebot unauskömmlich ist und dass der Angebotspreis ungeachtet dessen bei wertender Betrachtung **angemessen** ist.

Für einen Nachweis der **Angemessenheit** eines Unterkostenangebots muss der Bieter insbesondere darlegen und gegebenenfalls Belege dafür vorbringen, dass trotz der Unauskömmlichkeit seine Leistungsfähigkeit gewährleistet ist und dass er sein Angebot nicht in Marktverdrängungsabsicht abgegeben hat. 50

Im Gegensatz zur Vorprüfung, in der allein der Gesamtpreis maßgeblich ist, bezieht sich die Preisaufklärung dem ausdrücklichen Wortlaut des § 60 Abs. 1 S. 2 VgV zufolge, der mit Art. 69 RL 2014/24/EU übereinstimmt[120], auf **Einzelposten,** deren Aufklärung der Auftraggeber für angezeigt hält. Dies ist namentlich bei denjenigen zweifelhaften Preiselementen der Fall, aus denen wesentlich der niedrige Gesamtpreis resultiert.[121] 51

§ 60 Abs. 2 VgV enthält eine nicht abschließende[122] Aufzählung („insbesondere") der im Rahmen der kontradiktorischen Erörterung maßgeblichen Gesichtspunkte. Die Aufzählung ist jedoch nicht nur beispielhaft, so dass der Auftraggeber in der Wahl der Aufklärungsgegenstände nicht völlig frei ist, sondern sich an der Aufzählung zu orientieren hat.[123] 52

---

[114] Vgl. VK Thüringen Beschl. v. 30.1.2006 – 360-4003.20-055/05-EF-S; Beschl. v. 9.9.2005 – 360-4002.20-009/05-SON, BeckRS 2014, 53858.

[115] AA *Wirner* IBR 2006, 221.

[116] VK Sachsen Beschl. v. 18.3.2015 – 1/SVK/001-15, BeckRS 2015, 11517unter III. 3.; VK Schleswig-Holstein Beschl. v. 6.4.2011 – VK-SH 05/11, BeckRS 2014, 53859, unter II. 2.

[117] OLG Frankfurt a.M. Beschl. v. 6.3.2013 – 11 Verg 7/12, BeckRS 2013, 6833s; *Gabriel* VergabeR 2013, 300, 303f.

[118] EuGH Urt. v. 29.3.2012 – C-599/10, NZBau 2012, 376 Rn. 28f. – SAG ELV Slovensko ua.

[119] Vgl. → Rn. 4.

[120] Im Gegensatz zur Umsetzung des bisher maßgeblichen Art. 55 VKR hat der Gesetzgeber die nach europäischen Vorgaben (Art. 69 Abs. 2 RL 2014/24/EU) zu berücksichtigenden Einzelposten in § 60 Abs. 2 VgV nun ausdrücklich übernommen. Ein zuvor noch angezeigter Rückgriff auf die Richtlinie selbst zur Konkretisierung des Prüfprogramms ist damit nicht mehr notwendig. Mit der neuen Richtlinienvorschrift des Art. 69 RL 2014/24/EU sind ferner auch geringfüge inhaltliche Änderungen verbunden. So wird die Prüfungskompetenz des Auftraggebers insoweit ausgeweitet, als neben der Einhaltung arbeitsrechtlicher Vorschriften insbesondere umwelt- und sozialrechtliche Vorschriften beachtet werden müssen.

[121] VK Thüringen Beschl. v. 12.4.2001 – 216-4003.20-024/01 – EF – S; *Csaki* NZBau 2013, 342f.

[122] So ausdrücklich die Begründung zum Entwurf der VergRModVo, BR-Drs. 87/16, S. 216; s. schon EuGH Urt. v. 29.3.2012 – C-599/10, NZBau 2012, 376 Rn. 30 – SAG ELV Slovensko ua zu Art. 55 VKR.

[123] So EuGH Urt. v. 29.3.2012 – C-599/10, NZBau 2012, 376 Rn. 30 – SAG ELV Slovensko ua zu Art. 55 VKR; hiervon ist auch in Bezug auf den wortgleichen, dem § 60 Abs. 2 VgV nachgebildeten § 44 Abs. 2 UVgO auszugehen.

Die Aufklärungsgegenstände des § 60 Abs. 2 S. 1 VgV machen deutlich, dass die Aufklärung neben rechnerischen Unklarheiten auch alle preisrelevanten inhaltlichen Aspekte des Angebots umfasst.[124]

53 Die Vorschriften in § 16d Abs. 1 VOB/A und § 16d Abs. 1 EU VOB/A sowie § 16d Abs. 1 VS VOB/A enthalten demgegenüber keine der in § 60 Abs. 2 VgV aufgeführten Einzelposten. Lediglich § 16d Abs. 1 Nr. 1 VOB/A enthält für Verfahren unterhalb der Schwellenwerte, die nicht in den Anwendungsbereich der Richtlinie fallen, eigene bewertungsrelevante Gesichtspunkte, wonach die Wirtschaftlichkeit des Bauverfahrens, die gewählten technischen Lösungen oder sonstige günstige Ausführungsbedingungen im Rahmen der Angemessenheitsprüfung zu berücksichtigen sind. Für § 16d EU VOB/A sind diese Gesichtspunkte jedoch – im Gegensatz zur vorherigen Fassung der Norm – nicht mehr relevant.[125] Trotz fehlender ausdrücklicher Aufzählung sind die in Art. 69 RL/2014/24/EU und § 60 Abs. 2 VgV niedergelegten Aufklärungsgegenstände indes auch im Rahmen des § 16d Abs. 1 EU VOB/A für die Angemessenheitsprüfung maßgeblich. Zumindest eine Orientierung an diesen Vorgaben ist im Rahmen einer richtlinienkonformen Auslegung geboten.[126]

54 Für die Gewährleistung der praktischen Anwendbarkeit der europarechtlichen Vorgaben ist eine **klare und unmissverständliche Formulierung** der Aufklärungsaufforderung des Auftraggebers erforderlich. Andernfalls wäre nicht gewährleistet, dass die Bewerber den vollen Beweis der Seriosität der Angebote erbringen können.[127] Der Auftraggeber muss, um seiner Aufklärungspflicht gerecht zu werden, dem Bieter ganz konkrete und präzise Fragen (gegebenenfalls auch zu den jeweiligen zweifelhaften Preiselementen) stellen.[128]

55 **d) Anforderungen an die Darlegung.** Der Regelung in § 60 VgV lässt sich (wie auch den Parallelvorschriften) keine Definition der vom Bieter zu erbringenden „Nachweise" entnehmen. Aus § 48 Abs. 1 VgV ergibt sich zum einen, dass Eigenerklärungen begrifflich zu den Nachweisen zählen und zum anderen aber auch, dass auch andere Erklärungen als Eigenerklärungen vom Begriff der „Nachweise" erfasst sind.[129] Welche Art von Nachweisen der Bieter im kontradiktorischen Verfahren zu erbringen hat, kann der Auftraggeber in der Bekanntmachung und/oder den Vergabeunterlagen konkretisieren.[130]

56 Häufig verlangt der Auftraggeber, dass der Bieter eine eindeutige und aussagekräftige Bestätigung eines unabhängigen Wirtschaftsprüfers vorlegt, die insbesondere Angaben zum Prüfungsumfang, der Prüfungstiefe und den herangezogenen Unterlagen sowie die uneingeschränkte Aussage enthält, dass das Angebot kein Unterkostenangebot darstellt.[131]

57 Macht der Auftraggeber diesbezüglich keine näheren Angeben, so darf der Bieter davon ausgehen, dass er seiner Nachweispflicht jedenfalls dann genügt, wenn er die Kalkulationsgrundlage seines Angebots umfassend, schlüssig und nachvollziehbar in einem gesondert

---

[124] Vgl. VK Niedersachsen Beschl. v. 18. 1. 2011 – VgK-61/2010, juris Rn. 85.

[125] Dadurch sind zugleich die insbesondere von *Stolz* VergabeR 2002, 219, 221 erhobenen Zweifel an der Europarechtkonformität der Beschränkung auf *günstige* Ausführungsbedingungen im Rahmen des § 16 VOB/A-EG aF ausgeräumt.

[126] So wohl auch Beck VergabeR/*Opitz* § 16d VOB/A-EU Rn. 30; zu einer richtlinienkonformen Auslegung des § 19 Abs. 6 VOL/A-EG aF bereits *Hausmann/Ruf* VergabeR 2012, 591, 560; KMPP/*Dicks*, 3. Aufl. 2014, § 19 VOL/A-EG Rn. 237.

[127] EuGH Urt. v. 29. 3. 2012 – C-599/10, NZBau 2012, 376 Rn. 31 – SAG ELV Slovensko ua.

[128] Dieckmann/Scharf/Wagner-Cardenal/*Ackermann* § 60 VgV Rn. 11; vgl. beispielhaft VK Bund Beschl. v. 31. 5. 2011 – VK 3 56/11, juris Rn. 26.

[129] Dies folgte bereits aus § 7 Abs. 1 S. 2, 3 VOL/A-EG aF, vgl. dazu OLG Düsseldorf Beschl. v. 31. 10. 2012 – Verg 17/12, NZBau 2013, 333, 336.

[130] OLG Düsseldorf Beschl. v. 31. 10. 2012 – Verg 17/12, NZBau 2013, 333, 336; aA wohl VK Bund Beschl. v. 26. 4. 2011 – VK 3-50/11, juris Rn. 56, und wohl auch *Eiermann* NZBau 2016, 76, 82.

[131] Vgl. zur vergaberechtlichen Zulässigkeit und zum notwendigen Inhalt OLG Düsseldorf Beschl. v. 11. 7. 2018, VII-Verg 19/18, ZfBR 2019, 720, 722 f.; VK Bund Beschl. v. 7. 4. 2011, VK 3-28/11, juris Rn. 46.

erstellten Dokument darlegt.[132] Allgemein gehaltene formelhafte und inhaltsleere Erklärungen und Ausführungen sind unzulänglich.[133] Erforderlich sind konkrete Angaben und schlüssige Erklärungen, deren Stichhaltigkeit und Richtigkeit durch entsprechende Nachweise belegt wird und objektiv überprüfbar sind.[134]

Entscheidend ist, dass dem Bieter der Nachweis der Widerspruchsfreiheit und der 58
Nachvollziehbarkeit der Kalkulationsmethode aus betriebswirtschaftlicher und rechtlicher Sicht gelingt.[135] Dies setzt freilich voraus, dass sich seine Darlegungen auf die im Angebot enthaltenen Preise beziehen. Eine nachträgliche Änderung dieser Preise ist (abgesehen von nach den einschlägigen Regelungen in den Verdingungsordnungen in engen Grenzen ausdrücklich zugelassenen Ergänzungen oder Berichtigungen) nicht zulässig.[136]

e) Rechtsfolge: Beweislastumkehr. Die ordnungsgemäße Durchführung eines erforder- 59
lichen Aufklärungsverfahrens hat zur Folge, dass der Auftraggeber nicht den Nachweis der Unauskömmlichkeit erbringen muss. Nunmehr trägt der Bieter – im Sinne einer Obliegenheit – die **Darlegungs- bzw. Beweislast** für die Auskömmlichkeit seines Angebots.[137] Der Übergang der Beweislast auf den Bieter lässt sich mit Sinn und Zweck der Preisprüfung, dem Schutz des Auftraggebers vor nicht ordnungsgemäßer Auftragsdurchführung, begründen.[138] Kann der Bieter die erheblichen Zweifel des Auftraggebers nicht entkräften, kann dem Auftraggeber nicht zugemutet werden, ein aus seiner Sicht unangemessenes Angebot annehmen zu müssen und bei Vertragsdurchführung seine (Gewährleistungs-)Rechte geltend zu machen. Schließlich ist es gerade Sinn und Zweck der Preisprüfung, diejenigen Angebote auszuschließen, die erhebliche Zweifel an einer ordnungsgemäßen Vertragsdurchführung auslösen.[139] Verbleibende Zweifel gehen daher zu Lasten des Bieters.[140] Dies ist auch vor dem Hintergrund sachgerecht, dass nur der betreffende Bieter in der Lage ist, die Zweifel des Auftraggebers an der Auskömmlichkeit der Kalkulation zu widerlegen.[141]

Stellt sich heraus, dass der Bieter im Rahmen des kontradiktorischen Verfahrens falsche 60
Angaben gemacht hat, kann dies zum Ausschluss von der Teilnahme am Vergabeverfahren gemäß § 124 Abs. 1 Nr. 9 lit. c) GWB führen.[142]

3. Bewertung der Erklärungen des Bieters

Sämtliche im Rahmen des kontradiktorischen Verfahrens vom Bieter abgegebenen Erklä- 61
rungen hat der Auftraggeber auf Vollständigkeit und Schlüssigkeit zu prüfen und zu be-

[132] OLG Düsseldorf Beschl. v. 31.10.2012 – Verg 17/12, NZBau 2013, 333, 336; ähnlich KMPP/*Dicks*, 3. Aufl. 2014, § 19 VOL/A-EG Rn. 238 sowie *Gabriel* VergabeR 2013, 300, 303.

[133] Vgl. VK Sachsen Beschl. v. 26.5.2015 – 1/SVK/015-15, BeckRS 2015, 16422 Rn. 50; VK Thüringen Beschl. v. 11.2.2010 – 250-4002.20-253/2010-001-EF; VK Schleswig-Holstein Beschl. v. 6.4.2011 – VK-SH 05/11, BeckRS 2014, 53859 II. 2.

[134] VK Schleswig-Holstein Beschl. v. 6.4.2011 – VK-SH 05/11, BeckRS 2014, 53859 II. 2.

[135] Vgl. VK Thüringen Beschl. v. 30.1.2006 – 360-4003.20-055/05-EF-S.

[136] EuGH, Urt. v. 7.4.2016 – C-324/14, NZBau 2016, 373, 376 – Partner Apelski Dariusz; OLG Düsseldorf, Beschl. v. 2.8.2017 – VII-Verg 17/17, NZBau 2018, 169, 171; *Gabriel* VergabeR 2013, 300, 302.

[137] OLG Brandenburg Beschl. v. 22.3.2011 – Verg W 18/10, BeckRS 2011, 6542; VK Bund Beschl. v. 20.4.2005, VK 1-23/05, juris Rn. 87; VK Schleswig-Holstein Beschl. v. 6.4.2011 – VK-SH 05/11, BeckRS 2014, 53859 II. 2.; VK Brandenburg Beschl. v. 8.12.2006 – 1 VK 49/06; *Gabriel* VergabeR 2013, 300, 303; *Müller-Wrede* NZBau 2006, 73, 77; Müller-Wrede/*Horn* § 60 VgV, Rn. 24; *Lausen* NZBau 2018, 585, 586.

[138] OLG Brandenburg Beschl. v. 22.3.2011, Verg W 18/10, BeckRS 2011, 6542.

[139] VK Sachsen Beschl. v. 26.5.2015 – 1/SVK/015-15, BeckRS 2015, 16422 Rn. 53; VK Bund Beschl. v. 20.4.2005 – VK 1-23/05, juris Rn. 85.

[140] *Knauff* EuZW 2012, 387, 392.

[141] VK Bund Beschl. v. 20.4.2005 – VK 1-23/05, juris Rn. 87.

[142] Nach alter Rechtslage hätte ein Ausschluss auf mangelnde Zuverlässigkeit iSd § 97 Abs. 4 GWB aF gestützt werden können, vgl. *Gabriel* VergabeR 2013, 300, 303.

werten und bei der abschließenden Prüfung der Auskömmlichkeit und der Angemessenheit zu berücksichtigen.[143]

62 **a) Auskömmlichkeit.** Ein Angebot ist dann ein Unterkostenangebot und damit unauskömmlich, wenn der Erlös, der dem Bieter durch den Auftrag voraussichtlich zufließen wird, unterhalb der Selbstkosten liegt, die dem Bieter durch die Auftragsdurchführung voraussichtlich entstehen werden.[144] Maßgeblicher Beurteilungszeitpunkt ist dabei regelmäßig der Ablauf der Angebotsfrist[145], so dass zB nachträgliche Kostensteigerungen grundsätzlich außer Betracht bleiben. Außer Betracht lassen müssen wird man auf der anderen Seite auch vom Bieter behauptete zukünftige Erlöse, auf die der Bieter entweder keinen Rechtsanspruch hat oder deren Erzielung nicht zumindest mit einer gewissen Wahrscheinlichkeit unterstellt werden kann.[146]

63 Fraglich ist in diesem Zusammenhang, welche Kostenpositionen dabei als „Selbstkosten" anzusetzen sind. Diese Frage ist nach betriebswirtschaftlichen Grundsätzen unter Berücksichtigung des konkreten Auftragsgegenstandes und der spezifischen Unternehmensstruktur und wirtschaftlichen Situation des Bieters zu beantworten. Dabei kann beispielsweise auf die „Leitsätze für die Preisermittlung auf Grund von Selbstkosten"[147] zurückgegriffen werden. Insbesondere vom Bieter hinreichend dargelegte Einsparpotentiale, Synergieeffekte und nachgewiesene Sonderkonditionen (niedrigere Bezugspreise, Rabatte) können – nach kritischer Würdigung der Plausibilität und Höhe – zu berücksichtigen sein und im Einzelfall zur Auskömmlichkeit des Angebots führen.[148]

64 Das Kriterium der Auskömmlichkeit bezieht sich dabei – wie auch bereits die Vorprüfung – im Ergebnis nur auf den Angebotsendpreis (Gesamtpreis), dh auf die Summe aller Einzelpreise („Einzelposten" iSv § 60 Abs. 2 VgV und Art. 69 Abs. 2 RL 2014/24/EU), nicht aber auf die Einzelpreise.[149] Für diese Einzelpreise, die zwar grundsätzlich auch jeweils für sich überprüft werden können, gilt das Erfordernis der Auskömmlichkeit nicht isoliert, sofern das Angebot insgesamt auskömmlich kalkuliert ist.[150]

65 Maßgeblich für die Auskömmlichkeit ist allein der jeweilige konkrete Auftrag. Eine etwaige Quersubventionierung durch Folge- oder Parallelaufträge muss an dieser Stelle außer Acht gelassen werden. Auch sonstige (ggf. positive) Markteffekte bleiben hierbei außer Betracht.[151]

66 Die bloße Unauskömmlichkeit ist nicht per se unzulässig[152] und berechtigt daher den Auftraggeber nicht zum Ausschluss des Angebots.

67 **b) Angemessenheit (ieS).** Stellt sich das Angebot in der Auskömmlichkeitsprüfung als nicht kostendeckend heraus, hat der Auftraggeber abschließend – ebenfalls unter Berück-

---

143 EuGH Urt. v. 27.11.2001 – C-285/99 und C-286/99, NZBau 2002, 101 Rn. 51, 82 – Lombardini und Mantovani.

144 Dieses Verständnis von der Auskömmlichkeit(sprüfung) wird etwa von VK Bund Beschl. v. 28.4.2011 – VK 3-47/11, juris Rn. 47 ausdrücklich gebilligt.

145 OLG Karlsruhe Beschl. v. 27.7.2009 – 15 Verg 13/09, ZfBR 2010, 196, 198; VK Bund Beschl. v. 17.1. 2011 – VK 1-139/10, juris Rn. 48.

146 Sehr weitgehend insoweit *Gabriel/Schulz* PharmR 2011, 448, 449f. zu einem Spezialproblem der Auskömmlichkeitsprüfung bei der Ausschreibung von Arzneimittelrabattverträgen.

147 Anlage zur Verordnung PR Nr. 30/53 v. 21.11.1953, BAnz. 1953 Nr. 244, zuletzt geändert durch Art. 289 der Verordnung v. 25.11.2003, BGBl. I, S. 2304.

148 *Gabriel* VergabeR 2013, 300, 303; vgl. auch *v. Bechtolsheim/Fichtner* VergabeR 2005, 574, 581f.; VK Thüringen Beschl. v. 29.9.1999 – 002/99-SLF; VK Sachsen Beschl. v. 8.7.2004 – 1/SVK/044-04.

149 Statt vieler OLG München Beschl. v. 25.9.2014 – Verg 10/14, BeckRS 2014, 18451 B) II. und OLG Düsseldorf Beschl. v. 10.12.2008 – Verg 51/08, BeckRS 2009, 5995 II. 5. b).

150 OLG Düsseldorf Beschl. v. 10.12.2008, Verg 51/08, BeckRS 2009, 5995 II. 5. b).

151 OLG Düsseldorf Beschl. v. 8.6.2016 – Verg 57/15, ZfBR 2017, 88.

152 VK Südbayern Beschl. v. 16.9.2010 – Z3-3-3194-1-48-07/10, BeckRS 2010, 37339 Rn. 156; VK Niedersachsen Beschl. v. 29.10.2014 – VgK-39/2014, juris Rn. 57.

sichtigung der Erkenntnisse aus dem kontradiktorischen Verfahren – die Angemessenheit des Preises zu bewerten.

aa) Prüfungsmaßstab: Wettbewerbspreis. Für die Angemessenheit des Preises entscheidend ist allein das **Verhältnis zwischen Preis und angebotener Leistung** des vom Ausschluss bedrohten Angebots unter Berücksichtigung der konkreten Angebotssituation.[153] Das Verhältnis zum nächstgünstigsten Angebot oder den übrigen Angeboten ist hierfür grundsätzlich irrelevant, da und soweit nicht feststeht, dass diese Preise die allein marktgerechten sind.[154] Insbesondere gibt es keinen festen Prozentsatz, ab dem von einem unangemessen niedrigen Preis ausgegangen werden kann. Auch auf dieser letzten Prüfungsebene ist auf den **Gesamtpreis** abzustellen.[155] 68

Die festgestellte Unauskömmlichkeit ist eine notwendige[156], aber nicht hinreichende Voraussetzung für die Unangemessenheit des Preises. Sie genügt für sich allein betrachtet noch nicht, um darauf einen Angebotsausschluss zu stützen.[157] Das ergibt sich bereits unmittelbar aus dem Wortlaut, der nicht darauf abstellt, ob der Preis auskömmlich ist. Vielmehr muss für einen Ausschluss des Angebots in der Preisprüfung der Preis „unangemessen" sein bzw. in einem „offenbaren Missverhältnis zur Leistung stehen". 69

Der Wortlaut geht somit über die bloße Unauskömmlichkeit hinaus. Auch Sinn und Zweck der Regelungen zur Preisprüfung verlangen nicht den zwingenden Ausschluss eines Unterkostenangebots. Primär soll der Auftraggeber durch die Preisprüfung davor geschützt werden, dass der Auftragnehmer aufgrund der Unauskömmlichkeit den Auftrag nicht zuverlässig und vertragsgerecht zu Ende führen werden kann. Diese Gefahr mag bei Vorliegen eines Unterkostenangebots unter Umständen naheliegend sein, kann jedoch bei entsprechenden Nachweisen des Bieters durchaus ausgeschlossen werden. Das Vergaberecht insgesamt soll der öffentlichen Hand die Ermittlung des wirtschaftlichsten Angebots gemäß § 127 Abs. 1 GWB und dadurch einen zweckmäßigen und wirtschaftlichen Einsatz öffentlicher Mittel ermöglichen. Daher sind besonders niedrige Preise als Ausdruck eines funktionierenden Preiswettbewerbs grundsätzlich erwünscht und selbst Unterkostenpreise grundsätzlich zulässig, sofern nicht im Einzelfall gewichtige (wettbewerbliche) Gründe gegen eine Bezuschlagung eines Unterangebots sprechen.[158] Schließlich würde es auch einen Verstoß gegen das für die Auslegung der nationalen Vorschriften heranzuziehende Gemeinschaftsrecht bedeuten, wenn eine Vergabestelle verpflichtet wäre, nur auskömmliche oder kostendeckende Preise der Bieter zu akzeptieren.[159] 70

---

[153] VK Hessen Beschl. v. 30.5.2005 – 69d VK 16/2005, juris Rn. 59.

[154] OLG Düsseldorf Beschl. v. 12.10.2005 – Verg 37/05, BeckRS 2006, 38 II. 3. a); VK Bund Beschl. v. 15.7.2011 – VK 1-72/11, juris Rn. 69.

[155] So bereits BGH Urt. v. 21.10.1976 VII ZR 327/74, BauR 1977, 52, 53 zur Frage, ob ein „offenbares Missverhältnis" zwischen Preis und Leistung iSd § 25 Nr. 2 Abs. 2 S. 1 VOB/A (1952) vorliegt; OLG Karlsruhe Beschl. v. 22.7.2011 – 15 Verg 8/11, BeckRS 2015, 12265 B. II.; OLG München Beschl. v. 21.5.2010 – Verg 02/10, ZfBR 2010, 606, 619; OLG Düsseldorf Beschl. v. 9.2.2009 – Verg 66/08, VergabeR 2009, 956, 962; aA OLG Köln Urt. v. 29.4.1997 – 20 U 124-96, NJW-RR 1999, 316, 316f.; *Weihrauch* IBR 2012, 278 mit Verweis auf EuGH Urt. v. 29.3.2012 – C-599/10, NZBau 2012, 376 Rn. 29. – SAG ELV Slovensko ua.

[156] AA wohl VK Bund Beschl. v. 7.9.2000 – VK 2-26/00, NZBau 2001, 167, 168; Beschl. v. 30.6.1999 – VK A 12/99, NZBau 2000, 165, 166.

[157] So explizit OLG Düsseldorf Beschl. v. 9.5.2011 – Verg 45/11, VergabeR 2011, 884, 885f.; OLG Naumburg Beschl. v. 23.4.2009 – Verg 7/08, VergabeR 2009, 793, 797; KG Berlin Beschl. v. 7.11.2001 – KartVerg 8/01, VergabeR 2002, 95, 98 mit Verweis auf BGH Urt. v. 21.11.2000 – 1 StR 300/00, wistra 2001, 103; VK Münster Beschl. v. 15.9.2009 – VK 14/09, juris Rn. 153; *Ulshöfer* VergabeR 2011, 886, 888; iErg wohl auch *Schranner* VergabeR 2001, 129, 130f.; aA wohl VK Sachsen Beschl. v. 8.7.2004 – 1/SVK/044-04.

[158] VK Bund Beschl. v. 7.9.2000 – VK 2-26/00, NZBau 2001, 167, 168; KKMPP/*Dicks* § 60 VgV Rn. 29; Pünder/Schellenberg/*Pape* § 60 VgV Rn. 15.

[159] EuGH Urt. v. 27.11.2001 – C-285/99 und 286/99, NZBau 2002, 101 Rn. 45, 47f., 53 – Lombardini und Mantovani; Urt. v. 22.6.1989, C-103/88, NVwZ 1990, 649, 650 Rn. 18, 20 – Costanzo/Stadt Mailand; OLG Düsseldorf Beschl. v. 19.12.2000 – Verg 28/00, VergabeR 2001, 128, 128; Beschl. v. 17.6.2002 – Verg

71 Mehrheitlich wird davon ausgegangen, dass im Rahmen der Angemessenheit zu prüfen ist, ob der Preis des unauskömmlichen Angebots ein zulässiger **Wettbewerbspreis,** oder aufgrund seiner Wettbewerbswidrigkeit auszuschließen ist.[160] Gestützt werden kann dieser Prüfungsmaßstab auf das allgemeine an den Auftraggeber gerichtete Gebot, wettbewerbswidrige Praktiken im Vergabeverfahren zu verhindern.[161]

72 Zum Teil werden die Wettbewerbswidrigkeit und die hierzu bestehenden Fallgruppen[162] (nur) als Voraussetzung für eine bieterschützende Wirkung der Vorschriften Preisprüfung genannt. Zum Teil werden die Aspekte jedoch auch im Rahmen der Angemessenheitsprüfung angesprochen. Die Rechtsprechung ist insofern nicht einheitlich. Sachgerechter erscheint es, sie bereits als Tatbestandsvoraussetzung für das Vorliegen eines Angebots mit unangemessen niedrigem Preis zu verstehen. Die Fallgruppen konkretisieren die nach herrschender Meinung erforderliche Bewertung der Unauskömmlichkeit[163] und stellen insofern für die Angemessenheitsprüfung einen klaren Prüfungsmaßstab für die Praxis dar. Mit diesem Verständnis ist zudem eindeutig klargestellt, dass ein Bieter, dessen Angebot zwar unauskömmlich, aber nachweislich nicht wettbewerbswidrig ist, dh wenn insbesondere keine Marktverdrängungsabsicht besteht und eine positive Vertragserfüllungsprognose vorliegt, gegen den Ausschluss seines Angebots vorgehen kann, da es insofern an den Voraussetzungen eines Ausschlusses fehlt. Der primäre Sinn und Zweck der Preisprüfung, der Schutz des Auftraggebers vor unseriösen Angeboten, kann in diesem Fall keinen Ausschluss rechtfertigen.

73 **bb) Wettbewerbliche Rechtfertigung der Unauskömmlichkeit.** Grundsätzlich kann auch ein Unterkostenangebot wettbewerblich gerechtfertigt sein. Für ein unauskömmliches Angebot kann es nämlich eine Vielzahl plausibler und nicht zu beanstandender Gründe geben. Ein zu niedrig bemessenes Angebot kann beispielsweise darauf basieren, dass ein Bieter seine Kapazitäten auslasten möchte, dass ein „Newcomer" in einem bestimmten Markt Fuß fassen möchte, oder darauf, dass ein Marktteilnehmer einen prestigeträchtigen Auftrag unbedingt erhalten möchte, auch wenn dies für ihn ein Zuschussgeschäft bedeutet. Derartige Motive sind betriebswirtschaftlich sinnvoll und vergaberechtlich und auch wettbewerbsrechtlich nicht zu beanstanden.[164] Auch das Ziel eines Bieters mit bisher geringem Marktanteil, durch erhofftes Folgegeschäft in benachbarten Marktsegmenten seinen Marktanteil insgesamt zu steigern, soll ein (auch extremes) Unterkostenangebot rechtfertigen können.[165] Erforderlich ist aber in diesen Fällen, dass die wirtschaftliche Leistungsfähigkeit des Bieters nachweislich für die gesamte Dauer des Auftrags gewährleistet ist und somit kein Fall der negativen Vertragserfüllungsprognose vorliegt.

74 **cc) Fallgruppen der Wettbewerbswidrigkeit der Unauskömmlichkeit.** In der Rechtsprechung haben sich mittlerweile bestimmte Fallgruppen der Wettbewerbswidrig-

18/02, NZBau 2002, 626, 628; VK Baden-Württemberg Beschl. v. 12.6.2014 – 1 VK 24/14, BeckRS 2016, 40638 II. 2.

[160] OLG Karlsruhe Beschl. v. 16.6.2010 – 15 Verg 4/10, BeckRS 2010, 15754 II. 3. b) aa); OLG München Beschl. v. 21.5.2010 – Verg 02/10, ZfBR 2010, 606, 619; OLG Dresden Beschl. v. 6.6.2002 – WVerg 5/02, VergabeR 2003, 64, 67; VK Bund Beschl. v. 15.7.2011 – VK 1-72/11, juris Rn. 69; KKMPP/*Dicks* § 60 VgV Rn. 29.

[161] Vgl. → Fn. 1099.

[162] → Rn. 8.

[163] Vgl. *v. Bechtolsheim/Fichtner* VergabeR 2005, 574, 583ff.

[164] Vgl. OLG Düsseldorf Beschl. v. 19.12.2000 – Verg 28/00, VergabeR 2011, 128, 128; VK Bund Beschl. v. 7.9.2000 – VK 2-26/00, NZBau 2001, 167; Ziekow/Völlink/*Steck* § 60 VgV Rn. 16.

[165] OLG Düsseldorf Beschl. v. 8.6.2016 – Verg 57/15. Tendenziell anders liest sich die Entwurfsbegründung zu § 60 VgV im Hinblick auf extrem niedrige Angebote: *„Es wird sichergestellt, dass Angebote, bei denen aufgrund eines erheblich zu gering kalkulierten Preises zu erwarten steht, dass das Unternehmen nicht in der Lage sein wird, die Leistung vertragsgerecht oder rechtskonform auszuführen, vom Vergabeverfahren ausgeschlossen werden."* (BR-Drs. 87/16, S. 215).

keit herausgebildet.[166] Ein Angebot ist demnach stets dann wettbewerbswidrig, wenn entweder eine negative Vertragserfüllungsprognose bejaht werden kann oder beim entsprechenden Unternehmen eine Marktverdrängungsabsicht festzustellen ist. Liegt eine dieser Fallgruppen vor, so hat dies zur Folge, dass das betreffende Angebot auszuschließen ist. Eine zusätzliche Fallgruppe der Wettbewerbswidrigkeit wird neuerdings durch § 60 Abs. 3 S. 2 VgV in Umsetzung der europarechtlichen Vorgaben aus Art. 69 Abs. 3 UAbs. 2 RL 2014/24/EU eingeführt, wonach eine Pflicht zum Ausschluss auch bei Angeboten besteht, deren niedriger Preis bzw. deren niedrige Kosten auf Verstößen gegen Verpflichtungen nach § 128 Abs. 1 GWB (insbesondere gegen umwelt-, sozial- oder arbeitsrechtliche Vorschriften) beruht. Spricht der Auftraggeber dennoch keinen Ausschluss aus und beabsichtigt, das betreffende Angebot zu bezuschlagen, so kann dies durch einen unterlegenen Bieter mit Erfolg gerügt und im Rahmen eines Nachprüfungsverfahrens angegriffen werden.

(1) Negative Vertragserfüllungsprognose. In der Praxis von größter Bedeutung ist die 75
Fallgruppe der negativen Vertragserfüllungsprognose. Es ist allgemeine Meinung, dass ein Angebot auszuschließen ist, wenn der Auftragnehmer aufgrund der Unauskömmlichkeit in so erhebliche Schwierigkeiten geraten kann, dass er den Auftrag nicht zuverlässig und vertragsgerecht zu Ende zu führen imstande ist.[167] Dies zu verhindern ist gerade Sinn und Zweck der Preisprüfung. Umgekehrt bedeutet dies, dass ein Unterkostenangebot, bei dem die Vertragserfüllungsprognose positiv ausfällt, grundsätzlich in der Wertung verbleiben muss. Es ist Sache des Bieters, im Rahmen der Preisprüfung bei Unauskömmlichkeit seines Angebots darzulegen, dass er gleichwohl während der gesamten Dauer der Auftragsausführung leistungsfähig und in der Lage ist, den Auftrag ordnungsgemäß durchzuführen. Auch insoweit sind die Mittel und Möglichkeiten zur Darlegung vielfältig[168] und letztlich durch den Auftraggeber zu bewerten.

Nach Ansicht des OLG Düsseldorf handelt es sich dabei der Sache nach um einen Wie- 76
dereintritt in die Eignungsprüfung: Hat der Auftraggeber nach Durchführung des kontradiktorischen Verfahrens begründete Zweifel an der Leistungsfähigkeit oder Zuverlässigkeit des Bieters, die auf gesicherten tatsächlichen Erkenntnissen beruhen, entfällt seine Eignung.[169] Das bedeutet, dass eine mangelnde Leistungsfähigkeit des Bieters etwa wegen drohender finanzieller Überforderung angesichts der zu erwartenden Unterkosten im Zuschlagsfall beispielsweise auch durch Vorlage einer harten Patronatserklärung der Muttergesellschaft kompensiert werden können soll, falls diese hinreichend finanzkräftig ist; auch die bisherigen Erfahrungen des öffentlichen Auftraggebers mit dem Bieter bei früheren Aufträgen hinsichtlich der Vertragstreue sollen zu berücksichtigen sein.[170] Die

[166] Vereinzelt wurde in der Rechtsprechung noch eine dritte Fallgruppe genannt: Angebote, die darauf angelegt sind, den Auftraggeber bei Durchführung der Leistung zu übervorteilen **(Übervorteilungsabsicht)**; s. OLG München Beschl. v. 21.5.2010 – Verg 02/10, ZfBR 2010, 606, 619; ebenso bereits KG Beschl. v. 15.3.2004 – 2 Verg 17/03, BeckRS 2004, 07527 B. II. 1.; VK Südbayern Beschl. v. 10.2.2006 – Z3-3-3194-1-57-12/05, BeckRS 2006, 33303 Rn. 41. Diese Fallkonstellationen werden allerdings zutreffender unter dem Gesichtspunkt der Mischkalkulation bzw. des Spekulationsangebots erfasst und uU auf der ersten Stufe der Angebotsprüfung ausgeschlossen; s. näher § 29 sowie BGH, Urt. v. 19.6.2018 – X ZR 100/16, NZBau 2018, 776, 777 Rn. 12ff. Denn es geht um Fälle spekulativer Auf- und Abpreisungen von einzelnen Leistungspositionen in der Erwartung, die Leistungsmenge bzw. der Leistungsinhalt werde sich bei Auftragsdurchführung anders entwickeln als es das vom Auftraggeber vorgegebene Mengengerüst bzw. die Leistungsbeschreibung erwarten ließe.

KG Beschl. v. 15.3.2004 – 2 Verg 17/03, BeckRS 2004, 07527, unter B. II. 1.

[167] OLG München Beschl. v. 21.5.2010 – Verg 02/10, ZfBR 2010, 619; OLG Naumburg Beschl. v. 23.4.2009 – Verg 7/08, VergabeR 2009, 793, 797; OLG Düsseldorf Beschl. v. 19.12.2000 – Verg 28/00, VergabeR 2011, 128, 128f.

[168] Vgl. *Gabriel* VergabeR 2013, 300, 305f., insbesondere zur Vorlage einer Bestätigung eines unabhängigen Wirtschaftsprüfers oder einer sog. harten Patronatserklärung eines Dritten.

[169] OLG Düsseldorf Beschl. v. 8.6.2016, Verg 57/15.

[170] OLG Düsseldorf Beschl. v. 8.6.2016, Verg 57/15.

Wettbewerbswidrigkeit eines Unterkostenangebots bei negativer Vertragserfüllungsprognose kann darin gesehen werden, dass andere Mitbewerber, die Angebote mit angemessenem Preis abgegeben haben, zu einem späteren Zeitpunkt etwa wegen anderweitiger Bindung ihrer Ressourcen den Auftrag nicht mehr übernehmen können und dadurch geschädigt werden.[171]

77 Im Rahmen der negativen Vertragserfüllungsprognose wird in der Praxis häufig ein grundlegender Zusammenhang übersehen und von unterlegenen Bietern gegen die vorgesehene Zuschlagserteilung ins Feld geführt, der Zuschlagsdestinatär sei weniger leistungsfähig und könne schon daher nicht billiger sein, er habe nicht die hinreichenden Ressourcen und sei daher mit der Auftragsdurchführung überfordert.[172] Derartige Sachverhalte jedoch sind allenfalls geeignet, die Eignung eines Bieters oder die Qualität der von ihm angebotenen Leistung und die Übereinstimmung des Angebots mit den Bewerbungsbedingungen in Frage zu stellen. Darum geht es aber im Rahmen der Preisprüfung bei der Vertragserfüllungsprognose nicht. Es geht vielmehr um die Frage, ob sich ein Bieter mit seinem Angebotspreis derart „verkalkuliert" hat, dass die Vergütung, die er im Zuschlagsfall zu beanspruchen hätte, zu gering wäre, um ihn in die Lage zu versetzen, den Auftrag ordnungsgemäß, mangelfrei und in der vorgesehenen Zeit zu Ende auszuführen.

78 Die bloße Unauskömmlichkeit eines Preisangebots führt nicht zwingend zu einer negativen Vertragserfüllungsprognose.[173] Ein solcher Automatismus wäre nicht mit dem oben beschriebenen Erfordernis einer zusätzlichen Bewertung des Unterkostenangebots vereinbar. Der Auftraggeber hat daher eine den Besonderheiten des Einzelfalls Rechnung tragende **Prognoseentscheidung** zu treffen[174], die auf Grundlage des Angebots und der im Rahmen des kontradiktorischen Verfahrens abgegebenen Erklärungen zu erfolgen hat. Er verfügt bei dieser Entscheidung über einen **Beurteilungsspielraum,** welcher nur beschränkt von den Nachprüfungsinstanzen überprüfbar ist.[175] Die Nachprüfungsinstanzen überprüfen lediglich, ob der Auftraggeber seiner Aufklärungs- und Prüfungspflicht nachgekommen ist, seiner Entscheidung einen zutreffenden und vollständig ermittelten Sachverhalt zugrunde gelegt hat und aufgrund sachgemäßer und sachlich nachvollziehbarer Erwägungen zu dem Ergebnis gelangt ist, dass der betreffende Bieter nicht zuverlässig und vertragsgerecht während der gesamten Dauer des Auftrags wird leisten können.[176] Allerdings hat der Auftraggeber zuvor die Tatsachengrundlage vollständig aufzuklären; dabei muss er ggf. auch nachträglich vom Bieter eingereichte Unterlagen zu seinen Gunsten berücksichtigen, wenn er ihm nicht zuvor eine angemessene Frist zur Einreichung von Unterlagen gesetzt hat und für den Bieter unzweifelhaft klar war, dass nach dieser Frist noch nachgereichte Unterlagen vom Auftraggeber nicht mehr berücksichtigt werden.[177]

79 **(2) Marktverdrängung(sabsicht).** Nach der Rechtsprechung sind zudem Angebote, die in der zielgerichteten Absicht der Marktverdrängung abgegeben wurden oder bei denen

---

[171] OLG Düsseldorf Beschl. v. 9.5.2011 – Verg 45/11, VergabeR 2011, 884, 885; Beschl. v. 19.12.2000 – Verg 28/00, VergabeR 2001, 128, 128f.

[172] Missverständlich insoweit VK Niedersachsen Beschl. v. 8.7.2011 – VgK-23/2011; Beschl. v. 28.6.2011 – VgK-21/2011, juris Rn. 55.

[173] OLG Düsseldorf Beschl. v. 9.5.2011 – Verg 45/11, VergabeR 2011, 884, 886.

[174] OLG Düsseldorf Beschl. v. 8.6.2016 – Verg 57/15.

[175] OLG Brandenburg Beschl. v. 22.3.2011 – Verg W 18/10, BeckRS 2011, 6542; VK Schleswig-Holstein Beschl. v. 6.4.2011 – VK-SH 05/11, BeckRS 2014, 53859, unter II. 2. Das OLG Düsseldorf Beschl. v. 8.6.2016 – Verg 57/15, spricht insoweit von einem „dem Beurteilungsspielraum rechtsähnlichen Wertungsspielraum" und weist daraufhin, dass dies lediglich für die Prognoseentscheidung des Auftraggebers gelte, seine Entscheidung im Übrigen aber uneingeschränkt zu überprüfen sei.

[176] VK Bund Beschl. v. 31.5.2011 – VK 3-56/11, juris Rn. 77; vgl. VK Sachsen Beschl. v. 8.7.2004 – 1/SVK/004-04.

[177] OLG Düsseldorf Beschl. v. 8.6.2016 – Verg 57/15.

zumindest die Gefahr besteht, dass bestimmte Wettbewerber vom Markt verdrängt werden, als wettbewerbswidrige Angebote auf der Ebene der Preisprüfung auszuschließen.[178]

Nach der Rechtsprechung des OLG Düsseldorf handelt es sich bei der Marktverdrängungsabsicht und der objektiven Gefahr der Marktverdrängung um zwei alternative Tatbestände.[179] Die Marktverdrängungsabsicht ist abzugrenzen von dem zulässigen wettbewerblichen Bestreben der Bieter, mit einem günstigen Angebot die Konkurrenz zu unterbieten. Sie soll eine „geradezu wettbewerbsfeindliche Gesinnung" voraussetzen.[180] 80

Allein aufgrund eines niedrigen Preises kann nicht auf eine Marktverdrängungsabsicht oder eine Gefahr der Marktverdrängung geschlossen werden.[181] Erforderlich ist vielmehr eine Marktabgrenzung im Einzelfall. Einigkeit besteht jedenfalls insofern, als eine Verdrängung aus der konkreten Auftragsvergabe grundsätzlich nicht ausreichen kann.[182] Für die Bestimmung des Marktes gelten die Vorgaben des Kartellrechts nicht unmittelbar. Im Kern handelt es sich um eine lauterkeitsrechtliche Prüfung.[183] Dabei darf der Markt nicht etwa auf den Zuständigkeitsbereich des Auftraggebers eingegrenzt werden.[184] Bestehen für die Bieter Ausweichmöglichkeiten jenseits des Zuständigkeitsbereichs des Auftraggebers, so spricht dies gegen die Gefahr einer Marktverdrängung. 81

(3) Verstoß gegen umwelt-, sozial- oder arbeitsrechtliche Bestimmungen. Nach § 60 Abs 3 S. 2 VgV lehnt der öffentliche Auftraggeber ein Angebot (zwingend) dann ab, wenn er feststellt, dass der Preis des Angebots deshalb ungewöhnlich bzw. unangemessen niedrig ist, weil Verpflichtungen nach § 128 Abs. 1 GWB nicht eingehalten werden. Dies betrifft nach § 60 Abs. 2 S. 2 Nr. 4 VgV insbesondere Verstöße gegen umwelt-, sozial- oder arbeitsrechtliche Bestimmungen (ua das Mindestlohngesetz). Darüber hinaus haben Unternehmen bei der Ausführung eines öffentlichen Auftrags gemäß § 128 Abs. 1 GWB aber alle für sie geltenden rechtlichen Verpflichtungen einzuhalten, so dass ein Angebotsausschluss gemäß § 60 Abs. 3 VgV bei jedem aufgrund von Rechtsverletzungen ungewöhnlich bzw. unangemessen niedrigen Angebotspreis zwingend vorgeschrieben ist. Die Regelung des § 60 Abs. 3 VgV geht damit weiter als die des § 16d Abs. 1 EU VOB/A für die Vergabe von Bauleistungen, die einen Angebotsausschluss nur im Falle eines Verstoßes gegen umwelt-, sozial- oder arbeitsrechtliche Bestimmungen zwingend vorschreibt. Für den Bereich der Bauleistungen reicht insofern nicht jeder Rechtsverstoß aus. Das europäische Vorbild des Art. 69 Abs. 3 iVm Art. 18 Abs. 2 RL 2014/24/EU gebietet einen zwingenden Angebotsausschluss indes auch nur im Falle eines Verstoßes gegen umwelt-, sozial- oder arbeitsrechtliche Verpflichtungen, so dass keine europarechtlichen Bedenken bestehen, die eine identische Auslegung beider Vorschriften erfordern würden.[185] 82

[178] OLG München Beschl. v. 21.5.2010 – Verg 02/10, ZfBR 2010, 606, 619; OLG Düsseldorf Beschl. v. 19.12.2000 – Verg 28/00, VergabeR 2001, 128, 128f.; Bedenken insbesondere bzgl. der Europarechtskonformität äußert insoweit *Müller-Wrede* VergabeR 2011, 46, 46ff.

[179] OLG Düsseldorf Beschl. v. 9.5.2011 – Verg 45/11, VergabeR 2011, 884, 885; Beschl. v. 19.12.2000 – Verg 28/00, VergabeR 2001, 128, 128; aA wohl VK Baden-Württemberg Beschl. v. 21.12.2011 – 1 VK 64/11; Beschl. v. 16.4.2010, 1 VK 16/10, juris Rn. 86. Ob allein die objektive Gefahr, dass ein Mitbewerber vom Markt verdrängt wird, ausreichend ist, lässt KG Beschl. v. 23.6.2011 – 2 Verg 7/10, BeckRS 2012, 15851 offen.

[180] *Gabriel* VergabeR 2013, 300, 306 mwN.

[181] OLG Düsseldorf Beschl. v. 4.9.2002, Verg 37/02, veris.

[182] OLG Düsseldorf Beschl. v. 17.6.2002 – Verg 18/02, NZBau 2002, 626, 628; OLG Koblenz Beschl. v. 26.10.2005 – 1 Verg 4/05, VergabeR 2006, 392, 401f.

[183] OLG Düsseldorf Beschl. v. 4.9.2002 – Verg 37/02, BeckRS 2013, 4187.

[184] OLG Düsseldorf Beschl. v. 25.2.2009 – Verg 6/09, BeckRS 2010, 4963, unter II. 2.; hingegen im Einzelfall allein auf den „regionalen" Markt abstellend OLG Düsseldorf Beschl. v. 12.10.2005 – Verg 37/05, BeckRS 2006, 38.

[185] Vgl. auch Erwägungsgrund 103 und Art. 18 Abs. 2 RL 2014/24/EU sowie die Verordnungsbegründung zu § 60 Abs. 3 VgV, BR-Drs. 87/16, S. 216.

83 **c) Besonderheiten bei Unterangeboten aufgrund staatlicher Beihilfen.** § 60 Abs. 4 VgV enthält Sonderregelungen für Angebote, die aufgrund einer staatlichen Beihilfe „ungewöhnlich niedrig" sind. Entsprechende Regelungen sind auch in den übrigen Vergabeordnungen enthalten. Diese Angebote können (und müssen) nach diesen Vorschriften auf der Ebene der Preisprüfung nur dann zurückgewiesen werden, wenn der Bieter nach entsprechender Aufforderung durch den Auftraggeber nicht innerhalb einer von dem Auftraggeber festzusetzenden ausreichenden Frist nachweisen kann, dass die Beihilfe rechtmäßig gewährt wurde, wobei die Beweislast eindeutig beim Bieter liegt[186]. Schließt ein Auftraggeber in einem solchen Fall ein Angebot aus, muss er nach S. 2 der jeweiligen Regelung die Kommission darüber unterrichten.

84 Auch wenn diese Regelungen jeweils gesondert ausgestaltet sind, regeln sie letztlich nur einen Sonderfall im Rahmen der wettbewerblichen Rechtfertigung eines Unterkostenangebots.[187] Entsprechend ist der Begriff des ungewöhnlich niedrigen Angebots im Sinne dieser Vorschriften nicht anders auszulegen als in § 60 Abs. 1 VgV bzw. als der Begriff des unangemessen niedrig erscheinenden Angebotspreises im Sinne der §§ 16d Abs. 1 Nr. 2 VOB/A, 16 Abs. 1 Nr. 2 EU VOB/A.[188] Auch ansonsten gelten die obigen Ausführungen zur Preisprüfung bei Unterangeboten, insbesondere zu den Aufgreifschwellen, zum Verfahren etc. entsprechend.

85 Die Besonderheit in den Fällen des § 60 Abs. 4 VgV liegt darin, dass die Ursache des ungewöhnlich niedrigen Angebotspreises eine staatliche Beihilfe sein muss. Der Begriff der Beihilfe ist dabei ähnlich wie im Beihilfenrecht weit zu fassen. Unter einer Beihilfe werden daher alle von der öffentlichen Hand gewährten geldwerten Vergünstigungen zugunsten des Unternehmens des Bieters verstanden.[189] Entscheidend ist dabei auf den Sinn und Zweck der Regelung abzustellen. Dieser liegt darin, Wettbewerbsverzerrungen aufgrund nicht gerechtfertigter staatlicher Subventionen zu verhindern, gleichzeitig aber soll verhindert werden, dass rechtmäßig gewährte Subventionen dem entsprechenden Bieter nicht zum Nachteil gereichen, weil diese nicht den Wettbewerb beeinträchtigen, sondern durch Ausgleich von Wettbewerbsnachteilen des subventionierten Unternehmens gerade zur Sicherstellung eines fairen Wettbewerbs beitragen.[190] Dementsprechend ist der Auftraggeber in einem solchen Fall verpflichtet, dem betroffenen Bieter Gelegenheit zur Stellungnahme zu geben, um aufzuklären, ob die Beihilfe rechtmäßig gewährt wurde, was insbesondere dann nicht der Fall ist, wenn es sich um eine europarechtswidrig nicht notifizierte Beihilfe handelt. Nur im Falle einer nicht gerechtfertigten Beihilfe liegt ein Ausschlussgrund vor, was sich für öffentliche Liefer- und Dienstleistungsaufträge im Unterschwellenbereich angesichts des Wortes „nur" in § 44 Abs. 4 S. 1 UVgO (der ansonsten § 60 Abs. 4 S. 1 VgV entspricht) bereits unmittelbar aus dem Wortlaut der einschlägigen Norm ergibt.

86 Für die Vergabe von Liefer- und Dienstleistungen oberhalb der Schwellenwerte ist der Ausschluss des Bieters in diesem Fall gemäß § 60 Abs. 4 S. 1 VgV zwingend. Für öffentliche Liefer- und Dienstleistungsaufträge unterhalb der EU-Schwellenwerte gilt mit § 44 Abs. 4 S. 1 UVgO eine dem § 60 Abs. 4 S. 1 VgV vergleichbare Regelung. Dagegen stellt § 16d Abs. 1 Nr. 3 EU VOB/A für die Vergabe von Bauleistungen die Entscheidung einer Angebotszurückweisung in das Ermessen des öffentlichen Auftraggebers. Eine richtlinienkonforme Auslegung zur Begründung einer entsprechenden Ausschlusspflicht ist insoweit nicht geboten, da Art. 69 Abs. 4 RL 2014/24/EU keinen obligatorischen Ausschluss für

[186] Die Verordnungsbegründung zu § 60 Abs. 4 VgV verweist als Nachweismöglichkeiten auf die Vorlage der Genehmigung einer Beihilfe oder einer Förderrichtlinie, auf welcher die Beihilfe beruht, durch die Europäische Kommission wie auch auf eine möglicherweise einschlägige Gruppenfreistellungsverordnung, BR-Drs. 87/16, S. 216.

[187] Dreher/Motzke/*Opitz* § 16d VOB/A Rn. 46.

[188] Kapellmann/Messerschmidt/*Frister* § 16 VOB/A-EG Rn. 9; Müller-Wrede/*Horn* § 60 VgV Rn. 41.

[189] Dieckmann/Scharf/Wagner-Cardenal/*Ackermann* § 60 VgV Rn. 31; Kapellmann/Messerschmidt/*Frister* § 16 VOB/A-EG Rn. 9.

[190] KKMPP/*Dicks* § 60 VgV Rn. 39.

den Fall einer rechtswidrig gewährten Beihilfe vorsieht („darf"). Dies gilt auch dann, wenn aufgrund mangelnder Kooperation des Bieters nicht aufgeklärt werden kann, ob es sich um eine rechtmäßige oder rechtswidrige Beihilfe handelt.[191] Unter Gleichbehandlungsgesichtspunkten wird man jedoch für den Regelfall eine Ermessensreduzierung auf Null im Sinne einer Ausschlusspflicht des Auftraggebers annehmen können. Wichtig dabei ist, dass eine rechtswidrige staatliche Beilhilfe nur dann den Ausschluss des Angebots des begünstigten Bieters rechtfertigen kann, wenn es sich um ein Unterkostenangebot handelt und sich eine Kausalität der rechtswidrigen Beilhilfe für den ungewöhnlich niedrigen Angebotspreis nachweisen lässt. Alleine die Tatsache der Gewährung einer rechtswidrigen Beihilfe an ein bestimmtes Unternehmen ist im Übrigen ein Vorgang außerhalb des Vergabeverfahrens und kann schon deshalb (auch unter anderen rechtlichen Gesichtspunkten) einen Angebotsausschluss nicht begründen.[192]

4. Darlegung im Streitfall

Für die Darlegungs- und Beweislast gilt es zwei unterschiedliche prozessuale Konstellationen zu unterscheiden: das Vorgehen eines ausgeschlossenen Bieters gegen die Ausschlussentscheidung und das Vorgehen eines unterlegenen Bieters gegen die beabsichtigte Zuschlagserteilung auf das möglicherweise nicht auskömmliche Angebot eines Konkurrenten. 87

a) Ausschluss. Hat der Auftraggeber einen Ausschluss im Rahmen der Preisprüfung ausgesprochen und will der Bieter des ausgeschlossenen Angebots gegen den Ausschluss vorgehen, muss er nach ordnungsgemäßer Durchführung des kontradiktorischen Verfahrens darlegen und beweisen, dass sein Angebot entgegen den Indizien, die die Aufklärungspflicht ausgelöst haben, auskömmlich oder trotz Unauskömmlichkeit wettbewerblich gerechtfertigt ist.[193] 88

Kann der Bieter berechtigte Zweifel des Auftraggebers an der dauerhaften, zuverlässigen und ordnungsgemäßen Vertragsdurchführung nicht ausräumen, muss der Auftraggeber zum eigenen Schutz einen Ausschluss aussprechen können[194]. Der Bieter trägt insofern die Beweislast dafür, dass eine positive Vertragserfüllungsprognose vorliegt. Dazu muss der Bieter den Nachweis erbringen, dass er über ausreichende eigene oder fremde Mittel verfügt, um den Fehlbetrag zu decken, der bei der Vertragsausführung voraussichtlich entstehen wird.[195] 89

Will der Auftraggeber das Angebot hingegen aufgrund angeblicher Marktverdrängung (sabsicht) ausschließen, obwohl dem Bieter der Nachweis gelungen ist, dass er zuverlässig und vertragsgerecht den Auftrag zu Ende führen werden kann, dann trifft den Auftraggeber bezüglich der Marktverdrängung(sabsicht) die Beweislast.[196] 90

b) Kein Ausschluss. Nicht unerhebliche Darlegungs- und Beweisschwierigkeiten ergeben sich in der Praxis, wenn ein unterlegener Bieter gegen den Zuschlag an ein vermeintlich wettbewerbswidriges Unterkostenangebot vorgehen will. Die Beweislast trifft denjenigen Bieter, der sich auf das Vorliegen einer der Fallgruppen beruft.[197] Dies gilt im Hinblick auf eine Rüge ebenso wie im Rahmen eines Vergabenachprüfungsverfahrens. Der unterlegene 91

[191] Beck VergabeR/*Opitz* § 16d VOB/A-EU Rn. 49 mwN.

[192] Vgl. OLG Düsseldorf Beschl. v. 26. 7. 2002 – Verg 22/02, NZBau 2002, 634, 636 ff.

[193] Vgl. → Rn. 59.

[194] Vgl. auch die Begründung zu § 60 Abs. 1 VgV, BR-Drs. 87/16, S. 215; aA offenbar OLG Düsseldorf Beschl. v. 8. 6. 2016 – Verg 57/15: „Den Nachteil der Nichterweislichkeit eines ungewöhnlich hohen oder niedrigen Angebots oder eines Missverhältnisses zwischen Preis und Leistung hat im Nachprüfungsverfahren der Auftraggeber zu tragen.

[195] Für mögliche Nachweise kann er sich zB an § 6a Abs. 2 EU VOB/A orientieren.

[196] Vgl. OLG München Beschl. v. 21. 5. 2010 – Verg 02/10, ZfBR 2010, 606, 619; VK Brandenburg Beschl. v. 20. 9. 2010, VK 45/10, juris Rn. 33.

[197] OLG München Beschl. v. 21. 5. 2010, Verg 02/10, ZfBR 2010, 606, 619; VK Brandenburg Beschl. v. 20. 9. 2010, VK 45/10, juris Rn. 33.

Bieter muss tatsächliche Anhaltspunkte vortragen, die es zumindest als naheliegend erscheinen lassen, dass ein unauskömmliches Angebot vorliegt, welches die Gefahr einer Marktverdrängung birgt oder eine negative Vertragserfüllungsprognose begründet oder dessen Preisgestaltung auf eine Marktverdrängungsabsicht schließen lässt. Reine Vermutungen und Behauptungen ins Blaue hinein genügen nicht.[198] Dies gilt insbesondere für die in der Praxis häufig anzutreffende Behauptung, man habe selbst an der Grenze zur Selbstkostendeckung angeboten, so dass jedes noch günstigere Angebot zwangsläufig ein wettbewerbswidriges Dumping-Angebot sein müsse.[199] Andererseits ist zu berücksichtigen, dass der unterlegene Bieter häufig (insbesondere in allen Vergabeverfahren, in denen die Angebotspreise nicht offen gelegt werden) kaum über die erforderlichen Informationen verfügt, um hinreichend sicher abschätzen zu können, ob ein Konkurrent ein unauskömmliches Angebot unterbreitet hat und aus diesem Grund die Gefahr besteht, dass er den Auftrag nicht ordnungsgemäß wird zu Ende ausführen können. Gleichwohl wird man von ihm zumindest erwarten können, dass er anhand der eigenen Kalkulation und eines strukturellen Vergleichs seines Unternehmens mit dem des Konkurrenten konkrete Anhaltspunkte dafür benennt, warum aus seiner Sicht ein Ausschluss gerechtfertigt sein könnte.

92 Darüber hinaus wird man an die Darlegung jedenfalls im Rahmen der Zulässigkeitsprüfung keine überspannten Anforderungen stellen dürfen.[200] Soweit es indes um das Vorliegen einer möglichen Marktverdrängungsabsicht oder einer Gefahr der Marktverdrängung geht, ist es Sache des unterlegenen Bieters, konkret vorzutragen und darzulegen, dass und aus welchen Gründen im Falle der Zuschlagserteilung seine Verdrängung aus dem Markt droht. In der Praxis wird ein Bieter die Gefahr der Verdrängung vom Markt oft nicht belegen können, ohne die eigene Kalkulation und wirtschaftlichen Verhältnisse im öffentlichen Verfahren preiszugeben.[201] Um insoweit eine Abwägung des erkennenden Gerichts zwischen den widerstreitenden – verfassungsrechtlich geschützten – Interessen der Berufs- und Eigentumsfreiheit einerseits sowie des Anspruchs auf rechtliches Gehör andererseits zu ermöglichen, hat der BGH den Weg zur Durchführung eines sog. „In camera"-Verfahrens zum Schutz von Betriebs- und Geschäftsgeheimnissen in analoger Anwendung des § 71 Abs. 1 S. 3 GWB frei gemacht.[202] An diesem Zwischenverfahren, das zu einer mit sofortiger Beschwerde isoliert anfechtbaren Entscheidung der Vergabekammer führt, sind in der Regel nur der antragstellende und der beigeladene Bieter zu beteiligen, nicht aber der Auftraggeber.[203] Mit der Anerkennung dieses Verfahrens dürfte es den unterlegenen Bietern in der Praxis leichter fallen, im Nachprüfungsverfahren ohne Preisgabe seiner Betriebs- und Geschäftsgeheimnisse ggf. den Nachweis eines wettbewerbswidrigen Unterkostenangebots zu erbringen oder umgekehrt auch dem bezuschlagten Bieter, die Auskömmlichkeit seines Preises nachzuweisen.

5. Entscheidung über den Ausschluss

93 Die Prüfung endet mit der Entscheidung des Auftraggebers über den Ausschluss aus dem Vergabeverfahren. Erfüllt ein Unterkostenangebot die Voraussetzungen einer der genannten Fallgruppen und handelt es sich somit um keinen wettbewerblich begründeten Preis, dann liegt bei wertender Betrachtung ein „offenbares Missverhältnis" zwischen Preis und

[198] OLG Koblenz Beschl. v. 18.9.2013 – 1 Verg 6/13, BeckRS 2013, 16938 unter II.2.; anschaulich auch VK Baden-Württemberg Beschl. v. 23.10.2012 – 1 VK 37/12; vgl. zudem VK Baden-Württemberg Beschl. v. 21.8.2009, 1 VK 40/09, BeckRS 2009, 138431 Rn. 88.

[199] Vgl. zur Unzulässigkeit einer subjektiven Bewertung VK Hessen Beschl. v. 30.5.2005, 69d VK 16/2005, juris Rn. 58.

[200] Vgl. VK Brandenburg Beschl. v. 8.12.2006 – 1 VK 49/06.

[201] OLG München Beschl. v. 11.5.2007 – Verg 04/07, ZfBR 2007, 599, 601.

[202] BGH Beschl. v. 31.1.2017 – X ZB 10/16, NZBau 2017, 230, 233f. unter Verweis auf BVerfG Beschl. v. 14.3.2006 – 1 BvR 2087/03, 1 BvR 2111/03, BVerfGE 115, 205; zur vorherigen (ablehnenden) Rspr. vgl. OLG München Beschl. v. 11.5.2007 – Verg 04/07, ZfBR 2007, 599, 601.

[203] *Hildebrandt* ZfBR 2019, 550, 552.

Leistung bzw. ein „unangemessen" oder „ungewöhnlich" niedriger Preis vor. Nach dem eindeutigen Wortlaut der §§ 16d Abs, 1 Nr. 1 VOB/A, 16 Abs. 1 Nr. 1 S. 1 EU VOB/A, 16 Abs. 1 Nr. 1 EU VOB/A ist in einem solchen Fall ein Angebotsausschluss zwingend.[204] § 60 Abs. 3 S. 1 VgV bzw. § 44 Abs. 3 S. 1 UVgO hingegen normiert lediglich einen fakultativen Ausschlussgrund und stellt die Entscheidung über einen Ausschluss in das pflichtgemäße Ermessen des Auftraggebers. Dies gilt zumindest für den Fall, dass er die geringe Höhe des angebotenen Preises nicht zufriedenstellend aufklären kann.[205] Allerdings wird der Ermessensspielraum im Fall der Feststellung nicht wettbewerbskonformer Gründe für einen ungewöhnlich niedrigen Angebotspreis in aller Regel stark eingeschränkt und nur ein Ausschluss vergaberechtskonform sein. Beide vorgenannten Regelungen sind mit ihrem europäischen Vorbild des Art. 69 RL 2014/24/EU vereinbar, der einerseits keinen zwingenden Ausschluss verlangt, einem solchen aber auch nicht entgegensteht.[206] Selbst ein Zuschlag auf ein wettbewerbswidriges Unterkostenangebot kann demnach einer Überprüfung standhalten. In jedem Fall zwingend ist ein Ausschluss jedoch im Rahmen des § 60 Abs. 3 S. 2 VgV, wenn gegen die Verpflichtungen nach Abs. 2 Nr. 4 verstoßen wurde, insbesondere bei Nichteinhaltung umwelt-, sozial- oder arbeitsrechtlicher Vorschriften. Diesen zwingenden Ausschlussgrund sieht bereits Art. 69 Abs. 3 UAbs. 2 RL 2014/24/EU ausdrücklich vor.[207] Gleiches gilt gemäß § 60 Abs. 4 S. 1 VgV, der mit Art. 69 Abs. 4 S. 1 RL 2014/24/EU übereinstimmt, wenn das Angebot aufgrund einer staatlichen Beihilfe ungewöhnlich niedrig ist und der Bieter die Europarechtskonformität der Beihilfe nicht nachweisen kann. Einen zwingenden Ausschluss sieht § 44 Abs. 3 S. 2 UVgO für die Vergabe öffentlicher Liefer- und Dienstleistungsaufträge im Unterschwellenbereich für den Fall der fehlenden Mitwirkung vor.[208] Dies wird aber so zu verstehen sein, dass der Ausschluss nur dann zwingend ist, wenn der Bieter überhaupt nicht mitwirkt; wirkt er nur unzureichend mit, dann wird der Auftraggeber in der Regel eine inhaltliche Bewertung der vom Bieter vorgebrachten Informationen und Unterlagen vornehmen müssen.

Kommt der Auftraggeber hingegen zu dem Schluss, dass der unauskömmliche Preis 94 wettbewerblich begründet ist, dann muss er es in der Wertung belassen. Ein Ausschluss wäre vergaberechtlich unzulässig. Der Bieter des ausgeschlossenen Angebots könnte mit Erfolg gegen den Ausschluss vorgehen.

Die Gründe für die Ablehnung von Angeboten mit einem unangemessen niedrigen 95 Preis sind gemäß § 8 Abs. 1 VgV zu dokumentieren, um einen effektiven Rechtsschutz der Bieter zu gewährleisten.[209]

II. Überhöhter Preis

Nach § 16d Abs. 1 Nr. 1 VOB/A, § 16d Abs. 1 Nr. 1 EU VOB/A und § 16d Abs. 1 Nr. 1 96 VS VOB/A darf der Zuschlag nicht auf ein Angebot mit einem unangemessen *hohen* Preis erteilt werden. In § 16 Abs. 6 S. 2 VOL/A war nicht von einem unangemessen hohen Preis, sondern (nur) von einem offenbaren Missverhältnis zwischen Preis und Leistung die Rede. Auch diese neutrale Formulierung erfasste indessen das sog. Überangebot. Von einer entsprechenden Regelung zu überhöhten Preisen wurde in § 60 VgV hingegen abgesehen, so dass für den Bereich der Liefer- und Dienstleistungsangebote oberhalb der

[204] *Stolz* VergabeR 2002, 219, 220f.
[205] Kann der Auftraggeber hingegen den ungewöhnlich niedrigen Preis derart aufklären, dass er die Unangemessenheit des Preises feststellt, dürfte sich eine andere (ermessensfehlerfreie) Entscheidung als die eines Ausschlusses kaum rechtfertigen lassen.
[206] Vgl. *Jaeger* NZBau 2014, 259, 266; zum insoweit inhaltsgleichen Art 55 VKR *Stolz* VergabeR 2002, 219, 220ff.; Bedenken äußert *Müller-Wrede* VergabeR 2011, 46, 48ff.
[207] *Jaeger* NZBau 2014, 259, 266.
[208] Vgl. bereits → Rn. 47.
[209] Vgl. zu den Dokumentationspflichten VK Sachsen-Anhalt Beschl. v. 19.10.2011, 2 VK LSA 05/11.

Schwellenwerte ein Ausschluss auf dieser Wertungsstufe aufgrund eines unangemessen hohen Preises nicht mehr in Betracht kommt.[210] Entsprechendes gilt für den Bereich der Liefer- und Dienstleistungsangebote im Unterschwellenbereich, da § 44 UVgO insofern ebenfalls keine Regelung für überhöhte Preise vorsieht.

97 Dies hat allerdings keine praktischen Auswirkungen zur Folge. In aller Regel führt die Wirtschaftlichkeitsbewertung ohnehin dazu, dass Angebote mit unangemessen hohen Preisen nicht den Zuschlag erhalten. Daher sind die Regelungen zum Überangebot zwar insbesondere dann noch von praktischer Relevanz, wenn ausschließlich Angebote mit unangemessen niedrigen oder hohen Preisen vorliegen, wenn die übrigen Angebote bereits wegen anderer Gründe ausgeschlossen wurden oder wenn von vorneherein nur das (vermeintliche) Überangebot als einziges Angebot abgegeben wurde.[211] Doch ist der öffentliche Auftraggeber in diesem Fall berechtigt, mangels wirtschaftlichen Ergebnisses das Vergabeverfahren gemäß § 63 Abs. 1 Nr. 3 VgV als „ultima ratio" insgesamt aufzuheben.

98 Die Vorschriften des deutschen Rechts zur Vergabe von Bauleistungen gehen insoweit über Art. 69 RL 2014/24/EU hinaus, als dass Art. 69 nur den Fall eines ungewöhnlich niedrigen Angebots regelt. Gleichwohl wurden die gleichlautenden Vorgängerregelungen zu den §§ 16d Abs. 1 Nr. 1 VOB/A, 16d Abs. 1 Nr. 1 EU VOB/A als insoweit „überschießende" Richtlinienumsetzung als europarechtskonform angesehen[212], da die seinerzeit maßgebliche VKR keine umfassende Gemeinschaftsregelung, sondern lediglich eine Koordinierung der nationalen Vergabeverfahren anstrebte.[213] Vor dem Hintergrund, dass Art. 69 den bisherigen Regelungsgehalt des Art. 55 VKR bis auf wenige kleine Änderungen im Wortlaut übernimmt, dürften insoweit auch die §§ 16d Abs. 1 Nr. 1 VOB/A, 16d Abs. 1 Nr. 1 EU VOB/A als richtlinienkonform anzusehen sein.

1. Keine Vorprüfung und keine Aufklärungspflicht

99 Dem Wortlaut des § 60 Abs. 1 VgV zufolge besteht die Pflicht des Auftraggebers, vom Bieter Aufklärung zu verlangen, nur im Falle ungewöhnlich bzw. unangemessen *niedrig* erscheinender Angebote. Eine Vorprüfung, ob ein Angebot ungewöhnlich *hoch* erscheint, und ein sich der Vorprüfung anschließendes Aufklärungsverfahren wird vom Wortlaut der Normen nicht verlangt.

100 Zum Teil wird gleichwohl argumentiert, es ergebe sich eine entsprechende Aufklärungspflicht des Auftraggebers aus der allgemeinen Vorschrift zur Aufklärung des Angebotsinhalts (§ 15 Abs. 5 VgV, § 56 VgV).[214] Die Tragfähigkeit dieser Argumentation ist aber fraglich, da sich aus dem Wortlaut der jeweiligen Vorschrift lediglich ein Recht, jedoch keine Pflicht ergibt, Aufklärung vom Bieter zu verlangen. Gegen eine analoge Anwendung der Regelungen zur Aufklärungspflicht bei Unterangeboten spricht, dass in dem vom Normgeber geregelten Fall des besonders niedrigen Angebots der Auftraggeber vor einer nicht ordnungsgemäßen Auftragsdurchführung geschützt werden soll.[215] Eine solche Gefahr besteht bei Überangeboten nicht, so dass zumindest zum Schutz des Auftraggebers eine analoge Anwendung nicht geboten erscheint. Da Art. 69 RL 2014/24/EU den Fall

[210] OLG Rostock Beschl. v. 7.11.2018 – 17 Verg 2/18, BeckRS 2018, 49920 Rn. 50; ebenso Dieckmann/Scharf/Wagner-Cardenal/*Ackermann* § 60 VgV Rn. 27 (unklar aber Rn. 14).

[211] Willenbruch/Wieddekind/*Stolz* § 19 VOL/A-EG Rn. 94.

[212] OLG Karlsruhe Beschl. v. 27.7.2009 – 15 Verg 3/09, ZfBR 2010, 196, 197; offengelassen von OLG Düsseldorf Beschl. v. 6.6.2007 – Verg 8/07, NZBau 2008, 141, 144.

[213] Vgl. EuGH Urt. v. 27.11.2001 – C-285/99 und C-286/99, NZBau 2002, 101 Rn. 33 – Lombardini und Mantovani – zur Richtlinie 93/37/EWG mit Verweis auf ihren 2. Erwägungsgrund; vgl. 2. Erwägungsgrund VKR. Krit. insofern zur Schaffung eines zwingenden Ausschlusses *Müller-Wrede* VergabeR 2011, 46, 48 ff.

[214] KKMPP/*Dicks* § 60 VgV Rn. 14; vgl. VK Bund Beschl. v. 4.7.2012 – VK 1-64/12, juris Rn. 64 ohne Bezugnahme auf eine konkrete Norm, allein darauf abstellend, dass das Vorliegen eines unangemessen hohen Preises dieselbe Rechtsfolge, nämlich die Nichtberücksichtigung des Angebots, wie das Vorliegen eines unangemessen niedrigen Preises hat.

[215] Vgl. B.I.1.; Kapellmann/Messerschmidt/*Frister* § 16d VOB/A Rn. 5.

eines ungewöhnlich hohen Angebots nicht erfasst, verlangt auch die Richtlinie dem Wortlaut nach keine Aufklärungspflicht. Allenfalls ließe sich zum Schutz des Bieters eine Aufklärungspflicht mit ihrem Zweck begründen, Willkür des Auftraggebers zu verhindern.[216] Dagegen spricht jedoch die geringe Schutzbedürftigkeit, da unangemessen hohe Angebote regelmäßig ohnehin spätestens auf der vierten Wertungsstufe ausgeschlossen werden. Nach der zutreffenden herrschenden Auffassung lässt sich eine Aufklärungspflicht daher nicht begründen.[217] Gleichwohl bleibt eine weitere Aufklärung des Preises des Überangebots auf Grundlage von §§ 15 Abs. 5 VgV zulässig[218] und dürfte in der Praxis regelmäßig auch ratsam sein.

2. Angemessenheitsprüfung

Für die Prüfung der Angemessenheit des Angebots ist wie bei Unterangeboten auch bei Überangeboten grundsätzlich der Gesamtpreis maßgeblich.[219] Anlass zur Überprüfung der Angemessenheit können insoweit jedoch auch abgeschlossene Teile eines Angebots oder gewichtige Einzelpositionen ergeben.[220] 101

Unklar ist, wo die Angreifschwelle anzusiedeln ist. Nach Auffassung des OLG München kann zur Feststellung eines unangemessen hohen Preises auf die zum Unterkostenangebot entwickelten Maßstäbe, namentlich die vom OLG München selbst vertretene Preisspanne von 10% zum nächsten Angebot, zurückgegriffen werden.[221] Das OLG Karlsruhe hält dem zu Recht entgegen, dass eine Übertragung nicht ohne weiteres möglich sei, da ein Ausschluss eines Unterangebots primär der Gewährleistung einer zuverlässigen Ausführung des Auftrags und damit einem grundlegend anderen Zweck dient.[222] 102

Ein unangemessen hoher Preis liegt vor, wenn Preis und Leistung in einem erheblichen Missverhältnis stehen.[223] Ab wann dies angenommen werden kann, lässt sich nur unter Abwägung der konkreten Umstände des jeweiligen Vergabeverfahrens entscheiden.[224] Grundsätzlich können insoweit die Maßstäbe für die Prüfung von Unterkostenangeboten entsprechend (umgekehrt) angewendet werden.[225] Maßgebliches Vergleichskriterium ist im Wesentlichen der **Marktpreis**[226], dessen Bestimmung dem Auftraggeber allerdings häufig erhebliche Schwierigkeiten bereiten kann. 103

Nicht eindeutig ist auch hier die Rechtsprechung in der für die Praxis insbesondere bei Überangeboten bedeutsamen Frage, ob für die Ermittlung eines angemessenen Preises auch die Preise bereits ausgeschlossener Angebote zu berücksichtigen sind. Nach richtiger Auffassung ist eine Berücksichtigung dann zulässig, wenn der Ausschlussgrund keinerlei Auswirkungen auf die Höhe des Preises hatte, wie dies etwa bei Verstößen gegen Formvorschriften regelmäßig anzunehmen ist.[227] 104

---

[216] EuGH Urt. v. 29.3.2012 – C-599/10, NZBau 2012, 376 Rn. 29. – SAG ELV Slovensko ua.

[217] VK Brandenburg Beschl. v. 13.12.2007 – VK 50/07, BeckRS 2008, 3348 Rn. 77; *Stolz* in Willenbruch/Wieddekind/*Stolz* § 19 VOL/A-EG Rn. 98; Kapellmann/Messerschmidt/*Frister* § 16d VOB/A Rn. 5; Vygen/Kratzenberg/*Kratzenberg* § 16 VOB/A Rn. 109.

[218] Müller-Wrede VOL/A/*Horn* 4. Aufl. 2014, § 19 VOL/A-EG Rn. 218; Willenbruch/Wieddekind/*Stolz* § 19 VOL/A-EG Rn. 98.

[219] OLG Karlsruhe Beschl. v. 27.7.2009 – 15 Verg 3/09, ZfBR 2010, 196, 198; VK Bund Beschl. v. 17.1. 2011, VK 1-139/10, juris Rn. 48.

[220] VK Brandenburg Beschl. v. 13.12.2007 – VK 50/07, BeckRS 2008, 3348 Rn. 69.

[221] OLG München Beschl. v. 2.6.2006 – Verg 12/06, ZfBR 2006, 600, 604.

[222] OLG Karlsruhe Beschl. v. 27.7.2009 – 15 Verg 3/09, ZfBR 2010, 196, 198.

[223] VK Baden-Württemberg Beschl. v. 29.4.2009 – 1 VK 15/09, juris Rn. 60.

[224] OLG Karlsruhe Beschl. v. 27.7.2009 – 15 Verg 3/09, ZfBR 2010, 196, 198.

[225] Kapellmann/Messerschmidt/*Frister* § 16d VOB/A Rn. 4.

[226] OLG Karlsruhe Beschl. v. 27.7.2009 – 15 Verg 3/09, ZfBR 2010, 196, 198; VK Schleswig-Holstein Beschl. v. 15.12.2014 – VK-SH 23/14, juris Rn. 96.

[227] Vgl. → Rn. 21.

3. Entscheidung über den Ausschluss

105 Bei der Entscheidung über einen Ausschluss eines Angebots aufgrund unangemessen hohen Preises kommt dem Auftraggeber ein Beurteilungsspielraum[228] zu mit der Folge einer nur beschränkten Überprüfbarkeit durch die Nachprüfungsinstanzen.

106 Die Entscheidung darüber, ob ein Ausschluss in der Sache gerechtfertigt bzw. angezeigt ist, ist aber auch nicht leicht. Die VK Baden-Württemberg lässt eine Überschreitung des Markpreises von 16% für die Annahme eines groben Missverhältnisses nicht genügen.[229] Demgegenüber hält das OLG München in einem obiter dictum eine Abweichung von 10% zum nächsten Angebot für ein brauchbares Kriterium für die Bestimmung eines unangemessen hohen Preises.[230] Das OLG Frankfurt geht bei einer Abweichung von 23% von der eigenen Kostenschätzung von einem unangemessen hohen Preis aus.[231] Ein einheitlicher Richtwert lässt sich der Rechtsprechung nicht entnehmen.

107 Sind sämtliche in der Wertung verbliebenen Angebote Überangebote, ist eine Aufhebung des Vergabeverfahrens nach § 61 Abs. 1 Nr. 3 VgV möglich und geboten.[232]

---

[228] So VK Baden-Württemberg Beschl. v. 29.4.2009 – 1 VK 15/09, juris Rn. 65.

[229] VK Baden-Württemberg Beschl. v. 29.4.2009 – 1 VK 15/09, juris Rn. 65.

[230] OLG München Beschl. v. 2.6.2006 – Verg 12/06, ZfBR 2006, 600, 604.

[231] OLG Frankfurt a.M. Beschl. v. 28.6.2005 – 11 Verg 21/04, VergabeR 2006, 131, 135.

[232] OLG Karlsruhe Beschl. v. 27.7.2009 – 15 Verg 3/09, ZfBR 2010, 196, 197 lässt iErg mangels Entscheidungserheblichkeit offen, ob dieser Fall von § 17 Abs. 1 Nr. 1 oder Nr. 3 VOB/A bzw. § 17 Abs. 1 Nr. 1 oder Nr. 3 VOB/A-EG (jeweils aF) erfasst wird; vgl. OLG Düsseldorf Beschl. v. 13.12.2006 – Verg 54/06, NZBau 2007, 462, 464f.; OLG München Beschl. v. 31.10.2012 – Verg 19/12, VergabeR 2013, 487, 491. Im Anwendungsbereich der VgV steht mit § 63 Abs. 1 Nr. 4 ein spezieller Ausschlussgrund zur Verfügung, der die Aufhebung im Falle eines nicht wirtschaftlichen Ergebnisses gestattet und auch bereits in §§ 17 Abs. 1 lit. c) VOL/A enthalten war.

§ 32 Die Angebotswertung (vierte Wertungsstufe)

Übersicht

GWB: §§ 127, 152
VgV: §§ 58, 59
VOB/A: § 16d, § 16d EU, § 16d VS
SektVO: § 52
KonzVgV: § 31
VSVgV: § 34
UVgO: § 43

GWB:

§ 127 GWB Zuschlag

(1) Der Zuschlag wird auf das wirtschaftlichste Angebot erteilt. Grundlage dafür ist eine Bewertung des öffentlichen Auftraggebers, ob und inwieweit das Angebot die vorgegebenen Zuschlagskriterien erfüllt. Das wirtschaftlichste Angebot bestimmt sich nach dem besten Preis-Leistungs-Verhältnis. Zu dessen Ermittlung können neben dem Preis oder den Kosten auch qualitative, umweltbezogene oder soziale Aspekte berücksichtigt werden.

(2) Verbindliche Vorschriften zur Preisgestaltung sind bei der Ermittlung des wirtschaftlichsten Angebots zu beachten.

(3) Die Zuschlagskriterien müssen mit dem Auftragsgegenstand in Verbindung stehen. Diese Verbindung ist auch dann anzunehmen, wenn sich ein Zuschlagskriterium auf Prozesse im Zusammenhang mit der Herstellung, Bereitstellung oder Entsorgung der Leistung, auf den Handel mit der Leistung oder auf ein anderes Stadium im Lebenszyklus der Leistung bezieht, auch wenn sich diese Faktoren nicht auf die materiellen Eigenschaften des Auftragsgegenstandes auswirken.

(4) Die Zuschlagskriterien müssen so festgelegt und bestimmt sein, dass die Möglichkeit eines wirksamen Wettbewerbs gewährleistet wird, der Zuschlag nicht willkürlich erteilt wer-

den kann und eine wirksame Überprüfung möglich ist, ob und inwieweit die Angebote die Zuschlagskriterien erfüllen. Lassen öffentliche Auftraggeber Nebenangebote zu, legen sie die Zuschlagskriterien so fest, dass sie sowohl auf Hauptangebote als auch auf Nebenangebote anwendbar sind.

(5) Die Zuschlagskriterien und deren Gewichtung müssen in der Auftragsbekanntmachung oder den Vergabeunterlagen aufgeführt werden.

§ 152 GWB Anforderungen im Konzessionsvergabeverfahren

(1) und (2) hier nicht abgedruckt.

(3) Der Zuschlag wird auf der Grundlage objektiver Kriterien erteilt, die sicherstellen, dass die Angebote unter wirksamen Wettbewerbsbedingungen bewertet werden, so dass ein wirtschaftlicher Gesamtvorteil für den Konzessionsgeber ermittelt werden kann. Die Zuschlagskriterien müssen mit dem Konzessionsgegenstand in Verbindung stehen und dürfen dem Konzessionsgeber keine uneingeschränkte Wahlfreiheit einräumen. Sie können qualitative, umweltbezogene oder soziale Belange umfassen. Die Zuschlagskriterien müssen mit einer Beschreibung einhergehen, die eine wirksame Überprüfung der von den Bietern übermittelten Informationen gestatten, damit bewertet werden kann, ob und inwieweit die Angebote die Zuschlagskriterien erfüllen.

(4) hier nicht abgedruckt.

VgV:

§ 58 VgV Zuschlag und Zuschlagskriterien

(1) Der Zuschlag wird nach Maßgabe des § 127 des Gesetzes gegen Wettbewerbsbeschränkungen auf das wirtschaftlichste Angebot erteilt.

(2) Die Ermittlung des wirtschaftlichsten Angebots erfolgt auf der Grundlage des besten Preis-Leistungs-Verhältnisses. Neben dem Preis oder den Kosten können auch qualitative, umweltbezogene oder soziale Zuschlagskriterien berücksichtigt werden, insbesondere:

1. die Qualität, einschließlich technischer Wert, Ästhetik, Zweckmäßigkeit, Zugänglichkeit der Leistung insbesondere für Menschen mit Behinderungen, ihrer Übereinstimmung mit Anforderungen des Designs für Alle, soziale, umweltbezogene und innovative Eigenschaften sowie Vertriebs- und Handelsbedingungen,
2. die Organisation, Qualifikation und Erfahrung des mit der Ausführung des Auftrags betrauten Personals, wenn die Qualität des eingesetzten Personals erheblichen Einfluss auf das Niveau der Auftragsausführung haben kann, oder
3. die Verfügbarkeit von Kundendienst und technischer Hilfe sowie Lieferbedingungen wie Liefertermin, Lieferverfahren sowie Liefer- oder Ausführungsfristen.

Der öffentliche Auftraggeber kann auch Festpreise oder Festkosten vorgeben, so dass das wirtschaftlichste Angebot ausschließlich nach qualitativen, umweltbezogenen oder sozialen Zuschlagskriterien nach Satz 1 bestimmt wird.

(3) Der öffentliche Auftraggeber gibt in der Auftragsbekanntmachung oder den Vergabeunterlagen an, wie er die einzelnen Zuschlagskriterien gewichtet, um das wirtschaftlichste Angebot zu ermitteln. Diese Gewichtung kann auch mittels einer Spanne angegeben werden, deren Bandbreite angemessen sein muss. Ist die Gewichtung aus objektiven Gründen nicht möglich, so gibt der öffentliche Auftraggeber die Zuschlagskriterien in absteigender Rangfolge an.

(4) Für den Beleg, ob und wieweit die angebotene Leistung den geforderten Zuschlagskriterien entspricht, gelten die §§ 33 und 34 entsprechend.

(5) An der Entscheidung über den Zuschlag sollen in der Regel mindestens zwei Vertreter des öffentlichen Auftraggebers mitwirken.

§ 59 VgV Berechnung von Lebenszykluskosten

(1) Der öffentliche Auftraggeber kann vorgeben, dass das Zuschlagskriterium „Kosten" auf der Grundlage der Lebenszykluskosten der Leistung berechnet wird.

(2) Der öffentliche Auftraggeber gibt die Methode zur Berechnung der Lebenszykluskosten und die zur Berechnung vom Unternehmen zu übermittelnden Informationen in der Auftragsbekanntmachung oder den Vergabeunterlagen an. Die Berechnungsmethode kann umfassen

1. die Anschaffungskosten,
2. die Nutzungskosten, insbesondere den Verbrauch von Energie und anderen Ressourcen,
3. die Wartungskosten,
4. Kosten am Ende der Nutzungsdauer, insbesondere die Abholungs-, Entsorgungs- oder Recyclingkosten, oder
5. Kosten, die durch die externen Effekte der Umweltbelastung entstehen, die mit der Leistung während ihres Lebenszyklus in Verbindung stehen, sofern ihr Geldwert nach Absatz 3 bestimmt und geprüft werden kann; solche Kosten können Kosten der Emission von Treibhausgasen und anderen Schadstoffen sowie sonstige Kosten für die Eindämmung des Klimawandels umfassen.

(3) Die Methode zur Berechnung der Kosten, die durch die externen Effekte der Umweltbelastung entstehen, muss folgende Bedingungen erfüllen:

1. sie beruht auf objektiv nachprüfbaren und nichtdiskriminierenden Kriterien; ist die Methode nicht für die wiederholte oder dauerhafte Anwendung entwickelt worden, darf sie bestimmte Unternehmen weder bevorzugen noch benachteiligen,
2. sie ist für alle interessierten Beteiligten zugänglich und
3. die zur Berechnung erforderlichen Informationen lassen sich von Unternehmen, die ihrer Sorgfaltspflicht im üblichen Maße nachkommen, einschließlich Unternehmen aus Drittstaaten, die dem Übereinkommen über das öffentliche Beschaffungswesen von 1994 (ABl. C 256 vom 3.9.1996, S. 1), geändert durch das Protokoll zur Änderung des Übereinkommens über das öffentliche Beschaffungswesen (ABl. L 68 vom 7.3.2014, S. 2) oder anderen, für die Europäische Union bindenden internationalen Übereinkommen beigetreten sind, mit angemessenem Aufwand bereitstellen.

(4) Sofern eine Methode zur Berechnung der Lebenszykluskosten durch einen Rechtsakt der Europäischen Union verbindlich vorgeschrieben worden ist, hat der öffentliche Auftraggeber diese Methode vorzugeben.

VOB/A:

§ 16d VOB/A Wertung

(1)

1. und 2. hier nicht abgedruckt.

3. In die engere Wahl kommen nur solche Angebote, die unter Berücksichtigung rationellen Baubetriebs und sparsamer Wirtschaftsführung eine einwandfreie Ausführung einschließlich Haftung für Mängelansprüche erwarten lassen.

4. bis 7. hier nicht abgedruckt.

(2) bis (5) hier nicht abgedruckt.

§ 16d EU VOB/A Wertung

(1) hier nicht abgedruckt.

(2)

1. Der Zuschlag wird auf das wirtschaftlichste Angebot erteilt. Grundlage dafür ist eine Bewertung des öffentlichen Auftraggebers, ob und inwieweit das Angebot die vorgegebenen Zuschlagskriterien erfüllt. Das wirtschaftlichste Angebot bestimmt sich nach dem besten Preis-Leistungs-Verhältnis. Zu dessen Ermittlung können neben dem Preis oder

den Kosten auch qualitative, umweltbezogene oder soziale Aspekte berücksichtigt werden.

2. Es dürfen nur Zuschlagskriterien und deren Gewichtung berücksichtigt werden, die in der Auftragsbekanntmachung oder in den Vergabeunterlagen genannt sind.
   Zuschlagskriterien können insbesondere sein:
   a) Qualität einschließlich technischer Wert, Ästhetik, Zweckmäßigkeit, Zugänglichkeit, Design für alle, soziale, umweltbezogene und innovative Eigenschaften;
   b) Organisation, Qualifikation und Erfahrung des mit der Ausführung des Auftrags betrauten Personals, wenn die Qualität des eingesetzten Personals erheblichen Einfluss auf das Niveau der Auftragsausführung haben kann, oder
   c) Kundendienst und technische Hilfe sowie Ausführungsfrist.
   Die Zuschlagskriterien müssen mit dem Auftragsgegenstand in Verbindung stehen. Zuschlagskriterien stehen mit dem Auftragsgegenstand in Verbindung, wenn sie sich in irgendeiner Hinsicht und in irgendeinem Lebenszyklus-Stadium auf diesen beziehen, auch wenn derartige Faktoren sich nicht auf die materiellen Eigenschaften des Auftragsgegenstandes auswirken.
3. Die Zuschlagskriterien müssen so festgelegt und bestimmt sein, dass die Möglichkeit eines wirksamen Wettbewerbs gewährleistet wird, der Zuschlag nicht willkürlich erteilt werden kann und eine wirksame Überprüfung möglich ist, ob und inwieweit die Angebote die Zuschlagskriterien erfüllen.
4. Es können auch Festpreise oder Festkosten vorgegeben werden, sodass der Wettbewerb nur über die Qualität stattfindet.
5. Die Lebenszykluskostenrechnung umfasst die folgenden Kosten ganz oder teilweise:
   a) von dem öffentlichen Auftraggeber oder anderen Nutzern getragene Kosten, insbesondere Anschaffungskosten, Nutzungskosten, Wartungskosten, sowie Kosten am Ende der Nutzungsdauer (wie Abholungs- und Recyclingkosten);
   b) Kosten, die durch die externen Effekte der Umweltbelastung entstehen, die mit der Leistung während ihres Lebenszyklus in Verbindung stehen, sofern ihr Geldwert bestimmt und geprüft werden kann; solche Kosten können Kosten der Emission von Treibhausgasen und anderen Schadstoffen sowie sonstige Kosten für die Eindämmung des Klimawandels umfassen.
6. Bewertet der öffentliche Auftraggeber den Lebenszykluskostenansatz, hat er in der Auftragsbekanntmachung oder in den Vergabeunterlagen die vom Unternehmer bereitzustellenden Daten und die Methode zur Ermittlung der Lebenszykluskosten zu benennen. Die Methode zur Bewertung der externen Umweltkosten muss
   a) auf objektiv nachprüfbaren und nichtdiskriminierenden Kriterien beruhen,
   b) für alle interessierten Parteien zugänglich sein und
   c) gewährleisten, dass sich die geforderten Daten von den Unternehmen mit vertretbarem Aufwand bereitstellen lassen.
7. Für den Fall, dass eine gemeinsame Methode zur Berechnung der Lebenszykluskosten durch einen Rechtsakt der Europäischen Union verbindlich vorgeschrieben wird, findet diese gemeinsame Methode bei der Bewertung der Lebenszykluskosten Anwendung.

(3) bis (5) hier nicht abgedruckt.

§ 16d VS VOB/A Wertung

(1) hier nicht abgedruckt.

(2) Bei der Wertung der Angebote dürfen nur Zuschlagskriterien und deren Gewichtung berücksichtigt werden, die in der Auftragsbekanntmachung oder in den Vergabeunterlagen genannt sind. Die Zuschlagskriterien müssen mit dem Auftragsgegenstand zusammenhängen und können beispielsweise sein: Qualität, Preis, technischer Wert, Ästhetik, Zweckmäßigkeit, Umwelteigenschaften, Betriebs- und Folgekosten, Rentabilität, Kundendienst, Ver-

sorgungssicherheit, Interoperabilität und Eigenschaft beim Einsatz und technische Hilfe oder Ausführungsfrist.

(3) bis (6) hier nicht abgedruckt.

SektVO:

§ 52 SektVO Zuschlag und Zuschlagskriterien

(1) Der Zuschlag wird nach Maßgabe des § 127 des Gesetzes gegen Wettbewerbsbeschränkungen auf das wirtschaftlichste Angebot erteilt.

(2) Die Ermittlung des wirtschaftlichsten Angebots erfolgt auf der Grundlage des besten Preis-Leistungs-Verhältnisses. Neben dem Preis oder den Kosten können auch qualitative, umweltbezogene oder soziale Zuschlagskriterien berücksichtigt werden, insbesondere:

1. die Qualität, einschließlich technischer Wert, Ästhetik, Zweckmäßigkeit, Zugänglichkeit der Leistung insbesondere für Menschen mit Behinderungen, ihrer Übereinstimmung mit Anforderungen des „Designs für Alle", soziale, umweltbezogene und innovative Eigenschaften sowie Vertriebs- und Handelsbedingungen,
2. die Organisation, Qualifikation und Erfahrung des mit der Ausführung des Auftrags betrauten Personals, wenn die Qualität des eingesetzten Personals erheblichen Einfluss auf das Niveau der Auftragsausführung haben kann, oder
3. die Verfügbarkeit von Kundendienst und technischer Hilfe sowie Lieferbedingungen wie Liefertermin, Lieferverfahren sowie Liefer- oder Ausführungsfristen.

Der Auftraggeber kann auch Festpreise oder Festkosten vorgeben, sodass das wirtschaftlichste Angebot ausschließlich nach qualitativen, umweltbezogenen oder sozialen Zuschlagskriterien nach Satz 1 bestimmt wird.

(3) Der Auftraggeber gibt in der Auftragsbekanntmachung oder den Vergabeunterlagen an, wie er die einzelnen Zuschlagskriterien gewichtet, um das wirtschaftlichste Angebot zu ermitteln. Diese Gewichtung kann auch mittels einer Spanne angegeben werden, deren Bandbreite angemessen sein muss. Ist die Gewichtung aus objektiven Gründen nicht möglich, so gibt der Auftraggeber die Zuschlagskriterien in absteigender Rangfolge an.

(4) bis (5) hier nicht abgedruckt.

KonzVgV:

§ 31 KonzVgV Zuschlagskriterien

(1) Die Zuschlagskriterien nach § 152 Absatz 3 des Gesetzes gegen Wettbewerbsbeschränkungen sind in absteigender Rangfolge anzugeben.

(2) Enthält ein Angebot eine innovative Lösung mit außergewöhnlich hoher funktioneller Leistungsfähigkeit, die der Konzessionsgeber nicht vorhersehen konnte, kann die Reihenfolge der Zuschlagskriterien entsprechend geändert werden. In diesem Fall hat der Konzessionsgeber die Bieter über die geänderte Reihenfolge der Zuschlagskriterien zu unterrichten und unter Wahrung der Mindestfrist nach § 27 Absatz 4 Satz 1 eine neue Aufforderung zur Angebotsabgabe zu veröffentlichen. Wurden die Zuschlagskriterien zu demselben Zeitpunkt wie die Konzessionsbekanntmachung veröffentlicht, ist eine neue Konzessionsbekanntmachung unter Wahrung der Mindestfrist gemäß § 27 Absatz 3 zu veröffentlichen.

(3) Der Konzessionsgeber überprüft nach § 152 Absatz 3 des Gesetzes gegen Wettbewerbsbeschränkungen, ob die Angebote die Zuschlagskriterien tatsächlich erfüllen.

VSVgV:

§ 34 VSVgV Zuschlag

(1) hier nicht abgedruckt.

(2) Zur Ermittlung des wirtschaftlichsten Angebots wendet der Auftraggeber die in der Bekanntmachung oder den Vergabeunterlagen angegebenen Zuschlagskriterien in der festgelegten Gewichtung oder in der absteigenden Reihenfolge der ihnen zuerkannten Bedeutung an. Diese Zuschlagskriterien müssen sachlich durch den Auftragsgegenstand gerechtfertigt sein. Insbesondere können folgende Kriterien erfasst sein:

1. Qualität,
2. Preis,
3. Zweckmäßigkeit,
4. technischer Wert, Kundendienst und technische Hilfe,
5. Betriebskosten, Rentabilität, Lebenszykluskosten,
6. Interoperabilität und Eigenschaften beim Einsatz,
7. Umwelteigenschaften,
8. Lieferfrist oder Ausführungsdauer und
9. Versorgungssicherheit.

UVgO:

§ 43 UVgO Zuschlag und Zuschlagskriterien

(1) Der Zuschlag wird auf das wirtschaftlichste Angebot erteilt.

(2) Die Ermittlung des wirtschaftlichsten Angebots erfolgt auf der Grundlage des besten Preis-Leistungs-Verhältnisses. Neben dem Preis oder den Kosten können auch qualitative, umweltbezogene oder soziale Zuschlagskriterien berücksichtigt werden, insbesondere:

1. die Qualität, einschließlich des technischen Werts, Ästhetik, Zweckmäßigkeit, Zugänglichkeit der Leistung insbesondere für Menschen mit Behinderungen, ihrer Übereinstimmung mit Anforderungen des „Designs für Alle", soziale, umweltbezogene und innovative Eigenschaften sowie Vertriebs- und Handelsbedingungen,
2. die Organisation, Qualifikation und Erfahrung des mit der Ausführung des Auftrags betrauten Personals, wenn die Qualität des eingesetzten Personals erheblichen Einfluss auf das Niveau der Auftragsausführung haben kann, oder
3. die Verfügbarkeit von Kundendienst und technischer Hilfe sowie Lieferbedingungen wie Liefertermin, Lieferverfahren sowie Liefer- oder Ausführungsfristen.

Der Auftraggeber kann auch Festpreise oder Festkosten vorgeben, sodass das wirtschaftlichste Angebot ausschließlich nach qualitativen, umweltbezogenen oder sozialen Zuschlagskriterien nach Satz 2 bestimmt wird.

(3) Die Zuschlagskriterien müssen mit dem Auftragsgegenstand in Verbindung stehen. Diese Verbindung ist auch dann anzunehmen, wenn sich ein Zuschlagskriterium auf Prozesse im Zusammenhang mit der Herstellung, Bereitstellung oder Entsorgung der Leistung, auf den Handel mit der Leistung oder auf ein anderes Stadium im Lebenszyklus der Leistung bezieht, auch wenn sich diese Faktoren nicht auf die materiellen Eigenschaften des Auftragsgegenstands auswirken.

(4) Der Auftraggeber kann vorgeben, dass das Zuschlagskriterium „Kosten" auf der Grundlage der Lebenszykluskosten der Leistung in entsprechender Anwendung des § 59 der Vergabeverordnung berechnet wird.

(5) Die Zuschlagskriterien müssen so festgelegt und bestimmt sein, dass die Möglichkeit eines wirksamen Wettbewerbs gewährleistet wird, der Zuschlag nicht willkürlich erteilt werden kann und eine wirksame Überprüfung möglich ist, ob und inwieweit die Angebote die Zuschlagskriterien erfüllen.

(6) Der Auftraggeber gibt in der Auftragsbekanntmachung oder den Vergabeunterlagen an, wie er die einzelnen Zuschlagskriterien gewichtet, um das wirtschaftlichste Angebot zu ermitteln. Diese Gewichtung kann auch mittels einer Spanne angegeben werden, deren Bandbreite angemessen sein muss. Ist die Gewichtung aus objektiven Gründen nicht möglich, so gibt der Auftraggeber die Zuschlagskriterien in absteigender Rangfolge an.

(7) Für den Beleg, ob und inwieweit die angebotene Leistung den geforderten Zuschlagskriterien entspricht, gilt § 24 entsprechend.

(8) An der Entscheidung über den Zuschlag sollen in der Regel mindestens zwei Vertreter des Auftraggebers mitwirken.

Literatur:

Bartsch/von Gehlen, Keine zutreffende Ermittlung des besten Preis-Leistungs-Verhältnisses mit Interpolationsformeln, NZBau 2015, 523; *Braun/Kappenmann,* Die Bestimmung des wirtschaftlichsten Bieters nach den Zuschlagskriterien der Richtlinie 2004/18/EG, NZBau 2006, 544; *Burgi,* Ökologische und soziale Beschaffung im künftigen Vergaberecht: Kompetenzen, Inhalte, Verhältnismäßigkeit, NZBau 2015, 597; *Conrad,* Alte und neue Fragen zu Nebenangeboten, ZfBR 2014, 342; *Dittmann,* Qualität durch Eignungs- und/oder Zuschlagskriterien?, NZBau 2013, 746; *Fischer,* Vergabefremde Zwecke im öffentlichen Auftragswesen: Zulässigkeit nach Europäischen Gemeinschaftsrecht, EuZW 2004, 492; *Gaus,* Ökologische Kriterien in der Vergabeentscheidung – Eine Hilfe zur vergaberechtskonformen nachhaltigen Beschaffung, NZBau 2013, 401; *Gröning,* Spielräume für die Auftraggeber bei der Wertung von Angeboten, NZBau, 2003, 86; *Hertwig,* Zuschlagskriterien und Wertung bei ÖPP-Vergaben, 2007, 543; *Horstkotte/Hünemörder,* Grundzüge des öffentlichen Preisrechts, LKV 2016, 14; *Jasper,* Zur Aufweichung der strikten Trennung von Eignungs- und Zuschlagskriterien, VergabeR 2010, 775; *Jablonski,* Von der Norm zur Wirklichkeit – Strategien zur Implementierung ökologischer und sozialer Aspekte am Beispiel der Freien Hansestadt Bremen, VergabeR 2012, 310; *Kirch,* Weg mit den alten Zöpfen: Die Wertung von Nebenangeboten, NZBau 2014, 212; *Kraus,* Die Gewichtung von Zuschlagskriterien mittels Margen, VergabeR 2011, 171; *Krohn,* Leistungsbeschreibung und Angebotswertung bei komplexen IT-Vergaben, NZBau 2013, 79; *Rosenkötter,* Die Qualifikation als Zuschlagskriterium, NZBau 2015, 609; *Roth,* Methodik und Bekanntgabe von Wertungsverfahren zur Ermittlung des wirtschaftlichsten Angebots, NZBau, 2011, 75; *Schaller,* Prüfung und Wertung von Angeboten bei Liefer- und Dienstleistungsaufträgen im nationalen Bereich, LKV 2011, 145; *Tschäpe,* Die Mindesthonorarsicherung bei Architekten ist auch nach der EuGH-Entscheidung nicht verloren, ZfBR 2020, 10; *Völlink,* Auswahl, Bekanntmachung und Gewichtung von Zuschlagskriterien im Lichte aktueller Rechtsprechung, VergabeR 2009, 352, *Zeiss,* Landestariftreue- und Vergabegesetze, VPR 2014, 1.

A. Einleitung

Im Oberschwellenbereich bilden § 127 GWB sowie § 58 VgV bzw. § 16d EU VOB/A die **normative Grundlage** der Wertung der Angebote auf der vierten und letzten Wertungsstufe (Wertung im engeren Sinne). Im Unterschwellenbereich finden sich die Grundlagen der Wertung in § 16d VOB/A und § 43 UVgO. Daneben regeln verschiedene weitere Normen im GWB, der VgV und der VOB/A sowie zum Teil auch in Landesvergabegesetzen Aspekte der Wertung, zB in Gestalt von Vorgaben zur Auswahl und Bekanntmachung von Zuschlagskriterien und zur Gewichtung oder zur Dokumentation der Wertung (vgl. dazu im Folgenden). Mit der GWB-Novelle von 2016 sind die grundlegenden Vorgaben zur Wertung und zur Zuschlagserteilung in das GWB selbst überführt worden. Die Detaildichte auf Gesetzesebene hat daher gegenüber der alten Rechtslage[1] deutlich zugenommen. Nichtsdestotrotz finden sich weiterhin Konkretisierungen zur gesetzlichen Vorgabe auf Verordnungsebene, vgl. insbesondere § 58 VgV. 1

Bei der Wertung im engeren Sinne geht es um die Auswahl des Angebots, auf das der Zuschlag erteilt werden soll, dh das Angebot, das die in der Bekanntmachung oder den Vergabeunterlagen dargestellten Zuschlagskriterien des Auftraggebers am besten erfüllt und zuvor nicht bereits in einer der ersten drei Wertungsstufen ausgeschieden ist. Wertungsfähig sind nur Angebote von geeigneten Unternehmen (vgl. § 122 Abs. 1 GWB) sowie solche Angebote, die die formalen Anforderungen erfüllen (§ 57 VgV bzw. § 16c EU VOB/A), und die nicht als in nicht aufklärbarer Weise „ungewöhnlich niedrig" auszuschließen sind (§ 60 VgV bzw. § 16d EU Abs. 1 VOB/A). 2

[1] In der Vorgängerregelung des § 97 Abs. 5 GWB aF war lediglich bestimmt: *„Der Zuschlag wird auf das wirtschaftlichste Angebot erteilt."* Die übrigen ausdrücklichen Vorgaben zur Wertung fanden sich auf Vergabeordnungsebene, vgl. insbesondere § 16 EG Abs. 6 VOB/A aF, §§ 18 EG Abs. 9, 21 EG Abs. 1 VOL/A aF und § 11 Abs. 5 VOF aF.

3 Der Zuschlag selbst ist Ausdruck einer Wertungsentscheidung.[2] Grundlage dieser Wertung sind die in der Bekanntmachung oder den Vergabeunterlagen darzustellenden Zuschlagskriterien sowie deren Gewichtung. An die bekannt gemachten Zuschlagskriterien sowie deren Gewichtung ist der öffentliche Auftraggeber bei Durchführung der Wertung grundsätzlich gebunden. Bei der Auswahl der Zuschlagskriterien steht dem Auftraggeber jedoch ein weiter Ermessens- bzw. Beurteilungsspielraum zu. Für die Teilnahme an einem Vergabeverfahren und die Angebotserstellung aus Sicht der Bieter – und damit auch für das Beschaffungsergebnis und den Erfolg eines Vergabeverfahrens aus Sicht der Beschaffer – nehmen die Zuschlagskriterien eine Schlüsselstellung ein und ihre Auswahl und Gewichtung sollten insofern mit großer Sorgfalt festgelegt werden. Denn die Zuschlagskriterien sind Ausdruck dessen, worauf es dem öffentlichen Auftraggeber bei der Beschaffung ankommt, und somit maßgeblich für das Angebotsverhalten. Je umfassender, transparenter und nachvollziehbarer die Zuschlagskriterien einschließlich etwaiger Unterkriterien und Wertungsmethoden zu Beginn des Verfahrens festgelegt und mitgeteilt werden, desto höher die Chancen für genau auf die Bedürfnisse des Auftraggebers zugeschnittene Angebote.

4 Der Begriff des Zuschlagskriteriums ist zwar nicht legal definiert; die früher bestehende Begriffsvielfalt in Rechtsprechung, Literatur und Praxis dürfte angesichts der ausschließlichen Verwendung dieses Begriffs in den Gesetzestexten aber überholt sein. Vor der grundlegenden Novellierung in 2016 wurden etwa Zuschlags-, Wertungs-, Auswahl- oder Vergabekriterien synonym verwandt. Unter Auswahlkriterien werden seit der Reform Kriterien zur Beschränkung der Teilnehmerzahl im Rahmen von Planungswettbewerben verstanden, vgl. § 71 VgV.

B. Auswahl und Bekanntmachung der Zuschlagskriterien

5 Dem Auftraggeber kommt bei der Auswahl der Zuschlagskriterien ein weiter Ermessensspielraum zu, der nur einer eingeschränkten Prüfung durch die Vergabenachprüfungsinstanzen unterliegt. Die Kontrolle ist im Wesentlichen darauf beschränkt, ob die Zuschlagskriterien zur Ermittlung des wirtschaftlichsten Angebots geeignet sind, mit dem Auftragsgegenstand in Verbindung stehen (wobei nach § 127 Abs. 3 S. 2 GWB ein großzügiger Maßstab gilt), die formalen Vorgaben von § 127 Abs. 4 GWB gewahrt sind und kein Fall eines offensichtlichen Beurteilungsfehlers oder Ermessensfehlgebrauchs vorliegt. Bei der Ermessensprüfung werden zudem die vergaberechtlichen Grundprinzipien aus § 97 GWB herangezogen.[3]

6 Das novellierte GWB sieht vor, dass der Zuschlag auf das wirtschaftlichste Angebot erteilt wird. Das Merkmal der Wirtschaftlichkeit bestimmt sich wiederum nach dem besten Preis-Leistungs-Verhältnis (§ 127 Abs. 1 S. 3 GWB). Der Preis bzw. die Kosten[4] der angebotenen Leistung sind somit grundsätzlich zwingend bei der Angebotswertung zu berücksichtigen. Jedoch besteht für öffentliche Auftraggeber seit der grundlegenden Novellierung auch die Möglichkeit, Festpreise oder Festkosten vorzugeben und einen reinen Qualitätswettbewerb durchzuführen, s. § 58 Abs. 2 S. 3 VgV bzw. im Baubereich § 16d EU Abs. 2 Nr. 4 VOB/A. Aber auch im Regelfall eines Preis-Leistungs-Wettbewerbs können rein qualitative (und hierbei ausdrücklich auch umweltbezogene oder soziale) Kriterien für die

---

[2] Nunmehr klargestellt in § 127 Abs. 1 S. 2 GWB, vgl. Gesetzesbegründung zu § 127, BT-Drs. 18/6281, 111.

[3] OLG Düsseldorf Beschl. v. 8.2.2017 – Verg 30/16 u. Verg 31/16, VergabeR 2017, 505; Beschl. v. 19.9.2018 – Verg 37/17, NZBau 2019, 390; VK Bund Beschl. v. 11.2.2019 – VK 2-2/19, IBR 2019, 341; Beschl. v. 20.9.2017 – VK 1-89/17, IBR 2018, 224 zur Willkürgrenze.

[4] Die Vergaberichtlinie 2014/24/EU lässt gem. Art. 67 Abs. 2 grundsätzlich verschiedene Modelle für die Auswahl der Zuschlagskriterien zu und benennt ausdrücklich auch die Möglichkeit, statt des Preises die Kosten (und damit zB Lebenszykluskosten von Waren oder Leistungen) zugrunde zu legen. Dies spiegelt auch die deutsche Umsetzung wider, s. § 127 Abs. 1 S. 4 GWB: *„neben dem Preis oder den Kosten"*.

Wertung vorgegeben werden. Die Aufzählung möglicher Aspekte für die Wertung in § 127 Abs. 1 S. 4 GWB ist nicht abschließend.[5]

Damit überträgt der deutsche Gesetzgeber die im europäischen Richtlinienrecht vorgesehene Gestaltungsfreiheit für öffentliche Auftraggeber in das deutsche Recht, indem das „wirtschaftlichste Angebot" jeweils individuell bestimmt werden kann, sofern Aspekte des Preis-Leistungs-Verhältnisses berücksichtigt werden. Auf dieser Basis können zum einen in erheblichem Umfang nicht-monetäre, qualitative Aspekte in die Beschaffungsentscheidung einbezogen werden. Zum anderen ist aber auch nicht ausgeschlossen, dass der Zuschlag allein auf der Grundlage des niedrigsten Preises erteilt wird.[6] 7

I. Das „wirtschaftlich günstigste Angebot"

Ein öffentlicher Auftrag muss stets nach dem Kriterium des „wirtschaftlich günstigsten Angebots" vergeben werden. Der öffentliche Auftraggeber kann zur Bestimmung des besten **Preis-Leistungs-Verhältnisses** neben dem Preis verschiedene weitere Zuschlagskriterien in die Wertungsentscheidung einbeziehen. Sowohl Art. 67 Abs. 2 RL 2014/24/EU[7] als auch die nationalen Vergabevorschriften auf Gesetzes- und Verordnungsebene listen neben dem Preis bzw. den Kosten[8] exemplarisch (dh nicht abschließend) einige Kriterien auf. In § 127 GWB findet sich die grobe Einteilung in die drei Kategorien „qualitative, umweltbezogene oder soziale Aspekte". In § 58 Abs. 2 VgV finden sich die folgenden, beispielhaft aufgeführten Kriterien: 8

- **Qualität,** worunter die folgenden Aspekte gefasst werden: technischer Wert, Ästhetik, Zweckmäßigkeit, Zugänglichkeit der Leistung insbesondere für Menschen mit Behinderungen, „Design für alle", soziale, umweltbezogene und innovative Eigenschaften, Vertriebs- und Handelsbedingungen;
- Organisation, Qualifikation und Erfahrung des mit der Ausführung des Auftrags betrauten **Personals;**
- Kundendienst und technische Hilfe[9];
- **Lieferbedingungen,** wie etwa Liefertermin, Lieferverfahren und Lieferungs- und Ausführungsfristen.

Die Bestimmung des wirtschaftlichsten Angebots im Preis-Leistungs-Verhältnis, bei dem ein Mix aus preisbezogenen und qualitativen Kriterien zugrunde gelegt wird, ermöglicht den Bietern in ihren Angeboten eine Differenzierung sowohl in Bezug auf den Preis als auch in Bezug auf die angebotene Leistung selbst. Je nach Beschaffungsziel im Einzelfall kann die Zuschlagsentscheidung aber auch ausschließlich vom Preis (s. → Rn. 16 ff.) oder ausschließlich von der Qualität (s. → Rn. 21 ff.) abhängig gemacht werden. 9

1. Regelfall: Preis- und Qualitätswettbewerb

Für den Regelfall eines gemischten Preis- und Qualitätswettbewerbs steht dem Auftraggeber bei der Auswahl weiterer qualitativer Kriterien, die neben dem Preis bei der Wertung 10

[5] In der Gesetzesbegründung werden zum Beispiel auch innovative Aspekte, Zweckmäßigkeit oder Ausführungsdauer als mögliche Wertungskriterien genannt, vgl. BT-Drs. 18/6281, 111 f.

[6] IdS ist auch die Richtlinienvorgabe zu verstehen, denn nach Art. 67 Abs. 1 RL 2014/24/EU muss der Zuschlag auf das wirtschaftlichste Angebot erteilt werden. Die Bestimmung dessen erfolgt wiederum gem. Abs. 2 auf die verschiedenen o. g. Arten (vgl. Fn. 4).

[7] Hier – ebenso wie in § 127 Abs. 3 GWB – findet sich zB auch die Betonung, dass Faktoren aus jedem Lebenszyklus-Stadium herangezogen werden können, auch wenn sie sich nicht auf die materiellen Eigenschaften des Auftragsgegenstands auswirken, vgl. Art. 67 Abs. 3 RL 2014/24/EU. Dies trifft etwa bei dem Kriterium „Fair Trade gehandelt" zu.

[8] Diese können auch auf der Grundlage von Lebenszykluskosten berechnet werden, vgl. § 59 VgV.

[9] OLG Düsseldorf Beschl. v. 7.11.2012 – VII-Verg 24/12, NZBau 2013, 184 (186): „Schulungskonzept" ist ein taugliches Zuschlagskriterium, sofern dieses im Rahmen der Konzeption der Ausschreibung Bestandteil der Dienstleistung ist.

der Angebote berücksichtigt werden sollen, ein weiter Ermessensspielraum zu.[10] Er kann innerhalb der nachfolgend beschriebenen Grenzen insbesondere eines oder mehrere der oben dargestellten Kriterien auswählen oder eigene formulieren. Diese dürfen jedoch mit Blick auf das zu bildende Preis-Leistungs-Verhältnis neben dem Preis keine reine Alibifunktion haben.[11] Das OLG Düsseldorf hat – noch nach alter Rechtslage – in einem konkreten Fall entschieden, dass eine Gewichtung des Preises mit 95 % und der weiteren Kriterien mit lediglich 5 % nicht in einem angemessenen Verhältnis zueinander stehe und damit gegen den Wirtschaftlichkeitsgrundsatz des § 97 Abs. 5 GWB verstoße.[12] Hintergrund der Entscheidung war, dass Auftraggeber zur Umgehung der unter der alten Rechtslage höchstrichterlich bestätigten[13] Unzulässigkeit der Zulassung und Wertung von Nebenangeboten bei Verwendung des Preises als einzigem Zuschlagskriterium teilweise zur Umgehung sogenannte „Ausweichstrategien" in Gestalt reiner pro-forma Zuschlagskriterien entwickelt hatten. Nach neuem Recht sind derartige Umgehungsstrategien aufgrund der Klarstellung in § 35 Abs. 2 VgV nicht mehr notwendig. Der Preis sollte dennoch generell insgesamt weder unter- noch überbewertet werden.[14]

11 Bereits aus dem allgemeinen, vergaberechtlichen **Diskriminierungsverbot** sowie nunmehr ausdrücklich aus § 127 Abs. 4 GWB ergibt sich als absolute Grenze des Auswahlermessens, dass keine Zuschlagskriterien gewählt werden dürfen, die einzelne Bieter willkürlich, dh ohne einen objektiven, sachlichen Grund benachteiligen oder bevorzugen.[15] Zuschlagskriterien müssen so festgelegt und bestimmt sein, dass die Möglichkeit eines wirksamen Wettbewerbs gewährleistet ist, der Zuschlag nicht willkürlich erteilt werden kann und eine wirksame Überprüfung möglich ist, ob und inwieweit die Angebote die Zuschlagskriterien erfüllen. Ein Kriterium, das bei einer bestimmten Ortsnähe des Bieters oder bestimmter Produktionsstätten zum Auftraggeber bereits zum Zeitpunkt der Angebotsabgabe zu einer höheren Punktzahl bei der Wertung führt, wäre daher beispielsweise wohl auch unter der neuen Rechtslage unzulässig.[16] Ebenso sind bestimmte Anfahrtszeiten vom Sitz des Auftragnehmers zum Ort der Leistungserbringung (zB einer Baustelle) kein zulässiges Zuschlagskriterium,[17] denn es steht jedem Bieter frei, für die Auftragsausführung eine näher gelegene Niederlassung oder sonstige Präsenz einzurichten. Bei dem nunmehr ausdrücklichen Diskriminierungsverbot in § 127 Abs. 4 GWB handelt es sich insofern nur um eine Klarstellung – eine Neubewertung der materiellen Rechtslage geht damit nicht einher.

Exkurs: Vermischung von Eignungs- und Zuschlagskriterien

12 Der EuGH sowie der BGH haben in der Vergangenheit in ständiger Rechtsprechung darauf hingewiesen, dass zwischen der zweiten Wertungsebene (Eignung) und der vierten

[10] Eine Ausnahme bildet § 68 VgV, der Auftraggeber bei der Beschaffung von Straßenfahrzeugen zur Berücksichtigung des Energieverbrauchs und der Umweltauswirkungen verpflichtet und dabei eine detaillierte Auflistung von zu berücksichtigenden Unterkriterien vorgibt (Sondereinsatzfahrzeuge werden von der Vorschrift nicht erfasst, vgl. § 68 Abs. 4 VgV).

[11] OLG Düsseldorf Beschl. v. 9. 1. 2013 – VII-Verg 33/12, IBRRS 2013, 0977.

[12] OLG Düsseldorf Beschl. v. 27. 11. 2013 – Verg-20/13, NZBau 2014, 121 (124). Der Hinweis des Gerichts auf sog. „Ausweichstrategien" zur Rechtsprechung zur Unzulässigkeit der Wertung von Nebenangeboten, wenn der Preis das einzige Zuschlagskriterium ist, legt nahe, dass insbesondere derartigen pro-forma Qualitätskriterien entgegengewirkt werden sollte.

[13] BGH Beschl. v. 7. 1. 2014 – X ZB 15/13, NZBau 2014, 185 (187); vgl. Fn. 12.

[14] OLG Düsseldorf Beschl. v. 9. 1. 2013 – VII-Verg 33/12, IBRRS 2013, 0977: Wenn andere Wirtschaftlichkeitserwägungen neben dem Preis nur eine marginale Rolle spielen (hier 10 % technischer Wert neben 90 % Preis), verstößt dies gegen das Wirtschaftlichkeitsprinzip; OLG München Beschl. v. 25. 7. 2013 – Verg 7/13, IBRRS 2013, 3208, hat für eine VOF-Vergabe unbeanstandet gelassen, dass das Honorar eine völlig untergeordnete Rolle spielte (Honorarkonzept mit 10 % gewichtet).

[15] Vgl. auch OLG Celle Beschl. v. 19. 3. 2015 – 13 Verg 1/15, IBRRS 2015, 074.

[16] EuGH Urt. v. 27. 10. 2005 – C 234/03, Slg. 2005, I-9317, NZBau 2006, 189 Rn. 55 – Häusliche Atemtherapiedienste; KMPP/*Wiedemann* VgV § 16 Rn. 253.

[17] VK Südbayern Beschl. v. 17. 6. 2009 – Z3-3-3194-1-21-05/09, IBRRS 2009, 3000.

Wertungsebene (Wertung im engeren Sinne anhand der Zuschlagskriterien) strikt zu trennen ist.[18] So galt nach damaliger BGH-Rechtsprechung, dass

„*es mit dem System der Wertungsvorschriften insbesondere nicht zu vereinbaren* [ist], *unterschiedliche Eignungsgrade von Bietern bei der Entscheidung über den Zuschlag im Rahmen der Wirtschaftlichkeitsprüfung in der Weise zu berücksichtigen, dass dem Angebot eines für geeignet befundenen Bieters dasjenige eines Konkurrenten maßgeblich wegen dessen höher eingeschätzter Eignung vorgezogen wird.*“[19]

Ob ein Bieter besser qualifiziert oder sonst besser geeignet war als ein anderer, durfte demnach bei der Wertungsentscheidung grundsätzlich keine Rolle spielen („kein Mehr an Eignung“). Diese strenge Trennung ist inzwischen durch die Umsetzung der Richtlinienvorgaben in das deutsche Vergaberecht sowie aufgrund der Rechtsprechung des EuGHs weitestgehend aufgehoben.

Die strenge Differenzierung war bereits in der Vergangenheit in der Praxis schwer vermittelbar, denn zum einen spielt das Maß an Fachkunde oder Leistungsfähigkeit abseits des Vergaberechts bei der Auswahl eines Vertragspartners (insbesondere für persönlich zu erbringende Dienst- oder Bauleistungen) eine entscheidende Rolle.[20] Für das Vergaberecht galt demgegenüber: Hat der Auftraggeber sich anhand der von ihm aufgestellten Eignungskriterien von der Zuverlässigkeit, Fachkunde und Leistungsfähigkeit der Bieter überzeugt, sind im Folgenden grundsätzlich alle als gleich geeignet anzusehen (zu den Möglichkeiten einer Reduktion des Bewerberkreises aufgrund vergleichender Betrachtung der Eignung → § 30, Eignungsprüfung). Zum anderen kam es in der Praxis zu **schwierigen Abgrenzungsfragen** bei der Unterscheidung von Eignungs- und Zuschlagskriterien, insbesondere bei subjektiven Aspekten.[21] Bei der Abgrenzung ist grundsätzlich maßgeblich, ob das Kriterium auftragsbezogen ist und zur Ermittlung der Wirtschaftlichkeit des Angebots herangezogen werden kann – dann zulässiges Zuschlagskriterium – oder ob es tatsächlich auf persönliche Merkmale des Bieters abstellt und damit im Zusammenhang mit dessen Eignung für die Durchführung des Auftrags steht – dann Eignungskriterium. 13

Der EuGH hatte das strikte Vermischungsverbot bereits 2015 (noch auf der Grundlage der VKR 2004/18/EG) teilweise aufgehoben und entschieden, dass es insbesondere bei Dienstleistungsaufträgen mit intellektuellem Charakter im Bereich der Fortbildung und Beratung zulässig ist, qualitative Kriterien im Rahmen der Wertung zu berücksichtigen, die an die Befähigung und Erfahrung der einzelnen Personen des mit der Auftragsausführung konkret befassten Teams anknüpfen, wenn die Qualität und Erfahrung dieses Teams ein wesentliches Merkmal des Auftrages ist.[22] In der Folge hatte das OLG Düsseldorf auf 14

---

[18] Vgl. insbesondere die Leitentscheidung des EuGH Urt. v. 24.1.2008 – C-532/06, Slg. 2008, I-254, NZBau 2008, 262 Rn. 32 – Lianakis AE ua/Planitiki AE, sowie im Übrigen BGH Urt. v. 15.4.2008 – X ZR 129/06, NZBau 2008, 505 (506); Urt. v. 8.9.1998 – X ZR 109/96, BGHZ 139, 273 = NJW 1998, 3644 (3646); kritisch hierzu *Jasper* VergabeR 2010, 775 (776).

[19] BGH Urt. v. 15.4.2008 – X ZR 129/06, NZBau 2008, 505 (506).

[20] Im Vergaberecht waren solche Überlegungen allenfalls in Ausnahmefällen zulässig, s. etwa OLG Frankfurt a.M. Urt. v. 31.10.2006 – 11 U 2/06, BeckRS 2011, 25381 zur Berücksichtigung der Erfahrung der Bieter bei besonderer leistungsbezogener Auswirkung; OLG München Beschl. v. 25.7.2013 – Verg 7/13, BeckRS 2014, 490 zur mündlichen Präsentation eines Beraterteams. Vgl. zu diesen Ausnahmen und zum Thema insgesamt *Dittmann*, NZBau 2013, 746.

[21] S. beispielhaft die folgende Rechtsprechung zur alten Rechtslage, in der vom Auftraggeber festgelegte „Zuschlagskriterien“ als auf der vierten Wertungsstufe unzulässige „Eignungskriterien“ bewertet wurden: OLG Düsseldorf Beschl. v. 3.8.2011 – Verg 16/11, ZfBR 2012, 72 (74 – „*Kommunikationsfähigkeit und Kooperationsbereitschaft des Projektleiters*“); OLG Karlsruhe Beschl. v. 20.7.2011 – 15 Verg 6/11, IBRRS 2011, 3392 („*Beschreibung des angewendeten Personalkonzepts*“, „*Referenzen*“); OLG Düsseldorf Beschl. v. 10.9.2009 – Verg 12/09, IBRRS 2009, 3419 („*Erfahrungen mit der Projektdurchführung*“, „*Mitarbeiterprofile*“); VK Düsseldorf Beschl. v. 14.7.2011 – VK-02/2011 L, BeckRS 2011, 22563 (bestimmte qualitative Anforderungen an das interne Management der Bieter). Demgegenüber waren nach Auffassung des OLG München Beschl. v. 17.1.2008 – Verg 15/07, NJOZ 2008, 1019 (1023) die Kriterien „*Mitglieder des Projektteams*“ und „*Eindruck Projektteam*“ grundsätzlich zulässige Zuschlagskriterien.

[22] EuGH Urt. v. 26.3.2015 – C-601/13, ECLI:EU:C:2015:204, NZBau 2015, 312 Rn. 31 ff. – Ambisig SA/Nersant. Der EuGH hat einen Konflikt mit seiner Rechtsprechung in der Sache „Lianakis ua“ verneint

der Grundlage dieser Entscheidung auch die Qualität der Projektorganisation und die Erfahrungen von mit dem Auftrag befasstem Personal für zulässige Zuschlagskriterien erachtet.[23] Und auch auf Normebene gab es bereits vor der Vergaberechtsnovelle eine Tendenz, die strikte Trennung von Eignungs- und Zuschlagskriterien aufzuweichen.[24]

15 Diese bereits vom EuGH sowie in der VgV aF angelegten Maßstäbe finden sich nun ausdrücklich auch im novellierten deutschen Vergaberechtsrahmen zur Zuschlagserteilung, vgl. § 127 Abs. 1 S. 3 GWB iVm § 58 Abs. 2 S. 2 Nr. 2 VgV, mit denen die wortgleichen Vorgaben der Richtlinienbestimmung in Art. 67 Abs. 2 lit. b RL 2014/24/EU umgesetzt wurden. Die bisherige apodiktische Trennung zwischen Eignungs- und Zuschlagskriterien ist damit insgesamt einer zunehmenden Flexibilisierung bei der Einbeziehung bieterbezogener Merkmale gewichen. Konkret kann die Qualität des mit der Auftragsausführung konkret betrauten Personals der Zuschlagsentscheidung zugrunde gelegt werden, sofern die Eigenschaften der entsprechenden Mitarbeiter *„erheblichen Einfluss auf das Niveau der Auftragsausführung*[25] *haben kann"*. Dies ist beispielsweise bei der Vergabe von geistig-schöpferischen Dienstleistungen relevant, wie etwa Architektenleistungen oder Beratungsleistungen.[26] Die Qualität des eingesetzten Personals kann natürlich insbesondere dann Einfluss auf das Niveau der Auftragsausführung haben, wenn schöpferische oder intellektuelle Leistungen (wie zB Fortbildungs- oder Beratungsleistungen) beschafft werden. Eine Ausgrenzung von Bau- oder Lieferaufträgen von dieser Flexibilisierung und damit die zwingende Beibehaltung des bislang gültigen Vermischungsverbotes in diesen Bereichen sind daraus jedoch nicht abzuleiten.[27]

2. Sonderfall: Reiner Preiswettbewerb

16 Obwohl das Konzept des besten Preis-Leistungs-Verhältnisses für die Wertung impliziert, dass der Angebotspreis grundsätzlich ins Verhältnis zu weiteren Faktoren der angebotenen Leistung zu setzen ist, kann sich der Auftraggeber auch dafür entscheiden, den Zuschlag allein auf der Grundlage des Preises zu erteilen.[28] Jedenfalls im **Oberschwellenbereich** ist es daher – wie bereits vor der Novelle[29] – zulässig, den niedrigsten Preis als alleiniges Zuschlagskriterium zu bestimmen.[30] Der Gesetzgeber geht dennoch von einem intendierten

mit der Begründung, diese habe sich auf die vorhergehende Richtlinie 92/50/EWG bezogen und sei damit überholt (vgl. Rn. 25). Vgl. im Einzelnen zu dieser Entscheidung und zu den Auswirkungen *Rosenkötter* NZBau 2015, 609 (610 f.).

[23] OLG Düsseldorf Beschl. v. 29.4.2015 – VII-Verg 35/14, NZBau 2015, 440 (443). Demgegenüber handelt es sich nach OLG Düsseldorf Beschl. v. 20.7.2015 – VII-Verg 37/15, NZBau 2015, 709 (710), um eine vergaberechtlich unzulässige Vermischung von Eignungs- und Zuschlagskriterien, wenn die Bewertung der Qualität auf der Grundlage von Fragebögen mit Ja/Nein-Option durchgeführt wird und die Fragen teilweise Referenzen oder Mitgliedschaften von Personen betreffen.

[24] Insbes. konnten nach der VgV seit der Fassung 2013 bei der Vergabe von Dienstleistungen nach Anlage 1 Teil B und freiberuflichen Tätigkeiten die Organisation, Qualifikation und Erfahrung des bei der Durchführung des betreffenden Auftrags eingesetzten Personals als Zuschlagskriterien herangezogen werden (vgl. § 4 Abs. 2 S. 2 VgV aF; § 5 Abs. 1 S. 2–4 VgV aF). Die Gewichtung solcher Kriterien sollte zusammen 25 % nicht überschreiten (vgl. § 4 Abs. 2 S. 3 und 4 VgV aF).

[25] Und damit laut Verordnungsbegründung auf den wirtschaftlichen Wert der Leistung, vgl. BR-Drs. 87/16, 213.

[26] Vgl. Erwgr. 94 RL 2014/24/EU sowie die Verordnungsbegründung zu § 58 VgV.

[27] Der EuGH hat in der Entscheidung „Ambisig" formuliert, dass die neuen Maßstäbe „insbesondere" bei Dienstleistungen mit intellektuellem Charakter gelten und damit keine abschließende Bewertung vorgenommen. Ebenso sieht der Wortlaut von § 58 Abs. 2 S. 2 Nr. 2 VgV keine ausdrückliche Beschränkung auf besondere Dienstleistungen vor. Eine Ausweitung auf Leistungen, die nicht ausschließlich intellektueller Natur sind, ist daher grundsätzlich denkbar. Vgl. hierzu *Rosenkötter* NZBau 2015, 609.

[28] Vgl. Gesetzesbegründung zu § 127, BT-Drs. 18/6281, 111 f.

[29] BGH Urt. v. 15.4.2008 – X ZR 129/06, NZBau 2008, 505 (507); OLG Düsseldorf Beschl. v. 28.1.2015 – VII-Verg 31/14, NZBau 2015, 503 (505); OLG Frankfurt a.M. Beschl. v. 5.6.2012 – 11 Verg 4/12, NZBau 2012, 719 (721); OLG Düsseldorf Beschl. v. 9.2.2009 – Verg 66/08, IBRRS 2009, 2205.

[30] Die Vergaberichtlinie 2014/24/EU eröffnet den Mitgliedsstaaten die Möglichkeit die Verwendung des Preises oder der Kosten als einziges Zuschlagskriterium zu verbieten bzw. auf bestimmte öffentliche Auftraggeber oder Arten von Aufträgen zu beschränken. Hiervon hat der deutsche Gesetzgeber keinen Ge-

Ermessen dahingehend aus, dass der öffentliche Auftraggeber *„in der Regel"* und insbesondere bei der Beschaffung von nicht-marktüblichen, nicht standardisierten Leistungen nicht lediglich den Preis zur Grundlage seiner Wertungsentscheidung macht, sondern weitere Zuschlagskriterien heranzieht, die insbesondere qualitativer Natur sind.[31]

17 Auch in der Praxis erscheint der „niedrigste Preis" als alleiniges Zuschlagskriterium **vorrangig bei (Standard-)Produkten** sinnvoll, die über die Leistungsbeschreibung derart genau bestimmt werden können, dass andere, insbesondere qualitative Aspekte bei der Auswahl zwischen verschiedenen Angeboten keine Rolle mehr spielen können.[32] Demgegenüber ist ein reiner Preiswettbewerb bei funktionalen Ausschreibungen in der Regel ungeeignet.[33]

18 Seit der GWB-Novelle von 2016 ist nunmehr auf gesetzlicher und untergesetzlicher Ebene ausdrücklich klargestellt, dass eine reine Preiswertung die Zulassung von **Nebenangeboten** nicht per se ausschließt,[34] sondern auch bei Nebenangeboten das wirtschaftlichste Angebot allein auf der Grundlage des Preises ermittelt werden kann.[35] In § 127 Abs. 4 S. 2 GWB ist vorgesehen, dass der öffentliche Auftraggeber sicherstellen muss, dass die Zuschlagskriterien sowohl auf Haupt- als auch auf Nebenangebote anwendbar sind. Andernfalls drohte ein Verstoß gegen das Wettbewerbsprinzip bzw. das Gleichbehandlungsprinzip (vgl. dazu im Einzelnen → § 28 Rn. 1 ff., Nebenangebote). Die als Korrektiv geforderte Festlegung von Mindestanforderungen für die Nebenangebote (um einen Vergleich von Äpfeln mit Birnen zu vermeiden) wird untergesetzlich geregelt, etwa in § 35 Abs. 2 S. 1 VgV.

19 Hat sich der öffentliche Auftraggeber für den „niedrigsten Preis" als alleiniges Zuschlagskriterium entschieden, so besteht bei der Durchführung der Wertung kein Beurteilungs- und Ermessensspielraum. Die Zuschlagsentscheidung stellt vielmehr eine **gebundene,** allein vom Preis der Angebote abhängige **Entscheidung** dar. Unzulässig wäre es, im Rahmen der Wertung neben dem Preis dann doch andere, nicht bekannt gemachte Kriterien zu berücksichtigen, denn dadurch *„würde die Entscheidung – vergaberechtswidrig – von einem bislang nicht bekannt gegebenen, neuen Zuschlagskriterium abhängig gemacht"*[36].

20 Auch für Vergaben im **Unterschwellenbereich** dürfte die Frage, ob der „niedrigste Preis" das alleinige Zuschlagskriterium sein kann, nunmehr als geklärt gelten. Aufgrund des gleichen Wortlauts der Regelungen zu Zuschlagskriterien in § 43 UVgO einerseits und GWB bzw. VgV andererseits war jedenfalls für den Liefer- und Dienstleistungsbereich schon länger anerkannt, dass der oben beschriebene Grundsatz auch für den Unterschwellenbereich gilt und der „niedrigste Preis" als alleiniges Zuschlagskriterium herangezogen werden kann. An der anderslautenden Regelung in § 18 Abs. 1 S. 2 VOL/A, wonach *„der niedrigste Angebotspreis allein nicht entscheidend"* sei, hatte der Verordnungsgeber offenkundig

---

brauch gemacht. Allerdings ist in der Gesetzesbegründung, wie beschrieben, ein intendiertes Ermessen zugunsten der Verwendung sonstiger qualitativer Kriterien vorgesehen.

[31] Vgl. Gesetzesbegründung zu § 127, BT-Drs. 18/6281, 112.

[32] Vgl. etwa OLG Düsseldorf Beschl. v. 24.9.2014 – VII Verg 17/14, NZBau 2015, 314 (316) – Inkontinenzmittel, wonach der Preis als alleiniges Zuschlagskriterium verwendet werden kann, *„sofern andere Kriterien nicht geeignet sind oder erforderlich erscheinen"*, weil die Leistung in allen wesentlichen Punkten hinreichend genau definiert werden kann.

[33] VK Bund Beschl. v. 2.4.2014 – VK 1-14/14, IBRRS 2014, 1854.

[34] Demgegenüber hatte insbesondere das OLG Düsseldorf in vermeintlich richtlinienkonformer Auslegung bisher angenommen, dass die Zulassung und Wertung von Nebenangeboten grundsätzlich ausscheide, wenn das Zuschlagskriterium allein der günstigste Preis ist, vgl. nur Beschl. v. 18.10.2010 – VII-Verg 39/10. Gegenteiliger Auffassung war etwa das OLG Schleswig Beschl. v. 15.4.2011 – 1 Verg 10/10, das der Richtlinie ein solches Verbot nicht zu entnehmen vermochte. Der BGH hatte schließlich nach Divergenzvorlage entschieden, dass Nebenangebote grundsätzlich nicht zugelassen und gewertet werden dürften, wenn der Preis das alleinige Zuschlagskriterium ist und im Übrigen keine Mindestanforderungen an Nebenangebote definiert wurden, BGH Beschl. v. 7.1.2014 – X ZB 15/13. Vgl. ausführlich zu dieser Frage *Conrad* ZfBR 2014, 342.

[35] S. § 127 Abs. 4 GWB sowie ausdrücklich in § 35 Abs. 2 S. 3 VgV. Vgl. im Unterschwellenbereich § 8 Abs. 2 Nr. 3 S. 2 VOB/A.

[36] OLG Düsseldorf Beschl. v. 9.12.2009 – VII-Verg 37/09, IBRRS 2010, 0987.

nicht festgehalten und damit den Weg frei gemacht für eine reine Preiswertung.[37] Zuletzt wurde die genannte Formulierung, die einer reinen Preiswertung auch für Unterschwellenvergaben im Baubereich jedenfalls dem Wortlaut nach entgegenstand, in der VOB/A mit der Fassung von 2019 gestrichen, s. § 16d Abs. 1 Nr. 3 VOB/A nF. Damit wurde insgesamt eine Angleichung an das Oberschwellenvergaberecht vollzogen und der „niedrigste Preis" ist grundsätzlich auch bei Unterschwellenvergaben als alleiniges Zuschlagskriterium zulässig – insbesondere dann, wenn sich aufgrund der inhaltlichen Vorgaben der Vergabeunterlagen die Angebote allein aufgrund des Preises unterscheiden können.

3. Sonderfall: Reiner Qualitätswettbewerb

21 Auch bei der Vorgabe von **Fixpreisen** und damit der Durchführung eines reinen Qualitätswettbewerbs im Sinne von § 58 Abs. 2 S. 3 VgV wird das wirtschaftlichste Angebot auf der Grundlage eines Preis-Leistungs-Verhältnis ermittelt.[38] Durch die Vorgabe eines fixierten Preises können die Bieter mit ihrem Angebot allerdings nur bezüglich der Qualität der Leistung punkten, die als einziges Zuschlagskriterium bei der Angebotswertung dann jeweils in ein Verhältnis zum Fixpreis zu setzen ist.

Eine solche ausschließliche oder ganz überwiegende Wertung der Qualität der Leistung als Zuschlagskriterium ist zB dann sinnvoll, wenn der Auftraggeber entweder den Preis festlegen will, um beispielsweise bereitgestellte finanzielle Mittel nicht zu überschreiten, aber dennoch möglichst gänzlich auszuschöpfen, oder wenn zwingendes Preisrecht dies erforderlich macht.[39]

22 Zwingendes Preisrecht in diesem Sinne enthält zum Beispiel das **Buchpreisbindungsgesetz** – in der Vergangenheit aber auch die **Honorarordnung für Architekten und Ingenieure (HOAI)**[40] in Bezug auf Entgelte für Planungsleistungen nach den in der Verordnung erfassten Grundleistungen. Von der HOAI erfasst werden die vom Inland aus erbrachten Leistungen von Architekten und Ingenieuren und bis zur Änderung waren mit der HOAI verbindliche Leistungsbilder[41] und Honorarzonen[42] für planerische Grundleistungen vorgegeben. Der Verordnungsgeber hatte die Preisbindung ursprünglich mit der *„Vermeidung eines ruinösen Preiswettbewerbs im Bereich der Architektur- und Ingenieurdienstleistungen, der die Qualität der Planungstätigkeit gefährden würde"* begründet.[43]

23 Nach verschiedentlich vorgebrachten Zweifeln an der Vereinbarkeit der HOAI mit dem Unionsrecht hatte 2019 schließlich der **EuGH** über diese Frage zu entscheiden und kam zu dem Ergebnis, dass die Mindest- und Höchstsätze der HOAI den Anforderungen des Unionsrechts nicht standhalten.[44]

---

[37] Etwas anderes kann folglich allenfalls in den Bundesländern gelten, in denen nach wie vor ein Anwendungsbefehl für die UVgO fehlt und das Haushaltsrecht weiter auf die VOL verweist, wie etwa zum Zeitpunkt des Redaktionsschlusses in Hessen (Einführung unbekannt), Rheinland-Pfalz (Einführung voraussichtlich noch 2020), Sachsen (Einführung frühestens 2020) und Sachsen-Anhalt (Einführung voraussichtlich noch 2020).

[38] Die Bestimmung des wirtschaftlichsten Angebots ausschließlich nach qualitativen (sowie umweltbezogenen oder sozialen) Zuschlagskriterien wird ausdrücklich ermöglicht nach § 58 Abs. 2 S. 3 VgV; dort wird auch für diese Fälle weiterhin auf die Ermittlung des wirtschaftlichsten Angebots auf der Grundlage des besten Preis-Leistungs-Verhältnisses nach § 58 Abs. 2 S. 1 VgV verwiesen.

[39] Vgl. Ziekow/Völlink/*Steck* VgV § 58 Rn. 36.

[40] Verordnung über die Honorare für Architekten- und Ingenieurleistungen (Honorarordnung für Architekten und Ingenieure – HOAI) v. 4.11.1971 (BGBl. I S. 1745, 1749), zuletzt geändert am 12.11.1984 (BGBl. I S. 1337).

[41] §§ 22ff. HOAI iVm den entsprechenden Anlagen.

[42] § 5 HOAI.

[43] BR-Drs. 395/09, S. 143f.

[44] EuGH Urt. v. 4.7.2019 – C-377/17, ECLI:EU:C:2019:562 – Kommission/Deutschland. Der EuGH stellte fest, dass es sich grundsätzlich um sog. nicht diskriminierende Anforderungen nach Art. 15 Abs. 2 lit. g RL 2006/123/EG handelt, die einer unionsrechtlichen Kontrolle nach Art. 15 Abs. 3 RL 2006/123/EG auch bei reinem Inlandsbezug unterliegen.

Konkret sei die HOAI zwar nicht diskriminierend gemäß Art. 15 Abs. 3 lit. a RL 2006/123/EG (sog. Dienstleistungsrichtlinie), es mangele aber an der **Erforderlichkeit**[45] der durch solche Festpreise bewirkten Einschränkung der Niederlassungsfreiheit zur Verwirklichung des vorgesehenen Ziels im Sinne des Art. 15 Abs. 3 lit. b und c RL 2006/123/EG. Für den Bereich der Planungsleistungen von Architekten und Ingenieuren sei grundsätzlich die Gefahr eines Konkurrenzkampfs mit der Folge ruinöser Billigangebote anzuerkennen und das Ziel der Verhinderung eines solchen Preisverfalls ein grundsätzlich schützenswertes Interesse.[46] Diesem Anliegen könne aber allenfalls eine entsprechend kohärente und systematische Regulierung gerecht werden – was im Fall der HOAI nicht gegeben sei: *„Der Umstand jedoch, dass in Deutschland Planungsleistungen von Dienstleistern erbracht werden können, die* ***nicht ihre entsprechende fachliche Eignung nachgewiesen*** *haben, lässt im Hinblick auf das mit den Mindestsätzen verfolgte Ziel, eine hohe Qualität der Planungsleistungen zu erhalten, eine Inkohärenz in der deutschen Regelung erkennen."*[47] In der Folge sei die zwingende Vorgabe von HOAI-Sätzen unverhältnismäßig.[48]

Die HOAI blieb damit zwar vorläufig weiterhin formal gültig aber aufgrund des Anwendungsvorrangs des Unionsrechts unanwendbar – ggf. auch für noch laufende Vergabeverfahren.[49] Dementsprechend hat insbesondere das OLG Düsseldorf im Anschluss an die Entscheidung die HOAI aufgrund des beschriebenen Unionsrechtsvorrangs unangewendet gelassen.[50] Die VK Bund hielt es mit Blick auf bereits laufende Vergabeverfahren für geboten, das Verfahren *„im gebotenen Umfang zurückzuversetzen, um den Bietern eine neue Kalkulation unter Beachtung der Maßgaben des o.g. EuGH-Urteils zu ermöglichen"*.[51] Die Anpassung sollte konkret eine freie Preiskalkulation zum Gegenstand haben und der Auftraggeber insofern von einer zwingenden Preiskalkulation nach der HOAI Abstand nehmen.[52] In der Schwebephase galt, dass der Auftraggeber Angebote, die die Honorarmindestsätze der HOAI unterschritten (oder die Honorarhöchstsätze überschritten), nicht mehr zwingend ausschließen musste. Vielmehr waren alle Angebote ungeachtet der verbindlichen Preisregeln der HOAI zu prüfen und zu werten. 24

Der Bundesgesetzgeber bzw. Verordnungsgeber hat nun die Rechtsgrundlagen korrigiert und die HOAI dahingehend angepasst, dass Honorare für die erfassten Architekten- und Ingenieurleistungen grundsätzlich frei zu vereinbaren sind und sich nach der Honorarvereinbarung der Vertragsparteien richten, wobei die Grundlagen und Maßstäbe zur Honorarermittlung erhalten geblieben sind und in die Honorarvereinbarung einbezogen werden können. Die Honorartafeln sind gleichwohl als „Orientierungswerte" erhalten geblieben und mit einer Vermutungsregelung belegt worden, wonach jeweils der Basishono- 25

[45] EuGH Urt. v. 4.7.2019 – C-377/17, ECLI:EU:C:2019:562, Rn. 95 – Kommission/Deutschland, NVwZ 2019, 1120.

[46] EuGH Urt. v. 4.7.2019 – C-377/17, ECLI:EU:C:2019:562, Rn. 81 – Kommission/Deutschland, NVwZ 2019, 1120.

[47] EuGH Urt. v. 4.7.2019 – C-377/17, ECLI:EU:C:2019:562, Rn. 89 ff. – Kommission/Deutschland, NVwZ 2019, 1120.

[48] EuGH Urt. v. 4.7.2019 – C-377/17, ECLI:EU:C:2019:562, Rn. 93, 95 – Kommission/Deutschland, NVwZ 2019, 1120.

[49] OLG Celle Urt. v. 17.7.2019 – 14 U 188/18, NZBau 2020, 37 Rn. 23 f.; weniger strikt durch unmittelbare Anwendung des Art. 15 der Dienstleistungs-RL: *Kluth* NJW 2020, 1471 ff.

[50] OLG Düsseldorf Urt. v. 17.9.2019 – 23 U 155/18, IBR 2019, 622; s. auch OLG Schleswig Urt. v. 25.10.2019 – 1 U 74/18, IBR 2020, 26; OLG Rostock Urt. v. 2.10.2019 – 17 Verg 3/19, IBR 2020, 33; OLG Dresden Urt. v. 4.7.2019 – 10 U 1402/17, IBRRS 2019, 2180. Demgegenüber waren einige andere Gerichte mit teilweise fragwürdigem Verständnis von den Rechtswirkungen des EuGH-Urteils von einer Fortgeltung ausgegangen, s. KG Berlin Beschl. v. 19.8.2019 – 21 U 20/19, IBRRS 2019, 2623 (keine abschließende Entscheidung aufgrund eines Vergleichs); OLG Hamm Urt. v. 23.7.2019 – 21 U 24/18, ZfBR 2020, 48 (noch nicht rechtskräftig; anhängig beim BGH, der dem EuGH vorgelegt hat, Beschl. v. 14.5.2020 – VII ZR 174/19, NJW 2020, 2328).

[51] VK Bund Beschl. v. 30.8.2019 – VK 2-60/19, IBR 2019, 630; AA OLG Rostock, wonach mangels Änderung der Rechtslage kein Aufhebungsgrund nach § 63 Abs. 1 S. 1 Nr. 2 VgV vorläge – sondern durch das Urteil des EuGH lediglich die *„bestehende Rechtslage deklaratorisch festgestellt"* worden sei.

[52] OLG Rostock Urt. v. 2.10.2019 – 17 Verg 3/19, IBR 2020, 33.

rarsatz als vereinbart gilt, wenn die Parteien keine wirksame Honorarvereinbarung schließen. Schließlich wurde der Anwendungsbereich der HOAI erweitert und erfasst nun auch Architekten und Ingenieure mit Sitz außerhalb Deutschlands.[53]

26 Für das Vergaberecht gilt damit, dass Bieter grundsätzlich in ihrer Preisgestaltung frei sind und eine **Unter- oder Überschreitung der HOAI-Sätze** rechtlich unerheblich ist. Auftraggeber müssen – und dürfen – somit Angebote nicht mehr wegen Nichteinhaltung der HOAI-Sätze ausschließen; es sei denn sie haben in den Vergabeunterlagen eine zulässige Preisvorgabe gemacht.[54]

II. Grundlegende Anforderungen an Zuschlagskriterien

1. Wertungsfähigkeit

27 Als zulässige Zuschlagskriterien kommen nur solche Aspekte in Betracht, bei denen im Vergleich zwischen den eingereichten Angeboten **bewertend** beurteilt werden kann, in welchem Maß ein bestimmtes Angebot das jeweilige Zuschlagskriterium erfüllt hat. Stellt der Auftraggeber hingegen **Mindestbedingungen** für die Erteilung eines Auftrags auf (zB die Erfüllung bestimmter technischer Werte), so ist **vor** einer Wertung des Angebots anhand der bekannt gegebenen Zuschlagskriterien zu prüfen, ob diese Mindestbedingungen eingehalten wurden. Ein Angebot, das die Mindestbedingungen nicht erfüllt, kann nicht gewertet, sondern muss ausgeschlossen werden, da es die Vergabeunterlagen abändert (§ 57 Abs. 1 Nr. 4 VgV).

28 Die Entscheidung, ob ein bestimmtes Kriterium ein Mindest- oder ein Zuschlagskriterium darstellen soll, sollte sorgfältig überlegt und dann eindeutig in den Vergabeunterlagen dargestellt werden. Denn die Folgen der Nichterfüllung der jeweiligen Kriterien (Ausschluss von der Wertung beim Mindestkriterium und Bewertung mit Null Punkten beim Zuschlagskriterium) unterscheiden sich erheblich, insbesondere in ihren Auswirkungen auf die Breite des Bieterkreises. Der Auftraggeber sollte daher abwägen, welche Kriterien für ihn tatsächlich unverzichtbar sind und welche lediglich die Bewertung des Angebots verbessern oder verschlechtern sollen – bei entsprechender Gewichtung durchaus auch erheblich.

2. Objektivität

29 § 127 Abs. 4 GWB verlangt, dass Zuschlagskriterien so gewählt werden, dass sie objektiv bewertbar und wirksam überprüfbar sind, keine Willkür ermöglichen und Wettbewerb und Gleichbehandlung zwischen den Angeboten gewährleisten. In der exemplarischen Auflistung von Zuschlagskriterien in § 58 VgV findet sich aber etwa auch das Zuschlagskriterium „Ästhetik", bei dem stets jedenfalls ein Rest von Subjektivität in der Bewertung verbleiben wird. Dabei bleibt die **Objektivität und Überprüfbarkeit** der Zuschlagsentscheidung eines der wesentlichen Anliegen des nationalen und europäischen Vergaberechts. So heißt es in Erwgr. 90 RL 2014/24/EU:

„Aufträge sollten auf der Grundlage objektiver Kriterien vergeben werden, die die Einhaltung der Grundsätze der Transparenz, der Nichtdiskriminierung und der Gleichbehandlung gewährleisten, um einen objektiven Vergleich des relativen Werts der Angebote sicherzustellen, damit unter den Bedingungen eines effektiven Wettbewerbs ermittelt werden kann, welches das wirtschaftlichste Angebot ist."

30 Das Vergaberecht strebt demnach eine möglichst **objektivierbare,** nachvollziehbare **Vergabeentscheidung** an, die insbesondere willkürliche Entscheidungen vermeidet. Als

---

[53] Verordnung über die Honorare der Architekten- und Ingenieurleistungen (Honorarordnung für Architekten und Ingenieure – HOAI) v. 4.11.1971 (BGBl. I S. 1745, 1749), zuletzt geändert am 12.11.1984 (BGBl. I S. 1337); weitere Änderungen treten zum 1.1.2021 aufgrund der Änderungsverordnung in Kraft.

[54] OLG Düsseldorf Urt. v. 17.9.2019 – 23 U 155/18, IBR 2019, 62.

allgemeiner Grundsatz gilt daher, dass Zuschlagskriterien so eindeutig und verständlich formuliert sein müssen, dass ein fachkundiger Bieter verstehen kann, welche Anforderungen an sein Angebot gestellt werden.[55]

Subjektiv geprägte Aspekte, wie zum Beispiel die Ästhetik eines Gebäudes oder eines anderen Beschaffungsgegenstands, können durchaus als Zuschlagskriterien herangezogen werden. Um der geforderten Objektivierbarkeit der Entscheidungsfindung Rechnung zu tragen und dem Vorwurf eines willkürlichen Wertungsergebnisses zu entgehen, sollten jedoch besondere Vorkehrungen bzgl. der Dokumentation getroffen werden. So sahen verschiedene Vergabekammern es aufgrund der Willkürgefahr und zum Zwecke der Nachprüfbarkeit des Wertungsprozesses insbesondere als unzulässig an, die Bewertung der Angebote hinsichtlich einzelner Zuschlagskriterien allein auf mündliche Darlegungen der Bieter in einem Präsentationstermin zu stützen – sämtliche Inhalte eines Angebots müssten (zumindest auch) in Textform im Angebot enthalten sein.[56] Aus Transparenzgründen sollte zudem ein besonderes Augenmerk auf die Bestimmung von Unterkriterien gelegt werden, anhand derer die Erfüllung des jeweiligen (subjektiven) Zuschlagskriteriums gemessen werden soll, dh im Zweifel die vollständige Bewertungsmatrix offengelegt werden.[57] Ebenfalls anzuraten ist, um dem Vorwurf der Willkür zu entgehen, für subjektive Entscheidungen mehrköpfig besetzte Wertungsgremien zu schaffen und den Bewertungsvorgang selbst vorab transparent anzukündigen und genau zu dokumentieren, anhand welcher Kriterien die Punktevergabe erfolgte. Bei Einhaltung dieser Vorgaben sollte auch eine Bewertung der Qualität der Präsentation an sich – trotz einiger insofern kritischer Entscheidungen[58] – weiterhin zulässig sein. 31

3. Verbindung mit dem Auftragsgegenstand; Nachhaltigkeitskriterien

Voraussetzung für die Zulässigkeit eines Zuschlagskriteriums ist gem. § 127 Abs. 3 GWB, 32
dass dieses **mit dem Auftragsgegenstand sachlich in Verbindung steht.** Das hat der europäische Gesetzgeber in Art. 67 Abs. 3 RL 2014/24/EU ausdrücklich festgelegt und es wurde im Rahmen der GWB-Novelle in deutsches Recht umgesetzt. Allerdings war auch schon vor der Novelle im deutschen Vergaberecht anerkannt, dass Zuschlagskriterien ohne Auftragsbezug regelmäßig unzulässig sind.

Das novellierte Vergaberecht liefert erstmalig nähere Vorgaben dazu, wann ein solches 33
„in Verbindung stehen" von Zuschlagskriterien und Auftragsgegenstand anzunehmen ist. Entgegen dem früheren Erfordernis eines „Bezuges" zum Auftragsgegenstand ist im GWB nunmehr von einer „Verbindung" die Rede. § 127 Abs. 3 S. 2 GWB bestimmt, dass diese Verbindung gegeben ist, wenn sich das konkrete Kriterium auf **irgendein Stadium im Lebenszyklus der Leistung** bezieht – dies kann sowohl die Herstellung[59], Bereitstellung oder Entsorgung der Leistung als auch den Handel[60] mit der Leistung betreffen. Außerdem wurde entsprechend der europäischen Vorgaben klargestellt, dass sich das konkrete Kriterium **nicht auf die materiellen Eigenschaften des Produktes auswirken** muss, damit der erforderliche Auftragsbezug angenommen werden kann. Danach kann zB ein

[55] OLG Düsseldorf Beschl. v. 31.10.2012 – VII-Verg 1/12, ZfBR 2013, 198 (200); OLG Bremen Beschl. v. 6.1.2012 – Verg 5/11, IBRRS 2012, 1976.

[56] S. VK Südbayern Beschl. v. 2.4.2019 – Z3-3-3194-1-43-11/18, NZBau 2019, 544; VK Rheinland Beschl. v. 19.11.2019 – VK 40/19-L, IBR 2020, 197, unter Hinweis auf das aus §§ 9 Abs. 2 und 53 bis 55 VgV abzuleitende Schriftlichkeitsgebot. Die VK Bund Beschl. v. 12.4.2019 – VK 1 11/19, VPR 2019, 184 weist aus den gleichen Gründen auf die Bedeutung einer ordnungsgemäßen Dokumentation der Wertung hin.

[57] Besonders strenge Anforderungen an die Transparenz hat das OLG Düsseldorf aufgestellt, vgl. → Rn. 60.

[58] Vgl. VK Südbayern Beschl. v. 2.4.2019 – Z3-3-3194-1-43-11/18, NZBau 2019, 544 und VK Rheinland Beschl. v. 19.11.2019 – VK 40/19-L, IBR 2020, 197.

[59] Hierunter fällt etwa auch die Rohstoffgewinnung, vgl. Erwgr. 97 der RL 2014/24/EU.

[60] Hier kann etwa bei der Zuschlagsentscheidung berücksichtigt werden, ob ein Produkt aus fairem Handel stammt oder ob bei der Art der Verpackung oder des Transports besondere Umweltstandards eingehalten werden, vgl. Erwgr. 97 RL 2014/24/EU.

unter Beachtung der ILO Kernarbeitsnormen entlang der Produktions- und Lieferkette hergestelltes und gehandeltes Produkt oder auch ein unter Einsatz energieeffizienter Maßnahmen produziertes Produkt besser bewertet werden als das entsprechende konventionelle Produkt.[61]

34 Im Zusammenhang mit der Frage des Auftragsbezuges wurde in der Vergangenheit immer wieder intensiv diskutiert, inwiefern bzw. unter welchen Voraussetzungen andere als rein wirtschaftliche Zwecke[62] bei der Auftragsvergabe überhaupt berücksichtigt werden dürfen. Die Thematik wurde lange unter dem Stichwort **„vergabefremde Zwecke"** behandelt. Die Begrifflichkeit gilt nunmehr aufgrund der negativen und irreführenden Konnotation als veraltet. Die Terminologie war insofern auch unter der alten Rechtslage schon nicht einheitlich. Folgte man einer weiten Definition des Begriffs des „vergabefremden Kriteriums", umfasste dieser sämtliche Kriterien, die *„nicht lediglich den betriebswirtschaftlich effizientesten Weg der Beschaffung verfolgen, sondern auch allgemeine gesellschaftspolitische Zwecke"*.[63] Bestimmte ursprünglich „vergabefremde Kriterien" in diesem Sinne, wie zB Umwelteigenschaften oder auch soziale Aspekte, fanden sich allerdings auch vor der Reform schon immer wieder in Vergabeverfahren als Mindestanforderungen, Eignungs- oder Zuschlagskriterien.

35 Mit der grundlegenden Überarbeitung des GWB in 2016 hat die Diskussion eine neue Richtung bekommen, denn jedenfalls das „ob" der Einbeziehbarkeit von Nachhaltigkeitsaspekten[64] in den verschiedenen Phasen der Vergabe lässt sich angesichts der Hervorhebung der nachhaltigen Beschaffung als einem der in § 97 GWB formulierten Grundsätze der Vergabe nicht mehr bezweifeln. Offen bleiben demgegenüber weiterhin einige Fragen im Zusammenhang mit dem „wie" eines nachhaltigen Einkaufs (vgl. hierzu ausführlich → § 22 Rn. 1 ff., Berücksichtigung strategischer Ziele – Green and Social Procurement). Für die Einbindung solcher Zwecke in den Wertungsvorgang ist § 127 Abs. 1 S. 3 und 4, Abs. 3 GWB maßgeblich.

36 Das neue Vergaberecht statuiert in § 127 GWB zwar keine generelle Verpflichtung zur Verwendung von Nachhaltigkeitskriterien, aber jedenfalls ein starkes Bekenntnis und damit **weitreichende Möglichkeiten zur verstärkten Einbindung derartiger strategischer Kriterien** im Vergabeverfahren.[65] Verpflichtungen zur Verwendung nachhaltiger Kriterien finden sich zB mit Blick auf die Energieeffizienz für Beschaffungen von Straßenfahrzeugen, aber auch in verschiedenen Landesregelungen.[66] Ansonsten haben öffentliche Auftraggeber insoweit ein Auswahlermessen.[67]

37 Für die Praxis bedeutsam ist insbesondere auch die nunmehr **erleichterte Nachweisführung** bei der Einbindung von Nachhaltigkeitszwecken. Denn § 58 VgV verweist hinsichtlich der Frage, welche Belege zum Nachweis darüber gefordert werden können, ob und wieweit die angebotene Leistung den geforderten Zuschlagskriterien entspricht, auf die Regelungen in §§ 33 und 34 VgV. Danach können Auftraggeber auch die Vorlage von **Gütezeichen** zum Nachweis der Einhaltung bestimmter Merkmale verlangen, sofern diese Gütezeichen bestimmten Vorgaben genügen. Anders als bisher dürfen die Vergabestellen

[61] S. Gesetzesbegründung zu § 127 Abs. 3 GWB, BT-Drs. 18/6281, 112.

[62] Vgl. hierzu zB *Burgi* NZBau 2015, 523. Das Bundeswirtschaftsministerium diskutiert diese Fragen unter dem Stichwort „strategische Beschaffung".

[63] *Prieß* VergabeR-Hdb S. 277; teilweise wurden unter dem Begriff „vergabefremde Kriterien" sogar nur solche Kriterien verstanden, die *keinen* konkreten Bezug zum Auftragsgegenstand haben und daher unzulässig sind, vgl. etwa bei Ziekow/Völlink/*Vavra* VOL/A § 16 Rn. 10.

[64] Nachhaltigkeit im Vergaberecht meint in diesem Zusammenhang eine soziale, umweltgerechte und innovationsfördernde Beschaffung.

[65] Ausweislich der Gesetzesbegründung zu § 97 Abs. 3 GWB wird die *„Einbeziehung strategischer Ziele bei der Beschaffung umfassend gestärkt"*, s. BT-Drs. 18/6281, 68.

[66] S. § 67 Abs. 5 VgV (Beschaffung energieverbrauchsrelevanter Liefer- oder Dienstleistungen); § 68 Abs. 2 VgV (Beschaffung von Straßenfahrzeugen) sowie bspw. auf Länderebene § 7 Berliner Ausschreibungs- und Vergabegesetz (BerlAVG) oder § 19 Bremisches Gesetz zur Sicherung von Tariftreue, Sozialstandards und Wettbewerb bei öffentlicher Auftragsvergabe (Tariftreue- und Vergabegesetz).

[67] Vgl. Gesetzesbegründung zu § 127 GWB, BT-Drs. 18/6281, 112.

ein konkretes Gütezeichen nun ausdrücklich benennen und fordern und sind nicht mehr darauf beschränkt, Gütezeichen nur abstrakt durch das Aufzählen ihrer Spezifikationen einzubeziehen. Dass die Verwendung von Gütezeichen diskriminierungsfrei abläuft, wird durch die besonderen Anforderungen an zulässige Gütezeichen in § 34 Abs. 2 sowie die Möglichkeiten gleichwertiger alternativer Nachweise in § 34 Abs. 4, 5 VgV gewährleistet.

Für die zulässige Einbeziehung von qualitativen, umweltbezogenen oder sozialen Kriterien als Grundlage der Zuschlagsentscheidung müssen gem. § 127 GWB kumulativ vier **Voraussetzungen** erfüllt sein: 38

- Die Aspekte müssen der Ermittlung des wirtschaftlichsten Angebotes dienen (Abs. 1);
- Die Kriterien müssen mit dem Auftragsgegenstand in Verbindung stehen (Abs. 3);
- Die Kriterien müssen objektiv überprüfbar sein und den Geboten von Gleichbehandlung und Wettbewerb Rechnung tragen (Abs. 4);
- Sie müssen ordnungsgemäß und transparent bekanntgemacht werden (Abs. 5).

Der EuGH hatte bereits vor Erlass der neuen Vergaberichtlinien deutlich gemacht, dass durchaus auch andere als rein betriebswirtschaftliche Effizienzgesichtspunkte als Zuschlagskriterium zur Beurteilung des wirtschaftlich günstigsten Angebots verwendet werden dürfen und wesentliche Hinweise für die Beurteilung der Zulässigkeit von ökologischen oder sozialen Kriterien bei der Wertung im engeren Sinne, also bei der Ermittlung des wirtschaftlich günstigsten Angebots, geliefert.[68] Diese Leitlinien decken sich weitestgehend mit den nunmehr auf europäischer und auf deutscher Ebene normativ festgeschriebenen Vorgaben. Nach der Rechtsprechung des EuGHs muss das jeweilige Kriterium: 39

- in einem sachlichen Zusammenhang zum Auftragsgegenstand stehen;
- dem Auftraggeber keine uneingeschränkte Entscheidungsfreiheit einräumen;
- in der Leistungsbeschreibung oder der Bekanntmachung hinreichend konkret benannt werden;
- den allgemeinen Grundsätzen des Gemeinschaftsrechts (insbesondere dem Diskriminierungsverbot) entsprechen.

Die Anforderung, dass Zuschlagskriterien mit dem Auftragsgegenstand in Verbindung stehen müssen, schließt auch nach der neuen Rechtslage weiterhin Kriterien aus, die Vorgaben an die **allgemeine Unternehmenspolitik** beinhalten.[69] Denn in diesem Fall handelt es sich nicht um einen Faktor, der den konkreten Prozess der Herstellung oder Bereitstellung der zu beschaffenden Leistungen oder Waren charakterisiert.[70] Insofern darf im Rahmen der Wertungsentscheidung zB nicht ein bestimmtes dauerhaftes unternehmerisches Engagement im Bereich des Sozialen oder der Umwelt bewertet werden, sondern sollte vielmehr in Bezug auf den konkret auszuführenden Auftrag und für dessen Ausführungszeitraum die Einhaltung von Umweltanforderungen, Auszubildendenquoten etc. gefordert werden. Die Bewertung, ob eine Verbindung zum Auftragsgegenstand gegeben ist, ist nur anhand des jeweiligen Einzelfalls möglich.[71] 40

In der Praxis[72] hat zB das OLG Rostock bei einem Auftrag zur Restabfallentsorgung die **Transportentfernung** zu der Abfallbeseitigungsanlage als zulässiges Wertungskriterium erachtet, weil der Transportaufwand im Hinblick auf die erheblichen Immissionen der 41

[68] EuGH Urt. v. 4.12.2003 – C-448/01, Slg. 2003, I-14527, NVwZ 2004, 201 Rn. 33, 34 – EVN und Wienstrom; EuGH Urt. v. 17.9.2002 – C-513/99, Slg. 2002, I-7213, NZBau 2002, 618 Rn. 69 – Concordia.

[69] So ist bspw. ein zertifiziertes „Umweltmanagementsystem" zwar taugliches Eignungskriterium, darf aber nicht im Rahmen der Zuschlagsentscheidung berücksichtigt werden, OLG Schleswig Beschl. v. 29.4.2010 – 1 Verg 2/08, BeckRS 2011, 39.

[70] Vgl. Erwgr. 97 RL 2014/24/EU.

[71] OLG Düsseldorf Beschl. v. 17.1.2013 – VII-Verg 35/12, NZBau 2013, 329; OLG Koblenz, Beschl. v. 29.11.2012 – 1 Verg 6/12, IBRRS 2012, 4471; OLG Rostock, Beschl. v. 30.5.2005 – 17 Verg 4/05, IBRRS 2005, 3055; BayOblG Beschl. v. 3.7.2002 – Verg 13/02, NZBau 2003, 105; VK Brandenburg, Beschl. v. 17.10.2011 – VK 39/11, ZfBR 2012, 279; VK Düsseldorf Beschl. v. 14.7.2011 – VK 02/2011, VPRRS 2014, 0033; VK Bund Beschl. v. 30.4.2002 – VK 2-10/02, IBRRS 2013, 518.

[72] Zahlreiche Beispiele bei *Weyand*, Vergaberecht, GWB § 97 Rn. 1256ff.

Transportfahrzeuge kein ausschreibungsfernes Kriterium darstellte.[73] Auch der **Einsatz schadstoffarmer Fahrzeuge** ist als Zuschlagskriterium zulässig und überprüfbar.[74] Das OLG Düsseldorf hat schon vor Umsetzung der Vergaberichtlinie 2014/24/EU aufgrund der Vorwirkung entschieden, dass das Qualitätskriterium **Patientenprogramm** mit dem Auftragsgegenstand in Verbindung steht und daher taugliches Zuschlagskriterium für die Vergabe von Arzneimittel-Rabattvereinbarungen ist.[75] Der EuGH hat zudem klargestellt, dass eine Qualifizierung als **Fair Trade** Produkt beim Zuschlag berücksichtigt werden darf, da diese sich auf innere Eigenschaften von Erzeugnissen, die an den Herstellungsprozess anknüpfen, beziehen.[76] Der Nachweis kann über entsprechende Gütezeichen erfolgen.

Als nicht zulässig erachtet wurde hingegen die Forderung, bei einem Gebäudereinigungsauftrag nur **sozialversicherungspflichtiges Personal** einzusetzen. Nach Auffassung des OLG Düsseldorf war ein hinreichender sachlicher Zusammenhang mit dem Auftragsgegenstand nicht erkennbar, weil aus dem Einsatz nicht sozialversicherungspflichten Personals weder ein Nachteil für die Leistungserbringung zu erwarten sei, noch die Verpflichtung des öffentlichen Auftraggebers zur Beachtung und Förderung sozialer Belange ausreichte, eine arbeitsrechtlich erlaubte Gestaltungsmöglichkeit zu versagen.[77] Eine derartige Konstellation würde möglicherweise heute angesichts der weiten Definition des Auftragsbezugs im novellierten Vergaberecht anders beurteilt.[78]

42 Neben der Berücksichtigung als Zuschlagskriterien können Nachhaltigkeitsaspekte, wie oben dargestellt, auch in allen anderen Phasen des Vergabeverfahrens eine Rolle spielen, bei der Eignungsprüfung ebenso wie in der Leistungsbeschreibung – auch als Mindestanforderung – oder als Ausführungsbedingungen während der Auftragsausführung. Die Gesetzestreue ist nunmehr gem. § 128 Abs. 1 GWB expliziter Bestandteil der Pflichten, die den Auftragnehmer im Rahmen der Auftragsausführung treffen. Damit wird zB auch die Einhaltung von für allgemein verbindlich erklärten Tarifverträgen verlangt.[79]

Gem. § 124 Abs. 1 Nr. 1 GWB können Auftraggeber ein Unternehmen zu jedem Zeitpunkt von einem Vergabeverfahren ausschließen, wenn dieses bei der Ausführung öffentlicher Aufträge nachweislich gegen geltende umwelt-, sozial- oder arbeitsrechtliche Verpflichtungen verstoßen hat.

4. Hinreichende Bestimmtheit der Zuschlagskriterien einschließlich Unterkriterien

43 Aus dem vergaberechtlichen Transparenzgebot folgt die Verpflichtung, dass die vom Auftraggeber vorgesehenen Zuschlagskriterien hinreichend bestimmt und inhaltlich **für den fachkundigen Bieter verständlich sind.**[80] Der fachkundige Bieter soll so in die Lage versetzt werden, das Angebot optimal auf die Bedürfnisse des Auftraggebers auszurichten und anzupassen.

44 **Unbestimmte Begriffe** wie *„Machbarkeit"* oder *„bestmögliche Erfüllung der Bedürfnisse"*, die ohne weitere Erläuterung vom Auftraggeber als Zuschlagskriterien bestimmt werden, können eine Verletzung des **Transparenzgebots** darstellen und verhindern eine echte

[73] OLG Rostock Beschl. v. 30.5.2005 – 17 Verg 4/05, IBRRS 2005, 3055.
[74] VK Westfalen Beschl. v. 1.8.2018 – VK 1-24/18, VPRRS 2018, 0273.
[75] Vgl. OLG Düsseldorf Beschl. v. 19.11.2014 – VII-Verg 30/14, ZfBR 2015, 287 (288).
[76] EuGH Urt. 10.5.2012 – C-368/10, ECLI:EU:C:2012:284, ZfBR 2012, 490 – Max Havelaar.
[77] OLG Düsseldorf Beschl. v. 17.1.2013 – VII-Verg 35/12, NZBau 2013, 329 (330ff.).
[78] Vgl. *Schwabe* NZBau 2013, 755.
[79] Vgl. zur Bindung an die Einhaltung eines Tarifvertrages das OLG Celle Beschl. v. 8.5.2019 – 13 Verg 10/18, NZBau 2019, 675.
[80] EuGH Urt. v. 18.10.2001 – C-19/00, Slg. 2001, I-7725, NZBau 2001, 69 Rn. 42 – SIAC Construction Ltd/County Council of the County of Mayo; OLG Düsseldorf Beschl. v. 31.10.2012 – VII-Verg 1/12, ZfBR 2013, 198 (200); OLG Bremen Beschl. v. 6.1.2012 – Verg 5/11, IBRRS 2012, 1976; OLG Düsseldorf Beschl. v. 22.12.2010 – Verg 40/10, ZfBR 2011, 388 (390f.); OLG Düsseldorf Beschl. v. 16.11.2005 – Verg 59/05, NZBau 2007, 263.

Vergleichbarkeit der Angebote.[81] Denn ohne weitere Erläuterung ist für keinen Bieter nachvollziehbar, welche Aspekte im Angebot positiv bewertet werden.[82] Aber auch mit Blick auf oben dargestellte Zuschlagskriterien, wie etwa das Kriterium *„Qualität"*, wird deutlich, dass eine **inhaltliche Konkretisierung** erfolgen muss.[83] Ob die Beschreibung den Anforderungen an die Transparenz genügt, ist dann eine Einzelfallfrage: Das OLG Celle hielt beispielsweise das Unterkriterium *„Mitwirkung bei der Bewältigung von Großschadensereignissen"* für zwar sehr allgemein gefasst, aber für einen fachkundigen Bieter hinreichend bestimmt und daher dem Transparenzgebot genügend.[84] Die VK Bund ging in einer Entscheidung davon aus, dass in gewissen Fällen eine Beschreibung auch schon allein deswegen als hinreichend bestimmt gelten müsse, wenn weitergehende und detailliertere Vorgaben ansonsten die Entwicklung kreativer Konzepte der Bieter behindern würden.[85]

Zur Gewährleistung der **Bestimmtheit** werden in der Praxis **Unterkriterien** zu den 45 jeweiligen Zuschlagskriterien gebildet und diese meist in den **Vergabeunterlagen näher erläutert.** Unterkriterien untergliedern die Zuschlagskriterien und versetzen so die Bieter in den meisten Fällen erst in die Lage zu erkennen, worauf es dem Auftraggeber bei der Wertung entscheidend ankommt, um ihre Angebote entsprechend zu konzipieren.[86] Die Bildung solcher Unterkriterien sollte dabei bereits in einer frühen Phase der Ausschreibungsvorbereitung erfolgen, da eine hinreichende Konkretisierung nicht nur der erforderlichen Transparenz dient. Sowohl § 127 Abs. 5 GWB als auch § 58 Abs. 3 S. 1 VgV verlangen, dass alle Zuschlagskriterien sowie deren Gewichtung in der Auftragsbekanntmachung oder den Vergabeunterlagen anzugeben sind. Die Rechtsprechung fordert, dass im gleichen Zuge auch die Unterkriterien bekanntgemacht werden.[87] Die inhaltlichen Anforderungen an die Zuschlagskriterien ergeben sich auch aus dem Beschaffungsbedarf und haben umgekehrt wiederum Einfluss auf die Leistungsbeschreibung und sind damit untrennbarer Teil der Definition des Beschaffungsgegenstands. Die hinreichende Konkretisierung der Zuschlagskriterien in den Vergabeunterlagen ist auch insofern im Interesse der Auftraggeber, als die Qualität der Angebote steigt, je genauer in dem Vergabeverfahren vom Auftraggeber dargestellt wird, worauf es ihm ankommt.

Wie genau, dh in welcher inhaltlichen Tiefe, Zuschlagskriterien durch erläuternde Un- 46 terkriterien zu konkretisieren sind, lässt sich kaum abstrakt beschreiben, sondern bleibt eine Entscheidung des jeweiligen Einzelfalls.[88] Entsprechend der oben dargestellten Be-

[81] OLG Düsseldorf Beschl. v. 22.12.2010 – Verg 40/10, ZfBR 2011, 388 (391 f.); OLG Düsseldorf Beschl. v. 16.11.2005 – Verg 59/05, NZBau 2007, 263; VK Lüneburg Beschl. v. 26.11.2012 – VgK-40/2012, IBRRS 2013, 0338.

[82] Genauso verhält es sich mit den an die Zuschlagskriterien angelegten Bewertungsmaßstäben. In diesem Sinne befand das OLG Düsseldorf Beschl. v. 21.10.2015 – VII-Verg 28/14, NZBau 2016, 235 (237), dass Bewertungsmaßstäbe intransparent sind, wenn nicht zu erkennen ist, welchen Erfüllungsgrad die Angebote auf der Grundlage eines Kriterienkatalogs aufweisen müssen, um mit den jeweiligen Punktwerten bewertet zu werden. Im konkreten Fall waren mögliche Punktwerte den Einschätzungen „kleine Schwächen", „geringe Einschränkungen", „deutliche Einschränkungen" usw. zugeordnet. Hier erkannte das OLG Raum für Manipulation und Willkür. Siehe hierzu → Rn. 60–60c.

[83] OLG Celle Beschl. v. 11.6.2015 – 13 Verg 4/15, IBRRS 2015, 2049: Die Grenze der Unzulässigkeit des Offenlassens konkreter Bewertungsmaßstäbe ist erreicht, wenn Maßstäbe so unbestimmt sind, dass Bieter nicht mehr angemessen über Kriterien und Modalitäten informiert werden, die Grundlage der Ermittlung des wirtschaftlichsten Angebotes sind. Die Grenze bildet damit die Möglichkeit zu Willkür und Diskriminierung.

[84] OLG Celle Beschl. v. 19.3.2015 – 13 Verg 1/15, IBRRS 2015, 0744; vgl. insgesamt zur Bestimmtheit von Zuschlagskriterien OLG München Beschl. v. 25.9.2014 – Verg 9/14, ZfBR 2015, 195 (197).

[85] VK Bund Beschl. v. 30.5.2016 – VK 2-31/16, IBRRS 2016, 1607.

[86] OLG Frankfurt a. M. Beschl. v. 28.5.2013 – 11 Verg 6/13, IBRRS 2013, 2566.

[87] OLG Düsseldorf Beschl. v. 29.4.2015 – VII-Verg 35/14, NZBau 2015, 440 (445); OLG Frankfurt a.M. Beschl. v. 28.5.2013 – 11 Verg 6/13, IBRRS 2013, 256; aA OLG München Beschl. v. 30.4.2010 – Verg 05/10, IBRRS 2010, 1672 in der Frage, ob wegen einer Änderung von Unterkriterien die Ausschreibung wegen eines schwerwiegenden Mangels aufzuheben ist.

[88] OLG Brandenburg Beschl. v. 19.12.2011 – Verg W 17/11, ZfBR 2012, 182 (184); OLG Düsseldorf Beschl. v. 30.7.2009 – VII-Verg 10/09, IBRRS 2009, 3750; VK Bund Beschl. v. 21.11.2013 – VK 2-102/13, ZfBR 2014, 302 (305 f.); VK Lüneburg Beschl. v. 5.10.2010 – VgK-39/2010, IBRRS 2010, 4809.

gründung für eine Konkretisierung, kommt es im Ergebnis darauf an, ob aus den Unterkriterien und deren jeweiliger Erläuterung für einen fachkundigen Bieter hervorgeht, welche Anforderungen der Auftraggeber an die jeweiligen Angebotsbestandteile stellt. Nicht gefordert ist jedenfalls, die Zuschlagskriterien und Unterkriterien derart eng darzustellen, dass dem Auftraggeber kein Beurteilungsspielraum bei der Bewertung der Angebote verbleibt.[89] Das OLG Düsseldorf führt hierzu aus:

„Der Auftraggeber muss für die Angebotswertung kein bis in letzte Unterkriterien und deren Gewichtung gestaffeltes Wertungssystem aufstellen, das im Übrigen dann auch Gefahr liefe, endlos und unpraktikabel zu werden. Insoweit ist auch daran zu erinnern, dass der Auftraggeber auf der letzten Ebene der Angebotswertung einen Wertungsspielraum hat. […] Die Grenze, ab der das Offenlassen konkreter Bewertungsmaßstäbe vergaberechtlich unzulässig ist, ist allerdings erreicht, wenn die aufgestellten Wertungsmaßstäbe so unbestimmt sind, dass Bieter nicht mehr angemessen über die Kriterien und Modalitäten informiert werden, anhand deren das wirtschaftlich günstigste Angebot ermittelt wird (vgl. insoweit auch den 46. Erwägungsgrund, 2. Abs., der Vergabekoordinierungsrichtlinie 2004/18/EG), und sie infolgedessen auch vor einer willkürlichen und/oder diskriminierenden, dh einer die Gebote der Gleichbehandlung und der Transparenz verletzenden Angebotswertung nicht mehr effektiv zu schützen sind.“[90]

47 Auch die 2. Vergabekammer des Bundes bestätigte explizit, dass der Auftraggeber in Ausübung seines Beurteilungsspielraums die Angebotsinhalte unter die bekanntgemachten Kriterien subsumieren könne, ohne dass jedes Wertungsdetail, das im Rahmen der Subsumtion bedeutsam wird, vorab bekannt zu machen wäre – die Grenze sei allerdings bei der Verwendung nicht bekanntgemachter **überraschender** Unterkriterien erreicht, wie zB im konkreten Fall der Bewertung der als *„reine Erwartung“* bezeichneten Wirtschaftlichkeit im Rahmen des Kriteriums *„planerische Herangehensweise zur Umsetzung der W-LAN Technik“*.[91]

48 Im Zusammenhang mit der Bestimmtheit von Zuschlags- und Unterkriterien steht auch das Stichwort **Schulnoten** (auch „Noten“ oder „Punkte“). Damit werden Bewertungssysteme (auch Bewertungsmatrizen) zusammengefasst, bei denen öffentliche Auftraggeber die Angebote der Bieter nach einem aus der Schule bekannten Notensystem beurteilen und Bewertungen von sehr gut bis ungenügend vornehmen. In manchen Fällen werden die einzelnen Noten bzw. Punkte noch mit Unterkriterien näher erläutert.

Ein kurzer Streit in der Vergabepraxis über die Zulässigkeit solcher Bewertungssysteme ist spätestens seit der abschließenden Entscheidung des BGH aus dem Jahr 2017 (vgl. → Rn. 50) und der grundsätzlichen höchstrichterlichen Bejahung der Rechtmäßigkeit der Noten- bzw. Punktbewertung beigelegt. Das **OLG Düsseldorf** hatte 2015 in Abweichung von seiner bisherigen Rechtsprechung[92] entschieden, dass die Angebotswertung mit Hilfe von Schulnoten intransparent und zu unbestimmt und damit vergaberechtswidrig sei.[93] Einige Oberlandesgerichte folgten diesem Richtungswechsel.[94]

49 Nachdem der **EuGH** 2016 gänzlich gegensätzlich entschieden hatte, dass der Auftraggeber zur Offenlegung seiner Bewertungsmethode nicht verpflichtet sei und der Auftraggeber vielmehr einen gewissen Spielraum bei der Bewertung von Angeboten haben müsse,[95] kehrte das OLG Düsseldorf zu seiner ursprünglichen Rechtsprechung zurück. In zunächst

[89] OLG Düsseldorf Beschl. v. 30.7.2009, VII-Verg 10/09, IBRRS 2009, 3750.
[90] OLG Düsseldorf Beschl. v. 30.7.2009, VII-Verg 10/09, IBRRS 2009, 3750.
[91] VK Bund Beschl. v. 21.11.2013 – VK 2-102/13, ZfBR 2014, 302 (304).
[92] OLG Düsseldorf Beschl. v. 30.7.2009 – Verg 10/09, BeckRS 2009, 29056.
[93] OLG Düsseldorf Beschl. v. 29.4.2015 – VII-Verg 35/14, NZBau 2015, 440; OLG Düsseldorf Beschl. v. 15.6.2016 – Verg 49/15, VergabeR 2016, 762, 767f.; OLG Düsseldorf Beschl. v. 21.10.2015 – VII-Verg 28/14, NZBau 2016, 235; OLG Düsseldorf Beschl. v. 16.12.2015 – Verg 25/15, VergabeR 2016, 487, 489f. = NZBau 2016, 232; OLG Düsseldorf Beschl. v. 1.6.2016 – VII-Verg 6/12, BeckRS 2016, 13257.
[94] OLG Frankfurt a.M. Beschl. v. 23.6.2016 – 11 Verg 4/16, BeckRS 2016, 108409; OLG Celle Urt. v. 23.2.2016 – 13 U 148/15, NZBau 2016, 381.
[95] EuGH Urt. v. 14.7.2016 – C-6/15, ECLI:EU:C:2016:555, NZBau 2016, 772 – TNS Dimarso NV.

zurückhaltender Weise erkannte das OLG Düsseldorf Schulnotensysteme als zumindest dann zulässig an, wenn eine Erläuterung durch Unterkriterien erfolge; ohne weitere Konkretisierungen öffne das ungebundene und völlig freie Ermessen beim Auftraggeber dagegen Tür und Tor für Willkür und Manipulation.[96] In einem späteren Verfahren bezog sich das OLG Düsseldorf dann ausdrücklich auf das EuGH Urteil *Dimarso* und erkannte an, dass auch der nationale Gesetzgeber im Hinblick auf die Transparenzpflicht offenbar nicht über das unionsrechtlich Geforderte hinausgehen wollte. Soweit Bieter aus der Leistungsbeschreibung, den Zuschlagskriterien und der Gewichtung erkennen könnten, was der Auftraggeber von ihnen erwarte, seien die Schulnotensysteme daher (auch ohne nähere Erläuterungen durch Unterkriterien) als zulässig zu betrachten.[97]

Im Jahr 2017 bestätigte auch der **BGH** nach einer Divergenzvorlage des OLG Dresden **50** die grundsätzliche Zulässigkeit von Schulnotensystemen im Vergaberecht in einer abschließenden Grundsatzentscheidung und verwies dabei ausdrücklich auf die EuGH-Entscheidung *Dimarso.*[98] In der Vorlage an den BGH ging es um ein Bewertungssystem, bei dem die Vergabestelle die schriftlichen Darstellungen der Bieter auf einer Skala von ungenügend (0 Punkte) über mangelhaft (1 Punkt), ausreichend (2 Punkte), befriedigend (3 Punkte) und gut (4 Punkte) bis zu sehr gut (5 Punkte) benotete.[99] Der BGH kam zu dem Ergebnis, dass diese Noten mit zugeordneten Punktwerten für die Erfüllung qualitativer Wertungskriterien einer transparenten und wettbewerbskonformen Auftragsvergabe regelmäßig nicht entgegenstünden. Dabei müssten die Vergabeunterlagen nicht einmal weitere konkretisierende Angaben dazu enthalten, wovon die jeweils zu erreichende Punktzahl konkret abhängen soll.[100] Erforderlich sei lediglich eine aussagekräftige Leistungsbeschreibung, die den Bietern die Anforderungen des Auftraggebers in transparenter Weise hinreichend verdeutliche. Die Forderung nach einer Unterlegung der Noten bzw. Punkte mit konkretisierenden Informationen des Auftraggebers zu der Leistungserfüllung würde zu einem rechtlich nicht gebotenen Mehraufwand für den Auftraggeber führen, mögliche Lösungswege vorgeben und somit die Gestaltungsmöglichkeiten und denkbaren Konzepte der Bieter im Vorfeld beschränken.[101]

Die positive Beurteilung von Schulnotenbewertungssystemen im Vergaberecht durch den BGH gilt jedoch nur für den Regelfall mit aussagekräftiger Leistungsbeschreibung[102] und einer widerspruchsfreien Bewertungsmatrix.[103] Der BGH stellte ausdrücklich fest, dass in besonders gelagerten Einzelfällen, bei komplexen Auftragsgegenständen, konkretisierende Erläuterungen zu den Vorstellungen des Auftraggebers vom „Zielerreichungsgrad" erforderlich sein können.[104]

---

[96] OLG Düsseldorf Beschl. v. 2.11.2016 – VII-Verg 25/16, NZBau 2017, 116, 118.
[97] OLG Düsseldorf Beschl. v. 8.3.2017 VII-Verg 39/16, NZBau 2017, 296 Rn. 53 ff.
[98] BGH Beschl. v. 4.4.2017 – X ZB 3/17, NZBau 2017, 366 Rn. 47.
[99] BGH Beschl. v. 4.4.2017 – X ZB 3/17, NZBau 2017, 366 Rn. 3.
[100] BGH Beschl. v. 4.4.2017 – X ZB 3/17, NZBau 2017, 366 Rn. 39.
[101] BGH Beschl. v. 4.4.2017 – X ZB 3/17, NZBau 2017, 366 Rn. 43 bis 46; mit ähnlicher Argumentation im Hinblick auf den Verlust von Innovationsspielräumen bereits zuvor mit deutlicher Kritik an der Rechtsprechung des OLG Düsseldorf die VK Hamburg Beschl. v. 6.10.2016 – Vgk FB 5/16.
[102] Siehe auch VK Bund Beschl. v. 14.9.2018 – VK 2-76/18, VPR 2019, 1004 = IBRRS 2018, 3307.
[103] Siehe Negativbeispiel der VK Karlsruhe Beschl. v. 4.5.2018 – 1 VK 8/18 (Rn. 112 ff. nach juris): Im Rahmen eines Vergabeverfahrens bzgl. der Lieferung von Schulessen wollte der Auftraggeber zur Bewertung der Angebote ein Testessen durchführen. Die Vergabeunterlagen erklärten nicht, wie viele Personen aus welchem Personenkreis (Lehrer, Eltern, Schüler?) teilnehmen werden. Weiterhin war das Notensystem unklar: Teilweise Noten 1 bis 5, teilweise nur 1 bis 4. Die Note 2 war umschrieben mit „so habe ich es erwartet", während Note 1 gar nicht erläutert wurde. Auch in den Bereichen „Konsistenz" und „Würzung" waren die Beschreibungen zu den zu vergebenen Noten widersprüchlich und nicht nachvollziehbar.
[104] BGH Beschl. v. 4.4.2017 – X ZB 3/17, NZBau 2017, 366 Rn. 48.

III. Typische Zuschlagskriterien

Nachfolgend sollen einige in der Praxis häufig verwendete Zuschlagskriterien näher betrachtet werden.

1. Preis

51 Der Preis oder die Kosten müssen bei der Angebotswertung grundsätzlich zwingend berücksichtigt werden, um das vom Gesetzgeber vorgegebene wirtschaftlichste Preis-Leistungs-Verhältnis zu bestimmen (vgl. → Rn. 8 ff.).[105]

52 Welche Elemente in die Wertung des „Preises" einbezogen werden, wird sich von Verfahren zu Verfahren unterscheiden; beispielsweise neben dem Preis für zu beschaffende Schienenfahrzeuge auch die – möglicherweise nach Zeitpunkt des Abrufes gestaffelten – Preise für optional zu beschaffende weitere Fahrzeuge. Es unterliegt grundsätzlich der Gestaltungs- und Bestimmungsfreiheit des öffentlichen Auftraggebers, welche Preisstruktur bei der Angebotserstellung verlangt wird.[106] Wichtig ist auch hier, dass die einbezogenen Elemente und ihr Einfluss auf die Preiswertung transparent dargestellt werden.[107]

53 Bei der Gewichtung des Preises zur Ermittlung des **wirtschaftlich günstigsten Angebots** ist der öffentliche Auftraggeber weitestgehend frei.[108] Er muss aber die Prinzipien des Vergaberechts und insbesondere die einschlägigen Verfahrens- und Begründungspflichten beachten. So darf insbesondere einzelnen Kriterien dann kein Gewicht zugemessen werden, wenn diese sachlich nicht gerechtfertigt sind und aufgrund der Ausgestaltung die Annahme nahe legen, dass bestimmte Bieter bevorteilt werden.[109] Einer **Mindestgewichtung** des Preises ist das OLG Düsseldorf[110] entgegen getreten und hatte betont, dass dem Auftraggeber auch hinsichtlich der Frage, in welchem Umfang er den Angebotspreis in die Wertung einbezieht, *„ein weiter Beurteilungs- und Ermessenspielraum"* zusteht. Begrenzt wird dieser Spielraum nach Ansicht des OLG Düsseldorf lediglich dadurch, dass *„der Preis allerdings kein nur am Rande dieser Wertung stehendes Beurteilungselement bleiben"* darf. Von einer pauschalen Mindestquote für die Preisgewichtung ist daher insgesamt auch vor dem Hintergrund, dass das novellierte Vergaberecht ausdrücklich auch reine Qualitätswettbewerbe zulässt, Abstand zu nehmen. Ausschlaggebend sind jeweils die Umstände des Einzelfalls und Grenzen der Bestimmungsfreiheit sind lediglich das Willkür- und Diskriminierungsverbot. So kann es nach wie vor Fälle geben, bei denen eine gänzlich marginalisierende Gewichtung einzelner Kriterien zu einer Wettbewerbsverzerrung oder Ungleichbehandlung einzelner Bieter führt und die Gewichtung daher insgesamt unzulässig ist.[111]

54 Eine wirtschaftliche Beschaffung erfordert zudem, dass bei weniger marktüblichen und standardisierten Leistungen Qualitätskriterien ein zunehmendes Gewicht haben, um si-

---

[105] BGH Beschl. v. 4.4.2017 – X ZB 3/17, NZBau 2017, 366 (369), mit Verweis auf Erwgr. 90 u. 92 RL 2014/24/EU, BT-Drs. 18/6281, 111.

[106] OLG Düsseldorf Beschl. v. 20.2.2013 – VII-Verg 44/12, NZBau 2013, 392 (394).

[107] Leitlinien für die Bewertung von Optionen finden sich zB in folgenden Entscheidungen: OLG Düsseldorf Beschl. v. 10.2.2010 – VII-Verg 36/09, ZfBR 2011, 298; Saarländisches OLG Beschl. v. 24.6.2008 – 4 U 478/07, NZBau 2009, 265; VK Nordbayern Beschl. v. 4.10.2005 – 320-VK-3194-30/05, IBRRS 2005, 3277; VK Bund Beschl. v. 14.7.2005 – VK 1-50/05, BeckRS 2016, 17211; VK Schleswig-Holstein Beschl. v. 12.7.2005 – VK-SH 14/05, IBRRS 2005, 2466; Beschl. v. 3.11.2004 – VK-SH 28/04, IBRRS 2004, 3440.

[108] Vgl. etwa EuGH Urt. v. 4.12.2003 – C-448/01, Slg. 2003, I-14527, NVwZ 2004, 20 Rn. 39 – Wienstrom.

[109] BGH Beschl. v. 4.4.2017 – X ZB 3/17, NZBau 2017, 366; OLG Celle Beschl. v. 11.9.2018 – 13 Verg 4/18, NZBau 2019, 208 (210).

[110] OLG Düsseldorf Beschl. v. 25.5.2005 – VII-Verg 8/05, VPRRS 2013, 0291.

[111] Vgl. etwa OLG Düsseldorf Beschl. v. 21.5.2012 – Verg 3/12, IBRRS 2012, 2606; OLG Düsseldorf Beschl. v. 27.11.2013 – VII-Verg 20/13, NZBau 2014, 121 (124) unter Bezugnahme auf OLG Dresden Beschl. v. 5.1.2001 – Verg 11 u. 12/00; ähnlich OLG Düsseldorf Beschl. v. 9.1.2013 – VII-Verg 33/12, IBRRS 2013, 0977. Vgl. zur Gewichtung auch BGH Beschl. v. 4.4.2017 – X ZB 3/17, NZBau 2017, 366.

cherzustellen, dass nicht nur die günstigste, sondern auch eine wertige und somit wirtschaftlich nachhaltige Leistung erhalten wird.[112] In diesem Zusammenhang hat der BGH ausdrücklich auf die **Gefahr einer unwirtschaftlichen Beschaffung durch eine zu große, weil sachlich nicht gerechtfertigte Gewichtung des Preises** hingewiesen.[113] Dem kann allerdings auch, der Angebotswertung vorgelagert, bereits in der Leistungsbeschreibung begegnet werden.[114] Soweit neben dem Preis weitere Zuschlagskriterien berücksichtigt werden, die Angebote aber diesbezüglich qualitativ gleichwertig sind, muss am Ende weiterhin der niedrigere Preis den Zuschlag bedingen.[115]

In der Praxis sind Fälle, bei denen der Preis eine gegenüber anderen Kriterien ganz untergeordnete Rolle spielt, selten. Im Einzelfall bedarf es ggf. einer genauen und ausreichend dokumentierten Abwägung der Gründe, die für eine besonders hohe oder niedrige Gewichtung des Preises sprechen. In Erwägung dieser Gründe kommt dem Auftraggeber ein „*insbesondere auf Vertretbarkeit* [...] *kontrollierbarer Festlegungsspielraum*" zu.[116] 55

Die Gewichtung des Preises darf in keinem Fall eine Übervorteilung oder Diskriminierung einzelner Wirtschaftsteilnehmer bewirken. Eine solche Preisgewichtung ist vergaberechtswidrig, wenn sie zu nicht kompensierbaren Wertungsnachteilen ohne sachliche Begründung führt.[117]

2. Kosten, insbes. Lebenszykluskosten

Alternativ zum Preis können auch die Kosten in die Wertung einbezogen werden. Der 56 Auftraggeber kann gemäß § 59 Abs. 1 VgV vorgeben, dass das Zuschlagskriterium „Kosten" auf der Grundlage der **Lebenszykluskosten** der Leistung berechnet wird.[118] In diesem Fall muss er bereits in der Bekanntmachung bzw. den Vergabeunterlagen die Methode zur Berechnung der Lebenszykluskosten und die von den Bietern zu übermittelnden Informationen transparent angeben. Die Berechnungsmethode kann folgende Aspekte berücksichtigen:

- Anschaffungskosten;
- Nutzungskosten, insbesondere Verbrauch von Energie und anderen Ressourcen;
- Wartungs- und Reparaturkosten;
- Kosten der Entsorgung, Abholung, Recycling und
- Kosten, die durch **externe** Effekte der Umweltbelastung entstehen, wie zB Kosten der Emission von Treibhausgasen und anderen Schadstoffen sowie sonstige Kosten für die Eindämmung des Klimawandels.

Die sog. **Lebenszykluskosten** erfassen damit die Kosten, die in allen Phasen der Exis- 57 tenz des Beschaffungsgegenstands anfallen – angefangen von der Rohstoffbeschaffung oder der Erzeugung von Ressourcen bis hin zu Entsorgung, Aufräumarbeiten bzw. Beendigung. In § 59 Abs. 2 VgV sind exemplarisch diverse Kostenpositionen aufgeführt, die bei der Berechnung der Lebenszykluskosten eine Rolle spielen können: etwa interne Faktoren der Leistung selbst (Ziffern 1 bis 4), aber eben auch externe Kosten, also sog. umweltbezogene Effekte (Ziffer 5) – vorausgesetzt, dass diese externen Effekte in Geld zu beziffern und kontrollierbar sind. Voraussetzung hierfür ist nach § 59 Abs. 3 VgV, dass sie nach einer transparent bekanntgemachten Bewertungsmethode berechnet werden können, dh einer

[112] BGH Beschl. v. 4.4.2017 – X ZB 3/17, NZBau 2017, 366 (370).
[113] BGH Beschl. v. 4.4.2017 – X ZB 3/17, NZBau 2017, 366 (370); BGH Beschl. v. 31.1.2017 – X ZB 10/16, NZBau 2017, 230 (231).
[114] OLG Düsseldorf Beschl. v. 27.6.2018 – Verg 59/17, MPR 2018, 216 (225).
[115] BGH Beschl. v. 4.4.2017 – X ZB 3/17, NZBau 2017, 366 (369f.).
[116] OLG Düsseldorf Beschl. v. 21.5.2012 – Verg 3/12, IBRRS 2012, 2606.
[117] OLG Celle Beschl. v. 19.3.2019 – 13 Verg 7/18, ZfBR 2020, 400ff.; in diesem konkreten Fall war die Preisgewichtung von 30% unzulässig, da lediglich nur einem einzelnen qualitativen Merkmal eine sachlich nicht gebotene herausgehobene Bedeutung zukam und die übrigen Zuschlagskriterien somit in Alibifunktion gegen das Diskriminierungsverbot verstießen.
[118] Vgl. Art. 68 Abs. 1 RL 2014/24/EU.

Methode, die auf objektiv nachprüfbaren und nichtdiskriminierenden Kriterien beruht, für alle Beteiligten zugänglich ist und keine Anforderungen an die von den Unternehmen beizubringenden Information stellt, die ein sorgfältiges Unternehmen nicht mit angemessenem Aufwand erfüllen kann.

58 § 127 Abs. 1 S. 4 GWB nennt die Kosten als gleichwertige, alternative Komponente neben dem Preis. Dies ist sachgerecht, denn bei einer langfristig angelegten Nutzung des Beschaffungsgegenstands kann die Wirtschaftlichkeit durchaus entscheidend davon abhängen, in welchem Maß der Beschaffungsgegenstand Energie verbraucht oder welche Wartungsintensität zur Erhaltung im gewünschten Zustand notwendig sein wird. So können nicht nur bei der Fahrzeug- oder Computerbeschaffung, sondern beispielsweise auch bei Baumaßnahmen für ein Schulgebäude die Verbrauchs- und Reparaturkosten von erheblicher Bedeutung für die langfristige Wirtschaftlichkeit der Beschaffung sein. Jedenfalls bei der Beschaffung „energieverbrauchsrelevanter Waren, technischer Geräte oder Ausrüstungen" iSd § 67 VgV müssen die **Energieeffizienz** und bei der Beschaffung von Straßenfahrzeugen gem. § 68 VgV **Energieverbrauch** und **Umweltauswirkungen** sogar als Kriterien „angemessen" berücksichtigt werden (vgl. zu einzelnen Anwendungs- und Abgrenzungsfragen → § 22, Berücksichtigung strategischer Ziele – Green and Social Procurement).

59 Mit der Reform des Europäischen Vergaberechts hat der europäische Gesetzgeber einen besonderen Fokus darauf gelegt, die Auftragsvergabe als Instrument für **nachhaltiges Wachstum** zu nutzen.[119] In diesem Sinne sollen in Zukunft auch die Lebenszykluskosten als Zuschlagskriterium stärker genutzt werden.[120] Dafür sieht die neue Vergaberichtlinie erstmals eine Legaldefinition des Begriffs „Lebenszyklus" vor. Unter „Lebenszyklus" sind dort gem. Art. 2 Abs. 20

„alle aufeinander folgenden und/oder miteinander verbundenen Stadien, einschließlich der durchzuführenden Forschung und Entwicklung, der Produktion, des Handels und der damit verbundenen Bedingungen, des Transports, der Nutzung und Wartung, während der Lebensdauer einer Ware oder eines Bauwerks oder während der Erbringung einer Dienstleistung, angefangen von der Beschaffung der Rohstoffe oder Erzeugung von Ressourcen bis hin zu Entsorgung, Aufräumarbeiten und Beendigung der Dienstleistung oder Nutzung"

zu verstehen.

60 Die Aufwertung des Kriteriums der Lebenszykluskosten wird auch anhand einer wesentlichen begrifflichen Änderung der Vergaberichtlinie 2014/24/EU deutlich. So stellt Art. 67 Abs. 2, anders als der bisherige Art. 53 Abs. 1 VKR, neben dem „wirtschaftlich günstigsten Angebot" nicht mehr nur auf den „niedrigsten Preis", sondern auch auf die **„niedrigsten Kosten"** ab. Diese sollen mittels eines Kosten-Wirksamkeits-Ansatzes, zB der Lebenszykluskostenrechnung gemäß den Bedingungen des Art. 68 RL 2014/24/EU, bewertet werden können. Der deutsche Gesetzgeber hat diese Begriffsanpassung nachvollzogen und die Kosten im GWB sowie in der nachgeordneten VgV dem Preis formal gleichgestellt. So heißt es in § 127 Abs. 1 S. 4 GWB *„neben dem Preis oder den Kosten"*. § 59 VgV setzt die einzelnen Regelungen zur Berechnung der Lebenszykluskosten um.

Durch verbindlichen Rechtsakt der Union können Berechnungsmethoden für Lebenszykluskosten festgeschrieben werden – bisher findet sich im hierfür vorgesehen Anhang XIII lediglich die Richtlinie zur Förderung sauberer und energieeffizienter Straßenfahrzeuge.[121]

[119] Vgl. Erwgr. 2, 47, 91, 93 RL 2014/24/EU.
[120] Vgl. Erwgr. 95 ff. RL 2014/24/EU.
[121] S. Anhang XIII der Vergaberichtlinie 2014/24/EU mit Verweis auf RL 2009/33/EG über die Förderung sauberer und energieeffizienter Straßenfahrzeuge.

3. Qualität

Die Qualität eines Produktes bzw. einer Leistung ist, nach dem Preis bzw. den Kosten, in der Praxis das wichtigste Kriterium bei der Bewertung des wirtschaftlich günstigsten Angebots. Die **Qualität ist kein selbsterklärendes Kriterium.** Daher hat der öffentliche Auftraggeber die qualitativen Anforderungen an das nachgefragte Produkt, die im Rahmen der Wertung herangezogen werden sollen, so genau wie möglich zu beschreiben und entsprechende Unterkriterien zu bilden.[122] Gleiches gilt für eine Bewertung qualitativer Merkmale nach § 58 Abs. 2 S. 1 Nr. 1 VgV, beispielsweise den „Technischen Wert".[123] Allgemeine Verweise auf die „Qualität" oder rein floskelhafte Umschreibungen genügen nicht dem Transparenzgrundsatz des § 97 Abs. 1 GWB und stellen damit einen Vergaberechtsverstoß dar.[124] 61

Genauso wie die Oberkriterien müssen auch die weiteren zur Konkretisierung verwendeten Anforderungen an die Qualität bzw. Unterkriterien einen Bezug zum nachgefragten Produkt haben.[125] Die konkreten Unterkriterien unterscheiden sich daher ganz erheblich je nachdem, was der Auftraggeber beschaffen will: im Rahmen einer Ausschreibung für den Bau einer Brücke könnten für die Beurteilung der Qualität/Technik beispielsweise Durchführbarkeit und Konsistenz der Termin- und Bauablaufplanung, des Qualitätsmanagementsystems und des Erhaltungskonzepts maßgeblich sein, während der Auftraggeber bei der Beschaffung von IT-Services ggf. mehr Wert legt auf den Grad der Erfüllung der Anforderungen in den technischen Leistungsbeschreibungen/Lastenheften und die Schlüssigkeit der Lösungskonzepte für die relevanten IT-Aufgaben. 62

In der Praxis werden häufig qualitative Zuschlagskriterien verwendet, die sich nicht ausschließlich auf ein Produkt oder eine Leistung, sondern (auch) auf den Bieter beziehen. Obwohl die Qualifikation bzw. qualitative Anforderungen an einen Bieter bereits im Rahmen der Eignungsprüfung, dh auf der 2. Wertungsstufe, geprüft werden können, dürfen diese unter bestimmten Voraussetzungen (→ Rn. 20 ff.) nunmehr auch als Zuschlagskriterien bei der Wertung im engeren Sinne berücksichtigt werden. 63

4. Ästhetik

Auch dieses Kriterium wird sowohl im europäischen (vgl. Art. 67 Abs. 2 lit. a RL 2014/24/EU) als auch im nationalen Recht (vgl. § 58 Abs. 2 S. 2 Nr. 1 VgV, § 51 Abs. 2 S. 2 Nr. 1 SektVO sowie § 16d EU Abs. 2 Nr. 2 lit. a VOB/A) exemplarisch erwähnt. Der Gesetzgeber hat damit deutlich gemacht, dass nicht nur rein objektiv zu beurteilende Kriterien zulässige Zuschlagskriterien sein können, sondern auch die **subjektive Wahrnehmung des Beschaffungsgegenstands** eine Rolle bei der Auswahlentscheidung spielen kann (→ Rn. 29–31). An diesem Kriterium wird ebenfalls zu Recht deutlich, dass nicht ausschließlich solche Aspekte als zulässige Zuschlagskriterien verwendet werden dürfen, die sich unmittelbar monetär umrechnen lassen.[126] Die Akzeptanz beispielsweise einer öffentlichen (Infrastruktur-)Einrichtung hängt auch von deren ästhetischer Gestaltung ab, die damit für den Auftraggeber ein wesentliches Zuschlagskriterium bilden kann. Notwendig ist es jedoch, für eine möglichst hohe Objektivierbarkeit der Entscheidungsfindung zu sorgen, etwa durch ein besonders hohes Maß an Transparenz bezüglich der Entscheidungsfindung und die Schaffung eines mehrköpfigen Entscheidungsgremiums (→ Rn. 31). So kann beispielsweise für die Bewertung der Ästhetik von Bussen oder Gebäuden ein Expertengre- 64

[122] OLG Dresden 2.2.2017 – Verg 7/16, VergabeR 2017, 377 (381); OLG Düsseldorf Beschl. v. 27.3.2013 – VII-Verg 53/12, BeckRS 2013, 21180.
[123] OLG Düsseldorf Beschl. v. 18.3.2010 – VII-Verg 3/10, IBRRS 2013, 0627.
[124] VK Düsseldorf Beschl. v. 14.7.2011 – VK-2/2011, IBRRS 2014, 0222.
[125] OLG Frankfurt a.M. Beschl. v. 28.5.2013 – 11 Verg 6/13, IBRRS 2013, 2566.
[126] Vgl. VK Bund Beschl. v. 15.11.2013 – VK 1-97/13, IBRRS 2014, 1481 für das Kriterium *„gestalterisches Vermögen und Herangehensweise"* (Gewichtung 40%) bei dem Neubau eines Gebäudes.

mium gebildet werden, das anhand eines vorgegebenen und den Bietern mitgeteilten Kriterienkatalogs eine Punktewertung vornimmt.

IV. Bekanntmachung der Zuschlagskriterien und Unterkriterien

65 Die **Pflicht zur Bekanntmachung** und die **Bindung an die bekanntgemachten Zuschlagskriterien** folgen bereits aus den allgemeinen vergaberechtlichen Grundsätzen der Transparenz und Gleichbehandlung (§ 97 Abs. 1 und 2 GWB).[127] Die Bieter müssen bereits zu Beginn des Verfahrens erkennen können, auf welche Kriterien es dem Auftraggeber bei der Entscheidung über die Vergabe der Leistungen ankommt, um ihre Angebote innerhalb der Angebotsfrist entsprechend zu konzipieren[128]. Bieter werden dadurch nicht nur vor Willkürentscheidungen geschützt, sondern auch vor nachträglichen Abweichungen des Auftraggebers von den bekanntgegebenen Zuschlagskriterien.

66 Der Gesetzgeber hat diese Verpflichtung ausdrücklich im GWB sowie in den Vergabeordnungen geregelt. So ist die Bekanntgabe der vom Auftraggeber festgelegten Zuschlagskriterien in § 127 Abs. 5 GWB und in §§ 29 Abs. 1 Nr. 2, 37 Abs. 2, 58 Abs. 3 S. 1 VgV zwingend vorgeschrieben. Sie hat danach entweder in der Bekanntmachung oder den Vergabeunterlagen zu erfolgen. Die Zuschlagskriterien müssen nicht nur ausdrücklich genannt werden, sondern unmissverständlich und so klar formuliert sein, dass jedenfalls fachkundige Bieter keine Verständnisschwierigkeiten haben und die Kriterien bei Anwendung der üblichen Sorgfalt in der gleichen Weise auslegen können (→ Rn. 57 ff.).

67 Die hinreichende Bekanntmachung der Zuschlagskriterien ist auch deshalb von entscheidender Bedeutung, da bei der Durchführung der Wertung nur solche Zuschlagskriterien berücksichtigt werden dürfen, die in der Bekanntmachung oder den Vergabeunterlagen genannt sind.[129] Werden keine Zuschlagskriterien genannt, so stellt – jedenfalls nach dem überwiegenden Teil der Rechtsprechung – der Preis das alleinige Zuschlagskriterium dar und nur dieser darf dann auch gewertet werden.[130]

68 Ebenfalls bekannt zu geben sind die zur Konkretisierung vorgesehenen Unterkriterien – jedenfalls dann, wenn nicht auszuschließen ist, dass sich deren Kenntnis auf die Angebotserstellung und die Angebotsinhalte auswirken kann.[131] Da kaum Fälle vorstellbar sind, in denen sich das ausschließen lässt, besteht im Ergebnis eine **Verpflichtung zur Bekanntmachung von Unterkriterien.**[132] Eine (überraschende) Aufstellung von Unterkriterien erst nach Angebotsabgabe oder eine nachträgliche Änderung von bekanntgemachten Zuschlagskriterien kommt allenfalls in eng begrenzten Ausnahmefällen in Betracht. Die Bindung der Auftraggeber an die bekanntgemachten Kriterien ist zur Sicherstellung eines

[127] EuGH Urt. v. 24.1.2008 – C-532/06, Slg. 2008, I-254, EuZW 2008, 187, Rn. 33 ff. – Lianakis AE ua/ Planitiki AE. S. auch OLG Karlsruhe Beschl. v. 15.4.2015 – 15 Verg 2/15, BeckRS 2015, 20649.

[128] *Völlink* VergabeR 2009, 352 (359).

[129] EuGH Urt. v. 16.4.2015 – C-278/14, ECLI:EU:C:2015:228, IBRRS 2015, 0842, Rn. 30 – SC Enterprise Focused Solutions SRL/Spitalul Judetean de Urgenta Alba Iulia.

[130] OLG München Beschl. v. 12.11.2010 – Verg 21/10, BeckRS 2010, 29116; OLG Jena Beschl. v. 18.5. 2009 – 9 Verg 4/09, BeckRS 2009, 138641; BayObLG Beschl. v. 3.7.2002 – Verg 13/02, BayObLGZ 2002 Nr. 33 = NZBau 2003, 105 (108); OLG Frankfurt a.M. Beschl. v. 10.4.2001 – 11 Verg 1/01, NZBau 2002, 161 (168). Dagegen jedoch: OLG Düsseldorf Beschl. v. 5.5.2009 – Verg 14/09, BeckRS 2009, 28980; VK Bund Beschl. v. 11.7.2008 – VK 3-86/08 = juris, die eine Rückversetzung in den Stand des Verfahrens, in dem die Zuschlagskriterien hätten bekannt gemacht werden müssen, für erforderlich hielten.

[131] EuGH Urt. v. 24.1.2008 – C-532/06, Slg. 2008, I-254, EuZW 2008, 18, Rn. 44 f. – Lianakis AE ua/ Planitiki AE; OLG Düsseldorf Beschl. v. 29.4.2015 – VII-Verg 35/14, NZBau 2015, 440 (445); OLG Frankfurt a.M. Beschl. v. 28.5.2013 – 11 Verg 6/13, BeckRS 2013, 10982; OLG München Beschl. v. 25.7.2013 – Verg 7/13, BeckRS 2014, 490; OLG Düsseldorf Beschl. v. 19.6.2013 – Verg 8/13, ZfBR 2014, 85 (87); OLG München Beschl. v. 19.3.2009 – Verg 2/09, NZBau 2009, 341 (342 f.); OLG Düsseldorf Beschl. v. 23.1.2008 – Verg 31/07, BeckRS 2008, 13108; OLG Düsseldorf Beschl. v. 14.11.2007 – Verg 23/07, BeckRS 2008, 7455; VK Bund Beschl. v. 21.11.2013 – VK 2-102/13, ZfBR 2014, 302 (304 f.); VK Südbayern Beschl. v. 29.10.2013 – Z3-3-3194-1-25-08/13, VPRRS 2013, 1652.

[132] OLG Düsseldorf Beschl. v. 19.6.2013 – Verg 8/13, ZfBR 2014, 85 (86).

transparenten und diskriminierungsfreien Verfahrens und zur Vorbeugung von Manipulationen dringend notwendig.[133] Das OLG München führte in diesem Zusammenhang anschaulich aus:

„Nach der grundsätzlichen Entscheidung des EuGH vom 24. 1. 2008 – C-532/06 müssen alle Kriterien, die vom Auftraggeber bei der Bestimmung des wirtschaftlich günstigsten Angebotes berücksichtigt werden, und ihre relative Bedeutung den potenziellen Bietern zum Zeitpunkt der Vorbereitung ihrer Angebote bekannt sein, da sie in die Lage versetzt werden müssen, bei der Vorbereitung ihrer Angebote vom Bestehen und von der Tragweite dieser Kriterien Kenntnis zu nehmen. Der Auftraggeber seinerseits darf keine Gewichtungsregeln oder Unterkriterien für die Zuschlagskriterien anwenden, die er den Bietern nicht vorher zur Kenntnis gebracht hat. Dies gilt auch dann, wenn der Auftraggeber die Unterkriterien und Regeln erst im Nachhinein, also nach Angebotsabgabe, aufgestellt hat. Eine solche Verhaltensweise wird vom EuGH nur dann gebilligt, wenn die Unterkriterien oder Gewichtungsregeln die Hauptzuschlagskriterien nicht ändern, diese nicht unter Berücksichtigung von Umständen gewählt wurden, die einen der Bieter diskriminieren könnten, und diese nichts enthalten, was, wenn es bei der Vorbereitung der Angebote bekannt gewesen wäre, diese Vorbereitung hätte beeinflussen können (EuGH aaO Rn. 43–45).“[134]

Aus der **Bindungswirkung der bekanntgemachten Zuschlagskriterien** folgt auch, 69
dass der Auftraggeber alle bekanntgegebenen Zuschlagskriterien bei der Wertung anzuwenden hat und nicht etwa einzelne unberücksichtigt lassen darf.[135]

Für Bauvergaben im **Unterschwellenbereich** hat der BGH 2016 entschieden, dass nicht in jedem Fall eine detaillierte Festlegung bzw. Bekanntgabe von Kriterien zur Ermittlung des wirtschaftlichsten Angebots erfolgen müsse:

„Vielfach wird sich objektiv bestimmen lassen und folglich für die anbietenden und deshalb sachkundigen Unternehmen auf der Hand liegen, welche der in § 16d Abs. 1 Nr. 3 Satz 2 VOB/A 2016 aufgeführten Wertungskriterien nach den gesamten Umständen insbesondere nach Art des zu beschaffenden Gegenstands in Betracht kommen, und deshalb keine Gefahr einer intransparenten Vergabeentscheidung besteht. Etwas anderes kann gelten, wenn nach Lage der Dinge ohne ausdrücklich formulierte Wertungskriterien das wirtschaftlichste Angebot nicht nach transparenten und willkürfreien Gesichtspunkten bestimmt werden kann. Es hängt von den Umständen des Einzelfalls, insbesondere vom Gegenstand des ausgeschriebenen Auftrags und der Detailliertheit des Leistungsverzeichnisses ab, ob und inwieweit es hiernach der vorherigen Festsetzung von Wertungskriterien bedarf, die dann aus Transparenzgründen aber auch bekanntzumachen sind, auch wenn dies im ersten Abschnitt der Vergabe- und Vertragsordnung für Bauleistungen an sich nicht vorgesehen ist“[136].

C. Auswahl und Bekanntmachung der Gewichtung und Wertungsmatrix

Werden neben dem Preis weitere Zuschlagskriterien und Unterkriterien zur Bestimmung 70
des wirtschaftlichsten Angebots bestimmt, stellt sich die Frage, in welchem Rangverhaltnis bzw. welcher Gewichtung diese Kriterien zueinander stehen. Ebenso bedarf es einer Gewichtung, wenn der öffentliche Auftraggeber von der Möglichkeit des §§ 58 Abs. 2 S. 3 VgV, 16d EU Abs. 2 Nr. 4 VOB/A Gebrauch macht und einen reinen Qualitätswettbewerb mit unterschiedlichen qualitativen bzw. leistungsbezogenen Zuschlagskriterien durchführt.[137]

[133] EuGH Urt. v. 24.1.2008 – C-532/06, Slg. 2008, I-254, EuZW 2008, 18, Rn. 43 ff. – Lianakis AE ua/ Planitiki AE; BGH Urt. v. 17.2.1999 – X ZR 101/97, NJW 2000, 137 (139); OLG Bremen Beschl. v. 6.1.2012 – Verg 5/11, BeckRS 2012, 18167; KG Beschl. v. 28.9.2009 – 2 Verg 8/09, BeckRS 2009, 88638.

[134] OLG München Beschl. v. 19.3.2009 – Verg 2/09, NZBau 2009, 341 (342).

[135] KG Beschl. v. 28.9.2009 – 2 Verg 8/09, BeckRS 2009, 88638.

[136] BGH Beschl. v. 10.5.2016 – X ZR 66/15, NZBau 2016, 576 (577).

[137] Vgl. zum reinen Qualitätswettbewerb → Rn. 21 ff.

I. Die Gewichtung

71 Mit der Gewichtung bestimmt der Auftraggeber die **relative Bedeutung der ausgewählten Zuschlags- und Unterkriterien** für seine Vergabeentscheidung. Bei der Bestimmung der Gewichtung ist er weitgehend frei.[138]

72 Die Gewichtung der Zuschlagskriterien ist Voraussetzung eines transparenten und diskriminierungsfreien Verfahrens. Das OLG Brandenburg führt in diesem Zusammenhang treffend aus:

„Den am Auftrag interessierten Unternehmen müssen in Fällen, in denen der Auftraggeber den Zuschlag auf das wirtschaftlichste Angebot erteilen will, aus Gründen der Chancengleichheit, der Transparenz des Vergabeverfahrens und der Vergleichbarkeit der eingehenden Angebote alle Kriterien, Unterkriterien und ***deren relative Bedeutung,*** *die bei der Bestimmung des wirtschaftlichsten Angebots berücksichtigt werden sollen, im Zeitpunkt der Vorbereitung der Angebote bekannt sein"*[139].

73 Wird für den Bau einer Brücke der Preis mit 35% und die Qualität (der Planungen, Materialien, Konzepte etc.) mit 65% gewichtet, wird der Auftraggeber vollkommen andere Angebote erhalten als bei einer Gewichtung des Preises mit 80% und der Qualität mit 20%. Vor diesem Hintergrund ist Auftraggebern eine intensive Befassung mit der Priorisierung der eigenen Ziele und Wünsche und deren jeweiligen Wechselwirkungen anzuraten: zB dazu, welche Rolle der Preis spielen soll, ob es vielleicht einen Maximalpreis gibt, ab dem keine Punkte mehr vergeben werden sollen; in welchem Umfang mit Qualitätspunkten Preisnachteile ausgeglichen werden können sollen etc. Der Lohn der Mühe wird in Angeboten bestehen, die genau auf die so definierten und bekanntgemachten Prioritäten des Auftraggebers ausgerichtet sind.

74 Für Vergaben oberhalb der Schwellenwerte ist die grundsätzliche Verpflichtung der Auftraggeber, die Zuschlagskriterien zu gewichten und die Gewichtung in der Bekanntmachung oder den Vergabeunterlagen darzustellen, in § 127 Abs. 5 GWB; § 58 Abs. 3 S. 1 VgV; § 16d EU Abs. 2 Nr. 2 VOB/A; § 52 Abs. 3 SektVO sowie § 16d VS Abs. 2 VOB/A geregelt. Nach bislang wohl überwiegender Ansicht der Rechtsprechung ist grundsätzlich die Gewichtung nicht nur für die Zuschlagskriterien mitzuteilen, sondern auch für die vom Auftraggeber aufgestellten und in den Vergabeunterlagen zu beschreibenden Unterkriterien.[140] In einer neueren Entscheidung des EuGH hat das Gericht zwar den Grundsatz bestätigt, dass ein Auftraggeber keine Gewichtungsregeln oder Unterkriterien für die Zuschlagskriterien anwenden darf, die er den Bietern nicht vorher zur Kenntnis gebracht hat, gleichzeitig hat das Gericht jedoch Auftraggebern die Möglichkeit eröffnet, unter engen Voraussetzungen von diesem Grundsatz abzuweichen und erst nach Ablauf der Angebotsfrist Gewichtungsregeln für Unterkriterien festzulegen.[141] Die Voraussetzungen sind (1) der Auftraggeber darf die in der Bekanntmachung oder den Vergabeunterlagen genannten Zuschlagskriterien nicht ändern, (2) die nachträgliche Festlegung darf nichts enthalten, was die Vorbereitung der Angebote beeinflusst hätte und (3) der Auftraggeber darf durch die nachträgliche Bekanntgabe der Gewichtungsregeln keinen Bieter diskriminieren. Mit Blick auf die bisher engere Rechtsprechung der nationalen Gerichte, die sich insbesondere auf den Transparenz- und Gleichbehandlungsgrundsatz bezogen haben, spricht einiges dafür, dass die vom EuGH formulierten Voraussetzungen ebenfalls eng ausgelegt

---

[138] Zur Mindestberücksichtigung des „Preises" als Zuschlagskriterium im Rahmen der Bestimmung des wirtschaftlich günstigsten Angebots vgl. → Rn. 53.

[139] OLG Brandenburg Beschl. v. 13.9.2011 – Verg W 10/11, IBR 2012, 1217 (Hervorhebung hinzugefügt).

[140] OLG Düsseldorf Beschl. v. 29.4.2015 – VII-Verg 35/14, NZBau 2015, 440;. Beschl v. 9.4.2014 – VII-Verg 36/13, ZfBR 2015, 512; OLG Frankfurt a.M. Beschl. v. 28.5.2013 – 11 Verg 6/13, VPR 2013, 91; OLG Brandenburg Beschl. v. 13.9.2011 – Verg W 10/11, IBR 2012, 1217; VK Bund Beschl. v. 3.3.2015 – VK1 4/15, VPR 2015, 179; Beschl. v. 7.8.2014 – VK1 56/14, BeckRS 2015, 7547; so auch *Krohn* NZBau, 2013, 79 (85); zu den vom EuGH (Urt. v. 24.11.2005 – C-331/04) für Sonderfälle entwickelten Ausnahmen vgl. Beck VergabeR/*Lausen* § 58 VgV, 3. Aufl., Rn. 101 ff.

[141] EuGH Urt. v. 20.12.2017 – C-677/15 P, NZBau 2018, 229.

werden. Insofern wird es im Sinne der Rechtssicherheit des Vergabeverfahrens auch zukünftig angeraten sein, eine Gewichtung der Zuschlags- und Unterkriterien anzugeben. In Konzessionsvergabeverfahren ist die Mitteilung einer Gewichtung nicht erforderlich. Es genügt, die Zuschlagskriterien in absteigender Rangfolge anzugeben (§ 31 Abs. 1 KonzVgV). Bei Vergaben von verteidigungs- oder sicherheitsspezifischen öffentlichen Aufträgen im Sinne des § 104 Abs. 1 GWB sind die Zuschlagskriterien in der Bekanntmachung oder den Vergabeunterlagen entweder zu gewichten oder in der absteigenden Reihenfolge der ihnen zuerkannten Bedeutung anzugeben (vgl. § 34 Abs. 2 S. 1 VSVgV).

Bei der Durchführung der Wertung ist der Auftraggeber grundsätzlich an die bekannt- 75
gemachte Gewichtung der Zuschlags- und Unterkriterien gebunden, dh er darf diese grundsätzlich nicht nachträglich verändern (vgl. § 127 Abs. 1 S. 2, Abs. 5 GWB; § 16d EU Abs. 2 Nr. 2 S. 1 VOB/A; § 34 Abs. 2 S. 1 VSVgV; § 16d VS Abs. 2 VOB/A).[142] Gemäß § 31 Abs. 2 KonzVgV ist in Konzessionsvergabeverfahren die Änderung der Reihenfolge der Zuschlagskriterien unter den dort genannten Bedingungen ausnahmsweise zulässig. Üblicherweise wird die Gewichtung in Form von Prozentzahlen oder Punkten angegeben, etwa wie im nachfolgenden einfachen Beispiel für die Ausschreibung von Wirtschaftsberatungsleistungen:

Zuschlags-kriterium	Unterkriterien	Gewichtung	
Angebotspreis		40 %	
	Niedrigster maximaler Gesamtpreis für alle Leistungsstufen gemäß Ziffer [X] der Leistungsbeschreibung		30 %
	Niedrigster Tagessatz		10 %
Qualität des Konzepts		40 %	
	Vollständigkeit und Plausibilität der Darstellung möglicher Modelle zur Restrukturierung des/der [X] (vgl. im Einzelnen die Darstellung in Ziffer XXX der Vergabeunterlagen)		20 %
	Vollständigkeit und Plausibilität der Darstellung der strukturierten Markterkundung (vgl. im Einzelnen die Darstellung in Ziffer XXX der Vergabeunterlagen)		17,5 %
	Vollständigkeit und Plausibilität der Darstellung der Prozessabläufe, Maßnahmen und möglichen Zeitpläne zur Realisierung der Restrukturierung (vgl. im Einzelnen die Darstellung in Ziffer XXX der Vergabeunterlagen)		2,5 %
Präsentation des Beraterteams[143]	(vgl. im Einzelnen die Darstellung in Ziffer XXX der Vergabeunterlagen)	20 %	

Grundsätzlich ist es auch zulässig, die **Gewichtung mittels einer Spanne/Marge** an- 76
zugeben, wobei die Bandbreite angemessen sein muss (vgl. § 58 Abs. 3 S. 2 VgV; § 52 Abs. 3 S. 2 SektVO). Von der Möglichkeit zur Angabe von Margen sollte jedoch nur in Ausnahmefällen Gebrauch gemacht werden. Einerseits besteht bei Margen stets ein erhöhtes Risiko, dass die Wertung gegen das Transparenzgebot verstößt, andererseits erschwert eine solche Gewichtung es den Bietern, optimal auf die Bedürfnisse des Auftraggebers zu-

[142] EuGH Urt. v. 18.11.2010 – C-226/09 – „Kommission/Irland“, NZBau 2011, 50 Rn. 60–62; VK Brandenburg Beschl. v. 3.6.2019 – VK 4/19, VPR 2020, 16; vgl. zu den engen Ausnahmen EuGH Urt. v. 20.12.2017 – C-677/15 P, NZBau 2018, 229.

[143] Vgl. zu der neuesten Entwicklung und der Kritik/Einschränkungen an Präsentationen als Zuschlagskriterien → Rn. 31 sowie VK Rheinland Beschl. v. 19.11.2019 – VK 40/19-L, BeckRS 2019, 31186 mwN.

geschnittene Angebote abzugeben.[144] Zum Schutz der Bieter vor Willkür allenfalls in Ausnahmefällen zulässig ist es, auf die **Angabe einer Gewichtung ganz zu verzichten,** wenn nach Ansicht des Auftraggebers die Gewichtung aus objektiven Gründen nicht möglich ist (§ 58 Abs. 3 S. 3 VgV; § 52 Abs. 3 S. 3 SektVO).[145] In diesem Fall sind die Zuschlagskriterien zumindest in absteigender Reihenfolge anzugeben. Objektive Gründe, warum eine Gewichtung der Zuschlagskriterien nicht möglich ist, dürften allerdings nur in den seltensten Fällen vorliegen und belegbar sein und sind jedenfalls umfassend vom Auftraggeber zu dokumentieren (vgl. § 8 Abs. 2 Nr. 12 VgV) sowie nach Ansicht der VK Münster zusätzlich auch den Bietern mitzuteilen.[146]

II. Berechnungs-/Wertungsmethode – Wertungsmatrix

77 Neben der Bestimmung und Bekanntgabe der Gewichtung der Zuschlags- und Unterkriterien stellt sich für die Durchführung der Wertung der Angebote stets die Frage, anhand welcher **Berechnungs-/Wertungsmethode** der Grad der Erfüllung bzw. Nichterfüllung der Zuschlagskriterien bestimmt wird und wie die Angebote innerhalb der jeweiligen Zuschlagskriterien zueinander ins Verhältnis gesetzt werden sollen. Das OLG Düsseldorf führt insofern aus, dass öffentliche Auftraggeber, wenn sie als Zuschlagskriterien sowohl ein preisbezogenes Zuschlagskriterium als auch ein nicht preisbezogenes (zB bestimmte qualitative Merkmale) gewählt haben, für die Bestimmung des wirtschaftlichsten Angebots einen gemeinsamen Vergleichsmaßstab zu bestimmen haben. Hierzu sind die Preise in Preispunkte umzurechnen.[147] Vergibt der Auftraggeber wie üblich Punkte, die den Grad des Erreichens der Zuschlagskriterien bestimmen – beispielsweise eine **Punkteskala** von 0 bis 40 –, so bestimmt die jeweilige Berechnungs-/Wertungsmethode, mit der der Auftraggeber die Angebote in ein Verhältnis zueinander setzt, über die Punktabstände.

78 Der BGH hat in seiner vielbeachteten Grundsatzentscheidung im Jahr 2017 deutlich gemacht, dass öffentliche Auftraggeber einen weiten Spielraum bei der Entscheidung darüber haben, welche Berechnungs-/Wertungsmethode sie im Rahmen der Bestimmung der Punkte anwenden möchten.[148] So entschied der BGH:

„Ein Wertungsschema, bei dem die Qualität der Leistungserbringung und der nach der einfachen linearen Methode in Punkte umzurechnende Preis mit jeweils 50 % bewertet werden, ist ohne Weiteres auch dann nicht vergaberechtswidrig, wenn nur eine Ausschöpfung der Punkteskala in einem kleinen Segment (hier: 45 bis 50 von 50 möglichen Punkten) zu erwarten ist. Die Wahl einer bestimmten Preisumrechnungsmethode kann vergaberechtlich nur beanstandet werden, wenn sich gerade ihre Heranziehung im Einzelfall aufgrund besonderer Umstände als mit dem gesetzlichen Leitbild des Vergabewettbewerbs unvereinbar erweist.“[149]

79 Die Vergabekammer Berlin[150] führt ferner anschaulich und mit Verweis auf weitere Rspr. aus, dass aus dem Bestimmungsrecht des Auftraggebers gleichsam folgt, dass es nicht erforderlich ist, Preis und Qualitätskriterien mittels derselben Methode zu bewerten.

„Der Transparenzgrundsatz ist gewahrt, wenn die unterschiedlichen Bewertungsmethoden in den Vergabeunterlagen den jeweiligen Zuschlagskriterien zugeordnet sind und entsprechend erläutert werden.“[151]

---

[144] Vgl. zu Margen auch *Braun/Kappenmann* NZBau 2006, 544, 547 sowie grds. *Kraus* VergabeR 2011, 171 ff.

[145] Vgl. auch VK Südbayern Beschl. v. 29.4.2009 – Z3-3-3194-1-11-03/09, IBRRS 2009, 1567; Vgl. hierzu auch VKR 2014/24/EU Erwgr. 45 und 90.

[146] VK Münster Beschl. v. 30.3.2007 – VK 4/07, IBR 2007, 331.

[147] OLG Düsseldorf Beschl. v. 28.3.2018 – VII Verg 54/17, NZBau 2018, 548.

[148] BGH Beschl. v. 4.4.2017 – X ZB 3/17, NZBau 2017, 366; so im Ergebnis und anknüpfend an die Entscheidung des BGH auch OLG Düsseldorf Beschl. v. 2.5.2018 – Verg 3/18, ZfBR 2019, 605.

[149] BGH Beschl. v. 4.4.2017 – X ZB 3/17, NZBau 2017, 366; vgl. zu den Grenzen der Wahl der Berechnungsmethode insbesondere auch die Ausführungen des BGH in → Rn. 38.

[150] VK Berlin Beschl. v. 30.7.2019 – VK-B 1-09/19, VPR 2019, 248.

[151] VK Berlin Beschl. v. 30.7.2019 – VK-B 1-09/19, VPR 2019, 248 Rn. 78.

Mit Blick auf das weite Bestimmungsrecht für Auftraggeber sind verschiedene absolute und relative Bewertungen denkbar. Anhand des Zuschlagskriteriums Preis seien beispielhaft zwei verschiedene Berechnungsmethoden dargestellt: 80

Beispiel 1:

Das Angebot mit dem niedrigsten Angebotspreis erhält 40 Punkte. Angebote, die einen mindestens 50 % höheren Angebotspreis aufweisen, erhalten in diesem Kriterium 0 Punkte. Für dazwischen liegende Werte werden die Punkte jeweils linear interpoliert und auf 2 Stellen nach dem Komma gerundet. Sofern kein Angebot abgegeben wird, das einen mindestens 50 % höheren Angebotspreis in Relation zum niedrigsten Gebot aufweist, wird zum Zwecke der Wertung ein entsprechendes Angebot, dessen Angebotspreis um 50 % vom niedrigsten Gebot abweicht, fingiert. Dieses fiktive Angebot erhält dann 0 Punkte. Für die Angebote, deren Angebotspreis zwischen dem niedrigsten Gebot und dem fiktiven 0-Punkte-Gebot liegen, werden die Punkte jeweils linear interpoliert und auf 2 Stellen nach dem Komma gerundet.[152]

Beispiel 2:

Das Angebot mit dem niedrigsten Angebotspreis erhält 40 Punkte. Bei Angeboten mit einem höheren Angebotspreis wird pro 1.000 EUR Abweichung 1 Punkt in der Wertung abgezogen. Für dazwischen liegende Werte werden die Punkte jeweils linear interpoliert und auf 2 Stellen nach dem Komma gerundet.[153]

Die obigen Beispiele zeigen nicht nur zwei mögliche Berechnungsmethoden zur Bestimmung des Verhältnisses verschiedener Angebote innerhalb des Zuschlagskriteriums Preis zueinander, sondern verdeutlichen zudem, dass die Berechnungsmethode wesentlichen Einfluss auf die möglichen Punkteabstände der Angebote haben kann.[154] 81

Noch deutlicher wird das, wenn eine weitere Ebene eingefügt wird: in der Praxis wird zur Bewertung der Technik/Qualität zB häufig der Grad der Erfüllung der technischen Anforderungen in einem detaillierten Leistungsverzeichnis/Lastenheft maßgeblich sein. Dieser wird anhand der in diesem Lastenheft erreichten Punktzahl gemessen. Die Punktevergabe in diesem Kriterium kann nun in unterschiedlicher Form gestaltet werden: entweder relativ, dh am jeweils besten Angebotswert orientiert oder aber absolut, dh am fiktiven Bestwert orientiert (in Abstufung zur maximal erhältlichen Punktzahl). Erhält das **beste eingereichte Angebot** die bestmögliche Bewertung im Zuschlagskriterium Qualität und die weiteren jeweils im Verhältnis zu ihren Abweichungen eine etwas schlechtere, so erfolgt eine relative Bewertung. Diese wird zu einer anderen Spreizung der Punktwerte führen, als wenn im Rahmen einer absoluten Bewertung die bestmögliche Bewertung nur bei **Erfüllung aller Anforderungen des Lastenhefts** erfolgt – denn dann erhält unter Umständen keiner der Bieter die beste Bewertung für dieses Kriterium. Sowohl absolute als auch relative Berechnungsmethoden sind grundsätzlich zulässig. Die jeweils angewandte Methode muss jedoch transparent und nachvollziehbar in der Bekanntmachung oder den Vergabeunterlagen dargestellt werden. 82

[152] Zur Zulässigkeit der linearen Interpolation als Umrechnung des Preiskriteriums in Punkte und etwaigen Grenzen der Zulässigkeit vgl. auch OLG Düsseldorf Beschl. v. 28.3.2018 – VII Verg 54/17, NZBau 2018, 548.

[153] Vgl. hinsichtlich des Grundsatzes gestufter Preiswertungen OLG Brandenburg Beschl. v. 28.3.2017 – 6 Verg 5/16, ZfBR 2017, 505; aber auch zu den Rechtsunsicherheiten, die trotz des weiten Ermessensrahmens des Auftraggebers mit einer solchen Berechnungsmethode verbunden sind VK Südbayern Beschl. v. 24.7.2015 – Z3-3-3194-1-28-04/15, IBRRS 2015, 2261, grds. erscheint eine lineare Methode rechtssicherer, da die relativen Abstände korrekt bestimmt werden können.

[154] Zu weiteren möglichen Berechnungsmethoden für die Umrechnung des Preises in Punkte etwa mit dem umgekehrten Dreisatz vgl. auch die Ausführungen des OLG Düsseldorf Beschl. v. 2.5.2018 – Verg 3/18, ZfBR 2019, 605, in der das OLG Düsseldorf zudem die Kritik der VK Südbayern Beschl. v. 30.8.2016 – Z3-3-3194-1-28-07/16 an einer hyperbolischen Berechnungsmethode zurückwies.

83 Als zulässige Bewertungsmethode für qualitative Zuschlagskriterien ist mittlerweile wieder die Angabe einer Notenskala anerkannt. Wie bereits oben unter → Rn. 50 dargestellt, hat der BGH nach einzelnen gegenteiligen Entscheidungen des OLG Düsseldorf nunmehr klargestellt, dass eine Bewertungsmethode nach Noten mit zugeordneten Punktwerten für die Erfüllung qualitativer Wertungskriterien regelmäßig zulässig ist, selbst wenn die Vergabeunterlagen nicht einmal weitere konkretisierende Angaben dazu enthalten, wovon die jeweils zu erreichende Punktzahl konkret abhängen soll.[155]

84 Trotz des weiten Bestimmungsrechts des Auftraggebers gibt es verschiedene Entscheidungen in der Rechtsprechung, in denen für die jeweiligen Einzelfälle Berechnungs-/Wertungsmethoden für vergaberechtswidrig befunden wurden.[156] So hielt das OLG Düsseldorf eine Berechnungsmethode nach dem „Alles oder Nichts"-Prinzip, wonach das beste Angebot bspw. 5 Punkte und das schlechteste 0 Punkte erhält und die dazwischen liegenden Angebote über eine lineare Interpolation bepunktet werden, für unzulässig, wenn nur zwei Angebote eingegangen sind.[157] Die Wertungspunkte des unterlegenen Bieters fallen dann nämlich vollständig „unter den Tisch", wodurch er unangemessen diskriminiert wird. Solch ein Wertungssystem kann laut dem OLG Düsseldorf mit Rücksicht auf die Entscheidungsfreiheit des Auftraggebers unter Umständen zu billigen sein, sofern mehrere Angebote eingegangen sind. Da der Auftraggeber aber bei Festlegung des Wertungssystems die Anzahl der eingehenden Angebote nicht vorhersehen kann, sind unter Berücksichtigung der Rechtsprechung des OLG Düsseldorf „Alles oder Nichts" Bewertungsmethoden vergaberechtlich nicht mehr rechtssicher.

85 Eine ausdrückliche normative Regelung dazu, ob ein Auftraggeber eine Berechnungsmethode bereits vor Durchführung der Wertung festgelegt haben muss und sie den Bietern gemeinsam mit den Zuschlagskriterien und deren Gewichtung bekanntzumachen hat, fehlt. Eine Verpflichtung zur Bekanntmachung wurde von der früheren Rechtsprechung unter Verweis auf die allgemeinen Vergaberechtsgrundsätze der Transparenz und Gleichbehandlung grundsätzlich angenommen.[158] Die VK Lüneburg führte hierzu exemplarisch aus:

„Die Bekanntgabepflicht erstreckt sich darüber hinaus auch auf die für die Zuschlagskriterien vom Auftraggeber in der Angebotswertung verwendeten Umrechnungsformeln und Bewertungsregeln (vgl. VK Schleswig-Holstein, Beschl. v. 22.1.2010, Az.: VK-SH 26/29; VK Thüringen, Beschl. v. 17.11.2008, Az.: 250-4003.20-5125/2008-029-J; VK Bund, Beschl. v. 10.8.2006, Az.: VK1 55/06; jeweils zitiert nach ibr-online). Die potenziellen Bieter müssen in die Lage versetzt werden, bei der Vorbereitung ihrer Angebote nicht nur vom Bestehen, sondern auch von der Tragweite der Zuschlagskriterien Kenntnis zu nehmen (vgl. EuGH, Urt. v. 24.1.2008, Az.: C 532/06, mwN). Zur Tragweite der Zuschlagskriterien gehört nicht nur die Gewichtung selbst, sondern auch die jeweilige Umrechnungsformel bei der Wertung. Denn die inhaltliche Gestaltung der von dem Auftraggeber zur Errechnung der Punkte angewendeten Formel ermöglicht eine Einflussnahme auf die über die jeweiligen Kriterien erzielbare Punkteverteilung. Der Auftraggeber ist daher weiterhin gehalten, den Bietern mit der neuen Aufforderung zur Angebotsabgabe auch sämtliche Bewer-

---

155 BGH Beschl. v. 4.4.2017 – X ZB 3/17, NZBau 2017, 366 Rn. 47; vgl. zur Schulnotenrechtsprechung und der Grundsatzentscheidung des BGH hierzu → Rn. 50.

156 Vgl. als Überblick über die fragmentierte Rechtsprechung auch KMPP/*Wiedemann* VgV § 16 Rn. 253, wobei die bisher teilweise ergangene Rspr. zur Unzulässigkeit einer hyperbolischen Bewertungsmethode des Preises (vgl. etwa VK Südbayern Beschl. v. 30.8.2016 – Z3-3-3194-1-28-07/16, IBRRS 2016, 2364) mit Blick auf die eindeutigen Entscheidungen des OLG Düsseldorf Beschl. v. 2.5.2018 – Verg 3/18, ZfBR 2019, 605 und des BGH Beschl. v. 4.4.2017 – X ZB 3/17, NZBau 2017, 366 einer entsprechenden Berechnungsmethode nicht mehr entgegen stehen.

157 OLG Düsseldorf Beschl. v. 22.1.2014 – VII Verg 26/13, NZBau 2014, 371 (in Bezug auf Qualität); Beschl. v. 29.4.2015 – VII-Verg 35/14 (in Bezug auf den Preis).

158 OLG Düsseldorf Beschl. v. 16.12.2015 – VII-Verg 25/15, NZBau 2016, 232; Beschl. v. 21.10.2015 – VII-Verg 28/14; Beschl. v. 29.4.2015 – Verg 35/14; Beschl. v. 19.6.2013 – Verg 8/13; OLG Brandenburg Beschl. 19.12.2011 – Verg W 17/11, ZfBR 2012, 182; VK Südbayern Beschl v. 3.5.2016 – Z3-3-3194-1-61-12/15, BeckRS 2016, 118857; VK Nordbayern Beschl. v. 3.2.2012 – 21 – VK 3194-42/11, IBRRS 2012, 0884; VK Lüneburg Beschl. v. 29.10.2010 – VgK 52/2010, IBRRS 2011, 1150.

tungsmaßstäbe mitzuteilen, damit die Bieter die Bewertung innerhalb der Zuschlagskriterien im gleichen Sinne verstehen müssen und bei der Kalkulation ihrer Angebote berücksichtigen können."[159]

Einer solchen grundsätzlichen Pflicht zur Bekanntgabe der Bewertungsformel ist der EuGH in der Entscheidung Dimarso jedoch mit Blick auf die Rechtslage gemäß der alten Richtlinie 2004/18/EU entgegen getreten.[160] So führte der EuGH zunächst aus, dass ein öffentlicher Auftraggeber hinsichtlich der Zuschlagskriterien keine Unterkriterien anwenden darf, die er den Bietern nicht vorher zur Kenntnis gebracht hat und sich der Auftraggeber während des gesamten Verfahrens an dieselbe Auslegung der Zuschlagskriterien halten muss. Der EuGH kam dann aber zu dem Ergebnis: 86

„*Art. 53 Abs. 2 der Richtlinie 2004/18/EG des Europäischen Parlaments und des Rates vom 31.3.2004 über die Koordinierung der Verfahren zur Vergabe öffentlicher Bauaufträge, Lieferaufträge und Dienstleistungsaufträge ist im Licht des Grundsatzes der Gleichbehandlung und der daraus hervorgehenden Transparenzpflicht dahin auszulegen, dass der öffentliche Auftraggeber, wenn ein Dienstleistungsauftrag nach dem Kriterium des aus seiner Sicht wirtschaftlichsten Angebots vergeben werden soll, nicht verpflichtet ist, den potenziellen Bietern in der Auftragsbekanntmachung oder in den entsprechenden Verdingungsunterlagen die Bewertungsmethode, die er zur konkreten Bewertung und Einstufung der Angebote anwenden wird, zur Kenntnis zu bringen. Allerdings darf diese Methode keine Veränderung der Zuschlagskriterien oder ihrer Gewichtung bewirken.*"[161]

Die Schwierigkeit, wenn keine Bewertungsmethode angegeben wird, liegt jedoch darin, dass es stets eine Frage des Einzelfalls sein wird, ob die tatsächlich angewandte Bewertungsmethode keine Veränderung der Zuschlagskriterien oder ihrer Gewichtung bewirkt hat, was der EuGH in seinem Urteil auch verdeutlicht. 87

Ähnlich wie die Entscheidung des EuGH in Sachen Dimarso bedeutet auch die darauf aufbauende Entscheidung des BGH[162] zu der Frage, ob in Bezug auf eine Punkteskala für ein Unterkriterium der jeweilige Zielerreichungsgrad im Detail zu erläutern ist, auf den ersten Blick ein mehr an Flexibilität zugunsten von Auftraggebern. Denn auch diesbezüglich wird man feststellen müssen, dass öffentliche Auftraggeber nicht mehr in jedem Fall dazu verpflichtet sind, die Zielerreichung in Bezug auf die Benotung von Unterkriterien detailliert in der Bekanntmachung oder den Vergabeunterlagen darzustellen.[163] Der BGH führt jedoch auch aus:

„*Ob es unter außergewöhnlichen Umständen, etwa wenn die Komplexität des Auftragsgegenstands besonders vielschichtige Wertungskriterien erforderlich macht, bei Verwendung eines Benotungs- oder Punktbewertungssystems durch die Vergabestelle zur Vermeidung einer intransparenten Wertung erforderlich sein könnte, dass der Auftraggeber seine Vorstellungen oder Präferenzen zum denkbaren Zielerreichungsgrad erläutert und damit Anhaltspunkte für eine günstige oder ungünstige Benotung vorgibt, bedarf im Streitfall keiner Entscheidung.*"[164]

Das OLG Düsseldorf weist mit Blick auf die Entscheidungen des EuGH und des BGH zunächst zusammenfassend darauf hin, dass gemäß § 127 GWB und § 58 VgV die Zuschlagskriterien und deren Gewichtung in der Auftragsbekanntmachung oder den Vergabeunterlagen aufgeführt werden müssen. Weiter heißt es: 88

---

[159] VK Lüneburg Beschl. v. 29.10.2010 – VgK 52/2010, IBRRS 2011, 1150.
[160] EuGH Urt. v. 14.7.2016 – C-6/15, ECLI:EU:C:2016:555, NZBau 2016, 772 – TNS Dimarso NV.
[161] EuGH Urt. v. 14.7.2016 – C-6/15, ECLI:EU:C:2016:555, NZBau 2016, 772 – TNS Dimarso NV.
[162] BGH Beschl. v. 4.4.2017 – X ZB 3/17, NZBau 2017, 366 Rn. 43ff.
[163] Das OLG Brandenburg scheint jedoch trotz der Entscheidung in Sachen Dimarso (aber ohne Bezug hierauf) daran festzuhalten, dass eine Darstellung der Umrechnungsmethode in Bezug auf den Preis stets erforderlich ist, da ohne eine solche Angabe und unter Berücksichtigung der unterschiedlichen Ergebnisse der verschiedenen Umrechnungsmethoden eine vergaberechtlich nicht hinzunehmende Intransparenz geschaffen wird OLG Brandenburg Beschl. v. 28.3.2017 – 6 Verg 5/16, ZfBR 2017, 505.
[164] BGH Beschl. v. 4.4.2017 – X ZB 3/17, Rn. 48, NZBau 2017, 366.

„Hinsichtlich der Bewertungsmethode, insbesondere zur Bewertung qualitativer Zuschlagskriterien, benötigt der öffentliche Auftraggeber einen größeren Freiraum, der es zulässt, die Bewertungsmethode bei Bedarf auch noch nachträglich an die Umstände des Einzelfalls anzupassen, wenn hierdurch keine Veränderung der Zuschlagskriterien oder ihrer Gewichtung bewirkt wird (vgl. EuGH, NZBau 2016, 772 – TNS Dimarso NV). Dessen ungeachtet ist auch hinsichtlich der Bewertungsmethode das aus dem Diskriminierungsverbot folgende Transparenzgebot (vgl. EuGH, NZBau 2001, 148 (Rn. 61) – Telaustria) zu beachten, das im nationalen Recht unter anderem in § 97 Abs. 1 S. 1 GWB seinen Niederschlag gefunden hat. Hiernach müssen die Vergabeunterlagen so klar, präzise und eindeutig gefasst sein, dass alle durchschnittlich fachkundigen Bieter bei Anwendung der üblichen Sorgfalt ihre genaue Bedeutung erfassen und sie in gleicher Weise verstehen können."[165]

89 Damit wird deutlich, dass in jedem Einzelfall zu entscheiden sein wird, ob und wie weitgehend unter Berücksichtigung insbesondere des Transparenzgebots detaillierte Ausführungen des Auftraggebers zur Bewertungsmethodik und der Zielerreichung für Zuschlagskriterien und etwaige Unterkriterien erforderlich sind.[166]

90 Auch wenn mit Blick auf die vorstehend zitierten Entscheidungen des EuGH in Sachen Dimarso und des BGH eine Bekanntgabe der Bewertungsmethode und/oder der Zielerreichung von Unterkriterien vergaberechtlich nicht stets zwingend erforderlich ist, ist eine verständliche und präzise Darstellung im Interesse des Auftraggebers und der Bieter anzuraten. Durch die frühzeitige Festlegung und Bekanntmachung des gesamten Wertungssystems reduziert sich nicht nur das Risiko späterer Anfechtungen der Wertung durch erfolglose Bieter. Vielmehr tragen konkrete Angaben wesentlich dazu bei, auf den konkreten Bedarf des Auftraggebers zugeschnittene Angebote abgeben zu können bzw. zu erhalten.

91 In der Praxis üblich ist eine textliche Beschreibung der Methodik – vgl. etwa die Beispiele 1 und 2 einer Bewertungsmethode des Zuschlagskriteriums „Preis"[167] – zusammen mit einer graphischen Darstellung in Form einer **Wertungsmatrix.** Eine solche Darstellung in den Vergabeunterlagen könnte zB wie in den folgenden beiden Varianten aussehen:

92 • Variante 1 (einfache Übertragung der prozentualen Gewichtung in Punkte):

Zuschlags-kriterium	Unterkriterien	Gesamtgewicht (Punkte)	
Angebotspreis		40	
	Niedrigster maximaler Gesamtpreis für alle Leistungsstufen gemäß Ziffer [X] der Leistungsbeschreibung		30
	Niedrigster Tagessatz		10
Qualität des Konzepts		40	
	Vollständigkeit und Plausibilität der Darstellung möglicher Modelle zur Restrukturierung des/der [X] (vgl. im Einzelnen die Darstellung in Ziffer XXX der Vergabeunterlagen)		20
	Vollständigkeit und Plausibilität der Darstellung der strukturierten Markterkundung (vgl. im Einzelnen die Darstellung in Ziffer XXX der Vergabeunterlagen)		17,5

[165] OLG Düsseldorf Beschl. v. 2.5.2018 – Verg 3/18, ZfBR 2019, 605.

[166] Vgl. etwa auch VK Rheinland Beschl. v. 19.11.2019 – VK 40/19-L in der mit Blick auf den Transparenzgrundsatz gefordert wird, dass im Hinblick auf die Wertung einer Präsentation (die ohnehin nur in eingeschränkt und akzessorisch zu schriftlichen Angebotsteilen akzeptiert wird) die Angabe der Bewertungsgrundsätze fordert.

[167] Vgl. → Rn. 80.

Zuschlagskriterium	Unterkriterien	Gesamtgewicht (Punkte)	
	Vollständigkeit und Plausibilität der Darstellung der Prozessabläufe, Maßnahmen und möglichen Zeitplänen zur Realisierung der Restrukturierung (vgl. im Einzelnen die Darstellung in Ziffer XXX der Vergabeunterlagen)		2,5
Präsentation des Beraterteams[168]	(vgl. im Einzelnen die Darstellung in Ziffer XXX der Vergabeunterlagen)	20	

• Variante 2 (differenzierende Punkteverteilung mit Angabe des Gewichtungsfaktors): 93

Zuschlagskriterium	Unterkriterien	Gewichtung		Punkte (maximal)	Gewichtungsfaktor
Angebotspreis		40 %			
	Niedrigster maximaler Gesamtpreis für alle Leistungsstufen gemäß Ziffer [X] der Leistungsbeschreibung		30 %	100	0,3
	Niedrigster Tagessatz		10 %	100	0,1
Qualität des Konzepts		40 %			
	Vollständigkeit und Plausibilität der Darstellung möglicher Modelle zur Restrukturierung des/der [X] (vgl. im Einzelnen die Darstellung in Ziffer XXX der Vergabeunterlagen)		20 %	100	0,2
	Vollständigkeit und Plausibilität der Darstellung der strukturierten Markterkundung(vgl. im Einzelnen die Darstellung in Ziffer XXX der Vergabeunterlagen)		17,5	100	0,175
	Vollständigkeit und Plausibilität der Darstellung der Prozessabläufe, Maßnahmen und möglichen Zeitplänen zur Realisierung der Restrukturierung (vgl. im Einzelnen die Darstellung in Ziffer XXX der Vergabeunterlagen)		2,5	100	0,025
Präsentation des Beraterteams[169]	(vgl. im Einzelnen die Darstellung in Ziffer XXX der Vergabeunterlagen)	20 %		100	0,2

Die Wertungsmatrix zusammen mit einer transparenten textlichen Beschreibung muss 94
erkennen lassen, welche Anforderungen das Angebot erfüllen muss, damit die Bieter ihre Angebote nicht nur auf die Anforderungen der Leistungsbeschreibung sondern auch mit

[168] Vgl. zu der neuesten Entwicklung und der Kritik/Einschränkungen an Präsentationen als Zuschlagskriterien oben → Rn. 31 sowie VK Rheinland Beschl. v. 19.11.2019 – VK 40/19-L, BeckRS 2019, 31186 mwN.

[169] Vgl. zu der neuesten Entwicklung und der Kritik/Einschränkungen an Präsentationen als Zuschlagskriterien oben → Rn. 31 sowie VK Rheinland Beschl. v. 19.11.2019 – VK 40/19-L mwN.

Blick auf die Zuschlagskriterien passgenau ausrichten können. Auch unter Berücksichtigung der Rechtsprechung des EuGH in Sachen Dimarso sowie des BGH[170] muss der Grundsatz gelten, dass die Bieter mit Blick auf die Vergabeunterlagen im Vorhinein beurteilen können müssen, auf welche Leistungen die Vergabestelle besonderen und gegebenenfalls unverzichtbaren Wert legt, damit sie ein qualitativ optimales Angebot einreichen können.[171]

95 Eine andere Möglichkeit als die Addition der nach den jeweiligen Bewertungsmethoden ermittelten Punkte für die einzelnen Zuschlagskriterien zur Ermittlung des wirtschaftlichen Angebots etwa anhand einer der oben dargestellten Wertungsmatrizen ist zB die sog **einfache Richtwertmethode.** Diese wurde ursprünglich für den Bereich der IT-Beschaffung als Methode für die Bewertung von IT-Leistungen entwickelt (auch UfAB-Formel), wird aber mittlerweile auch für andere Beschaffungen verwandt.[172]

Bei der einfachen Richtwertmethode werden neben dem Preis noch weitere Zuschlagskriterien berücksichtigt. Es wird ein Quotient aus dem Verhältnis von Leistung und Preis errechnet, dh Leistung (bzw. die nach der jeweiligen Methode ermittelten Leistungspunkte) wird durch Preis geteilt.[173] Das Angebot mit dem höchsten Koeffizienten wird dann den Zuschlag erhalten.

96 Im **Unterschwellenbereich** ist die Verpflichtung zur Bekanntmachung der Gewichtung der Zuschlagskriterien in der UVgO (dort § 43 Abs. 6) enthalten. In den Basisparagraphen der VOB/A fehlt eine entsprechende ausdrückliche Regelung. Dem Wortlaut nach besteht also keine Verpflichtung zur Angabe der Gewichtung. Da die europäische und nationale Rechtsprechung jedoch mehrfach betont hat, dass die Angabe aller Kriterien, Unterkriterien und deren relative Bedeutung, die bei der Bestimmung des wirtschaftlichsten Angebots berücksichtigt werden sollen, bereits den allgemeinen vergaberechtlichen Grundsätzen der Gleichbehandlung und Transparenz des Vergabeverfahrens und der Vergleichbarkeit der eingehenden Angebote zu entnehmen ist,[174] spricht alles dafür, dass die oben dargestellten Grundsätze zur Bekanntgabe von Gewichtung und Wertungsmatrix grundsätzlich auch im Unterschwellenbereich beachtet werden sollten.[175] Die vorstehenden Ausführungen gelten jedoch nur eingeschränkt für Bauvergaben im Unterschwellenbereich. Denn wie bereits oben unter → Rn. 69 dargestellt, kann entsprechend der Vorgaben des BGH im Einzelfall eine Angabe der detaillierten Festlegung bzw. Bekanntgabe von Kriterien für Bauvergaben im Unterschwellenbereich unterbleiben.[176]

D. Durchführung der Wertung

97 Die Wertung der Angebote auf der vierten Wertungsstufe bildet den Schwerpunkt der Angebotswertung. In ihr werden anhand der bekanntgegebenen Zuschlags- und Unterkriterien, deren Gewichtung sowie der Bewertungsmethode diejenigen eingegangenen An-

[170] BGH Beschl. v. 4.4.2017 – X ZB 3/17, Rn. 48, NZBau 2017, 366.

[171] OLG Düsseldorf Beschl. v. 16.12.2015 – VII-Verg 25/15; Beschl. v. 21.10.2015, VII-Verg 28/14; OLG Celle Urt. v. 23.2.2016 – 13 U 148/15; VK Bund Beschl. v. 13.4.2016 – VK 2-19/16; Beschl. v. 1.2.2016 – VK 2-3/16; zu den Einschränkungen der Transparenz der mitzuteilenden Bewertungsmethodik vgl. insbes. EuGH Urt. v. 14.7.2016 – C-6/15, ECLI:EU:C:2016:555, NZBau 2016, 772 – TNS Dimarso NV und BGH Beschl. v. 4.4.2017 – X ZB 3/17, Rn. 48, NZBau 2017, 366.

[172] Die aktuelle „Unterlage für die Ausschreibung und Bewertung von IT-Leistungen" (UfaB) ist auf der Homepage des Beauftragten der Bundesregierung für Informationstechnik http://www.cio.bund.de abrufbar und enthält weiterführende Informationen zur Richtwertmethode und Variationen hiervon.

[173] Zur grundsätzlichen Zulässigkeit der einfachen Richtwertmethode aber auch der Kritik an dieser Methode (auch unter Verweis auf den sog. „flipping effekt") vgl. Ziekow/Völlink/*Steck* § 58 VgV Rn. 5 ff. und MüKoWettbR/*Pauka* § 58 VgV Rn. 42.

[174] EuGH Urt. v. 24.1.2008 – C-532/06 – „Lianakis AE ua/Planitiki AE"; OLG Brandenburg Beschl. v. 13.9.2011 – Verg W 10/11.

[175] So auch *Völlink* in Ziekow/Völlink, Vergaberecht, § 12 VOB/A, 4. Aufl., Rn. 26a.

[176] Vgl. zur entsprechenden BGH-Rechtsprechung → Rn. 69.

gebote miteinander verglichen, die die drei vorherigen Wertungsstufen überstanden haben, um so entweder das preisgünstigste oder das wirtschaftlich günstigste Angebot zu ermitteln (vgl. § 127 Abs. 1 S. 1 GWB; § 58 Abs. 1 VgV; § 16d EU Abs. 2 Nr. 1 VOB/A, § 34 Abs. 2 S. 1 VSVgV und § 43 UvGO).

Entsprechend der bereits oben beschriebenen **Bindung** des Auftraggebers **an das bekanntgemachte Wertungssystem**[177] sind bei der Wertung der Angebote sämtliche bekanntgemachten Kriterien, Gewichtungen und Bewertungsmethoden zu berücksichtigen und anzuwenden. Ebenso wenig wie Zuschlagskriterien hinzukommen oder geändert werden dürfen, dürfen einzelne Zuschlagskriterien unberücksichtigt gelassen werden. Auch die Gewichtung darf bei Durchführung der Wertung nicht verändert werden.[178] Innerhalb dieses Rahmens besteht dann ein **Beurteilungsspielraum** des Auftraggebers bei der Bestimmung des wirtschaftlich günstigsten Angebots, der der Kontrolle im Nachprüfungsverfahren entzogen ist, soweit die Grenzen des Beurteilungsspielraums eingehalten werden.[179] Die teilweise komplexen technischen oder prognostischen Beurteilungen der Angebote anhand der Zuschlagskriterien obliegen der Vergabestelle und können grundsätzlich nicht durch die Beurteilungen der Vergabenachprüfungsinstanzen ersetzt werden. Wurde jedoch der Preis als einziges Zuschlagskriterium bestimmt, so ist die Wertung beschränkt auf den Vergleich der Angebotspreise. Die Zuschlagsentscheidung ist dann eine gebundene Entscheidung.[180] 98

Grenzen des weiten Beurteilungsspielraums zur Ermittlung des wirtschaftlichsten Angebots sind zunächst das Transparenz- und Gleichbehandlungsgebot. Beurteilungsgrenzen werden dabei jedenfalls dann überschritten, wenn der Auftraggeber den Sachverhalt nicht hinreichend ermittelt hat[181] oder sachfremde Erwägungen in die Entscheidung hat einfließen lassen.[182] 99

In welchem Umfang eine Sachverhaltsaufklärung erforderlich ist, lässt sich nur anhand des jeweiligen Einzelfalls beurteilen. So führt das OLG Düsseldorf mit Blick auf die Wertungsentscheidung, ob ein Angebot bestimmte Mindestanforderungen der Leistungsbeschreibung erfüllt, aus: 100

„In welchem Umfang bzw. welcher Tiefe der öffentliche Auftraggeber das Angebot eines Bieters zu prüfen hat, ist nicht nur an den Grundsätzen der Transparenz und Diskriminierungsfreiheit zu messen, sondern auch am Interesse des öffentlichen Auftraggebers an einer zügigen Umsetzung von Beschaffungsabsichten und einem raschen Abschluss des Vergabeverfahrens. Dem öffentlichen Auftraggeber kommt insoweit zu Gute, dass sich aus dem auch im Vergaberecht geltenden Grundsatz von Treu und Glauben ***Zumutbarkeitsgrenzen*** *für die anstehenden Überprüfungen ergeben. Hinsichtlich der Eignungsprüfung hat der Senat bereits entschieden, dass in dem durch die Beteiligung an einer Ausschreibung gemäß §§ 311 Abs. 2, 241 Abs. 2 BGB begründeten Schuldverhältnis die Belange der anderen am Auftrag interessierten Unternehmen nur im Rahmen des Zumutbaren zu berücksichtigen sind. Die Grenzen der Zumutbarkeit werden durch den kurzen Zeitraum, in dem die Entscheidung über die Auftragsvergabe zu treffen ist sowie durch die begrenzten Ressourcen und administrativen Möglichkeiten des öffentlichen Auftraggebers, weitere Überprüfungen vorzunehmen, bestimmt (vgl. Senat, Beschl. v. 2.12.2009, VII Verg 39/09, NZBau 2010, 333; Scharen, GRUR 2009, 345,*

---

[177] Vgl. → Rn. 65 ff.

[178] OLG Karlsruhe Beschl. v. 23.1.2019 – 15 Verg 1/19, BeckRS 2019, 29934 zu engen Ausnahmen siehe → Rn. 74 ff.

[179] EuG Urt. v. 9.9.2010 – T-300/07, BeckRS 2010, 91071 Rn. 76 ff.; OLG Düsseldorf Beschl. v. 16.10.2019 – VII-Verg 6/19, NZBau 2020, 318; OLG Koblenz Beschl. v. 2.10.2012 – 1 Verg 4/12, IBR 2012, 727; OLG Düsseldorf Beschl. v. 7.7.2010 – Verg 22/10, IBR 2011, 1027; VK Bund Beschl. v. 26.6.2015 – VK 1-47/15, VPRRS 2016, 0140.

[180] Vgl. → Rn. 19.

[181] Beispiele: OLG Düsseldorf Beschl. v. 1.8.2012 – Verg 105/11, ZfBR 2012, 826; OLG München Beschl. v. 7.4.2011 – Verg 5/11, NZBau 2011, 439; OLG Bremen Beschl. v. 26.6.2009 – Verg 3/05, BeckRS 2009, 86507; KG Berlin Beschl. v. 13.3.2008 – 2 Verg 18/07, NZBau 2008, 466; vgl. auch *Schaller* LKV 2011, 145, 152.

[182] Beispiele: BGH Urt. v. 1.8.2006 – X ZR 115/04, NZBau 2006, 797; KG Berlin Beschl. v. 18.3.2010 – 2 Verg 7/09, IBRRS 2010, 3223; OLG Naumburg Urt. v. 26.10.2004 – 1 U 30/04, NJOZ 2005, 2015.

347 ff.; vgl. auch EuGH, Urteil v. 15. 5. 2008, C-147/07 und C 148/06, NZBau, 2008, 453, Rn. 32, 33).“[183]

101 Diese Grundsätze dürften auf die Sachverhaltsermittlung und Durchführung der Wertung im engeren Sinne, dh auf der vierten Wertungsstufe, übertragbar sein. In der bereits oben verschiedentlich zitierten Entscheidung des BGH[184] hat dieser deutlich gemacht, dass je höher der Stellenwert eines Zuschlagskriteriums (oder Unterkriteriums) für die Bewertung des Angebots ist und je unbestimmter es in der Bekanntmachung und den Vergabeunterlagen dargestellt wird, umso höher ist die Verpflichtung der Vergabestelle zu einer besonders sorgfältigen Benotung bzw. Wertung, einschließlich der entsprechenden Begründung.

102 Weiterhin ist zu beachten, dass der öffentliche Auftraggeber seine Verpflichtung zur Vornahme der Wertung und **Entscheidung über den Zuschlag nicht delegieren** darf, sondern diese Entscheidung grundsätzlich selbst und zwar durch sachkundige Mitarbeiter treffen muss, wobei gemäß § 58 Abs. 5 VgV und § 43 Abs. 8 UvGO an der Entscheidung über den Zuschlag in der Regel mindestens zwei Vertreter des Auftraggebers mitwirken sollen.[185] Das schließt aber keineswegs aus, dass sich der Auftraggeber bei der Vorbereitung seiner Entscheidung umfassend **externer Berater und Sachverständiger** bedienen darf, soweit er durch diese lediglich über alle wesentlichen Entscheidungsgrundlagen objektiv zutreffend und nachvollziehbar aufgeklärt wird und dann auf dieser Grundlage selbst eine eigenverantwortliche Entscheidung trifft.[186] Der öffentliche Auftraggeber hat sogar sachverständigen Rat hinzuzuziehen, soweit er selbst aus praktischen oder fachlichen Gründen nicht imstande ist, die geforderte Beschaffenheit eines Angebots in der für seine Wertungsentscheidung erheblichen fachlichen Hinsicht zu überprüfen.[187]

103 Besonderes Augenmerk ist auch auf die **Dokumentationspflicht** bezüglich der Durchführung der Wertung (vgl. auch § 8 Abs. 2 S. 2 Nr. 2 und 3 VgV; § 20 EU VOB/A; § 8 Abs. 2 S. 2 Nr. 1 SektVO; § 6 Abs. 2 S. 2 Nr. 2 und 3 KonzVgV sowie § 20 VS Abs. 1 S. 2 Nr. 4 und 5 VOB/A) und der Begründung der jeweils wesentlichen Entscheidungen zu legen. Zwar muss nicht auf jede Einzelheit eingegangen werden, aber es muss jedenfalls eine zusammenfassende Darstellung der tragenden Gründe der Wertung eines jeden Zuschlagskriteriums für jedes Angebot erfolgen.[188] Der BGH hat insofern betont:

„Der Auftraggeber ist verpflichtet, die Gründe für die Auswahlentscheidung und den Zuschlag zu dokumentieren (§ 8 VgV). Insbesondere dann, wenn er sich dafür, wie im Streitfall, eines aus Preis und qualitativen Aspekten zusammengesetzten Kriterienkatalogs bedient, bei dem die Angebote hinsichtlich der Qualitätskriterien mittels eines Benotungssystems bewertet werden und die Bewertungsmethode des Preises nur enge Kompensationsmöglichkeiten für qualitative Abzüge erwarten lässt (s. o. Rn. 31), muss der Auftraggeber seine für die Zuschlagserteilung maßgeblichen Erwägungen in allen Schritten so eingehend dokumentieren, dass nachvollziehbar ist, welche konkreten qualitativen Eigenschaften der Angebote mit welchem Gewicht in die Benotung eingegangen sind. Wird die Auswahlentscheidung zur Vergabenachprüfung gestellt, untersuchen die

[183] OLG Düsseldorf Beschl. v. 5. 7. 2012 – Verg 13/12, IBR 2013, 1110.
[184] BGH Beschl. v. 4. 4. 2017 – X ZB 3/17, NZBau 2017, 366 Rn. 48.
[185] OLG Koblenz Beschl. v. 2. 10. 2012 – 1 Verg 4/12, IBR 2012, 727.
[186] EuGH Urt. v. 18. 10. 2001 – C-19/00 – „SIAC Construction Ltd/County Council of the County of Mayo“, NZBau 2001, 693 Rn. 44–45; OLG Düsseldorf Beschl. v. 16. 10. 2019 – VII-Verg 6/19, NZBau 2020, 324 (für die Rechtslage seit der Vergaberechtsreform 2016 und unter Verweis auf § 127 GWB bestätigt); OLG Frankfurt a.M. Beschl. v. 9. 7. 2010 – 11 Verg 5/10, IBRRS 2010, 2908; OLG Karlsruhe Beschl. v. 16. 6. 2010 – 15 Verg 4/10, IBR 2011, 106; OLG München Beschl. v. 29. 9. 2009 – Verg 12/09, IBR 2009, 723; VK Baden-Württemberg Beschl. v. 23. 7. 2014 – 1 VK 28/14, VPR 2015, 32; VK Lüneburg Beschl. v. 23. 11. 2012 – VgK-43/2012, ZfBR 2013, 409.
[187] VK Nordbayern Beschl. v. 19. 9. 2012 – 21.VK-3194-17/12, IBRRS 2012, 4669; VK Bund Beschl. v. 12. 1. 2012 – VK 1-165/11, VPRRS 2012, 0445.
[188] OLG Schleswig Beschl. v. 2. 7. 2010 – 1 Verg 1/10, BeckRS 2011, 40; VK Hessen Beschl. v. 8. 2. 2016 – 69d VK 35/2015; Beschl. v. 21. 5. 2014 – 69d VK 07/2014; VK Lüneburg Beschl. v. 10. 2. 2012 – VgK-44/2011, IBRRS 2012, 2007.

Nachprüfungsinstanzen auf Rüge gerade auch die Benotung des Angebots des ASt. als solche und in Relation zu den übrigen Angeboten, insbesondere demjenigen des Zuschlagsprätendenten. Auch wenn dem öffentlichen Auftraggeber bei der Bewertung und Benotung ein Beurteilungsspielraum zustehen muss, sind seine diesbezüglichen Bewertungsentscheidungen in diesem Rahmen insbesondere auch darauf hin überprüfbar, ob die jeweiligen Noten im Vergleich ohne Benachteiligung des einen oder anderen Bieters plausibel vergeben wurden."[189]

Abschließend sei darauf hingewiesen, dass soweit in einem konkreten Vergabeverfahren **Nebenangebote** zulässig sind, für deren Wertung gewisse Besonderheiten gelten. Auch Nebenangebote sind grundsätzlich an den gleichen Wertungs- und Zuschlagskriterien zu messen wie Hauptangebote im jeweiligen Verfahren – allerdings erst nachdem sozusagen vorgeschaltet die Erfüllung der für Nebenangebote geltenden Mindestanforderungen und die Gleichwertigkeit bejaht worden sind. Wenn das Nebenangebot gemessen an diesem Maßstab das wirtschaftlichste Angebot ist, muss der Zuschlag auf das Nebenangebot erteilt werden.[190] 104

[189] BGH Beschl. v. 4.4.2017 – X ZB 3/17 (Rn. 48), NZBau 2017, 366.
[190] Zu den Einzelheiten bei der Wertung von Nebenangeboten wird auf → § 28 Rn. 37ff. Nebenangebote verwiesen.

Kapitel 7 Beendigung des Vergabeverfahrens

§ 33 Aufhebung

Übersicht

VgV: § 63
VSVgV: § 37
UVgO: § 48
VOL/A: § 17
VOB/A: § 17
VOB/A EU: § 17
VOB/A VS: § 17

VgV:

§ 63 VgV Aufhebung von Vergabeverfahren

(1) Der öffentliche Auftraggeber ist berechtigt, ein Vergabeverfahren ganz oder teilweise aufzuheben, wenn
1. kein Angebot eingegangen ist, das den Bedingungen entspricht,
2. sich die Grundlage des Vergabeverfahrens wesentlich geändert hat,
3. kein wirtschaftliches Ergebnis erzielt wurde oder
4. andere schwerwiegende Gründe bestehen.

Im Übrigen ist der öffentliche Auftraggeber grundsätzlich nicht verpflichtet, den Zuschlag zu erteilen.

(2) Der öffentliche Auftraggeber teilt den Bewerbern oder Bietern nach Aufhebung des Vergabeverfahrens unverzüglich die Gründe für seine Entscheidung mit, auf die Vergabe

eines Auftrages zu verzichten oder das Verfahren erneut einzuleiten. Auf Antrag teilt er ihnen dies in Textform nach § 126b des Bürgerlichen Gesetzbuchs mit.

VSVgV:

§ 37 VSVgV Aufhebung von Vergabeverfahren

(1) Die Vergabeverfahren können ganz oder bei Vergabe nach Losen auch teilweise aufgehoben werden, wenn
1. kein Angebot eingegangen ist, das den Bewerbungsbedingungen entspricht,
2. sich die Grundlagen der Vergabeverfahren wesentlich geändert haben,
3. sie kein wirtschaftliches Ergebnis gehabt haben oder
4. andere schwerwiegende Gründe bestehen.

(2) Die Auftraggeber teilen den Bewerbern oder Bietern nach Aufhebung des Vergabeverfahrens mindestens in Textform im Sinne des § 126b des Bürgerlichen Gesetzbuchs unverzüglich die Gründe für ihre Entscheidung mit, auf die Vergabe eines bekannt gemachten Auftrags zu verzichten oder das Vergabeverfahren erneut einzuleiten.

UVgO:

§ 48 UVgO Aufhebung von Vergabeverfahren

(1) Der Auftraggeber ist berechtigt, ein Vergabeverfahren ganz oder teilweise aufzuheben, wenn
1. kein Teilnahmeantrag oder Angebot eingegangen ist, das den Bedingungen entspricht,
2. sich die Grundlage des Vergabeverfahrens wesentlich geändert hat,
3. kein wirtschaftliches Ergebnis erzielt wurde oder
4. andere schwerwiegende Gründe bestehen.

(2) Im Übrigen ist der Auftraggeber grundsätzlich nicht verpflichtet, den Zuschlag zu erteilen.

VOL/A:

§ 17 VOL/A Aufhebung von Vergabeverfahren

(1) Die Vergabeverfahren können ganz oder bei Vergabe nach Losen auch teilweise aufgehoben werden, wenn
a) kein Angebot eingegangen ist, das den Bewerbungsbedingungen entspricht,
b) sich die Grundlagen der Vergabeverfahren wesentlich geändert haben,
c) sie kein wirtschaftliches Ergebnis gehabt haben,
d) andere schwerwiegende Gründe bestehen.

(2) Die Bewerber oder Bieter sind von der Aufhebung der Vergabeverfahren unter Bekanntgabe der Gründe unverzüglich zu benachrichtigen.

VOB/A:

§ 17 VOB/A Aufhebung der Ausschreibung

(1) Die Ausschreibung kann aufgehoben werden, wenn:
1. kein Angebot eingegangen ist, das den Ausschreibungsbedingungen entspricht,
2. die Vergabeunterlagen grundlegend geändert werden müssen,
3. andere schwerwiegende Gründe bestehen.

(2) Die Bewerber und Bieter sind von der Aufhebung der Ausschreibung unter Angabe der Gründe, gegebenenfalls über die Absicht, ein neues Vergabeverfahren einzuleiten, unverzüglich in Textform zu unterrichten.

VOB/A EU:

§ 17 EU VOB/A Aufhebung der Ausschreibung

(1) Die Ausschreibung kann aufgehoben werden, wenn:
1. kein Angebot eingegangen ist, das den Ausschreibungsbedingungen entspricht,
2. die Vergabeunterlagen grundlegend geändert werden müssen,
3. andere schwerwiegende Gründe bestehen.

(2)
1. Die Bewerber und Bieter sind von der Aufhebung der Ausschreibung unter Angabe der Gründe, gegebenenfalls über die Absicht, ein neues Vergabeverfahren einzuleiten, unverzüglich in Textform zu unterrichten.
2. Dabei kann der Auftraggeber bestimmte Informationen zurückhalten, wenn die Weitergabe
   a) den Gesetzesvollzug behindern,
   b) dem öffentlichen Interesse zuwiderlaufen,
   c) die berechtigten geschäftlichen Interessen von öffentlichen oder privaten Unternehmen schädigen oder
   d) den fairen Wettbewerb beeinträchtigen würde.

VOB/A VS:

§ 17 VS VOB/A Aufhebung der Ausschreibung

(1) Die Ausschreibung kann aufgehoben werden, wenn:
1. kein Angebot eingegangen ist, das den Ausschreibungsbedingungen entspricht,
2. die Vergabeunterlagen grundlegend geändert werden müssen,
3. andere schwerwiegende Gründe bestehen.

(2)
1. Die Bewerber und Bieter sind von der Aufhebung der Ausschreibung unter Angabe der Gründe, gegebenenfalls über die Absicht, ein neues Vergabeverfahren einzuleiten, unverzüglich in Textform zu unterrichten.
2. Dabei kann der Auftraggeber bestimmte Informationen zurückhalten, wenn die Weitergabe
   a) den Gesetzesvollzug behindern,
   b) dem öffentlichen Interesse zuwiderlaufen,
   c) die berechtigten geschäftlichen Interessen von öffentlichen oder privaten Unternehmen schädigen oder
   d) den fairen Wettbewerb beeinträchtigen würde.

Literatur:

Antweiler, Erledigung des Nachprüfungsverfahrens iSv § 114 II 2 GWB, NVwZ 2005, 35; *Barth,* Das Vergaberecht außerhalb des Anwendungsbereichs der EG-Vergaberichtlinien, 2010; *Bauer/Kegel,* Anm. zu EuGH Urt. v. 18.6.2002 – C-92/00 – Hospital Ingenieure, EuZW 2002, 502; Burbulla Aufhebung der Ausschreibung und Vergabenachprüfungsverfahren, ZfBR 2009, 134; *Burgi,* Rechtsschutz ohne Vergabeverfahren?, NZBau 2003, 16; *Conrad,* Der Rechtsschutz gegen die Aufhebung eines Vergabeverfahrens bei Fortfall des Vergabewillens, NZBau 2007, 287; *Dähne,* Schadensersatz wegen unberechtigter Aufhebung einer Ausschreibung nach § 26 Nr. 1 VOB/A, VergabeR 2004, 32; *Dieck-Bogatzke,* Probleme der Aufhebung der Ausschreibung, VergabeR 2008, 392; *Diehr,* „Vergabeprimärrecht" nach der An-Post-Rechtsprechung des EuGH, VergabeR 2009, 719; *Dreher,* Rechtsschutz nach Zuschlag, NZBau 2001, 244; *Drittler,* Schadensersatzanspruch aus c.i.c. bei nachgewiesenem Verstoß gegen §§ 25 und 26 VOB/A, BauR 1994, 451; *Feber,* Schadensersatzansprüche aus culpa in contrahendo bei VOB/A-Verstößen öffentlicher Auftraggeber, BauR 1989, 553; *Gabriel,* Der persönliche Anwendungsbereich des primären EG-Vergaberechts, VergabeR 2009, 7; *Gnittke/Michels,* Aufhebung der Aufhebung einer Ausschreibung durch die Vergabekammer?, VergabeR 2002, 571; *Gröning,* Ersatz des Vertrauensschadens ohne Vertrauen?, GRUR 2009, 266; *Hattig/Maibaum,* Praxiskommentar Vergaberecht, 2. Aufl. 2014; *Hübner,* Die Aufhebung der Ausschreibung – Gegenstand des Nachprüfungsverfahrens?, VergabeR 2002, 429; *Jasper/Pooth,* Rechtsschutz gegen die Aufhebung einer Ausschreibung, NZBau 2003, 261; *Jennert,* Rechtsschutz bei rechtswidriger Aufhebung einer europaweiten Ausschreibung,

WRP 2002, 1252; *Kaelble,* Anmerkung zu OLG Dresden Beschl. v. 4.12.2002 – WVerg 0015/02 und 0016/02, ZfBR 2003, 196; *Kaelble,* Anspruch auf Zuschlag und Kontrahierungszwang im Vergabeverfahren, ZfBR 2003, 657; *Kus,* Primärrechtsschutz nach Aufhebung eines Vergabeverfahrens, NVwZ 2003, 1083; *Lampe-Helbig/Zeit,* Die Anwendung der zivilrechtlichen Haftung aus culpa in contrahendo auf die Vergabe von Bauleistungen nach VOB/A durch die öffentliche Hand, BauR 1988, 659; *Mantler,* Die Nachprüfung der Aufhebung, VergabeR 2003, 119; *Meier,* Primärrechtsschutz bei der Aufhebung einer Ausschreibung?, NZBau 2003, 137; *Müller-Wrede,* Anmerkung zu BGH Beschl. v. 18.3.1003 – X ZB 43/02, VergabeR 2003, 318; *Müller-Wrede/Schade,* Anspruch ausgeschlossener Bieter auf Aufhebung, VergabeR 2005, 460; *Olgemöller,* Stop! Infrastrukturvorhaben vs. Bürgerbegehren, IR 2017, 34; *Popescu,* Vergaberechtliche Schadensersatzhaftung für defizitäre Aufhebungen öffentlicher Ausschreibungen, ZfBR 2013, 648; *Portz,* Aufhebung von Ausschreibungen im Nachprüfungsverfahren angreifbar, ZfBR 2002, 551; *Prieß,* EuGH locuta, causa finita: Die Aufhebung ist aufhebbar, NZBau 2002, 433; *Regler,* Das Vergaberecht zwischen öffentlichem und privatem Recht, 2007; *Reidt/Brosius-Gersdorf,* Die Nachprüfung der Aufhebung der Ausschreibung im Vergaberecht, VergabeR 2002, 580; *Scharen,* Aufhebung der Ausschreibung und Vergaberechtsschutz, NZBau 2003, 585; *Summa,* § 26 VOB/A – Notwendigkeit einer vergaberechtsspezifischen Auslegung und Anwendung im Nachprüfungsverfahren?, VergabeR 2007, 734.

A. Einleitung

I. Begrifflichkeiten

1 Statt durch Erteilung des Auftrages kann das Vergabeverfahren auch ohne Zuschlag beendet werden[1]. Das Vergaberecht bezeichnet diese zuschlagslose Beendigung teilweise als **Aufhebung** des Verfahrens (§ 168 Abs. 2 S. 2 GWB, § 63 VgV, § 37 VSVgV, § 46 Abs. 1 S. 2 UVgO, § 48 UVgO, § 17 VOL/A, § 17 VOB/A, § 17 EU VOB/A, § 17 VS VOB/A, § 57 SektVO), teilweise als **Verzicht** auf die Auftragserteilung (§ 8 Abs. 2 S. 2 Nr. 8 VgV, § 63 Abs. 2 VgV, § 37 Abs. 2 VSVgV, § 20 Abs. 1 S. 2 Nr. 10 VOB/A, § 20 EU Abs. 1 S. 2 Nr. 10 VOB/A, § 20 VS Abs. 1 S. 2 Nr. 10 VOB/A). Beide Begriffe werden überwiegend als bedeutungsgleich verstanden[2]. Soweit § 168 Abs. 2 S. 2 GWB daneben die **Einstellung** des Vergabeverfahrens nennt[3], soll damit nach teilweise vertretener Auffassung im Unterschied zur bloßen Beendigung des konkreten Vergabeverfahrens die vollständige Abstandnahme des Auftraggebers vom Beschaffungsvorhaben gemeint sein[4]. Da sich jedoch auch die Tatbestandsvariante der Einstellung des Vergabeverfahrens in § 168 Abs. 2 S. 2 GWB bereits ihrem Wortlaut nach nur auf das konkrete Vergabeverfahren bezieht, kann es auf das Schicksal des mit dem Verfahren verfolgten Beschaffungsvorhabens nicht ankommen, so dass eine Unterscheidung danach entbehrlich ist. Welche Vorstellung der gesetzgeberischen Differenzierung zwischen Aufhebung und Einstellung stattdessen zugrunde gelegen haben mag, lässt sich den Gesetzgebungsmaterialien nicht entnehmen[5]. Eine mögliche Erklärung ergibt sich allenfalls aus § 57 SektVO; dort wird die zuschlagslose Beendigung eines Verhandlungsverfahrens als Einstellung und die zuschlagslose Verfahrensbeendigung in allen übrigen Vergabearten als Aufhebung bezeichnet[6]. Da die Unterscheidung freilich außerhalb des Sektorenvergaberechts nicht fortgeführt wird,[7] kann diese Begriffsverwendung kaum verallgemeinert werden. Daher spricht einiges dafür, die Begriffe der Aufhebung und der Einstellung als gleichbedeutend anzusehen[8]. Im vorliegenden Kapitel wird der Begriff der Aufhebung **einheitlich** für alle Formen der zuschlagslosen Beendigung des Vergabeverfahrens verwendet.

[1] Diese Alternativität wurde ausdrücklich klargestellt in § 11 Abs. 7 VOF 2009.
[2] Voppel/Osenbrück/Bubert/*Voppel* VgV § 63 Rn. 3; diff. Müller-Wrede/*Lischka* VgV/UVgO § 63 VgV Rn. 20.
[3] S. dazu auch die Überschrift von § 37 VSVgV sowie die Terminologie in § 57 SektVO.
[4] Willenbruch/Wieddekind/*Gause* § 168 GWB Rn. 11; Ziekow/Völlink/*Steck* GWB § 168 Rn. 33; KKPP/*Thiele* § 168 Rn. 59.
[5] BT-Drs. 13/9340, S. 9.
[6] Vgl. auch die Deutung bei Reidt/Stickler/Glahs/*Reidt* § 168 Rn. 44.
[7] S. allerdings die Überschrift von § 37 VSVgV.
[8] Im Ergebnis ebenso *Antweiler* NZBau 2005, 35, 36; Hattig/Maibaum/*Diemon-Wies* § 114 GWB Rn. 38; Pünder/Schellenberg/*Nowak* GWB § 168 Rn. 30.

II. Rechtsnatur und Wirksamkeit der Aufhebung

Entgegen einer verbreiteten Auffassung[9] ist die Aufhebung des Vergabeverfahrens selbst keine **Willenserklärung.** Eine Willenserklärung ist nur die Äußerung eines Willens, der unmittelbar auf die Herbeiführung einer Rechtsfolge gerichtet ist.[10] Die Aufhebung aber hat lediglich **verfahrensbeendende** Wirkung, ohne final auf die Bewirkung dieser Rechtsfolge gerichtet zu sein, und stellt mithin ebenso wie die verfahrenseinleitende Bekanntmachung des Auftrags lediglich eine Verfahrenshandlung des Auftraggebers dar. Dabei kann die Aufhebung des Vergabeverfahrens auch nicht als eine auf die Beendigung eines Verfahrensrechtsverhältnisses gerichtete Erklärung verstanden werden, da die Teilnahme am Vergabeverfahren anders als etwa die Beteiligung am Zivilprozess[11] kein solches spezifisch verfahrensbezogenes Rechtsverhältnis begründet[12]. Die Teilnahme am Vergabeverfahren führt vielmehr nicht anders als eine Vielzahl sonstiger geschäftlicher Kontakte lediglich zu einem allgemeinen **vorvertraglichen Rechtsverhältnis** iSv § 311 Abs. 2 BGB zwischen dem Auftraggeber und den Verfahrensteilnehmern[13], das regelmäßig in der Aufhebung des Vergabeverfahrens sein Ende findet[14]. Diese Folge aber macht die Aufhebung nicht zu einer Willenserklärung, da die Aufhebung nicht final auf die Beendigung des vorvertraglichen Rechtsverhältnisses gerichtet ist. Der Erfolg tritt nicht deswegen ein, *„weil er gewollt ist"*[15], sondern auch dann, wenn ihn der Auftraggeber gar nicht in Betracht zieht[16] und beispielsweise nur beabsichtigt, den Vertrag nicht zu schließen. 2

Die Aufhebung des Vergabeverfahrens ist nicht identisch mit der **Ablehnung der abgegebenen Angebote.** Dies folgt bereits daraus, dass ein Vergabeverfahren auch und gerade dann aufgehoben werden kann, wenn gar keine Angebote abgegeben worden sind, und dass umgekehrt der Auftraggeber einzelne Angebote ablehnen kann, ohne das Vergabeverfahren als Ganzes aufzuheben. Für die Ablehnung der Angebote gelten keine Besonderheiten; sie führt zum Erlöschen der Angebote (§ 146 1. Var. BGB) und ist im Gegensatz zur Aufhebung der Ausschreibung eine einseitige, empfangsbedürftige Willenserklärung[17]. In aller Regel liegt in der Mitteilung des Auftraggebers an einen Bieter über die Aufhebung des Vergabeverfahrens zugleich die konkludente Ablehnung seines Angebotes. 3

Die **Wirksamkeit** der Aufhebung soll nach verbreiteter Auffassung der Bekanntgabe gegenüber dem jeweiligen Bieter bedürfen[18]. Selbst wenn man dies namentlich mangels 4

[9] VK Brandenburg Beschl. v. 21.5.2008 – VK 9/08, IBR 2008, 1178; VK Schleswig-Holstein Beschl. v. 4.2. 2008 – VK-SH 28/07, IBR 2008, 235; VK Schleswig-Holstein Beschl. v. 14.9.2005 – VK-SH 21/05, IBRRS 2005, 2904; VK Schleswig-Holstein Beschl. v. 24.10.2003 – VK-SH 24/03, IBRRS 2003, 2853; VK Thüringen Beschl. v. 20.5.2008 – 250-4003.20-1121/2008-011-EF, IBRRS 2008, 4230; *Burbulla* ZfBR 2009, 134, 135; MüKoWettbR/*Pauka* VgV § 63 Rn. 5; Ingenstau/Korbion/*Portz* § 17 VOB/A Rn. 45; KMPP/*Portz* VOB/A § 17 Rn. 38; KKPP/*Thiele* § 168 Rn. 61.

[10] S. nur BGH Urt. v. 17.10.2000 – X ZR 97/99, NJW 2001, 289, 290; Palandt/*Ellenberger* Einf. v. BGB § 116 Rn. 1; jeweils mwN.

[11] Statt vieler MüKoZPO/*Rauscher* Einleitung Rn. 33ff.

[12] Vgl. aber *Regler,* 130ff., 227ff. zur Existenz eines „Vergaberechtsverhältnisses".

[13] BVerwG Beschl. v. 2.5.2007 – 6 B 10.07, BVerwGE 129, 9, 13f.; BGH Urt. v. 5.6.2012 – X ZR 161/11, NZBau 2012, 652, 653; BGH Urt. v. 9.6.2011 – X ZR 143/10, NZBau 2011, 498, 499; BGH Urt. v. 16.12.2003 – X ZR 282/02, NJW 2004, 2165; BGH Urt. v. 8.9.1998 – X ZR 48/97, BGHZ 139, 259, 260f.; *Scharen* NZBau 2003, 585ff.

[14] OLG Düsseldorf Beschl. v. 6.2.2002 – VII-Verg 37/01, VergabeR 2002, 378, 379; zustimmend Ingenstau/ Korbion/*Portz* § 17 VOB/A Rn. 45; KMPP/*Portz* VOB/A § 17 Rn. 38.

[15] BGB Mot. I, § 64, S. 126.

[16] Instruktiv zu diesem Abgrenzungskriterium BGH Urt. v. 17.10.2000 – X ZR 97/99, NJW 2001, 289, 290.

[17] MüKoBGB/*Busche* § 146 Rn. 3.

[18] OLG Düsseldorf Beschl. v. 28.2.2002 – VII-Verg 37/01, VergabeR 2002, 378, 379; OLG Düsseldorf Beschl. v. 15.3.2000 – VII-Verg 4/00, NZBau 2000, 306, 309; OLG Koblenz Beschl. v. 10.4.2003 – 1 Verg 1/03, NZBau 2003, 567; VK Brandenburg Beschl. v. 17.9.2002 – VK 50/02, IBRRS 39797; VK Brandenburg Beschl. v. 30.7.2002 – VK 38/02, ZfBR 2003, 88, 92; Müller-Wrede/*Lischka* VgV/UVgO § 63 VgV Rn. 80; Pünder/Schellenberg/*Ruhland* § 63 VgV Rn. 11.

normativer Grundlage eines solchen Erfordernisses anders sieht, werden die Bieter jedenfalls durch die Pflicht zur unverzüglichen Benachrichtigung über die Aufhebung, die aus § 63 Abs. 2 VgV, § 37 Abs. 2 VSVgV, § 46 Abs. 1 S. 2 UVgO, § 17 Abs. 2 VOL/A, § 17 Abs. 2 VOB/A, § 17 EU Abs. 2 Nr. 1 VOB/A und § 17 VS Abs. 2 Nr. 1 VOB/A folgt, vor einer verzögerten Information durch den Auftraggeber geschützt.

5 Teilweise wird angenommen, die Aufhebung sei unwirksam, wenn sie nur **zum Schein** erfolge. Dies sei dann der Fall, wenn die Aufhebung missbräuchlich zur willkürlichen Benachteiligung des aussichtsreichsten Bieters vorgenommen werde, um den Auftrag anschließend in einem neuen Verfahren ggf. freihändig einem anderen Bieter zukommen zu lassen[19]. Für eine derartige Wirksamkeitsvoraussetzung findet sich jedoch kein normativer Anhaltspunkt. Vielmehr gilt für die Beendigung des Vergabeverfahrens ebenso wie für die Beendigung sonstiger vorvertraglicher Rechtsverhältnisse[20], dass bereits die faktische Beendigung des geschäftlichen Kontakts zur Beendigung des Rechtsverhältnisses führt, unabhängig von der Motivlage des Auftraggebers. Der Schutz der Bieter vor willkürlichen Aufhebungen wird durch diese Sichtweise nicht beeinträchtigt, da die Überprüfbarkeit der Aufhebungsentscheidung im Nachprüfungsverfahren eine hinreichende Möglichkeit zur Abwehr eines rechtswidrigen Auftraggeberverhaltens bietet[21].

6 Von der Wirksamkeit der Aufhebung zu trennen ist ihre **Rechtmäßigkeit.** Diese beurteilt sich nach den §§ 63 Abs. 1 S. 1 VgV, 37 Abs. 1 VSVgV, § 48 Abs. 1 UVgO, 17 Abs. 1 VOL/A, 17 Abs. 1 VOB/A, 17 EU Abs. 1 VOB/A und 17 VS Abs. 1 VOB/A sowie den sonstigen im Einzelfall anwendbaren Regeln[22]. Umgekehrt hängt die Wirksamkeit der Aufhebung nicht davon ab, ob die Aufhebung von einem der in den §§ 63 Abs. 1 S. 1 VgV, 37 Abs. 1 VSVgV, § 48 Abs. 1 UVgO, 17 Abs. 1 VOL/A, 17 Abs. 1 VOB/A, 17 EU Abs. 1 VOB/A und 17 VS Abs. 1 VOB/A genannten Gründe gedeckt ist[23]. Hebt der Auftraggeber etwa im Anwendungsbereich der VOB/A EU ein offenes Verfahren auf, ohne dass einer der Aufhebungstatbestände in § 17 EU Abs. 1 VOB/A erfüllt ist, ist die Aufhebung daher zwar rechtswidrig, aber gleichwohl wirksam.

7 Von der Wirksamkeit und der Rechtmäßigkeit der Aufhebung ist ferner zu unterscheiden, ob die Aufhebung zum **Gegenstand eines Nachprüfungsverfahrens** gemacht werden kann und ob die einmal ausgesprochene Aufhebung im Wege eines Nachprüfungsverfahrens rückgängig[24] gemacht werden kann[25]. Da sich die Aufhebung nur auf das konkrete Vergabeverfahren bezieht, ist sie ferner nicht gleichbedeutend mit dem endgültigen **Fortfall des Vergabewillens,** dh der Aufgabe des auf den jeweiligen Auftrag bezogenen Beschaffungsbedarfs. Den Beschaffungsbedarf kann der Auftraggeber auch nach zuschlagsloser Beendigung des Vergabeverfahrens aufrechterhalten und in einem Folgeverfahren derselben oder einer anderen Verfahrensart decken, zB im Wege eines nach § 14 Abs. 4 Nr. 1 VgV eingeleiteten Verhandlungsverfahrens.

---

[19] OLG Düsseldorf Beschl. v. 12.1.2015 – VII-Verg 29/14, NRWE; VK Ansbach Beschl. v. 7.11.2019 – RMF-SG 21-3194-4-48, Juris Rn. 116; VK Thüringen Beschl. v. 6.12.2019 – 250-4002-15195/2019-E-006-ABG, Juris Rn. 68; Pünder/Schellenberg/*Ruhland* § 63 VgV Rn. 11; vgl. dazu KMPP/*Portz* VOB/A § 17 Rn. 7; unklar VK Hessen Beschl. v. 19.2.2015 – 69d-VK-44/2014, VPR 2017, 1008.

[20] Dazu Palandt/*Grüneberg* BGB § 311 Rn. 25.

[21] Dazu → Rn. 87 ff.

[22] Dazu → Rn. 9 ff.

[23] OLG Düsseldorf Beschl. v. 12.1.2015 – VII-Verg 29/14, NRWE; LG Düsseldorf Urt. v. 29.10.2008 – 14c O 264/08, NZBau 2009, 142, 143; VK Ansbach Beschl. v. 7.11.2019 – RMF-SG 21-3194-4-48, Juris Rn. 116; Müller-Wrede/*Lischka* VgV/UVgO § 63 VgV Rn. 80; MüKoWettbR/*Pauka* VgV § 63 Rn. 7; Pünder/Schellenberg/*Ruhland* § 63 VgV Rn. 11; KKPP/*Thiele* § 168 Rn. 60; aA *Burbulla* ZfBR 2009, 134, 136; vgl. auch OLG Brandenburg Beschl. v. 12.1.2016 – Verg W 4/15, IBR 2016, 229, das die Wirksamkeit der Aufhebung mit ihrer Endgültigkeit gleichsetzt.

[24] AA Kapellmann/Messerschmidt/*Glahs* VOB/A § 17 Rn. 6 ff., nach der die Aufhebung bereits dann rechtmäßig ist, wenn sie im Nachprüfungsverfahren nicht rückgängig gemacht werden kann.

[25] Dazu → Rn. 87 ff.

III. Rechtsrahmen der Aufhebung

Der für die Aufhebung maßgebliche Rechtsrahmen wird durch verschiedene Anforderungen unterschiedlicher Normebenen geprägt. 8

1. Vergabeverordnungen und -ordnungen

Für bestimmte Bereiche der Auftragsvergabe stellen zunächst die §§ 63 Abs. 1 S. 1 VgV, 37 Abs. 1 VSVgV, § 48 Abs. 1 UVgO, 17 Abs. 1 VOL/A, 17 Abs. 1 VOB/A, 17 EU Abs. 1 VOB/A und 17 VS Abs. 1 VOB/A **inhaltliche Anforderungen** an die Aufhebung eines Vergabeverfahrens und bestimmen, dass diese nur in bestimmten Fällen zulässig ist. Innerhalb des jeweiligen Anwendungsbereichs der Aufhebungsbestimmungen der Vergabeverordnungen und -ordnungen setzt die Rechtmäßigkeit einer Aufhebung damit voraus, dass einer der dort bestimmten Aufhebungsgründe vorliegt. 9

2. Allgemeine Grundsätze des Vergaberechts

Daneben sind bei der Entscheidung des Auftraggebers über die Aufhebung die **allgemeinen Grundsätze des Vergaberechts,** die sich aus § 97 GWB und den damit korrespondierenden untergesetzlichen Bestimmungen ergeben, zu beachten[26]. Inhaltlich bedeutet dies für den Auftraggeber va eine einfachgesetzliche Pflicht zur Gleichbehandlung (§ 97 Abs. 2 GWB), zur Transparenz (§ 97 Abs. 1 S. 1 GWB) und zur Wahrung des Wettbewerbs (§ 97 Abs. 1 S. 1 GWB). 10

3. Grundrechte

Anforderungen an die Rechtmäßigkeit der Aufhebung ergeben sich ferner aus den **Grundrechten.** Ob und bejahendenfalls in welchem Umfange die öffentliche Hand bei der Vergabe von Aufträgen an die Grundrechte gebunden ist, wird zwar weiterhin unterschiedlich beantwortet[27]. Das Bundesverfassungsgericht bejaht aber zumindest die Anwendbarkeit des Rechts auf Gleichbehandlung (Art. 3 Abs. 1 GG) und leitet daraus insbesondere ein Willkürverbot ab[28]. Das Bundesverwaltungsgericht ist dem beigetreten[29]. Als Folge daraus haben Auftraggeber, soweit sie grundrechtsverpflichtet sind, bei der Entscheidung über die Aufhebung eines Vergabeverfahrens jedenfalls willkürfrei vorzugehen. Dies gilt unabhängig davon, ob darüber hinaus die ausdrücklichen Aufhebungsregeln nach § 63 VgV, § 37 VSVgV, § 48 Abs. 1 UVgO, § 17 VOL/A, § 17 VOB/A, § 17 EU VOB/A und § 17 VS VOB/A Anwendung finden, und ebenfalls unabhängig davon, ob die Auftragsvergabe dem Geltungsbereich des Kartellvergaberechts unterliegt. Eine Verfahrensaufhebung, die allein dem Zweck dient, einem missliebigen erstplatzierten Bieter ohne sachlichen Grund den Zuschlag vorzuenthalten, um den Auftrag in einem nachfolgenden Verfahren einem anderen Bieter zukommen lassen zu können, ist demnach grundrechtswidrig[30]. Im Anwendungsbereich des Kartellvergaberechts verstößt sie zudem gegen den aus § 97 Abs. 2 GWB folgenden einfachgesetzlichen Gleichbehandlungsgrundsatz. 11

4. Europarecht

Das europäische Vergaberecht enthält keine ausdrücklichen inhaltlichen Voraussetzungen, unter welchen die Mitgliedstaaten den öffentlichen Auftraggebern die Aufhebung eines Vergabeverfahrens gestatten können. Art. 55 Abs. 1 VRL setzt lediglich wie bereits zuvor 12

---

[26] Müller-Wrede/*Lischka* VgV/UVgO § 63 VgV Rn. 1.
[27] Zum Streitstand Pünder/Schellenberg/*Fehling* § 97 GWB Rn. 39 ff.; Reidt/Stickler/Glahs/*Glahs* Einleitung Rn. 27 ff.; Isensee/Kirchhof/*Rüfner* Handbuch des Staatsrechts, Band IX, 3. Aufl., § 197 Rn. 68 ff.
[28] BVerfG Beschl. v. 13.6.2006 – 1 BvR 1160/03, BVerfGE 116, 135, 153.
[29] BVerwG Beschl. v. 2.5.2007 – BVerwG 6 B 10.07, BVerwGE 129, 9, 16.
[30] *Scharen* NZBau 2003, 585, 587; s. auch VK Hessen Beschl. v. 19.2.2015 – 69d-VK-44/2014, VPR 2017, 1008.

Art. 41 Abs. 1 VKR eine **Unterrichtungspflicht** fest, nach der der Auftraggeber den Bewerbern und Bietern schnellstmöglich, auf Antrag auch schriftlich, ua. die Gründe mitzuteilen hat, aus denen beschlossen wurde, auf den Abschluss einer Rahmenvereinbarung oder die Vergabe eines Auftrags, für die zum Wettbewerb aufgerufen wurde, zu verzichten und[31] das Verfahren erneut einzuleiten. Vergleichbare Bestimmungen enthält Art. 35 Abs. 1 RL 2009/81/EG. Ferner ergibt sich aus Art. 84 Abs. 1 S. 1 lit. g) VRL und Art. 37 Abs. 1 lit. j) RL 2009/81/EG die Pflicht, die Gründe für den Verzicht zu dokumentieren. Darüber hinausgehende Vorgaben für die Aufhebung eines Vergabeverfahrens sehen die Vergaberichtlinien nicht vor; sie begrenzen die Befugnis des öffentlichen Auftraggebers zum Vergabeverzicht insbesondere nicht auf Ausnahmefälle oder auf Fälle schwerwiegender Gründe[32].

13 Nach der Rechtsprechung des EuGH ist der Auftraggeber gleichwohl verpflichtet, bei der Entscheidung über die Aufhebung die *„fundamentalen Regeln des Gemeinschaftsrechts"* zu beachten, zu denen insbesondere die **primärrechtlichen Grundsätze der Niederlassungs- und der Dienstleistungsfreiheit** gehören[33]. Namentlich folgen daraus ein Verbot der Diskriminierung aus Gründen der Staatsangehörigkeit[34] und eine Verpflichtung auf den Gleichbehandlungsgrundsatz[35]. Ferner hat der EuGH aus diesen Grundsätzen, allerdings bislang ohne konkreten Bezug zur Aufhebung eines Vergabeverfahrens, eine allgemeine Pflicht zur Transparenz hergeleitet[36]. Diese Regeln gelten nach der Rechtsprechung des EuGH auch außerhalb des Anwendungsbereichs der Vergaberichtlinien[37]. Bei der Entscheidung über die Aufhebung sind mithin diese im EU-Primärrecht wurzelnden Grundsätze zu beachten, und zwar wiederum unabhängig von der Anwendbarkeit der ausdrücklichen Aufhebungsregeln nach § 63 VgV, § 37 VSVgV, § 48 Abs. 1 UVgO, § 17 VOL/A, § 17 VOB/A, § 17 EU VOB/A und § 17 VS VOB/A und unabhängig von der Geltung

[31] Englischsprachige Fassung: *„or"*; dazu Müller-Wrede/*Lischka* VgV/UVgO § 63 VgV Rn. 8.

[32] EuGH Urt. v. 11.12.2014 – C-440/13 – Croce Amica One Italia Srl, NZBau 2015, 109 Rn. 29 ff.; EuGH Urt. v. 16.10.2003 – C-244/02 – Kauppatalo, IBRRS 2004, 1227 Rn. 29; EuGH Urt. v. 18.6.2002 – C-92/00 – Hospital Ingenieure, NZBau 2002, 458 Rn. 40; EuGH Urt. v. 16.9.1999 – C-27/98 – Metalmeccanica Fracasso und Leitschutz, NZBau 2000, 153 Rn. 23, 25, 27; zustimmend *Dieck-Bogatzke* VergabeR 2008, 392 ff.

[33] EuGH Urt. v. 11.12.2014 – C-440/13 – Croce Amica One Italia Srl, NZBau 2015, 109 Rn. 36; EuGH Urt. v. 16.10.2003 – C-244/02 – Kauppatalo, IBRRS 2004, 1227 Rn. 29 ff.; EuGH Urt. v. 18.6.2002 – C-92/00 – Hospital Ingenieure, NZBau 2002, 458 Rn. 42, 47; zustimmend *Dieck-Bogatzke* VergabeR 2008, 392 ff.; Müller-Wrede/*Lischka* VgV/UVgO § 63 VgV Rn. 6; Ingenstau/Korbion/*Portz* § 17 VOB/A Rn. 3; KMPP/*Portz* VOB/A § 17 Rn. 3.

[34] EuGH Urt. v. 18.6.2002 – C-92/00 – Hospital Ingenieure, NZBau 2002, 458, Rn. 47.

[35] EuGH Urt. v. 11.12.2014 – C-440/13 – Croce Amica One Italia Srl, NZBau 2015, 109 Rn. 36; EuGH Urt. v. 16.10.2003 – C-244/02 – Kauppatalo, IBRRS 2004, 1227 Rn. 36.

[36] EuGH Urt. v. 23.12.2009 – C-376/08 – Serrantoni, NZBau 2010, 261 Rn. 23; EuGH Urt. v. 21.2.2008 – C-412/04 – Kommission./.Italien, ZfBR 2008, 404 Rn. 82; EuGH Urt. v. 13.11.2007 – C-507/03 – An Post, IBRRS 2007, 4775 Rn. 30; EuGH Urt. v. 6.4.2006 – C-410/04 – ANAV, NZBau 2006, 326 Rn. 23 f.; EuGH Urt. v. 13.10.2005 – C-458/03 – Parking Brixen, Rn. 52 ff.: EuGH Urt. v. 21.7.2005 – C-231/03 – Coname, Rn. 19, 23; EuGH Urt. v. 7.12.2000 – C-324/98 – Telaustria und Telefonadress, Rn. 71 f.

[37] EuGH Urt. v. 18.11.2010 – C-226/09 – Kommission./.Irland, Rn. 29; EuGH Urt. v. 23.12.2009 – C-376/08 – Serrantoni, NZBau 2010, 261, Rn. 21 ff.; EuGH Urt. v. 15.5.2008 – C-147/06, C-148/06 – SECAP und Santorso, Rn. 20; EuGH Urt. v. 21.2.2008 – C-412/04 – Kommission./.Italien, ZfBR 2008, 404 Rn. 66, 81; EuGH Urt. v. 13.11.2007 – C-507/03 – An Post, IBRRS 2007, 4775 Rn. 26, 30; EuGH Urt. v. 6.4.2006 – C-410/04 – ANAV, NZBau 2006, 326 Rn. 19; EuGH Urt. v. 20.10.2005 – C-264/03 – Kommission./.Frankreich, Rn. 22 f.; EuGH Urt. v. 13.10.2005 – C-458/03 – Parking Brixen, Rn. 48 f.; EuGH Urt. v. 21.7.2005 – C-231/03 – Coname, Rn. 17 f.; EuGH Beschl. v. 3.12.2001 – C-59/00 – Vestergaard, Rn. 20 f.; EuGH Urt. v. 7.12.2000 – C-324/98, Telaustria und Telefonadress, Rn. 60; ebenso EuG Urt. v. 20.5.2010 – T-258/06, Bundesrepublik Deutschland./.Kommission, NZBau 2010, 510 Rn. 73 ff.; zur Anwendung im deutschen Recht BGH Urt. v. 30.8.2011 – X ZR 55/10, VergabeR 2012, 26; allgemein zum EU-Primärvergaberecht *Barth* Das Vergaberecht außerhalb des Anwendungsbereichs der EG-Vergaberichtlinien, 34 ff.; *Diehr* VergabeR 2009, 719; Pünder/Schellenberg/*Fehling* § 97 GWB Rn. 14; Willenbruch/Wieddekind/*Frenz* § 97 GWB Rn. 15 ff.; MüKoWettbR/*Kühling/Huerkamp* vor §§ 97 ff. GWB Rn. 6 ff.; eingehend ferner §§ 82 bis 86.

des Kartellvergaberechts. Voraussetzung ist vielmehr allein, dass die Regeln des EU-Primärvergaberechts Anwendung finden[38]. Neben der Eröffnung des persönlichen Anwendungsbereichs[39] gehört dazu insbesondere, dass der Auftrag einen grenzüberschreitenden Bezug aufweist[40].

IV. Kein Kontrahierungszwang

Dass der Auftraggeber das einmal eingeleitete Vergabeverfahren nur unter bestimmten Voraussetzungen aufheben darf, bedeutet indes nicht, dass er einem **Kontrahierungszwang** ausgesetzt wäre, der es ihm geböte, bei Nichtvorliegen dieser Voraussetzungen das Vergabeverfahren zu Ende zu führen und den Auftrag dem Bieter mit dem besten Angebot zu erteilen. Vielmehr ist anerkannt, dass der Auftraggeber frei darin ist, seinen **Vergabewillen aufzugeben** und den konkreten Auftrag trotz eines bereits begonnenen Vergabeverfahrens nicht zu vergeben[41]. Eine Pflicht des Auftraggebers zur Auftragserteilung gibt es daher ebenso wenig wie einen damit korrespondierenden Anspruch der Bieter, die sich an dem Vergabeverfahren beteiligt haben. Dies ist die Folge der Vertragsfreiheit, die auch dem öffentlichen Auftraggeber zukommt[42] und die insbesondere durch die Aufhebungstatbestände der Vergabeverordnungen und -ordnungen nicht eingeschränkt wird. Auch wenn diese Vertragsfreiheit des öffentlichen Auftraggebers in vielen Fällen mangels Grundrechtsfähigkeit nicht aus der allgemeinen Handlungsfreiheit nach Art. 2 Abs. 1 GG hergeleitet werden kann, so können gleichwohl insbesondere § 63 VgV, § 37 VSVgV, § 48 Abs. 1 UVgO, § 17 VOL/A, § 17 VOB/A, § 17 EU VOB/A und § 17 VS VOB/A die jedenfalls nach allgemeinen vertragsrechtlichen Grundsätzen bestehende Befugnis des öffentlichen Auftraggebers, auf den Abschluss eines angestrebten Vertrages jederzeit zu verzichten, nicht 14

[38] Dazu im Einzelnen → § 83 sowie MüKoWettbR/*Kühling/Huerkamp* vor §§ 97ff. GWB Rn. 38ff.

[39] Dazu *Gabriel* VergabeR 2009, 7ff.

[40] EuGH Urt. v. 18.11.2010 – C-226/09 – Kommission./.Irland, Rn. 31; EuGH Urt. v. 23.12.2009 – C-376/08 – Serrantoni, NZBau 2010, 261, Rn. 24; EuGH Urt. v. 15.5.2008 – C-147/06, C-148/06 – SECAP und Santorso, Rn. 21; EuGH Urt. v. 21.2.2008 – C-412/04 – Kommission./.Italien, ZfBR 2008, 404 Rn. 66; EuGH Urt. v. 13.11.2007 – C-507/03 – An Post, IBRRS 2007, 4775 Rn. 29; EuGH Urt. v. 13.10.2005 – C-458/03 – Parking Brixen, Rn. 55; EuGH Urt. v. 21.7.2005 – C-231/03 – Coname, Rn. 20; EuG Urt. v. 20.5.2010 – T-258/06, Bundesrepublik Deutschland./.Kommission, NZBau 2010, 510 Rn. 80, 91ff.; BGH Urt. v. 30.8.2011 – X ZR 55/10, VerabeR 2012, 26; OLG Düsseldorf Beschl. v. 21.4.2010 – VII-Verg 55/09, VergabeR 2011, 122, 126 mAnm. *Zirbes; Diehr* VergabeR 2009, 719, 722ff.; MüKoWettbR/*Kühling/Huerkamp* vor §§ 97ff. GWB Rn. 40ff.

[41] BGH Beschl. v. 20.3.2014 – X ZB 18/13, NZBau 2014, 310, 312; BGH Beschl. v. 18.2.2003 – X ZB 43/02, NZBau 2003, 293, 294f.; BGH Urt. v. 5.11.2002 – X ZR 232/00, NZBau 2003, 168, 169; OLG Brandenburg Beschl. v. 12.1.2016 – Verg W 4/15, IBR 2016, 229; OLG Celle Beschl. v. 10.3.2016 – 13 Verg 5/15, NZBau 2016, 385; OLG Frankfurt a.M. Beschl. v. 28.6.2005 – 11 Verg 21/04, VergabeR 2006, 131, 134; OLG Köln Urt. v. 18.6.2010 – 19 U 98/09, NRWE; OLG München Beschl. v. 23.12. 2010 – Verg 21/10, VergabeR 2011, 525, 529 mAnm. *Mantler;* OLG Naumburg Beschl. v. 23.12.2014 – 2 Verg 5/14, NZBau 2015, 387, 390; OLG Rostock Beschl. v. 2.10.2019 – 17 Verg 3/19, NZBau 2020, 113, 114; VK Bund Beschl. v. 22.7.2011 – VK 3-83/11, ZfBR 2012, 207; VK Baden-Württemberg Beschl. v. 25.10.2016 – 1 VK 45/16, ZfBR 2017, 287, 289; *Burbulla* ZfBR 2009, 134, 138; *Dieck-Bogatzke* VergabeR 2008, 392ff.; *Conrad* NZBau 2007, 287, 288; *Müller-Wrede/Schade* VergabeR 2005, 460, 462; *Burgi* NZBau 2003, 16, 22; *Scharen* NZBau 2003, 585, 588; *Reidt/Brosius-Gersdorf* VergabeR 2002, 580, 590; Hattig/Maibaum/*Diemon-Wies* § 114 GWB Rn. 38; Willenbruch/Wieddekind/*Gause* § 168 GWB Rn. 6, 11; Kapellmann/Messerschmidt/*Glahs* § 17 VOB/A Rn. 34; Ziekow/Völlink/*Herrmann* VgV § 63 Rn. 24; Müller-Wrede/*Lischka* VgV/UVgO, § 63 VgV Rn. 21, 93; Ingenstau/Korbion/*Portz* § 17 VOB/A Rn. 4f.; KMPP/*Portz* VOB/A § 17 Rn. 4f.; KKMPP/*Portz* VgV § 63 Rn. 16; Ingenstau/Korbion/*Reichling* § 18 VOB/A Rn. 4; Reidt/Stickler/Glahs/*Reidt* § 168 Rn. 26; Pünder/Schellenberg/*Ruhland* § 63 VgV Rn. 10; Ziekow/Völlink/*Steck* GWB § 168 Rn. 20f.; Kapellmann/Messerschmidt/*Stickler* VOB/A § 18 Rn. 10; KKPP/*Thiele* § 168 Rn. 69; Voppel/Osenbrück/Bubert/*Voppel* VgV § 63 Rn. 12; krit. hingegen *Kaelble* ZfBR 2003, 657; vgl. außerdem BayObLG Beschl. v. 5.11.2002 – Verg 22/02, VergabeR 2003, 186, 192f. mAnm. *Schabel, Schweda* (VergabeR 2003, 374), *Steenhoff* (VergabeR 2003, 373), *Willenbruch* (VergabeR 2003, 477).

[42] OLG Brandenburg Beschl. v. 12.1.2016 – Verg W 4/15, IBR 2016, 229; OLG Düsseldorf Beschl. v. 12.1. 2015 – VII-Verg 29/14, NRWE; allg. BayObLG Beschl. v. 17.2.2005 – Verg 27/04, VergabeR 2005, 349, 354 mAnm. *Otting;* krit. *Kaelble* ZfBR 2003, 657, 666ff.

beschränken. Eine derartige Verpflichtung des öffentlichen Auftraggebers auf das einmal eingeleitete Vergabeverfahren wäre insbesondere mit dem Zweck des Vergaberechts, *„der öffentlichen Hand eine die Bindung der ihr anvertrauten Mittel und das Gebot sparsamer Wirtschaftsführung beachtende Beschaffung zu angemessenen Preisen zu ermöglichen"*[43], nicht in Einklang zu bringen. Mit den Vorgaben des europäischen Vergaberechts ist diese Sichtweise vereinbar, da den europäischen Vergaberichtlinien nach der Rechtsprechung des EuGH nicht entnommen werden kann, dass der Auftraggeber zur Erteilung des zum Gegenstand eines Vergabeverfahrens gemachten Auftrages gezwungen werden muss[44].

§ 63 Abs. 1 S. 2 VgV stellt das Fehlen eines Kontrahierungszwangs mit dem Hinweis darauf klar, dass der Auftraggeber im Übrigen grundsätzlich nicht verpflichtet ist, den Zuschlag zu erteilen. Die Vorschrift wurde im Zuge der Vergaberechtsreform 2016 eingeführt und soll das bereits zuvor allgemein anerkannte Verständnis normieren[45]. Soweit die Norm vorsieht, dass der Auftraggeber lediglich *„im Übrigen"* nicht zum Zuschlag verpflichtet ist, ist dies nicht so zu lesen, dass lediglich in den übrigen, dh nicht von den Aufhebungstatbeständen in § 63 Abs. 1 S. 1 VgV erfassten Fällen ein Kontrahierungszwang nicht besteht. Gemeint ist vielmehr, dass es auch über die dort genannten Fälle hinaus keine Pflicht zum Zuschlag gibt[46]. § 48 Abs. 2 UVgO hat diese Regelung übernommen.

15 Die Möglichkeit des Auftraggebers, jederzeit von dem angestrebten Vertragsschluss Abstand zu nehmen, sagt allerdings für sich genommen noch nichts über die **Rechtmäßigkeit der Aufhebung** aus. Hebt der Auftraggeber ein Vergabeverfahren im Anwendungsbereich der Vergabeverordnungen und -ordnungen auf, ohne dass einer der in den §§ 63 Abs. 1 S. 1 VgV, 37 Abs. 1 VSVgV, § 48 Abs. 1 UVgO, 17 Abs. 1 VOL/A, 17 Abs. 1 VOB/A, 17 EU Abs. 1 VOB/A und 17 VS Abs. 1 VOB/A vorgesehenen Aufhebungstatbestände erfüllt ist, ist die Aufhebung trotz dieser Freiheit des Auftraggebers, von dem Beschaffungsvorhaben Abstand zu nehmen, rechtswidrig. Aus dem Fehlen einer Kontrahierungspflicht folgt dann lediglich, dass der Auftraggeber im vergaberechtlichen Nachprüfungsverfahren nicht zur Auftragserteilung gezwungen werden kann. Dass er sich aber als Folge seines rechtswidrigen Verhaltens gleichwohl schadensersatzpflichtig machen kann, wird dadurch nicht verhindert[47].

B. Die Aufhebungstatbestände der VgV, der VSVgV, der UVgO, der VOL/A und der VOB/A

I. Anwendungsbereich

16 § 63 Abs. 1 S. 1 VgV, § 37 Abs. 1 VSVgV, § 48 Abs. 1 UVgO, § 17 VOL/A, § 17 Abs. 1 VOB/A, § 17 EU Abs. 1 VOB/A und § 17 VS Abs. 1 VOB/A enthalten tatbestandliche Voraussetzungen, bei deren jeweiliger Erfüllung der Auftraggeber befugt ist, das Vergabeverfahren aufzuheben. Entsprechend ihrer systematischen Stellung sind sie nur im Geltungsbereich **der jeweiligen Vergabeverordnung bzw. -ordnung** anwendbar. Formal treffen § 63 Abs. 1 S. 1 VgV, § 37 Abs. 1 VSVgV, § 17 EU Abs. 1 VOB/A und § 17 VS VOB/A Sonderregelungen für den Bereich des Kartellvergaberechts; die Aufhebungstatbestände unterscheiden sich jedoch nur in Einzelheiten von den Bestimmungen in § 48 Abs. 1 UVgO, § 17 Abs. 1 VOL/A und § 17 Abs. 1 VOB/A.

17 **§ 63 VgV, § 37 VSVgV, § 48 UVgO und § 17 VOL/A** gelten schon ihrem Wortlaut nach für **alle Vergabeverfahren,** unterscheiden also nicht nach den verschiedenen Verfahrens- bzw. Vergabearten iSv. § 14 VgV, § 11 VSVgV, § 8 UVgO und § 3 VOL/A. Denn die durchgehende Verwendung des Begriffs des Vergabeverfahrens in der Mehrzahl

[43] BGH Urt. v. 5.11.2002 – X ZR 232/00, NZBau 2003, 168, 169.
[44] Dazu → Rn. 12.
[45] BT-Drs. 18/7318, S. 199.
[46] BT-Drs. 18/7318, S. 199.
[47] Dazu → Rn. 99ff.

in diesen Bestimmungen weist darauf hin, dass alle Arten von Vergabeverfahren umfasst sein sollen. Deshalb sind § 63 VgV, § 37 VSVgV, § 48 UVgO und § 17 VOL/A nicht nur auf öffentliche Ausschreibungen und offene Verfahren anwendbar. Sie gelten darüber hinaus auch für beschränkte Ausschreibungen und nicht offene Verfahren, für freihändige Vergaben und Verhandlungsverfahren sowie für wettbewerbliche Dialoge und Innovationspartnerschaften[48]. Bei den nicht wettbewerbsoffenen Verfahrensarten kommt es dabei nicht darauf an, ob der Vergabe ein Teilnahmewettbewerb vorangegangen ist[49]. Die Gegenauffassung, die § 17 VOL/A nur auf öffentliche und beschränkte Ausschreibungen anwenden will[50], findet bereits im Wortlaut der Regelung keinen Anhaltspunkt. Soweit für frühere Normfassungen vor Geltung der VOL/A 2009[51] auf den damals abweichenden Wortlaut abgestellt wurde[52], der sich nur auf die Aufhebung der *„Ausschreibung"* bezog[53], ist dies seit der Neufassung in § 17 VOL/A 2009 überholt. Mit der Übernahme der früheren Regelung in § 20 EG Abs. 1 VOL/A 2009 in § 63 Abs. 1 S. 1 VgV geht auch der Verordnungsgeber von einer Geltung für alle Verfahrensarten aus[54]. In gleicher Weise ist auch der Anwendungsbereich von § 48 Abs. 1 UVgO nicht auf bestimmte Verfahrensarten beschränkt.

Für den Bereich der **VOB/A** bestehen hingegen Unsicherheiten über den Anwen- 18
dungsbereich der Aufhebungsbestimmungen in § 17 Abs. 1 VOB/A, § 17 EU Abs. 1 VOB/A und § 17 Abs. 1 VS VOB/A, da diese ihrem Wortlaut nach ebenso wie die Unterrichtungspflicht nach § 17 Abs. 2 VOB/A, § 17 EU Abs. 2 VOB/A und § 17 VS VOB/A nur für Ausschreibungen gelten. Nach der Bestimmung der Vergabearten in § 3, § 3 EU und § 3 VS VOB/A sind damit die öffentliche (§ 3 Abs. 1 S. 1 VOB/A) und die beschränkte Ausschreibung (§ 3 Abs. 1 S. 2 VOB/A) gemeint, denen im Bereich der Abschnitte 2 und 3 der VOB/A das offene Verfahren (§ 3 EU Abs. 1 Nr. 1 VOB/A) und das nichtoffene Verfahren (§ 3 EU Abs. 1 Nr. 2 VOB/A, § 3 VS Nr. 1 VOB/A) entsprechen. Teilweise wird vertreten, § 17 Abs. 1 und 2 VOB/A, § 17 EU Abs. 1 und 2 VOB/A sowie § 17 VS Abs. 1 und 2 VOB/A über diesen vom Wortlaut umfassten Anwendungsbereich hinaus auch auf die übrigen Vergabearten im Geltungsbereich der VOB/A, also die freihändige Vergabe (§ 3 Abs. 1 S. 3 VOB/A) bzw. das Verhandlungsverfahren mit oder ohne Vergabebekanntmachung (§ 3 EU Abs. 1 Nr. 3 VOB/A, § 3 VS Nr. 2 VOB/A) sowie den wettbewerblichen Dialog (§ 3 EU Abs. 1 Nr. 4 VOB/A, § 3 VS Nr. 3 VOB/A), anzuwenden[55]. Dafür spricht fraglos, dass das in § 17 VOB/A, § 17 EU VOB/A und § 17 VS VOB/A zum Ausdruck kommende Sachanliegen, die Aufhebung eines Vergabeverfahrens zur Vermeidung willkürlicher Ungleichbehandlungen und zur Konkretisierung des zwischen dem Auftraggeber und den am Auftrag interessierten Unternehmen bestehenden vorvertraglichen Rechtsverhältnisses[56] nur unter bestimmten Voraussetzungen zuzulassen

---

[48] Müller-Wrede/*Lischka* VgV/UVgO § 63 VgV Rn. 17; KKMPP/*Portz* VgV § 63 Rn. 27.
[49] KKMPP/*Portz* VgV § 63 Rn. 27.
[50] So Pünder/Schellenberg/*Ruhland,* 2. Aufl., § 17 VOL/A Rn. 4, § 20 EG VOL/A Rn. 2.
[51] Bekanntmachung v. 20.11.2009, BAnz. Nr. 196 aber 2010 S. 755.
[52] So VK Bund Beschl. v. 28.4.2003 – VK 1-19/03, IBR 2003, 379; VK Detmold Beschl. v. 19.12.2002 – VK 21-41/02, VPRRS 2014, 0066.
[53] ZB § 26 VOL/A Ausgabe 2006.
[54] BT-Drs. 18/7318, S. 199.
[55] OLG Celle Beschl. v. 13.1.2011 – 13 Verg 15/10, VergabeR 2011, 531, 533 mAnm. *Hölzl/Friton;* OLG Düsseldorf Beschl. v. 8.6.2011 – VII-Verg 55/10, ZfBR 2012, 193, 195; Ziekow/Völlink/*Herrmann* VOB/A-EU § 17 Rn. 3; *Dieck-Bogatzke* VergabeR 2008, 392, 393; der Sache nach ebenso BGH Urt. v. 1.8. 2006 – X ZR 115/04, NZBau 2006, 797, 799; wohl auch Kapellmann/Messerschmidt/*Glahs* VOB/A § 17 Rn. 5; ähnlich Ingenstau/Korbion/*Portz* § 17 VOB/A Rn. 12f.; KMPP/*Portz* VOB/A § 17 Rn. 13; Pünder/Schellenberg/*Ruhland* § 17 VOB/A Rn. 5 (analoge Anwendung, soweit Verhandlungen mit mehreren Bietern stattgefunden haben).
[56] BVerwG Beschl. v. 2.5.2007 – BVerwG 6 B 10.07, BVerwGE 129, 9, 13f.; BGH Urt. v. 5.6.2012 – X ZR 161/11, NZBau 2012, 652, 653; BGH Urt. v. 9.6.2011 – X ZR 143/10, NZBau 2011, 498, 499; BGH Urt. v. 16.12.2003 – X ZR 282/02, NJW 2004, 2165; BGH Urt. v. 8.9.1998 – X ZR 48/97, BGHZ 139, 259, 260f.

und an bestimmte Transparenzpflichten zu knüpfen, dem Grunde nach für alle Verfahrensarten gilt. Gleichwohl genügt dies noch nicht für eine Erstreckung von § 17 VOB/A, § 17 EU VOB/A und § 17 VS VOB/A über den Wortlaut hinaus, da es aus Sicht des Regelungsgebers keineswegs planwidrig sein muss, die strengen Aufhebungsvoraussetzungen des § 17 Abs. 1 VOB/A, des § 17 EU Abs. 1 VOB/A und des § 17 VS VOB/A für die ohnehin aufgelockerten Verfahrensarten jenseits der Ausschreibung nicht gelten zu lassen. In vergleichbarer Weise sah die VOF 2009, die nur das Verhandlungsverfahren als Vergabeart kannte (§ 3 Abs. 1 VOF 2009), keine ausdrücklichen Voraussetzungen für die Aufhebung des Vergabeverfahrens vor. Eine analoge Anwendung von § 17 VOB/A, § 17 EU VOB/A und § 17 VS VOB/A auf die Verfahrensarten, die keine Ausschreibung sind, scheidet daher aus[57]. Dies bedeutet allerdings nicht, dass in diesen Verfahren eine Aufhebung stets rechtmäßig wäre. Vielmehr ist dann immer noch der übrige Rechtsrahmen der Aufhebungsentscheidung[58], dh je nach Einzelfall insbesondere die aus § 97 GWB folgenden Grundsätze des Vergaberechts und die aus dem EU-Primärrecht folgenden Bindungen des Auftraggebers, zu beachten[59].

II. Ausnahmecharakter der Aufhebungstatbestände; Darlegungs- und Beweislast

19 Die Aufhebungstatbestände in § 63 Abs. 1 S. 1 VgV, § 37 Abs. 1 VSVgV, § 48 Abs. 1 UVgO, § 17 Abs. 1 VOL/A, § 17 Abs. 1 VOB/A, § 17 EU Abs. 1 VOB/A und § 17 VS Abs. 1 VOB/A werden allgemein als **Ausnahmeregeln** verstanden[60], da sie von dem Regelfalle, nach dem ein Vergabeverfahren durch die Erteilung des Auftrages beendet wird, abweichen und es dem Auftraggeber gestatten, in rechtmäßiger Weise und damit ohne für ihn nachteilige Folgen von der Vergabe abzusehen. Auf Grund dieses Ausnahmecharakters werden die Aufhebungstatbestände üblicherweise **eng ausgelegt**[61]. Dem ist trotz der me-

[57] Ebenso im Ergebnis VK Bund Beschl. v. 28.4.2003 – VK 1-19/03, www.bundeskartellamt.de (für den Bereich der VOL/A); VK Detmold Beschl. v. 19.12.2002 – VK 21-41/02 (für den Bereich der VOL/A).

[58] Dazu → Rn. 10ff.

[59] VK Bund Beschl. v. 31.8.2009 – VK 1-152/09 (für den Bereich der VOL/A); VK Brandenburg Beschl. v. 17.9.2002 – VK 50/02, IBRRS 39797 (für den Bereich der VOL/A); VK Brandenburg Beschl. v. 30.7.2002 – VK 38/02, ZfBR 2003, 88, 92f. (für den Bereich der VOL/A); Ziekow/Völlink/*Herrmann* VgV § 63 Rn. 8; Pünder/Schellenberg/*Ruhland* § 17 VOB/A Rn. 5.

[60] BGH Urt. v. 25.11.1992 – VIII ZR 170/91, NJW 1993, 520, 521; OLG Celle Beschl. v. 10.6.2010 – 13 Verg 18/09, IBR 2010, 518 (für den Bereich der VOB/A); OLG Düsseldorf Beschl. v. 13.12.2006 – VII-Verg 54/06, NZBau 2007, 462, 464 (für den Bereich der VOB/A); VK Bund Beschl. v. 29.11.2009 – VK 1-167/09 (für den Bereich der VOL/A); VK Lüneburg Beschl. v. 14.4.2011 – VgK-09/2011, ZfBR 2011, 795, 799 (für den Bereich der VOL/A); *Dieck-Bogatzke* VergabeR 2008, 392, 393; *Scharen* NZBau 2003, 585, 586; Kapellmann/Messerschmidt/*Glahs* § 17 VOB/A Rn. 13; Ziekow/Völlink/*Herrmann* VgV § 63 Rn. 3; Müller-Wrede/*Lischka* VgV/UVgO § 63 VgV Rn. 26; Ingenstau/Korbion/*Portz* § 17 VOB/A Rn. 11; KMPP/*Portz* VOB/A § 17 Rn. 11; KKMPP/*Portz* VgV § 63 Rn. 26; Pünder/Schellenberg/*Ruhland* § 17 VOB/A Rn. 9.

[61] BGH Urt. v. 20.11.2012 – X ZR 108/10, ZfBR 2013, 154, 156 (für den Bereich der VOB/A); BGH Urt. v. 12.6.2001 – X ZR 150/99, NZBau 2001, 637, 640 (für den Bereich der VOB/A); BGH Urt. v. 8.9.1998 – NJW 1998, 3636, 3637 (für den Bereich der VOB/A); BayObLG Beschl. v. 15.7.2002 – Verg 15/02, NZBau 2002, 689, 691 (für den Bereich der VOB/A); OLG Celle Beschl. v. 10.3.2016 – 13 Verg 5/15, NZBau 2016, 385 (für den Bereich der VOB/A); OLG Celle Beschl. v. 13.1.2011 – 13 Verg 15/10, VergabeR 2011, 531, 533 mAnm. *Hölzl/Friton* (für den Bereich der VOB/A); OLG Celle Beschl. v. 10.6.2010 – 13 Verg 18/09, IBR 2010, 518 (für den Bereich der VOB/A); OLG Düsseldorf Beschl. v. 13.12.2006 – VII-Verg 54/06, NZBau 2007, 462, 464 (für den Bereich der VOB/A); OLG Düsseldorf Beschl. v. 3.1.2005 – VII-Verg 72/04, NRWE (für den Bereich der VOL/A); OLG München Beschl. v. 6.12.2012 – Verg 25/12, VergabeR 2013, 492, 495 mAnm. *Amelung* (für den Bereich der VOB/A); VK Bund Beschl. v. 25.1.2013 – VK 3-5/13, IBRRS 2013, 0978 (für den Bereich der VOL/A); VK Bund Beschl. v. 29.11.2009 – VK 1-167/09 (für den Bereich der VOL/A); VK Bund Beschl. v. 24.6.2004 – VK 2-73/04, IBRRS 2005, 0891 (für den Bereich der VOB/A); VK Sachsen Beschl. v. 21.7.2004 – 1/SVK/050-04, IBRRS 2005, 1260 (für den Bereich der VOL/A); VK Baden-Württemberg Beschl. v. 25.10.2016 – 1 VK 45/16, ZfBR 2017, 287, 290 (für den Bereich der VOB/A); Kapellmann/Messers-

thodisch schwachen Fundierung der Regel von der engen Auslegung von Ausnahmetatbeständen und trotz ihrer deshalb beschränkten Aussagekraft[62] zuzustimmen. Denn die Begrenzung der zuschlagslosen Beendigung von Vergabeverfahren auf bestimmte Ausnahmefälle ist das normative Gegenstück zu den beträchtlichen Aufwendungen, zu denen der Auftraggeber die Bieter regelmäßig veranlasst, wenn er sie zur Teilnahme am Vergabeverfahren auffordert[63]. Es entspricht einer *„nach allen Seiten ausgewogenen Risikoverteilung"*[64], dass das Leitbild des Vergabeverfahrens eine Beendigung durch Zuschlag vorsieht, da der Bieter dadurch erwarten kann, dass seine Zuschlagsaussichten regelmäßig nur von auf ihn selbst und auf sein Angebot bezogenen Gesichtspunkten, also insbesondere seiner Eignung (§ 122 GWB) und der Wirtschaftlichkeit seines Angebots im Verhältnis zu den Konkurrenzangeboten (§ 127 GWB), abhängen. Aus denselben Gründen ist es dem Auftraggeber untersagt, ohne ernstliche Beschaffungsabsicht ein Vergabeverfahren einzuleiten (§ 28 Abs. 2 VgV, § 10 Abs. 4 VSVgV, § 20 Abs. 2 UVgO, § 2 Abs. 3 VOL/A, § 2 Abs. 5 VOB/A, § 2 EU Abs. 7 S. 2 VOB/A, § 2 VS Abs. 6 S. 2 VOB/A) oder einen Auftrag vorschnell auszuschreiben (§ 2 Abs. 6 VOB/A, § 2 EU Abs. 8 VOB/A). Auch wenn § 63 Abs. 1 VgV, § 37 Abs. 1 VSVgV, § 48 Abs. 1 UVgO, § 17 Abs. 1 VOL/A, § 17 Abs. 1 VOB/A, § 17 EU Abs. 1 VOL/A und § 17 VS Abs. 1 VOB/A die Pflicht des Auftraggebers zur Rücksichtnahme auf die Belange des Bieters insoweit begrenzen[65], ist es mithin geboten, diese Ausnahme ihrerseits einzugrenzen. Dass die Aufhebungsbestimmungen nur einen tatbestandlich beschränkten Anwendungsbereich haben, der sich allein auf Vergabeverfahren in ihrem jeweiligen Anwendungsbereich sowie im Bereich der VOB/A nur auf Ausschreibungen[66] erstreckt, widerspricht dem nur scheinbar: Denn auf die Erfolgsaussichten eines ordnungsgemäßen und wirtschaftlichen Angebotes darf der Bieter im Wesentlichen dann vertrauen, wenn der Auftraggeber die formalisierte öffentliche oder beschränkte Ausschreibung (das offene oder nicht offene Verfahren) als Verfahrensart gewählt hat, wohingegen ein Bieter als Teilnehmer an einem Verhandlungsverfahren sehr viel eher damit rechnen muss, dass die Verhandlungen auch scheitern können[67].

Das Vorliegen eines Ausnahmetatbestandes ist eine dem Auftraggeber zuzuordnende Tatsache. Für das Nachprüfungs- und das Beschwerdeverfahren nach den §§ 155 ff. GWB folgt daraus nach den allgemeinen Grundsätzen[68], dass der Auftraggeber die **materielle Beweislast** dafür trägt, dass die Voraussetzungen des Ausnahmetatbestandes, auf den er sich beruft, vorliegen[69]. Ist nicht aufklärbar, ob die Voraussetzungen eines Aufhebungstatbestandes erfüllt waren, geht dies mithin zu Lasten des Auftraggebers. Auf Grund des Untersuchungsgrundsatzes (§ 163 Abs. 1 GWB bzw. § 175 Abs. 2 iVm. § 70 Abs. 1 GWB) 20

chmidt/*Glahs* § 17 VOB/A Rn. 13; Ziekow/Völlink/*Herrmann* VgV § 63 Rn. 3; Müller-Wrede/*Lischka* VgV/UVgO § 63 VgV Rn. 26; Pünder/Schellenberg/*Ruhland* § 63 VgV Rn. 12, § 17 VOB/A Rn. 9.

[62] BVerfG Beschl. v. 25. 6. 1974 – 2 BvF 2, 3/73, BVerfGE 37, 363, 405; MüKoBGB/*Säcker* Einleitung Rn. 121 ff.

[63] BGH Urt. v. 8. 9. 1998 – X ZR 99/96, BGHZ 139, 280, 283; Ziekow/Völlink/*Herrmann* VgV § 63 Rn. 3.

[64] BGH Urt. v. 8. 9. 1998 – X ZR 99/96, BGHZ 139, 280, 283.

[65] BGH Urt. v. 8. 9. 1998 – X ZR 99/96, BGHZ 139, 280, 283.

[66] Dazu → Rn. 18.

[67] Vgl. KMPP/*Portz* VOB/A § 17 Rn. 12.

[68] Rosenbergsche Formel; s. für den ebenfalls dem Untersuchungsgrundsatz (§ 86 Abs. 1 VwGO) unterliegenden Verwaltungsprozess BVerwG Beschl. v. 22. 12. 2004 – 1 B 111/04, BeckRS 2005, 21933; BVerwG Beschl. v. 1. 11. 1993 – 7 B 190/93, NJW 1994, 468; BVerwG Urt. v. 13. 10. 1988 – 5 C 35/85, BVerwGE 80, 290, 296; BVerwG Urt. v. 27. 1. 1956 – II C 40.54, BVerwGE 3, 115; OVG Berlin-Brandenburg Urt. v. 10. 11. 2011 – OVG 2 B 11.10, BeckRS 2011, 56613; Kopp/Schenke/*W.-R. Schenke* § 108 Rn. 13.

[69] BGH Urt. v. 25. 11. 1992 – VIII ZR 170/91, NJW 1993, 520, 521 (für einen Schadensersatzprozess); OLG Celle Beschl. v. 10. 3. 2016 – 13 Verg 5/15, NZBau 2016, 385 (für den Bereich der VOB/A); OLG Karlsruhe Beschl. v. 27. 7. 2009 – 15 Verg 3/09, VergabeR 2010, 96, 99 (für den Bereich der VOB/A); OLG Köln Urt. v. 18. 6. 2010 – 19 U 98/09, NRWE (für einen Schadensersatzprozess im Bereich der VOB/A); VK Lüneburg Beschl. v. 14. 4. 2011 – VgK-09/2011, ZfBR 2011, 795, 799 (für den Bereich der VOL/A); VK Rheinland-Pfalz Beschl. v. 13. 8. 2009 – VK 1-39/09, IBR 2009, 734 (für den Bereich der VOL/A); Ingenstau/Korbion/*Portz* § 17 VOB/A Rn. 11; KMPP/*Portz* VOB/A § 17 Rn. 11; KKMPP/*Portz* VgV § 63 Rn. 26.

gibt es hingegen im Nachprüfungs- und Beschwerdeverfahren grundsätzlich keine formelle Beweislastverteilung[70]. Eine Obliegenheit des Auftraggebers, Beweis für das Vorliegen der Aufhebungsgründe anzubieten (Beweisführungslast), besteht deswegen nur insoweit, wie das Gesetz selbst die Geltung des Untersuchungsgrundsatzes einschränkt und eine Mitwirkung der Beteiligten an der Sachverhaltsermittlung anordnet (insbesondere § 163 Abs. 1 S. 2 und 3 GWB bzw. § 175 Abs. 2 iVm. § 70 Abs. 2 und 3 GWB).

21 Daneben trifft den Auftraggeber die **Darlegungslast** hinsichtlich derjenigen Tatsachen, auf die er die Aufhebung stützt[71]. Er hat daher im Nachprüfungs- und Beschwerdeverfahren vorzutragen, auf Grund welcher tatsächlicher Umstände die Voraussetzungen einer rechtmäßigen Verfahrensaufhebung erfüllt sind. Dies gilt allerdings wiederum nur insoweit, wie der Untersuchungsgrundsatz von Gesetzes wegen durch Mitwirkungslasten der Beteiligten eingeschränkt ist (insbesondere § 163 Abs. 1 S. 2 und 3 GWB bzw. § 175 Abs. 2 iVm. § 70 Abs. 2 und 3 GWB). Darüber hinaus können die untergesetzlichen Regelungen in § 63 Abs. 1 S. 1 VgV, § 37 Abs. 1 VSVgV, § 17 EU Abs. 1 VOB/A und § 17 VS Abs. 1 VOB/A den Untersuchungsgrundsatz nicht beschränken. Eine allgemeine Darlegungslast besteht darum nicht.

III. Die einzelnen Aufhebungstatbestände

1. VgV

22 § 63 Abs. 1 S. 1 VgV sieht vier Aufhebungstatbestände vor. Die Vorschrift wurde mit der **Vergaberechtsreform 2016** neu geschaffen. Inhaltlich lehnt sie sich weitgehend an § 17 Abs. 1 VOL/A und an die zuvor geltende Bestimmung in § 20 EG Abs. 1 VOL/A 2009 an, so dass die dazu entwickelten Auslegungsleitlinien ganz überwiegend weiterhin herangezogen werden können.

23 **a) Kein Angebot, das den Bedingungen entspricht.** Gemäß § 63 Abs. 1 S. 1 Nr. 1 VgV kann ein Vergabeverfahren aufgehoben werden, wenn kein Angebot eingegangen ist, das den Bedingungen entspricht. Offensichtliches Anliegen der Norm ist es, diejenigen Fälle zu regeln, in denen der Auftraggeber den Zuschlag nicht erteilen kann, weil **kein zuschlagsfähiges Angebot** vorliegt. Ausgehend von diesem Zweck hätte es nahegelegen, § 63 Abs. 1 S. 1 Nr. 1 VgV weit zu formulieren und tatbestandlich hierunter alle in Betracht kommenden Verfahrenslagen zu fassen, in denen ein Zuschlag mangels hinreichender Verfahrensbeteiligung der Auftragsinteressenten nicht möglich ist. Gleichwohl enthält der Aufhebungstatbestand seinem Wortlaut nach zwei einschränkende Tatbestandsmerkmale: Er bezieht sich nur auf Situationen, in denen zum einen kein bedingungsgemäßes **Angebot** abgegeben wurde und zum anderen kein den **Bedingungen** entsprechendes Angebot vorliegt.

24 Die Beschränkung des Tatbestandes auf Fälle, in denen kein bedingungsgemäßes **Angebot** abgegeben wurde, wird bisweilen so verstanden, dass gemäß § 63 Abs. 1 S. 1 Nr. 1 VgV eine Aufhebung nur in denjenigen Verfahrensarten und -stadien möglich ist, in denen überhaupt Angebote abzugeben waren. Ein nicht offenes Verfahren oder ein Verhand-

[70] Pünder/Schellenberg/*Bungenberg* § 163 GWB Rn. 19; Pünder/Schellenberg/*Dieck-Bogatzke* § 175 GWB Rn. 6.

[71] BGH Urt. v. 25. 11. 1992 – VIII ZR 170/91, NJW 1993, 520, 521 (für einen Schadensersatzprozess); OLG Düsseldorf Beschl. v. 3. 1. 2005 – VII-Verg 72/04, NRWE (für den Bereich der VOL/A); OLG Karlsruhe Beschl. v. 27. 7. 2009 – 15 Verg 3/09, VergabeR 2010, 96, 99 (für den Bereich der VOB/A); OLG Köln Urt. v. 18. 6. 2010 – 19 U 98/09, NRWE (für einen Schadensersatzprozess im Bereich der VOB/A); VK Lüneburg Beschl. v. 14. 4. 2011 – VgK-09/2011, ZfBR 2011, 795, 799 (für den Bereich der VOL/A); VK Rheinland-Pfalz Beschl. v. 13. 8. 2009 – VK 1-39/09, IBR 2009, 734 (für den Bereich der VOL/A); VK Baden-Württemberg Beschl. v. 28. 10. 2008 – 1 VK 39/08, BeckRS 2016, 46554 (für den Bereich der VOB/A); VK Baden-Württemberg Beschl. v. 25. 10. 2016 – 1 VK 45/16, ZfBR 2017, 287, 290 (für den Bereich der VOB/A); Ingenstau/Korbion/*Portz* § 17 VOB/A Rn. 11; KMPP/*Portz* VOB/A § 17 Rn. 11; KKMPP/*Portz* § 63 Rn. 26.

lungsverfahren, das bereits vor der Angebotsabgabe im Teilnahmewettbewerb **aus Mangel an ordnungsgemäßen Bewerbungen steckengeblieben** ist, soll mithin nicht nach § 63 Abs. 1 S. 1 Nr. 1 VgV, sondern nur nach § 63 Abs. 1 S. 1 Nr. 4 VgV aufgehoben werden können[72]. Indessen ist eine solche Auslegung vom Wortlaut der Norm keineswegs vorgegeben. Denn auch dann, wenn mangels ordnungsgemäßer Bewerbungen niemand zur Angebotsabgabe aufgefordert werden kann, liegt begrifflich eine Situation vor, in der Angebote, die den Bewerbungsbedingungen entsprechen, nicht eingegangen sind. Ein solches Verständnis entspricht zudem gerade dem Zweck der Normen, einen Aufhebungstatbestand für alle diejenigen Situation zu schaffen, in denen ein Zuschlag mangels hinreichender Verfahrensbeteiligung nicht erteilt werden kann. § 63 Abs. 1 S. 1 Nr. 1 VgV ist daher auch auf diejenigen Fälle anzuwenden, in denen ein Vergabeverfahren bereits aus Mangel an ordnungsgemäßen Bewerbungen nicht fortgeführt werden kann.

§ 63 Abs. 1 S. 1 Nr. 1 VgV gilt zudem nur für Vergabeverfahren, in denen keine Ange- 25
bote abgegeben wurden, die **den Bedingungen entsprechen.** Das Tatbestandsmerkmal der Bedingungen ist weiter gefasst als dasjenige der Bewerbungsbedingungen, das in der Vorgängerregelung in § 20 EG Abs. 1 lit. a) VOL/A 2009 enthalten war und in § 17 Abs. 1 lit. a) VOL/A weiterhin verwendet wird.[73] Damit ebnet die Neufassung den Weg dafür, § 63 Abs. 1 S. 1 Nr. 1 VgV als allgemeinen Aufhebungstatbestand für alle diejenigen Fälle, in denen keine ordnungsgemäßen Angebote eingegangen sind, zu verstehen. Bedingungen im Sinne dieser Norm sind damit nicht allein die Bewerbungsbedingungen iSv. § 29 Abs. 1 S. 2 Nr. 2 VgV, sondern die Gesamtheit aller Voraussetzungen, die ein Angebot erfüllen muss, um für den Zuschlag in Betracht zu kommen. Dazu gehören beispielsweise auch Anforderungen, die sich allein aus der Bekanntmachung oder aus den Vertragsunterlagen (§ 29 Abs. 1 S. 2 Nr. 3 VgV) ergeben. Verstöße gegen vergaberechtliche Anforderungen, die sich unmittelbar aus Gesetzes- oder Verordnungsrecht ergeben, ohne in den Vergabeunterlagen wiederholt zu werden, fallen ebenfalls hierunter.

Es versteht sich von selbst, dass der Aufhebungstatbestand in § 63 Abs. 1 S. 1 Nr. 1 VgV 26
nicht erfüllt ist, wenn **mindestens ein Angebot** eingegangen ist, das den Bewerbungsbedingungen entspricht[74]. Zwar verstößt es nicht gegen die Vorgaben des EU-Vergaberechts, dem Auftraggeber zu gestatten, bei Vorliegen nur eines wertungsfähigen Angebotes das Vergabeverfahren mangels Vergleichsmöglichkeiten aufzuheben[75]. § 63 Abs. 1 S. 1 Nr. 1 VgV geht jedoch über die europarechtlichen Mindestanforderungen hinaus und erlaubt die Aufhebung erst dann, wenn dem Auftraggeber kein einziges den Bedingungen entsprechendes Angebot vorliegt. Dies schließt es freilich nicht aus, ein Vergabeverfahren, in dem nur ein annahmefähiges Angebot eingegangen ist, nach § 63 Abs. 1 S. 1 Nr. 4 VgV aufzuheben, soweit im Einzelfalle die Voraussetzungen dafür erfüllt sind. Ausgehend von der in § 63 Abs. 1 S. 1 Nr. 1 VgV zum Ausdruck kommenden Wertungsentscheidung sind daran jedoch hohe Anforderungen zu stellen[76].

In denjenigen Fällen, in denen zwar Angebote eingegangen sind, diese jedoch nicht alle 27
in den Bewerbungsbedingungen geforderten Unterlagen enthalten, stellt der Aufhebungstatbestand in § 63 Abs. 1 S. 1 Nr. 1 VgV die Komplementärnorm zu **§ 56 Abs. 2 S. 1 VgV** dar. Der Auftraggeber hat in einer solchen Situation zunächst darüber zu befinden, ob er von der ihm eingeräumten Möglichkeit Gebrauch macht, die Bieter zur Ergänzung

[72] Müller-Wrede/*Lischka* VgV/UVgO § 63 VgV Rn. 33.
[73] Dazu → Rn. 57a.
[74] OLG Frankfurt a.M. Beschl. v. 5.8.2003 – 11 Verg 1/02, VergabeR 2003, 725, 729; OLG Koblenz Beschl. v. 23.12.2003 – 1 Verg 8/03, VergabeR 2004, 244, 247 (für den Bereich der VOB/A); VK Lüneburg Beschl. v. 24.10.2008 – VgK-35/2008, IBRRS 2009, 1011; VK Schleswig-Holstein Beschl. v. 24.10.2003 – VK-SH 24/03, IBRRS 2003, 2853; Müller-Wrede/*Lischka* VgV/UVgO § 63 VgV Rn. 32; Ingenstau/Korbion/*Portz* § 17 VOB/A Rn. 24; KMPP/*Portz* VOB/A, § 17 Rn. 21; KKMPP/*Portz* VgV § 63 Rn. 42; Pünder/Schellenberg/*Ruhland* § 63 VgV Rn. 14, § 17 VOB/A Rn. 11.
[75] EuGH Urt. v. 16.9.1999 – C-27/98 – Metalmeccanica Fracasso und Leitschutz, NZBau 2000, 153 Rn. 32f.
[76] Dazu → Rn. 50ff.

ihrer Angebote aufzufordern. Entscheidet er sich für diese Möglichkeit, ist ihm der Rückgriff auf die Aufhebung zumindest einstweilen verwehrt. Lehnt er eine Behebung der Defizite ab, kann er gleichwohl an dem Vergabeverfahren festhalten und unter transparenter und diskriminierungsfreier Änderung der Bewerbungsbedingungen den Bietern und ggf. etwaigen weiteren Interessenten, die zuvor kein Angebot abgegeben haben, zur erneuten Angebotsabgabe Gelegenheit geben[77]. Macht er auch davon keinen Gebrauch, eröffnet § 63 Abs. 1 S. 1 Nr. 1 VgV die Möglichkeit zur Verfahrensaufhebung. Daher ist das Ermessen, das § 63 Abs. 1 S. 1 Nr. 1 VgV dem Auftraggeber hinsichtlich der Aufhebungsentscheidung einräumt[78], nicht etwa schon dann **auf null reduziert,** wenn keine Angebote vorliegen, die den Bedingungen entsprechen[79]. Vielmehr hat der Auftraggeber zu ermitteln, welche Handlungsoptionen ihm im Einzelnen zur Verfügung stehen, und über diese eine ermessensfehlerfreie Entscheidung zu treffen.

28 **b) Wesentliche Änderung der Grundlage des Vergabeverfahrens.** Nach § 63 Abs. 1 S. 1 Nr. 2 VgV darf ein Vergabeverfahren aufgehoben werden, wenn sich seine Grundlage wesentlich geändert hat. Gegenüber der Vorgängerfassung in § 20 EG Abs. 1 lit. b) VOL/A 2009, die in § 17 Abs. 1 lit. b) VOL/A weiterhin Verwendung findet, bezieht sich die Norm nicht mehr auf eine Mehrzahl von Vergabeverfahren und deren Grundlagen, sondern ist durchgehend in der Einzahl gefasst. Dies macht deutlich, dass eine zuvor im Schrifttum vertretene Lesart[80], nach der die Verwendung des Plurals in diesem Aufhebungstatbestand darauf hindeuten sollte, dass sich die Grundlagen nicht nur des jeweils aufzuhebenden, sondern auch noch weiterer Vergabeverfahren wesentlich geändert haben müssen, endgültig hinfällig ist.[81] § 63 Abs. 1 S. 1 Nr. 2 VgV bezieht sich damit auf eine wesentliche Änderung der Grundlage **des jeweils aufzuhebenden Verfahrens.**

29 Allgemein gilt, dass sich die Grundlage des Vergabeverfahrens immer dann wesentlich geändert hat, wenn es für den Auftraggeber **objektiv sinnlos** oder **unzumutbar** wäre, das Vergabeverfahren mit einem Zuschlag zu beenden[82]. Dabei ist anerkannt, dass die Umstände, die zu einer wesentlichen Änderung der Verfahrensgrundlage geführt haben, **nachträglich,** dh nach Einleitung des Vergabeverfahrens, eingetreten oder erstmals erkennbar geworden sein müssen[83] und **nicht vom Auftraggeber zu vertreten sein** dür-

---

[77] BGH Beschl. v. 26.9.2006 – X ZB 14/06, NZBau 2006, 800, 802; BGH Urt. v. 1.8.2006 – X ZR 115/04, NZBau 2006, 797, 799 (für den Bereich der VOB/A).

[78] Dazu → Rn. 73ff.

[79] BGH Beschl. v. 26.9.2006 – X ZB 14/06, NZBau 2006, 800, 806; BGH Urt. v. 1.8.2006 – X ZR 115/04, NZBau 2006, 797, 799 (für den Bereich der VOB/A); OLG Jena Beschl. v. 20.6.2005 – 9 Verg 3/05, NZBau 2005, 476, 479 (für den Bereich der VOB/A); OLG Naumburg Beschl. v. 26.10.2005 – 1 Verg 12/05, ZfBR 2006, 92, 94; VK Brandenburg Beschl. v. 15.11.2005 – 2 VK 64/05, IBR 2006, 296; Müller-Wrede/*Lischka* VgV/UVgO § 63 VgV Rn. 31; anders VK Südbayern Beschl. v. 29.7.2009 – Z3-3-3194-1-27-05/09, IBR 2006, 296; KKMPP/*Portz* VgV § 63 Rn. 43.

[80] Müller-Wrede/*Lischka* VOL/A, 4. Aufl., § 20 EG Rn. 36.

[81] Dazu bereits die Erstauflage, § 31 Rn. 28.

[82] OLG Düsseldorf Beschl. v. 3.1.2005 – VII-Verg 72/04, NRWE; OLG Köln Urt. v. 18.6.2010 – 19 U 98/09, NRWE (für den Bereich der VOB/A); VK Bund Beschl. v. 9.2.2012 – VK 3-6/12, www.bundeskartellamt.de; VK Südbayern Beschl. v. 22.5.2015 – Z3-3-3194-1-63-12/14, ZfBR 2016, 75, 77; Müller-Wrede/*Lischka* VgV/UVgO § 63 VgV Rn. 35; Pünder/Schellenberg/*Ruhland* § 63 VgV Rn. 15; ähnlich auch KKMPP/*Portz* VgV § 63 Rn. 45.

[83] BGH Urt. v. 8.9.1998 – X ZR 99/96, BGHZ 139, 280, 284 (für den Bereich der VOB/A); OLG Düsseldorf Beschl. v. 3.1.2005 – VII-Verg 72/04, NRWE; OLG Frankfurt a.M. Beschl. v. 2.3.2007 – 11 Verg 14/06, NZBau 2007, 466, 467 (für den Bereich der VOB/A); OLG Köln Urt. v. 18.6.2010 – 19 U 98/09, NRWE (für den Bereich der VOB/A); OLG München Beschl. v. 6.12.2012 – Verg 25/12, VergabeR 2013, 492, 495 mAnm. *Amelung* (für den Bereich der VOB/A); VK Bund Beschl. v. 9.2.2012 – VK 3-6/12, IBR 2012, 1332; VK Bund Beschl. v. 29.11.2009 – VK 1-167/09, www.bundeskartellamt.de (für alle Aufhebungstatbestände); VK Bund Beschl. v. 15.6.2004 – VK 2-40/03, www.bundeskartellamt.de; VK Baden-Württemberg Beschl. v. 28.1.2009 – 1 VK 58/08, IBR 2009, 1384; VK Sachsen Beschl. v. 18.8.2006 – 1/SVK/077-06, BeckRS 2006, 11989; *Scharen* NZBau 2003, 585, 586 (für alle Aufhebungstatbestände); Kapellmann/Messerschmidt/*Glahs* § 17 VOB/A Rn. 16; Ziekow/Völlink/*Herrmann* § 63 VgV Rn. 40; Müller-Wrede/*Lischka* VgV/UVgO § 63 VgV Rn. 36; Ingenstau/Korbion/*Portz* § 17 VOB/A Rn. 10;

fen[84]. Diese Einschränkungen ergeben sich ebenso wie der Grundsatz der engen Auslegung der Aufhebungstatbestände[85] aus dem Leitbild einer Beendigung des Vergabeverfahrens durch den Zuschlag, das den Ausgleich für die von den Bietern mit ihrer Verfahrensbeteiligung regelmäßig gemachten Aufwendungen bildet und damit einer *„nach allen Seiten ausgewogenen Risikoverteilung"*[86] entspricht. Was der Auftraggeber zu vertreten hat, ergibt sich dabei in dem zwischen ihm und den Bietern bestehenden Schuldverhältnis nach § 311 Abs. 2 BGB aus den §§ 276 und 278 BGB[87].

Ausgehend hiervon lassen sich die von § 63 Abs. 1 S. 1 Nr. 2 VgV umfassten Fälle zu 30
drei Fallgruppen zusammenfassen:
– der nachträglichen Unmöglichkeit der Erfüllung des zu vergebenden Vertrages,
– der nachträglichen wesentlichen Änderung des Beschaffungsbedarfs und
– der nachträglichen wesentlichen Änderung der Vergabeunterlagen.

Alle drei Fallgruppen enthalten Überschneidungen zu den jeweils anderen Fallgruppen. 31
So kann beispielsweise eine während des Vergabeverfahrens eintretende Gesetzesänderung gleichzeitig dazu führen, dass der ursprünglich ausgeschriebene Vertrag nicht mehr erfüllt werden kann, dass der Auftraggeber nunmehr andere als die ausgeschriebenen Leistungen beziehen will und dass dadurch die Vergabeunterlagen in wesentlichen Punkten geändert werden müssen. Gleichwohl sind die Fallgruppen nicht deckungsgleich, sondern weisen jeweils einen eigenständigen Geltungsbereich auf, der von keiner der anderen Fallgruppen umfasst wird.

aa) Nachträgliche Unmöglichkeit der Vertragserfüllung. Wird die Erfüllung des zu 32
vergebenden Vertrages nachträglich unmöglich, stellt dies **regelmäßig** eine wesentliche Änderung der Grundlagen des Vergabeverfahrens dar[88]. Der Begriff der Nachträglichkeit bezieht sich dabei anders als im allgemeinen Schuldrecht nicht auf den Zeitpunkt des Vertragsschlusses (des Zuschlages), sondern auf den Zeitpunkt der Einleitung des Vergabeverfahrens.

Die Unmöglichkeit kann **rechtlicher** oder **tatsächlicher** Natur sein. Hingegen sind 33
Fälle der **persönlichen** Unmöglichkeit (§ 275 Abs. 3 BGB) kaum denkbar, solange der Vertrag noch nicht geschlossen ist. Eine **faktische** Unmöglichkeit (§ 275 Abs. 2 BGB) kann ebenfalls regelmäßig erst bei Bestehen des vertraglichen Schuldverhältnisses entstehen, so dass diese Fälle allenfalls ausnahmsweise unter § 63 Abs. 1 S. 1 Nr. 2 VgV gefasst werden können.

Beispiele für eine nachträglich eintretende Unmöglichkeit können sein: 34
– **Nachträglich in Kraft getretene Rechtsvorschriften** machen dem künftigen Auftragnehmer die Leistungserbringung unmöglich[89]. Dies kann etwa der Fall sein, wenn eine Änderung eines Bebauungsplans während des Vergabeverfahrens die Errichtung des ursprünglich geplanten Gebäudes verhindert.

KMPP/*Portz* VOB/A, § 17 Rn. 10; KKMPP/*Portz* VgV § 63 Rn. 45; Pünder/Schellenberg/*Ruhland* § 17 VOB/A Rn. 9 (für alle Aufhebungstatbestände).

[84] OLG Düsseldorf Beschl. v. 29.2.2012 – VII-Verg 75/11, NRWE (für alle Aufhebungstatbestände); OLG Düsseldorf Beschl. v. 8.3.2005 – VII-Verg 40/04, NRWE (für alle Aufhebungstatbestände); OLG München Beschl. v. 6.12.2012 – Verg 25/12, VergabeR 2013, 492, 495 mAnm. *Amelung* (für den Bereich der VOB/A); VK Bund Beschl. v. 11.6.2013 – VK 1-33/13, ZfBR 2014, 83, 84 (für den Bereich der VOB/A); VK Bund Beschl. v. 29.11.2009 – VK 1-167/09, www.bundeskartellamt.de (für alle Aufhebungstatbestände); VK Bund Beschl. v. 15.6.2004 – VK 2-40/03, IBRRS 2013, 1356; VK Südbayern Beschl. v. 22.5.2015 – Z3-3-3194-1-63-12/14, ZfBR 2016, 75, 77; Müller-Wrede/*Lischka* VgV/UVgO, § 63 VgV Rn. 36; Ingenstau/Korbion/*Portz* § 17 VOB/A Rn. 10; KMPP/*Portz* VOB/A § 17 Rn. 10; KKMPP/*Portz* VgV § 63 Rn. 45; Pünder/Schellenberg/*Ruhland* § 17 VOB/A Rn. 9 (für alle Aufhebungstatbestände); aA Kapellmann/Messerschmidt/*Glahs* VOB/A § 17 Rn. 11f.

[85] Dazu → Rn. 19.

[86] BGH Urt. v. 8.9.1998 – X ZR 99/96, BGHZ 139, 280, 283.

[87] Ähnlich Müller-Wrede/*Lischka* VgV/UVgO § 63 VgV Rn. 36.

[88] KKMPP/*Portz* VgV § 63 Rn. 45.

[89] Müller-Wrede/*Lischka* VgV/UVgO § 63 VgV Rn. 44.

- Das **Leistungssubstrat** fällt nachträglich weg, beispielsweise dadurch, dass das zu sanierende Gebäude während des Vergabeverfahrens durch einen Brand zerstört wird.
- Die **Leistungsbeschreibung** des Auftraggebers erweist sich aus Gründen, die erst während des Vergabeverfahrens zutage treten und auch zuvor nicht erkannt werden konnten, als technisch undurchführbar. Keinen Fall der eine Aufhebung rechtfertigenden nachträglichen Unmöglichkeit stellt es hingegen dar, wenn der Auftraggeber die Leistungsbeschreibung aus Unachtsamkeit widersprüchlich formuliert hat und sie deshalb von niemandem ausgeführt werden kann, soweit dieser Umstand vom Auftraggeber zu vertreten ist und mithin keinen Anknüpfungspunkt für eine Aufhebung nach § 63 Abs. 1 S. 1 Nr. 2 VgV bilden kann[90].

35 Die Unmöglichkeit muss sich dabei nicht zwingend auf die von dem Auftragnehmer zu erbringenden Leistungen beziehen. Vielmehr kommen auch Leistungshindernisse auf Seiten des Auftraggebers in Betracht, beispielsweise eine **Haushaltssperre** (zB nach § 41 BHO), die es ihm unmöglich macht, Verpflichtungen einzugehen.[91]

36 Ob die Unmöglichkeit nachträglich entstanden und nicht vom Auftraggeber zu vertreten ist, kann im Einzelfall schwierig abzugrenzen sein. So stellt beispielsweise die endgültige **Versagung einer nach öffentlich-rechtlichen Vorschriften erforderlichen Genehmigung, insbesondere einer Baugenehmigung,** während des laufenden Vergabeverfahrens keinen Fall der nachträglichen Unmöglichkeit dar, soweit dem Auftraggeber die Genehmigungsbedürftigkeit bei Einleitung des Vergabeverfahrens bekannt sein musste[92]. Hingegen kann sich der Auftraggeber im Falle einer nachträglich versagten Genehmigung durchaus auf § 63 Abs. 1 S. 1 Nr. 2 VgV berufen, wenn er die Bieter bei Einleitung des Vergabeverfahrens auf den noch bestehenden Genehmigungsvorbehalt hinweist, da dem Anliegen von § 63 Abs. 1 S. 1 VgV, die Bieter vor Aufwendungen zu schützen, die sich mangels Zuschlagsaussichten niemals auszahlen können, dann hinreichend Rechnung getragen wird[93].

37 **bb) Nachträgliche wesentliche Änderung des Beschaffungsbedarfs.** Nachträgliche Änderungen des Beschaffungsbedarfs können ebenfalls eine wesentliche Änderung der Grundlagen des Vergabeverfahrens darstellen[94], allerdings **nicht mit derselben Regelmäßigkeit** wie in den Fällen der nachträglichen Unmöglichkeit.

38 Die nachträgliche Änderung des Beschaffungsbedarfs ist entsprechend den allgemeinen Kriterien für die Anwendung von § 63 Abs. 1 S. 1 Nr. 2 VgV dann **wesentlich,** wenn das Festhalten an dem ursprünglichen Beschaffungsbedarf für den Auftraggeber objektiv sinnlos oder unzumutbar ist[95]. Bei einer vollständigen Aufgabe des Vergabewillens ist dies immer der Fall. Hält der Auftraggeber den Beschaffungsbedarf hingegen dem Grunde nach aufrecht und ändert ihn lediglich in seiner Ausgestaltung, ist nach Ausmaß und Bedeutung der Änderung abzugrenzen. Maßstab ist dabei, ob das geänderte Beschaffungsziel des Auftraggebers im laufenden Vergabeverfahren ohne wesentliche Änderungen erreicht werden kann. Bedingt die Änderung des Beschaffungsziels einen erheblichen Eingriff in das laufende Verfahren, etwa indem alle Bieter sowie sonstige Interessenten ohne Aufhebung erneut zur Angebotsabgabe aufgefordert werden müssten, handelt es sich um eine wesentliche Änderung, die dem Auftraggeber bei Vorliegen der übrigen Voraussetzungen die Aufhebung nach § 63 Abs. 1 S. 1 Nr. 2 VgV ermöglicht.

---

[90] Müller-Wrede/*Lischka* VgV/UVgO § 63 VgV Rn. 37, 39.
[91] OLG Düsseldorf Beschl. v. 26.6.2013 – VII-Verg 2/13, ZfBR 2014, 88, 89ff. (für § 17 EG Abs. 1 Nr. 3 VOB/A).
[92] OLG Köln Urt. v. 18.6.2010 – 19 U 98/09, NRWE (für den Bereich der VOB/A).
[93] Ähnlich Müller-Wrede/*Lischka* VgV/UVgO § 63 VgV Rn. 43.
[94] KKMPP/*Portz* VgV § 63 Rn. 46.
[95] Dazu → Rn. 29.

Durch die einschränkenden Voraussetzungen der **Nachträglichkeit** der eingetretenen Umstände und des **fehlenden Vertretenmüssens** des Auftraggebers[96] wird ein hinreichender Schutz der Bieter vor willkürlichen Änderungen des Beschaffungsbedarfs sichergestellt. Insbesondere bloße Motivänderungen des Auftraggebers können danach nicht genügen, um eine Aufhebung auf § 63 Abs. 1 S. 1 Nr. 2 VgV zu stützen[97]. Ist die Änderung des Beschaffungsbedarfs hingegen auf vom Auftraggeber nicht beeinfluss- und vorhersehbare Umstände, etwa neue Erkenntnisse zur künftigen Entwicklung der Schülerzahlen beim Bau eines Schulgebäudes, zurückzuführen, kann dies durchaus unter § 63 Abs. 1 S. 1 Nr. 2 VgV gefasst werden. 39

Einen praxisrelevanten Unterfall des geänderten Beschaffungsziels bilden diejenigen Fälle, in denen sich die **wirtschaftlichen Grundlagen** des Beschaffungsvorhabens wesentlich ändern, so dass sich das ursprüngliche Beschaffungsvorhaben des Auftraggebers mit der anfangs dafür vorgesehenen Finanzierung nicht verwirklichen lässt. Dies kann einerseits die Höhe des zu erwartenden Auftragsentgelts betreffen, etwa weil auf Grund erheblicher Preissteigerungen auf den Rohstoffmärkten mit deutlich höheren Angebotspreisen als ursprünglich erwartet zu rechnen ist[98]. Andererseits kann sich dies auf die vorgesehene Finanzierung des Auftrags beziehen, die beispielsweise auf Grund nicht gewährter Förderungen oder auf Grund unerwartet ausbleibender Haushaltsmittel gefährdet sein kann[99]. Insbesondere bei einem Wegfall der ursprünglich vorgesehenen Finanzierung ist allerdings mit besonderer Sorgfalt danach zu fragen, ob die maßgeblichen Umstände nachträglich eingetreten und vom Auftraggeber nicht zu vertreten sind. Leitet der Auftraggeber ein Vergabeverfahren ein, obwohl die Finanzierung des Vorhabens noch nicht gesichert ist, ist der spätere Wegfall seiner Beschaffungsabsicht auf Grund einer ausbleibenden Finanzierung weder nachträglich noch vom Auftraggeber nicht zu vertreten, so dass die Aufhebung nicht auf § 63 Abs. 1 S. 1 Nr. 2 VgV gestützt werden kann[100]. Auch muss der Auftraggeber die Kosten, ggf. zzgl. eines Sicherzeitszuschlags, ordnungsgemäß ermittelt haben. Ebenso wie bei der Aufhebung eines Vergabeverfahrens mangels Vorliegen eines wirtschaftlichen Angebots kann die fehlende Finanzierung die Aufhebung dann nicht rechtfertigen, wenn der Finanzierungsbedarf fehlerhaft bestimmt wurde[101]. Entsprechend der Situation bei noch nicht erfüllten Genehmigungsvorbehalten[102] kann sich der Auftraggeber allerdings dann auf diesen Aufhebungstatbestand berufen, wenn er die finanzielle Unsicherheit den Bietern offengelegt hat[103]. 40

cc) Nachträgliche wesentliche Änderung der Vergabeunterlagen. Nachträgliche Änderungen der Vergabeunterlagen (§ 29 Abs. 1 VgV) können **im Einzelfalle** ebenfalls eine Aufhebung eines Vergabeverfahrens rechtfertigen. Im Bereich der VOB/A ist dies in § 17 Abs. 1 Nr. 2 VOB/A, § 17 EU Abs. 1 Nr. 2 VOB/A und § 17 VS Abs. 1 Nr. 2 VOB/A ausdrücklich geregelt. Im Bereich der VgV hingegen handelt es sich dabei um einen Unterfall des Aufhebungstatbestandes in § 63 Abs. 1 S. 1 Nr. 2 VgV. 41

---

[96] Dazu → Rn. 29.

[97] VK Südbayern Beschl. v. 22.5.2015 – Z3-3-3194-1-63-12/14, ZfBR 2016, 75, 78.

[98] KKMPP/*Portz* VgV § 63 Rn. 46.

[99] KKMPP/*Portz* VgV § 63 Rn. 46; vgl. aber OLG Düsseldorf Beschl. v. 8.6.2011 – VII-Verg 55/10, NZBau 2011, 699, 700; VK Bund Beschl. v. 9.2.2012 – VK 3-6/12, IBR 2012, 1332; VK Arnsberg Beschl. v. 13.2.2013 – VK 20/12, IBR 2013, 303: anderer schwerwiegender Grund.

[100] BGH Urt. v. 8.9.1998 – X ZR 99/96, BGHZ 139, 280, 286 (für den Bereich der VOB/A); Müller-Wrede/*Lischka* VgV/UVgO § 63 VgV Rn. 40.

[101] OLG Düsseldorf Beschl. v. 29.8.2018 – VII-Verg 14/17, ZfBR 2019, 91, 93; VK Bund Beschl. v. 13.2.2019 – VK 1-3/19, ZfBR 2020, 198, 200; VK Baden-Württemberg Beschl. v. 25.10.2016 – 1 VK 45/16, ZfBR 2017, 287, 290f.; VK Thüringen Beschl. v. 6.12.2019 – 250-4002-15195/2019-E-006-ABG, Juris Rn. 87.

[102] Dazu → Rn. 36.

[103] Ähnlich Müller-Wrede/*Lischka* VgV/UVgO § 63 VgV Rn. 43; anders hingegen KKMPP/*Portz* VgV § 63 Rn. 46; offen gelassen von BGH Urt. v. 8.9.1998 – X ZR 48/97, NJW 1998, 3636, 3638 (für den Bereich der VOB/A).

42 Die Anerkennung eines Aufhebungsgrundes bei einer Änderung der Vergabeunterlagen erscheint zunächst widersprüchlich, da eine Änderung der Vergabeunterlagen impliziert, dass das ursprünglich begonnene Verfahren weitergeführt wird. Gemeint sind daher diejenigen Fälle, in denen die Vergabeunterlagen wesentlich geändert werden müssen und das Verfahren nicht fortgesetzt, sondern aufgehoben wird. Dem Auftraggeber wird damit in einer solchen Situation ein **Wahlrecht** zugestanden, ob er das Verfahren mit geänderten Unterlagen weiterführt oder aufhebt und ggf. neu beginnt.

43 Das bedeutendste Abgrenzungskriterium ist auch hier die aus den allgemeinen Kriterien für die Anwendung § 63 Abs. 1 S. 1 Nr. 2 VgV[104] abzuleitende **Wesentlichkeit** der Änderung. Nur solche nachträglichen Umstände, die das Festhalten an den bisherigen Vergabeunterlagen für den Auftraggeber objektiv sinnlos oder unzumutbar machen, rechtfertigen eine Aufhebung des Vergabeverfahrens[105]. Als Richtschnur dafür, welche Änderungen noch hinzunehmen sind, können § 2 Nr. 1 und 3 VOL/B herangezogen werden[106]. Beispiele für wesentliche Änderungen der Vergabeunterlagen, die eine Aufhebung des Verfahrens erlauben können, sind neue technische Erkenntnisse während des Vergabeverfahrens, die eine grundlegende Änderung der Leistungsbeschreibung bedingen, oder Änderungen der rechtlichen Rahmenbedingungen des Auftrags, etwa auf Grund von Gesetzesänderungen. Fehler des Auftraggebers bei der Erstellung der Vergabeunterlagen können zwar ebenfalls eine wesentliche Änderung begründen, rechtfertigen aber gleichwohl eine Aufhebung nach § 63 Abs. 1 S. 1 Nr. 2 VgV nicht, wenn sie vom Auftraggeber zu vertreten sind[107].

44 **c) Kein wirtschaftliches Ergebnis.** § 63 Abs. 1 S. 1 Nr. 3 VgV erlaubt die Aufhebung eines Vergabeverfahrens, wenn kein wirtschaftliches Ergebnis erzielt wurde. Diese Aufhebungsmöglichkeit dient der sparsamen Verwendung von Haushaltsmitteln[108]. Die Wirtschaftlichkeit des Ergebnisses wird allgemein bezogen auf das **Preis-Leistungs-Verhältnis** der eingegangenen Angebote[109], wobei für die Beurteilung der Wirtschaftlichkeit des Verfahrensergebnisses auf dasjenige Angebot abzustellen ist, das ohne die Aufhebungsentscheidung den Zuschlag erhielte[110]. Dabei ist zu beachten, dass der Begriff der Wirtschaftlichkeit in § 63 Abs. 1 S. 1 Nr. 3 VgV ebenso zu verstehen ist wie in § 97 Abs. 1 S. 2 GWB, § 127 Abs. 1 S. 1 GWB und § 58 Abs. 1 VgV. Daher sind für die Frage, ob das Ergebnis eines Vergabeverfahrens wirtschaftlich ist, dieselben Kriterien heranzuziehen, anhand derer gemäß § 127 Abs. 1 S. 1 GWB und § 58 Abs. 1 VgV das wirtschaftlichste Angebot zu ermitteln ist. Maßgeblich sind damit die vom Auftraggeber vorab festzulegenden Zuschlagskriterien (§ 127 Abs. 3 bis 5 GWB, § 58 Abs. 2 und 3 VgV). Während die Wirtschaftlichkeit bei der Ermittlung des Zuschlagsempfängers gemäß § 127 Abs. 1 S. 1 GWB und § 58

[104] Dazu → Rn. 29.

[105] Ähnlich Ingenstau/Korbion/*Portz* § 17 VOB/A Rn. 27; KMPP/*Portz* VOB/A § 17 Rn. 24; Pünder/Schellenberg/*Ruhland* § 17 VOB/A Rn. 12; s. ferner OLG München Beschl. v. 6.12.2012 – Verg 25/12, VergabeR 2013, 492, 495 mAnm. *Amelung* (für den Bereich der VOB/A).

[106] Ingenstau/Korbion/*Portz* § 17 VOB/A Rn. 29; KMPP/*Portz* VOB/A § 17 Rn. 26; KKMPP/*Portz* VgV § 63 Rn. 45; Pünder/Schellenberg/*Ruhland* § 17 VOB/A Rn. 12.

[107] Dazu → Rn. 29.

[108] VK Bund Beschl. v. 11.6.2008 – VK 1-63/08, IBRRS 2008, 5085; VK Lüneburg Beschl. v. 14.4.2011 – VgK-09/2011, ZfBR 2011, 795; VK Rheinland-Pfalz Beschl. v. 13.8.2009 – VK 1-39/09, IBR 2009, 734; VK Schleswig-Holstein Beschl. v. 24.10.2003 – VK-SH 24/03, IBRRS 2003, 2853; Müller-Wrede/*Lischka* VgV/UVgO § 63 VgV Rn. 48; Pünder/Schellenberg/*Ruhland* § 63 VgV Rn. 16.

[109] OLG Celle Beschl. v. 10.3.2016 – 13 Verg 5/15, NZBau 2016, 385 (für den Bereich der VOB/A); VK Bund Beschl. v. 11.6.2008 – VK 1-63/08, IBRRS 2008, 5085; VK Bund Beschl. v. 28.6.2007 – VK 2-60/07, www.bundeskartellamt.de; VK Lüneburg Beschl. v. 14.4.2011 – VgK-09/2011, ZfBR 2011, 795, 799; VK Nordbayern Beschl. v. 30.7.2008 – 21.VK-3194-13/08, IBR 2008, 759; VK Rheinland-Pfalz Beschl. v. 13.8.2009 – VK 1-39/09, IBR 2009, 734; Müller-Wrede/*Lischka* VgV/UVgO § 63 VgV Rn. 49; KKMPP/*Portz* VgV § 63 Rn. 50; Pünder/Schellenberg/*Ruhland* § 63 VgV Rn. 16.

[110] VOL/A Anhang IV Erläuterung zu § 17 Abs. 1 lit. c: Selbst das Mindestangebot wird für zu hoch befunden.

Abs. 1 VgV allerdings als relatives Kriterium gebraucht wird, anhand dessen die Angebote im Verhältnis zueinander beurteilt werden, ist im Rahmen von § 63 Abs. 1 S. 1 Nr. 3 VgV eine absolute Betrachtungsweise anzulegen.

Der Vergleichsmaßstab, anhand dessen die Wirtschaftlichkeit des Verfahrensergebnisses zu bejahen oder zu verneinen ist, ist nach einer verbreiteten Auffassung **anhand objektiver Kriterien** zu bestimmen[111]. Daran ist richtig, dass diese Frage nicht ins vollständige Belieben des Auftraggebers gestellt werden kann, da § 63 Abs. 1 S. 1 Nr. 3 VgV andernfalls ein Einfallstor für unrealistische und wirklichkeitsferne Wirtschaftlichkeitsvorstellungen des Auftraggebers und somit letztlich für willkürliche Aufhebungsentscheidungen böte[112]. Umgekehrt darf das Abstellen auf objektive Kriterien freilich nicht dahingehend missverstanden werden, dass das Wirtschaftlichkeitskriterium als Maßstab für die Aufhebungsentscheidung jeglicher Einflussnahme des Auftraggebers enthoben wäre. Denn was wirtschaftlich ist, ergibt sich häufig letztlich erst aus dem Blickwinkel des Beschaffenden. Ebenso wie die Wahl der Zuschlagskriterien und damit des Maßstabs für den Vergleich der Wirtschaftlichkeit der Angebote zueinander vom Auftraggeber getroffen wird[113], obliegt es dem Auftraggeber, festzulegen, ab wann das Vergabeergebnis absolut gesehen die Schwelle zur Wirtschaftlichkeit überschritten hat. So kann es beispielsweise eine Vielzahl triftiger Gründe dafür geben, dass ein Auftraggeber damit rechnet, mit einem Vergabeverfahren ein deutlich besseres Ergebnis als den Marktpreis zu erzielen, etwa weil er die begründete Erwartung hegt, dass der von ihm zu vergebende Auftrag von den interessierten Unternehmen als prestigeträchtig wahrgenommen wird und die Bieter deshalb zu marktunüblich günstigen Konditionen veranlasst. Dem Auftraggeber kommt daher ein Einschätzungsspielraum dahingehend zu, wann das Ergebnis eines Vergabeverfahrens als wirtschaftlich zu beurteilen ist[114]. Insoweit ist die Aufhebungsentscheidung durch Vergabekammern oder Gerichte nur darauf hin überprüfbar, ob sie auf objektiven Kriterien und einem zutreffend ermittelten Sachverhalt beruht[115] und frei von sachfremden Erwägungen ist[116]. 45

Ein in der Praxis häufig herangezogenes und für sich genommen nicht zu beanstandendes Kriterium für die Beurteilung der Wirtschaftlichkeit des Verfahrensergebnisses stellt dabei der **Vergleich mit den Marktpreisen** dar. Das Ergebnis eines Vergabeverfahrens kann daher dann als unwirtschaftlich eingestuft werden, wenn es in nicht ganz unerheblichem Ausmaß über dem Marktpreis liegt[117]. Dies mutet zwar zunächst merkwürdig an, da ein wettbewerbsoffenes Vergabeverfahren im Idealfalle gerade den sich unter wettbewerblichen Umständen einstellenden Marktpreis als Ergebnis hervorbringen soll. Dennoch wird in der Vergabepraxis dieser Idealzustand häufig nicht erreicht, und eine Vielzahl von Um- 46

[111] OLG Frankfurt a. M. Beschl. v. 14. 5. 2013 – 11 Verg 4/13, VergabeR 2013, 943, 944; VK Bund Beschl. v. 22. 7. 2011 – VK 3-83/11, IBR 2011, 719; VK Lüneburg Beschl. v. 14. 4. 2011 – VgK-09/2011, ZfBR 2011, 795, 800; VK Rheinland-Pfalz Beschl. v. 13. 8. 2009 – VK 1-39/09, IBR 2009, 734; VK Schleswig-Holstein Beschl. v. 24. 10. 2003 – VK-SH 24/03, IBRRS 2003, 2853; VK Südbayern Beschl. v. 21. 8. 2003 – 32-07/03, BeckRS 2003, 32458; KKMPP/*Portz* § 63 Rn. 51; Pünder/Schellenberg/*Ruhland* § 63 VgV Rn. 16.

[112] S. auch BGH Urt. v. 20. 11. 2012 – X ZR 108/10, ZfBR 2013, 154, 156.

[113] Dazu → § 32 Rn. 5 ff.

[114] Ähnlich OLG Karlsruhe Beschl. v. 27. 7. 2009 – 15 Verg 3/09, VergabeR 2010, 96, 99 mAnm. *Hartung;* Müller-Wrede/*Lischka* VgV/UVgO § 63 VgV Rn. 49; unklar *Burbulla* ZfBR 2009, 134, 137; allgemein ablehnend *Dieck-Bogatzke* VergabeR 2008, 392, 393.

[115] Beispiel: VK Bund Beschl. v. 22. 7. 2011 – VK 3-83/11, IBR 2011, 719.

[116] Enger hingegen BGH Urt. v. 20. 11. 2012 – X ZR 108/10, ZfBR 2013, 154, 156, für die Aufhebung nach § 17 Abs. 1 Nr. 3 VOB/A: Interessenabwägung.

[117] OLG Frankfurt a. M. Beschl. v. 14. 5. 2013 – 11 Verg 4/13, VergabeR 2013, 943, 944; VK Bund Beschl. v. 25. 1. 2013 – VK 3-2/13; VK Bund Beschl. v. 11. 6. 2008 – VK 1-63/08, IBRRS 2008, 5085; VK Bund Beschl. v. 28. 6. 2007 – VK 2-60/07, www.bundeskartellamt.de; VK Südbayern Beschl. v. 21. 8. 2003 – 32-07/03, BeckRS 2003, 32458; Ziekow/Völlink/*Herrmann* § 63 VgV Rn. 42; Müller-Wrede/*Lischka* VgV/UVgO § 63 VgV Rn. 50; Pünder/Schellenberg/*Ruhland* § 63 VgV Rn. 16; zur Frage, in welchem Ausmaß der Marktpreis für die Bejahung eines unwirtschaftlichen Verfahrensergebnisses überschritten werden muss, ferner OLG Frankfurt a. M. Beschl. v. 28. 6. 2005 – 11 Verg 21/04, VergabeR 2006, 131, 135; VK Lüneburg Beschl. v. 14. 4. 2011 – VgK-09/2011, ZfBR 2011, 795, 800.

ständen kann im konkreten Vergabeverfahren dazu führen, dass das Ergebnis nicht den Marktpreis widerspiegelt.

47 Zur Ermittlung des Marktpreises kann der Auftraggeber insbesondere auf **Erfahrungen aus früheren Vergabeverfahren** mit einem vergleichbaren Beschaffungsgegenstand zurückgreifen[118]. Er kann zudem **Preislisten** in Frage kommender Anbieter einsehen oder einen **Sachverständigen**[119] mit der Begutachtung der Marktverhältnisse beauftragen. Zulässig ist außerdem das Abstellen auf eine **Kostenschätzung**[120]. Dabei gilt unabhängig von der gewählten Vorgehensweise, dass der Marktpreis nur dann den Vergleichsmaßstab für die Wirtschaftlichkeit bilden kann, wenn er methodisch zutreffend ermittelt wurde. Zieht der Auftraggeber eine Kostenschätzung heran, bedeutet dies, dass die Kostenschätzung ordnungsgemäß und mit der gebotenen Sorgfalt erstellt worden sein muss[121]. An einer ordnungsgemäßen Kostenschätzung kann es beispielsweise dann fehlen, wenn sie auf erkennbar unrichtigen Daten beruht oder eine vorhersehbare Kostenentwicklung unberücksichtigt lässt[122]. Hingegen ist grundsätzlich nicht erforderlich, dass die Kostenschätzung bereits bei Beginn des Vergabeverfahrens vorliegt[123]. Auch dann, wenn eine ordnungsgemäße Kostenschätzung oder eine sonstige Marktpreisermittlung erst während des laufenden Verfahrens vorgenommen wird und sich anhand ihrer ergibt, dass die abgegebenen Angebote deutlich über den Marktpreisen liegen, ist das Ergebnis des Verfahrens unwirtschaftlich iSv. § 63 Abs. 1 S. 1 Nr. 3 VgV[124]. Denn § 63 Abs. 1 S. 1 Nr. 3 VgV stellt nicht auf eine Abweichung des Verfahrensergebnisses von früheren Vorstellungen des Auftraggebers ab, sondern allein auf das Ergebnis des Verfahrens, mithin dasjenige Bild, das sich zum Zeitpunkt des Abschlusses der Prüfung und Wertung der eingegangenen Angebote ergibt. Erweist sich umgekehrt das für einen Zuschlag in Betracht kommende Angebot auf Grund eines Vergleichs mit einer ordnungsgemäß erstellten Kostenschätzung als wirtschaftlich, kann eine Aufhebung auch dann nicht auf § 63 Abs. 1 S. 1 Nr. 3 VgV gestützt werden, wenn dem Auftraggeber nicht die für das Vorhaben erforderlichen Mittel zur Verfügung stehen,

---

[118] OLG Frankfurt a.M. Beschl. v. 14.5.2013 – 11 Verg 4/13, VergabeR 2013, 943, 944; VK Bund Beschl. v. 28.6.2007 – VK 2-60/07, www.bundeskartellamt.de.

[119] Müller-Wrede/*Lischka* VgV/UVgO § 63 VgV Rn. 51; KKMPP/*Portz* VgV § 63 Rn. 51.

[120] OLG Frankfurt a.M. Beschl. v. 14.5.2013 – 11 Verg 4/13, VergabeR 2013, 943, 944; OLG Frankfurt a.M. Beschl. v. 28.6.2005 – 11 Verg 21/04, VergabeR 2006, 131, 135; VK Bund Beschl. v. 11.6.2008 – VK 1-63/08, IBRRS 2008, 5085; VK Lüneburg Beschl. v. 14.4.2011 – VgK-09/2011, ZfBR 2011, 795, 800; VK Nordbayern Beschl. v. 14.10.2015 – 21 – VK 3194-23/15, VPR 2016, 29; VK Nordbayern Beschl. v. 30.7.2008 – 21.VK-3194-13/08, IBR 2008, 759; VK Rheinland-Pfalz Beschl. v. 13.8.2009 – VK 1-39/09, IBR 2009, 734; Ziekow/Völlink/*Herrmann* VgV § 63 Rn. 42; Müller-Wrede/*Lischka* VgV/UVgO § 63 VgV Rn. 51; KKMPP/*Portz* VgV § 63 Rn. 51; Pünder/Schellenberg/*Ruhland* § 63 VgV Rn. 16.

[121] BGH Urt. v. 20.11.2012 – X ZR 108/10, ZfBR 2013, 154, 156 (für den Bereich der VOB/A); OLG Celle Beschl. v. 10.3.2016 – 13 Verg 5/15, NZBau 2016, 385 (für den Bereich der VOB/A); VK Bund Beschl. v. 25.1.2013 – VK 3-5/13, IBRRS 2013, 0978; VK Bund Beschl. v. 22.7.2011 – VK 3-83/11, IBR 2011, 719; VK Bund Beschl. v. 11.6.2008 – VK 1-63/08, IBRRS 2008, 5085; VK Lüneburg Beschl. v. 14.4.2011 – VgK-09/2011, ZfBR 2011, 795; VK Rheinland-Pfalz Beschl. v. 13.8.2009 – VK 1-39/09, IBR 2009. 734; VK Schleswig-Holstein Beschl. v. 24.10.2003 – VK-SH 24/03, IBRRS 2003, 2853; VK Südbayern Beschl. v. 21.8.2003 – 32-07/03, BeckRS 2003, 32458; VK Thüringen Beschl. v. 6.12.2019 – 250-4002-15195/2019-E-006-ABG, Juris Rn. 78; Ziekow/Völlink/*Herrmann* VgV § 63 Rn. 42; Müller-Wrede/*Lischka* VgV/UVgO § 63 VgV Rn. 51, 55; KKMPP/*Portz* VgV § 63 Rn. 51; Pünder/Schellenberg/*Ruhland* § 63 VgV Rn. 16.

[122] OLG Düsseldorf Beschl. v. 29.8.2018 – VII-Verg 14/17, ZfBR 2019, 91, 93; VK Thüringen Beschl. v. 6.12.2019 – 250-4002-15195/2019-E-006-ABG, Juris Rn. 78.

[123] AA ohne nähere Begründung VK Lüneburg Beschl. v. 14.4.2011 – VgK-09/2011, ZfBR 2011, 795, 800; VK Schleswig-Holstein Beschl. v. 24.10.2003 – VK-SH 24/03, IBRRS 2003, 2853; VK Südbayern Beschl. v. 21.8.2003 – 32-07/03, BeckRS 2003, 32458.

[124] Ähnlich Müller-Wrede/*Lischka* VgV/UVgO § 63 VgV Rn. 56f., der zusätzlich die fehlende Kausalität der unterlassenen ordnungsgemäßen Kostenschätzung verlangt, auf die es indes mangels einer allgemeinen Pflicht des Auftraggebers zur vorherigen Kostenschätzung nicht ankommen kann.

weil er seinen Finanzbedarf anhand einer nicht ordnungsgemäß erstellten Kostenschätzung ermittelt hat[125].

48 Die Unwirtschaftlichkeit des Verfahrensergebnisses kann ferner **aus dem Verfahren selbst** hervorgehen. Dies kann dann der Fall sein, wenn ein oder mehrere Angebote auf Grund von Mängeln nach § 57 VgV oder gemäß § 60 VgV **ausgeschlossen** werden müssen und das danach für einen Zuschlag in Betracht kommende Angebot wesentlich weniger wirtschaftlich als die ausgeschlossenen Angebote ist. Dann nämlich legt die Existenz deutlich besserer, aber nicht zuschlagsfähiger Angebote nahe, dass der Marktpreis unterhalb der Preise der noch in der Wertung verbliebenen Angebote liegt[126]. Allerdings bedarf es in diesen Fällen zusätzlicher Indizien für die Unwirtschaftlichkeit des Verfahrensergebnisses, da der Auftraggeber andernfalls das Verfahren immer dann aufheben könnte, wenn das bestplatzierte Angebot nicht zuschlagsfähig ist. Dies wäre mit dem Wettbewerbsgrundsatz (§ 97 Abs. 1 S. 1 GWB), zu dem auch der Wettbewerb der Bieter um ordnungsgemäß erstellte Angebote gehört, nicht zu vereinbaren[127]. Derartige Indizien können beispielsweise ein besonders großer Abstand zwischen den ausgeschlossenen Angeboten und den in der Wertung verbliebenen Angeboten, eine für die Marktüblichkeit ihres jeweiligen Preises sprechende große Anzahl ausgeschlossener Angebote oder außerhalb des Verfahrens liegende Umstände[128] sein. Ausgeschlossene Angebote, deren Ausschluss gerade auf kalkulationserheblichen Umständen beruht, sind dabei nicht zu berücksichtigen, da sie keinen Schluss auf ein der Wirtschaftlichkeit entsprechendes Preisniveau zulassen[129]. Daher können beispielsweise unauskömmliche Angebote, die auf Grund eines Missverhältnisses zwischen Preis und Leistung nach § 60 Abs. 3 VgV abgelehnt wurden, nicht zur Begründung der Unwirtschaftlichkeit des Verfahrensergebnisses herangezogen werden.

49 Hingegen erlauben **nicht zugelassene Nebenangebote** regelmäßig keinen Schluss auf die Wirtschaftlichkeit des Verfahrensergebnisses[130]. Nicht zugelassene Nebenangebote weichen zwingend in einem oder mehreren Punkten von dem Beschaffungsgegenstand ab, so dass ihr Preis nicht mit dem Preis der Hauptangebote verglichen werden kann[131]. Gleichwohl können nicht zugelassene Nebenangebote im Einzelfalle zu neuen Erkenntnissen des Auftraggebers führen, die eine Änderung des Beschaffungsbedarfs und damit eine Aufhebung nach § 63 Abs. 1 S. 1 Nr. 3 VgV rechtfertigen können[132]. Sind Nebenangebote zugelassen, ist ein Vergleich der Angebotspreise zwar statthaft, da der Auftraggeber dann selbst die Vergleichbarkeit von Haupt- und Nebenangeboten hergestellt hat. Dann aber stellt sich die Frage ihrer Berücksichtigung im Rahmen von § 63 Abs. 1 S. 1 Nr. 3 VgV nicht[133], da sie wie Hauptangebote in die Wertung eingehen. Dem Grunde nach zugelassene, aber auf Grund von Mängeln nach § 57 VgV ausgeschlossene Nebenangebote kön-

[125] BGH Urt. v. 5.11.2002 – X ZR 232/00, NZBau 2003, 168 (für den Bereich der VOB/A); Müller-Wrede/*Lischka* VgV/UVgO § 63 VgV Rn. 54, 56.

[126] Ähnlich VK Baden-Württemberg Beschl. v. 27.9.2004 – 1 VK 66/04, IBRRS 2004, 3527 (für den Bereich der VOB/A); Müller-Wrede/*Lischka* VgV/UVgO § 63 VgV Rn. 52; aA VK Schleswig-Holstein Beschl. v. 14.9.2005 – VK-SH 21/05, IBRRS 2005, 2904, die sich hierfür auf den Ausnahmecharakter der Aufhebung und die allerdings so nicht gegebene Kalkulationserheblichkeit jedes Ausschlussgrundes beruft; Pünder/Schellenberg/*Ruhland* § 63 VgV Rn. 16.

[127] Vgl. die Argumentation bei VK Schleswig-Holstein Beschl. v. 14.9.2005 – VK-SH 21/05, IBRRS 2005, 2904.

[128] Dazu → Rn. 46.

[129] VK Baden-Württemberg Beschl. v. 27.9.2004 – 1 VK 66/04, IBRRS 2004, 3527 (für den Bereich der VOB/A); VK Hessen Beschl. v. 28.2.2006 – 69d VK 02/2006; Müller-Wrede/*Lischka* VgV/UVgO § 63 VgV Rn. 52; s. zur Parallelfrage bei § 60 VgV und § 16 Abs. 6 VOL/A → § 31 Rn. 22ff.

[130] Im Ergebnis ebenso Müller-Wrede/*Lischka* VgV/UVgO § 63 VgV Rn. 59f.

[131] BGH Beschl. v. 7.1.2014 – X ZB 15/13, BGHZ 199, 327; *Conrad* ZfBR 2014, 342, 344f.

[132] Ähnlich (abweichend nur hinsichtlich des Aufhebungstatbestandes) BGH Urt. v. 25.11.1992 – VIII ZR 170/91, NJW 1993, 520, 521f.; Ingenstau/Korbion/*Portz* § 17 VOB/A Rn. 40; KMPP/*Portz* VOB/A, § 17 Rn. 33; KKMPP/*Portz* VgV § 63 Rn. 60.

[133] Ähnlich Müller-Wrede/*Lischka* VgV/UVgO § 63 VgV Rn. 60; KKMPP/*Portz* VgV § 63 Rn. 60.

nen ebenso wie mangelhafte Hauptangebote[134] den Schluss auf die Unwirtschaftlichkeit des Verfahrensergebnisses zulassen[135].

50 **d) Andere schwerwiegende Gründe.** § 63 Abs. 1 S. 1 Nr. 4 VgV erlaubt die Aufhebung eines Vergabeverfahrens, wenn andere schwerwiegende Gründe bestehen. Die Norm ist als Generalklausel ausgestaltet[136] und ist daher gegenüber den benannten Aufhebungsgründen in § 63 Abs. 1 S. 1 Nr. 1 bis 3 VgV subsidiär. Gemäß den allgemeinen Grundsätzen über die Auslegung der Aufhebungstatbestände[137] ist allerdings auch dieser Aufhebungsgrund **eng zu verstehen**[138]. Daher können schwerwiegende Gründe nur solche Umstände sein, die hinsichtlich ihres Gewichts und ihrer Bedeutung für das Vergabeverfahren mit einem der benannten Aufhebungsgründe in § 63 Abs. 1 S. 1 Nr. 1 bis 3 VgV **vergleichbar** sind[139]. Dies folgt ohnehin bereits aus dem Wortlaut, der die Existenz *„anderer"* schwerwiegender Gründe verlangt und damit zum Ausdruck bringt, dass benannte und unbenannte Aufhebungsgründe von vergleichbarem Gewicht sein müssen. Wann dies der Fall ist, ist durch eine Interessenabwägung für jeden Einzelfall zu ermitteln[140]. Dabei ist eine Gesamtbetrachtung vorzunehmen, so dass einzelne, für sich genommen weniger schwerwiegende Gründe durch ihr Zusammentreffen die Schwelle des § 63 Abs. 1 S. 1 Nr. 4 VgV überschreiten können[141].

---

[134] Dazu → Rn. 48.

[135] Im Ergebnis ebenso Müller-Wrede/*Lischka* VgV/UVgO § 63 VgV Rn. 61.

[136] Müller-Wrede/*Lischka* VgV/UVgO § 63 VgV Rn. 62; KKMPP/*Portz* VgV § 63 Rn. 50; Pünder/Schellenberg/*Ruhland* § 63 VgV Rn. 17.

[137] Dazu → Rn. 19.

[138] BGH Beschl. v. 20.3.2014 – X ZB 18/13, NZBau 2014, 310, 313 (für den Bereich der VOB/A); BGH Urt. v. 12.6.2001 – X ZR 150/99, NZBau 2001, 637, 640; OLG Celle Beschl. v. 10.3.2016 – 13 Verg 5/15, NZBau 2016, 385 (für den Bereich der VOB/A); OLG Celle Beschl. v. 13.1.2011 – 13 Verg 15/10, VergabeR 2011, 531, 533 (für den Bereich der VOB/A); OLG Dresden Beschl. v. 28.3.2006 – WVerg 4/06, VergabeR 2006, 793, 795 (für den Bereich der VOB/A); OLG Düsseldorf Beschl. v. 29.8.2018 – VII-Verg 14/17, ZfBR 2019, 91, 92 (für den Bereich der VOB/A); OLG Düsseldorf Beschl. v. 13.12.2006 – VII-Verg 54/06, NZBau 2007, 462, 464 (für den Bereich der VOB/A); OLG Düsseldorf Beschl. v. 26.1.2005 – VII-Verg 45/04, ZfBR 2005, 410, 415; OLG Düsseldorf Beschl. v. 3.1.2005 – VII-Verg 72/04, NRWE; OLG Koblenz Beschl. v. 10.4.2003 – 1 Verg 1/03, NZBau 2003, 576, 577; OLG München Beschl. v. 27.1.2006 – Verg 1/06, VergabeR 2006, 537, 545; OLG Naumburg Beschl. v. 23.12.2014 – 2 Verg 5/14, NZBau 2015, 387, 390; VK Brandenburg Beschl. v. 18.1.2007 – 1 VK 41/06, IBR 2007, 1388; VK Hamburg Beschl. v. 25.7.2002 – VgK FB 1/02, IBR 2002, 501; VK Lüneburg Beschl. v. 24.10.2008 – VgK-35/2008, IBRRS 2009, 1011; VK Lüneburg Beschl. v. 27.1.2005 – 203-VgK-57/2004, IBRRS 2005, 0480; VK Lüneburg Beschl. v. 30.8.2004 – 203-VgK-38/2004, IBRRS 2004, 3023; Kapellmann/Messerschmidt/*Glahs* § 17 VOB/A Rn. 19; Ziekow/Völlink/*Herrmann* VgV § 63 Rn. 46; Müller-Wrede/*Lischka* VgV/UVgO, § 63 VgV Rn. 63; Ingenstau/Korbion/*Portz* § 17 VOB/A Rn. 30 f.; KMPP/*Portz* VOB/A § 17 Rn. 27 f.; KKMPP/*Portz* VgV § 63 Rn. 57; Pünder/Schellenberg/*Ruhland* § 63 VgV Rn. 17, § 17 VOB/A Rn. 14.

[139] BayObLG Beschl. v. 17.2.2005 – Verg 27/04, VergabeR 2005, 349, 354; OLG Düsseldorf Beschl. v. 13.12.2006 – VII-Verg 54/06, NZBau 2007, 462, 464 (für den Bereich der VOB/A); OLG München Beschl. v. 27.1.2006 – Verg 1/06, VergabeR 2006, 537, 545; Ziekow/Völlink/*Herrmann* VgV § 63 Rn. 46; Müller-Wrede/*Lischka* VgV/UVgO § 63 VgV Rn. 63; Ingenstau/Korbion/*Portz* § 17 VOB/A Rn. 32; KMPP/*Portz* VOB/A § 17 Rn. 29; KKMPP/*Portz* VgV § 63 Rn. 58; Pünder/Schellenberg/*Ruhland* § 17 VOB/A Rn. 14.

[140] BGH Beschl. v. 20.3.2014 – X ZB 18/13, NZBau 2014, 310, 313; BGH Urt. v. 12.6.2001 – X ZR 150/99, NZBau 2001, 637, 640; OLG Celle Beschl. v. 10.3.2016 – 13 Verg 5/15, NZBau 2016, 385 (für den Bereich der VOB/A); OLG Düsseldorf Beschl. v. 13.12.2006 – VII-Verg 54/06, NZBau 2007, 462, 464 f. (für den Bereich der VOB/A); OLG Düsseldorf Beschl. v. 3.1.2005 – VII-Verg 72/04, NRWE; OLG Koblenz Beschl. v. 10.4.2003 – 1 Verg 1/03, NZBau 2003, 576, 577; OLG Rostock Beschl. v. 2.10.2019 – 17 Verg 3/19, NZBau 2020, 113, 119; VK Brandenburg Beschl. v. 18.1.2007 – 1 VK 41/06, IBR 2007, 1388; Ingenstau/Korbion/*Portz* § 17 VOB/A Rn. 31; KMPP/*Portz* VOB/A § 17 Rn. 29; KKMPP/*Portz* VgV § 63 Rn. 57.

[141] VK Hamburg Beschl. v. 25.7.2002 – VgK FB 1/02, IBR 2002, 501; Ziekow/Völlink/*Herrmann* VgV § 63 Rn. 53; Ingenstau/Korbion/*Portz* § 17 VOB/A Rn. 34; KMPP/*Portz* VOB/A § 17 Rn. 31; KKMPP/*Portz* VgV § 63 Rn. 56; Pünder/Schellenberg/*Ruhland* § 63 VgV Rn. 20, § 17 VOB/A Rn. 15.

Allgemein gilt auch für den Aufhebungstatbestand § 63 Abs. 1 S. 1 Nr. 4 VgV[142], dass nur **nachträglich** eingetretene oder erstmals erkennbare Umstände eine Aufhebung gestatten[143]. Entgegen einer verbreiteten Auffassung[144] dürfen die zur Aufhebung nach § 63 Abs. 1 S. 1 Nr. 4 VgV führenden Umstände grundsätzlich auch nicht **vom Auftraggeber zu vertreten** sein[145]. Sähe man dies anders, führte dies zu offensichtlichen Wertungswidersprüchen im Vergleich zu dem Aufhebungsgrund in § 63 Abs. 1 S. 1 Nr. 2 VgV, dessen Anwendung ebenfalls bei einem Vertretenmüssen des Auftraggebers ausgeschlossen ist, und eröffnete dem Auftraggeber die Möglichkeit, sich durch vorsätzliche Herbeiführung schwerwiegender Gründe rechtmäßig von dem Vergabeverfahren zu lösen. Eine Ausnahme von diesem Grundsatz gilt nur für die Fälle, in denen eine rechtmäßige Fortführung des Vergabeverfahrens nicht mehr möglich ist[146]. Dann können auch vom Auftraggeber zu vertretende Umstände eine Aufhebung nach § 63 Abs. 1 S. 1 Nr. 4 VgV rechtfertigen, da der Auftraggeber andernfalls in eine nicht auflösbare Pflichtenkollision gebracht würde. 51

Anerkanntermaßen stellen Umstände, die eine Beendigung des Vergabeverfahrens durch Zuschlag **aus tatsächlichen oder rechtlichen Gründen unmöglich** machen, andere schwerwiegende Gründe iSv. § 63 Abs. 1 S. 1 Nr. 4 VgV, die eine Aufhebung des Verfahrens rechtfertigen, dar, soweit sie nicht bereits eine Aufhebung nach § 63 Abs. 1 S. 1 Nr. 2 VgV rechtfertigen. 52

Dazu gehören zunächst diejenigen Fälle, in denen ein Zuschlag aus tatsächlichen Gründen ausgeschlossen ist, weil **kein zuschlagsfähiges Angebot** vorhanden ist. Zwar lassen sich viele dieser Fälle bereits unter den Aufhebungstatbestand in § 63 Abs. 1 S. 1 Nr. 1 VgV subsumieren, doch kann es daneben durchaus Situationen geben, in denen bedingungsgemäße Angebote vorliegen, ein Zuschlag aber gleichwohl unmöglich ist. Dies kann beispielsweise dann der Fall sein, wenn die Bindefrist zuschlagslos abgelaufen ist und danach kein Bieter mehr zum Vertragsschluss bereit ist[147]. 53

Aus rechtlichen Gründen kann die Beendigung des Vergabeverfahrens durch Zuschlag dann ausgeschlossen sein, wenn das Vergabeverfahren an einem **so schweren Fehler** leidet, dass der Auftraggeber es nicht mehr in rechtmäßiger Weise fortführen oder durch 54

---

[142] S. zur vergleichbaren Situation bei § 63 Abs. 1 S. 1 Nr. 2 VgV → Rn. 29.

[143] BGH Urt. v. 8.9.1998 – X ZR 99/96, BGHZ 139, 280, 284 (für den Bereich der VOB/A); BGH Urt. v. 24.4.1997 – VIII ZR 106/95, NJW-RR 1997, 1106, 1107 (für den Bereich der VOB/A); BGH Urt. v. 25.11.1992 – VIII ZR 170/91, NJW 1993, 520, 521; OLG Celle Beschl. v. 13.1.2011 – 13 Verg 15/10, VergabeR 2011, 531, 533 mAnm. *Hölzl/Friton* (für den Bereich der VOB/A); OLG Düsseldorf Beschl. v. 13.12.2006 – VII-Verg 54/06, NZBau 2007, 462, 464 (für den Bereich der VOB/A); VK Bund Beschl. v. 29.11.2009 – VK 1-167/09, www.bundeskartellamt.de (für alle Aufhebungstatbestände); VK Sachsen Beschl. v. 18.8.2006, 1/SVK/077-06, BeckRS 2006, 11989 (für alle Aufhebungstatbestände); VK Südbayern Beschl. v. 22.10.2019 – Z3-3-3194-1-27-07/19, Juris, Rn. 81; *Scharen* NZBau 2003, 585, 586 (für alle Aufhebungstatbestände); Ziekow/Völlink/*Herrmann* § 63 VgV Rn. 47; Müller-Wrede/*Lischka* VgV/UVgO § 63 VgV Rn. 64; Ingenstau/Korbion/*Portz* § 17 VOB/A Rn. 10; KMPP/*Portz* VOB/A § 17 Rn. 10; KKMPP/*Portz* VgV § 63 Rn. 58; Pünder/Schellenberg/*Ruhland* § 17 VOB/A Rn. 9 (für alle Aufhebungstatbestände).

[144] OLG Frankfurt a.M. Beschl. v. 2.3.2007 – 11 Verg 14/06, NZBau 2007, 466, 467 (für den Bereich der VOB/A); *Summa* VergabeR 2007, 734; Ingenstau/Korbion/*Portz* § 17 VOB/A Rn. 35 (vgl. aber Rn. 10); KMPP/*Portz* VOB/A § 17 Rn. 32 (vgl. aber Rn. 10); KKMPP/*Portz* VgV § 63 Rn. 59.

[145] OLG Düsseldorf Beschl. v. 29.2.2012 – VII-Verg 75/11, NRWE (für alle Aufhebungstatbestände); OLG Düsseldorf Beschl. v. 8.3.2005 – VII-Verg 40/04, NRWE (für alle Aufhebungstatbestände); OLG München Beschl. v. 28.8.2012 – Verg 11/12, ZfBR 2012, 812, 813 (für alle Aufhebungstatbestände); VK Bund Beschl. v. 29.11.2009 – VK 1-167/09, www.bundeskartellamt.de (für alle Aufhebungstatbestände); VK Südbayern Beschl. v. 22.10.2019 – Z3-3-3194-1-27-07/19, BeckRS 2019, 34002 Rn. 81; Ziekow/Völlink/*Herrmann* § 63 VgV Rn. 47; Pünder/Schellenberg/*Ruhland* § 17 VOB/A Rn. 9 (für alle Aufhebungstatbestände); wohl ebenso Müller-Wrede/*Lischka* VgV/UVgO § 63 VgV Rn. 27, 64; zur Aufhebung auf Grund eines Bürgerbegehrens *Olgemöller* IR 2017, 34, 36.

[146] Dazu → Rn. 54.

[147] BayObLG Beschl. v. 12.9.2000 – Verg 4/00, ZfBR 2001, 45, 48; Ziekow/Völlink/*Herrmann* § 63 VgV Rn. 52; KMPP/*Portz* VOB/A § 17 Rn. 34; KKMPP/*Portz* VgV § 63 Rn. 60; Pünder/Schellenberg/*Ruhland* § 17 VOB/A Rn. 15; weitergehend auch für die Ablehnung einer Bindefristverlängerung nur durch den erstplatzierten Bieter OLG Frankfurt a.M. Beschl. v. 5.8.2003 – 11 Verg 1/02, VergabeR 2003, 725; Müller-Wrede/*Lischka* VgV/UVgO § 63 VgV Rn. 67.

Zuschlag beenden kann[148]. Dies setzt voraus, dass einerseits eine Bindung des Auftraggebers an das bemakelte Vergabeverfahren mit Gesetz und Recht nicht zu vereinbaren wäre und andererseits von den Verfahrensteilnehmern erwartet werden kann, dass sie auf diese rechtlichen und tatsächlichen Bindungen des Auftraggebers Rücksicht nehmen[149]. Zu bejahen ist dies beispielsweise dann, wenn die Vergabeunterlagen nicht behebbare Mängel aufweisen oder wenn einzelne Bieter einen mit dem Wettbewerbsgrundsatz nicht zu vereinbarenden Informationsvorsprung erlangt haben. Hingegen genügt nicht schon jeder Vergaberechtsverstoß des Auftraggebers für die Annahme eines anderen schwerwiegenden Grundes iSv. § 63 Abs. 1 S. 1 Nr. 4 VgV, da es der Auftraggeber andernfalls in der Hand hätte, durch vorsätzliche Rechtsverstöße einen Aufhebungsgrund zu schaffen[150]. Ist eine rechtmäßige Fortführung des Verfahrens oder eine rechtmäßige Zuschlagserteilung allerdings ausgeschlossen, kommt es darauf, ob der Auftraggeber den Fehler zu vertreten hat, für die Zulässigkeit der Aufhebungsentscheidung entgegen dem allgemeinen Grundsatz[151] nicht mehr an. Andernfalls würde der Auftraggeber in die Situation einer unauflösbaren Pflichtenkollision gebracht. Selbstverständlich schließt die dann gemäß § 63 Abs. 1 S. 1 Nr. 4 VgV rechtmäßige Verfahrensaufhebung einen Schadensersatzanspruch der von der Aufhebung betroffenen Bieter wegen des vorangegangenen Fehlverhaltens des Auftraggebers, das für die Aufhebung ursächlich war, nicht aus[152].

55 Darüber hinaus wird bisweilen erwogen, einen **unzureichenden Bieterwettbewerb** als anderen schwerwiegenden Grund iSv. § 63 Abs. 1 S. 1 Nr. 4 VgV anzusehen und dem Auftraggeber die Aufhebung des Vergabeverfahrens insbesondere dann zu gestatten, wenn nur ein Angebot abgegeben wurde[153] und bei einer Neueinleitung des Verfahrens mit einer stärkeren Bieterbeteiligung zu rechnen ist[154]. Bei der Anerkennung derartiger Fälle ist jedoch Zurückhaltung geboten. Denn grundsätzlich wird auch die Frage, wie viele und welche Unternehmen sich um einen Auftrag bewerben, im Wettbewerb entschieden. Eine geringe Beteiligung an einem Vergabeverfahren deutet daher nicht schon für sich genom-

[148] BGH Urt. v. 12.6.2001 – X ZR 150/99, NZBau 2001, 637, 640f.; OLG Brandenburg Beschl. v. 13.9. 2011 – Verg W 10/11, IBR 2012, 1217; OLG Dresden Beschl. v. 28.3.2006 – WVerg 4/06, VergabeR 2006, 793, 795 mAnm. *Mantler* (für den Bereich der VOB/A); OLG Frankfurt a.M. Beschl. v. 2.3.2007 – 11 Verg 14/06, NZBau 2007, 466, 467 (für den Bereich der VOB/A); OLG Koblenz Beschl. v. 10.4. 2003 – 1 Verg 1/03, NZBau 2003, 576, 577; OLG München Beschl. v. 27.1.2006 – Verg 1/06, VergabeR 2006, 537, 545; VK Brandenburg Beschl. v. 18.1.2007 – 1 VK 41/06, IBR 2007, 1388; Ziekow/Völlink/*Herrmann* VgV § 63 Rn. 51; Müller-Wrede/*Lischka* VgV/UVgO § 63 VgV Rn. 69; Ingenstau/Korbion/*Portz* § 17 VOB/A Rn. 40; KMPP/*Portz* VOB/A § 17 Rn. 33; KKMPP/*Portz* VgV § 63 Rn. 60; Pünder/Schellenberg/*Ruhland* § 63 VgV Rn. 19f., § 17 VOB/A Rn. 14f.

[149] BGH Urt. v. 12.6.2001 – X ZR 150/99, NZBau 2001, 637, 641; OLG Dresden Beschl. v. 28.3.2006 – WVerg 4/06, VergabeR 2006, 793, 795 mAnm. *Mantler* (für den Bereich der VOB/A); OLG Frankfurt a.M. Beschl. v. 2.3.2007 – 11 Verg 14/06, NZBau 2007, 466, 467 (für den Bereich der VOB/A); OLG Koblenz Beschl. v. 10.4.2003 – 1 Verg 1/03, NZBau 2003, 576, 577; OLG München Beschl. v. 27.1. 2006 – Verg 1/06, VergabeR 2006, 537, 545; Müller-Wrede/*Lischka* VgV/UVgO § 63 VgV Rn. 69; Ingenstau/Korbion/*Portz* § 17 VOB/A Rn. 31; KMPP/*Portz* VOB/A, § 17 Rn. 28; KKMPP/*Portz* VgV § 63 Rn. 57; Pünder/Schellenberg/*Ruhland* § 63 VgV Rn. 19, § 17 VOB/A Rn. 14.

[150] BGH Beschl. v. 20.3.2014 – X ZB 18/13, NZBau 2014, 310, 313; BGH Beschl. v. 10.11.2009, X ZB 8/09, ZfBR 2010, 298, 303; BGH Urt. v. 12.6.2001 – X ZR 150/99, NZBau 2001, 637, 640f.; OLG Frankfurt a.M. Beschl. v. 4.8.2015 – 11 Verg 4/15, NZBau 2015, 794, 795; OLG Koblenz Beschl. v. 10.4.2003 – 1 Verg 1/03, NZBau 2003, 576, 577; OLG Naumburg Beschl. v. 23.12.2014 – 2 Verg 5/14, NZBau 2015, 387, 390; VK Baden-Württemberg Beschl. v. 25.10.2016 – 1 VK 45/16, ZfBR 2017, 287, 292 (für den Bereich der VOB/A); *Dieck-Bogatzke* VergabeR 2008, 392, 394; Müller-Wrede/*Lischka* VgV/UVgO § 63 VgV Rn. 69; Ingenstau/Korbion/*Portz* § 17 VOB/A Rn. 31; KMPP/*Portz* VOB/A § 17 Rn. 28; KKMPP/*Portz* VgV § 63 Rn. 57; Pünder/Schellenberg/*Ruhland* § 17 VOB/A Rn. 14.

[151] Dazu → Rn. 51.

[152] *Popescu* ZfBR 2013, 648, 650; *Dähne* VergabeR 2004, 32, 33; Kapellmann/Messerschmidt/*Glahs* VOB/A § 17 Rn. 3, 12; Ingenstau/Korbion/*Portz* § 17 VOB/A Rn. 35.

[153] Dazu auch → Rn. 26.

[154] So VK Lüneburg Beschl. v. 24.10.2008 – VgK-35/2008, IBRRS 2009, 1011 (vgl. aber VK Lüneburg Beschl. v. 27.1.2005 – 203-VgK-57/2004, BeckRS 2005, 01687; VK Lüneburg Beschl. v. 30.8.2004 – 203-VgK-38/2004, IBRRS 2004, 3023); Ziekow/Völlink/*Herrmann* VgV § 63 Rn. 52; Müller-Wrede/*Lischka* VgV/UVgO § 63 VgV Rn. 66.

men auf fehlenden Wettbewerb hin, sondern ist vielmehr regelmäßig gerade das Ergebnis des Zusammenspiels von Angebot und Nachfrage, das ja nicht erst mit der Angebotslegung, sondern weit früher beginnt.

Die mangelnde Beteiligung interessierter Unternehmen am Vergabeverfahren kann daher nur **im Ausnahmefalle** als anderer schwerwiegender Grund iSv. § 63 Abs. 1 S. 1 Nr. 4 VgV angesehen werden. Eine derartige Ausnahme ist insbesondere dann zu bejahen, wenn hinreichende Anhaltspunkte dafür vorliegen, dass das fehlende Interesse gerade nicht dem Wettbewerb geschuldet ist, sondern das Ergebnis wettbewerbswidriger Verhaltensweisen, beispielsweise einer vorherigen Absprache unter den in Frage kommenden Bietern, ist. 56

Erst recht kann der Umstand, dass im nicht offenen Verfahren, im Verhandlungsverfahren mit Teilnahmewettbewerb, im wettbewerblichen Dialog oder bei der Innovationspartnerschaft **die Mindestzahl der zur Angebotsabgabe aufzufordernden oder zum Dialog einzuladenden Unternehmen** gemäß § 51 Abs. 2 S. 1 VgV (im Bereich der VOB/A: § 3b Abs. 2 VOB/A, § 3b EU Abs. 2 Nr. 3 S. 3, Abs. 3 Nr. 3, Abs. 4 Nr. 2 S. 2, Abs. 5 Nr. 3 S. 2 VOB/A, § 3b VS Abs. 2 Nr. 1 VOB/A) unterschritten wird, in aller Regel eine Aufhebung nach § 63 Abs. 1 S. 1 Nr. 4 VgV nicht tragen[155]. Denn der Teilnahmewettbewerb ist ebenfalls eine Form des Wettbewerbs, auch wenn in seinem Rahmen nicht einzelne Angebote, sondern die Bewerber selbst miteinander konkurrieren, und sein Ergebnis ist mithin ein im Wettbewerb entstandenes, das nicht durch den Verweis auf mangelnden Wettbewerb unterlaufen werden darf[156]. Die uneingeschränkte Geltung des Wettbewerbsgrundsatzes (§ 97 Abs. 1 S. 1 GWB) für den Teilnahmewettbewerb belegt dies. Dem kann nicht entgegengehalten werden, dass das Vorhandensein einer Untergrenze für die Höchstzahl der aufzufordernden Bieter die Verfahrensteilnehmer weniger schutzwürdig mache, da sie ohnehin bei einer Unterschreitung mit einer Aufhebung rechnen müssten[157]. Denn die Mindestgrenze in § 51 Abs. 2 S. 1 VgV bezieht sich nur auf diejenigen Fälle, in denen überhaupt eine hinreichend große Anzahl von Bewerbern den Teilnahmewettbewerb besteht, was durch § 51 Abs. 3 S. 2 VgV bestätigt wird. Ist keine hinreichende Anzahl annehmbarer Bewerbungen eingegangen, kann demnach die Untergrenze unterschritten werden[158], so dass sich aus ihrer Existenz nichts für eine leichtere Aufhebbarkeit des Verfahrens herleiten lässt. 57

2. VSVgV

Im Bereich der VSVgV bestimmt **§ 37 Abs. 1 VSVgV,** unter welchen Voraussetzungen ein Vergabeverfahren aufgehoben werden darf. Die Norm stimmt bis auf die Beifügung der Konjunktion *„oder"* vor der vierten Tatbestandsvariante wortgleich mit der früheren Regelung in § 20 EG Abs. 1 VOL/A 2009 und der weiterhin aktuellen Bestimmung in § 17 Abs. 1 VOL/A überein. Sie entspricht zudem inhaltlich weitgehend der Regelung in § 63 Abs. 1 S. 1 VgV. 57a

Inhaltliche Unterschiede bestehen allerdings zwischen dem Aufhebungstatbestand in § 37 Abs. 1 Nr. 1 VSVgV und der Parallelvorschrift in § 63 Abs. 1 S. 1 Nr. 1 VgV. Während letztgenannte Bestimmung in Abänderung der zuvor in der VOL/A EG 2009 gebrauchten Formulierung die Aufhebung bereits dann ermöglicht, wenn kein Angebot eingegangen ist, das den Bedingungen entspricht, verlangt § 37 Abs. 1 Nr. 1 VSVgV ebenso wie zuvor § 20 EG Abs. 1 lit. a) VOL/A 2009, dass kein Angebot eingegangen sein darf,

---

[155] So aber Müller-Wrede/*Lischka* VgV/UVgO, § 63 VgV Rn. 68; KKMPP/*Portz* VgV § 63 Rn. 60.

[156] OLG Naumburg Beschl. v. 17.5.2006 – 1 Verg 3/06, VergabeR 2006, 814, 817 mAnm. *Voppel* (für den Bereich der früheren VOF). Die hiergegen gerichtete Kritik von Müller-Wrede/*Lischka* VgV/UVgO § 63 VgV Rn. 68, die auf die nur wettbewerbssichernde Funktion der Verfahrensregeln verweist, blendet aus, dass der Teilnahmewettbewerb nicht lediglich eine Verfahrensmodalität darstellt, sondern gerade dazu dient, die Bewerber hinsichtlich ihrer Eignung miteinander konkurrieren zu lassen.

[157] So aber Müller-Wrede/*Lischka* VgV/UVgO § 63 VgV Rn. 68.

[158] Kapellmann/Messerschmidt/*Stickler* VOB/A-EU § 3b Rn. 12.

das den **Bewerbungsbedingungen** entspricht[159]. Die Beifügung dieses zusätzlichen Tatbestandsmerkmals ist sprachlich misslungen. Denn bei den Bewerbungsbedingungen handelt es sich gemäß § 16 Abs. 1 Nr. 2 VSVgV nur um die vom Auftraggeber vorgegebene Beschreibung der Einzelheiten der Durchführung des Verfahrens, die von der Bekanntmachung, dem Anschreiben und den Vertragsunterlagen ebenso zu trennen ist wie von den Anforderungen, die bereits die VSVgV selbst an eine ordnungsgemäße Angebotsabgabe stellt. Nimmt man den Aufhebungstatbestand in § 37 Abs. 1 Nr. 1 VSVgV beim Wort, so hängt seine Anwendbarkeit mithin wesentlich von den Formulierungsentscheidungen des Auftraggebers ab. Ein Verstoß der eingegangenen Angebote gegen eine Anforderung, die sich nur aus der Leistungsbeschreibung ergibt und die der Auftraggeber nicht in den Bewerbungsbedingungen wiederholt hat, kann dann nicht zur Grundlage einer Aufhebungsentscheidung nach § 37 Abs. 1 Nr. 1 VSVgV gemacht werden, auch wenn die Angebote nach § 31 Abs. 2 Nr. 4 VSVgV auszuschließen sind. Einen sinnvollen Grund für diese Unterscheidung gibt es nicht, zumal das Verfahren ohne Eingang wertungsfähiger Angebote ohnehin nicht durch Zuschlag beendet werden kann, unabhängig davon, worauf die fehlende Wertungsfähigkeit der Angebote beruht. Daher wird teilweise vertreten, § 37 Abs. 1 Nr. 1 VSVgV ebenso wie die Parallelbestimmung in § 17 Abs. 1 lit. a) VOL/A dahingehend auszulegen, dass sämtliche Fälle, in denen keine wertungsfähigen Angebote eingegangen sind, darunter fallen[160]. Gegen eine solche Analogie spricht allerdings, dass eine echte Regelungslücke nicht besteht, da auch bei einer wortlautgetreuen Auslegung diejenigen Fälle, die nicht unter § 37 Abs. 1 Nr. 1 VSVgV fallen, in denen aber gleichwohl mangels hinreichender Bieterbeteiligung ein Zuschlag nicht erteilt werden kann, unter die Auffangnorm des § 37 Abs. 1 Nr. 4 VSVgV gefasst werden können. Trotz des inhaltlich unbefriedigenden Ergebnisses besteht mithin für eine Überschreitung des Wortlautes kein hinreichender Grund. Unter § 37 Abs. 1 Nr. 1 VSVgV fallen daher nur Situationen, in denen alle Angebote auf Grund eines Verstoßes gegen die Bewerbungsbedingungen ausgeschlossen werden. Hierzu kann grundsätzlich jeder der in § 31 Abs. 2 VSVgV genannten Ausschlusstatbestände gehören, soweit er sich in den Bewerbungsbedingungen des Auftraggebers wiederfindet.

Einen weiteren Unterschied zur Parallelregelung im allgemeinen Kartellvergaberecht enthält § 37 Abs. 1 Nr. 2 VSVgV, der im Gegensatz zu § 63 Abs. 1 S. 1 Nr. 2 VgV durchgehend in der Mehrzahl formuliert ist und verlangt, dass sich **die Grundlagen der Vergabeverfahren** wesentlich geändert haben müssen.[161] Entgegen einer im Schrifttum zur Parallelbestimmung in der VOL/A vertretenen Lesart[162] deutet die Verwendung des Plurals in diesem Aufhebungstatbestand allerdings nicht darauf hin, dass sich die Grundlagen nicht nur des jeweils aufzuhebenden, sondern auch noch weiterer Vergabeverfahren wesentlich geändert haben müssen. Dies ist vielmehr die Folge dessen, dass § 37 Abs. 1 VSVgV durchgehend im Plural gefasst ist[163], so dass sich daraus keine zusätzlichen inhaltlichen Anforderungen an die einzelnen Aufhebungstatbestände ergeben. § 37 Abs. 1 Nr. 1 VSVgV bezieht sich deshalb allein auf eine wesentliche Änderung der Grundlagen **des jeweils aufzuhebenden Verfahrens.**

3. UVgO

57b Die Aufhebung von Vergabeverfahren im Anwendungsbereich der UVgO ist in **§ 48 Abs. 1 UVgO** geregelt. Die dort aufgezählten vier Aufhebungstatbestände entsprechen nahezu vollständig der Bestimmung in § 63 Abs. 1 S. 1 VgV.[164] Ein sprachlicher Unter-

[159] S. zu diesem Unterschied bereits → Rn. 25.
[160] Müller-Wrede/*Lischka* VgV/UVgO § 63 VgV Rn. 29; wohl auch KKMPP/*Portz* VgV § 63 Rn. 40.
[161] S. zu diesem Unterschied bereits → Rn. 28.
[162] Müller-Wrede/*Lischka* VOL/A, 4. Aufl., § 20 EG Rn. 36.
[163] Dazu → Rn. 17.
[164] Erläuterungen des Bundesministeriums für Wirtschaft und Energie zur UVgO, BAnz AT v. 7.2.2017, B2, S. 13.

schied besteht zunächst in der Bestimmung des Regelungsadressaten: Während § 63 Abs. 1 S. 1 VgV für öffentliche Auftraggeber gilt, wendet sich § 48 Abs. 1 UVgO an den Auftraggeber. Dies entspricht dem allgemeinen Sprachgebrauch der UVgO, die durchgehend von Auftraggebern spricht, um den jeweiligen Besonderheiten des einzelnen Normanwendungsbefehls, der sich beispielsweise aus haushaltsrechtlichen Verwaltungsvorschriften ergibt, Rechnung zu tragen.[165]

Eine weitere Abweichung vom Vorbild der VgV enthält § 48 Abs. 1 Nr. 1 UVgO, der eine Aufhebung des Vergabeverfahrens dann erlaubt, wenn **kein Teilnahmeantrag oder Angebot** eingegangen ist, das den Bedingungen entspricht. § 63 Abs. 1 S. 1 VgV gestattet im Gegensatz dazu die Aufhebung nur dann, wenn kein bedingungsgemäßes Angebot vorliegt. Nach der hier vertretenen Auffassung folgt daraus jedoch kein inhaltlicher Unterschied, da § 63 Abs. 1 S. 1 VgV auch dann Anwendung findet, wenn kein ordnungsgemäßer Teilnahmeantrag abgegeben wurde.[166]

4. VOL/A

Im Bereich der VOL/A enthält § 17 Abs. 1 VOL/A vier Aufhebungstatbestände. Die Re- 57c
gelung entspricht nahezu wortgleich[167] der Parallelnorm in § 37 Abs. 1 VSVgV.

5. VOB/A

In der VOB/A sieht **§ 17 Abs. 1 VOB/A** lediglich drei Aufhebungstatbestände vor. Sie 58
sind identisch mit den in § 17 EU Abs. 1 VOB/A für den Abschnitt 2 und den in § 17 VS Abs. 1 VOB/A für den Abschnitt 3 geregelten normierten Aufhebungstatbeständen. Im Zuge der Vergaberechtsreform 2016 wurden die Regelungen nicht geändert.

a) Kein Angebot, das den Ausschreibungsbedingungen entspricht. § 17 Abs. 1 Nr. 1 59
VOB/A, § 17 EU Abs. 1 Nr. 1 VOB/A und § 17 VS Abs. 1 Nr. 1 VOB/A ähneln dem Aufhebungstatbestand in § 63 Abs. 1 S. 1 Nr. 1 VgV, weichen aber sprachlich von diesem ab, da nicht auf eine Übereinstimmung mit den Bedingungen, sondern auf eine Übereinstimmung mit den Ausschreibungsbedingungen abgestellt wird.

Der Begriff der Ausschreibungsbedingungen wird in der VOB/A im Übrigen nicht ver- 60
wendet. Er wird allgemein verstanden als Sammelbegriff für sämtliche Anforderungen, die sich an eine **formell und materiell ordnungsgemäße Angebotsabgabe** aus der VOB/A und den Vergabeunterlagen (§ 8 Abs. 1 VOB/A, § 8 EU Abs. 1 VOB/A, § 8 VS Abs. 1 VOB/A) ergeben[168]. Der Sache nach entspricht dies dem Tatbestandsmerkmal der Bedingungen, das in § 63 Abs. 1 S. 1 Nr. 1 VgV gebraucht wird. Damit ist es für die Anwendbarkeit von § 17 Abs. 1 Nr. 1 VOB/A, § 17 EU Abs. 1 Nr. 1 VOB/A und § 17 VS Abs. 1 Nr. 1 VOB/A anders als im Geltungsbereich von § 37 Abs. 1 Nr. 1 VSVgV unbeachtlich, auf welcher der Prüfungs- und Wertungsstufen gemäß § 16 bis § 16d VOB/A (§ 16 EU bis § 16d EU VOB/A, § 16 VS bis § 16d VS VOB/A) ein Angebot ausgeschlossen wird und ob der Ausschlussgrund auf einer Abweichung von den Bewerbungsbedingungen beruht. Es genügt vielmehr, wenn als Ergebnis der Angebotsprüfung und -wertung kein Angebot vorliegt, auf das der Zuschlag erteilt werden kann.

Auch für die Anwendung von § 17 Abs. 1 Nr. 1 VOB/A, § 17 EU Abs. 1 Nr. 1 VOB/ 61
A und § 17 VS Abs. 1 Nr. 1 VOB/A gilt, dass eine Aufhebung ausgeschlossen ist, sobald **mindestens ein Angebot** vorliegt, auf das der Zuschlag erteilt werden kann[169]. Enthalten

[165] Erläuterungen des Bundesministeriums für Wirtschaft und Energie zur UVgO, BAnz AT v. 7.2.2017, B2, S. 2.

[166] Dazu → Rn. 24.

[167] S. dazu bereits → Rn. 57a.

[168] Kapellmann/Messerschmidt/*Glahs* § 17 VOB/A Rn. 14; Ingenstau/Korbion/*Portz* § 17 VOB/A Rn. 25; KMPP/*Portz* VOB/A § 17 Rn. 21 f.; Pünder/Schellenberg/*Ruhland* § 17 VOB/A Rn. 10.

[169] Dazu → Rn. 26.

die eingegangenen Angebote nicht sämtliche geforderten Erklärungen und Nachweise, kommt eine Aufhebung nach § 17 Abs. 1 Nr. 1 VOB/A, § 17 EU Abs. 1 Nr. 1 VOB/A und § 17 VS Abs. 1 Nr. 1 VOB/A erst dann in Betracht, wenn der Auftraggeber von der zwingenden **Nachforderung** gemäß § 16a VOB/A, § 16a EU VOB/A oder § 16a VS VOB/A Abs. 1 Nr. 3 VOB/A Gebrauch gemacht hat. Ebenso wie bei § 63 Abs. 1 S. 1 Nr. 1 VgV ist auch im Geltungsbereich von § 17 Abs. 1 Nr. 1 VOB/A, § 17 EU Abs. 1 Nr. 1 VOB/A und § 17 VS Abs. 1 Nr. 1 VOB/A das Aufhebungsermessen des Auftraggebers **nicht auf null reduziert**[170].

62 **b) Grundlegende Änderung der Vergabeunterlagen.** Nachträgliche grundlegende Änderungen der Vergabeunterlagen können gemäß § 17 Abs. 1 Nr. 2 VOB/A, § 17 EU Abs. 1 Nr. 2 VOB/A und § 17 VS Abs. 1 Nr. 2 VOB/A ebenfalls eine Aufhebung einer Ausschreibung rechtfertigen. Es handelt sich dabei um einen inhaltlichen Unterfall des im Bereich der VgV geltenden Aufhebungstatbestandes der wesentlichen Änderung der Grundlage des Vergabeverfahrens in § 63 Abs. 1 S. 1 Nr. 2 VgV[171].

63 Die Voraussetzung einer **grundlegenden** Änderung entspricht dem Kriterium der Wesentlichkeit in § 63 Abs. 1 S. 1 Nr. 1 VgV[172] und ist wie dieses zu verstehen. Zur Abgrenzung grundlegender von sonstigen Änderungen können die Wertungen in § 1 Abs. 3 und § 2 Abs. 5 VOB/B herangezogen werden[173].

64 **c) Andere schwerwiegende Gründe.** Gemäß § 17 Abs. 1 Nr. 3 VOB/A, § 17 EU Abs. 1 Nr. 3 VOB/A und § 17 VS Abs. 1 Nr. 3 VOB/A kann eine Ausschreibung dann aufgehoben werden, wenn andere schwerwiegende Gründe bestehen. Die Bestimmung ist wortgleich mit § 63 Abs. 1 S. 1 Nr. 4 VgV[174].

65 Ein wesentlicher Unterschied zur Systematik der Aufhebungstatbestände der VgV ergibt sich indes daraus, dass § 17 Abs. 1 VOB/A, § 17 EU Abs. 1 VOB/A und § 17 VS Abs. 1 VOB/A anders als § 63 Abs. 1 S. 1 keinen gesonderten Aufhebungstatbestand für diejenigen Fälle vorsehen, in denen die Ausschreibung **kein wirtschaftliches Ergebnis** hervorgebracht hat. Als Folge daraus ist anerkannt, dass ein schwerwiegender Grund iSv. § 17 Abs. 1 Nr. 3 VOB/A, § 17 EU Abs. 1 Nr. 3 VOB/A und § 17 VS Abs. 1 Nr. 3 VOB/A auch dann vorliegt, wenn das Ergebnis der Ausschreibung unwirtschaftlich ist[175] oder dazu führt, dass das Vorhaben nicht finanziert werden kann[176]. Dabei gelten die zu § 63 Abs. 1 S. 1 Nr. 3 VgV anerkannten Auslegungsmaßgaben entsprechend[177]. Zu beachten ist allerdings, dass auf Grund des Erfordernisses eines schwerwiegenden Grundes nicht schon jede geringfügige Unwirtschaftlichkeit eine Aufhebung rechtfertigt. Vielmehr kann ein schwerwiegender Grund insbesondere bei der Überschreitung einer Kostenschätzung des Auftraggebers erst dann angenommen werden, wenn eine beträchtliche Abweichung vor-

---

[170] Dazu → Rn. 27.

[171] Dazu → Rn. 28 ff.

[172] Dazu → Rn. 43.

[173] OLG Köln Urt. v. 18.6.2010 – 19 U 98/09, NRWE; s. ferner OLG München Beschl. v. 6.12.2012 – Verg 25/12, VergabeR 2013, 492, 495 mAnm. *Amelung*.

[174] Dazu → Rn. 50 ff.

[175] BGH Urt. v. 20.11.2012 – X ZR 108/10, ZfBR 2013, 154, 156; OLG Celle Beschl. v. 10.3.2016 – 13 Verg 5/15, NZBau 2016, 385; OLG Düsseldorf Beschl. v. 13.12.2006 – VII-Verg 54/06, NZBau 2007, 462, 465; OLG Karlsruhe Beschl. v. 27.9.2013 – 15 Verg 3/13, NZBau 2014, 189, 191; VK Baden-Württemberg Beschl. v. 25.10.2016 – 1 VK 45/16, ZfBR 2017, 287, 291; *Dieck-Bogatzke* VergabeR 2008, 392, 394; Ziekow/Völlink/*Herrmann* VOB/A-EU § 17 Rn. 2; Müller-Wrede/*Lischka* VgV/UVgO § 63 VgV Rn. 10; Ingenstau/Korbion/*Portz* § 17 VOB/A Rn. 40; KMPP/*Portz* VOB/A § 17 Rn. 33; Pünder/Schellenberg/*Ruhland* § 17 VOB/A Rn. 16.

[176] OLG Düsseldorf Beschl. v. 29.8.2018 – VII-Verg 14/17, ZfBR 2019, 91, 92; VK Bund Beschl. v. 13.2.2019 – VK 1-3/19, ZfBR 2020, 198, 200.

[177] Dazu → Rn. 44 ff.

liegt[178]. Zudem ist ebenso wie bei § 63 Abs. 1 S. 1 Nr. 3 VgV eine umfassende Interessenabwägung erforderlich[179].

6. Abschließender Charakter der Aufhebungstatbestände

Die in § 63 Abs. 1 S. 1 VgV, § 37 Abs. 1 VSVgV, § 48 Abs. 1 UVgO, § 17 Abs. 1 VOL/A, 66
§ 17 Abs. 1 VOB/A, § 17 EU Abs. 1 VOB/A und § 17 VS Abs. 1 VOB/A geregelten Aufhebungsgründe sind **abschließend**[180]. Dem Auftraggeber ist es mithin verwehrt, eine Aufhebung auf andere, nicht ausdrücklich geregelte Gründe zu stützen. Dies ergibt sich als Folge des Ausnahmecharakters der Aufhebung, der einem Findungsrecht des Auftraggebers für neue Aufhebungsgründe im Wege steht. Unabhängig davon kommt dem Auftraggeber jedoch eine gewisse Flexibilität dadurch zugute, dass der Aufhebungstatbestand der anderen schwerwiegenden Gründe (§ 63 Abs. 1 S. 1 Nr. 4 VgV, § 37 Abs. 1 Nr. 4 VSVgV, § 48 Abs. 1 Nr. 4 UVgO, § 17 Abs. 1 lit. d) VOL/A, § 17 Abs. 1 Nr. 3 VOB/A, § 17 EU Abs. 1 Nr. 3 VOB/A, § 17 VS Abs. 1 Nr. 3 VOB/A) als Generalklausel praktisch bereits den allergrößten Teil derjenigen Fälle erfassen dürfte, in denen ein unabweisbares Bedürfnis nach einer zuschlagslosen Verfahrensbeendigung besteht. Hinzu tritt, dass dem Auftraggeber jedenfalls hinsichtlich des Aufhebungsgrundes des fehlenden wirtschaftlichen Ergebnisses, der von § 63 Abs. 1 S. 1 Nr. 3 VgV, § 37 Abs. 1 Nr. 3 VSVgV, § 48 Abs. 1 Nr. 3 UVgO, § 17 Abs. 1 lit. d) VOL/A und als Unterfall auch von § 17 Abs. 1 Nr. 3 VOB/A, § 17 EU Abs. 1 Nr. 3 VOB/A und § 17 VS Abs. 1 Nr. 3 VOB/A[181] erfasst wird, ein gewisser Einschätzungsspielraum bei der Bewertung des Verfahrensergebnisses[182] zukommt. Auch hierdurch kann der Auftraggeber gestalterischen Einfluss auf die Anwendung der Aufhebungstatbestände nehmen, ohne dass dies zu einer übermäßigen Verkürzung des Schutzes der Bieter vor dem mit der Aufhebung verbundenen Verlust ihrer Zuschlagschancen führte.

IV. Teilaufhebung

§ 63 Abs. 1 S. 1 VgV, § 37 Abs. 1 VSVgV, § 48 Abs. 1 UVgO und § 17 Abs. 1 VOL/A 67
gestatten ausdrücklich die Teilaufhebung des Vergabeverfahrens, wobei dies außer bei § 63 Abs. 1 S. 1 VgV und § 48 Abs. 1 UVgO unter der Voraussetzung steht, dass der Auftrag **in Losen vergeben** wird. Aus dem Zusammenhang, aber auch aus Sacherwägungen heraus folgt, dass sich eine derartige Teilaufhebung stets nur auf die Aufhebung einzelner Lose eines Verfahrens beziehen kann. Denn eine andere Form der Teilaufhebung, beispielsweise hinsichtlich einzelner Positionen des Leistungsverzeichnisses, wäre zumeist wenig sinnvoll. Zudem stünde ihr der Schutz der Bieter vor einer nachträglichen und nicht vorhersehbaren Teilung des Auftrages entgegen[183].

---

[178] BGH Urt. v. 20.11.2012, X ZR 108/10, ZfBR 2013, 154, 156; KG Beschl. v. 17.10.2013 – Verg 9/13, IBR online; OLG Celle Beschl. v. 10.3.2016 – 13 Verg 5/15, NZBau 2016, 385; VK Baden-Württemberg Beschl. v. 25.10.2016 – 1 VK 45/16, ZfBR 2017, 287, 291.

[179] BGH Beschl. v. 20.3.2014 – X ZB 18/13, NZBau 2014, 310, 313; OLG Düsseldorf Beschl. v. 29.8.2018 – VII-Verg 14/17, ZfBR 2019, 91, 92; OLG Karlsruhe Beschl. v. 27.9.2013 – 15 Verg 3/13, NZBau 2014, 189, 191.

[180] VK Baden-Württemberg Beschl. v. 25.10.2016 – 1 VK 45/16, ZfBR 2017, 287, 280; VK Sachsen Beschl. v. 18.8.2006 – 1/SVK/077-06, BeckRS 2006, 11989; *Dieck-Bogatzke* VergabeR 2008, 392, 393; Kapellmann/Messerschmidt/*Glahs* § 17 VOB/A Rn. 13; Ziekow/Völlink/*Herrmann* VgV § 63 Rn. 3; Müller-Wrede/*Lischka* VgV/UVgO § 63 VgV Rn. 25; KMPP/*Portz* VOB/A § 17 Rn. 10; KKMPP/*Portz* VgV § 63 Rn. 25; Pünder/Schellenberg/*Ruhland* § 63 VgV Rn. 12, § 17 VOB/A Rn. 9.

[181] Dazu → Rn. 65.

[182] Dazu → Rn. 45.

[183] Pünder/Schellenberg/*Ruhland* § 17 VOB/A Rn. 19; im Ergebnis ebenso VK Sachsen Beschl. v. 29.7. 2002 – 1/SVK/069-02, IBR 2002, 633; ähnlich auch Müller-Wrede/*Lischka* VgV/UVgO § 63 VgV Rn. 74; weitergehend Ziekow/Völlink/*Herrmann* VgV § 63 Rn. 11.

68 Im Unterschied zu diesen Bestimmungen sehen **§ 17 Abs. 1 VOB/A, § 17 EU Abs. 1 VOB/A und § 17 VS Abs. 1 VOB/A** die Möglichkeit einer Teilaufhebung nicht vor. Gleichwohl ist anerkannt, dass auch Vergabeverfahren im Bereich der VOB/A teilweise, dh hinsichtlich einzelner Teil- oder Fachlose, aufgehoben werden dürfen[184]. Eine derartige Befugnis des Auftraggebers ist in der allgemeinen Aufhebungsbefugnis, wie sie in § 17 Abs. 1 VOB/A, § 17 EU Abs. 1 VOB/A und § 17 VS Abs. 1 VOB/A ausdrücklich vorgesehen ist, als Minus enthalten. Die Belange der Bieter werden dadurch nicht beeinträchtigt, denn da bei einer Vergabe in Losen jedes Los auch hinsichtlich der Angebotsprüfung und -wertung ein eigenes Schicksal nimmt[185], können sie ohnehin nicht damit rechnen, bei einem Erfolg ihres Angebotes den Zuschlag zwingend für alle Lose zu erhalten.

69–72 **Besondere Voraussetzungen** an die Teilaufhebung, die über die Voraussetzungen einer Vollaufhebung hinausgehen, stellt keine der Aufhebungsbestimmungen auf[186]. Maßgeblich ist, ob die allgemeinen Aufhebungsvoraussetzungen in Bezug auf den aufzuhebenden Leistungsteil erfüllt sind, zB ob für das jeweilige Los kein wirtschaftliches Ergebnis erzielt wurde[187]. Soweit danach eine Teilaufhebung in Betracht kommt, hat der Auftraggeber daher nicht nur ein Entschließungsermessen hinsichtlich des Ob einer Verfahrensaufhebung, sondern hat darüber hinaus eine ermessensgeleitete Auswahl zwischen den Möglichkeiten einer Voll- und einer Teilaufhebung zu treffen[188].

C. Ermessensentscheidung des Auftraggebers

73 Die Entscheidung über die Aufhebung des Vergabeverfahrens steht im **Ermessen** des Auftraggebers[189]. Dies folgt bereits aus dem Wortlaut von § 63 Abs. 1 S. 1 VgV, § 37 Abs. 1 VSVgV, § 48 Abs. 1 UVgO, § 17 Abs. 1 VOL/A, § 17 Abs. 1 VOB/A, § 17 EU Abs. 1 VOB/A und § 17 VS Abs. 1 VOB/A, der bei der Erfüllung eines der dort festgelegten Tatbestände eine Aufhebung des Verfahrens nur als mögliche, nicht aber als zwingende Reaktion des Auftraggebers vorsieht. § 63 Abs. 1 S. 1 VgV und § 48 Abs. 1 UVgO verdeutlichen dies zudem dadurch, dass der Auftraggeber ausdrücklich als zur Aufhebung berechtigt bezeichnet wird.

74 Über die Aufhebung des Vergabeverfahrens sowie ggf. ihren Umfang hat der Auftraggeber mithin nach **pflichtgemäßem** Ermessen zu befinden. Er hat dabei insbesondere die Grenzen des ihm eingeräumten Ermessens zu beachten, die sich nicht nur aus den Aufhebungstatbeständen der Vergabeverordnungen und -ordnungen, sondern auch aus sämtli-

---

184 VK Baden-Württemberg Beschl. v. 28.10.2008 – 1 VK 39/08, BeckRS 2016, 46554; VK Sachsen Beschl. v. 29.7.2002 – 1/SVK/069-02, IBR 2002, 633; Müller-Wrede/*Lischka* VgV/UVgO § 63 VgV Rn. 11; KMPP/*Portz* VOB/A § 17 Rn. 16; Pünder/Schellenberg/*Ruhland* § 17 VOB/A Rn. 19.

185 Zur Vergabe in Losen → § 1 Rn. 77ff.

186 KMPP/*Portz* VOB/A § 17 Rn. 16; KKMPP/*Portz* VgV § 63 Rn. 62; Pünder/Schellenberg/*Ruhland* § 63 VgV Rn. 8, § 17 VOB/A Rn. 19.

187 OLG Dresden Beschl. v. 28.12.2018 – Verg 4/18, BeckRS 2018, 42387; vgl. aber OLG Koblenz Beschl. v. 28.6.2017 – Verg 1/17, NZBau 2017, 575, 576.

188 Ziekow/Völlink/*Herrmann* VgV § 63 Rn. 9; Müller-Wrede/*Lischka* VgV/UVgO § 63 VgV Rn. 75.

189 BGH Beschl. v. 10.11.2009 – X ZB 8/09, ZfBR 2010, 298, 303; BayObLG Beschl. v. 17.2.2005 – Verg 27/04, VergabeR 2005, 349, 354; OLG Celle Beschl. v. 10.3.2016 – 13 Verg 5/15, NZBau 2016, 385; OLG Celle Beschl. v. 10.6.2010 – 13 Verg 18/09, IBR 2010, 518; OLG Düsseldorf Beschl. v. 29.8.2018 – VII-Verg 14/17, ZfBR 2019, 91, 96; OLG Karlsruhe Beschl. v. 27.7.2009 – 15 Verg 3/09, VergabeR 2010, 96, 99 mAnm. *Hartung;* OLG München Beschl. v. 4.4.2013 – Verg 4/13, NZBau 2013, 524, 525; OLG München Beschl. v. 6.12.2012 – Verg 25/12, VergabeR 2013, 492, 495 mAnm. *Amelung;* OLG München Beschl. v. 23.12.2010 – Verg 21/10, VergabeR 2011, 525, 528; VK Nordbayern Beschl. v. 14.10.2015 – 21.VK-3194-23/15, VPR 2016, 29; VK Thüringen Beschl. v. 6.12.2019 – 250-4002-15195/2019-E-006-ABG, Juris Rn. 89; *Burbulla* ZfBR 2009, 134, 137; *Dieck-Bogatzke* VergabeR 2008, 392, 393; Kapellmann/Messerschmidt/*Glahs* VOB/A § 17 Rn. 27; Ziekow/Völlink/*Herrmann* VgV § 63 Rn. 15; Müller-Wrede/*Lischka* VgV/UVgO § 63 VgV Rn. 23; Ingenstau/Korbion/*Portz* § 17 VOB/A Rn. 17; KMPP/*Portz* VOB/A, § 17 Rn. 17; KKMPP/*Portz* VgV § 63 Rn. 16; Pünder/Schellenberg/*Ruhland* § 63 VgV Rn. 9, § 17 VOB/A Rn. 6.

chen sonstigen anwendbaren Vorgaben ergeben[190], zu beachten. Dazu gehört auch, dass der Auftraggeber sorgfältig prüft, ob ihm weniger einschneidende Maßnahmen als die Aufhebung zur Verfügung stehen.[191] Innerhalb dieser Grenzen verbleibt ihm aber regelmäßig ein weiter Entscheidungsspielraum. Übt der Auftraggeber sein Ermessen nicht fehlerfrei aus, ist die Aufhebung unabhängig davon, ob die tatbestandlichen Voraussetzungen für eine Aufhebung vorliegen, bereits auf Grund des Ermessensfehlers rechtswidrig[192].

Im Einzelfalle kann das Ermessen des Auftraggebers **auf null reduziert** sein. Dies ist 75 dann der Fall, wenn die Aufhebung des Verfahrens die einzige rechtmäßige Handlungsoption ist, die dem Auftraggeber in der jeweiligen Situation zur Verfügung steht[193]. Eine derartige Ermessensreduzierung darf jedoch nicht schon vorschnell dann angenommen werden, wenn ein Zuschlag beispielsweise mangels formell und materiell ordnungsgemäßer Angebote ausgeschlossen ist[194]. Vielmehr können dem Auftraggeber auch in einer solchen Situation Möglichkeiten der Fortführung des Verfahrens, namentlich durch Zurückversetzung des Verfahrens in ein früheres Stadium[195], zur Verfügung stehen[196]. Diese Möglichkeiten hat der Auftraggeber in seine Ermessensentscheidung einzubeziehen[197]. Jedenfalls solange das Aufhebungsermessen des Auftraggebers nicht auf null reduziert ist, besteht auch kein **Anspruch** der Bieter auf Aufhebung[198].

D. Mitteilungspflichten

Für den Fall einer Aufhebung normieren § 62 Abs. 1 S. 2 VgV, § 63 Abs. 2 VgV, § 37 76 Abs. 2 VSVgV, § 46 Abs. 1 S. 2 UVgO, § 17 Abs. 2 VOL/A, § 17 Abs. 2 VOB/A, § 17 EU Abs. 2 VOB/A und § 17 VS Abs. 2 VOB/A jeweils unterschiedliche Mitteilungspflichten. Der **Zweck** dieser Mitteilungspflichten besteht darin, den Bewerbern und Bietern frühzeitig Kenntnis davon zu verschaffen, dass der Auftrag nicht mehr vergeben wird und sie mithin die für die Leistungserbringung vorgesehenen persönlichen und sächlichen Mittel nicht länger vorhalten müssen[199]. Zudem soll es die Mitteilung den Bewerbern und Bietern ermöglichen zu prüfen, ob die Aufhebung rechtmäßig ist, und damit im Anwen-

---

[190] Dazu → Rn. 8 ff.

[191] VK Sachsen-Anhalt Beschl. v. 19.1.2017 – 3 VK LSA 54/16, IBRRS 2017, 0387.

[192] OLG Karlsruhe Beschl. v. 27.9.2013 – 15 Verg 3/13, NZBau 2014, 189, 192; VK Baden-Württemberg Beschl. v. 25.10.2016 – 1 VK 45/16, ZfBR 2017, 287, 290; VK Nordbayern Beschl. v. 5.7.2019 – RMF-SG21-3194-4-23, ZfBR 2020, 310 Rn. 118; VK Rheinland Beschl. v. 15.5.2019 – VK 8/19-BVK, BeckRS 2019, 16505; Thüringen Beschl. v. 6.12.2019 – 250-4002-15195/2019-E-006-ABG, Juris Rn. 88.

[193] BayObLG Beschl. v. 17.2.2005 – Verg 27/04, VergabeR 2005, 349, 354; OLG Celle Beschl. v. 8.4.2004 – 13 Verg 6/04, IBRRS 2004, 1053; Ziekow/Völlink/*Herrmann* VgV § 63 Rn. 17; Müller-Wrede/*Lischka* VgV/UVgO § 63 VgV Rn. 24; Ingenstau/Korbion/*Portz* § 17 VOB/A Rn. 17, 19; KMPP/*Portz* VOB/A § 17 Rn. 19; KKMPP/*Portz* VgV § 63 Rn. 23; Pünder/Schellenberg/*Ruhland* § 63 VgV Rn. 9, § 17 VOB/A Rn. 7.

[194] Dazu auch → Rn. 23 ff., → Rn. 59 ff.

[195] Im Schrifttum teilweise als horizontale Teilaufhebung bezeichnet, s. Ziekow/Völlink/*Herrmann* VgV § 63 Rn. 11.

[196] BGH Beschl. v. 10.11.2009 – X ZB 8/09, ZfBR 2010, 298, 303; BGH Beschl. v. 26.9.2006 – X ZB 14/06, NZBau 2006, 800, 806; großzügiger OLG Celle Beschl. v. 8.4.2004 – 13 Verg 6/04, IBRRS 2004, 1053.

[197] Kapellmann/Messerschmidt/*Glahs* VOB/A § 17 Rn. 28; ähnlich KMPP/*Portz* VOB/A § 17 Rn. 20; KKMPP/*Portz* VgV § 63 Rn. 65.

[198] BGH Beschl. v. 10.11.2009 – X ZB 8/09, ZfBR 2010, 298, 303; BGH Beschl. v. 26.9.2006 – X ZB 14/06, NZBau 2006, 800, 806; *Müller-Wrede/Schade* VergabeR 2005, 461, 464 f.; Müller-Wrede/*Lischka* VgV/UVgO § 63 VgV Rn. 112.

[199] VK Schleswig-Holstein Beschl. v. 24.10.2003 – VK-SH 24/03, IBRRS 2003, 2853; Müller-Wrede/*Lischka* VgV/UVgO § 63 VgV Rn. 88; Ingenstau/Korbion/*Portz* § 17 VOB/A Rn. 42; KMPP/*Portz* VOB/A § 17 Rn. 36; KKMPP/*Portz* VgV § 63 Rn. 65.

dungsbereich des Kartellvergaberechts die Erfolgsaussichten einer Rüge und eines Nachprüfungsantrages hiergegen abzuschätzen[200].

I. § 63 Abs. 2 VgV

77 Gemäß § 63 Abs. 2 VgV sind alle **Bewerber und Bieter** über die Aufhebung des Vergabeverfahrens zu unterrichten. Dies sind nach allgemeinem Sprachgebrauch[201] sowohl diejenigen Unternehmen, die ein Angebot abgegeben haben (Bieter), als auch diejenigen, die in einem Verfahren mit Teilnahmewettbewerb lediglich einen Teilnahmeantrag eingereicht haben (Bewerber).

78 **Inhalt** der Mitteilung müssen nach dem Wortlaut von § 63 Abs. 2 S. 1 VgV nur die Gründe für die Aufhebung sein. Da dies zwingend die Benachrichtigung über den Umstand der Aufhebung selbst umfasst, gehört auch dies zum Mindestinhalt der Information. § 62 Abs. 1 S. 2 VgV stellt dies für Vergabeverfahren, die Gegenstand einer Auftragsbekanntmachung oder einer Vorinformation waren, ausdrücklich klar, ohne im Regelungsgehalt über § 63 Abs. 2 S. 1 VgV hinauszugehen. Für die Mitteilung der Gründe genügt es nicht, lediglich den vom Auftraggeber herangezogenen Aufhebungstatbestand in § 63 Abs. 1 S. 1 VgV zu wiederholen[202], da andernfalls diese Pflicht für den Adressaten wenig Nutzen brächte. Insbesondere wäre es den Bewerbern und Bietern dann nicht möglich, die Rechtmäßigkeit der Aufhebung nachzuvollziehen und, soweit das Vergabeverfahren dem Anwendungsbereich des Kartellvergaberechts unterfällt, die Erfolgsaussichten einer Rüge und eines Nachprüfungsantrages abzuschätzen. Insoweit dient die Pflicht zu einer nachvollziehbaren Begründung der Aufhebungsentscheidung auch der Sicherstellung eines wirksamen Rechtsschutzes[203]. Eine Verpflichtung, alle Umstände, die zur Aufhebung geführt haben, vollständig und erschöpfend mitzuteilen, besteht indes nicht[204]; gleichwohl sind jedenfalls die tragenden Gründe darzulegen[205]. Beabsichtigt der Auftraggeber, ein neues Vergabeverfahren einzuleiten, sind auch die Gründe hierfür anzugeben.

79 Die Unterrichtung ist **unverzüglich,** dh ohne schuldhaftes Zögern (§ 121 Abs. 1 S. 1 BGB)[206], vorzunehmen. Auf Antrag des Adressaten hat die Unterrichtung in Textform gemäß § 126b BGB zu geschehen (§ 63 Abs. 2 S. 2 VgV); andernfalls ist sie formlos möglich.

---

[200] VK Brandenburg Beschl. v. 17.9.2002 – VK 50/02, IBRRS 39797; VK Brandenburg Beschl. v. 30.7.2002 – VK 38/02, ZfBR 2003, 88, 94f.

[201] S. die Definition in Art. 2 Abs. 1 Nr. 11 und 12 VRL.

[202] OLG Frankfurt a.M. Beschl. v. 28.6.2005 – 11 Verg 21/04, VergabeR 2006, 131, 136; Kapellmann/Messerschmidt/*Glahs* VOB/A § 17 Rn. 32; Ingenstau/Korbion/*Portz* § 17 VOB/A Rn. 49f.; KMPP/*Portz* VOB/A § 17 Rn. 42f.; KKMPP/*Portz* VgV § 63 Rn. 75; Pünder/Schellenberg/*Ruhland* § 63 VgV Rn. 23; diff. Ziekow/Völlink/*Herrmann* VgV § 63 Rn. 55; Müller-Wrede/*Lischka* VgV/UVgO § 63 VgV Rn. 87.

[203] OLG Koblenz Beschl. v. 10.4.2003 – 1 Verg 1/03, NZBau 2003, 576, 577; VK Schleswig-Holstein Beschl. v. 10.2.2005 – VK-SH 02/05, IBRRS 2005, 0478 (für den Bereich der VOB/A); vgl. auch Müller-Wrede/*Lischka* VgV/UVgO § 63 VgV Rn. 111.

[204] OLG Koblenz Beschl. v. 10.4.2003 – 1 Verg 1/03, NZBau 2003, 576, 577; VK Schleswig-Holstein Beschl. v. 10.2.2005 – VK-SH 02/05, IBRRS 2005, 0478 (für den Bereich der VOB/A); Ziekow/Völlink/*Herrmann* VgV § 63 Rn. 55; Müller-Wrede/*Lischka* VgV/UVgO § 63 VgV Rn. 87; Ingenstau/Korbion/*Portz* § 17 VOB/A Rn. 50; KMPP/*Portz* VOB/A § 17 Rn. 41; KKMPP/*Portz* VgV § 63 Rn. 76; Pünder/Schellenberg/*Ruhland* § 17 VOB/A Rn. 21.

[205] OLG Koblenz Beschl. v. 10.4.2003 – 1 Verg 1/03, NZBau 2003, 576, 577; Müller-Wrede/*Lischka* VgV/UVgO § 63 VgV Rn. 87.

[206] OLG Frankfurt a.M. Beschl. v. 28.6.2005 – 11 Verg 21/04, VergabeR 2006, 131, 136; Kapellmann/Messerschmidt/*Glahs* § 17 VOB/A Rn. 31; Ziekow/Völlink/*Herrmann* VgV § 63 Rn. 56; Müller-Wrede/*Lischka* VgV/UVgO § 63 VgV Rn. 88; Ingenstau/Korbion/*Portz* § 17 VOB/A Rn. 42; KMPP/*Portz* VOB/A § 17 Rn. 36; Pünder/Schellenberg/*Ruhland* § 63 VgV Rn. 23, § 17 VOB/A Rn. 20.

II. § 37 Abs. 2 VSVgV

Die Informationspflicht in § 37 Abs. 2 VSVgV entspricht im Wesentlichen den Vorgaben in § 63 Abs. 2 VgV. Unterschiede bestehen allerdings insoweit, als § 37 Abs. 2 VSVgV nur für **bekannt gemachte Aufträge** gilt. Bei Vergabeverfahren, die wie etwa das Verhandlungsverfahren ohne Teilnahmewettbewerb keiner Bekanntmachung bedürfen (§ 18 Abs. 1 VSVgV), besteht also keine Pflicht zur Unterrichtung. 80

Anders als § 63 Abs. 2 S. 2 VgV verlangt § 37 Abs. 2 VSVgV zudem, dass die Unterrichtung nicht lediglich auf Antrag, sondern **stets mindestens in Textform** geschehen muss. 81

III. § 46 Abs. 1 S. 2 UVgO

§ 46 Abs. 1 S. 2 UVgO bestimmt, dass der Auftraggeber jeden Bewerber und Bieter über die Aufhebung oder erneute Einleitung eines Vergabeverfahrens und die dafür maßgeblichen Gründe unterrichten muss. Dies entspricht den Parallelregelungen in § 62 Abs. 1 S. 2 VgV und in § 63 Abs. 2 S. 1 VgV. Anders als die VgV verzichtet die UVgO allerdings auf gesonderte Bestimmungen für Vergabeverfahren, die Gegenstand einer Auftragsbekanntmachung oder einer Vorinformation waren, und trifft in § 46 Abs. 1 S. 2 UVgO eine einheitliche Regelung für alle Vergabeverfahren. Mitzuteilen sind ebenso wie im Anwendungsbereich der §§ 62 Abs. 1 S. 2 VgV, § 63 Abs. 2 S. 1 VgV der Umstand der Aufhebung bzw. der erneuten Verfahrenseinleitung selbst und die Gründe, die den Auftraggeber dazu bewogen haben. Eine bestimmte Form ist anders als nach § 63 Abs. 2 S. 2 VgV nicht vorgeschrieben. 82

IV. § 17 Abs. 2 VOL/A

Die Regelung in § 17 Abs. 2 VOL/A entspricht der Parallelbestimmung in § 63 Abs. 2 VgV. Anders als dort ist hier die Unterrichtung jedoch stets **formlos** möglich. Zudem verlangt § 17 Abs. 2 VOL/A nicht die Informationen über die Einleitung eines neuen Vergabeverfahrens und die Angabe der Gründe hierfür. 83

V. § 17 Abs. 2 VOB/A

Die Informationspflicht nach § 17 Abs. 2 VOB/A entspricht zu einem großen Teil der Regelung in **§ 63 Abs. 2 VgV.** Ein Unterschied besteht allerdings insoweit, als § 17 Abs. 2 VOB/A anders als § 63 Abs. 2 S. 2 VgV den Auftraggeber stets zur Unterrichtung in Textform verpflichtet, deren Definition aus § 126b BGB folgt. 84

VI. § 17 EU Abs. 2 VOB/A

§ 17 EU Abs. 2 Nr. 1 VOB/A ist identisch mit § 17 Abs. 2 VOB/A. Darüber hinaus gestattet es § 17 EU Abs. 2 Nr. 2 VOB/A dem Auftraggeber, die nach § 17 EU Abs. 2 Nr. 1 VOB/A den Bietern mitzuteilenden Informationen **zurückzuhalten,** wenn die Weitergabe den Gesetzesvollzug behinderte, dem öffentlichen Interesse zuwiderliefe, die berechtigten geschäftlichen Interessen von öffentlichen oder privaten Unternehmen schädigte oder den lauteren Wettbewerb beeinträchtigte. Inhaltlich entspricht dies weitgehend der Bestimmung in § 19 Abs. 3 VOL/A[207]. Ein Unterschied besteht allerdings va insoweit, als § 17 EU Abs. 2 Nr. 2 lit. a) VOB/A bereits eine Behinderung des Gesetzesvollzuges ausreichen lässt, während § 19 Abs. 3 VOL/A seine Vereitelung erfordert. 85

---

[207] Dazu → § 36 Rn. 5 f.

VII. § 17 VS Abs. 2 VOB/A

86 § 17 VS Abs. 2 VOB/A ist wortgleich mit § 17 EU Abs. 2 VOB/A.

E. Rechtsschutz gegen die Aufhebung

I. Statthaftigkeit eines Nachprüfungsantrags

1. Grundsatz

87 Nach der **Rechtsprechung des EuGH** folgt aus Art. 1 Abs. 1 der Richtlinie 89/665/EWG, dass die Entscheidung des öffentlichen Auftraggebers, ein Vergabeverfahren aufzuheben, jedenfalls auf Verstöße gegen das europäische Vergaberecht oder die innerstaatlichen Umsetzungsvorschriften überprüft und gegebenenfalls aufgehoben werden kann[208]. Für das Nachprüfungsverfahren nach den Bestimmungen des GWB bedeutet dies, dass ein Nachprüfungsantrag, der sich gegen die Aufhebungsentscheidung des öffentlichen Auftraggebers richtet, dem Grunde nach zulässig ist und nicht schon mangels eines tauglichen Antragsgegenstandes als unstatthaft angesehen werden kann[209]. Der frühere Streit, der sich um diese Frage rankte[210], kann mittlerweile als überholt angesehen werden, da die Rechtsprechung des EuGH allgemein Gefolgschaft gefunden hat.

2. Materiell-rechtlicher Ausgangspunkt

88 In materiell-rechtlicher Hinsicht liegt der Überprüfbarkeit der Aufhebungsentscheidung die Erkenntnis zugrunde, dass die Rechtsnormen, die der Auftraggeber bei der Aufhebung eines Vergabeverfahrens zu beachten hat, jedenfalls im Geltungsbereich des Kartellvergaberechts[211] dem einzelnen Bieter vielfach subjektive Rechte vermitteln[212]. Aus ihnen folgt ein **Abwehranspruch des Bieters gegen rechtswidrige Aufhebungsentscheidungen** des Auftraggebers, der im Nachprüfungsverfahren mit einem auf Rückgängigmachung der Aufhebung gerichteten Begehren durchgesetzt werden kann. Der Grundsatz des effektiven Rechtsschutzes im Vergabeverfahren, der europarechtlich in Art. 1 Abs. 1 der Richtlinie 89/665/EWG normiert ist[213] und zudem innerstaatlich aus dem allgemeinen Justizgewährungsanspruch der Bieter folgt[214], gebietet es, das Nachprüfungsverfahren zur Durchsetzung dieses Abwehranspruchs nutzbar zu machen und den Bieter nicht etwa auf die Geltendmachung von Schadensersatzansprüchen zu verweisen.

---

[208] EuGH Urt. v. 3.6.2005 – C-15/04 – Koppensteiner Rn. 30f.; EuGH Urt. v. 18.6.2002 – C-92/00 – Hospital Ingenieure, NZBau 2002, 458 Rn. 55.

[209] BGH Beschl. v. 18.2.2003 – X ZB 43/02, NZBau 2003, 293; KG Beschl. v. 10.12.2002 – Kart Verg 16/02, VergabeR 2003, 180, 182 mAnm. *Otting;* OLG Frankfurt a.M. Beschl. v. 28.6.2005 – 11 Verg 21/04, VergabeR 2006, 131, 134; OLG Karlsruhe Beschl. v. 27.9.2013 – 15 Verg 3/13, NZBau 2014, 189, 190; VK Bund Beschl. v. 22.7.2011 – VK 3-83/11, ZfBR 2012, 207; VK Bund Beschl. v. 29.11.2009 – VK 1-167/09, www.bundeskartellamt.de; *Dieck-Bogatzke* VergabeR 2008, 392, 395; *Conrad* NZBau 2007, 287, 288; *Burgi* NZBau 2003, 16, 22; *Kaelble* ZfBR 2003, 196, 198; *Mantler* VergabeR 2003, 119, 120; *Müller-Wrede* VergabeR 2003, 318, 319; *Hübner* VergabeR 2002, 429, 432f.; *Portz* ZfBR 2002, 551, 552f.; Hattig/Maibaum/*Diemon-Wies* § 114 GWB Rn. 39; Willenbruch/Wieddekind/*Gause* § 168 GWB Rn. 6, 11; Kapellmann/Messerschmidt/*Glahs* § 17 VOB/A Rn. 33; Ziekow/Völlink/*Herrmann* § 63 VgV Rn. 60; Müller-Wrede/*Lischka* VgV/UVgO § 63 VgV Rn. 97; Ingenstau/Korbion/*Portz* § 17 VOB/A Rn. 57ff.; KMPP/*Portz* VOB/A § 17 Rn. 49ff.; KKMPP/*Portz* VgV § 63 Rn. 92ff.; Reidt/Stickler/Glahs/*Reidt* § 168 Rn. 26; Pünder/Schellenberg/*Ruhland* § 63 VgV Rn. 27, § 17 VOB/A Rn. 27; Ziekow/Völlink/*Steck* GWB § 168 Rn. 19; KKPP/*Thiele* § 168 Rn. 66; Voppel/Osenbrück/Bubert/*Voppel* VgV § 63 Rn. 42f.

[210] Zum früheren Streitstand *Meier* NZBau 2003, 137; *Bauer/Kegel* EuZW 2002, 502.

[211] S. zur Existenz subjektiver Rechte außerhalb des Kartellvergaberechts → § 89 Rn. 15.

[212] Dazu → Rn. 97f.

[213] Dazu *Prieß* NZBau 2002, 433, 434.

[214] *Scharen* NZBau 2003, 585, 590; aA (Art. 19 Abs. 4 S. 1 GG) *Reidt/Brosius-Gersdorf* VergabeR 2002, 580, 582ff.

Da der Auftraggeber allerdings dessen ungeachtet materiell-rechtlich **keinem Kontrahierungszwang** unterliegt[215], besteht dieser Abwehranspruch gegen rechtswidrige Aufhebungsentscheidungen nur insoweit, wie der Auftraggeber an dem Beschaffungsvorhaben festhält. Hat er seinen Vergabewillen aufgegeben, hat der Bieter keinen Anspruch auf Fortführung des Vergabeverfahrens[216]. In derartigen Fällen kann mithin im Nachprüfungsverfahren eine Rückgängigmachung der Aufhebung nicht begehrt werden. Das Verfahrensrecht trägt dieser Begrenzung des materiell-rechtlichen Abwehranspruchs dadurch Rechnung, dass die Nachprüfungsinstanzen dann nicht befugt sind, eine Fortführung des Vergabeverfahrens anzuordnen[217]. 89

Bisweilen wird darüber hinaus angenommen, auch bei fortbestehendem Beschaffungswillen könne eine Fortführung des Vergabeverfahrens dann nicht mehr begehrt werden, wenn sich der Auftraggeber auf einen **sachlichen Grund** für die Aufhebung des Verfahrens berufen könne und diese nicht nur dem Zweck diene, Bieter zu diskriminieren[218]. Diese Annahme setzt gedanklich voraus, den materiell-rechtlichen Abwehranspruch gegen rechtswidrige Verfahrensaufhebungen auf Fälle sachlich nicht begründbarer Aufhebungen einzuschränken. Einer solchen Überlegung kann jedoch nicht beigetreten werden[219]. Denn die normativen Bindungen, denen der Auftraggeber bei der Entscheidung über die Aufhebung unterliegt und die sich insbesondere aus den Aufhebungstatbeständen der Vergabeverordnungen und -ordnungen, aber auch aus den allgemeinen Grundsätzen des Vergaberechts ergeben können, sehen eine derartige Einschränkung nach den inhaltlichen Motiven, die der Abkehr vom konkreten Beschaffungsvorhaben zugrunde liegen, nicht vor. Insbesondere kann aus dem Fehlen eines Kontrahierungszwangs des Auftraggebers nicht zugleich die Befugnis des Auftraggebers abgeleitet werden, sich bei Bestehen eines sachlichen Grundes trotz fortbestehenden Vergabewillens nach eigenem Ermessen von dem Verfahren zu lösen. Die Vertragsfreiheit des Auftraggebers ist keine Verfahrensfreiheit, wie bereits aus den vielfältigen Verfahrensvorgaben des Vergaberechts deutlich wird. Erst wenn der Auftraggeber sein Vergabeziel ändert, folgt daraus, dass er nicht mehr auf die Fortführung des ursprünglich begonnenen Verfahrens verpflichtet werden kann. 90

3. Verfahrensrechtliche Umsetzung

In verfahrensrechtlicher Hinsicht wurde früher häufig angenommen, die Aufhebung des Vergabeverfahrens führe zur Beendigung des Vergabeverfahrens und damit zur **Erledigung des Nachprüfungsantrags** mit der Folge, dass ein erst nach der Aufhebung gestellter Nachprüfungsantrag unzulässig ist[220], da § 168 Abs. 2 S. 2 GWB einen Fortsetzungsfeststel- 91

[215] Dazu → Rn. 14.

[216] BGH Beschl. v. 20.3.2014 – X ZB 18/13, NZBau 2014, 310, 312; OLG Brandenburg Beschl. v. 12.1.2016 – Verg W 4/15, IBR 2016, 229; OLG Karlsruhe Beschl. v. 27.9.2013 – 15 Verg 3/13, NZBau 2014, 189, 190.

[217] BGH Beschl. v. 18.2.2003 – X ZB 43/02, NZBau 2003, 293, 294.

[218] OVG Nordrhein-Westfalen Beschl. v. 7.10.2019 – 15 B 856/19, BeckRS 2019, 24943; OLG Düsseldorf Beschl. v. 12.1.2015 – VII-Verg 29/14, NRWE; OLG Düsseldorf Beschl. v. 8.6.2011 – VII-Verg 55/10, ZfBR 2012, 193, 194; OLG Düsseldorf Beschl. v. 16.11.2010 – VII-Verg 50/10, NRWE; OLG Düsseldorf Beschl. v. 10.11.2010 – VII-Verg 28/10, VergabeR 2011, 519, 523 mAnm. *Meißner;* OLG Düsseldorf Beschl. v. 8.7.2009 – VII-Verg 13/09, NRWE; VK Bund Beschl. v. 4.7.2012 – VK 1-64/12, IBR 2012, 667; VK Bund Beschl. v. 29.11.2009 – VK 1-167/09, www.bundeskartellamt.de; VK Baden-Württemberg Beschl. v. 25.10.2016 – 1 VK 45/16, ZfBR 2017, 287, 289; VK Thüringen Beschl. v. 6.12.2019 – 250-4002-15195/2019-E-006-ABG, Juris Rn. 68; *Dieck-Bogatzke* VergabeR 2008, 392, 395 ff.; Ziekow/Völlink/*Steck* GWB § 168 Rn. 32; ähnlich OLG Celle Beschl. v. 10.3.2016 – 13 Verg 5/15, NZBau 2016, 385; OLG Düsseldorf Beschl. v. 23.3.2005 – VII-Verg 76/04, NRWE; OLG Düsseldorf Beschl. v. 6.2.2005 – VII-Verg 72/04, NRWE; OLG Düsseldorf Beschl. v. 26.1.2005 – VII-Verg 45/04, NZBau 2005, 354; VK Rheinland-Pfalz Beschl. v. 13.11.2015 – VK 1-16/15, VPR 2017, 27; Ingenstau/Korbion/*Portz* § 17 VOB/A Rn. 8; KMPP/*Portz* VOB/A § 17 Rn. 8; KKMPP/*Portz* VgV § 63 Rn. 23; einschränkend (sachlicher Grund nur bei rechtmäßiger Aufhebung) Kapellmann/Messerschmidt/*Glahs* § 17 VOB/A Rn. 35.

[219] Zutreffend OLG München Beschl. v. 4.4.2013 – Verg 4/13, NZBau 2013, 524, 526.

[220] Nachweise bei *Bauer/Kegel* EuZW 2002, 502.

lungsantrag nur dann erlaubt, wenn das erledigende Ereignis nach Antragstellung eingetreten ist[221]. Richtigerweise steht indes nach der Rechtsprechung des Bundesgerichtshofes § 168 Abs. 2 S. 2 GWB einer Nachprüfung der Aufhebungsentscheidung nicht im Wege. Aus dieser Norm folgt nicht, dass die Aufhebung des Vergabeverfahrens stets zur Erledigung des Nachprüfungsverfahrens führt. Vielmehr kann eine Erledigung allenfalls dann angenommen werden, wenn der öffentliche Auftraggeber nicht nur das Verfahren aufhebt, sondern zugleich sein Beschaffungsvorhaben aufgegeben hat[222], da der Fortfall des Vergabewillens mangels eines materiell-rechtlichen Kontrahierungsanspruchs des Bieters von den Nachprüfungsinstanzen nicht rückgängig gemacht werden kann.

92 Hinsichtlich der **Verfahrensfolgen** des Fortfalls des Vergabewillens ist zu unterscheiden: Ist gerade die Aufgabe des Vergabewillens umstritten und bedarf mithin *„der Erörterung und Klärung"*[223] durch die Nachprüfungsinstanzen, liegt noch keine Erledigung des Nachprüfungsverfahrens iSv § 168 Abs. 2 S. 2 GWB vor[224]. Ein Nachprüfungsantrag, der auf die Fortführung des Vergabeverfahrens gerichtet ist, kann daher auch noch **nach Aufhebung** des Vergabeverfahrens in zulässiger Weise angebracht werden[225]. Ergibt das Nachprüfungsverfahren, dass der Vergabewille aufgegeben wurde und mithin eine Verpflichtung des Auftraggebers zur Fortsetzung des Vergabeverfahrens nicht in Betracht kommt, können die Nachprüfungsinstanzen die Rechtswidrigkeit der Aufhebung feststellen[226]. Die Zulässigkeit einer feststellenden Entscheidung der Vergabekammer ergibt sich dabei aus § 168 Abs. 1 S. 1 GWB[227]. Unzulässig ist hingegen nur ein Nachprüfungsantrag, dem von Anfang an auch aus Sicht des Antragstellers die Erkenntnis zugrunde liegt, dass der Auftraggeber von der Beschaffung endgültig Abstand genommen hat und der mithin von vornherein nur noch auf die Feststellung der Rechtswidrigkeit der Aufhebung gerichtet sein könnte[228]. Will man in einem solchen praktisch wohl seltenen Ausnahmefall nicht § 168 Abs. 2 S. 2 GWB analog heranziehen[229], verbleibt dem Bieter allein die Möglichkeit, die Rechtswidrigkeit der Aufhebung *incidenter* in einem Schadensersatzprozess geltend zu machen.

---

[221] *Antweiler* NZBau 2005, 35, 37.

[222] Grundlegend BGH Beschl. v. 18.2.2003 – X ZB 43/02, NZBau 2003, 293; zust. VK Bund Beschl. v. 22.7.2011 – VK 3-83/11, ZfBR 2012, 207; *Conrad* NZBau 2007, 287, 288; *Kus* NVwZ 2003, 1083; *Scharen* NZBau 2003, 585, 589; Hattig/Maibaum/*Diemon-Wies* § 114 GWB Rn. 39; Willenbruch/Wieddekind/*Gause* § 168 GWB Rn. 11; Kapellmann/Messerschmidt/*Glahs* VOB/A § 17 Rn. 34; Müller-Wrede/*Lischka* VgV/UVgO § 63 VgV Rn. 22, 97, 102, 107; Ingenstau/Korbion/*Portz* VOB/A § 17 Rn. 58, 61f.; KMPP/*Portz* VOB/A § 17 Rn. 53, 55f.; KKMPP/*Portz* VgV § 63 Rn. 98; Langen/Bunte/*Schweda* § 114 GWB Rn. 16; KKPP/*Thiele* § 168 Rn. 66f.; Voppel/Osenbrück/Bubert/*Voppel* VgV § 63 Rn. 44; aA *Antweiler* NZBau 2005, 35, 36 (nur Rechtmäßigkeit der Aufhebung für Erledigung maßgeblich); *Müller-Wrede* VergabeR 2003, 318, 321 (keine Beschränkung auf Fälle fortbestehenden Vergabewillens).

[223] BGH Beschl. v. 28.2.2003 – X ZB 43/02, NZBau 2003, 293, 295.

[224] Näher *Conrad* NZBau 2007, 287, 289f.

[225] BGH Beschl. v. 28.2.2003 – X ZB 43/02, NZBau 2003, 293, 294f.; OLG Celle Beschl. v. 10.3.2016 – 13 Verg 5/15, NZBau 2016, 385; OLG Karlsruhe Beschl. v. 27.9.2013 – 15 Verg 3/13, NZBau 2014, 189, 190.

[226] BGH Beschl. v. 28.2.2003 – X ZB 43/02, NZBau 2003, 293, 294ff.; OLG Celle Beschl. v. 10.3.2016 – 13 Verg 5/15, NZBau 2016, 385; VK Baden-Württemberg Beschl. v. 25.10.2016 – 1 VK 45/16, ZfBR 2017, 287, 289; VK Südbayern Beschl. v. 22.5.2015 – Z3-3-3194-1-63-12/14, ZfBR 2016, 75, 76; *Dieck-Bogatzke* VergabeR 2002, 392, 395; Ziekow/Völlink/*Herrmann* VgV § 63 Rn. 60; Müller-Wrede/*Lischka* VgV/UVgO § 63 VgV Rn. 107; Ingenstau/Korbion/*Portz* § 17 VOB/A Rn. 62; KMPP/*Portz* VOB/A § 17 Rn. 55; KKMPP/*Portz* VgV § 63 Rn. 98; Ziekow/Völlink/*Steck* § 168 GWB Rn. 20f.; KKPP/*Thiele* § 168 Rn. 67; Voppel/Osenbrück/Bubert/*Voppel* VgV § 63 Rn. 44; wohl aA (generell keine Überprüfbarkeit der Aufhebung bei Fortfall des Vergabewillens) *Burbulla* ZfBR 2009, 134, 137 (vgl. aber 140); Willenbruch/Wieddekind/*Gause* § 168 GWB Rn. 6, 11.

[227] *Conrad* NZBau 2007, 287, 290; aA (§ 168 Abs. 2 S. 2 GWB analog) *Jasper/Pooth* NZBau 2003, 261, 263; Ziekow/Völlink/*Herrmann* VgV § 63 Rn. 60; KMPP/*Portz* VOB/A § 17 Rn. 55.

[228] OLG Celle Beschl. v. 19.3.2019 – 13 Verg 1/19, BeckRS 2019, 4741; *Conrad* NZBau 2007, 287, 290; vgl. auch VK Berlin Beschl. v. 20.9.2019 – VK – B 2-26/19, BeckRS 2019, 27610; wohl aA Ziekow/Völlink/*Herrmann* VgV § 63 Rn. 60.

[229] So Ziekow/Völlink/*Herrmann* VgV § 63 Rn. 60; Ingenstau/Korbion/*Portz* § 17 VOB/A Rn. 62; KMPP/*Portz* VOB/A § 17 Rn. 55.

Auf die **Rechtmäßigkeit** der Aufhebung kommt es für die Frage der Erledigung iSv § 168 Abs. 2 S. 2 GWB trotz einer vielfach vertretenen dahin gehenden Auffassung[230] ebenfalls nicht an. Denn auch die rechtmäßige Aufhebung erledigt das Nachprüfungsverfahren nicht, sondern gestattet die Überprüfung gerade ihrer Rechtmäßigkeit durch die Nachprüfungsinstanzen[231]. Ein auf die Fortsetzung des Vergabeverfahrens gerichteter Nachprüfungsantrag ist mithin auch dann zulässig, wenn die Aufhebung rechtmäßig ist; ihm fehlt es allerdings an der Begründetheit. 93

Indizien für einen fortbestehenden Vergabewillen können sich insbesondere aus dem Verhalten des Auftraggebers nach der Aufhebungsentscheidung ergeben. Macht er den Auftrag unverändert zum Gegenstand eines neuen Vergabeverfahrens, spricht dies für einen weiterhin bestehenden Beschaffungswillen[232]. Hingegen belegen bereits kleinere Abweichungen des Neuauftrags von dem ursprünglichen Verfahrensgegenstand eine Aufgabe des ursprünglichen konkreten Beschaffungsziels[233]. Auch in diesen Fällen kommt eine Verpflichtung zur Fortführung des ursprünglichen Verfahrens auf Grund der Vertragsfreiheit des Auftraggebers nicht in Betracht. Auf die Erheblichkeit der für den Folgeauftrag vorgenommenen Änderungen kommt es dafür hingegen nicht an[234], da die Vertragsfreiheit des Auftraggebers auch die Befugnis umfasst, von dem Beschaffungsvorhaben in seiner konkreten Gestalt Abstand zu nehmen. 94

Die Erkenntnis von der Überprüfbarkeit der Aufhebung im Nachprüfungsverfahren sagt noch nichts darüber aus, ob sie von den Nachprüfungsinstanzen rechtsgestaltend selbst aufgehoben werden kann oder ob diese lediglich die Verpflichtung des Auftraggebers zur Rückgängigmachung aussprechen können. Nach § 168 Abs. 1 S. 1 GWB steht der Vergabekammer die Befugnis zu, die geeigneten Maßnahmen zur Beseitigung der Rechtsverletzung des Bieters (selbst) zu treffen. Dies spricht dafür, dass die Vergabekammer die **Aufhebung der Aufhebung** selbst aussprechen kann[235], soweit diese eine Rechtsfolge, nämlich die Beendigung des Vergabeverfahrens, herbeiführt. Für den Antragsteller stellt dies zudem gegenüber einem Verpflichtungstenor die rechtsschutzintensivere Maßnahme dar[236]. Als tauglichen Antrag kann der Antragsteller mithin die Kassation der Aufhebungsentscheidung durch die Vergabekammer begehren. Da die Aufhebung des Vergabeverfahrens ebenso wie seine Fortführung zugleich tatsächliche Elemente aufweist[237], wird der Antragsteller dieses Begehren idR um die Verpflichtung des Auftraggebers ergänzen, das Vergabeverfahren unter Beachtung der Rechtsauffassung der Vergabekammer fortzuführen. Besteht der Vergabewille des Auftraggebers nicht mehr fort, kann die Vergabekammer zumindest die Rechtswidrigkeit der Aufhebung feststellen. 95

[230] So *Burbulla* ZfBR 2009, 134, 136; *Antweiler* NZBau 2005, 35, 36; *Jennert* WRP 2002, 1252, 1255; *Reidt/Brosius-Gersdorf* VergabeR 2002, 580, 589; Hattig/Maibaum/*Diemon-Wies* GWB § 114 Rn. 38, 42; Willenbruch/Wieddekink/*Gause* GWB § 168 Rn. 11; Pünder/Schellenberg/*Nowak* GWB § 168 Rn. 31; Reidt/Stickler/Glahs/*Reidt* § 168 Rn. 43; vgl. ferner *Dreher* NZBau 2001, 244, 246.

[231] BGH Beschl. v. 18.2.2003 – X ZB 43/02, NZBau 2003, 293, 294f.

[232] Müller-Wrede/*Lischka* VgV/UVgO § 63 VgV Rn. 103; Ziekow/Völlink/*Steck* GWB § 168 Rn. 21.

[233] Vgl. OLG München Beschl. v. 23.12.2010 – Verg 21/10, VergabeR 2011, 525, 529f.; großzügiger hingegen Müller-Wrede/*Lischka* VgV/UVgO § 63 VgV Rn. 104.

[234] So aber Müller-Wrede/*Lischka* VgV/UVgO § 63 VgV Rn. 104.

[235] Im Ergebnis wohl ebenso Müller-Wrede/*Lischka* VgV/UVgO § 63 VgV Rn. 110; Pünder/Schellenberg/*Nowak* § 168 GWB Rn. 18; anders Hattig/Maibaum/*Diemon-Wies* GWB § 114 Rn. 41; allgemein gegen die Zulässigkeit von Gestaltungsentscheidungen Bechtold/*Otting* GWB § 114 Rn. 5.

[236] Vgl. zur Parallelsituation im Verwaltungsprozess Schoch/Schneider/Bier/*Pietzcker* § 43 Rn. 40; Maunz/Dürig/*Schmidt-Aßmann* Art. 19 Abs. 4 Rn. 280, 288.

[237] S. dazu → Rn. 2.

II. Rügeobliegenheit

96 Die allgemeinen Grundsätze über die Rügeobliegenheit (§ 160 Abs. 3 GWB) gelten auch dann, wenn sich der Antragsteller gegen eine rechtswidrige Aufhebung wendet[238]. Hat der Auftraggeber den Auftrag nach Aufhebung des Vergabeverfahrens zum Gegenstand eines weiteren Vergabeverfahrens gemacht, wird teilweise vertreten, dass der Antragsteller verpflichtet sei, auch gegen das neu eingeleitete Vergabeverfahren mittels einer Rüge und ggf. eines Nachprüfungsantrages vorzugehen (sog. **doppelte Rügeobliegenheit**). Unterlässt er dies, entfalle das Rechtsschutzbedürfnis für den gegen die Aufhebung gerichteten Nachprüfungsantrag[239]. Dieser Sichtweise kann jedoch nicht beigetreten werden. Der Auftraggeber ist nicht gehindert, den Auftrag zweimal zu erteilen, auch wenn er sich dann möglicherweise vertragswidrig verhält und sich Schadensersatzpflichten aussetzt. Eine Veranlassung des Bieters zur Rüge gegen die Einleitung eines neuerlichen Vergabeverfahrens besteht mithin nicht[240].

III. Materiell-rechtlicher Prüfungsmaßstab

97 Der auf Rückgängigmachung der Aufhebungsentscheidung gerichtete Nachprüfungsantrag ist begründet, wenn die Aufhebungsentscheidung rechtswidrig ist und den Antragsteller in seinen Rechten verletzt (§ 168 Abs. 1 S. 1 GWB). Prüfungsmaßstab sind daher alle rechtlichen Bindungen, denen der öffentliche Auftraggeber bei der Aufhebung des Vergabeverfahrens unterliegt, soweit sie dem Antragsteller **subjektive Rechte** iSv § 97 Abs. 6 GWB vermitteln[241].

98 Dies ist insbesondere für **§ 63 Abs. 1 S. 1 VgV, § 37 Abs. 1 VSVgV, § 17 EU Abs. 1 VOB/A/A** und **§ 17 VS Abs. 1 VOB/A** der Fall[242]. Durch die Begrenzung der Möglichkeit des Auftraggebers zur Aufhebung des Vergabeverfahrens auf eng umrissene Ausnahmefälle sollen die Bieter davor geschützt werden, dass die Aufhebung zur ungerechtfertigten Schlechterstellung einzelner Bieter missbraucht wird[243]. Zudem soll verhindert werden, dass die mit der Angebotslegung verbundenen Aufwendungen durch eine ins Belieben des Auftraggebers gestellte Aufhebungsmöglichkeit jederzeit entwertet werden können. Es handelt sich mithin bei den Aufhebungstatbeständen um bieterschützende Normen, deren Verletzung im Nachprüfungsverfahren geltend gemacht werden kann[244].

---

[238] VK Bund Beschl. v. 22.7.2011 – VK 3-83/11, ZfBR 2012, 207; *Burbulla* ZfBR 2009, 134, 137; *Müller-Wrede* VergabeR 2003, 318, 319; *Gnittke/Michels* VergabeR 2002, 571, 572; *Hübner* VergabeR 2002, 429, 433f.; *Reidt/Brosius-Gersdorf* VergabeR 2002, 580, 591; Müller-Wrede/*Lischka* VgV/UVgO § 63 VgV Rn. 99; Ingenstau/Korbion/*Portz* § 17 VOB/A Rn. 62; KMPP/*Portz* VOB/A § 17 Rn. 55; KKMPP/*Portz* VgV § 63 Rn. 98; Voppel/Osenbrück/Bubert/*Voppel* VgV § 63 Rn. 45.

[239] OLG Koblenz Beschl. v. 10.4.2003 – 1 Verg 1/03, NZBau 2003, 576; VK Sachsen Beschl. v. 10.5.2006, 1/SVK/037-06, BeckRS 2006, 10650; *Burbulla* ZfBR 2009, 134, 137.

[240] OLG Naumburg Beschl. v. 17.5.2006 – 1 Verg 3/06, VergabeR 2006, 814, 816f. mAnm. *Voppel;* Müller-Wrede/*Lischka* VgV/UVgO § 63 VgV Rn. 101; im Ergebnis auch KKMPP/*Portz* VgV § 63 Rn. 98; Voppel/Osenbrück/Bubert/*Voppel* VgV, § 63 Rn. 46.

[241] AA *Gnittke/Michels* VergabeR 2002, 571, 573ff.

[242] BGH Beschl. v. 28.2.2003 – X ZB 43/02, NZBau 2003, 293f.; OLG Celle Beschl. v. 10.3.2016 – 13 Verg 5/15, NZBau 2016, 385; *Burbulla* ZfBR 2009, 134, 135; *Dieck-Bogatzke* VergabeR 2008, 392, 393; *Reidt/Brosius-Gersdorf* VergabeR 2002, 580, 583f.; Müller-Wrede/*Lischka* VgV/UVgO § 63 VgV Rn. 94, 116; Ziekow/Völlink/*Steck* § 168 GWB Rn. 19; *Portz* ZfBR 2002, 551, 553; KKMPP/*Portz* VgV § 63 Rn. 91; Pünder/Schellenberg/*Ruhland* VgV § 63 Rn. 4, § 17 VOB/A Rn. 3; diff. *Scharen* NZBau 2003, 585, 587; aA *Mantler* VergabeR 2003, 119.

[243] BGH Beschl. v. 28.2.2003 – X ZB 43/02, NZBau 2003, 293, 294.

[244] Für eine vergaberechtsspezifische Auslegung der Aufhebungstatbestände im Nachprüfungsverfahren *Summa* VergabeR 2007, 734.

F. Schadensersatz

Ist die Aufhebung des Vergabeverfahrens rechtswidrig, ist der öffentliche Auftraggeber unter den Voraussetzungen des **§ 280 Abs. 1 BGB iVm § 241 Abs. 2, § 311 Abs. 2 Nr. 1 BGB** zum Ersatz des entstandenen Schadens verpflichtet[245]. 99

Als Schaden kann der Bieter das **positive Interesse**[246] an dem Erhalt des angestrebten Auftrags ersetzt verlangen[247]. Dies setzt allerdings voraus, dass der Auftrag bei wirtschaftlicher Betrachtungsweise später tatsächlich so vergeben wurde, wie er Gegenstand des rechtswidrig aufgehobenen Vergabeverfahrens war, und dass dem Anspruchsteller bei ordnungsgemäßer Fortsetzung des aufgehobenen Vergabeverfahrens der Zuschlag hätte erteilt werden müssen, weil er das annehmbarste Angebot abgegeben hat[248]. 100

Als ersatzfähiger Schaden kann ferner das **negative Interesse** geltend gemacht werden, dh die Aufwendungen, die den Unternehmen durch die Teilnahme an dem Vergabeverfahren entstanden sind[249]. Dazu gehören insbesondere die Kosten für die Erstellung eines Teilnahmeantrags oder eines Angebots, aber auch für die Beauftragung eines Rechtsanwalts, soweit auf Grund eines rechtswidrigen Verhaltens des Auftraggebers dafür Anlass bestand[250]. Anders als hinsichtlich des positiven Interesses ist es für die Geltendmachung des negativen Interesses nicht immer erforderlich, dass dem Anspruchsteller bei ordnungsgemäßem Verlauf des Vergabeverfahrens der Vertrag hätte zugeschlagen werden müssen. Vielmehr genügt es zur Annahme eines kausal verursachten Schadens, wenn der geltend gemachte Schaden des Bieters ohne das rechtswidrige Verhalten des Auftraggebers nicht entstanden wäre. Dies ist beispielsweise auch dann der Fall, wenn der Bieter ohne den Vergaberechtsverstoß gar kein Angebot oder ein solches unter anderen Voraussetzungen abgegeben hätte[251]. 101

Unabhängig von der Höhe des geltend gemachten Schadens setzt ein auf § 280 Abs. 1 BGB iVm. § 241 Abs. 2, § 311 Abs. 2 Nr. 1 BGB gestützter Schadensersatzanspruch nach 102

---

[245] BGH Urt. v. 9.6.2011 – X ZR 143/10, NZBau 2011, 498, 500; BGH Urt. v. 21.2.2006 – X ZR 39/03, NZBau 2006, 456, 457; BGH Urt. v. 16.12.2003 – X ZR 282/02, NZBau 2004, 283; BGH Urt. v. 8.9.1998 – X ZR 48/97, NJW 1998, 3636f.; BGH Urt. v. 8.9.1998 – X ZR 99/96, NJW 1998, 3640f.; BGH Urt. v. 26.3.1981 – VII ZR 185/80, NJW 1981, 1673; OLG Köln Urt. v. 18.6.2010 – 19 U 98/09, NRWE; VK Baden-Württemberg Beschl. v. 25.10.2016 – 1 VK 45/16, ZfBR 2017, 287, 289; Kapellmann/Messerschmidt/*Glahs* VOB/A § 17 Rn. 39; Ziekow/Völlink/*Herrmann* VgV § 63 Rn. 63; Müller-Wrede/*Lischka* VgV/UVgO § 63 VgV Rn. 114; Ingenstau/Korbion/*Portz* § 17 VOB/A Rn. 73; KMPP/*Portz* VOB/A § 17 Rn. 66; KKMPP/*Portz* VgV § 63 Rn. 102; Pünder/Schellenberg/*Ruhland* VgV § 63 Rn. 30, § 17 VOB/A Rn. 30; Voppel/Osenbrück/Bubert/*Voppel* VgV § 63 Rn. 47f.

[246] Ausführlich zur Schadensberechnung *Drittler* BauR 1994, 451.

[247] S. dazu → § 38 Rn. 93ff.

[248] BGH Urt. v. 20.11.2012 – X ZR 108/10, ZfBR 2013, 154, 156; BGH Urt. v. 5.6.2012 – X ZR 161/11, NZBau 2012, 652, 653, BGH Urt. v. 16.12.2003 – X ZR 282/02, NZBau 2004, 283; BGH Urt. v. 8.9.1998 – X ZR 48/97, NJW 1998, 3636f.; OLG Köln Urt. v. 18.6.2010 – 19 U 98/09, NRWE; OLG Schleswig Urt. v. 19.12.2017 – 3 U 15/17, NZBau 2018, 431 = VergabeR 2018, 594 m. Anm. *Conrad; Dähne* VergabeR 2004, 32, 34; Kapellmann/Messerschmidt/*Glahs* VOB/A § 17 Rn. 46; Ziekow/Völlink/*Herrmann* VgV § 63 Rn. 66; Pünder/Schellenberg/*Ruhland* VOB/A § 17 Rn. 31; Voppel/Osenbrück/Bubert/*Voppel* VgV § 63 Rn. 48; diff. Ingenstau/Korbion/*Portz* § 17 VOB/A Rn. 88ff.; KMPP/*Portz* VOB/A § 17 Rn. 81ff.; KKMPP/*Portz* VgV § 63 Rn. 117ff.; aA *Feber* BauR 1989, 553; kritisch ferner *Lampe-Helbig/Zeit* BauR 1988, 659; diff. *Popescu* ZfBR 2013, 648, 651f.

[249] BGH Urt. v. 9.6.2011 – X ZR 143/10, NZBau 2011, 498, 500; BGH Urt. v. 16.12.2003 – X ZR 282/02, NZBau 2004, 283; BGH Urt. v. 8.9.1998 – X ZR 48/97, NJW 1998, 3636f.; OLG Köln Urt. v. 18.6.2010 – 19 U 98/09, NRWE (für den Bereich der VOB/A); *Dähne* VergabeR 2004, 32, 35; Kapellmann/Messerschmidt/*Glahs* VOB/A § 17 Rn. 46; Ziekow/Völlink/*Herrmann* VgV § 63 Rn. 65; Ingenstau/Korbion/*Portz* § 17 VOB/A Rn. 74, 84f.; KMPP/*Portz* VOB/A § 17 Rn. 68, 77f.; KKMPP/*Portz* VgV § 63 Rn. 113f.; Pünder/Schellenberg/*Ruhland* § 63 VgV Rn. 30, § 17 VOB/A Rn. 31; Voppel/Osenbrück/Bubert/*Voppel* VgV § 63 Rn. 48; s. ferner → § 38 Rn. 93ff.

[250] BGH Urt. v. 9.6.2011 – X ZR 143/10, NZBau 2011, 498, 500.

[251] BGH Urt. v. 9.6.2011 – X ZR 143/10, NZBau 2011, 498, 500; BGH Urt. v. 27.11.2007 – X ZR 18/07, VergabeR 2008, 219, 223f. mAnm. *Kraus;* BGH Urt. v. 27.6.2007 – X ZR 34/04, BGHZ 173, 33, 39f.; *Gröning* GRUR 2009, 266, 269; Willenbruch/Wieddekind/*Scharen* GWB § 181 Rn. 55; Immenga/Mestmäcker/*Stockmann* § 126 Rn. 34.

der Rechtsprechung des BGH im Anwendungsbereich des Kartellvergaberechts **nicht** voraus, dass der Anspruchsteller auf die Rechtmäßigkeit des Verhaltens des Auftraggebers **vertraut** hat[252]. Dies ist die Folge daraus, dass der auf diese Normen gestützte Schadensersatzanspruch lediglich eine Verletzung der in dem Schuldverhältnis begründeten gegenseitigen Rücksichtnahmepflichten voraussetzt, welcher bereits in einem Verstoß des Auftraggebers gegen bieterschützende Bestimmungen des Vergaberechts iSv. § 97 Abs. 6 GWB liegt. In Abweichung von der früheren Rechtsprechung ist damit nicht mehr erforderlich, dass der Bieter sich ohne Vertrauen auf die Rechtmäßigkeit des Vergabeverfahrens daran gar nicht oder nicht so wie geschehen beteiligt hätte[253].

103 Daneben kann dem Bieter bei einer rechtswidrigen Aufhebung nach **§ 181 S. 1 GWB** ein verschuldensunabhängiger Schadensersatzanspruch gegen den Auftraggeber zustehen, soweit die dafür erforderlichen Voraussetzungen erfüllt sind[254]. Dieser Anspruch ist auf Ersatz des negativen Interesses gerichtet[255].

[252] BGH Urt. v. 9.6.2011 – X ZR 143/10, NZBau 2011, 498, 500; *Popescu* ZfBR 2013, 648 (649f.); *Gröning* GRUR 2009, 266.

[253] So noch BGH Urt. v. 27.11.2007 – X ZR 18/07, VergabeR 2008, 219, 223 mAnm. *Kraus;* BGH Urt. v. 27.6.2007 – X ZR 34/04, BGHZ 173, 33, 36f.; BGH Urt. v. 16.12.2003 – X ZR 282/02, NZBau 2004, 283; BGH Urt. v. 8.9.1998 – X ZR 48/97, NJW 1998, 3636f.; BGH Urt. v. 8.9.1998 – X ZR 99/96, BGHZ 139, 280, 283ff.

[254] VK Südbayern Beschl. v. 22.5.2015 – Z3-3-3194-1-63-12/14, ZfBR 2016, 75, 77; *Dieck-Bogatzke* VergabeR 2008, 392, 403; Kapellmann/Messerschmidt/*Glahs* VOB/A § 17 Rn. 39; Ziekow/Völlink/*Herrmann* VgV § 63 Rn. 68; Müller-Wrede/*Lischka* VgV/UVgO, § 63 VgV Rn. 114; Ingenstau/Korbion/*Portz* § 17 VOB/A Rn. 75; KMPP/*Portz* VOB/A § 17 Rn. 68; KKMPP/*Portz* VgV § 63 Rn. 103; Pünder/Schellenberg/*Ruhland* VOB/A§ 17 Rn. 30; s. ferner → § 38 Rn. 52ff.

[255] Pünder/Schellenberg/*Alexander* GWB § 181 Rn. 48f.

§ 34 Informations- und Wartepflicht

Übersicht

GWB: § 134
VOB/A EU: § 19 Abs. 2, 3

GWB:

§ 134 GWB Informations- und Wartepflicht

(1) Öffentliche Auftraggeber haben die Bieter, deren Angebote nicht berücksichtigt werden sollen, über den Namen des Unternehmens, dessen Angebot angenommen werden soll, über die Gründe der vorgesehenen Nichtberücksichtigung ihres Angebots und über den frühesten Zeitpunkt des Vertragsschlusses unverzüglich in Textform zu informieren. Dies gilt auch für Bewerber, denen keine Information über die Ablehnung ihrer Bewerbung zur Verfügung gestellt wurde, bevor die Mitteilung über die Zuschlagsentscheidung an die betroffenen Bieter ergangen ist.

(2) Ein Vertrag darf erst 15 Kalendertage nach Absendung der Information nach Absatz 1 geschlossen werden. Wird die Information auf elektronischem Weg oder per Fax versendet, verkürzt sich die Frist auf zehn Kalendertage. Die Frist beginnt am Tag nach der Absendung der Information durch den Auftraggeber; auf den Tag des Zugangs beim betroffenen Bieter und Bewerber kommt es nicht an.

(3) Die Informationspflicht entfällt in Fällen, in denen das Verhandlungsverfahren ohne Teilnahmewettbewerb wegen besonderer Dringlichkeit gerechtfertigt ist. Im Fall verteidigungs- oder sicherheitsspezifischer Aufträge können öffentliche Auftraggeber beschließen, bestimmte Informationen über die Zuschlagserteilung oder den Abschluss einer Rahmenvereinbarung nicht mitzuteilen, soweit die Offenlegung den Gesetzesvollzug behindert, dem öffentlichen Interesse, insbesondere Verteidigungs- oder Sicherheitsinteressen, zuwiderläuft, berechtigte geschäftliche Interessen von Unternehmen schädigt oder den lauteren Wettbewerb zwischen ihnen beeinträchtigen könnte.

VOB/A EU:

§ 19 EU VOB/A Nicht berücksichtigte Bewerbungen und Angebote

(1) hier nicht abgedruckt.

(2) Der öffentliche Auftraggeber hat die betroffenen Bieter, deren Angebote nicht berücksichtigt werden sollen,
1. über den Namen des Unternehmens, dessen Angebot angenommen werden soll,
2. über die Gründe der vorgesehenen Nichtberücksichtigung ihres Angebots und
3. über den frühesten Zeitpunkt des Vertragsschlusses

unverzüglich in Textform zu informieren. Dies gilt auch für Bewerber, denen keine Information nach Absatz 1 über die Ablehnung ihrer Bewerbung zur Verfügung gestellt wurde, bevor die Mitteilung über die Zuschlagsentscheidung an die betroffenen Bieter ergangen ist. Ein Vertrag darf erst 15 Kalendertage nach Absendung der Information nach den Sätzen 1 und 2 geschlossen werden. Wird die Information per Telefax oder auf elektronischem Weg versendet, verkürzt sich die Frist auf zehn Kalendertage. Die Frist beginnt am Tag nach Absendung der Information durch den öffentlichen Auftraggeber; auf den Tag des Zugangs beim betroffenen Bewerber oder Bieter kommt es nicht an.

(3) Die Informationspflicht nach Absatz 2 entfällt in den Fällen, in denen das Verhandlungsverfahren ohne Teilnahmewettbewerb wegen besonderer Dringlichkeit gerechtfertigt ist.

(4) bis (6) hier nicht abgedruckt.

Literatur:

Antweiler Vergaberechtsverstöße und Vertragsnichtigkeit, DB 2001, 1975; *Bär* § 13 Satz 4 VgV und rechtwidrig unterlassene Vergabeverfahren, ZfBR 2001, 375; *Barth* Das Vergaberecht außerhalb des Anwendungsbereichs der EG-Vergaberichtlinien, 2010; *Bergmann/Grittmann* Keine Nichtigkeit bei De-facto-Vergabe, NVwZ 2004, 946; *J. Braun* Zur Wirksamkeit des Zuschlags von kartellvergabewidrig nicht gemeinschaftsweit durchgeführten Vergabeverfahren der öffentlichen Hand, NVwZ 2004, 441; *Brinker* Vorabinformation der Bieter über den Zuschlag oder Zwei-Stufen-Theorie im Vergaberecht?, NZBau 2000, 174; *Buhr* Die Richtlinie 2004/18/EG und das deutsche Vergaberecht, 2009; *Bulla/Schneider* Das novellierte Vergaberecht zwischen Beschleunigungsgrundsatz und effektivem Bieterschutz, VergabeR 2011, 664; *Bungenberg* Vergaberecht im Wettbewerb der Systeme, 2007; *Burgi* Entwicklungstendenzen und Handlungsnotwendigkeiten im Vergaberecht, NZBau 2018, 579; *Conrad* Anm. zu OLG Naumburg Beschl. v. 25.9.2006 – 1 Verg 10/06, ZfBR 2007, 138; *Conrad* Vergaberechtlicher Rechtsschutz auf landesrechtlicher Grundlage, ZfBR 2016, 124; *Dageförde* Die Vorabinformationspflicht im Vergaberechtsschutz: Eine unendliche Geschichte, NZBau 2020, 72; *Dicks* Nochmals: Primärrechtsschutz bei Aufträgen unterhalb der Schwellenwerte, VergabeR 2012, 531; *Dieckmann* Effektiver Primärrechtsschutz durch Zuschlagsverbote im deutschen Vergaberecht, VergabeR 2005, 10; *Dieckmann* Nichtigkeit des Vertrags gem. § 13 VgV bei unterlassener Ausschreibung?, NZBau 2001, 481; *Dreher* Rechtsschutz nach Zuschlagserteilung, NZBau 2001, 244; *Dreher/Hoffmann* Die Informations- und Wartepflicht sowie die Unwirksamkeitsfolge nach den neuen §§ 101a und 101b GWB, NZBau 2009, 216; *Dreher/Hoffmann* Die schwebende Wirksamkeit nach § 101b I GWB, NZBau 2010, 201; *Erdl*, Rechtliche und praktische Fragen zur Informationspflicht des § 13 Vergabeverordnung, VergabeR 2001, 10; *Erdl* Neues Vergaberecht: Effektiver Rechtsschutz und Vorab-Informationspflicht des Auftraggebers, BauR 1999, 1341; *Gesterkamp* Die Sicherung des Primärrechtsschutzes durch Zuschlagsverbote und Informationspflicht, WuW 2001, 665; *Gottschalck* Anm. zu EuGH Urt. v. 18.6.2002 – C-92/00 – Hospital Ingenieure, VergabeR 2002, 368; *Hailbronner* Rechtsfolgen fehlender Information oder unterlassener Ausschreibung bei Vergabe öffentlicher Aufträge (§ 13 VgV), NZBau 2002, 474; *Hertwig* Ist der Zuschlag ohne Vergabeverfahren nichtig?, NZBau 2001, 241; *Heuvels/Kaiser* Die Nichtigkeit des Zuschlags ohne Vergabeverfahren, NZBau 2001, 479; *Hoffmann* Der materielle Bieterbegriff im Kartellvergaberecht. Eine Betrachtung am Beispiel des § 13 VgV, NZBau 2008, 749; *Höfler* Die Novelle erobert die Praxis – Erste Entscheidungen zum neuen Vergaberecht, NJW 2000, 120; *Hofmann* Zivilrechtsfolgen von Vergabefehlern – Oberhalb der EG-Schwellenwerte –, 2010; *Hömke* Keine Holschuld für Vorabinformation nach § 134 I GWB, IR 2019, 166; *Höß* Die Informationspflicht des Auftraggebers nach § 13 VgV, VergabeR 2002, 443; *Huerkamp/Kühling* Primärrechtsschutz für Unterschwellenvergaben aus Luxemburg?, NVwZ 2011, 14; *Jansen/Geitel* OLG Düsseldorf: Informieren und Warten auch außerhalb des GWB – Pflicht oder Kür auf dem Weg zu einem effektiven Primärrechtsschutz?, VergabeR 2018, 376; *Jasper/Pooth* De-facto-Vergabe und Vertragsnichtigkeit, ZfBR 2004, 543; *Kaiser/Plantiko* Anm. zu OLG Düsseldorf Beschl. v. 5.11.2014 – VII-Verg 20/14, VergabeR 2015, 475; *Klingner* Die Vorabinformationspflicht des öffentlichen Auftraggebers, 2005; *Kratzenberg* Die Neufassung der Vergabeverordnung, NZBau 2001, 119; *Kus* Das Zuschlagverbot, NZBau 2005, 96; *Lück/Oexle* Zur Nichtigkeit von

De-facto-Vergaben ohne wettbewerbliches Verfahren, VergabeR 2004, 302; *Macht/Städler* Die Informationspflichten des öffentlichen Auftraggebers für ausgeschiedene Bewerber – Sinn oder Unsinn?, NZBau 2012, 143; *Müller-Wrede/Kaelble* Primärrechtsschutz, Vorabinformation und die Rechtsfolgen einer De-facto-Vergabe, VergabeR 2002, 1; *Niestedt/Hölzl* Zurück aus der Zukunft? Verfassungsmäßigkeit der Primärrechtsschutzbeschränkung im Vergaberecht oberhalb bestimmter Schwellenwerte, NJW 2006, 3680; *Otting* Privatisierung und Vergaberecht, VergabeR 2002, 11; *Portz* Aufhebung von Ausschreibungen im Nachprüfungsverfahren angreifbar, ZfBR 2002, 551; *Portz* Die Informationspflicht des § 13 VgV unter besonderer Berücksichtigung von VOF-Verfahren, VergabeR 2002, 211; *Prieß* Das Vergaberecht in den Jahren 1999 und 2000, EuZW 2001, 365; *Prieß/Hölzl* Kein Wunder: Architektenwettbewerb „Berliner Schloss" vergaberechtskonform, NZBau 2010, 354; *Pünder* „Dulde und liquidiere" im Vergaberecht? – Zum notwendigen Primärrechtsschutz unterhalb der Schwellenwerte, VergabeR 2016, 693; *Putzier* Die Informationspflicht nach dem neuen § 13 Vergabeverordnung, DÖV 2002, 517; *Reidt/Brosius-Gersdorf* Die Nachprüfung der Aufhebung der Ausschreibung im Vergaberecht, VergabeR 2002, 580; *Rojahn* Die Regelung des § 13 VgV im Spiegel der höchstrichterlichen Rechtsprechung, NZBau 2004, 382; *Sauer/Hollands* Mangelnder Rechtsschutz im Unterschwellenbereich – Verfassungsrechtliche Zweifel und politischer Handlungsbedarf, NZBau 2006, 763; *Schaller* Dokumentations-, Informations-, Mitteilungs-, Melde- und Berichtspflichten im öffentlichen Auftragswesen, VergabeR 2007, Sonderheft 2a, 394; *Schröder* Die Informationspflicht nach § 13 VgV im Spiegel der aktuellen Rechtsprechung, NVwZ 2002, 1440; *Schulte/Just* Kartellrecht, 2. Aufl. 2016; *Schwintowski* Bieterbegriff – Suspensiveffekt und konkrete Stillhaltefrist im deutschen und europäischen Vergaberecht, VergabeR 2010, 877; *Siegel* Die Konzessionsvergabe im Unterschwellenbereich, NZBau 2019, 353; *Sitsen* Ist die Zweiteilung des Vergaberechts noch verfassungskonform?, ZfBR 2018, 654; *Stockmann* § 13 VgV in der Rechtspraxis, NZBau 2003, 591; *Wegmann* Die Vorabinformation über den Zuschlag bei der öffentlichen Auftragsvergabe, NZBau 2001, 475; *Wollenschläger* Vertragsnichtigkeit als Fehlerfolge bei grundrechts- und grundfreiheitenwidrigem privatrechtsförmigem Verwaltungshandeln – Ein Paradigmenwechsel für den Unterschwellenvergaberechtsschutz aus Karlsruhe?, NVwZ 2016, 1535

A. Einleitung

§ 134 GWB normiert eine **Informations- und Wartepflicht** des Auftraggebers. Vor dem Zuschlag hat er die Unternehmen, die bei der beabsichtigten Auftragserteilung nicht zum Zuge kommen sollen, über den bevorstehenden Vertragsschluss zu benachrichtigen. Kommt er dieser Pflicht nicht nach, ist der geschlossene Vertrag gemäß § 135 Abs. 1 Nr. 1 GWB unwirksam. 1

Im Rahmen der Vergaberechtsreform 2016 ist § 134 GWB aus der früheren Bestimmung in § 101a GWB 2013 hervorgegangen, ohne dass damit grundlegende Änderungen verbunden gewesen werden. Entfallen ist das Tatbestandsmerkmal der Betroffenheit, das nach § 101a Abs. 1 GWB 2013 erfüllt sein musste, um die Informationspflicht auszulösen. Im Übrigen entspricht die Regelung inhaltlich weitgehend der ehemaligen Norm des **§ 13 VgV 2001,** die mit dem Vergaberechtsmodernisierungsgesetz vom 20. 4. 2009[1] in den Normenbestand des GWB übernommen worden war. Dabei waren zugleich die Änderungen in das deutsche Recht umgesetzt worden, die an der Richtlinie 89/665/EWG (Rechtsmittelrichtlinie) durch die RL 2007/66/EG[2] vorgenommen worden waren[3]. 2

Die Pflicht des Auftraggebers, vor dem Zuschlag die nicht zum Zuge kommenden Bieter über den bevorstehenden Vertragsschluss zu unterrichten, dient dem **Rechtsschutz** dieser Bieter[4]. Da mit dem Zuschlag zugleich der angestrebte Vertrag geschlossen wird, kann der einmal wirksam erteilte Zuschlag nicht mehr ohne Mitwirkung beider Vertrags- 3

[1] BGBl I 2009, 790.

[2] Richtlinie 2007/66/EG des Europäischen Parlaments und des Rates zur Änderung der Richtlinien 89/665/EWG und 92/13/EWG des Rates im Hinblick auf die Verbesserung der Wirksamkeit der Nachprüfungsverfahren bezüglich der Vergabe öffentlicher Aufträge, ABL. EU Nr. L 355/31.

[3] S. dazu BT-Drs. 19/10117, S. 21.

[4] BGH Urt. v. 22.2.2005 – KZR 36/03, NZBau 2005, 530, 531; OLG Dresden Beschl. v. 14.2.2003 – WVerg 0011/01, WuW/E Verg 914, 915; OLG Düsseldorf Beschl. v. 3.8.2011 – VII-Verg 6/11, VergabeR 2012, 72, 82f.; OLG München Beschl. v. 12.5.2011 – Verg 26/10, NZBau 2011, 630, 634; *Klingner,* Die Vorabinformationspflicht des öffentlichen Auftraggebers, 256ff.; *Hoffmann* NZBau 2008, 749, 750; *Portz* VergabeR 2002, 211, 212; *Putzier* DÖV 2002, 517; *Erdl* VergabeR 2001, 10, 11f.; Ziekow/Völlink/*Braun* GWB § 134 Rn. 4; MüKoWettbR/*Fett* § 134 GWB Rn. 6; Hattig/Maibaum/*Hattig* § 101a GWB Rn. 2ff.; Schulte/Just/*Just* Kartellrecht § 101a GWB Rn. 1; KKPP/*Maimann* § 134 Rn. 2ff.; Pünder/Schellenberg/*Mentzinis* § 134 GWB Rn. 2; Willenbruch/Wieddekind/*Stumpf* § 134 GWB Rn. 1.

parteien rückgängig gemacht werden[5]. Auch den Nachprüfungsinstanzen kommt eine derartige Kompetenz nicht zu (§ 168 Abs. 2 S. 1 GWB). Der Auftraggeber kann daher durch den Zuschlag vollendete Tatsachen schaffen und dem erfolglosen Bieter die Möglichkeit nehmen, vor den Vergabekammern um Rechtsschutz gegen einen rechtswidrigen Zuschlag nachzusuchen. Dem Bieter verbleibt in einer solchen Lage nur die Möglichkeit, Schadensersatz nach § 181 S. 1 GWB oder nach § 280 Abs. 1 BGB iVm § 241 Abs. 2, § 311 Abs. 2 Nr. 1 BGB geltend zu machen (sogenannter Sekundärrechtsschutz). Durch die Pflicht des Auftraggebers, die übergangenen Bieter vor dem Zuschlag zu benachrichtigen, werden diese in die Lage versetzt, vor dem Vertragsschluss bei der Vergabekammer Rechtsschutz gegen den bevorstehenden Zuschlag zu begehren. Die Folge der schwebenden Wirksamkeit[6] aus § 135 Abs. 1 Nr. 1 GWB schützt die Bieter dabei vor einem Verstoß des Auftraggebers gegen die Informations- und Wartepflicht. Hat ein Bieter einen Nachprüfungsantrag gestellt und hat die Vergabekammer den Auftraggeber hierüber in Textform unterrichtet, bewahrt das Zuschlagsverbot gemäß § 169 Abs. 1 GWB, dessen Missachtung gemäß § 134 BGB zur Nichtigkeit des geschlossenen Vertrages führt[7], die Bieter davor, dass sich der Nachprüfungsantrag durch den Zuschlag erledigt. Aus dem Zusammenspiel von § 134 GWB, § 135 Abs. 1 Nr. 1 GWB und § 169 Abs. 1 GWB ergibt sich damit eine lückenlose Kette an Schutzvorkehrungen, die den Zugang der Bieter zu den Nachprüfungsinstanzen wirksam sichert.

4 § 134 GWB trägt zudem den Vorgaben des **EU-Vergaberechts** Rechnung. Nach der Rechtsprechung des EuGH folgt aus Art. 2 Abs. 1 lit. a) und b) iVm Art. 6 2. UA. der Richtlinie 89/665/EWG, dass die Mitgliedstaaten verpflichtet sind, die Entscheidung des Auftraggebers, welcher Bieter den Zuschlag erhalten soll, einem Nachprüfungsverfahren zugänglich zu machen, mit dem der Antragsteller einen rechtswidrigen Zuschlag verhindern kann[8]. Demnach ist es mit dem Grundsatz des wirksamen Vergaberechtsschutzes (Art. 1 Abs. 1 der Richtlinie 89/665/EWG) nicht zu vereinbaren, wenn Entscheidungen des Auftraggebers, die der europarechtlich geforderten Nachprüfung unterliegen, nicht zum Gegenstand des Primärrechtsschutzes der Bieter gemacht werden können. Der europäische Richtliniengeber hat mit der **Richtlinie 2007/66/EG** diese Erkenntnis normativ konkretisiert und die Rechtsmittelrichtlinie 89/665/EWG dahingehend ergänzt, dass die Mitgliedstaaten nunmehr verpflichtet sind, eine Stillhaltefrist vorzusehen, innerhalb derer der Auftraggeber den Vertragsschluss nicht bewirken darf, widrigenfalls der geschlossene Vertrag unwirksam ist (Art. 2a Abs. 2, 2b, 2d Abs. 1 lit. d) RL 89/665/EWG idF der RL 2007/66/EG). § 134 GWB setzt diese Verpflichtung in das deutsche Recht um[9].

5 Unabhängig von diesen europarechtlichen Anforderungen stellt sich die Frage, ob die Pflicht des Gesetzgebers, einen wirksamen Primärrechtsschutz gegen rechtswidrige Zuschlagsentscheidungen des Auftraggebers einzurichten, auch aus verfassungsrechtlichen Vorgaben folgt[10]. Soweit dem Einzelnen, der sich um einen öffentlichen Auftrag bewirbt, subjektive Rechte zukommen, kann erwogen werden, aus dem **Justizgewährungsanspruch**[11] eine derartige Vorgabe an die Ausgestaltung des Rechtsschutzes gegen rechtswidrige Auftragsvergaben herzuleiten. Jedenfalls für Vergaben unterhalb der Schwellenwerte

---

[5] S. dazu → § 42 Rn. 19ff.

[6] Dazu *Dreher/Hoffmann* NZBau 2010, 201.

[7] S. dazu → § 44 Rn. 1.

[8] EuGH Urt. v. 3.4.2008 – C-444/06 – Kommission./.Spanien, ZfBR 2008, 516 Rn. 37ff.; EuGH Urt. v. 28.10.1999 – C-81/98 – Alcatel Austria, NJW 2000, 569 Rn. 29ff.

[9] BT-Drs. 19/10117, S. 21; Müller-Wrede/*Gnittke/Hattig* GWB § 134 Rn. 6; Hattig/Maibaum/*Hattig* § 101a GWB Rn. 6; Pünder/Schellenberg/*Mentzinis* § 134 GWB Rn. 3.

[10] Bejahend für den Geltungsbereich des Kartellvergaberechts VK Bund Beschl. v. 29.4.1999 – VK 1-7/99, NJW 2000, 151, 152ff.; dazu *Hailbronner* NZBau 2002, 474, 476; *Brinker* NZBau 2000, 174; *Höfler* NJW 2000, 120, 121f.; *Erdl* BauR 1999, 1341, 1345f.

[11] S. zur Abgrenzung zwischen Art. 19 Abs. 4 GG und dem allgemeinen Justizgewährungsanspruch beim Rechtsschutz gegen rechtswidriges Handeln bei der Vergabe öffentlicher Aufträge BVerfG Beschl. v. 13.6. 2006 – 1 BvR 1160/03, BVerfGE 116, 135, 149ff.

hat das Bundesverfassungsgericht diese Frage verneint: Der Justizgewährungsanspruch könne nicht als Verpflichtung begriffen werden, die Rechtsschutzmöglichkeiten des Bieters ohne Rücksicht auf die dabei gleichzeitig berührten Belange anderer zu maximieren. Vielmehr sei es nicht zu beanstanden, wenn der Gesetzgeber in einer vielschichtigen Interessenlage wie derjenigen bei der Vergabe öffentlicher Aufträge, bei der dem Rechtsschutzinteresse der erfolglosen Bieter das Interesse des Auftraggebers und der hinter ihm stehenden Allgemeinheit an der sparsamen und zügigen Bedarfsdeckung ebenso wie das wirtschaftliche Interesse des vorgesehenen Auftragnehmers gegenüberstehe, unterhalb der Schwellenwerte eine rechtsschutzsichernde Pflicht zur Vorabinformation nicht vorsehe[12]. Ausgehend hiervon lässt sich auch für Aufträge oberhalb der Schwellenwerte aus dem Justizgewährungsanspruch kein Erfordernis einer Information der erfolglosen Bieter vor der Auftragserteilung herleiten. Die Erwägungen, die das Bundesverfassungsgericht zur Verneinung einer derartigen verfassungsrechtlichen Anforderung unterhalb der Schwellenwerte veranlasst haben, gelten hier dem Grunde nach in gleicher Weise. Insbesondere besteht auch oberhalb der Schwellenwerte das Interesse der erfolglosen Bieter an dem Erhalt des zu vergebenden Auftrages lediglich in einer Umsatzchance, deren Vereitelung mit dem Schadensersatzanspruch, der dem zu Unrecht übergangenen Bieter zusteht, grundsätzlich ausgeglichen werden kann[13]. Schon deshalb gebietet der Vorrang des Primärrechtsschutzes, der auch im Anwendungsbereich von Art. 19 Abs. 4 GG keine strikte Unrechtsbeseitigung fordert[14], nicht die systematische Gewährleistung einer unwirksamkeitsbewehrten Informations- und Stillhaltepflicht des Auftraggebers, selbst wenn dieser Vorrang auf den Anwendungsbereich des Justizgewährungsanspruchs übertragen werden mag.

B. Anwendungsbereich

§ 134 GWB gilt für alle Vergabe im Anwendungsbereich des Teils 4 des Gesetzes gegen Wettbewerbsbeschränkungen[15]. Die Norm enthält vorbehaltlich des Ausnahmetatbestandes in Abs. 2 keine ausdrückliche Einschränkung ihres Anwendungsbereichs. Nicht zuletzt daraus ergeben sich in mehrfacher Hinsicht Fragen hinsichtlich der Reichweite der Informations- und Wartepflicht. 7

I. Vergabearten

Unter der Geltung von § 13 VgV 2001 war fraglich, ob sich der Anwendungsbereich der Informations- und Wartepflicht auch auf Aufträge erstreckte, die ohne Schaffung von Markttransparenz vergeben wurden, also insbesondere auf **freihändig oder im Verhandlungsverfahren ohne vorangehende Bekanntmachung** vergebene Aufträge. Nach der 8

[12] BVerfG Beschl. v. 13.6.2006 – 1 BvR 1160/03, BVerfGE 116, 135, 158f.; zustimmend ua OLG Saarbrücken Urt. v. 13.6.2012 – 1 U 357/11, ZfBR 2012, 799, 801; *Barth* Das Vergaberecht außerhalb des Anwendungsbereichs der EG-Vergaberichtlinien, 151ff.; Pünder/Schellenberg/*Mentzinis* § 134 GWB Rn. 23; Kapellmann/Messerschmidt/*Stickler* VOB/A § 19 Rn. 3; aA ua *Bungenberg* Vergaberecht im Wettbewerb der Systeme, 255ff.; *Dicks* VergabeR 2012, 531, 544f.; *Niestedt/Hölzl* NJW 2006, 3680; *Sauer/Hollands* NZBau 2006, 763, 765; vgl. ferner OLG Dresden Beschl. v. 25.4.2006 – 20 U 467/06, VergabeR 2006, 774, 775 mAnm *Köhler;* OLG Düsseldorf Urt. v. 19.10.2011 – I-27 W 1/11, VergabeR 2012, 669, 670 mAnm *Krist.*

[13] Für den Bereich unterhalb der Schwellenwerte: BVerfG Beschl. v. 13.6.2006 – 1 BvR 1160/03, BVerfGE 116, 135, 158.

[14] Dazu *Erbguth* VVDStRL 62 (2001), 221, 227ff.; Maunz/Dürig/*Schmidt-Aßmann*, Art. 19 Abs. 4 Rn. 28, 282f.

[15] S. die Verweisnormen in § 142 GWB (Sektorenauftraggeber), in § 147 S. 1 GWB (verteidigungs- und sicherheitsspezifische öffentliche Aufträge) und in § 154 Nr. 4 GWB (Konzessionen).

Rechtsprechung war dies zu bejahen; die Anwendbarkeit von § 13 VgV 2001 sollte nicht von der gewählten Verfahrensart abhängen[16].

9 Mit der Änderung der Rechtsmittelrichtlinie 89/665/EWG durch die RL 2007/66/EG fällt die Antwort auf diese Frage noch eindeutiger aus. Denn die Bestimmungen über die Stillhaltefrist nach dem neugefassten Art. 2a Abs. 2 RL 89/665/EWG idF der RL 2007/66/EG gelten für alle Aufträge, die in den Anwendungsbereich der Vergaberichtlinien fallen, ohne dass es darauf ankommt, welche Verfahrensart der Auftraggeber für die Vergabe gewählt hat. Der Richtliniengeber hat damit an die vorangehende Rechtsprechung des EuGH, nach welcher der Anwendungsbereich der RL 89/665/EWG nicht einmal von der Durchführung eines förmlichen Vergabeverfahrens abhängt, angeknüpft[17]. Nach den Grundsätzen über die **richtlinienkonforme Auslegung** kann dieser Befund auf die Regelungen über die Informations- und Wartepflicht in § 134 GWB übertragen werden, die nach der ausdrücklichen Vorstellung des Gesetzgebers der Umsetzung der Änderungen an der Rechtsmittelrichtlinie 89/665/EWG dienen sollen[18]. Dasselbe Ergebnis folgt aus der **Systematik** des innerstaatlichen Rechts. Der Anwendungsbereich der Informations- und Wartepflicht nach § 134 GWB bestimmt sich allein anhand der Vorgaben in § 115 GWB und anhand der Verweisnormen in § 142 GWB und in § 154 GWB. Darauf, in welcher Verfahrensart der Auftrag vergeben wird, kommt es dafür nicht an[19].

10 § 134 GWB ist mithin vorbehaltlich des Ausnahmetatbestandes in Abs. 3 S. 1 unabhängig davon anwendbar, welche **Verfahrensart** der Auftraggeber gewählt hat[20].

11 Bestätigt wird dieses Ergebnis zudem durch die Ausnahmebestimmung in **§ 134 Abs. 3 S. 1 GWB,** die die Informationspflicht dann entfallen lässt, wenn das Verhandlungsverfahren ohne vorherige Bekanntmachung wegen besonderer Dringlichkeit gerechtfertigt ist. *E contrario* folgt daraus, dass die Informationspflicht in allen anderen Fällen des Verhandlungsverfahrens zu beachten ist.

II. De-facto-Vergaben

12 Unter der Geltung von **§ 13 VgV 2001** stellte sich ferner die Frage der Anwendbarkeit der Informations- und Wartepflicht auf De-facto-Vergaben, also die Vergabe öffentlicher Aufträge iSv § 103 GWB ohne Durchführung eines geregelten Vergabeverfahrens iSd §§ 97 ff. GWB.[21] Die Problematik lag darin begründet, dass § 13 VgV 2001 nach Wortlaut und systematischer Stellung nur auf Auftragsvergaben anwendbar war, denen eine Angebotsabgabe durch mehrere Bieter voranging[22]. Zur Sicherstellung eines wirksamen Rechtsschutzes gegen rechtswidrige De-facto-Vergaben wurde daher häufig angenommen, dass

---

[16] OLG Dresden Beschl. v. 16.10.2001 – WVerg 0007/01, ZfBR 2002, 298, 300; OLG Düsseldorf Beschl. v. 23.2.2005 – VII-Verg 85/04, NZBau 2005, 536; OLG Düsseldorf Beschl. v. 30.4.2003 – VII-Verg 67/02, NZBau 2003, 400, 405; OLG Jena Beschl. v. 28.1.2004 – 6 Verg 11/03, IBR 2004, 265; OLG Naumburg Beschl. v. 25.9.2006 – 1 Verg 10/06, ZfBR 2007, 183, 184; OLG Schleswig Beschl. v. 28.11.2005 – 6 Verg 7/05, VergabeR 2006, 258, 259; ebenso *Klingner,* Die Vorabinformationspflicht des öffentlichen Auftraggebers, 272 ff.; *Stockmann* NZBau 2003, 591 ff.; *Höß* VergabeR 2002, 443, 444.

[17] EuGH Urt. v. 11.1.2005 – C-26/03 – Stadt Halle u. Recyclingpark Lochau GmbH, EuR 2005, 69 Rn. 34 ff.

[18] BT-Drs. 19/10117, S. 1, 13, 21.

[19] KKPP/*Maimann* § 134 GWB Rn. 8.

[20] Reidt/Stickler/Glahs/*Glahs* § 134 Rn. 17; Müller-Wrede/*Gnittke/Hattig* GWB § 134 Rn. 21; Hattig/Maibaum/*Hattig* § 101a GWB Rn. 14; Pünder/Schellenberg/*Mentzinis* § 134 GWB Rn. 12.

[21] S. zur Begriffsverwendung BGH Beschl. v. 1.2.2005 – X ZB 27/04, ZfBR 2005, 398; OLG Düsseldorf Beschl. v. 1.10.2009 – VII-Verg 31/09, IBR 2010, 51.

[22] AA (unmittelbare Anwendung von § 13 VgV) OLG Düsseldorf Beschl. v. 1.10.2009 – VII-Verg 31/09, IBR 2010, 51; OLG Jena Beschl. v. 28.1.2004 – 6 Verg 11/03, IBR 2004, 265; OLG Jena Beschl. v. 14.10.2003 – 6 Verg 5/03, ZfBR 2004, 193, 195; OLG Naumburg Beschl. v. 15.3.2007 – 1 Verg 14/06, ZfBR 2007, 384, 385; *Dieckmann* VergabeR 2005, 10, 13 f.; *Bär* ZfBR 2001, 375, 376 ff.

die Norm in analoger Anwendung auf Auftragsvergaben erstreckt werden müsse, denen kein geregeltes Verfahren vorangehe[23].

Inzwischen hat sich die Problematik dadurch deutlich entschärft, dass **§ 135 Abs. 1 Nr. 2 GWB** ausdrücklich die Unwirksamkeit eines Vertrages anordnet, der unter Verstoß gegen die Pflicht des Auftraggebers zur Durchführung eines wettbewerbsoffenen Verfahrens zustande gekommen ist[24]. Diese Rechtsfolge besteht unabhängig von der Informations- und Wartepflicht des Auftraggebers nach § 134 GWB, so dass ein wirksamer Schutz gegen rechtswidrige De-facto-Vergaben unabhängig von der Verpflichtung des Auftraggebers, den bevorstehenden Zuschlag bekannt zu geben, besteht. 13

Gleichwohl kann die Frage aufgeworfen werden, ob § 134 GWB darüber hinaus eine Informations- und Wartepflicht des Auftraggebers auch für De-facto-Vergaben anordnet, deren Verletzung zu einer Unwirksamkeit des Vertrages nach **§ 135 Abs. 1 Nr. 1 GWB** führt. Ergebnisrelevant ist dies allerdings nicht mehr. Insoweit lebt der ursprüngliche Streit in verändertem Gewande fort. 14

III. Aufhebung von Vergabeverfahren

Ausgehend von der Rechtsschutzfunktion der Informations- und Wartepflicht kann überdies die Frage aufgeworfen werden, ob § 134 GWB entsprechend anzuwenden ist, wenn der Auftraggeber die **Aufhebung des Vergabeverfahrens** beabsichtigt. Dies wird teilweise mit einem Verweis auf den im Geltungsbereich des Kartellvergaberechts bestehenden Anspruch der Bieter auf Auswahl des wirtschaftlichsten Angebots begründet, der unterlaufen werde, wenn der Auftraggeber das Vergabeverfahren ohne Rechtfertigungsgrund aufhebe und den Auftrag in einem neuen Verfahren vergebe[25]. Ein Bedürfnis für die Erstreckung der Informations- und Wartepflicht auf diese Fälle besteht jedoch nicht: Denn mit der grundsätzlichen Anerkennung der Zulässigkeit eines gegen eine Verfahrensaufhebung gerichteten Nachprüfungsantrags[26] ist ein wirksamer Schutz der subjektiven Rechte der an dem aufgehobenen Verfahren beteiligten Bieter bereits in hinreichendem Maße gewährleistet. Durch die Pflicht des Auftraggebers zur unverzüglichen Benachrichtigung der Bieter über die Aufhebung (§ 63 Abs. 2 VgV, § 37 Abs. 2 VSVgV, § 46 Abs. 1 S. 2 UVgO, § 17 Abs. 2 VOL/A, § 17 Abs. 2 VOB/A, § 17 EU Abs. 2 VOB/A, § 17 VS Abs. 2 VOB/A) wird dabei sichergestellt, dass die Bieter von der Aufhebung erfahren und sich insbesondere rechtzeitig vor der Neuvergabe des Auftrags in einem Folgeverfahren[27] gegen die Aufhebung zur Wehr setzen können. Anders als bei der Verfahrensbeendigung durch Zuschlag kann der Auftraggeber somit durch die Aufhebung des Verfahrens keine vollendeten Tatsachen schaffen. Eine Erstreckung von § 134 GWB über seinen eigentlichen Geltungs- 6

[23] BGH Beschl. v. 1.2.2005 – X ZB 27/04, ZfBR 2005, 398, 403; OLG Celle Beschl. v. 14.9.2006 – 13 Verg 3/06, ZfBR 2006, 818, 820 f.; OLG Dresden Beschl. v. 24.1.2008 – WVerg 10/07, VergabeR 2008, 567, 570; OLG Hamburg Beschl. v. 25.1.2007 – 1 Verg 5/06, NZBau 2007, 801, 803; OLG Karlsruhe Beschl. v. 6.2.2007 – 17 Verg 7/06, ZfBR 2007, 511, 516; OLG München Beschl. v. 7.6.2005 – Verg 4/05, ZfBR 2005, 597, 601; *Hoffmann* NZBau 2008, 749, 750; *Kus* NZBau 2005, 96, 97 f.; *Stockmann* NZBau 2003, 591, 592; *Otting* VergabeR 2002, 11, 17 f.; *Dreher* NZBau 2001, 244, 245; *Hertwig* NZBau 2001, 241; *Prieß* EuZW 2001, 365, 367; einschränkend OLG Brandenburg Beschl. v. 22.4.2010 – Verg W 5/10, WuW/E DE-R 2958, 2960 ff.; aA KG Beschl. v. 11.11.2004 – 2 Verg 16/04, NZBau 2005, 538, 542; OLG Düsseldorf Beschl. v. 3.12.2003 – VII-Verg 37/03, NZBau 2004, 113, 115 f.; *Buhr* Die Richtlinie 2004/18/EG und das deutsche Vergaberecht, 246 f.; *Hofmann,* Zivilrechtsfolgen von Vergabefehlern, 80 ff.; *Bergmann/Grittmann* NVwZ 2004, 946 ff.; *J. Braun* NVwZ 2004, 441, 444; *Jasper/Pooth* ZfBR 2004, 543, 545 f.; *Lück/Oexle* VergabeR 2004, 302, 306 ff.; *Hailbronner* NZBau 2002, 474, 479; *Müller-Wrede/Kaelble* VergabeR 2002, 1, 5 ff.; *Portz* VergabeR 2002, 211, 217 f.; *Putzier* DÖV 2002, 517, 518; *Antweiler* DB 2001, 1975, 1979 f.; *Dieckmann* NZBau 2001, 481; *Gesterkamp* WuW 2001, 665, 669; *Heuvels/Kaiser* NZBau 2001, 479.

[24] S. → § 37 Rn. 42 ff.

[25] *Erdl* VergabeR 2001, 10, 13 ff.; wohl ebenso *Gottschalck* VergabeR 2002, 368, 369; *Portz* ZfBR 2002, 551, 554.

[26] Dazu → § 33 Rn. 87 ff.

[27] S. zum Rechtsschutz des Bieters bei Einleitung eines Folgeverfahrens auch unter § 33 Rn. 96.

bereich hinaus auf die Fälle der bevorstehenden Verfahrensaufhebung scheidet deshalb aus[28].

C. Informationspflicht

I. Empfänger der Information

15 Nach § 134 Abs. 1 S. 1 und 2 GWB ist die Mitteilung über den beabsichtigten Zuschlag an die Bieter, deren Angebote nicht berücksichtigt werden sollen, sowie an die Bewerber, die zuvor noch nicht über die Ablehnung ihrer Bewerbung unterrichtet wurden, zu richten. Es besteht mithin keine Pflicht zur **Information der Allgemeinheit** über den bevorstehenden Vertragsschluss. Dies ist die Folge daraus, dass § 134 GWB lediglich dem Zweck dient, den im Vergabeverfahren in ihren subjektiven Rechten verletzten Auftragsinteressenten den Zugang zum Nachprüfungsverfahren zu ermöglichen[29]. Wer keine wie auch immer beschaffene Beziehung zu dem Verfahren aufweist und mithin nicht in seinen Rechten verletzt sein kann, muss auch nicht über den bevorstehenden Zuschlag informiert werden.

1. Unterlegene Bieter

16 Zu informieren sind alle **Bieter, deren Angebote nicht berücksichtigt werden sollen.** Dieser Empfängerkreis wird durch zwei Tatbestandsmerkmale bestimmt, nämlich die Stellung als Bieter und die vorgesehene Nichtberücksichtigung des Angebots. Anders als noch unter der Geltung des GWB 2013 ist hingegen nicht erforderlich, dass der Bieter von dem beabsichtigten Zuschlag betroffen ist.

17 **a) Stellung als Bieter.** Ausgehend davon, dass die Informationspflicht auch im Verhandlungsverfahren sowie bei freihändigen Vergaben anwendbar ist, kann der Empfängerkreis der Information nicht auf diejenigen Unternehmen beschränkt werden, die ein verbindliches Angebot abgegeben haben, da dies oftmals nicht auf alle Verfahrensteilnehmer zutrifft. Erst recht gilt dies dann, wenn der Auftraggeber gar kein geregeltes Vergabeverfahren durchgeführt hat und damit auch keine Verfahrensteilnehmer in einem formalen Sinne vorhanden sind. Gleichwohl muss sich der Schutz des § 134 GWB auch auf Unternehmen erstrecken, die keine Verfahrensteilnehmer in diesem Sinne sind, da auch ihnen subjektive Rechte zukommen können, deren wirksame Durchsetzbarkeit durch die Einführung der Informations- und Wartepflicht gesichert werden soll. Die Mitteilung über die bevorstehende Auftragsvergabe ist daher allgemein an sämtliche Unternehmen zu richten, die gegenüber dem Auftraggeber haben erkennen lassen, dass sie **an dem Auftrag interessiert** sind[30] **(Bieter im materiellen Sinne).** Zu informieren sind daher beispielsweise Unter-

[28] *Portz* VergabeR 2002, 211, 216; *Reidt/Brosius-Gersdorf* VergabeR 2002, 580, 592; *Wegmann* NZBau 2001, 475, 477; Ziekow/Völlink/*Braun* GWB § 134 Rn. 64; Reidt/Stickler/Glahs/*Glahs* § 134 Rn. 18; Pünder/Schellenberg/*Mentzinis* § 134 GWB Rn. 20.

[29] OLG Dresden Beschl. v. 14.2.2003 – WVerg 0011/01, WuW/E Verg 914, 915.

[30] OLG Celle Beschl. v. 14.9.2006 – 13 Verg 2/06, NZBau 2007, 126, 128; OLG Celle Beschl. v. 14.9.2006 – 13 Verg 3/06, ZfBR 2006, 818, 821; OLG Düsseldorf Beschl. v. 2.12.2009 – VII-Verg 39/09, NZBau 2010, 393, 395; OLG Düsseldorf Beschl. v. 24.2.2005 – VII-Verg 88/04, NZBau 2005, 535; OLG Hamburg Beschl. v. 25.1.2007 – 1 Verg 5/06, NZBau 2007, 801, 804; OLG Naumburg Beschl. v. 15.3.2007 – 1 Verg 14/06, ZfBR 2007, 384, 385f.; *Prieß/Hölzl* NZBau 2010, 354, 356; *Hoffmann* NZBau 2008, 749, 750; *Schröder* NVwZ 2002, 1440, 1441; Ziekow/Völlink/*Braun* § 134 GWB Rn. 25; MüKoWettbR/*Fett* § 134 GWB Rn. 22; Reidt/Stickler/Glahs/*Glahs* § 134 Rn. 27f.; Pünder/Schellenberg/*Mentzinis* § 134 GWB Rn. 4; enger hingegen OLG Karlsruhe Beschl. v. 18.3.2008 – 17 Verg 8/07, VergabeR 2008, 985, 986f.; KKPP/*Maimann* § 134 Rn. 12ff.

nehmen, die den Auftrag bisher ausgeführt haben[31], Unternehmen, die im Rahmen einer einem Verhandlungsverfahren vorangehenden Ausschreibung ein Angebot abgegeben haben[32], und Unternehmen, die im Rahmen von Markterkundungen des Auftraggebers mitteilen, dass sie bei einer Auftragsvergabe interessiert daran sind, ein Angebot abzugeben[33], soweit bereits eine konkrete Beschaffungsabsicht des Auftraggebers besteht[34].

Zur Vermeidung von Rechtsschutzlücken müssen ferner auch diejenigen Unternehmen über den bevorstehenden Zuschlag unterrichtet werden, die sich an einem **mehrstufig ausgestalteten Vergabeverfahren** beteiligt haben, aber ausgeschlossen wurden, bevor sie ein verbindliches Angebot abgegeben haben. Neben den von § 134 Abs. 1 S. 2 GWB umfassten abgelehnten Bewerbern betrifft dies insbesondere diejenigen Unternehmen, die in einem aus mehreren Verhandlungsrunden bestehenden Verhandlungsverfahren vor der Aufforderung zur Abgabe verbindlicher Angebote aus den weiteren Verhandlungen ausgeschlossen werden[35]. Die Pflicht zur Information dieser Personen gemäß § 134 Abs. 1 S. 1 GWB entfällt jedoch, soweit nach § 134 Abs. 1 S. 2 GWB von ihrer Benachrichtigung abgesehen werden kann. 18

Anerkannt ist zudem, dass darüber hinaus auch diejenigen Unternehmen wie ein Bieter zu informieren sind, denen die Gelegenheit zur Angebotsabgabe vom Auftraggeber **rechtswidrig verwehrt** wurde[36]. Neben den Fällen der auch von § 134 Abs. 1 S. 2 GWB umfassten unzulässigerweise abgelehnten Bewerber[37] wird dies insbesondere bejaht für Auftragsinteressenten, die auf Grund rechtswidriger Vorgaben des Auftraggebers kein Angebot abgegeben haben[38]. 19

Zu den zu benachrichtigenden Personen gehören darüber hinaus auch die Teilnehmer eines **Planungswettbewerbs** iSv § 69 Abs. 1 VgV einschließlich der Preisträger[39]. Durch die Entscheidung des Preisgerichts wird noch keine abschließende Entscheidung über den Zuschlag getroffen, da dem Auftraggeber gemäß § 70 Abs. 2 VgV, ggf. iVm § 80 Abs. 1 VgV die Entscheidung darüber obliegt, welcher der Preisträger mit den Leistungen beauftragt wird, und da der Auftraggeber zudem prüfen muss, ob der vorgesehene Auftragnehmer über die nötige Eignung verfügt (§ 70 Abs. 2 VgV, ggf. iVm § 80 Abs. 1 VgV)[40]. 20

---

[31] OLG München Beschl. v. 7.6.2005 – Verg 4/05, ZfBR 2005, 597, 601; für den Fall der Neuvergabe nach vorzeitiger Kündigung des vorangehenden Vertrages auch Pünder/Schellenberg/*Mentzinis* § 134 GWB Rn. 21.

[32] OLG Dresden Beschl. v. 25.1.2008 – WVerg 10/07, VergabeR 2008, 567, 570; OLG Düsseldorf Beschl. v. 25.9.2008 – VII-Verg 57/08, BeckRS 2009, 2339; OLG Düsseldorf Beschl. v. 24.2.2005 – VII-Verg 88/04, NZBau 2005, 535; OLG Naumburg Beschl. v. 3.9.2009 – 1 Verg 4/09, VergabeR 2009, 933, 938; OLG Naumburg Beschl. v. 15.3.2007 – 1 Verg 14/06, ZfBR 2007, 384, 385 f.; VK Rheinland Beschl. v. 15.5.2019 – VK 8/19-B, BeckRS 2019, 16505 Rn. 57; VK Sachsen-Anhalt Beschl. v. 12.7.2007 – 1 VK LVwA 13/097, IBRRS 2007, 3937; Reidt/Stickler/Glahs/*Glahs* § 134 Rn. 30; Müller-Wrede/*Gnittke/Hattig* GWB § 134 Rn. 26; Pünder/Schellenberg/*Mentzinis* § 134 GWB Rn. 5.

[33] OLG Celle Beschl. v. 5.2.2004 – 13 Verg 26/03, NZBau 2005, 51, 52.

[34] OLG Karlsruhe Beschl. v. 6.2.2007 – 17 Verg 7/06, ZfBR 2007, 511, 516.

[35] VK Schleswig-Holstein Beschl. v. 14.5.2008 – VK-SH 06/08, BeckRS 2008, 17005; Hattig/Maibaum/*Hatting* § 101a GWB Rn. 28.

[36] OLG Dresden Beschl. v. 16.10.2001 – WVerg 0007/01, ZfBR 2002, 298, 299; OLG Düsseldorf Beschl. v. 30.4.2003 – VII-Verg 67/02, NZBau 2003, 400, 405; OLG Naumburg Beschl. v. 3.9.2009 – 1 Verg 4/09, VergabeR 2009, 933, 938; OLG Naumburg Beschl. v. 25.9.2006 – 1 Verg 10/06, ZfBR 2007, 183, 184; ebenso *Hoffmann* NZBau 2008, 749, 750; *Conrad* ZfBR 2007, 138 f.; *Höß* VergabeR 2002, 443, 445; Reidt/Stickler/Glahs/*Glahs* § 134 Rn. 26 f.; Pünder/Schellenberg/*Mentzinis* § 134 GWB Rn. 4; offen gelassen von OLG Düsseldorf Beschl. v. 3.8.2011 – VII-Verg 33/11, BeckRS 2011, 22546.

[37] Dazu → Rn. 28 ff.

[38] OLG Düsseldorf Beschl. v. 30.4.2003 – VII-Verg 67/02, NZBau 2003, 400, 405; OLG Naumburg Beschl. v. 3.9.2009 – 1 Verg 4/09, VergabeR 2009, 933, 938.

[39] OLG Düsseldorf Beschl. v. 2.12.2009 – VII-Verg 39/09, NZBau 2010, 393, 395; VK Bund Beschl. v. 11.9.2009 – VK 3-157/09, IBR 2009, 596; *Prieß/Hölzl* NZBau 2010, 354, 355 f.; Ziekow/Völlink/*Braun* GWB § 134 Rn. 32; Reidt/Stickler/Glahs/*Glahs* § 134 Rn. 24; Hattig/Maibaum/*Hattig* § 101a GWB Rn. 29.

[40] OLG Düsseldorf Beschl. v. 2.12.2009 – VII-Verg 39/09, NZBau 2010, 393, 395; VK Bund Beschl. v. 11.9.2009 – VK 3-157/09, IBR 2009, 596.

Über die erst nach Abschluss dieser Prüfung mögliche Zuschlagsentscheidung sind die Wettbewerbsteilnehmer zu benachrichtigen[41].

21 Keine Informationspflicht besteht hingegen gegenüber ehemaligen Bietern, die ihr Angebot **zurückgezogen** haben und damit zum Ausdruck gebracht haben, an dem Auftrag nicht mehr interessiert zu sein[42]. Sie bedürfen des Schutzes der Informations- und Wartepflicht nicht mehr und sind keine Bieter iSv § 134 Abs. 1 S. 1 GWB mehr.

22 **b) Vorgesehene Nichtberücksichtigung des Angebots.** Das Tatbestandsmerkmal der vorgesehenen Nichtberücksichtigung des Angebots ist dann erfüllt, wenn dem jeweiligen Bieter **der Vertrag nicht zugeschlagen werden soll.** Ausgehend davon, dass der Kreis der Bieter nach materiellen Gesichtspunkten zu ziehen ist, kommt es nicht darauf an, ob der jeweilige Interessent tatsächlich ein verbindliches Angebot abgegeben hat.

23 Unerheblich ist zudem der **Grund für die Nichtberücksichtigung** des Bieters, so dass nicht nur Bieter, deren Angebot nicht das wirtschaftlichste ist, sondern auch Bieter, deren Angebot auf einer früheren Prüfungs- oder Wertungsstufe (§ 57 Abs. 1 VgV, § 31 Abs. 2 VSVgV, § 16 EU Nr. 1 bis 8 VOB/A, § 16 VS Nr. 1 bis 8 VOB/A) ausgeschlossen wurde, zu benachrichtigen sind[43]. Denn Rechtsverletzungen, gegen die § 134 GWB einen wirksamen Schutz sicherstellen soll, können auf allen Prüfungs- und Wertungsstufen begangen werden. Daher ist die Information beispielsweise auch an diejenigen Bieter zu richten, deren Angebot wegen eines verspäteten Eingangs unberücksichtigt geblieben ist[44].

24 Umgekehrt zählt der Bieter, **dem der Vertrag zugeschlagen werden soll,** schon nach dem Wortlaut des § 134 Abs. 1 S. 1 GWB nicht zu dem Kreise der zu benachrichtigenden Bieter[45]. Eine Benachrichtigung ist auch nach dem Sinn von § 134 GWB nicht geboten, da in der uneingeschränkten Annahme des Angebots eines Bieters schlechterdings keine Rechtsverletzung liegen kann, zu deren Abwehr eine Information angezeigt wäre. Auch die Richtlinie 89/665/EWG idF der RL 2007/66/EG steht einer solchen Einschränkung der Informationspflicht nicht entgegen. Denn gemäß Art. 2a Abs. 1 iVm Art. 1 Abs. 3 RL 86/665/EWG müssen die von den Mitgliedstaaten festzulegenden Wartefristen nur sicherstellen, dass jeder, der ein Interesse an dem Auftrag hat und dem durch einen behaupteten Verstoß ein Schaden entstanden ist oder zu entstehen droht, gegen die Zuschlagsentscheidung ein wirksames Nachprüfungsverfahren anstrengen kann. Der vorgesehene Zuschlagsempfänger aber kann durch die Auftragserteilung keinen Schaden erleiden.

25 Unbeachtlich ist, ob die Ablehnung des Angebotes des jeweiligen Bieters **rechtswidrig** ist. Zu informieren sind mithin auch diejenigen Bieter, deren Angebot der Auftraggeber zu Recht nicht für einen Zuschlag in Betracht zieht. Dessen ungeachtet bleibt ein allein auf die Verletzung der Informationspflicht gestützter Nachprüfungsantrag eines zu Recht ausgeschlossenen Bieters erfolglos[46].

---

[41] S. zur davon zu unterscheidenden Behandlung der Entscheidung des Preisgerichts selbst OLG Koblenz Beschl. v. 26.5.2010 – 1 Verg 2/10, IBR 2010, 521 gegen OLG Düsseldorf Beschl. v. 31.3.2004 – VII-Verg 4/04, BeckRS 2016, 8661.

[42] OLG Brandenburg Beschl. v. 25.9.2018 – 19 Verg 1/18, BeckRS 2018, 38089 Rn. 36; Müller-Wrede/*Gnittke/Hattig* GWB § 134 Rn. 46; Hattig/Maibaum/*Hatting* § 101a GWB Rn. 31; Schulte/Just/*Just* Kartellrecht § 101a GWB Rn. 3.

[43] Reidt/Stickler/Glahs/*Glahs* § 134 Rn. 23.

[44] VK Sachsen Beschl. v. 16.12.2004 – 1/SVK/118-04, IBRRS 50461; Pünder/Schellenberg/*Mentzinis* § 134 GWB Rn. 6.

[45] *Erdl* VergabeR 2001, 10, 12 f. (zu § 13 VgV aF); Ziekow/Völlink/*Braun* GWB § 134 Rn. 20; Reidt/Stickler/Glahs/*Glahs* § 134 Rn. 22; Müller-Wrede/*Gnittke/Hattig* GWB § 134 Rn. 50; Hattig/Maibaum/*Hattig* § 101a GWB Rn. 36; Pünder/Schellenberg/*Mentzinis* § 134 GWB Rn. 10; Willenbruch/Wieddekind/*Stumpf* § 134 GWB Rn. 14; ähnlich OLG Düsseldorf Urt. v. 25.6.2003 – U (Kart) 36/02, NZBau 2004, 170, 171 f.

[46] Dazu → Rn. 65 f.

c) Betroffenheit. Keine Voraussetzung für die Pflicht, den jeweiligen Bieter gemäß § 134 Abs. 1 S. 1 GWB über den bevorstehenden Zuschlag zu benachrichtigen, ist seine **Betroffenheit.** Dieses Tatbestandsmerkmal war noch in § 101a Abs. 1 S. 1 GWB 2013 enthalten und wurde im Zuge der Vergaberechtsreform 2016 gestrichen. Es war ebenso zu verstehen wie der Begriff der Betroffenheit in Art. 2a Abs. 2 RL 89/665/EWG idF der RL 2007/66/EG[47], dessen Umsetzung § 134 GWB dient. Bieter waren hiernach betroffen, *„wenn sie noch nicht endgültig ausgeschlossen wurden. Ein Ausschluss ist dann endgültig, wenn er den betroffenen Bietern mitgeteilt wurde und entweder von einer unabhängigen Nachprüfungsstelle als rechtmäßig anerkannt wurde oder keinem Nachprüfungsverfahren mehr unterzogen werden kann.“*[48] 26

Das Tatbestandsmerkmal der Betroffenheit sonderte deshalb diejenigen Unternehmen aus dem Kreise der zu benachrichtigenden Bieter aus, die bereits gesicherte Kenntnis davon haben, dass sie für den Auftrag nicht in Frage kommen, und die diese Absage **gegen sich gelten lassen müssen.** Da sie sich nicht mehr gegen ihren Ausschluss zur Wehr setzen können und mithin keine Möglichkeit mehr haben, den Zuschlag zu erhalten, können sie nicht mehr um Rechtsschutz gegen den Zuschlag nachsuchen und bedürfen des Schutzes durch die Informations- und Wartepflicht nicht mehr[49]. Ein solcher Fall kann beispielsweise dann eintreten, wenn der Auftraggeber die Angebotsprüfung und -wertung zeitlich in mehrere Abschnitte geteilt hat und nach Durchlaufen einzelner Abschnitte, etwa der Eignungsprüfung, den Bietern das jeweilige Ergebnis mitteilt. Die Endgültigkeit eines solchen Ausschlusses kann entweder durch die bestands- bzw. rechtskräftige Entscheidung der Vergabekammer oder des Beschwerdegerichts oder durch das Verstreichenlassen der Rüge- oder Antragsfrist nach § 160 Abs. 3 S. 1 Nr. 1 bis 4 GWB eintreten[50]. 27

Trotz dieser fehlenden Schutzbedürftigkeit der nicht mehr betroffenen Bieter wurde bei der Neufassung von § 134 Abs. 1 S. 1 GWB davon abgesehen, die Tatbestandsvoraussetzung der Betroffenheit zu übernehmen. Bieter sind daher auch dann über den bevorstehenden Vertragsschluss zu informieren, wenn sie von dem Zuschlag **nicht mehr betroffen sind.** Ein Sachgrund für diese Erweiterung des Adressatenkreises ist nicht ersichtlich. Auch in den Gesetzgebungsmaterialien findet sich kein Anhaltspunkt dafür[51]. Es ist daher durchaus erwägenswert, § 134 Abs. 1 S. 1 GWB einschränkend dahingehend auszulegen, dass nicht betroffene Bieter nicht unterrichtet werden müssen. Einen normativen Anknüpfungspunkt für eine solche einschränkende Auslegung kann die Bezugnahme auf die betroffenen Bieter in § 134 Abs. 1 S. 2 GWB darstellen[52].

2. Bewerber, deren Bewerbung abgelehnt wurde

§ 134 Abs. 1 S. 2 GWB erweitert den Kreis der zu informierenden Unternehmen auf diejenigen Bewerber, deren Bewerbung abgelehnt wurde. Durch diese Ergänzung, die in Umsetzung von Art. 2a Abs. 2 RL 89/665/EWG idF der RL 2007/66/EG mit dem Vergaberechtsmodernisierungsgesetz vom 20. 4. 2009[53] in das innerstaatliche Recht aufgenommen wurde, wird klargestellt, dass die Informationspflicht auch zugunsten derjenigen Unternehmen besteht, die im Stadium des **Teilnahmewettbewerbs** und damit vor der eigentlichen Abgabe eines Angebots aus dem Vergabeverfahren ausgeschlossen wurden. Dies betrifft namentlich das nicht offene Verfahren (die beschränkte Ausschreibung) und das Verhandlungsverfahren mit vorherigem Teilnahmewettbewerb. Ausgehend von dem 28

[47] BT-Drs. 16/10117, S. 21; *Bulla/Schneider* VergabeR 2011, 664, 666f.; Reidt/Stickler/Glahs/*Glahs* § 134 Rn. 23; Müller-Wrede/*Gnittke/Hattig* GWB § 134 Rn. 7; Hattig/Maibaum/*Hattig* § 101a GWB Rn. 7, 25; im Ergebnis ebenso: VK Berlin Beschl. v. 29. 9. 2009 – VK B2-28/09.
[48] Art. 2a Abs. 2 2. UA. RL 89/665/EWG idF der RL 2007/66/EG.
[49] Vgl. KKPP/*Maimann* § 134 Rn. 14.
[50] Hattig/Maibaum/*Hatting* § 101a GWB Rn. 32.
[51] BR-Drs. 367/15, S. 144f.
[52] KKPP/*Maimann* § 134 Rn. 14.
[53] BGBl I 2009, 790.

bereits zu § 13 VgV 2001 entwickelten weiten Verständnis vom Begriff des Bieters[54] bedeutet die Ergänzung in § 134 Abs. 1 S. 2 GWB allerdings keine inhaltliche Ausdehnung der Informations- und Wartepflicht, sondern hat lediglich den Charakter einer normativen Bestätigung der bisherigen Entscheidungspraxis der Nachprüfungsinstanzen[55].

29 Die Informationspflicht nach § 134 Abs. 1 S. 2 GWB besteht nur dann, wenn der jeweilige Bewerber zum Zeitpunkt der Mitteilung des bevorstehenden Zuschlags an die betroffenen Bieter **noch nicht über die Ablehnung seiner Bewerbung informiert wurde.** Eine derartige Information kann insbesondere auf der Grundlage von § 62 VgV, § 36 VSVgV, § 19 EU VOB/A sowie § 19 VS VOB/A ergangen sein[56]. Diese Einschränkung ist sachlich gerechtfertigt, denn ein Bewerber, der vorab über die Erfolglosigkeit seiner Bewerbung unterrichtet wurde, hatte bereits die Möglichkeit, hiergegen die Nachprüfungsinstanzen anzurufen. Zur Gewährleistung eines wirksamen Rechtsschutzes bedarf es daher keiner nochmaligen Information[57].

30 Damit führt § 134 Abs. 1 S. 2 GWB zu einer **Reduzierung** der Informationspflicht bei abgelehnten Bewerbern, da ihnen lediglich die Ablehnung ihrer Bewerbung mitgeteilt werden muss, während die inhaltlich weitergehenden Angaben gemäß § 134 Abs. 1 S. 1 GWB über den vorgesehenen Zuschlagsempfänger, die Gründe für die Ablehnung und den frühesten möglichen Zeitpunkt des Vertragsschlusses nicht erforderlich sind[58]. Auch ein Formerfordernis hinsichtlich der Information über die Ablehnung der Bewerbung sieht § 134 Abs. 1 S. 2 GWB nicht vor. Diese unterschiedliche Behandlung geht zurück auf Art. 2a Abs. 2 3. UA. RL 89/665/EWG idF der RL 2007/66/EG, wonach Bewerber nur dann über den bevorstehenden Zuschlag zu informieren sind, wenn sie zuvor nicht über die Ablehnung ihrer Bewerbung benachrichtigt wurden. Bedenken hinsichtlich der Vereinbarkeit von § 134 Abs. 1 S. 2 GWB mit den Vorgaben des europäischen Vergaberechts bestehen daher nicht.

31 § 134 Abs. 1 S. 2 GWB bewirkt im Ergebnis eine ähnliche Folge wie das frühere Tatbestandsmerkmal der Betroffenheit in § 101a Abs. 1 S. 1 GWB 2013, das hinsichtlich des Kreises der abgelehnten, aber nicht betroffenen Bieter ebenfalls zu einer Reduzierung der Informationspflicht führte, da diese Bieter ebenso wie die abgelehnten Bewerber nur über die Tatsache der Ablehnung, nicht aber über die weiteren von der Informationspflicht nach § 134 Abs. 1 S. 1 GWB umfassten Umstände zu benachrichtigen sind. Im Unterschied zur früheren Abgrenzung zwischen betroffenen und nicht betroffenen Bietern verlangt § 134 Abs. 1 S. 2 GWB jedoch nicht, dass der Ausschluss des jeweiligen Bewerbers **endgültig** sein muss. Diese Abweichung ist bereits in Art. 2a Abs. 2 3. UA. RL 89/665/EWG idF der RL 2007/66/EG angelegt und vom Gesetzgeber übernommen worden.

32 Anders als teilweise noch unter Geltung von § 13 VgV 2001 angenommen wurde[59], kommt es auch bei der Informationspflicht nach § 134 Abs. 1 S. 2 GWB nicht darauf an, ob die Ablehnung der Bewerbung des jeweiligen Unternehmens **rechtswidrig** ist.

II. Inhalt der Information

1. Absicht des Vertragsschlusses

33 Aus der Information muss zunächst hervorgehen, dass der Auftraggeber überhaupt beabsichtigt, den Zuschlag zu erteilen. Auch wenn § 134 Abs. 1 S. 1 GWB dies nicht ausdrücklich anordnet, so ergibt sich dieser Mindestinhalt aus der **Warnfunktion** der Informationspflicht. Dem Empfänger der Information muss klar werden, dass der Zuschlag

---

[54] Dazu → Rn. 17 ff.
[55] *Dreher/Hoffmann* NZBau 2009, 216, 217.
[56] Pünder/Schellenberg/*Mentzinis* § 134 GWB Rn. 8.
[57] Reidt/Stickler/Glahs/*Glahs* § 134 Rn. 24.
[58] Vgl. dazu Hattig/Maibaum/*Hattig* § 101a GWB Rn. 40; aA hinsichtlich der Gründe der vorgesehenen Nichtberücksichtigung Beck VergabeR/*Dreher/Hoffmann* § 134 GWB Rn. 28.
[59] OLG Naumburg Beschl. v. 25.9.2006 – 1 Verg 10/06, ZfBR 2007, 183, 184.

unmittelbar bevorsteht und dass er deshalb zügig um Rechtsschutz nachsuchen muss, widrigenfalls er Gefahr läuft, dass der Nachprüfungsantrag unzulässig ist, da der einmal wirksam erteilte Zuschlag nicht aufgehoben werden kann (§ 168 Abs. 2 S. 1 GWB).

2. Name des vorgesehenen Zuschlagsempfängers

Gemäß § 134 Abs. 1 S. 1 GWB sind die übergangenen Bieter und Bewerber daneben 34
über den Namen des Unternehmens, dessen Angebot angenommen werden soll, zu unterrichten[60]. Zweck dieses Bestandteils der Unterrichtungspflicht ist es, den Empfängern der Information zumindest im Ansatz zu ermöglichen, **die Rechtmäßigkeit der Zuschlagsentscheidung** des Auftraggebers prüfen zu können[61]. Auch wenn es einem Bieter in aller Regel nicht möglich ist, die Rechtmäßigkeit des Zuschlags vollständig nachzuvollziehen, da er keine Kenntnis vom Inhalt der eingegangenen Angebote der übrigen Bieter hat, so kann er in Kenntnis des Namens des vorgesehenen Zuschlagsempfängers doch zumindest ermitteln, ob in der Person dieses Unternehmens liegende Umstände, insbesondere Eignungsmängel, einer Auftragserteilung entgegenstehen[62], und dies ggf. zum Anknüpfungspunkt eines Nachprüfungsverfahrens machen.

Die Angaben zum Namen des vorgesehenen Zuschlagsempfängers haben daher so prä- 35
zise und aussagekräftig zu sein, dass es den Adressaten möglich ist, den ausgewählten Bieter **eindeutig zu identifizieren**[63]. Anzugeben sind daher mindestens bei Kaufleuten die vollständige **Firma** (§ 17 HGB) und bei natürlichen Personen, ggf. zusätzlich zur Firma, der **Name** (§ 12 BGB), bestehend aus Vor- und Familiennamen. In der Regel ist darüber hinaus zudem die **Anschrift** des vorgesehenen Zuschlagsempfängers mitzuteilen, da allein die Kenntnis der Firma oder des Namens üblicherweise zur Identifikation nicht ausreicht, da die Unterscheidungskraft der Firma örtlich begrenzt ist (§ 30 HGB) und der Name noch weniger als die Firma Verwechslungen ausschließt. Ist die Identität des vorgesehenen Zuschlagsempfängers hingegen auch ohne Angabe der Anschrift eindeutig, kann die Mitteilung der Anschrift entfallen; dies kann beispielsweise dann der Fall sein, wenn allen anderen Bietern auf Grund eines eng begrenzten Marktes klar ist, dass nur ein bestimmtes Unternehmen gemeint sein kann.

Soll der Zuschlag auf das Angebot einer **Bietergemeinschaft** erteilt werden, sind alle 36
Mitglieder der Bietergemeinschaft zu benennen[64], damit der übergangene Bieter erkennen kann, ob in der Person der einzelnen Mitglieder liegende Umstände einem Zuschlag entgegenstehen.

3. Gründe der vorgesehenen Nichtberücksichtigung

Anzugeben sind ferner die **Gründe**, aus denen das Angebot des jeweiligen Empfängers 37
der Mitteilung nicht den Zuschlag erhalten soll. Auch dies soll die Bieter in die Lage ver-

---

[60] Einschränkend hinsichtlich der Rechtsfolge bei unterlassener Namensnennung OLG Naumburg Beschl. v. 26.4.2004 – 1 Verg 2/04, IBR 2004, 1131; ebenso Pünder/Schellenberg/*Mentzinis* § 134 GWB Rn. 25.

[61] BGH Urt. v. 22.2.2005 – KZR 36/03, NZBau 2005, 530, 531; OLG Düsseldorf Beschl. v. 3.8.2011 – VII-Verg 6/11, VergabeR 2012, 72, 82f.; OLG Düsseldorf Beschl. v. 19.3.2008 – VII-Verg 13/08, VergabeR 2009, 193, 198; LG Düsseldorf Urt. v. 23.10.2002 – 34 O (Kart) 72/02, NZBau 2003, 109f.; MüKoWettbR/*Fett* § 134 GWB Rn. 39; Hattig/Maibaum/*Hattig* § 101a GWB Rn. 45, 49.

[62] MüKoWettbR/*Fett* § 134 GWB Rn. 35; Müller-Wrede/*Gnittke/Hattig* GWB § 134 Rn. 64.

[63] MüKoWettbR/*Fett* § 134 GWB Rn. 35; Müller-Wrede/*Gnittke/Hattig* GWB § 134 Rn. 65; Hattig/Maibaum/*Hattig* § 101a GWB Rn. 50; Schulte/Just/*Just,* Kartellrecht § 101a GWB Rn. 5; KKPP/*Maimann* § 134 Rn. 24; Willenbruch/Wieddekind/*Stumpf* § 134 GWB Rn. 19; teilweise abweichend OLG Schleswig Beschl. v. 28.11.2005 – 6 Verg 7/05, VergabeR 2006, 258, 259 m. abl. Anm. *Hertwig* und OLG Schleswig Beschl. v. 1.9.2006 – 1 (6) Verg 8/05, IBRRS 56682, wodurch allerdings ausgeblendet wird, dass die Informationspflicht dem Bieter auch die Möglichkeit eröffnen will, die Rechtmäßigkeit des Zuschlags zu prüfen.

[64] MüKoWettbR/*Fett* § 134 GWB Rn. 35; Reidt/Stickler/Glahs/*Glahs* § 134 Rn. 33.

setzen, die **Rechtmäßigkeit** der Zuschlagsentscheidung zumindest ansatzweise nachvollziehen zu können[65].

38 Daraus folgt, dass die Benennung der Gründe es dem Bieter zumindest ermöglichen muss, konkret zu erkennen, welchen **Mangel** sein Angebot oder im Falle von § 134 Abs. 1 S. 2 GWB seine Bewerbung aufweist[66]. Es genügt daher nicht, wenn der Auftraggeber lediglich den Wortlaut eines gesetzlichen Tatbestandes für die Nichtberücksichtigung eines Angebots, beispielsweise aus § 57 Abs. 1 VgV, wiederholt[67]. Vielmehr hat er darüber hinaus diejenigen konkreten Tatsachen anzugeben, die der Entscheidung des Auftraggebers, das Angebot nicht für den Zuschlag vorzusehen, tatsächlich[68] zugrunde liegen. Der Mitteilungsempfänger kann dadurch prüfen, ob der Auftraggeber von einem zutreffenden Sachverhalt ausgegangen ist und eine korrekte Subsumtion vorgenommen hat. Stützt der Auftraggeber die Nichtberücksichtigung auf **mehrere tragende Gründe,** sind diese sämtlich zu benennen[69]. Soweit in der älteren Rechtsprechung und im Schrifttum mit Verweis auf den Wortlaut von § 13 S. 1 VgV 2001 vertreten wurde, an die Nennung der Gründe seien keine hohen Anforderungen zu stellen[70], ist dies mit der jetzigen Fassung von § 134 Abs. 1 S. 1 GWB, wonach die *„Gründe"* (§ 13 S. 1 VgV 2001: der *„Grund"*) der vorgesehenen Nichtberücksichtigung anzugeben sind, überholt[71].

39 Die Pflicht zur Mitteilung der Gründe berechtigt den Auftraggeber jedoch nicht, den **Wettbewerbsgrundsatz** (§ 97 Abs. 1 S. 1 GWB), zu dem auch der Grundsatz des Geheimwettbewerbs gehört, zu durchbrechen und den Bietern Einzelheiten des Angebots, auf das der Zuschlag erteilt werden soll, mitzuteilen[72]. Zudem sind die **Betriebs- und Geschäftsgeheimnisse** des vorgesehenen Zuschlagsempfängers zu wahren. Für den in der Praxis wohl häufigsten Fall der Nichtberücksichtigung eines Angebots, die Ablehnung mangels Wirtschaftlichkeit (zB gemäß § 58 Abs. 1 VgV), bedeutet dies, dass Angaben zum Preis des Angebots des vorgesehenen Zuschlagsempfängers regelmäßig nicht gemacht werden können. Sähe man dies anders, so wäre ferner bei einer Zurückversetzung des Vergabeverfahrens in ein früheres Stadium eine Angebotsabgabe ohne Kenntnis der voraussichtlichen Angebotskonditionen der übrigen Bieter nicht mehr möglich. Der Auftraggeber muss sich daher hinsichtlich der Wirtschaftlichkeit regelmäßig darauf beschränken, den

---

[65] BayObLG Beschl. v. 18.6.2002- Verg 8/02, VergabeR 2002, 657, 658; KG Beschl. v. 4.4.2002 – Kart Verg 5/02, NZBau 2002, 522, 523; VK Bund Beschl. v. 28.9.2009 – VK 3-169/09; VK Berlin Beschl. v. 15.8. 2011 – VK B2-22/11, IBR 2012, 220; VK Schleswig-Holstein Beschl. v. 6.5.2015 – VK-SH 4/15; *Bulla/Schneider* VergabeR 2011, 664, 666; *Dreher/Hoffmann* NZBau 2009, 216, 218; *Schröder* NVwZ 2002, 1440, 1442; *Wegmann* NZBau 2001, 475, 477; Ziekow/Völlink/*Braun* GWB § 134 Rn. 85; Reidt/Stickler/Glahs/*Glahs* § 134 Rn. 35; Hattig/Maibaum/*Hattig* § 101a GWB Rn. 49; KKPP/*Maimann* § 134 Rn. 26.

[66] KG Beschl. v. 4.4.2002 – Kart Verg 5/02, NZBau 2002, 522, 523; VK Berlin Beschl. v. 15.8.2011 – VK B2-22/11, IBR 2012, 220; VK Schleswig-Holstein Beschl. v. 6.5.2015 – VK-SH 4/15; MüKoWettbR/*Fett* § 134 GWB Rn. 36; Müller-Wrede/*Gnittke/Hattig* GWB § 134 Rn. 69; Schulte/Just/*Just,* Kartellrecht § 101a GWB Rn. 7.

[67] MüKoWettbR/*Fett* § 134 GWB Rn. 36.

[68] VK Schleswig-Holstein Beschl. v. 6.5.2015 – VK-SH 4/15.

[69] *Bulla/Schneider* VergabeR 2011, 664, 666; *Dreher/Hoffmann* NZBau 2009, 216, 218; MüKoWettbR/*Fett* § 134 GWB Rn. 37; Hattig/Maibaum/*Hattig* § 101a GWB Rn. 53.

[70] BayObLG Beschl. v. 3.7.2002 – Verg 13/02, VergabeR 2002, 637, 638 mAnm *Ch. Wagner;* BayObLG Beschl. v. 18.6.2002 – Verg 8/02, VergabeR 2002, 657, 658; OLG Düsseldorf Beschl. v. 6.8.2001 – VII-Verg 28/01, VergabeR 2001, 429, 430 mAnm *Abel;* OLG Koblenz Beschl. v. 25.3.2002 – 1 Verg 1/02, VergabeR 2002, 384, 386 mAnm *Glahs/Külpmann; Schaller* VergabeR 2007, Sonderheft 2a, 394, 401f.; *Portz* VergabeR 2002, 211, 213f.; *Kratzenberg* NZBau 2001, 119, 120.

[71] Im Ergebnis ebenso OLG Düsseldorf Beschl. v. 17.2.2010 – VII-Verg 51/09, NRWE; *Bulla/Schneider* VergabeR 2011, 664, 666; MüKoWettbR/*Fett* § 134 GWB Rn. 37; Müller-Wrede/*Gnittke/Hattig* GWB § 134 Rn. 66; Hattig/Maibaum/*Hattig* § 101a GWB Rn. 52; Willenbruch/Wieddekind/*Stumpf* § 134 GWB Rn. 22; einschränkend hingegen VK Berlin Beschl. v. 15.8.2011 – VK B2-22/11, IBR 2012, 220; VK Nordbayern Beschl. v. 18.11.2011 – 21.VK-3194-36/11, IBRRS 2012, 0095; zurückhaltend Pünder/Schellenberg/*Mentzinis* § 134 GWB Rn. 26.

[72] VK Baden-Württemberg Beschl. v. 1.4.2010 – 1 VK 13/10, BeckRS 2010, 24476.

übergangenen Bietern Angaben zur Wertung jeweils ihres eigenen Angebots, beispielsweise die vergebene Punktzahl, mitzuteilen[73].

Von einer Verpflichtung des Auftraggebers, die **Rangstelle** des abgelehnten Angebotes anzugeben, wurde im Gesetzgebungsverfahren zur Einführung von § 101a GWB 2009 im Rahmen des Vergaberechtsmodernisierungsgesetzes vom 20.4.2009[74] bewusst abgesehen[75]. Gleichwohl kann es sinnvoll und auf Grund der aus dem vorvertraglichen Schuldverhältnis (§ 311 Abs. 2 iVm § 241 Abs. 2 BGB)[76] folgenden Rücksichtnahmepflichten sogar geboten sein, im Rahmen der Information nach § 134 GWB auch darüber Mitteilung zu machen, um Nachprüfungsverfahren, die mangels Zuschlagschancen wegen § 160 Abs. 2 S. 2 GWB keine Aussicht auf Erfolg haben, zu vermeiden[77]. 40

4. Frühester Zeitpunkt des Vertragsschlusses

Darüber hinaus hat der Auftraggeber den nicht zum Zuge kommenden Bietern und Bewerbern denjenigen Zeitpunkt mitzuteilen, zu dem der Vertrag frühestens geschlossen wird. Auch diese Vorgabe, mit deren Normierung die Vorgaben aus Art. 2a Abs. 2 RL 89/665/EWG idF. der RL 2007/66/EG umgesetzt werden, dient der **Warnfunktion** der Informationspflicht. Die Mitteilungsempfänger erfahren dadurch, welcher Zeitraum ihnen verbleibt, um ein Nachprüfungsverfahren einzuleiten. 41

Der früheste Zeitpunkt des Vertragsschlusses ist **als kalendarisches Datum** anzugeben[78]. Dies folgt bereits aus der Formulierung der Informationspflicht in § 134 Abs. 1 S. 1 GWB, die die Angabe des Zeitpunktes verlangt[79]. Die Angabe einer Frist genügt daher auch dann nicht, wenn der Empfänger der Mitteilung mit allen für die Berechnung des Fristendes notwendigen Angaben ausgestattet wird, da § 134 Abs. 1 S. 1 GWB die Bieter hiervon gerade enthebt. Erst recht genügt die Angabe einer Frist dann nicht, wenn der Empfänger den Zeitpunkt ihres Beginns oder ihre Dauer nicht kennt[80]. 42

Gibt der Auftraggeber fehlerhaft ein **zu frühes Datum** an, tritt stets die Unwirksamkeitsfolge aus § 135 Abs. 1 Nr. 1 GWB ein[81]. Dafür ist es nicht erforderlich, dass der betroffene Bieter, der sich auf die Unwirksamkeitsfolge beruft, im Zeitraum zwischen dem vom Auftraggeber angegebenen Datum und dem eigentlichen Ende der Wartefrist einen Nachprüfungsantrag gestellt hat. Denn es kann nicht ausgeschlossen werden, dass sich der Bieter durch die fehlerhafte Angabe des zu frühen Datums von vornherein an der Anbringung eines Nachprüfungsantrags gehindert sah. 43

Die Unwirksamkeitsfolge aus § 135 Abs. 1 Nr. 1 GWB tritt ebenfalls ein, wenn der Auftraggeber einen frühestmöglichen Zeitpunkt des Vertragsschlusses benennt, der **nach dem Ablauf der Wartefrist** liegt[82]. Auch in einem solchen Fall verstößt der Auftraggeber 44

---

[73] Ähnlich Willenbruch/Wieddekind/*Stumpf* § 134 GWB Rn. 22.

[74] BGBl I 2009, 790.

[75] BT-Drs. 19/10117, S. 21.

[76] BVerwG Beschl. v. 2.5.2007 – BVerwG 6 B 10.07, BVerwGE 129, 9, 13f.; BGH Urt. v. 5.6.2012 – X ZR 161/11, NZBau 2012, 652, 653; BGH Urt. v. 9.6.2011 – X ZR 143/10, NZBau 2011, 498, 499; BGH Urt. v. 16.12.2003 – X ZR 282/02, NJW 2004, 2165; BGH Urt. v. 8.9.1998 – X ZR 48/97, BGHZ 139, 259, 260f.; OLG München Beschl. v. 15.3.2012 – Verg 2/12, NZBau 2012, 460, 461.

[77] BT-Drs. 19/10117, S. 21; *Portz* VergabeR 2002, 211, 213; Ziekow/Völlink/*Braun* GWB § 134 Rn. 91; MüKoWettbR/*Fett* § 134 GWB Rn. 34; Reidt/Stickler/Glahs/*Glahs* § 134 Rn. 36; Müller-Wrede/*Gnittke/Hattig* GWB § 134 Rn. 78; Hattig/Maibaum/*Hattig* § 101a GWB Rn. 61.

[78] OLG Jena Beschl. v. 9.9.2010 – 9 Verg 4/10, VergabeR 2011, 96, 98.

[79] *Schwintowski* VergabeR 2010, 877, 889f. hält dies für europarechtswidrig.

[80] OLG Jena Beschl. v. 9.9.2010 – 9 Verg 4/10, VergabeR 2011, 96, 98; VK Südbayern Beschl. v. 16.5.2011 – Z3-3-3194-1-09-03/11, IBRRS 2011, 3969.

[81] OLG Düsseldorf Beschl. v. 12.6.2019 – VII-Verg 54/18, NZBau 2020, 109, 111; MüKoWettbR/*Fett* § 134 GWB Rn. 47.

[82] VK Bund Beschl. v. 26.11.2013 – VK 2-104/13, VPR 2014, 103; VK Bund Beschl. v. 16.7.2002 – VK 2-50/02, IBRRS 2013, 3939; Ziekow/Völlink/*Braun* § 134 GWB Rn. 107; Reidt/Stickler/Glahs/*Glahs* § 134 Rn. 34; aA, aber für Verlängerung der Wartefrist VK Bund Beschl. v. 7.7.2015 – VK 2-49/15, VPR 2015, 241; Müller-Wrede/*Gnittke/Hattig* GWB § 134 Rn. 76.

gegen § 134 GWB, und die Adressaten der Mitteilung laufen Gefahr, auf Grund der falschen Angabe einen Nachprüfungsantrag erst dann einzureichen, wenn die tatsächliche Wartefrist bereits abgelaufen und der Zuschlag wirksam erteilt ist. Von einer derartigen inhaltlich falschen Mitteilung ist die Zusage des Auftraggebers, den Zuschlag auch nach Ablauf der Wartefrist zunächst nicht erteilen zu wollen, zu unterscheiden. Derartige Zusagen des Auftraggebers können die gesetzliche Wartefrist nach § 134 Abs. 2 S. 1 und 2 GWB nicht verlängern[83]. Sie sind für den Auftraggeber jedoch gleichwohl verbindlich[84]. Verstößt der Auftraggeber gegen seine so begründete Selbstbindung und erteilt den Zuschlag nach Ablauf der gesetzlichen Wartefrist, aber vor Eintritt des selbst zugesagten Zeitpunktes, tritt die Unwirksamkeitsfolge nach § 135 Abs. 1 Nr. 1 GWB nicht ein. Gleichwohl können den betroffenen Bietern Schadensersatzansprüche gegen den Auftraggeber nach § 280 Abs. 1 BGB iVm § 241 Abs. 2, § 311 Abs. 2 Nr. 1 BGB zustehen. Im Einzelfalle kommt zudem eine Nichtigkeit des geschlossenen Vertrages nach § 138 Abs. 1 BGB in Betracht. Für die Bieter bedeutet diese Sichtweise keine Einschränkung ihrer Möglichkeit, gegen eine rechtswidrige Zuschlagsentscheidung um wirksamen Rechtsschutz nachzusuchen, da zu ihren Gunsten in jedem Fall die gesetzliche Wartefrist nach § 134 Abs. 2 S. 1 und 2 GWB einzuhalten ist.

III. Form der Information

45 § 134 Abs. 1 S. 1 GWB bestimmt, dass die Information **in Textform** zu übermitteln ist. Gemäß § 126b BGB setzt dies voraus, dass die Erklärung in einer Urkunde oder auf andere zur dauerhaften Wiedergabe in Schriftzeichen geeignete Weise abgegeben, die Person des Erklärenden genannt und der Abschluss der Erklärung durch Nachbildung der Namensunterschrift oder anders erkennbar gemacht werden. Ein Versand als **Telefax** oder über das Internet als **E-Mail** erfüllt nach allgemeinem Verständnis diese Voraussetzungen[85]. Hingegen genügt eine mündliche oder fernmündliche Information des Auftraggebers nicht, da ein Mindestmaß an Verlässlichkeit gewährleistet werden soll[86]. Die Verpflichtung auf die Textform stellt somit einen Kompromiss zwischen dem Interesse der übergangenen Bieter an einer verlässlichen Unterrichtung und dem Interesse des Auftraggebers und des vorgesehenen Zuschlagsempfängers an einem raschen Fortgang des Verfahrens dar.

46 Jenseits der Vorgabe der Textform überlässt es § 134 Abs. 1 GWB dem Auftraggeber, einen geeigneten **Übermittlungsweg** zu wählen. Allgemein kommt daher jeder geeignete Übermittlungsweg in Betracht, bei dem die Textform gewahrt werden kann.

47 Allerdings hängt von der Wahl des Übermittlungsweges die **Dauer der Wartefrist** ab. § 134 Abs. 2 S. 2 GWB bestimmt, dass sich die Regelwartefrist von 15 Kalendertagen auf zehn Kalendertage verkürzt, wenn die Information auf elektronischem Weg oder als Telefax versandt wird. Der Auftraggeber wird daher üblicherweise einen dieser beiden Wege wählen, um einen raschen Zuschlag zu ermöglichen.

---

[83] Reidt/Stickler/Glahs/*Glahs* § 134 Rn. 34; Hattig/Maibaum/*Hattig* § 101a GWB Rn. 71; ebenso zu § 13 VgV aF: OLG Bremen Beschl. v. 17.11.2003 – Verg 6/2003, NZBau 2004, 172; OLG Düsseldorf Beschl. v. 23.5.2007 – VII-Verg 14/07, BeckRS 2016, 21210; aA OLG Bremen Beschl. v. 5.3.2007 – Verg 4/2007, IBR 2007, 269; ablehnend wohl auch OLG Jena Beschl. v. 14.2.2005 – 9 Verg 1/05, VergabeR 2005, 521, 524; differenzierend Pünder/Schellenberg/*Mentzinis* § 134 GWB Rn. 17, 36.

[84] OLG Düsseldorf Beschl. v. 12.6.2019 – VII-Verg 54/18, NZBau 2020, 109, 111; *Dreher/Hoffmann* NZBau 2009, 216, 218; Hattig/Maibaum/*Hattig* § 101a GWB Rn. 71; Willenbruch/Wieddekind/*Stumpf* § 134 GWB Rn. 25; aA Reidt/Stickler/Glahs/*Glahs* § 134 Rn. 34.

[85] Ziekow/Völlink/*Braun* GWB § 134 Rn. 98; MüKoWettbR/*Fett* § 134 GWB Rn. 54; Reidt/Stickler/Glahs/*Glahs* § 134 Rn. 37; Müller-Wrede/*Gnittke/Hattig* GWB § 134 Rn. 81; Hattig/Maibaum/*Hattig* § 101a GWB Rn. 63; KKPP/*Maimann* § 134 Rn. 35; Pünder/Schellenberg/*Mentzinis* § 134 GWB Rn. 29.

[86] Einschränkend OLG Schleswig Beschl. v. 28.11.2005 – 6 Verg 7/05, VergabeR 2006, 258, 259 m. abl. Anm. *Hertwig,* sowie Pünder/Schellenberg/*Mentzinis* § 134 GWB Rn. 30; dagegen zu Recht Hattig/Maibaum/*Hattig* § 101a GWB Rn. 64.

Gleichwohl kann es im Einzelfalle sinnvoll sein, einen Übermittlungsweg zu wählen, der es erlaubt, über die Mindestanforderungen der Textform hinauszugehen und die übergangenen Bieter in Schriftform zu unterrichten, zB im Wege des Versandes eines Einschreibens oder der Übergabe des Schreibens durch einen Boten. Dies bietet sich insbesondere dann an, wenn der Auftraggeber **Beweisschwierigkeiten** hinsichtlich der Übermittlung der Information vermeiden will. 48

Aus der **Warnfunktion**[87] der Informationspflicht folgt, dass der vom Auftraggeber gewählte Übermittlungsweg sicherstellen muss, dass die Mitteilung eine **Anstoßwirkung** auf die betroffenen Bieter hat. Der gewählte Übermittlungsweg muss daher zumindest eine individuelle Ansprache des einzelnen Bieters bewirken. Dem wird beispielsweise die bloße **Veröffentlichung** der Information in einem Mitteilungsblatt oder im Internet zum Ausdruck durch die Bieter nicht gerecht, obgleich diese Veröffentlichungsarten für sich genommen das Erfordernis der Textform nach § 126b BGB wahren können[88]. Die erforderliche Anstoßwirkung kann bei einer Veröffentlichung erst dann erreicht werden, wenn der Auftraggeber den betroffenen Bietern zum Zeitpunkt der Veröffentlichung individuell mitteilt, dass und wo die Information verfügbar ist. 49

Ob die Informationspflicht durch Bereitstellung der Information auf einer **elektronischen Vergabeplattform** erfüllt werden kann, ist differenziert zu beurteilen. § 134 Abs. 1 S. 1 GWB verlangt die Übermittlung der Information in Textform iSv § 126b BGB. Dies erfordert gemäß § 126b S. 1 BGB die Abgabe der Erklärung auf einem dauerhaften Datenträger. Dies ist gemäß § 126b S. 2 BGB jedes Medium, das es dem Empfänger ermöglicht, eine auf dem Datenträger befindliche, an ihn persönlich gerichtete Erklärung so aufzubewahren oder zu speichern, dass sie ihm während eines für ihren Zweck angemessenen Zeitraums zugänglich ist, und geeignet ist, die Erklärung unverändert wiederzugeben. Nach ganz überwiegender Auffassung erfüllt das bloße Vorhalten von Informationen auf einer Internetseite diese Anforderungen nicht, weil derartig kundgegebene Informationen dem jederzeitigen Zugriff und der jederzeitigen Veränderbarkeit durch den Betreiber der Internetseite unterliegen. Erforderlich ist vielmehr, dass der Adressat der Information diese auf seinem Rechner abspeichert oder ausdruckt[89]. Diese Anforderungen an die Textform gelten auch im Rahmen von § 134 Abs. 1 S. 1 GWB[90]. Zwar beruht dieses Verständnis davon, was Textform bedeutet, im Wesentlichen auf Vorgaben des europäischen Verbraucherschutzrechts[91]. Doch hat der Gesetzgeber in § 126b BGB eine einheitliche Definition der Textform geschaffen, die immer dann Geltung beansprucht, wenn durch Gesetz Textform vorgeschrieben ist. Für ein gespaltenes Verständnis der Anforderungen an die Textform je nach Normzusammenhang ist daher kein Raum[92]. Ausgehend hiervon kann die Informationspflicht nach § 134 Abs. 1 S. 1 GWB durch das bloße Einstellen der Information auf einer elektronischen Vergabeplattform zum Abruf durch die Adressaten nicht erfüllt werden[93]. Dies gilt auch dann, wenn der Adressat der Information über die Bereitstellung per E-Mail unterrichtet wird, sofern die per E-Mail versandte Nachricht nicht selbst die gemäß § 134 Abs. 1 S. 1 GWB erforderlichen Angaben enthält. Hat der Adressat hingegen die auf der Vergabeplattform bereitgestellten Informationen auf seinem Rechner 50

---

[87] Dazu → Rn. 3, 33.

[88] Zu den Anforderungen → Rn. 50.

[89] BGH Urt. v. 15.5.2014 – III ZR 368/13, NJW 2014, 2857, 2858; BGH Urt. v. 2.4.2010 – I ZR 66/08, NJW 2010, 3566, 3567; OLG München Urt. v. 6.4.2017 – 29 U 3139/16, MMR 2017, 773, 774; Spindler/Schuster/*Spindler* § 126b BGB Rn. 6 mwN; aA MüKoBGB/*Einsele* § 126b Rn. 6, 11.

[90] Reidt/Stickler/Glahs/*Glahs* § 134 Rn. 37; KKPP/*Maimann* § 134 Rn. 35.

[91] BGH Urt. v. 15.5.2014 – III ZR 368/13, NJW 2014, 2857, 2858; s. auch EuGH Urt. v. 5.7.2012 – C-49/11 – Content Services Ltd, Rn. 32–37.

[92] AA MüKoBGB/*Einsele* § 126b Rn. 6, 11.

[93] VK Südbayern Beschl. v. 29.3.2019 – Z3-3-3194-1-07-03/19, NZBau 2019, 751, 752. Die hiergegen gerichtete Kritik von *Hömke* IR 2019, 166, 167, übergeht die aus § 126b BGB folgenden Formanforderungen und verkennt zudem, dass für die Erfüllung der Informationspflicht nach § 134 Abs. 1 S. 1 GWB der Zugang der Mitteilung beim Adressaten erforderlich ist (→ Rn. 61).

tatsächlich abgespeichert oder ausgedruckt, sind die Formanforderungen gewahrt, sofern er in einer der Warnfunktion gerecht werdenden Weise[94] über die Bereitstellung der Information unterrichtet wurde. Nicht ausgeschlossen erscheint es zudem, dass die Bereitstellung der Informationen auf einer Vergabeplattform dann die Informationspflicht gemäß § 134 Abs. 1 S. 1 GWB erfüllt, wenn die Informationen in einem nur dem jeweiligen Adressaten zugänglichen und gesicherten Bereich der Vergabeplattform abgelegt werden, der weder dem Zugriff des Auftraggebers noch demjenigen des Betreibers der Vergabeplattform unterliegt[95], so dass eine solche Zurverfügungstellung funktional der Abspeicherung der Informationen auf dem eigenen Rechner gleichgestellt werden kann[96]. Auch dann muss der Adressat aber in der gebotenen Weise über die Bereitstellung unterrichtet werden.

51 Gemäß § 134 Abs. 1 S. 1 GWB sind die erfolglosen Bieter **unverzüglich,** dh ohne schuldhaftes Zögern (§ 121 BGB)[97], zu unterrichten. Anknüpfungspunkt für die Bestimmung der Unverzüglichkeit ist der Abschluss der Prüfung und Wertung der eingegangenen Angebote, mithin derjenige Zeitpunkt, zu dem der Auftraggeber abschließend ermittelt hat, welches Angebot angenommen werden soll.

V. Verhältnis zu sonstigen Informationspflichten

52 Die Informationspflicht nach § 134 Abs. 1 S. 1 GWB ist unabhängig von den **sonstigen Informationspflichten des Auftraggebers,** die sich insbesondere aus § 62 VgV, § 36 VSVgV, § 19 EU VOB/A sowie § 19 VS VOB/A ergeben[98]. Diese weichen sowohl hinsichtlich ihres Zwecks[99] als auch hinsichtlich der an ihren Inhalt zu stellenden Anforderungen von der Informationspflicht nach § 134 Abs. 1 GWB ab. § 62 Abs. 1 S. 1 VgV und § 36 Abs. 1 S. 1 VSVgV stellen dies dahingehend klar, dass die dort normierten Informationspflichten die Pflicht nach § 134 GWB unberührt lässt. Dies schließt es freilich nicht aus, dass der Auftraggeber mit einem einheitlichen Mitteilungsschreiben alle Informationspflichten erfüllt, soweit dieses den jeweiligen Anforderungen Genüge tut[100].

D. Wartepflicht

I. Inhalt der Wartepflicht

53 § 134 Abs. 2 S. 2 GWB bestimmt, dass der Vertrag erst 15 Kalendertage nach der Absendung der Nachricht über den bevorstehenden Vertragsschluss gemäß § 134 Abs. 1 S. 1 und 2 GWB geschlossen werden darf. Die rechtsschutzsichernde Wirkung von § 134 GWB wird erst durch die Anordnung dieser **Wartepflicht** erreicht, da sie erforderlich ist, um den Adressaten der Mitteilung die Möglichkeit zu gewähren, rechtzeitig um Rechtsschutz gegen den bevorstehenden Vertragsschluss nachzusuchen.

54 Aus dem Zweck der Wartepflicht folgt, dass die Wartepflicht nicht zu einer allgemeinen **Aussetzung** des Vergabeverfahrens führt. Die betroffenen Bieter sollen lediglich davor geschützt werden, dass der Auftraggeber mit dem Zuschlag vollendete Tatsachen schafft. Vergleichbare irreversible Rechtsverletzungen, wie sie durch den Zuschlag bewirkt werden

[94] Dazu → Rn. 49.

[95] Vgl. die von § 10 Abs. 1 S. 2 VgV definierten Anforderungen für die umgekehrte Situation der Angebotsabgabe.

[96] S. zu diesem Gedanken Spindler/Schuster/*Spindler* § 126b BGB Rn. 6.

[97] Ziekow/Völlink/*Braun* GWB § 134 Rn. 100; Willenbruch/Wieddekind/*Stumpf* § 134 GWB Rn. 27.

[98] KKMPP/*Marx* § 62 Rn. 3 f.; Voppel/Osenbrück/Bubert/*Voppel* § 62 Rn. 7; teilweise einschränkend Pünder/Schellenberg/*Mentzinis* § 19 VOB/A Rn. 4, 10; vgl. auch OLG Koblenz Beschl. v. 22.3.2001 – Verg 9/00, VergabeR 2001, 407, 409.

[99] Dazu → § 36 Rn. 46.

[100] *Macht/Städler* NZBau 2012, 143, 144 ff.; *Hailbronner* NZBau 2002, 474, 477; Pünder/Schellenberg/*Mentzinis* § 134 GWB Rn. 2.

können, drohen jedoch durch die übrigen Verfahrensschritte üblicherweise nicht. Daher ist es dem Auftraggeber nicht verwehrt, während der Wartefrist das Verfahren fortzuführen und beispielsweise den Zuschlag vorzubereiten und sich auf die bevorstehende Vertragsdurchführung einzurichten. Lediglich des Zuschlags selbst hat er sich bis zum Ablauf der Wartefrist zu enthalten.

Die Wartepflicht ist zudem unabhängig vom **Suspensiveffekt eines Nachprüfungsantrags** gemäß § 169 Abs. 1 GWB. Wird der Vertrag nicht unmittelbar nach Ablauf der Wartefrist geschlossen, so bewirkt ein dem Auftraggeber vor dem Zuschlag in Textform zur Kenntnis gebrachter Nachprüfungsantrag die Rechtsfolgen aus § 169 Abs. 1 GWB auch dann, wenn zum Zeitpunkt seiner Anbringung die Wartefrist nach § 134 Abs. 2 S. 1 und 2 GWB bereits verstrichen ist. § 134 Abs. 2 GWB stellt mithin keine Präklusionsregelung zu Lasten des Antragstellers im Nachprüfungsverfahren dar[101]. Vielmehr hat es allein der Auftraggeber in der Hand, wann er nach Ablauf der Wartefrist den Zuschlag erteilt und dadurch später angebrachten Nachprüfungsanträgen die Erfolgsaussichten nimmt. 55

II. Dauer der Wartefrist

Die Wartefrist beträgt gemäß § 134 Abs. 2 S. 1 GWB im Regelfalle **15 Kalendertage.** Dies wird als ausreichend erachtet, um den Bietern die Möglichkeit zu geben, den in Aussicht gestellten Zuschlag auf Rechtsverletzungen zu prüfen und ggf. einen Nachprüfungsantrag so rechtzeitig bei der Vergabekammer anzubringen, dass der Auftraggeber vor Vertragsschluss darüber in Textform unterrichtet und mithin gemäß § 169 Abs. 1 GWB an dem Zuschlag gehindert wird. 56

Versendet der Auftraggeber die Mitteilung als Telefax oder auf elektronischem Wege, verkürzt sich die Frist gemäß § 134 Abs. 2 S. 2 GWB auf **zehn Kalendertage.** Dadurch wird dem Umstand Rechnung getragen, dass maßgeblich für den Fristbeginn der Zeitpunkt der Absendung der Mitteilung ist, so dass die Dauer der Übermittlung bis zum Zugang der Mitteilung beim Empfänger in die Frist fällt. Sorgt der Auftraggeber durch die Wahl eines zeitlich verkürzten Versandweges für eine kurze Übermittlungsdauer, profitiert er von einer Verkürzung der Wartefrist. 57

Während der Begriff des **Telefax** allgemein verständlich ist, bleibt nach dem Gesetzeswortlaut offen, welche Versandarten als **elektronischer Weg** anzusehen sind. Ausgehend von dem Normzusammenhang muss es als erforderlich, aber auch ausreichend angesehen werden, wenn die Information nicht verkörpert, sondern mittels elektronischer Signalübertragung übermittelt wird und der Übermittlungsweg unter gewöhnlichen Umständen ein unmittelbar auf die Absendung folgendes Eintreffen beim Empfänger gewährleistet. Der in der Praxis gebräuchliche Versand über das Internet als **E-Mail** erfüllt diese Voraussetzungen[102]. Daneben kommt auch ein Versand über das Telefon- oder Mobilfunknetz als **Kurzmitteilung** in Betracht. 58

Bei der Berechnung der Wartefrist findet **§ 193 BGB** keine Anwendung[103]. Die Wartefrist kann mithin auch an einem Samstag, Sonntag oder Feiertag enden. Dies folgt bereits aus dem Wortlaut von § 134 Abs. 2 S. 1 und 2 GWB, wonach für die Berechnung nur auf Kalendertage abzustellen ist. Zudem gilt § 193 BGB nur für Fristen und Termine, die für die Abgabe einer Willenserklärung oder die Bewirkung einer Leistung zu beachten sind[104]. Tritt hingegen mit dem Ablauf der Frist eine bestimmte Rechtswirkung ein, ist § 193 BGB nicht anwendbar. Aus demselben Grund kommt eine entsprechende Anwendung 59

---

[101] OLG Düsseldorf Beschl. v. 14.5.2008 – VII-Verg 11/08, NRWE; Hattig/Maibaum/*Hattig* § 101a GWB Rn. 70.

[102] *Dreher/Hoffmann* NZBau 2009, 216, 218.

[103] OLG Düsseldorf Beschl. v. 14.5.2008 – VII-Verg 11/08, NRWE; VK Sachsen-Anhalt Beschl. v. 21.6. 2018 – 1 VK LSA 13/18, IBRRS 2018, 3143 Rn. 50; Reidt/Stickler/Glahs/*Glahs* § 134 Rn. 42; Müller-Wrede/*Gnittke/Hattig* GWB § 134 Rn. 97; Hattig/Maibaum/*Hattig* § 101a GWB Rn. 78.

[104] Palandt/*Ellenberger* BGB § 193 Rn. 2; MüKoBGB/*Grothe* § 193 Rn. 6.

von § 193 BGB, auch als Gesamtanalogie unter Berücksichtigung von § 222 Abs. 2 ZPO und § 31 Abs. 3 VwVfG, ebenfalls nicht in Betracht[105]. Auch aus der Auslegungsregel in Art. 3 Abs. 4 der VO (EWG, Euratom) Nr. 1182/71 des Rates vom 3.6.1971 folgt daher nichts anderes[106].

Bedenklich erscheint hingegen die teilweise in der Rechtsprechung vertretene Auffassung[107], dass die Wartefrist dann nicht zu laufen beginne, wenn der Auftraggeber die Mitteilung zu einem Zeitpunkt verschickt, der dazu führt, dass wegen eines Zusammentreffens von Feiertagen und Wochenenden **nur wenige Werktage** in die Wartefrist fallen. Das Oberlandesgericht Düsseldorf rechtfertigt diese Gesetzesauslegung damit, dass eine derartige Maßnahme von den Gerichten getroffen werden könne, um die praktische Wirksamkeit der kartellvergaberechtlichen Rechtsschutzvorschriften zu gewährleisten. In gleicher Weise könne auf das Erfordernis einer vorherigen Rüge verzichtet werden. Diese Erwägungen blenden freilich bereits aus, dass die Wartefrist stets mindestens ein Wochenende umfasst, so dass die Frist *„faktisch"*[108] ohnehin niemals zehn bzw. 15 Tage beträgt. Hinzu tritt, dass nicht davon ausgegangen werden kann, dass Samstage nicht zu den Werktagen zählen[109], so dass diese Tage selbst bei einer wertenden Betrachtung nicht ausgeblendet werden können. Überdies hat der Gesetzgeber in Übereinstimmung mit Art. 2a Abs. 2 2. Uabs. RL 89/665/EWG idF RL 2007/66/EG die Wartefrist ausdrücklich nach Kalendertagen bemessen, so dass es bereits im Ansatz verfehlt ist, diese Entscheidung durch Zumutbarkeitserwägungen zu korrigieren[110].

III. Beginn der Wartefrist

60 Gemäß § 134 Abs. 2 S. 3 GWB beginnt die Wartefrist am Tage nach demjenigen Tage, an dem der Auftraggeber die Mitteilung **abgesandt** hat. Maßgeblich für die Absendung ist, wann sich der Auftraggeber der Mitteilungen an die betroffenen Bieter entäußert, sie also so aus seinem Herrschaftsbereich herausgibt, dass sie bei bestimmungsgemäßem weiteren Verlauf der Dinge sämtliche Bieter erreichen, deren Angebote nicht berücksichtigt werden sollen[111]. Der Zeitpunkt des Zugangs beim Empfänger ist nach dem ausdrücklichen Wortlaut des Gesetzes, der auf die Formulierung in Art. 2a Abs. 2 1. UA. RL 89/665/EWG idF RL 2007/66/EG zurückgeht, nicht maßgeblich[112]. Dies gilt selbst dann, wenn die Mitteilung den Empfänger erst nach Ablauf der Wartefrist und damit möglicherweise nach Vertragsschluss erreicht[113]. Das Risiko von Verzögerungen bei der Übermittlung der Information trägt mithin der Empfänger[114]. Da bei ordnungsgemäßem Lauf der Dinge damit gerechnet werden kann, dass eine per Post übersandte Mitteilung über den bevorstehenden Zuschlag auch einen Empfänger in einem anderen Mitgliedstaat der EU innerhalb

[105] OLG Düsseldorf Beschl. v. 14.5.2008 – VII-Verg 11/08, NRWE.

[106] OLG Düsseldorf Beschl. v. 14.5.2008 – VII-Verg 11/08, NRWE.

[107] OLG Düsseldorf Beschl. v. 5.11.2014 – VII-Verg 20/14, VergabeR 2015, 473 (474f.) mAnm. *Kaiser/Plantiko.*

[108] So der Maßstab bei OLG Düsseldorf Beschl. v. 5.11.2014 – VII-Verg 20/14, VergabeR 2015, 473 (474).

[109] S. nur § 11 Abs. 3 VOB/B und § 11 Nr. 2 S. 3 VOL/B (dazu BGH Urt. v. 25.9.1978 – VII ZR 263/77, NJW 1978, 2594); weitere Beispiele bei MüKoBGB/*Grothe* § 193 Rn. 2.

[110] Zu Recht ablehnend daher *Kaiser/Plantiko* VergabeR 2015, 475; vgl. ferner OLG Rostock Beschl. v. 7.11.2018 – 17 Verg 2/18, BeckRS 2018, 49920, Rn. 29ff.

[111] BGH Beschl. v. 9.2.2004 – X ZB 44/03, NZBau 2004, 229, 232 zu § 13 VgV aF.

[112] Unter Geltung von § 13 VgV 2001 vor Novellierung der Vergabeverordnung vom 15.2.2003 war dies umstritten; dazu BGH Beschl. v. 9.2.2004 – X ZB 44/03, NZBau 2004, 229, 232; KG Beschl. v. 4.4. 2002 – Kart Verg 5/02, NZBau 2002, 522, 524f.; OLG Jena Beschl. v. 9.6.2002 – 6 Verg 4/02, ZfBR 2003, 75; *Klingner,* Die Vorabinformationspflicht des öffentlichen Auftraggebers, 295ff.; *Rojahn* NZBau 2004, 382; *Stockmann* NZBau 2003, 591, 593f.; *Portz* VergabeR 2002, 211, 215; *Erdl* VergabeR 2001, 10, 19ff.; *Wegmann* NZBau 2001, 475, 477; jeweils mwN.

[113] Wohl aA *Dreher/Hoffmann* NZBau 2009, 216, 218.

[114] *Kus* NZBau 2005, 96, 98.

weniger Tage erreicht[115], ist dieses Risiko allerdings überschaubar und die gesetzgeberische Entscheidung zur Verteilung dieses Risikos nicht zu beanstanden. Erst recht gelten diese Erwägungen, wenn der Auftraggeber die Bieter per Fax oder auf elektronischem Wege benachrichtigt. Weiß der Auftraggeber allerdings, dass der Bieter die von ihm abgesandte Mitteilung etwa wegen Ortsabwesenheit nicht zeitnah zur Kenntnis nehmen kann, soll es auf Grund des zwischen ihm und den Bietern bestehenden vorvertraglichen Pflichtenverhältnisses treuwidrig sein können, wenn sich der Auftraggeber auf die Absendung der Mitteilung beruft[116].

Hingegen entbindet § 134 Abs. 2 S. 3 GWB nicht von dem Erfordernis des **Zugangs** 61
der Mitteilung beim Empfänger **überhaupt.** Erreicht die Information den betroffenen Bieter nicht, wird die Informationspflicht mithin nicht erfüllt, und der Vertrag darf nicht geschlossen werden[117]. Dies folgt bereits aus der Vorgabe in § 134 Abs. 1 S. 1 GWB, die den Auftraggeber zur Information der Bieter und nicht lediglich zur Entäußerung einer entsprechenden Nachricht verpflichtet. Verzichtete man auf den Zugang der Information, wäre dies mit dem Schutzzweck der Informations- und Wartepflicht nicht vereinbar, da die betroffenen Bieter dann gerade keinen wirksamen Rechtsschutz gegen die Zuschlagsentscheidung erlangen könnten. Dieses Ergebnis stellt auch keinen unüberwindbaren Wertungswiderspruch zu dem Umstand dar, dass der Zugang der Mitteilung nach Ablauf der Wartefrist zur Erfüllung der Informations- und Wartepflicht ausreicht, da der Fristablauf keineswegs zwingend den unmittelbaren Vertragsschluss bedeutet, so dass der Primärrechtsschutz der erfolglosen Bieter in diesen Fällen nicht von vornherein ausgeschlossen ist. Gewissheit über den Zugang der Mitteilung kann sich der Auftraggeber auch bei einem Versand als Telefax oder auf elektronischem Wege beispielsweise dadurch verschaffen, dass er die Empfänger um eine Bestätigung des Zugangs bittet.

E. Ausnahmen

§ 134 Abs. 3 S. 1 GWB erlaubt es dem Auftraggeber, von der Information abzusehen, 62
wenn das **Verhandlungsverfahren ohne vorherige Bekanntmachung** wegen besonderer Dringlichkeit gerechtfertigt ist. Der Gesetzgeber verweist damit auf die untergesetzlichen Bestimmungen über die Wahl der Vergabeart und nimmt auf **§ 14 Abs. 4 Nr. 3 VgV,** auf **§ 12 Abs. 1 Nr. 1 lit. b) VSVgV, § 3a EU Abs. 3 Nr. 4 VOB/A** und auf **§ 3a VS Abs. 2 Nr. 4 VOB/A** Bezug. Ist die Auftragsvergabe derartig dringlich, dass der Auftraggeber nach diesen Bestimmungen das Verhandlungsverfahren ohne vorherige Bekanntmachung wählen kann, so kann er zudem vor dem Zuschlag von einer Information der Bieter oder Bewerber absehen[118]. Damit schafft der Gesetzgeber einen Ausgleich zwischen dem in solchen Fällen in besonderem Maße gesteigerten Interesse des Auftraggebers und der hinter ihm stehenden Allgemeinheit an einer raschen Auftragsvergabe und dem Interesse der übergangenen Bieter an einem wirksamen Rechtsschutz gegen eine rechtswidrige Auftragsvergabe[119].

Nach dem Wortlaut von § 134 Abs. 3 S. 1 GWB ist nicht erforderlich, dass der Auftrag- 63
geber **tatsächlich** das Verhandlungsverfahren ohne vorherige Bekanntmachung gewählt hat, da die Norm es bei strenger Lesart bereits ausreichen lässt, wenn die tatsächlichen Voraussetzungen für eine solches Verfahren wegen besonderer Dringlichkeit vorliegen.

[115] BGH Beschl. v. 9.2.2004 – X ZB 44/03, NZBau 2004, 229, 232.

[116] OLG München Beschl. v. 15.3.2012 – Verg 2/12, NZBau 2012, 460, 461 f.

[117] *Bulla/Schneider* VergabeR 2011, 664, 668; *Dreher/Hoffmann* NZBau 2009, 216, 218; Reidt/Stickler/Glahs/*Glahs* § 134 Rn. 44; Willenbruch/Wieddekind/*Stumpf* § 134 GWB Rn. 33; zu § 13 VgV aF: OLG Naumburg Beschl. v. 17.2.2004 – 1 Verg 15/03, VergabeR 2004, 634, 639.

[118] Weitergehend VK Berlin Beschl. v. 29.9.2009 – VK B2-28/09, nach der nur maßgeblich sein soll, dass aufgrund der besonderen Eilbedürftigkeit des Auftrags ein Zuwarten von zehn Tagen untunlich oder unzumutbar wäre.

[119] Kritisch Ziekow/Völlink/*Braun* GWB § 134 Rn. 114 ff.

Gleichwohl muss man eine derartige Einschränkung des Anwendungsbereichs von § 134 Abs. 3 S. 1 GWB bereits aus Gründen der Transparenz fordern, da es andernfalls für die Teilnehmer am Vergabeverfahren nicht vorhersehbar wäre, ob eine Mitteilung nach § 134 GWB zu erwarten ist. § 134 Abs. 3 S. 1 GWB kann daher nur dann angewandt werden, wenn der Auftrag tatsächlich im Verhandlungsverfahren ohne vorherige Bekanntmachung vergeben wird[120]. Hingegen ist es unschädlich, wenn die Wahl dieses Verfahrens nicht nur wegen der besonderen Dringlichkeit des Auftrags, sondern auch aus **anderen Gründen** gerechtfertigt ist.

64 Aus denselben Erwägungen findet die Ausnahme nach § 134 Abs. 3 S. 1 GWB auf **De-facto-Vergaben,** die ohne geordnetes Vergabeverfahren vorgenommen werden, keine Anwendung[121].

Bei **verteidigungs- und sicherheitsspezifischen Aufträgen** gestattet § 134 Abs. 3 S. 2 GWB die Zurückhaltung bestimmter Informationen über die Zuschlagserteilung. Die Norm entspricht der früheren Regelung in § 36 Abs. 2 VSVgV 2012 und wurde im Zuge der Vergaberechtsreform 2016 in das GWB übernommen[122]. Sie gilt für verteidigungs- und sicherheitsspezifische Aufträge iSv § 104 GWB und setzt voraus, dass die Offenlegung der Information den Gesetzesvollzug behindert, dem öffentlichen Interesse, insbesondere Verteidigungs- oder Sicherheitsinteressen, zuwiderläuft, berechtigte geschäftliche Interessen von Unternehmen schädigt oder den lauteren Wettbewerb zwischen ihnen beeinträchtigen kann[123].

F. Folgen eines Verstoßes

I. § 135 Abs. 1 Nr. 1 GWB

65 Schließt der Auftraggeber einen Vertrag unter Verstoß gegen die Pflichten aus § 134 GWB, ist der geschlossene Vertrag gemäß § 135 Abs. 1 Nr. 1 GWB von Anfang an unwirksam[124].

II. Anspruch auf Einhaltung der Informations- und Wartepflicht

66 Als Hilfsmittel zur Durchsetzung materiellrechtlicher Ansprüche vermittelt § 134 GWB dem betroffenen Bieter seinerseits ein **subjektives Recht** auf Wahrung der Informations- und Wartepflicht[125]. Gleichwohl kann dieses Recht im vergaberechtlichen Nachprüfungsverfahren nur eingeschränkt durchgesetzt werden. Nach anerkannter Auffassung kann ein Nachprüfungsantrag nicht schon darauf gestützt werden, dass der Auftraggeber gegen die Informations- und Wartepflicht verstoßen hat. Vielmehr bedarf es einer **über den Informations- und Wartepflichtverstoß hinausgehenden** Rechtswidrigkeit des Zuschlags, die den Auftraggeber in seinen Rechten verletzt[126]. Andernfalls fehlt es dem Antragsteller

[120] Im Ergebnis ebenso Reidt/Stickler/Glahs/*Glahs* § 134 Rn. 47.

[121] Im Ergebnis ebenso OLG Düsseldorf Beschl. v. 1.10.2009 – Verg 31/09, IBR 2010, 51.

[122] BR-Drs. 367/15, S. 145.

[123] Dazu → § 36 Rn. 56 ff.

[124] Dazu → § 37 Rn. 39 ff.

[125] OLG Jena Beschl. v. 14.2.2005 – 9 Verg 1/05, VergabeR 2005, 521, 523; VK Brandenburg Beschl. v. 21.4.2004 – VK 12/04, IBRRS 2004, 3846; *Erdl* VergabeR 2001, 10, 12; Ziekow/Völlink/*Braun* GWB § 134 Rn. 33.

[126] OLG Brandenburg Beschl. v. 18.5.2004 – Verg W 03/04, BeckRS 2004, 09468; OLG Dresden Beschl. v. 14.2.2003 – WVerg 0011/01, WuW/E Verg 914, 916; OLG Düsseldorf Beschl. v. 12.6.2019 – Verg 8/19, BeckRS 2019, 39059, Rn. 32; OLG Düsseldorf Beschl. v. 12.6.2019 – VII-Verg 54/18, NZBau 2020, 109, 111 f.; OLG Karlsruhe Beschl. v. 30.10.2018 – 15 Verg 7/18, BeckRS 2018, 27501, Rn. 19; OLG München Beschl. v. 12.5.2011 – Verg 26/10, NZBau 2011, 630, 634; VK Bund Beschl. v. 10.10.2013 – VK 1-83/13, VPR 2014, 1033; VK Brandenburg Beschl. v. 21.4.2004 – VK 12/04, IBRRS 2004, 3846; VK Sachsen Beschl. v. 27.1.2003 – 1/SVK/123-02, NJOZ 2003, 3516; Hattig/Maibaum/*Hattig* § 101a GWB Rn. 91; aA

jedenfalls an der nach § 160 Abs. 2 S. 2 GWB erforderlichen Antragsbefugnis, da er nicht geltend machen kann, dass ihm durch den Informations- und Wartepflichtverstoß ein Schaden entstanden ist oder zu entstehen droht.

Diese faktische Einschränkung der Durchsetzbarkeit der Informations- und Wartepflicht 67 ist die Folge einerseits der **dienenden Funktion** dieser Pflicht, die lediglich die Durchsetzung anderer subjektiver Rechte ermöglichen will[127], und andererseits des insbesondere durch § 160 Abs. 2 GWB eingeschränkten Prüfumfangs des vergaberechtlichen Nachprüfungsverfahrens, das nicht auf eine volle Rechtmäßigkeitskontrolle ausgelegt ist. Gleichwohl ändert die eingeschränkte Durchsetzbarkeit der Informations- und Wartepflicht im Nachprüfungsverfahren nichts an der Rechtswidrigkeit eines Verstoßes gegen § 134 Abs. 1 GWB.

G. § 19 EU Abs. 2 und 3 VOB/A, § 19 VS Abs. 2 und 3 VOB/A

Mit der VOB/A 2019 wurden wie bereits zuvor mit der VOB/A 2012 und der VOB/A 68 2016 in § 19 Abs. 2 und 3 EU VOB/A und in § 19 VS Abs. 3 und 3 VOB/A die Bestimmungen aus § 134 GWB wortgleich in den Normbestand des zweiten und des dritten Abschnitts der VOB/A übernehmen. Damit wird die Informations- und Wartepflicht auch auf untergesetzlicher Ebene angeordnet. Die Vorschriften haben keinen über § 134 GWB hinausgehenden Regelungsgehalt und sind entbehrlich.

H. Informations- und Wartepflichten außerhalb von § 134 GWB

Die Informations- und Wartepflicht nach § 134 GWB gilt lediglich im Anwendungsbe- 69 reich des Teils 4 des Gesetzes gegen Wettbewerbsbeschränkungen. Jedoch können unter verschiedenen Gesichtspunkten auch **außerhalb von § 134 GWB** vergleichbare Pflichten bestehen.

I. Landesrechtliche Regelungen

Mehrere landesrechtliche Regelungen sehen vor, dass öffentliche Auftraggeber vor der Er- 70 teilung des Zuschlages die nicht zum Zuge kommenden Bieter unterrichten und sodann eine Wartefrist einhalten müssen. Derartige Vorgaben finden sich in Mecklenburg-Vorpommern in **§ 12 VgG M-V,** in Niedersachsen in **§ 16 NTVergG,** in Sachsen in **§ 8 Abs. 1 SächsVergabeG,** in Sachsen-Anhalt in **§ 19 Abs. 1 SachsAnhLVG,** in Schleswig-Holstein in **§ 5 SHVgVO** und in Thüringen in **§ 19 Abs. 1 ThürVG.** In Rheinland-Pfalz wurde die Landesregierung in **§ 7a Abs. 3 S. 1 lit. b) MFG RP** ermächtigt, durch Rechtsverordnung eine Informations- und Wartepflicht zu schaffen. Die landesrechtlichen Informations- und Wartepflichten sind § 134 GWB nachgebildet, unterscheiden sich aber in ihrem jeweiligen Anwendungsbereich und in den Einzelheiten der Ausgestaltung der Auftraggeberpflichten[128]. Die landesrechtlichen Regelungen über die Informations- und Wartepflicht sind Verbotsgesetze iSv § 134 BGB, deren Verletzung zur Nichtigkeit des geschlossenen Vertrages führt[129].

---

unter Berufung auf den Wortlaut von § 101a Abs. 1 GWB 2013 Ziekow/Völlink/*Braun* GWB § 134 Rn. 111f.

[127] OLG Dresden Beschl. v. 14.2.2003 – WVerg 0011/01, WuW/E 914, 915f.; OLG Karlsruhe Beschl. v. 30.10.2018 – 15 Verg 7/18, BeckRS 2018, 27501 Rn. 19; Hattig/Maibaum/*Hattig* § 101a GWB Rn. 89.

[128] Näher dazu *Conrad* ZfBR 2016, 124, 125f.

[129] VK Sachsen-Anhalt Beschl. v. 30.1.2017 – 3 VK LSA 65/16, IBRRS 2017, 0486; VK Sachsen-Anhalt Beschl. v. 22.12.2016 – 3 VK LSA 50/16, IBRRS 2017, 0509; VK Sachsen-Anhalt Beschl. v. 6.9.2013 – 3 VK LSA 35/13, Juris; *Conrad* ZfBR 2016, 124, 125; aA LG Rostock Urt. v. 6.11.2015 – 3 O 703/15,

II. Informations- und Wartepflicht auf Grund des Justizgewährungsanspruchs?

71 Das Oberlandesgericht Düsseldorf hat mit einem bislang vereinzelt gebliebenen Urteil eine **allgemeine Informations- und Wartepflicht** des öffentlichen Auftraggebers auch außerhalb des Geltungsbereichs des Vergaberechts des Teils 4 des Gesetzes gegen Wettbewerbsbeschränkungen bejaht[130]. Neben unionsrechtlichen Erwägungen[131] hat das Gericht zur Begründung dieser Auffassung im Wesentlichen den Gedanken effektiven Rechtsschutzes herangezogen[132]. Angesprochen ist damit der allgemeine Justizgewährungsanspruch, der als Bestandteil des Rechtsstaatsprinzips außerhalb des Anwendungsbereichs von Art. 19 Abs. 4 GG wirkungsvollen Rechtsschutz garantiert[133] und in seinem Kerngehalt der in Art. 19 Abs. 4 GG normierten Rechtsweggarantie entspricht[134]. Soweit das einzelne Unternehmen bei der Vergabe eines öffentlichen Auftrags die in Art. 3 Abs. 1 GG verbürgte Gleichbehandlung für sich beanspruchen kann, folgt aus dem Justizgewährungsanspruch das Gebot, die wirksame Durchsetzbarkeit dieses subjektiven Rechts mit den Mitteln des Verfahrensrechts zu sichern. Dennoch kann der Sichtweise des Oberlandesgerichts Düsseldorf nicht beigetreten werden[135]. Denn der Justizgewährungsanspruch verlangt nach der Rechtsprechung des Bundesverfassungsgerichts gerade keine Maximierung der Rechtsschutzmöglichkeiten des übergangenen Bieters, sondern erlaubt es dem Gesetzgeber, den Zugang zum Nachprüfungsverfahren vor den Vergabekammern mit der ihn absichernden Informations- und Wartepflicht gemäß § 134 GWB auf die Vergabe von Aufträgen oberhalb der Schwellenwerte gemäß § 106 GWB zu beschränken[136].

72 Dessen ungeachtet hat die Erwägung, die Informations- und Wartepflicht als rechtsstaatliches Gebot zu begreifen, ihre sachliche Berechtigung. Zu Recht weist das Oberlandesgericht Düsseldorf darauf hin[137], dass der aus Art. 33 Abs. 2 GG folgende Anspruch auf gleichen Zugang zu jedem öffentlichen Amt nach Eignung, Befähigung und fachlicher Leistung iVm der Rechtsweggarantie aus Art. 19 Abs. 4 GG gebietet, vor der Vergabe eines öffentlichen Amtes die unterlegenen Bewerber zu informieren und mit der Ernennung des Mitbewerbers einen angemessenen Zeitraum zu warten[138]. Vergleicht man diesen Befund mit der Beschränkung der vergaberechtlichen Informations- und Wartepflicht auf den Oberschwellenbereich, kommt man nicht umhin, eine gewisse **Schieflage** feststellen zu müssen[139]. Diese kann entgegen einer im Schrifttum vertretenen Auffassung nicht damit erklärt werden, dass sich Bieter im Vergabeverfahren außerhalb von § 97 Abs. 6 GWB „lediglich" auf den allgemeinen Gleichheitssatz (Art. 3 Abs. 1 GG) berufen können, während dem Bewerber um ein öffentliches Amt der grundrechtsgleiche Bewerbungsverfahrensanspruch aus Art. 33 Abs. 2 GG zur Seite steht[140]. Denn nicht anders als Art. 33 Abs. 2 GG begründet Art. 3 Abs. 1 GG ein subjektives Recht, für das effektiver Rechtsschutz

---

ZfBR 2016, 302, 303; Kapellmann/Messerschmidt/*Stickler* VOB/A § 19 Rn. 5; s. ferner *Siegel* NZBau 2019, 353, 357 (ohne Berücksichtigung von § 134 BGB).

[130] OLG Düsseldorf Urt. v. 13.12.2017 – I-27 U 25/17, NZBau 2018, 168f.; vgl. bereits zuvor OLG Düsseldorf Urt. v. 19.10.2011 – I-27 W 1/11, VergabeR 2012, 669, 670 mAnm *Krist.*

[131] Dazu → Rn. 74ff.

[132] OLG Düsseldorf Urt. v. 13.12.2017 – I-27 U 25/17, NZBau 2018, 168, 169.

[133] BVerfG Beschl. v. 30.4.2003 – 1 PBvU 1/02, NJW 2003, 1924.

[134] BVerfG Beschl. v. 8.11.2006 – 2 BvR 578/02 ua, NJW 2007, 1933, 1944; Schoch/Schmidt-Aßmann/Bier/*Schmidt-Aßmann/Schenk* VwGO Einl. Rn. 51.

[135] Ebenso KG Urt. v. 7.1.2020 – 9 U 79/19, BeckRS 2020, 3268 Rn. 10; OLG Celle Urt. v. 9.1.2020 – 13 W 56/19, BeckRS 2020, 28 Rn. 25ff.

[136] Dazu → Rn. 5; ebenso *Burgi* NZBau 2018, 579, 584.

[137] OLG Düsseldorf Urt. v. 13.12.2017 – I-27 U 25/17, NZBau 2018, 168, 169.

[138] BVerfG Beschl. v. 9.7.2007 – 2 BvR 206/07, NVwZ 2007, 1178, 1179 (für eine Richterstelle); BVerfG Beschl. v. 28.4.2005 – 1 BvR 2231/02 ua, NJW-RR 2005, 998, 999 (für eine Notarstelle); BVerwG Urt. v. 15.6.2018 – 2 C 23.17, BeckRS 2018, 24296 (für eine Beamtenstelle); BVerwG Urt. v. 4.11.2010 – 2 C 16.09, NJW 2011, 695, 698 (für eine Richterstelle).

[139] Kritisch auch *Pünder* VergabeR 2016, 693, 695, 698.

[140] So aber *Jansen/Geitel* VergabeR 2018, 376, 381f.; ähnlich OLG Celle Urt. v. 9.1.2020 – 13 W 56/19, BeckRS 2020, 28 Rn. 28.

gewährleistet werden muss[141]. Auch wenn der unterlegene Bieter, der bei der Vergabe eines öffentlichen Auftrages nicht zum Zuge kommt, lediglich um eine Umsatzchance gebracht wird[142], so unterscheidet dennoch das aus dem Rechtsstaatsprinzip abzuleitende Gebot effektiven Rechtsschutzes, sei es in der Gestalt der Rechtsschutzgarantie des Art. 19 Abs. 4 GG, sei es in der Gestalt des Justizgewährungsanspruchs, nicht nach dem Rang der geschützten subjektiven Rechte und der Intensität des jeweiligen Eingriffs[143].

Rechtfertigen lässt sich die unterschiedliche Sichtweise bei der Besetzung öffentlicher Ämter einerseits und der Vergabe öffentlicher Aufträge andererseits jedoch gerade noch mit dem Gedanken der Rationalisierung des Einkaufsverhaltens der öffentlichen Hand, der bei Auftragswerten unterhalb der Schwellenwerte eine stärkere Rolle spielt als bei Vergaben im Anwendungsbereich des GWB-Vergaberechts. Dem Massencharakter, der diesen Vergaben typischerweise innewohnt, darf der Gesetzgeber dadurch Rechnung tragen, dass bei der Ausgestaltung des gerichtlichen Rechtsschutzes das Interesse des öffentlichen Auftraggebers an der zügigen und einfachen Auftragsvergabe höher gewichtet wird als das Interesse des unterlegenen Bieters an einem effektiven Primärrechtsschutz[144]. Gleichwohl zeigen die bestehenden landesgesetzlichen Regelungen, dass es durchaus möglich ist, diese Gewichtung anders vorzunehmen; dass dadurch die rationelle Abwicklung von Massenbeschaffungsvorgängen ernsthaft gefährdet würde, ist bislang nicht erkennbar. Die bestehenden Regelungen auf Länderebene könnten daher als Vorbild für noch zu schaffende entsprechende Bestimmungen in den übrigen Ländern dienen[145]. 73

III. Unionsrechtlich begründete Informations- und Wartepflicht?

Unabhängig von der innerstaatlichen Rechtslage kann sich eine Informations- und Wartepflicht aus den Vorgaben des Europarechts ergeben. Für Vergaben im Anwendungsbereich der EU-Vergaberichtlinien sieht Art. 2a Abs. 2 RL 89/665/EWG idF. der RL 2007/66/EG eine Stillhaltefrist vor, die der nationale Gesetzgeber in § 134 Abs. 2 GWB umgesetzt hat. Für Vergabeverfahren außerhalb des Anwendungsbereichs der EU-Vergaberichtlinien gilt diese Vorgabe nicht. Jedoch müssen sie den **Maßgaben des Primärrechts** entsprechen, soweit diese im Einzelfall anwendbar sind. Diese Regeln gelten nach der Rechtsprechung des EuGH auch außerhalb des Anwendungsbereichs der EU-Vergaberichtlinien[146]. 74

Bezogen auf ein Vergabeverfahren der EIB hat das EuG geurteilt, dass ein vollständiger Rechtsschutz der Bieter die Verpflichtung des öffentlichen Auftraggebers voraussetze, sämtliche Bieter vor dem Abschluss des Vertrags von der Zuschlagsentscheidung zu unterrichten, damit sie einen Rechtsbehelf hiergegen einlegen könnten. Dies verlange zudem, 75

[141] BVerfG Beschl. v. 13.6.2006 – 1 BvR 1160/03, NJW 2006, 3701, 3703.

[142] BVerfG Beschl. v. 13.6.2006 – 1 BvR 1160/03, NJW 2006, 3701, 3704.

[143] BVerwG Urt. v. 16.5.2013 – 8 C 14/12, NVwZ 2013, 1481, 1483.

[144] BVerfG Beschl. v. 13.6.2006 – 1 BvR 1160/03, NJW 2006, 3701, 3704; s. auch BVerfG Beschl. v. 23.5.2006 – 1 BvR 2530/04, NJW 2006, 2613, 2616f.

[145] *Conrad* ZfBR 2016, 124, 129.

[146] EuGH Urt. v. 18.11.2010 – C-226/09 – Kommission./.Irland, NZBau 2011, 50 Rn. 29; EuGH Urt. v. 23.12.2009 – C-376/08 – Serrantoni, NZBau 2010, 261 Rn. 21ff.; EuGH Urt. v. 15.5.2008 – C-147/06, C-148/06 – SECAP und Santorso, EuZW 2008, 469 Rn. 20; EuGH Urt. v. 21.2.2008 – C-412/04 – Kommission./.Italien, NVwZ 2008, 397 Rn. 66, 81; EuGH Urt. v. 13.11.2007 – C-507/03 – An Post, EuZW 2008, 23 Rn. 26, 30; EuGH Urt. v. 6.4.2006 – C-410/04 – ANAV, NZBau 2006, 326 Rn. 19; EuGH Urt. v. 20.10.2005 – C-264/03 – Kommission./.Frankreich, IBRRS 2005, 3082 Rn. 22f.; EuGH Urt. v. 13.10.2005 – C-458/03 – Parking Brixen, EuZW 2005, 727 Rn. 48f.; EuGH Urt. v. 21.7.2005 – C-231/03 – Coname, NZBau 2005, 592 Rn. 17f.; EuGH Beschl. v. 3.12.2001 – C-59/00 – Vestergaard, BeckRS 2004, 77590 Rn. 20f.; EuGH Urt. v. 7.12.2000 – C-324/98, Telaustria und Telefonadress, NZBau 2001, 148 Rn. 60; ebenso EuG Urt. v. 20.5.2010 – T-258/06, Bundesrepublik Deutschland./.Kommission, NZBau 2010, 510 Rn. 73ff.; zur Anwendung im deutschen Recht BGH Urt. v. 30.8.2011 – X ZR 55/10, VergabeR 2012, 26; allgemein zum EU-Primärvergaberecht *Barth* Das Vergaberecht außerhalb des Anwendungsbereichs der EG-Vergaberichtlinien, 34ff.; *Diehr* VergabeR 2009, 719; Pünder/Schellenberg/*Fehling* § 97 GWB Rn. 14; Willenbruch/Wieddekind/*Frenz* § 97 GWB Rn. 15ff.; MüKoWettbR/*Kühling/Huerkamp* vor §§ 97ff. GWB Rn. 6ff.; eingehend ferner §§ 82 bis 86.

dass zwischen dem Zeitpunkt, zu dem die abgelehnten Bieter von der Zuschlagsentscheidung unterrichtet worden seien, und der Unterzeichnung des Vertrags eine angemessene Frist liege, so dass diese die Möglichkeit hätten, rechtzeitig um eine gerichtliche Nachprüfung, ggf. im Eilverfahren, nachsuchen zu können[147]. Diese Anforderungen hat das EuG aus den Grundregeln des EU-Primärrechts und den allgemeinen Rechtsgrundsätzen hergeleitet[148]. Hierzu zählt das EuG auch das **Recht auf einen wirksamen Rechtsbehelf,** das es zu den gemeinsamen Verfassungsüberlieferungen der Mitgliedstaaten als Quelle des Unionsrechts rechnet und das in den Artt. 6 und 13 EMRK ebenso wie in Art. 47 GrCH seinen Niederschlag findet[149]. Zur inhaltlichen Ausformung dieses Formalrechts bezieht sich das EuG auf die zu den EU-Vergaberichtlinien ergangene Rechtsprechung[150] und überträgt die für diesen Bereich anerkannte Informations- und Wartepflicht auf alle Vergabeverfahren, die in den Anwendungsbereich des EU-Rechts fallen[151].

76 Wegen ihrer Herleitung aus dem EU-Primärrecht sind diese Aussagen nicht auf das Eigenvergaberecht der EU beschränkt. Sie gelten vielmehr für alle Vergabeverfahren, bei denen Auftraggeber die Grundregeln des EU-Primärrechts zu beachten haben[152]. Folgt man dieser Rechtsprechung, so ergibt sich aus ihr mithin eine **allgemeine Informations- und Wartepflicht** im Geltungsbereich des EU-Primärrechts[153]. Einzige Voraussetzung hierfür ist, dass die Regeln des EU-Primärvergaberechts auf den jeweiligen Beschaffungsvorgang Anwendung finden[154]. Neben der Eröffnung des persönlichen Anwendungsbereichs[155] gehört dazu insbesondere, dass der Auftrag einen grenzüberschreitenden Bezug aufweist[156].

77 Im innerstaatlichen Recht findet sich bislang mit Ausnahme der vereinzelten landesgesetzlichen Regelungen keine abschließende Umsetzung dieser Vorgabe. Für öffentliche Auftraggeber ist dies mit erheblichen Unsicherheiten verbunden. Insbesondere herrscht bislang keine Klarheit darüber, welche **Rechtsfolgen** ein Verstoß gegen die primärrechtliche Informations- und Wartepflicht bewirkt. Verstößt die öffentliche Hand beim Abschluss eines Vertrages gegen die Grundrechte einer Vertragspartei, führt dies grds. zur Nichtigkeit des Vertrages gemäß § 134 BGB[157]. Dies kann grds. auch bei einem Verstoß gegen die Grundfreiheiten des Unionsrechts gelten[158]. Gleichwohl muss dies nicht zwingend zur Nichtigkeit eines unter Verstoß gegen die primärrechtliche Informations- und Wartepflicht geschlossenen Vertrages führen. Denn die Informations- und Wartepflicht trifft allein den

---

[147] EuG Urt. v. 20.9.2011 – T-461/08 – Evropaïki Dynamiki./.EIB, BeckRS 2011, 81495 Rn. 117–121.

[148] EuG Urt. v. 20.9.2011 – T-461/08 – Evropaïki Dynamiki./.EIB, BeckRS 2011, 81495 Rn. 88.

[149] EuG Urt. v. 20.9.2011 – T-461/08 – Evropaïki Dynamiki./. EIB, BeckRS 2011, 81495 Rn. 118; s. hierzu bereits EuGH Urt. v. 9.2.2006 – C-23/04 bis C-25/04 – Sfakianakis AEVE./.Elliniko Dimosio, BeckRS 2006, 70112 Rn. 28; EuGH Urt. v. 15.5.1986 – 222/84 – Johnston, BeckRS 2004, 72403 Rn. 18.

[150] EuGH Urt. v. 23.12.2009 – C-455/08 – Kommission./.Irland, BeckRS 2011, 87281 Rn. 27f.; EuGH Urt. v. 24.6.2004 – C-212/02 – Kommission./.Österreich, IBRRS 2004, 1423 Rn. 21, 23.

[151] EuG Urt. v. 20.9.2011 – T-461/08 – Evropaïki Dynamiki./.EIB, BeckRS 2011, 81495 Rn. 118–121.

[152] Zweifelnd *Ziekow* NZBau 2019, 353, 357.

[153] Ebenso *Dageförde* NZBau 2020, 72, 75f. (auch unter Berücksichtigung von Art. 47 GrCH).

[154] Dazu im Einzelnen → § 83 sowie MüKoWettbR/*Kühling/Huerkamp* vor §§ 97ff. GWB Rn. 38ff.

[155] Dazu *Gabriel* VergabeR 2009, 7ff.

[156] EuGH Urt. v. 18.11.2010 – C-226/09 – Kommission./.Irland, NZBau 2011, 50 Rn. 31; EuGH Urt. v. 23.12.2009 – C-376/08 – Serrantoni, NZBau 2010, 261 Rn. 24; EuGH Urt. v. 15.5.2008 – C-147/06, C-148/06 – SECAP und Santorso, EuZW 2008, 469 Rn. 21; EuGH Urt. v. 21.2.2008 – C-412/04 – Kommission./.Italien, NVwZ 2008, 397 Rn. 66; EuGH Urt. v. 13.11.2007 – C-507/03 – An Post, EuZW 2008, 23 Rn. 29; EuGH Urt. v. 13.10.2005 – C-458/03 – Parking Brixen, EuZW 2005, 727 Rn. 55; EuGH Urt. v. 21.7.2005 – C-231/03 – Coname, NZBau 2005, 592 Rn. 20; EuG Urt. v. 20.5.2010 – T-258/06, Bundesrepublik Deutschland./.Kommission, NZBau 2010, 510 Rn. 80, 91ff.; BGH Urt. v. 30.8.2011 – X ZR 55/10, VergabeR 2012, 26; OLG Düsseldorf Beschl. v. 21.4.2010 – VII-Verg 55/09, VergabeR 2011, 122, 126 mAnm. *Zirbes; Diehr* VergabeR 2009, 719, 722ff.; MüKoWettbR/*Kühling/Huerkamp* vor §§ 97ff. GWB Rn. 40ff.

[157] BVerfG Beschl. v. 19.7.2016 – 2 BvR 470/08, NVwZ 2016, 1553, 1555; BGH Urt. v. 11.3.2003 – XI ZR 403/01, NJW 2003, 1658; MüKoBGB/*Armbrüster* § 134 Rn. 33.

[158] MüKoBGB/*Armbrüster* § 134 Rn. 38.

Auftraggeber, nicht hingegen den Vertragspartner[159]. Wird gegen ein einseitiges Verbotsgesetz verstoßen, bleibt das Rechtsgeschäft aber idR gültig, wenn es nicht mit Sinn und Zweck des Verbotes nicht zu vereinbaren wäre, das Rechtsgeschäft bestehen zu lassen[160]. Ein derartiger Zwang, in Fällen des Verstoßes gegen die primärrechtliche Informations- und Wartepflicht die Nichtigkeit des Rechtsgeschäfts zu fordern, besteht nicht. Denn die Regelung des § 135 GWB bietet insbesondere auf Grund der in § 135 Abs. 2 GWB vorgesehenen zeitlichen Grenzen, innerhalb derer die Unwirksamkeit eines Vertragsschlusses geltend gemacht werden kann, eine ausgewogene Reaktion auf Informationsverstöße des öffentlichen Auftraggebers. Sie trägt dem Rechtsschutzinteresse des übergangenen Bieters in gleicher Weise Rechnung wie dem Interesse des öffentlichen Auftraggebers und des Auftragnehmers an Rechtssicherheit und zügiger Durchführung des geschlossenen Vertrages.[161] Mit dieser richtlinienrechtlich abgesicherten differenzierten Fehlerfolgenregelung wäre es kaum zu vereinbaren, im richtlinienrechtlich nicht geregelten Bereich eine allgemeine Unwirksamkeit des Vertrages bei einem Verstoß gegen die Informations- und Wartepflicht zu bejahen[162]. In vergleichbarer Weise führen auch sonst einfache Verstöße gegen vergaberechtliche Bestimmungen nicht schon für sich genommen zur Unwirksamkeit des späteren Vertrages,[163] solange insbesondere nicht die Schwelle zur Sittenwidrigkeit gemäß § 138 Abs. 1 BGB überschritten ist.[164]

Auch das Unionsrecht verlangt nicht zwingend die Unwirksamkeit des Vertrages bei einem Verstoß gegen eine primärrechtlich begründete Informations- und Wartepflicht[165]. Im Zusammenhang mit Art. 7 Abs. 2 VO (EG) Nr. 1370/2007 hat der Gerichtshof der Europäischen Union bereits festgestellt, dass das Unionsrecht auf dem Gebiet der Vergabe öffentlicher Aufträge **keine allgemeine Regel** vorsieht, nach der die Rechtswidrigkeit einer Handlung in einem bestimmten Stadium des Vergabefahrens zur Rechtswidrigkeit aller späteren Handlungen in diesem Verfahren führen und ihre Aufhebung rechtfertigen würde.[166] Eine solche Rechtsfolge verlangt das Unionsrecht nur in bestimmten Fällen, insbesondere bei einer Verletzung der Informations- und Wartepflicht im Oberschwellenbereich.[167] Nur so erklärt sich auch die in Art. 73 lit. c) und § 133 Abs. 1 Nr. 3 GWB vorgesehene Kündigungsmöglichkeit in Fällen, in denen der öffentliche Auftrag aufgrund eines schweren und vom Gerichtshof der Europäischen Union festgestellten Unionsrechtsverstoßes vergeben wurde. Dieser Befund gilt nicht allein für die im Oberschwellenbereich geltenden Bestimmungen des Richtlinienrechts, sondern in gleicher Weise für die hier in Rede stehenden primärrechtlichen Bindungen. Ein dem beihilferechtlichen Durchführungsverbot (Art. 108 Abs. 3 S. 3 AEUV) vergleichbares Umsetzungsverbot für unionsrechtswidrig vergebene öffentliche Aufträge, das eine Unwirksamkeit des Vertragsschlusses nach innerstaatlichem Recht gebieten könnte,[168] enthält das Primärrecht nicht. Vielmehr 78

[159] KG Urt. v. 7.1.2020 – 9 U 79/19, BeckRS 2020, 3268 Rn. 14.

[160] BGH Urt. v. 14.12.1999 – X ZR 34/98, NJW 2000, 1186, 1187; BGH Urt. v. 16.4.1996 – XI ZR 138/95, NJW 1996, 1812, 1813; KG Urt. v. 7.1.2020 – 9 U 79/19, BeckRS 2020, 3268 Rn. 14; zur Vergabe von Wegenutzungsrechten: BGH Urt. v. 17.12.2013 – KZR 66/12, NVwZ 2014, 807, 816; s. hingegen bei Verstößen gegen Grundfreiheiten zu Lasten des Vertragspartners BVerfG Beschl. v. 19.7. 2016 – 2 BvR 470/08, NVwZ 2016, 1553, 1556.

[161] KG Urt. v. 7.1.2020 – 9 U 79/19, BeckRS 2020, 3268 Rn. 14; *Siegel* NZBau 2019, 353, 357; *Wollenschläger* NVwZ 2016, 1535, 1537f.

[162] KG Urt. v. 7.1.2020 – 9 U 79/19, BeckRS 2020, 3268 Rn. 14.

[163] Dazu → § 35 Rn. 8ff.

[164] Hierzu etwa OLG Celle Beschl. v. 24.10.2019 – 13 Verg 9/19, VergabeR 2020, 230, 237ff. mAnm *Conrad*.

[165] Im Ergebnis ebenso *Dageförder* NZBau 2020, 72, 76; *Siegel* NZBau 2019, 353, 357.

[166] EuGH Urt. v. 20.9.2018 – C-518/17, Stefan Rudigier, NZBau 2018, 773 Rn. 57.

[167] Art. 2a Abs. 2, 2b, 2d Abs. 1 lit. d) RL 89/665/EWG idF. der RL 2007/66/EG; vgl. zur früheren richtlinienrechtlichen Rechtslage auch EuGH Urt. v. 28.10.1999 – C-81/98, Alcatel Austria, NJW 2000, 569 Rn. 32–38.

[168] Zum beihilferechtlichen Durchführungsverbot BGH Urt. v. 5.12.2012 – I ZR 92/11, EuZW 2013, 753, 755 mwN.

obliegt es dem innerstaatlichen Recht, festzulegen, welche Rechtsschutzmöglichkeiten es bei einer Verletzung eines aus dem Unionsrecht folgenden Rechts zur Verfügung stellt.[169] Unionsrechtlicher Maßstab sind insoweit allein die Gebote der Äquivalenz und Effektivität.[170] Diese stehen jedoch einer Beschränkung der Unwirksamkeitsfolge auf den Oberschwellenbereich nicht von vornherein entgegen, sondern bieten vielmehr Raum dafür, im Rahmen einer abwägenden Entscheidung dem Interesse am Bestand des Vertrages Vorrang vor einer Optimierung des Rechtsschutzes des übergangenen Bieters zu geben[171].

79 Auch wenn eine Verletzung der primärrechtlich begründeten Informations- und Wartepflicht damit nicht zwingend zu einer Nichtigkeit des geschlossenen Vertrages führen muss, so bleibt die innerstaatliche Rechtsordnung **defizitär,** wenn sie eine solche Pflicht nicht festschreibt.[172] Die gesetzliche Erstreckung der Informations- und Wartepflicht auf den Unterschwellenbereich ist daher weiterhin ein vergaberechtliches Desiderium, zu dessen Verwirklichung der Gesetzgeber[173] aufgerufen ist[174]. Die bestehenden landesrechtlichen Regelungen können dafür als Vorbild dienen. Eine außerhalb von § 134 GWB einzurichtende Informations- und Wartepflicht kann ihrerseits an das Erreichen bestimmter Mindestauftragswerte geknüpft werden[175], um bei Bagatellvergaben das Verhältnis von Verfahrensaufwand und wirtschaftlicher Bedeutung des Auftrags zu wahren und zudem Auftraggeber der Prüfung des für die Geltung des Primärvergaberechts erforderlichen, praktisch aber nur schwer handhabbaren Kriterium der Binnenmarktrelevanz zu entheben[176].

[169] Zur seinerzeit nicht sekundärrechtlich geregelten Vergabe von Dienstleistungskonzessionen EuGH Urt. v. 13.4.2010 – C-91/08, Wall AG, NZBau 2010, 382 Rn. 63–65.

[170] EuGH Urt. v. 20.9.2018 – C-518/17, Stefan Rudigier, NZBau 2018, 773 Rn. 61; EuGH Urt. v. 13.4. 2010 – C-91/08, Wall AG, NZBau 2010, 382 Rn. 64 f.

[171] *Wollenschläger* NVwZ 2016, 1535, 1538; im Ergebnis ebenso MüKoWettbR/*Siegel* Haushaltsvergaberecht Rn. 80; diff. *Huerkamp/Kühling* NVwZ 2011, 1409, 1411 ff.; *Pünder* VergabeR 2016, 693, 695, 697 f.

[172] So auch *Burgi* VergabeR § 26 Rn. 7.

[173] S. zur Gesetzgebungszuständigkeit zutreffend *Burgi* VergabeR § 26 Rn. 9–11; s. auch *Siegel* NZBau 2019, 353, 356.

[174] *Burgi* NZBau 2018, 579, 584; *Dageförde* NZBau 2020, 72, 77; *Sitsen* ZfBR 2018, 654, 659 f.; *Wollenschläger* NVwZ 2016, 1535, 1538; weitergehend *Pünder* VergabeR 2016, 693, 695, 701.

[175] S. etwa § 19 Abs. 4 ThürVgG; *Sitsen* ZfBR 2018, 654, 660.

[176] Zu möglichen quantitativen und qualitativen Anknüpfungspunkten EuGH Urt. v 15.5.2008 – C-147/06 und C-148/06, SECAP SpA, EuZW 2008, 469 Rn. 31; *Tomerius/Gottwald* LKV 2019, 289, 291 ff.

§ 35 Zuschlagserteilung

Übersicht

VOL/A: § 18 Abs. 2, 3
VOB/A: § 18
VOB/A EU: § 18 Abs. 1, 2
VOB/A VS: § 18 Abs. 1, 2

VOL/A:

§ 18 VOL/A Zuschlag

(1) hier nicht abgedruckt.

(2) Die Annahme eines Angebotes (Zuschlag) erfolgt in Schriftform, elektronischer Form oder mittels Telekopie.

(3) Bei einer Zuschlagserteilung in elektronischer Form genügt eine „fortgeschrittene elektronische Signatur", in den Fällen des § 3 Absatz 5 Buchstabe i eine „elektronische Signatur" nach dem Signaturgesetz, bei Übermittlung durch Telekopie die Unterschrift auf der Telekopievorlage.

VOB/A:

§ 18 VOB/A Zuschlag

(1) Der Zuschlag ist möglichst bald, mindestens aber so rechtzeitig zu erteilen, dass dem Bieter die Erklärung noch vor Ablauf der Bindefrist (§ 10 Absatz 4 bis 6) zugeht.

(2) Werden Erweiterungen, Einschränkungen oder Änderungen vorgenommen oder wird der Zuschlag verspätet erteilt, so ist der Bieter bei Erteilung des Zuschlags aufzufordern, sich unverzüglich über die Annahme zu erklären.

VOB/A EU:

§ 18 EU VOB/A Zuschlag

(1) Der Zuschlag ist möglichst bald, mindestens aber so rechtzeitig zu erteilen, dass dem Bieter die Erklärung noch vor Ablauf der Bindefrist zugeht.

(2) Werden Erweiterungen, Einschränkungen oder Änderungen vorgenommen oder wird der Zuschlag verspätet erteilt, so ist der Bieter bei Erteilung des Zuschlags aufzufordern, sich unverzüglich über die Annahme zu erklären.

(3) und (4) hier nicht abgedruckt.

VOB/A VS:

§ 18 VS VOB/A Zuschlag

(1) Der Zuschlag ist möglichst bald, mindestens aber so rechtzeitig zu erteilen, dass dem Bieter die Erklärung noch vor Ablauf der Bindefrist zugeht.

(2) Werden Erweiterungen, Einschränkungen oder Änderungen vorgenommen oder wird der Zuschlag verspätet erteilt, so ist der Bieter bei Erteilung des Zuschlags aufzufordern, sich unverzüglich über die Annahme zu erklären.

(3) und (4) hier nicht abgedruckt.

Literatur:

Antweiler Vergaberechtsverstöße und Vertragsnichtigkeit, DB 2001, 1975; *Bergmann/Grittmann* Keine Nichtigkeit bei De-facto-Vergabe, NVwZ 2004, 946; *Boesen* Das Vergaberechtsänderungsgesetz im Lichte der europarechtlichen Vorgaben, EuZW 1998, 551; *J. Braun* Zur Wirksamkeit des Zuschlags von kartellvergabewidrig nicht gemeinschaftsweit durchgeführten Vergabeverfahren der öffentlichen Hand, NVwZ 2004, 441; *Brinker* Vorabinformation der Bieter über den Zuschlag oder Zwei-Stufen-Theorie im Vergaberecht?, NZBau 2000, 174; *Buhr* Die Richtlinie 2004/18/EG und das deutsche Vergaberecht, 2009; *Conrad* Anm. zu OLG Naumburg Beschl. v. 25.9.2006, 1 Verg 10/06, ZfBR 2007, 138; *Dieckmann* Nichtigkeit des Vertrags gem. § 13 VgV bei unterlassener Ausschreibung, NZBau 2001, 481; *Ennuschat/Ulrich* Keine Anwendung der Zwei-Stufen-Lehre im Vergaberecht, NJW 2007, 2224; *Frenz* Rechtsmitteländerungsrichtlinie und Folgen einer Vergaberechtswidrigkeit, VergabeR 2009, 1; *Gesterkamp* Die Sicherung des Primärrechtsschutzes durch Zuschlagsverbote und Informationspflicht, WuW 2001, 665; *Hailbronner* Rechtsfolgen fehlender Information oder unterlassener Ausschreibung bei Vergabe öffentlicher Aufträge (§ 13 VgV), NZBau 2002, 474; *Hertwig* Ist der Zuschlag ohne Vergabeverfahren nichtig?, NZBau 2001, 241; *Heuvels/Kaiser* Die Nichtigkeit des Zuschlags ohne Vergabeverfahren, NZBau 2001, 479; *Höfler/Bert* Die neue Vergabeverordnung, NJW 2000, 3310; *Hofmann* Zivilrechtsfolgen von Vergabefehlern – Oberhalb der EG-Schwellenwerte –, 2010; *Jasper/Pooth* De-facto-Vergabe und Vertragsnichtigkeit, ZfBR 2004, 543; *Kaiser* Die Nichtigkeit so genannter De-facto-Verträge oder: „In dubio pro submissione publica", NZBau 2005, 311; *Klingner* Die Vorabinformationspflicht des öffentlichen Auftraggebers, 2005; *Kramer* Beurkundung von Angebot und Annahme im Vergabeverfahren, VergabeR 2004, 706; *Müller-Wrede/Kaelble* Primärrechtsschutz, Vorabinformation und die Rechtsfolgen einer De-facto-Vergabe, VergabeR 2002, 1; *Raabe* Verbindlichkeit „faktisch" vergebener öffentlicher Aufträge? – Zum Müllverbrennungsbeschluss des OLG Düsseldorf, NJW 2004, 1284; *Reidt* Das Verhältnis von Zuschlag und Auftrag im Vergaberecht – Gemeinschafts- oder verfassungsrechtlich bedenklich?, BauR 2000, 22; *Vill* Das vorläufige Verbot der Zuschlagserteilung gemäß § 115 Abs. 1 GWB ein Verbotsgesetz iSv § 134 BGB?, BauR 1999, 971; *Wegmann* Die Vorabinformation über den Zuschlag bei der öffentlichen Auftragsvergabe, NZBau 2001, 475.

A. Einleitung

1 Mit dem Zuschlag wird der Auftrag erteilt und das Vergabeverfahren abgeschlossen. Der Zuschlag ist **identisch** mit der auf die Annahme des Vertragsangebotes iSd §§ 147 bis 152 BGB[1] gerichteten Willenserklärung des Auftraggebers[2]. Er ist unter Abwesenden empfangsbedürftig iSv § 130 Abs. 1 S. 1 BGB, soweit keine Ausnahme (§ 151 S. 1, § 152 S. 1 BGB) vorliegt. Der Zuschlag hat mithin eine **Doppelnatur** und ist gleichzeitig Verfah-

[1] Für den Sonderfall des Abschlusses eines öffentlich-rechtlichen Vertrages gelten die Bestimmungen auf Grund der verwaltungsverfahrensrechtlichen Verweisungsbestimmungen, insbesondere in § 62 S. 2 VwVfG, entsprechend.

[2] BVerwG Beschl. v. 2.5.2007 – 6 B 10.07, BVerwGE 129, 9, 13; BayObLG Beschl. v. 9.11.2004 – Verg 18/04, VergabeR 2005, 126, 127 mAnm *Dähne;* OLG Düsseldorf Beschl. v. 14.3.2001 – VII-Verg 30/00, VergabeR 2001, 226, 227; OLG Jena Beschl. v. 29.5.2002 – 6 Verg 2/02, NZBau 2002, 526; OLG Jena Beschl. v. 8.6.2000 – 6 Verg 2/00, NZBau 2001, 163, 164f.; OLG Naumburg Beschl. v. 16.10.2007 – 1 Verg 6/07, ZfBR 2008, 83, 85; *Klingner,* Die Vorabinformationspflicht des öffentlichen Auftraggebers, 152ff.; *Wegmann* NZBau 2001, 475f.; *Brinker* NZBau 2000, 174; *Reidt* BauR 2000, 22; *Boesen* EuZW 1998, 551, 553; Willenbruch/Wieddekind/*Bulla* § 58 VgV Rn. 58; KMPP/*Kus* VOB/A § 18 Rn. 3; Pünder/Schellenberg/*Mentzinis* VOB/A § 18 Rn. 2; Ziekow/Völlink/*Völlink* VOB/A § 18 Rn. 2; Ingenstau/Korbion/*von Wietersheim* § 18 VOB/A Rn. 1f.; zur Möglichkeit einer Trennung zwischen Zuschlagsentscheidung und Zuschlag *Ennuschat/Ulrich* NJW 2007, 2224; *Reidt* BauR 2000, 22, 23f.; Kapellmann/Messerschmidt/*Stickler* VOB/A § 18 Rn. 6.

renshandlung und auf den Abschluss des Vertrages gerichtete Willenserklärung. Es handelt sich nicht etwa um zwei Akte, die lediglich äußerlich zusammenfallen, sondern um eine einheitliche Handlung des Auftraggebers.

In § 18 Abs. 2 VOL/A kommt diese Doppelnatur zum Ausdruck, soweit der Zuschlag dort ausdrücklich als Annahme eines Angebotes definiert wird. Daneben ist die Einheit von Zuschlag und Vertragsschluss **seit jeher anerkannt**[3]. 2

Mit der Identität des Zuschlags und des Vertragsschlusses geht einher, dass der wirksam erteilte Zuschlag im vergaberechtlichen Nachprüfungsverfahren **nicht rückgängig gemacht werden** kann. Verfahrensrechtlich folgt dies aus § 168 Abs. 2 S. 1 GWB; materiellrechtlich handelt es sich dabei um eine Ausprägung des Grundsatzes *„pacta sunt servanda"*. 3

Mit dem Zuschlag wird das Angebot des Bieters, dem der Vertrag zugeschlagen werden soll, **so angenommen, wie es abgegeben wurde.** Weicht die Annahmeerklärung des Auftraggebers von dem Angebot, das angenommen werden soll, ab, handelt es sich dabei trotz der missverständlichen Formulierung in § 18 Abs. 2 VOB/A, § 18 EU Abs. 2 VOB/A und § 18 VS Abs. 2 VOB/A nicht um einen Zuschlag[4]. Vielmehr liegt in einer solchen Erklärung gemäß § 150 Abs. 2 BGB die Ablehnung des Angebots, verbunden mit einem neuen Antrag[5]. Dabei folgt aus § 18 Abs. 2 VOB/A, § 18 EU Abs. 2 VOB/A und § 18 VS Abs. 2 VOB/A nicht, dass eine derartige Abweichung von dem Angebot aus der Sicht des Vergaberechts stets gestattet wäre. Derartige Abweichungen sind vielmehr nur dann zulässig, wenn damit nicht gegen das Verhandlungsverbot (§ 15 S. 2 VOL/A, § 15 Abs. 3 VOB/A, § 15 EU Abs. 3 VOB/A, § 15 VS Abs. 3 VOB/A) verstoßen wird[6]. 4

Die **verfahrensbeendende Wirkung** des Zuschlags wurde nach früherem Recht ausdrücklich erwähnt in § 11 Abs. 7 VOF 2009; sie besteht unabhängig davon in sämtlichen Vergabeverfahren. Bedeutung hat diese Beendigungswirkung des Zuschlags[7] im Wesentlichen für die Rechtsnatur des Vergabeverfahrens als vorvertragliches Rechtsverhältnis, das zwischen dem Bieter und den Teilnehmern am Vergabeverfahren besteht[8]. Das vorvertragliche Rechtsverhältnis des Auftraggebers zu dem Bieter, dem der Vertrag zugeschlagen wird, wandelt sich mit dem Zuschlag in ein Vertragsverhältnis, während das vorvertragliche Rechtsverhältnis des Auftraggebers zu den übrigen Auftragsinteressenten mit dem Zuschlag in aller Regel ersatzlos beendet wird. Freilich bedeutet dies nicht, dass den Auftraggeber nach dem Zuschlag des Vertrages keine Pflichten mit Blick auf das Vergabeverfahren mehr treffen; derartige über das Verfahren hinauswirkende Pflichten können sich insbesondere hinsichtlich der Information der nicht berücksichtigten Bieter über den Zuschlag (§ 62 VgV, § 46 UVgO, § 19 VOL/A, § 19 VOB/A, § 19 EU VOB/A, § 19 VS VOB/A) oder hinsichtlich der Dokumentation des Verfahrens (§ 8 VgV, § 6 UVgO, § 20 VOL/A, § 20 VOB/A, § 20 EU VOB/A, § 20 VS VOB/A) ergeben. 5, 6

[3] *Boesen* EuZW 1998, 551, 553, verweist auf Grundlagen im germanischen Recht.

[4] Nach VK Bremen Beschl. v. 16.7.2003 – VK 12/03, IBR 2003, 1108, soll die Formulierung in § 18 Abs. 2 VOB/A Anknüpfungspunkt dafür sein, dass der Zuschlag vom Vertragsschluss zu trennen sei; widerlegt von OLG Naumburg Beschl. v. 16.10.2007 – 1 Verg 6/07, ZfBR 2008, 83, 85.

[5] BGH Urt. v. 11.5.2009 – VII ZR 11/08, NJW 2009, 2443, 2445; KG Urt. v. 20.5.2011 – 7 U 125/10, ZfBR 2011, 715, 717; OLG Naumburg Beschl. v. 16.10.2007 – 1 Verg 6/07, ZfBR 2008, 83, 85; Pünder/Schellenberg/*Mentzinis* § 18 VOB/A Rn. 8; Kapellmann/Messerschmidt/*Stickler* VOB/A § 18 Rn. 37; Ziekow/Völlink/*Völlink* VOB/A § 18 Rn. 16f.; Ingenstau/Korbion/*von Wietersheim* VOB/A § 18 Rn. 14, 19.

[6] BGH Urt. v. 22.7.2010 – VII ZR 213/08, ZfBR 2010, 814, 816; BGH Urt. v. 11.5.2009 – VII ZR 11/08, NJW 2009, 2443, 2446; KMPP/*Kus* VOB/A § 18 Rn. 32ff.; Kapellmann/Messerschmidt/*Stickler* VOB/A § 18 Rn. 38.

[7] S. zur vergleichbaren Wirkung der Aufhebung des Vergabeverfahrens → § 33 Rn. 2.

[8] BVerwG Beschl. v. 2.5.2007 – BVerwG 6 B 10.07, BVerwGE 129, 9, 13f.; BGH Urt. v. 5.6.2012 – X ZR 161/11, NZBau 2012, 652, 653; BGH Urt. v. 9.6.2011 – X ZR 143/10, NZBau 2011, 498, 499; BGH Urt. v. 16.12.2003 – X ZR 282/02, NJW 2004, 2165; BGH Urt. v. 8.9.1998 – X ZR 48/97, BGHZ 139, 259, 260f.

B. Wirksamkeit des Zuschlags

I. Grundsatz

7 Aus der Doppelnatur des Zuschlags folgt, dass die Anforderungen an seine Wirksamkeit sowohl dem **Vergaberecht** als auch dem jeweils einschlägigen **Vertragsrecht** zu entnehmen sind. Leidet der Zuschlag an einem Wirksamkeitsmangel, ist er **insgesamt unwirksam,** unabhängig davon, ob gegen eine Wirksamkeitsvoraussetzung des Vergaberechts oder des Vertragsrechts verstoßen wurde.

II. Verstöße gegen vergaberechtliche Bestimmungen

8 Die Folgen dieser gesteigerten Wirksamkeitsanforderungen werden allerdings dadurch gemildert, dass das Vergaberecht nahezu keine Wirksamkeitsanforderungen an den Zuschlag stellt. Vielmehr gilt der Grundsatz, dass **Verstöße gegen vergaberechtliche Bestimmungen** zwar zur Rechtswidrigkeit, nicht aber zur Unwirksamkeit des Zuschlags führen[9]. Dies gilt insbesondere für die Regeln über die Prüfung und Wertung der Angebote. Verstöße des Auftraggebers hiergegen lassen die Wirksamkeit des Zuschlags für sich genommen unberührt.

9 Anders ist dies hingegen dann, wenn vergaberechtliche Bestimmungen im Einzelfalle bei einem Vergaberechtsverstoß die Unwirksamkeit des Zuschlags anordnen. Dies gilt namentlich für die Unwirksamkeitstatbestände in **§ 135 Abs. 1 Nr. 1 und 2 GWB,** für die die Unwirksamkeitsfolge bereits aus dem Wortlaut der Norm folgt.

10 Aus der Sicht der durch einen rechtswidrigen Zuschlag benachteiligten Bieter führt die vergaberechtliche Konzeption, nach der Vergaberechtsverstöße nur im Ausnahmefall zu einer Unwirksamkeit des Vertrages führen, nicht zu einer Vereitelung ihrer im Anwendungsbereich des Kartellvergaberechts nach § 97 Abs. 6 GWB anerkannten subjektiven Bieterrechte. Denn mit der Endgültigkeit des Zuschlags korrelieren die Pflicht des Auftraggebers zur Information der Bieter über den bevorstehenden Zuschlag nach § 134 Abs. 1 GWB und die damit geschaffene Möglichkeit der Bieter, innerhalb der Wartefrist nach § 134 Abs. 2 Satz 1 und 2 GWB einen Nachprüfungsantrag anzubringen und damit gemäß § 169 Abs. 1 GWB ein vorübergehendes Zuschlagsverbot zu bewirken. Dadurch wird ein **wirksamer Rechtsschutz** gegen rechtswidrige Zuschlagsentscheidungen sichergestellt. Hingegen wäre es mit den europarechtlichen Vorgaben an einen wirksamen Rechtsschutz gegen Vergaberechtsverstöße nicht vereinbar, wenn der Zuschlag nicht mehr rückgängig gemacht werden könnte, ohne dass der Auftraggeber verpflichtet wäre, die betroffenen Bieter vorab über den bevorstehenden Zuschlag zu benachrichtigen[10].

III. Verstöße gegen vertragsrechtliche Bestimmungen

11 Eine wesentlich größere Bedeutung für die Wirksamkeit des Zuschlags kommt den **vertragsrechtlichen Wirksamkeitsanforderungen** zu. Für den Regelfall des Abschlusses eines zivilrechtlichen Vertrages ergeben sie sich aus den zivilrechtlichen Anforderungen an das Zustandekommen von Verträgen, insbesondere nach den §§ 145ff. BGB, und schließen zudem die zivilrechtlichen Nichtigkeitsgründe ebenso wie die zivilrechtlichen Bestimmungen über Willensmängel ein. Kommt der mit dem Zuschlag zu schließende Vertrag

---

[9] BGH Beschl. v. 19.12.2000 – X ZB 14/00, BGHZ 146, 202, 214; BGH Urt. v. 27.6.1996 – VII ZR 59/95, NJW 1997, 61; OLG Düsseldorf Beschl. v. 3.12.2003 – VII-Verg 37/03, NZBau 2004, 1113, 1114; MüKoBGB/*Armbrüster* § 134 Rn. 28; *Wegmann* NZBau 2001, 476; aA für den Fall der unzulässigen De-facto-Vergabe *Müller-Wrede/Kaelble* VergabeR 2002, 1, 7ff.; wohl auch *Heuvels/Kaiser* NZBau 2001, 479, 480; s. ferner → § 35 Rn. 54ff.; § 40 Rn. 22f.

[10] EuGH Urt. v. 28.10.1999 – C-81/98 – Alcatel Austria, NJW 2000, 569 Rn. 29ff.; dazu → § 34 Rn. 4.

nicht wirksam zustande, ist der Zuschlag **insgesamt unwirksam**[11]. Der Auftrag ist nicht erteilt, das Vergabeverfahren ist nicht beendet, und etwaige gegen den Zuschlag gerichtete Nachprüfungsanträge können trotz der grundsätzlichen Sperrwirkung des Zuschlags gemäß § 168 Abs. 2 S. 1 GWB noch in zulässiger Weise gestellt werden.

1. § 134 BGB

Zu den zivilrechtlichen Nichtigkeitsgründen, die der Wirksamkeit des Zuschlags entge- 12
genstehen können, gehört insbesondere die Nichtigkeit wegen Verstoßes gegen ein gesetzliches Verbot nach **§ 134 BGB.** Dies wirft die Frage auf, in welchem Ausmaß Verstöße gegen vergaberechtliche Bestimmungen zu einer Nichtigkeit nach § 134 BGB führen können. Allgemein gilt, dass nicht bereits jeder vergaberechtliche Verstoß die Nichtigkeitsfolge des § 134 BGB nach sich ziehen kann[12]. Wäre dies anders, würde die anerkannte Zweiteilung zwischen dem nur rechtswidrigen, aber wirksamen Zuschlag einerseits und dem unwirksamen Zuschlag andererseits unterlaufen, und es würde jeder vergaberechtliche Rechtsverstoß zum Nichtigkeitsgrund erhoben. Darunter litte zudem die Rechtssicherheit, da es für denjenigen Bieter, dem der Vertrag zugeschlagen wird, in aller Regel nicht erkennbar ist, ob das dem Zuschlag vorangegangene Vergabeverfahren einen rechtmäßigen Verlauf genommen hat und ob insbesondere die Auswahl seines Angebotes für den Zuschlag mit den vergaberechtlichen Anforderungen im Einklang steht. Richtigerweise kann daher ein Verstoß gegen vergaberechtliche Bestimmungen nur im Ausnahmefalle zu einer Nichtigkeit nach § 134 BGB führen[13]. Dies ist dann der Fall, wenn bereits aus der jeweils missachteten vergaberechtlichen Norm mit den Mitteln der Auslegung entnommen werden kann, dass es sich bei ihr nicht nur um eine vergaberechtliche Rechtmäßigkeitsvoraussetzung, sondern darüber hinaus gerade um eine Wirksamkeitsanforderung an den zu schließenden Vertrag handelt, deren Missachtung einem wirksamen Zuschlag des Vertrages entgegensteht. In allen anderen Fällen handelt es sich hingegen bei den vergaberechtlichen Anforderungen an den Zuschlag nicht um Verbotsgesetze iSv § 134 BGB.

Den bedeutendsten Fall eines vergaberechtlichen Verbotsgesetzes, dessen Missachtung 13
zu einer Nichtigkeit des Vertrages nach § 134 BGB führt, bildet das **Zuschlagsverbot nach § 169 Abs. 1 GWB**[14]. Erteilt der Auftraggeber den Zuschlag, obwohl er zuvor von der Vergabekammer in Textform über den Nachprüfungsantrag unterrichtet wurde, ist der geschlossene Vertrag nichtig. Gleiches gilt bei einem Verstoß des Auftraggebers gegen das **Zuschlagsverbot während des Beschwerdeverfahrens** nach § 173 Abs. 1 S. 1 und 3[15] oder Abs. 3 GWB[16].

---

[11] OLG Jena Beschl. v. 8.6.2000 – 6 Verg 2/00, NZBau 2001, 163, 165; Kapellmann/Messerschmidt/*Stickler* VOB/A § 18 Rn. 32.

[12] BGH Beschl. v. 19.12.2000 – X ZB 14/00, BGHZ 146, 202, 214; OLG Düsseldorf Beschl. v. 3.12.2003 – VII-Verg 37/03, NZBau 2004, 113, 114; OLG Hamburg Beschl. v. 25.1.2007 – 1 Verg 5/06, NZBau 2007, 801, 803; *Hailbronner* NZBau 2002, 474, 475; *Antweiler* DB 2001, 1975; Kapellmann/Messerschmidt/*Stickler* VOB/A § 18 Rn. 33; Ziekow/Völlink/*Völlink* § 18 VOB/A Rn. 32; wohl auch *J. Braun* NVwZ 2004, 441, 444; s. ferner → § 37 Rn. 103ff.; → § 42 Rn. 22f.

[13] *Hofmann* Zivilrechtsfolgen von Vergabefehlern, 46ff.

[14] BayObLG Beschl. v. 9.11.2004 – Verg 18/04, VergabeR 2005, 126, 127 mAnm *Dähne;* OLG Düsseldorf Beschl. v. 14.2.2001 – VII-Verg 13/00, NZBau 2002, 54, 56; OLG Naumburg Beschl. v. 16.1.2003 – 1 Verg 10/02, VergabeR 2003, 360, 362f. mAnm *Stickler;* VK Bund Beschl. v. 7.6.2010 – VK 3-54/10; *Hofmann* Zivilrechtsfolgen von Vergabefehlern, 30ff.; *Hailbronner* NZBau 2002, 474, 475; *Antweiler* DB 2001, 1975, 1976f.; *Gesterkamp* WuW 2001, 665, 666; *Boesen* EuZW 1998, 551, 558; MüKoBGB/*Armbrüster* § 134 Rn. 28; KMPP/*Kus* VOB/A § 18 Rn. 11; Kapellmann/Messerschmidt/*Stickler* VOB/A § 18 Rn. 34; Ziekow/Völlink/*Völlink* VOB/A § 18 Rn. 32; aA *Vill* BauR 1999, 971; s. ferner → § 42 Rn. 24.

[15] OLG Naumburg Beschl. v. 16.1.2003 – 1 Verg 10/02, VergabeR 2003, 360, 362f. mAnm *Stickler; Hofmann* Zivilrechtsfolgen von Vergabefehlern, 42ff.; *Antweiler* DB 2001, 1975, 1977; *Gesterkamp* WuW 2001, 665, 666f.; *Boesen* EuZW 1998, 551, 558; Kapellmann/Messerschmidt/*Stickler* VOB/A § 18 Rn. 34.

[16] *Hofmann* Zivilrechtsfolgen von Vergabefehlern, 41f.; *Antweiler* DB 2001, 1975, 1977; *Gesterkamp* WuW 2001, 665, 667; *Boesen* EuZW 1998, 551, 558; MüKoBGB/*Armbrüster* § 134 Rn. 28; Kapellmann/Messerschmidt/*Stickler* § 18 VOB/A Rn. 34.

14 Bei Verstößen gegen **die Informations- und Wartepflicht des Auftraggebers nach § 134 GWB** ordnet § 135 Abs. 1 Nr. 1 GWB bereits ausdrücklich die Unwirksamkeit des geschlossenen Vertrages an. Eine etwaige Nichtigkeit nach § 134 BGB tritt dahinter zurück[17].

15 Gleiches gilt für einen Verstoß gegen die Pflicht zur Durchführung eines wettbewerbsoffenen Verfahrens, der nach **§ 135 Abs. 1 Nr. 2 GWB** ebenfalls kraft ausdrücklicher gesetzlicher Regelung zur Unwirksamkeit des geschlossenen Vertrages führt. Die frühere Diskussion dazu, ob eine unzulässige De-facto-Vergabe auf Grund eines Verstoßes gegen ein Verbotsgesetz iSv § 134 BGB oder aus sonstigen Gründen nichtig ist[18], ist daher jedenfalls im Geltungsbereich des Kartellvergaberechts überholt[19].

2. § 138 Abs. 1 BGB

16 Ähnliche Fragen stellen sich mit Blick auf die Nichtigkeit sittenwidriger Rechtsgeschäfte nach § 138 Abs. 1 BGB. Auch insoweit gilt, dass **Verstöße gegen vergaberechtliche Bestimmungen** nicht schon für sich genommen zu einer Sittenwidrigkeit des Vertrages und somit zu einer Unwirksamkeit des Zuschlags führen können[20]. Erforderlich ist vielmehr ein über den bloßen Rechtsverstoß hinausgehendes Element der Unsittlichkeit, das nach den allgemeinen zu § 138 Abs. 1 BGB entwickelten Kriterien zu ermitteln ist. In Betracht kommt dafür insbesondere das **kollusive Zusammenwirken**[21] von Auftraggeber und Zuschlagsempfänger zur rechtswidrigen Übergehung weiterer Auftragsinteressenten oder zum Nachteil der Allgemeinheit[22], das auch darin bestehen kann, dass zwei öffentliche Auftraggeber zusammenwirken, um durch rechtswidrige Aufspaltung des Auftrags mutwillig die Überschreitung der Schwellenwerte nach § 106 Abs. 2 GWB zu vermeiden und damit den Beschaffungsvorgang dem Vergaberecht zu entziehen[23]. Auch mehrfache Verstöße gegen vergaberechtliche Vorschriften von erheblichem Gewicht können insgesamt die Schwelle zur Sittenwidrigkeit überschreiten[24].

17 Soweit in der Vergangenheit erwogen wurde, eine rechtswidrige **De-facto-Vergabe** als sittenwidrig und damit den so geschlossenen Vertrag als gemäß § 138 Abs. 1 BGB nichtig einzustufen[25], hat diese Fragestellung durch die Einführung des in diesen Fällen erfüllten Unwirksamkeitstatbestandes in § 135 Abs. 1 Nr. 2 GWB ihre Bedeutung verloren.

---

[17] MüKoBGB/*Armbrüster* § 134 Rn. 28; aA *Höfler/Bert* NJW 2000, 3310, 3314 (zu § 13 VgV aF).

[18] OLG Düsseldorf Beschl. v. 3.12.2003 – VII-Verg 37/03, NZBau 2004, 1331, 1332; *Buhr* Die Richtlinie 2004/18/EG und das deutsche Vergaberecht, 247; *Hofmann* Zivilrechtsfolgen von Vergabefehlern, 79f.; *Kaiser* NZBau 2005, 311; *Bergmann/Grittmann* NVwZ 2004, 946, 947; *Jasper/Pooth* ZfBR 2004, 543, 545f.; *Raabe* NJW 2004, 1284, 1285; *Müller-Wrede/Kaelble* VergabeR 2002, 1, 7ff.; *Dieckmann* NZBau 2001, 481; *Hertwig* NZBau 2001, 241; *Heuvels/Kaiser* NZBau 2001, 479; *Wegmann* NZBau 2001, 475, 478.

[19] MüKoBGB/*Armbrüster* § 134 Rn. 28.

[20] OLG Celle Beschl. v. 24.10.2019 – 13 Verg 9/19, VergabeR 2020, 230, 237 mAnm *Conrad; Frenz* VergabeR 2009, 1, 4; s. ferner → § 37 Rn. 107.

[21] OLG Brandenburg Beschl. v. 22.4.2010 – Verg W 5/10, WuW/E DE-R 2958, 2962; OLG Celle Beschl. v. 24.10.2019 – 13 Verg 9/19, VergabeR 2020, 230, 237 m. Anm. *Conrad;* OLG Celle Beschl. v. 25.8. 2005 – 13 Verg 8/05, ZfBR 2005, 719, 720; OLG Düsseldorf Beschl. v. 3.12.2003 – VII-Verg 37/03, NZBau 2004, 113, 116; OLG Düsseldorf Beschl. v. 12.1.2000 – VII-Verg 4/99, NZBau 2000, 391, 394f.; OLG Hamburg Beschl. v. 25.1.2007 – 1 Verg 5/06, NZBau 2007, 801, 803; OLG Naumburg Beschl. v. 25.9.2006 – 1 Verg 10/06, ZfBR 2007, 183, 185; *Conrad* ZfBR 2007, 138, 139; *Heuvels/Kaiser* NZBau 2001, 479, 480f.; KMPP/*Kus* VOB/A § 18 Rn. 15; Kapellmann/Messerschmidt/*Stickler* VOB/A § 18 Rn. 35; Ziekow/Völlink/*Völlink* VOB/A § 18 Rn. 32.

[22] Allgemein zur Drittschädigung als Anknüpfungspunkt für die Sittenwidrigkeit MüKoBGB/*Armbrüster* § 138 Rn. 96ff.

[23] OLG Düsseldorf Beschl. v. 25.1.2005 – VII-Verg 93/04, ZfBR 2005, 404, 406f.

[24] OLG Brandenburg Urt. v. 16.12.2015 – 4 U 77/14, NZBau 2016, 184, 186ff.

[25] OLG Celle Beschl. v. 25.8.2005 – 13 Verg 8/05, ZfBR 2005, 719, 720; OLG Düsseldorf Beschl. v. 12.1. 2000 – VII-Verg 4/99, NZBau 2000, 391, 394f.; *Hofmann* Zivilrechtsfolgen von Vergabefehlern, 85ff.; *Klingner,* Die Vorabinformationspflicht des öffentlichen Auftraggebers, 407ff.; *Jasper/Pooth* ZfBR 2004, 543, 546f.

C. Zeitpunkt des Zuschlags

18 Hinsichtlich des Zeitpunkts des Zuschlags enthalten lediglich § 18 Abs. 1 VOB/A, § 18 EU Abs. 1 VOB/A und § 18 VS Abs. 1 VOB/A Vorgaben. Danach ist der Zuschlag **möglichst bald,** mindestens aber so rechtzeitig zu erteilen, dass dem Bieter die Erklärung noch vor Ablauf der Bindefrist (§ 10 Abs. 4 VOB/A; §§ 10a EU Abs. 8, 10b EU Abs. 8 VOB/A; § 10b VS Abs. 8 VOB/A) zugeht. Da in diesen Regeln lediglich ohnehin bestehende Pflichten des Auftraggebers zum Ausdruck kommen, lassen sie sich auf Vergabeverfahren außerhalb des Anwendungsbereichs der VOB/A übertragen.

19 Mit der Pflicht zu einem möglichst raschen Zuschlag nach § 18 Abs. 1 VOB/A, § 18 EU Abs. 1 VOB/A und § 18 VS Abs. 1 VOB/A wird die allgemeine Pflicht des Auftraggebers zur **Rücksichtnahme auf die Belange der Bieter,** die sich nach § 241 Abs. 2 BGB aus dem vorvertraglichen Pflichtenverhältnis zwischen dem Auftraggeber und den Bietern gemäß § 311 Abs. 2 BGB ergibt[26], konkretisiert. Der für den Vertragsschluss vorgesehene Bieter soll möglichst frühzeitig Gewissheit darüber haben, dass er den Auftrag ausführen wird, damit er seinen Betrieb auf den Auftrag einstellen und die dafür nötigen Vorbereitungen treffen kann[27]. Damit korrespondiert die Pflicht des Auftraggebers, bereits die Zuschlags- und Bindefrist im Rahmen des Angemessenen zu halten (§ 10 Abs. 4 VOB/A; §§ 10a EU Abs. 8, 10b EU Abs. 8 VOB/A; § 10b VS Abs. 8 VOB/A), um zu vermeiden, dass die Bieter ihre Kapazitäten übermäßig lang vorhalten müssen[28]. Anknüpfungspunkt dafür, wann der Zuschlag zu erteilen ist, ist der Abschluss der vom Auftraggeber vorzunehmenden Prüfung und Wertung der eingegangenen Angebote und die daraus folgende Ermittlung eines Bieters als des vorgesehenen Zuschlagsempfängers. Im Anwendungsbereich des Kartellvergaberechts ist zudem die Wartefrist nach § 134 Abs. 2 S. 1 und 2 GWB zu beachten.

20 Die Verpflichtung des Auftraggebers auf die **Wahrung der Zuschlagsfrist** nach § 18 Abs. 1 VOB/A, § 18 EU Abs. 1 VOB/A und § 18 VS Abs. 1 VOB/A ist die Folge der Vorgabe einer verbindlichen Zuschlags- und Bindefrist[29] (§ 10 Abs. 1 VOL/A; § 10 Abs. 4 VOB/A; §§ 10a EU Abs. 8, 10b EU Abs. 8 VOB/A; § 10b VS Abs. 8 VOB/A), innerhalb derer die Bieter an ihr Angebot gebunden sind. Lässt der Auftraggeber die Zuschlags- und Bindefrist verstreichen, ohne den Vertrag geschlossen zu haben, kommt ein Vertragsschluss auch außerhalb des Anwendungsbereichs von § 18 Abs. 1 VOB/A, § 18 EU Abs. 1 VOB/A und § 18 VS Abs. 1 VOB/A bereits gemäß § 146 BGB iVm §§ 147 Abs. 2, 148 BGB auf der Grundlage der abgegebenen Angebote nicht mehr in Betracht[30]. Der Vertrag kann in einer solchen Situation gemäß § 150 Abs. 1 BGB nur durch ein neues Angebot des Auftraggebers und eine darauf bezogene Annahmeerklärung des jeweiligen Bieters zustande kommen[31]. Vergaberechtlich ist der Auftraggeber an einer solchen Vorgehensweise regelmäßig nicht gehindert; er kann aus haushaltsrechtlichen Gründen dazu sogar verpflich-

[26] BVerwG Beschl. v. 2.5.2007 – BVerwG 6 B 10.07, BVerwGE 129, 9, 13f.; BGH Urt. v. 5.6.2012 – X ZR 161/11, NZBau 2012, 652, 653; BGH Urt. v. 9.6.2011 – X ZR 143/10, NZBau 2011, 498, 499; BGH Urt. v. 16.12.2003 – X ZR 282/02, NJW 2004, 2165; BGH Urt. v. 8.9.1998 – X ZR 48/97, BGHZ 139, 259, 260f.; OLG München Beschl. v. 15.3.2012 – Verg 2/12, NZBau 2012, 460, 461.

[27] Kapellmann/Messerschmidt/*Stickler* § 18 VOB/A Rn. 12.

[28] KMPP/*Kus* VOB/A § 18 Rn. 17.

[29] Dazu → § 25.

[30] BayObLG Beschl. v. 15.7.2002 – Verg 15/02, NZBau 2002, 689, 690; OLG Düsseldorf Beschl. v. 9.12.2008 – VII-Verg 70/08, NRWE; OLG Jena Beschl. v. 29.5.2002 – 6 Verg 2/02, NZBau 2002, 526; OLG Saarbrücken Urt. v. 21.3.2006 – 4 U 51/05-79, NZBau 2006, 462, 463; Ziekow/Völlink/*Völlink* VOB/A § 18 Rn. 9; Ingenstau/Korbion/*von Wietersheim* § 18 VOB/A Rn. 19.

[31] BayObLG Beschl. v. 15.7.2002 – Verg 15/02, NZBau 2002, 689, 690; BayObLG Beschl. v. 12.9.2000 – Verg 4/00, ZfBR 2001, 45, 48; OLG Düsseldorf Beschl. v. 9.12.2008 – VII-Verg 70/08, NRWE; OLG Jena Beschl. v. 30.10.2006 – 9 Verg 4/06, VergabeR 2007, 118, 122 mAnm *Stickler;* OLG Naumburg Beschl. v. 1.9.2004 – 1 Verg 11/04, BeckRS 2004, 10166; OLG Saarbrücken Urt. v. 21.3.2006 – 4 U 51/05-79, NZBau 2006, 462, 463; KMPP/*Kus* VOB/A § 18 Rn. 21; Pünder/Schellenberg/*Mentzinis* § 18 VOB/A Rn. 9; Kapellmann/Messerschmidt/*Stickler* VOB/A § 18 Rn. 40, 42.

tet sein[32]. Nach § 18 Abs. 2 VOB/A, § 18 EU Abs. 2 VOB/A und § 18 VS Abs. 2 VOB/A ist der Bieter aufzufordern, sich unverzüglich über die Annahme zu erklären.

D. Form des Zuschlags

21 Ausgehend von der Doppelnatur des Zuschlags als Verfahrenshandlung und Vertragsschluss ergeben sich die Formanforderungen an den Zuschlag einerseits aus dem Vergaberecht und andererseits aus sonstigen rechtlichen Bestimmungen, die einen Formenzwang für den Vertragsschluss anordnen.

I. Vergaberechtliche Formerfordernisse

1. VOL/A

22 Für den Bereich der VOL/A stellen § 18 Abs. 2 und 3 VOL/A Formanforderungen an den Zuschlag auf[33]. Der Zuschlag ist demnach in Schriftform, in elektronischer Form oder mittels Telekopie zu erteilen. Es handelt sich bei diesen Bestimmungen um **gesetzliche Formerfordernisse** iSv § 125 S. 1 BGB[34]. Genügt der Vertragsschluss diesen Vorgaben nicht, ist der Vertrag nichtig.

23 **a) Schriftform.** Das Erfordernis der Schriftform nach § 18 Abs. 2 VOL/A verweist auf die Regelungen zur Schriftform in **§ 126 BGB.** Dabei gelten keine Besonderheiten.

24 **b) Elektronische Form.** Die elektronische Form wird definiert in **§ 126a BGB.** Abweichend von den Vorgaben in § 126a Abs. 1 BGB bedarf es für den Zuschlag jedoch nicht der Anbringung einer qualifizierten elektronischen Signatur; vielmehr genügt nach § 18 Abs. 3 VOL/A die Verwendung einer **fortgeschrittenen elektronischen Signatur.** Gemäß Art. 3 Nr. 11 iVm Art. 26 VO (EU) Nr. 920/2014 unterliegt diese weniger strengen Anforderungen als die qualifizierte elektronische Signatur iSv Art. 3 Nr. 12 VO (EU) Nr. 920/2014; es ist weder erforderlich, dass sie auf einem zum Zeitpunkt ihrer Erzeugung gültigen qualifizierten Zertifikat beruht, noch muss sie mit einer sicheren Signaturerstellungseinheit erzeugt werden.

25 Für die Fälle der freihändigen Vergabe nach **§ 3 Abs. 5 lit. i) VOL/A,** in denen die freihändige Vergabe durch einen Erlass des Bundes- oder Landesministers bis zu einer bestimmten Wertgrenze erlaubt ist, genügt gemäß § 18 Abs. 3 VOL/A die Anbringung einer einfachen **elektronischen Signatur.** Nach Art. 3 Nr. 10 VO (EU) Nr. 920/2014 handelt es sich dabei um die einfachste denkbare Form einer elektronischen Signierung, nämlich um Daten in elektronischer Form, die anderen elektronischen Daten beigefügt oder logisch mit ihnen verknüpft werden und die der Unterzeichner zum Unterzeichnen verwendet. Hierfür genügen bereits eine eingescannte Unterschrift[35] oder die Wiedergabe des Namens des Urhebers der Erklärung[36]. Da mit einer derartigen Signatur keinerlei Sicherheitswert verbunden ist[37], werden die an die elektronische Form nach § 126b BGB zu stellenden Anforderungen damit nahezu vollständig ausgehöhlt. Da es sich bei den nach

---

[32] BGH Urt. v. 28.10.2003 – X ZR 248/02, ZfBR 2004, 290, 291; BayObLG Beschl. v. 15.7.2002 – Verg 15/02, NZBau 2002, 689, 690; OLG Düsseldorf Beschl. v. 9.12.2008 – VII-Verg 70/08, NRWE; OLG Düsseldorf Beschl. v. 25.4.2007 – VII-Verg 3/07, NRWE.

[33] Vgl. zur abweichenden Rechtslage unter Geltung der VOL/A 2006 OLG Düsseldorf Beschl. v. 14.5.2008 – VII-Verg 17/08, BeckRS 2009, 5988.

[34] So bereits unter Geltung der VOL/A 2006 VK Münster Beschl. v. 13.2.2008 – VK 29/07, IBRRS 2013, 4911.

[35] BT-Drs. 14/4662, S. 18; Stelkens/Bonk/Sachs/*Schmitz* VwVfG § 3a Rn. 22.

[36] Stelkens/Bonk/Sachs/*Schmitz* VwVfG § 3a Rn. 22.

[37] BT-Drs. 14/4662, S. 18.

§ 3 Abs. 5 lit. i) VOL/A vergebenen Aufträgen um Beschaffungsvorgänge von geringem Wert handelt, kann dies hingenommen werden.

Die Verwendung der **Anführungszeichen** im Text von § 18 Abs. 3 VOL/A dürfte keine Bedeutung haben; insbesondere geht aus dem Zusammenhang hervor, dass der Verweis auf die Begriffsbestimmungen des Signaturgesetzes nicht etwa nur im übertragenen Sinne gemeint ist. 26

c) Telekopie. Daneben gestattet § 18 Abs. 2 VOL/A die Erteilung des Zuschlags mittels Telekopie, dh **Telefax.** Auch dies stellt eine Erleichterung gegenüber § 18 Abs. 2 Var. 1 und 2 VOL/A dar, da die Übermittlung per Telefax weder den Anforderungen an die Schriftform nach § 126 BGB noch den Anforderungen an die elektronische Form nach § 126b BGB genügt. § 18 Abs. 3 VOL/A stellt dabei klar, dass bei der Übermittlung mittels Telefax die Unterschrift auf der Vorlage, die Grundlage der Übermittlung ist, genügt. 27

2. VgV, UVgO, VOB/A

Im Bereich der VgV, der UVgO und der VOB/A bestehen **keine vergaberechtlichen Anforderungen** an die Form des Zuschlags[38]. Vorbehaltlich anderweitiger Formbindungen kann der Vertrag im Anwendungsbereich dieser Vergabeordnungen mithin formfrei, also auch mündlich oder fernmündlich[39], geschlossen werden[40]. Aus Gründen der besseren Nachweisbarkeit des Vertragsschlusses empfiehlt sich allerdings auch hier die Wahrung eines gewissen Mindestmaßes an Formenstrenge, beispielsweise die Einhaltung der Textform iSv § 126b BGB. 28

II. Formerfordernisse aus sonstigen Bestimmungen

Formerfordernisse, die bei dem Zuschlag zu beachten sind, können sich daneben **aus sämtlichen sonstigen Bestimmungen** ergeben, die den Vertragsschluss unter den Vorbehalt der Wahrung einer bestimmten Form stellen[41]. In Betracht kommt beispielsweise die Pflicht zur notariellen Beurkundung[42] von Grundstückskaufverträgen nach § 311b Abs. 1 S. 1 BGB[43]. Ist der abzuschließende Vertrag nicht privatrechtlicher, sondern öffentlich-rechtlicher Natur, sind die Formbestimmungen des Verwaltungsverfahrensrechts, zB nach § 57 VwVfG oder § 56 SGB X, zu beachten. 29

Landesrechtliche Formerfordernisse, die sich insbesondere aus den Bestimmungen des Kommunalrechts, zB aus § 54 GemO B.-W., ergeben, werden von der Rechtsprechung als Vertretungsregelungen betrachtet[44]. Ihre Missachtung führt daher nicht zur Unwirksamkeit des Vertrages, sondern ist grundsätzlich nach den Bestimmungen über die Vertretung ohne 30

---

[38] OLG Düsseldorf Beschl. v. 23.5.2007 – VII-Verg 14/07, IBRRS 2007, 4463, für die VOB/A; KMPP/*Kus* VOB/A § 18 Rn. 4; Pünder/Schellenberg/*Mentzinis* § 18 VOB/A Rn. 6; Kapellmann/Messerschmidt/*Stickler* VOB/A § 18 Rn. 20; Ziekow/Völlink/*Völlink* VOB/A § 18 Rn. 11; Ingenstau/Korbion/*von Wietersheim* VOB/A § 18 Rn. 32.

[39] VK Sachsen Beschl. v. 4.8.2003 – 1/SVK/084-03, IBRRS 2004, 0485; KMPP/*Kus* VOB/A § 18 Rn. 4; Pünder/Schellenberg/*Mentzinis* § 18 VOB/A Rn. 6; Kapellmann/Messerschmidt/*Stickler* VOB/A § 18 Rn. 20; Ziekow/Völlink/*Völlink* VOB/A § 18 Rn. 11; Ingenstau/Korbion/*von Wietersheim* § 18 VOB/A Rn. 32.

[40] Zu den Anforderungen an die elektronische Kommunikation → § 26 Rn. 1ff.

[41] KMPP/*Kus* VOB/A § 18 Rn. 6.

[42] Eingehend zur notariellen Beurkundung des Zuschlags *Kramer* VergabeR 2004, 706.

[43] KMPP/*Kus* VOB/A § 18 Rn. 7; Kapellmann/Messerschmidt/*Stickler* § 18 VOB/A Rn. 24; Ziekow/Völlink/*Völlink* VOB/A § 18 Rn. 11; Ingenstau/Korbion/*von Wietersheim* § 18 VOB/A Rn. 34.

[44] BGH Urt. v. 15.4.1998 – VIII ZR 129/97, NJW 1998, 3058, 3060; BGH Urt. v. 20.1.1994 – VII ZR 174/92, NJW 1994, 1528; BGH Urt. v. 6.3.1986 – VII ZR 235/84, BGHZ 97, 224, 226f.; diff. MüKo-BGB/*Einsele* § 125 Rn. 30f.

Vertretungsmacht zu beurteilen[45]. Für den Zuschlag gelten diese Grundsätze in gleicher Weise[46].

E. Stellvertretung

31 Vor dem Hintergrund der vergaberechtlichen Pflicht des Auftraggebers, die Entscheidung über den Zuschlag ebenso wie alle sonstigen wesentlichen Verfahrensentscheidungen selbst zu treffen[47], ist die Frage nach der Zulässigkeit einer **Stellvertretung** beim Zuschlag differenziert zu beantworten. Da der Stellvertreter nicht lediglich die Willenserklärung des Vertretenen übermittelt, sondern eine eigene Willenserklärung abgibt[48], steht die vergaberechtliche Pflicht des Auftraggebers zur Selbstentscheidung einer unbegrenzten Zulässigkeit der Stellvertretung beim Zuschlag entgegen[49]. Gleichzeitig bedeutet die Pflicht zur Selbstentscheidung jedoch nicht, dass sich der Auftraggeber bei dem Zuschlag jeder Stellvertretung zu enthalten hat und ausschließlich durch seine Organe handeln darf. Vielmehr kommt ein Handeln durch einen Vertreter insbesondere dann in Betracht, wenn der Vertreter aus der für die Einhaltung des Selbstentscheidungsgebots maßgeblichen Sicht des Vergaberechts dem Auftraggeber angehört, also insbesondere ein Mitarbeiter des Auftraggebers ist. Ist diese Voraussetzung gewahrt, ist eine Stellvertretung vergaberechtlich unbedenklich. Darüber hinaus ist eine Stellvertretung durch einen nicht zum Auftraggeber gehörenden beliebigen Dritten dann unbedenklich, wenn dieser mindestens im Innenverhältnis zum Auftraggeber an die Zuschlagsentscheidung des Auftraggebers gebunden ist und somit bei der Abgabe der Willenserklärung keinen eigenen Entscheidungsspielraum hat.

32 Für die **Wirksamkeit** des Zuschlags im Falle der Stellvertretung kommt es allein darauf an, ob nach Maßgabe der vertragsrechtlichen Bestimmungen, insbesondere der §§ 164 ff. BGB, ein wirksamer Vertrag mit dem Auftraggeber zustande gekommen ist. Hingegen hindert ein etwaiger Verstoß gegen das vergaberechtliche Selbstentscheidungsgebot die Wirksamkeit nicht. Insoweit gilt nichts anderes als bei einem Verstoß gegen sonstige vergaberechtliche Bestimmungen, die die Wirksamkeit des Vertragsschlusses in aller Regel unberührt lassen[50].

33 Anders als eine Stellvertretung beim Zuschlag ist der Zuschlag durch einen **Boten,** also die bloße Übermittlung der Willenserklärung des Auftraggebers durch einen Dritten[51], aus der Sicht des Vergaberechts uneingeschränkt zulässig.

---

[45] BGH Urt. v. 10.5.2001 – III ZR 111/99, NJW 2001, 2626, auch zu Einschränkungen dieses Grundsatzes; BGH Urt. v. 15.4.1998 – VIII ZR 129/97, NJW 1998, 3058, 3060; BGH Urt. v. 6.3.1986 – VII ZR 235/84, BGHZ 97, 224, 226 f.

[46] OLG Schleswig Beschl. v. 28.11.2005 – 6 Verg 7/05, VergabeR 2006, 258, 260; OLG Schleswig Beschl. v. 1.6.1999 – 6 VerG 1/99, NZBau 2000, 96, 97; *Klingner,* Die Vorabinformationspflicht des öffentlichen Auftraggebers, 157 ff.; Willenbruch/Wieddekind/*Bulla* § 58 VgV Rn. 57; KMPP/*Kus* VOB/A § 18 Rn. 9; Pünder/Schellenberg/*Mentzinis* § 18 VOB/A Rn. 7; Kapellmann/Messerschmidt/*Stickler* VOB/A § 18 Rn. 25; Ziekow/Völlink/*Völlink* VOB/A § 18 Rn. 13; Ingenstau/Korbion/*von Wietersheim* § 18 VOB/A Rn. 32.

[47] OLG München Beschl. v. 15.7.2005 – Verg 14/05, VergabeR 2005, 799, 800 f. mAnm *Schranner;* VK Lüneburg Beschl. v. 23.11.2012 – VgK-43/2012, ZfBR 2013, 409, 411 f.

[48] MüKoBGB/*Schubert* § 164 Rn. 108.

[49] Ähnlich Willenbruch/Wieddekind/*Bulla* § 58 VgV Rn. 55; aA Kapellmann/Messerschmidt/*Stickler* VOB/A § 18 Rn. 27; Ziekow/Völlink/*Völlink* VOB/A § 18 Rn. 14; Ingenstau/Korbion/*von Wietersheim* § 18 VOB/A Rn. 37.

[50] Dazu → Rn. 8 ff.

[51] BGH Urt. v. 24.2.1954 – II ZR 63/53, BGHZ 12, 327, 334; MüKoBGB/*Schubert* § 164 Rn. 71.

§ 36 Dokumentation, Information über nicht berücksichtigte Bewerbungen und Angebote und andere Ex-post-Bekanntmachungs-, Melde- und Berichtspflichten

Übersicht

GWB: § 114
VgV: § 8, § 39, § 62
UVgO: § 6, § 30, § 46
VOL/A: § 19, § 20
VOB/A: § 19, § 20
VOB/A EU: § 18 Abs. 3, 4, § 19 Abs. 1, 4–6, § 20
VOB/A VS: § 18 Abs. 3, 4, § 20
VSVgV: § 35, § 36, § 43
VergStatVO: §§ 1–7

GWB:

§ 114 GWB Monitoring und Vergabestatistik

(1) Die obersten Bundesbehörden und die Länder erstatten in ihrem jeweiligen Zuständigkeitsbereich dem Bundesministerium für Wirtschaft und Energie über die Anwendung der Vorschriften dieses Teils und der aufgrund des § 113 erlassenen Rechtsverordnungen bis zum 15.2.2017 und danach alle drei Jahre jeweils bis zum 15. Februar schriftlich Bericht.

(2) Das Statistische Bundesamt erstellt im Auftrag des Bundesministeriums für Wirtschaft und Energie eine Vergabestatistik. Zu diesem Zweck übermitteln Auftraggeber im Sinne des § 98 an das Statistische Bundesamt Daten zu öffentlichen Aufträgen im Sinne des § 103

Absatz 1 unabhängig von deren geschätzten Auftragswert und zu Konzessionen im Sinne des § 105. Das Bundesministerium für Wirtschaft und Energie wird ermächtigt, im Einvernehmen mit dem Bundesministerium des Innern, für Bau und Heimat durch Rechtsverordnung mit Zustimmung des Bundesrates die Einzelheiten der Vergabestatistik sowie der Datenübermittlung durch die meldende Stelle einschließlich des technischen Ablaufs, des Umfangs der zu übermittelnden Daten, der Wertgrenzen für die Erhebung sowie den Zeitpunkt des Inkrafttretens und der Anwendung der entsprechenden Verpflichtungen zu regeln.

VgV:

§ 8 VgV Dokumentation und Vergabevermerk

(1) Der öffentliche Auftraggeber dokumentiert das Vergabeverfahren von Beginn an fortlaufend in Textform nach § 126b des Bürgerlichen Gesetzbuchs, soweit dies für die Begründung von Entscheidungen auf jeder Stufe des Vergabeverfahrens erforderlich ist. Dazu gehört zum Beispiel die Dokumentation der Kommunikation mit Unternehmen und interner Beratungen, der Vorbereitung der Auftragsbekanntmachung und der Vergabeunterlagen, der Öffnung der Angebote, Teilnahmeanträge und Interessensbestätigungen, der Verhandlungen und der Dialoge mit den teilnehmenden Unternehmen sowie der Gründe für Auswahlentscheidungen und den Zuschlag.

(2) Der öffentliche Auftraggeber fertigt über jedes Vergabeverfahren einen Vermerk in Textform nach § 126b des Bürgerlichen Gesetzbuchs an. Dieser Vergabevermerk umfasst mindestens Folgendes:

1. den Namen und die Anschrift des öffentlichen Auftraggebers sowie Gegenstand und Wert des Auftrags, der Rahmenvereinbarung oder des dynamischen Beschaffungssystems,
2. die Namen der berücksichtigten Bewerber oder Bieter und die Gründe für ihre Auswahl,
3. die nicht berücksichtigten Angebote und Teilnahmeanträge sowie die Namen der nicht berücksichtigten Bewerber oder Bieter und die Gründe für ihre Nichtberücksichtigung,
4. die Gründe für die Ablehnung von Angeboten, die für ungewöhnlich niedrig befunden wurden,
5. den Namen des erfolgreichen Bieters und die Gründe für die Auswahl seines Angebots sowie, falls bekannt, den Anteil am Auftrag oder an der Rahmenvereinbarung, den der Zuschlagsempfänger an Dritte weiterzugeben beabsichtigt, und gegebenenfalls, soweit zu jenem Zeitpunkt bekannt, die Namen der Unterauftragnehmer des Hauptauftragnehmers,
6. bei Verhandlungsverfahren und wettbewerblichen Dialogen die in § 14 Absatz 3 genannten Umstände, die die Anwendung dieser Verfahren rechtfertigen,
7. bei Verhandlungsverfahren ohne vorherigen Teilnahmewettbewerb die in § 14 Absatz 4 genannten Umstände, die die Anwendung dieses Verfahrens rechtfertigen,
8. gegebenenfalls die Gründe, aus denen der öffentliche Auftraggeber auf die Vergabe eines Auftrags, den Abschluss einer Rahmenvereinbarung oder die Einrichtung eines dynamischen Beschaffungssystems verzichtet hat,
9. gegebenenfalls die Gründe, aus denen andere als elektronische Mittel für die Einreichung der Angebote verwendet wurden,
10. gegebenenfalls Angaben zu aufgedeckten Interessenkonflikten und getroffenen Abhilfemaßnahmen,
11. gegebenenfalls die Gründe, aufgrund derer mehrere Teil- oder Fachlose zusammen vergeben wurden, und
12. gegebenenfalls die Gründe für die Nichtangabe der Gewichtung von Zuschlagskriterien.

(3) Der Vergabevermerk ist nicht erforderlich für Aufträge auf der Grundlage von Rahmenvereinbarungen, sofern diese gemäß § 21 Absatz 3 oder gemäß § 21 Absatz 4 Nummer 1 geschlossen wurden. Soweit die Vergabebekanntmachung die geforderten Informationen enthält, kann sich der öffentliche Auftraggeber auf diese beziehen.

(4) Die Dokumentation, der Vergabevermerk sowie die Angebote, die Teilnahmeanträge, die Interessensbekundungen, die Interessensbestätigungen und ihre Anlagen sind bis zum Ende der Laufzeit des Vertrags oder der Rahmenvereinbarung aufzubewahren, mindestens jedoch für drei Jahre ab dem Tag des Zuschlags. Gleiches gilt für Kopien aller abgeschlossenen Verträge, die mindestens den folgenden Auftragswert haben:
1. 1 Mio. EUR im Falle von Liefer- oder Dienstleistungsaufträgen,
2. 10 Mio. EUR im Falle von Bauaufträgen.

(5) Der Vergabevermerk oder dessen Hauptelemente sowie die abgeschlossenen Verträge sind der Europäischen Kommission sowie den zuständigen Aufsichts-oder Prüfbehörden auf deren Anforderung hin zu übermitteln.

(6) § 5 bleibt unberührt.

§ 39 VgV Vergabebekanntmachung; Bekanntmachung über Auftragsänderungen

(1) Der öffentliche Auftraggeber übermittelt spätestens 30 Tage nach der Vergabe eines öffentlichen Auftrags oder nach dem Abschluss einer Rahmenvereinbarung eine Vergabebekanntmachung mit den Ergebnissen des Vergabeverfahrens an das Amt für Veröffentlichungen der Europäischen Union.

(2) Die Vergabebekanntmachung wird nach dem Muster gemäß Anhang III der Durchführungsverordnung (EU) 2015/1986 erstellt.

(3) Ist das Vergabeverfahren durch eine Vorinformation in Gang gesetzt worden und hat der öffentliche Auftraggeber beschlossen, keine weitere Auftragsvergabe während des Zeitraums vorzunehmen, der von der Vorinformation abgedeckt ist, muss die Vergabebekanntmachung einen entsprechenden Hinweis enthalten.

(4) Die Vergabebekanntmachung umfasst die abgeschlossenen Rahmenvereinbarungen, aber nicht die auf ihrer Grundlage vergebenen Einzelaufträge. Bei Aufträgen, die im Rahmen eines dynamischen Beschaffungssystems vergeben werden, umfasst die Vergabebekanntmachung eine vierteljährliche Zusammenstellung der Einzelaufträge; die Zusammenstellung muss spätestens 30 Tage nach Quartalsende versendet werden.

(5) Auftragsänderungen gemäß § 132 Absatz 2 Nummer 2 und 3 des Gesetzes gegen Wettbewerbsbeschränkungen sind gemäß § 132 Absatz 5 des Gesetzes gegen Wettbewerbsbeschränkungen unter Verwendung des Musters gemäß Anhang XVII der Durchführungsverordnung (EU) 2015/1986 bekanntzumachen.

(6) Der öffentliche Auftraggeber ist nicht verpflichtet, einzelne Angaben zu veröffentlichen, wenn deren Veröffentlichung
1. den Gesetzesvollzug behindern,
2. dem öffentlichen Interesse zuwiderlaufen,
3. den berechtigten geschäftlichen Interessen eines Unternehmens schaden oder
4. den lauteren Wettbewerb zwischen Unternehmen beeinträchtigen

würde.

§ 62 VgV Unterrichtung der Bewerber und Bieter

(1) Unbeschadet des § 134 des Gesetzes gegen Wettbewerbsbeschränkungen teilt der öffentliche Auftraggeber jedem Bewerber und jedem Bieter unverzüglich seine Entscheidungen über den Abschluss einer Rahmenvereinbarung, die Zuschlagserteilung oder die Zulassung zur Teilnahme an einem dynamischen Beschaffungssystem mit. Gleiches gilt für die Entscheidung, ein Vergabeverfahren aufzuheben oder erneut einzuleiten einschließlich der

Gründe dafür, sofern eine Auftragsbekanntmachung oder Vorinformation veröffentlicht wurde.

(2) Der öffentliche Auftraggeber unterrichtet auf Verlangen des Bewerbers oder Bieters unverzüglich, spätestens innerhalb von 15 Tagen nach Eingang des Antrags in Textform nach § 126b des Bürgerlichen Gesetzbuchs,

1. jeden nicht erfolgreichen Bewerber über die Gründe für die Ablehnung seines Teilnahmeantrags,
2. jeden nicht erfolgreichen Bieter über die Gründe für die Ablehnung seines Angebots,
3. jeden Bieter über die Merkmale und Vorteile des erfolgreichen Angebots sowie den Namen des erfolgreichen Bieters und
4. jeden Bieter über den Verlauf und die Fortschritte der Verhandlungen und des wettbewerblichen Dialogs mit den Bietern.

(3) § 39 Absatz 6 ist auf die in den Absätzen 1 und 2 genannten Angaben über die Zuschlagserteilung, den Abschluss von Rahmenvereinbarungen oder die Zulassung zu einem dynamischen Beschaffungssystem entsprechend anzuwenden.

UVgO:

§ 6 UVgO Dokumentation

(1) Das Vergabeverfahren ist von Anbeginn fortlaufend in Textform nach § 126b des Bürgerlichen Gesetzbuchs zu dokumentieren, sodass die einzelnen Stufen des Verfahrens, die einzelnen Maßnahmen sowie die Begründung der einzelnen Entscheidungen festgehalten werden.

(2) Die Dokumentation sowie die Angebote, Teilnahmeanträge und ihre Anlagen sind mindestens für drei Jahre ab dem Tag des Zuschlags aufzubewahren. Anderweitige Vorschriften zur Aufbewahrung bleiben unberührt.

§ 30 UVgO Vergabebekanntmachung

(1) Der Auftraggeber informiert nach der Durchführung einer Beschränkten Ausschreibung ohne Teilnahmewettbewerb oder einer Verhandlungsvergabe ohne Teilnahmewettbewerb für die Dauer von drei Monaten über jeden so vergebenen Auftrag ab einem Auftragswert von 25.000 EUR ohne Umsatzsteuer auf seinen Internetseiten oder auf Internetportalen. Diese Information enthält mindestens folgende Angaben:

1. Name und Anschrift des Auftraggebers und dessen Beschaffungsstelle,
2. Name des beauftragten Unternehmens; soweit es sich um eine natürliche Person handelt, ist deren Einwilligung einzuholen oder deren Name zu anonymisieren,
3. Verfahrensart,
4. Art und Umfang der Leistung,
5. Zeitraum der Leistungserbringung.

(2) Der Auftraggeber ist nicht verpflichtet, einzelne Angaben zu veröffentlichen, wenn deren Veröffentlichung

1. den Gesetzesvollzug behindern,
2. dem öffentlichen Interesse zuwiderlaufen,
3. den berechtigten geschäftlichen Interessen eines Unternehmens schaden oder
4. den lauteren Wettbewerb zwischen Unternehmen

beeinträchtigen würde.

§ 46 UVgO Unterrichtung der Bewerber und Bieter

(1) Der Auftraggeber unterrichtet jeden Bewerber und jeden Bieter unverzüglich über den Abschluss einer Rahmenvereinbarung oder die erfolgte Zuschlagserteilung. Gleiches gilt hinsichtlich der Aufhebung oder erneuten Einleitung eines Vergabeverfahrens einschließlich der Gründe dafür. Der Auftraggeber unterrichtet auf Verlangen des Bewerbers oder Bieters unverzüglich, spätestens innerhalb von 15 Tagen nach Eingang des Antrags die nicht be-

rücksichtigten Bieter über die wesentlichen Gründe für die Ablehnung ihres Angebots, die Merkmale und Vorteile des erfolgreichen Angebotes sowie den Namen des erfolgreichen Bieters, und die nicht berücksichtigten Bewerber über die wesentlichen Gründe ihrer Nichtberücksichtigung.

(2) § 30 Absatz 2 gilt für Informationen nach Absatz 1 Satz 3 entsprechend.

VOL/A:

§ 19 VOL/A Nicht berücksichtigte Bewerbungen und Angebote, Informationen

(1) Die Auftraggeber teilen unverzüglich, spätestens innerhalb von 15 Tagen nach Eingang eines entsprechenden Antrags, den nicht berücksichtigten Bietern die Gründe für die Ablehnung ihres Angebotes, die Merkmale und Vorteile des erfolgreichen Angebotes sowie den Namen des erfolgreichen Bieters und den nicht berücksichtigten Bewerbern die Gründe für ihre Nichtberücksichtigung mit.

(2) Die Auftraggeber informieren nach Beschränkten Ausschreibungen ohne Teilnahmewettbewerb und Freihändigen Vergaben ohne Teilnahmewettbewerb für die Dauer von drei Monaten über jeden vergebenen Auftrag ab einem Auftragswert von 25.000 EUR ohne Umsatzsteuer auf Internetportalen oder ihren Internetseiten. Diese Information enthält mindestens folgende Angaben:
- Name des Auftraggebers und dessen Beschaffungsstelle sowie deren Adressdaten,
- Name des beauftragten Unternehmens; soweit es sich um eine natürliche Person handelt, ist deren Einwilligung einzuholen oder die Angabe zu anonymisieren,
- Vergabeart,
- Art und Umfang der Leistung,
- Zeitraum der Leistungserbringung.

(3) Die Auftraggeber können die Informationen zurückhalten, wenn die Weitergabe den Gesetzesvollzug vereiteln würde oder sonst nicht im öffentlichen Interesse läge oder die berechtigten Geschäftsinteressen von Unternehmen oder den fairen Wettbewerb beeinträchtigen würde.

§ 20 VOL/A Dokumentation

Das Vergabeverfahren ist von Anbeginn fortlaufend zu dokumentieren, so dass die einzelnen Stufen des Verfahrens, die einzelnen Maßnahmen sowie die Begründung der einzelnen Entscheidungen festgehalten werden.

VOB/A:

§ 19 VOB/A Nicht berücksichtigte Bewerbungen und Angebote

(1) Bieter, deren Angebote ausgeschlossen worden sind (§ 16) und solche, deren Angebote nicht in die engere Wahl kommen, sollen unverzüglich unterrichtet werden. Die übrigen Bieter sind zu unterrichten, sobald der Zuschlag erteilt worden ist.

(2) Auf Verlangen sind den nicht berücksichtigten Bewerbern oder Bietern innerhalb einer Frist von 15 Kalendertagen nach Eingang ihres in Textform gestellten Antrags die Gründe für die Nichtberücksichtigung ihrer Bewerbung oder ihres Angebots in Textform mitzuteilen, den Bietern auch die Merkmale und Vorteile des Angebots des erfolgreichen Bieters sowie dessen Name.

(3) Nicht berücksichtigte Angebote und Ausarbeitungen der Bieter dürfen nicht für eine neue Vergabe oder für andere Zwecke benutzt werden.

(4) Entwürfe, Ausarbeitungen, Muster und Proben zu nicht berücksichtigten Angeboten sind zurückzugeben, wenn dies im Angebot oder innerhalb von 30 Kalendertagen nach Ablehnung des Angebots verlangt wird.

§ 20 VOB/A Dokumentation, Informationspflicht

(1) Das Vergabeverfahren ist zeitnah so zu dokumentieren, dass die einzelnen Stufen des Verfahrens, die einzelnen Maßnahmen, die maßgebenden Feststellungen sowie die Begründung der einzelnen Entscheidungen in Textform festgehalten werden. Diese Dokumentation muss mindestens enthalten:

1. Name und Anschrift des Auftraggebers,
2. Art und Umfang der Leistung,
3. Wert des Auftrags,
4. Namen der berücksichtigten Bewerber oder Bieter und Gründe für ihre Auswahl,
5. Namen der nicht berücksichtigten Bewerber oder Bieter und die Gründe für die Ablehnung,
6. Gründe für die Ablehnung von ungewöhnlich niedrigen Angeboten,
7. Name des Auftragnehmers und Gründe für die Erteilung des Zuschlags auf sein Angebot,
8. Anteil der beabsichtigten Weitergabe an Nachunternehmen, soweit bekannt,
9. bei Beschränkter Ausschreibung ohne Teilnahmewettbewerb, Freihändiger Vergabe Gründe für die Wahl des jeweiligen Verfahrens,
10. gegebenenfalls die Gründe, aus denen der Auftraggeber auf die Vergabe eines Auftrags verzichtet hat.

Der Auftraggeber trifft geeignete Maßnahmen, um den Ablauf der mit elektronischen Mitteln durchgeführten Vergabeverfahren zu dokumentieren.

(2) Wird auf die Vorlage zusätzlich zum Angebot verlangter Unterlagen und Nachweise verzichtet, ist dies in der Dokumentation zu begründen. Dies gilt auch für den Verzicht auf Angaben zur Eignung gemäß § 6a Absatz 5.

(3) Nach Zuschlagserteilung hat der Auftraggeber auf geeignete Weise, zB auf Internetportalen oder im Beschafferprofil zu informieren, wenn bei

1. Beschränkten Ausschreibungen ohne Teilnahmewettbewerb der Auftragswert 25000 EUR ohne Umsatzsteuer,
2. Freihändigen Vergaben der Auftragswert 15000 EUR ohne Umsatzsteuer

übersteigt. Diese Informationen werden sechs Monate vorgehalten und müssen folgende Angaben enthalten:

a) Name, Anschrift, Telefon-, Telefaxnummer und E-Mailadresse des Auftraggebers,
b) gewähltes Vergabeverfahren,
c) Auftragsgegenstand,
d) Ort der Ausführung,
e) Name des beauftragten Unternehmens.

(4) Der Auftraggeber informiert fortlaufend Unternehmen auf Internetportalen oder in seinem Beschafferprofil über beabsichtigte Beschränkte Ausschreibungen nach § 3a Absatz 2 Nummer 1 ab einem voraussichtlichen Auftragswert von 25 000 EUR ohne Umsatzsteuer.

Diese Informationen müssen folgende Angaben enthalten:

1. Name, Anschrift, Telefon-, Telefaxnummer und E-Mail-Adresse des Auftraggebers,
2. Auftragsgegenstand,
3. Ort der Ausführung,
4. Art und voraussichtlicher Umfang der Leistung,
5. voraussichtlicher Zeitraum der Ausführung.

VOB/A EU:

§ 18 EU VOB/A Zuschlag

(1) und (2) hier nicht abgedruckt.

(3)
1. Die Erteilung eines Bauauftrages ist bekannt zu machen.
2. Die Vergabebekanntmachung erfolgt mit den von der Europäischen Kommission festgelegten Standardformularen und enthält die Informationen nach Anhang V Teil D der Richtlinie 2014/24/EU.
3. Aufgrund einer Rahmenvereinbarung vergebene Einzelaufträge werden nicht bekannt gemacht.
4. Erfolgte eine Vorinformation als Aufruf zum Wettbewerb nach § 12 EU Absatz 2 und soll keine weitere Auftragsvergabe während des Zeitraums, der von der Vorinformation abgedeckt ist, vorgenommen werden, so enthält die Vergabebekanntmachung einen entsprechenden Hinweis.
5. Nicht in die Vergabebekanntmachung aufzunehmen sind Angaben, deren Veröffentlichung
   a) den Gesetzesvollzug behindern,
   b) dem öffentlichen Interesse zuwiderlaufen,
   c) die berechtigten geschäftlichen Interessen öffentlicher oder privater Unternehmen schädigen oder
   d) den fairen Wettbewerb beeinträchtigen würde.

(4) Die Vergabebekanntmachung ist dem Amt für Veröffentlichungen der Europäischen Union in kürzester Frist – spätestens 30 Kalendertage nach Auftragserteilung – elektronisch zu übermitteln.

§ 19 EU VOB/A Nicht berücksichtigte Bewerbungen und Angebote

(1) Bewerber, deren Bewerbung abgelehnt wurde, sowie Bieter, deren Angebote ausgeschlossen worden sind (§ 16 EU), und solche, deren Angebote nicht in die engere Wahl kommen, sollen unverzüglich unterrichtet werden.

(2) und (3) hier nicht abgedruckt.

(4) Auf Verlangen des Bewerbers oder Bieters unterrichtet der öffentliche Auftraggeber in Textform so schnell wie möglich, spätestens jedoch innerhalb einer Frist von 15 Kalendertagen nach Eingang des Antrags,
1. jeden nicht erfolgreichen Bewerber über die Gründe für die Ablehnung seines Teilnahmeantrags;
2. jeden Bieter, der ein ordnungsgemäßes Angebot eingereicht hat, über die Merkmale und relativen Vorteile des ausgewählten Angebots sowie über den Namen des erfolgreichen Bieters oder der Parteien der Rahmenvereinbarung;
3. jeden Bieter, der ein ordnungsgemäßes Angebot eingereicht hat, über den Verlauf und die Fortschritte der Verhandlungen und des Dialogs mit den Bietern.

§ 17 EU Absatz 2 Nummer 2 gilt entsprechend.

(5) Nicht berücksichtigte Angebote und Ausarbeitungen der Bieter dürfen nicht für eine neue Vergabe oder für andere Zwecke benutzt werden.

(6) Entwürfe, Ausarbeitungen, Muster und Proben zu nicht berücksichtigten Angeboten sind zurückzugeben, wenn dies im Angebot oder innerhalb von 30 Kalendertagen nach Ablehnung des Angebots verlangt wird.

§ 20 EU VOB/A Dokumentation

Das Vergabeverfahren ist gemäß § 8 VgV zu dokumentieren.

VOB/A VS:

§ 18 VS VOB/A Zuschlag

(1) und (2) hier nicht abgedruckt.

(3)

1. Die Erteilung eines Bauauftrages oder der Abschluss einer Rahmenvereinbarung sind bekannt zu machen. Diese Pflicht besteht nicht für die Vergabe von Einzelaufträgen, die aufgrund einer Rahmenvereinbarung erfolgen.
2. Die Vergabebekanntmachung ist nach dem Muster gemäß Anhang XIV der Durchführungsverordnung (EU) Nr. 2015/1986 zu erstellen. Beim Verhandlungsverfahren ohne Teilnahmewettbewerb hat der Auftraggeber die Gründe, die die Wahl dieses Verfahrens rechtfertigen, in der Vergabebekanntmachung mitzuteilen.
3. Nicht in die Vergabebekanntmachung aufzunehmen sind Angaben, deren Veröffentlichung
   a) den Gesetzesvollzug behindern,
   b) dem öffentlichen Interesse, insbesondere Verteidigungs- und Sicherheitsinteressen, zuwiderlaufen,
   c) die berechtigten geschäftlichen Interessen öffentlicher oder privater Unternehmen schädigen oder
   d) den fairen Wettbewerb beeinträchtigen würde.

(4) Die Vergabebekanntmachung ist dem Amt für Veröffentlichungen der Europäischen Union in kürzester Frist – spätestens 48 Kalendertage nach Auftragserteilung – zu übermitteln.

§ 20 VS VOB/A Dokumentation

(1) Das Vergabeverfahren ist zeitnah so zu dokumentieren, dass die einzelnen Stufen des Verfahrens, die einzelnen Maßnahmen, die maßgebenden Feststellungen sowie die Begründung der einzelnen Entscheidungen in Textform festgehalten werden. Diese Dokumentation muss mindestens enthalten:

1. Name und Anschrift des Auftraggebers,
2. Art und Umfang der Leistung,
3. Wert des Auftrags oder der Rahmenvereinbarung,
4. Namen der berücksichtigten Bewerber oder Bieter und Gründe für ihre Auswahl,
5. Namen der nicht berücksichtigten Bewerber oder Bieter und die Gründe für die Ablehnung,
6. Gründe für die Ablehnung von ungewöhnlich niedrigen Angeboten,
7. Name des Auftragnehmers und Gründe für die Erteilung des Zuschlags auf sein Angebot,
8. Anteil der beabsichtigten Weitergabe an Nachunternehmen, soweit bekannt,
9. bei nicht offenen Verfahren, Verhandlungsverfahren und wettbewerblichem Dialog Gründe für die Wahl des jeweiligen Verfahrens sowie die Gründe für das Überschreiten der Fünfjahresfrist in § 3a VS Absatz 2 Nummer 5,
10. gegebenenfalls die Gründe, aus denen der Auftraggeber auf die Vergabe eines Auftrags oder einer Rahmenvereinbarung verzichtet hat,
11. gegebenenfalls die Gründe, die eine über sieben Jahre hinausgehende Laufzeit einer Rahmenvereinbarung rechtfertigen.

Der Auftraggeber trifft geeignete Maßnahmen, um den Ablauf der mit elektronischen Mitteln durchgeführten Vergabeverfahren zu dokumentieren.

(2) Wird auf die Vorlage zusätzlich zum Angebot verlangter Unterlagen und Nachweise verzichtet, ist dies in der Dokumentation zu begründen.

VSVgV:

§ 35 VSVgV Bekanntmachung über die Auftragserteilung

(1) Die Auftraggeber sind verpflichtet, die Vergabe eines Auftrags oder den Abschluss einer Rahmenvereinbarung innerhalb von 48 Tagen bekanntzumachen. Die Bekanntmachung über die Auftragserteilung wird nach dem Muster gemäß Anhang XV der Durchführungs-

verordnung (EU) 2015/1986 erstellt. Diese Pflicht besteht nicht für die Vergabe von Einzelaufträgen, die aufgrund einer Rahmenvereinbarung erfolgen.

(2) Die Auftraggeber müssen eine Auftragsvergabe oder den Abschluss einer Rahmenvereinbarung nicht bekannt geben, soweit deren Offenlegung den Gesetzesvollzug behindern, dies dem öffentlichen Interesse, insbesondere Verteidigungs- oder Sicherheitsinteressen, zuwiderlaufen, die berechtigten geschäftlichen Interessen öffentlicher oder privater Unternehmen schädigen oder den lauteren Wettbewerb zwischen ihnen beeinträchtigen könnte.

§ 36 VSVgV Unterrichtung der Bewerber oder Bieter

(1) Unbeschadet des § 147 in Verbindung mit § 134 des Gesetzes gegen Wettbewerbsbeschränkungen unterrichten die Auftraggeber alle Bewerber oder Bieter unverzüglich über die Gründe für die Entscheidung, einen Auftrag oder eine Rahmenvereinbarung, für die eine Bekanntmachung veröffentlicht wurde, nicht zu vergeben oder das Verfahren neu einzuleiten. Diese Information wird auf Verlangen der Bewerber oder Bieter schriftlich erteilt.

(2) Unbeschadet des § 147 in Verbindung mit § 134 des Gesetzes gegen Wettbewerbsbeschränkungen unterrichten die Auftraggeber auf Verlangen des Betroffenen unverzüglich, spätestens 15 Tage nach Eingang eines entsprechenden Antrags in Textform nach § 126b des Bürgerlichen Gesetzbuchs,

1. jeden nicht erfolgreichen Bewerber über die Gründe für die Ablehnung der Bewerbung;
2. jeden nicht berücksichtigten Bieter über die Gründe für die Ablehnung des Angebots, insbesondere die Gründe dafür, dass keine Gleichwertigkeit im Sinne des § 15 Absatz 4 und 5 dieser Verordnung vorliegt oder dass die Lieferungen oder Dienstleistungen nicht den Leistungs- oder Funktionsanforderungen entsprechen, und in den Fällen der §§ 7 und 8 die Gründe dafür, dass keine Gleichwertigkeit bezüglich der Anforderungen an den Schutz von Verschlusssachen oder an die Versorgungssicherheit durch Unternehmen vorliegt;
3. jeden Bieter, der ein ordnungsgemäßes Angebot eingereicht hat, das jedoch abgelehnt worden ist, über die Merkmale und Vorteile des ausgewählten Angebots sowie über den Namen des Zuschlagsempfängers oder der Vertragspartner der Rahmenvereinbarung.

§ 43 VSVgV Dokumentations- und Aufbewahrungspflichten

(1) Das Vergabeverfahren ist von Beginn an in einem Vergabevermerk fortlaufend zu dokumentieren, um die einzelnen Stufen des Verfahrens, die einzelnen Maßnahmen sowie die Begründung der einzelnen Entscheidungen festzuhalten.

(2) Der Vergabevermerk umfasst zumindest:

1. den Namen und die Anschrift des öffentlichen Auftraggebers, Gegenstand und Wert des Auftrags oder der Rahmenvereinbarung,
2. die Namen der berücksichtigten Bewerber oder Bieter und die Gründe für ihre Auswahl,
3. die Namen der nicht berücksichtigten Bewerber oder Bieter und die Gründe für ihre Ablehnung,
4. die Gründe für die Ablehnung von ungewöhnlich niedrigen Angeboten,
5. den Namen des erfolgreichen Bieters und die Gründe für die Auswahl seines Angebots sowie, falls bekannt, den Anteil am Auftrag oder an der Rahmenvereinbarung, den der Zuschlagsempfänger an Dritte weiterzugeben beabsichtigt oder verpflichtet ist weiterzugeben,
6. beim Verhandlungsverfahren ohne Teilnahmewettbewerb und wettbewerblichen Dialog die in dieser Verordnung jeweils genannten Umstände oder Gründe, die die Anwendung dieser Verfahren rechtfertigen; gegebenenfalls die Begründung für die Überschreitung der Fristen gemäß § 12 Absatz 1 Nummer 2 Buchstabe a Satz 2 und

Nummer 3 Buchstabe b Satz 3 sowie für die Überschreitung der Schwelle von 50 Prozent gemäß § 12 Absatz 1 Nummer 3 Buchstabe a,

7. gegebenenfalls die Gründe, aus denen die Auftraggeber auf die Vergabe eines Auftrags oder den Abschluss einer Rahmenvereinbarung verzichtet haben,
8. die Gründe, aufgrund derer mehrere Teil- oder Fachlose zusammen vergeben werden sollen,
9. die Gründe, warum der Gegenstand des Auftrags die Vorlage von Eigenerklärungen oder von Eignungsnachweisen erfordert,
10. die Gründe der Nichtangabe der Gewichtung der Zuschlagskriterien,
11. gegebenenfalls die Gründe, die eine über sieben Jahre hinausgehende Laufzeit einer Rahmenvereinbarung rechtfertigen, und
12. die Gründe für die Ablehnung von Angeboten.

(3) Die Auftraggeber müssen geeignete Maßnahmen treffen, um den Ablauf der mit elektronischen Mitteln durchgeführten Vergabeverfahren zu dokumentieren.

(4) Auf Ersuchen der Europäischen Kommission müssen die Auftraggeber den Vermerk in Kopie übermitteln oder dessen wesentlichen Inhalt mitteilen.

VergStatVO:

§ 1 Anwendungsbereich und Grundsätze der Datenübermittlung

(1) Diese Verordnung regelt die Pflichten der Auftraggeber im Sinne von § 98 des Gesetzes gegen Wettbewerbsbeschränkungen zur Übermittlung der in § 3 aufgeführten Daten an das vom Bundesministerium für Wirtschaft und Energie zum Empfang und zur Verarbeitung der Daten beauftragte Statistische Bundesamt. Zur Erfüllung ihrer Pflichten nach Satz 1 bedienen sich die Auftraggeber Berichtsstellen. Berichtsstellen sind diejenigen Stellen, die Informationen über vergebene Aufträge und Konzessionen als Auftrag- oder Konzessionsgeber selbst oder für einen anderen Auftrag- oder Konzessionsgeber melden.

(2) Die Daten nach § 3 sind innerhalb von 60 Tagen nach Zuschlagserteilung zu übermitteln.

(3) Die Übermittlung der Daten an das Statistische Bundesamt erfolgt elektronisch. Hierfür sind die vom Statistischen Bundesamt zur Verfügung gestellten sicheren elektronischen Verfahren zu nutzen. Bei der Übermittlung der Daten ist sicherzustellen, dass die nach Bundes- oder Landesrecht zuständigen Datenschutzaufsichtsbehörden die Möglichkeit zur Einsicht in die Protokolldaten betreffend die Übermittlung der Daten haben.

(4) Das Statistische Bundesamt speichert die erhaltenen Daten, bereitet sie statistisch auf und erstellt im Auftrag des Bundesministeriums für Wirtschaft und Energie eine Vergabestatistik.

§ 2 Art und Umfang der Datenübermittlung

(1) Auftraggeber im Sinne von § 98 des Gesetzes gegen Wettbewerbsbeschränkungen übermitteln nach der Vergabe eines öffentlichen Auftrags nach § 103 Absatz 1 des Gesetzes gegen Wettbewerbsbeschränkungen oder einer Konzession nach § 105 des Gesetzes gegen Wettbewerbsbeschränkungen bei Erreichen oder Überschreiten der in § 106 des Gesetzes gegen Wettbewerbsbeschränkungen genannten Schwellenwerte die in § 3 Absatz 1 genannten Daten.

(2) Öffentliche Auftraggeber im Sinne des § 99 des Gesetzes gegen Wettbewerbsbeschränkungen übermitteln nach der Vergabe eines öffentlichen Auftrags die in § 3 Absatz 2 und 3 aufgeführten Daten, wenn

1. der Auftragswert ohne Umsatzsteuer 25 000 Euro überschreitet,
2. der Auftragswert den geltenden Schwellenwert gemäß § 106 des Gesetzes gegen Wettbewerbsbeschränkungen unterschreitet,

3. die Vergabe des öffentlichen Auftrags nach den jeweils maßgeblichen Vorgaben des Bundes oder der Länder vergabe- oder haushaltsrechtlichen Verfahrensregeln unterliegt und
4. der Auftrag im Übrigen unter die Regelungen des Teils 4 des Gesetzes gegen Wettbewerbsbeschränkungen fallen würde.

(3) Die vorstehenden Pflichten gelten nicht bei der Vergabe öffentlicher Aufträge und Konzessionen durch Auslandsdienststellen von Auftraggebern.

§ 3 Zu übermittelnde Daten

(1) In den Fällen des § 2 Absatz 1 umfasst die Pflicht zur Übermittlung die folgenden Daten:

1. bei der Vergabe öffentlicher Aufträge durch öffentliche Auftraggeber umfasst die Pflicht zur Übermittlung die Daten gemäß Anlage 1,
2. bei der Vergabe öffentlicher Aufträge über soziale und andere besondere Dienstleistungen nach § 130 des Gesetzes gegen Wettbewerbsbeschränkungen durch öffentliche Auftraggeber umfasst die Pflicht zur Übermittlung die Daten gemäß Anlage 2,
3. bei der Vergabe öffentlicher Aufträge durch Sektorenauftraggeber nach § 100 des Gesetzes gegen Wettbewerbsbeschränkungen zum Zweck der Ausübung einer Sektorentätigkeit nach § 102 des Gesetzes gegen Wettbewerbsbeschränkungen umfasst die Pflicht zur Übermittlung die Daten gemäß Anlage 3,
4. bei der Vergabe öffentlicher Aufträge über soziale und andere besondere Dienstleistungen nach § 142 in Verbindung mit § 130 des Gesetzes gegen Wettbewerbsbeschränkungen durch Sektorenauftraggeber zum Zweck der Ausübung einer Sektorentätigkeit umfasst die Pflicht zur Übermittlung die Daten gemäß Anlage 4,
5. bei der Vergabe von Konzessionen durch Konzessionsgeber nach § 101 des Gesetzes gegen Wettbewerbsbeschränkungen umfasst die Pflicht zur Übermittlung die Daten gemäß Anlage 5,
6. bei der Vergabe von Konzessionen über soziale und andere besondere Dienstleistungen nach § 153 des Gesetzes gegen Wettbewerbsbeschränkungen durch Konzessionsgeber umfasst die Pflicht zur Übermittlung die Daten gemäß Anlage 6 und
7. bei der Vergabe verteidigungs- oder sicherheitsspezifischer öffentlicher Aufträge nach § 104 des Gesetzes gegen Wettbewerbsbeschränkungen durch öffentliche Auftraggeber und Sektorenauftraggeber umfasst die Pflicht zur Übermittlung die Daten gemäß Anlage 7.

(2) In den Fällen des § 2 Absatz 2 umfasst die Pflicht zur Übermittlung die Daten gemäß Anlage 8.

(3) Sofern Auftraggeber freiwillig Daten gemäß den Anlagen 1 bis 8 zu den Absätzen 1 und 2 zur statistischen Auswertung übermitteln, sind § 1 Absatz 2 und 3 und § 4 auch für diese Daten anzuwenden.

§ 4 Statistische Aufbereitung und Übermittlung der Daten; Veröffentlichung statistischer Auswertungen; Datenbank

(1) Das Statistische Bundesamt ist mit Einwilligung des Bundesministeriums für Wirtschaft und Energie berechtigt, aus den aufbereiteten Daten statistische Auswertungen zu veröffentlichen.

(2) Das Bundesministerium für Wirtschaft und Energie ist berechtigt, zur Erfüllung der Berichtspflichten der Bundesrepublik Deutschland, die sich aus der Richtlinie 2014/23/EU des Europäischen Parlaments und des Rates vom 26.2.2014 über die Konzessionsvergabe (ABl. L 94 vom 28.3.2014, S. 1), der Richtlinie 2014/24/EU des Europäischen Parlaments und des Rates vom 26.2.2014 über die öffentliche Auftragsvergabe und zur Aufhebung der Richtlinie 2004/18/EG (ABl. L 94 vom 28.3.2014, S. 65), der Richtlinie 2014/25/EU des Europäischen Parlaments und des Rates vom 26.2.2014 über die Vergabe von Aufträgen

durch Auftraggeber im Bereich der Wasser-, Energie- und Verkehrsversorgung sowie der Postdienste und zur Aufhebung der Richtlinie 2004/17/EG (ABl. L 94 vom 28.3.2014, S. 243) und der Richtlinie 2009/81/EG des Europäischen Parlaments und des Rates vom 13.7.2009 über die Koordinierung der Verfahren zur Vergabe bestimmter Bau-, Liefer- und Dienstleistungsaufträge in den Bereichen Verteidigung und Sicherheit und zur Änderung der Richtlinien 2004/17/EG und 2004/18/EG (ABl. L 216 vom 20.8.2009, S. 76) gegenüber der Europäischen Kommission ergeben, statistische Auswertungen an die Europäische Kommission zu übermitteln.

(3) Das Bundesministerium für Wirtschaft und Energie stellt den Berichtsstellen die für die Analyse und Planung ihres Beschaffungsverhaltens erforderlichen eigenen Daten sowie statistische Auswertungen zur Verfügung.

(4) Bundes-, Landes- oder Kommunalbehörden können auf Antrag beim Bundesministerium für Wirtschaft und Energie statistische Auswertungen erhalten.

(5) Das Bundesministerium für Wirtschaft und Energie stellt den statistischen Landesämtern auf deren Antrag die ihren jeweiligen Erhebungsbereich betreffenden und vorhandenen Daten für die gesonderte Aufbereitung auf regionaler und auf Landesebene zur Verfügung.

(6) Das durch das Bundesministerium für Wirtschaft und Energie beauftragte Statistische Bundesamt ist berechtigt, die statistischen Auswertungen durchzuführen und die statistischen Auswertungen und Daten nach den Absätzen 3 bis 5 zu übermitteln.

(7) Das Statistische Bundesamt ist berechtigt, die Angaben zu den Merkmalen gemäß Abschnitt 2 der Anlagen 1 bis 8, mit Ausnahme der Angaben zu Auftraggebereigenschaft und Korrekturmeldung, in einer Datenbank zu speichern, um die technische Umsetzung der Datenübermittlung zu gewährleisten. Die freiwilligen Angaben zu den für Rückfragen zur Verfügung stehenden Personen sind auf Verlangen unverzüglich zu löschen.

§ 5 Datenübermittlung für die wissenschaftliche Forschung

(1) Das Bundesministerium für Wirtschaft und Energie stellt Hochschulen und anderen Einrichtungen, die wissenschaftliche Forschung betreiben, auf Antrag statistische Auswertungen oder Daten in anonymisierter Form zur Verfügung, soweit

1. dies für die Durchführung wissenschaftlicher Forschungsarbeiten erforderlich ist und
2. die Übermittlung der Daten oder die Erstellung der statistischen Auswertungen keinen unverhältnismäßigen Aufwand erfordert.

(2) Das durch das Bundesministerium für Wirtschaft und Energie beauftragte Statistische Bundesamt ist berechtigt, die statistischen Auswertungen durchzuführen und die statistischen Auswertungen und Daten nach Absatz 1 zu übermitteln.

§ 6 Anwendungsbestimmung

(1) Das Bundesministerium für Wirtschaft und Energie hat

1. das Vorliegen der Voraussetzungen einer elektronischen Datenübertragung entsprechend den Vorgaben des § 1 Absatz 3 festzustellen und
2. die Feststellung nach Nummer 1 im Bundesanzeiger bekanntzumachen.

(2) Die §§ 1 bis 5 sind ab dem ersten Tag des vierten Monats, der auf den Monat der Bekanntmachung nach Absatz 1 Satz 1 Nummer 2 folgt, anzuwenden; dieser Tag ist vom Bundesministerium für Wirtschaft und Energie unverzüglich im Bundesanzeiger bekanntzumachen.

§ 7 Übergangsregelung

(1) Solange die §§ 1 bis 5 nicht nach § 6 anzuwenden sind, übermitteln die Auftraggeber dem Bundesministerium für Wirtschaft und Energie für vergebene Aufträge, die der Vergabeverordnung unterliegen, eine jährliche statistische Aufstellung der jeweils im Vorjahr ver-

gebenen Aufträge, und zwar getrennt nach öffentlichen Liefer-, Dienstleistungs- und Bauaufträgen. Für jeden Auftraggeber enthält die statistische Aufstellung mindestens die Zahl und den Wert der vergebenen Aufträge. Die Daten werden, soweit möglich, wie folgt aufgeschlüsselt:
1. nach den jeweiligen Vergabeverfahren,
2. nach Waren, Dienstleistungen und Bauarbeiten gemäß den Kategorien der Common Procurement Vocabulary-Nomenklatur,
3. nach der Staatszugehörigkeit des Bieters, an den der Auftrag vergeben wurde.

(2) Die statistischen Aufstellungen im Sinne des Absatzes 1 für oberste und obere Bundesbehörden und für vergleichbare Bundeseinrichtungen enthalten auch den geschätzten Gesamtwert der Aufträge unterhalb der Schwellenwerte.

(3) Solange die §§ 1 bis 6 nicht in Kraft getreten sind, übermitteln die Sektorenauftraggeber dem Bundesministerium für Wirtschaft und Energie für vergebene Aufträge, die der Sektorenverordnung unterliegen, eine jährliche Aufstellung der jeweils im Vorjahr vergebenen Aufträge, und zwar getrennt nach öffentlichen Liefer-, Dienstleistungs- und Bauaufträgen. Für jeden Sektorenauftraggeber enthält die statistische Aufstellung mindestens die Zahl und den Wert der vergebenen Aufträge. Die Sätze 1 und 2 gelten nicht für Auftraggeber der Bereiche Gas- und Wärmeversorgung und Eisenbahnverkehr, ausgenommen Schnellbahnen. In den anderen Sektorenbereichen entfallen Angaben über Dienstleistungsaufträge.

(4) Die Sektorenauftraggeber übermitteln dem Bundesministerium für Wirtschaft und Energie auch den Gesamtwert der vergebenen Aufträge unterhalb der Schwellenwerte, die ohne eine Schwellenwertfestlegung von der Datenübermittlungspflicht erfasst wären. Aufträge von geringem Wert können aus Gründen der Vereinfachung unberücksichtigt bleiben.

(5) Solange die §§ 1 bis 6 nicht in Kraft getreten sind, übermitteln die öffentlichen Auftraggeber und Sektorenauftraggeber dem Bundesministerium für Wirtschaft und Energie für vergebene Aufträge, die der Vergabeverordnung für die Bereiche Verteidigung und Sicherheit unterliegen, eine jährliche Aufstellung der jeweils im Vorjahr vergebenen Aufträge, und zwar getrennt nach öffentlichen Liefer-, Dienstleistungs- und Bauaufträgen. Für jeden Auftraggeber enthält die statistische Aufstellung mindestens die Zahl und den Wert der vergebenen Aufträge. Die Daten werden, soweit möglich, wie folgt aufgeschlüsselt:
1. nach den jeweiligen Vergabeverfahren,
2. nach Waren, Dienstleistungen und Bauarbeiten gemäß den Kategorien der Common Procurement Vocabulary-Nomenklatur,
3. nach der Staatszugehörigkeit des Bieters, an den der Auftrag vergeben wurde.

(6) Das Bundesministerium für Wirtschaft und Energie setzt jeweils durch Allgemeinverfügung fest, in welcher Form die statistischen Angaben zu übermitteln sind. Die Allgemeinverfügung wird im Bundesanzeiger bekannt gemacht.

Literatur:

Burgi Anwendungsbereich und Governanceregeln der EU-Auftragsvergabereformrichtlinie: Bewertung und Umsetzungsbedarf, NZBau 2012, 601; *Frister* Entrechtlichung und Vereinfachung des Vergaberechts, VergabeR 2011, 295; *Jaeger* Reichweite und Grenzen der Beschaffungsfreiheit des öffentlichen Auftraggebers, ZWeR 2011, 365; *Just/Sailer* Die neue Vergabeverordnung 2010, NVwZ 2010, 937; *Macht/Städler* Die Informationspflichten des öffentlichen Auftraggebers für ausgeschiedene Bewerber – Sinn oder Unsinn?, NZBau 2012, 143; *Nelskamp/Dahmen* Dokumentation im Vergabeverfahren, KommJur 2010, 208; *Schaller* Dokumentations-, Informations-, Mitteilungs-, Melde- und Berichtspflichten im öffentlichen Auftragswesen, VergabeR 2007, Sonderheft 2a, 394; *Scharen* Patentschutz und öffentliche Vergabe, GRUR 2009, 345; *Tugendreich* Der Kunde ist König – Umfang des Leistungsbestimmungsrechts des Auftraggebers, NZBau 2013, 90.

A. Einleitung

1 Das Vergaberecht unterwirft den Auftraggeber zahlreichen unterschiedlichen **Mitteilungspflichten.** Diese sind nur teilweise Folge des kartellvergaberechtlichen Transparenzgebotes (§ 97 Abs. 1 Satz 1 GWB). Sie gehen vielmehr im Einzelnen weit über den auf subjektive Informationsrechte ausgerichteten Transparenzansatz des Kartellvergaberechts hinaus und können insbesondere die Unterrichtung staatlicher Prüfungsinstanzen, der Institutionen der EU oder der Öffentlichkeit bezwecken. Ausgehend davon, ob ein zukünftiges oder ein bereits geschehenes Handeln des Auftraggebers Gegenstand der Mitteilung ist, lassen sich die Informationspflichten in Ex-ante-Pflichten und Ex-post-Pflichten einteilen. Die Pflichten des Auftraggebers, die auf die rückblickende Unterrichtung über sein Handeln bei der Auftragsvergabe gerichtet sind, bestehen im Wesentlichen in der Pflicht zur Erstellung eines Vergabevermerks, in der Pflicht zur Unterrichtung der nicht berücksichtigten Bewerber und Bieter, in der Pflicht zur öffentlichen Bekanntmachung der Auftragsvergabe und in statistischen Melde- und Berichtspflichten.

B. Dokumentation und Vergabevermerk

2 § 8 VgV, § 6 UVgO, § 20 VOL/A, § 20 VOB/A, § 20 EU VOB/A, § 20 VS VOB/A und § 43 VSVgV verpflichten den Auftraggeber, das Vergabeverfahren von Anbeginn fortlaufend zu dokumentieren und einen Vergabevermerk zu erstellen. Im Bereich des Kartellvergaberechts geht diese Pflicht auf Art. 84 VRL (vormals Art. 43 RL 2004/18/EG) und Art. 37 RL 2009/81/EG zurück. Die **Vergaberechtsreform 2016** hat die bestehenden Vorgaben im Wesentlichen übernommen und lediglich punktuelle Änderungen vorgenommen.

In Anlehnung an Art. 84 VRL unterscheidet der Verordnungsgeber in § 8 VgV in sprachlicher und systematischer Hinsicht zwischen der **Dokumentation** (§ 8 Abs. 1 VgV) und dem **Vergabevermerk** (§ 8 Abs. 2 VgV). Hiernach handelt es sich bei der Dokumentation um die fortlaufende aktenmäßige Abbildung des Verfahrens, während der Vergabevermerk nach der Vorstellung des Verordnungsgebers eine gesonderte Beschreibung des Vergabeverfahrens darstellt und Bestandteil der Dokumentation ist[1].

3 Unabhängig von den richtlinienrechtlichen Grundlagen ist die Pflicht zur aktenmäßigen Abbildung des Vergabeverfahrens ein normativ konkretisierter Unterfall der **allgemeinen Pflicht der Verwaltung zur Aktenführung,** die sich dann, wenn sie nicht ausdrücklich gesetzlich angeordnet ist, aus der Bindung der Verwaltung an Recht und Gesetz (Art. 20 Abs. 3 GG) und aus dem Rechtsstaatsprinzip ergibt[2]. Teilweise geht die vergaberechtliche Dokumentationspflicht jedoch über diese allgemeine Pflicht hinaus, soweit sie auch Auftraggeber trifft, die etwa als juristische Personen des Privatrechts nicht dieser allgemeinen Pflicht zur Aktenführung unterliegen.

4 Die allgemeine Pflicht zur Aktenführung ist eine Pflicht zur **ordnungsgemäßen** Aktenführung. Aus ihr folgen insbesondere die Grundsätze der **Aktenvollständigkeit** und der **Aktenwahrheit**[3]. Für die Dokumentation des Vergabeverfahrens gelten diese Grundsätze in gleicher Weise. Die Dokumentation und der Vergabevermerk müssen daher die einzelnen Verfahrensschritte vollständig und inhaltlich zutreffend wiedergeben und die Auftragsvergabe einschließlich des zu ihr führenden Verfahrens nachvollziehbar machen. Hinsichtlich der Maßnahmen und Entscheidungen des Auftraggebers sind alle für sie maß-

---

[1] BR-Drs. 87/16, S. 162; s. auch die Erläuterungen des Bundesministeriums für Wirtschaft und Energie zur UVgO; BAnz AT v. 7.2.2017, B 2, zu § 6 UVgO.

[2] BVerfG Beschl. v. 6.6.1983 – 2 BvR 244, 310/83, NJW 1983, 2135; BVerwG Beschl. v. 16.3.1988 – 1 B 153/87, NVwZ 1988, 621, 622; Stelkens/Bonk/Sachs/*Kallerhoff/Mayen* VwVfG § 29 Rn. 29f.

[3] BVerfG Beschl. v. 6.6.1983 – 2 BvR 244, 310/83, NJW 1983, 2135; Stelkens/Bonk/Sachs/*Kallerhoff/Mayen* VwVfG § 29 Rn. 29f.

geblichen Umstände und Überlegungen vollständig und wahrheitsgemäß mitzuteilen[4]. Werden einzelne Bestandteile des Vergabevermerks nachträglich überschrieben oder gelöscht, widerspricht dies der Verpflichtung zur wahrheitsgemäßen Dokumentation des Verfahrens[5].

Soweit der Auftraggeber **nach sonstigen Vorschriften** zur Aktenführung und Dokumentation der Auftragsvergabe verpflichtet ist, bleiben diese Pflichten von der vergaberechtlichen Dokumentationspflicht unberührt. 5

§ 8 Abs. 4 VgV und § 6 Abs. 2 UVgO machten dem Auftraggeber erstmals vergaberechtliche Vorgaben zur **Aufbewahrung** der Unterlagen über das Vergabeverfahren. Jenseits dieser Bestimmung hat der Auftraggeber die allgemein für ihn geltenden gesetzlichen oder verwaltungsinternen Vorschriften zu beachten (§ 6 Abs. 2 S. 2 UVgO), zu denen insbesondere die Pflicht gehören kann, nicht mehr benötigte Vergabeunterlagen dem zuständigen Archiv anzubieten (zB gemäß § 2 Abs. 1 S. 1 BArchG). Auftraggeber in privater Rechtsform haben zudem die für sie geltenden handels- und steuerrechtlichen Aufbewahrungsvorschriften einzuhalten. 6

I. Funktionen der Dokumentation

Ebenso wie die allgemeine Pflicht der Verwaltung zur Aktenführung dient die Dokumentation des Vergabeverfahrens dem Zweck, das Handeln des Auftraggebers nachvollziehbar und transparent zu machen[6]. Im Geltungsbereich des Kartellvergaberechts ist das ein Ausdruck des Transparenzgebots nach § 97 Abs. 1 S. 1 GWB. Ausgehend hiervon erfüllt die Dokumentation des Vergabeverfahrens unterschiedliche Funktionen. 7

1. Kontrolle des Vergabeverfahrens

Die Dokumentation dient zunächst der **Kontrolle der Recht- und ggf. Zweckmäßigkeit** des Vergabeverfahrens[7]. Die Kontrolle wird im Anwendungsbereich des Kartellvergaberechts namentlich durch die Vergabekammern und Beschwerdegerichte im Nachprüfungsverfahren nach den §§ 155ff. GWB zum Zwecke der Durchsetzung subjektiver Rechte ausgeübt. Hinzu tritt die auf objektive Kontrolle gerichtete Prüfung der Auftragsvergabe beispielsweise durch innerbehördliche Prüfstellen, vorgesetzte Behörden der Fach- oder Rechtsaufsicht oder Organe der Finanzkontrolle[8]. 8

---

[4] OLG Düsseldorf Beschl. v. 14.8.2003 – VII-Verg 46/03, VergabeR 2004, 232, 234; OLG Karlsruhe Beschl. v. 21.7.2010 – 15 Verg 6/10, VergabeR 2011, 87, 91 mAnm *Hübner.*

[5] OLG Düsseldorf Beschl. v. 10.8.2011 – VII-Verg 36/11, NZBau 2011, 765, 767f.

[6] BayObLG Beschl. v. 1.10.2001 – Verg 6/01, VergabeR 2002, 63, 69; OLG Brandenburg Beschl. v. 3.8.1999 – 6 Verg 1/99, NZBau 2000, 39, 44f.; OLG Celle Beschl. v. 12.5.2010 – 13 Verg 3/10, IBR 2010, 415; OLG Celle Beschl. v. 11.2.2010 – 13 Verg 16/09, VergabeR 2010, 669, 673 mAnm *Gulich;* OLG Düsseldorf Beschl. v. 17.3.2004 – VII-Verg 1/04, ZfBR 2004, 500, 500; OLG Düsseldorf Beschl. v. 14.8.2003 – VII-Verg 46/03, VergabeR 2004, 232, 234; OLG Karlsruhe Beschl. v. 21.7.2010 – 15 Verg 6/10, VergabeR 2011, 87, 91 mAnm *Hübner;* OLG Naumburg Beschl. v. 17.2.2004 – 1 Verg 15/03, VergabeR 2004, 634, 640 mAnm *Krist; Schaller* VergabeR 2007, Sonderheft 2a, 394; Ingenstau/Korbion/*Düsterdiek* § 20 VOB/A Rn. 1; Müller-Wrede/*Fülling* VgV § 8 Rn. 4; Ziekow/Völlink/*Hänsel* § 8 VgV Rn. 1; Pünder/Schellenberg/*Mentzinis* § 8 VgV Rn. 1; Kapellmann/Messerschmidt/*Schneider* VOB/A § 20 Rn. 5; Willenbruch/Wieddekind/*Schubert* § 8 VgV Rn. 4; KMPP/*Zeise* VOB/A § 20 Rn. 2; KKMPP/*Zeise* VgV § 8 Rn. 3.

[7] OLG Düsseldorf Beschl. v. 17.3.2004 – VII-Verg 1/04, ZfBR 2004, 500; *Nelskamp/Dahmen* KommJur 2010, 208, 210; Müller-Wrede/*Fülling* VgV § 8 Rn. 5; Voppel/Osenbrück/Bubert/*Voppel* § 8 Rn. 4.

[8] OLG Brandenburg Beschl. v. 3.8.1999 – 6 Verg 1/99, NZBau 2000, 39, 44; *Nelskamp/Dahmen* KommJur 2010, 208, 209; Ingenstau/Korbion/*Düsterdiek* § 20 VOB/A Rn. 3; FKZGM/*Franke/Pauka* § 20 EU VOB/A Rn. 6; Kapellmann/Messerschmidt/*Schneider* VOB/A § 20 Rn. 5; Voppel/Osenbrück/Bubert/*Voppel* § 8 Rn. 5; KMPP/*Zeise* VOB/A § 20 Rn. 3; KKMPP/*Zeise* VgV § 8 Rn. 4.

2. Rechtsschutz der am Auftrag interessierten Unternehmen

9 Daneben kommt der Dokumentation eine wichtige Funktion bei der Sicherstellung eines **wirksamen Rechtsschutzes** gegen Rechtsverletzungen des Auftraggebers zu[9]. Den am Vergabeverfahren beteiligten Unternehmen ist es häufig nur durch eine Einsicht in die vom Auftraggeber erstellte Vergabedokumentation möglich, die Rechtmäßigkeit des Vergabeverfahrens nachzuvollziehen und etwaige Rechtsverletzungen zu erkennen.

10 Für das vergaberechtliche Nachprüfungsverfahren wird die Pflicht des Auftraggebers zur Vergabedokumentation daher ergänzt durch ein **Recht des Antragstellers auf Akteneinsicht** gemäß § 165 GWB. Ohne ein derartiges Einsichtsrecht wäre die Dokumentationspflicht des Auftraggebers für den einzelnen Bieter von wesentlich geringerem Nutzen. Für den Bereich der Auftragsvergabe außerhalb des Kartellvergaberechts[10] kommt der Dokumentation daher lediglich eingeschränkte Relevanz im Hinblick auf den Rechtsschutz der am Auftrag interessierten Unternehmen zu.

3. Nachweis des Vertragsschlusses

11 Ferner dient die Dokumentation dem **Nachweis des Vertragsschlusses und des ihm vorangegangenen Verfahrens.** Dies ist insbesondere dann von Bedeutung, wenn für die Auslegung des geschlossenen Vertrages und der mit ihm begründeten Rechte und Pflichten auf Umstände aus dem Vergabeverfahren zurückzugreifen ist, beispielsweise hinsichtlich des Inhalts der Vergabeunterlagen oder der vom Auftraggeber auf Anforderung der Interessenten gegebenen zusätzlichen Auskünfte zu den Vergabeunterlagen (§ 12a Abs. 4 VOB/A, § 12a EU Abs. 3 VOB/A, § 12a VS Abs. 4 VOB/A). Insoweit dient die Dokumentationspflicht auch den Interessen des Auftraggebers.

II. Inhalt der Dokumentation

12 Aus den Funktionen der Dokumentation sowie aus der Herleitung der Dokumentationspflicht aus der allgemeinen Pflicht zur Aktenführung folgt zunächst, dass die Dokumentation einschließlich des Vergabevermerks den **Grundsätzen der Vollständigkeit und Wahrheit** genügen muss[11]. Hinzu treten konkrete Anforderungen, die sich aus den einzelnen Vergabeverordnungen und -ordnungen ergeben und die teilweise der Umsetzung der europarechtlichen Vorgaben aus **Art. 84 VRL** dienen.

1. § 8 VgV

13 Im Anwendungsbereich der VgV enthält **§ 8 VgV** nähere Vorgaben an die Dokumentation des Vergabeverfahrens. Die Norm orientiert sich an der Vorgängerbestimmung in § 24 EG VOL/A 2009, geht jedoch teilweise über die dort ausdrücklich geregelten Pflichten hinaus.

14 In zeitlicher Hinsicht bestimmt § 8 Abs. 1 S. 1 VgV, dass das Vergabeverfahren **von Beginn an** zu dokumentieren ist. Nach ganz überwiegendem Verständnis beginnt das Vergabeverfahren damit, dass der Auftraggeber nach außen hin wirkende Maßnahmen ergreift, um einen intern gefassten Beschaffungsbeschluss umzusetzen[12], so dass dadurch zugleich

---

[9] OLG Brandenburg Beschl. v. 3.8.1999 – 6 Verg 1/99, NZBau 2000, 39, 44f.; OLG Düsseldorf Beschl. v. 17.3.2004 – VII-Verg 1/04, ZfBR 2004, 500; OLG Frankfurt a.M. Beschl. v. 28.11.2006 – 11 Verg 4/06, NZBau 2007, 804, 805; *Nelskamp/Dahmen* KommJur 2010, 208, 210f.; FKZGM/*Franke/Pauka* § 20 EU VOB/A Rn. 5; Pünder/Schellenberg/*Mentzinis* § 8 VgV Rn. 1; Kapellmann/Messerschmidt/*Schneider* VOB/A § 20 Rn. 5; Voppel/Osenbrück/Bubert/*Voppel* § 8 Rn. 5; KMPP/*Zeise* VOB/A § 20 Rn. 3; KKMPP/*Zeise* VgV § 8 Rn. 4.

[10] S. zu Akteneinsichtsrechten außerhalb von § 165 GWB → § 2 Rn. 46ff.

[11] Dazu → Rn. 4.

[12] OLG Düsseldorf Beschl. v. 1.8.2012 – VII-Verg 7/12, ZfBR 2013, 63, 64 mwN; dazu auch → § 12 Rn. 71, § 21 Rn. 7.

der Beginn der vergaberechtlichen Dokumentationspflicht des Auftraggebers markiert wird[13]. Dies bedeutet freilich nicht, dass Entscheidungen des Auftraggebers mit Bezug auf das Vergabeverfahren, die zeitlich vor einer solchen Externalisierung des Beschaffungsbeschlusses getroffen wurden, nicht zu dokumentieren sind. Sie unterliegen vielmehr ebenfalls der Dokumentationspflicht, soweit sie den Inhalt der Bekanntmachung oder sonstiger Maßnahmen des Auftraggebers im Vergabeverfahren festlegen und die Bestimmungen des Vergaberechts auf sie Anwendung finden. § 8 Abs. 1 S. 2 VgV stellt dies klar, indem ua die Vorbereitung der Auftragsbekanntmachung und der Vergabeunterlagen als Mindestinhalt der Dokumentation genannt wird. Daher sind beispielsweise Entscheidungen, die der Auftraggeber über die Losaufteilung[14], die an die Bieter zu stellenden Eignungsanforderungen oder die späteren Zuschlagskriterien trifft, zu dokumentieren, auch wenn sie vorgenommen werden, bevor die Vergabebekanntmachung veröffentlicht wird oder der Auftraggeber das Beschaffungsvorhaben in sonstiger Weise publik gemacht hat[15].

Nicht der Dokumentationspflicht unterliegt hingegen die Ermittlung und Bestimmung 15
des **Beschaffungsbedarfs** des Auftraggebers[16]. Die darauf gerichteten Maßnahmen und Entscheidungen des Auftraggebers sind dem Vergabeverfahren vorgelagert und entziehen sich inhaltlich weitgehend den Anforderungen des Vergaberechts[17]. Dies gilt auch für die Frage, ob Nebenangebote zugelassen werden und welche Mindestanforderungen diese ggf. erfüllen müssen[18]. Erst das Ergebnis der Bedarfsermittlung und -festlegung des Auftraggebers, nämlich die Beschreibung des eigentlichen Auftragsgegenstandes, ist zu dokumentieren[19] (vgl. § 20 Abs. 1 S. 2 Nr. 2 VOB/A, § 20 VS Abs. 1 S. 2 Nr. 2 VOB/A). Soweit allerdings die Vorgaben des Vergaberechts, insbesondere der Grundsatz der produktneutralen Beschaffung (§ 31 Abs. 6 S. 1 VgV, § 23 Abs. 5 UVgO, § 7 Abs. 3 und 4 VOL/A, § 7 Abs. 2 S. 1 VOB/A, § 7 EU Abs. 2 S. 1 VOB/A, § 7 VS Abs. 2 S. 1 VOB/A, § 15 Abs. 8 S. 1 VSVgV), bereits bei der Ermittlung und Bestimmung des Beschaffungsbedarfs zu beachten sind[20], sind die dahingehenden Maßnahmen und Entscheidungen des Auftraggebers im Rahmen der Dokumentation abzubilden[21].

Selbstverständlicher Teil einer ordnungsgemäßen Dokumentation ist es, dass **die einzel-** 16
nen Stufen des Vergabeverfahrens und die einzelnen Maßnahmen festgehalten werden. Die Dokumentation muss daher sowohl die **nach außen tretenden** Verfahrensschritte und Maßnahmen wie die Aufforderung zur Angebotsabgabe und den Zuschlag als auch die **verfahrensinternen** Handlungen des Auftraggebers wie die Prüfung und Wertung der einzelnen Angebote abbilden. Festzuhalten sind alle Tätigkeiten des Auftraggebers, die für das Verfahren von Bedeutung sind. Dabei sind die einzelnen Verfahrensschrit-

---

[13] Eher formal hingegen KKMPP/*Zeise* VgV § 8 Rn. 8.

[14] OLG Düsseldorf Beschl. v. 17.3.2004 – VII-Verg 1/04, ZfBR 2004, 500; *Nelskamp/Dahmen* KommJur 2010, 208, 212.

[15] *Nelskamp/Dahmen* KommJur 2010, 208, 212; FKZGM/*Franke/Pauka* § 20 EU VOB/A Rn. 9; Müller-Wrede/*Fülling* VgV § 8 Rn. 25; Willenbruch/Wieddekind/*Schubert* § 8 VgV Rn. 8; KKMPP/*Zeise* VgV § 8 Rn. 8.

[16] OLG München Beschl. v. 2.8.2007 – Verg 7/07, ZfBR 2007, 732, 734; VK Bund Beschl. v. 6.7.2011 – VK 1-60/11, IBRRS 2012, 0241; VK Bund Beschl. v. 6.9.2005 – VK 2-105/05.

[17] OLG Düsseldorf Beschl. v. 1.8.2012 – VII-Verg 10/12, ZfBR 2013, 63, 66f.; OLG Düsseldorf Beschl. v. 27.7.2012 – VII-Verg 7/12, ZfBR 2012, 723, 724f.; OLG Düsseldorf Beschl. v. 15.6.2010 – VII-Verg 10/10, VergabeR 2011, 84f.; OLG Düsseldorf Beschl. v. 3.3.2010 – VII-Verg 46/09, NRWE; OLG Düsseldorf Beschl. v. 17.2.2010 – VII-Verg 42/09, NRWE; OLG München Beschl. v. 28.7.2008 – Verg 10/08, VergabeR 2008, 965, 968; enger hingegen OLG Celle Beschl. v. 22.5.2008 – 13 Verg 1/08, OLGR Celle 2008, 663, 665f.; OLG Jena Beschl. v. 26.6.2006 – 9 Verg 2/06, ZfBR 2006, 704, 705f.; allg. dazu *Tugendreich* NZBau 2013, 90; *Frister* VergabeR 2011, 295, 300ff.; *Jaeger* ZWeR 2011, 365; *Scharen* GRUR 2009, 345; dazu ferner → § 17 Rn. 44ff.

[18] OLG München Beschl. v. 2.8.2007 – Verg 7/07, ZfBR 2007, 732, 734.

[19] KMPP/*Zeise* VOB/A § 20 Rn. 11; KKMPP/*Zeise* VgV § 8 Rn. 8f.

[20] S. dazu die Nachweise in → Fn. 17.

[21] OLG Karlsruhe Beschl. v. 21.7.2010 – 15 Verg 6/10, IBR 2010, 581; OLG Naumburg Beschl. v. 20.9.2012 – 2 Verg 4/12, VergabeR 2013, 55, 63; VK Sachsen-Anhalt Beschl. v. 16.9.2015 – 3 VK LSA 62/15, IBRRS 2015, 3257; s. auch § 23 Abs. 5 S. 4 UVgO.

te und die Umstände und Erwägungen, welche den Auftraggeber zu einzelnen Maßnahmen und Entscheidungen veranlasst haben, detailliert und nachvollziehbar darzustellen[22]. § 8 Abs. 1 S. 2 VgV nennt beispielhaft die Kommunikation mit Unternehmen, interne Beratungen[23], die Vorbereitung der Auftragsbekanntmachung und der Vergabeunterlagen, die Öffnung der Angebote, Teilnahmeanträge und Interessensbestätigungen, die Verhandlungen und die Dialoge mit den teilnehmenden Unternehmen sowie die Gründe für Auswahlentscheidungen und den Zuschlag. Handschriftliche Notizen einzelner Mitarbeiter, die eine Entscheidung des Auftraggebers vorbereiten, müssen hingegen nicht aufbewahrt werden[24].

17 Das Erfordernis, die **Begründung der einzelnen Entscheidungen** festzuhalten, dient in besonderem Maße der Nachprüfung der Rechtmäßigkeit des Handelns des Auftraggebers, da ihm in vielen Fällen Entscheidungsspielräume zukommen, deren ordnungsgemäße Ausfüllung nur in Kenntnis der der Entscheidung zugrunde liegenden Erwägungen des Auftraggebers überprüft werden kann[25]. Niederzulegen sind daher **alle tragenden Gründe,** die den Auftraggeber zu einer bestimmten Entscheidung bewogen haben[26].

18 Da die Dokumentation zunächst nur ein Verwaltungsinternum bildet, dürfen **geheimhaltungsbedürftige Angaben oder Unterlagen** nicht aus der Dokumentation ausgenommen werden. Soweit die Dokumentation im Wege der Akteneinsicht im Nachprüfungsverfahren anderen Beteiligten zur Kenntnis gegeben wird, ist dem bei der Bestimmung des Umfangs der Einsicht gemäß § 165 Abs. 2 GWB Rechnung zu tragen. § 8 Abs. 6 VgV stellt dies dahingehend klar, dass die in § 5 VgV enthaltenen Bestimmungen zur Wahrung der Vertraulichkeit von der Dokumentationspflicht unberührt bleiben.

19 **§ 8 Abs. 2 VgV** benennt darüber hinaus einzelne konkrete Mindestinhalte, die Gegenstand des Vergabevermerks sein müssen. Überwiegend handelt es sich dabei um die Gründe für diejenigen wesentlichen Entscheidungen und Maßnahmen im Vergabeverfahren, bei denen dem Auftraggeber Gestaltungsmöglichkeiten und Entscheidungsspielräume zukommen. Dadurch soll sichergestellt werden, dass die Dokumentation hinsichtlich dieser Gesichtspunkte, hinsichtlich derer der Auftraggeber das Verfahren und seinen Ausgang in besonderem Maße lenken kann, ihre Funktionen, die Nachprüfbarkeit des Auftraggeberhandelns und einen wirksamen Rechtsschutz der übergangenen Bieter gegen Rechtsverletzungen des Auftraggebers zu gewährleisten, erfüllen kann[27]. Der Katalog in § 8 Abs. 2 VgV entspricht im Wesentlichen dem, was der Auftraggeber bereits nach allgemeinen Grundsätzen zu dokumentieren hat[28]. Inhaltlich ist er an Art. 84 Abs. 1 VRL ausgerichtet. Aufgrund der Vorgabe, dass die in § 8 Abs. 2 VgV genannten Mindestinhalte Bestandteil des Vergabevermerks zu sein haben, genügt es nicht, dass sie lediglich in irgendeiner Weise

---

[22] OLG Bremen Beschl. v. 14.4.2005 – Verg 1/2005, VergabeR 2005, 537, 541 mAnm *Willenbruch;* OLG Celle Beschl. v. 12.5.2010 – 13 Verg 3/10, IBR 2010, 415; OLG Düsseldorf Beschl. v. 11.7.2007 – VII-Verg 10/07, IBRRS 2008, 0118; OLG Karlsruhe Beschl. v. 21.7.2010 – 15 Verg 6/10, VergabeR 2011, 87, 91 mAnm *Hübner;* OLG Koblenz Beschl. v. 15.10.2009 – 1 Verg 9/09, VergabeR 2010, 696, 698 mAnm *Hartung;* VK Lüneburg Beschl. v. 28.6.2011 – VgK 21/2011, IBR 2011, 1439; *Nelskamp/Dahmen* KommJur 2010, 208, 211; *Schaller* VergabeR 2007, Sonderheft 2a, 394, 396; Müller-Wrede/*Fülling* VgV § 8 Rn. 32.

[23] Erst recht müssen extern eingeholte Stellungnahmen dokumentiert werden; dazu VK Bund Beschl. v. 19.8.2015 – VK 2-63/15.

[24] OLG Düsseldorf Beschl. v. 9.5.2018 – Verg 13/18, Juris, Rn. 44.

[25] OLG Karlsruhe Beschl. v. 15.4.2015 – 15 Verg 2/15, VergabeR 2016, 105, 108ff. mAnm. *Conrad;* OLG München Beschl. v. 17.9.2015 – Verg 3/15, ZfBR 2015, 809, 814f.

[26] VK Lüneburg Beschl. v. 28.6.2011 – VgK 21/2011, IBR 2011, 1439; *Nelskamp/Dahmen* KommJur 2010, 208, 211; Willenbruch/Wieddekind/*Schubert* § 8 VgV Rn. 13; Voppel/Osenbrück/Bubert/*Voppel* § 8 Rn. 37; KMPP/*Zeise* VOB/A § 20 Rn. 12; KKMPP/*Zeise* VgV § 8 Rn. 10.

[27] S. insbesondere im Zusammenhang mit der qualitativen Wertung von Angeboten BGH Beschl. v. 4.4.2017 – X ZB 3/17, NZBau 2017, 366, 371; OLG Düsseldorf Beschl. v. 16.10.2019 – Verg 6/19, BeckRS 2019, 38897, Rn. 63; VK Bund Beschl. v. 12.4.2019 – VK 1-11/19, VPRRS 2019, 0209; VK Brandenburg Beschl. v. 22.6.2018 – VK 5/18, BeckRS 2018, 22037, Rn. 62–70.

[28] VK Lüneburg Beschl. v. 28.6.2011 – VgK 21/2011, IBR 2011, 1439; KKMPP/*Zeise* VgV § 8 Rn. 2.

aus der Dokumentation hervorgehen; vielmehr müssen sie sich gerade dem Vergabevermerk entnehmen lassen[29].

§ 8 Abs. 2 **Nr. 1** VgV beginnt mit einer Selbstverständlichkeit und verpflichtet den Auftraggeber, seinen Namen und seine Anschrift sowie den Gegenstand und den Wert des Auftrags, der Rahmenvereinbarung oder des dynamischen Beschaffungssystems festzuhalten. 20

Nach § 8 Abs. 2 **Nr. 2 und 3** VgV sind die Namen der berücksichtigten Bewerber und Bieter sowie die nicht berücksichtigten Angebote und Teilnahmeanträge nebst jeweiligem Bewerber oder Bieter und jeweils die Gründe für ihre Auswahl bzw. Ablehnung zu vermerken. Aus der Zusammenschau mit der Regelung in § 8 Abs. 2 Nr. 5 VgV ergibt sich, dass mit den Begriffen der Auswahl und der Ablehnung noch nicht die Entscheidung des Auftraggebers über den Zuschlag gemeint ist, sondern vielmehr die Auswahl bzw. Ablehnung einzelner Bewerber oder Bieter auf einer dem Zuschlag vorangehenden Verfahrensstufe[30], also insbesondere der Eignungsprüfung oder ggf. eines gesonderten Teilnahmewettbewerbs. 21

§ 8 Abs. 2 **Nr. 4** VgV verlangt die Wiedergabe der Gründe für die Ablehnung ungewöhnlich niedriger Angebote und nimmt damit auf die Prüfungsstufe nach § 60 VgV Bezug. 22

Die Zuschlagsentscheidung des Auftraggebers ist gemäß § 8 Abs. 2 **Nr. 5** VgV zu dokumentieren, wobei insbesondere die Gründe für die Auswahl des erfolgreichen Angebots niederzulegen sind. Der Auftraggeber hat somit die von ihm herangezogenen Zuschlagskriterien sowohl abstrakt als auch in ihrer Anwendung auf das konkrete Angebot darzustellen. Nach einer in der Spruchpraxis der Nachprüfungsinstanzen verbreiteten Auffassung sollen dabei die Gründe für die Wahl der einzelnen Zuschlagskriterien nicht zu dokumentieren sein[31]. Dem steht allerdings entgegen, dass der Auftraggeber bei der Festlegung der Zuschlagskriterien trotz seiner dabei bestehenden Freiheiten normativen Bindungen unterliegt, die sich namentlich aus § 127 GWB und aus § 58 VgV ergeben. Hinsichtlich der Einhaltung dieser Grenzen unterliegt die Wahl der Zuschlagskriterien der Kontrolle durch die Nachprüfungsinstanzen, so dass bereits deshalb eine vollständige Dokumentation der Umstände und Erwägungen, die für den Auftraggeber maßgeblich sind, geboten ist. Bei der Anwendung der Zuschlagskriterien auf die einzelnen Angebote müssen die Erwägungen des Auftraggebers in allen Schritten so detailliert dokumentiert werden, dass nachvollziehbar ist, welche konkreten qualitativen Eigenschaften eines Angebots mit welchem Gewicht in die Bewertung eingegangen sind[32]. 23

Wählt der Auftraggeber ein Verhandlungsverfahren oder einen wettbewerblichen Dialog, sind die Gründe dafür gemäß § 8 Abs. 2 **Nr. 6 und 7** VgV zu vermerken. Anzugeben sind ferner gemäß § 8 Abs. 2 **Nr. 8** VgV die Gründe für den Verzicht auf die Auftragsvergabe (§ 63 VgV). 24

Gemäß § 8 Abs. 2 **Nr. 9** VgV korrespondiert mit der Pflicht des Auftraggebers, gemäß § 9 Abs. 1 VgV im Vergabeverfahren grundsätzlich elektronisch zu kommunizieren. Will der Auftraggeber von diesem Grundsatz hinsichtlich der Einreichung der Angebote abweichen und gemäß § 53 Abs. 2 VgV ausnahmsweise die Angebotsabgabe aus anderem Wege als mit Hilfe elektronischer Mittel erlauben, ist dies im Vergabevermerk zu begründen. § 53 Abs. 2 S. 3 VgV wiederholt diese bereits in § 8 Abs. 2 Nr. 9 VgV geregelte Pflicht und ist daher entbehrlich. 25

---

[29] Dazu → Rn. 2.

[30] Wohl aA KKMPP/*Zeise* VgV § 8 Rn. 24.

[31] VK Bund Beschl. v. 6.7.2011 – VK 1-60/11, IBRRS 2012, 0241.

[32] BGH Beschl. v. 4.4.2017 – X ZB 3/17, NZBau 2017, 366, 371; OLG Düsseldorf Beschl. v. 16.10.2019 – Verg 6/19, BeckRS 2019, 38897 Rn. 63; VK Bund Beschl. v. 12.4.2019 – VK 1-11/19, VPRRS 2019, 0209; VK Brandenburg Beschl. v. 22.6.2018 – VK 5/18, BeckRS 2018, 22037 Rn. 62–70.

26 Gemäß § 8 Abs. 2 **Nr. 10** VgV verpflichtet den Auftraggeber, Angaben dazu zu machen, welche Interessenkonflikte aufgedeckt und welche Maßnahmen zu ihrer Beseitigung getroffen wurden. Den materiellrechtlichen Maßstab hierfür bildet § 6 VgV.

27 Nach § 8 Abs. 2 **Nr. 11** VgV sind außerdem die Gründe für die gemeinsame Vergabe mehrerer Teil- oder Fachlose (§ 97 Abs. 4 S. 2 GWB) zu dokumentieren. Damit wird die Spruchpraxis der Vergabenachprüfungsinstanzen, die auch ohne ausdrückliche Regelung die Angabe der Erwägungen des Auftraggebers für die Losaufteilung verlangt[33], normativ bestätigt.

28 Zu benennen sind darüber hinaus gemäß § 8 Abs. 2 **Nr. 12** VgV die Gründe für die Nichtangabe der Gewichtung der Zuschlagskriterien (§ 58 Abs. 3 S. 3 VgV).

Gemäß § 8 Abs. 3 S. 1 VgV ist ein Vergabevermerk **entbehrlich** für Aufträge, die auf der Grundlage von Rahmenvereinbarungen vergeben werden, falls entweder die Rahmenvereinbarung nur mit einem Unternehmen geschlossen wurde (§ 21 Abs. 3 VgV) oder die Rahmenvereinbarung alle Bedingungen für die Leistungserbringung sowie die Bedingungen für die Auswahl des Vertragspartners des Einzelabrufs enthält, so dass ein erneutes Vergabeverfahren für den Einzelabruf nicht stattfindet (§ 21 Abs. 4 Nr. 1 VgV).

Daneben kann von der Erstellung eines gesonderten Vermerks abgesehen werden, soweit sich die erforderlichen Angaben aus der **Vergabebekanntmachung** (§ 39 Abs. 1 VgV) ergeben und sich der Auftraggeber auf diese bezieht. Diese Möglichkeit sieht § 8 Abs. 3 S. 2 VgV vor. Auch wenn die systematische Stellung der Norm nahelegt, dass es sich bei ihr um eine Ergänzung zur Ausnahmebestimmung in § 8 Abs. 3 S. 1 VgV handelt, stellt sie gleichwohl eine eigenständige Regelung dar, deren Anwendungsbereich nicht von § 8 Abs. 3 S. 1 VgV begrenzt wird. Dies belegt Art. 84 Abs. 1 3. UAbs. VRL, der die Bezugnahme auf die Vergabebekanntmachung[34] in systematischer Hinsicht als gesonderten Ausnahmetatbestand vorsieht.

2. § 6 Abs. 1 UVgO

29 § 6 Abs. 1 UVgO bestimmt in allgemein gehaltener Form, dass die einzelnen Stufen des Verfahrens, die einzelnen Maßnahmen sowie die Begründung der einzelnen Entscheidungen von Anbeginn des Verfahrens fortlaufend in Textform zu dokumentieren sind. Dies entspricht den allgemeinen Anforderungen an eine ordnungsgemäße Verfahrensdokumentation.[35] § 6 Abs. 1 UVgO verzichtet lediglich aus Vereinfachungsgründen darauf, genaue Mindestinhalte der Dokumentation zu benennen,[36] sodass aus der reduzierten Formulierung der Bestimmung noch kein Schluss auf ihre inhaltlichen Vorgaben gezogen werden kann. Im Unterschied zu § 8 Abs. 2 S. 1 VgV ist allerdings die Abfassung eines gesonderten Vergabevermerks nicht erforderlich.[37]

3. § 20 VOL/A

30 § 20 VOL/A entspricht § 6 Abs. 1 UVgO, verzichtet allerdings auf die ausdrückliche Vorgabe des Erfordernisses der Textform.[38]

---

[33] OLG Düsseldorf Beschl. v. 17.3.2004 – VII-Verg 1/04, ZfBR 2004, 500; VK Bund Beschl. v. 9.5.2007 – VK 1-26/07, SRa 2007, 144; dazu Müller-Wrede/*Fülling* VgV § 8 Rn. 36.

[34] In Art. 84 Abs. 1 3. UAbs. VRL offenbar fehlerhaft als *„Vergabevermerk"* bezeichnet. Vgl. dazu die englischsprachige und die französischsprachige Fassung: *„contract award notice"* bzw. *„avis d'attribution de marché"*.

[35] Dazu → Rn. 4.

[36] Erläuterungen des Bundesministeriums für Wirtschaft und Energie zur UVgO, BAnz AT v 7.2.2017, B 2, zu § 6 UVgO.

[37] Erläuterungen des Bundesministeriums für Wirtschaft und Energie zur UVgO, BAnz AT v 7.2.2017, B 2, zu § 6 UVgO.

[38] Dazu → Rn. 35.

4. VOB/A

a) § 20 VOB/A. Im Abschnitt 1 der VOB/A werden in **§ 20 Abs. 1 und 2 VOB/A** Vorgaben für die Dokumentation des Vergabeverfahrens aufgestellt. Die Vorgaben entsprechen inhaltlich weitgehend der Regelung in § 8 Abs. 1 und 2 VgV. Soweit § 20 VOB/A nicht ausdrücklich anordnet, dass das Vergabeverfahren **von Anbeginn** zu dokumentieren ist, bleibt dies im Ergebnis folgenlos, da Gegenstand der Dokumentation ohnehin das Verfahren als Ganzes ist[39]. Abweichend von § 8 Abs. 1 und 2 VgV verlangt § 20 Abs. 1 S. 1 VOB/A ausdrücklich die Niederlegung der **maßgebenden Feststellungen,** womit insbesondere die Feststellungen des Auftraggebers bei der Prüfung und Wertung der Angebote gemeint sind. Inhaltlich bedeutet auch dies keine Abweichung von den Parallelvorschriften in § 8 Abs. 1 und 2 VgV, da diese Feststellungen die wesentliche Grundlage für die Entscheidung des Auftraggebers über die Ablehnung einzelner Angebote und den Zuschlag sind und mithin in jedem Falle der Dokumentation bedürfen. 31

Über die allgemeinen Anforderungen in § 20 Abs. 1 S. 1 VOB/A hinaus stellt **§ 20 Abs. 1 S. 2 VOB/A** einen Katalog an Mindestinhalten an den Vergabevermerk auf. Er entspricht weitgehend dem Katalog in § 8 Abs. 2 VgV, verzichtet jedoch auf die gesonderte Aufführung der Entscheidung über die Verwendung anderer als elektronischer Mittel für die Angebotsabgabe (§ 8 Abs. 2 Nr. 9 VgV), der Angaben zu Interessenkonflikten (§ 8 Abs. 2 Nr. 10 VgV), der Entscheidung über die gemeinsame Losvergabe (§ 8 Abs. 2 Nr. 11 VgV) sowie der Entscheidung über die Nichtangabe der Gewichtung der Zuschlagskriterien (§ 8 Abs. 2 Nr. 12 VgV). Diese Entscheidungen gehören aber mit Ausnahme der Angaben zur im Abschnitt 1 der VOB/A nicht verpflichtenden elektronischen Kommunikation bereits nach § 20 Abs. 1 S. 1 VOB/A zum Mindestinhalt des Vergabevermerks, so dass sich aus dem Verzicht auf ihre gesonderte Erwähnung in dem Katalog nach § 20 Abs. 1 S. 2 VOB/A keine Folgen ergeben[40]. 32

§ 20 Abs. 1 S. 3 VOB/A stellt klar, dass der Auftraggeber geeignete Maßnahmen treffen muss, um den Ablauf eines mit elektronischen Mitteln durchgeführten Vergabeverfahrens zu dokumentieren. Dies bedeutet insbesondere, dass elektronisch veröffentlichte oder übermittelte Erklärungen oder Mitteilungen, zB eine elektronische Bekanntmachung oder elektronisch übermittelte Angebote (§ 13 Abs. 1 Nr. 1 S. 3 VOB/A), in geeigneter Weise zum Bestandteil des Vergabevermerks gemacht werden müssen, beispielsweise durch Beifügung einer gedruckten Fassung oder eines Datenträgers. 33

Gemäß § 20 Abs. 2 S. 1 VOB/A hat der Auftraggeber ferner darzulegen, warum auf die Vorlage zusätzlich zum Angebot verlangter Unterlagen und Nachweise verzichtet wurde. Dies sind insbesondere Unterlagen und Nachweise, anhand derer gemäß § 6a VOB/A die Eignung der Bewerber und Bieter geprüft wird (s. auch § 20 Abs. 2 S. 2 VOB/A)[41]. Da ein Verzicht auf derartige Unterlagen und Nachweise nur in Ausnahmefällen zulässig ist, dürfte der Anwendungsbereich von § 20 Abs. 2 VOB/A unbedeutend sein[42]. 34

b) § 20 EU VOB/A. Für den Abschnitt 2 der VOB/A verweist § 20 EU VOB/A auf § 8 VgV. Der Verweis ist entbehrlich, da § 2 S. 1 VgV ohnehin für die Vergabe von Bauaufträgen die Geltung ua des Abschnitts 1 der VgV anordnet. 35

c) § 20 VS VOB/A. § 20 VS Abs. 1 und 2 VOB/A entspricht mit Ausnahme der Bezeichnung der Vergabearten in § 20 VS Abs. 1 Nr. 9 VOB/A sowie der gesonderten Bestimmungen für Rahmenvereinbarungen der Regelung in § 20 Abs. 1 und 2 VOB/A. 36

---

[39] Vgl. KMPP/*Zeise* VOB/A § 20 Rn. 10.
[40] Vgl. KMPP/*Zeise* VOB/A § 20 Rn. 11.
[41] Ingenstau/Korbion/*Düsterdiek* § 20 VOB/A Rn. 22; KMPP/*Zeise* VOB/A § 20 Rn. 35.
[42] Ingenstau/Korbion/*Düsterdiek* § 20 VOB/A Rn. 22; KMPP/*Zeise* VOB/A § 20 Rn. 36.

5. § 43 VSVgV

37 Im Bereich der VSVgV enthält § 43 Abs. 1 und 2 VSVgV Vorgaben an den Inhalt der Dokumentation. **§ 43 Abs. 1 VSVgV** entspricht im Wesentlichen der Regelung in § 20 VOL/A. **§ 43 Abs. 2 VSVgV** gleicht in den meisten Punkten der Parallelregelung in § 8 Abs. 2 VgV. Gewisse Abweichungen bestehen va hinsichtlich der Dokumentation der Wahl der Vergabeart (§ 43 Abs. 2 Nr. 6 VSVgV), der Festlegung der Eignungsnachweise (§ 43 Abs. 2 Nr. 9 VSVgV) und der Wahl der Laufzeit bei Rahmenvereinbarungen (§ 43 Abs. 2 Nr. 11 VSVgV).

III. Form der Dokumentation

38 Gemäß § 8 Abs. 1 S. 1, Abs. 2 VgV und § 6 Abs. 1 UVgO muss die Vergabedokumentation einschließlich des Vergabevermerks in **Textform** (§ 126b BGB) erstellt werden. § 20 Abs. 1 S. 1 VOB/A und § 20 VS Abs. 1 S. 1 VOB/A bestimmen dies in gleicher Weise[43]. Demgegenüber enthalten die VOL/A und die VSVgV keine gesonderten Vorgaben an die Form der Dokumentation. Da aber eine auf Dauer angelegte Dokumentation des Vergabeverfahrens in einer Form, die nicht einmal die Anforderungen der Textform erfüllt, praktisch nicht vorstellbar ist, muss bereits aus allgemeinen Erwägungen heraus auch außerhalb des Anwendungsbereichs von § 8 Abs. 1 S. 1, Abs. 2 VgV, § 6 Abs. 1 UVgO, § 20 Abs. 1 S. 1 VOB/A und § 20 VS Abs. 1 S. 1 VOB/A die Textform als Mindestform der Dokumentation gefordert werden. Soweit teilweise die Unterschrift des Urhebers verlangt wird[44], ist dies auf Grund der ausdrücklichen Regelung in § 8 Abs. 1 Satz 1, Abs. 2 VgV, § 6 Abs. 1 UVgO, § 20 Abs. 1 S. 1 VOB/A und § 20 VS Abs. 1 S. 1 VOB/A jedenfalls im Geltungsbereich dieser Bestimmungen einschränkend dahingehend zu verstehen, dass auch die zur Wahrung der Textform gemäß § 126b BGB lediglich erforderliche Nennung der Person des Erklärenden genügt.

39 Dabei versteht sich von selbst, dass nur diejenigen Bestandteile formgebunden sind, die vom Auftraggeber selbst erstellt werden. Hingegen sind die lediglich aktenmäßig abzulegenden Bestandteile der Dokumentation, dh insbesondere die von den Bietern abgegebenen Angebote und sonstigen eingereichten Erklärungen und Nachweise, so zu erfassen, wie sie beim Auftraggeber eingegangen sind. Bei Vergabeverfahren, die mit elektronischen Mitteln durchgeführt werden, trifft der Auftraggeber nach **§ 20 Abs. 1 S. 3 VOB/A** und **§ 43 Abs. 3 VSVgV** geeignete Maßnahmen zur Dokumentation[45].

40 Die Pflicht zur Dokumentation des Vergabeverfahrens bedeutet nicht, dass ein **zusammenhängender, das gesamte Vergabeverfahren beschreibender Text** zu verfassen ist. Eine derartige Verfahrensbeschreibung ist zur Wahrung der Funktionen des Vergabevermerks nicht erforderlich. Daher genügt es, wenn die Dokumentation aus einer aktenmäßig geordneten Zusammenstellung der einzelnen im Laufe des Verfahrens entstandenen Schriftstücke besteht, solange das Vergabeverfahren dadurch vollständig, wahrheitsgemäß und nachvollziehbar abgebildet wird[46]. Auch der Umstand, dass § 8 Abs. 2 VgV einen ge-

[43] AA Ingenstau/Korbion/*Düsterdiek* § 20 VOB/A Rn. 2; *Nelskamp/Dahmen* KommJur 2010, 208, 209: Schriftform.

[44] OLG Bremen Beschl. v. 14.4.2005 – Verg 1/2005, VergabeR 2005, 537, 541 mAnm *Willenbruch;* OLG Celle Beschl. v. 11.2.2010 – 13 Verg 16/09, VergabeR 2010, 669, 674 mAnm *Gulich;* OLG München Beschl. v. 15.7.2005 – Verg 14/05, VergabeR 2005, 799, 801 mAnm *Schranner;* VK Südbayern Beschl. v. 19.1.2009 – Z3-3-3194-1-39-11-08, BeckRS 2011, 1137; *Nelskamp/Dahmen* KommJur 2010, 208, 211; *Schaller* VergabeR 2007, Sonderheft 2a, 394, 397; Ingenstau/Korbion/*Düsterdiek* § 20 VOB/A Rn. 8; Ziekow/Völlink/*Hänsel* VgV § 8 Rn. 6; Kapellmann/Messerschmidt/*Schneider* VOB/A § 20 Rn. 16; KMPP/*Zeise* VOB/A § 20 Rn. 8; KKMPP/*Zeise* VgV § 8 Rn. 6.

[45] Dazu → Rn. 32.

[46] OLG Koblenz Beschl. v. 6.11.2008 – 1 Verg 3/08, ZfBR 2009, 93, 95f.; OLG Naumburg Beschl. v. 20.9.2012 – 2 Verg 4/12, VergabeR 2013, 55, 62; VK Bund Beschl. v. 30.9.2010 – VK 2-80/10, IBRRS 2014, 1836; VK Nordbayern Beschl. v. 24.10.2007 – 21.VK-3194-38/07, IBR 2007, 707; Ingenstau/Korbion/*Düsterdiek* § 20 VOB/A Rn. 10; KMPP/*Zeise* VOB/A § 20 Rn. 8; KKMPP/*Zeise* VgV § 8 Rn. 6.

sonderten Vergabevermerk als Bestandteil der Dokumentation verlangt, verlangt nicht zwingend die Abfassung eines das Verfahren umfassend darstellenden Textes. Es reicht vielmehr aus, wenn zur Darstellung der geforderten Inhalte auf Anlagen Bezug genommen wird[47]. Zudem erlaubt § 8 Abs. 2 S. 2 VgV die Bezugnahme auf die Vergabebekanntmachung (§ 39 Abs. 1 VgV)[48]. Die Verpflichtung zur Erstellung eines gesonderten Vergabevermerks nach § 8 Abs. 2 VgV geht daher nicht wesentlich über die von § 8 Abs. 1 VgV angeordnete Dokumentationspflicht hinaus. Ihr Sinn besteht im Wesentlichen darin, dem Auftraggeber eine geordnete und nachvollziehbare Darstellung des Vergabeverfahrens abzuverlangen.

IV. Zeitpunkt der Dokumentation

Nach § 8 Abs. 1 S. 1 VgV, § 6 Abs. 1 UVgO, § 20 VOL/A, § 20 Abs. 1 S. 1 VOB/A, § 20 VS Abs. 1 S. 1 VOB/A und § 43 Abs. 1 VSVgV ist das Vergabeverfahren **fortlaufend** bzw. **zeitnah** zu dokumentieren. Daraus folgt ebenso wie schon aus den Funktionen der Dokumentation, dass die Dokumentation **während des laufenden Vergabeverfahrens** zu erstellen ist und zu jedem Zeitpunkt den gegenwärtigen Stand des Verfahrens vollständig wiedergeben muss[49]. Unter dem Gesichtspunkt des Verständnisses der vergaberechtlichen Dokumentationspflicht als Unterfall der allgemeinen Pflicht zur ordnungsgemäßen Aktenführung stellt dies eine Selbstverständlichkeit dar. In gleicher Weise gilt dies mit Blick auf die Rechtsschutzfunktion der Dokumentation, da in nahezu jedem Stadium des Vergabeverfahrens Rechtsverletzungen des Auftraggebers denkbar sind, so dass es die Dokumentation den betroffenen Bietern zu jeder Zeit ermöglichen muss, den bisherigen Gang des Verfahrens und die getroffenen Maßnahmen und Entscheidungen des Auftraggebers nachzuvollziehen. Eine **unverzügliche** Dokumentation ist jedoch nicht erforderlich[50]. 41

Der gemäß § 8 Abs. 2 VgV gesondert zu erstellende **Vergabevermerk** darf im Gegensatz zu der restlichen Dokumentation nach der Vorstellung des Verordnungsgebers erst nach Abschluss des Vergabeverfahrens erstellt werden[51]. 42

V. Aufbewahrungs- und Vorlagepflicht

§ 8 Abs. 4 VgV enthält erstmals eine allgemeine Pflicht des Auftraggebers, bestimmte Unterlagen aus dem Vergabeverfahren **aufzubewahren.** Hiernach sind mindestens die Dokumentation, der Vergabevermerk, die Angebote, die Teilnahmeanträge und die Interessensbestätigungen jeweils nebst Anlagen bis zum Ende der Laufzeit des Vertrages oder der Rahmenvereinbarung aufzubewahren, mindestens jedoch für drei Jahre ab dem Zuschlag. Die gleiche Pflicht gilt für Ablichtungen aller abgeschlossenen Verträge ab einem Auftragswert von 1.000.000 EUR bei Liefer- und Dienstleistungsaufträgen und 5.000.000 EUR 43

[47] BR-Drs. 87/16, S. 162.

[48] Dazu → Rn. 99 ff.

[49] BayObLG Beschl. v. 1.10.2001 – Verg 6/01, VergabeR 2002, 63, 69; OLG Brandenburg Beschl. v. 3.8.1999 – 6 Verg 1/99, NZBau 2000, 39, 44 f.; OLG Bremen Beschl. v. 14.4.2005 – VergabeR 2005, 538, 541 mAnm *Willenbruch;* OLG Celle Beschl. v. 12.5.2010 – 13 Verg 3/10, IBR 2010, 415; OLG Celle Beschl. v. 11.2.2010 – 13 Verg 16/09, VergabeR 2010, 669, 673 mAnm *Gulich;* OLG Düsseldorf Beschl. v. 17.3.2004 – VII-Verg 1/04, ZfBR 2004, 500, 500 f.; OLG Düsseldorf Beschl. v. 14.8.2003 – VII-Verg 46/03, VergabeR 2004, 232, 234; OLG Karlsruhe Beschl. v. 21.7.2010 – 15 Verg 6/10, VergabeR 2011, 87, 91 mAnm *Hübner;* OLG München Beschl. v. 17.1.2008 – Verg 15/07, VergabeR 2008, 574, 578; OLG Naumburg Beschl. v. 20.9.2012 – 2 Verg 4/12, VergabeR 2013, 55, 62; *Nelskamp/Dahmen* KommJur 2010, 208, 211; Ingenstau/Korbion/*Düsterdieck* § 20 VOB/A Rn. 6; Ziekow/Völlink/*Hänsel* VgV § 8 Rn. 3; Willenbruch/Wieddekind/*Schubert* § 8 VgV Rn. 9; Voppel/Osenbrück/Bubert/*Voppel* § 8 Rn. 20.

[50] *Nelskamp/Dahmen* KommJur 2010, 208, 211; Ingenstau/Korbion/*Düsterdiek* § 20 VOB/A Rn. 6; FKZGM/*Franke/Pauka* § 20 EU VOB/A Rn. 10; Kapellmann/Messerschmidt/*Schneider* VOB/A § 20 Rn. 13; KMPP/*Zeise* VOB/A § 20 Rn. 16; KKMPP/*Zeise* VgV § 8 Rn. 17.

[51] BR-Drs. 87/16, S. 162.

bei Bauaufträgen. § 8 Abs. 4 VgV trifft keine Vorgaben hinsichtlich der Art der Aufbewahrung, so dass eine elektronische Speicherung den Anforderungen genügt[52]. Sonstige Aufbewahrungs- und Archivierungspflichten bleiben von § 8 Abs. 4 VgV unberührt[53].

44 § 8 Abs. 5 VgV bestimmt daneben, dass der Vergabevermerk oder dessen Hauptbestandteile sowie die abgeschlossenen Verträge der EU-Kommission sowie den zuständigen Aufsichts- oder Prüfbehörden auf deren Anforderung hin **vorzulegen** sind. § 43 Abs. 4 VSVgV enthält eine solche Pflicht lediglich zugunsten der EU-Kommission.

45, 46 **§ 6 Abs. 2 S. 1 UVgO** lehnt sich an § 8 Abs. 4 VgV an und verlangt, dass die Dokumentation sowie die Angebote und die Teilnahmeanträge jeweils nebst Anlagen mindestens für drei Jahre ab dem Zuschlag aufzubewahren sind. Eine darüber hinausgehende Aufbewahrungspflicht bis zum Ende der Vertragslaufzeit ist im Anwendungsbereich dieser Bestimmung jedoch nicht erforderlich.[54]

VI. Folgen eines Dokumentationsmangels

47 Da die Bestimmungen über die Verpflichtung zur Führung eines Vergabevermerks auch darauf gerichtet sind, den Bewerbern und Bietern einen wirksamen Rechtsschutz gegen Rechtsverletzungen des Auftraggebers im Vergabeverfahren zu ermöglichen, begründen sie jedenfalls innerhalb des Kartellvergaberechts[55] als Ausprägung des Transparenzgebotes nach § 97 Abs. 1 S. 1 GWB ein **subjektives Recht** der Bewerber und Bieter auf ordnungsgemäße Dokumentation des Vergabeverfahrens[56].

48 Gleichwohl kommt der Dokumentation nur eine **Hilfsfunktion** zur Durchsetzung anderer, außerhalb des Dokumentationsanspruchs liegender Rechte zu. Daher kann ein Nachprüfungsantrag nur dann auf Dokumentationsmängel gestützt werden, wenn sich diese Mängel gerade auf die subjektive Rechtsstellung des Antragstellers im Vergabeverfahren nachteilig ausgewirkt haben können[57]. Andernfalls ist die Entstehung eines Schadens ausgeschlossen, so dass der Antragsteller nicht antragsbefugt gemäß § 160 Abs. 2 S. 2 GWB ist.

49 Hinsichtlich der Frage, ob Dokumentationsmängel nachträglich, insbesondere während eines Nachprüfungsverfahrens, durch Ergänzung oder Korrektur des Vergabevermerks **geheilt** werden können, wird bisweilen vertreten, eine derartige Heilung komme schon aus

---

52 BR-Drs. 87/16, S. 162 f.

53 S. dazu → Rn. 6.

54 Erläuterungen des Bundesministeriums für Wirtschaft und Energie zur UVgO, BAnz AT v. 7.2.2017, B 2, zu § 6 UVgO.

55 S. zur Existenz subjektiver Rechte außerhalb des Kartellvergaberechts → § 80 Rn. 15.

56 BayObLG Beschl. v. 1.10.2001 – Verg 6/01, VergabeR 2002, 63, 69; BayObLG Beschl. v. 20.8.2001 – Verg 9/01, NZBau 2002, 348, 350; OLG Celle Beschl. v. 12.5.2010 – 13 Verg 3/10, BeckRS 2010, 13101; OLG Celle Beschl. v. 11.2.2010 – 13 Verg 16/09, VergabeR 2010, 669, 673 mAnm *Gulich;* OLG Düsseldorf Beschl. v. 10.8.2011 – VII-Verg 36/11, NZBau 2011, 765, 768; OLG Düsseldorf Beschl. v. 17.3.2004 – VII-Verg 1/04, ZfBR 2004, 500, 501; *Nelskamp/Dahmen* KommJur 2010, 208, 210 f.; *Schaller* VergabeR 2007, Sonderheft 2a, 394, 398; Ingenstau/Korbion/*Düsterdiek* § 20 VOB/A Rn. 19; Müller-Wrede/*Fülling* VgV § 8 Rn. 102; Ziekow/Völlink/*Hänsel* VgV § 8 Rn. 12; Pünder/Schellenberg/*Mentzinis* § 8 VgV Rn. 2; Kapellmann/Messerschmidt/*Schneider* VOB/A § 20 Rn. 5; Willenbruch/Wieddekind/*Schubert* § 8 VgV Rn. 49; Voppel/Osenbrück/Bubert/*Voppel* § 8 Rn. 6; KMPP/*Zeise* VOB/A § 20 Rn. 3; KKMPP/*Zeise* VgV § 8 Rn. 4; einschränkend OLG Jena Beschl. v. 29.1.2007 – 9 Verg 8/06, NZBau 2008, 77; wohl aA OLG München Beschl. v. 5.4.2012 – Verg 3/12, NZBau 2012, 456, 459.

57 BayObLG Beschl. v. 20.8.2001 – Verg 9/01, NZBau 2002, 348, 350; OLG Celle Beschl. v. 12.5.2010 – 13 Verg 3/10, BeckRS 2010, 13101; OLG Celle Beschl. v. 11.2.2010 – 13 Verg 16/09, VergabeR 2010, 669, 673 mAnm *Gulich;* OLG Düsseldorf Beschl. v. 10.8.2011 – VII-Verg 36/11, NZBau 2011, 765, 768; OLG Düsseldorf Beschl. v. 17.3.2004 – VII-Verg 1/04, ZfBR 2004, 500, 501; OLG Frankfurt a.M. Beschl. v. 23.1.2007 – 11 Verg 11/06, IBRRS 2007, 2890; OLG München Beschl. v. 17.1.2008 – Verg 15/07, VergabeR 2008, 574, 578; VK Sachsen Beschl. v. 5.3.2012 – 1/SVK/003-12, IBRRS 2012, 1258; Ingenstau/Korbion/*Düsterdiek* § 20 VOB/A Rn. 19 f.; Müller-Wrede/*Fülling* VgV § 8 Rn. 103; Ziekow/Völlink/*Hänsel* VgV § 8 Rn. 12; Kapellmann/Messerschmidt/*Schneider* VOB/A § 20 Rn. 9; Willenbruch/Wieddekind/*Schubert* § 8 VgV Rn. 49; Voppel/Osenbrück/Bubert/*Voppel* § 8 Rn. 88; KMPP/*Zeise* VOB/A § 20 Rn. 4; KKMPP/*Zeise* VgV § 8 Rn. 42.

grundsätzlichen Erwägungen heraus nicht in Betracht, um die Transparenz des Vergabeverfahrens zu gewährleisten und Manipulationsversuchen des Auftraggebers vorzubeugen[58]. Diese Sichtweise blendet jedoch aus, dass die zu dokumentierenden Tatsachen von ganz unterschiedlicher Art und Bedeutung sein können. Zu Recht ist der Bundesgerichtshof daher zu dem Ergebnis gelangt, dass die Zulässigkeit einer nachträglichen Heilung von Dokumentationsmängeln nur differenziert beantwortet werden kann[59]. Zu unterscheiden ist demnach insbesondere zwischen dem sich aus den Vergabeverordnungen und -ordnungen ergebenden Mindestinhalt der Dokumentation und ergänzenden Gesichtspunkten, mit denen der Auftraggeber nachträglich, dh namentlich im Nachprüfungsverfahren, die sachliche Richtigkeit seiner Entscheidung verteidigt. Der Heilung entzogen sind daher in der Regel lediglich diejenigen Umstände, deren Nachschieben im Nachprüfungsverfahren nicht ausreichen könnte, um eine wettbewerbsgemäße Auftragsvergabe zu gewährleisten[60].

Aus diesen Grundsätzen kann insbesondere der Schluss gezogen werden, dass eine nachträgliche Korrektur der Dokumentation hinsichtlich **bereits abgeschlossener tatsächlicher Ereignisse** uneingeschränkt möglich ist, da insoweit Manipulationsmöglichkeiten des Auftraggebers ausgeschlossen sind und lediglich bereits Geschehenes dokumentiert wird. Fehlerhaft nicht in der Dokumentation enthaltene Unterlagen, zB Schreiben des Auftraggebers oder der Bieter, dürfen daher jederzeit nachträglich hinzugefügt werden. Auch Zeugenaussagen können zur Aufklärung tatsächlicher Begebenheiten herangezogen werden[61]. Letztmöglicher Zeitpunkt einer solchen Nachholung einer fehlenden Dokumentation ist die letzte mündliche Verhandlung im Nachprüfungsverfahren[62]. Betrifft die nachträgliche Korrektur hingegen **Entscheidungen des Auftraggebers,** hinsichtlich derer ihm ein Beurteilungs- oder Ermessensspielraum zukommt, kommt eine nachträgliche Ergänzung oder gar vollständige Nachholung der Begründung der Entscheidung des Auftraggebers nur in engen Grenzen in Betracht. Insbesondere betrifft dies die in § 8 Abs. 2 Nr. 2 bis 12 VgV, § 20 Abs. 1 S. 2 Nr. 4 bis 10 VOB/A, § 20 VS Abs. 1 S. 2 Nr. 4 bis 7, 9 und 10 VOB/A sowie § 43 Abs. 2 Nr. 2 bis 12 VSVgV genannten Entscheidungen des Auftraggebers. Insoweit können zur Abgrenzung auch die anerkannten Grundsätze zum Nachschieben von Gründen im Verwaltungsprozess[63] entsprechend herangezogen werden[64]. 50

---

[58] OLG Bremen Beschl. v. 14.4.2005 – Verg 1/2005, VergabeR 2005, 537, 541 mAnm *Willenbruch;* OLG Celle Beschl. v. 11.2.2010 – 13 Verg 16/09, VergabeR 2010, 669, 673f. mAnm. *Gulich* (vgl. aber OLG Celle Beschl. v. 13.1.2011 – 13 Verg 15/10, VergabeR 2011, 531, 535); OLG Düsseldorf Beschl. v. 17.3.2004 – VII-Verg 1/04, ZfBR 2004, 500, 501; OLG Frankfurt a.M. Beschl. v. 9.8.2007 – 11 Verg 6/07, ZfBR 2009, 83, 84; OLG Frankfurt a.M. Beschl. v. 28.11.2006 – 11 Verg 4/06, NZBau 2007, 804, 806; OLG Jena Beschl. v. 9.9.2010 – 9 Verg 4/10, VergabeR 2011, 96, 100; VK Düsseldorf Beschl. v. 13.9.2011 – VK 21/2011-B, juris; *Nelskamp/Dahmen* KommJur 2010, 208, 213; *Schaller* VergabeR 2007, Sonderheft 2a, 394, 397; Ingenstau/Korbion/*Düsterdiek* § 20 VOB/A Rn. 16; Ziekow/Völlink/*Hänsel* VgV § 8 Rn. 13; Pünder/Schellenberg/*Mentzinis* § 8 VgV Rn. 2; Kapellmann/Messerschmidt/*Schneider* VOB/A § 20 Rn. 10.

[59] BGH Beschl. v. 8.2.2011 – X ZB 4/10, NZBau 2011, 175, 184; zust. KG Beschl. v. 15.2.2019 – Verg 9/17, Juris, Rn. 60; OLG Düsseldorf Beschl. v. 14.11.2018 – VII-Verg 31/18, NZBau 2019, 393, 395; OLG Düsseldorf Beschl. v. 9.5.2018 – Verg 13/18, Juris, Rn. 39f.; OLG München Beschl. v. 9.3.2018 – Verg 10/17, NZBau 2018, 427, 429f.; VK Bund Beschl. v. 13.2.2020 – VK 1-2/20, VPRRS 2020, 0116; ähnlich VK Lüneburg Beschl. v. 28.6.2011 – VgK 21/2011, IBR 2011, 1439; KMPP/*Zeise* VOB/A § 20 Rn. 20; KKMPP/*Zeise* VgV § 8 Rn. 21.

[60] BGH Beschl. v. 8.2.2011 – X ZB 4/10, NZBau 2011, 175, 184; KG Beschl. v. 15.2.2019 – Verg 9/17, Juris, Rn. 60; OLG Düsseldorf Beschl. v. 14.11.2018 – VII-Verg 31/18, NZBau 2019, 393, 395; OLG Düsseldorf Beschl. v. 9.5.2018 – Verg 13/18, Juris, Rn. 39f.; OLG München Beschl. v. 9.3.2018 – Verg 10/17, NZBau 2018, 427, 429f.; VK Bund Beschl. v. 13.2.2020 – VK 1-2/20, VPRRS 2020, 0116.

[61] OLG Düsseldorf Beschl. v. 17.12.2014 – VII-Verg 25/14, NRWE.

[62] KG Beschl. v. 15.2.2019 – Verg 9/17, Juris, Rn. 60.

[63] Dazu statt vieler Kopp/Schenke/*Schenke* VwGO § 113 Rn. 71ff.

[64] Vgl. OLG Düsseldorf Beschl. v. 8.9.2011 – VII-Verg 48/11, VergabeR 2012, 193, 196 und VK Südbayern Beschl. v. 18.11.2014 – Z3-3-3194-1-39-09/14, BeckRS 2015, 7546; jeweils mit Verweis auf § 114 VwGO.

51 Ist eine Heilung eines Dokumentationsmangels nach den genannten Grundsätzen ausgeschlossen, ist das Vergabeverfahren ab demjenigen Verfahrensabschnitt, der nicht ordnungsgemäß dokumentiert ist, zu **wiederholen**[65].

C. Mitteilung über nicht berücksichtigte Bewerbungen und Angebote

52 Die Vergabeverordnungen und -ordnungen enthalten in § 62 VgV, § 46 UVgO, § 19 Abs. 1 und 3 VOL/A, § 19 Abs. 1 bis 4 VOB/A, § 19 EU Abs. 1 und 4 bis 6 VOB/A und § 36 VSVgV Bestimmungen über die Benachrichtigung derjenigen Bewerber und Bieter, deren Bewerbungen bzw. Angebote nicht berücksichtigt wurden. Sie dienen im Bereich des Kartellvergaberechts der Umsetzung der europarechtlichen Vorgaben aus Art. 55 VRL und Art. 35 RL 2009/81/EG und sind deshalb weitgehend inhaltsgleich. In den Bereichen der UVgO sowie der Abschnitte 1 der VOL/A und der VOB/A übernimmt der nationale Regelungsgeber damit die Mitteilungsregeln des EU-Vergaberechts, ohne auf Grund der Richtlinienbestimmungen dazu verpflichtet zu sein.

53 Die Mitteilungspflicht des Auftraggebers besteht unabhängig von der Pflicht zur Ankündigung des Zuschlags nach § 134 GWB. Ihr **Zweck** besteht vorrangig darin, den Unternehmen, die bei der Auftragsvergabe nicht zum Zuge kommen, möglichst bald Kenntnis über ihre Ablehnung zu verschaffen, damit sie ihre für den Auftrag vorgesehenen Ressourcen nicht länger vorhalten müssen und für anderweitige Verwendungen einplanen können[66]. Insoweit entspricht sie der Pflicht des Auftraggebers nach § 63 Abs. 2 S. 1 VgV, § 46 Abs. 1 S. 2 UVgO, § 17 Abs. 2 VOL/A, § 17 Abs. 2 VOB/A, § 17 EU Abs. 2 Nr. 1 VOB/A, § 17 VS Abs. 2 Nr. 1 VOB/A sowie § 37 Abs. 2 VSVgV, die Bieter möglichst rasch über eine Aufhebung des Vergabeverfahrens zu unterrichten. Soweit die Mitteilungspflicht darüber hinaus die Angabe der Gründe für die Ablehnung des jeweiligen Angebotes verlangt, erfüllt sie ferner den Zweck, die Vergabeentscheidung des Auftraggebers transparent zu machen und dem einzelnen Bieter aufzuzeigen, an welchen Voraussetzungen sein Angebot gescheitert ist, auch damit er daraus Schlüsse für die Teilnahme an künftigen Vergabeverfahren ziehen kann[67]. Zudem kann die Mitteilung dem Adressaten die Durchsetzung seiner subjektiven Rechte erleichtern, da ihn die Kenntnis der Gründe für die Nichtberücksichtigung seiner Bewerbung oder seines Angebots in die Lage versetzt, die Rechtmäßigkeit der Entscheidung des Auftraggebers zumindest im Ansatz zu prüfen. Im Vergleich zur Informationspflicht nach § 134 GWB ist diese Rechtsschutzfunktion der Mitteilung über die Nichtberücksichtigung jedoch deutlich eingeschränkt, schon weil die Mitteilung anders als die Information nach § 134 GWB nicht zwingend vor dem Zuschlag zu übersenden ist. Bedeutung kann den in den Vergabeordnungen vorgesehenen Mitteilungspflichten daher vorrangig hinsichtlich etwaiger Schadensersatzansprüche der erfolglosen Bieter zukommen[68].

54 Im Verhältnis der Mitteilungspflicht zur Informationspflicht nach **§ 134 GWB** gilt hier ebenso wie im umgekehrten Falle[69], dass der Auftraggeber beide Pflichten durch Über-

---

[65] OLG Celle Beschl. v. 11.2.2010 – 13 Verg 16/09, VergabeR 2010, 669, 674 mAnm *Gulich;* OLG Celle Beschl. v. 3.3.2005 – 13 Verg 21/04, IBR 2005, 276; OLG Düsseldorf Beschl. v. 17.3.2004 – VII-Verg 1/04, ZfBR 2004, 500, 501; OLG Frankfurt a.M. Beschl. v. 9.8.2007 – 11 Verg 6/07, ZfBR 2009, 83, 84; OLG Frankfurt a.M. Beschl. v. 28.11.2006 – 11 Verg 4/06, NZBau 2007, 804, 805; OLG Karlsruhe Beschl. v. 21.7.2010 – 15 Verg 6/10, VergabeR 2011, 87, 92f. mAnm. *Hübner;* OLG München Beschl. v. 17.9.2015 – Verg 3/15, ZfBR 2015, 809, 815; Ingenstau/Korbion/*Düsterdiek* § 20 VOB/A Rn. 17; Pünder/Schellenberg/*Mentzinis* § 20 VOB/A Rn. 9; Kapellmann/Messerschmidt/*Schneider* VOB/A § 20 Rn. 8; Voppel/Osenbrück/Bubert/*Voppel* § 8 Rn. 87.

[66] Willenbruch/Wieddekind/*Baumann* § 19 EU VOB/A Rn. 3; Pünder/Schellenberg/*Mentzinis* § 19 VOB/A Rn. 1; KMPP/*Portz* VOB/A § 19 Rn. 5; Ingenstau/Korbion/*Reichling* § 19 VOB/A Rn. 4; Ziekow/Völlink/*Völlink* VOB/A § 19 Rn. 1f.; Voppel/Osenbrück/Bubert/*Voppel* § 62 Rn. 5.

[67] Voppel/Osenbrück/Bubert/*Voppel* § 62 Rn. 5.

[68] Pünder/Schellenberg/*Mentzinis* § 19 VOB/A Rn. 3.

[69] Dazu → § 34 Rn. 51.

mittlung einer einheitlichen Mitteilung erfüllen kann, soweit diese die Anforderungen beider Pflichten erfüllt[70].

Über die einzelnen Vergabeordnungen hinweg bestehen die Mitteilungspflichten im Interesse der zu unterrichtenden Bewerber und Bieter und begründen daher im Geltungsbereich des Kartellvergaberechts[71] ein **subjektives Recht** des jeweiligen Adressaten auf ordnungsgemäße Information[72]. Im Nachprüfungsverfahren nach den §§ 155 ff. GWB kann dieses Recht jedoch ebenso wie das Informationsrecht nach § 134 Abs. 1 GWB nur dann geltend gemacht werden, wenn der Antragsteller gemäß § 160 Abs. 2 S. 2 GWB einen über die bloße Rechtsverletzung hinausgehenden, bereits entstandenen oder drohenden Schaden darlegen kann. Zudem kommt ein Nachprüfungsantrag zur Geltendmachung des Informationsanspruchs nur während des laufenden Vergabeverfahrens und damit vor der Erteilung des Zuschlages in Betracht[73]. 55

Lässt der Bewerber oder Bieter eine ihm nach den bestehenden Mitteilungsregeln zukommende Möglichkeit zur Information ungenutzt, kann ihm dies nicht zum Nachteil gereichen, wenn er dadurch erst verzögert von einer Rechtsverletzung des Auftraggebers Kenntnis erlangt. Mit dem Recht auf Information korrespondiert keine **Erkundigungsobliegenheit** des jeweiligen Adressaten[74]. 56

I. § 62 VgV

1. Informationspflicht nach § 62 Abs. 1 VgV

Im Anwendungsbereich der VgV normiert **§ 62 Abs. 1 VgV** die allgemeine Pflicht des Auftraggebers, alle Bewerber und Bieter über seine Entscheidung über den Zuschlag, den Abschluss einer Rahmenvereinbarung und die Zulassung zur Teilnahme an einem dynamischen Beschaffungssystem zu unterrichten. Gleiches gilt für seine Entscheidung über die Aufhebung oder Neueinleitung eines Vergabeverfahrens einschließlich der Gründe dafür, sofern das Verfahren Gegenstand einer Auftragsbekanntmachung oder Vorinformation war. Insoweit deckt sich die Pflicht mit der Unterrichtungspflicht nach § 63 Abs. 2 S. 1 VgV. 57

Die Mitteilung nach § 62 Abs. 1 VgV ist **unverzüglich,** dh ohne schuldhaftes Zögern (§ 121 Abs. 1 BGB), zu machen. Die Mitteilungspflicht des Auftraggebers besteht unabhängig von einem darauf gerichteten Antrag der Bieter oder Bewerber[75], da ein solcher nur für die Mitteilung nach § 62 Abs. 2 VgV von Bedeutung ist. Ein Formzwang besteht nicht[76]. 58

2. Informationspflicht nach § 62 Abs. 2 VgV

Daneben sieht **§ 62 Abs. 2 VgV** die Verpflichtung des Auftraggebers vor, auf Verlangen weitergehende Informationen zu geben. Gegenstand dieser Unterrichtung sind die Gründe für die Ablehnung von Teilnahmeanträgen (§ 62 Abs. 2 Nr. 1 VgV) und Angeboten (§ 62 Abs. 2 Nr. 2 VgV), die Identität des erfolgreichen Bieters und die Merkmale und Vorteile seines Angebots (§ 62 Abs. 2 Nr. 3 VgV) sowie der Verlauf und die Fortschritte der Verhandlungen und des wettbewerblichen Dialogs mit den Bietern (§ 62 Abs. 2 Nr. 4 VgV). Auch diese Information ist unverzüglich zu erteilen, wobei Anknüpfungspunkt für die Bestimmung der Unverzüglichkeit der Abschluss des jeweiligen Verfahrensschritts, also 59

[70] *Macht/Städler* NZBau 2012, 143, 144 ff.; Pünder/Schellenberg/*Mentzinis* § 134 GWB Rn. 2; Voppel/Osenbrück/Bubert/*Voppel* § 62 Rn. 7.

[71] S. zur Existenz subjektiver Rechte außerhalb des Kartellvergaberechts → § 89 Rn. 15.

[72] OLG Düsseldorf Beschl. v. 19.7.2000 – VII-Verg 10/00, BauR 2000, 1623, 1625; KMPP/*Portz* VOB/A § 19 Rn. 30; Ingenstau/Korbion/*Reichling* § 19 VOB/A Rn. 29.

[73] Dazu → § 42 Rn. 19 ff.

[74] VK Brandenburg Beschl. v. 26.3.2002 – VK 4/02, juris.

[75] Ziekow/Völlink/*Völlink* VgV § 62 Rn. 4.

[76] Ziekow/Völlink/*Völlink* VgV § 62 Rn. 4.

insbesondere der vollständigen Prüfung und Wertung der Angebote zur Ermittlung des Zuschlagsempfängers oder des Teilnahmewettbewerbs zur Ermittlung der zur Angebotsabgabe aufzufordernden Bewerber, ist. Ein Formzwang ist auch insoweit nicht vorgesehen.

60 Stellt der Bewerber oder Bieter einen auf Mitteilung gerichteten **Antrag** in Textform, ist die Mitteilung nach § 62 Abs. 2 VgV innerhalb von 15 Tagen nach Eingang dieses Antrags zu machen. Maßgeblich für die Fristwahrung ist die Absendung der Mitteilung. Da § 62 Abs. 2 VgV keine Vorgaben zum Zeitpunkt der Antragstellung macht und dieser mithin beispielsweise schon bei der Abgabe des Angebots angebracht werden kann, ist die Norm einschränkend dahingehend zu verstehen, dass die Frist von 15 Tagen frühestens dann beginnt, wenn der jeweilige Verfahrensschritt abgeschlossen ist und die der Mitteilung zugrunde liegenden Entscheidungen des Auftraggebers getroffen sind.

61 Der Inhalt der Mitteilung besteht in der Angabe, dass die Bewerbung oder das Angebot keine Berücksichtigung gefunden hat, sowie in der Benennung der **Gründe** für diese Entscheidung (§ 62 Abs. 2 Nr. 1 und 2 VgV). Anzugeben sind die tragenden Gründe, die für die Entscheidung des Auftraggebers maßgeblich waren. Auf Grund der Transparenzfunktion der Mitteilung genügt es nicht, wenn der Auftraggeber lediglich den Wortlaut eines gesetzlichen Tatbestandes für die Nichtberücksichtigung eines Angebots, beispielsweise aus § 57 Abs. 1 VgV, wiederholt[77]. Vielmehr hat er darüber hinaus diejenigen konkreten Tatsachen nachvollziehbar darzulegen, die der Entscheidung des Auftraggebers, das Angebot nicht für den Zuschlag vorzusehen, zugrunde liegen. Wird das Angebot mangels Wirtschaftlichkeit abgelehnt, gehören dazu insbesondere die Angabe der herangezogenen Zuschlagskriterien und die Begründung der Wertung des konkreten Angebots, etwa durch Mitteilung der vergebenen Punktzahl.

62 Darüber hinaus hat der Auftraggeber den **Namen des erfolgreichen Bieters** und die **Merkmale und Vorteile des erfolgreichen Angebotes** zu nennen (§ 62 Abs. 2 Nr. 3 VgV). Diese Pflicht besteht nur gegenüber den nicht erfolgreichen Bietern, nicht hingegen gegenüber nicht ausgewählten Bewerbern. Da die Mitteilungspflicht anders als die Informationspflicht nach § 134 GWB nicht vorrangig der Durchsetzung eines wirksamen Rechtsschutzes gegen rechtswidrige Vergabeentscheidungen dient, ist der Begriff des Bieters in diesem Zusammenhang formal zu verstehen. Maßgeblich ist, ob das jeweilige Unternehmen ein Angebot abgegeben hat.

63 Hinsichtlich der Angabe des Namens des erfolgreichen Bieters gelten die zu § 134 Abs. 1 S. 1 GWB herausgearbeiteten Grundsätze entsprechend[78]. Hinsichtlich der Merkmale und Vorteile des erfolgreichen Angebotes, die ebenfalls zum Gegenstand der Mitteilung zu machen sind, lässt § 62 Abs. 2 Nr. 3 VgV offen, wie diese zu bestimmen sind. Aus dem Zusammenhang ergibt sich aber, dass damit diejenigen Eigenschaften eines Angebotes gemeint sind, die **für die Zuschlagsentscheidung des Auftraggebers maßgeblich** waren[79]. Eine wesentliche Einschränkung erfährt dieser Grundsatz jedoch durch die Möglichkeit, Informationen nach § 62 Abs. 3 iVm § 39 Abs. 6 VgV zurückzuhalten. Konkrete Angaben zum Preis und zu den technischen Einzelheiten des erfolgreichen Angebots sind daher regelmäßig von der Informationspflicht ausgenommen.

64 § 62 Abs. 2 Nr. 4 VgV verpflichtet den Auftraggeber, die Bieter über den Verlauf und die Fortschritte **der Verhandlungen und des wettbewerblichen Dialogs** zu unterrichten. Dies dient der Herstellung von Verfahrenstransparenz in denjenigen Verfahrensarten, die nicht schon auf Grund ihres äußeren Ablaufs ein hohes Maß an Formalisierung gewährleisten.

---

77 S. zur Parallelsituation bei § 134 GWB → § 32 Rn. 37ff.
78 Dazu → § 34 Rn. 34ff.
79 KMPP/*Portz* VOB/A § 19 Rn. 18.

3. Zurückhalten von Informationen

Nach **§ 62 Abs. 3 VgV iVm § 39 Abs. 6 VgV** kann der Auftraggeber bestimmte Informationen zurückhalten, wenn ihre Weitergabe den Gesetzesvollzug behinderte, dem öffentlichen Interesse zuwiderliefe, den berechtigten Geschäftsinteressen eines Unternehmens schadete oder den lauteren Wettbewerb beeinträchtigte. Der Ausnahmetatbestand gilt sowohl für die Mitteilung nach § 62 Abs. 1 VgV als auch für die Mitteilung nach § 62 Abs. 2 VgV. Seine Anwendung beschränkt sich auf Mitteilungen, die die Zuschlagserteilung, den Abschluss von Rahmenvereinbarungen und die Zulassung zu einem dynamischen Beschaffungssystem betreffen. Insbesondere auf die Information über die Aufhebung des Vergabeverfahrens (§ 62 Abs. 1 S. 2 VgV) und die Unterrichtung über den Stand der Verhandlungen (§ 62 Abs. 2 Nr. 4 VgV) findet § 39 Abs. 6 VgV daher keine Anwendung. 65

Die einzelnen Tatbestandsvarianten in § 39 Abs. 6 VgV sind **weit** gefasst und erlauben dem Auftraggeber, in einer Vielzahl von Fällen von der Informationsübermittlung abzusehen.

Soweit eine Zurückhaltung von Angaben gestattet ist, wenn ihre Weitergabe den **Gesetzesvollzug** behinderte, ist damit nicht nur der Vollzug der das Vergabeverfahren regelnden Gesetze gemeint. In Betracht kommen vielmehr alle Rechtsnormen. Dazu gehören insbesondere Gesetze, zu deren Ausführung die beschaffte Lieferung oder Leistung dient, beispielsweise die gesetzlichen Bestimmungen zur Abwehr von Gefahren für die öffentliche Sicherheit und Ordnung[80]. Entgegen einer im Schrifttum vertretenen Auffassung kann der Ausnahmetatbestand nicht auf solche Fälle beschränkt werden, in denen das Gesetz selbst die Verbreitung der jeweiligen Information untersagt[81]. Hiergegen spricht bereits der weite Wortlaut des Tatbestandsmerkmals des Gesetzesvollzuges, das sich ganz allgemein auf den Vollzug der Gesetze bezieht, ohne dass damit nur Gesetze eines bestimmten Inhaltes bezeichnet werden. 66

Zudem geht die Tatbestandsvariante der Behinderung des Gesetzesvollzugs vollständig in dem weiteren Ausnahmetatbestand des **Zuwiderlaufens des öffentlichen Interesses** auf[82], da eine Behinderung des Vollzugs von Gesetzen stets dem öffentlichen Interesse widerspricht. Im Wortlaut von § 19 Abs. 3 VOL/A, der insoweit inhaltlich § 39 Abs. 6 VgV entspricht, kommt dies durch das Wort *„sonst"* zum Ausdruck. Auf Grund dieser Teilidentität kann eine genaue Abgrenzung des Ausnahmetatbestandes der Behinderung des Gesetzesvollzuges in aller Regel unterbleiben. Zu den sonstigen Fällen des Zuwiderlaufens des öffentlichen Interesses jenseits der Behinderung des Gesetzesvollzuges gehören insbesondere diejenigen Situationen, in denen die Wahrnehmung öffentlicher Aufgaben durch die Angaben erschwert würde, beispielsweise weil die Person des Vertragspartners geheim zu halten ist. 67

Eine praktisch bedeutsame Ausnahme von der Unterrichtungspflicht sieht § 39 Abs. 6 Nr. 3 VgV dann vor, wenn die Mitteilung den **berechtigten geschäftlichen Interessen eines Unternehmens** schadete. Dieser Tatbestand ist va dann erfüllt, wenn die Weitergabe der Informationen Betriebs- und Geschäftsgeheimnisse des erfolgreichen Bieters verletzte. Zudem würde durch eine solche Information der lautere Wettbewerb verletzt, zu dessen wesentlichen Bestandteilen der Schutz von Betriebs- und Geschäftsgeheimnissen zählt. Nach dem allgemeinen, nicht nur auf das Vergaberecht beschränken Begriffsverständnis sind Betriebs- und Geschäftsgeheimnisse alle auf ein Unternehmen bezogenen Tatsachen, Umstände und Vorgänge, die nicht offenkundig, sondern nur einem begrenzten Personenkreis zugänglich sind und an deren Nichtverbreitung der Rechtsträger ein be- 68

[80] Einschränkend Willenbruch/Wieddekind/*Schubert* § 39 VgV Rn. 19.
[81] So aber KMPP/*Kus/Rechten* VOB/A § 18 EG Rn. 23; KKMPP/*Rechten* VgV § 39 Rn. 48; Willenbruch/Wieddekind/*Schubert* § 39 VgV Rn. 19.
[82] KMPP/*Kus/Rechten* VOB/A § 18 EG Rn. 24; KKMPP/*Rechten* VgV § 39 Rn. 51.

rechtigtes Interesse hat[83]. Dazu gehören insbesondere die Angebote selbst[84]. Daraus folgt, dass Angaben zum Preis des erfolgreichen Angebots in aller Regel nicht gemacht werden müssen, auch wenn dieser für den Zuschlag maßgeblich war und daher zu den Merkmalen und Vorteilen des erfolgreichen Angebotes iSv § 62 Abs. 2 Nr. 3 VgV gehört. Auch sonstige Angaben zum Inhalt des erfolgreichen Angebotes können darunter fallen, insbesondere zu seinen technischen Einzelheiten, die es gegenüber anderen Angeboten auszeichnen. Die genaue Grenzziehung hängt vom Einzelfall ab; hat der erfolgreiche Bieter beispielsweise ein marktgängiges Produkt angeboten, dessen Eigenschaften er allgemein bekannt gemacht hat, so verletzt der Auftraggeber kein Betriebs- oder Geschäftsgeheimnis und berührt auch sonst keine berechtigten Geschäftsinteressen des Zuschlagsempfängers, wenn er den übergangenen Bietern mitteilt, welche dieser Eigenschaften für den Zuschlag maßgeblich waren.

69 Die Tatbestandsvariante der Beeinträchtigung des **lauteren Wettbewerbs** schließlich geht über den Schutz der berechtigten Geschäftsinteressen noch hinaus. Zurückgehalten werden können sämtliche Informationen, deren Bekanntwerden geeignet ist, den Wettbewerb auf dem jeweiligen Markt nachteilig zu beeinflussen[85]. Dazu können beispielsweise Angaben über die Zusammensetzung des Bieterfeldes und über die Angebotskonditionen der übrigen Bieter gehören, soweit diese Aufschluss über Kalkulation oder Marktstrategie der jeweiligen Konkurrenten geben.

II. § 46 UVgO

70 Im Anwendungsbereich der UVgO regelt **§ 46 Abs. 1 S. 1 UVgO** die Pflicht des Auftraggebers, die nicht berücksichtigten Bewerber und Bieter über den Abschluss einer Rahmenvereinbarung oder den Zuschlag zu unterrichten. Ergänzt wird diese Pflicht durch das in § 46 Abs. 1 S. 3 UVgO enthaltene Gebot, den Bewerbern und Bietern auf Verlangen auch die wesentlichen Gründe für die Ablehnung des Angebots bzw. Teilnahmeantrags, die Merkmale und Vorteile des erfolgreichen Angebots sowie den Namen des erfolgreichen Bieters mitzuteilen. Mitteilung ist in diesem Fall nicht nur über die Zuschlagsentscheidung des Auftraggebers zu machen, sondern auch über etwaige ihr vorangehende Zwischenentscheidungen wie das Ergebnis eines Teilnahmewettbewerbs. Die Mitteilungspflicht des Auftraggebers ist damit zweigeteilt.[86] Ein **Formzwang** besteht nicht[87].

1. Zeitpunkt der Mitteilung

71 Sowohl die Mitteilung über den Zuschlag bzw. den Abschluss einer Rahmenvereinbarung (§ 46 Abs. 1 S. 1 UVgO) als auch die Mitteilung über die Entscheidungsgründe (§ 46 Abs. 1 S. 3 UVgO) sind **unverzüglich,** dh ohne schuldhaftes Zögern (§ 121 Abs. 1 BGB), zu machen. Anknüpfungspunkt für die Bestimmung der Unverzüglichkeit ist der Abschluss des jeweiligen Verfahrensschritts, also insbesondere der vollständigen Prüfung und Wertung der Angebote zur Ermittlung des Zuschlagsempfängers oder des Teilnahmewettbewerbs zur Ermittlung der zur Angebotsabgabe aufzufordernden Bewerber.

72 Für die Angabe der Gründe nach § 46 Abs. 1 S. 3 UVgO besteht zudem eine **Höchstfrist von 15 Tagen** ab Eingang eines entsprechenden Verlangens des Bewerbers oder Bieters. Maßgeblich für die Fristwahrung ist die Absendung der Mitteilung. Da § 46 Abs. 1 S. 3 UVgO keine Vorgaben zum Zeitpunkt der Antragstellung macht und dieser mithin beispielsweise schon bei der Abgabe des Angebots angebracht werden kann, ist die Norm

[83] BVerfG Beschl. v. 14.3.2006 – 1 BvR 2087/03, NVwZ 2006, 1041, 1042; BGH Urt. v. 10.5.1995 – 1 StR 764/94, NJW 1995, 2301; jeweils mwN.
[84] BGH Urt. v. 10.5.1995 – 1 StR 764/94, NJW 1995, 2301.
[85] KKMPP/*Rechten* VgV § 39 Rn. 53.
[86] Erläuterungen des Bundesministeriums für Wirtschaft und Energie zur UVgO, BAnz AT v. 7.2.2017, B 2, zu § 46 UVgO.
[87] Ziekow/Völlink/*Völlink* § 46 UVgO Rn. 3.

einschränkend dahingehend zu verstehen, dass die Frist von 15 Tagen frühestens dann beginnt, wenn der jeweilige Verfahrensschritt abgeschlossen ist und die der Mitteilung zugrunde liegenden Entscheidungen des Auftraggebers getroffen sind.

2. Inhalt der Mitteilung

Der Inhalt der Mitteilung besteht im ersten Schritt (§ 46 Abs. 1 S. 1 UVgO) in der **Unterrichtung** über den Zuschlag bzw. den Abschluss einer Rahmenvereinbarung. Auf Verlangen des Bewerbers oder Bieters ist im zweiten Schritt (§ 46 Abs. 1 S. 3 UVgO) die **Gründe** für diese Entscheidung anzugeben. Hierzu hat der Auftraggeber anzugeben, wer der erfolgreiche Bieter ist, welche Merkmale und Vorteile sein Angebot aufweist und aus welchen wesentlichen Gründen der Teilnahmeantrag bzw. das Angebot des jeweiligen Bewerbers oder Bieters nicht berücksichtigt wurde. Insoweit gelten dieselben Grundsätze wie bei § 62 Abs. 2 Nr. 1 bis 3 VgV.[88] 73

3. Zurückhalten von Informationen

Nach **§ 46 Abs. 3 UVgO** gelten hinsichtlich der Mitteilung der Gründe nach § 46 Abs. 1 S. 3 UVgO die Ausschlussgründe nach § 30 Abs. 2 UVgO entsprechend. Demnach kann der Auftraggeber Informationen zurückhalten, wenn ihre Weitergabe den Gesetzesvollzug behinderte, dem öffentlichen Interesse zuwiderliefe, den berechtigten Geschäftsinteressen von Unternehmen schadete oder den lauteren Wettbewerb beeinträchtigte. Die einzelnen Tatbestandsvarianten entsprechen inhaltlich den Ausnahmetatbeständen in § 62 Abs. 3 iVm § 39 Abs. 6 VgV[89]. 74

III. § 19 Abs. 1 und 3 VOL/A

Im Anwendungsbereich des Abschnitts 1 der VOL/A bestimmt **§ 19 Abs. 1 VOL/A,** dass der Auftraggeber verpflichtet ist, die nicht berücksichtigten Bewerber und Bieter über ihre Nichtberücksichtigung zu unterrichten. Die Regelung entspricht in wesentlichen Teilen § 46 Abs. 1 UVgO.[90] Anders als dort ist die Mitteilungspflicht hier allerdings nicht zweistufig ausgestaltet. Vielmehr hat der Auftraggeber auch ohne ein darauf gerichtetes Verlangen des Bewerbers oder Bieters sowohl über den Zuschlag oder den Abschluss einer Rahmenvereinbarung als auch über die Gründe für seine Entscheidung zu informieren. Diese umfassende Unterrichtung hat unverzüglich zu geschehen. Stellt der Bewerber oder Bieter einen auf Mitteilung gerichteten Antrag, ist die Mitteilung innerhalb von 15 Tagen nach Eingang dieses Antrags zu machen. Hinsichtlich der Anforderungen an den Zeitpunkt und den Inhalt der Unterrichtung gelten die für § 46 Abs. 1 UVgO maßgeblichen Grundsätze entsprechend.[91] 75

Gemäß **§ 19 Abs. 3 VOL/A** darf der Auftraggeber die Informationen zurückhalten, wenn die Weitergabe den Gesetzesvollzug vereitelte oder sonst nicht im öffentlichen Interesse läge oder die berechtigten Geschäftsinteressen von Unternehmen oder den lauteren Wettbewerb beeinträchtigte. Trotz der in den Einzelheiten teilweise abweichenden Formulierungen entspricht dies inhaltlich den Parallelbestimmungen in § 62 Abs. 3 iVm § 39 Abs. 6 VgV und in § 46 Abs. 2 iVm § 30 Abs. 2 UVgO.[92] Nach der Systematik der Norm beziehen sich die Ausnahmemöglichkeiten nicht nur auf die Informationspflicht nach § 19 Abs. 2 VOL/A, sondern auch auf die Pflicht zur Mitteilung nach § 19 Abs. 1 VOL/A. 76

---

[88] Dazu → Rn. 59ff.
[89] Dazu → Rn. 65ff.
[90] Erläuterungen des Bundesministeriums für Wirtschaft und Energie zur UVgO, BAnz AT v. 7.2.2017, B 2, zu § 46 UVgO.
[91] Dazu → Rn. 70ff.
[92] Erläuterungen des Bundesministeriums für Wirtschaft und Energie zur UVgO, BAnz AT v. 7.2.2017, B 2, zu § 46 UVgO.

IV. § 19 VOB/A

77 Im Anwendungsbereich der VOB/A enthält **§ 19 VOB/A** eine Pflicht des Auftraggebers, die nicht berücksichtigten Bewerber und Bieter über seine Entscheidung zu informieren.

1. Allgemeine Mitteilungspflicht

78 Ähnlich wie die Regelung in § 19 Abs. 1 VOL/A begründet **§ 19 Abs. 1 VOB/A** eine allgemeine Pflicht des Bieters, den erfolglosen Bietern eine Mitteilung über ihre Ablehnung zu machen. Die Pflicht ist nicht von einem darauf gerichteten Antrag des jeweiligen Bieters abhängig[93] und besteht nach dem Wortlaut von § 19 Abs. 1 VOB/A nur gegenüber Bietern, nicht aber gegenüber Bewerbern[94]. Ein Formzwang ist nicht vorgesehen[95].

79 Hinsichtlich des **Zeitpunkts** der Mitteilung wird eine differenzierte Regelung getroffen: Bieter, deren Angebote gemäß § 16 Abs. 1 VOB/A ausgeschlossen worden sind, und solche, deren Angebote nicht in die engere Wahl kommen, sollen unverzüglich (§ 121 Abs. 1 BGB: ohne schuldhaftes Zögern[96]) benachrichtigt werden. Welche Angebote nicht in die engere Wahl kommen, ergibt sich aus § 16d Abs. 1 Nr. 3 S. 1 VOB/A[97]. Dies sind demnach alle Angebote, die wegen eines zwingenden oder fakultativen Ausschlussgrundes (§ 16 Abs. 1 und 2 VOB/A), wegen mangelnder Eignung des Bieters (§ 16b VOB/A), wegen unangemessen hoher oder niedriger Preise (§ 16d Abs. 1 Nr. 1 VOB/A) oder wegen einer negativen Vertragserfüllungsprognose (§ 16d Abs. 1 Nr. 2 S. 1 VOB/A) nicht für einen Zuschlag in Betracht kommen. Die Bieter, deren Angebote in die engere Wahl kommen, sind gemäß § 19 Abs. 1 S. 2 VOB/A erst zu unterrichten, sobald der Zuschlag erteilt wurde.

80 In **inhaltlicher** Hinsicht fordert § 19 Abs. 1 VOB/A lediglich die Mitteilung über die Ablehnung des Angebotes.

2. Pflicht zur Angabe der Gründe

81 Nur auf Verlangen[98] hat der Auftraggeber gemäß **§ 19 Abs. 2 VOB/A** den nicht berücksichtigten Bewerbern und Bietern die Gründe für die Nichtberücksichtigung ihrer Bewerbung oder ihres Angebots mitzuteilen. Die persönliche Reichweite dieser Pflicht ist im Vergleich zur allgemeinen Mitteilungspflicht nach § 19 Abs. 1 VOB/A erweitert, da sie auch gegenüber Bewerbern besteht[99].

82 In **inhaltlicher** Hinsicht verlangt § 19 Abs. 2 VOB/A die Angabe der Gründe für die Nichtberücksichtigung der Bewerbung oder des Angebotes sowie gegenüber Bietern die Nennung der Merkmale und Vorteile des Angebotes des erfolgreichen Bieters und seines Namens. Insoweit entspricht die Bestimmung nahezu wörtlich § 19 Abs. 1 VOL/A[100].

83 Die **Frist** für die Übermittlung der Informationen nach § 19 Abs. 2 VOB/A beträgt 15 Kalendertage; ihr Beginn ist von dem Eingang eines in Textform (§ 126b BGB) gestellten Antrags des Bieters oder Bewerbers abhängig. Dadurch, dass § 19 Abs. 2 VOB/A unabhängig von dem Eingang eines solchen Antrags anordnet, dass die Auskünfte *„auf Verlangen"* zu erteilen sind, wird klargestellt, dass die Informationspflicht dem Grunde nach auch

---

93 Ziekow/Völlink/*Völlink* VOB/A § 19 Rn. 3.

94 Pünder/Schellenberg/*Mentzinis* § 19 VOB/A Rn. 8; KMPP/*Portz* VOB/A § 19 Rn. 6; Ingenstau/Korbion/*Reichling* § 19 VOB/A Rn. 6; Kapellmann/Messerschmidt/*Stickler* VOB/A § 19 Rn. 6.

95 Pünder/Schellenberg/*Mentzinis* § 19 VOB/A Rn. 11; Kapellmann/Messerschmidt/*Stickler* VOB/A § 19 Rn. 9; kritisch KMPP/*Portz* VOB/A § 19 Rn. 10; Ingenstau/Korbion/*Reichling* § 19 VOB/A Rn. 11.

96 Pünder/Schellenberg/*Mentzinis* § 19 VOB/A Rn. 12; KMPP/*Portz* VOB/A § 19 Rn. 10; Ingenstau/Korbion/*Reichling* § 19 VOB/A Rn. 11; Kapellmann/Messerschmidt/*Stickler* VOB/A § 19 Rn. 10.

97 Pünder/Schellenberg/*Mentzinis* § 19 VOB/A Rn. 9; Ingenstau/Korbion/*Reichling* § 19 VOB/A Rn. 10; Kapellmann/Messerschmidt/*Stickler* VOB/A § 19 Rn. 8; Ziekow/Völlink/*Völlink* VOB/A § 19 Rn. 5.

98 KMPP/*Portz* VOB/A § 19 Rn. 12; Ingenstau/Korbion/*Reichling* § 19 VOB/A Rn. 13; Ziekow/Völlink/*Völlink* VOB/A § 19 Rn. 7.

99 Pünder/Schellenberg/*Mentzinis* § 19 VOB/A Rn. 14.

100 Dazu → Rn. 75 f.

dann besteht, wenn der Antrag das Erfordernis der Textform nicht erfüllt[101]; der Auftraggeber muss ihr dann allerdings nicht innerhalb einer bestimmten Frist nachkommen. Bei einem zu langen Zuwarten bis zur Anbringung eines Antrags kann der Anspruch der Bewerber und Bieter auf Auskunft **verwirkt sein**[102].

Die Mitteilung des Auftraggebers muss nach dem ausdrücklichen Wortlaut von § 19 Abs. 2 VOB/A ebenfalls die **Textform** wahren[103]. 84

3. Umgang mit Bieterunterlagen

Die Vorgaben aus **§ 19 Abs. 3 und 4 VOB/A** gehören inhaltlich nicht mehr zu den Unterrichtungspflichten, stehen aber in Sachzusammenhang zu dem Umgang mit nicht berücksichtigten Bewerbungen und Angeboten. Soweit sie Konkretisierungen des Wettbewerbsgrundsatzes und der Pflicht des Auftraggebers zur Wahrung von Betriebs- und Geschäftsgeheimnissen darstellen, können sie für Vergabeverfahren außerhalb ihres unmittelbaren Anwendungsbereichs entsprechend herangezogen werden. 85

Gemäß § 19 Abs. 3 VOB/A dürfen **nicht berücksichtigte Angebote und Ausarbeitungen der Bieter** nicht für eine neue Vergabe oder für andere Zwecke benutzt werden. Dieses Verbot der vergabefremden Nutzung der Bieterunterlagen steht im Zusammenhang mit der Bestimmung in § 8b Abs. 2 Nr. 1 S. 1 VOB/A, nach der für die Erstellung des Angebots in der Regel keine Entschädigung gewährt wird. Durch das Nutzungsverbot soll verhindert werden, dass der Auftraggeber das Vergabeverfahren zu vergabefremden Zwecken missbraucht und sich Ausarbeitungen unentgeltlich, aber auf Kosten der Bieter verschafft. Auftraggeber und Bieter sind indes nicht daran gehindert, einvernehmlich eine abweichende Vereinbarung zu treffen[104]. 86

§ 19 Abs. 4 VOB/A führt diesen Gedanken fort und sieht vor, dass **Entwürfe, Ausarbeitungen, Muster und Proben zu nicht berücksichtigten Angeboten** zurückzugeben sind, wenn dies im Angebot oder innerhalb von 30 Kalendertagen nach Ablehnung des Angebots verlangt wird. Die Norm gibt keine Frist vor, innerhalb derer die Unterlagen zurückzugeben sind, so dass der Anspruch des Bieters sofort mit dem Rückgabeverlangen fällig wird (§ 271 Abs. 1 BGB). 87

Sonstige **Unterlassungs- oder Herausgabeansprüche** der Bieter, die sich zB aus dem Eigentums- oder Urheberrecht an den eingereichten Unterlagen oder aus vertraglichen Abreden ergeben können, werden von § 19 Abs. 3 und 4 VOB/A nicht berührt[105]. Insbesondere gilt die 30-Tages-Frist nach § 19 Abs. 4 VOB/A nur für den mit dieser Norm begründeten Anspruch und begrenzt schon aus Gründen der Normensystematik und -hierarchie nicht etwa einen damit konkurrierenden Herausgabeanspruch des Bieters aus § 985 BGB. 88

V. § 19 EU VOB/A

Im Anwendungsbereich des Abschnitts 2 der VOB/A sieht **§ 19 EU VOB/A** gesonderte Bestimmungen über die Mitteilungspflicht des Auftraggebers vor. 89

---

[101] AA KMPP/*Portz* VOB/A § 19 Rn. 12; Ingenstau/Korbion/*Reichling* § 19 VOB/A Rn. 13; Ziekow/Völlink/*Völlink* VOB/A § 19 Rn. 7.

[102] KMPP/*Portz* VOB/A § 19 Rn. 19; Ingenstau/Korbion/*Reichling* § 19 VOB/A Rn. 20; Kapellmann/Messerschmidt/*Stickler* VOB/A § 19 Rn. 20; Ziekow/Völlink/*Völlink* VOB/A § 19 Rn. 7.

[103] Kapellmann/Messerschmidt/*Stickler* VOB/A § 19 Rn. 19; unklar Pünder/Schellenberg/*Mentzinis* § 19 VOB/A Rn. 18.

[104] Pünder/Schellenberg/*Mentzinis* § 19 VOB/A Rn. 19; KMPP/*Portz* VOB/A § 19 Rn. 22; Ingenstau/Korbion/*Reichling* § 19 VOB/A Rn. 23; Kapellmann/Messerschmidt/*Stickler* VOB/A § 19 Rn. 26.

[105] KMPP/*Portz* VOB/A § 19 Rn. 23; Ingenstau/Korbion/*Reichling* § 19 VOB/A Rn. 24.

90 **§ 19 EU Abs. 1 VOB/A** entspricht im Wesentlichen § 19 Abs. 1 VOB/A, bezieht allerdings erfolglose Bewerber in den Kreis der zu unterrichtenden Personen ein. § 19 EU Abs. 2 und 3 VOB/A wiederholen die Informationspflicht nach § 134 GWB[106].

91 **§ 19 EU Abs. 4 VOB/A** entspricht im Grundsatz § 62 Abs. 2 VgV. Anders als die Parallelvorschrift gibt § 19 EU Abs. 4 S. 1 VOB/A jedoch vor, dass die Mitteilung in Textform zu machen ist. Gleichzeitig bedürfen Informationsbegehren keiner Form, um die Beantwortungsfrist von 15 Kalendertagen auszulösen. Eine gesonderte Pflicht, nicht erfolgreiche Bieter über die Ablehnung ihres Angebots zu informieren, sieht § 19 EU Abs. 4 VOB/A nicht vor. Zudem werden die Pflichten zur Unterrichtung über die Identität des erfolgreichen Bieters und die Merkmale seines Angebots (§ 19 EU Abs. 4 S. 1 Nr. 2 VOB/A) sowie über den Fortgang der Verhandlungen und des wettbewerblichen Dialogs auf diejenigen Bieter begrenzt, die ein ordnungsgemäßes Angebot abgegeben haben (§ 19 EU Abs. 4 S. 1 Nr. 2 und 3 VOB/A). Dies sind diejenigen Angebote, die nur deswegen nicht angenommen wurden, weil sie nicht das wirtschaftlichste waren, die also nicht schon auf einer der ersten drei Prüfungs- und Wertungsstufen wegen formaler Mängel, mangelnder Eignung des Bieters oder unangemessener Preise ausgeschlossen wurden[107]

92 Auf Grund des in § 19 EU Abs. 4 S. 2 VOB/A enthaltenen Verweises auf **§ 17 EU Abs. 2 Nr. 2 VOB/A** kann der Auftraggeber Informationen **zurückhalten,** wenn ihre Weitergabe den Gesetzesvollzug behinderte, dem öffentlichen Interesse zuwiderliefe, die berechtigten geschäftlichen Interessen von öffentlichen oder privaten Unternehmen schädigte oder den lauteren Wettbewerb beeinträchtigte. Dies entspricht weitestgehend der Regelung in § 39 Abs. 6 VgV[108].

93 **§ 19 EU Abs. 5 und 6 VOB/A** entsprechen den Bestimmungen in § 19 Abs. 3 und 4 VOB/A[109].

VI. § 36 VSVgV

94 § 36 VSVgV regelt verschiedene Mitteilungspflichten des Auftraggebers bei Vergabeverfahren nach der VSVgV. **§ 36 Abs. 1 VSVgV** betrifft die Aufhebung oder Neueinleitung eines Vergabeverfahrens und verpflichtet den Auftraggeber dazu, die Bewerber und Bieter unverzüglich über die Gründe hierfür zu unterrichten. Auf Verlangen ist die Information schriftlich zu erteilen. Die Norm hat denselben Anwendungsbereich wie die Regelung in § 37 Abs. 2 VSVgV, die allerdings unabhängig von einem darauf gerichteten Verlangen des Adressaten stets die Textform vorschreibt. Die Regelungen sind insoweit inkongruent.

95 **§ 36 Abs. 2 VSVgV** entspricht im Grundsatz § 62 Abs. 2 VgV. In zeitlicher Hinsicht verlangt § 36 Abs. 2 VSVgV allerdings einen schriftlichen Antrag, um die Frist von 15 Kalendertagen für die Erteilung der Auskunft auszulösen. Darüber hinaus verpflichtet § 36 Abs. 2 Nr. 3 VSVgV nur gegenüber Bietern, die ein ordnungsgemäßes, aber erfolgloses Angebot abgegeben haben, zur Information über die Identität des Zuschlagsempfängers und die Merkmale und Vorteile seines Angebots. Die Einschränkung deckt sich mit der Parallelregelung in § 19 EU Abs. 4 Nr. 2 VOB/A[110]. Eine Verpflichtung zur Information über den Fortgang der Verhandlungen oder des wettbewerblichen Dialogs sieht § 36 Abs. 2 VSVgV nicht vor.

---

106 Dazu → § 34.
107 KMPP/*Portz* VOB/A § 19 EG Rn. 27; Kapellmann/Messerschmidt/*Stickler* VOB/A § 19 EU Rn. 34.
108 Dazu → Rn. 65 ff.
109 Dazu → Rn. 85 ff.
110 Dazu → Rn. 91.

D. Bekanntmachung der Auftragsvergabe

Während die Mitteilungspflichten des Auftraggebers der Unterrichtung der an dem Vergabeverfahren beteiligten Bewerber und Bieter dienen, bezwecken die vergaberechtlichen Bestimmungen über die Bekanntmachung der Auftragsvergabe die **Information der Allgemeinheit** über den Vertragsschluss sowie die Ermöglichung statistischer Erhebungen[111]. Sie tragen zur allgemeinen Transparenz der Vergabe öffentlicher Aufträge bei und vermitteln den einzelnen Teilnehmern am Vergabeverfahren auch im Geltungsbereich des Kartellvergaberechts grundsätzlich kein subjektives Recht auf ihre Einhaltung[112]. Dies gilt allerdings nicht, soweit die Pflicht zur Bekanntmachung einen Auftrag betrifft, der vor seiner Vergabe nicht bekannt gemacht wurde, etwa weil er im Verhandlungsverfahren ohne vorangehenden Teilnahmewettbewerb vergeben wurde. In einem solchen Fall vermittelt erst die nachträgliche Bekanntmachung den nicht zum Zuge gekommenen Auftragsinteressenten die Kenntnis über den Auftrag, die es ihnen ermöglicht, im Falle eines Vergaberechtsverstoßes gemäß § 135 Abs. 1 Nr. 2 GWB die Unwirksamkeit des Vertrages im Nachprüfungsverfahren feststellen zu lassen. In dieser Ausprägung dienen die Bestimmungen über die nachträgliche Bekanntmachung der Auftragsvergabe dem Schutz der betroffenen Auftragsinteressenten und begründen im Geltungsbereich des Kartellvergaberechts ein subjektives Recht auf ordnungsgemäße Information[113]. 96

Subjektive Rechte vermitteln die kartellvergaberechtlichen Bestimmungen über die Bekanntmachung vergebener Aufträge darüber hinaus auch dann, soweit die Bekanntmachungspflicht **im Interesse einzelner Personen** eingeschränkt wird[114], zB gemäß § 39 Abs. 6 Nr. 3 VgV. 97

Im Anwendungsbereich des Kartellvergaberechts dienen die Bekanntmachungspflichten der Umsetzung von **Art. 50 VRL;** sie gehen daher deutlich weiter als die haushaltsvergaberechtlichen Bekanntmachungspflichten. 98

I. § 39 VgV

§ 39 Abs. 1 VgV bestimmt, dass über **jeden vergebenen Auftrag** eine Mitteilung an das Amt für Veröffentlichungen der Europäischen Union zum Zweck der Veröffentlichung im Supplement zum Amtsblatt der EU zu machen ist. 99

Beim Abschluss von **Rahmenvereinbarungen** (§ 103 Abs. 5 GWB) erstreckt sich die Pflicht zur Veröffentlichung nur auf die Rahmenvereinbarung selbst, nicht aber auf Einzelabrufe (§ 39 Abs. 4 S. 1 VgV). Diese Einschränkung ist sachgerecht, da eine Veröffentlichungspflicht für jeden Einzelabruf einen unverhältnismäßig hohen Aufwand erforderte[115] und im Bereich der Massenbeschaffung, zB der Rahmenvereinbarungen über die Rabattgewährung bei der Abgabe von Arzneimitteln gemäß § 130a Abs. 8 SGB V[116], praktisch nicht mehr zu bewerkstelligen wäre. Darüber hinaus schafft § 39 Abs. 4 S. 2 VgV eine Erleichterung für die Auftragsvergabe im Rahmen **dynamischer elektronischer Beschaffungssysteme** (§ 22 VgV). 100

Für die Bekanntmachung ist der Vordruck nach **Anhang III** der Durchführungsverordnung (EU) 2015/1986 der Kommission zu verwenden (§ 39 Abs. 2 VgV). Der Verweis auf 101

---

[111] KKMPP/*Rechten* VgV § 39 Rn. 4.

[112] OLG Jena Beschl. v. 16.1.2002 – 6 Verg 7/01, BeckRS 2016, 16761; LG Leipzig Urt. v. 24.1.2007 – 06 HK 1866/06, VergabeR 2007, 417, 420 f. mAnm. *Hartung;* Pünder/Schellenberg/*Franzius* § 39 VgV Rn. 3 f.; Kapellmann/Messerschmidt/*Stickler* § 18 EU VOB/A Rn. 4; Voppel/Osenbrück/Bubert/*Voppel* § 39 Rn. 49.

[113] KMPP/*Kus/Rechten* VOB/A § 18 EG Rn. 8; KKMPP/*Rechten* VgV § 39 Rn. 7.

[114] KMPP/*Kus/Rechten* VOB/A § 18 EG Rn. 9; KKMPP/*Rechten* VgV § 39 Rn. 8; Kapellmann/Messerschmidt/*Stickler* § 18 EU VOB/A Rn. 4.

[115] KKMPP/*Rechten* VgV § 39 Rn. 31.

[116] S. zur Einordnung dieser Verträge als Rahmenvereinbarungen → § 70 Rn. 4 ff.

die europarechtlichen Formularbestimmungen ist statisch ausgestaltet, so dass Änderungen nicht unmittelbar inkorporiert werden.

102 Die Mitteilung an das Amt für Bekanntmachungen der Europäischen Union ist innerhalb von **30 Tagen** nach der Vergabe des Auftrags vorzunehmen. Für die Berechnung der Frist sind gemäß § 65 VgV die Bestimmungen der Verordnung (EWG/Euratom) Nr. 1182/71 zu beachten[117]. Hat der Auftraggeber eine Vorinformation iSv § 38 VgV veröffentlicht, muss die Vergabebekanntmachung gemäß § 39 Abs. 3 VgV einen Hinweis darauf enthalten, wenn der Auftraggeber während des von der Vorinformation umfassten Zeitraums keine weitere Auftragsvergabe beabsichtigt.

§ 39 Abs. 5 VgV nimmt Bezug auf die Regelung in § 132 Abs. 5 GWB und konkretisiert diese dahingehend, dass für die dort angeordnete Bekanntmachung nachträglicher Auftragsänderungen gemäß § 132 Abs. 2 (erg.: S. 1) Nr. 2 und 3 GWB der Vordruck nach Anhang XVII der Durchführungsverordnung (EU) 2015/1986 der Kommission zu verwenden ist[118].

103 Gemäß § 39 Abs. 6 VgV braucht der Auftraggeber bestimmte Angaben über die Auftragsvergabe **nicht mitzuteilen,** wenn die Weitergabe den Gesetzesvollzug behinderte, dem öffentlichen Interesse zuwiderliefe, den berechtigten geschäftlichen Interessen eines Unternehmens schadete oder den lauteren Wettbewerb zwischen Unternehmen beeinträchtigte[119].

II. § 30 UVgO

104 Im Anwendungsbereich der UVgO sieht § 30 Abs. 1 UVgO nur eine eingeschränkte Bekanntmachungspflicht des Auftraggebers vor. Gegenstand der Bekanntmachung sind gemäß § 30 Abs. 1 UVgO lediglich diejenigen Aufträge, die nach einer **beschränkten Ausschreibung ohne Teilnahmewettbewerb** oder einer **Verhandlungsvergabe ohne Teilnahmewettbewerb** vergeben wurden, soweit ihr jeweiliger Auftragswert ohne Umsatzsteuer mindestens 25.000 EUR beträgt. Damit sind allein diejenigen Aufträge zu veröffentlichen, deren Vergabe nicht schon zu Beginn des Verfahrens Gegenstand einer an die Allgemeinheit gerichteten Veröffentlichung war. Für sie wird durch die Ex-post-Bekanntmachung ein Mindestmaß an Transparenz geschaffen. Dies dient zugleich den Anforderungen des europäischen Primärrechts an die Transparenz der binnenmarktrelevanten Auftragsvergaben außerhalb des Anwendungsbereichs der europäischen Vergaberichtlinien[120].

105 Als **Veröffentlichungsort** benennt § 30 Abs. 1 UVgO die Internetseiten des Auftraggebers oder ein Internetportal. Über den Wortlaut der Regelung hinaus muss der gewählte Veröffentlichungsort der Transparenzfunktion der Bekanntmachungspflicht entsprechen, so dass beispielsweise eine versteckte Information an einer entlegenen Stelle der Internetseiten des Auftraggebers diesen Anforderungen nicht genügt.[121] Zum Verständnis des Begriffs des Internetportals finden sich Anhaltspunkte in den Erläuterungen zu § 12 Abs. 1 in Teil III des Anhangs IV zur VOL/A. Hiernach handelt es sich bei Internetportalen um Internetseiten, die verschiedene regelmäßig benötigte Dienste bündeln oder eine Übersicht für den Einstieg in einen Themenkomplex schaffen. Über in aller Regel leicht bedienbare, sichere und personalisierbare Zugangssysteme sollen sie dem Anwender mit Rücksicht auf seine jeweiligen Zugriffsberechtigungen einen internetbasierten Zugang zu Informationen, Anwendungen, Prozessen und Personen, die auf den durch das Portal erschlossenen Systemen verfügbar sind, verschaffen.

[117] KKMPP/*Rechten* VgV § 39 Rn. 25.
[118] Dazu → Rn. 101.
[119] Dazu → Rn. 65.
[120] Ingenstau/Korbion/*Düsterdiek* § 20 VOB/A Rn. 25.
[121] Noch strenger hinsichtlich der Vergabebekanntmachung VK Südbayern Beschl. v. 25.6.2010 – Z3-3-3194-1-30-05/10, BeckRS 2011, 2911.

Die gemäß § 30 Abs. 1 S. 2 UVgO **erforderlichen Angaben** beschränken sich auf grundlegende Angaben zur Person des Auftraggebers und des Auftragnehmers, zur Verfahrensart, zur Art und zum Umfang der Leistung und zum Zeitraum der Leistungserbringung, Angaben zum Inhalt des erfolgreichen Angebots sind nicht zu machen. 106

Die Angaben sind für einen Zeitraum von **drei Monaten** zu veröffentlichen. § 30 Abs. 1 S. 1 UVgO gibt freilich nicht vor, ab welchem Zeitpunkt die Veröffentlichungspflicht besteht. Um der Transparenzfunktion der Bekanntmachungspflicht Genüge zu tun, muss man davon ausgehen, dass die Angaben unverzüglich nach dem Zuschlag bekanntzumachen sind. Die Frist von drei Monaten beginnt dann mit dem Zeitpunkt der tatsächlichen Bekanntmachung. 107

Gemäß **§ 30 Abs. 2 UVgO** darf der Auftraggeber von der Veröffentlichung einzelner Angaben absehen, wenn deren Veröffentlichung den Gesetzesvollzug behinderte, dem öffentlichen Interesse zuwiderliefe, den berechtigten geschäftlichen Interessen eines Unternehmens schadete oder den lauteren Wettbewerb zwischen Unternehmen beeinträchtigte.[122] 108

III. § 19 Abs. 2 VOL/A

Die Bekanntmachungspflicht nach **§ 19 Abs. 2 VOL/A** entspricht inhaltlich trotz der in den Einzelheiten teilweise abweichenden Formulierungen der Regelung in § 30 Abs. 1 UVgO.[123] 109

Die Möglichkeit, Informationen gemäß **§ 19 Abs. 3 VOL/A** zurückzuhalten, gilt auch für die Bekanntmachung nach § 19 Abs. 2 VOL/A. Auch insoweit können die Auslegungsgrundsätze zu § 30 Abs. 2 UVgO entsprechend herangezogen werden. 110

IV. § 20 Abs. 3 VOB/A

Für den Bereich der VOB/A schafft § 20 Abs. 3 VOB/A eine Verpflichtung zur Ex-post-Transparenz bei **beschränkten Ausschreibungen und freihändigen Vergaben.** Die Norm entspricht weitgehend der Parallelregelung in § 19 Abs. 2 VOL/A[124]. Bekannt zu machen sind lediglich Aufträge, die in beschränkter Ausschreibung ohne Teilnahmewettbewerb oder freihändig vergeben wurden und deren Auftragswert die Grenze von 25.000 bzw. 15.000 EUR jeweils ohne Umsatzsteuer übersteigt. Da Aufträge, die in diesen Verfahrensarten vergeben werden, nicht schon zu Beginn des Vergabeverfahrens bekannt gemacht werden, wird durch § 20 Abs. 3 VOB/A erreicht, dass sie zumindest nachträglich der Öffentlichkeit bekannt gegeben werden. Dadurch wird auch den Anforderungen des europäischen Primärrechts an die Transparenz bei binnenmarktrelevanten Auftragsvergaben außerhalb des Anwendungsbereichs der europäischen Vergaberichtlinien Rechnung getragen[125]. 111

Die Angaben sind **auf geeignete Weise für sechs Monate** zu veröffentlichen, zB auf Internetportalen oder im Beschafferprofil des Auftraggebers. In Betracht kommt auch eine Bekanntmachung in amtlichen Mitteilungsblättern oder Tageszeitungen[126], da die Anforderungen an die Ex-post-Transparenz nicht über dasjenige hinausgehen können, was für die Auftragsbekanntmachung nach § 12 Abs. 1 Nr. 1 VOB/A erforderlich ist. Wie auch bei § 19 Abs. 2 VOL/A muss der gewählte Veröffentlichungsort der Transparenzfunktion der Bekanntmachungspflicht entsprechen, so dass beispielsweise eine versteckte Informati- 112

[122] Dazu → Rn. 65.
[123] Dazu → Rn. 104 ff.
[124] Dazu → Rn. 109 f.
[125] Ingenstau/Korbion/*Düsterdiek* § 20 VOB/A Rn. 26.
[126] Ingenstau/Korbion/*Düsterdiek* § 20 VOB/A Rn. 28.

on an einer entlegenen Stelle der Internetseiten des Auftraggebers diesen Anforderungen nicht genügt[127].

113 Die gemäß § 20 Abs. 3 S. 2 VOB/A **erforderlichen Angaben** beschränken sich auf grundlegende Angaben zu dem vergebenen Auftrag. Angaben zum Inhalt des erfolgreichen Angebots sind nicht zu machen.

114 Über die Möglichkeit, Informationen zurückzuhalten, trifft § 20 Abs. 3 VOB/A keine ausdrückliche Aussage. Allerdings können die Ausnahmetatbestände nach § 18 EU Abs. 3 Nr. 5 VOB/A[128] entsprechend herangezogen werden, da die Transparenzpflichten des Auftraggebers im Anwendungsbereich der Basisparagraphen der VOB/A allgemein nicht über dasjenige Maß hinausgehen, das im Kartellvergaberecht verlangt wird.

V. § 18 EU Abs. 3 und 4 VOB/A; § 18 VS Abs. 3 und 4 VOB/A

115 Vergleichbar zu § 39 VgV statuiert § 18 EU Abs. 3 und 4 VOB/A eine **Bekanntmachungspflicht** für den Anwendungsbereich des Abschnitts 2 der VOB/A. Im Abschnitt 3 der VOB/A enthalten § 18 VS Abs. 3 und 4 VOB/A im Wesentlichen gleiche Bestimmungen. Bekanntzumachen ist gemäß § 18 EU Abs. 3 Nr. 1 VOB/A jede Erteilung eines Bauauftrages, der nach den Bestimmungen des Abschnitts 2 vergeben wird. Für Einzelabrufe, die auf der Grundlage einer Rahmenvereinbarung vergeben werden, ist keine Bekanntmachung erforderlich (§ 18 EU Abs. 3 Nr. 3 VOB/A; § 18 VS Abs. 3 Nr. 1 S. 2 VOB/A). Wurde eine Vorinformation nach § 12 EU Abs. 2 VOB/A veröffentlicht und soll während des von ihr umfassten Zeitraums kein weiterer Auftrag vergeben werden, ist in der Bekanntmachung darauf hinzuweisen.

116 Auch hier ist die Bekanntmachung **dem Amt für Bekanntmachungen der Europäischen Union** zu übermitteln. § 18 EU Abs. 3 Nr. 2 VOB/A verweist für den Inhalt auf Anhang V Teil D der VRL.

117 § 18 EU Abs. 3 Nr. 5 VOB/A enthält diejenigen Voraussetzungen, unter denen die Veröffentlichung einzelner Angaben **unterbleibt.** Diese entsprechen den Bestimmungen in § 39 Abs. 6 VgV[129]. Im Unterschied zu § 39 Abs. 6 VgV stellt § 18 EU Abs. 3 Nr. 5 VOB/A das Unterlassen der Veröffentlichung einzelner Angaben nicht in das Ermessen des Auftraggebers, sondern ordnet ihre Nichtaufnahme in die Bekanntmachung verbindlich an. Im Abschnitt 3 der VOB/A enthält § 18 VS Abs. 3 Nr. 3 VOB/A entsprechende Regelungen, wobei dort der Schutz von Verteidigungs- und Sicherheitsinteressen betont wird (§ 18 VS Abs. 3 Nr. 3 lit. b) VOB/A).

118 Nach § 18 EU Abs. 4 VOB/A ist die Bekanntmachung **in kürzester Frist,** dh so rasch wie möglich, dem Amt für Veröffentlichungen der Europäischen Union zu übermitteln, wobei die Übermittlung spätestens 30 Kalendertage nach der Erteilung des Auftrages vorgenommen werden muss. Im Abschnitt 3 der VOB/A liegt die Höchstfrist bei 48 Kalendertagen (§ 18 VS Abs. 4 VOB/A).

VI. § 35 VSVgV

119 Für Aufträge, die nach den Bestimmungen der VSVgV vergeben werden, enthält **§ 35 VSVgV** vergleichbare Regeln. Nach § 35 Abs. 1 S. 1 VSVgV hat der Auftraggeber über jeden vergebenen Auftrag eine Bekanntmachung anhand des Vordrucks nach Anhang XV der Durchführungsverordnung (EU) 2015/1986 der Kommission zu veröffentlichen. Anders als nach § 39 Abs. 1 VgV beträgt die Frist hierfür allerdings 48 Tage, was auf Art. 30

---

127 Noch strenger hinsichtlich der Vergabebekanntmachung VK Südbayern Beschl. v. 25.6.2010 – Z3-3-3194-1-30-05/10, BeckRS 2011, 2911.

128 Dazu → Rn. 117.

129 Dazu → Rn. 65 ff.

Abs. 3 1. Uabs. RL 2009/81/EG zurückgeht. Für Einzelabrufe innerhalb einer Rahmenvereinbarung besteht gemäß § 35 Abs. 1 S. 2 VSVgV keine Bekanntmachungspflicht.

Die Voraussetzungen, unter denen gemäß § 35 Abs. 2 VSVgV von einer Bekanntmachung abgesehen werden kann, entsprechen denjenigen, die in § 39 Abs. 6 VgV normiert sind[130]. Lediglich deklaratorisch weist § 35 Abs. 2 VSVgV darauf hin, dass zu dem dabei zu berücksichtigenden öffentlichen Interesse auch Verteidigungs- und Sicherheitsinteressen gehören.

E. Mitteilung über beabsichtigte beschränkte Ausschreibungen

§ 20 Abs. 4 VOB/A (ehemals § 19 Abs. 5 VOB/A 2016) enthält eine Besonderheit für die Auftragsvergabe im Bereich des Abschnitts 1 der VOB/A. Die Regelung sieht vor, dass Auftraggeber fortlaufend über **beabsichtigte beschränkte Ausschreibungen** nach § 3a Abs. 2 Nr. 1 VOB/A ab einem voraussichtlichen Auftragswert von 25.000 EUR ohne Umsatzsteuer informieren. Diese Ex-ante-Pflicht ist begrenzt auf diejenigen beschränkten Ausschreibungen, bei denen die Wahl der Vergabeart nach § 3a Abs. 2 Nr. 1 VOB/A getroffen wurde, bei denen also der Auftragswert die dort genannten Grenzen nicht überschreitet. Durch die fortlaufende Veröffentlichung dieser Aufträge werden in Frage kommende Unternehmen in die Lage versetzt, gegenüber dem Auftraggeber ihr Interesse an der Ausführung zu bekunden, um ggf. vom Auftraggeber zur Angebotsabgabe aufgefordert zu werden. 120

Die Informationen sind auf einem **Internetportal** oder im **Beschafferprofil** des Auftraggebers[131] zu veröffentlichen. Sie müssen die in § 20 Abs. 4 S. 2 VOB/A genannten Angaben enthalten. 121

F. Melde- und Berichtspflichten; Vergabestatistik

I. Europarechtliche Grundlagen

Mit der Vergaberechtsreform 2016 wurde das vergaberechtliche Melde- und Berichtswesen grundlegend geändert. Unter der Geltung der VKR stand die Pflicht der Mitgliedstaaten, gemäß Art. 75f. VKR jährlich eine statistische Aufstellung der im Anwendungsbereich des Richtlinienrechts vergebenen öffentlichen Aufträge an die EU-Kommission zu übermitteln, im Mittelpunkt der europarechtlichen Regelungen. Zur Umsetzung dieser Pflicht verlangte § 17 Abs. 1 VgV 2003 jährliche Meldungen der öffentlichen Auftraggeber an die zuständige innerstaatliche Stelle. **Art. 85 Abs. 1 VRL** sieht nunmehr stattdessen vor, dass die EU-Kommission die von den öffentlichen Auftraggebern veröffentlichten Bekanntmachungen eigenständig auswertet und auf Qualität und Vollständigkeit überprüft. Lediglich dann, wenn diese defizitär sind, fordert die EU-Kommission ergänzende Informationen von dem jeweiligen Mitgliedstaat an. Hinzu tritt die Verpflichtung der Mitgliedstaaten, der EU-Kommission statistische Angaben zu den Auftragsvergaben unterhalb der Schwellenwerte zu machen **(Art. 85 Abs. 2 VRL).** Ermöglicht wird dies durch die in § 114 Abs. 2 GWB und den Bestimmungen der VergStatVO vorgesehenen weitreichenden statistischen Erfassungen[132]. 122

Neben diesen Berichtspflichten gibt Art. 83 VRL den Mitgliedstaaten auf, die Anwendung des Vergaberechts im Anwendungsbereich der EU-Richtlinien **zu überwachen.** Sie haben hierfür bestimmte Stellen zu benennen (Art. 83 Abs. 1 VRL) und die Ergebnisse der Überwachung sowohl der EU-Kommission als auch der Öffentlichkeit zugänglich zu machen (Art. 83 Abs. 3 VRL). Die Regelungen gehen zurück auf einen Vorschlag der 123

[130] Dazu → Rn. 65ff.
[131] Dazu → § 23 Rn. 78f.
[132] Dazu → Rn. 125ff.

EU-Kommission, die die Einrichtung unabhängiger zentraler Stellen zur Aufsicht über die öffentlichen Auftraggeber vorgeschlagen hatte[133], sich im Rechtssetzungsverfahren damit jedoch wohl auch angesichts der hieran geübten Kritik[134] nicht durchsetzen konnte.

II. Melde- und Berichtspflichten

124 Zur Umsetzung der von Art. 83 VRL vorgegebenen Überwachungspflicht sieht **§ 114 Abs. 1 GWB** gewisse Melde- und Berichtspflichten vor. Hiernach erstatten die obersten Bundesbehörden und die Länder dem Bundesministerium für Wirtschaft und Energie alle drei Jahre schriftlich Bericht über die Anwendung der Bestimmungen des Kartellvergaberechts in ihrem jeweiligen Zuständigkeitsbereich. Dabei soll insbesondere erläutert werden, inwieweit die Vergabepraxis den rechtlichen Anforderungen des Kartellvergaberechts genügt[135].

III. Vergabestatistik

125 Mit **§ 114 Abs. 2 GWB** und den Bestimmungen der VergStatVO enthält das Vergaberecht seit dem Inkrafttreten der Vergaberechtsreform 2016 erstmals umfassende rechtliche Vorgaben für die Erstellung einer Vergabestatistik. Der Gesetzgeber verfolgt damit das Anliegen, ein umfangreiches Datenmaterial über das Vergabewesen in Deutschland zusammenzustellen, das valide Aussagen über das Einkaufsverhalten der öffentlichen Hand sowohl oberhalb als auch unterhalb der Schwellenwerte gemäß § 106 GWB ermöglicht[136]. In der Praxis wurde allerdings mit der dafür erforderlichen Datenerfassung **bislang noch nicht begonnen.** Eine zentrale Vergabestatistik ist weiterhin im Aufbau[137] und soll am 1.10.2020 den Betrieb aufnehmen. Mit dem Gesetz zur beschleunigten Beschaffung im Bereich der Verteidigung und Sicherheit und zur Optimierung der Vergabestatistik vom 25.3.2020[138] hat der Gesetzgeber auf die Schwierigkeiten bei der Umsetzung der statistischen Erfassung des Vergabewesens reagiert und § 114 Abs. 2 GWB und die Bestimmungen der Vergabeverordnung in zahlreichen Punkten geändert[139].

1. Gesetzliche Grundlagen

126 Gemäß **§ 114 Abs. 2 S. 1 GWB** erstellt das Statistische Bundesamt im Auftrag des Bundesministeriums für Wirtschaft und Energie eine Vergabestatistik. **§ 114 Abs. 2 S. 2 GWB** verpflichtet daher sämtliche Auftraggeber iSv § 98 GWB, an das Statistische Bundesamt Daten über öffentliche Aufträge und Konzessionen zu übermitteln. Art. 73 Abs. 1 Nr. 11 GG gibt dem Bund die ausschließliche Gesetzgebungskompetenz über die Statistik für Bundeszwecke, was es ihm erlaubt, auch die Auftraggeber der Länder dieser Übermittlungspflicht zu unterwerfen[140]. Von der Datenübermittlung umfasst waren gemäß § 114 Abs. 2 S. 2 GWB aF bei Aufträgen und Konzessionen oberhalb der Schwellenwerte höchstens diejenigen Daten, die in den Bekanntmachungen über vergebene öffentliche Aufträge und Konzessionen (§ 39 VgV, § 21 KonzVgV) enthalten sind. Dadurch sollte es ursprünglich ermöglicht werden, die Daten automatisch und elektronisch zu übermitteln,

---

[133] Art. 84 des Vorschlags für eine Richtlinie des Europäischen Parlaments und des Rates über die öffentliche Auftragsvergabe, KOM/2011/0896 endgültig – 2011/0438 (COD).
[134] Dazu *Burgi* NZBau 2012, S. 601 (607 f.).
[135] BR-Drs. 367/15, S. 105.
[136] BR-Drs. 367/15, S. 105 f.
[137] BT-Drs. 19/15603, S. 1.
[138] BGBl I, S 674.
[139] Dazu *Janssen* NZBau 2020, 65, 66.
[140] BR-Drs. 367/15, S. 106.

was den Erfüllungsaufwand der Auftraggeber minimieren sollte[141]. Von dieser Konzeption ist der Gesetzgeber bei der Neufassung von § 114 Abs. 2 GWB im Jahr 2020 abgerückt.

Die Übermittlungspflicht nach § 114 Abs. 2 S. 2 GWB ist nicht vom Auftragswert abhängig und gilt daher für Auftragsvergaben **unterhalb der Schwellenwerte** ebenfalls (vgl. § 106 Abs. 1 S. 2 GWB). Konzessionen fallen hingegen gemäß § 114 Abs. 2 S. 2 erst ab Erreichen des Schwellenwerts unter die Übermittlungspflicht. 127

§ 114 Abs. 2 S. 3 GWB schließlich ermächtigt das Bundesministerium für Wirtschaft und Energie, im Einvernehmen mit dem Bundesministerium des Innern, für Bau und Heimat durch Rechtsverordnung mit Zustimmung des Bundesrates die Einzelheiten der Datenübermittelung einschließlich des technischen Ablaufs, des Umfangs der zu übermittelnden Daten, der Wertgrenzen für die Erhebung und des Zeitpunkts des Inkrafttretens und der Anwendung der entsprechenden Verpflichtungen zu regeln. 128

2. VergStatVO

Der Verordnungsgeber hat von der Ermächtigung in § 114 Abs. 2 S. 4 GWB mit dem Erlass der VergStatVO Gebrauch gemacht. Sie regelt in sieben Paragraphen die Einzelheiten der Datenübermittlung für statistische Zwecke und wurde mit dem Gesetz zur beschleunigten Beschaffung im Bereich der Verteidigung und Sicherheit und zur Optimierung der Vergabestatistik vom 25.3.2020[142] in zahlreichen Punkten geändert. Das Inkrafttreten der Verordnung hängt gemäß der Regelung in § 6 VergStatVO, die an die Stelle der früheren Bestimmung in Art. 7 Abs. 3 der Vergaberechtsmodernisierungsverordnung[143] getreten ist, davon ab, dass die Voraussetzungen für eine elektronische Datenübermittlung gegeben sind. Mit Bekanntmachung vom 3.6.2020 (BAnz AT 25.6.2020 B2) hat das Bundesministerium für Wirtschaft und Energie festgestellt, dass dies der Fall ist. Die übrigen Bestimmungen der Verordnung treten daher am 1.10.2020 in Kraft (§ 6 Abs. 2 VergStatVO). 129

§ 1 Abs. 1 VergStatVO bestimmt den Anwendungsbereich der Verordnung. Er ergibt sich bereits aus § 114 Abs. 2 S. 1 GWB. Übermittlungsverpflichtet sind demnach grundsätzlich alle Auftraggeber nach § 98 GWB. Empfänger der zu übermittelnden Daten ist das im Auftrag des Bundesministeriums für Wirtschaft und Energie handelnde Statistische Bundesamt, das nach den Bestimmungen der Verordnung ermächtigt ist, die empfangenen Daten auszuwerten, zu speichern und an Dritte zu übermitteln (§ 1 Abs. 4 VergStatVO). Zur Datenübermittlung haben sich die Auftraggeber Berichtsstellen zu bedienen (§ 1 Abs. 1 S. 2 VergStatVO), die die Informationen über vergebene Aufträge selbst oder für andere Auftraggeber an das Statistische Bundesamt melden (§ 1 Abs. 1 S. 3 VergStatVO). Die Einführung von Berichtsstellen trägt der vielschichten Struktur des Beschaffungswesens Rechnung und soll dazu dienen, dass das Statistische Bundesamt die große Zahl der zu erwartenden Meldungen korrekt zuordnen kann[144]. Bei der Berichtsstelle kann es sich um eine interne Stelle des Auftraggebers oder eine externe Einheit handeln. Ein Auftraggeber kann auch gleichzeitig mehrere Berichtsstellen unterhalten. Wer als Berichtsstelle fungiert, liegt in der Organisationsverantwortung des jeweiligen Auftraggebers[145]. 130

Gemäß **§ 1 Abs. 2 VergStatVO** sind die Daten innerhalb von 60 Tagen nach Zuschlag zu übermitteln. Dies soll eine zeitnahe Erstellung der Statistik ermöglichen[146]. 131

§ 1 Abs. 3 VergStatVO verpflichtet die Auftraggeber zur Nutzung der vom Statistischen Bundesamt zur Verfügung gestellten elektronischen Verfahren. In der Praxis soll für die statistische Übermittlung auf diejenigen Daten zurückgegriffen werden, die ohnehin 132

[141] BR-Drs. 367/15, S. 106.
[142] BGBl I, S 674.
[143] Verordnung zur Modernisierung des Vergaberechts v. 12.4.2016, BGBl I S. 624.
[144] BT-Drs. 19/15603, S. 62.
[145] BT-Drs. 19/15603, S. 62.
[146] BT-Drs. 19/15603, S. 62.

bereits elektronisch beim Auftraggeber vorhanden sind, so dass die Übermittlung keinen zusätzlichen Aufwand beim Auftraggeber verursacht[147].

133 **Auslandsdienststellen von Auftraggebern**[148] sind aus Praktikabilitätsgründen[149] gemäß § 2 Abs. 3 VergStatVO allgemein von der Pflicht zur Datenübermittlung befreit.

134 Der Kreis der zur Übermittlung verpflichteten Auftraggeber und der Inhalt der zu übermittelnden Daten hängen davon ab, ob der jeweils anzuwendende Schwellenwert gemäß § 106 GWB erreicht ist. Bei Aufträgen und Konzessionen **oberhalb der Schwellenwerte** sind gemäß § 2 Abs. 1 iVm § 3 Abs. 1 Nr. 1 bis 7 VergStatVO sämtliche Auftraggeber nach § 98 GWB zur Datenübermittlung verpflichtet. Dies umfasst auch Sektorenauftraggeber (§ 100 GWB) und Konzessionsgeber (§ 101 GWB). Bei der Vergabe öffentlicher Aufträge iSv § 103 Abs. 1 GWB sind gemäß § 3 Abs. 1 Nr. 1 VergStatVO die Daten gemäß Anlage 1 zur VergStatVO zu übermitteln. Die Anlage 1 stellte in der ursprünglichen Fassung der Vergabestatistikverordnung einen Ausschnitt des Vordrucks nach Anhang III der Durchführungsverordnung (EU) Nr. 2015/1986 der Kommission, der gemäß § 39 Abs. 2 VgV für die Bekanntmachung vergebener Aufträge zu verwenden ist, dar. Mit der Änderung der Vergabestatistikverordnung durch das Gesetz zur beschleunigten Beschaffung im Bereich der Verteidigung und Sicherheit und zur Optimierung der Vergabestatistik vom 25. 3. 2020[150] wurde diese Anlehnung an die Bekanntmachung aufgegeben. An ihre Stelle ist in der Anlage 1 eine eigenständige Aufzählung von zu übermittelnden Daten getreten. Diese umfassen neben Einzelheiten zum Auftraggeber und zum Auftragsgegenstand auch Informationen über die Verwendung von Nachhaltigkeitskriterien, die in Anlage 9 näher beschrieben werden.

135 Betrifft der öffentliche Auftrag soziale oder andere besondere Dienstleistungen nach Anhang XIV der VRL, sind gemäß § 3 Abs. 1 Nr. 2 VergStatVO die Daten gemäß Anlage 2 zur VergStatVO zu übermitteln. Bei Sektorenaufträgen bestimmt sich der Kreis der zu übermittelnden Daten nach Anlage 3 zur VergStatVO (§ 3 Abs. 1 Nr. 3 VergStatVO), und für Konzessionsgeber ist Anlage 5 maßgeblich (§ 3 Abs. 1 Nr. 5 VergStatVO). Weitere **besondere Anlagen** bestehen für die Vergabe sozialer oder anderer besonderer Dienstleistungen im Sektorenbereich (§ 3 Abs. 1 Nr. 4 VergStatVO, Anlage 4 zur VergStatVO), für die Vergabe von Konzessionen über soziale oder andere besondere Dienstleistungen (§ 3 Abs. 1 Nr. 6 VergStatVO, Anlage 6 zur VergStatVO) und für verteidigungs- und sicherheitsspezifische Aufträge iSv. § 104 GWB (§ 3 Abs. 1 Nr. 7 VergStatVO, Anlage 7 zur VergStatVO).

136 **Unterhalb der Schwellenwerte** sind gemäß § 2 Abs. 2 VergStatVO lediglich öffentliche Auftraggeber iSv § 99 GWB zur Datenübermittlung verpflichtet. Sektorenauftraggeber (§ 100 GWB) und Konzessionsgeber (§ 101 GWB) sind hiervon mithin ausgenommen. Beträgt der Auftragswert ohne Umsatzsteuer 25.000 EUR oder weniger, besteht gemäß § 2 Abs. 2 Nr. 1 VergStatVO keine Übermittlungspflicht. Die Übermittlungspflicht besteht ferner nur dann, wenn die Vergabe des Auftrags nach den jeweils maßgeblichen Vorgaben des Bundes oder der Länder vergabe- oder haushaltsrechtlichen Verfahrensregeln, zB der Unterschwellenvergabeordnung oder des Abschnitts 1 der VOB/A, unterliegt (§ 2 Abs. 2 Nr. 2 VergStatVO). Besteht keine dahingehende Pflicht zur Auftragsgabe in einem geregelten Verfahren, entfällt auch die Pflicht zur statistischen Meldung[151]. Keine Übermittlungspflicht besteht schließlich, falls der Auftrag nicht nur mangels Erreichen des Schwellenwerts, sondern auch aus einem anderen Grund, etwa der Erfüllung eines Ausnahmetatbestandes nach § 107 GWB, nicht in den Anwendungsbereich des Kartellvergaberechts fällt (§ 2 Abs. 2 Nr. 3 VergStatVO). Zu übermitteln sind im Bereich unterhalb

147 BT-Drs. 19/15603, S. 62.
148 Zum Begriff FKZGM/*Conrad* § 24 VOB/A Rn. 8–10.
149 BT-Drs. 18/7318, S. 269.
150 BGBl I, S 674.
151 BT-Drs. 19/15603, S. 63.

der Schwellenwerte lediglich die in Anlage 8 genannten grundlegenden Angaben über den Auftrag.

Außerhalb der Übermittlungspflicht sind Auftraggeber nicht daran gehindert, **freiwillig** Daten zu liefern. Es gelten dann gemäß § 3 Abs. 3 VergStatVO ebenfalls die Vorgaben gemäß § 1 Abs. 2 und 3 und gemäß § 4 VergStatVO. 137

Einzelheiten der **statistischen Aufbereitung und Übermittlung** der erhobenen Daten regelt § 4 VergStatVO. Die Vorschrift sieht verschiedene Verwendungsarten vor. Wesentlicher Zweck der Datenübermittlung ist die Veröffentlichung statistischer Auswertungen durch das Statistische Bundesamt (§ 4 Abs. 1 VergStatVO). Diese enthalten die Daten grds. in aggregierter Form[152]. Das ursprüngliche Ziel einer jährlichen Vergabestatistik (§ 6 Abs. 1 VergStatVO aF) wurde aufgegeben. Die übermittelten Daten sowie statistische Auswertungen dürfen darüber hinaus zur Erfüllung der EU-rechtlichen Berichtspflichten[153] an die EU-Kommission weitergegeben werden (§ 4 Abs. 2 VergStatVO). Weitergehende Übermittlungsbefugnisse bestehen zugunsten der Berichtsstellen selbst (§ 4 Abs. 3 VergStatVO), zugunsten sämtlicher Bundes-, Landes- und Kommunalbehörden, soweit deren jeweiliger Zuständigkeitsbereich betroffen ist (§ 4 Abs. 4 VergStatVO), und zugunsten der statistischen Landesämter (§ 4 Abs. 5 VergStatVO). 138

§ 5 VergStatVO erlaubt außerdem die Übermittlung von anonymisierten Daten und statistischen Auswertungen an Hochschulen und andere Einrichtungen, die wissenschaftliche Forschung betreiben. Die Übermittlung setzt voraus, dass die Daten für die Durchführung wissenschaftlicher Arbeiten erforderlich sind (§ 5 Abs. 1 Nr. 1 VergStatVO) und dass die Übermittlung der Daten oder die Erstellung der statistischen Auswertungen keinen unverhältnismäßigen Aufwand erfordert (§ 5 Abs. 1 Nr. 2 VergStatVO). 139

§ 7 VergStatVO trifft **Übergangsregelungen** für den Zeitraum bis zum Inkrafttreten der übrigen Bestimmungen der Verordnung nach der Bekanntmachung gemäß § 6 Abs. 1 VergStatVO. Bis zu diesem Zeitpunkt haben Auftraggeber dem Bundesministerium für Wirtschaft und Energie jährliche statistische Aufstellungen aller vergebenen Aufträge, die nach der VgV (§ 7 Abs. 1 VergStatVO), der SektVO (§ 7 Abs. 3 VergStatVO) und der VSVgV (§ 7 Abs. 5 VergStatVO) zu vergeben sind, zu übermitteln. Oberste und obere Bundesbehörden nebst vergleichbaren Einrichtungen sowie Sektorenauftraggeber müssen zudem geschätzte Angaben zu den Vergabe unterhalb der Schwellenwerte machen (§ 7 Abs. 2, 4 VergStatVO). Die Vorschriften entsprechen im Wesentlichen den vor Inkrafttreten der Vergaberechtsreform 2016 geltenden Bestimmungen in § 17 VgV 2003, § 33 SektVO 2009 und § 44 VSVgV 2012. 140

[152] BT-Drs. 19/15603, S. 63.
[153] Dazu → Rn. 12.

Kapitel 8 Rechtsfolgen von Vergaberechtsverstößen

§ 37 Kündigung in besonderen Fällen, Unwirksamkeit und Rückabwicklung

Übersicht

GWB: §§ 133, 135

§ 133 GWB Kündigung von öffentlichen Aufträgen in besonderen Fällen

(1) Unbeschadet des § 135 können öffentliche Auftraggeber einen öffentlichen Auftrag während der Vertragslaufzeit kündigen, wenn

1. eine wesentliche Änderung vorgenommen wurde, die nach § 132 ein neues Vergabeverfahren erfordert hätte,
2. zum Zeitpunkt der Zuschlagserteilung ein zwingender Ausschlussgrund nach § 123 Absatz 1 bis 4 vorlag oder
3. der öffentliche Auftrag aufgrund einer schweren Verletzung der Verpflichtungen aus dem Vertrag über die Arbeitsweise der Europäischen Union oder aus den Vorschriften dieses Teils, die der Europäische Gerichtshof in einem Verfahren nach Artikel 258 des Vertrags über die Arbeitsweise der Europäischen Union festgestellt hat, nicht an den Auftragnehmer hätte vergeben werden dürfen.

(2) Wird ein öffentlicher Auftrag gemäß Absatz 1 gekündigt, kann der Auftragnehmer einen seinen bisherigen Leistungen entsprechenden Teil der Vergütung verlangen. Im Fall des Absatzes 1 Nummer 2 steht dem Auftragnehmer ein Anspruch auf Vergütung insoweit nicht zu, als seine bisherigen Leistungen infolge der Kündigung für den öffentlichen Auftraggeber nicht von Interesse sind.

(3) Die Berechtigung, Schadensersatz zu verlangen, wird durch die Kündigung nicht ausgeschlossen.

§ 135 GWB Unwirksamkeit

(1) Ein öffentlicher Auftrag ist von Anfang an unwirksam, wenn der öffentliche Auftraggeber
1. gegen § 134 verstoßen hat oder
2. den Auftrag ohne vorherige Veröffentlichung einer Bekanntmachung im Amtsblatt der Europäischen Union vergeben hat, ohne dass dies aufgrund Gesetzes gestattet ist,

und dieser Verstoß in einem Nachprüfungsverfahren festgestellt worden ist.

(2) Die Unwirksamkeit nach Absatz 1 kann nur festgestellt werden, wenn sie im Nachprüfungsverfahren innerhalb von 30 Kalendertagen nach der Information der betroffenen Bieter und Bewerber durch den öffentlichen Auftraggeber über den Abschluss des Vertrags, jedoch nicht später als sechs Monate nach Vertragsschluss geltend gemacht worden ist. Hat der Auftraggeber die Auftragsvergabe im Amtsblatt der Europäischen Union bekannt gemacht, endet die Frist zur Geltendmachung der Unwirksamkeit 30 Kalendertage nach Veröffentlichung der Bekanntmachung der Auftragsvergabe im Amtsblatt der Europäischen Union.

(3) Die Unwirksamkeit nach Absatz 1 Nummer 2 tritt nicht ein, wenn
1. der öffentliche Auftraggeber der Ansicht ist, dass die Auftragsvergabe ohne vorherige Veröffentlichung einer Bekanntmachung im Amtsblatt der Europäischen Union zulässig ist,
2. der öffentliche Auftraggeber eine Bekanntmachung im Amtsblatt der Europäischen Union veröffentlicht hat, mit der er die Absicht bekundet, den Vertrag abzuschließen, und
3. der Vertrag nicht vor Ablauf einer Frist von mindestens zehn Kalendertagen, gerechnet ab dem Tag nach der Veröffentlichung dieser Bekanntmachung abgeschlossen wurde.

Die Bekanntmachung nach Satz 1 Nummer 2 muss den Namen und die Kontaktdaten des öffentlichen Auftraggebers, die Beschreibung des Vertragsgegenstands, die Begründung der Entscheidung des Auftraggebers, den Auftrag ohne vorherige Veröffentlichung einer Bekanntmachung im Amtsblatt der Europäischen Union zu vergeben, und den Namen und die Kontaktdaten des Unternehmens, das den Zuschlag erhalten soll, umfassen.

Literatur:

Bamberger/Roth, Beck'scher Online Kommenar BGB, 4. Aufl. 2019f.; *Bitterich,* Kündigung vergaberechtswidrig zu Stande gekommener Verträge durch öffentliche Auftraggeber, NJW 2006, 1845; *Bulla/Schneider,* Das novellierte Vergaberecht zwischen Beschleunigungsgrundsatz und effektivem Bieterschutz, VergabeR 2011, 664; *Burgi/Dreher,* Beck'scher Vergaberechtskommentar, 3. Aufl. 2017ff.; *Dreher/Hoffmann,* Die Informations- und Wartepflicht sowie die Unwirksamkeitsfolge nach den neuen §§ 101a und 101b GWB, NZBau 2009, 216; *Dreher/Hoffmann,* Die schwebende Unwirksamkeit nach § 101b I GWB, NZBau 2010, 201; *v. Gehlen,* Vertragsnichtigkeit bei unzulässiger De-facto-Vergabe, NZBau 2005, 503; *Hattig/Maibaum,* Praxiskommentar Kartellvergaberecht 2010; *Hausmann/Queisner,* Auftragsänderungen während der Vertragslaufzeit, NZBau 2016, 619; *Henzel,* Rechtssichere De-facto-Vergabe nur zehn Tage nach Ex-ante-Transparenzbekanntmachung? NZBau 2016, 148; *Görlich/Conrad,* Die neuen Kündigungstatbestände für öffentliche Aufträge, VergabeR 2016, 567; *Hofmann,* Zivilrechtsfolgen von Vergabefehlern – Oberhalb der EG-Schwellenwerte –, 2009; *Hübner,* Anmerkung zu OLG Karlsruhe, Beschl. v. 21.7.2010 – 15 Verg 6/10 –, VergabeR 2011, 93; *Jasper/Pooth,* de-facto-Vergabe und Vertragsnichtigkeit, ZfBR 2004, 543; *Kaiser,* Die Nichtigkeit sogenannter De-facto-Verträge oder: „In dubio pro submissione publica", NZBau 2005, 311; *Ley/Wankmüller,* Das neue Vergaberecht 2016 – Lieferungen und Dienstleistungen nach GWB und VgV, 3. Aufl. 2016; *Maibaum,* Die gesetzliche Neuregelung der öffentlichen Beschaffung: Mehr Klarheit und neue Aufgaben für das Compliance Management, CB 2016, 279; *Michaels,* Zur Bedeutung der Vergaberechtsreform 2016 für kommunale Versorgungsunternehmen (Teil 1), IR 2016, 77; *Palandt,* BGB, Kommentar, 79. Aufl. 2020; *Peters,* Die Vergabe ohne Ausschreibung und die vorzeitige Vergabe nach Ausschreibung, NZBau 2011, 7; *Prieß/Gabriel,* Beendigung des Dogmas durch Kündigung: Keine Bestandsgarantie für vergaberechtswidrige Verträge, NZBau 2006, 219; *Püstow/Meiners,* Vorrang des Unionsrechts bei vergaberechtswidrigen Verträgen, EuZW 2016, 325; *Shirvani,* Zur unionsrechtskonformen Auslegung des § 101b GWB, VergabeR 2013, 669; *Tugendreich,* Kündigung europaweit ausgeschriebener Verträge und Konzessionen nach neuem Vergaberecht, EWeRK 2016, 235; *Willenbruch/Wieddekind,* Vergaberecht, Kompaktkommentar, 4. Aufl. 2017; *Ziekow/Völlink,* Vergaberecht, Vergaberecht, 4. Aufl. 2020.

A. Einleitung

Die Regelung des **§ 133 GWB zur Kündigung von öffentlichen Aufträgen in besonderen Fällen** wurde durch das Gesetz zur Modernisierung des Vergaberechts vom 17.2.2016[1] in das GWB neu eingefügt. Die EU-Vergaberichtlinien 2014 enthalten Vorgaben zur Kündigung öffentlich ausgeschriebener Verträge (Art. 73 RL 2014/24/EU, Art. 90 RL 2014/25/EU und Art. 44 RL 2014/23/EU). § 133 Abs. 1 GWB dient konkret der Umsetzung von Art. 73 der RL 2014/24/EU.[2] Diese Vorschrift legte erstmals Bedingungen fest, unter denen öffentliche Auftraggeber vergaberechtlich die Möglichkeit haben, einen öffentlichen Auftrag während der Vertragslaufzeit zu kündigen. Hintergrund der Einführung gesetzlicher Kündigungsrechte war insbesondere der Umstand, dass nach der Rechtsprechung des EuGH vergaberechtswidrig geschlossene Verträge einen über die gesamte Vertragslaufzeit fortgesetzten Verstoß gegen das Unionsrecht begründen; unionsrechtlich sind Auftraggeber daher zur Beendigung vergaberechtswidriger Verträge verpflichtet.[3] Die Erfüllung dieser unionsrechtlichen Verpflichtung zur Vertragsbeendigung stellte sich nach früherem nationalen Recht für öffentliche Auftraggeber häufig allerdings als sehr schwierig dar, denn vergaberechtswidrig vergebene Aufträge sind nach deutschem Recht nicht per se unwirksam.[4] Gesetzliche Ansprüche auf Vertragsaufhebung als Schadensersatz gem. §§ 311 Abs. 2, 241 Abs. 2, 280 Abs. 1 BGB wegen der Verletzung vorvertraglicher Rücksichtnahmepflichten[5], die Kündigung von Dauerschuldverhältnissen entsprechend § 649 BGB oder insbesondere die außerordentliche Kündigung gem. §§ 313, 314 BGB schieden regelmäßig aus.[6] Einen Ausweg aus diesem Dilemma, dass öffentliche Auftraggeber unionsrechtlich zur Vertragsbeendigung vergaberechtswidriger Verträge verpflichtet sind, nach nationalem Recht allerdings nur ausnahmsweise Möglichkeiten zur außerordentlichen Vertragsbeendigung bestanden, bietet seit 2016 die gesetzliche Neuregelung von Kündigungsrechten in § 133 Abs. 1 GWB. Eine vergleichbare Regelung wurde auch in § 8 Abs. 4 VOB/B 2016 aufgenommen. 1

Diese vergaberechtlichen gesetzlichen Sonderkündigungsrechte gem. **§ 133 Abs. 1 GWB** betreffen drei Fälle: 2

1. Die Vornahme einer wesentlichen Vertragsänderung, die nach § 132 GWB ein neues Vergabeverfahren erfordert hätte;
2. das Vorliegen eines zwingenden Ausschlussgrunds nach § 123 Abs. 1 bis 4 GWB zum Zeitpunkt der Zuschlagserteilung oder
3. die Feststellung der Unionsrechtswidrigkeit der Auftragserteilung durch den EuGH in einem Vertragsverletzungsverfahren nach Art. 258 AEUV.

Ziel der Norm ist es, soweit das Festhalten am Vertrag das öffentliche Interesse an der Gesetzmäßigkeit der Verwaltung beeinträchtigen würde, eine Ausnahme zu machen von der Regel des „pacta sunt servanda", also von dem Grundsatz des deutschen Vertragsrechts, wonach wirksam geschlossene aber verfahrensfehlerhaft zustande gekommene Verträge dennoch Bestand haben und einzuhalten sind. Insbesondere aus dem Unionsrecht kann sich sogar die Pflicht ergeben, im Interesse einer effektiven Umsetzung (effet utile) der aus dem Unionsrecht erwachsenen Verpflichtungen vertragliche Vereinbarungen zu kündigen.[7] 3

---

[1] BGBl. 2016 I S. 203.
[2] Gesetzesbegründung zu § 133 GWB in BT-Drs. 18/6281, S. 120.
[3] Vgl. EuGH Urt. v. 18.7.2007 – C-503/04, NZBau 2007, 594 – Abfallentsorgung Braunschweig II. Vgl. iE auch → § 39 Rn. 55 mwN.
[4] OLG Schleswig Urt. v. 4.11.2014 – 1 Verg 1/14, NZBau 2015, 186; LG München Urt. v. 20.12.2005 – 33 O 16465/05, NZBau 2006, 269; vgl. auch *Görlich/Conrad* VergabeR 2016, 567 (568 f.); *Püstow/Meiners* EuZW 2016, 325 (328).
[5] Vgl. Willenbruch/Wieddekind/*Scharen* Art. 258 AEUV Rn. 70 u. → Rn. 18.
[6] Vgl. dazu die Vorauflage → 2. Aufl. 2017, § 37 Rn. 80 ff. u. → Rn. 19 ff.
[7] Gesetzesbegründung zu § 133 GWB in BT-Drs. 18/6281, S. 120; vgl. auch *Tugendreich* EWeRK 2016, 235.

4 § 133 Abs. 2 GWB regelt die **Rechtsfolgen einer Kündigung** durch den öffentlichen Auftraggeber nach Abs. 1 im Hinblick auf die Vergütungsansprüche des Auftragnehmers.

5 Mit § 133 Abs. 3 GWB wird klargestellt, dass durch die Kündigung etwaige **Schadensersatzansprüche unberührt** bleiben.

6 Die Regelung des **§ 135 GWB zur Unwirksamkeit von Verträgen** wurde durch das Gesetz zur Modernisierung des Vergaberechts vom 20. 4. 2009 als § 101b in das GWB neu eingefügt; die frühere Regelung zur Nichtigkeitsfolge bei Missachtung der Vorinformationspflicht in § 13 S. 6 VgV 2003 entfiel. Durch das Gesetz zur Modernisierung des Vergaberechts vom 17. 2. 2016 wurde die Vorschrift inhaltlich etwas angepasst und um einen neuen Abs. 3 erweitert. Die Vorschrift dient der Umsetzung des Art. 2d Rechtsmittelrichtlinie und Sektoren-Rechtsmittelrichtlinie, jeweils in der Fassung der Richtlinie 2007/66/EG, in das deutsche Recht. Diese Umsetzung der europarechtlichen Vorgaben hat zu Änderungen gegenüber der früheren Rechtslage geführt. Während früher ein Verstoß gegen die Informationspflicht gemäß § 13 S. 6 VgV 2003 unmittelbar die Nichtigkeit des abgeschlossenen Vertrags zur Folge hatte, sieht § 135 GWB (wie bereits § 101b GWB 2013) die **Unwirksamkeit von Verträgen (ex tunc)** nur vor, wenn **zwei Voraussetzungen** gegeben sind:

1. Ein Verstoß gegen die Informations- und Wartefrist des § 134 GWB (§ 135 Abs. 1 Nr. 1 GWB) oder eine rechtswidrige de facto-Vergabe (§ 135 Abs. 1 Nr. 2 GWB) und
2. die Feststellung dieses Verstoßes in einem Nachprüfungsverfahren.

7 § 135 Abs. 2 GWB enthält **Fristen** zur Geltendmachung der Unwirksamkeit in einem Nachprüfungsverfahren, nach deren Ablauf Rechtssicherheit über den geschlossenen Vertrag besteht.[8]

8 § 135 Abs. 3 GWB übernimmt die in Art. 2d der Rechtsmittelrichtlinie und Sektoren-Rechtsmittelrichtlinie, jeweils in der Fassung der Richtlinie 2007/66/EG, vorgesehene Möglichkeit, durch Veröffentlichung einer **Ex-ante-Transparenzbekanntmachung** die **Unwirksamkeit eines öffentlichen Auftrags zu vermeiden,** wenn der öffentliche Auftraggeber der Ansicht ist, eine Vergabe sei ohne vorherige Veröffentlichung im Amtsblatt der Europäischen Union zulässig.

B. Gesetzliche Sonderkündigungsrechte nach § 133 GWB

9 § 133 GWB enthält gesetzlich normierte vergabespezifische Kündigungsgründe, die öffentliche Auftraggeber berechtigen, sich von vergaberechtswidrig geschlossenen Verträgen zu lösen. Ziel der Regelung ist es, öffentlichen Auftraggebern insbesondere die Erfüllung ihrer unionsrechtlichen Verpflichtungen zur Beendigung vergaberechtswidrig geschlossener Verträge zu ermöglichen und damit eine effektive Durchsetzung des Unionsrechts iSd Grundsatzes des effet utile sicherzustellen.[9]

I. Anwendungsbereich und Reichweite

1. Kündigungsberechtigte

10 Ausweislich des Wortlauts des § 133 Abs. 1 GWB räumt diese Regelung **öffentlichen Auftraggebern** ein Kündigungsrecht ein. Gem. § 154 Nr. 4 GWB findet § 133 GWB außerdem analoge Anwendung auf die Vergabe von Konzessionen. Kündigungsberechtigt ist demnach auch der **Konzessionsgeber.** Dem Auftragnehmer bzw. Konzessionär steht demgegenüber gem. § 133 GWB kein Kündigungsrecht zu.[10]

---

[8] Vgl. die Gesetzesbegründung zu § 135 GWB in BT-Drs. 16/10117, S. 21.
[9] Vgl. *Püstow/Meiners* EuZW 2016, 325 (327).
[10] So auch *Tugendreich* EWeRK 2016, 325.

Der öffentliche Auftraggeber bzw. Konzessionsgeber ist nach § 133 GWB zur Kündigung berechtigt, grundsätzlich aber nicht verpflichtet. Eine **Pflicht zur Kündigung** kann sich jedoch aus dem Unionsrecht ergeben. Jedenfalls in Fällen, in denen der EuGH in einem Urteil gem. Art. 258 AEUV einen Vergaberechtsverstoß festgestellt hat, besteht gem. Art. 260 Abs. 1 AEUV eine Pflicht zur Beendigung des unionsrechtswidrig abgeschlossenen Vertrags nach Maßgabe des § 133 GWB.[11] 11

2. Voraussetzung: Wirksamer Vertrag/Konzession

Gem. § 133 Abs. 1 GWB können öffentliche Auftraggeber unter den dort genannten Voraussetzungen einen öffentlichen Auftrag „während der Vertragslaufzeit kündigen". Die Regelung setzt demnach implizit den Abschluss eines wirksamen Vertrags voraus, der einer Kündigung überhaupt zugänglich ist. Eine Kündigung gem. § 133 GWB ist demnach nicht möglich, wenn der Vertrag nichtig oder aus anderen Gründen unwirksam ist oder die vertraglichen Verpflichtungen bereits vollständig erfüllt sind. Bestehen allerdings Zweifel über die Nichtigkeit oder Unwirksamkeit bzw. vollständige Erfüllung des Vertrags, muss es nach Sinn und Zweck der Regelung des § 133 GWB dem öffentlichen Auftraggeber möglich sein, zumindest hilfsweise die Kündigung auszusprechen und damit eine Vertragsbeendigung zu erreichen. 12

a) Keine Nichtigkeit. Eine Nichtigkeit des Vertrages kann sich insbesondere gem. § 138 BGB in Fällen des kollusiven Zusammenwirkens von öffentlichen Auftraggebern und Auftragnehmern zur Umgehung des Vergaberechts ergeben. Ohne Vergabeverfahren direkt vergebene Aufträge können ausnahmsweise auch bei Verstößen gegen das Beihilferecht nach § 134 BGB nichtig sein. Ausgangspunkt hierfür ist, dass die Vergütung des Auftragnehmers eine nach Art. 107 Abs. 1 AEUV verbotene beihilferechtswidrige Begünstigung ist, wenn sie den Marktpreis überschreitet. Nicht notifizierte Beihilfen sind nach der Rechtsprechung des BGH regelmäßig gem. § 134 BGB nichtig, es sei denn, es kommt eine Vertragsanpassung auf das marktgerechte Niveau in Betracht.[12] 13

b) Keine Feststellung der Unwirksamkeit gem. § 135 GWB. Das Kündigungsrecht besteht ausweislich der Regelung in § 133 Abs. 1 GWB „unbeschadet des § 135". § 133 Abs. 1 GWB schränkt damit die Geltendmachung der Unwirksamkeit von Verträgen wegen Verstoßes gegen die Informations- und Wartepflicht nach § 134 GWB bzw. wegen ungerechtfertigten Absehens von einer vorherigen EU-weiten Bekanntmachung der Auftragsvergabe nicht ein. Wurde die Unwirksamkeit des öffentlichen Auftrags allerdings bereits in einem Vergabenachprüfungsverfahren gem. § 135 Abs. 2 GWB festgestellt, ist der Vertrag von Anfang an unwirksam, sodass er keiner Kündigung gem. § 133 GWB mehr zugänglich ist.[13] 14

Die Kündigungsmöglichkeit nach § 133 GWB erlangt demnach insbesondere in **zeitlicher Hinsicht** besondere Bedeutung. Denn während die Unwirksamkeit gem. § 135 GWB nur innerhalb der in § 135 Abs. 2 GWB normierten Fristen geltend gemacht werden kann, ist eine Kündigung gem. § 133 GWB während der gesamten Vertragslaufzeit möglich. 15

c) Keine vollständige Erfüllung. Eine Kündigung des Vertrags ist denklogisch nur möglich, wenn sich aus dem Vertrag fortlaufende Pflichten ergeben und sich der Vertrag nicht in einem einmaligen Austausch von Leistung und Gegenleistung erschöpft hat. Denn gem. § 362 Abs. 1 BGB erlischt ein Schuldverhältnis, wenn die geschuldete Leistung an den 16

[11] So auch *Hausmann/Queisner,* NZBau 2016, 619 (626); dazu auch → § 39 Rn. 76ff.
[12] BGH Urt. v. 5.12.2012 – I ZR 92/11, EuZW 2003, 444 = BGHZ 196, 254; BGH Urt. v. 20.1.2004 – XI ZR 53/03, EuZW 2004, 252; *Püstow/Meiners* EuZW 2016, 325 (327f.) mwN.
[13] Zu den Unwirksamkeitsgründen nach → § 135 Rn. 39.

Gläubiger bewirkt wird. Im Falle vollständiger Erfüllung bleibt kein Raum mehr für eine Kündigung des Vertrages.[14]

3. Keine abschließende Regelung

17 Ausweislich der Gesetzesbegründung trifft § 133 Abs. 1 GWB keine abschließende Regelung über Kündigungsrechte vergaberechtswidrig geschlossener Verträge. Die in Abs. 1 aufgezählten Kündigungsgründe sollen die bereits bislang bestehenden Möglichkeiten zur Beendigung von öffentlichen Aufträgen vielmehr lediglich erweitern. Nicht berührt wird durch die Vorschrift das Recht der Beteiligten zur Geltendmachung eines vertraglich vereinbarten oder in Anwendung der Vorschriften des Bürgerlichen Gesetzbuchs anzuerkennenden gesetzlichen Kündigungsrechts einschließlich des Rechts gem. § 314 BGB zur Kündigung von Dauerschuldverhältnissen aus wichtigem Grund.[15] Vor diesem Hintergrund können insbesondere die im Folgenden dargestellten gesetzlichen Regelungen zur Vertragsbeendigung führen:

18 **a) Vertragsaufhebung als Schadensersatz.** In (engen) Ausnahmefällen wird der öffentliche Auftraggeber gemäß §§ 311 Abs. 2, 241 Abs. 2, 280 Abs. 1 BGB die Aufhebung des Beschaffungsvertrags als Schadensersatz wegen der Verletzung vorvertraglicher Rücksichtnahmepflichten verlangen können.[16] Durch die Teilnahme des Bieters bzw. späteren Auftragnehmers an dem Vergabeverfahren kommt zwischen dem öffentlichen Auftraggeber und dem Bieter gemäß § 311 Abs. 2 BGB ein vorvertragliches Schuldverhältnis zustande, das Pflichten nach § 241 Abs. 2 BGB begründet. Dazu zählt insbesondere die Pflicht, auf die Rechte, Rechtsgüter und Interessen des anderen Teils Rücksicht zu nehmen.[17] Zu diesen vorvertraglichen Rücksichtnahmepflichten kann ua die Pflicht des späteren Auftragnehmers zählen, den öffentlichen Auftraggeber auf erkannte Vergabefehler hinzuweisen, die zu einem Vertragsverletzungsverfahren und gegebenenfalls zu Zwangsmaßnahmen gegenüber der Bundesrepublik Deutschland führen können. Jedenfalls soweit die Bundesrepublik Deutschland Aufsichtsmaßnahmen gegenüber dem öffentlichen Auftraggeber ergreifen und diesen dadurch zwingen kann, einen unionsrechtswidrig abgeschlossenen Vertrag zu beenden, werden dadurch die Interessen des öffentlichen Auftraggebers beeinträchtigt. Das Unterlassen der gebotenen Information an den öffentlichen Auftraggeber berechtigt diesen, gemäß § 280 Abs. 1 BGB Schadensersatz zu verlangen.[18] Zu beachten ist allerdings, dass eine Aufklärungspflicht seitens des Bieters bzw. späteren Auftragnehmers erst mit dessen positiver Kenntnis von dem Unionsrechtsverstoß entsteht. Zugleich muss der öffentliche Auftraggeber selbst gutgläubig sein, da andernfalls keine Informationspflicht ihm gegenüber entsteht. Diese Voraussetzungen dürften eher selten vorliegen bzw. bewiesen werden können.

19 **b) Außerordentliche Kündigung gemäß §§ 313, 314 BGB.** Die §§ 313, 314 BGB enthalten gesetzliche Regelungen über die Anpassung und Beendigung von Verträgen bei Störung der Geschäftsgrundlage (§ 313 BGB) bzw. zum Kündigungsrecht aus wichtigem Grund bei Dauerschuldverhältnissen (§ 314 BGB). Bei Verträgen, die **kein Dauerschuldverhältnis** begründen, kommt ein Rücktritt vom Vertrag nur gemäß § 313 Abs. 3 S. 1 BGB in Betracht. Diese Fälle dürften in der Praxis kaum relevant werden. Ist ein Vertrag vollständig abgewickelt, wirkt der Unionsrechtsverstoß nach der Rechtsprechung des EuGH nicht mehr fort. Dann kommt ein Vertragsverletzungsurteil nach Art. 258 AEUV

---

[14] Gesetzesbegründung zu § 133 Abs. 1 GWB in BT-Drs. 18/6281, S. 120; *Maibaum* CB 2016, 279 (283); *Tugendreich* EWeRK 2016, 235.

[15] Gesetzesbegründung zu § 133 Abs. 1 GWB in BT-Drs. 18/6281, S. 120.

[16] Dazu → § 38 Rn. 93ff.

[17] Dazu → § 38 Rn. 101f.

[18] Vgl. Willenbruch/Wieddekind/*Scharen* GWB § 133 Rn. 14.

bzw. die Verhängung von Zwangsmitteln gemäß Art. 260 AEUV nicht mehr in Betracht.[19]

20 Bei **Dauerschuldverhältnissen** ist angesichts der Verweisung in § 313 Abs. 3 S. 2 BGB umstritten, in welchem Verhältnis die Störung der Geschäftsgrundlage zur Möglichkeit der Kündigung von Dauerschuldverhältnissen aus wichtigem Grund gemäß § 314 BGB steht.[20] Wohl überwiegend und zutreffend wird die Auffassung vertreten, das bei Dauerschuldverhältnissen bestehende Kündigungsrecht aus wichtigem Grund gemäß § 314 BGB verdränge die Grundsätze der Geschäftsgrundlage, soweit es um die Auflösung des Vertrags geht.[21] Allerdings kann das Kündigungsrecht ausgeschlossen sein, wenn sich die Vertragsstörung durch eine Anpassung des Vertrags an die veränderten Umstände ausgleichen lässt und beiden Parteien die Fortsetzung des Vertrags zuzumuten ist.[22] Richtiger Ansatzpunkt für die Prüfung der Kündigung von Dauerschuldverhältnissen ist damit § 314 BGB.[23]

21 Die Kündigung gemäß § 314 BGB setzt das Vorliegen eines **wichtigen Grundes** voraus. Ein wichtiger Grund liegt gemäß § 314 Abs. 1 S. 2 BGB vor, wenn dem kündigenden Teil unter Berücksichtigung aller Umstände des Einzelfalls und unter Abwägung der beiderseitigen Interessen die Fortsetzung des Vertragsverhältnisses bis zur vereinbarten Beendigung oder bis zum Ablauf einer Kündigungsfrist nicht zugemutet werden kann. Auch eine wesentliche Änderung der Verhältnisse kann ein außerordentliches Kündigungsrecht begründen. Allerdings ist insoweit zu berücksichtigen, in wessen Verantwortungs- oder Risikobereich die Störung – hier der Vergaberechtsverstoß – fällt. Störungen aus dem eigenen Risikobereich begründen grundsätzlich kein Kündigungsrecht.[24] Ein wichtiger Grund liegt also in der Regel nur vor, wenn die Gründe, auf die die Kündigung gestützt wird, im Risikobereich des Kündigungsgegners liegen.[25] Danach kann sich eine Vertragspartei durch Kündigung nur dann vom Vertrag lösen, wenn die andere Vertragspartei gegen ihr obliegende vertragliche oder gesetzliche Pflichten verstößt. Sie kann eine Kündigung nicht damit begründen, dass sie selbst gegen gesetzliche Vorschriften verstoßen hat. Die Regelungen des Vergaberechts richten sich aber gerade (ausschließlich) an den öffentlichen Auftraggeber. Bei vergaberechtswidrigen öffentlichen Aufträgen liegt daher in der Regel eine einseitige Rechtsverletzung des Auftraggebers vor. Denn nur der Auftraggeber muss die maßgeblichen Vergabevorschriften kennen und beachten.[26] Abgesehen von Sonderfällen, in denen der öffentliche Auftraggeber vom späteren Vertragspartner zu dem Vergaberechtsverstoß angestiftet wurde oder der Auftragnehmer sonst maßgeblich zu dem Vergaberechtsverstoß beigetragen hat, was regelmäßig bereits zur Unwirksamkeit des Vertrags gemäß § 138 Abs. 1 BGB führen dürfte, fällt ein **Vergaberechtsverstoß daher in den Risikobereich des öffentlichen Auftraggebers,** und es liegt **keine Unzumutbarkeit** iSd § 314 Abs. 1 S. 2 BGB vor. Folglich scheidet auf der Grundlage der bestehenden höchstrichterlichen Rechtsprechung ein außerordentliches Kündigungsrecht des öffentlichen Auftraggebers nach § 314 BGB in der Regel aus.[27]

---

[19] Dazu → § 39 Rn. 44, 64ff.; vgl. auch *Bitterich* NJW 2006, 1845 (1849).

[20] Vgl. *Bitterich* NJW 2006, 1845 (1848) mwN.

[21] BGH Urt. v. 9.10.1996 – VIII ZR 266/95, ZIP 1997, 257 (259); Palandt/*Grüneberg* BGB § 313 Rn. 14.

[22] Palandt/*Grüneberg* BGB § 313 Rn. 14 mwN; Bamberger/Roth/*Unberath* BGB § 313 Rn. 23 mwN; *Bitterich* NJW 2006, 1845 (1849).

[23] So auch Willenbruch/Wieddekind/*Scharen* GWB § 133 Rn. 16 mwN.

[24] Palandt/*Grüneberg* BGB § 314 Rn. 9 mwN; Bamberger/Roth/*Unberath* BGB § 314 Rn. 10ff. mwN; Willenbruch/Wieddekind/*Scharen* AEUV Art. 258 Rn. 73 mwN.

[25] StRspr des BGH, vgl. etwa BGH Urt. v. 9.3.2010 – VI ZR 52/09, NJW 2010, 1874; *Püstow/Meiners* EuZW 2016, 325 (329).

[26] *Bitterich* NJW 2006, 1845 (1848); *Vavra* 11. Badenweiler Gespräche, S. 103, 105; Willenbruch/Wieddekind/*Scharen* Art. 258 AEUV Rn. 73.

[27] Vgl. *Püstow/Meiners* EuZW 2016, 325, 329f. mwN; *Vavra* 11. Badenweiler Gespräche, S. 103ff.; Willenbruch/Wieddekind/*Scharen* GWB § 133 Rn. 21. Vgl. auch VG Halle Urt. v. 17.3.2015 – 6 A 267/12 HAL; VG Bayreuth Urt. v. 11.12.2012 – B 1 K 12.445, BeckRS 2013, 51196; aA LG München I Urt. v. 20.12.2005 – 33 O 16465/05, NZBau 2006, 269; *Prieß/Gabriel* NZBau 2006, 219 (221f.); vgl. zum Ganzen auch → 1. Aufl. 2017, § 37 Rn. 80ff.

22 **c) Kündigung gem. § 648 BGB.** Gemäß § 648 BGB (früher: § 649 BGB aF) kann der Besteller bis zur Vollendung des Werks jederzeit den Vertrag kündigen. In diesem Fall ist der Werkunternehmer berechtigt, die vereinbarte Vergütung zu verlangen, muss sich allerdings dasjenige anrechnen lassen, was er infolge der Aufhebung des Vertrags an Aufwendungen erspart oder durch anderweitige Verwendung seiner Arbeitskraft erwirbt oder zu erwerben böswillig unterlässt. Dabei wird vermutet, dass dem Unternehmer 5% der auf den noch nicht erbrachten Teil der Werkleistung entfallenden vereinbarten Vergütung zustehen. Die Vorschrift des § 648 BGB gilt explizit nur für **Werkverträge** und über § 650 S. 2 BGB für **bestimmte Lieferverträge.** Die Vorschrift ist demgegenüber nicht anwendbar auf Dienstverträge, da insoweit mit §§ 626, 627 BGB speziellere Regelungen bestehen; nach wohl hM ist § 648 BGB auch auf Sukzessivlieferverträge unanwendbar.[28] Raum für eine analoge Anwendung der Vorschrift verbleibt demnach kaum. Darüber hinaus sind abweichende Individualvereinbarungen, die das Kündigungsrecht aus § 648 BGB einschränken oder ausschließen, möglich.[29]

23 Da § 133 GWB zwar eng an die dem § 648 BGB ähnliche Regelung des § 628 BGB angelehnt ist, insbesondere hinsichtlich der Rechtsfolgen der Kündigung aber abweichende Regelungen enthält, ist außerdem **im Anwendungsbereich des § 133 GWB** von einem **Vorrang dieser spezielleren Kündigungsregelung** auszugehen.

II. Die einzelnen Kündigungsgründe des § 133 Abs. 1 GWB

24 § 133 Abs. 1 GWB enthält in Umsetzung des Art. 73 der RL 2014/24/EU drei Kündigungsgründe.

1. Wesentliche Vertragsänderung (§ 133 Abs. 1 Nr. 1 GWB)

25 § 133 Abs. 1 Nr. 1 GWB dient der Umsetzung des Art. 73 lit. a) der RL 2014/24/EU. Er räumt ein Kündigungsrecht dann ein, wenn „eine wesentliche Änderung vorgenommen wurde, die nach § 132 GWB ein neues Vergabeverfahren erfordert hätte“ und regelt damit einen Fall der **„de-facto Vergabe“ infolge einer wesentlichen Auftragsänderung.**[30]

26 Der Begriff der „wesentlichen Änderungen“ wird heute **in § 132 Abs. 1 S. 1 GWB definiert** als „Änderungen, die dazu führen, dass sich der öffentliche Auftrag erheblich von dem ursprünglich vergebenen öffentlichen Auftrag unterscheidet“. § 132 GWB enthält in Abs. 1 S. 3 Regelbeispiele, bei deren Vorliegen von einer wesentlichen Änderung auszugehen ist. § 132 Abs. 2 GWB enthält demgegenüber eine Liste von Fällen, in denen eine Vertragsänderung ohne Ausschreibung zulässig ist, während § 132 Abs. 3 GWB wieder an den Grundtatbestand des § 132 Abs. 1 GWB anknüpft und ausnahmsweise Änderungen des Vertrags ohne neues Vergabeverfahren zulässt. § 132 Abs. 3 GWB enthält insofern eine Doppelschranke: Zunächst ist zu prüfen, ob der Änderungsumfang für sich genommen den Auftragswert erreicht; bejahendenfalls ist nach § 132 Abs. 3 S. 1 Nr. 1 GWB eine Ausschreibung erforderlich. Ansonsten ist in einem zweiten Schritt zu prüfen, welchen Umfang die Änderung im Verhältnis zum bestehenden Auftrag einnimmt. Dabei gelten die Schwellenwerte des § 132 Abs. 3 Nr. 2 GWB.[31] Ergibt diese Prüfung nach § 132 GWB, dass eine wesentliche Vertragsänderung vorgenommen wurde, ohne dass ein europaweites Vergabeverfahren durchgeführt wurde, ist eine Vertragskündigung durch den öffentlichen Auftraggeber gem. § 133 Abs. 1 Nr. 1 GWB ohne weitere Voraussetzungen zulässig. Das Kündigungsrecht nach § 133 Abs. 1 Nr. 1 GWB geht insoweit über die Kün-

[28] Vgl. MüKoBGB/*Busche*, 8. Aufl. 2020, § 648 Rn. 4 mwN.
[29] Palandt/*Sprau* BGB § 648 Rn. 13 mwN.
[30] *Tugendreich* EWeRK 2016, 235.
[31] *Michaels* IR 2016, 77 (82); vgl. dazu iE auch → § 4 Rn. 16ff.

digung nach § 133 Abs. 1 Nr. 3 GWB hinaus, als **keine Feststellung der Vertragsverletzung durch den EuGH vorausgesetzt** wird.[32]

27 Nach dem insoweit eindeutigen Wortlaut des § 133 Abs. 1 Nr. 1 GWB ist der öffentliche Auftraggeber im Falle einer vergaberechtswidrigen Vertragsänderung berechtigt, den öffentlichen Auftrag insgesamt zu kündigen. Das **Kündigungsrecht** ist **nicht auf die Beendigung der Vertragsänderung beschränkt.** Auch Art. 73 der RL 2014/24/EU (ebenso Art. 90 der RL 2014/25/EU und Art. 44 der RL 2014/23/EU) geht von der Kündigung des öffentlichen Auftrags, nicht nur der Vertragsänderung aus; der deutsche Gesetzgeber hatte insoweit also keinen Umsetzungsspielraum. In vielen Fällen einer wesentlichen Vertragsänderung wird die Kündigung des Gesamtauftrags ohnehin dem Interesse des öffentlichen Auftraggebers entsprechen. Mit Blick auf **Sinn und Zweck** der Regelung, Vertragsverletzungsverfahren wegen unionsrechtswidriger wesentlicher Vertragsänderungen zu vermeiden, kann aber auch eine Kündigung nur der Vertragsänderung ausreichen. In solchen Fällen kann die **Kündigung des Gesamtvertrags** mit Blick auf die berechtigten Interessen des Auftragnehmers **unzumutbar** sein.[33] § 133 Abs. 1 Nr. 1 GWB steht in solchen Fällen einer Kündigung nur des Änderungsvertrags nicht entgegen.

2. Vorliegen zwingender Ausschlussgründe (§ 133 Abs. 1 Nr. 2 GWB)

28 § 133 Abs. 1 Nr. 2 GWB dient der Umsetzung des Art. 73 lit. b der RL 2014/24/EU. Er normiert ein Kündigungsrecht für den Fall, dass „zum Zeitpunkt der Zuschlagserteilung ein **zwingender Ausschlussgrund nach § 123 Abs. 1 bis 4 GWB** vorlag". Hintergrund dieser Vorschrift ist, dass ein Auftragnehmer, der im Vergabeverfahren nach den Nr. 1 bis 4 des § 123 Abs. 1 GWB[34] – nach dem insoweit klaren Wortlaut des § 133 Abs. 1 Nr. 2 GWB also nicht nach den anderen in § 123 Abs. 1 GWB aufgeführten Ausschlussgründen – zwingend hätte ausgeschlossen werden müssen, nicht auf den Bestand des Vertrags vertrauen dürfen soll.[35] Nach dem Wortlaut der Norm und dem Willen des Gesetzgebers[36] ist **nicht entscheidend, wann der öffentliche Auftraggeber Kenntnis vom Ausschlussgrund erhält.**[37] Erfährt er allerdings bereits während des Vergabeverfahrens vom Ausschlussgrund, muss er den Bieter schon vor Zuschlagserteilung zwingend nach § 123 GWB ausschließen. Die Formulierung „zu jedem Zeitpunkt des Vergabeverfahrens" in § 123 GWB ist so zu verstehen, dass der Ausschluss nicht nur dann zu erfolgen hat, wenn der öffentliche Auftraggeber zum Zeitpunkt der Eignungsprüfung Kenntnis vom Ausschlussgrund erlangt, sondern auch noch dann, wenn er hiervon später während des Vergabeverfahrens, aber vor Erteilung des Zuschlags, erfährt. Der letzte Zeitpunkt für den Ausschluss eines Unternehmens nach § 123 GWB ist unmittelbar vor Zuschlagserteilung. Dennoch ist von § 133 Abs. 1 Nr. 2 GWB eine Vertragskündigung auch in den Fällen gedeckt, in denen der öffentliche Auftraggeber vor Zuschlagserteilung Kenntnis vom zwingenden Ausschlussgrund hatte, den Bieter aber tatsächlich nicht ausgeschlossen hat. Ggf. wird der Auftragnehmer einer Kündigung dann allerdings der Einwand widersprüchlichen Verhaltens (§ 242 BGB) entgegenhalten können; häufig wird es aber an dem Entstehen eines Vertrauenstatbestands für den Auftragnehmer oder an der Treuwidrigkeit des Verhaltens des öffentlichen Auftraggebers fehlen.[38]

---

[32] Krit. dazu *Püstow/Meiners* EuZW 2016, 325 (329).

[33] Krit. gegenüber dem Kündigungsrecht für den gesamten öffentlichen Auftrag auch *Püstow/Meiners* EuZW 2016, 325 (329), die insoweit eine einschränkende Auslegung von § 133 Abs. 1 Nr. 1 GWB in Erwägung ziehen.

[34] Vgl. dazu iE → § 16 Rn. 45 ff.

[35] *Tugendreich* EWeRK 2016, 235 (236).

[36] Vgl. Gesetzesbegründung zu § 133 GWB in BT-Drs. 18/6281, S. 121.

[37] *Tugendreich* EWeRK 2016, 235 (236).

[38] Zu den Voraussetzungen des Einwands widersprüchlichen Verhaltens vgl. Palandt/*Grüneberg* BGB § 242 Rn. 55 ff. mwN; vgl. auch *Görlich/Conrad* VergabeR 2016, 567 (571).

29 Bei Kenntniserlangung nach Zuschlagserteilung greift (nur noch) das Kündigungsrecht nach § 133 Abs. 1 Nr. 2 GWB.[39] Ohne dieses hinge es vom Zufall – nämlich davon, wann der öffentliche Auftraggeber Kenntnis vom Vorliegen eines zwingenden Ausschlussgrunds nach in § 123 Abs. 1 bis 4 GWB erlangt – ab, ob der Bieter den Auftrag durchführen kann oder nicht. Damit stärkt und ergänzt die Norm die Stellung der Ausschlussgründe, indem sie bei Vorliegen eines der in § 123 Abs. 1 bis 4 GWB genannten Fälle auch später noch eine Vertragsbeendigung ermöglicht.[40]

30 Das **Recht zur Anfechtung des Vertrags** durch den öffentlichen Auftraggeber zB wegen §§ 119ff. BGB bleibt neben dem Kündigungsrecht nach § 133 Abs. 1 Nr. 2 GWB bestehen.[41]

3. Vom EuGH festgestellte Unionsrechtswidrigkeit (§ 133 Abs. 1 Nr. 3 GWB)

31 Der dritte Kündigungsgrund schließlich setzt Art. 73 lit. c der RL 2014/24/EU um. § 133 Abs. 1 Nr. 3 GWB gibt dem Auftraggeber ein Kündigungsrecht, wenn der öffentliche Auftrag aufgrund einer schweren Verletzung der Verpflichtungen, welche sich aus dem AEUV oder den Richtlinien 2014/23/EU, 2014/24/EU und 2014/25/EU, die durch die Vorschriften des 4. Teils des GWB umgesetzt werden, ergeben, nicht an den Auftragnehmer hätte vergeben werden dürfen und der EuGH diesen Verstoß in einem Verfahren nach Art. 258 AEUV festgestellt hat.

32 Weder das GWB noch die RL 2014/24/EU definieren den **Begriff der „schweren Verletzung"** des (Unions-)Vergaberechts. Die Rechtsmittelrichtlinie verwendet in Art. 3 Abs. 1 den Begriff des „schweren Verstoßes" gegen das Unionsrecht; danach liegt ein schwerer Verstoß bei Verträgen vor, die entgegen einer Ausschreibungspflicht direkt vergeben wurden. Als eine wesentliche Verletzung des Vergaberechts ist also jedenfalls eine **de facto-Vergabe** ohne Bekanntmachung zu betrachten, mithin eine vergaberechtswidrige Direktbeauftragung ohne Durchführung eines Vergabeverfahrens.[42] Der Vergleich mit der Rechtsmittelrichtlinie RL 89/665/EWG (in der Fassung der RL 2007/66/EG) führt allerdings nicht zwingend zu einer abschließenden Interpretation des Begriffs. Es ist daher denkbar, dass **auch weitere Fälle** unter den Begriff der schweren Vertragsverletzung subsumiert werden. Als „schwere Vergabeverstöße" können etwa auch die grob vergaberechtswidrige Wertung, die ungerechtfertigte Einschränkung des Wettbewerbs (zB durch regionale Einschränkung des Bieterkreises) oder ein Verstoß gegen die Vergabegrundsätze des § 97 GWB angesehen werden.[43]

33 Voraussetzung ist in jedem Fall aber eine **Feststellung des Verstoßes durch den EuGH.** Aus dem Wortlaut und Zweck der Norm folgt, dass erst ein **Vertragsverletzungsverfahren im konkreten Fall,** nicht nur in einem ähnlichen Fall, vorausgehen muss.[44] Dabei ist davon auszugehen, dass die EU-Kommission ein Vertragsverletzungsverfahren ohnehin nur in Fällen schwerer Unionsrechtsverstöße anstrengen wird, so dass viel dafür spricht, **in allen Fällen, in denen der EuGH eine Vertragsverletzung feststellt, auch ein Sonderkündigungsrecht** gem. § 133 Abs. 1 Nr. 3 GWB zu bejahen. Andernfalls würde der Zweck dieser Neuregelung, gerade in den vom EuGH festgestellten Fällen von Vertragsverletzungen Klarheit über das Bestehen eines Kündigungsrechts zu schaffen, verfehlt. Zu beachten ist schließlich im Bereich der Konzessionsvergabe, dass Art. 44 der RL 2014/23/EU keinen „schweren" Verstoß voraussetzt. Ein Kündigungsrecht besteht

---

[39] *Maibaum* CB 2016, 279 (28).
[40] Gesetzesbegründung zu § 133 GWB in BT-Drs. 18/6281, S. 121.
[41] Gesetzesbegründung zu § 133 GWB in BT-Drs. 18/6281, S. 121; *Ley/Wankmüller* Das neue Vergaberecht 2016, S. 183.
[42] *Görlich/Conrad* VergabeR 2016, 567 (572); *Tugendreich* EWeRK 2016, 235 (236).
[43] Vgl. Bayerisches Staatsministerium der Finanzen, Richtlinien zur Rückforderung von Zuwendungen bei schweren Vergabeverstößen v. 23.11.2006, 11-H 1360-001-44571/06; vgl. auch *Görlich/Conrad* VergabeR 2016, 567 (572); *Püstow/Meiners* EuZW 2016, 325 (329).
[44] Zutr. *Michaels* IR 2016, 77 (83). Zum Vertragsverletzungsverfahren vgl. → § 39 Rn. 16ff.

hier ausdrücklich bereits dann, wenn der EuGH in einem Vertragsverletzungsverfahren entscheidet, dass ein Mitgliedstaat gegen eine unionsrechtliche Verpflichtung dadurch verstoßen hat, dass ein öffentlicher Auftraggeber oder ein Auftraggeber dieses Mitgliedstaats die fragliche Konzession unter Verletzung seiner Verpflichtungen aus den Verträgen oder aus der RL 2014/23/EU vergeben hat.

Es stellt sich weiter die Frage, ob ein **Kündigungsrecht** auch für den Fall besteht, dass der EuGH den Unionsrechtsverstoß noch nicht in einem Vertragsverletzungsverfahren festgestellt hat, ein solcher aber objektiv besteht und somit die Kündigung dazu dienen soll, ein ansonsten **drohendes Vertragsverletzungsverfahren der EU-Kommission zu verhindern.** Nach dem insoweit eindeutigen Wortlaut des § 133 Abs. 1 Nr. 3 GWB kommt eine Kündigung nach dieser Vorschrift vor Feststellung der Vertragsverletzung durch den EuGH nicht in Betracht. Auch eine analoge Anwendung der Vorschrift auf diese zeitlich vorgelagerten Fälle scheidet mangels Regelungslücke aus. Der deutsche Gesetzgeber war sich bei Umsetzung der Kündigungsregelungen der EU-Vergaberichtlinien bewusst, dass von § 133 Abs. 1 Nr. 3 GWB nur die Fälle erfasst werden sollen, in denen ein Vertragsverletzungsurteil des EuGH ergangen ist.[45] Ausweislich der Gesetzesbegründung soll aber ein **Kündigungsrecht nach §§ 313, 314 BGB** eingreifen, wenn die Kündigung dazu dienen soll, schwere Nachteile für das Gemeinwohl zu beseitigen, insbesondere um ein ansonsten drohendes Vertragsverletzungsverfahren der EU-Kommission zu verhindern,[46] vor allem deshalb, weil bereits nach der bisherigen Rechtsprechung des EuGH[47] der öffentliche Auftraggeber verpflichtet war, einen unionsrechtswidrig zustande gekommenen, noch laufenden Vertrag zu beenden. Zweifelhaft ist dies jedoch dann, wenn man § 133 Abs. 1 Nr. 3 GWB als abschließende Regelung versteht, die eine Kündigungsmöglichkeit gerade nur dann zulässt, wenn der EuGH den Verstoß festgestellt hat.[48] Angesichts der klaren Ausführungen in der Gesetzesbegründung, wonach § 133 Abs. 1 GWB gerade keine abschließende Liste der Kündigungsgründe enthalten soll, spricht indes Überwiegendes dafür, einen Rückgriff auf die gesetzlichen Kündigungsrechte zuzulassen. Die Voraussetzungen einer Kündigung nach §§ 313, 314 BGB dürften allerdings in der Regel nicht vorliegen.[49] 34

Nach dem Wortlaut des § 133 Abs. 1 Nr. 3 GWB besteht ein Kündigungsrecht schließlich nur, wenn der Auftrag aufgrund des festgestellten Verstoßes nicht an den Auftragnehmer hätte vergeben werden dürfen. Der Vergaberechtsverstoß muss demnach für den Zuschlag **kausal** geworden sein.[50] 35

III. Rechtsfolgen der Kündigung, § 133 Abs. 2 und 3 GWB

Die Kündigung führt nach allgemeinen zivilrechtlichen Grundsätzen zur **Beendigung des Vertragsverhaltnisses** ex nunc. Regelungen über die Rechtsfolgen der Kündigung nach § 133 Abs. 1 GWB mit Blick auf den **Vergütungsanspruch des Auftragnehmers** enthält **§ 133 Abs. 2 GWB.** Nach § 133 Abs. 2 GWB ist der Auftragnehmer im Kündigungsfall grundsätzlich berechtigt, einen seinen bisherigen Leistungen entsprechenden Teil der Vergütung zu verlangen. § 133 Abs. 2 GWB ist damit in Anlehnung an § 628 Abs. 1 S. 1 BGB ausgestaltet.[51] Die zivilrechtlichen Grundsätze zur Ermittlung der Teilvergütung finden auch im Rahmen des § 133 Abs. 2 GWB Anwendung.[52] § 133 Abs. 2 S. 2 GWB beschränkt den Vergütungsanspruch jedoch im Falle der Kündigung nach § 133 Abs. 1 36

[45] Gesetzesbegründung zu § 133 GWB in BT-Drs. 18/6281, S. 121.
[46] Gesetzesbegründung zu § 133 GWB in BT-Drs. 18/6281, S. 121.
[47] EuGH Urt. v. 18.7.2007 – C-503/04, NZBau 2007, 594.
[48] So wohl *Tugendreich* EWeRK 2016, 235 (236).
[49] Dazu → Rn. 19ff. sowie → § 39 Rn. 77.
[50] Zutr. *Görlich/Conrad* VergabeR 2016, 567 (573).
[51] Gesetzesbegründung zu § 133 GWB in BT-Drs. 18/6281, S. 121.
[52] Vgl. dazu Palandt/*Weidenkaff* BGB § 628 Rn. 3 mwN; *Görlich/Conrad* VergabeR 2016, 567 (574ff.).

Nr. 2 GWB, soweit die Leistungen des Auftragnehmers infolge der Kündigung ohne Interesse für den öffentlichen Auftraggeber sind. Der Gesetzgeber begründet diese Kürzung damit, dass ein zwingender Ausschlussgrund nach § 123 Abs. 1 bis 4 GWB in der Regel die Verurteilung wegen einer schweren Straftat voraussetzt, sodass die Beschränkung sachgerecht ist.[53]

37 Die RL 2014/24/EU selbst enthält keine Regelungen zu den Rechtsfolgen der Kündigung, sondern überlässt die Ausgestaltung der Kündigungsfolgen den Mitgliedstaaten. Der deutsche Gesetzgeber begründet die Regelung in § 133 Abs. 2 GWB damit, dass durch die ausdrückliche Klarstellung, der Auftragnehmer behalte den Vergütungsanspruch für bereits erbrachte Leistungen, ein gerechter Interessenausgleich zwischen den Interessen des öffentlichen Auftraggebers und des Auftragnehmers geschaffen werde.[54] Ob in den Fällen der Kündigung gem. § 133 Abs. 1 Nr. 1 und 3 GWB durch die Regelung in Abs. 2 jedoch tatsächlich ein gerechter Interessenausgleich stattfindet, ist insofern fraglich, als dass der Auftragnehmer letztlich das Risiko der Vertragsauflösung trägt, weil er durch die Kündigung den Anspruch auf die volle Vergütung, insbesondere den vollen Gewinn, verliert und nur bis zur Kündigung erbrachte Leistungen vergütet werden, obwohl der Vergaberechtsverstoß in den Risikobereich des Auftraggebers fällt.[55] Der Gesetzgeber verweist darauf, dass der Auftraggeber das Risiko dafür, dass vergaberechtliche Gesichtspunkte einer weiteren Durchführung des Vertrags entgegenstehen, bei wirtschaftlicher Betrachtung nicht alleine trage.[56] Hält man diese Argumentation für nicht überzeugend, so kann jedenfalls die Regelung des § 133 Abs. 3 GWB einen Ausgleich schaffen.[57]

38 Gem. **§ 133 Abs. 3 GWB** bleiben durch die Kündigung etwaige **Schadensersatzansprüche unberührt.** In Betracht kommen insoweit insbesondere Schadensersatzansprüche wegen Vertragsverletzung gem. § 280 BGB. Denkbar sind aber auch deliktische Ansprüche, insbesondere nach § 823 Abs. 2 BGB iVm der Verletzung von Schutzgesetzen.[58]

39 Regelmäßig werden hier vor allem Schadensersatzansprüche des Auftragnehmers bzw. Konzessionärs gegen den öffentlichen Auftraggeber bzw. Konzessionsgeber im Raum stehen. Gerade im Fall der Kündigung nach § 133 Abs. 1 Nr. 2 GWB wegen Vorliegens eines zwingenden Ausschlussgrunds kommen allerdings auch Schadensersatzansprüche des Auftraggebers in Betracht, insbesondere wenn der Auftragnehmer über das Vorliegen eines zwingenden Ausschlussgrunds getäuscht hat. Im Rahmen des Schadensersatzrechts können dann die Verantwortlichkeiten und das (Mit-)Verschulden im Einzelfall gerecht gewertet werden.[59]

C. Unwirksamkeitsgründe nach § 135 GWB

I. Unwirksamkeit wegen Verstoßes gegen § 134 GWB (§ 135 Abs. 1 Nr. 1 GWB)

40 Gemäß § 135 Abs. 1 Nr. 1 GWB tritt die Unwirksamkeitsfolge – eine Feststellung in einem Nachprüfungsverfahren vorausgesetzt – ein, wenn der Auftraggeber gegen § 134 GWB verstoßen hat. Nach dem Wortlaut dieser Vorschrift führt **jeder Verstoß** gegen die Informations- und Wartepflicht des § 134 GWB[60] zur Unwirksamkeit des Vertrags. Eine Differenzierung zwischen schweren Verstößen gegen § 134 GWB – insbesondere das vollständige Unterlassen einer Information an einen benachrichtigungspflichtigen Bieter oder Bewerber, die Nichteinhaltung der Wartefrist, die Nichtnennung des Namens des Unter-

[53] Gesetzesbegründung zu § 133 GWB in BT-Drs. 18/6281, S. 121.
[54] Gesetzesbegründung zu § 133 GWB in BT-Drs. 18/6281, S. 121.
[55] Vgl. auch *Tugendreich* EWeRK 2016, 235 (236 f.).
[56] Gesetzesbegründung zu § 133 GWB in BT-Drs. 18/6281, S. 121.
[57] *Tugendreich* EWeRK 2016, 235 (236 f.).
[58] Dazu → § 38 Rn. 91 ff.
[59] Gesetzesbegründung zu § 133 Abs. 3 GWB in BT-Drs. 18/6281, S. 121.
[60] Zu den Anforderungen des § 134 GWB vgl. → § 34 Rn. 7 ff.

nehmens, dessen Angebot angenommen werden soll, oder das Fehlen jeglicher Begründung der Nichtberücksichtigung – und weniger klaren Verstößen wie beispielsweise einer inhaltlich unvollständigen oder unzutreffenden Information, ist dem Wortlaut der Vorschrift nicht zu entnehmen. Lediglich ein Verstoß gegen die fehlende Unverzüglichkeit der Information stellt unter Berücksichtigung des Normzwecks, effektiven Rechtsschutz zu gewährleiten, keinen Verstoß im Sinne des § 135 Abs. 1 Nr. 1 GWB dar.[61]

Umstritten ist allerdings, ob in solchen Fällen, in denen das Informationsschreiben zwar die gesetzlich geforderten Mindestangaben enthält, diese aber unzutreffend, unzureichend oder unvollständig sind oder das Schreiben sonst inhaltlich fehlerhaft ist, eine **teleologische Reduktion** des § 135 Abs. 1 Nr. 1 GWB geboten ist. Für eine solche teleologische Reduktion wird insbesondere angeführt, dass zur Gewährung effektiven Rechtsschutzes die Unwirksamkeitsfolge nicht notwendig sei, wenn trotz eines Verstoßes gegen § 134 GWB unter keinem denkbaren Gesichtspunkt der Rechtsschutz eines Bieters verkürzt worden sein kann. Das betreffe insbesondere Fälle eines unzureichend begründeten Informationsschreibens, so lange ein effektiver Bieterrechtsschutz noch während der Wartefrist des § 134 GWB gewährleistet sei.[62] Darüber hinaus wird auf die frühere Rechtsprechung zu § 13 S. 6 VgV 2003 Bezug genommen.[63] 41

Eine derartige teleologische Reduktion des § 135 Abs. 1 Nr. 1 GWB ist indes **abzulehnen.**[64] Der Wortlaut der Vorschrift ist eindeutig und differenziert nicht zwischen schweren und sonstigen Verstößen gegen die Informations- und Wartepflicht. Eine derartige Differenzierung war vom Gesetzgeber bei Schaffung des § 101b GWB aF im Gesetz zur Modernisierung des Vergaberechts vom 20.4.2009 auch offensichtlich nicht gewollt. Denn nach Art. 2d Abs. 1 lit. b der Rechtsmittelrichtlinie RL 89/665/EWG (in der Fassung der RL 2007/66/EG) ist die Einführung einer Unwirksamkeitsfolge bei einem Verstoß gegen die Informations- und Wartepflichten verpflichtend nur vorgesehen, „falls dieser Verstoß dazu führt, dass der Bieter, der eine Nachprüfung beantragt, nicht mehr die Möglichkeit hat, vor Abschluss des Vertrags Rechtsschutz zu erlangen". Diese Einschränkung hat der deutsche Gesetzgeber bei der Richtlinienumsetzung aber gerade nicht übernommen. Letztlich besteht auch kein Anlass für eine teleologische Reduktion. Denn in Fällen einer unzureichenden Vorinformation nach § 134 GWB kann der Bieter diesen Fehler als selbstständigen Vergaberechtsverstoß rügen und bei Nichtabhilfe einen Nachprüfungsantrag stellen. Holt die Vergabestelle die ordnungsgemäße Information dann im laufenden Nachprüfungsverfahren nach, kann der Bieter das Verfahren unter Verwahrung gegen die Kostenlast für erledigt erklären. Beseitigt die Vergabestelle die Mängel des Vorinformationsschreibens dagegen nicht, besteht kein Anlass zu einer teleologischen Einschränkung des § 135 GWB.[65] 42

II. Unwirksamkeit wegen ungerechtfertigten Absehens von EU-weiter Bekanntmachung (de facto-Vergabe; § 135 Abs. 1 Nr. 2 GWB)

Gemäß § 135 Abs. 1 Nr. 2 GWB ist ein Vertrag **von Anfang an unwirksam,** wenn der Auftraggeber einen öffentlichen Auftrag ohne vorherige Veröffentlichung einer Bekanntmachung im Amtsblatt der Europäischen Union vergeben hat, ohne dass dies aufgrund Gesetzes gestattet ist. Diese gesetzliche Regelung zur Unwirksamkeit ist seit 2013 gegenüber der früheren Rechtslage unter Geltung des § 13 S. 6 VgV 2003 neu und wurde 43

[61] So auch Burgi/Dreher/*Dreher/Hoffmann* GWB § 135 Rn. 26 mwN.

[62] VK Nordbayern Beschl. v. 18.11.2011 – 21.VK-3194-36/11, IBRRS 2012, 0095; Reidt/Stickler/Glahs/*Glahs*, Vergaberecht, 4. Aufl. 2018, § 135 Rn. 9; Hattig/Maibaum/*Hattig* § 101b Rn. 8f.

[63] Vgl. nur Hattig/Maibaum/*Hattig* § 101b GWB Rn. 9 mwN.

[64] So auch Byok/Jaeger/*Kühnen*, Vergaberecht, 4. Aufl. 2018, GWB § 135 Rn. 8 mwN; Ziekow/Völlink/*Braun* GWB § 135 Rn. 37ff.; Willenbruch/Wieddekind/*Stumpf* GWB § 135 Rn. 8f.

[65] Zutr. Willenbruch/Wieddekind/*Stumpf* GWB § 135 Rn. 9; zur Frage der Antragsbefugnis vgl. allerdings → Rn. 78f.

durch das Gesetz zur Modernisierung des Vergaberechts vom 17.2.2016 inhaltlich nochmals erweitert. Während unter Geltung des GWB 2013 nach dem Wortlaut nur Fälle der sogenannten de facto-Vergabe erfasst waren, trägt die jetzige Fassung der erweiternden Auslegung des § 101b Abs. 1 Nr. 2 GWB 2013 durch die Rechtsprechung[66] Rechnung.

1. De facto-Vergaben

44 **a) Direktvergaben.** Nach § 135 Abs. 1 Nr. 2 GWB führen weiterhin zunächst die krassesten Fälle einer Missachtung des Vergaberechts durch öffentliche Auftraggeber, nämlich **Direktvergaben an ein Unternehmen** ohne Durchführung eines wettbewerblichen Auswahlverfahrens, zur Unwirksamkeit des geschlossenen Vertrages.[67] Die Vorschrift ist allerdings nicht nur anwendbar, wenn der Auftrag an ein Unternehmen erteilt worden ist, sondern auch dann, wenn er an **zwei (oder ggf. mehrere) Unternehmen** vergeben wurde. Denn Sinn und Zweck der Regelung, zum Schutz übergangener Wettbewerber Direktvergaben nur in den gesetzlich zulässigen Fällen zu ermöglichen, greift immer dann, wenn ein Auftrag ohne ein gebotenes wettbewerbliches Verfahren erteilt wird.[68]

45 Für die Anwendung des § 135 Abs. 1 Nr. 2 GWB spielt es keine Rolle, aus welchen Gründen der Auftraggeber von der Durchführung der objektiv-rechtlich gebotenen Ausschreibung abgesehen hat. Weder ein Rechtsirrtum über das anzuwendende Vergabeverfahren noch eine unzutreffende, aber entschuldbare Fehleinschätzung der tatsächlichen Voraussetzungen (etwa die unzutreffende Annahme der besonderen Dringlichkeit der Vergabe) oder eine entschuldbar unrichtige Schätzung des Auftragswerts stehen der Annahme einer unzulässigen de facto-Vergabe entgegen.[69]

46 Schließlich greift § 135 Abs. 1 Nr. 2 GWB nicht nur in den Fällen, in denen der öffentliche Auftraggeber im Wege der Direktvergabe explizit einen neuen Vertrag schließt. Vielmehr sind auch solche Beschaffungsakte des öffentlichen Auftraggebers im Wege der Direktvergabe sanktioniert, die in wirtschaftlicher Hinsicht bei wertender Betrachtung den Wirkungen einer Neuvergabe gleichkommen und daher eine Neuausschreibungspflicht begründen;[70] das betrifft insbesondere die **(wesentliche) Änderung eines bestehenden Vertragsverhältnisses.**[71]

47 **b) De facto-Vergaben im weiteren Sinne.** Bereits vor Inkrafttreten der Neufassung des § 135 Abs. 1 Nr. 2 GWB aufgrund des Gesetzes zur Modernisierung des Vergaberechts vom 17.2.2016 war weitgehend anerkannt, dass die Vorschrift des § 101b Abs. 1 Nr. 2 GWB 2013 auch auf de facto-Vergaben im weiteren Sinne[72], dh Vergaben, bei denen es zwar an einem förmlichen Vergabeverfahren fehlt, allerdings ein wettbewerbliches Verfahren unter Beteiligung mehrerer Unternehmen durchgeführt wurde, Anwendung findet.[73]

---

66 OLG Düsseldorf Beschl. v. 11.1.2012 – VII-Verg 67/11, IBRRS 2012, 4082 mwN und Gabriel/Krohn/Neun VergR-HdB/*Conrad*, 2. Aufl. 2017, § 35 Rn. 10ff.; vgl. auch die Gesetzesbegründung des Gesetzes zur Modernisierung des Vergaberechts v. 17.2.2016, BT-Drs. 18/6281, S. 122.

67 AllgM vgl. nur Ziekow/Völlink/*Braun* GWB § 135 Rn. 52.

68 OLG Dresden Beschl. v. 12.10.2010 – WVerg 9/10, IBRRS 2010, 4356.

69 KKPP/*Maimann* GWB § 135 Rn. 15ff.; Ziekow/Völlink/*Braun* GWB § 135 Rn. 56.

70 OLG Naumburg Beschl. v. 26.7.2012 – 2 Verg 2/12, VergabeR 2013, 21f., 227.

71 Vgl. OLG Frankfurt a.M. Beschl. v. 3.5.2016 – 11 Verg 12/15, NZBau 2016, 511 (512) mit Ausführungen zum Beginn der 6-Monats-Frist nach § 101b Abs. 2 GWB aF; OLG Schleswig Beschl. v. 28.8.2015 – 1 Verg 1/15, NZBau 2015, 718 (720) für den Fall einer „Aufstockung"; OLG Naumburg Beschl. v. 29.4.2010 – 1 Verg 3/10, BeckRS 2010, 13763; Burgi/Dreher/*Dreher/Hoffmann* GWB § 135 Rn. 30; vgl. dazu → § 4 Rn. 16ff.

72 Zur terminologischen Unterscheidung *Dreher/Hoffmann* NZBau 2009, 216 (219).

73 OLG Düsseldorf Beschl. v. 3.8.2011 – Verg 33/11, IBR 2011, 717; OLG Düsseldorf Beschl. v. 11.1.2012 – VII-Verg 67/11, IBRRS 2012, 4082; OLG Saarbrücken Beschl. v. 19.1.2014 – 1 Verg 3/13, NZBau 2014, 241, mwN; OLG Sachsen-Anhalt Beschl. v. 14.3.2014 – 2 Verg 1/14, ZfBR 2014, 619; VK Lüneburg Beschl. v. 1.2.2011 – VgK-75/2010, IBRRS 2011, 1411; VK Baden-Württemberg Beschl. v. 21.10.2009 – 1 VK 51/09, VPRRS 2010, 0024; Hattig/Maibaum/*Hattig* § 101b Rn. 18; *Hübner* VergabeR

Durch den Wortlaut wurde jetzt klargestellt, dass **jede Vergabe eines öffentlichen Auftrags ohne vorherige Veröffentlichung einer Bekanntmachung im Amtsblatt der Europäischen Union** zur Unwirksamkeit des Vertrags führt, sofern das Absehen von europaweiter Bekanntmachung nicht aufgrund Gesetzes gestattet ist.

Das betrifft insbesondere den Fall, dass ein öffentlicher Auftraggeber eine **nationale Ausschreibung anstelle** der rechtlich gebotenen **EU-weiten Ausschreibung** vornimmt. Denn in einem solchen Fall unterlässt der öffentliche Auftraggeber die gebotene Bekanntmachung im Amtsblatt der Europäischen Union. Hintergrund ist die Regelung des Art. 2d Abs. 1 lit. a der Rechtsmittelrichtlinie 89/665/EWG (in der Fassung der RL 2007/66/EG), wonach die Vorschrift bereits eingreift, wenn „der öffentliche Auftraggeber einen Auftrag ohne vorherige Veröffentlichung einer Bekanntmachung im Amtsblatt der Europäischen Union vergeben hat, ohne dass dies nach der Richtlinie 2004/18/EG zulässig ist". Nach dem 13. und 14. Erwägungsgrund der Rechtsmittelrichtlinie 89/665/EWG (in der Fassung der RL 2007/66/EG) sollen verhältnismäßige und abschreckende Sanktionen vorgesehen werden, um gegen die rechtswidrige freihändige Vergabe von Aufträgen vorzugehen, die der Europäische Gerichtshof als schwerwiegendste Verletzung des Gemeinschaftsrechts im Bereich des öffentlichen Auftragswesens durch öffentliche Auftraggeber bezeichnet hat. Von einer „freihändigen Vergabe" ist der Richtliniengeber dabei ausweislich des 14. Erwägungsgrunds der Rechtsmittelrichtlinie bei allen Auftragsvergaben ausgegangen, die ohne vorherige Veröffentlichung einer Bekanntmachung im Amtsblatt der Europäischen Union durchgeführt wurden. Nach Art. 2d Abs. 1a) der RL 89/665/EWG (in der Fassung der RL 2007/66/EG) sind die Mitgliedstaaten daher verpflichtet, dafür Sorge zu tragen, dass ein Vertrag unwirksam ist, falls der öffentliche Auftraggeber einen Auftrag ohne vorherige Veröffentlichung einer Bekanntmachung im Amtsblatt der Europäischen Union vergeben hat, ohne dass dies nach der Rechtsmittelrichtlinie zulässig ist. Eine solche rechtswidrige freihändige Vergabe im Sinne der Rechtsmittelrichtlinie liegt demnach auch dann vor, wenn Wirtschaftsteilnehmern dadurch rechtswidrig Wettbewerbsmöglichkeiten vorenthalten werden, dass der Auftraggeber einen öffentlichen Auftrag lediglich national, trotz vorliegender Voraussetzungen aber nicht EU-weit ausgeschrieben hat.[74] 48

Eine Berufung auf die Unwirksamkeit des Vertrags kommt auch dann in Betracht, wenn ein **Auftrag ohne vorherige Veröffentlichung einer EU-Bekanntmachung** vergeben worden ist, **ohne dass diese Wahl eines Verfahrens ohne Bekanntmachung nach den einschlägigen vergaberechtlichen Vorschriften zur Verfahrenswahl** in der VgV, SektVO, VSVgV oder KonzVgV **zulässig wäre.**[75] Das betrifft insbesondere Fälle, in denen der öffentliche Auftraggeber zu Unrecht vom Vorliegen eines Ausnahmegrunds für die Durchführung eines Verhandlungsverfahrens ohne Teilnahmewettbewerb gem. § 14 Abs. 4 VgV[76] ausgegangen ist. Eine Neuregelung, die öffentlichen Auftraggebern in solchen Fällen ermöglicht, schneller Rechtssicherheit zu erlangen, wurde durch das Gesetz zur Modernisierung des Vergaberechts vom 17.2.2016 in **§ 135 Abs. 3 GWB** geschaffen.[77] 49

Eine Anwendung des § 135 Abs. 1 Nr. 2 GWB kommt demgegenüber **nicht** in Betracht, wenn der Auftraggeber lediglich gegen die Vorgaben verstoßen hat, die sich nach der Rechtsprechung des Europäischen Gerichtshofs aus dem **EU-Primärrecht** für die 50

2011, 93 (95); *Shirvani* VergabeR 2013, 669 (675); aA VK Berlin Beschl. v. 13.6.2011 – VK B2-7/11, IBRRS 2011, 5164. Vgl. dazu Gabriel/Krohn/Neun VergR-HdB/*Freytag*, 1. Aufl. 2014, § 35 Rn. 10ff.

[74] So bereits vor Inkrafttreten des Gesetzes zur Modernisierung des Vergaberechts v. 17.2.2016 OLG Dresden Beschl. v. 24.7.2012 – Verg 2/12, NZBau 2012, 794; VK Lüneburg Beschl. v. 1.2.2011 – VgK-75/2010, IBRRS 2011, 1411 mwN.

[75] Vgl. auch OLG Düsseldorf Beschl. v. 21.4.2010 – VII-Verg 55/09, NZBau 2010, 390 (391); *Bulla/Schneider* VergabeR 2011, 664 (670); Burgi/Dreher/*Dreher/Hoffmann* GWB § 135 Rn. 29ff.

[76] Ebenso § 13 Abs. 2 SektVO; § 20 KonzVgV.

[77] Dazu → Rn. 55.

Vergabe solcher öffentlicher Aufträge ergeben, die ganz oder weitgehend aus dem Anwendungsbereich der RL 2014/24/EU, SRL oder RL 2014/23/EU herausfallen.[78] Zwar ergibt sich aus der Rechtsprechung des Europäischen Gerichtshofs aufgrund des Transparenzgebots auch die Pflicht zur Herstellung eines angemessenen Grads an Öffentlichkeit, was in der Regel eine Bekanntmachung erfordert.[79] Bereits nach dieser Rechtsprechung ist aber nicht zwingend eine Veröffentlichung im Amtsblatt der Europäischen Union erforderlich, wie sie nach dem klaren Wortlaut des § 135 Abs. 1 Nr. 2 GWB vorgesehen ist. Ein derartiges Verständnis des § 135 Abs. 1 Nr. 2 GWB wäre auch von einer richtlinienkonformen Auslegung nicht mehr umfasst, da Art. 2d Abs. 1 lit. a RL 89/665/EWG (in der Fassung der RL 2007/66/EG) solche Fälle seinerseits nicht erfasst. Zwar könnte hier eine analoge Anwendung des § 135 GWB erwogen werden. Eine Analogie kommt jedoch nur in Betracht, wenn eine planwidrige Regelungslücke vorliegt. Bereits seit Inkrafttreten der Neuregelung des § 101b GWB aF aufgrund des Gesetzes zur Modernisierung des Vergaberechts vom 20.4.2009 kann von einer solchen planwidrigen Regelungslücke jedoch nicht mehr ausgegangen werden. Da der Gesetzgeber in § 135 Abs. 1 Nr. 2 GWB nunmehr die Fälle der de facto-Vergabe einer expliziten und abschließenden Regelung zugeführt hat, scheidet eine analoge Anwendung auf darüber hinaus reichende Fälle aus. Der nationale Gesetzgeber geht offensichtlich davon aus, dass die Möglichkeit der Geltendmachung von Schadensersatzansprüchen vor den Zivilgerichten in solchen Fällen, einen adäquaten und ausreichenden Rechtsschutz darstellt, um den Vorgaben der Rechtsmittelrichtlinie und den aus dem Primärrecht abgeleiteten Anforderungen an den Rechtsschutz zu genügen.[80]

2. Ausnahmen vom Verbot der de facto-Vergabe

51 **a) Gestattung aufgrund Gesetzes.** Nach § 135 Abs. 1 Nr. 2 GWB führt eine de facto-Vergabe dann nicht zur Unwirksamkeit des Vertrags, wenn das Absehen von der Durchführung eines Vergabeverfahrens aufgrund Gesetzes gestattet ist. Der Begriff des Gesetzes ist dabei nicht als Gesetz im formellen Sinne, sondern als **Gesetz im materiellen Sinne** zu verstehen. „Aufgrund Gesetzes" bedeutet daher, dass die Legitimation der vergaberechtsfreien Auftragsvergabe auch in einem auf gesetzlicher Grundlage erlassenen untergesetzlichen Regelwerk, insbesondere also in Rechtsverordnungen, enthalten sein kann.[81]

52 Praktisch geht es insbesondere um die Fälle, in denen nach der VgV, SektVO, VSVgV oder KonzVgV **Verhandlungsverfahren ohne Teilnahmewettbewerb** zulässig sind. Das betrifft Fälle des § 14 Abs. 4 VgV, § 13 Abs. 2 SektVO sowie § 12 VSVgV. Auch § 20 KonzVgV enthält Ausnahmen von der grundsätzlichen Pflicht zur Konzessionsbekanntmachung im Amtsblatt der Europäischen Union.

53 Eine weitere – seit Inkrafttreten des Gesetzes zur Modernisierung des Vergaberechts vom 17.2.2016 in § 108 GWB gesetzlich geregelte – Ausnahme von der Ausschreibungspflicht und demnach von der Unwirksamkeitsfolge bei Direktvergaben stellen **Fälle zulässiger öffentlich-öffentlicher Zusammenarbeit,** insbes. also **Inhouse-Vergaben** oder **interkommunale Zusammenarbeit** dar.[82] Ob ein solcher Fall zulässiger öffentlich-öffentlicher Zusammenarbeit vorliegt oder nicht, ist im Einzelfall anhand der Regelungen

[78] Vgl. dazu bereits 3. VK Bund Beschl. v. 1.12.2009 – VK 3-205/09, IBRRS 2013, 2033; aA Burgi/Dreher/*Dreher/Hoffmann* GWB § 135 Rn. 30.

[79] EuGH Urt. v. 7.12.2000 – C-324/98, NVwZ 2001, 5 – Telaustria; → § 82 Rn. 35.

[80] Zu nichtprioritären Dienstleistungen unter Geltung des GWB 2005/2013 vgl. 3. VK Bund Beschl. v. 1.12.2009 – VK 3-205/09, IBRRS 2013, 2033; anders OLG Düsseldorf Beschl. v. 21.4.2010 – VII-Verg 55/09, NZBau 2010, 390 (391) in der Rechtsmittelinstanz, insoweit allerdings inkonsequent, weil das OLG entgegen dem selbst aufgestellten Obersatz letztlich gerade keinen Verstoß gegen Bekanntmachungspflichten nach der Rechtsmittelrichtlinie feststellt. Zu § 101b Abs. 1 Nr. 2 GWB vgl. auch OLG Saarbrücken Beschl. v. 29.1.2014 – 1 Verg 3/13, NZBau 2014, 241.

[81] AA Ziekow/Völlink/*Braun* GWB § 135 Rn. 69.

[82] Vgl. OLG München Beschl. v. 21.2.2013 – Verg 21/12, NZBau 2013, 458 (461).

des § 108 GWB zu beurteilen.[83] In diesem Zusammenhang ist allerdings darauf hinzuweisen, dass die Regelung des § 108 GWB – ebenso wie andere Ausnahmeregelungen vom Anwendungsbereich des Kartellvergaberechts – nicht im eigentlichen Sinne als gesetzliche Ausnahmen im Sinne des § 135 Abs. 1 Nr. 2 GWB begriffen werden können. Denn diese Regelungen führen bereits dazu, dass der Vierte Teil des GWB und damit auch § 135 GWB überhaupt unanwendbar ist.

Eine Befreiung von Ausschreibungspflichten aufgrund **Landesrechts** kommt demgegenüber **nicht** in Betracht. Denn dies hätte, wie etwa in § 129 GWB, ausdrücklich im Wortlaut der Bestimmung des § 135 Abs. 1 Nr. 2 GWB hervorgehoben werden müssen. Ohne eine solche bundesgesetzliche Zulassung der Einschränkung des Vergaberechts durch Landesrecht besteht eine Landeskompetenz zur Einschränkung des bundeseinheitlichen Vergaberechts nicht mehr, nachdem der Bund den Vierten Teil des GWB geschaffen und damit von seiner konkurrierenden Gesetzgebungskompetenz Gebrauch gemacht hat (Art. 72, 74 Abs. 1 Nr. 1, 11, 16, 109 Abs. 3 GG).[84] 54

b) Ausnahme gemäß § 135 Abs. 3 GWB. § 135 Abs. 3 GWB wurde durch das Gesetz zur Modernisierung des Vergaberechts vom 17.2.2016 neu in das GWB eingefügt. Der Gesetzgeber übernimmt damit die in Art. 2d der RL 89/665/EWG (in der Fassung der RL 2007/66/EG) vorgesehene **Möglichkeit für den öffentlichen Auftraggeber, die Unwirksamkeit eines öffentlichen Auftrags zu vermeiden, wenn er der Ansicht ist, eine Vergabe sei ohne vorherige europaweite Bekanntmachung zulässig.**[85] Nach der Rechtsprechung des EuGH muss der öffentliche Auftraggeber bei der Entscheidung, den Auftrag ohne europaweite Bekanntmachung zu vergeben, sorgfältig gehandelt haben und berechtigterweise zu dieser Auffassung gelangt sein.[86] Eine Ex-ante-Transparenzbekanntmachung bietet daher Schutz im Graubereich, nicht aber bei bewusster Umgehung des Vergaberechts.[87] Das betrifft insbesondere Fälle, in denen der öffentliche Auftraggeber fälschlicherweise vom Vorliegen eines Grundes für die Wahl eines Verhandlungsverfahrens ohne Teilnahmewettbewerb oder einer Inhouse-Vergabe ausgeht, tatsächlich aber eine Unwirksamkeit nach § 135 Abs. 1 Nr. 2 GWB im Raum steht. Denn liegen die Gründe für eine Vergabe ohne vorherige europaweite Bekanntmachung tatsächlich vor, scheidet die Unwirksamkeit bereits nach § 135 Abs. 1 Nr. 2 GWB aus. Die Nachprüfungsinstanzen müssen aufgrund konkreter Anhaltspunkte feststellen können, dass der öffentliche Aufraggeber, obwohl die getroffene Entscheidung vergaberechtlich falsch war, dennoch der Überzeugung war, den Auftrag ohne vorherige europaweite Ausschreibung vergeben zu dürfen. Welche Voraussetzungen an diese Feststellungen zu stellen sind, kann nicht generell beantwortet werden, sondern hängt von den konkreten Umständen des Einzelfalls ab. Um eine wirksame Kontrolle im Nachprüfungsverfahren sicherzustellen, dürfen die Anforderungen indes nicht zu gering sein. Es ist zu verhindern, dass sich der öffentliche Auftraggeber den Ausnahmetatbestand des § 135 Abs. 3 GWB zunutze macht, indem er wider besseres Wissen vorträgt, er habe ein Vergabeverfahren ohne europaweite Ausschreibung für zulässig gehalten. Gleiches gilt, wenn er sich der richtigen Erkenntnis bewusst verschlossen hat. Es ist somit eine mutwillige Umgehung der Pflicht zur europaweiten Ausschreibung abzugrenzen von einer nach bestem Wissen getroffenen fehlerhaften Entscheidung. Der richtige Prüfmaßstab dürfte daher sein, ob die Entscheidung des öffentlichen Auftraggebers aufgrund der konkreten Umstände in sachlicher und rechtlicher 55

[83] → § 6 Rn. 6ff.
[84] BGH Urt. v. 1.12.2008 – X ZB 31/08, NZBau 2009, 201 (204); Ziekow/Völlink/*Braun* GWB § 135 Rn. 68.
[85] So bereits EuGH Urt. v. 11.9.2014 – C-19/13, NZBau 2015, 175 – Fastweb SpA, vgl. auch *Henzel* NZB 2016, 148.
[86] EuGH Urt. v. 11.9.2014 – C-19/123, NZBau 2015, 175 – Fastweb SpA.
[87] So auch *Henzel* NZB 2016, 148 (151); *Püstow/Meiners* EuZW 2016, 325 (327).

Hinsicht vertretbar war. Abzustellen ist dabei auf den Zeitpunkt, zu dem er seine Entscheidung getroffen hat.[88]

56 Die Unsicherheit über die Unwirksamkeit lässt sich unter **zwei Voraussetzungen** vermeiden: Veröffentlichung einer sog. „freiwilligen Ex-ante-Transparenzbekanntmachung" im Amtsblatt der Europäischen Union (§ 135 Abs. 3 Nr. 2 GWB) und Ablauf einer Mindestfrist von 10 Kalendertagen ab deren Veröffentlichung vor Vertragsschluss (§ 135 Abs. 3 Nr. 3 GWB).

57 Die **„freiwillige Ex-ante-Transparenzbekanntmachung"** muss die in § 135 Abs. 3 S. 2 GWB aufgeführten **Informationen** enthalten. Danach sind Name und Kontaktdaten des öffentlichen Auftraggebers, die Beschreibung des Vertragsgegenstands, die Begründung der Entscheidung des öffentlichen Auftraggebers, den Auftrag ohne vorherige EU-weite Bekanntmachung zu vergeben, sowie Name und Kontaktdaten des Unternehmens, das den Zuschlag erhalten soll, zu veröffentlichen. Aus der Rechtsprechung des EuGH ergeben sich **strenge Anforderungen an die Begründung** der Wahl eines Verfahrens ohne vorherige EU-weite Bekanntmachung. Diese muss „klar und unmissverständlich die Gründe erkennen lassen, die den öffentlichen Auftraggeber zu der Auffassung veranlasst haben, den Auftrag ohne vorherige Veröffentlichung einer Bekanntmachung vergeben zu können, damit die Beteiligten in voller Sachkenntnis entscheiden können, ob sie es für nützlich erachten, die für das Nachprüfungsverfahren zuständige Stelle anzurufen und damit diese eine wirksame Kontrolle vornehmen kann".[89] In der Begründung darf der öffentliche Auftraggeber demnach nicht nur formelhaft auf den geltend gemachten Ausnahmegrund von der Bekanntmachungspflicht verweisen; vielmehr muss er nachvollziehbar darlegen, warum er diese Ausnahmeregelung im konkreten Fall für anwendbar hält.[90] Zum Zweck der Veröffentlichung im Amtsblatt der Europäischen Union steht bei SIMAP das **Standardformular 15** (Freiwillige Ex-ante-Transparenzbekanntmachung) zur Verfügung.

58 Nach Ablauf der Mindestfrist von 10 Kalendertagen ab deren Veröffentlichung besteht weitergehende Rechtssicherheit. Ein Nachprüfungsverfahren ist nicht mehr zulässig. Da sich § 135 Abs. 3 GWB ausdrücklich nur auf die Unwirksamkeit nach § 135 Abs. 1 Nr. 2 GWB bezieht, ist allerdings davon auszugehen, dass sowohl die **Geltendmachung der Unwirksamkeit aus anderen Gründen**[91] als auch die Einleitung eines **Vertragsverletzungsverfahrens** durch die Europäische Kommission[92] **weiterhin möglich** bleibt. Ein Vertragsverletzungsverfahren dürfte nach der *Fastweb*-Entscheidung des EuGH[93] allerdings nur Erfolg haben können, wenn die vom EuGH aufgestellten Voraussetzungen der Ex-ante-Transparenzbekanntmachung nicht gegeben sind.

59 Darüber hinaus darf der Vertrag gem. § 135 Abs. 3 Nr. 2 GWB nicht vor Ablauf einer **Frist von mindestens zehn Kalendertagen,** gerechnet ab dem Tag nach Veröffentlichung der Ex-ante-Transparenzbekanntmachung, abgeschlossen werden. Anders als bei der Informations- und Wartepflicht nach § 134 GWB kommt es für die Fristberechnung nicht auf den Tag der Absendung des Bekanntmachungsformulars, sondern auf die Veröffentlichung im Amtsblatt der Europäischen Union (TED) an. Grundlage für die Berechnung der Frist sind die FristenVO und die Regelungen des BGB.[94] Wird diese 10-Tages-Frist nicht eingehalten, verbleibt es allerdings bei den allgemeinen Fristen für Nachprüfungsverfahren nach § 135 Abs. 2 GWB.

---

[88] So zutr. OLG Düsseldorf Beschl. v. 12.7.2017 – Verg 13/17, NZBau 2017, 679 mwN.
[89] EuGH Urt. v. 11.9.2014 – C-19/13, NZBau 2015, 175 Rn. 48 – Fastweb SpA.
[90] Vgl. zur Begründungstiefe auch *Schwabe* VergabeR 2015, 172 (175).
[91] Dazu → Rn. 101 ff.
[92] So auch *Püstow/Meiners* EuZW 2016, 325 (327). Zum Vertragsverletzungsverfahren → § 39 Rn. 16 ff.
[93] EuGH Urt. v. 11.9.2014 – C-19/13, NZBau 2015, 175.
[94] → § 25 Rn. 4 ff.

III. Feststellung der Unwirksamkeit in einem Nachprüfungsverfahren (§ 135 Abs. 1 aE, Abs. 2 GWB)

Anders als nach der früheren Regelung in § 13 S. 6 VgV 2003 tritt die Unwirksamkeit des Vertrags nach § 135 GWB nicht mehr automatisch ein. Vielmehr muss der jeweilige Verstoß in einem Nachprüfungsverfahren nach § 135 Abs. 4. Aifl.1 aE GWB). Bis zu dieser Feststellung der Unwirksamkeit ergibt sich eine schwebende Unwirksamkeit[95] bzw. – dogmatisch richtiger – die schwebende Wirksamkeit[96] des Vertrages. Die Feststellung eines Verstoßes in einem Nachprüfungsverfahren setzt voraus, dass eine solche Nachprüfung zulässig und begründet ist.[97] Besonderheiten gegenüber sonstigen Vergabenachprüfungsverfahren ergeben sich insbesondere aus den Fristbestimmungen des § 135 Abs. 2 GWB, die durch das Gesetz zur Modernisierung des Vergaberechts vom 17.2. 2016 leicht modifiziert wurden, sowie hinsichtlich der Rügeobliegenheit. 60

1. Fristen zur Geltendmachung der Unwirksamkeit

Gemäß § 135 Abs. 2 GWB kann die Unwirksamkeit eines Vertrages nur festgestellt werden, wenn sie im Nachprüfungsverfahren innerhalb von 30 Kalendertagen nach der Information der betroffenen Bieter und Bewerber durch den öffentlichen Auftraggeber über den Abschluss des Vertrags, jedoch nicht später als 6 Monate nach Vertragsschluss geltend gemacht worden ist. Hat der Auftraggeber die Auftragsvergabe im Amtsblatt der Europäischen Union bekannt gemacht, endet die Frist zur Geltendmachung der Unwirksamkeit 30 Kalendertage nach Veröffentlichung der Bekanntmachung der Auftragsvergabe im Amtsblatt der Europäischen Union. 61

Die Einführung dieser Fristen beruht auf dem Anliegen der Rechtsmittelrichtlinie RL 89/665/EWG (in der Fassung der RL 2007/66/EG), nach Ablauf von angemessenen „Mindest-Verjährungsfristen" für Nachprüfungen für Rechtssicherheit hinsichtlich der Entscheidungen der öffentlichen Auftraggeber zu sorgen.[98] Auch nach dem Willen des deutschen Gesetzgebers besteht **nach Ablauf der Frist Rechtssicherheit** über den geschlossenen Vertrag.[99] 62

Insgesamt normiert § 135 Abs. 2 GWB **drei verschiedene Fristen,** die bei Einleitung eines Nachprüfungsverfahrens zu beachten sind: 63

- 30 Kalendertage nach Information durch den öffentlichen Auftraggeber über den Vertragsschluss (§ 135 Abs. 2 S. 1, 1. Hs. GWB);
- 6 Monate nach Vertragsschluss (§ 135 Abs. 2 S. 1, 2. Hs. GWB);
- 30 Kalendertage nach Veröffentlichung der Bekanntmachung über vergebene Aufträge im Amtsblatt der Europäischen Union (§ 135 Abs. 2 S. 2 GWB).

a) Fristberechnung. Die Fristberechnung richtet sich nach den **Frist-Regelungen des BGB.**[100] 64

Der Lauf der 30-Tages-Frist nach § 135 Abs. 2 S. 1, 1. Hs. und S. 2 GWB beginnt nach § 187 Abs. 1 BGB am Tag nach der Kenntniserlangung aufgrund einer Information durch den öffentlichen Auftraggeber bzw. nach Veröffentlichung im Amtsblatt zu laufen. Dass es für den Lauf der 30-Tages-Frist nach § 135 Abs. 2 S. 1, 1. Hs. GWB weiterhin auf die 65

---

[95] So die Gesetzesbegründung, BT-Drs. 16/10117, S. 21; wohl auch *Hofmann,* Zivilrechtsfolgen von Vergabefehlern, S. 21 ff.

[96] So die hM, vgl. *Bulla/Schneider* VergabeR 2011, 664 (668); *Dreher/Hoffmann* NZBau 2009, 216 (219); *Dreher/Hoffmann* NZBau 2010, 201 ff.; Ziekow/Völlink/*Braun* GWB § 135 Rn. 116 mwN.

[97] OLG Düsseldorf Beschl. v. 17.8.2011 – Verg 55/11, IBRRS 2011, 3752; VK Münster Beschl. v. 18.3. 2010 – VK 2/10, VPRRS 2010, 0121.

[98] Erwgr. 25 der RL 2007/66/EG.

[99] Begründung des Gesetzes zur Modernisierung des Vergaberechts v. 20.4.2009, BT-Drs. 16/10117, S. 21.

[100] Vgl. zur Anwendbarkeit der BGB-Fristregelungen auch Ziekow/Völlink/*Braun* GWB § 135 Rn. 75 ff. mwN; OLG Schleswig Beschl. v. 1.4.2010 – 1 Verg 5/09, BeckRS 2010, 08707. Vgl. zur Fristberechnung allg. auch → § 25 Rn. 4 ff.

Kenntniserlangung durch den Bieter oder Bewerber, nicht auf die bloße Absendung der Information durch den öffentlichen Auftraggeber ankommt, ergibt sich aus der Begründung des Gesetzes zur Modernisierung des Vergaberechts vom 17.2.2016. Danach entspricht § 135 Abs. 2 S. 1 GWB im Wesentlichen dem bisherigen § 101b Abs. 2 S. 1 GWB 2013, mit der Änderung, dass nunmehr der Lauf der Frist, innerhalb der ein Unternehmen die Feststellung der Unwirksamkeit eines Vertrags beantragen kann, eine **Information der betroffenen Bieter oder Bewerber durch den öffentlichen Auftraggeber** über den Abschluss des Vertrags voraussetzt. Eine anderweitige Kenntniserlangung durch den Bieter oder Bewerber genügt als fristauslösendes Ereignis nicht.[101] Maßgeblich ist demnach weiterhin die Kenntniserlangung durch den Bieter oder Bewerber, so dass der öffentliche Auftraggeber im Zweifel den Zugang der Information beim Bieter oder Bewerber nachweisen muss.

66 Für das Fristende ist § 188 Abs. 1 BGB einschlägig. Danach endet eine nach Tagen bestimmte Frist mit dem Ablauf des letzten Tages der Frist. Im Fall der 30-Tages-Frist ist das also der Ablauf (24 Uhr) des 30. Kalendertages nach der Kenntniserlangung bzw. Veröffentlichung im Amtsblatt.

67 Die 6-Monats-Frist nach § 135 Abs. 2 S. 1, 2. Hs. GWB beginnt gemäß § 187 Abs. 1 BGB am Tag nach dem Vertragsschluss zu laufen. Für das Fristende ist hier auf § 188 Abs. 2 BGB abzustellen. Danach endet die Frist mit Ablauf des Tages des 6. Monats, der durch seine Zahl dem Tag entspricht, an dem der Vertrag abgeschlossen wurde.

68 **b) Information durch den öffentlichen Auftraggeber.** Durch das Gesetz zur Modernisierung des Vergaberechts vom 17.2.2016 wurde in § 135 Abs. 2 S. 1, 1. Hs. GWB klargestellt, dass als fristauslösendes Ereignis nicht die bloße Kenntnis des Vergaberechtsverstoßes genügt, sondern dass diese Kenntnis aufgrund einer entsprechenden Information der betroffenen Bieter oder Bewerber durch den öffentlichen Auftraggeber über den Abschluss des Vertrags erlangt worden sein muss. Diese Änderung dient der Umsetzung des Art. 2f Abs. 1 lit. a der Rechtsmittelrichtlinie und Sektoren-Rechtsmittelrichtlinie, jeweils in der Fassung der RL 2007/66/EG. § 135 Abs. 2 GWB bezieht sich insoweit auf die in Abs. 1 genannten Verstöße, also auf einen Vertragsschluss ohne vorherige Mitteilung an die unterlegenen Bieter und Bewerber nach § 134 GWB bzw. ohne Veröffentlichung einer Bekanntmachung im Amtsblatt der Europäischen Union.[102]

69 § 135 Abs. 2 S. 2 GWB entspricht dem bisherigen § 101b Abs. 2 S. 2 GWB 2013. Indem auf die Veröffentlichung der Bekanntmachung der Auftragsvergabe im Amtsblatt der Europäischen Union als fristauslösendes Ereignis abgestellt wird, beruht die Kenntnis der betroffenen Bieter oder Bewerber von einem Verstoß gegen Abs. 1 auch insoweit auf einer Information des öffentlichen Auftraggebers.[103]

70 Nicht ganz eindeutig zu beantworten ist die Frage, ob es nach der Neufassung des § 135 Abs. 2 S. 1 GWB durch das Gesetz zur Modernisierung des Vergaberechts vom 17.2.2016 neben der Information durch den öffentlichen Auftraggeber weiterhin auf eine Kenntnis des Bieters oder Bewerbers von dem Vergaberechtsverstoß ankommen soll. Verschiedene Formulierungen in der Gesetzesbegründung deuten darauf hin. Legt man allerdings den Kenntnisbegriff des § 160 Abs. 3 GWB zugrunde, käme es darauf an, dass der Antragsteller nicht nur die Fakten kennt, welche dem Vergaberechtsverstoß zu Grunde liegen, sondern auch aus den Tatsachen auf den Vergaberechtsverstoß schließt. Dazu genügt seine laienhafte Wertung, dass das Handeln des Auftraggebers eine Missachtung von Be-

[101] BT-Drs. 18/6281, S. 122.

[102] Begr. des Gesetzes zur Modernisierung des Vergaberechts v. 17.2.2016, BT-Drs. 18/6281, S. 122; OLG Düsseldorf Beschl. v. 11.1.2012 – VII-Verg. 67/11, IBRRS 2012, 4082 mwN.

[103] Gesetzesbegründung, BT-Drs. 18/6281, S. 122.

stimmungen über das Vergabeverfahren enthält.[104] Einem solchen Verständnis steht nun allerdings der klare Wortlaut des § 135 Abs. 2 S. 1, 1. Hs. GWB entgegen. Nach diesem Wortlaut kommt es lediglich auf die „Information über den Abschluss des Vertrags" durch den öffentlichen Auftraggeber an. Zwar wird man zutreffenderweise fordern müssen, dass diese Information über den Abschluss des Vertrags die erforderlichen Informationen enthält, die es **Bietern bzw. Bewerbern** ermöglichen, Schlussfolgerungen auf einen Verstoß gegen § 135 Abs. 1 GWB zu ziehen. Dass sie diese Schlussfolgerungen allerdings auch tatsächlich ziehen, mithin **Kenntnis des Verstoßes erlangen,** ist nach dem Wortlaut der Norm **nicht mehr vorgesehen.** Der Wortlaut spricht vielmehr für eine Parallelität zum Fristbeginn bei Veröffentlichung einer Bekanntmachung der Auftragsvergabe im Amtsblatt der Europäischen Union nach § 135 Abs. 2 S. 2 GWB.[105] Damit ist es durch die Neuregelung zu einer Verschärfung des Fristbeginns für die Bieter/Bewerber gekommen. Denn soweit nach § 101b Abs. 2 S. 1, 1. Hs. GWB 2013 auf die Kenntnis des Verstoßes abzustellen war, oblag nach den allgemeinen Verfahrensgrundsätzen dem antragstellenden Unternehmen zwar die **Darlegungs- und Beweislast** für die Einhaltung der Frist für das Nachprüfungsverfahren nach § 135 Abs. 2 GWB. Allerdings oblag es dem Auftraggeber, der sich auf einen für ihn günstigen Umstand im Nachprüfungsverfahren beruft, die Umstände darzulegen und gegebenenfalls zu beweisen, die für eine Fristversäumnis des Antragstellers sprechen. Ebenso wie hinsichtlich der Kenntnis des Vergaberechtsverstoßes im Sinne des § 107 Abs. 3 GWB musste der Auftraggeber daher gegebenenfalls die (frühere) Kenntnis des Antragstellers nachweisen. Soweit dieser Nachweis, was regelmäßig der Fall war, nicht gelang, war auf die Angaben des Antragstellers abzustellen.[106] Nach dem insoweit eindeutigen Wortlaut der Neufassung des § 135 Abs. 2 S. 1, 1. Hs. GWB kommt es in Streitfällen im Nachprüfungsverfahren nur noch darauf an, dass der Auftraggeber darlegt und ggf. beweist, dass die **Information über den Abschluss des Vertrags dem Antragsteller tatsächlich zugegangen** ist.

c) Belehrung über Fristbeginn? Zu den umstrittensten Fragen im Rahmen des § 101b GWB 2013 zählte die Frage, ob die Fristen nach § 101b Abs. 2 GWB 2013 nur in Lauf gesetzt werden, wenn der öffentliche Auftraggeber eine entsprechende Belehrung über die Fristen erteilt hat. Da der Gesetzgeber diesbezüglich durch das Gesetz zur Modernisierung des Vergaberechts vom 17.2.2016 nicht für abschließende Klarheit gesorgt hat, bleibt diese Frage virulent. Der Gesetzgeber hat zwar klargestellt, dass es für den Fristbeginn nach § 135 Abs. 2 S. 1, 1. Hs., S. 2 GWB jeweils auf eine Information bzw. Bekanntmachung der Auftragsvergabe durch den öffentlichen Auftraggeber ankommt. Eine **ausdrückliche Pflicht** zur Belehrung über den jeweiligen Fristbeginn hat er allerdings **nicht normiert.** 71

Für eine Belehrungspflicht wird insbesondere angeführt, dass durch § 101b GWB 2013 gerade die Rechtsschutzmöglichkeiten für den unterlegenen Bieter verbessert werden sollten. Der Belehrung liege ein Schutzbedürfnis des betroffenen Unternehmens zugrunde. Die Kenntnis von einem Vergaberechtsverstoß, der die sehr kurzen Fristen des § 101b Abs. 2 GWB 2013 in Lauf setze, setze aber eine ordnungsgemäße Belehrung über diese Rechtsschutzmöglichkeiten voraus. Darüber hinaus wird eine analoge Anwendung des § 58 VwGO erwogen, wonach die Rechtsbehelfsfristen nur zu laufen beginnen, wenn der Beteiligte über den Rechtsbehelf, die Verwaltungsbehörde oder das Gericht, bei denen der Rechtsbehelf anzubringen ist, den Sitz und die einzuhaltende Frist schriftlich belehrt worden ist. Entscheidend seien zudem unionsrechtliche Überlegungen. Denn nationale Ausschlussfristen dürften die Ausübung von Rechten, die dem Betroffenen gegebenenfalls 72

[104] OLG München Beschl. v. 10.3.2011 – Verg 1/11, NZBau 2011, 445; BGH Urt. v. 26.9.2006 – X ZB 14/06, VergabeR 2007, 59; für eine richtlinienkonforme einschränkende Auslegung des § 101b Abs. 2 S. 1 GWB *Shirvani* VergabeR 2013, 669 (675f.).

[105] Zur Frage der Erforderlichkeit einer Belehrung über den Fristbeginn und zu den inhaltlichen Anforderungen an die Information → Rn. 70ff.

[106] Vgl. nur OLG Naumburg Beschl. v. 26.7.2012 – 2 Verg 2/12, VergabeR 2013, 218 (225f.).

nach dem EU-Recht zustehen, nicht praktisch unmöglich machen oder übermäßig erschweren. Auch soweit die Rechtsmittelrichtlinie die Einführung von Fristen für Rechtsbehelfe im innerstaatlichen Recht zulasse, müssten die Mitgliedstaaten hinreichend klare, bestimmte und überschaubare Regelungen schaffen, so dass die Einzelnen ihre Rechte und Pflichten erkennen können. Die Betroffenen müssten daher hinreichend klar darüber informiert werden, dass sie sachgerecht innerhalb der vorgeschriebenen Fristen Anträge auf Nachprüfung stellen können.[107]

73 **Gegen eine Belehrungspflicht** als Voraussetzung für das Inlaufsetzen der Fristen des § 101b GWB 2013 wurde demgegenüber insbesondere der Wortlaut des Abs. 2 angeführt. Diesem Wortlaut sei nicht zu entnehmen, dass es für den Beginn oder den Ablauf der Fristen bestimmter Belehrungen, etwa Hinweise auf die Nachprüfungsstelle und gegebenenfalls einzuhaltende Fristen, bedürfe. Weder das deutsche noch das europäische Vergabeverfahrensrecht fordere eine Rechtsmittelbelehrung, wie sie etwa in § 58 Abs. 1 VwGO vorgesehen sei. Der Gesetzgeber sei insoweit davon ausgegangen, dass die betroffenen Bieter jedenfalls dann, wenn sie aufgrund der in Art. 2f Rechtsmittelrichtlinie 89/665/EWG (in der Fassung der RL 2007/66/EG) geforderten Angaben erkennen können, dass der bekanntgegebene – vergebene – Auftrag für sie von Interesse ist, die weiteren Anforderungen zur Rechtsverfolgung ohne weiteres dem Gesetz entnehmen können. Weder im Rahmen der Rechtsmittelrichtlinie noch des § 101b Abs. 2 GWB 2013 seien die detaillierten Anforderungen an eine Belehrung über Adressat oder Frist eines Rechtsbehelfs für einen Antrag auf Feststellung der Unwirksamkeit eines Vertrages übernommen worden.[108] Eine entsprechende Klarstellung hat der Gesetzgeber auch in § 135 Abs. 2 GWB nicht aufgenommen.

74 **Zutreffend** erscheint die **vermittelnde Position.** Danach wird zwar keine allgemeine Pflicht zur Rechtsbehelfsbelehrung über die Fristen und die zuständige Nachprüfungsinstanz angenommen. Allerdings wird für die Fristverkürzung des § 101b Abs. 2 S. 2 GWB 2013 (jetzt § 135 Abs. 2 S. 2 GWB) im Falle der nachträglichen Bekanntmachung der Auftragsvergabe im Amtsblatt der Europäischen Union gefordert, dass eine (europarechtlich) ordnungsgemäße Bekanntmachung erfolgt ist.[109] Der deutsche Gesetzgeber hat durch die Regelung zur 30-Tages-Frist in § 135 Abs. 2 S. 1, 1. Hs. und S. 2 GWB Art. 2f Abs. 1 lit. a RL 89/665/EWG (in der Fassung der RL 2007/66/EG) umgesetzt. Nach dieser Vorschrift der Rechtsmittelrichtlinie können die Mitgliedstaaten vorsehen, dass eine Nachprüfung vor Ablauf von mindestens 30 Kalendertagen beantragt werden muss, gerechnet ab dem Tag, der auf den Tag folgt, an dem entweder der öffentliche Auftraggeber eine Bekanntmachung über die Auftragsvergabe gemäß Art. 35 Abs. 4 und den Art. 36 und 37 der Richtlinie 2004/18/EG veröffentlicht hat, sofern darin die Entscheidung des öffentlichen Auftraggebers begründet wird, einen Auftrag ohne vorherige Veröffentlichung einer Bekanntmachung im Amtsblatt der Europäischen Union zu vergeben, oder der öffentliche Auftraggeber die betroffenen Bieter und Bewerber über den Abschluss des Vertrags informiert hat, sofern diese Information eine Zusammenfassung der einschlägigen Gründe gemäß Art. 41 Abs. 2 der RL 2004/18/EG enthält, vorbehaltlich des Art. 41 Abs. 3 der genannten Richtlinie. Art. 35 Abs. 4 RL 2004/18/EG (bzw. jetzt Art. 50 Abs. 1 RL 2014/24/EU) enthält die Pflicht zur Veröffentlichung einer Bekanntmachung über vergebene Aufträge. Gemäß Art. 36 Abs. 1 RL 2004/18/EG enthalten die Bekanntmachungen die in

---

[107] So früher Ziekow/Völlink/*Braun* GWB § 101b, 1. Aufl. 2011, Rn. 62ff. mwN; Überblick nun in Ziekow/Völlink/*Braun,* 3. Aufl. 2018, GWB § 135 Rn. 79ff.

[108] OLG Schleswig Beschl. v. 4.11.2014 – 1 Verg 1/14, NZBau 2015, 186 (188); OLG Schleswig Beschl. v. 1.4.2010 – 1 Verg 5/09, BeckRS 2010, 08707; wohl auch OLG Naumburg Beschl. v. 26.7.2012 – 2 Verg 2/12, VergabeR 2013, 218 (224f.); hinsichtlich der Fristen nach § 101b Abs. 2 S. 1 GWB wohl auch OLG München Beschl. v. 10.3.2011 – Verg 1/11, NZBau 2011, 445; VK Bund Beschl. v. 7.12.2015 – VK 2-105/15, ZfBR 2016, 292.

[109] OLG Frankfurt a.M. Beschl. v. 24.9.2013 – 11 Verg 12/13, NZBau 2014, 247 (248) mwN; VK Sachsen Beschl. v. 8.4.2011 – 1/SVK/002-11, ZfBR 2011, 604; Hattig/Maibaum/*Hattig* GWB § 101b Rn. 68f.

Anhang VII Teil A zur RL 2004/18/EG aufgeführten Informationen gemäß dem jeweiligen Muster der Standardformulare, die von der Kommission angenommen werden; dieselben Verpflichtungen ergeben sich nach aktueller Rechtslage aus Art. 50 Abs. 1 UAbs. 2 iVm Anhang V Teil D und Art. 51 Abs. 1 RL 2014/24/EU. Diese Formulare zur Bekanntmachung vergebener Aufträge sind von der EU-Kommission zuletzt mit der Durchführungsverordnung (EU) 2015/1986[110] aktualisiert worden. Die Formulare „Bekanntmachung über vergebene Aufträge" und „Bekanntmachung über vergebene Aufträge – Sektoren", die sich in Anhängen III und IV der Formularverordnung finden, enthalten in den jeweiligen Anhängen D konkrete Vorgaben für die Begründung für die Auftragsvergabe ohne vorherige Bekanntmachung. Diese dienen gerade der Bekanntmachung von Vergaben, durch die die verkürzte Frist des § 135 Abs. 2 S. 2 GWB in Lauf gesetzt wird. Die Formulare sind verbindlich zu verwenden. Die Regelung über die Fristverkürzung auf eine 30-Tages-Frist nach § 135 Abs. 2 S. 2 GWB im Falle einer nachträglichen Auftragsbekanntmachung im Amtsblatt der EU kann in diesem Zusammenhang nur so verstanden werden, dass nur eine **ordnungsgemäße EU-Bekanntmachung über vergebene Aufträge** diese Fristverkürzung auslöst. Anhaltspunkte dafür, dass der deutsche Gesetzgeber hier hinter den Anforderungen zurückbleiben wollte, die sich aus dem EU-Recht für die Bekanntmachung im EU-Amtsblatt ergeben, sind nicht ersichtlich. Jedenfalls aber ist die Regelung in § 135 Abs. 2 S. 2 GWB im Wege einer richtlinienkonformen Auslegung dahingehend zu verstehen, dass die europarechtlich verbindlich vorgegebenen Anforderungen an die Bekanntmachung vergebener Aufträge im Amtsblatt der EU zu beachten sind. Nach diesen Standardformularen besteht eine ausführliche **Begründungspflicht** für Auftragsvergaben ohne vorherige Veröffentlichung einer Bekanntmachung im Amtsblatt der EU. Außerdem sind Angaben zum Nachprüfungsverfahren, ua die **zuständige Stelle für Nachprüfungsverfahren** sowie genaue **Angaben zu den Fristen** für die Einlegung von Rechtsbehelfen zu machen. Auch aus systematischen und teleologischen Gründen besteht nur dann Anlass, den Lauf der 30-Tages-Frist des § 135 Abs. 2 S. 2 GWB anzunehmen, wenn diese Angaben vollständig und zutreffend gemacht wurden. Denn nur in diesem Fall erscheint eine Fristverkürzung auf 30 Tage sachgerecht. Dem kann auch nicht entgegengehalten werden, die Fristen des § 135 Abs. 2 GWB stellten absolute Fristen dar, die keiner Verlängerung zugänglich seien. Denn es geht hier nicht um eine Fristverlängerung, sondern darum, dass der Lauf der Frist infolge fehlerhafter EU-Bekanntmachung bereits nicht in Gang gesetzt wird. Außerdem bleibt es bei der Grenze der 6-Monats-Frist des § 135 Abs. 2 S. 1, 2. Hs. GWB ab Vertragsschluss. Damit ist dem gesetzgeberischen Anliegen, für Rechtssicherheit zu sorgen, vollständig Genüge getan.

In den Fällen der Information der Bieter oder Bewerber über den Abschluss des Vertrags nach § 135 Abs. 2 S. 1, 1. Hs. GWB enthalten demgegenüber weder die deutsche Umsetzungsnorm noch die zugrunde liegenden europäischen Regelungen in Art. 2f Abs. 1 lit. a, zweiter Spiegelstrich Rechtsmittelrichtlinie 89/665/EWG (in der Fassung der RL 2007/66/EG) entsprechende Vorgaben hinsichtlich der Belehrung über Nachprüfungsinstanzen und Fristen. Art. 2f Abs. 1 lit. a, zweiter Spiegelstrich RL 89/665/EWG (in der Fassung der RL 2007/66/EG) sieht lediglich vor, dass diese Information eine „Zusammenfassung der einschlägigen Gründe gemäß Art. 41 Abs. 2 der RL 2004/18/EG (nach aktueller Rechtslage: Art. 55 Abs. 2 RL 2014/24/EU)" enthalten muss. Erforderlich sind danach die Mitteilung der Gründe für die Ablehnung des Teilnahmeantrags bzw. Angebots, über die Merkmale und relativen Vorteile des ausgewählten Angebots sowie über den Namen des erfolgreichen Bieters oder der Parteien der Rahmenvereinbarung, sowie über den Verlauf und die Fortschritte der Verhandlungen und des Dialogs mit den Bietern. Belehrungspflichten über Fristen enthalten diese Richtlinienvorschriften nicht. Eine **Pflicht zur Belehrung über den Fristbeginn** ergibt sich **in den Fällen des § 135 Abs. 2 S. 1, 1. Hs. GWB** demnach **nicht.** 75

[110] ABl. EU 2015 L 296/1.

76 **d) Gesetzliche Ausschlussfrist.** Bei den Fristen des § 135 Abs. 2 GWB handelt es sich um **gesetzliche Ausschlussfristen,** die es Interessenten nach einem gewissen Zeitablauf unmöglich machen, die Unwirksamkeit des nicht ausgeschriebenen Vertrages geltend zu machen. Der Ablauf dieser Ausschlussfristen führt demnach zum **endgültigen vergaberechtlichen Rechtsverlust** betroffener Interessenten.[111]

77 Umstritten ist, ob ggf. eine **Wiedereinsetzung in den vorigen Stand** in Betracht kommt. In der vergaberechtlichen Literatur wird teilweise angenommen, der zur Stellung des Nachprüfungsantrags Berechtigte könne, sofern er ohne Verschulden die Frist zur Geltendmachung des Nachprüfungsantrags versäume, entsprechend den zivilprozessualen Vorschriften Wiedereinsetzung in den vorigen Stand gegen die Versäumung der Frist erlangen.[112] Die vergaberechtliche **Rechtsprechung** zu § 101b Abs. 2 GWB 2013 ging demgegenüber ganz überwiegend davon aus, dass es sich bei den Fristen des Abs. 2 um gesetzliche Ausschlussfristen handelt, die weder in analoger Anwendung der Verjährungsvorschriften gehemmt werden können, noch eine Wiedereinsetzung in den vorigen Stand ermöglichen.[113] Es handele sich um **formelle Ausschlussfristen,** weil sie die prozessuale Geltendmachung materiell-rechtlicher Verstöße nach einer gewissen Frist im Interesse der Rechtssicherheit und Rechtsklarheit nicht mehr möglich machen sollen. Sinn der Regelungen sei es gerade, Rechtssicherheit für den abgeschlossenen Vertrag herzustellen. Eine Korrektur formeller Ausschlussfristen sei im Interesse der Rechtsklarheit und Rechtssicherheit aber nur in Ausnahmefällen möglich. So soll auf prozessuale Ausschlussfristen § 242 BGB keine Anwendung finden, es gibt keine Verlängerung und keine Heilung dieser Fristen und auch keine Wiedereinsetzung in den vorigen Stand.[114] Eine **Ausnahme** kommt nur in Betracht, wenn ein Verstoß gegen das **Gebot des fairen Verfahrens** vorliegt.[115] Dieses Verständnis entspricht dem gesetzgeberischen Zweck, durch die Fristenregelungen in § 135 Abs. 2 GWB Rechtsklarheit zu schaffen.

78 Die Nichteinhaltung der Fristen des § 135 Abs. 2 GWB führt allerdings nur zur Unzulässigkeit eines Vergabenachprüfungsverfahrens. Die Geltendmachung der **Unwirksamkeit** des abgeschlossenen Vertrages **aus anderen Gründen**[116] oder die Einleitung eines **Vertragsverletzungsverfahrens** durch die Europäische Kommission[117] **bleibt** dadurch **unbeeinflusst.**

2. Antragsbefugnis

79 Der Antragsteller eines Nachprüfungsverfahrens nach § 135 GWB muss – wie auch sonst Antragsteller von Vergabenachprüfungsverfahren – antragsbefugt sein. Die Vorschrift des § 160 Abs. 2 GWB gilt auch für die Feststellungsverfahren nach § 135 GWB. Denn § 160 GWB befindet sich am Beginn des Abschnitts der Normen, die das Verfahren vor der Vergabekammer regeln und gilt als grundlegende Norm in sämtlichen Nachprüfungsverfahren. Nach dem klaren Wortlaut des § 135 Abs. 2 GWB wird die Unwirksamkeit des Vertrags „im Nachprüfungsverfahren" festgestellt. Auf dieses Nachprüfungsverfahren fin-

[111] Zu § 101b Abs. 2 GWB 2013: OLG Schleswig Beschl. v. 4.11.2014 – 1 Verg 1/14, NZBau 2015, 186 (188); OLG Schleswig Beschl. v. 1.4.2010 – 1 Verg 5/09, BeckRS 2010, 08707; OLG München Beschl. v. 10.3.2011 – Verg 1/11, NZBau 2011, 445; VK Sachsen Beschl. v. 8.4.2011 – 1/SVK/002-11, ZfBR 2011, 604.

[112] So Ziekow/Völlink/*Braun* GWB § 135 Rn. 85ff.; aA KKPP/*Maimann*, GWB-Vergaberecht, 4. Aufl. 2016, GWB § 135 Rn. 36.

[113] OLG Schleswig Beschl. v. 4.11.2014 – 1 Verg 1/14, NZBau 2015, 186 (188); OLG München Beschl. v. 10.3.2011 – Verg 1/11, NZBau 2011, 445; OLG Schleswig Beschl. v. 1.4.2010 – 1 Verg 5/09, BeckRS 2010, 08707; so auch KKPP/*Maimann*, GWB-Vergaberecht, 4. Aufl. 2016, GWB § 135 Rn. 36.

[114] OLG München Beschl. v. 10.3.2011 – Verg 1/11, NZBau 2011, 445.

[115] BVerfG Beschl. v. 15.4.2004 – 1 BvR 622/98, BeckRS 2004, 22477.

[116] Dazu → Rn. 53ff.

[117] EuGH Urt. v. 21.1.2010 – C-17/09, NZBau 2010, 326 Rn. 22 – Kommission/Deutschland; krit. dazu *Püstow/Meiners* EuZB 2016, 325 (326). Zum Vertragsverletzungsverfahren → § 39 Rn. 17ff.

den daher die Regelungen des Zweiten Kapitels des Vierten Teils des GWB, darunter auch § 160 Abs. 2 GWB, Anwendung.[118]

Die Antragsbefugnis richtet sich nach § 160 Abs. 2 S. 1 GWB. Danach ist jedes Unternehmen antragsbefugt, das ein Interesse am Auftrag hat und eine Verletzung in seinen Rechten nach § 97 Abs. 6 GWB durch Nichtbeachtung von Vergabevorschriften geltend macht. Darüber hinaus muss ihm durch die behauptete Verletzung von Vergabevorschriften ein Schaden entstanden sein oder zu entstehen drohen. 80

a) Antragsbefugnis in Fällen des § 135 Abs. 1 Nr. 1 GWB. In Fällen des Verstoßes gegen die Informations- und Wartepflicht des § 134 GWB hat in der Regel ein Vergabeverfahren stattgefunden. In diesem Fall wird das Interesse am Auftrag regelmäßig durch die Abgabe eines Angebots dokumentiert. Zwingende Voraussetzung für die Bejahung der Antragsbefugnis ist die Angebotsabgabe allerdings nicht. Auch eine sonstige Interessenbekundung an dem ausgeschriebenen Auftrag ist ausreichend.[119] 81

Ein Verstoß gegen die Informations- und Wartepflicht des § 134 GWB allein ist jedoch in der Regel **nicht** geeignet, einen **Schaden** im Sinne des § 160 Abs. 2 S. 2 GWB zu begründen. Denn die Zuschlagschancen oder sonstigen Erfolgsaussichten des Antragstellers werden durch das Unterlassen dieser Information bzw. die Nichteinhaltung der Frist nicht beeinflusst. Gemäß § 160 Abs. 2 S. 1 GWB ist nur das Unternehmen antragsbefugt, das mit seinem Nachprüfungsantrag eine Verletzung in seinen Rechten nach § 97 Abs. 6 GWB durch Nichtbeachtung von Vergabevorschriften geltend macht. Im Fall eines Nachprüfungsantrags nach § 160 Abs. 1 iVm § 135 GWB muss sich diese Geltendmachung auf mindestens zwei Vergaberechtsverstöße beziehen, zum einen auf einen der Verstöße, die in § 135 Abs. 1 GWB genannt sind und den Weg in den Primärrechtsschutz eröffnen, und zum anderen auf sonstige Vergaberechtsverstöße. Erst diese Letzteren, nicht aber allein die in § 135 Abs. 1 GWB genannten Verstöße können zu einer Beeinträchtigung von Zuschlagschancen führen und damit einen zumindest drohenden Schaden im Sinne von § 160 Abs. 2 S. 2 GWB begründen, den das antragstellende Unternehmen darlegen muss. Ein Nachprüfungsbegehren, das gestützt auf einen der Unwirksamkeitsgründe des § 135 Abs. 1 GWB nur auf die Feststellung der Unwirksamkeit eines Vertragsschlusses gerichtet ist, mit dem aber keine sonstigen Verstöße gegen Vergabevorschriften geltend gemacht werden und mit dem damit nicht um einen über die Unwirksamkeitsfeststellung hinausgehenden Primärrechtsschutz nachgesucht wird, ist wegen fehlender Antragsbefugnis unzulässig. Umgekehrt genügt es für die Antragsbefugnis eines Nachprüfungsantrags nach § 160 Abs. 1 iVm § 135 GWB nicht, wenn ein Unternehmen nur für die Zuschlagsentscheidung relevante Vergaberechtsverstöße rügt, aber keinen der in § 135 Abs. 1 GWB genannten Verstöße geltend macht. Denn auch in diesem Fall fehlt es an der Darlegung eines Schadens. Ist die Wirksamkeit eines geschlossenen Vertrags aufgrund eines in § 135 Abs. 1 GWB genannten Vergaberechtsverstoßes nicht zumindest noch in der Schwebe, kommt eine Zuschlagserteilung an das antragstellende Unternehmen nicht mehr in Betracht. Der beanstandete Vertragsschluss hat vielmehr nach § 168 Abs. 2 S. 1 GWB Bestand und der Weg in den Primärrechtsschutz bleibt verschlossen.[120] 82

Eine Beeinträchtigung der Chancen auf den Zuschlag und damit die Antragsbefugnis ist auch ausgeschlossen, wenn der **Bestbieter** sich auf die Nichteinhaltung des § 134 GWB berufen möchte. Es ist nicht Ziel des Nachprüfungsverfahrens nach § 135 GWB, es dem Bestbieter und zugleich Auftragnehmer zu ermöglichen, sich unter Berufung auf die Nichteinhaltung des § 134 GWB wieder von dem Vertrag zu lösen.[121] 83

---

[118] Vgl. OLG Düsseldorf Beschl. v. 12.7.2017 – Verg 13/17, NZBau 2017, 679; OLG Brandenburg Beschl. v. 14.9.2010 – Verg W 8/10, VergabeR 2011, 114.
[119] OLG Düsseldorf Beschl. v. 17.8.2011 – Verg 55/11, IBRRS 2011, 3752; s. iE auch → § 41 Rn. 47ff.
[120] OLG Düsseldorf Beschl. v. 11.12.2019 – Verg 53/18, VPR 2020, 2279 mwN; Byok/Jaeger/*Kühnen*, Vergaberecht, 4. Aufl. 2018, GWB § 135 Rn. 27ff.
[121] Gesetzesbegründung BT-Drs. 16/10117, S. 21.

84 **b) Antragsbefugnis in Fällen des § 135 Abs. 1 Nr. 2 GWB.** Auch in Fällen unzulässiger de facto-Vergaben wird das Interesse am Auftrag häufig durch die Abgabe eines Angebots, eben in einem nicht ordnungsgemäßen Verfahren, dokumentiert. Regelmäßig werden sich hier aber Unternehmen gegen die de facto-Vergabe zur Wehr setzen wollen, die an dem Verfahren nicht beteiligt wurden. Wegen des verfassungsrechtlichen Gebots, effektiven Rechtsschutz zu gewähren, dürfen an die Antragsbefugnis nach § 160 Abs. 2 GWB **keine allzu hohen Anforderungen** gestellt werden; die Darlegungslast darf insoweit nicht überspannt werden.[122] Interessent ist neben den Bewerbern und Bietern jedes Unternehmen, das am Vergabeverfahren in rechtswidriger Weise nicht beteiligt worden ist. Wird vom Antragsteller eines Nachprüfungsverfahrens behauptet, dass ein nach Maßgabe des § 97 Abs. 1 GWB geregeltes Vergabeverfahren bislang nicht stattgefunden habe, genügt für die Antragsbefugnis grundsätzlich, dass das Unternehmen vorträgt, es hätte sich bei EU-weiter Vergabebekanntmachung mit einem Angebot um den Auftrag beworben.[123] In der Versagung einer Chance zur Beteiligung am Verfahren zur Auftragsvergabe liegt außerdem stets bereits eine Verschlechterung der Zuschlagschancen und damit ein möglicher Schaden.[124] Die Frage, ob der öffentliche Auftraggeber ein (potentielles) Angebot eines Interessenten nicht berücksichtigen musste, weil berechtigte Zweifel an der Eignung des Antragstellers bestehen, ist dann keine Frage der Zulässigkeit, sondern der Begründetheit des Nachprüfungsantrags.[125]

3. Besonderheiten hinsichtlich der Rügeobliegenheit

85 **a) Rügeobliegenheit in Fällen des § 135 Abs. 1 Nr. 1 GWB.** Eine Rügeobliegenheit in Fällen, in denen sich der Antragsteller darauf beruft, eine Vorinformation entspreche nicht den Vorgaben des § 134 GWB, ergibt sich aus § 160 Abs. 3 GWB. Gemäß § 160 Abs. 3 Nr. 1 GWB ist der Nachprüfungsantrag unzulässig, soweit der Antragsteller den gerügten Verstoß gegen Vergabevorschriften im Vergabeverfahren erkannt und gegenüber dem Auftraggeber nicht innerhalb einer Frist von 10 Kalendertagen gerügt hat. Hinsichtlich der Einzelheiten zur Rügeobliegenheit und den Rügefristen nach § 160 Abs. 3 Nr. 1 GWB kann auf die Ausführungen zu § 160 Abs. 3 GWB verwiesen werden.[126]

86 Anlass, die Regelung des § 135 Abs. 2 GWB mit den insoweit längeren Fristen als eine § 160 Abs. 3 GWB verdrängende Sonderregelung anzusehen, soweit der Antragsteller ein (nach seinen Darlegungen unzureichendes) Informationsschreiben nach § 134 GWB erhalten hat, gibt es nicht. § 135 Abs. 2 GWB regelt lediglich gesetzliche Ausschlussfristen für die Stellung eines Nachprüfungsantrags, nicht aber Anforderungen an die Rügeobliegenheit. Vielmehr ist im Umkehrschluss aus der Regelung des § 160 Abs. 3 S. 2 GWB zu folgern, dass § 160 Abs. 3 S. 1 GWB bei Anträgen auf Feststellung der Unwirksamkeit des Vertrags nach § 135 Abs. 1 Nr. 1 GWB uneingeschränkt Anwendung findet. § 160 Abs. 3 GWB ist insoweit neben § 135 Abs. 2 GWB anwendbar.[127]

---

[122] OLG Karlsruhe Beschl. v. 15.11.2013 – 15 Verg 5/13, NZBau 2014, 276 mwN; OLG Brandenburg Beschl. v. 14.9.2010 – Verg W 8/10, VergabeR 2011, 114; BVerfG Beschl. v. 29.7.2004 – 2 BvR 2248/03, NZBau 2004, 564 (566); BGH Beschl. v. 1.2.2005 – X ZB 27/04, NZBau 2005, 290.

[123] OLG Karlsruhe Urt. v. 15.11.2013 – 15 Verg 5/13, NZBau 2014, 378 mwN; OLG Düsseldorf Beschl. v. 21.4.2010 – VII-Verg 55/09, NZBau 2010, 390; OLG Naumburg Beschl. v. 4.11.2010 – 1 Verg 10/10, VergabeR 2011, 493.

[124] OLG Naumburg Beschl. v. 26.7.2012 – 2 Verg 2/12, VergabeR 2013, 218 (224) mwN; OLG Naumburg Beschl. v. 22.12.2011 – 2 Verg 10/11, VergabeR 2012, 445.

[125] OLG Düsseldorf Beschl. v. 17.8.2011 – Verg 55/11, IBRRS 2011, 3752; OLG Brandenburg Beschl. v. 14.9.2010 – Verg W 8/10, VergabeR 2011, 114.

[126] S. iE → § 41 Rn. 64ff.

[127] OLG Naumburg Beschl. v. 29.10.2009 – 1 Verg 5/09, BeckRS 2010, 08707; KKPP/*Maimann*, GWB-Vergaberecht, 4. Aufl. 2016, GWB § 135 Rn. 32; offen gelassen vom OLG München Beschl. v. 13.8.2010 – Verg 10/10, VergabeR 2011,493.

b) Keine Rügeobliegenheit in Fällen des § 135 Abs. 1 Nr. 2 GWB. Bei der Geltendmachung der Unwirksamkeit eines Vertrags aufgrund unzulässiger de facto-Vergabe gemäß § 135 Abs. 1 Nr. 2 GWB besteht demgegenüber **keine Rügeobliegenheit.** Gemäß **§ 160 Abs. 3 S. 2 GWB** gilt die Rügeobliegenheit nach § 160 Abs. 3 S. 1 GWB ausdrücklich nicht bei einem Antrag auf Feststellung der Unwirksamkeit des Vertrages nach § 135 Abs. 1 Nr. 2 GWB. In Fällen der de facto-Vergabe ist eine Rügepräklusion demnach ausdrücklich ausgeschlossen.[128] 87

Unter Geltung des bisherigen § 101b Abs. 1 Nr. 2 GWB 2013 wurde in der Vergaberechtsprechung teilweise die Auffassung vertreten, ein Ausschluss von der Rügeobliegenheit komme nicht in Betracht, wenn der Bieter im Falle einer de facto-Vergabe im weiteren Sinne an dem Verfahren beteiligt war. Denn der Gesetzgeber sei in § 107 Abs. 3 S. 2 GWB 2013 davon ausgegangen, dass demjenigen, der infolge Nichtveröffentlichung und Nichtbeteiligung an dem Vergabeverfahren von dem Verfahren keine Kenntnis erlangt habe, eine Rüge nicht zugemutet werden könne. Diese Erwägungen träfen auf ein Unternehmen, das am Vergabeverfahren beteiligt wurde, nicht zu.[129] Angesichts des klaren Gesetzeswortlauts des § 160 Abs. 3 S. 2 GWB ist für eine solche Auslegung nunmehr allerdings kein Raum mehr: Denn obwohl der Gesetzgeber in § 135 Abs. 1 Nr. 2 GWB nunmehr ausdrücklich klargestellt hat, dass jeder Verstoß gegen eine vorherige Pflicht zur europaweiten Bekanntmachung zur Unwirksamkeit führen kann, die de facto-Vergaben im weiteren Sinne unter Beteiligung mehrerer Unternehmen, allerdings unter Verstoß gegen eine europaweite Bekanntmachungspflicht also ausdrücklich eingeschlossen hat, hat er an der Regelung in § 160 Abs. 3 S. 2 GWB (früher: § 107 Abs. 3 S. 2 GWB 2013) festgehalten und Anträge auf Feststellung der Unwirksamkeit des Vertrags nach § 135 Abs. 1 Nr. 2 GWB ausdrücklich von sämtlichen Rügeobliegenheiten des § 160 Abs. 3 Nr. 1–4 GWB ausgenommen. Auch besteht kein Anlass zu einer teleologischen Reduktion, da der Auftraggeber in Fällen einer unzulässigen de facto-Vergabe nicht schutzwürdig ist. 88

Nach zutreffender Ansicht findet bei de facto-Vergaben auch die 15-Tages-Frist des § 160 Abs. 3 S. 1 Nr. 4 GWB selbst dann keine Anwendung, wenn der Interessent tatsächlich von der beabsichtigten Vergabe Kenntnis erlangt und diese gerügt hat und der Auftraggeber diese Rüge daraufhin ausdrücklich zurückgewiesen hat. Denn die Anwendbarkeit des § 160 Abs. 3 S. 1 Nr. 4 GWB setzt das Bestehen einer Rügeverpflichtung voraus. Eine solche Rügeobliegenheit besteht nach § 135 Abs. 1 Nr. 2 GWB bei de facto-Vergaben aber gerade nicht. Eine analoge Anwendung scheidet mangels Regelungslücke aus.[130] 89

IV. Rechtsfolgen

Gemäß § 135 Abs. 1 GWB ist ein **Vertrag von Anfang an unwirksam,** wenn der Auftraggeber gegen § 134 GWB verstoßen oder eine unzulässige de facto-Vergabe durchgeführt hat und dieser Verstoß in einem Nachprüfungsverfahren festgestellt worden ist. 90

[128] OLG Celle Beschl. v. 24.10.2019 – 13 Verg 9/19, BeckRS 2019, 26579; OLG Düsseldorf Beschl. v. 12.2.2017 – Verg 13/17, NZBau 2017, 679; OLG Dresden Beschl. v. 12.10.2010 – WVerg 9/10, VergabeR 2011, 504; OLG Rostock Beschl. v. 20.10.2010 – 17 Verg 5/10, BeckRS 2011, 5585; OLG Celle Beschl. v. 29.10.2009 – 13 Verg 8/09, BeckRS 2009, 86277; Ziekow/Völlink/*Braun* GWB § 135 Rn. 108.

[129] OLG Rostock Beschl. v. 30.9.2015 – 17 Verg 2/15, ZfBR 2016, 520; OLG Düsseldorf Beschl. v. 11.1.2012 – VII-Verg 67/11, BeckRS 2012, 06486; VK Sachsen Beschl. v. 3.5.2012 – 1/SVK/008-12, IBRRS 2010, 0228; KKP/*Koenig*, § 101b Rn. 3.

[130] Vgl. OLG Karlsruhe Beschl. v. 15.11.2013 – 15 Verg 5/13, NZBau 2014, 378 mwN; aA VK Sachsen Beschl. v. 31.8.2011 – 1/SVK/030-11, IBRRS 2011, 4835; wohl auch VK Lüneburg Beschl. v. 3.2.2012 – VgK – 01/2012, IBRRS 2012, 4206, beide allerdings unter Berufung auf eine Entscheidung des OLG Naumburg (Beschl. v. 2.3.2006 – 1 Verg 1/06, VergabeR 2006, 406) aus der Zeit vor Einführung des § 107 Abs. 3 S. 2 GWB 2013.

1. Tenorierung durch die Vergabekammer

91 Sofern der von einem Antragsteller gestellte Nachprüfungsantrag zulässig und begründet ist, ist die Tenorierung durch die Vergabekammer durch § 135 Abs. 1 GWB vorgezeichnet: Die Vergabekammer hat zunächst die **Feststellung der Unwirksamkeit des abgeschlossenen Vertrages von Anfang an** auszusprechen.[131]

92 Darüber hinaus hat die Vergabekammer nach § 168 Abs. 1 GWB die **geeigneten Maßnahmen** zu treffen, um eine Rechtsverletzung des Antragstellers zu beseitigen und eine Schädigung der betroffenen Interessen zu verhindern. Dazu kann die Anordnung gehören, das bisherige (vergaberechtswidrige) Vergabeverfahren aufzuheben. Ebenso kann die Vergabekammer den Antragsteller verpflichten, im Falle fortbestehender Vergabeabsicht unter Beachtung der Rechtsauffassung der Vergabekammer ein vergaberechtskonformes Vergabeverfahren durchzuführen. Die Anordnung der Durchführung eines offenen Verfahrens bzw. einer anderweitigen europaweiten Ausschreibung ist allerdings nur zulässig, wenn dies die einzige rechtskonforme Handlungsmöglichkeit für den öffentlichen Auftraggeber ist. Kommen andere rechtskonforme Handlungsmöglichkeiten, zB der Abschluss eines zeitlich eng begrenzten Interimsauftrags ohne europaweite Ausschreibung oder die Befriedigung des Beschaffungsbedarfs durch den öffentlichen Auftraggeber selbst in Betracht, scheidet eine derartige Anordnung aus.[132]

93 Um die festgestellte Vergaberechtsverletzung zu beseitigen und eine Schädigung der betroffenen Bieterinteressen zu verhindern, ist demgegenüber die Anordnung der Rückabwicklung des unwirksamen Vertrags durch die Vergabekammer nach herrschender Meinung nicht erforderlich.[133]

2. Rechtsfolgen der Unwirksamkeit ex tunc

94 Mit Bestands-/Rechtskraft der Entscheidung der Vergabenachprüfungsinstanzen, durch die die Unwirksamkeit gemäß § 135 GWB festgestellt wird, ist der abgeschlossene Vertrag von Anfang an unwirksam. Er entfaltet keinerlei Rechtswirkungen mehr. Diese Unwirksamkeit gilt nicht nur im Verhältnis zwischen Antragsteller, öffentlichem Auftraggeber und Bestbieter/Auftragnehmer. Sie entfaltet vielmehr auch **unmittelbare Wirkung gegenüber Dritten.**[134]

95 Im Verhältnis zwischen öffentlichem Auftraggeber und dem **Vertragspartner** des für unwirksam erklärten Vertrages richten sich die Rechtsfolgen der Unwirksamkeit nach allgemeinen **zivilrechtlichen Grundsätzen.**

96 Hat der Auftragnehmer die Leistungen bereits ganz oder teilweise erbracht, führt die Unwirksamkeit des Vertrages ex tunc dazu, dass die Leistungen ohne Rechtsgrund erbracht wurden und der geschlossene Vertrag nach den Grundsätzen der **ungerechtfertigten Bereicherung** gemäß §§ 812 ff. BGB rückabzuwickeln ist. Insoweit liegen die Voraussetzungen einer Leistungskondiktion nach § 812 Abs. 1 S. 1 Alt. 1 BGB vor. Soweit es dem Auftraggeber danach nicht möglich ist, das Erlangte in natura herauszugeben, hat er gemäß § 818 Abs. 2 BGB dessen Wert zu ersetzen. Zu ersetzen ist danach in der Regel der objektive Verkehrswert, den das Erlangte nach seiner tatsächlichen Beschaffenheit für jedermann hat bzw. der Betrag, den ein Dritter am Markt dafür zu zahlen bereit wäre. Maßgeblich ist die übliche, hilfsweise die angemessene, vom Auftraggeber ersparte, höchstens jedoch die vereinbarte Vergütung. Nicht zu ersetzen ist demgegenüber das besondere

---

[131] AllgM vgl. nur OLG Düsseldorf Beschl. v. 12.7.2017 – Verg 13/17, NZBau 2017, 679; OLG Dresden Beschl. v. 12.10.2010 – WVerg 9/10, VergabeR 2011,504; ausführlich zu versch. Tenorierungen Ziekow/Völlink/*Braun* GWB § 135 Rn. 111 ff.

[132] Vgl. OLG München Beschl. v. 21.2.2013 – Verg 21/12, NZBau 2013, 458 (463).

[133] Vgl. OLG Karlsruhe Beschl. v. 12.11.2008 – 15 Verg 4/08, NZBau 2009, 403 (404); VK Sachsen Beschl. v. 8.4.2011 – 1/SVK/002-11, ZfBR 2011, 604; Ziekow/Völlink/*Braun* GWB § 135 Rn. 113 mwN; s. dazu → Rn. 50.

[134] Zutr. *Peters* NZBau 2011, 7; Ziekow/Völlink/*Braun* GWB § 135 Rn. 122 ff.

Interesse eines Beteiligten, auch nicht der bei der Veräußerung erzielte Gewinn des Empfängers.[135]

Für den öffentlichen Auftraggeber ergibt sich aus der Feststellung der Unwirksamkeit nach § 135 GWB zugleich eine **Rückabwicklungspflicht.**[136] Denn der gesetzlichen Anordnung der Unwirksamkeit des Vertrages ex tunc in § 135 GWB ist der Wille des Gesetzgebers zu entnehmen, dass ein Leistungsaustausch auf der Grundlage eines derart unwirksamen Vertrages keinen dauerhaften Bestand haben soll. Ansonsten hätte die Anordnung einer Unwirksamkeit ex nunc genügt. Schließlich dürfte auch nur die Annahme einer Rückabwicklungspflicht des öffentlichen Auftraggebers dem Anliegen der Rechtsmittelrichtlinie Rechnung tragen.[137] 97

Dem Auftragnehmer können außerdem **Schadensersatzansprüche** gegen den öffentlichen Auftraggeber zustehen. Das gilt insbesondere in Fällen, in denen noch nicht mit der Vertragserfüllung begonnen wurde, aber auch, soweit Bereicherungsansprüche nach Leistungsbeginn den Interessen des Auftragnehmers nicht gerecht werden, etwa weil insoweit Vorbereitungshandlungen unvergütet bleiben. Ein Ersatz des Vertrauensschadens kommt hier gemäß §§ 280 Abs. 1, 241 Abs. 2, 311 Abs. 2 BGB in Betracht.[138] 98

Für den **erfolgreichen Antragsteller** hat die Feststellung der Unwirksamkeit des Vertrages gemäß § 135 GWB zunächst zur Folge, dass das bisherige vergaberechtswidrig durchgeführte Vergabeverfahren aufgehoben werden muss. Sofern der Auftraggeber weiterhin (bzw. nach Rückabwicklung der erbrachten Leistungen) einen Beschaffungsbedarf hat und diesen am Markt (also nicht über eine möglicherweise zulässige Inhouse-Vergabe) befriedigen möchte, hat der Antragsteller darüber hinaus einen **Anspruch auf Durchführung eines neuen Vergabeverfahrens** unter Beachtung der vergaberechtlichen Vorschriften und der Rechtsauffassung der Vergabekammer oder des Vergabesenats.[139] Ein Rückabwicklungsanspruch, der durch die Vergabekammer tenoriert werden müsste, steht dem erfolgreichen Antragsteller nach herrschender Meinung demgegenüber grundsätzlich nicht zu. Ein solcher folgt weder aus § 114 GWB noch aus § 8 Abs. 1 S. 1 UWG iVm §§ 3, 4 Nr. 11 UWG.[140] Dieser grundsätzlichen Ablehnung eines Rückabwicklungsanspruchs liegt die Auffassung zugrunde, dass sich der öffentliche Auftraggeber seiner Bindung an Recht und Gesetz bewusst ist und daher rechtstreu verhält, indem er die Rechtsfolgen der Vertragsunwirksamkeit beachtet und die rechtlichen Konsequenzen daraus zieht. Davon wird man in der Regel auch ausgehen können. Sollte der öffentliche Auftraggeber die ihm obliegende Rückabwicklungspflicht demgegenüber missachten, so ist in solchen Ausnahmefällen ein Rückabwicklungsanspruch des Antragstellers zu bejahen.[141] 99

3. Ausnahmen von der Unwirksamkeitsfeststellung?

Vereinzelt wurde die Auffassung vertreten, in ganz seltenen Fällen könne die Feststellung der Unwirksamkeit untragbar sein, etwa wenn die Verzögerung von Bauprojekten mit einem erheblichen Anstieg der Kosten verbunden wäre. In solchen Ausnahmefällen sollten dann die **alternativen Sanktionen des Art. 2e Rechtsmittelrichtlinie** 89/665/EWG (in der Fassung der RL 2007/66/EG) angewendet werden.[142] Auf der Grundlage des Art. 2e RL 89/665/EWG (in der Fassung der RL 2007/66/EG) ist es zulässig, Geldbußen 100

[135] Palandt/*Sprau* BGB § 818 Rn. 19 mwN; so auch *Dreher/Hoffmann* NZBau 2010, 201 (206).
[136] Zutr. *Dreher/Hoffmann* NZBau 2010, 201 (206).
[137] Vgl. Erwgr. 14 RL 89/665/EWG (in der Fassung der RL 2007/66/EG); *Dreher/Hoffmann* NZBau 2010, 201 (206).
[138] *Peters* NZBau 2011, 7 (8).
[139] Vgl. OLG München Beschl. v. 21.2.2013 – Verg 21/12, NZBau 2013, 458 (463); OLG Naumburg Beschl. v. 3.9.2009 – 1 Verg 4/09, BeckRS 2009, 26654; Ziekow/Völlink/*Braun* GWB § 135 Rn. 127.
[140] Vgl. OLG Karlsruhe Urt. v. 12.11.2008 – 15 Verg 4/08, NZBau 2009, 403 (404).
[141] So wohl auch Ziekow/Völlink/*Braun* GWB § 135 Rn. 128.
[142] So wohl noch Ziekow/Völlink/*Braun* GWB, 2. Aufl. 2013, § 101b Rn. 78.

oder -strafen gegen den öffentlichen Auftraggeber zu verhängen oder die Laufzeit des Vertrags zu verkürzen.

101 Dagegen spricht indes, dass diese Bestimmungen der Rechtsmittelrichtlinie über alternative Sanktionen vom deutschen Gesetzgeber **gerade nicht umgesetzt** wurden und vom Richtliniengeber auch nicht als verbindliche Richtlinienbestimmungen formuliert waren. Der Richtliniengeber ist selbst davon ausgegangen, dass schwere Verstöße gegen die obligatorische Stillhaltefrist und den automatischen Suspensiveffekt grundsätzlich zur Unwirksamkeit des Vertrags führen sollten, wenn sie mit Verstößen gegen die RL 2014/24/EU oder die RL 2014/25/EU einhergehen und dies in einem Nachprüfungsverfahren festgestellt wurde. Nur bei „anderen Verstößen gegen förmliche Anforderungen" könnten die Mitgliedstaaten den Grundsatz der Unwirksamkeit als ungeeignet betrachten. In diesen Fällen sollten die Mitgliedstaaten die Möglichkeit haben, alternative Sanktionen vorzusehen.[143] Von dieser Möglichkeit hat der deutsche Gesetzgeber bei der Umsetzung der Rechtsmittelrichtlinie 89/665/EWG (in der Fassung der RL 2007/66/EG) indes keinen Gebrauch gemacht. Er hat vielmehr vorgesehen, dass Verträge, die unter Verstoß gegen § 135 Abs. 1 GWB zustande gekommen sind, (ausnahmslos) von Anfang an unwirksam sind. Eine Abweichung von dieser nach Wortlaut und gesetzgeberischer Intention klaren Regelung ist durch Auslegung nicht zu erreichen. Sie bedürfte vielmehr einer entsprechenden rechtlichen Regelung. In Ausnahmefällen kann allerdings ein Antrag nach § 135 Abs. 2 GWB treuwidrig sein.[144]

D. Sonstige Unwirksamkeitsgründe

102 Neben der Unwirksamkeit eines Vertrags nach § 135 GWB kommt eine Unwirksamkeit bzw. Nichtigkeit eines vergaberechtswidrig geschlossenen Vertrages grundsätzlich auch aus anderen Gründen, nämlich insbesondere nach §§ 134 oder 138 BGB in Betracht. Hier stellt sich allerdings zunächst die Frage, ob § 135 GWB eine Sperrwirkung gegenüber solchen anderen Nichtigkeitsgründen entfaltet.

I. Anwendbarkeit sonstiger Nichtigkeitstatbestände neben § 135 GWB

103 In der vergaberechtlichen Rechtsprechung ist noch nicht abschließend geklärt, inwieweit die Geltendmachung der Gesetzes- oder Sittenwidrigkeit eines ohne Ausschreibung abgeschlossenen Vertrages in Anbetracht der Regelung des § 135 GWB überhaupt noch möglich ist.[145] In der vergaberechtlichen Literatur wird aber ganz überwiegend angenommen, dass die Nichtigkeit eines Vertrages, der nach Maßgabe des § 135 GWB unwirksam ist, aus anderen Gründen unberührt bleibt.[146] **Gegen eine Sperrwirkung** spricht insbesondere die Gesetzeshistorie des § 101b GWB 2013/§ 135 GWB. So hat die Bundesregierung in ihrer Gegenäußerung zur Stellungnahme des Bundesrats, der eine entsprechende Klarstellung im Rahmen des Gesetzgebungsverfahrens zum Gesetz zur Modernisierung des Vergaberechts vom 20.4.2009 gefordert hatte, ausgeführt, dass nach Auffassung der Bundesregierung gesetzliche Klarstellungen im GWB zur Anwendung der Vorschriften des BGB auf den zwischen öffentlichem Auftraggeber und Auftragnehmer geschlossenen zivilrechtlichen Vertrag nicht systemgerecht wären. Die Frage der Anwendbarkeit der zivilrechtlichen Vorschriften sei nach den tatsächlichen Umständen des jeweiligen Einzelfalls zu beantworten.[147] Auch spricht die Konstruktion eines schwebend wirksamen Vertrages nach § 135 GWB dafür, dass ein von Anfang an wegen Sittenwidrigkeit oder Gesetzeswidrig-

---

[143] Erwgr. 18f. RL 89/665/EWG (in der Fassung der RL 2007/66/EG).
[144] Vgl. OLG München Beschl. v. 13.6.2013 – Verg 1/13, NZBau 2014, 124.
[145] Offengelassen von OLG München Beschl. v. 10.3.2011 – Verg 1/11, NZBau 2011, 445.
[146] Vgl. nur Ziekow/Völlink/*Braun* GWB § 135 Rn. 132ff. mwN.
[147] BT-Drs. 16/10117, S. 32, 41.

keit nichtiger Vertrag nie schwebend wirksam oder gar, wenn nicht innerhalb der in § 135 Abs. 2 GWB gesetzten Fristen ein Nachprüfungsverfahren eingeleitet wurde oder die Nachprüfung erfolglos war, für immer wirksam sein kann.[148] Richtigerweise ist daher davon auszugehen, dass Unwirksamkeits- bzw. Nichtigkeitsgründe, die sich aus anderen gesetzlichen Vorschriften ergeben, neben § 135 GWB anwendbar sind.

II. § 134 BGB

Gemäß § 134 BGB sind Verträge, die gegen ein gesetzliches Verbot verstoßen, nichtig. In 104
der Regel greift diese Nichtigkeitsfolge allerdings nur bei einem Verstoß gegen beiderseitige Verbotsgesetze, also Gesetze, deren Verbote sich gegen beide Parteien richten. Ist ein Rechtsgeschäft nur für einen Teil verboten, ist das verbotswidrige Geschäft demgegenüber in der Regel gültig. Das gilt insbesondere dann, wenn der Gesetzesverstoß ein bloßes Internum in der Sphäre einer Partei bleibt. In Ausnahmefällen kann sich aber aus dem Zweck des Verbots auch die Nichtigkeit des Geschäfts ergeben.[149]

Bereits vor Einführung des § 101b GWB 2013 wurde in der Rechtsprechung und Lite- 105
ratur diskutiert, ob sich die Unwirksamkeit eines Vertrages neben der in § 13 S. 6 VgV aF angeordneten Nichtigkeitsfolge, die nur in seltenen Fällen zur Anwendung kam,[150] auch auf § 134 BGB stützen lässt, wenn der Vertrag vergaberechtswidrig de facto vergeben wurde.[151] Insbesondere von der vergaberechtlichen Rechtsprechung wurde dies jedoch ganz überwiegend abgelehnt.[152] Zur Begründung wurde darauf abgestellt, dass die Missachtung der vergaberechtlichen Vorschriften als solche noch kein Zuschlagsverbot auslöse. Nach § 169 Abs. 1 GWB entsteht ein solches Zuschlagsverbot vielmehr erst mit der Übermittlung eines Nachprüfungsantrags an den Auftraggeber. Dieses Zuschlagsverbot gilt aber unabhängig davon, ob das Vergabeverfahren tatsächlich vergaberechtlich zu beanstanden ist oder nicht. Die darin zum Ausdruck gekommene gesetzgeberische Entscheidung sei zu respektieren, ohne dass es darauf ankomme, ob gegen einzelne Vorschriften oder das Vergaberecht insgesamt verstoßen wird.[153]

Auch nach Inkrafttreten der Neuregelung des § 101b GWB 2013/§ 135 GWB besteht 106
kein Anlass, die Einschätzung, dass **vergaberechtliche Vorschriften keine Verbotsgesetze** im Sinne des § 134 BGB sind, zu revidieren.[154] Denn bereits nach dem Wortlaut des § 135 GWB hat ein Verstoß selbst gegen wesentliche Vergabevorschriften wie das Verbot unzulässiger de facto-Vergaben gerade nicht die generelle Vertragsnichtigkeit, sondern nur unter bestimmten Voraussetzungen die Unwirksamkeit des Vertrags ex tunc zur Folge. Liegen die Voraussetzungen des § 135 Abs. 2 GWB nicht vor, soll der Vertrag demgegenüber wirksam bleiben. Diese Entscheidung des Gesetzgebers ist weiterhin zu respektieren.

Auch durch die §§ 168 Abs. 2 S. 1 und 169 Abs. 1 GWB wird zum Ausdruck gebracht, 107
dass ein Zuschlag trotz eines möglicherweise rechtswidrigen Vergabeverfahrens wirksam erteilt werden kann. Das spricht klar dagegen, vergaberechtliche Vorschriften als Verbotsgesetze im Sinne des § 134 BGB anzusehen. Andernfalls entbehrten diese Vorschriften eines Regelungszwecks. Vergaberechtsverstöße führen daher nicht zur Nichtigkeit des Ver-

[148] OLG München Beschl. v. 10.3.2011 – Verg 1/11, NZBau 2011, 445.
[149] Palandt/*Ellenberger* BGB § 134 Rn. 8f. mwN.
[150] Vgl. *Jasper/Pooth* ZfBR 2004, 543.
[151] Für Nichtigkeit: *Kaiser* NZBau 2005, 311 (312ff.); gegen Nichtigkeit: *Bitterich* NJW 2006, 1845 (1846); *v. Gehlen* NZBau 2005, 503 (504); *Prieß/Gabriel* NZBau 2006, 219 (220); eingehend zum Diskussionsstand *Hofmann,* Zivilrechtsfolgen von Vergabefehlern, S. 29ff. mwN.
[152] Vgl. OLG Düsseldorf Beschl. v. 3.12.2003 – VII-Verg 37/03, VergabeR 2004, 216 (219ff.); OLG Hamburg Beschl. v. 25.1.2007 – 1 Verg 5/06, NZBau 2007, 257; zweifelnd KG Berlin Beschl. v. 11.11.2004 – 2 Verg 16/04, VergabeR 2005, 236 (243ff.).
[153] *Prieß/Gabriel* NZBau 2006, 219 (220); Hattig/Maibaum/*Hattig* GWB § 101b Rn. 74.
[154] Vgl. OLG München Beschl. v. 10.3.2011 – Verg 1/11, NZBau 2011, 445.

trags, es sei denn, diese Sanktion wäre ausdrücklich angeordnet.[155] Ohne Vergabeverfahren direkt vergebene Aufträge können ausnahmsweise auch bei Verstößen gegen das EU-Beihilferecht nach § 134 BGB nichtig sein. Ausgangspunkt hierfür ist, dass die Vergütung des Auftragnehmers eine nach Art. 107 Abs. 1 AEUV verbotene beihilferechtswidrige Begünstigung ist, wenn sie den Marktpreis überschreitet. Nicht notifizierte Beihilfen sind nach der Rechtsprechung des BGH regelmäßig gem. § 134 BGB nichtig, es sei denn, es kommt eine Vertragsanpassung auf das marktgerechte Niveau in Betracht.[156]

III. § 138 BGB

108 Im Einzelfall kann sich eine Nichtigkeit des Vertrags wegen Sittenwidrigkeit gem. § 138 BGB ergeben. Eine Nichtigkeit nach § 138 Abs. 1 BGB setzt allerdings voraus, dass der öffentliche Auftraggeber in **bewusster Missachtung des Vergaberechts** gehandelt hat – er also weiß, dass der betreffende Auftrag dem Kartellvergaberecht unterfällt oder er sich einer solchen Kenntnis mutwillig verschließt – und überdies **kollusiv,** also zum Nachteil eines Dritten – beispielsweise eines Konkurrenten des Auftragnehmers – mit dem Auftragnehmer zusammengewirkt hat.[157] Die sittenwidrige Vorgehensweise nur einer Vertragspartei genügt zur Annahme der Nichtigkeit des Vertrages demgegenüber nicht.[158] In der Praxis gelingt der Nachweis der Sittenwidrigkeit eines vergaberechtswidrig geschlossenen Vertrages daher nur äußerst selten.

---

155 OLG Schleswig Beschl. v. 4.11.2014 – 1 Verg 1/14, NZBau 2015, 186 (189 f.) mwN; VK Südbayern Beschl. v. 29.4.2010 – Z3-3-3194-1-03-01/10, IBRRS 2010, 4101 mwN.

156 BGH Urt. v. 5.12.2012 – I ZR 92/11, EuZW 2003, 444; BGH Urt. v. 20.1.2004 – XI ZR 53/03, EuZW 2004, 252; BGHZ 196, 254; *Püstow/Meiners* EuZW 2016, 325 (327 f.) mwN.

157 OLG Celle Beschl. v. 24.10.2019 – 13 Verg 9/19, IBRRS 2019, 3666: VK Sachsen Beschl. v. 3.5.2012 – 1/SVK/008-12, IBRRS 2010, 0228; OLG Düsseldorf Beschl. v. 18.6.2008 – VII-Verg 23/08, NZBau 2008, 460; OLG Düsseldorf Beschl. v. 30.4.2008 – VII-Verg 23/08, NZBau 2008, 460; *Hofmann,* Zivilrechtsfolgen von Vergabefehlern, S. 84 ff.

158 OLG Brandenburg Beschl. v. 22.4.2010 – Verg W 5/10, VPRRS 2010, 0176 mwN; OLG Hamburg Beschl. v. 25.1.2007 – 1 Verg 5/06, NZBau 2007, 801; OLG Celle Beschl. v. 25.8.2005 – 13 Verg 8/05, VergabeR 2005, 809.

§ 38 Schadensersatz

Übersicht

GWB: §§ 180, 181

§ 180 GWB Schadensersatz bei Rechtsmissbrauch

(1) Erweist sich der Antrag nach § 160 oder die sofortige Beschwerde nach § 171 als von Anfang an ungerechtfertigt, ist der Antragsteller oder der Beschwerdeführer verpflichtet, dem Gegner und den Beteiligten den Schaden zu ersetzen, der ihnen durch den Missbrauch des Antrags- oder Beschwerderechts entstanden ist.

(2) Ein Missbrauch des Antrags- oder Beschwerderechts ist es insbesondere,

1. die Aussetzung oder die weitere Aussetzung des Vergabeverfahrens durch vorsätzlich oder grob fahrlässig vorgetragene falsche Angaben zu erwirken;
2. die Überprüfung mit dem Ziel zu beantragen, das Vergabeverfahren zu behindern oder Konkurrenten zu schädigen;
3. einen Antrag in der Absicht zu stellen, ihn später gegen Geld oder andere Vorteile zurückzunehmen.

(3) Erweisen sich die von der Vergabekammer entsprechend einem besonderen Antrag nach § 169 Abs. 3 getroffenen vorläufigen Maßnahmen als von Anfang an ungerechtfertigt, hat der Antragsteller dem Auftraggeber den aus der Vollziehung der angeordneten Maßnahme entstandenen Schaden zu ersetzen.

§ 181 GWB Anspruch auf Ersatz des Vertrauensschadens

Hat der Auftraggeber gegen eine den Schutz von Unternehmen bezweckende Vorschrift verstoßen und hätte das Unternehmen ohne diesen Verstoß bei der Wertung der Angebote eine echte Chance gehabt, den Zuschlag zu erhalten, die aber durch den Rechtsverstoß beeinträchtigt wurde, so kann das Unternehmen Schadensersatz für die Kosten der Vorbereitung des Angebots oder der Teilnahme an einem Vergabeverfahren verlangen. Weiterreichende Ansprüche auf Schadensersatz bleiben unberührt.

Literatur:

Alexander, Vergaberechtlicher Schadensersatz gemäß § 126 GWB, WRP 2009, 28, *Alexander,* Öffentliche Auftragsvergabe und unlauterer Wettbewerb, WRP 2004, 700; *Ax/Schneider,* Rechtsschutz bei der öffentlichen Auftragsvergabe, 2011; *Bitterich*, Anmerkung zu BGH, Urt. v. 9.6.2011, X ZR 143/10, JZ 2012, 316; *Gabriel/Schulz*, Die Rechtsprechung des EuGH auf dem Gebiet des Vergaberechts in den Jahren 2010 und 2011, EWS 2011, 449; *Glahs*, Anmerkung zu BGH, Urt. v. 27.11.2007, X ZR 18/07, VergabeR 2010, 844; *Gröning*, Ersatz des Vertrauensschadens ohne Vertrauen?, VergabeR 2009, 839; *Gröning*, Mögliche Tendenzen der nationalen Rechtsprechung zum Vergaberecht, VergabeR 2010, 762; *Hattig/Maibaum*, Praxiskommentar Kartellvergaberecht, 2. Aufl. 2014; *Hesshaus*, Schadensersatzansprüche des Auftraggebers wegen Blockierung der Auftragsvergabe durch Nachprüfungsverfahren, VergabeR 2008, 372; *Horn/Graef*, Vergaberechtliche Sekundäransprüche, NZBau 2005, 505; *Kau/Hänsel*, Verzögerte Vergabe – Schadensersatz für die Verzögerung des Zuschlags?, NJW 2011, 1914; *Kraus*, Anmerkung zu OLG Düsseldorf, Urt. v. 15.12.2008, I-27 U 1/07, VergabeR 2009, 512; *Prieß/Hölzl*, Drei Worte des EuGH: Schadensersatz ohne Verschulden!, NZBau 2011, 21; *Voppel*, Anmerkung zu OLG Dresden, Urt. v. 10.2.2004, VergabeR 2004, 505

A. Einleitung

1 Durch die Teilnahme an einem Vergabeverfahren werden zwischen dem öffentlichen Auftraggeber und den einzelnen Bewerbern bzw. Bietern vertragsähnliche Vertrauensverhältnisse gemäß § 311 Abs. 2 iVm § 241 Abs. 2 BGB begründet.[1] Die Verletzung der aus diesem vertragsähnlichen Vertrauensverhältnis resultierenden Pflichten zu gegenseitiger Rücksichtnahme und Loyalität kann zu wechselseitigen Schadensersatzansprüchen führen. Der Gesetzgeber hat darüber hinaus durch das Vergaberechtsänderungsgesetz vom 26.8. 1998 mit § 125 und § 126 GWB 2013 **zwei spezialgesetzlich normierte Schadensersatztatbestände** geschaffen, die im Zuge der Vergaberechtsmodernisierung von 2009 nicht mehr verändert wurden. Auch das Gesetz zur Modernisierung des Vergaberechts vom 17.2.2016 führte nicht zu einer inhaltlichen Veränderung der beiden Schadensersatztatbestände, sondern lediglich zu einer Neunummerierung. § 180 GWB entspricht inhaltlich dem bisherigen § 125 GWB 2013. § 181 GWB entspricht inhaltlich dem bisherigen § 126 GWB 2013.[2]

2 **§ 180 GWB** enthält eine Anspruchsgrundlage für **Schadensersatz bei Rechtsmissbrauch.** Der Gesetzgeber war davon ausgegangen, dass das vielfach hohe wirtschaftliche Interesse der konkurrierenden Bieter an dem Auftrag die Gefahr des Missbrauchs von Rechtsschutzmöglichkeiten berge. Dem sollte durch eine besondere Schadensersatzpflicht entgegengewirkt werden. Unternehmen, die Rechtsschutzmöglichkeiten missbräuchlich einsetzten, müssten danach mit hohen Schadensersatzforderungen rechnen. Zugleich sollte dadurch willkürlichen Beschwerden und Anträgen entgegengewirkt werden. Die Schadensersatzregelung in § 180 GWB ist nach dem gesetzgeberischen Willen eine spezielle Ausprägung der sittenwidrigen Schädigung nach § 826 BGB und des Prozessbetrugs nach § 823 Abs. 2 BGB iVm § 263 StGB. In § 180 Abs. 2 GWB sind die typischen Missbrauchstatbestände bezeichnet. In § 180 Abs. 3 GWB ist ein dem § 945 ZPO nachgebildeter Schadensersatzanspruch für den Fall statuiert, dass der Antragsteller mit besonderem Antrag über das automatische Zuschlagsverbot hinaus vorläufig in das Vergabeverfahren bremsend eingreift und sich später herausstellt, dass die von der Vergabekammer angeordneten einzelnen Maßnahmen nicht gerechtfertigt waren.[3]

3 Aufgrund des grundgesetzlich garantierten Rechts auf effektiven Rechtsschutz ist allerdings eine restriktive Auslegung dieses Schadensersatzanspruchs geboten. Der BGH hat insoweit festgestellt, dass die Voraussetzungen des Schadensersatzanspruchs gemäß § 180 GWB „aus gutem Grund hoch sind".[4] Diese hohen tatbestandlichen Anforderungen an die Erfüllung des Schadensersatzanspruchs, gepaart mit den zivilrechtlichen Regelungen zur Darlegungs- und Beweislast des Anspruchstellers haben dazu geführt, dass § 180 GWB

---

[1] StRspr, vgl. nur BGH Urt. v. 25.11.1992 – VIII ZR 170/91, NJW 1993, 520; BGH Urt. v. 26.10.1999 – X ZR 30/98, NJW 2000, 661; BGH Urt. v. 16.12.2003 – X ZR 282/02, NJW 2004, 2165; Palandt/*Grüneberg* BGB § 311 Rn. 36 mwN.

[2] Vgl. die Gesetzesbegründung in BT-Drs. 18/6281, S. 136.

[3] Vgl. die Gesetzesbegründung in BT-Drs. 13/9340, S. 22.

[4] BGH Urt. v. 10.9.2009 – VII ZR 82/08, NJW 2010, 519.

in der Praxis als Schadensersatzanspruch nahezu keine Bedeutung erlangt hat. **Prozessuale Bedeutung** kommt § 180 GWB allerdings insoweit zu, als die vergaberechtliche Rechtsprechung diese Vorschrift heranzieht, um in Ausnahmefällen den vergaberechtlichen Primärrechtsschutz wegen fehlenden Rechtsschutzbedürfnisses zu versagen.[5]

§ 181 GWB enthält in S. 1 eine Anspruchsgrundlage für Bieter zur Geltendmachung von Schadensersatz gegenüber dem öffentlichen Auftraggeber, wenn bieterschützende Vergabevorschriften verletzt wurden und der Bieter ohne den Vergaberechtsverstoß eine „echte Chance" auf Zuschlagserteilung gehabt hätte. Der Anspruch besteht verschuldensunabhängig,[6] ist seinem Umfang nach allerdings auf den **Ersatz des Vertrauensschadens** beschränkt. § 181 S. 2 GWB stellt klar, dass weiterreichende Ansprüche auf Schadensersatz, insbesondere also solche auf Ersatz des entgangenen Gewinns, unberührt bleiben. 4

§ 126 GWB (jetzt § 181 GWB) war im Zuge des Gesetzgebungsverfahrens zunächst als bloße Beweislastregelung zur Umsetzung des Art. 2 Abs. 7 der Rechtsmittelrichtlinie im Sektorenbereich 92/13/EWG[7] vorgeschlagen worden.[8] Auf die Stellungnahme des Bundesrats im Gesetzgebungsverfahren hin wurde die Regelung dann als allgemeine Anspruchsgrundlage ausgestaltet, allerdings – entgegen der Kritik des Bundesrats – nicht auf den Sektorenbereich beschränkt, sondern als für das gesamte Vergaberecht einheitliche Regelung ausgestaltet.[9] § 181 S. 1 GWB normiert nach wohl herrschender Auffassung damit über die europäischen Vorgaben hinausgehende Ansprüche auf Ersatz des Vertrauensschadens bei Vergaberechtsverstößen.[10] Allerdings ist zu berücksichtigen, dass Art. 2 Abs. 1 lit. c der Rechtsmittelrichtlinie 89/665/EWG ebenso wie Art. 2 Abs. 1 S. 2 lit. d der Sektoren-Rechtsmittelrichtlinie 92/13/EWG fordert, dass die Mitgliedstaaten sicherstellen, dass denjenigen, die durch einen Vergaberechtsverstoß geschädigt worden sind, Schadensersatz zuerkannt werden kann, und dass der EuGH[11] davon ausgeht, dass diese Regelung die Schaffung eines voraussetzungslosen (jedenfalls verschuldensunabhängigen) Schadensersatzanspruchs fordert.[12] 5

Der Anwendungsbereich des § 181 GWB beschränkt sich auf den Geltungsbereich des Kartellvergaberechts nach §§ 97 ff. GWB. Außerhalb des Anwendungsbereichs der §§ 97 ff. GWB richtet sich der Sekundärrechtsschutz nach den allgemeinen zivilrechtlichen Regelungen.[13] In der Praxis spielt der Schadensersatzanspruch aus § 181 GWB eine eher untergeordnete Rolle. Das beruht einerseits auf der engen Auslegung des Begriffs der „echten Chance" durch den BGH[14], aber auch darauf, dass es für die Bieter häufig schwierig ist, die Anspruchsvoraussetzungen zu beweisen. Zum anderen sind die Primärrechtsschutzmöglichkeiten im Oberschwellenbereich inzwischen so gut, dass die Bieter ihre Interessen bereits durch Vergabenachprüfungsverfahren selbst gewahrt sehen.[15] 6

---

[5] Vgl. OLG Jena Beschl. v. 3.5.2017 – 2 Verg 1/17, BeckRS 2017, 128362; VK Baden-Württemberg Beschl. v. 16.1.2009 – 1 VK 64/08, BeckRS 2011, 01113 mwN; OLG Düsseldorf Beschl. v. 14.5.2008 – Verg 27/08, ZfBR 2008, 820 (822); VK Brandenburg Urt. v. 20.12.2005 – 1 VK 75/05, IBRRS 2006, 1307; BayObLG Beschl. v. 20.12.1999 – Verg 8/99, NZBau 2000, 259 (261).

[6] Dazu → Rn. 75 ff.

[7] RL 92/13/EWG v. 25.2.1992 (Rechtsmittelrichtlinie für Auftraggeber im Bereich der Wasser-, Energie- und Verkehrsversorgung sowie im Telekommunikationssektor), ABl. EG Nr. L 76 v. 13.3.1992, S. 1 ff.

[8] § 135 des Entwurfs eines Gesetzes zur Änderung der Rechtsgrundlagen für die Vergabe öffentlicher Aufträge (Vergaberechtsänderungsgesetz – VgRÄG), BT-Drs. 13/9340, S. 9, 22 f.

[9] Vgl. Stellungnahme des Bundesrates und Gegenäußerung der Bundesregierung im Gesetzgebungsverfahren, BT Drs. 13/9340, S. 44, 51.

[10] Vgl. nur Ziekow/Völlink/*Losch* GWB § 181 Rn. 2 mwN.

[11] EuGH Urt. v. 30.9.2010 – C-314/09, NZBau 2010, 773 – Stadt Graz.

[12] Dazu näher → Rn. 75 ff.

[13] Vgl. OLG Düsseldorf Urt. v. 13.1.2010 – I-27 U 1/09, NZBau 2010, 328; BVerfG Beschl. v. 13.6.2006 – 1 BvR 1160/03, NZBau 2006, 791 (795 f.); Ziekow/Völlink/*Losch* GWB § 181 Rn. 3.

[14] BGH Urt. v. 27.11.2007 – X ZR 18/07, WRP 2008, 370 (373).

[15] Reidt/Stickler/Glahs/*Glahs* GWB § 181 Rn. 3.

B. Schadensersatz bei Rechtsmissbrauch gemäß § 180 GWB

7 § 180 Abs. 1 und 2 GWB normieren einen Schadensersatzanspruch bei Missbrauch des Nachprüfungsantrags- oder Beschwerderechts durch den Antragsteller oder Beschwerdeführer. Dieser Schadensersatzanspruch setzt sowohl objektive als auch subjektive Umstände voraus, die kumulativ vorliegen müssen und damit nur insgesamt den Vorwurf rechtsmissbräuchlichen Verhaltens rechtfertigen.[16] § 180 Abs. 3 GWB regelt eine verschuldensunabhängige Haftung für Schäden, die dem Auftraggeber aus der Vollziehung vorläufiger Maßnahmen nach § 169 Abs. 3 GWB entstanden sind.

I. Rechtsmissbräuchliche Nachprüfungsanträge und Beschwerden (§ 180 Abs. 1, 2 GWB)

8 § 180 Abs. 1 GWB sieht vor, dass in Fällen, in denen sich der Antrag nach § 160 GWB oder die sofortige Beschwerde nach § 171 GWB als von Anfang an ungerechtfertigt erweist, der Antragsteller oder der Beschwerdeführer verpflichtet ist, dem Gegner und den Beteiligten den Schaden zu ersetzen, der ihnen durch den Missbrauch des Antrags- oder Beschwerderechts entstanden ist. § 180 Abs. 2 GWB enthält sodann drei Regelbeispiele für einen derartigen Missbrauch.

1. Normadressaten

9 **Anspruchsverpflichteter** des Schadensersatzanspruchs aus § 180 Abs. 1, 2 GWB ist ausweislich des klaren Wortlauts des § 180 Abs. 1 GWB entweder der Antragsteller eines Nachprüfungsantrags nach § 160 GWB oder der Beschwerdeführer einer sofortigen Beschwerde nach § 171 GWB. Als Antragsteller eines Nachprüfungsantrags nach § 160 GWB kommen insbesondere Bewerber oder Bieter in Betracht, die eine Verletzung ihrer Rechte geltend machen. Aber auch Unternehmen, die nicht am Vergabeverfahren beteiligt wurden, können Antragsteller eines Nachprüfungsverfahrens sein, insbesondere, wenn sie gerade die unzulässige de facto-Vergabe beanstanden. Zum Kreis der Anspruchsverpflichteten bei sofortigen Beschwerden zählen darüber hinaus die Beigeladenen des Nachprüfungsverfahrens und der öffentliche Auftraggeber selbst, sofern er, nachdem er im Nachprüfungsverfahren unterlegen war, einen Antrag auf sofortige Beschwerde nach § 171 GWB stellt. Im Rahmen des § 180 Abs. 2 Nr. 2 GWB kann der öffentliche Auftraggeber allerdings nicht Anspruchsverpflichteter sein, da er in keiner prozessualen Konstellation die Überprüfung des Vergabeverfahrens beantragt und auch keinen Konkurrenten schädigt.[17]

10 **Anspruchsberechtigt** sind gemäß § 180 Abs. 1 GWB der Gegner und die Beteiligten. Gegner eines Nachprüfungsantrags ist immer der öffentliche Auftraggeber. Wer Gegner eines sofortigen Beschwerdeverfahrens ist, richtet sich danach, welcher Verfahrensbeteiligte des Nachprüfungsverfahrens die sofortige Beschwerde beantragt hat. Beantragt der im Nachprüfungsverfahren erfolglos gebliebene Antragsteller die sofortige Beschwerde, ist Gegner wiederum der öffentliche Auftraggeber. Stellen der öffentliche Auftraggeber oder ein Beigeladener Antrag auf sofortige Beschwerde, ist Gegner der Antragsteller des Nachprüfungsverfahrens. Letztlich ist eine exakte Abgrenzung der Frage, wer formell als Gegner des Nachprüfungsverfahrens bzw. sofortigen Beschwerdeverfahrens anzusehen ist, aber nicht erforderlich, da gemäß § 180 Abs. 1 GWB auch „den Beteiligten" ein Schadensersatzanspruch zusteht.

11 Nach ganz überwiegender Auffassung entspricht der **Begriff des Beteiligten** in § 180 GWB dem des **Verfahrensbeteiligten** in § 162 S. 1 GWB.[18] Nach der Legaldefinition in

---

[16] *Hesshaus* VergabeR 2008, 372 (373).

[17] Ziekow/Völlink/*Losch* GWB § 180 Rn. 20 mwN.

[18] Ziekow/Völlink/*Losch* GWB § 180 Rn. 7f. mwN; Müller-Wrede/*Braun* GWB § 125 Rn. 30; *Hesshaus* VergabeR 2008, 372 (373f.); etwas weitergehend wohl Byok/Jaeger/*Franßen* GWB § 180 Rn. 29.

§ 162 S. 1 GWB sind „Verfahrensbeteiligte" der Antragsteller, der Auftraggeber und die Unternehmen, deren Interessen durch die Entscheidung schwerwiegend berührt werden und die deswegen von der Vergabekammer beigeladen worden sind. Eine Auslegung des § 180 Abs. 1 GWB nach Wortlaut, Systematik und Sinn und Zweck spricht dafür, dass es auch hier auf diesen prozessualen Beteiligtenbegriff ankommt. So wird im Vierten Teil des GWB der Begriff des „Beteiligten" generell im prozessualen Sinne verstanden. Soweit es um die Beteiligung an einem Vergabeverfahren geht, hat der Gesetzgeber demgegenüber die Begriffe „Teilnehmer" (§ 97 Abs. 2 GWB), „Bieter" oder „Bewerber" (§ 134 GWB) gewählt. Der Begriff der „Beteiligten" (vgl. § 165 Abs. 1, § 171 Abs. 1, § 174 GWB) wird dagegen rein prozessual verstanden. Beteiligte des Nachprüfungsverfahrens sind danach die Verfahrensbeteiligten im Sinne des § 162 GWB. Beteiligte des sofortigen Beschwerdeverfahrens sind gemäß § 174 GWB die an dem Verfahren vor der Vergabekammer Beteiligten. Dieser gesetzlichen Terminologie und Systematik würde es widersprechen, wenn im Zusammenhang mit der Schadensersatzregelung in § 180 Abs. 1 GWB der Beteiligtenbegriff in einem anderen Sinne verstanden würde.[19] Für dieses prozessuale Verständnis spricht auch eine teleologische Auslegung. Ausweislich der Gesetzesbegründung stellt die Schadensersatzregelung des § 180 Abs. 1, 2 GWB eine spezielle Ausprägung der sittenwidrigen Schädigung nach § 826 BGB und des Prozessbetrugs nach § 823 Abs. 2 BGB iVm § 263 StGB dar. Gerade ein Prozessbetrug kommt aber nur gegenüber anderen Verfahrensbeteiligten des Prozesses in Betracht. Auch soweit man § 180 Abs. 1 GWB als spezielle Ausprägung der vorvertraglichen Vertrauenshaftung (§ 311 Abs. 2 iVm § 241 Abs. 2 BGB) versteht, fehlt es im Verhältnis des antragstellenden Bieters bzw. Bewerbers zu einem sonstigen „Beteiligten" am Vergabeverfahren in aller Regel an der für eine solche Vertrauenshaftung erforderlichen Nähebeziehung.[20] Eine Ausweitung des Begriffs der Beteiligten auf die Teilnehmer des Vergabeverfahrens scheidet damit aus.

2. Ungerechtfertigt gestellter Nachprüfungsantrag oder sofortige Beschwerde

Voraussetzung eines Schadensersatzanspruchs nach § 180 Abs. 1, 2 GWB ist zunächst, dass ein Nachprüfungsantrag gemäß § 160 GWB oder eine sofortige Beschwerde nach § 171 GWB eingelegt wurde. Hinsichtlich der Einlegung eines Nachprüfungsantrags ist darüber hinaus erforderlich, dass dieser **Nachprüfungsantrag** von der Vergabekammer nicht als offensichtlich unzulässig oder unbegründet verworfen wurde, sondern dem Auftraggeber nach § 163 Abs. 2 GWB **übermittelt** wurde. Andernfalls ist die Entstehung eines Schadens beim Auftraggeber oder sonstigen Beteiligten nicht denkbar, da ein Zuschlagsverbot gemäß § 169 Abs. 1 GWB erst durch diese Information des Auftraggebers ausgelöst wird. 12

Der Nachprüfungsantrag bzw. die sofortige Beschwerde muss sich darüber hinaus als von Anfang an ungerechtfertigt erweisen und missbräuchlich sein. 13

a) Ungerechtfertigtheit des Rechtsmittels. Ein Nachprüfungsantrag bzw. die sofortige Beschwerde sind nach ganz herrschender Literaturauffassung „ungerechtfertigt", wenn am Ende des Verfahrens die **Unzulässigkeit oder Unbegründetheit** feststeht.[21] 14

Die Mindermeinung, die eine offensichtliche Unzulässigkeit oder offensichtliche Unbegründetheit des Rechtsmittels fordert[22], vermag nicht zu überzeugen. Bereits der klare Wortlaut des § 180 Abs. 1 GWB spricht gegen die Annahme eines derartigen zusätzlichen ungeschriebenen Tatbestandsmerkmals. Auch würde der Anwendungsbereich der Vorschrift außerordentlich eingeschränkt, da jedenfalls ein Vergabenachprüfungsantrag im Falle seiner offensichtlichen Unzulässigkeit bzw. Unbegründetheit in der Regel von der Vergabekammer nicht an den Antragsgegner übermittelt wird (§ 163 Abs. 2 GWB). Auch Sinn 15

[19] So auch *Hesshaus* VergabeR 2008, 372 (373 f.).
[20] *Hesshaus* VergabeR 2008, 372 (374) mwN.
[21] Vgl. nur Ziekow/Völlink/*Losch* GWB § 180 Rn. 9; KKPP/*Verfürth* GWB § 180 Rn. 9 ff.
[22] *Noch*, S. 84.

und Zweck der Regelung gebieten keine derartige Einschränkung. Als spezielle Ausprägung der sittenwidrigen Schädigung nach § 826 BGB und des Prozessbetrugs nach § 823 Abs. 2 BGB iVm § 263 StGB ist eine Einschränkung des grundsätzlich weiten Anwendungsbereichs erst beim Merkmal des Missbrauchs angezeigt.[23] Zutreffenderweise genügt es demnach, dass ein objektiv unzulässiger oder objektiv unbegründeter Nachprüfungsantrag bzw. sofortige Beschwerde vorliegen.[24]

16 **b) Von Anfang an.** Nach dem klaren Gesetzeswortlaut muss das Rechtsmittel „von Anfang an" ungerechtfertigt gewesen sein. Das bedeutet, dass es bereits im **Zeitpunkt seiner Einlegung** objektiv unzulässig oder unbegründet gewesen sein muss. Es genügt nicht, dass das Rechtsmittel erst im Lauf des Nachprüfungs- bzw. Beschwerdeverfahrens unzulässig und/oder unbegründet wurde.[25]

17 Zu prüfen ist dabei **jede Instanz für sich.** Eine sofortige Beschwerde kann daher von Anfang an ungerechtfertigt sein, nachdem ein ursprünglich zulässiger und begründeter Nachprüfungsantrag erst im Verlauf des Verfahrens unzulässig bzw. unbegründet geworden ist.[26]

18 Soweit teilweise die Auffassung vertreten wird, bei mehreren in einem Nachprüfungsantrag erhobenen Vorwürfen könne ein Anknüpfungspunkt für ein Schadensersatzbegehren bereits gegeben sein, wenn jedenfalls einer von diesen Vorwürfen den gestellten Antrag nicht rechtfertigte[27], kann dem nicht gefolgt werden. Denn ein Nachprüfungsantrag ist nicht von Anfang an unbegründet, wenn neben begründeten Rügen auch Rügen erhoben werden, die sich im weiteren Verlauf des Nachprüfungsverfahrens nicht beweisen lassen oder sich aus sonstigen Gründen als von Anfang an unbegründet herausstellen. Nach dem Wortlaut des § 180 Abs. 1 GWB kommt es insoweit auf das **Rechtsmittel insgesamt** an, nicht auf einzelne erhobene Vorwürfe. Ebenso wenig kann der Auffassung gefolgt werden, ein von Anfang an ungerechtfertigter Nachprüfungsantrag liege auch dann vor, wenn der Antragsteller das Nachprüfungsverfahren mit der Behauptung eines Vergabefehlers einleite, der sich im weiteren Verfahren nicht beweisen lasse, es ihm allerdings – etwa aufgrund der wegen seines Nachprüfungsantrags gewährten Akteneinsicht nach § 165 GWB – gelinge, einen anderen begründeten Vergaberechtsverstoß des öffentlichen Auftraggebers geltend zu machen und damit seinem Antrag zum Erfolg zu verhelfen.[28] Gegen ein solches Verständnis spricht der Gesetzeswortlaut. Denn die Formulierung „von Anfang an" impliziert, dass ein Rechtsmittel nicht nur anfänglich, sondern gerade von seiner Einlegung an bis zum Verfahrensschluss ungerechtfertigt ist. In vergaberechtlichen Nachprüfungsverfahren kann es mit Blick auf die beschränkten Kenntnisse des Antragstellers im Zeitpunkt der Stellung des Nachprüfungsantrags durchaus vorkommen, dass eine ursprünglich erhobene Rüge sich nicht beweisen lässt. Nach ganz herrschender Meinung ist es allerdings zulässig, dass während eines Nachprüfungsverfahrens noch weitere Rügen erhoben werden dürfen und dann zum Gegenstand des Nachprüfungsverfahrens werden. Stellt sich danach ein Vergabeverfahren als rechtswidrig heraus, erscheint es unbillig und mit Blick auf Sinn und Zweck des § 180 GWB auch nicht geboten, Schadensersatzansprüche gegen den Antragsteller zu gewähren.

19 **c) Missbrauch des Antrags- bzw. Beschwerderechts.** Der Schadensersatzanspruch nach § 180 Abs. 1 GWB setzt darüber hinaus einen Missbrauch des Antrags- oder Beschwerderechts voraus. Zu der objektiven Komponente des von Anfang an ungerechtfertigten

[23] KKPP/*Verfürth* GWB § 180 Rn. 13 mwN.
[24] Ziekow/Völlink/*Losch* GWB § 180 Rn. 10; KKPP/*Verfürth* GWB § 180 Rn. 13; Byok/Jaeger/*Franßen* GWB § 180 Rn. 13; *Hesshaus* VergabeR 2008, 372 (374); *Horn*/*Graef* NZBau 2005, 505 (507).
[25] Ganz hM, vgl. nur Ziekow/Völlink/*Losch* GWB § 180 Rn. 11 mwN; KKPP/*Verfürth* GWB § 180 Rn. 12.
[26] Zutr. Ziekow/Völlink/*Losch* GWB § 180 Rn. 11 f.
[27] So Willenbruch/Wieddekind/*Scharen* GWB § 180 Rn. 5; Hattig/Maibaum/*Hattig* GWB § 125 Rn. 10.
[28] So Willenbruch/Wieddekind/*Scharen* GWB § 180 Rn. 5; Hattig/Maibaum/*Hattig* GWB § 125 Rn. 10.

Rechtsmittels muss demnach noch eine subjektive Komponente, nämlich eine **Missbrauchs- bzw. Schädigungsabsicht** hinzukommen. Das Handeln des Anspruchsgegners muss sich danach als verwerflich darstellen.

Dabei ist zu beachten, dass üblicherweise einer Partei nicht vorgeworfen werden kann, ein gesetzlich vorgesehenes Rechtsmittel einzuleiten oder zu betreiben, auch wenn ihr Begehren sachlich nicht gerechtfertigt ist und dem anderen Teil aus dem Verfahren über die erzwungene Verfahrensbeteiligung hinaus weitere Nachteile erwachsen. Der Rechtsmittelführer haftet daher für die Folgen einer nur fahrlässigen Fehleinschätzung über die im Verfahrensrecht vorgesehenen Sanktionen (insbesondere Kostentragungspflicht) hinaus grundsätzlich nicht.[29] Ausweislich der Gesetzesbegründung wollte der Gesetzgeber „willkürlichen Beschwerden und Anträgen entgegenwirken".[30] Selbst bei einer negativen Erfolgsprognose kann daher die Einleitung eines Verfahrens nicht als rechtsmissbräuchlich angesehen werden, wenn nicht der Zielsetzung des Antragstellers oder seinem Verhalten im Verfahren weitergehende Aspekte zu entnehmen sind, die auf eine missbräuchliche, also letztlich **rücksichtlose Ausnutzung seiner prozessualen Rechte** schließen lässt. Wie den Regelbeispielen in § 180 Abs. 2 GWB zu entnehmen ist, muss es dem Antragsteller eines Nachprüfungsantrags bzw. dem Beschwerdeführer einer sofortigen Beschwerde bereits im Zeitpunkt der Antragstellung bzw. Erhebung der sofortigen Beschwerde auf die Behinderung des Vergabeverfahrens oder Schädigung des Konkurrenten ankommen.[31] Auch ist der redlich handelnden und ihre Rechte wahrnehmenden Partei nach herrschender Lehre ein „fahrlässiges Recht auf Irrtum" zuzubilligen.[32] 20

Ob ein Missbrauch des Antrags- oder Beschwerderechts vorliegt, ist anhand der Besonderheiten des jeweiligen Einzelfalls unter Berücksichtigung der in § 180 Abs. 2 GWB aufgeführten Regelbeispiele für Missbrauchsfälle zu beurteilen. 21

3. Beispiele für missbräuchliches Verhalten (§ 180 Abs. 2 GWB)

§ 180 Abs. 2 GWB enthält eine Aufzählung von drei Regelbeispielen, bei deren Vorliegen von einem Missbrauch des Antrags- oder Beschwerderechts im Sinne des § 180 Abs. 1 GWB auszugehen ist. Wie die Formulierung („insbesondere") klarstellt, handelt es sich um eine **nicht abschließende Aufzählung** von Missbrauchstatbeständen. Es können daher auch andere, unbenannte Missbrauchsfälle zu einem Schadensersatzanspruch nach § 180 Abs. 1 GWB führen. 22

a) Aussetzung durch falsche Angaben (§ 180 Abs. 2 Nr. 1 GWB). Gemäß § 180 Abs. 2 Nr. 1 GWB liegt ein Missbrauch insbesondere dann vor, wenn die Aussetzung oder die weitere Aussetzung des Vergabeverfahrens durch vorsätzlich oder grob fahrlässig vorgetragene falsche Angaben erwirkt wird. Es geht hier um einen Fall des vorsätzlichen oder grob fahrlässigen Verstoßes gegen die prozessuale Wahrheitspflicht. Der Tatbestand ist erfüllt, wenn es durch falschen Sachverhaltsvortrag zu einer (weiteren) Aussetzung des Vergabeverfahrens kommt. 23

Angaben sind **falsch,** wenn sie objektiv nicht der Wahrheit entsprechen.[33] Zu einer **Aussetzung des Vergabeverfahrens** kommt es durch Auslösung des Zuschlagsverbots mit Zustellung des Nachprüfungsantrags gemäß § 169 Abs. 1 GWB. Eine weitere Aussetzung des Vergabeverfahrens kommt in folgenden Fällen in Betracht: 24

– Wiederherstellung des Zuschlagsverbots durch das Beschwerdegericht nach vorläufiger Zuschlagsgestattung durch die Vergabekammer gemäß § 169 Abs. 2 S. 5 GWB;

[29] Vgl. BGH Beschl. v. 15.7.2005 – GSZ 1/04, NJW 2005, 3141 (3142); Willenbruch/Wieddekind/*Scharen* GWB § 180 Rn. 6.

[30] Gesetzesbegründung BT-Drs. 13/9340, S. 22.

[31] Ziekow/Völlink/*Losch* GWB § 180 Rn. 13 mwN; KKPP/*Verfürth* GWB § 180 Rn. 19.

[32] Ziekow/Völlink/*Losch* GWB § 180 Rn. 13.

[33] Vgl. Ziekow/Völlink/*Losch* GWB § 180 Rn. 15.

– Auslösung der aufschiebenden Wirkung für zwei Wochen durch Einlegung der sofortigen Beschwerde, § 173 Abs. 1 S. 1, 2 GWB;
– Verlängerung der aufschiebenden Wirkung der sofortigen Beschwerde durch das Beschwerdegericht, § 173 Abs. 1 S. 3 GWB;
– Beeinflussung der Entscheidung der Vergabekammer über die vorzeitige Zuschlagsgestattung gemäß § 169 Abs. 2 S. 1 GWB;
– Beeinflussung der Entscheidung des Beschwerdegerichts über die Vorabentscheidung über den Zuschlag, § 176 Abs. 1 GWB.

25 Die Vorschrift setzt weiter voraus, dass die falschen Angaben **vorsätzlich oder grob fahrlässig** vorgetragen wurden. Die Begriffe des Vorsatzes und der groben Fahrlässigkeit sind wie im Zivilrecht auszulegen.[34] Vorsätzlich falsche Angaben macht derjenige, der sicher weiß oder billigend in Kauf nimmt, dass seine Angaben ganz oder teilweise der Wahrheit nicht entsprechen, und er sie dennoch vorträgt.[35] Grobe Fahrlässigkeit liegt vor, wenn die im Verkehr erforderliche Sorgfalt in besonders schwerem Maße verletzt worden ist, wenn also schon die einfachsten, ganz naheliegenden Überlegungen, die ein besonnener und gewissenhafter Beteiligter an einem Vergabeverfahren der betreffenden Art in der konkreten Lage angestellt hätte, nicht angestellt werden und nicht beachtet wird, was im gegebenen Fall jedem einleuchten muss; dabei sind auch subjektive, in der Person des Handelnden begründete Umstände zu berücksichtigen.[36] In Vergabenachprüfungsverfahren ist allerdings zu berücksichtigen, dass der Antragsteller vor Einleitung des Nachprüfungsverfahrens regelmäßig keine Akteneinsicht in die Vergabeakten erhält und Auskünfte der Vergabestellen auf Bieterfragen und Rügen nicht immer umfassend sind. Mit Blick auf diese beschränkten Kenntnisse des Antragstellers kommt es in der Praxis daher nicht selten zum Vortrag im Nachprüfungsantrag unter Darlegungsnot. Insbesondere soweit eine (nur) bedingt vorsätzliche oder grob fahrlässige Tatbegehung im Sinne des § 180 Abs. 2 Nr. 1 GWB im Raum steht, sind diese Besonderheiten bei Anlegung des **Sorgfaltsmaßstabs** zu berücksichtigen. Gerade mit Blick auf den gesetzgeberischen Willen, rechtsmissbräuchliche und willkürliche Anträge und Beschwerden zu verhindern, sollte daher nicht vorschnell von einem rechtsmissbräuchlichen Verhalten des Antragstellers ausgegangen werden. Vielmehr ist im Rahmen einer Gesamtschau darauf abzustellen, ob die vom Gesetz geforderte Vorwerfbarkeit gegeben ist.[37]

26 Die falschen Angaben müssen schließlich **ursächlich** für die (weitere) Aussetzung des Vergabeverfahrens gewesen sein. Die (weitere) Aussetzung des Verfahrens muss nach dem Gesetzeswortlaut nämlich gerade durch die falschen Angaben erwirkt worden sein. Wäre es demnach auch ohne die falschen Angaben zu einer (weiteren) Aussetzung des Vergabeverfahrens gekommen, fehlt es an dieser Kausalität. Es liegt dann kein Missbrauchsfall im Sinne des § 180 Abs. 2 Nr. 1 GWB vor.[38]

27 **b) Behinderungs- oder Schädigungsabsicht (§ 180 Abs. 2 Nr. 2 GWB).** Einen weiteren Missbrauchsfall stellt es gemäß § 180 Abs. 2 Nr. 2 GWB dar, die Überprüfung mit dem Ziel zu beantragen, das Vergabeverfahren zu behindern oder Konkurrenten zu schädigen. Aus dem Wortlaut der Norm ergibt sich, dass der Antragsteller eines Nachprüfungsantrags bzw. Beschwerdeführer einer sofortigen Beschwerde die Überprüfung des Vergabeverfahrens mit dem **gewollten Ziel** beantragen muss, das Vergabeverfahren zu behindern oder Konkurrenten zu schädigen. Mit „Überprüfung" ist sowohl das Nachprüfungsverfahren als auch die sofortige Beschwerde gemeint. Daher kann den Missbrauchs-

[34] Ziekow/Völlink/*Losch* GWB § 180 Rn. 15.
[35] Ziekow/Völlink/*Losch* GWB § 180 Rn. 15; *Hesshaus* VergabeR 2008, 372 (375); Palandt/*Grüneberg* BGB § 276 Rn. 10 mwN.
[36] Palandt/*Grüneberg* BGB § 276 Rn. 14, § 277 Rn. 5 mwN.
[37] *Hesshaus* VergabeR 2008, 372 (375 f.).
[38] HM vgl. nur Ziekow/Völlink/*Losch* GWB § 180 Rn. 16; KKPP/*Verfürth* GWB § 180 Rn. 27; Hattig/Maibaum/*Hattig* GWB § 125 Rn. 14.

tatbestand auch derjenige erfüllen, der zwar den Nachprüfungsantrag nicht missbräuchlich gestellt hat, dann aber die offensichtlich erfolglose sofortige Beschwerde einlegt.[39]

Eine **Behinderung des Vergabeverfahrens** ergibt sich aufgrund der Regelungen über das Zuschlagsverbot und dessen Aufrechterhaltung bereits automatisch aus der Zustellung eines Nachprüfungsantrags bzw. der Einlegung einer sofortigen Beschwerde (vgl. § 169 Abs. 1 GWB, § 173 Abs. 1 GWB). Verfahrensverzögerungen können sich darüber hinaus aus Anträgen auf Verlängerung der aufschiebenden Wirkung der sofortigen Beschwerde gemäß § 173 Abs. 1 S. 3 GWB oder Anträgen auf Wiederherstellung des Zuschlagsverbots nach § 169 Abs. 2 S. 5 GWB ergeben. Nach dem Wortlaut des § 180 Abs. 2 Nr. 2 GWB muss Ziel der Überprüfung sein, das Vergabeverfahren zu behindern. Angesichts der Tatsache, dass sich Behinderungen des Vergabeverfahrens bereits aus den gesetzlich angeordneten Zuschlagsverboten ergeben, ist umstritten, welche weiteren Anforderungen an die **Motivation des Antragstellers** hier zu stellen sind. Nicht ausreichend ist insoweit bloßes grob fahrlässiges Handeln oder Handeln mit bloßem Eventualvorsatz, bei dem der Erfolg, nämlich die Verfahrensverzögerung, lediglich billigend in Kauf genommen wird. Das Ziel der Verfahrensverzögerung muss vielmehr im Vordergrund stehen. Auf der anderen Seite muss die Verfahrensbehinderung nicht alleiniges Motiv oder Ziel des Antragstellers sein. Etwaige weitere Ziele des Anspruchstellers sind insoweit unschädlich. Es kommt auch nicht darauf an, dass der Antragsteller eine Behinderung des Verfahrens beabsichtigt, die über das mit dem Antrag verbundene Zuschlagsverbot oder über die aufschiebende Wirkung der sofortigen Beschwerde hinausgeht. Denn dadurch würde der Anwendungsbereich der Vorschrift zu sehr eingeschränkt. Vielmehr erfasst § 180 Abs. 2 Nr. 2 GWB nach zutreffender Auffassung alle Fälle, in denen ein Nachprüfungsverfahren bzw. eine sofortige Beschwerde trotz erkannter Aussichtslosigkeit und ohne dominierende Hoffnung, in dem Verfahren zu obsiegen, eingeleitet wird.[40] 28

Die **Absicht, einen Konkurrenten zu schädigen,** liegt vor, wenn zielgerichtet die Zuschlagserteilung im Vergabeverfahren an den Wettbewerber verhindert werden soll. Auch bei dieser Alternative muss die Schädigungsabsicht im Vordergrund stehen.[41] Auf den tatsächlichen Eintritt des erstrebten Erfolges kommt es wie bei der ersten Alternative des § 180 Abs. 2 Nr. 2 GWB aber nicht an.[42] 29

Das Vorliegen einer Behinderungs- oder Schädigungsabsicht lässt sich in der Praxis nur **äußerst schwer nachweisen.** Als sogenannte innere Tatsachen, zu denen Beweggründe, Überlegungen und Willensentscheidungen zählen, sind solche Absichten einem unmittelbaren Beweis kaum zugänglich. Die Missbrauchsabsicht des Antragstellers oder Beschwerdeführers kann daher regelmäßig nur aus objektiven Umständen abgeleitet werden, die den Schluss zulassen, dass mit der Einleitung des Nachprüfungsverfahrens, der Einlegung der sofortigen Beschwerde oder sonstigen Verfahrenshandlungen das Ziel verfolgt wurde, den Fortgang des Vergabeverfahrens zu behindern oder einen Konkurrenten zu schädigen. Dabei muss es sich um ganz besondere Umstände handeln, da der Antragsteller bzw. Beschwerdeführer mit seinem Rechtsmittel regelmäßig das Ziel verfolgt, selbst den Zuschlag zu erhalten. Indizien für eine beabsichtigte Schädigung eines Konkurrenten können beispielsweise falsche und diffamierende Angaben über dessen Eignung sein, wenn daraus ersichtlich wird, dass die Angaben einer tatsächlichen Grundlage entbehren und nur zum Ziel haben, den Konkurrenten zu diffamieren.[43] 30

c) „Abkaufenlassen" der Antragsrücknahme (§ 180 Abs. 2 Nr. 3 GWB). Nach § 180 Abs. 2 Nr. 3 GWB stellt es schließlich einen Missbrauch dar, einen Antrag in der Absicht zu stellen, ihn später gegen Geld oder andere Vorteile zurückzunehmen. Mit Blick auf den 31

[39] Ziekow/Völlink/*Losch* GWB § 180 Rn. 17 mwN.
[40] KKPP/*Verfürth* GWB § 180 Rn. 28 ff. mwN; *Hesshaus* VergabeR 2008, 372 (376).
[41] KKPP/*Verfürth* GWB § 180 Rn. 31 mwN; Ziekow/Völlink/*Losch* GWB § 180 Rn. 19 mwN.
[42] Müller-Wrede/*Gnittke/Hattig* GWB § 180 Rn. 32.
[43] Vgl. Müller-Wrede/*Gnittke/Hattig* GWB § 180 Rn. 33.

Zweck der Regelung, einem Missbrauch von Rechtsschutzmöglichkeiten umfassend entgegenzuwirken, ist der **Begriff des „Antrags"** im Sinne dieser Vorschrift nicht nur als Stellung eines Nachprüfungsantrags zu verstehen. Vielmehr sind darunter auch Anträge zur Einleitung der sofortigen Beschwerde sowie die im Eilverfahren gestellten Anträge nach §§ 169 Abs. 2 S. 5, 173 Abs. 1 S. 3 und 176 GWB zu verstehen.[44] Voraussetzung ist, dass der Antragsteller bereits im Zeitpunkt der Antragstellung die **Absicht** hat, den Antrag zu einem späteren Zeitpunkt gegen Geld oder andere Vorteile, beispielsweise die Einräumung von Unteraufträgen, zurückzunehmen. Primäres Ziel des Antragstellers muss also ein Vorteil sein, auf den er keinen Anspruch hat. Die tatsächliche Rücknahme des Antrags ist weder Voraussetzung, noch reicht sie für die Annahme des Missbrauchs aus.[45]

32 Der Tatbestand setzt eine nachweisbare **Kausalität** zwischen der Antragstellung und seiner Rücknahme aus finanziellen Interessen voraus.[46] Dabei ist zu berücksichtigen, dass der Versuch einer einvernehmlichen Einigung als solcher zunächst grundsätzlich unsanktioniert bleibt, so dass aus einem vor Einleitung des Nachprüfungsverfahrens unterbreiteten Vorschlag, gegen eine Geldzahlung von einem Nachprüfungsantrag abzusehen, nicht zwingend geschlossen werden kann, dass der dann doch gestellte Nachprüfungsantrag nur aus dem Motiv heraus eingereicht wurde, grob eigennützig Geld aus einer Rücknahme zu erzielen.[47] Auch steht § 180 Abs. 2 Nr. 3 GWB der Beendigung eines Nachprüfungsverfahrens durch Vergleich zwischen Antragsteller und Auftraggeber sowie gegebenenfalls Beigeladenen nicht entgegen, wenn ein solcher Vergleich einen Interessenausgleich zwischen den Parteien schafft, zB indem die Verfahrenskosten in Abweichung von den gesetzlichen Kostentragungsregelungen aufgeteilt werden.[48] Die Kausalität kann aber beispielsweise bejaht werden, wenn der Antragsteller der Vergabestelle zunächst anbietet, sich gegen eine unberechtigte und überzogene Geldzahlung aus dem Vergabeverfahren endgültig zurückzuziehen, und der zeitliche Ablauf zwischen Geltendmachung der unberechtigten Forderung und der Einreichung des Nachprüfungsantrag dann den Schluss darauf zulässt, dass die Einleitung des Nachprüfungsverfahrens als Druckmittel benutzt wurde, um dieser Forderung Nachdruck zu verleihen.[49]

33 Der Vorschrift des § 180 Abs. 2 Nr. 3 GWB kommt in der Praxis insbesondere dadurch Bedeutung zu, dass die vergaberechtliche Rechtsprechung in diesen Fällen von der **Unzulässigkeit eines gestellten Nachprüfungsantrags** wegen Rechtsmissbrauchs ausgeht.[50]

34 **d) Sonstige ungeschriebene Missbrauchsfälle.** § 180 Abs. 2 GWB enthält keine abschließende Aufzählung von Missbrauchstatbeständen, vielmehr wird nur beispielhaft („insbesondere") aufgezählt, was als missbräuchlich im Sinne der Vorschrift anzusehen ist. Daher verbleibt Raum für weitere, unbenannte Missbrauchsfälle. Allerdings müssen andere unbenannte Gründe ebenso schwer wiegen und mit den benannten Tatbeständen **vergleichbar** sein.[51] Ob ein gesetzlich nicht geregelter Missbrauchsfall angenommen werden kann, ist im Einzelfall unter Berücksichtigung der Auslegung des Wortlauts bzw. von Sinn

---

[44] KKPP/*Verfürth* GWB § 180 Rn. 32 mwN; Müller-Wrede/*Gnittke/Hattig* GWB § 180 Rn. 35; aA: Immenga/Mestmäcker/*Stockmann* GWB § 125 Rn. 10.

[45] KKPP/*Verfürth* GWB § 180 Rn. 34.

[46] VK Sachsen Beschl. v. 31.3.2002 – 1/SVK/011-02, ZfBR 2002, 394.

[47] VK Baden-Württemberg Beschl. v. 16.1.2009 – 1 VK 64/08, BeckRS 2011, 01113; so auch Müller-Wrede/*Gnittke/Hattig* GWB § 180 Rn. 37.

[48] Vgl. VK Sachsen Beschl. v. 21.3.2002 – 1/SVK/011-02, ZfBR 2003, 302; VK Brandenburg Beschl. v. 20.12.2005 – 1 VK 75/05, IBRRS 2006, 1307; Müller-Wrede/*Gnittke/Hattig* GWB § 180 Rn. 37 mwN.

[49] Vgl. VK Brandenburg Beschl. v. 20.12.2005 – 1 VK 75/05, IBRRS 2006, 1307.

[50] OLG Jena Beschl. v. 3.5.2017 – 2 Verg 1/17, BeckRS 2017, 128362; OLG Düsseldorf Beschl. v. 14.5.2008 – Verg 27/08, ZfBR 2008, 820 (822); BayObLG Beschl. v. 20.12.1999 – Verg 8/99, NZBau 2000, 259 (261); VK Baden-Württemberg Beschl. v. 16.1.2009 – 1 VK 64/08, BeckRS 2011, 01113; VK Brandenburg Beschl. v. 20.12.2005 – 1 VK 75/05, IBRRS 2006, 1307.

[51] OLG Jena Beschl. v. 3.5.2017 – 2 Verg 1/17, BeckRS 2017, 128362; VK Baden-Württemberg Beschl. v. 16.1.2009 – 1 VK 64/08, BeckRS 2011, 01113.

und Zweck des § 180 Abs. 1 GWB und einer vergleichenden Wertung mit den in Abs. 2 genannten Regelbeispielen zu ermitteln.[52] Dabei ist zu berücksichtigen, dass der Vorschrift des § 180 GWB der Rechtsgedanke zu Grunde liegt, dass die Treuwidrigkeit (erst) in der rücksichtslosen **Ausnutzung einer formellen Rechtsposition** zu sehen ist.[53] In Betracht kommen etwa Sachverhalte, die den Tatbestand der Urteilserschleichung gemäß § 826 BGB oder eines Prozessbetrugs nach § 823 Abs. 2 BGB iVm § 263 StGB erfüllen.[54] In jedem Falle ist erforderlich, dass dem zum Schadensersatz Verpflichteten einerseits objektives Fehlverhalten vorgeworfen werden kann und andererseits auch ein subjektiver Vorwurf zu machen ist, er habe die rechtlichen Möglichkeiten bewusst in zweckwidriger Weise aus Eigeninteresse ausgeschöpft.[55]

4. Schaden

Dem Gegner bzw. Verfahrensbeteiligten muss aus dem Missbrauch des Antrags- oder Beschwerderechts ein Schaden entstanden sein. Zu ersetzen ist der **adäquat-kausal** durch die missbräuchliche Antragstellung bzw. Beschwerdeeinlegung entstandene **Schaden.** Das setzt voraus, dass die missbräuchliche Handlung nicht hinweggedacht werden kann, ohne dass der eingetretene Schaden entfiele.[56] 35

Der Schadensersatzanspruch nach § 180 Abs. 1 GWB ist ein deliktischer Anspruch, auf den die §§ 823ff. BGB ergänzend anzuwenden sind, soweit sie kein Verschulden voraussetzen.[57] Der **Umfang des Schadensersatzanspruchs** richtet sich daher nach den §§ 249ff. BGB. Danach ist der Geschädigte so zu stellen, wie er gestanden hätte, wenn der zum Ersatz verpflichtende Umstand nicht eingetreten wäre. Eine Naturalrestitution wird in der Regel nicht möglich sein. Nach §§ 251 Abs. 1, 253 Abs. 1 BGB wird deshalb regelmäßig Geldersatz für den Vermögensschaden geschuldet, der adäquat-kausal auf der betreffenden Handlung beruht. Zu ermitteln ist die Differenz zwischen der Vermögenslage (einschließlich der vermögenswerten Aussichten), die auf Seiten des Anspruchstellers vor der fraglichen Handlung bestand, und derjenigen Vermögenslage, die als Folge der missbräuchlichen Handlung tatsächlich eingetreten ist. Schäden, die einem Beteiligten durch die Einwirkung Dritter während eines missbräuchlich eingeleiteten Nachprüfungs- oder Beschwerdeverfahrens oder ohne Zutun des sich missbräuchlich verhaltenden Antragstellers oder Beschwerdeführers zugefügt wurden, lösen demgegenüber keine Schadensersatzpflicht aus. Auch Schäden, die wegen eines besonders eigenartigen, unwahrscheinlichen und nach dem gewöhnlichen Verlauf der Dinge außer Betracht zu lassenden Umstandes eintraten, sind nicht zu berücksichtigen.[58] Als ersatzfähige Schäden kommen beispielsweise Nutzungsausfall, Vorhaltekosten, Kosten für Interimslösungen, Finanzierungskosten oder sonstige Mehrkosten aufgrund der Verzögerung des Vergabeverfahrens in Betracht. Wenn die missbräuchliche Handlung verhindert hat, dass ein Wettbewerber den ausgeschriebenen Auftrag erhalten hat, kommt insoweit auch der Ersatz des entgangenen Gewinns oder eines Deckungsbeitrags in Betracht.[59] 36

Der Schadensersatzanspruch nach § 180 Abs. 1, 2 GWB kann – wie jeder andere Schadensersatzanspruch auch – wegen **Mitverschuldens des Anspruchstellers** gemäß § 254 37

[52] Müller-Wrede/*Gnittke/Hattig* GWB § 180 Rn. 22.
[53] VK Baden-Württemberg Beschl. v. 16.1.2009 – 1 VK 64/08, BeckRS 2011, 01113.
[54] Ziekow/Völlink/*Losch* GWB § 180 Rn. 23.
[55] KKPP/*Verfürth* GWB § 180 Rn. 22ff. mwN.
[56] Ziekow/Völlink/*Losch* GWB § 180 Rn. 24 mwN.
[57] HM vgl. nur Ziekow/Völlink/*Losch* GWB § 180 Rn. 25 mwN; KKPP/*Verfürth* GWB § 180 Rn. 36ff. mwN.
[58] BGH Urt. v. 20.1.1998 – VII ZR 59/97, NJW 1998, 1137; Willenbruch/Wieddekind/*Scharen* GWB § 180 Rn. 12 mwN.
[59] Vgl. *Hesshaus* VergabeR 2008, 372 (377); Ziekow/Völlink/*Losch* GWB § 180 Rn. 25; Willenbruch/Wieddekind/*Scharen* GWB § 180 Rn. 12.

BGB gemindert sein oder sogar ganz entfallen.[60] Mitverschulden des öffentlichen Auftraggebers gemäß § 254 Abs. 1 BGB kommt beispielsweise in Betracht, wenn der öffentliche Auftraggeber dem rügenden Bieter keine Antwort auf seine Rüge gibt und ihn dadurch zur Einleitung eines aussichtslosen Nachprüfungsverfahrens veranlasst; allerdings ist zu bedenken, dass in solchen Fällen häufig bereits kein Missbrauch des Nachprüfungsrechts vorliegen dürfte. In Betracht kommt dagegen eine Minderung nach § 254 Abs. 2 S. 1 BGB, wonach ein Schadensersatzgläubiger gehalten ist, den zu ersetzenden Schaden gering zu halten. Ein Verstoß gegen diese Schadensminderungspflicht ist beispielsweise gegeben, wenn der öffentliche Auftraggeber es unterlassen hat, das Vergabeverfahren zügig weiter zu betreiben, obwohl das Oberlandesgericht die aufschiebende Wirkung nach § 173 Abs. 1 S. 3 GWB nicht verlängert hat.[61]

5. Haftung für Dritte

38 Da die §§ 823ff. BGB auf den Schadensersatzanspruch nach § 180 Abs. 1, 2 GWB Anwendung finden, kommt auch eine Haftung für Dritte nach § 831 BGB in Betracht, wenn die Führung des Nachprüfungsverfahrens insgesamt oder bestimmte Handlungen in dessen Rahmen Hilfspersonen übertragen worden sind. Handelt der Anspruchsgegner dagegen durch seine Organe, hat er für deren Verhalten bereits nach § 31 BGB einzustehen. Im Rahmen des § 180 Abs. 1 GWB ist vor allem denkbar, dass der prozessbevollmächtigte Rechtsanwalt zu einer Prozessführung greift, die als Missbrauch des Antrags- oder Beschwerderechts zu qualifizieren ist und dies nicht mit dem Anspruchsgegner abgestimmt hat (sonst haftet der Anspruchsgegner bereits selbst). Eine Ersatzpflicht tritt nach § 831 Abs. 1 S. 2 BGB allerdings nicht ein, wenn der Anspruchsgegner bei der Auswahl des Verrichtungsgehilfen die im Verkehr erforderliche Sorgfalt beobachtet hat oder wenn der Schaden auch bei Anwendung dieser Sorgfalt entstanden wäre.[62]

6. Verhältnis zu sonstigen Anspruchsgrundlagen

39 Ausweislich der Gesetzesbegründung ist § 180 Abs. 1 GWB eine spezielle Ausprägung der sittenwidrigen Schädigung nach § 826 BGB und des Prozessbetrugs nach § 823 Abs. 2 BGB iVm § 263 StGB.[63] Dieses Spezialitätsverhältnis spricht dafür, dass § 180 Abs. 1 GWB diesen allgemeinen Vorschriften vorgeht, soweit es um Ansprüche zwischen den an dem missbräuchlichen Nachprüfungsverfahren bzw. Beschwerdeverfahren Beteiligten geht.[64]

40 Für andere vom Missbrauch des Antrags- oder Beschwerderechts Betroffene, etwa Bewerber oder Bieter des Vergabeverfahrens, die nicht beigeladen wurden, bleiben die §§ 826, 823 Abs. 2 BGB iVm § 263 StGB dagegen anwendbar. Neben § 180 Abs. 1 GWB können außerdem Ansprüche aus § 181 GWB oder aus culpa in contrahendo nach § 311 iVm § 241 Abs. 2 BGB bestehen. Gegenüber etwaigen Ansprüchen aus §§ 311 Abs. 2 iVm 241 Abs. 2 BGB dürfte § 180 Abs. 1 GWB allerdings nach Sinn und Zweck der Regelung eine Sperrwirkung insoweit entfalten, als ein Schadensersatzanspruch aus culpa in contrahendo nicht bereits wegen leichter Fahrlässigkeit begründet werden kann, sondern auch in diesem Rahmen zumindest grob fahrlässiges Handeln vorauszusetzen ist.[65]

---

[60] HM vgl. nur Willenbruch/Wieddekind/*Scharen* GWB § 180 Rn. 13 mwN; Ziekow/Völlink/*Losch* GWB § 180 Rn. 26 mwN.

[61] Willenbruch/Wieddekind/*Scharen* GWB § 180 Rn. 13.

[62] Willenbruch/Wieddekind/*Scharen* GWB § 180 Rn. 10.

[63] BT-Drs. 13/9340, S. 22.

[64] So auch Willenbruch/Wieddekind/*Scharen* GWB § 180 Rn. 16; aA wohl Müller-Wrede/*Gnittke/Hattig* GWB § 180 Rn. 58 (Anspruchskonkurrenz); *Hesshaus* VergabeR 2008, 372 (378) (für Idealkonkurrenz).

[65] *Hesshaus* VergabeR 2008, 372 (378) mwN.

II. Ungerechtfertigte vorläufige Maßnahmen (§ 180 Abs. 3 GWB)

§ 180 Abs. 3 GWB normiert – in Anlehnung an die Vorschrift des § 945 ZPO[66] – einen verschuldensunabhängigen Schadensersatzanspruch des öffentlichen Auftraggebers gegen den Antragsteller. Erweisen sich die von der Vergabekammer entsprechend einem besonderen Antrag nach § 169 Abs. 3 GWB getroffenen vorläufigen Maßnahmen als von Anfang an ungerechtfertigt, hat der Antragsteller gemäß § 180 Abs. 3 GWB dem Auftraggeber den aus der Vollziehung der angeordneten Maßnahme entstandenen Schaden zu ersetzen. 41

1. Normadressaten

Anspruchsberechtigt aus § 180 Abs. 3 GWB kann – wie dem Wortlaut klar zu entnehmen ist – ausschließlich der öffentliche Auftraggeber sein. 42

Anspruchsverpflichtet ist derjenige, der den Antrag nach § 169 Abs. 3 GWB gestellt hat. Es handelt sich dabei um den Antragsteller des Nachprüfungsantrags. 43

2. Tatbestandsvoraussetzungen

Der Schadensersatzanspruch nach § 180 Abs. 3 GWB setzt zunächst voraus, dass der Antragsteller eines Nachprüfungsantrags gemäß § 169 Abs. 3 GWB einen „besonderen Antrag" auf Erlass vorläufiger Maßnahmen zur Abwendung einer Gefährdung der Rechte des Antragstellers aus § 97 Abs. 6 GWB, die durch andere Weise als durch den drohenden Zuschlag eintritt, gestellt hat und dass die Vergabekammer antragsgemäß vorläufige Maßnahmen angeordnet hat. Als derartige **vorläufige Maßnahmen** kommen etwa die Verlegung eines Termins zur Angebotsabgabe, das Verschieben des Submissionstermins, die Verlängerung der Zuschlagsfrist, das Verbot, die streitgegenständlichen Leistungen bis zum Abschluss des Nachprüfungsverfahrens weiter fortzuführen oder das vorläufige Verbot der Aufhebung eines Vergabeverfahrens in Betracht.[67] 44

Die von der Vergabekammer angeordneten vorläufigen Maßnahmen iSd § 169 Abs. 3 GWB müssen sich als **von Anfang an ungerechtfertigt** erweisen. Wie im Rahmen des § 180 Abs. 1 GWB kommt es darauf an, dass aus Sicht eines objektiven Betrachters bereits zum Zeitpunkt der Anordnung die Voraussetzungen für die vorläufigen Maßnahmen objektiv nicht vorlagen.[68] 45

Dem öffentlichen Auftraggeber muss aus der Vollziehung der von der Vergabekammer auf Antrag des Antragstellers angeordneten vorläufigen Maßnahmen ein **Schaden** entstanden sein. Das setzt zum einen voraus, dass die vorläufigen Maßnahmen nach § 169 Abs. 3 GWB tatsächlich vollzogen, also tatsächlich ergriffen bzw. in Gang gesetzt worden sind, wobei der Beginn der dazu erforderlichen Handlung genügt.[69] Hat die Vergabekammer als vorläufige Maßnahme beispielsweise die Verlängerung der Angebotsfrist angeordnet,[70] ist die vorläufige Maßnahme bereits vollzogen, wenn der öffentliche Auftraggeber die Mitteilung über die Verlängerung der Frist versendet.[71] Der dem öffentlichen Auftraggeber entstandene Schaden muss adäquat-kausal durch die Vollziehung der angeordneten vorläufigen Maßnahme entstanden sein. Denkbar sind insoweit insbesondere Schäden, wenn durch die angeordneten Maßnahmen Zeitverluste entstehen, die für den Auftraggeber zu höheren Kosten führen.[72] 46

[66] Vgl. Gesetzesbegründung BT-Drs. 13/9340, S. 22.
[67] Vgl. Müller-Wrede/*Gnittke/Hattig* GWB § 180 Rn. 62 mwN.
[68] Ziekow/Völlink/*Losch* GWB § 180 Rn. 32; KKPP/*Verfürth* GWB § 180 Rn. 39ff. mwN; zu § 945 ZPO: Zöller/*Vollkommer,* ZPO, 33. Aufl. 2020, § 945 Rn. 8 mwN.
[69] BGH Urt. v. 20.7.2006 – IX ZR 94/03, ZfBR 2007, 55 zu § 945 ZPO.
[70] Vgl. OLG Naumburg Beschl. v. 9.8.2006 – 1 Verg 11/06, ZfBR 2007, 55; OLG Celle Beschl. v. 15.7. 2004 – 13 Verg 11/04, NZBau 2005, 52.
[71] Müller-Wrede/*Gnittke/Hattig* GWB § 180 Rn. 67 mwN.
[72] KKPP/*Verfürth* GWB § 180 Rn. 42ff.

3. Umfang des Schadensersatzanspruchs

47 Der Umfang des Schadensersatzanspruchs richtet sich – wie im Rahmen des § 180 Abs. 1 GWB – nach den allgemeinen zivilrechtlichen Grundsätzen der §§ 249ff. BGB. Danach ist der Geschädigte so zu stellen, wie er gestanden hätte, wenn der zum Ersatz verpflichtende Umstand nicht eingetreten wäre.[73]

III. Rechtsweg

48 Die Schadensersatzansprüche nach § 180 GWB sind im **Zivilrechtsweg** geltend zu machen (vgl. § 156 Abs. 3, § 179 Abs. 1 GWB). Es ist nicht statthaft, sie im Vergabenachprüfungsverfahren in Form eines Feststellungsantrags geltend zu machen.[74] Da es sich dem Wesen nach um deliktische Ansprüche handelt[75], ergibt sich die **örtliche Zuständigkeit** aus § 32 ZPO. Danach ist für Klagen aus unerlaubten Handlungen das Gericht zuständig, in dessen Bezirk die Handlung begangen ist. Die Klage kann demnach im allgemeinen Gerichtsstand des Anspruchsgegners (dh in der Regel vor dem Gericht, in dessen Bezirk der Anspruchsgegner wohnt bzw. seinen Sitz hat, §§ 12ff. ZPO) oder vor dem Gericht erhoben werden, in dessen Bezirk nach der Behauptung des Klägers die zum Anlass der Klage genommene Handlung begangen worden ist. **Sachlich zuständig** sind ausschließlich die Landgerichte, und zwar unabhängig vom Wert des Streitgegenstands (§ 87 GWB).[76]

IV. Darlegungs- und Beweislast

49 Auch die Darlegungs- und Beweislast richtet sich nach **zivilrechtlichen Grundsätzen.** Danach hat der Kläger als Anspruchsteller alle Umstände darzulegen und – soweit streitig – zu beweisen, aus denen sich ergibt, dass die anspruchsbegründenden Voraussetzungen vorliegen. Im Falle des § 180 Abs. 1 GWB betrifft das die Ungerechtfertigtheit des Antrags bzw. der Beschwerde von Anfang an, den Missbrauch des Antrags- oder Beschwerderechts, das Verschulden, den Schaden sowie die Kausalität; im Fall des § 180 Abs. 3 GWB die Ungerechtfertigtheit der vorläufigen Maßnahmen, den korrespondierenden Antrag des Beklagten, sowie ebenfalls Schaden und Kausalität.[77]

50 Nach herrschender Meinung kann sich eine **Beweiserleichterung** für den Kläger aus einer entsprechenden Anwendung des § 179 GWB ergeben. Bei der Entscheidung im Schadensersatzprozess ist eine bestandskräftige Entscheidung der Vergabenachprüfungsinstanz maßgeblich, soweit sie in Bestandskraft erwachsene Feststellungen zu den Voraussetzungen des § 180 Abs. 1 GWB, also etwa zum Fehlen der Rechtfertigung von Nachprüfungsantrag oder sofortiger Beschwerde, enthält. Da die Vergabekammer allerdings nur selten Ausführungen zum Zeitpunkt der Unzulässigkeit bzw. Unbegründetheit eines Nachprüfungsantrags macht, wird eine Bindungswirkung nur in Ausnahmefällen in Betracht kommen.[78]

---

[73] S. dazu bereits → Rn. 36.

[74] OLG Frankfurt a. M. Beschl. v. 8.8.2019 – 11 Verg 3/19, BeckRS 2019, 41780; OLG Naumburg Beschl. v. 14.3.2014 – 2 Verg 1/14, ZfBR 2014, 619.

[75] HM vgl. nur OLG Naumburg Beschl. v. 14.3.2014 – 2 Verg 1/14, ZfBR 2014, 619; Ziekow/Völlink/*Losch* GWB § 180 Rn. 29, 35 mwN; Müller-Wrede/*Gnittke/Hattig* GWB § 180 Rn. 53; Willenbruch/Wieddekind/*Scharen* GWB § 180 Rn. 15; zu § 945 ZPO: Zöller/*Vollkommer*, ZPO, 33. Aufl. 2020, § 945 Rn. 3 mwN; aA KKPP/*Verfürth* GWB § 180 Rn. 48 hinsichtlich des Anspruchs aus § 180 Abs. 3 GWB.

[76] Ziekow/Völlink/*Losch* GWB § 180 Rn. 29; KKPP/*Verfürth* GWB§ 180 Rn. 48 mwN; → Rn. 89.

[77] Ziekow/Völlink/*Losch* GWB § 180 Rn. 27 mwN; Willenbruch/Wieddekind/*Scharen* GWB § 180 Rn. 15 mwN.

[78] Ziekow/Völlink/*Losch* GWB § 180 Rn. 28; Willenbruch/Wieddekind/*Scharen* GWB § 180 Rn. 15.

V. Verjährung des Anspruchs

Schadensersatzansprüche aus § 180 GWB unterliegen der Verjährung. Es gelten insoweit die **zivilrechtlichen Grundsätze.** Anwendbar sind die allgemeinen Vorschriften der §§ 194 ff. BGB über Dauer der Verjährung, Hemmung, Ablaufhemmung, Neubeginn und Rechtsfolgen der Verjährung. Die regelmäßige Verjährungsfrist beträgt danach drei Jahre und beginnt mit dem Schluss des Jahres, in dem der Anspruch entstanden ist und der Gläubiger von den den Anspruch begründenden Umständen und der Person des Schuldners Kenntnis erlangt oder ohne grobe Fahrlässigkeit erlangen müsste (§§ 195, 199 Abs. 1 BGB). § 199 Abs. 3 BGB sieht ferner eine zeitliche Höchstgrenze vor, nach deren Ablauf der Anspruch in jedem Fall verjährt ist. Diese beträgt entweder 10 Jahre seit der Entstehung des Anspruchs oder 30 Jahre seit der Handlung, die die Pflichtverletzung darstellt, oder dem sonstigen, den Schaden auslösenden Ereignis; maßgeblich ist die früher endende Frist. 51

C. Anspruch auf Ersatz des Vertrauensschadens gemäß § 181 S. 1 GWB

§ 181 S. 1 GWB sieht vor, dass ein Unternehmen Schadensersatz für die Kosten der Vorbereitung des Angebots oder der Teilnahme an einem Vergabeverfahren verlangen kann, wenn der Auftraggeber gegen eine den Schutz von Unternehmen bezweckende Vorschrift verstoßen hat und das Unternehmen ohne diesen Verstoß bei der Wertung der Angebote eine echte Chance gehabt hätte, den Zuschlag zu erhalten. 52

I. Anspruchsvoraussetzungen

1. Normadressaten

a) Anspruchsberechtigter. Anspruchsberechtigt ist nach dem Wortlaut des § 181 S. 1 GWB grundsätzlich **jedes Unternehmen,** wobei es sich dabei um eine natürliche oder juristische Person handeln kann.[79] Eine Einschränkung des Kreises der Anspruchsberechtigten ergibt sich allerdings aus den weiteren Tatbestandsvoraussetzungen des § 181 S. 1 GWB, insbesondere daraus, dass das Unternehmen ohne den Vergaberechtsverstoß bei der Wertung der Angebote eine echte Chance auf Zuschlagserteilung gehabt haben müsste, die durch den Rechtsverstoß beeinträchtigt wurde. Ein Schadensersatzanspruch setzt damit grundsätzlich die Teilnahme an einem Vergabeverfahren voraus, da andernfalls keine echte Zuschlagschance entstehen kann. Nach überwiegender Meinung ist § 181 GWB allerdings auch in Fällen anwendbar, in denen sich ein Unternehmen aufgrund von Vergaberechtsverstößen an einem Vergabeverfahren nicht mit einer Angebotsabgabe beteiligt hat oder eine ordnungsgemäße Ausschreibung ganz unterblieb (de facto-Vergaben). In solchen Fällen entsteht allerdings regelmäßig kein gemäß § 181 S. 1 GWB erstattungsfähiger Schaden. Rein praktisch dürfte jedenfalls der Nachweis, durch den Vergaberechtsverstoß sei eine echte Chance auf den Zuschlag beeinträchtigt worden, ohne vorherige Abgabe eines Angebots kaum geführt werden können. Ein Schadensersatzanspruch scheitert in solchen Konstellationen daher regelmäßig an den weiteren Tatbestandsvoraussetzungen.[80] 53

Nicht eindeutig geregelt ist, ob bzw. unter welchen Voraussetzungen auch **einzelne Mitglieder einer Bietergemeinschaft** auf der Grundlage des § 181 GWB Schadensersatz geltend machen können. Bei richtlinienkonformer Auslegung des § 181 S. 1 GWB ist das allerdings zu bejahen. Denn der EuGH hat zu der Frage, wie die Rechtsmittelrichtlinie und das unionsrechtlich verankerte Recht auf effektiven gerichtlichen Rechtsschutz auszulegen ist, entschieden, dass der Sekundärrechtsschutz auch für einzelne Mitglieder ei- 54

[79] Willenbruch/Wieddekind/*Scharen* GWB § 181 Rn. 3.
[80] Ziekow/Völlink/*Losch* GWB § 181 Rn. 4 mwN.

ner Bietergemeinschaft eröffnet sein muss, die einen individuellen Schaden nachweisen können.[81]

55 **Nicht anspruchsberechtigt** ist das Unternehmen, das den Auftrag tatsächlich erhalten hat. Denn für diesen Bieter hat sich die Zuschlagschance tatsächlich realisiert und kann daher durch etwaige Vergaberechtsverstöße nicht beeinträchtigt worden sein. Ebensowenig anspruchsberechtigt sind Unternehmen, die nur als Nachunternehmer eines Bieters an der Auftragserfüllung mitwirken wollten. Denn diese Unternehmen haben selbst keine eigene Zuschlagschance im Rahmen eines Vergabeverfahrens.

56 **b) Anspruchsgegner.** Anspruchsgegner kann nur ein **Auftraggeber** im Sinne des § 98 GWB sein.[82] Denn § 181 GWB findet nur im Geltungsbereich des Kartellvergaberechts Anwendung, so dass nur die Normadressaten des Kartellvergaberechts, die nach diesen Regelungen zur Ausschreibung verpflichtet sind, als Anspruchsgegner in Betracht kommen.[83]

57 Damit scheiden natürliche oder juristische Personen aus, die sich lediglich als (öffentlicher) Auftraggeber im Sinne des § 98 GWB gerieren oder als mittelbare Stellvertreter im Interesse und für Rechnung eines öffentlichen Auftraggebers den Vertrag im eigenen Namen abschließen, ohne selbst die Voraussetzungen des § 98 GWB zu erfüllen.[84] Beschaffen mehrere öffentliche Auftraggeber eine Leistung gemeinsam und enthält die Leistungsbeschreibung für sie alle zusammengefasst Leistungsteile, sind sie gemeinschaftlich Auftraggeber und haften dann gegebenenfalls als Gesamtschuldner.[85] Bloße Hilfspersonen des öffentlichen Auftraggebers, derer er sich bei der Durchführung des Vergabeverfahrens bedient (zB Architekten oder sonstige Berater) scheiden als Ersatzpflichtige nach § 181 S. 1 GWB aus. Das gilt selbst dann, wenn solche Dritte mit ihrer Beteiligung am Vergabeverfahren ein eigenes wirtschaftliches Interesse verfolgen, persönliches Vertrauen in Anspruch nehmen oder das fehlerhafte Vergabeverfahren wesentlich beeinflusst haben, so dass nach der früheren Rechtsprechung zur Dritthaftung aus culpa in contrahendo eine Eigenhaftung des Vertreters in Betracht käme. Denn § 181 S. 1 GWB ist den Regeln der culpa in contrahendo, die mittlerweile in § 311 Abs. 2 BGB kodifiziert sind, nicht nachgebildet, sondern stellt eine eigenständige Anspruchsgrundlage dar.[86] Solche Hilfspersonen werden im Auftragsfall auch gerade nicht zu Auftraggebern, so dass nach dem Wortlaut des § 181 S. 1 GWB deren Haftung ausscheidet.

58 Vertreter eines öffentlichen Auftraggebers, die ihrerseits die Voraussetzungen des § 98 GWB erfüllen, kommen allerdings in Ausnahmefällen als Anspruchsverpflichtete in Betracht, wenn sie bei der Ausschreibung und/oder Auftragserteilung zwar nur als Vertreter des öffentlichen Auftraggebers auftreten wollten, das aber nicht hinreichend deutlich gemacht haben und daher gemäß § 164 Abs. 2 BGB zum Vertragspartner werden.[87]

2. Verstoß gegen bieterschützende Vorschriften

59 § 181 S. 1 GWB setzt zunächst voraus, dass der Auftraggeber „gegen eine den Schutz von Unternehmen bezweckende Vorschrift verstoßen" hat.

60 **a) Unternehmensschützende Vorschriften.** § 181 S. 1 GWB enthält selbst keine Hinweise darauf, welche Vorschriften als unternehmensschützend in diesem Sinne anzusehen sind.

[81] EuGH Urt. v. 6.5.2010 – C-145, 149/08, NVwZ 2010, 825 (829) Rn. 80 – Club Hotel Loutraki; so auch Ziekow/Völlink/*Losch* GWB § 181 Rn. 5.
[82] Willenbruch/Wieddekind/*Scharen* GWB § 181 Rn. 4 mwN.
[83] So auch Ziekow/Völlink/*Losch* GWB § 181 Rn. 32.
[84] Willenbruch/Wieddekind/*Scharen* GWB § 181 Rn. 4 mwN.
[85] Vgl. OLG Frankfurt Urt. v. 14.4.2000 – 10 U 145/99, BauR 2000, 1746.
[86] Willenbruch/Wieddekind/*Scharen* GWB § 181 Rn. 5.
[87] Willenbruch/Wieddekind/*Scharen* GWB § 181 Rn. 6 mwN.

Einigkeit besteht soweit ersichtlich darüber, dass nur der Verstoß gegen **Vorschriften des Vergaberechts** erfasst wird.[88] In Betracht kommen demnach die Bestimmungen des 4. Teils des GWB, der VgV, der SektVO, der KonzVgV, der VOB/A sowie der VSVgV. Auch die Vergaberichtlinien der EU dienen grundsätzlich dem Schutz der Bieter und kommen damit, jedenfalls soweit sie mangels ordnungsgemäßer Umsetzung in das nationale Recht unmittelbar anwendbar sind, als bieterschützende Vorschriften im Sinne des § 181 GWB in Betracht.[89] Im Übrigen bestehen Meinungsverschiedenheiten darüber, welche vergaberechtlichen Normen als „unternehmensschützend" anzusehen sind.[90] Nach zutreffender überwiegender Ansicht bezweckt eine Vorschrift den nach § 181 S. 1 GWB geforderten Unternehmensschutz, wenn sie nach Inhalt und Zielrichtung – zumindest auch – im wohlverstandenen Interesse am Auftrag interessierter Unternehmen aufgestellt und (auch) deshalb für den öffentlichen Auftraggeber verbindlich ist.[91] Die Frage, ob eine verletzte Vergabevorschrift unternehmensschützend ist, ist sodann durch Auslegung zu beantworten. 61

Da der Schutz von Unternehmen in Vergabeverfahren zentral in § 97 Abs. 6 GWB normiert ist, gehören unstreitig **sämtliche bieterschützenden Normen** iSd § 97 Abs. 6 GWB auch zu den unternehmensschützenden Normen im Sinne des § 181 GWB.[92] Auch werden die in § 97 Abs. 1 und 2 GWB genannten Grundsätze der Vergabe im Wettbewerb, der diskriminierungsfreien Gleichbehandlung und Transparenz, jedenfalls aber die sie ausfüllenden Einzelvorschriften, als bieterschützend angesehen.[93] Deshalb sind beispielsweise Vorschriften über die zulässige Vergabeart,[94] Vorschriften zum Schwellenwert und seiner Ermittlung sowie die sich daraus ergebende Pflicht zur europaweiten Ausschreibung,[95] Vorschriften zu den Dokumentationspflichten des öffentlichen Auftraggebers über die Vergabe an fachkundige, leistungsfähige und zuverlässige Unternehmen,[96] § 97 Abs. 4 GWB,[97] § 173 GWB zur aufschiebenden Wirkung der sofortigen Beschwerde[98] und § 134 GWB über die Vorabinformation[99] als unternehmensschützend anzusehen.[100] 62

Als **nicht bieterschützend** werden demgegenüber Vorschriften angesehen, denen eine reine Ordnungsfunktion zukommt, sowie Vorschriften, die ausschließlich haushaltswirtschaftliche oder rechtliche Gründe haben oder ausschließlich gesamtwirtschaftspolitischen Zielen dienen.[101] Dazu sollen insbesondere auf Bundes- oder Landesgesetz beruhende Regelungen zu sogenannten vergabefremden Anforderungen (zB Tariftreue, Frauenförderung etc) zählen.[102] Keine unternehmensschützenden Vorschriften im Sinne des § 181 GWB 63

---

[88] Byok/Jaeger/*Franßen* GWB § 181 Rn. 16; KKPP/*Verfürth* GWB § 181 Rn. 8 mwN; Reidt/Stickler/Glahs/*Glahs* GWB § 181 Rn. 15 mwN; vgl. auch die Gesetzesbegründung, BT-Drs. 13/9340, S. 22.

[89] BGH Urt. v. 27.11.2007 – X ZR 18/07, WRP 2008, 370 (372); Byok/Jaeger/*Franßen* GWB § 181 Rn. 16; KKPP/*Verfürth* GWB § 181 Rn. 8.

[90] Nachw. zum Diskussionsstand bei KKPP/*Verfürth* GWB § 181 Rn. 9; Reidt/Stickler/Glahs/*Glahs* GWB § 181 Rn. 16.

[91] Willenbruch/Wieddekind/*Scharen* GWB § 181 Rn. 8; KKPP/*Verfürth* GWB § 181 Rn. 11; Reidt/Stickler/Glahs/*Glahs* GWB § 181 Rn. 17; *Alexander* WRP 2009, 28 (30).

[92] Ziekow/Völlink/*Losch* GWB § 181 Rn. 8ff.; *Alexander* WRP 2009, 28 (30).

[93] Willenbruch/Wieddekind/*Scharen* GWB § 81 Rn. 8 mwN; zum bieterschützenden Charakter der einzelnen Vorschriften des Kartellvergaberechts vgl. die Darstellungen zu den jeweiligen Vorschriften in diesem Handbuch.

[94] KG Beschl. v. 17.10.2002 – 2 KartVerg 13/02, VergabeR 2003, 50.

[95] BGH Urt. v. 27.11.2007 – X ZR 18/07, WRP 2008, 370 (371f.); KG Beschl. v. 17.10.2002 – 2 KartVerg 13/02, VergabeR 2003, 50.

[96] OLG Düsseldorf Beschl. v. 26.7.2002 – Verg 28/02, VergabeR 2003, 87 mwN.

[97] OLG Brandenburg Beschl. v. 16.1.2007 – Verg W 7/06, VergabeR 2007, 235.

[98] OLG Stuttgart Beschl. v. 28.6.2001 – 2 Verg 2/01, VergabeR 2001, 451.

[99] BGH Urt. v. 22.2.2005 – KZR 36/03, ZfBR 2005, 499.

[100] Vgl. Willenbruch/Wieddekind/*Scharen* GWB § 181 Rn. 9 mit einer beispielhaften Übersicht über weitere bieterschützende Vorschriften.

[101] Ziekow/Völlink/*Losch* GWB § 181 Rn. 11 mwN; KKPP/*Verfürth* GWB § 181 Rn. 12; Willenbruch/Wieddekind/*Scharen* GWB § 181 Rn. 11 mwN.

[102] Willenbruch/Wieddekind/*Scharen* GWB § 181 Rn. 11.

stellen schließlich Regelungen außerhalb des Vergaberechts dar. Das gilt insbesondere für die unionsrechtlichen Beihilfevorschriften[103], das nationale sowie unionsrechtliche Kartellverbot[104] sowie für kommunalrechtliche Regelungen zum Marktzugang der Gemeinden.[105]

64 **b) Zuwiderhandlung.** Der öffentliche Auftraggeber muss gegen eine solche, den Schutz von Unternehmen bezweckende Vorschrift, verstoßen haben. Das ist der Fall, wenn deren Tatbestand durch eine Handlung verwirklicht worden ist, die ihm **zuzurechnen** ist. Dabei finden die zivilrechtlichen Vorschriften über die Zurechnung von Organhandeln (§ 31 BGB) Anwendung. Für das Handeln von Personen mit rechtsgeschäftlicher Vertretungsmacht findet eine Zurechnung nach dem Rechtsgedanken des § 278 S. 1 BGB statt, wenn sich der öffentliche Auftraggeber der betreffenden Personen zur Durchführung und Abwicklung des Vergabeverfahrens bedient hat. Da nach Sinn und Zweck des § 181 S. 1 GWB keine unerlaubte Handlung im engeren Sinne ausgeglichen wird, sondern Sekundärrechtsschutz für Rechtsverstöße in vertragsähnlichen Rechtsverhältnissen gewährt wird, ist die Anwendung des Rechtsgedankens des § 278 S. 1 BGB (der im Gegensatz zu § 831 S. 2 BGB keine Exculpationsmöglichkeit vorsieht) sachgerecht.[106]

3. Beeinträchtigung einer echten Chance auf Zuschlagserteilung

65 Weitere Voraussetzung nach § 181 S. 1 GWB ist, dass durch den Verstoß gegen die unternehmensschützende Vorschrift für den Antragsteller eine echte Chance, bei der Wertung der Angebote den Zuschlag zu erhalten, beeinträchtigt wurde. Der Vergaberechtsverstoß muss demnach für die Beeinträchtigung der Zuschlagschance kausal geworden sein.

66 **a) Echte Chance auf Zuschlagserteilung.** Der Begriff der „echten Chance" ist im nationalen Recht nicht definiert. Er wurde im Laufe des Gesetzgebungsverfahrens aus der unionsrechtlichen Regelung des Art. 2 Abs. 7 der Sektoren-Rechtsmittelrichtlinie 92/13/EWG übernommen; allerdings findet sich auch dort keine Begriffsdefinition.

67 In der Literatur war seit Inkrafttreten des § 126 GWB 2013, also des jetzigen § 181 GWB, umstritten, wie der Begriff der echten Chance zu verstehen sei. Die Auffassungen reichten von der Annahme, jedes Angebot, das die formellen Voraussetzungen der Ausschreibung erfülle, habe eine echte Chance, über die Gleichsetzung mit dem in § 16d Abs. 1 Nr. 3 VOB/A (früher: § 25 Nr. 3 Abs. 3 VOB/A 2006 bzw. § 16 Abs. 6 Nr. 3 VOB/A 2009) enthaltenen Begriff der „engeren Wahl" bzw. der Forderung der Zugehörigkeit zu einer Spitzengruppe bis hin zu der Ansicht, eine echte Chance sei nur zu bejahen, wenn es innerhalb des Wertungsspielraums der Vergabestelle gelegen hätte, dem Angebot den Zuschlag zu erteilen.[107]

68 Der letztgenannten Auffassung schloss sich der **BGH** in seinem Urt. v. 27.11.2007[108] an. Der BGH entnimmt zutreffend einer historischen Auslegung, dass es nicht ausreicht, wenn das fragliche Angebot in die engere Wahl gelangt wäre. Denn der Bundesrat hat in seiner Stellungnahme zum Regierungsentwurf für das Vergaberechtsänderungsgesetz vorgeschlagen, diesen Begriff durch den der echten Chance zu ersetzen, weil ersterer über das hinausgehe, was Art. 2 Abs. 7 der Richtlinie 92/13/EWG verlange und insoweit unter-

---

[103] Ziekow/Völlink/*Losch* GWB § 181 Rn. 17 mwN.

[104] OLG Düsseldorf Beschl. v. 4.5.2009 – VII Verg 68/08, VergabeR 2009, 905; Ziekow/Völlink/*Losch* GWB § 181 Rn. 18.

[105] Vgl. BGH Urt. v. 25.4.2002 – I ZR 250/00, NVwZ 2002, 1141; Ziekow/Völlink/*Losch* GWB § 181 Rn. 13 mwN; aA OLG Düsseldorf Beschl. v. 13.8.2008 – Verg 42/07, BeckRS 2008, 21712; OLG Düsseldorf Beschl. v. 4.5.2009 – VII Verg 68/08, VergabeR 2009, 905.

[106] So auch Willenbruch/Wieddekind/*Scharen* GWB § 181 Rn. 13.

[107] Nachw. zum Meinungsstand in der Literatur bei *Alexander* WRP 2009, 28 (31).

[108] BGH Urt. v. 27.11.2007 –X ZR 18/07, WRP 2008, 370 = VergabeR 2008, 219.

schiedliche Grade der Stellung in der Bieterfolge vorlägen.[109] Dem hatte die Bundesregierung in ihrer Gegenäußerung bezüglich des Tatbestandsmerkmals der echten Chance zugestimmt.[110] Hinzu komme, dass das Kriterium der engeren Wahl sich zwar in § 25 Nr. 3 Abs. 3 VOB/A (2006) finde, nicht aber in den entsprechenden Regelungen der anderen (früheren) Verdingungsordnungen VOL/A und VOF, was aus Sicht des BGH damit zusammenhängt, dass es sich nicht überall als eigenständige Wertungsstufe eignet. Selbst nach der Systematik des Wertungsprozesses nach der VOB/A handele es sich bei der engeren Wahl erst um eine Vorsichtung, die noch keinen Rückschluss darauf zulasse, ob jedes darin einbezogene Angebot große Aussichten auf den Zuschlag habe.[111] Das Merkmal der Zugehörigkeit zu einer nahe zusammen liegenden Spitzengruppe verwarf der BGH als generell wenig aussagekräftig dafür, ob tatsächlich die vom Gesetz vorausgesetzten Aussichten auf den Zuschlag bestehen. Auch sei das Kriterium gerade in Verfahren mit wenigen Teilnehmern schon von seinen Voraussetzungen her unpassend. Mit dem Attribut „echt" bringe das Gesetz zum Ausdruck, dass das Angebot „**besonders qualifizierte Aussichten auf die Zuschlagserteilung** hätte haben müssen". Das könne erst angenommen werden, wenn der Auftraggeber darauf im Rahmen des ihm zustehenden **Wertungsspielraums** den Zuschlag hätte erteilen dürfen.[112]

Ob die Erteilung des Zuschlags an den Schadensersatz begehrenden Bieter innerhalb 69 des dem Auftraggeber eröffneten Wertungsspielraums gelegen hätte, ist eine Frage des Einzelfalls, die nur unter Berücksichtigung der für die Auftragserteilung vorgesehenen Wertungskriterien und deren Gewichtung beantwortet werden kann.[113] Zu prüfen ist demnach, ob überhaupt wertbare und vergleichbare Angebote vorliegen und ob die Erteilung des Zuschlags im Rahmen des Beurteilungsspielraums des Auftraggebers gelegen hätte.[114]

Ob der Anspruchsteller in diesem Sinne eine echte Chance auf Zuschlagserteilung hat- 70 te, muss **hypothetisch** (ohne den Vergaberechtsverstoß) **geprüft** werden. Wurde das Angebot des Antragstellers rechtswidrig von dem Vergabeverfahren ausgeschlossen, muss dieser Angebotsausschluss bei der Beurteilung des Vorliegens einer echten Chance im Rahmen einer hypothetischen Betrachtung hinweggedacht werden. Eine echte Chance läge dann vor, wenn – den rechtswidrigen Ausschluss hinweggedacht – das ausgeschlossene Angebot in den Kreis derjenigen Angebote gekommen wäre, aus dem der Auftraggeber im Rahmen seines Beurteilungsspielraums den Zuschlag hätte erteilen können.[115]

An einer **echten Chance fehlt** es dagegen, wenn der Anspruchsteller überhaupt kein 71 wertbares Angebot abgegeben hat, das Angebot also an Fehlern litt, die zum zwingenden Angebotsausschluss hätten führen müssen.[116] Dasselbe gilt in Fällen einer fehlerhaften Leistungsbeschreibung, weil eine nicht hinreichend spezifizierte und daher unklare Ausschreibung zu sachlich unterschiedlichen Angeboten führt, zwischen denen keine Vergleichbarkeit hergestellt werden kann. Nur über einen solchen Vergleich ist aber das Bestehen einer echten Chance festzustellen.[117] Wird eine Ausschreibung rechtmäßig aufgehoben, fehlt es ebenfalls am Vorliegen echter Chancen auf Zuschlagserteilung.[118] Dasselbe kann gelten,

---

[109] Vgl. BT-Drs. 13/9340, S. 44 zu Nr. 37.
[110] Vgl. BT-Drs. 13/9340, S. 51 zu Nr. 37.
[111] BGH Urt. v. 27.11.2007 – X ZR 18/07, WRP 2008, 370 (373).
[112] BGH Urt. v. 27.11.2007 – X ZR 18/07, WRP 2008, 370 (373); krit. dazu *Alexander* WRP 2009, 28 (34); *Glahs* VergabeR 2010, 844 (845); *Prieß/Hölzl* NZBau 2011, 21 (23) mit Blick auf jüngere EuGH-Rechtsprechung zur Auslegung der RL 89/665/EWG.
[113] BGH Urt. v. 27.11.2007 – X ZR 18/07, WRP 2008, 370 (373f.).
[114] Zutr. Ziekow/Völlink/*Losch* GWB § 181 Rn. 24 mwN.
[115] Ziekow/Völlink/*Losch* GWB § 181 Rn. 23ff.; Reidt/Stickler/Glahs/*Glahs* GWB § 181 Rn. 26.
[116] LG Köln Urt. v. 7.11.2017 – 33 O 192/16, NZBau 2018, 181; OLG Düsseldorf Urt. v. 30.1.2003 – I-5 U 13/02, VergabeR 2003, 704 (707).
[117] BGH Urt. v. 1.8.2006 – X ZR 146/03, WRP 2006, 1531 (1532f.); KG Urt. v. 14.8.2003 – 27 U 264/02, NZBau 2004, 167 (168).
[118] VK Bund Beschl. v. 13.10.2004 – VK 2-151/04, BeckRS 2004, 151084; VK Sachsen Beschl. v. 17.1.2007 – 1/SVK/002-05, IBRRS 2007, 0566.

wenn das Vergabeverfahren zulässigerweise nicht in der gewählten Form hätte stattfinden dürfen, so dass für keinen Bieter eine Chance auf Zuschlagserteilung entstand.[119]

72 Hat die Vergabestelle pflichtwidrig die Durchführung eines europaweiten Vergabeverfahrens unterlassen, kann zwar theoretisch eine echte Chance auf Zuschlagserteilung im Sinne des § 181 GWB vorliegen, da sich andernfalls die Vergabestelle den Vorschriften des Kartellvergaberechts einschließlich der Schadensersatzpflicht nach § 181 GWB entziehen könnte.[120] Allerdings dürfte jedenfalls dann, wenn der Bieter kein Angebot abgegeben hat, der Nachweis einer echten Chance auf den Zuschlag praktisch kaum zu führen sein.

73 **b) Beeinträchtigung der echten Chance/Kausalität.** Voraussetzung des Schadensersatzanspruchs ist weiter, dass die echte Chance auf Zuschlagserteilung durch den Verstoß gegen die unternehmensschützende Vorschrift beeinträchtigt wurde. Eine Beeinträchtigung der Zuschlagschance ist anzunehmen, wenn sich die **Chancen** auf Zuschlagserteilung durch den Vergaberechtsverstoß **verschlechtern.**[121] Erforderlich ist demnach ein **Kausalzusammenhang** zwischen dem Rechtsverstoß und der Beeinträchtigung der Zuschlagschance. Dieser Kausalzusammenhang setzt nach den allgemeinen zivilrechtlichen Grundsätzen (sogenannte Äquivalenztheorie) voraus, dass der Rechtsverstoß des Auftraggebers nicht hinweggedacht werden können darf, ohne dass die Beeinträchtigung entfiele.[122] Im Rahmen der Äquivalenztheorie gilt der Grundsatz, dass zur Feststellung des Ursachenzusammenhangs nur die pflichtwidrige Handlung hinweggedacht, aber kein weiterer Umstand hinzugedacht werden darf. Damit sind hypothetische Handlungen des Geschädigten oder des Schädigers gemeint, deren Hinzudenken den Erfolg – bei ansonsten gegebener Kausalität des schadensstiftenden Verhaltens – entfallen ließen.[123]

74 In Fällen, in denen eine nationale statt der richtigerweise erforderlichen EU-weiten Ausschreibung stattgefunden hat, gilt allerdings eine Besonderheit: Hier entspräche es nicht der Lebenswirklichkeit, die schadensstiftende Durchführung der Ausschreibung (nur) auf nationaler Ebene im Rahmen der Prüfung des Kausalzusammenhangs in schlichter Negation ersatzlos hinwegzudenken, weil der Auftraggeber, wenn er die Notwendigkeit gemeinschaftsweiter Ausschreibung rechtzeitig erkannt hätte, zwangsläufig auf die eine oder andere Weise reagiert hätte. Ist nach den Feststellungen im Einzelfall davon auszugehen, dass die Vergabestelle, hätte sie die Notwendigkeit einer gemeinschaftsweiten Ausschreibung erkannt, ein gemeinschaftsweites Vergabeverfahren durchgeführt hätte, ist das im Rahmen der Kausalitätsbetrachtung zu berücksichtigen. Es wird dann keine im vorgenannten Sinne hypothetische Handlung hinzugefügt.[124]

4. Verschuldensunabhängige Haftung

75 Nach herrschender Meinung gewährt § 181 S. 1 GWB einen **verschuldensunabhängigen** Schadensersatzanspruch.[125]

76 § 181 S. 1 GWB erfordert nach seinem Wortlaut kein Verschulden. Die Formulierung entspricht mit Blick auf die Verschuldensunabhängigkeit vielmehr derjenigen in gesetzlichen Bestimmungen, in denen eine solche Haftungsverschärfung des Schuldners angeordnet ist (vgl. § 833 BGB, § 7 Abs. 1 StVG; §§ 1, 2 HPflG, § 1 ProdHaftG; § 1 UmweltHaftG). Auch zeigt die Entstehungsgeschichte der Norm, dass der Gesetzgeber von

[119] OLG Dresden VergabeR 2004, 500 (504 f.); s. aber auch → Rn. 74.

[120] OLG Koblenz Urt. v. 15.1.2007 – 12 U 1016/05, IBR 2007, 272; Ziekow/Völlink/*Losch* GWB § 181 Rn. 27.

[121] KKPP/*Verfürth* GWB § 181 Rn. 20 ff.; Ziekow/Völlink/*Losch* GWB § 181 Rn. 28 f. mwN.

[122] AllgA, vgl. nur BGH Urt. v. 27.11.2007 – X ZR 18/07, WRP 2008, 370 (372) mwN; KKPP/*Verfürth* GWB § 181 Rn. 22; Ziekow/Völlink/*Losch* GWB § 128 Rn. 28 mwN.

[123] BGH Urt. v. 27.11.2007 – X ZR 18/07, WRP 2008, 370 (372) mwN.

[124] BGH Urt. v. 27.11.2007 – X ZR 18/07, WRP 2008, 370 (372).

[125] BGH Urt. v. 27.11.2007 – X ZR 18/07, WRP 2008, 370 (372 f.) mwN; KKPP/*Verfürth* GWB § 181 Rn. 25; Reidt/Stickler/Glahs/*Glahs* GWB § 181 Rn. 31; Ziekow/Völlink/*Losch* GWB § 181 Rn. 30.

Anfang an eine verschuldensunabhängig konzipierte spezialgesetzliche Regelung schaffen wollte. Nach § 135 des Regierungsentwurfs für das Vergaberechtsänderungsgesetz, aus dem § 126 S. 1 GWB 2013/§ 181 S. 1 GWB hervorgegangen ist, sollte ein Schadensersatz für die Kosten des Angebots oder die Teilnahme am Vergabeverfahren verlangendes Unternehmen lediglich nachweisen müssen, dass eine seinen Schutz bezweckende Vergabevorschrift verletzt worden ist und dass es ohne diesen Rechtsverstoß bei der Wertung der Angebote in die engere Wahl gekommen wäre. Soweit die Bestimmung im Verlauf des Gesetzgebungsverfahrens umformuliert wurde, diente das dem Zweck, den eigentlichen Charakter der Norm als Anspruchsgrundlage zum Ausdruck zu bringen und den Begriff der engeren Wahl durch den der echten Chance zu ersetzen. Dass der Nachweis des Verschuldens der Auftraggeberseite nicht vorgesehen war, wurde dagegen weder in Frage gestellt noch korrigiert.[126]

Die Gegenauffassung stellte im Wesentlichen darauf ab, der Gesetzgeber hätte eine etwa 77
gewollte verschuldensunabhängige Haftung eindeutig zum Ausdruck bringen müssen, weil es sich dabei um eine weder europarechtlich vorgegebene noch im Gesetzgebungsverfahren angesprochene Verschärfung der Haftung des Auftraggebers handele[127] bzw. weil eine Schadensersatzhaftung nach deutschem Recht grundsätzlich Verschulden voraussetze.[128]

Der Meinungsstreit um die Frage der **Verschuldensunabhängigkeit** des § 181 S. 1 78
GWB wurde spätestens durch das **Urteil des EuGH vom 30.9.2010**[129] beendet. Der EuGH hat in diesem Urteil entschieden, dass auf der Grundlage der Rechtsmittelrichtlinie 89/665/EWG[130] der Anspruch auf Ersatz des Schadens, der einem Bieter durch den Verstoß eines öffentlichen Auftraggebers gegen Vergaberecht entstanden ist, nicht von dessen Verschulden abhängig sein darf, und zugleich klargestellt, dass auch Regelungen, wonach ein Verschulden des öffentlichen Auftraggebers vermutet wird und er sich nicht auf das Fehlen individueller Fähigkeiten und damit auf mangelnde subjektive Vorwerfbarkeit des behaupteten Verstoßes berufen kann, mit der Richtlinie nicht in Einklang stehen.[131] Der Auffassung, wonach der Schadensersatzanspruch nach § 181 S. 1 GWB Verschulden voraussetzt, ist damit der Boden entzogen.

5. Einwand rechtmäßigen Alternativverhaltens

Umstritten ist, ob der Kausalzusammenhang zwischen Vergaberechtsverstoß und Beein- 79
trächtigung der Zuschlagschance durch den Einwand des rechtmäßigen Alternativverhaltens durch den Auftraggeber unterbrochen wird. Praktisch besonders relevant ist insoweit der Einwand, dass der Auftraggeber die Ausschreibung hätte aufheben können und der eingetretene Schaden dann vermieden worden wäre. Gegen die Zulässigkeit dieses Einwands wird vorgebracht, dieser widerspreche dem Transparenzgebot des § 97 Abs. 1 GWB und würde zu einer Umgehung der Schadensersatznorm führen.[132]

Ganz überwiegend wird der Einwand des rechtmäßigen Alternativverhaltens indes für 80
grundsätzlich zulässig erachtet.[133] Voraussetzung für die Berufung auf ein rechtmäßiges Alternativverhalten ist allerdings, dass der Auftraggeber darlegt und beweist, dass er den

[126] Vgl. BT-Drs. 13/9340, S. 9, S. 44 zu Nr. 36; BGH Urt. v. 27.11.2007 – X ZR 18/07, WRP 2008, 370 (373).

[127] Immenga/Mestmäcker/*Stockmann* GWB § 126 Rn. 10.

[128] Vgl. dazu die Nachw. bei BGH Urt. v. 27.11.2007 – X ZR 18/07, WRP 2008, 370 (373); krit. zur Entscheidung des BGH *Alexander* WRP 2009, 28 (34f.).

[129] EuGH Urt. v. 30.9.2010 – C-314/09, NZBau 2010, 773 – Stadt Graz.

[130] Inzwischen geändert durch nachfolgende Richtlinien (insbes. RL 2007/66/EG und zuletzt RL 2014/23/EU), wobei die hier maßgeblichen Regelungen unverändert blieben.

[131] EuGH Urt. v. 30.9.2010 – C-314/09, NZBau 2010, 773 (775f.) Rn. 34ff. – Stadt Graz; vgl. dazu *Prieß/Hölzl* NZBau 2011, 21 (22f.).

[132] Vgl. Ziekow/Völlink/*Losch* GWB § 181 Rn. 24ff. mwN.

[133] BGH Urt. v. 27.11.2007 – X ZR 18/07, WRP 2008, 370 (372); BGH Urt. v. 25.11.1992 – VIII ZR 170/91, NJW 1993, 520, BGHZ 120, 281 (286f.); KKPP/*Verfürth* GWB § 181 Rn. 30 mwN; Reidt/Stickler/Glahs/*Glahs* GWB § 181 Rn. 32; Willenbruch/Wieddekind/*Scharen* GWB § 181 Rn. 24.

gleichen Erfolg nicht nur hätte herbeiführen können, sondern dass er ihn auch tatsächlich **herbeigeführt hätte;** bei Ermessensentscheidungen setzt das voraus, dass das bestehende Ermessen auf Null reduziert war, sich also zu einer Pflicht verdichtet hat.[134] In Fällen, in denen der Auftraggeber sich bereits während des Vergabeverfahrens mit einer konkreten Handlungsalternative auseinandergesetzt, sich dann aber für die den Vergaberechtsverstoß begründende Handlungsweise entschieden hatte, wird er in der Regel nicht mehr darlegen können, er hätte sich tatsächlich für eine andere Variante entschieden. Insbesondere in Fällen, in denen sich der öffentliche Auftraggeber trotz Kenntnis von seinem Verstoß gegen die Schutzvorschrift gegen die Möglichkeit der Aufhebung seiner Ausschreibung entscheidet, würde er sich mit der Geltendmachung des Einwands des rechtmäßigen Alternativverhaltens in Widerspruch zu seinem eigenen früheren Willen setzen. Aus Gründen der Billigkeit ist ihm in solchen Fällen eine Berufung auf rechtmäßiges Alternativverhalten zu verweigern.[135]

6. Mitverschulden

81 Der Ersatzanspruch kann durch Mitverschulden des Anspruchstellers gemäß § 254 BGB gemindert sein oder sogar ganz entfallen. Die verschuldensunabhängige Ausgestaltung des Ersatzanspruchs aus § 181 S. 1 GWB steht dem nicht entgegen, denn dieser Umstand soll dem Anspruchsteller lediglich die Geltendmachung seines Anspruchs erleichtern, ihn dagegen nicht von den Konsequenzen eigenen Verschuldens befreien.[136]

82 Mitverschulden liegt vor, wenn der Anspruchsteller die ihm in eigenen Angelegenheiten obliegende Sorgfalt nicht beachtet hat, hierdurch zur Entstehung der Kosten beigetragen hat und das für ihn vorhersehbar und vermeidbar war.[137]

83 Umstritten ist, in welchen Fällen ein derartiges Mitverschulden in Betracht kommt. Das betrifft insbesondere die Frage, ob das **Unterlassen eines Nachprüfungsverfahrens** den Einwand des Mitverschuldens begründen kann.[138] Teilweise wird zwar kein Nachprüfungsantrag, aber zumindest eine Rüge gefordert.[139] Nach der Gegenansicht kommt das Unterlassen der Durchführung eines Nachprüfungsverfahrens nicht als Umstand, der Mitverschulden auslösen kann, in Betracht. Zur Begründung wird neben dem Verweis darauf, dass der Wortlaut der Norm – ebenso wie die unionsrechtliche Ausgangsvorschrift – das nicht vorsehe, insbesondere ausgeführt, dass andernfalls der Anspruchsberechtigte entgegen dem Willen des Gesetzgebers in den Primärrechtsschutz gezwungen werde. Auch könne es dem Bieter nicht zugemutet werden, Kosten für ein im Prinzip aussichtsloses Nachprüfungsverfahren aufzuwenden.[140] Diese Gegenansicht überzeugt indes nicht. Richtigerweise

---

[134] BGH Urt. v. 25.11.1992 – VIII ZR 170/91, NJW 1993, 520, BGHZ 120, 281 (288); OLG Düsseldorf Urt. v. 15.12.2008 – I-27 U 1/07, VergabeR 2009, 501; OLG München Urt. v. 18.5.2000 – U(K) 5047/99, NZBau 2000, 590; KKPP/*Verfürth* GWB § 181 Rn. 32; Reidt/Stickler/Glahs/*Glahs* GWB § 181 Rn. 32; Willenbruch/Wieddekind/*Scharen* GWB § 181 Rn. 24.

[135] Vgl. BGH Urt. v. 3.2.2000 – III ZR 296/98, NVwZ 2000, 1206, BGHZ 143, 362 zu einem Amtshaftungsprozess; Willenbruch/Wieddekind/*Scharen* GWB § 181 Rn. 24.

[136] KKPP/*Verfürth* GWB § 181 Rn. 33; Reidt/Stickler/Glahs/*Glahs* GWB § 181 Rn. 33.

[137] Palandt/*Grüneberg* BGB § 254 Rn. 1, 9; Willenbruch/Wieddekind/*Scharen* GWB § 181 Rn. 25.

[138] Vgl. Reidt/Stickler/Glahs/*Glahs* GWB § 181 Rn. 33ff. mwN; Willenbruch/Wieddekind/*Scharen* GWB § 181 Rn. 25 mwN; Byok/Jaeger/*Franßen* GWB § 181 Rn. 31f. mwN; *Voppel* VergabeR 2004, 505 (507); zu Ansprüchen aus § 280 Abs. 1 iVm §§ 241 Abs. 2, 311 Abs. 2 Nr. 1 BGB: OLG Celle Urt. v. 18.1.2018 – 11 U 121/17, NZBau 2018, 314 (Annahme der Präklusion, nur hilfsweise des Mitverschuldens; Revision anhängig unter BGH, X ZR 21/18); OLG Saarbrücken Urt. v. 15.6.2016 – 1 U 151/15, NZBau 2016, 664 (zum Unterschwellenbereich); OLG Sachsen-Anhalt Urt. v. 23.12.2014 – 2 U 74/14, BauR 2015, 1030; zu Ansprüchen aus § 280 Abs. 1 iVm §§ 241 Abs. 2, 311 Abs. 2 Nr. 1 BGB offen gelassen, aber instruktiv zum Meinungsstand: BGH Urt. v. 17.9.2019 – X ZR 124/18, NZBau 2019, 798 (jedenfalls keine Präklusion); OLG Frankfurt a.M. Urt. v. 30.5.2018 – 11 U 18/16, BeckRS 2018, 48515; OLG Hamm Urt. v. 6.8.2015 – 17 U 130/12, IBRRS 2015, 3194.

[139] KKPP/*Verfürth* GWB § 181 Rn. 34f.

[140] OLG Dresden Urt. v. 10.2.2004 – 20 U 169/03, VergabeR 2004, 500; Ziekow/Völlink/*Losch* GWB § 181 Rn. 40f.

ist zwar **nicht** von einer **Präklusion** des Bieters und damit der Unzulässigkeit einer Schadensersatzklage auszugehen, wenn dieser zuvor keinen Primärrechtsschutz in Anspruch genommen hat. Das hat der BGH unter Hinweis darauf, dass die Rügeobliegenheit des § 160 Abs. 3 GWB nur für Vergabenachprüfungsverfahren gelte, eine analoge Anwendung des § 839 BGB nicht angezeigt sei und europarechtlich zwar das Recht, nicht aber die Pflicht bestehe, dass das nationale Recht die Geltendmachung von Schadensersatzansprüchen der Voraussetzung vorheriger Inanspruchnahme von Primärrechtsschutz abhängig mache, mit Urteil vom 17.9.2019 entschieden.[141] Die Frage, ob und unter welchen Voraussetzungen es ein **Mitverschulden** eines Bieters begründen kann, dass er eine Rüge nicht erhoben oder von ihr Abstand genommen hat oder einen Nachprüfungsantrag nicht angebracht oder wieder zurückgenommen hat, hat der BGH in diesem Urteil allerdings ausdrücklich offengelassen. Die Annahme eines solches Mitverschuldens ist richtigerweise nicht per se ausgeschlossen, sondern beurteilt sich nach den allgemeinen zivilrechtlichen Grundsätzen. Denn den Vergabebestimmungen lässt sich trotz des Beschleunigungsgrundsatzes nicht entnehmen, dass der Primärrechtsschutz möglichst beschränkt werden sollte und dass aus Sicht des Gesetzgebers wünschenswert wäre, dass kein Nachprüfungsverfahren eingeleitet, sondern Sekundärrechtsschutz in Anspruch genommen wird. Vielmehr verdeutlicht gerade die kontinuierliche Verbesserung der Voraussetzungen für die Inanspruchnahme von Primärrechtsschutz, insbesondere aufgrund der Rechtsmittelrichtlinie und der Vergaberechtsreform 2009, dass die Gewährung von Primärrechtsschutz in Vergabeverfahren weiterhin im Vordergrund steht. Auch wenn sich dem GWB (und auch dem EU-Vergaberecht) keine Pflicht zur Nachprüfung entnehmen lässt, spricht das nicht dagegen, das schuldhafte Unterlassen der Inanspruchnahme von Vergaberechtsschutzmöglichkeiten, die dem Bieter durch das GWB rechtlich eingeräumt wurden, als Mitverschulden anzusehen. Auch europarechtliche Gründe stehen der Anwendung der Grundsätze des Mitverschuldens nicht entgegen. Denn Art. 2 Abs. 6 der Rechtsmittelrichtlinie 89/665/EWG sieht ausdrücklich vor, dass die Mitgliedstaaten berechtigt sind, die Geltendmachung von Schadensersatz von der vorherigen Feststellung der Vergaberechtswidrigkeit des Verhaltens durch die zuständigen Stellen abhängig zu machen. Grenzen für das nationale Recht ergeben sich dann nur aus den allgemeinen Grundsätzen der Effektivität und Äquivalenz.[142] Nationale Regelungen wie § 254 BGB verletzen indes weder das Effektivitäts- noch das Äquivalenzprinzip. Richtigerweise ist daher nur die Frage zu stellen, ob das Unterlassen einer Rüge bzw. eines Nachprüfungsantrags als schuldhaftes Außerachtlassen der dem Bieter in eigenen Angelegenheiten obliegenden Sorgfalt anzusehen ist. Maßstab dafür dürfen nicht die Vorschriften der §§ 160ff. GWB, insbesondere nicht § 160 Abs. 3 GWB zur Rügeobliegenheit sein, denn diese Regeln betreffen nur die Zulässigkeit und den Gang eines Nachprüfungsverfahrens, ohne eine schadensersatzrechtliche Vorgabe zu bezwecken.[143] Bei der Beurteilung der Frage des Mitverschuldens ist vielmehr entscheidend, ob der Bieter durch Rüge und/oder Einleitung eines Nachprüfungsverfahrens tatsächlich die Chance hatte, seine Zuschlagschancen zu erhalten und ob ihm eine Rüge bzw. die Einleitung insbesondere eines **Nachprüfungsverfahrens zumutbar war.** Das dürfte bei einer Rüge nur in seltenen Ausnahmefällen, hinsichtlich eines Nachprüfungsverfahrens aber beispielsweise zu verneinen sein, wenn es innerhalb des Beurteilungsspielraums des Auftraggebers lag, auf das Angebot des Bieters den Zuschlag zu erteilen, dieses Angebot aber auch unberücksichtigt zu lassen.[144] Eine unterlassene Rüge oder ein unterlassender Nachprüfungsantrag können den Schadensersatzanspruch auch nur dann mindern oder ausschlie-

---

[141] BGH Urt. v. 17.9.2019 – X ZR 124/18, NZBau 2019, 798 (799f.) mwN.

[142] Vgl. EuGH Urt. v. 7.8.2018 – C-300/17, NZBau 2019, 122 (124) mwN. – Hochtief AG II.

[143] So auch OLG Saarbrücken Urt. v. 15.6.2016 – 1 U 151/15, NZBau 2016, 664; OLG Sachsen-Anhalt Urt. v. 23.12.2014 – 2 U 74/14, BauR 2015, 1030; Reidt/Stickler/Glahs/*Glahs* GWB § 181 Rn. 35; Willenbruch/Wieddekind/*Scharen* GWB § 181 Rn. 25 mwN.

[144] Reidt/Stickler/Glahs/*Glahs* GWB § 181 Rn. 35; KKPP/*Verfürth* GWB § 181 Rn. 35.

ßen, wenn festgestellt werden kann, dass bei rechtzeitigem Vorgehen die Chance auf den Zuschlag erhalten geblieben wäre.

84 Schließlich kann ein Verstoß gegen die Schadensabwendungs- und -minderungspflicht des § 254 Abs. 2 S. 1 BGB in Betracht kommen.[145]

II. Umfang des Schadensersatzes

85 Gemäß § 181 S. 1 GWB kann das Unternehmen als **Vertrauensschaden** die Kosten der Vorbereitung des Angebots oder der Teilnahme an dem Vergabeverfahren verlangen. Einigkeit besteht darüber, dass die Formulierung „oder" nicht im Sinne einer Ausschließlichkeit zu verstehen ist, sondern dass der schadenersatzberechtigte Bieter sowohl die Kosten der Vorbereitung des Angebots als auch die Kosten der Teilnahme an dem Vergabeverfahren geltend machen kann.[146] Derartige Schäden können im offenen Verfahren in der Regel ab Abruf/Anforderung der Vergabeunterlagen, in nicht offenen und in Verhandlungsverfahren ab Vorbereitung der Teilnahmeanträge, spätestens aber mit der Aufforderung zur Angebotsabgabe entstehen.[147] Nicht erstattungsfähig sind damit nur Schäden, die durch ein Verhalten entstanden sind, das vor der Teilnahme am Vergabeverfahren bzw. Angebotsvorbereitung lag.

86 Zu den **erstattungsfähigen Kosten** gehören alle für die Vorbereitung des Angebots oder die Teilnahme an dem Vergabeverfahren entstandenen Kosten des Anspruchstellers. Das betrifft insbesondere innerbetriebliche Materialkosten, Kosten für mit der Angebotserstellung zusammenhängende Ortsbesichtigungen sowie Kosten für Verhandlungen mit Nachunternehmern, soweit diese durch die Teilnahme am Vergabeverfahren bzw. zur Angebotsausarbeitung verursacht wurden. In der Literatur wird überwiegend außerdem die Auffassung vertreten, dass Personalaufwendungen sowie die anteiligen Gemeinkosten zu den erstattungsfähigen Kosten zählen.[148] Die wohl überwiegende Rechtsprechung fordert allerdings aufgrund der sog. Differenztheorie hinsichtlich der Erstattungsfähigkeit von Personalkosten zumindest für fest angestellte Mitarbeiter, für die Sowieso-Kosten entstehen, den Nachweis, dass der Anspruchsteller diese Mitarbeiter alternativ für einen anderen Zweck hätte einsetzen können und in diesem Fall Gewinne erzielt worden wären, die ihm nun entgehen.[149]

87 Beauftragt ein Wettbewerbsteilnehmer einen Rechtsanwalt im Rahmen einer Ausschreibung mit der Prüfung der Ausschreibungsunterlagen und stellt dieser einen Vergaberechtsverstoß fest, so soll er die dadurch entstandenen Kosten jedoch nicht geltend machen können, da er den Rechtsanwalt nicht im Vertrauen auf die Rechtmäßigkeit der Ausschreibung beauftragte und die Kosten auch nicht aus dem später durch den Rechtsanwalt festgestellten Rechtsverstoß entstanden sind.[150] Dem ist allerdings nicht zuzustimmen. Nach dem Wortlaut des § 181 S. 1 GWB können auch derartige **Rechtsanwaltskosten** ohne weiteres als Kosten der Teilnahme an einem Vergabeverfahren angesehen werden.[151] Dass erstattungsfähige Kosten nur solche sind, die im Vertrauen auf die Rechtmäßigkeit der Ausschreibung angefallen sind oder aus dem Rechtsverstoß entstanden sind, lässt sich der Vorschrift nicht entnehmen. Vielmehr wird eine Kausalität nur zwischen dem Verga-

[145] Willenbruch/Wieddekind/*Scharen* GWB § 181 Rn. 25.

[146] Vgl. nur KKPP/*Verfürth* GWB § 181 Rn. 36 mwN; Ziekow/Völlink/*Losch* GWB § 181 Rn. 43 mwN; *Alexander* WRP 2009, 28 (31) mwN.

[147] Nicht ganz eindeutig insoweit Ziekow/Völlink/*Losch* GWB § 181 Rn. 43.

[148] Ziekow/Völlink/*Losch* GWB § 181 Rn. 44; Reidt/Stickler/Glahs/*Glahs* GWB § 181 Rn. 41 mwN; KKPP/*Verfürth* GWB § 181 Rn. 36 mwN.

[149] OLG Schleswig Urt. v. 19.12.2017 – 3 U 15/17, NZBau 2018, 431 (434) mwN; OLG Köln Urt. v. 23.7.2014 – 11 U 104/13, BauR 2015, 318 mwN; OLG Naumburg Urt. v. 27.11.2014 – 2 U 153/13, BauR 2015, 1030; OLG Naumburg Urt. v. 1.8.2013 – 2 U 151/12, BeckRS 2013, 13770.

[150] LG Magdeburg Urt. v. 2.7.2010 – 36 O 25/10 (007), BeckRS 2011, 688.

[151] Vgl. auch OLG Naumburg Urt. v. 1.8.2013 – 2 U 151/12, IBRRS 2013, 3311; Ziekow/Völlink/*Losch* GWB § 181 Rn. 45.

berechtsverstoß und der Beeinträchtigung der Zuschlagschance gefordert. Allenfalls aufgrund des Einwands rechtmäßigen Alternativverhaltens können derartige Rechtsanwaltskosten für die Überprüfung der Ausschreibungsunterlagen entfallen, wenn der Auftraggeber beweist, dass der Anspruchsteller diese Kosten auch bei rechtmäßigem Verhalten aufgewendet hätte.

III. Verjährung

Schadensersatzansprüche gemäß § 181 GWB verjähren grundsätzlich in drei Jahren gemäß §§ 195, 199 BGB.[152] Wegen der Einzelheiten wird auf die Ausführungen zu § 180 GWB verwiesen.[153] 88

IV. Rechtsweg

Schadensersatzklagen nach § 181 S. 1 GWB sind vor den **Zivilgerichten** zu erheben (vgl. § 156 Abs. 3, § 179 Abs. 1 GWB). Sachlich zuständig sind in erster Instanz ausschließlich die **Landgerichte,** und zwar unabhängig vom Wert des Streitgegenstands (§ 87 GWB).[154] 89

V. Darlegungs- und Beweislast

Die Darlegungs- und Beweislast richtet sich nach **zivilrechtlichen Grundsätzen.** Danach hat der Kläger als Anspruchsteller alle Umstände darzulegen und – soweit streitig – zu beweisen, aus denen sich ergibt, dass die anspruchsbegründenden Voraussetzungen vorliegen. Im Falle des § 181 S. 1 GWB betrifft das den Schutznormverstoß, das Bestehen einer echten Chance, die Beeinträchtigung und Kausalität, sowie den Schaden samt Kausalität. Eine Beweiserleichterung für den Kläger kann sich allerdings aus § 179 Abs. 1 GWB ergeben, wenn eine bestandskräftige Entscheidung einer Vergabekammer, eines Vergabesenats oder des BGH vorliegt, soweit darin Feststellungen zum Verstoß gegen die Vergabevorschriften getroffen wurden, die Grundlage des Schadensersatzprozesses nach § 181 GWB sind.[155] Dem Kläger können darüber hinaus die Grundsätze der sogenannten sekundären Darlegungslast[156] zugutekommen. Danach trifft den öffentlichen Auftraggeber als Beklagten die Pflicht, die zugrunde gelegten Wertungskriterien, sofern sie nicht in der Vergabebekanntmachung oder in den Vergabeunterlagen mitgeteilt worden sind, sowie ggf. deren Gewichtung vorzutragen und ggf. substantiiert darzulegen, warum es nicht innerhalb seines Beurteilungsspielraums gelegen hätte, den Zuschlag auf das Angebot des Anspruchstellers zu erteilen. Der beklagte öffentliche Auftraggeber hat nach allgemeinen Beweislastregeln darüber hinaus die Umstände darzulegen und – soweit streitig – zu beweisen, die unter dem Gesichtspunkt eines rechtmäßigen Alternativverhaltens einer Zurechnung von Kosten entgegenstehen, den Vorwurf des Mitverschuldens begründen oder aus denen sich die Verjährung ergibt.[157] 90

D. Weitergehende Schadensersatzansprüche, § 181 S. 2 GWB

§ 181 S. 2 GWB stellt klar, dass weiterreichende Ansprüche auf Schadensersatz unberührt bleiben. Das betrifft insbesondere Anspruchsgrundlagen, die den **Ersatz für entgangenen** 91

---

[152] AllgM, vgl. nur Byok/Jaeger/*Franßen* GWB § 181 Rn. 36 mwN; Reidt/Stickler/Glahs/*Glahs* GWB § 181 Rn. 37.

[153] S. dort → Rn. 51.

[154] AllgM vgl. nur LG Bonn Urt. v. 24.6.2004 – 1 O 112/04, VergabeR 2004, 665; Reidt/Stickler/Glahs/*Glahs* GWB § 181 Rn. 11; Willenbruch/Wieddekind/*Scharen* GWB § 181 Rn. 27.

[155] Willenbruch/Wieddekind/*Scharen* GWB § 181 Rn. 27 mwN.

[156] BGH Urt. v. 7.12.1998 – II ZR 266/97, NJW 1999, 579 = BGHZ 140, 156 (158f.).

[157] Vgl. nur Willenbruch/Wieddekind/*Scharen* GWB § 181 Rn. 27 mwN.

Gewinn umfassen. Diese Anspruchsgrundlagen sind neben dem Schadensersatzanspruch nach § 181 S. 1 GWB anwendbar und werden auch inhaltlich durch die besonderen Anspruchsvoraussetzungen jener Vorschrift nicht beschränkt. Nach der Rechtsprechung des BGH können neben § 181 S. 1 GWB aber auch andere Ansprüche auf **Ersatz des Vertrauensschadens** bestehen; eine wie auch immer zu verstehende Exklusivität des § 181 S. 1 GWB für Ansprüche auf Ersatz des Vertrauensschadens sei der Regelung nicht zu entnehmen.[158]

92 Als sonstige Schadensersatzansprüche, die neben § 181 S. 1 GWB geltend gemacht werden können, kommen insbesondere Ansprüche aus culpa in contrahendo nach §§ 311 Abs. 2, 241 Abs. 2, 280 Abs. 1 BGB, aber auch deliktische Ansprüche (§§ 823ff. BGB) sowie kartellrechtliche oder wettbewerbsrechtliche Schadensersatzansprüche in Betracht.[159]

I. Vertragsähnliche Ansprüche aus culpa in contrahendo gemäß §§ 311 Abs. 2, 241 Abs. 2, 280 Abs. 1 BGB

93 Mit der Schuldrechtsreform zum 1.1.2002 hat der Gesetzgeber das bis dahin als Gewohnheitsrecht anerkannte Rechtsinstitut der culpa in contrahendo gesetzlich in §§ 311 Abs. 2 und 3, 241 Abs. 2 und 280 Abs. 1 BGB normiert. Nach diesen Vorschriften können Schadensersatzansprüche geltend gemacht werden, wenn der Auftraggeber im Rahmen eines Vergabeverfahrens gegen Vergabevorschriften verstößt. Danach muss der Unternehmer so gestellt werden, wie er stünde, wenn der Vergaberechtsverstoß nicht stattgefunden hätte. Dieser Anspruchsgrundlage kommt in der Praxis große Bedeutung zu, da sie neben dem Ersatz des negativen Interesses auch den **Ersatz des positiven Interesses** mit umfasst. Außerdem führt neuere **Rechtsprechung** des EuGH zur verschuldensunabhängigen Haftung öffentlicher Auftraggeber für Vergaberechtsverstöße[160] sowie des BGH zum Wegfall des Vertrauenserfordernisses im Rahmen der culpa in contrahendo[161] zu deutlichen **Erleichterungen für Bieter bei der Geltendmachung** von Schadensersatzansprüchen aus culpa in contrahendo.

1. Anspruchsvoraussetzungen

94 **a) Vorvertragliches Schuldverhältnis.** Gemäß § 311 Abs. 2 BGB entsteht ein Schuldverhältnis, das Pflichten nach § 241 Abs. 2 BGB, also zur Rücksichtnahme auf die Rechte, Rechtsgüter und Interessen des anderen Teils, begründet, durch die Aufnahme von Vertragsverhandlungen, die Anbahnung eines Vertrags oder ähnliche geschäftliche Kontakte. Ein solches vorvertragliches Schuldverhältnis entsteht nach ständiger Rechtsprechung des BGH bei der Durchführung eines Vergabeverfahrens und Beteiligung des Bewerbers bzw. Bieters an diesem Verfahren. Denn nach Ansicht des BGH handelt es sich – in je nach Verfahrensart mehr oder minder stark formalisierter Form – bei der Durchführung eines Verfahrens zur Vergabe öffentlicher Aufträge um die Aufnahme von Vertragsverhandlungen im Sinne des § 311 Abs. 2 Nr. 1 BGB.[162]

95 Der genaue **Zeitpunkt des Entstehens** eines vorvertraglichen Schuldverhältnisses hängt von der konkreten Art des Vergabeverfahrens ab, das der öffentliche Auftraggeber durchführt. Im offenen Verfahren entsteht ein solches Schuldverhältnis spätestens mit der Anforderung bzw. bei e-Vergaben durch den Abruf der Vergabeunterlagen durch den Be-

[158] BGH Urt. v. 27.11.2007 – X ZR 18/07, WRP 2008, 370 (374).

[159] Zu den Konkurrenzen vgl. auch Willenbruch/Wieddekind/*Scharen* GWB § 181 Rn. 29.

[160] EuGH Urt. v. 30.9.2010 – C-314/09, NZBau 2010, 773 – Stadt Graz.

[161] BGH Urt. v. 9.6.2011 – X ZR 143/10, NZBau 2011, 498.

[162] StRspr vgl. nur BGH Urt. v. 16.12.2003 – X ZR 282/02, NJW 2004, 2165; BGH Urt. v. 7.6.2007 – X ZR 34/04, NZBau 2007, 727 (729); BGH Urt. v. 10.9.2009 – VII ZR 152/08, NZBau 2009, 771 (775); BGH Urt. v. 9.6.2011 – X ZR 143/10, NZBau 2011, 498 (499); BGH Urt. v. 16.11.1967 – III ZR 12/67, NJW 1968, 547 = BGHZ 49, 79; BGH Urt. v. 22.2.1973 – VII ZR 119/71, BGHZ 60, 223 = NJW 1973, 752.

werber.[163] Teilweise wird mit Blick auf BGH-Rechtsprechung, wonach bereits in einseitigen Maßnahmen eines Vertragsteils, die den anderen zu einem Vertragsschluss veranlassen sollen, eine Aufnahme von Vertragsverhandlungen liegen soll,[164] die Auffassung vertreten, das Schuldverhältnis entstehe bei offenen Verfahren bereits mit der Veröffentlichung der Auftragsbekanntmachung.[165] Bei nicht offenen Verfahren und Verhandlungsverfahren mit vorausgehendem Teilnahmewettbewerb entsteht das Schuldverhältnis mit der Beteiligung des Bewerbers im Teilnahmewettbewerb, in der Regel durch Abgabe eines Teilnahmeantrags.[166] In Verfahren ohne vorherigen Teilnahmewettbewerb wird ein Schuldverhältnis durch die Übersendung der Angebotsaufforderung des öffentlichen Auftraggebers an den Bewerber begründet.

Bei **de facto-Vergaben** fehlt es demgegenüber regelmäßig an jeglichem Kontakt zwi- 96
schen dem öffentlichen Auftraggeber und möglichen Interessenten (abgesehen von dem Unternehmen, mit dem der Vertrag geschlossen wird). Ansprüche aus §§ 311 Abs. 2, 241 Abs. 2, 280 Abs. 1 BGB scheiden mangels vorvertraglichen Schuldverhältnisses in diesen Fällen daher aus.[167]

In der Regel entsteht das vorvertragliche Schuldverhältnis zwischen dem öffentlichen 97
Auftraggeber als **Anspruchsgegner** und dem Bewerber/Bieter als **Anspruchsberechtigtem.** § 311 Abs. 3 BGB erweitert den Kreis der in ein Schuldverhältnis mit Rücksichtnahmepflichten Einbezogenen um bestimmte **weitere Personen.** Danach kann ein Schuldverhältnis mit Pflichten nach § 241 Abs. 2 BGB auch zu Personen entstehen, die nicht selbst Vertragspartei werden sollen. Ein solches Schuldverhältnis entsteht insbesondere, wenn der Dritte in besonderem Maße Vertrauen für sich in Anspruch nimmt und dadurch die Vertragsverhandlungen oder den Vertragsschluss erheblich beeinflusst. Danach können auch natürliche oder juristische Personen **Anspruchsgegner** sein, die nicht selbst Vertragspartei werden sollen, also nicht der öffentliche Auftraggeber sind.[168] Das besondere Vertrauen, das für eine derartige Eigenhaftung Dritter notwendig ist, kann entweder in der besonderen Sachkunde des Betreffenden für den Vertragsgegenstand, in dessen persönlicher Zuverlässigkeit oder in dessen eigener Einflussmöglichkeit auf die Vertragsabwicklung bestehen. Eine Dritthaftung tritt darüber hinaus ein, wenn der Betreffende wirtschaftlich betrachtet gleichsam in eigener Sache bei dem Beschaffungsvorgang so mitgewirkt hat, dass er als wirtschaftlicher Herr des Geschehens angesehen werden kann; das betrifft Fälle, in denen der Dritte die Deckung des Bedarfs eines Anderen wie ein eigenes Geschäft führt oder gegenüber der anderen Partei sonst in einer Weise aufgetreten ist, die seine Gleichstellung mit dem künftigen Vertragspartner rechtfertigt. Das OLG Dresden hat einen öffentlichen Auftraggeber als richtigen Beklagten angesehen, obwohl der ausgeschriebene Auftrag im Namen eines Dritten mit dem ausgewählten Bieter abgeschlossen worden ist, weil er die Bauleistungen ausgeschrieben, sich als Adressaten der abzugebenden Angebote bezeichnet und einen Vertragsschluss in eigenem Namen angekündigt hatte und der Dritte dem Beklagten intern für die Beschaffung einzustehen hatte.[169] Ein bloßes mittelbares Eigeninteresse genügt dagegen nicht. Die Aussicht auf ein Entgelt, das ein im Rahmen eines Vergabeverfahrens beteiligter Architekt oder sonstiger Berater erwarten kann, oder das allgemeine Interesse am Erfolg der Gesellschaft, das das Handeln deren Geschäftsführers, Vorstands oder Gesellschafters leitet, genügt für sich genommen

---

[163] BGH Urt. v. 7.6.2005 – X ZR 19/02, NZBau 2005, 709; BGHZ 139, 259 (260); Ziekow/Völlink/*Losch* GWB § 181 Rn. 53; aA: Erst mit Angebotsabgabe, *Horn/Graef* NZBau 2005, 505 (506).

[164] Palandt/*Grüneberg* BGB § 311 Rn. 22 mwN.

[165] KKPP/*Verfürth* GWB § 181 Rn. 52.

[166] OLG Düsseldorf Urt. v. 15.12.2008 – I-27 U 1/07, VergabeR 2009, 501 (503).

[167] KG Urt. v. 27.11.2003 – 2 U 174/02, VergabeR 2004, 490 (491); *Horn/Graef* NZBau 2005, 505 (507); KKPP/*Verfürth* GWB § 181 Rn. 55.

[168] Willenbruch/Wieddekind/*Scharen* GWB § 181 Rn. 37 mwN.

[169] OLG Dresden Urt. v. 27.1.2006 – 20 U 1873/05, ZfBR 2006, 381.

nicht zur Anwendung von § 311 Abs. 3 BGB. Ebenso wenig kommen daher in der Regel normale Angestellte oder Mitarbeiter der Vergabestelle als Verpflichtete in Betracht.[170]

98 **b) Kein zusätzliches Vertrauenselement mehr.** Nach der früheren Rechtsprechung des BGH setzte der aus Verschulden bei Vertragsanbahnung hergeleitete Schadensersatzanspruch ein zusätzliches Vertrauenselement auf Seiten des Schadensersatz verlangenden Bieters voraus.[171] Hintergrund war die hergebrachte Auffassung, dass die Schadensersatzverpflichtung des Auftraggebers aus culpa in contrahendo auf dem schutzwürdigen Vertrauen der Bewerber bzw. Bieter, das Vergabeverfahren werde nach den einschlägigen Vorschriften des Vergaberechts abgewickelt, beruhe und dass der Wettbewerbsteilnehmer daher grundsätzlich nur insoweit geschützt werde, als sein Interesse auch schutzwürdig ist.[172]

99 An einem derartigen Vertrauenstatbestand fehlte es nach der früheren Rechtsprechung, wenn dem Bieter bekannt war oder er hätte erkennen können, dass die Ausschreibung fehlerhaft ist.[173] Insbesondere in Fällen, in denen der Bieter Vergaberechtsfehler (beispielsweise eine nicht ordnungsgemäße Leistungsbeschreibung) gerügt, dann aber doch ein Angebot abgegeben hatte, schieden Ersatzansprüche aus culpa in contrahendo daher aus. Denn erkannte der Bieter, dass die Leistung nicht ordnungsgemäß ausgeschrieben war, so handelte er nach früherer Rechtsprechung bei der Abgabe des Angebots nicht im Vertrauen darauf, dass das Vergabeverfahren insoweit nach den einschlägigen Vorschriften des Vergaberechts abgewickelt werden kann. Ein etwaiges Vertrauen darauf, dass sein Angebot gleichwohl Berücksichtigung finden könnte, wurde als nicht schutzwürdig angesehen.[174] Diese Rechtsprechung knüpfte daran an, dass die auf die gewohnheitsrechtlich anerkannte Rechtsfigur der culpa in contrahendo gestützte Haftung im Allgemeinen die Gewährung von in Anspruch genommenem Vertrauen voraussetzte.[175]

100 Diese **Rechtsprechung** hat der BGH mit Urt. v. 9.6.2011[176] **aufgegeben.** Der BGH stellt in diesem Urteil ausdrücklich fest, dass er an dem tatbestandlichen Erfordernis eines solchen **zusätzlichen Vertrauenselements** für Schadensersatzansprüche, die auf ein vergaberechtliches Fehlverhalten des öffentlichen Auftraggebers vor Vertragsschluss gestützt sind, **nicht festhält.**[177] Der BGH begründet dies überzeugend mit dem Wortlaut der gesetzlichen Regelung der culpa in contrahendo in §§ 311 Abs. 2 Nr. 1, 241 Abs. 2, 280 Abs. 1 BGB, der nur an die Verletzung einer aus dem Schuldverhältnis herrührenden Rücksichtnahmepflicht der Beteiligten anknüpft. Dafür, dass dem Gläubiger nur dann Schadensersatz zustehen soll, wenn er bei der Verletzung einer solchen Rücksichtnahmepflicht zusätzlich gewährtes Vertrauen in Anspruch genommen hat, ist der gesetzlichen Regelung nichts zu entnehmen. Auch sieht der BGH keinen Anlass, für das Recht der öffentlichen Auftragsvergabe das Vertrauen des Bieters etwa als ungeschriebenes Tatbestandsmerkmal weiter zu fordern. Denn dieses Rechtsgebiet ist durch die Besonderheit gekennzeichnet, dass der Ablauf der Vertragsverhandlungen und die dem Auftraggeber dabei auferlegten Verhaltenspflichten eingehend geregelt sind. Oberhalb der gemäß § 106 GWB (früher: § 2 VgV 2003) vorgesehenen Schwellenwerte gelten die Bestimmungen des Vierten Teils des GWB, der Vergabeverordnung bzw. der SektV, VSVgV oder KonzVgV sowie der Vergabe- und Vertragsordnungen für Bauleistungen, und für Vergabeverfahren unter-

[170] Willenbruch/Wieddekind/*Scharen* GWB § 181 Rn. 37 mwN; Palandt/*Grüneberg* BGB § 311 Rn. 60ff. mwN.

[171] Vgl. nur BGH Urt. v. 8.9.1998 – X ZR 99/96, BGHZ 139, 280 (283); BGH Urt. v. 27.11.2007 – X ZR 18/07, WRP 2008, 370 (374).

[172] Vgl. nur Ziekow/Völlink/*Losch* GWB § 181 Rn. 55f.; *Ax/Schneider,* Rechtsschutz bei der öffentlichen Auftragsvergabe, S. 164f.; alle mwN zur früheren Rechtsprechung.

[173] BGH Urt. v. 27.6.2007 – X ZR 34/04, NZBau 2007, 727 (729) mwN.

[174] BGH Urt. v. 1.8.2006 – X ZR 146/03, WRP 2006, 1531 (1533).

[175] Vgl. Palandt/*Heinrichs*, 61. Aufl. 2002, BGB § 276 aF Rn. 65f.

[176] BGH Urt. v. 9.6.2011 – X ZR 143/10, NZBau 2011, 498.

[177] BGH Urt. v. 9.6.2011 – X ZR 143/10, NZBau 2011, 498 (500); zuvor bereits kritisch zu dem Vertrauenselement *Gröning* VergabeR 2009, 839 (841ff.) und VergabeR 2010, 762 (763).

halb dieser Schwellenwerte sind die Vorschriften der Vergabe- oder Vertragsordnungen für Bauleistungen und Leistungen einschlägig, sofern der Auftraggeber ankündigt, die Vergabe auf der Grundlage dieser Vorschriften durchzuführen. Im Geltungsbereich des Vierten Teils des GWB haben die Unternehmen aber Anspruch darauf, dass der Auftraggeber die Bestimmungen über das Vergabeverfahren einhält (§ 97 Abs. 6 GWB). An die daraus resultierenden Verhaltenspflichten knüpfen die Rücksichtnahmepflichten nach § 241 Abs. 2 BGB unmittelbar an. Der Inanspruchnahme besonderen Vertrauens als eines Tatbestands, an dessen Erfüllung die Haftung wegen Verschuldens bei Vertragsanbahnung überhaupt erst festgemacht werden könnte, bedarf es deshalb nicht.[178]

c) Pflichtverletzung. Voraussetzung eines Schadensersatzanspruchs aus culpa in contrahendo ist eine objektive Pflichtverletzung des Auftraggebers. Gemäß § 241 Abs. 2 BGB ergeben sich aus einem Schuldverhältnis insbesondere die Pflicht zur Rücksichtnahme auf die Rechtsgüter und Vermögensinteressen des potentiellen Vertragspartners sowie die Pflicht zur gegenseitigen Loyalität.[179] Verstöße gegen derartige **allgemeine Rücksichtnahmepflichten** können auch in Vergabeverfahren zu Schadensersatzansprüchen führen. So kann das vorvertragliche Schuldverhältnis bei einer Ausschreibung beispielsweise gebieten, den Bieter auf für diesen nicht erkennbare Umstände hinzuweisen, die – wie die Rüge von Vergaberechtsverstößen durch einen Mitbewerber – die Erteilung des Zuschlags und damit die erfolgreiche Teilnahme des Bieters am Vergabeverfahren in Frage stellen können. Bei Verletzung solcher Aufklärungspflichten kann ein Anspruch auf Ersatz der für die Teilnahme am Vergabeverfahren verbundenen Aufwendungen bestehen, wenn der Bieter in Kenntnis des Sachverhalts die Aufwendungen nicht getätigt hatte.[180] 101

Im Rahmen formalisierter Vergabeverfahren hat der öffentliche Auftraggeber darüber hinaus aber **spezielle vergaberechtliche Verhaltenspflichten,** die sich aus den einschlägigen vergaberechtlichen Regelungen der §§ 97ff. GWB, der VgV, der VOB/A, der KonzVgV, der SektVO oder der VSVgV ergeben. Nach § 97 Abs. 6 GWB haben die Unternehmen Anspruch darauf, dass der öffentliche Auftraggeber die Bestimmungen über das Vergabeverfahren einhält. An die daraus resultierenden Verhaltenspflichten knüpfen die Rücksichtnahmepflichten aus § 241 Abs. 2 BGB an.[181] Für die Frage, welche Rechtsverstöße im Einzelnen eine Pflichtverletzung im Sinne des § 241 Abs. 2 BGB darstellen können, ist – wie im Rahmen der Haftung nach § 181 S. 1 GWB – darauf abzustellen, ob es um die Verletzung einer unternehmensschützenden Norm geht.[182] 102

d) Verschulden? Gemäß § 280 Abs. 1 S. 2 BGB entsteht eine Schadensersatzpflicht nicht, wenn der Schuldner die Pflichtverletzung nicht zu vertreten hat. **Früher** war daher soweit ersichtlich unstreitig, dass der Schadensersatzanspruch aus § 311 Abs. 2, 241 Abs. 2, 280 Abs. 1 BGB voraussetzte, dass die Vergabestelle **schuldhaft pflichtwidrig** handelte. Es griff lediglich die Beweislastumkehr des § 280 Abs. 1 S. 2 BGB. Abgestellt wurde auf den Haftungsmaßstab des § 276 BGB, wonach der Schuldner für Vorsatz und Fahrlässigkeit haftet. Dabei war ihm das Verschulden seiner Erfüllungsgehilfen nach § 278 BGB, das Verhalten seiner Organe nach §§ 89 Abs. 1, 31 BGB zuzurechnen.[183] 103

Angesichts eines **Urteils des EuGH vom 30.9.2010**[184] wird an dem Verschuldenserfordernis – jedenfalls im Anwendungsbereich des Kartellvergaberechts – jedoch **nicht län-** 104

[178] BGH Urt. v. 9.6.2011 – X ZR 143/10, NZBau 2011, 498 (500); so auch OLG Hamm Urt. v. 6.8.2015 – 17 U 130/12, IBRRS 2015, 3194.
[179] Palandt/*Grüneberg* BGB § 241 Rn. 6ff. mwN.
[180] BGH Urt. v. 27.6.2007 – X ZR 34/04, NZBau 2007, 727; näher zur Frage der Kausalität → Rn. 108ff.
[181] BGH Urt. v. 9.6.2011 – X ZR 143/10, NZBau 2011, 498 (500).
[182] So auch Ziekow/Völlink/*Losch* GWB § 181 Rn. 58; s. dazu iE → Rn. 60ff.
[183] Ziekow/Völlink/*Losch* GWB § 181 Rn. 59 mwN; Reidt/Stickler/Glahs/*Glahs* GWB § 181 Rn. 52 mwN.
[184] EuGH Urt. v. 30.9.2010 – C-314/09, NZBau 2010, 773 – Stadt Graz.

ger festgehalten werden können.[185] Höchstrichterlich ist diese äußerst umstrittene Frage allerdings nicht entschieden.[186]

105 Der EuGH hat mit Urt. v. 30.9.2010 in einem Vorabentscheidungsverfahren des Österreichischen Obersten Gerichtshofs entschieden, dass die Richtlinie 89/665/EWG in der durch die Richtlinie 92/50/EWG geänderten Fassung dahin auszulegen ist, dass sie einer nationalen Regelung, die den Schadensersatzanspruch wegen Verstoßes eines öffentlichen Auftraggebers gegen Vergaberecht von der Schuldhaftigkeit des Verstoßes abhängig macht, auch dann entgegensteht, wenn bei der Anwendung dieser Regelung ein Verschulden des öffentlichen Auftraggebers vermutet wird und er sich nicht auf das Fehlen individueller Fähigkeiten und damit auf mangelnde subjektive Vorwerfbarkeit des behaupteten Verstoßes berufen kann. Die für diese Entscheidung des EuGH maßgeblichen Vorschriften der Richtlinie 89/665/EWG wurden seitdem nicht geändert. Nach Art. 2 Abs. 1 lit. c der Richtlinie 89/665/EWG stellen die Mitgliedstaaten sicher, dass für die in Art. 1 dieser Richtlinie genannten Nachprüfungsverfahren die erforderlichen Befugnisse vorgesehen werden, damit denjenigen, die durch den Rechtsverstoß geschädigt worden sind, Schadensersatz zuerkannt werden kann. Der EuGH anerkennt zwar, dass die Richtlinie 89/665/EWG insoweit nur die Mindestvoraussetzungen für die Gewährung von Rechtsschutz festlegt und dass es demnach Sache jedes Mitgliedsstaates ist, in seiner nationalen Rechtsordnung die Maßnahmen zu bestimmen, die erforderlich sind, um sicherzustellen, dass denjenigen, die durch einen Verstoß gegen Vergaberecht geschädigt worden sind, im Nachprüfungsverfahren wirksam Schadensersatz zuerkannt werden kann. Die Umsetzung dieser Richtlinienvorschrift fällt demnach grundsätzlich in die Verfahrensautonomie der Mitgliedstaaten.[187] Allerdings prüft der EuGH weiter, ob diese Richtlinienbestimmung in ihrer Auslegung unter Berücksichtigung des allgemeinen Regelungszusammenhangs und des allgemeinen Zwecks, in deren Rahmen die Rechtsschutzmöglichkeit zur Erlangung von Schadensersatz vorgesehen ist, einer nationalen Vorschrift entgegensteht, die die Zuerkennung von Schadensersatz davon abhängig macht, dass der Verstoß des öffentlichen Auftraggebers gegen das Vergaberecht schuldhaft war. Der EuGH weist darauf hin, dass der Wortlaut der Richtlinienvorschrift keinen Hinweis darauf enthält, dass der zum Schadensersatz verpflichtende Verstoß gegen Vergabevorschriften besondere Merkmale aufweisen müsste, wie zB dass er mit einem erwiesenen oder vermuteten Verschulden des öffentlichen Auftraggebers verknüpft ist. Diese Feststellungen sieht der EuGH auch durch den Regelungszusammenhang und Zweck der in der Richtlinie 89/665/EWG vorgesehenen Rechtsschutzmöglichkeit zur Erlangung von Schadensersatz bestätigt. In Anbetracht der Möglichkeit der Mitgliedstaaten, für die Gewährung von Primärrechtsschutz Ausschlussfristen und nach dem Vertragsschluss nur noch Sekundärrechtsansprüche vorzusehen, leitet er aus dem **Effektivitätsgrundsatz** ab, dass Rechtsschutzmöglichkeiten zur Erlangung von Schadensersatz nur dann eine verfahrensmäßige Alternative zur Primärrechtsschutzgewährung darstellen, wenn sie – genauso wenig wie die anderen in Art. 2 Abs. 1 der Richtlinie vorgesehenen Rechtsschutzmöglichkeiten – davon abhängig sind, dass ein Verschulden des öffentlichen Auftraggebers festgestellt wird. Daher ist nach Auffassung des EuGH auch unerheblich, wenn nach nationalem Recht der öffentliche Auftraggeber die zu seinen Lasten bestehende Verschuldensvermutung zu widerlegen hat und dabei die Gründe, auf die er sich dafür berufen kann, beschränkt sind.[188]

[185] So auch Burgi/Dreher/*Antweiler*, BeckVergabeR, 3. Aufl. 2017, § 181 Rn. 38; Byok/Jaeger/*Franßen* GWB § 181 Rn. 63ff.; *Gabriel/Schulz* EWS 2011, 449 (450); *Kau/Hänsel* NJW 2011, 1914 (1917); wohl auch OLG Stuttgart Urt. v. 27.2.2018 – 10 U 98/17, BauR 2018, 1732; Palandt/*Grüneberg* BGB § 311 Rn. 36; *Bitterich* JZ 2012, 316 (320); aA OLG Köln Urt. v. 21.12.2016 – 17 U 42/15, ZfBR 2017, 620 (allerdings für eine Unterschwellenvergabe); KKPP/*Verfürth* GWB § 181 Rn. 69ff.; *Pünder/Schellenberg*, Vergaberecht, 3. Aufl. 2019, GWB § 181 Rn. 72; wohl auch Ziekow/Völlink/*Losch* GWB § 181 Rn. 59; *Prieß/Hölzl* NZBau 2011, 21 (23).

[186] Ausdrücklich offengelassen in BGH Urt. v. 9.6.2011 – X ZR 143/10, NZBau 2011, 498 (500).

[187] EuGH Urt. v. 30.9.2010 – C-314/09, NZBau 2010, 773 (775) Rn. 33f. – Stadt Graz.

[188] EuGH Urt. v. 30.9.2010 – C-314/09, NZBau 2010, 773 (776) Rn. 35ff. – Stadt Graz.

Diese Erwägungen des EuGH sind **auf die deutsche Rechtslage übertragbar.** Man könnte sich allenfalls die Frage stellen, ob in der Bundesrepublik Deutschland eine ausreichende Umsetzung des Art. 2 Abs. 1 lit. c der Richtlinie 89/665/EWG (in der Fassung der RL 2014/23/EU) bereits durch die Gewährung des verschuldensunabhängigen Schadensersatzanspruchs nach § 181 S. 1 GWB stattgefunden hat, so dass die weitergehenden Schadensersatzansprüche aus §§ 311 Abs. 2, 241 Abs. 2, 280 Abs. 1 BGB weiterhin verschuldensabhängig ausgestaltet sein dürften.[189] Das überzeugt allerdings letztlich nicht. Denn der Schadensersatzanspruch aus § 181 S. 1 GWB ist auf den Ersatz des negativen Interesses beschränkt. In § 181 S. 2 GWB hat der deutsche Gesetzgeber daher bereits ausdrücklich die Klarstellung aufgenommen, dass weiterreichende Schadensersatzansprüche unberührt bleiben. Auch diese dienen damit der Umsetzung der Richtlinienvorgabe über die Gewährleistung von Schadensersatzansprüchen, die unter Beachtung der Grundsätze der Gleichwertigkeit und Effektivität im nationalen Recht umzusetzen sind. Dem Gleichwertigkeitsgrundsatz wäre durch eine verschuldensabhängige Ausgestaltung des Schadensersatzanspruches, wie er auch in übrigen Anwendungsbereichen der culpa in contrahendo eingreift, sicher Genüge getan. Leitet der EuGH nun aber aus dem Effektivitätsgrundsatz ab, dass für den Bereich der Zuerkennung von Schadensersatz für Vergaberechtsverstöße eine verschuldensunabhängige Anspruchsgrundlage geschaffen werden muss, so ist das auf das deutsche Recht übertragbar. Dass nach § 280 Abs. 1 S. 2 BGB das Verschulden des öffentlichen Auftraggebers vermutet wird und im Rahmen von § 276 BGB ein objektiver Sorgfaltsmaßstab gilt, lässt der EuGH ausdrücklich nicht genügen. 106

Eine **richtlinienkonforme Auslegung** der §§ 311 Abs. 2, 241 Abs. 2, 280 Abs. 1 BGB ergibt demnach, dass – im Anwendungsbereich des Kartellvergaberechts – das Verschuldenserfordernis des § 280 Abs. 1 S. 2 BGB keine Anwendung findet. Für Unterschwellenvergaben oder andere Vergaben, die nicht dem Anwendungsbereich der EU-Rechtsmittelrichtlinien unterfallen, gibt es demgegenüber keinen Anlass für eine richtlinienkonforme Auslegung, so dass es insoweit bei der bisherigen Rechtslage, wonach Ansprüche aus §§ 311 Abs. 2, 241 Abs. 2, 280 Abs. 1 BGB Verschulden voraussetzen, bleibt. 107

e) Schaden und Kausalität. Weitere Voraussetzung eines Schadensersatzanspruchs nach §§ 311 Abs. 2, 241 Abs. 2, 280 Abs. 1 BGB ist, dass dem Anspruchsteller aus der Pflichtverletzung ein Schaden entstanden ist. Grundsätzlich kommt danach der Ersatz des negativen Interesses, also des Vertrauensschadens, aber auch des positiven Interesses, also des entgangenen Gewinns, in Betracht. 108

Voraussetzung für den **Ersatz des positiven Interesses** ist aber, dass der Anspruchsteller darlegen und beweisen kann, dass er den Auftrag bei rechtmäßigem Verlauf des Vergabeverfahrens hätte erhalten müssen, und dass der ausgeschriebene bzw. ein diesem wirtschaftlich gleichzusetzender Auftrag auch tatsächlich erteilt worden ist. Die zweite Voraussetzung ergibt sich daraus, dass es keinen Anspruch auf Zuschlagserteilung gibt.[190] 109

Auch beim **negativen Interesse** kommt im Wesentlichen derjenige als Anspruchsteller in Betracht, der den Auftrag ohne den Vergaberechtsverstoß hätte erhalten müssen. Denn bei nachrangigen Bietern fehlt es in der Regel an der Kausalität zwischen dem Vergaberechtsverstoß und dem Schaden, nämlich den Kosten für die Teilnahme an dem Vergabeverfahren, da diese Bieter auch ohne den Vergaberechtsverstoß den Zuschlag nicht erhal- 110

[189] So wohl OLG Köln Urt. v. 21.12.2016 – 17 U 42/15, ZfBR 2017, 620; KKPP/*Verfürth* GWB § 181 Rn. 72; *Pünder/Schellenberg*, Vergaberecht, 3. Aufl. 2019, GWB § 181 Rn. 72.

[190] StRspr, vgl. nur BGH Urt. v. 15.1.2013 – X ZR 155/10, VergabeR 2013, 434; BGH Urt. v. 20.11. 2012 – X ZR 108/10, VergabeR 2013, 208 (210) Rn. 16 mwN; BGH Urt. v. 8.9.1998 – X ZR 48/97, BGHZ 139, 259; BGH Urt. v. 5.11.2002 – X ZR 232/00, VergabeR 2003, 163; OLG Frankfurt a.M. Urt. v. 30.5.2018 – 11 U 18/16, BeckRS 2018, 48515; OLG Schleswig Urt. v. 19.12.2017 – 3 U 15/ 17, NZBau 2018, 431; OLG Saarbrücken Urt. v. 24.2.2016 – 1 U 60/15, ZfBR 2016, 622; OLG Naumburg Urt. v. 27.11.2014 – 2 U 153/13, BauR 2015, 1030; OLG Köln Urt. v. 23.7.2014 – 11 U 104/13, BauR 2015, 318.

ten hätten und daher ihre Kosten nicht hätten amortisieren können. Eine Ausnahme von dem Grundsatz, dass nicht nur der auf das Erfüllungsinteresse, sondern auch der auf das negative Interesse gerichtete Schadensersatzanspruch nur dem Bieter zusteht, der bei regulärem Verlauf des Vergabeverfahrens den Zuschlag hätte bekommen müssen, greift aber dann ein, wenn der Bieter darlegen kann, dass er ohne Vertrauen auf die Rechtmäßigkeit der Ausschreibung kein Angebot oder ein anderes Angebot abgegeben hätte und dadurch Aufwendungen erspart hätte. Das betrifft insbesondere die Fälle der ungerechtfertigten Aufhebung des Vergabeverfahrens.[191] Dasselbe gilt in Fällen, in denen der Auftraggeber eine allgemeine schuldrechtliche, also nicht spezifisch vergaberechtliche Hinweispflicht, etwa die Pflicht zur Information der am Vergabeverfahren beteiligten Bieter über eine Rüge, die zur Aufhebung des Verfahrens führen kann, verletzt hat.[192] In diesen Fällen kommt dann eine Mehrheit von Anspruchstellern in Betracht. Häufig wird es einem Bieter allerdings schwerfallen, schlüssig darzulegen und zu beweisen, dass er von der Teilnahme an dem Vergabeverfahren abgesehen hätte und kein oder ein anderes Angebot, das geringere Kosten ausgelöst hätte, abgegeben hätte, wenn und nur weil er einen bestimmten Fehler erkennt. Insbesondere in Fällen einer unterbliebenen europaweiten Ausschreibung liegt es nämlich häufig näher anzunehmen, dass der Bieter auch im Falle der Kenntnis des Vergaberechtsverstoßes die Vorteile des nur geringeren nationalen Wettbewerbs genutzt und trotzdem ein Angebot abgegeben hätte.[193]

111 Der **Umfang des erstattungsfähigen Schadens** ist anhand des Schutzzwecks des § 241 Abs. 2 BGB zu bestimmen. Im Falle der Erstattung des negativen Interesses zählen dazu alle Kosten, die mit der Teilnahme an Vergabeverfahren und insbesondere der Angebotserstellung verbunden sind.[194] Dazu können auch Rechtsanwaltskosten für die Prüfung der Vergabeunterlagen gehören.[195] Maßgeblich ist insoweit, dass der Bieter aufgrund der objektiv gegebenen Vergaberechtswidrigkeit der Vergabeunterlagen, etwa wegen der Festlegung unzulässiger Wertungskriterien, Anlass hatte, anwaltliche Hilfe in Anspruch zu nehmen. Unerheblich ist, dass der Bieter sich der Vergaberechtswidrigkeit der Vergabeunterlagen bei Beauftragung des Rechtsanwalts regelmäßig nicht sicher sein wird, sondern diesbezüglich erfahrungsgemäß allenfalls Zweifel hegen wird.[196] Die Erstattungsfähigkeit von Rechtsanwaltskosten setzt grundsätzlich auch keine irgendwie geartete Mahnung des Gläubigers bzw. eigene Rüge gegenüber dem Auftraggeber vor Einschaltung des Rechtsanwalts voraus. Etwas anderes kann möglicherweise in Konstellationen gelten, in denen Vergaberechtsverstöße für den Bieter im Sinne von § 160 Abs. 3 Nrn. 2 und 3 GWB erkennbar sind.[197] In solchen Fällen dürfte den Bietern jedenfalls Mitverschulden nach § 254 BGB vorgeworfen werden können.

112 **f) Rechtmäßiges Alternativverhalten.** Grundsätzlich kann sich der öffentliche Auftraggeber gegenüber dem Schadensersatzanspruch darauf berufen, die fraglichen Kosten wären auch entstanden, wenn er sich vergaberechtskonform verhalten hätte. Dazu zählt insbesondere der Einwand, dass die **Voraussetzungen für eine rechtmäßige Aufhebung** des Vergabeverfahrens vorgelegen hätten.[198]

[191] BGH Urt. v. 9.6.2011 – X ZR 143/10, NZBau 2011, 498 (500) mwN; BGH Urt. v. 19.6.2008 – 3 StR 490/07, VergabeR 2008, 219; OLG Naumburg Urt. v. 27.11.2014 – 2 U 153/13, BauR 2015, 1030; *Gröning* VergabeR 2010, 762 (767); *Horn/Graef* NZBau 2005, 505 (507).

[192] BGH Urt. v. 27.6.2007 – X ZR 34/04, NZBau 2007, 727 (730); *Gröning* VergabeR 2010, 762 (765).

[193] Vgl. BGH Urt. v. 27.11.2007 – X ZR 18/07, VergabeR 2008, 219.

[194] → Rn. 85 ff.

[195] BGH Urt. v. 9.6.2011 – X ZR 143/10, NZBau 2011, 498 (500).

[196] BGH Urt. v. 9.6.2011 – X ZR 143/10, NZBau 2011, 498 (500).

[197] BGH Urt. v. 9.6.2011 – X ZR 143/10, NZBau 2011, 498 (500).

[198] *Gröning* VergabeR 2010, 762 (767); *Kraus* VergabeR 2009, 512 (513); Ziekow/Völlink/*Losch* GWB § 181 Rn. 66.

113 Eine solche Berufung auf rechtmäßiges Alternativverhalten scheidet aber ausnahmsweise aus, wenn das mit dem Schutzzweck der verletzten Norm nicht vereinbar wäre.[199] Maßgeblich ist dabei der **Schutzzweck von § 241 Abs. 2 BGB.**[200] Danach scheidet eine Berufung auf rechtmäßiges Alternativverhalten jedenfalls dann aus, wenn die Vergabeunterlagen, etwa wegen der Festlegung unzulässiger Wertungskriterien, in der Weise fehlerhaft sind, dass eine vergaberechtskonforme Angebotswertung überhaupt nicht mehr möglich ist. Denn einem tatsächlich durchgeführten Vergabeverfahren, bei dem ein vergaberechtswidriges Wertungsschema verwendet worden ist, kann nicht im Wege einer fiktiven Alternativbetrachtung ein solches mit vergaberechtlich unbedenklichen Wertungskriterien gegenübergestellt und die hypothetische Prüfung daran angeschlossen werden, ob der Schaden auch in diesem Falle eingetreten wäre.[201] In Fällen der rechtswidrigen Aufhebung eines Vergabeverfahrens scheidet nach dem Schutzzweck des § 241 Abs. 2 BGB die Berufung des öffentlichen Auftraggebers darauf, alle Bieter, die nicht das wirtschaftlichste Angebot abgegeben haben, hätten ihre Aufwendungen zur Angebotserstellung auch dann verloren, wenn das Verfahren nicht aufgehoben worden wäre, ebenfalls aus.[202] Denn die nach § 241 Abs. 2 BGB vom öffentlichen Auftraggeber zu beachtende Rücksichtnahmepflicht besteht gerade darin, das Vergabeverfahren nur aufzuheben, wenn ein dafür anerkannter Grund vorliegt. Besteht diese Rücksichtnahmepflicht nach der Rechtsprechung des BGH aber gerade nicht nur gegenüber dem Bestbieter, sondern gegenüber allen betroffenen Bietern, kann er sich bei der gebotenen wertenden Betrachtung nicht darauf berufen, der Schaden wäre bei allen Bietern mit Ausnahme des potentiellen Ausschreibungsgewinners auch im Falle rechtmäßiger Verfahrensgestaltung eingetreten. Andernfalls könnte sich der Auftraggeber jeder Eigenverantwortung für sein vergaberechtliches Handeln entziehen.[203]

114 **g) Mitverschulden.** Der Ersatzanspruch kann durch Mitverschulden des Anspruchstellers gem. § 254 BGB gemindert sein oder sogar ganz entfallen. Es gelten hier die allgemeinen zivilrechtlichen Grundsätze.

115 Umstritten ist, ob eine Rügeobliegenheitsverletzung auch zu einem materiellen Anspruchsverlust oder zumindest zur Annahme von Mitverschulden führt. Teilweise wird ein materieller Anspruchsverlust mit der Begründung bejaht, dass die §§ 155 ff. GWB eine Spezialzuweisung darstellen, die den Zivilrechtsweg versperren.[204] Die Gegenauffassung, der sich zwischenzeitlich auch der BGH angeschlossen hat, verneint dagegen einen materiellen Anspruchsverlust, weil das Nachprüfungsverfahren keine Schadensersatzvoraussetzung sei.[205] Allerdings kann das Unterlassen einer Rüge und eines Nachprüfungsverfahrens den Einwand des Mitverschuldens begründen.[206]

116 **h) Verjährung.** Für die Verjährung gelten die allgemeinen zivilrechtlichen Grundsätze. Nach § 195 BGB verjähren die Ansprüche innerhalb der dreijährigen Regelverjährungsfrist.

199 BGH Urt. v. 9.6.2011 – X ZR 143/10, NZBau 2011, 498 (501) mwN.
200 BGH Urt. v. 9.6.2011 – X ZR 143/10, NZBau 2011, 498 (501); *Gröning* VergabeR 2010, 762 (768).
201 BGH Urt. v. 9.6.2011 – X ZR 143/10, NZBau 2011, 498 (501).
202 Zutr. *Gröning* VergabeR 2010, 762 (768).
203 *Gröning* VergabeR 2010, 762 (768).
204 OLG Koblenz Urt. v. 6.7.2012 – 8 U 45/11, VergR 2013, 636.
205 BGH Urt. v. 17.9.2019 – X ZR 124/18, NZBau 2019, 798; OLG Frankfurt a.M. Urt. v. 30.5.2018 – 11 U 18/16, BeckRS 2018, 48515; OLG Naumburg Urt. v. 23.12.2014 – 2 U 74/14, BauR 2015, 1030.
206 S. dazu → Rn. 83.

2. Darlegungs- und Beweislast

117 Die Darlegungs- und Beweislast richtet sich nach **allgemeinen zivilrechtlichen Grundsätzen.** Danach hat der Kläger als Anspruchsteller alle Umstände darzulegen und – soweit streitig – zu beweisen, aus denen sich ergibt, dass die anspruchsbegründenden Voraussetzungen vorliegen. Das betrifft die Pflichtverletzung, den Schaden sowie die Kausalität. Insbesondere muss der Bieter demnach darlegen und ggf. beweisen, dass er nicht ungeeignet war, dass sein Angebot nicht im Rahmen der Angebotswertung hätte ausgeschlossen werden können und dass sein Angebot nach den angegebenen Zuschlagskriterien das wirtschaftlichste gewesen wäre und er daher den Zuschlag hätte erhalten müssen; letzteres entfällt nur in Fällen der rechtswidrigen Aufhebung eines Vergabeverfahrens. Allerdings können dem Kläger die Grundsätze der sogenannten sekundären Darlegungslast des Auftraggebers zugutekommen, so dass der Kläger erst auf substantiiertes Bestreiten hin zu bestimmten Aspekten (zB der Ordnungsmäßigkeit seines Angebots) vortragen muss.[207] Der beklagte öffentliche Auftraggeber hat nach allgemeinen Beweislastregeln darüber hinaus die Umstände darzulegen und ggf. zu beweisen, die unter dem Gesichtspunkt eines rechtmäßigen Alternativverhaltens einer Zurechnung des entstandenen Schadens entgegenstehen, den Vorwurf des Mitverschuldens begründen oder aus denen sich die Verjährung ergibt.[208]

II. Deliktische Ansprüche

1. § 823 Abs. 1 BGB

118 Im Fall von Vergaberechtsverstößen kommt eine Schadensersatzhaftung aus unerlaubter Handlung gemäß § 823 Abs. 1 BGB in Betracht. Voraussetzung für einen Anspruch aus § 823 Abs. 1 BGB ist allerdings die **Verletzung eines absolut geschützten Rechts** durch die Vergabestelle. Das Vermögen, das bei Verstößen gegen vergaberechtliche Vorschriften am ehesten beeinträchtigt wird, zählt nicht zu den absoluten Rechten im Sinne des § 823 Abs. 1 BGB.[209] In Betracht kommt ein Schadensersatzanspruch nach § 823 Abs. 1 BGB aber wegen Eingriffs in den eingerichteten und ausgeübten Gewerbebetrieb. Ein solcher liegt jedoch nur vor, wenn mit dem Vergaberechtsverstoß betriebsbezogen, dh direkt und unmittelbar, in den Betrieb des Bieters eingegriffen wird.[210] Ein solcher betriebsbezogener Eingriff wird nur ausnahmsweise in Betracht kommen, etwa im Fall von Vergabesperren.[211]

2. § 823 Abs. 2 BGB iVm Schutzgesetzen

119 Die Vorschriften des Kartellvergaberechts enthalten subjektive Rechte der Bieter auf Einhaltung der Verfahrensvorschriften (§ 97 Abs. 6 GWB) und stellen damit Schutzgesetze iSd § 823 Abs. 2 BGB dar.[212] Im Anwendungsbereich des Kartellvergaberechts, also oberhalb der Schwellenwerte, kommen demnach Schadensersatzansprüche aus § 823 Abs. 2 BGB in Betracht.

---

207 Vgl. *Gröning* VergabeR 2010, 762 (766) mwN; → Rn. 90.

208 S. dazu → Rn. 90.

209 Palandt/*Sprau* BGB § 823 Rn. 11 mwN.

210 Palandt/*Sprau* BGB § 823 Rn. 135 mwN.

211 Ziekow/Völlink/*Losch* GWB § 181 Rn. 71 mwN; Immenga/Mestmäcker/*Stockmann* GWB § 126 Rn. 43; Willenbruch/Wieddekind/*Scharen* GWB § 181 Rn. 69 mwN.

212 OLG Karlsruhe Urt. v. 17.4.2008 – 8 U 228/06, BeckRS 2008, 21262; Willenbruch/Wieddekind/*Scharen* GWB § 181 Rn. 70ff. mwN; *Ax/Schneider,* Rechtsschutz bei der öffentlichen Auftragsvergabe, 2011, S. 175f. Rn. 270; *Horn/Graef* NZBau 2005, 505 (507).

3. § 826 BGB

In Betracht kommt auch ein Anspruch aus § 826 BGB. Voraussetzung ist allerdings eine vorsätzliche sittenwidrige Schädigung des Bieters durch die Vergabestelle. Denkbar erscheint das etwa, wenn Mitarbeiter der Vergabestelle Manipulationen an den Angebotsunterlagen vornehmen, oder im Falle eines kollusiven Zusammenwirkens zwischen öffentlichem Auftraggeber und einem Konkurrenten des Anspruchstellers. Ein solches Verhalten des öffentlichen Auftraggebers dürfte sich allerdings nur in den seltensten Fällen nachweisen lassen. 120

4. § 839 BGB iVm Art. 34 GG

Amtshaftungsansprüche gemäß § 839 BGB iVm Art. 34 GG wegen der vergaberechtswidrigen Behandlung eines Bieters kommen **nicht** in Betracht. Denn die Vergabestelle übt nach der Rechtsprechung des Bundesverfassungsgerichts gerade keine hoheitliche Tätigkeit aus, sondern wird – wie andere Marktteilnehmer – als Nachfrager am Markt tätig.[213] Die Tätigkeit der Vergabestellen bei der Vergabe öffentlicher Aufträge zählt zum Verwaltungsprivatrecht, auf das Art. 34 S. 1 GG keine Anwendung findet.[214] 121

III. Sonstige Ansprüche

1. Kartellrechtliche Ansprüche

Ein Schadensersatzanspruch der Bieter kann sich aus §§ 19, 20 Abs. 1, 33 GWB ergeben. Voraussetzung ist allerdings der Missbrauch einer marktbeherrschenden Stellung durch den öffentlichen Auftraggeber. Eine derartige **marktbeherrschende Stellung** des öffentlichen Auftraggebers kommt insbesondere im Bereich des Straßen- und Brückenbaus (Tiefbau) sowie im Bereich der militärischen Beschaffung durch die Bundeswehr in Betracht.[215] Aber auch bei der Bildung von Einkaufsgemeinschaften öffentlicher Auftraggeber kann es unter Umständen zu einer marktbeherrschenden Stellung kommen. Weitere Voraussetzung des kartellrechtlichen Schadensersatzanspruchs ist allerdings, dass diese marktbeherrschende Nachfragemacht **missbräuchlich ausgenutzt** wird oder ein **Verstoß gegen das Diskriminierungsverbot bzw. das Verbot unbilliger Behinderung** nach § 20 Abs. 1 GWB vorliegt. Zentral für das Diskriminierungsverbot ist die Frage, ob die jeweilige unterschiedliche Behandlung oder Behinderung sachlich gerechtfertigt ist. Das ist aufgrund einer Abwägung der Interessen der Beteiligten unter Berücksichtigung der auf die Freiheit des Wettbewerbs gerichteten Zielsetzung des GWB zu beurteilen. Insbesondere bei der Wahl eines Verhandlungsverfahrens oder eines nichtoffenen Verfahrens anstelle des eigentlich gebotenen offenen Verfahrens sind danach Schadensersatzansprüche denkbar,[216] allerdings dürfte hier der Schadensbeweis außerordentlich schwerfallen. Ein kartellrechtlicher Schadensersatzanspruch kann sich darüber hinaus beispielsweise in Fällen ergeben, in denen eine rechtswidrige Auftrags-/Vergabesperre verhängt wurde.[217] 122

2. Wettbewerbsrechtliche Ansprüche

Denkbar sind schließlich Schadensersatzansprüche aus § 9 Abs. 1 UWG iVm §§ 3, 3a (früher 4 Nr. 11) UWG. Eine Anspruchskonkurrenz zwischen kartellvergaberechtlichen und lauterkeitsrechtlichen Ansprüchen ist durch § 156 Abs. 2 GWB nicht ausgeschlossen. Das Kartellvergaberecht regelt die zivilrechtlichen Ansprüche, die im Fall von Vergabeverstö- 123

---

[213] BVerfG Beschl. v. 13.6.2006 – 1 BvR 1160/03, BVerfGE 116, 135 (149f.).
[214] Maunz/Dürig/*Papier*, Grundgesetz-Kommentar, 75. Ergänzungslieferung 2015, Art. 34 Rn. 122, 125; BVerwG Beschl. v. 2.5.2007 – 6 B 10.07, DVBl. 2007, 969 (970f.).
[215] Ziekow/Völlink/*Losch* GWB § 181 Rn. 75 mwN.
[216] Immenga/Mestmäcker/*Stockmann* GWB § 126 Rn. 39f. mwN.
[217] Willenbruch/Wieddekind/*Scharen* GWB § 181 Rn. 80 mwN.

ßen geltend gemacht werden können, nicht abschließend. Das GWB enthält für das Kartellvergaberecht gerade kein in sich geschlossenes Rechtsschutzssystem, das eine Verfolgung von Rechtsverstößen nach §§ 3, 3a UWG ausschließen würde.[218] Nach der Rechtsprechung des BGH sind die Vorschriften des 4. Teils des GWB, aus denen sich die Pflicht zur Ausschreibung öffentlicher Aufträge ergibt, Marktverhaltensregeln im Sinne des § 3a UWG. Die Verletzung vergaberechtlicher Vorschriften durch den Auftraggeber kann daher gemäß §§ 3, 3a UWG unlauter sein.[219] Nach dem eindeutigen Wortlaut des § 9 S. 1 UWG bestehen Schadensersatzansprüche zwar nur im Verhältnis zwischen Mitbewerbern, nicht dagegen unmittelbar im Verhältnis zwischen Bietern und öffentlichem Auftraggeber. Allerdings kann sich eine Haftung der öffentlichen Hand aus allgemeinen Teilnahmeregeln (§ 830 Abs. 2 BGB) ergeben.[220]

218 BGH Urt. v. 3.7.2008 – I ZR 145/05, WRP 2008, 1182 (1183); *Alexander* WRP 2009, 28; *ders.* WRP 2004, 700 (706 f.) mwN.

219 BGH Urt. v. 3.7.2008 – I ZR 145/05, WRP 2008, 1182 (1186); *Alexander* WRP 2004, 700 (705 ff.) mwN.

220 BGH Urt. v. 3.7.2008 – I ZR 145/05, WRP 2008, 1182 (1184); Köhler/Bornkamm/Feddersen/*Köhler* UWG, § 3a Rn. 2.77 mwN.

§ 39 Vertragsverletzungsverfahren

Übersicht

GWB: § 183
AEUV: Art. 258, Art. 260

GWB:

§ 183 GWB Korrekturmechanismus der Kommission

(1) Erhält die Bundesregierung im Laufe eines Vergabeverfahrens vor Abschluss des Vertrags eine Mitteilung der Europäischen Kommission, dass diese der Auffassung ist, es liege ein schwerer Verstoß gegen das Recht der Europäischen Union zur Vergabe öffentlicher Aufträge oder zur Vergabe von Konzessionen vor, der zu beseitigen sei, teilt das Bundesministerium für Wirtschaft und Energie dies dem Auftraggeber mit.

(2) Der Auftraggeber ist verpflichtet, innerhalb von 14 Kalendertagen nach Eingang dieser Mitteilung dem Bundesministerium für Wirtschaft und Energie eine umfassende Darstellung des Sachverhalts zu geben und darzulegen, ob der behauptete Verstoß beseitigt wurde, oder zu begründen, warum er nicht beseitigt wurde, ob das Vergabeverfahren Gegenstand eines Nachprüfungsverfahrens ist oder aus sonstigen Gründen ausgesetzt wurde.

(3) Ist das Vergabeverfahren Gegenstand eines Nachprüfungsverfahrens oder wurde es ausgesetzt, so ist der Auftraggeber verpflichtet, das Bundesministerium für Wirtschaft und Energie unverzüglich über den Ausgang des Verfahrens zu informieren.

AEUV:

Art. 258 AEUV [Vertragsverletzungsverfahren]

Hat nach Auffassung der Kommission ein Mitgliedstaat gegen eine Verpflichtung aus den Verträgen verstoßen, so gibt sie eine mit Gründen versehene Stellungnahme hierzu ab; sie hat dem Staat zuvor Gelegenheit zur Äußerung zu geben.

Kommt der Staat dieser Stellungnahme innerhalb der von der Kommission gesetzten Frist nicht nach, so kann die Kommission den Gerichtshof der Europäischen Union anrufen.

Art. 260 AEUV [Wirkung und Durchsetzung von Urteilen; Zwangsgeld]

(1) Stellt der Gerichtshof der Europäischen Union fest, dass ein Mitgliedstaat gegen eine Verpflichtung aus den Verträgen verstoßen hat, so hat dieser Staat die Maßnahmen zu ergreifen, die sich aus dem Urteil des Gerichtshofs ergeben.

(2) Hat der betreffende Mitgliedstaat die Maßnahmen, die sich aus dem Urteil des Gerichtshofs ergeben, nach Auffassung der Kommission nicht getroffen, so kann die Kommission den Gerichtshof anrufen, nachdem sie diesem Staat zuvor Gelegenheit zur Äußerung gegeben hat. Hierbei benennt sie die Höhe des von dem betreffenden Mitgliedstaat zu

zahlenden Pauschalbetrags oder Zwangsgelds, die sie den Umständen nach für angemessen hält.

Stellt der Gerichtshof fest, dass der betreffende Mitgliedstaat seinem Urteil nicht nachgekommen ist, so kann er die Zahlung eines Pauschalbetrags oder Zwangsgelds verhängen.

Dieses Verfahren lässt den Artikel 259 unberührt.

(3) Erhebt die Kommission beim Gerichtshof Klage nach Artikel 258, weil sie der Auffassung ist, dass der betreffende Mitgliedstaat gegen seine Verpflichtung verstoßen hat, Maßnahmen zur Umsetzung einer gemäß einem Gesetzgebungsverfahren erlassenen Richtlinie mitzuteilen, so kann sie, wenn sie dies für zweckmäßig hält, die Höhe des von dem betreffenden Mitgliedstaat zu zahlenden Pauschalbetrags oder Zwangsgelds benennen, die sie den Umständen nach für angemessen hält.

Stellt der Gerichtshof einen Verstoß fest, so kann er gegen den betreffenden Mitgliedstaat die Zahlung eines Pauschalbetrags oder eines Zwangsgelds bis zur Höhe des von der Kommission genannten Betrags verhängen. Die Zahlungsverpflichtung gilt ab dem vom Gerichtshof in seinem Urteil festgelegten Zeitpunkt.

Literatur:

Antweiler, Europarechtliche Rechtsbehelfe gegen fehlerhafte Auftragsvergaben, VergabeR 2002, 109; *Bitterich,* Kündigung vergaberechtswidrig zu Stande gekommener Verträge durch öffentliche Auftraggeber, NJW 2006, 1845; *Bitterich,* Kein „Bestandsschutz" für vergaberechtswidrige Verträge gegenüber Aufsichtsmaßnahmen nach Art. 226 EG, EWS 2005, 162; *Byok/Jaeger,* Vergaberecht, 4. Aufl. 2018; *Burger,* Die Haftung der Kommunen für Verstöße gegen EU-Recht – Teil 2, KommJur 2013, 41; *Calliess/Ruffert,* EUV/AEUV, 5. Aufl. 2016; *Gundel,* Vertragsverletzungsverfahren bei unionsrechtswidrigen Vergabeentscheidungen – Konsequenzen für die Auftragsdurchführung und für Regressforderungen gegen den Auftraggeber, BayVBl 2017, 437; *Heuvels,* Fortwirkender Richtlinienverstoß nach De-facto-Vergaben, NZBau 2005, 32; *Heuvels,* Folgen vergaberechtswidrig geschlossener Verträge, in: Forum Vergabe, Elfte Badenweiler Gespräche, 2006, S. 109; *Jennert/Räuchle,* Beendigungspflicht für vergaberechtswidrige Verträge, NZBau 2007, 555; *Portz,* Kein „pacta sunt servanda" bei vergaberechtswidrigen Verträgen – Anmerkung zu EuGH, Urt. v. 18.7.2007 – C-503/04 (Kommission/Deutschland), KommJur 2007, 335; *Kalbe,* EWS-Kommentar, EWS 2003, 566; *Prieß/Gabriel,* Beendigung des Dogmas durch Kündigung: Keine Bestandsgarantie für vergaberechtswidrige Verträge, NZBau 2006, 219; *Vavra,* Folgen vergaberechtswidrig geschlossener Verträge, in: Forum Vergabe, Elfte Badenweiler Gespräche, 2006, S. 109; *Ziekow/Völlink,* Vergaberecht, 3. Aufl. 2018

A. Einleitung

1 **§ 183 GWB** entspricht weitestgehend dem bisherigen § 129 GWB. § 129 GWB in seiner bisherigen Form wurde durch das Gesetz zur Modernisierung des Vergaberechts vom 20.4.2009[1] eingefügt. Gegenstand des früheren § 129 GWB war eine Regelung zu den Kosten der Vergabeprüfstellen, die allerdings überflüssig wurde, nachdem die Regelungen zu den Vergabeprüfstellen aufgehoben wurden. In § 129 GWB 2013 übernahm der Gesetzgeber mit marginalen Änderungen die früheren Regelungen des § 21 VgV 2003 zum **Korrekturmechanismus der Kommission** in das GWB. Gesetzgeberisches Anliegen war, dass die Vergabeverordnung nicht mehr mit Regelungen über Nachprüfungsmöglichkeiten überfrachtet sein sollte, sondern dass diese künftig allein im GWB enthalten sein sollten.[2] Durch das Gesetz zur Modernisierung des Vergaberechts vom 17.2.2016[3] wurde als Prüfungsmaßstab für den schweren Verstoß iSd § 183 Abs. 1 GWB das Recht der Europäischen Union zur Vergabe von Konzessionen ergänzt. Im Hinblick auf Art. 3 Abs. 5 der Rechtsmittelrichtlinie 89/665/EWG, Art. 8 Abs. 5 der Sektoren-Rechtsmittelrichtlinie 92/13/EWG, jeweils in der Fassung der RL 2007/66/EG, wurde darüber hinaus Abs. 3 mit der Maßgabe angepasst, dass sich die Informationspflicht des Auftraggebers auf

[1] BGBl. I S. 790.
[2] Gesetzesbegründung, BT-Drs. 16/10117, S. 25.
[3] BGBl. I S. 203.

den Ausgang des Verfahrens insgesamt bezieht, dh den Ausgang des Nachprüfungsverfahrens oder den Ausgang des Vergabeverfahrens nach Aussetzung aus sonstigen Gründen.[4]

§ 183 GWB dient der Umsetzung der Art. 3 der RL 89/665/EWG und Art. 8 der RL 92/13/EWG, jeweils in der Fassung der RL 2007/66/EG, über den Korrekturmechanismus der Europäischen Kommission.[5] Nach diesen Vorschriften kann die Europäische Kommission vor Abschluss eines Vertrages, also **während eines laufenden Vergabeverfahrens,** im Falle schwerer Verstöße gegen das Unionsrecht zur Vergabe öffentlicher Aufträge und Konzessionen von den Mitgliedstaaten Informationen verlangen sowie die Beseitigung des Verstoßes durch geeignete Maßnahmen fordern. Dieser spezielle Korrekturmechanismus wird häufig auch als **Beanstandungsverfahren** bezeichnet.[6] Nachdem das Beanstandungsverfahren sich ursprünglich, dh in § 21 VgV 2003, auf der Grundlage der früheren Fassungen des Art. 3 der Richtlinie 89/665/EWG und des Art. 8 der Richtlinie 92/13/EWG auf „klare und eindeutige Verstöße" gegen Gemeinschaftsvorschriften für das öffentliche Auftragswesen bezog, wurde der Korrekturmechanismus in § 129 GWB 2013 auf die **schweren Verstöße** gegen das Gemeinschaftsrecht im Bereich des öffentlichen Auftragswesens beschränkt.[7] In Umsetzung von Art. 46 Abs. 7 und Art. 47 Abs. 7 der Konzessionsrichtlinie 2014/23/EU wurde durch das Gesetz zur Modernisierung des Vergaberechts vom 17.2.2016 der Prüfungsmaßstab für den schweren Verstoß um schwere Verstöße gegen das Recht der Europäischen Union zur Vergabe von Konzessionen ergänzt. 2

Mit dem Korrekturmechanismus verfügt die Kommission im Bereich des Vergaberechts über besondere Kompetenzen, die ihre Möglichkeiten im Rahmen eines **Vertragsverletzungsverfahrens** nach Art. 258 AEUV **ergänzen.**[8] Ziel des Korrekturmechanismus ist es, schwere Verstöße gegen EU-Vergaberecht noch im laufenden Vergabeverfahren zu beheben, um später langwierige Vertragsverletzungsverfahren und Prozesse vor dem Europäischen Gerichtshof zu vermeiden. Ist der Vertrag bereits abgeschlossen, ist § 183 GWB dagegen nicht mehr anwendbar. Dann kann die Kommission nur noch im Wege des Vertragsverletzungsverfahrens nach Art. 258 AEUV vorgehen.[9] 3

Das in **Art. 258 AEUV** geregelte **Vertragsverletzungsverfahren** ist das wohl wichtigste Instrument in der EU-Komm., um ihrer Aufgabe als Hüterin der Verträge nach Art. 17 Abs. 1 EUV nachzukommen und für eine einheitliche Beachtung und Durchsetzung des Unionsrechts zu sorgen. Als **Verfahren objektiver Rechtskontrolle** ermächtigt Art. 258 AEUV die EU-Komm. zur Erhebung einer Klage vor dem EuGH mit dem Ziel, eine objektive Verletzung des Unionsrechts seitens eines Mitgliedstaats feststellen zu lassen, ohne dass eine Verletzung eigener Rechte der EU-Komm. oder der Rechte der Unionsbürger erforderlich wäre.[10] 4

Die **praktische Bedeutung** des Vertragsverletzungsverfahrens ist erheblich. Während die EU-Komm. bis zum Jahr 1980 den EuGH in nur insgesamt 116 Fällen angerufen hatte, stieg die Zahl der Klageerhebungen in den Folgejahren signifikant an auf jährlich über 200 Gerichtsverfahren ab dem Jahr 2003[11] Und (teilweise deutlich) über 500 neue Verfahren in den letzten Jahren. Aktuelle Zahlen zu anhängigen und im Vorjahr neu eingeleiteten Vertragsverletzungsverfahren finden sich in den Jahresberichten der EU-Komm. über die Kontrolle der Anwendung des EU-Rechts.[12] 5

[4] Gesetzesbegründung BT-Drs. 18/6281, S. 137.
[5] Gesetzesbegründung BT-Drs. 16/10117, S. 25 und BT-Drs. 18/6281, S. 137.
[6] *Antweiler* VergabeR 2002, 109 (113); Willenbruch/Wieddekind/*Kadenbach* GWB § 129 Rn. 3.
[7] Vgl. dazu Erwgr. 28 der RL 2007/66/EG.
[8] Byok/Jaeger/*Müller* GWB § 183 Rn. 3 mwN.
[9] *Antweiler* VergabeR 2002, 109 (113); Byok/Jaeger/*Müller* GWB § 183 Rn. 3.
[10] Calliess/Ruffert/*Cremer* AEUV Art. 258 Rn. 2 mwN.
[11] Calliess/Ruffert/*Cremer* AEUV Art. 258 Rn. 3 mwN.
[12] Zuletzt: EU-Komm., Kontrolle der Anwendung des EU-Rechts, Jahresbericht 2018 v. 4.7.2019, COM (2019) 319 final.

6 Das Vertragsverletzungsverfahren kann von der EU-Komm. entweder von Amts wegen oder aufgrund eingehender Beschwerden eingeleitet werden. Es umfasst zunächst ein **zweistufiges Vorverfahren** (Aufforderungsschreiben; mit Gründen versehene Stellungnahme), dem ein informelles Vorverfahren (Prüfungsphase) vorausgehen kann. Im Anschluss an dieses mehrphasige Verwaltungsverfahren kann die EU-Komm. durch Anrufung des EuGH das gerichtliche Verfahren einleiten. Sowohl hinsichtlich der Einleitung des Vertragsverletzungsverfahrens als auch hinsichtlich der Einreichung der Vertragsverletzungsklage verfügt die EU-Komm. über einen Ermessensspielraum.[13] Stellt der EuGH fest, dass ein Mitgliedstaat gegen Unionsrecht verstoßen hat, und hat der betreffende Mitgliedstaat die Maßnahmen, die sich aus dem Urteil ergeben, nach Auffassung der EU-Komm. nicht getroffen, so kann die Kommission ein **Sanktionsverfahren** nach Art. 260 Abs. 2 AEUV einleiten. In diesem Verfahren kann der EuGH gegen den Mitgliedstaat die Zahlung eines Pauschalbetrags und/oder eines Zwangsgelds verhängen.

B. Korrekturmechanismus der Kommission gemäß § 183 GWB

I. Regelungsgehalt

7 § 183 GWB dient der Umsetzung des in Art. 3 der RL 89/665/EWG und Art. 8 der RL 92/13/EWG, jeweils in der Fassung der RL 2007/66/EG, geregelten Korrekturmechanismus der Kommission in das deutsche Recht. Dabei beschränkt sich § 183 GWB auf die Umsetzung derjenigen Regelungen des Korrekturmechanismus nach den Rechtsmittelrichtlinien, die sich nicht ausschließlich mit Kompetenzen der Kommission gegenüber den Mitgliedstaaten, sondern mit den Pflichten des Mitgliedstaats befassen, zu deren Erfüllung dieser seinerseits auf den öffentlichen Auftraggeber zurückgreifen muss. Nicht umgesetzt wurden daher Art. 3 Abs. 2 letzter Halbsatz der RL 89/665/EWG und Art. 8 Abs. 2 letzter Halbsatz der RL 92/13/EWG, jeweils in der Fassung der RL 2007/66/EG, wonach die Kommission die Beseitigung eines von ihr festgestellten schweren Verstoßes „durch geeignete Maßnahmen" fordert. Art. 3 Abs. 5 der RL 89/665/EWG und Art. 8 Abs. 5 der RL 92/13/EWG, jeweils in der Fassung der RL 2007/66/EG, wonach der Mitgliedstaat im Falle der Aussetzung des Vergabeverfahrens die Kommission über die Beendigung der Aussetzung oder die Eröffnung eines neuen Vergabeverfahrens, das sich ganz oder teilweise auf das frühere Vergabeverfahren bezieht, informiert, wurde durch das Gesetz zur Modernisierung des Vergaberechts vom 17.2.2016 in § 183 Abs. 3 GWB umgesetzt. Darüber hinaus enthält § 183 GWB die Regelungen über die **nationale Zuständigkeitsverteilung** im Rahmen des Beanstandungsverfahrens. Während Ansprechpartner der Europäischen Kommission die Bundesregierung ist, wird das weitere nationale Verfahren, insbesondere die Korrespondenz mit dem öffentlichen Auftraggeber, durch das Bundesministerium für Wirtschaft und Energie geführt.

8 Die **praktische Bedeutung** des Korrekturmechanismus nach § 183 GWB ist soweit ersichtlich sehr begrenzt. Zwar bietet sich für ein **Unternehmen** – neben einer Rüge gegenüber dem öffentlichen Auftraggeber oder einem Vergabenachprüfungsverfahren – durch den Korrekturmechanismus eine weitere Möglichkeit, in einem Vergabeverfahren seine Rechte wahrzunehmen, indem das Unternehmen die Kommission über einen vermeintlichen schweren Vergaberechtsverstoß im Sinne des § 183 GWB informiert.[14] Einen **Anspruch auf Einschreiten** der Kommission hat das Unternehmen allerdings **nicht,** da den Regelungen der umgesetzten Rechtsmittelrichtlinien keine Drittwirkung zukommt.[15] Gerade angesichts der Tatsache, dass § 183 GWB sowie Art. 3 RL 89/665/EWG und

[13] Vgl. Calliess/Ruffert/*Cremer* AEUV Art. 258 Rn. 4 mwN.
[14] Ziekow/Völlink/*Dittmann* GWB § 183 Rn. 7; Byok/Jaeger/*Müller* GWB § 183 Rn. 8.
[15] EuGH Beschl. v. 3.4.2009 – C-387/08, VergabeR 2009, 773 (776) Rn. 23; EuG Beschl. v. 25.6.2008 – T-185/08 und EuG Beschl. v. 26.6.2008 – T-185/08 R, ZfBR 2008, 603.

Art. 8 RL 92/13/EWG, jeweils in der Fassung der RL 2007/66/EG, der Kommission keine Sanktionsmöglichkeiten einräumen, können Korrekturen letztlich nur aufgrund politischen Drucks oder auf der Grundlage von Rechtsgrundlagen aus anderen Rechtsbereichen (zB Kommunalaufsichtsrecht) erwirkt werden. Gelingt dies nicht, wird die Kommission auf der Grundlage der erlangten Informationen ggf. ein Vertragsverletzungsverfahren nach Art. 258 AEUV einleiten.

II. Ablauf des Verfahrens

1. Voraussetzungen für die Einleitung des Korrekturmechanismus (§ 183 Abs. 1 GWB)

Der Korrekturmechanismus wird gemäß § 183 Abs. 1 GWB durch eine **Mitteilung der EU-Komm. an die Bundesregierung** eingeleitet. In dieser Mitteilung legt die EU-Komm. dar, dass nach ihrer Auffassung ein schwerer Verstoß gegen das Unionsrecht zur Vergabe öffentlicher Aufträge oder zur Vergabe von Konzessionen vorliegt, der zu beseitigen sei. Voraussetzung einer solchen Mitteilung der EU-Komm. ist gemäß § 183 Abs. 1 GWB, dass das **Vergabeverfahren noch nicht** durch Abschluss des Vertrags **beendet** worden ist. Weitere Voraussetzung ist, dass nach Auffassung der Kommission ein **schwerer Verstoß** gegen das Gemeinschaftsrecht vorliegt. Nach dieser leicht geänderten Neufassung des § 183 Abs. 1 GWB (infolge der entsprechenden Änderungen des Korrekturmechanismus durch Art. 3, Art. 8 der EU-Rechtsmittelrichtlinien) genügen demnach leichte Verstöße gegen das Unionsrecht selbst dann nicht, wenn sie klar und eindeutig sind.[16] Schließlich setzt die Einleitung des Beanstandungsverfahrens durch die EU-Komm. voraus, dass es sich um einen Verstoß gegen das **Unionsrecht zur Vergabe öffentlicher Aufträge oder zur Vergabe von Konzessionen** handelt. Darunter fallen sämtliche speziell vergaberechtlichen Vorschriften der Europäischen Union, insbesondere die Vergaberichtlinien, aber auch die allgemeinen Grundsätze des EU-Primärrechts, insbesondere also der Art. 18, 49 und 56 AEUV, soweit diese auf die Vergabe öffentlicher Aufträge angewendet werden.[17] 9

2. Stellungnahme des öffentlichen Auftraggebers (§ 183 Abs. 2 GWB)

Erhält die Bundesregierung eine entsprechende Mitteilung der EU-Komm., teilt das Bundesministerium für Wirtschaft und Energie dies ohne vorausgehende inhaltliche Prüfung[18] dem öffentlichen Auftraggeber mit und fordert ihn zur Stellungnahme nach § 183 Abs. 2 GWB auf. Gemäß § 183 Abs. 2 GWB ist der öffentliche Auftraggeber verpflichtet, zu den Beanstandungen der EU-Komm. Stellung zu nehmen. Die **Frist** für diese Stellungnahme beträgt **14 Kalendertage** nach Eingang der Mitteilung des Bundesministeriums für Wirtschaft und Energie gemäß § 183 Abs. 1 GWB. 10

Der **Inhalt der Stellungnahme** ergibt sich aus dem Wortlaut des § 183 Abs. 2 GWB: So muss die Stellungnahme eine umfassende Darstellung des Sachverhalts enthalten sowie Darlegungen dazu, ob der behauptete Verstoß beseitigt wurde, oder eine Begründung, warum er nicht beseitigt wurde, ob das Vergabeverfahren Gegenstand eines Nachprüfungsverfahrens ist oder aus sonstigen Gründen ausgesetzt wurde. 11

Der öffentliche Auftraggeber hat diese Stellungnahme an das Bundesministerium für Wirtschaft und Technologie zu richten. 12

---

[16] Vgl. auch Byok/Jaeger/*Müller* GWB § 183 Rn. 2 mwN; Ziekow/Völlink/*Dittmann* GWB § 183 Rn. 8.
[17] Zutr. Ziekow/Völlink/*Dittmann* GWB § 183 Rn. 8.
[18] So auch Ziekow/Völlink/*Dittmann* GWB § 183 Rn. 9.

3. Weitergehende Informationspflicht (§ 183 Abs. 3 GWB)

13 Sofern das **Vergabeverfahren Gegenstand eines Nachprüfungsverfahrens** ist **oder ausgesetzt** wurde, ist der öffentliche Auftraggeber gemäß § 183 Abs. 3 GWB verpflichtet, das Bundesministerium für Wirtschaft und Energie unverzüglich über den **Ausgang des Verfahrens** zu informieren. Diese Informationspflicht des öffentlichen Auftraggebers bezieht sich aufgrund der Anpassung der Regelung durch das Gesetz zur Modernisierung des Vergaberechts vom 17.2.2016 nunmehr ausdrücklich nicht mehr nur auf den Ausgang des Nachprüfungsverfahrens, sondern auf den Ausgang des Verfahrens insgesamt, also auch auf den Ausgang des Vergabeverfahrens nach Aussetzung aus sonstigen Gründen. Diese Information dient dem Ministerium dazu, die EU-Komm. seinerseits gemäß Art. 3 Abs. 4 S. 2, Abs. 5 der RL 89/665/EWG, Art. 8 Abs. 4 S. 2, Abs. 5 der RL 92/13/EWG, jeweils in der Fassung der RL 2007/66/EG, über den Ausgang des Verfahrens zu informieren.

4. Weiteres Verfahren

14 Das weitere Beanstandungsverfahren ist in § 183 GWB nicht mehr geregelt. Dieses ergibt sich unmittelbar aus **Art. 3 der RL 89/665/EWG bzw. 8 der RL 92/13/EWG,** jeweils in der **Fassung der RL 2007/66/EG.** Danach ist die Bundesrepublik Deutschland verpflichtet, innerhalb von 21 Kalendertagen nach Eingang der Mitteilung der EU-Komm. der Kommission entweder eine Bestätigung, dass der Verstoß beseitigt wurde, eine Begründung dafür, weshalb der Verstoß nicht beseitigt wurde, oder die Mitteilung, dass das Vergabeverfahren durch den öffentlichen Auftraggeber oder aufgrund eines Nachprüfungsverfahrens ausgesetzt wurde, zu übermitteln (Art. 3 Abs. 3 der RL 89/665/EWG bzw. Art. 8 Abs. 3 der RL 92/13/EWG, jeweils in der Fassung der RL 2007/66/EG). Ebenso ist die Bundesrepublik Deutschland verpflichtet, die EU-Komm. über den Ausgang eines etwaigen Vergabenachprüfungsverfahrens oder über die Beendigung der Aussetzung oder die Eröffnung eines neuen Vergabeverfahrens, das sich ganz oder teilweise auf das frühere Vergabeverfahren bezieht, zu informieren (Art. 3 Abs. 4 und 5 der RL 89/665/EWG bzw. Art. 8 Abs. 4 und 5 der RL 92/13/EWG, jeweils in der Fassung der RL 2007/66/EG).

15 Das Tätigwerden der EU-Komm. löst im Ergebnis lediglich **Informationspflichten des betroffenen Mitgliedstaates** aus. Der EU-Komm. stehen dagegen **keine Sanktionsmechanismen** zu, um die von ihr geforderte Beseitigung des Verstoßes durch geeignete Maßnahmen im Wege unmittelbarer Einwirkung auf das laufende Vergabeverfahren durchzusetzen. Beseitigt der Mitgliedstaat – bzw. der betreffende öffentliche Auftraggeber – den von der EU-Komm. beanstandeten Vergaberechtsverstoß nicht, kann die EU-Komm. allerdings auf der Grundlage der aus dem Korrekturmechanismus gewonnenen Erkenntnisse ggf. ein Vertragsverletzungsverfahren gegen den Mitgliedstaat gemäß Art. 258 AEUV einleiten.

C. Vertragsverletzungsverfahren durch die EU-Kommission gemäß Art. 258 AEUV

16 In Art. 258 AEUV ist das Vertragsverletzungsverfahren durch die EU-Komm. geregelt. Hat nach Auffassung der Kommission ein Mitgliedstaat gegen eine Verpflichtung aus den Verträgen verstoßen, gibt die Kommission, nachdem sie dem Staat zuvor Gelegenheit zur Äußerung zu geben hat, eine mit Gründen versehene Stellungnahme hierzu ab. Kommt der Staat dieser Stellungnahme innerhalb einer von der Kommission gesetzten Frist nicht nach, kann die Kommission den Gerichtshof der Europäischen Union (EuGH) anrufen. Regelungen zur Wirkung und Durchsetzung von Vertragsverletzungsurteilen des EuGH finden sich sodann in Art. 260 AEUV.

I. Verfahrensablauf

Der Ablauf des Vertragsverletzungsverfahrens ist in Art. 258 AEUV nur recht rudimentär geregelt und soll daher im Folgenden ausführlicher dargestellt werden. 17

1. Einleitung des Verfahrens

Das Vertragsverletzungsverfahren wird immer von der EU-Komm. eingeleitet. Dabei ist zwischen einer Einleitung des Verfahrens **von Amts wegen** und der Einleitung eines Verfahrens aufgrund einer **Beschwerde** zu unterscheiden. 18

a) Einleitung von Amts wegen. Die EU-Komm. kann jederzeit von Amts wegen ein Vertragsverletzungsverfahren einleiten, wenn sie im Rahmen ihrer allgemeinen Tätigkeiten von einer mitgliedstaatlichen Verletzung des Unionsrechts Kenntnis erlangt.[19] Derartige Kenntnis kann die Kommission etwa bei der Bearbeitung parlamentarischer Anfragen oder Petitionen, im Zuge von in den Mitgliedstaaten durchgeführten Untersuchungen oder aufgrund von Medienberichten erhalten.[20] Darüber hinaus verfolgt die EU-Komm. die beim EuGH eingehenden Vorabentscheidungsersuchen, die ihr – ebenso wie den Mitgliedstaaten – zur Stellungnahme vorgelegt werden. Ergeben sich daraus Anzeichen für einen Verstoß gegen das Recht der Europäischen Union, leitet die EU-Komm. ggf. parallel zu dem laufenden Vorabentscheidungsverfahren ein Vertragsverletzungsverfahren ein. 19

b) Einleitung aufgrund einer Beschwerde. Zumeist erfährt die EU-Komm. von einer Verletzung des Rechts der Europäischen Union durch eine Beschwerde natürlicher oder juristischer Personen. Seit September 2009 werden solche Beschwerden von Bürgern, Unternehmen, Verbänden oder politischen Gruppierungen über die neue IT-Anwendung „CHAP" („Complaint handling/Accueil des plaignants") verarbeitet. Sämtliche Beschwerden werden in dieser Anwendung registriert. Die EU-Komm. hat in einer Mitteilung vom 2.4.2012 die Verwaltungsmaßnahmen zugunsten des Beschwerdeführers dargelegt, zu deren Einhaltung sie sich bei der Bearbeitung seiner Beschwerde und der Prüfung des entsprechenden Vertragsverletzungsdossiers verpflichtet.[21] Danach kann jede Person bei der Kommission **unentgeltlich** Beschwerde gegen eine Maßnahme (Rechts- oder Verwaltungsvorschrift), eine Unterlassung oder eine Verwaltungspraxis eines Mitgliedstaats einlegen, die nach ihrer Auffassung gegen Unionsrecht verstößt. Die Beschwerde setzt **kein besonderes Rechtsschutzinteresse** voraus, dh der Beschwerdeführer braucht weder nachzuweisen, dass Handlungsbedarf besteht, noch, dass er selbst von der beanstandeten Maßnahme, Unterlassung oder Praxis unmittelbar betroffen ist.[22] Beschwerden müssen zwecks Registrierung in der IT-Anwendung **per Brief, Fax oder E-Mail** übermittelt und in einer der Amtssprachen der Union abgefasst sein. Außerdem müssen zum Zweck der Registrierung die Anschrift des Absenders, ein Hinweis auf den Mitgliedstaat, dem der Unionsrechtsverstoß vorgeworfen wird, sowie Beschwerdegründe dargestellt werden. Um die Bearbeitung der Beschwerden zu erleichtern und zu beschleunigen, sollte ein von der EU-Komm. veröffentlichtes **Standard-Formular**[23] verwendet werden.[24] Weitere Hinwei- 20

---

[19] Calliess/Ruffert/*Cremer* AEUV Art. 258 Rn. 4.

[20] Lenz/Borchardt/*Borchardt*, EU-Verträge Kommentar, 6. Aufl. 2012, AEUV Art. 258 Rn. 9.

[21] Mitteilung der Kommission an den Rat und das Europäische Parlament „Aktualisierung der Mitteilung über die Beziehungen zu Beschwerdeführern in Fällen der Anwendung von Unionsrecht" v. 2.4.2012, COM(2012) 154 final.

[22] Mitteilung der Kommission an den Rat und das Europäische Parlament „Aktualisierung der Mitteilung über die Beziehungen zu Beschwerdeführern in Fällen der Anwendung von Unionsrecht" v. 2.4.2012, COM(2012) 154 final Nr. 2.

[23] Abrufbar unter https://ec.europa.eu/assets/sg/report-a-breach/complaints_en/index.html (letzter Abruf: 14.3.2020) bzw. ABl. EG 1999, C 119, S. 5.

se zum Einreichen einer Beschwerde bei der Europäischen Kommission befinden sich auf deren Homepage.[25] Der Beschwerdeführer erhält binnen 15 Arbeitstagen eine Empfangsbestätigung und wird über den weiteren Verlauf des Verfahrens detailliert informiert.[26]

21 Um die Bearbeitung der Beschwerde zu erleichtern und zu beschleunigen, sollten die Beschwerdeführer den gerügten Sachverhalt so vollständig wie möglich darstellen und mit der Beschwerde alle ihnen zur Verfügung stehenden Dokumente vorlegen. In Vergabesachen sollte die Beschwerde möglichst umfassende Angaben zum Vergabeverfahren (Auftraggeber, Auftragsgegenstand, Datum des Verfahrens, Vertragswert, Datum der Zuschlagserteilung, Zuschlagsempfänger, Laufzeit des Vertrags) und zu dem gerügten Rechtsverstoß enthalten. Von besonderer Bedeutung sind Angaben darüber, ob die Vertragsausführung bereits begonnen hat, und über die Laufzeit des Vertrags. Der Beschwerdeführer sollte wenn möglich mindestens die Vergabeunterlagen und eventuelle Korrespondenz mit dem öffentlichen Auftraggeber sowie Dokumente aus einem eventuellen Nachprüfungsverfahren vorlegen.

22 **c) Ermessen der EU-Kommission.** Nach ständiger Rechtsprechung des EuGH verfügt die EU-Komm. über ein **weites Ermessen** hinsichtlich der Einleitung und Durchführung von Vertragsverletzungsverfahren, das nicht der Nachprüfung durch den EuGH unterliegt. So ist es in ihr Ermessen gestellt, ob[27] und wann[28] sie ein Vertragsverletzungsverfahren einleitet und wann[29] sie den EuGH anruft.[30]

23 Der Beschwerdeführer hat daher **kein subjektives Recht** auf Einleitung eines Vertragsverletzungsverfahrens durch die EU-Komm. Gegen die Ablehnung der Verfahrenseinleitung kann der Beschwerdeführer weder im Wege der Nichtigkeitsklage noch der Untätigkeitsklage mit Aussicht auf Erfolg vorgehen.[31]

2. Informelles Vorverfahren

24 Der förmlichen Einleitung des Vertragsverletzungsverfahrens durch Versendung eines Aufforderungsschreibens geht häufig zunächst ein informelles Vorverfahren voraus. Das gilt insbesondere für Vertragsverletzungsverfahren, die aufgrund von Beschwerden eingeleitet werden. Diese Phase ist durch **informelle Kontakte** zwischen der EU-Komm. und den Behörden des betroffenen Mitgliedstaats geprägt, um die Sach- und Rechtslage näher aufzuklären. Stellt sich dabei heraus, dass tatsächlich gegen das Unionsrecht verstoßen wurde, versucht die EU-Komm., den Fall in bilateralen Kontakten mit den zuständigen Behörden einer **einvernehmlichen Lösung** zuzuführen.[32] In den letzten Jahren konnten die meis-

[24] Mitteilung der Kommission an den Rat und das Europäische Parlament „Aktualisierung der Mitteilung über die Beziehungen zu Beschwerdeführern in Fällen der Anwendung von Unionsrecht" v. 2.4.2012, COM(2012) 154 final Nr. 3, 5.

[25] Abrufbar unter https://ec.europa.eu/assets/sg/report-a-breach/complaints_en/index.html (letzter Abruf: 14.3.2020).

[26] Mitteilung der Kommission an den Rat und das Europäische Parlament „Aktualisierung der Mitteilung über die Beziehungen zu Beschwerdeführern in Fällen der Anwendung von Unionsrecht" v. 2.4.2012, COM(2012) 154 final Nr. 4, 7 ff.

[27] EuGH Urt. v. 6.12.1989 – C-329/88, I-4159 – Kommission/Griechenland; Urt. v. 27.11.1990 – C-200/88, Slg. 1990, I-4299 (4307), Rn. 9 = BeckRS 2004, 72245 – Kommission/Griechenland; EuGH Urt. v. 14.5.2002 – C-383/00, DVBl 2002, 1061 Rn. 19 – Kommission/Griechenland.

[28] EuGH Urt. v. 1.6.1994 – C-317/92, EuZW 1994, 500 Rn. 4 – Kommission/Deutschland; EuGH Urt. v. 10.5.1995 – C-422/92, EuZW 1995, 614 Rn. 18 – Kommission Deutschland.

[29] EuGH Urt. v. 6.10.2009 – C-562/07, Slg. 2009, I-9553, Rn. 18 ff., IStR 2009, 812 – Kommission/Spanien.

[30] Vgl. auch Mitteilung der Kommission an den Rat und das Europäische Parlament „Aktualisierung der Mitteilung über die Beziehungen zu Beschwerdeführern in Fällen der Anwendung von Unionsrecht" v. 2.4.2012, COM(2012) 154 final, S. 3 mwN.

[31] Vgl. auch Mitteilung der Kommission an den Rat und das Europäische Parlament „Aktualisierung der Mitteilung über die Beziehungen zu Beschwerdeführern in Fällen der Anwendung von Unionsrecht" v. 2.4.2012, COM(2012) 154 final, S. 3 mwN; *Gundel* BayVBl 2017, 437 (439).

[32] Calliess/Ruffert/*Cremer* AEUV Art. 258 Rn. 5.

ten Vertragsverletzungsfälle (seit 2014 etwa 90%) auf diese Art vor Versendung eines förmlichen Aufforderungsschreibens an die Mitgliedstaaten abgeschlossen werden, da die Mitgliedstaaten auf Betreiben der Kommission geeignete Maßnahmen ergriffen, um dem EU-Recht zu entsprechen.[33] Auch im Bereich des **Vergaberechts** hat sich dieses informelle Vorverfahren bewährt, da Beschwerden über Einzelfälle so rasch und ressourcenschonend erledigt werden können.

3. Förmliches Vorverfahren

25 Das **Vertragsverletzungsverfahren** nach Art. 258 AEUV beginnt mit Einleitung des sog. förmlichen Vorverfahrens durch Übersendung eines Aufforderungsschreibens (auch Mahnschreiben genannt) der EU-Komm. an den Mitgliedstaat. Es besteht aus zwei Phasen, nämlich dem Aufforderungsschreiben und, sofern die Kommission den Fortgang des Vertragsverletzungsverfahrens beschließt, der Übersendung der mit Gründen versehenen Stellungnahme.

26 **a) Aufforderungsschreiben.** Gemäß Art. 258 Abs. 1 AEUV muss die Kommission dem Mitgliedstaat „Gelegenheit zur Äußerung" geben, bevor sie eine mit Gründen versehene Stellungnahme abgibt. Das geschieht durch Übersendung eines Aufforderungsschreibens, auch „Mahnschreiben" genannt, durch die EU-Komm. an die Zentralregierung des Mitgliedstaats.

27 Art. 258 AEUV sind keine näheren Vorgaben über die Ausgestaltung dieser ersten Stufe des förmlichen Vorverfahrens, insbesondere zu Inhalt und Frist zu entnehmen. Nach der Rechtsprechung des EuGH soll das Aufforderungsschreiben den **Gegenstand des Verfahrens eingrenzen** und dem Mitgliedstaat die **notwendigen Angaben zur Vorbereitung seiner Verteidigung** übermitteln. Dabei sind geringere Anforderungen an die Substantiierung des vorgeworfenen Unionsrechtsverstoßes zu stellen als an die mit Gründen versehene Stellungnahme. Danach genügt es, wenn das Aufforderungsschreiben eine erste **knappe Zusammenfassung der Beanstandungen** enthält, die die EU-Komm. dann später in der mit Gründen versehenen Stellungnahme näher darlegen kann.[34] Auch die herrschende Literaturmeinung lässt es ausreichen, dass das Aufforderungsschreiben eine **Sachverhaltsdarstellung** mit Mitteilung der Tatsachen, die nach Auffassung der EU-Komm. die Vertragsverletzung begründen, einen Verweis auf die anwendbaren Unionsrechtsvorschriften, die wesentlichen rechtlichen Gesichtspunkte zur Begründung des Unionsrechtsverstoßes sowie den Hinweis enthält, dass wegen dieser Tatsachen das Vertragsverletzungsverfahren eingeleitet wurde.[35]

28 Darüber hinaus ist anerkannt, dass bereits in dem Aufforderungsschreiben eine **angemessene Frist** anzugeben ist, innerhalb derer sich der Mitgliedstaat zu den Vorwürfen äußern kann.[36] In der Regel setzt die EU-Komm. eine Frist von zwei Monaten.[37] Die Frist kann in Einzelfällen aber auch kürzer sein. Ob die festgesetzte Frist angemessen ist, ist dabei unter Berücksichtigung sämtlicher Umstände des Einzelfalls zu beurteilen. Sehr kurze Fristen (zB eine Woche für die Beantwortung des Mahnschreibens, zwei Wochen für die Beantwortung der mit Gründen versehenen Stellungnahme) können unter besonderen Umständen gerechtfertigt sein, insbesondere, wenn einer Vertragsverletzung schnell

[33] Vgl. dazu die Informationen in den Jahresberichten der EU-Komm. über die Kontrolle der Anwendung des EU-Rechts.
[34] Calliess/Ruffert/*Cremer* AEUV Art. 258 Rn. 8 mwN.
[35] Vgl. Calliess/Ruffert/*Cremer* AEUV Art. 258 Rn. 9ff. mwN.
[36] EuGH Urt. v. 28.10.1999 – C-328/96, NZBau 2000, 150 (152) Rn. 51 – Kommission/Republik Österreich.
[37] Vgl. Calliess/Ruffert/*Cremer* AEUV Art. 258 Rn. 12 mwN.

begegnet werden muss oder wenn der betroffene Mitgliedstaat den Standpunkt der Kommission schon vor Einleitung des förmlichen Vorverfahrens vollständig kennt.[38]

29 Durch die Sachverhaltsschilderung in dem Mahnschreiben wird insbesondere der Gegenstand des Vertragsverletzungsverfahrens eingegrenzt. Eine **Erweiterung oder Veränderung des Streitgegenstands** in einem späteren Verfahrensstadium ist aus Gründen der Wahrung des rechtlichen Gehörs des Mitgliedstaats nicht mehr möglich. Vielmehr muss die EU-Komm. in einem solchen Fall ein **ergänzendes Aufforderungsschreiben** an den Mitgliedstaat richten, in dem die neuen oder geänderten Gesichtspunkte dargestellt werden und dem Mitgliedstaat erneut eine Frist zur Äußerung eingeräumt wird.[39] Der Mitgliedstaat erhält durch das Aufforderungsschreiben die Gelegenheit, sich zu den Vorwürfen der EU-Komm. zu äußern. Demgegenüber besteht **keine Äußerungspflicht** für den Mitgliedstaat. Auch begründet Art. 258 AEUV als Verfahren objektiver Rechtskontrolle für die Mitgliedstaaten **keine Obliegenheit,** die zur Präklusion bestimmter Einwände oder zur Verwirkung führen würde. Die Mitgliedstaaten sind allerdings gemäß Art. 4 Abs. 2 EUV verpflichtet, an den von der Kommission durchgeführten Untersuchungen mitzuwirken und die von ihr geforderten Auskünfte zu erteilen.[40] Ein Verstoß gegen diese Mitwirkungs- und Auskunftspflicht aus Art. 4 Abs. 3 EUV kann von der EU-Komm. ggf. in einem separaten Vertragsverletzungsverfahren verfolgt werden.

30 Nach Ablauf der im Aufforderungsschreiben gesetzten Frist zur Äußerung entscheidet die EU-Komm. über die **Einstellung** oder **Fortsetzung des Verfahrens.** Insoweit kommt ihr ein weites Ermessen zu.[41] Eine Einstellung des Verfahrens kommt vor allem in Betracht, wenn der Mitgliedstaat der EU-Komm. neue Informationen übermittelt hat, aus denen sich ergibt, dass die beanstandete Unionsrechtsverletzung nicht besteht oder vollständig beseitigt wurde. Tritt der Mitgliedstaat den Beanstandungen aus dem Aufforderungsschreiben dagegen nicht mit überzeugenden Argumenten entgegen oder äußert er sich überhaupt nicht, wird die EU-Komm. die zweite Phase des Vorverfahrens durch Übersendung der mit Gründen versehenen Stellungnahme einleiten.

31 **b) Mit Gründen versehene Stellungnahme.** Die mit Gründen versehene Stellungnahme enthält eine förmliche Aufforderung der EU-Komm. an den Mitgliedstaat, die **beanstandete Vertragsverletzung** innerhalb einer von der EU-Komm. gesetzten Frist **zu beenden** und ihr die ergriffenen Maßnahmen mitzuteilen. Wie bereits hinsichtlich des Aufforderungsschreibens ergeben sich aus Art. 258 AEUV keine konkreten inhaltlichen Vorgaben für die Stellungnahme. Diese wurden vielmehr durch die Rechtsprechung des EuGH und die Literatur konkretisiert. Die mit Gründen versehene Stellungnahme besteht danach aus einer zusammenhängenden Darstellung der Tatsachen, Rechtsgründe und Beweismittel, auf die die EU-Komm. ihren Vorwurf einer konkreten Vertragsverletzung stützt. Sie muss so abgefasst sein, dass der betroffene Mitgliedstaat deutlich erkennen kann, gegen welche Bestimmungen des Unionsrechts er verstoßen haben soll und auf welche Tatsachen die Kommission ihre Auffassung stützt. Daher darf sich die EU-Komm. nicht auf bloße Vermutungen stützen oder die Unionsrechtskonformität des Verhaltens lediglich in Zweifel ziehen.[42]

32 Von besonderer Bedeutung ist darüber hinaus das **Kontinuitätsgebot.** Danach darf die mit Gründen versehene Stellungnahme das Vorbringen aus dem Aufforderungsschreiben

---

[38] EuGH Urt. v. 28.10.1999 – C-328/96, NZBau 2000, 150 (152) Rn. 53ff. – Kommission/Republik Österreich; Calliess/Ruffert/*Cremer* AEUV Art. 258 Rn. 12 mwN.
[39] Calliess/Ruffert/*Cremer* AEUV Art. 258 Rn. 9, 16.
[40] EuGH Urt. v. 24.3.1988 – C-240/86, Slg. 1988, I-1835 = BeckRS 2004, 72564 Rn. 27 – Kommission/Griechenland; Calliess/Ruffert/*Cremer* AEUV Art. 258 Rn. 14 mwN.
[41] S. dazu → Rn. 23.
[42] Vgl. Calliess/Ruffert/*Cremer* AEUV Art. 258 Rn. 16ff. mwN.

lediglich präzisieren, nicht aber um zusätzliche Aspekte ergänzen.[43] Umstritten ist die Frage, ob ein erneutes Aufforderungsschreiben erforderlich ist oder ob das Verfahren weitergeführt werden darf, falls der betroffene Mitgliedstaat die beanstandete Maßnahme nach Empfang des Aufforderungsschreibens oder der mit Gründen versehenen Stellungnahme durch eine Neuregelung ersetzt bzw. die Verwaltungspraxis ändert, die geänderten Normen bzw. die geänderte Verwaltungspraxis nach Auffassung der Kommission aber ebenfalls unionsrechtswidrig sind. Überwiegend – und zutreffend – wird insoweit die Auffassung vertreten, dass ein neues Aufforderungsschreiben nicht erforderlich ist, wenn der im ursprünglichen Aufforderungsschreiben gerügte Vertragsverstoß im weiteren Lauf des Verfahrens lediglich durch eine in tatsächlicher und rechtlicher Hinsicht gleich gelagerte Regelung ersetzt wird. Andernfalls hätten es die Mitgliedstaaten in der Hand, gegebenenfalls durch geringfügige Modifikationen ihrer Rechtsordnung oder -praxis das Vertragsverletzungsverfahren der EU-Komm. dauerhaft zu behindern und damit zu torpedieren.[44]

Auch in der mit Gründen versehenen Stellungnahme muss die EU-Komm. dem betrof- 33
fenen Mitgliedstaat eine **angemessene Frist** setzen, innerhalb derer der beanstandete Vertragsverstoß zu beseitigen ist.[45]

Kommt der Mitgliedstaat innerhalb der gesetzten Frist der Aufforderung nicht nach, 34
trifft die EU-Komm. eine **Entscheidung über die Anrufung des EuGH.** Diese Entscheidung muss aufgrund des Kollegialprinzips (Art. 250 AEUV) von der EU-Komm. gemeinschaftlich beraten werden. Nach der Rechtsprechung des EuGH braucht das Kollegium dagegen nicht selbst den Wortlaut der Rechtsakte, durch die die Entscheidungen umgesetzt werden, und ihre endgültige Ausgestaltung zu beschließen.[46] Die Entscheidung über die Klageerhebung steht im **Ermessen** der Kommission. Dieses bezieht sich sowohl auf die Frage des Ob als auch des Wann der Klageerhebung.[47]

4. Gerichtsverfahren

Gemäß Art. 258 Abs. 1 AEUV kann die Kommission, wenn der Mitgliedstaat der mit 35
Gründen versehenen Stellungnahme nicht innerhalb der von der Kommission gesetzten Frist nachkommt, den EuGH anrufen. Wie der Formulierung des Art. 260 Abs. 1 AEUV zu entnehmen ist, handelt es sich dabei um eine reine **Feststellungsklage.** Die Klage ist auf die Feststellung gerichtet, dass der beklagte Staat durch ein bestimmtes Verhalten gegen das Unionsrecht verstoßen hat. Dagegen kann im Wege der Vertragsverletzungsklage nicht erreicht werden, dass der EuGH nationale Rechtsnormen für unionsrechtswidrig erklärt oder den Mitgliedstaat zu einem bestimmten Verhalten oder Unterlassen verurteilt.

a) Zulässigkeit der Klage. aa) Zuständigkeit. Gemäß Art. 258 Abs. 2 AEUV ist **aus-** 36
schließlich der **EuGH** für Vertragsverletzungsverfahren nach dieser Vorschrift zuständig.

bb) Parteifähigkeit. Parteifähig im Klageverfahren nach Art. 258 AEUV sind die **EU-** 37
Kommission als Klägerin und die **Mitgliedstaaten als Beklagte.** Die Mitgliedstaaten werden dabei durch ihre (Zentral-)Regierungen vertreten. Weder der Beschwerdeführer oder andere betroffene natürliche oder juristische Personen noch die für die beanstandete Handlung verantwortliche innerstaatliche Stelle sind förmlich an dem Vertragsverletzungsverfahren beteiligt. In **Vergabesachen** hat das zur Folge, dass der öffentliche Auftraggeber, dem der Verstoß gegen das Unionsrecht vorgeworfen wird, nicht unmittelbar am Verfahren beteiligt ist. Wird etwa eine Auftragsvergabe durch eine deutsche Kommune oder ein

---

[43] EuGH Urt. v. 8.2.1983 – C-124/81, EuGHE 1983, 203 Rn. 6 = BeckRS 2004, 71422 – Kommission/Vereinigtes Königreich; Calliess/Ruffert/*Cremer* AEUV Art. 258 Rn. 16 mwN.
[44] Eingehend dazu Calliess/Ruffert/*Cremer* AEUV Art. 258 Rn. 19ff mwN.
[45] Calliess/Ruffert/*Cremer* AEUV Art. 258 Rn. 24; s. dazu → Rn. 29.
[46] Calliess/Ruffert/*Cremer* AEUV Art. 258 Rn. 23 mwN.
[47] S. dazu → Rn. 22f.

Bundesland beanstandet, so kann sich weder die Kommune noch das Bundesland direkt gegenüber der EU-Komm. oder vor dem Gerichtshof rechtfertigen. Kommune und Bundesland können ihre Position nur indirekt über die zuständigen Bundesbehörden einbringen.

38 **cc) Klagegegenstand.** Zulässiger Klagegegenstand im Vertragsverletzungsverfahren sind nur **staatliche Vertragsverletzungen.** Der Begriff der Vertragsverletzung ist dabei weit auszulegen. Erfasst ist das gesamte für die Mitgliedstaaten verbindliche Recht der Europäischen Union, dh das gesamte Primär- und Sekundärrecht einschließlich ungeschriebener Rechtsgrundsätze sowie Abkommen der Europäischen Union mit Drittstaaten.[48]

39 Die Unionsrechtsverletzung muss dem Staat zurechenbar sein. Als Urheber kommen dabei **alle staatlichen Einrichtungen** in dem betreffenden Mitgliedstaat in Betracht. Neben der staatlichen Zentralgewalt sind demnach auch sämtliche Behörden und Stellen der staatlichen Untergliederungen erfasst. Den Mitgliedstaaten werden insbesondere solche Vertragsverletzungen zugerechnet, die von einem Bundesland[49] oder einer Region[50] im Rahmen seiner/ihrer Zuständigkeiten oder durch eine Gebietskörperschaft[51] in Ausübung ihres Selbstverwaltungsrechts begangen worden sind. Auch Handlungen oder Unterlassungen **verfassungsmäßig unabhängiger Organe,** also insbesondere von Parlamenten und Gerichten, werden dem Mitgliedstaat zugerechnet, wobei die EU-Komm. gegen Vertragsverletzungen durch mitgliedstaatliche Gerichte bislang eher zurückhaltend und nur in Fällen bewusster Unionsrechtsverstöße vorgeht.[52] Das Verhalten Privater kann grundsätzlich nicht Gegenstand eines Vertragsverletzungsverfahrens sein. Anderes gilt aber, wenn dem Mitgliedstaat entscheidender Einfluss auf das Verhalten Privater zukommt, etwa wenn es sich um privatrechtlich organisierte, aber staatlich kontrollierte bzw. finanzierte Gesellschaften handelt.[53] Im **Vergaberecht** hat die umfassende Zurechnung staatlichen Handelns zur Folge, dass die Handlungen von **Auftraggebern im Sinne von § 98 GWB** durchweg Gegenstand von Vertragsverletzungen sein können.

40 **dd) Ordnungsgemäße Durchführung des Vorverfahrens und Kontinuitätsgebot.** Die Zulässigkeit der Klage setzt die ordnungsgemäße Durchführung des förmlichen Vorverfahrens voraus. Insbesondere müssen die formalen und inhaltlichen Anforderungen an das Aufforderungsschreiben und die mit Gründen versehene Stellungnahme eingehalten worden sein.[54]

41 Bezüglich der Frage, ob eine **unangemessen kurze Fristsetzung** im Mahnschreiben oder in der mit Gründen versehenen Stellungnahme stets zur Unzulässigkeit der Klage führt oder ob dieser Mangel heilbar ist, findet sich in der EuGH-Rechtsprechung eine sehr feinsinnige Differenzierung. Während der EuGH das bloße Vorbringen der EU-Komm., eine zu kurz bemessene Frist im Mahnschreiben und in der mit Gründen versehene Stellungnahme sei unschädlich, da sie eine Antwort des Mitgliedstaats auch nach Fristablauf noch berücksichtigt hätte, für nicht ausreichend erachtet, hat er eine Klage in einem Fall als zulässig eingestuft, in dem die EU-Komm. die ca. drei Monate nach Ablauf

[48] Vgl. Calliess/Ruffert/*Cremer* AEUV Art. 258 Rn. 27 ff. mwN.

[49] Vgl. EuGH Urt. v. 12.6.1990 – C-8/88, Slg. 1990, I-2321 = BeckRS 2004, 73740 Rn. 13 – Deutschland/Kommission.

[50] Vgl. EuGH Urt. v. 13.12.1991 – C-33/90, Slg. 1991, I-5987 = BeckRS 2004, 76485 Rn. 24 – Kommission/Italien.

[51] Vgl. EuGH Urt. v. 10.4.2003 – C-20/01 und C-28/01, NZBau 2003, 393 – Abfallentsorgung Braunschweig I.

[52] Vgl. Calliess/Ruffert/*Cremer* AEUV Art. 258 Rn. 28 mwN.

[53] Vgl. EuGH Urt. v. 24.11.1982 – C- 249/81, NJW 1983, 2755 Rn. 15 – Kommission/Irland; Calliess/Ruffert/*Cremer* AEUV Art. 258 Rn. 27 mwN.

[54] S. dazu → Rn. 26 ff., → Rn. 31 ff.

der zu kurzen Frist eingegangene Antwort des betroffenen Mitgliedstaats tatsächlich abgewartet hatte, bevor sie Klage erhob.[55]

Für die Zulässigkeit der Klage von ausschlaggebender Bedeutung ist außerdem die **Wahrung des Kontinuitätsgebots.** Nach ständiger Rechtsprechung des EuGH muss die Klage auf das gleiche Vorbringen gestützt werden wie die mit Gründen versehene Stellungnahme. Rügen, die nicht bereits in der mit Gründen versehenen Stellungnahme enthalten waren, werden vom EuGH als unzulässig erachtet und daher nicht geprüft. Das gilt selbst dann, wenn sich der Mitgliedstaat in seiner Antwort auf die mit Gründen versehene Stellungnahme aus eigenem Antrieb bereits zu dem erweiterten Vorwurf geäußert hat.[56] 42

ee) Rechtsschutzinteresse. Als Verfahren der objektiven Rechtskontrolle setzt das Vertragsverletzungsverfahren **weder eine Klagebefugnis noch ein subjektives Interesse** der EU-Komm. voraus; die EU-Kommission braucht daher kein „spezifisches Rechtsschutzinteresse" nachzuweisen.[57] Allerdings stellt sich die Frage, ob eine Klage mangels – objektiv verstandenen – Rechtsschutzinteresses unzulässig ist, wenn sich die **Vertragsverletzung nach Verfahrenseinleitung erledigt** hat. Nach herrschender Meinung ist maßgeblicher Zeitpunkt für die Beurteilung des Vorliegens einer Vertragsverletzung der Ablauf der in der mit Gründen versehenen Stellungnahme gesetzten Frist.[58] 43

In **Vergabesachen** ist darauf abzustellen, dass der Unionsrechtsverstoß – regelmäßig wird es um einen Verstoß gegen die Vergaberichtlinien gehen – erst dann nicht mehr besteht, wenn bei Ablauf der Frist aus der mit Gründen versehenen Stellungnahme alle Wirkungen der streitgegenständlichen Ausschreibung erschöpft sind. Es genügt demnach nicht, dass das Vergabeverfahren in diesem Zeitpunkt abgeschlossen war. Vielmehr müssen auch die streitigen Verträge in diesem Zeitpunkt bereits vollständig erfüllt worden sein. Denn nach der Rechtsprechung des EuGH dauert die durch die Missachtung der Vergaberichtlinien erfolgte Beeinträchtigung des freien Dienstleistungsverkehrs während der gesamten Dauer der Erfüllung der unter Verstoß gegen diese Richtlinien geschlossenen Verträge fort.[59] 44

ff) Form und Frist. Die Klageschrift muss den allgemeinen Anforderungen über Klagen vor dem EuGH nach Art. 21 Abs. 1 S. 2 EuGH-Satzung und Art. 57 EuGH-Verfahrensordnung genügen. Sie muss neben der Bezeichnung der Parteien und den Klageanträgen insbesondere eine Darstellung des Streitgegenstands und der Klagegründe enthalten sowie die Bezeichnung der Beweismittel. 45

Eine Frist, innerhalb derer die EU-Komm. den EuGH im Vertragsverletzungsverfahren anrufen muss, sieht der AEUV nicht vor. Der Kommission kommt insoweit Ermessen zu bei der Entscheidung darüber, wann sie nach Ablauf der Frist aus der mit Gründen versehenen Stellungnahme den EuGH anruft.[60] In der Literatur wird allerdings angenommen, dass die Kommission ihr Klagerecht verwirkt, wenn sie unangemessen lange untätig bleibt.[61] 46

b) Begründetheit der Klage. aa) Objektive Vertragsverletzung. Die Vertragsverletzungsklage ist begründet, wenn der von der Kommission behauptete Verstoß gegen Uni- 47

---

[55] Vgl. Calliess/Ruffert/*Cremer* AEUV Art. 258 Rn. 13 mwN.

[56] Vgl. Calliess/Ruffert/*Cremer* AEUV Art. 258 Rn. 29.

[57] StRspr, vgl. nur EuGH Urt. v. 11.8.1995 – C-431/92, NVwZ 1996, 369 Rn. 21 mwN; EuGH Urt. v. 10.4.2003 – C-20/01 und 28/01, NZBau 2003, 393 Rn. 29 mwN – Abfallentsorgung Braunschweig I; Calliess/Ruffert/*Cremer* AEUV Art. 258 Rn. 30 mwN.

[58] Ausf. zum Meinungsstand Calliess/Ruffert/*Cremer* AEUV Art. 258 Rn. 30f. mwN.

[59] EuGH Urt. v. 10.4.2003 – C-20/01 und C-28/01, NZBau 2003, 393 (394) – Abfallentsorgung Braunschweig I; EuGH Urt. v. 18.7.2007 – C-503/04, NZBau 2007, 594 (595) – Abfallentsorgung Braunschweig II; *Bitterich* EWS 2005, 162 (164); *Gundel* BayVBl. 2017, 437 (440) mwN.

[60] → Rn. 22.

[61] Vgl. Calliess/Ruffert/*Cremer* AEUV Art. 258 mwN.

onsrecht objektiv besteht und dem Mitgliedstaat zuzurechnen ist. Auf ein Verschulden des Mitgliedstaats oder sonstige subjektive Tatbestandsmerkmale kommt es dabei nicht an.[62] Maßgeblicher Zeitpunkt für die Beurteilung des Vorliegens der Vertragsverletzung ist dabei der Ablauf der in der mit Gründen versehenen Stellungnahme gesetzten Frist.[63]

48 **bb) Beweislast und Einwendungen des Mitgliedstaats.** Die Beweislast für die behauptete Vertragsverletzung trägt grundsätzlich die **EU-Komm.** Nach ständiger Rechtsprechung des EuGH muss sie alle Anhaltspunkte liefern, die der EuGH zur Prüfung des Vorliegens der Vertragsverletzung benötigt, wobei sie sich nicht auf Vermutungen stützen darf.[64] Richtet sich die Klage gegen die nationale Verwaltungspraxis bei der Anwendung einer bestimmten Vorschrift, muss die Kommission beweisen, dass eine **hinreichend verfestigte und allgemeine Verwaltungspraxis** besteht. Im Vergaberecht kommt insoweit etwa die Aufzählung exemplarischer Einzelfälle und weiterer Gesichtspunkte, wie etwa eine ungewöhnlich niedrige Zahl europaweiter Ausschreibungen, in Betracht. In Verfahren wegen Verstößen gegen die **primärrechtlichen Grundsätze der Transparenz und Nichtdiskriminierung** bei der Vergabe öffentlicher Aufträge außerhalb des Anwendungsbereichs der Vergaberichtlinien, also insbesondere bei Aufträgen unterhalb der Schwellenwerte, bei öffentlichen Aufträgen über nicht-prioritäre Dienstleistungen und bei Dienstleistungskonzessionen, muss die EU-Kommission beweisen, dass der betreffende Auftrag für ein Unternehmen aus einem anderen Mitgliedstaat von eindeutigem Interesse ist und dass dieses Unternehmen nicht in der Lage war, sein Interesse an dem Auftrag zu bekunden, weil es vor dessen Vergabe keinen Zugang zu angemessenen Informationen hatte. Der bloße Hinweis auf die Beschwerde eines Unternehmens, die die EU-Kommission im Zusammenhang mit dem fraglichen Auftrag erhalten hat, genügt für den Nachweis eines eindeutigen grenzüberschreitenden Interesses an diesem Auftrag allerdings nicht.[65]

49 Den **Mitgliedstaat** trifft die Beweislast für sämtliche Umstände, die einer Verletzung des Unionsrechts entgegenstehen. Im **Vergaberecht** betrifft das insbesondere das Eingreifen von Regelungen zu Ausnahmen vom Anwendungsbereich des EU-Vergaberechts oder von Ausnahmebestimmungen, die eine Auftragsvergabe ohne vorherige europaweite Bekanntmachung rechtfertigen.[66]

50 Die **Verteidigungsmöglichkeiten des beklagten Mitgliedstaats** beschränken sich auf das Bestreiten des von der Kommission vorgetragenen Sachverhalts sowie auf die Darlegung ihm günstiger Rechtsansichten. Demgegenüber können sich Mitgliedstaaten nicht mit Erfolg auf Bestimmungen, Übungen oder Umstände ihrer nationalen Rechtsordnung (einschließlich des Verfassungsrechts) berufen, um die Nichtbeachtung unionsrechtlicher Verpflichtungen zu rechtfertigen.[67] Ebenso wenig können sich Mitgliedstaaten zur Rechtfertigung ihrer Vertragsverletzung darauf berufen, dass auch andere Mitgliedstaaten oder Organe der EU sich vertragswidrig verhielten. Auch den Einwand, eine Änderung des innerstaatlichen Rechts sei wegen des ohnehin eingreifenden Anwendungsvorrangs des Unionsrechts nicht erforderlich, hat der EuGH zurückgewiesen. Dasselbe gilt für den Einwand einer nur geringen Schwere des Verstoßes. Schließlich

---

62 Calliess/Ruffert/*Cremer* AEUV Art. 258 Rn. 33f. mwN.

63 EuGH Urt. v. 18.7.2007 – C-503/04, NZBau 2007, 594 (595) Rn. 19 – Abfallentsorgung Braunschweig II; s. dazu bereits → Rn. 44f.

64 EuGH Urt. v. 6.11.2003 – C-434/01, Slg. 2003, I-13239 = BeckRS 2004, 77232 Rn. 21 – Kommission/Vereinigtes Königreich; EuGH Urt. v. 13.11.2007 – C-507/03, BeckRS 2007, 70912 Rn. 33 mwN – Kommission/Irland.

65 EuGH Urt. v. 13.11.2007 – C-507/03, BeckRS 2007, 70912 Rn. 32, 34 – Kommission/Irland.

66 EuGH Urt. v. 10.4.2003 – C-20/01 und C-28/01, NZBau 2003, 393 (396) Rn. 67 – Abfallentsorgung Braunschweig I; EuGH Urt. v. 15.10.2009 – C-275/08, EuZW 2009, 858 (861f.) Rn. 56ff. – Kommission/Deutschland; *Ax/Schneider,* Rechtsschutz bei der öffentlichen Auftragsvergabe, S. 197 Rn. 316.

67 StRspr, vgl. nur EuGH Urt. v. 18.7.2007 – C-503/04, NZBau 2007, 594 (596) Rn. 38 mwN – Abfallentsorgung Braunschweig II.

lässt auch die Tatsache, dass der Mitgliedstaat an den durch den Verstoß Geschädigten bereits Schadensersatz geleistet hat, die Vertragsverletzung nicht entfallen.[68] Eine Rechtfertigung ist nur möglich, wenn es dem Mitgliedstaat **objektiv unmöglich** ist, sich vertragsgemäß zu verhalten.[69]

c) Urteil. Erweist sich die Vertragsverletzungsklage als zulässig und begründet, stellt der EuGH fest, dass der beklagte Mitgliedstaat gegen eine Verpflichtung aus dem Unionsrecht verstoßen hat (vgl. Art. 260 Abs. 1 AEUV). Es ergeht demnach ein **Feststellungsurteil.** Der EuGH darf demgegenüber die vertragswidrige Maßnahme weder aufheben noch den vertragsbrüchigen Mitgliedstaat verpflichten, den Unionsrechtsverstoß zu beseitigen. Allerdings kann der EuGH in den Urteilsgründen Hinweise dazu geben, wie die Vertragsverletzung beseitigt werden kann.[70] Die **Rechtsfolgen** eines solchen Feststellungsurteils ergeben sich aus **Art. 260 AEUV.**[71] 51

Erweist sich die Vertragsverletzungsklage als unzulässig oder unbegründet, ergeht ein klageabweisendes Urteil des EuGH. Eine erneute Befassung des EuGH mit demselben Streitgegenstand (Klageantrag und Klagegrund) ist im Falle einer Klageabweisung wegen Unzulässigkeit grundsätzlich möglich, nachdem ein erneutes korrektes Vorverfahren durchgeführt wurde. Im Falle der Unbegründetheit der Klage kommt eine erneute Anrufung des EuGH wegen desselben Streitgegenstands dagegen nur nach Maßgabe des Wiederaufnahmeverfahrens gemäß Art. 44 EuGH-Satzung in Betracht. Das setzt insbesondere voraus, dass eine Tatsache von entscheidender Bedeutung bekannt wird, die vor Verkündung des klagabweisenden Urteils dem EuGH und der die Wiederaufnahme beantragenden Partei unbekannt war. 52

5. Beschleunigung des Verfahrens und einstweilige Anordnungen

Gerade in Vergabesachen erweist sich das mehrstufige Vorverfahren und das recht langwierige Klageverfahren vor dem EuGH als erhebliche Hürde bei der Herstellung unionsrechtskonformen Verhaltens der Mitgliedstaaten, da unionsrechtswidrig erteilte öffentliche Aufträge häufig bereits erfüllt sind, bevor eine Vertragsverletzungsklage erhoben wird oder ein entsprechendes Urteil des EuGH ergeht. Die EU-Komm. kann das **Verfahren beschleunigen,** indem sie **kurze Fristen im Vorverfahren** setzt[72] oder auf die gemäß Art. 20 EuGH-Satzung ermöglichte **Replik verzichtet.** 53

Darüber hinaus kann die EU-Komm. nach Klageerhebung einen Antrag auf Erlass einer **einstweiligen Anordnung** durch den EuGH gemäß Art. 279 AEUV stellen. Der EuGH hält solche einstweiligen Anordnungen – die Eilbedürftigkeit und die Notwendigkeit der Maßnahmen zur Abwendung irreparabler und schwerer Schäden vorausgesetzt – für unproblematisch. In der Literatur wird demgegenüber teilweise eingewandt, der EuGH gehe mit der Anwendung des Art. 279 AEUV über die im Hauptverfahren allein mögliche Feststellung einer Vertragsverletzung hinaus.[73] 54

II. Rechtsfolgen der Feststellung eines Unionsrechtsverstoßes

1. Pflicht zur Beseitigung der Vertragsverletzung, Art. 260 Abs. 1 AEUV

Stellt der EuGH fest, dass ein Mitgliedstaat gegen eine Verpflichtung aus den Verträgen verstoßen hat, so ist dieser Staat gemäß Art. 260 Abs. 1 AEUV verpflichtet, die Maßnah- 55

[68] Vgl. Calliess/Ruffert/*Cremer* AEUV Art. 258 Rn. 34 mwN.
[69] EuGH Urt. v. 4.7.1996 – C-50/94, EuGHE 1996 I-3331 Rn. 39 mwN – Griechenland/Kommission; Calliess/Ruffert/*Cremer* AEUV Art. 258 Rn. 34 mwN.
[70] Calliess/Ruffert/*Cremer* AEUV Art. 260 Rn. 2.
[71] S. dazu → Rn. 55 ff.
[72] S. dazu → Rn. 28, 33.
[73] Vgl. zum Meinungsstand Calliess/Ruffert/*Cremer* AEUV Art. 258 Rn. 36 f. mwN.

men zu ergreifen, die sich aus dem Urteil des Gerichtshofs ergeben. Art. 260 Abs. 1 AEUV enthält demnach eine **primärrechtliche Verpflichtung zur Beendigung des mit dem Urteil festgestellten Vertragsverstoßes.**

56 **a) Adressat.** Adressat der Verpflichtung aus Art. 260 Abs. 1 AEUV ist der Mitgliedstaat. Das umfasst **alle staatlichen Stellen,** die für die Durchführung der Maßnahmen, die sich aus dem Urteil ergeben, zuständig sind. Wird im Urteil die Unvereinbarkeit bestimmter nationaler Rechtsvorschriften mit dem Unionsrecht festgestellt, müssen die zuständigen gesetzgebenden Organe die nationale Rechtsvorschrift entsprechend den Anforderungen des Unionsrechts ändern, aufheben oder ergänzen. Verwaltungsbehörden sind verpflichtet, ihre Praxis zu ändern und die europarechtswidrige Bestimmung nicht anzuwenden. Auch Gerichte müssen das Feststellungsurteil beachten und nationale Rechtsvorschriften ggf. europarechtskonform auslegen. Da sämtliche staatlichen Stellen zur Umsetzung des Vertragsverletzungsurteils verpflichtet sind, können sich im Bereich des **Vergaberechts** auch unmittelbare Handlungspflichten für den **öffentlichen Auftraggeber,** der die rechtswidrige Vergabe durchgeführt hat, ergeben.[74]

57 **b) Frist.** Art. 260 Abs. 1 AEUV enthält keine ausdrückliche Frist für die Beseitigung der Vertragsverletzung. Nach ständiger Rechtsprechung des EuGH verlangt jedoch das Interesse an einer sofortigen und einheitlichen Anwendung des Unionsrechts, dass diese Durchführung **unverzüglich** begonnen und innerhalb kürzest möglicher Frist abgeschlossen wird.[75]

58 **c) Inhalt der Beseitigungspflicht in Vergabesachen.** Nachdem im Anschluss an die gegen die Bundesrepublik Deutschland ergangene Entscheidung des EuGH in Sachen „Abfallentsorgung Braunschweig I" vom 10.4.2003[76] umstritten war, welche Rechtspflichten sich aus der dortigen Feststellung des EuGH, dass die durch die Missachtung der Bestimmungen der Richtlinie 92/50/EWG erfolgte Beeinträchtigung des freien Dienstleistungsverkehrs während der gesamten Dauer der Erfüllung der unter Verstoß gegen diese Richtlinie geschlossenen Verträge fortdauere, ergeben,[77] hat der EuGH mit seinem Urt. v. 18.7. 2007 in Sachen „Abfallentsorgung Braunschweig II"[78] klargestellt, dass grundsätzlich eine **Pflicht zur Beendigung europarechtswidriger Verträge** besteht.[79] Der EuGH stellt in diesem Urteil fest, dass dadurch, dass der im Verhandlungsverfahren ohne vorherige Vergabebekanntmachung vergebene Abfallentsorgungsvertrag nicht vor Ablauf der von der Kommission in der mit Gründen versehenen Stellungnahme gesetzten Frist gekündigt worden war, die Vertragsverletzung zu diesem Zeitpunkt noch weiter bestand. Die durch die Missachtung der Richtlinie 92/50/EWG erfolgte Beeinträchtigung des freien Dienstleistungsverkehrs dauere nämlich während der gesamten Dauer der Erfüllung der unter Verstoß gegen diese Richtlinie geschlossenen Verträge fort. Daher könne nicht davon die Rede sein, dass die Bundesrepublik Deutschland in Bezug auf diesen von der Stadt Braunschweig geschlossenen Vertrag die sich aus dem Urteil „Abfallentsorgung Braunschweig I" vom 10.4.2003 ergebenden Maßnahmen ergriffen hätte.[80] Die von der Bundesrepublik Deutschland dagegen vorgebrachten Einwände ließ der EuGH nicht gelten. Zu Art. 2

[74] Vgl. Calliess/Ruffert/*Cremer* AEUV Art. 260 Rn. 4 mwN.

[75] EuGH Urt. v. 25.11.2003 – C-278/01, Slg. 2003, I-14141 = BeckRS 2004, 75924 Rn. 27 mwN – Kommission/Spanien; Calliess/Ruffert/*Cremer* AEUV Art. 260 Rn. 6 mwN.

[76] EuGH Urt. v. 10.4.2003 – C-20/01 und C-28/01, NZBau 2003, 393 – Abfallentsorgung Braunschweig I.

[77] Für Vertragsbeendigung/Rückabwicklung *Kalbe* EWS 2003, 566 (567); *Bitterich* EWS 2005, 162 (165); aA *Heuvels* NZBau 2005, 32 (33ff.).

[78] EuGH Urt. v. 18.7.2007 – C-503/04, NZBau 2007, 594 – Abfallentsorgung Braunschweig II.

[79] Vgl. auch *Burger* KommJur 2013, 41 (52); *Jennert/Räuchle* NZBau 2007, 555 (556); Calliess/Ruffert/*Cremer* AEUV Art. 260 Rn. 5 mwN.

[80] EuGH Urt. v. 18.7.2007 – C-503/04, NZBau 2007, 594 (596) Rn. 29f.

Abs. 6 UAbs. 2 der Richtlinie 89/665/EWG, wonach ein Mitgliedstaat in seinen Rechtsvorschriften vorsehen kann, dass nach dem Vertragsschluss im Anschluss an die Zuschlagserteilung nur noch Schadensersatzklagen zulässig sind, während Primärrechtsschutz ausgeschlossen ist, verwies der EuGH (wie bereits im Urteil „Abfallentsorgung Braunschweig I") darauf, dass diese Richtlinienbestimmung nicht dazu führen könne, dass das Verhalten des Auftraggebers gegenüber Dritten nach Abschluss dieser Verträge als gemeinschaftsrechtskonform anzusehen sei; sie lasse damit die Tragweite des Art. 258 AEUV unberührt. Das gelte auch für Art. 260 AEUV, weil sonst die Tragweite der die Schaffung des Binnenmarkts betreffenden Bestimmungen des Vertrags beschränkt würde.[81] Soweit sich die Bundesregierung auf die Grundsätze der Rechtssicherheit und des Vertrauensschutzes sowie den Grundsatz „pacta sunt servanda" und das Grundrecht auf Eigentum berief, erklärte der EuGH, dass diese Grundsätze sowie das Grundrecht, selbst wenn sie im Verhältnis zwischen dem öffentlichen Auftraggeber und dessen Vertragspartner bei einer Kündigung des Vertrags geltend gemacht werden können, keinesfalls geeignet seien, die Nichtdurchführung eines eine Vertragsverletzung nach Art. 258 AEUV feststellenden Urteils zu rechtfertigen, wodurch sich der Mitgliedstaat nämlich seiner gemeinschaftsrechtlichen Verantwortung entziehen könnte.[82] Damit hat der EuGH sämtliche für einen **Bestandsschutz** des unionsrechtswidrig abgeschlossenen Vertrags vorgebrachten Argumente **zurückgewiesen.** Daraus ist die Schlussfolgerung zu ziehen, dass die Mitgliedstaaten grundsätzlich verpflichtet sind, einen öffentlichen Auftrag, dessen europarechtswidrige Vergabe in einem Vertragsverletzungsurteil festgestellt wurde, innerhalb der kürzest möglichen Zeit zu beenden. Dabei sind die Mitgliedstaaten verpflichtet, alle nach nationalem Recht bestehenden Möglichkeiten zu ergreifen und unter Beachtung der Grundsätze der Gleichwertigkeit und der Effektivität die zur Durchsetzung des Unionsrechts zur Verfügung stehenden Rechtsbehelfe auszuschöpfen.

59 In dem Fall der Vergabe einer **Dienstleistungskonzession** hat der EuGH insoweit klargestellt, dass der Grundsatz der Gleichbehandlung und das Verbot der Diskriminierung aus Gründen der Staatsangehörigkeit, die in den Art. 43 und 49 EG verankert sind, sowie die daraus fließende Transparenzpflicht nicht in allen Fällen, in denen behauptet wird, dass diese Pflicht bei der Vergabe von Dienstleistungskonzessionen verletzt worden sei, die nationalen Behörden zur Kündigung des Vertrags und die nationalen Gerichte zu einer Unterlassungsanordnung verpflichten. Es sei vielmehr Sache des innerstaatlichen Rechts, die Rechtsschutzmöglichkeiten, die den Schutz der dem Bürger aus dieser Pflicht erwachsenden Rechte gewährleisten sollen, so zu regeln, dass sie nicht weniger günstig ausgestaltet sind als die entsprechenden innerstaatlichen Rechtsschutzmöglichkeiten und die Ausübung dieser Rechte nicht praktisch unmöglich machen oder übermäßig erschweren.[83] Neben dem Abschluss von Aufhebungsverträgen ist zum Zweck der kurzfristigen Vertragsbeendigung insbesondere die Möglichkeit einer ordentlichen oder außerordentlichen Kündigung zu prüfen.[84]

2. Sanktionsverfahren, Art. 260 Abs. 2 AEUV

60 Bis zum In-Kraft-Treten des Maastrichter Vertrags am 1.11.1993 enthielt das Gemeinschaftsrecht keine spezifischen Regelungen über Sanktionen gegenüber Mitgliedstaaten, die ein Urteil in einem Vertragsverletzungsverfahren nicht befolgen. Die EU-Kommission hatte bis dahin lediglich die Möglichkeit, ein zweites Vertragsverletzungsverfahren nach Art. 258 AEUV (früher Art. 226 EGV) einzuleiten. Dieses zweite Vertragsverletzungsverfahren konnte allerdings ebenfalls wieder nur zu der Feststellung durch den EuGH führen, dass der Mitgliedstaat seiner aus dem ersten Vertragsverletzungsurteil folgenden Pflicht zur

---

[81] EuGH Urt. v. 18.7.2007 – C-503/04, NZBau 2007, 594 (596) Rn. 33f.
[82] EuGH Urt. v. 18.7.2007 – C-503/04, NZBau 2007, 594 (596) Rn. 36.
[83] EuGH Urt. v. 13.4.2010 – C-91/08, NZBau 2010, 382 (386) Rn. 65 – Wall AG.
[84] S. dazu → Rn. 76ff.

Beseitigung des Vertragsverstoßes nicht nachgekommen ist.[85] Durch die Einfügung des neuen Abs. 2 in Art. 260 AEUV durch den Maastrichter Vertrag wurde erstmals ein **spezielles Sanktionsverfahren** geschaffen, das dem EuGH die Möglichkeit eröffnet, nicht mehr nur die Nichtbefolgung des ersten Vertragsverletzungsurteils festzustellen, sondern gegen den betreffenden Mitgliedstaat auch die **Zahlung eines Pauschalbetrags** und/oder eines **Zwangsgelds** zu verhängen. Das Sanktionsverfahren, das einem solchen Urteil des EuGH gemäß Art. 260 Abs. 2 AEUV vorausgehen muss, ähnelt dem Vertragsverletzungsverfahren nach Art. 258 AEUV. Es ist ebenfalls als mehrstufiges Verfahren mit einem **Vorverfahren** und einem **Klageverfahren** ausgestaltet. Anders als in Vertragsverletzungsverfahren gemäß Art. 258 AEUV ist jedoch durch den Vertrag von Lissabon die Notwendigkeit einer mit Gründen versehenen Stellungnahme weggefallen. Die EU-Komm. kann daher nach dem fruchtlosen Ablauf der im Aufforderungsschreiben gesetzten Frist unmittelbar den EuGH anrufen. Das in Art. 260 Abs. 2 AEUV vorgesehene Verfahren läuft damit in der Praxis schneller ab. Die EU-Kommission gibt als durchschnittliche Dauer einen Zeitraum zwischen acht und achtzehn Monaten an.[86]

61 **a) Verfahrensablauf. aa) Informelles Vorverfahren.** Nach Erlass eines klagestattgebenden Urteils in einem Vertragsverletzungsverfahren gemäß Art. 258 AEUV richtet die EU-Komm. in der Regel innerhalb von vier Wochen ein Verwaltungsschreiben an den verurteilten Mitgliedstaat, in dem sie diesen an seine Verpflichtung nach Art. 260 Abs. 1 AEUV erinnert und um Mitteilung der zur Befolgung des Urteils ergriffenen Maßnahmen bittet.[87] Reagiert der Mitgliedstaat auf dieses Erinnerungsschreiben nicht oder aus Sicht der Kommission nicht in zufriedenstellender Weise, entscheidet die EU-Komm. über die Einleitung des Sanktionsverfahrens nach Art. 260 Abs. 2 AEUV.

62 **bb) Förmliches Vorverfahren.** Die Anforderungen an das förmliche Vorverfahren gemäß Art. 260 Abs. 2 AEUV entsprechen im Wesentlichen denen des förmlichen Vorverfahrens im Rahmen des Vertragsverletzungsverfahrens nach Art. 258 AEUV. Auf die dortigen Ausführungen kann daher verwiesen werden.[88] Anders als im Vertragsverletzungsverfahren nach Art. 258 AEUV ist jedoch nach dem Aufforderungsschreiben (Mahnschreiben) **keine mit Gründen versehene Stellungnahme** mehr erforderlich. Äußert sich der Mitgliedstaat innerhalb der von der EU-Komm. gesetzten Frist nicht oder nicht zur Zufriedenheit der EU-Komm. zu dem Vorwurf, das erste Vertragsverletzungsurteil ganz oder teilweise nicht ordnungsgemäß umgesetzt zu haben, entscheidet die EU-Komm. im Rahmen ihres Ermessens über die Anrufung des EuGH.[89]

63 Gemäß Art. 260 Abs. 2 S. 2 AEUV benennt die EU-Komm. bei Anrufung des EuGH die Höhe des von dem betreffenden Mitgliedstaat zu zahlenden Pauschalbetrags oder Zwangsgelds, die sie den Umständen nach für angemessen hält.

64 **cc) Gerichtsverfahren.** Das Klageverfahren vor dem EuGH nach Art. 260 Abs. 2 AEUV läuft vergleichbar einem Vertragsverletzungsverfahren gemäß Art. 258 AEUV ab. Die **Zulässigkeit der Klage** setzt daher im Wesentlichen voraus, dass ein ordnungsgemäßes Vorverfahren gemäß Art. 260 Abs. 2 AEUV durchgeführt wurde, wobei hier wie dargelegt nur ein Aufforderungsschreiben, dagegen keine mit Gründen versehene Stellungnahme mehr erforderlich ist. Außerdem muss die **Vertragsverletzung,** die in der nicht vollständigen Umsetzung des ersten Vertragsverletzungsurteils liegt, bei Ablauf der Frist aus dem Aufforderungsschreiben noch vorliegen. Hat der Mitgliedstaat bis zu diesem Zeitpunkt die

[85] Vgl. Calliess/Ruffert/*Cremer* AEUV Art. 260 Rn. 9 mwN.
[86] EU-Komm., Mitteilung zur Anwendung von Art. 260 Abs. 3 AEUV, ABl. EU 2011, C 12/1 Abschnitt I Punkt 3.
[87] Willenbruch/Wieddekind/*Spiegel*, 3. Aufl. 2014, AEUV Art. 260 Rn. 18.
[88] → Rn. 25 ff.
[89] Vgl. EU-Komm., Mitteilung zur Anwendung von Art. 260 Abs. 3 AEUV, ABl. EU 2011 C 12/1.

Maßnahmen, die sich aus dem Vertragsverletzungsurteil des EuGH nach Art. 258 AEUV ergeben, bereits vollständig durchgeführt, ist eine Klage unzulässig.[90]

Die Klage wird dagegen nicht dadurch unzulässig, dass ein Mitgliedstaat nach Ablauf der Frist aus dem Aufforderungsschreiben die notwendigen Maßnahmen ergreift, also etwa einen europarechtswidrig vergebenen Vertrag kündigt oder rückabwickelt. In einem solchen Fall entfällt zwar regelmäßig aufgrund des Verhältnismäßigkeitsgrundsatzes die Notwendigkeit, ein Zwangsgeld zu verhängen. Da der EuGH aber befugt ist, eine ggf. von der Kommission nicht vorgeschlagene finanzielle Sanktion aufzuerlegen, ist die Klage aufgrund der bloßen Tatsache, dass die Kommission auf einer bestimmten Stufe des Verfahrens vor dem EuGH erklärt, dass ein Zwangsgeld nicht mehr geboten sei, nicht unzulässig.[91] 65

Die Klage ist **begründet,** wenn der Mitgliedstaat es versäumt hat, die sich aus dem Vertragsverletzungsurteil gemäß Art. 258 AEUV ergebenden Maßnahmen zu treffen (Art. 260 Abs. 1, 2 AEUV). 66

Hinsichtlich der **Darlegungs- und Beweislast** kann auf die Ausführungen zu Art. 258 AEUV verwiesen werden.[92] Insbesondere gilt auch im Verfahren nach Art. 260 Abs. 2 AEUV, dass sich ein Mitgliedstaat nicht auf Bestimmungen, Übungen oder Umstände seiner internen Rechtsordnung berufen kann, um die Nichteinhaltung der aus dem Gemeinschaftsrecht folgenden Verpflichtungen zu rechtfertigen.[93] Der beklagte Mitgliedstaat kann daher beispielsweise nicht geltend machen, das öffentliche Auftragswesen sei nach seiner Rechtsordnung zivilrechtlich ausgestaltet und der öffentliche Auftraggeber daher aufgrund des Grundsatzes pacta sunt servanda an den privatrechtlichen Vertrag mit dem Auftragnehmer gebunden.[94] 67

b) Sanktionen. aa) Sanktionsmittel. Stellt der EuGH fest, dass der betreffende Mitgliedstaat einem Urteil aus dem ersten Vertragsverletzungsverfahren nicht nachgekommen ist, so kann er gemäß Art. 260 Abs. 2 UAbs. 2 AEUV die Zahlung eines **Pauschalbetrags** oder **Zwangsgelds** gegen diesen Mitgliedstaat verhängen. Die Sanktion trifft den Mitgliedstaat als solchen, nicht die für den Unionsrechtsverstoß verantwortliche staatliche Einheit.[95] Mittlerweile ist anerkannt, dass auch eine **kumulative Verhängung** von Pauschalbetrag und Zwangsgeld in Betracht kommt. Das hatte die EU-Komm. in ihrer Mitteilung zur Anwendung von Art. 228 EG-Vertrag (jetzt Art. 260 AEUV) aus dem Jahr 2005 angekündigt.[96] Auch in der Rechtsprechung des EuGH ist anerkannt, dass für den gleichen Verstoß beide finanziellen Sanktionen, nämlich Zwangsgeld und Pauschalbetrag, verhängt werden können.[97] 68

Die EU-Kommission hat in ihrer Mitteilung zur Anwendung von Art. 228 EG-Vertrag (jetzt: Art. 260 Abs. 2 und 2 AEUV) aus dem Jahr 2005 die Kriterien und Berechnungsmethode erläutert, die sie bei der Beantragung von Sanktionen anwendet.[98] In einer späte- 69

---

[90] Vgl. EuGH Urt. v. 18.7.2007 – C-503/04, NZBau 2007, 594 (595) Rn. 19 mwN – Abfallentsorgung Braunschweig II.

[91] EuGH Urt. v. 18.7.2007 – C-503/04, NZBau 2007, 594 (595) Rn. 19ff. – Abfallentsorgung Braunschweig II.

[92] → Rn. 49ff.

[93] EuGH Urt. v. 18.7.2007 – C-503/04, NZBau 2007, 594 (596) Rn. 38 mwN – Abfallentsorgung Braunschweig II.

[94] Zu den Verteidigungsmöglichkeiten der Mitgliedstaaten allg. Calliess/Ruffert/*Cremer* AEUV Art. 258 Rn. 34 mwN.

[95] Zu Möglichkeiten des innerstaatlichen Regresses: *Gundel* BayVBl. 2017, 437 (442ff.) mwN.

[96] EU-Komm., Mitteilung zur Anwendung von Art. 228 EG-Vertrag, SEK(2005) 1658, Nr. 10.3.

[97] EuGH Urt. v. 12.7.2005 – C-304/02, IBRRS 2005, 2209 Rn. 80ff. – Kommission/Frankreich; vgl. auch Calliess/Ruffert/*Cremer* AEUV Art. 260 Rn. 12.

[98] EU-Komm., Mitteilung zur Anwendung v. Art. 228 EG-Vertrag, SEK(2005) 1658. Diese Mitteilung ersetzt die vorangegangenen Mitteilungen v. 1996 (ABl. EG 1996, C 242, S. 6) und 1997 (ABl. EG 1997, C 63, S. 2).

ren Mitteilung aus dem Jahr 2010[99] über die Aktualisierung der Daten für diese Berechnung legte die Kommission fest, dass die makroökonomischen Daten jedes Jahr überarbeitet werden, um der Inflation und der Entwicklung des Bruttoinlandsprodukts (BIP) Rechnung zu tragen. Aufgrund einer Entscheidung des EuGH zur Berechnungsmethodik aus Jahr 2018[100], in dem das Abstellen auf die Stimmrechte im Rat für nicht mehr zulässig erachtet wurde, passte die EU-Komm. die Berechnungsmethodik an. Die aktuellen Vorgaben finden sich in der Mitteilung 2019/C 70/01 der Kommission „Änderung der Berechnungsmethode für Pauschalbeträge und Tagessäte für das Zwangsgeld, die von der Kommission im Rahmen von Vertragsverletzungsverfahren vor dem Gerichtshof der Europäischen Union vorgeschlagen werden" aus dem Jahr 2019.[101]

70 Das **Zwangsgeld** ist die (vorbehaltlich eines anderen Bezugszeitraums in Sonderfällen) im Prinzip in Tagessätzen berechnete Summe, die ein Mitgliedstaat zu zahlen hat, wenn er einem Urteil des Gerichtshofs nicht nachkommt. Es wird berechnet ab dem Tag, an dem das Sanktionsurteil des EuGH nach Art. 260 AEUV dem betreffenden Mitgliedstaat zugestellt wird bis zur Beendigung des Verstoßes.[102] Der Tagessatz für das Zwangsgeld wird berechnet aus der Multiplikation eines **einheitlichen Grundbetrags** mit einem **Schwerekoeffizienten** und einem **Dauerkoeffizienten** sowie mit einem **festen Länderfaktor** (Faktor n), der sowohl die Zahlungsfähigkeit des betreffenden Mitgliedstaats (BIP) als auch die Anzahl der Sitze des betreffenden Mitgliedstaats im Europäischen Parlament berücksichtigt.[103] Der einheitliche Grundbetrag, der durch jährliche Mitteilungen der EU-Komm. aktualisiert wird, beträgt derzeit einheitlich für alle Mitgliedstaaten 3.116 EUR pro Tag.[104] Der Schwerekoeffizient wird von der EU-Komm. auf der Grundlage der Bedeutung der gemeinschaftlichen Rechtsvorschriften, gegen die der Mitgliedstaat verstoßen hat, sowie der Folgen dieses Verstoßes sowohl für das Gemeinwohl als auch für die Interessen einzelner auf einen Multiplikator von mindestens eins und höchstens zwanzig festgesetzt.[105] Der Dauerkoeffizient wird unter Berücksichtigung der Dauer des Verstoßes ab dem ersten Vertragsverletzungsurteil des EuGH bis zur Entscheidung der Kommission, den EuGH im Verfahren nach Art. 260 AEUV anzurufen, berechnet. Dabei wird je nach Dauer des Verstoßes auf den einheitlichen Grundbetrag ein Multiplikatorkoeffizient von mindestens eins und höchstens drei angewandt, der ab der Verkündung des nach Art. 258 AEUV ergangenen Urteils mit 0,10/Monat berechnet wird.[106] Da die Höhe des Zwangsgelds nicht nur angemessen sein, sondern auch eine abschreckende Wirkung entfalten muss, wird die Abschreckungswirkung durch einen Faktor n berücksichtigt, der als geometrischer Durchschnittswert auf dem Bruttoinlandsprodukt und der Stimmengewichtung des betreffenden Mitgliedstaats im Europäischen Parlament beruht. Dieser Faktor n wird ebenfalls regelmäßig aktualisiert und wurde zuletzt durch Mitteilung der Kommission vom 13.9.2019 festgelegt.[107]

71 Der **Pauschalbetrag** soll ebenfalls abschreckenden Charakter entfalten, muss aber zugleich den Grundsätzen der Verhältnismäßigkeit und der Gleichbehandlung der Mitgliedstaaten Rechnung tragen. Nach den Berechnungsgrundsätzen der EU-Komm. aus der

---

[99] SEK(2010) 923/3.
[100] EuGH Urt. v. 14.11.2018 – C-93/17, BeckRS 2018, 28342 – Kommission./. Griechenland.
[101] ABl. EU 2019, C 70/1 v. 25.2.2019.
[102] EU-Komm., Mitteilung zur Anwendung v. Art. 228 EG-Vertrag, SEK(2005) 1658, Nr. 14.
[103] EU-Komm., Mitteilung 2019/C 70/01, Nr. 2.
[104] EU-Komm., Mitteilung zur Aktualisierung der Daten zur Berechnung der Pauschalbeträge und Zwangsgelder, die die Kommission dem Gerichtshof bei Vertragsverletzungsverfahren vorschlägt v. 13.9.2019, 2019/C 309/01, Abschnitt III.
[105] EU-Komm., Mitteilung zur Anwendung v. Art. 228 EG-Vertrag, SEK(2005) 1658, Nr. 16ff.
[106] EU-Komm., Mitteilung zur Anwendung v. Art. 228 EG-Vertrag, SEK(2005) 1658, Nr. 17.
[107] EU-Komm., Mitteilung zur Anwendung v. Art. 228 EG-Vertrag, SEK(2005) 1658, Nr. 18ff.; EU-Komm., Mitteilung zur Aktualisierung der Daten zur Berechnung der Pauschalbeträge und Zwangsgelder, die die Kommission dem Gerichtshof bei Vertragsverletzungsverfahren vorschlägt v. 13.9.2019, 2019/C 309/01, Abschnitt III.3. Für Deutschland beträgt dieser Faktor n danach 4,62.

Mitteilung von 2005 berechnet er sich auf der Grundlage von **Tagessätzen** durch Multiplikation eines einheitlichen Grundbetrags mit dem gleichen Schwerekoeffizienten und dem gleichen Länderfaktor n wie beim Zwangsgeld.[108] Der einheitliche Grundbetrag für die Berechnung des Pauschalbetrages beträgt derzeit 1.039 EUR pro Tag.[109] Der Tagessatz wird mit der Anzahl der Tage, an denen der Mitgliedstaat dem Urteil des EuGH nicht nachkommt, multipliziert, gerechnet ab dem Tag der Verkündung des ersten Vertragsverletzungsurteils, also des Urteils gemäß Art. 258 AEUV. Durch einen **festen Mindestpauschalbetrag** soll außerdem vermieden werden, dass rein symbolische Beträge ohne jeden abschreckenden Charakter genannt werden, die die Autorität der Urteile des EuGH eher schwächen als stärken würden.[110] Dieser Mindestpauschalbetrag wurde aktuell durch die Mitteilung vom 13.9.2019 festgelegt.[111]

bb) Entscheidung des EuGH. Der EuGH verfügt bei der Festsetzung der Sanktionen über einen **weiten Ermessensspielraum,** der sich auf das Ob der Sanktionierung, die Art der Sanktion und deren Höhe erstreckt. Er ist dabei weder an den Vorschlag der EU-Komm. noch an die Kriterien, die die EU-Komm. in ihren Mitteilungen herausgebildet hat, gebunden.[112] Bei der Festsetzung der Sanktionsmittel hat der EuGH allerdings den **Verhältnismäßigkeitsgrundsatz** zu beachten. Dabei orientiert sich der EuGH durchaus an dem von der EU-Komm. aufgestellten Kriterienkatalog. Je nach Art des Verstoßes kann es nach Ansicht des EuGH aber sachgerecht sein, das Zwangsgeld nicht auf Tagessatzbasis festzusetzen, sondern auf Halbjahres- oder Jahresbasis, etwa wenn die zur Beseitigung des Verstoßes erforderlichen Umsetzungsmaßnahmen ihrer Natur nach nicht sofort durchgeführt oder die Auswirkungen dieser Maßnahmen nicht sofort festgestellt werden können. Das Zwangsgeld wird dann erst fällig, wenn der Verstoß nach Ablauf des ersten festgesetzten Zeitraums nach Verkündung des Urteils gemäß Art. 260 Abs. 2 AEUV noch fortbesteht. Außerdem kann der Verhältnismäßigkeitsgrundsatz gebieten, dass die Höhe des Zwangsgelds sich in Abhängigkeit von den Fortschritten, die der betroffene Mitgliedstaat bei der Erfüllung seiner Verpflichtungen aus dem ersten Vertragsverletzungsurteil macht, verringert.[113] 72

3. Sanktionsverhängung gemäß Art. 260 Abs. 3 AEUV

Eine wichtige Neuerung durch den Vertrag von Lissabon zum Sanktionsverfahren findet sich im neuen Abs. 3 von Art. 260 AEUV. Mit diesem Absatz wurde ein **neues Sanktionsinstrument** für Fälle geschaffen, in denen ein Mitgliedstaat gegen seine Pflicht zur Mitteilung von Maßnahmen zur Umsetzung von Richtlinien verstoßen hat. Hier kann die EU-Komm. dem EuGH **bereits in ihrer Vertragsverletzungsklage nach Art. 258 AEUV** vorschlagen, in dem Urteil, in dem er die Vertragsverletzung des Mitgliedstaats feststellt, die Zahlung eines **Pauschalbetrags** oder eines **Zwangsgelds** zu verhängen. Der in Art. 260 Abs. 3 AEUV genannte Verstoß des Mitgliedstaats kann sowohl darin bestehen, dass Maßnahmen zur Umsetzung einer Richtlinie überhaupt nicht gemeldet werden, als auch darin, dass eine Meldung von Umsetzungsmaßnahmen unvollständig ist, etwa weil sich die Umsetzungsmaßnahmen nicht auf das ganze Hoheitsgebiet des Mitgliedstaats er- 73

[108] EU-Komm., Mitteilung zur Anwendung v. Art. 228 EG-Vertrag, SEK(2005) 1658, Nr. 19ff.
[109] EU-Komm., Mitteilung zur Aktualisierung der Daten zur Berechnung der Pauschalbeträge und Zwangsgelder, die die Kommission dem Gerichtshof bei Vertragsverletzungsverfahren vorschlägt v. 13.9.2019, 2019/C 309/01, Abschnitt III.
[110] EU-Komm., Mitteilung zur Anwendung v. Art. 228 EG-Vertrag, SEK(2005) 1658, Nr. 20.
[111] EU-Komm., Mitteilung zur Aktualisierung der Daten zur Berechnung der Pauschalbeträge und Zwangsgelder, die die Kommission dem Gerichtshof bei Vertragsverletzungsverfahren vorschlägt v. 13.9.2019, 2019/C 309/01, Abschnitt III. Für Deutschland beträgt er danach 11.915.000 EUR.
[112] Vgl. EuGH Urt. v. 4.7.2000 – C-387/97, Slg. 2000, I-5047, EuZW 2000, 531 Rn. 89 – Kommission/Griechenland; EuGH Urt. v. 18.7.2007 – C-503/04, NZBau 2007, 594 (595) Rn. 22 – Abfallentsorgung Braunschweig II; Calliess/Ruffert/*Cremer* AEUV Art. 260 Rn. 17 mwN.
[113] Zu den Einzelheiten vgl. Calliess/Ruffert/*Cremer* AEUV Art. 260 Rn. 18 mwN.

strecken oder sich nur auf einen Teil der Richtlinie beziehen. Bei der Beantragung von Sanktionsmitteln nach Art. 260 Abs. 3 AEUV kommt der Kommission ein **breiter Ermessensspielraum** zu. Einzelheiten zur Ausübung dieses Ermessens hat die EU-Komm. in ihrer Mitteilung zur Anwendung von Art. 260 Abs. 3 AEUV vom 15.1.2011 festgelegt.[114]

74 In der Literatur wird die Auffassung vertreten, Art. 260 Abs. 3 AEUV sei teleologisch zu reduzieren, weil nach Sinn und Zweck der Regelung nur die Fälle erfasst werden sollten, in denen der Mitgliedstaat gänzlich untätig geblieben ist und nicht nur die Mitteilung der Richtlinienumsetzung, sondern die Richtlinienumsetzung selbst unterlassen hat.[115] Auch die EU-Komm. geht davon aus, Ziel dieser Neuregelung sei, die Mitgliedstaaten stärker dazu anzuhalten, die Richtlinien innerhalb der vom Gesetzgeber festgelegten Fristen umzusetzen und so sicherzustellen, dass die Rechtsvorschriften der Union tatsächlich wirksam sind. Art. 260 Abs. 3 AEUV habe daher zum Ziel, „eine wirksame Antwort auf die verbreitete und nach wie vor besorgniserregende verspätete Umsetzung von Richtlinien zu finden".[116] Ob mit Blick darauf tatsächlich eine teleologische Reduktion notwendig ist, dürfte jedoch eher eine akademische Frage bleiben. Denn regelmäßig wird davon auszugehen sein, dass Mitgliedstaaten bereits im Rahmen des informellen Vorverfahrens, das durch die EU-Komm. vor Einleitung eines Vertragsverletzungsverfahrens gemäß Art. 258 AEUV durchgeführt wird, spätestens aber nach Empfang des Aufforderungsschreibens bzw. der mit Gründen versehenen Stellungnahme, eine gegebenenfalls nur versäumte Mitteilung tatsächlich durchgeführter Umsetzungsmaßnahmen nachholen werden. Zu einer Anrufung des EuGH durch die EU-Komm., in deren Rahmen dann erst gemäß Art. 260 Abs. 3 AEUV die Festsetzung eines Zwangsgelds oder Pauschalbetrags beantragt werden könnte, wird es daher in aller Regel nicht mehr kommen.

75 Stellt der Gerichtshof einen Verstoß gegen die Verpflichtung des Mitgliedstaats, Maßnahmen zur Richtlinienumsetzung mitzuteilen, fest, kann er gegen den betreffenden Mitgliedstaat die Zahlung eines Pauschalbetrags oder eines Zwangsgelds – allerdings nur bis zur Höhe des von der Kommission genannten Betrags – verhängen. Die Zahlungsverpflichtung gilt dann ab dem vom Gerichtshof in seinem Urteil festgelegten Zeitpunkt (Art. 260 Abs. 3 UAbs. 2 AEUV).

III. Beendigung von Beschaffungsverträgen bei festgestelltem Unionsrechtsverstoß

76 Stellt der EuGH in einem Urteil gemäß Art. 258 AEUV fest, dass die Bundesrepublik Deutschland gegen Unionsrecht (also insbesondere gegen die EG-Vergaberichtlinien bzw. die Grundregeln des AEUV) verstoßen hat, besteht gemäß Art. 260 Abs. 1 AEUV eine Pflicht zur Beendigung des unionsrechtswidrig abgeschlossenen Vertrags nach Maßgabe des nationalen Rechts.[117] Die Bundesrepublik Deutschland ist damit verpflichtet, den beanstandeten Vertrag nach Maßgabe der im nationalen deutschen Recht zur Verfügung stehenden Rechtsinstitute zu beenden.[118] Zu denken ist insbesondere an den Abschluss eines Aufhebungsvertrags oder die ordentliche oder außerordentliche Kündigung des Vertrags. Durch das Gesetz zur Modernisierung des Vergaberechts vom 17.2.2016 wurde für diese Fälle in § 133 Abs. 1 Nr. 3 GWB ein gesetzliches Kündigungsrecht für den öffentlichen Auftraggeber geschaffen.[119]

---

[114] EU-Komm., Mitteilung zur Anwendung v. Art. 260 Abs. 3 AEUV, ABl. EU 2011, C 12, S. 1.
[115] Calliess/Ruffert/*Cremer* AEUV Art. 260 Rn. 22f. mwN.
[116] EU-Komm., Mitteilung zur Anwendung v. Art. 260 Abs. 3 AEUV, ABl. EU 2011, C 12/2 Nr. 7, 11.
[117] S. dazu → Rn. 59.
[118] Vgl. EuGH Urt. v. 13.4.2010 – C-91/08, NZBau 2010, 382 (385f.) Rn. 42, 61ff. – Wall AG; *Bitterich* EWS 2005, 162 (167).
[119] S. dazu → § 37 Rn. 9ff.

IV. Beendigung unionsrechtswidriger Beschaffungsverträge ohne Beanstandung durch den EuGH?

Abschließend stellt sich noch die Frage, ob eine Pflicht des öffentlichen Auftraggebers zur Beendigung eines unter Verstoß gegen Unionsrecht geschlossenen Vertrages auch dann besteht, wenn der EuGH einen solchen Unionsrechtsverstoß (noch) nicht festgestellt hat. Eine solche Pflicht könnte auf den Grundsatz der Recht- und Gesetzmäßigkeit staatlichen Handelns gemäß Art. 20 Abs. 3 GG, der über Art. 28 Abs. 1, 2 GG auch für die Länder und Gemeinden gilt, sowie auf den in Art. 4 Abs. 3 EUV normierten Grundsatz der Gemeinschaftstreue, wonach die Mitgliedstaaten alle geeigneten Maßnahmen zur Erfüllung der Verpflichtungen, die sich aus dem Unionsrecht oder den Handlungen der Organe der Union ergeben, ergreifen, gestützt werden. Dieser Grundsatz der Gemeinschaftstreue begründet damit auch für öffentliche Auftraggeber, die nicht dem Bund zuzurechnen sind, zumindest mittelbar die Verpflichtung, gemeinschaftsrechtswidrige Zustände mit allen ihnen möglichen Mitteln schnellstmöglich zu beenden. Allerdings ist in diesem Zusammenhang zu bedenken, dass eine derartige **Pflicht** nur besteht, **wenn der Unionsrechtsverstoß tatsächlich besteht.** Das wird mit Sicherheit letztlich erst durch ein Vertragsverletzungsurteil des EuGH festgestellt. Eine Kündigung nach **§§ 313 bzw. 314 BGB** kommt daher grundsätzlich nur in Betracht, wenn ein Vertragsverletzungsurteil ergangen ist, aus dem sich gemäß Art. 260 Abs. 1 AEUV die Verpflichtung zur Durchführung des Urteils, nämlich zur Kündigung des unionsrechtswidrigen Vertrages ergibt. Auch das neue gesetzliche Kündigungsrecht in § 133 Abs. 1 Nr. 3 GWB setzt nach dem insoweit eindeutigen Wortlaut die Feststellung der Vertragsverletzung durch den EuGH voraus und greift vorher nicht ein. Allenfalls kann erwogen werden, die **Grundsätze zum Staatshaftungsrecht** wegen der Verletzung von Unionsrecht zu **übertragen.** Erforderlich ist danach, dass ein Verstoß gegen Unionsrecht „hinreichend qualifiziert" ist.[120] Ein solcher hinreichend qualifizierter Unionsrechtsverstoß liegt nach der Rechtsprechung des EuGH nur vor, wenn ein nationales Organ die Grenzen, die seinem Ermessen gesetzt sind, offenkundig und erheblich überschritten bzw. wenn – im Falle richterlicher Entscheidungen – das Gericht offenkundig gegen das geltende Recht verstoßen hat. Zu berücksichtigen sind dabei insbesondere das Maß an Klarheit und Genauigkeit der verletzten Vorschriften, der Umfang des Ermessensspielraums, den die verletzte Vorschrift belässt, die Frage, ob der Verstoß vorsätzlich zugefügt wurde, die Entschuldbarkeit oder Unentschuldbarkeit eines etwaigen Rechtsirrtums und der Umstand, dass die Verhaltensweisen eines Gemeinschaftsorgans möglicherweise dazu beigetragen haben, dass nationale Maßnahmen oder Praktiken in gemeinschaftsrechtswidriger Weise unterlassen, eingeführt oder aufrecht erhalten wurden. Dabei kommt ein hinreichend qualifizierter Gemeinschaftsrechtsverstoß insbesondere in Betracht, wenn der Verstoß trotz Erlasses eines Urteils, in dem der zur Last gelegte Verstoß festgestellt wird, oder eines Urteils im Vorabentscheidungsverfahren oder aber einer gefestigten einschlägigen Rechtsprechung des EuGH, aus der sich die Pflichtwidrigkeit des fraglichen Verhaltens ergibt, fortbestanden hat.[121] Da bereits geringfügige Abweichungen im Sachverhalt vergaberechtlich zu Unterschieden der Beurteilung der Zulässigkeit einer Direktvergabe oder sonstiger Verstöße gegen EU-Vergaberecht führen können, dürfte auch dieser rechtliche Ansatz in aller Regel zur Folge haben, dass eine Pflicht zur Kündigung nur besteht, wenn der Vergaberechtsverstoß vom EuGH tatsächlich festgestellt wurde. 77

[120] Vgl. *Heuvels,* 11. Badenweiler Gespräche, S. 109, 112.
[121] Vgl. *Heuvels,* 11. Badenweiler Gespräche, S. 109, 112; Dauses/*Stettner,* Handbuch EU-Wirtschaftsrecht, 39. EL 2016, A.IV. Rn. 83 mwN.

Kapitel 9 Rechtsschutz

§ 40 Zuständigkeiten

Übersicht

GWB: §§ 155, 156 Abs. 1, 157, 158, 159, 171 Abs. 3, 4, 184

§ 155 GWB Grundsatz

Unbeschadet der Prüfungsmöglichkeiten von Aufsichtsbehörden unterliegt die Vergabe öffentlicher Aufträge und von Konzessionen der Nachprüfung durch die Vergabekammern.

§ 156 Abs. 1 GWB Vergabekammern

(1) Die Nachprüfung der Vergabe öffentlicher Aufträge und der Vergabe von Konzessionen nehmen die Vergabekammern des Bundes für die dem Bund zuzurechnenden öffentlichen Aufträge und Konzessionen, die Vergabekammern der Länder für die diesen zuzurechnenden öffentlichen Aufträge und Konzessionen wahr.

(2) und (3) hier nicht abgedruckt.

§ 157 GWB Besetzung, Unabhängigkeit

(1) Die Vergabekammern üben ihre Tätigkeit im Rahmen der Gesetze unabhängig und in eigener Verantwortung aus.

(2) Die Vergabekammern entscheiden in der Besetzung mit einem Vorsitzenden und zwei Beisitzern, von denen einer ein ehrenamtlicher Beisitzer ist. Der Vorsitzende und der hauptamtliche Beisitzer müssen Beamte auf Lebenszeit mit der Befähigung zum höheren Verwaltungsdienst oder vergleichbar fachkundige Angestellte sein. Der Vorsitzende oder der hauptamtliche Beisitzer muss die Befähigung zum Richteramt haben; in der Regel soll dies der Vorsitzende sein. Die Beisitzer sollen über gründliche Kenntnisse des Vergabewesens, die ehrenamtlichen Beisitzer auch über mehrjährige praktische Erfahrungen auf dem Gebiet des Vergabewesens verfügen. Bei der Überprüfung der Vergabe von verteidigungs- oder sicherheitsspezifischen Aufträgen im Sinne des § 104 können die Vergabekammern abweichend von Satz 1 auch in der Besetzung mit einem Vorsitzenden und zwei hauptamtlichen Beisitzern entscheiden.

(3) Die Kammer kann das Verfahren dem Vorsitzenden oder dem hauptamtlichen Beisitzer ohne mündliche Verhandlung durch unanfechtbaren Beschluss zur alleinigen Entscheidung übertragen. Diese Übertragung ist nur möglich, sofern die Sache keine wesentlichen Schwierigkeiten in tatsächlicher oder rechtlicher Hinsicht aufweist und die Entscheidung nicht von grundsätzlicher Bedeutung sein wird.

(4) Die Mitglieder der Kammer werden für eine Amtszeit von fünf Jahren bestellt. Sie entscheiden unabhängig und sind nur dem Gesetz unterworfen.

§ 158 GWB Einrichtung, Organisation

(1) Der Bund richtet die erforderliche Anzahl von Vergabekammern beim Bundeskartellamt ein. Einrichtung und Besetzung der Vergabekammern sowie die Geschäftsverteilung bestimmt der Präsident des Bundeskartellamts. Ehrenamtliche Beisitzer und deren Stellvertreter ernennt er auf Vorschlag der Spitzenorganisationen der öffentlich-rechtlichen Kammern. Der Präsident des Bundeskartellamts erlässt nach Genehmigung durch das Bundesministerium für Wirtschaft und Energie eine Geschäftsordnung und veröffentlicht diese im Bundesanzeiger.

(2) Die Einrichtung, Organisation und Besetzung der in diesem Abschnitt genannten Stellen (Nachprüfungsbehörden) der Länder bestimmen die nach Landesrecht zuständigen Stellen, mangels einer solchen Bestimmung die Landesregierung, die die Ermächtigung weiter übertragen kann. Die Länder können gemeinsame Nachprüfungsbehörden einrichten.

§ 159 GWB Abgrenzung der Zuständigkeit der Vergabekammern

(1) Die Vergabekammer des Bundes ist zuständig für die Nachprüfung der Vergabeverfahren

1. des Bundes;
2. von öffentlichen Auftraggebern im Sinne des § 99 Nummer 2, von Sektorenauftraggebern im Sinne des § 100 Absatz 1 Nummer 1 in Verbindung mit § 99 Nummer 2 und Konzessionsgebern im Sinne des § 101 Absatz 1 Nummer 1 in Verbindung mit § 99 Nummer 2, sofern der Bund die Beteiligung überwiegend verwaltet oder die sonstige Finanzierung überwiegend gewährt hat oder über die Leitung überwiegend die Aufsicht ausübt oder die Mitglieder des zur Geschäftsführung oder zur Aufsicht berufenen Organs überwiegend bestimmt hat, es sei denn, die an dem Auftraggeber Beteiligten haben sich auf die Zuständigkeit einer anderen Vergabekammer geeinigt;
3. von Sektorenauftraggebern im Sinne des § 100 Absatz 1 Nummer 2 und von Konzessionsgebern im Sinne des § 101 Absatz 1 Nummer 3, sofern der Bund auf sie einen beherrschenden Einfluss ausübt; ein beherrschender Einfluss liegt vor, wenn der Bund unmittelbar oder mittelbar die Mehrheit des gezeichneten Kapitals des Auftraggebers besitzt oder über die Mehrheit der mit den Anteilen des Auftraggebers verbundenen Stimmrechte verfügt oder mehr als die Hälfte der Mitglieder des Verwaltungs-, Leitungs- oder Aufsichtsorgans des Auftraggebers bestellen kann;
4. von Auftraggebern im Sinne des § 99 Nummer 4, sofern der Bund die Mittel überwiegend bewilligt hat;
5. die im Rahmen der Organleihe für den Bund durchgeführt werden;
6. in Fällen, in denen sowohl die Vergabekammer des Bundes als auch eine oder mehrere Vergabekammern der Länder zuständig sind.

(2) Wird das Vergabeverfahren von einem Land im Rahmen der Auftragsverwaltung für den Bund durchgeführt, ist die Vergabekammer dieses Landes zuständig. Ist in entsprechender Anwendung des Absatzes 1 Nummer 2 bis 5 ein Auftraggeber einem Land zuzuordnen, ist die Vergabekammer des jeweiligen Landes zuständig.

(3) In allen anderen Fällen wird die Zuständigkeit der Vergabekammern nach dem Sitz des Auftraggebers bestimmt. Bei länderübergreifenden Beschaffungen benennen die Auftraggeber in der Vergabebekanntmachung nur eine zuständige Vergabekammer.

§ 171 Abs. 3 und Abs. 4 GWB

(1) und (2) hier nicht abgedruckt.

(3) Über die sofortige Beschwerde entscheidet ausschließlich das für den Sitz der Vergabekammer zuständige Oberlandesgericht. Bei den Oberlandesgerichten wird ein Vergabesenat gebildet.

(4) Rechtssachen nach den Absätzen 1 und 2 können von den Landesregierungen durch Rechtsverordnung anderen Oberlandesgerichten oder dem Obersten Landesgericht zugewiesen werden. Die Landesregierungen können die Ermächtigung auf die Landesjustizverwaltungen übertragen.

§ 184 GWB Unterrichtungspflichten der Nachprüfungsinstanzen

Die Vergabekammern und die Oberlandesgerichte unterrichten das Bundesministerium für Wirtschaft und Energie bis zum 31.1. eines jeden Jahres über die Anzahl der Nachprüfungsverfahren des Vorjahres und deren Ergebnisse.

Literatur:

Brauer, Das Verfahren vor der Vergabekammer, NZBau 2009, 297 ff.; *Burgi,* 20 Jahre Rechtsschutz durch Vergabekammern, NZBau 2020, 3 ff.; *Conrad,* Der Rechtsschutz gegen die Aufhebung eines Vergabeverfahrens bei Fortfall des Vergabewillens, NZBau 2007, 287 ff.; *Costa-Zahn/Lutz,* Die Reform der Rechtsmittelrichtlinien, NZBau 2008, 22 ff.; *Eiermann,* Primärrechtsschutz gegen öffentliche Auftraggeber bei europaweiten Ausschreibungen durch Vergabenachprüfungsverfahren – Teil 1 und 2, NZBau 2016, 13 ff. und 76 ff.; *Frenz,* Rechtsmitteländerungsrichtlinie und Folgen einer Vergaberechtswidrigkeit, VergabeR 2009, 1 ff.; *Hübner,* Effektiver vergaberechtlicher Primärrechtsschutz nach dem „Koppensteiner“-Urteil des EuGH?, NZBau 2005, 438 ff.; *Knauff,* Das System des Vergaberechts zwischen Verfassungs-, Wirtschafts- und Haushaltsrecht, VergabeR 2008, 312 ff.; *Krist,* Änderungen im Vergabeprozessrecht, VergabeR 2016, 396 ff.; *Leinemann,* Welche Vergabekammer ist die Richtige? Vergabe News 2014, 51 ff.; *Leinemann/Gesing,* Rechtsschutz unterhalb der Schwellenwerte, Vergabe News 2019, 194 ff.; *Maier,* Die prozessualen Grundsätze des Nachprüfungsverfahrens, NZBau 2004, 667 ff.; *Maimann,* Der kartellvergaberechtliche Rechtsweg, NZBau 2004, 492 ff.; *Neun,* Die Zuständigkeit der Vergabekammern in der Praxis – Wahlrecht des Antragstellers vs. Bestimmungsrecht des öffentlichen Auftraggebers, in FS Marx, 2013, 473 ff.; *Rennert,* Konzession vor dem Verwaltungsgericht, NZBau 2019, S. 411 ff; *Summa,* Rechtsschutz bei gemeinsamer grenzüberschreitender Auftragsvergabe durch mehrere Auftraggeber, VPR 4/2015, 149 ff.; *Thüsing/Granetzny,* Der Rechtsweg in Vergabefragen des Leistungserbringungsrechts nach dem SGB V, NJW 2008, 3188 ff.; *Wilke,* Das Beschwerdeverfahren vor dem Vergabesenat beim Oberlandesgericht, NZBau 2005, 326 ff.

A. Einleitung

Mit § 97 Abs. 7 GWB aF (nunmehr: § 97 Abs. 6 GWB; dazu noch näher → § 41 Rn. 1 ff.) leitete für das zum 1.1.1999 in Kraft getretene neue Kartellvergaberecht[1] gegenüber der bis dahin vorgefundenen Situation des Haushaltsvergaberechts einen Paradigmenwechsel ein. Erstmals erhielten Interessenten, Bewerber und Bieter damit einen einklagbaren Anspruch auf Einhaltung der vergaberechtlichen Bestimmungen durch die Auftraggeber. Verbunden war dies mit der Einführung eines effektiven Rechtsschutzinstruments für die am Auftrag interessierten Unternehmen: Primärrechtsschutz im Vergaberecht oberhalb der Schwellenwerte wird seitdem – in dem Sinne, dass Handlungen der öffentlichen Auftraggeber bis hin zur Zuschlagsentscheidung überprüft und untersagt werden können – im Wege des **Vergabenachprüfungsverfahrens** (vormals §§ 102 ff. GWB; nunmehr – seit In-Kraft-Treten des „Gesetzes zur Modernisierung des Vergaberechts (Vergaberechtsmodernisierungsgesetz – VergRModG)“[2] zur Umsetzung des EU-Richtlinienpakets 2014 – §§ 155 ff. GWB) gewährt.[3] Die vorherige Durchführung eines Vergabenachprüfungsverfahrens ist nach fast allgemeiner Ansicht nicht Voraussetzung für **sekundären Rechtsschutz,** also die Geltendmachung von Schadensersatzansprüchen.[4] Diesen Weg zu beschreiten, steht einem Bieter, der sich in seinen Rechten durch eine Vergabe verletzt sieht, also immer frei. 1

[1] In-Kraft-Treten des Vergaberechtsänderungsgesetzes (VgRÄG) v. 26.8.1998 (BGBl. I 2512).
[2] Vom 17.2.2016 (BGBl. I 203).
[3] Daneben kann ein Bieter, der sich benachteiligt oder rechtswidrig behandelt sieht, ggf. die Aufsichtsbehörde des öffentlichen Auftraggebers befassen (§ 155 GWB), zB mit dem Ziel, eine Beanstandungsverfügung zu erwirken.
[4] EuGH Urt. v. 26.11.2015 – C-166/14, ECLI:EU:C:2015:779, EuZW 2016, 140; BGH Urt. v. 17.9.2019 – X ZR 124/18, NZBau 2019, 798.

2 Zahl und Inhalte der Entscheidungen in Vergabenachprüfungsverfahren seit 1999 sind nur noch schwer zu überschauen. Die nachfolgende Darstellung soll die **Grundlinien des deutschen (Vergabe-) Rechtsschutzes oberhalb der Schwellenwerte** skizzieren[5] und stützt sich vor allem auf diejenige Vergaberechtsprechung, die seit 2009 ergangen ist, weil mit dem Vergaberechtsmodernisierungsgesetz 2009[6] im April 2009 doch erhebliche Änderungen in Kraft getreten sind. Demgegenüber brachte das VergRModG 2016, welches das materielle Vergabeverfahrensrecht durch Umsetzung des EU-Richtlinienpakets 2014 massiv änderte, vergleichsweise wenige Modifizierungen des Vergabe*prozess*rechts mit sich. Neben der oben bereits erwähnten Verschiebung der §§-Zählung (von den §§ 102 ff GWB aF auf die §§ 155 ff. GWB nF) und der Einbeziehung von Dienstleistungskonzessionen (dazu sogleich → Rn. 3) sind vor allem Modifizierungen im Detail

- zu Rügefristen (§ 160 Abs. 3 S. 1 Nr. 1 GWB nF anstelle des früheren § 107 Abs. 3 S. 1 Nr. 1 GWB aF; → § 41 Rn. 76 ff.),
- zur Zuständigkeit der Vergabekammern (§ 159 GWB nF anstelle des vormaligen § 106a GWB aF; → Rn. 14) und
- zu Kostenregelungen für die Aufwendungen der Beteiligten am Vergabenachprüfungsverfahren (§ 182 Abs. 4 GWB nF; → § 47 Rn. 21 ff. und 27 ff.)

erfolgt. Wichtige Auswirkungen auf den Vergaberechtsschutz hat auch das Instrument der freiwilligen ex-ante-Bekanntmachung, das 2016 im deutschen Recht erstmals explizit normiert worden ist (§ 135 Abs. 3 GWB; vgl. hierzu → § 42 Rn. 24). Seitdem wurde das Vergabeprozessrecht nur mehr marginal angepasst. Detailänderungen zum Gewicht von Verteidigungs- und Sicherheitsinteressen in Abwägungen beim Eilrechtsschutz brachte das **Gesetz zur beschleunigten Beschaffung im Bereich der Verteidigung und Sicherheit und zur Optimierung der Vergabestatistik.**[7] Änderungen im Kartellverwaltungs- und -prozessrecht infolge der geplanten **10. GWB-Novelle**[8] werden in einigen Details auf das Vergabeprozessrecht (etwa das Verwaltungsvollstreckungsrecht → § 45) ausstrahlen, konnten in diesem Kapitel aber nur vereinzelt Berücksichtigung finden.

B. EG-Rechtsmittel-Richtlinien

3 Dass das Vergabeprozessrecht 2016 trotz des VergRModG praktisch unverändert geblieben ist, liegt daran, dass die EG-Rechtsmittel-Richtlinien 89/665/EWG und 92/13/EG (**EG-Rechtsmittel-RL;** jeweils signifikant geändert durch die Richtlinie 2007/66/EG vom 11. 12. 2007 zur Änderung der Richtlinien 89/665/EWG und 92/13/EWG im Hinblick auf die Verbesserung der Wirksamkeit der Nachprüfungsverfahren bezüglich der Vergabe öffentlicher Aufträge[9]) durch die EU-Vergaberechtsreform 2014 weitgehend unberührt blieben. Eine wichtige Ausnahme resultiert aus dem Umstand, dass die Richtlinie 2014/23/EU nunmehr auch Dienstleistungskonzessionen in den Anwendungsbereich des Vergaberechts aufnahm, mit der Folge, dass auch deren Vergabe mit dem spezifischen Instrumentarium des Vergaberechtsschutzes überprüfbar geworden ist. Der deutsche Gesetzgeber hat dies mit Wirkung zum 18. 4. 2016 durch § 155 GWB nF umgesetzt.

4 Die EG-Rechtsmittel-RL, die bis einschließlich Juli 2015 Gegenstand eines Konsultationsprozesses der Kommission waren und deren Reform ansteht, verlangen, dass die Mitgliedstaaten sicherstellen, dass hinsichtlich der in den Anwendungsbereich vormals der

[5] Unterhalb der Schwellenwerte sind einige Bundesländer (Hessen, Sachsen, Sachsen-Anhalt, Thüringen) dazu übergegangen, einen „Primärrechtsschutz light“ bei bestimmten Nachprüfungsbehörden zu regeln; dazu Näheres → § 89 Rn. 24 f.; dazu *Leinemann/Gesing* Vergabe News 2019, 194 ff. Auch dieser Vergaberechtsschutz beruht maßgeblich darauf, dass Verträge erst nach einer Vorabinformation an die unterlegenen Bieter und Ablauf einer gesetzlichen Stillhaltefrist wirksam geschlossen werden können. S. auch → Rn. 7.

[6] V. 20. 4. 2009 (BGBl. I 790).

[7] V. 25. 3. 2020 (BGBl. I 674).

[8] https://www.bmwi.de/Redaktion/DE/Downloads/G/gwb-digitalisierungsgesetz-referentenentwurf.pdf.

[9] ABl. EU Nr. L 335/31.

Richtlinien 2004/18/EG (VKR) und 2004/17/EG (SKR) und nunmehr der Richtlinien 2014/23/EU, 2014/24/EU und 2014/25/EU fallenden Aufträge Entscheidungen der öffentlichen Auftraggeber wirksam auf Verstöße gegen das Gemeinschaftsrecht im Bereich des öffentlichen Auftragswesens oder gegen die einzelstaatlichen Vorschriften, die dieses Recht umsetzen, nachgeprüft werden können und dass für diese Nachprüfungsverfahren die erforderlichen Befugnisse vorgesehen werden, damit erstens vorläufige Maßnahmen ergriffen werden können, um den behaupteten Verstoß zu beseitigen oder weitere Schädigungen der betroffenen Interessen zu verhindern; und zweitens in der Hauptsache die Aufhebung rechtswidriger Entscheidungen vorgenommen oder veranlasst werden kann.

Die **Statthaftigkeit** des Vergaberechtsweges folgt nicht bereits daraus, dass eine EU-weite Ausschreibung oder ein anderes förmliches Vergabeverfahren durchgeführt worden ist. Ob ein Nachprüfungsantrag nach §§ 155 ff. GWB statthaft ist, hängt vielmehr von der objektiven Erfüllung der gesetzlichen Zugangsvoraussetzungen ab, insbesondere von der **Eröffnung des Anwendungsbereichs des Kartellvergaberechts.** Ein Beispiel: Macht ein öffentlicher Auftraggeber einen Auftrag (freiwillig) europaweit bekannt, obwohl der nachvollziehbar geschätzte Auftragswert den maßgeblichen Schwellenwert unterschreitet, ist der Rechtsweg zu den Vergabenachprüfungsinstanzen nicht eröffnet.[10] 5

Ganz entscheidend für die Wirksamkeit und Effektivität des Vergaberechtsschutzes sind die Bestimmungen in **Art. 2 Abs. 3 der RL 89/665/EWG und Art. 2 Abs. 3 der RL 92/13/EG:** *„Wird eine gegenüber dem öffentlichen Auftraggeber unabhängige Stelle in erster Instanz mit der Nachprüfung einer Zuschlagsentscheidung befasst, so sorgen die Mitgliedstaaten dafür, dass der öffentliche Auftraggeber den* ***Vertragsschluss nicht vornehmen kann,*** *bevor die Nachprüfungsstelle eine Entscheidung über einen Antrag auf vorläufige Maßnahmen oder eine Entscheidung in der Hauptsache getroffen hat"*. 6

Dieser **unionsrechtlich gebotene Suspensiveffekt,** der zwar nicht das laufende Vergabeverfahren gänzlich anhalten, aber den wirksamen Zuschlag verhindern muss, wird im deutschen Recht vor allem über das – nach Übermittlung eines Nachprüfungsantrags an den betreffenden Auftraggeber in Textform – gesetzlich angeordnete Zuschlagsverbot (§ 169 Abs. 1 GWB – dazu noch → § 44 Rn. 1 ff.) und die Verpflichtung der Auftraggeber zur Vorabinformation unterlegener Bieter und Einhaltung einer Stillhaltefrist (§ 134 GWB; vormals § 101a GWB – dazu → § 42 Rn. 28) sichergestellt. Heftig umstritten ist, auch in der Rechtsprechung, ob es eine solche Vorabinformations- und Stillhaltepflicht des Auftraggebers im **Unterschwellenbereich** auch ohne ausdrückliche (bundes- oder landes-)rechtliche Normierung gibt.[11] 7

C. Zuständigkeit für das Vergabenachprüfungsverfahren in erster Instanz

I. Rechtliche Einordnung der Vergabekammern

Zuständig für die Nachprüfung von Vergaben oberhalb der Schwellenwerte sind nach deutschem Recht in erster Instanz gemäß § 156 Abs. 1 GWB die **Vergabekammern** des Bundes und/oder der Länder, **gerichtsähnlich ausgestaltete Spruchkörper bei Behörden,** in zweiter Instanz die **Vergabesenate bei den Oberlandesgerichten.** Errich- 8

[10] Im Rahmen des sekundären Rechtsschutzes (also eines Schadensersatzprozesses → dazu § 38) kann es für den materiellen Prüfungsmaßstab aber durchaus relevant sein, wenn der Auftraggeber ausdrücklich oder konkludent (etwa mit einer EU-weiten Bekanntmachung) zum Ausdruck gebracht hat, dass er bestimmte Normen des Vergaberechts gegen sich gelten lassen wollte – BGH Urt. v. 21.2.2006 – X ZR 39/03, NZBau 2006, 456.

[11] Bejahend in einem *obiter dictum* OLG Düsseldorf Urt. v. 13.12.2017 – I-27 U 25/17, NZBau 2018, 168. Grundsätzlich verneinend – mit den besseren Gründen (für viele andere Ausschreibungen der deutschen Rechtsordnung außerhalb des Anwendungsbereichs des EU-Vergaberechts ist eine Stillhaltepflicht nicht angeordnet – Bsp.: Ausschreibungen für Projekte erneuerbarer Energien nach EEG) – OLG Celle Urt. v. 9.1.2020 – 13 W 56/19, BeckRS 2020, 28. Eine Ausnahme soll nach OLG Celle bei feststehender Binnenmarktrelevanz bestehen.

tung und Sitz der Vergabekammern ist Gegenstand organisationsrechtlicher Regelungen des Bundes (die Vergabekammern des Bundes sind beim Bundeskartellamt eingerichtet) bzw. der Länder. Näheres hierzu regelt § 158 GWB.

9 Die Einzelheiten **zur Besetzung der Vergabekammern** mit einem/einer Vorsitzenden, einem/einer hauptamtlichen Beisitzer(in) und einem/einer ehrenamtlichen Beisitzer(in) gibt § 157 GWB vor.

10 Die **Vergabekammern sind Behörden iSd VwVfG;** sie sind keine Gerichte gemäß Art. 92 GG,[12] da sie – Maßstab ist hier die Gewaltenteilung gemäß Art. 20 Abs. 2 GG – nicht von der Verwaltung getrennt sind. Sie werden vielmehr von der Exekutive organisiert. Dass § 157 Abs. 1 und Abs. 4 S. 2 GWB den Vergabekammern für die Ausübung ihrer Tätigkeit eine **gerichtsähnliche Rechtsstellung** (richterähnliche Unabhängigkeit ihrer Mitglieder durch entsprechende Garantie und durch Bestellung für eine Amtszeit von fünf Jahren[13]) einräumt, führt nicht zur Qualifizierung einer Vergabekammer als Gericht. Vergabekammern führen Verwaltungsverfahren iSd § 9 VwVfG durch.[14] Lücken im GWB-Regelwerk für das erstinstanzliche Nachprüfungsverfahren sind daher durch die Anwendung der VwVfG des Bundes und der Länder auszufüllen. Von dieser verfassungs- und prozessrechtlichen Frage zu trennen ist die weitere, vor dem Hintergrund von Art. 267 AEUV zu führende Diskussion, ob eine Vergabekammer zu Vorabentscheidungsersuchen an den EuGH berechtigt oder gar verpflichtet ist. Die Frage, ob deutsche Vergabekammern „Gerichte" iSd Art. 267 AEUV sind, wurde mittlerweile durch den EuGH bejaht[15] (dazu → § 46 Rn. 26 ff.).

II. Örtliche Zuständigkeiten: § 159 GWB

11 Die örtlichen Zuständigkeiten sind inzwischen weitgehend gesetzlich geregelt. Mit dem Gesetz zur Modernisierung des Vergaberechts 2009 (→ Rn. 2) transferierte § 106a GWB, inzwischen **§ 159 GWB,** die Bestimmungen des bis dahin geltenden § 18 VgV für die Zuständigkeiten der verschiedenen Vergabekammern auf die gesetzliche Ebene.

1. Zurechnung des Auftrags bzw. des Auftraggebers zu einer Gebietskörperschaft

12 Die **Abgrenzung der Zuständigkeiten** der Vergabekammern richtet sich danach, ob der jeweilige Auftrag dem Bund oder einem Land zuzurechnen ist.[16] Nach § 159 GWB sind die Vergabekammern des Bundes zuständig bei Vergabeverfahren des Bundes selbst (§ 159 Abs. 1 Nr. 1 GWB) sowie bei Vergabeverfahren solcher Auftraggeber, die zB aufgrund überwiegender Beteiligung, Finanzierung oder Aufsicht des Bundes (§ 159 Abs. 1 Nr. 2 GWB) **dem Bund zuzuordnen** sind (vgl. ferner die Nrn. 3 und 4 des Abs. 1 des § 159 GWB). Gleiches gilt für Vergabeverfahren, die im Rahmen der Organleihe für den Bund durchgeführt werden (§ 159 Abs. 1 Nr. 5 GWB).

13 Folgerichtig bestimmt § 159 Abs. 2 S. 2 GWB die Zuständigkeit der Vergabekammer des jeweiligen Landes, wenn der Auftraggeber **einem Land zuzuordnen** ist.

14 Eine Neuerung ist mit der Bestimmung des § 159 Abs. 1 S. 1 Nr. 6 GWB verbunden, wonach künftig die Vergabekammer des Bundes auch in den Fällen zuständig ist, in denen

---

12 BGH Beschl. v. 25.10.2011 – X ZB 5/10, NZBau 2012, 186; OLG Brandenburg Beschl. v. 7.8.2008 – Verg W 11/08, BeckRS 2008, 18008; OLG Celle Beschl. v. 4.5.2001 – 13 Verg 5/00, NZBau 2002, 53.

13 Ein Widerruf der Bestellung – unter den Voraussetzungen des § 49 VwVfG des Bundes oder der Länder – ist aber nicht ausgeschlossen; Hamburgisches OVG Beschl. v. 30.6.2005 – 1 Bs 182/05, NVwZ 2005, 1447.

14 *Burgi* NZBau 2020, 3.

15 EuGH Urt. v. 18.9.2014 – C-549/13, ECLI:EU:C:2014:2235 = NJW 2014, 3769 – Bundesdruckerei GmbH./. Stadt Dortmund.

16 Zur internationalen Zuständigkeit der deutschen Nachprüfungsinstanzen bei einem grenzüberschreitenden Beschaffungsvorgang vgl. OLG München Beschl. v. 12.5.2011 – Verg 26/10, NZBau 2011, 630; ferner *Summa* VPR 4/2015, 149 ff., und jüngst VK Westfalen Beschl. v. 28.7.2016 – VK 2-24/16.

sowohl die Vergabekammer des Bundes als auch eine oder mehrere Vergabekammern der Länder zuständig sind. Die **Zuständigkeitskonzentration bei einer Vergabekammer** dient der Verfahrenskonzentration und -beschleunigung in Fällen, in denen aufgrund der Zuständigkeit unterschiedlicher Vergabekammern und Beschwerdeinstanzen die Gefahr divergierender Entscheidungen besteht. Durch die Ergänzung einer ausschließlichen Zuständigkeit der Vergabekammer des Bundes wird in diesen Fällen sichergestellt, dass alle Nachprüfungsanträge bei derselben Vergabekammer gestellt werden und gleichzeitig die Zuständigkeit der Vergabekammer des Bundes gemäß § 159 Abs. 1 Nr. 1 bis 6 GWB gewahrt bleibt. Das löst das Problem, mit dem sich bislang diejenigen Krankenkassen konfrontiert sahen, die – wie die Allgemeinen Ortskrankenkassen – von den Ländern beaufsichtigt werden, zudem aber überwiegend durch Mittel finanziert werden, deren Rechtsgrundlagen sich im Bundesrecht finden. Für die Nachprüfung der von ihnen vergebenen Aufträge waren bis zum 17.4.2016 bei uneingeschränkter Anwendung von § 106a Abs. 1 Nr. 2 und Abs. 2 S. 2 GWB aF neben der Vergabekammer des Bundes gleichzeitig die Vergabekammer des jeweiligen Landes zuständig. Das damit verbundene Wahlrecht war der Einheitlichkeit der Rechtsprechung (zu ein und demselben Vergabeverfahren) abträglich; es ist jetzt beseitigt.

Wird das Vergabeverfahren von einem Land im Rahmen der **Auftragsverwaltung für** 15
den Bund durchgeführt, ist die Vergabekammer dieses Landes zuständig (§ 159 Abs. 2 S. 1 GWB; zur Frage des richtigen Antragsgegners in solchen Fällen → Rn. 21 ff.).

Die Frage, welche Vergabekammer zuständig ist, wenn ein Auftrag gemeinsam von 16
mehreren Auftraggebern vergeben wird, die unterschiedlichen Ländern zuzuordnen sind („länderübergreifende Beschaffungen"), beantwortet **§ 159 Abs. 3 S. 2 GWB** dahingehend, dass die Auftraggeber für eine Konzentration der örtlichen Zuständigkeit bei einer Vergabekammer sorgen können. Die Norm gibt (nur) in diesen Fällen den Auftraggebern unmittelbar die Verpflichtung auf, in der Vergabebekanntmachung „nur eine zuständige Vergabekammer" zu benennen. Der VK Baden-Württemberg ist zwar im Ausgangspunkt zuzustimmen, dass eine in der Bekanntmachung fälschlicherweise als zuständig bezeichnete Vergabekammer diese Vergabekammer nicht binden kann.[17] § 106a Abs. 3 S. 2 GWB fordert die Auftraggeber aber gerade auf, *eine von mehreren zuständigen* Vergabekammern zu bezeichnen (dh der Gesetzgeber geht davon aus, dass bei länderübergreifenden Beschaffungen mehrere Vergabekammern zuständig sind und nicht nur diejenige Vergabekammer, in deren Land der Schwerpunkt der Maßnahme liegt). Gehen Auftraggeber so vor, liegt darin keine **„falsche" Benennung einer Vergabekammer.**

Lässt sich der **öffentliche Auftraggeber weder dem Bund noch einem Land zu-** 17
ordnen, so bestimmt sich die Zuständigkeit der Vergabekammer (eines Landes) nach dem Sitz des Auftraggebers (§ 159 Abs. 3 S. 1 GWB).

Die **Abgrenzung der Binnenzuständigkeiten unter mehreren Vergabekammern** 18
der Länder (so die Situation etwa in Nordrhein-Westfalen und Hamburg) ist nach § 158 Abs. 2 GWB Sache des Organisationsrechts des jeweiligen Landes.

2. Verweisung bei Unzuständigkeit

Eine unzuständige Vergabekammer hat den Nachprüfungsantrag in **entsprechender An-** 19
wendung des § 17a GVG an die örtlich zuständige Vergabekammer zu verweisen.[18] Gegen den Verweisungsbeschluss ist die sofortige Beschwerde (oder ein anderes Mittel zur isolierten Anfechtung) nicht gegeben.[19]

---

[17] So auch OLG München Beschl. v. 12.5.2011 – Verg 26/10, ZfBR 2011, 821 für eine mehrere EU-Mitgliedstaaten betreffende Beschaffung.

[18] OLG Bremen Beschl. v. 17.8.2000 – Verg 2/2000, IBRRS 2002, 2131; 3. VK des Bundes Beschl. v. 11.8.2011 – VK 3-113/11; *Burgi* NZBau 2020, 3 (7).

[19] OLG Dresden Beschl. v. 26.6.2012 – Verg 3/12, VergabeR 2013, 517.

20 Die Verweisung ist für die Vergabekammer, an die verwiesen wird, grundsätzlich bindend.[20] Für Ausnahmen gelten im Vergaberecht die gleichen Grundsätze wie für Verweisungen durch Gerichte, insbesondere darf die Verweisung nicht offensichtlich willkürlich sein.

3. Örtliche Zuständigkeit und richtiger Antragsgegner

21 Auseinanderzuhalten sind die Fragen nach der örtlich zuständigen Vergabekammer einerseits und nach dem **richtigen Antragsgegner** andererseits.

22 Exemplarisch lässt sich dies anhand von Auftragsvergaben im Rahmen der Bundesauftragsverwaltung darstellen: Aus § 159 Abs. 2 S. 1 GWB folgt, dass für Nachprüfungen zu Vergabeverfahren, die von einem Land im Rahmen der Auftragsverwaltung für den Bund durchgeführt werden (zB Ausschreibungen von Bauleistungen für Autobahnen bzw. Bundesfernstraßen durch Behörden eines Landes), die Vergabekammern der Länder zuständig sind. Ob das betreffende Land oder der Bund richtiger Antragsgegner im Nachprüfungsverfahren ist, ist damit aber nicht gesagt. Richtiger Antragsgegner des Nachprüfungsverfahrens im Sinne von § 161 Abs. 2 GWB ist in diesen Fällen der Bund. Denn er wird vom Land bzw. von bestimmten Landesbehörden beim Vertragsschluss vertreten. **Berechtigt und verpflichtet aus dem Vertrag** ist der Bund als Vertretener[21] und nicht das Land. Dies ist aber umstritten.[22]

23 Vergabenachprüfungsinstanzen neigen in jüngeren Entscheidungen im Interesse effektiven Primärrechtsschutzes dazu, **gegen den unrichtigen (oder nicht gegen alle richtigen) Antragsgegner gerichtete Nachprüfungsanträge** antragstellerfreundlich **auszulegen** und das Rubrum von Amts wegen richtigzustellen, wenn eine eindeutige Zuordnung des Nachprüfungsantrags möglich ist.[23]

D. Zuständigkeit der Oberlandesgerichte in zweiter Instanz

24 Gegen die Entscheidungen der Vergabekammer (oder gegen die Fiktion der Ablehnung eines Nachprüfungsantrags durch Nichtstun der Vergabekammer innerhalb der gesetzlichen – ggf. verlängerten – Entscheidungsfrist des § 167 Abs. 1 GWB – hierzu noch → § 42 Rn. 17 f.) ist die sofortige Beschwerde statthaft (§ 171 Abs. 1 und 2 GWB), und zwar zum Vergabesenat des – **für den Sitz der Vergabekammer – örtlich zuständigen Oberlandesgerichts.**[24]

[20] OLG Jena Beschl. v. 16.7.2007 – 9 Verg 4/07, BeckRS 2008, 6000.

[21] Für den Vertretenen als richtigen Antragsgegner etwa OLG Karlsruhe Beschl. v. 16.12.2009 – 15 Verg 5/09, BeckRS 2010, 16212. Führt dies zur örtlichen Unzuständigkeit der vom Antragsteller angerufenen Vergabekammer, kommt analog § 83 VwGO, § 17a GVG eine Verweisung an die örtlich zuständige VK in Betracht: zu einem solchen Fall VK Baden-Württemberg Beschl. v. 12.3.2015 – 1 VK 9/15. Der Vertretene ist auch dann richtiger Antragsgegner, wenn die Vergabestelle, derer er sich bedient, ihrerseits öffentlicher Auftraggeber ist (oder einem öffentlichen Auftraggeber zuzuordnen ist): OLG Düsseldorf Beschl. v. 5.10.2016 – VII-Verg 24/16, NZBau 2017, 119.

[22] Für die Passivlegitimation des Landes in solchen Fällen der Auftragsverwaltung OLG München Beschl. v. 22.10.2015 – Verg 5/15, NZBau 2016, 63; Beschl. v. 9.4.2015 – Verg 1/15, NZBau 2015, 446.

[23] Dies setzt allerdings voraus, dass die Antragsschrift insoweit (in Bezug auf den Antragsgegner) überhaupt auslegungsfähig ist. Instruktiv einerseits VK Bund Beschl. v. 7.8.2013 – VK 2-68/13, BeckRS 2013, 197818; andererseits VK Bund Beschl. v. 29.1.2015 – VK 2-119/14, IBRRS 2015, 0847; ferner OLG Düsseldorf Beschl. v. 16.10.2019 – VII-Verg 13/19, IBRRS 2020, 2402.

[24] Ende 2008 bis Ende 2010 waren die Landessozialgerichte Beschwerdegericht für bestimmte Vergaben, nämlich für die Anbahnung von Leistungserbringerverträgen gesetzlicher Krankenkassen nach den §§ 69 ff. SGB V. Diese Interimszuständigkeit wurde mit dem Gesetz zur Weiterentwicklung der Organisationsstrukturen in der gesetzlichen Krankenversicherung (GKV-OrgWG) v. 15.12.2008 (BGBl. I 2426), eingeführt und durch das Arzneimittelmarktneuordnungsgesetz (AMNOG) v. 22.12.2010 (BGBl. I 2262), mit Wirkung zum 1.1.2011, beendet. Die Rechtsprechung der Vergabesenate der LSGs ist insbesondere für Arzneimittelrabatt- und Hilfsmittelversorgungsverträge bedeutsam gewesen und strahlt zumindest insoweit auch noch auf die heutige Rechtsprechung der Oberlandesgerichte zu solchen Vergabeverfahren aus. Sie

§ 171 Abs. 4 GWB bestimmt, dass sofortige Beschwerden gegen Entscheidungen der Vergabekammern von den Landesregierungen (oder Landesjustizverwaltungen) durch Rechtsverordnung anderen als den eigentlich örtlich (bezogen auf den Sitz der erstinstanzlich entscheidenden Vergabekammer) zuständigen Oberlandesgerichten zugewiesen werden können. Für **sofortige Beschwerden gegen Entscheidungen der Vergabekammern des Bundes** sowie aller Vergabekammern Nordrhein-Westfalens[25] ist etwa – auf Basis von nach § 171 Abs. 4 GWB getroffenen Organisationsentscheidungen des Landes – einheitlich das **Oberlandesgericht Düsseldorf** zuständig. Die mit Abstand größte Fallzahl und Erfahrung sowie gerade die Zuständigkeit für Vergaben des Bundes verleiht den Entscheidungen des OLG Düsseldorf zumindest faktisch besonderes Gewicht. 25

Das **Verfahren der sofortigen Beschwerde** und die dazugehörigen Eilrechtsschutzmöglichkeiten werden unter → § 43 Rn. 1 ff. und → § 44 Rn. 17 ff. näher dargestellt. 26

E. Unterrichtungspflicht

Gemäß **§ 184 GWB** (vormals: § 129a GWB) unterrichten die Vergabekammern und die Oberlandesgerichte das Bundesministerium für Wirtschaft und Technologie bis zum 31. 1. eines jeden Jahres über die Anzahl der Nachprüfungsverfahren des Vorjahres und deren Ergebnisse.[26] Diese Pflicht besteht **unabhängig von den neuen Pflichten der Auftraggeber** zur Übermittlung von Daten an das BMWi **infolge der Vergabestatistikverordnung** (VergStatVO; hierzu → § 36 Rn. 125 ff.). 27

kann auch im Rahmen der Frage, ob eine Divergenzvorlage zum BGH nach § 179 Abs. 2 GWB geboten ist, relevant werden. Zum Vergaberechtsschutz bezogen auf solche Leistungserbringerverträge *vor* In-Kraft-Treten des GKV-OrgWG vgl. die Entscheidungen des BSG Beschl. v. 22. 4. 2008 – B 1 SF 1/08 R, NJW 2008, 3238, und des BGH Beschl. v. 15. 7. 2008 – X ZB 17/08, ZfBR 2008, 704.

[25] Mit der Zuständigkeitsverordnung Nachprüfungsverfahren (ZuStVO NpV NRW), die zum 1. 1. 2015 in Kraft trat, erfolgte die Zusammenlegung der bis dahin bestehenden fünf Vergabekammern Düsseldorf, Köln, Detmold, Arnsberg und Münster zu zwei Vergabekammern (Westfalen – mit Sitz in Münster – und Rheinland – mit Spruchkörpern in Köln und Düsseldorf).

[26] Die Ergebnisse dieser Unterrichtungen werden veröffentlicht und sind derzeit abrufbar via http://www.bmwi.de/DE/Themen/Wirtschaft/Oeffentliche-Auftraege-und-Vergabe/vergabestatistik.html.

§ 41 Rechtswegkonzentration, Antragsbefugnis und Rügeobliegenheit

Übersicht

GWB: §§ 97 Abs. 6, 156 Abs. 2, 3, 160

§ 97 GWB Allgemeine Grundsätze

(1) bis (5) hier nicht abgedruckt.

(6) Die Unternehmen haben Anspruch darauf, dass die Bestimmungen über das Vergabeverfahren eingehalten werden.

§ 156 GWB Vergabekammern

(1) hier nicht abgedruckt.

(2) Rechte aus § 97 Abs. 6 sowie sonstige Ansprüche gegen Auftraggeber, die auf die Vornahme oder das Unterlassen einer Handlung in einem Vergabeverfahren gerichtet sind, können nur vor den Vergabekammern und dem Beschwerdegericht geltend gemacht werden.

(3) Die Zuständigkeit der ordentlichen Gerichte für die Geltendmachung von Schadensersatzansprüchen und die Befugnisse der Kartellbehörden zur Verfolgung von Verstößen insbesondere gegen §§ 19 und 20 bleiben unberührt.

§ 160 GWB Einleitung, Antrag

(1) Die Vergabekammer leitet ein Nachprüfungsverfahren nur auf Antrag ein.

(2) Antragsbefugt ist jedes Unternehmen, das ein Interesse an dem öffentlichen Auftrag oder der Konzession hat und eine Verletzung in seinen Rechten nach § 97 Abs. 6 durch

Nichtbeachtung von Vergabevorschriften geltend macht. Dabei ist darzulegen, dass dem Unternehmen durch die behauptete Verletzung der Vergabevorschriften ein Schaden entstanden ist oder zu entstehen droht.

(3) Der Antrag ist unzulässig, soweit

1. der Antragsteller den gerügten Verstoß gegen Vergabevorschriften vor Einreichen des Nachprüfungsantrags erkannt und gegenüber dem Auftraggeber nicht innerhalb einer Frist von zehn Kalendertagen gerügt hat; der Ablauf der Frist nach § 134 Abs. 2 GWB bleibt unberührt,
2. Verstöße gegen Vergabevorschriften, die aufgrund der Bekanntmachung erkennbar sind, nicht spätestens bis Ablauf der in der Bekanntmachung benannten Frist zur Angebotsabgabe oder zur Bewerbung gegenüber dem Auftraggeber gerügt werden,
3. Verstöße gegen Vergabevorschriften, die erst in den Vergabeunterlagen erkennbar sind, nicht spätestens bis zum Ablauf der in der Bekanntmachung benannten Frist zur Angebotsabgabe oder zur Bewerbung gegenüber dem Auftraggeber gerügt werden,
4. mehr als 15 Kalendertage nach Eingang der Mitteilung des Auftraggebers, einer Rüge nicht abhelfen zu wollen, vergangen sind.

Satz 1 gilt nicht bei einem Antrag auf Feststellung der Unwirksamkeit des Vertrages nach § 135 Abs. 1 Nr. 2. § 134 Abs. 1 Satz 2 bleibt unberührt.

Literatur:

Antweiler, Bieterrechtsschutz unter Zumutbarkeitsvorbehalt?, VergabeR 2011, 306ff.; *Boesen/Upleger,* Die Antragsbefugnis eines Antragstellers bei zwingendem Ausschlussgrund, NZBau 2005, 672ff.; *Brauer,* Das Verfahren vor der Vergabekammer, NZBau 2009, 297ff.; *Braun,* Umgehungsverbote und Grenzen des Konzessionsrechts, NZBau 2018, 652ff.; *Burbulla,* Aufhebung der Ausschreibung und Vergabenachprüfungsverfahren, ZfBR 2009, 134ff.; *Byok,* Das Gesetz zur Modernisierung des Vergaberechts – GWB 2009, NVwZ 2009, 551ff.; *Czernek,* Das neue Rügeregime des § 47 EnWG – Mehr Rechtssicherheit für die Gemeinden?, EnWZ, 2018, 99ff.; *Dicks,* Verfahrensrechtliche Entscheidungen der Vergabesenate im Jahre 2009 – Teil I, ZfBR 2010, 235ff.; *Dicks,* Verfahrensrechtliche Entscheidungen der Vergabesenate im Jahre 2009 – Teil II, ZfBR 2010, 339ff.; *Dirksen,* Fristablauf nach § 107 Abs. 3 Satz 1 Nr. 4 GWB, VergabeR 2013, 410ff.; *Dittmann,* Ansprüche eines zu Recht ausgeschlossenen Bieters, VergabeR 2008, 339ff.; *Dreher,* Die Open-House-Verfahren, NZBau 2019, 275; *Dreher/Engel,* Wettbewerbsregister und wettbewerbliche Vergaben, ZWeR 2019, 3ff.; *Eiermann,* Primärrechtsschutz gegen öffentliche Auftraggeber bei europaweiten Ausschreibungen durch Vergabenachprüfungsverfahren – Teil 1 und 2, NZBau 2016, 13ff und 76ff.; *Fürmann,* Zur Zulässigkeit von Anforderungsfristen und der praxisgerechten Auslegung des § 107 Abs. 3 Satz 1 Nr. 2 und 3 GWB, VergabeR 2010, 420ff; *Hertwig,* Uneingeschränkte Relevanz des Gemeindewirtschaftsrechts im Vergabenachprüfungsverfahren, NZBau 2009, 355ff.; *Hölzl,* Volle Überprüfbarkeit ungewöhnlich niedriger Angebote, NZBau 2018, 18ff.; *Hübner,* Das Ende der „unverzüglichen" und uneingeschränkten Rügeobliegenheit (§ 107 Abs. 3 Satz 1 Nr. 1 GWB), VergabeR 2010, 414ff.; *Jaeger,* Neuerungen zur Rügeobliegenheit (§ 107 III GWB) durch das Vergaberechtsmodernisierungsgesetz, NZBau 2009, 558ff.; *Krist,* Änderungen im Vergabeprozessrecht, VergabeR 2016, 396ff.; *Kühn,* Rügefristen bei nachträglich verlängerter Angebotsfrist, VergabeR 2015, 21ff.; *Müller-Wrede,* Kausalität des Vergaberechtsverstoßes als Voraussetzung für den Rechtsschutz, NZBau 2011, 650ff.; *Polster/Naujok,* Vergaberechtsreform 2009/2010, NVwZ 2011, 786ff.; *Pooth,* Muss man unverzüglich rügen? – Auswirkungen der EuGH-Entscheidung vom 28.10.2010, VergabeR 2011, 358ff.; *Rechten/Junker,* Das Gesetz zur Modernisierung des Vergaberechts – oder: Nach der Reform ist vor der Reform, NZBau 2009, 490ff.; *Rihs/Steiner,* Fastweb: (R)Evolution der Antragslegitimation?, ZVB 2014, 5ff.; *Siegel,* Die Konzessionsvergabe im Unterschwellenbereich, NZBau 2019, 353ff.; *Sumpf,* Die Obliegenheit zur unverzüglichen Rüge von Vergaberechtsverletzungen vor dem Hintergrund des Europarechts, EuZW 2014, 337ff.; *Wolf/Wolters,* Zur Rügeobliegenheit bei de-facto-Vergaben, VergabeR 2018, 106ff.

A. Einleitung

1 **§ 97 Abs. 6 GWB** (früher: Abs. 3) stellte die wohl bedeutsamste Änderung des zum 1.1. 1999 in Kraft getretenen neuen *Kartell*vergaberechts[1] gegenüber der bis dahin vorgefundenen Situation des *Haushalts*vergaberechts dar. Erstmals erhielten Interessenten, Bewerber

[1] Gesetz zur Änderung der Rechtsgrundlagen für die Vergabe öffentlicher Aufträge (Vergaberechtsänderungsgesetz – VgRÄG) v. 26.8.1998 (BGBl. I 2512).

und Bieter damit einen **einklagbaren Anspruch auf Einhaltung der vergaberechtlichen Bestimmungen durch die Auftraggeber.**

Weitere zentrale Normen des deutschen Kartellvergaberechts für den Primärrechtsschutz durch das Vergabenachprüfungsverfahren sind 2

– der **§ 156 (vormals: § 104) Abs. 2 GWB** (mit der Intention, alle Bieteransprüche gegen einen öffentlichen Aufraggeber, die auf Vornahme oder Unterlassung einer Handlung in einem Vergabeverfahren gerichtet sind, auf das Vergabenachprüfungsverfahren zu konzentrieren),
– der **§ 160 (Vormals: § 107) Abs. 2 GWB** zur **Antragsbefugnis** des Antragstellers in einem Nachprüfungsverfahren (die Einleitung eines solchen Nachprüfungsverfahrens setzt stets einen Antrag voraus – § 107 Abs. 1 GWB) und
– der **§ 160 Abs. 3 GWB** zu **Rügeobliegenheiten** des Bieters, der einen Vergaberechtsverstoß erkannt hat oder hätte erkennen können.

Aus diesen Bestimmungen lassen sich ganz wesentliche Grundlinien für das Verfahrensrecht ableiten, das für das Vergabenachprüfungsverfahren in Deutschland zugrunde zu legen ist. 3

B. § 97 Abs. 6 GWB

I. Fundamentale Neuerung der Rechtslage durch das VgRÄG 1998

Die Ablösung des vormaligen – nur eingeschränkt individualschützenden und justiziablen – **Haushaltsvergaberechts** (zumindest oberhalb bestimmter festgelegter Schwellenwerte) durch gerichtlich nicht nur im Wege von Schadensersatz durchsetzbares Vergaberecht war nach Maßgabe höherrangigen europäischen Rechts unausweichlich geworden. Die frühere Rechtslage in Deutschland (im Wesentlichen vermittelt durch das Haushaltsgrundsätzegesetz, die Haushaltsordnungen sowie diversen Haushaltsverordnungen für öffentlich-rechtliche Körperschaften, jeweils iVm Verdingungsordnungen) stand nicht mehr im Einklang mit dem EG-Vergaberecht, insbesondere nicht mit den Vorgaben der EG-Rechtsmittelrichtlinien (→ § 40 Rn. 3ff.). 4

II. Subjektive Rechte auf Durchsetzung des Vergaberechts aus Grundrechten?

Die Einführung von § 97 Abs. 7 (nunmehr: Abs. 6) GWB und eines Vergaberechtsschutzes, mit dem Zuschlagsuntersagungen und sonstige Einwirkungen auf die Rechtmäßigkeit laufender Vergabeverfahren effektiv erreicht werden konnten, war auch deshalb zwingend, weil sich anerkanntermaßen Abwehransprüche unterlegener Bieter aus **Art. 12 Abs. 1 GG** nicht herleiten ließen und lassen. Die Berufsfreiheit umfasst einen Anspruch auf Erfolg im Wettbewerb und auf Sicherung künftiger Erwerbsmöglichkeiten nicht.[2] Es bleibt also ohne außerhalb des Anwendungsbereichs des Vergaberechts nur der allgemeine Gleichheitssatz (Art. 3 Abs. 1 GG).[3] 5

§ 97 Abs. 6 GWB vermittelt keine Ansprüche, die auf **künftige Vergabeverfahren** gerichtet sind (zum Ausschluss vorbeugenden Rechtsschutzes → Rn. 61ff.). 6

---

[2] Vgl. statt vieler nur BVerfG Beschl. v. 1.11.2010 – 1 BvR 261/10, NZS 2011, 580; BVerfG Beschl. v. 27.2.2008 – 1 BvR 437/08, ZfBR 2008, 816; BVerfG Beschl. v. 13.6.2006 – 1 BVR 1160/03, NZBau 2006, 791.

[3] OLG Düsseldorf Urt. v. 13.12.2017 – I-27 U 25/17, NZBau 2018, 168; etwas anders *Siegel* NZBau 2019, 353 (354), der auch Art. 12 GG fruchtbar machen möchte im Unterschwellenbereich.

III. Anspruch auf Vertragsschluss oder zumindest auf „Aufhebung einer Aufhebung"?

7 § 97 Abs. 6 GWB vermittelt auch keinen Anspruch auf Vertragsschluss, weil das materielle Vergaberecht, um dessen Einhaltung es geht, **keinen Kontrahierungszwang** für den öffentlichen Auftraggeber kennt. Dieser soll vielmehr die uneingeschränkte Dispositionsfreiheit haben und behalten, ob er ein Beschaffungsvorhaben in Gang setzt, aufrechterhält, aufgibt, wieder aufgreift, zum Abschluss bringt etc.

8 Es ist dem öffentlichen Auftraggeber unbenommen, aus welchen Gründen auch immer, von einer Vergabe abzusehen und ein Vergabeverfahren **aufzuheben.** Falls die Aufhebung rechtswidrig ist, muss der öffentliche Auftraggeber den Bietern, die danach verlangen, idR ihre Schäden und Aufwendungen ersetzen. Dies ist eine der häufigsten Konstellationen des Sekundärrechtsschutzes.

9 Aufhebungen ohne Aufhebungsgrund (vgl. § 63 VgV) können also Schadensersatzansprüche der betroffenen Bieter im Hinblick auf deren frustrierte Aufwendungen begründen. Sie sind aber nicht zwangsläufig unwirksam, im Gegenteil. Voraussetzung für die **Wirksamkeit der Aufhebung** ist – neben der Aufgabe des konkreten Beschaffungsvorhabens – lediglich, dass der Auftraggeber einen rechtfertigenden Grund für die Aufhebung hat. Ein solcher Grund liegt vor, wenn das Vergabeverfahren – ohne dass dies schon von einer Vergabekammer festgestellt worden ist – fehlerbehaftet ist oder zumindest sein könnte.[4]

10 Anders bei „Scheinaufhebungen": Hat der Auftraggeber sein konkretes Beschaffungsvorhaben gar nicht aufgegeben, sondern verfolgt es weiter (wobei der Beschaffungsgegenstand gleich geblieben ist), nimmt die Rechtsprechung an, dass die Aufhebung der Vergabe mit Erfolg im Weg des Vergabenachprüfungsverfahren angegriffen werden kann mit dem Ziel, die **„Aufhebung der Aufhebung"** und die Fortsetzung des ursprünglichen Vergabeverfahrens zu erreichen.[5] In Betracht kommt bei einer rechtswidrigen Aufhebung einer Vergabe auch ein **feststellender Tenor** der Vergabenachprüfungsinstanzen dahingehend, **dass durch die Aufhebung eine Rechtverletzung des Antragstellers eingetreten ist.**[6]

C. Rechtswegkonzentration

11 Neben dem durch Übermittlung von Nachprüfungsanträgen von Gesetzes wegen eintretenden Suspensiveffekt (§ 169 Abs. 1 GWB – dazu → § 44 Rn. 1) ist vor allem eine Bestimmung fundamental für die Effektivität und Akzeptanz des vergaberechtlichen Primärrechtsschutzes nach deutschem Recht: **§ 156 Abs. 2 GWB.**

12 Die Norm bestimmt, dass für **Ansprüche aus § 97 Abs. 6 GWB und für „sonstige Ansprüche gegen Auftraggeber",** die auf die Vornahme oder das Unterlassen einer Handlung in einem Vergabeverfahren – auf das der Teil 4 des GWB anwendbar ist – ge-

[4] 1. VK Bund Beschl. v. 4.7.2012 – VK 1-64/12, BeckRS 2012, 23639; ähnlich OLG Düsseldorf Beschl. v. 8.6.2011 – VII-Verg 55/10, NZBau 2011, 699.

[5] Instruktiv jetzt OLG Rostock Beschl. v. 2.10.2019 – 17 Verg 3/19, NZBau 2020, 113 mwN: *„Bei fortbestehendem Beschaffungswillen ist die Aufhebung allerdings an den Grundprinzipien des Vergaberechts (Wettbewerb, Transparenz u. Gleichbehandlung, keine Diskriminierung ausländischer Unternehmen) zu messen. Einen Anspruch auf Fortsetzung des Vergabeverfahrens (sog. Aufhebung d. Aufhebung) hat ein Bieter nur ausnahmsweise dann, wenn der öffentliche Auftraggeber die Möglichkeit, ein Vergabeverfahren aufzuheben, in rechtlich zu missbilligender Weise dazu einsetzt, durch die Aufhebung die formalen Voraussetzungen dafür zu schaffen, den Auftrag außerhalb des eingeleiteten Vergabeverfahrens an einen bestimmten Bieter oder unter anderen Voraussetzungen bzw. in einem anderen Bieterkreis vergeben zu können (sog. Scheinaufhebung)"*; s. auch BGH Beschl. v. 20.3.2014 – X ZB 18/13, NZBau 2014, 310; OLG Düsseldorf Beschl. v. 28.12.2016 – VII-Verg 28/16, BeckRS 2016, 125654.

[6] OLG Celle Beschl. v. 10.3.2016 – 13 Verg 5/15, ZfBR 2016, 498; VK Sachsen Beschl. v. 19.6.2015 – 1/SVK/009-15, BeckRS 2015, 16424.

richtet sind,[7] „nur" der Rechtsweg zu den Vergabekammern (und anschließend zu den Beschwerdegerichten) eröffnet ist.

Unberührt von dieser Rechtswegkonzentration bleiben nur die **Zuständigkeit der ordentlichen Gerichte für die Geltendmachung von Schadensersatzansprüchen**[8] (Sekundärrechtsschutz – dazu → § 38 Rn. 89) und die **Befugnisse der Kartellbehörden** zur Verfolgung von Verstößen insbesondere gegen §§ 19, 20 GWB. Es ist allerdings praktisch kaum ein Fall vorstellbar, bei dem eine kartellrechtliche Diskriminierung (etwa kleiner und mittelständischer Unternehmen) durch den Auftraggeber festgestellt werden könnte, wenn die Vergabenachprüfungsinstanzen Verstöße gegen das vergaberechtliche Diskriminierungsverbot (§ 97 Abs. 2 GWB) verneint haben. 13

Diese Rechtswegkonzentration führt zur Unzulässigkeit des Zivilrechtswegs und – für öffentlich-rechtliche Verträge – des Verwaltungs- oder Sozialrechtswegs für den Primärrechtschutz oberhalb der Schwellenwerte. Zum **Primärrechtsschutz unterhalb der Schwellenwerte**[9] sei auf → § 89 Rn. 1 ff. verwiesen. 14

§ 156 Abs. 2 GWB liest sich klar und einfach, birgt in der praktischen Anwendung aber Sprengkraft. Die Norm hat den Vergabenachprüfungsinstanzen teilweise die Kritik eingetragen, sie würden sich Aussagen zu Rechtsmaterien und Fragestellungen anmaßen, die kraft anderweiter gesetzlicher Verfahrensregelungen (im gleichen Rang) etwa des Patentrechts, des SGG, der VwGO usw. anderen Spruchkörpern und/oder Gerichtsbarkeiten zugewiesen sind. Umgekehrt haben andere Spruchkörper (etwa in bestimmten Bereichen Verwaltungs- und Sozialgerichte) § 156 Abs. 2 GWB so interpretiert, dass er Entscheidungsbefugnisse in Vergabeverfahren nicht nur für Vergabekammern und -senate eröffnet. Pauschalvorwürfe dergestalt, dass Oberlandesgerichte etwa vom Gemeindewirtschaftsrecht zu wenig verstünden, während umgekehrt etwa die Verwaltungsgerichte mit (Ansprüchen gegen Auftraggeber in) Vergabeverfahren nichts anzufangen wüssten, weil sie hierauf nicht spezialisiert sind, sind schon im politischen Raum fragwürdig; rechtlich sind sie haltlos. Die Fachgerichte müssen sich ja etwa mit Unterschwellenvergaben und sonstigen Vergaben außerhalb des Anwendungsbereichs des Kartellvergaberechts durchaus befassen. Auch die EG-Rechtmittel-RL verlangen die Rechtswegkonzentration für Vergabeverfahren bei bestimmten spezialisierten Spruchkörpern nicht,[10] und der BGH hat mit der Eröffnung zivilgerichtlichen (Vergabe-) Rechtsschutzes unter Konkurrenten (gestützt auf § 4 Nr. 11 UWG – dazu → Rn. 38 f.) dafür gesorgt, dass ein antragstellender Bieter in bestimmten Konstellationen auf zwei verschiedenen Wegen Primärrechtsschutz erlangen kann. Auch § 156 Abs. 3 GWB enthält mit der Anordnung, dass die kartellbehördlichen Befugnisse unberührt bleiben, weitere **Durchbrechungen der intendierten Konzentration des Vergaberechtsschutzes** oberhalb der Schwellenwerte bei den Vergabekammern und -senaten. Umgekehrt lässt sich nicht bestreiten: Dass Behörden und Gerichte bei ihren Entscheidungen Rechtsfragen mitentscheiden (müssen), für die sie nicht originär oder nicht ausschließlich zuständig sind, ist in der Rechtsordnung ein durchaus verbreitetes Phänomen. Die Vergabenachprüfungsinstanzen prüfen deshalb selbstverständlich Fachrecht, wenn und soweit dies durch eine **vergaberechtliche Anknüpfungsnorm** veranlasst ist (im Einzelnen noch → Rn. 50). 15

---

[7] Dazu gehört nicht die Geltendmachung einer höheren Vergütung als nach der HOAI nach Vertragsschluss: OLG Frankfurt a.M. Urt. v. 23.7.2014 – 13 U 44/12, NZBau 2015, 639.

[8] Sekundärrechtsschutz, also das Einklagen von Schadensersatz gegen den öffentlichen Auftraggeber, ist natürlich auch oberhalb der Schwellenwerte nicht ausgeschlossen; er ist auch nicht von der vorherigen Inanspruchnahme von Primärrechtsschutz abhängig (→ § 40 Rn. 1). Zu Einzelheiten vgl. *Eiermann* NZBau 2016, 13(13 f.).

[9] Zuschlagsverbote sind hier ggf. über einsteilige Verfügungen vor den Zivilgerichten zu erwirken. Vgl. aus der jüngeren Rechtsprechung OLG Frankfurt a.M. Urt. v. 13.10.2015 – 11 W 32/15, ZfBR 2016, 290.

[10] Art. 2 Abs. 2 der EG-Rechtsmittel-Richtlinien geben den Mitgliedstaaten jeweils die Freiheit, die in dieser Richtlinie genannten Befugnisse getrennt mehreren, unterschiedlichen Spruchkörpern zu übertragen; EuGH Urt. v. 19.6.2003 – C-315/01, Slg. 2003 I-06351, ZfBR 2003, 710 – GAT.

16 Die nachfolgenden Problemfälle und -lösungen haben sich in der Rechtsprechung herauskristallisiert:

I. Dienstleistungskonzessionen

17 Probleme hinsichtlich des Rechtswegs bereiteten lange Zeit die Dienstleistungskonzessionen, auf welche der **Teil 4 des GWB bis zum 17. 4. 2016 nicht anzuwenden war,** die aber häufig nur schwer von Dienstleistungsaufträgen abgrenzbar sind und für die sich somit in einem Vergabenachprüfungsverfahren – im Rahmen der Statthaftigkeitsprüfung – die Frage stellen konnte, ob der Vergaberechtsschutz eröffnet ist (Dienstleistungsauftrag) oder nicht eröffnet ist (Dienstleistungskonzession).

18 Die Rechtsprechung hat in diesem Zusammenhang geklärt: Das **Vergabenachprüfungsverfahren war** schon vor dem In-Kraft-Treten des VergRModG 2016 **auch für die Klärung der Frage eröffnet, ob ein bestimmter Beschaffungsgegenstand als Dienstleistungsauftrag oder -konzession zu qualifizieren** ist. Und: Wird ein Anspruch auf Einhaltung der Bestimmungen über das Vergabeverfahren darauf gestützt, dass die angekündigte Beschaffung von Entsorgungsleistungen durch Vergabe einer Dienstleistungskonzession gesetzwidrig sei und nur im Wege eines öffentlichen Auftrags erfolgen dürfe, sind die Nachprüfungsinstanzen des Vierten Teils des Gesetzes gegen Wettbewerbsbeschränkungen zuständig.[11] Stellt sich dann aber im Vergabenachprüfungsverfahren heraus, dass kein Dienstleistungsauftrag, sondern eine Dienstleistungskonzession vorliegt, gelten dieselben Grundsätze wie für die Bestimmung des Rechtswegs bei Streitigkeiten aus der Vergabe öffentlicher Aufträge mit einem die Schwellenwerte unterschreitenden Volumen. Das bedeutete: Für die Überprüfung der Vergabe einer Dienstleistungskonzession waren die ordentlichen Gerichte zuständig, wenn die Vergabe durch privatrechtlichen Vertrag erfolgte.[12] Erfolgte die Vergabe hingegen in den Formen des öffentlichen Rechts, gehörte der Rechtsstreit vor die Verwaltungsgerichte.[13] Der Vergabesenat (nicht die Vergabekammer) hatte ein nach § 171 GWB vor ihn gelangtes Nachprüfungsverfahren mit Bindungswirkung nach § 17a GVG an das Gericht des zulässigen Rechtswegs zu **verweisen,** wenn es eine Dienstleistungskonzession zum Gegenstand hat.

19 Mit Umsetzung der Richtlinie 2014/23/EU wurde im April 2016 **für alle Konzessionsvergaben der Primärrechtsschutz des Vergabenachprüfungsverfahrens eröffnet** (vgl. den neuformulierten § 156 Abs. 1 GWB-E und → § 40 Rn. 3). Auch das Umgehungsverbot des § 14 KonzVgV ist drittschützend und kann zulässigerweise zum Gegenstand der Vergabenachprüfung gemacht werden.[14]

II. Verhältnis der §§ 155 ff. GWB zu Bestimmungen anderer Prozessordnungen

20 Die gesetzgeberische Intention ist, Rechtsschutz gegen öffentliche Auftragsvergaben (oder gegen unterbliebene wettbewerbliche Vergaben) auf einem Sonderrechtsweg zu konzentrieren und hierfür ein spezielles Prozessrecht vorzusehen, das – jedenfalls im Regelfall – für eine beschleunigte Beendigung des Streits sorgt und die Beteiligten nicht für Einzelfragen an weitere Gerichtsbarkeiten verweist. Andere Rechtswege können aber trotz § 156 Abs. 2 GWB parallel eröffnet bleiben.[15] Das **Verhältnis der §§ 155 ff. GWB zum Pro-**

---

[11] BGH Beschl. v. 18. 6. 2012 – X ZB 9/11, ZfBR 2012, 721.

[12] BGH Beschl. v. 23. 1. 2012 – X ZB 5/11, NZBau 2012, 248; OLG Karlsruhe Beschl. v. 6. 2. 2013 – 15 Verg 11/12, BeckRS 2013, 12106.

[13] Vgl. zur in der Entscheidung gar nicht weiter thematisierten Zuständigkeit der Verwaltungsgerichtsbarkeit etwa für bestimmte Vergaben von Rettungsdienstleistungen im Konzessionsmodell etwa OVG Lüneburg Beschl. v. 12. 11. 2012 – 13 ME 231/12, NJOZ 2013, 1223.

[14] *Braun* NZBau 2018, 652 (656).

[15] So etwa der Sozialrechtsweg für sozialrechtlich getriebene Angriffe gegen Ausschreibungen von Leistungserbringerverträgen nach SGB V: OLG Düsseldorf Beschl. v. 7. 1. 2019 – VII-Verg 30/18, NZBau 2019, 261.

zessrecht für andere Fachgerichtsbarkeiten, ist dahingehend geklärt, dass Fachrecht dann von den Vergabenachprüfungsinstanzen mitzuprüfen ist, wenn dies im Rahmen einer **vergaberechtlichen Anknüpfungsnorm** unabdingbar ist. Um es am **Beispiel des Beihilferechts** plastisch zu machen: Für die Frage, ob ein Zuschlag im Sinne des § 168 Abs. 2 S. 1 GWB wirksam erteilt ist, haben die Vergabenachprüfungsinstanzen auch zu bewerten, ob der bereits geschlossene Vertrag wegen Verstoßes gegen die beihilferechtliche Notifizierungspflicht unwirksam ist (Art. 108 Abs. 3 AEUV iVm § 134 BGB); nicht statthaft ist es aber, wenn ein Antragsteller mittels des Vergabenachprüfungsverfahrens rein beihilferechtliche Verstöße des Auftraggebers korrigieren lassen möchte.[16] Bei vergaberechtlichen Anknüpfungsnormen, die sich ohne Weiteres etwa im Bereich der Eignungsnachweise finden lassen, haben Vergabenachprüfungsinstanzen selbstverständlich auch **datenschutzrechtliche Fragen** mit zu prüfen.[17] Einige weitere exemplarische Fälle werden nachfolgend dargestellt.

1. Kartellrecht

Besonders umstritten war und ist die Auslegung des § 156 Abs. 2 GWB in Bezug auf kartellrechtliche Anspruchsgrundlagen, gerade auch mit Blick auf § 156 Abs. 3 GWB. Danach gilt: Unberührt von der Verfahrenskonzentration bei den Vergabekammern und -senaten bleibt die Zuständigkeit der Kartellbehörden zur Verfolgung von Kartellverstößen. 21

Die Rechtsprechung insbesondere des OLG Düsseldorf ist jedenfalls bis 2010 in einer ganzen Reihe von Beschlüssen davon ausgegangen, dass Handlungen mehrerer Auftraggeber (etwa der Zusammenschluss zu einer Einkaufsgemeinschaft unter kartellrechtlichen Gesichtspunkten) nicht überprüft werden können, weil sie sich **zeitlich vor Beginn des Vergabeverfahrens** zugetragen haben (und somit schon dem Wortlaut nach keine „Handlungen in einem Vergabeverfahren" iSd § 156 Abs. 2 GWB sind. Inzwischen hat sich das OLG Düsseldorf zu einer differenzierteren Herangehensweise entschlossen. 22

Zunächst hatte das Gericht spezifisch bezogen auf Rahmenvereinbarungen Anfang 2011 entschieden, dass das *„in Art. 32 Abs. 2 UA 5 der Richtlinie 2004/18/EG enthaltene* ***Missbrauchsverbot*** *[heute: § 21 Abs. 1 Satz 3 VgV] weiterhin [gilt], … Ein Missbrauch kann auch in der kartellrechtlich unzulässigen Nachfragebündelung liegen".*[18] 23

Einen Schritt weiter – auch in der Begründungstiefe – ging das OLG Düsseldorf dann Mitte 2012: *„Unionsrecht fordert [die Prüfung kartellrechtlicher Einwände gegen das Vorgehen des/der öffentlichen Auftraggeber(s)] nicht, schließt dies aber auch nicht aus. Art. 1 Abs. 1 UA 3 Richtlinie 89/665/EWG idF von Art. 1 Richtlinie 2007/66/EG nennt als Prüfungsgegenstand eines Vergabenachprüfungsverfahrens ‚das Gemeinschaftsrecht im Bereich des öffentlichen Auftragswesens oder gegen die einzelstaatlichen Vorschriften, die dieses Recht umsetzen'. Unionsrecht schließt auch gemeinsame Beschaffungen öffentlicher Auftraggeber nicht aus, sondern überlässt die Entscheidung darüber den Mitgliedstaaten (vgl. Art. 1 Abs. 10 RL 2004/18/EG und Erwägungsgrund 15). Die nationale Vorschrift des § 97 Abs. 7 GWB bezieht sich lediglich auf ‚Bestimmungen über das Vergabeverfahren'. § 104 [§ 156] Abs. 2 GWB nennt als zu prüfende Ansprüche auch ‚sonstige Ansprüche gegen öffentliche Auftraggeber, die auf die Vornahme oder das Unterlassen einer Handlung in einem Vergabeverfahren gerichtet sind'. Dies schließt auf Kartellrecht gestützte Ansprüche nicht von vornherein aus. § 104 [§ 156] Abs. 3 GWB … begründet nur die – gegebenenfalls parallele – Zuständigkeit der ordentlichen Gerichte und Kartellbehörden, schließt aber eine gleichzeitige Zuständigkeit der Vergabenachprüfungsinstanzen ebenso wenig aus (‚bleiben unberührt'). … Der Bundesge-* 24

[16] Er kann wegen solcher Ansprüche auch keine Rechtswegverweisung (dazu auch → Rn. 44 und → § 46 Rn. 12) beanspruchen, weil auf Beihilferecht gestützte Ansprüche schon gar nicht in zulässiger Weise in ein Vergabenachprüfungsverfahren eingeführt werden können: BGH Beschl. v. 12.11.2019 – XII ZB 120/19, NVwZ 2020, 330.

[17] KG Beschl. v. 10.2.2020 – Verg 6/19; anders noch, aber nicht überzeugend: OLG München Beschl. v. 13.3.2017 – Verg 15/16, ZfBR 2017, 509.

[18] OLG Düsseldorf Beschl. v. 17.1.2011 – VII-Verg 3/11, BeckRS 2011, 2627, unter Hinweis auf KMPP/*Zeise* VOL/A § 4 EG Rn. 28.

richtshof[19] … *hat in einer Nebenbemerkung geäußert, das unter einem besonderen Beschleunigungsbedürfnis stehende Vergabeverfahren sei zur Klärung komplexer und bei einer Prüfung von Kartellrecht regelmäßig aufgeworfener Fragen der Marktabgrenzung und der Bewertung der Stellung des Auftraggebers im fraglichen Markt nicht geeignet … Im Ergebnis könnte … einiges dafür sprechen,* ***kartellrechtliche Verstöße des Auftraggebers, die ohne zeitaufwändige Untersuchung einwandfrei festzustellen sind,*** *in einem Vergabenachprüfungsverfahren zu berücksichtigen*".[20]

25 Dies dürfte die aktuelle Richtschnur für kartellrechtliche Prüfungen in Vergabenachprüfungsverfahren sein. In der Praxis wird die Schwierigkeit aber gerade sein, die *„ohne zeitaufwändige Untersuchung einwandfrei feststellbaren"* Verstöße von denjenigen (Kartellrechts-) Verstößen zu unterscheiden und **abzugrenzen,** die diese Merkmale nicht aufweisen.

26 Vorzugswürdig wäre eine Lösung, die kartellrechtliche Prüfungen der Vergabenachprüfungsinstanzen weiterhin nur bei **hinreichenden Anknüpfungspunkten in vergaberechtlichen Normen** verlangt, etwa

- an das Missbrauchsverbot für Rahmenvereinbarungen oder
- an die – etwa aus § 124 Abs. 1 Nr. 4 GWB folgende[21] – Ausschlussmöglichkeit für Unternehmen, die in Bezug auf die Vergabe eine unzulässige, wettbewerbsbeschränkende Abrede getroffen haben.[22]

27 Dieser Ansatz würde der Anordnung des § 156 Abs. 3 GWB, wonach die **Befugnisse der Kartellbehörden unberührt bleiben,** am ehesten gerecht werden.

2. Patentrecht

28 Nach OLG Düsseldorf[23] hat sich die Eignungsprüfung des öffentlichen Auftraggebers „selbstverständlich darauf zu erstrecken, ob ein Bieter auch rechtlich in der Lage ist, die ausgeschriebene Leistung zu erbringen, dies jedenfalls in solchen Fällen, in denen für den öffentlichen Auftraggeber zureichende Anhaltspunkte hervortreten, die Leistungsfähigkeit eines Bieters in dieser Hinsicht anzuzweifeln". Die am Vergabeverfahren beteiligten Unternehmen hätten wegen des Bieterschutzes, welche auch die Bestimmungen zur Eignung vermitteln (vormals § 97 Abs. 4 GWB und heute § 122 Abs. 1 GWB einen Anspruch darauf, dass der Auftraggeber die Leistungsfähigkeit der Konkurrenten auch in rechtlicher Hinsicht prüft, namentlich dann, wenn sich hierzu ein besonderer Anlass bietet. **Rechtli-**

[19] Beschl. v. 18.1.2000 – KVR 23/98, NZA 2000, 327.

[20] OLG Düsseldorf Beschl. v. 27.6.2012 – VII-Verg 7/12, ZfBR 2012, 723. Anders aber etwa OLG Schleswig Beschl. v. 25.1.2013, NZBau 2013, 395: Danach ist *„die Bündelung der Bedarfe mehrerer öffentlicher Auftraggeber in einem … Vergabeverfahren … vergaberechtlich unbedenklich. Die dadurch entstandene Struktur entspricht derjenigen einer Einkaufsgemeinschaft. … Anhaltspunkte dafür, dass die ‚gebündelte Nachfrage' zu einer bedenklichen Marktmacht führt … wären außerhalb des Vergaberechtsweges zu prüfen"*. Zurückhaltender (als das OLG Düsseldorf) ist gegenüber einer Prüfung unzulässiger Nachfragebündelung auf Auftraggeberseite etwa auch die 2. VK des Bundes: VK Bund Beschl. v. 27.7.2016 – VK 2-65/16, BeckRS 2016, 127382: *„Da die Vergabekammer … aus Überlegungen der Rechtsstaatlichkeit einerseits nicht unbesehen angebliche Fakten übernehmen darf, wenn sie bestritten sind, binnen der regulären fünfwöchigen Entscheidungsfrist die notwendigen Ermittlungen aber nicht zu leisten vermag, ist die Entscheidung des Gesetzgebers in §§ 155, 156 Abs. 2 GWB, vorgelagerte Beschlussfassungen öffentlicher Auftraggeber, die an anderen als vergaberechtlichen Normen zu messen sind, gerade nicht der Jurisdiktion der Nachprüfungsinstanzen zu unterstellen, sachgerecht."*

[21] Näher zum Prüfungsmaßstab für diesen Ausschlussgrund (die Verwirklichung einer wettbewerbsbeschränkenden Vereinbarung muss zwar noch nicht feststehen, jedoch muss hierüber nahezu Gewissheit bestehen): OLG Düsseldorf Beschl. v. 17.1.2018 – VII-Verg 39/17, ZfBR 2018, 282.

[22] Vgl. zur Berufung auf vergaberechtliche Anknüpfungsnormen OLG Düsseldorf Beschl. v. 29.7.2015 – VII-Verg 5/15, NZBau 2015, 787. Vergaberechtliche Anknüpfungsnormen waren im Streitfall § 97 Abs. 1 GWB (das Wettbewerbsprinzip) und der Ausschlussgrund, der bei unzulässigen wettbewerbsbeschränkenden Abreden zwischen Unternehmen greift. Auf Kartellrecht gestützte Angriffe des Antragstellers verstoßen – so das OLG Düsseldorf in der Sache VII-Verg 5/15 ferner – auch nicht gegen das prozessuale Rechtsmissbrauchsverbot (su →Rn. 96). Es handele sich nicht um die Verfolgung verfahrensfremder Zwecke. Ähnlich VK Bund Beschl. v. 18.2.2016 – VK 2-137/15, NZBau 2016, 514.

[23] OLG Düsseldorf Beschl. v. 21.2.2005 – VII-Verg 91/04, BeckRS 2005, 02765; dem folgt die VK Nordbayern Beschl. v. 3.8.2012 – 21.VK 3194-12/12, IBRRS 2012, 3652, mit Blick auf vergleichbare Rechtsfragen des Urheberrechts dezidiert nicht.

che Leistungsfähigkeitshindernisse, die aus Patentrecht resultieren, zu prüfen, falle in die Kompetenz der Vergabenachprüfungsinstanzen, weil dies eine Frage sei, der sich – unter den oben dargelegten Voraussetzungen – auch der öffentliche Auftraggeber im Rahmen der Bewertung der Eignung des Bieters zu stellen habe. Die Sicherstellung des Primärrechtsschutzes – wie er § 156 Abs. 2 GWB vorschwebt – gebiete es, dass grundsätzlich alle Entscheidungen der Vergabebehörden, die in subjektive Bieterrechte eingreifen können, einer Nachprüfung durch die dazu berufenen Instanzen unterliegen. Die **Prüfungskompetenz der Vergabenachprüfungsinstanzen** sei **im Hinblick auf bieterschützende Vergaberechtsnormen** mit den Prüfungsobliegenheiten der Vergabestelle kongruent.

Die dahinter stehende Konzeption, für die Prüfung anderer Rechtsmaterien (für die es 29 Fachgerichte gibt) den Konnex zu bieterschützenden vergaberechtlichen Bestimmungen herzustellen und zu fordern, verdient – wie bereits dargelegt und wie gleich auch noch anhand anderer Beispiele zu zeigen sein wird – Zustimmung.

3. Sozialversicherungsrecht

Anlass zu Streit hat auch immer wieder die Frage gegeben, ob und inwieweit im Wege des 30 Vergabenachprüfungsverfahrens Normen des **Leistungs- und Leistungserbringerrechts der gesetzlichen Krankenkassen** (§§ 27ff. SGB V sowie §§ 69ff. SGB V) zu prüfen bzw. durchsetzbar sind.

Richtigerweise war Antragstellern die Antragsbefugnis (§ 160 Abs. 2 GWB) abzuspre- 31 chen, die (angeblich) rechtswidrige Eingriffe in Rechte der Versicherten und Vertragsärzte oder eine Gefährdung des Versorgungsauftrages der gesetzlichen Krankenkassen geltend gemacht hatten. Diese als verletzt gerügten Regelungen weisen keinen bieterschützenden Charakter auf, und das Nachprüfungsverfahren dient nicht der Klärung abstrakter Rechtsfragen und erst recht nicht der Durchsetzung von Rechten Dritter.[24] Im Nachprüfungsverfahren geht es um Ansprüche eines Bieterunternehmens gegen den öffentlichen Auftraggeber. Rechte Dritter sind hingegen allein von den jeweiligen Normadressaten im Rahmen der hierfür vorgesehenen gerichtlichen Verfahren geltend zu machen. Dementsprechend obliegt es nicht den Bietern, etwaige Verstöße gegen Rechte Dritter im Nachprüfungsverfahren geltend zu machen.[25]

Solche Rechte Dritter können aber **im Rahmen der Prüfung vergaberechtlicher** 32 **Bestimmungen** eine Rolle spielen und auf diese Weise eine Antragsbefugnis vermitteln (und – konsequentermaßen – weitergehend einem Nachprüfungsantrag auch zur Begründetheit verhelfen). Dies etwa dann, wenn wegen objektiv falscher Darstellungen des Auftraggebers zum späteren Versorgungsgeschehen in den Bewerbungsbedingungen die Kalkulierbarkeit der Angebote (bei Vorliegen kaufmännisch vernünftig schlechterdings nicht mehr zu bewältigender Umstände[26] – dazu → § 19 Rn. 40ff.) und/oder Vergleichbarkeit (unterschiedliche Vorstellungen der Bieter über den Inhalt der ausgeschriebenen Leistung) Schaden nimmt.[27] Die Nachprüfungsinstanzen prüfen dann aber nicht Sozialversicherungsrecht, sondern **§ 121 Abs. 1 GWB; vormals: § 8 EG Abs. 1 VOL/A.**

Das Sozialversicherungsrecht ist Gegenstand des Vergabenachprüfungsverfahrens also nur 33 „eingebettet" bzw. eingekleidet in eine vergaberechtliche Anknüpfungsnorm und ist nur in diesem Kontext von den Vergabenachprüfungsinstanzen zu prüfen. Die Begründung liegt auch hier darin, dass der Gesetzgeber mit § 156 Abs. 2 GWB Befugnisse und Kompetenzen anderer Gerichtsbarkeiten nur insoweit beschränkt hat (und von Verfassungs we-

---

[24] jurisPKVergabeR/*Summa* GWB § 107 Rn. 57.

[25] LSG Essen Beschl. v. 22.7.2010 – L 21 SF 152/10 Verg, BeckRS 2010, 73360.

[26] Hierzu jetzt aktuell die Zusammenfassung der Rechtsprechung bei OLG Düsseldorf Beschl. v. 21.10.2015 – VII-Verg 28/14, NZBau 2016, 235.

[27] Zu einem instruktiven Fall betreffend Zytostatikaverträge nach § 129 Abs. 5 S. 3 SGB V (dazu auch → § 69 Rn. 9ff.) LSG Essen Beschl. v. 22.7.2010 – L 21 SF 152/10 Verg, BeckRS 2010, 73360; LSG Potsdam Beschl. v. 7.5.2010 – L 1 SF 95/10 B Verg, BeckRS 2010, 69856.

gen beschränken durfte), wie es um die Prüfung von Bieteransprüchen gegen den öffentlichen Auftraggeber geht, die auf die Vornahme oder Unterlassung einer Handlung in einem Vergabeverfahren gerichtet sind. Fragen der sozialversicherungsrechtlichen Zweckmäßigkeit einer Ausschreibung sind dem vorgelagert und gehören nicht dazu.[28]

4. Weitere Beispiele: Kommunalwirtschaftsrecht, Abfallrecht und Wasserrecht

34 Im Ergebnis nicht anders stellt sich die Situation mit Blick auf **andere „vergaberechtsfremde" Materien** dar, welche inzident im Rahmen der Prüfung von Vergaberecht (etwa hinsichtlich der Fragen, ob der Anwendungsbereich des Vergaberechts und damit der Weg zu den Vergabenachprüfungsinstanzen überhaupt eröffnet ist oder ob ein Bieter hinreichend leistungsfähig ist) mitbeantwortet werden müssen.[29]

35 Wenn etwa das OLG Düsseldorf[30] oder der BGH[31] ausführlich eine **kreislaufwirtschafts- und abfallrechtliche Fragestellung** prüfen, um zu eruieren, ob die Vergabe eine Dienstleistungskonzession nach dem seinerzeit geltenden § 16 KrW-/AbfG untersagt ist, dann ist expliziter Ausgangspunkt hierfür ein vergaberechtlicher Anspruch (der aus § 97 Abs. 6 GWB). Dieser besteht zwar nur dann, wenn der Anwendungsbereich des Kartellvergaberechts eröffnet ist. Gleichwohl handelt es sich um die Prüfung von Vergaberecht, nicht von Abfallrecht.

36 Gleiches gilt, wenn andere Vergabesenate **wasserhaushalts- und kommunalabgabenrechtliche Fragestellungen** beantworten.[32] Sie können nur (und müssen) so vorgehen, wenn es auf diese Aspekte entscheidend ankommt, und zwar inzident für die Auslegung von Vergaberecht, nicht weil abwasserrechtliche Anspruchsgrundlagen im Vergabenachprüfungsverfahren zu prüfen wären. Welche *abwasserrechtlichen* Ansprüche sollten auch auf die Vornahme oder das Unterlassen einer Handlung des Auftraggebers in einem Vergabeverfahren gerichtet sein.

37 Ein weiteres Beispiel betrifft die (rechtliche) Leistungsfähigkeit (dazu → Rn. 35) von städtischen Unternehmen nach **Kommunalwirtschaftsrecht.**[33] Auch hier gibt es eine klare **vergaberechtliche Anknüpfung.**

III. Beschränkung des § 156 Abs. 2 GWB: Ansprüche gegen Auftraggeber

38 Wie der BGH entschieden hat, gilt § 104 Abs. 2 GWB jedoch nur für Ansprüche von Unternehmen gegen den Auftraggeber[34], was die mit der Norm intendierte Rechtswegkonzentration bei Vergabesachverhalten oberhalb der Schwellenwerte tatsächlich nicht eintreten lässt. Denn sind – so der BGH weiter – die Vorschriften des Vierten Teils des GWB **Marktverhaltensregeln iSd § 4 Nr. 11 UWG,** steht Unternehmen nicht nur der Vergaberechtsweg (gegen den Auftraggeber), sondern auch das Instrument wettbewerbsrechtlicher Beseitigungs- und Unterlassungsklagen gegen Konkurrenten auf dem Zivilrechtsweg

---

[28] OLG Düsseldorf Beschl. v. 27.6.2018 – VII-Verg 59/17, NZBau 2018, 696; hierzu und zur Rechtswegfrage auch BSG Beschl. v. 6.3.2019 – B 3 SF 1/18 R, BeckRS 2019, 3500. Beide Entscheidungen sind schon wieder überholt, weil Ausschreibungen im Hilfsmittelbereich (hierzu → § 77 Rn. 1 ff.) keine Zweckmäßigkeitserwägungen mehr voranzustellen sind; der (Sozial-) Gesetzgeber möchte solche Ausschreibungen schlicht durch die Neufassung des § 127 SGB V gänzlich unterbinden. Zweifel der Unionsrechtskonformität sind angebracht und Gegenstand eines seitens der Europäischen Kommission eingeleiteten Vertragsverletzungsverfahrens.

[29] Zusammenfassend kürzlich zu solchen Inzidentprüfungen im Zahmen vergaberechtlicher Anknüpfungsnormen OLG Düsseldorf Beschl. v. 19.10.2015 – VII-Verg 30/13, NZBau 2016, 50 (51 f.).

[30] OLG Düsseldorf Beschl. v. 19.10.2011 – VII-Verg 51/11, NZBau 2012, 190; ablehnend gegenüber der Prüfung abfallrechtlicher Vorschriften im Vergabenachprüfungsverfahren noch OLG Karlsruhe Beschl. v. 1.4.2011, 15 – Verg 1/11, BeckRS 2011, 14152.

[31] BGH Beschl. v. 18.6.2012 – X ZB 9/11, NZBau 2012, 586.

[32] Vgl. OLG Brandenburg Beschl. v. 28.8.2012 – Verg W 19/11, BeckRS 2012, 18674.

[33] Vgl. hierzu nur *Hertwig* NZBau 2009, 355 ff.

[34] BGH Urt. v. 3.7.2008 – I ZR 145/05, NZBau 2008, 664; zu einem ähnlichen Fall OLG Düsseldorf Beschl. v. 22.10.2008 – I-27 U 2/08, NZS 2009, 159.

zur Verfügung. Die Bestimmungen des Teils 4 des GWB richten sich zwar prinzipiell nur an Auftraggeber, denkbar ist jedoch eine Teilnahme (Anstiftung oder Beihilfe) privater Unternehmer an Vergaberechtsverstößen des Auftraggebers. Diese Konstellation ist für den Auftraggeber misslich, erfährt er doch von einem solchen zivilgerichtlichen Verfahren, das sein Vergabeverfahren unmittelbar betrifft, uU erst spät.

Konsequent wäre es, § 156 Abs. 2 GWB – wie es vor der BGH-Entscheidung der herrschenden Meinung entsprach – erweiternd so auszulegen, dass die Rechtswegkonzentration nicht durch Konkurrentenklagen auf anderen Rechtswegen konterkariert werden kann. Der Wortlaut des § 156 Abs. 2 GWB stünde einer solchen Auslegung nicht entgegen: Dass sich die Norm nur zu Geltendmachung von Ansprüchen gegen den Auftraggeber explizit äußert, bedeutet nicht zwangsläufig, dass das gesetzgeberische Ziel über die Geltendmachung von Ansprüchen gegen Dritte ausgehebelt werden kann. Für die Zulässigkeit wettbewerbsrechtlicher Streitigkeiten besteht angesichts der effektiven Rechtsschutzmöglichkeiten gegen den Auftraggeber keinerlei praktische Notwendigkeit; es dürfte schlicht am **Rechtsschutzbedürfnis** fehlen. 39

IV. Beschränkung des § 156 Abs. 2 GWB: Ansprüche auf Handlungen in einem Vergabeverfahren

§ 156 Abs. 2 GWB ist in einer weiteren Hinsicht limitiert. Es geht nur um Ansprüche von Unternehmen gegen den Auftraggeber auf (Vornahmen oder Unterlassungen von) Handlungen „in einem Vergabeverfahren". 40

Zugrunde zu legen ist aber ein materielles (nicht: ein förmliches) Verständnis des Vergabeverfahrens. Beschließt ein Auftraggeber, kein Vergabeverfahren einzuleiten, weil der Auftrag seiner Auffassung nach nicht in den Anwendungsbereich des Vergaberechts fällt, und begehrt der Antragsteller im Wege des Nachprüfungsverfahrens, dass der Auftraggeber diese Entscheidung revidieren möge, so handelt es sich um eine Entscheidung in einem Vergabeverfahren, die iSd Art. 1 Abs. 1 EG-Rechtsmittel-Richtlinien 89/665/EWG und 92/13/EWG jeweils idF der Richtlinie 2007/66/EG gerichtlich überprüfbar ist.[35] 41

Nicht stichhaltig ist eine Entscheidung des OLG Schleswig, in der anklingt, der öffentliche Auftraggeber könne auch zu einem bisher unterbliebenen Vergabeverfahren in bestimmter Form verpflichtet werden, ohne dass der Antragsteller eine konkrete – und sei es auch nur eine de-facto erfolgte – Vergabe angegriffen hatte.[36] 42

Zutreffend hat das KG in einem Zivilrechtsstreit entschieden, dass Klagen gegen auftraggeberseitig verhängte **Vergabesperren** (s. auch → § 16 Rn. 75 f.), also nicht nur für ein konkretes Vergabeverfahren geltende Ausschlussentscheidungen gegen ein bestimmtes Unternehmen wegen Verfehlungen in der Vergangenheit, erstens losgelöst von einem bestimmten Vergabeverfahren zulässig sind und zweitens auch nicht wegen § 156 Abs. 2 GWB vor die Vergabenachprüfungsinstanzen gehören.[37] Von einer Vergabesperre betroffenen Unternehmen steht als der **Zivilrechtsweg** zur Verfügung, obwohl die Zuständigkeit der Vergabenachprüfungsinstanzen an sich nahe läge. Leider hat der der Gesetzgeber mit dem VergRModG 2016 eine Chance verpasst, klarstellende Regelungen zu Vergabe- bzw. Auftragssperren zu treffen, die nicht nur den Ausschluss von einem konkreten Vergabever- 43

---

[35] EuGH Urt. v. 11.1.2005 – C-26/03, Slg. 2005, I-00001, NVwZ 2005, 187; OLG Düsseldorf Beschl. v. 2.12.2009 – VII-Verg 39/09, NZBau 2010, 393; OLG Hamburg Beschl. v. 14.12.2010 – 1 Verg 5/10, NZBau 2011, 185; OLG Karlsruhe Beschl. v. 17.4.2008 – 8 U 228/06, BeckRS 2008, 21262.

[36] OLG Schleswig Beschl. v. 7.10.2011 – 1 Verg 1/11, BeckRS 2015, 20222.

[37] KG Urt. v. 17.1.2011 – 2 U 4/06, NZBau 2012, 56. Selbstverständlich kann aber der Ausschluss von einem besonderen Vergabeverfahren aufgrund einer Vergabesperre im Wege der Vergabenachprüfung zur Überprüfung gestellt werden: BGH Urt. v. 3.6.2020 – XIII ZR 22/19, NZBau 2020, 609. Wird eine Vergabesperre in der Form eines Verwaltungsaktes ausgesprochen, ist hiergegen vor den Verwaltungsgerichten zu klagen: VG Düsseldorf Urt. v. 24.3.2015 – 20 K 6764/13, BeckRS 2015, 45979.

fahren bedeuten; insbesondere wurde die zwischenzeitlich diskutierte Eröffnung des spezifischen Vergaberechtsschutzes gegen Vergabesperren 2016 nicht umgesetzt.[38]

Das ändert sich auch nicht mit dem Wettbewerbsregistergesetz (WRegG).[39] § 11 WRegG befasst sich nur mit dem **Rechtsschutz gegen Eintragungen oder Löschungen der Registerbehörde** (BKartA). Zulässig ist die Beschwerde zum OLG Düsseldorf (Beschwerdegericht). Viele Kartellverfahrensvorschriften geltend entsprechend.[40] Das Beschwerdegericht entscheidet durch eines seiner Mitglieder als Einzelrichter. Der Einzelrichter überträgt das Verfahren dem gesamten Spruchkörper zur Entscheidung, wenn die Sache besondere Schwierigkeiten tatsächlicher oder rechtlicher Art aufweist oder grundsätzliche Bedeutung hat. Eine mündliche Verhandlung ist nur auf Antrag eines Beteiligten vorgesehen. Die Beschwerde gegen die Entscheidung der Registerbehörde hat keine aufschiebende Wirkung im Hinblick auf einzelne Vergabeverfahren.[41] Die Rechtsbeschwerde gegen Entscheidungen des Beschwerdegerichts ist nicht vorgesehen.[42] Das Wettbewerbsregister beim Bundeskartellamt war bei Redaktionsschluss immer noch nicht existent, weil es noch an untergesetzlichem Regelwerk (§§ 10, 12 WRegG) fehlte. Fast steht zu erwarten, dass das Wettbewerbsregistergesetz, bevor es durchgeführt wird, schon wieder durch das nunmehr geplante Gesetz zur Stärkung der Integrität in der Wirtschaft,[43] vgl. insbesondere dessen Art. 1 (Verbandssanktionengesetz – VerSanG) und Art. 12 (Änderung des WRegG), und das geplante neue **Verbandssanktionenregister** wesentlich überformt sein wird.[44]

V. Streit über die Zulässigkeit des beschrittenen Vergaberechtswegs

44 Streiten sich die Beteiligten über die Zulässigkeit bzw. Richtigkeit des vom Antragsteller beschrittenen Rechtswegs zu den Vergabenachprüfungsinstanzen, so muss das Beschwerdegericht (nicht schon die Vergabekammer) über die Zulässigkeit des Rechtswegs vorab entscheiden (§ 17a Abs. 3 S. 2 GVG; vgl. zu dieser Entscheidung und dem hiergegen zulässigen Rechtsmittel noch näher → § 43 Rn. 9, → § 46 Rn. 12). Die Verweisung an ein Gericht eines anderen Rechtswegs – wie etwa an die Zivilgerichte bei Nachprüfungsverfahren zu (auf privatrechtliche Verträge ausgerichteten) Unterschwellenvergaben[45] – ist

[38] Die Begründung zu § 126 GWB (BT-Drs. 18/6281, 111): „Die Regelung zur zulässigen Höchstdauer einer Auftragssperre verpflichtet die Mitgliedstaaten nicht dazu, Auftragssperren einzuführen oder beizubehalten. Artikel 57 Absatz 7 der Richtlinie 2014/24/EU beschränkt sich vielmehr darauf, für den Fall von nach nationalem Recht zulässigen Auftragssperren die Höchstdauer der Auftragssperre zu begrenzen. Weitere Regelungen über Voraussetzungen oder Auswirkungen von Auftragssperren enthält die Richtlinie nicht. Die Umsetzung dieser Vorschrift geht nicht über die Regelung in Artikel 57 Absatz 7 der Richtlinie 2014/24/EU hinaus", enttäuscht. Weder materiell noch prozessual werden Vergabe- bzw. Auftragssperren im GWB oder in der „Mantelverordnung" klaren Vorgaben unterworfen.

[39] V. 18.7.2017 (BGBl. I 2739).

[40] Näheres hierzu, etwa auch zur Beiladung natürlich Personen, deren Verhalten dem Beschwerde führenden Unternehmen zugerechnet wird, bei *Dreher/Engel* ZWeR 2019, 3 (30ff.).

[41] BT-Drs. 18/12051, S. 34.

[42] BT-Drs. 18/12051, S. 34.

[43] https://www.bmjv.de/SharedDocs/Gesetzgebungsverfahren/Dokumente/RefE_Staerkung_Integritaet_Wirtschaft.pdf?__blob=publicationFile&v=1.

[44] Die bestehenden Register sollen nach Meinung des BMJV weder nach Inhalt und Zweck der Eintragungen noch nach dem Kreis der Betroffenen geeignet sein, auch die gegen Verbände nach dem VerSanG verhängten Entscheidungen zu integrieren. Daher sieht das VerSanG in die Einrichtung eines Verbandssanktionenregisters vor (§§ 54ff. VerSanG). Das Register soll wie das Bundeszentral- und das Gewerbezentralregister beim Bundesamt für Justiz eingerichtet werden; die Abläufe sollen sich an diesen beiden Registern orientieren. Eingetragen werden sollen neben rechtskräftigen Entscheidungen über die Verhängung von Verbandssanktionen auch Bußgeldentscheidungen nach § 30 OWiG.

[45] Zu einem solchen Fall (Verweisung vom OLG an das LG) vgl. OLG Frankfurt a.M. Beschl. v. 8.5.2012 – 11 Verg 2/12, BeckRS 2012, 10701.

dem Oberlandesgericht nicht verwehrt, wenn der andere Rechtsweg zulässig ist.[46] Sie kann sogar aus Gründen der Verfahrensökonomie und des effektiven Rechtsschutzes entsprechend § 17a GVG erforderlich sein, aber nur dann, wenn der Antragsteller sein im Vergabenachprüfungsverfahren verfolgtes Rechtsschutzziel im anderen Rechtsweg weiterverfolgen will und kann.[47] Letzteres ist nicht der Fall, wenn die beim Gericht des anderen Rechtswegs vorzunehmende Überprüfung anhand nicht-vergaberechtlicher Normen völlig neuen Vortrag der Parteien zu einem neuen rechtlichen Prüfungsmaßstab erfordern würde, den die Antragstellerin ihrem vergabeprozessualen Rechtsschutzbegehren nicht zugrunde gelegt hat und auch nicht zugrunde legen wollte. Umgekehrt gilt: Sind die geltend gemachten Ansprüche – weil unstatthaft – im Vergabenachprüfungsverfahren nicht angefallen, rechtfertigen sie auch keine Verweisung an das Fachgericht.[48] Ob ein open house-Verfahren, welches die Anforderungen der EuGH-Rechtsprechung erfüllt (ex ante-Transparenz, Zugänglichkeit für alle geeigneten Unternehmen, keine Verhandlungen usw) und somit mangels selektiver Beschaffung kein zulässiger Gegenstand der Vergabenachprüfung ist, wegen möglicher sonstiger Verstöße gegen Grundprinzipien des AEUV an die Fachgerichtsbarkeit zu verweisen ist,[49] ist umstritten[50] und Gegenstand eines Verfassungsbeschwerdeverfahrens.[51] Eine Vergabekammer kann hingegen nicht mit bindender Wirkung an ein Gericht eines anderen Rechtswegs verweisen; eine analoge Anwendung des § 17a GVG scheidet aus mehreren Gründen aus.[52] Daran ändert auch die Entscheidung des EuGH, wonach eine Vergabekammer als „Gericht" iSv Art. 267 AEUV zu betrachten ist,[53] nichts, denn damit wurde einzig die unionsrechtliche Frage nach dem Vorliegen eines „Gerichts" beantwortet (hierzu → § 46 Rn. 26).

D. Antragsbefugnis

Die Vergabekammer leitet ein Vergabenachprüfungsverfahren nur auf **Antrag** ein (§ 160 Abs. 1 GWB). Fehlt es an einem Antrag, etwa weil dieser (auch noch in der Beschwerdeinstanz) zurückgenommen wurde, können die anderen Beteiligten den Streit nicht fortführen, auch wenn sich die Beigeladene – was ihr freisteht – die Rechtspositionen der Antragstellerin zu eigen gemacht hat. Der Vergaberechtsstreit ist dann beendet und wird von der Vergabekammer idR zusätzlich – deklaratorisch – für beendet erklärt. 45

Eine der Voraussetzungen für einen zulässigen Antrag ist die Antragsbefugnis. Sie ist gegeben, wenn der Antragsteller ein **Interesse am Auftrag** hat, eine **Verletzung des Anspruchs aus § 97 Abs. 6 GWB (auf Einhaltung des Vergaberechts) geltend macht** und dabei darlegt, dass ihm infolge dieser Verletzung ein **Schaden** entweder bereits entstanden ist oder zu entstehen droht. 46

[46] OLG Düsseldorf Beschl. v. 7.1.2019 – VII-Verg 30/18, NZBau 2019, 261; OLG Düsseldorf Beschl. v. 19.12.2018 – VII-Verg 40/18, BeckRS 2018, 38296; OLG Düsseldorf Beschl. v. 31.10.2018 – VII-Verg 37/18, BeckRS 2018, 38156.

[47] BGH Beschl. v. 10.12.2019 – XIII ZB 119/19, BeckRS 2019, 37436; Fortführung von BGH Beschl. v. 23.1.2012 – X ZB 5/11, VergabeR 2012, 440.

[48] BGH Beschl. v. 12.11.2019 – XII ZB 120/19, NVwZ 2020, 330, s. auch bereits → Rn. 20.

[49] So OLG Düsseldorf Beschl. v. 31.10.2018 – VII-Verg 37/18, BeckRS 2018, 38156.

[50] Kritisch hierzu *Dreher* NZBau 2019, 275 (279), wonach der EuGH in den Rs. Falk Pharma und Tirkkonen auch Durchführungsmodalitäten als diskriminierend in Betracht gezogen habe, so dass eben solche Details des Zulassungssystems über die Frage, ob ein „öffentlicher Auftrag" wirklich zu vereinen ist, mitentscheiden.

[51] 1 BvR 2779/18.

[52] *Burgi* NZBau 2020, 3 (7).

[53] EuGH Urt. v. 18.9.2014 – C-549/13, ECLI:EU:C:2014:2235 = NJW 2014, 3769 ff. – Bundesdruckerei ./. Stadt Dortmund.

I. Interesse am öffentlichen Auftrag oder an der Konzession

47 Hat der Antragsteller ein **Angebot** abgegeben, hat er ein Interesse am betreffenden öffentlichen Auftrag bzw. an der betreffenden Konzession;[54] in gleicher Weise gilt dies für die Einreichung einer Bewerbung in Verfahren mit vorgeschaltetem Teilnahmewettbewerb. Für eine Bietergemeinschaft gelten hinsichtlich der Antragsbefugnis keine Besonderheiten.

48 Ein Interesse am Auftrag bzw. an der Konzession hat auch ein Unternehmen, das nachvollziehbar darlegt, sich aufgrund der von ihm vorgebrachten vergaberechtlichen Beanstandung (zB kaufmännisch nicht mehr vernünftig zu bewältigende Wagnisse oder Widersprüche in der Leistungsbeschreibung, welche miteinander vergleichbare Angebote nicht erwarten lassen) **außerstande** gesehen hat, **ein Angebot zu legen.**[55]

49 Erleichterungen hinsichtlich der Darlegung des Interesses am Auftrag gelten bei sog. **„de-facto-Vergaben"** und bei Vergaben, die im Verhandlungsverfahren ohne Vergabebekanntmachung erfolgt sind. Dass in diesen Konstellationen nicht auf die Einreichung eines Angebots abzustellen ist, versteht sich von selbst. Man wird vom Antragsteller aber hinreichend konkrete, nachprüfbare Angaben dazu verlangen müssen, dass sein Tätigkeitsfeld Aufträge/Konzessionen der betreffenden Art umfasst,[56] dass er also entweder die vergebenen Leistungen im eigenen Betrieb zu erbringen in der Lage ist oder aber dass er sich ggf. mit Hilfe von Dritten (Bietergemeinschaftsmitgliedern oder Subunternehmern) beteiligen würde, wenn vergaberechtskonform Gelegenheit dazu eröffnet wäre. Hilfreich kann in diesem Zusammenhang etwa der Verweis darauf sein, an anderen wettbewerblichen Verfahren zu vergleichbaren Auftrags-/Konzessionsgegenständen beteiligt gewesen zu sein. Allein aus der Einreichung und Aufrechterhaltung eines Nachprüfungsantrags auf ein Auftragsinteresse zu schließen,[57] erscheint hingegen als zweifelhaft.

II. Möglichkeit der Verletzung von Vergabevorschriften

50 Im zweiten Schritt muss ein Antragsteller für seine Antragsbefugnis geltend machen, dass er gerade durch einen *Vergabe*rechtsverstoß in eigenen Rechten verletzt sein könnte (die Geltendmachung allein einer Rechtsverletzung beispielsweise durch Verstöße des Auftrag-/Konzessionsgebers gegen Patentrecht, Sozialversicherungsrecht, Arzneimittelrecht, Apothekenrecht, Kartellrecht oder Kommunalrecht genügt nicht); daran ändert auch § 156 Abs. 2 GWB nichts (s. zu diesem Problem o. Rn. 20ff.). Für Ansprüche gegen einen öffentlichen Auftraggeber auf ein Tun oder ein Unterlassen in einem Vergabeverfahren bedarf es für die Inzidentprüfung solchen Fachrechts einer vergaberechtlichen **Anknüpfungsnormen mit Bieterschutz zugunsten des Antragstellers.** Dies entspricht jedenfalls der herrschenden Meinung. Zu weit geht es wohl, auch die aus dem **vorvertraglichen Schuldverhältnis** folgenden wechselseitigen Treue- und Rücksichtnahmepflichten bereits als vergaberechtliche Anknüpfungsnorm zu qualifizieren, welche die Prüfung vergaberechtsfremder Normen impliziert.[58] Rechnet man auch das vorvertragliche

[54] BVerfG Urt. v. 29.7.2004 – 2 BvR 2248/03, NZBau 2004, 564.

[55] EuGH Urt. v. 28.11.2018 – C-328/17, ECLI:EU:C:2018:958, NZBau 2019, 257; OLG Düsseldorf Beschl. v. 7.3.2012 – VII-Verg 82/11, BeckRS 2012, 5922; OLG Rostock Beschl. v. 24.9.2001 – 17 W 11/01, BeckRS 2010, 27086.

[56] OLG Jena Beschl. v. 19.10.2010 – 9 Verg 5/10, BeckRS 2010, 28862.

[57] So aber wohl OLG Schleswig Beschl. v. 30.10.2012 – 1 Verg 5/12, ZfBR 2013, 69 mwN. Davon zu unterscheiden ist freilich die Frage, ob die Aufrechterhaltung eines Nachprüfungsantrags trotz Ablaufs der Bindefrist mangels ausdrücklich erklärter Einwilligung in die Verlängerung der Bindefrist als eine schlüssig erklärte Einwilligung interpretiert werden kann. Letzteres wird von der wohl herrschenden Meinung bejaht.

[58] So aber OLG Düsseldorf Beschl. v. 11.5.2016 – VII-Verg 2/16, BeckRS 2016, 13255 (betreffend einen Fall, in dem sich der Antragsteller auf angebliche Verletzungen von Patentrechten Dritter berief, denen die ausgeschriebenen Verträge Vorschub leisteten: *„Die vorgeworfene Beteiligung der Antragsgegnerinnen an etwaigen Patentverletzungen des im Vergabeverfahren erfolgreichen Generika-Herstellers wird aber über eine vergaberechtliche Anknüpfungsnorm entscheidungsrelevant. Bei dieser Anknüpfungsnorm handelt es sich um das aus § 242 BGB abzulei-*

Schuldverhältnis zu den „Bestimmungen über das Vergabeverfahren“, verliert die Antragsbefugnis weiter an Bedeutung, und wird für einen Antragsteller mit dem Vergabenachprüfungsverfahren letztlich doch die Möglichkeit eröffnet, sich auf Rechte Dritter zu berufen. Zudem wird die Forderung nach einer vergaberechtlichen Anknüpfungsnorm hierdurch nahezu konturenlos.

Wie auch nach anderen Prozessordnungen (vgl. § 42 Abs. 2 VwGO) reicht es allerdings aus, wenn nach dem Vortrag des Antragstellers Vergaberechtsverstöße konkret (hinreichend substantiiert) bezeichnet sind[59] und als möglich (also als nicht von vorneherein ausgeschlossen) erscheinen. An die **Möglichkeit von Vergaberechtsverstößen** sind – wie das BVerfG früh klargestellt hat[60] – **keine allzu hohen Anforderungen** zu stellen, geht es doch aus Gründen höherrangigen Rechts um die Eröffnung von effektivem Vergaberechtsschutz. Es handelt sich bei der Antragsbefugnis nur um einen „groben Filter“[61]. Einzelne Bietergemeinschaftsmitglieder[62] und Unterauftragnehmer[63] oder sonstige „Dritte“ (Nichtteilnehmer am Wettbewerb[64]) sind aber nicht antragsbefugt; § 97 Abs. 6 GWB vermittelt ihnen keine eigenen Ansprüche. 51

Der Antragsteller muss Verstöße gegen Vergabevorschriften rügen, die – zumindest auch – seinem Schutz zu dienen bestimmt sind **(bieterschützende Bestimmungen);** relevant wird dies beispielsweise im Zusammenhang mit den – primär den Schutz des Auftraggebers bezweckenden – Vorschriften der zur Angemessenheit und Auskömmlichkeit des Gesamtpreises[65] (dazu → § 31). 52

Maßstab der Prüfung der **Begründetheit eines Nachprüfungsantrags** ist dann selbstverständlich, ob Vergaberechtsverstöße (und damit Verletzungen des Anspruchs aus § 97 Abs. 6 GWB) nicht nur möglich sind, sondern auch tatsächlich zum Schaden oder Nachteil des Antragstellers vorliegen[66] (zu Ausnahmekonstellationen, die aus der Vorschrift des § 160 Abs. 3 S. 1 Nr. 4 GWB resultieren, noch → Rn. 86). Dies folgt daraus, dass das Vergabenachprüfungsverfahren dem Schutz und der Durchsetzung der subjektiven Bieterrechte aus § 97 Abs. 7 GWB dient und nicht zu der Feststellung führen soll, ob das Vergabeverfahren objektiv fehlerbehaftet war oder rechtmäßig abgelaufen ist. Ein Nachprüfungsantrag kann also trotz festgestellten Vergaberechtsverstoßes und trotz festgestellten – die Antragsbefugnis vermittelnden – drohenden Schadens unbegründet sein; allerdings muss dann mit hinreichender Sicherheit zur Überzeugung der Nachprüfungsinstanz feststehen, dass Nachteile gerade des Antragstellers ausgeschlossen sind.[67] 53

---

tende normative Rechtsprinzip, wonach Vertragspartner auch schon bei der Vertragsanbahnung zur gegenseitigen Rücksichtnahme verpflichtet sind. Sie haben sich danach so zu verhalten, dass Person, Eigentum und sonstige Rechtsgüter des anderen Teils nicht verletzt werden. “).

[59] OLG Düsseldorf Beschl. v. 23.1.2008 – Verg 36/07, BeckRS 2008, 13109.

[60] BVerfG Beschl. v. 29.7.2004 – 2 BvR 2248/03, NZBau 2004, 564.

[61] Allgemeine Ansicht; statt vieler: OLG Düsseldorf Beschl. v. 29.4.2015 – VII-Verg 35/14, NZBau 2015, 440; OLG Düsseldorf Beschl. v. 13.4.2016 – VII-Verg 47/15, NZBau 2016, 656; OLG Düsseldorf Beschl. v. 13.12.2017 – VII-Verg 33/17, ZfBR 2018, 504.

[62] EuGH Urt. v. 23.1.2003 – C-57/01, Slg. 2003, I-01091 = NZBau 2003, 219 – Makedoniko Metro; sowie EuGH Urt. v. 8.9.2005 – C-129/04, Slg. 2005 I-07805 = ZfBR 2005, 822 Rn. 24 – Espace Trianon; zum Fall der unbeschränkt erteilten Vertretungsmacht an ein Mitglied der Bietergemeinschaft OLG Düsseldorf Beschl. v. 27.11.2013 – VII-Verg 20/13, ZfBR 2014, 205; ferner OLG Dresden Beschl. v. 23.7.2013 – Verg 4/13, BeckRS 2013, 19603.

[63] OLG Düsseldorf Beschl. v. 5.11.2014 – VII-Verg 20/14, BeckRS 2014, 20873 und Verweis auf OLG Rostock Beschl. v. 5.2.2003 – 17 Verg 14/02, NZBau 2003, 457; OLG Düsseldorf Beschl. v. 6.9.2006 – VII-Verg 40/06; BVerfG Beschl. v. 23.4.2009 – 1 BvR 3424/08, NZBau 2009, 464.

[64] VK Bund Beschl. v. 31.1.2020 – VK 2-102/19, VPR 2020, 2448.

[65] Die Vorschrift des § 60 VgV ist bieterschützend, so dass bei Erreichen der Aufgreifschwelle von 20% eine Preisangemessenheitsprüfung zwingend durchzuführen ist: EuGH Urt. v. 19.10.2017 – C-198/16 P, ECLI:EU:C:2017:784, EuZW 2018, 32; BGH Beschl. v. 31.1.2017 – X ZB 10/16, NZBau 2017, 230; OLG Düsseldorf Beschl. v. 2.8.2017 – VII-Verg 17/17, NZBau 2018, 169.

[66] OLG Düsseldorf Beschl. v. 30.6.2011 – VII-Verg 25/11, BeckRS 2011, 23803, unter Hinweis auf die vergleichbare Situation im Verwaltungsprozess (§ 42 Abs. 2, § 113 Abs. 1 VwGO); ferner OLG Düsseldorf Beschl. v. 3.8.2011 – VII-Verg 6/11, BeckRS 2011, 22094.

[67] Vgl. OLG Düsseldorf Beschl. v. 28.12.2012 – VII-Verg 73/11, ZfBR 2012, 392.

III. (Drohender) Schaden

54 Schließlich bedarf es für die Antragsbefugnis nach § 160 Abs. 2 GWB der Darlegung, dass dem Antragsteller infolge der geltend gemachten (Vergabe-) Rechtsverletzung ein Schaden entstanden ist oder zu entstehen droht.

55 Davon ist auszugehen, wenn der Bieter im Falle der ordnungsgemäßen Durchführung des beanstandeten Vergabeverfahrens oder in einem Neuanlauf des Vergabeverfahrens, unter Korrektur des bisherigen Vergaberechtsverstoßes (unterstellt, ein solcher liegt vor), **bessere Zuschlagschancen** haben würde als in dem streitgegenständlichen Verfahren.

56 Auch hier gilt, dass an die Darlegung eines Schadens keine überzogenen Anforderungen gestellt werden dürfen.[68] Es ist für die Antragsbefugnis nicht entscheidend, ob und inwieweit der dargelegte (drohende) Schaden bei näherer Prüfung tatsächlich eingetreten ist oder tatsächlich droht. So ist einem Bieter, der rügt, ein anderer Bieter sei zu Unrecht nicht ausgeschlossen worden, die Antragsbefugnis nicht abzusprechen.[69] Ein Nachprüfungsantrag, in dem der Antragsteller beanstandet, zu Unrecht ausgeschlossen worden zu sein (auch wenn der Antragsgegner zwingende Ausschlussgründe geltend macht), ist nicht unzulässig, sondern unbegründet, falls sich im Nachprüfungsverfahren herausstellt, dass der **Angebotsausschluss** mit Recht erfolgt ist.[70] Der in einer solchen Konstellation im Rahmen der Antragsbefugnis lediglich zu prüfende drohende Schaden ist hingegen noch zu bejahen, denn

- möglicherweise sind auch alle anderen Angebote nicht zuschlagsfähig,[71] oder
- der bestehende Ausschlussgrund wirkt sich uU deshalb für den Erfolg des Nachprüfungsantrages nicht nachteilig aus, weil aus anderen Gründen (Vergaberechtsverstöße bereits in den Ausschreibungsgrundlagen) der Zuschlag zu untersagen und – bei fortbestehender Beschaffungsabsicht – die Zurückversetzung des Vergabeverfahrens in ein Stadium *vor* Realisierung des Vergaberechtsverstoßes anzuordnen ist.[72]

57 Der Antragsteller kämpft dann mit dem Nachprüfungsantrag jeweils legitimerweise um seine **„zweite Chance“**, also um die Möglichkeit, an einer etwaigen Neuauflage der Ausschreibung mit Erfolg teilzunehmen, was ihm eine hinreichende Antragsbefugnis nach § 160 Abs. 2 GWB vermittelt.[73] Ua aus diesem Grund behält auch derjenige Bieter seine Antragsbefugnis, der die **Bindefrist verstreichen** lässt, ohne sich explizit darüber hinaus an sein Angebot gebunden zu halten.[74] Ferner lässt sich (und wird) vertreten, dass in der Einleitung und Aufrechterhaltung eines Nachprüfungsverfahrens eine konkludente Erklärung über die Verlängerung der weiteren Bindung an das Angebot liegt.

58 Ähnliches gilt für in der Wirtschaftlichkeitsbewertung **abgeschlagene Bieter.** Der Umstand, dass diese auch bei Korrektur der Fehler bei der Angebotsbewertung des Erstplatzierten nicht zum Zuge kommen würden (weil andere, besser platzierte Bieter nachrücken würden), kann ggf. erst im Rahmen der Begründetheitsprüfung (bei der Prüfung der

[68] Das soll etwa bereits dann der Fall sein, wenn statt einer EU-weiten Ausschreibung ein nationales Vergabeverfahren eingeleitet worden ist: OLG München Beschl. v. 2.2.2016 – Verg 15/15, ZfBR 2016, 705 – str.

[69] Vgl. EuGH Urt. v. 5.4.2017 – C-391/15, ECLI:EU:C:2017:268, BeckRS 2017, 105863.

[70] Vgl. dazu auch EuGH Urt. v. 19.6.2003 – C-249/01, Slg. 2003, I-06319 = NZBau 2003, 509 Rn. 21 ff. – Hackermüller; OLG Thüringen Beschl. v. 11.1.2007 – 9 Verg 9/06, ZfBR 2007, 380. Etwas anders, aber wohl nicht auf das deutsche Prozessrecht übertragbar EuGH Urt. v. 21.12.2016 – C-355/15, ECLI:EU:C:2016:988, EuZW 2017, 188.

[71] BGH Beschl. v. 26.9.2006 – X ZB 14/06, NZBau 2006, 800; die Einschränkung, dann auf der Ebene der Begründetheit hinsichtlich der anderen Angebote nur danach zu suchen, ob der gleiche (bzw. ein ähnlicher, vergleichbarer) Ausschlussgrund vorliegt (vgl. zu einem solchen Fall VK Arnsberg Beschl. v. 9.1.2013 – VK 17 u. 19/12), ist diskussionswürdig, lässt sich aber wohl mit Blick auf § 163 Abs. 1 S. 3 GWB und auf das Beschleunigungsgebot (§ 167 GWB) vertreten; vgl. auch OLG Düsseldorf Beschl. v. 8.5.2002 – Verg 4/02, IBR 2002, 635; Beschl. v. 19.11.2003 – Verg 22/03, ZfBR 2004, 98; Beschl. v. 15.12.2004 – VII-Verg 47/04, BeckRS 2005, 03578; Beschl. v. 30.6.2004 – Verg 22/04, BeckRS 2004, 149780.

[72] Vgl. OLG Düsseldorf Beschl. v. 14.11.2012 – VII Verg 42/12, BeckRS 2013, 2327.

[73] OLG Düsseldorf Beschl. v. 15.12.2004 – VII-Verg 47/04, BeckRS 2005, 03578.

[74] Vgl. OLG Düsseldorf Beschl. v. 17.2.2016 – VII-Verg 41/15, NZBau 2016, 508 unter Hinweis darauf, dass auch auf erloschene Angebote uU noch für den Vertragsschluss zurückgegriffen werden kann.

tatsächlichen Rechtsverletzung zum Schaden des Antragstellers – § 168 Abs. 1 GWB) zulasten des Antragstellers ausschlagen. Die Rechtsprechung hierzu ist aber nicht einheitlich. Wenn jedwede realistische Zuschlagschance fehlt, soll es teilweise bereits an der Antragsbefugnis nach § 160 Abs. 2 GWB und damit an der Zulässigkeit des Nachprüfungsantrags fehlen.[75]

Beanstandet ein Bieter die **unzulässige Wahl des Verhandlungsverfahrens** (mit vorheriger Bekanntmachung), vermittelt ihm dies idR eine Antragsbefugnis, weil das grundsätzlich anzuwendende offene oder nichtoffene Verfahren, für das jeweils ein Verhandlungsverbot gilt, *per se* die Vermutung einer besseren Zuschlagschance begründet.[76] 59

Daraus folgt auch, dass ein Antragsteller mit dem **Vortrag, eine Ausschreibung (bzw.** 60
präziser: ein offenes oder nichtoffenes Verfahren) sei unzweckmäßig und habe zu unterbleiben, im Vergabenachprüfungsverfahren nicht gehört werden kann.[77] Bei diesem Vortrag fehlt es überdies bereits an der Möglichkeit einer Vergaberechtsverletzung, sind diese Verfahrensarten doch die in § 119 Abs. 2 S. 1 GWB nF (vgl. zum Vorrang des offenen Verfahrens § 101 Abs. 7 S. 1 GWB) vorgesehenen Regelverfahren: Andere Verfahren *können* nach der Systematik des § 119 Abs. 2 S. 2 GWB allenfalls – im Sektorenbereich und bei Konzessionsvergaben nach Wahl des Auftraggebers, bei „klassischen" Vergaben nur ausnahmsweise – zulässig sein, ihre Wahl ist allerdings vergaberechtlich unter keinen Umständen zwingend.

IV. Kein vorbeugender Rechtsschutz

Das Vergabenachprüfungsverfahren vermittelt keinen vorbeugenden Rechtsschutz. **Schä-** 61
den infolge eines später für möglich erachteten, aber sich aktuell überhaupt noch nicht konkret abzeichnenden **Vergaberechtsverstoßes** begründen keine Antragsbefugnis.[78] Auch eine de facto-Vergabe muss bereits stattgefunden haben[79] (dazu auch → Rn. 49), wenn sie zulässigerweise Gegenstand eines Vergabenachprüfungsantrags sein soll. Allerdings sind an den drohenden Vergaberechtsverstoß im laufenden Vergabeverfahren auch keine allzu strengen Anforderungen zu stellen.[80]

Ein **Anspruch auf ein Tun oder Unterlassen in einem *künftigen* Vergabeverfah-** 62
ren folgt aus dem Vergaberecht nicht;[81] der Auftraggeber kann nur zur Beachtung der Rechtsauffassung der Vergabenachprüfungsinstanzen verpflichtet werden, wenn er sein aktuelles Beschaffungsvorhaben fortsetzt, wobei freilich lediglich marginale, minimale Änderungen des Zuschnitts der beanstandeten Vergabe noch nicht aus der „Beachtensverpflichtung" herausführen.

Eine Verpflichtung des Antragsgegners zu bestimmten Verhaltensweisen bei zukünftigen 63
Vergaben hat deshalb auszuscheiden, weil der **Antragsgegner** im Regelfall die **uneingeschränkte Bestimmungsfreiheit** darüber hat, ob und wie er eine künftige Vergabe angeht.[82]

---

[75] OLG Düsseldorf Beschl. v. 26.1.2012 – VII-Verg 107/11, BeckRS 2012, 6484; Beschl. v. 28.7.2011 – VII-Verg 20/11, NZBau 2012, 50.

[76] Vgl. zur bisherigen Regelung in § 101 Abs. 7 S. 1 GWB aF (Vorrang des offenen Verfahrens): BGH Beschl. v. 10.11.2009 – X ZB 8/09, ZfBR 2010, 298; unklar zu einem ähnlichen Fall OLG Düsseldorf Beschl. v. 30.6.2011 – VII-Verg 25/11, BeckRS 2011, 23803; aA OLG Düsseldorf Beschl. v. 21.12.2016 – VII-Verg 26/16, NZBau 2017, 303.

[77] LSG Essen Beschl. v. 22.7.2010 – L 21 SF 152/10 Verg, BeckRS 2010, 73360. Dies entspricht auch der ständigen Rechtsprechung der Oberlandesgerichte.

[78] 3. VK Bund Beschl. v. 4.5.2012 – VK 3-30/12, ZfBR 2012, 697.

[79] KG Beschl. v. 13.9.2012 – Verg 4/12, BeckRS 2012, 21956.

[80] Zu einem instruktiven Fall OLG Düsseldorf Beschl. v. 10.6.2015 – VII-Verg 4/15, BeckRS 2016, 2950; vorangehend VK Bund Beschl. v. 19.1.2015 – VK 1-114/14, VPRRS 2016, 0115.

[81] Ein solcher Anspruch ergibt sich im Übrigen auch nicht aus dem BGB: BGH Urt. v. 5.6.2012 – X ZR 161/11, NZBau 2012, 652.

[82] OLG Düsseldorf Beschl. v. 1.8.2012 – VII-Verg 15/12, NZBau 2012, 791.

E. Rügeobliegenheit (§ 160 Abs. 3 GWB)

I. Grundsätze

64 Ganz entscheidende Bedeutung für die Zulässigkeit des Nachprüfungsantrags hat die Erfüllung der Rügeobliegenheit nach § 160 Abs. 3 S. 1 Nrn. 1 bis 3 GWB. Es handelt sich um eine der zentralen Normen des Vergaberechtsschutzes, deren Einhaltung die Vergabekammern typischerweise schon bei der allerersten kursorischen Prüfung der Erfolgsaussichten eines Nachprüfungsantrages nach § 163 Abs. 2 S. 1 GWB in den Blick nehmen. Denn bei Nichteinhaltung der Rügeobliegenheit und der hierfür geltenden Fristen ist der Bieter mit den entsprechenden Beanstandungen **präkludiert;**[83] der Nachprüfungsantrag wäre dann insoweit unzulässig, auch wenn die geltend gemachten Vergaberechtsverstöße sich in der Sache als stichhaltig erweisen würden. Zu dieser materiellen Prüfung kommt es dann im Nachprüfungsverfahren gar nicht mehr (auch wenn die Nachprüfungsinstanzen in der Praxis nicht selten dazu neigen, das Ergebnis noch zusätzlich über hilfsweise Erwägungen zur Unbegründetheit des Nachprüfungsantrages abzusichern). Umgekehrt tendieren Vergabekammern und -senate in Fällen, in denen sich die Unbegründetheit einer vergaberechtlichen Beanstandung vergleichsweise eindeutig feststellen lässt, dazu, die Frage, ob die Rügeobliegenheit rechtzeitig beachtet wurde oder nicht, im Zweifel offen zu lassen. Dies ist allerdings zu kritisieren, wie das OLG Düsseldorf entschieden hat.[84]

65 Die Rügeobliegenheit soll nach den Intentionen des Gesetzgebers die Einleitung unnötiger Nachprüfungsverfahren und die taktische Spekulation mit Vergabefehlern zur Verzögerung von Auftragserteilungen verhindern. Der Auftraggeber erhält durch die Rüge die Möglichkeit, einen etwaigen Fehler zu erkennen und zu korrigieren **(Appellfunktion der Rüge);** Nachprüfungsverfahren lassen sich so vermeiden.[85] § 160 Abs. 3 S. 1 GWB enthält sowohl **Zulässigkeitsvoraussetzungen für den Nachprüfungsantrag** als auch materielle Präklusionsregeln.[86] Die Rüge- und Präklusionsregelung des § 160 GWB ist inzwischen Vorbild geworden für vergleichbare Vorschriften zu anderen Rechtschutzregimes (für welche die Vergabenachprüfung nicht greift), namentlich für § 47 EnWG.[87]

---

[83] Das OLG Düsseldorf nimmt die gleiche Rechtsfolge auch für Vergaben an, die nicht dem Kartellvergaberecht unterlagen, also etwa für die Ausschreibung von Dienstleistungskonzessionen nach AEUV oder nach § 46 EnWG sowie bei Unterschwellenvergaben; Beschl. v. 4.2.2013 – VII-Verg 31/12, BeckRS 2013, 4705; Beschl. v. 9.1.2013 – VII-Verg 26/12, NZBau 2013, 120 mit zahlreichen Nachweisen: *„Bei den einer Nachprüfung nach dem GWB nicht unterliegenden (reinen) Konzessionsvergaben nach § 46 EnWG ergibt sich – im Sinn einer unselbständigen Nebenpflicht – eine Verpflichtung der Bieter, den Auftraggeber insbesondere auch auf Rechtsverstöße im Vergabeverfahren hinzuweisen, im Übrigen aus dem durch Anforderung der Vergabeunterlagen begründeten vorvertraglichen Schuldverhältnis nach §§ 241 Abs. 2, 311 Abs. 2 Nr. 1 BGB … Eine Verletzung der vorvertraglichen Hinweispflicht wird im Allgemeinen angemessen nur in der Weise zu sanktionieren sein, dass die betreffenden Rügen bei dem regelmäßig anzustrengenden Verfügungsverfahren nach §§ 935ff. ZPO von einer Nachprüfung jedenfalls materiell-rechtlich ausgeschlossen sind …*"; aA OLG Schleswig Urt. v. 22.11.2012 – 16 U (Kart) 22/12, EnWZ 2013, 84; offen: BGH Urt. v. 17.12.2013 – KZR 65/12, NVwZ 2014, 817 und 66/12, NVwZ 2014, 807, der die vorvertragliche Hinweispflicht jedenfalls nur für auf bestimmte, im konkreten Streitfall nicht vorliegende, Sachverhalte begrenzt.

[84] OLG Düsseldorf Beschl. v. 21.10.2015 – VII-Verg 28/14, NZBau 2016, 235 Rn. 32: *„Fragen der Zulässigkeit des Nachprüfungsantrags haben einen prozessualen Vorrang vor den im Rahmen der Begründetheit zu entscheidenden Rechtsfragen. Sie dürfen – im Gegensatz zu den bei der Begründetheit auftretenden Fragen logischen Vorrangs – nicht dahingestellt bleiben, weil sich dies auf die Reichweite der Bestandskraft und Rechtskraft der Entscheidung auswirkt. Lehnt die Vergabekammer den Nachprüfungsantrag aus prozessualen Gründen ab, kann ein entsprechender Antrag – jedenfalls im Prinzip und sofern der Auftrag noch nicht erteilt worden ist – ein weiteres Mal angebracht werden, dies mit einem in der Sache offenen Ergebnis, zumal die Sache auch zu einer anderen Spruchkammer, insbesondere zu einer anderen Vergabekammer des Bundes, gelangen kann. Hat die Vergabekammer den Nachprüfungsantrag unter Offenlassen von Zulässigkeitsanforderungen jedoch als unbegründet abgelehnt, ist ein erneuter Antrag deswegen, und zwar mit einem weiterreichenden Ergebnis, in der Sache von vorneherein erfolglos (vgl. insoweit auch bereits OLG Düsseldorf Beschl. v. 10.6.2015 – VII-Verg 4/15, GlaxoSmithKline)"*.

[85] OLG München Beschl. v. 17.9.2007 – Verg 10/07, ZfBR 2007, 828; Beschl. v. 2.8.2007 – Verg 7/07, ZfBR 2007, 732.

[86] OLG Karlsruhe Beschl. v. 6.2.2007 – 17 Verg 7/06, NZBau 2007, 395.

[87] Neu gefasst durch Gesetz v. 27.1.2017 (BGBL. I S. 13); hierzu etwa *Czernek* EnWZ, 2018, 99ff.

Eine Rügeobliegenheit kann – was sich von selbst versteht – erst entstehen, wenn der Auftraggeber einen (zumindest vermeintlichen) **Vergaberechtsverstoß bereits begangen** hat. Dass ein Vergaberechtsverstoß in der Zukunft droht, ist noch kein zu rügender oder auch nur rügefähiger Sachverhalt.[88] Erst recht gilt dies, wenn das Vergabeverfahren noch gar nicht begonnen hat.[89] Rügen aufs Geradewohl **„ins Blaue hinein" sind unbeachtlich** (s. dazu auch → § 42 Rn. 7); es bedarf zumindest eines ausreichenden tatsächlichen Anhaltspunktes für einen Vergaberechtsverstoß. Relevant werden können gänzlich unbeachtliche Rügen etwa für den Umfang des Akteneinsichtsrechts im Nachprüfungsverfahren.[90] 66

Fraglich ist, wie mit einem Sachverhalt umzugehen ist, in dem sich der **Zugang** der Rüge beim Auftraggeber (dieser ist analog § 130 BGB zu fordern) nicht mit hinreichender Sicherheit aufklären lässt. Nach den Grundsätzen der materiellen Beweislast (dazu → § 42 Rn. 3) muss in solchen Fällen der Rügeführer (Antragsteller) den Zugang nachweisen.[91] 67

In Ausnahmefällen ist es nicht erforderlich, dass dem Auftraggeber **Zeit und Gelegenheit** gegeben wird, auf die Rüge noch vor Einleitung eines Nachprüfungsantrags **zu antworten.** Insbesondere bei unmittelbar drohenden Zuschlägen ist nur zu fordern, dass die Rüge vor der Einreichung des Nachprüfungsantrags erhoben wird. Dies konterkariert zwar ein Stück weit Sinn und Zweck der Rüge (dem Auftraggeber Gelegenheit zur Korrektur zu geben), ist aber ein Szenario, das angesichts der engen Fristen des Vergaberechts – beispielhaft sei die 10-Tages-Frist des § 134 GWB genannt – im Interesse effektiven Primärrechtsschutzes nicht zur Unzulässigkeit des Nachprüfungsantrags führen sollte. 68

Der Auftraggeber behält die **Möglichkeit, noch während des laufenden Nachprüfungsverfahrens abzuhelfen.** Der Umstand, dass sich das Nachprüfungsverfahren im Nachhinein als vermeidbar herausgestellt hat, kann dann im Rahmen der Kostenentscheidung der Vergabekammer zulasten des Antragstellers unter Billigkeitsgesichtspunkten (§ 182 Abs. 3 S. 5 GWB) berücksichtigt werden.[92] 69

Im Regelfall ist ein Unternehmen also gut beraten, wenn es dem Auftraggeber vor Einleitung eines Nachprüfungsverfahrens ausreichend Zeit zur Stellungnahme (und damit auch zum Überdenken seines bisherigen Vorgehens und ggf. zur Umkehr) gibt: Zum einen lassen sich aus der **Rügeerwiderung** nicht selten wichtige Erkenntnisse (etwa der eigene Rangplatz) ableiten, die für die Frage des „Ob" und „Wie" eines anschließenden Nachprüfungsantrags relevant sind. Zum anderen nutzen Auftraggeber gar nicht so selten die Chance, einen Vergaberechtsverstoß zu beseitigen oder zumindest Klarstellungen vorzunehmen, mit denen dem Rügeführer uU schon geholfen sein kann. Es gibt aber **keine Verpflichtung** des öffentlichen Auftraggebers, eine Rüge zu erwidern oder überhaupt auf sie zu reagieren. Er hat daran aber typischerweise ein Interesse, nachdem es unterdessen – eingeführt 2009 durch § 107 Abs. 3 S. 1 Nr. 4 GWB aF, nunmehr: § 160 Abs. 3 S. 1 Nr. 4 GWB nF) – eine 15-Tages-Frist für den Rügeführer zur Einreichung eines Nachprüfungsantrags gibt (→ Rn. 87 f.), gerechnet ab Eingang der Mitteilung einer Nichtabhilfeentscheidung durch den öffentlichen Auftraggeber. 70

Das Rügeschreiben muss nicht als „Rüge" bezeichnet sein und dieses Wort auch nicht enthalten. Es muss noch nicht einmal zwingend ein Rügeschreiben geben. Mündliche 71

---

[88] OLG Düsseldorf Beschl. v. 30.6.2011 – VII-Verg 25/11, BeckRS 2011, 23803 mit dem instruktiven Beispiel, dass einem Auftraggeber ein Vergaberechtsverstoß in Bezug auf die Bewertung eines (angeblich) auszuschließenden Angebots erst unterlaufen kann, wenn er überhaupt schon eine Angebotsbewertung vorgenommen und das kritisierte Angebot „im Rennen" belassen hat.

[89] OLG München Beschl. v. 19.9.2018 – Verg 6/18, BeckRS 2018, 43797.

[90] Zu einem solchen Fall etwa OLG Düsseldorf Beschl. v. 29.6.2017 – VII-Verg 7/17, ZfBR 2018, 89.

[91] 3. VK Bund Beschl. v. 5.11.2012 – VK 3-120/12, BeckRS 2013, 2666 zum nicht erweislichen Zugang einer E-Mail (abrufbereiter Eingang im elektronischen Postfach des Empfängers); vgl. ferner zum Zugang einer Vorabinformation gemäß § 101a GWB per E-Mail OLG München Beschl. v. 15.3.2012 – Verg 2/12, NZBau 2012, 460. Zur Bedeutung des „OK"-Vermerks bei Telefax-Übermittlung sei auf BGH Beschl. v. 21.7.2011 – IX ZR 148/10, BeckRS 2011, 21743, verwiesen.

[92] OLG Düsseldorf Beschl. v. 11.5.2011 – VII-Verg 10/11, BeckRS 2011, 18446.

Rügeerhebungen reichen aus, sind aber aus naheliegenden Gründen nicht zu empfehlen. Eine Bieter-, Bewerber- oder Interessentenäußerung muss, um der Rügeobliegenheit zu genügen, **aus objektiver Empfängersicht so zu verstehen sein, dass *erstens* ein bestimmter Sachverhalt aus einem bestimmten Grund als (Vergaberechts-) Verstoß angesehen** wird (ausführliche rechtliche Ausführungen sind aber nicht geschuldet) und dass *zweitens* der Rügeführer von der Vergabestelle erwartet und bei ihr erreichen will, dass der Verstoß beseitigt wird.[93] Beide Elemente sind unverzichtbare Bestandteile der Rüge.[94] Ob einem Schreiben diese beiden Erklärungselemente zu entnehmen sind, ist durch Auslegung nach den §§ 133, 157 BGB zu ermitteln. Übertriebene Anforderungen sind nicht zu stellen.[95] Erklärt ein Bieter Beanstandungen, ohne hierfür anwaltliche Hilfe in Anspruch zu nehmen, ist dies bei der Auslegung der Erklärung zu berücksichtigen; es ist dann in höherem Maße, als dies nach § 133 BGB ohnehin der Fall wäre, darauf abzustellen, was der Bieter vernünftigerweise meint und will.

72 Nicht zwingend, aber ratsam ist es, wenn der Rügeführer dem Auftraggeber eine bestimmte (realistische) **Frist** setzt und darauf hinweist, dass nach fruchtlosem Ablauf ein Nachprüfungsantrag gestellt werden wird.

73 Rügt ein Bevollmächtigter, muss er nicht zugleich seine **Vollmacht** im Original nachweisen; § 174 BGB gilt nicht, um den in zeitlicher Hinsicht ohnehin schon herausfordernden Vorgang nicht noch mit zusätzlichen Formvorschriften zu befrachten.

II. Erkennbare Vergaberechtsverstöße

74 Aufgrund der Bekanntmachung oder der Vergabeunterlagen erkennbare Verstöße gegen Vergabevorschriften sind – je nach Art des Vergabeverfahrens – bis zum Ablauf der Frist zur Bewerbungs- oder Angebotsabgabe zu rügen **(§ 160 Abs. 3 S. 1 Nr. 2, 3 GWB).**

75 Erkennbarkeit wird dann angenommen, wenn die Vergaberechtsverstöße **auf einer allgemeinen Überzeugung der Vergabepraxis beruhen und** als auftragsbezogene Rechtsverstöße gewissermaßen laienhaft und ohne Anwendung juristischen Sachverstands **ins Auge fallen,**[96] bzw. sich aufdrängte und hätte erkannt werden müssen.[97] Nur wenn der Verstoß von einem durchschnittlich fachkundigen Bieter des angesprochenen Bieterkreises bei üblicher Sorgfalt und üblichen Kenntnissen ohne Bemühung besonderen Rechtsrats[98] erkannt werden kann, wird eine Rügeobliegenheit nach § 160 Abs. 3 S. 1 Nr. 2, 3 GWB ausgelöst.[99] Das Erkennenkönnen **bezieht sich sowohl auf die tatsächlichen Umstände als auch auf die Wertung der Vergaberechtswidrigkeit.**[100] Das setzt regelmäßig voraus, dass die Rechtsvorschriften, gegen die verstoßen wird, zum allgemeinen und grundlegenden Wissen der beteiligten Bieterkreise gehören. Hintergrund dieser restrikti-

[93] OLG Celle Beschl. v. 10.1.2008 – 13 Verg 11/07, BeckRS 2008, 1740; OLG München Beschl. v. 26.6. 2007 – Verg 6/07, VergabeR 2007, 684; OLG Frankfurt Beschl. v. 2.3.2007 – 11 Verg 15/06, BeckRS 2007, 06815.

[94] OLG München Beschl. v. 2.8.2007 – Verg 7/07, ZfBR 2007, 732.

[95] OLG Düsseldorf Beschl. v. 7.12.2011 – Verg 81/11, BeckRS 2012, 4919. Der Bieter muss sich auch nicht auf Vordrucke für Rügen verweisen lassen – OLG Düsseldorf Beschl. v. 16.10.2019 – VII-Verg 13/19, IBRRS 2020, 2402.

[96] OLG Düsseldorf Beschl. v. 9.1.2013 – VII-Verg 26/12, NZBau 2013, 120; Beschl. v. 3.8.2011 – VII-Verg 30/11 – VergabeR 2011, 868; Beschl. v. 21.10.2014 – VII-Verg 35/15, NZBau 2016, 61. Besonders apodiktisch OLG Düsseldorf Beschl. v. 28.1.2015 – VII-Verg 31/14, NZBau 2015, 503: *„Zu einer rechtlichen Prüfung behaupteter Vergaberechtsverstöße ist der Antragsteller vor Einleitung des Nachprüfungsverfahrens ebenso wenig verpflichtet, wie zu einem darauf gerichteten Auftrag gegenüber einem in Anspruch genommenen Rechtsanwalt."*

[97] OLG Düsseldorf Beschl. v. 11.7.2018 – VII-Verg 24/18, NZBau 2019, 64.

[98] OLG Düsseldorf Beschl. v. 19.9.2018 – VII-Verg 37/17, NZBau 2019, 390.

[99] OLG Düsseldorf Beschl. v. 26.7.2018 – VII-Verg 23/18, Beschl. v. 2.5.2018 – VII-Verg 3/18, NZBau 2018, 779, Beschl. v. 28.3.2018 – VII-Verg 54/17, ZfBR 2019, 74, Beschl. v. 8.3.2017 – VII-Verg 39/16, NZBau 2017, 296, ferner Beschl. v. 3.4.2019 – VII-Verg 48/18, ZfBR 2020, 85 mwN.

[100] OLG Düsseldorf Beschl. v. 19.9.2018 – VII-Verg 37/17, NZBau 2019, 390; OLG Düsseldorf Beschl. v. 13.5.2019 – VII-Verg 47/18, NZBau 2019, 665 mwN.

ven Auslegung der „Erkennbarkeit" ist, dass der Zugang zur Nachprüfung aus EU-rechtlichen Gründen (Rechtmittel-RL) nicht erschwert werden darf.[101] Wird es konkret, ist die Rechtsprechung sehr uneinheitlich: Die Vermischung von Eignungs- und Zuschlagskriterien[102], Verstöße gegen das Gebot der produktneutralen Ausschreibung[103] oder die Überschreitung der Grenzen für Wahl- und Alternativpositionen[104]) sind als nicht erkennbar eingestuft worden – was teils schwer einleuchtet.[105] Jedenfalls erkennbar ist ein Rechtsverstoß in den Vergabeunterlagen aber für einen Bieter, wenn er sich durch ihn von einer Angebotsabgabe abgehalten sieht, es lediglich darum ging, Unklarheiten aufzudecken[106] oder ohne Weiteres ersichtlich war, dass eine Anforderung der Vergabeunterlagen (hier: Mindestumsatz) nicht einzuhalten war, das gleichwohl abgegebene Angebot also nur dann Zuschlagschancen haben kann, wenn die verfehlte Anforderung nicht vergaberechtskonform aufgestellt und deshalb unwirksam ist.[107] Bei der Anwendung dieser Obersätze ist stets auch die Appell-Funktion der Rüge (→ Rn. 65) in den Blick zu nehmen. Für Bieter soll nach dem Willen des Gesetzgebers gerade nicht die Möglichkeit bestehen, zunächst den Ausgang des Vergabeverfahrens abzuwarten, bevor Vergaberechtsverstöße geltend gemacht werden.

III. Positiv erkannte Vergaberechtsverstöße

Vor Einreichen des Nachprüfungsantrags positiv *erkannte* Verstöße gegen Vergabevorschriften musste der Bieter bislang „unverzüglich" rügen **(§ 107 Abs. 3 S. 1 Nr. 1 GWB aF);** für nach dem 18.4.2016 begonnene Vergabeverfahren gilt nunmehr eine Frist von zehn Kalendertagen, wobei der Ablauf der Frist nach § 134 Abs. 2 GWB (Stillhaltefrist nach Absendung der Vorabinformation) unberührt bleibt (§ 160 Abs. 3 S. 1 Nr. 1 GWB nF). 76

1. 10-Tages-Frist

Nach der Vorgängervorschrift zu § 160 Abs. 3 S. 1 Nr. 1 GWB, dies war § 107 Abs. 3 S. 1 Nr. 1 GWB aF, war ein positiv erkannter Verstoß gegen Vergabevorschriften **„unverzüglich"**, also **ohne schuldhaftes Zögern (§ 121 Abs. 1 S. 1 BGB),** zu rügen. 77

Diese Norm war EU-rechtlich schon seit längerem nicht mehr haltbar und blieb faktisch ohne Anwendung. Die Änderung des früheren Unverzüglichkeitserfordernisses in eine 10-Tages-Frist trägt der Rechtsprechung des EuGH[108] Rechnung. Im Zuge dieser EuGH-Entscheidungen waren Zweifel an der EU-Rechtskonformität des § 107 Abs. 3 S. 1 Nr. 1 GWB aF und des darin enthaltenen Unverzüglichkeitskriteriums laut geworden. 78

[101] OLG Düsseldorf Beschl. v. 21.10.2015 – VII-Verg 28/14, NZBau 2016, 235.

[102] Nach OLG Düsseldorf Beschl. v. 3.8.2011 – VII-Verg 16/11, ZfBR 2012, 72 soll die Vermischung von Eignungs- und Zuschlagskriterien kein auf allgemeiner Überzeugung der Vergabepraxis beruhender, ins Auge fallender „offensichtlicher" Rechtsverstoß sein. Ebenso OLG Düsseldorf Beschl. v. 29.4.2015 – VII-Verg 35/14, ZfBR 2015, 596, wonach sich ein Bieterunternehmen mit den komplexen Rechtsregeln zur Wirtschaftlichkeitsprüfung nicht auskennen müsse; diese seien durchschnittlichen Bietern auch nicht geläufig.

[103] Zur fehlenden Erkennbarkeit von Verstößen gegen das Gebot zu produktneutraler Ausschreibung OLG Düsseldorf Beschl. v. 9.1.2013 – VII-Verg 33/12, BeckRS 2013, 4078; anders jetzt aber OLG München Beschl. v. 25.3.2019 – Verg 10/18, ZfBR 2020, 94: „bei vernünftiger Betrachtung" durfte der Bieter – so das Gericht – den erkennbaren Umstand, dass die Produktanforderungen nur von einem Konkurrenten erfüllt werden konnten, nicht über den Zeitpunkt der Angebotsfrist hinaus ungerügt lassen.

[104] OLG München Beschl. v. 22.10.2015 – Verg 5/15, NZBau 2016, 63.

[105] Ein durchschnittlich fachkundiger Anbieter von Bauleistungen soll sich umgekehrt etwa mit Details der VOB/A zu Referenzzeiträumen auskennen müssen: OLG Düsseldorf Beschl. v. 26.7.2018 – VII-Verg 26/18, NZBau 2019, 264.

[106] Hierfür bedarf es nämlich keiner besonderen Rechtskenntnisse: OLG München Beschl. v. 7.11.2017 – Verg 8/17, NZBau 2018, 127; zu Unklarheiten im Zusammenhang mit einem Losentscheid ähnlich OLG Hamburg Beschl. v. 20.3.2020 – Verg 1/19.

[107] OLG Düsseldorf Beschl. v. 11.7.2018 – VII-Verg 24/18, NZBau 2019, 64.

[108] EuGH Urt. v. 28.1.2010 – C-406/08, Slg. 2010, I-00817 = VergabeR 2010, 451 – Uniplex; EuGH Urt. v. 28.1.2010 – C-456/08, Slg. 2010, I-00817, NZBau 2010, 256 – Kommission ./. Irland.

Hintergrund ist, dass nationale Ausschlussfristen für Vergaberechtschutz zwar nicht per se unzulässig sind; sie müssen aber hinreichend bestimmt sein und dürfen die Effektivität des Rechtsschutzes nicht gefährden.[109] Die Europäische Kommission hat sich von einem Vertragsverletzungsverfahren nur abhalten lassen durch das Versprechen des Bundesgesetzgebers, bei der anstehenden Richtlinienumsetzung in das deutsche Vergaberecht auch durchgängig klare Fristenregelungen für Rügen zu treffen. Dies ist durch das VergRModG 2016 geschehen.[110]

79 Neu ist auch die explizite Normierung in § 160 Abs. 3 S. 1 Nr. 1 GWB, wonach lediglich **vor Einreichen des Nachprüfungsantrags erkannte** Vergaberechtsverstöße der Rügeobliegenheit unterliegen. Damit geht aber keine Änderung gegenüber der bislang geltenden Rechtslage einher.[111]

80 Die neue Fristbestimmung von 10 Kalendertagen trägt auch der Stillhalte- und Überlegungsfrist nach Art. 2a Abs. 2 RL 2007/66/EG Rechnung, die zumindest 10 Kalendertage ab Eingang der Vorabinformation betragen muss. Durch die Neufassung werden die Zulässigkeitsanforderungen des § 160 Abs. 3 S. 1 Nr. 1 GWB und die Informations- und Wartepflicht nach § 134 GWB besser aufeinander abgestimmt.

2. „Kenntnis"

81 Fristbeginn ist die **positive Kenntnis des (Vergabe-) Rechtsverstoßes.** Erforderlich ist, dass das Unternehmen (der Antragsteller) sichere Tatsachen- und Rechtskenntnis hat; es muss also nicht nur die die Rechtswidrigkeit begründenden Tatsachen kennen, sondern aus ihnen auch den Schluss auf die Rechtswidrigkeit gezogen haben. Große Zurückhaltung hinsichtlich der Bejahung positiver Kenntnis ist daher beim Fehlen einer gefestigten vergaberechtlichen Rechtsprechung zur Einordnung des (vermeintlich nicht fristgerecht gerügten) Sachverhalts geboten.[112]

82 Um diesen Schluss ziehen zu können, ist es dem Bieter zuzubilligen, zunächst **anwaltlichen Rat** in Anspruch zu nehmen. Solange der Bieter also noch im Gespräch mit seinem Anwalt ist und dieser die Lage prüft, kann eine Präklusion nach § 160 Abs. 3 S. 1 Nr. 1 GWB schon deshalb nicht erfolgen, weil die Rügefrist noch gar nicht in Gang gesetzt ist. Es ist darüber hinaus auch nicht anzunehmen, dass mit Einschaltung eines spezialisierten Anwalts automatisch und „schlagartig" die Kenntnis (oder auch nur die Erkennbarkeit) einsetzen würde.[113]

3. Darlegungs- und Beweislast

83 In der Praxis ist die Berufung auf eine Rügepräklusion nach § 160 Abs. 3 S. 1 Nr. 1 GWB für den **Auftraggeber,** der die Verspätung geltend macht, ein eher stumpfes Schwert. Er trägt die Beweislast[114] und wird dem Antragsteller schwerlich das Gegenteil **nachweisen** können, wenn dieser behauptet, er habe das für ihn nicht recht verständliche Vorabinformationsschreiben erst nach mehreren Tagen an einen auf Vergaberecht spezialisierten Anwalt überreicht, damit dieser ihm im Hinblick auf die zwar für möglich gehaltenen, aber noch nicht positiv erkannten Vergaberechtsverstöße eine rechtliche Bewertung zukommen lässt.

84 Praktisch bedeutsam sind aber Ausnahmen, wenn ein Unternehmen ähnliche Vergaberechtsverstöße bereits in vorangegangenen Vergabeverfahren vorgebracht hat. Dann kann

[109] Zuletzt auch EuGH Urt. v. 8.5.2014 – C-161/13, ECLI:EU:C:2014:307, EuZW 2014, 552ff. – Idrodinamica.
[110] Vgl. *Neun/Otting* EuZW 2014, 535 (540).
[111] Vgl. BGH Beschl. v. 26.9.2006 – X ZB 14/06, NZBau 2006, 800; OLG Düsseldorf Beschl. v. 19.7.2006 – Verg 27/06, BeckRS 2007, 00389; VK Bund Beschl. v. 10.11.2014 – VK 1-88/14, VPR 2015, 119.
[112] OLG Düsseldorf Beschl. v. 28.3.2018 – VII-Verg 40/17, NZBau 2018, 555.
[113] OLG Düsseldorf Beschl. v. 9.1.2013 – VII-Verg 26/12, NZBau 2013, 120.
[114] Vgl. OLG Düsseldorf Beschl. v. 12.2.2014 – VII-Verg 32/13, NZBau 2014, 454.

es sich später nicht auf fehlende Kenntnis (→ Rn. 81 f.) berufen. Auch und gerade das **mutwillige Sich-Verschließen vor der Erkenntnis steht der positiven Kenntnis gleich**[115]; auch Fälle solchen Mutwillens stoßen in der Praxis aber auf Darlegungs- und Beweisschwierigkeiten.

IV. Verhältnis der Nrn. 1 bis 3 des § 160 Abs. 3 S. 1 GWB

Die **Tatbestände des § 160 Abs. 3 S. 1 Nr. 1 bis 3 GWB stehen selbständig nebeneinander.** War ein Vergabeverstoß für den Bieter aus der Vergabebekanntmachung nicht nur erkennbar, sondern hat der Bieter diesen Verstoß positiv erkannt (etwa durch Vermittlung eines Rechtsrats) und kann diese positive Kenntnis des Bieters nachgewiesen werden, darf der Bieter nicht bis zum Ablauf der Angebotsfrist bzw. Bewerbungsfrist mit der Rüge zuwarten. 85

V. 15-Tages-Frist des § 160 Abs. 3 S. 1 Nr. 4 GWB nach Zurückweisung einer Rüge

Nach § 160 (vormals: § 107) Abs. 3 S. 1 Nr. 4 GWB ist ein Nachprüfungsantrag seit Inkraft-Treten des Vergaberechtsmodernisierungsgesetzes im April 2009 unzulässig, wenn er nicht spätestens 15 Kalendertage[116] nach Eingang (gleichzusetzen mit dem Zugang) der Mitteilung des Auftraggebers, einer Rüge nicht abhelfen zu wollen, gestellt wird. Die Vorschrift hat im Wesentlichen ihr **Ziel**[117] erreicht; sie schiebt sog. „Vorratsrügen" (also Versuchen, vermeintliche Vergaberechtsverstöße früh zu platzieren, dann aber in aller Ruhe den Ausgang des Verfahrens abzuwarten) einen Riegel vor. Auf die 15-Tages-Frist haben Auftraggeber in der Auftragsbekanntmachung hinzuweisen (es handelt sich nach EU-Recht um eine Pflichtangabe[118]), wenn sie nicht riskieren möchten, sich in einem Vergabenachprüfungsverfahren nicht auf die verspätete Antragstellung berufen zu können.[119] 86

(Gelegentlich geäußerte) **Kritik** an § 160 Abs. 3 S. 1 Nr. 4 GWB drängt sich – vor dem Hintergrund der Intention des Gesetzgebers, effektiven Rechtsschutz in beschleunigten Verfahren zu gewähren – nicht auf. Die Vorschrift provoziert auch keine vermeidbaren oder gar unzulässigen Nachprüfungsverfahren. Ist ein Antragsteller aufgrund einer – ja zwangsläufig innerhalb bestimmter Fristen vorzubringenden – frühen Rüge und aufgrund einer raschen Nichtabhilfeentscheidung des Auftraggebers etwa gezwungen, noch während der Angebotsphase oder während der Angebotsbewertung (möglicherweise sogar schon während des Teilnahmewettbewerbs) einen Nachprüfungsantrag einzureichen, so sind die Anforderungen an die Darlegung eines drohenden Schadens infolge des Vergaberechtsverstoßes weiter abzusenken. Der Auftraggeber (Antragsgegner) kann also in solchen Fällen – eines nach § 160 Abs. 3 S. 1 Nr. 4 GWB gestellten Nachprüfungsantrages – nicht mit Erfolg argumentieren, dass die Realisierung des vermeintlichen Vergaberechtsverstoßes gerade zum Nachteil des Antragstellers noch völlig ungewiss ist, weil der Antragsteller ja mög- 87

[115] BGH Beschl. v. 26.9.2006 – X ZB 14/06, NZBau 2006, 800; OLG Düsseldorf Beschl. v. 12.6.2019 – VII-Verg 54/18, NZBau 2020, 109; OLG Düsseldorf Beschl. v. 15.1.2020 – VII-Verg 20/19, BeckRS 2020, 1327.

[116] Auf die Berechnung der 15-Tagesfrist nach § 160 Abs. 3 S. 1 Nr. 4 GWB finden die Vorschriften der §§ 186 ff. BGB Anwendung. Endet eine Frist an einem Sonn- oder Feiertag, fällt das Fristende nach § 193 BGB auf den nächsten Werktag: OLG Düsseldorf Beschl. v. 29.7.2015 – VII-Verg 13/15, BeckRS 2016, 21227.

[117] Es soll damit „frühzeitig Klarheit über die Rechtmäßigkeit des Vergabeverfahrens geschaffen" werden (BT-Drs 16/10117, S. 22).

[118] Nicht zwingend hinzuweisen ist hingegen in der Bekanntmachung auf die Rügefristen des § 160 Abs. 3 S. 1 Nrn. 1 bis 3 GWB: OLG München Beschl. v. 19.9.2018 – Verg 6/18, BeckRS 2018, 43797.

[119] Umstritten ist, ob der fehlende explizite Hinweis auf die 15-Tages-Frist in der Bekanntmachung durch einen klaren Hinweis in der Rügezurückweisung geheilt werden kann: Bejahend jetzt mit Darstellung des Streitstandes: OLG Celle Beschl. v. 19.3.2019 – 13 Verg 7/18, NZBau 2019, 462.

licherweise bei Fortführung des Verfahrens trotz des Vergaberechtsverstoßes den Zuschlag erhalten kann. *„Die Absicht des Gesetzgebers, durch Bestimmung einer Antragsfrist einen Antragsteller möglichst frühzeitig zur Anbringung eines Nachprüfungsantrags anzuhalten, schließt aus, die Zulässigkeit und genauso die Begründetheit eines solchen Antrags davon abhängig zu machen, dass der Antragsteller durch den behaupteten Rechtsverstoß eine … Beeinträchtigung seiner Auftragschancen erfährt"*.[120] Eine abstrakt mögliche Schädigung der Auftragschancen des Antragstellers genügt also in derartigen Konstellationen zur Bejahung der Antragsbefugnis nach § 160 Abs. 2 GWB. Keine Bedeutung hat die 15-Tages-Frist des § 160 Abs. 3 S. 1 Nr. 4 GWB bei auf Nichtigkeitsfeststellung bereits geschlossener Verträge gerichteten Nachprüfungsanträgen. Hier soll die 30-Tages- bzw. 6-Monats-Frist gelten. Im Hinblick auf § 135 Abs. 1 Nr. 2 GWB folgt dies aus § 160 Abs. 3 S. 2 GWB, im Hinblick auf § 135 Abs. 1 Nr. 1 GWB aus dem Sinn und Zweck von § 160 Abs. 3 S. 1 Nr. 4 GWB (Verhinderung treuwidriger Zuschlagsverzögerungen).[121]

VI. Entbehrlichkeit einer Rüge

1. De-facto-Vergaben

88 Bei de facto-Vergaben ist eine **Rüge nicht erforderlich (§ 160 Abs. 3 S. 2 GWB),** dh Nachprüfungsanträge, mit denen gemäß § 101b Abs. 1 Nr. 1, Abs. 2 GWB die Feststellung der Nichtigkeit de facto vergebener Verträge begehrt wird, sind auch dann zulässig, wenn der Antragsteller zuvor nicht mit seinem Begehren beim Auftraggeber vorstellig geworden ist. Die ganz herrschende Meinung hatte die Rügeobliegenheit auch bereits vor Einführung des § 107 (jetzt: § 160) Abs. 3 S. 2 GWB im April 2009 verneint, weil Sinn und Zweck der Rüge, den Auftraggeber zur Korrektur von Vergabefehlern anzuhalten, leerlaufen, wenn der Auftraggeber sich der Mühe, ein förmliches Vergabeverfahren durchzuführen, von vornherein enthoben hat.

2. Weitere Fälle

89 Auf die Rüge kann ausnahmsweise verzichtet werden, **wenn der Auftraggeber klar zu erkennen gibt** (hierfür ist ein strenger Maßstab anzulegen), **dass er unumstößlich an seiner Entscheidung festhält.** In einer solchen Situation eine Rüge zu fordern, wäre reine Förmelei.[122] Das kann gerade bei unsubstantiiert ins Blaue hinein (dh ohne jede Anknüpfungstatsache erhobenen) Rügen relevant werden, wenn der der Auftraggeber solche Rügen zum Anlass für Prüfungen nimmt und dann in der Rügeerwiderung mitteilt, dass er von seiner Haltung nicht abrücken wird.[123] Ebenso entfällt die Rügeobliegenheit, wenn der Auftraggeber durch Wahl des Zeitpunkts der Versendung der Vorabinformation (§ 134 GWB) faktisch die Frist für den Vergaberechtsschutz drastisch verkürzt hat, weil in die 10-Tages-Frist besonders viele Sonn- und Feiertage fallen.[124]

3. Sachverhalte, die erst im Rahmen eines Nachprüfungsverfahrens bekannt werden

90 Wie jetzt in § 160 Abs. 3 S. 1 Nr. 1 GWB ausdrücklich klargestellt wurde, besteht keine Rügeobliegenheit hinsichtlich solcher **Fehler, die dem Antragsteller erst im laufenden Nachprüfungsverfahren – etwa aufgrund der Akteneinsicht gemäß § 165 GWB**[125] **– bekannt werden.** Solche Fehler können sofort im Nachprüfungsverfahren

[120] OLG Düsseldorf Beschl. v. 10.8.2011 – VII-Verg 36/11, NZBau 2011, 765.
[121] OLG Düsseldorf Beschl. v. 19.4.2017 – VII-Verg 38/16, BeckRS 2017, 116312.
[122] OLG Karlsruhe Beschl. v. 6.2.2007 – 17 Verg 7/06, NZBau 2007, 395; OLG Düsseldorf Beschl. v. 31.5.2017 – VII-Verg 36/16, ZfBR 2017, 713.
[123] OLG Düsseldorf Beschl. v. 16.8.2019 – VII-Verg 56/18, NZBau 2020, 249.
[124] OLG Düsseldorf Beschl. v. 5.11.2014 – VII-Verg 20/14, BeckRS 2014, 20873; OLG Düsseldorf Beschl. v. 5.10.2016 – VII Verg 24/16, NZBau 2017, 119.
[125] OLG Frankfurt a.M. Beschl. v. 16.6.2016 – 11 Verg 3/15, ZfBR 2016, 79 (80).

geltend gemacht werden, auch wenn sich der Nachprüfungsantrag darauf ursprünglich nicht bezogen hat.[126] Einer gesonderten Rüge bedarf es nach Einleitung eines Nachprüfungsverfahrens deshalb nicht mehr. Dies leuchtet unmittelbar ein: Mit einer Rüge ließe sich das Nachprüfungsverfahren hier ja nicht mehr vermeiden. Und es ist gerade Sinn und Zweck der Akteneinsicht, dem Antragsteller weitere Einblicke in die Abläufe und Vergabeentscheidungen zu geben, die zu zusätzlichen Beanstandungen im Rahmen des laufenden Nachprüfungsverfahren führen können.[127]

Streitig ist, ob der Antragssteller einen von ihm erst im Nachprüfungsverfahren erkann- 91
ten Vergaberechtsverstoß unverzüglich vor der Vergabekammer oder ggf. im Beschwerdeverfahren vor dem OLG geltend machen muss.[128] Richtigerweise wird das jeweils anhand der **Umstände des Einzelfalls** und mit Blick auf § 167 Abs. 2 GWB zu beurteilen sein: Hat etwa die Vergabekammer mit der Übersendung der Aktenbestandteile keine Frist zur Stellungnahme gesetzt (und möglicherweise sogar schon zu erkennen gegeben, dass die Entscheidungsfrist wegen mehrerer anderer, vordringlicher Verfahren voraussichtlich über die gesetzlich möglichen zwei Wochen hinaus verlängert wird), wäre es unbillig, vom Antragsteller zu fordern, dass er die Vergabeakte innerhalb von 10 Tagen (§ 160 Abs. 3 S. 1 Nr. 1 GWB), früher sogar „unverzüglich", auswertet und die Ergebnisse in das Verfahren einführt. § 160 Abs. 3 S. 1 Nr. 1 GWB schafft hier jetzt Klarheit, indem die 10-Tages-Frist für eine Rüge für positiv erkannte Vergaberechtsverstöße explizit beschränkt wird auf Verstöße, die der Antragsteller „vor Einreichung des Nachprüfungsantrags" erkannt hat.

VII. Rügeobliegenheit und Untersuchungsgrundsatz

Eine der noch nicht befriedigend beantworteten Fragen des Vergabeprozessrechts betrifft 92
das **Verhältnis zwischen § 160 Abs. 3 S. 1 GWB und dem Untersuchungsgrundsatz (§ 163 Abs. 1, § 168 Abs. 1 GWB** – dazu auch → § 42 Rn. 2 ff.).

Wenn und soweit ein Vergabeverstoß von dem Bieter nicht gerügt wurde, bleibt dieser 93
Fehler grundsätzlich unbeanstandet[129]. Die Vergabekammer kann aber **auch ohne entsprechende Rüge des Bieters einen Vergabeverstoß feststellen und geeignete Maßnahmen zur Wiederherstellung eines rechtmäßigen Verfahrens anordnen.**

Das gilt auch für die zweite Instanz: Rechtsverstöße, die vom **Beschwerdegericht** „ge- 94
legentlich" festgestellt werden, ohne dass sie der Antragsteller erkannt und geltend gemacht hat, sind *„nach zutreffender Auslegung des Untersuchungsgrundsatzes (§ 70 Abs. 1, § 120 [175] Abs. 2 GWB) im Beschwerdeverfahren … aufzugreifen. Solche Erkenntnisse, die sich aus Anlass der Prüfung behaupteter Rechtsverstöße aufdrängen, dürfen, sofern damit eine Rechtsverletzung des Antragstellers verbunden ist, die Vergabenachprüfungsinstanzen nicht unberücksichtigt lassen … Das Beschwerdegericht kann in entsprechender Anwendung von § 114 [168] Abs. 1 S. 2 GWB darauf unabhängig von den gestellten Anträgen diejenigen Maßnahmen ergreifen, die zur Beseitigung der Rechtsbeeinträchtigung erforderlich sind …"*.[130]

---

[126] BGH Beschl. v. 26.9.2006 – X ZB 14/06, NZBau 2006, 800; OLG München Beschl. v. 2.8.2007 – Verg 7/07, ZfBR 2007, 732.

[127] Es ist daher nach richtiger Auffassung auch nicht etwa zu fordern, dass der Antragsteller wegen solcher, zusätzlich erkannter Vergaberechtsverstöße ein neues Nachprüfungsverfahren einzuleiten hat. Vielmehr können die neuen Vergaberechtsverstöße in das laufende Nachprüfungsverfahren eingebracht werden, jedenfalls dann, wenn sie in diesem laufenden Verfahren ohne Verzögerung beschieden werden können. Jede andere Sichtweise liefe dem Beschleunigungsgebot zuwider; OLG Celle Beschl. v. 12.5.2005 – 13 Verg 5/05, BeckRS 2005, 6220.

[128] OLG München Beschl. v. 2.8.2007 – Verg 7/07, ZfBR 2007, 732; OLG Celle Beschl. v. 8.3.2007 – 13 Verg 2/07, ZfBR 2007, 373; Beschl. v. 10.1.2008 – 13 Verg 11/07, BeckRS 2008, 1740; OLG Frankfurt a.M. Beschl. v. 24.6.2004 – 11 Verg. 15/04, IBRRS 2005, 0139.

[129] OLG Koblenz Beschl. v. 3.4.2008 – 1 Verg 1/08, BeckRS 2010, 10524.

[130] OLG Düsseldorf Beschl. v. 5.5.2008 – VII-Verg 5/05, NZBau 2009, 269; Beschl. v. 13.6.2007 – VII-Verg 2/07, BeckRS 2007, 09926.

95 Die Vorschrift des § 160 Abs. 3 S. 1 GWB zur Rügeobliegenheit des Antragstellers kann also durch Amtsermittlungen der Vergabenachprüfungsinstanzen oder durch amtswegige Einwirkungen auf die Rechtmäßigkeit eines Vergabeverfahrens, **die von keiner Partei gefordert wurden,** überwunden werden. Dies sollte jedoch – um die Rügeobliegenheit nicht zu entwerten – nur bei zulässigen Nachprüfungsanträgen[131] und sodann im Rahmen der Begründetheitsprüfung bei wirklich wesentlichen Fehlern geschehen, die den ungehinderten Abschluss des Vergabeverfahrens als unerträglich erscheinen lassen. Der Aufgriff von Amts wegen setzt ferner voraus, dass gerade der Antragsteller in seinen Rechten verletzt ist.[132] Mit den Worten des OLG Düsseldorf: *„Ausnahmsweise können auch nicht gerügte Vergaberechtsverstöße … durch die Vergabenachprüfungsinstanzen von Amts wegen aufgegriffen werden, wenn es sich insbesondere um solche Verstöße handelt, die schwerwiegend und offenkundig sind“.*[133] Wirklich befriedigend gelöst ist das Thema damit nicht. Insbesondere das Offenkundigkeitskriterium wirft Fragen auf. Denn einerseits dürfen mangels rechtzeitiger Rüge präkludierte Rechtsverstöße grundsätzlich von Amts wegen nicht aufgegriffen werden,[134] andererseits stellt sich gerade bei sich aufdrängenden, „offenkundigen“ Rechtsverstößen schon auch die Frage, wieso diese für den Antragsteller nicht wenigstens erkennbar waren (→ Rn. 75).

F. Rechtsschutzbedürfnis

96 Ein Nachprüfungsantrag ist ferner dann unzulässig, wenn ihm das Rechtsschutzbedürfnis abzusprechen ist. Das wird – wenn die Antragsbefugnis zu bejahen ist – praktisch nie vorkommen. Diskutiert werden in der Rechtsprechung Fälle, bei denen der Antragsteller, der nunmehr die Nichtigkeit eines ohne Wettbewerb geschlossenen Vertrages geltend macht, vormals selbst von einem solchen Vorgehen (und einer solchen Fehleinschätzung) des Auftraggebers und Antragsgegners profitiert hat. Prozessuale Handlungen dürfen zwar nicht zu verfahrensfremden Zwecken, insbesondere nicht dazu eingesetzt werden, ein gerichtliches oder gerichtsähnliches Verfahren zu außerhalb seiner selbst stehenden Zielen zu missbrauchen. Verfolgt ein Antragsteller mit einem Nachprüfungsverfahren eigene Auftragsinteressen, ist dies aber nicht zweckwidrig. Es ist auch nicht treuwidrig, § 242 BGB.[135]

[131] OLG Düsseldorf Beschl. v. 15. 6. 2005 – VII-Verg 5/05, BeckRS 2005, 07946.
[132] OLG Düsseldorf Beschl. v. 5. 9. 2018 – VII-Verg 32/18, NZBau 2019, 193.
[133] OLG Düsseldorf Beschl. v. 11. 7. 2018 – VII-Verg 24/18, NZBau 2019, 65.
[134] OLG Düsseldorf Beschl. v. 13. 5. 2019 – VII-Verg 47/18, NZBau 2019, 665.
[135] OLG Düsseldorf Beschl. v. 18. 4. 2018 – VII-Verg 28/17, NZBau 2018, 486. Vgl. ferner OLG Düsseldorf Beschl. v. 29. 7. 2015 – VII-Verg 5/15, NZBau 2015, 787.

§ 42 Nachprüfungsverfahren

Übersicht

GWB: §§ 161, 162, 163 Abs. 1, 164, 165, 166, 167, 168 Abs. 1 und 2, 170

§ 161 GWB Form, Inhalt

(1) Der Antrag ist schriftlich bei der Vergabekammer einzureichen und unverzüglich zu begründen. Er soll ein bestimmtes Begehren enthalten. Ein Antragsteller ohne Wohnsitz oder gewöhnlichen Aufenthalt, Sitz oder Geschäftsleitung im Geltungsbereich dieses Gesetzes hat einen Empfangsbevollmächtigten im Geltungsbereich dieses Gesetzes zu benennen.

(2) Die Begründung muss die Bezeichnung des Antragsgegners, eine Beschreibung der behaupteten Rechtsverletzung mit Sachverhaltsdarstellung und die Bezeichnung der verfügbaren Beweismittel enthalten sowie darlegen, dass die Rüge gegenüber dem Auftraggeber erfolgt ist; sie soll, soweit bekannt, die sonstigen Beteiligten benennen.

§ 162 GWB Verfahrensbeteiligte, Beiladung

Verfahrensbeteiligte sind der Antragsteller, der Auftraggeber und die Unternehmen, deren Interessen durch die Entscheidung schwerwiegend berührt werden und die deswegen von der Vergabekammer beigeladen worden sind. Die Entscheidung über die Beiladung ist unanfechtbar.

§ 163 GWB Untersuchungsgrundsatz

(1) Die Vergabekammer erforscht den Sachverhalt von Amts wegen. Sie kann sich dabei auf das beschränken, was von den Beteiligten vorgebracht wird oder ihr sonst bekannt sein muss. Zu einer umfassenden Rechtmäßigkeitskontrolle ist die Vergabekammer nicht verpflichtet. Sie achtet bei ihrer gesamten Tätigkeit darauf, dass der Ablauf des Vergabeverfahrens nicht unangemessen beeinträchtigt wird.

(2) hier nicht abgedruckt.

§ 164 GWB Aufbewahrung vertraulicher Unterlagen

(1) Die Vergabekammer stellt die Vertraulichkeit von Verschlusssachen und anderen vertraulichen Informationen sicher, die in den von den Parteien übermittelten Unterlagen enthalten sind.

(2) Die Mitglieder der Vergabekammern sind zur Geheimhaltung verpflichtet; die Entscheidungsgründe dürfen Art und Inhalt der geheim gehaltenen Urkunden, Akten, elektronischen Dokumente und Auskünfte nicht erkennen lassen.

§ 165 GWB Akteneinsicht

(1) Die Beteiligten können die Akten bei der Vergabekammer einsehen und sich durch die Geschäftsstelle auf ihre Kosten Ausfertigungen, Auszüge oder Abschriften erteilen lassen.

(2) Die Vergabekammer hat die Einsicht in die Unterlagen zu versagen, soweit dies aus wichtigen Gründen, insbesondere des Geheimschutzes oder zur Wahrung von Betriebs- oder Geschäftsgeheimnissen geboten ist.

(3) Jeder Beteiligte hat mit Übersendung seiner Akten oder Stellungnahmen auf die in Absatz 2 genannten Geheimnisse hinzuweisen und diese in den Unterlagen entsprechend kenntlich zu machen. Erfolgt dies nicht, kann die Vergabekammer von seiner Zustimmung auf Einsicht ausgehen.

(4) Die Versagung der Akteneinsicht kann nur im Zusammenhang mit der sofortigen Beschwerde in der Hauptsache angegriffen werden.

§ 166 GWB Mündliche Verhandlung

(1) Die Vergabekammer entscheidet auf Grund einer mündlichen Verhandlung, die sich auf einen Termin beschränken soll. Alle Beteiligten haben Gelegenheit zur Stellungnahme. Mit Zustimmung der Beteiligten oder bei Unzulässigkeit oder bei offensichtlicher Unbegründetheit des Antrags kann nach Lage der Akten entschieden werden.

(2) Auch wenn die Beteiligten in dem Verhandlungstermin nicht erschienen oder nicht ordnungsgemäß vertreten sind, kann in der Sache verhandelt und entschieden werden.

§ 167 GWB Beschleunigung

(1) Die Vergabekammer trifft und begründet ihre Entscheidung schriftlich innerhalb einer Frist von fünf Wochen ab Eingang des Antrags. Bei besonderen tatsächlichen oder rechtlichen Schwierigkeiten kann der Vorsitzende im Ausnahmefall die Frist durch Mitteilung an die Beteiligten um den erforderlichen Zeitraum verlängern. Dieser Zeitraum soll nicht länger als zwei Wochen dauern. Er begründet diese Verfügung schriftlich.

(2) Die Beteiligten haben an der Aufklärung des Sachverhalts mitzuwirken, wie es einem auf Förderung und raschen Abschluss des Verfahrens bedachten Vorgehen entspricht. Den Beteiligten können Fristen gesetzt werden, nach deren Ablauf weiterer Vortrag unbeachtet bleiben kann. Zeitraum soll nicht länger als zwei Wochen dauern. Er begründet diese Verfügung schriftlich.

§ 168 GWB Entscheidung der Vergabekammer

(1) Die Vergabekammer entscheidet, ob der Antragsteller in seinen Rechten verletzt ist und trifft die geeigneten Maßnahmen, um eine Rechtsverletzung zu beseitigen und eine Schädigung der betroffenen Interessen zu verhindern. Sie ist an die Anträge nicht gebunden und kann auch unabhängig davon auf die Rechtmäßigkeit des Vergabeverfahrens einwirken.

(2) Ein wirksam erteilter Zuschlag kann nicht aufgehoben werden. Hat sich das Nachprüfungsverfahren durch Erteilung des Zuschlags, durch Aufhebung oder durch Einstellung des Vergabeverfahrens oder in sonstiger Weise erledigt, stellt die Vergabekammer auf Antrag eines Beteiligten fest, ob eine Rechtsverletzung vorgelegen hat. § 113 Absatz 1 gilt in diesem Fall nicht.

(3) hier nicht abgedruckt.

§ 170 GWB Ausschluss von abweichendem Landesrecht

Soweit dieser Abschnitt Regelungen zum Verwaltungsverfahren enthält, darf hiervon durch Landesrecht nicht abgewichen werden.

Literatur:

Behrens, Das vergaberechtliche Nachprüfungsverfahren, SRa 2017, 240ff.; *Brauer,* Das Verfahren vor der Vergabekammer, NZBau 2009, 297ff.; *Braun,* Beschleunigungsgebot und Ablehnungsfiktion im Vergaberegime des GWB, NZBau 2003, 134ff.; *Burgi,* 20 Jahre Rechtsschutz durch Vergabekammern, NZBau 2020, 3ff.; *Byok,* Die Entwicklung des Vergaberechts seit 2015, NJW 2016, 1494ff.; *Chen,* Vergaberechtsschutz im Spannungsfeld zwischen Beschleunigungsgebot und Gewährung effektiven Rechtsschutzes, Grin Verlag 2019; *Conrad,* Rechtsfragen des Vergleichs im Vergabenachprüfungsverfahren, ZfBR 2014, 658ff.; *Dreher/Glöckle,* Der Vergleich im Vergabenachprüfungsverfahren- Teile I und II, NZBau 2015, 459ff. und 529ff.; *Düsterdiek,* Das Akteneinsichtsrecht (§ 111 GWB), NZBau 2004, 605ff.; *Eiermann,* Primärrechtsschutz gegen öffentliche Auftraggeber bei europaweiten Ausschreibungen durch Vergabenachprüfungsverfahren – Teil 1 und 2, NZBau 2016, 13ff und 76ff.; *Glahs,* Akteneinsichts- und Informationsansprüche im Vergabe- und Nachprüfungsverfahren, NZBau 2014, 75ff.; *Goede,* Maßgeblicher Zeitpunkt für die Beurteilung der Rechtmäßigkeit von Vergabeentscheidung(en), VergabeR 2014, 319ff.; *Jansen/Geitel,* OLG Düsseldorf: Informieren und Warten auch außerhalb des GWB – Pflicht oder Kür auf dem Weg zu einem effektiven Primärrechtsschutz, VergabeR 2018, 376; *Johansen,* Vorgehen des erfolgreichen Bieters gegen Zuschlagserteilung auf eigenes Angebot, NZBau 2019, 153ff.; *Just/Sailer,* Informationsfreiheit und Vergaberecht, DVBl 2010, 418ff.; *Krist,* Änderungen im Vergabeprozessrecht, VergabeR 2016, 396ff.; *Maier,* Die prozessualen Grundsätze des Nachprüfungsverfahrens, NZBau 2004, 667ff.; *Losch,* Akteneinsicht im Vergabeverfahren – ein Widerstreit zwischen Transparenzgebot und Geheimhaltungsschutz, VergabeR 2008, 739ff.; *Opheys,* Effektiver Rechsschutz im Vergabeverfahren, NZBau 2017, 714ff.; *Polenz,* Informationsfreiheit und Vergaberecht, NVwZ 2009, 883ff.; *Rittwage,* Vergleichsvereinbarungen bei der Vergabe öffentlicher Aufträge, NZBau 2007, 484ff.; *Sellmann/Augsberg,* Beteiligteninduzierte Beendigung vergaberechtlicher Nachprüfungsverfahren, NVwZ 2005, 1255ff; *Rung,* Die Überprüfung der Beschaffungsautonomie durch Nachprüfungsinstanzen, VergabeR 2017, 440ff.

A. Einleitung

Die vorstehend zitierten Normen enthalten eine Reihe von Verfahrensgrundsätzen und -regelungen, die dem **Vergabenachprüfungsverfahren (insbesondere, aber nicht nur der ersten Instanz)** ein besonderes Gepräge geben. Lücken in den §§ 160ff. GWB – etwa im Hinblick auf die Befangenheit eines Mitglieds der Vergabekammer (→ Rn. 53ff.) – müssen durch Rückgriff auf das jeweilige VwVfG (allerdings nur, soweit Bundesrecht nichts Anderes regelt[1]) oder andere Prozessordnungen geschlossen werden. 1

B. Verfahrensgrundsätze

I. Untersuchungs- oder Amtsermittlungsgrundsatz

In Vergabesachen gilt der Untersuchungs- oder Amtsermittlungsgrundsatz **(§ 163 Abs. 1 S. 1 GWB).** Das betrifft auch die **zweite Instanz.** Dass § 163 GWB in § 175 Abs. 2 GWB (mit den Verfahrensvorschriften für die sofortige Beschwerde) nicht aufgeführt ist, ist unschädlich, weil § 175 Abs. 2 GWB stattdessen auf **§ 70 Abs. 1 GWB** verweist.[2] 2

Nicht mit dem Untersuchungsgrundsatz des § 163 Abs. 1 GWB zu vereinbaren wäre eine prozessuale Darlegungs- und Beweislast. Die **Grundsätze der materiellen Beweislast** kommen jedoch zum Tragen, wenn die Aufklärungsbemühungen der Vergabekammer nicht zu einem feststehenden Ergebnis führen. Der Beteiligte, der sich auf einen für ihn günstigen Sachverhalt beruft, trägt dann materiell die Darlegungs- und Beweislast. 3

[1] Vgl. auch § 170 GWB und OLG Düsseldorf Beschl. v. 12.5.2011 – VII-Verg 32/11, BeckRS 2011, 23543; dabei ging es um die Frage, ob die Vergabekammer ihre Entscheidung gemäß § 48 VwVfG zurücknehmen kann.

[2] Instruktiv OLG Düsseldorf Beschl. v. 28.4.2008 – VII-Verg 1/08, BeckRS 2008, 15517.

4 Auch statuiert § 161 Abs. 1 S. 1 und Abs. 2 GWB die Pflicht des Antragstellers, seinen Nachprüfungsantrag unverzüglich und ordnungsgemäß (also zB mit Bezeichnung der Rechtsverletzung und nachvollziehbarer Sachverhaltsdarstellung) zu **begründen.**

5 Nach § 168 Abs. 1 S. 2 GWB ist die Vergabekammer **an die Anträge nicht gebunden** und kann auch unabhängig davon auf die Rechtmäßigkeit des Verfahrens einwirken. So kann die VK etwa, wiewohl nur die bloße Neubewertung der Angebote beantragt worden ist, die Zurückversetzung des Vergabeverfahrens anordnen.[3] Voraussetzung ist aber nach allgemeiner Ansicht ein zulässiger Antrag.

6 Die Vergabenachprüfungsinstanzen haben den Sachverhalt **von Amts wegen zu erforschen, soweit dies durch den Streitstoff veranlasst ist.** Ua über § 163 Abs. 2 S. 5 GWB sind der Vergabekammer hierfür weitgehende Rechte auf Auskunftseinholung und Prüfung an die Hand gegeben.[4] Eine darüber hinausgehende – allgemeine – Rechtmäßigkeitskontrolle gibt der Gesetzgeber den Nachprüfungsinstanzen nicht auf (§ 163 Abs. 1 S. 2 und 3 GWB), schließt eine solche aber auch nicht aus, soweit dadurch nicht die Rügeobliegenheiten gemäß § 160 Abs. 3 S. 1 GWB *ad absurdum* geführt werden.

7 Gänzlich unsubstantiierten und pauschalen **Beanstandungen des Vergabeverfahrens durch den Antragsteller „ins Blaue" hinein** (die in der Praxis allerdings in „Reinform" gar nicht so häufig anzutreffen sind, weil man dem Antragsteller billigerweise wohl zugestehen muss, aus bestimmten Tatsachen, die für sich genommen, noch nicht zu einem Vergaberechtsverstoß führen, weitergehende Schlüsse zu ziehen[5]) muss die Vergabekammer also nicht nachgehen.[6] Es gibt aber auch keine Bestimmung, die der Vergabekammer ein solches Vorgehen – oder gar eine Fehlersuche gänzlich ohne Anknüpfungspunkt im Vortrag des Antragstellers – verwehren würde.

8 In der Praxis werden viele Streitigkeiten in diesem Spannungsfeld, das **erhebliche Unwägbarkeiten für alle Beteiligten** mit sich bringt,[7] entschieden. *De lege ferenda* wäre die klare Beschränkung des Amtsermittlungsgrundsatzes auf das Vorbringen der Beteiligten, insbesondere auf die vom Antragsteller erhobenen Rügen, nach wie vor wünschenswert (zum Ganzen auch → § 41 Rn. 92ff.).

II. Mündliche Verhandlung

9 Die Vergabekammer entscheidet auf Grund einer mündlichen Verhandlung; diese **soll sich auf einen Termin beschränken** (§ 166 Abs. 1 S. 1 GWB), was in der Praxis nicht immer gelingt, seitdem § 160 Abs. 3 S. 1 Nr. 4 GWB Unternehmen teils zu sehr frühen Nachprüfungsanträgen zwingt und sich dann im weiteren Verlauf des Vergabeverfahrens (dieses muss durch den Nachprüfungsantrag ja nicht angehalten werden → § 44 Rn. 9) Entwicklungen ergeben, die prozessual zu berücksichtigen sind (etwa in Form notwendiger Beiladungen).

10 Mit Zustimmung der Beteiligten oder bei Unzulässigkeit oder bei offensichtlicher Unbegründetheit des Antrags kann ohne mündliche Verhandlung **nach Lage der Akten entschieden** werden (§ 166 Abs. 1 S. 2 GWB). Für die Herbeiführung der 1. Alt. werden

---

3 Statt vieler OLG Düsseldorf Beschl. v. 16. 12. 2015 – VII-Verg 25/15, NZBau 2016, 232.

4 Vgl. hierzu OLG Düsseldorf Beschl. v. 16. 2. 2012 – VII-Verg 2/12, BeckRS 2012, 6485.

5 OLG Brandenburg Beschl. v. 29. 5. 2012 – Verg W 5/12, ZfBR 2012, 615.

6 Vgl. aber auch KG Beschl. v. 29. 2. 2012 – Verg 8/11, BeckRS 2012, 7248, wonach ein Vergabenachprüfungsantrag, der jeden *„konkret-aktuellen Tatsachenvortrag"* zur behaupteten (de facto-) Vergabe vermissen lässt, nach § 108 Abs. 1 S. 1, Abs. 2 GWB (Pflicht zur unverzüglichen Begründung unter Beschreibung der behaupteten Rechtsverletzung mit Sachverhaltsdarstellung) unzulässig ist (zum Begründungserfordernis → Rn. 4).

7 Auf der einen Seite soll der Untersuchungsgrundsatz nicht dazu führen, unsubstantiierte Anträge zu substantiieren – vgl. OLG München Beschl. v. 2. 8. 2007 – Verg 7/07, ZfBR 2007, 732. Auf der anderen Seite betonen die Vergabenachprüfungsinstanzen immer wieder, dass sie die Augen vor eklatanten Vergaberechtsverstößen keinesfalls verschließen dürfen, auch dann nicht, wenn der Antragsteller mit seinem Vortrag eigentlich auf ganz andere (im Ergebnis nicht vorliegende) Vergaberechtsverstöße hinaus möchte.

die Beteiligten nicht allzu häufig Veranlassung sehen. Das Problem der 2. und 3. Alt. der Norm ist, dass nicht recht klar ist, worin sich der Prüfungsmaßstab von demjenigen Maßstab unterscheidet, welcher der Entscheidung der Vergabekammer über die Übermittlung des Nachprüfungsantrags an den Antragsgegner schon zugrunde lag (§ 163 Abs. 2 S. 1 GWB; dazu noch → § 44 Rn. 4 ff.).

Auch in Abwesenheit einzelner Beteiligter kann in der Sache verhandelt und entschieden werden (§ 166 Abs. 2 GWB); zu achten ist aber auf eine ordnungsgemäße **Ladung.** 11

Kommt es auf eine Tatsachenfrage an und ist diese Tatsache streitig, muss darüber bereits im erstinstanzlichen Nachprüfungsverfahren **Beweis erhoben** werden. Benennt der materiell beweisbelastete Beteiligte hierfür etwa Zeugen, so muss die Vergabekammer diesem Beweisantritt nachgehen.[8] 12

III. Beschleunigungsmaxime

Die Vergabekammer hat über den Antrag binnen fünf Wochen zu entscheiden (§ 167 Abs. 1 S. 1 GWB). 13

Die Frist kann durch den Vorsitzenden verlängert werden, und zwar eigentlich nur um weitere zwei Wochen auf sieben Wochen (§ 167 Abs. 1 S. 2 und 3 GWB). Da es sich um eine „Soll"-Vorschrift handelt, sehen sich Antragsgegner und Beigeladene aber nicht selten mit längeren erstinstanzlichen Verfahren konfrontiert. 14

Es besteht zwar die Möglichkeit, nach § 169 Abs. 2 GWB einen **Eilantrag auf vorzeitige Zuschlagsgestattung** zu erwirken (dazu → § 44 Rn. 14 ff.); eine solche Zuschlagsgestattung ist allerdings nicht ohne Weiteres zu bekommen. 15

Lange durfte als gesichert gelten, dass gegen die Verlängerung der Entscheidungsfrist kein **Rechtsmittel** gegeben ist; zumindest das OLG Düsseldorf meint aber – bereits in Kenntnis der neuen expliziten Regelungen des § 198 GVG zur Verzögerungsrüge –, dass die Beteiligten sich in geeigneten Fällen im Wege der (ungeschriebenen) Untätigkeitsbeschwerde gegen eine übermäßige erstinstanzliche Verfahrensdauer zur Wehr setzen können.[9] Ebenfalls eher zurückhaltend sind die Aussichten zu bewerten, im Wege einer Verzögerungsrüge, einer Dienstaufsichtsbeschwerde oder eines Antrags auf vorzeitige Zuschlagsgestattung (§ 169 Abs. 2 GWB) für Beschleunigung zu sorgen. In Abhängigkeit von den Umständen des Einzelfalls werden Beteiligte jedoch alle oder einige dieser Möglichkeiten zu erwägen haben. 16

Ggf. mehrmalige Entscheidungsfristverlängerungen stehen zwar im Gegensatz zur Beschleunigungsmaxime, sind aber immer noch deutlich einem Szenario vorzuziehen, dass in **§ 171 Abs. 2 GWB** angesprochen ist. Danach ist es auch denkbar, dass die Vergabekammer innerhalb der (gesetzlichen oder vom Vorsitzenden verlängerten) Entscheidungsfrist schlicht nicht entscheidet. Der Nachprüfungsantrag gilt dann als abgelehnt **(„Ablehnungsfiktion"),** allerdings so der BGH (Beschl. v. 14.7.2020 – XIII ZB 135/19) – nur dann, wenn der Antragsteller fristgerecht sofortige Beschwerde einlegt. Gegen diesen fiktiven Verwaltungsakt, der für die Beteiligten und das Beschwerdegericht wichtige Fristthemen aufwirft, ist zwar die sofortige Beschwerde des Antragstellers gegeben; es bleibt dennoch zu hoffen, dass die Ablehnungsfiktion nur in absoluten Ausnahmefällen zum Zuge kommt. Den Ausnahmecharakter des fiktiven Verwaltungsakts nach § 171 Abs. 2 GWB unterstreichen auch die Vergabenachprüfungsinstanzen, wenn sie für die Wirksamkeit einer Entscheidungsfristverlängerung des Vorsitzenden keine hohen Hürden aufstellen: Die Entscheidung muss zwar schriftlich begründet sein (§ 167 Abs. 1 S. 4 GWB); die Wirk- 17

[8] OLG Düsseldorf Beschl. v. 29.4.2009 – VII-Verg 73/08, BeckRS 2009, 29068; Beschl. v. 20.1.2006 – -Verg 98/05, BeckRS 2006, 02919; zu einem Beweis durch Zeugenvernehmung auch OLG Düsseldorf Beschl. v. 17.12.2014 – VII-Verg 25/14, BeckRS 2015, 237; Beschl. v. 8.2.2012 – VII-Verg 31/16, BeckRS 2017, 108437.

[9] OLG Düsseldorf Beschl. v. 7.3.2012 – VII-Verg 82/11, BeckRS 2012, 5922 unter Hinweis auf OLG Düsseldorf Beschl. v. 23.9.2008 – I-5 W 46/08, BeckRS 2009, 9664.

samkeit der Verlängerung hängt aber nicht von der Güte oder auch nur der Richtigkeit der Begründung ab.

18 Die Vergabekammer muss innerhalb der Entscheidungsfrist nur entscheiden (also den Beschluss **aktenkundig absetzen,** dh ihn zu fassen, zu unterschreiben und zur Geschäftsstelle zu geben), nicht auch an die Beteiligten zustellen oder den Verwaltungsakt auf sonstige Weise bekanntgeben.[10] Wegen der mit § 171 Abs. 2 GWB verbundenen Unwägbarkeiten vor allem für den Antragsteller sollte es sich aber im Grundsatz von selbst verstehen, dass die Vergabekammer noch innerhalb der Entscheidungsfrist entweder den Beschluss oder aber eine erneute Entscheidungsfristverlängerung vorab (etwa per Fax) übermittelt. Gibt es keine fingierte Ablehnung des Nachprüfungsantrags, weil die Vergabekammer innerhalb der Entscheidungsfrist entschieden hat (ohne freilich förmlich zuzustellen), kann die Beschwerdefrist selbstverständlich erst mit der förmlichen Zustellung in Gang gesetzt werden.

C. Unzulässigkeit des Nachprüfungsantrags nach wirksam geschlossenem Vertrag

19 Fundamental für das Verständnis des deutschen Vergaberechtsschutzes ist – wie schon erwähnt – **§ 168 Abs. 2 S. 1 GWB:**

I. Grundsätze

20 **Nach einem *wirksamen* Vertragsschluss ist der hiergegen gerichtete Nachprüfungsantrag unzulässig.**[11] Die Voraussetzung der Wirksamkeit, die schon immer zu fordern war, steht inzwischen durch die Formulierung in § 168 Abs. 2 S. 1 GWB zweifelsfrei fest.

21 Das bedeutet aber umgekehrt auch, dass unwirksame, schwebend unwirksame und noch nicht wirksame bzw. – etwa in den Fällen des § 135 GWB – nur schwebend wirksame Verträge noch mit dem Vergabenachprüfungsverfahren angegriffen werden können. Auf den Grund der Unwirksamkeit kommt es nicht an; er muss nicht dem Vergaberecht entstammen. Das betrifft zB **Verträge, die gegen die beihilferechtlichen Notifizierungsgebote bzw. Durchführungsverbote** verstoßen und deshalb nichtig sind.[12] Auch **formunwirksame** (weil nicht notariell beurkundete) Grundstücksgeschäfte bleiben trotz § 168 Abs. 2 S. 1 GWB angreifbar. Gleiches gilt für öffentlich-rechtliche Verträge, die – entgegen den Vorschriften in den VwVfG des Bundes und der Länder oder im SGB X – nicht in Schriftform geschlossen wurden.

22 Wie sich daraus schon erschließt: **Für den Vertragsschluss gelten die Regelungen des BGB,** ggf. – für öffentlich-rechtliche Verträge – ergänzt um einzelne Bestimmungen des VwVfG oder SGB X. Der Zuschlag durch den Auftraggeber ist gleichbedeutend mit der Annahme des Angebots des Bestbieters. Ist das Zuschlagsschreiben (die Annahmeerklärung) beim Bieter noch nicht zugegangen, fehlt es an einem wirksamen Vertragsschluss, es sei denn, der Bieter hat auf den Zugang der Willenserklärung verzichtet.

23 Nichtig sind auch Verträge, die im Wege **kollusiven Zusammenwirkens von Auftraggeber und Auftragnehmer** zustande gekommen sind **(§ 138 BGB);**[13] es gelten hierfür die allgemeinen – strengen – Maßstäbe, nicht jeder unter Verstoß gegen Vergabe-

---

[10] OLG Naumburg Beschl. v. 13.10.2006 – 1 Verg 6/06, NJOZ 2007, 261 und 7/06, NJOZ 2007, 275.

[11] BGH Urt. v. 19.12.2000 – X ZB 14/00, BGHZ 146, 202 = NJW 2001, 1492.

[12] Zur Frage der Gesamt- oder Teilnichtigkeit des Vertrages bei einem solchen beihilferechtlichen Verstoß klarstellend: BGH Urt. v. 5.12.2012 – I ZR 92/11, BGHZ 196, 254.

[13] OLG Düsseldorf Beschl. v. 18.6.2008 – VII-Verg 23/08, ZfBR 2009, 197; Beschl. v. 30.4.2008 – VII-Verg 23/08, NZBau 2008, 461; Beschl. v. 3.12.2003 – VII-Verg 37/03, NZBau 2004, 113; VK Baden-Württemberg Beschl. v. 13.4.2005 – 1 VK 07/05, IBRRS 2005, 2183; OLG Saarbrücken Urt. v. 17.8. 2016 – 1 U 159/14, VergabeR 2016, 796.

recht zustande gekommene Vertrag ist gleich sittenwidrig. Das Gegenteil ist richtig. **Vergaberechtliche Bestimmungen sind grundsätzlich keine Verbotsnormen iSd § 134 BGB.**[14] Es gibt allerdings einzelne Nichtigkeitstatbestände, die im Vierten Teil des GWB selbst normiert sind (§ 135 Abs. 1 Nrn. 1 und 2, GWB, § 169 Abs. 1 GWB – dazu sogleich → Rn. 28ff. und schon → § 35 Rn. 1ff.).

Zum Unwirksamkeitsgrund des § 135 Abs. 1 Nr. 2 (unzulässige de-facto-Vergabe) gibt es jetzt die – praktisch bedeutsame – Ausnahmebestimmung des § 135 Abs. 3 GWB. Danach tritt Unwirksamkeit nicht ein, wenn der Auftraggeber eine ordnungsgemäße freiwillige ex-ante-Bekanntmachung über die de-facto-Vergabe veröffentlicht hat und die Frist von 10 Kalendertagen ab Veröffentlichung dieser Bekanntmachung im ABl. EU (§ 135 Abs. 3 S. 1 Nr. 3 GWB) abgewartet hat. Ausgangspunkt waren Aussagen des EuGH aus einem Urt. v. 11.9.2014 zu einem Vorabentscheidungsersuchen aus Italien (Ministero dell' Interno/Fastweb SpA).[15] Das Urteil befasste sich mit den Wirkungen der „Bekanntmachung für die Zwecke der freiwilligen ex ante-Transparenz" (Art. 3a RL 89/665/EWG idF der RL 2007/66/EG; **freiwillige ex ante-Bekanntmachung**). Das ist übertragbar auf die weitere Rechtsmittel-RL 92/13/EG. Ein Vertrag kann nach Auffassung des Gerichtshofs *nicht* nach Art. 2d Abs. 1 lit. a) RL 89/665/EWG für unwirksam erklärt werden, wenn die Voraussetzungen des Art. 2d Abs. 4 der Richtlinie 89/665/EWG der Vorschrift tatsächlich vorliegen, nämlich: 24

- Der Auftraggeber ist der Ansicht, dass die (nicht-wettbewerbliche) Vergabe ohne vorherige Veröffentlichung einer EU-Bekanntmachung zulässig ist.[16]
- Er veröffentlicht eine freiwillige ex-ante-Bekanntmachung gemäß Art. 3a RL 89/665/EWG, mit der er transparent seine Absicht bekundet, den betreffenden Vertrag abzuschließen.
- Der Vertrag wird nicht vor Ablauf einer Frist von mindestens 10 Kalendertagen nach Veröffentlichung der freiwilligen ex ante-Bekanntmachung geschlossen.

Diese Voraussetzungen waren auch schon vor dem 18.4.2016 in den § 101b Abs. 2 GWB hineinzulesen. Diesem Umstand trägt § 135 Abs. 3 GWB klarstellend Rechnung. Allerdings soll der Auftraggeber nach Auffassung des **OLG Düsseldorf** (in einer der wohl praktisch bedeutsamsten Entscheidungen der jüngeren Zeit[17]) nur dann – über § 168 Abs. 2 S. 1 GWB – in den Genuss eines wirksamen Vertragsschlusses nach Ablauf der 10-Tages-Frist kommen, wenn er den seiner Entscheidung zugrunde liegenden Sachverhalt sorgfältig, nämlich vollständig und zutreffend, ermittelt hat und die von ihm hieraus gezogenen **tatsächlichen und rechtlichen Schlussfolgerungen** (dahingehend, dass eine Vergabemöglichkeit ohne vorherigen Wettbewerb besteht) zumindest **vertretbar** sind. Dies dürfte zu schwer vorhersehbaren Einzelfallbetrachtungen durch die Nachprüfungsinstanzen führen, welche die Schutzwirkung des Instruments der freiwilligen ex ante-Bekanntmachung iVm § 168 Abs. 2 S. 1 GWB ganz erheblich entwerten. Es ist zweifelhaft, ob dies wirklich den Intentionen des europäischen Gesetzgebers entspricht.

Nicht nichtig, sondern nur schnellstmöglich zu beenden sind **Verträge, für welche der EuGH in einem Vertragsverletzungsverfahren einen Vergaberechtsverstoß festgestellt hat.**[18] Die Verpflichtung zur Herstellung vergaberechtskonformer Zustände besteht für die Bundesrepublik Deutschland gegenüber der EU. Zur Kündigung solcher 25

[14] KG Beschl. v. 19.4.2012 – Verg 7/11, BeckRS 2012, 19210.

[15] EuGH Urt. v. 11.9.2014 – C-19/13, ECLI:EU:C:2014:2194 = BeckRS 2014, 81838.

[16] Die Gründe und tatsächlichen Umstände, auf welche der Auftraggeber seine Ansicht zur Zulässigkeit des nichtwettbewerblichen Vorgehens stützt, müssen sich aus der freiwilligen ex-ante-Bekanntmachung nachvollziehbar ergeben, sonst kommen der Auftraggeber und sein Vertragspartner schon deshalb nicht in den Genuss des mit § 134 Abs. 3 GWB verbundenen Privilegs; vgl. *Schwabe* VergabeR 2015, 172 (175).

[17] OLG Düsseldorf Beschl. v. 12.7.2017 – VII-Verg 13/17, NZBau 2017, 679.

[18] OLG Düsseldorf Beschl. v. 18.6.2008 – VII-Verg 23/08, NZBau 2008, 461. BeckRS 2008, 21321 unter Hinweis auf EuGH Urt. v. 18.7.2007 – C-503/04, Slg. 2007, I-06153 = NZBau 2007, 594 Rn. 33ff. – Kommission ./. Deutschland; Urt. v. 3.4.2008 – C-444/06, Slg. 2008, I-02045 = ZfBR 2008, 516 Rn. 37ff. – Kommission ./. Spanien.

Verträge trifft das deutsche Vergaberecht jetzt explizite Regelungen (§ 133 Abs. 1 Nr. 3, Abs. 2 und 3 GWB).[19]

26 (Aufschiebend und erst recht auflösend) **bedingt geschlossene Verträge** sind als wirksam zu betrachten; vom Eintritt oder Nichteintritt der Bedingung hängen nicht die Wirksamkeit oder Unwirksamkeit des geschlossenen Vertrages, sondern nur seine Wirkungen für die Parteien ab.[20]

27 § 168 Abs. 2 S. 1 GWB lässt **Rechtsfrieden** einkehren, bewirkt ab einem bestimmten Zeitpunkt schutzwürdiges Vertrauen in den Bestand eines vergebenen öffentlichen Auftrags (nicht nur beim öffentlichen Auftraggeber; die Norm dient auch dem Schutz des erfolgreichen Bieters) und schafft so die Voraussetzungen für Investitionen der öffentlichen Hand (und der Zuschlagsempfänger). Gleichwohl ist die Bestimmung nicht unproblematisch, kann sie doch effektiven Primärrechtsschutz, der auf die Verhinderung rechtswidriger Zuschläge zielt, tendenziell vereiteln. Dies vor allem dann, wenn unterlegene Bieter von dem bevorstehenden Zuschlag keine Kenntnis haben oder wenn es – mangels eines wettbewerblichen Verfahrens – im Wortsinne gar keine anderen – *unterlegenen – Bieter* gibt.

II. Verzahnung mit den §§ 134, 135 GWB

28 Aus diesem Grund gibt es die **Vorabinformationspflicht,** seit April 2009 geregelt in § 101a GWB, seit dem 18.4.2016 in **§ 134 GWB.** Ein

- ohne Vorabinformation an die unterlegenen Bieter[21] (der fehlenden Vorabinformation stehen eine Vorabinformation, die nicht alle Pflichtinhalte aufweist, und eine nachweislich nicht zugegangene Vorabinformation gleich[22]) oder
- vor Ablauf der in § 134 GWB normierten Fristen

erteilter Zuschlag ist gem. § 135 Abs. 1 Nr. 1 GWB unwirksam, so dass § 168 Abs. 2 S. 1 GWB der Statthaftigkeit eines Nachprüfungsverfahrens nicht entgegen steht. Auf der anderen Seite bedeutet dies (wie schon unter Geltung des früheren, bis 2009 maßgeblichen § 13 VgV, der weitgehend inhaltsgleichen Vorgängernorm der § 101a GWB aF, § 134 GWB nF) auch, dass nach Ablauf der in § 134 GWB normierten Zeiträume (gerechnet ab Versendung der Vorabinformation) ein wirksamer Vertragsschluss möglich ist. Auch wenn es für einen Nachprüfungsantrag *grundsätzlich*[23] keine Frist gibt, folgt aus § 134 GWB für den Antragsteller die praktische Notwendigkeit, innerhalb der dort geregelten Stillhaltefristen (10 oder 15 Tage, ja nach Form der Vorabinformation) seine Rügen gegen die Angebotsbewertung zu platzieren und einen Nachprüfungsantrag einzureichen. Dies muss überdies so rechtzeitig geschehen, dass damit zu rechnen ist, dass die Vergabekammer den Nachprüfungsantrag auch noch innerhalb der Stillhaltefrist an den öffentlichen Auftraggeber übermittelt (mindestens in Textform – § 169 Abs. 1 GWB). Andernfalls droht ein wirksamer Zuschlag vor Übermittlung des Nachprüfungsantrags an den Auftraggeber, was wegen § 168 Abs. 2 S. 1 GWB nicht wieder rückgängig zu machen ist. Die vorherige Ankündigung der Einreichung eines Nachprüfungsantrags bei dem oder der Vorsitzenden der Vergabekammer unter Hinweis auf den Ablauf der Stillhaltefrist nach § 134 GWB ist zu empfehlen.

---

[19] Vgl. zum außerordentlichen Kündigungsrecht für solche Verträge vor dieser Klarstellung LG München I Urt. v. 20.12.2005 – 33 O 16465/05, NZBau 2006, 269.

[20] Reidt/Stickler/Glahs/*Reidt* § 114 GWB Rn. 37.

[21] Bieter in diesem Sinne ist im Verhandlungsverfahren nicht, wer ausdrücklich erklärt, kein Angebot abgeben zu wollen oder sein Angebot wieder zurückzieht: OLG Brandenburg Beschl. v. 25.9.2018 – 19 Verg 1/18, BeckRS 2018, 38089.

[22] Zum fehlenden Zugang der Vorabinformation (bzw. zur fehlenden Möglichkeit des Auftraggebers, sich auf den Zugang zu berufen, s. OLG München Beschl. v. 15.3.2012 – Verg 2/12, NZBau 2012, 460.

[23] Zu beachten sind aber die (6-Monats- und 30-Tages-) Fristen des § 101b Abs. 2 GWB für Nachprüfungsanträge, welche auf die Feststellung der Nichtigkeit eines bereits geschlossenen Vertrages gerichtet sind, und der Umstand, dass mehr als 15 Kalendertage nach Zurückweisung einer Rüge ein Nachprüfungsantrag wegen des gerügten Verstoßes unzulässig wird (§ 107 Abs. 3 S. 1 Nr. 4 GWB).

Da ein Nachprüfungsantrag unzulässig ist, wenn der Zuschlag bereits wirksam erteilt wurde, regelt § 135 Abs. 1 Nr. 2 (vormals: § 101b) GWB auch, unter welchen Voraussetzungen ein ohne Durchführung eines wettbewerblichen Vergabeverfahrens – also im Wege einer sog. **de-facto-Vergabe** (ohne vorangehende Veröffentlichung einer Auftragsbekanntmachung im Amtsblatt der Europäischen Union) – abgeschlossener Vertrag noch nicht endgültig wirksam (nur schwebend wirksam) ist. Bis zum In-Kraft-Treten von § 101b GWB musste diese Rechtsfolge aus der entsprechenden Anwendung des § 13 S. 6 VgV aF oder aus § 138 BGB abgeleitet werden. 29

Die beiden Nichtigkeitsgründe des § 135 Abs. 1 Nr. 1 und 2 GWB[24] müssen innerhalb bestimmter **Fristen** im Wege des Vergabenachprüfungsverfahrens geltend gemacht werden. 30 Tage nach der Information der betroffenen Bieter und Bewerber durch den Auftraggeber über den Abschluss des Vertrags[25] bzw. sechs Monate nach Vertragsschluss[26] soll allerdings Rechtsfrieden einkehren und ein ohne Vorabinformation oder de-facto (ohne Veröffentlichung einer vorherigen Auftragsbekanntmachung im Amtsblatt der EU[27]) geschlossener Vertrag im Wege der Vergabenachprüfung nicht mehr angreifbar sein **(§ 135 Abs. 2 GWB).** Auch nach Veröffentlichung einer ex-post-Bekanntmachung des Auftraggebers über die de-facto-Vergabe im ABl. EU läuft eine Ausschlussfrist von 30 Kalendertagen.[28] Allerdings sind Nachprüfungsanträge gegen de-facto-Vergaben erst dann zulässig, wenn eine de-facto-Vergabe bereits begonnen hat.[29] 30

Mit der Feststellung der Nichtigkeit der Verträge sind die entsprechenden Nachprüfungsanträge keineswegs schon automatisch begründet. Die Nichtigkeit führt zunächst nur dazu, dass § 168 Abs. 2 S. 1 GWB der Zulässigkeit des Nachprüfungsantrags nicht entgegensteht. Die mit einem Nachprüfungsantrag nach § 135 Abs. 2 GWB konfrontierte Nachprüfungsinstanz hat neben den weiteren Zulässigkeitsvoraussetzungen – so fehlt es bereits an der Antragsbefugnis, wenn neben der fehlerhaften oder fehlerhaften Vorabinformation gar keine weiteren Vergaberechtsverstöße zu Lasten der Antragstellerin geltend gemacht werden[30] – im Rahmen der Begründetheit wie sonst auch noch zu prüfen, ob ein 31

[24] Auf Direktvergaben, die nach einer Vorinformation gemäß Art. 7 Abs. 2 VO (EG) Nr. 1370/2007 erfolgen, sollen die Nichtigkeitstatbestände nicht, auch nicht analog anwendbar sein: OLG Jena Beschl. v. 12.6. 2019 – 2 Verg 1/18, NZBau 2020, 59. Der EuGH hatte vorher entschieden, dass die Regelung der Folgen einer solchen unterbliebenen Vorinformation Sache des mitgliedstaatlichen Gesetzgebers ist: EuGH Urt. v. 20.9.2018, ECLI:EU:C:2018, 757, EuZW 2018, 1056.

[25] Nach früherer Rechtslage (§ 101b GWB aF) war für den Beginn der 30-Tages-Frist die „Kenntnis des Verstoßes" maßgeblich. Dies führte in der Praxis zu schwierigen Darlegungs- und Beweis(last)fragen; vgl. vor allem OLG Düsseldorf Beschl. v. 12.2.2014 – VII-Verg 32/13, NZBau 2014, 454; ferner OLG Düsseldorf Beschl. v. 3.8.2011 – VII-Verg 33/11, BeckRS 2011, 22546 – in diesem Fall hatte die (spätere) Antragstellerin Kenntnis vom Vertragsschluss (ohne wettbewerbliches Verfahren) durch eine Schutzschrift der Antragsgegnerin in einem anderen Rechtsschutzverfahren erlangt und dann mehr als 30 Tage bis zur Einleitung des Nachprüfungsverfahrens verstreichen lassen – oder. Eine Kenntniserlangung durch eigene Recherche oder über Dritte reichte nicht aus, um die 30-Tages-Frist in Gang zu setzen: OLG Düsseldorf Beschl. v. 1.8.2012 – VII-Verg 15/12, NZBau 2012, 791.

[26] Diese 6-Monats-Frist soll auch für Vertragsänderungen gelten, die materiell ja (bei Wesentlichkeit) de facto-Vergaben sind, OLG Frankfurt a.M. Beschl. v. 3.5.2016 – 11 Verg 12/15, NZBau 2016, 511.

[27] Streitig ist, ob eine nur nationale ex ante-Bekanntmachung dem Auftraggeber im Kontext des § 135 GWB hilft, wenn es eines EU-weiten Wettbewerbs bedurft hat: Dagegen (und den Streitstand darstellend) OLG Saarbrücken Beschl. v. 29.1.2014 – 1 Verg 3/13, NZBau 2014, 241.

[28] Dies allerdings nur, wenn der Auftraggeber in dieser Bekanntmachung auf die 30-Tages-Frist hingewiesen hat: VK Bund Beschl. v. 7.12.2015 – VK 2-105/15, ZfBR2016, 292 (293).

[29] KG Beschl. v. 13.9.2012 – Verg 4/12, BeckRS 2012, 21956. Zum Beginn eines Vergabeverfahrens OLG Düsseldorf Beschl. v. 17.12.2014 – VII-Verg 26/14, ZfBR 2015, 505 (506); Beschl. v. 1.8.2012 – VII-Verg 10/12, NZBau 2012, 785; ferner EuGH Urt. v. 11.7.2013 – C-576/10, ECLI:EU:C:2013:510 = NVwZ 2013, 1071 ff.

[30] OLG Düsseldorf Beschl. v. 11.12.2019 – VII-Verg 53/18, BeckRS 2019, 32467. Nach dieser Entscheidung ist ein Nachprüfungsantrag trotz bereits geschlossenen Vertrags schon dann zulässig (statthaft), wenn der Nichtigkeitsgrund (etwa einer der Nichtigkeitsgründe des § 135 Abs. 1 GWB) lediglich geltend gemacht wird (bei gleichzeitiger Geltendmachung auch weiterer Vergaberechtsverstöße). Ob der Nichtigkeitsgrund rechtlich greift, sei Gegenstand erst der Begründetheitsprüfung.

sonstiger Vergaberechtsverstoß zu Lasten des Antragstellers gegeben ist.[31] Das ist allein bei einer fehlerhaften Vorabinformation (§ 135 Abs. 1 Nr. 1 GWB) nicht der Fall, wenn diese den Antragsteller nicht davon abgehalten hat, rechtzeitig den Nachprüfungsantrag zu stellen. Die Vorabinformation hat dann ihre Funktion erfüllt. Auch das rechtswidrige Unterbleiben eines wettbewerblichen Vergabeverfahrens (§ 135 Abs. 1 Nr. 2 GWB) führt nicht zwangsläufig zur Feststellung der Nichtigkeit des Vertrages; der darauf gerichtete Antrag kann etwa dann unbegründet sein, wenn der Antragsteller zwingend auszuschließen gewesen wäre.[32]

D. Fortsetzungsfeststellungsverfahren

I. Erledigung des Nachprüfungsverfahrens

32 Bei **Erledigung der Hauptsache** ist die Beendigung des Nachprüfungsverfahrens auszusprechen, eine Kostengrundentscheidung zu treffen sowie ggf. über die Notwendigkeit der Hinzuziehung der anwaltlichen Bevollmächtigten zu befinden. Für die Erledigung eines vergaberechtlichen Nachprüfungsverfahrens (vgl. § 168 Abs. 2 S. 2 GWB: *„durch Erteilung des Zuschlags, durch Aufhebung oder … Einstellung des Vergabeverfahrens oder in sonstiger Weise"*) reicht es aus, dass der auf Vornahme oder Unterlassung gerichtete Antrag des Antragstellers gegenstandslos geworden ist; auf die ursprüngliche Zulässigkeit und Begründetheit des Nachprüfungsantrages kommt es nicht an.[33] Zu stützen ist dies auf den Wortlaut des § 168 Abs. 2 S. 2 GWB, wonach – nach Umstellung auf einen Fortsetzungsfeststellungsantrag – noch zu prüfen ist, *„ob eine Rechtsverletzung vorgelegen hat"*. Eine solche Prüfung wäre aber entbehrlich, wenn einer Erledigung immer einen zuvor Erfolg versprechenden Antrag voraussetzen würde. Der Antrag muss sich auf die Feststellung einer Rechtsverletzung richten, nicht etwa auf die Feststellung der Rechtswidrigkeit des erledigten Vergabeverfahrens.[34]

33 Bei einer Erledigung (praktisch relevant sind vor allem auch Abhilfemaßnahmen des Antragsgegners während des Nachprüfungsverfahrens, ggf. auch erst in zweiter Instanz, denn § 168 Abs. 2 GWB gilt auch im Beschwerdeverfahren – § 178 Abs. 3 S. 3 und 4 GWB) hat der **Antragsteller im Wesentlichen folgende Möglichkeiten:**

- er führt das Antragsverfahren unverändert weiter; dann verliert er es mangels fortbestehender Beschwer;[35] das Primärbegehren des Antragstellers ist auch nicht etwa erledigt (dies setzte eine Erledigungserklärung voraus[36]);
- er stellt um auf einen Fortsetzungsfeststellungsantrag (§ 168 Abs. 2 S. 1 GWB); dann entscheidet die Nachprüfungsinstanz – ohne dass hierfür noch der Beschleunigungsgrundsatz und die Ablehnungsfiktion gelten würden (§ 168 Abs. 2 S. 2 GWB) – nur noch über den Feststellungsantrag (ggf. dient das Ergebnis dem Antragsteller zur Vorbereitung eines zivilprozessualen Schadensersatzprozesses – § 179 Abs. 1 GWB) und über die Kosten, und zwar anhand der Erfolgsaussichten des Nachprüfungsantrages vor Eintritt des erledigenden Ereignisses;

[31] Vgl. noch zu § 13 VgV OLG Düsseldorf Beschl. v. 2.12.2009 – VII-Verg 39/09, NZBau 2010, 393. In einer solchen Situation kann das nichtige Rechtsgeschäft nach § 141 BGB bestätigt werden. Vgl. ferner 1. VK Bund Beschl. v. 10.10.2013 – VK 1-83/13, BeckRS 2013, 197975.

[32] Zu einem solchen Fall OLG Düsseldorf Beschl. v. 18.4.2018 – VII-Verg 28/17, NZBau 2018, 486. Ein hilfsweise gestellter Antrag auf Feststellung, dass der Auftraggeber durch das Absehen von Wettbewerb gegen Vergaberecht verstoßen hat, sei in einem solchen Fall aber unter dem Gesichtspunkt der Wiederholungsgefahr positiv zu bescheiden.

[33] OLG Düsseldorf Beschl. v. 8.6.2011 – VII-Verg 2/11, BeckRS 2011, 23541 mwN; aA etwa OLG Frankfurt a.M. Beschl. v. 6.3.2012 – 11 Verg 7/12, BeckRS 2013, 6833.

[34] OLG Düsseldorf Beschl. v. 18.8.2016 – VII-Verg 13/16, BeckRS 2016, 18568.

[35] Reidt/Stickler/Glahs/*Reidt* GWB § 114 Rn. 50 mwN.

[36] OLG Düsseldorf Beschl. v. 28.3.2012 – Verg 37/11, ZfBR 2012, 618; zum Widerruf der Erledigungserklärung BGH Urt. v. 14.5.2013 – II ZR 262/08, NJW 2013, 2686.

– er erklärt für erledigt – dieser Erklärung kann sich der Antragsgegner anschließen (zu den Kostenfolgen der Erledigung → § 47 Rn. 32f.) oder
– er nimmt zurück (zu den Kostenfolgen → § 47 Rn. 29f.).

§ 168 Abs. 2 GWB gilt entsprechend auch für das sofortige Beschwerdeverfahren.[37] 34

II. Fortsetzungsfeststellungsinteresse

Für die Frage des ungeschriebenen Zulässigkeitsmerkmals des Fortsetzungsfeststellungsinteresses ist nicht allein auf eine wie auch immer geartete Wiederholungsgefahr abzustellen,[38] sondern es reicht **jedes rechtliche, wirtschaftliche oder auch nur ideelle Interesse** aus.[39] Wegen § 179 Abs. 1 GWB ist dieser Prüfungspunkt nahezu entbehrlich geworden, weil der Antragsteller eigentlich immer darlegen kann, dass er einen Schadensersatzprozess gegen den Auftraggeber in Betracht zieht und hierfür eine – die Zivilgerichte bindende – Entscheidung einer Vergabenachprüfungsinstanz erlangen möchte.[40] Nur wenn ein Schadensersatzprozess als völlig ausgeschlossen oder aussichtslos erscheint, kann das Fortsetzungsfeststellungsinteresse fehlen. Unabhängig davon wird auch eine Wiederholungsgefahr zu bejahen sein, wenn der Antragsgegner seine Ausschreibung gegen die Angriffe des Antragstellers nach dem erledigenden Ereignis verteidigt.[41] 35

E. Beiladung

Diejenigen **Unternehmen, deren Interessen durch die Entscheidung schwerwiegend berührt werden,** sind notwendig beizuladen (§ 162 S. 1 GWB). Das betrifft ohne jeden Zweifel das oder die Bieterunternehmen, das/die bereits als Zuschlagsempfänger ausgewählt worden ist/sind[42] (zur Unanfechtbarkeit der Entscheidung über die Beiladung – § 162 S. 2 GWB – → § 43 Rn. 8). 36

Die Beiladung **kann auch noch in der Beschwerdeinstanz erfolgen.** Dem steht § 174 GWB nicht entgegen, obwohl dieser bestimmt, dass die Beteiligten des Beschwerdeverfahrens die Beteiligten des Verfahrens vor der Vergabekammer sind. Das bedeutet jedoch nicht, dass der Vergabesenat nicht zu Unrecht unterbliebene Beiladungsentscheidungen der Vergabekammer korrigieren oder auf einen Fortgang des Vergabeverfahrens nicht reagieren kann. Kristallisiert sich erst im Beschwerdeverfahren heraus, dass ein bestimmtes Unternehmen durch die Entscheidung des Vergabesenats materiell beschwert sein kann (etwa weil das Vergabeverfahren erst im laufenden Beschwerdeverfahren ein Stadium erreicht, in dem Vorabinformationen des öffentlichen Auftraggebers versandt werden), so muss die Beiladung durch das Beschwerdegericht erfolgen.[43] 37

---

[37] OLG Düsseldorf Beschl. v. 10.6.2015 – VII-Verg 39/14, NZBau 2015, 572.
[38] Wiederholungsgefahr (und damit ein Fortsetzungsfeststellungsinteresse) liegt aber vor, wenn der Antragsgegner die erledigte Vergabe im Prozess als vergaberechtskonform verteidigt: OLG Düsseldorf Beschl. v. 17.8.2016 – VII-Verg 13/16, BeckRS 2016, 18568.
[39] OLG Frankurt/Main Beschl. v. 6.3.2012 – 11 Verg 7/12, BeckRS 2013, 6833.
[40] OLG Düsseldorf Beschl. v. 12.6.2019 – VII-Verg 52/18, NZBau 2020, 258.
[41] OLG Düsseldorf Beschl. v. 18.8.2016 – VII-Verg 13/16, BeckRS 2016, 18568.
[42] Eine schwerwiegende Interessenberührung iSd Norm soll aber – was durchaus zweifelhaft ist – auch dann vorliegen können, wenn das betreffende Unternehmen im Fall des Zuschlags nur einen Unterauftrag erhalten soll: OLG Düsseldorf Beschl. v. 19.2.2020 – VII-Verg 26/17, BeckRS 2020, 2221. Dies überzeugt deshalb nicht, weil der Unterauftragnehmer des unterlegenen Bieters ja auch keinen zulässigen Nachprüfungsantrag stellen könnte. Nicht beigeladen sind auch Betreiber von eVergabe-Plattformen: OLG München Beschl. v. 28.8.2019 – Verg 11/19, IBRRS 2019, 2800.
[43] Statt vieler OLG Naumburg Beschl. v. 9.12.2004 – 1 Verg 21/04, NJOZ 2005, 1630; Beschl. v. 9.9.2003 – 1 Verg 5/03, NZBau 2004, 350; KG Beschl. v. 18.10.2012 – Verg 8/11, BeckRS 2012, 22650.

F. Akteneinsichtsrechte

38 Im Vergabenachprüfungsverfahren haben alle Beteiligten auf Antrag ein Recht auf Akteneinsicht (§ 165 GWB, der im Unterschwellenbereich nicht gilt[44]). Die Vergabestelle ist verpflichtet, die **Akten sofort** nach Übermittlung des Nachprüfungsantrags vollständig und geordnet **der Vergabekammer zu übergeben** (§ 163 Abs. 2 S. 4 GWB).

I. Grenzen

39 Das Akteneinsichtsrecht findet seine Grenze insbesondere in **Geheimschutz**interessen des Auftraggebers[45] und im **Schutz von Betriebs- und Geschäftsgeheimnissen** konkurrierender Bieter (§ 165 Abs. 2 GWB; vgl. ferner § 164 GWB nF = § 110a GWB aF – dazu auch → § 61 Rn. 25 f.).

40 Das Recht zur **Akteneinsicht umfasst** daher regelmäßig nicht die Einsicht in die **Angebote der Mitbewerber sowie deren Kalkulationsgrundlagen.** Im Einzelfall kann es aber zur Gewährung effektiven Rechtsschutzes notwendig sein, in Abwägung der Interessen des Antragstellers, des Antragsgegners und der Allgemeinheit sowie des von der Akteneinsicht Betroffenen nach § 165 Abs. 2 GWB, § 72 Abs. 2 S. 4 GWB analog den Antragsteller in anonymisierter Form über bestimmte Akteninhalte in Kenntnis zu setzen.[46] Dies schon seitens der Vergabekammer, nicht erst durch das Beschwerdegericht. Etwa Nachprüfungsverfahren, die gegen die Angebotsbewertung gerichtet sind, werden sich häufig auf andere Weise gar nicht sinnvoll führen lassen, jedenfalls dann, wenn Antragsteller und Beigeladener nicht nur auf die Schwärzung der eigentlichen Angebotsunterlagen, sondern auch aller weiteren Inhalte der Vergabeakte bestehen, die Rückschlüsse auf den in Streit stehenden Angebotsinhalt zulassen könnten. Mit den Worten des BGH: „Auch wenn bestimmte Informationen und Daten ihrer Qualität nach als Geschäfts- oder Betriebsgeheimnisse anzuerkennen sind, folgt daraus nicht, dass sie unter allen Umständen von der Akteneinsicht eines anderen Beteiligten ausgeschlossen wären. … Übertragen auf die Vergabenachprüfung folgt daraus, dass sich der Geheimhaltungsvorrang vielmehr als Ergebnis einer Abwägung mit den entgegenstehenden Offenlegungsinteressen ergeben muss".[47]

41 Nach § 165 Abs. 3 GWB haben der Auftraggeber und die Bieter jeweils in den Akten und Stellungnahmen aus ihrer Sicht zu **kennzeichnen, was der Akteneinsicht nicht zugänglich ist.** Soweit dies nicht erfolgt, kann die Vergabekammer davon ausgehen, dass der Gewährung von Akteneinsicht nichts im Wege steht. Daher ist Teilnehmern an einem Vergabeverfahren dringend anzuraten, bereits in ihren Angeboten und Teilnahmeanträgen kenntlich zu machen, was sie für geheimhaltungsbedürftig halten. Die gleiche Empfehlung ist auch den Auftraggebern hinsichtlich ihrer Vergabeakte zu geben (etwa soweit darin Verschlusssachen oÄ enthalten sind).

42 Akteneinsichtsrechte haben eine rein dienende, zum zulässigen Verfahrensgegenstand **akzessorische Funktion;** Voraussetzung ist jeweils ein das Einsichtsgesuch begründender – beachtlicher und entscheidungserheblicher – Sachvortrag.[48] Akteneinsichtsrechte sind hierdurch und **durch den seitens des Antragstellers bestimmten Sach- und Streitstoff begrenzt.**[49] Dieser Sach- und Streitstoff wird allenfalls erweitert durch solche Rügen,

[44] Instruktiv zu Akteneinsichtsrechten im Unterschwellenbereich jüngst OLG Köln Urt. v. 29.1.2020 – 11 U 14/19, BeckRS 2020, 1608.

[45] OLG Düsseldorf Beschl. v. 28.12.2007 – Verg 40/07, VergabeR 2008, 281.

[46] Zu einem solchen Fall instruktiv OLG Naumburg Beschl. v. 1.6.2011 – 2 Verg 3/11, BeckRS 2011, 21710.

[47] BGH Beschl. v. 31.1.2017 – X ZB 10/16, NZBau 2017, 230.

[48] OLG Düsseldorf Beschl. v. 9.1.2020 – VII-Verg 10/18, NZBau 2019, 538.

[49] OLG Brandenburg Beschl. v. 10.11.2011 – Verg W 13/11, BeckRS 2012, 18273.

- die nach Akteneinsicht vom Antragsteller ergänzend vorgebracht werden,
- welche der Beigeladene zusätzlich erhebt, und
- durch diejenigen Gesichtspunkte, die seitens der Vergabenachprüfungsinstanz von Amts wegen aufgegriffen werden.[50]

Ein Beispiel: Erhebt ein Bieter in einem Verhandlungsverfahren oder nichtoffenen Verfahren gegen die Eignung des vorgesehenen Zuschlagsempfängers keinerlei Einwände, so bedarf es seiner **Einsichtnahme in die Dokumentation des Auftraggebers zum Teilnahmewettbewerb** nicht. 43

Auch die **Erfolgsaussicht des Nachprüfungsantrages** spielt eine Rolle für das „Ob" und „Wie" der Gewährung von Akteneinsicht. Das Akteneinsichtsrecht gemäß § 165 GWB besteht dann nicht, wenn der Vergabenachprüfungsantrag nach Auffassung der Vergabekammer eindeutig unzulässig ist[51] und die zur Einsicht in Betracht kommenden Aktenbestandteile für die Beurteilung der Zulässigkeit des Vergabenachprüfungsantrags unerheblich sind.[52] Das wird freilich nicht einheitlich so gesehen. 44

II. Rechtsmittel?

Gegen **Versagungen der Vergabekammer zum Akteneinsichtsrecht ist kein isoliertes Rechtsmittel des Antragstellers gegeben;** die Entscheidung kann nur im Rahmen des Beschwerdeverfahrens angegriffen werden (so die klare Regelung des § 165 Abs. 4 GWB[53]). Streitig ist, ob die sofortige Beschwerde für die anderen Beteiligten gegen die Nebenentscheidung der Vergabekammer, Akteneinsicht – zu weitgehend – zu gewähren, zulässig ist.[54] Die besseren Gründe sprechen für die Statthaftigkeit einer solchen sofortigen Beschwerde.[55] Die Vergabekammer hat in solchen Fällen „unter sinngemäßer Heranziehung der Bestimmungen über die Akteneinsicht im Kartellbeschwerdeverfahren (§ 72 GWB) ein Zwischenverfahren durchzuführen und über den Umfang der Akteneinsicht zu Informationen (welche die Beigeladene nicht offengelegt wissen möchte) gesondert zu beschließen.[56] Gelangt sie dabei zu dem Ergebnis, dass auch solche Informationen offenzulegen sind, für welche die Beigeladene den Schutz als Betriebs- und Geschäftsgeheimnis beansprucht, ist dieser Beschluss mit der sofortigen Beschwerde angreifbar. 45

III. Weitergehende Akteneinsichtsrechte kraft der Informationsfreiheitsgesetze?

Inwieweit die **Informationsfreiheitsgesetze (IFG) weitergehende Akteneinsichtsrechte** begründen können, bedarf noch der höchstrichterlichen Klärung. Im Ergebnis dürfen durch die IFGs des Bundes oder der Länder die Regelungen des § 165 Abs. 2 GWB zu Betriebs- und Geschäftsgeheimnissen und zum Geheimschutz und die Regelungen der Vergabeordnungen zur Vertraulichkeit der Angebote, die der Auftraggeber auch 46

---

[50] OLG Naumburg Beschl. v. 1.6.2011 – 2 Verg 3/11, BeckRS 2011, 21710; OLG Jena Beschl. v. 4.5.2005 – 9 Verg 3/05, ZfBR 2005, 725 (Ls.).

[51] Dass er nur unzulässig sein könnte, reicht nicht aus, um dem Antragsteller die Akteneinsicht zu verwehren: OLG Frankfurt a.M. Beschl. v. 12.12.2014 – 11 Verg 8/14, NZBau 2015, 514.

[52] KG Beschl. v. 13.9.2012 – Verg 4/12, BeckRS 2012, 21956; KG Beschl. v. 29.2.2012 – Verg 8/11, BeckRS 2012, 7248; OLG München Beschl. v. 8.11.2010 – Verg 20/10, VergabeR 2011, 228 (229); Ziekow/Völlink/*Dicks* GWB § 111 Rn. 4; Kulartz/Kus/Portz/*Kus* GWB § 111 Rn. 19.

[53] Bestätigt kürzlich noch einmal durch OLG Jena Beschl. v. 13.10.2015 – 2 Verg 6/15, BeckRS 2016, 2750.

[54] Dafür OLG Düsseldorf Beschl. v. 16.2.2012 – VII-Verg 2/12, IBRRS 2012, 1146 (s. dort auch zur Frage, dass sich die Anträge auf Akteneinsicht nur auf Akten beziehen können, die zur Vergabeakte des Antragsgegners gehören, wozu Verträge, die zwischen zwei Beigeladenen geschlossen werden, nicht notwendigerweise gehören); ferner OLG Düsseldorf Beschl. v. 28.12.2007 – VII-Verg 40/07, VergabeR 2008, 281.

[55] Zuletzt idS OLG München Beschl. v. 28.4.2016 – Verg 3/16, NZBau 2016, 591; OLG Jena Beschl. v. 8.10.2015 – 2 Verg 4/15, BeckRS 2016, 2749.

[56] Ausführlich zu einer solchen Konstellation BGH Beschl. v. 31.1.2017 – X ZB 10/16, NZBau 2017, 230.

über den Abschluss des Vergabeverfahrens hinaus zu gewährleisten hat, nicht ausgehöhlt werden.

47 Einige Entscheidungen der Verwaltungsgerichte scheinen in eine andere Richtung zu gehen. Exemplarisch hat etwa das Verwaltungsgericht Stuttgart entschieden: Die frühere Regelung der VOL/A zur Verwahrung und vertraulichen Behandlung der Angebote (§ 17 EG Abs. 3 VOL/A), vgl. jetzt § 5 Abs. 2 S. 2 VgV, dehne *„die Verwahrpflicht und die Pflicht des Auftraggebers zur vertraulichen Behandlung in zeitlicher Hinsicht zwar auch auf die Zeit nach Abschluss des Vergabeverfahrens aus. Die Regelung bezieht sich jedoch ausdrücklich ebenfalls nur auf die ‚Angebote und ihre Anlagen' sowie auf die ‚Dokumentation über die Angebotseröffnung'. Sie enthält demnach keine Vorgaben für den Umgang mit Unterlagen, die dem Auftraggeber erst nach dem Abschluss des Vergabeverfahrens im Rahmen der Vertragserfüllung zugehen und begründet damit nach ihrem klaren Wortlaut offensichtlich auch keine Pflicht des Auftraggebers zur vertraulichen Behandlung der Dokumentation"*[57]. Das mag im Hinblick auf die **im Rahmen der Vertragsausführung generierten Informationen und Dokumente** zutreffen (soweit nicht vertragliche Bestimmungen die vertrauliche Behandlung durch den Auftraggeber gebieten).

48 Soweit angeblich auch **Angebotsdokumente** über die Informationsfreiheitsgesetze zugänglich sein sollen, verkennt diese Rechtsprechung aber die gesetzgeberische Entscheidung, Angebotsinhalte generell auch nach Abschluss des Vergabeverfahrens dem Zugriff konkurrierender Bieter zu entziehen. Ein Wettbewerber, der nicht zum Zuge gekommen ist, könnte sich im Wege der IFG-Einsichtnahme in Konditionen von Konkurrenten einen Wettbewerbsvorteil für die Vergabe des Anschlussauftrages verschaffen.

49 Sähe man dies anders, liefe das gerade bei eng befristeten Aufträgen darauf hinaus, dass die Vergabestelle entweder bestimmten Antragstellern nach IFG, also einzelnen Konkurrenten des aktuellen Zuschlagsempfängers einen Informationsvorsprung für die Folgeausschreibung einräumen muss; das wäre vor dem Hintergrund des **Diskriminierungsverbots** problematisch.

50 Oder aber die Vergabestelle legt Angebotsinhalte des Zuschlagsempfängers generell – für alle potenziell am Folgeauftrag interessierten Unternehmen – offen. Das steht ersichtlich nicht im Einklang mit dem vergaberechtlichen **Vertraulichkeitspostulat** und ist überdies auch nicht vereinbar mit den Regelungen zur Vorabinformation (§ 134 GWB) und ex post-Bekanntmachung (Art. 50 Abs. 4 RL 2014/24/EU; § 38 Abs. 6 VgV).), die ja nur die Herausgabe bestimmter, genau definierter Informationen zum siegreichen Bieter und dessen Angebot verlangen bzw. unter bestimmten Voraussetzungen für Auftraggeber die Möglichkeit eröffnen, nähere Informationen zu erfolgreichen Angeboten nicht *ex post* im ABl. EU publik zu machen.

51 Das OVG Berlin-Brandenburg[58] führte zu § 17 EG Abs. 3 VOL/A aus: *„Zwar sei das von der Beigeladenen abgegebene Angebot, das Grundlage des abgeschlossenen Rahmenvertrages sei, nach den maßgeblichen Vergabevorschriften auch nach Abschluss des Vergabeverfahrens geheim zu halten. Der in § 17 Abs. 3 EG-VOL/A geregelte Schutz der Wettbewerbschancen des Anbietenden werde durch die vom Kläger begehrten Einzelinformationen jedoch nicht in Frage gestellt. Die Offenlegung des Preises eines Produkts oder einer bestimmten Produktart sei nicht geeignet, erhebliche Auswirkungen auf ein späteres Vergabeverfahren zu haben und zu einem Wettbewerbsnachteil bei der Beigeladenen zu führen".*[59] Diese Auffassung – der **fehlenden Wettbewerbsgefährdung durch** selektiv von einzelnen Marktteilnehmern erlangte **Preisinformationen** zum aktuellen Auftrag – dürfte an der Realität vorbeigehen.

---

[57] Exemplarisch VG Stuttgart Urt. v. 17.5.2011 – 13 K 3505/09, NJOZ 2011, 1907; ähnlich *Polenz* NVwZ 2009, 883 (884); aA (wie hier): *Just/Sailer* DVBl 2010, 418 (419).

[58] Das Gericht hatte über eine IFG-Anfrage hinsichtlich von Unterlagen zum Sachleistungskonsum von Mitgliedern des Bundestages (ua bzgl. Bestimmter Schreibgeräte) zu entscheiden. Das Bundesverwaltungsgericht kam dann in der Revisionsinstanz in seinem Urt. v. 16.3.2016 – 6 C 65.14, BVerwGE 154, 222 = NVwZ 2016, 1020 auf vergaberechtliche Fragestellungen nicht mehr zurück.

[59] OVG Berlin-Brandenburg Urt. v. 7.6.2012 – 12 B 34.10, BeckRS 2012, 51575 und B 40.11, BeckRS 2012, 51576; vgl. auch OVG Magdeburg Urt. v. 31.5.2016 – 32 314/13, BeckRS 2016, 50754.

Jedenfalls bedürften weitergehende Informationszugangsrechte zu Angebotsinhalten vor dem Hintergrund des erkennbaren gesetzgeberischen Willens, wonach Angebotsunterlagen auch über den Abschluss des Vergabeverfahrens hinaus vertraulich zu behandeln sind (§ 5 Abs. 2 S: 2 VgV; § 5 Abs. 2 S. 2 SektVO; § 6 VSVgV; § 4 Abs. 2 S. 2 KonzVgV; vgl. zur Wahrung vertraulicher Informationen durch die Vergabekammer auch § 164 GWB), noch eingehenderer Begründung. Wenn man schon keinen Vorrang des Vergaberechts gegenüber den Informationsfreiheitsgesetzen annimmt (so die derzeit wohl herrschende Auffassung[60]), so wird mit Blick auf den Sinn und Zweck der vergaberechtlichen Vertraulichkeitspflichten, die über das Vergabeverfahren hinaus einzuhalten sind, die Interessenabwägung typischerweise zugunsten der Geheimhaltung von Betriebs- und Geschäftsgeheimnissen auszugehen haben. Dies gilt jedenfalls dann, wenn (im Extremfall von Wettbewerbern des Zuschlagsempfängers) Einsicht in bzw. Zugang zu Einzelpreis- und sonstigen Konditionen vergebener öffentlicher Aufträge begehrt wird. 52

G. Befangenheit

An eine Vergabekammer gerichtete **Befangenheitsanträge** sind anhand des jeweiligen Verwaltungsverfahrensgesetzes des Bundes oder des betreffenden Landes zu beurteilen. 53

In der Sache gelten die **gleichen Maßstäbe, wie** sie von den Fachgerichten nach Maßgabe der diversen Prozessordnungen **für Richter** entwickelt worden sind.[61] Danach muss ein vernünftiger Grund Zweifel an der Unparteilichkeit bzw. Unvoreingenommenheit eines Mitglieds, mehrerer Mitglieder oder aller Mitglieder der Vergabekammer rechtfertigen.[62] Selbstverständlich keinen Ablehnungsgrund begründen – auch wenn sie einen eindeutigen Fingerzeig zum voraussichtlichen Ausgang des Verfahrens geben – vorläufige Meinungsäußerungen zur Würdigung der Sach- und Rechtslage in Hinweisbeschlüssen oder in mündlichen Verhandlungen.[63] 54

Lehnt die Vergabekammer oder – bei Befangenheitsanträgen gegen alle ihre Mitglieder – die Behördenleitung[64] die Befangenheit des Vergabekammermitglieds oder der Vergabekammermitglieder ab, ist hiergegen eine **isolierte sofortige Beschwerde oder ein anderes besonderes Rechtsmittel nicht statthaft.** Der Befangenheitsvorwurf steht erst mit der sofortigen Beschwerde (wenn diese denn gegen die Sachentscheidung der Vergabekammer eingereicht wird) zur erneuten Prüfung, dann durch das Beschwerdegericht, an.[65] 55

H. Nachprüfungsverfahren und Vergleiche der Beteiligten

Inwieweit das Vergabe- und das Vergabenachprüfungsverfahren Vergleichen der Beteiligten zugänglich sind, ist im **Detail** Gegenstand von Diskussionen, die vor allem um die Frage kreisen, ob und inwieweit Vergleiche der Parteien in Rechte Dritter eingreifen.[66] 56

Das **Vergaberecht ist nicht generell „vergleichsfeindlich“.** Vergleichsweise Regelungen in den Verfahren vor der Vergabekammer und vor dem Beschwerdegericht sind 57

[60] Vgl. zum Ganzen *Glahs* NZBau 2014, 75 (77 ff.).
[61] OLG Frankfurt a.M. Beschl v. 2.3.2007 – 11 Verg 15/06, BeckRS 2007, 06815, zu § 42 Abs. 2 ZPO.
[62] Vgl. OLG Düsseldorf Beschl. v. 14.11.2012 – Verg 42/12, BeckRS 2013, 2327.
[63] OLG Frankfurt a.M. Beschl. v. 26.8.2008 – 11 Verg 8/08, BeckRS 2008, 25109.
[64] Zu Einzelheiten der Anwendung des VwVfG *Burgi* NZBau 2020, 3 (6).
[65] Zur Ablehnung eines Sachverständigen im Nachprüfungsverfahren, die wegen Befangenheit nach den Umständen des Einzelfalls etwa in Betracht kommt, wenn sich der Sachverständige eigenmächtig über die ihm durch den Beweisbeschluss und den Gutachtenauftrag gezogenen Grenzen hinwegsetzt: OLG Celle Beschl. v. 25.5.2010 – 13 Verg 7/10, BeckRS 2010, 16079.
[66] Zum Ganzen jetzt *Conrad* ZfBR 2014, 658 ff.; *Dreher/Glöckle* NZBau 2015, 459 ff. und 529 ff.

zulässig.[67] Vergleiche werden indirekt auch in § 168 Abs. 2 S. 2 GWB angesprochen (Erledigung *„in sonstiger Weise"*).

58 Eine Grenze bildet § 180 Abs. 2 Nr. 3 GWB (Missbräuchlichkeit eines Nachprüfungsantrages, der in der Absicht gestellt wurde, ihn später gegen Geld oder andere Vorteile zurück zu nehmen). Jenseits eines solchen Falls, der sich ohnehin nur unter Bewältigung erheblicher Nachweis- und Kausalitätsprobleme feststellen lässt, wäre es aber nicht einzusehen, wenn die vergleichsweise Beilegung einer Rechtsstreitigkeit, die sonst nach allen Verfahrens- und Prozessordnungen möglich ist, im Vergabenachprüfungsverfahren ausgeschlossen sein sollte.[68]

59 Zu beachten sind aber auch Schranken, die sich aus materiellem Recht ergeben. **Führt ein Vergleichsschluss etwa zu Änderungen eines laufenden öffentlichen Auftrags,** so dürfen diese Änderungen – gemessen an § 132 GWB – nur unwesentlich sein; andernfalls läge eine angreifbare de-facto-Vergabe vor.[69] Auch darf durch den Vergleich nicht in **Rechte Dritter** eingegriffen werden.[70] Dies zu bewerkstelligen, ist allerdings leichter gesagt als getan, gerade wenn man sich die Möglichkeit vor Augen hält, dass eine Vergabekammer-Entscheidung ja auch die Zurückversetzung des Vergabeverfahrens bewirken kann mit der Folge, dass dann auch am Nachprüfungsverfahren nicht beteiligte Unternehmen (womöglich sogar längst ausgeschiedene Bieter oder Bewerber) wieder in den Wettbewerb eingreifen könnten.

[67] Vgl. OLG Düssedlorf Beschl. v. 6.6.2018 – VII-Verg 36/17, ZfBR 2019, 609. In dem Verfahren hatte zwar keiner der Beteiligten die Unwirksamkeit des Vergleiches geltend gemacht, so dass das OLG ihn ohne nähere Prüfung als bindend betrachten konnte. Das Verfahren gibt aber dennoch eine Indikation, innerhalb welcher Grenzen eine vergleichsweise Einigung auch im Vergabeprozess ohne Weiteres möglich ist.

[68] Vgl. *Weyand* Vergaberecht GWB § 114 Rn. 120/1ff. mwN.

[69] EuGH Urt. v. 14.11.2013 – C-221/12, ECLI:EU:C:2013:736 = ZfBR 2014, 187; EuGH Urt. v. 7.9. 2016 – C-549/14, ECLI:EU:C:2016:634 = NZBau 2016, 649 – Finn Frogne: auch streitbeilegende Vergleiche können danach funktional als öffentliche Auftragsvergaben zu qualifizieren sein, die ohne (Wieder-)Eröffnung des Wettbewerbs unzulässig sind.

[70] OLG Frankfurt a.M. Beschl v. 16.10.2012 – 11 Verg 9/11, NZBau 2012, 795.

§ 43 Sofortige Beschwerde

Übersicht

GWB: §§ 171 Abs. 1, 2, 172, 173, 174, 175, 178, 179 Abs. 1

§ 171 GWB Zulässigkeit, Zuständigkeit

(1) Gegen Entscheidungen der Vergabekammer ist die sofortige Beschwerde zulässig. Sie steht den am Verfahren vor der Vergabekammer Beteiligten zu.

(2) Die sofortige Beschwerde ist auch zulässig, wenn die Vergabekammer über einen Antrag auf Nachprüfung nicht innerhalb der Frist des § 167 Absatz 1 entschieden hat; in diesem Fall gilt der Antrag als abgelehnt.

(3) und (4) hier nicht abgedruckt.

§ 172 GWB Frist, Form

(1) Die sofortige Beschwerde ist binnen einer Notfrist von zwei Wochen, die mit der Zustellung der Entscheidung, im Fall des § 171 Abs. 2 mit dem Ablauf der Frist beginnt, schriftlich bei dem Beschwerdegericht einzulegen.

(2) Die sofortige Beschwerde ist zugleich mit ihrer Einlegung zu begründen. Die Beschwerdebegründung muss enthalten:

1. die Erklärung, inwieweit die Entscheidung der Vergabekammer angefochten und eine abweichende Entscheidung beantragt wird,
2. die Angabe der Tatsachen und Beweismittel, auf die sich die Beschwerde stützt.

(3) Die Beschwerdeschrift muss durch einen Rechtsanwalt unterzeichnet sein. Dies gilt nicht für Beschwerden von juristischen Personen des öffentlichen Rechts.

(4) Mit der Einlegung der Beschwerde sind die anderen Beteiligten des Verfahrens vor der Vergabekammer vom Beschwerdeführer durch Übermittlung einer Ausfertigung der Beschwerdeschrift zu unterrichten.

§ 173 GWB Wirkung

(1) Die sofortige Beschwerde hat aufschiebende Wirkung gegenüber der Entscheidung der Vergabekammer. Die aufschiebende Wirkung entfällt zwei Wochen nach Ablauf der Beschwerdefrist. Hat die Vergabekammer den Antrag auf Nachprüfung abgelehnt, so kann das Beschwerdegericht auf Antrag des Beschwerdeführers die aufschiebende Wirkung bis zur Entscheidung über die Beschwerde verlängern.

(2) Das Gericht lehnt den Antrag nach Absatz 1 Satz 3 ab, wenn unter Berücksichtigung aller möglicherweise geschädigten Interessen die nachteiligen Folgen einer Verzögerung der Vergabe bis zur Entscheidung über die Beschwerde die damit verbundenen Vorteile überwiegen. Bei der Abwägung ist das Interesse der Allgemeinheit an einer wirtschaftlichen Erfüllung der Aufgaben des Auftraggebers zu berücksichtigen; bei verteidigungs- oder sicherheitsrelevanten Aufträgen im Sinne des § 104 sind zusätzlich besondere Verteidigungs- und Sicherheitsinteressen zu berücksichtigen. Die besonderen Verteidigungs- und Sicherheitsinteressen überwiegen in der Regel, wenn der öffentliche Auftrag oder die Konzession im unmittelbaren Zusammenhang steht mit
1. einer Krise,
2. einem mandatierten Einsatz der Bundeswehr,
3. einer einsatzgleichen Verpflichtung der Bundeswehr oder
4. einer Bündnisverpflichtung.

Das Gericht berücksichtigt bei seiner Entscheidung auch die Erfolgsaussichten der Beschwerde, die allgemeinen Aussichten des Antragstellers im Vergabeverfahren, den Auftrag zu erhalten, und das Interesse der Allgemeinheit an einem raschen Abschluss des Vergabeverfahrens.

(3) Hat die Vergabekammer dem Antrag auf Nachprüfung durch Untersagung des Zuschlags stattgegeben, so unterbleibt dieser, solange nicht das Beschwerdegericht die Entscheidung der Vergabekammer nach § 176 oder § 178 aufhebt.

§ 174 GWB Beteiligte am Beschwerdeverfahren

An dem Verfahren vor dem Beschwerdegericht beteiligt sind die an dem Verfahren vor der Vergabekammer Beteiligten.

§ 175 GWB Verfahrensvorschriften

(1) Vor dem Beschwerdegericht müssen sich die Beteiligten durch einen Rechtsanwalt als Bevollmächtigten vertreten lassen. Juristische Personen des öffentlichen Rechts können sich durch Beamte oder Angestellte mit Befähigung zum Richteramt vertreten lassen.

(2) Die §§ 69, 70 Abs. 1 bis 3, § 71 Abs. 1 und 6, §§ 71a, 72, 73 mit Ausnahme der Verweisung auf § 227 Abs. 3 der Zivilprozessordnung, die §§ 78, 165 und 167 Abs. 2 Satz 1 finden entsprechende Anwendung.

§ 178 GWB Beschwerdeentscheidung

Hält das Gericht die Beschwerde für begründet, so hebt es die Entscheidung der Vergabekammer auf. In diesem Fall entscheidet das Gericht in der Sache selbst oder spricht die Verpflichtung der Vergabekammer aus, unter Berücksichtigung der Rechtsauffassung des Gerichts über die Sache erneut zu entscheiden. Auf Antrag stellt es fest, ob das Unternehmen, das die Nachprüfung beantragt hat, durch den Auftraggeber in seinen Rechten verletzt ist. § 168 Abs. 2 gilt entsprechend.

§ 179 GWB Bindungswirkung und Vorlagepflicht

(1) Wird wegen eines Verstoßes gegen Vergabevorschriften Schadensersatz begehrt und hat ein Verfahren vor der Vergabekammer stattgefunden, ist das ordentliche Gericht an die bestandskräftige Entscheidung der Vergabekammer und die Entscheidung des Oberlandesgerichts sowie gegebenenfalls des nach Absatz 2 angerufenen Bundesgerichtshofs über die Beschwerde gebunden.

(2) hier nicht abgedruckt.

Literatur:

Dicks, Verfahrensrechtliche Entscheidungen der Vergabesenate im Jahr 2009 – Teil 1, ZfBR 2010, 235 ff.; *Eiermann,* Primärrechtsschutz gegen öffentliche Auftraggeber bei europaweiten Ausschreibungen durch Vergabenachprüfungsverfahren – Teile 1 und 2, NZBau 2016, 13 ff und 76 ff.; *Erdmann,* Die Interessenabwägung im vergaberechtlichen Eilrechtsschutz gemäß §§ 115 Abs. 2 Satz 1, 118 Abs. 2 Satz 2 und 121 Abs. 1 Satz 2 GWB, VergabeR 2008, 908 ff.; *Giedinghagen/Schoop,* Zwingendes Ende vor dem Oberlandesgericht? – Zu den Rechtsschutzmöglichkeiten gegen eine ablehnende Entscheidung des Oberlandesgerichts im Beschwerdeverfahren gem. §§ 116 ff. GWB, VergabeR 2007, 32 ff.; *Krist,* Änderungen im Vergabeprozessrecht, VergabeR 2016, 396 ff.; *Kühnen,* Das Verfahren vor dem Vergabesenat, NZBau 2009, 357 ff.; *Opitz,* Das Eilverfahren, NZBau 2005, 213 ff.; *Pilarski,* Bindungswirkung der Entscheidung der Vergabekammer für das Verwaltungsgericht gem. § 179 Abs. 1 GWB, VergabeR 2019, 607 ff.; *Wilke,* Das Beschwerdeverfahren vor dem Vergabesenat beim Oberlandesgericht, NZBau 2005, 326 ff.

A. Einleitung

Gegen Entscheidungen der Vergabekammer, die eine formelle und materielle Beschwer[1] auslösen, ist für den entsprechend **beschwerdebefugten Beteiligten** das Rechtsmittel der sofortigen Beschwerde eröffnet. 1

B. Zulässigkeit

I. Beschwerdefrist

Die sofortige Beschwerde ist von dem oder den durch die Entscheidung der Vergabekammer beschwerten Beteiligten binnen einer **Notfrist von zwei Wochen** nach Zustellung der Entscheidung der Vergabekammer zum zuständigen Oberlandesgericht zu erheben (§ 173 Abs. 1 GWB – zur Möglichkeit der unselbständigen Anschlussbeschwerde aber noch → Rn. 21 ff.). 2

Die **Zustellung der Vergabekammerentscheidung** kann gemäß § 168 Abs. 3 S. 1 GWB in Verbindung mit den § 61 Abs. 1 S. 1 GWB, § 5 Abs. 4 VwZG ua an juristische Personen des öffentlichen Rechts und Rechtsanwälte auch per Telefax erfolgen. Es muss dann allerdings eindeutig sein, dass die Übermittlung per Telefax zum Zwecke der Zustellung erfolgt. Viele Vergabekammern, etwa die des Bundes, gehen so vor. Diese Voraussetzung (Übermittlung zum Zwecke der Zustellung) ist aber nicht gegeben, wenn die Vergabekammer eine Beschlussabschrift nur *vorab* per Telefax übersendet, falls für den Empfänger aufgrund der weiteren Umstände zu erkennen ist, dass diese Faxsendung nur zur Information erfolgt. Ein solcher Umstand liegt etwa dann vor, wenn dem Telefax das nach § 5 Abs. 4 VwZG erforderliche Empfangsbekenntnis nicht beigefügt ist.[2] Auch der ausdrückliche Zusatz „Vorab per Telefax" kann nur die Bedeutung haben, das der (Vorab-) Übermittlung per Fax noch die eigentliche, formelle Zustellung nachfolgt. 3

Im Sonderfall der **fiktiven Ablehnungsentscheidung der Vergabekammer nach § 171 Abs. 2 GWB** (Nichtentscheidung innerhalb der gesetzlichen Entscheidungsfrist gemäß § 167 Abs. 1 GWB → § 42 Rn. 17), beginnt die zweiwöchige Notfrist zur Einlegung einer sofortigen Beschwerde am Tag nach Ablauf der Entscheidungsfrist.[3] 4

Wegen dieser Regelung ist es sehr fraglich, welche Beschwerdefrist für eine **ohne Rechtsmittelbelehrung bekanntgegebene Vergabekammerentscheidung** gilt. Entsprechend § 58 Abs. 2 VwGO würde die Beschwerdefrist dann ein Jahr betragen;[4] das passt aber ersichtlich nicht zur vom Gesetzgeber gewollten zweiwöchigen Notfrist auch für 5

[1] Hierzu OLG Jena Beschl. v. 7.10.2015 – 2 Verg 3/15, BeckRS 2016, 2747: Die formelle Beschwer (das teilweise oder vollständige Unterliegen vor der Vergabekammer) löst regelmäßig auch eine materielle Beschwer aus, es sei denn, dem Antragsteller und Beschwerdeführer ist offensichtlich jedwede Zuschlagschance abzusprechen.

[2] Vgl. hierzu BGH Beschl. v. 10.11.2009 – X ZB 8/09, ZfBR 2010, 298; BayObLG Beschl. v. 10.10.2000 – Verg 5/00, ZfBR 2001, 189; OLG Stuttgart Beschl. v. 11.7.2000 – 2 Verg 5/00, NZBau 2001, 462.

[3] Zu den Folgen für die anwaltliche Fristeneintragung und -kontrolle OLG Düsseldorf Beschl. v. 11.11.2009 – VII-Verg 23/09, IBRRS 2010, 0390.

[4] OLG Düsseldorf Beschl. v. 2.11.2011 – VII-Verg 76/11, BeckRS 2011, 26649.

Beschwerden gegen den fiktiven Verwaltungsakt nach § 171 Abs. 2 GWB, der ja denknotwendig der Rechtsbehelfsbelehrung entbehrt.

II. Entscheidung der Vergabekammer

6 Eine „Entscheidung der Vergabekammer" iSd § 171 Abs. 1 GWB ist auch die Androhung und/oder Festsetzung eines **Zwangsmittels** nach § 168 Abs. 3 GWB iVm VwVG[5] (→ § 45 Rn. 13ff.) oder ein isolierter Beschluss über die **Gebühren und Auslagen**[6] (→ § 47 Rn. 6).

7 Nach herrschender Meinung sind auch solche selbständigen Zwischenentscheidungen, welche unmittelbar und durch spätere Rechtsbehelfe nicht mehr korrigierbar in die Rechtsstellung eines Verfahrensbeteiligten eingreifen, wie zB die Gewährung (nicht: die Versagung) von Akteneinsicht (→ § 42 Rn. 45) oder auch die Aussetzung des erstinstanzlichen Verfahrens, in welcher – wegen des Beschleunigungsmaxime und der gesetzlichen Entscheidungsfrist – regelmäßig eine Rechtsverweigerung liegen dürfte[7] (anders aber zur sofortigen Beschwerde gegen einen Aussetzungsbeschluss der Vergabekammer, die ein Vorabentscheidungsersuchen eingeleitet hat → § 46 Rn. 28ff.), Entscheidungen der Vergabekammern, die mit der – isolierten – sofortigen Beschwerde angreifbar sind.

8 Nach – freilich nicht unbestrittener – richtiger Auffassung kann die sofortige Beschwerde aber dann nicht statthaft sein, wenn sie in den §§ 155ff. GWB explizit – gänzlich oder als isoliertes Rechtsmittel – ausgeschlossen ist. Das betrifft etwa Entscheidungen über die **Beiladung** (§ 162 S. 2 GWB) oder die Entscheidung über die **Versagung von Akteneinsicht** (§ 165 Abs. 4 GWB – dazu bereits → § 42 Rn. 45). Andernfalls würde dem erkennbaren Willen des Gesetzgebers zuwidergehandelt. Nach seinem Wortlaut entzieht § 109 S. 2 GWB nicht lediglich die die Beiladung zulassende Entscheidung, sondern generell die Entscheidung über die Beiladung (also auch die Ablehnung einer Beiladung) einer Anfechtung.[8] Auch aufgrund des Sinns und Zwecks der Bestimmung – ausweislich der Materialien ist die Anfechtung der Beiladungsentscheidung im Interesse eines raschen Verfahrensabschlusses in der Hauptsache ausgeschlossen – sind beide Entscheidungsalternativen gleichermaßen von § 162 S. 2 GWB erfasst. In beiden Konstellationen gilt es, einen verzögernden Zwischenstreit über die Beiladung auszuschließen.[9] Hinzu kommt, dass ein im Verfahren vor der Vergabekammer *zu Unrecht* nicht Beigeladener im Beschwerdeverfahren analog § 162 S. 1 GWB beizuladen ist (dazu bereits → § 42 Rn. 37).

9 Nicht isoliert mit der sofortigen Beschwerde angreifbar ist auch die Zwischenentscheidung einer Vergabekammer über die **Verweisung** des Nachprüfungsantrags an eine andere örtlich zuständige Vergabekammer[10] (zur örtlichen Zuständigkeit → § 40 Rn. 11ff.).

C. Begründetheit: Prüfungsumfang und -maßstab

10 Hinsichtlich des Prüfungsmaßstabs des Beschwerdegerichts gelten gegenüber den Prüfungsmaßstäben der Vergabekammer (vgl. § 168 Abs. 1 und 2 GWB sowie § 178 S. 1, 3

[5] OLG Düsseldorf Beschl. v. 29.4.2003 – Verg 53/02, BeckRS 2009, 5073.
[6] Vgl. nur OLG Düsseldorf Beschl. v. 12.7.2010 – VII-Verg 17/10, BeckRS 2010, 27675.
[7] Vgl. OLG München Beschl. v. 18.10.2012 – Verg 13/12, NZBau 2013, 189; OLG Düsseldorf Beschl. v. 11.3.2002 – Verg 43/01, NZBau 2003, 55.
[8] Allerdings soll der Vergabesenat eine Beiladung durch die Vergabekammer (trotz ihrer Unanfechtbarkeit) auch im Beschwerdeverfahren wieder aufheben können; OLG Düsseldorf Beschl. v. 19.2.2020 – VII-Verg 26/17, NZBau 2018, 425.
[9] OLG Karlsruhe Beschl. v. 25.11.2008 – 15 Verg 13/08, ZfBR 2009, 493. Zu weitgehend wäre es indes, durch ergänzende Auslegung des § 171 Abs. 1 S. 2 GWB demjenigen die Möglichkeit einer eigenen sofortigen Beschwerde gegen die Entscheidung der Vergabekammer in der Hauptsache einzuräumen, dessen Interessen durch diese Entscheidung schwerwiegend berührt werden und dessen Antrag auf Beiladung von der Vergabekammer zu Unrecht zurückgewiesen worden ist.
[10] OLG Dresden Beschl. v. 26.6.2012 – Verg 3/12, BeckRS 2012, 20904.

und 4 GWB) **keine Besonderheiten.** Den Prüfungsumfang des Beschwerdegerichts bestimmen die Beanstandungen des Beschwerdeführers und ggf. des Anschlussbeschwerdeführers. Auch für den Vergabesenat gilt jedoch der Untersuchungsgrundsatz (→ § 42 Rn. 2 ff.). Die Verfahrensförderpflicht der Beteiligten gilt entsprechend (§ 175 Abs. 2 GWB iVm § 167 Abs. 2 S. 1 GWB). § 178 S. 2 GWB gibt dem Beschwerdegericht zudem die Möglichkeit, den Streit an die Vergabekammer zurückzugeben und diese zu verpflichten, unter Berücksichtigung der Rechtsauffassung des Beschwerdegerichts (und ggf. nach weiterer Sachverhaltsaufklärung) erneut über die Sache zu entscheiden.[11] Von dieser Möglichkeit sollte jedoch wegen der Beschleunigungsmaxime nur in Ausnahmefällen Gebrauch gemacht werden.

D. Verfahrensrecht

I. Form- und Verfahrensregelungen im GWB

Die Beschwerde ist zugleich mit ihrer Einlegung zu begründen (§ 172 Abs. 2 S. 1 GWB). 11
Die **„Muss"-Inhalte einer Beschwerdebegründung sind in § 172 Abs. 2 S. 2 GWB abschließend aufgeführt.** Auch wenn die Beifügung der angegriffenen Vergabekammerentscheidung nicht dazugehört (eine Regelung die mit Blick für die Zukunft zu überdenken wäre), ist es für den Beschwerdeführer ratsam, so zu verfahren. Mit der Beschwerde müssen nicht erneut diejenigen Schriftstücke, die bereits Gegenstand des Verfahrens vor der Vergabekammer gewesen sind, eingereicht werden. Eine solche Rechtsfolge lässt sich der Begründungspflicht des § 172 Abs. 2 GWB nicht entnehmen.[12] Umgekehrt gilt: Eine Beschwerdebegründung ohne jegliche Tatsachendarstellung, die sich darin erschöpft, auf das erstinstanzliche Vorbringen und den Inhalt der Vergabeakten (uU sogar nur konkludent) Bezug zu nehmen, ist unzulässig.[13] Die Beschwerdeschrift muss – wenn die Beschwerde zulässig sein soll – erkennen lassen, welche Beanstandungen der Beschwerdeführer gegenüber der Entscheidung der Vergabekammer in tatsächlicher und rechtlicher Hinsicht vorbringt.[14]

Vor den Beschwerdegerichten (Oberlandesgerichten) gilt **Anwaltszwang,** es sei denn, 12
die Beschwerde wird von einer juristischen Person des öffentlichen Rechts eingereicht (§ 172 Abs. 3 GWB). Vor den Vergabekammern bedürfen die Beteiligten der anwaltlichen Vertretung von Gesetzes wegen nicht.

Um eine bloße Ordnungsvorschrift handelt es sich bei § 172 Abs. 4 GWB. Die Nicht- 13
beachtung der gesetzlichen **Pflicht des Beschwerdeführers, die übrigen Beteiligten unmittelbar zu unterrichten,** ist zwar eine Unsitte, aber nicht sanktioniert. Dies ist allgemeine Ansicht.[15] Erfährt ein – erstinstanzlich siegreicher – Auftraggeber also innerhalb der Beschwerdefrist nicht von der tatsächlich fristgerecht eingelegten sofortigen Beschwerde und erteilt den Zuschlag, ist der Vertrag wegen Verstoßes gegen ein gesetzliches Verbot gemäß § 134 BGB iVm § 171 Abs. 1 S. 2 GWB infolge der aufschiebenden Wirkung der sofortigen Beschwerde unwirksam.[16]

[11] Zu einem solchen Fall KG Beschl. 10.2.2020 – Verg 6/19, VPR 2020, 2609.
[12] BGH Beschl. v. 18.5.2004 – X ZB 7/04, NZBau 2004, 457.
[13] OLG Koblenz Beschl. v. 3.4.2008 – 1 Verg 1/08, BeckRS 2010, 10524.
[14] OLG Naumburg Beschl. v. 2.8.2012 – 2 Verg 3/12, BeckRS 2012, 21447.
[15] Exemplarisch OLG Düsseldorf Beschl. v. 5.7.2012 – VII-Verg 13/12, BeckRS 2012, 23823; OLG Naumburg Beschl. v. 2.8.2012 – 2 Verg 3/12, BeckRS 2012, 21447.
[16] OLG Frankfurt Beschl. v. 14.2.2017 – 11 Verg 14/16, ZfBR 2017, 515; aA OLG Naumburg Beschl. v. 16.1.2003 – 1 Verg 10/02, ZfBR 2003, 293.

II. Anwendbares Prozessrecht

14 Neben den §§ 171 ff. GWB sind für die sofortige Beschwerde – über **§ 175 Abs. 2 GWB** – § 69 GWB, § 70 Abs. 1–3 GWB, § 71 Abs. 1 und 6 GWB, §§ 71a, 72, 73 GWB mit Ausnahme der Verweisung auf § 227 Abs. 3 ZPO, die §§ 78, 165 GWB und 167 Abs. 2 S. 1 GWB entsprechend anzuwenden. Die 10. GWB-Novelle[17] wird wohl in diese „Architektur" ein Stück weit eingreifen, ohne sie allerdings signifikant zu ändern.

15 Daraus ergibt sich ua, dass das Beschwerdegericht in der Hauptsache nach **mündlicher Verhandlung** entscheidet (§ 175 Abs. 2 GWB, § 69 GWB). Auf eine mündliche Verhandlung können die Beteiligten verzichten. Auch sofortige Beschwerden, die nur Kostenentscheidungen betreffen, können (und werden häufig) im schriftlichen Verfahren entschieden. Gleiches gilt für andere Nebenverfahren, etwa die Eilverfahren nach§ 173 Abs. 1 S. 3 GWB (→ Rn. 31 ff.), § 169 Abs. 2 S. 5 und 6 GWB (→ § 44 Rn. 17 ff.) und § 176 GWB (→ § 44 Rn. 21 ff.). Erscheinen alle Beteiligten trotz ordnungsgemäßer Ladung nicht, ist im schriftlichen Verfahren nach Lage der Akten zu entscheiden.[18]

16 § 175 Abs. 2 GWB ist – nach wie vor – nicht besonders geglückt. Weshalb von den prozessualen Bestimmungen, die für das erstinstanzliche Verfahren gelten, nur die § 165 GWB (Akteneinsichtsrecht) und § 167 Abs. 2 GWB (Verfahrensförderungspflicht der Beteiligten) gelten sollen, erschließt sich nicht. Das Problem wird auch keineswegs vollständig durch die entsprechende Geltung von Bestimmungen des kartellgerichtlichen Verfahrens (§§ 69 ff. GWB) gelöst, auch wenn dadurch – **über § 73 Nr. 2 GWB** (künftig nach der 10. GWB-Novelle[19] wohl § 72 Nr. 2 GWB) – **die analoge Anwendung der Bestimmungen der ZPO angeordnet** ist.[20]

17 Die Rechtsprechung der Vergabesenate behilft sich (muss sich zwangsläufig behelfen) mit **weiteren Analogien,** die dogmatisch aber schwer begründbar sind, fällt die Annahme einer planwidrigen Regelungslücke doch einigermaßen schwer. Im Ergebnis ist es natürlich unmittelbar einsichtig und zu begrüßen, dass auch das Beschwerdegericht etwa Beiladungen aussprechen kann oder muss (§ 162 GWB analog)[21] oder Anordnungen gemäß § 169 Abs. 3 GWB analog treffen kann[22], um nur zwei Beispiele zu nennen.

1. Entsprechende Anwendung der Vorschriften der ZPO über die §§ 175 Abs. 2, 73 Nr. 2 GWB

18 Zur Anwendung der Vorschriften der ZPO auf das Beschwerdeverfahren (→ Rn. 14) einige Beispiele mit Praxisrelevanz:

19 **a) Beschwerdegegenstand: Hinweispflichten des Vergabesenats und Vorbringen neuer Angriffs-, Verteidigungs- und Beweismittel.** Das Beschwerdegericht muss in entsprechender Anwendung von **§ 139 Abs. 2 ZPO** (bei entscheidungserheblichen Gesichtspunkten, die eine Partei übersehen oder für unerheblich gehalten hat oder welche das Gericht anders beurteilt als alle Verfahrensbeteiligten) Hinweise und Gelegenheit zur Äußerung geben, wenn es seine Entscheidung auf solche Gesichtspunkte stützen will. Der Auftraggeber (Antragsgegner) kann Vergaberechtsverstöße, auf die das Gericht in solcher Weise hinweist, noch nach der mündlichen Verhandlung korrigieren und dies innerhalb der Äußerungsfrist mitteilen, und den ursprünglich begründeten Nachprüfungsantrag un-

---

[17] Referentenentwurf für ein Zehntes Gesetz zur Änderung des Gesetzes gegen Wettbewerbsbeschränkungen für ein fokussiertes, proaktives und digitales Wettbewerbsrecht 4.0 (GWB-Digitalisierungsgesetz): https://www.bmwi.de/Redaktion/DE/Downloads/G/gwb-digitalisierungsgesetz-referentenentwurf.pdf.

[18] OLG Düsseldorf Beschl. v. 20.2.2013 – VII-Verg 47/12, BeckRS 2013, 6000.

[19] S. → Rn. 14.

[20] Der Verweis auf § 73 Nr. 2 GWB war im ursprünglichen VgRÄG 1999 noch nicht enthalten, so dass in früheren Entscheidungen der Oberlandesgerichte nicht selten auch mit Bestimmungen der VwGO argumentiert wurde, um Lücken in den §§ 155 ff. GWB zu schließen.

[21] OLG Karlsruhe Beschl. v. 25.11.2008 – 15 Verg 13/08, ZfBR 2009, 493.

[22] OLG Düsseldorf Beschl. v. 18.12.2007 – VII-Verg 47/07 mwN, BeckRS 2008, 13110.

begründet werden lassen.[23] Der Antragsteller kann dann zwar auf für ihn positive Kostenfolgen hoffen (dazu → § 47 Rn. 27 ff.), verliert aber das Nachprüfungsverfahren in der Beschwerdeinstanz. Darüber hinaus behält er selbstverständlich etwa die Möglichkeit, für erledigt zu erklären (zu den Kostenfolgen bei beidseitiger Erledigungserklärung → § 47 Rn. 32 f.). Räumt die Vergabekammer oder das Beschwerdegericht einer Partei ein Schriftsatzrecht zu einem erst in der Verhandlung gegebenen Hinweis ein, und führt der betroffene Beteiligte daraufhin (mit dem nachgelassenen Schriftsatz) neuen entscheidungserheblichen Prozessstoff ein, so muss – um den anderen Beteiligten hierzu rechtliches Gehör zu gewähren – entweder die **mündliche Verhandlung wiedereröffnet oder in das schriftliche Verfahren übergegangen** werden.[24]

Im Rahmen des Beschwerdegegenstandes kann die Beschwerde auch auf **neue – in der ersten Instanz nicht vorgebrachte – Tatsachen und Beweismittel** gestützt werden. Gleiches gilt für neue Angriffs- und Verteidigungsmittel, also neue Argumente.[25] 20

b) Anschlussbeschwerde. Die Anschlussbeschwerde ist nach allgemeinen zivilprozessualen Grundsätzen **(§ 175 Abs. 2 GWB, § 73 Nr. 2 GWB, § 524 ZPO)** statthaft.[26] 21

Sie kann sich aber **nur – mit gegenläufigem Ziel – gegen den Beschwerdeführer,** nicht gegen Dritte, richten.[27] Erforderlich sind für eine zulässige Anschlussbeschwerde zudem stets gegenläufige Interessen zwischen dem Beschwerdeführer einerseits und dem Anschlussbeschwerdeführer andererseits. 22

Die Anschlussbeschwerde kann fristgerecht innerhalb der dem Beschwerdegegner gesetzten Frist zur Beschwerdeerwiderung erhoben werden.[28] 23

c) Aussetzung wegen Vorgreiflichkeit. Analog anwendbar ist ferner **§ 148 ZPO.**[29] Der praktisch wichtigste Fall der danach möglichen Aussetzung des sofortigen Beschwerdeverfahrens wegen Vorgreiflichkeit eines anderen anhängigen Rechtsstreits betrifft ein laufendes Vorabentscheidungsersuchen nach Art. 267 AEUV zum Europäischen Gerichtshof (dazu auch → § 46 Rn. 13 ff.). 24

d) Wiedereinsetzung. Auch die Wiedereinsetzung in den vorigen Stand – sie kommt von vornherein nur für das Beschwerdeverfahren in Betracht – richtet sich nach den Vorschriften der ZPO (§ 175 Abs. 2 GWB iVm § 73 Nr. 2 GWB).[30] 25

e) Rücknahme der sofortigen Beschwerde. Gestritten wird darüber, ob die Rücknahme der sofortigen Beschwerde nach Antragsstellung in der mündlichen Verhandlung der **Zustimmung des/der anderen Beteiligten** bedarf. Nach einer Ansicht steht dem Beschwerdeführer die Rücknahme der sofortigen Beschwerde in jeder Lage des Verfahrens frei, solange und soweit noch eine formell rechtskräftige Entscheidung über sie nicht getroffen ist. § 269 Abs. 1 ZPO gelte nicht, auch nicht analog, wenn überhaupt sei auf § 516 Abs. 1 und 2 ZPO zurückzugreifen, der gegen das Zustimmungserfordernis spreche.[31] Andere Beschwerdegerichte haben mit ebenso guten Gründen ein Zustimmungserfordernis 26

[23] OLG Düsseldorf Beschl. v. 10.8.2011 – VII-Verg 36/11, NZBau 2011, 765.
[24] Vgl. exemplarisch BGH Beschl. v. 20.9.2011 – VI ZR 5/11, NJW-RR 2011, 1558.
[25] Vgl. etwa OLG Celle Beschl. v. 21.1.2016 – 13 Verg 8/15, ZfBR 2016, 386, und OLG Düsseldorf Beschl. v. 13.4.2016 – VII-Verg 46/15, NZBau 2016, 659, zur vom Auftraggeber erstmals im Beschwerdeverfahren vorgetragenen Einschlägigkeit einer Ausnahme vom Anwendungsbereich des Vergaberechts.
[26] OLG Düsseldorf Beschl. v. 23.12.2009 – VII-Verg 30/09, BeckRS 2010, 4614; OLG Frankfurt/Main Beschl. v. 28.2.2006 – 11 Verg 15/05 und 16/05, BeckRS 2006, 10826.
[27] OLG München Beschl. v. 21.5.2010 – Verg 02/10, ZfBR 2010, 606; OLG Koblenz Beschl. v. 16.1.2017 – Verg 5/16, NZBau 2017, 247.
[28] BGH Beschl. v. 4.4.2017 – X ZB 3/17, NZBau 2017, 366.
[29] Vgl. für den Zivilprozess auch BGH Beschl. v. 24.1.2012 – VIII ZR 236/10, BeckRS 2012, 4329.
[30] OLG Düsseldorf Beschl. v. 12.5.2011 – VII-Verg 32/11, BeckRS 2011, 23543.
[31] OLG Naumburg Beschl. v. 13.2.2012 – 2 Verg 14/11, BeckRS 2012, 5942.

anerkannt.[32] Eine Klärung durch den Bundesgerichtshof über § 179 Abs. 2 GWB (dazu → § 46 Rn. 3ff.) scheint in dieser Frage angezeigt. Entschieden hat der BGH bisher nur den Fall, dass er selbst nach § 179 Abs. 2 S. 2 GWB anstelle des Oberlandesgerichts entscheidet; dann kann die sofortige Beschwerde in entsprechender Anwendung des § 565 Satz 2 ZPO ohne Einwilligung des Beschwerdegegners nur bis zum Beginn der mündlichen Verhandlung zur Hauptsache zurückgenommen werden.[33]

2. Entsprechende Anwendung von Vorschriften der VwGO (Beispiel: Nachschieben von Gründen)

27 Anwendbar sind (und bleiben) teilweise auch Bestimmungen aus der VwGO. Ein „prominentes" Beispiel ist der aus § 114 VwGO stammende Rechtsgedanke, wonach eine Vergabestelle nicht im Vergabevermerk dokumentierte Gründe für bestimmte – angegriffene – Vergabeentscheidungen nachschieben kann, ohne damit präkludiert zu sein.[34]

28 Ohne spezifisch auf die Herleitung über § 114 VwGO analog einzugehen, hielt der BGH dies im Ergebnis für richtig: Mit *„Umständen oder Gesichtspunkten, mit denen die sachliche Richtigkeit einer angefochtenen Vergabeentscheidung nachträglich verteidigt werden soll" könne der Antragsgegner im Nachprüfungsverfahren „nicht kategorisch präkludiert werden … Vielmehr ist, soweit es die Frage der möglichen Heilung von Dokumentationsmängeln im Vergabevermerk betrifft, einerseits zu berücksichtigen, dass insbesondere die zeitnahe Führung des Vergabevermerks die Transparenz des Vergabeverfahrens schützen und Manipulationsmöglichkeiten entgegenwirken soll … Andererseits gibt das Gesetz der Vergabekammer – was für die Beschwerdeinstanz entsprechend zu gelten hat – vor, bei ihrer gesamten Tätigkeit darauf zu achten, dass der Ablauf des Vergabeverfahrens nicht unangemessen beeinträchtigt wird (§ 110 Abs. 1 Satz 4 GWB [§ 163 Abs. 1 Satz 4 GWB nF]). Mit dieser dem vergaberechtlichen Beschleunigungsgrundsatz verpflichteten Regelung wäre es, …, nicht vereinbar, bei Mängeln der Dokumentation im Vergabevermerk generell und unabhängig von deren Gewicht und Stellenwert von einer Berücksichtigung im Nachprüfungsverfahren abzusehen und stattdessen eine Wiederholung der betroffenen Abschnitte des Vergabeverfahrens anzuordnen. Dieser Schritt sollte vielmehr Fällen vorbehalten bleiben, in denen zu besorgen ist, dass die Berücksichtigung der nachgeschobenen Dokumentation lediglich im Nachprüfungsverfahren nicht ausreichen könnte, um eine wettbewerbskonforme Auftragserteilung zu gewährleisten".*[35]

29 Dieser – abgewogenen – Sichtweise ist zuzustimmen, auch wenn dadurch viele Dokumentationsmängel unerheblich werden, und die Bestimmungen über die ordnungsgemäße Dokumentation des Vergabeverfahrens (vgl. etwa § 8 VgV) ihren im Grundsatz vorhandenen bieterschützenden Charakter nur noch eingeschränkt entfalten können.

III. Aufschiebende Wirkung der sofortigen Beschwerde

30 Die sofortige Beschwerde hat aufschiebende Wirkung gegenüber der Entscheidung der Vergabekammer; die **aufschiebende Wirkung entfällt zwei Wochen nach Ablauf der Beschwerdefrist** (§ 173 Abs. 1 S. 1 und 2 GWB). Diese Regelungen sind klar (zu den vollstreckungsrechtlichen Auswirkungen → § 45 Rn. 4).

---

[32] Vgl. nur OLG Brandenburg Beschl. v. 18.5.2010 – Verg W 1/08, BeckRS 2010, 14421; LSG Baden-Württemberg Beschl. v. 23.1.2009 – L 11 WB 5971/08, BeckRS 2009, 50726.

[33] BGH Beschl. v. 4.4.2017 – X ZB 3/17, NZBau 2017, 366.

[34] OLG Düsseldorf Beschl. v. 21.7.2010 – VII-Verg 19/10, NZBau 2010, 582; kritisch hierzu *Antweiler* VergabeR 2011, 306 (317).

[35] BGH Beschl. v. 8.2.2011 – X ZB 4/10, NZBau 2011, 175. Vgl. ferner mit zahlreichen weiteren Nachweisen OLG Düsseldorf Beschl. v. 2.5.2018 – VII-Verg 3/18, ZfBR 2019, 605.

E. Eilantrag gemäß § 173 Abs. 1 S. 3 GWB

Hat die Vergabekammer den Antrag auf Nachprüfung abgelehnt, so kann das Beschwerdegericht auf **Antrag des Antragstellers und Beschwerdeführers**[36] die aufschiebende Wirkung bis zur Entscheidung über die Beschwerde verlängern. Auf diesen Eilantrag nach § 173 Abs. 1 S. 3 GWB ist nachfolgend näher einzugehen. 31

I. Prüfungsmaßstab und Abwägungsmaterial

Zum **Prüfungsmaßstab** und **Abwägungsmaterial** bestimmt § 173 Abs. 2 GWB ua, dass bei der Entscheidung über den Antrag nach § 173 Abs. 1 S. 3 GWB die Erfolgsaussichten der Beschwerde, das Interesse der Allgemeinheit an einer wirtschaftlichen Erfüllung der Aufgaben des Auftraggebers sowie an einem raschen Abschluss des Vergabeverfahrens und schließlich auch die Aussichten der Antragstellerin, nach Behebung des geltend gemachten Vergaberechtsverstoßes den Auftrag zu erhalten, zu berücksichtigen sind. Das Gericht lehnt den Eilantrag des Antragstellers ab, wenn die nachteiligen Folgen einer Verzögerung der Vergabe (bis zur Hauptsacheentscheidung nach § 178 GWB) die damit verbundenen Vorteile (Aufrechterhaltung des Rechtsschutzes für den Antragsteller dergestalt, dass der Zuschlag unterbleibt und der Antragsteller seine Auftragschance wahrt) überwiegen (§ 173 Abs. 2 S. 1 GWB; zu diesem Prüfungsmaßstab und zum neuen § 172 Abs. 2 S. 3 GWB noch näher → § 44 Rn. 15f.). 32

Hat die sofortige die Beschwerde des Antragstellers bei summarischer Prüfung voraussichtlich keinen Erfolg, hat die Verlängerung der aufschiebenden Wirkung dieser sofortigen Beschwerde zu unterbleiben.[37] Umgekehrt gilt: In Fällen, in denen **eine erneute Angebotswertung ernsthaft in Betracht kommt,** bei welcher der Antragsteller dann gute Chancen hätte, Bestbieter zu werden, dürfte es zur Wahrung des Primärrechtsschutzes idR geboten sein, die Verlängerung der aufschiebenden Wirkung der sofortigen Beschwerde über den in § 173 Abs. 1 S. 2 GWB genannten Zwei-Wochen-Zeitraum hinaus anzuordnen.[38] Auch wenn das Hauptsacheverfahren zu einem komplexen Beschaffungsvorgang eine **Vielzahl (in mündlicher Verhandlung) erörterungsbedürftiger, bislang ungeklärter Rechtsfragen** aufwirft, sind der sofortigen Beschwerde des Antragstellers nicht von vornherein die Erfolgsaussichten abzusprechen, so dass deren aufschiebende Wirkung – es sei denn, das weitere Abwägungsmaterial streitet klar zugunsten der Interessen des Antragsgegners und/oder der Allgemeinheit – zu verlängern ist.[39] 33

II. Verhältnis zu § 176 GWB

Für das **Verhältnis** des Eilantragsverfahrens des Antragstellers nach § 173 Abs. 1 S. 3 GWB **zum Eilantragsverfahren des Antragsgegners nach § 176 GWB** sei nach unten verwiesen (→ § 44 Rn. 25). 34

---

[36] Nur in besonderen Ausnahmefällen ist es denkbar, dass auch der Beigeladene sich des Schutzes des Antrags nach § 173 Abs. 1 S. 3 GWB entsprechend bedienen muss und kann: OLG Düsseldorf Beschl. v. 30.9. 2013 – VII-Verg 32/13, BeckRS 2016, 15865. UU (wenn ein Zuschlagsgestattungsantrag der Vergabekammer gemäß § 169 Abs. 2 GWB ergangen ist) kann ein Antrag nach § 173 Abs. 1 S. 3 GWB als Antrag nach § 169 Abs. 2 S. 5 GWB auszulegen sein: OLG Düsseldorf Beschl. v. 22.12.2011 – VII-Verg 101/11, ZfBR 2012, 388.

[37] OLG Celle Beschl. v. 14.12.2015 – 13 Verg 9/15, ZfBR 2016, 309; OLG Düsseldorf Beschl. v. 20.12. 2019 – VII-Verg 35/19, NZBau 2020, 194.

[38] Vgl. zu einem solchen Fall OLG Düsseldorf Beschl. v. 12.11.2012 – VII-Verg 38/12, BeckRS 2013, 2265; zu einer Konstellation, in der ein Beigeladener einen statthaften Eilantrag gemäß § 173 Abs. 1 S. 3 GWB stellen kann, OLG Naumburg Beschl. v. 3.4.2012 – 2 Verg 3/12, ZfBR 2012, 501ff.

[39] OLG Düsseldorf Beschl. v. 19.9.2012 – VII-Verg 31/12, BeckRS 2012, 23820.

35 Auch **nach Ablauf der zweiwöchigen Frist des § 173 Abs. 1 S. 2 GWB** ist ein Antrag auf Verlängerung bzw. Wiederherstellung der aufschiebenden Wirkung der Beschwerde noch statthaft.[40]

III. Rechtsschutzbedürfnis

36 Fragen des Rechtsschutzbedürfnisses stellen sich im Zusammenhang mit **Feststellungsanträgen nach § 135 (vormals: § 101b) GWB.** Richtigerweise bedarf es in solchen Nachprüfungsverfahren, die sich in der Hauptsache gegen bereits abgeschlossene Verträge richten (deren Nichtigkeit durch die Vergabenachprüfungsinstanzen festgestellt werden soll und in erster Instanz nicht festgestellt wurde), eines Eilantrages des Antragstellers nach § 173 Abs. 1 S. 3 GWB nicht. Der Antragsteller benötigt eine Verlängerung der aufschiebenden Wirkung seiner sofortigen Beschwerde nicht, um des begehrten Auftrags nicht verlustig zu gehen. Denn bei – ggf. mit Heilungsabsicht erfolgtem – erneuten Vertragsschluss stünde dem Antragsteller wiederum Vergaberechtsschutz offen. Entweder erfährt er hiervon über eine Vorabinformation nach § 134 (vormals: § 101a) GWB. Unterbleibt diese, kann erneut Nichtigkeitsfeststellung gemäß § 135 GWB beantragt werden.[41]

F. Rechtsmittel gegen Entscheidungen des Beschwerdegerichts?

37 Die Hauptsacheentscheidung des Beschwerdegerichts beendet das Nachprüfungsverfahren rechtskräftig, es gibt **keine weitere Instanz.** Auch gegen die Entscheidung nach § 173 Abs. 1 S. 3 GWB ist kein Rechtsmittel gegeben.

38 Vor einer etwaigen – jedenfalls gegen die Hauptsacheentscheidung potenziell zulässigen – Verfassungsbeschwerde (in der sich der Unterlegene etwa auf eine **Verletzung des Gebots des gesetzlichen Richters** – s. dazu → § 46 Rn. 29 ff. – oder auf die **Verletzung des Anspruchs auf rechtliches Gehör** berufen kann) ist eine **Anhörungsrüge** zu erheben (§ 175 Abs. 2 GWB, § 71a GWB). Wird die Verletzung des Art. 103 Abs. 1 GG durch das Beschwerdegericht gerügt, setzt die Zulässigkeit der Anhörungsrüge voraus, dass Umstände angeführt werden, aus denen sich ergeben kann, dass das Gericht bei der Entscheidung Vorbringen überhaupt nicht zur Kenntnis genommen oder erwogen hat. Der Vortrag, dass das Beschwerdegericht sich nicht ausdrücklich mit allen angeführten Gesichtspunkten auseinandergesetzt hat, reicht hierfür nicht aus.[42]

39 Die Berufung auf eine Verletzung des **Art. 12 GG** in einer Verfassungsbeschwerde zu einem Vergabenachprüfungsverfahren ist idR ohne Aussicht auf Erfolg (→ § 41 Rn. 5).

G. Bindungswirkung von Entscheidungen der Vergabekammern und -senate im Schadensersatzprozess

40 Wird wegen eines Verstoßes gegen Vergabevorschriften Schadensersatz begehrt und ist vorher ein Nachprüfungsverfahren durchgeführt worden, ist das ordentliche Gericht **gemäß § 179 Abs. 1 GWB** an die bestandskräftige Entscheidung der Vergabekammer und die Entscheidung des Beschwerdegerichts über die Beschwerde gebunden.

[40] Namentlich dann, wenn im Zeitpunkt der Beschwerdeeinlegung seitens des Auftraggebers noch keine Vorabinformation gemäß § 134 GWB versandt worden war: OLG Frankfurt Beschl. v. 24.8.2017 – 11 Verg 12/17, NZBau 2018, 253; OLG Düsseldorf Beschl. v. 26.9.2018 – VII-Verg 50/18, ZfBR 2019, 296; anders noch OLG Düsseldorf Beschl. v. 6.11.2000 – Verg 20/00, WuW 2001, 221.

[41] OLG Düsseldorf Beschl. v. 30.5.2012 – VII-Verg 15/12, BeckRS 2012, 18119; vgl. zum umgekehrten Fall eines Antrags des Beigeladenen analog § 173 Abs. 1 S. 3 GWB nach Feststellung der Vertragsunwirksamkeit durch die VK OLG Düsseldorf Beschl. v. 30.9.2013 – VII-Verg 32/13, BeckRS 2016, 15865.

[42] BGH Beschl. v. 19.7.2011 – X ZB 4/10, NZBau 2011, 629.

Die Vorschrift **beugt der nochmaligen Befassung einer anderen Gerichtsbarkeit** mit denselben Sach- und Rechtsfragen **vor.**[43] Im Übrigen prüft das mit Schadensersatzforderungen von (früheren) Bietern befasste Gericht die Anspruchsvoraussetzungen und -hindernisse autonom. 41

Die **Begrenzung der Bindungswirkung auf ordentliche Gerichte** ist nicht mehr ganz verständlich, können doch etwa auch im Zusammenhang mit der Anbahnung von öffentlich-rechtlichen Verträgen Schadensersatzprozesse durchaus auch vor die Verwaltungs- oder Sozialgerichte gelangen. Eine analoge Anwendung des § 179 Abs. 1 GWB auf solche Fälle sollte aber möglich sein. 42

---

[43] BayObLG Beschl. v. 21.5.1999 – Verg 1/99, NZBau 2000, 49.

§ 44 Vorabentscheidung über den Zuschlag

Übersicht

GWB: §§ 163 Abs. 2, 169, 176, 177

§ 163 GWB Untersuchungsgrundsatz

(1) hier nicht abgedruckt.

(2) Die Vergabekammer prüft den Antrag darauf, ob er offensichtlich unzulässig oder unbegründet ist. Dabei berücksichtigt die Vergabekammer auch einen vorsorglich hinterlegten Schriftsatz (Schutzschrift) des Auftraggebers. Sofern der Antrag nicht offensichtlich unzulässig oder unbegründet ist, übermittelt die Vergabekammer dem Auftraggeber eine Kopie des Antrags und fordert bei ihm die Akten an, die das Vergabeverfahren dokumentieren (Vergabeakten). Der Auftraggeber hat die Vergabeakten der Kammer sofort zur Verfügung zu stellen. Die §§ 57 bis 59 Absatz 1 bis 5 sowie § 61 gelten entsprechend.

§ 169 GWB Aussetzung des Vergabeverfahrens

(1) Informiert die Vergabekammer den Auftraggeber in Textform über den Antrag auf Nachprüfung, darf dieser vor einer Entscheidung der Vergabekammer und dem Ablauf der Beschwerdefrist nach § 172 Absatz 1 den Zuschlag nicht erteilen.

(2) Die Vergabekammer kann dem Auftraggeber auf seinen Antrag oder auf Antrag des Unternehmens, das nach § 134 vom Auftraggeber als das Unternehmen benannt ist, das den Zuschlag erhalten soll, gestatten, den Zuschlag nach Ablauf von zwei Wochen seit Bekanntgabe dieser Entscheidung zu erteilen, wenn unter Berücksichtigung aller möglicherweise geschädigten Interessen sowie des Interesses der Allgemeinheit an einem raschen Abschluss des Vergabeverfahrens die nachteiligen Folgen einer Verzögerung der Vergabe bis zum Abschluss der Nachprüfung die damit verbundenen Vorteile überwiegen. Bei der Abwägung ist das Interesse der Allgemeinheit an einer wirtschaftlichen Erfüllung der Aufgaben des Auftraggebers zu berücksichtigen; bei verteidigungs- oder sicherheitsspezifi-

schen Aufträgen im Sinne des § 104 sind zusätzlich besondere Verteidigungs- und Sicherheitsinteressen zu berücksichtigen. Die besonderen Verteidigungs- und Sicherheitsinteressen überwiegen in der Regel, wenn der öffentliche Auftrag oder die Konzession im unmittelbaren Zusammenhang steht mit

1. einer Krise,
2. einem mandatierten Einsatz der Bundeswehr,
3. einer einsatzgleichen Verpflichtung der Bundeswehr oder
4. einer Bündnisverpflichtung.

Die Vergabekammer berücksichtigt dabei auch die allgemeinen Aussichten des Antragstellers im Vergabeverfahren, den Auftrag oder die Konzession zu erhalten. Die Erfolgsaussichten des Nachprüfungsantrags müssen nicht in jedem Fall Gegenstand der Abwägung sein. Das Beschwerdegericht kann auf Antrag das Verbot des Zuschlags nach Absatz 1 wiederherstellen; § 168 Absatz 2 Satz 1 bleibt unberührt. Wenn die Vergabekammer den Zuschlag nicht gestattet, kann das Beschwerdegericht auf Antrag des Auftraggebers unter den Voraussetzungen der Sätze 1 bis 4 den sofortigen Zuschlag gestatten. Für das Verfahren vor dem Beschwerdegericht gilt § 176 Absatz 2 Satz 1 und 2 und Absatz 3 entsprechend. Eine sofortige Beschwerde nach § 171 Absatz 1 ist gegen Entscheidungen der Vergabekammer nach diesem Absatz nicht zulässig.

(3) Sind Rechte des Antragstellers aus § 97 Absatz 6 im Vergabeverfahren auf andere Weise als durch den drohenden Zuschlag gefährdet, kann die Kammer auf besonderen Antrag mit weiteren vorläufigen Maßnahmen in das Vergabeverfahren eingreifen. Sie legt dabei den Beurteilungsmaßstab des Absatzes 2 Satz 1 zugrunde. Diese Entscheidung ist nicht selbständig anfechtbar. Die Vergabekammer kann die von ihr getroffenen weiteren vorläufigen Maßnahmen nach den Verwaltungsvollstreckungsgesetzen des Bundes und der Länder durchsetzen; die Maßnahmen sind sofort vollziehbar. § 86a Satz 2 gilt entsprechend.

(4) Macht der Auftraggeber das Vorliegen der Voraussetzungen nach § 117 Nummer 1 bis 3 oder § 150 Nummer 1 oder 6 geltend, entfällt das Verbot des Zuschlags nach Absatz 1 fünf Werktage nach Zustellung eines entsprechenden Schriftsatzes an den Antragsteller; die Zustellung ist durch die Vergabekammer unverzüglich nach Eingang des Schriftsatzes vorzunehmen. Auf Antrag kann das Beschwerdegericht das Verbot des Zuschlags wiederherstellen. § 176 Absatz 1 Satz 1, Absatz 2 Satz 1 sowie Absatz 3 und 4 ist entsprechend anzuwenden.

§ 176 GWB Vorabentscheidung über den Zuschlag

(1) Auf Antrag des Auftraggebers oder auf Antrag des Unternehmens, das nach § 134 vom Auftraggeber als das Unternehmen benannt ist, das den Zuschlag erhalten soll, kann das Gericht den weiteren Fortgang des Vergabeverfahrens und den Zuschlag gestatten, wenn unter Berücksichtigung aller möglicherweise geschädigten Interessen die nachteiligen Folgen einer Verzögerung der Vergabe bis zur Entscheidung über die Beschwerde die damit verbundenen Vorteile überwiegen. Bei der Abwägung ist das Interesse der Allgemeinheit an einer wirtschaftlichen Erfüllung der Aufgaben des Auftraggebers zu berücksichtigen; bei verteidigungs- oder sicherheitsspezifischen Aufträgen im Sinne des § 104 sind zusätzlich besondere Verteidigungs- und Sicherheitsinteressen zu berücksichtigen. Die besonderen Verteidigungs- und Sicherheitsinteressen überwiegen in der Regel, wenn der öffentliche Auftrag oder die Konzession im unmittelbaren Zusammenhang steht mit

1. einer Krise,
2. einem mandatierten Einsatz der Bundeswehr,
3. einer einsatzgleichen Verpflichtung der Bundeswehr oder
4. einer Bündnisverpflichtung.

Das Gericht berücksichtigt bei seiner Entscheidung auch die Erfolgsaussichten der sofortigen Beschwerde, die allgemeinen Aussichten des Antragstellers im Vergabeverfahren, den öffentlichen Auftrag oder die Konzession zu erhalten, und das Interesse der Allgemeinheit an einem raschen Abschluss des Vergabeverfahrens.

(2) Der Antrag ist schriftlich zu stellen und gleichzeitig zu begründen. Die zur Begründung des Antrags vorzutragenden Tatsachen sowie der Grund für die Eilbedürftigkeit sind glaubhaft zu machen. Bis zur Entscheidung über den Antrag kann das Verfahren über die Beschwerde ausgesetzt werden.

(3) Die Entscheidung ist unverzüglich, längstens innerhalb von fünf Wochen nach Eingang des Antrags zu treffen und zu begründen; bei besonderen tatsächlichen oder rechtlichen Schwierigkeiten kann der Vorsitzende im Ausnahmefall die Frist durch begründete Mitteilung an die Beteiligten um den erforderlichen Zeitraum verlängern. Die Entscheidung kann ohne mündliche Verhandlung ergehen. Ihre Begründung erläutert Rechtmäßigkeit oder Rechtswidrigkeit des Vergabeverfahrens. § 175 ist anzuwenden.

§ 177 GWB Ende des Vergabeverfahrens nach Entscheidung des Beschwerdegerichts

Ist der Auftraggeber mit einem Antrag nach § 176 vor dem Beschwerdegericht unterlegen, gilt das Vergabeverfahren nach Ablauf von zehn Tagen nach Zustellung der Entscheidung als beendet, wenn der Auftraggeber nicht die Maßnahmen zur Herstellung der Rechtmäßigkeit des Verfahrens ergreift, die sich aus der Entscheidung ergeben; das Verfahren darf nicht fortgeführt werden.

Literatur:

Brauer, Das Verfahren vor der Vergabekammer, NZBau 2009, 297ff.; *Byok/Goodarzi* WuW 2004, 1024ff.; *Chen,* Ist das Zuschlagsverbot des § 169 Abs. 1 GWB europarechtskonform?, VergabeR 2019, 145ff.; *Eiermann,* Primärrechtsschutz gegen öffentliche Auftraggeber bei europaweiten Ausschreibungen durch Vergabenachprüfungsverfahren – Teil 1 und 2, NZBau 2016, 13ff und 76ff.; *Erdmann,* Die Interessenabwägung im vergaberechtlichen Eilrechtsschutz gemäß §§ 115 Abs. 2 Satz 1, 118 Abs. 2 Satz 2 und 121 Abs. 1 Satz 2 GWB, VergabeR 2008, 908ff.; *Gabriel,* Die Vergaberechtsreform 2009 und die Neufassung des Vierten Teils des GWB, NJW 2009, 2011ff.; *Krist,* Änderungen im Vergabeprozessrecht, VergabeR 2016, 396ff.; *Kühnen,* Das Verfahren vor dem Vergabesenat, NZBau 2009, 357ff.; *Opitz,* Das Eilverfahren, NZBau 2005, 213ff.; *Peters,* Die behindernde Wirkung eines Nachprüfungsverfahrens, NZBau 2010, 156ff.

A. Einleitung

1 Mit § 169 Abs. 1 GWB enthält das Vergabeprozessrecht eine sehr bieterfreundliche Regelung. Der Bieter, der sich übergangen oder benachteiligt sieht und deshalb einen Nachprüfungsantrag stellt, wird durch bloße Übermittlung der Antragsschrift an den Antragsgegner vor Rechtsverlust geschützt. Hierdurch wird ein **gesetzliches Zuschlagsverbot** ausgelöst (§ 169 Abs. 1 GWB; dazu bereits → § 40 Rn. 7). Ein gleichwohl erteilter Zuschlag verstieße gegen ein gesetzliches Verbot iSd § 134 BGB; dies führt zur Nichtigkeit des geschlossenen Vertrages. § 168 Abs. 2 S. 1 GWB (Unzulässigkeit von Nachprüfungsanträgen gegen wirksam geschlossene Verträge → § 42 Rn. 19ff.) würde also selbstverständlich nicht greifen.

2 Das kann sich im Einzelfall als zu scharfes Schwert gegenüber dem Antragsgegner und dem Beigeladenen (Zuschlagsdestinatär) erweisen. Für solche Fälle sieht der Teil 4 des GWB diverse **„Korrekturmechanismen" und Instrumente vor, mit deren Hilfe der Antragsgegner und der Beigeladene in den Genuss von Eilrechtsschutz** kommen können, um mit einem wirksamen Vertragsschluss nicht bis zum Ende des Hauptsacheverfahrens (ggf. über beide Instanzen) warten zu müssen. Auf diese Instrumente ist nachfolgend näher einzugehen.

B. Prüfung und Übermittlung eines Nachprüfungsantrages zur Auslösung des Zuschlagsverbotes

3 Ein Zuschlagsverbot wird noch nicht dadurch ausgelöst, dass der Antragsteller einen Nachprüfungsantrag bloß bei der Vergabekammer eingereicht hat, auch dann nicht, wenn der Auftraggeber bereits Kenntnis von der Einreichung des (noch nicht von der Vergabekammer übermittelten) Nachprüfungsantrags hat.[1]

4 Die Vergabekammer prüft einen eingehenden Nachprüfungsantrag gemäß § 163 Abs. 2 S. 1 GWB darauf, ob er **offensichtlich unzulässig oder offensichtlich unbegründet** ist.

5 Dabei berücksichtigt die Vergabekammer auch einen vorsorglich hinterlegten Schriftsatz **(Schutzschrift)** des Auftraggebers. Die auch vorher schon bestehende (und von der Praxis wahrgenommene) Möglichkeit, eine Schutzschrift bei der Vergabekammer einzureichen, ist seit In-Kraft-Treten des Vergaberechtsmodernisierungsgesetzes im April 2009 in § 163 (vormals: § 110) Abs. 2 S. 2 GWB explizit geregelt. Danach hat die Vergabekammer den Inhalt einer Schutzschrift bei der Entscheidung zu berücksichtigen, ob sie den Nachprüfungsantrag an den Auftraggeber übermittelt. Nicht zulässig ist es, wenn die Vergabekammer einem Unternehmen, das einen Nachprüfungsantrag lediglich angekündigt, aber noch nicht eingereicht hat, vorab die Schutzschrift übersendet. Zu diesem Zeitpunkt gibt es noch kein Verfahren, in dem Schriftsätze ausgetauscht werden könnten oder auch nur dürften. Beabsichtigt die Vergabekammer aber, auf Basis der Inhalte einer Schutzschrift von einer Übermittlung der Antragsschrift an den Auftraggeber nach den § 163 Abs. 2 GWB, § 169 Abs. 1 GWB abzusehen, muss sie dem Antragsteller bezogen auf die Schutzschrift **rechtliches Gehör** gewähren.

6 In der **Praxis** wird „offensichtliche" Unzulässigkeit (das kann etwa dann der Fall sein, wenn es hinsichtlich der vergaberechtlichen Beanstandungen ersichtlich an vorherigen Rügen fehlt und die Rügen auch nicht ausnahmsweise entbehrlich waren) oder offensichtliche Unbegründetheit nur selten angenommen. Entscheidet die Vergabekammer ablehnend, ohne den Nachprüfungsantrag an den Auftraggeber übermittelt zu haben, kann das Beschwerdegericht diese Übermittlung auf die sofortige Beschwerde des Antragstellers nachholen und damit ggf. noch – ja nach Stand des Vergabeverfahrens – ein Zuschlagsverbot auslösen. In Einzelfällen hat die Rechtsprechung – was allerdings zu hinterfragen und nicht ohne Weiteres verallgemeinerungsfähig ist, denn mittels § 168 Abs. 2 S. 1 GWB soll ja gerade Rechtsfrieden einkehren – bei rechtswidrig unterbliebener Übermittlung eines Nachprüfungsantrags durch die Vergabekammer an den Antragsgegner die Unwirksamkeit des angesichts dessen geschlossenen Vertrages unter dem Gesichtspunkt von Treu und Glauben angenommen.[2]

7 Sofern der Antrag nicht offensichtlich unzulässig oder unbegründet ist, übermittelt die Vergabekammer dem Auftraggeber eine Kopie des Antrags und fordert bei ihm die Akten an, die das Vergabeverfahren dokumentieren **(Vergabeakten).** Der Auftraggeber hat die Vergabeakten der Kammer **sofort** (also nicht lediglich „unverzüglich") zur Verfügung zu stellen.

---

[1] OLG Frankfurt a.M. Beschl. v. 6.3.2013 – 11 Verg 7/12, BeckRS 2013, 6833. Der Fall kommt in der Praxis gar nicht so selten vor. Auch nach Information über den Nachprüfungsantrag durch den Antragsteller ist der Zuschlag nicht etwa treuwidrig, sondern wirksam, solange der Nachprüfungsantrag nicht gemäß § 169 Abs. 1 GWB an den öffentlichen Auftraggeber übermittelt worden ist.

[2] KG Beschl. v. 10.2.2020 – Verg 6/19, VPR 2020, 2609.

C. Folgen der Information des öffentlichen Auftraggebers über den Nachprüfungsantrag (mindestens in Textform)

I. Bewirkung eines gesetzlichen Zuschlagsverbotes

Die **Übermittlung eines Nachprüfungsantrags**[3] bewirkt – wie dargelegt –, dass der Vertrag – grundsätzlich bis zur Entscheidung der Vergabekammer nach § 168 Abs. 1 GWB und bis zum Ablauf der Beschwerdefrist (§ 172 GWB) – nicht geschlossen werden darf (zur Vorabgestattung des Zuschlags sogleich → Rn. 14 ff.). 8

Der Suspensiveffekt eines in Textform übermittelten Nachprüfungsantrags **hindert einen Auftraggeber nicht, das Vergabeverfahren (etwa die Angebotsbewertung) fortzusetzen.** Verboten ist nur der Zuschlag, dh die Annahme des wirtschaftlichsten Angebots. Streitig ist, ob der Zuschlag unter der aufschiebenden Bedingung der bestands- oder rechtskräftigen Ablehnung des Nachprüfungsantrags (oder des anderweiten Wegfalls des Zuschlagsverbots) zulässig ist. Jedenfalls verstößt die Abgabe der Willenserklärung (der Annahme des Angebots) nicht gegen § 169 Abs. 1 GWB, solange dafür Sorge getragen ist, dass der Zugang der Zuschlagserklärung nicht erfolgt. 9

II. Beendigung des Zuschlagsverbotes

Nicht ganz trivial ist häufig die Frage danach, wie lange – lässt man ausdrückliche Entscheidungen hierüber in Eilantragsverfahren nach den § 169 Abs. 2 GWB, § 173 Abs. 1 S. 3 GWB und 176 GWB einmal außen vor – das Zuschlagsverbot **andauert.** 10

Aufgehoben ist das Zuschlagsverbot sicherlich bei Rücknahme des Nachprüfungsantrags und bei einer Erledigungserklärung des Antragstellers – in diesen Fällen hat die Mitteilung der Vergabekammer, dass das Nachprüfungsverfahren beendet ist, nur deklaratorische Bedeutung – sowie bei Bestandskraft einer zurückweisenden Entscheidung der Vergabekammer oder Rechtskraft einer Entscheidung des Beschwerdegerichts, welche die zurückweisende Entscheidung der Vergabekammer bestätigt. 11

Für den Fall, dass die Vergabekammer den **Zuschlag untersagt** (und dem Nachprüfungsantrag in erster Instanz stattgegeben hat), ist dem Gesetz eine klare Regelung zu entnehmen. Der Zuschlag hat dann (uU über die Dauer des gesamten Nachprüfungsverfahrens hinaus) solange zu unterbleiben, wie nicht das Beschwerdegericht die Entscheidung der Vergabekammer aufhebt (§ 173 Abs. 3 GWB – dazu noch näher im Zusammenhang mit der Vollstreckung von Beschlüssen der Vergabekammer → § 45 Rn. 4). 12

Allein mit Hilfe des Gesetzestexts nicht zu bewältigen ist aber die Konstellation, in der dem Antragsgegner seitens der Vergabekammer – für den Fall fortbestehender Beschaffungsabsicht – bestimmte Maßgaben bzw. Vorgaben gemacht werden. **Leistet der Antragsgegner solchen Maßgaben der Vergabekammer Folge,** dürfte ein Antrag auf Verlängerung der aufschiebenden Wirkung der sofortigen Beschwerde unstatthaft sein (bzw. werden). In Fällen, in denen die Vergabekammer Maßnahmen iSd § 168 Abs. 1 S. 1 GWB anordnet, um eine Rechtsverletzung zu beseitigen, spricht sie damit inzident – das Verfahren kann so, wie ursprünglich beabsichtigt, ja gerade nicht zu Ende geführt werden – auch ein Zuschlagsverbot aus. Diese Zuschlagsuntersagung entfällt – insoweit werden die in § 173 Abs. 3 GWB ausdrücklich angesprochenen Gründe durch einen ungeschriebenen Tatbestand ergänzt –, wenn die Vergabestelle den nach § 168 Abs. 1 S. 1 GWB angeordneten Maßnahmen (etwa die Zurückversetzung des Vergabeverfahrens in einen bestimm- 13

[3] Zum Zugang des Nachprüfungsantrags – die Antragsschrift wird üblicherweise mit einer Verfügung der Vergabekammer per Telefax oder (E-Mail) übermittelt – vgl. die instruktive Entscheidung der 1. VK des Bundes Beschl. v. 5.3.2010 – VK 1-16/10, IBR 2010, 296. Ein Ausdrucken des Faxes (oder eine sonstige Zurkenntnisnahme) sind daher für die Übermittlung des Nachprüfungsantrages, ebenso wie eine Rücksendung des üblicherweise beigefügten Empfangsbekenntnisses, nicht konstitutiv.

ten Stand) nachkommt.[4] Falls das Nachprüfungsverfahren – in zweiter Instanz – noch läuft, tritt Erledigung ein, es sei denn, der Antragsteller verfolgt in der zweiten Instanz ein weitergehendes Rechtsschutzziel.

D. Vorabgestattung des Zuschlags (§ 169 Abs. 2 GWB)

I. Vergabekammerverfahren

14 Der Auftraggeber und das – notwendig beizuladende – Unternehmen, das den Zuschlag erhalten soll, können bei der befassten Vergabekammer einen Antrag auf Vorabgestattung des Zuschlags stellen, über den in erster Instanz die Vergabekammer nach **§ 169 Abs. 2 GWB** entscheidet.

15 Die Entscheidung über die Vorabgestattung des Zuschlags hat unter Berücksichtigung aller möglicherweise geschädigten Interessen sowie des Interesses der Allgemeinheit an einem raschen Abschluss des Vergabeverfahrens danach zu ergehen, ob die nachteiligen Folgen einer Verzögerung der Vergabe bis zum Abschluss der Nachprüfung die damit verbundenen Vorteile überwiegen (§ 169 Abs. 2 S. 2 GWB). Eine wichtige Orientierungshilfe, auch wenn sie nicht in jedem Fall den Ausschlag geben müssen, stellen dabei die Erfolgsaussichten des Nachprüfungsantrags dar (§ 169 Abs. 2 S. 5 GWB). Ist der Nachprüfungsantrag bei der in Eilverfahren gebotenen summarischen Prüfung mit hoher Wahrscheinlichkeit unbegründet, und ist die Eilbedürftigkeit der Zuschlagserteilung glaubhaft gemacht worden, kann bzw. muss eine Vorabgestattung des Zuschlags erfolgen.[5]

16 Obwohl es – etwas irreführend – zum Prüfungsmaßstab in § 169 Abs. 2 S. 5 GWB heißt, dass die **Erfolgsaussichten** in der Hauptsache nicht in jedem Fall Gegenstand der Abwägung sein müssen, ist also in Fällen, in denen sich zu den Erfolgsaussichten nach einer dem Eilcharakter des Verfahrens entsprechenden, angemessenen Prüfung bereits Aussagen treffen lassen, die (bestehende oder mangelnde) Erfolgsaussicht der wichtigste Prüfungsmaßstab,[6] kann durch die Entscheidung über einen Antrag nach § 169 Abs. 2 GWB doch zum einen der Primärrechtsschutz für den Antragsteller verloren gehen, zum anderen aber auch ein dringendes Vorhaben des Antragsgegners und Auftraggebers für mehrere Monate aufgeschoben oder behindert sein. Das ergibt sich auch daraus, dass die allgemeine Aussicht des Antragstellers auf den Erhalt des Zuschlags (§ 169 Abs. 2 S. 4 GWB) zu berücksichtigen ist, da diese Maßgabe sehr häufig – jedenfalls bei gegen die Angebotsbewertung gerichteten Nachprüfungsverfahren – teilidentisch mit dem Prüfungsmaßstab des § 169 Abs. 2 S. 5 GWB (Erfolgsaussichten des Nachprüfungsantrags in der Hauptsache) sein wird. Wenn die Erfolgsaussichten also bereits gut eingeschätzt werden können, so müssen sie für die Vergabekammerentscheidung nach § 169 Abs. 2 GWB auch in die eine oder andere Richtung bei der Gewichtung des Interesses des Antragstellers am Erhalt des Primärrechtsschutzes Berücksichtigung finden.[7] Allerdings gilt inzwischen durch die Ergänzung eines neues Satzes in § 169 Abs. 2 GWB, dass die besonderen Verteidigungs- und Sicherheitsinteressen in der Regel überwiegen (und zwar dann – so wird man dies lesen müssen – auch die bestehenden Erfolgsaussichten des Antragstellers in der Hauptsache[8]), wenn der öffentliche Auftrag oder die Konzession im unmittelbaren Zusammenhang steht mit einer Krise, einem mandatierten Einsatz der Bundeswehr, einer einsatzgleichen Verpflichtung der Bundeswehr oder einer Bündnisverpflichtung. Entsprechende Ergänzungen

---

[4] OLG Düsseldorf Beschl. v. 29.11.2005 – VII-Verg. 82/05, VergabeR 2006, 424; LSG Essen Beschl. v. 30.1.2009 – L 21 KR 1/08 SFB, BeckRS 2009, 51726.

[5] OLG Düsseldorf Beschl. v. 9.5.2011 – VII-Verg 45/11, VergabeR 2011, 884.

[6] Vgl. auch 3. VK Bund Beschl. v. 21.4.2011 – VK 3-44/11, BeckRS 2011, 140416.

[7] Vgl. auch OLG Düsseldorf Beschl. v. 22.12.2011 – VII-Verg 101/11, ZfBR 2012, 388.

[8] Zu einem solchen Fall nach früherem Recht (Zuschlagsgestattung trotz überwiegender Erfolgsaussichten des Antragstellers in der Hauptsache) vor der Ergänzung der §§ 169 Abs. 2, 173 Abs. 2 und 176 Abs. 1 GWB bereits OLG Düsseldorf Beschl. v. 12.6.2018 – VII-Verg 16/17.

sind jetzt auch für die Beschwerdeinstanz in § 173 Abs. 2 S. 3 und § 176 Abs. 1 S. 3 GWB enthalten.

II. Besonderes Rechtsmittelverfahren vor dem Beschwerdegericht

Eine **sofortige Beschwerde** ist gegen die Vergabekammerentscheidung über die Vorabgestattung des Zuschlags **nicht zulässig** (§ 169 Abs. 2 S. 9 GWB). 17

Stattdessen kann der – im Eilverfahren vor der Vergabekammer nach § 169 Abs. 2 S. 1 bis 5 GWB – Unterlegene sich an das Beschwerdegericht wenden mit dem Antrag, entweder (falls die VK den Zuschlag vorab gestattet hat) das Verbot des Zuschlags wiederherzustellen oder andernfalls den sofortigen Zuschlag seitens des Beschwerdegerichts zu gestatten. Bei der Frage, ob das Zuschlagsverbot durch das Beschwerdegericht wiederherzustellen oder – nach durch die Vergabekammer abgelehnter Vorabgestattung – eine Zuschlagsgestattung durch das Beschwerdegericht angeordnet wird **(§ 169 Abs. 2 S. 6 und 7 GWB)** sind die gleichen Entscheidungskriterien anzuwenden wie bei der Gestattung oder Nichtgestattung des Zuschlags durch die Vergabekammer nach § 169 Abs. 2 S. 1 bis 5 GWB.[9] 18

Wegen des überaus engen zeitlichen Rahmens für das Beschwerdegericht – es müsste ja eigentlich (so der Tenor eines korrekten, stattgebenden Vergabekammerbeschlusses; § 169 Abs. 2 S. 1 GWB) **binnen zwei Wochen** nach Bekanntgabe der erstinstanzlichen Eilentscheidung beschließen –, werden sich einstweilige Wiederherstellungen des Zuschlagsverbotes („Hängebeschlüsse") in der Praxis nicht immer vermeiden lassen,[10] zumal § 169 Abs. 2 S. 8 GWB auf § 176 Abs. 3 GWB verweist. Dieser billigt dem Beschwerdegericht für die endgültige Eilentscheidung gemäß § 169 Abs. 2 GWB einen Zeitraum von 5 Wochen zu. 19

Noch klarer tritt die Notwendigkeit von solchen **Hängebeschlüssen** zur vorläufigen Wiederherstellung des Zuschlagsverbotes im Zusammenhang mit dem umstrittenen § 169 Abs. 4 GWB zu Tage, stehen Antragsteller und Beschwerdegericht hier doch nur wenige Tage für die Bewirkung der Wiederherstellung des Zuschlagsverbotes zur Verfügung[11] (zu § 169 Abs. 4 GWB noch näher → § 61 Rn. 21). 20

E. Vorabentscheidung über den Zuschlag durch das Beschwerdegericht nach § 176 GWB

Gemäß § 176 GWB kann das Beschwerdegericht auf Antrag des Auftraggebers oder auf Antrag des Unternehmens, das den Zuschlag erhalten soll (Beigeladene), **den Zuschlag gestatten.** 21

Der **Prüfungsmaßstab** des Beschwerdegerichts unterscheidet sich nicht von den Prüfungsmaßstäben nach § 173 Abs. 2 GWB (dazu → § 43 Rn. 32f.) und nach § 169 Abs. 2 GWB (dazu → Rn. 15f.). 22

I. Besonderheiten des Verfahrens

Auf einige Besonderheiten dieses Eilverfahrens ist jedoch explizit einzugehen: Die in der Norm ebenfalls angesprochene **Gestattung des bloßen weiteren Fortgangs des Vergabeverfahrens** dürfte in der Praxis isoliert kaum Bedeutung erlangen, ist dem Auftraggeber doch während des Nachprüfungsverfahrens das Weiterbetreiben des Vergabeverfahrens nicht verboten (→ Rn. 9 und → § 40 Rn. 7). Relevant ist das zB für Nachprüfungsver- 23

[9] OLG Düsseldorf Beschl. v. 9.5.2011 – VII-Verg 45/11, VergabeR 2011, 884.

[10] Zu einem solchen Fall etwa OLG Düsseldorf Beschl. v. 22.12.2011 – VII-Verg 101/11, ZfBR 2012, 388.

[11] Kritisch hierzu – statt vieler – OLG Düsseldorf Beschl. v. 8.6.2011 – VII-Verg 49/11, BeckRS 2011, 18449.

fahren, welche bereits gegen die Ausschreibungsgrundlagen (nicht nur gegen die Angebotsbewertung) gerichtet sind: Der Auftraggeber ist durch solche Nachprüfungsverfahren nicht gehindert, seine Vergabe weiter voranzubringen. Das schließt die Möglichkeit der Versendung von Vorabinformationen nach § 134 GWB und des Treffens von Vorbereitungen für den Zuschlag mit ein. Er darf nur den Zuschlag nicht herbeiführen (jedenfalls kann er damit keinen wirksamen Vertragsschluss herbeiführen). Etwas Anderes kann gelten, wenn die Vergabekammer in erster Instanz Entscheidungen nach § 169 Abs. 3 GWB über „weitere vorläufige Maßnahmen zum Eingriff in das Vergabeverfahren" getroffen hat (dazu sogleich → Rn. 29ff.).

24 § 176 Abs. 3 GWB enthält die Vorgaben zum zeitlichen Rahmen einer Eilentscheidung des Beschwerdegerichts über die Gestattung des Zuschlags. Danach ist diese **Entscheidung unverzüglich, längstens innerhalb von fünf Wochen nach Eingang des Antrags,** zu treffen und zu begründen; bei besonderen tatsächlichen oder rechtlichen Schwierigkeiten kann der Vorsitzende im Ausnahmefall die Frist durch begründete Mitteilung an die Beteiligten um den erforderlichen Zeitraum verlängern.

25 Streitig ist, ob ein Auftraggeber einen Antrag nach **§ 176 GWB** stellen kann, wenn der Antragsgegner zwar in erster Instanz obsiegt hatte, sich der Antragsteller dann aber mit seinem Eilantrag nach **§ 173 Abs. 1 S. 3 GWB** vorläufig durchgesetzt hat. Das Beschwerdegericht hat sich dann ja in dem gleichen Verfahren schon einmal – unter Anlegung der gleichen Prüfungsmaßstäbe – per Eilbeschluss mit der Sache befasst. Dieser Streit ist nicht recht verständlich. Hätte der Gesetzgeber die Statthaftigkeit des Antrags nach § 176 GWB (oder das Rechtsschutzbedürfnis für einen solchen Antrag) in bestimmten Konstellationen ausschließen wollen, hätte er dies im Gesetz klar zum Ausdruck bringen müssen. Ein Antrag des Antragsgegners nach § 176 GWB muss auch dann statthaft sein, wenn der Antragsgegner im Verfahren nach § 173 Abs. 1 S. 3 GWB die Eilentscheidung des Beschwerdegerichts „kassiert" hat, dass die aufschiebende Wirkung der sofortigen Beschwerde verlängert wird. Das Rechtschutzbedürfnis für einen solchen Antrag und die *Begründetheit* des Antrags nach § 176 GWB werden aber in einer solchen Konstellation nur dann bejaht werden können, wenn zwischenzeitlich neues Abwägungsmaterial hinzugekommen ist (etwa wenn neue Sachverhaltsinformationen zugunsten des Auftraggebers oder zulasten des Nachprüfenden aufgetaucht sind oder wenn inzwischen zu gleichen oder ähnlichen Sachverhalten in Parallelverfahren Hauptsacheentscheidungen zugunsten des Auftraggebers vorliegen). Erst recht (und ohne weitere Voraussetzungen) sollte der Antrag gemäß § 176 GWB statthaft sein, wenn das Beschwerdegericht die aufschiebende Wirkung der sofortigen Beschwerde des Antragstellers per „Hängebeschluss" nur einstweilen (bis zur finalen Entscheidung über den Eilantrag des Antragstellers gemäß § 173 Abs. 1 S. 3 GWB) angeordnet hat.

26 Ein Eilbeschluss nach § 176 (vormals: § 121) GWB kann auch ergehen, wenn in der Hauptsache eine Aussetzung wegen Vorgreiflichkeit einer erwarteten grundsätzlichen EuGH- oder BGH-Entscheidung wahrscheinlich ist. Hierzu das OLG Düsseldorf: Wie die Vorlagefrage zu beantworten ist, müsse *„in einem Eilverfahren nach § 121 GWB ... nicht entschieden werden, sondern kann – zumal die Verfahrensbeteiligten im vorliegenden Verfahren darüber nicht streiten und die Entscheidung des Senats über den Eilantrag keine materielle Rechtskraftwirkung entfaltet – zu Gunsten der Antragstellerin als richtig unterstellt werden, was zugleich die Möglichkeit eröffnet, auf einen Antrag des Auftraggebers nach § 121 GWB im Interesse der Allgemeinheit an einem raschen Abschluss des Vergabeverfahrens das durch die Zustellung des Nachprüfungsantrags eingetretene Zuschlagsverbot dann nicht weiter andauern zu lassen ..., wenn der Nachprüfungsantrag in der Sache selbst mit hoher Wahrscheinlichkeit erfolglos ist .... Der unterlegene Verfahrensbeteiligte wird dadurch nicht gesetzwidrig beschwert, da die Eilentscheidung nicht in Rechtskraft erwächst. Zwar geht der Auftrag verloren. Doch beruht dies auf der nach den einleitend dargestellten Maßstäben zu treffenden Eilentscheidung".*[12]

---

[12] OLG Düsseldorf Beschl. v. 17.4.2008 – VII-Verg 15/08, BeckRS 2008, 13107; aA allerdings etwa Bran-

II. Wirkungen der ablehnenden Entscheidung des Beschwerdegerichts (§ 177 GWB)

Gegen eine Entscheidung nach § 176 GWB ist ein Rechtsmittel nicht zulässig (§ 176 Abs. 4 GWB). Für den Auftraggeber (und den Beigeladenen) hat dies bei Ablehnung des Eilantrags wegen § 177 GWB ganz erhebliche Konsequenzen: Denn **das Vergabeverfahren gilt nach Ablauf von zehn Tagen nach Zustellung der ablehnenden Entscheidung als beendet (gesetzliche Fiktion),** wenn der Auftraggeber nicht die Maßnahmen zur Herstellung der Rechtmäßigkeit des Verfahrens ergreift, die sich aus der Entscheidung ergeben. Unverändert darf das Verfahren nicht fortgeführt werden. Das wird nach dem vergleichsweise eindeutigen Gesetzeswortlaut auch dann zu gelten haben, wenn sich aus der Entscheidung des Beschwerdegerichts keine Maßnahmen ergeben, welche der Auftraggeber zur Herstellung der Rechtmäßigkeit des Vergabeverfahrens ergreifen könnte, etwa weil sich das Beschwerdegericht hinsichtlich der Erfolgsaussichten der Hauptsache gar nicht festgelegt hat. Entschieden ist dies aber bislang nicht. 27

Anträge des öffentlichen Auftraggebers nach § 176 GWB wollen also gut überlegt sein. Allerdings **ist die Rechtsfolge des § 177 GWB konsequent,** wenn die Erfolgsaussicht des Antragstellers im Hauptsacheverfahren aufgrund summarischer Prüfung mit einiger Sicherheit prognostiziert werden kann. 28

F. Antrag auf weitere vorläufige Maßnahmen zum Eingriff in das Vergabeverfahren (§ 169 Abs. 3 GWB)

Auf besonderen Antrag können weitere vorläufige Maßnahmen seitens der Vergabekammer angeordnet werden, wenn Rechte des Antragstellers auf andere Weise als durch den drohenden Zuschlag gefährdet sind (§ 169 Abs. 3 S. 1 GWB). 29

I. Analoge Anwendung im Verfahren der sofortigen Beschwerde

Die Befugnis zu solchen Anordnungen steht in analoger Anwendung des § 169 Abs. 3 GWB auch dem Beschwerdegericht zu, wenn sich dieses mit einem entsprechenden Antrag konfrontiert sieht. Das steht außer Streit.[13] Eine Aufnahme des § 169 Abs. 3 GWB in den Katalog derjenigen Vorschriften für das Vergabekammerverfahren, die nach § 175 Abs. 2 GWB für das Beschwerdeverfahren analog gelten, würde sich gleichwohl anbieten. 30

II. Inhalt des Tenors des Eilbeschlusses ist begrenzt durch die Hauptsache

Eilanordnungen gemäß § 169 Abs. 3 GWB sollen der Sicherung einer noch ergehenden Entscheidung der Vergabekammer bzw. des Vergabesenats nach § 168 Abs. 1 GWB oder § 178 GWB dienen. Ihr **Inhalt kann also nicht über das hinausgehen, was als Inhalt der potenziellen endgültigen (Hautsache-) Entscheidung in Betracht kommt.**[14] 31

Abzulehnen ist daher die Auffassung, wonach auf Basis des § 169 Abs. 3 GWB (analog) auch **vorläufige Maßnahmen unmittelbar gegen die Beigeladene** (also den künftigen oder ggf. schon – mutmaßlich unwirksam – beauftragten Auftragnehmer) angeordnet werden können.[15] Es mag zwar sein, dass der Wortlaut des § 169 Abs. 3 GWB derartiges zu- 32

---

denburgisches OLG Beschl. v. 8.1.2008 – Verg W 18/07 mit dem Hinweis, dass die Entscheidung dem zuständigen Gericht vorbehalten sein müsse. Dieses stehe erst fest, wenn der EuGH entschieden habe, ob auf den streitbefangenen Vorgang Vergaberecht anwendbar sei oder nicht. Das verkennt aber den summarischen Prüfungsmaßstab des Beschwerdegerichts im Eilantragsverfahren.

[13] OLG Düsseldorf Beschl. v. 18.12.2007 – VII-Verg 47/07, BeckRS 2008, 13110; OLG Naumburg Beschl. v. 31.7.2007 – 1 Verg 6/06, ZfBR 2006, 811; *Byok/Goodarzi* WuW 2004, 1024 (1026f.).

[14] OLG Düsseldorf Beschl. v. 20.10.2008 – VII-Verg 46/08, BeckRS 2009, 4981.

[15] OLG Düsseldorf Beschl. v. 30.4.2008 – VII-Verg 23/08, NZBau 2008, 461.

lässt und dass hierfür in bestimmten Konstellationen ein praktisches Bedürfnis zu Tage treten mag. Es geht im Nachprüfungsverfahren aber – in der Hauptsache wie in allen im Teil 4 des GWB vorgesehenen Eilverfahren – nur um Ansprüche gegen Auftraggeber. Nur diesen gegenüber sind diese Ansprüche durchzusetzen, auch wenn dies im Einzelfall als Umweg erscheinen sollte. § 156 Abs. 2 GWB (→ § 41 Rn. 12 ff.) bringt dies klar zum Ausdruck.

33 Zu einer anderen Konstellation: Der öffentliche Auftraggeber hatten infolge der Blockierung einer Auftragsvergabe durch eine Vergabenachprüfung einen Interimsauftrag geschlossen. Der Antragsteller im laufenden Nachprüfungsverfahren beantragte beim Beschwerdegericht analog § 115 Abs. 3 GWB Maßnahmen, um die Ausführung des Interimsauftrags zu unterbinden. Diesen Antrag hat das betreffenden Oberlandesgericht mangels eines Rechtsschutzbedürfnisses verworfen: *„Keinesfalls ist das Beschwerdegericht befugt, durch eine (Eil-) Entscheidung im vorliegenden Nachprüfungsverfahren in ein anderes Vergabeverfahren einzugreifen und dem Auftraggeber in jenem Verfahren bestimmte Verhaltensmaßregeln aufzuerlegen. Daran hat der Antragsteller kein schützenswertes Interesse, weil er Rechtsverstöße in einem gesonderten, gegen jenes Vergabeverfahren gerichteten Nachprüfungsverfahren verfolgen kann“.*[16]

III. Rechtsschutzbedürfnis

34 Ein Rechtsschutzbedürfnis für einen Antrag nach § 169 Abs. 3 GWB besteht nicht, wenn der Antragsteller durch die begehrte Eilanordnung seine – ohnehin starke – **Rechtsposition,** die er auf Basis des nach § 169 Abs. 1 GWB erlangten Zuschlagsverbotes erlangt hat, nicht **verbessern** würde.[17] Beantragt der Antragsteller etwa sinngemäß nach § 169 Abs. 3 GWB die Aussetzung eines laufenden Vergabeverfahrens, für das die Angebotsfrist noch läuft, weil er sich aufgrund der vergaberechtswidrigen Ausschreibungsgrundlagen (Bewerbungs- oder Vertragsbedingungen; Teilnahmevoraussetzungen) außer Stande sieht, ein Angebot abzugeben, bedarf es keiner Eilanordnung nach § 169 Abs. 3 GWB. Denn der Antragsteller behält in der Hauptsache, mit der ein Zuschlagsverbot ja ausgelöst ist, die Antragsbefugnis auch, wenn er in einer solchen Situation kein Angebot abgibt (dazu → § 41 Rn. 48). Der Antragsteller muss also nicht etwa ein Angebot abgeben, auch nicht zur Wahrung der Rechte aus § 97 Abs. 6 GWB.

35 Fraglich ist vor diesem Hintergrund auch, ob ein Rechtsschutzbedürfnis für **feststellende Entscheidungen** der Vergabekammer oder des Beschwerdegerichts auf Basis von § 169 Abs. 3 GWB (analog) anzuerkennen ist. In einem konkret entschiedenen Fall wurde festgestellt, dass ein in der Vergabekammerentscheidung ausgesprochenes Zuschlagsverbot fortgilt.[18] Das mag (als Hinweis auf die Rechtslage) in Betracht kommen, wenn aktuell – im Zeitpunkt, in dem über den Antrag des Antragstellers nach § 169 Abs. 3 GWB (analog) zu entscheiden ist – beim Antragsgegner erkennbare Fehlvorstellungen vorhanden sind und auch objektiv Zweifel an der (Fort-) Geltung des Zuschlagsverbot bestehen. Aber selbst dann stellt sich die Frage, ob tatsächlich diejenige Situation vorliegt, für die § 169 Abs. 3 GWB eine Regelung treffen will (nämlich, dass **Rechte des Antragstellers „auf andere Weise als durch den drohenden Zuschlag gefährdet sind“**). Das ist eher zu verneinen.

[16] OLG Düsseldorf Beschl. v. 13.3.2015 – VII-Verg 5/15 unter Hinweis auf OLG Naumburg Beschl. v. 17.5.2006 – 1 Verg 3/06, BeckRS 2006, 08304; Beschl. v. 31.7.2006 – 1 Verg 6/06, ZfBR 2006, 811; Byok/Jaeger/*Byok* § 115 GWB Rn. 38.

[17] Vgl. zu diesem Beispielsfall 1. VK Bund Beschl. v. 20.4.2006 – VK 1-19/06, BeckRS 2006, 135597.

[18] OLG Düsseldorf Beschl. v. 18.12.2007 – VII-Verg 47/07, BeckRS 2008, 13110.

IV. Prüfungsmaßstab

Hinsichtlich des Prüfungsmaßstabes gelten **keine Besonderheiten;** § 169 Abs. 3 S. 2 GWB verweist auf § 169 Abs. 2 S. 1 GWB zur Vorabgestattung des Zuschlags (dazu → Rn. 14ff.). 36

V. Kein Rechtsmittel

Anordnungen der Vergabekammer gemäß § 169 Abs. 3 GWB sind nach dem klaren Wortlaut des § 169 Abs. 3 S. 3 GWB **nicht isoliert anfechtbar.** Eine analoge Anwendung etwa des § 169 Abs. 2 S. 6 bis 8 GWB[19] oder gar der §§ 171ff. GWB hat auszuscheiden; es fehlt ersichtlich an einer planwidrigen Regelungslücke. 37

Der mit seinem Eilantrag unterlegene Antragsteller kann aber seinen besonderen Antrag auf weitere vorläufige Maßnahmen in der **Beschwerdeinstanz** erneut anbringen. Gleichermaßen kann der Antragsgegner versuchen, eine Eilentscheidung der Vergabekammer nach § 169 Abs. 3 GWB im Rahmen des sofortigen Beschwerdeverfahrens zu beseitigen.

VI. Eingriff in das Vergabeverfahren und in die Durchführung bereits geschlossener Verträge

Der Wortlaut *„Eingriff in das Vergabeverfahren"* ist nach herrschender Meinung untechnisch zu verstehen, dh es sind auf Basis von § 169 Abs. 3 GWB auch Anordnungen von einstweiligen Durchführungsverboten mit Blick auf bereits (uU unwirksam) geschlossene Verträge denkbar, wenn sich der Nachprüfungsantrag in der Hauptsache auf die Feststellung der Unwirksamkeit eines Vertrages richtet (§ 135 Abs. 2 GWB). Hier ist jedoch – gerade wegen des fehlenden selbständigen Rechtsmittels – Vorsicht geboten. Das Begehren, im Wege des § 169 Abs. 3 S. 1 GWB ein **Durchführungsverbot** für den Vertrag zu erwirken, entspricht sehr weitgehend dem Anliegen des Antragstellers im Hauptsacheverfahren. Sowohl die Anordnung als auch die Nichtanordnung des beantragten einstweiligen Durchführungsverbotes kann sich wirtschaftlich als Vorwegnahme der Hauptsache darstellen. 38

In einer solchen Konstellation wird man (bei unklarem Ausgang der Hauptsache) in Abwägung aller Umstände wohl zu dem Ergebnis gelangen müssen, dass von der Anordnung des Durchführungsverbotes abzusehen ist. Dem Antragsteller stehen, falls er in der Hauptsache obsiegt, Schadensersatzansprüche zu. Und: Falls die Vergabekammer in der Entscheidung nach § 169 Abs. 3 GWB zum Ausdruck bringt, dass sie den Ausgang des Verfahrens in der Hauptsache für gänzlich offen hält, wird der Antragsteller möglicherweise auch deshalb keinen gesteigerten Wert mehr auf die beantragten „weiteren vorläufigen Maßnahmen" legen, weil er mit **Schadensersatzansprüchen des Antragsgegners nach § 180 Abs. 3 GWB** (hierzu → § 38 Rn. 41ff.) rechnen muss. 39

[19] Hierfür Byok/Jaeger/*Byok* § 115 GWB Rn. 40. Dort finden sich auch Nachweise der Rechtsprechung und des Schrifttums, die richtigerweise ein selbständiges Rechtsmittel verneinen, etwa OLG Frankfurt a.M. Beschl. v. 22.7.2008 – 11 Verg 7/08, BeckRS 2008, 20398.

§ 45 Vollstreckung von Entscheidungen

Übersicht

GWB: § 168 Abs. 3

§ 168 GWB Entscheidung der Vergabekammer

(1) und (2) hier nicht abgedruckt.

(3) Die Entscheidung der Vergabekammer ergeht durch Verwaltungsakt. Die Vollstreckung richtet sich, auch gegen einen Hoheitsträger, nach den Verwaltungsvollstreckungsgesetzen des Bundes und der Länder. Die §§ 61 und 86a Satz 2 gelten entsprechend.

Literatur:

Brauer, Das Verfahren vor der Vergabekammer, NZBau 2009, 297 ff.; *Bischoff,* Vollstreckung von Vergabekammerentscheidungen und Rechtsschutz gegen Vollstreckungsentscheidungen, VergabeR 2009, 433 ff.; *Engelhardt/App/Schlatmann,* VwVG/VwZG-Kommentar, 11. Aufl. 2017; *Kring,* Die Zwangsvollstreckung von Gerichtsurteilen gegenüber der öffentlichen Hand – Zwangshaft für Behördenleiter?, NVwZ 2019, 23 ff.

A. Einleitung

Nach § 168 (ehemals: § 114) Abs. 3 S. 2 GWB richtet sich die **Vollstreckung der Entscheidung der Vergabekammer nach den Verwaltungsvollstreckungsgesetzen des Bundes oder der Länder,** je nachdem, welcher Gebietskörperschaft der Auftrag nach den § 156 Abs. 1, § 159 GWB zuzurechnen ist. § 167 Abs. 1 VwGO iVm § 890 Abs. 2 ZPO gelten für die aus einem Verwaltungsakt betriebene Zwangsvollstreckung mithin nicht.[1] Die nachfolgende Darstellung beschränkt sich zur Vollstreckung von Vergabekammerentscheidungen (zur Vollstreckung von Entscheidungen des Beschwerdegerichts → Rn. 24 f.) auf die Rechtslage nach dem VwVG des Bundes (VwVG[2]). Rechtsprechung zu § 168 Abs. 3 GWB bzw. zur gleichlautenden, bis zum 17. 4. 2016 geltenden Vorgänger- 1

[1] BGH Beschl. v. 29. 6. 2010 – X ZB 15/08, NZBau 2010, 713.
[2] V. 27. 4. 1953 (BGBl. I 157), zuletzt geändert durch Gesetz v. 25. 11. 2014 (BGBl. I 1770).

regelung des § 114 Abs. 3 GWB aF gibt es nur vereinzelt. Die folgenden Aussagen lassen sich aber aus der vorhandenen Judikatur ableiten:

B. Vollstreckungsvoraussetzungen („Zulässigkeit des Verwaltungszwanges")

2 Nach **§ 6 Abs. 1Alt. 1 und 3 VwVG** kann der Verwaltungsakt, der auf die Vornahme einer Handlung, Duldung oder Unterlassung gerichtet ist (um solche Verwaltungsakte handelt es sich typischerweise bei stattgebenden Vergabekammerbeschlüssen – vgl. § 168 Abs. 1 und 3 GWB), mit Zwangsmitteln ua dann durchgesetzt werden, wenn der Beschluss der Vergabekammer
- unanfechtbar ist oder
- dem Rechtsmittel keine aufschiebende Wirkung beigelegt ist.

I. Unanfechtbarkeit der Zuschlagsuntersagung oder Wegfall der aufschiebenden Wirkung der sofortigen Beschwerde

3 Hat zB ein Antragsgegner den Beschluss (Verwaltungsakt) der Vergabekammer, mit dem ihm ein Zuschlag untersagt wurde, mit der sofortigen Beschwerde angegriffen und hat das zuständige Oberlandesgericht über die sofortige Beschwerde bislang noch nicht entschieden, ist damit der Beschluss der Vergabekammer zwar noch nicht unanfechtbar im Sinne des § 6 Abs. 1 Alt. 1 VwVG. Die **Unanfechtbarkeit** tritt erst mit Zurückweisung der sofortigen Beschwerde des Antragsgegners und/oder des Beigeladenen durch das Beschwerdegericht ein. Gleiches gilt, falls Antragsgegner oder Beigeladener ihre sofortige Beschwerde zurücknehmen.

4 In der Praxis bedeutsam ist aber der Fall des § 6 Abs. 1 Alt. 3 VwVG. Er setzt voraus, dass das Rechtsmittel gegen den Beschluss der Vergabekammer keine aufschiebende Wirkung hat. Eine sofortige Beschwerde gegen die stattgebende Entscheidung der Vergabekammer hat zwar gemäß § 173 Abs. 1 S. 1 GWB grundsätzlich aufschiebende Wirkung. Diese **aufschiebende Wirkung der sofortigen Beschwerde entfällt aber zwei Wochen nach Ablauf der Beschwerdefrist** (§ 173 Abs. 1 S. 2 GWB). Die Verlängerung der aufschiebenden Wirkung der sofortigen Beschwerde über diesen Zeitraum hinaus nach § 173 Abs. 1 S. 3 GWB kommt hier nicht in Betracht. Denn dieser Antrag kann nur vom Antragsteller beim Beschwerdegericht gestellt werden für den Fall, dass die Vergabekammer den Nachprüfungsantrag abgelehnt bzw. zurückgewiesen hat. § 173 Abs. 3 GWB bestimmt sogar explizit, dass die sofortige Beschwerde des erstinstanzlich unterlegenen Antragsgegners in vielen Fällen keine aufschiebende Wirkung hat: Falls der öffentliche Auftraggeber nicht entweder für ihn günstige Entscheidungen des Beschwerdegerichts nach § 176 GWB (Vorabentscheidung über den Zuschlag) oder nach § 178 GWB (Obsiegen im Beschwerdeverfahren) erwirkt hat, gilt die Zuschlagsuntersagung fort.[3]

II. Fortdauer des Zuschlagsverbots; Wirksamkeit eines entsprechenden Verwaltungsaktes

5 Die **Fortdauer des Zuschlagsverbots nach § 173 Abs. 3 GWB** knüpft formell allein daran an, dass die Vergabekammer ein solches ausgesprochen hat. Ob die Vergabekammer für die Entscheidung über den Nachprüfungsantrag in der Sache überhaupt zuständig war

[3] 3. VK Bund Beschl. v. 2.9.2011 – VK 3-62/11, IBRRS 2013, 2454.

oder nicht, spielt dabei keine Rolle. Die gegenteilige Sichtweise würde zu unzumutbaren Rechtsunklarheiten führen.[4]

Die **Rechtmäßigkeit des Verwaltungsakts** der Vergabekammer, mit welchem dem Auftraggeber/Antragsgegner der Zuschlag untersagt worden ist, ist also – was letztlich schon aus § 6 Abs. 1 VwVG folgt – selbstverständlich nicht Voraussetzung für die Vollstreckbarkeit. 6

Zu verlangen ist aber ein **wirksamer Verwaltungsakt.** Es kann offen bleiben, ob hinsichtlich der Unwirksamkeit die Regelung des § 44 VwVfG[5] oder die Grundsätze über die Nichtigkeit von Urteilen anzuwenden sind. Der Rechtsmangel müsste in der einen wie der anderen Variante so gewichtig und offensichtlich sein, dass dem Verwaltungsakt jedwede Rechtswirkung abgesprochen werden könnte. Das kann etwa dann der Fall sein, wenn die Vergabekammer mit dem erstinstanzlichen Beschluss offenkundig ihre Kompetenzen überschritten hat, etwa indem sie den Auftraggeber zu einer Neuausschreibung verpflichtet hat (und damit Vorgaben macht, die mit dem konkreten streitgegenständlichen Vergabeverfahren nichts zu tun haben).[6] An einer derartigen Offensichtlichkeit mangelt es hingegen, wenn andere Vergabekammern oder Gerichte vergleichbare Sachverhalte und Rechtsfragen ähnlich entschieden haben wie die den Zuschlag im konkreten Fall untersagende Vergabekammer. 7

III. Konkrete Anhaltspunkte für einen gegenwärtigen oder künftigen Verstoß gegen die durchsetzbare Pflicht; kein Verbrauch der durchsetzbaren Anordnung

Die Verwaltungsvollstreckung kann eingeleitet werden, wenn konkrete Anhaltspunkte für einen gegenwärtigen oder künftigen Verstoß gegen eine durchsetzbare (Zuschlags-) Unterlassungspflicht vorliegen.[7] Solche **Anhaltspunkte** liegen nicht schon dann vor, wenn der Antragsgegner legitimerweise versucht, das ihn beschwerende Zuschlagsverbot gerichtlich beseitigen zu lassen. Stellt ein Auftraggeber, dem die Zuschlagserteilung durch die Vergabekammer untersagt worden ist und der gegen diese Entscheidung sofortige Beschwerde zum Oberlandesgericht eingelegt hat, einen Antrag auf Vorabentscheidung über den Zuschlag nach § 176 GWB, macht er also von der in der einschlägigen Prozessordnung vorgesehenen Möglichkeit Gebrauch, beim angerufenen Gericht der Hauptsache einstweilige Anordnungen in Bezug auf den Streitgegenstand zu erwirken, kann dies vom Antragsteller nicht erfolgreich mit Anträgen auf Maßnahmen der Vollstreckung des erstinstanzlich ergangenen Verwaltungsaktes bekämpft werden. Vielmehr ist das Eilverfahren nach § 176 GWB auch für den Antragsteller die richtige Plattform, um seinen Standpunkt und seine Interessen zur Geltung zu bringen.[8] 8

Vollstreckungen nach § 168 Abs. 3 GWB haben ferner dann zu unterbleiben, wenn die durchsetzbare Anordnung der Vergabekammer „verbraucht" ist, der Auftraggeber ihr also längst nachgekommen ist (etwa durch eine Zurückversetzung des Vergabeverfahrens).[9] 9

---

[4] OLG Düsseldorf Beschl. v. 16.6.2008 – VII-Verg 7/08, BeckRS 2008, 21713; Beschl. v. 30.4.2008 – VII-Verg 4/08, BeckRS 2008, 20882; Beschl. v. 30.4.2008 – VII-Verg 3/08, BeckRS 2008, 21711; Beschl. v. 30.4.2008 – VII-Verg 57/07, BeckRS 2008, 13409.

[5] So OLG Düsseldorf Beschl. v. 10.3.2014 – VII-Verg 11/14, ZfBR 2014, 404.

[6] Zu einem solchen Sachverhalt OLG Düsseldorf Beschl. v. 10.3.2014 – VII-Verg 11/14, ZfBR 2014, 404; VK Arnsberg Beschl. v. 6.2.2014 – VK 22/13//15/12 V, NZBau 2014, 254.

[7] BGH Beschl. v. 29.6.2010 – X ZB 15/08, NZBau 2010, 713. Anderslautende Entscheidungen des OLG Düsseldorf, wonach es dahingestellt bleiben kann, ob die Gefahr besteht, dass sich ein Auftraggeber rechtswidrig über den Beschluss der Vergabekammer hinwegsetzt (Beschl. v. 16.6.2008 – VII-Verg 7/08, BeckRS 2008, 21713; Beschl. v. 30.4.2008 – VII-Verg 4/08, BeckRS 2008, 20882; Beschl. v. 30.4.2008, VII-Verg 3/08, BeckRS 2008, 21711; Beschl. v. 30.4.2008 – VII-Verg 57/07, BeckRS 2008, 13409), sind damit überholt.

[8] BGH Beschl. v. 29.6.2010 – X ZB 15/08, NZBau 2010, 713.

[9] OLG Düsseldorf Beschl. v. 10.3.2014 – VII-Verg 11/14, ZfBR 2014, 404.

C. Verfahrensfragen

I. Zuständigkeit für Vollstreckungsmaßnahmen

10 Zuständig für Vollstreckungsmaßnahmen ist die **im Erkenntnisverfahren beschließende Vergabekammer** (§ 168 Abs. 3 S. 2 GWB iVm § 7 Abs. 1 VwVG). Die Einlegung einer sofortigen Beschwerde gegen den Beschluss der Vergabekammer ändert nichts an deren Zuständigkeit für die Vollstreckung.[10]

II. Vollstreckung nur auf Antrag

11 Der Verweis des § 168 Abs. 3 S. 2 GWB auf die Verwaltungsvollstreckungsgesetze, wonach eine Vollstreckung antragsunabhängig erfolgt, legt ein solches Verständnis auch für Vollstreckungsmaßnahmen von Vergabekammern nahe. Gegen diese Auslegung sprechen jedoch nach zwar bestrittener, aber überzeugender, wohlbegründeter Auffassung des OLG Naumburg folgende Erwägungen: Das Nachprüfungsverfahren vor der Vergabekammer ist gerichtsähnlich ausgestaltet. Das Nachprüfungsverfahren bezweckt wie das verwaltungsgerichtliche Verfahren primär die Gewährung subjektiven Rechtsschutzes für die Betroffenen gegen den Auftraggeber. Auch die Vollstreckung der Entscheidungen der Vergabekammern dient dem Schutz der Interessen der Unternehmen am Auftrag. Von daher **unterscheidet sich die Ausgangslage grundsätzlich gegenüber der Vollstreckung gewöhnlicher Verwaltungsakte,** die zumeist in erster Linie im öffentlichen Interesse erfolgt. Diese Überlegungen sprechen dafür, dass entsprechend der verwaltungsprozessualen Regelungen der §§ 170, 172 VwGO auch die Vollstreckung der Entscheidungen von Vergabekammern nur auf Antrag (bei der Vergabekammer) eingeleitet werden kann, auch wenn diese besonderen Umstände des Vergabenachprüfungsverfahrens im Wortlaut des § 168 Abs. 3 S. 2 GWB keinen ausdrücklichen Niederschlag gefunden haben.[11]

12 Die **Antragsgebundenheit und -abhängigkeit von Vollstreckungsmaßnahmen** entspricht, soweit bekannt, der von den Vergabekammern in den zurückliegenden Jahren geübten **Praxis.**

III. Begründung der Entscheidung über Vollstreckungsmaßnahmen und Zustellung

13 Für die Begründung der Entscheidung über Vollstreckungsmaßnahmen und deren Zustellung an den Adressaten der Vollstreckungsmaßnahme verweist § 168 Abs. 3 S. 3 GWB auf **§ 61 GWB.**

IV. Antrag auf Verlängerung der aufschiebenden Wirkung einer sofortigen Beschwerde nach dem Vollstreckungsrecht

14 Rechtsbehelfe, die sich gegen Maßnahmen der Verwaltungsvollstreckung richten, haben häufig keine aufschiebende Wirkung. Das gilt in ähnlicher Weise auch für sofortige Beschwerden, die der Auftraggeber gegen die Entscheidung der Vergabekammer einlegen kann, gegen ihn ein Zwangsgeld anzudrohen oder festzusetzen (§ 171 Abs. 1 S. 1 GWB), denn solche sofortigen Beschwerden verlieren ihre aufschiebende Wirkung zwei Wochen nach Ablauf der Beschwerdefrist (§ 173 Abs. 1 S. 2 GWB). In Betracht kommt daher ein **Eilantrag des öffentlichen Auftraggebers** analog § 80 Abs. 5 VwGO und § 173 Abs. 1 S. 3 GWB **auf Verlängerung oder Anordnung der aufschiebenden Wirkung**

[10] 3. VK Bund Beschl. v. 2.9.2011 – VK 3-62/11, IBRRS 2013, 2454.
[11] OLG Naumburg Beschl. v. 27.4.2005 – 1 Verg 3/05, NZBau 2005, 485.

der sofortigen Beschwerde gegen die Vollstreckungsmaßnahme der Vergabekammer.[12]

15 Der Antrag auf vorläufigen Rechtsschutz gegen Vollstreckungsmaßnahmen ist aber nur dann begründet, wenn das **Interesse an der Vollziehung** der vollstreckbaren Entscheidung der Vergabekammer nicht das **Interesse des Antragsgegners, die Vollziehung bis zur Entscheidung über seine Beschwerde auszusetzen,** überwiegt. Entscheidend hierfür sind die – veranlasst ist eine summarische Prüfung – Erfolgsaussichten der von dem Antragsgegner gegen die Zwangsgeldandrohung oder -festsetzung eingelegten sofortigen Beschwerde.

V. Zwangsmittel

16 Eine effektive Durchsetzung von Anordnungen der Vergabekammern setzt voraus, dass **geeignete Zwangsmittel** zur Verfügung stehen.

17 Als geeignetes Zwangsmittel kommt aus dem abschließenden Katalog von § 9 Abs. 1 VwVG[13] – vor allem die **Androhung und Festsetzung von Zwangsgeldern** in Betracht (die Durchsetzung von Zuschlagsuntersagungen mit Hilfe unmittelbaren Zwangs oder durch Ersatzvornahme scheidet aus).

1. Höhe des Zwangsgeldes (§ 168 Abs. 3 S. 3 GWB)

18 Gemäß **§ 11 Abs. 3 VwVG** können Zwangsgelder lediglich bis zu einer Höhe von 25.000 EUR verhängt werden. Ein solcher Zwangsgeldrahmen ist angesichts der in Rede stehenden Auftragsvolumina alles andere als abschreckend. Teilweise wurde hierin auch eine krasse Benachteiligung von solchen Bietern gesehen, welche die Vollstreckung von stattgebenden Vergabekammer-Entscheidungen begehren, gegenüber solchen Bietern, die (erst) vor den Beschwerdegerichten obsiegen (und dann in den Genuss von Vollstreckungsmaßnahmen von OLG-Entscheidungen nach der ZPO kommen → Rn. 24f.).

19 Dieser Mangel ist unterdessen behoben, indem der **§ 168 Abs. 3 S. 3 GWB auf § 86a S. 2 GWB (zur Höhe der Bußgelder in behördlichen Kartellverfahren) verweist.** Nach dieser Vorschrift liegt der Rahmen für zulässige Zwangsgelder – seit der 7. GWB-Novelle – bei 1.000 bis 10 Mio. EUR). Es war – vor dem eben geschilderten Hintergrund des § 11 Abs. 3 VwVG, der den einen oder anderen Auftraggeber dazu einlud, Vergabekammerentscheidungen zu ignorieren – opportun, diese Regelung auch für den Vierten Teil des GWB (für behördliche Entscheidungen zum Kartellvergaberecht) zu übernehmen.[14] Zu kleineren Änderungen führen wird wohl die geplante Novellierung der §§ 168 Abs. 3, 86a S. 2 GWB durch die 10. GWB-Novelle.[15]

2. Ersatzzwangshaft?

20 Noch nicht streitentscheidend ist die Frage geworden, ob auch Zwangshaft **bei einem uneinbringlichen Zwangsgeld** als Zwangsmittel in Betracht kommt.[16] § 16 VwVG sieht die Möglichkeit der Ersatzzwangshaft vor. Es erscheint aber schon wegen Art. 104 Abs. 1 S. 1 GG und der Charta der Grundrechte der Europäischen Union als sehr **zweifelhaft,** ob die Anordnung von Zwangshaft des gesetzlichen Vertreters oder eines Organmitglieds eines Hoheitsträgers durch eine Vergabekammer in Betracht kommt. In Betracht kommt

---

[12] OLG Düsseldorf Beschl. v. 8.11.2004 – VII-Verg 75/04, BeckRS 2004, 149779; Beschl. v. 25.7.2002 – VII-Verg 33/02; OLG Naumburg Beschl. v. 17.3.2005 – 1 Verg 3/05, ZfBR 2005, 501.

[13] *Engelhardt/App* VwVG/VwZG VwVG § 9 Rn. 2.

[14] *Brauer* NZBau 2009, 297 (299).

[15] Regierungsentwurf für ein Zehntes Gesetz zur Änderung des Gesetzes gegen Wettbewerbsbeschränkungen für ein fokussiertes, proaktives und digitales Wettbewerbsrecht 4.0 (GWB-Digitalisierungsgesetz): https://www.bmwi.de/Redaktion/DE/Downloads/gwb-digitalisierungsgesetz.pdf?_blob=publicationFile8v=6.

[16] Offen gelassen durch OLG Düsseldorf Beschl. v. 30.4.2008 – VII-Verg 57/07, BeckRS 2008, 13409.

eine solche Maßnahme auch nach Auffassung des EuGH selbst in Fällen „beharrlicher Weigerungen einer Behörde, gerichtlichen Entscheidungen nachzukommen" nur dann, wenn das mitgliedstaatliche Recht eine hinreichend präzise und in ihrer Anwendung vorhersehbare Rechtsgrundlage für die Freiheitsentziehung vorsieht.[17] Daran dürfte es bislang im deutschen Vergabeprozessrecht jedenfalls für Vergabekammerentscheidungen fehlen.

21 Das Zwangsmittel des Zwangsgeldes *(„auch gegen einen Hoheitsträger")* ist hingegen in § 168 Abs. 3 GWB – spätestens durch den Verweis auf § 86a GWB – ausdrücklich angesprochen. Hiergegen kann § 17 VwVG also nicht in Stellung gebracht werden. Es bleibt zu hoffen, dass die Streitfrage nach der Zulässigkeit der Verhängung von Ersatzzwangshaft ihren **eher theoretischen Charakter** behält, oder aber, dass der Vergabegesetzgeber für eine explizite Klärung sorgt, an der die Betroffenen dann ihr Verhalten ausrichten können.

D. Vollstreckung von Entscheidungen nach § 169 Abs. 3 GWB

22 Die Vollstreckung von Entscheidungen nach § 169 Abs. 3 S. 1 GWB (dazu → § 44 Rn. 29ff.) richtet sich nach § 169 Abs. 3 S. 4 und 5 GWB. Danach kann die Vergabekammer auch die von ihr getroffenen **weiteren vorläufigen Maßnahmen** nach den Verwaltungsvollstreckungsgesetzen des Bundes und der Länder durchsetzen; die Maßnahmen sind sofort vollziehbar.

23 § 86a S. 2 GWB gilt auch hierfür entsprechend. Ebenso wie in Bezug auf § 168 Abs. 3 GWB hat es der Gesetzgeber aus nachvollziehbaren Gründen also für sachgerecht gehalten, den **Zwangsgeldrahmen** des § 86a GWB zu übernehmen. Es gelten also – gemessen an § 168 Abs. 3 GWB – **keine Besonderheiten.**

E. Vollstreckung von Entscheidungen des Beschwerdegerichts

24 Die Vollstreckung von Entscheidungen des Beschwerdegerichts (also ua der Beschlüsse nach § 178 GWB und § 169 Abs. 3 GWB analog) erfolgt **nach den Vorschriften der ZPO.**

25 Gemäß den **§§ 704ff., 888 ZPO** kann zur Vollstreckung unvertretbarer Handlungen ein **Zwangsgeld** bis zu 25.000 EUR und, falls das Zwangsgeld nicht beigetrieben werden kann, **Zwangshaft** angeordnet werden.[18] Dies kann – falls erforderlich – auch **mehrfach** geschehen.

F. Keine Vollstreckung eines Feststellungstenors

26 Praxisrelevant ist die Frage, ob nach § 168 Abs. 3 GWB auch ein Feststellungstenor gemäß **§ 135 GWB** (Nachprüfungsanträge, die auf die Feststellung der Nichtigkeit eines bestimmten, de facto oder ohne Vorabinformation geschlossenen Vertrages gerichtet sind) **und/oder gemäß § 168 Abs. 2 S. 2 GWB** vollstreckbar ist. Die Frage ist nach allgemeinen Grundsätzen – negativ – zu beantworten:

I. Erste Instanz

27 Die fehlende Vollstreckbarkeit von **feststellenden Verwaltungsakten** folgt aus § 6 Abs. 1 VwVG, wonach der zu vollstreckende Verwaltungsakt auf die Herausgabe einer Sache oder auf die Vornahme einer Handlung oder auf Duldung oder Unterlassung gerichtet sein muss.

---

[17] EuGH Urt. v. 19.12.2019 – C-752/18, BeckRS 2019, 32133.

[18] Hierzu auch *Kring* NVwZ 2019, 23ff.

II. Zweite Instanz

Ein **feststellender Beschluss des Beschwerdegerichts** lässt die Zwangsvollstreckung nach den §§ 704 ff. ZPO ebenfalls nicht (bzw. präziser: nur im Kostenpunkt) zu.[19] Teilweise wird auf die Tenorierung, dass die Unwirksamkeit des bereits geschlossenen Vertrages nach § 135 GWB festgestellt wird, sogar verzichtet;[20] auch weil allein dies dem Nachprüfungsantrag noch nicht zum Erfolg verhilft (dazu schon → § 42 Rn. 31). 28

III. Schutz des Antragstellers

Die hieraus auf den ersten Blick resultierenden, scheinbaren Unzuträglichkeiten werden aber abgefedert. Der **Antragsteller ist** in der Regel **nicht schutzlos gestellt:** 29

Zum einen ist die – typischerweise folgende – **weitere Tenorierung,** wonach dem Antragsgegner etwa aufgegeben wird, beim Fortbestand der Beschaffungsabsicht ein geregeltes Vergabeverfahren durchzuführen, vollstreckbar. 30

Zum anderen sind **Zivilgerichte an die Feststellung der Unwirksamkeit des Vertrages** (im Entscheidungstenor oder -text) **gebunden,** wenn der Antragsteller vor diesen Gerichten Schadensersatzansprüche geltend machen würde (§ 179 Abs. 1 GWB). Zumindest faktisch wird sich das Zivilgericht regelmäßig auch an die Nichtigkeitsfeststellung der Vergabekammer oder des Beschwerdegerichts gebunden sehen, wenn es nicht mit Schadensersatz-, sondern mit (bereicherungsrechtlichen) Rückabwicklungsansprüchen befasst ist. 31

Für den **Fortsetzungsfeststellungstenor** der Vergabekammer oder des Beschwerdegerichts nach § 168 Abs. 2 S. 2 GWB (analog) schließlich ist von vornherein **kein praktisches Bedürfnis für die Vollstreckbarkeit** zu erkennen, weil auch hier die Durchsetzung der (bestandskräftigen) Entscheidung der Vergabekammer über § 179 Abs. 1 GWB gesichert ist. Fortsetzungsfeststellungsanträge dienen typischerweise der anschließenden Durchsetzung von Schadensersatzansprüchen (und der Festlegung der Kostenverteilung im Nachprüfungsverfahren nach Maßgabe der Sach- und Rechtslage vor Erledigung). 32

[19] Verwiesen sei nur auf BLAH ZPO § 256 Rn. 51.

[20] Vgl. zu solchen Fällen OLG Düsseldorf Beschl. v. 3.8.2011 – VII-Verg 6/11, BeckRS 2011, 22094; OLG Düsseldorf Beschl. v. 2.12.2009 – VII-Verg 39/09, BeckRS 2010, 4716.

§ 46 Divergenzvorlagen an den BGH und Vorabentscheidungsersuchen an den EuGH

Übersicht

GWB: § 179 Abs. 2
AEUV: Art. 267 Abs. 1–4

GWB:

§ 179 GWB Bindungswirkung und Vorlagepflicht

(1) hier nicht abgedruckt.

(2) Will ein Oberlandesgericht von einer Entscheidung eines anderen Oberlandesgerichts oder des Bundesgerichtshofs abweichen, so legt es die Sache dem Bundesgerichtshof vor. Der Bundesgerichtshof entscheidet anstelle des Oberlandesgerichts. Der Bundesgerichtshof kann sich auf die Entscheidung der Divergenzfrage beschränken und dem Beschwerdegericht die Entscheidung in der Hauptsache übertragen, wenn dies nach dem Sach- und Streitstand des Beschwerdeverfahrens angezeigt scheint. Die Vorlagepflicht gilt nicht im Verfahren nach § 173 Abs. 1 Satz 3 und nach § 176.

AEUV:

Art. 267 AEUV

Der Gerichtshof der Europäischen Union entscheidet im Wege der Vorabentscheidung
a) über die Auslegung der Verträge,
b) über die Gültigkeit und die Auslegung der Handlungen der Organe, Einrichtungen oder sonstigen Stellen der Union,

Wird eine derartige Frage einem Gericht eines Mitgliedstaats gestellt und hält dieses Gericht eine Entscheidung darüber zum Erlass seines Urteils für erforderlich, so kann es diese Frage dem Gerichtshof zur Entscheidung vorlegen.

Wird eine derartige Frage in einem schwebenden Verfahren bei einem einzelstaatlichen Gericht gestellt, dessen Entscheidungen selbst nicht mehr mit Rechtsmitteln des innerstaatlichen Rechts angefochten werden können, so ist dieses Gericht zur Anrufung des Gerichtshofs verpflichtet.

…

Literatur:
Karpenstein in: Grabitz/Hilf/Nettesheim, Das Recht der Europäischen Union, Bd. II; Stand: 2015, Kommentierung zu Art. 267 AEUV; *Pilarski,* Bindungswirkung der Entscheidung der Vergabekammer für das Verwaltungsgericht gem. § 179 Abs. 1 GWB, VergabeR 2019, 607 ff.; *Shirvani,* Vorlagerecht der Vergabekammern gem. 267 AEUV, ZfBR 2014, 31 ff.; *Summa,* § 124 Abs. 2 GWB – oder wie das OLG Düsseldorf Verfahrensbeteiligte ihrem gesetzlichen Richter entzieht, ZfBR 2008, 350 ff.; *Ziegler,* Anforderungen an die Bekanntmachung von Eignungskriterien und Divergenzvorlagen, NZBau 2019, 702 ff.

A. Einleitung

1 Vergaberechtsschutz endet grundsätzlich bei den Oberlandesgerichten, gegen deren Entscheidungen besteht **kein Rechtsmittel,** insbesondere findet die Rechtsbeschwerde nach § 74 GWB an den Bundesgerichtshof nicht statt (§ 175 Abs. 2 GWB).

2 Die Sicherstellung bundeseinheitlicher Rechtsprechung erfolgt über das Instrument der **Divergenzvorlage an den Bundesgerichtshof** nach § 179 Abs. 2 GWB,[1] die Sicherstellung der Vereinbarkeit der Vergaberechtsprechung mit den höherrangigen vergaberechtlichen Vorgaben der EU-Richtlinien und dem AEUV mit Hilfe des **Vorabentscheidungsersuchens an den Europäischen Gerichtshof** nach Art. 267 AEUV.

B. Divergenzvorlage zum Bundesgerichtshof

3 Zuständig beim BGH war für vergaberechtliche Streitigkeiten, die im Wege der Divergenzvorlage zu ihm gelangen, lange der X. Zivilsenat, nunmehr ist es der **XIII. Zivilsenat.**

I. Pflicht zur Vorlage an den Bundesgerichtshof

4 Will ein Oberlandesgericht von der Entscheidung – präziser: von einer *„tragenden Begründung"* der Entscheidung[2] – eines anderen Oberlandesgerichts oder des Bundesgerichtshofs selbst in Vergabesachen abweichen, besteht eine **Pflicht zur Divergenzvorlage** an den BGH (§ 179 Abs. 2 GWB). Fraglich ist, ob die Vorlagepflicht auch dann besteht, wenn die andere OLG- oder BGH-Entscheidung, von der abgewichen würde, zwar eine Vergabesache betrifft, aber nicht in einem Vergabenachprüfungsverfahren (sondern etwa in einem zivilprozessualen Schadensersatzprozess) ergangen ist.[3] Legt ein Oberlandesgericht vor, fällt der Sach- und Streitstand beim BGH grundsätzlich vollständig an. Die Beschränkung der Divergenzvorlage auf einen Teil des Streitstoffs des Beschwerdeverfahrens würde nicht hinreichend berücksichtigen, dass der Bundesgerichtshof grundsätzlich nicht lediglich die Vorlagefragen abstrakt beantwortet, sondern anstelle des Oberlandesgerichts in der Sache entscheidet; Teilbeschlüsse des OLG betreffend die Hauptsache kann der BGH also aufheben.[4]

II. Fälle, in denen keine Divergenzvorlagepflicht besteht

5 Abweichungen von ***obiter dicta*** anderer Oberlandesgerichte verpflichten und berechtigen nach dem oben Gesagten nicht zur Divergenzvorlage an den Bundesgerichtshof.

6 Würde die Anwendung der in der Entscheidung des anderen Oberlandesgerichts aufgestellten Rechtssätze, von denen der Vergabesenat abweichen möchte, in dem von ihm bearbeiteten Streitfall zu keinem abweichenden Ergebnis führen, so soll sich eine Vorlage der Sache an den Bundesgerichtshof nach § 179 Abs. 2 GWB „erübrigen".[5] Die **Abweichung** ist dann nicht **streitentscheidend.** Voraussetzung ist, dass das vorlegende Gericht der Entscheidung seinerseits als tragende Begründung einen Rechtssatz zugrunde legen

---

[1] Denkbar ist daneben eine Befassung des Bundesgerichtshofs allenfalls noch über die Rechtsbeschwerde nach § 17a Abs. 4 GVG (dazu sogleich → Rn. 12).

[2] BGH Beschl. v. 23.1.2013 – X ZB 8/11, NZBau 2013, 389 (390) mwN.

[3] Offengelassen durch OLG Düsseldorf Beschl. v. 24.3.2010 – VII-Verg 58/09, BeckRS 2010, 18823; bei Abweichungen von LSG-Entscheidungen zum Vergaberecht, die nicht in einem Vergabenachprüfungsverfahren ergangen waren, hatte der Vergabesenat des OLG Düsseldorf teilweise zum BGH vorgelegt (Beschl. v. 30.4.2008 – VII-Verg 4/08, BeckRS 2008, 20882) oder solche Vorlagen zumindest erwogen.

[4] BGH Beschl. v. 4.4.2017 – X ZB 3/17, NZBau 2017, 366; vgl. aber zu Eilbeschlüssen des OLG → Rn. 11.

[5] Zu einem solchen Fall etwa OLG Düsseldorf Beschl. v. 1.8.2012 – VII-Verg 10/12, ZfBR 2013, 63.

will, der mit einem die Entscheidung eines anderen Oberlandesgerichts tragenden Rechtssatz nicht übereinstimmt.[6] In der Praxis wirkt mancher **Sachverhaltsunterschied,** mit dem die Nichtvorlage an den Bundesgerichtshof häufig begründet wird, etwas konstruiert.

Generell ist die **Zahl der** materiell-vergaberechtlichen **Fälle, die zum BGH gelangen,** angesichts der doch zum Teil ganz erheblichen Unterschiede in der Handhabung des Vergaberechts durch die Beschwerdegerichte zu überschaubar. 7

Die Pflicht zur Divergenzvorlage besteht nach dem klaren Gesetzeswortlaut (§ 179 Abs. 2 S. 4 GWB) **nicht in einem Eilverfahren** nach § 173 Abs. 1 S. 3 oder nach § 176 GWB. Entsprechendes wird für das Eilverfahren nach § 169 Abs. 2 S. 5 und 6 GWB zu gelten haben. 8

Davon zu unterscheiden ist der Fall der **Abweichung im Hauptsacheverfahren von einem tragenden Rechtssatz einer Eilentscheidung eines anderen Oberlandesgerichts.** Hierzu hat das Oberlandesgericht Düsseldorf wie folgt Stellung genommen: *„Zwar wird in Literatur und Rechtsprechung – soweit ersichtlich, ohne nähere Begründung – die Auffassung vertreten, dass entsprechend § 124 [jetzt: § 179] Abs. 2 Satz 3 [heute: Satz 4] GWB eine Vorlage dann ausscheidet, wenn das Oberlandesgericht von einer Entscheidung abweichen will, die nach § 118 [jetzt: § 173] Abs. 1 Satz 3 bzw. § 121 [jetzt: § 176] GWB ergangen ist … Dem folgt der Senat jedoch nicht. Die Ausnahmevorschrift des § 124 Abs. 2 Satz 3 GWB soll dem Eilcharakter der dort genannten Verfahren Rechnung tragen, die durch eine Vorlage an den Bundesgerichtshof und die damit verbundene Verzögerung einer Entscheidung konterkariert würde. Dieser Grund gilt aber von vornherein dann nicht, wenn ein Vergabesenat in einer Hauptsacheentscheidung von einer in einem Eilverfahren ergangenen Entscheidung abweichen will“.* Dem ist zuzustimmen, weil Eilentscheidungen (die ihrerseits ja zwingend ohne Vorlage zum BGH zustande kommen) tragende Rechtssätze enthalten können, die der Einheit der Vergaberechtsordnung abträglich sind, ohne dass sich diese Rechtssätze zwingend auch in einer abschließenden Hauptsacheentscheidung wiederfinden müssen. Im Gegenteil: Etwa nach einem erfolglosen Antrag gemäß § 173 Abs. 1 S. 3 GWB wird es häufig gar keine Beschwerdeentscheidung in der Sache mehr geben. Dieser Sichtweise hat sich inzwischen auch der BGH angeschlossen.[7] 9

Die Vorlagepflicht gilt auch für **kostenrechtliche Fragen** (inzwischen allgemeine Ansicht) und hat gerade hierfür in ganz erheblichem Maße zur Vereinheitlichung der Rechtsanwendung beigetragen (im Einzelnen zu BGH-Entscheidungen zur kostenmäßigen Abwicklung von Nachprüfungen → § 47 Rn. 3). 10

Bei einer Divergenzvorlage entscheidet entweder der BGH anstelle des vorlegenden Oberlandesgerichts einschließlich aller zu treffenden Nebenentscheidungen (§ 179 Abs. 2 S. 2 GWB), oder er beschränkt sich darauf, die Vorlagefrage zu beantworten (§ 179 Abs. 2 S. 3 GWB) und überantwortet die Hauptsacheentscheidung im Übrigen zurück auf das zuständige (vorlegende) Oberlandesgericht. Der BGH kann aber auf eine Divergenzvorlage nicht über einen Eilantrag des Antragstellers nach § 173 Abs. 1 S. 3 GWB (auf Verlängerung der aufschiebenden Wirkung der sofortigen Beschwerde) entscheiden; dies gilt jedenfalls dann, wenn das vorlegende Oberlandesgericht hierzu bereits eine Entscheidung getroffen hat.[8] Dies käme einem zusätzlichen Rechtsmittel gleich, das im Gesetz gerade nicht vorgesehen ist. 11

III. Rechtsbeschwerde nach § 17a Abs. 4 S. 4 GVG zur Zulässigkeit des beschrittenen Rechtswegs

Der Bundesgerichtshof kann mit Vergabesachen auch im Wege der Rechtsbeschwerde befasst sein, wenn ein Oberlandesgericht nach § 17a Abs. 3 GVG vorab über die Zulässigkeit 12

[6] Ziekow/Völlink/*Dicks* GWB § 124 Rn. 13 mwN.
[7] BGH Beschl. v. 31.1.2017 – X ZB 10/16, NZBau 2017, 230.
[8] BGH Beschl. v. 22.7.2019 – X ZB 8/19, NZBau 2019, 604.

des beschrittenen Vergaberechtswegs entscheidet – es muss diese Vorabentscheidung treffen, wenn eine Partei die Zulässigkeit des Vergaberechtswegs rügt – und nach § 17a Abs. 4 S. 4 und 5 GVG die Rechtsbeschwerde zulässt (weil die Rechtsfrage grundsätzliche Bedeutung hat oder weil das OLG von der Entscheidung eines obersten Gerichtshof des Bundes abweicht). In einem solchen Fall tritt an die Stelle der Divergenzvorlage nach § 179 Abs. 2 GWB die Rechtsbeschwerde.[9] Anders als bei Divergenzvorlagen (hierfür gilt weiter § 175 Abs. 1 GWB, weil der BGH nach Vorstellung des Gesetzgebers nur an die Stelle des Beschwerdegerichts rückt[10]), muss die Vertretung des (Rechts-) Beschwerdeführers vor dem Bundesgerichtshof durch einen beim BGH zugelassenen Anwalt erfolgen. Zu beachten ist: Das Beschwerdegericht hat aus Gründen der Verfahrensökonomie und des effektiven Rechtsschutzes die Möglichkeit zur Verweisung des Verfahrens an das Gericht eines anderen Rechtswegs. Gründe der Verfahrensökonomie und des effektiven Rechtsschutzes erfordern aber nur dann eine Verweisung entsprechend § 17a GVG, wenn der Antragsteller sein im Vergabenachprüfungsverfahren verfolgtes Rechtsschutzziel im anderen Rechtsweg weiterverfolgen will und kann.[11] Letzteres ist zweifelhaft, wenn sich der Antragsteller auf die Nichtigkeit eines bereits geschlossenen Vertrages wegen § 135 GWB beruft, denn die Überprüfung der dahinter stehenden Vergaberechtsverstöße ist den Nachprüfungsinstanzen vorbehalten.

C. Vorabentscheidungsersuchen zum Europäischen Gerichtshof

13 Ist für die Entscheidung im Vergabenachprüfungsverfahren eine Rechtsfrage der **Auslegung des Unionsrechts** (etwa bestimmter Art. der EU-Richtlinien) streitentscheidend – das vorlegende Gericht muss die Frage für den Erlass seiner Entscheidung „für erforderlich halten" (Art. 267 Abs. 2 AEUV) – kommt eine Vorlage an den Europäischen Gerichtshof im Wege des Vorabentscheidungsersuchens in Betracht.

14 Ob die Vorlagefrage tatsächlich streitentscheidend ist, steht verfahrensgemäß nicht im Fokus der Entscheidung des EuGH, offenbar, weil er dies als eine eher dem mitgliedstaatlichen Recht zuzuordnende Rechtsfrage einstuft. Das **zuständige Gericht kann sein Vorabentscheidungsersuchen auch überdenken und „zurückholen"** (etwa infolge einer Sachverhalts- oder Rechtsentwicklung, die dazu führt, dass sich die Vorlagefrage im ausgesetzten Ausgangsstreit nicht mehr stellt).

15 Zum **Verfahren beim Europäischen Gerichtshof** kann auf die Verfahrensordnung hingewiesen werden, die der EuGH veröffentlicht hat.[12]

I. Vorlagepflicht der Oberlandesgerichte und des Bundesgerichtshofs

1. Bestehen und Nichtbestehen einer Vorlagepflicht

16 Die mitgliedstaatlichen Gerichte sind zur Vorlage an den Europäischen Gerichtshof verpflichtet, wenn ihre **Entscheidung selbst nicht mehr mit Rechtsmitteln des innerstaatlichen Rechtes angefochten werden kann** (Art. 267 Abs. 3 AEUV).[13] Das kann im vergaberechtlichen Nachprüfungsverfahren die Oberlandesgerichte und den Bundesge-

---

[9] Zu solchen Fällen etwa OLG Düsseldorf Beschl. v. 19.12.2018 – VII-Verg 40/18, BeckRS 2018, 38296; OLG Düsseldorf Beschl. v. 19.10.2011 – VII-Verg 51/11, BeckRS 2011, 25863; Beschl. v. 17.1.2008 – VII-Verg 57/07, BeckRS 2008, 13111.

[10] Ziekow/Völlink/*Dicks* GWB § 124 Rn. 16.

[11] BGH Beschl. v. 10.12.2019 – XIII ZB 119/19, BeckRS 2019, 37436, in Fortführung von BGH Beschl. v. 23.1.2012 – X ZB 5/11, NZBau 2012, 248.

[12] Die konsolidierte Fassung der Verfahrensordnung des Gerichtshofs v. 25.9.2012 (ABl. L 265 v. 29.9.2012) ist abrufbar unter https://curia.europa.eu/jcms/upload/docs/application/pdf/2012-10/rp_de.pdf.

[13] OLG Brandenburg Beschl. v. 12.2.2008 – Verg W 18/07, BeckRS 2008, 4888.

richtshof (wenn dieser im Wege der Divergenzvorlage an die Stelle des letztinstanzlich zuständigen Oberlandesgerichts/Beschwerdegerichts rückt) betreffen.

Eine **Vorlagepflicht zum EuGH besteht ausnahmsweise nicht,** wenn die Frage schon vom EuGH entschieden ist oder am Ergebnis der Auslegung kein vernünftiger Zweifel bestehen kann.[14] Die zuletzt genannte Begründung liest man relativ häufig in Beschlüssen der Beschwerdegerichte, wenn von einer Vorlage abgesehen wird. Betrachtet man die Vorabentscheidungsersuchen aus Deutschland, die seit In-Kraft-Treten des VgRÄG aus Deutschland an den EuGH gerichtet worden sind, dann fällt auf, dass diese Fragen sehr häufig den Anwendungsbereich des Vergaberechts betrafen (und damit für die Statthaftigkeit des Nachprüfungsantrags streitentscheidend waren) und sich vergleichsweise selten auf Fragen der Begründetheit bezogen. 17

Die Vorlage kommt auch dann nicht mehr in Betracht, wenn sich das **Nachprüfungsverfahren erledigt** hat. Ist – wie im Falle übereinstimmender Erledigungserklärungen – nur noch über die Kosten zu entscheiden, verbietet sich also ein Vorabentscheidungsersuchen an den EuGH; für die Kostengrundentscheidung ist der Verfahrensausgang, der von einer ungeklärten EU-rechtlichen Frage entscheidend abhängt, als offen zu betrachten, so dass es der Billigkeit entspricht, die Kosten auf die Beteiligten zu verteilen.[15] 18

Anders ist dies bei **Fortsetzungsfeststellungsverfahren nach § 168 Abs. 2 S. 2 GWB,** weil hier nicht nur über die Kostenverteilung, sondern auch – noch dazu „entschleunigt" (§ 168 Abs. 2 S. 3 GWB) – weiter in der Sache gestritten wird. 19

2. Zeitliche Auswirkungen der Vorlage an den EuGH

Als gravierendes Problem für Antragsgegner und Beigeladene stellen sich Vorabentscheidungsersuchen auf der Zeitschiene dar: 20

a) Vorlageverfahren. Der Zuschlag und damit der Projektbeginn sind im konkreten Verfahren, in dem vorgelegt wird, typischerweise für ca. zwei Jahre, bis zum EuGH-Urteil und der anschließenden Hauptsacheentscheidung des Beschwerdegerichts aufgeschoben. Denn mit dem Vorabentscheidungsersuchen an den Europäischen Gerichtshof ist eine **Aussetzung** des Hauptsacheverfahrens verbunden. 21

b) Parallelverfahren. Auch Parallelverfahren, für welche die Vorlagefrage entscheidungserheblich sind, würden **wegen Vorgreiflichkeit** (§ 175 Abs. 2 GWB, § 73 Nr. 2 GWB iVm § 148 ZPO, in früheren Entscheidungen wurde § 94 VwGO analog herangezogen) der EuGH-Entscheidung für diesen Zeitraum **auszusetzen** sein. Einer erneuten Vorlage an den EuGH (zur gleichen Frage) bedarf es selbstverständlich nicht.[16] 22

c) Zuschlagsgestattende Eilentscheidung des Beschwerdegerichts trotz möglicher Vorlage in der Hauptsache bzw. trotz Vorgreiflichkeit. Allerdings gilt dies jeweils nur für das **Hauptsacheverfahren.** In den **Eilverfahren** nach den § 173 Abs. 1 S. 3 oder § 176 GWB kann gleichwohl eine Eilentscheidung zugunsten des Antragsgegners oder der Beigeladenen ergehen, da Entscheidungen über solche Eilanträge keine materiellen Rechtskraftwirkungen entfalten und weil es bei voraussichtlich erfolglosen Nachprüfungsanträgen im Interesse der Allgemeinheit an einem raschen Abschluss des Vergabeverfahrens geboten sein kann, das durch die Zustellung des Nachprüfungsantrags eingetretene Zuschlagsverbot nicht weiter andauern zu lassen (§ 169 Abs. 1 GWB, § 173 Abs. 3 GWB). 23

Sieht sich das Beschwerdegericht in der Hauptsache also gehindert, wegen einer dem EuGH vorzulegenden oder schon beim EuGH liegenden Grundsatzfrage in der Hauptsa- 24

[14] Vgl. OLG Jena Beschl. v. 8.5.2008 – 9 Verg 2/08, BeckRS 2008, 9319; vgl. zu den vom EuGH anerkannten, eng definierten Ausnahmen die Übersicht bei *Karpenstein* Rn. 54 ff.

[15] BGH Beschl. v. 23.1.2013 – X ZB 8/11, NZBau 2013, 389.

[16] BGH Beschl. v. 24.1.2012 – VIII ZR 236/10, BeckRS 2012, 4329.

che abschließend zu entscheiden, kann es vor allem im **Verfahren nach § 176 GWB** gleichwohl – ggf. mit Hilfe der Unterstellung, dass die Vorlagefrage zugunsten der Antragstellerin zu beantworten ist – im Übrigen die Eilentscheidung anhand der Maßstäbe des § 176 Abs. 1 GWB im Sinne einer Zuschlagsgestattung treffen: *„Diese Sachbehandlung erscheint dem Senat mit Blick darauf, dass so unter Umständen lang anhaltende Verzögerungen der Auftragsvergabe durch eine Aussetzung des Vergabeverfahrens vermieden werden können, sachgerecht. Steht mit der im Eilverfahren erforderlichen Gewissheit fest, dass der Nachprüfungsantrag unbegründet ist, wäre es sinnwidrig, den Auftraggeber weiter an einem Zuschlag zu hindern. Der unterlegene Verfahrensbeteiligte wird dadurch nicht gesetzwidrig beschwert, da die Eilentscheidung nicht in Rechtskraft erwächst. Zwar geht der Auftrag verloren. Doch beruht dies auf der nach den einleitend dargestellten Maßstäben zu treffenden Eilentscheidung.“*[17] Diese Aussagen sind zu begrüßen. Sähe man dies anders, wären Antragsgegner und Beigeladener für den Fall der Aussetzung (wegen Vorlage zum EuGH oder wegen Vorgreiflichkeit einer anderweiten Vorlage an den EuGH) faktisch rechtsschutzlos gestellt, weil sich die wenigsten öffentlichen Aufträge für zwei Jahre oder noch länger *on hold* stellen lassen.

25 Dem Beschwerdegericht wird man auferlegen müssen, den Antragsgegner und den Beigeladenen so früh wie möglich darauf **hinzuweisen,** dass eine Hauptsacheaussetzung wegen eines Vorabentscheidungsersuchens, wegen einer Divergenzvorlage an den BGH oder wegen Vorgreiflichkeit in Betracht kommt oder gar beabsichtigt ist, damit die beiden betreffenden Beteiligten erwägen können, ob sie den Antrag nach § 176 GWB auf Vorabentscheidung über den Zuschlag (rechtzeitig) stellen oder davon absehen.

II. Vorlageberechtigung und Vorlagepflicht der Vergabekammer?

26 Die Frage nach der **Vorlageberechtigung** hängt davon ab, ob eine Vergabekammer als „Gericht“ iSd Art. 267 AEUV zu qualifizieren ist. Dies wurde im Jahre 2014 vom EuGH bejaht.[18] Auf ein Vorabentscheidungsersuchen der VK Arnsberg hin entschied der EuGH zur Frage, ob es sich bei dieser um ein „Gericht“ iSd Art. 267 AEUV handele: *„Insoweit geht aus den §§ 104 und 105 GWB [heute: §§ 156 und 157 GWB], in denen die Nachprüfung im Bereich der Verfahren zur Vergabe öffentlicher Aufträge vor den Vergabekammern geregelt ist, eindeutig hervor, dass diese Einrichtungen, die mit einer ausschließlichen Zuständigkeit für die erstinstanzliche Entscheidung über Rechtsstreitigkeiten zwischen Wirtschaftsteilnehmern und öffentlichen Auftraggebern ausgestattet sind, bei der Wahrnehmung dieser Zuständigkeit die …. Kriterien [gesetzliche Grundlage der Einrichtung, ständiger Charakter, obligatorische Gerichtsbarkeit, streitiges Verfahren, Anwendung von Rechtsnormen durch die Einrichtung sowie deren Unabhängigkeit] erfüllen.“* Die bis dahin uneinheitlich beantwortete Frage nach der Vorlageberechtigung von Vergabekammern ist damit als geklärt zu betrachten. Eine solche Vorlageberechtigung besteht. Im Anschluss an seine bisherige Rechtsprechung hatte der EuGH bereits vorher betont, dass der maßgebliche Begriff des „Gerichts“ rein unionsrechtlich auszulegen ist, und zwar nach den genannten Kriterien.[19]

---

[17] OLG Düsseldorf Beschl. v. 17.4.2008 – VII-Verg 15/08, BeckRS 2008, 13107; aA allerdings etwa OLG Brandenburg Beschl. v. 12.2.2008 – Verg W 18/07, BeckRS 2008, 4888, mit dem Hinweis, dass die Entscheidung – wenn vor dem EuGH etwa die Eröffnung des Anwendungsbereichs des Vergaberechts in Frage steht – dem zuständigen Gericht vorbehalten sein müsse. Das überzeugt allerdings nicht angesichts der im Eilverfahren nur summarisch vorzunehmenden Prüfungen.

[18] EuGH Urt. v. 18.9.2014 – C-549/13, ECLI:EU:C:2014:2235, NJW 2014, 3769 ff. – Bundesdruckerei GmbH ./. Stadt Dortmund.

[19] EuGH Urt. v. 13. 12.2012 – C-465/11, ECLI:EU:C:2012:801 = EuZW 2013, 151 – Forposta SA ua./ .Poczta Polska SA; Da diese Merkmale im Falle der vorlegenden Einrichtung, der polnischen Krajowa Izba Odwoławcza, allesamt erfüllt waren, hat der EuGH zu Recht die Vorlageberechtigung bejaht; zustimmend die Anm. von *Siegel* EuZW 2013, 155; vgl. auch schon ganz früh zum Vergabeüberwachungsausschuss des Bundes: EuGH Urt. v. 17.9.1997 – C-54/96, Slg. 1997, I-04961 = NJW 1997, 3365.

Eine Aussetzung des erstinstanzlichen Nachprüfungsverfahrens ist mit dem in § 113 Abs. 1 GWB normierten Beschleunigungsgrundsatz allerdings schwerlich zu vereinbaren.[20] Jedenfalls erscheint ein Fall als schwer vorstellbar, in dem das **Vorlageermessen** der Vergabekammer dahingehend **auf null reduziert** ist, dass ein Vorabentscheidungsersuchen an den EuGH erfolgen *muss.* Die Vorlage*verpflichtung* ist in Vergabesachen den Beschwerdegerichten vorbehalten (→ Rn. 16). 27

Nach herrschender Meinung ist ein **Aussetzungsbeschluss** eines untergeordneten Fachgerichts, **welcher ein Vorabentscheidungsersuchen an den EuGH enthält, nicht anfechtbar.** Das gilt auch für den Inhalt der Vorlagefragen. Denn das erstinstanzliche Gericht soll seine Entscheidung unabhängig und ohne Steuerung von außen – und zwar grundsätzlich auch ohne Steuerung durch die übergeordnete Instanz – treffen. Dies impliziert, dass das Instanzgericht zur Klärung einer von ihm für entscheidungserheblich angesehenen Frage von seinem Recht Gebrauch machen darf, den EuGH anzurufen, ohne dass es mit der Anfechtung und Aufhebung des Aussetzungs- und Vorlagebeschlusses durch das übergeordnete Gericht rechnen muss. Art. 267 Abs. 2 AEUV sieht ein solches Recht der Instanzgerichte ausdrücklich vor. Mit den Worten des OLG München: *„Wäre der Aussetzungsbeschluss anfechtbar, könnte das übergeordnete Gericht eine Vorlage an den EuGH verhindern und das erstinstanzliche Gericht dazu zwingen, eine Entscheidung nicht nach eigener Überzeugung, sondern der des Obergerichtes zu treffen, ohne dass eine vom Instanzgericht für erforderlich gehaltene europarechtliche Klärung erfolgt ist.“*[21] 28

D. Folgen pflichtwidrig unterlassener Vorlagen

Besteht eine Vorlagepflicht nach § 179 Abs. 2 S. 1 GWB oder die Pflicht zu einem Vorabentscheidungsersuchen nach Art. 267 AEUV, so ist die Nichtvorlage an den BGH oder den EuGH durch das Oberlandesgericht oder den Bundesgerichtshof ein Verstoß gegen das Gebot des gesetzlichen Richters (Art. 101 Abs. 1 S. 2 GG).[22] 29

Andere **Rechtsbehelfe** als die **Anhörungsrüge nach den § 175 Abs. 2 GWB, § 71a GWB** (dazu → § 43 Rn. 38) und nachfolgend die **Verfassungsbeschwerde** – jeweils gegen die Hauptsacheentscheidung des Oberlandesgerichts – stehen bei Nichtvorlage an den EuGH oder BGH aber nicht zur Verfügung, dh im Rahmen des Vergabenachprüfungsverfahrens kann ein Verfahrensbeteiligter weder eine Befassung des BGH noch eine Befassung des EuGH erzwingen. Zum Verfassungsbeschwerdeverfahren, insbesondere zur **Monatsfrist,** sei auf die §§ 90 ff. BVerfGG verwiesen. Die (Verfassungs-) Beschwerdefrist beginnt gemäß § 93 Abs. 1 S. 2 BVerfGG erst mit dem Zugang des die Gehörsrüge zurückweisenden Beschlusses.[23] Wird der Verfassungsbeschwerde gegen die Entscheidung stattgegeben, so hebt das BVerfG die Entscheidung auf und verweist die Sache in den Fällen des hier einschlägigen § 90 Abs. 2 S. 1 BVerfGG an das zuständige Gericht zurück. Kommt das BVerfG zu dem Schluss, dass eine Vorlage an den EuGH oder BGH pflichtgemäß gewesen wäre (um dem Gebot des gesetzlichen Richters Genüge zu tun), hat eine solche Vorlage sodann durch das Beschwerdegericht zu erfolgen. 30

In **Entscheidungen des Bundesverfassungsgerichts**[24] klingt nicht selten an, dass die Nichtvorlage an den EuGH nur dann im Wege der Verfassungsbeschwerde gerügt werden kann, wenn ein Vorabentscheidungsersuchen **im fachgerichtlichen Verfahren durch den Beschwerdeführer angeregt** wurde.[25] Für die Fälle der unterlassenen Divergenzvor- 31

[20] *Hunger* in KKPP GWB § 116 GWB Rn. 4.

[21] OLG München Beschl. v. 18.10.2012 – Verg 13/12, NZBau 2013, 189 mit zahlreichen Nachweisen der hM.

[22] Vgl. BVerfG Beschl. v. 29.7.2004 – 2 BvR 2248/03, NZBau 2004, 564.

[23] BVerfG Beschl. v. 25.4.2005 – 1 BvR 644/05, NJW 2005, 3059; ferner Maunz/Dürig/*Schmidt-Aßmann* Grundgesetz Art. 103 Rn. 158.

[24] Zum Prüfungsmaßstab des BVerfG vgl. *Karpenstein* Rn. 68 ff.

[25] BVerfG Beschl. v. 20.2.2008 – 1 BvR 2722/06, NVwZ 2008, 780.

lage nach § 179 Abs. 2 GWB liegt vergleichbare Rechtsprechung aber nicht vor. Müsste sich der Verfassungsbeschwerdeführer tatsächlich den Einwand der unterbliebenen Anregung einer Vorlage vor dem Fachgericht entgegenhalten lassen, würde von den Beteiligten des Beschwerdeverfahrens beinahe Unmögliches verlangt. Häufig wird das Verfahren bis zur Verkündung der Entscheidung keinen Anlass für eine solche Anregung geben, wenn etwa das Oberlandesgericht nicht zu erkennen gegeben hat, dass es EU-Recht für streitentscheidend hält oder sich mit abweichender Rechtsprechung anderer Beschwerdegerichte befasst hat und gedenkt, von solcher Rechtsprechung möglicherweise abzuweichen.

§ 47 Kosten und Gebühren

Übersicht

GWB: § 182

§ 182 GWB Kosten des Verfahrens vor der Vergabekammer

(1) Für Amtshandlungen der Vergabekammern werden Kosten (Gebühren und Auslagen) zur Deckung des Verwaltungsaufwandes erhoben. Das Verwaltungskostengesetz vom 23.6.1970 (BGBl. I S. 821) in der am 14.8.2013 geltenden Fassung ist anzuwenden.

(2) Die Gebühr beträgt mindestens 2.500 EUR; dieser Betrag kann aus Gründen der Billigkeit bis auf ein Zehntel ermäßigt werden. Die Gebühr soll den Betrag von 50.000 EUR nicht überschreiten; sie kann im Einzelfall, wenn der Aufwand oder die wirtschaftliche Bedeutung außergewöhnlich hoch ist, bis zu einem Betrag von 100.000 EUR erhöht werden.

(3) Soweit ein Beteiligter im Verfahren unterliegt, hat er die Kosten zu tragen. Mehrere Kostenschuldner haften als Gesamtschuldner. Kosten, die durch Verschulden eines Beteiligten entstanden sind, können diesem auferlegt werden. Hat sich der Antrag vor Entscheidung der Vergabekammer durch Rücknahme oder anderweitig erledigt, hat der Antragsteller die Hälfte der Gebühr zu entrichten. Die Entscheidung, wer die Kosten zu tragen hat, erfolgt nach billigem Ermessen. Aus Gründen der Billigkeit kann von der Erhebung von Gebühren ganz oder teilweise abgesehen werden.

(4) Soweit ein Beteiligter im Nachprüfungsverfahren unterliegt, hat er die zur zweckentsprechenden Rechtsverfolgung oder Rechtsverteidigung notwendigen Aufwendungen des Antragsgegners zu ragen. Die Aufwendungen der Beigeladenen sind nur erstattungsfähig, soweit sie die Vergabekammer aus Billigkeit der unterlegenen Partei auferlegt. Hat sich der Antrag durch Rücknahme oder anderweitig erledigt, erfolgt die Entscheidung, wer die zur

zweckentsprechenden Rechtsverfolgung oder Rechtsverteidigung notwendigen Aufwendungen anderer Beteiligter zu tragen hat, nach billigem Ermessen; in Bezug auf die Erstattung der Aufwendungen der Beigeladenen gilt im Übrigen Satz 2 entsprechend. § 80 Absatz 1, 2 und 3 Satz 2 des Verwaltungsverfahrensgesetzes und die entsprechenden Vorschriften der Verwaltungsverfahrensgesetze der Länder gelten entsprechend. Ein gesondertes Kostenfestsetzungsverfahren findet nicht statt.

Literatur:
Conrad, Auswirkungen des 2. Kostenrechtsmodernisierungsgesetzes auf die Rechtsanwaltsvergütung in Vergabesachen, ZfBR 2014, 228 f.; *Czauderna,* Erledigung des Nachprüfungsantrags im Verfahren vor der Vergabekammer und Kostenentscheidung, VergabeR 2011, 421 ff.; *Dicks,* Verfahrensrechtliche Entscheidungen der Vergabesenate im Jahre 2009 – Teil II, ZfBR 2010, 339 ff.; *Hardraht,* Die Kosten des Nachprüfungsverfahrens und der sofortigen Beschwerde, NZBau 2004, 189 ff.; *Kins/Zimmermann,* Die Kosten der Rüge – zum Ersatz der im Vergabeverfahren entstandenen Anwaltskosten vor Anrufung der Vergabekammer, VergabeR 2014, 641 ff.; *Lausen,* Kosten im Nachprüfungsverfahren, NZBau 2005, 440 ff.

A. Einleitung

1 Die **Kosten (Gebühren und Auslagen) der Vergabekammer,** und die Frage, wer diese Kosten zu tragen hat, sind in § 182 Abs. 1 bis 3 GWB geregelt.[1]

2 § 182 Abs. 4 GWB befasst sich mit der Erstattung von notwendigen **Aufwendungen der (erstinstanzlich) Verfahrensbeteiligten;** dabei geht es insbesondere um die Kosten für die anwaltlichen Verfahrensbevollmächtigten (in nach RVG zu bestimmender Höhe – dazu noch → Rn. 45 ff.).

3 Interessanterweise sind zum Kostenrecht vergleichsweise zahlreiche **Klärungen seitens des Bundesgerichtshofs** erfolgt, da sich unter den Oberlandesgerichten die Auffassung durchgesetzt hat, dass auch Kostenfragen Gegenstand von Divergenzvorlagen nach § 179 Abs. 2 GWB (dazu → § 46 Rn. 3 ff.) sein können.

B. Gebühren und Auslagen der Vergabekammer

I. Entscheidung durch Verwaltungsakt

4 Für die Gebühren und Auslagen der Vergabekammern wird auf die Vorschriften des **Verwaltungskostengesetzes** verwiesen. Falls der Gesetzgeber nicht ohnehin die Verwaltungskostengesetze des Bundes *und* der Länder erfassen wollte (kompetenzielle Gründe würden dem nicht entgegenstehen[2]), so könnte die Gesetzeslücke jedenfalls durch entsprechende Heranziehung der Landes-Verwaltungskostengesetze geschlossen werden.[3]

5 Die **Kostengrundentscheidung,** mit der die Pflicht zur Kostentragung (einschließlich der Kosten der Vergabekammer) einem oder mehreren Beteiligten auferlegt wird (vgl. § 182 Abs. 3 GWB), ist typischerweise Teil des Verwaltungsaktes (§ 168 Abs. 3 S. 1 GWB), mit dem die Vergabekammer das erstinstanzliche Verfahren entscheidet. Sie kann aber auch – etwa bei Antragsrücknahme oder bei beidseitiger Erledigungserklärung – isoliert erfolgen.

6 Die **Festsetzung der Höhe der Gebühren und Auslagen** der Vergabekammer erfolgt idR in einem gesonderten Verwaltungsakt auf Basis des Werts des streitgegenständlichen Auftrags inklusive Umsatzsteuer (dazu sogleich → Rn. 7 ff.).

---

[1] Die Festlegung der Kosten und Gebühren für effektiven Vergaberechtsschutz ist weitgehend Sache der Mitgliedstaaten; vgl. zum Prüfungsmaßstab der EG-Rechtsmittel-Richtlinien EuGH Urt. v. 6.10.2015 – C-61/14, ECLI:EU:C:2015:655 = BeckRS 2015, 81267.

[2] S. die vergleichbare Regelung des § 168 Abs. 3 GWB, der auf die VwVG des Bundes *und* der Länder verweist.

[3] Vgl. OLG Naumburg Beschl. v. 20.9.2012 – 2 Verg 4/12, BeckRS 2012, 21448.

II. Maßstäbe für die Auslagen- und Gebührenhöhe

Bei den **Auslagen** (zB Sachverständigenentschädigungen) gilt das strikte Kostendeckungsprinzip, dh dem Kostenschuldner darf nur der Betrag in Rechnung gestellt werden, der tatsächlich durch die Vergabekammer verauslagt wurde.[4] 7

Die Höhe der **Gebühr** für das Verfahren vor der Vergabekammer ist unter Berücksichtigung des **Aufwandes der Vergabekammer und der wirtschaftlichen Bedeutung der Sache** zu bestimmen (§ 182 Abs. 1 S. 1 GWB: *„Deckung des Verwaltungsaufwandes"* und Abs. 2 S. 2 GWB: außergewöhnlich hoher *„Aufwand oder wirtschaftliche Bedeutung"*). 8

Dabei vom Wert des streitgegenständlichen Auftrags auszugehen, ist nicht zu beanstanden. **Wertabhängigen Gebühren** liegt – so der BGH[5] – die Erfahrung zugrunde, dass der Aufwand der Behörde tendenziell steigt, je gewichtiger die wirtschaftliche Bedeutung der Angelegenheit ist. Wenn der personelle und sachliche Aufwand im Einzelfall außer Verhältnis zum Wert des Verfahrensgegenstandes steht, so dass eine Korrektur (entweder nach oben oder nach unten) geboten erscheint, ist dies aber im Einzelfall bei der Gebührenbemessung zu berücksichtigen. 9

Die Vergabekammern kommen dem nach, indem sie bestimmten Auftragswerten gestaffelt und durch Interpolation Gebührenbeträge zuordnen, die für Verfahren mit einem typischen, durchschnittlichen personellen und sachlichen Aufwand gelten, aber bei untypischen Verfahren eben auch korrigiert werden (vgl. auch zur Ermäßigung „bis auf ein Zehntel" § 182 Abs. 2 S. 1 GWB, was bei Verfahren, in denen für die Kammer überhaupt noch kein nennenswerter Aufwand entstanden ist, in Betracht kommt). In der Praxis am bedeutsamsten, weil sich daran auch andere Vergabekammern orientieren, ist die **Gebührentabelle der Vergabekammern des Bundes.**[6] Zu beachten ist: Die Vergabekammern stellen in ihren Gebührentabellen auf das gesamte Bruttoauftragsinteresse (ohne 5%-Betrachtung nach § 50 Abs. 2 GKG, § 23 Abs. 1 RVG) ab. 10

Die Gebühr beträgt **mindestens 2.500 EUR und soll 50.000 EUR nicht überschreiten;** sie kann im Einzelfall – wenn der Aufwand oder die wirtschaftliche Bedeutung außergewöhnlich hoch sind – bis zu einem Betrag von 100.000 EUR erhöht werden (§ 182 Abs. 2 S. 2 GWB). 11

Aus Gründen der Billigkeit kann von der Erhebung von Gebühren auch ganz **abgesehen** werden (§ 182 Abs. 3 S. 6 GWB). Zudem gilt: Nach § 8 Abs. 1 VwKostG iVm § 182 Abs. 1 S. 2 GWB sind bestimmte juristische Personen des öffentlichen Rechts von der Zahlung der Gebühren für Amtshandlungen (der Vergabekammern) befreit.[7] 12

III. Statthaftigkeit der sofortigen Beschwerde

Da § 171 Abs. 1 S. 1 GWB alle „Entscheidungen der Vergabekammer" erfasst, ist auch gegen die Kostengrundentscheidung und gegen den Beschluss zur Kostenhöhe – ggf. isoliert – das Rechtsmittel der sofortigen Beschwerde gegeben. Für die **Kostengrundentscheidung** versteht sich das von selbst. 13

Aber auch reine **Kostenbeschlüsse** (über die Höhe der vom Unterliegenden zu begleichenden Gebühren und Auslagen der Vergabekammer) sind Entscheidungen der Vergabekammer iSd § 171 Abs. 1 S. 1 GWB. Für eine einschränkende Auslegung des § 171 Abs. 1 S. 1 GWB besteht auch deshalb kein Anlass, weil gemäß § 22 Abs. 1 VwKostG die Kostenentscheidung zusammen mit der Sachentscheidung oder selbständig angefochten werden kann, was impliziert, dass für die selbständige „Anfechtung" das gleiche Rechtsmittel statthaft sein muss wie für den Angriff auf die Sach- *und* Kostenentscheidung, hier also die 14

---

[4] *Weyand* GWB § 128 Rn. 12.
[5] BGH Beschl. v. 25.10.2011 – X ZB 5/10, NZBau 2012, 186.
[6] BKartA, Informationsblatt zum Rechtsschutz bei der Vergabe öffentlicher Aufträge (Stand: Juni 2019), 8, abrufbar über www.bundeskartellamt.de; abgedruckt zB auch bei Byok/Jaeger/*Noelle* GWB § 128 Rn. 23.
[7] Zu Abgrenzungsfragen OLG Düsseldorf Beschl. v. 7.9.2012 – VII-Verg 19/12, BeckRS 2012, 23814.

sofortige Beschwerde.[8] Der BGH hat unterdessen geklärt, dass die sofortige Beschwerde gegen den Kostenbeschluss der Vergabekammer (gerichts-) gebührenfrei ist; auch Kosten anwaltlicher Verfahrensbevollmächtigter sind nicht zu erstatten, da eine Analogie zu den § 66 Abs. 8 GKG, § 68 Abs. 3 GKG sachgerecht sei.[9]

IV. Kostenvorschuss

15 Die Praxis der Vergabekammern hinsichtlich eines vom Antragsteller einzuzahlenden angemessenen Kostenvorschusses (§ 182 Abs. 1 S. 2 GWB, § 16 VwKostG), der sich üblicherweise, wenn auch nicht notwendig, auf die Mindesthöhe der Gebühr richtet (gemäß § 182 Abs. 1 S. 1 GWB: 2.500 EUR), war früher sehr uneinheitlich. Inzwischen erfolgt die Einzahlung idR erst auf gesonderte Anforderung der Kammer. Sie ist praktisch – was sachgerecht und möglicherweise auch kraft höherrangigen Gemeinschaftsrechts[10] geboten ist – **nicht mehr Voraussetzung für die Übermittlung des Nachprüfungsantrags an den Antragsgegner** und damit für die Auslösung des Suspensiveffekts (§ 169 Abs. 1 GWB). Gleichwohl empfiehlt es sich, in der Antragstellerrolle die Frage der Handhabung des Vorschusses vor Einreichung des Nachprüfungsantrags zu klären.

V. „Unterliegen" im Sinne des § 128 Abs. 3 und 4 GWB

16 **Soweit ein Beteiligter im Verfahren unterliegt,** hat er die Kosten der Vergabekammer zu tragen (§ 182 Abs. 3 S. 1 GWB). Gleiches gilt für die notwendigen Aufwendungen des obsiegenden Gegners (§ 182 Abs. 4 S. 1 GWB: dort allerdings – verunglückt – als „Antragsgegner" bezeichnet).

17 Ob und inwieweit ein Verfahrensbeteiligter im Sinne des § 182 Abs. 3 S. 1 GWB (und iSd § 182 Abs. 4 S. 1 GWB – dazu sogleich → Rn. 16 ff.) unterliegt, richtet sich – jedenfalls im Grundsatz – nach dem wirtschaftlichen **Begehren des Antragstellers;** dabei ist nicht schematisch auf die gestellten Anträge abzustellen, weil die Vergabekammer daran nicht gebunden ist (§ 168 Abs. 1 S. 2 GWB), sondern darauf, ob der Antragsteller sein Ziel materiell erreicht hat.[11]

18 Danach führt es – was allerdings streitig ist – richtigerweise nicht zu einem teilweisen Unterliegen, wenn der Antragsteller **nicht mit allen Rügen durchdringt,** wirtschaftlich aber mit der oder den erfolgreichen Beanstandung(en) so steht, wie er bei Zulässigkeit und Begründetheit seines Nachprüfungsantrags stehen wollte.[12]

19 Begehrt der Antragsteller ausweislich seines Vortrages den Ausschluss des Angebotes des Beigeladenen (und damit inzident den Zuschlag an sich selbst), spricht ihm die Vergabekammer aber – wegen bereits fehlerhafter Grundlagen der Ausschreibung – nur die Wiederholung des Vergabeverfahrens und damit die schon fast sprichwörtliche **„zweite Chance"** zu, so haben sich zwar seine Auftragschancen – gemessen an der von ihm angegriffenen ursprünglichen Angebotsbewertung seitens des Antragsgegners – verbessert. Er

---

[8] BGH Beschl. v. 25.10.2011 – X ZB 5/10, NZBau 2012, 186; OLG Frankfurt a.M. Beschl. v. 11.4.2012 – 11 Verg 10/11, BeckRS 2012, 16588.

[9] BGH Beschl. v. 25.10.2011 – X ZB 5/10, NZBau 2012, 186; aA noch das vorlegende OLG Düsseldorf Beschl. v. 12.7.2010 – VII-Verg 17/10, BeckRS 2010, 27675.

[10] Dem Gewährleistungsauftrag an die Mitgliedstaaten, für einen effektiven Vergaberechtsschutz zu sorgen, würde es zuwiderlaufen, wenn allein die nicht rechtzeitige Zahlung eines Kostenvorschusses zur Primärrechtsschutzverweigerung führen könnte; so OLG München Beschl. v. 19.1.2010 – Verg 1/10, BeckRS 2010, 2592.

[11] BGH Beschl. v. 8.2.2011 – X ZB 4/10, NZBau 2011, 175.

[12] Ein instruktives Beispiel liefert OLG Düsseldorf Beschl. v. 6.4.2011 – VII-Verg 19/11, BeckRS 2011, 17571: *„Erreicht zB der Antragsteller entsprechend seinem Begehren das Ausscheiden des Angebots des Beigeladenen aus der Wertung, während das Vergabeverfahren im Übrigen fortgesetzt werden kann, ist es für den Antragsteller unerheblich, ob das Angebot des Beigeladenen nur aus einem oder aus allen von ihm angeführten Gründen auszuschließen ist. Die Bieterchancen des Antragstellers haben sich durch den Ausschluss des Beigeladenen verbessert, wobei das Maß dieser Verbesserung nicht von der Anzahl der Ausschlussgründe abhängt"* (Hervorhebung nur hier).

hat aber nicht das erreicht, was zu erreichen seine Absicht war. Eine hälftige Teilung erscheint dann als angemessene Kostenfolge.[13]

Mehrere Kostenschuldner – ein Fall, der etwa dann eintreten kann, wenn mehrere Antragsgegner oder aber Antragsgegner und Beigeladene gemeinsam unterliegen – haften im Hinblick auf die Vergabekammerkosten **gesamtschuldnerisch** (§ 182 Abs. 3 S. 2 GWB).[14] 20

C. Erstattungsfähigkeit von Aufwendungen der obsiegenden Beteiligten im erstinstanzlichen Verfahren

Neu gefasst worden ist 2016 **§ 182 Abs. 4 GWB** zur Erstattungsfähigkeit der Aufwendungen der Beteiligten (Antragsteller, Antragsgegner und Beigeladene). Die Neuregelung ist insbesondere im Hinblick auf die – bis zum 17.4.2016 unklar bzw. nicht sachgerecht geregelte – Kostenlast bei Antragsrücknahme oder Verfahrenserledigung zu begrüßen. 21

I. Grundsatz

Im Grundsatz sind – wie schon dargelegt – auch diese **Aufwendungen vom „Unterliegenden" zu tragen** (§ 182 Abs. 4 S. 1 GWB). 22

II. Notwendigkeit der Hinzuziehung anwaltlicher Bevollmächtigter

Voraussetzung für die **Erstattungsfähigkeit** der Rechtsanwaltsvergütung (deren Höhe sich nach RVG bestimmt; dazu sogleich → Rn. 45 ff.) ist die Feststellung der Vergabekammer, dass die Hinzuziehung anwaltlicher Bevollmächtigter durch den (ganz oder teilweise) obsiegenden Beteiligten notwendig war. 23

Zu den Anträgen, die in der Antragsschrift oder Antragserwiderung zu stellen (bzw. anzukündigen) sind, gehört daher auch der **Antrag auf Feststellung, dass die Hinzuziehung eines anwaltlichen Bevollmächtigten notwendig ist** (§ 182 Abs. 4 S. 4 GWB iVm § 80 Abs. 2 VwVfG). Auf diesen Ausspruch ist – wenn die Kosten des Rechtsanwalts in erster Instanz erstattungsfähig sein sollen – auch dann zu drängen, wenn sich das Nachprüfungsverfahren gemäß § 168 Abs. 2 S. 2 GWB erledigt hat oder der Nachprüfungsantrag zurückgenommen wurde. 24

Für den Auftraggeber ist die Hinzuziehung eines anwaltlichen Bevollmächtigten nicht in allen Fällen notwendig. Überwiegend hält die Rechtsprechung – durchaus diskussionswürdig – eine vor allem an der **Komplexität der streitentscheidenden Rechtsfragen** und der **personellen Ausstattung des Auftraggebers** orientierte differenzierende Betrachtungsweise für erforderlich.[15] Ob die Hinzuziehung eines anwaltlichen Vertreters im Verfahren vor der Vergabekammer durch den Auftraggeber notwendig ist, soll danach nicht schematisch, sondern stets **anhand des Einzelfalles zu entscheiden** sein. Im Rahmen der Abwägung ist insbesondere in Betracht zu ziehen, ob sich das Nachprüfungsverfahren auf den originären Aufgabenkreis des Auftraggebers konzentriert, in dem er sich selbst die notwendigen Sach- und Rechtskenntnisse verschaffen kann und muss,[16] und ob 25

[13] OLG Düsseldorf Beschl. v. 22.2.2010 – VII-Verg 62/09.

[14] OLG Düsseldorf Beschl. v. 23.11.2004 – VII-Verg 69/04, IBRRS 2004, 3961.

[15] BGH Beschl. v. 26.9.2006 – X ZB 14/06, NZBau 2006, 800; OLG Düsseldorf Beschl. v. 3.1.2011 – VII-Verg 42/10, VergabeR 2011, 648; Beschl. v. 26.9.2003 – VII Verg 31/03, BeckRS 2004, 12168; OLG Koblenz Beschl. v. 8.6.2006 – 1 Verg 4/06, IBRRS 2007, 0549 u. 5/06, ZfBR 2007, 302; OLG München Beschl. v. 11.6.2008 – Verg 6/08, ZfBR 2008, 724; OLG Frankfurt a.M. Beschl. v. 30.3.2010 – 11 Verg 3/10, BeckRS 2010, 24521.

[16] Das kann etwa der Fall sein, wenn der Sach- und Streitstoff allein die Stichhaltigkeit der Wirtschaftlichkeitsbewertung des Angebots des Antragstellers anhand der nicht beanstandeten Zuschlagskriterien betrifft: OLG Frankfurt Beschl. v. 2.11.2017 – 11 Verg 8/17, ZfBR 2018, 198.

der Auftraggeber überhaupt dargelegt hat, dass der interne Sachverstand (im entschiedenen Fall: eines Bundeslandes mit mehreren zentralen Vergabestellen) nicht ausgereicht hätte.[17]

26 Richtigerweise gebietet es schon der Gesichtspunkt der **Waffengleichheit,** dass ein Auftraggeber/Antragsgegner sich gegen einen anwaltlich (von auf Vergaberecht spezialisierten Verfahrensbevollmächtigten) eingereichten Nachprüfungsantrag regelmäßig[18] auch mit Hilfe anwaltlicher Unterstützung verteidigen darf.[19] Dies gilt insbesondere vor dem Hintergrund, dass die Angelegenheit häufig von erheblicher wirtschaftlicher Bedeutung für den Antragsgegner sein wird. Hinzu tritt, dass das Nachprüfungsverfahren unter einem erheblichen Zeitdruck steht und das Vergaberecht *per se* eine **komplexe Rechtsmaterie** darstellt. Angreifbar wäre es jedenfalls, wenn der oder die Vergabekammervorsitzende die zu klärenden Rechts- und/oder Sachverhaltsfragen zur Begründung einer Verlängerung der Entscheidungsfrist (gemäß § 167 Abs. 1 S. 2 bis 4 GWB) als überdurchschnittlich schwierig einschätzt, dann aber in der Entscheidung die Notwendigkeit der Hinzuziehung anwaltlicher Bevollmächtigter durch die Antragsgegnerin verneint wird.

D. Kostentragung und Aufwendungserstattung in besonderen Fällen: Billigkeitsgründe

27 Bei den Fragen danach, wer die (Vergabekammer-) Kosten und die erstattungsfähigen Aufwendungen der Beteiligten zu tragen hat, wenn der Nachprüfungsantrag zurückgenommen wird, sich erledigt oder für erledigt erklärt wird, sind – seit dem VergRModG 2016 noch verstärkt – **Billigkeitsgesichtspunkte** heranzuziehen.

28 Neu gefasst wurde – getrieben ua durch die BGH-Rechtsprechung und die allgemein als defizitär empfundene bisherige Rechtslage – § 182 (ehemals: § 128) Abs. 4 S. 3 GWB. Danach wird im Falle der **Antragsrücknahme oder anderweitigen Erledigung** jetzt nach billigem Ermessen entschieden, wer die zur zweckentsprechenden Rechtsverteidigung notwendigen Aufwendungen anderer Beteiligter zu tragen hat. In Bezug auf die Erstattung der Aufwendungen der Beigeladenen gilt im Übrigen S. 2 entsprechend, dh auch diese hat die VK ggf. „aus Billigkeit" aufzuerlegen. Die Neufassung der Regelung zum Aufwendungsersatz entspricht der im Falle der Antragsrücknahme oder sonstigen Erledigung geltenden Regelung in § 182 (ehemals: § 128) Abs. 3 S. 5 GWB für die Kostentragung in Bezug auf die Kosten der Vergabekammer. Dadurch wird erfreulicherweise der Gleichlauf der Regelungen für die Gebühren und Auslagen einerseits und die notwendigen Aufwendungen andererseits hergestellt.[20] Zudem wird damit eine bislang bestehende Regelungslücke für den Aufwendungsersatz im Falle der sonstigen Erledigung, insbesondere der Erledigung durch Abhilfe seitens des Auftraggebers, geschlossen.

I. Antragsrücknahme

29 Nimmt der Antragsteller seinen Nachprüfungsantrag zurück, gilt das jetzt anders als noch nach § 128 Abs. 3 S. 4 und Abs. 4 S. 3 GWB aF[21] – nicht mehr automatisch als Unterliegen. mit der Folge, dass die **Kosten der Kammer und ggf. die erstattungsfähigen Aufwendungen der anderen Beteiligten grundsätzlich dem Antragsteller aufzuerlegen sind** (wobei die Vergabekammergebühr zu halbieren ist, wenn die Antragsrücknahme vor der Entscheidung der Vergabekammer erfolgt ist).

---

[17] OLG Koblenz Beschl. v. 16.1.2017 – Verg 5/16, NZBau 2017, 247.

[18] Etwas Anderes kann ausnahmsweise gelten, wenn eine Situation vorliegt, in der lediglich über erkennbar einfache tatsächliche und ohne Weiteres zu beantwortende Vergaberechtsfragen gestritten wird.

[19] Vgl. OLG Naumburg Beschl. v. 21.3.2013 – 2 Verg 1/13, BeckRS 2013, 5974; OLG Frankfurt a.M. Beschl. v. 30.7.2013 – 11 Verg 7/13, BeckRS 2013, 15630.

[20] BT-Drs. 18/6281, 136.

[21] Anders bis zur Novellierung des § 128 Abs. 3 und 4 durch das Vergaberechtsmodernisierungsgesetz 2009; zum vorher geltenden Recht: BGH Beschl. v. 25.10.2005 – X ZB 22/05, NZBau 2006, 196.

Im Falle der Antragsrücknahme sachlich gerechtfertigt ist die (ggf. teilweise) Kostentragung des Antragsgegners unter Billigkeitsgesichtspunkten in Fällen, in denen dieser mit einer fehlerhaften Vorabinformation (die allein einem Nachprüfungsantrag ja nicht zum Erfolg verhilft) oder auf sonstige Weise (durch Korrektur von Vergaberechtsverstößen in einem sehr späten Zeitpunkt) dem Antragsteller erst **Veranlassung zur Vergabenachprüfung**[22] und in der Folge ggf. Veranlassung zur Antragsrücknahme gegeben hat. 30

II. Obsiegen des Antragsgegners trotz festgestellten Vergaberechtsverstoßes

Zu weitgehend ist es aber dem Antragsgegner die Kosten für ein Nachprüfungsverfahren aufzuerlegen, in dem er (nur) deshalb obsiegt hat, weil sich **feststellbare Vergaberechtsverstöße nicht zu Lasten der Antragstellerin ausgewirkt** haben.[23] Es gehört zum „Standardprogramm" der Begründetheitsprüfung, danach zu fragen, ob sich etwaige Verstöße gerade zum Schaden des Antragstellers feststellen lassen, ohne dass hierdurch automatisch Billigkeitsaspekte berührt werden. Mit anderen Worten: Kann sicher ausgeschlossen werden, dass sich Vergaberechtsverstöße nicht zu Lasten des Antragstellers auswirken, unterliegt dieser; es greifen dann § 182 Abs. 3 S. 1 und Abs. 4 S. 1 GWB. 31

III. Erledigung

Auch bei anderweiter Erledigung soll nach § 182 Abs. 3 S. 4 GWB eine Verteilung der **Kosten der Vergabekammer nach billigem Ermessen** – auf der Grundlage des bei Eintritt der Erledigung geltenden Sach- und Streitstandes – erfolgen. Maßgeblich ist der ohne die Erledigung[24] zu erwartende Verfahrensausgang.[25] Erledigung tritt erst mit entsprechenden Erledigungserklärungen ein, hält der Antragsteller trotz erledigenden Ereignisses an seinen Anträgen fest, unterliegt er.[26] 32

Vergabekammern und -senate lassen es praktisch nicht selten dabei bewenden, den **Verfahrensausgang offen** zu lassen und Teilung der VK-Gebühren und gegenseitige Aufhebung der Kosten der Beteiligten (bzw. deren Nichterstattung) anzuordnen. Es ist allerdings zweifelhaft, ob dies ohne Weiteres mit § 182 Abs. 3 S. 5 und Abs. 4 S. 3 GWB vereinbar ist. Zweifel daran sind jedenfalls dann angebracht, wenn die (Un-) Zulässigkeit und (Un-) Begründetheit des Nachprüfungsantrags mit hinreichender Sicherheit beurteilt werden können. Es muss also in jedem Fall eine summarische Prüfung der Erfolgsaussichten des Nachprüfungsantrages in tatsächlicher und rechtlicher Hinsicht stattfinden, und nur wenn der Verfahrensausgang nach einer solchen Prüfung offen ist, können die Kosten gegeneinander aufgehoben werden.[27] Weitere Billigkeitsgesichtspunkte können hinzutreten; so kann es etwa bei ersichtlich verfrühter Antragstellung (trotz absehbarer Abhilfeentscheidung des Auftraggebers) geboten sein, die Antragstellerin kostenmäßig zu belasten.[28] Umgekehrt kann es bei einer vom Auftraggeber herbeigeführten Erledigung, die sich materiell 33

---

[22] Zu einem solchen Fall der „Veranlassung des Nachprüfungsverfahrens" beispielsweise OLG Düsseldorf Beschl. v. 1.10.2012 – VII-Verg 25/12, BeckRS 2012, 23818.

[23] So aber OLG Düsseldorf Beschl. v. 12.9.2012 – VII-Verg 108/11, NZBau 2013, 61.

[24] Zur Erledigung und zum Zeitpunkt der verfahrensbeendenden Wirkung (erst mit übereinstimmenden Erledigungserklärungen der beiden Hauptbeteiligten): OLG Düsseldorf Beschl. v. 12.5.2011 – VII-Verg 32/11, BeckRS 2011, 23543.

[25] BGH Beschl. v. 25.1.2012 – X ZB 3/11, NZBau 2012, 380; OLG Düsseldorf Beschl. v. 11.5.2011 – VII-Verg 1/11, BeckRS 2011, 18921.

[26] Vgl. OLG Rostock Beschl. v. 2.10.2019 – 17 Verg 3/19, NZ Bau 2020, 113.

[27] In diese Richtung OLG Düsseldorf Beschl. v. 13.9.2018 – VII-Verg 35/17, ZfBR 2019, 402.

[28] Auch hierzu OLG Düsseldorf Beschl. v. 13.9.2018 – VII-Verg 35/17, ZfBR 2019, 402; ferner OLG München Beschl. v. 2.5.2019 – Verg 5/19.

als Abhilfe darstellt, der Billigkeit entsprechen, dem Antragsgegner die Kosten aufzuerlegen.[29]

IV. Aufwendungen der Beigeladenen

34 Die Beigeladene hat einen Kostenerstattungsanspruch nur, wenn ihre Kosten aus Billigkeit der unterlegenen Partei auferlegt werden (§ 128 Abs. 4 S. 2 GWB). So ist vorzugehen, wenn die Beigeladene **eigene Anträge gestellt und damit obsiegt** hat. Im Regelfall dürfte es ferner der Billigkeit entsprechen, die Erstattungsfähigkeit der Beigeladenenaufwendungen anzuordnen, wenn die Beigeladene **durch ihren Vortrag wesentlich zur Verfahrensförderung beigetragen** hat.[30] Voraussetzung für die Erstattungsfähigkeit der Vergütung der anwaltlichen Verfahrensbevollmächtigten auch der Beigeladenen ist die Feststellung der Notwendigkeit der Hinzuziehung dieser Verfahrensbevollmächtigten (dazu → Rn. 23 ff.).

35 Entschieden ist auch ein eher atypischer Fall: Voraussetzung für eine Erstattungspflicht des unterlegenen Auftraggebers/Antragsgegners zugunsten eines Beigeladenen ist, dass der Beigeladene – was ihm freisteht[31] – sich eindeutig den Rügen des Antragstellers angeschlossen hat. Die Erstattungspflicht für Aufwendungen eines Beigeladenen kann also nicht nur zu Lasten des unterlegenen Antragstellers, sondern auch **zu Lasten des unterlegenen Antragsgegners**[32] eintreten, allerdings nur insoweit (zB bezogen auf einzelne streitige Lose[33]), wie der Beigeladene auch tatsächlich als verfahrensbeteiligt anzusehen ist.[34]

E. Kosten des Beschwerdeverfahrens

I. Kostengrundentscheidung

36 Die Kosten des Beschwerdeverfahrens (einschließlich der Eilverfahren, etwa gemäß § 173 Abs. 1 S. 3 GWB, in denen keine isolierten Kostenentscheidungen veranlasst sind) sind – jedenfalls nach Inkrafttreten des Gesetzes zur Modernisierung des Vergaberechts – gemäß § 175 Abs. 2 GWB iVm § 78 GWB nach Billigkeit zu verteilen.

37 Dies gilt sowohl für die **Gerichtskosten** als auch für die **Aufwendungen der anderen Verfahrensbeteiligten.**[35]

38 Es entspricht der **Billigkeit,** dem in der Beschwerdeinstanz Unterlegenen mit den Gerichtskosten und den außergerichtlichen Kosten anderer Verfahrensbeteiligter zu belasten, soweit nicht die besonderen Umstände des Einzelfalls ausnahmsweise eine abweichende Entscheidung gebieten. Gehen Antragsgegner und Beigeladener jeweils mit eigenen sofortigen Beschwerden gegen die Vergabekammerentscheidung vor (oder wehren sie sich jeweils mit eigenen Anträgen gegen die sofortige Beschwerde des Antragstellers) und unter-

---

29 OLG München Beschl. v. 10. 4. 2019 – Verg 8/18, ZfBR 2020, 193; OLG München Beschl. v. 2. 5. 2019 – Verg 5/19, NZBau 2020, 126.

30 OLG Düsseldorf Beschl. v. 15. 5. 2004 – VII-Verg 12/03; aA (aktive Rolle nur bei eigener Antragstellung durch die Beigeladene): OLG Naumburg Beschl. v. 23. 12. 2014 – 2 Verg 14/11, NZBau 2015, 518 f.

31 BGH Beschl. v. 10. 11. 2009 – X ZB 8/09, NZBau 2010, 124.

32 Ist die Verpflichtung zum Aufwendungsersatz für einen obsiegenden anderen Beteiligten mehreren Antragsgegnerinnen auferlegt, haften diese – mangels einer entsprechenden Rechtsgrundlage – nicht gesamtschuldnerisch – BGH Beschl. v. 8. 2. 2011 – X ZB 4/10, BGHZ 188, 200 = NZBau 2011, 175; OLG Düsseldorf Beschl. v. 2. 5. 2011 – VII-Verg 18/11. Im Hinblick auf die Kosten der Vergabekammer gibt es eine entsprechende Rechtsgrundlage.

33 Auch der für die Beigeladenenaufwendungen maßgebliche Streit- und Gegenstandswert (dazu noch → Rn. 43–45) kann sich nur nach Maßgabe derjenigen Lose bemessen, hinsichtlich derer von einer Beteiligung der Beigeladenen am Nachprüfungsverfahren auszugehen ist; vgl. OLG Düsseldorf Beschl. v. 22. 11. 2010 – VII-Verg 55/09, NZBau 2011, 125.

34 OLG Düsseldorf Beschl. v. 2. 5. 2011 – VII-Verg 18/11.

35 BGH Beschl. v. 8. 2. 2011 – X ZB 4/10, NZBau 2011, 175.

liegen gemeinsam, so entspricht es idR der Billigkeit, ihnen die Gerichtskosten und die außergerichtlichen Kosten des Antragstellers je zur Hälfe aufzuerlegen.

Ausnahmsweise kann eine abweichende Kostenentscheidung – wie auch vor der Vergabekammer (dazu → Rn. 30) – nach den § 175 Abs. 2 GWB, § 78 GWB, 73 Nr. 2 GWB iVm den § 93 ZPO, § 97 Abs. 2 ZPO geboten sein, wenn der Antragsgegner – ggf. auch nur hinsichtlich eines Teils der vorgebrachten Beanstandungen – **Veranlassung für das Vergabenachprüfungsverfahren und die sofortige Beschwerde** gegeben hat, indem er gerügte Vergaberechtsverstöße erst in der Beschwerdeinstanz (und damit zu spät) behebt.[36] Infolge übereinstimmender Erledigungserklärung der Antragstellerin und der Antragsgegnerin (dazu bereits → Rn. 32f.) erst in der Beschwerdeinstanz, die das Vergabenachprüfungsverfahren beendet und die Entscheidung der Vergabekammer wirkungslos werden lässt, ist gemäß § 175 Abs. 2 GWB iVm §§ 78 GWB, 91a Abs. 1 S. 1 ZPO über die Kosten des Beschwerdeverfahrens und gemäß § 182 Abs. 3 S. 5, Abs. 4 S. 2 und 3 GWB über die Kosten des Verfahrens vor der Vergabekammer und die dort notwendigen Aufwendungen der Verfahrensbeteiligten zu befinden.[37] 39

II. Keine Veranlassung für Kostenentscheidungen in Eilverfahren

In Verfahren nach § 173 Abs. 1 S. 3 GWB und § 176 GWB ist eine Kostenentscheidung nicht zu treffen. Sie bleibt – nach ständiger, weitgehend einheitlicher Rechtsprechung – jeweils der Beschwerdeentscheidung vorbehalten. 40

In Verfahren nach § 169 Abs. 2 S. 5 und 6 GWB treffen die Beschwerdegerichte hingegen regelmäßig isolierte Kostengrundentscheidungen. Die Kostenentscheidung folgt dann aus § 169 Abs. 2 S. 7 GWB iVm § 176 Abs. 3 S. 4 GWB, § 175 Abs. 2 GWB, § 78 GWB.[38] Es spräche aber nichts dagegen, auch hier die Kostenentscheidung der Hauptsacheentscheidung vorzubehalten.[39] 41

III. Gerichtsgebühren

Für das sofortige Beschwerdeverfahren fallen in der **Hauptsache** 4,0 Gerichtsgebühren (Ziffer 1220 des KV zum GKG) an, die sich auf die Hälfte reduzieren, wenn eine Rücknahme des Rechtsmittels vor Schluss der mündlichen Verhandlung erfolgt (Ziffer 1222 des KV zum GKG). Für **Eilverfahren** nach den § 169 Abs. 2 S. 5 und 6 GWB, § 171 Abs. 1 S. 3 GWB und 176 GWB fallen jeweils 3,0 Gerichtsgebühren an (Ziffer 1630 des KV zum GKG[40]). 42

IV. Streitwert

Der für die Höhe der Gerichtskosten maßgebliche Streitwert beträgt nach § 50 Abs. 2 GKG im sofortigen Beschwerdeverfahren **5 % der Bruttoauftragssumme.** Geht es dem Rechtsmittelführer nicht um die Wahrung der Zuschlagschance und eine mögliche Gewinnerzielung, sondern rügt er die Zuständigkeit eines Vergabekammerspruchkörpers oder greift er eine andere Zwischenentscheidung an, ist der Streitwert durch eine entsprechende Anwendung des § 3 ZPO festzusetzen (also durch Wertreduzierung nach freiem Ermes- 43

[36] OLG Düsseldorf Beschl. v. 10.8.2011 – VII-Verg 36/11, NZBau 2011, 765.
[37] OLG Düsseldorf Beschl. v. 24.1.2019 – VII-Verg 30/18.
[38] Vgl. OLG Düsseldorf Beschl. v. 9.5.2011 – VII-Verg 41/11, BeckRS 2011, 14072.
[39] Gleiches gilt für Entscheidungen der Vergabekammern nach § 169 Abs. 2 GWB. Die Praxis ist nicht einheitlich, was sich aber in den wenigsten Fällen auf die letztendlich zu treffende Kostenverteilung entscheidend auswirken dürfte.
[40] Bei Beendigung des jeweiligen Eilverfahrens durch Antragsrücknahme 1,0 Gerichtsgebühren (Nr. 1631 des KV zum GKG).

sen).[41] Gleiches gilt, wenn eine sofortige Beschwerde sich nur gegen die Kostenentscheidung der Vergabekammer richtet.[42]

44 Gegen die **Streitwertfestsetzung des Beschwerdegerichts** kann nicht nach § 68 GKG im Wege der **Beschwerde** vorgegangen werden (§ 68 Abs. 5 GWB iVm § 66 Abs. 3 S. 2 und 3 GWB), so dass nur eine Gegenvorstellung möglich ist.

F. Höhe der Rechtsanwaltsvergütung

I. Gegenstandswert

45 Dieser Maßstab (**5 % des Bruttoauftragsinteresses** des Antragstellers oder der Beigeladenen) gilt entsprechend für den Gegenstandswert, welcher der gesetzlichen Rechtsanwaltsvergütung zugrunde zu legen ist (§ 23 Abs. 1 S. 1 RVG), und zwar – was sich allerdings nicht von selbst versteht – auch im Verfahren vor der Vergabekammer.[43] Ist das Nachprüfungsverfahren über zwei Instanzen hinweg geführt worden, wird es sich idR anbieten, die Streit- und Gegenstandswertfestsetzung des Beschwerdegerichts der Berechnung der Rechtsanwaltsgebühr auch für die erste Instanz zugrunde zu legen. Endet das Nachprüfungsverfahren vor der Vergabekammer, wird der Gebührenbescheid der Kammer regelmäßig Anhaltspunkte dafür liefern, welche Summe 5 % des Bruttoauftragsinteresses entspricht. Der Wert, den die Vergabekammer ihrem Gebührenbeschluss zugrunde legt, ist für die Berechnung der erstattungsfähigen anwaltlichen Kosten zwar nicht bindend. Übernimmt der obsiegende Beteiligte jedoch diesen Wert für die Ermittlung der Höhe der Geschäftsgebühr (dazu sogleich → Rn. 46), wird das die Akzeptanz und Durchsetzungschancen seiner Forderung beim Gegner zumindest in Zweifelsfällen sehr verbessern.

II. Geschäftsgebühr für das Vergabekammerverfahren

46 Durch das 2. KostRMoG[44] sind die Nr. 2300 ff. des VV zum RVG mit Wirkung zum 1.8. 2013 geändert worden mit der Folge, dass nunmehr die Ziffer 2300 anzuwenden ist, auch wenn der Anwalt des betreffenden Beteiligten diesen bereits im Vergabeverfahren begleitet hat.[45] Erreicht wird das über einige Umwege: Der Rechtsanwalt verdient sowohl für die Tätigkeit im Verwaltungsverfahren als auch für die Tätigkeit in dem der Nachprüfung des Verwaltungsakts dienenden Vergabeverfahren jeweils eine Geschäftsgebühr nach Nr. 2300 VV RVG.[46] Das neugefasste Vergütungsrecht aber in Anmerkung 2.3 Abs. 4 S. 1 VV RVG nF vor, dass die im Verwaltungsverfahren entstandene Geschäftsgebühr zur Hälfte, bei Wertgebühren jedoch höchstens mit einem Gebührensatz von 0,75, auf die in dem der Nachprüfung des Verwaltungsaktes dienenden Verfahren entstehende Geschäftsgebühr an-

---

[41] OLG Düsseldorf Beschl. v. 24.9.2018 – VII-Verg 51/17, ZfBR 2019, 96.

[42] OLG Koblenz Beschl. v. 16.1.2017 – Verg 5/16, NZBau 2017, 247.

[43] OLG Düsseldorf Beschl. v. 17.1.2006 – Verg 63/05, BeckRS 2006, 02913.

[44] BGBl. I 2013 2586.

[45] Umstritten war lange, ob die Geschäftsgebühr des Rechtsanwaltes für die erstinstanzliche Vertretung vor der Vergabekammer nach Nr. 2301 VV RVG (dann: 0,5–1,3) oder Nr. 2300 VV RVG (dann: 0,5–2,5) zu bestimmen ist, wenn der anwaltliche Bevollmächtigte für seinen Mandanten bereits im Vergabeverfahren tätig war (also etwa den Antragsteller bei der Abfassung des Rügeschreibens oder den Antragsgegner bei der Erstellung der Vergabeunterlagen oder der Rügeerwiderung unterstützt hat). Der BGH hatte dies zugunsten der Nr. 2301 entschieden, weil das Vergabeverfahren wie ein Verwaltungsverfahren und das Nachprüfungsverfahren erster Instanz wie ein Vorverfahren zu behandeln ist. BGH Beschl. v. 23.9.2008 – X ZB 19/07, NZBau 2008, 782. Aus anwaltlicher Sicht war das schwer einzusehen, haben das verwaltungsprozessual teils vorgesehene Vorverfahren (Widerspruch) und ein erstinstanzliches Vergabenachprüfungsverfahren doch wenig miteinander gemein; mit Händen zu greifende Unterschiede betreffen etwa Fragen der Akteneinsicht, der Beiladung und der mündlichen Verhandlung.

[46] Nach der Anmerkung 2.3 Abs. 4 S. 3 VV RVG nF wird die Vorbefassung des Rechtsanwalts bei der Bemessung der weiteren Geschäftsgebühr innerhalb des Gebührenrahmens nach Nr. 2300 VV RVG nicht berücksichtigt.

gerechnet wird. Wichtig ist aber: Ein Dritter kann sich auf die Anrechnung nur berufen, soweit er den Anspruch auf eine der beiden Gebühren erfüllt hat, wegen eines der beiden Ansprüche gegen ihn ein Vollstreckungstitel besteht oder beide Gebühren in demselben Verfahren gegen ihn geltend gemacht werden (§ 15a Abs. 2 RVG),[47] wenn also auch die Tätigkeit des gegnerischen Anwalts bereits im Vergabeverfahren[48] dem Dritten gegenüber abgerechnet worden ist.

Bei den **Rahmengebühren** nach den Nr. 2300 und (früher) 2301 des VV zum RVG bestimmt der Rechtsanwalt nach § 14 Abs. 1 RVG die Gebühr im Einzelfall unter Berücksichtigung aller Umstände, vor allem des Umfangs und der Schwierigkeit der anwaltlichen Tätigkeit, der Bedeutung der Angelegenheit sowie der Einkommens- und Vermögensverhältnisse des Auftraggebers nach billigem Ermessen, wobei ein besonderes Haftungsrisiko des Rechtsanwalts bei der Bemessung herangezogen werden kann; ist die Gebühr von einem Dritten zu ersetzen, ist die von dem Rechtsanwalt getroffene Bestimmung nicht verbindlich, wenn sie unbillig (überhöht) ist.[49] 47

Im Rahmen der Nr. 2300 ist – trotz der gesetzlichen Regelgebühr von 1,3 – in einem erstinstanzlichen Nachprüfungsverfahren (mit typischem „durchschnittlichem" Ablauf, die Durchführung einer mündlicher Verhandlung eingeschlossen) angesichts der Komplexität, Eilbedürftigkeit und rechtlichen Schwierigkeit des Vergaberechts und des Vergabeprozessrechts die Forderung einer 2,0-fachen Geschäftsgebühr grundsätzlich **nicht unbillig im Sinne des § 14 Abs. 1 S. 4 RVG.**[50] 48

Für die **Ausschöpfung des Gebührenrahmens** der Nr. 2300 (2,5 Geschäftsgebühren) des VV RVG müssen aber **besondere Umstände** hinzutreten.[51] 49

III. Sofortige Beschwerde

Gemäß Vorbemerkung 3 Abs. 4 VV RVG ist die im Verfahren vor der Vergabekammer abgerechnete Geschäftsgebühr zur Hälfte (jedoch höchstens mit einem Gebührensatz von 0,75) auf die im Beschwerdeverfahren nach Nr. 3200 des VV zum RVG entstandenen 1,6 Verfahrensgebühren[52] anzurechnen. Diese **Verfahrensgebühr** kann sich also erheblich reduzieren (bis zum Wert von 0,85). 50

§ 15a Abs. 1 RVG steht der **teilweisen Anrechnung der Geschäftsgebühr** nicht entgegen, weil der Antragsteller im Kostenfestsetzungsverfahren idR die Anwaltskosten sowohl der ersten Instanz als auch der zweiten Instanz festsetzen lässt (§ 15a Abs. 2 Alt. 3 RVG). Der Anrechnung steht auch dann nichts im Wege, wenn der Kostengläubiger mit seinen Anwälten eine Honorar- bzw. Vergütungsvereinbarung abgeschlossen hat, nach der den anwaltlichen Verfahrensbevollmächtigten (ua) für die erste Instanz eine über die ge- 51

[47] *Conrad* ZfBR 2014, 228 (229).

[48] ZB für das Abfassen des Rügeschreibens, *Kins/Zimmermann* VergabeR 2014, 641 (644), oder der Rügeerwiderung.

[49] BGH Beschl. v. 23.9.2008 – X ZB 19/07, NZBau 2008, 782; vgl. zur 20%-igen Toleranzgrenze, innerhalb derer nicht von Unbilligkeit ausgegangen werden kann, zuletzt etwa BGH Urt. v. 8.5.2012 – VI ZR 273/11, NJW-RR 2012, 887.

[50] OLG München Beschl. v. 13.11.2006 – Verg 13/06, NJOZ 2007, 479; Beschl. v. 16.11.2006 – Verg 14/06, BeckRS 2006, 13804; OLG Naumburg Beschl. v. 30.8.2005 – 1 Verg 6/05, BeckRS 2005, 10240 sowie Beschl. v. 23.8.2005 – 1 Verg 4/05, BeckRS 2005, 10239. Für den 2,0-fachen Gebührensatz bei durchschnittlichem Schwierigkeitsgrad auch OLG Düsseldorf Beschl. v. 6.4.2016 – VII-Verg 3/15, BeckRS 2016, 13466 (für einen Streit um die Auslegung des Leistungsverzeichnisses und zur Rügeobliegenheit). Die sonst auf die Regelgebühr von 1,3 (über die nur bei besonders umfangreichen oder schwierigen Tätigkeiten hinausgegangen werden darf) fokussierte Gesetzeslage und hierzu ergangene Rechtsprechung (vgl. etwa BGH Urt. v. 11.7.2012 – VIII ZR 323/11, NZV 2012, 538) ist für den Bereich des Vergaberechts zu relativieren.

[51] Vgl. OLG Frankfurt a.M. Beschl. v. 27.7.2015 – 11 Verg 1/14, ZfBR 2016, 103 (Ls.), wonach bei überdurchschnittlich komplexen Nachprüfungsverfahren die Bestimmung einer 2,4-fachen Gebühr nicht unbillig ist.

[52] Bei vorzeitiger Auftragsbeendigung fällt eine 1,1-Verfahrensgebühr an.

setzliche Vergütung hinausgehende Vergütung zusteht.[53] Denn der Kostengläubiger kann auch in Vergabenachprüfungsverfahren lediglich die gesetzlichen Gebühren seiner Verfahrensbevollmächtigten festsetzen lassen.[54]

52 Wird mündlich verhandelt, beträgt die **Terminsgebühr** 1,2 (Nr. 3202 des VV zum RVG).

53 Die **Verfahrensgebühr für Eilverfahren** nach den § 169 Abs. 2 GWB, § 173 Abs. 1 S. 3 GWB und 176 GWB beträgt jeweils 1,3 (Nr. 3100 des VV zum RVG iVm Vorbemerkung 3.2 Abs. 2).

IV. Bietergemeinschaften und Auftraggebermehrheiten

54 Die Festsetzung einer **Hebegebühr** hat bei mehreren Beteiligten sowohl auf Antragstellerals auch auf Antragsgegnerseite (Bietergemeinschaften und Auftraggebermehrheiten bzw. Einkaufsgemeinschaften) zu unterbleiben; solche Gesellschaften bürgerlichen Rechts sind kostenrechtlich als *ein* Beteiligter zu behandeln.[55]

G. Kostenfestsetzung

55 (Seit 2009) findet allein für das **Verfahren vor der Vergabekammer** (wenn es also bei einer Instanz bleibt) eine Kostenfestsetzung nicht statt (§ 182 Abs. 4 S. 5 GWB), dh die von der VK als erstattungsfähig erachteten Anwaltskosten oder sonstigen Aufwendungen müssen bei Nichtzahlung durch den unterlegenden Beteiligten auf dem Zivilrechtsweg eingeklagt werden. Nur auf diese Weise kann der Kostengläubiger einen Vollstreckungstitel erlangen.

56 Geht das Nachprüfungsverfahren jedoch in die zweite Instanz, kann die **Festsetzung** der Anwaltskosten beantragt werden, und zwar dann **für beide Instanzen.** Es steht dem Rechtspfleger des Oberlandesgerichts in den Fällen, in denen er die Festsetzung auch der im Verfahren vor der Vergabekammer entstandenen Kosten vornehmen kann, nicht frei, die beantragte Festsetzung derartiger Kosten abzulehnen. Nach § 162 Abs. 2 VwGO gehören auch die Kosten des Vorverfahrens zu den Kosten des Rechtsstreits. Da das Verfahren vor der Vergabekammer – so der BGH – kostenrechtlich wie ein Vorverfahren ausgestaltet ist (→ Rn. 46), ist auch die Vorschrift des § 161 Abs. 2 VwGO für die Zwecke der Kostenfestsetzung analog anzuwenden.[56] Dass der Rechtspfleger die beantragten Kosten für beide Instanzen festzusetzen hat, gilt auch bei Rücknahme des Nachprüfungsantrags durch den Antragsteller vor dem Beschwerdegericht[57] (bei Rücknahme nur der sofortigen Beschwerde ist dies ohnehin klar).

57 Nach Maßgabe des **JVEG** können auch Aufwendungen der persönlich zur mündlichen Verhandlung erschienenen **Partei** erstattungsfähig und Gegenstand der Kostenfestsetzung sein. Die Anordnung des persönlichen Erscheinens ist dafür nicht Voraussetzung. Häufig wird es sinnvoll sein, wenn nicht nur Anwälte verhandeln.[58]

58 Allein **statthaftes Rechtsmittel** gegen den Kostenfestsetzungsbeschluss ist die **Erinnerung** (§ 175 Abs. 2 GWB iVm § 78 S. 3 GWB, § 104 Abs. 3 S. 1 ZPO, § 11 Abs. 1 und 2 RPflG).[59]

---

[53] OLG Düsseldorf Beschl. v. 4.6.2012 – VII-Verg 8/11, BeckRS 2012, 13615. Zur neuen Anwendungsvorschrift der Vorbemerkung 2.3 Abs. 4 VV zum RVG auf die erstinstanzliche Geschäftsgebühr *Conrad* ZfBR 2014, 228 (231 f.).

[54] OLG Düsseldorf Beschl. v. 30.5.2012 – VII-Verg 1/11, BeckRS 2012, 13613; BGH Beschl. v. 29.9.2009 – X ZB 1/09, NZBau 2010, 129 mwN.

[55] OLG Düsseldorf, Beschl. v. 9.1.2008 – VII Verg 33/07, BeckRS 2009, 5381.

[56] OLG Düsseldorf Beschl. v. 22.11.2010 – VII-Verg 55/09, NZBau 2011, 125.

[57] OLG Brandenburg Beschl. v. 28.12.2011 – Verg W 2/11, BeckRS 2012, 8816.

[58] OLG Frankfurt/Main Beschl. v. 27.7.2015 – 11 Verg 1/14, ZfBR 2016, 103 (Ls.).

[59] OLG Düsseldorf Beschl. v. 4.6.2012 – VII-Verg 8/11, BeckRS 2012, 13615.

Besonderer Teil

Kapitel 10 Auftragsvergaben in den Bereichen Verkehr, Trinkwasser- und Energieversorgung (SektVO)

§ 48 Einleitung

Übersicht

Literatur:

Amelung, Die VOL/A 2009 – Praxisrelevante Neuregelungen für die Vergabe von Liefer- und Dienstleistungen, NZBau 2010, 727; *Bungenberg,* Vergaberecht im Wettbewerb der Systeme, 2007; *Byok/Jansen,* Vergaberechtsreform, eine Endlossaga?, BB 2004, 1239; *Gabriel,* Defence Procurement: Auftragsvergaben im Bereich staatlicher Verteidigung und Sicherheit nach dem „Defence Package" der Europäischen Kommission, VergabeR 2009, 380; *Knauf,* Das Kaskadensystem im Vergaberecht – ein Regelungsmodell mit Zukunft?, NZBau 2010, 657; *Mader,* Das neue EG-Vergaberecht, EuZW 2004, 425; *Müller,* Verordnung über die Vergabe von Aufträgen im Bereich des Verkehrs, der Trinkwasserversorgung und der Energieversorgung Sektorenverordnung (SektVO) – Ein Überblick, VergabeR 2010, 302; *Opitz,* Die neue Sektorenverordnung, VergabeR 2009, 689; *Pielow,* Öffentliche Daseinsvorsorge zwischen Markt und Staat, Jus 2006, 780; *Pietzcker,* Vergabeverordnung und Kaskadenprinzip aus verfassungsrechtlicher und europarechtlicher Sicht, NZBau 2000, 64; *Pooth/Sudbrock,* Auswirkungen der Sektorenverordnung auf die Vergabepraxis in kommunalen Unternehmen, KommJur 2010, 446; *Prieß/Gabriel,* Abschnittsende – (k)ein Abschied vom 3. Abschnitt von VOB/A und VOL/A, NZBau 2006, 685; *Prieß/Hölzl,* GWB 2009: Öffentlicher Auftraggeber und Auftrag – keine Überraschungen!, NZBau 2009, 159; *Rechten,* Die Novelle des EU-Vergaberechts, NZBau 2004, 366; *Rechten/Junker,* Das Gesetz zur Modernisierung des Vergaberechts – oder: Nach der Reform ist vor der Reform, NZBau 2009, 490; *Rosenkötter/Plantiko,* Die Befreiung der Sektorentätigkeiten vom Vergaberechtsregime, NZBau 2010, 78; *Schorkopf,* Das Protokoll über die Dienste von allgemeinem Interesse und seine Auswirkungen auf das öffentliche Wettbewerbsrecht, WiVerw 2008, 253; *Tugendreich/Heller,* Freistellung vom Vergaberecht für den Strom- und Gaseinzelhandel, NZBau 2017, 387; *Zeiss,* Sektorenverordnung verfassungswidrig – Gebührenerhebung durch Bundeskartellamt unzulässig?, NVwZ 2010, 556.

A. Die SektVO als Sondervergaberecht der Energie-, Wasser- und Verkehrsversorgung

1 Auftragsvergaben öffentlicher Auftraggeber in den Bereichen Verkehr, Trinkwasser- und Energieversorgung (Sektorenbereiche) unterfallen einem Sondervergaberecht, welches überwiegend in der SektVO geregelt ist. Dieses Sondervergaberecht dient der **Umsetzung der SRL.** Sektorenspezifische Vergaberegeln sollen insbesondere deswegen erforderlich sein, weil nationale Behörden nach wie vor gerade in den Sektorenbereichen Einfluss auf das Verhalten öffentlicher Auftraggeber nehmen, unter anderem durch Kapitalbeteiligungen und die Vertretung in ihren Verwaltungs-, Leitungs- oder Aufsichtsgremien.[1] Eine teilweise Abschottung dieser Märkte beruht auch auf der Vergabe besonderer oder ausschließlicher Rechte, die von den Mitgliedstaaten für die Versorgung, die Bereitstellung oder den Betrieb von Netzen für die Erbringung der betreffenden Dienstleistung gewährt

[1] Erwägungsgrund 1 SRL; siehe auch *Prieß/Gabriel* NZBau 2006, 685, 687 f.

werden. Insbesondere EU-Mitgliedstaaten mit einer überwiegend verstaatlichten Daseinsvorsorge hatten sich denn auch lange dagegen gewehrt, dass der Anwendungsbereich des europäischen Vergaberechts auch auf die Sektoren erstreckt wird.[2] Hintergrund dieser Ablehnung war primär, dass staatliche Daseinsvorsorge wie die Versorgung mit Energie, Wasser und Transport(-infrastruktur) als besonders kritischer und deswegen zu protektionierender Bereich der nationalen Wirtschaft und Versorgung angesehen wurde und wird. Diese politische Haltung wirkt sich nach wie vor so aus, dass das europäische Vergaberecht zwar auch im Bereich der Sektoren gilt, dort jedoch weniger streng geregelt wurde als für klassische öffentliche Auftragsvergaben. In Anbetracht der Art der betroffenen Sektoren solle das Sektorenvergaberecht, wie es in den Erwägungsgründen der SRL heißt, einen Rahmen für faire Handelspraktiken der Sektorenauftraggeber schaffen, aber dabei zugleich ein „Höchstmaß an Flexibilität"[3] ermöglichen.[4]

2 Dem Sektorenvergaberecht unterfallen wie im klassischen Vergaberecht staatliche, staatlich beherrschte oder überwiegend staatlich finanzierte Körperschaften und Unternehmen, allerdings ohne, dass es für die Sektorenauftraggebereigenschaft eine besondere Rolle spielt, ob sie überwiegend gewerblich oder nichtgewerblich tätig sind. Ein wesentlicher Unterschied des Sektorenvergaberechts zum klassischen Vergaberecht besteht zudem darin, dass im Sektorenbereich auch Unternehmen vergaberechtlichen Vorgaben unterworfen sein können, die nicht staatlich beherrscht oder finanziert werden. Hiervon sind solche Unternehmen betroffen, die in einem der Sektorenbereiche aufgrund „ausschließlicher oder besonderer Rechte" tätig werden. Besondere oder ausschließliche Rechte sind staatlich gewährte Rechte, die dazu führen, dass die Ausübung der betroffenen Sektorentätigkeit einem oder mehreren Unternehmen vorbehalten wird und die Möglichkeit anderer Unternehmen, diese Tätigkeit auszuüben, schon dem Grunde nach erheblich beeinträchtigt wird.[5] Die Gewährung derartiger ausschließlicher oder besonderer Rechte führt dazu, dass das begünstigte Unternehmen über eine staatlich vermittelte marktbezogene Sonderstellung verfügt, die nach Auffassung des europäischen Richtliniengebers die Unterwerfung unter das Vergaberechtsregime rechtfertigt.[6] Eine der Besonderheiten bei Auftragsvergaben im Sektorenbereich besteht somit darin, dass in diesem Bereich nicht nur staatliche Auftraggeber an vergaberechtliche Vorgaben gebunden sind, sondern auch private Unternehmen, die ungeachtet der rechtlichen Grundlage ihrer Sektorentätigkeit die Tatbestandsvoraussetzungen eines „klassischen" öffentlichen Auftraggebers nicht erfüllen.

B. Grundzüge der Regelungssystematik

3 Vor Erlass der ersten Fassung der SektVO im Jahr 2009 war das deutsche Sektorenvergaberecht überwiegend in den dritten und vierten Abschnitten der VOB/A bzw. VOL/A verortet, welche Auftraggeber über komplizierte Verweisungsmechanismen in der VgV[7] jeweils unterschiedlich strengen Vorgaben unterwarfen, je nachdem, ob der betroffene Auftraggeber staatlich beherrscht wurde und in welchem konkreten Sektorenbereich er tätig war.[8] **Zweck des Erlasses der SektVO** 2009 war es insbesondere, die für den Sek-

[2] *Schorkopf* WiVerw 2008, 253, 257 f.; vgl. auch: *Pielow* JuS 2006, 780, 780 f.
[3] Erwägungsgrund 2 SRL.
[4] Vgl. auch *Prieß/Gabriel* NZBau 2006, 685, 687; Eschenbruch/Opitz/*Opitz*, 1. Aufl., Einl. SektVO – Teil 1 Rn. 8 ff; VK Brandenburg Beschl. v. 9.5.2011 – VK 10/11.
[5] S. Art. 4 Abs. 3 SRL: „Im Sinne dieses Artikels sind ‚besondere oder ausschließliche Rechte' Rechte, die eine zuständige Behörde eines Mitgliedstaats im Wege einer Rechts- oder Verwaltungsvorschrift gewährt hat, um die Ausübung von in den Artikeln 8 bis 14 aufgeführten Tätigkeiten auf eine oder mehrere Stellen zu beschränken, wodurch die Möglichkeit anderer Stellen zur Ausübung dieser Tätigkeit wesentlich eingeschränkt wird."; siehe auch § 100 Abs. 2 GWB; vgl. zudem *Byok* NVwZ 2009, 551, 552 f.
[6] Vgl. auch Immenga/Mestmäcker/*Dreher* GWB § 98 Rn. 179; Byok/Jaeger/*Werner* § 98 Rn. 274 f.
[7] Ziekow/Völlink/*Debus* Einl. SektVO Rn. 4.
[8] Zur vorhergehenden Gesetzes-Historie: Eschenbruch/Opitz/*Opitz*, 1. Aufl., Einl. SektVO – Teil 1 Rn. 20 ff.

torenbereich geltenden Regelungen im nationalen Recht vereinfachter, reduzierter und nicht zuletzt für alle öffentlichen Auftraggeber einheitlich darzustellen.[9] Das geschah vor dem Hintergrund des (im damaligen Koalitionsvertrag) erklärten Zieles einer konsequenten Eins-zu-eins-Umsetzung europäischen Rechts, welches die zuvor im deutschen Vergaberecht vorgesehene unterschiedlich strenge Behandlung von Auftraggebern innerhalb der Sektorenbereiche so nicht kennt.[10]

I. Teilweise Abkehr vom Kaskadensystem

Die Einführung einer gesonderten Verordnung für den Sektorenbereich stellte auch eine 4 teilweise **Abkehr vom für das deutsche Vergaberecht typischen „Kaskadensystem"** dar.[11] Vor Einführung der SektVO galt für öffentliche Auftragsvergaben oberhalb der Schwellenwerte sowohl innerhalb als auch außerhalb des Sektorenbereichs stets die Kaskade: GWB, VgV, VOL/A bzw. VOB/A. Die den Sektorenbereich regelnden Vorschriften fanden sich teilweise in der VgV und überwiegend in den dritten und vierten Abschnitten der VOB/A bzw. der VOL/A. Im Jahr 2009 wurden die dritten und vierten Abschnitte der VOB/A bzw. der VOL/A ersetzt durch die SektVO, was auch die sektorenspezifischen Regelungen in der VgV entbehrlich machte.[12] Für Auftragsvergaben im Sektorenbereich gilt nunmehr neben dem vierten Teil des GWB (§§ 97 ff. GWB) nur die SektVO. Ausgenommen ist die Vergabe von verteidigungs- oder sicherheitsspezifischen öffentlichen Aufträgen (§ 1 Abs. 2 SektVO).

Die SektVO wurde als Rechtsverordnung des Bundes erlassen. Die SektVO steht damit 5 gesetzeshierarchisch gleichrangig zur VgV[13], und läuft mit dieser in weiten Teilen auch inhaltlich gleich. Die SektVO regelt abschließend das Vorgehen bei Auftragsvergaben oberhalb der Schwellenwerte im Sektorenbereich, die nicht verteidigungs- oder sicherheitsspezifisch im Sinne der VS-VgV sind. Hinzu kommt, dass der SektVO der Rang eines materiellen Gesetzes zukommt. Insofern unterscheidet sich die SektVO von der durch einen nicht-staatlichen Ausschuss konzipierten VOB/A, deren Anwendbarkeit auf öffentliche Auftragsvergaben sich – nie unumstritten[14] – erst aufgrund einer statischen Verweisung in der VgV ergibt.

II. Einheitliche Anwendung

Mittels des Erlasses der SektVO im Jahr 2009 vollzog der Verordnungsgeber eine Abkehr 6 von der zuvor lange geltenden doppelten Differenzierung im Sektorenbereich. Vor Inkrafttreten der SektVO hing die konkrete Regulierungstiefe, der eine Auftragsvergabe im Sektorenbereich unterlag, sowohl davon ab, ob der betroffene Auftraggeber eine besondere Staatsnähe aufwies als auch davon, welcher konkreten Sektorentätigkeit er nachging.[15] Seit dem Erlass der SektVO 2009 ist für die Anwendung des Sektorenvergaberechts nur noch maßgeblich, ob der verfahrensgegenständliche Auftrag im Zusammenhang mit einer Sektorentätigkeit steht bzw. zu ihrem Zweck vergeben werden soll.[16] Das hat zur Folge, dass die **Vorschriften der SektVO grds. für alle Sektorenauftraggeber einheitlich** gelten.[17] Die SektVO ist in ihrem Anwendungsbereich zudem abschließend.[18] Ein Rückgriff

[9] BR-Drs. 522/09, S. 35; *Müller* VergabeR 2010, 302, 302 f.
[10] BR-Drs. 522/09, S. 35.
[11] *Rechten/Junker* NZBau 2009, 490, 493; Byok/Jaeger/*Werner* § 98 Rn. 89.
[12] *Amelung* NZBau 2010, 727, 727; *Müller* VergabeR 2010, 302, 302 f.; *Rechten/Junker* NZBau 2009, 490, 493 f.
[13] Willenbruch/Wieddekind/*Willenbruch* Einf. SektVO.
[14] Vgl. *Knauff* NZBau 2010, 657, 659.
[15] VK Lüneburg Beschl. v. 5.11.2010 – VgK-54/2010, IBRRS 2011, 1723.
[16] VK Lüneburg Beschl. v. 5.11.2010 – VgK-54/2010, IBRRS 2011, 1723; *Müller* VergabeR 2010, 302, 303 f.
[17] *Rechten/Junker* NZBau 2009, 490, 493.

auf Vorschriften in der VgV oder VOB/A verbietet sich grundsätzlich.[19] Bei Auslegungsfragen und Regelungslücken sind vielmehr das GWB sowie ggf. europarechtliche Vorschriften maßgeblich.

C. Freistellung vom Vergaberecht für bestimmte Sektorentätigkeiten

7 Bemerkenswert ist die allein im Sektorenbereich bestehende Möglichkeit, dass Sektorenauftraggeber hinsichtlich bestimmter Sektorentätigkeiten **durch die EU-Kommission von der Anwendung des Vergaberechts freigestellt** werden können,[20] wenn sie in dem betroffenen Bereich hinreichendem Wettbewerb ausgesetzt sind. Im Bereich klassischer Auftragsvergaben existiert eine derartige Möglichkeit nicht. Im klassischen Vergaberecht spielt es keine unmittelbare Rolle, ob ein öffentlicher Auftraggeber bei seiner wirtschaftlichen Betätigung Wettbewerb ausgesetzt ist; er bleibt an das Vergaberecht gebunden. Inwiefern eine bestimmte Tätigkeit entwickeltem Wettbewerb ausgesetzt ist, hat im klassischen Vergaberecht allenfalls Auswirkungen auf die Prüfung, ob eine juristische Person nichtgewerblich tätig ist und als öffentlicher Auftraggeber nach § 99 Nr. 2 GWB anzusehen ist. Eine mit der im Sektorenbereich vorgesehenen Freistellungsmöglichkeit vergleichbare Regelung hat der europäische Richtliniengeber außerhalb des Sektorenbereichs nicht vorgesehen. Rechtspolitischer Hintergrund hierfür soll sein, dass das Sektorenvergaberecht nur „Mittel zum Zweck" der wettbewerblichen Liberalisierung der Sektoren sei. Sobald dieses Ziel in einem bestimmten Sektorenbereich erreicht ist und hinreichender Wettbewerb gewährleistet, dass auch auf dem betroffenen Beschaffungsmarkt wettbewerblich geleitet gehandelt wird, soll die Notwendigkeit der Anwendung des Sektorenvergaberechts entfallen.[21]

---

[18] Müller-Wrede/*Müller-Wrede* SektVO, 1. Aufl., Einl. Rn. 2.
[19] OLG München Beschl. v. 12.7.2005 – Verg 8/05, ZfBR 2005, 714 = BeckRS 2005, 19924.
[20] § 3 SektVO.
[21] Vgl. Erwägungsgründe 43–45 SRL.

§ 49 Anwendungsbereich

Übersicht

SektVO: §§ 1–3, 64
GWB: §§ 102, 136–140, 142–143

Literatur:
Byok, Das Gesetz zur Modernisierung des Vergaberechts – GWB 2009, NVwZ 2009, 551; *Gabriel,* Die Vergaberechtsreform 2009 und die Neufassung des vierten Teils des GWB, NJW 2009, 2011; *Hertwig,* Der Staat als Bieter, NZBau 2008, 355; *Just/Sailer,* Neues Vergaberecht 2009 – Praxisrelevante Änderungen im Überblick LKV 2009, 529; *Kratzenberg,* Der Begriff des „Öffentlichen Auftraggebers" und der Entwurf des Gesetzes zur Modernisierung des Vergaberechts, NZBau 2009, 103; *Kühling,* Ausschreibungswettbewerb im Schienenpersonennahverkehr? – Zum Verhältnis von § 15 Abs. 2 AEG und allgemeinem Vergaberecht, VergabeR 2010, 870; *Meiß,* Vergaberechtliche Probleme bei Lichtlieferungsverträgen, VergabeR 2011, 398; *Ohrtmann,* Vom Vergaberecht befreit – Private Energieerzeuger sind keine Sektorenauftraggeber mehr, VergabeR 2007, 565; *Opitz,* Die neue Sektorenverordnung, VergabeR 2009, 689; *Ottig/Scheps,* Direktvergabe von Eisenbahnverkehrsdienstleistungen nach der neuen Verordnung (EG) Nr. 1370/2007, NVwZ 2008, 499; *Polster,* Der Rechtsrahmen für die Vergabe von Eisenbahnverkehrsleistungen, NZBau 2010, 662; *Prieß/Gabriel,* Abschnittsende – (k)ein Abschied vom 3. Abschnitt von VOB/A und VOL/A, NZBau 2006, 685; *Prieß/Hölzl,* GWB 2009: Öffentlicher Auftraggeber und Auftrag – keine Überraschungen!, NZBau 2009, 159; *Rosenkötter/Plantiko,* Die Befreiung der Sektorentätigkeiten vom Vergaberechtsregime, NZBau 2010, 78; *Tugendreich/Heller,* Freistellung vom Vergaberecht für den Strom- und Gaseinzelhandel, NZBau 2017, 387; *v. Strenge,* Auftraggebereigenschaft wegen Beherrschung durch ausländische Gebietskörperschaften, NZBau 2011, 17; *Waldmann,* Zwischenbilanz: Stand der Reform des Vergaberechts am Ende der 16. Wahlperiode, VergabeR 2010, 298; *Winnes,* Öffentliche Auftragsvergabe im ÖPNV, VergabeR 2009, 712; *Zeiss,* Sektorenverordnung verfassungswidrig – Gebührenerhebung durch Bundeskartellamt unzulässig?, NVwZ 2010, 556.

A. Einleitung

Vorausgesetzt, dass für den zu vergebenden Auftrag der 4. Teil des GWB überhaupt gilt, 1
ist die SektVO anzuwenden, wenn die Tatbestandsvoraussetzungen von § 1 SektVO erfüllt sind. Danach werden vom **persönlichen Anwendungsbereich** der SektVO nur Sektorenauftraggeber im Sinne von § 100 Abs. 1 GWB erfasst (§ 1 Abs. 1 SektVO). Der **sachliche Anwendungsbereich** der SektVO erfasst alle Aufträge, die zum Zwecke von Sektorentätigkeiten vergeben werden. Ausgenommen sind verteidigungs- oder sicherheitsspezifische öffentliche Aufträge sowie Konzessionen im Sinne des § 105 GWB (§ 1 Abs. 2 und 3 SektVO).

B. Persönlicher Anwendungsbereich

2 Der persönliche Anwendungsbereich der SektVO umfasst nur, dafür aber alle, Sektorenauftraggeber.[1] Das bedeutet insbesondere, dass die nach alter Rechtslage geführte Diskussion zur vergaberechtlichen Hierarchie unter Auftraggebern nach § 98 Nr. 2 bzw. nach § 98 Nr. 4 GWB 2013 hinfällig ist.[2] Die vergaberechtliche Einordnung von Auftraggebern, die sowohl § 98 Nr. 2 GWB 2013 als auch § 98 Nr. 4 GWB 2013 unterfielen, war in der Vergangenheit heftig umstritten. Die Einordnung hatte Auswirkungen darauf, welche konkreten vergaberechtlichen Vorgaben vom betroffenen Auftraggeber zu beachten waren. Sektorenauftraggeber (auch) nach § 98 Nr. 2 GWB 2013 hatten deutlich strengere vergaberechtliche Vorgaben zu beachten als Sektorenauftraggeber (nur) nach § 98 Nr. 4 GWB 2013. In der Vergangenheit nahmen die Nachprüfungsinstanzen nämlich regelmäßig einen Vorrang des § 98 Nr. 2 GWB 2013 als *lex specialis* an, so dass Auftraggeber, die sowohl § 98 Nr. 2 GWB 2013 als auch § 98 Nr. 4 GWB 2013 unterfielen, ggf. dem für Auftraggeber nach Nr. 2 geltenden strengeren Vergaberechtsregime unterworfen waren.[3] Dieses Verständnis wurde allerdings später in Ansehung klarstellender Urteile des EuGH zugunsten der sachlichen Spezialität des Sektorenvergaberechts berichtigt. Die Anwendbarkeit des Sektorenvergaberechts hängt danach allein von der Tätigkeit ab, die der Auftraggeber ausübt sowie von den Beziehungen zwischen dieser Tätigkeit und dem geplanten Auftrag.[4] Das spiegelt der Wortlaut von § 1 Abs. 1 SektVO wider. Danach ist die SektVO immer dann anwendbar, wenn die Auftragsvergabe eines Sektorenauftraggebers „zum Zwecke" einer Sektorentätigkeit vergeben wird.

3 Auf die Differenzierung zwischen staatlichen Sektorenauftraggebern nach § 100 Abs. 1 Nr. 1 GWB und privaten Sektorenauftraggebern nach § 100 Abs. 1 Nr. 2 GWB kann gleichwohl auch nach aktueller Rechtslage nicht verzichtet werden, wie die folgenden Beispiele illustrieren:

- § 137 Abs. 2 Nr. 1 GWB regelt eine Ausnahme von der Geltung des Vergaberechts nur für Auftraggeber nach § 100 Abs. 1 Nr. 2 GWB für Aufträge, die anderen Zwecken als der Sektorentätigkeit dienen.
- Allein Sektorenauftraggeber nach § 100 Abs. 1 Nr. 1 GWB sind verpflichtet, Unternehmen vom Vergabeverfahren auszuschließen, denen bestimmte strafrechtliche Verurteilungen zuzurechnen sind (§ 46 Abs. 2 S. 2 SektVO).
- Nur öffentliche Auftraggeber, die § 100 Abs. 1 Nr. 1 GWB unterfallen, sind verpflichtet, vor der Erteilung des Zuschlags zu überprüfen, ob Gründe für den Ausschluss des Unterauftragnehmers vorliegen (§ 34 Abs. 5 SektVO).
- Die entsprechende Anwendbarkeit der Ausnahmeregelungen für die öffentlich-öffentliche Zusammenarbeit im Sinne vom § 108 GWB kann nur bei Sektorenauftraggebern nach § 100 Abs. 1 Nr. 1 GWB greifen.
- Die Einspeisung von Trinkwasser in feste Netze zur Versorgung der Allgemeinheit gilt nur bei einem Sektorenauftraggeber nach § 100 Abs. 1 Nr. 2 GWB nicht als Sektorentätigkeit, wenn die Voraussetzungen von § 102 Abs. 1 S. 2 GWB vorliegen.
- Die analoge Regelung für den Bereich Elektrizität nach § 102 Abs. 2 Nr. 2 lit. a) GWB gilt ebenfalls nur für Sektorenauftraggeber nach § 100 Abs. 1 Nr. 2 GWB.
- Schließlich knüpft die Abgrenzungsregelung zur Zuständigkeit der Vergabekammern nach § 159 GWB ua an die Auftraggebereigenschaft nach § 100 Abs. 1 Nr. 1 GWB an.

---

[1] Vgl. Eschenbruch/Opitz/Röwekamp/*Eschenbruch* § 1 Rn. 9ff.
[2] Vgl. *Waldmann* VergabeR 2010, 298, 300.
[3] Vgl. OLG München Beschl. v. 12.7.2005 – Verg 8/05, ZfBR 2005, 714 = BeckRS 2005, 19924; BayObLG Beschl. v. 5.11.2002 – Verg 22/02, BeckRS 2002, 9325 = BeckRS 2002, 9325.
[4] EuGH Urt. v. 10.4.2008 C-393/06, NZBau 2008, 393 = BeckEuRS 2008, 471099 – Aigner; vgl. schon EuGH Urt. v. 16.6.2005, verb C-462/03 und C-463/03, IBR 2005 Heft 9, 504 = NZBau 2005, 474 – Strabag und Kostmann, Rn. 41, 42, BeckRS 2005, 153555.

C. Sachlicher Anwendungsbereich

Der sachliche Anwendungsbereich der SektVO ist eröffnet, wenn der zu vergebende öffentliche Auftrag zum Zwecke von Sektorentätigkeiten vergeben werden soll, der Auftragswert den maßgeblichen Schwellenwert überschreitet, und keine im GWB geregelte Bereichsausnahme von der Anwendbarkeit des GWB-Vergaberechts greift. 4

I. Vergabe von Aufträgen im Zusammenhang mit Sektorentätigkeit

Wenn ein Auftrag eines Sektorenauftraggebers zum Zwecke einer Sektorentätigkeit vergeben werden soll, ist der sachliche Anwendungsbereich der SektVO grundsätzlich eröffnet. **Erfolgt eine Auftragsvergabe nicht zum Zwecke der Sektorentätigkeit, muss danach unterschieden werden, ob der Auftraggeber § 100 Abs. 1 Nr. 1 GWB und/oder § 100 Abs. 1 Nr. 2 GWB unterfällt.**[5] Wenn der betroffene Auftraggeber ausschließlich **§ 100 Abs. 1 Nr. 2 GWB** unterfällt, so ist er hinsichtlich des nicht zum Zweck der Sektorentätigkeit zu vergebenden Auftrags an keine vergaberechtlichen Vorgaben nach dem 4. Teil des GWB gebunden **(§ 137 Abs. 2 Nr. 1 GWB).**[6] Wenn der betroffene Auftraggeber, jedoch auch/nur unter § 100 Abs. 1 Nr. 1 GWB fällt, so muss er bei Auftragsvergaben, die nicht zum Zwecke einer Sektorentätigkeit vergeben werden sollen, das Vergaberechtsregime anwenden, das für klassische öffentliche Auftraggeber gilt.[7] 5

1. Art der Auftragsvergabe

Welcher Art der zu vergebende Vertrag ist, ist für die Frage der Anwendbarkeit der SektVO unerheblich. Denn die SektVO erfasst Liefer-, Bau- und Dienstleistungsaufträge gleichermaßen. Anders als im Bereich klassischer Auftragsvergaben, in welchem die Art des zu vergebenden Auftrags maßgeblich dafür ist, welche Rechtsquelle (VgV und/oder VOB/A) anzuwenden ist („Schubladenprinzip"), gilt die SektVO als konsolidiertes Regelwerk für jedwede Vertragsart im Sektorenbereich. 6

Auch eine Differenzierung zwischen freiberuflichen und anderen Dienstleistungsaufträgen findet sich in der SektVO nicht. § 5 Satz 3 VgV 2003 ordnete noch an, dass für Aufträge im Sektorenbereich die Verweisung in der VgV auf nach der VOF zu vergebende freiberufliche Leistungen keine Anwendung finden sollte. Damit hatten Auftraggeber von freiberuflichen Dienstleistungsaufträgen im Sektorenbereich nur die Vorschriften des GWB sowie die ggf. unmittelbar geltenden Vorschriften der damals geltenden europäischen Sektorenrichtlinie zu beachten.[8] Der Anwendungsbereich der SektVO ist in § 1 SektVO nunmehr anders bestimmt. Er umfasst die Vergabe „von Aufträgen" und die „Ausrichtung von Wettbewerben". Soweit Ausnahmen für bestimmte Verträge gelten sollen, wurde das ausdrücklich geregelt, namentlich durch die Ausnahmeregelungen für Konzessionsvergaben (§ 1 Abs. 3 SektVO) und verteidigungs- oder sicherheitsspezifische öffentliche Aufträge (§ 1 Abs. 2 SektVO). 7

2. Zum Zwecke von Sektorentätigkeiten

Die Anwendbarkeit der SektVO setzt voraus, dass die Vergabe des Auftrags „zum Zwecke von Tätigkeiten auf dem Gebiet der Trinkwasser- oder Energieversorgung oder des Verkehrs (Sektorentätigkeiten)" erfolgt (§ 1 Abs. 1 SektVO). Das knüpft an die Regelung in 8

[5] jurisPK-VergR/*Zeiss* § 1 SektVO Rn. 8.

[6] Eschenbruch/Opitz/Röwekamp/*Wolters* § 137 GWB Rn. 8 ff.

[7] MüKoWettbR/*Gabriel* Vorbem SektVO Rn. 6.

[8] OLG Düsseldorf Beschl. v. 21.5.2008 – VII-Verg 19/08, ZfBR 2008, 834 = NZBau 2009, 67; VK Rheinland-Pfalz Beschl. v. 2.7.2009 – VK 2-24/09, abrufbar über veris Datenbank.

§ 102 GWB an, in welcher die jeweiligen in Betracht kommenden Sektorentätigkeiten legaldefiniert werden. Zum Zwecke jener Tätigkeiten muss die Auftragsvergabe erfolgen.[9]

9 Das nach § 1 Abs. 1 SektVO erforderliche Tatbestandsmerkmal, dass die Auftragsvergabe zum Zweck einer Sektorentätigkeit erfolgen muss, findet seine Entsprechung in § 136 GWB, wonach der GWB-Unterabschnitt „Vergabe von öffentlichen Aufträgen durch Sektorenauftraggeber" auf die Vergabe von Aufträgen „zum Zweck der Ausübung einer Sektorentätigkeit" anzuwenden ist.

Nach dem Wortlaut der Fassungen von GWB 2013 und SektVO 2009 kam es darauf an, ob der Auftrag „einer Sektorentätigkeit dient[e]" bzw. mit dieser „in Zusammenhang" stand. Diese Tatbestandsmerkmale wurden als erfüllt angesehen, wenn der zu vergebende Auftrag entweder selbst eine Teilleistung der betroffenen Sektorentätigkeit darstellte oder ihre Ausübung ermöglichen, fördern, sichern, erleichtern oder in sonstiger Weise beeinflussen konnte oder sollte.[10] Es ist davon auszugehen, dass dieses Verständnis weiterhin zutreffend ist. Die Formulierung in Art. 1 Abs. 2 SRL stellt darauf ab, dass „die Bauleistungen, Lieferungen oder Dienstleistungen für einen der in Artikel 8 bis 14 genannten Zwecke bestimmt sind". Aus dem Anwendungsbereich der SKR wurden dementsprechend umgekehrt nur solche Aufträge ausgenommen, „die die Auftraggeber zu anderen Zwecken als der Durchführung ihrer in den Artikeln 3 bis 7 beschriebenen Tätigkeiten" vergeben.

Ist ein öffentlicher Auftraggeber in verschiedenen Betriebszweigen tätig, kommt es auf den jeweils von der Beschaffung betroffenen Betriebszweig an.[11] Für einen Auftrag zur Durchführung mehrerer Tätigkeiten gilt § 112 GWB.

10 Vergibt ein Auftraggeber, der auf dem Gebiet der Trinkwasserversorgung und Abwasserbeseitigung tätig ist und die öffentlichen Einrichtungen seiner Mitglieder zur Wasserversorgung und Abwasserbeseitigung betreibt, einen Auftrag über die Verlegung und die Sanierung der Trink- und Mischwasserleitungen der öffentlichen Einrichtungen, handelt es sich um einen Auftrag im Zusammenhang mit der Sektorentätigkeit Trinkwasserversorgung.[12] Auch betreffend einen Bauauftrag für die Umrüstung eines Pumpwerkes durch eine Anstalt des öffentlichen Rechts, welche auf dem Gebiet der Fernwasserversorgung tätig ist, hat die Rechtsprechung entschieden, dass der Auftrag im Zusammenhang mit der Sektorentätigkeit Trinkwasserversorgung steht.[13]

11 Vergibt ein staatlich beherrschter Betreiber eines städtischen Stromnetzes einen Auftrag über die Lieferung von Geräten zur mobilen Datenerfassung (zB PDAs, TabletPCs und Notebooks), gilt das als Auftragsvergabe im Zusammenhang mit der Sektorentätigkeit Elektrizitätsversorgung.[14] Auch die Vergabe von Bauaufträgen im Zusammenhang mit Verwaltungs- und Sozialgebäuden eines Energieversorgungsunternehmens steht in Zusammenhang mit der Sektorentätigkeit dieses Unternehmens.[15] Kein Zusammenhang mit dieser Sektorentätigkeit soll jedoch vorliegen bei sog. Lichtlieferungsaufträgen bzw. Straßenbeleuchtungsverträgen, wenn der Auftraggeber nicht selbst das Netz zur Versorgung der Allgemeinheit mit Straßenbeleuchtung betreibt.[16]

12 Eine Auftragsvergabe steht ferner im Zusammenhang mit einer Sektorentätigkeit, wenn für gemeindliche Liegenschaften die Planung, der Bau und der Betrieb von für die Liefe-

[9] VK Lüneburg Beschl. v. 5.11.2010 – VgK-54/2010, IBRRS 2011, 1723; jurisPK-VergR/*Zeiss* § 1 SektVO Rn. 9.

[10] Eschenbruch/Opitz/Röwekamp/*Eschenbruch* § 1 Rn. 17 ff.

[11] Eschenbruch/Opitz/Röwekamp/*Eschenbruch* § 1 Rn. 17 ff.

[12] VK Sachsen Beschl. v. 11.12.2009 – 1/SVK/054-09, BeckRS 2010, 2276.

[13] VK Thüringen Beschl. v. 24.6.2009 – VK 250-4002.20-3114/2009-005-SOK, IBRRS 2009, 2218 = IBR 2009 Heft 9, 1344.

[14] OLG München Beschl. v. 12.7.2005 – Verg 8/05, ZfBR 2005, 714 = BeckRS 2005, 19924; Beschl. v. 20.4.2005, Verg 8/05, BeckRS 2005, 08230.

[15] Eschenbruch/Opitz/Röwekamp/*Eschenbruch* § 1 Rn. 18.

[16] *Meiß* VergabeR 2011, 398, 400 f.

rung von Wärme notwendigen Versorgungsanlagen beschafft werden.[17] Es handelt sich dann um die Vergabe eines Auftrags im Zusammenhang mit Tätigkeiten auf dem Gebiet der Energielieferung. Allerdings kann im Einzelfall gleichwohl ein Zusammenhang mit einer Sektorentätigkeit zu verneinen sein, und zwar dann, wenn das zu errichtende feste Netz zur Verteilung von Wärme nicht der Energieversorgung der Allgemeinheit dient. Das wäre dann der Fall, wenn das Netz nur einem fest umrissenen Kreis bestimmter Gebäude dient.

Auftragsvergaben zum Zweck der Nutzung eines Geländes als Flughafen weisen grundsätzlich einen Bezug zu einer Sektorentätigkeit iSd Sektorenvergaberechts auf.[18] Hierzu zählt der Betrieb von Start- und Landebahnen sowie der Sicherheitsflächen. Auch Tätigkeiten, welche die Sicherheit des Flughafens sowie den ungehinderten Verkehr auf dem Flughafengelände sichern sollen (etwa Abschlepp- und damit im Zusammenhang stehende Inkassodienstleistungen), zählen dazu.[19] Weiterhin erfasst sind Aufträge in Verbindung mit Güterverkehr, der Lagerung, Verteilung oder Spedition, wenn sie dem Frachtumschlag, der Gepäckabfertigung oder der Betankung der Flugzeuge dienen.[20] Nicht dazu gehört die Wartung der Flugzeuge als solche.[21] Auch Bauaufträge und Grundstückserschließungen stehen im Zusammenhang mit der Sektorentätigkeit des Flughafenbetriebs, wenn sie Endeinrichtungen für Passagiere oder der Güterverladung betreffen.[22] In vergleichbarer Weise ist entschieden worden, dass die Vergabe von Leistungen zur Erneuerung eines Eisenbahnhofs zum Zwecke einer Sektorentätigkeit im Bereich von Verkehrsleistungen erfolgt.[23] Nicht im Zusammenhang mit der Sektorentätigkeit des Betriebs von Flughäfen steht das Anbieten von Hoteldienstleistungen durch den Flughafenbetreiber.[24] 13

II. Schwellenwerte

Die SektVO gilt nur für Aufträge, deren geschätzte Auftragswerte (§ 2 SektVO) den jeweiligen maßgeblichen Schwellenwert erreichen oder überschreiten (§ 106 GWB).[25] Die maßgeblichen Schwellenwerte liegen im Sektorenbereich teilweise deutlich über den Schwellenwerten im Bereich des klassischen Vergaberechts. Der jeweilige Schwellenwert ergibt sich aus Art. 15 SRL in der jeweils geltenden Fassung. Zum 1.1.2020 gelten gemäß Verordnung (EU) 2019/1829 folgende Schwellenwerte: 428.000 EUR bei Liefer- und Dienstleistungsaufträgen sowie Wettbewerben; 5.350.000 EUR bei Bauaufträgen; 1.000.000 EUR bei Dienstleistungsaufträgen betreffend soziale und andere besondere Dienstleistungen, die in Anhang XVII SRL aufgeführt sind. 14

Die Regelungen in der SektVO zur Schätzung des Auftragswertes entsprechen vollumfänglich denen der VgV. Wie im Bereich klassischer Auftragsvergaben ist bei der **Schätzung der Auftragswerte** auch im Sektorenbereich vom voraussichtlichen Gesamtwert der vorgesehenen Leistung auszugehen (§ 2 Abs. 1 S. 2 SektVO). Die Umsatzsteuer ist bei der Schätzung des Gesamtwerts nicht zu berücksichtigen (§ 2 Abs. 1 S. 1 SektVO). 15

---

[17] VK Lüneburg Beschl. v. 18.1.2011 – VgK-61/2010, BeckRS 2011, 07579.

[18] EuGH Urt. v. 10.4.2008 – C-393/06, NZBau 2008, 393 = BeckEuRS 2008, 471099 – Aigner, Rn. 57.

[19] OLG Düsseldorf Beschl. v. 24.3.2010 – VII-Verg 58/09, NZBau 2010, 649 = IBRRS 2010, 3343.

[20] 33. Sitzung des beratenden Ausschuss für die Öffnung des öffentlichen Auftragswesens v. 18.3.1992 und 66. Sitzung des beratenden Ausschuss für öffentliches Auftragswesen v. 11.3.1992: Leitlinien für die Ermittlung, welche Flughafenaktivitäten nicht mehr unter die „Sektorenrichtlinie" 90/531/EWG fallen, Nr. 5 lit. b).

[21] Leitlinien für die Ermittlung, welche Flughafenaktivitäten nicht mehr unter die „Sektorenrichtlinie" 90/531/EWG fallen, Nr. 5 lit. c).

[22] Leitlinien für die Ermittlung, welche Flughafenaktivitäten nicht mehr unter die „Sektorenrichtlinie" 90/531/EWG fallen, Nr. 5 lit. d).

[23] VK Bund Beschl. v. 14.3.2017 – VK 1-15/17, IBRRS 2017, 1382 = VPRRS 2017, 0123 = BeckRS 2017, 111347.

[24] Leitlinien für die Ermittlung, welche Flughafenaktivitäten nicht mehr unter die „Sektorenrichtlinie" 90/531/EWG fallen, Nr. 5 lit. a).

[25] Pünder/Schellenberg/*Winnes* § 1 SektVO Rn. 7.

Bei regelmäßig wiederkehrenden Aufträgen oder Daueraufträgen über Liefer- oder Dienstleistungen sowie bei Liefer- oder Dienstleistungsaufträgen, die innerhalb eines bestimmten Zeitraums verlängert werden sollen, ist der Auftragswert zu schätzen 1. auf der Grundlage des tatsächlichen Gesamtwertes entsprechender aufeinanderfolgender Aufträge aus dem vorangegangenen Haushaltsjahr oder Geschäftsjahr oder 2. auf der Grundlage des geschätzten Gesamtwertes aufeinanderfolgender Aufträge, die während der auf die erste Lieferung folgenden zwölf Monate oder während des auf die erste Lieferung folgenden Haushaltsjahres oder Geschäftsjahres, wenn dieses länger als zwölf Monate ist, vergeben werden.

Bei Aufträgen über Liefer- oder Dienstleistungen, für die kein Gesamtpreis angegeben wird, ist Berechnungsgrundlage für den geschätzten Auftragswert 1. bei zeitlich begrenzten Aufträgen mit einer Laufzeit von bis zu 48 Monaten der Gesamtwert für die Laufzeit dieser Aufträge und 2. bei Aufträgen mit unbestimmter Laufzeit oder mit einer Laufzeit von mehr als 48 Monaten der 48-fache Monatswert. Wenn der Auftraggeber Prämien oder vergleichbare Vergütungen vorsieht, hat er diese bei der Berechnung des geschätzten Auftragswerts zu berücksichtigen (§ 2 Abs. 1 S. 2 SektVO).

16 Bei der Schätzung des Auftragswerts von Bauleistungen ist neben dem Auftragswert der Bauaufträge der geschätzte Gesamtwert aller Liefer- und Dienstleistungen zu berücksichtigen, die für die Ausführung der Bauleistungen erforderlich sind und vom Auftraggeber zur Verfügung gestellt werden (§ 2 Abs. 6 S. 1 SektVO).

17 **Bei der Durchführung von Planungswettbewerben** (§ 60 SektVO), die zur Vergabe von Dienstleistungsaufträgen führen sollen, sind der geschätzte Wert des Dienstleistungsauftrags sowie etwaige Preisgelder und Zahlungen an Teilnehmer hinzuzusetzen (§ 2 Abs. 12 S. 1 SektVO).[26] Etwas anderes gilt lediglich für den Fall, dass ein Auftraggeber die Vergabe des Dienstleistungsauftrags im Anschluss an den Wettbewerb ausdrücklich ausschließt (§ 2 Abs. 12 S. 2 SektVO).[27]

D. Ausnahmetatbestände gemäß GWB

18 In der SektVO sind – mit Ausnahme der behördlichen Freistellung gemäß § 3 SektVO – keine **Ausnahmen vom Anwendungsbereich des sektorenspezifischen Vergaberechts** ausdekliniert. Nach alter Rechtslage waren derartige Ausnahmetatbestände noch überwiegend in der VgV geregelt. Mit der Neufassung des 4. Teils des GWB wurde der Anwendungsbereich umfassend im GWB geregelt,[28] namentlich in den §§ 107 bis 109 sowie § 116 und § 117 GWB (nicht sektorenspezifische Ausnahmen) und in den §§ 137 bis 139 GWB (sektorenspezifische Ausnahmen).

19 Eine Vielzahl der „besonderen" Ausnahmen im Sektorenbereich nach § 137 GWB entspricht den Ausnahmetatbeständen für klassische Auftraggeber nach § 116 GWB: Vergaben von bestimmten Rechtsdienstleistungen, Forschungs- und Entwicklungsdienstleistungen, Ausstrahlungszeit oder Bereitstellung von Sendungen, wenn diese Aufträge an Anbieter von audiovisuellen Mediendiensten oder Hörfunkmediendiensten vergeben werden sowie Vergaben von bestimmten finanziellen Dienstleistungen, Krediten und Darlehen und von Dienstleistungen, die an einen öffentlichen Auftraggeber nach § 99 Nr. 1 bis 3 GWB vergeben werden, der ein auf Gesetz oder Verordnung beruhendes ausschließliches Recht hat, die Leistungen zu erbringen (§ 137 Abs. 1 Nr. 1 bis 6 GWB).

20 **Wirklich sektorenspezifisch** sind die Ausnahmetatbestände, die sich auf die Vergabe von Aufträgen durch Sektorenauftraggeber zum Zweck der Ausübung einer Sektorentätigkeit beziehen, wenn die Aufträge eines des Folgenden zum Gegenstand haben:

[26] Eschenbruch/Opitz/Röwekamp/*Finke* § 2 Rn. 27.
[27] Müller-Wrede/*Müller-Wrede* SektVO, § 2 Rn. 91.
[28] *Gabriel* NJW 2009, 2011, 2012 f.; *Kratzenberg* NZBau 2009, 103, 106.

- die Beschaffung von Wasser im Rahmen der Trinkwasserversorgung (§ 137 Abs. 1 Nr. 7 GWB),
- die Beschaffung von Energie oder von Brennstoffen zur Energieerzeugung im Rahmen der Energieversorgung (§ 137 Abs. 1 Nr. 8 GWB),
- die Weiterveräußerung oder Vermietung an Dritte, wenn dem Sektorenauftraggeber kein besonderes oder ausschließliches Recht zum Verkauf oder zur Vermietung des Auftragsgegenstandes zusteht und andere Unternehmen die Möglichkeit haben, den Auftragsgegenstand unter den gleichen Bedingungen wie der betreffende Sektorenauftraggeber zu verkaufen oder zu vermieten (§ 137 Abs. 1 Nr. 9 GWB),
- durch Sektorenauftraggeber nach § 100 Abs. 1 Nr. 2 GWB zu vergebende Aufträge, soweit sie anderen Zwecken dienen als einer Sektorentätigkeit (§ 137 Abs. 2 Nr. 1 GWB) und
- die Durchführung von Sektorentätigkeiten außerhalb des Gebietes der EU, wenn der Auftrag in einer Weise vergeben wird, die nicht mit der tatsächlichen Nutzung eines Netzes oder einer Anlage innerhalb dieses Gebietes verbunden ist (§ 137 Abs. 2 Nr. 2 GWB).

Eine weitere besondere Ausnahme von der Anwendung des Vergaberechts im Sektoren- 21
bereich betrifft die Vergabe an verbundene Unternehmen nach § 138 GWB. Diese gilt für die Vergabe von öffentlichen Aufträgen, die ein Sektorenauftraggeber an ein verbundenes Unternehmen vergibt oder die ein Gemeinschaftsunternehmen, das ausschließlich mehrere Sektorenauftraggeber zur Durchführung einer Sektorentätigkeit gebildet haben, an ein Unternehmen vergibt, das mit einem dieser Sektorenauftraggeber verbunden ist (§ 138 Abs. 1 GWB).

Als „verbunden" gelten Unternehmen, deren Jahresabschluss mit dem Jahresabschluss des Auftraggebers in einem Konzernabschluss eines Mutterunternehmens nach den Vorschriften über die Vollkonsolidierung einzubeziehen ist und solche Unternehmen, die a) mittelbar oder unmittelbar einem beherrschenden Einfluss des Sektorenauftraggebers unterliegen können, b) einen beherrschenden Einfluss auf den Sektorenauftraggeber ausüben können oder c) gemeinsam mit dem Auftraggeber dem beherrschenden Einfluss eines anderen Unternehmens unterliegen (§ 138 Abs. 2 GWB).

Dieses „Sektorenprivileg" nach § 138 Abs. 1 GWB gilt allerdings nur dann, wenn unter Berücksichtigung aller Liefer-, Bau- oder Dienstleistungen, die von dem verbundenen Unternehmen während der letzten drei Jahre in der EU erbracht wurden, mindestens 80 Prozent des im jeweiligen Leistungssektor insgesamt erzielten durchschnittlichen Umsatzes dieses Unternehmens aus der Erbringung von Liefer-, Bau- oder Dienstleistungen für den Sektorenauftraggeber bzw. andere mit ihm verbundene Unternehmen stammen (§ 138 Abs. 3 GWB). Werden gleiche oder gleichartige Liefer-, Bau- oder Dienstleistungen von mehr als einem mit dem Sektorenauftraggeber verbundenen und mit ihm wirtschaftlich zusammengeschlossenen Unternehmen erbracht, so werden die Prozentsätze unter Berücksichtigung des Gesamtumsatzes errechnet, den diese verbundenen Unternehmen mit der Erbringung der jeweiligen Liefer-, Dienst- oder Bauleistung erzielen (§ 138 Abs. 4 GWB). Liegen für die letzten drei Jahre keine Umsatzzahlen vor, genügt es, wenn das Unternehmen etwa durch Prognosen über die Tätigkeitsentwicklung glaubhaft macht, dass die Erreichung des geforderten Umsatzziels wahrscheinlich ist (§ 138 Abs. 5 GWB).

Schließlich existiert im Sektorenbereich eine besondere Ausnahme von der Anwen- 22
dung des Vergaberechts für die Vergabe an Gemeinschaftsunternehmen nach § 139 GWB. Diese erfasst die Vergabe von öffentlichen Aufträgen, die ein Gemeinschaftsunternehmen, das mehrere Sektorenauftraggeber ausschließlich zur Durchführung von Sektorentätigkeiten gebildet haben, an einen dieser Auftraggeber vergibt oder die ein Sektorenauftraggeber, der einem solchen Gemeinschaftsunternehmen angehört, an dieses Gemeinschaftsunternehmen vergibt (§ 139 Abs. 1 GWB). Voraussetzung ist, dass das Gemeinschaftsunternehmen gebildet wurde, um die betreffende Sektorentätigkeit während

eines Zeitraums von mindestens drei Jahren durchzuführen und dabei festgelegt wurde, dass die das Gemeinschaftsunternehmen bildenden Sektorenauftraggeber dem Gemeinschaftsunternehmen mindestens während desselben Zeitraums angehören werden (§ 139 Abs. 2 GWB).

E. Ausnahme für Sektorentätigkeiten, die unmittelbar dem Wettbewerb ausgesetzt sind

23 Aufträge, die im Zusammenhang mit einer Sektorentätigkeit stehen, fallen nicht unter die SektVO, wenn die **Sektorentätigkeit auf Märkten mit freiem Zugang unmittelbar dem Wettbewerb ausgesetzt ist** (§ 3 Abs. 1 SektVO, § 140 Abs. 1 GWB, Art. 34 SRL). Ob eine Sektorentätigkeit auf Märkten mit freiem Zugang unmittelbar dem Wettbewerb ausgesetzt ist, obliegt der Einschätzung der EU-Kommission. Diese muss formell entscheiden, dass die vorgenannten Voraussetzungen erfüllt sind. Das Freistellungsverfahren wird in § 3 SektVO sowie § 140 GWB beschrieben.

I. Wirkung der Freistellung

24 Die Feststellung der EU-Kommission, dass eine bestimmte Sektorentätigkeit auf Märkten mit freiem Zugang unmittelbar dem Wettbewerb ausgesetzt ist, hat zur Folge, dass die Bindung an das Vergaberecht hinsichtlich der Vergabe solcher Aufträge entfällt, die zum Zwecke dieser Tätigkeit vergeben werden. Es kommt dann auch **keine subsidiäre Anwendung der VgV oder des 4. Teils des GWB** in Betracht. Denn die Freistellung hat zur Folge, dass Auftragsvergaben öffentlicher Auftraggeber, die im Zusammenhang mit der konkret betroffenen Sektorentätigkeit stehen, generell nicht mehr dem EU-Vergaberecht unterfallen.

II. Voraussetzungen für eine Freistellung

25 Die Freistellung durch die EU-Kommission iSv § 140 Abs. 1 GWB erfolgt, wenn die Sektorentätigkeit unmittelbar dem Wettbewerb auf Märkten ausgesetzt ist, die keiner Zugangsbeschränkung unterliegen.

1. Märkte mit freiem Zugang

26 Der Zugang zu einem Markt gilt jedenfalls dann als frei, wenn der betreffende Mitgliedstaat die in Anhang III SRL genannten europarechtlichen Vorschriften umgesetzt hat und anwendet (Art. 34 Abs. 3 UAbs. 1 SRL).[29] Als europarechtliche Rechtsvorschriften zur Liberalisierung eines bestimmten Sektors oder Teilsektors nennt Anhang III: Richtlinie 2009/73/EG, Richtlinie 2009/72/EG, Richtlinie 2012/34/EU, Richtlinie 97/67/EG und Richtlinie 94/22/EG.

27 Da für viele Sektorentätigkeiten noch keine europarechtlichen Harmonisierungsvorschriften existieren, ist die unmittelbare Anwendung der Vermutungsregel des Art. 34 Abs. 3 UAbs. 1 SRL nur selten möglich. Alternativ kann jedoch der Nachweis erbracht werden, dass der **Zugang zum betroffenen Markt *de jure* und *de facto* frei** ist (Art. 34 Abs. 3 UAbs. 2 SRL). Das kann etwa dann gelingen, wenn eine Richtlinie, die einen bestimmten Sektor liberalisiert, in entsprechender Weise auf einem anderen Sektor angewendet wird (Erwägungsgrund 47 SRL). Als Beispiele werden in der SRL die Anwendung der Richtlinie 94/22/EG über die Erteilung und Nutzung von Genehmigungen zur Prospektion, Exploration und Gewinnung von Kohlenwasserstoffen auch auf den Kohlesektor oder die Anwendung der Richtlinie 2012/34/EU zur Schaffung eines ein-

[29] Ziekow/Völlink/*Debus* § 140 GWB Rn. 4.

heitlichen europäischen Eisenbahnraums auch auf Fahrgastdienste (Erwägungsgrund 47 SKR) genannt.

Von den bisher gestellten Anträgen auf Freistellung nach Art. 30 SKR war weit überwiegend (nur) denen Erfolg beschieden, die sich auf eine der Richtlinien in Anhang III bezogen. Als Ausnahme mag eine Freistellungsentscheidung zu bestimmten Finanzdienstleistungen in Ungarn gelten.[30] Dort nahm die EU-Kommission auf die Richtlinie 2007/64/EG über Zahlungsdienste im Binnenmarkt Bezug.[31]

2. Unmittelbar dem Wettbewerb ausgesetzt

Um die Freistellung einer Sektorentätigkeit von der Anwendung des Vergaberechts zu rechtfertigen, muss die jeweilige Sektorentätigkeit unmittelbar dem Wettbewerb auf Märkten ausgesetzt sein, die keiner Zugangsbeschränkung unterliegen (§ 3 Abs. 6 SektVO). Wann eine Sektorentätigkeit dem unmittelbaren Wettbewerb ausgesetzt ist, muss anhand **objektiver Kriterien** festgestellt werden, wobei die besonderen **Merkmale des betreffenden Sektors** relevant sind: 28

- die Merkmale der betreffenden Waren und Leistungen;[32]
- das Vorhandensein alternativer Waren und Leistungen;[33]
- die Preise für die Erbringung der jeweiligen Tätigkeit;[34]
- das tatsächliche oder mögliche Vorhandensein mehrerer Anbieter der betreffenden Waren und Leistungen.[35]

Die vorgenannten Kriterien dürfen nicht zur Grundlage der Freistellungsentscheidung gemacht werden, wenn sie auf Umständen beruhen, die eine Verletzung des AEUV begründen, also beispielsweise die marktüblichen Preise für die Erbringung der jeweiligen Tätigkeit auf kartellrechtswidrigen Preisabsprachen beruhen. Weitere Anhaltspunkte lassen sich dem Durchführungsbeschluss (EU) 2016/1804 der EU-Kommission entnehmen.[36] 29

Die EU-Kommission berücksichtigt bei der Analyse insbesondere die **Konzentration konkurrierender Unternehmen auf dem jeweiligen Markt.**[37] Im Hinblick beispielsweise auf den weltweiten Markt der Rohölförderung ging die EU-Kommission im Falle Dänemarks und Italiens von einem wirksamen Wettbewerb aus.[38] Der weltweite Markt für Rohölförderung sei gekennzeichnet durch die Präsenz von großen staatlichen Unternehmen und drei internationalen, vertikal integrierten, Privatunternehmen, den sog. „Super-Majors" (BP, ExxonMobil und Shell) sowie einer Zahl sog. „Majors". Die **Entscheidungspraxis der EU-Kommission** hinsichtlich der Frage, ab welcher Größe der Gesamtmarktanteil der drei größten Anbieter als „zu groß" gilt, ist allerdings **uneinheitlich.** Die Spanne in den einzelnen Entscheidungen reicht von über 80% (Stromerzeugung in 30

[30] 2011/875/EU: Durchführungsbeschluss der Kommission v. 16.12.2011 zur Freistellung bestimmter Finanzdienstleistungen des Postsektors in Ungarn von der Anwendung der Richtlinie 2004/17/EG, ABl. L 343 v. 23.12.2011, S. 77–85.

[31] RL 2007/64/EG des Europäischen Parlaments und des Rates v. 13.9.2007 über Zahlungsdienste im Binnenmarkt, zur Änderung der Richtlinien 97/7/EG, 2002/65/EG, 2005/60/EG und 2006/48/EG sowie zur Aufhebung der Richtlinie 97/5/EG Text von Bedeutung für den EWR, ABl. Nr. L 319, S. 1.

[32] § 3 Abs. 2 S. 2 Nr. 1 SektVO 2009.

[33] § 3 Abs. 2 S. 2 Nr. 2 SektVO 2009.

[34] § 3 Abs. 2 S. 2 Nr. 3 SektVO 2009.

[35] § 3 Abs. 2 S. 2 Nr. 4 SektVO 2009.

[36] Durchführungsbeschluss (EU) 2016/1804 der Kommission v. 10.10.2016 über die Durchführungsmodalitäten für die Anwendung der Art. 34 und 35 der Richtlinie 2014/25/EU des Europäischen Parlaments und des Rates über die Vergabe von Aufträgen durch Auftraggeber im Bereich der Wasser-, Energie- und Verkehrsversorgung sowie der Postdienste, C(2016) 6351, ABl. L 275 v. 12.10.2016, S. 39–53.

[37] Ziekow/Völlink/*Debus* § 140 GWB Rn. 5.

[38] 2011/372/EU: Durchführungsbeschluss der Kommission v. 24.6.2011 zur Freistellung des Aufsuchens von Erdöl- und Erdgasvorkommen und der Förderung von Erdöl in Italien von der Anwendung der Richtlinie 2004/17/EG, ABl. L 166 v. 25.6.2011, S. 28–31.

Schweden 2007/706/EG)[39] bis zu weniger als 40% (Lieferung von Elektrizität in England, Schottland und Wales)[40]. Diese Unterschiede lassen sich dadurch erklären, dass die EU-Kommission weitere Faktoren bei der Analyse der Wettbewerbssituation mit einbezieht. Insbesondere werden nationale Märkte nicht isoliert von den umgebenden Ländern und anderen Regionen betrachtet. So werden beispielsweise im Bereich des Stromhandels auch die Einbindung in grenzüberschreitende Märkte und Importe aus Drittstaaten eingestellt.[41]

3. Beispiele für Freistellungen

31 Ein Überblick über die Freistellungsverfahren in den einzelnen EU-Mitgliedstaaten findet sich auf der Internetseite der EU-Kommission. Diese hat ua Finanzdienstleistungen und bestimmte Dienste im Bereich des Postsektors[42], des Aufsuchens von Erdöl- und Erdgasvorkommen und der Förderung von Erdöl[43] sowie die Stromerzeugung und der Stromgroßhandel[44] in einigen EU-Mitgliedstaaten freigestellt. Es wurden aber auch mehrere An-

---

[39] 2007/706/EG: Entscheidung der Kommission v. 29.10.2007 zur Freistellung der Erzeugung und des Verkaufs von Strom in Schweden von der Anwendung der Richtlinie 2004/17/EG des Europäischen Parlaments und des Rates zur Koordinierung der Zuschlagserteilung durch Auftraggeber im Bereich der Wasser-, Energie- und Verkehrsversorgung sowie der Postdienste, ABl. L 287 v. 1.11.2007, S. 18–22.

[40] 2007/141/EG: Entscheidung der Kommission v. 26.2.2007 über die Anwendung von Art. 30 Abs. 1 der Richtlinie 2004/17/EG auf die Lieferung von Elektrizität und Erdgas in England, Schottland und Wales, ABl. L 62 v. 1.3.2007, S. 23–26.

[41] 2010/403/EU: Beschl. der Kommission v. 14.7.2010 zur Freistellung der Stromerzeugung und des Stromgroßhandels in Italiens Makrozone Nord und des Stromeinzelhandels für Endkunden mit Mittel-, Hoch- und Höchstspannungsnetzanschluss in Italien von der Anwendung der Richtlinie 2004/17/EG, ABl. L 186 v. 20.7.2010, S. 44–49.

[42] 2011/875/EU: Durchführungsbeschluss der Kommission v. 16.12.2011 zur Freistellung bestimmter Finanzdienstleistungen des Postsektors in Ungarn von der Anwendung der Richtlinie 2004/17/EG, ABl. L 343 v. 23.12.2011, S. 77–85; 2010/12/EU: Beschluss der Kommission v. 5.1.2010 zur Ausnahme bestimmter Finanzdienstleistungen des Postsektors in Italien von der Anwendung der Richtlinie 2004/17/EG, ABl. L 6 v. 9.1.2010, S. 8–13; 2009/46/EG: Entscheidung der Kommission v. 19.12.2008 zur Ausnahme bestimmter Dienste des Postsektors in Schweden von der Anwendung der Richtlinie 2004/17/EG, ABl. L 19 v. 23.1.2009, S. 50–56; 2008/383/EG: Entscheidung der Kommission v. 30.4.2008 zur Freistellung von Express- und Kurierdiensten in Italien von der Anwendung der Richtlinie 2004/17/EG, ABl. L 132 v. 22.5.2008, S. 18–19; 2007/564/EG: Entscheidung der Kommission v. 6.8.2007 zur Ausnahme bestimmter Dienste des Postsektors in Finnland mit Ausnahme der Ålandinseln von der Anwendung der Richtlinie 2004/17/EG, ABl. L 215 v. 18.8.2007, S. 21–26; 2007/169/EG: Entscheidung der Kommission v. 16.3.2007 über die Anwendung von Art. 30 Abs. 1 der Richtlinie 2004/17/EG auf bestimmte Kurier- und Paketdienste in Dänemark, ABl. L 78 v. 17.3.2007, S. 28–30.

[43] 2011/481/EU: Durchführungsbeschluss der Kommission v. 28.7.2011 zur Freistellung des Aufsuchens von Erdöl- und Erdgasvorkommen und der Förderung von Erdöl in Dänemark, ausgenommen Grönland und die Färöer, von der Anwendung der Richtlinie 2004/17/EG, ABl. L 197 v. 29.7.2011, S. 20–22; 2011/372/EU: Durchführungsbeschluss der Kommission v. 24.6.2011 zur Freistellung des Aufsuchens von Erdöl- und Erdgasvorkommen und der Förderung von Erdöl in Italien von der Anwendung der Richtlinie 2004/17/EG, ABl. L 166 v. 25.6.2011, S. 28–31; 2010/192/EU: Beschluss der Kommission v. 29.3.2010 zur Freistellung des Aufsuchens von Erdöl- und Erdgasvorkommen und deren Förderung in England, Schottland und Wales von der Anwendung der Richtlinie 2004/17/EG, ABl. L 84 v. 31.3.2010, S. 52–55; 2009/546/EG: Entscheidung der Kommission v. 8.7.2009 zur Freistellung des Aufsuchens von Erdöl- und Erdgasvorkommen und deren Förderung in den Niederlanden von der Anwendung der Richtlinie 2004/17/EG, ABl. L 181 v. 14.7.2009, S. 53–56.

[44] 2010/403/EU: Beschluss der Kommission v. 14.7.2010 zur Freistellung der Stromerzeugung und des Stromgroßhandels in Italiens Makrozone Nord und des Stromeinzelhandels für Endkunden mit Mittel-, Hoch- und Höchstspannungsnetzanschluss in Italien von der Anwendung der Richtlinie 2004/17/EG, ABl. L 186 v. 20.7.2010, S. 44–49; 2008/585/EG: Entscheidung der Kommission v. 7.7.2008 zur Freistellung der Erzeugung von Strom in Österreich von der Anwendung der Richtlinie 2004/17/EG, ABl. L 188 v. 16.7.2008, S. 28–31; 2007/706/EG: Entscheidung der Kommission v. 29.10.2007 zur Freistellung der Erzeugung und des Verkaufs von Strom in Schweden von der Anwendung der Richtlinie 2004/17/EG des Europäischen Parlaments und des Rates zur Koordinierung der Zuschlagserteilung durch Auftraggeber im Bereich der Wasser-, Energie- und Verkehrsversorgung sowie der Postdienste, ABl. L 287 v. 1.11.2007, S. 18–22; 2007/141/EG: Entscheidung der Kommission v. 26.2.2007 über die Anwendung von Artikel 30 Absatz 1 der Richtlinie 2004/17/EG auf die Lieferung von Elektrizität und Erdgas in England, Schottland und Wales, ABl. L 62 v. 1.3.2007, S. 23–26; 2006/422/EG: Entscheidung der Kommission v. 19.6.2006 über die Anwendung von Art. 30 Abs. 1 der Richtlinie 2004/17/EG auf die Erzeugung

träge zurückgewiesen, wie etwa betreffend den Abbau von bitumenhaltiger Steinkohle[45] sowie die Stromerzeugung und der Stromgroßhandel in Tschechien und Polen.[46] Ende 2011 wurde auch ein Antrag auf Freistellung der Erzeugung und des Großhandelsverkaufs von Strom in Deutschland beantragt.[47] Hierzu entschied die EU-Kommission, dass die Sektorenrichtlinie nicht für öffentliche Aufträge gilt, die die Erzeugung und den Erstabsatz von aus konventionellen Quellen erzeugtem Strom in Deutschland ermöglichen sollen.[48] Nicht erfasst von der vorgenannten Freistellung sind die Erzeugung und der Absatz von EEG-Strom. Mit Beschluss vom 15.9.2016 hat die EU-Kommission nun auch Beschaffungsvorgänge, die den Strom- und Gaseinzelhandel betreffen, von den Vorschriften des Sektorenvergaberechts in weiten Teilen freigestellt.[49]

III. Freistellungsverfahren

Die Regeln für den **Verfahrensablauf** ergeben sich aus Art. 35 SRL. Die Entscheidung über die Freistellung liegt bei der EU-Kommission. Entsprechend richtet sich auch der Verfahrenshergang allein nach Unionsrecht. Den EU-Mitgliedstaaten kommen im Rahmen dieses Verfahrens lediglich **Mitwirkungspflichten** zu. 32

1. Einleitung eines Freistellungsverfahrens

Das Freistellungsverfahren nach Art. 34, 35 SKR wird grds. auf Antrag eingeleitet. 33

a) Einleitung auf Antrag. Die SektVO sieht zwei Möglichkeiten zur Einleitung eines Freistellungsverfahrens auf Antrag vor. Die Freistellung kann entweder durch das BMWi (§ 3 Abs. 5 S. 1 SektVO) oder durch öffentliche Auftraggeber (§ 3 Abs. 1 S. 1 SektVO) bei der EU-Kommission beantragt werden. 34

Das **BMWi kann bei der EU-Kommission einen Antrag auf Feststellung stellen,** dass die Bedingungen für eine Freistellung einer Sektorentätigkeit vorliegen. Das BMWi soll der EU-Kommission alle sachdienlichen Informationen mitteilen, insbesondere Gesetze, Verordnungen, Verwaltungsvorschriften, Vereinbarungen und Absprachen, die Aufschluss darüber geben, ob die Bedingungen für eine Freistellung erfüllt sind. Diese Informationen sind um eine **Stellungnahme einer** für die betreffende Tätigkeit zuständigen **unabhängigen nationalen Behörde** zu ergänzen, welche in Deutschland das Bundeskartellamt ist (§ 3 Abs. 5 S. 3 SektVO). 35

---

und den Verkauf von Strom in Finnland mit Ausnahme der Åland-Inseln, ABl. L 168 v. 21.6.2006, S. 33–36; 2006/211/EG: Entscheidung der Kommission v. 8.3.2006 über die Anwendung von Art. 30 Abs. 1 der Richtlinie 2004/17/EG auf die Stromerzeugung in England, Schottland und Wales, ABl. L 76 v. 15.3.2006, S. 6–8.

[45] 2011/306/EU: Durchführungsbeschluss der Kommission v. 20.5.2011 über die Nichtanwendung von Art. 30 Abs. 1 der Richtlinie 2004/17/EG auf den Abbau bitumenhaltiger Steinkohle in der Tschechischen Republik, ABl. L 137 v. 25.5.2011, S. 55–59.

[46] 2009/47/EG: Entscheidung der Kommission v. 22.12.2008 über die Nichtanwendung von Art. 30 Abs. 1 der Richtlinie 2004/17/EG auf die Stromerzeugung in der Tschechischen Republik, ABl. L 19 v. 23.1.2009, S. 57–61; 2008/741/EG: Entscheidung der Kommission v. 11.9.2008 über die Nichtanwendung von Art. 30 Abs. 1 der Richtlinie 2004/17/EG auf die Stromerzeugung und den Stromgroßhandel in Polen, ABl. L 251 v. 19.9.2008, S. 35–38.

[47] Bekanntmachung eines Antrags v. 26.10.2011 gem. Art. 30 SKR, ABl. C 337/7.

[48] 2012/218/EU: Durchführungsbeschluss der Kommission v. 24.4.2012 zur Freistellung der Erzeugung und des Großhandels von Strom aus konventionellen Quellen in Deutschland von der Anwendung der Richtlinie 2004/17/EG des Europäischen Parlaments und des Rates zur Koordinierung der Zuschlagserteilung durch Auftraggeber im Bereich der Wasser-, Energie- und Verkehrsversorgung sowie der Postdienste, ABl. L 114/21 v. 26.4.2012.

[49] Durchführungsbeschluss 2016/1674/(EU) der Kommission v. 15.9.2016 zur Ausnahme des Elektrizitäts- und Gashandels in Deutschland von der Anwendung der RL 2014/25/EU des Europäischen Parlaments und des Rates, C (2016) 5779, ABl. 2016 L 253, S. 6; dazu ausführlich: *Tugendreich/Heller,* Freistellung vom Vergaberecht für den Strom- und Gaseinzelhandel, NZBau 2017, 387.

36 Die Feststellung des Vorliegens der Freistellungsvoraussetzungen kann **auch von den betroffenen öffentlichen Auftraggebern oder einem ihrer Verbände** beantragt werden.[50] Das in der SektVO eingeräumte Antragsrecht der Auftraggeber ist bemerkenswert, weil die EU-Mitgliedstaaten nicht verpflichtet sind, ein solches auch für Auftraggeber vorzusehen (Art. 35 Abs. 1 SRL). Ebenso wie das BMWi sind auch Auftraggeber verpflichtet, alle sachdienlichen Informationen beizufügen, die darlegen, dass die betreffende Tätigkeit unmittelbar dem Wettbewerb auf Märkten ausgesetzt ist, die keiner Zugangsbeschränkung unterliegen. Auftraggeber sind ebenfalls verpflichtet, ihren Antrag um eine **Stellungnahme des Bundeskartellamts** zu ergänzen. Das Bundeskartellamt soll eine entsprechende Stellungnahme innerhalb von vier Monaten nach Erhalt des Antrags abgeben. Auftraggeber sind schließlich verpflichtet, sowohl eine Kopie des Antrags an die EU-Kommission als auch der Stellungnahme des Bundeskartellamts an das Bundesministerium zu schicken.

37 **b) Einleitung durch die EU-Kommission.** Anders als noch Art. 30 Abs. 5 UAbs. 3 S. 1 SKR, sieht die SRL nicht mehr ausdrücklich die Möglichkeit vor, dass die EU-Kommission ein Verfahren, mit dem die Freistellung einer bestimmten Sektorentätigkeit festgestellt werden soll, auch **auf eigene Veranlassung** einleitet. Gleichwohl erwähnt auch die neue SektVO noch den Fall, dass die EU-Kommission auf eigene Veranlassung für eine der Sektorentätigkeiten in Deutschland das og Verfahren einleitet (§ 3 Abs. 5 S. 4 SektVO).

2. Stellungnahme des BKartA

38 Für die Erarbeitung der beantragten Stellungnahme **hat das Bundeskartellamt die notwendigen Ermittlungsbefugnisse** gemäß §§ 57 bis 59 GWB (§ 3 Abs. 3 SektVO).[51] Das bedeutet, dass das Bundeskartellamt alle Ermittlungen führen und alle Beweise erheben kann, die erforderlich sind (§ 57 Abs. 1 GWB). Das Bundeskartellamt holt **ggf. zusätzlich eine Stellungnahme der Bundesnetzagentur** ein.[52] Im Zusammenhang mit der Stellungnahme entstehende Kosten erhebt das Bundeskartellamt vom Antragssteller (§ 140 Abs. 2 GWB).[53]

3. Entscheidung

39 Die Feststellung, dass die betreffende Tätigkeit unmittelbar dem Wettbewerb auf Märkten ausgesetzt ist, die keiner Zugangsbeschränkung unterliegen, gilt als getroffen, wenn die EU-Kommission das bestätigt hat oder wenn sie innerhalb der Frist nach Art. 35 iVm Anhang IV SRL keine Feststellung getroffen und das BMWi die Feststellung oder den Ablauf der Frist im Bundesanzeiger bekanntgemacht hat.

F. Auftragsänderungen während der Vertragslaufzeit

40 Für die Frage, ob Auftragsänderungen während der Vertragslaufzeit ausschreibungspflichtig sind, gelten im Sektorenbereich grundsätzlich dieselben Maßgaben wie im klassischen Vergaberecht. Für beide Bereiche gilt § 132 GWB. Eine Besonderheit bei der Anwendung von § 132 GWB ergibt sich allerdings aus § 142 Nr. 3 GWB. Danach ist § 132 Abs. 2 S. 2 und 3 GWB im Sektorenbereich nicht anzuwenden. Diese Vorschrift sieht eigentlich vor, dass in den Fällen des § 132 Abs. 2 S. 1 Nr. 2 und 3 GWB (ausschreibungsfreie zusätzliche Liefer-, Bau- oder Dienstleistungen bzw. ausschreibungsfreie Auftragsänderung aufgrund unvorhergesehener Ereignisse) der Preis um nicht mehr als 50 Prozent des Wertes des ursprünglichen Auftrags erhöht werden darf.

[50] Vgl. dazu Eschenbruch/Opitz/Röwekamp/*Sudbrock* § 3 Rn. 13.
[51] Eschenbruch/Opitz/Röwekamp/*Sudbrock* § 3 Rn. 20f.
[52] Eschenbruch/Opitz/Röwekamp/*Sudbrock* § 3 Rn. 18.
[53] Pünder/Schellenberg/*Winnes* § 3 SektVO Rn. 14.

G. Auftraggeber nach dem Bundesberggesetz

Sektorenauftraggeber, die nach dem Bundesberggesetz berechtigt sind, Erdöl, Gas, Kohle 41
oder andere feste Brennstoffe aufzusuchen oder zu gewinnen, müssen bei der Vergabe von Liefer-, Bau- oder Dienstleistungsaufträgen oberhalb der maßgeblichen Schwellenwerte zur Durchführung der Aufsuchung oder Gewinnung von Erdöl, Gas, Kohle oder anderen festen Brennstoffen (nur) die Grundsätze der Nichtdiskriminierung und der wettbewerbsorientierten Auftragsvergabe beachten (§ 143 Abs. 1 S. 1 GWB); sie müssen also die SektVO nicht anwenden. Allerdings müssen sie insbesondere Unternehmen, die ein Interesse an einem solchen Auftrag haben können, zumindest ausreichend informieren und bei der Auftragsvergabe objektive Kriterien zugrunde legen. Das gilt lediglich nicht für die Vergabe von Aufträgen, deren Gegenstand die Beschaffung von Energie oder Brennstoffen zur Energieerzeugung ist.

§ 50 Vergabeverfahrensarten (Besonderheiten)

Übersicht

SektVO: §§ 13–15, 17–21, 23–27, 4
GWB: § 141

Literatur:
Diringer, Beteiligung sog. Projektanten am Vergabeverfahren, VergabeR 2010, 361; *Gabriel/Schulz,* Die Rechtsprechung des EuGH auf dem Gebiet des Vergaberechts in den Jahren 2009, EWS 2010, 503; *Gabriel,* Die Vergaberechtsreform 2009 und die Neufassung des vierten Teils des GWB, NJW 2009, 2011; *Hölzl,* Circumstances alter cases, NZBau 2004, 256; *Klimisch/Ebrecht,* Stellung und Rechte der Dialogteilnehmer im wettbewerblichen Dialog, NZBau 2011, 203; *Kriener/Stoye,* Vergaberechtsmodernisierungsgesetz: Endlich freie Wahl des Wettbewerblichen Dialogs für alle Sektorenauftraggeber, IBR 2009, 189; *Meyer-Hofmann/Tönnemann,* Stromeinkauf an der European Energy Exchange – Ein Fall für das Verhandlungsverfahren ohne vorherige Bekanntmachung, ZfBR 2009, 554; *Müller/Veil,* Wettbewerblicher Dialog und Verhandlungsverfahren im Vergleich, VergabeR 2007, 298; *Opitz,* Die neue Sektorenverordnung, VergabeR 2009, 689; *Opitz,* Wie funktioniert der wettbewerbliche Dialog? – Rechtliche und praktische Probleme, VergabeR 2006, 451; *Pooth/Sudbrock,* Auswirkungen der Sektorenverordnung auf die Vergabepraxis in kommunalen Unternehmen, KommJur 2010, 446; *Rosenkötter,* Rahmenvereinbarungen mit Miniwettbewerb – Zwischenbilanz eines neuen Instruments, VergabeR 2010, 368; *Schütte,* Verhandlungen im Vergabeverfahren, ZfBR 2004, 237; *Willenbruch,* Die Praxis des Verhandlungsverfahrens nach §§ 3a Nr. 1 VOB/A und VOL/A, NZBau 2003, 422.

A. Einleitung

1 Die Vergabeverfahrensarten, die im Sektorenbereich angewendet werden dürfen, entsprechen – seit In-Kraft-Treten der letzten GWB-Novelle – denen im Bereich klassischer öffentlicher Auftragsvergaben.[1] Im Sektorenbereich stehen den Auftraggebern das offene Verfahren, das nicht offene Verfahren, das Verhandlungsverfahren mit Teilnahmewettbewerb und der wettbewerbliche Dialog „nach ihrer Wahl" zur Verfügung.[2] Im Anwendungsbereich der Sektorenverordnung können sie daher grds. **ohne weitere Voraussetzungen zwischen diesen Vergabeverfahrensarten wählen.** Das privilegiert Sektorenauftraggeber im Unterschied zu öffentlichen Auftraggebern außerhalb des Anwendungsbereichs der SektVO, welche nur unter besonderen Umständen eine andere Verfahrensart als das offene oder das nicht offene Verfahren wählen dürfen.[3] Lediglich das Verhandlungsverfahren ohne Teilnahmewettbewerb und die Innovationspartnerschaft

---

[1] S. §§ 141, 142, 119 GWB.
[2] § 141 Abs. 1 GWB, § 13 Abs. 1 S. 1 SektVO.
[3] § 119 Abs. 2 GWB.

stehen auch Sektorenauftraggebern nur zur Verfügung, soweit das aufgrund des GWB gestattet ist.[4]

2 Wie im klassischen Bereich darf die Verfahrensart in jedem Fall nur aus dem abschließenden[5] vertypten Katalog des offenen Verfahrens, des nicht offenen Verfahrens, des Verhandlungsverfahrens, des wettbewerblichen Dialogs und der Innovationspartnerschaft gewählt werden. Keine eigenständigen Verfahrensarten, sondern **besondere Methoden und Instrumente** im Vergabeverfahren stellen das dynamische Beschaffungssystem, die elektronische Auktion, der elektronische Katalog, die Beschaffung durch zentrale Beschaffungsstellen sowie die Vergabe von und aufgrund einer Rahmenvereinbarung dar, welche über die Verweisung in § 142 GWB nicht nur im klassischen Bereich, sondern auch im Sektorenbereich zum Einsatz kommen dürfen.

I. Rechtsrahmen

3 Die Regelungen in der SektVO zu den Verfahrensarten finden sich in den §§ 13ff. SektVO.

II. Regel-Ausnahme-Verhältnis

4 Den vergaberechtlichen Regelungen im klassischen und im Sektorenbereich gemeinsam ist ein **Regel-Ausnahme-Verhältnis,** wonach nur unter bestimmten Voraussetzungen von der europaweiten Bekanntmachung einer Beschaffungsabsicht abgesehen werden darf. Der größte Unterschied zu den Regelungen im klassischen Bereich besteht darin, dass die SektVO die freie Wahl zwischen den Vergabeverfahrensarten offenes Verfahren, nicht offenes Verfahren, Verhandlungsverfahren mit Teilnahmewettbewerb und wettbewerblicher Dialog gestattet.

B. Freie Wahl der Vergabeverfahrensarten

5 Eine **Hierarchie unter den Vergabeverfahrensarten** offenes Verfahren, nicht offenes Verfahren, Verhandlungsverfahren mit Teilnahmewettbewerb und wettbewerblicher Dialog besteht im Sektorenbereich nicht.[6] Im klassischen Vergaberecht hingegen besteht ein Vorrang des offenen und nicht offenen Verfahrens. Auftraggeber im Anwendungsbereich der SektVO unterliegen bei der Wahl unter den vorgenannten Vergabeverfahrensarten keinen Einschränkungen.[7] Das Verhandlungsverfahren findet daher im Sektorenbereich in der Praxis im weitaus größeren Maße Anwendung als das offene Verfahren und das nicht offene Verfahren.[8] Im Verhandlungsverfahren haben Auftraggeber die Möglichkeit, den Verfahrensablauf weitgehend nach ihren Vorstellungen auszugestalten; zudem dürfen die konkreten Bedingungen des Auftrags individuell ausgehandelt werden. Damit steht es Auftraggebern im Sektorenbereich beispielsweise frei, ein Verhandlungsverfahren grds. wie ein nicht offenes Verfahren auszugestalten, sich zugleich aber die Möglichkeit offen zu halten, über bestimmte Vertragsklauseln mit den bevorzugten Bietern noch zu verhandeln.

6 Die vorbeschriebene **Wahlfreiheit** im Sektorenbereich entspricht dem ausdrücklichen Willen des Richtliniengebers.[9] Ein wesentliches Ziel der Sektorenrichtlinien war und ist es, für Auftragsvergaben im Sektorenbereich ein Höchstmaß an Flexibilität zu erhalten. Ausdruck dieser Flexibilität ist das Recht, ohne Prüfung des Vorliegens besonderer Voraus-

[4] § 141 Abs. 2 GWB, § 13 Abs. 1 S. 2, Abs. 2 SektVO.
[5] So schon BR-Drs. 522/09 v. 29.5.2009, Erwägungsgrund 35; Art. 40 Abs. 2 SKR, Art. 1 Abs. 9 SKR.
[6] Müller-Wrede/*Kaelble* SektVO, § 13 Rn. 2.
[7] S. *Opitz* VergabeR 2009, 689, 693.
[8] Ziekow/Völlink/*Völlink* § 13 SektVO Rn. 4.
[9] MüKoBeihVgR/*Marx/Hölzl* § 6 SektVO Rn. 5.

setzungen unter dem offenen Verfahren, dem nicht offenen Verfahren, dem Verhandlungsverfahren mit Teilnahmewettbewerb und dem wettbewerblichen Dialog das aus Sicht des Sektorenauftraggebers für die konkrete Auftragsvergabe am besten geeignete Verfahren zu wählen.[10]

Teilweise wird vertreten, dass zumindest staatlich beherrschte Sektorenauftraggeber wegen Art. 3 Abs. 1 GG verpflichtet seien, die **Wahl der Verfahrensart sachlich zu begründen.**[11] Hierfür könnte sprechen, dass selbstverständlich auch im Anwendungsbereich der SektVO öffentliche Aufträge in möglichst transparenten und wettbewerblichen Verfahren zu vergeben sind.[12] Gerade angesichts der größeren Freiheiten von Auftraggebern im Sektorenbereich sollte das Vergabeverfahren proaktiv an den Grundsätzen der Transparenz und des Wettbewerbs ausgerichtet werden.[13] Bei einem offenen Verfahren darf jedes interessierte Unternehmen ein Angebot einreichen; beim nicht offenen Verfahren und dem Verhandlungsverfahren mit Teilnahmewettbewerb hätten weniger Unternehmen die Gelegenheit, ein Angebot einzureichen. Damit ließe sich argumentieren, dass Sektorenauftraggeber von der grds. freien Wahlmöglichkeit zwischen den Vergabeverfahrensarten zumindest in einer Weise Gebrauch machen sollten, dass Transparenz und Wettbewerblichkeit des Vergabeverfahrens nur verhältnismäßig zu den sachlichen Erwägungen, die sich der Auftraggeber zur Wahl der Verfahrensart macht, beschränkt werden. Das entspräche auf den ersten Blick auch der verwaltungs- und verfassungsrechtlichen Lehre ermessensfehlerfreier Entscheidungen durch staatliche Stellen, auch wenn deren Anwendbarkeit auf fiskalisches Handeln fraglich sein mag. Eine **Pflicht zur sachlichen Begründung der Wahl der Vergabeverfahrensart stände jedoch in Widerspruch zur vergaberechtlich ausdrücklich gewollten Freiheit dieser Wahl.**[14] Es scheint bereits fraglich, welcher gerichtlichen Kontrolle die dokumentierte Wahl unter den Verfahrensarten offenes Verfahren, nicht offenes Verfahren, Verhandlungsverfahren mit Teilnahmewettbewerb und wettbewerblicher Dialog unterworfen wäre. § 13 Abs. 1 S. 1 SektVO enthält keine Vorgaben, anhand derer die Zulässigkeit der Wahl einer der dort genannten frei wählbaren Vergabeverfahrensarten überprüft werden könnte. Zudem ist nichts dafür ersichtlich, dass Bietern in Ansehung der ausdrücklichen Wahlfreiheit von Auftraggebern im Sektorenbereich ein subjektives Recht zustände, dass unter den in § 13 Abs. 1 S. 1 SektVO genannten Verfahrensarten eine bestimmte Vergabeverfahrensart gewählt wird. Vom Auftraggeber die Dokumentation der sachlichen Erwägungen zur gewählten Verfahrensart zu verlangen, führt schon deswegen nicht weiter. Eine solche Forderung ließe sich auch schwierig mit § 8 SektVO vereinbaren. Danach sind Sektorenauftraggeber zwar verpflichtet sicherzustellen, dass sie über eine ausreichende Dokumentation verfügen, um Entscheidungen in allen Phasen des Vergabeverfahrens nachvollziehbar zu begründen. Der Mindestkatalog der aufzubewahrenden sachdienlichen Unterlagen nach § 8 Abs. 2 S. 2 SektVO sieht jedoch lediglich vor, dass folgende Entscheidungen nachvollzogen und gerechtfertigt werden können: 1. Qualifizierung und Auswahl der Teilnehmer sowie Zuschlagserteilung, 2. Rückgriff auf Verhandlungsverfahren ohne vorherigen Teilnahmewettbewerb, 3. Nichtanwendung der SektVO aufgrund der Ausnahmen nach Teil 4 des GWB und 4. Gründe, aus denen andere als elektronische Kommunikationsmittel für die elektronische Einreichung von Angeboten verwendet wurden. Von der Wahl unter den Verfahrensarten offenes Ver- 7

[10] S. *Greb/Müller* § 6 Rn. 54.

[11] Müller-Wrede/*Kaelble* SektVO, § 13 Rn. 12.

[12] VK Brandenburg Beschl. v. 2.10.2006 – 2 VK 38/06, ZfBR 2007, 185; MüKoBeihVgR/*Marx/Hölzl* § 6 SektVO Rn. 5.

[13] Vgl. BayObLG Beschl. v. 5.11.2002 – Verg 22/02, NZBau 2003, 342 = BeckRS 2002, 9325; OLG München Beschl. v. 12.7.2005 – Verg 8/05, ZfBR 2005, 714 = BeckRS 2005, 19924.

[14] Danner/Theobald/*Marx* Energierecht, XVIII-Vergaberecht, Rn. 157: *„Sie dürfen nach § 101 Abs. 7 Satz 2 GWB und § 6 Abs. 1 SektVO frei, dh. ohne für ihre Wahl begründen zu müssen, entscheiden, ob sie eines der drei vorgegebenen Vergabeverfahren wählen"*.

fahren, nicht offenes Verfahren, Verhandlungsverfahren mit Teilnahmewettbewerb sowie wettbewerblicher Dialog ist hier keine Rede.

8 Erschöpft ist die Wahlfreiheit allerdings, sobald eine Verfahrensart gewählt und das Verfahren begonnen worden ist. Mit der Entscheidung für eine Verfahrensart geht eine **Selbstbindung des Auftraggebers** einher.[15] Hat sich der Auftraggeber für eine bestimmte Vergabeverfahrensart entschieden, ist er aus Gründen der Transparenz und der Gleichbehandlung verpflichtet, diese in der gewählten Form konsequent umzusetzen.[16] Nachträgliche Änderungen der Vergabeverfahrensart sind, abgesehen von einer rechtmäßigen Aufhebung und ggf. anschließender Durchführung eines neuen Verfahrens, nicht zulässig.[17] Das gilt auch dann, wenn sich eine gewählte Vergabeverfahrensart während des Verfahrens als ungeeignet oder rechtswidrig erweist.[18] Auch eine **Kombination einzelner Elemente der Verfahrensarten nach § 119 GWB ist nicht zulässig.** Entscheidet sich ein Auftraggeber im Anwendungsbereich der SektVO für ein bestimmtes Verfahren, so ist er verpflichtet, dieses gemäß den maßgeblichen Verfahrensschritten durchzuführen.[19] So ist die Nachverhandlung von Preisen im offenen und im nicht offenen Verfahren stets unzulässig.[20]

C. Die Vergabeverfahrensarten im Einzelnen

9 Die Vergabeverfahrensarten im Sektorenbereich entsprechen grds. denen im klassischen Bereich öffentlicher Auftragsvergaben. Das beruht auf den allgemeinverbindlichen **Definitionen der Vergabeverfahrensarten in § 119 GWB.** Der **konkrete Ablauf der Verfahren richtet sich** jedoch **nach der SektVO.** Das bedeutet, dass ein unreflektierter Rückgriff auf die teilweise ausführlicheren bzw. strengeren Vorschriften von VgV oder VOB/A nicht angezeigt ist.[21]

I. Das Verhandlungsverfahren

10 Verhandlungsverfahren sind auch im Sektorenbereich Verfahren, bei denen sich der Auftraggeber an (vergaberechtskonform) ausgewählte Unternehmen wendet, um mit einem oder mehreren dieser Unternehmen (vergaberechtskonform) über die Angebote zu verhandeln.[22]

Auftraggebern im Sektorenbereich stehen grds. zwei Wege offen, ein Verhandlungsverfahren durchzuführen: Das Verhandlungsverfahren mit Teilnahmewettbewerb und das Verhandlungsverfahren ohne Teilnahmewettbewerb. Diese beiden Verfahren stehen zueinander in einem Regel-Ausnahme-Verhältnis; das Verhandlungsverfahren ohne Teilnahmewettbewerb soll die Ausnahme bleiben (§ 13 Abs. 2 SektVO).[23]

1. Zum Ablauf des Verhandlungsverfahrens im Sektorenbereich

11 Grundsätzlich folgt das Verhandlungsverfahren nach der SektVO den gleichen Vorgaben wie das Verhandlungsverfahren im klassischen Bereich öffentlicher Auftragsvergaben.[24]

---

[15] *Schütte* ZfBR 2004, 237, 241 f.; *Greb/Müller* § 6 Rn. 71.
[16] OLG Düsseldorf Beschl. v. 21.10.2009 – Verg 28/09, IBR 2010 Heft 1,1006 = BeckRS 2009, 29058; EuGH Urt. v. 25.4.1996 – C-87/94, NVwZ 1997, 374 = BeckRS 2004, 77861 – Kommission/Belgien (Wallonische Busse), Rn. 35.
[17] Müller-Wrede/*Kaelble* SektVO, § 13 Rn. 13.
[18] OLG München Beschl. v. 29.9.2009 – Verg 12/09, IBR 2009, 729 = BeckRS 2009, 27005.
[19] VK Südbayern Beschl. v. 17.7.2001 – 23-06/01, BeckRS 2001, 29809 = IBRRS 2013, 4162.
[20] VK Südbayern Beschl. v. 17.7.2001 – 23-06/01, BeckRS 2001, 29809 = IBRRS 2013, 4162.
[21] BR-Drs. 522/09 v. 29.5.2009, Erwägungen zu § 16 SektVO.
[22] Ziekow/Völlink/*Völlink* § 13 SektVO Rn. 3.
[23] *Leinemann* Vergaberecht 2010, Rn. 236.
[24] §§ 119, 142 GWB.

Auch im Sektorenbereich sind der Flexibilität des Verhandlungsverfahrens allerdings Grenzen in Form der **allgemeinen Vergaberechtsgrundsätze** gesetzt.[25] An das Verhandlungsverfahren dürfen insoweit trotz der größeren Gestaltungsmöglichkeiten im Sektorenbereich keine geringeren Anforderungen gestellt werden als an das offene oder nicht offene Verfahren.[26] Daher sind auch Sektorenauftraggeber zur Gewährleistung eines fairen und transparenten Wettbewerbs verpflichtet, den ausgewählten Bietern den vorgesehenen Ablauf des Verhandlungsverfahrens rechtzeitig mitzuteilen, davon nicht überraschend oder willkürlich abzuweichen und die Entscheidung über die Auswahl der Bieter/Angebote allein nach allen bekannt gemachten Kriterien zu treffen.[27] Insbesondere ist der Auftraggeber verpflichtet, den Bietern zeitgleich dieselben Informationen zukommen zu lassen und ihnen die Chance zu geben, innerhalb gleicher Fristen und zu gleichen Anforderungen Angebote abzugeben.[28]

Während des Verfahrens dürfen Auftraggeber auch im Sektorenbereich die Anzahl der Bieter fortlaufend (vergaberechtskonform) reduzieren. Anders als nach klassischem Vergaberecht ist es hierbei im Sektorenbereich auch zulässig, eine lineare Verhandlungsstrategie zu verfolgen, am Ende derer nur noch mit dem „Preferred Bidder" verhandelt wird. Denn eine § 17 Abs. 12 S. 2 VgV entsprechende Regelung, wonach im Verhandlungsverfahren in der Schlussphase des Vergabeverfahrens noch so viele Angebote vorliegen müssen, dass der Wettbewerb gewährleistet ist, sieht weder die SektVO noch die SRL ausdrücklich vor.[29] Lediglich im Zusammenhang mit dem Verfahren des wettbewerblichen Dialogs ist auch in der SektVO vorgegeben, dass in der Schlussphase noch so viele Lösungen vorliegen müssen, dass ein echter Wettbewerb gewährleistet ist, sofern ursprünglich eine ausreichende Anzahl von Lösungen oder geeigneten Bietern vorhanden war (§ 17 Abs. 6 S. 4 SektVO). Im Übrigen dürfen Sektorenauftraggeber im Verhandlungsverfahren den Auftrag auch schon auf der Grundlage der Erstangebote vergeben, ohne überhaupt in Verhandlungen einzutreten, das jedoch nur dann, wenn sie sich diese Möglichkeit in der Auftragsbekanntmachung oder in der Aufforderung zur Interessensbestätigung ausdrücklich vorbehalten haben.

12 Von besonderer praktischer Bedeutung im Anwendungsbereich der SektVO ist die Frage der Reichweite der Verhandlungsmöglichkeiten. Im Rahmen des Verhandlungsverfahrens können Auftraggeber und potentielle Auftragnehmer auch im Sektorenbereich über den konkret angebotenen Auftragsinhalt und die Auftragsbedingungen verhandeln.[30] Das umfasst die zu erbringende Leistung, technische Ausführungen, die Konditionen der Auftragserfüllung, die kommerziellen Bedingungen sowie den Preis.[31] **Kein zulässiger Verhandlungsgegenstand ist allerdings der Auftragsgegenstand als solcher.** Die Identität des Beschaffungsvorhabens, so wie es die Vergabestelle zum Gegenstand der Ausschreibung gemacht hat, muss gewahrt bleiben, ebenso wie als zwingend bekanntgemachte Auftragsbedingungen. Anderenfalls liefe die Ausschreibungspflicht ins Leere, weil letztlich

[25] BGH Urt. 10.9.2009 – VII ZR 255/08, NJW 2010, 527, 529; Urt. v. 1.8.2006 – X ZR 115/04 ZfBR 2007, 40 = NZBau 2006, 797 = BeckRS 2006, 1211.

[26] OLG München Beschl. v. 12.7.2005 – Verg 8/05, ZfBR 2005, 714 = BeckRS 2005, 19924; VK Brandenburg Beschl. v. 22.9.2008 – VK 27/08, IBR 2009, 666 = IBRRS 2009, 2996; VK Nordbayern Beschl. v. 23.6.2003, 320 – VK 3194-17/03, IBR 2003, 571 = IBRRS 2003, 1934.

[27] OLG München Beschl. v 29.9.2009 – Verg 12/09, BeckRS 2009, 27005; OLG Frankfurt a.M. Beschl. v. 10.4.2001 – 11 Verg 1/01, NZBau 2002, 161 = BeckRS 9998, 26269; *Greb/Müller* § 6 Rn. 33.

[28] OLG Celle Beschl. v. 16.1.2002 – 13 Verg 1/02, IBR 2002 Heft 9, 511 = BeckRS 2002, 160346; VK Baden-Württemberg Beschl. v. 12.1.2004 – 1 VK 74/03, IBRRS 2004, 3822.

[29] Ziekow/Völlink/*Völlink* § 13 SektVO Rn. 5.

[30] OLG Düsseldorf Beschl. v. 3.8.2011 – Verg 16/11, ZfBR 2012, 72 = BeckRS 2011, 22545; BGH Urt. 10.9.2009 – VII ZR 255/08, NJW 2010, 527, 529; OLG Düsseldorf Beschl. v. 5.7.2006 – VII-Verg 21/06, BeckRS 2006, 8298; OLG München Beschl. v. 28.4.2006 – Verg 6/06, NZBau 2007, 59 = BeckRS 2006, 07979.

[31] OLG Stuttgart Urt. v. 24.11.2008 – 10 U 97/08, IBR 2009 Heft 3, 129 = BeckRS 2009, 3038; OLG Düsseldorf Beschl. v. 5.7.2006 – VII-Verg 21/06, BeckRS 2006, 8298.

ein anderer Auftrag vergeben würde als ursprünglich bekannt gemacht.[32] Zwar kann keine Identität der ausgeschriebenen und der angebotenen Leistung im Sinne einer Eins-zueins-Übereinstimmung gefordert werden.[33] Der Beschaffungsgegenstand muss auch nicht bereits bei der Ausschreibung in allen Einzelheiten ausdekliniert sein. Im Zuge des Verhandlungsverfahrens kann und soll eine Konkretisierung des zu beschaffenden Gegenstands erst noch erfolgen.[34] Die Grenze der Verhandlungen ist jedoch dann erreicht, wenn das Angebot am Ende der Verhandlungen ein „aliud" der ausgeschriebenen Leistung darstellt.[35] Bei allen verhandlungsbedingten Änderungen muss der nach wirtschaftlichen und technischen Kriterien zu beurteilende **Wesenskern der Ausschreibung** gewahrt bleiben.[36] Es darf kein anderer Gegenstand oder keine andere Leistung am Ende der Verhandlungen vereinbart werden, als der in den Vergabeunterlagen bezeichnete.[37] Wenn also der Auftraggeber eine bestimmte Leistung ausschreibt, müssen sich die nachfolgenden Verhandlungen im Rahmen des vorgegebenen Konzepts bewegen.[38] Bereits aus dem Transparenzgebot folgt, dass nur über die ursprünglich ausgeschriebene Leistung zu verhandeln ist und grundlegende Änderungen der Leistung unzulässig sind.[39] Damit findet die Flexibilität des Verhandlungsverfahrens ihre Grenze im Bekanntmachungstext und den Ausschreibungsunterlagen.[40] Auftraggeber im Sektorenbereich sind daher auch im Verhandlungsverfahren verpflichtet, Angebote, die nicht der Leistungsbeschreibung oder anderen zwingenden Vorgaben in den Vergabeunterlagen entsprechen, auszuschließen.[41] Auch in einem Verhandlungsverfahren muss das erste Angebot den ausgereichten Verdingungsunterlagen entsprechen; es dürfen nur solche Angebote in der weiteren Wertung berücksichtigt werden, die zum Zeitpunkt der Angebotsabgabe die Mindestanforderungen erfüllen.[42]

13 Gerade im Sektorenbereich werden oftmals hochkomplexe Aufträge vergeben, die einen außerordentlich hohen Spezialisierungsgrad aufweisen, und für die häufig nur eine geringe Zahl an Marktteilnehmern als Auftragnehmer in Frage kommt. Nicht zu beanstanden ist es, wenn Auftraggeber daher die Dienste eines **Sachverständigen bzw. Projektsteuerungsbüros** in Anspruch nehmen. Die Verantwortung für die Vergabe und alle wesentlichen Entscheidungen darf allerdings nicht auf den Dritten übertragen werden, sondern muss beim Auftraggeber liegen.[43] Insofern genügt allerdings nach der vergaberechtlichen Rechtsprechung die Genehmigung der Wertung/Entscheidung, welche durch einen billigenden Prüfungsvermerk in der Dokumentation zum Ausdruck kommt.[44]

---

[32] OLG Dresden Beschl. v. 3.12.2003 – WVerg 15/03, ZfBR 2004, 303 = NZBau 2005, 118 = BeckRS 2004, 01442; VK Schleswig-Holstein Beschl. v. 14.5.2008 – VK SH 6/08, ZfBR 2008, 706 = BeckRS 2008, 17005.

[33] OLG Dresden Beschl. v. 3.12.2003 – WVerg 15/03, ZfBR 2004, 303 = NZBau 2005, 118 = BeckRS 2004, 01442.

[34] OLG Düsseldorf Beschl. v. 5.7.2006 – Verg 21/06, BeckRS 2006, 8298; OLG Celle Beschl. v. 16.1.2002 – 13 Verg 1/02, IBR 2002 Heft 9, 511 = BeckRS 2002, 160346.

[35] OLG München Beschl. v. 28.4.2006 – Verg 6/06, NZBau 2007, 59 = BeckRS 2006, 07979; OLG Dresden Beschl. v. 21.10.2005 – WVerg 5/05, IBR 2006, 1153 = BeckRS 2005, 13430; OLG Celle Beschl. v. 16.1.2002 – 13 Verg 1/02, IBR 2002, 511 = BeckRS 2002, 160346.

[36] OLG Dresden Beschl. v. 21.10.2005 – WVerg 5/05, IBR 2006 Heft 4, 1153 = BeckRS 2005, 13430; Beschl. v. 3.12.2003 – WVerg 15/03, ZfBR 2004, 303 = NZBau 2005, 118 = BeckRS 2004, 01442.

[37] OLG München Beschl. v. 29.9.2009 – Verg 12/09, IBR 2009, 729 = BeckRS 2009, 27005; Beschl. v. 28.4.2006 – Verg 6/06, NZBau 2007, 59 = BeckRS 2006, 07979; OLG Celle Beschl. v. 16.1.2002 – 13 Verg 1/02, IBR 2002, 511 = BeckRS 2002, 160346.

[38] OLG Dresden Beschl. v. 3.12.2003 – WVerg 15/03, ZfBR 2004, 303 = NZBau 2005, 118 = BeckRS 2004, 01442.

[39] OLG Düsseldorf Beschl. v. 5.7.2006 – VII Verg 21/06, BeckRS 2006, 8298; *Schütte* ZfBR 2004, 237, 240.

[40] Müller-Wrede/*Kaelble* SektVO § 13 Rn. 13.

[41] OLG München Beschl. v. 29.9.2009 – Verg 12/09, IBR 2009, 729 = BeckRS 2009, 27005.

[42] VK Sachsen Beschl. v. 16.5.2012 – 1/SVK/010-12, BeckRS 2013, 4343.

[43] OLG München Beschl. v. 15.7.2005 – Verg 14/05, IBR 2005, 508 = BeckRS 2005, 8298.

[44] OLG München Beschl. v. 29.9.2009 – Verg 12/09, IBR 2009, 729 = BeckRS 2009, 27005.

2. Das Verhandlungsverfahren ohne Bekanntmachung

Wird ein Verhandlungsverfahren ohne vorherigen EU-weiten Aufruf zum Teilnahmewettbewerb durchgeführt, entfällt die für alle potentiellen Interessenten in der EU wahrnehmbare Information über die bevorstehende Vergabe des Auftrags, was grds. dem Wettbewerbs- und Transparenzgebot widerstrebt. **Voraussetzung für ein Verhandlungsverfahren ohne vorherige europaweite Bekanntmachung** ist daher das Vorliegen eines gesetzlichen Ausnahmetatbestands.[45] Die in Betracht kommenden Ausnahmetatbestände sind in § 13 Abs. 2 Nr. 1–10 SektVO aufgeführt. Darüber hinausgehende Tatbestände, welche die Bekanntmachungspflicht entfallen ließen, können sich im Einzelfall allenfalls daraus ergeben, dass bereits ein im GWB geregelter Ausnahmetatbestand betreffend die Anwendbarkeit der §§ 97 ff. GWB gegeben ist. 14

Angesichts des Umstands, dass das Vorliegen mancher der in § 13 Abs. 2 SektVO genannten Ausnahmetatbestände maßgeblich vom Handeln der Auftraggeber abhängt, erlangt in diesem Zusammenhang das **vergaberechtliche Umgehungsverbot** besondere Bedeutung.[46] Auftraggebern ist es selbstverständlich auch im Sektorenbereich verwehrt, den Eintritt eines Ausnahmetatbestands gezielt herbeizuführen.[47] Überfrachtet beispielsweise ein Auftraggeber ein Vergabeverfahren willkürlich mit Bedingungen und Anforderungen, die ein Scheitern des Verfahrens unausweichlich machen, ist es ihm verwehrt, sich auf das gescheiterte Verfahren nach § 13 Abs. 2 Nr. 1 SektVO zu berufen, um ein Verhandlungsverfahren ohne Bekanntmachung durchzuführen.[48] Die **Darlegungs- und Beweislast** liegt beim Auftraggeber.[49]

a) Kein geeignetes Angebot bzw. keine Bewerbung (§ 13 Abs. 2 Nr. 1 SektVO). Ein Verhandlungsverfahren kann im Sektorenbereich ohne Bekanntmachung durchgeführt werden, wenn im Rahmen eines Verhandlungsverfahrens mit Teilnahmewettbewerb keine oder keine geeigneten Angebote oder keine geeigneten Teilnahmeanträge abgegeben worden sind, sofern die ursprünglichen Bedingungen des Auftrags nicht grundlegend geändert werden. Entsprechende Regelungen finden sich in § 14 Abs. 4 VgV und § 3aEU Abs. 3 Nr. 1 und Nr. 2 VOB/A. 15

Das vorangegangene Verfahren muss mit vorheriger Bekanntmachung durchgeführt und vergaberechtskonform aufgehoben bzw. eingestellt worden sein.[50] **Vergaberechtskonform aufgehoben bzw. eingestellt** ist ein Vergabeverfahren im Sektorenbereich dann, wenn die Aufhebung bzw. die Einstellung den Anforderungen des § 57 SektVO entspricht. Um welche Verfahrensart es sich bei dem vorangegangenen Verfahren handelte, dürfte gleichgültig sein.[51] Zwar regeln sowohl die SektVO als auch die SRL nur den Fall des Verhandlungsverfahrens. Es ist allerdings kein vernünftiger Grund ersichtlich (auch die Erwägungsgründe der SRL enthalten keinen Hinweise in diese Richtung), weswegen sich Sektorenauftraggeber auf die Regelung nicht (erst recht) auch dann berufen können sollten, wenn ein anderes ordnungsgemäßes Vergabeverfahren mit vorheriger Bekanntmachung keine geeigneten Angebote oder Teilnahmeanträge hervorgebracht hat. In der SKR wurde auch nicht auf ein bestimmtes Vergabeverfahren Bezug genommen (Art. 40 Abs. 3 lit. a) SKR: *„im Rahmen eines Verfahrens mit vorherigem Aufruf zum Wettbewerb"*). 16

[45] Ziekow/Völlink/*Völlink* § 13 SektVO Rn. 6.
[46] Müller-Wrede/*Kaelble* SektVO, 1. Aufl., § 6 Rn. 43.
[47] EuGH Urt. v. 4.6.2009 – C-250/07, EuZW 2009, 628 = NZBau 2009, 602 – Kommission/Griechenland, Rn. 52 f.
[48] OLG Dresden Beschl. v. 16.10.2001 – WVerg 7/01, NJOZ 2003, 2708 = BeckRS 2001, 17461.
[49] EuGH Urt. v. 15.10.2009 – C-275/08, EuZW 2009, 858 = NZBau 2010, 63 – Kommission/Deutschland, Rn. 55, 56; VK Südbayern Beschl. v. 29.6.2010 – Z3-3-3194-1-35-05-10, IBRRS 2010, 4229 = VPRRS 2010, 0370 = BeckRS 2010, 37329.
[50] Müller-Wrede/*Kaelble* SektVO § 13 Rn. 50.
[51] *Greb/Müller,* § 6 Rn. 80.

17 Unter dem **Fehlen von Angeboten** ist das gänzliche Ausbleiben entsprechender Bekundungen interessierter Unternehmer zu verstehen.[52] Als ungeeignet hingegen gilt ein Angebot, wenn es ohne Abänderung den in der Auftragsbekanntmachung oder den Vergabeunterlagen genannten Bedürfnissen und Anforderungen des Auftraggebers offensichtlich nicht entsprechen kann. Darüber hinaus lagen auch keine geeigneten Angebote vor, wenn das Vergabeverfahren aufgehoben bzw. beendet werden musste, weil es zu keinem wirtschaftlichen Ergebnis führte. Denn dann waren selbst die wertbaren Angebote aus Sicht des Auftraggebers nicht wirtschaftlich. Zwar stellt ein ungewöhnlich hoher Preis eines Angebots keinen in der SektVO genannten bzw. in Bezug genommenen Ausschlussgrund dar, so dass jedenfalls auf Grundlage der in der SektVO genannten Ausschlussgründe der Ausschluss eines (einzelnen) Angebots allein mit der Begründung, dass dieses überteuert sei, nicht möglich erscheint.[53] Allerdings wäre in einer derartigen Konstellation jedenfalls die Aufhebung bzw. Beendigung des Vergabeverfahrens grds. vergaberechtskonform. Grundlage dieser Aufhebung bzw. Beendigung wäre die Erkenntnis des Auftraggebers, dass nur unwirtschaftliche Angebote eingegangen sind, dh solche Angebote, die ohne Abänderung den in der Auftragsbekanntmachung oder den Vergabeunterlagen genannten Bedürfnissen und Anforderungen des Auftraggebers offensichtlich nicht entsprechen können. Wie im klassischen Bereich öffentlicher Auftragsvergaben ist daher ein Verhandlungsverfahren nach § 13 Abs. 2 Nr. 1 SektVO auch im Sektorenbereich zulässig, wenn **nur unwirtschaftliche Angebote** eingingen.[54]

18 Ein Teilnahmeantrag gilt als ungeeignet, wenn das Unternehmen aufgrund § 142 Nr. 2 GWB auszuschließen ist oder ausgeschlossen werden kann oder wenn es die bekannt gemachten objektiven Kriterien bezüglich der Eignung nicht erfüllt. Nicht in § 13 Abs. 2 Nr. 1 SektVO erwähnt ist der Fall **„keine Teilnahmeanträge"**. Vielmehr nennt die Vorschrift nur den Fall **„keine geeigneten Teilnahmeanträge"**. Das entspricht nicht der Formulierung in Art. 50 lit. a) SRL, welche beide Varianten benennt: *„keine oder keine geeigneten Teilnahmeanträge"*. Einen materiellen Unterschied macht das allerdings nicht. Denn wenn keine Teilnahmeanträge eingegangen sind, dann sind logischerweise auch keine *geeigneten* Teilnahmeanträge abgegeben worden. Zudem ist der Fall, dass keine Bewerbung[55] eingegangen ist, jedenfalls vom Tatbestandsmerkmal erfasst, dass keine oder keine geeigneten Angebote eingingen.[56] Denn ein Bewerber, der aufgrund fehlender Bewerbung nicht zur Angebotsabgabe aufgefordert wird, wird auch kein Angebot abgeben und befindet sich dann der Sache nach in derselben Situation wie ein Bieter, der kein oder kein geeignetes Angebot abgegeben hat.

19 Liegen die Voraussetzungen für ein Verhandlungsverfahren ohne Bekanntmachung wegen Ausbleibens geeigneter Angebote/Bewerbungen vor, so ist für den Bereich klassischer Bauauftragsvergaben ausdrücklich vorgeschrieben, dass in das anschließende Verhandlungsverfahren alle – und nur die – Bieter aus dem vorausgegangenen Verfahren einbezogen werden, die fachkundig und leistungsfähig sind und die nicht nach § 6eEU VOB/A ausgeschlossen worden sind (§ 3aEU Abs. 3 Nr. 1 lit. b) VOB/A). Eine dahingehende ausdrückliche Vorgabe existiert weder in der SektVO noch der SRL.

20 **b) Auftragsvergabe zu Forschungs-, Versuchs-, Untersuchungszwecken (§ 13 Abs. 2 Nr. 2 SektVO).** Auftraggeber können auch im Sektorenbereich von der vorherigen Bekanntmachung absehen, wenn ein Auftrag allein den Zwecken von Forschung, Experimenten, Studien oder der Entwicklung und nicht den Zwecken einer Gewinnerzie-

[52] Eschenbruch/Opitz/Röwekamp/*Wichmann* § 13 Rn. 25.

[53] Etwas anderes mag gelten, wenn die Vergabeunterlagen konkrete Vorgaben an die Mindestwirtschaftlichkeit der Angebote enthalten.

[54] Eschenbruch/Opitz/Röwekamp/*Wichmann* § 13 Rn. 33; Müller-Wrede/*Kaelble* SektVO § 13 Rn. 57.

[55] Vgl. OLG Düsseldorf Beschl. v. 24.3.2010 – Verg 58/09, NZBau 2010, 649 = BeckRS 2010, 18823 zu „nicht ordnungsgemäßen" Bewerbungen.

[56] Eschenbruch/Opitz/Röwekamp/*Wichmann* § 13 Rn. 27.

lungsabsicht oder Abdeckung von Forschungs- und Entwicklungskosten dient und sofern der Zuschlag dem Zuschlag für Folgeaufträge nicht abträglich ist, die insbesondere diesen Zwecken dienen. Besondere Bedeutung kommt in diesem Zusammenhang dem Problem der **Vorbefasstheit bzw. der Projektantenproblematik** zu.[57] Die Vergabe eines Forschungs- und Entwicklungsauftrags darf einer wettbewerblichen Vergabe von Folgeaufträgen nicht vorgreifen. Sektorenauftraggeber dürfen einen Forschungs- und Entwicklungsauftrag insbesondere nicht zum Zwecke des Abschlusses eines Folgeauftrags erteilen. In einem derartigen Fall würde die Privilegierung von Forschungsaufträgen ausgenutzt, ein normalerweise vorgesehenes wettbewerbliches Verfahren zu umgehen.[58] In dem anschließenden wettbewerblichen Verfahren mit vorheriger Bekanntmachung dürfte der Folgeauftrag aber an den Auftragnehmer des vorherigen Forschungs- und Entwicklungsauftrags vergeben werden, wenn sich sein Angebot als das wirtschaftlichste erweist. Besonderheiten im Vergleich zum klassischen Vergaberecht bestehen hier nicht.

c) Technische, künstlerische Gründe oder Ausschließlichkeitsrechte (§ 13 Abs. 2 Nr. 3 SektVO). Auch im Anwendungsbereich der SektVO können Auftraggeber von der Bekanntmachung absehen, wenn der Auftrag zum Zeitpunkt der Aufforderung zur Abgabe von Angeboten nur von einem bestimmten Unternehmen erbracht oder bereitgestellt werden kann, a) weil ein einzigartiges Kunstwerk oder eine einzigartige künstlerische Leistung erschaffen oder erworben werden soll, b) weil aus technischen Gründen kein Wettbewerb vorhanden ist oder c) wegen des Schutzes von ausschließlichen Rechten, einschließlich der Rechte des geistigen Eigentums. Die in lit. b) und c) genannten Voraussetzungen für die Anwendung des Verhandlungsverfahrens ohne Teilnahmewettbewerb gelten nur dann, wenn es keine vernünftige Alternative oder Ersatzlösung gibt und der mangelnde Wettbewerb nicht das Ergebnis einer künstlichen Einschränkung der Auftragsvergabeparameter ist. Den Sektorenauftraggeber trifft die Darlegungs- und Beweislast. Besonderheiten im Vergleich zum klassischen Vergaberecht bestehen hier nicht. 21

d) Äußerste Dringlichkeit (§ 13 Abs. 2 Nr. 4 SektVO). Ein Verhandlungsverfahren darf auch im Sektorenbereich ohne vorherige Bekanntmachung durchgeführt werden, wenn äußerst dringliche, zwingende Gründe im Zusammenhang mit Ereignissen, die der betreffende Auftraggeber nicht voraussehen konnte, es nicht zulassen, die Mindestfristen einzuhalten, die für das offene und das nicht offene Verfahren sowie für das Verhandlungsverfahren mit Teilnahmewettbewerb vorgeschrieben sind. Besonderheiten im Vergleich zum klassischen Vergaberecht bestehen hier nicht. 22

Die Umstände zur Begründung der äußersten Dringlichkeit dürfen dem Auftraggeber nicht zuzurechnen sein. Insbesondere darf die Dringlichkeit der Vergabe verursachende Ereignis nicht vom Auftraggeber verursacht worden sein.[59] Zur Beantwortung der Frage, ob das die Dringlichkeit auslösende Ereignis für den Auftraggeber vorhersehbar war, wird ein objektiver Sorgfältigkeitsmaßstab zugrunde gelegt. Danach hat der Auftraggeber die Sorgfalt walten zu lassen, die er bei „pflichtgemäßer Risikoprüfung" in Betracht ziehen müsste.[60] Damit sind solche Ereignisse, die der Auftraggeber selbst verursacht hat, vorhersehbar, so dass es keinen materiellen Unterschied zum klassischen Bereich öffentlicher Auftragsvergaben darstellt, dass diese Vorgabe nicht ausdrücklich in die SektVO aufgenommen wurde. Als unvorhergesehene Ereignisse gelten nur solche Ereignisse, die außerhalb des üblichen wirtschaftlichen und sozialen Lebens stehen.[61] Ein Beispiel hierfür ist die Covid-19-Pandemie, die im Jahr 2020 ihren Anfang nahm, und geeignet war/ist, im Einzel- 23

[57] Siehe auch § 7 SektVO.
[58] Müller-Wrede/*Kaelble* SektVO § 13 Rn. 80.
[59] Vgl. dazu Eschenbruch/Opitz/Röwekamp/*Wichmann* § 13 Rn. 138.
[60] Müller-Wrede/*Kaelble* SektVO, § 13 Rn. 124.
[61] Müller-Wrede/*Kaelble* SektVO, § 13 Rn. 124.

fall einen dringlichen Bedarf im Sinne der Vorschrift zu schaffen.[62] Besonderheiten im Vergleich zum klassischen Vergaberecht bestehen hier nicht.

24 **e) Lieferaufträge für zusätzliche Lieferungen (§ 13 Abs. 2 Nr. 5 SektVO).** Unterbleiben kann die vorherige Bekanntmachung auch, wenn zusätzliche Lieferleistungen des ursprünglichen Auftragnehmers beschafft werden sollen, die entweder zur teilweisen Erneuerung oder Erweiterung bereits erbrachter Leistungen bestimmt sind, und ein Wechsel des Unternehmens dazu führen würde, dass der Auftraggeber eine Leistung mit unterschiedlichen technischen Merkmalen kaufen müsste und dies eine technische Unvereinbarkeit oder unverhältnismäßige technische Schwierigkeiten bei Gebrauch und Wartung mit sich bringen würde.[63] Im Gegensatz zu § 14 Abs. 4 Nr. 5 VgV enthält die SektVO **keine konkrete zeitliche Beschränkung der Vertragslaufzeit derartiger zusätzlicher Lieferaufträge,** die ohne erneutes förmliches Vergabeverfahren vergeben werden. Das stellt eine Privilegierung derartiger zusätzlicher Auftragsvergaben im Sektorenbereich dar.[64] Die Privilegierung bedeutet indessen nicht, dass der Auftraggeber den bisherigen Auftragnehmer im Sektorenbereich beschränkungslos ohne Durchführung einer öffentlichen Ausschreibung mit zusätzlichen Lieferungen beauftragen darf. Denn auch wenn die SektVO keine konkret bezifferte Obergrenze vorgibt, darf die ausschreibungsfreie Nach-Beauftragung keinen Umfang annehmen, der nicht mehr als **„teilweise" Erneuerung bzw. „Erweiterung"** von Lieferungen bzw. anzusehen ist, sondern vielmehr dem Umfang oder der Sache nach der Vergabe eines neu(artigen) öffentlichen Auftrags entspricht. Ob das zutrifft, ist in jedem Einzelfall unter Berücksichtigung sämtlicher Umstände zu prüfen.

25 **f) Wiederholung gleichartiger Bau- oder Dienstleistungen (§ 13 Abs. 2 Nr. 6 SektVO).** Bau- und Dienstleistungen dürfen ausschreibungsfrei an den bisherigen Auftragnehmer vergeben werden, wenn sie in der Wiederholung gleichartiger Leistungen bestehen und einem Grundprojekt entsprechen, das im Rahmen eines ordentlich bekanntgemachten Vergabeverfahrens vergeben wurde (kein Verhandlungsverfahren ohne Teilnahmewettbewerb). Im Gegensatz zu § 14 Abs. 4 Nr. 9 VgV und § 3aEU Abs. 3 Nr. 5 VOB/A sieht die SektVO hierbei keinen maximalen Zeitraum seit der Vergabe des ursprünglichen Auftrags vor, innerhalb dessen die Wiederholung der Leistung ausschreibungsfrei vergeben werden darf. Andere Besonderheiten im Vergleich zum klassischen Vergaberecht bestehen nicht. Die Möglichkeit der Anwendung des ausschreibungsfreien Verhandlungsverfahrens muss bereits in der Auftragsbekanntmachung des ersten Vorhabens angegeben werden. Darüber hinaus sind im Grundprojekt bereits der Umfang möglicher zusätzlicher Bau- oder Dienstleistungen sowie die Bedingungen, unter denen sie vergeben werden, anzugeben. Der für die nachfolgenden Bau- oder Dienstleistungen in Aussicht genommene Gesamtauftragswert wird vom Auftraggeber bei der Berechnung des Auftragswerts berücksichtigt.

26 **g) Kauf börsennotierter Waren (§ 13 Abs. 2 Nr. 7 SektVO).** Auf eine Bekanntmachung darf auch verzichtet werden, wenn eine auf einer Warenbörse notierte Lieferleistung beschafft werden soll. Diese Ausnahmeregelung findet sich auch in § 14 Abs. 4 Nr. 6 VgV.

27 „Waren" sind Erzeugnisse, die einen Geldwert haben und daher Gegenstand von Handelsgeschäften sein können.[65] Dabei muss es sich nicht zwingend um körperliche Gegenstände handeln, vielmehr sind **auch elektrische und elektromechanische Datenträ-**

---

[62] S. Leitlinien der Europäischen Kommission zur Nutzung des Rahmens für die Vergabe öffentlicher Aufträge in der durch die COVID-19-Krise verursachten Notsituation v. 20.4.2020, Abl. 2020/C 108 I/01.
[63] Ziekow/Völlink/*Völlink* § 13 SektVO Rn. 11.
[64] Vgl. Pünder/Schellenberg/*Pünder* § 13 SektVO Rn. 13.
[65] EuGH Urt. v. 22.6.1972 – 7/68 – Kommission/Italien, Slg 14, 633.

ger, sowie Energieträger und Strom[66] **als Waren erfasst.**[67] Damit unterfallen etwa an den Energiebörsen gehandelte Strommengen oder Energiezertifikate dem Anwendungsbereich des § 13 Abs. 2 Nr. 7 SektVO. In diesem Zusammenhang kommt insbesondere der **Strombörse EEX** (European Energy Exchange)[68] Bedeutung zu.[69] Die EEX wird als Warenbörse geführt und unterliegt der Börsenaufsicht. Angesichts der strengen Regelungen des Börsengesetzes spricht eine Vermutung dafür, dass die EEX den Vergaberechtsgrundsätzen des Wettbewerbs, der Chancengleichheit und der Transparenz genügt. Voraussetzung für eine Anwendbarkeit des § 13 Abs. 2 Nr. 7 SektVO im Zusammenhang mit der Abnahme von Strom ist allerdings, dass der Auftraggeber den Strom unmittelbar selbst an der Börse kauft. Das setzt grds. eine Zulassung zur Börse gemäß BörsG voraus. Fehlt eine solche Zulassung, müssen sich Auftraggeber der Dienste eines Zwischenhändlers bedienen, der über die entsprechende Zulassung verfügt.

h) Besonders vorteilhafte Gelegenheit (§ 13 Abs. 2 Nr. 8 SektVO). Eine Bekanntma- 28
chung der geplanten Auftragsvergabe ist ferner entbehrlich bei Gelegenheitsbeschaffungen, bei denen es möglich ist, Lieferungen zu beschaffen, indem eine besonders vorteilhafte Gelegenheit genutzt wird, die nur kurzfristig besteht und bei der ein Preis erheblich unter den üblichen Marktpreisen liegt. Die **Darlegungs- und Beweislast** liegt wie immer beim Auftraggeber.[70] Besonderheiten im Vergleich zum klassischen Vergaberecht bestehen nicht.

i) Besonders günstige Bedingungen (§ 13 Abs. 2 Nr. 9 SektVO). Der Verzicht auf 29
eine Bekanntmachung kommt auch in Betracht, wenn Liefer- oder Dienstleistungen zu besonders günstigen Bedingungen bei Lieferanten, die ihre Geschäftstätigkeit endgültig einstellen, oder bei Insolvenzverwaltern im Rahmen eines Insolvenzverfahrens oder eines in den Vorschriften eines anderen EU-Mitgliedstaats vorgesehenen gleichartigen Verfahrens erworben werden. Besonderheiten im Vergleich zum klassischen Vergaberecht bestehen hier nicht.

j) Vergabe im Anschluss an einen Planungswettbewerb (§ 13 Abs. 2 Nr. 10 30
SektVO). Schließlich ist die Durchführung eines Verhandlungsverfahrens ohne vorherige Bekanntmachung auch möglich, wenn im Anschluss an einen Planungswettbewerb im Sinne des § 60 SektVO ein Dienstleistungsauftrag nach den Bedingungen dieses Wettbewerbs an den Gewinner oder an einen der Preisträger vergeben werden muss; im letzteren Fall müssen alle Preisträger des Wettbewerbs zur Teilnahme an den Verhandlungen aufgefordert werden.

II. Das offene Verfahren

Hinsichtlich des Ablaufs offener Verfahren, die im Sektorenbereich ohnehin selten zur An- 31
wendung kommen, bestehen mit Ausnahme bestimmter besonderer Bekanntmachungsoptionen und Fristenregelungen, welche an anderer Stelle dieses Kapitels besprochen werden, keine Besonderheiten im Vergleich zum Bereich klassischer Beschaffungen. Gemäß § 119 GWB sind offene Verfahren auch im Sektorenbereich Verfahren, in denen eine unbeschränkte Anzahl von Unternehmen öffentlich zur Abgabe von Angeboten aufgefordert wird. Eine Nachverhandlung (nicht: Aufklärung) von Angebotsbestandteilen bzw. Auf-

---

[66] EuGH Urt. v. 13.3.2001 – C-379/98, EuR 2001, 405 = BeckRS 2004, 76881 – PreussenElektra, Rn. 70ff.; EuGH Urt. v. 14.7.1977 – 1/77 – Bosch/Hauptzollamt Hildesheim, Slg 1977, 1473.

[67] Calliess/Ruffert/*Kingreen* Art. 36 AEUV Rn. 120.

[68] www.eex.com.

[69] Vgl. Pünder/Schellenberg/*Pünder* § 6 SektVO Rn. 12.

[70] EuGH Urt. v. 15.10.2009 – C-275/08 – Kommission/Deutschland, Rn. 55, 56, EuZW 2009, 858 = NZBau 2010, 63; VK Südbayern Beschl. v. 29.6.2010 – Z3-3-3194-1-35-05-10, IBRRS 2010, 4229 = VPRRS 2010, 0370 = BeckRS 2010, 37329.

tragsbedingungen ist auch im Sektorenbereich in offenen Verfahren nicht zulässig, mag das auch in der SektVO nicht ausdrücklich klargestellt sein. Eine gegenteilige Sichtweise[71] wäre letztlich weder mit dem Typenzwang der Vergabeverfahrensarten noch mit dem Gleichbehandlungs- und Transparenzgrundsatz in befriedigenden Einklang zu bringen.

III. Das nicht offene Verfahren

32 Auch hinsichtlich des Ablaufs nicht offener Verfahren im Anwendungsbereich der SektVO bestehen mit Ausnahme der Frage nach der Mindestzahl der zur Angebotsabgabe aufzufordernden Teilnehmer (vgl. § 51 Abs. 2 VgV, § 3bEU Abs. 2 Nr. 3 VOB/A) und der Bekanntmachungsoptionen und Fristenregelungen, die an anderer Stelle dieses Kapitels besprochen werden, keine nennenswerten Besonderheiten.

IV. Der wettbewerbliche Dialog

33 Der wettbewerbliche Dialog ist ein Vergabeverfahren mit dem Ziel der wettbewerblichen Ermittlung der Mittel (dh des Auftrags), mit denen (dem) die Bedürfnisse des öffentlichen Auftraggebers am besten befriedigt werden können (vgl. § 119 Abs. 6 S. 1 GWB), bevor der so festgelegte Auftrag wettbewerblich vergeben wird. Dem Wortlaut des GWB 2013 nach waren Auftraggeber im Sektorenbereich von der Anwendung des wettbewerblichen Dialogs ausgeschlossen. Denn der wettbewerbliche Dialog fand für Auftragsvergaben im Sektorenbereich weder in § 101 Abs. 7 GWB 2013 noch in § 6 SektVO 2009 Erwähnung.[72] Allerdings war die Ansicht verbreitet, dass zumindest die Ausgestaltung eines Verhandlungsverfahrens in Form eines wettbewerblichen Dialogs möglich sein müsste.[73] Das lag nicht auf der Hand. VKR und SKR ergingen zeitgleich, womit eine planwidrige Regelungslücke fern lag. Wäre ein wettbewerblicher Dialog ohne weiteres im Wege des Verhandlungsverfahrens zu bewerkstelligen, erübrigte sich konsequenterweise auch im klassischen Bereich öffentlicher Auftragsvergaben die Nennung dieser „besonderen" Vergabeverfahrensart. Der Wortlaut von § 101 Abs. 4 S. 1 GWB 2013 sowie das Fehlen einer mit Art. 28, 29 VKR korrespondierenden Regelung in der SKR legten näher, dass eine entsprechende Anwendung des wettbewerblichen Dialogs im Sektorenbereich nicht gestattet war.

34 Mit Ablauf der Umsetzungsfrist der SRL bzw. der entsprechenden letzten Novellierung von GWB und SektVO hat sich diese Diskussion indessen erledigt; der wettbewerbliche Dialog steht nun auch ausdrücklich den Sektorenauftraggebern zur Verfügung, und zwar im wesentlichen Gleichklang mit dem Ablauf im klassischen Auftragsvergabebereich. Lediglich in der EU VOB/A bestehen vereinzelt (und wie so oft überwiegend unnötige) Abweichungen zum entsprechenden Wortlaut in VgV und SektVO. Nennenswert ist, dass (wie auch in der VgV) in der SektVO keine zwingende angemessene Kostenerstattung für den Fall vorgesehen ist, dass der Auftraggeber die am wettbewerblichen Dialog teilnehmenden Unternehmen zur Ausarbeitung von Entwürfen, Plänen, Zeichnungen, Berechnungen oder andere Unterlagen auffordert (§ 3bEU Abs. 4 Nr. 9 VOB/A). SektVO und VgV sehen stattdessen vor, dass der Auftraggeber Prämien oder Zahlungen an die Teilnehmer am Dialog vorsehen *kann*.

[71] Eschenbruch/Opitz/Röwekamp/*Wichmann*, 1. Aufl., § 6 Rn. 24, 30.
[72] *Klimisch/Ebrecht* NZBau 2011, 203, 203.
[73] *Klimisch/Ebrecht* NZBau 2011, 203, 203; *Poth/Sudbrock* KommJur 2010, 446, 449; *Gabriel* NJW 2009, 2011, 2014; *Kriener/Stoye,* IBR 2009, 189; Eschenbruch/Opitz/Röwekamp/*Eschenbruch,* 1. Aufl., Einleitung – Teil 2 Rn. 51; Pünder/Schellenberg/*Pünder,* 1. Aufl., § 101 GWB Rn. 46; Müller-Wrede/*Kaelble,* 1. Aufl., SektVO § 6 Rn. 15; jurisPK-VergR/*Horn* § 6 SektVO Rn. 9.

V. Innovationspartnerschaft

Die Innovationspartnerschaft ist in der SektVO so geregelt wie in der VgV. 35

D. Rahmenvereinbarungen

Öffentliche Auftraggeber können auch im Anwendungsbereich der SektVO Rahmenvereinbarungen abschließen, in welchen die Bedingungen für Einzelaufträge festgelegt werden, die innerhalb eines bestimmten Zeitraumes auf Grundlage der Rahmenvereinbarung abgeschlossen werden sollen.[74] Rahmenvereinbarungen sind im Anwendungsbereich der SektVO nicht auf eine bestimmte Auftragsart beschränkt. 36

Die Regelung für Rahmenvereinbarungen im klassischen Vergaberecht findet sich in § 21 VgV. Die Regelungsdichte von § 21 VgV ist allerdings höher als die des im Sektorenbereich maßgeblichen § 19 SektVO, insbesondere müssen die Kriterienkataloge in § 21 Abs. 3 bis 5 VgV im Sektorenbereich für die Vergabe der Einzelaufträge nicht herangezogen werden, sondern es kommt allein auf die vom Sektorenauftraggeber festzulegenden objektiven und nichtdiskriminierenden Regeln und Kriterien an. Wurde die Rahmenvereinbarung in einem vergaberechtskonformen Verfahren mit Bekanntmachung vergeben, muss der Vergabe des Einzelauftrages auf Grund dieser Rahmenvereinbarung weder eine erneute Bekanntmachung noch zwingend ein erneuter Wettbewerb vorausgehen (vgl. § 19 Abs. 2 S. 2 SektVO).[75]

Ein weiterer Unterschied zwischen dem Abschluss von Rahmenvereinbarungen nach VgV zu denen nach der SektVO liegt darin, dass Rahmenvereinbarungen nach der SektVO einer anderen zeitlichen Laufzeitbeschränkung unterliegen. Im Anwendungsbereich der VgV darf die Laufzeit einer Rahmenvereinbarung höchstens vier Jahre betragen, wenn nicht ein im Gegenstand der Rahmenvereinbarung begründeter Sonderfall vorliegt. Im Anwendungsbereich der SektVO gilt (neuerdings), dass die **Laufzeit einer Rahmenvereinbarung maximal acht Jahre** beträgt, es sei denn, es liegt ein angemessen begründeter Sonderfall vor, welcher insbesondere aufgrund des Gegenstands der Rahmenvereinbarung zu rechtfertigen ist.

E. Dynamische Beschaffungssysteme

Das dynamische Beschaffungssystem ist in der SektVO so geregelt wie in der VgV. 37

F. Elektronische Auktionen und Kataloge

Elektronische Auktionen und Kataloge sind in der SektVO so geregelt wie in der VgV. 38

[74] Zum Begriff der Rahmenvereinbarung in Eschenbruch/Opitz/Röwekamp/*Wrede* § 19 Rn. 5 ff.
[75] Ziekow/Völlink/*Kraus* SektVO § 19 Rn. 3.

§ 51 Bieter und Bewerber (Besonderheiten)

Übersicht

SektVO: §§ 6–7, 45–50

Literatur:

Braun/Petersen, Präqualifikation und Prüfungssysteme, VergabeR 2010, 433; *Burgi,* Nachunternehmerschaft und wettbewerbliche Untervergabe NZBau 2010, 593; *Figgen,* Die Eignungsprüfung – Fallstricke in der Praxis und aktuelle Rechtsprechung, VergabeR 2009, 320; *Frenz,* Bildung, Wertung und Vorauswahl von Aufträgen nach § 97 Abs. 3 bis 5 GWB nF im Lichte des Europarechts und aktueller Judikatur, VergabeR 2011, 13; *Greb,* Die vergaberechtliche Behandlung von Interessenkonflikten, NZBau 2016, 262; *Gröning,* Referenzen und andere Eignungsnachweise, VergabeR 2008, 721; *Homann/Büdenbender,* Die Beschaffung von Straßenfahrzeugen nach neuem Vergaberecht, VergabeR 2012, 1; *Huber/Wollenschläger,* EMAS und Vergaberecht – Berücksichtigung ökonomischer Belange bei öffentlichen Aufträgen, WiVerw 2005, 212; *Kollmann,* Technische Normen und Prüfzeichen im Wettbewerbsrecht, GRUR 2004, 6; *Leifer/Mißling,* Die Berücksichtigung von Umweltschutzkriterien im bestehenden und zukünftigen Vergaberecht am Beispiel des europäischen Umweltmanagementsystems EMAS, ZUR 2004, 266; *Opitz,* Marktmacht und Bieterwettbewerb, 2004; *Opitz,* Die neue Sektorenverordnung, VergabeR 2009, 689; *Schneider,* Umweltschutz im Vergaberecht, NVwZ 2009, 1057; *Stoye/Hoffmann,* Nachunternehmerbenennung und Verpflichtungserklärung im Lichte der neuesten BGH Rechtsprechung und der VOB/A 2009, VergabeR 2009, 569; *Terwiesche,* Ausschluss und Marktzutritt des Newcomers, VergabeR 2009, 26; *Tugendreich,* Der Anwendungsbereich von Präqualifikationsverfahren im deutschen Vergaberecht, NZBau 2011, 467; *Wegener,* Umweltschutz in der öffentlichen Auftragsvergabe, NZBau 2010, 273.

A. Einleitung

Die „Anforderungen an die Unternehmen" im Sektorenbereich, insbesondere hinsichtlich ihrer Eignung sowie der zusätzlichen Anforderungen für die Auftragsausführung sind in der SektVO in den §§ 45 bis 50 SektVO geregelt. 1

B. Auswahl der Unternehmen

2 § 46f. SektVO enthalten die maßgeblichen Vorschriften über die Auswahl der Unternehmen, die an Vergabeverfahren im Sektorenbereich teilnehmen dürfen. Korrespondierende Regelungen finden sich – mit teilweise erheblichen Abweichungen hinsichtlich des Wortlauts und der Regelungstiefe – in den §§ 42ff. VgV und § 16bEU ff. VOB/A.[1]

I. Auswahl anhand objektiver Kriterien

3 **Die Auswahl der Bewerber oder Bieter hat im Sektorenbereich anhand objektiver Kriterien zu erfolgen** (§ 46 Abs. 1 SektVO).[2] Im Gegensatz zu VgV und EU VOB/A enthält die SektVO keine detaillierten Ausführungen dazu, welche Kriterien das im Einzelnen sein sollen oder sein dürfen. Daraus folgt, dass Auftraggeber im Anwendungsbereich der SektVO grds. frei darin sind, welche objektiven Kriterien sie für die Auswahl der Bewerber/Bieter aufstellen.[3] Diese Freiheit ist nur für Auftraggeber nach § 100 Abs. 1 Nr. 1 GWB dahingehend beschränkt, dass jene *verpflichtet* sind, jedenfalls die Ausschlussgründe wegen rechtskräftiger Verurteilung oder Geldbuße nach § 123 GWB anzuwenden. Zudem sind stets die, im klassischen Vergaberecht gleichlautenden, §§ 6 und 7 SektVO zur Teilnahme ggf. befangener oder vorbefasster Personen zu beachten[4] sowie Spezialvorschriften im Zusammenhang mit den Verfahrensarten Innovationspartnerschaft und wettbewerblicher Dialog (hierzu sogleich).

4 Gemäß § 142 Nr. 1 GWB gelten die §§ 120ff. GWB im Sektorenbereich mit der Maßgabe, dass Sektorenauftraggeber die Unternehmen „abweichend von § 122 Abs. 1 und 2" GWB anhand objektiver Kriterien auswählen. Durch diese Formulierung wird die **Grundregel in § 122 Abs. 1 GWB, wonach öffentliche Aufträge (nur) an geeignete Unternehmen vergeben werden dürfen, im Sektorenbereich für nicht anwendbar** erklärt. Auch wird durch diese Formulierung die **Grundregel in § 122 Abs. 2 GWB für nicht anwendbar** erklärt**, wonach Eignungskriterien ausschließlich die Befähigung und Erlaubnis zur Berufsausübung, die wirtschaftliche und finanzielle Leistungsfähigkeit sowie die technische und berufliche Leistungsfähigkeit betreffen dürfen.** Nach § 97 Abs. 4 S. 1 GWB 2013 war die Eignung stets auch im Sektorenbereich zwingend zu prüfen, was bedeutete, dass zwingend (und drittschützend) ihre Fachkunde, Leistungsfähigkeit, Zuverlässigkeit und Gesetzestreue zu prüfen war; ungeeignete Unternehmen waren auszuschließen, was ggf. von Wettbewerbern vor den Nachprüfungsinstanzen durchgesetzt werden konnte.

In der Gesetzesbegründung zum novellierten GWB heißt es hierzu: *„Artikel 78 [SRL] schreibt vor, dass Sektorenauftraggeber objektive Kriterien für die Auswahl von Bewerbern und Bietern festlegen können. Diese Regelung ist gegenüber dem klassischen Vergaberecht ([VRL]) weniger streng und lässt bezüglich der Festlegung der Kriterien Spielräume. Daher sind die in § 122 Absatz 1 und 2 [GWB] enthaltenen Vorgaben für die klassische Auftragsvergabe für die Sektorenauftragsvergabe nicht anzuwenden. Die weitere Ausgestaltung, die sich an Artikel 78 [SRL] orientiert, erfolgt in der Sektorenverordnung".*[5] Die hier in der Gesetzesbegründung angekündigte „weitere Ausgestaltung in der SektVO" hält sich allerdings in Grenzen. Insbesondere enthält die SektVO keine Maßgabe, dass die objektiven Auswahlkriterien im Sektorenbereich die Eignung der Unternehmen, insbesondere deren Fachkunde und Leistungsfähigkeit, umfassen müssten. Lediglich im Rahmen der Innovationspartnerschaft wird in § 18 Abs. 1 S. 5 SektVO gefordert, dass Eignungskriterien vorgegeben werden, die die Fähigkeiten der Unternehmen auf dem Gebiet der Forschung und Entwicklung sowie die Ausarbeitung

[1] Vgl. allg. zur Eignungsprüfung *Figgen* VergabeR 2009, 320; *Gröning* VergabeR 2008, 721.
[2] Vgl. *Opitz* VergabeR 2009, 689, 696.
[3] Vgl. *Frenz* VergabeR 2011, 13, 21.
[4] Vgl. *Greb* NZBau 2016, 262.
[5] BT-Drs. 18/6281, Ausführungen zu § 142 GWB, S. 125.

und Umsetzung innovativer Lösungen betreffen. Im Rahmen des wettbewerblichen Dialogs wird in § 17 Abs. 2 S. 3 SektVO beiläufig erwähnt, dass die Unternehmen mit dem Teilnahmeantrag die vom Auftraggeber geforderten Informationen für die Prüfung ihrer Eignung übermitteln (so auch § 18 Abs. 2 S. 3 SektVO). Und im Zusammenhang mit dynamischen Beschaffungssystemen wird in § 20 Abs. 4 S. 1, § 21 Abs. 5, § 22 Abs. 3 S. 2 SektVO erwähnt, dass das System nur Bietern offen steht, die die im Vergabeverfahren festgelegten Eignungskriterien erfüllen. Was Mindestinhalt dieser Eignungskriterien sein soll, wird in der SektVO aber nicht geregelt; die früher höherrangig geltende Maßgabe in § 97 Abs. 4 S. 1 GWB 2013 ist wie gesagt weggefallen.

Freilich findet sich auch in der SRL keine ausdrückliche Maßgabe, nach der Sektorenauftraggeber verpflichtet wären, den Auftrag nur an geeignete Unternehmen zu vergeben und welche Eignungskriterien hierbei herangezogen werden müssten oder dürften. Nach Art. 76 SRL erfolgt die Auswahl von Bietern und Bewerbern *„im Einklang mit den gemäß den Artikeln 78 und 80"* SRL festgelegten objektiven Vorschriften und Kriterien. In Art. 80 Abs. 1 SRL ist indessen lediglich geregelt, dass die objektiven Vorschriften und Kriterien die in Art. 57 VRL genannten Ausschlussgründe beinhalten *können,* also nicht müssen (mit der og Ausnahme für Auftraggeber nach § 100 Abs. 1 Nr. 1 GWB). Auch nach Art. 78 Abs. 1 SRL („Eignungskriterien") *können* die Auftraggeber objektive Vorschriften und Kriterien für den Ausschluss und die Auswahl von Bietern oder Bewerbern festlegen. Dass diese Kriterien zwingend die Fachkunde und Leistungsfähigkeit der Unternehmen beschreiben müssen, ist Art. 78 SRL nicht zu entnehmen. Das wird bestätigt durch die Formulierung von Art. 79 SRL, wonach Wirtschaftsteilnehmer die Kapazitäten anderer Unternehmen in Anspruch nehmen dürfen, *wenn* die objektiven Vorschriften und Kriterien für den Ausschluss und die Auswahl von Wirtschaftsteilnehmern Anforderungen an die wirtschaftliche und finanzielle Leistungsfähigkeit oder die fachliche oder berufliche Befähigung der Wirtschaftsteilnehmer beinhalten. § 47 SektVO ist ähnlich formuliert, auch wenn in dieser Vorschrift mehrmals von der „erforderlichen" wirtschaftlichen, finanziellen, technischen und beruflichen Leistungsfähigkeit die Rede ist, wobei nicht klargestellt wurde, ob sich die Erforderlichkeit allein nach den Festlegungen des Sektorenauftraggebers richtet oder es ein stets zu beachtendes „Grunderfordernis" gibt, die vorgenannten Eignungskriterien abzuprüfen. In Ansehung der vorgenannten Vorschriften der SRL sowie in Ansehung von § 142 Nr. 1 GWB liegt Letzteres jedenfalls nicht nahe.

Die vorstehende Erörterung der Frage nach dem Mindestgehalt objektiver Kriterien bei der Auswahl der Unternehmen ist keine rein akademische Übung. Sie betrifft die praktisch relevante Frage, ob Bietern im Sektorenbereich ein durchsetzbares Recht zusteht, dass (im Sinne des klassischen Vergaberechts) ungeeignete Wettbewerber vom Vergabeverfahren ausgeschlossen werden. In einer Situation beispielsweise, in welcher einem nachweislich nicht fachkundigen Unternehmen der Zuschlag erteilt werden soll, macht es in der Praxis einen erheblichen Unterschied, ob der Ausschluss des ungeeigneten Unternehmens lediglich im Eigeninteresse des Sektorenauftraggebers liegen sollte oder ob der Ausschluss ggf. von konkurrierenden Bietern vor den Nachprüfungsinstanzen durchgesetzt werden kann. Für Letztere stellt sich dann auch die praktisch relevante Frage, ob bereits das Fehlen bestimmter Auswahlkriterien gerügt werden muss (etwa, weil der Sektorenauftraggeber die fachliche Eignung der Bieter überhaupt nicht abprüfen möchte) oder ob der Bieter mit der Rüge zuwartet, bis das vermeintlich wegen mangelnder Eignung auszuschließende Unternehmen vorläufig für den Zuschlag vorgesehen ist. Umgekehrt stellt sich die Frage, ob ein ungeeignetes Unternehmen erfolgreich gegen seinen Ausschluss vorgehen könnte, wenn zwar unstreitig ist, dass es nicht über ausreichende Fachkunde oder Leistungsfähigkeit verfügt, ein entsprechend ausdeklinierter Ausschlussgrund vom Sektorenauftraggeber jedoch nicht bekannt gemacht wurde. All diese prozessualen und materiell-vergaberechtlichen Fragen müssen von der Rechtsprechung erst noch aufgearbeitet werden.

Keine Zweifel bestehen allerdings, dass objektive Kriterien im Sektorenbereich nach wie vor Aspekte der Fachkunde und Leistungsfähigkeit umfassen *dürfen*. Darüber hinaus dürfen auch im Anwendungsbereich der SektVO zusätzliche objektive Anforderungen an Auftragnehmer für die Auftragsausführung gestellt werden, die insbesondere wirtschaftliche, innovationsbezogene, umweltbezogene, soziale oder beschäftigungspolitische Belange oder den Schutz der Vertraulichkeit von Informationen umfassen können, sofern diese mit dem Auftragsgegenstand entsprechend § 127 Abs. 3 GWB in Verbindung stehen (§ 128 Abs. 2 GWB). Wie im klassischen Bereich öffentlicher Auftragsvergaben ist die Berücksichtigung derartiger Kriterien auch im Sektorenbereich ausdrücklich erlaubt (Art. 87 SRL).[6]

5 Hinsichtlich der zur Überprüfung der Einhaltung der bekannt gemachten Eignungskriterien anzufordernden **Nachweise** enthält die SektVO zwar keine Auflistung wie etwa in den §§ 44 ff. VgV; diese kann durch den Auftraggeber indessen selbstverständlich auch im Sektorenbereich herangezogen werden, soweit das durch den Auftragsgegenstand gerechtfertigt ist.[7] Zu hoher, dh unverhältnismäßiger Aufwand ist hinsichtlich der vom Auftraggeber angeforderten Nachweise zu vermeiden.[8] Letztlich sind nur solche Anforderungen zulässig, die zur Sicherstellung einer einwandfreien Ausführung des zu vergebenden Auftrags geeignet und erforderlich sind.[9]

Die im deutschen Vergaberecht nur im Bereich klassischer Auftragsvergaben geregelte Einheitliche Europäische Eigenerklärung (vgl. § 50 VgV) wurde in die SektVO nicht aufgenommen, obwohl die SRL diesen vorläufigen Eignungsnachweis in Art. 80 Abs. 3 SRL über den Verweis auf Art. 59 VRL zulässt. Damit ist aktuell keine zwingende Vorgabe ersichtlich, wonach ein Sektorenauftraggeber ein Angebot bzw. einen Teilnahmeantrag nur bei Vorlage einer Europäischen Eigenerklärung werten dürfte.[10]

Ebenso wie im Bereich klassischer Auftragsvergaben kann sich der Bieter auf Ressourcen anderer Unternehmen sowie von Unterauftragnehmern berufen, um seine Eignung darzulegen. Besonderheiten im Vergleich zu klassischen Auftragsvergaben im Anwendungsbereich von VOB/A und VgV bestehen insofern nicht. Die geforderten Eignungsnachweise müssen mit dem Auftragsgegenstand in **sachlichem Zusammenhang stehen, verhältnismäßig und nicht-diskriminierend** sein und **bereits in der Bekanntmachung oder in der Aufforderung zur Interessenbestätigung** angegeben werden (§ 122 Abs. 3 und 4 GWB).[11] Die Kriterien, anhand derer die Unternehmen ausgewählt werden, müssen allen interessierten Unternehmen „zugänglich" (engl. Fassung von Art. 78 Nr. 1 SRL: „available") sein.

6 Im Sektorenbereich haben komplexe und technisch anspruchsvolle Aufträge eine erhebliche praktische Bedeutung. Gerade im Sektorenbereich sind daher Gegenstand von Ausschreibungen oftmals solche Leistungen, die ein hohes Maß an technischer und beruflicher Leistungsfähigkeit bedürfen. Zur Sicherung der Einhaltung der entsprechenden Mindeststandards ist die Zertifizierung und Normung bestimmter technischer Leistungen und Prozesse gebräuchlich. Auftraggeber im Sektorenbereich fordern in der Regel, dass Unternehmen in der Lage sind, die Abwicklung des Gesamtauftrags auf der Grundlage einschlägiger EN- und DIN-Normen, einschlägiger deutscher oder europaweit harmonisierter vergleichbarer technischer Regelwerke, Vorschriften oder Richtlinien durchzuführen.[12] Hierzu sind sie in der Regel bereits aufgrund eigener durchzureichender Verpflichtungen und

[6] BR-Drs. 522/09, Ausführungen zu § 20, S. 50.
[7] Eschenbruch/Opitz/Röwekamp/*Opitz*, 1. Aufl., § 20 Rn. 30.
[8] BR-Drs. 522/09, Ausführungen zu § 20, S. 51.
[9] OLG München Beschl. v. 13.3.2017 – Verg 15/16, NZBau 2017, 371 = BeckRS 2017, 105111 = ZfBR 2017, 509.
[10] OLG München Beschl. v. 13.3.2017 – Verg 15/16, NZBau 2017, 371 = BeckRS 2017, 105111 = ZfBR 2017, 509.
[11] Vgl. Eschenbruch/Opitz/Röwekamp/*Dietrich* § 46 Rn. 20.
[12] Vgl. *Kollmann* GRUR 2004, 6 ff.

Haftungsregelungen gezwungen. Beispielsweise der Verband der Elektrotechnik, Elektronik und Informationstechnik (VDE)[13] erstellt in Zusammenarbeit mit dem Deutschen Institut für Normung (DIN) Normen für elektrotechnisch ausgebildetes Fachpersonal gemäß DIN-VDE 1000.[14] Ähnlich Beispiele lassen sich für fast sämtliche Fachrichtungen finden (etwa Zertifizierungen für bestimmte Schweißverfahren wie das Schweißen von Stahlbauten nach DIN 18800-7). Im Sektorenbereich kommen etwa auch Regeln zur Zertifizierung von Rohrleitungsbau- und Montagearbeiten zur Anwendung (AGFW-Arbeitsblatt FW 601 und 605). Für den Bereich der Wasser- und Gasversorgung bietet beispielsweise die DVGW CERT GmbH als 100% Tochter des Deutschen Vereins des Gas- und Wasserfaches e.V. (DVGW)[15] Zertifizierungen im Gas- und Wasserfach an.[16] In Betracht kommt auch die Zertifizierung des Unternehmens selbst, hinsichtlich Qualifikation des Personals, Organisation und technischer Leistungsfähigkeit. Der Energieeffizienzverband für Wärme, Kälte und Kraftwärmekopplung (AGFW)[17] etwa zertifiziert die Überprüfung von Aufbau- und Ablauforganisation von Energieversorgern. Auftraggeber können derartige **Zertifizierungen** des Fachpersonals als Nachweis der technischen und beruflichen Leistungsfähigkeit fordern.[18] Die Fachkunde ist in Form aktueller Befähigungsnachweise bzw. **gleichwertiger EU-Nachweise** zu belegen. Dabei können Unternehmen sich auch im Anwendungsbereich der SektVO hinsichtlich der Leistungsfähigkeit und Fachkunde auf die Kapazitäten Dritter (insbesondere von Nachunternehmern) stützen, wenn sie nachweisen, dass sie über diese für den Auftrag verfügen können.[19]

Hinsichtlich des Nachweises der finanziellen und wirtschaftlichen Leistungsfähigkeit bestehen in der SektVO mit Ausnahme der oben geschilderten Thematik keine Besonderheiten. Auch hinsichtlich des Nachweises des Nichtvorliegens der Ausschlussgründe nach § 123, 124 GWB, die in der Regel durch Eigenerklärungen erbracht werden, bestehen in der SektVO keine Besonderheiten. Eignungsanforderungen, die in der Vergabebekanntmachung festgelegt wurden, dürfen in den Ausschreibungsunterlagen nicht verschärft werden, können aber auch im Sektorenbereich konkretisiert werden.[20] 7

II. Verringerung der Zahl der Unternehmen bei nicht offenen Verfahren, Verhandlungsverfahren, wettbewerblichen Dialogen und Innovationspartnerschaften

Auftraggeber haben die Möglichkeit, im Vergabeverfahren auf eine Verringerung der Anzahl der Teilnehmer hinzuwirken, um **unverhältnismäßigen Verfahrensaufwand** zu vermeiden.[21] Diese Möglichkeit ist für den Sektorenbereich in § 45 Abs. 3 S. 1 SektVO geregelt. Jedenfalls bei dieser Auswahl kann zulässigerweise ein „Mehr an Eignung" berücksichtigt werden, so dass bestimmten Eignungskriterien eine Doppelfunktion als Ausschluss- und Auswahlkriterium zukommt. Erforderlich ist zum einen, dass die in § 45 Abs. 3 SektVO genannten sachlichen Voraussetzungen für eine Beschränkung vorliegen, was auch dokumentiert werden sollte, zum anderen müssen im Hinblick auf das Transparenz- und Gleichbehandlungsgebot, § 119 Abs. 4 GWB, eindeutige und objektive, mit 8

[13] www.vde.com.
[14] DIN-VDE 1000 betrifft das Errichten von Starkstromanlagen mit Nennspannungen bis 1000 V.
[15] www.dvgw.de/dvgw/profil.
[16] www.dvgw-cert.com sowie www.dvgw.de/angebote-leistungen/zertifizierung.
[17] www.agfw.de.
[18] Umfassende Zertifizierungen in zahlreichen Bereichen bieten der TÜV Rheinland oder auch der TÜV Nord: Vgl. www.tuv.com sowie www.tuev-nord.de.
[19] BR-Drs. 522/09, Ausführungen zu § 20 SektVO, S. 51.
[20] OLG Celle Beschl. v. 24.4.2014 – 13 Verg 2/14, VPR 2014 Heft 4, 200 = BeckRS 2014, 14221; VK Bund Beschl. v. 5.12.2013 – VK 2-106/13, IBRRS 2014, 0394 = VPR 2014, 96.
[21] BR-Drs. 522/09, Ausführungen zu § 20 SektVO, S. 51.

dem Auftragsgegenstand in Verbindung stehende Auswahlkriterien benannt und deren Gewichtung und Bewertung bekanntgegeben werden.[22]

9 Wie im klassischen Bereich muss auch bei zulässiger Verringerung der Anzahl der Teilnehmer ein angemessener Wettbewerb ermöglicht werden (so ausdrücklich § 45 Abs. 3 S. 2 SektVO). Anders als im klassischen Bereich öffentlicher Auftragsvergaben legen weder die SektVO noch die SRL eine konkrete Anzahl an Teilnehmern fest, ab deren Erreichen von einem **„angemessenen Wettbewerb"** auszugehen sein soll. In der VgV ist vorgesehen, dass die vom öffentlichen Auftraggeber vorgesehene Mindestzahl der einzuladenden Bewerber nicht niedriger als drei sein darf, beim nicht offenen Verfahren nicht niedriger als fünf. In der VOB/A EU ist vorgesehen, dass die vorgesehene Mindestzahl der einzuladenden Bewerber nicht niedriger als fünf sein darf. Eine solche Regelung existiert in Art. 78 SRL nicht und wurde deswegen auch nicht in die SektVO aufgenommen. Für den Sektorenbereich wird vor diesem Hintergrund teilweise vertreten, dass eine ausreichende Anzahl bereits bei zwei Teilnehmern vorliegt.[23] Dieser Auffassung ist zuzugeben, dass weder SRL noch SektVO etwas anderes statuieren. Gleichwohl handelt es sich bei dem Begriff „angemessener Wettbewerb" um einen unbestimmten Rechtsbegriff, der einer differenzierten – und überprüfbaren – Anwendung im Einzelfall zugänglich sein dürfte. Auch unter Beachtung eines gewissen Beurteilungsspielraums des Auftraggebers sind Konstellationen vorstellbar, in denen zwei bestimmte Unternehmen, etwa weil sie konzernverbunden sind, keinen ausreichenden Wettbewerb sicherstellen könnten und eine Vergabekammer zu dem Ergebnis gelangt, dass trotz fehlender ausdrücklicher Vorgabe in der SektVO einer Mindestzahl von Teilnehmern die Annahme eines ausreichenden Wettbewerbs beurteilungsfehlerhaft war.

C. Ausschluss vom Vergabeverfahren

10 Die Auswahl von Unternehmen bzw. deren Ausschluss vom Verfahren richtet sich bei Vergaben von öffentlichen Aufträgen durch Sektorenauftraggeber wie für klassische öffentliche Auftraggeber grundsätzlich nach den §§ 122 bis 126 GWB.

I. Gesetzliche Ausschlussgründe

11 Insofern sind im Rahmen der SektVO dieselben gesetzlichen Ausschlussgründe einschlägig wie im klassischen Bereich. Anders als noch nach ihrer Vorfassung enthält die SektVO keine gesonderten Vorschriften mehr, die eine inhaltliche Überschneidung mit den Ausschlussgründen nach §§ 123 ff. GWB aufweisen. Diese Vorschriften sind damit auch im Sektorenbereich maßgeblich.

12 Eine Besonderheit besteht hinsichtlich der gesetzlichen Ausschlussgründe im Sektorenbereich insofern, als dass Sektorenauftraggeber nach § 100 Abs. 1 Nr. 2 GWB ein Unternehmen nach § 123 GWB ausschließen können, aber nicht ausschließen müssen. Die objektiven und nichtdiskriminierenden Kriterien für die Auswahl der Bewerber und Bieter können nach § 142 Nr. 2 GWB die Anwendung des § 123 GWB beinhalten. Da nichtstaatliche Auftraggeber nach Ansicht des EU-Richtliniengebers möglicherweise keinen hinreichenden Zugang zu sicheren Beweisen für die Vollendung von Straftatbeständen haben, solle es ihnen überlassen werden, ob sie die Ausschlusskriterien anwenden oder nicht (so schon Erwägungsgrund 54 SKR). Handelt es sich allerdings um einen staatlichen Sektorenauftraggeber nach § 100 Abs. 1 Nr. 1 GWB, beinhalten die Ausschlusskriterien nach § 142 Nr. 2 GWB zwingend auch die gesetzlichen Ausschlussgründe des § 123 GWB.

---

[22] OLG München Beschl. v. 13.3.2017 – Verg 15/16, NZBau 2017, 371= BeckRS 2017, 105111 = ZfBR 2017, 509.

[23] *Opitz,* Marktmacht und Bieterwettbewerb, 93; Müller-Wrede/*Kaelble* SektVO, 1. Aufl., § 6 Rn. 20; offen gelassen bei Immenga/Mestmäcker/*Bungenberg* GWB, § 101 Rn. 27.

II. Gewillkürte Ausschlussgründe

Haben Auftraggeber nicht ausdrücklich gesetzlich geregelte, dh gewillkürte Mindestkriterien aufgestellt, so schließen sie Wirtschaftsteilnehmer aus, die diese nicht erfüllen.[24] Voraussetzung dafür ist, dass die Ausschlusskriterien im Vorfeld hinreichend klar benannt wurden und nicht-diskriminierend und verhältnismäßige Anforderungen darstellen (dh gewillkürte, aber nicht willkürliche Anforderungen).[25] Da es sich bei Ausschlusskriterien um negative objektive Eignungskriterien handelt, müssen vom Auftraggeber gewillkürte Kriterien genauso bekannt gemacht werden wie die sonstigen Eignungskriterien. Hierbei muss den potentiellen Bietern bzw. Bewerbern hinreichend klar gemacht werden, dass es sich bei den vom Auftraggeber gewählten Kriterien um zwingend zu erfüllende Vorgaben handelt, deren Nicht-Beachtung zum Ausschluss vom weiteren Vergabeverfahren führt. Wenn ein Bewerber oder Bieter die geforderten Nachweise (ggf. auch nach Nachfristsetzung) nicht erbringt, ist er von dem weiteren Verfahren auszuschließen. 13

D. Qualitätssicherungs- und Umweltmanagementnormen

Auftraggebern steht es auch im Sektorenbereich frei, bestimmte Anforderungen an die Einhaltung von Qualitäts- oder Umweltstandards zu stellen.[26] § 49 SektVO regelt, auf welche Qualitätssicherungs- bzw. Umweltmanagementnormen sich der Auftraggeber dann beziehen muss. 14

Verlangt der Auftraggeber als Beleg dafür, dass Bewerber oder Bieter bestimmte Normen der Qualitätssicherung erfüllen, die Vorlage von Bescheinigungen unabhängiger Stellen, so muss er sich auf Qualitätssicherungssysteme beziehen, die den einschlägigen europäischen Normen genügen und von akkreditierten Stellen zertifiziert sind. Der Auftraggeber muss selbstverständlich auch gleichwertige Bescheinigungen von akkreditierten Stellen aus anderen Staaten anerkennen. Konnte ein Bewerber oder Bieter aus Gründen, die er nicht zu vertreten hat, die betreffenden Bescheinigungen nicht innerhalb einer angemessenen Frist einholen, so muss der Auftraggeber auch andere Unterlagen über gleichwertige Qualitätssicherungssysteme anerkennen, sofern der Bewerber oder Bieter nachweist, dass die vorgeschlagenen Qualitätssicherungsmaßnahmen den geforderten Qualitätssicherungsnormen entsprechen. 15

Verlangt der Auftraggeber als Beleg dafür, dass Bewerber oder Bieter bestimmte Systeme oder Normen des Umweltmanagements erfüllen, die Vorlage von Bescheinigungen unabhängiger Stellen, so muss er sich entweder auf das Gemeinschaftssystem EMAS oder auf andere nach Art. 45 der Verordnung (EG) Nr. 1221/2009, sowie der Beschlüsse der EU-Kommission 2001/681/EG und 2006/193/EG anerkannte Umweltmanagementsysteme oder auf andere Normen für das Umweltmanagement, die auf den einschlägigen europäischen oder internationalen Normen beruhen und von akkreditierten Stellen zertifiziert sind, beziehen. Der Auftraggeber erkennt auch hier gleichwertige Bescheinigungen von Stellen in anderen Staaten an. Hatte ein Bewerber oder Bieter aus Gründen, die ihm nicht zugerechnet werden können, nachweislich keinen Zugang zu den betreffenden Bescheinigungen oder aus Gründen, die er nicht zu vertreten hat, keine Möglichkeit, diese innerhalb der einschlägigen Fristen zu erlangen, so muss der Auftraggeber auch andere Unterlagen über gleichwertige Umweltmanagementmaßnahmen anerkennen, sofern der Bewerber oder Bieter nachweist, dass diese Maßnahmen mit denen, die nach dem geltenden System oder den geltenden Normen für das Umweltmanagement erforderlich sind, gleichwertig sind. 16

---

[24] BR-Drs. 522/09, Ausführungen zu § 21 SektVO, S. 52; vgl. OLG München Beschl. v. 5.11.2009 – Verg 13/09, ZfBR 2010, 702 = BeckRS 2009, 86655; VK Südbayern Beschl. v. 21.4.2009 – Z3-3-3194-1-09-02/09, BeckRS 2009, 45764.

[25] Vgl. Eschenbruch/Opitz/Röwekamp/*Dietrich* § 46 Rn. 20.

[26] Vgl. *Homann/Büdenbender* VergabeR 2012, 1, 4 ff.

E. Qualifizierungssysteme

17 Auftraggeber können zur Eignungsfeststellung ein Qualifizierungssystem einrichten. Das ergibt sich aus § 48 Abs. 1 SektVO, der die Eignungsprüfung zu vereinfachen und zu standardisieren ermöglichen soll. Unternehmen, die ein Qualifizierungsverfahren durchlaufen haben und deren Eignung positiv festgestellt wurde, werden in ein Verzeichnis qualifizierter Unternehmen aufgenommen (§ 48 Abs. 8 SektVO). Der detaillierte Vorgaben an ein derartiges Qualifizierungssystem im Sektorenbereich enthaltende § 48 SektVO setzt Art. 77 SRL in nationales Recht um.[27] Präqualifikationssysteme werden auch in § 122 Abs. 3 GWB und in § 6bEU VOB/A erwähnt. Die vorgenannten Vorschriften nehmen zwar auf die Erleichterung der Eignungsprüfung durch Nachweise der Präqualifikation Bezug, regeln aber kein dem § 48 SektVO vergleichbares Verfahren. Grundsätzlich ist daher **zwischen einer Präqualifikation und einem Qualifizierungssystem zu unterscheiden.**[28] Die Präqualifikation dient der Vereinfachung/Beschleunigung eines abstrakten Eignungsnachweises. Unternehmen werden nach positiver Prüfung Ihrer Eignungsnachweise in ein Präqualifikationsverzeichnis aufgenommen.[29] Die Präqualifikation gilt als Nachweis unabhängig von einem bestimmten Beschaffungsvorgang.[30] Während also die Präqualifikation lediglich den (zeitlich befristeten) Nachweis bestimmter Eignungskriterien für eine Vielzahl verschiedener Vergabeverfahren darstellt, kann die Qualifizierung in einem Qualifizierungssystem nach § 48 SektVO auch nur für **bestimmte Auftragsarten des jeweiligen Auftraggebers, für die die Qualifizierung Gültigkeit hat, aufgegliedert werden.**[31] Ein Qualifizierungssystem gemäß § 48 SektVO gestattet es nämlich, neben Eignungskriterien auch weitergehende Kriterien, insbesondere auch technische Anforderungen abzuprüfen (§ 48 Abs. 2 Satz 2 SektVO). Damit wird den Anforderungen im Sektorenbereich an hochspezialisierte Liefer-, Dienst- oder Bauleistungen Rechnung getragen.[32]

I. Kriterien für das Aufstellen von Qualifizierungssystemen

18 Über die Kriterien des Qualifizierungssystems können die Auftraggeber grds. frei entscheiden. Der ihnen zukommende Spielraum ist allerdings insoweit beschränkt, als dass es sich um objektive Kriterien handeln muss (§ 48 Abs. 2 S. 1 SektVO). Die SektVO enthält keine Hinweise darauf, welche Kriterien und Regeln im Rahmen eines Qualifizierungssystems im Einzelnen zu berücksichtigen sind. Auch hier ist das Fehlen detaillierter Vorgaben dahingehend zu interpretieren, dass ein möglichst großer Spielraum der Auftraggeber bezweckt ist.[33] Die Regeln und Kriterien sollen sich nach Wahl des Auftraggebers auf die Kapazitäten des Wirtschaftsteilnehmers und/oder die besonderen Merkmale der von dem System erfassten Arbeiten, Lieferungen oder Dienstleistungen beziehen. Im Rahmen eines Qualifizierungssystems können Auftraggeber insbesondere **auch technische Anforderungen** (§§ 28, 29 SektVO) einstellen (§ 48 Abs. 2 S. 2 SektVO). Hierbei ist eine klare, verständliche sowie nicht-diskriminierende Beschreibung der technischen Anforderungen zu erstellen.[34] Einer vollständigen Leistungsbeschreibung bedarf es indessen nicht.

---

[27] BR-Drs. 522/09, Ausführungen zu § 24 SektVO, S. 53.

[28] *Braun/Petersen* VergabeR 2010, 433, 440f.

[29] In der Präqualifizierungsdatenbank für den Liefer- und Dienstleistungsbereich sind beispielsweise die Unternehmen aufgeführt, die ihre Eignung für öffentliche Aufträge gegenüber Industrie- und Handelskammern bzw. den von ihnen getragenen Auftragsberatungsstellen nachgewiesen haben: www.pq-vol.de; für den Bereich von Bauleistungen bietet der Verein für die Präqualifikation von Bauunternehmen e.V. ein vergleichbares Portal: www.pq-verein.de.

[30] KMPP/*Hausmann/von Hoff* § 7 EG Rn. 63.

[31] *Braun/Petersen* VergabeR 2010, 433, 437, 440f.

[32] Ziekow/Völlink/*Hänsel* SektVO, 2. Aufl., § 24 Rn. 2.

[33] *Braun/Petersen* VergabeR 2010, 433, 438.

[34] Pünder/Schellenberg/*Tomerius* § 48 SektVO Rn. 11.

Auftraggeber, die ein Qualifizierungssystem einrichten oder verwalten, gewährleisten die Voraussetzungen zur Durchführung einer Unternehmensprüfung, die jederzeit von den Unternehmen verlangt werden kann (§ 48 Abs. 4 SektVO). **Bedingungen an die Zulassung zum Qualifizierungssystem** dürfen grds. nicht gestellt werden. Fraglich ist allerdings, was im Falle eines bereits in der Vergangenheit ausgestellten negativen Prüfungsergebnisses gilt. Die jederzeitige Neuzulassung zur Prüfung würde eine ständige Bindung von Ressourcen des Auftraggebers bedeuten. Allerdings lassen die Formulierungen des § 48 SektVO einen unbefristeten Ausschluss nicht zu. Es dürfte jedoch mit den Grundsätzen der Gleichbehandlung, des Wettbewerbs und der Verhältnismäßigkeit vereinbar sein, eine zeitnahe **erneute Zulassung** zumindest von der Beibringung von Nachweisen über neue Tatsachen abhängig zu machen, die einen anderen Ausgang des Prüfungsverfahrens möglich erscheinen lassen.[35] 19

II. Zugang zu Qualifizierungskriterien und -regeln

Die Kriterien des Qualifizierungssystems müssen vom Auftraggeber im Vorfeld bekannt gemacht worden sein (Bekanntmachung über das Bestehen eines Qualifizierungssystems).[36] Gemäß § 48 Abs. 4 S. 1 SektVO werden den Unternehmen sodann **auf Antrag** die aktuellen Qualifizierungskriterien und -regeln zur Verfügung gestellt. Änderungen an den Qualifizierungskriterien und -regeln sind laut § 48 Abs. 4 S. 2 SektVO diesen Unternehmen (auch ohne erneuten Antrag) mitzuteilen. Auftraggeber haben bei der Aufstellung und Änderung von Qualifizierungskriterien einen großen Spielraum (vgl. § 48 Abs. 1 SektVO). Angesichts der negativen Auswirkungen, die eine Verschärfung der Qualifizierungskriterien mit sich bringen kann, ist von der Möglichkeit der Änderung der Kriterien allerdings nur zurückhaltend Gebrauch zu machen.[37] Die Änderung der Kriterien bewirkt unter Umständen, dass bisher als qualifiziert geltende Unternehmen **im Falle einer Verschärfung der Kriterien nicht mehr qualifiziert** wären. Über diesen Umstand sind die Unternehmen zu informieren, die einen Antrag auf Teilnahme am Qualifizierungssystem gestellt haben. Art. 77 Abs. 3 SKR stellt klar, dass Aktualisierungen der Kriterien und Vorschriften den **„interessierten Wirtschaftsteilnehmern"** mitgeteilt werden. Das umfasst zumindest all diejenigen Unternehmen, die von einer Änderung des Qualifizierungssystems betroffen sind. Alle weiteren potentiell interessierten Unternehmen erreicht der Auftraggeber ggf. nur durch EU-weite Bekanntmachung der Änderungen. 20

III. Eignungsleihe

Zum Nachweis der erforderlichen wirtschaftlichen und finanziellen sowie der technischen und beruflichen Leistungsfähigkeit kann sich ein Unternehmen auch im Rahmen von Qualifizierungssystemen auf die **Kapazitäten anderer Unternehmen** stützen, unabhängig von dem Rechtsverhältnis, in dem es zu diesem steht (§ 48 Abs. 6 SektVO). Das Unternehmen muss, beispielsweise durch eine entsprechende **Verpflichtungserklärung des anderen Unternehmens,** nachweisen, dass es während der gesamten Gültigkeit des Qualifizierungssystems über diese Mittel verfügen könnte (§ 48 Abs. 7 SektVO). Ein ausdrücklicher Hinweis auf Bewerber- oder Bietergemeinschaften fehlt in § 48 Abs. 6 SektVO. Allerdings ist davon auszugehen, dass auch Bietergemeinschaften unter die Regelung fallen.[38] 21

Unternehmen müssen nachweisen können, dass sie für den Zeitraum des Qualifizierungssystems über die geltend gemachten Ressourcen des anderen Unternehmens verfügen könnten (zB mittels einer Verpflichtungserklärung). Angesichts des Umstands, dass 22

[35] jurisPK-VergR/*Summa* § 24 SektVO Rn. 21.
[36] VK Detmold Beschl. v. 4.5.2001 – VK.21-11/01, VPRRS 2013, 0278.
[37] jurisPK-VergR/*Summa* § 24 SektVO Rn. 53.
[38] jurisPK-VergR/*Summa* § 24 SektVO Rn. 41.

Qualifizierungssysteme **zeitlich nicht begrenzt** sein müssen und auch die Dauer der Gültigkeit eines Prüfungsergebnisses nach dem Willen des Auftraggebers auf unbestimmte Dauer gelten kann, stellt sich die Frage, welche Anforderungen an diesen Nachweis gestellt werden können. Eine unbefristete verbindliche Verpflichtungserklärung wird kaum ein Unternehmen zu erbringen bereit sein.[39] Vor diesem Hintergrund ist seitens des Auftraggebers im Einzelfall zu prüfen, ob ein Qualifizierungssystem für die jeweils zu vergebende Auftragsart geeignet ist, wenn derartige Nachweise gefordert werden müssten oder es alternativ den potentiellen Bewerbern/Bietern anheim zu stellen, die erforderlichen Verfügbarkeitserklärungen erst zu einem späteren Zeitpunkt nachzureichen. Auch erscheint es gangbar, nur angemessen befristete Verpflichtungserklärungen abzufragen, die regelmäßig zu erneuern wären.

IV. Eignungsfeststellung mit Hilfe anderer Prüfungssysteme oder Präqualifikationsverfahren

23 Der Nachweis der Eignung und des Nichtvorliegens von Ausschlussgründen nach den §§ 123 oder 124 GWB kann auch im Sektorenbereich ganz oder teilweise durch die Teilnahme an Präqualifizierungssystemen erbracht werden (§ 122 Abs. 3 GWB iVm § 142 GWB).[40]

24 Wenn das Prüfungssystem anderer Auftraggeber oder Stellen nach Ansicht eines Auftraggebers den eigenen Anforderungen genügt, hat er die Namen und Adressen dieser Auftraggeber oder Stellen mitzuteilen. Das ergibt sich aus § 48 Abs. 4 S. 2 SektVO, welcher im Übrigen dahingehend auszulegen ist, dass der Auftraggeber nicht nur anzugeben hat, dass/inwiefern das Prüfungssystem anderer Auftraggeber dem eigenen entspricht, sondern den entsprechenden Qualifikationsnachweis auch anerkennen wird. Hat ein Unternehmen ein Prüfungssystem eines Auftraggebers erfolgreich durchlaufen und erkennt ein anderer Auftraggeber dieses Prüfungssystem als ein dem eigenen entsprechendes Prüfungssystem an, genügt als Eignungsnachweis die Beibringung der Bestätigung, dass das Prüfungssystem des anderen Auftraggebers erfolgreich durchlaufen wurde. Die Pflicht, die Einhaltung der vergaberechtlichen Vorschriften zu kontrollieren, bleibt davon allerdings unberührt.[41] Insbesondere dürfen keine verfahrensrelevanten Entscheidungen (Entscheidung über Ausschluss oder Zulassung zum eigenen Verfahren) vollständig auf einen Dritten verlagert werden, sondern müssen weiterhin durch den Aufraggeber getroffen werden.[42]

V. Prüfungsstufen

25 Das Prüfungsverfahren kann in sukzessive **Qualifizierungsstufen** untergliedert werden (§ 48 Abs. 1 S. 3 SektVO).[43] Scheidet ein Unternehmen beispielsweise auf Ebene der finanziellen Leistungsfähigkeit aus, kann die Prüfung der technischen Leistungsfähigkeit unterbleiben. Für Bewerber bietet das Untergliedern in Prüfungsstufen den Vorteil, dass nicht alle Nachweise zur gleichen Zeit vorgelegt werden, sondern nur nach und nach erbracht werden müssen. Auch wird der Prüfungsaufwand für den Auftraggeber reduziert, indem (zunächst) unnötige Prüfschritte vermieden werden. Von Relevanz ist die Untergliederung in Prüfungsstufen zudem, wenn der Auftraggeber neben den „klassischen" Eignungsnachweisen auch eine besondere technische Leistungsfähigkeit aufgrund besonderer technischer Spezifikationen verlangt (§ 48 Abs. 2 S. 2 SektVO). Hier kann es sich anbieten, eine Un-

---

[39] So auch Müller-Wrede/*v. Wietersheim* SektVO, 1. Aufl., § 24 Rn. 51.

[40] OLG München Beschl. v. 13.3.2017 – Verg 15/16, NZBau 2017, 371= BeckRS 2017, 105111 = ZfBR 2017, 509.

[41] *Braun/Petersen* VergabeR 2010, 433, 437.

[42] VK Südbayern Beschl. v. 29.7.2008 – Z3-3-3194-1-18-05/08, BeckRS 2008, 46605.

[43] Ziekow/Völlink/*Hänsel* SektVO § 48 Rn. 3.

tergliederung dergestalt vorzunehmen, dass zunächst nur die grundsätzliche Eignung der Unternehmen geprüft wird, ohne dass bereits die konkreten technischen Anforderungen der maßgeblichen Auftragsart berücksichtigt wird. Verwendet der Auftraggeber nämlich **mehrere Präqualifikationssysteme parallel,** wäre es denkbar, eine positive Prüfung der Zuverlässigkeit in/aus einem anderen Präqualifikationssystem Berücksichtigung finden zu lassen.

VI. Benachrichtigung der Unternehmen über die Entscheidung

26 Der Auftraggeber hat Unternehmen, die einen Antrag auf Aufnahme in das Qualifizierungssystem gestellt haben, innerhalb von sechs Monaten nach Antragstellung über die Entscheidung zu informieren (§ 48 Abs. 11 S. 1 SektVO). Ablehnungen sind den Unternehmen innerhalb von 15 Kalendertagen nach der Ablehnung mitzuteilen (§ 48 Abs. 12 S. 1 SektVO). Auftraggeber sind verpflichtet, die Gründe für die Ablehnung mitzuteilen. Die Gründe müssen Bezug zu den Prüfungskriterien aufweisen (§ 48 Abs. 12 S. 2 SektVO). Das gilt auch für die Beendigung einer Qualifizierung. Die beabsichtigte Beendigung ist dem Unternehmen 15 Tage vor dem vorgesehenen Ausschluss unter Angabe der Gründe mitzuteilen.

VII. Verzeichnis geprüfter Unternehmen

27 Auftraggeber haben erfolgreich geprüfte Unternehmen in ein Verzeichnis aufzunehmen. Im Gegensatz zu den in § 122 Abs. 3 GWB in Bezug genommenen Präqualifikationsverzeichnissen kommt dem Verzeichnis geprüfter Unternehmen nach § 48 Abs. 8 SektVO nur Bedeutung im Verhältnis zwischen dem betroffenen Unternehmen und dem Auftraggeber zu. Eine Veröffentlichung des Verzeichnisses ist nach der SektVO nicht vorgesehen.

VIII. Aberkennung der Qualifizierung

28 Auftraggeber dürfen einem Unternehmen die Qualifizierung nur aus Gründen aberkennen, die auf den Qualifizierungskriterien beruhen (§ 48 Abs. 12 S. 3 SektVO). Tritt nachträglich eine Situation ein, die dazu führt, dass ein Prüfungskriterium nicht mehr erfüllt wird, kann die Aberkennung der Qualifizierung erfolgen. Demnach gilt nichts anderes, als wenn die Prognose der Leistungsfähigkeit eines Unternehmens im Laufe des Vergabeverfahrens entfiele. Die beabsichtigte Aberkennung muss dem Unternehmen mindestens 15 Kalendertage vor dem für das Wirksamwerden der Aberkennung vorgesehenen Zeitpunkt unter Angabe der Gründe mitgeteilt werden (§ 48 Abs. 12 S. 4 SektVO). Sinn und Zweck dieser Regelung ist es, **dem Betroffenen Gelegenheit zur Stellungnahme zu geben.**[44]

IX. Bekanntmachung über das Bestehen eines Qualifizierungssystems

29 Die Bekanntmachung über das Bestehen eines Qualifizierungssystems wird nach dem in Anhang VII der Durchführungsverordnung (EU) 2015/1986 enthaltenen Muster erstellt. Der Auftraggeber gibt in der Bekanntmachung den Zweck und die Gültigkeitsdauer des Systems an. Änderungen der Gültigkeitsdauer, ohne das System zu ändern, werden nach dem in Anhang XI der Durchführungsverordnung (EU) 2015/1986 enthaltenen Muster erstellt. Bei Beendigung des Systems wird das in Anhang VI der Durchführungsverordnung (EU) 2015/1986 enthaltene Muster für Vergabebekanntmachungen nach § 38 SektVO verwendet.

[44] VK Detmold Beschl. v. 4.5.2001 – VK.21-11/01, VPRRS 2013, 0278.

X. Aufruf zum Wettbewerb

30 Sektorenauftraggeber können mittels der Bekanntmachung über das Bestehen eines Qualifizierungssystems die Absicht einer konkreten Auftragsvergabe bekanntmachen. Die an dem Wettbewerb teilnehmenden Unternehmen werden im Wege eines nicht offenen Verfahrens oder eines Verhandlungsverfahrens unter denjenigen Unternehmen ausgewählt, die sich qualifizieren (§ 48 Abs. 9 SektVO).

§ 52 Leistungsbeschreibung und Vergabeunterlagen (Besonderheiten)

Übersicht

SektVO: §§ 28–32, 41, 42, 58, 59

Literatur:

Brauer, Die Behandlung ungewöhnlicher Wagnisse nach der Neufassung der VOL/A, VergabeR 2012, 343; *Erdl,* Unklare Leistungsbeschreibung des öffentlichen Auftraggebers im Vergabe- und Nachprüfungsverfahren, BauR 2004, 166; *Huerkamp,* Technische Spezifikationen und die Grenzen des § 97 IV 2 GWB, NZBau 2009, 755; *Prieß,* Die Leistungsbeschreibung – Kernstück des Vergabeverfahrens (Teil 1), NZBau 2004, 20; *Kirch/Leinemann,* Leistungsbeschreibung nach SektVO, Vergabe News 2009, 123; *Schrotz/Mayer,* Verordnete Innovationsförderung – Neue Vorgaben für die öffentliche KFZ-Beschaffung, KommJur 2011, 81; *Zeiss,* Weniger Energieverbrauch! – Beschaffung energieeffizienter Geräte und Ausrüstung, NZBau 2011, 658.

A. Vergabeunterlagen

In der SektVO wird in zahlreichen Vorschriften Bezug auf die „Vergabeunterlagen" genommen. Die SektVO enthält indessen keine Definition dieses Begriffs. Für den Bereich klassischer öffentlicher Beschaffungen findet sich in § 29 VgV die Maßgabe, dass die Vergabeunterlagen alle Angaben umfassen (müssen), die erforderlich sind, um dem Bewerber oder Bieter eine Entscheidung zur Teilnahme am Vergabeverfahren zu ermöglichen. Zudem enthält die Vorschrift eine Auflistung, aus welchen Unterlagen **Vergabeunterlagen in der Regel bestehen.** Das sind das Anschreiben, insbesondere die Aufforderung zur Abgabe von Teilnahmeanträgen oder Angeboten oder Begleitschreiben für die Abgabe der angeforderten Unterlagen, die Beschreibung der Einzelheiten der Durchführung des Verfahrens (Bewerbungsbedingungen), einschließlich der Angabe der Eignungs- und Zuschlagskriterien, und den Vertragsunterlagen, die aus der Leistungsbeschreibung und den Vertragsbedingungen bestehen. Diese vorgenannten Unterlagen sind auch ohne Legaldefinition in der SektVO gemeint, wenn in dieser auf den Begriff Vergabeunterlagen Bezug genommen wird. 1

B. Anschreiben

In der Regel wird es sich bei dem og Anschreiben um die in § 42 SektVO in Bezug genommene Aufforderung zur Angebotsabgabe bzw. zur Verhandlung handeln. Die Auf- 2 forderung zur Angebotsabgabe enthält mindestens: 1. einen Hinweis auf die veröffentlichte Auftragsbekanntmachung, 2. den Tag, bis zu dem ein Angebot eingehen muss, die Anschrift der Stelle, bei der es einzureichen ist, die Art der Einreichung sowie die Sprache, in der es abzufassen ist, 3. beim wettbewerblichen Dialog den Termin und den Ort des Beginns der Dialogphase sowie die verwendete Sprache, 4. die Bezeichnung der gegebenenfalls beizufügenden Unterlagen, sofern nicht bereits in der Auftragsbekanntmachung enthalten, 5. die Gewichtung der Zuschlagskriterien oder gegebenenfalls die Kriterien in der absteigenden Rangfolge ihrer Bedeutung, sofern nicht bereits in der Auftragsbekanntmachung oder der Aufforderung zur Interessensbestätigung enthalten.

C. Bewerbungsbedingungen

3 Hinweise zur Darstellung der Bewerbungsbedingungen in der EU-Bekanntmachung sind den gemäß Durchführungsverordnung (EU) 2015/1986 anzuwendenden Musterformularen zu entnehmen. In den Vergabeunterlagen sind hinsichtlich der weiter konkretisierenden Bewerbungsbedingungen die Einzelheiten der Durchführung des Verfahrens zu beschreiben, insbesondere bezüglich der objektiven Kriterien, anhand derer die Unternehmen ausgewählt werden.

D. Vertragsunterlagen

4 Die **Vertragsbedingungen** bilden gemeinsam mit der **Leistungsbeschreibung** die **Vertragsunterlagen.** Im Gegensatz zu VgV und VOB/A ist die Verwendung bestimmter Vertragsbedingungen in der SektVO nicht vorgeschrieben. In Ermangelung einer derartigen Regelung in der SektVO steht es Auftraggebern im Anwendungsbereich der SektVO grds. frei, die Vertragsbedingungen auszuhandeln bzw. im offenen Verfahren nach eigenem Ermessen vorzugeben. Das ist Ausdruck der größeren vergaberechtlichen Freiheit, die Auftraggebern im Sektorenbereich gewährt bleiben soll. Unter Beachtung insbesondere des Grundsatzes der Nichtdiskriminierung haben Auftraggeber im Sektorenbereich somit vergaberechtlich die Möglichkeit, die Vertragsbedingungen selbständig zu bestimmen. In der Praxis ist der Gebrauch dieser vergaberechtlichen Möglichkeit teilweise nur eingeschränkt möglich. Staatlich beherrschte Auftraggeber im Sektorenbereich können aufgrund anderer (haushaltsrechtlicher) Vorschriften als der SektVO an die Verwendung der VOB/B bzw. VOL/B **oder anderer besonderer/ergänzender oder zusätzlicher Vertragsbedingungen** gebunden sein. Zudem können die zivilrechtlichen Vorschriften über die Zulässigkeit bestimmter Allgemeiner Geschäftsbedingungen greifen.

E. Leistungsbeschreibung

5 Wesentlicher Bestandteil der Vergabeunterlagen ist die Leistungsbeschreibung, welche die für die Angebotserstellung maßgeblichen Anforderungen an die zu erbringende Leistung und ihre technischen Spezifikationen enthält.[1]

I. Rechtsrahmen

6 Die §§ 28 ff. SektVO, welche die Leistungsbeschreibung und Darstellung technischer Anforderungen regeln, gehen auf die Artt. 60 ff. SRL sowie § 121 GWB zurück. Eine wesentliche mit diesen Reglungen verbundene Zielsetzung des europäischen Richtlinienge-

[1] *Prieß* NZBau 2004, 20, 21 f.; BR-Drs. 522/09, Anmerkungen zu § 7 SektVO, S. 43; *Kirch/Leinemann* Vergabe News 2009, 123.

bers verdeutlicht Erwägungsgrund 83 SRL. Danach sollen die von den Auftraggebern erarbeiteten technischen Spezifikationen es erlauben, die Beschaffungsmärkte im Sektorenbereich für **den Wettbewerb zu öffnen und Nachhaltigkeitsziele zu erreichen.** Das bedeutet insbesondere, dass die Leistungsbeschreibung nicht-diskriminierend formuliert sein muss. Wie im klassischen Bereich öffentlicher Beschaffungen auch haben Auftraggeber im Sektorenbereich den Bewerbern/Bietern die Möglichkeit einzuräumen, die Gleichwertigkeit ihrer technischen Lösung mit geeigneten Nachweisen zu belegen. Die Beweislast dafür, dass **Gleichwertigkeit** gegeben ist, obliegt dem Bewerber/Bieter.

II. Vergleichbare Regelungen

Vergleichbare Regelungen zu den §§ 28ff. SektVO finden sich in den §§ 31ff. VgV sowie den §§ 7EUff. VOB/A. Die §§ 28, 29, 30 und 31 SektVO und die §§ 31, 32, 33 und 34 VgV sind weitgehend wortgleich. Größere Unterschiede in sprachlicher Hinsicht bestehen wie so oft zwischen SektVO und VOB/A, weil die VOB/A nicht der Feder des Verordnungsgebers entspringt. 7

III. Eindeutige und erschöpfende Beschreibung der Leistung

Gemäß § 28 Abs. 1 SektVO fasst der Auftraggeber die Leistungsbeschreibung (§ 121 GWB) in einer Weise, dass sie allen Unternehmen den gleichen Zugang zum Vergabeverfahren gewährt und die Öffnung des nationalen Beschaffungsmarktes für den Wettbewerb nicht in ungerechtfertigter Weise behindert.[2] Besonderheiten gegenüber § 31 VgV bestehen insofern nicht.[3] Gemäß § 121 Abs. 1 GWB ist in der Leistungsbeschreibung der Auftragsgegenstand so eindeutig und erschöpfend wie möglich zu beschreiben, dass die Beschreibung für alle Unternehmen im gleichen Sinne verständlich ist und die Angebote miteinander verglichen werden können. 8

IV. Zugänglichkeit der technischen Anforderungen

Der Auftraggeber stellt den interessierten Unternehmen auf Anfrage die technischen Anforderungen zur Verfügung, auf die er sich in seinen Aufträgen regelmäßig bezieht oder die er anzuwenden beabsichtigt. Diese technischen Anforderungen sind elektronisch uneingeschränkt, vollständig, unentgeltlich und unmittelbar zugänglich zu machen. Können die technischen Anforderungen nicht elektronisch zugänglich gemacht werden, so wählt der Auftraggeber einen anderen Weg, um die technischen Anforderungen zugänglich zu machen. Das gilt auch für den Fall, dass der Auftraggeber Anforderungen an die Vertraulichkeit von durch ihn den Bewerbern oder Bietern zur Verfügung gestellten Unterlagen oder Dokumenten nach § 41 Abs. 4 SektVO stellt. 9

V. Technische Anforderungen

§§ 28, 29 SektVO iVm Anlage 1 zur SektVO regeln, wie Auftraggeber im Sektorenbereich die technischen Anforderungen an die zu erbringende Leistung formulieren dürfen. Danach haben sie die Wahl, ob sie die Leistung anhand von technischen Spezifikationen[4] (§ 28 Abs. 2 S. 1 Nr. 2 iVm Anlage 1 zur SektVO), mittels einer Leistungs- oder Funkti- 10

---

[2] Vgl. zu den Rechtsfolgen einer unklaren Leistungsbeschreibung *Erdl* BauR 2004, 166.

[3] Siehe etwa am Beispiel der (Un-)Zulässigkeit von Bedarfspositionen im Sektoren- und den klassischen Bereichen: VK Sachsen Beschl. v. 21.4.2015 – 1/SVK/010-15, VPR 2015 Heft 6, 280 = BeckRS 2015, 16419; vgl. schon OLG Düsseldorf Beschl. v. 24.11.2011 – Verg 62/11, ZfBR 2012, 187 = BeckRS 2012, 4600.

[4] Hierzu für den Sektorenbereich etwa VK Sachsen-Anhalt Beschl. v. 27.3.2014 – 2 VK LSA 4/14, IBRRS 2014, 2410; allg. zu technischen Spezifikationen *Huerkamp* NZBau 2009, 755.

onsanforderung (§ 28 Abs. 2 S. 1 Nr. 1 SektVO) oder mittels Normen und Leistungs- oder Funktionsanforderungen (§ 28 Abs. 2 S. 1 Nr. 3 SektVO) beschreiben.

11 Aus dem Gebot der Nichtdiskriminierung folgt, dass Auftraggeber mit den vorgegebenen technischen Spezifikationen nicht in ungerechtfertigter Weise den Wettbewerb behindern dürfen. Aus diesem Grund weist § 28 Abs. 2 S. 2 SektVO darauf hin, dass bei der Bezugnahme auf spezielle Normen, technische Zulassungen oder Spezifikationen stets der **Zusatz „oder gleichwertig"** zu verwenden ist. Damit wird auch Unternehmen, die unter Bedingungen produzieren, bei denen beispielsweise spezielle Normen keine Anwendung finden, der Zugang zum Vergabeverfahren ermöglicht.[5] Auch insofern bestehen also keine Besonderheiten im Vergleich zum klassischen Vergaberecht.

VI. Nachweis, dass ein Angebot den Anforderungen entspricht

12 Verweist der Auftraggeber in der Leistungs- oder Aufgabenbeschreibung auf technische Anforderungen, so darf er ein Angebot nicht mit der Begründung ablehnen, die angebotenen Waren und Dienstleistungen entsprächen nicht den von ihm herangezogenen Spezifikationen, wenn das Unternehmen nachweist, dass die vom Unternehmen vorgeschlagenen Lösungen diesen Anforderungen entsprechen. Das ergibt sich aus § 29 Abs. 1 SektVO. Entsprechende Regelungen finden sich in § 32 Abs. 1 VgV und § 7a EU Abs. 3 VOB/A.

VII. Anforderungen in Leistungs- und Funktionsanforderungen

13 Legt der Auftraggeber die technischen Anforderungen in Form von Leistungs- oder Funktionsanforderungen fest, so darf er ein Angebot nicht ablehnen, das Folgendem entspricht:
1. einer nationalen Norm, mit der eine europäische Norm umgesetzt wird,
2. einer Europäischen Technischen Bewertung,
3. einer gemeinsamen technischen Spezifikation,
4. einer internationalen Norm oder
5. einem technischen Bezugssystem, das von den europäischen Normungsgremien erarbeitet wurde, wenn diese technischen Anforderungen die von ihm geforderten Leistungs- und Funktionsanforderungen betreffen.

Das Unternehmen muss in seinem Angebot belegen, dass die jeweilige der Norm entsprechende Liefer- oder Dienstleistung den Leistungs- oder Funktionsanforderungen des Auftraggebers entspricht. Belege können insbesondere eine technische Beschreibung des Herstellers oder ein Prüfbericht einer anerkannten Stelle sein.

VIII. Gütezeichen

14 Die Nachweisführung durch Gütezeichen ist in der SektVO so geregelt wie in der VgV. Ähnliche Regelungen finden sich in § 7a EU Abs. 6 VOB/A.

IX. Konformitätsbewertungsstellen

15 Die Nachweisführung durch Bescheinigungen von Konformitätsbewertungsstellen ist in der SektVO genau so geregelt wie in der VgV. Ähnliche Regelungen finden sich in § 7a EU Abs. 5 VOB/A.

[5] Vgl. OLG Düsseldorf Beschl. v. 6. 10. 2004 – VIII-Verg 56/04, NZBau 2005, 169 = BeckRS 9998, 26416.

X. Verweis auf Produkte, Herkunft, Marken oder Patente

Auftraggeber sind verpflichtet, Aufträge „produktneutral" auszuschreiben.[6] Auf diese Weise soll verhindert werden, dass unter Rückgriff auf bestimmte Produkte, Marken, Patente oder Herkunft, die Teilnahme einzelner Bieter am Wettbewerb erschwert wird. Das wird in § 28 Abs. 6 SektVO klargestellt, wonach in der Leistungsbeschreibung nicht auf eine bestimmte Produktion oder Herkunft oder ein besonderes Verfahren oder auf gewerbliche Schutzrechte, Typen oder einen bestimmten Ursprung verwiesen werden darf, wenn dadurch bestimmte Unternehmen oder bestimmte Produkte begünstigt oder ausgeschlossen werden, es sei denn, dieser Verweis ist durch den Auftragsgegenstand gerechtfertigt. Solche Verweise sind nur ausnahmsweise zulässig, und zwar dann, wenn der Auftragsgegenstand anderenfalls nicht hinreichend genau und allgemein verständlich beschrieben werden kann; die Verweise sind dann aber wie immer mit dem Zusatz „oder gleichwertig" zu versehen. Entsprechende Maßgaben enthalten auch VgV und VOB/A. 16

XI. Vorgaben zum „Green Procurement" und zu sozialen Maßgaben

Die §§ 28 Abs. 3, 58 und 59 SektVO betonen die Möglichkeit und teilweise sogar Pflicht, bestimmte umweltbezogene Aspekte in die Leistungsbeschreibung einzubeziehen sowie die Möglichkeit, beim Abfassen der Leistungsbeschreibung soziale Faktoren einfließen zu lassen.[7] Danach können die Merkmale des Auftragsgegenstandes neben Aspekten der Qualität und der Innovation auch soziale und umweltbezogene Aspekte betreffen. Sie können sich auf den Prozess oder die Methode zur Herstellung oder Erbringung der Leistung oder auf ein anderes Stadium im Lebenszyklus des Auftragsgegenstandes einschließlich der Produktions- und Lieferkette beziehen, auch wenn derartige Faktoren keine materiellen Bestandteile der Leistung sind, sofern diese Merkmale in Verbindung mit dem Auftragsgegenstand stehen und zu dessen Wert und Beschaffungszielen verhältnismäßig sind. Entsprechende Regelungen finden sich auch im Bereich klassischer Auftragsvergaben. 17

Gemäß § 58 Abs. 1 SektVO sind mit der Leistungsbeschreibung im Rahmen der technischen Spezifikationen von den Bietern Angaben zum Energieverbrauch von technischen Geräten und Ausrüstungen zu fordern. Bei Bauleistungen sind diese Angaben dann zu fordern, wenn die Lieferung von technischen Geräten und Ausrüstungen Bestandteil dieser Bauleistungen sind. Dabei ist in geeigneten Fällen eine Analyse minimierter Lebenszykluskosten (siehe § 53 SektVO) oder eine vergleichbare Methode zur Gewährleistung der Wirtschaftlichkeit vom Bieter zu fordern. „Geeignete Fälle" für die Forderung nach einer Analyse der Lebenszykluskosten können die Beschaffung langlebiger Produkte mit zunächst höheren Anschaffungskosten sein, deren Erwerb sich jedoch anhand einer solchen Analyse im Hinblick auf geringere Lebenszeit-Energiekosten als wirtschaftlich sinnvoll erweisen kann.[8] Bei technischen Geräten und Ausrüstungen kann deren Energieverbrauch auch bei der Entscheidung über den Zuschlag berücksichtigt werden, bei Bauleistungen jedoch nur dann, wenn die Lieferung der technischen Geräte oder Ausrüstungen ein wesentlicher Bestandteil der Bauleistung ist (§ 58 Abs. 2 SektVO). Ähnliche Regelungen finden sich für den klassischen vergaberechtlichen Bereich in § 67 VgV. Unterschiede bestehen insoweit, als dass die VgV vorgibt, dass bei energieverbrauchsrelevanten Liefer- oder Dienstleistungen die höchste Energieeffizienz bzw. die höchste verfügbare Energieeffizienzklasse gefordert werden sollen. Die SektVO enthält keine dahingehenden Vorgaben, sondern erwähnt lediglich die **„Berücksichtigung" von Energieeffizienz.** 18

Hinzu kommt, dass (auch) Sektorenauftraggeber bei der Beschaffung von Straßenfahrzeugen Energieverbrauch und Umweltauswirkungen berücksichtigen müssen. Zumindest müssen folgende Faktoren, jeweils bezogen auf die Gesamtkilometerleistung des Straßen- 19

---

[6] Ziekow/Völlink/*Bernhardt*, 2. Aufl., SektVO § 7 Rn. 8.
[7] Vgl. auch *Zeiss* NZBau 2011, 658.
[8] BR-Drs. 522/09, S. 44.

fahrzeugs iSd Tabelle 3 Anlage 2 zur SektVO, berücksichtigt werden: Energieverbrauch, Kohlendioxid-Emissionen, Emissionen von Stickoxiden, Emissionen von Nichtmethan-Kohlenwasserstoffen und partikelförmige Abgasbestandteile. Der Auftraggeber muss daher entweder Vorgaben zu Energieverbrauch und Umweltauswirkungen in der Leistungsbeschreibung bzw. in den technischen Spezifikationen machen oder den Energieverbrauch und die Umweltauswirkungen von Straßenfahrzeugen als Zuschlagskriterien berücksichtigen. Vergleichbare Regelungen finden sich in der VgV. Allerdings existiert in der SektVO **keine Privilegierung von Einsatzfahrzeugen** beispielsweise der Polizei, Feuerwehren oder von Krankenwagen.[9] Dass derartige Einsatzfahrzeuge von Sektorenauftraggebern beschafft werden, sollte auch den Ausnahmefall darstellen.

XII. Aufbürden eines „ungewöhnlichen Wagnisses"

20 Die Frage, inwiefern Bietern im Rahmen der Leistungsbeschreibung im Anwendungsbereich der SektVO ein „ungewöhnliches Wagnis" (vgl. § 7EU Abs. 1 Nr. 3 VOB/A) aufgebürdet werden darf, ist nicht abschließend geklärt.[10] Es spricht vieles dafür, dass Auftraggeber im Anwendungsbereich der SektVO nicht von vornherein gehindert sind, Bietern Wagnisse aufzuerlegen, die nach der bisherigen Rechtsprechung im klassischen Bereich als „ungewöhnlich" und daher vergaberechtswidrig angesehen wurden. Das Verbot ungewöhnlicher Wagnisse, wie es § 7EU Abs. 1 Nr. 3 VOB/A noch vorsieht, findet sich in der SektVO genauso wenig wie in der VgV. Da in den Anwendungsbereich der SektVO auch Bauleistungen fallen, könnte zwar theoretisch erwogen werden, die Überbürdung ungewöhnlicher Wagnisse analog § 7EU Abs. 1 Nr. 3 VOB/A zumindest im Baubereich zu untersagen. Das scheitert aber bereits daran, dass keine planwidrige Regelungslücke vorliegt.[11] Der Verordnungsgeber hat auf eine Regelung in der SektVO verzichtet, obwohl sich eine solche in der (in der VgV in Bezug genommenen) VOB/A findet. Der SektVO liegt zudem die Intention zugrunde, in die SektVO nur den Mindeststandard der SRL zu übernehmen,[12] welche das Verbot ungewöhnlicher Wagnisse nicht kennt. Das Verbot ungewöhnlicher Wagnisse wird daher im Anwendungsbereich der SektVO kaum herzuleiten sein. Das gilt selbstverständlich unbeschadet aller anderen vergaberechtlichen Maßgaben, anhand derer sich derartige Wagnisse messen lassen müssen.

---

[9] Vgl. auch *Schrotz/Mayer* KommJur 2011, 81, 84.

[10] Ausdrücklich offen gelassen von OLG Düsseldorf Beschl. v. 24.3.2010 – VII-Verg 58/09, NZBau 2010, 649 = BeckRS 2010, 18823; vgl. auch *Brauer* VergabeR 2012, 343, 345 ff.

[11] VK Brandenburg Beschl. v. 9.5.2011 – VK 10/11, IBRRS 2011, 4340.

[12] BR-Drs. 522/09, S. 35.

§ 53 Bekanntmachungen, Form- und Fristvorgaben (Besonderheiten)

Übersicht

SektVO: §§ 5, 9–12, 14–18, 22, 35–40, 43–44, 65

Literatur:
Drügemöller, Elektronische Bekanntmachung im Vergaberecht, NVwZ 2007, 177; *Debus,* SektVO – ein Grund zum Feiern für die Kommunen!?, IR 2010, 307; *Leinemann/Kirch,* Vergaberechtliche Privilegien für Sektorenauftraggeber, VergabeNews 05/2010, 50; *Lindenthal,* Erläuterungen zu den neuen Standardmustern für Veröffentlichungen im EU-Amtsblatt gemäß Verordnung EG/1564/2005, VergabeR 2006, 1; *Poth/Sudbrock,* Auswirkungen der Sektorenverordnung auf die Vergabepraxis in kommunalen Unternehmen, KommJur 2010, 446; *v. Münchhausen,* Nachforderung von Unterlagen, VergabeR 2010, 374.

A. Einleitung

1 Selbstverständlich auch im Sektorenbereich gilt, dass die Absicht, einen Auftrag zu vergeben, grds europaweit bekannt gemacht werden muss. Ausnahmen von dieser Regel sind – abschließend – in § 13 Abs. 2 SektVO geregelt. Die Vorgaben für die Bekanntmachungen selbst finden sich in der SektVO unter der Überschrift „Veröffentlichung, Transparenz“ (§§ 35 ff. SektVO). Sie sollen sicherstellen, dass Sektorenauftraggeber auch im Anwendungsbereich ihres vergleichsweise flexiblen Vergaberechts alle wesentlichen Verfahrensschritte – beginnend mit der Veröffentlichung der Beschaffungsabsicht bis hin zur Bekanntmachung einer erfolgreichen oder gescheiterten Auftragsvergabe – transparent machen und nachprüfbar halten.

B. Form und Inhalt der Bekanntmachungen

2 Die zentrale Norm für Form und Inhalt von Bekanntmachungen im Sektorenbereich ist § 35 SektVO. Danach sind Auftraggeber verpflichtet, ihre Absicht, einen Auftrag zu vergeben oder eine Rahmenvereinbarung abzuschließen, in einer Auftragsbekanntmachung mitzuteilen und diese Auftragsbekanntmachung nach dem im Anhang V der Verordnung (EU) 2015/1986 enthaltenen Muster zu erstellen. Zu beachten sind in diesem Zusammenhang die unterschiedlichen Regelungsgegenstände der SRL und der Verordnung 2015/1986. Während die SRL in ihren Anhängen VI ff. die materiell-inhaltlichen Anforderun-

gen an eine Bekanntmachung regelt, wird mit den Standardformularen nach der Verordnung 2015/1986 die Form (dh Art der Darstellung) der Bekanntmachung festgelegt.[1]

I. Formelle Anforderungen an die Bekanntmachung

3 Die für Bekanntmachungen im Sektorenbereich zu verwendenden Standardformulare sind im Internet auf http://simap.ted.europa.eu abrufbar und folgen einem weitgehend einheitlichen Aufbau. Die zu verwendenden Standardformulare sind elektronisch mittels der Online-Anwendung eNOTICES oder mittels TED-eSender zu übermitteln (Art. 6 Verordnung 2015/1986). Der Auftraggeber muss den Tag der Absendung nachweisen können. Die Fristen für den Eingang von Angeboten oder von Teilnahmeanträgen werden ab Absendung der Bekanntmachung berechnet, wobei der Tag der Absendung nicht mitgerechnet wird (§ 14 Abs. 2 SektVO).

4 Bekanntmachungen dürfen auf nationaler Ebene erst nach der Veröffentlichung durch das Amt für Veröffentlichungen der EU, spätestens aber 48 Stunden nach der Bestätigung durch dieses Amt über den Eingang der Bekanntmachung veröffentlicht werden. Die Veröffentlichung darf nur Angaben enthalten, die in den an das Amt für Veröffentlichungen der EU übermittelten Bekanntmachungen enthalten sind oder in einem Beschafferprofil veröffentlicht wurden. In der nationalen Bekanntmachung ist der Tag der Übermittlung an das Amt für Veröffentlichungen bzw. ggf. der Tag der Veröffentlichung im Beschafferprofil anzugeben. Der Auftraggeber kann auch Bekanntmachungen über Bau-, Liefer- oder Dienstleistungsaufträge, die nicht der Bekanntmachungspflicht unterliegen, an das Amt für Veröffentlichungen übermitteln.

II. Inhalt der Bekanntmachung

5 Detaillierte Angaben über den Inhalt einer Bekanntmachung sind den Anhängen IV bis XI, XVII und XIX der Verordnung 2015/1986 sowie den Anhängen VI ff. der SRL zu entnehmen. Die Verpflichtung zum Ausfüllen der Formulare nach Verordnung 2015/1986 geht nur soweit, wie das in den Anhängen zur SRL gefordert ist. Geht ein Formular über die dort angegebenen Anforderungen hinaus, kann die Eintragung unterbleiben, da die die Standardformulare regelnde Verordnung 2015/1986 nur die **Form, nicht den Inhalt** der Bekanntmachung regelt.[2]

C. Die Bekanntmachungen im Einzelnen

6 Je nach gewählter Vergabeverfahrensart verwenden Auftraggeber im Anwendungsbereich der SektVO unterschiedliche Bekanntmachungsvorlagen:

I. „Reguläre" Bekanntmachung der Vergabeabsicht

7 Die SektVO enthält gesonderte Regelungen nur bzgl. regelmäßiger nicht verbindlicher Bekanntmachungen, Bekanntmachungen über das Bestehen eines Qualifizierungssystems, Bekanntmachungen über die Vergabe sozialer und anderer besonderer Dienstleistungen sowie Vergabebekanntmachungen und Bekanntmachung über Auftragsänderungen. Die „reguläre" Bekanntmachung eines Vergabeverfahrens ist nicht ausdrücklich in der SektVO geregelt. Obwohl in § 13 Abs. 1 SektVO das offene Verfahren, das nicht offene Verfahren und das Verhandlungsverfahren mit Teilnahmewettbewerb sowie der wettbewerbliche Dialog aufgeführt werden, existieren hinsichtlich der entsprechenden Bekanntmachungen kei-

[1] Vgl. Müller-Wrede/*Gnittke/Hattig* SektVO § 35 Rn. 29; *Lindenthal* VergabeR 2006, 1, 2.
[2] Erwägungsgrund 2 der Verordnung 2015/1986; Müller-Wrede/*Gnittke/Hattig* SektVO § 35 Rn. 29.

ne gesonderten korrespondierenden Regelungen. Die Pflicht, auch „reguläre" Vergabeverfahren bekannt zu machen, ergibt sich jedoch aus § 35 Abs. 1 SektVO.

II. Bekanntmachung mit Aufruf zum Teilnahmewettbewerb

Der Aufruf zur Teilnahme bzw. zum Teilnahmewettbewerb ist dem nicht offenen Verfahren bzw. ggf. dem Verhandlungsverfahren vorgeschaltet.[3] Während VOB/A und VgV jeweils nur einen Weg zum Aufruf zum Teilnahmewettbewerb eröffnen, stehen öffentlichen Auftraggebern **im Sektorenbereich drei unterschiedliche Wege offen, den Aufruf zum Teilnahmewettbewerb bekanntzumachen.**[4] Neben der „regulären" Bekanntmachung der Vergabeabsicht und der Bekanntmachung über die Einrichtung eines Qualifizierungssystems[5] kommt auch die Veröffentlichung einer regelmäßigen nicht verbindlichen Bekanntmachung in Betracht.[6] Dem Auftraggeber steht es frei zu wählen, welchen dieser drei Veröffentlichungswege er verwendet.[7] 8

1. Aufruf mittels der Bekanntmachung der Vergabeabsicht

Im Falle eines Aufrufs zum Teilnahmewettbewerb in der Bekanntmachung der Vergabeabsicht bestehen keine nennenswerten Unterschiede zu den Regelungen in VgV und VOB/A. Die Bekanntmachung der Vergabeabsicht erfolgt mittels der entsprechenden Standardformulare. 9

2. Aufruf mittels einer regelmäßigen nicht verbindlichen Bekanntmachung

Der Auftraggeber kann die Absicht einer geplanten Auftragsvergabe mittels Veröffentlichung einer regelmäßigen nicht verbindlichen Bekanntmachung nach dem in Anhang IV der Verordnung (EU) 2015/1986 enthaltenen Muster bekanntgeben. Die regelmäßige nicht verbindliche Bekanntmachung kann durch das Amt für Veröffentlichungen oder im Beschafferprofil veröffentlicht werden. Erfolgt die Veröffentlichung im Beschafferprofil, übermittelt der Auftraggeber die Mitteilung dieser Veröffentlichung dem Amt für Veröffentlichungen gemäß Anhang VIII der Verordnung (EU) 2015/1986. 10

Der Auftraggeber kann im nicht offenen Verfahren und im Verhandlungsverfahren auf eine Auftragsbekanntmachung nach § 35 SektVO verzichten, sofern die regelmäßige nicht verbindliche Bekanntmachung:

1. die Liefer- oder Dienstleistungen benennt, die Gegenstand des zu vergebenden Auftrags sein werden,
2. den Hinweis enthält, dass dieser Auftrag im nicht offenen Verfahren oder Verhandlungsverfahren ohne gesonderte Auftragsbekanntmachung vergeben wird,
3. die interessierten Unternehmen auffordert, ihr Interesse mitzuteilen,
4. alle nach Anhang IV der Verordnung (EU) 2015/1986 geforderten Informationen enthält und
5. wenigstens 35 Tage und nicht mehr als zwölf Monate vor dem Zeitpunkt der Absendung der Aufforderung zur Interessensbestätigung veröffentlicht wird. Ungeachtet der Verpflichtung zur Veröffentlichung der Bekanntmachung können solche regelmäßigen nicht verbindlichen Bekanntmachungen zusätzlich in einem Beschafferprofil veröffentlicht werden.

---

[3] *Leinemann*, Vergaberecht 2010, Rn. 342.

[4] Ziekow/Völlink/*Völlink* SektVO § 35 Rn. 1.

[5] § 48 Abs. 9 SektVO: *„Ist eine Bekanntmachung über das Bestehen eines Qualifizierungssystems gemäß § 37 erfolgt, werden die Aufträge im Wege eines nicht offenen Verfahrens oder eines Verhandlungsverfahrens unter den gemäß diesem System qualifizierten und im Verzeichnis nach Absatz 8 geführten Bewerber vergeben.".*

[6] § 36 Abs. 5 S. 2 SektVO: *„Mit der Aufforderung zur Interessensbestätigung wird der Teilnahmewettbewerb eingeleitet".*

[7] Vgl. Müller-Wrede/*Gnittke/Hattig* SektVO, § 35 Rn. 21.

Der Auftraggeber fordert alle Unternehmen, die auf die Veröffentlichung einer regelmäßigen nicht verbindlichen Bekanntmachung eine Interessensbekundung übermittelt haben, zur Bestätigung ihres Interesses an einer weiteren Teilnahme auf. Mit der Aufforderung zur Interessensbestätigung wird der Teilnahmewettbewerb eingeleitet. Der von der regelmäßigen nicht verbindlichen Bekanntmachung abgedeckte Zeitraum darf höchstens zwölf Monate ab dem Tag der Übermittlung der regelmäßigen nicht verbindlichen Bekanntmachung an das Amt für Veröffentlichungen betragen.

3. Aufruf mittels einer Bekanntmachung über die Einrichtung eines Qualifizierungssystems

11 Der Auftraggeber kann die Absicht einer Auftragsvergabe mittels der Bekanntmachung über das Bestehen eines Qualifizierungssystems bekanntmachen. Die Bekanntmachung über das Bestehen eines Qualifizierungssystems wird nach dem in Anhang VII der Verordnung (EU) 2015/1986 enthaltenen Muster erstellt. Der Auftraggeber gibt in der Bekanntmachung den Zweck und die Gültigkeitsdauer des Systems an. Änderungen der Gültigkeitsdauer, ohne das System zu ändern, werden nach dem in Anhang XI der Verordnung (EU) 2015/1986 enthaltenen Muster erstellt. Bei Beendigung des Systems wird das in Anhang VI der Verordnung (EU) 2015/1986 enthaltene Muster für Vergabebekanntmachungen nach § 38 SektVO verwendet.

III. Beschafferprofil

12 Auftraggeber können im Internet ein Beschafferprofil einstellen (§ 35 Abs. 4 SektVO). Mittels des Beschafferprofils können sie sich und ihren grundsätzlichen Beschaffungsbedarf darstellen. Darüber hinaus steht es ihnen frei, Informationen bzgl. konkreter laufender bzw. geplanter Vergabeverfahren in dem Beschafferprofil zu veröffentlichen. Eine derartige Darstellung des Auftraggebers soll interessierte Unternehmen in den Stand versetzen, frühzeitig auf bevorstehende Ausschreibungen des jeweiligen öffentlichen Auftraggebers reagieren zu können.[8] Ein bestimmter Ort für die Veröffentlichung des Beschafferprofils, im Sinne etwa eines bestimmten Internetportals, ist nicht vorgesehen. Angesichts der Freiwilligkeit der Veröffentlichung eines solchen Profils steht es öffentlichen Auftraggebern offen, entweder eine eigene Homepage zu erstellen oder bestehende Portale zu nutzen.[9] Ein Beschafferprofil enthält neben Angaben über geplante und laufende Vergabeverfahren, vergebene Aufträge sowie Informationen, die für die Auftragsvergabe maßgeblich sind, insbesondere die Kontaktstelle mit Anschrift, Telefon- und Faxnummer sowie die E-Mail-Adresse des Auftraggebers (§ 35 Abs. 4 SektVO). Das Beschafferprofil kann auch zur Veröffentlichung einer regelmäßigen nicht verbindlichen Bekanntmachung genutzt werden (§ 36 Abs. 4 S. 2 SektVO).

IV. Regelmäßige nicht verbindliche Bekanntmachung

13 Regelmäßige nicht verbindliche Bekanntmachungen erfüllen im Wesentlichen die **gleiche Funktion wie eine Vorinformation,**[10] nämlich, dass Bieter sich bereits frühzeitig ein Bild machen können über die Aufträge, die in den kommenden zwölf Monaten vom Auftraggeber vergeben werden sollen.[11] Der Auftraggeber ist nicht verpflichtet, die vorab veröffentlichten Aufträge tatsächlich zu vergeben oder auch nur Vergabeverfahren hierzu einzuleiten.[12] Aus Bietersicht hat eine regelmäßige nicht verbindliche Bekanntmachung den

[8] Ziekow/Völlink/*Völlink* SektVO § 35 Rn. 7.
[9] Müller-Wrede/*Gnittke/Hattig* SektVO § 35 Rn. 150.
[10] KMPP/*Rechten* § 15 EG Rn. 85; Müller-Wrede/*Gnittke/Hattig* SektVO § 36 Rn. 1.
[11] Vgl. Ziekow/Völlink/*Völlink* SektVO § 36 Rn. 2.
[12] Pünder/Schellenberg/*Franzius* § 36 SektVO Rn. 3.

Vorteil, sich frühzeitig auf die avisierten Vergabeverfahren einstellen zu können. Angesichts der Art und des Umfangs der vorgesehenen Informationen bezüglich des Auftragsgegenstands (§ 36 SektVO), kann der Bieter noch vor der verbindlichen Bekanntmachung die eigene Leistungsfähigkeit überprüfen und ggf. Vorkehrungen zu deren Sicherstellung treffen.[13] Auftraggebern bietet die regelmäßige nicht verbindliche Bekanntmachung die Möglichkeit, die Angebotsfrist zu verkürzen (vgl. § 36 Abs. 3 SektVO). Zudem haben die Auftraggeber die Möglichkeit, mittels einer regelmäßigen nicht verbindlichen Bekanntmachung den Teilnahmewettbewerb zu eröffnen (§ 36 Abs. 5 S. 2 SektVO).

V. Bekanntmachung über vergebene Aufträge (Vergabebekanntmachung) und über Auftragsänderungen

Der Auftraggeber übermittelt spätestens 30 Tage nach Zuschlagserteilung bzw. nach Abschluss der Rahmenvereinbarung eine Vergabebekanntmachung mit den Ergebnissen des Vergabeverfahrens an das Amt für Veröffentlichungen. Die Vergabebekanntmachung wird nach dem in Anhang VI der Verordnung (EU) 2015/1986 enthaltenen Muster erstellt. Ist das Vergabeverfahren durch eine regelmäßige nicht verbindliche Bekanntmachung in Gang gesetzt worden und hat der Auftraggeber beschlossen, keine weitere Auftragsvergabe während des Zeitraums vorzunehmen, der von der regelmäßigen nicht verbindlichen Bekanntmachung abgedeckt ist, muss die Vergabebekanntmachung einen entsprechenden Hinweis enthalten. Die Vergabebekanntmachung umfasst die abgeschlossenen Rahmenvereinbarungen, aber nicht die auf ihrer Grundlage vergebenen Einzelaufträge. Bei Aufträgen, die im Rahmen eines dynamischen Beschaffungssystems vergeben werden, umfasst die Vergabebekanntmachung eine vierteljährliche Zusammenstellung der Einzelaufträge, die Zusammenstellung muss spätestens 30 Tage nach Quartalsende versendet werden. 14

Auftragsänderungen gemäß § 132 Abs. 2 Nr. 2 und 3 GWB sind gemäß § 132 Abs. 5 GWB unter Verwendung des Musters gemäß Anhang XVII der Verordnung (EU) 2015/1986 bekanntzumachen. Der Auftraggeber ist nicht verpflichtet, einzelne Angaben zu veröffentlichen, wenn deren Veröffentlichung den Gesetzesvollzug behindern, dem öffentlichen Interesse zuwiderlaufen, den berechtigten geschäftlichen Interessen eines Unternehmens schaden oder den lauteren Wettbewerb zwischen Unternehmen beeinträchtigen würde. 15

Bei vergebenen Dienstleistungsaufträgen auf dem Gebiet der Forschung und Entwicklung (F&E-Dienstleistungen) können die Angaben zur Art und Menge der Dienstleistung auf Folgendes beschränkt werden: die Angabe „F&E-Dienstleistungen", sofern der Auftrag im Zuge eines Verhandlungsverfahrens ohne vorherigen Teilnahmewettbewerb vergeben wurde bzw. Angaben, die mindestens ebenso detailliert sind wie in der Auftragsbekanntmachung.

D. Fristen

Die seitens der Bieter bzw. Bewerber für die Einreichung von Angeboten und Teilnahmeanträgen im Sektorenbereich maßgeblichen Fristen sind in den §§ 14ff. SektVO geregelt. 16

I. Berechnung

Die Fristen werden nach Kalendertagen bemessen. In Abweichung von der VOB/A hat der Normgeber sich für die SektVO (und VgV) gegen den Begriff „Kalendertag" entschieden, sondern verwendet lediglich den Begriff „Tag". Der Unterschied ist allerdings ohne materielle Konsequenz. Beide Begriffe „Tag" oder „Kalendertag" bezeichnen jeden 17

[13] Willenbruch/Wieddekind/*Schubert* § 36 SektVO Rn. 1.

Tag der Woche, unabhängig davon, ob es sich um einen Feiertag, Samstag, Sonntag oder Arbeitstag handelt.[14] In der EU-Verordnung 1182/71[15] sind die Regeln über Fristen, Daten und Termine verbindlich festgelegt.[16] Die Fristberechnung entspricht den §§ 187 ff. BGB.[17] Diese Vorschriften gelten auch im Anwendungsbereich der SektVO.[18]

II. Von Bewerbern/Bietern einzuhaltende Fristen

18 Ungeachtet ausdrücklicher Mindestfristen ist auch im Anwendungsbereich der SektVO der Grundsatz zu beachten, dass der Auftraggeber bei der Festlegung der Fristen für den Eingang der Angebote und der Teilnahmeanträge die Komplexität der Leistung und die Zeit, die für die Ausarbeitung der Angebote erforderlich ist, zu berücksichtigen hat (§ 16 Abs. 1 SektVO). Darüber hinaus besteht teilweise die Möglichkeit, Fristen mit den im Teilnahmewettbewerb ausgewählten Bewerbern einvernehmlich auszuhandeln.

Die SektVO enthält zwar keine besonderen Regelungen für Bieterfragenfristen. Dessen ungeachtet kann der öffentliche Auftraggeber auch in einem Vergabeverfahren nach der SektVO mit der Bekanntmachung eine derartige (angemessene) Frist setzen.[19] Zweck einer solchen Regelung ist es, individuellen Klärungsbedarf im Rahmen der laufenden Angebotsfrist zu kanalisieren, so dass ein geordneter Ablauf des Verfahrens nicht beeinträchtigt wird.[20]

Angebotsfristen sind zu verlängern, wenn zusätzliche Informationen trotz rechtzeitiger Anforderung durch ein Unternehmen (Bieterfragen) nicht spätestens sechs Tage vor Ablauf der Angebotsfrist zur Verfügung gestellt werden; in Fällen hinreichend begründeter Dringlichkeit beträgt dieser Zeitraum vier Tage. Angebotsfristen sind ferner zu verlängern, wenn der Auftraggeber wesentliche Änderungen an den Vergabeunterlagen vornimmt. Die Fristverlängerung muss in einem angemessenen Verhältnis zur Bedeutung der Information oder Änderung stehen und gewährleisten, dass alle Unternehmen Kenntnis von den Informationen oder Änderungen nehmen können (und auch genügend Zeit haben, diese zu verarbeiten).

1. Offenes Verfahren

19 Die Frist für den Eingang der Angebote beträgt mindestens 35 Tage, gerechnet ab dem Tag nach der Absendung der Auftragsbekanntmachung. Für den Fall, dass eine hinreichend begründete Dringlichkeit die Einhaltung dieser Frist unmöglich macht, kann der Auftraggeber eine Frist festlegen, welche aber 15 Tage nicht unterschreiten darf. Der Auftraggeber kann die 35 Tage Frist um fünf Tage verkürzen, wenn er die elektronische Übermittlung der Angebote akzeptiert. Hat der Auftraggeber eine regelmäßige nicht verbindliche Bekanntmachung veröffentlicht, kann er die Eingangsfrist für Angebote bis auf 15 Kalendertage reduzieren, sofern 1. die regelmäßige nicht verbindliche Bekanntmachung alle nach Anhang IV der Verordnung (EU) 2015/1986 geforderten Informationen enthält, soweit diese zum Zeitpunkt der Veröffentlichung der regelmäßigen nicht verbindlichen Bekanntmachung vorlagen, und 2. die regelmäßige nicht verbindliche Bekanntmachung wenigstens 35 Tage und nicht mehr als zwölf Monate vor dem Tag der Absendung der Auftragsbekanntmachung zur Veröffentlichung an das Amt für Veröffentlichungen übermittelt wurde. Die Möglichkeit der vorgenannten Fristverkürzungen auf die maßgeblichen

---

[14] Müller-Wrede/*Kruse/Hirsch/Kaelble* SektVO, § 14 Rn. 44.
[15] VO (EWG, Euratom) Nr. 1182/71 des Rates v. 3.6.1971 zur Festlegung der Regeln für die Fristen, Daten und Termine, ABl. Nr. L 124.
[16] S. → Fn. 14.
[17] *Greb/Müller,* § 17 Rn. 5.
[18] *Debus,* IR 2010, 307, 309.
[19] VK Bremen Beschl. v. 20.3.2014 – 16 VK 1/14, VPR 2014, 195 = BeckRS 2014, 16037.
[20] VK Sachsen Beschl. v. 24.4.2008 – 1/SVK/15-08, BeckRS 2008, 140073.

Mindestfristen bleibt einer Einzelfallabwägung und dabei dem Korrektiv der Angemessenheit unterworfen.

2. Nicht offenes Verfahren/Verhandlungsverfahren mit vorherigem Teilnahmewettbewerb

20 Im Falle von nicht offenen Verfahren ist danach zu differenzieren, ob es sich um eine Frist für den Eingang eines Teilnahmeantrags oder um die Frist für den Eingang eines Angebots handelt.

21 **a) Teilnahmeanträge.** Die Frist für den Eingang der Teilnahmeanträge beträgt mindestens 30 Tage, gerechnet ab dem Tag nach der Absendung der Auftragsbekanntmachung oder der Aufforderung zur Interessensbekundung. Sie darf auch bei Heranziehung von Fristverkürzungsoptionen nicht weniger als 15 Tage betragen.

22 **b) Angebote.** Die Angebotsfrist kann im gegenseitigen Einvernehmen zwischen dem Auftraggeber und ausgewählten Bewerbern festgelegt werden. Allen ausgewählten Bewerbern muss dieselbe Angebotsfrist eingeräumt werden. Unterbleibt eine einvernehmliche Fristfestlegung, beträgt die Angebotsfrist mindestens zehn Tage, gerechnet ab dem Tag nach der Versendung der Aufforderung zur Angebotsabgabe. Die Frist bleibt dem Korrektiv der Angemessenheit unterworfen.

3. Bindefristen

23 Anders als die VOB/A enthält die SektVO **keine Vorschriften über Bindefristen.** Daraus abzuleiten, dass Bindefristen im Anwendungsbereich der SektVO unzulässig wären, würde indes zu einer unangemessenen Benachteiligung des Auftraggebers führen. Vor allem aber besteht auf Seiten der Bieter ein schutzwürdiges Interesse zu wissen, bis wann sie an ihre Angebote gebunden sind.[21] Diesem Umstand wird in den Standardformularen für die Bekanntmachung Rechnung getragen. So kann beispielsweise gemäß Standardformular „Auftragsbekanntmachung – Versorgungssektoren" unter Ziffer IV.2.6 die Bindefrist angegeben werden.

III. Von öffentlichen Auftraggebern einzuhaltende Fristen

24 Die SektVO verpflichtet öffentliche Auftraggeber nicht nur, bestimmte Fristen zu gewähren, sondern auch selbst bestimmte Fristen zu beachten. So ist in § 41 Abs. 2 SektVO geregelt, dass der Auftraggeber den Zugang zu den Vergabeunterlagen im Falle einer Bekanntmachung über das Bestehen eines Qualifizierungssystems „unverzüglich, spätestens zum Zeitpunkt der Absendung der Aufforderung zur Angebotsabgabe oder zu Verhandlungen" anzubieten hat.

E. Wege der Informationsübermittlung

25 Für das Senden, Empfangen, Weiterleiten und Speichern von Daten in einem Vergabeverfahren sollen Auftraggeber und Unternehmen grundsätzlich Geräte und Programme für die elektronische Datenübermittlung verwenden. Der Auftraggeber kann im Rahmen der Vergabe von Bauleistungen die Nutzung elektronischer Mittel für die Bauwerksdatenmodellierung verlangen. Sofern die verlangten elektronischen Mittel für die Bauwerksdatenmodellierung nicht allgemein verfügbar sind, bietet der Auftraggeber einen alternativen Zugang zu ihnen an.

[21] Pünder/Schellenberg/*Franzius* § 12 VOB/A Rn. 51.

26 Auch Sektorenauftraggeber müssen den Unternehmen alle notwendigen Informationen zur Verfügung stellen über die in einem Vergabeverfahren verwendeten elektronischen Mittel, die technischen Parameter zur Einreichung von Teilnahmeanträgen, Angeboten und Interessensbestätigungen mithilfe elektronischer Mittel und verwendete Verschlüsselungs- und Zeiterfassungsverfahren. Der Auftraggeber legt das erforderliche Sicherheitsniveau für die elektronischen Mittel fest.

Für den Zugang zur Auftragsbekanntmachung und zu den Vergabeunterlagen darf der Auftraggeber keine Registrierung verlangen.

Die Kommunikation in einem Vergabeverfahren darf mündlich erfolgen, wenn sie nicht die Vergabeunterlagen, die Teilnahmeanträge, die Interessensbestätigungen oder die Angebote betrifft und wenn sie ausreichend und in geeigneter Weise dokumentiert wird.

27 Auch Sektorenauftraggeber dürfen für das Senden, Empfangen, Weiterleiten und Speichern von Daten in einem Vergabeverfahren ausschließlich solche elektronischen Mittel verwenden, die die Unversehrtheit, die Vertraulichkeit und die Echtheit der Daten gewährleisten. Elektronische Mittel, die vom Auftraggeber für den Empfang von Angeboten, Teilnahmeanträgen und Interessensbestätigungen sowie von Plänen und Entwürfen für Planungswettbewerbe verwendet werden, müssen ferner gewährleisten, dass:

1. die Uhrzeit und der Tag des Datenempfanges genau zu bestimmen sind,
2. kein vorfristiger Zugriff auf die empfangenen Daten möglich ist,
3. der Termin für den erstmaligen Zugriff auf die empfangenen Daten nur von den Berechtigten festgelegt oder geändert werden kann,
4. nur die Berechtigten Zugriff auf die empfangenen Daten oder auf einen Teil derselben haben,
5. nur die Berechtigten nach dem festgesetzten Zeitpunkt Dritten Zugriff auf die empfangenen Daten oder auf einen Teil derselben einräumen dürfen,
6. empfangene Daten nicht an Unberechtigte übermittelt werden und
7. Verstöße oder versuchte Verstöße gegen die Anforderungen gemäß den Nrn. 1 bis 6 eindeutig festgestellt werden können.

28 **Sofern in Rechtsvorschriften nichts anderes bestimmt ist,** darf der Auftraggeber keine von den Unternehmen übermittelten und von diesen als vertraulich gekennzeichneten Informationen weitergeben. Dazu gehören insbesondere **Betriebs- und Geschäftsgeheimnisse** und die vertraulichen Aspekte der Angebote einschließlich ihrer Anlagen. Die Interessensbekundungen, Interessensbestätigungen, Teilnahmeanträge und Angebote einschließlich ihrer Anlagen sowie die Dokumentation über Öffnung und Wertung der Teilnahmeanträge und Angebote sind auch nach Abschluss des Vergabeverfahrens vertraulich zu behandeln.

Der Auftraggeber kann Unternehmen Anforderungen vorschreiben, die auf den Schutz der Vertraulichkeit der Informationen im Rahmen des Vergabeverfahrens abzielen, einschließlich der Informationen, die in Verbindung mit der Verwendung eines Qualifizierungssystems zur Verfügung gestellt werden. Hierzu gehört insbesondere die Abgabe einer Verschwiegenheitserklärung.

§ 54 Angebote, Wertung und Beendigung des Vergabeverfahrens (Besonderheiten)

Übersicht

SektVO: §§ 33–34, 51–57, 8

Literatur:
Byok, Die Entwicklung des Vergaberechts seit 2009, NJW 2010, 817; *Dicks,* Nebenangebote – Erfordern Zulassung, Zulässigkeit, Mindestanforderungen und Gleichwertigkeit inzwischen einen Kompass?, VergabeR 2012, 318; *Dieck/Bogatzke,* Probleme der Aufhebung der Ausschreibung, VergabeR 2008, 392; *Kraus,* Die Gewichtung von Zuschlagskriterien mittels Margen, VergabeR 2011, 171; *Opitz,* Vertrauensschutz gegenüber dem relativen Sektorenauftraggeber, NZBau 2002, 19; *Opitz,* Die neue Sektorenverordnung, VergabeR 2009, 689; *Schaller,* Dokumentations-, Informations-, Mitteilungs-, Melde- und Berichtspflichten im öffentlichen Auftragswesen, VergabeR 2007, 394; *Scharen,* Aufhebung der Ausschreibung und Vertrauensschutz, NZBau 2003, 585; *Zillmann,* Waren und Dienstleistungen aus Drittstaaten im Vergabeverfahren, NZBau 2003, 480.

A. Einleitung

1 Regelungen über die Prüfung und Wertung der Angebote im Sektorenbereich sind in Abschnitt 2 „Vergabeverfahren", Unterabschnitt 6 „Prüfung und Wertung der Angebote" der SektVO enthalten. Darin wird der Umgang mit den Angeboten sowie die Verfahrensbeendigung geregelt.

B. Behandlung der Angebote

I. Allgemeines

2 Die SektVO regelt (lediglich), dass Angebote vor Zuschlagserteilung (überhaupt) zu prüfen und zu werten sind, bevor der Zuschlag erteilt wird (§ 51 Abs. 1 SektVO).[1] Auf Regelungen, die hinsichtlich der Prüfungs- und Wertungsphase so ausführlich sind wie diejenigen in VgV und VOB/A (§§ 14EUff. VOB/A), wurde in der SektVO verzichtet.

[1] Auf welche Vorschrift sich die VK Sachsen stützt, wenn sie in Beschl. v. 31.7.2015 – 1/SVK/025-15, VPRRS 2015, 0374, vertritt, dass Sektorenauftraggeber „in einem ersten Schritt" beurteilen müssen, ob die Bieter die Eignungserklärungen und -nachweise wie gefordert eingereicht haben (formelle Eignungsprüfung) und „erst wenn dies bejaht werden kann" in einem zweiten Schritt prüfen dürfen, ob der Bieter geeignet ist (materielle Eignungsprüfung), ist vor diesem Hintergrund unklar.

1. Trennung von Eignungs- und Zuschlagskriterien

3 Ungeachtet des verfahrenstechnisch flexibel gestaltbaren Ablaufs der Angebotsprüfung und -wertung, besteht auch im Anwendungsbereich der SektVO die vergaberechtliche Pflicht, zwischen Eignungs- (Auswahl-) und Zuschlagskriterien zu trennen.[2]

2. Öffnung der Angebote

4 Frühestmöglicher Beginn der Angebotsprüfung ist der Zeitpunkt, zu dem die Angebotsfrist abgelaufen ist.[3] Obwohl weitergehende ausdrückliche Vorgaben hinsichtlich der **Öffnung der Angebote** in der SektVO, anders als in der VOB/A, fehlen, sind Auftraggeber auch im Anwendungsbereich der SektVO bei der Öffnung der Angebote selbstverständlich nicht frei von Vorgaben. So kommt der Vertraulichkeit der Angebote zwar nach Ablauf der Angebotsfrist nicht mehr der gleiche Stellenwert zu wie im Vorfeld des Ablaufs der Angebotsfrist. Allerdings ist weiterhin darauf zu achten, dass die Integrität und Vertraulichkeit der Daten gewahrt bleibt (§ 5 Abs. 2 S. 2 SektVO). Zudem sind die Öffnung und die anschließenden Prüfungsschritte hinsichtlich jedes einzelnen Angebots ordnungsgemäß zu dokumentieren. Es ist ratsam, wenn auch nicht zwingend, die Öffnung der Angebote stets von mindestens zwei Vertretern des Auftraggebers vornehmen zu lassen, um auf diese Weise gar nicht erst den Anschein einer Manipulation entstehen zu lassen.

II. Angebotsprüfung

5 Bei der Festlegung der Kriterien, die zum Ausschluss vom Vergabeverfahren führen, sind Auftraggeber im Anwendungsbereich der SektVO zwar grds. frei. Diese Freiheit ist allerdings zum einen durch die Grundsätze der Transparenz, Gleichbehandlung und Nichtdiskriminierung und zum anderen durch die bekanntgemachten Ausschlusskriterien beschränkt.

1. Nicht frist- und formgerechte Angebote

6 Auftraggeber legen eine Frist für den Eingang der Angebote fest. Die Überschreitung dieser Ausschlussfrist führt auch im Sektorenbereich zwingend zum Ausschluss des verspätet eingegangenen Angebots, es sei denn der Bieter weist nach, dass er den verspäteten Eingang nicht zu vertreten hat. Das folgt bereits aus dem Transparenz- und Gleichbehandlungsgrundsatz. Entsprechendes gilt wie im klassischen Bereich öffentlicher Auftragsvergaben für nicht formgerecht eingegangene Angebote.

2. Unvollständige Angebote

7 Der Ausschluss eines Angebots aufgrund unvollständiger Unterlagen ist in der SektVO nicht ausdrücklich als zwingend geregelt. Schon Transparenz- und Gleichbehandlungsgrundsatz erfordern jedoch, unvollständige Angebote von der Wertung auszuschließen.[4] Aus § 51 Abs. 2 SektVO folgt zwar, dass fehlende Erklärungen und Nachweise innerhalb einer vom Auftraggeber bestimmten **Nachfrist** ermessensfehlerfrei[5] nachgefordert werden können. Konsequenz des erfolglosen Verstreichens der Nachfrist ist allerdings auch im Sektorenbereich der Ausschluss des Bieters.

---

[2] VK Bund Beschl. v. 22.6.2010 – VK 2-44/10, abrufbar über veris Datenbank.
[3] Müller-Wrede/*v. Wietersheim* SektVO § 51 Rn. 20; jurisPK-VergR/*Summa* § 26 SektVO Rn. 7f.
[4] OLG Brandenburg Beschl. v. 16.2.2012 – Verg W 1/12, IBR 2012, 290 = BeckRS 2012, 5195.
[5] Siehe hierzu für den Sektorenbereich: VK Sachsen Beschl. v. 31.7.2015 – 1/SVK/025-15, VPRRS 2015, 0374 = BeckRS 2016, 2816; VK Bund Beschl. v. 27.5.2014 – VK 2-31/14, IBR 2014, 495 = IBRRS 2014, 1731 = VPRRS 2014, 0414; zur Nachforderung von Preisblättern als Bestandteil indikativer Angebote im Verhandlungsverfahren im Sektorenbereich vgl. OLG Düsseldorf Beschl. v. 25.4.2012 – Verg 9/12, IBR 2012, 605 = BeckRS 2012, 16053.

3. Änderungen an den Vergabe- bzw. Vertragsunterlagen

In der SektVO fehlt es zwar an einem expliziten Ausschlussgrund bei **Änderungen an den Vergabe- bzw. Vertragsunterlagen,** jedoch folgt aus Art. 76 Abs. 5 SRL, dass derartige Angebote auch im Sektorenbereich zwingend auszuschließen sind.[6] Danach überprüfen Auftraggeber, dass die von den ausgewählten Bewerbern eingereichten Angebote den für Angebote und die Vergabe von Aufträgen geltenden Vorschriften und Anforderungen genügen. Ausgangspunkt für das Feststellen einer Abweichung von den Anforderungen sind immer die Bekanntmachung und die Vergabe- bzw. Vertragsunterlagen, die den Bietern zur Verfügung gestellt wurden. Angebote, die auf einer anderen Basis erstellt wurden als den allen Bietern zur Verfügung gestellten Unterlagen, werden ausgeschlossen. Der Nicht-Ausschluss des Angebots eines Bieters, der die vom Auftraggeber festgelegten „Spielregeln", etwa durch die Geltendmachung seiner eigenen Geschäftsbedingungen oder anderer Vorbehalte modifizieren will, verstößt gegen das von jedem öffentlichen Auftraggeber auch im Sektorenbereich einzuhaltende Gleichbehandlungsgebot.[7] Gleiches gilt, wenn ein Bieter die Erbringung der konkreten Leistung zum Gegenstand wie auch immer gearteter eigener Bedingungen zu machen sucht, ohne dass das ausdrücklich erlaubt wurde.[8] 8

4. Wettbewerbsbeschränkende Abreden

Im Gegensatz zur VOB/A enthält die SektVO keine expliziten Vorgaben hinsichtlich des Ausschlusses wegen wettbewerbsbeschränkender Absprachen. Es besteht jedoch gemäß § 124 Abs. 1 Nr. 4 GWB zu jedem Zeitpunkt des Vergabeverfahrens die Möglichkeit, ein Unternehmen von der Teilnahme an einem Vergabeverfahren ausschließen, wenn der Auftraggeber über hinreichende Anhaltspunkte dafür verfügt, dass das Unternehmen Vereinbarungen mit anderen Unternehmen getroffen hat, die eine Verhinderung, Einschränkung oder Verfälschung des Wettbewerbs bezwecken oder bewirken. Insbesondere zur Sicherstellung eines wirksamen, nicht verfälschten Wettbewerbs sind Aufraggeber bereits nach dem Gleichbehandlungs- und Wettbewerbsgebot gehalten, etwaigen Wettbewerbsbeschränkungen oder -verzerrungen entgegen zu treten. Dazu gehört der Schutz der Bieter vor Wettbewerbsbeschränkungen durch konkurrierende Bieter. Daraus folgt die Pflicht des Auftraggebers, Anhaltspunkten für eine Wettbewerbsverzerrung nachzugehen und alles zu vermeiden, was zu einer Gefährdung wirksamen Wettbewerbs führen könnte.[9] Wichtigster Anwendungsfall sind Absprachen von Bietern über den jeweils anderen Angebotsinhalt. Dahingehenden Anhaltspunkten hat der Auftraggeber nachzugehen und die betroffenen Bieter nach Gelegenheit zur Stellungnahme ggf. auszuschließen. 9

III. Angebotswertung

Gemäß § 52 Abs. 1 SektVO wird der Zuschlag nach Maßgabe des § 127 GWB auf das wirtschaftlichste Angebot erteilt. Es besteht hier Gleichklang mit dem klassischen Vergaberecht. 10

---

[6] VK Sachsen-Anhalt Beschl. v. 23.7.2014 – 2 VK LSA 2/14, IBRRS 2014, 2890; OLG Düsseldorf Beschl. v. 21.5.2008 – VII-Verg 19/08, ZfBR 2008, 834; VK Köln Beschl. v. 2.8.2011 – VK VOL 18/2011, IBRRS 2011, 3500 = VPRRS 2011, 0294; VK Bund Beschl. v. 27.7.2009 – VK 2-99/09, IBRRS 2013, 2754.

[7] VK Bund Beschl. v. 14.3.2017 – VK 1-15/17, BeckRS 2017, 111347; VK Köln Beschl. v. 2.8.2011 – VK VOL 18/2011, IBRRS 2011, 3500 = VPRRS 2011, 0294.

[8] jurisPK-VergR/*Summa* § 26 SektVO Rn. 33.

[9] VK Brandenburg Beschl. v. 2.10.2006 – 2 VK 38/06, ZfBR 2007, 185.

C. Ungewöhnlich niedrige Angebote

11 § 54 SektVO regelt den Umgang mit Angeboten, die im Vergleich zur angebotenen Leistung ungewöhnlich niedrig erscheinen. Die Regelung entspricht § 60 VgV, so dass insofern keine Abweichungen bestehen.

Nach der überwiegenden Meinung in Rechtsprechung und Literatur bezweckt diese Norm den Schutz allein des öffentlichen Auftraggebers.[10] Nur dieser soll davor geschützt werden, den Zuschlag einem Auftragnehmer zu erteilen, der im Verlauf der Vertragsabwicklung in wirtschaftliche Schwierigkeiten gerät und seinen Leistungspflichten nicht bzw. nicht frei von Mängeln nachkommen kann. Eine drittschützende Wirkung der Vorschrift könnte ausnahmsweise dann in Betracht kommen, wenn der niedrige Angebotspreis in Marktverdrängungsabsicht abgegeben worden wäre.[11]

Überpreisangebote werden in § 54 SektVO nicht geregelt. Ggf. ist die Ausschreibung wegen Unwirtschaftlichkeit ordnungsgemäß aufzuheben.

D. Angebote die Waren aus Drittländern umfassen

12 § 55 SektVO ermöglicht unter bestimmten Voraussetzungen die Bevorzugung von Angeboten, die aus Ländern stammen, die Vertragspartei des Abkommens über den Europäischen Wirtschaftsraum (EWR) sind oder mit denen Vereinbarungen über den gegenseitigen Marktzugang bestehen. Derartige **Regelungen bezüglich der Behandlung von Angeboten aus Drittstaaten finden sich weder in der VgV noch in der VOB/A.**

I. Zurückweisung von Angeboten

13 Der Auftraggeber eines Lieferauftrags kann Angebote zurückweisen, bei denen der Warenanteil zu mehr als 50% des Gesamtwertes aus Ländern stammt, die nicht Vertragsparteien des Abkommens über den EWR sind und mit denen auch keine sonstigen Vereinbarungen über gegenseitigen Marktzugang bestehen. Das BMWi gibt im Bundesanzeiger bekannt, mit welchen Ländern und auf welchen Gebieten solche Vereinbarungen bestehen. Die in § 55 Abs. 1 SektVO enthaltene Kann-Bestimmung verlangt keine Ermessensausübung mit Rücksicht auf bieterschützende Interessen; sie eröffnet dem Auftraggeber eine in seinem wirtschaftlichen Eigeninteresse liegende Befugnis, von der mit dem Normzweck beabsichtigten handelspolitischen Benachteiligung von Waren mit überwiegendem Drittlandsanteil absehen zu dürfen.[12]

Wie geprüft werden soll, ob der Warenanteil aus Drittländern die 50%-Marke überschreitet, ist in § 55 SektVO nicht geregelt. Während sich der Gesamtwert eines Angebots anhand objektiver Kriterien ermitteln lässt, ist unklar, wie im Einzelfall belegt werden kann, ob der fragliche **Warenanteil aus Drittländern** die 50%-Grenze überschreitet. Es ist daher empfehlenswert, dass Auftraggeber klare Vorgaben machen und ggf. Nachweise anfordern, anhand derer die Angebote auf das Vorliegen des Ausschlusstatbestands nach § 55 Abs. 1 SektVO geprüft werden können.[13]

II. Zuschlagsregel bei Gleichwertigkeit von Angeboten

14 Sind zwei oder mehrere Angebote nach den Zuschlagskriterien gleichwertig, so ist dasjenige Angebot zu bevorzugen, das nicht mit Blick auf die oben genannte 50%-Regel zurückgewiesen werden kann. Die Preise sind als gleichwertig anzusehen, wenn sie nicht um

---

[10] VK Bund Beschl. v. 8.1.2016 – VK 2-127/1 mwN, ZfBR 2016, 303.
[11] VK Bund Beschl. v. 8.1.2016 – VK 2-127/1 mwN, ZfBR 2016, 303.
[12] S. OLG Brandenburg Beschl. v. 2.6.2020 – 19 Verg 1/20, BeckRS 2020, 10996.
[13] Vgl. auch Eschenbruch/Opitz/Röwekamp/*Röwekamp*, 1. Aufl., § 28 Rn. 5 und 7.

mehr als 3% voneinander abweichen. Der Eintritt von Gleichwertigkeit scheint allerdings eine eher theoretische Konstellation zu betreffen, da Auftraggeber in der Regel mehrere Zuschlags(unter)kriterien (§ 29 SektVO) berücksichtigen.[14] Eine Ausnahme von der Bevorzugungsregel gilt zudem in den Fällen, in denen die Bevorzugung zum Erwerb von Ausrüstungen führen würde, die andere technische Merkmale als die vom Auftraggeber bereits genutzten Ausrüstungen aufweisen und dadurch bei Betrieb und Wartung zu Inkompatibilität oder technischen Schwierigkeiten oder zu unverhältnismäßigen Kosten führen würde.

E. Zuschlagskriterien und Zuschlagserteilung

Zuschlagskriterien und Zuschlagserteilung im Sektorenbereich sind in § 52 SektVO geregelt. Vergleichbare Regelungen finden sich in § 58 VgV sowie §§ 16dEU, 18EU VOB/A. 15

Im Rahmen der Wertung der Angebote hat sich der Auftraggeber auch im Sektorenbereich an die von ihm selbst aufgestellten und bekannt gemachten Zuschlags- und Unterkriterien zu halten (§ 52 Abs. 4 SektVO). Die Ermittlung des wirtschaftlichsten Angebots erfolgt auf der Grundlage des besten Preis-Leistungs-Verhältnisses. Neben dem Preis oder den Kosten können auch qualitative, umweltbezogene oder soziale Zuschlagskriterien berücksichtigt werden. Der Auftraggeber kann auch Festpreise oder Festkosten vorgeben, sodass das wirtschaftlichste Angebot ausschließlich nach qualitativen, umweltbezogenen oder sozialen Zuschlagskriterien bestimmt wird. 16

Bei technischen Geräten und Ausrüstungen kann deren Energieverbrauch bei der Entscheidung über den Zuschlag berücksichtigt werden, bei Bauleistungen jedoch nur dann, wenn die Lieferung der technischen Geräte oder Ausrüstungen ein wesentlicher Bestandteil der Bauleistung ist (§ 58 Abs. 2 SektVO). Diese Regelung ist nicht zwingend, sondern als „kann"-Vorschrift formuliert.[15] 17

§ 59 SektVO bezieht die Berücksichtigung des Energieverbrauchs und der Umweltauswirkungen von Straßenfahrzeugen als Zuschlagskriterien ein. Sollen der Energieverbrauch und die Umweltauswirkungen von Straßenfahrzeugen finanziell bewertet werden, ist die in Anlage 3 definierte Methode anzuwenden. Soweit die Angaben in Anlage 2 dem Auftraggeber einen Spielraum bei der Beurteilung des Energiegehaltes oder der Emissionskosten einräumen, nutzt er diesen Spielraum entsprechend den lokalen Bedingungen am Einsatzort des Fahrzeugs.

Auch im Sektorenbereich sind Auftraggeber verpflichtet, die Bieter über die beabsichtigte Zuschlagserteilung zu informieren. § 56 SektVO, der § 62 VgV entspricht, verweist auf **§ 134 GWB,** welcher die Pflicht und Anforderungen hinsichtlich der **Zuschlagsvorabinformation** regelt. Der Verweis ist lediglich deklaratorischer Natur, da sich die in Bezug genommenen Pflichten bereits aus dem höherrangigen GWB ergeben. 18

F. Aufhebung und Einstellung des Vergabeverfahrens

§ 57 SektVO regelt die vollständige oder teilweise Aufhebung bzw. Einstellung eines Vergabeverfahrens im Sektorenbereich.[16] Die SektVO enthält im Gegensatz zu VOB/A und VgV keinen abschließenden Katalog von Gründen, die zur Aufhebung bzw. Einstellung eines Verfahrens berechtigen.[17] Nach § 63 VgV etwa kommt eine Aufhebung nur dann in Betracht, wenn kein Angebot eingegangen ist, das den Bedingungen entspricht, sich die Grundlage des Vergabeverfahrens wesentlich geändert hat, kein wirtschaftliches Ergebnis 19

[14] *Zillmann* NZBau 2003, 480, 483f.
[15] BR-Drs. 522/09, Ausführungen zu § 29 SektVO, S. 55.
[16] Vgl. zur Rechtslage vor Erlass der Sektorenverordnung *Opitz* NZBau 2002, 19.
[17] *Opitz* VergabeR 2009, 689, 699.

erzielt wurde oder andere schwerwiegende Gründe bestehen. Wenn derartige Gründe vorliegen ist eine Aufhebung auch im Sektorenbereich zulässig.[18] Im Sektorenbereich kann eine Aufhebung aber auch auf Umstände gestützt werden, die nicht im vorgenannten Katalog gelistet sind.[19] Dafür kommen insbesondere solche Umstände in Betracht, die auch bei privaten Auftraggebern einen Abbruch von Vertragsverhandlungen gestatten würden, ohne dass dadurch das zwischen den Verhandlungsparteien bestehende vorvertragliche Vertrauensverhältnis verletzt würde. Die Aufhebung ist insofern von den Nachprüfungsinstanzen **nur eingeschränkt überprüfbar.**[20] Unzulässig sind allerdings willkürliche oder vorgebliche Aufhebungen.[21] Eine vorgebliche Scheinaufhebung liegt dann vor, wenn der Auftraggeber missbräuchlich den Schein einer Aufhebung setzt, um auf diese Weise dem von ihm bevorzugten Bieter den Auftrag zukommen zulassen.[22]

20 Der öffentliche Auftraggeber hat den am Vergabeverfahren beteiligten Unternehmen unverzüglich die Aufhebung oder Einstellung des Verfahrens und die Gründe hierfür sowie seine etwaige Absicht, ein neues Vergabeverfahren durchzuführen, in Textform mitzuteilen (§ 57 S. 2 SektVO).

G. Grenzen der Informations- und Mitteilungspflichten

21 Der Auftraggeber ist nicht verpflichtet, einzelne Angaben zu veröffentlichen, wenn deren Veröffentlichung den Gesetzesvollzug behindern, dem öffentlichen Interesse zuwiderlaufen, den berechtigten geschäftlichen Interessen eines Unternehmens schaden oder den lauteren Wettbewerb zwischen Unternehmen beeinträchtigen würde (§ 38 Abs. 6 SektVO).

H. Behandlung von Nebenangeboten

22 Auftraggeber haben auch im Sektorenbereich die Möglichkeit, Nebenangebote[23] zuzulassen. Das folgt aus § 33 SektVO. Eine ähnliche Regelung findet sich in § 35 VgV. Danach sind Nebenangebote auszuschließen, wenn der Auftraggeber diese nicht ausdrücklich zugelassen und ausreichende Mindestbedingungen festgelegt hat.[24] Ein Nebenangebot darf im Sektorenbereich ausdrücklich nicht allein deshalb zurückgewiesen werden, weil mit der Einreichung des Nebenangebots eine **Änderung der Vertragsart** von einem Liefer- in einen Dienstleistungsauftrag bzw. von einem Dienstleistungs- in einen Lieferauftrag einherginge (§ 33 Abs. 4 SektVO).[25] Anders als § 35 VgV enthält § 33 SektVO keine Klarstellung, dass Nebenangebote mit dem Auftragsgegenstand in Verbindung stehen müssen. Bei dieser Regel handelt es sich allerdings um eine vergaberechtliche Selbstverständlichkeit, welche ohne weiteres auch im Sektorenbereich zu beachten ist.

[18] VK Bund Beschl. v. 14.3.2017 – VK 1-15/17, BeckRS 2017, 111347.

[19] VK Sachsen Beschl. v. 5.6.2012 – 1/SVK/012-12, VPR 2014, 1012 = BeckRS 2013, 8594; Beschl. v. 10.5.2006 – 1/SVK/037-06, BeckRS 2006, 10650; Ziekow/Völlink/*Herrmann* SektVO § 57 Rn. 2.

[20] VK Lüneburg Beschl. v. 27.9.2010 – VgK-37/2010, IBRRS 2011, 1783.

[21] VK Sachsen Beschl. v. 5.6.2012 – 1/SVK/012-12, VPR 2014,1012 = BeckRS 2013, 8594; VK Brandenburg Beschl. v. 14.12.2007 – VK 50/07, IBR 2008, 111 = BeckRS 2008, 3348; VK Düsseldorf Beschl. v. 2.3.2007 – VK 05/2007-L, BeckRS 2007, 145190; OLG München Beschl. v. 12.7.2005 – Verg 8/05, ZfBR 2005, 714 = BeckRS 2005, 19924.

[22] OLG München Beschl. v. 12.7.2005 – Verg 8/05, ZfBR 2005, 714 = BeckRS 2005, 19924; OLG Düsseldorf Beschl. v. 15.3.2000 – Verg 4/00, NZBau 2000, 306.

[23] Zum Begriff des Nebenangebots *Dicks* VergabeR 2012, 318.

[24] VK Sachsen Beschl. v. 11.3.2011 – 1/SVK/001-11, IBR 2011, 663 = BeckRS 2011, 15184; EuGH Urt. v. 16.10.2003 – C-421/01, ZfBR 2004, 85 = BeckRS 2004, 77163 – Traunfeller, Rn. 27 f.; VK Sachsen Beschl. v. 5.3.2012 – 1/SVK/003-12, IBR 2012, 417.

[25] Eschenbruch/Opitz/Röwekamp/*Steck* § 33 Rn. 37.

I. Unteraufträge

Die SektVO regelt wiederholt, dass sich Auftraggeber zur Leistungserbringung auch der Hilfe von „Unterauftragnehmern" bedienen können (§ 34 SektVO).[26] Der Begriff des Unterauftragnehmers ist deckungsgleich mit dem Begriff des Nachunternehmers.[27] Gemäß § 34 Abs. 1 SektVO kann der Auftraggeber Unternehmen in der Auftragsbekanntmachung oder den Vergabeunterlagen auffordern, bei Angebotsabgabe die Teile des Auftrags, die sie im Wege der Unterauftragsvergabe an Dritte zu vergeben beabsichtigen, sowie, falls zumutbar, die vorgesehenen Unterauftragnehmer zu benennen. Vor Zuschlagserteilung kann der Auftraggeber von den Bietern, deren Angebote in die engere Wahl kommen, verlangen, die Unterauftragnehmer zu benennen und nachzuweisen, dass ihnen die erforderlichen Mittel dieser Unterauftragnehmer zur Verfügung stehen. Das entspricht § 36 VgV. 23

J. Dokumentation

Auch Sektorenauftraggeber sind allgemein verpflichtet, den Fortgang des Vergabeverfahrens zeitnah zu dokumentieren. Sie haben sicherzustellen, dass sie über eine ausreichende Dokumentation verfügen, um Entscheidungen in allen Phasen des Vergabeverfahrens, insbesondere zu den Verhandlungs- oder Dialogphasen, der Auswahl der Teilnehmer sowie der Zuschlagsentscheidung, nachvollziehbar zu begründen. Der Auftraggeber bewahrt die sachdienlichen Unterlagen zu jedem Auftrag auf. 24

Die Unterlagen müssen so ausführlich sein, dass zu einem späteren Zeitpunkt mindestens folgende Entscheidungen nachvollzogen (und ggf. gerechtfertigt) werden können:

1. Nichtanwendung dieser Verordnung aufgrund der Ausnahmen nach Teil 4 GWB,
2. Rückgriff auf Verhandlungsverfahren ohne vorherigen Teilnahmewettbewerb,
3. Gründe, aus denen andere als elektronische Kommunikationsmittel für die elektronische Einreichung von Angeboten verwendet wurden,
4. Qualifizierung und Auswahl der Teilnehmer und
5. Zuschlagserteilung.

Zu dokumentieren ist das gesamte Vergabeverfahren, beginnend mit der Kostenschätzung bis zum Zuschlag bzw. bis zur Aufhebung.[28] Die vorgenannte Auflistung ist daher nicht abschließend. Die Dokumentation muss immer so erstellt werden, dass der Auftraggeber in der Lage ist, eine in Frage gestellte Entscheidung oder Maßnahme allein mit Hilfe des Vergabevermerks zu rechtfertigen.[29]

Die Dokumentation ist bis zum Ende der Vertragslaufzeit oder Rahmenvereinbarung aufzubewahren, mindestens jedoch für drei Jahre ab dem Tag des Zuschlags. Gleiches gilt für Kopien aller abgeschlossenen Verträge, die über den folgenden Auftragswert liegen: 1 Mio. EUR im Falle von Liefer- oder Dienstleistungsaufträgen bzw. 10 Mio. EUR im Falle von Bauaufträgen. Die Dokumentation oder deren Hauptelemente ist der EU-Kommission sowie den zuständigen Aufsichts- oder Prüfbehörden auf Anforderung zu übermitteln.

---

[26] jurisPK-VergR/*Sommer* § 8 SektVO Rn. 33.

[27] Vgl. OLG Düsseldorf Beschl. v. 2.3.2011 – Verg 48/10, NZBau 2011, 244 = BeckRS 2011, 5552; VK Südbayern Beschl. v. 15.3.2010 – Z3-3-3194-1-09-02/10, IBRRS 2011, 0845.

[28] OLG Celle Beschl. v. 12.5.2016 – 13 Verg 10/15 mwN, NZBau 2016, 711.

[29] OLG Celle Beschl. v. 12.5.2016 – 13 Verg 10/15 mwN, NZBau 2016, 711.

§ 55 Rechtsfolgen von Vergaberechtsverstößen und Rechtsschutz (Besonderheiten)

Besonderheiten im Sektorenbereich bestehen hinsichtlich des Rechtsschutzes nicht, auch wenn zwei gesonderte EU Rechtsmittelrichtlinien existieren. Die Existenz **unterschiedlicher EU Rechtsmittelrichtlinien,** eine für den Sektorenbereich (Richtlinie 92/13/EWG)[1] und eine für den „klassischen" öffentlichen Sektor (Richtlinie 89/665/EWG)[2], resultierte ursprünglich daraus, dass einige Rechtsmittelvorschriften für Auftragsvergaben im Sektorenbereich flexibler waren als bei klassischen öffentlichen Auftragsvergaben. Mit Richtlinie 2007/66/EG[3] sind die bestehenden Rechtsmittelrichtlinien jedoch angeglichen worden. Zwar bleiben **kleinere Unterschiede zwischen den beiden Rechtsmittelrichtlinien bestehen:** Richtlinie 89/665/EWG sieht etwa lediglich Maßnahmen zur Sicherung der Rechte Beteiligter im Wege der einstweiligen Verfügung, der Aufhebung rechtswidriger Entscheidungen sowie Schadensersatzzahlungen vor (Art. 2 Abs. 1 Richtlinie 89/665/EWG), während Richtlinie 92/13/EWG auch „andere" Maßnahmen zulässt, die ergriffen werden können, um festgestellte Rechtsverstöße und Schädigungen zu beseitigen oder zu verhindern (Art. 2 Abs. 1 lit c Richtlinie 92/13/EWG). In Deutschland ist von dieser Möglichkeit indessen kein Gebrauch gemacht worden. Im Gegensatz zu den unionsrechtlichen Regelungen **sieht das GWB ein einheitliches Rechtsschutzverfahren vor,** das für „klassische" Auftragsvergaben ebenso gilt wie für den Sektorenbereich. Auf die Anwendung in der Richtlinie 92/13/EWG angelegter flexiblerer „anderer" Maßnahmen hat der deutsche Gesetzgeber verzichtet. Das ist europarechtlich nicht zu beanstanden, denn Richtlinie 2007/66/EG schließt die Anwendung schärferer Sanktionen nach innerstaatlichem Recht ausdrücklich nicht aus (Erwägungsgrund 20 der Richtlinie 2007/66/EG). Mittelbar resultieren Unterschiede zwischen den Rechtsschutzmöglichkeiten im klassischen Vergaberechtsbereich einerseits und dem Sektorenbereich andererseits natürlich daraus, dass das materielle Vergaberecht im Sektorenbereich weniger streng geregelt ist und Bewerbern und Bietern nicht alle subjektiven Bieterrechte zur Verfügung stehen, auf die Sie sich im klassischen Bereich berufen können. 1

[1] RL 92/13/EWG des Rates v. 25.2.1992 zur Koordinierung der Rechts- und Verwaltungsvorschriften für die Anwendung der Gemeinschaftsvorschriften über die Auftragsvergabe durch Auftraggeber im Bereich der Wasser-, Energie- und Verkehrsversorgung sowie im Telekommunikationssektor, ABl. L 76/14.

[2] RL 89/665/EWG des Rates v. 21.12.1989 zur Koordinierung der Rechts- und Verwaltungsvorschriften für die Anwendung der Nachprüfungsverfahren im Rahmen der Vergabeöffentlicher Liefer- und Bauaufträge, ABl. Nr. L 395/33.

[3] RL 2007/66/EG des Europäischen Parlaments und des Rates v. 11.12.2007 zur Änderung der Richtlinien 89/665/EWG und 92/13/EWG des Rates im Hinblick auf die Verbesserung der Wirksamkeit der Nachprüfungsverfahren bezüglich der Vergabe öffentlicher Aufträge, ABl. L 335/31.

Kapitel 11 Auftragsvergaben in den Bereichen Verteidigung und Sicherheit (VSVgV, VOB/A VS)

§ 56 Einführung

Übersicht

VSVgV: § 2

Literatur:
Byok, Reformierter Regelungsrahmen für Beschaffungen im Sicherheits- und Verteidigungssektor, NVwZ 2012, 70; *Dippel/Sterner/Zeiss* (Hrsg.), Praxiskommentar Beschaffung im Verteidigungs- und Sicherheitsbereich, 2013; *Eßig,* Beschaffungsstrategien der öffentlichen Hand in den Bereichen Verteidigung und Sicherheit am Beispiel der Bundeswehr, ZfBR 2016, 33; *Gabriel,* Defence Procurement: Auftragsvergaben im Bereich staatlicher Verteidigung und Sicherheit nach dem „Defence Package" der Europäischen Kommission, VergabeR 2009, 380; *Hertel/Schöning,* Der neue Rechtsrahmen für die Auftragsvergabe im Rüstungssektor, NZBau 2009, 684; *Herrmann/Polster,* Die Vergabe von sicherheitsrelevanten Aufträgen, NVwZ 2010, 341; *Heuninckx,* The EU Defence and Security Procurement Directive: trick or treat?, PPLR 2011, 9; *Hindelang/Eisentraut,* Rüstungsbeschaffung zwischen Bestimmungsfreiheit des Auftraggebers und Sicherstellung von Wettbewerb, EuZW 2019, 149; *Hopf,* Gesetz zur Änderung des Vergaberechts für die Bereiche Verteidigung und Sicherheit in Kraft, UBWV 2012, 180; *Höfler/Petersen,* Erstreckung des Binnenmarkts auf die Verteidigungs- und Sicherheitsmärkte? – Die Beschaffungsrichtlinie 2009/81/EG, EuZW 2011, 336; *Hölzl,* Neu: Der Konkurrent im Sicherheits- und Verteidigungsbereich. Zu den praktischen Auswirkungen des „Gesetzes zur Änderung des Vergaberechts für die Bereiche Verteidigung und Sicherheit", VergabeR 2012, 141; *Horstkotte/Hünemörder,* Vergabe von Aufträgen im Verteidigungs- und Sicherheitsbereich, LKV 2015, 541; *Leinemann/Kirch,* VSVgV – Vergabeverordnung Verteidigung und Sicherheit mit VOB/A-VS, 2013; *Pourbaix,* The future scope of application of Article 346 TFEU, PPLR 2011, 1; *Prieß,* Vergaberechtliche Deregulierung und (Re-) Regulierung in der Wirtschaftskrise, GewArch 2010, 24; *Rosenkötter,* Die Verteidigungsrichtlinie 2009/81/EG und ihre Umsetzung, VergabeR 2012, 267; *Roth/Lamm,* Die Umsetzung der Verteidigungsgüter-Beschaffungsrichtlinie in Deutschland, NZBau 2012, 609; *Scherer-Leydecker,* Verteidigungs- und sicherheitsrelevante Aufträge – Eine neue Auftragskategorie im Vergaberecht, NZBau 2012, 533; *Voll,* Der novellierte Regelungsrahmen zur Vergabe verteidigungs- und sicherheitsrelevanter öffentlicher Aufträge – Wertungswidersprüche und Zirkelschlüsse, NVwZ 2013, 120; *V. Wagner/Bauer,* Grundzüge des zukünftigen Vergaberegimes in den Bereichen Verteidigung und Sicherheit, VergabeR 2009, 856; *Weiner,* Das Ende einer Ära? – Die Auswirkungen der Richtlinie 2009/81/EG auf die Vergabe von Aufträgen im Verteidigungsbereich und insbesondere Offsets, EWS 2011, 401; *v. Wietersheim* (Hrsg.), Vergaben im Bereich Verteidigung und Sicherheit, 2013.

A. Einleitung

Im Vergleich zu anderen Feldern staatlicher Tätigkeit ist die Aufgabenwahrnehmung des Staates in den Bereichen Verteidigung und Sicherheit in besonderem Maße auf die Ausrüstung der handelnden Sachwalter mit den notwendigen Sachmitteln angewiesen. Innere und äußere Sicherheit sind **material- und damit beschaffungsintensiv.** So haben etwa die Mitgliedstaaten der Europäischen Verteidigungsagentur (alle EU-Mitgliedstaaten außer Dänemark) im Jahre 2018 insgesamt ca. 223 Milliarden EUR allein für Verteidigungsaufgaben ausgegeben;[1] hiervon nicht umfasst sind Ausgaben, die der inneren Sicherheit dienen. Von diesen Verteidigungsausgaben entfallen 44,505 Milliarden EUR auf Investitionen, wovon allein 35,741 Milliarden EUR die Beschaffung von Ausrüstung betreffen. Trotz der 1

[1] Europäische Verteidigungsagentur (European Defence Agency), 2018 Defence Data, abrufbar unter https://www.eda.europa.eu/info-hub/defence-data-portal; auch zum Folgenden.

Reduzierung der Ausgaben nach dem Ende des Ost-West-Konflikts bildet der Verteidigungssektor daher weiterhin einen wirtschaftlich bedeutsamen Bereich staatlicher Mittelverwendung. In gleicher Weise gilt dies für den Bereich der inneren Sicherheit.

2 Das Vergaberecht verhält sich gegenüber der Beschaffung in den Bereichen Verteidigung und Sicherheit im Grundsatz neutral[2]. Aufträge in diesen Sektoren sind nach den allgemeinen Bestimmungen insbesondere des Teils 4 des GWB und der zugehörigen untergesetzlichen Vorschriften zu vergeben, soweit deren jeweiliger Anwendungsbereich eröffnet ist. Faktisch wurde dieser Grundsatz in der Vergangenheit allerdings dadurch erheblich eingeschränkt, dass **Art. 346 Abs. 1 lit. b) AEUV** (vorm. Art. 296 Abs. 1 lit. b) EGV) den Mitgliedstaaten in den Bereichen Verteidigung und Sicherheit weitreichende Ausnahmen von der Anwendung des Unionsrechts ermöglicht[3]. Nach dieser Vertragsbestimmung kann jeder Mitgliedstaat die Maßnahmen ergreifen, die seines Erachtens für die Wahrung seiner wesentlichen Sicherheitsinteressen erforderlich sind, soweit sie die Erzeugung von Waffen, Munition und Kriegsmaterial oder den Handel damit betreffen und soweit dadurch die Wettbewerbsbedingungen der nicht eigens für militärische Zwecke bestimmten Waren nicht beeinträchtigt werden. Im deutschen Recht wird diese Bestimmung in § 107 Abs. 2 Nr. 2 GWB übernommen: Aufträge, die dem Anwendungsbereich von Art. 346 Abs. 1 lit. b) AEUV unterliegen, sind demnach vom Anwendungsbereich des Kartellvergaberechts ausgenommen.

3 Der EuGH hat in der Vergangenheit mehrfach den **Ausnahmecharakter** von Art. 346 Abs. 1 lit. b) AEUV betont und die Vorschrift in eine Reihe mit weiteren Bestimmungen wie Art. 36, 45 Abs. 3, 52, 65, 72 und 347 AEUV gestellt, die es den Mitgliedstaaten ermöglichen, aus Gründen der öffentlichen Sicherheit von der Anwendung des Vertrages abzusehen[4]. Daraus schließt der Gerichtshof in Übereinstimmung mit seiner sonstigen Rechtsprechung zu Ausnahmen vom Anwendungsbereich des Unionsrechts[5] insbesondere, dass Art. 346 Abs. 1 lit. b) AEUV eng auszulegen sei[6] und dass es dem Mitgliedstaat, der sich auf Art. 346 Abs. 1 lit. b) AEUV berufe, obliege, nachzuweisen, dass die Voraussetzungen dieser Ausnahme erfüllt seien[7]. Die Einschätzungsprärogative[8], die Art. 346 Abs. 1 lit. b) AEUV bereits dem Wortlaut nach den Mitgliedstaaten dadurch gewährt, dass die Erforderlichkeit der ergriffenen Maßnahmen für die Wahrung der wesentlichen Sicherheitsinteressen nach dem Erachten des betroffenen Mitgliedstaates zu prüfen ist, wird durch ein solches Verständnis erheblich eingeschränkt. Im Ergebnis gleicht der EuGH damit Art. 346 Abs. 1 lit. b) AEUV den auf die Wahrung der öffentlichen Sicherheit bezogenen Vorbehalten für die Geltung der Grundfreiheiten (Art. 36, 45 Abs. 3, 52 und 65

[2] S. auch *Roth/Lamm* NZBau 2012, 609; *Gabriel* VergabeR 2009, 380, 381f.; *V. Wagner/Bauer* VergabeR 2009, 856, 857.

[3] *Hindelang/Eisentraut* EuZW 2019, 149, 150.

[4] EuGH Urt. v. 4.3.2010 – C-38/06 – Kommission./.Portugal, BeckRS 2010, 90245 Rn. 62ff.; EuGH Urt. v. 15.12.2009 – C-372/05 – Kommission./.Deutschland, EuZW 2010, 152 Rn. 68ff.; EuGH Urt. v. 15.12.2009 – C-409/05 – Kommission./.Griechenland, BeckEuRS 2009, 508814 Rn. 50ff.; EuGH Urt. v. 8.4.2008 – C-337/05 – Kommission./.Italien, EuZW 2008, 372 Rn. 43f.; EuGH Urt. v. 16.9.1997 – C-414/97 – Kommission./.Spanien, Rn. 21f.

[5] S. dazu etwa die Nachweise bei Grabitz/Hilf/Nettesheim/*Leible/Streinz* Art. 36 AEUV Rn. 2ff.

[6] EuGH Urt. v. 4.3.2010 – C-38/06 – Kommission./.Portugal, BeckRS 2010, 90245 Rn. 63; EuGH Urt. v. 15.12.2009 – C-372/05 – Kommission./.Deutschland, EuZW 2010, 152 Rn. 70; EuGH Urt. v. 15.12.2009 – C-409/05 – Kommission./.Griechenland, BeckEuRS 2009, 508814 Rn. 51; EuGH Urt. v. 16.9.1997 – C-414/97 – Kommission./.Spanien, Rn. 21.

[7] EuGH Urt. v. 4.3.2010 – C-38/06 – Kommission./.Portugal, BeckRS 2010, 90245 Rn. 66; EuGH Urt. v. 15.12.2009 – C-372/05 – Kommission./.Deutschland, EuZW 2010, 152 Rn. 72; EuGH Urt. v. 15.12.2009 – C-409/05 – Kommission./.Griechenland, BeckEuRS 2009, 508814 Rn. 54; EuGH Urt. v. 8.4.2008 – C-337/05 – Kommission./.Italien, EuZW 2008, 372 Rn. 44; EuGH Urt. v. 16.9.1997 – C-414/97 – Kommission./.Spanien, Rn. 22.

[8] Dazu EuG Urt. v. 30.3.2003 – T-26/01 – Fiocchi munizioni SpA ./. Kommission, Rn. 58; *Roth/Lamm* NZBau 2012, 609, 611; *Höfler/Petersen* EuZW 2011, 336, 337; Grabitz/Hilf/Nettesheim/*Jaeckel* Art. 346 AEUV Rn. 3; Calliess/Ruffert/*Wegener* Art. 346 AEUV Rn. 3.

AEUV) an,[9] ohne dabei die tatbestandlichen Besonderheiten von Art. 346 Abs. 1 lit. b) AEUV zu beachten.

B. Die Richtlinie 2009/81/EG

Nicht zuletzt vor dem Hintergrund dieses restriktiven Verständnisses von Art. 346 Abs. 1 lit. b) AEUV kam die EU-Kommission im Jahre 2007 zu dem Schluss, dass eine Öffnung des Verteidigungssektors für den Binnenmarkt angezeigt sei[10]. Für beanstandungswürdig hielt die Kommission insbesondere, dass sich die Mitgliedstaaten bei der Vergabe von Aufträgen im Verteidigungssektor häufig auf Art. 346 Abs. 1 lit. b) AEUV beriefen und dabei die heimische Industrie deutlich bevorzugten.[11] Als Gründe dafür identifizierte die EU-Kommission das Bestreben der Mitgliedstaaten, Arbeitsplätze und Investitionen im eigenen Lande zu fördern sowie die Beschaffungssicherheit und die Vertraulichkeit der mit dem Auftrag verbundenen Informationen zu gewährleisten.[12] Aus der Sicht der EU-Kommission gefährdete dieser Zustand, verbunden mit weiteren Faktoren, die eine starke Ausrichtung der Verteidigungsbranche auf den jeweiligen Inlandsmarkt begründen, langfristig die Wettbewerbsfähigkeit der europäischen Verteidigungsindustrie.[13] Als Abhilfe sah die EU-Kommission in ihrem sogenannten Verteidigungspaket[14] im Wesentlichen zwei inzwischen umgesetzte Maßnahmen vor: Die **Verteidigungsgüterrichtlinie**[15] zielt darauf ab, die Genehmigungsverfahren für die Verbringung von Rüstungsgütern innerhalb der EU zu vereinfachen und dadurch den grenzüberschreitenden Handel mit Rüstungsgütern innerhalb der EU zu erleichtern.[16] Vergaberechtlichen Charakter weist die **Richtlinie zur Vergabe in den Bereichen Verteidigung und Sicherheit**[17] auf: Sie enthält spezifische Vorgaben für die Vergabe von Aufträgen in den Bereichen Verteidigung und Sicherheit, die in höherem Maße als die bisherigen allgemeinen Vergaberichtlinien SKR und VKR den besonderen Belangen öffentlicher Auftraggeber bei der Beschaffung in den Bereichen Verteidigung und Sicherheit Rechnung tragen sollen. 4

Die Vorbehalte, die das Primärrecht zum Schutz der öffentlichen Sicherheit vorsieht, werden von der Richtlinie 2009/81/EG bereits aus Gründen der Normhierarchie nicht berührt.[18] Insbesondere der Ausnahmetatbestand in Art. 346 Abs. 1 lit. b) AEUV bleibt daher auch unter Geltung des novellierten Rechtsrahmens für die Vergabe von Aufträgen in den Bereichen Verteidigung und Sicherheit weiterhin bestehen und ermöglicht es den Mitgliedstaaten, von der Anwendung der EU-rechtlichen Vorgaben für Auftragsvergaben 5

[9] Vgl. auch Grabitz/Hilf/Nettesheim/*Jaeckel* Art. 346 AEUV Rn. 7 m. Fn. 5.

[10] Mitteilung der Kommission an das Europäische Parlament, den Rat, den Europäischen Wirtschafts- und Sozialausschuss und den Ausschuss der Regionen v. 5.12.2007: „Eine Strategie für eine stärkere und wettbewerbsfähigere europäische Verteidigungsindustrie", KOM (2007) 764 endg.; s. ferner die Mitteilung der Kommission v. 7.12.2006 zu Auslegungsfragen bezüglich der Anwendung des Art. 296 des Vertrages zur Gründung der Europäischen Gemeinschaft (EGV) auf die Beschaffung von Verteidigungsgütern, KOM (2006) 779 endg.

[11] KOM (2007) 764 endg., 4f.; dazu auch *Rosenkötter* VergabeR 2012, 267, 268; *Weiner* EWS 2011, 401; *V. Wagner/Bauer* VergabeR 2009, 856; *Gabriel* VergabeR 2009, 380, 382.

[12] KOM (2007) 764 endg., 4.

[13] KOM (2007) 764 endg., 6.

[14] KOM (2007) 764 endg.

[15] Richtlinie 2009/43/EG des Europäischen Parlamentes und des Rates v. 6.5.2009; s. dazu *Rosenkötter* VergabeR 2012, 267; *Gabriel* VergabeR 2009, 380, 387f.

[16] KOM (2007) 764 endg., 7.

[17] Richtlinie 2009/81/EG des Europäischen Parlaments und des Rates v. 13.7.2009 über die Koordinierung der Verfahren zur Vergabe bestimmter Bau-, Liefer- und Dienstleistungsaufträge in den Bereichen Verteidigung und Sicherheit und zur Änderung der Richtlinien 2004/17/EG und 2004/18/EG.

[18] S. auch den Anwendungsvorbehalt in Art. 2 RL 2009/81/EG.

abzusehen, soweit die dort normierten Voraussetzungen erfüllt sind[19]. Vor diesem Hintergrund besteht die **Funktion der Richtlinie 2009/81/EG** darin, durch Schaffung eines eigenen Rechtsrahmens für die Vergabe verteidigungs- und sicherheitsrelevanter Aufträge den öffentlichen Auftraggebern eine Möglichkeit zu geben, bei gleichzeitiger Wahrung ihrer Sicherheitsinteressen Aufträge im Wettbewerb zu vergeben[20]. Mittelbar wirkt dies durchaus auf die Reichweite von Art. 346 Abs. 1 lit. b) AEUV zurück und engt diese ein: Denn unter Geltung des von der Richtlinie 2009/81/EG geschaffenen Rechtsrahmens für Beschaffungen in den Bereichen Verteidigung und Sicherheit setzt der Rückgriff auf den Ausnahmetatbestand voraus, dass nicht einmal die Sonderregeln der Richtlinie 2009/81/EG genügen dürfen, um die wesentlichen Sicherheitsinteressen des betroffenen Mitgliedsstaats zu wahren. Stärker als zuvor wird daher die Anwendung von Art. 346 Abs. 1 lit. b) AEUV nunmehr nur noch als *ultima ratio* in Betracht kommen[21].

6 Ausgehend davon sind die Bestimmungen der Richtlinie 2009/81/EG darauf ausgerichtet, die Regelungen des allgemeinen EU-Vergaberechts, das sich namentlich aus der SRL und der VRL ergibt, an die **besonderen Bedürfnisse öffentlicher Auftraggeber bei Vergaben in den Bereichen Verteidigung und Sicherheit** anzupassen und insbesondere Verfahrenserleichterungen zu schaffen, die eine wettbewerbliche Auftragsvergabe bei gleichzeitiger Wahrung der wesentlichen Sicherheitsinteressen der öffentlichen Auftraggeber in diesem Bereich ermöglichen sollen. Diese Zielrichtung zeigt sich beispielhaft in den Bestimmungen zur Verfahrensart: Nach Art. 25 RL 2009/81/EG werden Aufträge ausschließlich im nichtoffenen Verfahren, im Verhandlungsverfahren mit oder ohne vorangehender Bekanntmachung oder im wettbewerblichen Dialog vergeben, so dass das offene Verfahren als eine in besonderem Maße auf Transparenz und Marktoffenheit ausgerichtete Vergabeart hier ausscheidet. Darüber hinaus soll der in den Bereichen Verteidigung und Sicherheit besonders bedeutsame Schutz von Verschlusssachen dadurch sichergestellt werden, dass der Auftraggeber nach Art. 20 iVm Art. 22 RL 2009/81/EG Festlegungen zur Wahrung der Informationssicherheit treffen kann und gemäß Art. 42 Abs. 1 lit. j) RL 2009/81/EG darauf gerichtete Eignungsnachweise verlangen kann. Daneben sieht die Richtlinie besondere Bestimmungen zum Schutz der Versorgungssicherheit, dh der Sicherstellung der Deckung des Beschaffungsbedarfs des Auftraggebers, vor: So kann der Auftraggeber nach Art. 20 iVm Art. 23 RL 2009/81/EG Vorgaben zur Wahrung der Versorgungssicherheit aufstellen, und Art. 42 Abs. 1 lit. h) RL 2009/81/EG gestattet es dem Auftraggeber, auf den Schutz der Versorgungssicherheit zielende Eignungsnachweise zu verlangen. Weitere Besonderheiten betreffen ua die Vorschriften zum Einsatz von Unterauftragnehmern (Art. 20 iVm Art. 21 sowie Art. 50ff. RL 2009/81/EG), zu Rahmenvereinbarungen (Art. 29 RL 2009/81/EG) und zum Rechtsschutz (Art. 55ff. RL 2009/81/EG).

C. Die Umsetzung der Richtlinie 2009/81/EG ins deutsche Recht

7 Dem Bundesgesetzgeber ist die **Umsetzung der Richtlinie 2009/81/EG in das deutsche Recht** schwergefallen[22]. Die Frist zur Umsetzung nach Art. 72 Abs. 1 RL 2009/81/EG lief am 21.8.2011 ab; bis dahin existierten lediglich ein Rundschreiben des Bundes-

[19] *Rosenkötter* VergabeR 2012, 267, 273; *Roth/Lamm* NZBau 2012, 609, 611; *Höfler/Petersen* EuZW 2011, 336, 337; *V. Wagner/Bauer* VergabeR 2009, 856, 861; *Gabriel* VergabeR 2009, 380, 386; *Hertel/Schöning* NZBau 2009, 684, 685; vertiefend *Pourbaix* PPLR 2011, 1.

[20] KOM (2007) 764 endg., 7; s. ferner die Begründung zum Richtlinienvorschlag der Kommission, KOM (2007) 766 endg., 2f.; dazu auch *Hindelang/Eisentraut* EuZW 2019, 149, 150; *Rosenkötter* VergabeR 2012, 267, 268; *Hölzl* VergabeR 2012, 141, 147; *Heuninckx* PPLR 2011, 9, 10f.; *Weiner* EWS 2011, 401; *Gabriel* VergabeR 2009, 380, 386; *V. Wagner/Bauer* VergabeR 2006, 856, 861f.

[21] *V. Wagner/Bauer* VergabeR 2006, 856, 861f.

[22] Dazu *Byok* NVwZ 2012, 70; *Hölzl* VergabeR 2012, 141; *Rosenkötter* VergabeR 2012, 267, 274f.; *Roth/Lamm* NZBau 2012, 609, 610; *Scherer-Leydecker* NZBau 2012, 533.

ministeriums für Wirtschaft und Technologie[23] und ein Erlass des Bundesministeriums für Verkehr, Bau und Stadtentwicklung[24], so dass ab diesem Zeitpunkt die zwingenden Vorgaben der Richtlinie 2009/81/EG nach den allgemeinen Grundsätzen des Unionsrechts unmittelbar galten[25]. Erst am 14.12.2011 trat mit dem Gesetz zur Änderung des Vergaberechts für die Bereiche Verteidigung und Sicherheit[26] eine legislative Maßnahme zur Überführung der Richtlinie 2009/81/EG in die innerstaatliche Rechtsordnung in Kraft. Sie führte zu mehreren Änderungen des GWB; neben weiteren Modifikationen wurden insbesondere die Bestimmungen zur Anwendbarkeit des Kartellvergaberechts in den §§ 100 bis 100c GWB aF weitgehend neu gefasst.[27] Zur weitergehenden Umsetzung wurde am 12.7.2012 die Vergabeordnung für die Bereiche Verteidigung und Sicherheit zur Umsetzung der Richtlinie 2009/81/EG des Europäischen Parlaments und des Rates vom 13.7.2009 über die Koordinierung der Verfahren zur Vergabe bestimmter Bau-, Liefer- und Dienstleistungsaufträge in den Bereichen Verteidigung und Sicherheit und zur Änderung der Richtlinien 2004/17/EG und 2004/18/EG[28] verkündet[29]. Sie enthält nicht nur Bestimmungen zu den maßgeblichen Schwellenwerten und zu allgemeinen Verfahrensgrundsätzen, sondern regelt zugleich für Liefer- und Dienstleistungsaufträge innerhalb ihres Anwendungsbereichs das gesamte Vergabeverfahren, so dass sie diejenigen Regelungsfunktionen, die im Bereich des allgemeinen Kartellvergaberechts vor der Vergaberechtsreform 2016 die Vergabeverordnung einerseits und die früheren Vergabeordnungen (VOB/A, VOL/A und VOF) andererseits übernahmen, auf sich vereint. Ebenso wie schon zuvor im Geltungsbereich der Sektorenverordnung und nach der Vergaberechtsreform 2016 in den Geltungsbereichen der Vergabeverordnung und der Konzessionsvergabeverordnung wurde damit für Liefer- und Dienstleistungsaufträge im Anwendungsbereich der Vergabeverordnung Verteidigung und Sicherheit die Kaskadenstruktur des Kartellvergaberechts[30] aufgegeben. Bei sicherheits- und verteidigungsspezifischen Bauaufträgen hingegen ist es bei der Kaskadenstruktur geblieben; hier gelten nur einzelne Bestimmungen der Vergabeordnung Verteidigung und Sicherheit (§ 2 Abs. 2 S. 1 VSVgV), während die Einzelheiten des Vergabeverfahrens in einem neu geschaffenen Abschnitt 3 der VOB/A (VOB/A VS) geregelt sind, dessen Geltung von § 2 Abs. 2 S. 2 VSVgV angeordnet wird.

Die **Vergabeverordnung Verteidigung und Sicherheit** beginnt mit allgemeinen Bestimmungen (§§ 1 bis 9 VSVgV), in denen insbesondere der sachliche Anwendungsbereich und die maßgeblichen Schwellenwerte festgelegt werden (§§ 1 bis 3 und 5 VSVgV). Die §§ 7 bis 9 enthalten für alle Auftragsarten geltende inhaltliche Vorgaben für das Vergabeverfahren; für Liefer- und Dienstleistungsaufträge wird das Vergabeverfahren im Übrigen im Teil 2 der Verordnung (§§ 10 bis 37 VSVgV) geregelt. Bedingt durch das Ziel, innerhalb des Anwendungsbereichs der Verordnung das gesamte Verfahren zur Vergabe von Liefer- und Dienstleistungsaufträgen abzubilden[31], enthält die Verordnung Vorgaben zu allen Stufen des Vergabeverfahrens von der Wahl der Verfahrensart (§ 11 bis 13 VSVgV) über 8

[23] Rundschreiben v. 26.7.2011 zur Anwendung der Richtlinie 2009/81/EG des europäischen Parlaments und des Rates vom 13.7.2009 über die Koordinierung der Verfahren zur Vergabe bestimmter Bau-, Liefer- und Dienstleistungsaufträge in den Bereichen Verteidigung und Sicherheit und zur Änderung der Richtlinien 2004/17/EG und 2004/18/EG – IB6-26004.

[24] Erlass v. 26.7.2011 betreffend die Richtlinie 2009/81/EG über die Koordinierung der Verfahren zur Vergabe bestimmter Bau-, Liefer- und Dienstleistungsaufträge in den Bereichen Verteidigung und Sicherheit – B15-8162.2/3.

[25] OLG Düsseldorf Beschl. v. 8.6.2011 – VII-Verg 49/11, NZBau 2011, 501 mAnm. *Freitag; Rosenkötter* VergabeR 2012, 267, 280f.; *Scherer-Leydecker* NZBau 2012, 533, 534.

[26] BGBl. I 2011, 2570.

[27] Dazu *Byok* NVwZ 2012, 70, 72ff.; *Hölzl* VergabeR 2012, 141, 143f.; *Roth/Lamm* NZBau 2012, 609, 610f.

[28] Vergabeverordnung Verteidigung und Sicherheit (VSVgV).

[29] BGBl. I 2012, 1509.

[30] Dazu etwa Pünder/Schellenberg/*Fehling* § 97 GWB Rn. 28.

[31] Begründung der Bundesregierung zur Vergabeverordnung Verteidigung und Sicherheit v. 25.5.2012, BR-Drs. 321/12, 35.

die Eignungsnachweise (§§ 21 bis 28 VSVgV) bis hin zur Öffnung, Prüfung und Wertung der Angebote (§§ 30 bis 34 VSVgV). Weitere Teile der Verordnung betreffen die Untervergabe von Aufträgen (§§ 38 bis 41 VSVgV) sowie sonstige besondere Bestimmungen (§§ 42 bis 44 VSVgV).

9 Der **Abschnitt 3 der VOB/A** (VOB/A VS) ist im Geltungsbereich der Vergabeverordnung Verteidigung und Sicherheit gemäß § 2 Abs. 2 S. 2 VSVgV für die Vergabe sicherheits- und verteidigungsspezifischer Bauaufträge anzuwenden; daneben gelten gemäß § 2 Abs. 2 S. 1 VSVgV die §§ 1 bis 4, 6 bis 9 und 38 bis 42 sowie 44 bis 46 VSVgV. Auf Grund der Übernahme der Kaskadenstruktur für diesen Bereich entspricht die Struktur des Abschnitts 3 weitestgehend derjenigen des Abschnitts 2 der VOB/A. Ebenso wie schon für Liefer- und Dienstleistungsaufträge wurde auch bei Bauaufträgen davon abgesehen, nur die Besonderheiten der Vergaben in den Bereichen Verteidigung und Sicherheit zu normieren. Stattdessen enthält der Abschnitt 3 der VOB/A eine ebenso umfassende Regelung des Vergabeverfahrens wie der Abschnitt 2 der VOB/A für Bauaufträge des allgemeinen Kartellvergaberechts. Die Abweichungen des Vergabeverfahrens für Verteidigungs- und Sicherheitsaufträge ergeben sich aus den einzelnen Sachvorschriften, zB aus § 3 VS VOB/A hinsichtlich der einzelnen Vergabearten.

10 Die **Vergaberechtsreform 2016** hat das Vergaberecht in den Bereichen Verteidigung und Sicherheit weitgehend unberührt gelassen. Die wichtigste Änderung besteht darin, dass der zuvor zu Abgrenzungszwecken benutzte Begriff der verteidigungs- und sicherheitsrelevanten Aufträge (§ 99 Abs. 7 GWB 2013) ersetzt wurde durch den Begriff der verteidigungs- und sicherheitsspezifischen Aufträge (§ 104 GWB). Weitere Änderungen betreffen Anpassungen an die im Zuge der Vergaberechtsreform vorgenommenen Änderungen in anderen Bereichen.

11 Mit dem **Gesetz zur beschleunigten Beschaffung im Bereich der Verteidigung und Sicherheit und zur Optimierung der Vergabestatistik** vom 25. 3. 2020[32] hat der Gesetzgeber kleinere Modifikationen im Recht der Vergabe von Aufträgen in den Bereichen Verteidigung und Sicherheit vorgenommen. Zu ihnen gehört insbesondere die Ergänzung der Regelungen in § 107 Abs. 2 S. 2 und 3 GWB, die Beispiele für die Berührung wesentlicher Sicherheitsinteressen iSv Art. 346 Abs. 1 AEUV nennen. Ferner wurden in den Vorschriften über das Nachprüfungsverfahren (§ 169 Abs. 2, § 173 Abs. 2, § 176 Abs. 1 GWB) Regelbeispiele zur Betonung der Verteidigungs- und Sicherheitsinteressen ergänzt. § 12 Abs. 1 Nr. 1 VSVgV schließlich wurde um Regelbeispiele für dringliche Gründe, die die Wahl des Verhandlungsverfahrens ohne Teilnahmewettbewerb rechtfertigen, ergänzt.

[32] BGBl. I 2020, 674.

§ 57 Anwendungsbereich

Übersicht

GWB: § 104, § 106 Abs. 2 Nr. 3, § 107 Abs. 2, §§ 111, 112 Abs. 3 und 4, § 117, §§ 144, 145, § 150

Literatur:

Siehe die Literaturangaben zu § 56, sowie *Aicher,* Die Ausnahmetatbestände, in Müller-Wrede (Hrsg.), Kompendium des Vergaberechts (2008); *Byok,* Die Entwicklung des Vergaberechts seit 2012, NJW 2013, 1488; *Byok,* Die Entwicklung des Vergaberechts seit 2013, NJW 2015, 1490; *Ullrich,* Vergabe durch internationale Organisationen, in: Grabitz/Hilf, Das Recht der Europäischen Union, 40. Aufl. (2009), Sekundärrecht, B. 17; *Dippel,* Ausnahmebestimmungen im Umfeld verteidigungs- und sicherheitsrelevanter Aufträge, in: v. Wietersheim (Hrsg.): Vergaben im Bereich Verteidigung und Sicherheit (2013), 35 ff.; *Haak/Koch,* Geheimvergabe im Lichte der Vergaberechtsreform: Ein tiefer Blick in die Glaskugel, NZBau 2016, 204; *Heuninckx,* Lurking at the Boundaries: Applicability of EU Law to Defence and Security Procurement, PPLR 2010/1, 91; *Heuninckx,* Applicable Law to the Procurement of International Organisations in the European Union, PPLR 2011/4, 103; *Höfler,* Die Begrenzung des sachlichen Anwendungsbereichs des Vierten Teils des GWB durch Art. 346 AEUV und ihre Auswirkungen auf die deutsche Beschaffungspraxis, in: Prieß/Lau/Kratzenberg (Hrsg.), Wettbewerb – Transparenz – Gleichbehandlung: 15 Jahre GWB-Vergaberecht (FS Marx), 255 ff.; *Höfler,* Beschaffung und Betrieb von Waffensystemen im Spannungsfeld von Vergabe- und Beihilfenrecht, NZBau 2015, 736; *Hölzl,* Neu: Der Konkurrent im Verteidigungs- und Sicherheitsbereich, VergabeR 2012, 141; *Mösinger/Juraschek,* Keine Flucht in Sicherheitsinteressen!, NZBau 2019, 93; *Otting,* Die Umsetzung der Richtlinie 2009/81/EG in das deutsche Recht: Systematik und erste Erfahrungen, in Prieß/Lau/Kratzenberg (Hrsg.), Wettbewerb – Transparenz – Gleichbehandlung: 15 Jahre GWB-Vergaberecht (FS Marx), 527 ff.; *Prieß/Hölzl,* Ausnahmen bleiben die Ausnahme! Zu den Voraussetzungen der Rüstungs-, Sicherheits- und Geheimhaltungsausnahme sowie eines Verhandlungsverfahrens ohne Vergabebekanntmachung, NZBau 2008, 563; *Rosenkötter,* Die Verteidigungsrichtlinie 2009/81/EG und ihre Umsetzung, VergabeR 2012, 267; *Scherer-Leydecker,* Verteidigungs- und sicherheitsrelevante Aufträge – Eine neue Auftragskategorie im Vergaberecht, NZBau 2012, 533; *Scherer-Leydecker/Wagner,* Die Definition verteidigungs- und sicherheitsrelevanter Aufträge nach §§ 99 Abs. 7 bis 9 und 13 GWB, in: v. Wietersheim (Hrsg.): Vergaben im Bereich Verteidigung und Sicherheit (2013), 95 ff.; *Trybus,* Buying Defence and Security in Europe (2014); *Voll,* Der novellierte Regelungsrahmen zur Vergabe verteidigungs- und sicherheitsrelevanter öffentlicher Aufträge: Wertungswidersprüche und Zirkelschlüsse, NVwZ 2013, 120; *Ziekow,* Die Wirkung von Bereichsausnahmen vom Vergaberecht, VergabeR 2007, 711.

A. Einleitung

Zum Verständnis des Anwendungsbereichs der speziellen Vergaberegeln für verteidigungs- 1
und sicherheitsspezifische Aufträge lohnt ein Blick auf die Beweggründe des europäischen

Gesetzgebers bei der Einführung der Richtlinie 2009/81/EU. Bereits im Jahre 2004 hatte die EU-Kommission in einem Grünbuch auf die Notwendigkeit des schrittweisen Aufbaus eines **transparenteren und offeneren europäischen Marktes für Verteidigungsgüter** hingewiesen. Die Verteidigungsmärkte waren national weitgehend abgeschottet. Trotz erheblicher Militärausgaben der Mitgliedstaaten wurde kaum ein Auftrag an andere als nationale Lieferanten vergeben. Die Auftragsvergabe im Militärbereich zeichnete sich traditionell durch eine **extensive Anwendung der Ausnahmeregelung** des früheren Art. 296 EG (jetzt Art. 346 AEUV) aus. Danach vergaben die Mitgliedstaaten den weitaus größten Teil der Aufträge im Verteidigungssektor ohne Anwendung der (grundsätzlich anwendbaren) Vergaberegeln der VKR.[1]

2 Nach Auffassung der EU-Kommission widersprach diese Situation nicht nur dem Grundgedanken eines gemeinsamen Binnenmarkts, sondern überreizte auch den Anwendungsbereich des Art. 346 AEUV. Entsprechend ihrer Ankündigung im Rahmen des Berichts über die Ergebnisse der Konsultation zum Grünbuch Ende 2005[2] veröffentlichte die EU-Kommission zunächst eine Mitteilung zu Auslegungsfragen im Zusammenhang mit der Anwendung des Art. 346 AEUV (ex-Art. 296 EG).[3] Parallel trieb sie die Entwicklung einer spezifischen Richtlinie für die Beschaffung von Verteidigungsmaterial voran. Die Einführung eines spezifischen Vergaberegimes für Aufträge im Bereich Verteidigung und Sicherheit durch die Richtlinie 2009/81/EG[4] als Teil des Verteidigungspakets der EU-Kommission[5] und die nationalen Umsetzungsregelungen der Mitgliedstaaten markieren den wohl vorerst letzten Meilenstein auf dem Weg zu einem gemeinsamen Binnenmarkt im Verteidigungssektor. Das Vorgehen der EU-Kommission, die Anwendung des Art. 346 AEUV über ein **spezielles, flexibleres Vergaberegime** für sicherheits- und verteidigungsspezifische Aufträge zurückzudrängen, lässt sich plastisch als Prinzip „Zuckerbrot und Peitsche“ bezeichnen:[6] Die Kommission droht mit der Peitsche in Form der strengen Verfolgung einer missbräuchlichen Anwendung des Ausnahmetatbestands, offeriert jedoch zugleich das Zuckerbrot eines flexibleren Vergaberegimes.

3 Die Richtlinie 2009/81/EG wurde durch das Gesetz zur Änderung des Vergaberechts für die Bereiche Verteidigung und Sicherheit[7] in **deutsches Recht** umgesetzt; die Einzelheiten des Vergaberegimes wurden dabei in der im Jahr 2012 erlassenen Vergabeverordnung Verteidigung und Sicherheit (VSVgV) geregelt. Im Rahmen der **Vergaberechtsmodernisierung 2016** wurden die insbesondere Regelungen zum Anwendungsbereich der besonderen Regelungen für Verteidigungs- und Sicherheitsvergaben in einigen wichtigen Punkten neu gefasst. Durch das Gesetz zur beschleunigten Beschaffung im Bereich der Verteidigung und Sicherheit und zur Optimierung der Vergabestatistik vom 20.3. 2020[8] wurden weitere Änderungen vorgenommen, insbesondere die Ausnahmeregelung des § 107 Abs. 2 GWB in Bezug auf wesentliche staatliche Sicherheitsinteressen näher präzisiert.

B. Allgemeines zum Anwendungsbereich

4 Der Anwendungsbereich des speziellen Vergaberegimes für verteidigungs- und sicherheitsspezifische Aufträge wird maßgeblich durch den in § 104 GWB definierten **Begriff des verteidigungs- oder sicherheitsspezifischen Auftrags** bestimmt. Dabei handelt es sich

---

[1] Nach Art. 10 VKR galt diese „vorbehaltlich des Art. 296 des Vertrags, für die Vergabe öffentlicher Aufträge durch öffentliche Auftraggeber im Verteidigungsbereich“.
[2] KOM (2005) 626 v. 6.12.2005.
[3] KOM (2006) 779 v. 7.12.2006.
[4] Richtlinie 2009/81/EG des Europäischen Parlaments und des Rates v. 13.7.2009.
[5] KOM (2007) 764.
[6] *Heuninckx* PPLR 2010, 91, der von einer „carrot and stick strategy“ spricht.
[7] BGBl. I 2011, 2570.
[8] BGBl. I 2020, 674.

um keinen eigenen Vertragstyp, die Definition knüpft vielmehr an die bekannten Auftragstypen des Bau-, Dienstleistungs- und Liefervertrags an.[9] Die Vorgaben zum Anwendungsbereich gehen auf Art. 1 Nr. 6, 7 und Art. 2 Richtlinie 2009/81/EU zurück. § 104 Abs. 2 und 3 GWB definieren die in diesem Zusammenhang relevanten Begriffe **Militärausrüstung** und **Verschlusssachenauftrag.**

Bestimmte Aufträge im Verteidigungs- und Sicherheitsbereich bleiben weiterhin **insgesamt** vom GWB-Vergaberecht **ausgenommen.** § 107 Abs. 2 GWB enthält eine Ausnahme für Vergaben, die Art. 346 AEUV unterfallen. § 145 GWB enthält weitere besondere Ausnahmetatbestände für Auftragsvergaben in den Bereichen Verteidigung und Sicherheit. §§ 117 enthält daneben weitere Ausnahmen für Aufträge, die nicht unter den Begriff des verteidigungs- oder sicherheitsspezifischen Auftrags fallen, gleichwohl aber Verteidigungs- und Sicherheitsaspekte aufweisen. Aufgrund des gemeinschaftsrechtlichen Hintergrunds sind die Regelungen zum Anwendungsbereich und die Ausnahmetatbestände im Lichte der Richtlinien 2009/81/EG und der VRL sowie des Primärrechts, insbesondere Art. 346 Abs. 1 AEUV, auszulegen. 5

Die Vorschriften für verteidigungs- und sicherheitsspezifische Vergaben gelten **nur für Aufträge, nicht auch für Konzessionen.** Hintergrund ist, dass die Richtlinie 2009/81/EU Konzessionen nicht erfasst. Für Konzessionen in den Bereichen Verteidigung und Sicherheit im Sinne der Richtlinie 2009/81/EG gelten nach Art. 10 Abs. 6 KonzRL vielmehr die allgemeinen Regelungen der KonzRL. Für diese Konzessionen enthält § 150 GWB einen eigenen Katalog von Ausnahmen. Allerdings dürfte die Vergabe von Konzessionen im Verteidigungs- und Sicherheitsbereich ohnehin nur in seltenen Ausnahmefällen in Betracht kommen. Denn das besondere Wesensmerkmal der Konzession, dass der Konzessionär seine Vergütung über die Nutzung bzw. Vermarktung seiner Leistung erzielt, ist im Regelfall schwerlich mit den berührten Sicherheitsinteressen vereinbar.[10] 6

Das spezielle Regime für verteidigungs- und sicherheitsspezifische Aufträge gilt nur oberhalb der **EU-Schwellenwerte.** Diese liegen für **Lieferungen und Dienstleistungen doppelt so hoch** wie für gewöhnliche Aufträge (derzeit 418.000 EUR); für Bauaufträge entsprechen sie denen des klassischen Bereichs (derzeit 5.225.000 EUR). § 106 Abs. 2 Nr. 3 GWB verweist wegen des konkreten Schwellenwerts auf Art. 8 der Richtlinie 2009/81/EG in der jeweils geltenden Fassung.[11] Unterhalb der EU-Schwellenwerte richtet sich das Vergabeverfahren nach dem Haushaltsrecht des Bundes und der Länder.[12] 7

C. Aufträge im Bereich Verteidigung

Der Begriff des verteidigungs- oder sicherheitsspezifischen Auftrags in § 104 GWB umfasst primär Aufträge im Verteidigungsbereich, dh im Bereich der militärischen Sicherheit. Dazu gehört gem. § 104 Abs. 1 Nr. 1 GWB zunächst die **Lieferung von Militärausrüstung** einschließlich dazugehöriger Teile, Bauteile oder Bausätze. **Annexleistungen** im unmittelbaren Zusammenhang mit der Lieferung von Militärausrüstung unterliegen während des gesamten Lebenszyklus der Ausrüstung ebenfalls dem verteidigungsspezifischen Vergaberegime (§ 104 Abs. 1 Nr. 3 GWB). Dabei kommt es nicht darauf an, ob der Annexauftrag Bauleistungen, Lieferungen oder Dienstleistungen betrifft. **Bau- und Dienstleistungen** speziell für militärische Zwecke, aber ohne unmittelbaren Zusammenhang mit 8

[9] *Scherer-Leydecker* NZBau 2012, 533 (534).

[10] So zutreffend RKPP/*Fandrey* GWB, § 150 Rn. 1. Denkbar scheinen Konzessionen beispielsweise bei einem Pachtvertrag zum Betrieb einer Kasernenkantine oder dem Betrieb eines WLAN-Netzes für Soldaten und ziviles Personal. Dazu näher → Rn. 129 und Fn. 237.

[11] Art. 8 lit. b RL 2009/81/EG iVm Art. 1 der VO (EU) 2015/2340 der Kommission v. 15.12.2015 zur Änderung der Richtlinie 2009/81/EG (EU-ABl. Nr. L 330 v. 16.12.2015, 14).

[12] Begr. zu VSVgV, BR-Drs. 321/12, 34.

einem Lieferauftrag für Militärausrüstung unterfallen demgegenüber § 104 Abs. 1 Nr. 4 GWB.

9 Nach der Legaldefinition in § 104 GWB liegt ein verteidigungsspezifischer Auftrag bereits dann vor, wenn der Auftragsgegenstand mindestens eine der genannten Leistungen umfasst; auf den Anteil dieser Leistungen am Gesamtauftrag kommt es nicht an.

I. Lieferaufträge über Militärausrüstung

10 Nach der Definition in § 104 Abs. 2 GWB ist Militärausrüstung jede **Ausrüstung,** die eigens zu **militärischen Zwecken** konzipiert oder für militärische Zwecke angepasst wird und zum Einsatz als **Waffe, Munition oder Kriegsmaterial** bestimmt ist.

1. Ausrüstung

11 Der **Begriff der Ausrüstung** ist weder in der Richtlinie noch im GWB definiert. Nach allgemeinem Sprachgebrauch wird unter „Ausrüstung" die Gesamtheit der Gegenstände verstanden, mit denen jemand oder etwas **für einen bestimmten Zweck ausgestattet** ist.[13] Maßgeblich ist demnach, dass der Liefergegenstand für den Nutzer eine bestimmte Funktion erfüllt, um ihn bei der Ausführung einer Aufgabe oder der Erreichung eines Ziels zu unterstützen.[14] Eine Ausrüstung ist mit anderen Worten ein Gegenstand, der dem Nutzer dazu dient, einen bestimmen Zweck zu erreichen.[15] Der Begriff ist dabei nicht auf körperliche Gegenstände (dh Sachen im zivilrechtlichen Sinne) beschränkt, sondern kann auch nicht-körperliche Gegenstände wie Software, Daten und Informationen oder Energie umfassen.[16]

2. Konzeption oder Anpassung für militärische Zwecke

12 Die Ausrüstung muss gemäß § 104 Abs. 2 GWB für militärische Zwecke **konzipiert** oder **angepasst** sein. Nach der EuGH-Rechtsprechung handelt es sich in beiden Fällen um ein **objektives** Merkmal.[17] Die konkrete Verwendungsabsicht des Aufraggebers ist nicht entscheidend (spielt aber im Rahmen des weiteren Tatbestandsmerkmals der Bestimmung für den militärischen Einsatz eine Rolle; dazu → Rn. 19 ff.).

13 **a) Konzeption für militärische Zwecke.** Objektiv **zu militärischen Zwecken konzipiert** im Sinne von § 104 Abs. 2 HS. 1 GWB sind zunächst diejenigen Produkte, die in der sog. **Kriegswaffenliste** aufgeführt sind.[18] Dabei handelt es sich um die vom Rat in der Entscheidung 255/58 vom 15.4.1958 angenommene Liste[19] von Waffen, Munition und Kriegsmaterial.

14 Die **Kriegswaffenliste** umfasst (1.) Handfeuerwaffen, (2.) artilleristische Waffen einschließlich Nebel- Gas- und Flammenwerfer, (3.) Munition für die unter 1. und 2. genannten Waffen, (4.) Bomben, Torpedos und ferngesteuertes Kriegsgerät, (5.) Feuerleitungsmaterial für militärische Zwecke, (6.) Panzerwagen und eigens für militärische Zwecke konzipierte Fahrzeuge (7.) toxische und radioaktive Wirkstoffe, (8.) Pulver, Explo-

---

13 So die Definition des Duden Wörterbuchs (online unter www.duden.de).

14 *Scherer-Leydecker* NZBau 2012, 533 (535); *Scherer-Leydecker/Wagner* in v. Wietersheim, 95, 100 f.

15 Beck VergabeR/*v. Wietersheim* GWB § 104 Rn. 35.

16 *Scherer-Leydecker* NZBau 2012, 533 (535); Beck VergabeR/*v. Wietersheim* GWB § 104 Rn. 35.

17 EuGH Urt. v. 7.6.2012 – C-615/10, IBRRS 2012, 2179 Rn. 40 bis 44 – InsTiimi Oy. Die Entscheidung betrifft im Ausgangspunkt zwar die Ausnahme für Rüstungsgüter nach Art. 346 Abs. 1 lit. b AEUV, der EuGH verweist in dem Zusammenhang (Rn. 42 des Urteils) jedoch auch auf Erwägungsgrund 10 der RL 2009/81/EG, der für militärische Zwecke angepasste Güter behandelt. Ähnlich Dippel/Sterner/Zeiss/*Contag* § 104 GWB Rn. 26.

18 Erwägungsgrund 10 RL 2009/81/EG.

19 Abgedruckt in der Antwort des Rates v. 27.9.2001 auf eine Schriftliche Parlamentsanfrage in Amtsblatt EG Nr. C 364E v. 21.12.2001, 85 f.

sionsstoffe und flüssige oder feste Treibmittel, (9.) Kriegsschiffe und deren Sonderausrüstungen, (10.) Luftfahrzeuge und ihre Ausrüstungen zu militärischen Zwecken, (11.) Elektronenmaterial für militärische Zwecke, (12.) eigens für militärische Zwecke konstruierte Aufnahmegeräte, (13.) bestimmte sonstige Ausrüstungen und Material (Fallschirme, militärisches Material zum Überqueren von Wasserläufen und militärische Scheinwerfer), (14) Teile und Ersatzteile des in der Liste aufgeführten Materials, soweit sie militärischen Charakter haben, sowie (15.) Maschinen, Ausrüstungen und Werkzeuge, die ausschließlich für die Entwicklung, Herstellung, Prüfung und Kontrolle der in der Liste genannten Waffen, Munition und rein militärischen Geräte entwickelt wurden.

Die Liste ist **nicht abschließend.**[20] Die Liste ist schon aufgrund ihres Alters nur beschränkt zur Eingrenzung des Begriffs der Militärausrüstung geeignet. Bestimmte Arten von Militärausrüstung wie beispielsweise militärspezifische IT-Soft- und Hardware gab es zum Zeitpunkt der Erstellung der Liste noch nicht.[21] Die Liste ist daher als **generische Liste** zu verstehen, die unter Berücksichtigung der sich weiter entwickelnden Technologie, Beschaffungspolitik und militärische Anforderungen und der einhergehenden Entwicklung neuer Arten von Produkten weit auszulegen ist.[22] Zur weiteren Präzisierung kann beispielsweise auf die aktuellere **gemeinsame Militärgüterliste** der Europäischen Union[23] zurückgegriffen werden.[24] Nach Erwägungsgrund 10 der Richtlinie 2009/81/EG *können* sich die Mitgliedsstaaten bei der nationalen Umsetzung auf die vorstehende Liste beschränken; sie müssen dies jedoch. Deutschland hat von der Möglichkeit, die Umsetzung auf die Liste beschränken, keinen Gebrauch gemacht. Für deutsche Auftraggeber beschränkt sich Militärausrüstung im Sinne des § 104 Abs. 2 GWB daher nicht auf die vorstehenden Produkte. 15

Soweit die militärische Konzeption der Ausrüstungsgegenstände nicht bereits anhand der vorgenannten Listen festgestellt werden kann, ist deren Charakter im Einzelfall zu bestimmen. Entscheidend ist die **objektive Konzeption** der Ausrüstungsgegenstände. Relativ einfach ist die Abgrenzung bei solchen Gütern, bei denen **keine sinnvolle zivile Nutzung** denkbar ist. Das betrifft „harte" Rüstungsgüter wie Panzer, Marschflugkörper, Kampfflugzeuge und Minen.[25] Als Abnehmer solcher Ausrüstung kommen ausschließlich militärische Einrichtungen in Betracht; zivile Abnehmer haben dafür keine legitime Verwendung. Dabei macht es keinen Unterschied, ob die Ausrüstung vom Mitgliedstaat für den Einsatz durch eigene Streitkräfte beschafft wird oder für den Einsatz durch private Söldnerunternehmen, die an einer Militäroperation mitwirken.[26] 16

Dual-Use-Güter, die sowohl zu militärischen als auch zivilen Zwecken genutzt werden können, werden von der Bestimmung dagegen **nicht per se erfasst.**[27] Für die Einordnung als Militärausrüstung kann daher nicht auf die für die Exportkontrolle erstellten Dual-Use-Güter-Listen (Anhänge der Dual-Use Verordnung[28] und die Ausfuhrliste[29]) zurückgegriffen werden.[30] Solche Gegenstände wie etwa Spezialwerkstoffe, Hochleistungsrechner oder Unterwasserfahrzeuge können zwar zu militärischen Zwecken genutzt werden, sind hierfür jedoch gerade **nicht** notwendigerweise **konzipiert.** Die bloße Möglichkeit einer militärischen Endverwendung erfüllt die Voraussetzungen des § 104 17

[20] Ebenso Immenga/Mestmäcker/*Dreher* GWB § 99 Rn. 105; Leinemann/Kirch/*Homann* GWB § 99 Rn. 21; aA *Trybus,* Buying Defence and Security in Europe, 262.
[21] EU-Kommission, Directive 2009/81/EC: Guidance Note „Field of Application", 4.
[22] Erwägungsgrund 10 RL 2009/81/EG.
[23] EU-Abl. Nr. C 85 v. 22.3.2012, 1.
[24] RL 2009/81/EG Erwägungsgrund 10; Beck VergabeR/*v. Wietersheim* GWB § 104 Rn. 34.
[25] Vgl. *Prieß/Hölzl* NZBau 2008, 563 (564).
[26] Zweifelnd *Heuninckx* PPLR 2010, 91 (99) hinsichtlich des Einsatzes durch „private military contractors".
[27] So auch Beck VergabeR/*v. Wietersheim* GWB § 104 Rn. 43 mit eingehender Begründung.
[28] Verordnung (EG) Nr. 428/2009 des Rats v. 5.5.2009.
[29] Anlage AL zur Außenwirtschaftsverordnung, BAnz. 2010, Nr. 58a (Beilage) zuletzt geändert durch die 109. Verordnung zur Änderung der Ausfuhrliste am 31.3.2010, BAnz. S. 1351.
[30] AA *Scherer-Leydecker* NZBau 2012, 533 (536).

Abs. 2 GWB nicht.[31] Auch nach Auffassung der EU-Kommission sind Dual-Use-Gegenstände daher grundsätzlich nicht als Militärausrüstung im Sinne der Richtlinie 2009/81/EG anzusehen.[32] Ein ursprünglich für zivile Zwecke gedachter Dual-Use-Gegenstand ist nur dann als Militärausrüstung anzusehen, wenn er infolge substanzieller Änderungen als speziell für militärische Zwecke konzipiert oder angepasst angesehen werden kann.[33] Ein für militärische Zwecke konzipierter Gegenstand, der zu militärischen Zwecken beschafft wird, verliert seine Eigenschaft als Militärausrüstung aber nicht dadurch, dass er auch für zivile Zwecke eingesetzt werden kann.[34]

18 **b) Anpassung für militärische Zwecke.** Weitaus schwieriger kann die Abgrenzung sein, wenn eine **nachträgliche Anpassung** für militärische Zwecke im Raum steht. Auch in diesem Fall genügt es nicht, wenn neben einer zivilen auch eine militärische Verwendung möglich ist. Eine Anpassung der Ausrüstung für militärische Zwecke liegt vor, wenn das Produkt zwar ursprünglich für eine zivile Nutzung entwickelt wurde, dann jedoch durch klar erkennbare **militärisch-technische Ausstattungen ergänzt** wurde.[35] Entscheidend ist dabei eine substantielle Anpassung, die die (objektiven) Produkteigenschaften betrifft und spezifisch einem militärischen Zweck dient.[36] In Betracht kommt beispielsweise die Ausstattung mit Waffensystemen, Radarstörsystemen oder anderen militärspezifischen Funktionen, für die es bei einem zivilen Einsatz keinen legitimen Bedarf gibt. Wird ein Fahrzeug lediglich mit einem Tarnanstrich versehen, indiziert das für sich genommen noch keine spezifisch militärische Verwendung und genügt daher nicht.[37]

3. Bestimmung zum Einsatz als Waffe, Munition oder Kriegsmaterial

19 Nach § 104 Abs. 2 HS 2 GWB muss die Ausrüstung ferner zum **Einsatz als Waffe, Munition oder Kriegsmaterial bestimmt** sein. Dabei handelt sich um ein **subjektives** Merkmal. Entscheidend ist die **konkrete Verwendungsabsicht** des Auftraggebers. Das Merkmal gilt sowohl für Ausrüstung, die eigens zu militärischen Zwecken konzipiert ist, als auch für Ausrüstung, die für solche Zwecke angepasst wurde.[38] Bei speziell für militärische Zwecke konzipierter Ausrüstung kann ein Einsatz als Waffe, Munition oder Kriegsmaterial jedoch typischerweise angenommen werden.[39] Ein Einsatz durch die Streitkräfte reicht für sich genommen aber noch nicht aus. Entscheidend ist vielmehr, ob eine **militärische** oder eine nicht-militärische **Nutzung** beabsichtigt ist.[40] Bei Beschaffungen der Bundeswehr ist zu berücksichtigen, dass die Bundeswehr nach dem Grundgesetz auch zur Hilfe bei Naturkatastrophen oder besonders schweren Unglücksfällen sowie in weiteren Ausnahmesituationen eingesetzt werden kann.[41] Gerätschaften, die für solche zivilen Unterstützungsmaßnahmen eingesetzt werden sollen, erfüllen das Merkmal des beabsichtigten Einsatzes als Waffe, Munition oder Kriegsmaterial nicht.

20 Im Anwendungsbereich des § 104 Abs. 2 GWB ist der Begriff **Waffe im militärischen Sinne** zu verstehen. Der Waffenbegriff des WaffenG betrifft einen zivilen Umgang mit

[31] EuGH Urt. v. 7.6.2012 – C-615/10, IBRRS 2012, 2179 Rn. 44 – InsTiimi Oy; Dippel/Sterner/Zeiss/*Contag* § 104 GWB Rn. 24; Leinemann/Kirch/*Homann* § 99 GWB Rn. 22.

[32] EU-Kommission, Bericht über die Umsetzung der Richtlinie 2009/81/EG zur Auftragsvergabe in den Bereichen Verteidigung und Sicherheit, COM (2012) 565, 5.

[33] EuGH Urt. v. 7.6.2012 – C-615/10, BeckRS 2012, 81171 Rn. 44 – InsTiimi Oy.

[34] So auch Beck VergabeR/*v. Wietersheim* GWB § 104 Rn. 44.

[35] EU-Kommission, Directive 2009/81/EC: Guidance Note „Field of Application", 5.

[36] EuGH Urt. v. 7.6.2012 – C-615/10, BeckRS 2012, 81171 Rn. 44 – InsTiimi Oy.

[37] Leinemann/Kirch/*Homann* § 99 GWB Rn. 22.

[38] *Scherer-Leydecker* NZBau 2012, 533 (536).

[39] Dippel/Sterner/Zeiss/*Contag* § 104 GWB Rn. 29, unter Verweis auf VK Bund Beschl. v. 21.8.2014 – VK 2-59/14.

[40] Vgl. EuGH Urt. v. 8.4.2008 – C-337/05, EuZW 2008, 372 Rn. 47 – Agusta-Hubschrauber.

[41] *Scherer-Leydecker* NZBau 2012, 533 (535).

Waffen und kann im Rahmen des § 104 Abs. 2 GWB daher nicht herangezogen werden.[42] Möglich ist ein Rückgriff auf die Definition in § 1 Abs. 2 Kriegswaffenkontrollgesetz. Danach sind Kriegswaffen alle Gegenstände, Stoffe und Organismen, die geeignet sind, allein in Verbindung miteinander oder mit anderen Gegenständen, Stoffen oder Organismen Zerstörungen oder Schäden an Personen oder Sachen zu verursachen und als Mittel der Gewaltanwendung bei bewaffneten Auseinandersetzungen zwischen Staaten zu dienen. Die Aufnahme in die Kriegswaffenkontrollliste[43] begründet ein starkes Indiz für das Vorliegen einer militärischen Waffe.[44]

Munition im Sinne des § 104 Abs. 2 GWB meint die nicht fest mit der Waffe verbundenen Teile, die die eigentliche schädigende Wirkung der Waffe herbeiführen.[45] Bei bestimmten Waffen kann fraglich sein, ob es sich um Munition oder einen Teil der Waffe handelt. Eine nähere Abgrenzung ist jedoch nicht erforderlich, da § 104 Abs. 1 Nr. 1 GWB ausdrücklich auch Waffenteile erfasst. 21

Der Begriff des **Kriegsmaterials** im Sinne des § 104 Abs. 2 GWB umfasst solche Gegenstände, die im Kampfeinsatz oder bei der Gefechtsführung eingesetzt werden und bei denen es sich nicht bereits um Waffen und Munition handelt. Hierzu gehören beispielsweise zum Kampfeinsatz vorgesehene unbewaffnete Fahrzeuge, militärische Schutz- oder Tarnausrüstung, Gefechtsleit- und Zieleinrichtungen, Instandhaltungs-, Transport- oder Pioniergerät.[46] 22

Um Militärausrüstung im Sinne des § 104 Abs. 2 GWB handelt es sich nur dann, wenn die **militärische Verwendung** der Ausrüstungsgegenstände feststeht. Entscheidender Zeitpunkt ist die Einleitung des Vergabeverfahrens.[47] Ist die Nutzung für militärische Zwecke zu diesem Zeitpunkt ungewiss, unterliegt die Auftragsvergabe den allgemeinen Vergaberegeln.[48] 23

4. Annexaufträge

Nach § 104 Abs. 1 Nr. 3 GWB sind auch solche Aufträge verteidigungsspezifisch, die Bauleistungen, Lieferungen und Dienstleistungen **im unmittelbaren Zusammenhang mit Militärausrüstung** in allen Phasen des **Lebenszyklus** der Ausrüstung betreffen. Der Begriff der verteidigungsspezifischen Aufträge wird damit auf sogenannte Annexaufträge erweitert. 24

Der Annexauftrag muss in **unmittelbarem Zusammenhang** mit Militärausrüstung im Sinne des § 104 Abs. 1 Nr. 1 GWB stehen. Wann ein unmittelbarer Zusammenhang in diesem Sinne vorliegt, wird im GWB nicht definiert. Die Bezugnahme auf alle Phasen des Lebenszyklus der Ausrüstung indiziert eine **weite Auslegung.**[49] Nach Erwägungsgrund 12 der Richtlinie 2009/81/EG umfasst der Lebenszyklus der Produkte die Forschung und Entwicklung, industrielle Entwicklung, Herstellung, Reparatur, Modernisierung, Änderung, Instandhaltung, Logistik, Schulung, Erprobung, Rücknahme und Beseitigung. Als Annexdienstleistungen kommen damit insbesondere Integrations- und Wartungsleistungen in Betracht, aber auch Studien, Bewertungen, Lagerung, Transport, Demontage und Zerstörung sowie alle weiteren Dienstleistungen.[50] 25

---

[42] *Scherer-Leydecker* NZBau 2012, 533 (536).
[43] Anlage zum Kriegswaffenkontrollgesetz.
[44] *Scherer-Leydecker* NZBau 2012, 533 (536).
[45] *Scherer-Leydecker* NZBau 2012, 533 (536).
[46] *Scherer-Leydecker* NZBau 2012, 533 (536).
[47] Beck VergabeR/*v. Wietersheim* GWB § 104 Rn. 40.
[48] Vgl. EuGH Urt. v. 8.4.2008 – C-337/05, EuZW 2008, 372 (374) Rn. 47 – Agusta-Hubschrauber.
[49] AA wegen des Ausnahmecharakters der Vorschrift für eine enge Auslegung Beck VergabeR/*v. Wietersheim* GWB § 104 Rn. 20; Immenga/Mestmäcker/*Dreher* GWB Rn. 273.
[50] RL 2009/81/EG Erwägungsgrund 12.

Der unmittelbare Zusammenhang kann aus dem Zweck oder den Bedingungen des Einsatzes der Militärausrüstung abzuleiten sein.[51] Die Verbindung muss so eng sein, dass die Annexleistungen ohne den Bezug auf die Militärausrüstung keinen Sinn hätten.[52] Annexlieferungen können beispielsweise zusätzliche Ausrüstungsgegenstände wie spezielle Einsatzanzüge oder Helme für Kampfpiloten seien.[53] Nach Auffassung der VK Bund besteht ein unmittelbarer Zusammenhang auch bei der Lieferung von Treibstoff und Betankungsleistungen für Streitkräfte.[54] Im Baubereich können Annexleistungen beispielsweise die Errichtung von Testeinrichtungen für Militärausrüstung umfassen.[55] Beim Bau eines Flugzeughangars zur Unterbringung von Kampfflugzeugen ist ein unmittelbarer Zusammenhang anzunehmen.[56]

II. Bau- und Dienstleistungsaufträge für militärische Zwecke

26 Nach § 104 Abs. 1 Nr. 4 GWB sind verteidigungs- oder sicherheitsspezifische Aufträge auch **Bau- und Dienstleistungen** speziell für militärische Zwecke. Anders als die Annexleistungen in § 104 Abs. 1 Nr. 3 GWB müssen derartige Bau- und Dienstleistungen nicht in unmittelbarem Zusammenhang mit der Lieferung von Militärausrüstung stehen. § 104 Abs. 1 Nr. 4 GWB qualifiziert Bau- und Dienstleistungen bereits dann als verteidigungsspezifisch, wenn sie für sich genommen einen **speziellen militärischen Zweck** verfolgen. Erfasst werden beispielsweise Dienstleistungsaufträge für Truppentransporte oder Bauaufträge für spezifisch militärische Einrichtungen wie beispielsweise Luftschutzbunker.[57]

D. Sicherheitsspezifische Aufträge im zivilen Bereich

27 Die Sonderregelungen für verteidigungs- und sicherheitsspezifische Aufträge gelten gemäß § 104 GWB auch für bestimmte **sicherheitsrelevante Beschaffungen aus dem zivilen Bereich.** Für die erfassten Aufträge ist kennzeichnend, dass sie **Militäraufträgen vergleichbar** sind und als **ebenso sensibel** angesehen werden.[58]

Auch im Bereich der nicht-militärischen Sicherheit genügt es, dass der Auftragsgegenstand mindestens eine sicherheitsspezifische Leistung umfasst; auf den Anteil dieser Leistung am Gesamtauftrag kommt es nicht an. Im Einzelnen sind folgende Aufträge erfasst:

I. Lieferaufträge über Ausrüstung im Rahmen eines Verschlusssachenauftrags

28 Das Vergaberegime für verteidigungs- und sicherheitsspezifische Aufträge gilt gemäß § 104 Abs. 1 Nr. 2 GWB zunächst für **Lieferaufträge** über nicht-militärische **Ausrüstung,** die im Rahmen eines **Verschlusssachenauftrags** vergeben wird. Lieferaufträge sind demnach sicherheitsspezifisch, wenn sie (1.) ein Verschlusssachenauftrag sind und (2.) Ausrüstung zum Gegenstand haben.

---

[51] EU-Kommission, Directive 2009/81/EC: Guidance Note „Field of Application", 5.
[52] EU-Kommission, Directive 2009/81/EC: Guidance Note „Field of Application", 5.
[53] EU-Kommission, Directive 2009/81/EC: Guidance Note „Field of Application", 5.
[54] VK Bund Beschl. v. 12.12.2014 – VK 1-98/14, VPRRS 2015, 0073.
[55] EU-Kommission, Directive 2009/81/EC: Guidance Note „Field of Application", 5.
[56] Ebenso Beck VergabeR/*v. Wietersheim* GWB § 104 Rn. 20; enger *Scherer-Leydecker* NZBau 2012, 533 (539), dem zufolge es darauf ankommen soll, ob für den Bau des Hangars nähere Kenntnisse über das Flugzeug und seine betrieblichen Anforderungen notwendig sind.
[57] EU-Kommission, Directive 2009/81/EC: Guidance Note „Field of Application", 6.
[58] RL 2009/81/EG Erwägungsgrund 11; dazu sogleich → Rn. 30f.

1. Verschlusssachenauftrag

Der Begriff des **Verschlusssachenauftrags** ist für den Anwendungsbereich der Vergaberegeln für sicherheitsspezifische Aufträge außerhalb des Militärbereichs von zentraler Bedeutung. § 104 Abs. 3 GWB definiert einen Verschlusssachenauftrag als Auftrag im speziellen Bereich der nicht-militärischen Sicherheit, der ähnliche Merkmale aufweist und ebenso schutzbedürftig ist wie ein Auftrag für militärische Zwecke und bei dessen Ausführung **Verschlusssachen** verwendet werden oder der Verschlusssachen erfordert oder beinhaltet. 29

a) Auftrag im speziellen Bereich der nicht-militärischen Sicherheit. Ein Verschlusssachenauftrag setzt zunächst voraus, dass es sich um einen Auftrag im speziellen Bereich der **nicht-militärischen Sicherheit** handelt, der **ähnliche Merkmale** aufweist und **ebenso schutzbedürftig** ist wie ein Lieferauftrag für Militärausrüstung im Sinne von § 104 Abs. 1 Nr. 1 GWB oder ein Bau- oder Dienstleistungsauftrag für militärische Zwecke im Sinne von § 104 Abs. 1 Nr. 4 GWB. Im Kern geht es um den Schutz der Mitgliedstaaten **vor äußeren und inneren Bedrohungen.** Die Betonung, dass der Auftrag ähnliche Merkmale aufweisen und ebenso schutzbedürftig sein muss wie ein Militärauftrag (die auf Erwägungsgrund 11 der RL 2009/81/EG zurückgeht) soll Umgehungen des allgemeinen Vergaberechts verhindern; die Schutzbedürftigkeit muss tatsächlich bestehen und sich aus der besonderen Sicherheitsrelevanz der Leistung oder ihrer Verwendung ergeben.[59] 30

In Erwägungsgrund 11 der Richtlinie 2009/81/EG wird dazu beispielhaft auf Fälle der **Zusammenarbeit** zwischen militärischen und nicht-militärischen Einsatzkräften im Rahmen gemeinsamer Missionen sowie den **Schutz der nationalen Sicherheit** vor „ernsten Bedrohungen durch nicht-militärische und/oder nichtstaatliche Akteure“, zB im Bereich des **Grenzschutzes,** bei **polizeilichen Tätigkeiten** und bei **Kriseneinsätzen** verwiesen. Die Regeln erfassen damit eine große Brandbreite von Bereichen, Missionen und Beteiligten, zumal die Grenzen zwischen militärischer und nicht-militärischer Sicherheit zunehmend verschwimmen.[60] Beschaffungen zu Sicherheitszwecken in diesem Sinne können zB von Bewachungsdienstleistungen über die Beschaffung von Sicherheitstechnik bis zur Errichtung komplexer Sicherheitsstrukturen reichen.[61] Sicherheitsrelevante Aspekte können sich auch bei Auftragsvergaben in den Sektoren ergeben. Kritische Infrastruktureinrichtungen in den Bereichen Transport (Bahnhöfe) oder Energie (Kraftwerke) können in besonderem Maße terroristischen oder anderen Gefahren ausgesetzt sein und bedürfen daher eines entsprechenden Schutzes.[62] 31

Wie sich aus Art. 2 iVm Art. 1 Abs. 7 der Richtlinie 2009/81/EG ergibt, muss der Auftrag die Lieferung von Ausrüstung bzw. die Ausführung von Bau- und Dienstleistungen **für Sicherheitszwecke** betreffen. Entscheidend ist also der Sicherheitszweck des Beschaffungsgegenstands.[63] 32

b) Verwendung oder Erforderlichkeit von Verschlusssachen. Ein Verschlusssachenauftrag nach § 104 Abs. 3 GWB setzt ferner voraus, dass bei der Erfüllung oder Erbringung **Verschlusssachen** im Sinne von § 4 SÜG (oder entsprechender Länderbestimmungen) verwendet werden (1. Fall), oder dass der Auftrag Verschlusssachen erfordert oder beinhaltet (2. Fall). 33

---

[59] Beck VergabeR/*v. Wietersheim* GWB § 104 Rn. 53.

[60] EU-Kommission, Directive 2009/81/EC: Guidance Note „Field of Application“, 6; vgl. auch Erwägungsgrund 7 der RL 2009/81/EG.

[61] *Herrmann/Polster* NVwZ 2010, 341.

[62] EU-Kommission, Directive 2009/81/EC: Guidance Note „Field of Application“, 7.

[63] v. Wietersheim/*Scherer-Leydecker/Wagner,* Vergaben im Bereich Verteidigung und Sicherheit, 95 (105).

34 Der erste Fall betrifft die **Ausführungsphase,** dh es geht um Aufträge, bei denen der Auftragnehmer zur Leistungsausführung nach Vertragsschluss auf Verschlusssachen zugreifen muss (Beispiel: Durchführung von Wartungsarbeiten gemäß einem als Verschlusssache eingestuften Einsatzplan, der erst nach Vertragsschluss zur Verfügung gestellten wird). Der zweite Fall betrifft Aufträge, bei denen bereits die **Vergabe- oder Vertragsunterlagen** Verschlusssachen enthalten (Beispiel: Lieferung eines Geräts, dessen technische Beschreibung als Verschlusssache eingestuft ist). In der praktischen Anwendung überschneiden sich oftmals beide Alternativen. Denn wenn bei der Leistungsausführung auf Verschlusssachen zugegriffen werden muss, werden diese oftmals auch schon Teil der Leistungsbeschreibung oder der sonstigen Vertragsunterlagen sein, und umgekehrt.[64]

35 Was eine **Verschlusssache** ist, ergibt sich aus § 4 Abs. 2 SÜG. Danach werden Verschlusssachen entsprechend ihrer Schutzbedürftigkeit in vier Kategorien eingestuft. Nach § 4 SÜG Abs. 2 ist eine Verschlusssache

- STRENG GEHEIM, wenn die Kenntnisnahme durch Unbefugte den Bestand oder lebenswichtige Interessen der Bundesrepublik Deutschland oder eines ihrer Länder gefährden kann;
- GEHEIM, wenn die Kenntnisnahme durch Unbefugte die Sicherheit der Bundesrepublik Deutschland oder eines ihrer Länder gefährden oder ihren Interessen schweren Schaden zufügen kann;
- VS-VERTRAULICH, wenn die Kenntnisnahme durch Unbefugte für die Interessen der Bundesrepublik Deutschland oder eines ihrer Länder schädlich sein kann;
- VS-NUR FÜR DEN DIENSTGEBRAUCH (VS-NfD), wenn die Kenntnisnahme durch Unbefugte für die Interessen der Bundesrepublik Deutschland oder eines ihrer Länder nachteilig sein kann.

36 § 104 Abs. 3 GWB differenziert nicht nach dem Grad der Geheimhaltungsbedürftigkeit. Nach dem **Wortlaut** der Definition sind somit **auch Aufträge** umfasst, bei denen lediglich Verschlusssachen der **Stufe VS-NfD** zum Einsatz kommen. Die Vorschriften zur Informationssicherheit bei Verschlusssachenaufträgen in § 7 VSVgV beruhen ebenfalls auf dieser Prämisse.[65] Auch die Rechtsprechung lässt eine VS-NfD-Einstufung genügen.[66]

37 Ob der Einsatz von Verschlusssachen der Stufe VS-NfD stets für die Annahme eines Verschlusssachenauftrags ausreicht, ist allerdings **zweifelhaft.** Denn die EU-Definition der Verschlusssache in Art. 1 Nr. 8 der Richtlinie 2009/81/EG setzt voraus, dass die Zuweisung des Geheimhaltungsgrads bzw. die Anerkennung der **Schutzbedürftigkeit** gerade **im Interesse der nationalen Sicherheit** liegt.[67] Das ist bei einer Einstufung als VS-NfD nicht unbedingt der Fall; hierfür genügt es vielmehr, dass die unbefugte Kenntnisnahme für die „Interessen" des Bundes oder der Länder nachteilig sein kann, was Sicherheitsinteressen nicht notwendigerweise berührt. Der Begriff des Verschlusssachenauftrags ist daher richtlinienkonform so auszulegen, dass Aufträge, bei denen lediglich Verschlusssachen der Stufe VS-NfD zu Einsatz kommen, nur erfasst sind, wenn die Einstufung gerade dem Schutz staatlicher Sicherheitsinteressen im og Sinne (und nicht zB nur dem Schutz handelspolitischer Interessen) dient.

2. Lieferung von Ausrüstung

38 Verschlusssachenaufträge über Lieferungen sind nur dann verteidigungs- und sicherheitsspezifisch im Sinne von § 104 Abs. 1 Nr. 2 GWB, wenn sie die Lieferung von **Ausrüs-**

[64] Vgl. *Scherer-Leydecker* NZBau 2012, 533 (538).
[65] Siehe § 7 Abs. 2, 3 und 4 VSVgV.
[66] OLG Düsseldorf Beschl. v. 21.10.2015 – VII-Verg 28/14, NZBau 2016, 235 (236) unter II 2a – Virenschutz-Software.
[67] *Scherer-Leydecker* NZBau 2012, 533 (538), unter Verweis auf die englische Sprachfassung der Verschlusssachen-Definition in Art. 1 Nr. 8 der RL 2009/81/EG; *Scherer-Leydecker/Wagner* in v. Wietersheim, 95 (107 f.).

tung betreffen. Es sind also nicht Lieferaufträge aller Art umfasst, sondern nur solche, die „Ausrüstung" im Sinne der Vorschrift zum Gegenstand haben.

Zum **Begriff der Ausrüstung** kann zunächst auf die Ausführungen zur Militärausrüstung verwiesen werden (→ Rn. 11). Auch im Bereich der zivilen Sicherheit geht es um solche Gegenstände, mit denen jemand oder etwas **für einen bestimmten Zweck ausgestattet** ist.[68] Maßgeblich ist, dass der Liefergegenstand für den Nutzer eine bestimmte Funktion erfüllt, um ihn bei der Ausführung einer Aufgabe oder der Erreichung eines Ziels zu unterstützen.[69] Daneben ist der 11. Erwägungsgrund der Richtlinie 2009/81/EG zu beachten, wonach die speziellen Vergaberegeln im Bereich der nicht-militärischen Sicherheit für Aufträge gelten sollen, die „ähnliche Merkmale" aufweisen wie Beschaffungen im Militärbereich. Das lässt den Schluss zu, dass es bei der Ausrüstung um **ähnliche Gegenstände** geht wie bei der Lieferung von **Militärausrüstung,** mit dem Unterschied, dass die Liefergegenstände nicht für eine militärische, sondern die zivile Nutzung konzipiert und/oder nicht zum Einsatz als Kriegsmaterial vorgesehen sind. Der Verschlusssachenauftrag über die Lieferung nicht-militärischer Ausrüstung ist damit das **zivile Pendant** zum Auftrag über Militärausrüstung nach § 104 Abs. 1 Nr. GWB.[70] Der Begriff der Ausrüstung umfasst demnach insbesondere alle Gegenstände, die der Bewältigung der den **zivilen Sicherheitskräften zugewiesenen Aufgaben** dienen.[71] Es muss sich nicht unbedingt um „Waren" im klassischen Sinne (dh körperliche Gegenstände) handeln,[72] vielmehr können zB auch sicherheitsrelevante IT-Systeme erfasst sein. 39

Damit verbleibt nur ein relativ kleiner Bereich von Liefergegenständen, die Inhalt eines Verschlusssachenauftrags sein können, jedoch *nicht* als Ausstattung anzusehen sind. Ein relevanter Fall dürfte die Herstellung von Pässen und anderen amtlichen Personaldokumenten sein, die kaum als „Ausrüstung" im Sinne der Vorschrift angesehen werden können. Ein Auftrag über die Pass-Herstellung ist daher auch dann kein sicherheitsspezifischer Auftrag, wenn er als Verschlusssache eingestuft ist.[73] 40

3. Annexaufträge

§ 104 Abs. 1 Nr. 3 GWB erfasst ferner Bauleistungen, Lieferungen und Dienstleistungen im unmittelbaren Zusammenhang mit der Lieferung von Ausrüstung im Rahmen eines Verschlusssachenauftrags. Die Vorschrift betrifft Annexleistungen zu Lieferaufträgen im Sinne von Nr. 2. Für das Merkmal des unmittelbaren Zusammenhangs mit den Lieferungen gelten die Ausführungen oben zu Annexaufträgen zur Lieferung von Militärausrüstung entsprechend.[74] 41

II. Bau- und Dienstleistungsaufträge im Rahmen eines Verschlusssachenauftrags

Sicherheitsspezifische Aufträge sind nach § 104 Abs. 1 Nr. 4 GWB auch Aufträge über Bau- und Dienstleistungen, die im Rahmen eines Verschlusssachenauftrags vergeben werden. Maßgeblich ist auch hier, ob der jeweilige Bau oder Dienstleistungsauftrag als Verschlusssachenauftrag im Sinne des § 104 Abs. 3 GWB angesehen werden kann. Insoweit ist auf die vorstehenden Erläuterungen zu verweisen.[75] 42

---

[68] So die Definition des Duden Wörterbuchs (www.duden.de).
[69] *Scherer-Leydecker* NZBau 2012, 533 (535); *Scherer-Leydecker/Wagner* in v. Wietersheim, 95 (100f.).
[70] RKPP/*Hölzl* GWB § 104 Rn. 39.
[71] Ähnlich RKPP/*Hölzl* GWB § 104 Rn. 41, der den Begriff der Ausrüstung allerdings auf diese Kategorie von Gegenständen beschränkt, was nach hiesiger Auffassung zu eng ist.
[72] *Scherer-Leydecker/Wagner* in v. Wietersheim, 95 (100f.).
[73] So iErg auch *Mösinger/Juraschek* NZBau 2019, 93 (95).
[74] → Rn. 25.
[75] → Rn. 29ff.

E. Gemischte Aufträge

43 § 111 GWB regelt den Umgang mit sog. gemischten Aufträgen, dh solchen, deren einzelnen Teile unterschiedlichen Regelungen unterliegen. Im Bereich Verteidigung und Sicherheit betrifft die Vorschrift insbesondere Aufträge, die **nur zum Teil verteidigungs- oder sicherheitsspezifische Inhalte** aufweisen. Die Regelung dient der Umsetzung von Art. 3 Abs. 1 der RL 2009/81/EG. Für gemischte Aufträge, die zu einem Teil den Ausnahmen nach § 107 Abs. 2 GWB unterfallen, → Rn. 69.

44 Aufgrund der besonderen Sensibilität verteidigungs- und sicherheitsspezifischer Aufträge wird das anwendbare Vergaberegime – anders als nach der Grundregel des § 110 GWB – **nicht nach dem Hauptgegenstand** des Auftrags bestimmt.[76] Vielmehr ist danach zu unterscheiden, ob die verschiedenen Auftragsteile trennbar sind oder nicht.

45 Sind die einzelnen Teile **trennbar,** kann der Auftraggeber **Einzelaufträge** vergeben, die dann dem jeweils anwendbaren Regime unterfallen (§ 111 Abs. 1, 1. Fall, Abs. 2 GWB).

Der Auftraggeber kann sich jedoch auch für einen **Gesamtauftrag** entscheiden (§ 111 Abs. 1, 2. Fall GWB). In diesem Fall findet **das weniger strenge Regime** Anwendung, wenn objektive Gründe die Beschaffung in Form eines einheitlichen Auftrags rechtfertigen. So können Aufträge, die zu einem Teil den **Vorschriften für verteidigungs- und sicherheitsspezifische Aufträge** unterliegen, **insgesamt** nach diesen Vorschriften vergeben werden. Das gilt auch, wenn die Auftragsinhalte, die unter die Vorschriften für Verteidigungs- und Sicherheitsvergaben fallen, den kleineren Teil des Auftrags ausmachen.[77] Das steht im Einklang mit § 104 Abs. 1 GWB, wonach das spezielle Vergaberegime bereits dann anwendbar ist, wenn der Auftrag mindestens eine der in Nr. 1 bis 4 der Vorschrift genannten Leistungen umfasst, unabhängig vom Anteil dieser Leistungen am Gesamtumfang des Auftrags.

46 Die vorstehenden Regelungen gelten nur, wenn die Vergabe eines **Gesamtauftrags** aus **objektiven Gründen gerechtfertigt** ist. Objektive Gründe in diesem Sinne sind bspw. technische oder wirtschaftliche Gründe, die auch aus Sicht eines unbeteiligten Dritten eine einheitliche Auftragsvergabe als sinnvoll erscheinen lassen.[78] Für die Trennbarkeit spricht es, wenn Aufträge der jeweiligen Art typischerweise getrennt vergeben werden.[79] Der wirtschaftliche Mehraufwand, der mit einer Ausschreibung mehrerer Aufträge zwangsläufig einhergeht, stellt keine ausreichende Rechtfertigung für eine Gesamtvergabe dar. § 111 Abs. 5 GWB stellt in dem Zusammenhang klar, dass die Entscheidung für eine Gesamtvergabe **nicht in der Absicht** getroffen werden darf, die Vergabe von der Anwendung der Vergabevorschriften auszunehmen. Liegt kein objektiver bzw. zulässiger Grund für eine einheitliche Vergabe vor, müssen die die einzelnen Auftragsteile nach dem jeweils anwendbaren Vergaberegime separat vergeben werden. Das Vorliegen objektiver Gründe zur Rechtfertigung einer einheitlichen Auftragsvergabe ist durch die Nachprüfungsinstanzen vollständig überprüfbar.

47 Sind die verschiedenen Teile des Auftrags objektiv **nicht trennbar,** kommt eine Einzelvergabe nicht in Betracht. § 111 Abs. 4 Nr. 2 GWB sieht für diesen Fall vor, dass Aufträge, die Elemente enthalten, die § 107 Abs. 2 GWB unterfallen (dh in Fällen des Art. 346 AEUV), unabhängig vom Hauptgegenstand entweder ganz ohne Anwendung der Vergabevorschriften **oder** aber nach den **Vorschriften für Verteidigungs- und Sicherheitsvergaben** vergeben werden. Das geht über Art. 16 Abs. 4 VRL, welcher der Regelung zugrunde liegt, hinaus. Nach der Richtlinie kann ein Auftrag, der Elemente enthält, die unter Art. 346 AEUV fallen, insgesamt ohne Anwendung der Vergabevorschriften ver-

---

[76] BT-Drs. 17/7275, S. 14.
[77] BT-Drs. 17/7275, S. 14 (betr. verteidigungs- und sicherheitsspezifische Aufträge).
[78] Dippel/Sterner/Zeiss/*Contag* § 111 GWB Rn. 9.
[79] Ähnlich Beck VergabeR/*Hüttinger* GWB § 111 Rn. 17.

geben werden. § 111 Abs. 4 Nr. 2 GWB gestattet in solchen Fällen demgegenüber auch die Anwendung der Vorschriften für Verteidigungs- und Sicherheitsvergaben. Das ist auf den ersten Blick überraschend, da Art. 346 AEUV an sich nur solche Fälle erfasst, in denen die Sicherheitsinteressen ein EU-weites Vergabeverfahren vollständig ausschließen. Doch mag es Fälle geben, in denen Sicherheitsgründe nur einem Vergabeverfahren nach allgemeinem Vergaberecht entgegenstehen, während eine Vergabe nach den besonderen Vorschriften für verteidigungs- und sicherheitsspezifische Vergaben möglich ist. § 111 Abs. 4 Nr. 2 GWB eröffnet in solchen Fällen eine Vergabe nach dem Sonderregime auch in Fällen, in denen die normalen Anwendungsvoraussetzungen des Sonderregimes nicht erfüllt sind.[80]

Aufträge, die *nicht* unter Art. 346 fallen, aber **teilweise** unter die **besonderen Vorschriften** für **verteidigungs- und sicherheitsspezifische Vergaben,** können unabhängig vom Hauptgegenstand **insgesamt nach diesen Vorschriften** vergeben werden, § 111 Abs. 3 Nr. 2 GWB. Voraussetzung ist lediglich, dass eine Gesamtvergabe aus objektiven Gründen gerechtfertigt ist.[81] Eine objektive Untrennbarkeit ist nicht notwendig; eine Gesamtvergabe ist jedoch nur dann gerechtfertigt, wenn sie auf objektiven Gründen beruht, die schwerer wiegen, als der mit der Anwendung des Sonderregimes potentiell verbundene Verlust an Wettbewerblichkeit.

Die Regelungen über gemischte Aufträge in § 111 Abs. 1, 2 und 3 Nr. 2 sowie Abs. 4 48
und 5 gelten gemäß Abs. 6 analog **auch für Konzessionen.** Auch § 112 Abs. 3 S. 2 GWB verweist für Konzessionen, die teils einer Sektorentätigkeit und teils einer Tätigkeit dienen, die Verteidigungs- und Sicherheitsaspekte aufweist, auf die entsprechende Anwendung von § 111 Abs. 3 Nr. 1 und 2 GWB. Der Verweis auf § 111 Abs. 3 Nr. 2 GWB, der in den dort genannten Mischfällen auf das Vergaberegime für verteidigungs- und sicherheitsspezifische Aufträge verweist, ist **unstimmig,** weil das Sonderregime für Verteidigungs- und Sicherheitsvergaben für Konzessionen von vornherein nicht gilt, so dass insoweit weder ein echter Mischfall auftreten kann, noch eine Anwendung der speziellen Vergabevorschriften systemgerecht wäre.

F. Ausnahmen für den Verteidigungs- und Sicherheitsbereich

Durch die Vergaberechtsmodernisierung 2016 wurden die **Ausnahmetatbestände** des 49
GWB-Vergaberechts von Grund auf neu strukturiert. Das betrifft auch die Ausnahmen für Aufträge und Konzessionen im Bereich Verteidigung und Sicherheit. § 107 Abs. 2 GWB enthält zunächst eine generelle, bereichsübergreifende Ausnahme für Aufträge und Konzessionen, die in den Anwendungsbereich von Art. 346 AEUV fallen. § 145 enthält spezielle Ausnahmen für verteidigungs- oder sicherheitsspezifische Aufträge im Sinne von § 104 GWB. § 117 enthält daneben besondere Ausnahmen für Aufträge, die zwar Verteidigungs- und Sicherheitsaspekte aufweisen, jedoch keine verteidigungs- oder sicherheitsspezifischen Aufträge gem. § 104 GWB sind. § 150 GWB enthält schließlich besondere Ausnahmen für Konzessionen in den Bereichen Verteidigung und Sicherheit. Die Regelungen sind insgesamt nicht sehr übersichtlich, zumal sie sich in einzelnen Punkten überschneiden.

Die Ausnahmetatbestände sind nach Maßgabe der EU-rechtlichen Vorgaben durchweg 50
eng auszulegen.[82] Art. 11 RL 2009/81/EG unterstreicht diesen Grundsatz und stellt deklaratorisch fest, dass die Ausnahmetatbestände nicht zur Umgehung der Bestimmungen

[80] Etwa beim Druck von Pässen und anderen hoheitlichen Dokumenten, der auch im Fall eines VS-Auftrags normalerweise nicht unter das Sonderregime für verteidigungs- und sicherheitsspezifische Vergaben fällt, weil der Liefergegenstand keine „Ausrüstung" iSv § 104 Abs. 1 Nr. 2 GWB ist (→ Rn. 40).

[81] Im Ergebnis ebenso RKPP/*Röwekamp* GWB, § 111 Rn. 3.

[82] Ständige Rechtsprechung des EuGH; siehe aus jüngerer Zeit insbes. EuGH Urt. v. 7.6.2012 – C-615/10, IBRRS 2012, 2179 Rn. 35 – InsTiimi Oy.

der Richtlinie angewandt werden dürfen. Die EU-Kommission hat angekündigt, die Anwendung der Ausnahmetatbestände durch die Mitgliedstaaten genauestens zu verfolgen.[83]

I. Allgemeine Ausnahmen nach § 107 Abs. 2 GWB (Art. 346 AEUV)

51 § 107 Abs. 2 GWB enthält eine allgemeine Ausnahme vom GWB-Vergaberecht für Aufträge und Konzessionen, die nach **Art. 346 AEUV** von der Anwendung der EU-Vergaberegeln (einschließlich derjenigen der RL 2009/81/EG) ausgenommen sind. Sie gilt sowohl für allgemeine als auch für verteidigungs- und sicherheitsspezifische Aufträge. Auf EU-rechtlicher Ebene ergibt sich eine entsprechende Ausnahme aus Art. 1 Abs. 3 VRL, SRL und KRL sowie dem Vorbehalt in Art. 2 und Art. 13 der RL 2009/81/EG. Diese Richtlinienbestimmungen sind nur deklaratorisch, weil Art. 346 AEUV als Primärrecht ohnehin Vorrang vor der Richtlinie genießt. Im deutschen Recht bedurfte es dagegen einer Umsetzung, da die EU-rechtliche Ausnahme aus Art. 346 AEUV nicht automatisch auch zu einer Freistellung vom nationalen Vergaberecht führt.

1. Schutz sensibler Informationen (§ 107 Abs. 2 S. 1 Nr. 1 GWB)

52 § 107 Abs. 2 S. 1 Nr. 1 GWB nimmt Aufträge vom Anwendungsbereich des GWB Vergaberechts aus, bei denen die Anwendung der Vergaberegeln den Auftraggeber dazu zwingen würde, in Zusammenhang mit dem Vergabeverfahren oder der Auftragsausführung **Auskünfte** zu erteilen, deren **Preisgabe** seiner Ansicht nach **wesentlichen Sicherheitsinteressen** der Bundesrepublik Deutschland im Sinne des Art. 346 Abs. 1 lit. a AEUV **widerspricht.** Die Ausnahmevorschrift hat in der Judikatur erst wenig Relevanz erlangt. Im Bereich des öffentlichen Auftragswesens hat der EuGH sich erst einmal – im Fall der Österreichischen Staatsdruckerei[84] – zu der Vorschrift geäußert.

53 **a) Wesentliche Sicherheitsinteressen.** Nach ständiger Rechtsprechung des EuGH ist es **Sache der Mitgliedstaaten,** ihre wesentlichen Sicherheitsinteressen festzulegen und zu entscheiden, welche Maßnahmen zu ihrem Schutz erforderlich sind.[85] Die Mitgliedstaaten haben dabei einen **weiten Entscheidungsspielraum.** Wesentliche Sicherheitsinteressen können sowohl solche der äußeren als auch der inneren Sicherheit sein.[86]

54 Der deutsche Gesetzgeber hat in § 107 Abs. 2 S. 2 und 3 GWB nunmehr **konkrete Beispiele** genannt. Wesentliche Sicherheitsinteressen können insbesondere dann berührt sein, wenn der Auftrag oder die Konzession **verteidigungs- oder sicherheitsindustrielle Schlüsseltechnologien** betrifft, oder Leistungen, die für den **Grenzschutz,** die Bekämpfung des **Terrorismus oder der organisierten Kriminalität** oder für **verdeckte Tätigkeiten** der Polizei oder der Sicherheitskräfte bestimmt sind, oder **Verschlüsselung** betreffen, und soweit ein **besonders hohes Maß an Vertraulichkeit** erforderlich ist.

55 Der Beispielkatalog, der mit dem Gesetz zur beschleunigten Beschaffung im Bereich der Verteidigung und Sicherheit und zur Optimierung der Vergabestatistik vom 25.3. 2020[87] eingeführt wurde, dient nach der Gesetzesbegründung als **Auslegungshinweis.**[88] Ziel ist die Beschleunigung von Beschaffungen im Verteidigung- und Sicherheitsbereich

[83] EU-Kommission COM (2012) 565, 7.

[84] EuGH Urt. v. 20.3.2018 – C-187/16, ECLI:EU:C:2018:194 – Kommission/Österreich („Österreichische Staatsdruckerei").

[85] EuGH Urt. v. 20.3.2018 – C-187/16, ECLI:EU:C:2018:194 Rn. 75 – Österreichische Staatsdruckerei, unter Berufung auf EuGH Urteil v. 16.10.2003 – C-252/01, EU:C:2003:547 Rn. 30 – Kommission/Belgien („Luftfotografie"; zu Art. 4 Abs. 2 der früheren Dienstleistungsvergabe-RL 92/50); ebenso die EU-Kommission in der Mitteilung zu Auslegungsfragen bezüglich der Anwendung des Art. 296 EGV auf die Beschaffung von Verteidigungsgütern v. 7.12.2006, KOM(2006) 779 endg., Ziff. 2.

[86] Calliess/Ruffert/*Wegener* AEUV Art. 346 Rn. 4.

[87] BGBl. I, 674.

[88] BT-Drs. 19/15603, S. 57.

durch konsequentere Nutzung vergaberechtlicher Spielräume.[89] Die Vorschrift erinnert in mancher Hinsicht an den früheren § 100 Abs. 8 Nr. 3 GWB aF, der Aufträge vom Vergaberecht ausnahm, bei denen die Nichtanwendung des Vergaberechts geboten war zum Zweck des Einsatzes der Streitkräfte, zur Terrorismusbekämpfung oder bei der IT/TK-Beschaffung zum Zweck wesentlicher Sicherheitsinteressen. § 107 Abs. 2 S. 2 und GWB unterscheiden sich davon in zwei Hinsichten: Zum einen ist der Katalog deutlich weiter als der recht eng gefasste Vorgänger, insbesondere durch die Erwähnung von Schlüsseltechnologien. Zum einen enthält die Neuregelung nur Beispiele; sie **beschränkt** die Ausnahme daher – anders als die Vorgängerregelung – **nicht auf die genannten Fälle.** Ob Regelung tatsächlich dazu beitragen kann, Beschaffungen im Verteidigungs- und Sicherheitsbereich zu beschleunigen, ist gleichwohl fraglich, da sie den Kreis der Fälle, in denen die Ausnahme anwendbar ist, nicht erweitert, sondern nur verdeutlicht. Soweit es um **Schlüsseltechnologien,** die Bekämpfung organisierter Kriminalität, verdeckte Ermittlungen oder Verschlüsselung geht, die in § 100 Abs. 8 Nr. 3 GWB aF noch nicht genannt waren, mag die Klarstellung allerdings hilfreich sein. Die **Einordnung** einer Technologie als Schlüsseltechnologie obliegt nach der Gesetzesbegründung allerdings nicht dem Auftraggeber, sondern erfolgt durch Beschluss des Bundeskabinetts.[90] Gemeinsam ist allen Fällen (außerhalb des Verteidigungsbereichs), dass der Auftrag ein **besonderes hohes Maß an Vertraulichkeit** erfordern muss; hierbei handelt es sich nicht um eine weitere Fallgruppe, sondern eine zusätzliche Voraussetzung.[91]

b) Preisgabe von sensiblen Informationen. Die Vorschrift setzt ferner voraus, dass die 56 Anwendung der Vergabevorschriften den Auftraggeber zwingen würde, im Zuge des Vergabeverfahrens oder bei der Auftragsausführung **Informationen zu erteilen,** deren **Preisgabe** seiner Ansicht nach den **Sicherheitsinteressen widerspricht.** Die Vorschrift darf folglich nur angewendet werden, um zu verhindern, dass sicherheitsrelevante **Informationen in die falschen Hände gelangen.** Das kann zum einen der Fall sein, wenn im Vergabeverfahren aus Gründen des Wettbewerbs den Bietern oder Bewerbern im Rahmen der Leistungsbeschreibung sensible Informationen – etwa zu sicherheitsrelevanten Technologien oder behördlichen Abläufen – offengelegt werden müssen, ohne dass deren vertrauliche Behandlung sichergestellt ist (etwa weil im Vergabeverfahren noch keine umfassenden Maßnahmen zum Schutz der Vertraulichkeit getroffen werden können). Zum anderen ist der Fall erfasst, dass dem Auftragnehmer im Rahmen der Leistungsausführung sensible Informationen zur Verfügung gestellt werden müssen, ohne dass eine vertrauliche Behandlung durch den Auftragnehmer sichergestellt werden kann, oder wenn bereits die Offenlegung gegenüber bestimmten Auftragnehmern (zum Beispiel aus bestimmten Ländern) den Sicherheitsinteressen widerspricht.

Nicht erfasst ist dagegen der Fall, dass der Auftraggeber einen Auftrag über Leistungen, die Schlüsseltechnologie betreffen, zur Förderung der inländischen Kompetenzen und Kapazitäten in diesem Technologiesektor inländischen oder gar bestimmten Anbietern vorbehalten will.

c) Erforderlichkeit der Nichtanwendung der Vergabevorschriften. Die Berufung auf 57 wesentliche Sicherheitsinteressen reicht für sich genommen nicht aus, um die Ausnahme des § 107 Abs. 2 S. 1 Nr. 1 GWB bzw. des Art. 346 Abs. 1 lit. a AEUV in Anspruch zu

[89] Vgl. Koalitionsvertrag v. 12.3.2018 zwischen CDU, CSU und SPD für die 19. Legislaturperiode (abrufbar über die Homepage der Bundesregierung: www.bundesregierung.de), S. 159 (Zeilen 7534ff.).

[90] BT-Drs. 19/15603, S. 57; die Gesetzesbegründung verweist konkret auf das vom Bundeskabinett verabschiedete Weißbuch der Bundeswehr oder das Strategiepapier der Bundesregierung zur Stärkung der Verteidigungsindustrie in Deutschland.

[91] BT-Drs. 19/15603, S. 58.

nehmen. Der Auftraggeber muss vielmehr **nachweisen,** dass die Inanspruchnahme der Ausnahme zur Wahrung seiner wesentlichen Sicherheitsinteressen **erforderlich** ist.[92]

Etwas anderes folgt auch nicht aus der Gesetzesformulierung („seiner Ansicht nach"), die dem Auftraggeber bei der Entscheidung, ob ein Vergabeverfahren zu einer nicht tolerierbaren Preisgabe sensibler Informationen führen würde, eine Einschätzungsprärogative[93] einzuräumen scheint. Insbesondere genügt nicht schon die Berufung auf Sicherheitsinteressen, um die Vergabevorschriften unangewendet zu lassen. Der Auftraggeber muss vielmehr nachweisen, dass seine Sicherheitsinteressen bei einer Ausschreibung nach den Vergabevorschriften nicht ausreichend geschützt werden können.[94] Das ist gerichtlich vollständig überprüfbar. Der Auftraggeber muss die Gründe, aus denen er ein Vergabeverfahren für undurchführbar hält, dokumentieren; dabei ist auch darzulegen, aus welchen Gründen die Geheimschutzinteressen nicht im Rahmen eines Vergabeverfahrens nach den Vorschriften für verteidigungs- und sicherheitsspezifische Aufträge – insbesondere unter Berücksichtigung der Regelungen zur Informationssicherheit in § 7 VSVgV (→ § 59) – wirksam geschützt werden können.[95] Der Verzicht auf ein Vergabeverfahren kann damit nur ultima ratio sein.[96]

58 Die EuGH-Entscheidung „Österreichische Staatsdruckerei", die den Druck von Pässen, Personalausweisen und anderen hoheitlichen Dokumenten betraf, zeigt, dass bei der Prüfung, ob die besonderen staatlichen Sicherheitsinteressen nicht auch bei Anwendung der Vergabevorschriften ausreichend geschützt werden können, ein **strenger Maßstab** anzulegen ist. Der EuGH erkannte zwar an, dass der Auftrag wesentliche Sicherheitsinteressen berührte. Er verwarf jedoch sämtliche von Österreich vorgetragenen Gründe, weshalb diese Interessen nicht auch bei einem EU-weiten Vergabevorschriften ausreichend hätten geschützt werden können, etwa durch einen Verzicht auf eine Losvergabe zur Vermeidung der Streuung sensibler Informationen, durch Geheimhaltungsverpflichtungen, Sicherheitskontrollen und Kontrollbesuche, sowie den Ausschluss von Bietern aus Ländern, die aufgrund der Gesetzeslage in ihren Heimatländern keine ausreichende Gewähr für die Einhaltung etwaiger Geheimhaltungsverpflichtungen bieten.[97]

59 Der Spielraum für die Inanspruchnahme der Ausnahme wird vor allem durch die **Vergabevorschriften für verteidigungs- und sicherheitsspezifische Aufträge** erheblich eingeschränkt. Zwar können die Regelungen der Richtlinie 2009/81/EG die Vorgaben des Art. 346 AEUV schon aus Gründen der Normhierarchie nicht unmittelbar beschränken. Erwägungsgrund 16 RL 2009/81/EG weist dementsprechend darauf hin, dass keine Bestimmung der Richtlinie dem Erlass oder der Durchsetzung von Maßnahmen entgegensteht, die sich zur Wahrung von Interessen als notwendig erweisen, die aufgrund der Bestimmungen des AEUV als legitim anerkannt sind. Im Rahmen der **Erforderlichkeitsprüfung** hat der Mitgliedstaat bzw. Auftraggeber jedoch zu berücksichtigen, dass die Richtlinie 2009/81/EG ein **Vergaberegime** bietet, das auf die **speziellen Bedürfnisse und Anforderungen von Beschaffungen im Verteidigungs- und Sicherheitsbe-**

---

[92] EuGH Urt. v. 20.3.2018 – C-187/16, ECLI:EU:C:2018:194 Rn. 78 – Österreichische Staatsdruckerei, unter Berufung auf den Ausnahmecharakter der Vorschrift sowie seine Parallelrechtsprechung zu Art. 346 Abs. 1 lit. b) AEUV (→ Rn. 67 f.).

[93] Für einen (weiten) Ermessensspielraum Calliess/Ruffert/*Wegener* EUV/AEUV, AEUV Art. 346 Rn. 3; ebenso *Dippel* in v. Wietersheim, 35 (39); Dippel/Sterner/Zeiss/*Dippel* § 107 GWB Rn. 12; für einen Beurteilungsspielraum MüKoEuWettbR/*Thiele* GWB § 107 Rn. 14.

[94] EuGH Urt. v. 20.3.2018 – C-187/16, ECLI:EU:C:2018:194 Rn. 78 – Österreichische Staatsdruckerei, unter Verweis auf EuGH Urt. v. 8.4.2008 – C-337/05, EuZW 2008, 372 Rn. 53 – Agusta Hubschrauber).

[95] So iErg auch *Dippel* in v. Wietersheim, 35, 39 f.; Dippel/Sterner/Zeiss/*Dippel* § 107 GWB Rn. 13; RKPP/*Röwekamp* GWB § 107 Rn. 44; Beck VergabeR/*Otting* GWB § 107 Abs. 2 Rn. 8. Im gleichen Sinne auch EuGH Urt. v. 8.4.2008 – C-337/05, EuZW 2008, 372 Rn. 51–53 – Agusta-Hubschrauber.

[96] KKPP/*Hölzl* GWB (4. Aufl.) § 107 Rn. 43.

[97] EuGH Urt. v. 20.3.2018 – C-187/16, ECLI:EU:C:2018:194 Rn. 81–94 – Österreichische Staatsdruckerei.

reich ausgerichtet ist[98] und damit eine Wahrung der legitimen Sicherheitsinteressen der Mitgliedstaaten im Rahmen eines Vergabeverfahrens eher ermöglicht, insbesondere durch Erleichterungen bei der Verfahrensart und besondere Vorgaben zum Schutz der Informations- und Versorgungssicherheit. Die Vorgaben der Richtlinie 2009/81/EG wirken auf diese Weise auf den Anwendungsbereich des Art. 346 AEUV zurück. Dessen Anwendung setzt voraus, dass **selbst die spezifischen Vergaberegeln der Richtlinie 2009/81/EG** bzw. deren nationale Umsetzung in den Bestimmungen der VSVgV **nicht ausreichen** um den wesentlichen Sicherheitsinteressen des Auftraggebers gerecht zu werden.[99]

Eine **Verhältnismäßigkeitsprüfung im engeren Sinne** einer Interessenabwägung 60 zwischen den berührten Sicherheitsinteressen und den Wettbewerbsinteressen des Marktes ist allerdings **nicht notwendig.** Soweit teilweise unter Verweis auf darauf, dass alles staatliche Handeln dem Grundsatz der Verhältnismäßigkeit unterliegt, vertreten wird, dass auch die Anwendung von Art. 346 AEUV durch die Verhältnismäßigkeit begrenzt wird,[100] folgt daraus nichts anderes. Eine Interessen- bzw. Folgenabwägung ist allenfalls bei der Prüfung geboten, welche Maßnahmen, mit denen der Auftraggeber seine wesentlichen Sicherheitsinteressen möglicherweise auch im Rahmen eines Vergabeverfahrens schützen könnte, im Einzelfall zumutbar sind. Sofern die Prüfung jedoch ergibt, dass die wesentlichen Sicherheitsinteressen in einem Vergabeverfahren nicht wirksam geschützt werden können, darf der Auftraggeber von der Anwendung der Vergabevorschriften absehen, ohne dass noch eine Abwägung zwischen den Sicherheitsinteressen einerseits und den wettbewerblichen Interessen der Marktteilnehmer andererseits vorzunehmen ist. Art. 346 AEUV räumt den Sicherheitsinteressen in diesem Fall **strikten Vorrang** ein.

2. Produktion und Handel von Kriegsgütern (§ 107 Abs. 2 S. 1 Nr. 2 GWB)

Nach § 107 Abs. 2 S. 1 Nr. 2 GWB sind ferner Aufträge vom Anwendungsbereich des 61 GWB-Vergaberechts ausgenommen, die **Art. 346 Abs. 1 lit. b AEUV** unterfallen. Nach dieser Bestimmung kann jeder Mitgliedstaat die Maßnahmen eingreifen, die seines Erachtens für die Wahrung seiner **wesentlichen Sicherheitsinteressen** erforderlich sind, soweit sie die **Erzeugung von Waffen, Munition und Gefechtsmaterial** oder den **Handel** damit betreffen; diese Maßnahmen dürfen auf dem Binnenmarkt die Wettbewerbsbedingungen hinsichtlich der nicht eigens für militärische Zwecke bestimmten Waren nicht beeinträchtigen.

a) Erzeugung und Handel von Kriegsgütern. Die Vorschrift betrifft nur die Erzeugung 62 von Waffen, Munition und Gefechtsmaterial oder den Handel damit. Was darunter zu verstehen ist, ergibt sich aus der sog. **Kriegswaffenliste** von 1958.[101] Diese Liste wird teilweise für abschließend gehalten.[102] Die Liste ist jedoch schon sehr alt, so dass sie heute nicht mehr den technisch aktuellen Stand wiedergibt.[103] Die EU-Kommission vertritt da-

[98] EU-Kommission, Directive 2009/81/EC: Guidance Note „Field of Application", Tz. 4.

[99] VK Bund Beschl. v. 20.12.2012 – VK 1-130/12, IBRRS 2013, 0867 unter II 2a, unter Verweis auf EuGH Urt. v. 7.6.2012, C-615/10, IBRRS 2012, 2179 – InsTiimi Oy. Vgl. auch EU-Kommission, Directive 2009/81/EC: Guidance Note „Field of Application", Tz. 4, sowie Erwägungsgrund 16 zur RL 2009/81/EG.

[100] zB *Kokott* in Streinz, Art. 346 AEUV Rn. 4; RKPP/*Röwekamp* GWB § 107 Rn. 43; ähnlich Beck VergabeR/*Otting* GWB § 107 Abs. 2 Rn. 8; Dippel/Sterner/Zeiss/*Dippel* § 107 GWB Rn. 13. Auch die Rechtsprechung zum früheren § 100 Abs. 2 lit. d) 2. Var. GWB aF (Ausnahme für Aufträge, die besondere Sicherheitsmaßnahmen erfordern) verlangte eine Abwägung zwischen Sicherheits- und Wettbewerbsinteressen; OLG Düsseldorf Beschl. v. 8.6.2011 – VII-Verg 49/11, NZBau 2011, 501 (503) – Bundesdruckerei; OLG Düsseldorf Beschl. v. 10.9.2009 – VII-Verg 12/09, BeckRS 2009, 86765.

[101] Dazu näher → Fn. 13ff.

[102] *Kokott* in Streinz EUV/AEUV, AEUV Art. 346 Rn. 12; *Sterner* in Müller-Wrede, GWB-Vergaberecht § 100 Rn. 22.

[103] EU-Kommission, Mitteilung zu Auslegungsfragen bezüglich der Anwendung des Artikels 296 EGV auf die Beschaffung von Verteidigungsgütern v. 7.12.2006, KOM(2006) 779 endg., Ziff. 3; ebenso *Prieß* Handbuch des europäischen Vergaberechts, 315.

her die Auffassung, dass die Auslegung von Art. 346 Abs. 1 lit. b) AEUV und die Definition seines Anwendungsbereichs **auch die technologische Entwicklung berücksichtigen** müssen.[104] Zwar ist Art. 346 Abs. 1 lit. b) AEUV nach Ansicht des Europäischen Gerichts (EuG) nur auf Tätigkeiten anwendbar, die in der Kriegswaffenliste genannte Waren betreffen.[105] Die EU-Kommission weist demgegenüber jedoch darauf hin, dass die Liste in Bezug auf die Technologie allgemein genug gehalten scheint, um aktuelle und zukünftige Entwicklungen abzudecken. Die Ausnahme könne auch neue, an Fähigkeiten orientierte Beschaffungsmethoden und die Beschaffung von Dienstleistungen und Bauarbeiten einschließen, die in direktem Zusammenhang mit den in der Liste genannten Waren stehen.[106] Der Auffassung der Kommission ist **zuzustimmen.**[107] Es gibt keinen sachlichen Grund, die Ausnahmevorschrift nicht auch auf neu entwickelte Kriegsgüter anzuwenden, die in der Liste von 1958 noch nicht verzeichnet sind, wenn feststeht, dass es sich um Waffen, Munition oder Kriegsmaterial im Sinne der Vorschrift handelt. Die Frage ist jedoch umstritten, auch weil Art. 346 Abs. 2 AEUV dem EU-Rat explizit gestattet, die Kriegswaffenliste auf Vorschlag der Kommission zu ändern. So hat die VK Bund entschieden, dass eine auf den technischen Fortschritt gestützte ergänzende Interpretation der Liste des Bundesverteidigungsministeriums aus dem Jahr 1978 eine bloße Verwaltungsanweisung ist, die im Außenverhältnis nicht bindend ist.[108] Einigkeit besteht allerdings darin, dass nicht nur die Erzeugung und der Handel mit Kriegsgütern erfasst sind, sondern nach Sinn und Zweck auch Wartungs- und Instandhaltungsarbeiten an den Gütern.[109]

63 Die Güter müssen in jedem Fall eine spezifisch militärische Zweckbestimmung haben.[110] Nicht erfasst sind daher Dual-Use-Güter oder andere Güter, die eigentlich für zivile Zwecke gedacht sind, aber auch militärischen Zwecken dienen können.[111] Selbst bei Produkten, die unter eine der in der Kriegswaffenliste genannten Kategorien fallen, für die es aber weitgehend gleichartige zivile Anwendungen gibt, greift die Ausnahme nur, wenn sich die beabsichtigte militärische Verwendung aus einer spezifisch militärischen Zwecken dienenden Produktkonzeption oder -umrüstung ergibt.[112]

64 **b) Wesentliche Sicherheitsinteressen.** Die Ausnahme setzt ferner voraus, dass die Nichtanwendung der Vergabevorschriften für die Wahrung **wesentlicher Sicherheitsinteressen** des Staates erforderlich ist. Die Festlegung, welches seine wesentlichen Sicherheitsinteressen sind, ist wiederum Sache des Mitgliedsstaats; es gilt das gleiche wie für Art. 346 Abs. 1 lit. a AEUV (→ Rn. 53 ff.). Mit Blick darauf, dass die Vorschrift nur Sachverhalte betrifft, die die Herstellung oder den Handel mit Kriegsgütern betreffen, dürften im Rahmen des Art. 346 Abs. 1 lit. b AEUV vor allem Aspekte der äußeren Sicherheit, dh der Verteidigung, in Betracht kommen.

65 Der deutsche Gesetzgeber hat durch den neuen § 107 Abs. 2 S. 2 GWB klargestellt, dass solche Sicherheitsinteressen insbesondere dann berührt sein können, wenn der Auftrag verteidigungsindustrielle Schlüsseltechnologien betrifft. Dieses Beispiel verdeutlicht jedoch auch, dass der Zusammenhang mit der Herstellung und dem Handel mit Kriegswaffen

104 EU-Kommission, Mitteilung zu Auslegungsfragen bezüglich der Anwendung des Art. 296 EGV auf die Beschaffung von Verteidigungsgütern v. 7.12.2006, KOM(2006) 779 endg., Ziff. 3.

105 EuG Urt. v. 30.9.2003 – T-26/01 Rn. 61 – Fiocchi Munizioni.

106 EU-Kommission, Mitteilung zu Auslegungsfragen bezüglich der Anwendung des Artikels 296 EGV auf die Beschaffung von Verteidigungsgütern v. 7.12.2006, KOM(2006) 779 endg., Ziff. 3.

107 Anders noch Vorauflage.

108 VK Bund Beschl. v. 28.2.2000 – VK 1-21/00, VPRRS 2013, 0963; ebenso *Dippel* in v. Wietersheim, 35 (40).

109 *Boesen* Vergaberecht, 100 GWB Rn. 60; v. Wietersheim/*Dippel*, Vergaben im Bereich Verteidigung und Sicherheit, 35 (41).

110 EuGH Urt. v. 7.6.2012 – C-615/10, IBRRS 2012, 2179 Rn. 40 – InsTiimi Oy (in Bezug auf Drehtische für elektronische Messungen).

111 EuGH Urt. v. 8.4.2008 – C-337/05, EuZW 2008, 372 (374) Rn. 48 f. – Agusta-Hubschrauber.

112 EuGH Urt. v. 7.6.2012 – C-615/10, IBRRS 2012, 2179 Rn. 41 – InsTiimi Oy.

allein nicht ausreicht, sondern der Auftrag weitere Aspekte aufweisen muss, die ihn in besonderer Weise sicherheitsrelevant erscheinen lassen. Zudem muss es sich um Interessen von erheblichem Gewicht handeln.

Allgemeine wirtschaftliche oder industriepolitische Interessen reichen für die Inanspruchnahme der Ausnahme **nicht** aus. Das betrifft insbesondere die in der Militärbeschaffung verbreiteten Kompensationsgeschäfte **(„Offsets“).** Werden Offsets verlangt, geschieht das typischerweise in der Form, dass bei der Beschaffung von Verteidigungsgütern im Ausland von den ausländischen Lieferanten eine Kompensation verlangt wird. Nach Auffassung der EU-Kommission handelt es sich dabei um restriktive Maßnahmen, die den Grundprinzipien des AEUV zuwiderlaufen.[113] Die Absicht, mittels solcher Offsets wirtschaftliche Vorteile zu sichern oder industriepolitische Ziele zu fördern, rechtfertigt die Ausnahme des § 107 Abs. 2 S. 1 Nr. 2 GWB bzw. Art. 346 Abs. 1 lit. b) AEUV nicht.[114] Das gilt auch, wenn die Offsets im Zusammenhang mit der Erzeugung und dem Handel mit Kriegsgütern stehen.[115] Die Ausnahme kann auch nicht für nichtmilitärische Aufträge herangezogen werden, die in Erfüllung einer Kompensationsverpflichtung vergeben werden, selbst wenn der Militärauftrag, in dessen Rahmen der Offset vereinbart wurde, der Ausnahme unterliegt.[116] 66

c) Erforderlichkeit der Nichtanwendung der Vergabevorschriften. Auch bei § 107 Abs. 2 S. 1 Nr. 2 GWB bzw. Art. 346 Abs. 1 lit. b AEUV genügt die Berufung auf nationale Sicherheitsinteressen für sich genommen noch nicht, um die Ausnahme in Anspruch zu nehmen. Die Regelung setzt vielmehr voraus, dass die Nichtanwendung der Vergabevorschriften zum **Schutz der nationalen Sicherheitsinteressen erforderlich** ist. Auch in diesem Punkt gilt das gleiche wie für Art. 346 Abs. 1 lit. b AEUV (→ Rn. 57 ff.). 67

Bei der Prüfung, ob die staatlichen Sicherheitsinteressen die Nichtanwendung des Vergaberechts rechtfertigen, legt der EuGH seit jeher einen **strengen Maßstab** an.[117] Als Ausnahmeregelung ist die Vorschrift **eng** auszulegen.[118] Das gilt trotz des Umstands, dass der Wortlaut der Vorschrift („seines Erachtens“) den Mitgliedstaaten bei der Festlegung, welche Maßnahmen zur Wahrung ihrer Sicherheitsinteressen erforderlich sind, eine Einschätzungsprärogative[119] einzuräumen scheint. Nach der Rechtsprechung des EuGH folgt daraus keine Ermächtigung der Mitgliedstaaten, durch bloße Berufung auf diese Interessen von den Bestimmungen des AEUV abzuweichen.[120] Vielmehr muss ein Mitgliedstaat, der die Ausnahme in Anspruch nehmen möchte, das Vorliegen der **Voraussetzungen** des 68

[113] EU-Kommission, Bericht über die Umsetzung der Richtlinie 2009/81/EG zur Auftragsvergabe in den Bereichen Verteidigung und Sicherheit vom 2.10.2012, KOM(2012) 565 endg., Ziff. V.; siehe auch EU-Kommission, Directive 2009/81/EC Guidance Note „Offsets“, Tz. 2.

[114] EU-Kommission, Directive 2009/81/EC – Guidance Note „Offsets“, Tz. 21 und 23. Die Kommission hebt dabei hervor, dass die Ausnahme des Art. 346 AEUV nur auf solche Maßnahmen Anwendung finden, die als solche den wesentlichen Sicherheitsinteressen des Mitgliedsstaats dienen (was bei Offsets typischerweise nicht der Fall ist).

[115] EU-Kommission, Mitteilung zu Auslegungsfragen bezüglich der Anwendung des Art. 296 EGV auf die Beschaffung von Verteidigungsgütern v. 7.12.2006, KOM(2006) 779 endg., Ziff. 4; Dippel/Sterner/Zeiss/*Dippel* § 107 GWB Rn. 9.

[116] EU-Kommission, Mitteilung zu Auslegungsfragen bezüglich der Anwendung des Art. 296 EGV auf die Beschaffung von Verteidigungsgütern v. 7.12.2006, KOM(2006) 779 endg., Ziff. 4; RKPP/*Röwekamp* GWB § 107 Rn. 45.

[117] EuGH Urt. v. 4.3.2010 – C-38/06, BeckRS 2010, 90245 Rn. 63 – Kommission/Portugal; EuGH Urt. v. 15.12.2009 – C-372/05, BeckRS 2009, 71406 Rn. 70 – Kommission/Deutschland; EuGH Urt. v. 15.12.2009 – C-409/05, BeckRS 2009, 71408 Rn. 51 – Kommission/Griechenland; EuGH Urt. v. 16.9.1999 – C-414/97, BeckRS 2004, 77125 Rn. 21 – Kommission/Spanien.

[118] EuGH Urt. v. 15.12.2009 – C-284/05, BeckRS 2009, 71404 Rn. 47 – Kommission Finnland; Urt. v. 7.6.2012 – C-615/10, IBRRS 2012, 2179 Rn. 35 – InsTiimi Oy.

[119] Dazu *Roth/Lamm* NZBau 2012, 609 (611); Calliess/Ruffert/*Wegener* AEUV Art. 346 Rn. 3; Dippel/Sterner/Zeiss/*Dippel* § 107 GWB Rn. 12 f. und 24.

[120] EuGH Urt. v. 15.12.2009 – C-284/05, BeckRS 2009, 71404 Rn. 46 – Kommission/Finnland; Urt. v. 7.6.2012 – C-615/10, IBRRS 2012, 2179 Rn. 35 – InsTiimi Oy.

Ausnahmetatbestands **nachweisen.**[121] Dabei muss er konkret nachweisen, dass die **Nicht-Anwendung** der Vorgaben der Europäischen Vergaberichtlinien für die Wahrung seiner wesentlichen Sicherheitsinteressen seines Erachtens **erforderlich** ist. Wegen der weiteren Einzelheiten siehe die Ausführungen zu § 107 Abs. 2 Nr. 2 GWB (→ Rn. 57 ff.).

3. Gemischte Aufträge und Konzessionen

69 Aufträge, die nur zu einem Teil § 107 Abs. 2 GWB bzw. Art. 346 AEUV unterfallen, können **insgesamt ohne Anwendung der Vergabevorschriften** vergeben werden (§ 111 Abs. 3 Nr. 1, Abs. 4 Nr. 2 GWB). Das gilt unabhängig davon, ob die Teile des Auftrags trennbar sind (Fall des § 111 Abs. 3 Nr. 1 GWB) oder untrennbar (Fall des § 111 Abs. 4 Nr. 2 GWB). Das gilt auch dann, wenn die Auftragsinhalte, die unter die Ausnahme des § 107 Abs. 2 GWB bzw. die Vorschriften für Verteidigungs- und Sicherheitsvergaben fallen, den kleineren Teil des Auftrags ausmachen.[122] Allerdings darf die Entscheidung über die Vergabe eines Gesamtauftrags nicht in der Absicht getroffen werden, die Vergabe der Anwendung der Vergabevorschriften zu entziehen (§ 111 Abs. 5 GWB). Diese Regelungen gelten gem. § 111 Abs. 6 GWB auch für Konzessionen. Näher zu gemischten Aufträgen → Rn. 43 ff.

II. Besondere Ausnahmen für verteidigungs- oder sicherheitsspezifische Aufträge (§ 145 GWB)

70 § 145 GWB enthält ferner eine Reihe spezieller Ausnahmetatbestände für verteidigungs- oder sicherheitsspezifische Aufträge. Die von der Vorschrift erfassten Aufträge sind ganz vom Vergaberecht ausgenommen, dh der Auftraggeber muss noch nicht einmal das spezielle Vergaberegime für verteidigungs- oder sicherheitsspezifische Aufträge anwenden.

1. Aufträge für nachrichtendienstliche Tätigkeiten

71 Nach § 145 Nr. 1 GWB unterliegen verteidigungs- oder sicherheitsspezifische Auftrage, die zum Zweck **nachrichtendienstlicher Tätigkeiten** vergeben werden, nicht dem GWB-Vergaberecht. Die Regelung setzt Art. 13 lit. b RL 2009/81/EG um. Beschaffungen im Zusammenhang mit nachrichtendienstlichen Tätigkeiten sind in der Regel so sensibel, dass selbst die Anwendung des flexibleren Vergaberegimes für Verteidigungs- oder sicherheitsspezifische Aufträge unangebracht ist.[123] Typische Anwendungsfälle sind die Vergabe von Aufträgen **durch die Nachrichtendienste** selbst sowie die Vergabe von Aufträgen **an Nachrichtendienste** über spezifische nachrichtendienstliche Liefer- oder Dienstleistungen (wie beispielsweise die IT-technische Sicherung regierungseigener IT-Netzwerke).[124] Die Vorschrift setzt allerdings nicht zwingend voraus, dass die Vergabe durch oder an einen Nachrichtendienst erfolgt. Vielmehr sind auch Aufträge anderer Behörden erfasst, sofern sie nachrichtendienstlichen Zwecken (einschließlich der Abwehr solcher Tätigkeiten) dienen.

Die Definition, was unter „nachrichtendienstlichen Zwecken" in diesem Sinne zu verstehen ist, obliegt nach Erwägungsgrund 27 der RL 2009/81/EG den Mitgliedstaaten. Von der Rechtsprechung wird jedoch überprüft, ob tatsächlich ein nachrichtendienstlicher Zweck vorliegt.[125] Die Ausnahme erfasst nicht sämtliche Beschaffungen durch bzw. für einen Nachrichtendienst, sondern nur solche, die in spezifischen Zusammenhang mit Tätig-

---

[121] EuGH Urt. v. 8.4.2008 – C-337/05, EuZW 2008, 372 (374) Rn. 44 – Agusta-Hubschrauber.
[122] BT-Drs. 17/7275, S. 14 (betr. verteidigungs- und sicherheitsspezifische Aufträge).
[123] RL 2009/81/EG Erwägungsgrund 27.
[124] EU-Kommission, Directive 2009/81/EC: Guidance Note „Exclusions", Tz. 11.
[125] Siehe zB OLG Düsseldorf Beschl. v. 15.4.2016 – VII-Verg 46/15, NZBau 2016, 659 Rn. 30, betr. die Beschaffung sondergeschützter Geländewagen für den BND.

keit des Dienstes stehen.[126] Grund ist, dass nicht alle Beschaffungen der Nachrichtendienste so sensibel sind, dass die gemeinschaftsrechtlichen Vergaberegeln nicht angewendet werden könnten.[127] Die Beschaffung gewöhnlicher Büromöbel für die Zentrale dient beispielsweise keinen nachrichtendienstlichen Zwecken im Sinne der Vorschrift. Die Beschaffung von Schutzausrüstung zum Schutz von Mitarbeitern bei Auslandseinsätzen fällt dagegen unter die Ausnahme.[128]

2. Aufträge im Rahmen von Kooperationsprogrammen

§ 145 Nr. 2 GWB enthält eine Ausnahme für verteidigungs- oder sicherheitsspezifische Aufträge, die im Rahmen eines **Kooperationsprogramms** vergeben werden, das auf **Forschung und Entwicklung** beruht und mit mindestens einem anderen EU-Mitgliedstaat für die Entwicklung eines neuen Produkts und ggf. spätere Lebenszyklusphasen dieses Produkts durchgeführt wird. Der Ausnahmetatbestand beruht auf Art. 13 lit. c RL 2009/81/EG. 72

Die Entwicklung neuer Militärtechnologien und Waffensysteme ist technisch aufwendig und häufig mit hohen Kosten verbunden. Neue Verteidigungsausrüstung wird daher oftmals im Rahmen von Kooperationsprogrammen von mehreren Mitgliedstaaten gemeinsam entwickelt. Diese Programme werden teilweise von internationalen Organisationen, insbesondere der gemeinsamen Organisation für Rüstungskooperation (OCCAR) und der NATO oder von Gemeinschaftseinrichtungen wie der Europäischen Verteidigungsagentur (EDA) verwaltet, die die Aufträge unter den Mitgliedstaaten vergeben.[129] Diese Aufträge sollen nicht dem Anwendungsbereich der Richtlinie 2009/81/EG unterfallen. Gleiches gilt für Kooperationsprogramme, bei denen die Aufträge von den Auftraggebern eines Mitgliedstaats auch im Namen anderer Mitgliedstaaten vergeben werden.[130] Der Gemeinschaftsgesetzgeber misst der Förderung von Forschung und Entwicklung zentrale Bedeutung für die Stärkung der europäischen Rüstungsindustrie zu; daher soll in diesem Bereich ein Maximum von Flexibilität bei der Vergabe von Lieferaufträgen zu Forschungszwecken und Forschungsaufträgen gewahrt bleiben.[131] Die Kommission betont in diesem Zusammenhang auch die besondere Bedeutung der Zusammenarbeit zwischen den Mitgliedstaaten für die Schaffung einer European Defence Technological and Industrial Base (EDTIB).[132] 73

Der Begriff der **Forschung und Entwicklung** umfasst nach Art. 1 Nr. 27 RL 2009/81/EG Grundlagenforschung, angewandte Forschung und experimentelle Entwicklung, einschließlich der Herstellung von Demonstrationssystemen. Die Herstellung von der Produktion vorausgehenden Prototypen, Werkzeugen und Fertigungstechnik, Industriedesign oder die Herstellung ist dagegen nicht umfasst.[133] Nach Mitteilung der EU-Kommission umfasst Forschung und Entwicklung typischerweise die **Stufen 1 bis 7** auf der **Technologie-Reifegrad-Skala.**[134] Nicht erforderlich ist dabei, dass das Programm alle 74

[126] EU-Kommission, Directive 2009/81/EC: Guidance Note „Exclusions“, Tz. 12, unter Verweis auf den englischen Richtlinientext, dem zufolge die Beschaffung für „intelligence activities“ erfolgen muss. Zustimmend RKPP/*Hölzl* GWB, § 145 Rn. 7.

[127] EU-Kommission, Directive 2009/81/EC: Guidance Note „Exclusions“, Tz. 12.

[128] OLG Düsseldorf Beschl. v. 15.4.2016 – VII-Verg 46/15, NZBau 2016, 659 Rn. 30 – Sondergeschützte Fahrzeuge.

[129] RL 2009/81/EG Erwägungsgrund 28.

[130] RL 2009/81/EG Erwägungsgrund 28.

[131] RL 2009/81/EG Erwägungsgrund 55.

[132] EU-Kommission, Leitlinien für die kooperative Beschaffung in den Bereichen Verteidigung und Sicherheit, ABl. C 157/1 v. 8.5.2019, Ziff. 3.

[133] RL 2009/81/EG Erwägungsgrund 13 aE.

[134] EU-Kommission, Leitlinien für die kooperative Beschaffung in den Bereichen Verteidigung und Sicherheit, ABl. C 157/1 v. 8.5.2019, Ziff. 3.1. Gemeint ist die ursprünglich von der NASA entwickelte, mittlerweile aber auch in anderen Bereichen anerkannte Skala der Technologie-Reifegrade (Technology Readyness Level, kurz TRL), die den Reifegrad technologischer Entwicklungen in Stufen von 1 bis 9 einteilt.

diese Stufen abdeckt.[135] Stufe 7 umfasst nach der Definition, auf die die Kommission sich stützt,[136] auch die Prototypen-Demonstration im Einsatz *(„system prototype demonstration in operational environment")*. Das steht in gewissem Widerspruch dazu, dass laut Erwägungsgrund 13 der Richtlinie die Herstellung von Prototypen (die dem Einsatz notwendigerweise vorausgeht) gerade nicht umfasst sein soll. Die Sichtweise der Kommission ist auch deutlich großzügiger als ihre Auslegung der Ausnahme für Forschungs- und Entwicklungsleistungen gemäß Art. 13 lit. j RL 2009/81/EG (entspricht § 145 Nr. 6 GWB; dazu → Rn. 91), die jedenfalls nach bisheriger Auffassung der Kommission nur für die Reifegrad-Stufen 1 bis 6 gelten soll.[137]

75 § 145 Nr. 2 GWB stellt jedoch – im Einklang mit Art. 13 lit. c RL 2009/81/EG – auch Aufträge frei, die sich auf **spätere Produktphasen** beziehen, **sofern** sich das Kooperationsabkommen über die Forschung und Entwicklung hinaus auch auf diese Phasen bezieht und der Auftrag im Rahmen des Programms vergeben wird.[138] Damit ist es möglich, im Rahmen des Programms nicht nur die Produktion von Prototypen, sondern **auch die Herstellung** des im Programm **entwickelten Produkts** sowie die **Instandhaltung** und **Ersatzteileversorgung** (zB im Rahmen eines Vertrags über die technisch-logistische Betreuung) ausschreibungsfrei zu vergeben.[139]

76 Das Kooperationsprogramm muss auf die Entwicklung eines **neuen Produkts** gerichtet sein. Die Beschaffung bereits fertig entwickelter Produkte fällt grundsätzlich nicht unter den Ausnahmetatbestand. Nach den 2019 verabschiedeten Leitlinien der EU-Kommission für die kooperative Beschaffung können aber auch auf Forschung und Entwicklung beruhende Kooperationsprodukte zur **Modernisierung bestehender Produkte** unter die Ausnahme fallen. Entscheidend ist, dass die Modernisierung zu wesentlichen Änderungen oder Verbesserungen des Produkts führt. Als Kriterien zur Bewertung solcher Änderungen oder Verbesserungen verweist die Kommission dabei auf Änderungen an der bestehenden Ausrüstung, den Umfang der neuen Funktionen der Ausrüstung und strukturelle Veränderungen bei Plattformen.[140]

Die Kommission verweist in ihren Leitlinien auf die Definition im EU-Programm „Horizont 2020"; siehe Ziffer 3.1, Fn. 17 der Leitlinien.

[135] EU-Kommission, Leitlinien für die kooperative Beschaffung in den Bereichen Verteidigung und Sicherheit, ABl. C 157/1 v. 8.5.2019, Ziff. 3.1.

[136] EU-Kommission, Leitlinien für die kooperative Beschaffung in den Bereichen Verteidigung und Sicherheit, ABl. C 157/1 v. 8.5.2019, Ziff. 3.1. Gemeint ist die ursprünglich von der NASA entwickelte, mittlerweile aber auch in anderen Bereichen anerkannte Skala der Technologie-Reifegrade (Technology Readyness Level, kurz TRL), die den Reifegrad technologischer Entwicklungen in Stufen von 1 bis 9 einteilt. Die Kommission verweist in ihren Leitlinien auf die Definition im EU-Programm „Horizont 2020"; siehe Ziff. 3.1, Fn. 17 der Leitlinien.

[137] EU-Kommission, Directive 2009/81/EC: Guidance Note „Research and Development" (2016), Tz. 6.

[138] EU-Kommission, Leitlinien für die kooperative Beschaffung in den Bereichen Verteidigung und Sicherheit, ABl. C 157/1 v. 8.5.2019, Ziff. 3.3.

[139] EU-Kommission, Leitlinien für die kooperative Beschaffung in den Bereichen Verteidigung und Sicherheit, ABl. C 157/1 v. 8.5.2019, Ziff. 3.3; Sterner/Dippel/Zeiss/*Dippel* § 145 Rn. 11; zustimmend auch RKPP/*Hölzl* GWB, § 145 Rn. 13. Zwar wird im 55. Erwägungsgrund der RL 2009/81/EG ausgeführt, dass der Auftraggeber sich bei der Vergabe von Leistungen, die der eigentlichen Forschungs- und Entwicklungstätigkeit nachfolgen, grundsätzlich nicht auf die Ausnahme berufen können soll. Eine gesonderte Ausschreibung der späteren Phasen soll nur entfallen, wenn bereits der Auftrag für die Forschungstätigkeit eine Option für diese Phasen einschließt und im Wege eines nichtoffenen Verfahrens, eines Verhandlungsverfahrens mit Bekanntmachung oder ggf. eines wettbewerblichen Dialogs vergeben wurde. Diese Erwägungen haben in Art. 13 lit. c der Richtlinie jedoch keinen Niederschlag gefunden.

[140] EU-Kommission, Leitlinien für die kooperative Beschaffung in den Bereichen Verteidigung und Sicherheit, ABl. C 157/1 v. 8.5.2019, Ziff. 3.2. Diese Interpretation ist großzügiger als noch in der Guidance Note von 2016 vertreten, in der hervorgehoben wurde, dass die Beschaffung bereits fertig entwickelter Produkte auch dann nicht unter die Ausnahme fällt, wenn technische Anpassungen für den konkreten Verwendungszweck gemacht werden (Guidance Note „Exclusions" (2016) Tz. 15).

77 Die Vorschrift setzt die Beteiligung von **mindestens zwei EU-Mitgliedstaaten** an dem Programm voraus. Eine zusätzliche Beteiligung von **Drittstaaten** ist unschädlich.[141] Der Begriff des Kooperationsprogramms setzt nach Auffassung der EU-Kommission ferner ein **kooperatives Element** im Sinne eines **„wirklich kooperativen Konzepts"** voraus. Dazu gehören insbesondere eine proportionale **Verteilung** der technischen und finanziellen **Risiken und Möglichkeiten** und eine Beteiligung der Kooperationspartner bei der Projektführung und den Entscheidungsprozessen innerhalb des Kooperationsprogramms.[142] Zur Anwendung des Ausnahmetatbestands genügt es daher nicht, wenn sich die Beteiligung eines der „Kooperationspartner" auf die Abnahme des fertig entwickelten Produkts beschränkt. Die Kommission erkennt aber an, dass die Höhe der Beiträge der einzelnen Partner aufgrund der Unterschiede zwischen den Verteidigungshaushalten der Mitgliedstaaten und der Erfordernisse ihrer Streitkräfte erheblich variieren kann, so dass die Beurteilung, ob dem Programm ein echtes kooperatives Konzept zugrunde liegt, nach qualitativen und nicht nach quantitativen Gesichtspunkten zu beurteilen ist.[143]

78 Ein Kooperationsprogramm setzt nicht voraus, dass alle Mitglieder von Anfang an dabei sind; auch eine **spätere Beteiligung** ist möglich. Das gilt nach Auffassung der EU-Kommission sogar dann, wenn das neue Mitglied erst nach Ende der Forschungs- und Entwicklungsphase beitritt. Auch in diesem Fall darf es den Ausnahmetatbestand in Anspruch nehmen. Voraussetzung ist lediglich, der der neu hinzutretende Mitgliedstaat vollwertiges Mitglied des Kooperationsprogramms mit allen Rechten und Pflichten wird.[144]

79 Der Abschluss von Kooperationsprogrammen, an dem nur EU-Mitgliedstaaten beteiligt sind, ist gem. § 145 Nr. 2 Hs. 2 GWB (der leider redaktionell verunglückt ist)[145] **der EU-Kommission mitzuteilen.** Die Regelung setzt Art. 13 lit. c Richtlinie 2009/18/EG um. Mitgeteilt werden müssen der Anteil der Forschungs- und Entwicklungsausgaben an den Gesamtkosten des Programms, die Vereinbarung über die Kostenteilung und ggf. der geplante Anteil der Beschaffungen je Mitgliedstaat. Sind Drittstaaten an dem Programm beteiligt, ist keine Mitteilung erforderlich.[146] Anhand der Informationen prüft die Kommission, ob das Kooperationsprogramm tatsächlich auf die Entwicklung eines neuen Produkts gerichtet ist und es sich um eine echte Kooperation zwischen Mitgliedstaaten handelt (und nicht eine bloß symbolische Beteiligung eines Mitgliedsstaats an einem rein nationalen Entwicklungsprogramm).[147] Bei nachträglicher Beteiligung eines Mitgliedsstaats an dem Programm ist die EU-Kommission ebenfalls zu unterrichten.[148]

---

[141] EU-Kommission, Leitlinien für die kooperative Beschaffung in den Bereichen Verteidigung und Sicherheit, ABl. C 157/1 v. 8.5.2019, Ziff. 3.5. AA offenbar *Heuninckx* PPLR 2010/1, 91 (111); diese einschränkende Ansicht ist nicht überzeugend, weil die Beschränkung der Mitteilungspflicht nach Art. 13 lit. c S. 2 RL 2009/81/EG auf Programme, an denen ausschließlich EU-Staaten beteiligt sind, keinen Sinn ergeben würde.

[142] EU-Kommission, Leitlinien für die kooperative Beschaffung in den Bereichen Verteidigung und Sicherheit, ABl. C 157/1 v. 8.5.2019, Ziff. 3.5.

[143] EU-Kommission, Leitlinien für die kooperative Beschaffung in den Bereichen Verteidigung und Sicherheit, ABl. C 157/1 v. 8.5.2019, Ziff. 3.5.

[144] EU-Kommission, Leitlinien für die kooperative Beschaffung in den Bereichen Verteidigung und Sicherheit, ABl. C 157/1 v. 8.5.2019, Ziff. 3.6.

[145] Nach dem Wortlaut der Vorschrift scheint die EU-Kommission die Mitteilungspflicht zu treffen; aus Art. 13 lit. c der Richtlinie 2009/18/EG ergibt sich indes eindeutig, dass die Mitteilung *an* die EU-Kommission zu richten ist. Die Formulierung in § 145 Nr. GWB beruht offensichtlich auf einem redaktionellen Versehen.

[146] Vgl. EU-Kommission, Leitlinien für die kooperative Beschaffung in den Bereichen Verteidigung und Sicherheit, ABl. C 157/1 v. 8.5.2019, Ziff. 3.7 Fn. 18.

[147] Vgl. EU-Kommission, Leitlinien für die kooperative Beschaffung in den Bereichen Verteidigung und Sicherheit, ABl. C 157/1 v. 8.5.2019, Ziff. 3.7., wo darauf hingewiesen wird, dass die Angaben ausreichend sein müssen, dass der Kommission die Prüfung zu ermöglichen.

[148] EU-Kommission, Leitlinien für die kooperative Beschaffung in den Bereichen Verteidigung und Sicherheit, ABl. C 157/1 v. 8.5.2019, Ziff. 3.6 und 3.7.

3. Außerhalb der EU vergebene Aufträge

80 Nach § 145 Nr. 3 GWB gelten die Regeln des GWB-Vergaberechts nicht für Aufträge, die im Rahmen eines **Streitkräfte- oder Polizeieinsatzes außerhalb der Europäischen Union** vergeben werden, wenn der Einsatz es erfordert, dass **im Einsatzgebiet ansässige Unternehmen** beauftragt werden. Die Regelung setzt Art. 13 lit. d RL 2009/81/EG um. Die Ausnahme ist maßgeschneidert für Kriseneinsätze außerhalb der Europäischen Union.[149] Sie soll im Ausland stationierten Einsatztruppen die Möglichkeit geben, Aufträge ohne Anwendung des europäischen Vergaberechts an im Einsatzgebiet ansässige Marktteilnehmer zu vergeben.[150]

81 Die Vorschrift gilt nicht nur für Aufträge im Rahmen militärischer Auslandseinsätze, sondern **auch** bei Auslandseinsätzen der **Polizeien des Bundes und der Länder.** Art. 13 lit. d RL 2009/81/EG spricht zwar von einem Einsatz von „Truppen", was im deutschen Sprachgebrauch eher im militärischen Sinne verstanden wird. Auch Erwägungsgrund 54 der Richtlinie erwähnt nur den Auslandseinsatz von „Streitkräften". Richtigerweise deckt die Richtlinienvorschrift aber auch Aufträge im Rahmen von Polizeieinsätzen ab.[151] Der Begriff „Truppen" ist nicht auf Streitkräfte beschränkt, sondern kann auch Polizeikräfte umfassen.[152] Zudem entspricht die Einbeziehung auch von Polizeieinsätzen jedenfalls dann Sinn und Zweck der Vorschrift, wenn es sich um vergleichbare polizeiliche Sicherheitskräfte handelt.[153] Erwägungsgrund 54 der Richtlinie steht dieser Auslegung nicht entgegen, da der Auslandseinsatz von Streitkräften dort nur als Beispiel genannt ist.

82 Die Ausnahme gilt **auch für zivile Beschaffungen,** die im unmittelbaren Zusammenhang mit der Durchführung des Einsatzes stehen.[154] § 145 Nr. 3 Hs. 3 GWB definiert Zivilbeschaffungen als Beschaffungen nicht militärischer Produkte und Bau- oder Dienstleistungen für logistische Zwecke. Dies entspricht Art. 1 Abs. 28 RL 2009/81/EG. Logistische Zwecke in diesem Sinne sind Lagerung, Transport, Vertrieb, Wartung und Disposition von Material; Transport von Personal; Kauf oder Errichtung, Wartung, Unterhaltung und Disposition von Einrichtungen, Beschaffung oder Erbringung von Leistungen; medizinische Unterstützungsleistungen; und Wasser- und Nahrungsversorgung.[155] Die Einbeziehung ziviler Beschaffungen ist an sich systemwidrig, weil es sich nicht um verteidigungs- oder sicherheitsspezifische Aufträge handelt, so dass die Aufträge an sich nicht von § 145 GWB erfasst werden; aufgrund des Sachzusammenhangs ist die Regelung allerdings praktisch sinnvoll platziert.[156]

83 Der **Wortlaut** von § 145 Nr. 3 GWB ist insoweit **missglückt,** als das Semikolon nach dem ersten Halbsatz den Eindruck erweckt, die Ausnahmevorschrift gelte im Ausgangspunkt für alle außerhalb der Europäischen Union vergebenen Aufträge, während die Voraussetzung, dass der Auftrag im Rahmen eines Militär- oder Polizeieinsatz außerhalb der EU erfolgt und eine Vergabe an Unternehmen im Einsatzgebiet erfolgen muss, nur für zivile Beschaffungen gilt. Nach Art. 13 lit. d der RL 2009/81/EG gilt der Ausnahmetatbestand jedoch **insgesamt nur für Beschaffungen im Rahmen eines Auslandseinsatzes** und Vergaben an **Unternehmen, die im Einsatzgebiet ansässig** sind.[157] Das entspricht

---

[149] BT-Drs. 17/7275, S. 17; EU-Kommission, Directive 2009/81/EC: Guidance Note „Exclusions", Tz. 19.

[150] BT-Drs. 17/7275, S. 17; Erwägungsgrund 29 RL 2009/81/EG.

[151] So auch die Auffassung der EU-Kommission in der Guidance Note „Exclusions", Tz. 19 *(„armed forces and/or security forces")*.

[152] Auch der im englischen und französischen Richtlinientext verwendete Begriff *„forces"* schließt Polizeikräfte mit ein.

[153] Immenga/Mestmäcker/*Dreher,* Wettbewerbsrecht (5. Aufl. 2014), GWB § 100c Rn. 47; Beck VergabeR/*Germelmann* GWB § 150 Rn. 51.

[154] Erwägungsgrund 29 RL 2009/81/EG.

[155] EU-Kommission, Directive 2009/81/EC: Guidance Note „Exclusions", Tz. 21.

[156] Ähnlich *Heuninckx* PPLR 2010/1, 91 (112).

[157] Das wird auch durch Erwägungsgrund 29 RL 2009/81/EG bestätigt.

auch dem Verständnis des nationalen Gesetzgebers;[158] die aktuelle Formulierung ist ein redaktioneller Fehler.[159]

Für die Erforderlichkeit der Vergabe an Unternehmen im Einsatzgebiet kommt es auf die **konkreten Umstände** der Operation an. Die Direktbeschaffung kann beispielsweise erforderlich sein, wenn eine anderweitige Auftragsvergabe zu Problemen bei der Nachschublogistik, unverhältnismäßigen Transportkosten oder Verzögerungen führen würde.[160] Die Anwendung des Ausnahmetatbestands ist auch dann denkbar, wenn die Einbeziehung europäischer Lieferanten zusätzliche Sicherheitsmaßnahmen erfordern würde, die die militärischen Kapazitäten der Einsatztruppen schwächen könnten.[161] Eine Auftragsvergabe an lokale Unternehmen kann unter Umständen auch dazu beitragen, die politische Akzeptanz der Truppenpräsenz im Einsatzgebiet zu fördern. In räumlicher Hinsicht erlaubt die Regelung eine Direktvergabe an **im Einsatzgebiet** ansässige Unternehmen. Aufgrund der oft schwierigen Verhältnisse in Krisengebieten ist ein **weites Verständnis** dieses Begriffs angezeigt. Erfasst werden auch Unternehmen, die außerhalb der Grenzen des Landes ansässig sind, in dem der Militäreinsatz stattfindet.[162] Um Missbräuche zu verhindern, ist das jedoch auf Unternehmen aus Anrainerstaaten zu beschränken. Nach Art. 11 RL 2009/81/EG darf die Ausnahmeregelung nicht zur Umgehung der Vergabevorschriften herangezogen werden. Nach Ansicht der EU-Kommission liegt eine Umgehung ua dann vor, wenn ein Auftrag an die lokale Niederlassung eines EU-Unternehmens erteilt wird, dann aber faktisch von der Muttergesellschaft in deren (weit entfernten) Heimatstaat ausgeführt wird.[163] 84

4. Auftragsvergaben an andere Staaten

Nach § 145 Nr. 4 GWB können die Bundesregierung, die Landesregierungen und die Gebietskörperschaften Aufträge über verteidigungs- oder sicherheitsspezifische Leistungen an **ausländische Regierungen oder Gebietskörperschaften** außerhalb des GWB-Vergaberechts vergeben. Die Regelung setzt Art. 13 lit. f RL 2009/81/EG um. Soweit dort von Auftragsvergaben zwischen „Regierungen" gesprochen wird, umfasst das nach der Definition in Art. 1 Nr. 9 RL 2009/81/EG auch nationale, regionale oder lokale Gebietskörperschaften eines Mitgliedstaats oder Drittlands. Durch die Ausnahme sollen zwischenstaatliche Beschaffungen wegen der Besonderheiten des Verteidigungs- und Sicherheitssektors von der Anwendung der Richtlinie 2009/81/EG ausgenommen werden.[164] 85

Die Regelung ist von erheblicher praktischer Bedeutung, da Militärausrüstung und militärische Dienstleistungen häufig über **Geschäfte zwischen Staaten** (engl. *Government to Government,* kurz „G2G") beschafft werden.[165] Beispielsfälle sind etwa Verträge zwischen den Regierungen zweier Mitgliedstaaten über die Lieferung von gebrauchter oder überzähliger Militärausrüstung oder über die Ausbildung von Kampfpiloten aus einem der beiden Staaten durch den anderen.[166] In der Praxis finden Liefergeschäfte dieser Art zB über das Foreign Military Sales (FMS) Programm des US-Verteidigungsministeriums statt. Auch 86

---

[158] BT-Drs. 17/7275, S. 17.

[159] Dieser Fehler findet sich freilich auch im deutschen Richtlinientext; ein Vergleich mit dem englischen Wortlaut von Art. 13 lit. d der Richtlinie bestätigt derweil, dass ein Komma hätte gesetzt werden müssen: *„Contracts awarded in a third country, including for civil purchases, carried out when forces are deployed outside the territory of the Union where operational needs require them to be concluded with economic operators located in the area of operations".*

[160] EU-Kommission, Directive 2009/81/EC: Guidance Note „Exclusions", Tz. 22.

[161] EU-Kommission, Directive 2009/81/EC: Guidance Note „Exclusions", Tz. 22.

[162] EU-Kommission, Directive 2009/81/EC: Guidance Note „Exclusions", Tz. 23.

[163] EU-Kommission, Directive 2009/81/EC: Guidance Note „Exclusions", Tz. 23.

[164] Erwägungsgrund 39 RL 2009/81/EG.

[165] *Heuninckx* PPLR 2010/1, 91 (112); EU-Kommission, Leitlinien für die Vergabe von Aufträgen zwischen Regierungen in den Bereichen Verteidigung und Sicherheit (Art. 13 lit. f der Richtlinie 2009/81/EG), ABl. EG C 450/1 v. 2.12.2016, Ziff. 1.

[166] EU-Kommission, Directive 2009/81/EC: Guidance Note „Exclusions", Tz. 25 und 26.

Lieferverträge über neue Militärausrüstung fallen unter den Ausnahmetatbestand.[167] Allerdings sind die Mitgliedsstaaten meist nicht selbst Hersteller von Ausrüstung, sondern müssen diese ihrerseits bei einem Rüstungslieferanten beschaffen. Der Ausnahmetatbestand erfasst **nur den Weiterverkauf** an andere Regierungen, **nicht aber den Einkauf** durch die weiterverkaufende Regierung **beim Hersteller.**[168] Soweit ein Mitgliedstaat neue Militärausrüstung von der Regierung eines Drittstaats beschafft, darf das nicht zu einer Umgehung der Vergaberegeln führen.[169] Eine Umgehung wird dabei insbesondere dann naheliegen, wenn das Material ohne weiteres innerhalb der Europäischen Union unter Anwendung des verteidigungs- und sicherheitsspezifischen Vergaberegimes beschafft werden könnte und der Einkauf über eine andere Regierung nur zu dem Zweck erfolgt, ein entsprechendes Vergabeverfahren zu vermeiden.

87 Sind die Voraussetzungen erfüllt, kann die beschaffende Regierung sich **ohne weiteres** auf den Ausnahmetatbestand stützen. Die **EU-Kommission** vertritt in ihren 2016 verabschiedeten Leitlinien für die Vergabe von Aufträgen zwischen Regierungen in den Bereichen Verteidigung und Sicherheit zwar die Auffassung, dass der Ausnahmetatbestand **nur in „hinreichend begründeten Fällen"** angewandt werden darf. Die Anwendung soll auf Fälle beschränkt sein, in denen eine eingehende Marktanalyse ergeben hat, dass die Beschaffung bei einer anderen Regierung die einzige oder die beste Option zu Deckung des Beschaffungsbedarfs ist.[170] Die Kommission beruft sich dabei auf das Ziel der RL 2009/81/EG, den schrittweisen Aufbau eines EU-weiten Marktes für Verteidigungsgüter zu fördern und gleiche Wettbewerbsbedingungen sowohl auf europäischer als auch globaler Ebene zu schaffen. Die Schlussfolgerung, dass der Anwendungsbereich der Ausnahme des Art. 13 lit. f RL 2009/81/EG und damit des § 145 Nr. 4 GWB dadurch auf den besonderen Fall beschränkt ist, dass eine Beschaffung am Markt nicht möglich oder ungeeignet ist, hat in der Richtlinie jedoch keine Stütze. Die einschränkende Sicht der Kommission ist daher **abzulehnen.**

88 Die Ausnahme gilt nur für Aufträge, die die in § 145 Nr. 4 GWB aufgezählten verteidigungs- oder sicherheitsspezifischen Leistungen betreffen. Dieser Katalog entspricht im Wesentlichen dem des § 104 Abs. 1 Nr. 1 bis 4 GWB, allerdings werden Teile, Bauteile oder Bausätze nicht erwähnt. Nach § 104 Abs. 1 GWB genügt es zudem, dass der Auftragsgegenstand „mindestens eine" der in Nr. 1 bis 4 der Vorschrift genannten Leistungen umfasst. Die etwas abweichende Formulierung in § 145 Nr. 4 GWB legt nahe, dass der Ausnahmetatbestand nur für Aufträge gilt, die sich ausschließlich oder überwiegend auf die in der Vorschrift genannten verteidigungs- bzw. sicherheitsspezifischen Leistungen beziehen.

5. Aufträge über Finanzdienstleistungen

89 § 145 Nr. 5 GWB stellt die Vergabe sicherheits- oder verteidigungsspezifischer Aufträge über **Finanzdienstleistungen** (mit Ausnahme von Versicherungsleistungen) vom Anwendungsbereich des GWB frei. Die Regelung setzt Art. 13 lit. h RL 2009/81/EG um. Sie ähnelt § 116 Abs. 1 Nr. 4 und 5 GWB, ist aber hinsichtlich der erfassten Leistungen **weiter formuliert.** Typischerweise geht es um die Finanzierung größerer Beschaffungen im Verteidigungs- und Sicherheitsbereich. Der Ausnahmetatbestand beruht auf der Erwägung, dass Aufträge über Finanzdienstleistungen zu Bedingungen erteilt werden, die nicht mit der Anwendung von Vergabevorschriften vereinbar sind.[171] Finanzmarktbezogene Dienstleistungen werden meist auf Grundlage rasch wechselnder Konditionen und Kurse beauf-

[167] EU-Kommission, Directive 2009/81/EC: Guidance Note „Exclusions", Tz. 26.
[168] EU-Kommission, Directive 2009/81/EC: Guidance Note „Exclusions", Tz. 26.
[169] Art. 11 RL 2009/81/EG; EU-Kommission, Directive 2009/81/EC: Guidance Note „Exclusions", Tz. 26.
[170] EU-Kommission, Leitlinien für die Vergabe von Aufträgen zwischen Regierungen in den Bereichen Verteidigung und Sicherheit (Art. 13 lit. f der Richtlinie 2009/81/EG), ABl. EG C 450/1 v. 2.12.2016, Ziff. 3.
[171] RL 2009/81/EG Erwägungsgrund 33.

tragt, die eine Vergabe im Wege eines förmlichen Vergabeverfahrens ausschließen.[172] Die Ausnahme ist allerdings generell gefasst. Der Auftraggeber muss daher nicht im Einzelfall begründen, weshalb die Eigenart der Leistung der Anwendung der Vergabevorschriften konkret entgegensteht. Die Ausnahme ist auch nicht auf Finanzdienstleistungen beschränkt, die von einem „besonderen Vertrauensverhältnis" zwischen Auftraggeber und Dienstleister geprägt sind oder der „Schnelllebigkeit und Kurzfristigkeit des Finanzmarktes" unterliegen.[173]

6. Aufträge über Forschungs- und Entwicklungsleistungen

§ 145 Nr. 6 GWB stellt die Vergabe verteidigungs- oder sicherheitsspezifischer Aufträge über **Forschungs- und Entwicklungsleistungen** frei, es sei denn, die Leistungen werden vollständig durch den Auftraggeber vergütet und die Ergebnisse ausschließlich Eigentum des Auftraggebers. Die Regelung setzt Art. 13 lit. j RL 2009/81/EG um. Sie dient – wie die Parallelvorschrift des § 116 Abs. 1 Nr. 2 GWB bzw. Art. 14 VRL im „klassischen" Bereich – dazu, die **Kofinanzierung** von Forschungs- und Entwicklungsarbeiten **durch die öffentliche Hand** zu ermöglichen.[174] Sie ähnelt § 116 Abs. 1 Nr. 2 GWB. Allerding gilt die Rückausnahme nach § 145 Nr. 6 GWB für reine Auftragsforschung gerade auch für Forschungsaufträge im Militär- und Sicherheitsbereich (dazu näher → Rn. 93). 90

Forschung und Entwicklung im Sinne der Vorschrift umfasst **Grundlagenforschung, angewandte Forschung und experimentelle Entwicklung.**[175] Unter Forschung versteht die Rechtsprechung die „planmäßige und zielgerichtete Suche nach neuen Erkenntnissen."[176] Experimentelle Entwicklung sind Arbeiten auf Grundlage vorhandener Kenntnisse zur Initiierung der Herstellung neuer Materialien, Produkte oder Geräte, zur Entwicklung neuer Verfahren, Systeme oder Dienstleistungen oder zur erheblichen Verbesserung des Vorhandenen.[177] Sie kann nach Art. 1 Nr. 27 RL 2009/81/EG auch die Herstellung von technischen Demonstrationssystemen umfassen. Die Herstellung von der Produktion vorausgehenden Prototypen, Werkzeugen und Fertigungstechnik, Industriedesign oder die Herstellung ist dagegen nicht umfasst.[178] Nach Mitteilung der EU-Kommission umfasst der Begriff Forschung und Entwicklung im Sinne der Vorschrift die **Stufen 1 bis 6** auf der **Technologie-Reifegrad-Skala.**[179] Dieses Verständnis ist enger, als die Kommission in jüngerer Zeit in Bezug auf die Ausnahme nach § 145 Nr. 2 GWB für zwischenstaatliche Kooperationsprojekte, die auf Forschung und Entwicklung beruhen, vertritt (dazu näher → Rn. 74). 91

[172] *Byok* NVwZ 2012, Fn. 28.

[173] RKPP/*Hölzl* GWB, § 145 Rn. 27, auch mit Nachweisen anderer Auffassungen betr. die Ausnahme für „klassische" Finanzdienstleistungen gem. § 100a Abs. 2 Nr. 2 GWB aF (jetzt § 116 Abs. 1 Nr. 4 und 5 GWB).

[174] So Erwägungsgrund 35 VRL für den „klassischen" Bereich; in Erwägungsgrund 12 RL 2009/81/EG wird lediglich allgemein auf die „Erfordernisse des Auftraggebers" ua bei Forschung und Entwicklung verwiesen; der Sache nach dient die Reglung im Verteidigungs- und Sicherheitsbereich aber dem gleichen Ziel.

[175] Art. 1 Nr. 27 RL 2009/81/EG.

[176] BayObLG Beschl. v. 27.2.2003 – Verg 25/02, NZBau 2003, 634 (635).

[177] RKPP/*Hölzl* GWB, § 145 Rn. 34.

[178] Erwägungsgrund 13 RL 2009/81/EG; BayObLG Beschl. v. 27.2.2003 – Verg 25/02, NZBau 2003, 634 (635).

[179] EU-Kommission, Directive 2009/81/EC: Guidance Note „Research and Development", Tz. 6. Siehe zur Technologie-Reifegrad-Skala; EU-Kommission, Leitlinien für die kooperative Beschaffung in den Bereichen Verteidigung und Sicherheit, ABl. C 157/1 v. 8.5.2019, Ziff. 3.1. Gemeint ist die ursprünglich von der NASA entwickelte, mittlerweile aber auch in anderen Bereichen anerkannte Skala der Technologie-Reifegrade (Technology Readyness Level, kurz TRL), die den Reifegrad technologischer Entwicklungen in Stufen von 1 bis 9 einteilt. Die Kommission verweist in ihren Leitlinien auf die Definition im EU-Programm „Horizont 2020"; siehe Ziff. 3.1, Fn. 17 der Leitlinien, in der Guidance Note zur R&D-Ausnahme bezieht sich die Kommission auf die Definition der Europäischen Raumfahrtagentur; siehe Tz. 6 Fn. 2 der Guidance Note.

92 Die Ausnahme gilt entsprechend dem og Regelungszweck, die staatliche Kofinanzierung von Forschungs- und Entwicklungsarbeiten zu ermöglichen, **nicht** für Aufträge über Forschungs- und Entwicklungsleistungen, deren Ergebnisse ausschließlich Eigentum des Auftraggebers für seinen Gebrauch bei der Ausübung seiner Tätigkeit werden und vollständig von ihm bezahlt werden. Durch diese **Rückausnahme** bleibt die **reine Auftragsforschung,** die weder einen Kofinanzierungs- noch einen Kooperationsaspekt hat, den **Vergabevorschriften unterworfen.** Ein ausschließliches Eigentum des Auftraggebers an den Forschungs- bzw. Entwicklungsergebnissen wird nach der Rechtsprechung nicht schon dadurch ausgeschlossen, dass die Ergebnisse öffentlich einsehbar gemacht werden oder ein Forschungsbericht verfasst wird, der einer Fachöffentlichkeit zur Verfügung gestellt wird.[180] Entscheidend ist vielmehr, wem die Nutzungsrechte zustehen.[181] Die Vorschrift entspricht insoweit § 116 Abs. 1 Nr. 2 GWB.

93 Die **Rückausnahme** für reine Auftragsforschung gem. § 145 Nr. 6 GWB gilt allerdings – anders als § 116 Abs. 1 Nr. 2 GWB – für **sämtliche CPV-Nummern** und damit **gerade auch** für Forschungs- und Entwicklungsleistungen **im Militär- und Sicherheitsbereich.** Das beruht darauf, dass § 145 Nr. 6 GWB auf Art. 13 lit. j RL 2009/81/EG basiert, der bei der Rückausnahme nicht danach differenziert, unter welche CPV-Nummer die Forschungsleistungen fallen. § 116 Abs. 1 Nr. 2 GWB geht demgegenüber auf Art. 14 VRL zurück, der die Anwendbarkeit der allgemeine Richtlinie von vornherein auf FuE-Leistungen der dort genannten CPV-Nummern beschränkt.[182] Diese Nummern betreffen nur Forschung und Entwicklung außerhalb des Militär- und Sicherheitsbereichs. FuE-Leistungen im Militär- und Sicherheitsbereich[183] sind damit von vornherein von der Anwendung der VRL ausgenommen. Das ist im Ansatzpunkt schlüssig, weil Aufträge im Bereich Verteidigung und Sicherheit typischerweise ohnehin nicht unter die VRL, sondern die RL 2009/81/EG fallen.

93a Bei FuE-Aufträgen für **Militärgüter oder -technik** ist damit eine **lückenlose Anwendung** der Rückausnahme sichergestellt. Denn solche Aufträge unterfallen gemäß § 104 Abs. 1 Nr. 3 und 4 GWB den besonderen Regeln für Verteidigungs- und Sicherheitsvergaben und damit § 145 Nr. 6 GWB. Sofern solche Aufträge reine Auftragsforschung im Sinne der Rückausnahme darstellen, müssen folglich die Vergabevorschriften für verteidigungs- und sicherheitsspezifische Leistungen eingehalten werden.[184]

---

[180] BayObLG Beschl. v. 27.2.2003 – Verg 25/02, NZBau 2003, 634 (635) (zur Parallelvorschrift aus dem „klassischen" Bereich); Beck VergabeR/*Lausen* GWB § 145 Nr. 6 Rn. 8.

[181] BayObLG Beschl. v. 27.2.2003 – Verg 25/02, NZBau 2003, 634 (635) (zur Parallelvorschrift aus dem „klassischen" Bereich); KKPP/*Hölzl* GWB § 145 Rn. 39.

[182] Im Einzelnen: 73000000-2 Forschungs- und Entwicklungsdienste und zugehörige Beratung, 73100000-3 Dienstleistungen im Bereich Forschung und experimentelle Entwicklung, 73110000-6 Forschungsdienste, 73111000-3 Forschungslabordienste, 73112000-0 Meeresforschungsdienste, 73120000-9 Experimentelle Entwicklung, 73300000-5 Planung und Ausführung von Forschung und Entwicklung, 73420000-2 Vordurchführbarkeitsstudie und technologische Demonstration, 73430000-5 Test und Bewertung.

[183] Im Einzelnen: 73400000-6 Forschung und Entwicklung für Sicherheits- und Verteidigungsgüter, 73410000-9 Militärforschung und -technologie, 73421000-9 Entwicklung von Sicherheitsausrüstungen, 73422000-6 Entwicklung von Feuerwaffen und Munition, 73423000-3 Entwicklung von Militärfahrzeugen, 73424000-0 Entwicklung von Kriegsschiffen, 73425000-7 Entwicklung von Militärflugzeugen, Raketen und Raumfahrzeugen, 73426000-4 Entwicklung von elektronischen Systemen für militärische Zwecke, 73431000-2 Test und Bewertung von Sicherheitsausrüstungen, 73432000-9 Test und Bewertung von Feuerwaffen und Munition, 73433000-6 Test und Bewertung von Militärfahrzeugen, 73434000-3 Test und Bewertung von Kriegsschiffen, 73435000-0 Test und Bewertung von Militärflugzeugen, Raketen und Raumfahrzeugen, 73436000-7 Test und Bewertung von elektronischen Systemen für militärische Zwecke.

[184] Das wird übersehen von Beck VergabeR/*Lausen* GWB § 116 Rn. 40, und RKPP/*Röwekamp* GWB, § 116 Rn. 8, denen zufolge *alle* Forschungs- und Entwicklungsleistungen im Bereich Verteidigung und Sicherheit bzw. alle FuE-Aufträge, die unter andere als die in § 116 Abs. 1 Nr. 2 GWB genannten CPV-Nummern fallen, vom Vergaberecht ausgenommen sind. Diese Aussage trifft richtigerweise nur für solche FuE-Leistungen zu, die trotz ihres Militär- oder Sicherheitsbezugs nicht unter die Sonderregelungen für Verteidigungs- und Sicherheitsvergaben und damit § 145 Nr. 6 GWB fallen.

Für FuE-Aufträge im **Bereich der nicht-militärischen Sicherheit** ergeben sich dagegen **Lücken.** Denn solche Aufträge, zB über „Forschung und Entwicklung für Sicherheitsgüter" (CPV 7340000 oder die „Entwicklung von Sicherheitsausrüstungen" (CPV 73421000), unterfallen aufgrund der Anwendungsbeschränkung in Art. 14 VRL bzw. § 116 Abs. 1 Nr. 2 GWB auf die dort genannten CPV-Nummern nie der VRL bzw. den allgemeinen Vergabevorschriften. Doch auch das Sonderregime für Verteidigungs- und Sicherheitsvergaben ist nicht in jedem Fall anwendbar. Denn dieses gilt im Bereich der zivilen Sicherheit nur für Verschlusssachenaufträge im Sinne des § 104 Abs. 3 GWB. Forschungsaufträge außerhalb des militärischen Bereichs, bei denen *keine* Verschlusssachen verwendet oder benötigt werden, bleiben also auch hier außen vor. Das führt zu dem eigentümlichen Ergebnis, dass FuE-Aufträge im Bereich der zivilen Sicherheit, bei denen Verschlusssachen verwendet werden, einem strengeren Vergaberegime unterliegen als solche, die ohne Verschlusssachen auskommen: Im erstgenannten Fall gelten für Aufträge, die reine Auftragsforschung im Sinne der Rückausnahme darstellen, gemäß § 145 Nr. 6 GWB die Vergabevorschriften für verteidigungs- und sicherheitsspezifische Leistungen. Die zweite Fallgruppe unterliegt dagegen gemäß § 116 Abs. 1 Nr. 2 GWB nie den Vergabevorschriften. 93b

7. Vergaben aufgrund besonderer internationaler Verfahrensregeln

§ 145 Nr. 7 GWB stellt verteidigungs- und sicherheitsspezifische Aufträge vom GWB-Vergaberecht frei, die nach bestimmten **internationalen Verfahrensregelungen** vergeben werden. 94

a) Internationale Abkommen mit Drittstaaten. Nach § 145 Nr. 7 lit. a GWB können sich die besonderen Verfahrensregelungen aus einem **internationalen Abkommen** oder einer internationalen **Vereinbarung** ergeben, das bzw. die zwischen einem oder mehreren EU-Mitgliedsstaaten und einem oder mehreren Drittstaaten außerhalb des Europäischen Wirtschaftsraums (EWR) geschlossen wurden. Die Vorschrift basiert auf Art. 12 lit. a RL 2009/81/EG. Sie ähnelt § 109 Abs. 1 Nr. 1 lit. a GWB und § 117 Nr. 4 lit. a GWB, gilt aber im Gegensatz zu diesen Ausnahmen nicht nur für Vergaben für gemeinsam zu verwirklichende oder zu nutzende Projekte. 95

Ein internationales Abkommen (im Sinne eines völkerrechtlichen Vertrags) ist nicht erforderlich; ausreichend ist auch eine internationale Vereinbarung (im englischen Richtlinientext: *„arrangement"*). Hierunter sind beispielsweise auch Vereinbarungen zwischen den zuständigen Ministerien zu verstehen.[185] Die Vereinbarungen müssen jedoch unmittelbar der staatlichen Ebene zugeordnet werden können. Vereinbarungen von oder mit öffentlich-rechtlich oder privatrechtlich verfassten Organisationseinheiten unterhalb dieser Ebene fallen selbst dann nicht unter den Ausnahmetatbestand, wenn die betreffenden Einheiten im vollständigen Anteilsbesitz des Staates stehen oder staatlicher Kontrolle unterliegen.[186]

Teilweise wird vertreten, dass auch Beschaffungen durch internationale Organisationen unter die Ausnahme fallen, da diese regelmäßig durch internationale Abkommen errichtet werden.[187] Diese Auslegung steht allerdings in gewissem Widerspruch zu § 145 Nr. 7 lit. c GWB. Diese Vorschrift enthält eine Ausnahme für Beschaffungen internationaler Organisationen, allerdings nur soweit sie eigenen Zwecken der Organisation dienen.[188] Würden Beschaffungen internationaler Organisationen bereits von § 145 Nr. 7 lit. a GWB erfasst, liefe die Ausnahme in lit. c weitgehend leer (sie hätte dann nur für Organisationen einen eigenen Anwendungsbereich, an denen ausschließlich EU- bzw. EWR-Staaten beteiligt 96

[185] BT-Drs. 17/7275, S. 17.
[186] EU-Kommission, Directive 2009/81/EC: Guidance Note „Exclusions", Tz. 4.
[187] *Heuninckx* PPLR 2010/1, 91 (110).
[188] Dazu näher → Rn. 103.

sind). Das gilt auch für die in lit. c vorgesehene Beschränkung auf Beschaffungen für eigene Zwecke der Organisation.

97 Die Vorschrift setzt voraus, dass die Vergabe **besonderen Verfahrensvorschriften** unterliegt, die sich aus dem Abkommen ergeben. Enthält das Abkommen solche Vorschriften nicht, oder verweist es ausdrücklich auf das nationale Recht, bleiben die normalen Vergabevorschriften anwendbar.[189] Nach Auffassung der EU-Kommission ist der Begriff eng zu verstehen und umfasst nur konkrete Regeln, die speziell die Auftragsvergabe betreffen und ein Mindestmaß an Einzelheiten der Grundsätze und der Verfahrensschritte enthalten.[190] Für Beschaffungen unter dem **NATO-Truppenstatut** siehe sogleich zu § 145 Nr. 7 lit. b GWB (→ Rn. 98 f.).

98 **b) Internationale Abkommen über Truppenstationierung.** Nach § 145 Nr. 7 lit. b GWB können sich die besonderen Verfahrensregeln auch aus einem internationalen Abkommen oder einer internationalen Vereinbarung im Zusammenhang mit der **Truppenstationierung** ergeben, das bzw. die Unternehmen eines Mitgliedsstaates oder eines Drittstaates betreffen. Wie nach lit. a genügt auch hier eine internationale **Vereinbarung** auf Ministerial- oder Verwaltungsebene. Nach Erwägungsgrund 26 der RL 2009/81/EG erfasst die Regelung sowohl Übereinkünfte über die Stationierung von Truppen aus EU-Mitgliedsstaaten in einem anderen Mitgliedsstaat oder einem Drittland, als auch umgekehrt von Truppen aus Drittländern in EU-Mitgliedsstaaten. Da Abkommen bzw. Vereinbarungen zwischen Mitgliedsstaaten und Drittstaaten bereits von lit. a erfasst werden, dürfte lit. b vor allem für Übereinkünfte **zwischen EU-Mitgliedsstaaten** praktische Relevanz entfalten.[191]

99 Auch diese Ausnahme setzt voraus, dass die Vergabe **besonderen Verfahrensvorschriften** unterliegt, die sich aus dem Abkommen ergeben. Beschaffungen unter dem **NATO-Truppenstatut** gem. Art. 49 Abs. 2 bzw. Art. 47 Abs. 5 des Zusatzabkommens zum NATO-Truppenstatut (ZA NTS)[192] unterliegen besonderen Verfahrensvorschriften in diesem Sinne. Nach der aktuellen Rechtsprechung der VK Bund gilt das auch, wenn die Beschaffung – wie es unter dem ZA NTS der Regelfall ist – von deutschen Behörden durchgeführt wird.[193] An der früheren Rechtsprechung, wonach die Geltung „besonderer Verfahrensvorschriften" für diesen Fall abgelehnt wurde, weil Beschaffungen durch die deutschen Behörden nach Art. 49 Abs. 2 ZA NTS[194] ausdrücklich den „deutschen Rechts- und Verwaltungsvorschriften" unterliegen,[195] hält die VK Bund nach einer Änderung des Verwaltungsabkommens ABG 1975 im Jahr 2008 nicht mehr fest.[196]

100 **c) Beschaffungen internationaler Organisationen.** § 145 Nr. 7 lit. c GWB erfasst die Vergabe von Aufträgen nach besonderen Verfahrensregeln einer internationalen Organisation. Die Vorschrift beruht auf Art. 12 lit. c RL 200981/EG. Sie ähnelt § 109 Abs. 1 Nr. 1 lit. b GWB und § 117 Nr. 4 lit. c GWB, ist jedoch insofern enger, als die Ausnahme nach § 145 Nr. 7 lit. c GWB nur für Beschaffungen gilt, die die Organisation für eigene Zwecke tätigt, oder wenn ein Mitgliedsstaat Aufträge nach den Regeln der Organisation vergeben muss.

101 Internationale Organisationen in diesem Sinne sind **völkerrechtliche Organisationen** zwischen Staaten wie etwa die NATO, die Europäische Verteidigungsagentur (EDA), die Vereinten Nationen und ihre Unterorganisationen, oder auch Einrichtungen wie das Eu-

[189] EU-Kommission, Directive 2009/81/EC: Guidance Note „Exclusions", Tz. 3.
[190] EU-Kommission, Directive 2009/81/EC: Guidance Note „Exclusions", Tz. 3.
[191] EU-Kommission, Directive 2009/81/EC: Guidance Note „Exclusions", Tz. 5.
[192] BGBl. 1961 II, 1183, 1218, geändert durch Abkommen v. 12.10.1971, BGBl. 1971 II, 1022.
[193] VK Bund Beschl. v. 9.1.2013 – VK 2-140/12 (betr. Bauarbeiten für das zivile Gefolge).
[194] Für Bauleistungen; ebenso für Lieferungen und Leistungen Art. 47 Abs. 5 lit. b ZA NTS.
[195] VK Bund Beschl. v. 8.3.2006 – VK 1-07/06; Beschl. v. 20.12.2005 – VK 2-156/05.
[196] Dazu ausführlich Beck VergabeR/*Otting* GWB § 117 Rn. 24 (zu § 117 Nr. 4 lit. b GWB).

ropäische Zentrum für Molekularbiologie (EMBL) in Heidelberg oder die Europäische Südsternwarte (ESO) in Garching.[197] Nicht-Regierungsorganisationen (NGO) fallen nicht darunter.[198]

Soweit es um Beschaffungen **durch die Organisation selbst** geht, ist die Ausnahme im Wesentlichen **deklaratorisch.** Denn internationale Organisationen unterliegen aufgrund ihres inhärenten oder durch die Gründungsverträge verliehen **Selbstorganisationsrechts** im Regelfall von vornherein nicht den nationalen Vergabevorschriften des Sitzstaates.[199] 102

Die Ausnahme gilt nach ihrem Wortlaut nur für Beschaffungen, die die Organisation **für ihre eigenen Zwecke** durchführt. Nach Auffassung der EU-Kommission setzt das voraus, dass ein klarer Zusammenhang zwischen den satzungsmäßigen Zielen und Zwecken der Organisation und dem Beschaffungsgegenstand besteht.[200] Das ist beispielsweise bei Beschaffungen der NATO für das AWACS[201]-Programm der Fall.[202] Beschaffungen einer internationalen Organisation für Zwecke ihrer Mitglieder oder Dritter werden vom Ausnahmetatbestand dagegen nicht erfasst.[203] Hiervon ist insbesondere dann auszugehen, wenn die Organisation den Auftrag nicht im eigenen Namen erteilt, sondern nur als Vermittler oder Stellvertreter für ein Mitglied auftritt oder auf Geheiß eines Mitglieds ein Produkt oder eine Leistung erwirbt und dann an das Mitglied durchreicht.[204] Die Anwendung der deutschen Vergabevorschriften steht in diesem Fall auch nicht in Widerspruch zum Selbstorganisationsrecht. Denn tritt die internationale Organisation bei einer Beschaffung lediglich als Stellvertreter einer deutschen Vergabestelle auf, ist rechtlich und tatsächlich die deutsche Stelle der Auftraggeber. Sie unterliegt folglich auch den deutschen Vergabevorschriften. Beschafft die Organisation formal im eigenen Namen, jedoch auf Geheiß eines deutschen Auftraggebers, an den die beschafften Güter anschließend weitergereicht werden, mag zwar der Beschaffungsakt der Organisation selbst vom Selbstorganisationsrecht gedeckt sein; die Weiterleitung an den deutschen Auftraggeber wäre aus dessen Sicht jedoch eine öffentliche Auftragsvergabe, die den Vergabevorschriften unterfällt. 103

Bei Beschaffungen eines Mitgliedsstaates kann eine Verpflichtung zur Anwendung der Regeln der internationalen Organisation beispielsweise dann bestehen, wenn der Mitgliedsstaat die Beschaffung im Namen der Organisation durchführt oder die Organisation die Beschaffung durch eine Zuwendung finanziell fördert.[205] In diesem Fall schließen die Verfahrensregeln der Organisation die Anwendung der EU-Vergabevorschriften aus. 104

III. Ausnahmen für nicht verteidigungs- oder sicherheitsspezifische Aufträge, die Verteidigungs- und Sicherheitsaspekte umfassen (§ 117 GWB)

§ 117 GWB enthält weitere Ausnahmen für Aufträge mit Verteidigungs- oder Sicherheitsbezug. Die Vorschrift betrifft Aufträge, die ***nicht*** **verteidigungs- oder sicherheitsspezifisch** im Sinne von § 104 GWB sind, aber gleichwohl Verteidigungs- oder Sicherheitsaspekte aufweisen. Da Aufträge, die Verteidigungs- oder Sicherheitsaspekte im Sinne der 105

---

[197] Beck VergaberR/*Masing*, 2. Aufl. § 100 Rn. 19.

[198] Müller-Wrede Kompendium VergabeR/*Aicher* Kap. 8 Rn. 18, der auch die Organisation für Sicherheit und Zusammenarbeit in Europa (OSZE) für nicht erfasst hält (allerdings ohne nähere Begründung).

[199] Näher dazu *Ullrich* in Grabitz/Hilf, Das Recht der Europäischen Union, Sekundärrecht, B.17 Rn. 5f.; *Heuninckx* PPLR 2011/4, 103 (105f.); siehe auch MüKoZPO/*Zimmermann* § 20 GVG Rn. 16 zu einer Auflistung der wichtigsten Immunitätsabkommen.

[200] EU-Kommission, Leitlinien für die kooperative Beschaffung in den Bereichen Verteidigung und Sicherheit, ABl. C 157/1 v. 8.5.2019, Ziff. 4.

[201] Die AWACS (Airborne Warning and Control System)-Verbände sind die luftgestützte Überwachungsflotte der NATO.

[202] *Heuninckx* PPLR 2011/4, 103 (116).

[203] BT-Drs. 17/7275, 18; EU-Kommission, Directive 2009/81/EC: Guidance Note „Exclusions“, Tz. 7.

[204] EU-Kommission, Directive 2009/81/EC: Guidance Note „Exclusions“, Tz. 7.

[205] EU-Kommission, Directive 2009/81/EC: Guidance Note „Exclusions“, Tz. 6.

Vorschrift umfassen, in den allermeisten Fällen verteidigungs- oder sicherheitsspezifisch im Sinne von 104 GWB sind, § 117 GWB für diese Fälle aber gerade nicht gilt. ist ein **praktischer Anwendungsbereich** der Vorschrift kaum ersichtlich, jedenfalls aber **stark begrenzt.**[206]

1. Schutz wesentlicher Sicherheitsinteressen

106 Nach § 117 Nr. 1 GWB gilt das Vergaberecht nicht, soweit der Schutz wesentlicher Sicherheitsinteressen der Bundesrepublik Deutschland nicht durch weniger einschneidende Maßnahmen gewährleistet werden kann, zB durch Anforderungen zum Schutz der Vertraulichkeit der vom Auftraggeber im Vergabeverfahren zur Verfügung gestellten Informationen. Diese Vorschrift wurde mit der Vergaberechtsmodernisierung 2016 neu eingeführt. Die Regelung basiert auf Art. 15 Abs. 2 Unterabs. 1 VRL. Sie trägt dem Umstand Rechnung, dass nicht ausgeschlossen werden kann, dass ein Auftrag zwar *nicht* verteidigungs- oder sicherheitsspezifisch iSv § 104 GWB ist, gleichwohl aber wesentliche Sicherheitsinteressen berührt, die eine Vergabe im Wettbewerb ausgeschlossen erscheinen lassen. Fallgruppen, in denen eine Anwendung in Betracht kommt, sind insbesondere die vormals in § 100 Abs. 8 Nr. 3 GWB aF genannten Bereiche **Streitkräfteeinsatz, Terrorismusbekämpfung** oder Beschaffung sicherheitsrelevanter **Informations- oder Telekommunikationstechnik.**

107 Allerdings dürften Aufträge, die so wesentliche staatliche Sicherheitsinteressen berühren, dass eine Anwendung der Vergabevorschriften ausgeschlossen ist, in vielen Fällen bereits nach § 107 Abs. 2 Nr. 1 oder 2 GWB (dh Art. 346 AEUV) vom Vergaberecht ausgenommen sein. Zudem dürften sie den allermeisten Fällen zugleich verteidigungs- oder sicherheitsspezifisch im Sinne von § 104 GWB sein. § 117 Abs. 1 Nr. 1 GWB hat daher in der Praxis **keinen nennenswerten Anwendungsbereich.**[207] Die Vorschrift soll vor allem Regelungslücken vermeiden.[208]

108 Die Ausnahme nach § 117 Nr. 1 GWB setzt voraus, dass die Sicherheitsinteressen auf anderem Wege als durch den Verzicht auf ein Vergabeverfahren nicht wirksam geschützt werden können. Die Vorschrift verweist in dem Zusammenhang insbesondere auf Vorkehrungen zum Schutz der Informationssicherheit. Hierbei handelt es sich um ähnliche Vorkehrungen, wie sie die Vergabevorschriften für verteidigungs- oder sicherheitsspezifische Aufträge in § 7 VSVgV vorsehen.[209] Die Ausnahme kommt demnach nur zur Anwendung, wenn auch die insoweit möglichen Schutzvorkehrungen nicht ausreichen, was jeweils im Einzelfall festzustellen und ggf. zu dokumentieren ist.[210]

109 Sollte die Prüfung ergeben, dass ein Schutz der Sicherheitsinteressen auf anderem Wege nicht möglich ist, muss der Auftraggeber allerdings keine weitere Interessenabwägung zwischen den berührten Sicherheitsinteressen und den Wettbewerbsinteressen des Marktes mehr vornehmen. Soweit in der Literatur teilweise vertreten wird, dass im Rahmen der Verhältnismäßigkeit eine Interessenabwägung geboten sei,[211] betrifft das richtigerweise nur die Prüfung, welche Maßnahmen, mit denen ein Schutz der Sicherheitsinteressen auch im Rahmen eines Vergabeverfahrens möglich wäre, dem Auftraggeber im Einzelfall zumutbar sind. Eine Abwägung, ob die berührten wesentlichen Sicherheitsinteressen möglicherweise

---

[206] Ebenso *Haak/Koch* NZBau 2016, 204 (209); Beck VergabeR/*Otting* GWB § 117 Rn. 5. Ähnlich schon zum früheren § 100 Abs. 8 GWB aF v. Wietersheim/*Dippel*, Vergaben im Bereich Verteidigung und Sicherheit, 35 (44); krit. dazu auch *Voll* NVwZ 2013, 120 (122).

[207] Siehe für einen möglichen Anwendungsfall zB Fn. 40.

[208] So die Gesetzesbegründung zum früheren § 100 Abs. 8 Nr. 3 GWB, für den ein echter Anwendungsbereich aufgrund des Vorrangs der VS-Vergabevorschriften ebenfalls nicht erkennbar war; BT-Drucksache 17/7275, 15 (wo darauf verwiesen wird, dass auch die Ausnahme des Art. 14 VKR trotz Einführung der RL 2009/81/EG fortgelte).

[209] S. → § 59 Rn. 1 ff.

[210] RKPP/*Hölzl* GWB § 117 Rn. 7.

[211] RKPP/*Hölzl* GWB § 117 Rn. 8.

hinter den Wettbewerbsinteressen der Marktteilnehmer zurückzutreten haben, ist dagegen nicht erforderlich und läuft dem Zweck der Vorschrift zuwider.

2. Fälle des Art. 346 Abs. 1 lit. a AEUV

§ 117 Nr. 2 GWB enthält eine Ausnahme für Aufträge, bei denen die Voraussetzungen des Artikel 346 Abs. 1 lit. a AEUV vorliegen. Nach dieser EU-Vorschrift ist ein Mitgliedstaat nicht verpflichtet, Auskünfte zu erteilen, deren Preisgabe seines Erachtens seinen wesentlichen Sicherheitsinteressen widerspricht. § 117 Nr. 2 GWB basiert auf Art. 15 Abs. 2 Unterabs. 2 VRL. Die Regelung ist freilich aus mehreren Gründen entbehrlich. Zum einen sind Fälle des Art. 346 Abs. 1 lit. a AEUV schon nach § 107 Abs. 2 Nr. 1 GWB vom Vergaberecht ausgenommen; § 117 Nr. 2 GWB ist eine schlichte Doppelung. Zudem dürften Fälle des Art. 346 Abs. 1 lit. a AEUV auch von § 117 Nr. 1 GWB erfasst sein. Dass die Vorschrift aufgrund des Vorrangs der in der Praxis meist einschlägigen speziellen Vorschriften für verteidigungs- oder sicherheitsspezifische Aufträge ohnehin nur einen verschwindenden Anwendungsbereich hat, kommt hinzu. Wegen der Einzelheiten der Vorschrift kann auf die Ausführungen zu § 107 Abs. 2 Nr. 1 GWB (→ Rn. 52 ff.) verwiesen werden. 110

3. Geheime Aufträge und Aufträge mit besonderen Sicherheitsmaßnahmen

§ 117 Nr. 3 GWB enthält eine Ausnahme für den Fall, dass die Vergabe und die Ausführung des Auftrags für **geheim** erklärt werden oder nach den Rechts- und Verwaltungsvorschriften **besondere Sicherheitsmaßnahmen** erfordern. Die Vorschrift ähnelt dem früheren § 100 Abs. 8 Nr. 1 und 2 GWB aF. 111

a) Geheime Aufträge. Die Ausnahme für Geheimaufträge (1. Var.) setzt entgegen dem missverständlichen Wortlaut der Vorschrift nicht voraus, dass die Vergabe *und* die Ausführung geheim sind; es reicht, dass *entweder* die Vergabe *oder* die Ausführung für geheim erklärt werden. Insbesondere ist nicht erforderlich, dass der Auftrag als solcher oder das Vorhaben geheim ist.[212] Erforderlich, aber auch ausreichend ist, dass die zuständige Stelle den Auftrag oder Unterlagen, Vorgänge oder Informationen, die für die Auftragsausführung von zentraler Bedeutung sind, für geheim erklärt hat.[213] 112

Die frühere Einschränkung in § 100 Abs. 8 Nr. 1 GWB aF, dass die Geheimerklärung in Übereinstimmung mit den Rechts- und Verwaltungsvorschriften erfolgt sein muss, findet sich in der Neuregelung nicht mehr, gilt aber weiterhin.[214] Maßgeblich sind das **Sicherheitsüberprüfungsgesetz (SÜG)** des Bundes und die darauf basierende Allgemeine Verwaltungsvorschrift zum materiellen und organisatorischen Schutz von Verschlusssachen (sog. **VS-Anweisung**). „Geheim" im Sinne der Vorschrift ist der Auftrag bei Einstufung als **VS-VERTRAULICH oder höher;** eine förmliche Klassifizierung als „GEHEIM" ist nicht erforderlich.[215] Eine Einstufung als „VS-NfD" vermag einen Geheimauftrag dagegen nicht zu begründen. Bei der Geheimerklärung hat die zuständige Stelle bzw. der Auftraggeber einen **Beurteilungsspielraum.** Die Geheimerklärung und die konkrete Einstufung 113

---

[212] OLG Düsseldorf Beschl. v. 30.3.2005 – VII-Verg 101/05 – BND-Neubau; VK Bund Beschl. v. 14.7. 2005 – VK 3-55/05 – BOS (zur früheren Regelung in § 100 Abs. 8 Nr. 1 GWB aF bzw. der Vorläuferregelung).

[213] VK Bund Beschl. v. 14.7.2005 – VK 3-55/05 – BOS; vgl. aber VK Bund Beschl. v. 30.7.2010 – VK 2-56/10 – Handgepäckkontrollanlagen (unter B.4.a), wo der Umstand, dass die Bieter für die Geräteentwicklung Zugang zu einer als VS-VERTRAULICH eingestuften Liste der vom Gerät zu erkennenden Stoffe und Gegenstände erhalten mussten, nicht als ausreichend angesehen wurde.

[214] So zutreffend RKPP/*Hölzl* GWB, § 117 Rn. 29. AA Beck VergabeR/*Otting* GWB § 117 Rn. 15, dem zufolge das Erfordernis, dass die Geheimerklärung in Übereinstimmung mit den Rechts- und Verwaltungsvorschriften erfolgt sein muss, zwar nicht mehr gilt, die Geheimerklärung aber eine vorherige Verhältnismäßigkeitsprüfung voraussetzt.

[215] Amtl. Begründung, BT-Drs. 17/7275, 15; Pünder/Schellenberg/*Schellenberg* § 100 Rn. 23; Leinemann/Kirch/*Homann* § 100 Rn. 39.

können von der Vergabekammer daher nur darauf überprüft werden, ob die allgemeinen Grenzen dieses Spielraums überschritten wurden.[216]

114 Geheime Aufträge im Sinne von § 117 Nr. 3 GWB sind im Regelfall zugleich **Verschlusssachenaufträge** im Sinne von § 104 Abs. 3 GWB. Es handelt sich daher in den allermeisten Fällen um verteidigungs- oder sicherheitsspezifische Aufträge im Sinne von § 104 Abs. 1 GWB. Da § 117 GWB für solche Aufträge nicht gilt, dürfte die Vorschrift in der Praxis **weitgehend leer laufen.**[217] Eine Anwendung kommt allenfalls für Aufträge in Betracht, die nur deshalb nicht § 104 Abs. 3 GWB unterfallen, weil sie keinem Sicherheitszweck dienen, oder weil es sich um Lieferaufträge handelt, die keine „Ausrüstung" im Sinne von § 104 Abs. 1 Nr. 2 GWB betreffen, etwa bei VS-Aufträgen für den Druck von Pässen und hoheitlichen Dokumenten.[218]

115 Die Geheimerklärung führt allerdings – anders als nach früherem Recht – nicht mehr automatisch zu einer Freistellung von den Vergabevorschriften. Die Neuregelung verlangt vielmehr ausdrücklich eine Prüfung, ob die berührten Sicherheitsinteressen nicht durch weniger einschneidende Maßnahmen, insbesondere Vorkehrungen zur Wahrung der Vertraulichkeit der Informationen, geschützt werden können. Dabei gelten die gleichen Grundsätze wie bei § 117 Nr. 1 GWB (→ Rn. 108f.). Im Einzelnen dürften ähnliche Erwägungen anzustellen sein, wie sie die Rechtsprechung zur Ausnahme für Aufträge mit besonderen Sicherheitsvorkehrungen nach § 100 Abs. 8 Nr. 2 GWB aF entwickelt hat. Die Ausnahme greift danach nur ein, wenn das Geheimhaltungsbedürfnis die Nichtanwendung der Vergabebestimmungen **rechtfertigt.**[219] Es muss **gerade durch die Anwendung des Vergaberechts** eine Beeinträchtigung der Geheimschutzinteressen drohen.[220] Kann die Informationssicherheit durch entsprechende Vorkehrungen auch im Rahmen eines EU-weiten Verfahrens ausreichend geschützt werden, scheidet ein Rückgriff auf die Ausnahme aus. Das schafft eine hohe Hürde für die Anwendung der Ausnahme.

116 **b) Aufträge mit besonderen Sicherheitsmaßnahmen.** § 117 Nr. 3 (2. Var.) GWB enthält eine weitere Ausnahme für Aufträge, deren Vergabe oder Ausführung nach den Rechts- und Verwaltungsvorschriften **besondere Sicherheitsmaßnahmen** erfordert. Die Notwendigkeit der Sicherheitsmaßnahmen muss sich gerade aus den **Rechts- und Verwaltungsvorschriften** ergeben; dass die Vergabestelle von sich aus besondere Sicherheitsmaßnahmen für erforderlich hält, reicht nicht aus.[221] Als Grundlage kommen alle Vorschriften in Betracht, die mittelbar oder unmittelbar dem Schutz staatlicher Sicherheitsinteressen dienen.[222] In der Praxis sind das vor allem das **Sicherheitsüberprüfungsgesetz (SÜG)**[223] sowie das **Luftsicherheitsgesetz (LuftSiG),** welches eine Zuverlässigkeitsüberprüfung ua von Personen vorschreibt, denen Zugang zu den nicht allgemein zugänglichen Bereichen eines Verkehrsflughafens gewährt werden soll, oder die als Angehörige von Flugplatz-, Luftfahrt- oder Versorgungsunternehmen unmittelbaren Einfluss auf die Sicherheit des Luftverkehrs haben (§ 7 Abs. 1 Nr. 1 und 2 LuftSiG).[224]

---

[216] OLG Düsseldorf Beschl. v. 30.3.2005 – VII-Verg 101/04, BeckRS 2005, 4880 – BND-Neubau; VK Bund Beschl. v. 14.7.2005 – VK 3-55/05 – BOS; Dippel/Sterner/Zeiss/*Dippel,* Praxiskommentar (1. Aufl. 2013), § 100 GWB Rn. 51 (zur Vorgängerregelung des § 100 Abs. 8 Nr. 1 GWB aF).

[217] So auch *Haak/Koch* NZBau 2016, 204 (209).

[218] Vgl. dazu → Rn. 40.

[219] Vgl. OLG Düsseldorf Beschl. v. 10.9.2009 – VII-Verg 12/09, IBRRS 2009, 3419 – IT Serviceleistung; OLG Düsseldorf Beschl. v. 8.6.2011 – VII-Verg 49/11, NZBau 2011, 501 – Bundesdruckerei.

[220] Vgl. OLG Koblenz Beschl. v. 15.9.2010 – 1 Verg 7/11; OLG Düsseldorf Beschl. v. 10.9.2009 – VII-Verg 12/09, IBRRS 2009, 3419 – IT Serviceleistung; OLG Celle Beschl. v. 3.12.2009 – 13 Verg 14/09, IBR 2010, 43.

[221] VK Bund Beschl. v. 15.7.2008 – VK 3-89/08, BeckRS 2008, 140502.

[222] *Ziekow* VergabeR 2007, 711 (716).

[223] VK Bund Beschl. v. 2.2.2006 – VK 2-02/06, IBRRS 2002, 0388; Beschl. v. 3.2.2006 – VK 1-01/06, IBRRS 2006, 4380.

[224] Vgl. VK Bund Beschl. v. 12.12.2006 – VK 1-136/06, BeckRS 2006, 136119 – TV-Überwachungsanlagen; Beschl. v. 30.5.2008 – VK 1-48/08, BeckRS 2010, 10430 – Ausbau Flugbetriebsflächen.

Auch die Erforderlichkeit besonderer Sicherheitsmaßnahmen führt jedoch nicht automatisch zu einer Freistellung von den Vergabevorschriften. Vielmehr ist auch insoweit eine Prüfung erforderlich, ob die berührten Sicherheitsinteressen nicht auch durch weniger einschneidende Maßnahmen gewahrt werden können. Das entspricht der Rechtsprechung zum früheren § 100 Abs. 8 Nr. 2 GWB. Danach greift die Ausnahme nur ein, wenn eine objektiv gewichtige Gefährdung oder Beeinträchtigung der Sicherheitsbelange die Nichtanwendung der Vergabebestimmungen **rechtfertigt.**[225] Es muss **gerade durch die Anwendung des Vergaberechts** eine tatsächliche und hinreichend schwere Gefährdung staatlicher Sicherheitsinteressen drohen.[226] Das ist nicht der Fall, wenn den betroffenen Interessen auch im Rahmen eines EU-weiten Verfahrens – etwa durch eine entsprechende Zuverlässigkeitsprüfung – ausreichend Rechnung getragen werden kann.[227] Die Ausnahme reduziert sich damit auf Fälle, in denen die Einhaltung der Sicherheitsmaßnahmen eine Auswahl des Vertragspartners im Wege eines Vergabeverfahrens ausschließt (zB weil für die erforderlichen Sicherheitsüberprüfungen bereits im Vorfeld feststehen muss, wer den Auftrag durchführt).[228] 117

4. Vergaben aufgrund besonderer internationaler Verfahrensvorschriften

§ 117 Nr. 4 GWB enthält schließlich Ausnahmen für Aufträge, die nach besonderen, auf internationalen Abkommen beruhenden Verfahrensvorschriften vergeben werden. Die Vorschriften decken sich weitgehend mit § 145 Nr. 7 GWB (→ Rn. 94 ff.), mit einigen Abweichungen im Detail. 118

a) Aufträge für gemeinsame Projekte aufgrund zwischenstaatlicher Abkommen. 119
§ 117 Nr. 4 lit. a GWB enthält eine Ausnahme für Aufträge für gemeinsame Projekte, die aufgrund von Verfahrensregeln zu vergeben sind, die sich aus einer internationalen Übereinkunft oder Vereinbarung zwischen der Bundesrepublik Deutschland und einem oder mehreren Drittstaaten außerhalb des EWR ergeben. Die Vorschrift basiert auf Art. 17 Abs. 1 lit. a VRL bzw. Art. 27 Abs. 1 lit. a SRL. Sie soll es den EU-Mitgliedstaaten ermöglichen, **Abkommen mit Drittstaaten über gemeinsame Projekte** zu schließen, ohne die Drittstaaten zu zwingen, sich bei der Projektdurchführung den EU-Vergaberegeln unterwerfen müssen.[229] Die Vorschrift ähnelt § 145 Nr. 7 lit. a GWB (→ Rn. 95 ff.), gilt aber im Gegensatz dazu nur für Aufträge für gemeinsame Projekte. Die Ausnahme setzt voraus, dass das Abkommen eigene Verfahrensvorschriften für die Vergabe enthält. Art. 17 Abs. 1 lit. a VRL bzw. Art. 20 Abs. 1 lit. a SRL (die im deutschen Recht nicht umgesetzt wurden) schreiben ferner vor, dass der Europäischen Kommission die jeweiligen Abkommen mitgeteilt werden müssen. Die Mitteilung ist jedoch nur informatorisch[230] und keine Voraussetzung für die Inanspruchnahme der Ausnahme.

b) Aufträge aufgrund von Truppenstationierungsabkommen. § 117 Nr. 4 lit. b GWB enthält eine Ausnahme für Aufträge, die aufgrund besonderer Verfahrensregelungen vergeben werden, die sich aus einer internationalen Vereinbarung oder Übereinkunft im Zusammenhang mit der **Stationierung von Truppen** ergeben. Die Regelung basiert auf Art. 17 Abs. 1 lit. b VRL bzw. Art. 27 Abs. 1 lit. b SRL. Durch die Ausnahme sollen Kon- 120

[225] OLG Düsseldorf Beschl. v. 10.9.2009 – VII-Verg 12/09, IBRRS 2009, 3419 – IT Serviceleistung; Beschl. v. 8.6.2011 – VII-Verg 49/11, NZBau 2011, 501 – Bundesdruckerei.
[226] OLG Koblenz Beschl. v. 15.9.2010 – 1 Verg 7/10, NZBau 2010, 778; OLG Düsseldorf Beschl. v. 10.9.2009 – VII-Verg 12/09, IBRRS 2009, 3419 – IT Serviceleistung; OLG Celle Beschl. v. 3.12.2009 – 13 Verg 14/09, IBR 2010, 43.
[227] OLG Düsseldorf Beschl. v. 8.6.2011 – VII-Verg 49/11, NZBau 2011, 501 – Bundesdruckerei.
[228] Vgl. OLG Koblenz Beschl. v. 15.9.2010 – 1 Verg 7/10, NZBau 2010, 778.
[229] *Sterner* in Müller-Wrede, Taschenkommentar, § 100 GWB Rn. 14; Beck VergaberR/*Masing*, 2. Aufl. § 100 Rn. 18.
[230] KKP/*Röwekamp* GWB-Vergaberecht (3. Aufl.), § 100 GWB Rn. 26 (zu § 100 Abs. 2 lit. b GWB (aF)).

flikte zwischen den Verfahrensbestimmungen der jeweiligen Abkommen und dem EU- bzw. GWB-Vergaberecht vermieden werden. Die Verfahrensvorschriften des Stationierungsabkommens haben in diesem Fall Vorrang.[231]

121 Die Vorschrift setzt voraus, dass die internationale Vereinbarung oder Übereinkunft eigene Verfahrensvorschriften für die Auftragsvergabe enthält. Nach Art. 17 Abs. 1 lit. b VRL bzw. Art. 27 Abs. 1 lit. b SRL ist weitere Voraussetzung, dass die Vereinbarung bzw. Übereinkunft Unternehmen aus der EU oder einem Drittstaat betrifft; diese Voraussetzung (die in § 117 GWB nicht korrekt umgesetzt wurde)[232] dürfte bei Abkommen, die eigene Verfahrensregeln für die Auftragsvergabe treffen, regelmäßig erfüllt sein.

122 Wichtigster Anwendungsfall der Vorschrift sind zivile Beschaffungen auf Grundlage des **NATO-Truppenstatuts**[233] und des **Zusatzabkommens** zum NATO-Truppenstatut (ZA NTS)[234] sowie der Richtlinien zu Vergabe von Aufträgen für Bauvorhaben des gemeinsam finanzierten **NATO-Sicherheits-Investitionsprogramms** (RiNATO); siehe dazu die Ausführungen zu § 145 Abs. 7 lit. b GWB (→ Rn. 98f.).

123 **c) Aufträge aufgrund des besonderen Verfahrens einer internationalen Organisation.** § 117 Nr. 4 lit. c GWB enthält eine Ausnahme für Aufträge, die aufgrund des besonderen Verfahrens einer internationalen Organisation vergeben werden. Die Vorschrift entspricht Art. 17 Abs. 1 lit. c VRL bzw. Art. 27 Abs. 1 lit. c SRL. Zum Begriff der internationalen Organisation kann auf die Ausführungen zu § 145 Nr. 7 lit. c GWB (→ Rn. 100) verwiesen werden.

124 Die Vorschrift ist – ebenso wie § 117 Nr. 7 lit. c GWB – in Bezug auf Beschaffungen durch die Organisation selbst im Wesentlichen **deklaratorisch,** da internationale Organisationen aufgrund ihres Selbstorganisationsrechts im Regelfall von vornherein nicht den nationalen Vergabevorschriften ihres Sitzstaates unterliegen.[235] Praktische Bedeutung hat die Vorschrift damit vor hauptsächlich für den relativ seltenen Fall einer **Auftragsvergabe durch deutsche Stellen** für eine **in Deutschland ansässige Organisation.**[236] Anders als § 145 Nr. 7 lit. c GWB setzt die Ausnahme nicht explizit voraus, dass die Beschaffung für eigene Zwecke der Organisation erfolgt. Doch dürften Auftragsvergaben, die lediglich formal für die Organisation durchgeführt werden, tatsächlich aber dem deutschen Auftraggeber, die die Beschaffung durchführt, zugutekommen sollen, schon unter dem Gesichtspunkt des Umgehungsverbots nicht unter die Ausnahme fallen.

5. Von internationalen Organisationen oder Finanzierungseinrichtungen finanzierte Aufträge

125 § 117 Nr. 5 GWB enthält schließlich eine Ausnahme für Aufträge mit Verteidigungs- oder Sicherheitsaspekten, die vollständig von einer internationalen Organisation oder Finanzierungseinrichtung finanziert werden und nach den Verfahrensvorschriften der betreffenden Organisation zu vergeben sind. Diese Regelung basiert auf Art. 17 Abs. 2 VRL bzw. Art. 27 Abs. 2 SRL. Sie entspricht im Grunde § 117 Nr. 4 lit. c GWB. Die praktische Bedeutung liegt darin, dass sie ausdrücklich auch Aufträge erfasst, die von internationalen Organisationen oder Finanzinstitutionen (zB EIB, EBRD, Weltbank) finanziert werden. Es ist also **nicht erforderlich,** dass die Aufträge **eigenen Zwecken der Organisation oder Finanzierungseinrichtung** dienen. Die Regelung gilt damit auch für Aufträge, die eigenen Zwecken des Auftraggebers dienen, aber von internationalen Einrichtungen finanziert

---

[231] Müller-Wrede, Kompendium VergabeR/*Aicher* Kap. 8 Rn. 13.

[232] Nach § 117 Nr. 4 lit. b GWB muss die Vereinbarung Unternehmen betreffen, die ihren Sitz in Deutschland oder außerhalb des EWR haben. Was den Gesetzgeber zu dieser vom Richtlinienwortlaut klar abweichenden Formulierung veranlasst hat, ist nicht erkennbar.

[233] BGBl. 1961 II, 1190.

[234] BGBl. 1961 II, 1183 (1218), geändert durch Abkommen v. 12.10.1971, BGBl. 1971 II, 1022.

[235] Dazu näher → Rn. 102.

[236] Beck VergabeR/*Masing,* 2. Aufl. § 100 Rn. 19.

werden. Durch die Regelung sollen – ähnlich wie in den Fällen des § 117 Nr. 4 GWB – Konflikte zwischen den Verfahrensregeln der finanzierenden Einrichtung und den EU- bzw. nationalen Vergabevorschriften vermieden werden. Allerdings ist der Anwendungsbereich von vornherein auf Aufträge mit Verteidigungs- oder Sicherheitsaspekten beschränkt. Aufträge im Rahmen normaler, **nicht sicherheitsrelevanter Entwicklungsprojekte,** die zB von der Weltbank oder der EBRD finanziert werden, fallen daher typischerweise **nicht unter die Ausnahme.**

Bei überwiegender Kofinanzierung durch eine internationale Organisation oder Finanz- 126
institution müssen die Parteien sich auf das anwendbare Vergabeverfahren einigen. Eine überwiegende Kofinanzierung setzt einen Finanzierungsanteil von über 50% voraus. Die „Parteien", die sich über das anwendbare Verfahren einigen müssen, sind in diesem Fall die internationale Organisation bzw. Finanzierungseinrichtung und der Auftraggeber. Die Einigung muss sich allerdings nach Sinn und Zweck innerhalb der Grenzen der jeweils in Betracht kommenden Verfahrensregeln halten, dh entweder sind die Regeln der internationalen Organisation oder aber die EU- bzw. GWB-Vergaberegeln anzuwenden. Steuert die internationale Organisation oder Finanzierungseinrichtung weniger als die Hälfte der Finanzierung bei, gelten die allgemeinen Vergabevorschriften.

IV. Besondere Ausnahmen für Konzessionen in den Bereichen Verteidigung und Sicherheit (150 GWB)

Das besondere Vergaberegime für verteidigungs- oder sicherheitsspezifische Aufträge iSv 127
§ 104 GWB gilt nicht für Konzessionen. § 150 GWB enthält aus diesem Grund eine Reihe eigener spezifischer Ausnahmetatbestände für Konzessionen in den Bereichen Verteidigung und Sicherheit. Die Ausnahmen beruhen auf Art. 10 Abs. 5 bis 7 KonzRL. Diese Regelungen verweisen auf die Richtlinie 2009/81/EG. Daraus kann gefolgert werden, dass Konzessionen in den „Bereichen Verteidigung und Sicherheit" solche sind, die, wenn es sich um Aufträge handelt würde, verteidigungs- oder sicherheitsspezifisch im Sinne von § 104 GWB wären.

Für Konzessionen im Bereich Verteidigung und Sicherheit gibt es **keine speziellen** 128
Verfahrensvorschriften; das Gesetz enthält **nur spezifische Ausnahmen.** Das hat seinen Grund darin, dass die Verfahrensvorschriften für Konzessionen ohnehin so flexibel sind, dass spezielle Vorschriften, mit denen den Besonderheiten des Verteidigungs- und Sicherheitsbereichs Rechnung getragen werden kann, nicht erforderlich sind. Der Gesetzgeber konnte sich darum darauf beschränken, die für den Bereich für notwendig gehaltenen Ausnahmen zu regeln. Diese entsprechen weitgehend denjenigen für verteidigungs- und sicherheitsspezifische Aufträge (§ 145 GWB) bzw. für nicht verteidigungs- oder sicherheitsspezifische Aufträge, die gleichwohl Verteidigungs- oder Sicherheitsaspekte aufweisen (§ 117).

Die **praktische Bedeutung** der Regelungen ist ohnehin **gering.** Wie einleitend er- 129
wähnt (oben, → Rn. 6) dürfte die Vergabe von Konzessionen im Verteidigungs- und Sicherheitsbereich nur in seltenen Ausnahmefällen in Betracht kommen. Denn das besondere Wesensmerkmal der Konzession, dass der Konzessionär seine Vergütung über die Nutzung bzw. Vermarktung seiner Leistung erzielt, ist nur in seltenen Fällen mit den im Verteidigungs- und Sicherheitsbereich berührten Sicherheitsinteressen vereinbar.[237]

---

[237] RKPP/*Fandrey* GWB, § 150 Rn. 1, der Konzessionen beispielsweise bei einem Pachtvertrag zum Betrieb einer Kasernenkantine oder dem Betrieb eines WLAN-Netzes für Soldaten und ziviles Personal für denkbar hält. Andere Fallgruppen sind Konzessionen zur Bearbeitung von Visa-Anträgen im Ausland oder Konzessionen im Infrastrukturbereich, die aufgrund der Sicherheitsrelevanz der zu betreibenden Einrichtung (etwa einer Talsperre) verteidigungs- oder sicherheitsspezifische Aspekte aufweisen.

1. Geheime Konzessionen und Konzessionen mit besonderen Sicherheitsmerkmalen

130 § 150 Nr. 1 GWB enthält eine Ausnahme für Konzessionen im Bereich Verteidigung und Sicherheit, bei denen die Anwendung der Vergabevorschriften den Konzessionsgeber verpflichten würde, Auskünfte zu erteilen, deren Preisgabe seines Erachtens den wesentlichen Sicherheitsinteressen der Bundesrepublik Deutschland zuwiderläuft (Var. 1), oder wenn die Vergabe und Durchführung der Konzession als geheim zu erklären sind (Var. 2) oder von besonderen Sicherheitsmaßnahmen gemäß den geltenden Rechts- und Verwaltungsvorschriften begleitet sein müssen (Var. 3). Allerdings ist in allen Fällen die Feststellung erforderlich, dass die berührten Sicherheitsinteressen nicht durch weniger einschneidende Maßnahmen, etwa Vorkehrungen zum Schutz der Informationssicherheit, gewahrt werden können.

Var. 1 betrifft den Fall des Art. 346 Abs. 1 lit. a AEUV; die Regelung entspricht § 107 Abs. 2 S. 1 Nr. 1 bzw. § 117 Nr. 2 GWB. Var. 2 und 3 entsprechen § 117 Nr. 3 GWB. Auf die Ausführungen zu den genannten Vorschriften (→ Rn. 52 ff. und → Rn. 111 ff.) kann daher verwiesen werden.

2. Konzessionen im Rahmen von Kooperationsprogrammen

131 § 150 Nr. 2 GWB enthält eine Ausnahme für Konzessionen in den Bereichen Verteidigung und Sicherheit, die im Rahmen eines **Kooperationsprogramms** vergeben werden, das auf **Forschung und Entwicklung** beruht und mit mindestens einem anderen EU-Mitgliedstaat zur Entwicklung eines neuen Produkts und ggf. spätere Lebenszyklusphasen dieses Produkts durchgeführt wird. Die Vorschrift entspricht § 145 Nr. 2 GWB (→ Rn. 72 ff.).

3. Konzessionsvergaben an andere Staaten

132 § 150 Nr. 3 GWB enthält eine Ausnahme für Konzessionen in den Bereichen Verteidigung und Sicherheit, die die Bundesregierung an eine ausländische Regierung für im unmittelbaren Zusammenhang mit Militärausrüstung oder sensibler Ausrüstung stehende Bau- oder Dienstleistungen oder für Bau- und Dienstleistungen speziell für militärische Zwecke oder für sensible Bau- oder Dienstleistungen vergibt. Die Regelung beruht auf Art. 10 Abs. 6 lit. c KonzRL. Sie entspricht im Wesentlichen § 145 Nr. 4 GWB, ist allerdings etwas enger, weil sie nur für Konzessionen gilt, die von der Bundesregierung vergeben werden, dh nicht auch für solche der Länder oder Kommunen. Sie gilt auch nur für Konzessionen an ausländische Regierungen. Zudem sind Konzessionen, die ausschließlich Lieferungen zum Gegenstand haben, nicht erfasst. Im Übrigen kann auf die Kommentierung zu § 145 Nr. 4 GWB (→ Rn. 85 ff.) verwiesen werden.

4. Außerhalb des EWR vergebene Konzessionen

133 Nach § 150 Nr. 4 GWB gelten die Regeln des GWB-Vergaberechts ferner nicht für Konzessionen in den Bereichen Verteidigung und Sicherheit, die im Rahmen eines **Streitkräfteeinsatzes außerhalb der EU** vergeben werden, wenn der Einsatz es erfordert, dass sie mit **im Einsatzgebiet ansässigen Unternehmen** geschlossen werden. Die Regelung geht auf Art. 10 Abs. 6 lit. d KonzRL zurück. Sie entspricht im Kern § 145 Nr. 3 GWB. Sie ist allerdings im Detail etwas anders gefasst. Insbesondere bezieht sie sich nur auf Aufträge im Rahmen eines „Truppeneinsatzes", ohne dabei auch internationale Polizeieinsätze zu erwähnen (dazu näher → Rn. 81); ein inhaltlicher Unterschied zu § 145 Nr. 3 GWB liegt darin jedoch nicht.[238] Sie gilt außerdem nur für Aufträge außerhalb des EWR, was etwas enger ist als § 145 Nr. 3 GWB, der es genügen lässt, dass die Aufträge außerhalb der

[238] IErg ebenso Beck VergabeR/*Germelmann* GWB § 150 Rn. 51.

EU vergeben werden. Im Übrigen gelten die Ausführungen zu § 145 Nr. 3 GWB (→ Rn. 80 ff.) entsprechend.

5. Ausnahmen nach sonstigen Vorschriften

§ 150 Nr. 5 GWB nimmt Konzessionen aus, die durch andere Ausnahmevorschriften des 4. Teils des GWB erfasst sind. Gemeint sind die allgemeinen Ausnahmen nach § 107 bis 109 GWB; die Regelung ist im Grunde überflüssig. 134

6. Schutz wesentlicher Sicherheitsinteressen

§ 150 Nr. 6 GWB enthält eine Ausnahme für Konzessionen in den Bereichen Verteidigung und Sicherheit, die nicht schon nach § 150 Nr. 1 bis 5 GWB ausgenommen sind, wenn der Schutz wesentlicher Sicherheitsinteressen der Bundesrepublik Deutschland nicht durch weniger einschneidende Maßnahmen gewährleistet werden kann, zB durch Vorkehrungen zum Schutz der Vertraulichkeit der vom Konzessionsgeber zur Verfügung gestellten Informationen. Die Vorschrift entspricht im Wesentlichen § 117 Nr. 1 GWB (→ Rn. 106 ff.). 135

7. Vergaben aufgrund besonderer internationaler Verfahrensvorschriften

§ 150 Nr. 7 GWB enthält schließlich verschiedene Ausnahmen für Konzessionen in den Bereichen Verteidigung und Sicherheit, die nach besonderen, auf internationalen Abkommen beruhenden Verfahrensvorschriften vergeben werden. Die Regelungen decken sich weitestgehend mit § 145 Nr. 7. 136

a) Vergaben aufgrund zwischenstaatlicher Abkommen. § 150 Nr. 7 lit. a GWB enthält eine Ausnahme für Konzessionen in den Bereichen Verteidigung und Sicherheit, die nach Verfahrensregeln zu vergeben sind, die sich aus einem internationalen Abkommen zwischen EU-Staaten und Drittstaaten außerhalb des EWR ergeben. Die Regelung entspricht § 145 Nr. 7 lit. a GWB (→ Rn. 95 ff.). 137

b) Vergaben aufgrund von Truppenstationierungsabkommen. Nach § 150 Nr. 7 lit. b GWB sind Konzessionsvergaben in den Bereichen Verteidigung und Sicherheit ausgenommen, die nach Verfahrensregeln zu erfolgen haben, die sich aus einem internationalen Abkommen oder einer internationalen Vereinbarung im Zusammenhang mit der **Truppenstationierung** ergeben, das bzw. die Unternehmen eines Mitgliedsstaates oder eines Drittstaates betrifft. Die Regelung entspricht § 145 Nr. 7 lit. b GWB (→ Rn. 98 f.). 138

c) Vergaben aufgrund des besonderen Verfahrens einer internationalen Organisation. § 150 Nr. 7 lit. c GWB enthält eine Ausnahme für die Vergabe von Konzessionen in den Bereichen Verteidigung und Sicherheit aufgrund des besonderen Verfahrens einer internationalen Organisation. Die Regelung gilt sowohl für Konzessionen, die von der Organisation für eigene Zwecke vergeben werden, als auch für solche, die von einem EU-Mitgliedstaat nach diesen Regeln vergeben werden müssen. Die Vorschrift entspricht § 145 Nr. 7 lit. c GWB (→ Rn. 100 ff.). 139

§ 58 Vergabearten und sonstige Besonderheiten des Verfahrens

Übersicht

GWB: §§ 146, 147
VSVgV: §§ 4, 5, 9–14, 38–41
VOB/A VS: § 3–3b, 5

Literatur:
Siehe die Literaturangaben zu § 56 sowie *Amelung,* Ausgewählte Fragen im Zusammenhang mit der Benennung von Nachunternehmern im Vergabeverfahren, ZfBR 2013, 337; *Boesen/Upleger,* Das Gebot der Selbstausführung und das Recht zur Unterbeauftragung, NVwZ 2004, 919; *Burgi,* Nachunternehmerschaft und wettbewerbliche Untervergabe, NZBau 2010, 593; *Conrad,* Die vergaberechtliche Unterscheidung zwischen Nachunternehmereinsatz und Eignungsleihe, VergabeR 2012, 15; *Franke,* Rechtsschutz bei der Vergabe von Rahmenvereinbarungen, ZfBR 2006, 546; *Fuchs/Dreher,* Bau- und vergaberechtliche Herausforderungen durch die Corona-Pandemie, NZBau 2020, 201; *Kirch/E-D. Leinemann,* Alles neu? Mindestlohnvorgaben und Eigenleistungsquoten nach der Vergaberechtsmodernisierung, VergabeR 2009, 414; *König/Neun/Görlich,* Öffentliche Auftragsvergabe in Krisenzeiten, COVuR 2020, 25; *Leinemann/Kirch,* VSVgV, 2013; *Prieß/Hölzl,* Ausnahmen bleiben die Ausnahme! Zu den Voraussetzungen der Rüstungs-, Sicherheits- und Geheimhaltungsausnahme sowie eines Verhandlungsverfahrens ohne Vergabebekanntmachung, NZBau 2008, 563; *Rosenkötter/Bary,* Eignungsleihe doch nur als Nachunternehmer?, NZBau 2012, 486; *Roth,* Änderung der Zusammensetzung von Bietergemeinschaften und Austausch von Nachunternehmern im laufenden Vergabeverfahren, NZBau 2005, 316; *Stoye,* Generalübernehmervergabe – nötig ist ein Paradigmenwechsel bei den Vergaberechtlern, NZBau 2004, 648; *Trybus,* The tailor-made EU Defence and Security Procurement Directive: limitation, flexibility, descriptiveness, and substitution, ELRev 2013, 3.

A. Einleitung

Die Bestimmungen der Vergabeverordnung Verteidigung und Sicherheit und des Abschnitts 3 der VOB/A beschränken sich nicht darauf, die Besonderheiten der Auftragsvergabe in den Bereichen Verteidigung und Sicherheit als Abweichungen von den Bestimmungen des allgemeinen Vergaberechts zu normieren, sondern regeln innerhalb ihres jeweiligen Anwendungsbereichs das Vergabeverfahren umfassend.[1] Daraus folgt, dass beide Normenkomplexe in weiten Teilen die Bestimmungen der Vergabeverordnung bzw. des Abschnitts 2 der VOB/A inhaltsgleich übernehmen und davon lediglich in einzelnen Punkten abweichen. Die folgenden Erläuterungen beschränken sich deshalb auf die **we-** 1

[1] S. dazu → § 56 Rn. 8f.

sentlichen Abweichungen des Vergabeverfahrens in den Bereichen Verteidigung und Sicherheit von den Vergabeverfahren des allgemeinen Kartellvergaberechts, soweit diese Abweichungen nicht Gegenstand einer gesonderten Darstellung innerhalb dieses Kapitels sind. Hinsichtlich der übrigen Bestimmungen der Vergabeverordnung Verteidigung und Sicherheit und des Abschnitts 3 der VOB/A, die hier nicht gesondert erläutert werden, können die Erläuterungen zu der jeweils entsprechenden Bestimmung der Vergabeverordnung und des Abschnitts 2 der VOB/A herangezogen werden.

Auf der Ebene des GWB erklärt **§ 147 S. 1 GWB** die Bestimmungen der §§ 119 bis 135 GWB auf die Vergabe von verteidigungs- und sicherheitsspezifischen öffentlichen Aufträgen für entsprechend anwendbar, soweit nicht aus den §§ 145 bis 147 GWB etwas Abweichendes folgt. Derartige Besonderheiten enthält § 145 GWB hinsichtlich der dort genannten Ausnahmefälle[2]; ferner trifft § 146 GWB eine Sonderregelung hinsichtlich der anwendbaren Verfahrensarten[3]. § 121 Abs. 2 GWB ist von der Verweisung in § 147 S. 1 GWB ausgenommen. Die Norm betrifft die Beschaffung von Leistungen, die zur Nutzung durch natürliche Personen vorgesehen sind, und findet in der RL 2009/81/EG keine Entsprechung, weshalb sie im Bereich der verteidigungs- und sicherheitsspezifischen öffentlichen Aufträge nicht anwendbar ist.[4] Die Bestimmungen über Auftragsänderungen während der Vertragslaufzeit (§ 132 GWB) und über die Kündigung öffentlicher Aufträge in besonderen Fällen (§ 133 GWB) gelten hingegen gemäß § 147 S. 1 GWB auch für verteidigungs- und sicherheitsspezifische öffentliche Aufträge, obwohl die RL 2009/81/EG hierzu keine Vorgaben macht. Dies soll der Rechtssicherheit dienen.[5]

Bedingt durch die Übernahme der zuvor nur untergesetzlich geregelten **Ausschlussgründe** in das GWB im Zuge der Vergaberechtsreform 2016 umfasst die Verweisung in § 147 S. 1 GWB auch die in den §§ 123 bis 126 GWB enthaltenen Regelungen über den Ausschluss von Unternehmen aus dem Vergabeverfahren, die in den Bestimmungen der VSVgV, insbesondere in § 23 VSVgV zu den zwingenden Ausschlussgründen und in § 24 VSVgV zu den fakultativen Ausschlussgründen, konkretisiert und ergänzt werden. Auch insoweit geht der Gesetzgeber teilweise über die Vorgaben der RL 2009/81/EG hinaus und übernimmt die Systematik der RL 2014/24/EU für den Verteidigungs- und Sicherheitsbereich. Dies betrifft insbesondere den Tatbestand der nachweislichen Nichterfüllung von Verpflichtungen zur Zahlung von Sozialversicherungsbeiträgen, Steuern und Abgaben, der in Art. 39 Abs. 2 S. 1 lit. f) und g) RL 2009/81/EG lediglich als fakultativer Ausschlusstatbestand ausgestaltet ist, während ein solcher Verstoß gemäß § 147 S. 1 GWB iVm § 123 Abs. 4 S. 1 GWB stets zum Ausschluss führen muss. Weitere Unterschiede zwischen dem Richtlinien- und dem Gesetzesrecht ergeben sich beispielsweise mit Blick auf die im Zuge der Vergaberechtsreform 2016 neu gefassten Regelungen über die Selbstreinigung in § 125 GWB, die kein Pendant in der RL 2009/81/EG kennen. Um insoweit einen Gleichlauf zum allgemeinen Vergaberecht herzustellen, hat sich der Gesetzgeber auch hier für eine vollständige Übernahme der allgemeinen Vorschriften entschieden.[6]

Gleichzeitig geht § 147 S. 1 GWB punktuell über die Regelungen des allgemeinen Vergaberechts hinaus und ergänzt die in § 124 Abs. 1 GWB genannten fakultativen Ausschlussgründe um den Tatbestand der **fehlenden Vertrauenswürdigkeit,** bezogen auf Risiken für die nationale Sicherheit. Dieser verteidigungs- und sicherheitsspezifische Ausschlusstatbestand stammt aus Art. 39 Abs. 2 lit. e) RL 20090/81/EG und soll dem erhöhten Sicherheitsbedürfnis der Mitgliedstaaten bei der Vergabe verteidigungs- und sicherheitsspezifischer öffentlicher Aufträge Rechnung tragen[7]. Der Tatbestand ist weit gefasst und betrifft ua Risiken, die mit bestimmten Merkmalen der Erzeugnisse des Unterneh-

[2] Dazu → § 57 Rn. 56 ff.
[3] Dazu → Rn. 7 ff.
[4] BR-Drs. 367/15, S. 152.
[5] BR-Drs. 367/15, S. 152.
[6] BR-Drs. 367/15, S. 152.
[7] Erwägungsgründe 65 und 67 der RL 2009/81/EG.

mens zusammenhängen, ebenso wie solche, die aus der Gesellschafterstruktur des Unternehmens herrühren.[8] Erforderlich, aber auch ausreichend ist, dass Risiken für die nationale Sicherheit nicht auszuschließen sind (§ 147 S. 2 GWB). Nach verbreiteter Lesart soll dem Auftraggeber bei der Ausfüllung des Begriffs der Vertrauenswürdigkeit ein gewisser Einschätzungsspielraum zukommen[9]. Dafür spricht, dass die Einstufung eines Unternehmens als vertrauenswürdig in hohem Maße auf Wertungen beruht, die regelmäßig nur der Auftraggeber selbst treffen kann. Die darin liegende Letztentscheidungsbefugnis des Auftraggebers darf jedoch nicht so verstanden werden, dass die Entscheidung über die Vertrauenswürdigkeit eines Unternehmens ohne tatsächliche Grundlage getroffen werden dürfte. Vielmehr verlangt auch dieser Ausschlusstatbestand das Vorliegen gewisser Anknüpfungstatsachen, wie die Regelung in § 147 S. 2 GWB belegt. Gemäß § 147 S. 2 GWB kommen dafür freilich auch Tatsachen in Betracht, von denen der Auftraggeber nur mit Hilfe geschützter Datenquellen Kenntnis erlangt hat. Damit gemeint sind insbesondere nachrichtendienstlich gewonnene Erkenntnisse.

B. Begriffsbestimmungen

§ 4 VSVgV definiert mehrere in der Vergabeverordnung Verteidigung und Sicherheit gebrauchte Begriffe. Die Definitionen stammen aus Art. 1 RL 2009/81/EG. Von den zahlreichen dort vorgesehenen Begriffsbestimmungen hat der Verordnungsgeber lediglich Definitionen der Begriffe der Krise, des Unterauftrags und der Forschung und Entwicklung übernommen. Die zuvor in § 4 VSVgV 2012 ebenfalls definierten Begriffe der Rahmenvereinbarung und der verbundenen Unternehmen werden seit Inkrafttreten der Vergaberechtsreform in § 103 Abs. 5 S. 1 GWB bzw. § 138 Abs. 2 GWB definiert, so dass auf eine verordnungsrechtliche Definition verzichtet werden konnte[10]. 2

Gemäß § 4 Abs. 1 VSVgV ist eine **Krise** eine Situation in einem Mitgliedstaat der EU oder einem Drittland, in der ein Schadensereignis eingetreten ist, das deutlich über die Ausmaße von Schadensereignissen des täglichen Lebens hinausgeht und dabei Leben und Gesundheit zahlreicher Menschen erheblich gefährdet oder einschränkt, eine erhebliche Auswirkung auf Sachwerte hat oder lebensnotwendige Versorgungsmaßnahmen für die Bevölkerung erforderlich macht. Es genügt, wenn konkrete Umstände dafür vorliegen, dass ein solches Schadensereignis unmittelbar bevorsteht (§ 4 Abs. 1 S. 2 VSVgV). Abzustellen ist damit auf die Auswirkungen des Schadensereignisses, ohne dass es auf dessen Ursachen ankäme. Daher zählen nicht lediglich bewaffnete Konflikte und Kriege zu den Krisen (§ 4 Abs. 1 S. 3 VSVgV), sondern auch beispielsweise besonders schwere Naturkatastrophen.

§ 4 Abs. 2 VSVgV bestimmt den Begriff des **Unterauftrags**[11].

§ 4 Abs. 3 VSVgV enthält eine Definition der Begriffe **der Forschung und der Entwicklung.** Es handelt sich hierbei um alle Tätigkeiten, die Grundlagenforschung, angewandte Forschung und experimentelle Entwicklung umfassen, wobei letztere die Herstellung von technologischen Demonstrationssystemen einschließen kann. Dies sind Vorrichtungen zur Demonstration der Leistungen eines neuen Konzepts oder einer neuen Technologie in einem relevanten oder repräsentativen Umfeld. Die Definition enthält keine Besonderheiten und entspricht dem allgemeinen Begriffsverständnis, das insbesondere auch zur Auslegung von § 116 Abs. 1 Nr. 2 GWB herangezogen werden kann[12].

[8] Erwägungsgrund 65 der RL 2009/81/EG.
[9] Leinemann/Kirch/*Büdenbender* § 24 VSVgV Rn. 8; Pünder/Schellenberg/*Kaufmann* § 24 VSVgV Rn. 3; vgl. auch BVerwG Beschl. v. 14.9.2015 – 2 A 9.14, NVwZ 2015, 327 ff.
[10] BT-Drs. 18/7318, S. 275.
[11] Dazu → Rn. 36 ff.
[12] Dazu → § 57 Rn. 72 ff.

C. Nachrangige Dienstleistungen

3 Gewisse Unterschiede zu den Bestimmungen des allgemeinen Kartellvergaberechts bestehen in der Einordnung und Behandlung nachrangiger Dienstleistungen[13]. In Anlehnung an die Sonderbestimmungen für die Vergabe von öffentlichen Aufträgen über soziale und andere besondere Dienstleistungen in § 130 GWB und §§ 64 bis 66 VgV unterscheidet **§ 5 VSVgV** zwischen Dienstleistungen nach § 5 Abs. 1 VSVgV, für die sämtliche Bestimmungen der Verordnung gelten, und den nachrangigen Dienstleistungen gemäß § 5 Abs. 2 VSVgV. Bei gemischten Dienstleistungsaufträgen kommt es gemäß § 5 Abs. 3 VSVgV darauf an, welcher Teil überwiegt.

4 Die Unterscheidung geht zurück auf **Art. 15 f. RL 2009/81/EG.** Sie trägt nach der Vorstellung des Richtliniengebers dem Umstand Rechnung, dass die volle Anwendung der Richtlinie auf diejenigen Dienstleistungsaufträge beschränkt werden soll, bei denen die Unterwerfung unter das Vergaberecht dazu beitragen soll, *„das volle Wachstumspotenzial des grenzüberschreitenden Handels auszuschöpfen."*[14] Hinsichtlich der übrigen, nachrangigen Dienstleistungen soll der Markt für einen Übergangszeitraum beobachtet werden.

5 Anders als § 64 VgV unterwirft § 5 Abs. 2 VSVgV die nachrangigen Dienstleistungen **keinen besonderen Verfahrensregeln.** Anwendbar sind vielmehr lediglich die aus § 15 und § 35 VSVgV folgenden Vorschriften über die Leistungsbeschreibung und die Bekanntmachung vergebener Aufträge. Daneben gelten die höherrangigen Bestimmungen des Teils 4 des GWB.[15]

6 Die Zuordnung einzelner Dienstleistungen zu den Kategorien nach § 5 Abs. 1 und Abs. 2 VSVgV bestimmt sich nach der Einteilung in **Anhang I und Anhang II der Richtlinie 2009/81/EG.** Die dort vorgenommene Zuordnung entspricht in Teilen der Zuordnung in Anhang XIV der VRL.

D. Vergabearten

I. Vorgesehene Vergabearten

7 Ein wesentlicher Unterschied des Vergabeverfahrens in den Bereichen Verteidigung und Sicherheit zu den Vergabeverfahren des allgemeinen Kartellvergaberechts liegt in den zur Verfügung stehenden **Vergabearten.** Gemäß § 146 GWB, § 11 Abs. 1 VSVgV und § 3 VS VOB/A werden Aufträge ausschließlich im nicht offenen Verfahren, im Verhandlungsverfahren mit oder ohne Teilnahmewettbewerb oder im wettbewerblichen Dialog vergeben. Das offene Verfahren als eines der Regelverfahren des allgemeinen Kartellvergaberechts (§ 119 Abs. 2 GWB) steht somit für Auftragsvergaben im Anwendungsbereich der VSVgV und des Abschnitts 3 der VOB/A nicht zur Verfügung[16]. Dies geht zurück auf Art. 25 2. Uabs. RL 2009/81/EG.

II. Wahl der Vergabeart

8 Die Wahl der Vergabeart ist in den Bereichen Verteidigung und Sicherheit im Vergleich mit dem allgemeinen Kartellvergaberecht deutlich erleichtert. Gemäß § 146 GWB, § 11 Abs. 1 S. 1 VSVgV und § 3a VS Abs. 1 S. 1 VOB/A können Auftraggeber zwischen dem nicht offenen Verfahren und dem Verhandlungsverfahren mit Teilnahmewettbewerb **frei wählen.**[17] Dadurch soll dem Umstand Rechnung getragen werden, dass die hohen Anfor-

[13] Dazu allgemein → § 7.
[14] RL 2009/81/EG Erwägungsgrund 37; vgl. ferner VKR Erwägungsgrund 19.
[15] Leinemann/Kirch/*Leinemann* § 5 VSVgV Rn. 1, 4.
[16] Leinemann/Kirch/*Kirch* § 11 VSVgV Rn. 2, § 3 VOB/A-VS Rn. 2.
[17] *Byok* NVwZ 2012, 70, 72; *Roth/Lamm* NZBau 2012, 609, 611; zur RL 2009/81/EG *Trybus* ELRev 2013, 3, 18; *Heuninckx* PPLR 2011, 9, 14.

derungen, die an die Auftragserfüllung in den Bereichen Verteidigung und Sicherheit gestellt werden, oftmals eingehende Verhandlungen bei der Auftragsvergabe erfordern.[18] Das Verhandlungsverfahren ohne Teilnahmewettbewerb und der wettbewerbliche Dialog hingegen können auch hier nur in bestimmten Ausnahmefällen gewählt werden, die sich aus § 12 VSVgV und aus § 3a VS VOB/A ergeben.

1. § 12 VSVgV

a) Verhandlungsverfahren ohne Teilnahmewettbewerb. Das **Verhandlungsverfahren ohne Teilnahmewettbewerb** ist im Anwendungsbereich der Vergabeverordnung Verteidigung und Sicherheit nur zulässig, wenn einer der in § 12 VSVgV genannten Ausnahmetatbestände erfüllt ist. Diese gehen auf Art. 28 RL 2009/81/EG zurück und entsprechen weitgehend den in § 14 Abs. 4 VgV normierten Fällen,[19] so dass die für § 14 VgV entwickelten Maßgaben[20] hier grundsätzlich ebenfalls herangezogen werden können. In der Normstruktur unterscheidet § 12 Abs. 1 VSVgV zwischen Ausnahmetatbeständen, die für Liefer- und Dienstleistungsaufträge gleichermaßen gelten (§ 12 Abs. 1 Nr. 1 VSVgV), und solchen, die entweder nur bei Lieferaufträgen (§ 12 Abs. 1 Nr. 2 VSVgV) oder nur bei Dienstleistungsaufträgen (§ 12 Abs. 1 Nr. 3 VSVgV) herangezogen werden können. § 12 Abs. 1 Nr. 4 VSVgV steht außerhalb dieser Einteilung und betrifft Aufträge im Zusammenhang mit der Bereitstellung von Luft- und Seeverkehrsdienstleistungen für Streit- oder Sicherheitskräfte, die im Ausland eingesetzt werden. 9

Sind in einem nicht offenen Verfahren, in einem Verhandlungsverfahren mit Teilnahmewettbewerb oder in einem wettbewerblichen Dialog **keine oder keine geeigneten Angebote oder Bewerbungen eingegangen,** erlaubt § 12 Abs. 1 Nr. 1 lit. a) aa) VSVgV die Auftragsvergabe in einem Verhandlungsverfahren ohne Teilnahmewettbewerb, sofern die ursprünglichen Bedingungen des Auftrags nicht grundlegend geändert werden. Die Norm entspricht § 14 Abs. 4 Nr. 1 VgV. 10

Wenn keine ordnungsgemäßen Angebote oder nur Angebote abgegeben worden sind, die nach dem geltenden Vergaberecht oder nach den im Vergabeverfahren zu beachtenden Rechtsvorschriften unannehmbar sind, kann gemäß § 12 Abs. 1 Nr. 1 lit. a) bb) VSVgV das Verhandlungsverfahren ohne Teilnahmewettbewerb gewählt werden. Auch in diesen Fall dürfen die ursprünglichen Bedingungen des Auftrags nicht grundlegend geändert werden; zudem dürfen nur die Bieter einbezogen werden, die die Eignungskriterien erfüllen und im Verlauf des vorangegangenen Vergabeverfahrens Angebote eingereicht haben, die den formalen Voraussetzungen für das Vergabeverfahren entsprechen. Die Regelung ist inhaltlich an § 14 Abs. 3 Nr. 5 VgV angelehnt, enthält aber Abweichungen im Wortlaut. 11

In **Dringlichkeitsfällen** erlaubt § 12 Abs. 1 Nr. 1 lit. b) VSVgV ebenso wie § 14 Abs. 4 Nr. 3 VgV den Rückgriff auf das Verhandlungsverfahren ohne Teilnahmewettbewerb, wobei maßgeblich für die Bejahung einer Dringlichkeitslage ist, dass die in § 20 VSVgV normierten Fristen, und zwar auch unter Heranziehung der Verkürzungsmöglichkeiten nach § 20 Abs. 2 S. 2 und § 20 Abs. 3 S. 2 VSVgV, nicht eingehalten werden können[21]. Während § 12 Abs. 1 Nr. 1 lit. b) bb) VSVgV der Regelung in § 14 Abs. 4 Nr. 3 VgV entspricht, handelt es sich bei § 12 Abs. 1 Nr. 2 lit. b) aa) VSVgV um einen eigenen Ausnahmetatbestand für Auftragsvergaben in den Bereichen Verteidigung und Sicherheit. Nach dieser Norm ist ein Verhandlungsverfahren ohne Teilnahmewettbewerb dann zulässig, wenn dringliche Gründe im Zusammenhang mit einer Krise die Einhaltung der Fristen des § 20 VSVgV nicht zulassen. Was eine Krise ist, ergibt sich aus § 4 Abs. 1 VSVgV.[22] Typische Beispiele, die eine Dringlichkeitsvergabe auf dieser Grundlage rechtfertigen, sind 12

---

[18] RL 2009/81/EG Erwägungsgrund 47.
[19] Vgl. RL 2009/81/EG Erwägungsgrund 51.
[20] S. dazu → § 10 Rn. 55 ff.
[21] Vgl. dazu Willenbruch/Wieddekind/*Haak/Koch* § 12 VSVgV Rn. 11.
[22] Dazu → Rn. 2.

die akute oder zumindest bevorstehende Gefährdung von Menschen und die Abwehr bevorstehender terroristischer Angriffe[23]. Im Unterschied zu § 12 Abs. 1 Nr. 1 lit. b) bb) VSVgV ist es für die Dringlichkeitsvergabe in Krisenfällen nicht erforderlich, dass die dringlichen Gründe für den Auftraggeber nicht vorhersehbar waren; auch kommt es nicht darauf an, ob sie dem Auftraggeber zuzuschreiben sind[24]. Mit dem Gesetz zur beschleunigten Beschaffung im Bereich der Verteidigung und Sicherheit und zur Optimierung der Vergabestatistik vom 25.3.2020[25] wurde § 12 Abs. 1 Nr. 1 lit. b) aa) VSVgV um Regelbeispiele für dringliche Gründe ergänzt. Ein dringlicher Grund liegt hiernach in der Regel vor, wenn mandatierte Auslandseinsätze oder einsatzgleiche Verpflichtungen der Bundeswehr, friedenssichernde Maßnahmen, die Abwehr terroristischer Angriffe oder eingetretene oder unmittelbar drohende Großschadenslagen kurzfristig neue Beschaffungen erfordern oder bestehende Beschaffungsbedarfe steigern. Die Ergänzung dient im Wesentlichen der Klarstellung und soll die praktische Anwendung der Regelung vereinfachen[26].

13 § 12 Abs. 1 Nr. 1 lit. c) VSVgV stimmt inhaltlich mit § 14 Abs. 4 Nr. 2 lit. b) und c) VgV überein und gestattet die Wahl des Verhandlungsverfahrens ohne Teilnahmewettbewerb, wenn der Auftrag wegen seiner technischer Besonderheiten oder aufgrund des Schutzes von Ausschließlichkeitsrechten **nur von einem bestimmten Unternehmen** durchgeführt werden kann. Maßgeblicher Zeitpunkt für die Beurteilung, ob kein Wettbewerb besteht, soll der Beginn des Vergabeverfahrens sein.

14 § 12 Abs. 1 Nr. 1 lit. d) VSVgV erlaubt die Vergabe von **Forschungs- und Entwicklungsleistungen** im Verhandlungsverfahren ohne Teilnahmewettbewerb. Da Forschungs- und Entwicklungsdienstleistungen in den Fällen des § 145 Nr. 6 GWB aus dem Anwendungsbereich des Kartellvergaberechts ausgenommen sind,[27] hat diese Norm nur in denjenigen Fällen Bedeutung, in denen die Bereichsausnahme des § 145 Nr. 6 GWB nicht gilt. Dies ist dann der Fall, wenn die Ergebnisse der Forschungs- und Entwicklungsleistungen ausschließlich Eigentum des Auftraggebers für seinen Gebrauch bei der Ausübung seiner eigenen Tätigkeit werden und vollständig vom Auftraggeber vergütet werden. Dies dürfte bei Forschungs- und Entwicklungsaufträgen in den Bereichen Verteidigung und Sicherheit, bei denen es dem Auftraggeber in aller Regel in besonderem Maße auf die Exklusivität und Vertraulichkeit der erarbeiteten Ergebnisse ankommen wird, häufig der Fall sein. Bei der Anwendung von § 12 Abs. 1 Nr. 1 lit. d) VSVgV ist ebenso wie bei der Anwendung von § 12 Abs. 1 Nr. 1 lit. e) VSVgV die Definition der Begriffe von Forschung und Entwicklung in § 4 Abs. 5 VSVgV zu beachten[28].

15 § 12 Abs. 1 Nr. 1 lit. e) VSVgV betrifft in Abgrenzung zu § 12 Abs. 1 Nr. 1 lit. d) VSVgV nicht die Beauftragung der Forschungs- und Entwicklungsleistungen selbst, sondern die Beschaffung von Gütern, die ausschließlich **zum Zwecke von Forschung und Entwicklung hergestellt** werden. Sie können im Verhandlungsverfahren ohne Teilnahmewettbewerb vergeben werden, wenn es sich nicht um Serienfertigungen zum Nachweis der Marktfähigkeit oder zur Deckung der Forschungs- und Entwicklungskosten handelt. Die Norm entspricht § 14 Abs. 4 Nr. 4 VgV.

16 § 12 Abs. 1 Nr. 2 lit. a) VSVgV, der Ausnahmetatbestand für die **Vergabe von Folgeaufträgen über zusätzliche Lieferungen,** entspricht im Grundsatz § 14 Abs. 4 Nr. 5 VgV. Abweichend von der dortigen Vorgabe wird die Laufzeit dieser Folgeaufträge hier jedoch nicht auf drei, sondern auf fünf Jahre festgelegt. Ausnahmen von dieser Grenze sind in den von der Norm vorgesehenen Fällen möglich.

17 § 12 Abs. 1 Nr. 2 lit. b) und c) VSVgV erlauben die Vergabe von Lieferaufträgen im Verhandlungsverfahren ohne Teilnahmewettbewerb bei **auf einer Warenbörse notierten**

[23] VK Bund Beschl. v. 3.9.2015, VK2-79/15, BeckRS 2016, 7778.
[24] VK Bund Beschl. v. 3.9.2015, VK2-79/15, BeckRS 2016, 7778.
[25] BGBl. I 2020, 674.
[26] BT-Drs. 19/15603, S. 54, 60f.
[27] Beachte dazu ferner § 145 Nr. 2 GWB.
[28] Dazu → Rn. 2.

und gekauften Waren und in Fällen, in denen Güter zu besonders günstigen Bedingungen **bei Lieferanten, die ihre Geschäftstätigkeit endgültig einstellen, oder bei Insolvenzverwaltern im Rahmen eines Insolvenzverfahrens** gekauft werden. Dies entspricht den Ausnahmetatbeständen in § 14 Abs. 4 Nr. 6 und 7 VgV.

§ 12 Abs. 1 Nr. 3 lit. a) VSVgV betrifft die Vergabe von Aufträgen **für zusätzliche Dienstleistungen,** die wegen eines unvorhergesehenen Ereignisses zur Ausführung des ursprünglich vergebenen Auftrags erforderlich sind. Die Norm übernimmt unter Umstellung des Wortlauts die Regelung aus § 3 EG Abs. 4 lit. f) VOL/A 2009. 18

§ 12 Abs. 1 Nr. 3 lit. b) VSVgV erlaubt das Verhandlungsverfahren ohne Teilnahmewettbewerb bei der Bestellung neuer Dienstleistungen, die in der **Wiederholung bereits vergebener Dienstleistungen** bestehen. Die Norm entspricht im Grundsatz § 14 Abs. 4 Nr. 9 VgV. Abweichungen bestehen va hinsichtlich der Verfahrensarten, in denen der ursprüngliche Auftrag vergeben worden sein muss, und hinsichtlich der Frist, innerhalb derer das Verhandlungsverfahren ohne Teilnahmewettbewerb angewandt werden darf; sie beträgt in § 12 Abs. 1 Nr. 3 lit. b) VSVgV fünf Jahre und kann in bestimmten Ausnahmefällen verlängert werden. 19

§ 12 Abs. 1 Nr. 4 VSVgV schließlich enthält einen eigenen Ausnahmetatbestand für die Beschaffung von **Luft- und Seeverkehrsdienstleistungen,** der im allgemeinen Kartellvergaberecht keine Entsprechung findet. Die Norm umfasst Aufträge, die im Zusammenhang mit der Bereitstellung von Luft- und Seeverkehrsdienstleistungen für die Streit- oder Sicherheitskräfte stehen, die im Ausland eingesetzt werden oder eingesetzt werden sollen, wenn der Auftraggeber diese Dienste bei Unternehmen beschaffen muss, die die Gültigkeit ihrer Angebote nur für so kurze Zeit garantieren, dass nicht einmal die verkürzten Fristen nach § 20 Abs. 2 S. 2 und § 20 Abs. 2 S. 3 VSVgV eingehalten werden können. Die Norm ähnelt dem Ausnahmetatbestand der Dringlichkeitsvergabe nach § 12 Abs. 1 Nr. 1 lit. b) VSVgV, da auch hier das Verhandlungsverfahren ohne Teilnahmewettbewerb für Vergaben eröffnet wird, in denen auf Grund äußerer Umstände die vergaberechtlichen Fristen nicht gewahrt werden können. Anders als § 12 Abs. 1 Nr. 1 lit. b) VSVgV setzt § 12 Abs. 1 Nr. 4 VSVgV aber keine echte Dringlichkeitssituation voraus. Maßgeblich für die Erleichterung bei der Verfahrenswahl sind vielmehr allein Festlegungen, die von der Marktgegenseite, nämlich den möglichen Auftragnehmern, getroffen werden, und zwar unabhängig davon, aus welchen Gründen dies geschieht. Insbesondere ist es nicht erforderlich, dass die Entscheidung der möglichen Auftragnehmer, die Frist zur Annahme ihrer Angebote (§ 148 BGB) kurz zu halten, auf den Verteidigungs- oder Sicherheitsbezug des Auftrags zurückzuführen ist. Ferner sieht die Norm hinsichtlich der Auslandsberührung der Verkehrsdienstleistungen keine Einschränkungen vor, so dass keineswegs etwa nur Transporte in ausländische Krisengebiete von ihr erfasst sind. Ein gewisses Korrektiv dieser tatbestandlichen Weite wird lediglich durch die Voraussetzung erreicht, dass der Auftraggeber die Dienste bei den solchermaßen zu einer längerfristigen Bindung unwilligen Unternehmen beschaffen *„muss"*, was nur dann erfüllt ist, wenn kein einziges in Betracht kommendes Unternehmen bereit ist, sich an die andernfalls anzuwendenden Fristen zu binden. 20

Gemäß § 12 Abs. 2 VSVgV ist die Wahl des Verhandlungsverfahrens ohne Teilnahmewettbewerb in der Bekanntmachung über die Auftragserteilung nach § 35 VSVgV zu **begründen.** 21

b) Wettbewerblicher Dialog. Voraussetzungen und Ablauf des wettbewerblichen Dialogs sind in **§ 13 VSVgV** normiert. Die Norm entspricht weitgehend der Parallelregelung in § 18 VgV. 22

2. § 3a VS VOB/A

a) Verhandlungsverfahren ohne Teilnahmewettbewerb. Im Anwendungsbereich des Abschnitts 3 der VOB/A darf das **Verhandlungsverfahren ohne Teilnahmewettbe-** 23

werb dann gewählt werden, wenn einer der in § 3a VS Abs. 2 VOB/A aufgezählten Ausnahmefälle vorliegt. Wie die in § 12 Abs. 1 VSVgV geregelten Tatbestände gehen auch sie auf Art. 28 RL 2009/81/EG zurück. Inhaltlich entspricht § 3a VS Abs. 2 VOB/A weitgehend der Regelung in § 3a EU Abs. 3 VOB/A, so dass die dort geltenden Regeln[29] hier grundsätzlich ebenfalls herangezogen werden können.

24 § 3a VS Abs. 2 Nr. 1 und 2 VOB/A erlauben die Vergabe in einem Verhandlungsverfahren ohne Teilnahmewettbewerb nach einem **gescheiterten vorangehenden Vergabeverfahren einer anderen Verfahrensart.** Die Normen entsprechen weitgehend den Bestimmungen in § 3 EU Abs. 3 Nr. 1 und 2 VOB/A.

25 § 3a VS Abs. 2 Nr. 3 VOB/A entspricht § 3a EU Abs. 3 Nr. 3 VOB/A und ermöglicht die Durchführung eines Verhandlungsverfahrens ohne Teilnahmewettbewerb, wenn die Arbeiten aus technischen Gründen oder auf Grund des Schutzes von Ausschließlichkeitsrechten **nur von einem bestimmten Unternehmen** ausgeführt werden können.

26 § 3a VS Abs. 2 Nr. 4 VOB/A gestattet die Wahl des Verhandlungsverfahrens ohne Teilnahmewettbewerb in **Dringlichkeitsfällen.** Die Norm umfasst zunächst den Paralleltatbestand in § 3a EU Abs. 3 Nr. 4 VOB/A. Gleichzeitig geht sie aber über diesen hinaus und erlaubt die Dringlichkeitsvergabe auch dann, wenn wegen dringlicher Gründe in Krisensituationen die Fristen nach §§ 10b bis 10d VS VOB/A nicht eingehalten werden können. In dieser Tatbestandsvariante ist nicht maßgeblich, ob der Auftraggeber die dringlichen Gründe, die die Fristwahrung unmöglich machen, verursacht hat oder voraussehen konnte. Die Begriffsbestimmungen in § 4 VSVgV, die wegen § 2 Abs. 2 S. 1 VSVgV auch bei der Vergabe von Aufträgen im Anwendungsbereich des Abschnitts 3 der VOB/A gelten, bestimmen das Tatbestandsmerkmal der Krisensituation nicht; es dürfte allerdings inhaltlich gleichbedeutend mit dem in § 4 Abs. 1 VSVgV definierten Begriff der Krise sein.

27 § 3a VS Abs. 2 Nr. 5 VOB/A ermöglicht das Verhandlungsverfahren ohne Teilnahmewettbewerb bei der **Wiederholung gleichartiger Bauleistungen** nach einem Grundentwurf, der in einer der anderen Verfahrensarten vergeben wurde. Die Norm entspricht im Grundsatz § 3a EU Abs. 3 Nr. 5 VOB/A; Abweichungen bestehen hinsichtlich der Verfahrensart der Vergabe des ursprünglichen Auftrags und hinsichtlich der Frist, innerhalb derer das Verhandlungsverfahren ohne Teilnahmewettbewerb gewählt werden darf und die sich bei § 3a VS Abs. 2 Nr. 5 VOB/A auf fünf Jahre beläuft. Zudem verlangt § 3a VS Abs. 2 Nr. 5 VOB/A anders als § 3a EU Abs. 3 Nr. 5 VOB/A nicht, dass der Umfang der nachfolgenden Bauleistungen und die Bedingungen, unter denen sie vergeben werden, bereits im ursprünglichen Projekt anzugeben sind.

28 **b) Wettbewerblicher Dialog.** Die Voraussetzungen des wettbewerblichen Dialogs ergeben sich aus **§ 3a VS Abs. 3 VOB/A.** Die bleibt inhaltlich hinter der Parallelregelung in § 3a EU Abs. 4 zurück, die die Anwendung des wettbewerblichen Dialogs immer dann gestattet, wenn nach § 3a EU Abs. 2 VOB/A auch das Verhandlungsverfahren mit Teilnahmewettbewerb gewählt werden kann. Stattdessen entspricht § 3a VS Abs. 3 VOB/A der früheren Regelung in § 3 EG Abs. 7 VOB/A 2012.

III. Besonderheiten der einzelnen Vergabearten

29 In Struktur und Ablauf entsprechen die Vergabearten der VSVgV (§ 11 VSVgV) und des Abschnitts 3 der VOB/A (§ 3 VS VOB/A) den Vergabearten des allgemeinen Kartellvergaberechts. Eine Besonderheit besteht allerdings in den Vergabearten des nicht offenen Verfahrens, des Verhandlungsverfahrens mit Teilnahmewettbewerb und des wettbewerblichen Dialogs **beim Übergang vom Teilnahmewettbewerb in die Angebotsphase:** § 21 Abs. 3 S. 2 VSVgV und § 3b VS Abs. 2 Nr. 2 S. 1 VOB/A erlauben dem Auftraggeber, in der Bekanntmachung neben der fakultativen Nennung einer Höchstzahl auch eine

[29] S. dazu → § 10 Rn. 55 ff.

Mindestzahl an Bewerbern anzugeben, die zur Abgabe eines Angebotes aufgefordert werden; sie darf nicht niedriger als drei sein[30]. Wird diese Mindestzahl nicht erreicht, weil keine hinreichende Anzahl von Bewerbungen geeigneter Unternehmen eingegangen ist, kann der Auftraggeber nach § 21 Abs. 3 Nr. 2 S. 2 VSVgV und § 3b VS Abs. 2 Nr. 2 S. 3 VOB/A das Verfahren aussetzen, die Bekanntmachung erneut veröffentlichen und eine neue Frist für die Abgabe von Teilnahmeanträgen festsetzen. Wählt der Auftraggeber diese Möglichkeit, werden alle Bewerber, die auf die erste oder die zweite Bekanntmachung einen erfolgreichen Teilnahmeantrag abgegeben haben, zur Angebotsabgabe aufgefordert (§ 21 Abs. 3 Nr. 2 S. 3 VSVgV, § 3b VS Abs. 2 Nr. 2 S. 4 VOB/A). Voraussetzung für eine solche Wiederholung des Teilnahmewettbewerbs ist, dass der Auftraggeber zu der Auffassung gelangt, dass die Zahl der geeigneten Bewerber im ersten Durchgang des Teilnahmewettbewerbs zu gering ist, um einen echten Wettbewerb zu gewährleisten. Bei der Bejahung dieses Tatbestandes ist jedoch Zurückhaltung geboten, da der Teilnahmewettbewerb ebenfalls eine Form des Wettbewerbs ist, auch wenn in seinem Rahmen nicht einzelne Angebote, sondern die Bewerber selbst miteinander konkurrieren. Das Ergebnis des Teilnahmewettbewerbs entsteht mithin ebenso im Wettbewerb wie das Ergebnis der Angebotsphase, und es darf grundsätzlich nicht durch den Verweis auf mangelnden Wettbewerb unterlaufen werden[31]. Die Veröffentlichung einer zweiten Bekanntmachung auf Grund einer Unterschreitung der Mindestzahl wird daher nur in Ausnahmefällen in Betracht kommen. Für die daneben bestehende Möglichkeit des Auftraggebers, das Verfahren aufzuheben und ein neues Verfahren einzuleiten (§ 21 Abs. 3 Nr. 2 S. 4 VSVgV, § 3b VS Abs. 2 Nr. 2 S. 5 VOB/A), gelten diese Überlegungen entsprechend. Der in Betracht kommende Aufhebungsgrund nach § 37 Abs. 1 Nr. 4 VSVgV, § 17 VS Abs. 1 Nr. 3 VOB/A kann folglich nicht schon allein deshalb bejaht werden, weil die vom Auftraggeber festgelegte Mindestgrenze der zur Angebotsabgabe aufzufordernden Bewerber unterschritten wird[32].

Allgemein ist hinsichtlich der Reduzierung der Teilnehmerzahl nach Abschluss des Teil- 30
nahmewettbewerbs durch Vorgabe einer Mindest- und Höchstgrenze an Bewerbern, die zur Angebotsabgabe aufgefordert werden, zu beachten, dass diese Möglichkeit im Anwendungsbereich des Abschnitts 3 der VOB/A gemäß § 3b VS Abs. 2 Nr. 2 VOB/A nur in den Vergabearten des Verhandlungsverfahrens mit Teilnahmewettbewerb und des wettbewerblichen Dialogs besteht[33]. Dies entspricht der Vorgabe in Art. 38 Abs. 3 RL 2009/81/EG.[34] § 21 Abs. 3 S. 1 VSVgV erlaubt hingegen die Vorgabe von Mindest- und Höchstgrenzen auch im **nicht offenen Verfahren.** Der Verordnungsgeber ist hier von den möglicherweise versehentlich zu engen Vorgaben der Richtlinie 2009/81/EG bewusst abgewichen[35].

E. Abschluss von Rahmenvereinbarungen

§ 14 VSVgV regelt den Abschluss von Rahmenvereinbarungen. Europarechtliche Grund- 31
lage ist Art. 29 RL 2009/81/EG. § 14 VSVgV ist weitgehend deckungsgleich mit § 21 VgV. Ein wesentlicher Unterschied besteht allerdings in der **zulässigen Höchstlaufzeit** von Rahmenvereinbarungen: Sie beträgt nach § 7 Abs. 6 S. 1 VSVgV sieben Jahre, während § 21 Abs. 6 VgV eine Höchstlaufzeit von vier Jahren vorsieht. § 7 Abs. 6 S. 2 VSVgV

---

[30] Vgl. die ähnlichen Bestimmungen in § 51 Abs. 2 VgV, § 36 Abs. 2 UVgO, § 3 Abs. 1 S. 4 VOL/A, § 3b EU Abs. 2 Nr. 3 VOB/A.

[31] OLG Naumburg Beschl. v. 17.5.2006 – 1 Verg 3/06, VergabeR 2006, 814, 817 mAnm. *Voppel* (für den Bereich der früheren VOF).

[32] Vgl. zur Situation bei der Unterschreitung der Untergrenze für die Höchstzahl der aufzufordernden Bewerber → § 33 Rn. 55ff.

[33] Dazu *Rosenkötter* VergabeR 2012, 267, 279; *Roth/Lamm* NZBau 2012, 609, 614.

[34] Dazu *Rosenkötter* VergabeR 2012, 267, 277; *Roth/Lamm* NZBau 2012, 609, 614.

[35] S. die Begründung der Bundesregierung zur Vergabeverordnung Verteidigung und Sicherheit v. 25.5.2012, BR-Drs. 321/12, 55.

erlaubt die Überschreitung der Sieben-Jahres-Grenze in Sonderfällen, in denen auf Grund der zu erwartenden Nutzungsdauer gelieferter Güter, Anlagen oder Systeme und der durch einen Wechsel des Unternehmens entstehenden technischen Schwierigkeiten eine längere Laufzeit gerechtfertigt ist.

32 Ein weiterer Unterschied liegt in der in § 14 VSVgV nicht ausdrücklich vorgesehenen Möglichkeit, gemäß § 21 Abs. 4 Nr. 2 VgV bei Rahmenvereinbarungen, die mit mehreren Partnern geschlossen werden, Einzelaufträge **teilweise mit und teilweise ohne erneutes Vergabeverfahren** zu vergeben. Da diese Ergänzung in § 21 Abs. 4 Nr. 2 VgV, die im Zuge der Vergaberechtsreform 2016 vorgenommen wurde, im Wesentlichen klarstellende Funktion hat, kann dem Auftraggeber unter Geltung von § 14 VSVgV eine solche Möglichkeit nicht versagt werden.

33 Der **Abschnitt 3 der VOB/A** enthält seit der Ausgabe 2019 der VOB/A in § 4a VS VOB/A eigene Bestimmungen für die Vergabe von Rahmenvereinbarungen. Die Regelungen entsprechen nahezu wortgleich den Bestimmungen in § 21 VgV. Ebenso wie § 14 Abs. 6 S. 1 VSVgV erlaubt § 4a VS Abs. 6 VOB/A aber eine Laufzeit von bis zu sieben Jahren, die in Sonderfällen noch überschritten werden kann. Zudem enthält § 4a VS Abs. 4 S. 1 VOB/A ebenso wie § 14 Abs. 4 VSVgV die Mindestzahl von drei an der Rahmenvereinbarung zu beteiligenden Unternehmen.

F. Vergabe in Losen

34 Hinsichtlich der Bildung von Teil- und Fachlosen verweist § 10 Abs. 1 VSVgV auf **§ 97 Abs. 4 GWB.** Als Ausnahmetatbestand, bei dessen Vorliegen die gemeinsame Vergabe mehrerer Teil- oder Fachlose zulässig ist, benennt § 10 Abs. 1 S. 2 VSVgV ausdrücklich denjenigen Fall, in dem die Leistungsbeschreibung die Systemfähigkeit der Leistung verlangt und dies durch den Auftragsgegenstand gerechtfertigt ist. Im Vergleich zu § 97 Abs. 4 GWB stellt dies keine Einschränkung der Pflicht zur Vergabe in Losen dar[36], die von der Verordnungsermächtigung in § 113 GWB ohnehin nicht umfasst wäre. Denn schon im Rahmen von § 97 Abs. 4 GWB ist anerkannt, dass Gesichtspunkte der Systemsicherheit eine Zusammenfassung mehrerer Lose zu einem einheitlichen Auftrag rechtfertigen können[37]. Auch § 10 Abs. 1 S. 2 VSVgV selbst geht nicht von einer Abweichung von § 97 Abs. 4 GWB aus, da die Norm ausdrücklich darauf hinweist, im Einklang mit § 97 Abs. 4 GWB zu stehen.

35 Im Bereich des Abschnitts 3 der VOB/A stimmt **§ 5 VS Abs. 1 und 2 VOB/A** mit § 5 EU Abs. 1 und 2 Nr. 1 und 2 VOB/A überein.

G. Vergabe von Unteraufträgen

36 In Abweichung vom Regelungsgehalt des allgemeinen Kartellvergaberechts enthalten die §§ 4 Abs. 2, 9 und 38 bis 41 VSVgV weitreichende Bestimmungen zum Einsatz von Unterauftragnehmern. Die Normen gehen auf Art. 1 Nr. 22, Art. 21 und Art. 50 bis 54 RL 2009/81/EG zurück und machen Vorgaben sowohl zur Zulässigkeit der Untervergabe im Allgemeinen als auch zu besonderen Festlegungen, die der Auftraggeber für die Untervergabe treffen kann und die sowohl eine bestimmte Untervergabequote (§ 9 Abs. 3 Nr. 1 VSVgV) als auch ein bestimmtes Verfahren zur Untervergabe (§ 9 Abs. 3 Nr. 2 iVm §§ 38 bis 41 VSVgV) vorsehen können. Wegen § 2 Abs. 2 S. 1 VSVgV gelten diese Bestimmungen auch für Aufträge im Anwendungsbereich des Abschnitts 3 der VOB/A. Nach der Vorstellung des Richtliniengebers verfolgen die Regeln über den Unterauftragnehmerein-

[36] VK Bund Beschl. v. 7.12.2015 – VK2-105/15, ZfBR 2016, 292, 294; Leinemann/Kirch/*Kirch* § 10 VSVgV Rn. 33.
[37] OLG Düsseldorf Beschl. v. 1.8.2012 – VII-Verg 10/12, NZBau 2012, 785, 790.

satz vorwiegend den **Zweck,** durch Öffnung der Lieferketten die Beteiligung kleiner und mittelständischer Unternehmen an Rüstungsaufträgen zu verbessern[38], Diskriminierungen möglicher Unterauftragnehmer aus Gründen der Staatsangehörigkeit zu vermeiden und einen transparenten Wettbewerb um Unteraufträge zu schaffen[39].

Die Bestimmungen über den Unterauftragnehmereinsatz sind zudem im Zusammenhang mit der Praxis der sogenannten **Kompensationsgeschäfte** (engl. *Offsets*) zu sehen. Dabei handelt es sich um im Verteidigungsbereich gängige Abreden, die häufig bei grenzüberschreitenden Beschaffungsvorgängen getroffen werden und nach denen dem Auftragnehmer im Zusammenhang mit der Vertragserfüllung bestimmte Verpflichtungen auferlegt werden, die den wirtschaftspolitischen Interessen des Auftraggebers zu dienen bestimmt sind.[40] Dazu kann beispielsweise die Verpflichtung gehören, Unternehmen mit Sitz im Auftraggeberstaat in die Auftragsausführung einzubinden oder allgemein bestimmte wirtschaftliche Bindungen zum Auftraggeberstaat einzugehen. Nach der Auffassung der EU-Kommission sind solche Kompensationsgeschäfte in vielen Fällen mit europäischem Recht nicht vereinbar.[41] Die Möglichkeiten, die den Auftraggebern in der Richtlinie 2009/81/EG zur Einflussnahme auf die Untervergabe eingeräumt werden, sollen den Auftraggebern daher eine rechtlich unbedenkliche Alternative zu Kompensationsgeschäften eröffnen, indem sie dazu verwendet werden können, die Auftragnehmer zur Öffnung ihrer Lieferketten zu zwingen und dadurch einen Wettbewerb um nachgelagerte Wertschöpfungsstufen zu eröffnen.[42] Dass die Wirksamkeit einer solchen Maßnahme zur Erreichung der Zwecke des Auftraggebers hinter derjenigen eines konkret vereinbarten Kompensationsgeschäfts deutlich zurückbleibt, liegt indes auf der Hand. 37

I. Begriff des Unterauftrags

§ 4 Abs. 2 VSVgV bestimmt den Begriff des Unterauftrags als einen zwischen einem erfolgreichen Bieter und einem oder mehreren Unternehmen geschlossenen entgeltlichen Vertrag über die Ausführung des betreffenden Auftrags oder von Teilen des Auftrags. Formal ist dies ein Novum, da die Begriffe des Unterauftrags und des Unterauftragnehmers[43] im allgemeinen Vergaberecht zwar verwendet[44], nicht aber abschließend definiert werden. Nach seiner Herkunft ist der Begriff des Unterauftrags ein zivilrechtlicher, dessen typischer Anwendungsbereich im Werkvertragsrecht liegt: Unterauftragnehmer ist ein am Werkvertrag zwischen Unternehmer und Besteller nicht beteiligter Dritter, dem der Unternehmer Teile der vertraglich geschuldeten Leistung überträgt.[45] Für das allgemeine Vergaberecht wird üblicherweise an dieses werkvertragliche Begriffsverständnis angeknüpft. Unterauftragnehmer im vergaberechtlichen Sinne sind damit nach allgemeinem Verständnis diejenigen Dritten, die nicht Partei des zu vergebenden Vertrages werden, aber auf Grund eines 38

[38] RL 2009/81/EG Erwägungsgrund 3; s. ferner die Begründung der Bundesregierung zur Vergabeverordnung Verteidigung und Sicherheit vom 25. 5. 2012, BR-Drs. 321/12, 43.

[39] RL 2009/81/EG Erwägungsgrund 40; dazu *Heuninckx* PPLR 2011, 9, 19.

[40] Dazu *Trybus* ELRev 2013, 3, 26 f.; *Rosenkötter* VergabeR 2012, 267, 277; *Roth/Lamm* NZBau 2012, 609, 613; *Weiner* EWS 2011, 401, 402 ff.; *Gabriel* VergabeR 2009, 380, 389 f.; Leinemann/Kirch/*Kaminsky* § 9 VSVgV Rn. 3.

[41] Generaldirektion Binnenmarkt und Dienstleistungen, Guidance Note „Offsets", 1 ff., abrufbar unter https://ec.europa.eu/docsroom/documents/15413/; ebenso in der rechtlichen Wertung *Trybus* ELRev 2013, 3, 26 f.; *Rosenkötter* VergabeR 2012, 267, 277 f.; *Weiner* EWS 2011, 401, 403.

[42] Generaldirektion Binnenmarkt und Dienstleistungen, Guidance Note „Offsets", 4 f., abrufbar unter https://ec.europa.eu/docsroom/documents/15413/; Generaldirektion Binnenmarkt und Dienstleistungen, Guidance Note „Subcontracting", 1, abrufbar unter https://ec.europa.eu/docsroom/documents/15413/; dazu auch *Trybus* ELRev 2013, 3, 28; *Rosenkötter* VergabeR 2012, 267, 277 f.; *Weiner* EWS 2011, 401, 404 f.; *Hertel/Schöning* NZBau 2009, 684, 687; *V. Wagner/Bauer* VergabeR 2009, 856, 866.

[43] Im Anwendungsbereich der VOB/A üblicherweise: „Nachunternehmer" (s. §§ 8 Abs. 2 Nr. 2, 8a Abs. 4 Nr. 1 lit. c) VOB/A).

[44] ZB in § 36 VgV.

[45] MüKoBGB/*Busche* § 631 Rn. 34; Staudinger/*Peters/Jacoby* § 631 Rn. 32.

Vertragsverhältnisses mit dem Auftragnehmer für diesen Teile der zu vergebenden Leistung erbringen[46]. Inhaltlich stimmt dies weitestgehend mit der Definition des Unterauftrags in § 4 Abs. 3 VSVgV überein, die sich damit in die allgemeine vergaberechtliche Terminologie einfügt.

39 Im Unterschied zum allgemeinen vergaberechtlichen Begriffsverständnis fasst § 4 Abs. 2 VSVgV allerdings nur **entgeltliche Verträge** unter den Begriff des Unterauftrags. Diese Einschränkung, die auf Art. 1 Nr. 22 RL 2009/81/EG zurückgeht, ist nur schwer verständlich. Denn die Belange, die mit den an die Untervergabe anknüpfenden Bestimmungen verfolgt werden, sind vielfach unabhängig davon, ob der Unterauftragnehmer entgeltlich oder unentgeltlich in die Leistungserbringung eingebunden wird. Besonders deutlich wird dies an den den Auftragnehmer treffenden Verpflichtungen zur Wahrung der Vertraulichkeit beim Umgang mit Unterauftragnehmern (§ 6 Abs. 3 S. 3, § 7 Abs. 1 S. 2, Abs. 2 bis 6, Abs. 8 VSVgV), da es für das Geheimhaltungsinteresse des Auftraggebers nicht maßgeblich ist, ob der Unterauftragnehmer gegen Entgelt tätig wird. Dies ändert freilich nichts daran, dass nach der ausdrücklichen Festlegung in § 4 Abs. 2 VSVgV Unteraufträge im Sinne dieser Verordnung nur entgeltliche Verträge sind. Inhaltlich ist der Begriff der Entgeltlichkeit wie in § 103 Abs. 1 GWB zu verstehen, so dass jede Vereinbarung einer geldwerten Gegenleistung die Entgeltlichkeit der Vertragsbeziehung begründet[47].

40 Die aus **§ 38 Abs. 2 S. 1 VSVgV** folgende Einschränkung, nach der Vergaben an Unternehmen, die mit dem Bieter eine Bietergemeinschaft eingegangen sind oder mit ihm iSv § 138 Abs. 2 GWB verbunden sind, keine Unteraufträge sind, gilt unmittelbar nur für den Teil 3 der Vergabeverordnung Verteidigung und Sicherheit. Die Definition nach § 4 Abs. 2 VSVgV wird daher davon ebenso wenig betroffen wie die Anknüpfungen an diese Definition zB in § 6 Abs. 3 S. 3, § 7 Abs. 1 S. 2, Abs. 2 bis 6, Abs. 8 VSVgV.

41 Von der Vergabe von Unteraufträgen ist die **Eignungsleihe** zu unterscheiden[48]. Ihre Zulässigkeit richtet sich allein nach § 26 Abs. 3, § 27 Abs. 4 VSVgV und § 6d VS VOB/A. Insoweit gelten im Verhältnis zum allgemeinen Kartellvergaberecht[49] keine Besonderheiten. Soweit Dritte, auf deren Eignung sich der Bieter beruft, zugleich Unterauftragnehmer sind, sind allerdings selbstredend auch die Bestimmungen für Unterauftragnehmer zu beachten.

II. Transparenzpflicht

42 **§ 9 Abs. 1 S. 1 VSVgV** erlaubt es dem Auftraggeber, in der Bekanntmachung oder den Vergabeunterlagen (§ 9 Abs. 4 VSVgV) von den Bietern weitreichende Angaben zum Unterauftragnehmereinsatz bereits mit dem Angebot zu verlangen. Nach seiner Wahl kann der Auftraggeber die Bieter dazu verpflichten, Angaben zu dem unterzuvergebenden Auftragsteil, zu den Unterauftragnehmern und zum Gegenstand der mit diesen geschlossenen Verträge zu machen. Dadurch wird der Auftraggeber in die Lage versetzt, bereits mit dem Angebot zu prüfen, ob der vorgesehene Unterauftragnehmereinsatz den an ihn zu stellen-

---

[46] OLG Celle Beschl. v. 5.7.2007 – 13 Verg 8/07, ZfBR 2007, 706, 708; OLG Düsseldorf Beschl. v. 27.10. 2010 – VII-Verg 47/10, NRWE; OLG Düsseldorf Beschl. v. 28.4.2008 – VII-Verg 1/08, NRWE; OLG München Beschl. v. 10.9.2009 – Verg 10/09, VergabeR 2010, 266, 274f.; OLG Naumburg Beschl. v. 2.7. 2009 – 1 Verg 2/09, OLGR Naumburg 2009, 873, 876; OLG Naumburg Beschl. v. 4.9.2008 – 1 Verg 4/ 08, VergabeR 2009, 210, 214f.; OLG Naumburg Beschl. v. 26.1.2005 – 1 Verg 21/04, OLGR Naumburg 2005, 264, 265; VK Bund Beschl. v. 26.5.2008 – VK 2-49/08, IBR 2008, 678; VK Bund Beschl. v. 13.10.2004 – VK 3-194/04, IBR 2005, 1045; VK Lüneburg Beschl. v. 30.1.2009 – VgK-54/08, IBR 2009, 670; VK Sachsen Beschl. v. 20.4.2006 – 1/SVK/029-06, IBR 2006, 416; *Amelung* ZfBR 2013, 337; *Conrad* VergabeR 2012, 15, 18; *Burgi* NZBau 2010, 593, 594f.; Kapellmann/Messerschmidt/*von Rintelen* VOB/A § 8 Rn. 47; s. ferner § 4 Abs. 8 Nr. 1 S. 1 und 2 VOB/B, § 4 Nr. 4 S. 1 VOL/B, Art. 71 VRL.

[47] S. dazu → § 4 Rn. 27ff.

[48] Allgemein zur Unterscheidung OLG Düsseldorf Beschl. v. 30.6.2010 – VII-Verg 13/10, ZfBR 2011, 100, 101f.; *Conrad* VergabeR 2012, 15; *Rosenkötter/Bary* NZBau 2012, 486.

[49] § 47 VgV, § 6d EU VOB/A.

den Anforderungen entspricht, und insbesondere frühzeitig zu entscheiden, ob er von seiner Ablehnungsbefugnis nach § 9 Abs. 5 VSVgV Gebrauch macht.

Die im allgemeinen Vergaberecht umstrittene Frage, ob der Auftraggeber bereits mit dem Angebot eine **abschließende Nennung der im Zuschlagsfalle einzusetzenden Unterauftragnehmer** verlangen kann[50], beantwortet § 9 Abs. 1 S. 1 VSVgV nicht ausdrücklich. Die Norm übernimmt vielmehr den unklaren Wortlaut aus Art. 21 Abs. 2 RL 2009/81/EG, der insoweit mit Art. 71 Abs. 2 VRL übereinstimmt und nach dem die Benennung der *„bereits vorgeschlagenen“*[51] Unterauftragnehmer verlangt werden kann. Wie und gegenüber wem ein Unterauftragnehmer zum Zeitpunkt der Angebotsabgabe bereits vorgeschlagen worden sein soll, lässt die Norm offen. Allerdings ergibt sich aus einem Vergleich mit § 9 Abs. 3 Nr. 1 S. 8 VSVgV, dass in der dortigen Situation, dh hinsichtlich derjenigen Unteraufträge, die über eine vom Auftraggeber vorgegebene Untervergabequote hinaus vergeben werden, nur Angaben zu den *„bereits in Aussicht genommenen“*[52] Unterauftragnehmern verlangt werden können. Da kein Grund dafür ersichtlich ist, die Bieter dann, wenn eine Untervergabequote vorgegeben wird, bei der Verpflichtung zur Nennung der Unterauftragnehmer besserzustellen, ist § 9 Abs. 1 S. 1 VSVgV zur Vermeidung von Wertungswidersprüchen so zu verstehen, dass der Bieter die Unterauftragnehmer nicht schon mit dem Angebot abschließend benennen muss. Vielmehr kann sich die Aufforderung nach § 9 Abs. 1 S. 1 VSVgV nur auf diejenigen Unterauftragnehmer erstrecken, die der Bieter bei der Angebotsabgabe bereits ausgewählt hat. Unbenommen bleibt es dem Auftraggeber jedoch, zu einem späteren Zeitpunkt vor dem Zuschlag eine abschließende Benennung der Unterauftragnehmer zu verlangen[53]; dies ist schon deshalb erforderlich, um die Eignung des vorgesehenen Zuschlagsempfängers einschließlich der Eignung der von ihm vorgesehenen Unterauftragnehmer vor dem Zuschlag prüfen zu können. Verpflichtet der Auftraggeber die Bieter gemäß § 9 Abs. 3 Nr. 2 VSVgV, die Unterauftragnehmer im Verfahren nach den §§ 38 bis 41 auszuwählen, hat er aber zu beachten, dass eine Festlegung der Bieter auf bestimmte Unterauftragnehmer erst nach Abschluss dieses Verfahrens möglich ist, und den Bietern hierfür den nötigen Zeitraum zu gewähren. 43

Hinsichtlich der **Bindung des Bieters** an die Angaben, die er in seinem Angebot zu Umfang und Inhalt des Unterauftragnehmereinsatzes macht, gelten die allgemeinen vergaberechtlichen Grundsätze[54] entsprechend. Insbesondere kann aus § 9 Abs. 2 und 5 VSVgV nicht der Schluss gezogen werden, dass es dem Bieter frei stünde, den einmal ausgewählten Unterauftragnehmer nach Abgabe seines Angebots nach Belieben auszuwechseln. Vielmehr ist der Bieter auch bei Vergabeverfahren im Anwendungsbereich der VSVgV an den Inhalt seines Angebots gebunden[55], wozu auch die Bindung an die Angaben zu Umfang und Inhalt des Unterauftragnehmereinsatzes gehört[56]. Die Wahlfreiheit, die § 9 Abs. 2 und 5 VSVgV dem Bieter bei der Wahl der Unterauftragnehmer gewährt, bezieht sich daher lediglich auf die erstmalige Bestimmung der Unterauftragnehmer bis zu einer verbindlichen Festlegung. Davon unberührt bleibt die Befugnis des Auftraggebers, nach § 9 Abs. 2 S. 1 iVm Abs. 3 Nr. 2 VSVgV das Verfahren nach den §§ 38 bis 41 VSVgV für die vorgesehene Untervergabe anzuordnen, was im Ergebnis zu einer Ersetzung des bereits vorgesehenen Unterauftragnehmers durch den Zuschlagsempfänger des Untervergabeverfahrens führen kann. Nach dem Zuschlag beruht die Verpflichtung des Auftragnehmers auf die Angaben, die er in seinem Angebot zum Unterauftragnehmereinsatz gemacht hat, auf sei- 44

[50] S. dazu → § 18 Rn. 28ff.
[51] Englischsprachige Fassung: *„any proposed subcontractor“*; französischsprachige Fassung: *„tout sous-traitant proposé“*.
[52] Art. 21 Abs. 4 5. Uabs. RL 2009/81/EG: *„die bereits feststehenden Unterauftragnehmer“/„the subcontractors they have already identified“/„les sous-traitants qu'ils ont déjà identifiés“*.
[53] S. dazu BGH Urt. v. 10.6.2008 – X ZB 78/07, NZBau 2008, 592, 593.
[54] S. dazu → § 18 Rn. 59.
[55] S. nur § 11 Abs. 2 VSVgV.
[56] Allgemein dazu OLG Düsseldorf Beschl. v. 16.11.2011 – VII-Verg 60/11, ZfBR 2012, 179, 181; OLG Düsseldorf Beschl. v. 5.5.2004 – VII-Verg 10/04, NZBau 2004, 460; aA OLG Bremen Beschl. v. 20.7.2000 – Verg 1/00, BauR 2001, 94, 97; *Roth* NZBau 2005, 316, 318f.

ner vertraglichen Bindung. Insoweit steht es den Parteien allerdings frei, vertragliche Abreden über den nachträglichen Austausch von Unterauftragnehmern zu treffen[57], soweit in einer solchen Änderung nicht ihrerseits ein dem Vergaberecht unterfallender öffentlicher Auftrag gemäß den in § 132 GWB normierten Abgrenzungskriterien liegt[58].

45 Gelockert ist die Bindung des Bieters an seine Angaben zum Unterauftragnehmereinsatz dann, wenn der Auftraggeber die Bieter gemäß § 9 Abs. 3 Nr. 2 VSVgV verpflichtet, die Unterauftragnehmer im Vergabeverfahren nach den §§ 38 bis 41 VSVgV zu bestimmen: Da in diesem Fall offen ist, ob das Verfahren zur Untervergabe mit einem Zuschlag endet, bestimmt **§ 40 Abs. 2 VSVgV,** dass der Auftraggeber vom Bieter nicht verlangen darf, einen Unterauftrag zu vergeben, wenn das Verfahren zur Untervergabe nachweislich erfolglos geblieben ist[59]. Das Verbot der Rückkehr zur Selbstausführung nach Angebotsabgabe[60] gilt mithin in diesen Fällen nicht.

46 **§ 9 Abs. 1 S. 2 VSVgV** erlaubt es dem Auftraggeber, von dem Bieter zu verlangen, ihm jede im Zuge der Ausführung des Auftrags eintretende Änderung auf Ebene der Unterauftragnehmer mitzuteilen. Die Norm erstreckt sich nicht allein auf Änderungen in der Person des Unterauftragnehmers, die, soweit der Unterauftragnehmereinsatz verbindlicher Vertragsinhalt geworden ist, ohnehin nur nach einvernehmlicher Vertragsänderung zulässig sind. Umfasst sind vielmehr alle Änderungen *„auf Ebene der Unterauftragnehmer"*, so dass auch sonstige Änderungen von Umständen, die einen Bezug zur Auftragsausführung aufweisen, zum Gegenstand der Mitteilungspflicht gemacht werden können[61]. In Frage kommen dafür grundsätzlich sämtliche Umstände, hinsichtlich derer ein Informationsinteresse des Auftraggebers besteht, beispielsweise weil sie die Eignung des Unterauftragnehmers oder die ordnungsgemäße Vertragsausführung im Zusammenwirken von Auftragnehmer und Unterauftragnehmer betreffen. Die Mitteilungspflicht soll nach § 9 Abs. 4 VSVgV in die Bekanntmachung oder die Vergabeunterlagen (§ 16 Abs. 1 VSVgV) aufzunehmen sein, was aber in systematischer Hinsicht verfehlt ist, da es sich bei einer auf die Phase der Auftragsausführung bezogenen Mitteilungspflicht nur um eine vertragliche Pflicht, nicht aber um eine Anforderung an die Bieter im Vergabeverfahren handeln kann. Sie muss daher vertraglich vereinbart werden, um Verbindlichkeit zu erlangen. Ohnehin hat § 9 Abs. 1 S. 2 VSVgV lediglich deklaratorischen Charakter, da es dem Auftraggeber freisteht, innerhalb der allgemeinen vergabe- und vertragsrechtlichen Grenzen auch weitergehende Informationspflichten ebenso wie Zustimmungsvorbehalte usw. als Vertragsinhalt vorzusehen.

III. Vorgaben des Auftraggebers für die Vergabe von Unteraufträgen

1. Wahlfreiheit des Bieters

47 **§ 9 Abs. 2 S. 1 VSVgV** erlaubt dem Bieter, den Unterauftragnehmer frei zu wählen, soweit der Auftraggeber keine Anforderungen an die Erteilung der Unteraufträge im wettbewerblichen Verfahren nach § 9 Abs. 3 VSVgV stellt. Diese Einschränkungen betreffen die Vorgabe einer Untervergabequote nach § 9 Abs. 3 Nr. 1 VSVgV und die Vorgabe des Verfahrens zur Untervergabe nach § 9 Abs. 3 Nr. 2 VSVgV; sie sind in der Bekanntmachung oder den Vergabeunterlagen anzugeben (§ 9 Abs. 4 VSVgV). Aus der Zusammenschau mit § 9 Abs. 5 VSVgV ergibt sich, dass sich § 9 Abs. 2 S. 1 VSVgV nur auf objektive, dh nicht auf die Person des einzelnen Unterauftragnehmers bezogene Vorgaben zur Auswahl des Unterauftragnehmers erstrecken kann. § 9 Abs. 2 S. 1 VSVgV beschränkt da-

[57] ZB nach § 4 Nr. 4 VOL/B und nach § 4 Abs. 8 VOB/B; beachte dazu § 10 Abs. 3 VSVgV und § 8a VS Abs. 1 VOB/A.

[58] S. dazu → § 4 Rn. 16ff.

[59] S. dazu → Rn. 67.

[60] OLG Düsseldorf Beschl. v. 16.11.2011 – VII-Verg 60/11, ZfBR 2012, 179, 181; OLG Düsseldorf Beschl. v. 5.5.2004 – VII-Verg 10/04, NZBau 2004, 460.

[61] AA ohne Begründung Leinemann/Kirch/*Kaminsky* § 9 VSVgV Rn. 8.

her nicht das Recht des Auftraggebers, gemäß § 9 Abs. 5 VSVgV einen Unterauftragnehmer aus subjektiven Gründen abzulehnen[62].

Gemäß **§ 9 Abs. 2 S. 2 VSVgV** ist es dem Auftraggeber nicht gestattet, von den Bietern zu verlangen, mögliche Unterauftragnehmer anderer Mitgliedstaaten der EU aus Gründen der Staatsangehörigkeit zu diskriminieren[63]. Die Norm hat nur deklaratorischen Charakter, da eine Ungleichbehandlung einzelner Unterauftragnehmer aus Gründen der Staatsangehörigkeit gleichzeitig eine nach § 97 Abs. 2 GWB unzulässige mittelbare Ungleichbehandlung der Bieter darstellt. 48

2. Vorgabe einer Untervergabequote

§ 9 Abs. 2 S. 1 iVm § 9 Abs. 3 Nr. 1 VSVgV erlaubt dem Auftraggeber die Vorgabe einer **Untervergabequote.** Diese ist gemäß § 9 Abs. 3 Nr. 1 S. 2 VSVgV in Form einer Wertspanne anzugeben, die einen Mindest- und einen Höchstprozentsatz benennt. Der Anteil der untervergebenen Aufträge muss innerhalb dieser Spanne liegen (§ 9 Abs. 3 Nr. 1 S. 5 VSVgV). Bezugsgröße der Wertspanne ist der Auftragswert des Hauptauftrages (§ 9 Abs. 3 Nr. 1 S. 3 VSVgV), so dass die Erfüllung der Untervergabequote anhand des Wertes der zu vergebenden Unteraufträge und nicht etwa anhand anderer Bezugsgrößen zur Bemessung des jeweiligen Anteils an der Wertschöpfungskette zu bestimmen ist. Da bei Abgabe eines Angebots auf Grund der aus § 9 Abs. 3 Nr. 1 S. 6 VSVgV folgenden Verpflichtung zur Untervergabe in einem wettbewerblichen Verfahren der Wert des einzelnen Unterauftrags möglicherweise noch nicht feststeht, werden die Regeln zur Schätzung des Auftragswerts nach § 3 VSVgV entsprechend herangezogen (§ 38 Abs. 4 VSVgV). Mittelbar wirkt außerdem § 38 Abs. 2 S. 1 VSVgV auf die Vorgabe des Auftraggebers nach § 9 Abs. 3 Nr. 1 VSVgV zurück, so dass die Eingehung einer Bietergemeinschaft oder die Vergabe von Aufträgen an verbundene Unternehmen nicht genügen, um eine Untervergabequote zu erfüllen.[64] 49

Die Untervergabequote darf gemäß § 9 Abs. 3 Nr. 1 S. 3 VSVgV 30% des Auftragswerts nicht übersteigen. § 9 Abs. 3 Nr. 1 S. 4 VSVgV gibt zudem vor, dass sie **in angemessenem Verhältnis** zum Gegenstand und zum Wert des Auftrags und zur Art des betroffenen Industriesektor stehen muss, einschließlich des auf diesem Markt herrschenden Wettbewerbsniveaus und der einschlägigen technischen Fähigkeiten der industriellen Basis. Daraus folgt mit anderen Worten, dass der Auftraggeber bei Festlegung der Untervergabequote die auftrags- und marktbezogenen Gegebenheiten berücksichtigen muss. Er muss insbesondere in Rechnung stellen, dass sich Aufträge schon aus technischen Gründen nur in unterschiedlichem Maße für eine Untervergabe eignen, dass eine Untervergabe die Wirtschaftlichkeit eines Auftrags für den Auftragnehmer häufig schmälert und dass der Auftragnehmer rechtlich wie wirtschaftlich die Verantwortung für die Güte der Leistung des Unterauftragnehmers tragen muss. Wird der Auftragnehmer durch die Vorgabe einer Untervergabequote faktisch gezwungen, Dritten Betriebs- oder Geschäftsgeheimnisse preiszugeben, ist dies in der Regel unverhältnismäßig. Auch wenn sich § 9 Abs. 3 Nr. 1 S. 4 VSVgV dem Wortlaut nach nur auf die Festlegung der Spanne für die Untervergabequote bezieht, gelten diese Grundsätze entsprechend für das Ermessen, das der Auftraggeber dahingehend auszuüben hat, ob er überhaupt von der Möglichkeit, eine Untervergabequote festzusetzen, Gebrauch macht. 50

Die Vorgabe eines Höchstprozentsatzes gemäß § 9 Abs. 3 Nr. 1 S. 2 VSVgV bedeutet nicht, dass der Bieter daran gehindert ist, **einen über den Höchstprozentsatz hinausgehenden Teil des Auftrags** unterzuvergeben. Das folgt bereits aus § 9 Abs. 3 Nr. 1 S. 8 VSVgV, wonach von den Bietern verlangt werden kann, in ihrem Angebot eine solchermaßen überobligatorische Untervergabe offenzulegen. Zudem ist die Vorgabe einer Eigen- 51

[62] S. dazu → Rn. 57ff.
[63] Dazu *Weiner* EWS 2011, 401, 404.
[64] S. dazu → Rn. 63.

leistungsquote schon auf Grund der nach § 26 Abs. 3, § 27 Abs. 4 VSVgV und § 6d VS VOB/A bestehenden unbeschränkten Möglichkeit der Eignungsleihe unzulässig[65]. Bedeutung erlangt die Höchstgrenze der Untervergabequote daher nur im Zusammenhang mit der aus § 9 Abs. 3 Nr. 1 S. 6 VSVgV folgenden Verpflichtung, alle Unteraufträge, die in die vom Auftraggeber festgelegte Wertspanne fallen, im Verfahren nach den §§ 38 bis 41 VSVgV zu vergeben.

52 Denn diese aus **§ 9 Abs. 3 Nr. 1 S. 6 VSVgV** folgende Verpflichtung des Bieters, die Unteraufträge im Verfahren nach den §§ 38 bis 41 VSVgV zu vergeben, gilt nur für diejenigen Unteraufträge, die in die vom Auftraggeber festgelegte Wertspanne fallen. Unteraufträge, die der Unterauftragnehmer über den vom Auftraggeber festgelegten Höchstprozentsatz hinaus vergibt, können ohne Einhaltung eines bestimmten Verfahrens vergeben werden. Dies ergibt sich schon aus der systematischen Stellung von § 9 Abs. 3 Nr. 1 S. 6 VSVgV im Zusammenhang mit der im § 9 Abs. 3 Nr. 1 S. 5 VSVgV genannten Untervergabe innerhalb der vom Auftraggeber vorgegebenen Wertspanne der Untervergabequote. Zudem entspricht eine solche Lesart der Vorgabe in Art. 21 Abs. 4 6. Uabs. RL 2009/81/EG. Unabhängig davon steht es dem Auftraggeber indessen frei, nach § 9 Abs. 3 Nr. 2 VSVgV zu verlangen, dass auch solche Unteraufträge, die nicht der Erfüllung der Untervergabequote nach § 9 Abs. 3 Nr. 1 VSVgV dienen, im Verfahren nach den §§ 38 bis 41 VSVgV vergeben werden.

53 Aus der Verpflichtung des Bieters, Aufträge innerhalb der vom Auftraggeber festgelegten Wertspanne gemäß § 9 Abs. 3 Nr. 1 S. 6 VSVgV im Verfahren nach den §§ 38 bis 41 VSVgV zu vergeben, folgt ferner, dass eine Unterschreitung des vorgegebenen Mindestprozentsatzes dann zulässig ist, **wenn das Verfahren zur Vergabe der Unteraufträge nachweislich erfolglos bleibt.** Das ergibt sich aus § 40 Abs. 2 VSVgV.

54 § 9 Abs. 3 Nr. 1 VSVgV überlässt es dem Bieter zu bestimmen, **welchen Teil des Auftrags** er untervergibt, um die vom Auftraggeber vorgegebene Untervergabequote zu erfüllen. Vorgaben des Auftraggebers dazu sind nicht zulässig. Allerdings hat der Bieter gemäß § 9 Abs. 3 Nr. 1 S. 7 VSVgV in seinem Angebot anzugeben, wie er die Untervergabequote zu erfüllen gedenkt. § 9 Abs. 3 Nr. 1 S. 8 VSVgV erlaubt es dem Auftraggeber, darüber hinaus auch Angaben zum Umfang der überobligatorischen Untervergabe jenseits der Untervergabequote und zu den dafür bereits in Aussicht genommenen Unterauftragnehmern zu verlangen. Hinsichtlich der Bindung des Bieters an diese Angaben sind die für § 9 Abs. 1 S. 1 VSVgV geltenden Grundsätze[66] entsprechend heranzuziehen.

3. Vorgabe des Verfahrens zur Untervergabe

55 Gemäß § 9 Abs. 2 S. 1 iVm Abs. 3 Nr. 2 VSVgV kann der Auftraggeber verlangen, dass alle oder bestimmte Unteraufträge im Verfahren nach den **§§ 38 bis 41 VSVgV** vergeben werden. Dadurch werden die Bieter zu einer wettbewerblichen Untervergabe verpflichtet; sie verlieren mithin die Freiheit, die Unterauftragnehmer selbst zu bestimmen. Hingegen bedeutet die Verpflichtung auf das Verfahren nach den §§ 38 bis 41 VSVgV nicht, dass die Bieter überhaupt verpflichtet wären, Unteraufträge zu vergeben; vielmehr können sie anders als bei Festlegungen nach § 9 Abs. 3 Nr. 1 VSVgV frei wählen, ob sie den Auftrag selbst erfüllen oder ganz oder in Teilen untervergeben.

56 Darüber hinaus kann der Auftraggeber ebenso wie bei Festlegungen nach § 9 Abs. 3 Nr. 1 VSVgV auch bei einer Vorgabe nach § 9 Abs. 3 Nr. 2 VSVgV nicht anordnen, dass **bestimmte Teile des Auftrags** untervergeben werden müssen. Seine Anordnungsbefugnis knüpft vielmehr an die frei vom Bieter zu treffende Entscheidung über das Ausmaß der

[65] Zur Parallelsituation im allgemeinen GWB-Vergaberecht OLG Düsseldorf Beschl. v. 10.12.2008 – VII-Verg 51/08, NRWE; *Conrad* VergabeR 2012, 15, 16; *Burgi* NZBau 2010, 593, 595f.; *Kirch/E.-D. Leinemann* VergabeR 2009, 414, 420ff.; *Boesen/Upleger* NVwZ 2004, 919; *Stoye,* NZBau 2004, 648; Kapellmann/Messerschmidt/*Glahs* VOB/A § 6 Rn. 24f.

[66] S. dazu → Rn. 44.

Untervergabe an. Erst dann, wenn der Bieter den Auftrag selbst für die Untervergabe öffnet, kann der Auftraggeber das Verfahren nach den §§ 38 bis 41 VSVgV anordnen. Er kann zudem wählen, ob das Verfahren für alle oder nur für bestimmte der vom Bieter vorgesehenen Unteraufträge einzuhalten ist. Die Auswahl kann der Auftraggeber anhand der Angaben treffen, die der Bieter zur vorgesehenen Untervergabe auf Anforderung des Auftraggebers nach § 9 Abs. 1 S. 1 VSVgV zu machen hat.

IV. Ablehnungsbefugnis des Auftraggebers

§ 9 Abs. 5 S. 1 VSVgV gestattet dem Auftraggeber, einen vom Bieter oder Auftragnehmer ausgewählten Unterauftragnehmer abzulehnen. Die Norm ist im Zusammenhang mit § 9 Abs. 2 S. 1 VSVgV zu lesen und erstreckt sich deshalb nur auf eine Ablehnung aus subjektiven, dh auf die Person des einzelnen Unterauftragnehmers bezogenen Gründen[67]. Hingegen folgt die Ablehnungsbefugnis des Auftraggebers aus objektiven, dh nicht auf die Person des einzelnen Unterauftragnehmers bezogenen Gründen aus § 9 Abs. 2 S. 1 VSVgV; danach kann der Auftraggeber einen Unterauftragnehmer dann ablehnen, wenn er unter Verstoß gegen die Vorgaben des Auftraggebers nach § 9 Abs. 2 S. 1 iVm Abs. 3 Nr. 1 und 2 VSVgV ausgewählt wurde[68]. Gemeinsam vermitteln § 9 Abs. 2 S. 1 und Abs. 5 S. 1 VSVgV dem einzelnen Bieter ein subjektives Recht iSv § 97 Abs. 6 GWB, das darauf gerichtet ist, innerhalb der von diesen Vorschriften gezogenen Grenzen die Unterauftragnehmer frei bestimmen zu dürfen. Darüber hinausgehende Vorgaben des Auftraggebers sind unzulässig, was bereits aus dem Wortlaut dieser Bestimmungen folgt. 57

Als **Ablehnungsgründe** benennt § 9 Abs. 5 S. 1 VSVgV ausschließlich diejenigen Kriterien, die für den Hauptauftrag gelten und in der Bekanntmachung oder den Vergabeunterlagen angegeben wurden. Dies sind insbesondere Eignungsanforderungen und -nachweise; daneben kommen zB auch Ausführungsbedingungen iSv § 128 Abs. 2 GWB in Betracht. Tatbestandlich ist § 9 Abs. 5 S. 1 VSVgV dahingehend einzuschränken, dass Kriterien, die sich ausschließlich auf andere als auf den vom Unterauftragnehmer zu übernehmenden Leistungsteil beziehen, selbstverständlich nicht als Ablehnungsgrund herangezogen werden können. Aus § 18 Abs. 3 Nr. 1 VSVgV folgt, dass in der Bekanntmachung auch anzugeben ist, welche Eignungsanforderungen und -nachweise für Unterauftragnehmer vorzulegen sind. 58

§ 9 Abs. 5 S. 2 VSVgV enthält eine besondere Begründungspflicht für die Ablehnung eines Unterauftragnehmers. 59

V. Haftung des Auftragnehmers

Nach § 9 Abs. 6 VSVgV bleibt die Haftung des Auftragnehmers gegenüber dem Auftraggeber von den Vorschriften zur Unterauftragsvergabe unberührt. Schuldrechtlich ist das eine Selbstverständlichkeit. § 9 Abs. 6 VSVgV beschränkt auch nicht die Befugnis der Parteien, innerhalb der allgemeinen Grenzen privatautonome Abreden über die Haftungsverteilung zu treffen. 60

VI. §§ 38 bis 41 VSVgV

Die §§ 38 bis 41 VSVgV enthalten Regeln für das Verfahren zur Vergabe von Unteraufträgen. Sie sind nur anwendbar, soweit **§ 9 Abs. 3 Nr. 1 oder 2 VSVgV** ihre Geltung anordnet. Die allgemeinen Anwendungsvoraussetzungen der Vergabeverordnung Verteidigung und Sicherheit gelten nicht entsprechend, da für die Anwendbarkeit des Verfahrens nach den §§ 38 bis 41 VSVgV nach dem Wortlaut von § 38 Abs. 1 S. 1 VSVgV lediglich 61

[67] AA Leinemann/Kirch/*Kaminsky* § 9 VSVgV Rn. 16.

[68] S. dazu → Rn. 47 ff.

eine Festlegung des Auftraggebers nach § 9 Abs. 3 Nr. 1 oder 2 VSVgV erforderlich ist. Daher ist insbesondere unerheblich, ob der Unterauftrag seinerseits ein verteidigungs- und sicherheitsspezifischer Auftrag iSv § 1 VSVgV iVm § 104 GWB ist und ob der Schwellenwert nach § 106 Abs. 2 Nr. 3 GWB überschritten wird. Ein Überschreiten des Schwellenwerts nach § 106 Abs. 2 Nr. 3 GWB VSVgV oder der Schwellenwerte nach § 3 Abs. 7 S. 5 VSVgV kann auch nicht mit Verweis auf § 38 Abs. 4 VSVgV gefordert werden[69], da diese Norm lediglich Bedeutung für die Erfüllung der Wertspanne nach § 9 Abs. 3 Nr. 1 S. 2 VSVgV hat[70]. Außerhalb einer Vorgabe des Auftraggebers nach § 9 Abs. 3 Nr. 1 oder 2 VSVgV verbleibt es bei der Freiheit des Bieters, Unterauftragnehmer nach Belieben auszuwählen.

62 Ist der Bieter zugleich **selbst öffentlicher Auftraggeber iSv § 99 GWB,** hat er bei der Unterauftragsvergabe gemäß § 38 Abs. 3 VSVgV die allgemeinen Vergaberegeln der Vergabeverordnung Verteidigung und Sicherheit einzuhalten. Dies gilt auch dann, wenn der Unterauftrag seinerseits kein verteidigungs- und sicherheitsrelevanter Auftrag iSv § 1 VSVgV iVm § 104 GWB ist oder wenn der Schwellenwert nach § 106 Abs. 2 Nr. 3 GWB nicht überschritten wird, da § 38 Abs. 3 VSVgV andernfalls überflüssig wäre.

63 Unternehmen, mit denen sich der Bieter zu einer **Bietergemeinschaft** zusammengeschlossen hat, und **mit dem Bieter verbundene Unternehmen** gelten gemäß § 38 Abs. 2 VSVgV nicht als Unterauftragnehmer iSd §§ 38 bis 41 VSVgV. Der Begriff des verbundenen Unternehmens wird in § 138 Abs. 2 GWB definiert. Der Ausnahmetatbestand hat zur Folge, dass die Auswahl von Bietergemeinschaftspartnern und von verbundenen Unternehmen als Unterauftragnehmer nicht den Vorgaben der §§ 38 bis 41 VSVgV genügen muss. Mittelbar folgt daraus, dass die Eingehung einer Bietergemeinschaft oder die Vergabe von Unteraufträgen an verbundene Unternehmen nicht ausreicht, um einer vom Auftraggeber nach § 9 Abs. 3 Nr. 1 VSVgV vorgegebenen Untervergabequote zu genügen[71], da andernfalls die aus § 9 Abs. 3 Nr. 1 S. 5 VSVgV folgende Pflicht zur Anwendung des Verfahrens nach den §§ 38 bis 41 VSVgV nicht erfüllt werden könnte.

64 § 38 Abs. 2 S. 2 VSVgV verpflichtet den Bieter zur **Benennung** der mit ihm iSv § 138 Abs. 2 GWB verbundenen Unternehmen sowie derjenigen Unternehmen, mit denen der Bieter eine Bietergemeinschaft eingegangen ist, mit seinem Angebot. Nach dem Wortlaut der Norm, der insoweit mit dem Wortlaut von Art. 50 Abs. 2 2. Uabs. RL 2009/81/EG übereinstimmt, ist eine *„vollständige Liste dieser Unternehmen"* vorzulegen, was nahelegt, dass dort sämtliche verbundenen Unternehmen unabhängig von ihrer Einbindung in den jeweiligen Auftrag anzugeben sind. Im Einzelfalle könnte dies einen beträchtlichen Aufwand verursachen und sogar im Widerstreit zu Geheimhaltungsbelangen des Bieters stehen[72]. Gleichzeitig ist jedenfalls im Zusammenhang mit der Vergabe von Unteraufträgen ein allgemeines Informationsinteresse des Auftraggebers hinsichtlich derjenigen Unternehmensverbindungen des Bieters, die keinen Bezug zu dem zu vergebenden Auftrag aufweisen, nicht ersichtlich. § 38 Abs. 2 S. 2 VSVgV ist daher teleologisch so zu reduzieren, dass der Bieter neben der Benennung der von ihm eingegangenen Bietergemeinschaften lediglich für die von ihm vorgesehenen Unterauftragnehmer anzugeben hat, ob es sich bei ihnen jeweils um verbundene Unternehmen iSv § 138 Abs. 2 VSVgV handelt.

65 Die **Grundsätze,** nach denen das Verfahren zur Untervergabe zu führen ist, ergeben sich aus § 38 Abs. 1 S. 2 VSVgV; es sind dies die Grundsätze der Transparenz, der Gleichbehandlung und der Nichtdiskriminierung. Mit Ausnahme des in § 38 Abs. 1 S. 2 VSVgV nicht erwähnten Wettbewerbsgrundsatzes entsprechen sie den allgemeinen Vergabegrundsätzen gemäß § 97 Abs. 1 und 2 GWB, deren Inhalt hier entsprechend gilt. Im Ergebnis ist das Verfahren nach den §§ 38 bis 41 VSVgV damit den Vergabeverfahren des allgemeinen

[69] So aber Leinemann/Kirch/*Leinemann* § 39 VSVgV Rn. 6.
[70] Dazu → Rn. 49.
[71] *Roth/Lamm* NZBau 2012, 609, 613.
[72] Vgl. zum allgemeinen GWB-Vergaberecht OLG Düsseldorf Beschl. v. 17.2.2016 – VII-Verg 41/15, NRWE.

Kartellvergaberechts angenähert, zumal viele der Verfahrensbestimmungen des allgemeinen Kartellvergaberechts nur Ausprägungen dieser Grundsätze sind[73] und daher hier entsprechend gelten, auch wenn sie in den Verfahrensbestimmungen der §§ 38 bis 41 VSVgV nicht ausdrücklich enthalten sind.

Der Transparenzgrundsatz wird durch eine **Bekanntmachungspflicht** nach § 39 VSVgV konkretisiert. Bekanntzumachen sind die Angaben nach Anhang IV der Richtlinie 2009/81/EG; diese entsprechen den Angaben, die in einer Bekanntmachung nach § 18 Abs. 1 VSVgV zu machen sind (§ 18 Abs. 2 S. 1 VSVgV). Da ein gesonderter Versand von Vergabeunterlagen im Verfahren nach den §§ 38 bis 41 VSVgV nicht vorgeschrieben ist, müssen zudem die Auswahlkriterien nach § 40 Abs. 1 VSVgV bekanntgemacht werden. Die Bekanntmachung unterliegt gemäß § 39 Abs. 1 S. 3 VSVgV der Einwilligungspflicht durch den Auftraggeber. Schon aus § 9 Abs. 2 S. 1 VSVgV folgt, dass der Auftraggeber diese Einwilligung nur verweigern darf, wenn sie die Anforderungen des § 38 Abs. 1 VSVgV nicht erfüllt oder in sonstiger Weise unzulässig ist[74], etwa weil sie gegen Bestimmungen zum Schutz von Verschlusssachen verstößt[75]. Sind die Voraussetzungen des § 12 VSVgV erfüllt, kann die Bekanntmachung gemäß § 39 Abs. 2 VSVgV unterbleiben; in diesem Fall kann der Bieter wie bei einem Verhandlungsverfahren ohne Teilnahmewettbewerb diejenigen Unternehmen, mit denen Verhandlungen geführt werden sollen, selbst bestimmen. 66

§ 40 Abs. 1 VSVgV verpflichtet den Bieter zur Bestimmung der Kriterien für die Auswahl des Unterauftragnehmers. Dies sind die vom Auftraggeber festgelegten Eignungskriterien (§ 40 Abs. 1 S. 1 VSVgV), wobei diese Norm ebenso wie § 9 Abs. 5 S. 1 VSVgV dahingehend einzuschränken ist, dass Kriterien, die sich ausschließlich auf andere als auf den vom Unterauftragnehmer zu übernehmenden Leistungsteil beziehen, nicht hierunter fallen[76]. Zusätzlich kann der Bieter weitere Kriterien festlegen, nach denen der Unterauftragnehmer ausgewählt werden soll; diese müssen objektiv und nicht diskriminierend sein und müssen im Einklang mit den Kriterien stehen, die der Auftraggeber für die Auswahl des Auftragnehmers für den Hauptauftrag anwendet (§ 40 Abs. 1 S. 2 VSVgV). Letztgenannte Vorgabe ist weit zu verstehen und begründet lediglich ein Widerspruchsverbot. Ihr kann insbesondere nicht entnommen werden, dass der Unterauftragnehmer gehalten wäre, die vom Auftraggeber gemäß § 34 Abs. 3 VSVgV gewählten Zuschlagskriterien auf die Untervergabe zu übertragen. Vielmehr ist der Bieter innerhalb der genannten Grenzen frei darin, eigene Zuschlagskriterien zu entwickeln[77], und er ist beispielsweise nicht dazu verpflichtet, das wirtschaftlichste Angebot auszuwählen, da der Wirtschaftlichkeitsgrundsatz (§ 97 Abs. 1 S. 2 GWB iVm § 34 Abs. 2 VSVgV) für ihn nicht gilt. Anforderungen, die an die Leistungsfähigkeit der Unterauftragnehmer gestellt werden, müssen gemäß § 40 Abs. 1 S. 3 VSVgV in unmittelbarem Zusammenhang mit dem Gegenstand des Hauptauftrags stehen und dürfen nicht übermäßig sein. Bleibt das Verfahren zur Vergabe des Unterauftrags nachweislich erfolglos, wird der Bieter gemäß § 40 Abs. 2 VSVgV von einer etwaigen Pflicht zur Untervergabe frei. 67

§ 41 VSVgV erlaubt dem Bieter die Untervergabe auf der Grundlage einer Rahmenvereinbarung, wenn diese ihrerseits die Anforderungen aus § 38 Abs. 1 S. 2, §§ 39 und 40 VSVgV erfüllt. Einzelne der Vorgaben für Rahmenvereinbarungen des Auftraggebers, die aus § 14 Abs. 1 S. 2, Abs. 6 VSVgV folgen, gelten gemäß § 41 Abs. 2 VSVgV für Rahmenvereinbarungen mit möglichen Unterauftragnehmern entsprechend. 68

Eine ausdrückliche Vorgabe dazu, zu welchem **Zeitpunkt** das Verfahren nach den §§ 38 bis 41 VSVgV zu durchlaufen ist, enthält der Normtext nicht. Aus dem Wortlaut 69

[73] S. dazu → § 1 Rn. 28ff.
[74] Weitergehend (nur Verhältnismäßigkeitsgrundsatz als Grenze) *Roth/Lamm* NZBau 2012, 609, 613.
[75] Vgl. die Begründung der Bundesregierung zur Vergabeverordnung Verteidigung und Sicherheit v. 25.5. 2012, BR-Drs. 321/12, 63.
[76] Leinemann/Kirch/*Büdenbender/Leinemann* § 40 VSVgV Rn. 4.
[77] Vgl. zur RL 2009/81/EG *Heuninckx PPLR 2011, 9, 21.*

der §§ 38 bis 41 VSVgV, die nahezu durchgehend vom Auftragnehmer sprechen[78], sowie aus der Verwendung des Perfekts bei der Beschreibung der Zuschlagsentscheidung des Auftraggebers in § 40 Abs. 1 S. 2 VSVgV lässt sich jedoch der Schluss ziehen, dass den §§ 38 bis 41 VSVgV die Vorstellung zugrunde liegen mag, dass das dort geregelte Verfahren erst nach dem Zuschlag im Verfahren zur Vergabe des Hauptauftrages durchgeführt wird. Eine solche zeitliche Abfolge birgt indes sowohl für den Auftraggeber als auch für den erfolgreichen Bieter erhebliche Risiken, da dann zum Zeitpunkt des Zuschlags noch nicht feststeht, ob das Verfahren nach den §§ 38 bis 41 VSVgV mit der Beauftragung eines Unterauftragnehmers endet oder aber beispielsweise mangels Beteiligung geeigneter Unternehmen oder mangels annahmefähiger Angebote erfolglos bleibt. Zwar eröffnet § 40 Abs. 2 VSVgV dem Bieter in einer solchen Situation die Rückkehr zur Eigenleistung, da der Auftraggeber an der Pflicht zur Untervergabe nicht mehr festhalten darf, doch ist dies für den Bieter namentlich dann keine taugliche Alternative, wenn sein Betrieb auf die Erbringung des betroffenen Leistungsteils nicht eingerichtet ist und er auf den Zukauf von Fremdleistungen angewiesen ist. Die Vertragsbrüchigkeit, in die der erfolgreiche Bieter dann zwangsläufig gedrängt wird, ist auch für den Auftraggeber regelmäßig mit erheblichen Nachteilen verbunden, da die ihm dann zustehenden Sekundäransprüche selbstredend nicht geeignet sind, seinen Beschaffungsbedarf zu decken. Schon zur Vermeidung eines solchen Ergebnisses darf der Auftraggeber nach § 122 Abs. 1 GWB iVm § 21 Abs. 1 VSVgV nur mit geeigneten Bietern kontrahieren, so dass die Eignung des Bieters zwingend vor dem Zuschlag zu prüfen ist. Dazu gehört auch die Prüfung der Eignung etwaiger Unterauftragnehmer[79]. Dies ist aber nur möglich, wenn diese zum Zeitpunkt des Zuschlages bereits feststehen.

70 Diesen Anforderungen kann der Auftraggeber nur gerecht werden, wenn das Verfahren nach den §§ 38 bis 41 VSVgV **vor dem Zuschlag durchlaufen** wird und die von dem Bieter einzubindenden Unterauftragnehmer zu diesem Zeitpunkt abschließend ermittelt sind. Das gilt erst recht, wenn der Bieter die vorgesehenen Unterauftragnehmer zu Zwecken der Eignungsleihe heranzieht, da er dann gemäß § 26 Abs. 3, § 27 Abs. 4 VSVgV und § 6d VS VOB/A jedenfalls bis zum Zuschlag, je nach Vorgabe des Auftraggebers ggf. sogar schon mit seinem Angebot entsprechende Verfügbarkeitsnachweise der betroffenen Unternehmen vorlegen muss[80]. Verpflichtet der Auftraggeber die Bieter gemäß § 9 Abs. 2 S. 1 iVm § 9 Abs. 3 Nr. 1 oder 2 VSVgV zur Anwendung des Verfahrens nach den §§ 38 bis 41 VSVgV, hat er daher das Vergabeverfahren so zu gestalten, dass den Bietern ein ordnungsgemäßer Abschluss des Untervergabeverfahrens bis zum Zuschlag möglich ist[81]. Insbesondere muss ihnen der nötige Zeitraum zur verfahrenskonformen Auswahl der Unterauftragnehmer zur Verfügung stehen. Der Vertrag mit dem Unterauftragnehmer kann dann nach § 158 Abs. 1 BGB unter der aufschiebenden Bedingung des Zuschlags geschlossen werden.

71 Die Vergabe eines Unterauftrags im Verfahren nach den §§ 38 bis 41 VSVgV kann nicht zum Gegenstand eines **Nachprüfungsverfahrens** nach den §§ 155 ff. GWB gemacht werden, sofern der Unterauftrag nicht selbst ausnahmsweise ein öffentlicher Auftrag iSv § 103 GWB ist und nach den Bestimmungen des Teils 4 des GWB zu vergeben ist. *Incidenter* kann das vom Bieter durchgeführte Untervergabeverfahren aber zB dann von der Vergabekammer überprüft werden, wenn sich der Bieter gegen eine Ablehnung seines Angebots auf Grund eines ihm vom Auftraggeber vorgeworfenen Verstoßes gegen die Vorgaben zur Vergabe von Unteraufträgen wehrt.

[78] Insoweit zutreffend Leinemann/Kirch/*Kaminsky* § 9 VSVgV Rn. 14.
[79] S. auch die Kritik bei Leinemann/Kirch/*Kaminsky* § 9 VSVgV Rn. 16.
[80] Allgemein *Amelung* ZfBR 2013, 337, 338 f.
[81] AA unter Berufung auf den Wortlaut Leinemann/Kirch/*Kaminsky* § 9 VSVgV Rn. 14.

H. Besonderheiten der Vergabe von Aufträgen zur Bekämpfung von Gesundheitskrisen

Die Regelungen der Vergabeordnung Verteidigung und Sicherheit und des Abschnitts 3 der VOB/A (VOB/A VS) zielen auf die Besonderheiten der Auftragsvergabe zur Gewährleistung der äußeren und inneren Sicherheit. Dies ist Folge der Definitionen der Begriffe der verteidigungs- und sicherheitsspezifischen öffentlichen Aufträge in § 104 GWB, die gemäß § 1 VSVgV und § 1 Abs. 1 S. 2 VS VOB/A den Anwendungsbereich des Sondervergaberechts für die Bereiche Verteidigung und Sicherheit bestimmen und vor dem Hintergrund unionsrechtlicher Regelungen[82] zu verstehen sind. Es handelt sich daher bei den verteidigungs- und sicherheitsspezifischen Vergaberegeln mitnichten um ein **allgemeines Krisenvergaberecht,** auch wenn § 4 Abs. 1 VSVgV den Begriff der Krise weit fasst und für sich genommen den ersten Baustein eines solchen Teilrechtsgebiets bilden könnte. 72

Herausforderungen an die Beschaffung von Gütern und Dienstleistungen, die durch Krisensituationen außerhalb der Bereiche der äußeren und der inneren Sicherheit hervorgerufen werden, sind daher mit den Mitteln des allgemeinen Vergaberechts zu meistern. Die **COVID-19-Pandemie** und die von ihr ausgelöste weltweite Gesundheitskrise bilden hiervon keine Ausnahme. Allerdings halten bereits die allgemeinen Regeln des Vergaberechts ein hohes Maß an Flexibilität[83] bereit, das es erlaubt, auch auf besondere Schwierigkeiten bei Beschaffungsvorgängen zu reagieren. 73

Die EU-Kommission hat mit einer Mitteilung vom 1. 4. 2020 **Leitlinien zur Nutzung des Rahmens für die Vergabe öffentlicher Aufträge in der durch die COVID-19-Krise**[84] verursachten Notsituation veröffentlicht. Diese erläutern insbesondere die Möglichkeiten öffentlicher Auftraggeber, in Übereinstimmung mit dem europäischen Richtlinienrecht die auf Grund der Krise dringend erforderlichen Lieferungen und Dienstleistungen rasch zu erwerben. So kann etwa die Angebotsfrist im offenen Verfahren bei hinreichender Dringlichkeit auf bis zu 15 Tage verkürzt werden (§ 15 Abs. 3 VgV, Art. 27 Abs. 3 RL 2014/24/EU). Genügt auch diese Verkürzungsmöglichkeit situationsbedingt nicht, erlaubt § 14 Abs. 4 Nr. 3 VgV in Übereinstimmung mit Art. 32 Abs. 2 lit. c) RL 2014/24/EU die Vergabe eines Auftrags im Verhandlungsverfahren ohne Teilnahmewettbewerb. Die Leitlinien der Kommission erinnern hierzu an die engen Voraussetzungen an das Absehen von Wettbewerb[85], namentlich das Vorliegen unvorhersehbarer Ereignisse und einer zwingenden Dringlichkeit, die die Einhaltung der allgemeinen Fristen auch unter Ausschöpfung aller Verkürzungsmöglichkeiten nicht zulässt. Zugleich machen die Richtlinien aber deutlich, dass diese engen Voraussetzungen auf Grund der dynamischen Entwicklung der COVID-19-Pandemie durchaus erfüllt sein können. 74

Auf nationaler Ebene hat das Bundesministerium für Wirtschaft und Energie mit einem **Rundschreiben vom 19. 3. 2020**[86] Hinweise zur Anwendung des Vergaberechts im Zusammenhang mit der Beschaffung von Leistungen zur Eindämmung der Ausbreitung des neuartigen Coronavirus (SARS-CoV-2) gegeben. Auch dort wird insbesondere auf die Möglichkeit, gemäß § 14 Abs. 4 Nr. 3 VgV oder gemäß § 12 Abs. 1 Nr. 1 lit. b) VSVgV Aufträge auf Grund besonderer Dringlichkeit im Verhandlungsverfahren ohne Teilnahmewettbewerb zu vergeben, hingewiesen[87]. Zutreffend macht das Rundschreiben dabei ua darauf aufmerksam, dass im Verhandlungsverfahren ohne Teilnahmewettbewerb keine Mindestvorgaben für die Bemessung der Angebotsfrist gelten und insbesondere § 17 Abs. 8 VgV keine Anwendung findet. Unterhalb der Schwellenwerte erlaubt namentlich 75

---

[82] S. dazu → § 56 Rn. 2ff.
[83] S. auch das Fazit von *König/Neun/Görlich* COVuR 2020, 25, 29.
[84] ABl. C 108/I v. 1. 4. 2020.
[85] S. dazu → § 11 Rn. 44.
[86] Abrufbar unter https://www.bmwi.de/Redaktion/DE/Downloads/P-R/rundschreiben-anwendung-vergabe recht.pdf?__blob=publicationFile&v=6.
[87] Hierzu auch *Fuchs/Dreher* NZBau 2020, 201, 202; *König/Neun/Görlich* COVuR 2020, 25, 26f.

§ 8 Abs. 4 Nr. 9 UVgO die Wahl des Verhandlungsverfahrens ohne Teilnahmewettbewerb auf Grund besonderer Dringlichkeit. Überdies weist das Rundschreiben auf die Möglichkeit hin, gemäß § 132 Abs. 2 S. 1 Nr. 3 GWB bestehende Verträge zur Bewältigung kurzfristig entstandener Bedarfslagen auf Grund von Umständen, die der öffentliche Auftraggeber im Rahmen seiner Sorgfaltspflichten nicht vorhersehen konnte, auszuweiten.

76 Betreffend das Bauvergaberecht hat das Bundesministerium des Innern, für Bau und Heimat in einem **Erlass vom 27.3.2020** die Hinweise aus dem Rundschreiben des Bundesministeriums für Wirtschaft und Energie übernommen. Ergänzend weist der Erlass darauf hin, dass es die Gesundheitskrise uU für Bieter unmöglich machen könne, von Dritten ausgestellte Erklärungen rechtzeitig beizubringen, so dass dem uU auch durch die Abforderung von Eigenerklärungen begegnet werden könne. Bei der Festlegung von Angebots- und Vertragsfristen sei ebenfalls situationsbedingten Schwierigkeiten Rechnung zu tragen. Auf Grund der Unsicherheiten bei der Bauabwicklung sollen Vertragsstrafen sogar nur im Ausnahmefall vorgesehen werden.

77 Im Bereich des Haushaltsvergaberechts wurden insbesondere auf Ebene der **Länder** verschiedene Vereinfachungsregelungen[88] geschaffen, mit denen insbesondere die Wertgrenzen für die Wahl vereinfachter Verfahrensarten angehoben wurden.

78 Ungeachtet derartiger Möglichkeiten gilt freilich, dass auch in Krisensituationen die Regeln des Vergaberechs grds. voll anwendbar bleiben. Eine **allgemeine Abweichungsbefugnis,** wie sie etwa im Zusammenhang mit der COVID-19-Pandemie in § 246b BauGB für bauplanungsrechtliche Vorgaben geschaffen wurde, kennt das Vergaberecht nicht. Lösungen zur Krisenbewältigung sind daher weiterhin innerhalb des bestehenden Rechtsrahmens zu suchen.

[88] Eine fortlaufend aktualisierte Übersicht findet sich unter http://www.forum-vergabe.de/news-detail/fortlaufend-aktualisiert-8164/; s. hierzu auch *König/Neun/Görlich* COVuR 2020, 25 f.

§ 59 Informationssicherheit

Übersicht

GWB: § 147
VSVgV: §§ 6, 7, 22 Abs. 1 und 2, § 24 Abs. 1, § 36 Abs. 2 Nr. 2
VOB/A VS: § 2 Abs. 5 und 7, § 6a Abs. 2 Nr. 2 und 4, § 6b Abs. 2 und 5, § 6e Abs. 6 Nr. 3 und 10, § 8 Abs. 3, § 19 Abs. 4

Literatur:

Siehe die Literaturangaben zu § 56, sowie *Krohn,* Informationssicherheit bei Verteidigungs- und Sicherheitsvergaben, in von Wietersheim (Hrsg.), Vergaben im Bereich Verteidigung und Sicherheit (2013), 137 ff.; *Piesbergen,* Neue Vorgaben für Auftraggeber und Bieter in Beschaffungsprozessen: Die Vergabeverordnung für die Bereiche Verteidigung und Sicherheit, in von Wietersheim (Hrsg.), Vergaben im Bereich Verteidigung und Sicherheit (2013), 53 ff.

A. Einleitung

1 Verteidigungs- und sicherheitsspezifische Aufträge stehen regelmäßig im Zusammenhang mit sensiblen, **der Öffentlichkeit nicht zugänglichen Informationen.** Oftmals erfordern die Auftragsausführung oder sogar schon die Bewerbung um den Auftrag Kenntnis von geheimen oder geschützten Informationen. Im Einzelfall kann bereits der Umstand der Auftragsvergabe als solcher so vertraulich sein, dass der Auftrag insgesamt der Geheimhaltung unterliegt. Die Notwendigkeit besonderer Schutzmaßnahmen zur Gewährleistung des staatlichen Geheimhaltungsbedürfnisses ist eines der typischen Merkmale von Auftragsvergaben im Bereich der Verteidigung und Sicherheit.[1]

2 Das Bedürfnis nach Geheimhaltung sensibler Informationen steht in einem offenkundigen **Spannungsverhältnis zum Transparenzgebot** als einem der grundlegenden Verfahrensprinzipien des Vergaberechts. Anforderungen an die Informationssicherheit werden daher vielfach als eine der größten Hürden für die Entwicklung eines **EU-weiten Wettbewerbs im Verteidigungs- und Sicherheitsbereich** angesehen. Die VSVgV trägt dem dadurch Rechnung, dass sie besondere Anforderungen an den Schutz vertraulicher Informationen im laufenden Vergabeverfahren und während der Auftragsausführung ermöglicht. Die Verfahrensregeln der VSVgV sollen auf diese Weise einen **Ausgleich** zwischen den staatlichen Geheimhaltungsinteressen und den hiermit verbundenen Restriktionen hinsichtlich des Informationszugangs einerseits und dem Bieterinteresse an einem transparenten und diskriminierungsfreien Verfahren andererseits herstellen.

[1] Vgl. den Bericht der Europäischen Kommission an das Europäische Parlament und den Rat über den Stand der Umsetzung der RL 2009/81/EG v. 2. 10. 2012.

3 Verteidigungs- und sicherheitsspezifische Aufträge sollen grundsätzlich nicht schon allein aufgrund von Geheimschutzaspekten und damit verbundenen Sicherheitsanforderungen insgesamt vom EU-Vergaberecht ausgenommen werden (wie es vor Einführung der besonderen Regelungen für diese Aufträge im Jahr 2011 verbreitet praktiziert wurde). Vielmehr sollen die frühere Abschottung des Markts aufgebrochen und ein echter europäischer Binnenmarkt für Verteidigungs- und Sicherheitsgüter etabliert werden. Die Einführung eines spezifischen, auf die besonderen Geheimschutzbedürfnisse im Verteidigungs- und Sicherheitsbereich abgestimmten Vergaberegimes ist ein wichtiger Meilenstein auf diesem Weg.

I. Begriff der Informationssicherheit

4 Unter dem Begriff der **Informationssicherheit** ist im Zusammenhang mit verteidigungs- und sicherheitsspezifischen Aufträgen primär die Sicherung von amtlich geheim zu haltenden oder zu schützenden Informationen **(Verschlusssachen)** gegen unerlaubte Bekanntgabe, unbefugten Zugriff, Missbrauch, Verfälschung oder Zerstörung zu verstehen.[2] Zur Ausfüllung des Begriffs der Information kann auf die Definition der Verschlusssache in **§ 4 Abs. 1 des Sicherheitsüberprüfungsgesetzes (SÜG)** zurückgegriffen werden.[3] Danach handelt es sich bei den zu schützenden Informationen um **geheimhaltungsbedürftige Tatsachen, Gegenstände oder Erkenntnisse,** unabhängig von ihrer Darstellungsform. Dies umfasst all diejenigen geheimhaltungsbedürftigen Informationen, die in einem unmittelbaren Zusammenhang mit dem verteidigungs- und sicherheitsspezifischen Auftrag stehen.

5 Nach § 4 Abs. 2 SÜG sind Verschlusssachen entsprechend ihrer Schutzbedürftigkeit in verschiedene **Geheimhaltungsstufen** einzuordnen (sog. **Klassifizierung**). Danach ist eine Verschlusssache

1. **STRENG GEHEIM,** wenn die Kenntnisnahme durch Unbefugte den Bestand oder lebenswichtige Interessen der Bundesrepublik Deutschland oder eines ihrer Länder gefährden kann,
2. **GEHEIM,** wenn die Kenntnisnahme durch Unbefugte die Sicherheit der Bundesrepublik Deutschland oder eines ihrer Länder gefährden oder ihren Interessen schweren Schaden zufügen kann,
3. **VS-VERTRAULICH,** wenn die Kenntnisnahme durch Unbefugte für die Interessen der Bundesrepublik Deutschland oder eines ihrer Länder schädlich sein kann,
4. **VS-NUR FÜR DEN DIENSTGEBRAUCH,** wenn die Kenntnisnahme durch Unbefugte für die Interessen der Bundesrepublik Deutschland oder eines ihrer Länder nachteilig sein kann.

6 Der Begriff der Informationssicherheit ist nicht auf den Schutz förmlicher Verschlusssachen beschränkt. Er umfasst auch den Schutz **sonstiger sicherheitssensibler Informationen,** deren Bekanntwerden den Verteidigungs- und Sicherheitsinteressen von Bund und Ländern schaden kann. Eine förmliche Klassifizierung als Verschlusssache ist nicht erforderlich, auch wenn sie bei Informationen, die im vorstehenden Sinne sicherheitsrelevant sind, in aller Regel geboten ist.

7 In einem **weiteren Sinne** umfasst der Begriff der Informationssicherheit auch den Schutz all derjenigen Informationen, die einem Vergabeverfahren generell – unter dem Gesichtspunkt des Geheimwettbewerbs und des Schutzes von Geschäftsgeheimnissen der Beteiligten – vertraulich zu halten sind.[4] Es handelt sich damit um einen Aspekt des **allgemeinen Vertraulichkeitsgrundsatzes.** Auf unionsrechtlicher Ebene ist ein entsprechendes Gebot der Vertraulichkeit in Art. 6 RL 2009/81/EG (ähnlich der allgemeinen Rege-

---

[2] Vgl. Erwägungsgründe 2 und 9 RL 2009/81/EG.

[3] von Wietersheim/*Krohn*, Vergaben im Bereich Verteidigung und Sicherheit, 137 (139).

[4] von Wietersheim/*Krohn*, Vergaben im Bereich Verteidigung und Sicherheit, 137 (139f.).

lung in Art. 21 VRL) normiert; eine deutsche Umsetzung findet sich in § 6 VSVgV und § 2 VS Abs. 5 VOB/A. Diese Regelungen werden unten in Abschnitt C (→ Rn. 68 ff.) näher erörtert. Der **spezifische Begriff** der **Informationssicherheit** als typischer Aspekt verteidigungs- oder sicherheitsspezifischer Aufträge bezieht sich demgegenüber ausschließlich auf den **Schutz von Verschlusssachen** und anderer sicherheitssensibler Informationen im og Sinne.

Fragen der Informationssicherheit können bei verteidigungs- oder sicherheitsspezifischen Aufträgen in **unterschiedlichen Stadien** der Auftragsvergabe und Ausführung Bedeutung erlangen.[5] Die Vorgaben zur Informationssicherheit dienen vor allem dem Schutz sensibler Informationen **während der Auftragsausführung.** Diesbezügliche (Mindest-) Vorgaben enthalten vor allem die Geheimschutzregelungen des Bundes und der Länder (dazu näher → Rn. 16 ff.). Der Auftraggeber kann aber auch weitergehende oder spezielle Vorgaben machen. Das erfolgt typischerweise in der Leistungsbeschreibung oder im Wege gesonderter Ausführungsbedingungen. 8

Bei geheimschutzrelevanten Aufträgen erfordert darüber hinaus meist auch schon die **Teilnahme am Vergabeverfahren** den Umgang mit geheimhaltungsbedürftigen Unterlagen. Geheimschutzrelevante Informationen können in der Leistungsbeschreibung, dem Leistungsverzeichnis oder zugehörigen Unterlagen wie beispielsweise Ausführungs- oder Bauplänen, technischen Anleitungen, Arbeitsanweisungen oder Genehmigungen enthalten sein. Ein nachhaltiger Geheimnisschutz erfordert in diesen Fällen, dass den Bewerbern oder Bietern bereits im **Vorfeld der Verfahrensteilnahme** bzw. **vor Aushändigung der Unterlagen** die erforderliche Geheimschutzqualifikation abverlangt wird. Der Bieter muss zudem im Rahmen der Eignungsprüfung die Prognose rechtfertigen, dass er die **erforderlichen Geheimschutzmaßnahmen umsetzen** kann. Die speziellen Verfahrensvorschriften für Verteidigungs- und Sicherheitsvergaben sehen in diesem Zusammenhang im Rahmen der Zuverlässigkeitsprüfung ausdrücklich auch eine Prüfung der Vertrauenswürdigkeit vor (§ 124 iVm § 147 GWB; § 24 Abs. 1 VSVgV; § 6e VS Abs. 6 Nr. 10 VOB/A).

II. Elemente zum Schutz der Informationssicherheit

Bislang existieren **keine EU-weiten Standards** für die Informationssicherheit im Bereich Verteidigung und Sicherheit.[6] Auch die RL 2009/81/EG gibt keine einheitlichen Standards vor. Die Mitgliedsstaaten können ihre jeweiligen Geheimschutzkonzepte und Sicherheitsvorgaben weiterhin individuell festlegen. 9

In Deutschland lässt sich die Konzeption zum Schutz von Verschlusssachen in drei Hauptelemente untergliedern.[7] Erster Schritt ist die **Ermittlung und Klassifizierung** des geheimschutzrelevanten Materials. Hierzu ist das betreffende Material von der verantwortlichen Stelle zu identifizieren und ihm entsprechend der Schutzbedürftigkeit eine Geheimhaltungsstufe zuzuweisen. Zweitens wird der **Zugang** zu dem zu schützenden Material auf Unternehmen bzw. Personen **beschränkt,** die hinreichende Gewähr für die Wahrung der Vertraulichkeit der Informationen und Einhaltung der erforderlichen Sicherheitsmaßnahmen bieten. Je nach Geheimhaltungsstufe ist hierfür regelmäßig eine amtliche Sicherheitsüberprüfung bzw. die Erteilung eines Sicherheitsbescheids erforderlich. Drittens kann die personenspezifische Zugangsbeschränkung durch **konkrete Sicherheits- und Geheimschutzmaßnahmen** flankiert werden. Derartige Vorgaben können den Umgang mit den Informationen in Bezug auf ihre Kennzeichnung, Verwahrung, Vervielfältigung und Bearbeitung betreffen. Denkbar ist auch, dass spezielle IT-bezogene Anforderungen gestellt oder Kontrollmechanismen zur Überprüfung der Sicherheitsmaßnahmen verlangt werden. 10

[5] von Wietersheim/*Krohn*, Vergaben im Bereich Verteidigung und Sicherheit, 137 (140).
[6] Erwägungsgründe 43 u. 68 RL 2009/81/EG.
[7] von Wietersheim/*Krohn*, Vergaben im Bereich Verteidigung und Sicherheit, 137 (140 f.).

B. Maßnahmen, Anforderungen und Auflagen zum Verschlusssachenschutz

I. Inhaltliche Anforderungen an den Verschlusssachenschutz

11 § 7 VSVgV enthält Regelungen zu den „Maßnahmen, Anforderungen und Auflagen", die Bewerber, Bieter und Auftragnehmer zum Schutz von Verschlusssachen erfüllen müssen. Abs. 1 der Vorschrift regelt die **Bekanntgabe** der Maßnahmen und Anforderungen; Abs. 2 bis 4 enthalten bestimmte **Mindestinhalte** der Maßnahmen bzw. Anforderungen und treffen konkrete Regelungen zur Ausgestaltung des Vergabeverfahrens, um die Einhaltung sicherzustellen.

12 Die deutsche Umsetzung weist damit in Bezug auf den Verschlusssachenschutz eine merklich höhere Regelungsdichte auf als die zugrunde liegenden Richtlinienbestimmungen. Art. 7 und 22 RL 2009/81/EG räumen den Auftraggebern zwar die Möglichkeit ein, den Verfahrensteilnehmern Auflagen zum Schutz der im Vergabeverfahren mitgeteilten Verschlusssachen zu machen und Maßnahmen und Anforderungen zum Verschlusssachenschutz bei der Auftragsausführung festzulegen. Die Richtlinie enthält jedoch weder Mindestinhalte für den Verschlusssachenschutz noch konkrete Vorgaben, in welcher Weise die jeweiligen Schutzmaßnahmen und -anforderungen in das Vergabeverfahren einzubringen sind. Das ist nicht überraschend, weil die Richtlinie den Mitgliedstaaten ausdrücklich gestattet, insoweit auf ihre eigenen Geheimschutzvorschriften zurückzugreifen (Art. 22 Unterabs. 3 S. 1 RL 2009/81/EG). In § 7 Abs. 2 bis 4 VSVgV hat der Verordnungsgeber aufbauend auf den deutschen Geheimschutzvorschriften spezifiziert, welche Mindestanforderungen bei der Vergabe von Verschlusssachenaufträgen durch deutsche Auftraggeber zu stellen bzw. zu beachten sind und wie die Einhaltung der Anforderungen im Vergabeverfahren sicher zu stellen ist.

1. Festlegung und Bekanntgabe durch den Auftraggeber

13 § 7 Abs. 1 bis 4 VSVgV verpflichtet den Auftraggeber, im Vergabeverfahren die erforderlichen **Maßnahmen, Anforderungen oder Auflagen** bekannt zu geben, die Unternehmen als Bewerber, Bieter, Auftragnehmer oder Unterauftragnehmer zum Schutz von Verschlusssachen erfüllen müssen. Die Vorschrift setzt voraus, dass die **Festlegung** der konkreten Maßnahmen, Anforderungen und Auflagen **durch den Auftraggeber** erfolgt. Der Auftraggeber ist dabei allerdings nicht völlig frei; die Maßnahmen usw. müssen zumindest ausreichen, um den Verschlusssachenschutz entsprechend dem jeweiligen Geheimhaltungsgrad zu gewährleisten (§ 7 Abs. 1 S. 2 VSVgV).

2. Mindestanforderungen

14 Obgleich die Festlegung der konkreten Maßnahmen und Anforderungen für den Schutz von Verschlusssachen dem Auftraggeber obliegt, enthält § 7 Abs. 2 bis 4 VSVgV **inhaltliche und ablauftechnische Mindestanforderungen,** denen die Vorgaben des Auftraggebers entsprechen müssen.

15 § 7 Abs. 2 VSVgV enthält generelle Anforderungen im Zusammenhang mit der Gewährung des Zugangs zu Verschlusssachen in **allen Phasen** des Verfahrens einschließlich der **Auftragsausführung,** während § 7 Abs. 3 bis 4 VSVgV nähere Regelungen für den Fall enthält, dass der Zugang bereits **im Vergabeverfahren** für den Teilnahmeantrag oder die Erstellung des Angebots gewährt werden muss.[8]

16 Die generellen Mindestanforderungen unterscheiden sich nach der jeweiligen Geheimhaltungsstufe. Eine grundsätzliche Unterscheidung besteht zwischen Verschlusssachen der Stufen „VS-Vertraulich" und höher einerseits und der Stufe „VS-Nur für den Dienstgebrauch":

[8] BR-Drs. 321/12, 39.

- **VS-VERTRAULICH oder höher:** Die Weitergabe von Verschlusssachen der Geheimhaltungsgrade VS-VERTRAULICH, GEHEIM oder STRENG GEHEIM an nichtöffentliche Stellen, insbesondere private Auftragnehmer, setzt nach § 25 S. 2 Nr. 1 der Verschlusssachenanweisung (VSA)[9] voraus, dass der **Empfänger** über einen **Sicherheitsbescheid** (Facility Security Clearance, FSC) verfügt (dazu näher → Rn. 49 f.). Der Auftraggeber muss daher von Bewerbern bzw. Bietern sowie deren Unterauftragnehmern im Teilnahmeantrag oder im Angebot eine Erklärung abfordern, ob und in welchem Umfang ein solcher Sicherheitsbescheid bereits **vorliegt oder** sie zur Erfüllung aller Maßnahmen und Anforderungen **bereit sind,** die zum Erhalt eines Sicherheitsbescheids zum Zeitpunkt der Auftragsausführung erforderlich sind. 17
- Des Weiteren verpflichtet § 7 Abs. 2 VSVgV den Auftraggeber, von den Bewerbern bzw. Bietern sowie deren Nachunternehmern bestimmte **Verpflichtungserklärungen** einzuholen. Diese betreffen deren Bereitschaft, sowohl während des Vertrags als auch nach Vertragsende den **Schutz** aller in ihrem Besitz befindlichen oder ihnen zur Kenntnis gelangten Verschlusssachen gemäß den einschlägigen Rechts- und Verwaltungsvorschriften zu **gewährleisten** (§ 7 Abs. 2 Nr. 2 VSVgV) und vor einer Unterauftragsvergabe entsprechende Verpflichtungserklärungen von den Unterauftragnehmern einzuholen und dem Auftraggeber vor Erteilung des Unterauftrags vorzulegen (§ 7 Abs. 2 Nr. 3 VSVgV). 18
- **VS-Nur für den Dienstgebrauch:** Betrifft der Auftrag lediglich Unterlagen des Geheimhaltungsgrads „VS-NfD“, bedarf es keines Sicherheitsbescheids. Der Auftraggeber muss in diesem Fall von den Bewerbern bzw. Bietern und ggf. Nachunternehmern im Teilnahmeantrag oder im Angebot nur **Verpflichtungserklärungen** zur Gewährleistung des Verschlusssachenschutzes während und nach der Vertragslaufzeit gemäß den Rechts- und Verwaltungsvorschriften einholen (§ 7 Abs. 2 Nr. 2 und 3 VSVgV). Praktisch bedeutet das die Pflicht zur Beachtung der Vorgaben des „Merkblatts für die Behandlung von Verschlusssachen des Geheimhaltungsgrads VS-NfD“ (sog. **VS-NfD-Merkblatt,** Anlage 4 zum GHB des BMWi).[10] 19

Müssen die Bewerber oder Bieter und/oder Unterauftragnehmer bereits für den **Teilnahmeantrag** oder die **Angebotserstellung** Zugang zu Verschlusssachen erhalten, gilt ergänzend folgendes: 20

- Bei Verschlusssachen des Geheimhaltungsgrades VS-VERTRAULICH oder höher muss der Auftraggeber den **Sicherheitsbescheid** bereits **vor der Zugangsgewährung** verlangen (§ 7 Abs. 3 VSVgV). Eine bloße Erklärung des Unternehmens über das Vorliegen eines Bescheids oder die Bereitschaft, im Auftragsfall die zum Erhalt eines Sicherheitsbescheids notwendigen Maßnahmen und Anforderungen zu erfüllen, reicht in diesem Fall nicht. Auch die Verpflichtungserklärungen nach § 7 Abs. 2 Nr. 2 und 3 VSVgV zur Gewährleistung des Verschlusssachenschutzes während und nach der Vertragslaufzeit müssen bereits vor der Zugangsgewährung vorliegen. Kann ein Sicherheitsbescheid zu diesem Zeitpunkt noch nicht ausgestellt werden, so kann der Auftraggeber dem Unternehmen den Zugang zu den Verschlusssachen zwar trotzdem gewähren, jedoch nur, wenn er die betreffenden Mitarbeiter des Unternehmens zuvor selbst überprüft und ermächtigt hat (§ 7 Abs. 3 S. 2 VSVgV). 21
- Ist für den Teilnahmeantrag oder die Angebotserstellung lediglich Zugang zu Verschlusssachen der Stufe VS-NfD erforderlich, genügt es, wenn der Auftraggeber vom Bewerber bzw. Bieter und ggf. Unterauftragnehmer vor der Zugangsgewährung die og Verpflichtungserklärungen nach § 7 Abs. 2 Nr. 2 und 3 VSVgV (gemäß VS-NfD-Merkblatt) einholt. 22

---

[9] Allgemeine Verwaltungsvorschrift zum materiellen Geheimschutz (Verschlusssachenanweisung – VSA) v. 10.8.2018, GMBl. 2018 Nr. 44–47, S. 826. Die amtliche Fußnote in § 7 Abs. 7 VSVgV bezieht sich noch auf die frühere VSA von 2006/2010, die mit Wirkung zum 1.9.2018 von der aktuellen VSA abgelöst wurde. Für die Länder gelten entsprechende Landesvorschriften.

[10] S. Abschnitt 1.7 GHB.

3. Weitergehende Anforderungen

23 Der Auftraggeber kann über die Mindestanforderungen hinaus **weitere Vorgaben** für den Schutz von Verschlusssachen machen. Das gilt sowohl für die **Vertragsphase** als auch das Stadium des **Vergabeverfahrens.** Der Auftraggeber kann zB verlangen, dass der Bieter bestimmte betriebliche Schutzmaßnahmen zur Geheimhaltung sensibler Unterlagen ergreift, oder spezielle Anforderungen an die zur Verarbeitung sensibler Informationen verwendeten IT-Systeme stellen. Derartige Vorgaben können die **gesamte Lieferkette** betreffen.[11] Die Vorgaben müssen allerdings **angemessen** sein. Sie müssen objektiv geeignet sein, den Schutz der Verschlusssachen entsprechend der Geheimhaltungsstufe zu sichern. Sie dürfen zudem nicht über das notwendige Maß hinausgehen. Innerhalb dieses Rahmens kann der Auftraggeber – nach Maßgabe der einschlägigen Geheimschutzregularien – die Anforderungen frei festlegen.

4. Geltung auch für den Baubereich

24 Die vorstehenden Regelungen gelten auch für den Baubereich (§ 2 Abs. 2 VSVgV). § 2 VS Abs. 7 VOB/A, wonach der Auftraggeber Bewerbern und Bietern Auflagen zum Schutz von Verschlusssachen machen kann und von ihnen verlangen kann, die Einhaltung dieser Auflagen auch durch die Nachunternehmer sicherzustellen, ist daher nur deklaratorisch. Auch der Umstand, dass die VOB/A-Regelung keine inhaltlichen Vorgaben zum Inhalt der Auflagen enthält, ist vor diesem Hintergrund ohne Bedeutung.

II. Nachweise zur Informationssicherheit

1. Art und Form der Nachweise

25 Neben den materiellen Anforderungen an die Gewährleistung der Informationssicherheit hat der Auftraggeber festzulegen, mit welchen **Nachweisen** die Bewerber, Bieter und ggf. Unterauftragnehmer die Erfüllung der Anforderungen nachzuweisen haben. Soweit es um die in § 7 Abs. 2 bis 4 VSVgV genannten Mindestanforderungen geht, ergeben sich Art und Form des Nachweises direkt aus den inhaltlichen Vorgaben (Eigenerklärung über das Vorliegen eines Sicherheitsbescheids oder die Bereitschaft zur Erfüllung der dafür erforderlichen Voraussetzungen (Abs. 2 Nr. 1), sowie Verpflichtungserklärungen zum Schutz der Informationssicherheit gemäß den anwendbaren Rechts- und Verwaltungsvorschriften (Abs. 2 Nr. 2 und 3)). Stellt der Auftraggeber im Einzelfall weitere oder strengere Anforderungen, bedarf es dagegen einer Vorgabe, welche Nachweise die Bewerber oder Bieter dazu vorlegen müssen. Generell dürfen nur Unterlagen und Angaben gefordert werden, die durch den Auftragsgegenstand gerechtfertigt sind (§ 22 Abs. 1 S. 2 VSVgV). Für den Baubereich ergibt sich dies indirekt aus dem – § 122 Abs. 3 GWB entsprechenden – Gebot der Angemessenheit der Eignungsanforderungen in § 6 VS Abs. 3 VOB/A, das sinngemäß auch für die vorzulegenden Nachweise gilt.

26 Der Auftraggeber kann sich darauf beschränken, **Eigenerklärungen** der Bewerber bzw. Bieter über die Erfüllung der Eignungskriterien einzuholen. Bei Lieferungen und Dienstleistungen gilt das gemäß § 22 Abs. 2 VSVgV allerdings nur, sofern die Unternehmen zugleich erklären, dass sie die „festgelegten Nachweise" auf Anforderung unverzüglich beibringen können. Die Regelung zeigt, dass Eigenerklärungen **lediglich als Verfahrensvereinfachung gedacht** sind, aber keine vollwertigen Nachweise darstellen. Vielmehr muss der Auftraggeber grundsätzlich „andere Nachweise" festlegen, die auch zu überprüfen sind.

[11] Vgl. Verordnungsbegründung zu § 7 VSVgV, BR-Drs. 321/12, 38, unter Verweis auf Erwägungsgrund 43 der RL 2009/81/EG.

Für den **Baubereich** wurde von vornherein die strengere Regelung aus dem 2. Abschnitt der VOB/A[12] übernommen, wonach Eigenerklärungen nur „für einzelne Angaben", dh nicht generell zugelassen werden können und zudem von den Bietern der engeren Wahl durch Bescheinigungen der zuständigen Stellen bestätigt werden müssen (§ 6b VS Abs. 2 S. 2 und 3 VOB/A). Diese Regelungen gelten nicht nur für die Standard-Nachweise des § 6a VS Abs. 2 VOB/A, sondern auch die Nachweise zum Umgang mit Verschlusssachen gemäß § 6a VS Abs. 3 VOB/A.

Eigenerklärungen dürfen in jedem Fall nur dann als Nachweis zugelassen werden, wenn die vom Auftrag betroffenen **Verteidigungs- und Sicherheitsinteressen nicht entgegenstehen.**[13] Das ist eine Beurteilungsfrage, für die es auf die Umstände des Einzelfalls ankommt. Eigenerklärungen können insbesondere dann ungeeignet sein, wenn der Auftrag bzw. das für seine Ausführung oder das Vergabeverfahren zur Verfügung gestellte Material besonders sensibel ist oder besonders strenge Geheimschutzmaßnahmen erfordert. Auch wenn Verteidigungs- und Sicherheitsinteressen nicht entgegenstehen, liegt die Zulassung von Eigenerklärungen ausdrücklich im **Ermessen** des Auftraggebers („können"). Bei Liefer- und Dienstleistungsaufträgen unterscheidet sich die Rechtslage insoweit von derjenigen für gewöhnliche Aufträge nach der VgV, bei denen Eigenerklärungen die Regel sind (§ 48 Abs. 2 VgV). Bei der Entscheidung kann der Auftraggeber alle Umstände des Falles berücksichtigen, insbesondere die Sensibilität des Auftrags und des Materials, aber auch den Umfang der ggf. vorzulegenden Nachweise. 27

Die Abgabe einer **falschen oder nicht ausreichenden Erklärung** kann gemäß § 147 iVm § 124 Abs. 1 Nr. 8 GWB den Ausschluss vom Vergabeverfahren zur Folge haben. 28

2. Bekanntgabe der Nachweisanforderungen

§ 7 Abs. 1 VSVgV legt fest, dass der Auftraggeber die Maßnahmen, Anforderungen und Auflagen, die die Unternehmen zum Schutz von Verschlusssachen erfüllen müssen, in der **Bekanntmachung** oder den **Vergabeunterlagen** anzugeben hat. 29

§ 22 Abs. 1 S. 1 VSVgV sieht allerdings für Liefer- und Dienstleistungsvergaben vor, dass die Nachweise zur Gewährleistung der Informationssicherheit nach § 7 VSVgV bei Nichtoffenen Verfahren und Verhandlungsverfahren mit Teilnahmewettbewerb **bereits in der Bekanntmachung** angegeben werden müssen; nur bei Verhandlungsverfahren ohne Teilnahmewettbewerb erfolgt die Angabe in den Vergabeunterlagen. Dieser scheinbare Widerspruch ist dahingehend aufzulösen, dass die strengere Vorgabe in § 22 VSVgV nur diejenigen Nachweise erfasst, die bereits für den Teilnahmewettbewerb und die Eignungsprüfung erforderlich sind.[14] Das betrifft insbesondere die Nachweise nach § 7 Abs. 3 und 4 VSVgV.[15] Etwaige weitere inhaltliche Anforderungen, insbesondere solche, die erst die Ausführungsphase betreffen, können demgegenüber auch erst in den Vergabeunterlagen mitgeteilt werden. Das gilt jedenfalls dann, wenn die Bieter die Information, dass und welche weiteren Anforderungen gestellt werden, nicht schon für die Entscheidung über die Verfahrensteilnahme benötigen.

Für den Baubereich trifft § 8 VS Abs. 3 VOB/A eine Regelung, die inhaltlich § 7 Abs. 1 VSVgV entspricht. Es verbleibt daher dabei, dass die Maßnahmen, Anforderungen und Auflagen zum Verschlusssachenschutz entweder in der Bekanntmachung oder den Vergabeunterlagen anzugeben sind. Die Regelung ist wegen des Vorrangs der VSVgV ohnehin nur deklaratorisch. 30

---

[12] § 6b EG Abs. 1 Nr. 2 VOB/A.

[13] § 22 Abs. 2 S. 1 VSVgV; § 6a VS Abs. 2 S. 2 VOB/A.

[14] von Wietersheim/*Krohn*, Vergaben im Bereich Verteidigung und Sicherheit, 137 (159). Im Ergebnis ebenso *Contag* in Dippel/Sterner/Zeiss, VSVgV § 7 Rn. 24.

[15] Vgl. VK Bund Beschl. v. 10.9.2015 – VK 2-77/15, unter II 2 a aa – Sondergeschützte Geländewagen (zur Anforderung einer Verpflichtungserklärung gemäß dem VS-NfD-Merkblatt in Anlage 7 der VSA 2006).

3. Zeitpunkt der Vorlage der Nachweise

31 Beim Nichtoffenen Verfahren, dem Verhandlungsverfahren mit Teilnahmewettbewerb und dem Wettbewerblichen Dialog müssen die Unternehmen die geforderten Eignungsnachweise **vor Ablauf der Teilnahmefrist** vorlegen (§ 22 Abs. 4 S. 1 Nr. 1 und 4 VSVgV; § 6b VS Abs. 3 VOB/A). Bei Verhandlungsverfahren ohne Teilnahmewettbewerb über Lieferungen und Dienstleistungen sind die Eignungsnachweise vor Ablauf der Angebotsfrist vorzulegen (§ 22 Abs. 4 S. 1 Nr. 2 VSVgV). Für Bauleistungen schreibt § 6b VS Abs. 3 VOB/A dagegen vor, dass die Eignung vor der Aufforderung zur Angebotsabgabe zu prüfen ist; die Nachweise können daher nicht erst mit den Angeboten abgefordert können.

32 Nicht rechtzeitig vorgelegte Nachweisunterlagen können nach § 22 Abs. 6 S. 1 VSVgV bzw. § 16 VS Nr. 4 VOB/A bis zum Ablauf einer zu bestimmenden Nachfrist vom Auftraggeber **nachgefordert** werden. Das gilt unabhängig davon, ob die Nachweise mit dem Teilnahmeantrag oder dem Angebot vorzulegen gewesen wären. Die Nachforderung steht im Liefer- und Dienstleistungsbereich jedoch (wie bei § 56 Abs. 2 VgV) im Ermessen des Auftraggebers. Allerdings muss der Auftraggeber bei der Entscheidung über die Nachforderung die Grundsätze der Gleichbehandlung und Transparenz wahren. Im Baubereich ergibt sich aus § 16 VS Nr. 4 VOB/A, dass eine Nachforderung zwingend ist. Werden die Nachweise trotz Aufforderung nicht bzw. nicht innerhalb der Nachfrist vorgelegt, ist der Bewerber oder Bieter nach § 22 Abs. 6 S. 2 VSVgV bzw. § 16 VS Nr. 4 VOB/A zwingend vom Verfahren auszuschließen.

33 Benötigt ein Bewerber oder Bieter für die Erstellung des Teilnahmeantrags oder Angebots Zugang zu Verschlusssachen der Klasse VS-VERTRAULICH oder höher, muss er gem. § 7 Abs. 3 VSVgV einen **Sicherheitsbescheid** des Bundeswirtschaftsministeriums sowie entsprechende Verpflichtungserklärungen vorlegen (→ Rn. 20ff.), bevor der Zugang gewährt wird. Anders liegt es nur, wenn der Auftraggeber von der Möglichkeit nach § 7 Abs. 3 S. 2 VSVgV Gebrauch macht, den Zugang nach einer Überprüfung der in Betracht kommenden Mitarbeiter des Unternehmens schon vorher zu gewähren.

Für den Baubereich regelt § 6b VS Abs. 5 VOB/A, dass ein Bewerber, der für die Angebotserstellung Zugang zu VS-VERTRAULICH oder höher eingestuften Verschlusssachen benötigt, die geforderten Angaben und Nachweise vor Gewährung des Zugangs vorlegen muss. Da § 7 VSVgV gemäß § 2 Abs. 2 VSVgV auch im Baubereich gilt, ist das jedoch nur deklaratorisch und gilt auch nur mit der Maßgabe, dass die in § 7 Abs. 3 S. 2 VSVgV vorgesehene Möglichkeit, die Vorlage des Sicherheitsbescheids uU zurückzustellen, unberührt bleibt.

4. Möglichkeit der Fristverlängerung für Newcomer

34 Speziell in Bezug auf die Informationssicherheit enthält § 7 Abs. 6 VSVgV eine besondere Regelung für den Zeitpunkt des Nachweises der Aufnahme in die Geheimschutzbetreuung bzw. der Sicherheitsüberprüfung. Danach kann der Auftraggeber Bewerbern, Bietern oder bereits in Aussicht genommenen Unterauftragnehmern, die noch nicht in die Geheimschutzbetreuung aufgenommen sind oder deren Personal noch nicht sicherheitsüberprüft und ermächtigt ist, **zusätzliche Zeit zur Erfüllung der Anforderungen** gewähren. Diese Regelung soll es insbesondere „Newcomern" erleichtern, die Aufnahme in die Geheimschutzbetreuung bzw. die Sicherheitsüberprüfung noch rechtzeitig zu erlangen. Die Vorschrift gilt sowohl für Liefer- und Dienstleistungsaufträge als auch für den Baubereich.

35 Will der Auftraggeber sich die Möglichkeit einer Fristverlängerung vorbehalten, muss er darauf nach § 7 Abs. 6 S. 2 VSVgV bereits in der EU-Bekanntmachung **hinweisen.** Dabei muss er auch die ggf. verlängerte Frist angeben. Enthält die EU-Bekanntmachung keine entsprechende Mitteilung, gelten auch für die noch nicht sicherheitsüberprüften Newcomer die allgemeinen Fristen zum Nachweis der Eignung. Der Möglichkeit der Fristver-

längerung steht im Ermessen des Auftraggebers; eine Verpflichtung, im Interesse von Newcomern im Regelfall eine Fristverlängerung vorzusehen, besteht nicht.[16] Eine Fristverlängerung kann im Interesse des Auftraggebers liegen, um den Wettbewerb zu verbreitern. Die Gründe für eine Verlängerung wie auch für eine Versagung der Verlängerung sollte der Auftraggeber sorgfältig dokumentieren, um sich nicht dem Vorwurf eines Ermessensausfalls oder einer Bevorzugung oder Benachteiligung einzelner Bieter auszusetzen.[17]

III. Prüfung der Anforderungen an den Verschlusssachenschutz im Vergabeverfahren

1. Überprüfung im Rahmen der Eignungsprüfung und der Ausschlussgründe

Das nationale Recht ordnet die Anforderungen an den Schutz von Verschlusssachen in erster Linie als **spezifische Eignungskriterien** im Sinne des § 122 Abs. 2 GWB ein.[18] Das ist praxisgerecht, da die für den Zugang zu Verschlusssachen erforderlichen Sicherheitsbescheide, Selbstverpflichtungen und Überprüfungen nach den Geheimschutzbestimmungen eine Vorbedingung für die Verfahrensteilnahme bzw. Auftragserteilung sind.[19] Teilweise spielt der Schutz von Verschlusssachen aber auch im Rahmen der Ausschlussgründe eine Rolle. 36

Materiell ergeben sich bei der Eignungsprüfung keine wesentlichen Unterschiede zu anderen Aspekten der Bietereignung.[20] Der Auftraggeber prüft die Eignung der Bewerber bzw. Bieter anhand der in der EU-Bekanntmachung bzw. ggf. in den Vergabeunterlagen veröffentlichten Eignungsanforderungen. 37

Im Rahmen der Ausschlussgründe betreffen die Anforderungen typischerweise die **Zuverlässigkeit.** Das gilt insbesondere bei Verstößen gegen die Pflichten im Zusammenhang mit dem Schutz von Verschlusssachen bei früheren Aufträgen oder fehlender Vertrauenswürdigkeit im Zusammenhang mit Geheimschutzanforderungen (dazu → Rn. 36 und 38 f.). 38

Darüber hinaus kann im Rahmen der **technischen und beruflichen Leistungsfähigkeit** geprüft werden ob ein Bewerber oder Bieter bei der Verarbeitung, Speicherung und Übermittlung von Verschlusssachen den Schutz der Vertraulichkeit auf der jeweils vorgegebenen Sicherheitsstufe gewährleisten kann.[21] 39

2. Ausschluss bei Nichterfüllung der Anforderungen

a) Zwingende Ausschlussgründe. Weist ein Bieter oder Bewerber die Erfüllung der Anforderungen an den Schutz der Verschlusssachen nicht nach, ist er **zwingend vom Verfahren auszuschließen** bzw. **nicht zum Verfahren zuzulassen** (§§ 7 Abs. 5, 22 Abs. 3 VSVgV). Gleiches gilt, wenn ein Unternehmen die nach §§ 7, 22 VSVgV notwendigen Verpflichtungserklärungen und Sicherheitsbescheide nicht rechtzeitig beibringt und auch eine Überprüfung und Ermächtigung der zum Einsatz vorgesehenen Mitarbeiter ge- 40

[16] Kritisch dazu Leinemann/Kirch/*Kaminsky* § 7 VSVgV Rn. 23.

[17] Vgl. Dippel/Sterner/Zeiss/*Contag* VSVgV § 7 Rn. 54.

[18] Vgl. BR-Drs. 321/12, 38 f (wo auf den damals geltenden 97 Abs. 4 S. 1 GWB aF verwiesen wird).

[19] von Wietersheim/*Krohn,* Vergaben im Bereich Verteidigung und Sicherheit, 137 (158). Dogmatisch ist die Zuordnung freilich nicht zwingend. Die materiellen Maßnahmen und Anforderungen, die während der Auftragsausführung zum Schutz von Verschlusssachen zu erfüllen sind, lassen sich auch als Teil des Leistungsinhalts oder der Ausführungsbedingungen verstehen. Für die im Vergabeverfahren zu treffende Feststellung, ob ein Unternehmen in der Lage und willens ist, die Anforderungen zu erfüllen, macht das jedoch keinen Unterschied.

[20] Siehe dazu allgemein → § 30 zur Eignungsprüfung.

[21] Vgl. Art. 42 Abs. 1 lit. j Unterabs. 1 RL 2009/81/EG; von Wietersheim/*Krohn* Vergaben im Bereich Verteidigung und Sicherheit, 137 (148).

mäß § 7 Abs. 3 VSVgV nicht rechtzeitig mit positivem Ergebnis abgeschlossen werden kann.

41 Ein Ausschluss kann auch dann noch erfolgen, wenn der Auftraggeber die Eignung bereits bejaht hat, später jedoch – bspw. aufgrund einer nochmaligen gründlicheren Durchsicht der eingereichten Eignungsnachweise – die **Eignung doch nicht für gegeben erachtet.**[22] Grundsätzlich muss auch bei Auftragsvergaben im Bereich Verteidigung und Sicherheit der allgemeine Grundsatz der Bindung des Auftraggebers an einmal getroffene Verfahrensentscheidungen gelten. Der Auftraggeber soll nach den Richtlinienvorgaben allerdings nicht daran gehindert sein, einen Teilnehmer jederzeit im Laufe eines Vergabeverfahrens auszuschließen, wenn der Auftraggeber Kenntnis davon erhält, dass die Vergabe des gesamten oder eines Teils des Auftrags an diesen Teilnehmer wesentliche Sicherheitsinteressen des betreffenden Mitgliedsstaats gefährden kann.[23] Zur Gewährleistung eines fairen und transparenten Verfahrens muss der Auftraggeber dem Bieter in einer solchen Situation aber zunächst Gelegenheit geben, die nachträglich aufgetretenen Zweifel an seiner Eignung auszuräumen.

42 **b) Fakultative Ausschlussgründe.** § 24 Abs. 1 VSVgV und § 6e VS Abs. 6 Nr. 3 VOB/A enthalten fakultative Ausschlussgründe, die im Zusammenhang mit der Gewährleistung der Informationssicherheit stehen. Bei der Ermessensentscheidung über den Ausschluss muss der Auftraggeber alle Umstände des Einzelfalls berücksichtigen. Insbesondere muss er die Sensibilität des Auftrags, das Gewicht der Verfehlung bzw. der Zweifel an der Vertrauenswürdigkeit gegen etwaige Selbstreinigungsmaßnahmen des Unternehmens zur Wiedererlangung seiner Zuverlässigkeit abwiegen.

43 **aa) Schwere Verfehlung im Zusammenhang mit dem Schutz von Verschlusssachen.** Nach § 24 Abs. 1 VSVgV iVm § 124 Abs. 1 Nr. 3 GWB kann ein Ausschluss erfolgen, wenn der Teilnehmer im Rahmen seiner beruflichen Tätigkeit nachweislich eine **schwere Verfehlung** begangen hat. Hierzu zählt insbesondere auch die **Verletzung der Pflicht zur Gewährleistung der Informationssicherheit** im Rahmen eines früheren Auftrags. Die frühere Fassung der Vorschrift (§ 24 Abs. 1 Nr. 8 VSVgV aF) stellte das noch explizit klar; mittlerweile wird der Fall eines Verstoßes gegen die Informationssicherheit nur noch in der Parallelvorschrift für den Baubereich (§ 6 VS Abs. 6 Nr. 3 VOB/A) ausdrücklich erwähnt. Die Regelung entspricht Art. 39 Abs. 2 lit. d RL 2009/81/EG. Pflichtverletzungen im Zusammenhang mit der Gewährleistung der Informationssicherheit sind nicht auf Verschlusssachen gemäß § 7 VSVgV beschränkt, sondern können auch Verletzungen des allgemeinen Vertraulichkeitsgrundsatzes aus § 6 VSVgV einschließen.[24] Im Kern geht es allerdings – ebenso wie in der og Richtlinienbestimmung – um Verstöße im Zusammenhang mit dem **Schutz von Verschlusssachen.**[25] Ein Ausschlussgrund kann danach insbesondere dann vorliegen, wenn ein Unternehmen die materiellen Geheimschutzanforderungen mehr als nur unerheblich verletzt hat, zB indem es Verschlusssachen nicht autorisierten Personen zugänglich gemacht oder über ungenügend geschützte IT-Systeme verbreitet hat.

44 **bb) Falsche Angaben zur Eignung.** Gemäß § 24 Abs. 1 VSVgV iVm § 124 Abs. 1 Nr. 8 GWB können Bewerber oder Bieter, die in Bezug auf Ausschlussgründe oder Eignungskriterien eine schwerwiegende Täuschung begangen oder Auskünfte zurückgehalten haben, oder nicht in der Lage sind, die geforderten Nachweise vorzulegen, in jeder Phase vom Vergabeverfahren ausgeschlossen werden. Eine solche Täuschung liegt auch bei fal-

---

[22] Dippel/Sterner/Zeiss/*Contag* § 7 VSVgV Rn. 48.
[23] Erwägungsgrund 67 RL 2009/81/EG.
[24] von Wietersheim/*Krohn* Vergaben im Bereich Verteidigung und Sicherheit, 137 (163).
[25] Ebenso Dippel/Sterner/Zeiss/*Dippel* § 24 VSVgV Rn. 37.

schen Erklärungen zu Fragen des Verschlusssachenschutzes vor. Die frühere VS-spezifische Regelung in § 24 Abs. 1 Nr. 7 VSVgV aF, wonach Unternehmen ausgeschlossen werden konnten, die sich bei der Erteilung von Auskünften in Bezug auf den Schutz von Verschlusssachen gemäß § 7 VSVgV in erheblichem Ausmaß falscher Erklärungen schuldig gemacht oder diese Auskünfte nicht erteilt hatten, ist dadurch entbehrlich geworden. Für den Baubereich trifft § 6e VS Abs. 8 VOB/A eine der GWB-Regelung entsprechende Vorgabe.

cc) Fehlende Vertrauenswürdigkeit. Der Auftraggeber kann gem. § 124 Abs. 1 iVm § 147 GWB ferner solche Bieter ausschließen, die **nicht die erforderliche Vertrauenswürdigkeit** aufweisen, um **Risiken für die nationale Sicherheit** auszuschließen. Entsprechende untergesetzliche Regelungen finden sich in § 24 Abs. 1 Nr. 5 VSVgV und § 6e Abs. 6 Nr. 10 VOB/A). Die Regelung setzt Art. 39 Abs. 2 lit. e RL 2009/81/EG um; sie hat keine Parallele außerhalb des Verteidigungs- und Sicherheitsbereichs. 45

Erwägungsgrund 65 RL 2009/81/EG erläutert, dass die betreffenden „Risiken […] mit bestimmten Merkmalen der vom Bewerber gelieferten Produkte oder mit der Gesellschafterstruktur des Bewerbers zusammenhängen" können. Der Verweis auf Merkmale des Produkts ist überraschend, weil es sich dabei gerade nicht um Eigenschaften oder Umstände des Bieters oder Bewerbers handelt.[26] Der Hinweis auf die Gesellschafterstruktur ist dagegen hilfreich. Er zeigt, dass fehlende Vertrauenswürdigkeit auch dann anzunehmen sein kann, wenn die Zuverlässigkeit des Bieters oder Bewerbers als solchem nach den einschlägigen Vorschriften (§§ 23f. VSVgV iVm §§ 123ff. GWB) nicht angezweifelt werden kann. Ein Ausschlussgrund kann sich insbesondere daraus ergeben, dass Personen, Organisationen oder fremde Staaten, von denen eine Gefahr für die nationale Sicherheit ausgeht, aufgrund ihrer Gesellschafterrolle (oder aus vergleichbaren Gründen) im Fall einer Verfahrensteilnahme oder Beauftragung des Unternehmens in den Besitz von geschützten Informationen kommen können, oder auf die Auftragsausführung in einer Weise Einfluss nehmen können, die nationale Sicherheitsinteressen gefährdet.[27] 46

Da es bereits ausreicht, dass Risiken für die nationale Sicherheit nicht auszuschließen sind, liegt die Schwelle für die Anwendung des Ausschlusstatbestands nicht allzu hoch.[28] Allerdings ist zu fordern, dass zumindest objektive Anhaltspunkte dafür bestehen, dass eine Beteiligung des Unternehmens oder seine Beauftragung die nationale Sicherheit gefährden würden. Ein Ausschluss erfordert dagegen nicht den Nachweis, dass die Gefährdung tatsächlich besteht. Fraglich ist allerdings, ob das bereits den Ausschluss von Anbietern aus Drittstaaten erlaubt, deren strategische Interessen den nationalen Sicherheitsinteressen zuwiderlaufen, weil nicht ausgeschlossen werden kann, dass das Unternehmen mit den Sicherheitsbehörden seines Herkunftslandes zusammenarbeitet. 47

Der Auftraggeber kann den Nachweis, dass Risiken für die nationale Sicherheit nicht auszuschließen sind, auch mit Hilfe **geschützter Datenquellen** führen.[29] Da der Bieter bzw. Bewerber aufgrund seiner nicht gegebenen Vertrauenswürdigkeit gerade keinen Zugang zu solchen Datenquellen erlangen kann, hat dies zur Folge, dass dem Bieter die zu seinem Ausschluss führenden Datenquellen nicht zugänglich gemacht werden. Nimmt der Bieter den Ausschluss nicht hin und leitet ein Nachprüfungsverfahren ein, wird die Verga- 48

---

[26] In diesem Sinne Beck VergabeR/*v. Wietersheim* GWB § 147 Rn. 13, dem zufolge die Vertrauenswürdigkeit unter dem Aspekt von Produktmerkmalen beeinträchtigt sein kann, wenn ein Bieter in der Vergangenheit in Produkte verdeckte Abweichungen eingebaut hat, etwa heimliche „Back doors" oder andere Einbruchstellen in IT-Systemen.

[27] Ähnlich Beck VergabeR/*v. Wietersheim* GWB § 147 Rn. 13.

[28] Dippel/Sterner/Zeiss/*Dippel* § 24 VSVgV Rn. 118. AA von Wietersheim/*Piesbergen,* Vergaben im Bereich Verteidigung und Sicherheit, 53 (65).

[29] RKPP/*Hölzl* GWB, § 147 Rn. 5 fasst darunter insbesondere Berichte der Geheimschutzbehörden des Bundes und der Länder.

bekammer die Frage, ob entsprechende Daten vorliegen, allerdings von Amts wegen zu prüfen haben.

IV. Erwerb der Verschlusssachen-Zulassung

1. Geheimschutzbetreuung und Sicherheitsbescheid

49 Die Zulassung privater Auftragnehmer für den Zugang zu Verschlusssachen der Stufen VS-VERTRAULICH oder höher erfolgt in Deutschland im Rahmen der sog. **Geheimschutzbetreuung.** Diese wird auf Bundesebene – dh für Aufträge des Bundes oder ausländischer Stellen – vom Bundeswirtschaftsministerium (BMWi) durchgeführt.[30] Das BMWi schließt hierzu mit dem Unternehmen einen öffentlich-rechtlichen Vertrag.[31] Im Rahmen der Geheimschutzbetreuung führt das BMWi die notwendigen **Sicherheitsüberprüfungen** in persönlicher und organisatorischer Hinsicht durch. Zugleich **verpflichtet** sich das Unternehmen, die einschlägigen Sicherheitanforderungen zu erfüllen und Schutzmaßnahmen zu treffen.

50 Nach erfolgreichem Abschluss der Überprüfungen und Einweisung des vom Unternehmen zu bestellenden Sicherheitsbevollmächtigten erteilt das BMWi den sog. **Sicherheitsbescheid** (Facility Security Certificate). Dieser ist die förmliche Voraussetzung dafür, dass dem Unternehmen Zugang zu den Verschlusssachen gewährt werden darf.[32] Er wird sowohl dem öffentlichen Auftraggeber als auch dem Unternehmen zugestellt. Die Einzelheiten sind in dem vom BMWi herausgegebenen **Geheimschutzhandbuch (GHB)** beschrieben.[33] Art und Umfang der Überprüfungen und Maßnahmen richten sich nach der jeweiligen Geheimschutzstufe.

51 Die Aufnahme in die Geheimschutzbetreuung des Bundes kann grundsätzlich **nur von einem öffentlichen Auftraggeber** beim Bundeswirtschaftsministerium unter Hinweis auf den konkret zu vergebenden Verschlusssachenauftrag beantragt werden. Das Unternehmen kann nicht selbst Antragsteller sein.[34] Etwas anderes gilt nur dann, wenn ein bereits geheimschutzbetreutes Unternehmen einen **Teilauftrag an einen Unterauftragnehmer** weitervergeben will. Der Antrag zur Aufnahme des Unterauftragnehmers in die Geheimschutzbetreuung kann dann von dem Unternehmen mit Zustimmung seines behördlichen Auftraggebers gestellt werden.[35] Die Geheimschutzbetreuung endet, wenn keine geheimschutzbedürftigen Aufträge mehr durchgeführt und auch in absehbarer Zeit nicht erwartet werden.[36]

52 Für den Zugang zu Verschlusssachen der Stufe **„VS-NfD"** ist kein Sicherheitsbescheid notwendig. Für solche Verschlusssachen findet auch **keine Geheimschutzbetreuung** statt; auch eine Geheimschutzüberprüfung und eine persönliche Sicherheitsüberprüfung sind nicht notwendig. Der Auftragnehmer hat in Bezug auf Verschlusssachen der Stufe VS-NfD lediglich bestimmte Sicherheitsanforderungen einzuhalten. Diese sind sog. VS-NfD-Merkblatt zusammengefasst.[37] Unternehmensangehörige, die im Rahmen ihrer Tätigkeit Kenntnis von Verschlusssachen der Stufe VS-NfD erhalten oder sich Zugang dazu verschaffen können, müssen auf die Einhaltung der Vorgaben des Merkblatts verpflichtet werden (GHB Ziffer 1.7 (2)). Mitarbeiter, die sich zur Einhaltung dieser Verpflichtung als ungeeignet erweisen oder gegen sie verstoßen, sind von der Bearbeitung der Verschlusssachen auszuschließen (GHB Ziffer 1.7 (3)).

---

[30] Bei Aufträgen der Länder ist die jeweilige Landesbehörde zuständig.

[31] BMWi Merkblatt „Fragen zum Geheimschutz", abrufbar unter https:\\bmwi-sicherheitsforum.de.

[32] § 25 S. 2 Nr. 1 der Verschlusssachenanweisung (VSA).

[33] Das Geheimschutzhandbuch des BMWi ist unter https:\\bmwi-sicherheitsforum.de abrufbar.

[34] BMWi Merkblatt „Fragen zum Geheimschutz", abrufbar unter https:\\bmwi-sicherheitsforum.de.

[35] BMWi Merkblatt „Fragen zum Geheimschutz", abrufbar unter https:\\bmwi-sicherheitsforum.de.

[36] BMWi Merkblatt „Fragen zum Geheimschutz", abrufbar unter https:\\bmwi-sicherheitsforum.de.

[37] Anlage 4 zum GHB.

2. Materielle Geheimschutzanforderungen

Die Einzelheiten des **materiellen Geheimschutzes,** insbesondere die Überprüfungen in personeller und organisatorischer Hinsicht und die notwendigen Schutzmaßnahmen, die für die Erteilung des Sicherheitsbescheids notwendig sind, sind im **Geheimschutzhandbuch (GHB)** beschrieben. In organisatorischer Hinsicht muss das Unternehmen insbesondere einen **Sicherheitsbevollmächtigten** und einen Vertreter als Ansprechpartner für das BMWi in Geheimschutzangelegenheiten bestellen. Ferner müssen sich die gesetzlichen Vertreter und die betroffenen Unternehmensangehörigen einer Sicherheitsprüfung nach SÜG unterziehen lassen; außerdem muss das Unternehmen ausreichend VS-ermächtigtes Personal der für den jeweiligen Auftrag erforderlichen Stufe vorhalten.[38] 53

In **technischer und organisatorischer** Hinsicht umfasst der materielle Geheimschutz insbesondere die Einhaltung von **Sicherheitsanforderungen** bei der Erstellung von Verschlusssachen und deren Vervielfältigung, die Einrichtung von VS-Kontrollzonen, die Kennzeichnung der VS, die Verfügbarkeit der notwendigen VS-Verwahrungsmöglichkeiten (einschließlich der Rückgabe und Vernichtung) und Vorgaben für die Verarbeitung von VS auf IT-Systemen.[39] 54

3. Anerkennung von Sicherheitsüberprüfungen anderer EU-Mitgliedstaaten

Das Verfahren zur Ausstellung von Sicherheitsbescheiden und zur Aufnahme in die Geheimschutzbetreuung im Sinne der Anforderungen der §§ 7 Abs. 2 bis 6 VSVgV richtet sich grundsätzlich nach **deutschem Recht,** insbesondere nach den Bestimmungen des Sicherheitsüberprüfungsgesetzes und der VS-Anweisung des Bundesinnenministeriums. Gemeinschaftsrechtlich ist die Notwendigkeit der Einhaltung dieser nationalen Regelungen nicht zu beanstanden. Nach Art. 22 Abs. 3 RL 2009/81/EG können die Mitgliedsstaaten die Anforderungen an die Informationssicherheit aufgrund der **bislang fehlenden Harmonisierung** auf Gemeinschaftsebene an ihren nationalen Bestimmungen über Sicherheitsprüfungen ausrichten. 55

Allerdings sind die EU-Mitgliedsstaaten verpflichtet, Sicherheitsprüfungen anderer Mitgliedsstaaten anzuerkennen, die ihres Erachtens den nach ihren nationalen Rechts- und Verwaltungsvorschriften mit positivem Ergebnis durchgeführten Sicherheitsüberprüfungen **gleichwertig** sind (Art. 22 Abs. 3 S. 2 RL 2009/81/EG). 56

a) Begriff der Gleichwertigkeit. „Gleichwertig" im Sinne der Vorschrift sind ausländische Überprüfungen bzw. Ermächtigungen dann, wenn sie den **Anforderungen des SÜG** und der **VSA** entsprechen. Hierdurch wird ein einheitlicher und objektiver Prüfmaßstab für die Gleichwertigkeit aufgestellt.[40] Im Rahmen des SÜG kommt es demgemäß, je nach Art des betroffenen Materials, auf die Gleichwertigkeit nach Inhalt und Umfang mit einer einfachen Sicherheitsüberprüfung (§ 8 SÜG)[41], einer erweiterten Sicherheitsüberprüfung (§ 9 SÜG)[42] oder einer erweiterten Sicherheitsüberprüfung mit Sicherheitsermittlungen (§ 10 SÜG)[43] an. Die unterschiedlichen Überprüfungsstandards des SÜG unterscheiden sich vor allem bei den Angaben im Rahmen der Sicherheitserklärung nach § 13 SÜG und den Folgeermittlungen der Überprüfungsbehörden.[44] 57

Inwieweit im Rahmen der Gleichwertigkeitsprüfung auch der jeweilige **Beurteilungsmaßstab für die Entscheidung über die Erteilung des Sicherheitsbescheids** unter- 58

[38] GHB Abschnitt 2.4.1 und Anlage 12; BMWi Merkblatt „Fragen zum Geheimschutz".
[39] Die Einzelheiten ergeben sich aus Abschnitt 6 des GHB; ausführlich dazu Dippel/Sterner/Zeiss/*Contag* § 7 VSVgV Rn. 14.
[40] von Wietersheim/*Krohn,* Vergaben im Bereich Verteidigung und Sicherheit, 137 (155).
[41] Bei Zugang zu VS der Stufe VS-Vertraulich.
[42] Bei Zugang zu VS der Stufe VS-Geheim oder großer Anzahl VS-Vertraulich.
[43] Bei Zugang zu VS der Stufe VS-Streng Geheim oder großer Anzahl VS-Geheim.
[44] Vgl. insoweit auch *Hermann/Polster* NVwZ 2010, 342.

sucht werden muss, ist § 7 Abs. 7 VSVgV nicht zu entnehmen. So ist beispielsweise denkbar, dass Verbindungen eines zu überprüfenden Unternehmensmitarbeiters zu einer bestimmten Organisation nach Einschätzung der deutschen Sicherheitsbehörden ein Sicherheitsrisiko begründen, während das nach Einschätzung der Behörden des Staates, der die Sicherheitsüberprüfung durchführt, nicht der Fall ist.[45] In solchen Fällen wird eine Gleichwertigkeit der Überprüfung nur angenommen werden können, wenn auch der Beurteilungsmaßstab gleichwertig ist.

59 Wird die Gleichwertigkeit **nicht positiv festgestellt,** darf der Auftraggeber dem Bewerber, Bieter oder in Aussicht genommenen Unterauftragnehmer auf Grundlage des ausländischen Sicherheitsbescheids bzw. der Ermächtigung keine Verschlusssachen zugänglich machen.[46] Der Bewerber oder Bieter ist in diesem Fall gemäß § 7 Abs. 5 bzw. § 31 Abs. 2 Nr. 1 VSVgV oder § 16 VS Nr. 4 VOB/A (Nichtvorlage geforderter Nachweise) **vom weiteren Verfahren auszuschließen.**[47] Bieter, deren Angebot aus diesem Grund ausgeschlossen wurden, sind auf Antrag gem. § 36 Abs. 1 Nr. 2 VSVgV über die **Gründe** der fehlenden Gleichwertigkeit zu unterrichten. Die Begründungspflicht gilt nach dem Wortlaut der Vorschrift nur gegenüber abgelehnten Bietern, nicht auch gegenüber Bewerbern, deren Teilnahmeantrag wegen fehlender Gleichwertigkeit ausgeschlossen wurde; das ist zwar inkonsistent, entspricht aber Art. 35 Abs. 2 RL 2009/81/EG.[48] Für Bauvergaben enthält § 19 VS Abs. 4 S. 3 VOB/A im Fall eines Ausschlusses wegen fehlender Gleichwertigkeit in Bezug auf die Informationssicherheit lediglich eine Mitteilungs- aber keine Begründungspflicht; mit Blick auf die klare Vorgabe in Art. 35 Abs. 2 RL 2009/81/EG ist die Vorschrift aber richtlinienkonform so anzuwenden, dass auch die Gründe der fehlenden Gleichwertigkeit mitgeteilt werden müssen.[49]

60 **b) Gleichwertigkeitsprüfung bei bilateralen Geheimschutzabkommen.** Die Gleichwertigkeit der Sicherheitsbescheide und Ermächtigungen anderer Mitgliedsstaaten kann auch dann geprüft werden, wenn bilaterale Geheimschutzabkommen mit Bestimmungen über die **gegenseitige Anerkennung nationaler Sicherheitsüberprüfungen** bestehen.[50] Mit Ausnahme von Irland, Malta und Zypern hat die Bundesrepublik Deutschland mit allen EU-Mitgliedsstaaten bilaterale Geheimschutzabkommen abgeschlossen.[51] Der nationale Gesetzgeber geht davon aus, dass bei bestehenden bilateralen Geheimschutzabkommen eine Gleichwertigkeitsprüfung im Regelfall nicht erforderlich sein wird.[52] Sofern die Gleichwertigkeit geprüft wird, muss dies unter Einhaltung der Grundsätze der Nichtdiskriminierung, der Gleichbehandlung und der Verhältnismäßigkeit erfolgen.

61 Wie mit Sicherheitsbescheiden und Ermächtigungen von **Drittstaaten außerhalb der EU** (zB NATO-Staaten) umzugehen ist, ergibt sich aus § 7 Abs. 6 VSVgV nicht. Es ist jedoch kein Grund ersichtlich, weshalb solche Sicherheitsbescheide und Ermächtigungen bei festgestellter Gleichwertigkeit nicht anzuerkennen sein sollten. Aus der Richtlinie 2009/81/EG lässt sich nichts Gegenteiliges herleiten. Zwar sollen die Mitgliedstaaten auch weiterhin entscheiden dürfen, ob ihre Auftraggeber Wirtschaftsteilnehmer aus Drittstaaten zum Vergabeverfahren zulassen. Sie sollen diese Entscheidung jedoch auf Basis von Preis-/Leistungserwägungen unter Berücksichtigung der Notwendigkeit einer weltweit wettbewerbsfähigen europäischen rüstungstechnologischen und -industriellen Basis, der Bedeutung offener und fairer Märkte und der Erzielung gegenseitigen Nutzens treffen.[53] Diese

[45] von Wietersheim/*Krohn* Vergaben im Bereich Verteidigung und Sicherheit, 137 (156).
[46] BR-Drs. 321/12, 41 f.
[47] von Wietersheim/*Krohn* Vergaben im Bereich Verteidigung und Sicherheit, 137 (157).
[48] von Wietersheim/*Krohn* Vergaben im Bereich Verteidigung und Sicherheit, 137 (157).
[49] von Wietersheim/*Krohn* Vergaben im Bereich Verteidigung und Sicherheit, 137 (157). Im Ergebnis wohl ebenso Leinemann/Kirch/*Kaminsky* § 19 VS VOB/A Rn. 21.
[50] Erwägungsgrund 68 RL 2009/81/EG.
[51] Vgl. BR-Drs. 321/12, 41.
[52] BR-Drs. 321/12, 41.
[53] Erwägungsgrund 18 RL 2009/81/EG.

Zielsetzung spricht dafür, auch Unternehmen aus Drittstaaten bei nachgewiesener Gleichwertigkeit der vorgelegten Sicherheitsbescheide und Ermächtigungen die Verfahrensteilnahme zu ermöglichen.

c) Weitere Untersuchungen. Auf **begründetes Ersuchen** der auftraggebenden Behörde hat das Bundeswirtschaftsministerium nach § 7 Abs. 7 S. 2 VSVgV weitere Untersuchungen zur Sicherstellung des Schutzes von Verschlusssachen zu veranlassen und deren Ergebnisse bei der Beurteilung der Gleichwertigkeit zu berücksichtigen. Die Vorschrift dürfte insbesondere solche Fälle erfassen, in denen aufgrund eines bestehenden bilateralen Geheimschutzabkommens grundsätzlich von der Gleichwertigkeit der nationalen Sicherheitsbescheide und Ermächtigungen des anderen Mitgliedsstaats auszugehen ist, der Auftraggeber aber dennoch Zweifel an der Gleichwertigkeit hat. 62

Grundsätzlich muss das BMWi bei Vorliegen eines entsprechenden Antrags des Auftraggebers weitere Untersuchungen veranlassen. Diese Untersuchungspflicht wird allerdings durch § 7 Abs. 7 S. 3 VSVgV wieder eingeschränkt. Danach kann das Bundeswirtschaftsministerium im Einvernehmen mit der nationalen Geheimschutz-Sicherheitsbehörde des Mitgliedsstaats **von weiteren Ermittlungen absehen.** 63

d) Zuständigkeit. Zuständig für die Prüfung der Gleichwertigkeit von Sicherheitsbescheiden und Ermächtigungen anderer Mitgliedsstaaten ist nach § 7 Abs. 7 S. 1 VSVgV das **Bundeswirtschaftsministerium,** nicht der Auftraggeber. Der Auftraggeber muss eine fremde Sicherheitsüberprüfung und/oder VS-Ermächtigung, die ihm im Vergabeverfahren angezeigt oder vorgelegt wird, folglich zunächst dem BMWi zuleiten, welches die Gleichwertigkeit prüft und den Auftraggeber anschließend über das Ergebnis (Anerkennung oder Ablehnung) unterrichtet. 64

Ob das Bundeswirtschaftsministerium nicht nur auf Veranlassung des Auftraggebers, sondern auch unmittelbar auf eine entsprechende Anfrage eines Bieters die Gleichwertigkeit prüfen kann, ergibt sich aus § 7 Abs. 7 VSVgV nicht. Im Rahmen der allgemeinen Geheimschutzbetreuung des Bundes wird das BMWi allerdings grundsätzlich nur auf Antrag eines Auftraggebers tätig.[54] Ein Unternehmen kann – mit Ausnahme von Anträgen bezüglich der Unterauftragsvergabe – nicht selbst Antragsteller sein.[55] Das spricht dafür, dass auch die Gleichwertigkeitsprüfung nur auf Antrag des Auftraggebers vorgenommen wird. 65

V. Vor-Ort-Kontrollen im Ausland

Nach § 7 Abs. 8 VSVgV kann das Bundeswirtschaftsministerium die nationale bzw. designierte Sicherheitsbehörde im Mitgliedstaat, in deren Zuständigkeitsbereich der Bewerber, Bieter oder bereits in Aussicht genommene Unterauftragnehmer ansässig ist, ersuchen zu überprüfen, ob 66
– die voraussichtlich genutzten Räumlichkeiten und Einrichtungen,
– die vorgesehenen Produktions- und Verwaltungsverfahren,
– die Verfahren zur Behandlung von Informationen oder
– die persönliche Lage des im Rahmen des Auftrags voraussichtlich eingesetzten Personals

den einzuhaltenden Sicherheitsvorschriften entsprechen. Auch diesbezüglich wird das BMWi im Regelfall nicht selbstständig, sondern auf Ersuchen des Auftraggebers tätig.[56]

Nach dem Wortlaut des § 7 Abs. 8 VSVgV ist eine „Vor-Ort-Kontrolle" unabhängig davon zulässig, ob das Unternehmen bereits über eine deutsche oder ausländische Sicherheitsüberprüfung verfügt. Nach Auffassung des nationalen Gesetzgebers wird eine „Vor- 67

[54] BMWi Merkblatt „Fragen zum Geheimschutz", abrufbar unter https:\\bmwi-sicherheitsforum.de.
[55] BMWi Merkblatt „Fragen zum Geheimschutz", abrufbar unter https:\\bmwi-sicherheitsforum.de.
[56] So auch Dippel/Sterner/Zeiss/*Contag* § 7 VSVgV, Rn. 61.

Ort-Kontrolle" im Sinne des § 7 Abs. 8 VSVgV aufgrund der bestehenden bilateralen Geheimschutzabkommen mit der Mehrzahl der EU-Mitgliedsstaaten allerdings im Regelfall nicht erforderlich sein.[57]

C. Allgemeine Pflicht zur Vertraulichkeit

68 § 6 VSVgV enthält eine Regelung zum allgemeinen Vertraulichkeitsgrundsatz. Die Vorschrift betrifft ausdrücklich nicht den Schutz von Verschlusssachen.[58] Vielmehr geht es um die Wahrung der Vertraulichkeit zum Schutz des Geheimwettbewerbs und von Geschäftsgeheimnissen, dh die Vertraulichkeit als wesentliches Merkmal eines fairen und funktionierenden Wettbewerbs.[59]

I. Gegenseitige Pflichten

69 Absatz 1 der Vorschrift begründet eine **gegenseitige Verpflichtung zur Wahrung der Vertraulichkeit** aller Angaben und Unterlagen. Die Vorschrift geht damit weiter als Art. 6 RL 2009/81, der den Vertraulichkeitsgrundsatz einseitig als Pflicht des Auftraggebers ausgestaltet hat.

70 Die wechselseitigen Vertraulichkeitspflichten sind in § 6 Abs. 2 und 3 VSVgV näher ausgestaltet. Nach § 6 Abs. 2 S. 1 dürfen **Auftraggeber** nach anderen Rechtsvorschriften keine von den Bewerbern, Bietern und Auftragnehmern übermittelten und von diesen als vertraulich eingestuften Informationen weitergeben. Nach § 6 Abs. 2 S. 2 VSVgV soll die Vorschrift insbesondere technische Geheimnisse und Betriebsgeheimnisse erfassen. Sie stellt ua klar, dass die gelegentlich zu beobachtende Praxis von Auftraggebern, im Verhandlungsverfahren technische Entwicklungen oder kreative, mit einem Mehrwert verbundene Ideen einzelner Bieter aufzugreifen und zum Gegenstand der weiteren Verhandlungen mit dem gesamten Bieterkreis zu machen, unzulässig ist.[60] Das Verbot gilt „vorbehaltlich vertraglich erworbener Rechte". Der Auftraggeber kann sich die **Zustimmung zur Weitergabe vertraulicher Informationen** demnach vertraglich einräumen lassen. Dabei ist auch denkbar, dass der Auftraggeber die Teilnahme am Vergabeverfahren von der Erteilung der Zustimmung abhängig macht.[61]

71 Umgekehrt dürfen nach § 6 Abs. 3 S. 1 VSVgV **Bewerber, Bieter und Auftragnehmer** grundsätzlich keine von den Auftraggebern als vertraulich eingestuften Informationen an Dritte weitergeben. Die Informationsweitergabe ist ausnahmsweise dann zulässig, wenn diese im Rahmen einer **Unterauftragsvergabe** für den Teilnahmeantrag, das Angebot oder die Auftragsausführung erforderlich ist. In diesem Fall muss der Bewerber, Bieter und Auftragnehmer die Wahrung der Vertraulichkeit mit den in Aussicht genommenen Unterauftragnehmern vereinbaren und etwaige weitere Anforderungen des Auftraggebers beachten (§ 6 Abs. 3 S. 3 und 4 VSVgV). Richtigerweise ist auch die Weitergabe von Informationen an gesetzlich oder vertraglich **zur Verschwiegenheit verpflichtete Berater** als zulässig anzusehen, soweit dies für die Angebotsbearbeitung, die Auftragsausführung oder die Wahrnehmung rechtlicher Interessen erforderlich ist.[62]

---

[57] BR-Drs. 321/12, 42.

[58] § 6 Abs. 1 S. 2 VSVgV.

[59] von Wietersheim/*Krohn* Vergaben im Bereich Verteidigung und Sicherheit, 137 (139).

[60] von Wietersheim/*Krohn* Vergaben im Bereich Verteidigung und Sicherheit, 137 (149).

[61] Zur ähnlichen Situation der Zustimmung zu einem gemeinsamen Dialog im Rahmen eines Wettbewerblichen Dialogs vgl. → § 11 Rn. 45 ff.

[62] von Wietersheim/*Krohn* Vergaben im Bereich Verteidigung und Sicherheit, 137 (163), mit Hinweis auf die diesbezügliche Diskussion im Gesetzgebungsprozess. Enger von Wietersheim/*Piesbergen* Vergaben im Bereich Verteidigung und Sicherheit, 53 (64).

II. Weitere Anforderungen zum Schutz der Vertraulichkeit

Nach § 6 Abs. 3 S. 4 VSVgV kann der Auftraggeber „weitere Anforderungen" zum Schutz der Vertraulichkeit stellen, die mit dem Auftragsgegenstand sachlich zusammenhängen und durch ihn gerechtfertigt sind. Derartige weitere Anforderungen sind beispielsweise **spezielle Sicherungsmaßnahmen** oder **gesonderte** (uU pönalisierte) **Vertraulichkeitsvereinbarungen.**[63] 72

Im Gegensatz den in § 7 VSVgV geregelten Mindestanforderungen im Zusammenhang mit der Gewährung des Zugangs zu Verschlusssachen sind die „weiteren Anforderungen" aus § 6 Abs. 3 S. 4 VSVgV nicht notwendigerweise als Eignungsanforderungen zu verstehen.[64] Aus diesem Grund dürfte es ausreichen, wenn der Auftraggeber die „weiteren Anforderungen" **erst in den Vergabeunterlagen** festlegt. Die strenge Rechtsprechung zur Angabe der Eignungsanforderungen bereits in der EU-Bekanntmachung ist daher auf § 6 Abs. 3 S. 4 VSVgV nicht übertragbar.[65] 73

Ein **Auftragsbezug** im Sinne des § 6 Abs. 3 S. 4 VSVgV liegt vor, wenn die vom Auftraggeber vorgesehenen Vertraulichkeitsmaßnahmen bei der Auftragsausführung zum Einsatz kommen. Nicht auftragsbezogen sind solche Maßnahmen, die keine Bedeutung für den konkreten Auftrag haben und lediglich auf eine Verbesserung des allgemeinen Sicherheitsniveaus bei den Bieterunternehmen abzielen. Die Implementierung solcher Maßnahmen kann der Auftraggeber auch über § 6 Abs. 3 S. 4 VSVgV nicht erzwingen. Bei Anwendung der Vorschrift ist ferner darauf zu achten, dass die weiteren Anforderungen auch nicht mittelbar zu einer **Diskriminierung** ausländischer Bieter und Newcomer führen dürfen.[66] 74

[63] von Wietersheim/*Krohn* Vergaben im Bereich Verteidigung und Sicherheit, 137 (163).

[64] Aus der Verordnungsbegründung ergibt sich lediglich, dass die weiteren Anforderungen „wie die Eignungsanforderungen gemäß § 21 Abs. 2 S. 2 mit dem Auftragsgegenstand im sachlichen Zusammenhang stehen und ihm angemessen sein müssen", vgl. BR-Drs. 321/12, 38.

[65] AA Leinemann/Kirch/*Kaminski* § 6 VSVgV Rn. 14.

[66] von Wietersheim/*Krohn* Vergaben im Bereich Verteidigung und Sicherheit, 137 (163).

§ 60 Versorgungssicherheit

Übersicht

VSVgV: § 8

Literatur:
Siehe die Literaturangaben zu § 59.

A. Einleitung

1 Zu den Eigenheiten des Vergaberechts in den Bereichen Verteidigung und Sicherheit gehört die Aufnahme besonderer Bestimmungen zur Gewährleistung der Versorgungssicherheit. Versorgungssicherheit kann als Sicherstellung der Deckung des Beschaffungsbedarfs des Auftraggebers verstanden werden[1]. Dem Grunde nach ist sie nicht nur bei Vergaben in den Bereichen Verteidigung und Sicherheit von Bedeutung, sondern bei allen Beschaffungen der öffentlichen Hand, denn die zuverlässige und bedarfsdeckende Versorgung mit den benötigten Gütern und Dienstleistungen ist Ziel jedes Beschaffungsvorgangs. Da allerdings Beschaffungen in den Bereichen Verteidigung und Sicherheit wesentliche Sicherheitsinteressen des Staates berühren können, kommt der Versorgungssicherheit in diesem Bereich ein besonderes Gewicht zu. Die Vergabeverordnung Verteidigung und Sicherheit trägt dem durch spezifische Vorschriften zur Gewährleistung der Versorgungssicherheit insbesondere in § 8 VSVgV Rechnung und benennt dort einzelne Aspekte der Versorgungssicherheit, die der Auftraggeber bei der Vergabe berücksichtigen kann. § 8 VSVgV gilt wegen § 2 Abs. 2 Satz 1 VSVgV auch im Anwendungsbereich des Abschnitts 3 der VOB/A und geht zurück auf Art. 23 RL 2009/81/EG.

B. Bedeutung der Versorgungssicherheit in der Systematik des Vergaberechts

2 In der Systematik des Vergaberechts lassen sich Maßnahmen zur Gewährleistung der Versorgungssicherheit nicht ausschließlich einem einzelnen Bereich zuordnen. Vielmehr können sie in Abhängigkeit von der Ausgestaltung des Vergabeverfahrens durch den Auftraggeber ganz unterschiedliche Formen und Inhalte annehmen. Möglich ist zunächst eine Berücksichtigung der Versorgungssicherheit im Rahmen der **Eignungsprüfung**[2]**.** Bei der Festlegung der Eignungsanforderungen und -nachweise steht es dem Auftraggeber bereits auf der Grundlage der allgemeinen Bestimmungen (§ 21 Abs. 2, § 22 Abs. 1 VSVgV) frei, der Versorgungssicherheit Rechnung zu tragen und entsprechende Kriterien aufzustellen. Für den Abschnitt 3 der VOB/A wird dies in § 6a VS Abs. 2 Nr. 2 VOB/A ausdrücklich klargestellt. Darüber hinaus können Bieter, die im Rahmen früherer Aufträge gegen ihnen obliegende Pflichten zur Gewährleistung der Versorgungssicherheit verstoßen haben, einen

[1] Vgl. zum Begriffsverständnis der EU-Kommission: Generaldirektion Binnenmarkt und Dienstleistungen, Guidance Note „Security of Supply", 1, abrufbar unter https://ec.europa.eu/docsroom/documents/15409/

[2] *Byok* NVwZ 2012, 70, 74; *Roth/Lamm* NZBau 2012, 609, 613.

fakultativen Ausschlussgrund erfüllen; dies wird in in § 6e VS Abs. 6 Nr. 3 VOB/A deklaratorisch festgehalten.

3 Selbstverständlich können Gesichtspunkte der Versorgungssicherheit auch in die **Leistungsbeschreibung** einfließen. Soweit sie nicht unmittelbar den Auftragsgegenstand betreffen, können sie auch als zusätzliche Anforderungen für die Auftragsausführung formuliert werden. Zwar enthalten die Vergabeverordnung Verteidigung und Sicherheit und der Abschnitt 3 der VOB/A dazu keine ausdrücklichen Bestimmungen, doch folgt dies schon aus der allgemeinen Regel in § 128 Abs. 2 GWB[3].

4 Schließlich kann die Versorgungssicherheit auch bei der Auswahl und Gewichtung der **Zuschlagskriterien** Berücksichtigung finden[4]. Festgehalten wird dies in § 34 Abs. 2 S. 3 Nr. 9 VSVgV und in § 16d VS Abs. 2 S. 2 VOB/A[5]. Die Regelungen haben einen rein deklaratorischen Charakter, da die die Versorgungsicherheit auch ohne ausdrückliche normative Anordnung zum Zuschlagskriterium gemacht werden kann. Dies ergibt sich bereits aus der Freiheit des Auftraggebers, die Kriterien, anhand derer das wirtschaftlichste Angebot bestimmt wird, unter Beachtung des dafür geltenden vergaberechtlichen Rahmens[6] selbst auszuwählen[7].

C. § 8 VSVgV

I. Allgemeines

5 § 8 Abs. 2 VSVgV enthält eine Zusammenstellung von Anforderungen, die der Auftraggeber an die Bieter zur Gewährleistung der Versorgungssicherheit stellen kann. Die Liste ist nicht abschließend, wie schon aus dem Wortlaut *(„insbesondere")* hervorgeht. Gemäß § 8 Abs. 1 VSVgV sind die vom Auftraggeber gestellten Anforderungen in der Bekanntmachung oder den Vergabeunterlagen festzulegen. In systematischer Hinsicht ist § 8 Abs. 1 iVm Abs. 2 VSVgV nicht so zu verstehen, dass damit eine weitere Kategorie von Kriterien für die Auftragsvergabe geschaffen wird. Vielmehr handelt es sich bei der Aufzählung in § 8 Abs. 2 VSVgV lediglich um eine **exemplarische Aufzählung bestimmter Inhalte,** deren Einordnung etwa als Eignungs- oder Zuschlagskriterien oder als vertragliche Abrede davon abhängt, wie sie der Auftraggeber im Einzelfall anwendet und ausgestaltet[8].

II. Die einzelnen Anforderungen

6 Gemäß § 8 Abs. 2 Nr. 1 VSVgV kann der Auftraggeber eine Bescheinigung oder Unterlagen verlangen, die belegen, dass der Bewerber oder Bieter **in Bezug auf Güterausfuhr, -verbringung und -durchfuhr** die mit der Auftragsausführung verbundenen Verpflichtungen erfüllen kann. Dies bezieht sich insbesondere auf die besonderen rechtlichen Beschränkungen, denen der Verkehr mit Verteidigungsgütern häufig unterliegt. Durch entsprechende Unterlagen soll sichergestellt werden, dass die Auftragserfüllung nicht beispielsweise an bestimmten Ausfuhrverboten scheitert. Welche konkreten Unterlagen vor-

---

[3] Vgl. die ausdrückliche Regelung in Art. 20 S. 2 RL 2009/81/EG.

[4] *Byok* NVwZ 2012, 70, 74; *Roth/Lamm* NZBau 2012, 609, 613.

[5] Vgl. auch § 29 Abs. 2 S. 1 SektVO.

[6] S. dazu → § 30 Rn. 5 ff.

[7] EuGH Urt. v. 18.10.2001 – C-19/00 – SIAC, NZBau 2001, 693 Rn. 39; EuGH Urt. v. 28.3.1995 – C-324/93 – Evans, BeckRS 2004, 76375 Rn. 40 ff.; ebenso im Ergebnis VK Sachsen Beschl. v. 11.8.2006 – 1/SVK/073-06, IBR 2006, 1560; s. dazu ferner OLG Düsseldorf Beschl. v. 5.5.2008 – VII-Verg 5/08, NZBau 2009, 269, 272 m. Anm. *Freise* NZBau 2009, 225.

[8] Vgl. dazu die Begründung der Bundesregierung zur Vergabeverordnung Verteidigung und Sicherheit v. 25.5.2012, BR-Drs. 321/12, 42, wonach die Einordnung von Anforderungen zur Gewährleistung der Versorgungssicherheit als Eignungs- oder Zuschlagskriterium eine Frage der Verhältnismäßigkeit sein soll; kritisch hiergegen zu Recht *Roth/Lamm* NZBau 2012, 609, 613 sowie, ihnen folgend, Leinemann/Kirch/*Kaminsky* § 8 VSVgV Rn. 6; Willenbruch/Wieddekind/*Willenbruch* § 8 VSVgV Rn. 1.

zulegen sind, hat der Auftraggeber festzulegen; er wird dabei insbesondere zu berücksichtigen haben, dass verbindliche behördliche Auskünfte nicht immer zu erlangen sein werden, so dass er sich ggf. mit der Vorlage anderer geeigneter Unterlagen begnügen muss. § 8 Abs. 3 VSVgV stellt klar, dass von einem Bieter nicht verlangt werden kann, die Zusage eines Mitgliedstaates einzuholen, die dessen innerstaatliche Entscheidungsfreiheit bei der Genehmigung der Transaktion einschränkte.

§ 8 Abs. 2 Nr. 2 VSVgV steht im Zusammenhang mit § 8 Abs. 2 Nr. 1 VSVgV. Nach 7
dieser Norm kann der Auftraggeber **Auskünfte über alle für ihn auf Grund von Ausfuhrkontroll- oder Sicherheitsbeschränkungen geltenden Einschränkungen** verlangen. Voraussetzung dafür ist, dass diese Einschränkungen die Angabepflicht, Verbringung oder Verwendung der zu beschaffenden Güter oder Dienstleistungen oder bestimmte Festlegungen zu ihnen betreffen. Da im Einzelfall möglicherweise nur der Bieter über derartige Informationen verfügt, kann es für den Auftraggeber wesentlich sein, vor dem Vertragsschluss über derartige Einschränkungen aufgeklärt zu werden. Dadurch soll er in die Lage versetzt werden, vorab zu prüfen, welchen Restriktionen er im Zuschlagsfalle hinsichtlich der zu beschaffenden Güter oder Dienstleistungen unterliegt. Er kann auf diese Weise zB feststellen, ob die vom Bieter angebotenen Produkte zur Erfüllung der vertraglich vorgesehenen Verwendungen geeignet sind oder ob sie auf Grund bestehender Ausfuhrkontrollvorschriften möglicherweise nicht einmal in den Heimatstaat des Auftraggebers verbracht werden dürfen.

§ 8 Abs. 2 Nr. 3 VSVgV betrifft **Belege und Zusagen hinsichtlich der Organisati-** 8
on und des Standorts der Lieferkette. Dadurch soll Gefährdungen der Versorgungssicherheit, die auf vorgelagerten Wertschöpfungsstufen auftreten können, entgegengewirkt werden. Derartige Vorgaben können in Widerspruch zu Festlegungen des Auftraggebers zum Unterauftragnehmereinsatz nach § 9 Abs. 2 S. 1 iVm Abs. 3 Nr. 1 und 2 VSVgV geraten, da der Bieter Angaben zur Lieferkette idR erst dann machen kann, wenn diese feststeht. Insoweit hat der Auftraggeber daher in besonderem Maße auf die Kohärenz der an die Bieter gestellten Anforderungen zu achten.

Nach § 8 Abs. 2 Nr. 4 VSVgV kann der Auftraggeber die Zusage verlangen, die zur 9
Deckung möglicher **Bedarfssteigerungen infolge einer Krise** (§ 4 Abs. 1 VSVgV) erforderlichen Kapazitäten unter zu vereinbarenden Bedingungen zu schaffen oder beizubehalten. Trifft der Auftraggeber eine solche Vereinbarung nicht bereits mit dem ursprünglichen Auftrag, kann die nachträgliche Erhöhung der Auftragsmengen uU ihrerseits einen nach den Bestimmungen des Kartellvergaberechts zu vergebenden öffentlichen Auftrag nach den in § 132 GWB geregelten Abgrenzungskriterien darstellen[9]. Zudem können sich dann zB im Rahmen von § 2 Nr. 3 VOL/B Fragen der Anpassung der Vergütung stellen. Die damit verbundenen Unsicherheiten kann der Auftraggeber dadurch vermeiden, dass er auf der Grundlage von § 8 Abs. 2 Nr. 4 VSVgV von Anfang an Regelungen über Mehrleistungen vorsieht. Die Anforderungen, die insbesondere beim Abschluss von Rahmenvereinbarungen an die Beschreibung des Auftragsvolumens im Vorhinein zu stellen sind[10] (§ 4 Abs. 2 S. 2 VSVgV), hat er dabei ebenso zu beachten wie das im Anwendungsbereich des Abschnitts 3 der VOB/A auf Grund von § 7 VS Abs. 1 Nr. 3 VOB/A geltende Verbot der Aufbürdung eines ungewöhnlichen Wagnisses[11]. § 8 Abs. 2 Nr. 4 VSVgV kann mangels ausdrücklicher normativer Anordnung nicht etwa als Befreiung von diesen Anforderungen verstanden werden, wiewohl die aus § 8 Abs. 2 Nr. 4 VSVgV folgende Wertung durchaus die Anwendung dieser Vorgaben, etwa bei der Auslegung des Tatbestandsmerkmals der Ungewöhnlichkeit in § 7 VS Abs. 1 Nr. 3 VOB/A, beeinflussen kann.

---

[9] S. dazu → § 4 Rn. 16ff.

[10] S. dazu → § 17 Rn. 28ff sowie § 7 VS Abs. 1 Nr. 2 VOB/A.

[11] S. dazu im Übrigen → § 17 Rn. 40ff.

10 Im Zusammenhang mit § 8 Abs. 2 Nr. 4 VSVgV sieht § 8 Abs. 2 Nr. 5 VSVgV vor, dass der Auftraggeber unterstützende **behördliche Unterlagen bezüglich der Deckung des zusätzlichen Bedarfs** des Auftraggebers infolge einer Krise verlangen kann.

11 § 8 Abs. 2 Nr. 6 VSVgV bestimmt, dass der Auftraggeber die Zusage des Auftragnehmers zur **Wartung, Modernisierung oder Anpassung** der zu beschaffenden Güter vorsehen kann. Plant der Auftraggeber, den Auftragnehmer auch mit diesen Aufgaben zu betrauen, wird er dies i. d. R. bereits von Anfang an abschließend vertraglich festlegen, da die Verpflichtung zur eindeutigen und erschöpfenden Leistungsbeschreibung (§ 15 Abs. 2 S. 1 VSVgV, § 7 VS Abs. 1 Nr. 1 VOB/A), das Verbot der Aufbürdung eines ungewöhnlichen Wagnisses (§ 7 VS Abs. 1 Nr. 3 VOB/A) sowie die Regeln über die Vergaberechtspflichtigkeit nachträglicher Änderungen des Vertragsgegenstandes (§ 132 GWB)[12] hohe Anforderungen an die Bestimmtheit des Vertragsgegenstandes stellen.

12 Nach § 8 Abs. 2 Nr. 7 VSVgV kann der Auftraggeber den Bewerber oder Bieter verpflichten, den Auftraggeber rechtzeitig über jede **Änderung seiner Organisation, Lieferkette oder Unternehmensstrategie** zu unterrichten, die seine Verpflichtungen gegenüber dem Auftraggeber berühren kann. Dies soll den Auftraggeber in die Lage versetzen, beizeiten auf derartige Änderungen zu reagieren und beispielsweise Maßnahmen zur Ersatzbeschaffung zu treffen.

13 § 8 Abs. 2 Nr. 8 VSVgV sieht vor, dass der Auftraggeber vom Bewerber oder Bieter die Zusage verlangt, dem Auftraggeber alle besonderen Mittel zur Verfügung zu stellen, die für die Herstellung von **Ersatzteilen, Bauteilen, Bausätzen und besonderen Testgeräten** erforderlich sind, einschließlich technischer Zeichnungen, Lizenzen und Bedienungsanleitungen, sofern er nicht mehr in der Lage ist, diese Güter zu liefern. Auf diese Weise soll Vorsorge für denjenigen Fall getroffen werden, dass der Auftragnehmer zu einem späteren Zeitpunkt die Instandhaltung und -setzung der beschafften Produkte nicht mehr übernehmen kann, zB weil er die entsprechenden Leistungen nicht mehr vorhält oder seinen Geschäftsbetrieb eingestellt hat. Der Auftraggeber soll dann tatsächlich und rechtlich in die Lage versetzt werden, diese Tätigkeiten selbst zu übernehmen.

[12] S. dazu → § 4 Rn. 16 ff.

§ 61 Rechtsschutz bei Vergaben im Verteidigungs- und Sicherheitsbereich (Besonderheiten)

Übersicht

GWB: §§ 155, 156 Abs. 1 und 2, § 157 Abs. 2, §§ 164, 169 Abs. 1, 2 und 4, § 173 Abs. 1 und 2, § 176 Abs. 1, § 181

Literatur:

Heuninckx, Forums to adjudicate claims related to the procurement activities of international organisations in the European Union, PPLR 2012, 95; *Hölzl,* Neu: Der Konkurrent im Sicherheits- und Verteidigungsbereich, VergabeR 2012, 141; *Hölzl,* Rechtsschutz im Sicherheits- und Verteidigungsbereich! in: v. Wietersheim (Hrsg.), Vergaben im Bereich Verteidigung und Sicherheit (2013), 177 ff.; *Jansen/Geitel,* OLG Düsseldorf: Informieren und Warten auch außerhalb des GWB – Pflicht oder Kür auf dem Weg zu einem effektiven Primärrechtsschutz?, VergabeR 2018, 376; *Krohn,* Primärrechtsschutz außerhalb des Anwendungsbereichs des GWB, in Müller-Wrede (Hrsg.), Kompendium des Vergaberechts (2008), Kap. 24, 579 ff.; *Krohn,* Ende des Rechtswegwirrwarrs: Kein Verwaltungsrechtsschutz unterhalb der Schwellenwerte, NZBau 2007, 493; *Krohn,* Schadensersatzansprüche von Bietern bei Vergabeverstößen des Auftraggebers, in: Fünfzehnte forum vergabe Gespräche 2012 (Schriftenreihe des forum vergabe e.V. Band 43), 167 ff.; *Prieß/Hölzl,* Das Ende des rechtsfreien Raumes: Der verwaltungsgerichtliche Rechtsschutz bei Rüstungsgeschäften, NZBau 2005, 367; *Renner/Rubach-Larsen/Sterner,* Rechtsschutz bei der Vergabe von Rüstungsaufträgen, NZBau 2007, 407; *Riedel,* Rechtsschutz gegen Akte Europäischer Agenturen, EuZW 2009, 565; *Rosenkötter,* Die Verteidigungsrichtlinie 2009/81/EG und ihre Umsetzung, VergabeR 2012, 267; *Stoye/v. Münchhausen,* Primärrechtsschutz in der GWB-Novelle – Kleine Vergaberechtsreform mit großen Einschnitten beim Rechtsschutz, VergabeR 2008, 871; *Trybus,* Buying Defence and Security in Europe (2014); *Voll,* Der novellierte Rechtsrahmen zur Vergabe verteidigungs- und sicherheitsrelevanter öffentlicher Aufträge: Wertungswidersprüche und Zirkelschlüsse, NVwZ 2013, 120.

A. Einleitung

Ein wesentliches – wenn nicht gar das wichtigste – Element des im Jahr 2011 eingeführten Vergaberegimes für den Verteidigungs- und Sicherheitsbereich ist die Einführung eines **wirksamen Rechtsschutzes.** Die Bedeutung des Rechtsschutzes für eine tatsächliche Öffnung der Beschaffungsmärkte lässt sich kaum überschätzen. Materielle Verfahrensvorschriften, die in vieler Hinsicht den Vorgaben des neuen Vergaberegimes entsprechen, sind in vielen Staaten seit langem in Kraft.[1] Doch erst die Einführung subjektiver Bieterrechte auf Einhaltung der Verfahrensvorschriften und die Schaffung einer effektiven Möglichkeit zur Durchsetzung dieser Rechte haben (wie die Erfahrungen seit Einführung des GWB-Vergaberechts in Deutschland zum 1.1.1999 zeigen) das Potential, einen echten Paradigmenwechsel der Vergabepraxis herbeizuführen. 1

Freilich ist der Rüstungssektor aufgrund seiner besonderen Marktstrukturen und Gepflogenheiten traditionell wenig klagefreudig. Der Markt wird überwiegend von wenigen 2

[1] *Weiner* EWS 2011, 401.

Anbietern beherrscht, die sich in einem speziellen, von enger Zusammenarbeit zwischen Nachfragern und Anbietern sowie langjährigen Geschäftsbeziehungen geprägten Umfeld bewegen. Streitigkeiten über Rüstungsbeschaffungen sind daher bislang eher die Ausnahme.[2] Gleichwohl haben die neuen Möglichkeiten zur Rechtsdurchsetzung (und die damit verbundenen Risiken für die Beschaffungsstellen) nicht nur zu einer deutlichen Aufwertung der Verfahrensregeln, sondern auch zu **mehr Streitigkeiten** geführt. Die Rechtsschutzmöglichkeiten bieten insbesondere für Newcomer einen vergleichsweise wirkungsvollen Hebel, sich im Einzelfall Zugang zu neuen Märkten zu bahnen.

3 Die RL 2009/81/EG enthält detaillierte EU-rechtliche Vorgaben zum Rechtsschutz. Anders als im „klassischen" Bereich und im Sektorenbereich wurden diese Vorgaben nicht in einer eigenen Richtlinie[3] geregelt, sondern unmittelbar in die Verfahrensrichtlinie aufgenommen.[4] Inhaltlich **entsprechen** die Rechtsschutzvorschriften jedoch **weitestgehend denen der allgemeinen Rechtsmittelrichtlinien,** mit gewissen Modifikationen zur Berücksichtigung der Besonderheiten des Verteidigungs- und Sicherheitsbereichs. In Deutschland wurde dieser Ansatz in der Weise übernommen, dass Verteidigungs- und Sicherheitsvergaben dem allgemeinen Vergaberechtsschutz gemäß § 155 ff. GWB unterstellt wurden, wiederum mit einigen Modifikationen, die den Besonderheiten der Materie Rechnung tragen sollen.

B. EU-rechtliche Vorgaben

I. Grundlagen des Rechtsschutzes

4 Die EU-rechtlichen Vorgaben zum Rechtsschutz im Verteidigungs- und Sicherheitsbereich sind eng an die „klassische" Rechtsmittelrichtlinie (RL 89/665/EG idF der RL 2007/66/EG) angelehnt und entsprechen weitgehend den dortigen Regelungen. Der Rechtsschutz umfasst folgende Kernelemente:

– **Grundsatz des effektiven und raschen Rechtsschutzes:** Art. 55 Abs. 2 der RL 2009/81/EG verpflichtet die Mitgliedsstaaten sicherzustellen, dass Vergabeentscheidungen im Verteidigungs- und Sicherheitsbereich „wirksam und vor allem möglichst rasch" auf Verstöße gegen die unionsrechtlichen Vergabevorschriften überprüft werden können. Diese Vorschrift ist wesentliche Grundlage des Rechtsschutzes. Sie setzt ein **subjektives Bieterrecht** auf Einhaltung der EU-rechtlichen Vergabevorschriften voraus. Sie fordert ferner die Einrichtung eines **Nachprüfungsverfahrens,** mit dem das Vergabeverfahren **wirksam und schnell überprüft** und Verstöße – auch durch vorläufige Maßnahmen – **korrigiert** werden können (Art. 56 Abs. 1 RL 2009/81/EG). Soweit zunächst ein außergerichtliches Verfahren durchgeführt wird, muss eine gerichtliche Überprüfung möglich sein (Art. 56 Abs. 9 RL 2009/81/EG).
– **Vorabinformation, Stillhaltepflicht und Suspensiveffekt:** Um eine rechtzeitige Nachprüfung zu ermöglichen, muss der Auftraggeber die betroffenen **Bieter vor dem Vertragsschluss** über seine Vergabeentscheidung **informieren** und anschließend eine **Stillhaltefrist** von mindestens 10 Tagen abwarten, innerhalb derer die Bieter um Rechtsschutz nachsuchen können (Art. 57 RL 1009/81/EG). Die Beantragung einer Nachprüfung entfaltet zumindest so lange **automatischen Suspensiveffekt,** bis die Nachprüfungsstelle eine Entscheidung über vorläufige Maßnahmen getroffen hat

[2] Eine prominente Ausnahme bildet der sog. „Lenkwaffen"-Fall, VG Koblenz Beschl. v. 31.1.2005 – 6 L 2617/04, NZBau 2005, 412; OVG Koblenz Beschl. v. 25.5.2005 – 7 B 10356/05, NZBau 2005, 411; s. dazu *Prieß/Hölzl* NZBau 2005, 367 ff.

[3] RL 89/665/EG (klassische Rechtsmittelrichtlinie) bzw. RL 92/13/EG (Sektoren-Rechtsmittelrichtlinie), jeweils idF der RL 2007/66/EG.

[4] Dazu eingehend *Trybus,* Buying Defence and Security in Europe, 455 ff. (der von einer *„hidden remedies directive"* spricht).

(Art. 57 Abs. 3 RL 1009/81/EG).[5] Damit wird sichergestellt, dass betroffene Bieter nicht vor vollendete Tatsachen gestellt werden, bevor sie eine Möglichkeit zur Einleitung einer Nachprüfung und zur Erwirkung einstweiliger Maßnahmen hatten.

– **Unwirksamkeitssanktion bei Rechtsschutzverkürzung:** Die EU-rechtlichen Vorgaben verlangen schließlich die **Unwirksamkeit** von Aufträgen, die unter Verletzung derjenigen Verfahrensregeln geschlossen wurden, die die Effektivität des Rechtsschutzes sichern sollen, insbesondere von sog. **De-facto-Vergaben** sowie von Verträgen, die **vor Ablauf der Stillhaltefrist oder des Suspensiveffekts** geschlossen wurden (Art. 60 RL 2009/81/EG). Hierdurch soll verhindert werden, dass Auftraggeber die Rechtsschutzmöglichkeiten der betroffenen Bieter durch unmittelbaren Vollzug der Vergabeentscheidung unterlaufen.

II. Spezielle Regelungen für den Verteidigungs- und Sicherheitsbereich

Die Rechtsschutzvorschriften der RL 2009/81/EG enthalten einige **Modifikationen** der Vorgaben der allgemeinen Rechtsmittelrichtlinie, um den besonderen Erfordernissen des Verteidigungs- und Sicherheitsbereichs Rechnung zu tragen. 5

So gibt Art. 56 Abs. 1 der RL 2009/81/EG den Mitgliedstaaten die Möglichkeit, den Katalog der den Nachprüfungsinstanzen zu Gebote stehenden **Korrekturmaßnahmen** flexibler zu gestalten. Nach der allgemeinen Rechtsmittelrichtlinie müssen die Nachprüfungsinstanzen die Möglichkeit haben, vorläufige Maßnahmen zu ergreifen, um einen behaupteten Verstoß zu beseitigen oder weitere Schädigungen der betroffenen Interessen zu verhindern; dazu gehört auch die Befugnis, das Vergabeverfahren oder die Durchführung sonstiger Auftraggeberentscheidungen auszusetzen und rechtswidrige Entscheidungen aufzuheben, einschließlich der Möglichkeit zur Streichung diskriminierender Vorgaben aus den Vergabeunterlagen.[6] Art. 56 Abs. 1 lit. a der RL 2009/81/EG greift diese Grundanforderung auf, ergänzt sie in lit. b allerdings um die Option, den Nachprüfungsstellen alternativ die Befugnis zu geben, andere geeignete Maßnahmen zu treffen, um den Rechtsverstoß zu beseitigen und eine Schädigung der betroffenen Interessen zu verhindern, wozu insbesondere auch die Verhängung einer Geldzahlung für den Fall gehören kann, dass der Verstoß nicht beseitigt oder verhindert wurde. 6

Diese Regelung, die aus der Sektoren-Rechtsmittelrichtlinie übernommen wurde,[7] ermöglicht den Mitgliedstaaten eine **flexiblere Ausgestaltung** des Rechtsschutzes. Die Mitgliedsstaaten können den Nachprüfungsstellen insbesondere größeren Spielraum einräumen, trotz Vorliegen eines Rechtsverstoßes von der Aussetzung eines Vergabeverfahrens oder der Aufhebung einer Auftraggeberentscheidung abzusehen und stattdessen auf andere Maßnahmen auszuweichen (die allerdings ebenfalls geeignet sein müssen, den Rechtsverstoß zu beseitigen und/oder eine Interessenschädigung zu verhindern). Soweit die Richtlinie die Möglichkeit der Verhängung einer **Geldzahlung** erwähnt, handelt es sich in erster Linie um Zwangs- oder Bußgelder; nach dem Wortlaut der Vorschrift kommt aber auch die Anordnung einer Schadensersatzzahlung an das verletzte Unternehmen in Betracht. 7

Zudem wurde die Abwägungsklausel der allgemeinen Rechtsmittelrichtlinie, wonach die Mitgliedsstaaten den Nachprüfungsstellen die Möglichkeit geben können, aus Gründen der Interessenabwägung auf **vorläufige Maßnahmen zu verzichten,**[8] für den Verteidigungs- und Sicherheitsbereich in Art. 56 Abs. 5 der RL 2009/81/EG dahingehend spezifiziert, dass bei der Abwägung besonders auch die betroffenen **Verteidigungs- und/oder** 8

[5] Soweit das nationale Recht vorsieht, dass zunächst eine Überprüfung durch den Auftraggeber beantragt werden muss, entfaltet ein solcher Antrag Suspensiveffekt zumindest bis zum Ablauf von 10 Tagen (bei Fax- oder elektronischer Kommunikation) oder 15 Tagen (bei Postkommunikation) nach Absendung der Entscheidung des Auftraggebers (Art. 55 Abs. 6 RL 2009/81/EG).

[6] Art. 2 Abs. 1 lit. a und b der RL 89/665/EG idF der RL 2007/66/EG.

[7] Art. 2 Abs. 1 lit. a, b und c der RL 92/13/EG (durch die RL 2007/66/EG nicht geändert).

[8] Art. 2 Abs. 5 der RL 89/665/EG idF der RL 2007/66/EG.

Sicherheitsinteressen berücksichtigt werden können. Die Vorschrift hat in erster Linie klarstellenden Charakter.

9 Ähnlich wurde die in der allgemeinen Rechtsmittelrichtlinie vorgesehene Möglichkeit, bei Verstößen, die an sich zur Unwirksamkeit des Vertrags führen, im Einzelfall aus zwingenden Gründen des Allgemeininteresses vom Ausspruch der **Unwirksamkeit abzusehen,**[9] in Art. 60 Abs. 3 der RL 2009/81/EG dahingehend konkretisiert, dass bei der Entscheidung besonders auch die betroffenen **Verteidigungs- und/oder Sicherheitsinteressen** zu berücksichtigen sind. Auch hierin liegt vor allem eine Klarstellung.

10 Art. 56 Abs. 10 der RL 2009/81/EG enthält ferner Vorschriften zur **Sicherung der Vertraulichkeit von Verschlusssachen** und zur Wahrung sonstiger Verteidigungs- und/oder Sicherheitsinteressen im Rahmen des Rechtsschutzes. Insbesondere wird die Möglichkeit eingeräumt, eine zentrale, ausschließlich zuständige Stelle für die Nachprüfung von Auftragsvergaben im Verteidigungs- und Sicherheitsbereich einzurichten. Darüber hinaus können die Mitgliedsstaaten vorsehen, dass Nachprüfungsanträge, die Verschlusssachen umfassen, nur von Mitgliedern der Nachprüfungsstellen bearbeitet werden, die persönlich zum Umgang mit Verschlusssachen ermächtigt sind. Darüber hinaus werden besondere Sicherheitsmaßnahmen zugelassen, die die Erfassung von Nachprüfungsanträgen, den Eingang von Unterlagen und die Datenspeicherung im Nachprüfungsverfahren betreffen. Die Mitgliedsstaaten können dabei die Einzelheiten festlegen, wie die Wahrung der Vertraulichkeit von Verschlusssachen mit den Grundsätzen einer wirksamen Rechtsverteidigung bzw. den Grundsätzen eines fairen Gerichtsverfahrens in Einklang zu bringen sind.

11 Die Rechtsschutzbestimmungen für den Verteidigungs- und Sicherheitsbereich betonen damit in besonderer Weise den Schutz der öffentlichen Verteidigungs- und Sicherheitsinteressen. Dass dies bis zu einem gewissen Grad zu Lasten der Effektivität des Rechtsschutzes gehen kann, wurde vom Gesetzgeber im Gegenzug dazu, dass nunmehr überhaupt ein Rechtsschutz eröffnet ist, hingenommen.

12 Die Rechtsschutzbestimmungen gelten nur für Verteidigungs- und Sicherheitsaufträge im Sinne der RL 2009/81/EG. Für Aufträge, die nicht unter die Richtlinie fallen – insbesondere solche, die nach Art. 346 AEUV ausgenommen sind – gibt es weiterhin keinen unionsrechtlich verbürgten Rechtsschutz. Allerdings gilt der allgemeine Grundsatz, dass die Rechtsschutzmöglichkeiten für Bieter aus dem EU-Ausland jedenfalls insoweit, wie es mit den wesentlichen Sicherheitsinteressen des Mitgliedsstaats im Sinne von Art. 346 AEUV vereinbar ist, nicht ungünstiger ausgestaltet sein dürfen als für inländische Bieter.[10]

III. Korrekturmechanismus der EU-Kommission

13 Auch für den Verteidigungs- und Sicherheitsbereich ist ein Korrekturmechanismus der EU-Kommission vorgesehen, wonach die Kommission bei Vergabeverstößen in ein laufendes Vergabeverfahren eingreifen und den verantwortlichen Mitgliedsstaat zur Korrektur auffordern kann. Die Regelung entspricht den Parallelvorschriften der allgemeinen Rechtsmittelrichtlinie und der Sektoren-Rechtsmittelrichtlinie.[11] Voraussetzung ist ein schwerer Verstoß gegen die unionsrechtlichen Vergabevorschriften (Art. 63 der RL 2009/81/EG). Der Korrekturmechanismus hat bereits im klassischen bzw. Sektorenbereich wenig Praxisrelevanz. Daher ist nicht zu erwarten, dass er im Verteidigungs- und Sicherheitsbereich größere Bedeutung erlangen wird.

[9] Art. 2d Abs. 3 der RL 89/665/EG idF der RL 2007/66/EG.

[10] Vgl. die Mitteilung der Kommission zu Auslegungsfragen in Bezug auf das Gemeinschaftsrecht, das für die Vergabe öffentlicher Aufträge gilt, die nicht oder nur teilweise unter die Vergaberichtlinien fallen (Dok. 2006/C 179/02), EU-ABl. Nr. C 179 v. 1.8.2006, S. 2ff., Ziff. 2.3.3 mwN.

[11] Art. 3 der RL 89/665/EG bzw. Art. 8 der RL 92/13/EG, jeweils idF der RL 2007/66/EG.

C. Rechtsschutz im deutschen Recht

I. Nachprüfungsverfahren für verteidigungs- und sicherheitsrelevante Aufträge im Sinne des GWB

Bei Umsetzung der Richtlinie 2009/81/EG hat sich der deutsche Gesetzgeber dafür entschieden, kein eigenständiges Nachprüfungsregime für Verteidigungs- und Sicherheitsaufträge einzuführen, sondern die Vergabenachprüfung ins allgemeine Rechtsschutzsystem der §§ 102ff. GWB einzugliedern. Der Rechtsschutz wurde damit demjenigen für den klassischen Bereich und den Sektorenbereich im Wesentlichen gleichgestellt. 14

1. Anwendungsbereich der Nachprüfungsvorschriften

Die Nachprüfungsmöglichkeit nach §§ 155ff. GWB gilt für **alle verteidigungs- oder sicherheitsspezifischen Aufträge** im Sinne von 104 GWB, die **keinem Ausnahmetatbestand** unterfallen. Sie gilt somit ua nicht für Aufträge, die gemäß Art. 346 AUEV bzw. § 107 Abs. 2 GWB insgesamt nicht unter das GWB-Vergaberecht fallen. Allerdings kann im Rahmen der Nachprüfung auch überprüft werden, ob der Auftraggeber diese Ausnahmen zu Recht in Anspruch genommen hat. Da die Berufung auf Art. 346 AUEV bzw. § 107 Abs. 2 GWB voraussetzt, dass die berührten Verteidigungs- bzw. Sicherheitsinteressen nicht einmal ein Vergabeverfahren nach den speziellen Vorschriften für den Verteidigungs- und Sicherheitsbereich zulassen (was von der Rechtsprechung nach einem strengen Maßstab geprüft wird), führen die Regelungen auch insoweit faktisch zu einer erheblichen Ausweitung des Rechtsschutzes. 15

2. Grundsatz: Geltung der allgemeinen Verfahrensregelungen

Bieter haben daher die Möglichkeit, die Vergabe von verteidigungs- oder sicherheitsspezifischen Aufträgen unter den **allgemeinen Voraussetzungen** von der Vergabekammer nachprüfen zu lassen. Für das Verfahren gelten die gewöhnlichen Zuständigkeits- und Verfahrensvorschriften der §§ 156ff. GWB, einschließlich der Vorschriften über einstweilige Maßnahmen, insbesondere in Bezug auf das Zuschlagsverbot. Auch die Vorschriften zur **Vorinformation** nicht berücksichtigter Bieter und die anschließende Stillhaltefrist sowie zur Unwirksamkeit von **De-facto-Vergaben** gemäß §§ 134, 135 GWB wurden vollständig übernommen. Ferner gelten die allgemeinen Verfahrensvoraussetzungen des § 160 GWB in Bezug auf Antragsbefugnis und Rügeobliegenheiten. 16

3. Besonderheiten im Verteidigungs- und Sicherheitsbereich

Der Gesetzgeber hat jedoch einige der in der Richtlinie RL 2009/81/EG vorgesehenen Besonderheiten für Nachprüfungsverfahren im Verteidigungs- und Sicherheitsbereich (allerdings nicht alle) übernommen. Im Einzelnen gelten folgende **Besonderheiten:** 17

a) Berücksichtigung von Verteidigungs- und Sicherheitsinteressen bei der Aufhebung bzw. Verlängerung des Zuschlagsverbots. aa) Berücksichtigung bei der Abwägung. Nach § 169 Abs. 2 GWB kann die Vergabekammer dem Auftraggeber schon vor Abschluss des Nachprüfungsverfahrens die **Zuschlagserteilung gestatten,** wenn die Nachteile einer Verzögerung der Vergabe die mit dem Aufschub verbundenen Vorteile unter Abwägung aller betroffenen Interessen überwiegen. Bei verteidigungs- und sicherheitsrelevanten Aufträgen sind nach § 169 Abs. 2 S. 2 GWB bei dieser **Abwägung** neben dem Allgemeininteresse an einer wirtschaftlichen Aufgabenerfüllung und den Bieterinteressen zusätzlich auch etwaige besondere **Verteidigungs- und Sicherheitsinteressen** zu berücksichtigen. Das entspricht Art. 56 Abs. 5 der RL 2009/81/EG. 18

19 Die Regelung ist im Grunde deklaratorisch, weil das bei der Abwägung gemäß § 169 Abs. 2 S. 1 GWB zu berücksichtigende Allgemeininteresse bei verteidigungs- oder sicherheitsrelevanten Aufträgen ohnehin auch die speziellen Verteidigungs- und Sicherheitsinteressen des Auftraggebers umfasst. Die ausdrückliche Erwähnung der Verteidigungs- und Sicherheitsinteressen stellt das jedoch klar und **wertet den Aspekt** zugleich **auf.** Der Auftraggeber kann einen Antrag auf Vorabgestattung des Zuschlags daher insbesondere darauf stützen, dass eine Verzögerung der Auftragsvergabe den Verteidigungs- oder Sicherheitsinteressen der Bundesrepublik Deutschland bzw. des Auftraggebers schadet. Dieser Aspekt ist bei der Abwägungsentscheidung über die Zuschlagsgestattung angemessen zu berücksichtigen. Auch das **Beschwerdegericht** muss diesen Aspekt bei einer etwaigen Entscheidung gem. § 169 Abs. 2 S. 5 und 6 GWB einbeziehen.

20 Die Regelung begründet freilich **keinen automatischen Vorrang** der Verteidigungs- und Sicherheitsinteressen.[12] Vielmehr muss der Auftraggeber konkret begründen, welche Interessen konkret betroffen sind und weshalb Vorrang einzuräumen ist.[13] Die Vergabekammer hat sie dann bei der Abwägung angemessen zu berücksichtigen. Dabei darf die Vergabekammer nicht den hohen Stellenwert eines effektiven Rechtsschutzes aus dem Blick verlieren, der jedenfalls bei Nachprüfungsanträgen, die nicht von vornherein aussichtslos erscheinen, **in der Regel** einen **Vorrang des Aussetzungsinteresses** des Antragstellers begründet.[14] Sie muss ferner in die Abwägung einbeziehen, dass dem öffentlichen Interesse an einem zügigen Abschluss des Vergabeverfahrens bereits durch die Fünf-Wochen-Frist des § 167 Abs. 1 S. 1 GWB Rechnung getragen wird.[15]

21 Auch bei der Entscheidung des OLG-Vergabesenats über die Verlängerung der aufschiebenden Wirkung der Beschwerde, dh die **Verlängerung des Zuschlagsverbots** im **Beschwerdeverfahren** nach § 173 Abs. 1 S. 3 GWB hat das Gericht im Rahmen der Interessenabwägung nach § 173 Abs. 2 S. 2, 2. HS GWB etwaige besondere Verteidigungs- und Sicherheitsinteressen zusätzlich einzubeziehen. Gleiches gilt für die Entscheidung nach § 176 GWB über die Vorabgestattung des Zuschlags im Beschwerdeverfahren (§ 176 Abs. 1 S. 2, 2. HS GWB).

22 **bb) Vorrang von Verteidigungs- und Sicherheitsinteressen bei Krisen und Auslandseinsätzen der Bundeswehr.** Durch das Gesetz zur beschleunigten Beschaffung im Bereich der Verteidigung und Sicherheit und zur Optimierung der Vergabestatistik vom 25.3.2020 wurde der Stellenwert der **Verteidigungs- und Sicherheitsinteressen** in bestimmten Situationen **weiter gestärkt.** Nach dem neu eingefügten § 169 Abs. 2 S. 3 GWB **überwiegen** die Verteidigungs- und Sicherheitsinteressen in der Regel, wenn der Auftrag im unmittelbaren Zusammenhang mit einer **Krise,** einem **mandatierten Einsatz** oder einer **einsatzgleichen Verpflichtung der Bundeswehr** oder einer **Bündnisverpflichtung** steht. Nach der Gesetzesbegründung soll damit dem Umstand Rechnung getragen werden, dass in solchen Fällen ein besonders eiliger Beschaffungsbedarf besteht. Daher sollen Verzögerungen durch ein Nachprüfungsverfahren möglichst vermieden oder minimiert werden.[16]

23 Die vier Fallgruppen sind zwar **abschließend** formuliert, stellen der Gesetzesbegründung zufolge jedoch nur **Beispielsfälle** dar.[17] Das bedeutet, dass auch in anderen Fällen den Verteidigungs- und Sicherheitsinteressen Vorrang einzuräumen sein kann. Freilich ist in diesen Fällen gesondert zu begründen, weshalb die Verteidigungs- und Sicherheitsinteressen überwiegen, ohne dass die Vergabekammer sich direkt auf den gesetzlichen Regel-Vorrang nach § 169 Abs. 2 S. 3 GWB stützen kann.

---

[12] Beck VergabeR/*Antweiler,* GWB § 169 Rn. 41.
[13] RKPP/*Kus,* GWB § 169 Rn. 78.
[14] Beck VergabeR/*Antweiler,* GWB § 169 Rn. 37.
[15] BayObLG Beschl. v. 16.7.2004 – Verg 16/04, BeckRS 2004, 8251.
[16] BT-Drs. 19/15603, S. 59.
[17] BT-Drs. 19/15603, S. 59.

Für den Begriff der **Krise** verweist die Gesetzesbegründung[18] auf Art. 1 Nr. 10 RL 2009/81/EG, der § 4 Abs. 1 VSVgV entspricht. Danach ist eine Krise jede Situation im In- oder Ausland, in der ein Schadensereignis von besonderen Ausmaß eingetreten ist oder unmittelbar droht, welches Leben und Gesundheit zahlreicher Menschen gefährdet oder einschränkt, erhebliche Sachwerte betrifft oder lebensnotwendige Versorgungsmaßnahmen für die Bevölkerung erforderlich macht; auch Kriege und bewaffnete Konflikte sind Krisen im Sinne der Vorschrift. Die Umstände, aus denen sich die Existenz einer Krise ergibt, sind vom Auftraggeber darzulegen; die bloße Bezeichnung eines Einsatzgebiets als „Krisengebiet" reicht nicht.[19] Bei einer Krise kann der Auftrag auch mit nicht-militärischen Einsätzen oder Aufgaben zusammenhängen.[20] 24

Ein **mandatierter Einsatz** ist ein **Auslandseinsatz der Bundeswehr,** der auf Grundlage einer Resolution des UN-Sicherheitsrats erfolgt und für den ein entsprechendes Mandat des deutschen Bundestags besteht. **Einsatzgleiche Verpflichtungen** sind Tätigkeiten, die einem Einsatz vergleichbar sind, ohne dass ein förmliches Bundestags-Mandat besteht. Eine **Bündnisverpflichtung** ist ein Beitrag der Bundeswehr, der sich aus der Zugehörigkeit zu einem Verteidigungsbündnis, insbesondere der NATO, ergibt.[21] 25

Auch die Sonderregelung für Krisen und Auslandseinsätze begründet **keinen Automatismus.** Dem Gesetzeswortlaut zufolge genießen die Verteidigungs- und Sicherheitsinteressen in den genannten Fällen **nur „in der Regel"** Vorrang. Die Gesetzesbegründung stellt dazu – unter Verweis auf Art. 56 Abs. 5 RL 2009/81/EG – klar, dass die Vergabekammer verpflichtet bleibt, eine **Abwägung** zu treffen. Die Vorschrift kehrt lediglich das Regel-Ausnahme-Verhältnis, das im Normalfall für einen Vorrang des Aussetzungsinteresses des Antragstellers spricht,[22] bei Aufträgen im Zusammenhang mit Krisen und Auslandseinsätzen um.[23] Mit Blick auf den Grundsatz des effektiven Rechtsschutzes, der auch im Bereich Verteidigung und Sicherheit gilt, muss die Vergabekammer sich jedoch zunächst vergewissern, dass tatsächlich eine der im Gesetz genannten Situationen vorliegt; eine bloße Behauptung des Auftraggebers genügt nicht. Den Verteidigungs- und Sicherheitsinteressen ist zudem nur dann Vorrang einzuräumen, wenn der Auftraggeber darlegt, dass die mit dem Zuschlagsverbot verbundene Verzögerung der Beschaffung die Bewältigung der Krise, den Erfolg des Auslandseinsatzes oder die Erfüllung der Bündnisverpflichtung **tatsächlich gefährdet** oder **erheblich erschwert.** 26

§ 169 Abs. 2 S. 3 GWB enthält eine **Vermutung,** dass das Interesse des Auftraggebers an einer zügigen Beauftragung wegen der in den genannten Situationen typischerweise anzunehmenden besonderen Eilbedürftigkeit das Rechtsschutzinteresse des Antragstellers regelmäßig überwiegt. Diese Vermutung kann jedoch **durch die Umstände widerlegt** werden. Das ist der Fall, wenn die Beschaffung Leistungen betrifft, die trotz des unmittelbaren Zusammenhangs mit der Krise, dem Auslandseinsatz oder der Bündnisverpflichtung nicht so eilig sind, dass nicht der Abschluss der Nachprüfung abgewartet werden könnte (etwa weil es um die Bestellung von Nachschub geht, wenn feststeht, dass die vorhandenen Vorräte ohne weiteres lang genug ausreichen). 27

Für Entscheidungen des **Beschwerdegerichts** über die Verlängerung der aufschiebenden Wirkung der Beschwerde, dh die **Verlängerung des Zuschlagsverbots** im **Beschwerdeverfahren** nach § 173 Abs. 1 S. 3 GWB, sowie die Entscheidung nach § 176 GWB über die **Vorabgestattung** des Zuschlags im Beschwerdeverfahren gilt die Regelung über den Vorrang der Verteidigungs- und Sicherheitsinteressen bei Krisen und Auslandseinsätzen **ebenfalls;** § 173 Abs. 3 S. 3 GWB und § 176 Abs. 1 S. 3 GWB enthalten wortgleiche Regelungen wie § 169 Abs. 2 S. 3 GWB. 28

---

[18] BT-Drs. 19/15603, S. 59.
[19] OLG Düsseldorf Beschl. v. 13.4.2016 – VII-Verg 46/15, NZBau 2016, 659 Rn. 41.
[20] BT-Drs. 19/15603, S. 59.
[21] BT-Drs. 19/15603, S. 59.
[22] Dazu → Rn. 20.
[23] So auch RKPP/*Kus* GWB § 169 Rn. 78.

29 **cc) Beseitigung des Zuschlagsverbots durch Berufung auf wesentliche Sicherheitsinteressen.** Bei Aufträgen, die *nicht* verteidigungs- oder sicherheitsspezifisch im Sinne von § 104 GWB sind, aber unter die speziellen (ebenfalls verteidigungs- und sicherheitsbezogenen) Ausnahmen des § 117 Nr. 1 bis 3 GWB fallen, sowie bei Konzessionen im Bereich Verteidigung und Sicherheit, die unter die Ausnahmen des § 150 Nr. 1 bis 6 GWB fallen, können Auftraggeber durch Einreichung eines Schriftsatzes, in dem das Vorliegen einer der genannten **Ausnahmefälle geltend gemacht** wird, das **Zuschlagsverbot** mit einer Frist von fünf Werktagen nach Zustellung des Schriftsatzes **entfallen lassen** (§ 169 Abs. 4 GWB). Mit Blick auf verschiedentliche Kritik[24] an der Vorschrift hat der Gesetzgeber die ursprünglich nur zweitägige Frist auf fünf Tage verlängert, so dass betroffenen Bietern ausreichend Zeit für einen Antrag auf Wiederherstellung des Zuschlagsverbots gemäß § 169 Abs. 4 S. 2 GWB bleibt.

30 Merkwürdig ist jedoch, dass die Vorschrift bei Aufträgen auf Fälle des § 117 Nr. 1 bis 3 GWB beschränkt bleibt, und damit ausschließlich Aufträge betrifft, die ***nicht*** **verteidigungs- oder sicherheitsspezifisch** im Sinne von § 104 GWB sind. Das ist in Ansehung des Regelungszwecks **widersprüchlich.** Denn die meisten Aufträge, die die in § 117 Nr. 1 bis 3 GWB genannten besonderen Sicherheitsmerkmale aufweisen (Beeinträchtigung wesentlicher Sicherheitsinteressen des Bundes, Fälle des Art. 346 Abs. 1 lit. a AEUV, Geheimhaltung und Erforderlichkeit besonderer Sicherheitsmaßnahmen) dürften verteidigungs- oder sicherheitsspezifisch im Sinne von § 104 GWB sein. Die Regelung läuft damit in den meisten – praktisch besonders wichtigen – Fällen leer. Konsequent wäre es gewesen, die Regelung zumindest auch auf Fälle zu erstrecken, in denen der Auftraggeber einen Ausnahmefall nach § 107 Abs. 2 GWB geltend macht.[25]

31 **dd) Keine Besonderheiten bei Unwirksamkeit des Zuschlags.** Die in Art. 60 Abs. 3 der RL 2009/81/EG eröffnete Möglichkeit, bei Verstößen, die normalerweise zur Unwirksamkeit des Vertrags führen, ua aus Gründen des Verteidigungs- und/oder Sicherheitsinteresses von der Anordnung der Unwirksamkeit abzusehen, wurde nicht ins deutsche Recht übernommen. Das ist auf den ersten Blick konsequent, da schon die in der allgemeinen Rechtsmittelrichtlinie vorgesehene Möglichkeit, im Ausnahmefall aus zwingenden Gründen des Allgemeininteresses auf die Anordnung der Unwirksamkeit zu verzichten,[26] nicht ins deutsche Recht übernommen wurde. Mit Blick auf den besonderen Charakter der betroffenen Interessen wäre es indes durchaus denkbar gewesen, eine solche Möglichkeit jedenfalls für den Verteidigungs- und Sicherheitsbereich einzuführen.

32 **b) Besondere Regelungen zum Geheimschutz.** Für verteidigungs- und sicherheitsspezifische Aufträge gibt es ferner **Sonderregelungen** zum **Schutz vertraulicher Informationen** im Nachprüfungsverfahren.

33 Grundsätzlich bleibt es bei den **allgemeinen Kammerzuständigkeiten.** Von den EU-rechtlich vorgesehenen Möglichkeiten, eine spezielle Kammer einzurichten, der die ausschließliche Zuständigkeit zur Überprüfung von verteidigungs- oder sicherheitsspezifischen Vergaben zugewiesen wird, oder die Zuständigkeit bei einer Kammer zu bündeln,[27] hat der deutsche Gesetzgeber keinen Gebrauch gemacht.

34 Die Vergabekammern können jedoch entscheiden, anstelle der normalen Besetzung mit einem haupt- und einem ehrenamtlichen Beisitzer mit **zwei hauptamtlichen Beisitzern** zu entscheiden. Hierdurch soll es möglich gemacht werden, im Bedarfsfall sicherzustellen, dass zwei Beisitzer mit der erforderlichen Sicherheitsüberprüfung zur Verfügung stehen.[28]

[24] Beck VOB/A/*Antweiler,* GWB § 115 Rn. 50; *Stoye/v. Münchhausen* VergabeR 2008, 871, 878; *Rosenkötter* VergabeR 2012, 267 (280); aA HK-VergabeR/*Nowak,* § 115 GWB Rn. 18.

[25] Ähnlich bereits *Voll* NVwZ 2013, 120, 122f. zum inhaltlich gleichlautenden § 115 Abs. 4 GWB aF.

[26] Art. 2d Abs. 3 der RL 89/665/EG idF der RL 2007/66/EG.

[27] Art. 56 Abs. 10 Unterabs. 2 der RL 2009/81/EG.

[28] Reg.Begr. zu § 105 Abs. 2 GWB, BT-Drs. 17/7275, S. 18.

Ferner wurde in § 164 GWB eine Verpflichtung der Vergabekammer aufgenommen, die **Vertraulichkeit von Verschlusssachen** und anderen vertraulichen Informationen aus dem Verfahren sicherzustellen. Eine Vorgabe, dass Nachprüfungsanträge, die Verschlusssachen umfassen, nur von solchen Vergabekammer-Mitarbeitern bearbeitet werden dürfen, die persönlich für den Umfang mit Verschlusssachen ermächtigt sind,[29] hat der deutsche Gesetzgeber nicht getroffen. Es wurden auch keine besonderen Sicherheitsmaßnahmen in Bezug auf die Erfassung von Nachprüfungsanträgen, den Eingang von Unterlagen und die Datenspeicherung angeordnet. Richtigerweise ergibt sich die Verpflichtung der Vergabekammern zu derartigen **Sicherheitsmaßnahmen** bereits aus der allgemeinen Verpflichtung, die Vertraulichkeit von Verschlusssachen und anderen vertraulichen Informationen sicherzustellen. Das schließt insbesondere auch angemessene Sicherheitsvorkehrungen bei der der Datenspeicherung ein. Die Pflicht zur Geheimhaltung vertraulicher Informationen gilt nicht nur für die Mitglieder der Vergabekammer (Vorsitzende und Beisitzer), sondern auch für das weitere Personal der Vergabekammern.[30] 35

Klargestellt wurde in § 164 Abs. 2 GWB jedoch, dass die Mitglieder der Vergabekammer **zur Geheimhaltung verpflichtet** sind, und ihre Entscheidungen **Art und Inhalt** von **geheim zu haltenden Informationen nicht erkennen lassen** dürfen. Die Vorschrift zur „Neutralisierung" der Entscheidungsgründe bezüglich geheimer Inhalte wurde § 99 Abs. 2 S. 10 VwGO nachgebildet, der das Zwischenverfahren vor dem OVG über die Vorlage von als geheim reklamierten Verwaltungsakten betrifft. Diese Vorgabe berührt die Verfahrensrechte der Beteiligten und ihren Anspruch auf rechtliches Gehör, weshalb sie per Gesetz zu regeln war. Das in § 99 VwGO geregelte Recht zur Verweigerung der Aktenvorlage aus Gründen des Geheimschutzes (mit dem Zwischenverfahren über die Rechtmäßigkeit der Weigerung gemäß § 99 Abs. 2 VwGO) wurde dagegen nicht ins GWB übernommen; die RL 2009/81/EG sieht ein solches Recht für Aufträge, die den Vergabevorschriften für den Verteidigungs- und Sicherheitsbereich unterliegen, nicht vor. 36

II. Rechtsschutz für verteidigungs- und sicherheitsrelevante Aufträge und Konzessionen außerhalb des GWB

Das GWB-Nachprüfungsverfahren ist nur für Aufträge und Konzessionen aus dem Verteidigungs- und Sicherheitsbereich eröffnet, die den Vergabevorschriften unterworfen sind nicht unter einen Ausnahmetatbestand fallen, insbesondere gem. § 107 Abs. 2 GWB iVm Art. 346 AEUV, § 145, § 117 oder § 150 GWB. Für Bieter im Verteidigungs- und Sicherheitsbereich ergibt sich daraus eine erhebliche Rechtsschutzlücke, da jedenfalls die Ausnahmen nach § 107 Abs. 2 GWB und § 145 GWB – trotz enger Auslegung und strenger Überprüfung durch die Rechtsprechung[31] – nach wie vor in vielen Fällen zur Anwendung kommen. Das bedeutet jedoch nicht, dass Bieter bei solchen Vergaben rechtlos gestellt wären. 37

1. Subjektive Bieterrechte außerhalb des GWB

Für Aufträge, die nicht unter die Ausnahme des Art. 346 AEUV fallen, sind zunächst die Vorgaben des **EU-Primärrechts** zu beachten, dh insbesondere der Grundsatz der Nichtdiskriminierung aufgrund der Staatsangehörigkeit, sowie – daraus abgeleitet – eine Verpflichtung des Auftraggebers zur Transparenz. Hieraus ergibt sich ein Bieteranspruch auf Durchführung eines hinreichend publizierten, transparenten Vergabeverfahrens nach nichtdiskriminierenden Kriterien.[32] 38

---

[29] Als Möglichkeit in Art. 56 Abs. 10 Unterabs. 3 der RL 2009/81/EG vorgesehen.

[30] Beck VergabeR/*Wittschursky* GWB § 164 Rn. 20.

[31] Dazu im Einzelnen → § 57 Rn. 49ff.

[32] Einzelheiten zu den Verfahrensanforderungen können der sog. „Unterschwellenmitteilung" der EU Kommission entnommen werden (Mitteilung zu Auslegungsfragen in Bezug auf das Gemeinschaftsrecht, das für

39 Auch das **deutsche Recht** gewährt Bietern in Bezug auf die Vergabe von Militär- und Sicherheitsaufträgen außerhalb des GWB subjektive Rechte. Nach der Entscheidung des Bundesverfassungsgerichts zu Auftragsvergaben unterhalb der EU- Schwellenwerte folgt aus dem **Gleichbehandlungsgrundsatz** des Art. 3 Abs. 1 GG, dass es öffentlichen Auftraggebern verwehrt ist, das Verfahren oder die Kriterien für die Vergabe von Aufträgen willkürlich zu bestimmen.[33] Die tatsächliche Vergabepraxis kann dabei zu einer **Selbstbindung** der Verwaltung führen, vermittels derer auch den Vergabeordnungen oder anderen verwaltungsinternen Regelungen über Verfahren und Kriterien der Vergabe **mittelbar Außenwirkung** zukommen kann. Für Bieter ergibt sich hieraus ein subjektives Recht auf eine **„faire Chance"**, nach Maßgabe der für den spezifischen Auftrag vorgesehenen Kriterien und des vorgegebenen Verfahrens **berücksichtigt zu werden.**[34] Zur Durchsetzung dieses Rechts muss auch ein **effektiver Rechtsschutz** gewährleistet werden.[35]

40 Für Aufträge, die unter ein internationales Abkommen fallen und nach den dort festgelegten Verfahrensregelungen zu vergeben sind (§ 145 Abs. 7 GWB), gelten auch die in den Abkommen vorgesehenen Bieterrechte und Rechtsschutzmöglichkeiten (soweit vorhanden). Bei Aufträgen von EU-Institutionen besteht dabei generell ein Anspruch auf effektiven Rechtsschutz, der sich aus dem Rechtsschutzsystem des AEUV, den Verfassungstraditionen der EU-Mitgliedstaaten, Art. 6 und 13 EMRK sowie Art. 47 der EU-Grundrechte-Charta ergibt.[36]

2. Verfahren und Rechtsweg

41 Weder der Anspruch auf Einhaltung der Vorgaben des EU-Primärrechts noch der verfassungsrechtlich verbürgte Anspruch auf eine „faire Chance auf Berücksichtigung" samt dem damit einhergehenden Anspruch auf einen effektiven Rechtsschutz eröffnen ein bestimmtes Rechtsschutzverfahren oder einen bestimmten Rechtsweg. Der Rechtsschutzanspruch besteht – so das Bundesverfassungsgericht – vielmehr nur im Rahmen des **allgemeinen Justizgewährleistungsanspruchs.**[37] Auch EU-rechtlich besteht kein Anspruch auf eine bestimmte Ausgestaltung; der Rechtsschutz darf lediglich nicht weniger wirksam sein als bei entsprechenden Ansprüchen aus dem innerstaatlichen Recht, und nicht so ausgestaltet sein, dass die Wahrnehmung der EU-rechtlich geschützten Positionen praktisch unmöglich gemacht oder übermäßig erschwert wird.[38]

42 **a) Klage und einstweilige Verfügung.** Für Vergaben, die nicht den GWB-Vergabevorschriften unterliegen, ist das **Nachprüfungsverfahren** vor der Vergabekammer und dem OLG-Vergabesenat nach §§ 155, 171 ff. GWB **nicht eröffnet.** Bieter, die eine Vergabeentscheidung angreifen wollen, müssen daher den normalen **Klageweg** beschreiten.

43 Wirksamen **Primärrechtsschutz** zur Sicherung ihrer Auftragschancen können Bieter dabei regelmäßig nur mittels **einstweiliger Verfügung** erlangen. Mit einer Verfügung

---

die Vergabe öffentlicher Aufträge gilt, die nicht oder nur teilweise unter die Vergaberichtlinien fallen, ABl. EU Nr. C 179 v. 1.8.2006, 2 ff.). Die dortigen Erläuterungen können – unter Beachtung der Besonderheiten, die sich aus dem Militär- oder Sicherheitsbezug und den damit verbundenen Sicherheitsanforderungen ergeben – im Grundsatz auch für die Vergabe von Militär- und Sicherheitsvergaben (außerhalb des Ausnahmebereichs des Art. 346 AEUV) herangezogen werden.

33 BVerfG Beschl. v. 13.6.2006 – 1 BvR 1160/03, NJW 2006, 3701 Rn. 64 f.; s. dazu ausführlich Müller-Wrede Kompendium VergabeR/*Krohn* (1. Aufl.), Kap. 24, Rn. 17 bis 27.

34 BVerfG Beschl. v. 13.6.2006 – 1 BvR 1160/03, NJW 2006, 3701 Rn. 64 f.

35 BVerfG Beschl. v. 13.6.2006 – 1 BvR 1160/03, NJW 2006, 3701 Rn. 65 aE; OLG Düsseldorf Urt. v. 13.12.2017 – I-27 U 25/17, NZBau 2018, 168 Rn. 17 – Förderverein Freizeitpark.

36 EuG Urt. v. 20.9.2011 – T-461/08, BeckRS 2011, 81495 Rn. 118 – Evropaïki Dynamiki, in Bezug auf eine Auftragsvergabe durch die Europäische Investitionsbank (EIB).

37 BVerfG Beschl. v. 13.6.2006 – 1 BvR 1160/03, NJW 2006, 3701 Rn. 53 mwN.

38 EU-Kommission, Mitteilung zu Auslegungsfragen in Bezug auf das Gemeinschaftsrecht, das für die Vergabe öffentlicher Aufträge gilt, die nicht oder nur teilweise unter die Vergaberichtlinien fallen, ABl. EU Nr. C 179 v. 1.8.2006, 2 ff., Abschnitt 2.3.3 mwN.

kann dem Auftraggeber insbesondere der Zuschlag an einen Konkurrenten vorläufig untersagt werden oder auch (je nach Einzelfall) das Verfahren ausgesetzt oder zurückversetzt werden.[39]

b) Pflicht zur Vorabinformation? Wirksamer Primärrechtsschutz setzt voraus, dass der Zuschlag nicht schon erteilt ist. Das erfordert, dass ein Bieter, der Rechtsschutz in Anspruch nehmen will, **rechtzeitig** von der Zuschlagsabsicht des Auftraggebers und dem Rechtsverstoß **erfährt.** Im Anwendungsbereich des Vergaberechts wird dem durch die Pflicht zur Vorinformation der unterlegenen Bieter und die anschließende Wartefrist nach § 134 GWB Rechnung getragen. 44

Außerhalb des GWB-Vergaberechts gibt es – mit Ausnahme einzelner landesgesetzlicher Regelungen für Aufträge unterhalb der Schwellenwerte[40] – **keine ausdrückliche Pflicht** des Auftraggebers zur **Vorabinformation** nicht berücksichtigter Bieter. Das führt dazu, dass Bieter oftmals erst vom Zuschlag und dem Verstoß erfahren, wenn der Auftrag bereits erteilt ist. Für eine einstweilige Verfügung **ist es dann zu spät.** Der Anspruch auf effektiven Rechtsschutz **läuft damit leer.** Nach überkommener Auffassung gebietet der allgemeine Rechtsschutzanspruch gleichwohl nicht, dass der Auftraggeber nicht berücksichtigte Bieter vorab über den Zuschlag unterrichtet. Das daraus resultierende faktische Rechtschutzdefizit ist nach bisheriger Rechtsprechung des BVerfG vom gesetzgeberischen Gestaltungsspielraum gedeckt.[41] 45

In der jüngeren Rechtsprechung und im Schrifttum wird jedoch **zunehmend vertreten,** dass der Grundsatz des effektiven Rechtsschutzes **auch** bei Auftragsvergaben **außerhalb des GWB-Vergaberechts** eine **Vorabinformation der unterlegenen Bieter** erfordert. Wegweisend ist ein Urteil des OLG Düsseldorf zur Vergabe einer Dienstleistungskonzession unterhalb der GWB-Schwellenwerte.[42] Das Gericht führte dort – wenn auch *obiter dictum* – aus, dass „gewichtige Gründe" dafür sprächen, auch bei Vergaben unterhalb der GWB-Schwellenwerte die Einhaltung einer Informations- und Wartepflicht durch den Auftraggeber zu verlangen.[43] Zur Begründung verwies das Gericht auf die Rechtsprechung des EuG, wonach die Grundsätze des EU-Rechts und der EMRK einen effektiven und vollständigen Rechtschutz gegen Willkür des öffentlichen Auftraggebers gebieten würden; dieser Rechtsschutz verlange, dass in einem Vergabeverfahren sämtliche Bieter vor dem Zuschlag unterrichtet würden und anschließend eine angemessene Frist vor dem Vertragsschluss abgewartet werde, um den Bietern die Inanspruchnahme von Rechtsschutz zu ermöglichen.[44] Das OLG Düsseldorf verwies ferner auf die Rechtsprechung des BVerwG zum Beamten- und Richterrecht[45] sowie eine Entscheidung des OVG Berlin-Brandenburg zur Vergabe von Wochenmarktveranstaltungen,[46] die jeweils eine (ungeschriebene) Informations und Wartepflicht annahmen. 46

Führe man diese Grundsätze konsequent fort, so das OLG Düsseldorf weiter, müsse ein **unter Verstoß** gegen die Informations- und Wartepflicht **geschlossener Vertrag** gemäß § 134 BGB wegen Verstoßes gegen ein ungeschriebenes **Gesetz als nichtig** eingestuft werden.[47] 47

---

[39] OLG Düsseldorf Urt. v. 13.1.2010 – I-27 U 1/09, NZBau 2010, 328 (329f.); OLG Düsseldorf Urt. v. 13.12.2017 – I-27 U 25/17, NZBau 2018, 168 Rn. 15 – Förderverein Freizeitpark; ebenso bereits die Vorinstanz LG Wuppertal Urt. v. 21.7.2017 – 2 O 171/17, BeckRS 2017, 137796 Rn. 16.
[40] Etwa in Sachsen, Sachsen-Anhalt, Thüringen und Mecklenburg-Vorpommern.
[41] BVerfG Beschl. v. 13.6.2006 – 1 BvR 1160/03, NJW 2006, 3701 Rn. 74.
[42] OLG Düsseldorf Urt. v. 13.12.2017 – I-27 U 25/17, NZBau 2018, 168 – Förderverein Freizeitpark.
[43] OLG Düsseldorf Urt. v. 13.12.2017 – I-27 U 25/17, NZBau 2018, 168 Rn. 17 – Förderverein Freizeitpark.
[44] EuG Urt. v. 20.9.2011 – T-461/08, BeckRS 2011, 81495 Rn. 119–121 – Evropaïki Dynamiki.
[45] BVerwG Urt. v. 4.11.2010 – 2 C 16/09, NJW 2011, 695.
[46] OVG Berlin-Brandenburg Beschl. v. 30.11.2010 – OVG 1 S 107.10, NVwZ-RR 2011, 293 Rn. 7.
[47] OLG Düsseldorf Urt. v. 13.12.2017 – I-27 U 25/17, NZBau 2018, 168 Rn. 18 – Förderverein Freizeitpark.

48 Auch wenn insbesondere die Schlussfolgerung des OLG Düsseldorf, dass ein nicht den GWB-Vergabevorschriften unterfallender Auftrag, der unter Verstoß gegen die gleichwohl bestehende, ungeschriebene Informations- und Wartepflicht geschlossen wurde, gemäß § 134 BGB nichtig sein müsse, auf Kritik gestoßen ist,[48] erscheinen sowohl die Annahme einer solchen Informations- und Wartepflicht als auch die Folge der Nichtigkeit nach § 134 BGB bei einem Verstoß **konsequent.**[49]

49 Das gilt nicht nur für Vergaben unterhalb der Schwellenwerte, auf die sich die Rechtsprechung des OLG Düsseldorf bezog, sondern auch für Aufträge, die aus anderen Gründen nicht den GWB-Vergabevorschriften unterfallen, beispielsweise weil sie unter Ausnahmeregelungen für **Vergaben im Bereich Verteidigung und Sicherheit** fallen.

50 Freilich ist in solchen Fällen zu berücksichtigen, warum der Auftrag nicht den Vergabevorschriften unterliegt. Soweit ein Ausnahmefall des § 107 Abs. 2 Nr. 1 GWB (Art. 346 Abs. 1 lit. a AEUV) vorliegt, in denen die Vergabevorschriften unangewendet bleiben dürfen, weil der Auftraggeber bei Anwendung des Vergaberechts Informationen erteilen müsste, deren Offenlegung wesentliche Sicherheitsinteressen beeinträchtigen würde, scheidet richtigerweise auch eine Informationspflicht aus, sofern auch die Erteilung der Vorinformation die Sicherheitsinteressen verletzt. Das ist jedoch eine Frage des Einzelfalls. Führt ein Auftraggeber ein wettbewerbliches Vergabeverfahren außerhalb des GWB mit mehreren Bietern durch, deren Zuverlässigkeit er gerade auch in Bezug auf den Schutz sensibler Informationen geprüft hat und denen er während des Verfahrens solche Informationen offengelegt hat, ist schwer vorstellbar, dass die Erteilung einer Vorinformation gegenüber diesen Bietern aus Sicherheitsgründen ausgeschlossen ist.

51 **c) Materieller Prüfmaßstab.** Der **materielle Prüfmaßstab** im Klage- bzw. Verfügungsverfahren beschränkt sich entgegen einer in der Rechtsprechung gelegentlich festzustellenden Tendenz nicht nur auf eine reine Willkürkontrolle oder die Korrektur „krasser Fehlentscheidungen".[50] Vielmehr besteht ein Unterlassungsanspruch eines betroffenen Bieters bereits dann, wenn der Auftraggeber **Regeln verletzt,** deren **Einhaltung** er bei der Auftragsvergabe **versprochen** hat, und dies zu einer **Beeinträchtigung der Chancen** des Bieters führen kann.[51] Der Prüfmaßstab ist damit demjenigen einer gewöhnlichen Vergabe-Nachprüfung nicht unähnlich. Ein Unterschied besteht lediglich darin, dass die konkreten Verfahrensregeln, deren Einhaltung zu überprüfen ist, nicht dem GWB-Vergaberecht entnommen werden können, sondern sich aus den vom Auftraggeber für das Verfahren selbst aufgestellten Regeln ergeben. Daraus ergeben sich für den Auftraggeber typischerweise deutlich größere Spielräume.

52 **d) Rechtsweg.** Der Rechtsweg für die Überprüfung von Vergabeentscheidungen im Verteidigungs- und Sicherheitsbereich außerhalb des GWB ist nicht unumstritten.

53 **aa) Eröffnung des Zivilrechtswegs.** Nach der Grundsatzentscheidung des Bundesverwaltungsgerichts vom 2.5.2007,[52] mit dem der Verwaltungsrechtsweg für Streitigkeiten über Vergaben im Unterschwellenbereich für unzulässig erklärt wurde, geht die herrschende Meinung von der ausschließlichen **Zuständigkeit der Zivilgerichte** aus.[53]

---

[48] Ausführlich *Jansen/Geitel* VergabeR 2018, 376 (380 ff.) mwN.

[49] Zustimmend VK Lüneburg Beschl. v. 6.2.2018 – VgK – 42/2017, unter II 2 b).

[50] In diese Richtung allerdings noch OLG Brandenburg Beschl. v. 2.10.2008 – 12 U 91/08, VergabeR 2009, 530; LG Düsseldorf Urt. v. 29.10.2008 – 14c O 264/08, NZBau 2009, 142 (144) – Reinersbach mwN. Ähnlich LG Oldenburg Urt. v. 6.5.2010 – 1 O 717/10 (für einen Grundstücksverkauf der öffentlichen Hand).

[51] OLG Düsseldorf Urt. v. 13.1.2010 – I-27 U 1/09, NZBau 2010, 328 (329) unter II 1 b.

[52] BVerwG Beschl. v. 2.5.2007 – 6 B 10/07, NZBau 2007, 389 mAnm. *Krohn* NZBau 2007, 493.

[53] S. aus der Praxis ua OLG Düsseldorf Urt. v. 13.1.2010 – I-27 U 1/09, NZBau 2010, 328 (329 f.); OLG Düsseldorf Urt. v. 13.12.2017 – I-27 U 25/17, NZBau 2018, 168 Rn. 15 – Förderverein Freizeitpark;

Dieser Zuordnung liegt die Erwägung zugrunde, dass der Staat bei der Vergabe öffentlicher Aufträge als Nachfrager am Markt grundsätzlich **privatrechtlich agiert;** daher sei auch das vorangehende Vergabeverfahren dem Privatrecht zuzuordnen. Maßgeblich sei die **Handlungsform,** nicht das Ziel oder der Charakter der Aufgabe, zu deren Erfüllung die Beschaffung erfolge.[54] Auch die besonderen öffentlich-rechtlichen Bindungen, denen die öffentliche Hand bei der Vergabe unterliege, führten nicht zu einer Zuordnung des für sich genommenen privatrechtlichen Verwaltungshandelns zum öffentlichen Recht. Auch eine Aufteilung des Beschaffungsvorgangs in ein öffentlich-rechtliches Vergabeverfahren zur Auswahl des Vertragspartners und einen privatrechtlichen Vertragsschluss (im Sinne der sog. Zwei-Stufen-Theorie) lehnt das BVerwG wegen der **Einstufigkeit** des Verfahrens ab.[55] 54

bb) Gegenansicht: Verwaltungsrechtsweg. Hiergegen wird gerade in Bezug auf Aufträge im Bereich Verteidigung und Sicherheit eingewandt, dass die Beschaffung von Kriegswaffen eine **ureigene Staatsaufgabe** und dem Staat vorbehalten sei. Für den Rechtsweg käme es auf die „wahre Natur“ des Rechtsverhältnisses an. Diese sei bei der Verteidigungsbeschaffung – in Anschluss an zwei Entscheidungen des **VG Koblenz** und **OVG Koblenz** von 2004 bzw. 2005[56] – öffentlich-rechtlich. Für die Überprüfung von militärischen Vergaben außerhalb des GWB sei daher der Verwaltungsrechtsweg eröffnet, der auch sachgerechter sei.[57] 55

Den Verfechtern des Verwaltungsrechtswegs ist darin beizupflichten, dass dieser für die Überprüfung von Vergabeentscheidungen **besser geeignet** ist. Denn er ist vom **Amtsermittlungsgrundsatz** geprägt und kennt ein Recht auf **Akteneinsicht.** Da Bieter normalerweise keinen Einblick in die Vorgänge „hinter den Kulissen“ des Vergabeverfahrens haben, handelt es sich dabei um zwei wesentliche Elemente eines effektiven Rechtsschutzes.[58] Speziell für den Verteidigungs- und Sicherheitsbereich kommt hinzu, dass der Verwaltungsprozess detaillierte Regelungen zum Umgang mit Geheimakten kennt (§ 99 VwGO), die dem Zivilprozess fremd sind. 56

Die Einordnung öffentlicher Vergabeentscheidungen in die Sphäre des Privatrechts vermag auch dogmatisch nicht zu überzeugen. Das gilt selbst dann, wenn man dem BVerwG darin folgt, dass sich die Zuordnung nach der Rechtsform des Handelns und nicht nach der Art der Aufgabe richtet, zu deren Erfüllung die Beschaffung erfolgt.[59] Denn richtigerweise ist zwischen dem Vergabeverfahren, in dessen Rahmen der Vertragspartner ausgewählt wird, und dem eigentlichen Vertragsschluss zu differenzieren: **Das Vergabeverfahren** folgt ausschließlich öffentlich-rechtlichen Regeln. Die Vergabevorschriften wurden speziell für das Verwaltungshandeln aufgestellt und gelten nur für die öffentliche Hand; sie sind somit **„Sonderrecht der Verwaltung“** und damit **öffentlich-rechtlich.**[60] Gleiches gilt für die verfassungsrechtlichen Bindungen aus Art. 3 GG. Für ihre Überprüfung ist daher nach § 40 Abs. 1 VwGO der **Verwaltungsrechtsweg** eröffnet. 57

Dem steht **nicht entgegen,** dass der anschließende **Vertragsschluss** privatrechtlicher Natur ist, weil er sich von der vorangehenden Auswahlentscheidung ohne weiteres gedanklich und faktisch trennen lässt (im Sinne der sog. **Zwei-Stufen-Theorie**). Die An- 58

ebenso bereits die Vorinstanz LG Wuppertal Urt. v. 21.7.2017 – 2 O 171/17, BeckRS 2017, 137796 Rn. 16.

[54] BVerwG Beschl. v. 2.5.2007 – 6 B 10/07, NZBau 2007, 389 Rn. 6 mAnm. *Krohn* NZBau 2007, 493.

[55] BVerwG Beschl. v. 2.5.2007 – 6 B 10/07, NZBau 2007, 389 Rn. 64 mAnm. *Krohn* NZBau 2007, 493.

[56] VG Koblenz Beschl. v. 31.1.2005 – 6 L 2617/04, NZBau 2005, 412; OVG Koblenz Beschl. v. 25.5.2005 – 7 B 10356/05, NZBau 2005, 411.

[57] Eingehend v. Wietersheim/*Hölzl,* Vergaben im Bereich Verteidigung und Sicherheit, 177 (184ff.); im gleichen Sinne bereits *Hölzl* VergabeR 2012, 141 (146).

[58] v. Wietersheim/*Hölzl,* Vergaben im Bereich Verteidigung und Sicherheit, 177 (186).

[59] Vgl. Müller-Wrede Kompendium VergabeR/*Krohn,* 1. Aufl., Kap. 24, Rn. 60.

[60] Sog. „Sonderrechtstheorie“, dazu näher MüKoBGB/*Papier* § 839 Rn. 146; BGH Urt. v. 18.3.1964 – V ZR 44/62 NJW 1964, 1472 unter III.3.

nahme des BVerwG, das Vergabeverfahren sei ein „einheitlicher Vorgang", der keine „erste Stufe" kenne, auf der eine vom Zuschlag zu unterscheidende Vergabeentscheidung fallen könne, entspricht nicht dem Praxisbefund. In jedem Vergabeverfahren – innerhalb wie außerhalb des GWB – geht der Zuschlagserteilung eine (zumeist interne, mitunter aber auch nach außen kommunizierte) Entscheidung darüber voraus, wem der Zuschlag erteilt werden soll. Das entspricht nicht nur der tatsächlichen Handhabung, sondern ist auch logisch zwingend: Erst wenn entschieden ist, wer den Zuschlag erhalten soll, kann dieser erteilt werden. Diese Auswahlentscheidung fällt nicht mit dem zivilrechtlichen Vertragsschluss zusammen, sondern geht ihm voraus. Das gilt trotz des Umstands, dass die Auswahlentscheidung in Verfahren außerhalb des Anwendungsbereichs des GWB meist nicht gesondert nach außen kommuniziert wird, sondern erst im Rahmen des Zuschlags, mit dem zugleich der Vertrag geschlossen wird. Die Differenzierung zwischen dem öffentlich-rechtlichen Auswahlverfahren und dem zivilrechtlichen Vertragsschluss ist daher keine „künstliche Unterscheidung".[61] Darum sprechen – entgegen der Ansicht des Bundesverwaltungsgerichts – die besseren Gründe für die Eröffnung des Verwaltungsrechtswegs.

59 Der Verwaltungsrechtsweg ist unabhängig von dem Meinungsstreit jedenfalls für die Überprüfung solcher Vergabeentscheidungen eröffnet, die nicht auf den Abschluss eines zivilrechtlichen Vertrags abzielen, sondern einen **öffentlich-rechtlichen Vertrag,** zB eine öffentlich-rechtliche Konzession betreffen.[62] Derartige Verträge sind im Verteidigungs- und Sicherheitsbereich allerdings die Ausnahme.

3. Rechtsschutz gegen Vergabeentscheidungen internationaler Organisationen

60 **a) Vergaben internationaler Organisationen im Allgemeinen.** Bewerber und Bieter, die im Rahmen von Vergabeverfahren internationaler Organisationen Rechtsschutz suchen, sehen sich vielfältigen Hürden ausgesetzt. Da Auftrags- und Konzessionsvergaben internationaler Organisationen gemäß § 145 Abs. 7 lit. c, § 117 Abs. 4 lit. c, Abs. 5 und § 150 Abs. 7 lit. c GWB bzw. den zugrunde liegenden Abkommen **nicht den gemeinschaftsrechtlichen oder nationalen Vergabevorschriften** unterfallen,[63] sind auch die Vorgaben zum Rechtsschutz aus Titel IV der Richtlinie 2009/81/EG und §§ 155 ff. GWB nicht anwendbar. Aufgrund völkerrechtlicher Abkommen und nationaler Regelungen[64] unterliegen internationale Organisationen auch **nicht der staatlichen Gerichtsbarkeit.**[65] Zudem verfügen internationale Organisationen – mit Ausnahme der EU, deren Eigenvergaben der Kontrolle durch das EuG und den EuGH unterliegen – über **keine eigene Gerichtsbarkeit.**[66]

61 Auch internationale Organisationen agieren bei der Auftragsvergabe jedoch nicht im rechtsfreien Raum. Aufgrund ihrer rechtsstaatlichen Bindungen müssen sie den allgemeinen **Justizgewährleistungsanspruch** beachten.[67] Die **konkrete Umsetzung** dieses Anspruchs obliegt jedoch den internationalen Organisationen selbst, soweit sich aus dem Gründungsakt nichts anderes ergibt. Da sie ihre Immunität nicht aufgeben wollen, unterwerfen sich internationale Organisationen nicht der staatlichen Gerichtsbarkeit. Auch internationale Gerichte bieten aufgrund der fehlenden Aktivlegitimation natürlicher Personen und Unternehmen kein adäquates Forum für Rechtsschutz im Zusammenhang mit Vergabeentscheidungen internationaler Organisationen.[68] Internationale Organisationen kommen ihrer Pflicht zur Gewährleistung von Rechtsschutz daher in der Regel durch die

[61] *Krohn* NZBau 2007, 493 (495); *Burgi* NVWZ 2007, 737 (738 f.).
[62] BGH Beschl. v. 23.1.2012 – X ZB 5/11, NZBau 2012, 248 Rn. 19, 22; VG Frankfurt a.M. Beschl. v. 4.11.2011 – 5 L 2864/11.F, BeckRS 2011, 55664.
[63] S. dazu → § 57 Rn. 100 ff., 123 f. und 139.
[64] In Deutschland ergibt sich dies aus § 20 Abs. 2 GVG.
[65] Grabitz/Hilf/*Ullrich,* Sekundärrecht, B 17 Rn. 76.
[66] Grabitz/Hilf/*Ullrich,* Sekundärrecht, B 17 Rn. 77.
[67] Grabitz/Hilf/*Ullrich,* Sekundärrecht, B 17 Rn. 78.
[68] *Heunickx* PPLR 2012, 95 (107).

Durchführung von **Schiedsverfahren** nach, allerdings ohne dies in ihren Vergaberegeln ausdrücklich festzuschreiben.[69]

So sieht beispielsweise Ziffer 15.5 des Vergabehandbuchs der **Vereinten Nationen**[70] 62
nur für vertragliche Streitigkeiten („contractual disputes") die Durchführung von Verhandlungen und – als letztes Mittel – ein Schiedsverfahren vor. Bei Beschwerden eines unterlegenen Bieters, dh außerhalb eines laufenden Vertragsverhältnisses, kann nach Ziffer 6.1 Abs. 5 des Vergabehandbuchs eine Nachbesprechung zu den Hintergründen der Angebotsablehnung („Debriefing") durchgeführt werden. Nach Abschluss der Nachbesprechung kann der Bieter eine Vergabebeschwerde erheben, die von einem internen Kontrollausschuss („award review board") bewertet wird.[71]

Anders und deutlich bieterfreundlicher regelt die **Europäische Organisation für** 63
Kernforschung (CERN) den Rechtsschutz. In Ziffer 24 CERN-GCT[72] wird den Bietern ausdrücklich die Möglichkeit eines Schiedsverfahrens aufgezeigt. Mit dieser klaren Regelung stellt CERN allerdings eine – lobenswerte – Ausnahme unter den internationalen Organisationen dar.[73]

b) Vergaben durch die EU und europäische Organisationen. Für die **Europäische** 64
Union und die unter ihrem Schirm errichteten **europäischen Organisationen** folgt aus dem allgemeinen Rechtsschutzsystem des AEUV, den gemeinsamen Verfassungstraditionen der Mitgliedstaaten, Art. 6 und 13 der EMRK sowie Art. 47 der EU-Grundrechte-Charta ein Anspruch auf wirksamen und vollständigen Rechtsschutz.[74] Dazu gehört auch ein effektiver **Primärrechtsschutz,** und nicht nur ein auf Schadensausgleich gerichteter Sekundärrechtsschutz.[75] Da die EU kraft ihrer Kompetenzen die Mitgliedsstaaten zu einem effektiven Primärrechtsschutz verpflichten kann, wäre es nicht nachvollziehbar, wenn sie bei Eigenvergaben keinen vergleichbaren Rechtsschutz gewähren müsste.[76]

Bei Eigenvergaben der EU bzw. Europäischer Agenturen[77] besteht die Möglichkeit ei- 65
nes Antrags auf **Erlass einer einstweiligen Anordnung** durch das **EuG** gemäß Art. 278, 279 AEUV. Bei Vergaben, die den Haushaltsvorschriften der EU unterliegen, hat die Vergabestelle die nicht berücksichtigten Bieter zudem über die Gründe der Ablehnung des Angebots zu unterrichten und anschließend eine 14-tägige Stillhaltefrist vor dem Vertrag abzuwarten (Art. 149 Abs. 3 Unterabs. 1b; Art. 158a der Durchführungsbestimmungen zur EU-Haushaltsordnung). Bei Vergaben anderer Europäischer Organisationen folgt eine Vorabinformations- und Wartepflicht nach der Rechtsprechung des EuG aus den (→ Rn. 64) genannten Rechtsschutzgrundsätzen.[78] Auf diese Weise steht Bietern bis zu einem gewis-

[69] Grabitz/Hilf/*Ullrich,* Sekundärrecht, B 17 Rn. 79 u. 82.

[70] United Nations Procurement Manual, Revision 7 Stand Juli 2013, abrufbar unter http://www.un.org/depts/ptd/pdf/pm.pdf.

[71] Der „Debriefing and Procurement Challenges FAQ" (http://www.un.org/Depts/ptd/debrief_faq.htm) weist ausdrücklich darauf hin, dass mit der Überprüfung keine Aufgabe der Immunität oder Privilegien der UN verbunden ist („Nothing in this announcement or any implementing procedure or action by the UN with respect to such debriefing shall be deemed in any way to constitute a waiver of any of the privileges and immunities of the United Nations and its subsidiary Organs").

[72] General Conditions for Invitations to Tender by CERN, abrufbar im Internet über http://procurement.web.cern.ch (unter „Key Reference Documents").

[73] So auch Grabitz/Hilf/*Ullrich,* Sekundärrecht, B 17 Rn. 103.

[74] EuG Urt. v. 20.9.2011 – T-461/08, BeckRS 2011, 81495 Rn. 118 – Evropaïki Dynamiki (in Bezug auf eine Auftragsvergabe durch die Europäische Investitionsbank). S. zu Art. 47 der EU-Grundrechte-Charta auch *Heunickx* PPLR 2012, 95 (100).

[75] EuG Urt. v. 20.9.2011 – T-461/08, BeckRS 2011, 81495 Rn. 119–121 – Evropaïki Dynamiki. Für Eigenvergaben der EU ebenso bereits Grabitz/Hilf/*Ullrich,* Sekundärrecht, B 17 Rn. 78.

[76] Grabitz/Hilf/*Ullrich,* Sekundärrecht, B 17 Rn. 78; ähnlich *Schilling* EuZW 1999, 239 (240), der unter Hinweis auf EuGH Urt. v. 9.8.1994 – C-51/93 Rn. 11 – Meyhui hervorhebt, dass die Anforderungen des Gemeinschaftsrechts an die Mitgliedsstaaten und die Gemeinschaft grundsätzlich dieselben sind.

[77] Hierzu *Riedel* EuZW 2009, 565.

[78] EuG Urt. v. 20.9.2011 – T-461/08, BeckRS 2011, 81495 Rn. 119–121 – Evropaïki Dynamiki (in Bezug auf Vergaben durch die Europäische Investitionsbank).

sen Grad Primärrechtsschutz zur Verfügung. Abschließende Entscheidungen können jedoch nur im Hauptsacheverfahren vor dem EuG (bzw. EuGH) getroffen werden, was die Effektivität dieses Rechtsschutzes erheblich schmälert.[79]

III. Schadenersatzansprüche

66 Für Schadenersatzansprüche wegen Vergabeverstößen gelten im Verteidigungs- und Sicherheitsbereich **keine Besonderheiten.** Im Anwendungsbereich des GWB-Vergaberechts kommt insbesondere ein Schadenersatzanspruch auf Ersatz des negativen Interesses im Fall des **§ 181 Abs. 1 GWB** in Betracht. Nach dieser Vorschrift kann ein Bieter Ersatz seiner Kosten für die Verfahrensteilnahme bzw. Angebotsvorbereitung verlangen, wenn der Auftraggeber gegen eine bieterschützende Vergabevorschrift verstoßen hat und dadurch eine an sich bestehende Zuschlagschance des Bieters beeinträchtigt wurde. Dieser Anspruch besteht aufgrund der Erstreckung des GWB-Vergaberechts auf Vergaben im Verteidigungs- und Sicherheitsbereich jetzt auch bei diesen Vergaben.

67 Darüber hinaus können sich Schadenersatzansprüche wegen der Verletzung von Vergabevorschriften aus **§ 280 iVm §§ 313, 241 BGB** bzw. **Verschulden bei Vertragsschluss** ergeben. Nach einer Grundsatzentscheidung des BGH vom 9.6.2011 ist ein solcher Anspruch nicht mehr davon abhängig, dass der klagende Bieter auf die Einhaltung der Vergabevorschriften durch den Auftraggeber vertraut hat; vielmehr kann sich ein Schadensersatzanspruch bereits aus der in der Missachtung der Vergabevorschriften liegenden **Verletzung der vorvertraglichen Rücksichtnahmepflichten** des Auftraggebers ergeben.[80] Anknüpfungspunkt für die Rücksichtnahmepflichten ist dabei im Bereich des **GWB-Vergaberechts** der gesetzlich (§ 97 Abs. 6 GWB) vermittelte Anspruch der Bieter auf Einhaltung der Vergabevorschriften. Die Erstreckung des GWB-Vergaberechts auf den Verteidigungs- und Sicherheitsbereich führt daher auch insoweit unmittelbar zu einer Ausweitung der zivilrechtlichen Verantwortlichkeit der Auftraggeber und entsprechender Schadensersatzansprüche der Bieter.

68 Der Schadensersatzanspruch aus § 280 iVm §§ 313, 241 BGB bzw. Verschulden bei Vertragsschluss umfasst im Regelfall das **negative Interesse,** dh diejenigen Kosten, die dem Bieter durch die Verfahrensteilnahme bzw. den Rechtsverstoß entstanden sind. Hierzu können auch Anwaltskosten für die Rüge bzw. Abwehr des Vergabeverstoßes gehören.[81]

69 Hat der Auftraggeber den Auftrag erteilt, kann einem zu Unrecht übergangenem Bieter, dem bei ordnungsgemäßem Vergabeverfahren der Zuschlag hätte erteilt werden müssen, sogar ein Anspruch auf **Ersatz des entgangenen Gewinns** zustehen.[82] Derartige Fälle sind in der Praxis zwar selten, für den Auftraggeber aber mit einem potentiell hohen finanziellen Risiko verbunden.

70 Auf Vergaben **außerhalb des GWB-Vergaberechts** lassen sich diese Grundsätze nicht direkt übertragen, weil die Bieter in diesem Fall keinen unmittelbaren gesetzlichen Anspruch auf Einhaltung der Vergabevorschriften haben. Gleichwohl können sich Schadensersatzansprüche aus § 280 Abs. 1 BGB iVm §§ 311 Abs. 2, 241 Abs. 2 BGB aus **Verschulden bei Vertragsschluss** ergeben, wenn der Auftraggeber sich im Vergabeverfahren zur

[79] Kritisch Grabitz/Hilf/*Ullrich,* Sekundärrecht, B 17 Rn. 98.

[80] BGH Urt. v. 9.6.2011 – X ZR 143/10, NZBau 2011, 498, Ls. und Rn. 13 bis 15. Dazu eingehend *Krohn,* in Fünfzehnte forum vergabe Gespräche 2012, 167 ff.

[81] BGH Urt. v. 9.6.2011 – X ZR 143/10, NZBau 2011, 498 Rn. 17.

[82] BGH Urt. v. 8.9.1998 – X ZR 99/96, NJW 1998, 3640 (3643 f.); OLG Naumburg Urt. v. 26.10.2004 – 1 U 30/04 (unter 1.1), NJOZ 2005, 2015; OLG Dresden Urt. v. 9.3.2004 – 20 U 1544/03, NZBau 2004, 404 (in beiden letztgenannten Fällen wurde ein Anspruch auf Ersatz des entgangenen Gewinns bejaht).

Einhaltung bestimmter Verfahrensregeln verpflichtet hat, diese dann aber schuldhaft verletzt.[83]

Vereinzelt wird darüber hinaus vertreten, dass sich Schadensersatzansprüche auch aus **§ 823 Abs. 2 BGB** ergeben können. Im Anwendungsbereich des GWB-Vergaberechts seien die GWB-Vergabevorschriften – entgegen der hM[84] – als Schutzgesetze im Sinne dieser Vorschrift anzusehen; für Vergaben außerhalb des GWB-Vergaberechts ergebe sich eine entsprechende Schutzwirkung aus dem Gleichbehandlungsgrundsatz des Art. 3 Abs. 1 GG iVm dem Grundsatz der Selbstbindung der Verwaltung sowie den Grundfreiheiten des AEUV.[85] In der Praxis hat sich diese Sichtweise bisher aber nicht durchgesetzt. 71

Auch bei **Eigenvergaben der EU besteht** für rechtswidrig übergangene Bieter grundsätzlich die Möglichkeit, Schadensersatz zu erlangen. Grundlage sind die Regelungen zur Amtshaftung nach Art. 340 Abs. 2 AEUV. Voraussetzung ist, dass die Vergabestelle gegen eine bieterschützende Vergaberegel verstoßen hat und zwischen dem Verstoß und dem Schaden ein unmittelbarer Kausalzusammenhang besteht.[86] Auch ein Anspruch auf entgangenen Gewinn ist denkbar, setzt aber voraus, dass der Bieter trotz des Beurteilungsspielraums des Auftraggebers einen Anspruch auf Zuschlagserteilung hatte.[87] 72

[83] BGH Urt. v. 20.1.2009 – X ZR 113/07, BeckRS 2009, 06499 Rn. 9 (für den Fall der Ausschreibung durch einen Privaten nach der VOB/A).

[84] OLG Düsseldorf Urt. v. 29.7.1998 – U (Kart) 24/98, BeckRS 1998, 0093.

[85] Beck VergabeR/*Antweiler* GWB § 181 Rn. 47 f.

[86] EuGH Urt. v. 4.7.2000 – C-352/98, ECLI:EU:C:2000:361 Rn. 42 – Bergaderm; EuGH Urt. v. 5.3.1996 – C-46/93, ECLI:EU:C:1996:79 Rn. 51 – Brasserie du pêcheur.

[87] EuGH Urt. v. 17.3.2005 – T-160/03, IBRRS 2005, 1093 Rn. 31.

Kapitel 12 Konzessionsvergabeverordnung (KonzVgV)

§ 62 Einleitung

Übersicht

GWB: §§ 97, 98, 101, 148–154
KonzVgV
VOB/A: § 23

Literatur zu den §§ 62–68:
Antweiler, Ausschreibungspflicht und „Bereichsausnahme" bei der Vergabe von Rettungsdienstleistungen, VergabeR 2015, 275; *Bornheim/Stockmann,* Die neuen Vergabevorschriften – Sind auch private Auftraggeber zur europaweiten öffentlichen Vergabe von Bauaufträgen verpflichtet?, BauR 1994, 677; *Braun,* Vergaberecht in Zeiten der COVID-19 Krise, VergabeR 2020, 433; *Braun,* Neues von der Konzessionsvergabe, VergabeR 2020, 249; *Braun,* Stand der Konzessionsvergabe, NZBau 2019, 622; *Braun,* Umgehungsverbote und Grenzen des Konzessionsrechtes, NZBau 2018, 652; *Braun* Elektronische Vergaben, VergabeR 2016, 179; *Braun,* Dienstleistungskonzessionen im europäischen Wandel, EuZW 2012, 451; *Braun,* Sekundärrechtsschutz unterhalb der Schwellenwerte?, VergabeR 2008, 360; *Braun,* Vergabe von Leistungen im Zusammenhang mit Flüchtlingsunterkünften, APF 2016, 357; *Braun,* Konzessionsvergaben für Sportwetten – Maßstab für alle verwaltungsrechtlichen Konzessionsauswahlverfahren?, NZBau 2016, 266; *Braun,* Der Retter in der Not: Dienstleistungskonzession?, NZBau 2011, 400; *Braun,* Zivilrechtlicher Rechtsschutz bei Vergaben unterhalb der Schwellenwerte, NZBau 2008, 160; *Braun/Buchmann,* Beleihung als Ausstiegsmöglichkeit aus der Ausschreibungsverpflichtung? NZBau 2007, 691; *Braun/Zwetkow,* Keine Bestätigung der Bereichsausnahme für Vergaben von Rettungsdienstleistungen, NZBau 2020, 219; *Brüning,* Die Dienstleistungskonzession im Nachprüfungsverfahren, NVwZ 2012, 216; *Bühs,* Trotz Bereichsausnahme: Für Rettungsdienstvergaben weiterhin der Vergaberechtsweg aufgrund Landesrecht eröffnet?, NVwZ 2019, 1410; *Bultmann,* Dienstleistungskonzession und Dienstleistungsvertrag – warum kompliziert, wenn es auch einfach geht?, NVwZ 2011, 72; *Burgi,* BauGB-Verträge und Vergaberecht, NVwZ 2008, 929; *Burgi,* Die Vergabe von Dienstleistungskonzessionen: Verfahren, Vergabekriterien, Rechtsschutz, NZBau 2005, 610; *Burgi,* Die Ausschreibungsverwaltung, DVBl. 2003, 949; *Daegeförde,* Die Vorabinformationspflicht im Vergaberechtsschutz: Eine unendliche Geschichte, NZBau 2020, 72; *Durner,* Umweltrechtliche Genehmigungen als Vergabeentscheidungen?, DVBl 2020, 149; *Classen,* Zur Abgrenzung von Dienstleistungskonzessionen gegenüber Miet- und Pachtverträgen nach der Richtlinie 2014/23/EU, VergabeR 2016, 13; *Deuster/Michaels,* Direktvergaben nach der Verordnung (EG) Nr. 1370/2007 an eigenes kommunales Verkehrsunternehmen im Vergabenachprüfungsverfahren, NZBau 2011, 340; *Diemon-Wies,* Vergabe von Konzessionen – Überblick über die neuen Regelungen im GWB-Entwurf, VergabeR 2016, 162; *Diemon-Wies/Hesse,* Präzisierte Kriterien für die Abgrenzung von Dienstleistungsauftrag und Dienstleistungskonzession, NZBau 2012, 341; *Donhauser/Hölzlwimmer,* Die neue Richtlinie über die Konzessionsvergabe und ihre Auswirkungen auf die Vergabe von Wegenutzungskonzessionen nach § 46 EnWG, VergabeR 2015, 509; *Franzius,* Gewährleistung im Recht, 2008; *Goodarzi/Skrobek,* Vergaberechtlich anfechtbare Versorgungsaufträge durch Krankenkassen und deren Vermarktung, NZS 2014, 804; *Greb/Ruhland,* Praxisrelevante Änderungen im Vergabeprozess, Kommunalpraxis Spezial 2016/02, 64; *Groth,* Die Dienstleistungskonzession im europäischen Vergabe- und Beihilfenrecht, 2010; *Höfler,* Vergaberechtliche Anforderungen an die Ausschreibung von Baukonzessionen, WuW 2000, 136; *Hövelberndt,* Übernahme eines wirtschaftlichen Risikos als Voraussetzung der Dienstleistungskonzession, NZBau 2010, 599; *Horn,* Vergaberechtliche Rahmenbedingungen bei Verkehrsinfrastrukturprojekten im Fernstraßenbau, ZfBR 2004, 665; Jaeger, Und doch: Bestätigung der Bereichsausnahme für Vergaben von Rettungsdienstleistungen, NZBau 2020, 223; *Knauff,* Die Vergabe von Dienstleistungskonzessionen: Aktuelle Rechtslage und zukünftige Entwicklungen, VergabeR 2013, 157; *Knauff,* Möglichkeiten der Direktvergabe im ÖPNV (Schiene und Straße), NZBau 2012, 65; *Knauff,* Das wettbewerbliche Verfahren nach Art. 5 III Verordnung (EG) Nr. 1370/2007 iVm § 8 PBefG-E, NZBau 2011, 655; *Knauff/Schwensfeier,* Kein Rechtsschutz gegen Steuerung mittels „amtlicher Erläuterung"?, EuZW 2010, 611; *Michaels,* Keine Verdrängung speziellen EU-Verga-

berechts aus Gründen der Unionstreue, NVwZ 2011, 969; *Müller,* Öffentlich-rechtliche Dienstleistungskonzessionen künftig ein Beschaffungsvorgang?, NVwZ 2016, 266; *Müller-Wrede,* GWB-Kommentar, 1. Aufl.; *Müller-Wrede/Braun,* KonzVgV-Kommentar, 1. Aufl.; *Noch,* Die Abgrenzung öffentlicher Bauaufträge von den Liefer- und Dienstleistungsaufträgen, BauR 1998, 941; *Ortner,* Vergabe von Dienstleistungskonzessionen. Unter besonderer Berücksichtigung der Entsorgungs- und Verkehrswirtschaft, 2007; *Pietzcker,* Grundstücksverkäufe, städtebauliche Verträge und Vergaberecht, NZBau 2008, 293; *Prieß,* Ausschreibungspflicht für Verkehrsverträge im Schienenpersonennahverkehr, NZBau 2002, 539; *Prieß/Marx/Hölzl,* Kodifizierung des europäischen Rechtes zur Vergabe von Dienstleistungskonzessionen nicht notwendig – Überlegungen am Beispiel der europäischen Regeln für die Trinkwasserversorgung, NVwZ 2011, 65; *Prieß/Stein,* Die neue EU-Konzessionsvergaberichtlinie, VergabeR 2014, 499; *Reidt* Grundstücksveräußerungen der öffentlichen Hand und städtebauliche Verträge als ausschreibungspflichtige Baukonzession?, BauR 2007, 1664; *Reidt/Stickler,* Das Fernstraßenbauprivatfinanzierungsgesetz und der Baukonzessionsvertrag – Das „Pilotprojekt" der Warnow-Querung in Rostock, Teil 1, BauR 1997, 241; Teil 2, BauR 1997, 365; *Rennert,* Konzessionen vor dem Verwaltungsgericht, NZBau 2019, 41; *Ruhland,* Die Dienstleistungskonzession – Begriff, Standort und Rechtsrahmen der Vergabe, 2006; *Ruhland,* Dienstleistungskonzessionsvergabe – Verfahren und Rechtsschutz, ThürVBl. 2008, 198; *Schwab/Giesemann,* Mit mehr Regeln zu mehr Rechtssicherheit? – Die Überarbeitung des europäischen Vergaberechts, VergabeR 2014, 351; *Siegel,* Der neue Rechtsrahmen für die Vergabe von Dienstleistungskonzessionen, VergabeR 2015, 265; *Siegel,* Die Konzessionsvergabe im Unterschwellenbereich, NZBau 2019, 353; *Stickler,* Das Aufbürden ungewöhnlicher Wagnisse iSd § 9 Nr. 2 VOB/A bei der Baukonzession, BauR 2003, 1105; *Vavra,* Die Vergabe von Dienstleistungskonzessionen, VergabeR 2010, 351; *Walz,* Die Bau- und Dienstleistungskonzession im deutschen und europäischen Vergaberecht, 2009; Ziekow/Völlink, Vergaberecht, 4. Aufl., 2020.

A. Einleitung

1 In vielen Bereichen der heutigen Verwaltung werden die eigentlichen Leistungen nicht mehr vom Staat selbst, sondern durch eingeschaltete Private erbracht,[1] wobei das Institut der Dienstleistungskonzession schon auf eine längere Tradition zurückblickt.[2] Die Finanzkrise öffentlicher Haushalte, das hohe Leistungsniveau des Staates und der erhebliche Bedarf an moderner Infrastruktur zwingen – auch aus Sicht der Politik – dazu, über die traditionelle Arbeitsteilung zwischen Staat und Privatwirtschaft neu nachzudenken. Der Staat selbst verfügt oftmals nicht mehr über die Möglichkeit, die Infrastruktur in ausreichendem Maße für die Bürger zu garantieren. Daher unternimmt der Staat unter dem Druck seiner Finanzsituation immer größere Anstrengungen, **private Handlungsrationalität** zu nutzen und sich aus vielen Bereichen staatlicher Betätigung zurückzuziehen.

2 Die Einbindung Privater in die öffentliche (Infrastruktur-)Verantwortung wird dabei oft als besserer Weg angesehen, öffentliche Leistungen mit geringeren Kosten sowie schnellerer und höherer Qualität bereitzustellen.[3] In diesem Zusammenhang sind Bau- und Dienstleistungskonzessionen ein ebenso vielfach genutztes wie flexibles Instrument der Einbeziehung Privater in die öffentliche Aufgabenerfüllung. Auch sie sind eine Art „Partnerschaft" zwischen der öffentlichen Hand und einem (in der Regel) privaten Unternehmen, die sich in bestimmten Bereichen – wie etwa der Infrastrukturentwicklung – bewährt hat. Konzessionen ermöglichen die Mobilisierung von privatem Kapital und Know-how als Ergänzung zu den Ressourcen der öffentlichen Hand und damit Neuinvestitionen in öffentliche Infrastrukturen und Dienste, ohne die öffentliche Verschuldung zu erhöhen.[4]

[1] Die vorliegende Bearbeitung (und auch die der §§ 63 bis 68) beruhen auf der Ausarbeitung von *Ruhland.*

[2] Müller-Wrede/Braun/*Braun* KonzVgV 1 Rn. 4 ff.

[3] Der Gesamtbereich der Privatisierung wird mit dem Begriff der „Verantwortungsteilung" umschrieben. Hierdurch soll zum Ausdruck gebracht werden, dass eine Verschiebung der Verantwortung vom Staat auf den Privaten stattfindet. Den verschiedenen Privatisierungsformen entsprechend ist die Verantwortungsverschiebung mehr oder weniger stark ausgeprägt. Allgemein zur Verantwortungsteilung: *Schuppert* (Hrsg.), Jenseits von Privatisierung und „schlankem" Staat, 1999.

[4] Konzessionen sind damit letztlich (in unterschiedlichem Umfang) eine Ausprägung des Wandels der Leistungsverwaltung in Richtung Gewährleistungsverwaltung bzw. Ausschreibungsverwaltung, vgl. grundlegend hierzu *Franzius,* Gewährleistung im Recht, 2008; konkret für die Dienstleistungskonzession: *Ruhland,* Die Dienstleistungskonzession, 105 ff.; *Burgi* NVwZ 2008, 929, 930. Zur Begrifflichkeit der Ausschreibungsverwaltung schon *Burgi,* DVBl. 2003, 949.

Dabei sind Bau- und Dienstleistungskonzessionen in den verschiedensten Bereichen und auf allen Ebenen anzutreffen. Die Dienstleitungskonzession zeichnet sich durch eine erhebliche Heterogenität aus, weil zahlreiche Dienstleistungskonzessionen ua durch Bereichsausnahmen nicht dem GWB-Vergaberecht unterliegen.[5] Der typische Wandel von der Leistungsverwaltung hin zur Gewährleistungsverwaltung ist besonders deutlich zu spüren. Konzessionen werden dabei regelmäßig in Sektoren vergeben, die für die Lebensqualität der EU-Bürger bedeutsam sind. Dienstleistungskonzessionen betreffen zB den Betrieb von Häfen, Abfallentsorgungsanlagen, Sportstätten, Intensivtransporthubschraubern, Breitbandnetzen, Feuerbestattungsanlagen, Kantinen- und Verpflegungsdienste, Verkehrs- und Personenbeförderungsleistungen oder auch die Verbesserung des Entlassungsmanagements oder die stadtweite Möblierung des Rettungsdienstes sowie des Krankentransports. Vergeben werden Baukonzessionen in Gestalt der Errichtung und des anschließenden Betriebs von Energieversorgungsanlagen (Strom, Wärme, Kälte) in einem Gewerbepark, Bau und Betrieb eines Mautsystems auf Autobahnen, von Stadthallen, Parkhäusern und kommunalen Schwimmbädern. 3

Für Private werden hierdurch insgesamt wirtschaftlich attraktive Bereiche eröffnet – die Situation ist gekennzeichnet durch einen Wettbewerb um den **„Konzessionsmarkt“.** Machen sich die öffentliche Hand und hier insbesondere die Kommunen diese Modelle zu Nutze, stellt sich daher stets auch die Frage nach der Anwendbarkeit bzw. der Anwendungstiefe des Vergaberechts. Die Konzessionsvergabe zeichnet sich in diesem großen Markt durch eine erhebliche materielle Heterogenität und eine formelle Begriffsvielfalt aus.[6] 4

B. Allgemeine Bestimmungen

Für das förmliche Konzessionsrecht sind im Wesentlichen drei Regelungsbereiche maßgeblich: die **Konzessionsvergaberichtlinie** (KRL), das GWB und die **Konzessionsvergabeverordnung** (KonzVgV). Die Richtlinie 2014/23/EU des Europäischen Parlamentes und des Rates vom 26. 2. 2014 über die Konzessionsvergabe sieht Regelungen für die Vergabe von Konzessionen in einer separaten Richtlinie vor und erfasst dabei gleichermaßen Bau- wie Dienstleistungskonzessionen. Zuvor enthielten die klassischen Vergaberichtlinien nur vereinzelte konzessionsrelevante Bestimmungen, insbesondere zur Vergabe von Baukonzessionen. Die Vergabe von Dienstleitungskonzessionen war im Bereich des förmlichen Vergaberechts bislang gesetzlich nicht geregelt und unterlag lediglich dem EU-Primärrecht. Nach Art. 8 Abs. 1 KRL gelten die Regelungen der KRL nunmehr gleichermaßen für Bau- wie für Dienstleistungskonzessionen, sofern deren Wert den einschlägigen Schwellenwert erreicht bzw. überschreitet. 5

Zur Umsetzung der europäischen Richtlinienvorgaben ist auf nationaler Ebene im Rahmen der Vergaberechtsreform 2016 am 18. 4. 2016 das Gesetz zur Modernisierung des Vergaberechts (Vergaberechtsmodernisierungsgesetz vom 17. 2. 2016) und die hierdurch in Bezug genommene Verordnung zur Modernisierung des Vergaberechts (Vergaberechtsmodernisierungsverordnung vom 12. 4. 2016) – letztere in Form einer sog. „Mantelverordnung“ – in Kraft getreten. Teil der Mantelverordnung ist die **Konzessionsvergabeverordnung** (KonzVgV). Diese erfasst ebenfalls Bau- und Dienstleistungskonzessionen. Damit wurden Regelungen zur Vergabe von Dienstleistungskonzessionen in deutsches Recht aufgenommen. Baukonzessionen waren dagegen zuvor bereits erfasst und sowohl oberhalb als auch unterhalb der EU-Schwellenwerte in der VOB/A normiert.[7] 6

Gleichzeitig umfasst das Gesetz gegen Wettbewerbsbeschränkungen (GWB) – welches bei Erreichen bzw. Überschreiten des Schwellenwertes gemäß § 106 Abs. 1, Abs. 2 Nr. 4 7

5 Müller-Wrede/Braun/*Braun* § 1 KonzVgV Rn. 83–102.
6 Vgl. *Siegel* NZBau 2019, 353; *Rennert* NZBau 2019, 411.
7 Vgl. Kapellmann/Messerschmidt/*Ganske* VOB/A § 23; Müller-Wrede/Braun/*Braun* § 23 VOB/A.

GWB auf Konzessionsvergaben Anwendung findet – mit den §§ 97, 101, 105 GWB sowie den §§ 148 ff. GWB die wesentlichen Normen zum Anwendungsbereich und zu den Grundzügen der Konzessionsvergabe. Sind die Definitionsmerkmale der Bau- oder Dienstleistungskonzession im Sinne des §§ 101, 105 GWB erfüllt, kommen die Verfahrensvorschriften für Bau- oder Dienstleistungsaufträge im Sinne des § 103 GWB nicht zur Anwendung, sondern die weniger strengen Verfahrensvorschriften für Konzessionen.

8 Die KonzVgV enthält dabei im Detail die verfahrensrechtlichen Bestimmungen. So stellt § 1 KonzVgV klar, dass die KonzVgV auf alle Konzessionen im Sinne des § 105 GWB anwendbar ist, die durch Konzessionsgeber im Sinne des § 101 GWB vergeben werden und die dem novellierten Teil 4 des GWB unterfallen. Konzessionen, die gemäß §§ 107 bis 109 oder gemäß §§ 149 f. GWB vom Anwendungsbereich der §§ 97 ff. GWB ausgenommen sind, unterliegen dagegen auch nicht den Bestimmungen der KonzVgV. Die KonzVgV ist gegenüber der SektVO gem. § 1 Abs. 3 SektVO vorrangig (zur Sektorenverordnung ausführlich → §§ 48 Rn. 1 ff. – 54 Rn. 1 ff.). Allerdings gelangt bei der Konzessionsvergabe im Sektorenbereich auch die Bestimmung des § 3 SektVO zur Anwendung. Weiter kommt die KonzVgV auch im Verteidigungsbereich zur Anwendung, sofern keine besondere Ausnahme nach § 150 GWB vorliegt und zudem die VSVgV keine vorrangige Sonderregelung trifft.[8]

I. Grundregeln der Konzessionsvergabe

9 Konzessionen werden gemäß § 97 Abs. 2 GWB an alle Konzessionsnehmer gleich[9] und in nichtdiskriminierender Weise vergeben.[10] (→ § 1 Rn. 45 ff.). Die Konzessionsvergabe unterliegt gemäß § 97 Abs. 1 S. 1 GWB dem Transparenzgrundsatz[11] und gemäß § 97 Abs. 1 S. 2 GWB[12] dem Verhältnismäßigkeitsgebot (→ § 1 Rn. 26 ff., Rn. 43 f.). Der Nichtdiskriminierungsgrundsatz verbietet unter anderem gemäß § 12 Abs. 3 KonzVgV die ungleiche Weitergabe von Bieterinformationen. Nach § 12 Abs. 1 S. 1 KonzVgV darf das Verfahren – unter Berücksichtigung der vorgenannten Verfahrensgrundsätze – frei ausgestaltet werden. Da das Auswahlverfahren so frei ausgestaltet ist, haben die allgemeinen Grundsätze grundlegende Bedeutung für eine rechtmäßige Vergabe, auf die die Unternehmen gem. § 97 Abs. 1, 2, 6 GWB oberhalb der Schwellenwerte Anspruch haben. Die allgemeinen Verfahrensgrundsätze sind immer unternehmensschützend (zu den Grundsätzen des Vergaberechts, → § 1 Rn. 7 ff., Rn. 66 ff.).

10 Die KonzVgV ist in zwei Abschnitte aufgeteilt: Allgemeine Bestimmungen und Kommunikation (Abschnitt 1) und Vergabeverfahren (Abschnitt 2). Das gesamte Verfahren soll freier gestaltet werden können (vgl. § 12 Abs. 1 KonzVgV), wobei Grenzen bestehen. Der Verfahrensgestaltungsfreiheit steht als Grenze das Umgehungsverbot des § 14 KonzVgV entgegen.[13] § 14 KonzVgV ist eine materielle Schranke gegenüber der völlig freien Ausformung des Verfahrens. Das Vergabeverfahren darf zB nicht derart durchgeführt werden, dass es „künstlich" vom Anwendungsbereich des Kartellvergaberechts ausgenommen wird. Ebenso ist eine Diskriminierung von Bietern untersagt.[14] § 14 KonzVgV betrifft damit die Konzeption des gesamten Verfahrens, einschließlich (und insbesondere) der Berechnungsmethode des Schwellenwertes (siehe hierzu § 2 Abs. 2 KonzVgV).

---

[8] Ziekow/Völlink/*Siegel* § 1 KonzVgV Rn. 5.
[9] Vgl. KLR- Erwägungsgründe Nr. 4, 6, 24, 53, 55, 61, 67, 68, 73, 77.
[10] Vgl. KLR- Erwägungsgründe „Nichtdiskriminierung", „Diskriminierungsfreiheit" Nr. 1, 4, 6, 13, 54, 55, 63, 65 RL 2014/23/EU.
[11] Der Grundsatz der „Transparenz" wird in den Erwägungsgründen Nr. 4, 6, 33, 53, 54, 61, 67, 68, 72, 73, 74, 77 RL 2014/23/EU hervorgehoben.
[12] Der Grundsatz der „Verhältnismäßigkeit" bzw. des „verhältnismäßigen" Verhaltens wird in den Erwägungsgründen Nr. 4, 9, 87 RL 2014/23/EU hervorgehoben.
[13] Ausführlich: Müller-Wrede/Braun/*Braun* § 14 KonzVgV.
[14] Müller-Wrede/Braun/*Braun* § 105 GWB Rn. 12, 16, 22, 61.

Aufgrund des grundsätzlich bestehenden weiten Leistungs- und Kriterienbestimmungsrechts[15] des Konzessionsgebers ist das Umgehungsverbot allerdings lediglich als Grenze zu betrachten. Das Diskriminierungsverbot des § 12 Abs. 3 KonzVgV, wonach der Konzessionsgeber den Bewerber oder Bieter bei der Weitergabe von Informationen nicht diskriminieren darf, konkretisiert die allgemeinen Grundsätze des § 97 Abs. 1 und 2 GWB. Wenn die konkrete Verfahrensgestaltung durch konkrete Tatsachenvorgaben (zB durch Beschränkung auf einen örtlichen Bewerberkreis) darauf abzielt, das Verfahren dem Konzessionsvergaberecht zu entziehen oder die Geltung des Gleichbehandlungsgrundsatzes auszuhebeln, liegt eine rechtsmissbräuchliche und damit unzulässige Verfahrensgestaltung iSd § 14 KonzVgV vor.[16] 11

II. Freie Ausgestaltung des Verfahrens

Die KonzVgV trifft gem. § 1 KonzVgV nähere Bestimmungen über das einzuhaltende 12 Konzessionsvergabeverfahren oberhalb der Schwellenwerte durch einen Konzessionsgeber. Die KRL betrifft die binnenmarktrelevanten Konzessionsvergaben oberhalb der EU-Schwellenwerte. National wird die KRL durch das GWB (Teil 4) und die KonzVgV umgesetzt. Mit dieser Verordnung werden die Verfahrensregeln zur Vergabe von Liefer-, Dienstleistungs- und Baukonzessionen in einer Rechtsverordnung oberhalb der Schwellenwerte zusammengeführt. Die GWB-Regelungen ziehen allgemeine Definitionen vor die Klammer, wohingegen in der KonzVgV die konzessionsspezifischen Weichenstellungen für das Verfahren getroffen werden. Die allgemeinen Grundsätze des Verfahrens ergeben sich aus § 12 KonzVgV. Der Konzessionsgeber darf gem. § 12 Abs. 1 S. 1 KonzVgV das Verfahren zur Vergabe von Konzessionen nach Maßgabe der KonzVgV frei ausgestalten. Dies bedeutet aber keine Regellosigkeit, weil die KonzVgV zahlreiche unternehmensschützende Regelungen enthält.[17]

Grundsätzlich kann der Konzessionsgeber das Vergabeverfahren nach Maßgabe der 13 Konzessionsvergabeverordnung frei gestalten (§ 12 Abs. 1 S. 1 KonzVgV). Er kann den Verfahrensablauf an den Vorschriften der Vergabeverordnung zum Verhandlungsverfahren mit Teilnahmewettbewerb ausrichten. Weder die Vorschriften der Vergabeverordnung noch diejenigen der Konzessionsvergabeverordnung ermöglichen es jedoch ohne weiteres, von einer Konzessionsbekanntmachung gemäß § 19 KonzVgV zur Eröffnung des vorgeschriebenen Wettbewerbs abzusehen.[18] (weitergehend → § 64 Rn. 4 ff.).

III. Wahrung der Vertraulichkeit

Der Konzessionsgeber darf gem. § 4 Abs. 1 S. 1 KonzVgV idR keine von den Unterneh 14 men übermittelten und von diesen als vertraulich gekennzeichneten Informationen weitergeben. Dazu gehören gem. § 4 Abs. 1 S. 2 KonzVgV insbesondere Betriebs- und Geschäftsgeheimnisse und die vertraulichen Aspekte der Angebote einschließlich ihrer Anlagen. Die Vorschrift ist mit § 5 VgV und § 5 SetkVO vergleichbar (auch zur elektronischen Kommunikation → § 5 Rn. 1 ff.).

IV. Vermeidung von Interessenkonflikten

Organmitglieder und Mitarbeiter des Konzessionsgebers oder eines im Namen des Kon- 15 zessionsgebers handelnden Beschaffungsdienstleisters, bei denen ein Interessenkonflikt be-

---

[15] OLG Düsseldorf Urt. v. 23.12.2015- VI-2 U (Kart) 4/15, BeckRS 2016, 6396.
[16] Vgl. Müller-Wrede/Braun/*Braun* § 14 KonzVgV Rn. 18 ff.
[17] Vgl. jüngst VK Mecklenburg-Vorpommern Beschl. v. 21.2.2020, 3 VK 10/19; OLG Rostock Beschl. v. 9.7.2020 – 17 Verg 3/20, BeckRS 2020, 26600; OLG Rostock Beschl. v. 9.7.2020 – 17 Verg 2/20, BeckRS 2020, 26599.
[18] Vgl. VK Hamburg (Finanzbehörde) Beschl. v. 31.7.2017 – Vgk FB 3/17, BeckRS 2017, 130379 Rn. 64.

steht, dürfen gem. § 5 Abs. 1 S. 1 KonzVgV in einem Vergabeverfahren nicht mitwirken. Ein Interessenkonflikt besteht gem. § 5 Abs. 2 KonzVgV bei Personen, die an der Durchführung des Vergabeverfahrens beteiligt sind oder Einfluss auf den Ausgang eines Vergabeverfahrens nehmen können und die ein direktes oder indirektes finanzielles, wirtschaftliches oder persönliches Interesse haben, das ihre Unparteilichkeit und Unabhängigkeit im Rahmen des Vergabeverfahrens beeinträchtigen könnte. Diese Regelungen sind unternehmensschützend.[19]

C. Schwellenwert, Berechnung des geschätzten Vertragswerts

16 Gemäß § 106 Abs. 2 Nr. 4 GWB iVm Art. 8 KRL liegt der derzeit einschlägige Schwellenwert einheitlich für Bau- und Dienstleistungskonzessionen bei **5.350.000 EUR.**[20] Dieser Schwellenwert wird von der Kommission gemäß Art. 9 KRL alle zwei Jahre überprüft und erforderlichenfalls angepasst. Bisher hat der Schwellenwert stets alle zwei Jahre eine Änderung erfahren. Vorgaben zur Berechnung des Schwellenwertes enthält § 2 KonzVgV. Hiernach geht der Konzessionsgeber bei der Berechnung des geschätzten Vertragswertes von dem voraussichtlichen Gesamtumsatz ohne Umsatzsteuer aus, den der Konzessionär während der Vertragslaufzeit als Gegenleistung für die Bau- oder Dienstleistungen erzielt, die Gegenstand der Konzession sind, und für Lieferungen, die mit diesen Bau- oder Dienstleistungen verbunden sind (vgl. § 2 Abs. 3 Nr. 1 und Nr. 2 KonzVgV). Vergleichbare Regelungen enthalten § 3 VgV, § 2 SektVO und § 3 VSVgV (ausführlich zur Schwellenwert- und Auftragswertberechnung → § 8 Rn. 1 ff.).

17 Die Dienstleistungskonzession ist – im Unterschied zu einem Dienstleistungsauftrag – durch ein Dreiecksverhältnis zwischen Auftraggeber, Leistungserbringer/Konzessionär und Nutzer gekennzeichnet. Der Unternehmer trägt dabei das wirtschaftliche Risiko seiner Leistung und erhält seine Vergütung in erster Linie durch eine Zahlung vom Nutzer der Dienstleistungen. Im Falle eines vergaberechtlich relevanten Dienstleistungsauftrages liegt hingegen in der Regel nur eine bilaterale Beziehung zwischen Auftraggeber und Unternehmer vor. Im Unterschied zu Dienstleistungsaufträgen wären bei Dienstleistungskonzessionen die erzielten Umsätze mit Dritten im Rahmen der Berechnung des einschlägigen Schwellenwerts nach § 2 Abs. 3 KonzVgV mit zu berücksichtigen.[21]

18 Dabei werden entsprechend den Umständen des jeweiligen Einzelfalles alle finanziellen Vorteile jedweder Art mitberücksichtigt (vgl. § 2 Abs. 4 KonzVgV). Der Auftrag darf nicht so aufgeteilt werden, dass die Ausschreibung dem Vergaberegime entzogen wird (vgl. § 2 Abs. 2 S. 2 KonzVgV).[22] Wegen der Bedeutung des Schwellenwerts ist es erforderlich, dass die Vergabestelle die ordnungsgemäße Ermittlung des geschätzten Auftragswertes in einem Aktenvermerk festhält. Dabei steigen die Anforderungen an die Genauigkeit der Wertermittlung und Dokumentation an, je mehr sich der Auftragswert dem Schwellenwert annähert.[23]

19 Maßgeblicher Zeitpunkt für die Berechnung des geschätzten Vertragswerts ist gem. § 2 Abs. 5 S. 1 KonzVgV der Zeitpunkt, zu dem die Konzessionsbekanntmachung abgesendet oder das Vergabeverfahren auf sonstige Weise eingeleitet wird. Abweichend davon ist gem. § 2 Abs. 5 S. 2 KonzVgV der Zeitpunkt des Zuschlags maßgeblich, falls der Vertragswert zu diesem Zeitpunkt mehr als 20 Prozent über dem nach § 2 Abs. 5 S. 1 KonzVgV geschätzten Wert liegt. Es ist also eine ex ante Perspektive entscheidend. Die Anforderungen

---

[19] Vgl. Müller-Wrede/Braun/*Rommelfanger* § 4 KonzVgV Rn. 27, 28.

[20] Delegierte Verordnung (EU) der Kommission vom 30.10.2019 zur Änderung der RL 2009/81/EG des Europäischen Parlaments und des Rates im Hinblick auf die Schwellenwerte für Liefer-, Dienstleistungs- und Bauaufträge.

[21] VK Sachsen Beschl. v. 26.11.2017 – 1/SVK/016-17, VPRRS 2017, 0327.

[22] OLG München Beschl. v. 14.10.2019 – Verg 16/19, BeckRS 2019, 28624.

[23] VK Südbayern Beschl. v. 14.2.2017 – Z3-3/3194/1/54/12/16, BeckRS 2017, 124185, Rn. 204.

an die Genauigkeit der Wertermittlung werden immer höher, je mehr sich der Auftragswert dem Schwellenwert annähert. Weiterhin ist es sicherer, bei schwellenwertnahen Konzessionsvergaben, ein Verfahren nach dem GWB durchzuführen.[24]

Im Falle einer Losvergabe ist der geschätzte Gesamtwert aller Lose zu berücksichtigen. 20
Erreicht oder übersteigt der geschätzte Gesamtwert den maßgeblichen Schwellenwert, ist die Konzessionsvergabeverordnung für die Vergabe jedes einzelnen Loses anzuwenden (vgl. § 2 Abs. 6 KonzVgV).[25] (ausführlich zu Schwellenwert- und Auftragsberechnung → § 8 Rn. 1 ff.).

Der Erwägungsgrund 23 KRL hebt hervor, dass die Höhe des für Konzessionen maß- 21
geblichen Schwellenwertes die klare länderübergreifende Bedeutung für die Wirtschafteilnehmer widerspiegelt. Das Bundesministerium für Wirtschaft und Energie gibt den geltenden Schwellenwert gemäß § 106 Abs. 3 GWB unverzüglich im Bundesanzeiger bekannt. Im Übrigen ist für die Schätzung des Vertragswertes § 2 KonzVgV zu beachten. Der Konzessionsgeber berechnet nach § 2 Abs. 1 KonzVgV den geschätzten Vertragswert nach einer objektiven Methode, die in den Vergabeunterlagen anzugeben ist, wobei eine Umgehungsabsicht gemäß § 2 Abs. 2 KonzVgV nicht gegeben sein darf.

Die KonzVgV ergänzt die einschlägigen Vorschriften des GWB für Konzessionsvergabe- 22
verfahren und stellt weitere spezielle Anforderungen, Regeln und Grundsätze für die Durchführung eines solchen Verfahrens auf. Die Nichtbeachtung dieser Vorschriften führt dazu, dass das Verfahren erfolgreich vor der Vergabekammer beanstandet werden kann. Rechtlich überprüft werden kann insbesondere das Umgehungsverbot gem. § 14 KonzVgV und die fehlerhafte Schätzung des Schwellenwertes entsprechend § 2 KonzVgV.

Da der Auftrag zur Zeit des Nachprüfungsverfahrens typischerweise noch nicht erteilt 23
ist und die Bruttoauftragssumme daher noch nicht feststeht, ist regelmäßig auf die Summe des Angebots abzustellen, das der Antragsteller eingereicht hat, weil er mit dem Nachprüfungsantrag seine Chance auf den Auftrag wahren will.[26] Die Ungewissheit, ob der Auftraggeber das Optionsrecht ausüben wird, ist mit einem angemessenen Abschlag vom vollen Auftragswert zu berücksichtigen, der rechnerisch während der optionalen Laufzeit erzielt werden könnte. Dieser Abschlag ist im Regelfall mit 50 % zu veranschlagen. Bei der Streitwertbemessung sind mögliche Verlängerungen der Laufzeit zu berücksichtigen, wobei insoweit ein Abschlag von 50 % vorzunehmen ist.[27]

Die Schwellenwertberechnung wird stets von den Nachprüfungsinstanzen sogar von 24
Amts wegen überprüft[28] (zu Konzessionsvergaben unterhalb der Schwellenwerte → § 68).

[24] Ziekow/Völlink/*Siegel* § 2 KonzVgV Rn. 11.
[25] Ausführlich: Müller-Wrede/Braun/*Radu* § 2 KonzVgV.
[26] OLG München Beschl. v. 21.10.2019 – Verg 13/19, BeckRS 2019, 25348 mHa BGH Beschl. v. 18.3.2014 – X ZB 12/13, NZBau 2014, 452.
[27] OLG München Beschl. v. 21.10.2019 – Verg 13/19, BeckRS 2019, 25348.
[28] Vgl. Müller-Wrede/Braun/*Radu* § 2 KonzVgV Rn. 98 ff.

§ 63 Anwendungsbereich

Übersicht

GWB: § 105, 148, 149, 150, 154
KonzVgV: §§ 1, 2, 3

A. Begrifflichkeit

I. Begriffsbestimmung des § 105 GWB

Nach § 105 Abs. 1 Nr. 2 und Abs. 2 GWB sind Konzessionen entgeltliche Verträge, mit denen ein Konzessionsgeber ein Unternehmen mit der Erbringung und der Verwaltung von Dienstleistungen betraut, wobei die Gegenleistung entweder allein in dem Recht zur Verwertung der Dienstleistungen oder in diesem Recht zuzüglich einer Zahlung besteht und das Betriebsrisiko für die Verwertung der Dienstleistungen auf den Konzessionsnehmer übergeht. Eine Dienstleistungskonzession liegt vor, wenn es sich um einen Dienstleistungsauftrag handelt, dem Auftragnehmer (= Konzessionär) das Recht zur Nutzung übertragen wird und der Auftragnehmer sein Entgelt von Dritten erhält und in irgendeiner Art und Weise ein wirtschaftliches Risiko trägt.[1] 1

Der Begriff der vergaberechtlichen Konzessionen stimmt weitestgehend mit den Bestimmungen in Art. 1 Abs. 3 u. Abs. 4 der „alten" RL 2004/18/EG bzw. Art. 1 Abs. 3 der „alten" RL 2004/17/EG überein. Dabei stellt § 105 Abs. 1 GWB klar, dass es sich auch bei Konzessionen um **entgeltliche Verträge** handelt.[2] Danach sind Konzessionen entgeltliche Verträge, mit denen ein oder mehrere Konzessionsgeber (iSd § 101 GWB) ein oder mehrere Unternehmen mit der Erbringung von Bauleistungen (Baukonzession, vgl. § 105 Abs. 1 Nr. 1 GWB) bzw. mit der Erbringung und der Verwertung von Dienstleistungen betrauen, die nicht in der Erbringung von Bauleistungen nach § 105 Abs. 1 Nr. 1 GWB bestehen (Dienstleistungskonzession, vgl. § 105 Abs. 1 Nr. 2 GWB).[3] Die Gegenleistung besteht dabei im Falle einer Baukonzession entweder allein in dem Recht zur Nutzung des Bauwerks bzw. im Falle einer Dienstleistungskonzession entweder allein in dem Recht zur Verwertung der Dienstleistung oder in beiden Fällen in dem entsprechenden Recht zuzüglich einer Zahlung. 2

---

[1] VK Sachsen Beschl. v. 17.7.2019 – 1/SVK/017-19, BeckRS 2019, 35274.

[2] So auch schon die frühere Rechtsprechung, vgl. nur OLG Düsseldorf Beschl. v. 2.10.2008 – VII-Verg 25/08, NZBau 2008, 727, 732.

[3] Betrauen bedeutet dabei, dass der öffentliche Auftraggeber eine ihm obliegende Aufgabe auf einen Dritten überträgt, damit dieser die Aufgabe für den öffentlichen Auftraggeber erledigt, vgl. *Diemon-Wies* VergabeR 2016, 163.

3 Während im Falle eines öffentlichen Auftrages im Sinne von § 103 Abs. 1 GWB die Gegenleistung eine unmittelbare finanzielle Zuwendung umfasst, die direkt vom öffentlichen Auftraggeber an den Auftragnehmer gezahlt wird, besteht im Falle einer Konzession die Gegenleistung in Form eines **Nutzungsrechtes** (ggf. zzgl. einer Zahlung). Maßgeblich erhält der Konzessionär damit die Vergütung für seine Dienstleistung nicht oder zumindest nicht vollumfänglich vom Auftraggeber, sondern von Dritten, die die Leistung in Anspruch nehmen – den Nutzern (zB Parkgebühren).[4] Kennzeichen des Konzessionsmodells ist damit die direkte Verbindung zwischen dem Konzessionär und dem Endnutzer. Der Private erbringt die Bau- bzw. Dienstleistung anstelle der öffentlichen Hand unter ihrer Aufsicht. Zudem muss der Nutzen der Bau- bzw. Dienstleistung stets dem Auftraggeber zustehen.[5]

4 Die Begriffe „Konzession" oder „Dienstleistungskonzession" werden als Sammelbegriffe für alle Arten der Konzessionen, auch der verwaltungs- und sozialrechtlichen, verwandt. § 1 KonzVgV benutzt den Begriff der Konzession, der in § 105 GWB geregelt ist. Die vergaberechtliche Konzession ist durch folgende Elemente gekennzeichnet:[6]

- Erbringung von Bau- oder Dienstleistungen durch den Konzessionsnehmer;
- Betrauung mit dieser Leistungserbringung durch den Konzessionsgeber;
- Gegenleistung des Konzessionsgebers;
- Tragung des Betriebsrisikos durch den Konzessionsnehmer.

Zudem ist der Konzessionsvertrag gem. § 3 KonzVgV stets zeitlich befristet, um den Wettbewerb sicherzustellen und eine Marktabschottung zu verhindern.[7] Dienstleistungskonzessionen zeichnen sich zudem regelmäßig durch Dreiecksituationen aus.[8]

5 Zunächst entscheidend für die Abgrenzung von Aufträgen und Konzessionen ist die Klärung der Frage, ob es der Auftraggeber ist, der die Vergütung schuldet und sie deshalb selbst oder durch einen Dritten zahlt oder ob er den Vertragspartner eine Ausgabe ausführen und im Zusammenhang damit wirtschaftlichen Nutzen daraus ziehen lässt. Der Konzessionsgeber beschafft sich immer dann eine Leistung, wenn ihm die Gegenleistung entweder unmittelbar zugutekommt, wie etwa beim Einkauf von Einrichtungsgegenständen, oder mittelbar, wenn sie ihn bei der Erfüllung der ihm obliegenden Aufgaben unterstützt, wie etwa durch die Organisation des Rettungsdienstes. Entweder benötigt er die Leistung direkt, damit er die ihm obliegenden Aufgaben erfüllen kann, oder aber er überträgt die ihm eigentlich zukommenden Aufgaben auf einen Dritten.[9]

II. Form

6 Konzessionsverträge sind gem. Art. 5 Nr. 1 UAbs. 1 lit. a und b KRL „schriftlich geschlossene" Verträge. Der Begriff der „Schriftlichkeit" wird in Art. 5 Nr. 6 KRL definiert. Diese Definition sieht unter anderem „eine aus Wörtern oder Ziffern bestehende Darstellung" vor, „die gelesen, reproduziert und mitgeteilt werden kann". Eine Unterschrift bzw. Signatur wird nicht vorausgesetzt. Obwohl diese Definition keiner der bestehenden BGB-Begriffsbestimmung entspricht, kommt sie noch der Textform gem. § 126b BGB am nächsten. Der Abschluss eines Konzessionsvertrages muss deshalb nach der KRL zumindest in der Form des § 126b BGB erfolgen. Dies hat zwar der deutsche Gesetzgeber in dieser

[4] Ständige Rspr. des EuGH, vgl. nur EuGH Urt. v. 10.9.2009 – C-206/08, WAZV Gotha, NZBau 2009, 729, Rn. 53; EuGH Urt. v. 10.11.2011 – C-348/10, NZBau 2012, 183 – Norma-A; EuGH Urt. v. 21.5. 2015 – C-269/14, BeckRS 2015, 80764.
[5] Vgl. Erwägungsgrund 11 RL 2014/23/EU.
[6] Vgl. Ziekow/Völlink/*Ziekow* § 105 GWB Rn. 4.
[7] Vgl. Müller-Wrede/Braun/*Kadenbach* § 3 KonzVgV Rn. 1.
[8] VK Sachsen Beschl. v. 17.7.2019 – 1/SVK/017-19, BeckRS 2019, 35274, Rn. 49.
[9] VK Sachsen Beschl. v. 17.7.2019 – 1/SVK/017-19, BeckRS 2019, 35274.

Form in § 105 Abs. 1 GWB nicht übernommen, gleichwohl ergibt sich aus der Zusammenschau der Regelungen der KonzVgV ein vergleichbares Resultat.[10]

Nach § 6 Abs. 1 S. 1 KonzVgV hat der Konzessionsgeber das Vergabeverfahren vollständig in der Textform des § 126b BGB zu dokumentieren. Hierunter fallen nach § 6 Abs. 1 S. 2 KonzVgV auch die Angebote der Bieter iSd § 145 BGB sowie der Zuschlag als Annahme iSd § 147 BGB. § 28 Abs. 1 KonzVgV bestätigt dies nochmals für die Abgabe der Angebote durch die Bieter. Insofern sind Konzessionsverträge auch nach deutschem Recht in der Textform des § 126b BGB abzuschließen und zu dokumentieren.[11] 7

III. Betriebsrisiko: Abgrenzung zum öffentlichen Auftrag

Eine Dienstleistungskonzession unterscheidet sich von einem Dienstleistungsauftrag dadurch, dass die Gegenleistung für die Erbringung der Dienstleistung entweder ausschließlich in dem Recht zur Nutzung der Dienstleistung oder in diesem Recht zuzüglich der Zahlung eines Preises besteht. Ob und inwieweit der Konzessionär bei der Verwertung der ihm übertragenen Leistung tatsächlich den Risiken des Marktes ausgesetzt ist und er das Betriebsrisiko ganz oder zumindest zu einem wesentlichen Teil übernimmt, hängt nach der Rechtsprechung des Europäischen Gerichtshofs und des Bundesgerichtshofs von den Umständen des Einzelfalls ab.[12] Der Übergang des Betriebsrisikos auf den Konzessionär ist das wesentliche Abgrenzungskriterium zwischen öffentlichem Auftrag im Sinne des § 103 Abs. 1 GWB und Konzession im Sinne von § 101 GWB. Dies hat der Gesetzgeber nun ausdrücklich in § 105 Abs. 2 GWB klargestellt und es entspricht auch der bisherigen Rechtsprechung des EuGH. Dieser hatte immer wieder betont, dass die charakteristische Refinanzierung über das Benutzerentgelt alleine nicht ausreicht, um das Vorliegen eines öffentlichen Auftrags zu verneinen bzw. umgekehrt selbst bei unmittelbarer Vergütung durch den öffentlichen Auftraggeber im Ausnahmefall die Voraussetzungen einer Konzession erfüllt sein können.[13] Das wirtschaftliche Betriebsrisiko der Dienstleistung ist das Risiko, den Unwägbarkeiten des Marktes ausgesetzt zu sein. Dazu zählen das Risiko der Konkurrenz durch andere Wirtschaftsteilnehmer, das Risiko eines Ungleichgewichts zwischen Angebot und Nachfrage, das Risiko der Zahlungsunfähigkeit derjenigen, die die Zahlung der erbrachten Dienstleistung schulden, das Risiko einer nicht vollständigen Deckung der Betriebsausgaben durch die Einnahmen und das Risiko der Haftung für einen Schaden im Zusammenhang mit einem Fehlverhalten bei der Erbringung der Dienstleistung.[14] 8

§ 105 Abs. 2 GWB bestimmt nunmehr, dass bei der Vergabe einer Bau- bzw. Dienstleistungskonzession das Betriebsrisiko für die Nutzung des Bauwerks oder für die Verwertung der Dienstleistungen auf den Konzessionär übergeht – und zwar nach der Rechtsprechung des EuGH **voll oder zumindest zu einem wesentlichen Teil.**[15] Andernfalls verbleibt es bei der Qualifizierung als öffentlicher Auftrag oder als vergabefreies sonstiges Tätigwerden der öffentlichen Hand.[16] Maßgeblich ist, ob der Auftragnehmer das Betriebsrisiko vollständig oder zumindest zu einem wesentlichen Teil trägt. Unter dem Betriebsrisiko ist das Risiko zu verstehen, den Unwägbarkeiten des Marktes ausgesetzt zu sein, das sich im Risiko der Konkurrenz durch andere Wirtschaftsteilnehmer, dem Risiko eines Ungleichgewichts zwischen Angebot und Nachfrage, dem Risiko der Zahlungsunfähigkeit derjenigen, die die Bezahlung der erbrachten Dienstleistungen schulden, dem Risiko einer 9

[10] Vgl. Müller-Wrede/Braun/*Braun* § 1 KonzVgV Rn. 49ff.
[11] Müller-Wrede/Braun/*Rommelfanger* § 6 KonzVgV Rn. 15.
[12] OLG Düsseldorf Beschl. v. 19.2.2020 – VII-Verg 2/19, BeckRS 2020, 2260.
[13] Ständige Rspr. ua EuGH Urt. v. 14.7.2016 – C-458/14, C-67/15, EuZW 2016, 657, Rn. 46; EuGH Urt. v. 10.11.2011 – C-348/10, NZBau 2012, 183.
[14] VK Sachsen Beschl. v. 17.7.2019 – 1/SVK/017-19, BeckRS 2019, 35274.
[15] Vgl. nur EuGH Urt. v. 10.11.2011 – C-348/10, NZBau 2012, 183, Rn. 45 – Norma-A; EuGH Urt. v. 10.3.2011 – C-274/09, NZBau 2011, 239 Rn. 29, 33 – Rettungsdienst Stadler; EuGH Urt. v. 10.9.2009 – C-206/08– WAZV Gotha, NZBau 2009, 729, Rn. 59, 68, 77.
[16] OLG München Beschl. v. 22.1.2012 – Verg 17/11, BeckRS 2012, 3166.

nicht vollständigen Deckung der Betriebsausgaben durch die Einnahmen oder dem Risiko der Haftung für einen Schaden im Zusammenhang mit einem Fehlverhalten bei der Erbringung der Dienstleistung äußern kann. Hingegen sind Risiken, die sich aus einer mangelhaften Betriebsführung oder aus Beurteilungsfehlern des Wirtschaftsteilnehmers ergeben, für die Einordnung eines Vertrags als öffentlichen Dienstleistungsauftrag oder als Dienstleistungskonzession nicht entscheidend, da diese Risiken jedem Vertrag immanent sind, gleichgültig ob es sich dabei um einen öffentlichen Dienstleistungsauftrag oder um eine Dienstleistungskonzession handelt. Soll, wie hier, neben dem Recht zur Nutzung der Dienstleistung zusätzlich ein Preis gezahlt werden, kann der Vertrag jedenfalls dann nicht als Dienstleistungskonzession angesehen werden, wenn die zusätzliche Vergütung oder (Aufwands-)Entschädigung ein solches Gewicht hat, dass ihr bei wertender Betrachtung kein bloßer Zuschusscharakter mehr beigemessen werden kann, sondern sich darin zeigt, dass die aus der Erbringung der Dienstleistung möglichen Einkünfte allein ein Entgelt darstellen würden, das weitab von einer äquivalenten Gegenleistung läge.[17]

1. Amortisationsrisiko

10 Das Konzessionsrecht schließt stets die Übertragung eines Betriebs- bzw. Amortisationsrisikos wirtschaftlicher Art auf den Konzessionsnehmer ein. Dieses Risiko beinhaltet die Möglichkeit, dass die Investitionsaufwendungen und die Kosten für den Betrieb des Bauwerks oder die Erbringung der Dienstleistungen unter normalen Betriebsbedingungen nicht wieder erwirtschaftet werden können,[18] sodass es sich insgesamt um ein Zuschussgeschäft für den Konzessionär handeln würde, wenn er nicht über Einnahmequellen aus der Konzession verfügen würde.

11 Ausgangspunkt für die rechtliche Prüfung ist die Frage, welches Risiko der Konzessionsgeber selbst tragen müsste, wenn er die betreffende Leistung durch eine eigene Dienststelle erbringen ließe.[19] Dabei ist es insbesondere im Bereich der Daseinsvorsorge durchaus üblich, dass hier aus marktregulierenden Tendenzen rechtliche Rahmenbedingungen gelten, die von vornherein eine Beschränkung der wirtschaftlichen Risiken bewirken (beispielsweise im Falle eines bestehenden Anschluss- und Benutzungszwanges oder etwa beim öffentlichen Ausgleich für die Beförderung von Schülern nach § 45a PBefG und von schwerbehinderten Menschen nach den §§ 145 ff. SGB IX[20]). Ein in solchen Fällen gesetzgeberisch von vornherein (erheblich) **eingeschränktes Betriebsrisiko** schließt damit das Vorliegen einer Konzession nicht aus, sofern dieses (eingeschränkte) Betriebsrisiko wiederum ganz oder zum wesentlichen Teil auf den Konzessionär übertragen wird. Nach der Rechtsprechung kommt es immer auf die Umstände des Einzelfalls an.[21]

12 § 105 Abs. 2 S. 1 GWB konkretisiert, wann von einem Übergang des Betriebsrisikos auszugehen ist. Dies ist der Fall, wenn unter normalen Bedingungen nicht gewährleistet ist, dass die **Investitionsaufwendungen oder die Kosten für den Betrieb des Bauwerks oder die Erbringung der Dienstleistung** wieder erwirtschaftet werden können (vgl. § 105 Abs. 2 Nr. 1 GWB) und der Konzessionär den **Unwägbarkeiten des Marktes** tatsächlich ausgesetzt ist[22], so dass potentielle geschätzte Verluste des Konzessionärs nicht vernachlässigbar sind (vgl. § 105 Abs. 2 Nr. 2 GWB). Dabei kann das Betriebsrisiko ein **Nachfrage- oder ein Angebotsrisiko** sein (vgl. § 105 Abs. 2 S. 2 GWB).

---

[17] OLG Düsseldorf Beschl. v. 19.2.2020 – VII-Verg 2/19, BeckRS 2020, 2260.
[18] Erwägungsgrund 18 2014/23/EU.
[19] Vgl. EuGH Urt. v. 10.9.2009 – C-206/08– WAZV Gotha NZBau 2009, 729 Rn. 69, 71 ff.
[20] So *Deuster/Michaels,* NZBau 2011, 340, 342.
[21] Allgemeine Auffassung: OLG Düsseldorf Urt. v. 19.2.2020 – Verg 26/17, BeckRS 2020, 2221 mwN.
[22] So auch die stRspr des EuGH, vgl. nur EuGH Urt. v. 10.3.2011 – C-274/09 – „Rettungsdienst Stadler", Rn. 37, 48; EuGH Urt. v. 10.11.2011 – C-348/10 – „Norma-A", Rn. 48, 51.

2. Unwägbarkeiten des Marktes, tatsächliche Marktausgesetztheit

Der Konzessionsnehmer muss im Rahmen des Übergangs des Betriebsrisikos gem. § 105 Abs. 2 S. 2 Nr. 2 GWB zudem den „Unwägbarkeiten des Marktes" ausgesetzt sein. Dieses Merkmal ist als weiterer Aspekt des Tatbestandsmerkmals des „Betriebsrisikos" zu verstehen und dementsprechend auszulegen. Dieser Aspekt erfordert es, dass der Konzessionsnehmer infolge des Bestehens des Betriebsrisikos tatsächlich einem Verlustrisiko ausgesetzt ist, wenn sich der Markt zu seinen Ungunsten entwickelt und er womöglich dadurch die Investitionsaufwendungen und Betriebskosten nicht wieder erwirtschaften kann. Für die Bestimmung des Risikogrades ist eine Ex-ante-Prognose zu erstellen und zu entscheiden, ob der Bieter mit einer wirtschaftlich risikolosen Ausführung rechnen konnte.[23] 13

Die Ausgestaltung des § 105 Abs. 2 GWB basiert im Wesentlichen auf zwei Entscheidungen des EuGH aus dem Jahr 2011. So hatte der EuGH in der Rechtssache „Rettungsdienst Stadler"[24] verschiedene Ausgestaltungskriterien zum Betriebsrisiko entwickelt und diese in der Rechtssache „Norma-A"[25] bestätigt. Hiernach bedeutet „das wirtschaftliche Betriebsrisiko der Dienstleistung (…) das Risiko (…), den Unwägbarkeiten des Marktes ausgesetzt zu sein", was sich konkret „im Risiko der Konkurrenz durch andere Wirtschaftsteilnehmer (Absatzrisiko), dem Risiko eines Ungleichgewichts zwischen Angebot und Nachfrage (Planungsrisiko), dem Risiko der Zahlungsunfähigkeit derjenigen, die die Bezahlung der erbrachten Dienstleistungen schulden (Insolvenzrisiko), dem Risiko einer nicht vollständigen Deckung der Betriebsausgaben durch die Einnahmen (Verlust- bzw. Verwertungsrisiko) oder dem Risiko der Haftung für einen Schaden im Zusammenhang mit einem Fehlverhalten bei der Erbringung der Dienstleistung (Haftungsrisiko)" äußern kann. Ein Auftragnehmer trägt zB kein Betriebsrisiko, wenn die zu erwartenden Einnahmen aus der Nutzung der Leistung die voraussichtlichen Ausgaben des Auftragnehmers deutlich übersteigen und deshalb nach menschlichem Ermessen rote Zahlen während der Vertragslaufzeit ausgeschlossen werden können.[26] 14

3. Angebots- und Nachfragerisiko

§ 105 Abs. 2 S. 2 GWB setzt Art. 5 Nr. 1 UAbs. 2 S. 1 Hs. 2 RL 2014/23/EU um. Die Norm hebt hervor, dass es sich beim Betriebsrisiko ökonomisch um ein Nachfrage- oder Angebotsrisiko handeln kann.[27] Das Betriebsrisiko ist der Oberbegriff, der wiederum in das Angebots- und das Nachfragerisiko zerfällt.[28] Bei der Betrachtung der Risikoübertragung, insbesondere der quotalen Verteilung zwischen Konzessionsgeber und Konzessionsnehmer, ist weiterhin zu bedenken, dass es darauf ankommt, dass der Konzessionsnehmer (nur) dasjenige Risiko übernimmt, welches sonst der Konzessionsgeber selbst getragen hätte, wenn er die betreffende Tätigkeit selbst ausüben würde. Der Konzessionsgeber kann nicht mehr Risiken übertragen, als denen er selbst ausgesetzt wäre.[29] 16

IV. Besonderheit der Gegenleistung: „Zuzüglich einer Zahlung"

Dem Umstand, dass der Konzessionär das wirtschaftliche Nutzungsrisiko trägt, steht es nicht entgegen, dass der öffentliche Auftraggeber dem Konzessionär als zusätzliche Gegenleistung (also neben dem Nutzungsrecht) noch eine Zahlung gewährt, dh die Übernahme der Risiken durch den Konzessionär kann beschränkt werden. Die **„zusätzliche Zahlung"** kann in unterschiedlicher Form erfolgen und setzt nicht zwangsläufig die unmittel- 17

[23] OLG München Beschl. v. 25.3.2011 – Verg 4/11, NZBau 2011, 380.
[24] Vgl. EuGH Urt. v. 10.3.2011 – C-274/09 – Rettungsdienst Stadler, NZBau 2011, 239, Rn. 26, 37.
[25] Vgl. EuGH Urt. v. 10.11.2011 – 348/10 – Norma-A, NZBau 2012, 183, Rn. 44, 48.
[26] OLG Koblenz Beschl. v. 10.7.2018 – Verg 1/8, VergabeR 2018, 667.
[27] Gesetzesbegründung zu § 105 Abs. 2 S. 2 GWB, VergRModG 2016, BT-Drs. 18/6281, 77.
[28] Erwägungsgründe 18, 19, 20 KRL.
[29] VK Sachsen Beschl. v. 17.7.2019 – 1/SVK/017-19, BeckRS 2019, 35274.

bare Zahlung eines Entgelts seitens des öffentlichen Auftraggebers an den Konzessionär voraus. Ausreichend sind auch sonstige wirtschaftliche Vorteile wie beispielsweise die Übernahme einer Verlustausgleichspflicht oder der Abschluss eines sogenannten Zuschussvertrages.[30] Wichtig ist dabei, dass das Nutzungsrecht die Hauptvergütung des Konzessionärs ist und so beim Konzessionär ein wirtschaftliches Risiko verbleibt. Entscheidend ist also, ob der Konzessionär das wirtschaftliche Risiko trägt.[31]

18 Bei der Frage, in welchem Verhältnis die Zuzahlung zu dem betroffenen Gesamtvolumen stehen darf, verbietet sich eine starre Grenze. Entscheidend ist vielmehr in der Praxis in jedem **Einzelfall** anhand der Gesamtumstände zu klären, ob trotz Zuzahlung beim Konzessionär ein nicht unerhebliches wirtschaftliches Risiko verbleibt. Zu berücksichtigen sein können insofern die von dem Konzessionär übernommenen Risiken, der vereinbarte Vertragszeitraum, etwaige Gestaltungsmöglichkeiten bei der Nutzung der baulichen Anlage. Auch bei Zuzahlungen betreffend eine „Wirtschaftlichkeitslücke" kann eine Dienstleistungskonzession vorliegen.[32]

19 Bezogen auf die Fallgestaltung „Zuschussvertrag" hat der BGH in seiner Entscheidung „Abellio Rail"[33] weitere Hinweise zu der Problematik entwickelt, ab welcher Quantität Ausgleichs- und sonstige Zuzahlungen des öffentlichen Auftraggebers der Annahme einer Konzession entgegen stehen: Entscheidend komme es dabei auf das Gewicht der zusätzlichen geldwerten Zuwendung in Relation zum erzielbaren Benutzungsentgelt an. Die Übernahme des (wesentlichen Teils des) Betriebsrisikos sei jedenfalls dann ausgeschlossen, wenn die Zuzahlung in Form einer zusätzlichen Vergütung oder (Aufwands-) Entschädigung ein solches Gewicht habe, dass ihr bei wertender Betrachtung kein bloßer Zuschusscharakter mehr beigemessen werden könne, sondern sich darin zeige, dass die aus der Erbringung der Dienstleistung möglichen Einkünfte allein ein Entgelt darstellen würden, das weitab von einer äquivalenten Gegenleistung läge. Bei der Beurteilung der quantitativen Gewichtung der Vergütungskomponenten kommt es dabei nach Auffassung des BGH entscheidend nicht auf einen bestimmten prozentualen Schwellenwert an, sondern auf eine wertende Gesamtbetrachtung der Einzelfallumstände (unter Berücksichtigung der jeweils herrschenden Marktgegebenheiten). In der vom BGH zu entscheidenden Konstellation deckten die Zuwendungen der öffentlichen Hand ca. 64% der bei der Vertragsausführung anfallenden Gesamtkosten ab, so dass der BGH das Vorliegen eines öffentlichen Dienstleistungsauftrages annahm.

V. Beschaffungsvorgang, Betrauungsakt

20 Notwendiges Merkmal einer Dienstleistungskonzession ist ein Beschaffungsvorgang, bei dem der Betrieb dem Erlaubnisgeber unmittelbar wirtschaftlich zugutekomme.[34] Ein Beschaffungsvorgang einer Leistung liegt vor, wenn dem Auftraggeber die Gegenleistung entweder unmittelbar zugutekommt, wie etwa beim Einkauf von Einrichtungsgegenständen. Auch eine mittelbare Beschaffung liegt vor, wenn die nachgefragte Leistung ihn bei der Erfüllung der ihm obliegenden Aufgaben unterstützt, wie etwa die Organisation des Rettungsdienstes. Entweder benötigt er die Leistung direkt, damit er die ihm obliegenden Aufgaben erfüllen kann, oder aber er überträgt die ihm eigentlich zufallenden Aufgaben auf einen Dritten.[35] Zu den konstituierenden Merkmalen einer Konzession gehört auch, dass eine Betrauung mit einer Leistung vorgenommen wird.

---

30 Vgl. hierzu BGH Beschl. v. 8.2.2011 – X ZB 4/10, NZBau 2011, 175, 181, Rn. 38, 43, 46.
31 VK Baden-Württemberg Beschl. v. 26.3.2018 – 1 VK 56/17, BeckRS 2018, 26429, Rn. 36.
32 VK Sachsen Beschl. v. 17.7.2019 – 1/SVK/017-19, BeckRS 2019, 35274.
33 Vgl. BGH Beschl. v. 8.2.2011 – X ZB 4/10, NZBau 2011, 175, 181, Rn. 38, 40ff.; kritisch hierzu *Michaels*, NVwZ 2011, 969, 973f.
34 OLG Düsseldorf Beschl. v. 23.1.2019 – VII-Verg 22/18, NZBau 2019, 605.
35 VK Sachsen Beschl. v. 17.7.2019 – 1/SVK/017-19, BeckRS 2019, 35274.

Der Begriff der mittelbaren Beschaffung ist weit auszulegen. Der öffentliche Auftraggeber beschafft sich eine Leistung jedoch nicht nur dann, wenn sie ihm direkt „körperlich“ oder irgendwie wirtschaftlich zugutekommt, sondern auch dann, wenn er mit der Leistung ihm obliegende Pflichten gegenüber der Bevölkerung erfüllt, bspw. die ihm obliegende Daseinsvorsorge für die Bevölkerung sicherstellt, wie zB bei der Abfallentsorgung oder der Gesundheitsfürsorge. Dabei ist insoweit auch nicht ausschlaggebend, ob die übertragene Aufgabe ausdrücklich als eine der Gemeinde zugewiesene öffentliche Aufgabe deklariert ist. Das kann sie schon deshalb nicht immer sein, weil die technische Entwicklung sich auch auf den Umfang der Daseinsvorsorge auswirkt und einer stetigen Weiterentwicklung unterworfen ist. Es können daher auch Leistungen zur Daseinsvorsorge zählen, welche ursprünglich nicht darunter gezogen worden sind.[36] Der Konzessionsgeber muss aus der Tätigkeit des Konzessionsnehmers (lediglich) einen Nutzen ziehen können, was auch bei der Vergabe von Breitbandkonzession der Fall ist.[37] 21

VI. Entgeltlicher Vertrag, kein Verwaltungsakt

Keine Konzession iSd § 135 GWB liegt bei einer Beauftragung durch Verwaltungsakt vor, da ein Verwaltungsakt gem. § 35 VwVfG – schon dem Wortlaut nach – kein entgeltlicher Vertrag gem. § 103 Abs. 1 GWB ist.[38] Neben der Möglichkeit der Beauftragung durch einen Verwaltungsakt gibt es auch die Beauftragungsmöglichkeit durch Beleihung, Satzung oder Gesetz, was die Anwendung des förmlichen Konzessionsvergaberechtes ebenfalls ausschließt.[39] 22

Auf der anderen Seite liegt – nach Auffassung der Nachprüfungsinstanzen – nicht immer ein Verwaltungsakt vor, wenn materiell dahinter ein vergaberechtlich zu prüfender Vertrag steht.[40] Ein Finanzierungsbescheid mit sämtlichen Anlagen sei somit bei einer Gesamtbetrachtung das „rechtliche Gewand“ für die Beschaffung der Leistungen im öffentlichen Personennahverkehr.[41] Insofern liege auch ein entgeltlicher Vertrag vor. § 103 GWB weise Rechtsgeschäfte allein dem GWB-Vergaberegime zu, weil der öffentliche Auftraggeber Leistungen durch einen Dritten für wünschenswert oder notwendig erachte und dies zum Anlass nehme, deren Erbringung auf vertraglichem Weg und nicht in anderer Weise, etwa durch einen Beleihungsakt, sicherzustellen. Die erforderliche Entgeltlichkeit liege jedenfalls dann vor, wenn der öffentliche Auftraggeber sich durch ein einheitliches Leistungsaustauschgeschäft zu einer geldwerten Gegenleistung für die Leistung des Unternehmens verpflichte.[42] Der Finanzierungsbescheid würde konkrete Leistungspflichten enthalten. Insofern enthalte er in seiner Gesamtheit vertragliche Hauptleistungspflichten, die im Synallagma stünden.[43] Diese Auffassung überzeugt, wenn dadurch das Umgehungsverbot gem. § 14 KonzVgV sanktioniert wird.[44] 23

Bei der Erteilung einer Erlaubnis gem. § 24 Abs. 1 GlüStV iVm § 16 Abs. 2 AG GlüStV NRW für die Errichtung und den Betrieb einer Spielhalle handelt es sich weder um die Vergabe eines öffentlichen Auftrags noch um die Vergabe einer Konzession, so dass weder der 4. Teil des GWB und die KonzVgV Anwendung finden noch der Rechtsweg zu den Vergabenachprüfungsinstanzen eröffnet sei. Die Erteilung einer glücksspielrechtli- 24

[36] VK Sachsen Beschl. v. 17.7.2019 – 1/SVK/017-19, BeckRS 2019, 35274.
[37] VK Sachsen Beschl. v. 17.7.2019 – 1/SVK/017-19, BeckRS 2019, 35274; Müller-Wrede/Braun/*Braun/Zwetkow*, AGVO/NGA-RR – Breitbandkonzessionen, Rn. 31.
[38] Müller-Wrede/Braun/*Braun* § 1 KonzVgV Rn. 45–59.
[39] *Braun/Buchmann* NZBau 2007, 691.
[40] VK Westfalen Beschl. v. 2.7.2019 – VK 1-17/19, BeckRS 2019, 16136.
[41] VK Westfalen Beschl. v. 2.7.2019 – VK 1-17/19, BeckRS 2019, 16136.
[42] VK Westfalen Beschl. v. 2.7.2019 – VK 1-17/19, BeckRS 2019, 16136.
[43] VK Westfalen Beschl. v. 2.7.2019 – VK 1-17/19, BeckRS 2019, 16136.
[44] Vgl. *Braun* NZBau 2018, 652.

chen Erlaubnis für den Betrieb einer Spielhalle erfüllt nicht das Tatbestandsmerkmal des Betrauens eines Unternehmens mit einer Dienstleistung iSv § 105 Abs. 1 Nr. 1 GWB.[45]

25 Verfügungen zum Aufstellen von Altkleidercontainern sind Verwaltungsakte. Rechtsgrundlage für die Erteilung von Sondernutzungserlaubnissen ist das jeweilige Landestraßengesetz (in NRW § 18 Abs. 1 S. 2 StrWG NRW). Danach bedarf die Benutzung öffentlicher Straßen über den Gemeingebrauch hinaus (Sondernutzung) der Erlaubnis der Straßenbaubehörde.[46] Ausgehend von dem speziellen Fachrecht überprüft die Verwaltungsgerichtsbarkeit ob das konkrete Auswahlverfahren den Normen entspricht und – wenn dies nicht der Fall ist – wird der Behörde die Verwendung strategischer Kriterien (weil sie im jeweiligen besonderen öffentlichen Recht keine Rolle spielen, zB dem Straßenrecht) untersagt.[47]

VII. Beschränkte Laufzeit von Konzessionen

26 Die **beschränkte Laufzeit von Konzessionen** wird nunmehr in § 3 KonzVgV als eigenständige Gestaltungsschranke erfasst. Danach ist eine unbeschränkte Laufzeit von Konzessionen unzulässig; es besteht vielmehr die Pflicht zur Begrenzung der Laufzeit (vgl. § 3 Abs. 1 S. 1 KonzVgV), wobei der Konzessionsgeber die erforderliche Laufzeit je nach den geforderten Bau- oder Dienstleistungen schätzt (vgl. § 3 Abs. 1 S. 2 KonzVgV). Die **Regelobergrenze** beträgt **fünf Jahre.** Längere Laufzeiten sind dagegen nur ausnahmsweise möglich, jedoch begrenzt durch die Dauer der Amortisation der (zu Anfang und während der Laufzeit der Konzession vorzunehmenden) Investitionen einschließlich Kapitalrendite (vgl. § 3 Abs. 2 KonzVgV). Im Rahmen der Investitionen werden insbesondere Aufwendungen für Infrastruktur, Urheberrechte, Patente, Ausrüstung, Logistik, Aufstellung/Schulung Personal, Anschubkosten berücksichtigt. Insbesondere bei Verhandlungsverfahren ohne Bekanntmachung muss der Auftraggeber den Grundsatz der Verhältnismäßigkeit insbesondere hinsichtlich Umfang und Dauer des nachgefragten Vertrags beachten.[48] Die Bestimmung über die Laufzeit hat unternehmensschützenden Charakter.[49]

VIII. Einzelfallbetrachtung

27 In der Rechtsprechung wird hervorgehoben, dass es sich stets um Einzelfallbetrachtungen handelt.[50] Eine schematische Betrachtung, ob eine Konzession iSd GWB 4. Teil vorliegt, ist daher geboten.

B. Persönlicher Anwendungsbereich (§ 101 GWB)

28 § 101 GWB definiert den Begriff des **Konzessionsgebers** und dient der Umsetzung von Art. 6 und 7 KRL. Die KRL betrifft sowohl die Vergabe von Konzessionen durch öffentliche Auftraggeber als auch durch Auftraggeber, die einer Sektorentätigkeit nachgehen und zum Zwecke dieser Tätigkeit Konzessionen vergeben. Diese Differenzierung hat § 101 GWB übernommen. Nach § 105 Abs. 1 GWB betraut der Konzessionsgeber den Konzessionsnehmer mit entgeltlichen Verträgen. Konzessionsgeber sind zunächst gem. § 101 Abs. 1 Nr. 1 GWB öffentliche Auftraggeber im Sinne des § 99 Nr. 1 bis 3 GWB, sofern

[45] OLG Düsseldorf Beschl. v. 23.1.2019 – VII-Verg 22/18, NZBau 2019, 605; vgl. Müller-Wrede/Braun/*Braun* Glücksspielkonzession Rn. 19ff.
[46] OVG Münster Urt. v. 13.5.2019 – 11 A 2627/18, BeckRS 2019, 12592.
[47] OVG Münster Urt. v. 13.5.2019 – 11 A 2627/18, BeckRS 2019, 12592.
[48] OLG Frankfurt a.M. Beschl. v. 30.1.2014 – 11 Verg 15/13, NZBau 2014, 386.
[49] Müller-Wrede/Braun/*Kadenbach* § 3 KonzVgV.
[50] OLG Düsseldorf Beschl. v. 19.2.2020 – VII-Verg 2/19, BeckRS 2020, 2260; OLG Düsseldorf Beschl. v. 4.3.2020 – Verg 11/18, BeckRS 2020, 8809 mAnm *Braun* VPR 2020, 3090; VK Nordbayern Beschl. v. 6.2.2020 – RMF-SG21-3194-4-53, VPRRS 2020, 0092.

sie nicht Konzessionsgeber nach § 101 Abs. 1 Nr. 2 GWB sind. Die Regelung betrifft damit solche öffentlichen Auftraggeber, die nicht zu denjenigen Auftraggebern gehören, die eine Tätigkeit auf dem Gebiet der Energieversorgung oder des Verkehrs ausüben und eine Konzession zum Zweck der Ausübung dieser Tätigkeit vergeben. § 101 Abs. 1 Nr. 1 GWB umfasst mithin die Konzessionsvergaben außerhalb der Sektorentätigkeiten.

Außerdem sind Konzessionsgeber nach § 101 Abs. 1 Nr. 2 GWB öffentliche Sektorenauftraggeber gem. § 100 Abs. 1 Nr. 1 GWB, wenn sie eine Sektorentätigkeit gem. § 102 Abs. 2 bis 6 GWB ausüben und eine Konzession zum Zweck der Ausübung dieser Tätigkeit vergeben. Ausgenommen sind Tätigkeiten auf dem Gebiet der Trinkwasserversorgung (vgl. § 149 Nr. 9 GWB). § 101 Abs. 2 Nr. 3 GWB erfasst schließlich als Konzessionsgeber private Sektorenauftraggeber gem. § 100 Abs. 1 Nr. 2 GWB, die eine Sektorentätigkeit gem. § 102 Abs. 2 bis 6 GWB ausüben und eine Konzession zum Zweck der Ausübung dieser Tätigkeit vergeben. 29

Nach § 154 Nr. 5 und 6 GWB gelten die §§ 138 und 139 GWB entsprechend für die Vergabe von Konzessionen durch Konzessionsgeber iSd § 101 Abs. 1 Nr. 2 und 3 GWB (Sektorenauftraggeber), weshalb Teil 4 GWB auf solche Vergabeverfahren keine Anwendung findet. Mithin sind Vergaben von Konzessionen in solchen Konstellationen von den Vorgaben des GWB und der KonzVgV befreit, sodass In-House-Konzessionsvergaben möglich sind. Wird die Leistung dieser Unternehmen nicht am Markt angeboten, sondern hauptsächlich für die eigene Unternehmensgruppe, wird der Regelungszweck des Vergaberechts nicht ausgelöst.[51] 30

Nach § 108 Abs. 8 GWB wird zwischen „öffentlichen" Sektorenauftraggebern iSd § 100 Abs. 1 Nr. 1 GWB und „privatrechtlichen" Sektorenauftraggebern iSd § 100 Abs. 1 Nr. 2 GWB unterschieden. Gem. § 108 Abs. 8 GWB gelten die Regelungen zur öffentlich-öffentlichen Zusammenarbeit nach § 108 Abs. 1 bis 7 GWB nur für Sektorenauftraggeber hinsichtlich der Vergabe von öffentlichen Aufträgen sowie für Konzessionsgeber hinsichtlich der Vergabe von Konzessionen, damit sie nicht auf die Vergabe von Konzessionen durch Konzessionsgeber iSd § 101 Abs. 1 Nr. 3 GWB, also durch „privatrechtliche" Sektorenauftraggeber nach § 100 Abs. 1 Nr. 2 GWB, anzuwenden. 31

Der deutsche Gesetzgeber hat sich für den eigenständigen Begriff des „Konzessionsgebers" entschieden. Dabei ist der Begriff des „Konzessionsgebers" grundsätzlich keine neue, eigenständige Kategorie neben dem des „Öffentlichen Auftraggebers" bzw. „Sektorenauftraggebers". Der Begriff des „Konzessionsgebers" ist funktionell konstruiert: Wer eine Konzession vergibt, ist Konzessionsgeber.[52] Ob ein Auftraggeber Konzessionsgeber ist, hängt von der Frage ab, ob durch den jeweiligen Auftraggeber gem. § 98 GWB bloß ein Auftrag gem. § 103 Abs. 1 GWB vergeben werden soll oder vielmehr eine Konzession gem. § 105 Abs. 1 GWB. Dementsprechend kann je nach Vergabegegenstand dieselbe Stelle einmal „Konzessionsgeber" iSd § 101 GWB und ein anderes Mal nur „Öffentlicher Auftraggeber" nach § 99 GWB sein. 32

Die Eigenschaft als Konzessionsgeber ist institutionell zu betrachten: Nur wenn die jeweilige Stelle öffentlicher Auftraggeber iSd § 99 Nr. 1 bis 3 GWB oder Sektorenauftraggeber iSd § 100 Abs. 1 Nr. 1 und 2 GWB ist, liegt (bei Vergabe einer Konzession) ein Konzessionsgeber iSd § 101 Abs. 1 GWB vor. Das Kartellvergaberecht trifft die Unterscheidung, dass keine Eigenschaft als Sektorenauftraggeber vorliegt, wenn ein privatrechtlicher Sektorenauftraggeber iSd § 100 Abs. 1 Nr. 2 GWB Tätigkeiten ausübt, die unter die Regelungen der § 102 Abs. 1 S. 2, § 102 Abs. 2 Nr. 2 lit. a und b GWB sowie § 102 Abs. 3 Nr. 2 lit. a und b GWB fallen. Bei Vorliegen dieser Bereichsausnahmen hat die jeweilige Stelle nicht die Eigenschaft als Sektorenauftraggeber inne, womit sie erst recht nicht Konzessionsgeber iSd § 101 Abs. 1 Nr. 3 GWB (selbst bei tatsächlicher Vergabe einer Konzession) ist. Dadurch wird sichergestellt, dass nicht jedwede juristische Person nur 33

[51] Ziekow/Völlink/*Siegel* GWB § 154 Rn. 16.
[52] Gesetzesbegründung zu § 101 GWB, VergRModG 2016, BT-Drs. 18/6281, 72.

durch die Vergabe einer Konzession zu einem Konzessionsgeber wird. Die Anwendung des Vergaberechts ist in diesen Fällen insofern entbehrlich, als schon bei der Gewährung der ausschließlichen und besonderen Rechte den Anforderungen an ein wettbewerbliches Verfahren genügt wurde.[53]

34 Aus den Worten in § 101 Abs. 1 Nr. 1 GWB „die eine Konzession vergeben" ist zu entnehmen, dass jede Art der Konzessionsvergabe oberhalb der Schwellenwerte einen öffentlichen Auftraggeber zu einem Konzessionsgeber werden lässt. Die Konzessionsvergabe muss nicht zwingend der Aufgabe des öffentlichen Auftraggebers dienlich sein. Dies folgt daraus, dass (im Gegensatz zu § 101 Abs. 1 Nr. 2 und 3 GWB) der öffentliche Auftraggeber iSd § 101 Abs. 1 Nr. 1 GWB die Konzession zwar nicht zur Ausübung seiner eigenen Tätigkeit vergeben muss. Die Konzessionsvergabe darf jedoch nicht mit einem Gesetzesverstoß verbunden sein.[54]

35 Vergibt der Sektorenauftraggeber eine Konzession außerhalb seiner Sektorentätigkeit, so ist er kein Konzessionsgeber iSd GWB. Dies ergibt sich aus § 101 Abs. 1 Nr. 2 GWB, wonach eine Konzession zum Zweck der Ausübung dieser Tätigkeit vergeben werden muss. Wenn er aber dann kein Konzessionsgeber mehr ist und auch nicht als Sektorenauftraggeber tätig wird (oder auch keine Sektorentätigkeit gem. § 102 GWB ausübt), dann unterliegt der Sektorenauftraggeber nicht den vergaberechtlichen Verpflichtungen nach Teil 4 GWB. Ob eine Konzession ausgeschrieben werden muss, hängt demgemäß davon ab, ob diese Beschaffung (noch) der Erreichung von Unternehmensleistungen im Sektorentätigkeitsbereich dient. Es findet insofern keine „Infizierung" aller Sparten eines Unternehmens durch eine Sektorentätigkeit statt, wenn die Tätigkeit abgrenzbar ist.[55] Diesbezüglich ist aber der Sektorenauftraggeber einer erheblichen Prüfungs- und Dokumentationspflicht unterworfen. Wenn der Sektorenauftraggeber sich bei dieser Prüfung irren sollte, kann ein rechtswidriger De-Facto-Vertrag vorliegen, dessen Unwirksamkeit gem. § 135 GWB im Nachprüfungsverfahren gem. § 155 GWB festgestellt werden kann.

C. Sachlicher Anwendungsbereich

36 Gem. § 148 GWB finden die Bestimmungen des Unterabschnitts 3 vom 4. Teil des GWB, konkret die §§ 149ff. GWB, auf die Vergabe von Konzessionen durch Konzessionsgeber Anwendung.

I. Bereichsausnahmen

37 Dabei sieht **§ 149 GWB** in den Nr. 1 bis Nr. 12 **besondere Ausnahmen** für Konzessionsvergaben vor, die eine Freistellung vom Vergaberecht zur Folge haben. Dies betrifft beispielsweise die Vergabe von Konzessionen im Bereich von Rechtsdienstleistungen (vgl. § 149 Nr. 1 GWB[56]), Lotteriedienstleistungen (vgl. § 149 Nr. 10 GWB[57]) Personenbeförderung im Sinne des § 1 PBefG (vgl. § 149 Nr. 12 GWB), sowie im Bereich Trinkwasser (vgl. § 149 Nr. 9 GWB).[58] Nachprüfungsanträge im Bereich der Trinkwasserkonzessionsvergabe sind unzulässig.[59]

[53] Gesetzesbegründung zu § 100 Abs. 2 GWB, VergRModG 2016, BT-Drs. 18/6281, 71.
[54] OLG Naumburg Beschl. v. 15.4.2016 – 7 Verg 1/16, BeckRS 2016, 7813; OLG Celle Beschl. v. 19.6. 2014 – 13 Verg 5/14, BeckRS 2014, 124611.
[55] Vgl. VK Sachsen Beschl. v. 9.12.2014 – 1/SVK/032-14, BeckRS 2015, 8357.
[56] Die Ausnahme wird vor allem mit der anwaltlichen Vertraulichkeit begründet, vgl. zum Thema *Schwab* VergabeR, 2014, 351, 357.
[57] Wobei Spielbankkonzessionen nicht unter die Dienstleistungskonzessionen fallen, vgl. zu dieser Thematik *Müller* NVwZ, 2016, 266, 267.
[58] Gesetzesbegründung zu § 101 Abs. 1 Nr. 2 GWB, VergRModG 2016, BT-Drs. 18/6281, 72; vgl. *Schröder* NVwZ 2017, 504.

Außerdem sieht **§ 150 Nr. 1 bis Nr. 7 GWB** unter bestimmten Voraussetzungen besondere Ausnahmen für die Vergabe von Konzessionen in den **Bereichen Verteidigung und Sicherheit** vor und setzt damit die Vorgaben aus Art. 10 Abs. 5 bis 7 KRL um. Es handelt sich um solche Konzessionen, deren vertragliche Regelungen Bau- oder Dienstleistungen umfassen, die im unmittelbaren Zusammenhang mit Militärausrüstung oder Ausrüstungen im Rahmen eines Verschlusssachenauftrags stehen bzw. speziell für militärische Zwecke oder die im Rahmen eines Verschlusssachenauftrags vergeben werden. 38

Schließlich gelten auch für Konzessionsvergaben die **allgemeinen Freistellungstatbestände** der §§ 107 bis 109 GWB. Hiernach kann eine Konzessionsvergabe ohne Anwendung vergaberechtlicher Bestimmungen im Falle der allgemeinen Ausnahmen des § 107 GWB (beispielsweise für Rettungsdienstleistungen, vgl. § 107 Abs. 1 Nr. 4 GWB[60]), den Ausnahmen bei öffentlich-öffentlicher Zusammenarbeit im Sinne des § 108 GWB – dies umfasst gem. § 108 Abs. 4 GWB auch die sog. Inhouse-Geschäfte[61] – sowie den Ausnahmen für Vergaben auf der Grundlage internationaler Verfahrensregeln gem. § 109 GWB erfolgen. 39

Die Rechtsprechung klärt im Einzelfall, was keine Dienstleistungskonzession ist.[62] Die Negativabgrenzungen dürften weiter im Grundsatz Bestand haben, da die bisherige EuGH-Rechtsprechung fortgeführt wird. Die wesentlichen vergabefreien Bereiche sind folgende: 40

1. Finanzierung

Erwägungsgrund 12 RL 2014/23/EU verdeutlich, dass die bloße Finanzierung – insbesondere durch öffentliche Zuschüsse – von Tätigkeiten, die häufig mit der Verpflichtung verbunden ist, erhaltene Beträge bei nicht bestimmungsgemäßer Verwendung zurückzuzahlen, nicht in den Geltungsbereich der RL 2014/23/EU fällt.[63] Es kommt auf die Einzelfallprüfung an. Auch eine Anschubfinanzierung kann ein Beschaffungselement enthalten. Da der Konzessionsgeber sich demnach eine Leistung nicht nur dann beschafft, wenn sie ihm irgendwie wirtschaftlich zugutekommt, sondern auch dann, wenn er mit der Leistung ihm obliegende Pflichten gegenüber der Bevölkerung erfüllt, beschafft er sich Leistungen auch dann, wenn er die ihm obliegende Daseinsvorsorge für die Bevölkerung sicherstellt, wie zum Beispiel durch Abfallentsorgung oder Gesundheitsfürsorge. Nicht ausschlaggebend ist insoweit, ob die übertragene Aufgabe ausdrücklich als eine der Gemeinde zugewiesene öffentliche Aufgabe deklariert ist.[64] 41

2. Soziale Auswahlverhältnisse

Sozialrechtliche Dreiecksverhältnisse unterfallen in der Regel nicht dem Konzessionsvergaberecht.[65] Das liegt an der Kollision disparater Gesetze und Wirtschaftsbereiche.[66] Erwägungsgrund 13 RL 2014/23/EU weist darauf hin, dass Regelungen, nach denen ohne ge- 42

---

[59] VK Sachsen Beschl. v. 12.4.2017 – 1/SVK/003-17, BeckRS 2017, 114290.

[60] Vgl. jüngst *Braun/Zwetkow* NZBau 2020, 21; *Jaeger* NZBau 2020, 223; zuvor: *Antweiler* VergabeR, 2015, 275, 280; vgl. zu der Thematik auch *Müller* NVwZ, 2016, 266, 268f.

[61] Vgl. auch die einschlägige Rechtsprechung nach der früheren Rechtslage zu Inhouse-Geschäften bei Dienstleistungskonzessionen, EuGH Urt. v. 13.10.2005 – C-458/03 – Parking Brixen; bestätigt durch EuGH v. 6.4.2006 – C-410/04 – ANAV. Zur öffentlich-öffentlichen Zusammenarbeit sowie zur Inhouse-Vergabe vgl. auch *Krönke* NVwZ 2016, 568, 527; *Tomerius* VergabeR 2015, 373, 376; *Schwab* VergabeR 2014, 351, 353 sowie *Prieß/Stein* VergabeR 2014, 499, 504.

[62] Vgl. zB KG Urt. v. 22.1.2015 – 2 U 14/14; OLG Karlsruhe Urt. v. 24.9.2014 – 6 U 89/12 (Kart.); OLG Brandenburg Urt. v. 30.5.2008 – Verg W 5/08.

[63] Gesetzesbegründung zu § 105 Abs. 1 GWB, VergRModG 2016, BT-Drs. 18/6281, 76.

[64] Vgl. für die Anschubfinanzierung bei der Breitbandversorgung OLG München Beschl. v. 25.3.2011 – Verg 4/11; siehe auch ausführlich Müller-Wrede/Braun/*Braun/Zwetkow,* zu AGVO/NGA-RR, Breitbandkonzessionen.

[65] Vgl. Ziekow/Völlink/*Ziekow* § 105 GWB Rn. 13.

[66] Vgl. *Goodarzi/Skorbek* NZS 2014, 804.

zielte Auswahl alle Unternehmen, die bestimmte Voraussetzungen erfüllen, berechtigt sind, eine bestimmte Aufgabe wahrzunehmen, nicht als Konzessionen gelten.

3. Lizenzen für Wirtschaftsausübung

43 Erlaubnisse, Genehmigungen oder Lizenzen unterfallen nicht dem förmlichen Vergaberecht. Erwägungsgrund 14 RL 2014/23/EU hebt hervor, dass die Erteilung von Genehmigungen oder Lizenzen für die Ausübung einer Wirtschaftstätigkeit nicht als Konzession iSd RL 2014/23/EU gilt. Es wird auf die vorrangige Anwendung der RL 2006/123/EG verwiesen. Danach können Lizenzen durch Verwaltungsakte erteilt werden, wodurch sie nicht dem Vergaberecht unterfallen.[67] Das Errichten und Betreiben von Spielhallen ist in NRW keine öffentliche Aufgabe, die der Erlaubnisnehmer anstelle der öffentlichen Hand erbringt und die in dieser Weise dem Erlaubnisgeber oder dem Land wirtschaftlich zugutekommt. Die Errichtung und der Betrieb von Spielhallen gehören, wie eine Auslegung der Norm nach Wortlaut, Gesetzeszusammenhang, Gesetzeshistorie sowie Sinn und Zweck ergebe, nicht zu diesen öffentlichen Aufgaben.[68] Die Erteilung von glücksspielrechtlichen Erlaubnissen ist keine Vergabe von Dienstleistungskonzessionen im Sinne des förmlichen Vergaberechts nach § 105 Abs. 1 Nr. 2 GWB, Art. 5 Nr. 1b RL 2014/23/EU des Europäischen Parlaments.[69]

4. Nutzung öffentlicher Bereiche oder Ressourcen

44 Vereinbarungen, die das Recht eines Unternehmens zur privat- oder öffentlich-rechtlichen Nutzung öffentlicher Bereiche oder Ressourcen regeln, gelten nach Erwägungsgrund 15 RL 2014/23/EU nicht als Konzessionen iSd der Konzessionsvergaberichtlinie. Bei öffentlichen Bereichen handelt es sich beispielsweise um Landes- oder öffentliche Liegenschaften, insbes. auf dem Gelände von See-, Binnen- oder Flughäfen.[70] Dies betrifft in der Regel Pachtverträge über öffentliche Liegenschaften oder Land, die meist Klauseln enthalten, die die Besitzübernahme durch den Pächter, die vorgesehene Nutzung und die Pflichten von Pächter und Eigentümer hinsichtlich der Instandhaltung der Liegenschaft, die Dauer der Verpachtung und die Rückgabe des Besitzes an den Eigentümer, den Pachtzins sowie die vom Pächter zu zahlenden Nebenkosten regeln.[71] Wenn mit Nutzung der privat- oder öffentlich-rechtlichen Nutzung öffentlicher Bereiche oder Ressourcen jedoch auch ein Beschaffungsbezug (wenn auch ein mittelbarer) vorliegt, dann liegt eine Dienstleistungskonzession vor. Pachtverträge waren auch schon nach bisheriger Rechtslage vom Begriff der Dienstleistungskonzession ausgenommen.[72] Eine Widmung von Stellplätzen ist keine Baukonzession.[73]

5. Netzbereitstellungen

45 Der Betrieb von Fernwärmeversorgungsnetzen unterfällt nicht dem Vergaberecht.[74] Erwägungsgrund 16 RL 2014/23/EU hebt hervor, dass die Gewährung von Wegerechten hinsichtlich der Nutzung öffentlicher Liegenschaften für die Bereitstellung oder den Betrieb fester Leitungen oder Netze, über die eine Dienstleistung für die Allgemeinheit erbracht werden soll, ebenfalls nicht als Konzession iSd RL 2014/23/EU gilt, sofern derartige Ver-

---

[67] OLG Düsseldorf Beschl. v. 23.1.2019 – VII-Verg 22/18, NZBau 2019, 605.
[68] OLG Düsseldorf Beschl. v. 23.1.2019 – VII-Verg 22/18, NZBau 2019, 605.
[69] OVG Münster Beschl. v. 16.8.2019 – 4 B 659/18, BeckRS 2019, 22190; VG Würzburg Urt. v. 23.1.2020 – 5 K 19.1637, BeckRS 2020, 4075 mwN.
[70] Ziekow/Völlink/*Ziekow* § 105 GWB Rn. 7.
[71] Erwägungsgrund 15 RL 2014/23/EU.
[72] Vgl. zB KG Urt. v. 22.1.2015 – 2 U 14/14, NZBau 2015, 323.
[73] Vgl. OLG Schleswig Beschl. v. 15.3.2013 – 1 Verg 4/12, NZBau 2013, 45.
[74] VG Berlin Urt. v. 30.6.2017 – 4 K 16.15, juris, Rn. 125.

pflichtungen weder eine Lieferverpflichtung auferlegen noch den Erwerb von Dienstleistungen durch den Konzessionsgeber für sich selbst oder für den Endnutzer vorsehen.

6. Notwendigkeit der Unterstützung bei der öffentlichen Daseinsvorsorge

Bei einer Tätigkeit im Rahmen der Daseinsvorsorge kann die Konkurrenz mit anderen Wirtschaftsteilnehmern eingeschränkt sein. Es ist üblich, dass für bestimmte Tätigkeitsbereiche, insbesondere Bereiche, die die öffentliche Daseinsvorsorge betreffen, wie zB die Wasserversorgung und die Abwasserbeseitigung, Regelungen gelten, die eine Begrenzung der wirtschaftlichen Risiken bewirken können.[75] Der Begriff der Daseinsvorsorge ist wenig scharf konturiert. Er kennzeichnet aber jedenfalls diejenigen Infrastrukturen, auf die der Einzelne heutzutage alltäglich angewiesen ist, die er selbst aber nicht vorhalten kann und die auch der freie Markt nicht oder jedenfalls nicht flächendeckend, sozial verträglich und umweltgerecht bereitstellt, weshalb sie vom Staat im Interesse des allgemeinen Wohls organisiert werden. In diese Wahrnehmung einer Aufgabe der öffentlichen Daseinsvorsorge wird der private Konzessionsnehmer einbezogen; er muss hierfür eine bestimmte Bau- oder Dienstleistung erbringen und erhält im Gegenzuge das Recht, die Leistung selbst zu vermarkten. Die typische Konzession betrifft damit eine eigenwirtschaftliche Tätigkeit des Konzessionsnehmers im Rahmen der öffentlichen Daseinsvorsorge, wie sie dem öffentlichen Auftraggeber obliegt und von diesem konzipiert und organisiert wird.[76] 46

7. Abgrenzung zu Rahmenvereinbarung

Die Rahmenvereinbarung muss von der Dienstleistungskonzession abgegrenzt werden. Zur Abgrenzung dient das Kriterium der wirtschaftlichen Entscheidungsfreiheit und der Grad der Übernahme des Betriebsrisikos.[77] Rahmenvereinbarungen sind gem. § 103 Abs. 5 S. 1 GWB Vereinbarungen zwischen einem oder mehreren öffentlichen Auftraggebern oder Sektorenauftraggebern und einem oder mehreren Unternehmen, die dazu dienen, die Bedingungen für die öffentlichen Aufträge, die während eines bestimmten Zeitraums vergeben werden sollen, festzulegen, insbesondere in Bezug auf den Preis. Der Konzessionär verfügt kraft des ihm übertragenen Nutzungsrechts typischerweise über ein Maß an wirtschaftlicher Freiheit, das es ihm ermöglicht, die „Bedingungen zur Nutzung dieses Rechts zu bestimmen“. Zugleich trägt er die mit der Nutzung des Rechts verbundenen Risiken. Demgegenüber setzt eine Rahmenvereinbarung dem bzw. den einbezogenen Unternehmen insoweit Grenzen, als die festgelegten Bedingungen über die gesamte Vertragslaufzeit hinweg eingehalten werden müssen.[78] 47

II. Konzessionen über soziale und andere besondere Dienstleistungen

Besonderheiten gelten für die Vergabe von **Konzessionen über soziale und andere besondere Dienstleistungen** im Sinne des Anhangs IV der KRL. Diese unterliegen einem vereinfachten Vergabeverfahren. Grund hierfür ist, dass diesen oftmals personen- oder ortsgebundenen Dienstleistungen nur eingeschränkt ein grenzüberschreitender Bezug zukommt. Es sind gem. § 153 GWB die Bestimmungen der §§ 151, 152 GWB anzuwenden sowie gem. § 154 GWB die Bestimmungen der §§ 118, 123 bis 126, 133 bis 135 GWB sowie unter bestimmten Voraussetzungen §§ 131 Abs. 2 und 3, 132 und 138 bis 140 GWB. Etwaige weitere Erleichterungen für die Vergabe von Konzessionen in diesem Bereich werden auf Verordnungsebene festgelegt (vgl. § 22 KonzVgV). 48

[75] EuGH Urt. v. 10.9.2009 – C-206/08 – Eurawasser, Rn. 72.
[76] *Rennert* NZBau 2019, 411, 412.
[77] Ausdrücklich zB Erwägungsgrund 7 RL 2014/23/EU.
[78] EuGH Urt. v. 10.9.2009 – C-206/08 – Eurawasser, Rn. 56ff.

49 Für das Verfahren zur Vergabe von Konzessionen, die soziale und andere besondere Dienstleistungen im Sinne des Anhangs IV RL 2014/23/EU betreffen, sind gem. § 153 GWB die Bestimmungen der §§ 151, 152 GWB anzuwenden. Anhang IV RL 2014/23/EU zählt abschließend nachstehend genannte Dienstleistungen iSd Art. 19 RL 2014/23/EU auf:

- Verwaltungsdienstleistungen im Sozial-, Bildungs- und Gesundheitswesen und im Bereich Kultur;
- Dienstleistungen im Rahmen der gesetzlichen Sozialversicherung;
- Beihilfen, Unterstützungsleistungen und Zuwendungen;
- Sonstige öffentliche und persönliche Dienstleistungen, einschließlich Dienstleistungen von Arbeitnehmervereinigungen, politischen Organisationen, Jugendverbänden und anderen Mitgliederorganisationen;
- Dienstleistungen religiöser Vereinigungen;
- Gaststätten und Beherbergungsgewerbe;
- Dienstleistungen im juristischen Bereich, soweit nicht aufgrund des Art. 10 Abs. 8d RL 2014/23/EU ausgeschlossen;
- Sonstige Dienstleistungen der Verwaltung und für die öffentliche Verwaltung;
- Dienstleistungen für das Gemeinwesen;
- Dienstleistungen für den Strafvollzug, Dienstleistungen im Bereich öffentliche Sicherheit, Rettungsdienste,[79] soweit nicht aufgrund des Art. 10 Abs. 8g RL 2014/23/EU ausgeschlossen;
- Ermittlungs- und Sicherheitsdienstleistungen;
- Postdienste;
- Sonstige Dienstleistungen;
- Internationale Dienstleistungen.

50 Grund für ein vereinfachtes Vergabeverfahren ist nach Ansicht des Gesetzgebers, dass Vergaben von sozialen Dienstleistungen oftmals personen- oder ortsgebunden seien und deswegen nur eine eingeschränkte binnenmarktrelevante Dimension hätten.[80] Gerade Dienstleistungen im Sozial-, Gesundheits- und Bildungsbereich würden in einem besonderen Kontext erbracht, der sich aufgrund unterschiedlicher kultureller Traditionen in den einzelnen Mitgliedstaaten sehr unterscheide.[81] Gegen diese Sicht spricht, dass schlechthin jede Dienstleistung einen örtlichen Bezug hat, der im sozio-kulturellen Kontext vor Ort erbracht wird. Jeder Ansatz der Freizügigkeit könnte mit diesem Argument verhindert werden. Des Weiteren werden gerade Dienstleistungen im sozialen Bereich von größeren Unternehmen grenzüberschreitend angeboten. Die Besonderheiten der sozialen Dienstleistung können durch besondere Eignungskriterien und Ausführungsbestimmungen aufgefangen werden.

51 Auch im Bereich der sozialen Vergaben bestehen Bekanntmachungspflichten. Der Konzessionsgeber teilt gem. § 22 Abs. 1 KonzVgV seine Absicht, eine Konzession zur Erbringung sozialer Dienstleistungen oder anderer besonderer Dienstleistungen im Sinne des § 153 GWB zu vergeben, durch eine Vorinformation mit. Auf Vergabebekanntmachungen ist gem. § 22 Abs. 1 KonzVgV die Bestimmung des § 21 Abs. 1 KonzVgV anzuwenden. Der Konzessionsgeber kann Vergabebekanntmachungen gem. § 22 Abs. 2 S. 1 KonzVgV vierteljährlich zusammenfassen. In diesem Fall ist die Veröffentlichung der zusammengefassten Bekanntmachungen innerhalb von 48 Tagen nach dem Ende des Quartals gem. § 22 Abs. 2 S. 2 KonzVgV zu veranlassen. Die Regelungen sind unternehmensschützend.[82]

52 § 22 KonzVgV dient der Umsetzung der in Art. 31 Abs. 3, Art. 32 RL 2014/23/EU vorgesehenen besonderen Bekanntmachungsvorschriften für Konzessionen bzgl. sozialer

[79] Vgl. zum Streit in Sachen Bereichsausnahme: *Braun/Zwetkow* NZBau 2020, 21; *Jaeger* NZBau 2020, 223; OLG Hamburg Beschl. v. 16. 4. 2020 – 1 Verg 2/20, BeckRS 2020, 7323.
[80] Gesetzesbegründung, BT-Drs. 18/6281, 132, mit Hinweis auf Erwägungsgründe 114 ff. RL 2014/24/EU.
[81] Gesetzesbegründung, BT-Drs. 18/6281, 132, mit Hinweis auf Erwägungsgrund 53 RL 2014/23/EU.
[82] Müller-Wrede/*Braun* § 153 GWB Rn. 26–34.

und anderer besonderer Dienstleistungen.[83] Art. 19 RL 2014/23/EU unterstellt die Vergabe von Konzessionen zur Erbringung sozialer und anderer besonderer Dienstleistungen dem vergaberechtlichen Nachprüfungsverfahren. Im Übrigen können Konzessionsgeber die Konzessionsvergabe für soziale und andere besondere Dienstleistungen frei gestalten. Sie sind allerdings gem. Art. 3 Abs. 1 RL 2014/23/EU und im Einklang mit der ständigen Rechtsprechung des Europäischen Gerichtshofes auch zur Beachtung der Grundsätze der Gleichbehandlung, Nichtdiskriminierung, Transparenz und Verhältnismäßigkeit verpflichtet.[84] Dies führt in der Endkonsequenz zu einem Konzessionsauswahlverfahren, welches sich von dem allgemeinen Konzessionsvergabeverfahren nicht allzu stark unterscheiden dürfte.[85] Die Regelungen des § 22 KonzVgV sind insgesamt unternehmensschützend.[86]

III. Vergaberegeln nach der VO 1370/2007 im Bereich ÖPNV

Nach Art. 10 Abs. 3 KRL gilt der Regelungsrahmen der KRL nicht für solche Konzes- 53
sionen, die im Bereich ÖPNV im Sinne der Verordnung (EG) Nr. 1370/2007 des Europäischen Parlamentes und des Rates vom 23.10.2007 über öffentliche Personenverkehrsdienste auf Schiene und Straße **(VO 1370/2007)** vergeben werden. Auf eine entsprechende Regelung im 4. Teil des GWB hat der nationale Gesetzgeber verzichtet. § 131 GWB bestimmt lediglich Besonderheiten für die Vergabe von öffentlichen Aufträgen über Personenverkehrsleistungen im Eisenbahnverkehr. Hierauf verweist § 154 S. 1 Nr. 3 GWB (ausführlich Auftragsvergaben im Bereich Öffentlicher Personenverkehrsdienste auf Schiene und Straße, Kapitel 13, → § 69, Rn. 1 ff.).

Der Anwendungsbereich der Ende 2009 in Kraft getretenen Verordnung VO 1370/ 54
2007 im Hinblick auf den wichtigen Bereich der **öffentlichen Personenverkehrsdienste** ist eröffnet, wenn den Betreibern eines öffentlichen Dienstes für die ihnen durch die Erfüllung gemeinwirtschaftlicher Verpflichtungen verursachten Kosten eine Ausgleichsleistung und/oder ausschließliche Rechte gewährt werden. Dies erfolgt auf Grundlage eines öffentlichen Dienstleistungsauftrages (vgl. Art. 1 Abs. 3 VO 1370/2007). Der Begriff des „öffentlichen Dienstleistungsauftrages" wird in der Verordnung dabei so weit definiert, dass auch Dienstleistungskonzessionen hiervon erfasst sind. Die Vergabe eines öffentlichen Dienstleistungsauftrages – und damit auch einer Dienstleistungskonzession – erfolgt nach Maßgabe des Art. 5 VO 1370/2007. Als Regelverfahren sieht Art. 5 Abs. 3 VO 1370/2007 dabei die Durchführung eines „wettbewerblichen Verfahrens" vor. Daneben sind Direktvergaben nach Art. 5 VO 1370/2007 unter bestimmten, näher definierten Voraussetzungen als Inhouse-Vergabe (Abs. 2) –, in wirtschaftlich weniger bedeutenden Fällen (Abs. 4), in Notsituationen (Abs. 5) sowie bei Eisenbahnverkehrsdienstleistungen (Abs. 6) zulässig (ausführlich Auftragsvergaben im Bereich Öffentlicher Personenverkehrsdienste auf Schiene und Straße, Kapitel 13, → § 69, Rn. 1 ff.).

[83] Vergaberechtsmodernisierungsgesetz – VergRModG, BT- Drs. 18/6281, 262.
[84] Vergaberechtsmodernisierungsgesetz – VergRModG, BT- Drs. 18/6281, 262.
[85] Vergaberechtsmodernisierungsgesetz – VergRModG, BT- Drs. 18/6281, 262.
[86] Müller-Wrede/Braun/*Ruff* § 22 KonzVgV Rn. 68–71.

§ 64 Verfahrensregeln zur Konzessionsvergabe

Übersicht

GWB: §§ 151, 152
KonzVgV: §§ 4, 7, 12, 13, 14

A. Einleitung

1 Gemäß § 151 GWB obliegt Konzessionsgebern im Rahmen eines Konzessionsvergabeverfahrens grundsätzlich ein **weiter Gestaltungsspielraum.** Die weiteren Einzelheiten sind gem. § 151 S. 2 GWB in der KonzVgV geregelt. Der weite Gestaltungsspielraum ist in § 12 Abs. 1 S. 1 KonzVgV normiert. Konzessionsgeber bleiben weiterhin an die Grundsätze des § 97 Abs. 1 und Abs. 2 GWB gebunden. Damit sind Konzessionen unter Berücksichtigung der Grundsätze der **Gleichbehandlung,** der **Transparenz** und der **Verhältnismäßigkeit** sowie nach **wettbewerblichen und wirtschaftlichen Gesichtspunkten** zu vergeben. Das Transparenzgebot fordert dabei insbesondere – dies hat der nationale Gesetzgeber in § 151 S. 1 u. S. 2 GWB klargestellt –, dass eine Bekanntmachung der Konzessionsvergabeabsicht zu erfolgen hat, es sei denn, Ausnahmen sind gesetzlich vorgesehen (vgl. §§ 13 Abs. 2, 19, 20 KonzVgV). Ansonsten dürfen Konzessionsgeber das Verfahren zur Konzessionsvergabe – vorbehaltlich der weiteren Vorgaben im GWB und in der Konzessionsvergabeverordnung – frei ausgestalten (vgl. § 151 S. 3 GWB), wobei die Grenze des § 14 KonzVgV zu beachten ist.[1]

2 § 152 GWB enthält bestimmte Anforderungen für das Konzessionsvergabeverfahren und verweist insofern auf allgemeine Bestimmungen zum Vergabeverfahren für öffentliche Aufträge. Dies betrifft konkret die Regelung des § 121 Abs. 1 und Abs. 3 GWB zur Leistungsbeschreibung, die Regelung des § 122 GWB über die Eignung von Bietern sowie die Vorschriften zu Ausführungsbedingungen nach §§ 128, 129 GWB. Außerdem enthält § 152 Abs. 3 GWB bestimmte Vorgaben für die Zuschlagserteilung. § 151 GWB bildet die Grundsatznorm zur Verfahrensgestaltung bei der Konzessionsvergabe.[2]

3 Im Übrigen sind gemäß § 154 GWB für die Vergabe von Konzessionen einschließlich der Konzessionen nach § 153 GWB die Bestimmungen der §§ 118 (bestimmten Auftragnehmern vorbehaltene Konzessionen), 123 bis 126 (zwingende sowie fakultative Ausschlussgründe und Selbstreinigung), 131 Abs. 2 und Abs. 3 (Personenverkehrsleistungen im Eisenbahnverkehr), 132 (Auftragsänderungen während der Vertragslaufzeit), 133 (Kündigung in besonderen Fällen), 134 (Informations- und Wartepflicht), 135 (Unwirksamkeit), 138 bis 140 (besondere Ausnahmen im Sektorenbereich) GWB entsprechend anzuwen-

[1] Vgl. ausführlich Müller-Wrede/Braun/*Braun* § 14 KonzVgV.
[2] Ziekow/Völlink/*Siegel* § 151 GWB Rn. 1.

den. Daneben greifen die Verfahrensvorgaben der Konzessionsvergabeverordnung. Konzessionsvergabeverfahren sind dabei von Beginn an in Textform nach § 126b BGB zu dokumentieren, soweit dies für die Begründung von Entscheidungen auf jeder Stufe des Vergabeverfahrens erforderlich ist. Der Umfang der Dokumentationspflicht ist in § 6 KonzVgV vorgegeben.[3]

B. Vorherige Bekanntmachungspflicht

4 § 151 S. 1 GWB greift zur Konkretisierung des Transparenzgebotes die in der KRL vorgesehenen Bekanntmachungspflichten auf. Gleichzeitig stellt § 151 S. 2 klar, dass ein Absehen von der Pflicht zur **Bekanntmachung der Konzessionsvergabeabsicht** nur aufgrund in der Konzessionsvergabeverordnung vorgesehener Ausnahmetatbestände erfolgen kann. Die eigentlichen Regelungen zu den Ausnahmen trifft jedoch § 20 KonzVgV. Diese Bestimmung ist deutlich restriktiver als § 14 Abs. 4 VgV, § 3a EU Abs. 3 VOB/A, 13 Abs. 2 SektVO, 12 VSVgV.[4] (ausführlich zu Bekanntmachungspflichten → § 23 Rn. 1 ff.)

5 Näheres zur Bekanntmachungspflicht regeln die §§ 19, 20 KonzVgV. Konkret bestimmt § 19 Abs. 1 KonzVgV, dass der Konzessionsgeber seine Konzessionsvergabeabsicht in einer Konzessionsbekanntmachung mitteilt, und zwar nach dem Muster gemäß Anhang XXI der Durchführungsverordnung der Kommission (EU) Nr. 2015/1986 vom 11.11.2015 zur Einführung von Standardformularen für die Veröffentlichung von Vergabebekanntmachungen für öffentliche Aufträge und zur Aufhebung der Durchführungsverordnung (EU) Nr. 842/2011 in der jeweils geltenden Fassung. Dabei ist zwingend in der Konzessionsbekanntmachung die Vergabekammer, an die sich die Unternehmen zur Nachprüfung geltend gemachter Vergabeverstöße wenden können, zu benennen (vgl. § 19 Abs. 3 KonzVgV). Die Vorgaben in § 19 KonzVgV sind zwingend zu beachten und daher unternehmensschützend.[5]

6 Ausnahmen von der Bekanntmachungspflicht des § 19 KonzVgV sieht § 20 KonzVgV vor. Hiernach kann von einer Konzessionsvergabebekanntmachung abgesehen werden, wenn die Bau- oder Dienstleistung nur von einem bestimmten Unternehmen erbracht werden kann (vgl. § 20 Abs. 1 S. 1 Nr. 1 bis Nr. 4 KonzVgV) und es in den Fällen der Nr. 2 bis 4 keine sinnvolle Alternative oder Ersatzlösung gibt und der fehlende Wettbewerb nicht das Ergebnis einer künstlichen Einengung der Parameter der Konzessionsvergabe ist. Diese Vorschriften sind – da als Ausnahme gedacht – eng auszulegen.[6] Bekanntmachungen gehören zum zwingenden Bestandteil eines vergaberechtlichen Mindeststandards,[7] so dass, nur wenn der Beschaffungswunsch kausal mit der wegfallenden Bekanntmachung verbunden werden kann, auf diese rechtmäßig verzichtet werden kann. In jedem Fall sollte idR eine Ex-ante-Bekanntmachung durchgeführt werden.[8]

7 Weiterhin kann gemäß § 20 Abs. 2 KonzVgV von einer neuen Konzessionsbekanntmachung abgesehen werden, wenn bei einem vorausgegangenen Vergabeverfahren keine oder keine geeigneten Teilnahmeanträge oder Angebote eingereicht wurden, sofern die ursprünglichen Bedingungen des Konzessionsvertrages nicht grundlegend geändert werden und der Europäischen Kommission auf Anforderung ein Verfahrensbericht vorgelegt wird. Wann ein Teilnahmeantrag ungeeignet ist, bestimmt dabei im Weiteren § 20 Abs. 2 S. 2 Nr. 1 und Nr. 2 KonzVgV. Ein Angebot ist ungeeignet, wenn es ohne wesentliche Abänderung den in den Konzessionsvergabeunterlagen genannten Bedürfnissen und Anforde-

[3] Weitergehend Müller-Wrede/Braun/*Rommelfanger* § 6 KonzVgV.
[4] Weitergehend Müller-Wrede/Braun/*Rommelfanger* § 6 KonzVgV.
[5] Müller-Wrede/Braun/*Drewald* § 20 KonzVgV Rn. 5–8.
[6] Ziekow/Völlink/*Völlink* § 20 KonzVgV Rn. 1.
[7] Vgl. *Braun* NZBau 2019, 622, 625.
[8] Müller-Wrede/Braun/*Drewald* § 20 KonzVgV Rn. 88.

rungen des Konzessionsgebers offensichtlich nicht entsprechen kann.[9] Auch diese Bestimmungen sind eng auszulegen.[10] § 20 KonzVgV hat insgesamt unternehmensschützenden Charakter.[11]

Konzessionsbekanntmachungen, Vorinformationen, Vergabebekanntmachungen und Bekanntmachungen zu Änderungen einer Konzession (Bekanntmachungen) sind gem. § 23 Abs. 1 KonzVgV dem Amt für Veröffentlichungen der Europäischen Union mit elektronischen Mitteln zu übermitteln. § 23 Abs. 2 und 3 KonzVgV enthalten weitere Verfahrensbestimmungen. Sie setzen die KVR um.[12] Unterschiede zwischen Richtlinien- und Verordnungswortlaut sind dabei rein sprachlich-redaktioneller Natur. § 23 Abs. 3 KonzVgV weicht aber in einem wesentlichen Punkt (Beginn der Wartefrist für nationale Bekanntmachungen) vom Richtlinienwortlaut ab.[13] § 40 VgV und § 40 SektVO enthalten Vorschriften zum Bekanntmachungsprozedere, die im Detail jedoch etwas abweichen (ausführlich zum Versand und zur Bereitstellung von Vergabeunterlagen → § 24). § 23 KonzVgV hat teilweise unternehmensschützenden Charakter.[14] 8

C. Freie Verfahrensgestaltung

§ 151 S. 3 GWB dient der Umsetzung von Art. 30 Abs. 1 KRL und hebt hervor, dass die Konzessionsgeber das **Verfahren zur Vergabe einer Konzession** – vorbehaltlich der Einhaltung der Bestimmungen der KonzVgV – gem. § 12 Abs. 1 S. 1 KonzVgV **frei gestalten** können. Der Konzessionsgeber kann gem. § 12 Abs. 1 S. 2 KonzVgV das Verfahren an den Vorschriften der Vergabeverordnung zum Ablauf des Verhandlungsverfahrens mit Teilnahmewettbewerb ausrichten. Die Verfahrensfreiheit hat zur Folge, dass die Konzessionsgeber nicht an die Verfahrensarten des § 119 GWB gebunden sind.[15] Der Konzessionsgeber kann die ihm gesetzlich zustehenden Handlungsspielräume im Rahmen seines gesetzlichen Einkaufs- und Beauftragungsermessens weit interpretieren. Wenn er allerdings innerhalb des GWB 4. Teil bleibt, hat er die systemimmanenten Vorgaben des GWB, insbesondere die allgemeinen Verfahrensgrundsätze und die Einschränkungen der KonzVgV zu beachten. 9

Durch die Wahl der Handlungsform kann die Behörde die Konzessionsvergabe im Rahmen des allgemeinen Verhältnismäßigkeitsgrundsatzes frei gestalten. Dies betrifft zunächst die Möglichkeit, einen zivilrechtlichen Vertrag mit Antrag gemäß § 145 BGB und Annahme gemäß § 147 BGB abzuschließen. Daneben besteht auch die Möglichkeit, mit dem Konzessionsnehmer einen öffentlich-rechtlichen Vertrag gemäß § 54 VwVfG zu vereinbaren. Nach einer Auffassung darf durch die Wahl eines öffentlich-rechtlichen Vertrages die Anwendung des Vergaberechtes nicht verhindert werden.[16] Richtig ist, dass gem. § 14 KonzVgV Umgehungsverbote beachtet werden müssen. Auf der anderen Seiten sollte die öffentliche Hand weiter auch verwaltungsrechtliche „vergabefreie" Konzessionen vergeben können.[17] Andererseits könnten vergaberechtliche Grundsätze auch auf klassische verwaltungsrechtliche Verteilungsverhältnisse ausgedehnt werden. Eine derartige Ausweitung sollte – zumindest in speziellen Bereichen – nur dem Gesetzgeber vorbehalten sein.[18] Weiter- 10

[9] Ziekow/Völlink/*Völlink* § 20 KonzVgV Rn. 6.
[10] Ziekow/Völlink/*Völlink* § 20 KonzVgV Rn. 3.
[11] Müller-Wrede/Braun/*Dewald* § 20 KonzVgV Rn. 86, 87.
[12] Verordnungsbegründung zu § 23 Abs. 1 und 2 KonzVgV, BR-Drs. 87/16, 292.
[13] Vgl. Müller-Wrede/Braun/*Drewald* § 23 KonzVgV Rn. 3, 4.
[14] Vgl. Müller-Wrede/Braun/*Dewald* § 23 KonzVgV Rn. 33.
[15] Ziekow/Völlink/*Siegel* § 151 GWB Rn. 6.
[16] OLG Hamburg Beschl. v. 1.11.2017 – 1 Verg 2/17, NZBau 2018, 122.
[17] *Rennert* NZBau 2019, 411, 414.
[18] Müller-Wrede/Braun/*Braun* Glücksspielkonzessionen, Rn. 25ff.

hin sind sozialrechtliche Dienstleistungskonzessionen durch Verwaltungsakt und Vertrag möglich.[19] Die Grenze der Beauftragungen bildet allenfalls § 14 KonzVgV.[20]

11 Die Einzelheiten des Verfahrens zur Vergabe von Konzessionen werden – wenn das Verfahren dem Konzessionsrecht unterliegt – in § 12 KonzVgV erfasst. Auch hier wird in § 12 Abs. 1 S. 1 KonzVgV zunächst klargestellt, dass Konzessionsgeber das Verfahren zur Vergabe von Konzessionen nach Maßgabe dieser Verordnung frei ausgestalten können. Die Grundsätze der Konzessionsvergabe nach § 12 KonzVgV genießen trotz der niedrigeren Normenstufe aus Spezialitätsgründen grds. Vorrang vor den (allgemeineren) Grundsätzen des § 97 GWB.[21] Die Verfahrensgarantien des § 13 KonzVgV sind zu beachten, wonach ua Konzessionen auf der Grundlage der von dem Konzessionsgeber gemäß § 31 KonzVgV festgelegten Zuschlagskriterien vergeben werden. Der Zuschlag wird gem. § 152 Abs. 3 S. 1 GWB auf der Grundlage objektiver Kriterien erteilt.

12 Der Grundsatz der freien Verfahrensgestaltung umfasst auch die freie Wahl der Verfahrensart. Den Erfahrungen der Vergangenheit geschuldet, wonach Konzessionen in der Praxis zumeist im Verhandlungsverfahren mit Teilnahmewettbewerb vergeben wurden, stellt § 12 Abs. 1 S. 2 KonzVgV nun klar, dass Konzessionsgeber das Verfahren an den Vorschriften der Vergabeverordnung zum Ablauf des **Verhandlungsverfahrens mit Teilnahmewettbewerb** ausrichten können. Dabei ist eine ein- oder mehrstufige Ausgestaltung möglich (vgl. § 12 Abs. 2 S. 1 KonzVgV). Dieses Verfahren dürfte der Regelfall sein.[22] Verhandlungen sind dabei uneingeschränkt zulässig – dh auch im Rahmen einer einstufigen Ausgestaltung des Verfahrens möglich –, sofern der Konzessionsgegenstand, die Mindestanforderungen an das Angebot und die Zuschlagskriterien hierdurch nicht geändert werden (vgl. § 12 Abs. 2 S. 2, S. 3 KonzVgV). Eine Ausnahme hiervon sieht § 31 Abs. 2 KonzVgV vor: Hiernach ist eine Änderung der Reihenfolge der Zuschlagskriterien im Falle eines Angebotes, welches eine innovative Lösung mit außergewöhnlich hoher funktioneller Leistungsfähigkeit enthält, die der Konzessionsgeber nicht vorhersehen konnte, zulässig (wobei eine solche Änderung der Reihenfolge der Zuschlagskriterien in jedem Fall die Möglichkeit der Angebotsüberarbeitung für alle Bieter voraussetzt, vgl. § 31 Abs. 2 S. 2 u. S. 3 KonzVgV).

13 Schließlich bestimmt § 12 Abs. 3 KonzVgV, dass Konzessionsgeber Bewerber oder Bieter bei der Weitergabe von Informationen nicht diskriminieren dürfen. Es wird damit das allgemeine Diskriminierungsverbot des § 97 Abs. 2 GWB ergänzt und zugleich konkretisiert.[23]

D. Verfahrensgarantien und Umgehungsverbot

14 Der Konzessionsgeber verfügt bei der Vergabe einer Dienstleistungskonzession über weitgehende Entscheidungs- und Beurteilungsspielräume, die von der Vergabekammer nur begrenzt überprüfbar sind. Die Entscheidungen des Auftraggebers müssen den Geboten der Fairness, Transparenz und Nichtdiskriminierung sowie dem Grundsatz der Verhältnismäßigkeit entsprechen.[24] § 13 KonzVgV legt bestimmte **Verfahrensgarantien** für das Konzessionsvergabeverfahren fest. § 13 KonzVgV ist eine unternehmensschützende Norm iSd § 97 Abs. 6 GWB.[25] Die in § 13 KonzVgV normierten Verfahrensgarantien schränken den in § 151 S. 3 GWB sowie § 12 Abs. 1 S. 1 KonzVgV normierten Grundsatz der freien

[19] Müller-Wrede/Braun/*Ruff* SGB – Sozialrechtliche Konzessionen.
[20] *Braun* NZBau 2018, 652; Müller-Wrede/Braun/*Braun* § 14 KonzVgV.
[21] Ziekow/Völlink/*Siegel* § 12 KonzVgV Rn. 1.
[22] Ziekow/Völlink/*Siegel* § 12 KonzVgV Rn. 4.
[23] Ziekow/Völlink/*Siegel* § 12 KonzVgV Rn. 9.
[24] VK Rheinland-Pfalz Beschl. v. 31.10.2019 – VK 1-17/19, BeckRS 2019, 28919.
[25] Müller-Wrede/Braun/*Gaus* § 13 KonzVgV Rn. 53.

Verfahrensgestaltung ein. Zugleich dienen sie der Verwirklichung der Grundsätze der Transparenz und der Gleichbehandlung.[26]

Danach werden Konzessionen auf der Grundlage der vom Konzessionsgeber festgelegten Zuschlagskriterien (vgl. § 31 KonzVgV) vergeben, sofern der Bieter geeignet ist und auch im Übrigen die seitens des Konzessionsgebers festgelegten Teilnahmebedingungen sowie weitere Mindestanforderungen erfüllt (vgl. § 13 Abs. 1 Nr. 1 KonzVgV). Im Rahmen von Teilnahmebedingungen besteht die Möglichkeit für den Konzessionsgeber, die Konzession geschützten Werkstätten vorzubehalten, die Ausführung nur im Rahmen von Programmen für geschützte Beschäftigungsverhältnisse vorzusehen oder die Erbringung der Dienstleistungen aufgrund von Rechts- und Verwaltungsvorschriften einem bestimmten Berufsstand vorzubehalten. Darüber hinaus kann der Konzessionsgeber Mindestanforderungen, die technische, physische, funktionelle und rechtliche Bedingungen und Merkmale umfassen, vorsehen. Im Übrigen darf der Bieter – vorbehaltlich des § 125 GWB – nicht zwingend gemäß §§ 123, 124 GWB von der Teilnahme am Vergabeverfahren ausgeschlossen sein (vgl. § 13 Abs. 1 Nr. 2 KonzVgV). Auch wenn verschiedene Verfahrensarten möglich sind, hat der Konzessionsgeber die allgemeinen Grundsätze gem. § 97 Abs. 1, 2 GWB zu beachten.[27] (ausführlich zu Eignungsanforderungen → § 15) 15

Außerdem hat der Konzessionsgeber in der Konzessionsvergabebekanntmachung eine Beschreibung der Konzession sowie der Teilnahmebedingungen sowie in der Konzessionsbekanntmachung, der Aufforderung zur Angebotsabgabe oder in anderen Vergabeunterlagen die Zuschlagskriterien und ggf. weitere festgelegte Mindestanforderungen anzugeben (vgl. § 13 Abs. 2 Nr. 2 KonzVgV). Die Anforderungen an ein geeignetes Unternehmen können im Konzessionsvergabeverfahren identisch wie nach den anderen Verfahrensordnungen ausgestaltet werden. Es können aber auch geringere Anforderungen verlangt werden, wie sich aus der Formulierung „gegebenenfalls" in § 13 Abs. 1 Nr. 1 KonzVgV ergibt. Die Anforderungen können nach dem Ermessen des Konzessionsgebers ausgestaltet werden.[28] 16

Gleichzeitig übermittelt der Konzessionsgeber den Teilnehmern an einem Vergabeverfahren einen Organisations- und Zeitplan des Vergabeverfahrens einschließlich eines unverbindlichen Schlusstermins. Der Konzessionsgeber teilt allen Teilnehmern sämtliche Änderungen mit. Diese sind, sofern sie Inhalte der Konzessionsvergabebekanntmachung betreffen, ebenfalls bekannt zu machen (vgl. § 13 Abs. 3 KonzVgV). Diese Vorgaben sind ein Korrektiv zu den bestehenden Verfahrensfreiheiten und zwingend einzuhalten.[29] 17

Schließlich kann die Zahl der Bewerber bzw. Angebote auf eine angemessene Zahl begrenzt werden, sofern dies anhand objektiver Kriterien und in transparenter Weise geschieht und ein echter Wettbewerb sichergestellt ist (vgl. § 13 Abs. 4 KonzVgV). Hier zeigt sich die Bedeutung des Transparenzgrundsatzes. Die Zahl der zur Teilnahme oder Angebotsabgabe aufgeforderten Bewerber oder Bieter muss gem. § 13 Abs. 4 S. 2 KonzVgV ausreichend hoch sein, damit der Wettbewerb gewährleistet ist. Das Wettbewerbsziel ist verfehlt, wenn die Kriterien für die Vorauswahl so hoch sind, dass im Ergebnis nur ein Angebot eingeht.[30] 18

I. Transparenzgrundsatz

Der Transparenzgrundsatz ist ein grundlegendes Gebot des gesamten Vergaberechts, des Konzessionsvergaberechts und des Verteilungsverwaltungsgerechtes insgesamt.[31] Öffentliche Aufträge und Konzessionen werden gemäß § 97 Abs. 1 S. 1 GWB im Wettbewerb und im 19

[26] Ziekow/Völlink/*Siegel* § 13 KonzVgV Rn. 1.
[27] Müller-Wrede/Braun/*Gaus* § 13 KonzVgV Rn. 26.
[28] Müller-Wrede/Braun/*Gaus* § 13 KonzVgV Rn. 8.
[29] Müller-Wrede/Braun/*Gaus* § 13 KonzVgV Rn. 41.
[30] Müller-Wrede/Braun/*Gaus* § 13 KonzVgV Rn. 50.
[31] Müller-Wrede/Braun/*Braun* § 1 KonzVgV Rn. 134–143.

Wege transparenter Verfahren vergeben. Der Transparenzgrundsatz beinhaltet verschiedene Grundsätze: die Transparenz des Beschaffungsvorhabens, der Verdingungsunterlagen, des Verfahrens und der Vergabeentscheidung.[32] Ferner gebietet der Transparenzgrundsatz, dass das gesamte Verfahren gemäß § 6 KonzVgV dokumentiert wird.[33] Der Grundsatz ist ohne weiteres unternehmensschützend gem. § 97 Abs. 6 GWB. Er verpflichtet den Konzessionsgeber zu offenem, erkennbarem und nachvollziehbarem Beschaffungsverhalten.[34] Diese Grundanforderung soll das gesamte Vergabeverfahren durchziehen und im Wesentlichen die Gefahr einer Günstlingswirtschaft und einer willkürlichen Entscheidung des Konzessionsgebers ausschließen.[35]

II. Diskriminierungsverbot/Gleichbehandlungsgebot

20 Das Diskriminierungsverbot/Gleichbehandlungsgebot ist ebenfalls eine zentrale Richtschnur im Konzessionsvergabeverfahren.[36] Die Teilnehmer an einem Vergabeverfahren sind gemäß § 97 Abs. 2 GWB gleich zu behandeln, es sei denn, eine Ungleichbehandlung ist aufgrund dieses Gesetzes ausdrücklich geboten oder gestattet. Der Grundsatz der Gleichbehandlung erfordert zB, dass ein öffentlicher Auftraggeber grundsätzlich jede zusätzliche sachdienliche Auskunft, die er einem anfragenden Bieter gibt, auch allen anderen Bietern erteilt. Ausnahmen hiervon kommen nur in Betracht, wenn die Frage offensichtlich ein individuelles Missverständnis eines bestimmten Bieters betrifft, oder die allseitige Beantwortung der Frage Betriebs- oder Geschäftsgeheimnisse verletzen oder die Identität des Bieters preisgeben würde.[37] Der Gleichbehandlungsgrundsatz ist unternehmensschützend iSv § 97 Abs. 6 GWB.[38] Das Gebot der Gleichbehandlung statuiert zugleich die Geltung des Diskriminierungsverbots. Das Diskriminierungsverbot steht im engen Zusammenhang mit den anderen Grundsätzen: ein gleichbehandelndes Verfahren kann nur dann garantiert werden, wenn das Verfahren für alle Beteiligten transparent durchgeführt wird.

III. Wettbewerbsgrundsatz

21 Ein zentraler vergaberechtlicher Grundsatz ist der Wettbewerbsgrundsatz.[39] Öffentliche Aufträge und Konzessionen werden gem. § 97 Abs. 1 S. 1 GWB im Wettbewerb und im Wege transparenter Verfahren vergeben. Die Zahl der Bewerber oder Angebote kann gem. § 13 Abs. 4 S. 1 GWB auf eine angemessene Zahl begrenzt werden, sofern dies anhand objektiver Kriterien und in transparenter Weise geschieht. Die Zahl der zur Teilnahme oder Angebotsabgabe aufgeforderten Bewerber oder Bieter muss aber gem. § 13 Abs. 4 S. 2 KonzVgV ausreichend hoch sein, dass der Wettbewerb gewährleistet ist. Damit wird neben § 97 Abs. 1 S. 1 GWB der Wettbewerbsgrundsatz auch in § 13 Abs. 4 S. 2 KonzVgV ausdrücklich betont. Der Wettbewerbsgrundsatz ist im Konzessionsvergaberecht unternehmensschützend.

22 Eine möglichst große Anzahl an Unternehmen soll an einem Konzessionsauswahlverfahren teilnehmen können. Die Zahl der Bewerber oder Angebote kann gemäß § 13 Abs. 4 S. 1 VgV auf eine angemessene Zahl begrenzt werden, sofern dies anhand objektiver Kriterien und in transparenter Weise geschieht. Die Zahl der zur Teilnahme oder Angebotsabgabe aufgeforderten Bewerber oder Bieter muss gemäß § 13 Abs. 4 S. 2 KonzVgV

[32] Vgl. OLG Celle Urt. v. 10.3.2016 – 13 U 148/15, NZBau 2016, 381.
[33] OLG München Beschl. v. 14.10.2019 – Verg 16/19, BeckRS 2019, 28624 Rn. 28.
[34] Dreher/Motzke/*Dörr* § 97 GWB Rn. 23.
[35] EuGH Urt. v. 6.11.2014 – C-42/13, NZBau 2015, 38 Rn. 44; EuGH Urt. v. 4.5.2017 – C-387/14, IBRRS 2017, 2291 Rn. 36; EuGH Urt. v. 5.4.2017 – C-298/15, NZBau 2017, 748 Rn. 68.
[36] Müller-Wrede/Braun/*Braun* § 1 KonzVgV Rn. 144–150.
[37] VK Südbayern Beschl. v. 5.6.2018 – Z3-3-3194-1-12-04/18, BeckRS 2018, 13532.
[38] Ziekow/Völlink/*Ziekow* § 97 GWB Rn. 22.
[39] Müller-Wrede/Braun/*Braun* § 1 KonzVgV Rn. 151–154.

ausreichend hoch sein, dass der Wettbewerb gewährleistet ist. Der Wettbewerbsgrundsatz steht funktionell im unmittelbaren Zusammenhang mit den Grundsätzen der Transparenz und Gleichbehandlung. Ein tatsächlicher Wettbewerb kann nur dann gewährleistet werden, wenn alle Unternehmen insgesamt gleich behandelt werden. Ebenso wie die anderen beiden Grundsätze muss sich auch der Wettbewerbsgrundsatz in allen Phasen des Vergabeverfahrens niederschlagen. Der Konzessionsgeber muss im Verfahren darauf hinwirken, dass wettbewerbsbeschränkende und unlautere Verhaltensweisen unter den Bietern verhindert werden.[40]

IV. Verhältnismäßigkeitsgrundsatz

Jedes Konzessionsvergabeverfahren unterliegt auch dem bei jeder Verwaltungstätigkeit gel- 23
tenden Grundsatz der Verhältnismäßigkeit.[41] Dies ist jetzt zudem in § 97 Abs. 1 S. 2 GWB ausdrücklich geregelt. Ob und wann der Verhältnismäßigkeitsgrundsatz verletzt ist, ist keiner generalisierenden Prüfung zugänglich, sondern hängt von den Umständen des Einzelfalls ab.[42] Ausdrücklichen Niederschlag hat der Verhältnismäßigkeitsgrundsatz in der KonzVgV in den Regelungen zur Leistungsbeschreibung (§ 15 KonzVgV) gefunden. In der Leistungsbeschreibung werden gemäß § 15 Abs. 1 S. 1 KonzVgV die für die vertragsgegenständlichen Bau- oder Dienstleistungen geforderten Merkmale durch technische und funktionelle Anforderungen festgelegt.

Ein Angebot darf gem. § 15 Abs. 4 KonzVgV nicht mit der Begründung abgelehnt 24
werden, dass die angebotenen Bau- oder Dienstleistungen nicht den in der Leistungsbeschreibung genannten technischen und funktionellen Anforderungen entsprechen, wenn der Bieter in seinem Angebot mit geeigneten Mitteln nachgewiesen hat, dass die von ihm vorgeschlagenen Lösungen diese Anforderungen in gleichwertiger Weise erfüllen. Grundsätzlich ist zu beachten, dass der Konzessionsgeber die Verfahrensregeln vorgibt. Die Unternehmen haben gem. § 97 Abs. 6 GWB einen Anspruch darauf, dass der Konzessionsgeber die Regeln über das Verfahren einhält. Dieser subjektiv-öffentliche Anspruch auf Einhaltung der Verfahrensregeln darf nicht durch den Verhältnismäßigkeitsgrundsatz unterlaufen werden.[43]

V. Geheimwettbewerb, Vertraulichkeit

Wesentliches und unverzichtbares Kennzeichen einer Auftragsvergabe im Wettbewerb ist 25
die Gewährleistung eines Geheimwettbewerbs zwischen den an der Ausschreibung teilnehmenden Bietern. Nur dann, wenn jeder Bieter die ausgeschriebene Leistung in Unkenntnis der Angebote, Angebotsgrundlagen und Angebotskalkulation seiner Mitbewerber um den Zuschlag anbietet, ist ein echter Bieterwettbewerb möglich. Maßgeblich ist, dass durch den Verstoß gegen die Grundsätze des Geheimwettbewerbs ein echter Bieterwettbewerb verhindert wird. Es ist dabei nicht Voraussetzung, dass der Bieter das Angebot des Mitbieters kennt. Bereits die in der KonzVgV nicht vorgesehene Kenntnis eines Bieters von der Person seiner Mitbieter kann zu einer Verletzung des Grundsatzes des Geheimwettbewerbs führen. Gem. § 4 Abs. 1 und 2 KonzVgV sind die Namen von Bewerbern, die Vergabeunterlagen erhalten oder eingesehen haben, geheim zu halten. Diese Regelung dient dem Schutz des Wettbewerbs und soll verhindern, dass die konkurrierenden Unternehmen Preisabsprachen treffen. Aus diesem Grund hat die Rechtsprechung beispielsweise

[40] VK Nordbayern Beschl. v. 10.3.2016 – 21.VK-3194-03/16, IBRRS 2016, 0899; VK Rheinland-Pfalz Beschl. v. 11.9.2015 – VK 1-19/15, BeckRS 2016, 3509.
[41] Müller-Wrede/Braun/*Braun* § 1 KonzVgV Rn. 155–158.
[42] Ziekow/Völlink/*Braun* § 133 GWB Rn. 100.
[43] Müller-Wrede/Braun/*Braun*, § 1 KonzVgV, Rn. 155–158.

gemeinsame Ortstermine in Anwesenheit aller Bieter als Verstoß gegen den Geheimwettbewerb angesehen.[44]

26 Die Wahrung der Vertraulichkeit ist in § 4 KonzVgV geregelt.[45] Sofern in der KonzVgV oder anderen Rechtsvorschriften nichts anderes bestimmt ist, darf der Konzessionsgeber gem. § 4 Abs. 1 S. 1 KonzVgV keine von den Unternehmen übermittelten und von diesen als vertraulich gekennzeichneten Informationen weitergeben. Dazu gehören gem. § 4 Abs. 1 S. 2 KonzVgV insbesondere Betriebs- und Geschäftsgeheimnisse und die vertraulichen Aspekte der Angebote einschließlich ihrer Anlagen. Bei der gesamten Kommunikation sowie beim Austausch und bei der Speicherung von Informationen muss der Konzessionsgeber gem. § 4 Abs. 2 S. 1 KonzVgV die Integrität der Daten sowie die Vertraulichkeit der Teilnahmeanträge und Angebote einschließlich ihrer Anlagen gewährleisten. Die Teilnahmeanträge und Angebote einschließlich ihrer Anlagen sowie die Dokumentation über die Angebotsöffnung sind gem. § 4 Abs. 2 S. 2 KonzVgV auch nach Abschluss des Vergabeverfahrens vertraulich zu behandeln. Der Konzessionsgeber kann gem. § 4 Abs. 3 S. 1 KonzVgV Unternehmen Anforderungen vorschreiben, die auf den Schutz der Vertraulichkeit der Informationen im Rahmen des Vergabeverfahrens abzielen. Hierzu gehört gem. § 4 Abs. 3 S. 2 KonzVgV insbesondere die Abgabe einer Verschwiegenheitserklärung.

E. Zulässige Vertragsänderungen und Bekanntmachungspflichten

27 Konzessionen können sich während der Vertragslaufzeit ändern. Zulässige Vertragsänderungen einer Konzession gem. § 154 Nr. 3 GWB iVm mit § 132 Abs. 5 GWB müssen nunmehr gemeinschaftskonform bekannt gemacht werden. Eine vergleichbare Vorschrift bestand zuvor nicht. Bekanntmachungen über Änderungen einer Konzession werden gem. § 31 Abs. 2 KonzVgV nach dem Muster gemäß Anhang XVII der Durchführungsverordnung (EU) 2015/1986 erstellt. Die Bekanntmachungspflicht nach § 21 Abs. 2 KonzVgV greift damit bei einer nach § 132 GWB vergaberechtlich zulässigen Konzessionsänderung ein.[46] Diese Bestimmung soll nicht unternehmensschützend sein.[47]

F. Umgehungsverbot

28 In jedem Fall ist das **Umgehungsverbot** des § 14 KonzVgV zu berücksichtigen. Hiernach darf das Verfahren zur Vergabe einer Konzession nicht in einer Weise ausgestaltet werden, dass es vom Anwendungsbereich des 4. Teils des GWB ausgenommen wird oder bestimmte Unternehmen oder bestimmte Bauleistungen, Lieferungen oder Dienstleistungen auf unzulässige Weise bevorzugt oder benachteiligt werden.[48]

29 § 14 KonzVgV regelt ein Umgehungsverbot oberhalb der EU-Schwellenwerte. Vergleichbare Regelungen außerhalb des förmlichen Vergaberechts bestehen nicht. Die Vorschrift des § 14 KonzVgV enthält ein allgemeines Umgehungsverbot im Geltungsbereich des Teil 4 GWB. Dieses bezieht sich auf die Ausgestaltung des Verfahrens und ergänzt damit das besondere Umgehungsverbot bei der Berechnung der Schwellenwerte nach § 2 Abs. 2 KonzVgV.[49] Darüber hinaus hat die Norm Ausstrahlungswirkung auf die gesamte Konzeption der Konzessionsvergabe, weil die allgemeinen Vorgaben (Wettbewerb, Transparenz, Gleichbehandlung, Verhältnismäßigkeit, Wirtschaftlichkeitsgebot, objektive Verfah-

[44] Müller-Wrede/Braun/*Braun*, § 1 KonzVgV, Rn. 158.
[45] VK Südbayern Beschl. v. 24.7.2018 – Z3-3-3194-1-11-04/18, BeckRS 2018, 18118, Rn. 110; Müller-Wrede/Braun/*Braun*, § 1 KonzVgV, Rn. 160.
[46] Müller-Wrede/Braun/*Hofmann* § 21 KonzVgV Rn. 10.
[47] Müller-Wrede/Braun/*Hofmann* § 21 KonzVgV Rn. 16, 17.
[48] Ausführlich: Müller-Wrede/Braun/*Braun* § 14 KonzVgV.
[49] Ziekow/Völlink/*Siegel* § 14 KonzVgV Rn. 1.

rensführung und sachgerechte Bewertung als positive Grundsätze jeder Konzessionsvergabe) – diesmal auf der Seite der Sanktion durch die Betonung der „Umgehung" – markiert werden.

Soweit § 14 KonzVgV Unternehmen oder Leistungen im Weiteren in Bezug nimmt, 30 handelt es sich weniger um ein Umgehungsverbot als um ein Gleichbehandlungsgebot bzw. ein Diskriminierungsverbot. Andererseits folgt aus § 14 KonzVgV kein aktives Handlungsgebot, sondern die Bestimmung zeigt nur die Grenzen des zulässigen Verhaltens auf. Bestimmte diskriminierende Verhaltensformen sind schlicht zu unterlassen. Das Verfahren zur Vergabe einer Konzession darf nicht in einer Weise ausgestaltet werden, dass bestimmte Unternehmen oder bestimmte Bauleistungen, Lieferungen oder Dienstleistungen auf *unzulässige Weise bevorzugt oder benachteiligt werden*. Die in § 14 KonzVgV mit der zweiten und dritten Alternative benannten Verbote der unzulässigen Bevorzugung oder Benachteiligung bestimmter Unternehmen oder bestimmter Leistungen sind nur einschränkend dem Aspekt des Umgehungsverbots zuzuschreiben. Dies folgt daraus, dass dem Konzessionsgeber Umgehungen des gesetzlichen Gleichbehandlungsgebotes bzw. Diskriminierungsverbotes gem. § 97 Abs. 2 GWB sowie des Transparenzgebotes nach § 97 Abs. 1 S. 1 GWB als grundlegende Prinzipien des Vergaberechts sowieso untersagt sind.[50]

G. Durchführung einer eVergabe

§ 7 KonzVgV sieht auch für die Konzessionsvergabe die **grundsätzliche Verwendung** 31 **elektronischer Mittel** in jedem Stadium des Vergabeverfahrens vor. Die Kommunikation kann dabei mündlich erfolgen, es sei denn, es betrifft die Vergabeunterlagen, die Teilnahmeanträge oder die Angebote.[51] In jedem Fall ist sie ausreichend und in geeigneter Weise zu dokumentieren (vgl. § 7 Abs. 2 KonzVgV). Diese Vorgaben sind weitergehend als die Bestimmungen der KRL.[52] Insbesondere ist die Konzessionsbekanntmachung elektronisch zu übermitteln (vgl. § 23 Abs. 1 KonzVgV). Außerdem müssen die Vergabeunterlagen grundsätzlich elektronisch abrufbar sein (und zwar unentgeltlich); es besteht keine Registrierungspflicht (vgl. näher § 17 KonzVgV). Ferner haben Bewerber oder Bieter ihre Teilnahmeanträge oder Angebote mit Hilfe elektronischer Mittel (grundsätzlich in Textform nach § 126b BGB) zu übermitteln (vgl. § 28 Abs. 1 KonzVgV). Schließlich enthält § 8 KonzVgV Anforderungen an die verwendeten elektronischen Mittel sowie § 9 KonzVgV Anforderungen an den Einsatz elektronischer Mittel im Vergabeverfahren. Ziel ist es, die Bekanntmachung von Aufträgen erheblich zu vereinfachen und die Effizienz, Schnelligkeit und Transparenz der Vergabeverfahren zu steigern. Auch der Barrierefreiheit soll Rechnung getragen werden (§ 9 KonzVgV).[53] § 7 KonzVgV entspricht § 9 VgV; § 8 KonzVgV entspricht § 10 VgV, § 9 KonzVgV entspricht § 11 VgV, § 10 KonzVgV entspricht § 12 VgV, 11 KonzVgV entspricht § 13 VgV. (ausführlich zu elektronischer Kommunikation → § 5)

§ 34 KonzVgV sieht **Übergangsbestimmungen** für die elektronische Kommunikation 32 und elektronische Übermittlung von Angeboten und Teilnahmeanträgen vor. Die Regelung ist nicht unternehmensschützend. Die Bestimmung gibt keinen Anspruch darauf, dass elektronische Mittel während der Übergangsfrist vom Konzessionsgeber nicht verwandt werden.[54]

Auslandsdienststellen sind gem. § 35 KonzVgV bei der Vergabe von Konzessionen nicht 33 verpflichtet, elektronische Mittel nach den §§ 7 bis 11 und § 28 KonzVgV anzuwenden.

---

[50] Ausführlich: Müller-Wrede/Braun/*Braun* § 14 KonzVgV.
[51] Ausführlich: Müller-Wrede/Braun/*Grünhagen* § 7 KonzVgV.
[52] Vgl. *Braun* VergabeR 2016, 179, 185.
[53] So Erwägungsgrund 74 RL 2014/23/EU; amtliche Begründung zur VergRModVO, BR DrS 87/16. Vgl. hierzu auch *Braun* VergabeR 2016, 179.
[54] Müller-Wrede/Braun/*Grünhagen* § 34 KonzVgV Rn. 12, 13.

Diese Regelung betrifft insbes. die Auslandsvertretungen der Bundesrepublik Deutschland im Zuständigkeitsbereich des Auswärtigen Amtes. Hierzu zählen ua Botschaften, Generalkonsulate, Konsulate und ständige Vertretungen bei zwischenstaatlichen und überstaatlichen Organisationen. Zudem betrifft die Regelung die außerhalb Deutschlands stationierten Einheiten der Bundeswehr. Außer bei Bekanntmachungen und der elektronischen Verfügbarkeit der Vergabeunterlagen können die Konzessionsgeber selbst entscheiden, ob sie von den Regelungen über elektronische Mittel nach den §§ 7 bis 11, 28 KonzVgV Gebrauch machen.[55]

[55] Ziekow/Völlink/*Wichmann* § 35 KonzVgV Rn. 2.

§ 65 Leistungsbeschreibung, Laufzeit, Vergabeunterlagen, Auskünfte

Übersicht

KonzVgV: § 24

A. Leistungsbeschreibung

1 Gem. § 152 Abs. 1 GWB sind im Rahmen der Konzessionsvergabe die Regelungen des § 121 Abs. 1 und Abs. 3 GWB zur Leistungsbeschreibung entsprechend anzuwenden. Näheres regelt § 15 KonzVgV. Danach werden die für die vertragsgegenständlichen Bau- oder Dienstleistungen geforderten Merkmale in der Leistungsbeschreibung durch technische und funktionelle Anforderungen festgelegt (vgl. § 15 Abs. 1 S. 1 KonzVgV). Die Normen sind vergleichbar mit § 31 Abs. 1, 3, 6 VgV, so dass auf die allgemeine Kommentierung verwiesen werden kann (ausführlich zu Leistungsbeschreibung → § 19 Rn. 1 ff.).

2 Der Auftragsgegenstand ist dabei gem. § 15 Abs. 1 KonzVgV so **eindeutig und erschöpfend** wie möglich zu beschreiben, so dass die Beschreibung für alle Unternehmen in gleichem Sinne verständlich ist und die Angebote miteinander verglichen werden können.[1] Durch die Fassung der Leistungsbeschreibung ist zu garantieren, dass allen Unternehmen der gleiche Zugang zum Vergabeverfahren gewährt und die Öffnung des nationalen Beschaffungsmarktes für den Wettbewerb nicht in ungerechtfertigter Weise behindert wird. Lässt die Leistungsbeschreibung in Verbindung mit der vom Auftraggeber gewählten Verfahrensgestaltung die Einreichung zuschlagsfähiger Angebote nicht zu, mit der Folge, dass das Vergabeverfahren auch nach der Beseitigung der zum Gegenstand des Nachprüfungsverfahrens gemachten Vergaberechtsverstöße nicht mit einem vergaberechtskonformen Zuschlag beendet werden könnte, kann dieser Mangel ausnahmsweise auch von Amts wegen aufgegriffen werden[2] (ausführlich zu Leistungsbeschreibung und Vergabeunterlagen, → § 19 Rn. 1 ff., → § 20 Rn. 1 ff.).

3 Die öffentliche Auftragsvergabe muss für die Beteiligten über- und durchschaubar sein. Nur wenn der potenzielle Bieterkreis den Umfang der Beschaffung kennt, ist ein Verfahren transparent. Daher sieht § 121 Abs. 1 GWB vor, dass der Auftragsgegenstand durch den öffentlichen Auftraggeber so eindeutig und erschöpfend wie möglich zu beschreiben ist. Die Leistungsbeschreibung muss es den Bietern ermöglichen, ihr Angebot – so sicher wie es möglich ist – zu kalkulieren. Wenn unter Bezugnahme auf Bedarfsänderungen in jeder Form beliebig weitere Konzessionen vergeben werden können, erschüttert dies die Kalkulationsgrundlagen des Zuschlagsbieters mit der Folge, dass er unter Umständen noch während der Laufzeit der Konzession seine Verpflichtungen nicht mehr angemessen erfüllen kann. Auf dieser Basis ist keine Kalkulation möglich. Dies gilt ungeachtet der Tatsache, dass die Leistungen von Dritter Seite gezahlt werden. Ein fairer Wettbewerb und damit einhergehend eine Leistungsbeschreibung, die den Anforderungen des § 121 GWB genügt, ist nur mit einer Kenntnis aller preisrelevanten Umstände möglich. Daher kann die Vergabestelle nicht unter Hinweis auf die Beteiligung Dritter als Kostenträger die Zahl der Flüge beliebig unter einen Vorbehalt stellen.[3] Werden die Grenzen des Leistungsbestimmungsrechts verletzt, ist die Vergabe rechtswidrig.[4]

---

[1] Ausführlich: Müller-Wrede/Braun/*Traupel* § 15 KonzVgV.
[2] OLG Koblenz Beschl. v. 10.7.2018 – Verg 1/18, NZBau 2018, 636.
[3] Vgl. VK Mecklenburg-Vorpommern Beschl. v. 20.3.2020 – 3 VK 10/19.
[4] OLG Rostock Beschl. v. 9.7.2020 – 17 Verg 3/20.

4 Bei der Leistungsbeschreibung können die **Merkmale** Aspekte der Qualität und Innovation sowie soziale und umweltbezogene Aspekte betreffen.[5] Sie können sich auch auf den Prozess oder die Methode zur Herstellung oder Erbringung der Bau- oder Dienstleistungen oder auf ein anderes Stadium im Lebenszyklus des Gegenstandes der Konzession einschließlich der Produktions- und Lieferkette beziehen, auch wenn derartige Faktoren keine materiellen Bestandteile der Bau- oder Dienstleistungskonzession sind. Voraussetzung ist in diesem Fall, dass diese Merkmale in Verbindung mit dem Gegenstand der Konzession stehen und zu dessen Werte- und Beschaffungszielen verhältnismäßig sind (vgl. § 15 Abs. 2 KonzVgV). Hierzu hebt der Unionsgesetzgeber in Art. 36 Abs. 1 UA. 2 S. 2 KRL im Rahmen einer beispielhaften Auflistung hervor, dass die Merkmale der Leistungsbeschreibung beispielsweise Qualitätsstufen, Umwelt- und Klimaleistungsstufen, „Design für alle" (einschließlich des Zugangs von Menschen mit Behinderungen) und Konformitätsbewertungsstufen, Leistung, Sicherheit oder Abmessungen des Erzeugnisses, Terminologie, Symbole, Prüfungen und Prüfverfahren, Kennzeichnungen und Beschriftungen oder Gebrauchsanleitungen umfassen können.

5 Erwägungsgrund 66 der KRL stellt gleichzeitig klar, dass Konzessionsgeber solche sozialen Anforderungen vorsehen können, die die betreffende Ware oder die betreffende Dienstleistung unmittelbar charakterisieren, wie das Kriterium der Barrierefreiheit für Menschen mit Behinderungen oder das Kriterium „Design für alle". Nach Erwägungsgrund 67 der KRL könnten zudem zum spezifischen Erzeugungsprozess auch Anforderungen an die Barrierefreiheit für Menschen mit Behinderungen oder an Umweltleistungsstufen gehören. Die Vorgaben zur Leistungsbeschreibung sind unternehmensschützend iSd § 97 Abs. 6 GWB.[6]

6 § 15 Abs. 3 KonzVgV konkretisiert das **Gebot der produktneutralen Leistungsbeschreibung.** Konkret darf in der Leistungsbeschreibung nicht verwiesen werden auf eine bestimmte Produktion, Herkunft, ein besonderes Verfahren, das die Erzeugnisse oder Dienstleistungen eines bestimmten Unternehmens kennzeichnet, oder auf gewerbliche Schutzrechte, Typen oder eine bestimmte Erzeugung, wenn dadurch bestimmte Unternehmen oder bestimmte Produkte begünstigt oder ausgeschlossen werden. Ausnahmsweise ist dies jedoch zulässig, sofern dieser Verweis durch den Konzessionsgegenstand gerechtfertigt ist (vgl. § 15 Abs. 3 S. 1 KonzVgV). Außerdem sind solche Verweise auch dann zulässig, wenn der Konzessionsgegenstand andernfalls nicht hinreichend genau und allgemeinverständlich beschrieben werden kann; diese Verweise sind sodann mit dem Zusatz „oder gleichwertig" zu versehen (vgl. § 15 Abs. 3 S. 2 KonzVgV). Dies bedeutet, dass die Leistungsbeschreibung in Einklang mit den Grundsätzen der Transparenz und der Gleichbehandlung so abgefasst ist, dass der Wettbewerb vor allen Dingen nicht dadurch künstlich eingeengt wird, dass die Anforderungen genau den wesentlichen Merkmalen der von einem betreffenden Wirtschaftsteilnehmer möglicherweise angebotenen Lieferungen, Dienstleistungen oder Bauleistungen entsprechen. Es ist zu ermitteln, ob die Einschränkungen gerechtfertigt sind.[7] Unverhältnismäßige Einschränkungen sind rechtswidrig.[8] (ausführlich zu Leistungsbeschreibung → § 19 Rn. 1 ff.)

7 Außerdem darf ein Angebot nicht mit der Begründung abgelehnt werden, dass die angebotenen Bau- oder Dienstleistungen nicht den in der Leistungsbeschreibung genannten technischen und funktionellen Anforderungen entsprechen, wenn der Bieter in seinem Angebot mit geeigneten Mitteln nachgewiesen hat, dass die von ihm vorgeschlagenen Lösungen diese Anforderungen in gleichwertiger Weise erfüllen (vgl. § 15 Abs. 4 KonzVgV). Maßgebend für die Auslegung einer Leistungsbeschreibung in einem Vergabeverfahren ist die objektive Sicht des angesprochenen Empfängerkreises, also eines verständigen und

[5] Vgl. hierzu *Krönke* NWvZ, 2016 568, 574.
[6] Müller-Wrede/Braun/*Traupel* § 15 KonzVgV Rn. 48; Ziekow/Völlink/*Siegel* § 151 Rn. 1.
[7] Müller-Wrede/Braun/*Traupel* § 15 KonzVgV Rn. 41.
[8] Müller-Wrede/Braun/*Traupel,* § 15 KonzVgV Rn. 48; OLG Rostock Beschl. v. 9.7.2020 – 17 Verg 3/20.

sachkundigen, mit den Beschaffungsleistungen vertrauten potenziellen Bieters.[9] Der Bieter ist bei unklaren Leistungsbeschreibungen gehalten, Bieterfragen zu stellen.[10]

B. Laufzeit

Die Laufzeit von Konzessionen ist gem. § 3 Abs. 1 S. 1 KonzVgV beschränkt. Der Konzessionsgeber schätzt gem. § 3 Abs. 1 S. 2 KonzVgV die Laufzeit je nach den geforderten Bau- oder Dienstleistungen. Der Faktor Zeit hat bei der Konzessionsvergabe eine gegenüber sonstigen Vergaben gesteigerte Bedeutung, weil die Investitionen und ein (etwaiger) Gewinn erst erwirtschaftet werden müssen. Seitens des Auftragnehmers besteht daher ein Interesse an einer möglichst langen Laufzeit, was aber dem Wettbewerbsgrundsatz widerspricht.[11] Diese Norm hat unternehmensschützenden Charakter.[12] 8

Bei Konzessionen mit einer Laufzeit von über fünf Jahren darf gem. § 3 Abs. 2 S. 1 KonzVgV die Laufzeit nicht länger sein als der Zeitraum, innerhalb dessen der Konzessionsnehmer nach vernünftigem Ermessen die Investitionsaufwendungen für die Errichtung, die Erhaltung und den Betrieb des Bauwerks oder die Erbringung der Dienstleistungen zuzüglich einer Rendite auf das investierte Kapital unter Berücksichtigung der zur Verwirklichung der spezifischen Vertragsziele notwendigen Investitionen wieder erwirtschaften kann. Die dabei zugrunde zu legenden Investitionsaufwendungen umfassen gem. § 3 Abs. 2 S. 2 KonzVgV sowohl die zu Anfang als auch die während der Laufzeit der Konzessionen vorzunehmenden Investitionen. In diesem Rahmen kann gem. § 3 Abs. 2 S. 3 KonzVgV der Konzessionsgeber für bestimmte Konzessionstypen durchschnittliche Investitionsaufwendungen und durchschnittliche Renditen zugrunde legen, soweit es die Besonderheiten des jeweiligen Konzessionstyps rechtfertigen. Die Bestimmung der Frist bis zur Obergrenze von fünf Jahren erfolgt – ebenso wie eine Verlängerung nach § 2 Abs. 2 S. 2 KonzVgV nach pflichtgemäßem Ermessen des Konzessionsgebers, welches gerichtlich überprüft werden kann.[13] 9

C. Vergabeunterlagen

Gem. § 16 KonzVgV umfassen **Vergabeunterlagen** jede Unterlage, die vom Konzessionsgeber erstellt wird oder auf die er sich bezieht, um Bestandteile der Konzession oder des Verfahrens zu beschreiben oder festzulegen. Dazu zählen insbesondere die Leistungsbeschreibung, der Entwurf der Konzessionsbedingungen, etwaige Vorlagen für die Einreichung von Unterlagen durch Bewerber oder Bieter sowie Informationen über allgemeingültige Verpflichtungen. Vergleichbare Vorschriften enthalten § 29 VgV, § 8 VOB/A EU. § 16 KonzVgV ist ebenfalls unternehmensschützend.[14]. (ausführlich zu Vergabeunterlagen, → § 20 Rn. 1 ff.). 10

Der Konzessionsgeber hat in der Konzessionsbekanntmachung oder Aufforderung zur Angebotsabgabe eine **elektronische Adresse** anzugeben, unter der die Vergabeunterlagen unentgeltlich, uneingeschränkt, vollständig und direkt abgerufen werden können (vgl. § 17 Abs. 1 KonzVgV). Eine Registrierungspflicht besteht nicht. Dabei kann der Konzessionsgeber die Vergabeunterlagen auf einem anderen geeigneten Weg übermitteln, wenn aufgrund hinreichend begründeter Umstände aus außergewöhnlichen Sicherheitsgründen oder technischen Gründen oder aufgrund der besonderen Sensibilität von Handelsinformationen, die eines sehr hohen Datenschutzniveaus bedürfen, ein unent- 11

[9] OLG Naumburg Urt. v. 9.8.2019 – 7 Verg 1/19, IBRRS 2020, 0184.
[10] OLG Naumburg Urt. v. 9.8.2019 – 7 Verg 1/19, IBRRS 2020, 0184.
[11] Vgl. Ziekow/Völlink/*Siegel* § 3 KonzVgV Rn. 1.
[12] Müller-Wrede/Braun/ /*Kadenbach* § 3 KonzVgV Rn. 32.
[13] Vgl. Ziekow/Völlink/*Siegel* § 3 KonzVgV Rn. 5.
[14] Müller-Wrede/Braun/*Kins* § 16 KonzVgV Rn. 18.

geltlicher, uneingeschränkter und vollständiger elektronischer Zugang nicht angeboten werden kann; in diesem Fall gibt der Konzessionsgeber in der Konzessionsbekanntmachung oder der Aufforderung zur Angebotsabgabe an, dass die Vergabeunterlagen auf einem anderen geeigneten Weg übermittelt werden können und die Frist für den Eingang der Angebote verlängert wird (vgl. § 17 Abs. 2 KonzVgV). Diese Bestimmungen dienen der Herstellung von Transparenz und Gleichbehandlung und haben daher bieterschützende Wirkung.[15]

[15] Müller-Wrede/Braun/*Wrede* § 17 KonzVgV Rn. 39.

§ 66 Bekanntmachung, Regeln zum Auswahlverfahren, Fristen und Zuschlag

Übersicht

GWB: § 105
KonzVgV: §§ 15, 16, 17, 18

A. Einleitung

1 Auch eine Konzessionsvergabe muss vorher bekannt gemacht werden (§ 19 Abs. 1 KonzVgV). Gemäß § 29 KonzVgV prüft der Konzessionsgeber den Inhalt der Teilnahmeanträge und Angebote nach Ablauf der Frist für ihre Einreichung. In jedem Fall müssen die Teilnahmeanträge bzw. Angebote frist- und formgemäß eingegangen sein. Sodann erfolgt im Rahmen des Auswahlverfahrens vor dem Hintergrund des § 13 Abs. 1 KonzVgV eine Prüfung dahingehend, ob die Bewerber bzw. Bieter die geforderte Eignung bzw. das Nichtvorliegen von Ausschlussgründen gemäß §§ 25, 26 KonzVgV ausreichend dargelegt haben, wobei auch diese Bestimmungen unternehmensschützend sind[1]. Besonderheiten gelten beim Einsatz von Nachunternehmern. In formaler Hinsicht wird zudem geprüft, ob die geforderten Teilnahmebedingungen und sonstige etwaige Mindestbedingungen erfüllt sind. Anschließend erfolgt die Zuschlagswertung. Über das Ergebnis der Wertung sind die Bewerber und Bieter zu unterrichten (ausführlich zu Angebote und Wertung, → § 27 Rn. 1 ff. bis → § 32 Rn. 1 ff.).

B. Bekanntmachung

2 Der Konzessionsgeber teilt seine Absicht, eine Konzession zu vergeben, in einer Konzessionsbekanntmachung gem. § 19 Abs. 1 KonzVgV mit. Die Ausnahmen von der Bekanntmachungspflicht sind in § 20 KonzVgV geregelt. Änderungen einer Konzession müssen gem. § 21 Abs. 2 KonzVgV bekannt gemacht werden. Die Regelung des § 19 KonzVgV ist unternehmensschützend.[2] Nach zutreffender Auffassung sind auch bei einer Konzessionsbekanntmachung die Eignungskriterien schon nach dem Wortlaut des § 122 Abs. 4

[1] Müller-Wrede/Braun/*Stoye/Brugger* § 25 KonzVgV Rn. 76; Müller-Wrede/Braun/*Raabe* § 26 KonzVgV Rn. 53–55.
[2] Müller-Wrede/Braun/*Hofmann* § 19 KonzVgV Rn. 21.

S. 2 GWB in der Auftragsbekanntmachung aufzuführen[3] (ausführlich Bekanntmachungspflichten → § 23 Rn. 1 ff.).

C. Frist- und Formvorgaben

3 In formaler Hinsicht sind die Frist- und Formvorgaben für Teilnahmeanträge und Angebote zu berücksichtigen. Nicht frist- oder formgerecht eingereichte Teilnahmeanträge oder Angebote sind vom Verfahren auszuschließen. Die Regelungen in der KonzVgV sind vergleichbar mit den Regelungen in der VgV, SektVO und VOB/A[4] (ausführlich zu Fristen → § 27 Rn. 1 ff.).

I. Fristvorgaben

4 Im Falle einer Konzessionsvergabe enthält § 27 KonzVgV nähere Vorgaben zu den Fristen für den Eingang von Teilnahmeanträgen und Angeboten. Dabei beträgt die Mindestfrist für den Eingang von Teilnahmeanträgen (mit oder ohne Angebot) 30 Tage ab dem Tag nach der Übermittlung der Konzessionsbekanntmachung (vgl. § 27 Abs. 3 KonzVgV). Findet das Verfahren in mehreren Stufen statt, beträgt die Mindestfrist für den Eingang von Erstangeboten überdies 22 Tage ab dem Tag nach der Aufforderung zur Angebotsabgabe; es besteht die Verkürzungsmöglichkeit um 5 Tage, wenn die Angebote mit elektronischen Mitteln eingereicht werden (vgl. § 27 Abs. 4 KonzVgV).

5 In jedem Fall muss der Konzessionsgeber bei der Festsetzung von Fristen die Komplexität der Konzession und die Zeit, die für die Einreichung der Teilnahmeanträge und für die Ausarbeitung der Angebote erforderlich ist, berücksichtigen (vgl. § 27 Abs. 1 KonzVgV). Dies bedeutet auch, dass im Falle einer Ortsbesichtigung oder einer persönlichen Einsichtnahme in nicht übermittelte Anlagen zu den Vergabeunterlagen vor Ort auf ausreichend lange Fristen zu achten ist (vgl. § 27 Abs. 2 KonzVgV). Die Fristen müssen daher ausreichend lang sein, um ein Angebot abgegeben zu können, weshalb bei der Fristsetzung der voraussichtliche Arbeitsaufwand für die Ausarbeitung des Angebots zu prognostizieren und zu berücksichtigen ist.[5] Die Regelung des § 27 KonzVgV ist unternehmensschützend.[6]

6 § 36 KonzVgV enthält Vorgaben zur Fristberechnung. Die Berechnung der in der KonzVgV geregelten Fristen bestimmt sich nach der Verordnung (EWG, Euratom) Nr. 1182/71 des Rates vom 3. 6. 1971 zur Festlegung der Regeln für die Fristen, Daten und Termine (ABl. L 124 vom 8. 6. 1971, S. 1). Dem § 36 KonzVgV entsprechende Verweisungen sind in § 65 SektVO und § 82 VgV enthalten. Für Bauleistungen finden sich Vorschriften zum Fristbeginn in den §§ 16a, 16a, 19 Abs. 2 VOB/A-EU, 19 Abs. 2 VOB/A-VS. Die Normen stellen für den Fristbeginn auf den Tag nach dem Ereignis ab.[7] (ausführlich zu Fristen → § 27 Rn. 1 ff.). Die Fristvorgaben sind unternehmensschützend.[8]

II. Formvorgaben

7 Bewerber oder Bieter übermitteln ihre Teilnahmeanträge oder Angebote grundsätzlich mit Hilfe elektronischer Mittel in Textform nach § 126b BGB, vgl. § 28 Abs. 1 KonzVgV. Dabei ist der Konzessionsgeber nicht verpflichtet, die Einreichung von Teilnahmeanträgen und Angeboten mit Hilfe elektronischer Mittel zu verlangen, wenn auf die zur Einreichung erforderlichen elektronischen Mittel einer der in § 17 Abs. 2 KonzVgV genannten

[3] Vgl. VK Mecklenburg-Vorpommern Beschl. v. 20. 3. 2020 – 3 VK 10/19.
[4] Müller-Wrede/Braun/*Micus-Zurheide* § 29 KonzVgV Rn. 5.
[5] OLG Celle Beschl. v. 19. 3. 2015 – 13 Verg 1/15, BeckRS 2015, 120381.
[6] Müller-Wrede/Braun/*Micus-Zurheide* § 27 KonzVgV Rn. 57; Ziekow/Völlink/*Siegel* § 27 KonzVgV Rn. 1.
[7] Vgl. Müller-Wrede/Braun/*Horn* § 36 KonzVgV Rn. 2.
[8] Müller-Wrede/Braun/*Horn* § 36 KonzVgV Rn. 9.

Gründe zutrifft, oder wenn zugleich physische oder maßstabsgetreue Modelle einzureichen sind, die nicht elektronisch übermittelt werden können (vgl. § 28 Abs. 2 S. 1 KonzVgV). In diesen Fällen erfolgt die Kommunikation auf dem Postweg oder auf einem anderen geeigneten Weg oder in Kombination von postalischem oder einem anderen geeigneten Weg unter Verwendung elektronischer Mittel; der Konzessionsgeber gibt im Vergabevermerk die Gründe an, warum die Angebote mit Hilfe anderer als elektronischer Mittel eingereicht werden können (vgl. § 28 Abs. 2 S. 2 u. S. 3 KonzVgV). Vergleichbare Regelungen enthalten §§ 53 VgV, 43, 44 SektVO, 19 VSVgV, 11 Abs. 5, 13 Abs. 1 Nr. 1 VOB/A-EU (ausführlich zu Formvorgaben → § 26 Rn. 1 ff.).

Sofern die zu übermittelnden Daten erhöhte Anforderungen an die Sicherheit der Datenübermittlung stellen, kann der Konzessionsgeber verlangen, dass Angebote und Teilnahmeanträge mit einer fortgeschrittenen elektronischen Signatur oder mit einem qualifizierten elektronischen Siegel zu versehen sind (vgl. § 28 Abs. 3 KonzVgV). Der Konzessionsgeber kann zudem festlegen, dass Angebote mit Hilfe anderer als elektronischer Mittel einzureichen sind, wenn sie besonders schutzwürdige Daten enthalten, die bei Verwendung allgemein verfügbarer oder alternativer elektronischer Mittel nicht angemessen geschützt werden können; der Konzessionsgeber gibt im Vergabevermerk die Gründe an, warum er die Einreichung der Angebote mit Hilfe anderer als elektronischer Mittel für erforderlich hält (vgl. § 28 Abs. 4 KonzVgV) (ausführlich zur elektronischen Kommunikation → § 5 Rn. 1 ff.). 8

D. Auswahl geeigneter Unternehmen (Besonderheiten)

Konzessionen werden gem. § 152 Abs. 2 GWB an geeignete Unternehmen im Sinne des § 122 GWB vergeben. Als eine der wesentlichen Verfahrensgarantien bestimmt § 13 Abs. 1 Nr. 1 KonzVgV, dass Konzessionen nur dann an ein Unternehmen vergeben werden dürfen, sofern der Bieter unter anderem die vom Konzessionsgeber festgelegten Eignungskriterien erfüllt (vgl. § 13 Abs. 1 Nr. 1 KonzVgV). Gleichzeitig ist in § 13 Abs. 1 Nr. 2 KonzVgV klargestellt, dass eine Konzession nur an einen solchen Bieter erteilt werden darf, der – vorbehaltlich des § 125 GWB – nicht gemäß §§ 123, 124 GWB von der Teilnahme am Vergabeverfahren ausgeschlossen ist. Weil der Gesetzgeber in § 152 Abs. 2 GWB auf die entsprechende Bestimmung des § 122 GWB verwiesen hat, kann grundsätzlich auf die Kommentierungen zur Eignungsprüfung verwiesen werden. Der Konzessionsgeber prüft gem. § 29 S. 1 KonzVgV den Inhalt der Teilnahmeanträge und Angebote erst nach Ablauf der Frist für ihre Einreichung. Bei der Aufbewahrung der ungeöffneten Teilnahmeanträge und Angebote sind gem. § 29 S. 2 KonzVgV die Integrität und die Vertraulichkeit der Daten zu gewährleisten. Die Regelung des § 29 KonzVgV ist unternehmensschützend.[9] (weitergehend zur Eignungsprüfung, → § 30 Rn. 1 ff.). 9

I. Eignungskriterien und -nachweise

Konkrete Anforderungen an die **Eignungsprüfung** enthalten die Vorgaben der §§ 25, 26 KonzVgV. So bestimmt § 25 Abs. 1 KonzVgV zunächst, dass der Konzessionsgeber die **Eignungskriterien** unter Berücksichtigung der §§ 152, 122 GWB festlegt. Damit beziehen sich die Eignungskriterien ausschließlich auf die Befähigung und Erlaubnis zur Berufsausübung, die wirtschaftliche und finanzielle Leistungsfähigkeit sowie die technische und berufliche Leistungsfähigkeit und müssen in Verbindung mit dem Konzessionsgegenstand stehen. Ist eine Konzessionsbekanntmachung gemäß § 20 KonzVgV nicht erforderlich, sind die Eignungskriterien gem. § 25 Abs. 1 S. 2 KonzVgV in die Vergabeunterlagen aufzunehmen. Eine derartige Bestimmung ist in den anderen Verfahrensordnungen nicht 10

[9] Müller-Wrede/Braun/*Micus-Zurheide* § 29 KonzVgV Rn. 26.

vorgesehen (vgl. §§ 42ff. VgV, § 6 Abs. 1 und 2 VOB/A-EU, § 21 Abs. 1 VsVgV, ein abweichendes Regelungskonzept verfolgt die SektVO, ausführlich zu den Eignungsanforderungen → § 15 Rn. 1ff.)

11 Konkretisierend stellt § 25 Abs. 2 KonzVgV klar, dass Eignungskriterien nichtdiskriminierend sein und dem Zweck dienen müssen, einen echten Wettbewerb zu erreichen sowie sicherzustellen, dass die Befähigung des Konzessionärs zur Auftragsausführung ausreichend überprüft werden kann (vgl. § 25 Abs. 2 KonzVgV). Die Eignungskriterien sind weiterhin von den Zuschlagskriterien auch in der KonzVgV zu unterscheiden.[10]

12 Der Konzessionsgeber prüft gem. § 26 Abs. 1 KonzVgV die Eignung und das Nichtvorliegen von Ausschlussgründen aufgrund der Vorlage von Eigenerklärungen oder von Nachweisen. Die **Eignungsnachweise** sind dabei in der Konzessionsbekanntmachung bzw. – sofern eine Konzessionsbekanntmachung ausnahmsweise nicht erforderlich ist – den Vergabeunterlagen anzugeben (vgl. § 26 Abs. 2 KonzVgV). Der Nachweis der Eignung kann durch Eigenerklärungen oder Nachweise geführt werden (vgl. § 26 Abs. 1 KonzVgV). Eignungskriterien müssen objektiv und nicht diskriminierend sein.[11] Die Kriterien sind abschließend. Der Konzessionsgeber darf sich keine zusätzlichen Kriterien ausdenken.[12]

13 Außerdem ist in § 25 Abs. 3 KonzVgV das Institut der **Eignungsleihe** vorgesehen, dh ein Unternehmen darf sich zur Erfüllung der Eignungskriterien der Kapazitäten anderer Unternehmen bedienen – diese also „leihen" – unabhängig davon, welche rechtliche Beziehung zwischen ihm und diesen Unternehmen besteht. Im Hinblick auf die finanzielle Leistungsfähigkeit bestimmt § 25 Abs. 3 S. 2 KonzVgV insofern, dass ein öffentlicher Auftraggeber eine gemeinschaftliche Haftung für die Vertragsdurchführung verlangen kann. Außerdem können öffentliche Auftraggeber gemäß § 26 Abs. 3 KonzVgV die Vorlage eines entsprechenden Verfügbarkeitsnachweises verlangen, um sicherzustellen, dass die zur Erfüllung der Eignungskriterien erforderlichen Mittel während der gesamten Vertragslaufzeit vorhanden sind. Die Eignungsleihe ist von der Vergabe von Unteraufträgen abzugrenzen (ausführlich zu Unterauftragnehmer → § 18 Rn. 1ff.).

II. Ausschlussgründe nach §§ 123, 124 GWB

14 Der Konzessionsgeber ist verpflichtet, das **Nichtvorliegen von Ausschlussgründen** zu prüfen. § 13 Abs. 1 Nr. 2 KonzVgV verweist insofern darauf, dass Unternehmen der Zuschlag nur erteilt werden darf, sofern sie nicht – vorbehaltlich des § 125 GWB zur Selbstreinigung – gemäß §§ 123, 124 GWB wegen zwingender oder fakultativer Ausschlussgründe von der Teilnahme am Vergabeverfahren ausgeschlossen sind. Dabei ist der Nachweis regelmäßig durch Eigenerklärungen oder entsprechende Nachweise zu führen (vgl. § 25 Abs. 1 KonzVgV). In der Konzessionsbekanntmachung bzw. – sofern eine Konzessionsbekanntmachung ausnahmsweise nicht erforderlich ist – in den Vergabeunterlagen sind die zum Nachweis beizubringenden Unterlagen anzugeben (vgl. § 26 Abs. 2 KonzVgV). (ausführlich zur formellen Angebotsprüfung → § 29 Rn. 1ff.).

III. Fehlende/unvollständige Unterlagen

15 Fraglich ist, was passiert, sofern Teilnahmeanträge bzw. Angebote eingereicht werden, die die geforderten Unterlagen zum Nachweis der Eignung sowie zu den Ausschlussgründen nicht bzw. unvollständig enthalten. Für solche formell fehlerhaften Angebote sieht die Konzessionsvergabeverordnung keine konkreten Regelungen zum Nachfordern von Un-

---

[10] Müller-Wrede/Braun/*Raabe* § 25 KonzVgV Rn. 13, differenzierend: Müller-Wrede/Braun/*Müller-Wrede* § 31 KonzVgV Rn. 19.

[11] Müller-Wrede/Braun/*Raabe* § 25 KonzVgV Rn. 22.

[12] Müller-Wrede/Braun/*Raabe* § 25 KonzVgV Rn. 29.

terlagen vor, wie sie in der Vergabeverordnung vorgesehen sind. Folglich ist angesichts des weiten Gestaltungsspielraums des Konzessionsgebers davon auszugehen, dass er nach pflichtgemäßem Ermessen darüber entscheiden kann, fehlende bzw. unvollständige Unterlagen innerhalb einer angemessenen Frist (unter Berücksichtigung des Gleichbehandlungsgrundsatzes) nachzufordern (weitergehend → § 30 Rn. 1 ff. Eignungsprüfung).

E. Zusätzliche Auskünfte zu den Vergabeunterlagen

Schließlich erteilt der Konzessionsgeber gemäß § 18 KonzVgV allen Unternehmen, die sich an den Vergabeverfahren beteiligen, spätestens sechs Tage vor dem Schlusstermin für den Eingang der Angebote zusätzliche Auskünfte zu den Vergabeunterlagen, sofern die Unternehmen diese zusätzlichen Auskünfte rechtzeitig angefordert haben. Der Grundsatz der Gleichbehandlung bedingt ferner, dass die zusätzlichen Informationen gegenüber allen Unternehmen in gleicher Weise erteilt werden. Der Auftraggeber oder Konzessionsgeber ist von daher verpflichtet, jede Information gleichermaßen allen Unternehmen zur Verfügung zu stellen. Ausnahmen von der Beantwortungspflicht sind nur dann denkbar, wenn die Frage eindeutig keinen Bezug zum Vergabeverfahren hat oder dem Auftraggeber oder Konzessionsgeber die Informationen weder vorliegen noch von ihm in zumutbarer Weise beschafft werden können. Die Voraussetzungen für eine solche Ausnahme sind für jede Frage gesondert zu prüfen und zu dokumentieren.[13] Die Regelung ist ohne weiteres unternehmensschützend.[14] Beantwortet der Auftraggeber rechtzeitig gestellte Bieterfragen iSd § 18 KonzVgV nicht, muss er für jede Frage darlegen und dokumentieren, dass die Frage entweder keine Relevanz für das vorliegende Vergabeverfahren hat oder ihm eine Beantwortung unmöglich oder unzumutbar ist.[15] 16

F. Bietergemeinschaften

Rechtsformen von Unternehmen und Bietergemeinschaften sind in § 24 KonzVgV geregelt. Bewerber oder Bieter, die gemäß den Rechtsvorschriften des Staats, in dem sie niedergelassen sind, zur Erbringung der betreffenden Leistung berechtigt sind, dürfen gem. § 24 Abs. 1 S. 1 KonzVgV nicht allein deshalb zurückgewiesen werden, weil sie gemäß den deutschen Rechtsvorschriften eine natürliche oder juristische Person sein müssten. Juristische Personen können gem. § 24 Abs. 1 S. 2 KonzVgV verpflichtet werden, in ihrem Antrag auf Teilnahme oder in ihrem Angebot die Namen und die berufliche Befähigung der Personen anzugeben, die für die Durchführung des Konzessionsvertrags als verantwortlich vorgesehen sind. Bewerber- und Bietergemeinschaften sind gem. § 24 Abs. 2. S. 1 KonzVgV wie Einzelbewerber und -bieter zu behandeln. Der Konzessionsgeber darf gem. § 24 Abs. 2. S. 1 KonzVgV nicht verlangen, dass Gruppen von Unternehmen eine bestimmte Rechtsform haben müssen, um einen Antrag auf Teilnahme zu stellen oder ein Angebot abzugeben. Inhaltlich deckungsgleiche Regelungen enthalten für § 43 VgV, § 50 SektVO, § 21 Abs. 4, 5 VSVgV. Spruchpraxis und Literatur zu diesen Vorschriften können daher zur Auslegung von § 24 KonzVgV mit herangezogen werden.[16] (weitergehend → § 17 Rn. 1 ff. Bietergemeinschaften). 17

[13] VK Südbayern Beschl. v. 24.7.2018 – Z3-3-3194-1-11-04/18, BeckRS 2018, 18118 Rn. 117.
[14] Müller-Wrede/Braun/*Horn* § 18 KonzVgV Rn. 21.
[15] VK Südbayern Beschl. v. 24.7.2018 – Z3-3-3194-1-11-04/18, BeckRS 2018, 18118; VK Mecklenburg-Vorpommern Beschl. v. 20.3.2020 – 3 VK 10/19.
[16] Müller-Wrede/Braun/*Raabe* § 24 KonzVgV Rn. 6, 7.

G. Unteraufträge

18 § 33 KonzVgV enthält eine eigene Bestimmung zur Vergabe von Unteraufträgen, die insbesondere im Zusammenhang mit Angebotsabgabe und -wertung relevant ist. § 33 KonzVgV entspricht weitgehend der Parallelregelung des § 36 VgV, § 34 SektVO. Die KonzVgV-Regelungen sind unternehmensschützend[17] (ausführlich zu Unterauftragnehmern → § 18 Rn. 1 ff.).

19 Nach § 33 Abs. 1 KonzVgV kann der Konzessionsgeber Unternehmen in der Konzessionsbekanntmachung oder den Vergabeunterlagen auffordern, bei Angebotsabgabe die **Leistungsteile** der Konzession, die sie im Wege der Unterauftragsvergabe an Dritte zu vergeben beabsichtigen, sowie – falls zumutbar – die vorgesehenen **Unterauftragnehmer zu benennen.** Vor Zuschlagserteilung kann der Konzessionsgeber von den Bietern, deren Angebote in die engere Wahl kommen, verlangen, die Unterauftragnehmer zu benennen und nachzuweisen, dass ihnen die erforderlichen Mittel dieser Unterauftragnehmer zur Verfügung stehen. Die Haftung des Hauptauftragnehmers gegenüber dem Konzessionsgeber bleibt gem. § 33 Abs. 2 KonzVgV von § 33 Abs. 1 KonzVgV unberührt.

20 Gleichzeitig überprüft der Konzessionsgeber nach § 33 Abs. 6 KonzVgV, ob Gründe für den Ausschluss von Unterauftragnehmern vorliegen. Bei Vorliegen zwingender **Ausschlussgründe** verlangt der Konzessionsgeber, dass der Unterauftragnehmer ersetzt wird, bei Vorliegen fakultativer Ausschlussgründe kann der Konzessionsgeber dies verlangen. Der Konzessionsgeber kann dem Bewerber oder Bieter dafür eine Frist setzen.

21 Überdies verlangt § 33 Abs. 3 KonzVgV, dass der Konzessionär einer Baukonzession, der im Rahmen dieser Baukonzession **Aufträge an Dritte** vergibt, deren Gegenstand die Erbringung von Bauleistungen im Sinne des § 103 Abs. 3 GWB ist, regelmäßig VOB/B und VOB/C in der jeweils aktuellen Fassung zum Vertragsgegenstand des Nachunternehmervertrages zu machen hat. Auf diese Verpflichtung hat der Konzessionsgeber im Konzessionsvergabeverfahren hinzuweisen. Adressat der Norm ist der Konzessionsgeber.[18]

22 Ist eine Bau- oder Dienstleistungskonzession in der **Einrichtung des Konzessionsgebers** unter dessen direkter Aufsicht zu erbringen, schreibt der Konzessionsgeber dem Konzessionär vor, dass dieser nach der Zuschlagserteilung und spätestens bei Beginn der Durchführung der Konzession den Namen, die Kontaktdaten und die gesetzlichen Vertreter der bereits bekannten Unterauftragnehmer mitteilt. Änderungen dieser Angaben während der Laufzeit oder Angaben über neue Unterauftragnehmer sind ebenfalls mitzuteilen. Diese Mitteilungspflichten kann der Konzessionsgeber auch auf Konzessionäre von Dienstleistungskonzessionen und beteiligte Lieferanten oder auf weitere Stufen in der Kette der Unterauftragnehmer ausweiten (vgl. § 33 Abs. 4 KonzVgV).

23 Für Unterauftragnehmer aller Stufen sind die §§ 152 Abs. 4, 128 Abs. 1 GWB anzuwenden (vgl. § 33 Abs. 5 KonzVgV). Auf diese Weise soll sichergestellt werden, dass auch Unterauftragnehmer bei der Ausführung einer Konzession alle für sie geltenden rechtlichen Verpflichtungen einhalten, insbesondere Steuern, Abgaben und Beiträge zur Sozialversicherung und die arbeitsschutzrechtlichen Regelungen - einschließlich Mindestarbeitsbedingungen und Mindestentgelten.

H. Zuschlag und Zuschlagskriterien

24 Im Bereich der Konzessionsvergabe enthält zunächst § 152 Abs. 3 GWB bestimmte Anforderungen an die Zuschlagserteilung. Hiernach wird der Zuschlag auf der Grundlage **objektiver Kriterien** erteilt, die sicherstellen, dass die Angebote unter wirksamen Wettbewerbsbedingungen bewertet werden, so dass ein wirtschaftlicher Gesamtvorteil für den

[17] Müller-Wrede/Braun/*Conrad* § 33 KonzVgV Rn. 74–76.
[18] Müller-Wrede/Braun/*Conrad* § 33 KonzVgV Rn. 43–47.

Konzessionsgeber ermittelt werden kann. Die Zuschlagskriterien müssen mit dem Konzessionsgegenstand gem. § 152 Abs. 3 GWB in Verbindung stehen und dürfen dem Konzessionsgeber **keine absolute Wahlfreiheit** einräumen. Der Konzessionsgeber muss dafür in den Vergabeunterlagen Spezifizierungen vornehmen.[19] Gleichzeitig müssen die Zuschlagskriterien eine wirksame Überprüfung der Bieterinformationen zu den Zuschlagskriterien ermöglichen (vgl. § 31 Abs. 3 KonzVgV). § 31 Abs. 1 und 3 KonzVgV sind unternehmensschützend gem. § 97 Abs. 6 GWB.[20] Die vergaberechtliche Prüfung läuft vergleichbar der VgV, SektVO und der VOB/A, auch wenn es um die Prüfung des wirtschaftlichen Gesamtvorteils gem. § 152 Abs. 3 GWB, § 31 KonzVgV geht. Geprüft wird, ob sich die Bewertung innerhalb des dem Auftraggeber zustehenden Beurteilungsspielraumes bewegt, die vorgegebenen und selbst aufgestellten Zuschlagskriterien beachtet wurden. Der Auftraggeber darf keine sachwidrigen Erwägungen anstellen und muss auch von einem zutreffend ermittelten Sachverhalt ausgegangen sein.[21] (ausführlich zur Angebotswertung → § 32 Rn. 1 ff.).

Darüber hinaus bestimmt § 31 Abs. 1 KonzVgV, dass die relevanten Zuschlagskriterien 25
in der absteigenden **Reihenfolge ihrer Bedeutung** anzugeben sind. Die Reihenfolge kann allein ausnahmsweise dann verändert werden, wenn ein Angebot innovative Lösungen mit außergewöhnlich hoher funktioneller Leistungsfähigkeit enthält (und der öffentliche Auftraggeber dies nicht vorhersehen konnte); in diesem Fall sind die übrigen Bieter über die neue Rangfolge zu informieren und unter angemessener Fristverlängerung zur erneuten Angebotsabgabe aufzufordern (vgl. § 31 Abs. 2 KonzVgV). Die Zuschlagskriterien sollen so zu konturieren sein, dass überraschende Zuschlagsentscheidungen ausgeschlossen werden können.[22] Kritische Einzelfälle sind Ästhetik, örtliche Nähe, bekannt und bewährt und Eigenleistungsanteil des Bewerbers.[23]

Da die Gegenleistung bei einer Konzessionsausschreibung regelmäßig in dem Recht zur 26
Verwertung der vertragsgegenständlichen Dienstleistungen besteht, ist der angebotene Preis für den Konzessionsgeber nur im Rahmen des wirtschaftlichen Gesamtvorteils iSd Art. 41 Abs. 1 der KRL, § 152 Abs. 3 S. 1 GWB von Bedeutung. Der ansonsten regelmäßig anzunehmende Einfluss des vom Auftraggeber gezahlten Preises auf die Qualität der zu erbringenden Leistung muss bei Konzessionen nicht in allen Fällen unmittelbar gegeben sein. Der Gesetzgeber hat in den vergaberechtlichen Bestimmungen für die Vergabe von Konzessionen jedenfalls keine Pflicht zur Prüfung der Angemessenheit des Angebotspreises normiert. Gleiches gilt im Rahmen der Angebotswertung. Zwar ist in § 97 Abs. 1 GWB der Grundsatz der Wirtschaftlichkeit verankert, dieser ist jedoch im, für die Vergabe von Konzessionen speziell gültigen, § 152 Abs. 3 GWB auf das Ausschreibungsziel „wirtschaftlicher Gesamtvorteil für den Konzessionsgeber" fokussiert.[24]

Die Ermittlung des „wirtschaftlichen Gesamtvorteils für den Konzessionsgeber" ist an 27
die von der Vergabestelle vorgegebenen, durch die Angebote der Bieter zu erfüllenden Zuschlagskriterien gebunden. Deren Wertbarkeit ist ausschließlich an die Erfüllung der von der Vergabestelle vorgegebenen „Beschreibung" zu den jeweiligen Zuschlagskriterien gebunden. Eine entsprechende Anwendung von § 60 VgV scheidet schon deshalb aus, weil die danach ggf. erforderliche Nichtberücksichtigung eines Angebots mit dem (scheinbar) besten Preis-Leistungsverhältnis oder u. U. auch (scheinbar) größten wirtschaftlichen Gesamtvorteil eine gewisse Durchbrechung des Wirtschaftlichkeitsgrundsatzes darstellt, die einer expliziten Rechtsgrundlage bedürfte. Diese ist aber gerade nicht gegeben. Aufgrund der fehlenden Rechtsgrundlage für die Pflicht zur Prüfung der Angemessenheit des Angebotspreises (Gesamtangebotspreis) in der KonzVgV besteht insoweit keine Rechtsverlet-

[19] OLG Rostock Beschl. v. 9.7.2020 – 17 Verg 2/20, BeckRS 2020, 26599.
[20] Müller-Wrede/Braun/*Müller-Wrede* § 31 KonzVgV Rn. 122.
[21] VK Sachsen-Anhalt Beschl. v. 27.6.2018 – 2 VK LSA 20/17, BeckRS 2018, 44293 Rn. 78.
[22] Müller-Wrede/Braun/*Müller-Wrede* § 31 KonzVgV Rn. 48.
[23] Müller-Wrede/Braun/*Müller-Wrede* § 31 KonzVgV Rn. 56–59.
[24] VK Südbayern Beschl. v. 14.2.2017 – Z3-3/3194/1/54/12/16, BeckRS 2017, 124185.

zung des Antragstellers.[25] Der Konzessionsgeber muss das vorgeschriebene Verfahren für die Bewertung einhalten, den Sachverhalt ordnungsgemäß ermitteln, sowie die selbst aufgestellten Vorgaben beachtet haben. Zudem dürfen keine sachwidrigen und gegen allgemeine Bewertungsgrundsätze verstoßende Erwägungen angestellt werden.[26]

I. Unterrichtungspflicht

28 Unbeschadet des § 134 GWB zur Informationspflicht vor Zuschlagserteilung bestimmt § 30 KonzVgV, dass der Konzessionsgeber alle Bewerber oder Bieter unverzüglich über die Entscheidungen hinsichtlich des Zuschlags zu unterrichten hat, einschließlich des Namens des erfolgreichen Bieters, die Gründe für die Ablehnung ihrer Teilnahmeanträge oder Angebote sowie die Gründe für eine Entscheidung, die Konzessionen, für die eine Konzessionsbekanntmachung veröffentlicht wurde, nicht zu vergeben oder das Verfahren neu einzuleiten (vgl. § 30 Abs. 1 KonzVgV). Auf Anfrage der Betroffenen (in Textform gemäß § 126b BGB) unterrichtet der Konzessionsgeber unverzüglich, in jedem Fall binnen 15 Tagen, jeden Bieter, der ein ordnungsgemäßes Angebot eingereicht hat, über die Merkmale und relativen Vorteile des ausgewählten Angebotes (vgl. § 30 Abs. 2 KonzVgV), es sei denn, der Konzessionsgeber kann aus Gründen des § 30 Abs. 3 KonzVgV hiervon absehen. § 30 KonzVgV ist unternehmensschützend[27] (weitergehend zur Informations- und Wartepflicht → § 34 Rn. 1 ff.).

29 Die Mitteilungspflicht gem. § 30 KonzVgV besteht unabhängig von der Informationspflicht nach § 134 GWB.[28] § 30 Abs. 1 KonzVgV sieht ebenfalls die unverzügliche Unterrichtung der Bewerber und Bieter über die Entscheidungen des Konzessionsgebers hinsichtlich des Zuschlags vor. Dabei sollen der Name des erfolgreichen Bieters, die Gründe für die Ablehnung der Teilnahmeanträge oder Angebote sowie die Gründe für eine Entscheidung mitgeteilt werden. Nach dem Vorbild des Art. 40 KVR wird iRd § 30 KonzVgV in Bezug auf die Unterrichtungspflichten des Konzessionsgebers nach den von sich aus mitzuteilenden Informationen in Abs. 1 und denjenigen in Abs. 2 unterschieden, die nur auf Anfrage in Textform nach § 126b BGB mitgeteilt werden müssen.

30 § 30 Abs. 2 KonzVgV geht über § 134 GWB insoweit hinaus, als dort festgelegt wird, dass über die Merkmale und relativen Vorteile des ausgewählten Angebots berichtet werden muss. Diese Begründungspflicht ist drittschützend.[29] Die zusätzliche Informationspflicht ist richtig, da die Beteiligung an einem Konzessionsauswahlverfahren mit großer Mühe für den potentiellen Konzessionär verbunden ist. Wenn die Vorabinformation alle Vorgaben des § 134 GWB sowie der jeweiligen Ergänzungsregelung aus der für die Vergabe geltenden Verordnungsregelung enthält, bedarf es nur einer Information. Maßgeblich ist die Erfüllung aller gesetzlichen und verordnungsrechtlichen Vorgaben.[30]

---

[25] VK Südbayern Beschl. v. 14.2.2017 – Z3-3/3194/1/54/12/16, BeckRS 2017, 124185.
[26] VK Nordbayern Beschl. v. 18.6.2020 – RMF-SG-21-3194-5-7.
[27] Vgl. Müller-Wrede/Braun/*Hömke* § 30 KonzVgV Rn. 72.
[28] BT-Drs. 18/7318, 266; vgl. Müller-Wrede/Braun/*Hömke* § 30 KonzVgV Rn. 79, 80 ff.
[29] Vgl. Müller-Wrede/Braun/*Hömke* § 30 KonzVgV Rn. 1 ff.
[30] Vgl. Müller-Wrede/Braun/*Hömke* § 30 KonzVgV Rn. 2.

§ 67 Aufhebung; Dokumentation; Rechtsschutz

Übersicht

KonzVgV: §§ 6, 8, 9, 10, 11, 19, 20, 21, 22, 23, 27, 28, 30

A. Aufhebung des Vergabeverfahrens

Gem. § 32 Abs. 1 S. 1 KonzVgV ist der Konzessionsgeber berechtigt, ein Vergabeverfahren **ganz oder teilweise aufzuheben,** wenn kein Angebot eingegangen ist, das den Bedingungen entspricht (Nr. 1), sich die Grundlage des Vergabeverfahrens wesentlich geändert hat (Nr. 2), kein wirtschaftliches Ergebnis erzielt wurde (Nr. 3) oder andere schwerwiegende Gründe bestehen (Nr. 4). § 32 Abs. 1 S. 2 KonzVgV stellt insoweit klar, dass der Konzessionsgeber grundsätzlich nicht verpflichtet ist, den Zuschlag zu erteilen. § 63 VgV enthält eine § 32 KonzVgV entsprechende Regelung, so dass auf die allgemeinen Ausführungen verwiesen kann. § 32 KonzVgV ist unternehmensschützend[1] (ausführlich zur Aufhebung → § 33). 1

Auch die Aufhebungsgründe der VOB/A entsprechen im Wesentlichen den Gründen des § 32 KonzVgV. § 17 EG Abs. 1 Nr. 1 VOB/A ist vergleichbar mit § 32 Abs. 1 Nr. 1 KonzVgV. § 17 EG Abs. 1 Nr. 2 VOB/A regelt einen Aufhebungsgrund für den Fall, dass die Vergabeunterlagen grundlegend geändert werden müssen. § 32 Abs. 1 Nr. 2 KonzVgV ermöglicht hingegen eine Aufhebung für den Fall, dass sich die Grundlage des Vergabeverfahrens wesentlich geändert hat. In der Sache selbst sind damit keine Änderungen verbunden. Auch § 23 VSVgV und § 48 UVgO entsprechen in vergleichbare Weise § 32 KonzVgV.[2] 2

In den Fällen der Aufhebung von Vergabeverfahren teilt der Konzessionsgeber den Bewerbern oder Bietern nach Aufhebung des Verfahrens unverzüglich die Gründe für seine Entscheidung mit, auf Antrag auch in Textform nach § 126b BGB (vgl. § 32 Abs. 2 KonzVgV). Die Mitteilung ist also ohne schuldhaftes Zögern (§ 121 BGB) zu erteilen, um die Bewerber und Bieter vor weiteren Aufwendungen durch Vorhalten von Sach- und Personalmitteln zu bewahren.[3] 3

B. Dokumentation

Der Konzessionsgeber dokumentiert gem. § 6 Abs. 1 S. 1 KonzVgV das Vergabeverfahren von Beginn an fortlaufend in Textform nach § 126b BGB, soweit dies für die Begründung von Entscheidungen auf jeder Stufe des Vergabeverfahrens erforderlich ist. Dazu gehört gem. § 6 Abs. 1 S. 2 KonzVgV zum Beispiel die Dokumentation der Kommunikation mit Unternehmen und internen Beratungen, der Vorbereitung der Konzessionsbekanntmachung und der Vergabeunterlagen, der Öffnung der Teilnahmeanträge und Angebote, der Verhandlungen mit den Bewerbern und Bietern sowie der Gründe für Auswahlentscheidungen und den Zuschlag. In § 6 Abs. 2 KonzVgV sind weitere Vorgaben für die Dokumentation enthalten. Diese Regelung ist unternehmensschützend.[4] Ein Dokumentationsmangel kann idR nur ge- 4

[1] Müller-Wrede/Braun/*Lischka* § 32 KonzVgV Rn. 80, 81.
[2] Ausführlich Müller-Wrede/Braun/*Lischka* § 32 KonzVgV Rn. 4ff.
[3] Müller-Wrede/Braun/*Lischka* § 32 KonzVgV Rn. 58.
[4] Müller-Wrede/Braun/*Rommelfanger* § 6 KonzVgV Rn. 26, 27.

rügt werden, wenn sich der Mangel auf die Rechtsstellung des Bieters im Vergabeverfahren negativ auswirken kann.[5] (ausführlich zur Dokumentation → § 36 Rn. 1 ff.).

5 Die Kommentarliteratur und Spruchpraxis zu § 8 VgV kann auf die Vergabe von Konzessionen sinngemäß angewendet werden. Sinn und Zweck der Vergabedokumentation ist es, sowohl für Bewerber bzw. Bieter als auch für Nachprüfungsinstanzen im Rahmen des Primärrechtschutzes die Entscheidungen des Auftraggebers und die einzelnen Schritte des Verfahrens nachzuvollziehen und nachprüfen zu können. Die Dokumentationspflicht ist Ausprägung des Transparenzgebotes. Sie dient der Korruptionsbekämpfung und beugt Manipulationen durch den Auftraggeber vor. Damit ist sie wesentlicher Teil eines ordnungsgemäßen Vergabeverfahrens und zentrale Pflicht des Auftraggebers.[6]

6 Die Vergabestelle hat die fachlichen Gründe, die zu bestimmten Entscheidungen bei der Bewertung von Angeboten führen, zu dokumentieren. Eine unzureichend dokumentierte Vorgehensweise kann durch den Auftraggeber nachträglich im Laufe eines Nachprüfungsverfahrens mit Schriftsätzen oder in der mündlichen Verhandlung abgesichert werden. Damit soll das Erfordernis einer zeitnahen Dokumentation nicht aufgegeben werden. Vielmehr soll die Wiederholung des Vergabeverfahrens solchen Fällen vorbehalten bleiben, in denen eine Gefährdung des Wettbewerbs zu besorgen ist. Eine Verengung des Wettbewerbs darf nicht ohne gut erwogene Gründe in Kauf genommen werden. Aus Gründen der Transparenz müssen sich diese Gründe aber in der Vergabeakte niederschlagen.[7]

7 Der Konzessionsgeber ist daher verpflichtet, den konkreten Ablauf des Vergabeverfahrens aktenmäßig festzuhalten. Neben Angaben zum Konzessionsgeber selbst muss im ersten Schritt auch der Gegenstand und der Wert der Konzession dokumentiert sein. Die Vergabestelle hat sämtliche Entscheidungen zu begründen, die zu einer Verengung des Wettbewerbs führen. Dies gilt in diesem Fall insbesondere für Erwägungen betreffend

- den Leistungsgegenstand,
- die Begründung für die Binde- und Ausführungsfristen,
- den Beleg über eine Auskunft der Kostenträger,
- das Erfordernis einer Namensnennung bei dem Leistungserbringer,
- dir Mindestgröße eines geforderten Hubschraubers,
- die Offenlegung evtl. Interessenkonflikte.[8]

Wegen der Bedeutung des Schwellenwerts ist es erforderlich, dass die Vergabestelle die ordnungsgemäße Ermittlung des geschätzten Auftragswertes in einem Aktenvermerk festhält. Dabei steigen die Anforderungen an die Genauigkeit der Wertermittlung und Dokumentation an, je mehr sich der Auftragswert dem Schwellenwert annähert.[9]

C. Rechtsschutz im Vergabeverfahren

8 Nach § 155 GWB unterliegt die Vergabe von förmlichen Konzessionen der **Nachprüfung durch die Vergabekammer** und setzt damit die Vorgaben der Artikel 46, 47 KRL um. Dies gilt allerdings nur für Konzessionen, die in den Anwendungsbereich des 4. Teils des GWB und der KonzVgV fallen. Oberhalb der Schwellenwerte kann daher im Hinblick auf den Rechtsschutz auf die allgemeinen Ausführungen zum Verfahren verwiesen werden (ausführlich zum Rechtsschutz → § 34 Rn. 1 ff.). Die Schwierigkeiten bei den Konzessionsnachprüfungsverfahren liegen in den Abgrenzungsfragen und dem materiellen Fachrecht, welches für Konzessionsvergaben Besonderheiten vorsehen kann.

---

[5] OLG Karlsruhe Beschl. v. 30.10.2018 – 15 Verg 5/18, NZBau 2019, 200.

[6] Vgl. VK Mecklenburg-Vorpommern Beschl. v. 20.3.2020 – 3 VK 10/19; nachfolgend OLG Rostock Beschl. v. 9.7.2020 – 17 Verg 3/20, BeckRS 2020, 26600.

[7] Vgl. VK Mecklenburg-Vorpommern Beschl. v. 20.3.2020 – 3 VK 10/19; nachfolgend OLG Rostock Beschl. v. 9.7.2020 – 17 Verg 3/20, BeckRS 2020, 26600.

[8] Vgl. VK Mecklenburg-Vorpommern Beschl. v. 20.3.2020 – 3 VK 10/19; nachfolgend OLG Rostock Beschl. v. 9.7.2020 – 17 Verg 3/20, BeckRS 2020, 26600.

[9] VK Südbayern Beschl. v. 14.2.2017 – Z3-3/3194/1/54/12/16, BeckRS 2017, 124185 Rn. 204.

§ 68 Konzessionsvergabe unterhalb der Schwellenwerte und außerhalb des förmlichen Vergaberechts

Übersicht

KonzVgV: §§ 25, 26, 29, 31, 32, 33

1 Sofern ua der relevante EU-Schwellenwert nicht überschritten ist, Bereichsausnahmen eingreifen oder keine Verträge geschlossen werden, gelten die Bestimmungen der §§ 148 ff. GWB iVm der KonzVgV nicht. Dies dürfte in der Praxis – zumindest im Bereich der Dienstleistungskonzessionen – häufig der Fall sein. Die Vergabe von Baukonzessionen unterhalb der Schwellenwerte unterfällt gem. § 106 Abs. 2 Nr. 4 GWB iVm Art. 8 Abs. 1 RL 2014/23/EU nicht dem förmlichen Kartellvergaberecht, sodass die KonzVgV gem. § 1 KonzVgV auf das Vergabeverfahren keine Anwendung findet. Für einen Großteil von formellen und materiellen Konzessionen wird das förmliche GWB-Vergaberecht daher keine Anwendung finden.

2 Bei der Konzessionsvergabe im Unterschwellenbereich besteht eine inkohärente Rechtslage. Dies beginnt bereits bei der begrifflichen Konturierung der Konzession, setzt sich bei der unterschiedlichen Behandlung von Baukonzessionen und Dienstleistungskonzessionen fort und findet seinen Abschluss in der Rechtswegfrage.[1] Der jeweilige Rechtsschutz ist differenziert zu betrachten. Die Unterscheidung zwischen Bau- und Dienstleistungskonzessionen ist damit im Unterschwellenwertbereich von großer Relevanz. Dies betrifft auch den Bereich des Rechtsschutzes (ausführlich zum Rechtsschutz unterhalb der Schwellenwerte → § 89 Rn. 1 ff.).

A. Baukonzession unterhalb der Schwellenwerte

3 § 23 VOB/A ordnet für die Vergabe einer Baukonzession im Unterschwellenwertbereich – ausnahmslos – die **sinngemäße Anwendung der Basisparagraphen** (§§ 1 bis 21 VOB/A) an.[2] Dies bedeutet, dass inhaltlich auf die Vergabe von Baukonzessionen nicht passende Regelungen unberücksichtigt bleiben können. Hierdurch wird dem Umstand Rechnung getragen, dass zwischen öffentlichem Bauauftrag und Baukonzession zum Teil erhebliche Unterschiede bestehen. Dagegen finden die Basisparagraphen dort, wo die Besonderheiten der Baukonzession einer sinngemäßen Anwendung nicht entgegenstehen, uneingeschränkt Anwendung. Insbesondere „passen" diejenigen Bestimmungen der VOB/A nicht, die primär die Vergütung zum Gegenstand haben. Aber auch die Bestimmungen zur Leistungsbeschreibung nach § 7 VOB/A kommen nur eingeschränkt zur Anwendung.[3]

4 Der Begriff der Baukonzession wird neben § 23 Abs. 1 VOB/A europarechtlich oberhalb der Schwellenwerte in Art. 5 Nr. 1 lit. a RL 2014/23/EU und bundesrechtlich in

[1] *Siegel* NZBau 2019, 353, 359.
[2] Ausführlich: Müller-Wrede/Braun/*Braun* § 23 VOB/A.
[3] *Siegel* NZBau 2019, 353; Kapellmann/Messerschmidt/*Ganske* § 23 VOB/A Rn. 62.

§ 105 Abs. 1 Nr. 1 und Abs. 2 GWB definiert.[4] Im Zuge der Novellierung des Kartellvergaberechts hat sich der deutsche Normgeber für eine weitgehende Gleichbehandlung aller Konzessionen entschieden. Soweit Baukonzessionen Besonderheiten aufweisen, wird diesen oberhalb der Schwellenwerte nunmehr auf Ebene der KonzVgV Rechnung getragen.[5] Unterhalb der Schwellenwerte ist die Baukonzession eine der Konzessionen, deren Besonderheit im Bauwesen zu suchen ist.[6] Oberhalb und unterhalb der Schwellenwerte ist von einem einheitlichen Begriff der Konzession auszugehen.[7]

5 Eine Abgrenzung zwischen einer Baukonzession und einem Bauauftrag ist – wie ausgeführt – für den Auftraggeber notwendig, weil diese verschiedenen Rechtsmaterien unterliegen. Die Baukonzession unterscheidet sich vom Bauauftrag dadurch, dass der Baukonzessionär anstatt einer festen Vergütung das Recht zur Nutzung des Bauwerkes erhält.[8] Mit diesem Nutzungsrecht untrennbar verknüpft ist der Übergang des Nutzungs- bzw. des Betriebsrisikos auf den Konzessionär.[9] Nur wenn dieses Risiko auf den Konzessionär übergeht, liegt auch tatbestandlich eine Baukonzession iSv § 23 Abs. 1 VOB/A vor.[10]

6 Ebenso sind die Anforderungen an die Leistungsbeschreibung im Sinne des § 7 VOB/A nur eingeschränkt anzuwenden: Die Bedeutung der Leistungsbeschreibung für die Kalkulation der Preise entfällt bei Konzessionen, weshalb § 7 Abs. 1 Nr. 2 VOB/A hier nicht gilt. Auch kann § 7 Abs. 1 Nr. 3 VOB/A keine vollumfängliche Regelungswirkung bei Konzessionen entfalten, weil dem Konzessionsnehmer mit dem Nutzungsrecht grundsätzlich alle sich aus der Natur der jeweiligen Nutzung ergebenden Risiken sowie die Verantwortung für alle technischen und finanziellen Aspekte der Errichtung eines Bauwerkes übertragen werden.[11]

7 Offen ist, ob und inwieweit die VOB/B anzuwenden ist. Die Anwendung der VOB/B kann sich nur auf die Teile des Konzessionsvertrages erstrecken, die die Errichtung der baulichen Anlage als solche regeln.[12] Regelmäßig kann bei einem umfänglichen Konzessionsvertrag, der besondere Regelungen erfordert, nicht von einer Vereinbarung der VOB/B als Ganzes gesprochen werden. Dies hat zur Folge, dass die Inhaltskontrolle selbst dann eröffnet ist, wenn nur geringfügige, inhaltliche Abweichungen von der VOB/B vorliegen und auch unabhängig davon, ob eventuell benachteiligende Regelungen im vorrangigen Vertragswerk möglicherweise durch andere Regelungen ausgeglichen werden. Dann wird im Einzelfall eine Kontrolle der Bestimmungen der VOB/B nach §§ 305 ff. BGB auf ihre Wirksamkeit erfolgen müssen.[13]

8 Landesrechtliche Regelungen für Baukonzessionsvergaben unterhalb der Schwellenwerte existieren in einigen Landesvergabegesetzen dahingehend, als dass die VOB/A für anwendbar erklärt wird.[14] Damit sind bei Baukonzessionen unterhalb der Schwellenwerte in Mecklenburg-Vorpommern, Sachsen-Anhalt, Sachsen und Thüringen landesrechtliche Informationspflichten zu beachten.[15]

9 Auch bei anderen Bundesländern wird – wenn auch unterschiedlich – Rechtsschutz gegen Konzessionsauswahlverfahren gewährt. Bei Binnenmarktrelevanz des jeweiligen Verga-

[4] Gesetzesbegründung zu § 105 GWB, VergRModG 2016, BT-Drs. 18/6281, 76, mHa EuGH Urt. v. 13. 10. 2005 – C-458/03 – Parking Brixen, NZBau 2005, 644 Rn. 40.

[5] Gesetzesbegründung zu § 105 GWB, VergRModG 2016, BT-Drs. 18/6281, 76.

[6] Müller-Wrede/Braun/*Braun* § 23 VOB/A Rn. 4.

[7] Müller-Wrede/Braun/*Braun* § 23 VOB/A Rn. 7, 8.

[8] BGH Urt. v. 18. 12. 2014 – VII ZR 60/14, NZBau 2015, 220.

[9] OLG München Beschl. v. 5. 4. 2012 – Verg 3/12, NZBau 2012, 456.

[10] Müller-Wrede/Braun/*Braun* § 23 VOB/A Rn. 23.

[11] Müller-Wrede/*Braun* § 105 GWB Rn. 121.

[12] Kapellmann/Messerschmidt/*Ganske* § 23 VOB/A Rn. 62.

[13] Vgl. Ingenstau/Korbion/Leupertz/*von Wietersheim* § 23 VOB/A Rn. 75.

[14] Vgl. Kapellmann/Messerschmidt/*Ganske* § 23 VOB/A Rn. 73; Müller-Wrede/*Braun* § 105 GWB Rn. 121; § 6 Abs. 1 Bremisches TtVG, § 2a Abs. 1 HmbVgG, § 1 Abs. 4 HVgG, § 2 Abs. 1 Nr. 2 VgG M-V, § 3 Abs. 2 NTVergG, § 1 Abs. 2 und § 6 Abs. 2 Nr. 3 SächsVergabeG, § 1 Abs. 2 LVG LSA, § 1 Abs. 2 ThürVgG.

[15] Vgl. Ziekow/Völlink/*Braun* § 134 GWB Rn. 178–190.

Die Rechtswegzersplitterung in vier Bereiche (Ordentliche, Verwaltungs-, Sozialgerichtsbarkeit und Nachprüfungsinstanzen) ist historisch bedingt und wird richtigerweise kritisiert.[35] Die Zersplitterung hat ihre Ursache in den sehr unterschiedlichen zu regelnden komplexen Lebenssachverhalten, die eine einheitliche gesetzliche Lösung weitgehend auszuschließen scheint.[36] Der Weg zu den Vergabekammern ist mit dem Risiko der fehlenden Verweisungsmöglichkeit verbunden. Unstreitig kann eine Verweisung nur von einem Gericht an das zuständige Gericht erfolgen. Damit scheidet eine Verweisung von und an die Vergabekammer aus, weil diese kein Gericht ist, sondern ein Verwaltungsorgan, das durch Verwaltungsakt entscheidet.[37] Die erforderliche Rechtswegfestlegung setzt eine Abgrenzung der Rechtsmaterien gem. § 40 Abs. 1 VwGO, §§ 155, 156 Abs. 1, 158 Abs. 2 GWB voraus. Wenn das GWB eingreift, dann haben andere Prozessordnungen zurückzutreten.[38] Häufig werden öffentlich-rechtliche Beschaffungsvorgänge vorliegen. Der Rechtsweg zum Verwaltungsgericht bestimmt sich gem. § 40 Abs. 1 S. 1 VwGO anhand der Rechtsnatur des Teilnahmeverhältnisses, die sich aus dem Rechtscharakter der Auswahlbestimmungen ergibt, wenn sie nicht gem. §§ 155, 156 Abs. 1, 158 Abs. 2 GWB den Nachprüfungsinstanzen verbindlich zugewiesen ist.[39] 16

Es existieren zahlreiche Spezialgesetze, die teilweise eine verwaltungsrechtliche Beauftragung durch Verwaltungsakt (und nicht durch vergaberechtlichen Vertrag) vorsehen. Dies betrifft zB EnWG-, Breitband-, Gewerbe-, Glücksspiel- und Personenbeförderungskonzessionen.[40] Weiterhin enthält das GWB zahlreiche Negativabgrenzungen zu GWB-vergabefreien Bereichen, wie zB Finanzierungen, soziale Auswahlverhältnisse, Netzbereitstellungen bzw. die Nutzung öffentlicher Bereiche oder Ressourcen.[41] Dort werden inhaltlich materielle Dienstleistungskonzessionen vergeben, die aus Gesetzesgründen nicht dem GWB-Vergaberechtsregime unterliegen. 17

Unstreitig gehören nicht in den Bereich der Konzession alle Vorgänge, die dem Verkauf oder der Pacht und nicht dem Einkauf dienen, es muss also stets ein Leistungsvertrag zur Betrauung vorliegen.[42] Zur Abgrenzung dieser Fragen ist die ordentliche Gerichtsbarkeit berufen, wenn in vertretbarer Weise kartellrechtliche Ansprüche von einem Unternehmen geltend gemacht werden.[43] Der hierbei grundsätzlich entscheidende Faktor ist die Rechtsnatur der jeweiligen Konzession. Handelt es sich um einen privatrechtlichen Vertrag zwischen Konzessionsnehmer und zuständiger Behörde, so ist der ordentliche Rechtsweg eröffnet. Handelt es sich aber um einen öffentlich-rechtlichen Vertrag iSd §§ 54ff. VwVfG, so ist das Verwaltungsgericht zuständig.[44] 18

Nach Auffassung des OVG Lüneburg ist für die Zuordnung des streitigen Rechtsverhältnisses zum öffentlichen oder zum bürgerlichen Recht nicht das Ziel, sondern die Rechtsform des staatlichen Handelns maßgeblich. Sei diese privatrechtlich, sei es grundsätzlich auch die betreffende Streitigkeit. Umgekehrt sei prinzipiell der Verwaltungsrechtsweg eröffnet, wenn sich das staatliche Handeln in den Bahnen des öffentlichen Rechts vollziehe. Im Ergebnis habe der BGH überzeugend festgestellt, dass bei Vergabe der (unterschwelligen) Dienstleistungskonzession in den Formen des Privatrechts für die vergabe- 19

---

[35] Vgl. zB *Kirst* VergabeR 2019, 242, Anmerkung zu: OVG Niedersachsen Urt. v. 29.10.2018 – 10 ME 363/18 – „Kita-Betrieb", VergabeR 2019, 236.

[36] *Braun* NZBau 2019, 622, 623.

[37] VGH München Beschl. v 26.4.2019 – 12 C 19.621, NVwZ-RR 2020, 256.

[38] VGH München Beschl. v 26.4.2019 – 12 C 19.621, NVwZ-RR 2020, 256.

[39] VGH München Beschl. v 26.4.2019 – 12 C 19.621, NVwZ-RR 2020, 256.

[40] Vgl. die Kommentierungen in Müller-Wrede/Braun zu den Sonderregelungen: AGVO/NGA-RR – Breitbandkonzessionen; BADV – Bodenabfertigungskonzessionen, CsgG – Carsharing-Konzessionen, EnWG – Strom- und Gaskonzessionen; GewO – Gewerbekonzessionen, GlüStV – Glücksspielkonzessionen, RDG – Rettungsdienstkonzessionen; SGB – Sozialrechtliche Konzessionen, VO (EU) 1370/2007 – ÖPNV-Konzessionen Rettungsdienstkonzessionen.

[41] Müller-Wrede/Braun/*Braun* § 1 KonzVgV Rn. 83ff.

[42] Müller-Wrede/Braun/*Braun* § 1 KonzVgV Rn. 50.

[43] KG Urt. v. 22.1.2015 – 2 U 14/14, BeckRS 2015, 5129.

[44] Müller-Wrede/Braun/*Braun* § 1 KonzVgV Rn. 104ff.

rechtliche Nachprüfung die ordentlichen Gerichte zuständig seien, bei Vergabe in den Formen des öffentlichen Rechts – in dem der Entscheidung des BGH zugrunde liegenden Fall ein gesetzlich (durch Art. 13 Abs. 4 BayRDG) vorgeschriebener öffentlich-rechtlicher Vertrag – sei hingegen der Verwaltungsrechtsweg eröffnet.[45] Diese Auffassung führt zu einer weiten verwaltungsrechtlichen Zuständigkeit und kann herangezogen werden, wenn die Zuständigkeit der Verwaltungsgerichte begründet werden soll.

II. Handlungsformen der Verwaltung

20 Unstreitig ist, dass der Konzessionsgeber, die ihm gesetzlich zustehenden Handlungsspielräume im Rahmen seines gesetzlichen Einkaufs- und Beauftragungsermessens weit ausnutzen kann. Er kann damit das förmliche Vergaberecht er- oder abwählen, wenn er den Sachverhalt ordnungsgemäß ermittelt und die Ermessensgrenzen (Über- und Unterschreitung, Nicht- und Fehlgebrauch, Ausfall) beachtet. Keine Konzession liegt in der Beauftragung durch Verwaltungsakt vor, also wenn insbesondere kein entgeltlicher Vertrag gem. § 103 Abs. 1 GWB vorliegt.[46] Neben der Möglichkeit der Beauftragung durch einen Verwaltungsakt gibt es auch die Beauftragungsmöglichkeit durch Beleihung, Satzung oder Gesetz, was die Anwendung des förmlichen Konzessionsvergaberechtes ebenfalls ausschließt.[47]

21 Die Konzessionsgeber können einen zivilrechtlichen Vertrag mit Antrag gem. § 145 BGB und Annahme gem. § 147 BGB abschließen. Daneben besteht auch die Möglichkeit mit dem Konzessionsnehmer einen öffentlich-rechtlichen Vertrag gem. § 54 VwVfG zu vereinbaren. Zu beachten ist, dass nach einer Auffassung die Wahl eines öffentlich-rechtlichen Vertrages nicht die Anwendung des Vergaberechtes hindert.[48] Dies dürfte in dieser Allgemeinheit zu weitgehend sein, weil das Konzessionsvergaberecht sich ansonsten auf klassische verwaltungsrechtliche Verteilungsverhältnisse ausdehnen würde. Eine derartige Ausweitung sollte nur dem Gesetzgeber vorbehalten sein.[49] Weiterhin sind sozialrechtliche Dienstleistungskonzessionen durch Verwaltungsakt und Vertrag möglich.[50] Diese Wahlmöglichkeiten kann die Behörde im Rahmen der Grenze des § 14 KonzVgV auswählen.[51]

III. Zuschlag durch Verwaltungsakt

22 Die Unternehmensbeauftragung kann durch Verwaltungsakt oder durch Vertrag erfolgen. Auch vor Abschluss des Vertrages erfolgt idR eine Vorinformation in dem das ausgewählte Unternehmen gegenüber Dritten mitgeteilt wird. Es ist streitig, ob die Mitteilung zur Auftragserteilung außerhalb des förmlichen GWB-Vergaberechts als Verwaltungsakt anzusehen ist oder nicht.[52] Öffentliche Auftraggeber haben gem. § 134 Abs. 1 S. 1 GWB oberhalb der Schwellenwerte die Bieter, deren Angebote nicht berücksichtigt werden sollen, über den Namen des Unternehmens, dessen Angebot angenommen werden soll, über die Gründe der vorgesehenen Nichtberücksichtigung ihres Angebots und über den frühesten Zeitpunkt des Vertragsschlusses unverzüglich in Textform zu informieren. Die Regelung der Informations- und Wartepflicht in § 134 Abs. 1 GWB ist unmittelbarer Ausfluss des

---

[45] OVG Lüneburg Beschl. v. 29.10.2018 – 10 ME 363/18, VergabeR 2019, 236 mit kritischer Anmerkung *Krist* VergabeR 2019, 242; OVG Weimar Beschl. v. 26.2.2020 – 3 VO 517/17, BeckRS 2020, 10623.

[46] Müller-Wrede/Braun/*Braun* § 1 KonzVgV Rn. 45–59.

[47] *Braun/Buchmann* NWvZ 2007, 383.

[48] OLG Hamburg Beschl. v. 1.11.2017 – 1 Verg 2/17, NZBau 2018, 122.

[49] Müller-Wrede/Braun/*Braun*, Glücksspielkonzessionen, Rn. 25 ff.

[50] Vgl. Müller-Wrede/Braun/*Ruff*, SGB – Sozialrechtliche Konzessionen.

[51] *Braun* NZBau 2018, 652.

[52] VGH München Beschl. v. 15.11.2018 – 21 CE 18.854, BeckRS 2018, 29069; Entscheidungsanmerkung bei *Bühs* BayVBl 2019, 514; *Rennert* NZBau 2019, 411, 414; aA VG Dresden Beschl. v. 23.8.2019 – 4 L 416/19; VG Darmstadt Beschl. v. 10.9.2019 – 4 L 1180/15.DA; VG Frankfurt Beschl. v. 4.11.2011 – 5 L 2864/11.F.

vergaberechtlichen Transparenzgebots und notwendige Voraussetzung für einen effektiven Rechtsschutz.[53] Auch außerhalb des förmlichen Vergaberechts haben sich derartige (freiwillige) Informationspflichten zunehmend durchgesetzt. Im Verwaltungsrecht werden Auswahlverfahren auch als Verteilungsverwaltungsverfahren bezeichnet.[54]

Eine erteilte Mitteilung zu einer öffentlich-rechtlichen Auftragsvergabe im Bereich des 23 Rettungsdienstes unterhalb der Schwellenwerte ist nach zutreffender Auffassung ein Verwaltungsakt.[55] Zwar ist die zugunsten der Bestbieterin beschlossene Auswahlentscheidung zunächst ein Internum und damit mangels Außenwirkung kein Verwaltungsakt im Sinn des Art. 35 BayVwVfG, dessen Aufhebung mit der Anfechtungsklage gem. § 42 Abs. 1 Alt. 1 VwGO begehrt werden kann. Ein Behördenschreiben, mit dem einem Bewerber nach außen wirksam bekannt gemacht wird, dass er nicht ausgewählt worden und beabsichtigt ist, den Zuschlag an die (vermeintliche) Bestbieterin zu erteilen, kann als Verwaltungsakt qualifiziert werden. Die Absage ist mit einer sogenannten Negativmitteilung im beamtenrechtlichen Auswahlverfahren vergleichbar und mithin ein Verwaltungsakt.[56] Diese Auffassung überzeugt, weil sie über § 80 Abs. 5 VwGO ein konsistentes und rechtschutzintensiveres Überprüfungsverfahren ermöglicht.[57]

IV. Fragen der Rechtswegverweisung

Bei einer derart heterogenen Zuständigkeitslage verwundert es nicht, dass Fragen der Verweisung ständiger Bestandteil der gerichtlichen Entscheidungspraxis sind. Nach § 17a Abs. 2 S. 1 GVG könne – so der BayVGH – eine Verweisung nur an das zuständige Gericht des zulässigen Rechtsweges erfolgen. Damit scheide eine Verweisung an die Vergabekammern aus, weil diese keine Gerichte seien, sondern Verwaltungsorgane, die gem. § 114 Abs. 3 S. 1 GWB durch Verwaltungsakt entscheiden würden. § 17a Abs. 2 S. 1 GWG sei nicht entsprechend anwendbar, da es an einer planwidrigen Regelungslücke fehle. Die Besonderheiten des vergaberechtlichen Nachprüfungsverfahrens sprächen gegen eine Verweisung an die Vergabekammern und damit auch gegen eine planwidrige Regelungslücke. Eine Verweisung an den Vergabesenat des Oberlandesgerichts, bei dem es sich zwar um ein Gericht (§ 116 Abs. 3 GWB) und kein Verwaltungsorgan handele, komme ebenfalls nicht in Betracht. Dagegen sprächen die Besonderheiten des vergaberechtlichen Verfahrens, das durch größtmögliche Beschleunigung geprägt sei. Dieser Beschleunigungsgrundsatz und die an den Eingang des Nachprüfungsantrags bei der Vergabekammer anknüpfenden Fristen stünden einer Verweisung entgegen. Selbst wenn die Vergabekammer wider Erwarten ihre Zuständigkeit verneinen sollte, hätte die Klägerin die Möglichkeit, einen Verweisungsantrag im Zusammenhang mit der Beschwerde gegen die Vergabekammerentscheidung zu stellen. Der Rechtsstreit wäre dann in Anwendung von § 17a Abs. 2 S. 1 GVG an das örtlich und sachlich zuständige Verwaltungsgericht zu verweisen. Diesem Beschluss käme nach § 17a Abs. 2 S. 3 GVG Bindungswirkung hinsichtlich des Rechtswegs zu. Ein dauerhafter negativer Kompetenzkonflikt drohe somit nicht.[58] Wegen der bestehenden Unsicherheiten kann es für den vorsichtigen Bewerber sinnvoll sein, neben der Vergabekammer auch die dann „nähere" Gerichtsbarkeit anzurufen. (ausführlich zum Rechtsschutz unterhalb der Schwellenwerte → § 89 Rn. 1 ff.) 24

[53] Ziekow/Völlink/*Braun* § 134 GWB Rn. 6.
[54] Vgl. *Braun* NZBau 2018; 321; *Braun* NZBau 2018, 652; *Braun* NZBau 2019, 622; *Durner* DVBl 2020, 149.
[55] VGH München Beschl. v. 15.11.2018 – 21 CE 18.85; BeckRS 2018, 29069; aA VG Dresden Beschl. v. 23.8.2019 – 4 L 416/19.
[56] VGH München Beschl. v. 15.11.2018 – 21 CE 18.854, BeckRS 2018, 29069.
[57] AA OLG Celle Urt. v. 9.1.2020 – 13 WB 56/19, IBRRS 2020, 0254; vgl. *Bühs* BayVBl 2019, 514, 517.
[58] VGH München Beschl. v. 26.4.2019 – 12 C 19.621, NVwZ-RR 2020, 256.

Kapitel 13 Auftragsvergaben im Bereich Öffentlicher Personenverkehrsdienste auf Schiene und Straße (Verordnung (EG) Nr. 1370/2007)

§ 69 Einführung zur VO 1370/2007

Übersicht

VO 1370/2007*

Literatur:

Achenbach, Verfassungswandel durch Selbstorganisation: Triloge im europäischen Gesetzgebungsverfahren, Der Staat 55 (2016), 1 ff.; *Bremer Straßenbahn AG* Leitfaden zur Anwendung des Anhangs der Verordnung (EG) Nr. 1370/2007 im kommunalen ÖPNV, 2013; *Fry* Leitlinien auf dem Prüfstand, Der Nahverkehr 11/2010, 31 ff.; *Kekelekis* „Driving" Altmark in Land Transport, EStAL 2012, 73 ff.; *Küpper* Kommentierung der VO (EWG) Nr. 1191/69, in Frohnmeyer/Mückenhausen/Boeing, EG-Verkehrsrecht, Std. Dezember 2004; *Lenz* Neue PBefG-Genehmigung bei bestehender Betrauungsregelung – Wie bekommt man die?, Der Nahverkehr 3/2013, S. 28 ff.; *Linke* Die staatliche Finanzierung öffentlicher Personenverkehrsdienste, EuZW 2014, 766 ff.; *Nemitz* Kommentierung der VO (EWG) Nr. 1107/70, in Frohnmeyer/Mückenhausen/Boeing, EG-Verkehrsrecht, Std. Dezember 2004; *Otting/Olgemöller* Ausgleich gemeinwirtschaftlicher Verpflichtungen durch allgemeine Vorschriften, GewA 2012, 436 ff.; *Otting/Olgemöller* Verbundtarife und EU-Recht, Der Nahverkehr 9/2009, 34 ff.; *Rusche/Schmidt* The post-Altmark Era has started: 15 Months of Application of Regulation (EC) No. 1370/2007 to Public Transport Services, EStAL 2011, 249 ff.; *Saxinger* Übergangsregelungen, Legisvakanz und Vorwirkungen der Verordnung (EG) Nr. 1370/2007, EuZW 2009, 449 ff.; *Saxinger* Die Novellierung der Verordnung (EG) Nr. 1370/2007 und ihre Auswirkungen auf den straßengebundenen ÖPNV, GewArch 2017, 463 ff.; *Saxinger/Winnes,* Recht des öffentlichen Personenverkehrs, Std. 2018; *Schieferdecker* Die Rechtsgrundlage zum Erlass allgemeiner Vorschriften iSv Art. 3 Abs. 3 der Verordnung (EG) 1370/07, GewA 2014, 6 ff.; *von Graevenitz* Mitteilungen, Leitlinien, Stellungnahmen – Soft Law der EU mit Lenkungswirkung, EuZW 2013, 169 ff.; *Winnes* Die öffentliche Finanzierung von Tarifen in Verkehrsverbünden, Der Nahverkehr 6/2009, 27 ff.; *Winter/Woll/Gleichner* EU-Kommission veröffentlicht Leitlinien zur Verordnung 1370, Der Nahverkehr 5/2014, 7 ff.; *Würtenberger* Eigenwirtschaftlichkeit und Teilbereichsausnahme, Der Nahverkehr 6/2010, 62 ff.

* Text der VO 1370/2007 → Rn. 20.

A. Einleitung

1 Die „Verordnung (EG) Nr. 1370/2007 des Europäischen Parlaments und des Rates vom 23.10.2007 über öffentliche Personenverkehrsdienste auf Schiene und Straße und zur Aufhebung der Verordnungen (EWG) Nr. 1191/69 und Nr. 1170/70 des Rates" wurde am 3.12.2007 im EU-Amtsblatt bekannt gemacht.[1] Zwei Jahre später, am 3.12.2009, trat sie gemäß ihrem Art. 12 in Kraft. Am 23.12.2016 wurde die Verordnung (EU) 2016/2338 des Europäischen Parlaments und des Rates vom 14.12.2016 zur Änderung der Verordnung (EG) Nr. 1370/2007 hinsichtlich der Öffnung des Marktes für inländische Schienenpersonenverkehrsdienste" **(Änderungsverordnung 2016)** im EU-Amtsblatt bekannt gemacht, die am 24.12.2017 in Kraft trat.[2]

I. Zweck der Verordnung

2 Gemäß ihrem Art. 1 Abs. 1 ist Zweck der Verordnung, festzulegen, wie die zuständigen Behörden unter Einhaltung des Unionsrechts im Bereich des öffentlichen Personenverkehrs tätig werden können, um die Erbringung von **Dienstleistungen** von allgemeinem Interesse zu gewährleisten, die **unter anderem zahlreicher, sicherer, höherwertig oder preisgünstiger sind als diejenigen, die das freie Spiel des Marktes ermöglicht** hätte. Zu diesem Zweck bestimmt die Verordnung, unter welchen Bedingungen die zuständigen Behörden den Betreibern eines öffentlichen Dienstes eine Ausgleichsleistung für die ihnen durch die Erfüllung gemeinwirtschaftlicher Verpflichtungen verursachten Kosten und/oder ausschließliche Rechte im Gegenzug für die Erfüllung solcher Verpflichtungen gewähren, wenn sie ihnen gemeinwirtschaftliche Verpflichtungen auferlegen oder entsprechende Aufträge vergeben.

II. Verordnungsrecht im Sinne des Art. 288 AEUV

3 Die VO 1370/2007 ist eine Verordnung im Sinne des Art. 288 AEUV. Somit ist sie in allen ihren Teilen verbindlich und gilt unmittelbar in jedem Mitgliedstaat. Ihre Bestimmungen haben allgemeine Geltung, dh sie gelten für jeden von den jeweiligen Regelungen betroffenen Adressaten, sei es die Union, die Mitgliedstaaten oder natürliche und juristische Personen. Seit ihrem Inkrafttreten verleiht sie Rechte und begründet Pflichten. Anderes gilt nur, soweit die Verordnung den Mitgliedstaaten Spielräume zur Konkretisierung belässt[3] oder sie zum Erlass von Durchführungsmaßnahmen verpflichtet. Im Falle einer Normenkollision gehen die Vorschriften der Verordnung dem deutschen Recht vor **(Anwendungsvorrang).**[4] Im Anwendungsbereich der VO 1370/2007 besteht somit seit dem 3.12.2009 ein sektorenspezifischer und unionsweit grundsätzlich einheitlicher Rechtsrahmen für öffentliche Personenverkehrsdienste auf Schiene und Straße.[5]

4 Die **vergaberechtlichen Regelungen** der VO 1370/2007 stellen sich rechtssystematisch als Novum dar. Bis zum Erlass der Verordnung hatte der europäische Normgeber das öffentliche Auftragswesen durch Richtlinien reguliert. Zudem stellte die VO 1370/2007 das erste sekundärrechtliche Regelwerk für die Vergabe von **Dienstleistungskonzessionen** dar. Hierüber hinaus weicht die VO 1370/2007 inhaltlich vom bisherigen Sekundärrecht ab. So gibt es spezifische sekundärrechtliche Regelungen über Direktvergaben einschließlich der Inhouse-Konstellationen.

---

[1] ABl. 2007 L 315/1.

[2] ABl. 2016 L 354/22.

[3] Deutschland hat davon insbesondere im Hinblick auf die Ausgestaltung des wettbewerblichen Vergabeverfahrens nach Art. 5 Abs. 3 VO 1370/2007 Gebrauch gemacht, vgl. dazu → § 71 Rn. 16ff.

[4] Vgl. zu diesen Grundsätzen statt aller etwa Calliess/Ruffert/*Ruffert* EUV/AEUV Kommentar, 5. Aufl. 2016, AEUV Art. 288 Rn. 16ff.

[5] Zu den Übergangsvorschriften vgl. sogleich → Rn. 10ff.

Neben sektorenspezifischen vergaberechtlichen Regelungen statuiert die VO 1370/2007 ein **sektorenspezifisches beihilfenrechtliches Regime.**[6] Der Verordnungsgeber knüpft hier an die Rechtsprechung an, die der EuGH in der Rechtssache *Altmark Trans* begründet hat[7], jedoch nicht, ohne die vier sog. *Altmark Trans*-Kriterien zu modifizieren.[8] Zugleich führt die Verordnung mit der **allgemeinen Vorschrift** im Sinne des Art. 2 lit. l VO 1370/2007 ein neuartiges Instrument zur Gewährung von Ausgleichsleistungen ein.[9] Auf dieser Grundlage können den Verkehrsunternehmen Ausgleichsleistungen für die Anwendung von Höchsttarifen (Art. 3 Abs. 2 der Verordnung)[10] gewährt werden[11], sofern entsprechende Ausgleichsleistungen nicht auf Grundlage des Art. 3 Abs. 3 VO 1370/2007 vom Anwendungsbereich der Verordnung ausgenommen wurden[12]. 5

III. Anpassungsbedarf des deutschen Rechts

In Deutschland waren sowohl das **Bundes- als auch das Landesrecht** an die VO 1370/2007 anzupassen. Zwar erfordert Verordnungsrecht – anders als Richtlinienrecht – keine Umsetzung in mitgliedstaatliches Recht. Um Widersprüche zwischen den Rechtsordnungen zu vermeiden, muss das mitgliedstaatliche Recht sich gleichwohl dem Unionsrecht anpassen. Treten Widersprüche auf, gilt der Anwendungsvorrang des Unionsrechts. Anpassungsbedarf bestand zunächst im Bereich des Personenbeförderungsgesetzes. Nachdem einige der Landesgesetzgeber, insbesondere Hessen und Nordrhein-Westfalen, bereits durch Änderungen ihrer ÖPNV-Gesetze auf die neue Rechtslage reagiert hatten[13], dauerte es auf Bundesebene bis zum 31.1.2011, ehe der Referentenentwurf eines Gesetzes zur Änderung personenbeförderungsrechtlicher Vorschriften vorgelegt, der zugleich Änderungen des Allgemeinen Eisenbahngesetzes und des Regionalisierungsgesetzes vorsah. Ein erster Gesetzentwurf der Bundesregierung folgte am 12.8.2011 **(Regierungsentwurf).**[14] Am 7.9.2011 legten die Länder Brandenburg, Berlin, Nordrhein-Westfalen, Baden-Württemberg und Bremen einen abweichenden Entwurf für ein Gesetz zur Änderung personenbeförderungsrechtlicher Vorschriften vor.[15] Am 12.9.2011 beschlossen der Verkehrsausschuss, der Ausschuss für Innere Angelegenheiten und der Wirtschaftsausschuss des Bundesrates eine Empfehlung für eine Stellungnahme des Bundesrates zum Gesetzentwurf der Bundes- 6

[6] Vgl. dazu etwa *Kekelekis* EStAL 2012, 73ff., *Rusche/Schmidt* EStAL 2011, 249ff.

[7] EuGH Urt. v. 24.7.2003 – C-280/00, Altmark Trans, NZBau 2003, 503ff. → Rn. 89ff. Vgl. dazu etwa auch Erwägungsgrund 33 zur VO 1370/2007.

[8] Vgl. dazu nachfolgend auch → § 55 Rn. 40ff.

[9] Dazu ist zwischenzeitlich erste Rechtsprechung ergangen, etwa zur Frage, ob ein Anspruch auf allgemeine Vorschriften besteht VG Münster Urt. v. 24.10.2014 – 10 K 2076/12, bestätigt durch OVG NRW Beschl. v. 18.2.2016 – 13 A 2379/14, ebenso VG Stade Urt. v. 30.6.2016 – 1 A 1432/14, oder zur Frage, wie der angemessene Gewinn zu berechnen ist, OVG NRW Beschl. v. 24.11.2015 – 13 A 2227/14 und 13 A 2239/14. Eingehend zur Auslegung des Anhangs der VO 1370/2007 etwa *Bremer Straßenbahn AG,* Leitfaden zur Anwendung des Anhangs der Verordnung (EG) Nr. 1370/2007 im kommunalen ÖPNV, 2013.

[10] Dazu näher im Zusammenhang mit der Finanzierung von Verkehrsverbünden etwa *Otting/Olgemöller* GewA 2012, 436ff., sowie *Otting/Olgemöller* Der Nahverkehr 9/2009, 34ff., sowie *Winnes* Der Nahverkehr 6/2009, 27ff. und *Schieferdecker,* GewA 2014, 6ff. Vgl. dazu auch die Begründung der Bundesregierung zu § 8 Abs. 4 S. 1 PBefG 2013, die als Anwendungsfall allgemeiner Vorschriften nach Art. 3 Abs. 2 VO 1370/2007 insbesondere Ausgleichsleistungen für Höchsttarife in Verkehrsverbünden aufführt, BR-Drs. 462/11, S. 25.

[11] Aufgabenträger sind zum Erlass allgemeiner Vorschriften nicht verpflichtet: BVerwG Urt. v. 10.10.2019 – 10 C 3.19.

[12] Vgl. zu den Ausgleichszahlungen nach § 45a PBefG nun § 8 Abs. 4 S. 2 PBefG 2013, zu den Ausgleichsleitungen nach § 6a AEG und zu den Erstattungen nach § 145 SGB IX vgl. die Änderungen durch Art. 2 und 3 des Gesetzes zur Änderung von personenbeförderungsrechtlichen Vorschriften v. 14.12.2012, BGBl 2012 I 2598 (Nr. 59).

[13] In Hessen ist zwischenzeitlich bereits ein Zweites Gesetz zur Änderung des Gesetzes über den öffentlichen Personennahverkehr beschlossen worden, GVBl. 2012 Nr. 24, S. 466ff.

[14] BR-Drs. 462/11; abgedruckt auch als Anlage 1 zu BT-Drs. 17/8233 v. 21.12.2011.

[15] TOP 1 der 619. Sitzung des Verkehrsausschusses des Bundesrates v. 7.9.2011.

regierung.[16] Die Fraktionen der SPD und von Bündnis90/Die Grünen legten unter dem Datum des 21.9.2011 einen gemeinsamen Gesetzentwurf zur Änderung personenbeförderungs- und mautrechtlicher Vorschriften vor.[17] Weitere Anträge zur Änderung des Personenbeförderungsgesetzes brachten die Länder Baden-Württemberg, Berlin, Brandenburg und Bremen am 22.9.2011 in die Beratungen des Bundesrates ein.[18] Der Bundesrat beschloss sodann am 23.9.2011 eine Stellungnahme zum Gesetzentwurf der Bundesregierung.[19] Nach der Gegenäußerung der Bundesregierung[20] kam es am 19.1.2012 zur ersten Lesung im Bundestag[21]. Am 29.2.2012 führte der Ausschuss des Bundestages für Verkehr, Bau und Stadtentwicklung eine öffentliche Anhörung durch. Nachfolgend einigten sich die Fraktionen von CDU/CSU, SPD, FDP und Bündnis90/Die Grünen auf Änderungen am Gesetzentwurf der Bundesregierung.[22] Diesen Kompromiss empfahl der Ausschuss am 26.9.2012 zum Beschluss **(Änderungsentwurf).**[23] Dem stimmte der Bundestag in seiner Sitzung am 27.9.2012 in zweiter und dritter Beratung zu[24] und lehnte zugleich einen weiteren Entschließungsantrag der Fraktion DIE LINKE ab[25]. Der Bundesrat stimmte der PBefG-Novelle in seiner Sitzung am 2.11.2012 zu.[26] Nach Ausfertigung durch den Bundespräsidenten trat das Gesetz zur Änderung personenbeförderungsrechtlicher Vorschriften vom 14.12.2012 zum 1.1.2013 in Kraft **(PBefG 2013).**[27] Das PBefG 2013 wurde im Weiteren insbesondere durch Art. 2 des Vergaberechtsmodernisierungsgesetzes 2016 angepasst; diese GWB-Novelle bedingte die Anpassung von Querverweisen in §§ 8a und 8b PBefG 2013.[28] Zwischenzeitlich wurde eine erneute Änderung des PBefG 2013 diskutiert; Ziel dieser Initiativen war es, den Vorrang der Eigenwirtschaftlichkeit einzuschränken, um den Kommunen vermehrt Gestaltungsoptionen für die Sicherung sozialer Belange auch außerhalb förmlicher Vergabeverfahren zu eröffnen.[29] In künftigen Novellen sollen Problemstellungen zB im Zusammenhang mit neuen, App-gestützten Mobilitätsdiensten und der Datenautonomie und Datensicherheit gelöst werden.[30]

7 Um der mit der langwierigen Anpassung des Bundes- und Landesrechts an die VO 1370/2007 verbundenen Rechtsunsicherheit in der Praxis zu begegnen, hatten einzelne **Bundesländer** sog. **Leitlinien** veröffentlicht. Diese Leitlinien boten Anhaltspunkte, wie die Bestimmungen der VO 1370/2007 in der Zeit bis zur Anpassung des deutschen Rechts Anwendung finden sollten.[31] Dabei waren Eisenbahnverkehre zum Teil ausdrück-

---

[16] BR-Drs. 461/1/11.
[17] BT-Drs. 17/7046.
[18] BT-Drs. 462/2/11, 462/3/11, 462/4/11.
[19] Bundesrat, Plenarprotokoll zur 886. Sitzung, S. 411 ff., sowie BR-Drs. 462/11 (Beschluss).
[20] Abgedruckt als Anlage 4 zu BT-Drs. 17/8233 v. 21.12.2011.
[21] Bundestag, Plenarprotokoll 17/152, S. 18271 ff. Gegenstand dieser Lesung war auch der Antrag der Fraktion DIE LINKE betreffend Fragen der Liberalisierung des Buslinienfernverkehrs (BT-Drs. 17/7487 v. 26.10.2011). Die Diskussion um die Liberalisierung des Buslinienfernverkehrs wurde maßgeblich ausgelöst durch BVerwG Urt. v. 24.6.2010 – 3 C 14/09, NVwZ 2011, 115 ff.
[22] Vgl. Pressemitteilung des SPD-Fraktion Nr. 962 v. 14.9.2012 „Durchbruch zur Novellierung des Personenbeförderungsgesetzes".
[23] BT-Drs. 17/10857, dort auf S. 16 auch mit Nachweisen zu Stellungnahmen weiterer Ausschüsse; Begründungen zu den Änderungen ebendort auf S. 22 ff.
[24] Bundestag, Plenarprotokoll 17/195, S. 23505 ff., und BR-Drs. 586/12 v. 12.10.2012.
[25] Vgl. BT-Drs. 17/10860.
[26] BR-Drs. 586/12 (Beschluss).
[27] BGBl. 2012 I 2598 (Nr. 59).
[28] BGBl. I 2016 203 (Nr. 8).
[29] BR-Drs. 741/16 v. 7.2.2016 und 741/16 (B) v. 10.2.2017 sowie BT-Drs. 18/10978 v. 25.1.2017.
[30] Informationportal Bus und Bahn, Ausgabe v. 19.2.2020.
[31] Grundpositionen der Länder zur Anwendung der Verordnung (EG) Nr. 1370/2007 und zur Genehmigung von Verkehrsdienstleistungen im öffentlichen Personennahverkehr auf der Straße ab dem 3.12.2009; Innenministerium *Baden-Württemberg,* Leitlinien zur Anwendung der EU-VO 1370/2007 über öffentliche Personenverkehrsdienste auf Schiene und Straße v. 3.12.2009 bis zum Inkrafttreten einer Novelle des PBefG; Bekanntmachung des *Bayerischen Staatsministeriums* für Wirtschaft, Infrastruktur, Verkehr und Technologie v. 14.8.2009: Leitlinien zur Anwendung der Verordnung (EG) Nr. 1370/2007 über öffentliche Personenverkehrsdienste auf Schiene und Straße, AllMBl. Nr. 10/2009, S. 309 ff.; *Hessisches Ministerium* für

lich aus dem Anwendungsbereich der Leitlinien ausgenommen.[32] Diese Leitlinien haben nach Inkrafttreten vor allem des PBefG 2013 ihre Bedeutung verloren.

Für die Praxis hat vielmehr die **Mitteilung der Kommission** über die **Auslegungsleitlinien** zu der Verordnung (EG) Nr. 1370/2007 über öffentliche Personenverkehrsdienste auf Schiene und Straße erhebliche Bedeutung gewonnen, die im Amtsblatt vom 29.3.2014 veröffentlicht ist.[33] Eine solche Mitteilung, in der die Kommission ihre Rechtsansicht zur Auslegung der Verordnung darlegt, ist zwar nicht verbindlich, da über die Auslegung europäischer Rechtsakte nicht die Kommission, sondern die Europäischen Gerichte entscheiden. *De facto* entfalten solche Mitteilungen oder Leitlinien gleichwohl eine gewisse Bindungswirkung, denn die Kommission dürfte Abweichungen in der Verwaltungspraxis der Mitgliedstaaten zum Anlass nehmen, Vertragsverletzungsverfahren einzuleiten.[34] 8

IV. Änderungsverordnung 2016

Gemäß Art. 11 VO 1370/2007 hätte die Kommission am Ende des in Art. 8 Abs. 2 der Verordnung vorgesehenen Übergangszeitraums – dh bis zum 3.12.2019 – einen Bericht über die Durchführung dieser Verordnung und über die Entwicklung der Erbringung öffentlicher Personenverkehrsdienste in der Gemeinschaft vorlegen sollen. Der Bericht soll insbesondere die Entwicklung der Qualität der öffentlichen Personenverkehrsdienste und die Auswirkungen der Direktvergabe bewerten. Erforderlichenfalls sind geeignete Vorschläge zur Änderung der Verordnung beizufügen. Dieser Bericht steht noch aus. Die Kommission hatte die Implementierung und Wirkung der VO 1370/2007 indes bereits frühzeitig überprüfen lassen. Bereits im Oktober 2010 wurde die im Auftrag der Kommission erstellte Studie über die Umsetzung der VO 1370/2007 in den Mitgliedstaaten veröffentlicht.[35] Im Februar 2016 wurde eine Studie über die wirtschaftlichen und finanziellen Effekte der VO 1370/2007 veröffentlicht.[36] Vorschläge zur Änderung der Verordnung veröffentlichte die Kommission bereits im Dezember 2012[37] und im Januar 2013. Am 19.4. 2016 wurde im Rahmen des sog. Trilog-Verfahrens eine vorläufige Einigkeit zwischen Parlament, Rat und Kommission über die Verordnung (EU) 2016/2338 des Europäischen Parlaments und des Rates zur Änderung der Verordnung (EG) Nr. 1370/2007 hinsichtlich der Öffnung des Marktes für inländische Schienenpersonenverkehrsdienste **(Änderungs-** 9

Wirtschaft, Verkehr und Landesentwicklung, Leitfaden für die Erteilung von Liniengenehmigungen in Hessen nach dem 3.12.2009; Landesnahverkehrsgesellschaft *Niedersachsen* (LNVG), Leitlinie zum Liniengenehmigungsverfahren ab dem 3.12.2009; Saarländische Minister für Wirtschaft und Wissenschaft, Leitlinien zur Anwendung der Verordnung (EG) Nr. 1370/2007 über öffentliche Personenverkehrsdienste auf Schiene und Straße im *Saarland*. Einen Überblick zu Gemeinsamkeiten und Unterschieden bietet *Fry* Der Nahverkehr 11/2010, 31 ff.

[32] Vgl. Ziff. 1.2 der Baden-Württembergischen und Ziff. 1.5 der Bayerischen Leitlinien.

[33] ABl. 2014 C 92/1. Zur fehlenden Rechtsverbindlichkeit der Mitteilung vgl. ebd. Ziff. 1 UAbs. 5. Vgl. dazu etwa auch *Winter/Woll/Gleichner* Der Nahverkehr 5/2014, 7 ff., oder *Linke* EuZW 2014, 766 ff.

[34] Vgl. dazu bspw. EuG Urt. v. 20.5.2010 – T-258/06, NZBau 2010, 510 Rn. 145 ff. – Deutschland ./. Kommission. Allgemein zu „soft law" in diesem Sinne etwa *von Graevenitz* EuZW 2013, 169 ff.

[35] *DLA Piper,* Study on the implementation of Regulation (EC) No 1370/2007 on public passenger transport services by rail an by road, Oktober 2010.

[36] *Steer Davies Gleave,* Study on economic and financial effects of the implementation of Regulation 1370/2007 on public passenger transport services, Februar 2016.

[37] Betreffend Art. 9 der VO 1370/2007: Vorschlag der Kommission für eine Verordnung des Rates zur Änderung der Verordnung (EG) Nr. 994/98 des Rates v. 7.5.1998 über die Anwendung der Art. 92 und 93 des Vertrages zur Gründung der Europäischen Gemeinschaft auf bestimmte Gruppen horizontaler Beihilfen und der Verordnung (EG) Nr. 1370/2007 des Europäischen Parlaments und des Rates v. 23.10.2007 über öffentliche Personenverkehrsdienste auf Schiene und Straße, COM(2012) 730 final v. 5.12.2012. Kritisch dazu etwa die Pressemitteilung des VDV v. 30.1.2013.

verordnung 2016) erzielt.[38] Die Änderungsverordnung wurde am 23.12.2016 im EU-Amtsblatt bekanntgemacht[39] und trat gemäß ihrem Art. 2 am 24.12.2017 in Kraft.

B. Reichweite der unmittelbaren Anwendbarkeit seit dem 3.12.2009

10 Gemäß Art. 12 VO 1370/2007 trat die Verordnung am 3.12.2009 in Kraft. Ab diesem Tag ist sie als Verordnungsrecht gemäß Art. 288 AEUV in allen ihren Teilen verbindlich und gilt unmittelbar in jedem Mitgliedstaat. **Übergangsregelungen** enthält Art. 8 VO 1370/2007.

I. Vergaberechtliche Regelungen

11 Gemäß Art. 8 Abs. 2 VO 1370/2007 muss die Vergabe von Aufträgen (erst) ab dem 3.12. 2019 im Einklang mit Art. 5 der Verordnung erfolgen. Die Mitgliedstaaten hatten aber während dieses Übergangszeitraums Maßnahmen zu treffen, um Art. 5 VO 1370/2007 schrittweise anzuwenden.[40] In Deutschland ist durch das PBefG 2013 und durch das Vergaberechtsmodernisierungsgesetz 2016 der Rechtsrahmen für die Vergabe von öffentlichen Dienstleistungsaufträgen im Sinne der Verordnung entsprechend ausgestaltet worden. Das Zusammenspiel von Art. 5 VO 1370/2007 und den deutschen Vorschriften über Anwendbarkeit und Ausgestaltung des Art. 5 der Verordnung lässt sich wie folgt zusammenfassen:

<table>
<tr><td rowspan="2"></td><td colspan="2">Bus-, Straßen- und U-Bahn
(sofern nicht eigenwirtschaftlich)</td><td colspan="2">Eisenbahn inkl. S-Bahn</td></tr>
<tr><td>öffentlicher Dienstleistungsauftrag iSd § 103 Abs. 4 GWB</td><td>Dienstleistungskonzession</td><td>öffentlicher Dienstleistungsauftrag iSd § 103 Abs. 4 GWB</td><td>Dienstleistungskonzession</td></tr>
<tr><td>Art. 5 Abs. 2 VO 1370/2007</td><td rowspan="4">Art. 5 Abs. 2 bis 7 VO 1370/2007 finden keine Anwendung wegen Art. 5 Abs. 1 S. 2 und S. 3 VO 1370/2007, die zur Anwendung der §§ 97 ff. GWB führen</td><td>§ 8a Abs. 3 und Abs. 5 PBefG 2013</td><td>§ 131 Abs. 2 S. 1 GWB</td><td>§ 154 Nr. 3 iVm § 131 Abs. 2 S. 1 GWB</td></tr>
<tr><td>Art. 5 Abs. 3 VO 1370/2007</td><td>§ 8b PBefG 2013</td><td>§§ 97 ff. GWB nach Maßgabe des § 131 Abs. 1 GWB</td><td>§§ 151 f. GWB</td></tr>
<tr><td>Art. 5 Abs. 4 VO 1370/2007</td><td>§ 8a Abs. 3 und Abs. 5 PBefG 2013</td><td colspan="2">Keine eindeutige Regelung, Anwendbarkeit umstritten</td></tr>
<tr><td>Art. 5 Abs. 5 VO 1370/2007</td><td>§ 8a Abs. 7 und § 21 Abs. 3 PBefG 2013</td><td>§§ 97 ff. GWB nach Maßgabe des § 131 Abs. 2 S. 2 GWB</td><td>§ 154 Nr. 2 iVm § 131 Abs. 2 S. 2 GWB</td></tr>
</table>

[38] Rat der Europäischen Union, Interinstitutionelles Dossier 2013/0028(COD), Az. 8061/16 ADD 1 REV 2 v. 28.4.2016. Einen Überblick über das Gesetzgebungsverfahren gibt der Vermerk des Rates der Europäischen Union v. 14.7.2016, 11202/16 TRANS 299 CODEC 1059 DGE 2 A.

[39] ABl. 2016 L 354/22.

[40] Vgl. zur Reichweite dieser Verpflichtung EuGH Urt. v. 21.3.2019 – C-350/17, C-351/17, NZBau 2019.

Art. 5 Abs. 6 VO 1370/2007		Unanwendbar, da keine Eisenbahn	Unanwendbar, da Vorrang der §§ 97 ff. GWB	Unanwendbar, da Vorrang der §§ 151 f. GWB
Art. 5 Abs. 7 VO 1370/2007		§ 8a Abs. 7 PBefG 2013 → §§ 155 ff. GWB	§§ 155 ff. GWB	§§ 155 ff. GWB

Mit der Änderungsverordnung 2016 wurde Art. 8 Abs. 2 VO 1370/2007 weitgehend geändert. Insbesondere darf das recht weitreichende Direktvergabeprivileg für Schienenverkehre nach Art. 5 Abs. 6 VO 1370/2007 nach Ablauf von sechs Jahren nach Inkrafttreten der Änderungsverordnung 2016 – dh ab dem 24.12.2023 – keine Anwendung mehr finden. Zugleich wird die Laufzeit solcher direkt vergebenen Aufträge beschränkt. Das spielt in Deutschland aber keine Rolle, weil bereits jetzt Direktvergaben nach Art. 5 Abs. 6 VO 1370/2007 unzulässig sind.

II. Beihilfenrechtliche Regelungen

Die Übergangsregelungen des Art. 8 VO 1370/2007 befassen sich ausschließlich mit ver- 12
gaberechtlichen Fragen. Von der Pflicht zur Anwendung der beihilfenrechtlichen Bestimmungen stellt Art. 8 der Verordnung nicht frei. Ausgleichsleistungen, die seit dem 3.12.2009 für die von der Verordnung erfassten gemeinwirtschaftlichen Verpflichtungen gewährt werden, müssen daher dem beihilfenrechtlichen Regime der VO 1370/2007 genügen. Nicht abschließend geklärt ist, ob das ohne Einschränkung auch für Ausgleichsleistungen gilt, die aufgrund von Verträgen gewährt werden, die vor dem 3.12.2009 geschlossen wurden. Dann wären diese **Altverträge** ggf. mit Wirkung zum 3.12.2009 anzupassen.[41] Der EuGH hat entschieden, dass Ausgleichsleistungen, die nach Inkrafttreten der VO 1370/2007 auch aufgrund von Altverträgen gewährt wurden, am Maßstab der beihilfenrechtlichen Bestimmungen der Verordnung zu beurteilen sind.[42] Das Gericht hat das aber unter den Vorbehalt gestellt, anderes könne sich aus den Übergangsregelungen der VO 1370/2007 ergeben. Bei Verstößen gegen die beihilfenrechtlichen Vorschriften der VO 1370/2007 entfällt die Privilegierung nach Art. 9 Abs. 1 VO 1370/2007, dh es besteht die allgemeine beihilfenrechtliche Notifizierungspflicht nach Art. 108 Abs. 3 S. 3 AEUV. Ein Verstoß gegen die Notifizierungspflicht kann gemäß § 134 BGB bzw. § 59 (Landes-) VwVfG zur Nichtigkeit der den Ausgleichszahlungen zugrunde liegenden Verträgen führen.[43]

III. Laufzeiten der öffentlichen Dienstleistungsaufträge

Von der Verpflichtung, Altverträge an die beihilfenrechtlichen Vorschriften der VO 1370/ 13
2007 anzupassen, unberührt bleibt die Frage nach der Laufzeit dieser Verträge. Art. 4 Abs. 3 der Verordnung beschränkt die Laufzeit öffentlicher Dienstleistungsaufträge im Sinne des Art. 2 lit. i VO 1370/2007, die seit dem Inkrafttreten der Verordnung am 3.12.2009 begründet werden.[44] Für Altverträge gelten spezielle Bestimmungen. Art. 8 Abs. 3

[41] So ausdrücklich etwa Ziff. 9.2 der Bekanntmachung des *Bayerischen Staatsministeriums* für Wirtschaft, Infrastruktur, Verkehr und Technologie v. 14.8.2009: Leitlinien zur Anwendung der Verordnung (EG) Nr. 1370/2007 über öffentliche Personenverkehrsdienste auf Schiene und Straße, AllMBl. Nr. 10/2009, S. 309 ff.

[42] EuGH Urt. v. 6.10.2015 – C-303/13 P, *Andersen/Kommission* – Rn. 49 ff. Vorinstanz: EuG Urt. v 20.3.2013 – T-92/11, *Andersen ./. Kommission* – Rn. 32 ff. betreffend Kommission Beschl. v. 24.2.2010, Rn. 304 ff., Staatliche Beihilfe C 41/08 – Danske Statsbaner, ABl. 2011 L 7/1.

[43] Vgl. nur BGH Urt. v. 5.12.2012 – I ZR 92/11, NZBau 2013, 591 ff.

[44] Dazu näher → § 70 Rn. 44 ff.

VO 1370/2007 schafft insoweit ein differenziertes Regelungsgeflecht[45]. Der Bestandsschutz hängt nicht nur davon ab, ob der öffentliche Dienstleistungsauftrag in einem fairen wettbewerblichen Verfahren vergeben wurde. Entscheidend kommt es auch darauf an, ob der öffentliche Dienstleistungsauftrag vor der Veröffentlichung des ersten Kommissionsvorschlags am 26.7.2000 oder zwischen diesem Zeitpunkt und dem Inkrafttreten der VO 1370/2007 am 3.12.2009 begründet wurde.[46] Verträge, die längere Laufzeiten aufweisen als hiernach zulässig, sind anzupassen. Da diese Anpassungen zum Nachteil der Auftragnehmer sind, führen sie nicht zu wesentlichen Vertragsänderungen, die eine Neuausschreibung erforderlich machen.[47]

IV. Veröffentlichungspflichten

14 Von der Übergangsregelung in Art. 8 VO 1370/2007 ebenfalls nicht erfasst sind die Vorschriften über die Veröffentlichungspflichten, die Art. 7 der Verordnung normiert. Diese sind daher seit dem 3.12.2009 von den zuständigen Behörden zu beachten.

C. Vorgängerregelungen

15 Art. 10 VO 1370/2007 hebt die Vorgängerregelungen der Verordnung – die Verordnungen (EWG) Nr. 1191/69 und (EWG) Nr. 1107/70 – auf.

I. Verordnung (EWG) Nr. 1191/69

16 Die Verordnung (EWG) Nr. 1191/69 des Rates vom 26.6.1969 über das Vorgehen der Mitgliedstaaten bei mit dem Begriff des öffentlichen Dienstes verbundenen Verpflichtungen auf dem Gebiet des Eisenbahn-, Straßen- und Binnenschiffsverkehrs führte erstmals Regelungen über die Abgeltung bestimmter Leistungen ein.[48] Die Verordnung sah vor, dass die zuständigen Behörden gemeinwirtschaftliche Verpflichtungen grundsätzlich aufzuheben hatten, die den Verkehrsunternehmern („Betreibern") auferlegt waren. Nur ausnahmsweise sollten solche Verpflichtungen weiterhin auferlegt werden können, wenn dies für erforderlich gehalten wurde, um eine ausreichende Verkehrsbedienung sicherzustellen. Im Gegenzug sollten die Verkehrsunternehmen einen Ausgleich für die damit verbundenen wirtschaftlichen Nachteile erhalten. Die Verordnung legte detaillierte Regelungen über die Berechnung der finanziellen Belastungen fest. Entsprechend bemessene Ausgleichsleistungen bedurften keiner gesonderten Notifizierung im Sinne des heutigen Art. 108 Abs. 3 AEUV. Geändert wurde die VO (EWG) Nr. 1191/69 insbesondere durch die VO (EWG) Nr. 1893/91.[49] Mit dieser Verordnung wurde die Möglichkeit, gemeinwirtschaftliche Verpflichtungen aufzuerlegen, auf den Stadt-, Vorort- und Regionalpersonenverkehr begrenzt.[50] Zudem wurde der Abschluss öffentlicher Dienstleistungsaufträge als Verfahren neben der Auferlegung eingeführt. In welcher Form diese öffentlichen Dienstleistungsaufträge vergeben werden durften, regelte die Verordnung nicht, so dass die Vorschriften des allgemeinen Vergaberechts maßgeblich blieben.[51] Der Anwendungsbereich

[45] Zur Art. 8 Abs. 3 VO 1370/2007 nunmehr EuGH Urt. v. 19.3.2020 – C-45/19 – Compañía de Tranvías de La Coruña SA.

[46] Zur Entstehungsgeschichte der VO 1370/2007 näher sogleich → Rn. 18.

[47] Vgl. EuGH Urt. v. 19.6.2008 – C-454/06, NZBau 2008, 518 Rn. 62, 79 und 86 – pressetext oder nun auch § 132 GWB.

[48] ABl. 1969 L 156/1. Vgl. dazu etwa die Kommentierung von Frohnmeyer/Mückenhausen/Boeing/*Küpper*, EG-Verkehrsrecht, Std. Dezember 2004.

[49] ABl. 1991 L 169/1.

[50] Zu den damit verbundenen Rechtsunsicherheiten in Deutschland vgl. etwa *Würtenberger* Der Nahverkehr 6/2010, 62 ff. mwN.

[51] Vgl. die Darstellung in KOM(2000) 7 endg. v. 26.7.2000, S. 3, sowie Erwägungsgrund 6 zur VO 1370/2007.

der VO (EWG) Nr. 1191/69 erstreckte sich auch auf Binnenschifffahrtswege und Güterbeförderungsverkehre.[52]

II. Verordnung (EWG) Nr. 1107/70

Mit den Verträgen vereinbar sind gemäß Art. 93 AEUV Beihilfen, die den Erfordernissen der Koordinierung des Verkehrs oder der Abgeltung bestimmter, mit dem Begriff des öffentlichen Dienstes zusammenhängender Leistungen entsprechen. Die Verordnung (EWG) Nr. 1107/70 des Rates vom 4.6.1970 über Beihilfen im Eisenbahn-, Straßen- und Binnenschiffsverkehr[53] diente dem Zweck, den Begriff der „Koordinierung" im Sinne des damaligen Art. 73 EG-Vertrages – dh des heutigen Art. 93 AEUV – zu konkretisieren und den verbleibenden Anwendungsbereich der primärrechtlichen Vorschrift nach dem Erlass der VO (EWG) Nr. 1191/69 und der VO (EWG) Nr. 1192/69[54] abschließend zu definieren. Art. 3 VO (EWG) Nr. 1107/70 führte zu diesem Zweck in einem abschließenden Katalog die Maßnahmen auf, die zulässigerweise die Gewährung von Beihilfen zur Folge haben durften.[55] Ursprünglich plante die Kommission, die Verordnung (EWG) Nr. 1107/70 durch eine eigenständige neue Verordnung zu ersetzen und legte parallel zu dem Entwurf der späteren VO 1370/2007 einen Entwurf für eine Verordnung über die Gewährung von Beihilfen für die Koordinierung des Eisenbahnverkehrs, des Straßenverkehrs und der Binnenschifffahrt vor.[56] Davon nahm die Kommission später wieder Abstand, nun soll die VO 1370/2007 den Anwendungsbereich der VO (EWG) Nr. 1107/70 mit abdecken.[57] Nach Ansicht des Verordnungsgebers musste die VO (EWG) Nr. 1107/70 zwischenzeitlich als überholt angesehen werden, da sie die Anwendung des Art. 93 AEUV einschränkte, ohne eine angemessene Rechtsgrundlage für die Zulassung von Investitionsregelungen, insbesondere im Hinblick auf Investitionen in Verkehrsinfrastruktur im Rahmen einer öffentlich-privaten Partnerschaft, zu bieten. In Erwägungsgrund 37 zur VO 1370/2007 hat die Kommission den Erlass von Leitlinien angekündigt, die zwischenzeitlich mit den Gemeinschaftlichen Leitlinien für staatliche Beihilfen an Eisenbahnunternehmen aus dem Jahre 2008 vorliegen.[58] 17

D. Entstehungsgeschichte

Die Entstehungsgeschichte der VO 1370/2007 reicht bis in das Jahr 2000 zurück.[59] Am 26.7.2000 legte die Kommission einen Vorschlag für eine Verordnung über Maßnahmen der Mitgliedstaaten im Zusammenhang mit Anforderungen des öffentlichen Dienstes und der Vergabe öffentlicher Dienstleistungsaufträge für den Personenverkehr auf der Schiene, der Straße und auf Binnenschifffahrtswegen vor.[60] Weitere Schritte auf dem Weg[61] bis zum Inkrafttreten der VO 1370/2007 waren unter anderem die vom Europäischen Parlament 18

[52] Vgl. nun aber Art. 1 Abs. 2 S. 2 VO 1370/2007; dazu Erwägungsgründe 10, 11 und 36 zur Verordnung.
[53] ABl. 1970 L 130/1.
[54] Verordnung (EWG) Nr. 1192/69 des Rates v. 26.6.1969 über gemeinsame Regeln für die Normalisierung der Konten der Eisenbahnunternehmen, ABl. 1969 L 156/8.
[55] Vgl. dazu im Einzelnen etwa die Kommentierung zur VO (EWG) Nr. 1107/70 von Frohnmeyer/Mückenhausen/Boeing/*Nemitz*, EG-Verkehrsrecht, Std. Dezember 2004.
[56] KOM(2000) 5 endg. v. 26.7.2000.
[57] Erwägungsgrund 37 zur VO 1370/2007.
[58] ABl. 2008 C 184/13.
[59] Eingehend zur Genese zwischenzeitlich etwa *Kiepe/Mietzsch* in Saxinger/Winnes, Recht des öffentlichen Personenverkehrs, Std. 2012, Einführung VO 1370 Rn. 5ff.
[60] KOM(2000) 7 endg. v. 26.7.2000.
[61] Sämtliche Dokumente, die im Zusammenhang mit der Entstehung der Verordnung veröffentlicht sind, können im Internet auf der Seite des Legislative Observatory des Europäischen Parlaments abgerufen werden (http://www.europarl.europa.eu/oeil/home/home.do).

in erster Lesung angenommenen Änderungen zu dem Kommissionsvorschlag[62] und der daraufhin geänderte Vorschlag der Kommission aus dem Jahre 2002[63]. Nachdem der EuGH am 24.7.2003 das Grundsatzurteil in der Rechtssache *Altmark Trans* gesprochen hatte[64], legte die Kommission im Jahre 2005 einen grundlegend überarbeiteten Vorschlag vor[65]. Am 11.12.2006 fasste daraufhin der Rat seinen Gemeinsamen Standpunkt.[66] Dazu nahm die Kommission in ihrer Mitteilung vom 12.12.2006 Stellung.[67] Den Änderungen, die das Europäische Parlament in zweiter Lesung am 10.5.2007 beschloss, stimmte die Kommission in ihrer Stellungnahme vom 25.7.2007 zu.[68] Am 3.12.2007 wurde die Verordnung (EG) Nr. 1370/2007 im Amtsblatt veröffentlicht[69] und trat ihrem Art. 12 gemäß zwei Jahre später am 3.12.2009 in Kraft.[70]

19 Die Europäische Kommission legte am 31.1.2013 einen Vorschlag für die Verordnung 2016/2338 zur Änderung der VO 1370/2007 hinsichtlich der Öffnung des Marktes für inländische Schienenpersonenverkehrsdienste vor.[71] Dieser Vorschlag wurde im Rahmen des sogenannten Vierten Eisenbahnpakets[72] vorgelegt.[73] Nach Durchlaufen des ordentlichen Gesetzgebungsverfahrens wurde die Verordnung durch den Präsidenten des Europäischen Parlaments und den Präsidenten des Rates am 14.12.2016 unterzeichnet und sodann am 23.12.2016 im EU-Amtsblatt bekanntgemacht.[74] Sie trat gemäß ihrem Art. 2 am 24.12.2017 in Kraft.

E. Verordnung (EG) Nr. 1370/2007 des Europäischen Parlaments und des Rates vom 23.10.2007 über öffentliche Personenverkehrsdienste auf Schiene und Straße und zur Aufhebung der Verordnungen (EWG) Nr. 1191/69 und (EWG) Nr. 1107/70 des Rates

Vom 23.10.2007

(ABl. 2007 Nr. L 315 S. 1)
Celex-Nr. 3 2007 R 1370

20 DAS EUROPÄISCHE PARLAMENT UND DER RAT DER EUROPÄISCHEN UNION –
gestützt auf den Vertrag zur Gründung der Europäischen Gemeinschaft, insbesondere auf die Artikel 71 und 89,
auf Vorschlag der Kommission,
nach Stellungnahme des Europäischen Wirtschafts- und Sozialausschusses[1],
nach Stellungnahme des Ausschusses der Regionen[2],
gemäß dem Verfahren des Artikels 251 des Vertrags[3],
in Erwägung nachstehender Gründe:

---

62 ABl. 2002 C 140E/262.
63 KOM(2002) 207 endg. v. 21.2.2002.
64 EuGH Urt. v. 24.7.2003 – C-280/00, NZBau 2003, 503 ff. – Altmark Trans.
65 KOM(2005) 319 endg. v. 20.7.2005.
66 ABl. 2007 C 70E/1.
67 KOM(2006) 805 endg. v. 12.12.2006.
68 KOM(2007) 460 endg. v. 25.7.2007.
69 ABl. 2007 L 315/1.
70 Zur Änderungsverordnung 2016 vgl. die Ausführungen → Rn. 9.
71 COM (2013) 28 final; sämtliche Dokumente, die im Zusammenhang mit der Entstehung der Verordnung veröffentlicht sind, können im Internet auf EUR-Lex abgerufen werden: https://eur-lex.europa.eu/legal-content/DE/HIS/?uri=CELEX:32016R2338.
72 Weitere Informationen zum 4. Eisenbahnpaket unter: https://ec.europa.eu/transport/modes/rail/packages/2013_en.
73 Zur Entstehungsgeschichte näher etwa auch *Saxinger* GewArch 2017, 463 (463 f.).
74 ABl. 2016 L 354/22.

(1) Artikel 16 des Vertrags bestätigt den Stellenwert, den Dienste von allgemeinem wirtschaftlichem Interesse innerhalb der gemeinsamen Werte der Union einnehmen.

(2) Artikel 86 Absatz 2 des Vertrags bestimmt, dass für Unternehmen, die mit Dienstleistungen von allgemeinem wirtschaftlichem Interesse betraut sind, die Vorschriften des Vertrags, insbesondere die Wettbewerbsregeln, gelten, soweit die Anwendung dieser Vorschriften nicht die Erfüllung der ihnen übertragenen besonderen Aufgaben rechtlich oder tatsächlich verhindert.

(3) Artikel 73 des Vertrags stellt eine Sondervorschrift zu Artikel 86 Absatz 2 dar. Darin sind Regeln für die Abgeltung von gemeinwirtschaftlichen Verpflichtungen im Bereich des Landverkehrs festgelegt.

(4) Die Hauptziele des Weißbuchs der Kommission vom 12.9.2001 „Die Europäische Verkehrspolitik bis 2010: Weichenstellungen für die Zukunft" sind die Gewährleistung sicherer, effizienter und hochwertiger Personenverkehrsdienste durch einen regulierten Wettbewerb, der auch die Transparenz und Leistungsfähigkeit öffentlicher Personenverkehrsdienste garantiert, und zwar unter Berücksichtigung sozialer, umweltpolitischer und raumplanerischer Faktoren, oder das Angebot spezieller Tarifbedingungen zugunsten bestimmter Gruppen von Reisenden, wie etwa Rentner, und die Beseitigung von Ungleichheiten zwischen Verkehrsunternehmen aus verschiedenen Mitgliedstaaten, die den Wettbewerb wesentlich verfälschen könnten.

(5) Viele Personenlandverkehrsdienste, die im allgemeinen wirtschaftlichen Interesse erforderlich sind, können derzeit nicht kommerziell betrieben werden. Die zuständigen Behörden der Mitgliedstaaten müssen Maßnahmen ergreifen können, um die Erbringung dieser Dienste sicherzustellen. Zu den Mechanismen, die sie nutzen können, um die Erbringung öffentlicher Personenverkehrsdienste sicherzustellen, zählen unter anderem die Gewährung ausschließlicher Rechte an die Betreiber eines öffentlichen Dienstes, die Gewährung einer finanziellen Ausgleichsleistung für Betreiber eines öffentlichen Dienstes sowie die Festlegung allgemeiner Vorschriften für den Betrieb öffentlicher Verkehrsdienste, die für alle Betreiber gelten. Entscheidet ein Mitgliedstaat sich im Einklang mit dieser Verordnung dafür, bestimmte allgemeine Regeln aus ihrem Anwendungsbereich herauszunehmen, so sollte die allgemeine Regelung für staatliche Beihilfen zur Anwendung kommen.

(6) Viele Mitgliedstaaten haben Rechtsvorschriften erlassen, die zumindest für einen Teilbereich ihres öffentlichen Verkehrsmarktes die Gewährung ausschließlicher Rechte und die Vergabe öffentlicher Dienstleistungsaufträge im Rahmen transparenter und fairer Vergabeverfahren vorsehen. Dies hat eine erhebliche Zunahme des Handels zwischen den Mitgliedstaaten bewirkt und dazu geführt, dass inzwischen mehrere Betreiber eines öffentlichen Dienstes Personenverkehrsdienste in mehr als einem Mitgliedstaat erbringen. Die Entwicklung der nationalen Rechtsvorschriften hat jedoch zu uneinheitlichen Verfahren und Rechtsunsicherheit hinsichtlich der Rechte der Betreiber eines öffentlichen Dienstes und der Pflichten der zuständigen Behörden geführt. Die Verordnung (EWG) Nr. 1191/69 des Rates vom 26.6.1969 über das Vorgehen der Mitgliedstaaten bei mit dem Begriff des öffentlichen Dienstes verbundenen Verpflichtungen auf dem Gebiet des Eisenbahn-, Straßen- und Binnenschiffsverkehrs[4] regelt nicht die Art und Weise, in der in der Gemeinschaft öffentliche Dienstleistungsaufträge vergeben werden müssen, und insbesondere nicht die Bedingungen, unter denen diese ausgeschrieben werden sollten. Eine Aktualisierung des gemeinschaftlichen Rechtsrahmens ist daher angebracht.

(7) Studien und die Erfahrungen der Mitgliedstaaten, in denen es schon seit einigen Jahren Wettbewerb im öffentlichen Verkehr gibt, zeigen, dass, sofern angemessene Schutzmaßnahmen vorgesehen werden, die Einführung des regulierten Wettbewerbs zwischen Betreibern zu einem attraktiveren und innovativeren Dienstleistungsangebot zu niedrigeren Kosten führt, ohne dass die Betreiber eines öffentlichen Dienstes bei der Erfüllung der ihnen übertragenen besonderen Aufgaben behindert werden. Dieser

Ansatz wurde vom Europäischen Rat im Rahmen des so genannten Lissabon-Prozesses vom 28.3.2000 gebilligt, der die Kommission, den Rat und die Mitgliedstaaten aufgefordert hat, im Rahmen ihrer jeweiligen Befugnisse die Liberalisierung in Bereichen wie dem Verkehr zu beschleunigen.

(8) Personenverkehrsmärkte, die dereguliert sind und in denen keine ausschließlichen Rechte gewährt werden, sollten ihre Merkmale und ihre Funktionsweise beibehalten dürfen, soweit diese mit den Anforderungen des Vertrags vereinbar sind.

(9) Um die öffentlichen Personenverkehrsdienste optimal nach den Bedürfnissen der Bevölkerung gestalten zu können, müssen alle zuständigen Behörden die Möglichkeit haben, die Betreiber eines öffentlichen Dienstes gemäß den Bedingungen dieser Verordnung frei auszuwählen und dabei die Interessen von kleinen und mittleren Unternehmen zu berücksichtigen. Um die Anwendung der Grundsätze der Transparenz, der Gleichbehandlung konkurrierender Betreiber und der Verhältnismäßigkeit zu gewährleisten, wenn Ausgleichsleistungen oder ausschließliche Rechte gewährt werden, müssen in einem öffentlichen Dienstleistungsauftrag der zuständigen Behörde an den ausgewählten Betreiber eines öffentlichen Dienstes die Art der gemeinwirtschaftlichen Verpflichtungen und die vereinbarten Gegenleistungen festgelegt werden. Die Form oder Benennung dieses Vertrags kann je nach den Rechtssystemen der Mitgliedstaaten variieren.

(10) Im Gegensatz zu der Verordnung (EWG) Nr. 1191/69, deren Geltungsbereich sich auch auf die öffentlichen Personenverkehrsdienste auf Binnenschifffahrtswegen erstreckt, wird es nicht als angezeigt erachtet, in der vorliegenden Verordnung die Frage der Vergabe öffentlicher Dienstleistungsaufträge in diesem besonderen Sektor zu regeln. Für die Organisation öffentlicher Personenverkehrsdienste auf Binnenschifffahrtswegen und, soweit sie nicht unter besonderes Gemeinschaftsrecht fallen, auf dem Meer innerhalb der Hoheitsgewässer gelten daher die allgemeinen Grundsätze des Vertrags, sofern die Mitgliedstaaten nicht beschließen, die vorliegende Verordnung auf diese besonderen Sektoren anzuwenden. Diese Verordnung steht der Einbeziehung von Verkehrsdiensten auf Binnenschifffahrtswegen und auf dem Meer innerhalb der Hoheitsgewässer in weiter gefasste Stadt-, Vorort- oder Regionalnetze des öffentlichen Personenverkehrs nicht entgegen.

(11) Im Gegensatz zu der Verordnung (EWG) Nr. 1191/69, deren Geltungsbereich sich auch auf Güterbeförderungsdienste erstreckt, wird es nicht als angezeigt erachtet, in der vorliegenden Verordnung die Frage der Vergabe öffentlicher Dienstleistungsaufträge in diesem besonderen Sektor zu regeln. Drei Jahre nach dem Inkrafttreten der vorliegenden Verordnung sollten für die Organisation von Güterbeförderungsdiensten daher die allgemeinen Grundsätze des Vertrags gelten.

(12) Aus gemeinschaftsrechtlicher Sicht ist es unerheblich, ob öffentliche Personenverkehrsdienste von öffentlichen oder privaten Unternehmen erbracht werden. Die vorliegende Verordnung stützt sich auf den Grundsatz der Neutralität im Hinblick auf die Eigentumsordnung gemäß Artikel 295 des Vertrags sowie den Grundsatz der freien Gestaltung der Dienste von allgemeinem wirtschaftlichem Interesse durch die Mitgliedstaaten gemäß Artikel 16 des Vertrags und die Grundsätze der Subsidiarität und der Verhältnismäßigkeit gemäß Artikel 5 des Vertrags.

(13) Einige Verkehrsdienste, häufig in Verbindung mit einer speziellen Infrastruktur, werden hauptsächlich aufgrund ihres historischen Interesses oder zu touristischen Zwecken betrieben. Da ihr Betrieb offensichtlich anderen Zwecken dient als der Erbringung öffentlicher Personenverkehrsdienste, müssen die für die Erfüllung von gemeinwirtschaftlichen Anforderungen geltenden Vorschriften und Verfahren hier keine Anwendung finden.

(14) Wenn die zuständigen Behörden für die Organisation des öffentlichen Verkehrsnetzes verantwortlich sind, können hierzu neben dem eigentlichen Betrieb des Verkehrsdienstes eine Reihe von anderen Tätigkeiten und Funktionen zählen, bei denen es den zu-

ständigen Behörden freigestellt sein muss, sie selbst auszuführen oder ganz oder teilweise einem Dritten anzuvertrauen.

(15) Langzeitverträge können bewirken, dass der Markt länger als erforderlich geschlossen bleibt, wodurch sich die Vorteile des Wettbewerbsdrucks verringern. Um den Wettbewerb möglichst wenig zu verzerren und gleichzeitig die Qualität der Dienste sicherzustellen, sollten öffentliche Dienstleistungsaufträge befristet sein. Eine Auftragsverlängerung könnte davon abhängig gemacht werden, dass die Verkehrsteilnehmer die Dienstleistung positiv aufnehmen. Die Möglichkeit, öffentliche Dienstleistungsaufträge um maximal die Hälfte ihrer ursprünglichen Laufzeit zu verlängern, sollte in diesem Rahmen dann vorgesehen werden, wenn der Betreiber eines öffentlichen Dienstes Investitionen in Wirtschaftsgüter tätigen muss, deren Amortisierungsdauer außergewöhnlich lang ist, und – aufgrund ihrer besonderen Merkmale und Zwänge – bei den in Artikel 299 des Vertrags genannten Gebieten in äußerster Randlage. Außerdem sollte eine noch weiter gehende Verlängerung möglich sein, wenn ein Betreiber eines öffentlichen Dienstes Investitionen in Infrastrukturen oder Rollmaterial und Fahrzeuge tätigt, die insofern außergewöhnlich sind, als es dabei jeweils um hohe Mittelbeträge geht, und unter der Voraussetzung, dass der Vertrag im Rahmen eines fairen wettbewerblichen Vergabeverfahrens vergeben wird.

(16) Kann der Abschluss eines öffentlichen Dienstleistungsauftrags zu einem Wechsel des Betreibers eines öffentlichen Dienstes führen, so sollten die zuständigen Behörden den ausgewählten Betreiber eines öffentlichen Dienstes verpflichten können, die Bestimmungen der Richtlinie 2001/23/EG des Rates vom 12.3.2001 zur Angleichung der Rechtsvorschriften der Mitgliedstaaten über die Wahrung von Ansprüchen der Arbeitnehmer beim Übergang von Unternehmen, Betrieben oder Unternehmens- oder Betriebsteilen[5] anzuwenden. Diese Richtlinie hindert die Mitgliedstaaten nicht daran, die Bedingungen für die Übertragung anderer Ansprüche der Arbeitnehmer als der durch die Richtlinie 2001/23/EG abgedeckten zu wahren und dabei gegebenenfalls die durch nationale Rechts- und Verwaltungsvorschriften oder zwischen den Sozialpartnern geschlossene Tarifverträge oder Vereinbarungen festgelegten Sozialstandards zu berücksichtigen.

(17) Gemäß dem Subsidiaritätsprinzip steht es den zuständigen Behörden frei, soziale Kriterien und Qualitätskriterien festzulegen, um Qualitätsstandards für gemeinwirtschaftliche Verpflichtungen aufrechtzuerhalten und zu erhöhen, beispielsweise bezüglich der Mindestarbeitsbedingungen, der Fahrgastrechte, der Bedürfnisse von Personen mit eingeschränkter Mobilität, des Umweltschutzes, der Sicherheit von Fahrgästen und Angestellten sowie bezüglich der sich aus Kollektivvereinbarungen ergebenden Verpflichtungen und anderen Vorschriften und Vereinbarungen in Bezug auf den Arbeitsplatz und den Sozialschutz an dem Ort, an dem der Dienst erbracht wird. Zur Gewährleistung transparenter und vergleichbarer Wettbewerbsbedingungen zwischen den Betreibern und um das Risiko des Sozialdumpings zu verhindern, sollten die zuständigen Behörden besondere soziale Normen und Dienstleistungsqualitätsnormen vorschreiben können.

(18) Vorbehaltlich der einschlägigen Bestimmungen des nationalen Rechts können örtliche Behörden oder – falls diese nicht vorhanden sind – nationale Behörden öffentliche Personenverkehrsdienste in ihrem Gebiet entweder selbst erbringen oder einen internen Betreiber ohne wettbewerbliches Vergabeverfahren damit beauftragen. Zur Gewährleistung gleicher Wettbewerbsbedingungen muss die Möglichkeit der Eigenerbringung jedoch streng kontrolliert werden. Die zuständige Behörde oder die Gruppe zuständiger Behörden, die – kollektiv oder durch ihre Mitglieder – integrierte öffentliche Personenverkehrsdienste erbringt, sollte die erforderliche Kontrolle ausüben. Ferner sollte es einer zuständigen Behörde, die ihre Verkehrsdienste selbst erbringt, oder einem internen Betreiber untersagt sein, an wettbewerblichen Vergabeverfahren außerhalb des Zuständigkeitsgebiets dieser Behörde teilzunehmen. Die Behörde, die die

Kontrolle über den internen Betreiber ausübt, sollte ferner die Möglichkeit haben, diesem Betreiber die Teilnahme an wettbewerblichen Vergabeverfahren innerhalb ihres Zuständigkeitsgebiets zu untersagen. Die Beschränkung der Tätigkeit interner Betreiber berührt nicht die Möglichkeit der Direktvergabe öffentlicher Dienstleistungsaufträge, die den Eisenbahnverkehr betreffen, mit Ausnahme anderer schienengestützter Verkehrsträger wie Untergrund- und Straßenbahnen. Außerdem berührt die Direktvergabe öffentlicher Dienstleistungsaufträge für Eisenbahnverkehrsdienste nicht die Möglichkeit der zuständigen Behörden, öffentliche Dienstleistungsaufträge für öffentliche Personenverkehrsdienste mit anderen schienengestützten Verkehrsträgern wie Untergrund- oder Straßenbahnen an einen internen Betreiber zu vergeben.

(19) Die Vergabe von Unteraufträgen kann zu einem effizienteren öffentlichen Personenverkehr beitragen und ermöglicht die Beteiligung weiterer Unternehmen neben dem Betreiber eines öffentlichen Dienstes, der den öffentlichen Dienstleistungsauftrag erhalten hat. Im Hinblick auf eine bestmögliche Nutzung öffentlicher Gelder sollten die zuständigen Behörden jedoch die Bedingungen für die Vergabe von Unteraufträgen bezüglich ihrer öffentlichen Personenverkehrsdienste festlegen können, insbesondere im Falle von Diensten, die von einem internen Betreiber erbracht werden. Ferner sollte es einem Unterauftragnehmer erlaubt sein, an wettbewerblichen Vergabeverfahren im Zuständigkeitsgebiet aller zuständigen Behörden teilzunehmen. Die Auswahl eines Unterauftragnehmers durch die zuständige Behörde oder ihren internen Betreiber muss im Einklang mit dem Gemeinschaftsrecht erfolgen.

(20) Entscheidet eine Behörde, eine Dienstleistung von allgemeinem Interesse einem Dritten zu übertragen, so muss die Auswahl des Betreibers eines öffentlichen Dienstes unter Einhaltung des für das öffentliche Auftragswesen und Konzessionen geltenden Gemeinschaftsrechts, das sich aus den Artikeln 43 bis 49 des Vertrags ergibt, sowie der Grundsätze der Transparenz und der Gleichbehandlung erfolgen. Insbesondere bleiben die Pflichten der Behörden, die sich aus den Richtlinien über die Vergabe öffentlicher Aufträge ergeben, bei unter jene Richtlinien fallenden öffentlichen Dienstleistungsaufträgen von den Bestimmungen dieser Verordnung unberührt.

(21) Ein wirksamer Rechtschutz sollte nicht nur für Aufträge gelten, die unter die Richtlinie 2004/17/EG des Europäischen Parlaments und des Rates vom 31.3.2004 zur Koordinierung der Zuschlagserteilung durch Auftraggeber im Bereich der Wasser-, Energie- und Verkehrsversorgung sowie der Postdienste[6] und die Richtlinie 2004/18/EG des Europäischen Parlaments und des Rates vom 31.3.2004 über die Koordinierung der Verfahren zur Vergabe öffentlicher Bauaufträge, Lieferaufträge und Dienstleistungsaufträge[7] fallen, sondern auch für andere gemäß der vorliegenden Verordnung abgeschlossene Verträge gelten. Es ist ein wirksames Nachprüfungsverfahren erforderlich, das mit den entsprechenden Verfahren gemäß der Richtlinie 89/665/EWG des Rates vom 21.12.1989 zur Koordinierung der Rechts- und Verwaltungsvorschriften für die Anwendung der Nachprüfungsverfahren im Rahmen der Vergabe öffentlicher Liefer- und Bauaufträge[8] bzw. der Richtlinie 92/13/EWG des Rates vom 25.2.1992 zur Koordinierung der Rechts- und Verwaltungsvorschriften für die Anwendung der Gemeinschaftsvorschriften über die Auftragsvergabe durch Auftraggeber im Bereich der Wasser-, Energie- und Verkehrsversorgung sowie im Telekommunikationssektor[9] vergleichbar sein sollte.

(22) Für einige wettbewerbliche Vergabeverfahren müssen die zuständigen Behörden komplexe Systeme festlegen und erläutern. Daher sollten diese Behörden ermächtigt werden, bei der Vergabe von Aufträgen in solchen Fällen die Einzelheiten des Auftrags mit einigen oder allen potenziellen Betreibern eines öffentlichen Dienstes nach Abgabe der Angebote auszuhandeln.

(23) Ein wettbewerbliches Vergabeverfahren für öffentliche Dienstleistungsaufträge sollte nicht zwingend vorgeschrieben sein, wenn der Auftrag sich auf geringe Summen oder Entfernungen bezieht. In diesem Zusammenhang sollten die zuständigen Behörden in

die Lage versetzt werden, bei größeren Summen oder Entfernungen die besonderen Interessen von kleinen und mittleren Unternehmen zu berücksichtigen. Den zuständigen Behörden sollte es nicht gestattet sein, Aufträge oder Netze aufzuteilen, um so ein wettbewerbliches Vergabeverfahren zu vermeiden.

(24) Besteht die Gefahr einer Unterbrechung bei der Erbringung von Diensten, sollten die zuständigen Behörden befugt sein, kurzfristig Notmaßnahmen zu ergreifen, bis ein neuer öffentlicher Dienstleistungsauftrag nach den in dieser Verordnung festgelegten Bedingungen vergeben wurde.

(25) Der öffentliche Schienenpersonenverkehr wirft spezielle Fragen in Bezug auf die Investitionslast und die Infrastrukturkosten auf. Die Kommission hat im März 2004 eine Änderung der Richtlinie 91/440/EWG des Rates vom 29. 7. 1991 zur Entwicklung der Eisenbahnunternehmen der Gemeinschaft[10] vorgeschlagen, damit alle Eisenbahnunternehmen der Gemeinschaft zur Durchführung grenzüberschreitender Personenverkehrsdienste Zugang zur Infrastruktur aller Mitgliedstaaten erhalten. Mit der vorliegenden Verordnung soll ein Rechtsrahmen für die Gewährung einer Ausgleichsleistung und/oder ausschließlicher Rechte für öffentliche Dienstleistungsaufträge geschaffen werden; eine weitere Öffnung des Marktes für Schienenverkehrsdienste ist nicht beabsichtigt.

(26) Diese Verordnung gibt den zuständigen Behörden im Falle öffentlicher Dienstleistungen die Möglichkeit, auf der Grundlage eines öffentlichen Dienstleistungsauftrags einen Betreiber für die Erbringung öffentlicher Personenverkehrsdienste auszuwählen. Angesichts der unterschiedlichen territorialen Organisation der Mitgliedstaaten in dieser Hinsicht ist es gerechtfertigt, den zuständigen Behörden zu gestatten, öffentliche Dienstleistungsaufträge im Eisenbahnverkehr direkt zu vergeben.

(27) Die von den zuständigen Behörden gewährten Ausgleichsleistungen zur Deckung der Kosten, die durch die Erfüllung gemeinwirtschaftlicher Verpflichtungen verursacht werden, sollten so berechnet werden, dass übermäßige Ausgleichsleistungen vermieden werden. Beabsichtigt eine zuständige Behörde die Vergabe eines öffentlichen Dienstleistungsauftrags ohne wettbewerbliches Vergabeverfahren, so sollte sie auch detaillierte Bestimmungen einhalten, mit denen die Angemessenheit der Ausgleichsleistung gewährleistet wird und die der angestrebten Effizienz und Qualität der Dienste Rechnung tragen.

(28) Die zuständige Behörde und der Betreiber eines öffentlichen Dienstes können beweisen, dass eine übermäßige Ausgleichsleistung vermieden wurde, indem sie allen Auswirkungen der Erfüllung der gemeinwirtschaftlichen Verpflichtungen auf die Nachfrage nach öffentlichen Personenverkehrsdiensten in dem im Anhang enthaltenen Berechnungsmodell gebührend Rechnung tragen.

(29) Hinsichtlich der Vergabe öffentlicher Dienstleistungsaufträge sollten die zuständigen Behörden – außer bei Notmaßnahmen und Aufträgen für geringe Entfernungen – die notwendigen Maßnahmen ergreifen, um mindestens ein Jahr im Voraus bekannt zu geben, dass sie solche Aufträge zu vergeben beabsichtigen, so dass potenzielle Betreiber eines öffentlichen Dienstes darauf reagieren können.

(30) Bei direkt vergebenen öffentlichen Dienstleistungsaufträgen sollte für größere Transparenz gesorgt werden.

(31) Da die zuständigen Behörden und die Betreiber eines öffentlichen Dienstes Zeit benötigen, um den Bestimmungen dieser Verordnung nachzukommen, sollten Übergangsregelungen vorgesehen werden. Im Hinblick auf eine schrittweise Vergabe öffentlicher Dienstleistungsaufträge gemäß dieser Verordnung sollten die Mitgliedstaaten der Kommission binnen sechs Monaten nach der ersten Hälfte des Übergangszeitraums einen Fortschrittsbericht vorlegen. Die Kommission kann auf der Grundlage dieser Berichte geeignete Maßnahmen vorschlagen.

(32) Während des Übergangszeitraums werden die zuständigen Behörden die Bestimmungen dieser Verordnung möglicherweise zu unterschiedlichen Zeitpunkten erstmals an-

wenden. Daher könnten während dieses Zeitraums Betreiber eines öffentlichen Dienstes aus Märkten, die noch nicht von den Bestimmungen dieser Verordnung betroffen sind, Angebote für öffentliche Dienstleistungsaufträge in Märkten einreichen, die bereits zu einem früheren Zeitpunkt für den kontrollierten Wettbewerb geöffnet wurden. Um mit Hilfe angemessener Maßnahmen eine Unausgewogenheit bei der Öffnung des öffentlichen Verkehrsmarktes zu vermeiden, sollten die zuständigen Behörden in der zweiten Hälfte des Übergangszeitraums die Möglichkeit haben, Angebote von Unternehmen abzulehnen, bei denen mehr als die Hälfte des Wertes der von ihnen erbrachten öffentlichen Verkehrsdienste auf Aufträgen beruht, die nicht im Einklang mit dieser Verordnung vergeben wurden, sofern dies ohne Diskriminierung geschieht und vor Veröffentlichung des wettbewerblichen Vergabeverfahrens beschlossen wird.

(33) In seinem Urteil vom 24.7.2003 in der Rechtssache C-280/00, Altmark Trans GmbH [11], hat der Gerichtshof der Europäischen Gemeinschaften in den Randnummern 87 bis 95 festgestellt, dass Ausgleichsleistungen für gemeinwirtschaftliche Verpflichtungen keine Begünstigung im Sinne von Artikel 87 des Vertrags darstellen, sofern vier kumulative Voraussetzungen erfüllt sind. Werden diese Voraussetzungen nicht erfüllt, jedoch die allgemeinen Voraussetzungen für die Anwendung von Artikel 87 Absatz 1 des Vertrags, stellen die Ausgleichsleistungen für gemeinwirtschaftliche Verpflichtungen staatliche Beihilfen dar, und es gelten die Artikel 73, 86, 87 und 88 des Vertrags.

(34) Ausgleichsleistungen für gemeinwirtschaftliche Verpflichtungen können sich im Bereich des Personenlandverkehrs als erforderlich erweisen, damit die mit öffentlichen Dienstleistungen betrauten Unternehmen gemäß festgelegten Grundsätzen und unter Bedingungen tätig sein können, die ihnen die Erfüllung ihrer Aufgaben ermöglichen. Diese Ausgleichsleistungen können unter bestimmten Voraussetzungen gemäß Artikel 73 des Vertrags mit dem Vertrag vereinbar sein. Zum einen müssen sie gewährt werden, um die Erbringung von Diensten sicherzustellen, die Dienste von allgemeinem Interesse im Sinne des Vertrags sind. Um ungerechtfertigte Wettbewerbsverfälschungen zu vermeiden, darf die Ausgleichsleistung zum anderen nicht den Betrag übersteigen, der notwendig ist, um die Nettokosten zu decken, die durch die Erfüllung der gemeinwirtschaftlichen Verpflichtungen verursacht werden, wobei den dabei erzielten Einnahmen sowie einem angemessenen Gewinn Rechnung zu tragen ist.

(35) Die von den zuständigen Behörden in Übereinstimmung mit dieser Verordnung gewährten Ausgleichsleistungen können daher von der Pflicht zur vorherigen Unterrichtung nach Artikel 88 Absatz 3 des Vertrags ausgenommen werden.

(36) Da die vorliegende Verordnung die Verordnung (EWG) Nr. 1191/69 ersetzt, sollte die genannte Verordnung aufgehoben werden. Die schrittweise Einstellung der von der Kommission nicht genehmigten Ausgleichsleistungen für öffentliche Güterbeförderungsdienste wird durch einen Übergangszeitraum von drei Jahren im Einklang mit den Artikeln 73, 86, 87 und 88 des Vertrags erleichtert werden. Alle anderen durch diese Verordnung nicht erfassten Ausgleichsleistungen für die Erbringung öffentlicher Personenverkehrsdienste, die staatliche Beihilfen im Sinne des Artikels 87 Absatz 1 des Vertrags beinhalten könnten, sollten den Bestimmungen der Artikel 73, 86, 87 und 88 des Vertrags entsprechen, einschließlich aller einschlägigen Auslegungen durch den Gerichtshof der Europäischen Gemeinschaften und insbesondere dessen Entscheidung in der Rechtssache C-280/00, Altmark Trans GmbH. Bei der Prüfung solcher Fälle sollte die Kommission daher ähnliche Grundsätze anwenden wie die, die in dieser Verordnung oder gegebenenfalls in anderen Rechtsvorschriften für den Bereich der Dienstleistungen von allgemeinem wirtschaftlichem Interesse enthalten sind.

(37) Der Anwendungsbereich der Verordnung (EWG) Nr. 1107/70 des Rates vom 4.6.1970 über Beihilfen im Eisenbahn-, Straßen- und Binnenschiffsverkehr[12] wird von der vorliegenden Verordnung abgedeckt. Jene Verordnung gilt heute als überholt, da sie die Anwendung von Artikel 73 des Vertrags einschränkt, ohne eine angemessene Rechtsgrundlage für die Zulassung derzeitiger Investitionsregelungen, insbesondere im

Hinblick auf Investitionen in Verkehrsinfrastrukturen im Rahmen einer öffentlich-privaten Partnerschaft, zu bieten. Sie sollte daher aufgehoben werden, damit Artikel 73 des Vertrags unbeschadet der vorliegenden Verordnung und der Verordnung (EWG) Nr. 1192/69 des Rates vom 26.6.1969 über gemeinsame Regeln für die Normalisierung der Konten der Eisenbahnunternehmen[13] entsprechend dem ständigen Wandel in dem Sektor angewendet werden kann. Um die Anwendung der einschlägigen gemeinschaftlichen Rechtsvorschriften weiter zu erleichtern, wird die Kommission im Jahr 2007 Leitlinien für staatliche Beihilfen für Eisenbahninvestitionen, einschließlich Infrastrukturinvestitionen, vorschlagen.

(38) Zur Bewertung der Durchführung dieser Verordnung und der Entwicklungen im öffentlichen Personenverkehr in der Gemeinschaft, insbesondere der Qualität der öffentlichen Personenverkehrsdienste und der Auswirkungen der Direktvergabe von öffentlichen Dienstleistungsaufträgen, sollte die Kommission einen Bericht erstellen. Diesem Bericht können erforderlichenfalls geeignete Vorschläge zur Änderung dieser Verordnung beigefügt werden –

HABEN FOLGENDE VERORDNUNG ERLASSEN:

Artikel 1 Zweck und Anwendungsbereich

(1) Zweck dieser Verordnung ist es, festzulegen, wie die zuständigen Behörden unter Einhaltung des Gemeinschaftsrechts im Bereich des öffentlichen Personenverkehrs tätig werden können, um die Erbringung von Dienstleistungen von allgemeinem Interesse zu gewährleisten, die unter anderem zahlreicher, sicherer, höherwertig oder preisgünstiger sind als diejenigen, die das freie Spiel des Marktes ermöglicht hätte.

Hierzu wird in dieser Verordnung festgelegt, unter welchen Bedingungen die zuständigen Behörden den Betreibern eines öffentlichen Dienstes eine Ausgleichsleistung für die ihnen durch die Erfüllung der gemeinwirtschaftlichen Verpflichtungen verursachten Kosten und/oder ausschließliche Rechte im Gegenzug für die Erfüllung solcher Verpflichtungen gewähren, wenn sie ihnen gemeinwirtschaftliche Verpflichtungen auferlegen oder entsprechende Aufträge vergeben.

(2) Diese Verordnung gilt für den innerstaatlichen und grenzüberschreitenden Personenverkehr mit der Eisenbahn und andere Arten des Schienenverkehrs sowie auf der Straße, mit Ausnahme von Verkehrsdiensten, die hauptsächlich aus Gründen historischen Interesses oder zu touristischen Zwecken betrieben werden. Die Mitgliedstaaten können diese Verordnung auf den öffentlichen Personenverkehr auf Binnenschifffahrtswegen und, unbeschadet der Verordnung (EWG) Nr. 3577/92 des Rates vom 7.12.1992 zur Anwendung des Grundsatzes des freien Dienstleistungsverkehrs auf den Seeverkehr zwischen den Mitgliedstaaten (Seekabotage) (1), auf das Meer innerhalb der Hoheitsgewässer anwenden.

Vorbehaltlich der Zustimmung der zuständigen Behörden der Mitgliedstaaten, in deren Hoheitsgebiet die Dienstleistungen erbracht werden, dürfen sich gemeinwirtschaftliche Verpflichtungen auf öffentliche Verkehrsdienste auf grenzüberschreitender Ebene erstrecken, einschließlich jener, die örtliche und regionale Verkehrsbedürfnisse erfüllen.

(3) Diese Verordnung gilt nicht für öffentliche Baukonzessionen im Sinne von Artikel 1 Absatz 3 Buchstabe a der Richtlinie 2004/17/EG oder im Sinne von Artikel 1 Absatz 3 der Richtlinie 2004/18/EG.

Artikel 2 Begriffsbestimmungen

Im Sinne dieser Verordnung bezeichnet der Ausdruck

a) „öffentlicher Personenverkehr" Personenbeförderungsleistungen von allgemeinem wirtschaftlichem Interesse, die für die Allgemeinheit diskriminierungsfrei und fortlaufend erbracht werden;

b) „zuständige Behörde" jede Behörde oder Gruppe von Behörden eines oder mehrerer Mitgliedstaaten, die zur Intervention im öffentlichen Personenverkehr in einem bestimmten geografischen Gebiet befugt ist, oder jede mit einer derartigen Befugnis ausgestattete Einrichtung;

c) „zuständige örtliche Behörde" jede zuständige Behörde, deren geografischer Zuständigkeitsbereich sich nicht auf das gesamte Staatsgebiet erstreckt;

d) „Betreiber eines öffentlichen Dienstes" jedes privat- oder öffentlich-rechtliche Unternehmen oder jede Gruppe von privat- oder öffentlich-rechtlichen Unternehmen, das/die öffentliche Personenverkehrsdienste betreibt, oder eine öffentliche Einrichtung, die öffentliche Personenverkehrsdienste durchführt;

e) „gemeinwirtschaftliche Verpflichtung" eine von der zuständigen Behörde festgelegte oder bestimmte Anforderung im Hinblick auf die Sicherstellung von im allgemeinen Interesse liegenden öffentlichen Personenverkehrsdiensten, die der Betreiber unter Berücksichtigung seines eigenen wirtschaftlichen Interesses nicht oder nicht im gleichen Umfang oder nicht zu den gleichen Bedingungen ohne Gegenleistung übernommen hätte;

f) „ausschließliches Recht" ein Recht, das einen Betreiber eines öffentlichen Dienstes berechtigt, bestimmte öffentliche Personenverkehrsdienste auf einer bestimmten Strecke oder in einem bestimmten Streckennetz oder Gebiet unter Ausschluss aller anderen solchen Betreiber zu erbringen;

g) „Ausgleichsleistung für gemeinwirtschaftliche Verpflichtungen" jeden Vorteil, insbesondere finanzieller Art, der mittelbar oder unmittelbar von einer zuständigen Behörde aus öffentlichen Mitteln während des Zeitraums der Erfüllung einer gemeinwirtschaftlichen Verpflichtung oder in Verbindung mit diesem Zeitraum gewährt wird;

h) „Direktvergabe" die Vergabe eines öffentlichen Dienstleistungsauftrags an einen bestimmten Betreiber eines öffentlichen Dienstes ohne Durchführung eines vorherigen wettbewerblichen Vergabeverfahrens;

i) „öffentlicher Dienstleistungsauftrag" einen oder mehrere rechtsverbindliche Akte, die die Übereinkunft zwischen einer zuständigen Behörde und einem Betreiber eines öffentlichen Dienstes bekunden, diesen Betreiber eines öffentlichen Dienstes mit der Verwaltung und Erbringung von öffentlichen Personenverkehrsdiensten zu betrauen, die gemeinwirtschaftlichen Verpflichtungen unterliegen; gemäß der jeweiligen Rechtsordnung der Mitgliedstaaten können diese rechtsverbindlichen Akte auch in einer Entscheidung der zuständigen Behörde bestehen:
   - die die Form eines Gesetzes oder einer Verwaltungsregelung für den Einzelfall haben kann oder
   - die Bedingungen enthält, unter denen die zuständige Behörde diese Dienstleistungen selbst erbringt oder einen internen Betreiber mit der Erbringung dieser Dienstleistungen betraut;

j) „interner Betreiber" eine rechtlich getrennte Einheit, über die eine zuständige örtliche Behörde – oder im Falle einer Gruppe von Behörden wenigstens eine zuständige örtliche Behörde – eine Kontrolle ausübt, die der Kontrolle über ihre eigenen Dienststellen entspricht;

k) „Wert" den Wert eines Verkehrsdienstes, einer Strecke, eines öffentlichen Dienstleistungsauftrags oder einer Ausgleichsregelung des öffentlichen Personenverkehrs, der den Gesamteinnahmen – ohne Mehrwertsteuer – des Betreibers oder der Betreiber eines öffentlichen Dienstes entspricht, einschließlich der Ausgleichsleistung der Behörden gleich welcher Art und aller Einnahmen aus dem Fahrscheinverkauf, die nicht an die betroffene zuständige Behörde abgeführt werden;

l) „allgemeine Vorschrift" eine Maßnahme, die diskriminierungsfrei für alle öffentlichen Personenverkehrsdienste derselben Art in einem bestimmten geografischen Gebiet, das im Zuständigkeitsbereich einer zuständigen Behörde liegt, gilt;

m) „integrierte öffentliche Personenverkehrsdienste" Beförderungsleistungen, die innerhalb eines festgelegten geografischen Gebiets im Verbund erbracht werden und für die ein einziger Informationsdienst, eine einzige Fahrausweisregelung und ein einziger Fahrplan besteht;

aa) „öffentliche Schienenpersonenverkehrsdienste" den öffentlichen Schienenpersonenverkehr mit Ausnahme des Personenverkehrs auf anderen schienengestützten Verkehrsträgern wie Untergrund- oder Straßenbahnen.

Artikel 2a Spezifikation der gemeinwirtschaftlichen Verpflichtungen

(1) Die zuständige Behörde legt Spezifikationen der gemeinwirtschaftlichen Verpflichtungen für die Erbringung öffentlicher Personenverkehrsdienste und den Anwendungsbereich dieser gemeinwirtschaftlichen Verpflichtungen gemäß Artikel 2 Buchstabe e fest. Dies schließt die Möglichkeit ein, kostendeckende Dienste mit nicht kostendeckenden Diensten zusammenzufassen.

Bei der Festlegung dieser Spezifikationen und ihres Anwendungsbereichs trägt die zuständige Behörde dem Grundsatz der Verhältnismäßigkeit im Einklang mit dem Unionsrecht gebührend Rechnung.

Diese Spezifikationen müssen mit den politischen Zielen, die in den Strategiepapieren für den öffentlichen Verkehr in den Mitgliedstaaten aufgeführt sind, im Einklang stehen.

Inhalt und Format der Strategiepapiere für den öffentlichen Verkehr und die Verfahren für die Konsultation der einschlägigen Interessengruppen werden nach Maßgabe der nationalen Rechtsvorschriften festgelegt.

(2) Mit den Spezifikationen gemeinwirtschaftlicher Verpflichtungen und der entsprechenden Ausgleichsleistung für finanzielle Nettoauswirkungen gemeinwirtschaftlicher Verpflichtungen sollen

(a) die Ziele der Politik für den öffentlichen Verkehr auf kostenwirksame Weise erreicht werden und

(b) die finanzielle Nachhaltigkeit der Erbringung öffentlicher Personenverkehrsdienste gemäß den in der Politik für den öffentlichen Verkehr festgelegten Anforderungen langfristig gesichert werden.

Artikel 3 Öffentliche Dienstleistungsaufträge und allgemeine Vorschriften

(1) Gewährt eine zuständige Behörde dem ausgewählten Betreiber ausschließliche Rechte und/oder Ausgleichsleistungen gleich welcher Art für die Erfüllung gemeinwirtschaftlicher Verpflichtungen, so erfolgt dies im Rahmen eines öffentlichen Dienstleistungsauftrags.

(2) Abweichend von Absatz 1 können gemeinwirtschaftliche Verpflichtungen zur Festsetzung von Höchsttarifen für alle Fahrgäste oder bestimmte Gruppen von Fahrgästen auch Gegenstand allgemeiner Vorschriften sein. Die zuständige Behörde gewährt den Betreibern eines öffentlichen Dienstes gemäß den in den Artikeln 4 und 6 und im Anhang festgelegten Grundsätzen eine Ausgleichsleistung für die – positiven oder negativen – finanziellen Auswirkungen auf die Kosten und Einnahmen, die auf die Erfüllung der in den allgemeinen Vorschriften festgelegten tariflichen Verpflichtungen zurückzuführen sind; dabei vermeidet sie eine übermäßige Ausgleichsleistung. Dies gilt ungeachtet des Rechts der zuständigen Behörden, gemeinwirtschaftliche Verpflichtungen zur Festsetzung von Höchsttarifen in öffentliche Dienstleistungsaufträge aufzunehmen.

(3) Unbeschadet der Artikel 73, 86, 87 und 88 des Vertrags können die Mitgliedstaaten allgemeine Vorschriften über die finanzielle Abgeltung von gemeinwirtschaftlichen Verpflichtungen, die dazu dienen, Höchsttarife für Schüler, Studenten, Auszubildende und Personen mit eingeschränkter Mobilität festzulegen, aus dem Anwendungsbereich dieser Verordnung ausnehmen. Diese allgemeinen Vorschriften sind nach Artikel 88 des Vertrags mitzuteilen. Jede Mitteilung enthält vollständige Informationen über die Maßnahme, insbesondere Einzelheiten zur Berechnungsmethode.

Artikel 4 Obligatorischer Inhalt öffentlicher Dienstleistungsaufträge und allgemeiner Vorschriften

(1) In den öffentlichen Dienstleistungsaufträgen und den allgemeinen Vorschriften

a) sind die vom Betreiber eines öffentlichen Dienstes zu erfüllenden gemeinwirtschaftlichen Verpflichtungen, die in dieser Verordnung definiert und gemäß Artikel 2a dieser Verordnung spezifiziert sind, und die betreffenden geografischen Geltungsbereiche klar festzulegen;

b) sind zuvor in objektiver und transparenter Weise aufzustellen:
   i) die Parameter, anhand deren gegebenenfalls die Ausgleichsleistung berechnet wird, und
   ii) die Art und der Umfang der gegebenenfalls gewährten Ausschließlichkeit; dabei ist eine übermäßige Ausgleichsleistung zu vermeiden.

   Bei öffentlichen Dienstleistungsaufträgen, die nicht gemäß Artikel 5 Absatz 1, Absatz 3 oder Absatz 3b vergeben werden, werden diese Parameter so bestimmt, dass die Ausgleichsleistung den Betrag nicht übersteigen kann, der erforderlich ist, um die finanziellen Nettoauswirkungen auf die Kosten und Einnahmen zu decken, die auf die Erfüllung der gemeinwirtschaftlichen Verpflichtungen zurückzuführen sind, wobei die vom Betreiber eines öffentlichen Dienstes erzielten und einbehaltenen Einnahmen und ein angemessener Gewinn berücksichtigt werden;

c) sind die Durchführungsvorschriften für die Aufteilung der Kosten, die mit der Erbringung von Dienstleistungen in Verbindung stehen, festzulegen. Diese Kosten können insbesondere Personalkosten, Energiekosten, Infrastrukturkosten, Wartungs- und Instandsetzungskosten für Fahrzeuge des öffentlichen Personenverkehrs, das Rollmaterial und für den Betrieb der Personenverkehrsdienste erforderliche Anlagen sowie die Fixkosten und eine angemessene Kapitalrendite umfassen.

(2) In den öffentlichen Dienstleistungsaufträgen und den allgemeinen Vorschriften sind die Durchführungsvorschriften für die Aufteilung der Einnahmen aus dem Fahrscheinverkauf festzulegen, die entweder beim Betreiber eines öffentlichen Dienstes verbleiben, an die zuständige Behörde übergehen oder unter ihnen aufgeteilt werden.

(3) Die öffentlichen Dienstleistungsaufträge sind befristet und haben eine Laufzeit von höchstens zehn Jahren für Busverkehrsdienste und von höchstens 15 Jahren für Personenverkehrsdienste mit der Eisenbahn oder anderen schienengestützten Verkehrsträgern. Die Laufzeit von öffentlichen Dienstleistungsaufträgen, die mehrere Verkehrsträger umfassen, ist auf 15 Jahre beschränkt, wenn der Verkehr mit der Eisenbahn oder anderen schienengestützten Verkehrsträgern mehr als 50 % des Werts der betreffenden Verkehrsdienste ausmacht.

(4) Falls erforderlich kann die Laufzeit des öffentlichen Dienstleistungsauftrags unter Berücksichtigung der Amortisierungsdauer der Wirtschaftsgüter um höchstens 50 % verlängert werden, wenn der Betreiber eines öffentlichen Dienstes einen wesentlichen Anteil der für die Erbringung der Personenverkehrsdienste, die Gegenstand des öffentlichen Dienstleistungsauftrags sind, insgesamt erforderlichen Wirtschaftsgüter bereitstellt und diese vorwiegend an die Personenverkehrsdienste gebunden sind, die von dem Auftrag erfasst werden.

Falls dies durch Kosten, die aus der besonderen geografischen Lage entstehen, gerechtfertigt ist, kann die Laufzeit der in Absatz 3 beschriebenen öffentlichen Dienstleistungsaufträge in den Gebieten in äußerster Randlage um höchstens 50 % verlängert werden.

Falls dies durch die Abschreibung von Kapital in Verbindung mit außergewöhnlichen Investitionen in Infrastruktur, Rollmaterial oder Fahrzeuge gerechtfertigt ist und der öffentliche Dienstleistungsauftrag in einem fairen wettbewerblichen Vergabeverfahren vergeben wurde, kann ein öffentlicher Dienstleistungsauftrag eine längere Laufzeit haben. Zur Gewährleistung der Transparenz in diesem Fall muss die zuständige Behörde der Kommission innerhalb von einem Jahr nach Abschluss des Vertrags den öffentlichen Dienstleistungsauftrag und die Elemente, die seine längere Laufzeit rechtfertigen, übermitteln.

(4a) Bei der Ausführung von öffentlichen Dienstleistungsaufträgen halten Betreiber eines öffentlichen Dienstes die nach dem Unionsrecht, dem nationalen Recht oder Tarifverträgen geltenden sozial- und arbeitsrechtlichen Verpflichtungen ein.

(4b) Die Richtlinie 2001/23/EG findet Anwendung auf den Wechsel des Betreibers eines öffentlichen Dienstes, wenn ein solcher Wechsel einen Unternehmensübergang im Sinne jener Richtlinie darstellt.

(5) Unbeschadet des nationalen Rechts und des Gemeinschaftsrechts, einschließlich Tarifverträge zwischen den Sozialpartnern, kann die zuständige Behörde den ausgewählten Betreiber eines öffentlichen Dienstes verpflichten, den Arbeitnehmern, die zuvor zur Erbringung der Dienste eingestellt wurden, die Rechte zu gewähren, auf die sie Anspruch hätten, wenn ein Übergang im Sinne der Richtlinie 2001/23/EG erfolgt wäre. Verpflichtet die zuständige Behörde die Betreiber eines öffentlichen Dienstes, bestimmte Sozialstandards einzuhalten, so werden in den Unterlagen des wettbewerblichen Vergabeverfahrens und den öffentlichen Dienstleistungsaufträgen die betreffenden Arbeitnehmer aufgeführt und transparente Angaben zu ihren vertraglichen Rechten und zu den Bedingungen gemacht, unter denen sie als in einem Verhältnis zu den betreffenden Diensten stehend gelten.

(6) Verpflichtet die zuständige Behörde die Betreiber eines öffentlichen Dienstes im Einklang mit nationalem Recht dazu, bestimmte Qualitäts- und Sozialstandards einzuhalten, oder stellt sie soziale und qualitative Kriterien auf, so werden diese Standards und Kriterien in die Unterlagen des wettbewerblichen Vergabeverfahrens und die öffentlichen Dienstleistungsaufträge aufgenommen. Derartige Unterlagen des wettbewerblichen Vergabeverfahrens und öffentliche Dienstleistungsaufträge müssen gegebenenfalls auch Angaben zu den Rechten und Pflichten in Bezug auf die Übernahme von Personal, das vom vorherigen Betreiber eingestellt worden war, enthalten, unter gleichzeitiger Wahrung der Richtlinie 2001/23/EG.

(7) In den Unterlagen des wettbewerblichen Vergabeverfahrens und den öffentlichen Dienstleistungsaufträgen ist transparent anzugeben, ob und in welchem Umfang eine Vergabe von Unteraufträgen in Frage kommt. Werden Unteraufträge vergeben, so ist der mit der Verwaltung und Erbringung von öffentlichen Personenverkehrsdiensten nach Maßgabe dieser Verordnung betraute Betreiber verpflichtet, einen bedeutenden Teil der öffentlichen Personenverkehrsdienste selbst zu erbringen. Ein öffentlicher Dienstleistungsauftrag, der gleichzeitig Planung, Aufbau und Betrieb öffentlicher Personenverkehrsdienste umfasst, kann eine vollständige Übertragung des Betriebs dieser Dienste an Unterauftragnehmer vorsehen. Im öffentlichen Dienstleistungsauftrag werden entsprechend dem nationalen Recht und dem Gemeinschaftsrecht die für eine Vergabe von Unteraufträgen geltenden Bedingungen festgelegt.

(8) Öffentliche Dienstleistungsaufträge müssen den Betreiber verpflichten, der zuständigen Behörde alle für die Vergabe der öffentlichen Dienstleistungsaufträge wesentlichen Informationen zur Verfügung zu stellen; hierbei ist der legitime Schutz vertraulicher Geschäftsinformationen zu gewährleisten. Die zuständigen Behörden stellen allen interessierten Parteien relevante Informationen für die Vorbereitung eines Angebots im Rahmen eines wettbewerblichen Vergabeverfahrens zur Verfügung und gewährleisten dabei den legitimen Schutz vertraulicher Geschäftsinformationen. Dazu gehören Informationen über Fahrgastnachfrage, Tarife, Kosten und Einnahmen im Zusammenhang mit den öffentlichen Personenverkehrsdiensten, die Gegenstand des wettbewerblichen Vergabeverfahrens sind, sowie Einzelheiten der Infrastrukturspezifikationen, die für den Betrieb der erforderlichen Fahrzeuge bzw. des erforderlichen Rollmaterials relevant sind, um interessierten Parteien die Abfassung fundierter Geschäftspläne zu ermöglichen. Die Schieneninfrastrukturbetreiber unterstützen die zuständigen Behörden bei der Bereitstellung aller einschlägigen Infra-

strukturspezifikationen. Die Nichteinhaltung der oben genannten Bestimmungen ist Gegenstand einer rechtlichen Überprüfung im Sinne von Artikel 5 Absatz 7.

Artikel 5 Vergabe öffentlicher Dienstleistungsaufträge

(1) Öffentliche Dienstleistungsaufträge werden nach Maßgabe dieser Verordnung vergeben. Dienstleistungsaufträge oder öffentliche Dienstleistungsaufträge gemäß der Definition in den Richtlinien 2004/17/EG oder 2004/18/EG für öffentliche Personenverkehrsdienste mit Bussen und Straßenbahnen werden jedoch gemäß den in jenen Richtlinien vorgesehenen Verfahren vergeben, sofern die Aufträge nicht die Form von Dienstleistungskonzessionen im Sinne jener Richtlinien annehmen. Werden Aufträge nach den Richtlinien 2004/17/EG oder 2004/18/EG vergeben, so sind die Absätze 2 bis 6 des vorliegenden Artikels nicht anwendbar.

(2) Sofern dies nicht nach nationalem Recht untersagt ist, kann jede zuständige örtliche Behörde – unabhängig davon, ob es sich dabei um eine einzelne Behörde oder eine Gruppe von Behörden handelt, die integrierte öffentliche Personenverkehrsdienste anbietet – entscheiden, selbst öffentliche Personenverkehrsdienste zu erbringen oder öffentliche Dienstleistungsaufträge direkt an eine rechtlich getrennte Einheit zu vergeben, über die die zuständige örtliche Behörde – oder im Falle einer Gruppe von Behörden wenigstens eine zuständige örtliche Behörde – eine Kontrolle ausübt, die der Kontrolle über ihre eigenen Dienststellen entspricht.

Im Falle öffentlicher Schienenpersonenverkehrsdienste kann die im ersten Unterabsatz genannte Gruppe von Behörden ausschließlich aus zuständigen örtlichen Behörden bestehen, deren geografischer Zuständigkeitsbereich sich nicht auf das gesamte Staatsgebiet erstreckt. Der in Unterabsatz 1 genannte öffentliche Personenverkehrsdienst oder öffentliche Dienstleistungsauftrag darf nur den Verkehrsbedarf städtischer Ballungsräume und ländlicher Gebiete oder beides decken.

Fasst eine zuständige örtliche Behörde diesen Beschluss, so gilt Folgendes:

a) Um festzustellen, ob die zuständige örtliche Behörde diese Kontrolle ausübt, sind Faktoren zu berücksichtigen, wie der Umfang der Vertretung in Verwaltungs-, Leitungs- oder Aufsichtsgremien, diesbezügliche Bestimmungen in der Satzung, Eigentumsrechte, tatsächlicher Einfluss auf und tatsächliche Kontrolle über strategische Entscheidungen und einzelne Managemententscheidungen. Im Einklang mit dem Gemeinschaftsrecht ist zur Feststellung, dass eine Kontrolle im Sinne dieses Absatzes gegeben ist, – insbesondere bei öffentlich-privaten Partnerschaften – nicht zwingend erforderlich, dass die zuständige Behörde zu 100 % Eigentümer ist, sofern ein beherrschender öffentlicher Einfluss besteht und aufgrund anderer Kriterien festgestellt werden kann, dass eine Kontrolle ausgeübt wird.

b) Die Voraussetzung für die Anwendung dieses Absatzes ist, dass der interne Betreiber und jede andere Einheit, auf die dieser Betreiber einen auch nur geringfügigen Einfluss ausübt, ihre öffentlichen Personenverkehrsdienste innerhalb des Zuständigkeitsgebiets der zuständigen örtlichen Behörde ausführen – ungeachtet der abgehenden Linien oder sonstiger Teildienste, die in das Zuständigkeitsgebiet benachbarter zuständiger örtlicher Behörden führen – und nicht an außerhalb des Zuständigkeitsgebiets der zuständigen örtlichen Behörde organisierten wettbewerblichen Vergabeverfahren für die Erbringung von öffentlichen Personenverkehrsdiensten teilnehmen.

c) Ungeachtet des Buchstabens b kann ein interner Betreiber frühestens zwei Jahre vor Ablauf des direkt an ihn vergebenen Auftrags an fairen wettbewerblichen Vergabeverfahren teilnehmen, sofern endgültig beschlossen wurde, die öffentlichen Personenverkehrsdienste, die Gegenstand des Auftrags des internen Betreibers sind, im Rahmen eines fairen wettbewerblichen Vergabeverfahrens zu vergeben und der interne Betreiber nicht Auftragnehmer anderer direkt vergebener öffentlicher Dienstleistungsaufträge ist.

d) Gibt es keine zuständige örtliche Behörde, so gelten die Buchstaben a, b und c für die nationalen Behörden in Bezug auf ein geografisches Gebiet, das sich nicht auf das gesamte Staatsgebiet erstreckt, sofern der interne Betreiber nicht an wettbewerblichen Vergabeverfahren für die Erbringung von öffentlichen Personenverkehrsdiensten teilnimmt, die außerhalb des Gebiets, für das der öffentliche Dienstleistungsauftrag erteilt wurde, organisiert werden.
e) Kommt eine Unterauftragsvergabe nach Artikel 4 Absatz 7 in Frage, so ist der interne Betreiber verpflichtet, den überwiegenden Teil des öffentlichen Personenverkehrsdienstes selbst zu erbringen.

(3) Werden die Dienste Dritter, die keine internen Betreiber sind, in Anspruch genommen, so müssen die zuständigen Behörden die öffentlichen Dienstleistungsaufträge außer in den in den Absätzen 3a, 4, 4a, 4b, 5 und 6 vorgesehenen Fällen im Wege eines wettbewerblichen Vergabeverfahrens vergeben. Das für die wettbewerbliche Vergabe angewandte Verfahren muss allen Betreibern offenstehen, fair sein und den Grundsätzen der Transparenz und Nichtdiskriminierung genügen. Nach Abgabe der Angebote und einer eventuellen Vorauswahl können in diesem Verfahren unter Einhaltung dieser Grundsätze Verhandlungen geführt werden, um festzulegen, wie der Besonderheit oder Komplexität der Anforderungen am besten Rechnung zu tragen ist.

(3a) Sofern dies nicht nach nationalem Recht untersagt ist, kann bei öffentlichen Dienstleistungsaufträgen für öffentliche Schienenpersonenverkehrsdienste, die im Wege eines wettbewerblichen Vergabeverfahrens vergeben werden, die zuständige Behörde entscheiden, vorübergehend neue Aufträge direkt zu vergeben, wenn sie der Auffassung ist, dass die direkte Vergabe durch außergewöhnliche Umstände gerechtfertigt ist. Derartige außergewöhnliche Umstände umfassen auch Fälle, in denen
- eine Reihe wettbewerblicher Vergabeverfahren bereits von der zuständigen Behörde oder anderen zuständigen Behörden durchgeführt werden, die die Zahl und die Qualität der Angebote beeinträchtigen könnten, welche voraussichtlich eingehen, wenn der Auftrag im Wege eines wettbewerblichen Vergabeverfahrens vergeben würde, oder
- Änderungen am Umfang eines oder mehrerer öffentlicher Dienstleistungsaufträge erforderlich sind, um die Erbringung öffentlicher Dienste zu optimieren.

Die zuständige Behörde erlässt eine mit Gründen versehene Entscheidung und unterrichtet die Kommission unverzüglich hiervon.

Die Laufzeit der gemäß diesem Absatz vergebenen Aufträge muss in einem angemessenen Verhältnis zu dem jeweiligen außergewöhnlichen Umstand stehen und darf in keinem Fall fünf Jahre überschreiten.

Die zuständige Behörde veröffentlicht solche Aufträge, wobei sie den legitimen Schutz vertraulicher Geschäftsinformationen und geschäftlicher Interessen berücksichtigt.

Der nachfolgende Auftrag für dieselben gemeinwirtschaftlichen Verpflichtungen wird nicht auf der Grundlage dieser Bestimmung vergeben.

(3b) Bei der Anwendung von Absatz 3 können die zuständigen Behörden die Anwendung des folgenden Verfahrens beschließen:

Die zuständigen Behörden können die von ihnen beabsichtigte Vergabe eines öffentlichen Dienstleistungsauftrags für öffentliche Schienenpersonenverkehrsdienste durch Veröffentlichung einer Bekanntmachung im Amtsblatt der Europäischen Union bekannt geben.

Diese Bekanntmachung muss eine ausführliche Beschreibung der Dienstleistungen, die Gegenstand des zu vergebenden Auftrags sind, sowie Angaben zur Art und Laufzeit des Auftrags enthalten.

Die Betreiber können ihr Interesse innerhalb einer von der zuständigen Behörde festgesetzten Frist bekunden, die mindestens 60 Tage ab Veröffentlichung der Bekanntmachung betragen muss.

Wenn nach Ablauf dieser Frist

a) nur ein Betreiber Interesse bekundet hat, an dem Verfahren zur Vergabe des öffentlichen Dienstleistungsauftrags teilzunehmen,
b) dieser Betreiber ordnungsgemäß nachgewiesen hat, dass er tatsächlich in der Lage sein wird, die Verkehrsdienstleistung unter Einhaltung der im öffentlichen Dienstleistungsauftrag festgelegten Verpflichtungen zu erbringen,
c) der mangelnde Wettbewerb nicht das Ergebnis einer künstlichen Einschränkung der Parameter der Auftragsvergabe ist und
d) keine vernünftige Alternative besteht,

können die zuständigen Behörden mit diesem Betreiber Verhandlungen aufnehmen, um den Auftrag ohne weitere Veröffentlichung eines offenen Verfahrens zu vergeben.

(4) Sofern dies nicht nach nationalem Recht untersagt ist, kann die zuständige Behörde entscheiden, öffentliche Dienstleistungsaufträge direkt zu vergeben, wenn

a) ihr Jahresdurchschnittswert auf weniger als 1 000 000 EUR bzw. – im Fall eines öffentlichen Dienstleistungsauftrags, der öffentliche Schienenpersonenverkehrsdienste beinhaltet – weniger als 7 500 000 EUR geschätzt wird oder
b) sie eine jährliche öffentliche Personenverkehrsleistung von weniger als 300 000 km bzw. – im Fall eines öffentlichen Dienstleistungsauftrags, der öffentliche Schienenpersonenverkehrsdienste beinhaltet – von weniger als 500 000 km aufweisen.

Im Falle von öffentlichen Dienstleistungsaufträgen, die direkt an kleine oder mittlere Unternehmen vergeben werden, die nicht mehr als 23 Straßenfahrzeuge betreiben, können diese Schwellen entweder auf einen geschätzten Jahresdurchschnittswert von weniger als 2 000 000 EUR oder auf eine jährliche öffentliche Personenverkehrsleistung von weniger als 600 000 km erhöht werden.

(4a) Sofern dies nicht nach nationalem Recht untersagt ist, kann die zuständige Behörde entscheiden, öffentliche Dienstleistungsaufträge für öffentliche Schienenpersonenverkehrsdienste direkt zu vergeben, wenn

a) ihres Erachtens die Direktvergabe aufgrund der jeweiligen strukturellen und geografischen Merkmale des Marktes und des betreffenden Netzes, und insbesondere der Größe, Nachfragemerkmale, Netzkomplexität, technischen und geografischen Abgeschnitten- bzw. Abgeschiedenheit sowie der von dem Auftrag abgedeckten Dienste gerechtfertigt ist und
b) ein derartiger Auftrag zu einer Verbesserung der Qualität der Dienste oder der Kosteneffizienz oder beidem im Vergleich zu dem zuvor vergebenen öffentlichen Dienstleistungsauftrag führen würde.

Auf dieser Grundlage veröffentlicht die zuständige Behörde eine mit Gründen versehene Entscheidung und unterrichtet die Kommission innerhalb eines Monats nach der Veröffentlichung hiervon. Die zuständige Behörde kann die Vergabe des Auftrags fortsetzen.

Bei den Mitgliedstaaten, bei denen am 24. 12. 2017 das maximale jährliche Verkehrsaufkommen weniger als 23 Mio. Zugkilometer beträgt und auf nationaler Ebene nur eine zuständige Behörde und nur ein Dienstleistungsauftrag für öffentliche Personenverkehrsdienste besteht, der das gesamte Netz umfasst, wird davon ausgegangen, dass sie die Bedingungen gemäß Buchstabe a erfüllen. Wenn eine zuständige Behörde aus einem dieser Mitgliedstaaten beschließt, einen öffentlichen Dienstleistungsauftrag direkt zu vergeben, so unterrichtet der betreffende Mitgliedstaat die Kommission hiervon. Das Vereinigte Königreich kann beschließen, diesen Unterabsatz auf Nordirland anzuwenden.

Wenn die zuständige Behörde beschließt, einen öffentlichen Dienstleistungsauftrag direkt zu vergeben, legt sie messbare, transparente und überprüfbare Leistungsanforderungen fest. Diese Anforderungen werden in den Auftrag aufgenommen.

Die Leistungsanforderungen erstrecken sich insbesondere auf folgende Aspekte: Pünktlichkeit der Dienste, Frequenz des Zugbetriebs, Qualität des Rollmaterials und Personenbeförderungskapazität.

Der Auftrag muss spezifische Leistungsindikatoren beinhalten, die der zuständigen Behörde regelmäßige Bewertungen ermöglichen. Der Auftrag muss außerdem wirksame und abschreckende Maßnahmen beinhalten, die zu verhängen sind, wenn das Eisenbahnunternehmen die Leistungsanforderungen nicht erfüllt.

Die zuständige Behörde führt regelmäßig Bewertungen durch, ob das Eisenbahnunternehmen seine Ziele hinsichtlich der Erfüllung der im Auftrag festgelegten Leistungsanforderungen erreicht hat, und gibt ihre Erkenntnisse öffentlich bekannt. Diese regelmäßigen Bewertungen finden mindestens alle fünf Jahre statt. Die zuständige Behörde ergreift rechtzeitig angemessene Maßnahmen, einschließlich der Verhängung wirksamer und abschreckender Vertragsstrafen, falls die erforderlichen Verbesserungen bei der Qualität der Dienste oder der Kosteneffizienz oder beidem nicht verwirklicht werden. Die zuständige Behörde kann den nach dieser Bestimmung vergebenen Auftrag jederzeit ganz oder teilweise aussetzen oder kündigen, wenn der Betreiber die Leistungsanforderungen nicht erfüllt.

(4b) Sofern dies nicht nach nationalem Recht untersagt ist, kann die zuständige Behörde entscheiden, öffentliche Dienstleistungsaufträge für öffentliche Schienenpersonenverkehrsdienste direkt zu vergeben, wenn diese nur den Betrieb von Schienenpersonenverkehrsdiensten durch einen Betreiber betreffen, der gleichzeitig die gesamte Eisenbahninfrastruktur, auf der die Dienstleistungen erbracht werden, oder den größten Teil davon verwaltet, wenn diese Eisenbahninfrastruktur gemäß Artikel 2 Absatz 3 Buchstabe a oder b der Richtlinie 2012/34/EU des Europäischen Parlaments und des Rates)2) von der Anwendung der Artikel 7, 7a, 7b, 7c, 7d, 8 und 13 sowie des Kapitels IV jener Richtlinie ausgenommen ist.

Abweichend von Artikel 4 Absatz 3 darf die Laufzeit der gemäß diesem Absatz und gemäß Absatz 4a direkt vergebenen Aufträge zehn Jahre nicht überschreiten, es sei denn, Artikel 4 Absatz 4 findet Anwendung.

Die gemäß diesem Absatz und gemäß Absatz 4a vergebenen Aufträge werden veröffentlicht, wobei der legitime Schutz vertraulicher Geschäftsinformationen und geschäftlicher Interessen zu berücksichtigen ist.

(5) Die zuständige Behörde kann im Fall einer Unterbrechung des Verkehrsdienstes oder bei unmittelbarer Gefahr des Eintretens einer solchen Situation Notmaßnahmen ergreifen.

Die Notmaßnahmen bestehen in der Direktvergabe oder einer förmlichen Vereinbarung über die Ausweitung eines öffentlichen Dienstleistungsauftrags oder einer Auflage, bestimmte gemeinwirtschaftliche Verpflichtungen zu übernehmen. Der Betreiber eines öffentlichen Dienstes hat das Recht, gegen den Beschluss zur Auferlegung der Übernahme bestimmter gemeinwirtschaftlicher Verpflichtungen Widerspruch einzulegen. Der Zeitraum, für den ein öffentlicher Dienstleistungsauftrag als Notmaßnahme vergeben, ausgeweitet oder dessen Übernahme auferlegt wird, darf zwei Jahre nicht überschreiten.

(6) Sofern dies nicht nach nationalem Recht untersagt ist, können die zuständigen Behörden entscheiden, öffentliche Dienstleistungsaufträge im Eisenbahnverkehr – mit Ausnahme anderer schienengestützter Verkehrsträger wie Untergrund- oder Straßenbahnen – direkt zu vergeben. Abweichend von Artikel 4 Absatz 3 haben diese Aufträge eine Höchstlaufzeit von zehn Jahren, soweit nicht Artikel 4 Absatz 4 anzuwenden ist.

(6a) Um den Wettbewerb zwischen den Eisenbahnunternehmen zu steigern, können die zuständigen Behörden entscheiden, dass Aufträge für öffentliche Schienenpersonenverkehrsdienste, die Teile desselben Netzes oder Streckenpakets betreffen, an unterschiedliche Eisenbahnunternehmen zu vergeben sind. Zu diesem Zweck können die zuständigen Behörden vor Beginn des wettbewerblichen Vergabeverfahrens entscheiden, die Zahl der Aufträge zu begrenzen, die an ein und dasselbe Eisenbahnunternehmen vergeben werden.

(7) Die Mitgliedstaaten treffen die erforderlichen Maßnahmen, um sicherzustellen, dass die gemäß den Absätzen 2 bis 6 getroffenen Entscheidungen wirksam und rasch auf Antrag einer Person überprüft werden können, die ein Interesse daran hat bzw. hatte, einen bestimmten Auftrag zu erhalten, und die angibt, durch einen Verstoß dieser Entscheidungen gegen Gemeinschaftsrecht oder nationale Vorschriften zur Durchführung des Gemeinschaftsrechts geschädigt zu sein oder geschädigt werden zu können.

Für Fälle gemäß den Absätzen 4a und 4b beinhalten diese Maßnahmen die Möglichkeit, eine Bewertung der von der zuständigen Behörde getroffenen und mit Gründen versehenen Entscheidung durch eine von dem betreffenden Mitgliedstaat benannte unabhängige Stelle zu verlangen. Das Ergebnis dieser Bewertung wird im Einklang mit nationalem Recht öffentlich zugänglich gemacht.

Sind die für die Nachprüfungsverfahren zuständigen Stellen keine Gerichte, so sind ihre Entscheidungen stets schriftlich zu begründen. In einem solchem Fall ist ferner zu gewährleisten, dass Beschwerden aufgrund rechtswidriger Handlungen der Nachprüfungsstellen oder aufgrund fehlerhafter Ausübung der diesen übertragenen Befugnisse der gerichtlichen Überprüfung oder der Überprüfung durch andere Stellen, die Gerichte im Sinne von Artikel 234 des Vertrags und unabhängig von der vertragsschließenden Behörde und der Nachprüfungsstellen sind, unterzogen werden können.

Artikel 5a Eisenbahn-Rollmaterial

(1) Im Hinblick auf die Einleitung eines wettbewerblichen Vergabeverfahrens prüfen die zuständigen Behörden, ob Maßnahmen getroffen werden müssen, um einen effektiven und diskriminierungsfreien Zugang zu geeignetem Rollmaterial zu gewährleisten. Bei dieser Prüfung wird berücksichtigt, ob es auf dem betreffenden Markt Leasing-Unternehmen für Rollmaterial oder sonstige Marktteilnehmer, die das Leasing von Rollmaterial anbieten, gibt. Der Prüfungsbericht wird öffentlich zugänglich gemacht.

(2) Die zuständigen Behörden können im Einklang mit dem nationalen Recht und unter Einhaltung der Vorschriften über staatliche Beihilfen entscheiden, angemessene Maßnahmen zur Gewährleistung eines effektiven und diskriminierungsfreien Zugangs zu geeignetem Rollmaterial zu ergreifen. Diese Maßnahmen können Folgendes umfassen:

a) den Erwerb des für die Ausführung des öffentlichen Dienstleistungsauftrags zu verwendenden Rollmaterials durch die zuständige Behörde im Hinblick auf die Bereitstellung für den ausgewählten Betreiber des öffentlichen Dienstes zu Marktpreisen oder als Teil des öffentlichen Dienstleistungsauftrags gemäß Artikel 4 Absatz 1 Buchstabe b, Artikel 6 und gegebenenfalls dem Anhang,
b) die Übernahme einer Bürgschaft durch die zuständige Behörde für die Finanzierung des für die Ausführung des öffentlichen Dienstleistungsauftrags zu verwendenden Rollmaterials zu Marktpreisen oder als Teil des öffentlichen Dienstleistungsauftrags gemäß Artikel 4 Absatz 1 Buchstabe b, Artikel 6 und, soweit er anzuwenden ist, dem Anhang, einschließlich einer Bürgschaft zur Abdeckung des Restwertrisikos,
c) das Eingehen einer Verpflichtung der zuständigen Behörde in dem öffentlichen Dienstleistungsauftrag, das Rollmaterial zu vorab definierten finanziellen Konditionen am Ende der Laufzeit des Auftrags zu Marktpreisen zu übernehmen, oder
d) die Zusammenarbeit mit anderen zuständigen Behörden, um einen größeren Rollmaterialpark zu schaffen.

(3) Wenn einem neuen Betreiber eines öffentlichen Verkehrsdienstes Rollmaterial zur Verfügung gestellt wird, nimmt die zuständige Behörde alle verfügbaren Informationen über die Kosten für die Instandhaltung des Rollmaterials und seinen physischen Zustand in die Vergabeunterlagen auf.

Artikel 6 Ausgleichsleistung für gemeinwirtschaftliche Verpflichtungen

(1) Jede Ausgleichsleistung im Zusammenhang mit einer allgemeinen Vorschrift oder einem öffentlichen Dienstleistungsauftrag entspricht unabhängig von den Vergabemodalitäten dem Artikel 4. Jede wie auch immer beschaffene Ausgleichsleistung im Zusammenhang mit einem öffentlichen Dienstleistungsauftrag, der nicht gemäß Artikel 5 Absatz 1, Absatz 3 oder Absatz 3b vergeben wurde oder im Zusammenhang mit einer allgemeinen Vorschrift steht, unterliegt darüber hinaus den Bestimmungen des Anhangs.

(2) Die Mitgliedstaaten übermitteln der Kommission auf deren schriftliche Aufforderung binnen drei Monaten oder einer anderen in der Aufforderung gesetzten längeren Frist alle Informationen, die diese für erforderlich hält, um festzustellen, ob eine gewährte Ausgleichsleistung mit dieser Verordnung vereinbar ist.

Artikel 7 Veröffentlichung

(1) Jede zuständige Behörde macht einmal jährlich einen Gesamtbericht über die in ihren Zuständigkeitsbereich fallenden gemeinwirtschaftlichen Verpflichtungen öffentlich zugänglich. Dieser Bericht beinhaltet den Beginn und die Laufzeit der öffentlichen Dienstleistungsaufträge, die ausgewählten Betreiber öffentlicher Dienste sowie die diesen Betreibern zur Abgeltung gewährten Ausgleichsleistungen und ausschließlichen Rechte. Der Bericht unterscheidet nach Busverkehr und schienengebundenem Verkehr, er muss eine Kontrolle und Beurteilung der Leistungen, der Qualität und der Finanzierung des öffentlichen Verkehrsnetzes ermöglichen und gegebenenfalls Informationen über Art und Umfang der gewährten Ausschließlichkeit enthalten. Der Bericht muss ferner die politischen Ziele, wie sie in den Strategiepapieren für den öffentlichen Verkehr in dem betreffenden Mitgliedstaat aufgeführt sind, berücksichtigen. Die Mitgliedstaaten erleichtern den Zugang zu diesen Berichten, zum Beispiel über ein gemeinsames Internet-Portal.

(2) Jede zuständige Behörde ergreift die erforderlichen Maßnahmen, um sicherzustellen, dass spätestens ein Jahr vor Einleitung des wettbewerblichen Vergabeverfahrens oder ein Jahr vor der Direktvergabe mindestens die folgenden Informationen im Amtsblatt der Europäischen Union veröffentlicht werden:

a) der Name und die Anschrift der zuständigen Behörde;
b) die Art des geplanten Vergabeverfahrens;
c) die von der Vergabe möglicherweise betroffenen Dienste und Gebiete;
d) der geplante Beginn und die geplante Laufzeit des öffentlichen Dienstleistungsauftrags.

Die zuständigen Behörden können beschließen, diese Informationen nicht zu veröffentlichen, wenn der öffentliche Dienstleistungsauftrag eine jährliche öffentliche Personenverkehrsleistung von weniger als 50 000 km aufweist.

Sollten sich diese Informationen nach ihrer Veröffentlichung ändern, so hat die zuständige Behörde so rasch wie möglich eine Berichtigung zu veröffentlichen. Diese Berichtigung erfolgt unbeschadet des Zeitpunkts der Einleitung der Direktvergabe oder des wettbewerblichen Vergabeverfahrens.

Dieser Absatz findet keine Anwendung auf Artikel 5 Absatz 5.

(3) Bei der Direktvergabe von öffentlichen Dienstleistungsaufträgen im Eisenbahnverkehr nach Artikel 5 Absatz 6 macht die zuständige Behörde innerhalb eines Jahres nach der Auftragsvergabe folgende Informationen öffentlich zugänglich:

a) den Namen des Auftraggebers, seine Eigentümer sowie gegebenenfalls den/die Namen der Partei oder Parteien, die eine rechtliche Kontrolle ausübt/ausüben;
b) die Dauer des öffentlichen Dienstleistungsauftrags;
c) eine Beschreibung der zu erbringenden Personenverkehrsdienste;
d) eine Beschreibung der Parameter für die finanzielle Ausgleichsleistung;
e) Qualitätsziele wie beispielsweise in Bezug auf Pünktlichkeit und Zuverlässigkeit und anwendbare Prämien und Sanktionen;

f) Bedingungen in Bezug auf die wichtigsten Wirtschaftsgüter.

(4) Die zuständige Behörde übermittelt jeder interessierten Partei auf entsprechenden Antrag ihre Gründe für die Entscheidung über die Direktvergabe eines öffentlichen Dienstleistungsauftrags.

Artikel 8 Übergangsregelung

(1) Öffentliche Dienstleistungsaufträge werden nach Maßgabe dieser Verordnung vergeben. Dienstleistungsaufträge oder öffentliche Dienstleistungsaufträge gemäß der Definition in den Richtlinien 2004/17/EG oder 2004/18/EG für öffentliche Personenverkehrsdienste mit Bussen und Straßenbahnen werden jedoch gemäß den in jenen Richtlinien vorgesehenen Verfahren vergeben, sofern die Aufträge nicht die Form von Dienstleistungskonzessionen im Sinne jener Richtlinien annehmen. Werden Aufträge nach den Richtlinien 2004/17/EG oder 2004/18/EG vergeben, so sind die Absätze 2 bis 4 des vorliegenden Artikels nicht anwendbar.

(2) Unbeschadet des Absatzes 3

i) gilt Artikel 5 ab dem 3.12.2019 für die Vergabe öffentlicher Dienstleistungsaufträge für Personenverkehrsdienste auf der Straße und auf anderen schienengestützten Verkehrsträgern als der Eisenbahn, wie Untergrund- oder Straßenbahnen;
ii) gilt Artikel 5 ab dem 3.12.2019 für öffentliche Schienenpersonenverkehrsdienste;
iii) finden Artikel 5 Absatz 6 und Artikel 7 Absatz 3 ab dem 25.12.2023 keine Anwendung mehr.

Die Laufzeit von Aufträgen, die gemäß Artikel 5 Absatz 6 zwischen dem 3.12.2019 und dem 24.12.2023 vergeben werden, beträgt höchstens zehn Jahre.

Bis zum 2.12.2019 treffen die Mitgliedstaaten Maßnahmen, um Artikel 5 schrittweise anzuwenden und ernste strukturelle Probleme insbesondere hinsichtlich der Transportkapazität zu vermeiden.

Binnen sechs Monaten nach dem 25.12.2020 legen die Mitgliedstaaten der Kommission einen Fortschrittsbericht vor, in dem die Umsetzung der Vergabe von öffentlichen Dienstleistungsaufträgen, die mit Artikel 5 im Einklang stehen, dargelegt wird. Die Kommission führt auf der Grundlage der Fortschrittsberichte der Mitgliedstaaten eine Überprüfung durch und unterbreitet gegebenenfalls Gesetzgebungsvorschläge.

(2a) Öffentliche Dienstleistungsaufträge für öffentliche Schienenpersonenverkehrsdienste, die auf der Grundlage eines anderen als eines fairen wettbewerblichen Vergabeverfahrens ab dem 24.12.2017 bis zum 2.12.2019 direkt vergeben werden, können für ihre vorgesehene Laufzeit gültig bleiben. Abweichend von Artikel 4 Absatz 3 darf die Laufzeit dieser Aufträge zehn Jahre nicht überschreiten, es sei denn, Artikel 4 Absatz 4 findet Anwendung.

(3) Von Absatz 2 ausgenommen sind öffentliche Dienstleistungsaufträge, die gemäß dem Gemeinschaftsrecht und nationalem Recht wie folgt vergeben wurden:

(a) vor dem 26.7.2000 nach einem fairen wettbewerblichen Vergabeverfahren;
(b) vor dem 26.7.2000 nach einem anderen Verfahren als einem fairen wettbewerblichen Vergabeverfahren;
(c) ab dem 26.7.2000 und vor dem 3.12.2009 nach einem fairen wettbewerblichen Vergabeverfahren;
(d) ab dem 26.7.2000 und vor dem 24.12.2017 nach einem anderen Verfahren als einem fairen wettbewerblichen Vergabeverfahren.

Die unter Buchstabe a genannten Aufträge können für ihre vorgesehene Laufzeit gültig bleiben. Die unter den Buchstaben b und c genannten Aufträge können für ihre vorgesehene Laufzeit gültig bleiben, jedoch nicht länger als 30 Jahre. Die unter Buchstabe d genannten Aufträge können für ihre vorgesehene Laufzeit gültig bleiben, sofern ihre Laufzeit begrenzt und mit den Laufzeiten gemäß Artikel 4 vergleichbar ist.

Öffentliche Dienstleistungsaufträge können für ihre vorgesehene Laufzeit gültig bleiben, wenn ihre Beendigung unangemessene rechtliche oder wirtschaftliche Auswirkungen hätte, vorausgesetzt dass die Kommission der Weiterführung zugestimmt hat.

(4) Unbeschadet des Absatzes 3 können die zuständigen Behörden während der zweiten Hälfte des in Absatz 2 genannten Übergangszeitraums diejenigen Betreiber eines öffentlichen Dienstes von der Teilnahme an wettbewerblichen Vergabeverfahren ausschließen, die nicht nachweisen können, dass der Wert der öffentlichen Verkehrsdienste, für die sie gemäß dieser Verordnung eine Ausgleichsleistung erhalten oder ausschließliche Rechte genießen, mindestens 50 % des Werts aller von ihnen erbrachten öffentlichen Verkehrsdienste, für die sie eine Ausgleichsleistung erhalten oder ausschließliche Rechte genießen, ausmacht. Betreiber eines öffentlichen Dienstes, die die auszuschreibenden Dienste erbringen, können nicht ausgeschlossen werden. Dieses Kriterium gilt nicht für öffentliche Dienstleistungsaufträge, die als Notmaßnahme gemäß Artikel 5 Absatz 5 vergeben wurden.

Machen die zuständigen Behörden von der in Unterabsatz 1 genannten Möglichkeit Gebrauch, so hat dies ohne Diskriminierung zu erfolgen; in diesem Fall schließen sie alle potenziellen Betreiber eines öffentlichen Dienstes aus, die dieses Kriterium erfüllen, und unterrichten potenzielle Betreiber zu Beginn des Vergabeverfahrens für öffentliche Dienstleistungsaufträge von ihrer Entscheidung.

Die betroffenen zuständigen Behörden teilen der Kommission ihre Absicht, diese Vorschrift anzuwenden, mindestens zwei Monate vor der Veröffentlichung des wettbewerblichen Vergabeverfahrens mit.

Artikel 9 Vereinbarkeit mit dem Vertrag

(1) Eine gemäß dieser Verordnung gewährte Ausgleichsleistung für gemeinwirtschaftliche Verpflichtungen beim Betrieb öffentlicher Personenverkehrsdienste oder für die Einhaltung von in allgemeinen Vorschriften festgelegten tariflichen Verpflichtungen muss mit dem Gemeinsamen Markt vereinbar sein. Diese Ausgleichsleistungen sind von der Pflicht zur vorherigen Unterrichtung nach Artikel 88 Absatz 3 des Vertrags befreit.

(2) Unbeschadet der Artikel 73, 86, 87 und 88 des Vertrags können die Mitgliedstaaten weiterhin andere als die von dieser Verordnung erfassten Beihilfen für den Verkehrssektor nach Artikel 73 des Vertrags gewähren, die den Erfordernissen der Koordinierung des Verkehrs oder der Abgeltung bestimmter, mit dem Begriff des öffentlichen Dienstes zusammenhängender Leistungen entsprechen, und zwar insbesondere

(a) bis zum Inkrafttreten gemeinsamer Vorschriften über die Zuordnung der Infrastrukturkosten, wenn die Beihilfe Unternehmen gewährt wird, die Kosten für die von ihnen benutzte Infrastruktur zu tragen haben, während andere Unternehmen derartigen Belastungen nicht unterworfen sind. Bei der Festlegung des entsprechenden Beihilfebetrags werden die Infrastrukturkosten berücksichtigt, die konkurrierende Verkehrsträger nicht zu tragen haben;

(b) wenn mit der Beihilfe die Erforschung oder die Entwicklung von für die Gemeinschaft insgesamt wirtschaftlicheren Verkehrssystemen und -technologien gefördert werden soll.

Solche Beihilfen sind auf das Forschungs- und Entwicklungsstadium zu beschränken und dürfen nicht für die kommerzielle Nutzung dieser Verkehrssysteme und -technologien gewährt werden.

Artikel 10 Aufhebung

(1) Die Verordnung (EWG) Nr. 1191/69 wird aufgehoben. Sie gilt jedoch während eines Zeitraums von drei Jahren nach Inkrafttreten der vorliegenden Verordnung weiterhin für Güterbeförderungsdienste.

(2) Die Verordnung (EWG) Nr. 1107/70 wird aufgehoben.

Artikel 11 Berichte

Die Kommission legt nach Ende des in Artikel 8 Absatz 2 vorgesehenen Übergangszeitraums einen Bericht über die Durchführung dieser Verordnung und über die Entwicklung der Erbringung öffentlicher Personenverkehrsdienste in der Gemeinschaft vor, in dem insbesondere die Entwicklung der Qualität der öffentlichen Personenverkehrsdienste und die Auswirkungen der Direktvergabe bewertet werden und dem erforderlichenfalls geeignete Vorschläge zur Änderung dieser Verordnung beigefügt sind.

Artikel 12 Inkrafttreten

Diese Verordnung tritt am 3.12.2009 in Kraft.

Diese Verordnung ist in allen ihren Teilen verbindlich und gilt unmittelbar in jedem Mitgliedstaat.

Anhang

Regeln für die Gewährung einer Ausgleichsleistung in den in Artikel 6 Absatz 1 genannten Fällen

1. Ausgleichsleistungen im Zusammenhang mit direkt vergebenen öffentlichen Dienstleistungsaufträgen gemäß Artikel 5 Absätze 2, 4, 5 oder 6 oder Ausgleichsleistungen im Zusammenhang mit einer allgemeinen Vorschrift sind nach den Regeln dieses Anhangs zu berechnen.
2. Die Ausgleichsleistung darf den Betrag nicht überschreiten, der dem finanziellen Nettoeffekt der Summe aller (positiven oder negativen) Auswirkungen der Erfüllung gemeinwirtschaftlicher Verpflichtungen auf die Kosten und Einnahmen des Betreibers eines öffentlichen Dienstes entspricht. Die Auswirkungen werden beurteilt anhand des Vergleichs der Situation bei Erfüllung der gemeinwirtschaftlichen Verpflichtung mit der Situation, die vorläge, wenn die gemeinwirtschaftliche Verpflichtung nicht erfüllt worden wäre. Für die Berechnung des finanziellen Nettoeffekts geht die zuständige Behörde nach dem folgenden Modell vor:
   Kosten, die in Verbindung mit einer gemeinwirtschaftlichen Verpflichtung oder einem Paket gemeinwirtschaftlicher Verpflichtungen entstehen, die von einer oder mehreren zuständigen Behörden auferlegt wurden und die in einem öffentlichen Dienstleistungsauftrag und/oder in einer allgemeinen Vorschrift enthalten sind,
   abzüglich aller positiven finanziellen Auswirkungen, die innerhalb des Netzes entstehen, das im Rahmen der betreffenden gemeinwirtschaftlichen Verpflichtung(en) betrieben wird,
   abzüglich Einnahmen aus Tarifentgelten oder aller anderen Einnahmen, die in Erfüllung der betreffenden gemeinwirtschaftlichen Verpflichtung(en) erzielt werden,
   zuzüglich eines angemessenen Gewinns,
   ergeben den finanziellen Nettoeffekt.
3. Die Erfüllung der gemeinwirtschaftlichen Verpflichtung kann Auswirkungen auf mögliche Beförderungstätigkeiten eines Betreibers haben, die über die betreffende(n) gemeinwirtschaftliche(n) Verpflichtung(en) hinausgehen. Zur Vermeidung von übermäßigen oder unzureichenden Ausgleichsleistungen werden daher bei der Berechnung des finanziellen Nettoeffekts alle quantifizierbaren finanziellen Auswirkungen auf die betroffenen Netze des Betreibers berücksichtigt.
4. Die Berechnung der Kosten und Einnahmen erfolgt anhand der geltenden Rechnungslegungs- und Steuervorschriften.
5. Führt ein Betreiber eines öffentlichen Dienstes neben den Diensten, die Gegenstand einer Ausgleichsleistung sind und gemeinwirtschaftlichen Verpflichtungen unterliegen, auch andere Tätigkeiten aus, so muss die Rechnungslegung für diese öffentlichen Dienste zur Erhöhung der Transparenz und zur Vermeidung von Quersubventionen getrennt erfolgen, wobei zumindest die folgenden Voraussetzungen erfüllt sein müssen:

- Die Konten für jede dieser betrieblichen Tätigkeiten werden getrennt geführt, und der Anteil der zugehörigen Aktiva sowie die Fixkosten werden gemäß den geltenden Rechnungslegungs- und Steuervorschriften umgelegt.
- Alle variablen Kosten, ein angemessener Beitrag zu den Fixkosten und ein angemessener Gewinn im Zusammenhang mit allen anderen Tätigkeiten des Betreibers eines öffentlichen Dienstes dürfen auf keinen Fall der betreffenden öffentlichen Dienstleistung zugerechnet werden.
- Die Kosten für die öffentliche Dienstleistung werden durch die Betriebseinnahmen und die Zahlungen staatlicher Behörden ausgeglichen, ohne dass eine Übertragung der Einnahmen in einen anderen Tätigkeitsbereich des Betreibers eines öffentlichen Dienstes möglich ist.

6. Unter angemessenem Gewinn ist eine in dem betreffenden Sektor in einem bestimmten Mitgliedstaat übliche angemessene Kapitalrendite zu verstehen, wobei das aufgrund des Eingreifens der Behörde vom Betreiber eines öffentlichen Dienstes eingegangene Risiko oder für ihn entfallende Risiko zu berücksichtigen ist.
7. Das Verfahren zur Gewährung der Ausgleichsleistung muss einen Anreiz geben zur Aufrechterhaltung oder Entwicklung
   - einer wirtschaftlichen Geschäftsführung des Betreibers eines öffentlichen Dienstes, die objektiv nachprüfbar ist, und
   - der Erbringung von Personenverkehrsdiensten ausreichend hoher Qualität.

§ 70 Anwendungsbereich

Übersicht

VO 1370/2007: Art. 1–4, Art. 6, Art. 7 Abs. 1*

Literatur:

Amelung Ausgewählte Fragen im Zusammenhang mit der Benennung von Nachunternehmern im Vergabeverfahren, VergabeR 2012, 348 ff.; *Barth* Neue Organisation kommunalen Nahverkehrs nach der EU-VO 1370/2007?, Der Nahverkehr 10/2010, 24 ff.; *Bauer* PBefG Kommentar, 2010; *Batzill* Bündelung von Buslinien, Der Nahverkehr 11/2009, 19 ff.; *Bayer/Jäger/Hafenrichter/Zuck* EU-konform: Finanzierungssystem des Verkehrsverbundes Rhein-Ruhr, Der Nahverkehr 5/2011, 26 ff.; *Bayreuther* Konzessionsvergabe im öffentlichen Personenverkehr – Betriebsübergang durch betriebliche Anordnung?, NZA 2009, 582 ff.; *Bayreuther* Inländerdiskriminierung bei Tariftreueerklärungen im Vergaberecht, EuZW 2009, 102 ff.; *Bayreuther* Die Anordnung des Betriebsübergangs bei Vergabe von Verkehrsdienstleistungen nach § 131 III GWB, NZBau 2016, 459 ff.; *Berschin* in Barth/Baumeister/Berschin/Werner, Handbuch ÖPNV, Std. 2009, A 2 (Erläuterungen zur VO 1370/2007); *Brenner/Arnold* Rechtsnatur und Rechtmäßigkeit von Nahverkehrsplänen iSd § 8 III PBefG, NVwZ 2015, 385 ff.; *Bundschuh/Jürschik* Eigenerbringungsquote nach VO 1370, Der Nahverkehr 9/2014, 46 ff.; *Burgi* Nachunternehmerschaft und wettbewerbliche Untervergabe NZBau 2010, 593 ff.; *Burgi* Vergaberecht, 2016; Burgi, Die Handlungsformkategorie des Betrauungsakts im EU-Beihilferecht EuZW 2017, 90 ff., *Deuster* Vom Auskunftsanspruch zur Veröffentlichungspflicht, DÖV 2010, 591 ff.; *Deuster* Endspurt zur VO (EG) Nr. 1370/2007, IR 2009, 202 ff. (Teil 1) und 346 ff. (Teil 2); *Engelshoven/Hoopmann* Möglichkeiten und Grenzen für die Ausschreibung von S-Bahn-Systemen in Deutschland, IR 2011, 279 ff.; *Epiney/Heuck/Schleiss* in Dauses, EU-Wirtschaftsrecht, Std. 2019, Kapitel L – Verkehrsrecht; *Fehling/Niehnus* Der europäische Fahrplan für einen kontrollierten Ausschreibungswettbewerb im ÖPNV, DÖV 2008, 662 ff.; *Fromm/Sellmann/Zuck,* Personenbeförderungsrecht, 4. Aufl. 2013; *Heinze* Der Entwurf eines Gesetzes zur Änderung personenbeförderungsrechtlicher Vorschriften, ZRP 2012, 84 ff.; *Heinze* Wettbewerb um Busliniengenehmigungen unter der VO (EG) 1370/2007, DVBl. 2011, 534 ff.; *Heinze* Personenbeförderungsgesetz, 2007; *Heinze/Fehling/Fiedler,* PBefG, 2. Aufl. 2014; *Hermes/Sellner,* Beck'scher AEG Kommentar, 2. Aufl. 2014; *Homann/Büdenbender* Die Beschaffung von Straßenfahrzeugen nach neuem Vergaberecht, VergabeR 2012, 1 ff.; *Hölzl* in Montag/Säcker, Münchener Kommentar, Europäisches und Deutsches Wettbewerbsrecht (Kartellrecht), Bd. 3, Beihilfen- und Vergaberecht, 2011, Kommentierung der VO 1370/2007; *Hoopmann/Daubertshäuser/Wogatzki* Wiedereinsetzungsgarantien gegen die Fahrzeug-Finanzierungskrise, Der Nahverkehr 7–8/2010, 14 ff.; *IHK Stuttgart* Der neue Rechtsrahmen für den Busverkehr, Februar 2013; *Ipsen* Die EU-Verordnung 1370/07 und das Personenbeförderungsgesetz, Der Nahverkehr 6/2008, 20 ff.; *Jung/Deuster* Europäische Kommission genehmigt ÖPNV-Finanzierungssystem des Verkehrsverbundes Rhein-Ruhr, IR 2011, 149 ff.; *Jürschik,* Verordnung über öffentliche Personenverkehrsdienste, 2018; *Kekelekis* „Driving" Altmark in Land Transport, EStAL 2012, 73 ff.; *Kiepe/Mietzsch* Die neue ÖPNV-Verordnung und die Auswirkungen auf das Personenbeförderungsgesetz, IR 2008, 56 ff.; *Knauff* Der Kommissionsvorschlag für eine Novelle der VO 1191/69, DVBl. 2006, 339 ff.; *Knauff* Möglichkeiten der Direktvergabe im ÖPNV (Schiene und Straße), NZBau 2012, 65 ff.; *Knauff,* Verfassungsrechtliche Aspekte des Vorrangs der Eigenwirtschaftlichkeit, in: Knauff, Vorrang der Eigenwirtschaftlichkeit im ÖPNV, 2017; *Knieps/Nielsen/Pooth* Neue Wege im SPNV-Vertrieb, Der Nahverkehr 12/2012, 41 ff.; *Koenig/Kühling/Ritter* EG-Beihilfenrecht, 2. Aufl. 2005; *Kramer/Hinrichsen,* Rechtliche Möglichkeiten für eigenwirtschaftliche Verkehre, in: Knauff, Vorrang der Eigenwirtschaftlichkeit im ÖPNV, 2017; *Kramer/Hinrichsen,* Bestellung nach der Verordnung (EG) Nr. 1370/2007, in: Knauff, Bestellung von Verkehrsleistungen im ÖPNV, 2018; *Linke* VO (EG) 1370/2007 Verordnung über öffentliche Personenverkehrsdienste Kommentar, 2. Aufl. 2019; *Linke* Die Vergabe von Subunternehmerleistungen im öffentlichen Personenverkehr, NZBau 2012, 338 ff.; *Linke* Altaufträge im Personenbe-

* Text der VO 1370/2007 → § 69 Rn. 20.

förderungsrecht und die Übergangsregelung der neuen Verordnung 1370/2007/EG, NZBau 2010, 207 ff.; *Linke* Der Begriff des „angemessenen Gewinns" bei Ausgleichsleistungen für DAWI im Europäischen Beihilferecht am Beispiel des öffentlichen Personenverkehrs, EWS 2011, 456 ff.; *Linke* Die staatliche Finanzierung öffentlicher Personenverkehrsdienste EuZW 2014, 766 ff.; *Manka/Prechtl,* Keine Selbsterbringungsquote für Verkehrsmanagementgesellschaften?, Der Nahverkehr 1–2/2011, 22 ff.; *Nettesheim* Das neue Dienstleistungsrecht des ÖPNV – Die Verordnung (EG) Nr. 1370/2007, NVWZ 2009, 1449 ff.; *Oebbecke* Das nahverkehrsrechtliche Gruppenprivileg, NVwZ 2019, 16 ff.; *Oebbecke* Der öffentliche Dienstleistungsauftrag nach der VO (EG) 1370, NVwZ 2019, 1724 ff.; *Opitz/Wittemann* Die Vergabe von öffentlichen Personenverkehrsdiensten mit Bussen nach dem novellierten Personenbeförderungsgesetz in v. Wietersheim, Vergaben im ÖPNV 2013, 135 ff.; *Otting/Olgemöller* Verbundtarife und EU-Recht, Der Nahverkehr 9/2009, 34 ff.; *Otting/Olgemöller* Ausgleich gemeinwirtschaftlicher Verpflichtungen durch allgemeine Vorschriften, GewA 2012, 436 ff.; *Otting/Olgemöller* Strategien für die mittelstandsfreundliche Vergabe von Busverkehrsdienstleistungen, VBlBW 2013, 291 ff.; *Otting/Soltész/Melcher* Verkehrsverträge vor dem Hintergrund des europäischen Beihilferechts, EuZW 2009, 444 ff.; *Otting/Tresselt* Grenzen der Loslimitierung, VergabeR 2009, 585 ff.; *Pünder* Die Vergabe von Personendienstleistungen in Europa und die völkerrechtlichen Vorgaben des WTO-Beschaffungsübereinkommens, EuR 2007, 564 ff.; *Recker* Konsequenzen einer ausbleibenden Anpassung des Personenbeförderungsgesetzes an die Verordnung (EG) 1370/2007, ZKF 2009, 49 ff.; *Reidt* Die Personalübernahme im Schienenpersonennahverkehr, VergabeR 2018, 387 ff.; *Rheinland Pfalz – Landesamt für Soziales, Jugend und Versorgung* Handlungsleitfaden für die Anwendung des Art. 4 Abs. 5 VO (EG) Nr. 1370/2007 bei Ausschreibungen über öffentliche Personenverkehrsdienste auf Schiene und Straße, 5. Aufl. 2020; *Röbke* Neue Beschaffungsmodelle im SPNV auf dem Prüfstand des Vergaberechts, NZBau 2015, 216 ff.; *Roling* Der Vorrang unternehmerischer Initiative im öffentlichen Personennahverkehr, DVBl. 2010, 1213 ff.; *Saxinger* Das Verhältnis der Verordnung (EG) Nr. 1370/2007 zum nicht an sie angepassten deutschen Personenbeförderungsrecht, GewArch 2009, 350 ff.; *Saxinger* Genehmigungen und Ausgleichsleistungen im Personenbeförderungsrecht vor dem Hintergrund der neuen Verordnung (EG) Nr. 1370/2007, DVBl. 2008, 688 ff.; *Saxinger* Die Novellierung der Verordnung (EG) Nr. 1370/2007 und ihre Auswirkungen auf den straßengebundenen ÖPNV, GewArch 2017, 463 ff.; *Saxinger/Winnes* Recht des öffentlichen Personenverkehrs; *Schäfer,* Der Vorrang der Eigenwirtschaftlichkeit aus Sich der Verkehrswirtschaft, in: Knauff, Vorrang der Eigenwirtschaftlichkeit im ÖPNV, 2017; *Schröder* Die Direktvergabe im straßengebundenen ÖPNV – Selbsterbringung und interne Betreiberschaft, NVWZ 2010, 862 ff.; *Schröder* Rechtlich privilegierte Sektorenauftraggeber nach § 98 Nr. 4 GWB, NZBau 2012, 541 ff.; *Schrotz/Mayer* Verordnete Innovationsförderung – Neue Vorgaben für die öffentliche Kfz-Beschaffung, KommJur 2011, 81 ff.; *Sennekamp/Fehling* Der „öffentliche Dienstleistungsauftrag" nach der neuen EG-Verordnung über Personenverkehrsdienste im System des deutschen Verwaltungsprozessrechts, N&R 2009, 95 ff.; *Siederer/Denzin* Tariftreueerklärungen noch möglich?, Der Nahverkehr 3/2009, 50 ff.; *Sitsen* Der Begriff des ausschließlichen Rechts und seine Bedeutung für den ÖPNV, IR 2011, 76 ff.; *Sondermann/Schaller* Chancen und Risiken der VO 1370/07, in Pünder/Prieß, Brennpunkte des öffentlichen Personenverkehrs vor dem Hintergrund der neuen EG-Personenverkehrsdiensteverordnung Nr. 1370/2007, 2010, S. 95 ff.; *Stockmann/Röbke* Tariftreueerklärungen in ÖPNV und SPNV wirklich noch möglich?, Der Nahverkehr 7–8/2009, 48 ff.; *Strauß* Die Beschaffung von Fahrzeugen für den ÖPNV, VergabeR 2016, 23 ff.; *Tegner/Wachinger* Ausgleichsberechnung und Überkompensationskontrolle nach dem Anhang zur VO 1370/2007, IR 2010, 264 ff.; VDV-Mitteilung 9046: Verkehrsmanagementgesellschaften und Verordnung (EG) Nr. 1370/2007, Ausgabe 10/2009; *Wachinger* Direktvergabe und Wettbewerb im Busverkehr nach der novellierten EU-Marktöffnungsverordnung, IR 2007, 265 ff.; *Waching/Zimmer* Neue beihilfenrechtliche Vorgaben für Direktvergaben im SPNV, Der Nahverkehr 7–8/2010, 30 ff.; *Werres/Schaefer* Die Auswirkungen des Tariftreuegesetzes auf den ÖPNV, Der Nahverkehr 3/2013, 52 ff.; *Winnes* Der Begriff der gemeinwirtschaftlichen Verpflichtung im Rahmen der Verordnung 1370/07, DÖV 2009, 1135 ff.; *Winnes* Gemeinwirtschaftliche Verpflichtungen im Rahmen der personenbeförderungsrechtlichen Liniengenehmigung, VBlBW 2009, 378 ff.; *Winnes* Legenden und Irrtümer – Plädoyer für eine grundlegende Reform des PBefG, Der Nahverkehr 7–8/2008, 15 ff.; *Winnes* Personalübernahme im Rahmen der Vergabe öffentlicher Dienstleistungsaufträge im Nahverkehr, Der Landkreis 5/2016, 207 ff.; *Winnes,* Eigenwirtschaftlicher ÖPNV – die Perspektive der Aufgabenträger, in: Knauff, Vorrang der Eigenwirtschaftlichkeit im ÖPNV, 2017; *Winnes/Schwarz/Mietzsch* Zu den Auswirkungen der VO 1370/07 für den öffentlichen Nahverkehr in Deutschland, EuR 2009, 290 ff.; *Winter/Woll/Gleichner* EU-Kommission veröffentlicht Leitlinien zur Verordnung 1370, Der Nahverkehr 5/2014, 7 ff.; *Wittig,* Vergabe von Subunternehmerleistungen im ÖPNV und SPNV, in: Knauff, Bestellung von Verkehrsleistungen im ÖPNV, 2018; *Ziekow* Die Direktvergabe von Personenverkehrsdiensten nach der VO (EG) Nr. 1370/2007 und die Zukunft eigenwirtschaftlicher Verkehre, NVWZ 2009, 865 ff.; *Ziekow* Der Vorrang kommerzieller Verkehre in Deutschland, 2008; *Zuck* in Ziekow/Völlink, Vergaberecht, 4. Aufl. 2020, Kommentierung einzelner Vorschriften der VO 1370/2007.

A. Einleitung

1 Gegenstand der VO 1370/2007 sind Regelungen über die Erbringung öffentlicher Personenverkehrsdienste auf Schiene und Straße. Die Verordnung regelt das Rechtsverhältnis

zwischen der zuständigen Behörde und dem ausgewählten Betreiber. Als zentrales Instrument zur Regelung dieser Rechtsbeziehungen sieht die Verordnung den öffentlichen Dienstleistungsauftrag vor.

B. Geltungsbereich: Öffentliche Personenverkehrsdienste auf Schiene und Straße

Den **Geltungsbereich** der VO 1370/2007 legt deren Art. 1 Abs. 2 fest. Ohne Bedeutung 2
ist insoweit Art. 3 Abs. 1 der Verordnung: Diese Vorschrift bestimmt allein, wann ein *öffentlicher Dienstleistungsauftrag* im Sinne der Verordnung begründet werden *muss.* Art. 3 Abs. 1 der Verordnung regelt somit nicht den Geltungsbereich der Verordnung, sondern – wie Art. 3 Abs. 2 der Verordnung im Hinblick auf die sog. allgemeinen Vorschriften – allein die Wahl des Instrumentariums, das der zuständigen Behörde im Geltungsbereich der Verordnung zur Verfügung steht, um die in Art. 1 Abs. 1 der Verordnung definierten Ziele zu erreichen.

I. Straßen- und Eisenbahnverkehre sowie andere Arten des Schienenverkehrs

Gemäß Art. 1 Abs. 2 S. 1 Hs. 1 VO 1370/2007 gilt die Verordnung für den innerstaatli- 3
chen und grenzüberschreitenden Personenverkehr mit der Eisenbahn und andere Arten des Schienenverkehrs sowie auf der Straße. Auf der Straße verkehren **Busse. Eisenbahnen** sind Verkehrsmittel, die Verkehrsleistungen unter ausschließlicher Nutzung der spezifischen Eisenbahninfrastruktur und unter Verwendung der Rad-Schiene-Technik erbringen.[1] Zu den anderen Arten des Schienenverkehrs zählen **etwa S-, U- und Straßenbahnen.**[2] Von der Frage nach dem Geltungsbereich der Verordnung zu unterscheiden ist insbesondere die Frage nach dem für den jeweiligen Verkehrsträger maßgeblichen Vergaberegime.[3] Hier differenziert Art. 5 VO 1370/2007 ohne Rücksicht auf die Zuordnung nach Straße oder Schiene. So trifft Art. 5 Abs. 1 S. 2 VO 1370/2007 eine Sonderregelung für Busse und Straßenbahnen. Für Eisenbahnen, S- und U-Bahnen gelten hingegen Art. 5 Abs. 1 S. 1 und Art. 5 Abs. 2 bis 5 der Verordnung. Art. 5 Abs. 6 VO 1370/2007 gilt für Eisenbahnverkehre, nicht aber für U- und Straßenbahnen. S-Bahnen sind als Eisenbahnen im Sinne des Art. 5 Abs. 6 VO 1370/2007 anzusehen.[4] Mit der Änderungsverordnung 2016 wurde in Art. 2 lit. aa die Legaldefinition der „öffentlichen Schienenpersonenverkehrsdienste" eingeführt. Dazu zählen aber wiederum U- und Straßenbahnen nicht, so dass der Begriff so gut wie deckungsgleich mit dem Begriff des Eisenbahnverkehrs im Sinne des Art. 5 Abs. 6 der Verordnung erscheint. Für öffentliche Schienenpersonenverkehrsdienste führte die Änderungsverordnung 2016 neue Vergabevorschriften ein, die insbesondere die Voraussetzungen für Direktvergaben regulieren und damit Art. 5 Abs. 6 VO 1370/2007 ersetzen, der gemäß Art. 8 Abs. 2 (iii) in der Fassung der Änderungsverordnung 2016 nach Ablauf einer Übergangszeit keine Anwendung mehr finden soll.

---

[1] Vgl. Saxinger/Winnes/*Saxinger,* Recht des öffentlichen Personenverkehrs, Std. 2012, VO 1370 Art. 1 Abs. 2 Rn. 10ff.; *Knauff* NZBau 2012, 65 (73); Grabitz/Hilf/Nettesheim/*Boeing/Rusche,* Das Recht der Europäischen Union, Std. 2011, AEUV Art. 100 Rn. 36; *Epiney/Heuck/Schleiss* in Dauses, EU-Wirtschaftsrecht, Std. 2019, Kapitel L – Verkehrsrecht Rn. 40.

[2] Ebenso etwa Linke/*Kaufmann/Linke* VO (EG) 1370/2007 Art. 1 Rn. 41. Weitere Beispiele führt etwa Saxinger/Winnes/*Saxinger,* Recht des öffentlichen Personenverkehrs, Std. 2012, VO 1370 Art. 1 Abs. 2 Rn. 12 auf.

[3] Nur auf das Vergaberechtsregime, nicht auf den Geltungsbereich der VO 1370/2007 bezieht sich auch die Tabelle in Kommission, Ziff. 2.1.1. Auslegungsleitlinien 2014 (ABl. 2014 C 92/1).

[4] *Winter/Woll/Gleichner* Der Nahverkehr 5/2014, 7, 8. Sich eine Einzelfallprüfung vorbehaltend Kommission, Ziff. 2.3.5. Auslegungsleitlinien 2014 (ABl. 2014 C 92/1). Zur Qualifikation von S-Bahnen als Eisenbahnen iSd § 1 Abs. 2 AEG vgl. Beck AEG Kommentar/*Hermes,* 2. Aufl. 2014, § 1 Rn. 17.

4 Keine Geltung beansprucht die Verordnung gemäß deren Art. 1 Abs. 2 S. 1 Hs. 2 für Verkehrsdienste, die hauptsächlich aus Gründen **historischen Interesses oder zu touristischen Zwecken** betrieben werden. Der Verordnungsgeber erkennt an, dass deren Betrieb zumeist anderen Zwecken dient als der Erbringung öffentlicher Personenverkehrsdienste; daher müssen die für die Erfüllung gemeinwirtschaftlicher Verpflichtungen geltenden Vorschriften und Verfahren der Verordnung auf diese Verkehre keine Anwendung finden.[5]

5 Den Mitgliedstaaten steht es gemäß Art. 1 Abs. 2 S. 2 VO 1370/2007 frei, die Verordnung auf den öffentlichen Personenverkehr auf **Binnenschifffahrtswegen** und, unbeschadet der Verordnung (EWG) Nr. 3577/92[6], auf das Meer innerhalb der Hoheitsgewässer anzuwenden.[7]

II. Öffentliche Personenverkehre

6 Der Geltungsbereich der Verordnung erfasst gemäß deren Art. 1 Abs. 2 S. 1 „Personenverkehre" auf Schiene und Straße. Als öffentlichen Personenverkehr definiert Art. 2 lit. a VO 1370/2007 alle **Personenbeförderungsleistungen** von allgemeinem wirtschaftlichen Interesse, die **für die Allgemeinheit diskriminierungsfrei und fortlaufend** erbracht werden. Für die Allgemeinheit werden öffentliche Personenverkehre erbracht, die grundsätzlich für jeden Fahrgast offen stehen. Fortlaufend sind Verkehre, die nicht nur zeitlich befristet oder unregelmäßig erbracht werden. Diskriminierungsfrei heißt, dass die Personenbeförderungsleistungen grundsätzlich jedem Passagier zur Verfügung stehen und an die Beförderung keine willkürlichen oder unsachgemäßen Bedingungen geknüpft sind.[8] Die im deutschen Recht getroffene Differenzierung zwischen **Personennah- und -fernverkehren** – vgl. § 2 RegG, § 2 Abs. 4 AEG, § 8 Abs. 1 PBefG 2013 sowie die ÖPNV-Gesetze der Länder – ist der VO 1370/2007 fremd, weshalb die Verordnung ohne Rücksicht auf die Qualifizierung eines Verkehrs als Personennah- oder -fernverkehr Geltung beansprucht.

7 **Güterbeförderungsdienste** unterfallen dem Anwendungsbereich der VO 1370/2007 – anders als noch dem Anwendungsbereich der durch die VO 1370/2007 aufgehobenen VO (EWG) Nr. 1191/69 – nicht.[9] Erwägungsgrund 11 zur Verordnung verweist insoweit auf die allgemeinen Grundsätze des Vertrages. Das führt im Regelfall dazu, dass Beihilfen bei der Kommission zu notifizieren sind, wenn die gewährten Begünstigungen nicht ausnahmsweise, etwa nach den Regeln über Beihilfen für Dienstleistungen von allgemeinem wirtschaftlichem Interesse, von der Notifizierungspflicht freigestellt sind.[10]

---

[5] Erwägungsgrund 13 zur Verordnung.

[6] Verordnung (EWG) Nr. 3577/92 des Rates v. 7.12.1992 zur Anwendung des Grundsatzes des freien Dienstleistungsverkehrs auf den Seeverkehr zwischen den Mitgliedstaaten (Seekabotage), ABl. 1992 L 364/7. Zur Personenbeförderung über Binnenschifffahrtswege vgl. auch die Verordnung (EWG) Nr. 3921/91 des Rates vom 16.12.1991 über die Bedingungen für die Zulassung von Verkehrsunternehmen zum Binnenschiffsgüter- und -personenverkehr innerhalb eines Mitgliedstaats, in dem sie nicht ansässig sind, ABl. 1991 L 373/1, und die Verordnung (EG) Nr. 1356/96 des Rates v. 8.7.1996 über gemeinsame Regeln zur Verwirklichung der Dienstleistungsfreiheit im Binnenschiffsgüter- und -personenverkehr zwischen Mitgliedstaaten, ABl. 1997 L 175/7, sowie Art. 90 ff. AEUV.

[7] Anders noch die Verordnung (EWG) Nr. 1191/69, deren Anwendungsbereich die Binnenschifffahrtswege umfasste, vgl. Erwägungsgrund 10 zur VO 1370/2007. Zum Verhältnis der beiden Verordnungen vgl. auch Generalanwalt *Wahl* Schlussanträge v. 27.4.2014 – C-207/13, Rn. 112 – College van Beroep, sowie Kommission, Ziff. 2.1.2. der Auslegungsleitlinien 2014 (ABl. 2014 C 92/2).

[8] Ganz ähnlich Linke/*Kaufmann/Linke* VO (EG) 1370/2007 Art. 2 Rn. 7 f.; Saxinger/Winnes/*Winnes*, Recht des öffentlichen Personenverkehrs, Std. 2012, VO 1370 Art. 2 lit. a Rn. 4 ff.

[9] Hierzu auch Kommission, Ziff. 2.1.3. der Auslegungsleitlinien 2014 (ABl. 2014 C 92/2).

[10] Die spezifische, in Art. 10 Abs. 1 S. 2 VO 1370/2007 vorgesehenen Übergangsfrist für eine Fortgeltung der Verordnung (EWG) Nr. 1191/69 ist am 2.12.2012 ausgelaufen.

C. Zuständige Behörde

8 Zuständige Behörde ist nach der Legaldefinition des Art. 2 lit. b VO 1370/2007 jede Behörde oder Gruppe von Behörden eines oder mehrerer Mitgliedstaaten, die zur Intervention im öffentlichen Personenverkehr in einem bestimmten geografischen Gebiet befugt ist, oder jede mit einer derartigen Befugnis ausgestattete Einrichtung. Art. 2 lit. c VO 1370/2007 konkretisiert, dass „zuständige örtliche Behörde" jede zuständige Behörde ist, deren geografischer Zuständigkeitsbereich sich nicht auf das gesamte Staatsgebiet erstreckt. Entscheidende Bedeutung kommt in beiden Fällen der Befugnis zur **Intervention** in den öffentlichen Personenverkehr zu. Seinem bloßen Wortsinn nach ist der Interventionsbegriff sehr weit.[11] Aus dem systematischen Kontext folgt jedoch eine Beschränkung auf die in Art. 3 Abs. 1 VO 1370/2007 vorgesehenen Instrumente, dh die Gewährung ausschließlicher Rechte und/oder die Gewährung von Ausgleichsleistungen gleich welcher Art für die Erfüllung gemeinwirtschaftlicher Verpflichtungen. Welche Stellen zuständige Behörden im Sinne der Verordnung sind, bestimmt die mitgliedstaatliche Zuständigkeitsordnung.[12] In Deutschland obliegt die Kompetenzzuweisung somit grundsätzlich den Ländern, die in ihren ÖPNV-Gesetzen typischerweise die **Aufgabenträger des Nahverkehrs** als zuständige (örtliche) Behörde im Sinne der Verordnung benennen.[13] Das entspricht § 8a Abs. 1 S. 3 PBefG 2013, wonach auch der Bundesgesetzgeber davon ausgeht, dass zuständige Behörde im Sinne der VO 1370/2007 regelmäßig die Aufgabenträger sind, nicht die für den Vollzug des PBefG oder AEG zuständigen **Genehmigungsbehörden.**[14] Diese Doppelstruktur von Aufgabenträgern und Genehmigungsbehörden ist europarechtlich ohne Weiteres zulässig, weil die Aufteilung und Zuweisung von Zuständigkeiten und Kompetenzen allein Sache der Mitgliedstaaten ist, nicht aber Sache des Verordnungsgebers.[15] Daher müssen die Interventionsbefugnisse für einen bestimmten Verkehr auch nicht bei einer einzigen Behörde konzentriert sein.[16]

9 Angesichts der weit gefassten Definition der VO 1370/2007 kommen als zuständige Behörde grundsätzlich auch die Verbundgesellschaften der **Verkehrsverbünde** in Betracht.[17] Hier ist jedoch im Einzelfall sorgfältig zu prüfen, ob die ihnen übertragenen Aufgaben tatsächlich eine Interventionsbefugnis im Sinne des Art. 2 lit. b VO 1370/2007 begründen. Daran fehlt es, wenn die Verbundgesellschaften lediglich im Rahmen der Einnahmeaufteilung als Zahl- und Verrechnungsstelle fungieren.[18] Umstritten ist, ob sog. **Verkehrsmanagementgesellschaften** als zuständige Behörde angesehen werden können[19]: Diese Gesellschaften verfügen typischerweise nicht über eigene Fahrzeuge und Fahrpersonal, wohl aber über eine personenbeförderungsrechtliche Genehmigung. Die Verkehrsleistungen erbringen Subunternehmer. Die Konstruktion soll insbesondere die steuerrechtlichen

[11] Hierauf fokussierend Linke/*Kaufmann/Linke* VO (EG) 1370/2007 Art. 2 Rn. 10a.

[12] Linke/*Kaufmann/Linke* VO (EG) 1370/2007 Art. 2 Rn. 9ff.

[13] Vgl. dazu etwa § 6 Abs. 3 ÖPNVG Baden-Württemberg; Art. 8, 15 ÖPNVG Bayern; § 3 Abs. 2 ÖPNVG Berlin; § 3 Abs. 4 ÖPNVG Brandenburg; § 6 Abs. 2 ÖPNVG Bremen; § 6 Abs. 2 ÖPNVG Hessen; § 3 Abs. 5 ÖPNVG Mecklenburg-Vorpommern; § 4 Abs. 5 Niedersächsisches Nahverkehrsgesetz; § 3 Abs. 2 ÖPNVG NRW; § 5 Abs. 3 NVG Rheinland-Pfalz; § 5 Abs. 4 ÖPNVG Saarland; § 3 Abs. 5 ÖPNVG Sachsen; § 4 Abs. 1 ÖPNG Sachsen-Anhalt; § 2 Abs. 4 ÖPNVG Schleswig-Holstein; § 3 Abs. 5 ÖPNVG Thüringen.

[14] Vgl. dazu auch die Begründung des Regierungsentwurfs, BR-Drs. 462/11 v. 12.8.2011.

[15] Wie hier etwa *Heinze* DVBl. 2011, 534 (537f.), oder auch Linke/*Kaufmann/Linke,* VO (EG) 1370/2007 Art. 2 Rn. 10. Vgl. dazu auch Kommission Beschl. v. 23.2.2011 – C 58/2006, Deutschland/Bahnen der Stadt Monheim (BSM), K(2011)632 endg., ABl. 2011 L 210/1, Rn. 187. Kritisch hingegen etwa *Saxinger* GewArch 2009, 350 (353f.).

[16] OLG Düsseldorf Beschl. v. 28.10.2019 – VII-Verg 3/19 – VRR.

[17] Ziff. 2.4 des Leitfadens des Landes Baden-Württemberg zur Anwendung der VO (EG) Nr. 1370/2007; aA: Barth/Baumeister/Berschin/Werner/*Berschin,* Recht des öffentlichen Personennahverkehrs, Std. 2009, A 2 Rn. 177.

[18] *Otting/Olgemöller* Der Nahverkehr 9/2009, 34 (34).

[19] Für ein Beleihungserfordernis: Linke/*Kaufmann/Linke* VO (EG) 1370/2007 Art. 2 Rn. 9.

Voraussetzungen für die Finanzierung von ÖPNV-Leistungen im Rahmen des kommunalen Querverbundes sicherstellen. Wird die Verkehrsmanagementgesellschaft als Betreiber im Sinne von Art. 2 lit. d VO 1370/2007 angesehen, kann in deren Tätigkeit je nach Umfang der an Subunternehmer vergebenen Leistungen ein Verstoß gegen die in Art. 4 Abs. 7 und Art. 5 Abs. 2 lit. e VO 1370/2007 festgelegten Selbsterbringungsquoten zu sehen sein.[20] Erschwerend kommt hinzu, dass solche Betreiber aufgrund der novellierten VO (EG) 1071/2009 über die Zulassung zum Beruf des Kraftverkehrsunternehmen künftig mit einem Ausstattungsgebot über hinreichend eigenes Personal und Fahrzeuge für die von ihnen erbachten Verkehrsleistungen belegt werden.[21] Um die bestehenden Strukturen gleichwohl auch unter Geltung der VO 1370/2007 aufrechtzuerhalten, wird argumentiert, die Verkehrsmanagementgesellschaften seien nicht als Betreiber bzw. Verkehrsunternehmen, sondern als zuständige Behörde anzusehen.[22]

10 Mehrere zuständige Behörden können sich zu einer **Gruppe zuständiger Behörden** zusammenschließen; das gibt den zuständigen Behörden eine zusätzliche Möglichkeit, Verkehrsangebote über ihren eigenen Zuständigkeitsbereich hinaus zu koordinieren[23]. Nach Art. 2 lit. b VO 1370/2007 sollen sich selbst mehrere zuständige Behörden **verschiedener Mitgliedstaaten** zu einer Gruppe zuständiger Behörden zusammenschließen können. Das setzt allerdings voraus, dass ein solcher Zusammenschluss mit den Vorschriften des von den jeweiligen Behörden zu beachtenden nationalen Rechts vereinbar ist.[24] Selbst wenn das gelingen sollte, verbliebe die Frage nach dem Rechtsschutz. Denn dieser ist nicht mitgliedstaatenübergreifend vereinheitlicht und es dürfte in den Rechtsordnungen der Mitgliedstaaten zumeist an Öffnungsklauseln fehlen, die erlauben, den Rechtsschutz auch mitgliedstaatenübergreifend auf eine Nachprüfungsstelle oder ein Gericht zu konzentrieren. Das hindert die zuständigen (örtlichen) Behörden benachbarter Mitgliedstaaten nicht daran, rechtlich unabhängig voneinander vorzugehen, ihr Vorgehen aber inhaltlich zu koordinieren und auf diese Weise die in Art. 1 Abs. 1 Unterabs. 1 VO 1370/2007 definierten Ziele zu fördern.

D. Betreiber

11 Betreiber eines öffentlichen Dienstes ist gemäß der Definition in Art. 2 lit. d VO 1370/2007 jedes privat- oder öffentlich-rechtliche Unternehmen oder jede Gruppe von privat- oder öffentlich-rechtlichen Unternehmen, das/die öffentliche Personenverkehrsdienste betreibt, oder eine öffentliche Einrichtung, die öffentliche Personenverkehrsdienste durchführt. Betreiber sind danach in Deutschland ganz regelmäßig die **Verkehrsunternehmen.** Auf die Rechtsform des Unternehmens kommt es nicht an: Ob die Rechtsform nach mitgliedstaatlichem Recht dem privaten oder öffentlichen Recht zuzuordnen ist, ist ebenso unerheblich wie der Umstand, ob Gesellschafter oder Aktionäre des Verkehrsunternehmens Private oder staatliche Stellen sind. Betreiber im verordnungsrechtlichen Sinne können daher etwa Eigenbetriebe, Anstalten des öffentlichen Rechts oder Zweckverbände ebenso sein wie eine Gesellschaft mit beschränkter Haftung oder eine Aktiengesellschaft. Als teilrechtsfähige Gesellschaft bürgerlichen Rechts agieren Zusammenschlüsse mehrerer

---

[20] IdS etwa VK Hessen Beschl. v. 15.10.2013 – 69d VK 22/2013, mitgeteilt von *Deuster* IR 2014, 18 f., sowie *Manka/Prechtl* Der Nahverkehr 1–2/2011, 22 ff. Zur Diskussion vgl. auch die VDV-Mitteilung 9046: Verkehrsmanagementgesellschaften und Verordnung (EG) Nr. 1370/2007, Ausgabe 10/2009; Knauff/*Wittig,* Bestellung von Verkehrsleistungen im ÖPNV, 2018, S. 101 ff.

[21] Vgl. Art. 1 Nr. 3 VO (EU) 2020/1055 v. 15.7.2020 (Änderungsverordnung); vgl. dazu Rundschreiben Nr. 45/2019 v. 19.9.2019 des VDV Verband Deutscher Verkehrsunternehmen e.V.

[22] Barth/Baumeister/Berschin/Werner/*Berschin,* Recht des öffentlichen Personennahverkehrs, Std. 2009, A 2 Rn. 145 ff.; *Barth* Der Nahverkehr 10/2010, 24 ff.

[23] Hierzu in jüngerer Zeit etwa *Oebbecke* NVwZ 2019, 16 ff.

[24] Die in Deutschland zuständigen Behörden müssten also etwa die Beachtung der §§ 8a und 8b PBefG 2013 sicherstellen.

Unternehmen, die beispielsweise im Rahmen eines Vergabeverfahrens als **Bewerber- und Bietergemeinschaft** aufgetreten sind und nicht die Rechtsform einer GmbH angenommen haben.[25] Die Verbundgesellschaften der **Verkehrsverbünde** werden regelmäßig nicht als Betreiber im Sinne des Art. 2 lit. d VO 1370/2007 in Betracht kommen; denn in Verkehrsverbünden werden die eigentlichen Beförderungsleistungen üblicherweise von den Verkehrsunternehmen erbracht, die in der Regel auch Inhaber der nach dem PBefG oder der nach dem AEG erforderlichen Genehmigungen sind.[26] Eine Sonderrolle kommt Verkehrsunternehmen zu, die sich als **interner Betreiber** im Sinne des Art. 2 lit. j VO 1370/2007 darstellen. Das ist gemäß der Legaldefinition jede rechtlich getrennte Einheit, über die eine zuständige örtliche Behörde – oder im Falle einer Gruppe von Behörden wenigstens eine zuständige örtliche Behörde – eine Kontrolle ausübt, die der Kontrolle über ihre eigenen Dienststellen entspricht. Insoweit knüpft der Verordnungsgeber an das sog. Kontrollkriterium an, das in der Rechtsprechung des EuGH im Zusammenhang mit den sog. Inhouse-Vergaben entwickelt wurde.[27] Zugunsten solcher internen Betreiber besteht das Direktvergabeprivileg nach Maßgabe des Art. 5 Abs. 2 VO 1370/2007.[28]

E. Öffentlicher Dienstleistungsauftrag

In Art. 2 lit. i VO 1370/2007 findet sich die Legaldefinition zum Begriff des öffentlichen Dienstleistungsauftrages im Sinne der Verordnung. Unter einem öffentlichen Dienstleistungsauftrag versteht der Verordnungsgeber hiernach einen oder mehrere rechtsverbindliche Akte, die die Übereinkunft zwischen einer zuständigen Behörde und einem Betreiber eines öffentlichen Dienstes bekunden, diesen Betreiber eines öffentlichen Dienstes mit der Verwaltung und Erbringung von öffentlichen Personenverkehrsdiensten zu betrauen, die gemeinwirtschaftlichen Verpflichtungen unterliegen; gemäß der jeweiligen Rechtsordnung der Mitgliedstaaten können diese rechtsverbindlichen Akte auch in einer Entscheidung der zuständigen Behörde bestehen, die entweder (i) die Form eines Gesetzes oder einer Verwaltungsregelung für den Einzelfall haben kann oder (ii) die Bedingungen enthält, unter denen die zuständige Behörde diese Dienstleistungen selbst erbringt oder einen internen Betreiber mit der Erbringung dieser Dienstleistungen betraut. 12

I. Eigenständigkeit der Begriffsbildung

Art. 2 lit. i VO 1370/2007 liegt ein eigenständiges Verständnis des öffentlichen Dienstleistungsauftrags zugrunde. Dieses ist **nicht identisch mit** dem des öffentlichen Dienstleistungsauftrages im Sinne des **allgemeinen Vergaberechts.** Der Begriff des öffentlichen Dienstleistungsauftrags im Sinne der Art. 2 Abs. 1 Nr. 7 Richtlinie 2014/24/EU und Art. 2 Abs. 1 Nr. 5 Richtlinie 2014/25/EU bzw. des § 103 Abs. 4 GWB ist enger als der Begriff des öffentlichen Dienstleistungsauftrags im Sinne des Art. 2 lit. i VO 1370/2007. 13

1. Übereinkunft oder Entscheidung

Ein öffentlicher Dienstleistungsauftrag im Sinne der VO 1370/2007 ist gemäß Art. 2 lit. i der Verordnung ein rechtsverbindlicher Akt, der sich als Entscheidung oder Übereinkunft 14

[25] Zur Rechtsfähigkeit von (Außen-) GbR vgl. nur BGH Urt. v. 29.1.2001 – II ZR 331/00, NJW 2001, 1056 ff. Zur Diskussion um solche Gruppen von Unternehmen vgl. Linke/*Kaufmann/Linke* VO (EG) 1370/2007 Art. 2 Rn. 18.

[26] Vgl. dazu *Otting/Olgemöller* Der Nahverkehr 9/2009, 34 (35).

[27] Grundlegend EuGH Urt. v. 18.11.1999 – C-107/98, NZBau 2000, 90 Rn. 49 ff – Teckal. Die nachfolgende Rechtsprechung des EuGH zusammenfassend etwa das Arbeitspapier der Kommissionsdienststellen über die Anwendung des EU-Vergaberechts im Fall von Beziehungen zwischen öffentlichen Auftraggebern (öffentlich-öffentliche Zusammenarbeit), SEK(2011) 1169 endg. v. 4.10.2011.

[28] Näher dazu → § 72 Rn. 1 ff.

darstellen kann. Eine Übereinkunft ist ein **Vertrag.** In Deutschland können öffentliche Dienstleistungsaufträge daher weiterhin als sog. Verkehrsverträge begründet werden. Unerheblich ist, ob ein solcher Vertrag als privat- oder öffentlich-rechtlicher Vertrag zu qualifizieren ist.[29] Denn Erwägungsgrund 9 zur VO 1370/2007 stellt klar, dass die Form oder Benennung eines Vertrages, der einen öffentlichen Dienstleistungsauftrag begründet, je nach den Rechtssystemen der Mitgliedstaaten variieren kann. Der Vertrag *kann* zugleich öffentlicher Dienstleistungsauftrag im Sinne des Art. 2 Abs. 1 Nr. 7 der Richtlinien 2014/24/EU und des Art. 2 Abs. 1 Nr. 5 der Richtlinie 2014/25/EU bzw. im Sinne des **§ 103 Abs. 4 GWB** sein. Darauf beschränkt sich die weit gefasste Definition des Art. 2 lit. i VO 1370/2007 indes nicht. Ein öffentlicher Dienstleistungsauftrag im Sinne des Verordnungsrechts kann vielmehr auch eine **Dienstleistungskonzession** sein[30], wie etwa Art. 5 Abs. 1 VO 1370/2007 zeigt.

15 Alternativ kann ein öffentlicher Dienstleistungsauftrag durch eine (einseitige) Entscheidung der zuständigen Behörde begründet werden. Art. 2 lit. i VO 1370/2007 verweist beispielhaft auf die Rechtsformen eines Gesetzes oder einer **Verwaltungsregelung für den Einzelfall**[31]. Eine solche Verwaltungsregelung muss nicht alle Merkmale eines Verwaltungsaktes im Sinne des § 35 S. 1 (Landes-) VwVfG aufweisen. Entscheidend ist nach Art. 2 lit. i VO 1370/2007 allein die Rechtsverbindlichkeit, die der Akt erzeugt. Nicht erforderlich ist etwa, dass der Akt nach außen gerichtet ist. Im Wege der internen Entscheidung kann die zuständige Behörde daher einen öffentlichen Dienstleistungsauftrag gegenüber einer Einheit begründen, die ihr gegenüber nicht rechtlich verselbständigt ist. Das hat in Deutschland vor allem dort Bedeutung, wo das Verkehrsunternehmen als **Eigenbetrieb** im Sinne des jeweiligen Kommunalrechts verfasst ist und die zuständige Behörde die Verkehrsleistungen durch diesen Eigenbetrieb auf Grundlage des Art. 5 Abs. 2 VO 1370/2007 selbst erbringen will. Der Abschluss eines Vertrages ist in diesen Fällen rechtstechnisch nicht möglich, weil es an zwei Rechtssubjekten fehlt, die Vertragspartei werden könnten; der Abschluss eines Vertrages ist aber angesichts der weit gefassten Definition des öffentlichen Dienstleistungsauftrages auch nicht erforderlich.[32]

16 Die Legaldefinition in Art. 2 lit. i VO 1370/2007 sieht ausdrücklich vor, dass **mehrere rechtsverbindliche Akte** einen öffentlichen Dienstleistungsauftrag begründen können.[33] Das ist konsequent, weil das Konzept des Dienstleistungsauftrages nicht an Rechtsformen anknüpft, sondern an Inhalte. Es steht den Mitgliedstaaten frei, den Dienstleistungsauftrag durch eine Kombination von gesetzlichen Vorgaben, Verwaltungsentscheidungen und vertraglichen Vereinbarungen zu begründen. Voraussetzung ist allein, dass ein hinreichendes Maß an Bestimmtheit gewahrt bleibt.[34] Werden dem Verkehrsunternehmen ausschließliche Rechte und/oder Ausgleichsleistungen gewährt, muss klar erkennbar sein, welche gemein-

---

[29] Einen Verkehrsvertrag ohne Weiteres als öffentlich-rechtlichen Vertrag qualifizierend etwa VG Gelsenkirchen Urt. v. 19.12.2008 – 14 K 2147/07, *juris,* Rn. 95, vgl. dazu die Besprechungen von *Otting/Soltész/Melcher* EuZW 2009, 444ff. und *Lübbig* DVBl. 2009, 469ff. Ebenfalls für die Qualifikation als öffentlich-rechtlicher Vertrag *Sennekamp/Fehling* N&R 2009, 96ff.; differenzierend zwischen (öffentlich-rechtlicher) Dienstleistungskonzession und (privatrechtlichem) Dienstleistungsauftrag Beck AEG Kommentar/*Fehling,* 2. Aufl. 2014, § 15 Rn. 50f.

[30] So bereits etwa *Otting/Scheps,* NVwZ 2008, 499 (500); Kaufmann/Lübbig/Prieß/Pünder/Kaufmann, VO (EG) 1370/2007, 2010, Art. 2 Rn. 42. Dazu nun auch Kommission, Ziff. 2.2.1. Auslegungsleitlinien 2014 (ABl. 2014 C 92/1). Ebenso etwa Beck AEG Kommentar/*Fehling,* 2. Aufl. 2014, § 15 Rn. 28. Zur Abgrenzung und zum Begriff der Dienstleistungskonzession eingehend → § 71 Rn. 9ff.

[31] Zur Qualifikation eines sog. Finanzierungsbescheids als öffentlicher Dienstleistungsauftrag etwa VK Münster Beschl. v. 2.7.2019 – VK 1-17/19 und OLG Düsseldorf Beschl. v. 28.10.2019 – VII-Verg 3/19, NZBau 2019, 670 – VRR; zu alldem etwa auch *Oebbecke* NVwZ 2019, 1724 (1727).

[32] Anders ohne nähere Begründung Barth/Baumeister/Berschin/Werner/*Berschin,* Recht des öffentlichen Personennahverkehrs, Std. 2009, A 2 Rn. 175, der auch „Verträge“ zwischen der zuständigen Behörde und einer von ihr rechtlich getrennten, aber kontrollierten Einheit als „Entscheidungen“ iSd Art. 2 lit. i VO 1370/2007 qualifiziert.

[33] Vgl. auch Kommission, Ziff. 2.2.1. Auslegungsleitlinien 2014 (ABl. 2014 C 92/1).

[34] Vgl. *Nettesheim* NVwZ 2009, 1449 (1450f.).

wirtschaftlichen Verpflichtungen das Unternehmen im Gegenzug zu erfüllen hat (vgl. Art. 4 Abs. 1 der Verordnung). Ob die gemeinwirtschaftliche Verpflichtung und der Anspruch auf Ausgleichsleistungen in demselben oder getrennten Rechtsakten und/oder durch dieselbe Behörde oder unterschiedliche Stellen begründet werden, ist unerheblich.[35] Diese Rechtslage entspricht den Anforderungen, die an eine Betrauung im Sinne des ersten *Altmark Trans*-Kriteriums gestellt werden. Danach muss festgestellt werden können, dass ein Unternehmen, das Ausgleichsleistungen für die Erbringung von Dienstleistungen von allgemeinem wirtschaftlichen Interesse erhält, tatsächlich mit der Erfüllung gemeinwirtschaftlicher Verpflichtungen betraut wurde und dass diese Verpflichtungen klar definiert sind.[36] Als Betrauungsakt hat die Kommission in ihrer Entscheidungspraxis Rechtsakte ganz unterschiedlicher Art genügen lassen wie etwa Verträge, Gesetze, Verordnungen, ministerielle Anweisungen und jede Art von hoheitlicher und kommunaler Verfügung oder Entscheidung.[37] Auch im Falle eines „dreifachen" Betrauungsakts – bestehend aus einer personenbeförderungsrechtlichen Genehmigung, Nahverkehrsplänen und Finanzierungsbescheiden – hat die Kommission eine hinreichend klare Betrauung mit gemeinwirtschaftlichen Verpflichtungen bejaht und diese Konstruktion zugleich als geeignet angesehen, einen öffentlichen Dienstleistungsauftrag im Sinne des Art. 2 lit. i VO 1370/2007 zu begründen.[38] Diese Praxis gilt nach dem Willen des Gesetzgebers auch im Rahmen des PBefG 2013.[39]

2. Verwaltung und Erbringung öffentlicher Personenverkehre

Gegenstand des öffentlichen Dienstleistungsauftrages muss gemäß Art. 2 lit. i VO 1370/ 17
2007 die **Verwaltung und Erbringung von öffentlichen Personenverkehrsdiensten** sein. Die Begriffe „Verwaltung" und „Erbringung" hat der Verordnungsgeber nicht näher definiert. In Erwägungsgrund 14 zur Verordnung ist allerdings die Rede von dem „eigentlichen Betrieb des Verkehrsdienstes" und einer „Reihe von anderen Tätigkeiten und Funktionen". Nach dem Willen des Verordnungsgebers können also über die Erbringung des eigentlichen Betriebs des Verkehrsdienstes hinaus weitere Leistungen Gegenstand des öffentlichen Dienstleistungsauftrages sein, ohne dass diese weiteren Leistungen abschließend benannt sind.[40] Zu den weiteren Leistungen kann etwa die Verpflichtung des Verkehrsunternehmens zählen, die erforderlichen Fahrzeuge zu stellen, die für die Erbringung der Verkehrsdienste eingesetzt werden sollen.[41] Gleiches gilt für Vertriebsdienstleistungen wie etwa den Fahrkartenverkauf.

Werden **Teilleistungen der klassischen integrierten Verkehrsverträge** isoliert aus- 18
geschrieben, stellt sich die Frage, ob den verordnungsrechtlichen Vergabebestimmungen allein die Vergabe der eigentlichen Beförderungsleistung unterliegt oder ob beispielsweise

---

[35] Dies zutreffend klarstellend etwa Barth/Baumeister/Berschin/Werner/*Berschin,* Recht des öffentlichen Personennahverkehrs, Std. 2009, A 2 Rn. 172. Vgl. dazu auch Kommission Beschl. v. 23.2.2011 – C 58/ 2006, Deutschland/Bahnen der Stadt Monheim (BSM), K(2011)632 endg., ABl. 2011 L 210/1, Rn. 187.

[36] EuGH Urt. v. 24.7.2003 – C-280/00, NZBau 2003, 503 Rn. 89 – Altmark Trans.

[37] Eine Zusammenstellung mwN findet sich etwa bei Kommission, Leitfaden zur Anwendung der Vorschriften der Europäischen Union über staatliche Beihilfen, öffentliche Aufträge und den Binnenmarkt auf Dienstleistungen von allgemeinem wirtschaftlichem Interesse inklusive Sozialdienstleistungen, SEC(2010) 1545 endg. v. 7.12.2010, Ziff. 3.4.2.

[38] Kommission Beschl. über die staatliche Beihilfe C 58/2006 Deutschland für die Bahnen der Stadt Monheim (BSM) und Rheinische Bahngesellschaft (RBG) im Verkehrsverbund Rhein-Ruhr, K(2011) 632 endg. v. 23.2.2011, ABl. 2011 L 210/1, Rn. 144 und Rn. 233f.

[39] Vgl. die Begründung der Bundesregierung zu § 8a Abs. 1 PBefG 2013 in BR-Drs. 462/11, S. 26.

[40] Vgl. den Kommissionsentwurf aus dem Jahre 2000, KOM(2000) 7 endg., dort insbes. Ziff. 3.1, zweiter Absatz, und Ziff. 3.2 zu Kapitel I der Begründung. Zutreffend stellt Barth/Baumeister/Berschin/Werner/ *Berschin,* Recht des öffentlichen Personennahverkehrs, Std. 2009, A 2 Rn. 145, fest, dass der Verordnung kein durchstrukturiertes Bild der Leistungen zugrunde liegt, die zur Erbringung von Personenverkehrsdienstleistungen zu zählen sind oder nicht.

[41] Arg. ex Art. 4 Abs. 4 VO (EG) Nr. 1370/2007. Vgl. auch Art. 14 Abs. 3 VO (EG) Nr. 1191/69, der von „Sachanlagevermögen" sprach.

auch Verträge über die Lieferung von Fahrzeugen, Verträge über die Instandhaltung dieser Fahrzeuge oder Verträge über Vertriebsdienstleistungen nach Maßgabe des Verordnungsrechts zu vergeben sind.[42] Mit dem weiten Wortlaut des Begriffs der „öffentlichen Personenverkehrsdienste", auf den die Legaldefinition in Art. 2 lit. i VO 1370/2007 abstellt, wäre ein solches Verständnis durchaus vereinbar, wie ein Umkehrschluss aus § 2 S. 1 RegG belegt: Dort hat der Gesetzgeber die Notwendigkeit gesehen, klarzustellen, dass der weite Begriff des öffentlichen Personennahverkehrs im Sinne dieses RegG auf die Beförderung beschränkt sein soll. Diese Klarstellung ist aber nur erforderlich, wenn der Begriff des öffentlichen Personenverkehrs auch in einem weiteren Sinne verstanden werden kann. Nach Stellungnahmen in der Literatur soll hingegen von einem restriktiven Verständnis des Begriffs öffentlicher Dienstleistungsaufträge auszugehen sein, weil sich aus der Zusammenschau von Art. 2 lit. i mit Art. 2 lit. a der Verordnung eine Beschränkung auf die eigentlichen Personenbeförderungsleistungen ergebe.[43] In der Praxis finden sich Beispiele, die diesem restriktiven Ansatz folgen und eine isolierte Ausschreibung etwa von SPNV-Vertriebsleistungen dem allgemeinen Vergaberecht unterwerfen, das für öffentliche Dienstleistungsaufträge jeder Art gilt.[44]

19 Zweifel an einem zu restriktiven Verständnis des Begriffs des öffentlichen Dienstleistungsauftrages im Sinne der Verordnung sind allerdings berechtigt. Personenbeförderung setzt neben der eigentlichen Betriebsleistung stets auch die Verfügbarkeit des Rollmaterials und vor allem dessen Instandhaltung voraus. Durch die künstliche Aufspaltung einer einheitlichen Beförderungsleistung in eine Fahrbetriebs- und eine Instandhaltungsleistung können integrale Bestandteile der Beförderungsleistung nicht aus dem Begriff des Dienstleistungsauftrags hinausdefiniert und damit dem Anwendungsbereich der Verordnung entzogen werden.

20 **Bauleistungen** können Gegenstand eines öffentlichen Dienstleistungsauftrages im Sinne des Art. 2 lit. i VO 1370/2007 allenfalls sein, wenn und soweit zugleich die Verpflichtung zu Erbringung der eigentlichen Personenbeförderung begründet wird. Bei isolierter Beauftragung von Bauleistungen handelt es sich um einen Bauauftrag im Sinne des § 103 Abs. 3 GWB, der nach Maßgabe der VOB/A oder der SektVO auszuschreiben ist. Generell aus dem Anwendungsbereich der VO 1370/2007 ausgeschlossen sind gemäß deren Art. 1 Abs. 3 **Baukonzessionen.** Sie können daher auch nicht Gegenstand eines öffentlichen Dienstleistungsauftrages im Sinne des Art. 2 lit. i der Verordnung sein. Soweit Aufträge über die Errichtung und den Betrieb von Infrastruktur sich als Baukonzessionen im Sinne der Konzessionsvergaberichtlinie 2014/23/EU bzw. im Sinne des **§ 105 Abs. 1 Nr. 1 GWB** darstellen, sind sie nach den entsprechenden Sondervorschriften zu vergeben, in Deutschland also insbesondere unter Berücksichtigung der Konzessionsvergabeverordnung.[45] Etwaige Entgelte oder Zuschüsse, die im Zusammenhang mit Baukonzessionen gewährt werden, müssen sich an den Maßgaben des allgemeinen Beihilfenrechts messen lassen.

---

[42] Mit „atypischen" oder „innovativen" Modellen befasst sich Art. 5a VO 1370/2007 in der Fassung der Änderungsverordnung 2016; zur Änderungsverordnung 2016 vgl. → § 69 Rn. 9 und 19.

[43] Ziekow/Völlink/*Zuck* VO 1370 Art. 2 Rn. 2. Den Anwendungsbereich im Wesentlichen auf die Beförderungsleistung beschränkend Saxinger/Winnes/*Saxinger,* Recht des öffentlichen Personenverkehrs, Std. 2015, VO 1370 Art. 1 Abs. 2 Rn. 9.

[44] Vgl. die Ausschreibung nach VOL/A 2009 über einen Auftrag als zentraler Vertriebsdienstleister im SPNV für das Verbandsgebiet des Zweckverbandes Nahverkehr Rheinland (ZV NVR) und bestimmte Strecken im Bereich des Zweckverbands Schienenpersonennahverkehr Rheinland-Pfalz Nord (SPNV Nord), Supplement zum EU-Amtsblatt v. 20. 4. 2010 – 2010/S 76-113654, und dazu *Knieps/Nielsen/Pooth* Der Nahverkehr 12/2012, 41 ff.

[45] Kommission, Ziff. 2.1.1. der Auslegungsleitlinien 2014 (ABl. 2014 C 92/1).

3. Gemeinwirtschaftliche Verpflichtung

Ein öffentlicher Dienstleistungsauftrag im Sinne des Art. 2 lit. i VO 1370/2007 liegt nur vor, wenn die öffentlichen Personenverkehrsdienste, die der Betreiber verwaltet und erbringt, gemeinwirtschaftlichen Verpflichtungen unterliegen. Als solche definiert Art. 2 lit. e VO 1370/2007 eine von der zuständigen Behörde festgelegte oder bestimmte Anforderung im Hinblick auf die Sicherstellung von im allgemeinen Interesse liegenden öffentlichen Personenverkehrsdiensten, die der Betreiber unter Berücksichtigung seines eigenen wirtschaftlichen Interesses nicht oder nicht im gleichen Umfang oder nicht zu den gleichen Bedingungen ohne Gegenleistung übernommen hätte. Der Begriff der gemeinwirtschaftlichen Verpflichtung ist ein europarechtlich autonom auszulegender Begriff, der mit dem Begriff der gemeinwirtschaftlichen Verkehrsleistungen iSd § 13a PBefG aF weder verwechselt noch gleichgestellt werden darf.[46] Welchen gemeinwirtschaftlichen Verpflichtungen der Betreiber unterliegt, ist anhand der mitgliedstaatlichen Rechtsordnung im Einzelfall zu beurteilen. Das ergibt sich aus der Legaldefinition des Art. 2 lit. e der Verordnung, wonach gemeinwirtschaftliche Verpflichtungen von der jeweils zuständigen Behörde festgelegt werden. Dabei kommt der zuständigen Behörde weites Ermessen zu[47], dessen Grenzen durch Art. 2a VO 1370/2007 in der Fassung der Änderungsverordnung 2016 klarer gefasst werden. Danach soll vor allem dem Grundsatz der Verhältnismäßigkeit besondere Bedeutung zukommen.[48] Die Festlegungen zu den gemeinwirtschaftlichen Verpflichtungen („Spezifikationen") müssen insbesondere etwaig vorhandenen „Strategiepapieren" der Mitgliedstaaten entsprechen, als die in Deutschland vorrangig die Nahverkehrspläne im Sinne des § 8 Abs. 3 PBefG 2013 in Betracht kommen.[49] Als gemeinwirtschaftliche Verpflichtungen, die von der zuständigen Behörde festgelegt werden können, zählt beispielswiese die Verpflichtung des Verkehrsunternehmens zur Erbringung von Verkehren auf an sich **unrentablen Strecken** einschließlich der **Linienbündelung**[50] oder zur Erbringung von Verkehren zu **ungünstigen Zeiten,** dh zu Zeiten, zu denen das Verkehrsunternehmen aus wirtschaftlichen Gründen davon absehen würde, Fahrten aus eigener Initiative anzubieten. Auch **tarifliche Verpflichtungen** zur Beförderung aller Fahrgäste oder bestimmter Fahrgäste zu bestimmten (unwirtschaftlichen) Tarifen zählen hierzu.[51] Dasselbe gilt für die Verpflichtung zur **Einhaltung bestimmter Qualitätsanforderungen.**[52] 21

Nach wie vor umstritten ist, ob **die mit einer Genehmigung nach § 13 PBefG einhergehenden Pflichten** gemeinwirtschaftliche Verpflichtungen im Sinne der VO 1370/2007 begründen. Wer eine solche Genehmigung erhält, den trifft kraft Gesetzes die Betriebspflicht nach § 21 Abs. 1 PBefG, die Beförderungspflicht gemäß § 22 PBefG sowie die Tarif- und Fahrplanpflicht gemäß § 45 Abs. 2 iVm §§ 39, 40 PBefG. Die aufgehobene VO (EWG) Nr. 1191/69 qualifizierte Betriebs-, Beförderungs- und Tarifpflichten noch ausdrücklich als „Verpflichtungen des öffentlichen Dienstes".[53] Der EuGH sprach synonym von „Gemeinwohlverpflichtungen" und das Bundesverwaltungsgericht von „gemeinwirtschaftlichen Verpflichtungen".[54] Das Bundesverwaltungsgericht hat ausdrücklich 22

[46] Vgl. Linke/*Kaufmann/Linke,* VO (EG) 1370/2007 Art. 2 Rn. 25.

[47] So bereits zum Entwurf der VO (EG) 1370/2007: *Knauff* DVBl. 2006, 339 (341). Ebenso etwa Barth/Baumeister/Berschin/Werner/*Berschin,* Handbuch ÖPNV, Std. 2009, A 2 Rn. 171. Im selben Sinne zu Art. 106 AEUV: EuG Urt. v. 12.2.2008 – T-289/03, Slg. 2008 II-81 Rn. 166 ff. – BUPA.

[48] Zur Änderungsverordnung 2016 vgl. → § 54 Rn. 9.

[49] Wie hier nun etwa auch *Jürschik,* Verordnung über öffentliche Personenverkehrsdienste, 2018, Art. 2a Rn. 3; Zu Nahverkehrsplänen etwa *Brenner/Arnold* NVwZ 2015, 385 ff.

[50] Vgl. dazu *Saxinger* GewArch 2017, 463 m 464 f.

[51] Arg. ex Art. 3 Abs. 2 und Abs. 3 VO 1370/2007.

[52] Arg. ex Art. 4 Abs. 6 VO 1370/2007. Vgl. dazu auch Kommission, Ziff. 2.2.5. der Auslegungsleitlinien 2014 (ABl. 2014 C 92/1).

[53] Vgl. Art. 2 VO (EWG) Nr. 1191/69.

[54] EuGH Urt. v. 7.5.2009 – C-504/07, Slg. 2009 I-3867 Rn. 16 ff. – Antrop; BVerwG Urt. v. 29.10.2009 – 3 C 1/09, NVwZ-RR 2010, 559 (561).

betont, dass seine Rechtsprechung allein auf die VO (EWG) Nr. 1191/69 und nicht auf die VO 1370/2007 bezogen war.[55] Abweichend von der VO (EWG) Nr. 1191/69 hat der Verordnungsgeber nun auf einen Katalog gemeinwirtschaftlicher Verpflichtungen verzichtet: Betriebs-, Beförderungs- und Tarifpflichten und ähnliche Verpflichtungen sind folglich nicht zwingend als gemeinwirtschaftliche Verpflichtungen im Sinne der VO 1370/2007 anzusehen. Gleichwohl wird – zumeist unter Hinweis auf die Rechtslage unter der VO (EWG) Nr. 1191/69 und die dazu ergangene Rechtsprechung – vertreten, dass die durch das PBefG begründeten Verpflichtungen als gemeinwirtschaftliche Verpflichtungen im Sinne des Art. 2 lit. e VO 1370/2007 zu qualifizieren seien[56]: Die Genehmigung nach § 13 PBefG diene dem Ausspruch gemeinwirtschaftlicher Verpflichtungen.[57] Konsequenterweise wäre in jeder Genehmigung nach § 13 PBefG zugleich ein öffentlicher Dienstleistungsauftrag im Sinne des Art. 2 lit. i VO 1370/2007 zu sehen. Da zugleich die **vergaberechtlichen Verpflichtungen in Art. 5** der Verordnung an die Begründung eines öffentlichen Dienstleistungsauftrages anknüpften, unterfielen alle Verkehre, die einer Genehmigung nach § 13 PBefG bedürfen, der Pflicht zur Durchführung eines wettbewerblichen Vergabeverfahrens, wenn nicht ausnahmsweise eine Direktvergabe nach Art. 5 Abs. 2, 4 und 5 VO 1370/2007 zulässig sei.[58] Eine derart umfassende Anwendung der vergaberechtlichen Vorschriften hätte in Deutschland einen Paradigmenwechsel zur Folge: Der Vorrang unternehmensinitiierter eigenwirtschaftlicher Verkehre[59] wäre zugunsten eines Systems aufzugeben, in dem sämtliche genehmigungsbedürftigen Verkehre durch die zuständigen Behörden vergeben werden. Die Initiative für Nahverkehrsangebote ginge vollumfänglich auf die zuständigen Behörden über, diese hätten sämtliche Verkehre zu planen und zu organisieren sowie schließlich einen Betreiber in einem Verfahren nach Art. 5 VO 1370/2007 auszuwählen.

23 Eine derart extensive Lesart des Anwendungsbereichs der vergaberechtlichen Vorschriften ist jedoch weder überzeugend noch stünde sie in Übereinstimmung mit dem gesetzlichen Regelungskonzept des § 13 PBefG 2013. Der deutsche Gesetzgeber hat in § 13 PBefG 2013 am Konzept des sog. Genehmigungswettbewerbs festgehalten.[60] Eigenwirtschaftliche Verkehre im Sinne des § 8 Abs. 4 PBefG 2013 unterliegen danach nicht den allgemeinen oder verordnungsrechtlichen Vergabevorschriften, sondern sind Gegenstand eines Verwaltungsverfahrens. Die gesetzlichen Verpflichtungen wie die Betriebs- und Beförderungspflicht nach §§ 21, 22 PBefG 2013 hat der Gesetzgeber folglich nicht als gemeinwirtschaftliche Verpflichtungen im Sinne des Art 2 lit. e VO 1370/2007 angesehen.[61] Hätte er darin gemeinwirtschaftliche Verpflichtungen gesehen, wäre jede Genehmigung ein öffentlicher Dienstleistungsauftrag im Sinne des Art. 2 lit. i VO 1370/2007, der als solcher nach Art. 5 der Verordnung vergeben werden müsste. Den vergaberechtlichen Vorschriften des Art. 5 VO 1370/2007 unterliegen gemäß § 8a Abs. 1 S. 1 PBefG 2013 nur die gemeinwirtschaftlichen Verkehre, dh solche Verkehre, die nicht eigenwirtschaftlich im Sinne des § 8 Abs. 4 PBefG 2013 sind. Dieses Regelungskonzept ist auch mit dem Verordnungsrecht vereinbar: Die VO 1370/2007 bringt zum Ausdruck, dass sie gerade keine

---

55 Vgl. BVerwG Urt. v. 29.10.2009 – 3 C 1/09, NVwZ-RR 2010, 559 (560). Hierauf hinweisend etwa auch *Roling* DVBl. 2010, 1213 (1219).

56 VG Halle Urt. v. 25.10.2010 – 7 A 1/10, *juris* Rn. 288; *Sitsen* IR 2011, 76 (77); *Deuster* DÖV 2010, 591 (596); *Winnes* DÖV 2009, 1135 ff.; *Winnes.* VBlBW 2009, 378 ff.; *Saxinger* GewA 2009, 350 (353); *Saxinger* DVBl. 2008, 688 (692 ff.).

57 *Winnes/Schwarz/Mietzsch* EuR 2009, 290 (296 ff.) Insoweit auch Linke/*Kaufmann/Linke,* VO (EG) 1370/2007 Art. 2 Rn. 25, Saxinger/Winnes/*Saxinger,* Recht des öffentlichen Personenverkehrs, Std. 2012, VO 1370 Art. 2 lit. e Rn. 32.

58 *Winnes* Der Nahverkehr 7–8/2008, 25 (26). Auch *Fehling/Niehnus* DÖV 2008, 662 (668) sprechen der Genehmigung nach § 13 PBefG ihre Steuerungswirkung ab, da sie künftig nur mehr der „Ratifizierung der vorangegangen Vergabeentscheidung" diene.

59 Vgl. zu den sog. eigenwirtschaftlichen (kommerziellen) Verkehren auch sogleich → Rn. 32 ff.

60 Zum Genehmigungswettbewerb etwa OVG Rheinland-Pfalz Urt. v. 15.4.2015 – 7 A 10718/14.OVG.

61 Dies konzedierend etwa auch Saxinger/Winnes/*Saxinger,* Recht des öffentlichen Personenverkehrs, Std. 2012, VO 1370 Art. 2 lit. e Rn. 32.

Geltung für alle Angebote des öffentlichen Personenverkehrs beansprucht. Erwägungsgrund 5 zur Verordnung stellt klar, dass **Verkehre, die kommerziell erbracht werden, der Verordnung nicht unterfallen** sollen.[62] Gemäß Art. 1 Abs. 1 Unterabs. 1 VO 1370/2007 sollen die zuständigen Behörden berechtigt sein, Maßnahmen zu ergreifen, die Personenverkehrsangebote gewährleisten, die unter anderem zahlreicher, sicherer, höherwertiger oder preisgünstiger sind als diejenigen, die das freie Spiel des Marktes ermöglicht hätte. Zu diesem Zweck können die zuständigen Behörden den Verkehrsunternehmen gemeinwirtschaftliche Verpflichtungen auferlegen und im Gegenzug ausschließliche Rechte und/oder Ausgleichsleistungen für die damit verbunden Kosten gewähren (Art. 1 Abs. 1 Unterabs. 2 VO 1370/2007). Diese Gegenleistungen zu regulieren ist Ziel der VO 1370/2007.[63] Das Regulierungskonzept des Verordnungsgebers **knüpft nicht an die gemeinwirtschaftliche Verpflichtung an, sondern an die Gegenleistung,** die dem Unternehmen gewährt wird, das die gemeinwirtschaftliche Verpflichtung erfüllt.[64] Aus der Gegenleistung resultiert die Gefahr einer Wettbewerbsverfälschung, die durch das Instrument des öffentlichen Dienstleistungsauftrages und die daran anknüpfenden beihilfen- und vergaberechtlichen Bestimmungen vermieden werden soll. Ganz in diesem Sinne verpflichtet Art. 3 Abs. 1 VO 1370/2007 die zuständige Behörde zur Begründung eines öffentlichen Dienstleistungsauftrages nur in den Fällen, in denen sie beabsichtigt, ausschließliche Rechte und/oder Ausgleichsleistungen im Gegenzug für die Erfüllung gemeinwirtschaftlicher Verpflichtungen zu gewähren. Allein aus der gemeinwirtschaftlichen Verpflichtung als solcher resultiert keine Verpflichtung zur Beachtung der vergaberechtlichen Vorschriften des Art. 5 VO 1370/2007. Im Übrigen belegt auch ein Blick in die zeitgleich mit der VO 1370/2007 erlassene VO 1371/2007 über die Rechte und Pflichten der Fahrgäste im Eisenbahnverkehr, dass dem europäischen Gesetzgeber die Unterscheidung zwischen kommerziellen (eigenwirtschaftlichen) und gemeinwirtschaftlichen Verkehren bekannt war. Denn **Art. 9 Abs. 3 VO 1371/2007** sieht besondere Bestimmungen für gemeinwirtschaftliche Verkehre vor. Die Regelung erklärt sich nur, wenn es neben gemeinwirtschaftlichen Verkehren auch andere – dh kommerzielle oder eigenwirtschaftliche – Verkehre gibt.

Ungeachtet dessen lässt sich mit guten Gründen verneinen, dass die mit der personen- 24
beförderungsrechtlichen Genehmigung von Gesetzes wegen verknüpften Pflichten überhaupt als gemeinwirtschaftliche Verpflichtungen angesehen werden müssen. Denn von den gemeinwirtschaftlichen Verpflichtungen im Sinne des Art. 2 lit. e VO 1370/2007 sind solche Pflichten abzugrenzen, die zwar auch den wirtschaftlichen Interessen der Unternehmen widersprechen, zu deren Beachtung aber alle Verkehrsunternehmen verpflichtet sind. Es kann von **gesetzlichen Marktrahmenregelungen** gesprochen werden, die von den spezifischen gemeinwirtschaftlichen Verpflichtungen zu unterscheiden sind, die von der jeweils zuständigen Behörde im Wege eines öffentlichen Dienstleistungsauftrages oder einer allgemeinen Vorschrift begründet werden.[65] Zu diesen Marktrahmenregelungen aber sind die Vorschriften über die Sicherheit von Fahrzeugen oder zum Recht der Allgemeinen Geschäftsbedingungen für Verkehrsunternehmen ebenso wie die mit einer Genehmigung nach § 13 PBefG einhergehende Betriebspflicht nach § 21 Abs. 1 PBefG, die Beförde-

[62] BayVGH Beschl. v. 16.8.2012 – 11 CS 12.1607; VK Münster Beschl. v. 29.5.2013 – VK 5/13; *Knauff* NZBau 2012, 65 (65); *Nettesheim* NZVwZ 2009, 1449 (1450); Barth/Baumeister/Berschin/Werner/*Berschin,* Handbuch ÖPNV, Std. 2009, A 2 Rn. 135; *Ziekow* NVwZ 2009, 865 (866 ff.); *Ziekow* Der Vorrang kommerzieller Verkehre in Deutschland, 2008, S. 8 ff. Im Ergebnis ebenso, ohne diese Verkehre ausdrücklich als kommerzielle Verkehre zu bezeichnen: MüKoWettR/*Hölzl* Beihilfen- und Vergaberecht, 2011, Art. 1 VO 1370/2007 Rn. 7; *Pünder* EUR 2007, 564, 566. Den Verfahrensgang für die Genehmigung eigenwirtschaftlicher Verkehrsangebote nach dem PBefG 2013 skizzierend etwa *IHK Stuttgart* Der neue Rechtsrahmen für den Busverkehr, Februar 2013, S. 24 ff.

[63] Vgl. Erwägungsgrund 5 zur Verordnung, dort Sätze 2 und 3.

[64] IdS auch Ziff. 2.1 der Bekanntmachung des *Bayerischen Staatsministeriums* für Wirtschaft, Infrastruktur, Verkehr und Technologie v. 14.8.2009: Leitlinien zur Anwendung der Verordnung (EG) Nr. 1370/2007 über öffentliche Personenverkehrsdienste auf Schiene und Straße, AllMBl. Nr. 10/2009, S. 309 ff.

[65] Vgl. Barth/Baumeister/Berschin/Werner/*Berschin,* Handbuch ÖPNV, Std. 2009, A 2 Rn. 133 f.

rungspflicht gemäß § 22 PBefG sowie die Tarif- und Fahrplanpflicht gemäß § 45 Abs. 2 iVm §§ 39, 40 PBefG zu zählen. Schließlich lässt sich gegen die Qualifikation der mit § 13 PBefG verbundene Pflichten als gemeinwirtschaftliche Verpflichtungen im Sinne des Art. 2 lit. e VO 1370/2007 anführen, dass sich diese Pflichten unmittelbar aus dem Gesetz ergeben und infolge dessen im Interesse des Verkehrsunternehmens liegen, das **freiwillig** eine personenbeförderungsrechtliche Genehmigung beantragt. Eine gemeinwirtschaftliche Verpflichtung im verordnungsrechtlichen Sinne liegt nur vor, wenn der Betreiber diese ohne eine Gegenleistung der zuständigen Behörde nicht übernommen hätte.[66]

25 Im **Anwendungsbereich des AEG** stellt sich die Rechtslage ähnlich dar. Mit der nach § 6 AEG erteilten Genehmigung sind ebenfalls bestimmte Pflichten verbunden, die als gemeinwirtschaftliche Verpflichtungen angesehen werden könnten, etwa die Beförderungspflicht nach § 10 AEG. Aus den vorstehenden Gründen sind darin gleichwohl keine gemeinwirtschaftlichen Verpflichtungen im Sinne des Art. 2 lit. e VO 1370/2007 zu sehen, die eine Verpflichtung zur Durchführung eines Vergabeverfahrens nach Art. 5 VO 1370/2007 begründen. Soweit ersichtlich wird auch nicht vertreten, dass die eisenbahnrechtliche Genehmigung nach § 6 AEG als öffentlicher Dienstleistungsauftrag im Sinne der VO 1370/2007 vergeben werden müsste, dh nach Maßgabe von Art. 5 der Verordnung.

4. Betrauung

26 Gemäß Art. 2 lit. i VO 1370/2007 muss der Betreiber mit der Verwaltung und der Erbringung der öffentlichen Personenverkehrsdienste **betraut** worden sein. Dem kommt indes **keine eigenständige Bedeutung** zu.[67] Das Konzept der Betrauung ist primärrechtlich in Art. 106 Abs. 2 AEUV verankert, der EuGH hat im Rahmen des ersten *Altmark Trans*-Kriteriums eine Betrauung des Unternehmens gefordert[68] und die Kommission verlangt eine Betrauung etwa in Art. 4 ihres sog. Freistellungsbeschlusses[69]. Zweck der legislativen oder regulatorischen Rechtsakte, die den Betrauungsakt bilden können[70], ist stets die Sicherstellung hinreichender Transparenz[71]: Es soll überprüft werden können, ob die Vorteile, die ein Unternehmen für die Erbringung gemeinwirtschaftlicher Verpflichtungen erlangt, angemessen sind. Dazu sind in dem Betrauungsakt der Gegenstand und die Dauer der Verpflichtungen zur Erbringung der fraglichen Leistung, das Unternehmen und ggf. das betreffende Gebiet, die Art etwaiger dem Unternehmen durch die betreffende Behörde gewährter ausschließlicher oder besonderer Rechte, die Parameter für die Berechnung, Überwachung und Änderung der Ausgleichsleistung sowie schließlich die Maßnahmen zur Vermeidung und Rückforderung etwaiger Überkompensationen festzulegen.[72] Diese Angaben sind im Rahmen der VO 1370/2007 Gegenstand eines öffentlichen Dienstleistungsauftrages im Sinne des Art. 2 lit. i der Verordnung (vgl. nur Art. 4 der Verordnung). Der öffentliche Dienstleistungsauftrag fungiert somit als Betrauung, ohne dass dem Wort „be-

---

[66] Vgl. *Roling* DVBl. 2010, 1213 (1219); MüKoWettbR/*Hölzl* Bd. 3, Beihilfen- und Vergaberecht, 2011, VO 1370/2007 Art. 2 Rn. 14; Innenministerium *Baden-Württemberg* Leitlinien zur Anwendung der EU-VO 1370/2007 über öffentliche Personenverkehrsdienste auf Schiene und Straße vom 3.12.2009 bis zum Inkrafttreten einer Novelle des PBefG, dort Ziff. 2.2; *bdo* Juristisches Grundsatzpapier zur Anwendung der VO (EG) Nr. 1370/2007 in Deutschland, 2009, Ziff. 2.2.1.

[67] Ganz ähnlich etwa auch *Deuster* DÖV 2010, 591, 598.

[68] EuGH Urt. v. 24.7.2003 – C-280/00, NZBau 2003, 503 Rn. 89 – Altmark Trans.

[69] Beschluss der Kommission v. 20.12.2011 über die Anwendung des Art. 106 Abs. 2 des Vertrages über die Arbeitsweise der Europäischen Union auf staatliche Beihilfen in Form von Ausgleichsleistungen zugunsten bestimmter Unternehmen, die mit der Erbringung von Dienstleistungen von allgemeinem wirtschaftlichen Interesse betraut sind, ABl. 2012 L 7/3.

[70] Vgl. dazu bereits → Rn. 23.

[71] Vgl. *Koenig/Kühling/Ritter* EG-Beihilfenrecht, 2. Aufl. 2005, Rn. 40, oder auch Burgi EuZW 2017, 90ff.

[72] Vgl. die Darstellung in der Mitteilung der Kommission übe die Anwendung der Beihilfevorschriften der Europäischen Union auf Ausgleichsleistungen für die Erbringung von Dienstleistungen von allgemeinem wirtschaftlichem Interesse, ABl. 2012 C 8/4, Tz. 52.

traut“ im Rahmen des Art. 2 lit. i VO 1370/2007 eine Funktion verbleibt, die über das Erfordernis der Begründung eines öffentlichen Dienstleistungsauftrages hinausreicht.

II. Pflicht zur Begründung eines öffentlichen Dienstleistungsauftrages

Art. 3 Abs. 1 der Verordnung bestimmt, **wann ein öffentlicher Dienstleistungsauftrag** 27 im Sinne des Art. 2 lit. i VO 1370/2007 **begründet werden muss.** Ein öffentlicher Dienstleistungsauftrag ist hiernach zwingende Voraussetzung für die Gewährung ausschließlicher Rechte von der zuständigen Behörde an den ausgewählten Betreiber und/oder für die Gewährung von Ausgleichsleistungen gleich welcher Art für die Erfüllung gemeinwirtschaftlicher Verpflichtungen.

1. Gewährung ausschließlicher Rechte

Ein **ausschließliches Recht** ist gemäß der Legaldefinition des Art. 2 lit. f VO 1370/2007 28 ein Recht, das einen Betreiber eines öffentlichen Dienstes berechtigt, bestimmte öffentliche Personenverkehrsdienste auf einer bestimmten Strecke oder in einem bestimmten Streckennetz oder Gebiet unter Ausschluss aller anderen solchen Betreiber zu erbringen. Zu einem Ausschließlichkeitsrecht in diesem Sinne soll nach teilweise vertretener Ansicht jede **Genehmigung nach dem PBefG** führen.[73] Träfe das zu, wäre jede personenbeförderungsrechtliche Genehmigung nach § 13 PBefG wegen Art. 3 Abs. 1 VO 1370/2007 als öffentlicher Dienstleistungsauftrag im Sinne des Art. 2 lit. i VO 1370/2007 zu qualifizieren und infolge dessen nach Maßgabe des Art. 5 VO 1370/2007 zu vergeben[74]. Der ausschließliche Charakter der personenbeförderungsrechtlichen Genehmigung sei Konsequenz aus § 13 Abs. 2 Nr. 3 PBefG 2013. Danach ist die Genehmigung für die Erbringung von Personenbeförderungsleistungen zu versagen, wenn durch den beantragten Verkehr die öffentlichen Verkehrsinteressen beeinträchtigt werden, was gemäß § 13 Abs. 2 Nr. 3 lit. a PBefG 2013 insbesondere der Fall sein soll, wenn der Verkehr mit vorhandenen Verkehrsmitteln befriedigend bedient werden kann. An einer befriedigenden Bedienung des Verkehrs mit den vorhandenen Verkehrsmitteln fehlt es danach nur, wenn eine Lücke im Verkehrsangebot besteht, wenn also die Nachfrage das Angebot übersteigt. Zugleich widerspricht es nach ständiger Rechtsprechung der Wahrung der öffentlichen Verkehrsinteressen, wenn mehreren Unternehmen für denselben Verkehr parallel zueinander eine Linienverkehrsgenehmigung erteilt wird (sog. Parallelbedienungsverbot). Das gilt jedenfalls, wenn davon auszugehen ist, dass eine annähernd kostendeckende Bedienung der Linie nur durch einen Unternehmer erfolgen kann und eine Konkurrenz zu einem ruinösen Wett-

---

[73] VG Halle Urt. v. 25.10.2010 – 7 A 1/10, *juris* Rn. 288; BayVGH Beschl. v. 16.8.2012 – 11 CS 12.1607, juris Rn. 63; VG Augsburg Urt. v. 24.3.2015 – AU 3 K 13.2063 und AU 3 K 14.34, juris Rn. 112; Saxinger/Winnes/*Saxinger,* Recht des öffentlichen Personenverkehrs, Std. 2013/2015, VO 1370 Art. 2 lit. f Rn. 11ff.; Saxinger/Winnes/*Winnes,* Recht des öffentlichen Personenverkehrs, Std. 2014, § 8 Abs. 4 PBefG Rn. 18ff.; Knauff/*Winnes,* Vorrang der Eigenwirtschaftlichkeit im ÖPNV, 2017, S. 38f.; *Heinze* DVBl. 2011, 534 (535f.); Heinze/Fehling/Fiedler/*Heinze,* PBefG, 2. Aufl. 2014, § 8 Rn. 69f.; *Sitsen* IR 2011, 76 (77ff.); *Jung/Deuster* IR 2011, 148 (150); *Linke* NZBau 2010, 207 (207), und EuZW 2014, 766 (769); *Deuster* DÖV 2010, 591 (592ff.); *Bauer,* PBefG Kommentar, 2010, § 8 Rn. 25; *Deuster* IR 2009, 202 (202ff.); *Winnes/Schwarz/Mietzsch* EuR 2009, 290 (296ff.); *Nettesheim* NVwZ 2009, 1449 (1450); *Kiepe/Mietzsch* IR 2008, 56 (57); *Winnes* Der Nahverkehr 7–8/2008, 25 (27); *Saxinger* DVBl. 2008, 688 (689ff.) Nach *Schröder* NZBau 2012, 541 (545), soll das Verbot der Doppelbedienung zwar grds. als ausschließliches Recht anzusehen sein; das gelte aber nicht, wenn dessen Auswahl ein (Genehmigungs-) Wettbewerb vorausgegangen ist. Die Kommission formuliert in ihrem Beschl. v. 23.2.2011 – C 58/2006, Deutschland/Bahnen der Stadt Monheim (BSM), K(2011)632 endg., ABl. 2011 L 210/1, Rn. 12, dass mit der Genehmigung nach § 13 PBefG ein ausschließliches Recht gewährt werde. Diese Feststellung erfolgt indes ohne nähere Auseinandersetzung allein im Tatbestand des Beschlusses, ohne dass die Kommission auf diesen Umstand in der nachfolgenden Begründung ihrer Entscheidung zurückkommt.

[74] Zur Diskussion vgl. etwa Wissenschaftlicher Dienst des Bundestages, Linienverkehrsgenehmigungen nach dem Personenbeförderungsgesetz im Lichte der VO (EG) Nr. 1370/2007, Ausarbeitung WD 5-3000-003/17 v. 10.5.2017.

bewerb führen muss („unstreitig erschöpftes Kontingent").[75] Wegen § 13 Abs. 2 Nr. 3 lit. a PBefG 2013 soll die personenbeförderungsrechtliche Genehmigung daher ein ausschließliches Recht im Sinne des Art. 2 lit. f VO 1370/2007 begründen. Demgegenüber ging die Verwaltungspraxis bereits früh davon aus, dass das deutsche Recht die Gewährung ausschließlicher Rechte im Sinne der Verordnung nicht vorsieht und insbesondere auch die personenbeförderungsrechtliche Genehmigung nach § 13 PBefG 2013 kein ausschließliches Recht gewährt.[76] Dieser Rechtsansicht hat sich die Bundesregierung früh angeschlossen.[77] Dem hat sich der Gesetzgeber im Zuge der Novellierung des PBefG angeschlossen, weil er daran festgehalten hat, nur gemeinwirtschaftliche Verkehre den verordnungsrechtlichen Vergabevorschriften zu unterstellen, eigenwirtschaftliche Verkehre aber in einem Verwaltungsverfahren zu genehmigen, das bei konkurrierenden Anträgen zu einem nach § 13 Abs. 2b PBefG 2013 aufzulösenden Genehmigungswettbewerb führt.[78] Dem folgt, soweit ersichtlich, die Praxis.[79] Für diese Rechtsauffassung spricht insbesondere § 13 Abs. 2 Nr. 2 lit. c PBefG 2013, der dem vorhandenen Unternehmer das Recht zur Ausgestaltung seines Verkehrs vorbehält. Dieses Ausgestaltungsrecht ist nur erforderlich, weil der vorhandene Unternehmer unter Konkurrenzdruck steht und sich gerade nicht auf ein ausschließliches Recht berufen kann.[80] Schließlich spricht § 8a Abs. 8 PBefG 2013 gegen die Qualifikation der personenbeförderungsrechtlichen Genehmigung als ausschließliches Recht: Die den zuständigen Behörden durch § 8a Abs. 8 PBefG 2013 eingeräumte Befugnis, ausschließliche Rechte zum Schutz bestimmter Verkehre zu verleihen, wäre überflüssig, wenn jede personenbeförderungsrechtliche Genehmigung ein ausschließliches Recht darstellt.[81] Das erkennen im Ergebnis auch die Vergabenachprüfungsinstanzen an: Eine Genehmigung nach § 13 PBefG 2013 begründe zwar Vorrechte zugunsten eines Unternehmens, ausschließliche Rechte vermittele sie dem Unternehmen aber nicht.[82]

[75] Vgl. BVerwG Urt. v. 24.6.2010 – 3 C 14/09, NVwZ 2011, 115 (116) mwN.

[76] Innenministerium *Baden-Württemberg* Leitlinien zur Anwendung der EU-VO 1370/2007 über öffentliche Personenverkehrsdienste auf Schiene und Straße vom 3.12.2009 bis zum Inkrafttreten einer Novelle des PBefG, dort Ziff. 2.2; Ziff. 2.2 der Bekanntmachung des *Bayerischen Staatsministeriums* für Wirtschaft, Infrastruktur, Verkehr und Technologie v. 14.8.2009: Leitlinien zur Anwendung der Verordnung (EG) Nr. 1370/2007 über öffentliche Personenverkehrsdienste auf Schiene und Straße, AllMBl. Nr. 10/2009, S. 309 ff.; *Hessisches Ministerium* für Wirtschaft, Verkehr und Landesentwicklung Leitfaden für die Erteilung von Liniengenehmigungen in Hessen nach dem 3.12.2009, dort Ziff. 3; Landesnahverkehrsgesellschaft *Niedersachsen* (LNVG) Leitlinie zum Liniengenehmigungsverfahren ab dem 3.12.2009, dort Ziff. 2; Saarländischer Minister für Wirtschaft und Wissenschaft, Leitlinien zur Anwendung der Verordnung (EG) Nr. 1370/2007 über öffentliche Personenverkehrsdienste auf Schiene und Straße im *Saarland,* dort Ziff. 2.

[77] Antwort der Bundesregierung auf Frage 6 einer Kleinen Anfrage, BT-Drs. 17/314 v. 18.12.2009. Ebenso dann etwa die Unterrichtung der Bundesregierung – Bericht nach § 66 des Personenbeförderungsgesetzes, BT-Drs. 18/11160, S. 8.

[78] Vgl. dazu etwa Saxinger/Winnes/*Saxinger,* Recht des öffentlichen Personenverkehrs, Std. 2013/20152, VO 1370 Art. 2 lit. f Rn. 52, oder auch Heinze/Fehling/Fiedler/*Fehling,* PBefG, 2. Aufl. 2014, § 8a Rn. 112. Zur vermeintlichen Verfassungswidrigkeit vgl. Saxinger/Winnes/*Winnes,* Recht des öffentlichen Personenverkehrs, Std. 2015, § 8 Abs. 4 PBefG Rn. 21.

[79] Vgl. auch *Fromm/Sellmann/Zuck,* Personenbeförderungsrecht, 4. Aufl. 2013, § 8a PBefG Rn. 10, die davon ausgehen, dass der Streit als entschieden zu betrachten sei. Auch *Schäfer,* in: Knauff, Vorrang der Eigenwirtschaftlichkeit im ÖPNV, 2017, S. 59, betont die Unvereinbarkeit der Annahme eines ausschließlichen Rechts mit dem Willen des Gesetzgebers.

[80] Vgl. *Opitz/Wittemann* in v. Wietersheim, Vergaben im ÖPNV, 2013, S. 135, 159 f.; MüKoWettbR/*Hölzl* Beihilfen- und Vergaberecht, 2011, VO 1370/2007 Art. 2 Rn. 14; *Roling* DVBl. 2010, 1213 (1219 f.); Kaufmann/Lübbig/Prieß/Pünder/*Kaufmann,* VO (EG) 1370/2007, 2010, Art. 2 Rn. 30; *bdo* Juristisches Grundsatzpapier zur Anwendung der VO (EG) Nr. 1370/2007 in Deutschland, 2009, Ziff. 2.2.1.1; *Batzill* Der Nahverkehr 11/2009, 19 (20 f.); *Ipsen* Der Nahverkehr 6/2008, 20 (21).

[81] Zu weiteren Begründungen vgl. etwa Saxinger/Winnes/*Saxinger,* Recht des öffentlichen Personenverkehrs, Std. 2015, VO 1370 Art. 2 lit. f Rn. 34 ff.

[82] OLG Düsseldorf Beschl. v. 2.3.2011 – Verg 48/10, NZBau 2011, 244 (246) – Münsterlandkreise; ebenso die Vorinstanz VK Münster Beschl. v. 7.10.2010 – VK 6/10. Aus der älteren Entscheidungspraxis vgl. etwa VK Düsseldorf Beschl. v. 14.5.2004 – VK-7/2004-L/VK-8/2004-L, und VK Baden-Württemberg Beschl. v. 14.3.2005 – 1 VK 5/05.

§ 8a Abs. 8 PBefG 2013 begründet nun die Befugnis der zuständigen Behörden (dh in der Regel der Aufgabenträger), zugunsten einzelner Unternehmen ein **ausschließliches Recht im Einzelfall zu begründen.** Das ausschließliche Recht darf sich nur auf den Schutz einer Verkehrsleistung beziehen, die Gegenstand eines öffentlichen Dienstleistungsauftrages im Sinne der Verordnung ist. Entsprechend Art. 4 Abs. 1 lit. b VO 1370/2007 verlangt § 8a Abs. 8 S. 3 PBefG 2013, dass die zuständige Behörde den räumlichen und zeitlichen Geltungsbereich zu bestimmen hat sowie die Art der Personenverkehrsdienstleistung, die unter Ausschluss anderer Betreiber zu erbringen ist. Verkehre, die das Fahrgastpotential der geschützten Verkehre nur unerheblich beeinträchtigen, dürfen nicht ausgeschlossen werden.[83] Genehmigungsanträge, die gegen ausschließliche Rechte verstoßen, muss die Genehmigungsbehörde gem. § 13 Abs. 2 Nr. 2 PBefG 2013 zurückweisen. Ziel der Regelung ist es, den Aufgabenträger zu erlauben, die von ihnen beauftragten (gemeinwirtschaftlichen) Verkehrsleistungen während der Laufzeit des öffentlichen Dienstleistungsvertrages vor kommerzieller (eigenwirtschaftlicher) Konkurrenz zu schützen.[84] Die Bundesregierung konnte sich mit ihrem Einwand, das Instrument beeinträchtigte das Prinzip des Vorrangs eigenwirtschaftlicher Verkehre, nicht durchsetzen.[85] Entschließt sich die zuständige Behörde, von ihrer Befugnis zur Gewährung ausschließlicher Rechte Gebrauch zu machen, löst sie wegen Art. 3 Abs. 1 VO 1370/2007 die Verpflichtung zur Vergabe eines öffentlichen Dienstleistungsauftrages im Sinne des Art. 2 lit. i der Verordnung aus. 29

Mit einer **Genehmigung nach § 6 AEG** ist kein dem § 13 Abs. 2 Nr. 3 PBefG 2013 vergleichbarer Schutz vor Konkurrenz verbunden. Das AEG kennt kein Verbot der Doppelbedienung. Einen Anspruch auf die Genehmigung, Personenverkehre mit der Eisenbahn erbringen zu dürfen, hat vielmehr grundsätzlich jedes Unternehmen, das seine Zuverlässigkeit, Leistungsfähigkeit, Fachkunde und damit die Gewähr für eine sichere Betriebsführung nachweist (§ 6 Abs. 2 AEG). Darüber hinaus muss das Unternehmen über die erforderlichen Trassen verfügen; insoweit besteht ein Anspruch auf einen diskriminierungsfreien Trassenzugang im Rahmen des § 14 AEG. Ein Ausschließlichkeitsrecht lässt sich auch nicht aus dem sog. Eisenbahnprivileg des § 13 Abs. 2 Nr. 3 lit. b und lit. c PBefG herleiten. Danach kann die *personenbeförderungsrechtliche* Genehmigung versagt werden, wenn der beantragte Linienverkehr mit Kraftfahrzeugen ohne wesentliche Verbesserung eine Verkehrsaufgabe übernehmen soll, die Eisenbahnen bereits wahrnehmen.[86] Diese Regelung schützt nicht gegen konkurrierenden Eisenbahnverkehr und kann somit nicht als Ausschließlichkeitsrecht zugunsten des vorhandenen Eisenbahnunternehmens qualifiziert werden.[87] Ein öffentlicher Dienstleistungsauftrag im Sinne des Art. 2 lit. i VO 1370/2007 *muss* gemäß Art. 3 Abs. 1 der Verordnung im Anwendungsbereich des AEG daher nur vergeben werden, wenn dem Eisenbahnverkehrsunternehmen Ausgleichsleistungen für die Erfüllung gemeinwirtschaftlicher Verpflichtungen gewährt werden sollen. Eine Befugnis der Aufgabenträger, freiwillig ausschließliche Rechte im Eisenbahnverkehr zu begründen, besteht – anders als im Geltungsbereich des Personenbeförderungsgesetzes nach § 8a Abs. 8 PBefG 2013 – nicht. 30

2. Gewährung von Ausgleichsleistungen

Ungeachtet der Frage, ob ausschließliche Rechte gewährt werden, muss gemäß Art. 3 Abs. 1 Alt. 2 VO 1370/2007 ein öffentlicher Dienstleistungsauftrag im Sinne des Art. 2 lit. i VO 1370/2007 begründet werden, wenn dem Betreiber Ausgleichsleistungen gleich welcher Art für die Erfüllung gemeinwirtschaftlicher Verpflichtungen gewährt werden. Als 31

[83] Vgl. dazu auch die Begründung zum Änderungsentwurf, BT-Drs. 17/10857, S. 23.
[84] Vgl. die Begründung zu den Empfehlungen der Ausschüsse des Bundesrates, BR-Drs. 462/1/11, S. 33, sowie die Begründung des Gesetzesentwurfs der Fraktionen von SPD und Bündnis 90/Die Grünen, BT-Drs. 17/7046, S. 26 f.
[85] Vgl. BT-Drs. 17/8233, dort Anlage 4.
[86] Vgl. BVerwG Urt. v. 24. 6. 2010 – 3 C 14/09, NVwZ 2011, 115 ff.
[87] Zur Liberalisierung der Fernbusverkehre vgl. insbes. § 13 Abs. 2 S. 2 PBefG 2013.

Ausgleichsleistung für gemeinwirtschaftliche Verpflichtungen definiert Art. 2 lit. g VO 1370/2007 **jeden Vorteil, insbesondere finanzieller Art,** der mittelbar oder unmittelbar von einer zuständigen Behörde aus öffentlichen Mitteln während des Zeitraums der Erfüllung einer gemeinwirtschaftlichen Verpflichtung oder in Verbindung mit diesem Zeitraum gewährt wird. Unerheblich ist, ob dem Betreiber bei einem Vergleich von Leistung und Gegenleistung tatsächlich ein geldwerter Vorteil zukommt. Insoweit unterscheidet sich die weit gefasste Definition des Art. 2 lit. i VO 1370/2007 vom allgemeinen Begriff der Beihilfe, an der es bereits tatbestandlich fehlt, wenn die aus staatlichen Mitteln erbrachte Gegenleistung nicht mehr wert ist als die vom Unternehmen erbrachte Leistung.

3. Eigenwirtschaftliche (kommerzielle) Verkehre

32 Die Erbringung von Personenbeförderungsleistungen auf Schiene und Straße ist in Deutschland traditionell Gegenstand des Gewerberechts. Die Tätigkeit bedarf einer Genehmigung, auf deren Erteilung ein Anspruch besteht, wenn der Antragsteller die gesetzlichen Genehmigungsvoraussetzungen erfüllt.[88] Ob, in welchem Umfang und in welcher Qualität die Leistungen angeboten werden, bestimmen im Ausgangspunkt die Verkehrsunternehmen unter Berücksichtigung der mit dem beantragten Verkehr verbundenen wirtschaftlichen Chancen und Risiken. Dem steht die Erfahrung gegenüber, dass die Mehrzahl von Verkehren nicht wirtschaftlich betrieben werden kann. Vielfach kann ein flächendeckendes Angebot öffentlicher Personenverkehrsdienstleistungen ohne den Einsatz öffentlicher Mittel weder auf der Straße noch auf der Schiene gewährleistet werden. Mit der Erbringung dieser Verkehre kann der Aufgabenträger Verkehrsunternehmen nach dem Besteller-Ersteller-Prinzip beauftragen: Der Aufgabenträger bestellt und bezahlt die Verkehre, das Verkehrsunternehmen erbringt die Verkehre und erhält dafür ein seine Kosten (ggf. nur teilweise) deckendes Entgelt. Dem Schutz der Unternehmerfreiheit und dem wirtschaftlichen und sparsamen Umgang mit öffentlichen Haushaltsmitteln dient der sog. **Vorrang eigenwirtschaftlicher Verkehre.**

33 **a) Eigenwirtschaftliche Verkehre im Anwendungsbereich des PBefG.** Im Anwendungsbereich des PBefG ergab sich der Vorrang eigenwirtschaftlicher Verkehre **bis zum Inkrafttreten der VO 1370/2007** am 3.12.2009 aus den §§ 8, 13 und 13a PBefG aF Nur soweit eine ausreichende Verkehrsbedienung nicht durch eigenwirtschaftliche Verkehre möglich war, galt gemäß § 8 Abs. 4 Satz 3 PBefG aF die Verordnung (EWG) Nr. 1191/69 in ihrer jeweils geltenden Fassung. Der Umsetzung dieser Verordnung diente § 13a PBefG aF, dem zufolge die Genehmigung an das Verkehrsunternehmen zu erteilen war, das die Verkehre zu den geringsten Kosten für die Allgemeinheit anbot. Diese Kosten waren anhand der Verordnung zur Anwendung des § 13a Abs. 1 S. 3 des Personenbeförderungsgesetzes[89] – der sog. Geringste-Kosten-Verordnung[90] – zu ermitteln. Nach § 1 Abs. 2 dieser Verordnung war in der Regel ein Vergabeverfahren nach dem 1. Abschnitt der VOL/A durchzuführen. Im Einzelnen umstritten war, wie der Vorrang eigenwirtschaftlicher Verkehre gegenüber diesen gemeinwirtschaftlichen Verkehren verfahrensrechtlich abgesichert werden konnte.[91] Mit dem Inkrafttreten der VO 1370/2007 am 3.12.2009 trat die VO (EWG) Nr. 1191/69 außer Kraft. § 13a PBefG und die Geringste-Kosten-Verordnung konnten daher im Zuge der PBefG-Novelle aufgehoben werden.[92]

---

[88] Zu § 13 PBefG vgl. BVerwG Urt. v. 6.4.2000 – 3 C 6/99, NVwZ 2001, 322 (322), sowie etwa *Heinze* ZRP 2012, 84, 85. Zu § 6 AEG vgl. Beck AEG Kommentar/*Wachinger,* 2. Aufl. 2014, § 6 Rn. 5.

[89] BGBl. 1995 I 1705.

[90] Vgl. nur *Heinze* Personenbeförderungsgesetz, 2007, § 13a Anm. 9.

[91] Vgl. dazu BVerwG Urt. v. 29.10.2009 – 3 C 1/09, NVwZ-RR 2010, 559ff. mAnm *Roling* DVBl. 2010, 1213ff.

[92] Zu Recht nicht durchgesetzt hat sich die Auffassung, eine Erteilung personenbeförderungsrechtlicher Genehmigungen sei in dem Zeitraum zwischen Inkrafttreten der VO 1370/2007 und dem Inkrafttreten des PBefG 2013 unzulässig gewesen, vgl. idS aber *Recker* ZKF 2009, 49 (50ff.), sowie *mofair e.V.* Mitteilung

Auch unter Geltung der VO 1370/2007 müssen nicht alle Verkehre zwingend von der zuständigen Behörde gemäß Art. 5 der Verordnung vergeben werden.[93] Anderes widerspräche der Anerkennung kommerzieller Verkehre durch den Verordnungsgeber.[94] Eine umfassende Vergabepflicht kann insbesondere nicht darauf gestützt werden, dass mit jeder personenbeförderungsrechtlichen Genehmigung gemeinwirtschaftliche Verpflichtungen ausgesprochen werden, die eine solche Genehmigung zu einem nach Art. 5 der Verordnung vergabepflichtigen öffentlichen Dienstleistungsauftrag machen.[95] Ebenso wenig begründet die personenbeförderungsrechtliche Genehmigung ein ausschließliches Recht, das gemäß Art. 3 Abs. 1 in Verbindung mit Art. 5 VO 1370/2007 im Rahmen eines öffentlichen Dienstleistungsauftrages zu vergeben ist.[96] Erhält das Verkehrsunternehmen schließlich keine Ausgleichsleistungen für die Erfüllung gemeinwirtschaftlicher Verpflichtungen im Sinne des Art. 2 lit. g der Verordnung, **findet die VO 1370/2007 keine Anwendung.** Die Entscheidung über die **Auswahl des Unternehmens,** dem die personenbeförderungsrechtliche Genehmigung zu erteilen ist, richtet sich dann nicht nach der VO 1370/2007, sondern allein nach mitgliedstaatlichem Recht, in Deutschland also **nach dem Personenbeförderungsgesetz.** Eine etwaige Antragskonkurrenz ist im Rahmen des dann entstehenden Genehmigungswettbewerbs insbesondere nach § 13 Abs. 2b PBefG aufzulösen. 34

Das PBefG 2013 geht (wie die Altregelung) davon aus, dass es Verkehre gibt, die zwar einer Genehmigung nach § 13 PBefG bedürfen, aber nicht allein aus diesem Grunde zugleich in den Anwendungsbereich der VO 1370/2007 fallen. Der deutsche Gesetzgeber bezeichnet diese Verkehre nicht wie im Erwägungsgrund 5 zur VO 1370/2007 als **kommerzielle Verkehre,** sondern in Fortführung der überkommenen Terminologie als **eigenwirtschaftliche Verkehre.** Davon unterschieden werden die der VO 1370/2007 unterfallenden Verkehre, die – wiederum der bekannten Terminologie folgend – als **gemeinwirtschaftliche Verkehre** bezeichnet werden.[97] Neben der Unterscheidung zwischen eigen- und gemeinwirtschaftlichen Verkehren bleibt es beim **Vorrang eigenwirtschaftlicher Verkehre.** Das ist angesichts insoweit fehlender europarechtlicher Vorgaben unbedenklich, wenn nur die Existenz kommerzieller oder eigenwirtschaftlicher Verkehre überhaupt anerkannt wird.[98] 35

In § 8 Abs. 4 S. 1 PBefG 2013 heißt es zunächst wie in § 8 Abs. 4 S. 1 PBefG aF, dass Verkehrsleistungen im öffentlichen Personennahverkehr eigenwirtschaftlich zu erbringen sind. Modifiziert wurde die Definition der Eigenwirtschaftlichkeit in § 8 Abs. 4 S. 2 PBefG 2013. Eigenwirtschaftlich sind Verkehrsleistungen, deren Aufwand gedeckt wird durch Beförderungserlöse, Ausgleichsleistungen auf der Grundlage von allgemeinen Vorschriften nach Art. 3 Abs. 2 und Abs. 3 VO 1370/2007 und sonstige Unternehmenserträge im handelsrechtlichen Sinne, soweit diese keine Ausgleichsleistungen für die Erfüllung gemeinwirtschaftlicher Verpflichtungen nach Art. 3 Abs. 1 VO 1370/2007 darstellen und keine ausschließlichen Rechte gewähren.[99] In der Gesetzesbegründung führt die Bundes- 36

---

v. 30.1.2009 „Erteilung von Linienverkehrsgenehmigungen ist ohne Anpassung des Personenbeförderungsgesetzes an die EU-Verordnung 1370 nicht möglich". Diese Konsequenz in Erwägung ziehend auch das sog. Hintergrundpapier der BAG ÖPNV: Bewertung der Rechtsfolgen einer fehlenden Anpassung des PBefG an die ÖPNV-Verordnung (EG) Nr. 1370/2007, Ziff. 4.

[93] Vgl. etwa *Saxinger* GewArch 2009, 350 (354), der nur die Ausnahmen nach Art. 5 Abs. 1 S. 2 und S. 2 VO 1370/2007 anerkennen will.

[94] Vgl. Erwägungsgrund (5) zur VO 1370/2007 sowie dazu auch → Rn. 23.

[95] Vgl. dazu im Einzelnen → Rn. 22 und 24.

[96] Vgl. dazu im Einzelnen zuvor → Rn. 28.

[97] Vgl. den Gesetzentwurf der Bundesregierung, BR-Drs. 462/11, dort etwa die Begründung zu § 8a oder § 12 Abs. 7 PBefG-E.

[98] Die Existenz eigenwirtschaftlicher Verkehre im Grundsatz ebenfalls anerkennend, allerdings deren Vorrang gegenüber gemeinwirtschaftlichen Verkehren stärker einschränkend: Stellungnahme des Bundesrates, BR-Drs. 462/11 (Beschluss) v. 23.9.2011, S. 7.

[99] Vgl. hierzu etwa auch *Knauff,* in: Knauff, Vorrang der Eigenwirtschaftlichkeit im ÖPNV, 2017, S. 22f., sowie *Kramer/Hinrichsen* in: Knauff, Vorrang der Eigenwirtschaftlichkeit im ÖPNV, 2017, S. 90ff.

regierung aus[100]: Die Definition sei wie bisher sehr breit angelegt, um möglichst viele Einnahmen der Verkehrsunternehmen zu erfassen (zB Fahrzeugförderung, Werbeeinnahmen). Andererseits dürfe die Definition nicht dazu führen, dass die Anwendbarkeit der Verordnung eingeschränkt wird. Keine Eigenwirtschaftlichkeit liege deshalb vor, wenn der Aufgabenträger (oder eine andere zuständige Stelle) durch einen (individuellen) Dienstleistungsauftrag Ausgleichsleistungen für die Erfüllung gemeinwirtschaftlicher Verpflichtungen gewährt. Im Hinblick auf die weite Definition des Begriffs „Ausgleichsleistungen" in Art. 2 lit. g VO 1370/2007 werde diese Einschränkung regelmäßig dann eingreifen, wenn ein Verkehrsunternehmen Zahlungen oder andere finanzielle Vorteile erhält, um einen defizitären Verkehr durchzuführen. Dagegen könnten **Ausgleichsleistungen auf der Grundlage allgemeiner Vorschriften** nach Art. 3 Abs. 2 VO 1370/2007 als **unschädlich** angesehen werden.[101]

37 Der **Vorrang** eigenwirtschaftlicher Verkehre kommt sodann in § 8a Abs. 1 S. 1 PBefG 2013 zum Ausdruck, wo es heißt, dass die VO 1370/2007 maßgebend ist, „soweit" eine ausreichende Verkehrsbedienung nicht entsprechend § 8 Abs. 4 S. 1 PBefG 2013 möglich ist[102]. **Verfahrensrechtlich abgesichert** wird der Vorrang eigenwirtschaftlicher Verkehre insbesondere durch § 12 Abs. 6 PBefG 2013, wonach die zuständige Behörde ihre Absicht, einen öffentlichen Dienstleistungsauftrag zu vergeben, ankündigen muss und Verkehrsunternehmen hieraufhin binnen einer bestimmten Frist Anträge auf Erteilung einer Genehmigung für eigenwirtschaftliche Verkehre stellen können.[103]

38 **b) Eigenwirtschaftliche Verkehre im Anwendungsbereich des AEG.** Das AEG enthält keine Regelung über den Vorrang eigenwirtschaftlicher Verkehre. Überwiegend wird davon ausgegangen, dass Schienenpersonennahverkehre schon rein tatsächlich nicht ohne öffentliche Zuschüsse betrieben werden können.[104] Bestellt der zuständige Aufgabenträger Schienenpersonenverkehre, stellt sich das dem Eisenbahnverkehrsunternehmen gezahlte Entgelt regelmäßig als Ausgleichsleistung im Sinne des Art. 2 lit. g VO 1370/2007 dar. Der zwischen dem Aufgabenträger und dem Eisenbahnverkehrsunternehmen abzuschließende Verkehrsvertrag wird dann ebenso regelmäßig als öffentlicher Dienstleistungsauftrag im Sinne des Art. 2 lit. i VO 1370/2007 zu qualifizieren sein, der nach Maßgabe des Art. 5 der Verordnung zu vergeben ist. Verkehre, für die das Eisenbahnverkehrsunternehmen keine Ausgleichsleistungen im Sinne der VO 1370/2007 erlangt, können als eigenwirtschaftliche Verkehre qualifiziert werden, die ohne vorangehende Vergabe nach Art. 5 VO 1370/2007 erbracht werden.

III. Inhalt öffentlicher Dienstleistungsaufträge

39 Den Inhalt öffentlicher Dienstleistungsaufträge legt im Wesentlichen **Art. 4** der Verordnung fest. Ergänzend sind **Art. 6 der Verordnung und ihr Anhang** zu beachten. Die Bestimmungen knüpfen an den Begriff des öffentlichen Dienstleistungsauftrages im Sinne des Art. 2 lit. i VO 1370/2007 an und gelten somit für jeden öffentlichen Dienstleistungsauftrag im Sinne des Art. 2 lit. i VO 1370/2007 ohne Rücksicht darauf, nach welchen Vorschriften der öffentliche Dienstleistungsauftrag vergeben wird. Auch öffentliche Dienstleistungsaufträge im Sinne des Art. 2 lit. i der Verordnung, die **öffentliche Dienstleis-**

---

100 BR-Drs. 462/11, S. 24.

101 Im gleichen Sinne: Stellungnahme des Bundesrates, BR-Drs. 462/11 (Beschluss) v. 23.9.2011, S. 7.

102 Zum Vorrang eigenwirtschaftlicher Verkehre etwa auch *Knauff* in: Knauff, Vorrang der Eigenwirtschaftlichkeit im ÖPNV, 2017, Seite 24f.

103 Vgl. dazu auch die Begründung in BR-Drs. 462/11, S. 32. Zu Fragen des Vorrangs eigenwirtschaftlicher Verkehre zwischenzeitlich etwa auch BVerwG Beschl. v. 25.7.2019 – 8 B 53.19.

104 *Monopolkommission* Sondergutachten 60, Bahn 2011: Wettbewerbspolitik unter Zugzwang, Tz. 235; zuvor bereits etwa *Monopolkommission* Sondergutachten 55, Bahn 2009: Wettbewerb erfordert Weichenstellung, Tz. 30.

tungsaufträge im Sinne des § 103 Abs. 4 GWB darstellen und infolge dessen gemäß Art. 5 Abs. 1 S. 2 und 3 VO 1370/2007 nach dem allgemeinen Vergaberecht der Richtlinien 2014/24/EU und 2014/25/EU bzw. gemäß §§ 97 ff. GWB vergeben werden, müssen den inhaltlichen Anforderungen der Art. 4 und 6 VO 1370/2007 entsprechen.[105]

1. Klare Definition der gemeinwirtschaftlichen Verpflichtung

40 Gemäß Art. 4 Abs. 1 lit. a VO 1370/2007 sind in einem öffentlichen Dienstleistungsauftrag die vom Betreiber eines öffentlichen Dienstes zu erfüllenden gemeinwirtschaftlichen Verpflichtungen[106] und die geografischen Geltungsbereiche klar zu definieren. Damit knüpft der Verordnungsgeber an das erste der vier Kriterien an, die der EuGH in der Rechtssache *Altmark Trans* im Hinblick auf die beihilfenrechtlichen Rahmenbedingungen für Dienstleistungen von allgemeinem wirtschaftlichen Interesse aufgestellt hatte.[107] Zweck der Bestimmung ist hier wie dort, **Transparenz** zu schaffen[108]: Werden als Kompensation für die Erfüllung gemeinwirtschaftlicher Verpflichtungen ausschließliche Rechte und/oder Ausgleichsleistungen gewährt, soll der Anknüpfungspunkt eindeutig bestimmt sein, um die Angemessenheit dieser Eingriffe in das freie Spiel des Marktes beurteilen zu können.[109]

2. Art und Umfang der gewährten Ausschließlichkeit

41 Wird von der in der Art. 3 Abs. 1 VO 1370/2007 vorgesehenen Möglichkeit Gebrauch gemacht, dem ausgewählten Betreiber ausschließliche Rechte zu gewähren[110], sind gemäß Art. 4 Abs. 1 lit. b (ii) VO 1370/2007 Art und der Umfang der gewährten Ausschließlichkeit in objektiver und transparenter Weise in dem öffentlichen Dienstleistungsauftrag aufzustellen. Das entspricht dem zweiten der vier *Altmark Trans*-Kriterien[111] und dient ebenso wie die klare Definition der gemeinwirtschaftlichen Verpflichtung der Transparenz von Markteingriffen durch die zuständige Behörde.

3. Parameter zur Berechnung der Ausgleichsleistung

42 **Kernstück der beihilfenrechtlichen Regelungen** der VO 1370/2007 bilden deren Art. 4 Abs. 1 lit. b (i), lit. c und Abs. 2, Art. 6 der Verordnung sowie der Anhang zur Verordnung. Gemäß Art. 4 Abs. 1 lit. b (i) VO 1370/2007 sind in einem öffentlichen Dienstleistungsauftrag die Parameter, anhand derer die ggf. gewährte Ausgleichsleistung berechnet wird, zuvor in objektiver und transparenter Weise aufzustellen.[112] Dabei ist eine

---

[105] Vgl. im Hinblick auf Art. 4 Abs. 7 VO 1370/2007: EuGH Urt. v. 27.10.2016 – C-292/15 Rn. 41 – *Hörmann Reisen*.

[106] Zum Begriff → Rn. 21 ff.

[107] EuGH Urt. v. 24.7.2003 – C-280/00, NJW 2003, 2515 Rn. 89 – Altmark Trans. Aus der Kommissionspraxis vgl. etwa Kommission Beschl. v. 24.2.2010 über die öffentlichen Verkehrsdienstleistungsaufträge zwischen dem dänischen Verkehrsministerium und Danske Statsbaner (Staatliche Beihilfe C 41/08), ABl. 2011 L 7/1, Rn. 255 ff., 317, sowie Kommission Beschl. v. 23.2.2011 – C 58/2006, Deutschland/Bahnen der Stadt Monheim (BSM), K(2011)632 endg., ABl. 2011 L 210/1, Rn. 143 ff., 236.

[108] Zur Transparenzfunktion der Betrauung auch bereits → Rn. 26.

[109] Vgl. Art. 1 Abs. 1 Unterabs. 1 aE der Verordnung.

[110] Zur Diskussion um die Gewährung ausschließlicher Rechte → Rn. 28 ff.

[111] EuGH Urt. v. 24.7.2003 – C-280/00, NJW 2003, 2515 Rn. 90 – Altmark Trans. Vgl. dazu auch die Ausführungen der Kommission in ihrem Beschluss v. 24.2.2010 über die öffentlichen Verkehrsdienstleistungsaufträge zwischen dem dänischen Verkehrsministerium und Danske Statsbaner (Staatliche Beihilfe C 41/08), ABl. 2011 L 7/1, Rn. 275 ff., 318, sowie Kommission Beschl. v. 23.2.2011 – C 58/2006 – Deutschland/Bahnen der Stadt Monheim (BSM), K(2011)632 endg., ABl. 2011 L 210/1, Rn. 152 ff., 237.

[112] Zur Ausgleichsberechnung vgl. Kommission, Ziff. 2.4 Auslegungsleitlinien 2014 (ABl. 2014 C 92/1). Zur Kontroverse, ob neben die von Art. 4 Abs. 1 lit. b VO 1370/2007 geforderte ex ante-Festlegung der Ausgleichsparameter eine ex post-Überkompensationskontrolle nach dem Anhang tritt: *Otting/Olgemöller* GewA 2012, 436, 440; Linke/*Linke/Lübbig* VO (EG) 1370/2007 Art. 4 Rn. 17 ff. sowie Anhang Rn. 19 ff. Vgl. aber auch die Entscheidung der Kommission v. 23.2.2011 – Staatliche Beihilfe C 58/2006 – Bahnen der Stadt Monheim, K(2011)632 endg., Rn. 189, sowie Kommission Beschl. v. 24.2.2010, Rn. 332, Staatliche

übermäßige Ausgleichsleistung zu vermeiden.[113] Durch die Änderungsverordnung 2016 wurde ein weiterer Erwägungsgrund aufgenommen, in dem ausdrücklich klargestellt wird, dass bei der Bemessung der Ausgleichsleistung auch „die langfristige finanzielle Tragfähigkeit der öffentlichen Personenverkehrsdienste entsprechend den Anforderungen" gewährleistet wird.[114] Die Berechnung hat unter Berücksichtigung von Durchführungsvorschriften für die Aufteilung der Kosten (Art. 4 Abs. 1 lit. c der Verordnung) und unter Berücksichtigung der Durchführungsvorschriften für die Aufteilung der Einnahmen zu erfolgen (Art. 4 Abs. 2 der Verordnung), woraus sich insbesondere die Verpflichtung zur Berücksichtigung der **Einnahmeaufteilungsverträge** ergibt, auf deren Grundlage Verkehrsunternehmen Zahlungen erhalten, die Leistungen im Rahmen von Verkehrsverbünden erbringen.

43 Gemäß Art. 6 VO 1370/2007 müssen Ausgleichsleistungen nach Maßgabe des **Anhangs zur Verordnung** berechnet werden, wenn die Ausgleichsleistungen auf Grundlage eines öffentlichen Dienstleistungsauftrages einem Verkehrsunternehmen gewährt werden sollen, an das der öffentliche Dienstleistungsauftrag nach Art. 5 Abs. 2 und Abs. 4, 5 und 6 VO 1370/2007 **direkt vergeben** wurde.[115] Im Umkehrschluss folgt daraus: In Fällen einer **wettbewerblichen Vergabe** nach Art. 5 Abs. 3 der Verordnung findet der **Anhang keine Anwendung.** Dahinter steht die Erwägung, dass Ausgleichsleistungen, deren Höhe im Rahmen eines wettbewerblichen Vergabeverfahrens ermittelt wurde, eine marktkonforme Gegenleistung darstellen und somit nicht zu wettbewerbsverzerrenden Überkompensationen führen.[116] Das entspricht allgemeinen beihilfenrechtlichen Grundsätzen, da auch diesen zufolge die Durchführung eines wettbewerblichen Vergabeverfahrens indiziert, dass kein beihilfenrechtlich relevanter Vorteil gewährt wird.[117] Da Art. 4 und 6 VO 1370/2007 an einen öffentlichen Dienstleistungsauftrag im Sinne des Art. 2 lit. i der Verordnung anknüpfen, gelten diese Grundsätze über die Anwendbarkeit des Anhangs entsprechend für öffentliche Dienstleistungsaufträge im Sinne der Verordnung, die **gemäß §§ 97 ff. GWB vergeben** werden: Nach Durchführung eines wettbewerblichen Verfahrens besteht kein Grund, den Verordnungsanhang anzuwenden. Verzichtet die zuständige Behörde hingegen auf ein wettbewerbliches Verfahren unter Berufung auf einen im allgemeinen Vergaberecht vorgesehenen Ausnahmetatbestand, muss die dem ausgewählten Betreiber gewährte Vergütung den Vorgaben des Anhangs zur VO 1370/2007 genügen.

Beihilfe C 41/08 – Danske Statsbaner, ABl. 2011 L 7/1. Für die Notwendigkeit einer ex post-Kontrolle unter Hinweis auf Art. 6 Abs. 1 S. 2 VO (EG) Nr. 1370/2007 *Wachinger/Zimmer* Der Nahverkehr 7–8/2010, 30 (32 f.) Im Ergebnis ebenso *Tegner/Wachinger* IR 2010, 264 (264 f.).

[113] Zum Begriff der Ausgleichsleistung zuvor → Rn. 31. Vgl. auch Bremer Straßenbahn AG, Leitfaden zur Anwendung des Anhangs der Verordnung (EG) Nr. 1370/2007 im kommunalen ÖPNV, 2013.

[114] Neuer Erwägungsgrund zum geringfügig modifizierten Art. 4 Abs. 1 lit. b S. 2 VO 1370/2007 in der Fassung der Änderungsverordnung 2016; zur Änderungsverordnung 2016 vgl. → § 54 Rn. 9.

[115] Zur Anhangsberechnung näher etwa *Linke* EWS 2011, 456 ff.; *Wittig* Der Nahverkehr 6/2011, 46 ff.; *Bayer/Jäger/Hafenrichter/Zuck* Der Nahverkehr 5/2011, 26 ff.; *Tegner/Wachinger* IR 2010, 264 ff.; *Wachinger/Zimmer* Der Nahverkehr 7–8/2010, 30 ff.; Linke/*Linke/Lübbig*, VO (EG) 1370/2007, 2. Aufl. 2019, Anhang; Barth/Baumeister/Berschin/Werner/*Berschin*, Handbuch ÖPNV, Std. 2009, A 2 Rn. 187 ff. Der Busverband Deutscher Omnibusunternehmer (bdo) hat ein mit der EU-Kommission abgestimmtes Programm zur Durchführung der sog. Trennungsrechnung nach Ziff. 5 des Anhangs zur Verordnung entwickelt, vgl. Pressemeldung des bdo v. 22. 12. 2011.

[116] So auch Kommission, Ziff. 2.4.1. Auslegungsleitlinien 2014 (ABl. 2014 C 92/1), und *Winter/Woll/Gleichner* Der Nahverkehr 5/2014, 7, 9. Zuvor idS bereits etwa auch Linke/*Linke/Lübbig* VO (EG) 1370/2007 Anhang Rn. 1; *Fehling/Niehnus* DÖV 2008, 662, 665.

[117] Vgl. nur *Bär-Bouyssière* in Schwarze, EU-Kommentar, 3. Aufl. 2012, AEUV Art. 107 Rn. 31. Etwas restriktiver Ziff. 63 ff. der Mitteilung der Kommission über die Anwendung der Beihilfevorschriften der Europäischen Union auf Ausgleichsleistungen für die Erbringung von Dienstleistungen von allgemeinem wirtschaftlichem Interesse, ABl. 2012 C 8/4. Für eine Prüfung im Einzelfall auch *Kekelekis* EStAL 2012, 73 (74).

4. Laufzeitbeschränkungen

Erwägungsgrund 15 zur VO 1370/2007 bringt zum Ausdruck, dass Verträge mit einer langen Laufzeit nach Ansicht des Verordnungsgebers den Markt länger als erforderlich verschließen. Lange Vertragslaufzeiten verringerten die Vorteile, die der Wettbewerbsdruck biete. Konsequenterweise sieht die Verordnung Laufzeitbeschränkungen für öffentliche Dienstleistungsaufträge vor. Einzelheiten regelt Art. 4 Abs. 3 VO 1370/2007: Öffentliche Dienstleistungsaufträge dürfen hiernach eine Laufzeit von **höchstens 10 Jahren** für Busverkehrsdienste und von **höchstens 15 Jahren** für Personenverkehrsdienste mit der Eisenbahn oder anderen schienengestützten Verkehrsträgern haben. Die Laufzeit von öffentlichen Dienstleistungsaufträgen, die mehrere Verkehrsträger umfassen, ist auf 15 Jahre beschränkt, wenn der Verkehr mit der Eisenbahn oder anderen schienengestützten Verkehrsträgern mehr als 50 % des Werts der betreffenden Verkehrsdienste ausmacht. Als Wert definiert Art. 2 lit. k VO 1370/2007 den Wert eines Verkehrsdienstes, einer Strecke, eines öffentlichen Dienstleistungsauftrags oder einer Ausgleichsregelung des öffentlichen Personenverkehrs, der den Gesamteinnahmen (ohne Mehrwertsteuer) des Betreibers oder der Betreiber eines öffentlichen Dienstes entspricht, einschließlich der Ausgleichsleistung der Behörden gleich welcher Art und aller Einnahmen aus dem Fahrscheinverkauf, die nicht an die betroffene zuständige Behörde abgeführt werden. 44

Verlängerungen der Regellaufzeiten sollen nach dem Erwägungsgrund 15 zur Verordnung zulässig sein, um zu ermöglichen, dass sich Investitionen amortisieren. Diesen Gedanken setzt Art. 4 Abs. 4 S. 1 VO 1370/2007 um[118]: Falls erforderlich, kann die Laufzeit des öffentlichen Dienstleistungsauftrags **unter Berücksichtigung der Amortisierungsdauer** der Wirtschaftsgüter **um höchstens 50 % verlängert** werden.[119] Das gilt aber nur, wenn der Betreiber eines öffentlichen Dienstes einen wesentlichen Anteil der für die Erbringung der Personenverkehrsdienste, die Gegenstand des öffentlichen Dienstleistungsauftrags sind, insgesamt erforderlichen Wirtschaftsgüter bereitstellt und diese vorwiegend an die Personenverkehrsdienste gebunden sind, die von dem Auftrag erfasst werden. Öffentliche Dienstleistungsaufträge im Bereich der **Eisenbahnverkehre** können danach für eine Laufzeit von **bis zu 22,5 Jahren** abgeschlossen und diese Laufzeit mit den besonderen Herausforderungen der Fahrzeugfinanzierung gerechtfertigt werden.[120] Voraussetzung ist, dass das Verkehrsunternehmen die erforderlichen Fahrzeuge jedenfalls im Wesentlichen beschafft. Stellt der Aufgabenträger Fahrzeuge bei oder unterstützt er die Beschaffung der Fahrzeuge in anderer Weise (zB durch Wiederzulassungs-, Wiedereinsatz- oder Restwertgarantien)[121] sind die Voraussetzungen für eine Verlängerung der Laufzeit im Einzelfall genau zu prüfen. 45

Eine **noch längere Laufzeit** ermöglicht Art. 4 Abs. 4 S. 3 VO 1370/2007 unter zwei Voraussetzungen: Zum Ersten muss die konkrete Laufzeit durch die Abschreibung von Kapital in Verbindung mit außergewöhnlichen Investitionen in Infrastruktur, Rollmaterial oder Fahrzeuge gerechtfertigt sein. Zum Zweiten muss der öffentliche Dienstleistungsauftrag in einem fairen wettbewerblichen Vergabeverfahren vergeben worden sein. Macht die zuständige Behörde hiervon Gebrauch, muss sie gemäß Art. 4 Abs. 4 S. 4 der Verordnung „zur Gewährleistung der Transparenz“ der **Kommission** innerhalb von einem Jahr nach Abschluss des Vertrags den öffentlichen Dienstleistungsauftrag und die Elemente, die seine 46

---

[118] Hierzu auch Kommission, Ziff. 2.2.7. Auslegungsleitlinien 2014 (ABl. 2014 C 92/1).

[119] Vgl. zum Aspekt der Amortisationsdauer nun auch Art. 18 der Richtlinie 2014/23/EU und § 3 KonzVgV.

[120] Zu dem Zusammenhang zwischen Laufzeiten und Fahrzeugfinanzierungsmodellen etwa *Engelshoven/Hoopmann* IR 2011, 279 (282f.).

[121] Zu verschiedenen Modellen der öffentlichen (Co-) Finanzierung von Schienenfahrzeugen etwa *Engelshoven/Hoopmann* IR 2011, 279ff., oder *Hoopmann/Daubersthäuser/Wogatzki* Der Nahverkehr 7–8/2010, 14ff. oder *Röbke* NZBau 2015, 216ff. oder *Strauß* VergabeR 2016, 23ff. Zur sog. Beistellung etwa OLG Celle Beschl. v. 2.9.2004 – 13 Verg 11/04, NZBau 2005, 52f. Zum sog. BW-Modell vgl. OLG Karlsruhe Beschl. v. 29.4.2016 – 15 Verg 1/16, NZBau 2016, 449ff.

längere Laufzeit rechtfertigen, übermitteln. Die Regelung wurde auf Initiative des Rates aufgenommen. Der Rat wollte eine Regelung schaffen, die ausdrücklich nur in „Ausnahmefällen" Anwendung finden soll.[122] Art. 4 Abs. 4 S. 3 VO 1370/2007 ist daher bereits vor dem Hintergrund des in den Materialien eindeutig zum Ausdruck kommenden Willen des Verordnungsgebers restriktiv auszulegen. Die normsystematische Auslegung stützt dieses Verständnis: Zum einen ist Art. 4 Abs. 4 der Verordnung als Ausnahme zu der Grundsatznorm des Art. 4 Abs. 3 der Verordnung konzipiert und somit eng auszulegen. Zum anderen rechtfertigen die Gründe, die eine Laufzeitverlängerung nach Art. 4 Abs. 4 S. 3 VO 1370/2007 erlauben, im Wesentlichen bereits die Laufzeitverlängerung nach Art. 4 Abs. 4 S. 1 VO 1370/2007. Dann können dem Anwendungsbereich des Art. 4 Abs. 4 S. 3 VO 1370/2007 nur Konstellationen unterfallen, die im Vergleich zu den „Normalfällen" des Art. 4 Abs. 4 S. 1 VO 1370/2007 „außergewöhnlich" hohe Investitionen erfordern. Allein die absolute Höhe der Investitionen rechtfertigt die Anwendung des Art. 4 Abs. 4 S. 3 der Verordnung folglich nicht; entscheidend ist eine vergleichende Bewertung mit sachgerecht auszuwählenden Vergleichsfällen. Die Darlegungs- und Beweislast für das Vorliegen von Gründen nach Art. 4 Abs. 4 S. 3 VO 1370/2007 trägt die zuständige Behörde, die sich auf das Vorliegen solcher Gründe für die Rechtfertigung der gewählten Laufzeit des öffentlichen Dienstleistungsauftrages berufen will.

47 Ebenfalls um bis zu 50% können die in Art. 4 Abs. 3 VO 1370/2007 festgelegten Laufzeiten gemäß Art. 4 Abs. 4 S. 2 der Verordnung in **Gebieten in äußerster Randlage** verlängert werden, falls dies durch Kosten, die aus der besonderen geografischen Lage entstehen, gerechtfertigt ist. Die Regelung spielt für Deutschland indes keine Rolle, da weder Deutschland als solches noch einzelne Gebiete Deutschlands zu den Gebieten zählen, auf die Erwägungsgrund 15 in Verbindung mit Art. 299 EG-Vertrag aF bzw. Art. 52 EUV sowie Art. 349 und Art. 355 AEUV verweist (das sind zB die französischen Übersee-Départements)[123].

48 Die Laufzeitbeschränkung nach Art. 4 Abs. 4 VO 1370/2007 stellt ein Spezifikum öffentlicher Dienstleistungsaufträge im Sinne der Verordnung dar. Das allgemeine Vergaberecht der Richtlinien 2004/17/EG und 2004/18/EG bzw. der §§ 97ff. GWB kennt keine Laufzeitbeschränkungen.[124] Eine Laufzeitbeschränkung ist auch in den Vorschlägen der Kommission aus Dezember 2011 zur Novellierung der Richtlinien 2004/17/EG und 2004/18/EG nicht vorgesehen.[125] Stellt sich ein **öffentlicher Dienstleistungsauftrag im Sinne des § 99 Abs. 4 GWB** als öffentlicher Dienstleistungsauftrag im Sinne des Art. 2 lit. i VO 1370/2007 dar, ist er gleichwohl gemäß Art. 4 Abs. 4 VO 1370/2007 zu befristen. Denn Art. 4 Abs. 4 der Verordnung knüpft allein an die Definition des Art. 2 lit. i VO 1370/2007 an und nicht an die Frage, nach welchen Vorschriften dieser öffentliche Dienstleistungsauftrag vergeben wurde. Die Verkehrsunternehmen können von den zuständigen Behörden verlangen, die Laufzeitbeschränkungen nach Art. 4 der Verordnung zu beachten.[126] Für öffentliche Dienstleistungsaufträge, die vor dem Inkrafttreten der VO 1370/2007 am 3.12.2009 begründet wurde, sind die Übergangsbestimmungen in Art. 8 Abs. 3 der Verordnung zu beachten. Die Laufzeiten von öffentlichem Dienstleistungsauftrag und personenbeförderungsrechtlicher Genehmigung harmonisiert § 16 Abs. 1 und Abs. 2 PBefG 2013.

---

[122] Ziff. 2.3. der Begründung zum Gemeinsamen Standpunkt (EG) Nr. 2/2007 v. 11.12.2006, ABl. 207 C 70E/1.

[123] Zur Überleitung des Art. 299 EG-Vertrag auf den EUV und AEUV vgl. etwa *Becker* in Schwarze, EU-Kommentar, 2. Aufl. 2009, EGV Art. 299 Rn. 11.

[124] EuGH Urt. v. 19.6.2008 – C-454/06, NZBau 2008, 518 Rn. 73f. – pressetext.

[125] Kommission, Vorschlag für eine Richtlinie des Europäischen Parlaments und des Rates über die öffentliche Auftragsvergabe (als Ersatz für die Richtlinie 2004/18/EG), KOM(2011) 896/2 v. 20.12.2011. Anders hingegen nun Art. 18 der Konzessionsvergabe-Richtlinie 2014/23/EU und § 3 KonzVgV, wo die Laufzeit der Konzession an die Amortisationsdauer gekoppelt wird.

[126] Vgl. OLG Düsseldorf Beschl. v. 11.4.2012 – Verg 95/11, zur vergleichbaren Frage eines Verstoßes gegen die Laufzeitbeschränkungen von Rahmenvereinbarungen.

5. Schutz der Arbeitnehmer

Art. 4 Abs. 5 VO 1370/2007 erlaubt es der zuständigen Behörde, den Betreiber zugunsten der Arbeitnehmer zu verpflichten, bestimmte Sozialstandards einzuhalten.[127] Inwieweit diese Vorschrift als arbeitsrechtliche Regelung auch auf Verträge Anwendung finden kann, die gemäß Art. 5 Abs. 1 S. 2 und 3 VO 1370/2007 nach Maßgabe der §§ 97 ff. GWB auszuschreiben sind, war zunächst umstritten.[128] Da Art. 4 VO 1370/2007 ausweislich seiner Überschrift den obligatorischen Inhalt (aller) öffentlicher Dienstleistungsaufträge im Sinne der Verordnung regelt und auch Art. 5 Abs. 1 S. 2 VO 1370/2007 nur auf das in den Richtlinien vorgesehene „Verfahren" zur Vergabe dieser Aufträge verweist, ist die Anwendbarkeit des Art. 4 Abs. 5 VO 1370/2007 jedoch auch dort gegeben, wo öffentliche Dienstleistungsaufträge im Sinne des Art. 2 lit. i VO 1370/2007 nach §§ 97 ff. GWB vergeben werden.[129] 49

a) Fiktiver Betriebsübergang. Gemäß Art. 4 Abs. 5 S. 1 VO 1370/2007 kann die zuständige Behörde den Betreiber unbeschadet des nationalen Rechts und des Gemeinschaftsrechts, einschließlich etwaiger Tarifverträge, verpflichten, den Arbeitnehmern, die zuvor zur Erbringung der Dienste eingestellt wurden, die Rechte zu gewähren, auf die sie Anspruch hätten, wenn ein Übergang im Sinne der **Richtlinie 2001/23/EG** vom 12.3. 2001 zur Angleichung der Rechtsvorschriften der Mitgliedstaaten über die Wahrung von Ansprüchen der Arbeitnehmer beim Übergang von Unternehmen, Betrieben oder Unternehmens- oder Betriebsteilen[130] erfolgt wäre. Nach dieser Richtlinie gehen insbesondere die Rechte und Pflichten des Veräußerers eines Unternehmens aus einem zum Zeitpunkt der Veräußerung bestehenden Arbeitsvertrag auf den Erwerber über (Art. 3 der Richtlinie). Gemäß Art. 4 der Richtlinie schafft der Betriebsübergang keinen Grund zur Kündigung. Die Richtlinie ist in Deutschland durch **§ 613a BGB** umgesetzt. 50

Art. 4 Abs. 5 S. 1 VO 1370/2007 stellt eingangs klar, dass die geltenden Vorschriften über den Betriebsübergang unangetastet bleiben. Liegen die Voraussetzungen für die Anwendbarkeit der Richtlinie 2001/23/EG bzw. des § 613a BGB vor, ist der Betreiber daher verpflichtet, die damit verbundenen Rechte der Arbeitnehmer zu achten.[131] Das stellt nunmehr auch Art. 4 Abs. 4b VO 1370/2007 nochmals seinerseits klar[132]. Anwendbar sind diese Vorschriften über den Betriebsübergang indes nur, wenn eine auf Dauer angelegte wirtschaftliche Einheit übergeht, dh eine organisierte Gesamtheit von Personen und Sachen zur Ausübung einer wirtschaftlichen Tätigkeit mit eigener Zielsetzung. Daran kann es nach der Rechtsprechung des EuGH fehlen, **wenn keine materiellen Güter wie Busse oder Bahnen,** die für den Betrieb der zu übertragenden Verkehre eingesetzt wurden, vom alten auf den neuen Auftragnehmer **übergehen.**[133] Liegen die Voraussetzungen nach der Richtlinie 2001/23/EG nicht vor, räumt **Art. 4 Abs. 5 S. 1 VO 1370/2007** der zuständigen Behörde **Ermessen** ein, ob sie das übernehmende Verkehrsunternehmen ver- 51

---

[127] Vgl. dazu auch Kommission, Ziff. 2.2.8. Auslegungsleitlinien 2014 (ABl. 2014 C 92/1).

[128] Die Anwendbarkeit verneinend etwa *Rechten/Röpke* LKV 2011, 337, 342.

[129] Im Ergebnis wie hier etwa *Sondermann/Schaller* in Pünder/Prieß, Brennpunkte des öffentlichen Personennahverkehrs vor dem Hintergrund der neuen EG-Personenverkehrsdiensteverordnung Nr. 1370/2007, 2010, S. 95, 100 f.; *Bayreuther* NZA 2009, 582, 582; *Siederer/Denzin* Der Nahverkehr 3/2009, 50, 51. Ebenso im Hinblick auf Art. 4 Abs. 7 VO 1370/2007 EuGH Urt. v. 27.10.2016, C-292/15 Rn. 41 – Hörmann Reisen.

[130] ABl. 2001 L 82/16.

[131] Das soll Art. 4 Abs. 4a VO 1370/2007 in der Fassung der Änderungsverordnung 2016 nun nochmals klar(er) stellen.

[132] Zur bloß klarstellenden Funktion etwa *Saxinger* GewArch 2017, 463 ff.

[133] EuGH Urt. v. 25.1.2001 – C-172/99, NZBau 2001, 221 Rn. 31 ff. insbes. Rn. 39 – Liikenne; modifizierend nun EuGH Urt. v. 27.2.2020, C-298/18 – Südbrandenburger Nahverkehrs GmbH. Zu fehlenden Voraussetzungen für einen Betriebsübergang beim Wechsel eines Busverkehrsunternehmens vgl. LAG Rheinland-Pfalz Urt. v. 1.2.2016 – 3 Sa 257/15. Zum Betriebsübergang im Zusammenhang mit Wiedereinsatzgarantien für Fahrzeuge oder Fahrzeugpools vgl. *Hoopmann/Daubertshäuser/Wogatzki* Der Nahverkehr 7–8/2010, 14 (18).

pflichtet, den Arbeitnehmern des alten Betreibers die Rechte zu gewähren, die ihnen zustünden, wenn die Voraussetzungen der Richtlinie 2001/23/EG bzw. des § 613a BGB vorlägen.[134] Eine Verpflichtung der zuständigen Behörde, den neuen Betreiber zu verpflichten, besteht nach dem eindeutigen Wortlaut des Art. 4 Abs. 5 S. 1 VO 1370/2007 („kann") nicht. Gleiches folgt aus dem Wortlaut des Erwägungsgrunds 16 zur VO 1370/2007 („... sollten ... verpflichten können, ...") sowie der Entstehungsgeschichte der Vorschrift, da auf eine zwingende Ausgestaltung der Rechte der Arbeitnehmer bei einem Betreiberwechsel bewusst verzichtet wurde[135]. Für die Vergabe von öffentlichen Aufträgen, deren Gegenstand Personenverkehrsleistungen im **Eisenbahnverkehr** sind (dh Eisenbahnen im Sinne von § 1 Abs. 2 AEG einschließlich S-Bahnen[136]), hat der deutsche Gesetzgeber das Ermessen der zuständigen Behörden insoweit allerdings eingeschränkt: § 131 Abs. 3 GWB ordnet an, dass die zuständigen Behörden in solchen Fällen den Betriebsübergang anordnen **„sollen".**[137] Sie dürfen von einer solchen Anordnung also nur im Ausnahmefall absehen.[138] Eine **Verpflichtung,** von Art. 4 Abs. 5 VO 1370/2007 Gebrauch zu machen, kann sich des Weiteren aus dem jeweiligen Landesrecht ergeben. Denn nach § 8 Abs. 3 S. 9 PBefG 2013 können die Länder Einzelheiten über die Aufstellung und den Inhalt der **Nahverkehrspläne** regeln. Die Regelung ist vor dem Hintergrund eines Vorschlags zu sehen, der sich im Laufe des Gesetzgebungsverfahrens nicht durchsetzen konnte. Er sah vor, bereits unmittelbar in das PBefG eine Regelung aufzunehmen, nach der der Nahverkehrsplan der zuständigen Behörde vorgeben kann, von der Option nach Art. 4 Abs. 5 VO 1370/2007 Gebrauch zu machen.[139] Das wies die Bundesregierung mit der Begründung zurück, dass im gewerberechtlich geprägten Personenbeförderungsgesetz die Aufstellung und die Inhalte der Nahverkehrspläne nicht näher geregelt sein sollten, sondern dies weiterhin den Ländern überlassen sein soll.[140] Wenngleich die Begründung zum Änderungsentwurf zur Frage des Arbeitnehmerschutzes durch Anordnung eines Betriebsübergangs also nicht explizit Stellung nimmt, wird § 8 Abs. 3 S. 9 PBefG doch als Kompromissformel zu verstehen sein, die den Landesgesetzgebern und den zuständigen Behörden die Entscheidung über den Umgang mit der Option des Art. 4 Abs. 5 VO 1370/2007 zuweist.

52 Entscheidet sich die Behörde für eine Verpflichtung des neuen Betreibers, kommt es zu einem **fiktiven Betriebsübergang.** Davon profitieren können nur Arbeitnehmer, die „zuvor" zur Erbringung der Dienste eingestellt wurden.[141] Art. 4 Abs. 5 S. 1 VO 1370/2007 schafft einen **Bestandsschutz** zugunsten der Arbeitnehmer, die vor dem Übergang des Betriebes eingestellt wurden. Neu einzustellende Arbeitnehmer werden nicht geschützt, sie können unter Berufung auf Art. 4 Abs. 5 VO 1370/2007 keinen Anspruch auf Gleichbehandlung mit den Altarbeitnehmern geltend machen. Die zuständige Behörde muss im Rahmen ihrer Ermessensentscheidung den Grundsatz der **Verhältnismäßigkeit** wahren. In ihrem Vorschlag für eine Verordnung über Bodenabfertigungsdienste auf Flughäfen hat die Kommission dies im Zusammenhang mit einer dem Art. 4 Abs. 5 VO 1370/2007 ganz ähnlichen Vorschrift klarstellt. Die Verpflichtung, Rechte wie bei einem Betriebsübergang zu gewähren, ist demnach so zu beschränken, „dass die Verhältnismäßigkeit in Bezug auf das tatsächlich auf den (die) anderen Dienstleister übertragene Geschäftsvolu-

[134] Hierzu etwa auch *Winnes* Der Landkreis 5/2016, 207 ff.

[135] ABl. 2007 C 70E/1, Ziff. 2.4 der Begründung des Rates.

[136] Vgl. Beck AEG Kommentar/*Hermes,* 2. Aufl. 2014, § 1 Rn. 17.

[137] Vgl. dazu VK Südbayern Beschl. v. 12.12.2017 – Z3-3-3194-1-40-08/17, oder aus der Literatur etwa Reidt VergabeR 2018, 387 ff.; *Bayreuther* NZBau 2016, 459 ff.

[138] Das gilt für die Vergabe von Dienstleistungskonzessionen in gleicher Weise: § 154 Nr. 3 GWB.

[139] Vgl. § 8 Abs. 3 S. 6 PBefG-E der Fraktionen von SPD und Bündnis 90/Die Grünen, BT-Drs. 17/7046, sowie des Bundesratsentwurfs, BR-Drs. 462/11 (Beschluss).

[140] Gegenäußerung der Bundesregierung, BT-Drs. 17/8233, Anlage 4.

[141] Zur Frage der Anwendbarkeit auf Arbeitnehmer von Subunternehmern vgl. VK Thüringen Beschl. v. 3.7.2019 – 250-4003-11441/2019-E-003-HBN.

men gewahrt bleibt".[142] Das kann im Einzelfall Einfluss sowohl auf die Auswahl der betroffenen Arbeitnehmer also auch auf den Umfang der ihnen gewährten Rechte haben.

Das Recht der zuständigen Behörde, einen fiktiven Betriebsübergang herbeizuführen, 53
besteht gemäß Art. 4 Abs. 5 S. 1 VO 1370/2007 „unbeschadet des nationalen Rechts und des Gemeinschaftsrechts". **Weder das deutsche noch das Gemeinschaftsrecht stehen** einer Verpflichtung des Betreibers grundsätzlich **entgegen.** Für die Vereinbarkeit mit dem Gemeinschafts-/Unionsrecht spricht nicht zuletzt die Vermutung, das europäisches Sekundärrecht mit dem europäischen Primärrecht des EUV und AEUV vereinbar ist[143], zumal namentlich Art. 8 der Richtlinie 2011/23/EG die Mitgliedstaaten berechtigt, den Arbeitnehmern mehr Rechte zu gewähren als ihnen nach der Richtlinie mindestens zu gewähren sind. Auch ist im Hinblick auf das deutsche Recht anerkannt, dass § 613a BGB keine abschließende Regelung bildet und weiterreichenden Rechten wie solchen nach Art. 4 Abs. 5 VO 1370/2007 nicht entgegensteht.[144]

Entscheidet sich die zuständige Behörde für den fiktiven Betriebsübergang, ist sie schon 54
aus Gründen des fairen Wettbewerbs und des Verhältnismäßigkeitsprinzips verpflichtet, den Bietern Angaben entsprechend Art. 4 Abs. 5 S. 2 VO 1370/2007 zu machen.[145] Das soll Art. 4 Abs. 6 VO 1370/2007 in der Fassung der Änderungsverordnung 2016 nun auch im Verordnungstext nochmals ausdrücklich klarstellen. Daher müssen in den **Unterlagen des wettbewerblichen Verfahrens** und in den öffentlichen Dienstleistungsaufträgen die betreffenden Arbeitnehmer aufgeführt und transparente Angaben zu deren vertraglichen Rechten und zu den Bedingungen gemacht werden, unter denen sie als in einem Verhältnis zu den betreffenden Diensten stehend gelten. Diese **Angaben zu den betroffenen Arbeitsverhältnissen** muss die zuständige Behörde folglich **zwingend** machen, wenn sie eine Verpflichtung zum Betriebsübergang begründen will. Verfügt sie nicht über die erforderlichen Informationen, kann die zuständige Behörde sich nicht für den Betriebsübergang entscheiden. Eine Behörde, die einen fiktiven Betriebsübergang herbeiführen will, unterliegt somit strengeren Anforderungen als eine ausschreibende Stelle, die lediglich auf das Risiko eines von Gesetzes wegen eintretenden Betriebsübergangs hinweisen muss, ohne insoweit nähere Angaben zu den betroffenen Arbeitnehmern und deren Arbeitsverhältnissen machen zu müssen.[146] Im Rahmen von **Direktvergaben** bedarf es transparenter Angaben nicht, da eine Gleichbehandlung konkurrierender Bieter nicht sichergestellt werden muss. Die Einzelheiten des Schutzes der eingestellten Arbeitnehmer legt die Behörde hier nicht einseitig fest, sondern handelt diese mit dem künftigen Betreiber aus.

Nicht geklärt ist die Frage, ob die zuständige Behörde die Verpflichtung des neuen Be- 55
treibers **durch Verwaltungsakt** begründen kann[147] oder ob sie darauf beschränkt ist, den neuen Betreiber **vertraglich im Rahmen des öffentlichen Dienstleistungsauftrages** zu verpflichten, den Arbeitnehmern Rechte wie bei einem Betriebsübergang zu gewähren[148]. Ungeachtet dessen wird den **Arbeitnehmern ein Widerspruchsrecht** zuzubilligen sein.[149] Dafür spricht die vom Verordnungsgeber beabsichtigte entsprechende Anwendbarkeit der Regelungen über den Betriebsübergang ebenso wie der (zwischenzeitlich

[142] Vgl. Art. 12 des (zwischenzeitlich zurückgezogenen) Vorschlags der Kommission für eine Verordnung über Bodenabfertigungsdienste auf Flughäfen der Union und zur Aufhebung der Richtlinie 96/67/EG, KOM(211) 824 endgültig v. 1.12.2011.

[143] Vgl. Calliess/Ruffert/*Ruffert,* EUV/AEUV, 5. Aufl. 2016, AEUV Art. 288 Rn. 14 mwN.

[144] *Bayreuther* NZA 2009, 582 (583).

[145] Formulierungsbeispiele und Muster für Vergabeunterlagen finden sich im Handlungsleitfaden für die Anwendung des Art. 4 Abs. 5 VO (EG) Nr. 1370/2007 bei Ausschreibungen über öffentliche Personenverkehrsdienste auf Schiene und Straße, den das rheinland-pfälzische Landesamt für Soziales, Jugend und Versorgung im Jahr 2020 in 5. Aufl. veröffentlich hat (abrufbar unter www.lsjv.rlp.de). Zu datenschutzrechtlichen Implikationen vgl. Saxinger/Winnes/*Dönneweg,* Recht des öffentlichen Personenverkehrs, Std. 2017, VO 1370 Art. 4 Abs. 5 Rn. 48ff.

[146] Vgl. zu dieser Konstellation OLG Brandenburg Beschl. v. 28.9.2010 – Verg W 7/10.

[147] Befürwortend *Bayreuther* NZA 2009, 582 (583); kritisch *Rechten/Röpke* LKV 2011, 337 (342).

[148] *Bayreuther* NZA 2009, 582 (583); *Rechten/Röpke* LKV 2011, 337 (342).

[149] IErg wie hier Ziekow/Völlink/*Zuck* VO 1370 Art. 4 Rn. 37.

zurückgezogene) Vorschlag der Kommission für eine Verordnung über Bodenabfertigungsdienste auf Flughäfen, nach dem die Mitgliedstaaten verpflichtet sind, die entsprechende Verpflichtung auf die Arbeitnehmer zu beschränken, die „die Übernahme durch den (die) neuen Dienstleister aus freiem Willen akzeptieren"[150].

56 **b) Weitergehende Sozialstandards.** Mit der Änderungsverordnung 2016 wurde ein neuer Art. 4 Abs. 4a VO 1370/2007 eingeführt, der klarstellt, dass Betreiber bei der Ausführung von öffentlichen Dienstleistungsaufträgen die nach dem Unionsrecht, dem nationalen Recht oder Tarifverträgen geltenden sozial- und arbeitsrechtlichen Verpflichtungen einhalten müssen.[151] Das ist letztlich – jedenfalls von Rechts wegen – eine Selbstverständlichkeit. Auch in der Fassung der Änderungsverordnung 2016 bleibt es bei Art. 4 Abs. 5 S. 2 VO 1370/2007. Danach kann die zuständige Behörde den Betreiber verpflichten, **weitergehende Sozialstandards im Interesse der Arbeitnehmer** einzuhalten.[152] Dieses Recht ist – anders als der fiktive Betriebsübergang nach Art. 4 Abs. 5 S. 1 VO 1370/2007 – nicht auf die im Zeitpunkt des Übergangs bereits eingestellten Arbeitnehmer beschränkt, sondern erfasst auch **neu einzustellende Arbeitnehmer.** Das gilt aber nur, soweit diese Arbeitnehmer mit der Ausführung des fraglichen öffentlichen Dienstleistungsauftrages befasst sind. Das Erfordernis eines solchen **Auftragsbezugs** ist nicht nur aus Art. 4 Abs. 5 S. 2 VO 1370/2007 und Erwägungsgrund 16 zur Verordnung abzuleiten; für das Erfordernis eines Auftragsbezuges spricht darüber hinaus der Vergleich mit Art. 70 der Richtlinie 2014/24/EU sowie § 128 Abs. 2 GWB.

57 Zu den weitergehenden Sozialstandards zählen **Tariftreueerklärungen.**[153] Durch diese verpflichtet sich der Betreiber, die Arbeitsverhältnisse nach Maßgabe eines bestimmten Tarifvertrages zu gestalten. Im Verkehrssektor werden Tariftreueerklärungen für zulässig erachtet.[154] Die insoweit restriktive Rechtsprechung des EuGH ist im Hinblick auf die Entsenderichtlinie und die dieser zugrunde liegenden Dienstleistungsfreiheit (Art. 56 AEUV) ergangen.[155] Die Dienstleistungsfreiheit findet gemäß Art. 90 ff. AEUV im Verkehrssektor jedoch unmittelbar keine Anwendung, gleiches gilt für die Entsenderichtlinie. Im Verkehrssektor wird die Dienstleistungsfreiheit zudem regelmäßig durch die in Art. 49 AEUV garantierte Niederlassungsfreiheit verdrängt (Art. 57 AEUV), da es sowohl für den Betrieb von Bussen als auch für den Betrieb von Straßenbahnen oder Zügen einer Niederlassung bedarf. Auch das deutsche Recht steht Tariftreueerklärungen nicht entgegen. Das Bundesverfassungsgericht hat ihre Vereinbarkeit mit dem Grundgesetz bejaht.[156] Einige **Landesgesetzgeber** verpflichten die Aufgabenträger sogar dazu, Verkehrsunternehmen Tariftreueerklärungen abzuverlangen. Wo solche ausdrücklichen Verpflichtungen der Aufgabenträger fehlen, steht es ihnen frei, sich für Tariftreueerklärungen zu entscheiden. In jüngerer Zeit kommt es jedoch infolge aktueller EuGH-Rechtsprechung und dem In-

---

[150] Vgl. Art. 12 des (zwischenzeitlich zurückgezogenen) Vorschlags der Kommission für eine Verordnung über Bodenabfertigungsdienste auf Flughäfen der Union und zur Aufhebung der Richtlinie 96/67/EG, KOM(211) 824 endgültig v. 1. 12. 2011.

[151] Zur Änderungsverordnung 2016 vgl. → § 54 Rn. 9.

[152] Vgl. Linke/*Bayreuther,* VO (EG) 1370/2007 Art. 4 Rn. 58 ff.

[153] Dass Art. 4 Abs. 5 VO 1370/2007 die Verpflichtung zur Anwendung bestimmter Tarifverträge abdeckt, bestätigt ohne nähere Begründung auch die Kommission, Beschl. v. 23. 2. 2011, C 58/2006, Deutschland/ Bahnen der Stadt Monheim (BSM), K(2011)632 endg., ABl. 2011 L 210/1, Rn. 240.

[154] Linke/*Bayreuther* VO (EG) 1370/2007 Art. 4 Rn. 58a ff.; *Bayreuther* EuZW 2009, 102 (106); *Siederer/ Denzin* Der Nahverkehr 3/2009, 50 ff. AA etwa *Stockmann/Röbke* Der Nahverkehr 7–8/2009, 48 ff. Zu den jüngeren Entwicklungen in den Landesvergabegesetzen vgl. etwa *Otting/Olgemöller* VBlBW 2013, 291 (294), und speziell zur Rechtslage in NRW *Werres/Schaefer* Der Nahverkehr 3/2013, 52 ff.

[155] EuGH Urt. v. 3. 4. 2008 – C-346/06, NZBau 2008, 332 ff. – Rüffert.

[156] BVerfG Beschl. v. 11. 7. 2006 – 1 BvL 4/00, NJW 2007, 51 ff. Ebenso etwa BayVerfGH, Entscheidung v. 20. 6. 2008 – Vf. 14-VII/00, EuZW 2008, 675 ff.

krafttreten des Mindestlohngesetzes auf Bundesebene zur Nachjustierung der Landesvergabe- und Tariftreuegesetze.[157]

6. Verpflichtung zur Einhaltung bestimmter Qualitätsstandards

Art. 4 Abs. 6 VO 1370/2007 stellt es in das Ermessen der zuständigen Behörde, den Betreiber zu verpflichten, bestimmte Qualitätsstandards einzuhalten. Die zu beachtenden Qualitätsstandards müssen in die **Unterlagen des wettbewerblichen Vergabeverfahrens** und in die öffentlichen Dienstleistungsaufträge aufgenommen werden. Die Pflicht zur Aufnahme in die Unterlagen des wettbewerblichen Vergabeverfahrens entfällt bei **Direktvergaben:** Hier bedarf es transparenter Angaben nicht, da eine Gleichbehandlung konkurrierender Bieter nicht sichergestellt werden muss. Die Einzelheiten können die zuständige Behörde und der Betreiber miteinander aushandeln. 58

Den Begriff des **Qualitätsstandards** definiert der Verordnungsgeber nicht näher. Eine beispielhafte Aufzählung findet sich in Erwägungsgrund 17 zur Verordnung. Von zunächst vorgesehenen Katalogtatbeständen hat der Verordnungsgeber Abstand genommen und stattdessen auf technische Standards wie die DIN EN 13816:2002 oder die DIN EN 15140:2006 über Qualitätskriterien im öffentlichen Personenverkehr verwiesen.[158] Die zuständige Behörde soll danach etwa berechtigt sein, eine Zertifizierung nach diesen Vorschriften zu verlangen.[159] Qualitätskriterien im Sinne der DIN EN 13816:2002 sind Verfügbarkeit, Zugänglichkeit, Information, Zeit, Kundenbetreuung, Komfort, Sicherheit und Umwelteinflüsse. Folglich soll die zuständige Behörde Vorgaben zur Bedienungs- oder Beförderungsqualität oder Vorgaben im Hinblick auf Serviceelemente machen können. Die zuständige Behörde kann entsprechend den lokalen Besonderheiten bestimmte Qualitätsstandards festlegen, zB bestimmte Anforderungen an die Eigenschaften der Fahrzeuge, die Qualifikation des Personals, die Sauberkeit der Fahrzeuge, die Sicherheit, die Betriebszeiten, den Umfang von Betriebsstörungen, den Einsatz von Reserve- und Ersatzfahrzeugen, das Störungs- und Beschwerdemanagement oder Fahrgastsinformationen.[160] Die Absicherung der Erfüllung von Qualitätsstandards mittels **Bonus-Malus-Systemen** ist am Maßstab der Regelungen über Anreizsysteme nach Ziff. 7 des Anhangs zur Verordnung zu beurteilen. 59

Letztlich ist Art. 4 Abs. 6 VO 1370/2007 deklaratorisch. Der Tatbestand der Vorschrift bringt zum Ausdruck, was üblicherweise als **Beschaffungsfreiheit** oder Nachfrageautonomie des Auftraggebers bezeichnet wird: Der Auftraggeber entscheidet, was er haben will und wie er es haben will.[161] Auch die in Art. 4 Abs. 6 VO 1370/2007 normierte Verpflichtung, die definierten Qualitätsstandards transparent offen zu legen, ergibt sich aus den allgemeinen vergaberechtlichen Prinzipien. Nichts desto trotz sind spezifische Beschränkungen der Beschaffungsfreiheit zu beachten. Solche ergeben sich insbesondere aus der Richtlinie 2009/33/EG über die Förderung **sauberer und energieeffizienter Straßenfahrzeuge.** Zu den Straßenfahrzeugen zählen insbesondere Busse[162], aber **keine Schienenfahrzeuge.** 60

[157] Vgl. bspw. das Gesetz zur Änderung des Niedersächsischen Tariftreue- und Vergabegesetzes v. 8.6.2016, Nds. GVBl. Nr. 6/2016 v. 14.6.2016, und die Gesetzesbegründung Nds LT-Drs. 17/5029, oder den Gesetzentwurf v. 15.6.2016 zur Änderung des TVgG NRW, NRW LT-Drs. 16/12265, oder den Gesetzentwurf v. 7.6.2016 zur Änderung des BbgVergG, Bbg LT-Drs. 6/4245.

[158] Europäisches Parlament, Empfehlung für die 2. Lesung v. 4.4.2007, Änderungsantrag 3.

[159] MüKoWettbR/*Hölzl* Beihilfen- und Vergaberecht, 2011, VO 1370/2007 Art. 4 Rn. 35.

[160] Linke/*Linke/Prieß* VO (EG) 1370/2007 Art. 4 Rn. 72.

[161] Vgl. dazu nur OLG Düsseldorf Beschl. v. 17.2.2010 – Verg 42/09.

[162] Art. 4 Ziff. 3 iVm mit Tabelle 3 des Anhangs zur Richtlinie 2009/33/EG.

7. Vergabe von Unteraufträgen

61 Art. 4 Abs. 7 VO 1370/2007 trifft sektorenspezifische Bestimmungen über die Vergabe von Unteraufträgen. Der **Begriff des Unterauftrags** ist hier ebenso wenig definiert wie etwa in den Richtlinien 2014/24/EU, 2014/25/EU oder 2009/81/EG. Auch die Kommission konkretisiert den Begriff weder in ihrem Leitfaden zur Vergabe von Unteraufträgen im Zusammenhang mit der Richtlinie 2009/81/EG[163] noch in ihrem KMU-Leitfaden[164]. Es ist auf das Verständnis des allgemeinen Vergaberechts zurückzugreifen. Als Unterauftragnehmer sind danach solche Unternehmen anzusehen, mit denen der (Haupt-) Auftragnehmer – in der Terminologie der VO 1370/2007 also der ausgewählte Betreiber – einen Vertrag abschließt, durch den sich dieses Unternehmen zur Erbringung einer bestimmten Leistung an Stelle des ausgewählten Betreibers verpflichtet.[165] Es geht um Teilleistungen, die funktional einen ganz engen und spezifischen Bezug zu dem gegenüber dem Auftraggeber bzw. der zuständigen Behörde geschuldeten Erfolg haben.[166] Je nach Umfang der übernommenen Pflichten sind davon im Einzelfall die Leistungen zu unterscheiden, denen ein derart **enger und spezifischer funktionaler Bezug** fehlt wie etwa Zulieferungen und Vorarbeiten oder die Beschaffung der erforderlichen Fahrzeuge.[167]

62 Werden Teilleistungen von **konzernverbundenen Unternehmen** erbracht, schließt das Konzernverhältnis die Qualifikation als Unterauftragsvergabe nicht aus.[168] Es fehlt im Rahmen der VO 1370/2007 eine Regelung wie in Art. 50 Abs. 2 UAbs. 1 Richtlinie 2009/81/EG, die verbundenen Unternehmen ausdrücklich die Eigenschaft als Dritter oder Unterauftragnehmer abspricht. Wenn die in der Rechtsprechung des EuGH entwickelten Kriterien einer **Inhouse-Vergabe** (vgl. § 108 GWB) vorliegen, soll in der Beauftragung der vom Betreiber kontrollierten, von ihm formal aber getrennten Einheit keine Unterauftragsvergabe im Sinne des Art. 4 Abs. 7 VO 1370/2007 zu sehen sein.[169] Dann wären konsequenterweise auch Rechtsbeziehungen zwischen einer **Projektgesellschaft** und der hinter dieser stehenden Muttergesellschaft(en) regelmäßig keine Unteraufträge.

63 Die Frage nach der Anwendbarkeit des Art. 4 Abs. 7 VO 1370/2007 stellt sich auch, wenn der Auftrag an eine **Bewerber- und Bietergemeinschaft** vergeben wird. Als Gesellschaft bürgerlichen Rechts ist diese Trägerin eigener Rechte und Pflichten.[170] Soweit die auftragsgegenständlichen Leistungen aber von den hinter ihr stehenden Mitglieder der Bewerber- und Bietergemeinschaft erbracht werden, sollten die auf dieser Ebene entstehenden Vertragsbeziehungen nicht als Unteraufträge im Sinne des Art. 4 Abs. 7 VO 1370/2007 angesehen werden. Anderes hieße, Bewerber- und Bietergemeinschaften von der Vergabe öffentlicher Dienstleistungsaufträge im Sinne der Verordnung ganz regelmäßig auszuschließen, wenn und weil die Bewerber- und Bietergemeinschaft als solche die Selbsterbringungsquote nach Art. 4 Abs. 7 S. 2 VO 1370/2007 nicht erfüllen kann.[171] Diese te-

[163] Abrufbar auf der Internetseite der Kommission, nur auf englisch.

[164] EU-Kommission, Leitfaden für bewährte Verfahren (Code of best practice) zur Erleichterung des Zugangs kleinerer und mittlerer Unternehmen (KMU) zu öffentlichen Aufträgen, SEC(2008)2193 v. 25.6.2008.

[165] Vgl. OLG München Beschl. v. 10.9.2009 – Verg 10/09; OLG Naumburg Beschl. v. 2.7.2009 – Verg 2/09, OLGR Naumburg 2009, 873, 876.

[166] Vgl. *Burgi* Vergaberecht, 2016, § 9 Rn. 8f.; *Burgi* NZBau 2010, 593 (594f.); ganz ähnlich *Linke* NZBau 2012, 338 (338). Zur Frage, was Gegenstand öffentlicher Dienstleistungsaufträge iSd Verordnung sein kann, vgl. Rn. 17ff.

[167] Vgl. *Kramer/Hinrichsen,* in: Knauff, Bestellung von Verkehrsleistungen im ÖPNV, 2018, S. 84f.; Saxinger/Winnes/*Saxinger,* Recht des öffentlichen Personenverkehrs, Std. 2012/2015, VO 1370 Art. 4 Abs. 7 Rn. 24f. Allgemein zur Abgrenzung von Nachunternehmer und Zulieferer mwN etwa auch *Amelung* VergabeR 2012, 348 (348).

[168] OLG Düsseldorf Beschl. v. 30.6.2010 – Verg 13/10, NZBau 2011, 54ff. AA Kaufmann/Lübbig/Prieß/Pünder/*Prieß,* VO (EG) 1370/2007, 2010, Art. 4 Rn. 86; *Burgi* NZBau 2010, 593 (594) unter Hinweis auf OLG München Beschl. v. 29.11.2007 – Verg 13/07.

[169] So OLG Düsseldorf Beschl. v. 19.2.2020 – VII-Verg 2/19, BeckRS 2020, 2260; vgl. auch *Bundschuh/Jürschik* Der Nahverkehr 9/2014, 46ff.

[170] Grundlegend BGH Urt. v. 29.1.2001 – II ZR 331/00, NJW 2001, 1056ff.

[171] Zu dieser Selbsterbringungsquote näher sogleich unter Rn. 65.

leologische Reduktion des Begriffs der Unteraufträge im Sinne der Verordnung kann als durch das Wettbewerbsprinzip gerechtfertigt angesehen werden. Für eine Bewerber- oder Bietergemeinschaft, die als juristische Person – typischerweise als GmbH – verfasst ist oder diese Rechtsform vor Vertragsschluss annimmt, muss dasselbe gelten, soll diese bewährte Form der Kooperation von Unternehmen nicht im Anwendungsbereich der VO 1370/2007 ausgeschlossen werden.

Gemäß Art. 4 Abs. 7 S. 1 VO 1370/2007 ist in den Unterlagen des wettbewerblichen Vergabeverfahrens und den öffentlichen Dienstleistungsaufträgen transparent anzugeben, ob und in welchem Umfang eine Vergabe von Unteraufträgen in Frage kommt. Das stellt sich als Abkehr von der Rechtsprechung des EuGH dar, wonach Bieter sich grundsätzlich unbeschränkt auf die Kapazitäten Dritter berufen dürfen.[172] Im Rahmen der VO 1370/2007 wird die Entscheidung über den Einsatz von Unterauftragnehmern primär den zuständigen Behörden überantwortet. Ihnen räumt der Verordnungsgeber **pflichtgemäß auszuübendes Ermessen** hinsichtlich des „Ob" als auch hinsichtlich des Umfangs von Unterauftragsvergaben ein. Auszurichten hat sich diese Entscheidung an den in **Erwägungsgrund 19** genannten Zwecken. Die Vergabe von Unteraufträgen kann danach zugelassen werden, wenn sie zur besseren Effizienz, insbesondere also zu einem besseren Verhältnis von Qualität und Preis, beizutragen vermag. Nach dem Willen des Verordnungsgebers sollen Unteraufträge aber auch die Beteiligung weiterer Unternehmen ermöglichen. Die Unterauftragsvergabe kann folglich zugunsten kleiner und mittlerer Unternehmen eingesetzt werden, indem sie ihnen erlaubt, sich auch um öffentliche Dienstleistungsaufträge zu bewerben, die sie allein nicht ausführen könnten.[173] Die Unterauftragsvergabe ist somit ein wichtiges Instrument, um den Wettbewerb zu verstärken und damit die in Erwägungsgrund 19 genannten Zwecke zu verfolgen. Aus dem Wortlaut des Art. 4 Abs. 7 S. 1 VO 1370/2007 („... in Frage kommt.") folgt, dass die Vorschrift **keine Grundlage für eine Verpflichtung der Unternehmen** zur Unterauftragsvergabe schafft.[174] Auch die Generalanwältin *Sharpston* kommt zu dem Ergebnis, dass Art. 4 Abs. 7 VO 1370/2007 eine *Untergrenze* für die Eigenerbringungsquote ist.[175] Die zuständige Behörde kann folglich das Minimum der vom Betreiber selber zu erbringenden Leistungsanteile festsetzen, ihn aber nicht zugleich auch verpflichten, einen bestimmten Anteil von Leistungen an Dritte unterzubeauftragen. 64

Das Ermessen der zuständigen Behörde umfasst nach Art. 4 Abs. 7 S. 1 VO 1370/2007 den **Umfang** der zulässigen Unterauftragsvergaben. Maßgeblich sind auch insoweit die dem Erwägungsgrund 19 zu entnehmenden Ermessensdirektiven und damit insbesondere das Gebot, dass die Unterauftragsvergabe zu einem effizienten öffentlichen Personenverkehr beitragen soll. In ähnlicher Weise spricht Erwägungsgrund 40 zur Richtlinie 2009/81/EG über Vergaben in den Bereichen Verteidigung und Sicherheit in vergleichbarem Zusammenhang davon, dass durch die Maßgaben zur Unterauftragsvergabe das „ordnungsgemäße Funktionieren" der zu erbringenden Leistungen nicht beeinträchtigt werden darf. Begrenzt wird das der zuständigen Behörde insoweit zustehende Ermessen durch Art. 4 Abs. 7 S. 1 VO 1370/2007: Werden Unteraufträge vergeben, ist der mit der Verwaltung und Erbringung von öffentlichen Personenverkehrsdiensten nach Maßgabe der VO 1370/2007 betraute Betreiber verpflichtet, einen **bedeutenden Teil** der öffentlichen Personenverkehrsdienste selbst zu erbringen.[176] Eine systematische Auslegung der Verordnung unter Berücksichtigung von Art. 5 Abs. 2 S. 2 lit. e VO 1370/2007 – wo von dem „überwie- 65

---

[172] StRspr seit EuGH Urt. v. 2.12.1999 – C-176/98, NZBau 2000, 149 Rn. 23ff. – Holst Italia.

[173] Vgl. Ziff. 1.4 des Leitfadens der EU-Kommission für bewährte Verfahren (Code of best practice) zur Erleichterung des Zugangs kleinerer und mittlerer Unternehmen (KMU) zu öffentlichen Aufträgen, SEC(2008)2193 v. 25.6.2008.

[174] Anders etwa Art. 21 Abs. 4 Richtlinie 2009/81/EG, wo die Möglichkeit vorgesehen ist, den Auftragnehmer zur Unterauftragsvergabe zu verpflichten.

[175] Vgl. EuGH Urt. v. 27.10.2016 – C-292/15 Rn. 41 – Hörmann Reisen.

[176] Zur Zulässigkeit sog. Verkehrsmanagementgesellschafter vgl. → § 70 Rn. 9.

genden Teil" des öffentlichen Personenverkehrsdienstes die Rede ist – zeigt, dass ein bedeutender Teil im Sinne des Art. 4 Abs. 7 S. 2 VO 1370/2007 **weniger als 50%** sein kann. Andererseits kann von einem bedeutenden Teil nur gesprochen werden, wenn eine gewisse Bagatellschwelle überschritten wird. Diese könnte mit Blick auf das Wesentlichkeitskriterium der vergaberechtlichen Inhouse-Rechtsprechung des EuGH mit 10% angesetzt werden.[177] Mangels anderweitiger Anhaltspunkte dürfte der Mittelwert von **20–30%** genügen, um den Anforderungen an einen bedeutenden Teil im Sinne des Art. 4 Abs. 7 S. 2 VO 1370/2007 zu entsprechen.[178] Die Kommission hat zwischenzeitlich erklärt, dass „es für die Untervergabe von mehr als einem Drittel der öffentlichen Verkehrsdienste guter Gründe bedarf".[179] Das hieße, dass die zuständige Behörde berechtigt ist, den ausgewählten Betreiber zu verpflichten, **rund 70%** der Verkehre selber zu erbringen.[180] Zur Bemessung dieses Anteils macht Art. 4 Abs. 7 der Verordnung ebenso wenig Angaben wie Art. 5 Abs. 2 S. 2 lit. e VO 1370/2007. Es ist daher ein im Einzelfall **sachgerechter Maßstab** zu wählen, der sich aus einer Gesamtbetrachtung von Kriterien wie Streckennetz, Personenkilometer oder Einnahmen zusammensetzen kann.[181] Aber auch zentrale Steuerungsaufgaben wie Betriebsleitung und Betriebsorganisation können die Selbsterbringungsquote erfüllen.[182]

66 Art. 4 Abs. 7 S. 3 VO 1370/2007 betrifft speziell solche öffentliche Dienstleistungsaufträge, die gleichzeitig Planung, Aufbau und Betrieb öffentlicher Personenverkehrsdienste umfassen. In dieser Situation steht es im Ermessen der zuständigen Behörde („kann"), die **vollständige Übertragung des Betriebs** dieser Dienste an einen Unterauftragnehmer vorzusehen. Dass dieser Unterauftragnehmer dann an die sich aus Art. 4 Abs. 7 S. 2 der Verordnung ergebende Verpflichtung zur Selbsterbringung eines bedeutenden Teils gebunden ist, ergibt sich nicht aus dem Wortlaut des Art. 4 Abs. 7 S. 3 VO 1370/2007, kann aber aus Sinn und Zweck des S. 3 gefolgert werden.[183] Der zuständigen Behörde verleiht Art. 4 Abs. 7 S. 3 der Verordnung Gestaltungsspielräume. Denn die Vorschrift knüpft neben dem Betrieb an Planung und Aufbau öffentlicher Personenverkehrsdienste an, ohne diese Begrifflichkeiten näher zu definieren, so dass allein der (weite) Wortlaut der Begriffe die Grenze des Anwendungsbereiches des Art. 4 Abs. 7 S. 3 VO 1370/2007 markiert. Um dem Risiko einer **Umgehung des Selbsterbringungsgebotes** nach Art. 4 Abs. 7 S. 2 VO 1370/2007 vorzubeugen, sollten im Einzelfall hinreichend gewichtige Aufgaben beauftragt werden, die den Bereichen „Planung" und „Aufbau" zugeordnet werden können und es rechtfertigen, von einem Auftrag im Sinne des Art. 4 Abs. 7 S. 3 der Verordnung ausgehen zu können.

67 **Wie Unteraufträge zu vergeben sind,** ist gemäß Art. 4 Abs. 7 S. 4 VO 1370/2007 in dem jeweiligen öffentlichen Dienstleistungsauftrag festzulegen. Die Unterauftragsvergabe hat entsprechend dem nationalen Recht im Einklang mit dem Gemeinschaftsrecht zu erfolgen. Maßgeblich sind damit grundsätzlich die Vorschriften des allgemeinen Vergaberechts, insbesondere also §§ 97ff. GWB und die dazugehörigen untergesetzlichen Bestimmungen.[184] Danach bestehen vergaberechtliche Bindungen für die Auswahl von Nachunternehmern vor allem, wenn das ausgewählte Verkehrsunternehmen („der Betreiber") zugleich Sektorenauftraggeber im Sinne des § 100 GWB ist. Ungeachtet dessen räumt § 8b Abs. 5 PBefG 2013 dem Aufgabenträger das Recht ein, das ausgewählte Unterneh-

---

[177] Vgl. EuGH Urt. v. 19.4.2007 – C-295/05, EuZW 2007, 416 Rn. 63 – Asemfo.

[178] OLG Düsseldorf Beschl. v. 19.2.2020 – VII-Verg 26/17, BeckRS 2020, 2221; *Linke* NZBau 2012, 338 (338); Linke/*Linke/Prieß* VO (EG) 1370/2007 Art. 4 Rn. 91ff. Auf die Schwelle von 30% stellt in vergleichbarem Zusammenhang etwa auch Art. 21 Abs. 4 S. 3 Richtlinie 2009/81/EG ab.

[179] Kommission, Ziff. 2.2.9. Auslegungsleitlinien 2014 (ABl. 2014 C 92/1).

[180] Vgl. EuGH Urt. v. 27.10.2016 – C-292/15 Rn. 41 – Hörmann Reisen.

[181] Vgl. *Schröder* NVwZ 2010, 862 (863).

[182] OLG Düsseldorf Beschl. v. 19.2.2020 – VII-Verg 26/17.

[183] So Linke/*Linke/Prieß* VO (EG) 1370/2007 Art. 4 Rn. 97.

[184] Die Vergabe von Unteraufträgen nach Art. 5 VO 1370/2007 in Erwägung ziehend *Linke* NZBau 2012, 338 (339ff.).

men zu verpflichten, Unteraufträge nach wettbewerblichen Grundsätzen zu vergeben. Im Erwägungsgrund 19 S. 4 zur VO 1370/2007 erwähnt der Verordnungsgeber die Möglichkeit, dass der Unterauftragnehmer statt durch den ausgewählten Betreiber durch die zuständige Behörde ausgewählt werden kann. Wird diese Gestaltung gewählt, ist unter Berücksichtigung der Umstände des Einzelfalls genau zu prüfen, ob die zuständige Behörde dann nicht als Stellvertreter des Betreibers agiert und aufgrund dessen die vergaberechtlichen Bindungen maßgeblich sind, denen der Betreiber unterliegt.[185] Dem ausgewählten **Unterauftragnehmer** bleibt – das stellt S. 3 des Erwägungsgrundes 19 zur Verordnung ausdrücklich klar – gestattet, **an wettbewerblichen Vergabeverfahren** im Zuständigkeitsgebiet aller zuständigen Behörden teilzunehmen; ein Tätigkeitsverbot wie es Art. 5 Abs. 2 VO 1370/2007 für interne Betreiber vorsieht, gilt für den Unterauftragnehmer nicht.

8. Weitere Inhalte

Durch die Änderungsverordnung 2016 wurden die zuständigen Behörden in Art. 4 Abs. 8 68
VO 1370/2007 verpflichtet, in die von ihnen geschlossenen öffentlichen Dienstleistungsaufträge Regelungen aufzunehmen, auf deren Grundlage die Verkehrsunternehmen ihnen eine Reihe von **Informationen über die erbrachten Verkehre** zur Verfügung stellen müssen. Damit sollen die Grundlagen für nachfolgende Vergabeverfahrens verbessert werden. Nicht ausdrücklich aufgenommen in den Verordnungstext ist das Gebot, in öffentlichen Dienstleistungsaufträgen Bestimmungen über die **Rückforderung übermäßiger Ausgleichsleistungen** aufzunehmen. Die Kommission hat aber zwischenzeitlich entschieden, dass Rückerstattungsmechanismen jedenfalls dann Bestandteil öffentlicher Dienstleistungsaufträge sein müssen, wenn die Möglichkeit besteht, dass eine Überkompensation nicht gänzlich ausgeschlossen ist.[186] Der öffentliche Dienstleistungsauftrag kann und sollte Regelungen zu der Frage enthalten, **welche Unterlagen und Daten** von den Betreibern zum Nachweis einer fehlenden **Überkompensationskontrolle** vorzulegen sind. Den zuständigen Behörden kommt dabei ein Beurteilungsspielraum zu, der pflichtgemäß auszufüllen ist. Grenzen ziehen insbesondere der Verhältnismäßigkeitsgrundsatz und das durch Art. 12 Abs. 1 GG geschützte Grundrecht der Berufsfreiheit der Verkehrsunternehmen. So darf nur die Vorlage solcher Unterlagen und Daten verlangt werden, die erforderlich sind, um am Maßstab des Anhangs zur Verordnung eine Überkompensationsprüfung durchführen zu können. Zum Schutz der Betriebs- und Geschäftsgeheimnisse der Verkehrsunternehmen ist diesen zu gestatten, Testate und sonstige Bescheinigungen von **Wirtschaftsprüfern** vorzulegen.

9. Änderungen während der Laufzeit des öffentlichen Dienstleistungsauftrages

Eine ausdrückliche Regelung über die Zulässigkeit und Grenzen von Änderungen öffent- 69
licher Dienstleistungsaufträge während ihrer Laufzeit enthält die VO 1370/2007 nicht. Somit beanspruchen die allgemeinen Grundsätze Geltung, die der EuGH in seiner Rechtsprechung sowohl zu Dienstleistungsaufträgen als auch zu Dienstleistungskonzessionen aufgestellt hat.[187] Ein neues Vergabeverfahren ist hiernach erforderlich bei **wesentlichen Änderungen** des ursprünglichen öffentlichen Dienstleistungsauftrages, wenn also die Än-

---

[185] Zu Stellvertretungskonstellationen im Vergaberecht etwa Ziekow/Völlink/*Ziekow*, Vergaberecht, 3. Aufl. 2018, § 98 Rn. 9.

[186] Vgl. dazu Kommission Beschl. v. 24.2.2010 über die öffentlichen Verkehrsdienstleistungsaufträge zwischen dem dänischen Verkehrsministerium und Dankse Statsbaner (Staatliche Beihilfe C 41/08), ABl. 2011 L 7/1, Rn. 331f.; Kommission, Beschl. v. 23.2.2011, C 58/2006, Deutschland/Bahnen der Stadt Monheim (BSM), K(2011)632 endg., ABl. 2011 L 210/1, Rn. 178ff., 189f.

[187] Vgl. Kommission, Ziff. 2.3.6. Auslegungsleitlinien 2014 (ABl. 2014 C 92/1), unter Hinweis auf die Rechtsprechung des EuGH Urt. v. 19.6.2008 – C-454/06, NZBau 2008, 518 Rn. 28ff. – pressetext sowie Urt. v. 13.4.2010 – C-91/08, NZBau 2010, 382 Rn. 37ff. – Wall AG.

derungen Ausdruck der Absicht der zuständigen Behörde und des ausgewählten Betreibers sind, wesentliche Bedingungen des öffentlichen Dienstleistungsauftrages neu zu verhandeln. Das Richtlinienrecht aus dem Jahre 2014 und das hieraufhin im Jahre 2016 novellierte deutsche Vergaberecht (§ 132 GWB) geben Anhaltspunkte, wann von einer solchen wesentlichen Änderung ausgegangen werden kann.

10. Annex: Gesamtbericht nach Art. 7 Abs. 1 VO 1370/2007

70 Nach Art. 7 Abs. 1 VO 1370/2007 haben die zuständigen Behörden einen Gesamtbericht über die in ihren Zuständigkeitsbereich fallenden gemeinwirtschaftlichen Verpflichtungen, die ausgewählten Betreiber eines öffentlichen Dienstes sowie die diesen Betreibern zur Abgeltung gewährten Ausgleichsleistungen und ausschließlichen Rechte öffentlich zugänglich zu machen.[188] Dieser Bericht unterscheidet nach Busverkehr und schienengebundenem Verkehr, er muss eine Kontrolle und Beurteilung der Leistungen, der Qualität und der Finanzierung des öffentlichen Verkehrsnetzes ermöglichen und gegebenenfalls Informationen über Art und Umfang der gewährten Ausschließlichkeit enthalten. Die nähere Ausgestaltung des Gesamtberichts steht mangels konkretisierender Regelungen im Ermessen der zuständigen Behörde.[189] Selbst wenn mit der Kommission davon ausgegangen wird, dass der Bericht alle relevanten Aufträge einzeln aufführt und die Informationen also nicht nur Gesamtwerte aufweisen, sondern sich auf jeden einzelnen Auftrag beziehen[190], darf doch der Charakter als Gesamtbericht nicht durch allzu Angaben konterkariert werden.[191] Dafür spricht die normsystematische Auslegung. Denn einzelfall- und unternehmensbezogene Daten kann die Kommission auf Grundlage von Art. 6 Abs. 2 VO (EG) Nr. 1370/2007 anfordern; diesem Zweck dient Art. 7 Abs. 1 der Verordnung also nicht. Auch die Entstehungsgeschichte der Norm spricht für ein restriktives Verständnis. Noch der Kommissionsvorschlag aus dem Jahr 2005 verlangte, dass jede zuständige Behörde einmal im Jahr einen *detaillierten* Bericht über die in ihren Zuständigkeitsbereich fallenden gemeinwirtschaftlichen Verpflichtungen, die ausgewählten Betreiber sowie über die zugehörigen Ausgleichsleistungen und ausschließlichen Rechte veröffentlichen sollte.[192] Davon ist der europäische Gesetzgeber im Laufe des Normgebungsverfahrens bewusst abgerückt. So hat der Rat in seinem Gemeinsamen Standpunkt (EG) Nr. 2/2007 am 11. 12. 2006 entschieden, den Verordnungsentwurf der Kommission an verschiedenen Stellen zu ändern, um die praktische Durchführbarkeit der Verordnung zu verbessern und unnötigen, bürokratischen Aufwand zu vermeiden. Zu den von diesen Änderungen betroffenen Vorschriften zählte Art. 7 Abs. 1 der Verordnung. Statt eines detaillierten Berichts sollen die zuständigen Behörden nach dem Willen des Rates einen bloßen *Gesamtbericht* über ihre öffentlichen Dienstleistungsaufträge vorlegen.[193] Schließlich müssen die zuständigen Behörden im Rahmen der Ausübung ihres Ermessens höherrangiges Recht beachten. Das verlangt nach angemessenem Schutz personenbezogener Daten[194] und dem Schutz von Betriebs- und Geschäftsgeheimnisse der Unternehmen[195].

---

[188] Nach der Änderungsverordnung 2016 wird Art. 7 Abs. 1 VO 1370/2007 geringfügig präzisiert und ergänzt; zur Änderungsverordnung 2016 vgl. → § 54 Rn. 9.

[189] Linke/*Fehling/Linke* VO (EG) 1370/2007 Art. 7 Rn. 35; MüKoWettbR/*Hölzl* Beihilfe- und Vergaberecht, 2011, VO 1370/2007 Art. 7 Rn. 7.

[190] Kommission, Ziff. 2.5.1. Auslegungsleitlinien 2014 (ABl. 2014 C 92/1).

[191] IdS auch *Winter/Woll/Gleichner* Der Nahverkehr 5/2014, 7, 11 f.

[192] KOM(2005)319 endgültig v. 20. 7. 2005.

[193] Gemeinsamer Standpunkt (EG) Nr. 2/2007 – vom Rat festgelegt am 11. 12. 2006, ABl. 2007 C 70E/1, insbes. S. 16.

[194] Vgl. EuGH (Große Kammer) Urt. v. 9. 11. 2010 – C-92, 93/09, Rn. 45 ff. – Schecke./. Land Hessen.

[195] Vgl. dazu EuGH Urt. v. 14. 2. 2008 – C-450/06, Rn. 49 – Varec SA; EuGH Urt. v. 29. 3. 2004 – C-1/11, Rn. 46 – Interseroh; BVerfG Beschl. v. 14. 3. 2006 – 1 BvR 2087/03, Rn. 81 ff.; BVerwG Beschl. v. 27. 8. 2012 – 20 F 3.12, Rn. 9; Dies anerkennend auch Kommission, Ziff. 2.5.1. Auslegungsleitlinien 2014 (ABl. 2014 C 92/1).

§ 71 Vergabe öffentlicher Dienstleistungsaufträge im Wettbewerb

Übersicht

VO 1370/2007: Art. 5 Abs. 1, Abs. 3*

Literatur:

Antweiler Verwaltungsgerichtlicher Rechtsschutz gegen Vergaberechtsverstöße in Genehmigungsverfahren, NZBau 2009, 362ff.; *Batzill* Bündelung von Buslinien, Der Nahverkehr 11/2009, 19ff.; *Berschin* in Barth/Baumeister/Berschin/Werner, Handbuch ÖPNV, Std. 2009, A 2 (Erläuterungen zur VO 1370/2007); *Bühner/Siemer* Linienbündelung im ÖPNV, DÖV 2015, 21ff.; *Fehling* Öffentlicher Verkehr (Bahn, ÖPNV), in Fehling/Ruffert, Regulierungsrecht, 2010, § 10; *Fehling/Sennekamp* Konkurrentenklagen unter der VO Nr. 1370/2007, in Pünder/Prieß, Brennpunkte des öffentlichen Personennahverkehrs vor dem Hintergrund der neuen EG-Personenverkehrsdiensteverordnung Nr. 1370/2007, 2010, S. 111ff.; *Fiedler/Wachinger* Das Recht des straßengebundenen Verkehrs in den Jahren 2007/2008, N&R 2008, 116ff.; *Fritz/Seidler* Vergabe von Konzessionen – Rechtsklarheit ja oder nein?, EuZW 2010, 933ff.; *Griem/Mosters* Wettbewerbliche Vergabe nach Art. 5 Abs. 3 VO Nr. 1370/2007, in Pünder/Prieß, Brennpunkte des öffentlichen Personennahverkehrs vor dem Hintergrund der neuen EG-Personenverkehrsdiensteverordnung Nr. 1370/2007, 2010, S. 1ff.; *Heinze* Der Entwurf eines Gesetzes zur Änderung personenbeförderungsrechtlicher Vorschriften, ZRP 2012, 84ff.; *Heinze* Wettbewerb um Busliniengenehmigungen unter der VO (EG) 1370/2007, DVBl. 2011, 534ff.; *IHK Region Stuttgart* Vergaben im Busverkehr – Chancen und Risiken für den Mittelstand, 2009; *IHK Stuttgart* Der neue Rechtsrahmen für den Busverkehr, Februar 2013; *Knauff* Das wettbewerbliche Vergabeverfahren nach Art. 5 III VO (EG) Nr. 1370/2007 iVm § 8b PBefG-E, NZBau 2011, 655ff.; *Kramer/Hinrichsen,* Bestellung nach der Verordnung (EG) Nr. 1370/2007, in: Knauff, Bestellung von Verkehrsleistungen im ÖPNV, 2018; *Kronsbein/Dewald* Transparenz vor Kreativität: Identität des Auftragsgegenstands bei Funktionalausschreibungen, NZBau 2011, 146ff.; *Liebschwager* Geheimhaltungsinteressen im Wettbewerb um Linienverkehrsgenehmigungen, NZBau 2011, 518ff.; *Linke* VO (EG) 1370/2007 Verordnung über öffentliche Personenverkehrsdienste Kommentar, 2. Aufl. 2019; *Manka/Kohler* Veröffentlichungspflicht bei Direktvergabe nach der VO 1370/07, Der Nahverkehr 3/2011, 53f.; *Mutschler-Siebert/Dorschfeldt* Die Vergabe von SPNV-Leistungen nach der Vergaberechtsreform, VergabeR 2016, 385ff.; *Otting/Scheps* Direktvergabe von Eisenbahnverkehrsdienstleistungen nach der neuen Verordnung (EG) Nr. 1370/2007, NVwZ 2008, 499ff.; *Polster* Der Rechtsrahmen für die Vergabe von Eisenbahnverkehrsleistungen, NZBau 2010, 662ff.; *Rennert* Konzessionen vor dem Verwaltungsgericht, NZBau 2019, 411ff.; *Saxinger* Das Verhältnis der Verordnung (EG) Nr. 1370/2007 zum nicht an sie angepassten deutschen Personenbeförderungsrecht, GewArch 2009, 350ff.; *Saxinger/Winnes* Recht des öffentlichen Personenverkehrs, Std. 2018; *Schmitz/Winkelhüsener* Der öffentliche Personenverkehr im Übergang zur VO 1370/2007: Vergaberechtliche Handlungsoptionen und deren Beihilferechtliche Konsequenzen, EuZW 2011, 52ff.; *Schröder* Inhalt, Gestaltung und Praxisfragen des wettbewerblichen Vergabeverfahrens nach den neuen europäischen ÖPNV-Verordnungen, NVWZ 2008, 1288ff.; *Sennekamp/Fehling* Der „öffentliche Dienstleistungsauftrag" nach der neuen EG-Verordnung über Personenverkehrsdienst im System des deutschen Verwaltungsprozessrechts, N&R 2009, 95ff.; *Storr* Konfusion um die Konstruktion der Konzession, in Kluth/Müller/Peilert, Festschrift für Rolf Stober, 2008, S. 417ff.; *Tödtmann/Schauer* Aktuelle Rechtsfragen zum öffentlichen Personenverkehr, NVwZ 2008, 1ff.; *Wenzel/Denzin/Siederer* Ausschreibungs- und Genehmigungswettbewerb für ÖPNV-Leistungen, LKV 2008, 18ff.

A. Einleitung

Öffentliche Dienstleistungsaufträge im Sinne des Art. 2 lit. i VO 1370/2007 sind gemäß Art. 5 der Verordnung zu vergeben. Art. 5 Abs. 3 VO 1370/2007 sieht Regelungen für die Vergabe solcher Aufträge in einem wettbewerblichen Verfahren vor. 1

* Text der VO 1370/2007 → § 69 Rn. 20.

I. Art. 5 Abs. 1 und Abs. 3 VO 1370/2007

2 Das wettbewerbliche Vergabeverfahren nach Art. 5 Abs. 3 VO 1370/2007 findet indes nicht auf jeden öffentlichen Dienstleistungsauftrag im Sinne des Art. 2 lit. i der Verordnung Anwendung. **Art. 5 Abs. 1 S. 2 und S. 3 VO 1370/2007** verweisen für Bus- und Straßenbahnverkehre auf die Richtlinien 2004/17/EG und 2004/17/EG. Diese wurden zwischenzeitlich ersetz: die Richtlinie 2004/17/EG durch die Richtlinie 2014/25/EU[1] und die Richtlinie 2004/18/EG durch die Richtlinie 2014/24/EU[2]. Die Verweise in Art. 5 Abs. 1 S. 2 und S. 3 der Verordnung gelten nun als **Verweise auf die neuen Richtlinie.**[3] Dieses Richtlinienrecht galt und gilt jedoch **nicht für Dienstleistungskonzessionen.**[4]

II. Dienstleistungskonzessionen im öffentlichen Personenverkehr

3 Entscheidend für die Wahl des richtigen Vergabeverfahrens ist wegen des differenzierten Regelungsgeflechts in Art. 5 Abs. 1 VO 1370/2007 daher die Unterscheidung von öffentlichen Dienstleistungsaufträgen im Sinne des Art. 2 lit. i VO 1370/2007, die sich als öffentlicher Dienstleistungsauftrag im Sinne des von Art. 5 Abs. 1 S. 2 und S. 3 VO 1370/2007 in Bezug genommenen Richtlinienrechts – dh im Sinne des § 103 Abs. 4 GWB – darstellen, und öffentlichen Dienstleistungsaufträgen im Sinne des Art. 2 lit. i VO 1370/2007, die sich nicht als öffentlicher Dienstleistungsauftrag im Sinne des allgemeinen Vergaberechts darstellen, zB weil sie als Dienstleistungskonzession zu qualifizieren sind.[5]

1. Bedeutung der Unterscheidung von Auftrag und Konzession

4 Die Unterscheidung zwischen öffentlichem Dienstleistungsauftrag im Sinne des § 103 Abs. 4 GWB und einer Dienstleistungskonzession hat zunächst für **Bus- und Straßenbahnverkehre** entscheidende Bedeutung. Denn Art. 5 Abs. 1 S. 2 und S. 3 VO 1370/2007 verweisen für diese Verkehrsträger ausdrücklich auf das Richtlinienrecht. Steht hier also die Vergabe eines öffentlichen Dienstleistungsauftrags im Sinne des **§ 103 Abs. 4 GWB** in Frage, ist dieser **nach Maßgabe des GWB** und dem dazugehörigen untergesetzlichen Regelwerk zu vergeben, insbesondere also der Vergabeverordnung. Steht hingegen die Vergabe einer **Dienstleistungskonzession** in Frage, greift der Verweis in Art. 5 Abs. 1 S. 2 und S. 3 VO 1370/2007 nicht und es bleibt bei der Grundregel des Art. 5 Abs. 1 S. 1 VO 1370/2007 und der Vergabe nach den verordnungsspezifischen Regelungen. Eine wettbewerbliche Vergabe richtet sich dann **nach Art. 5 Abs. 3 VO 1370/2007;** die §§ 148 ff. GWB über die Konzessionsvergabe nach deutschem Recht finden gemäß § 149 Nr. 12 GWB keine Anwendung. Art. 5 Abs. 3 VO 1370/2007 findet zudem Anwendung, wenn es um einen öffentlichen Dienstleistungsauftrag im Sinne des § 103 Abs. 4 GWB geht, der die europäischen Schwellenwerte nicht überschreitet. Solche **Unterschwellenvergaben** unterfallen nicht dem Anwendungsbereich der von Art. 5 Abs. 1 S. 2 und S. 3 VO 1370/2007 in Bezug genommenen Richtlinien, der Verweis greift nicht und die Vergabe hat gemäß der Grundregel in Art. 5 Abs. 1 S. 1 VO 1370/2007 nach Art. 5 Abs. 2 bis 5 der Verordnung zu erfolgen.[6]

---

[1] ABl. 2014 L 94/243.
[2] ABl. 2014 L 94/65.
[3] Art. 91 Richtlinie 2014/24/EU und Art. 107 Richtlinie 2014/25/EU. So auch die Kommission, Ziff. 2.1.1. der Auslegungsleitlinien 2014 (ABl. 2014 C 92/2).
[4] Deren Vergabe unterliegt nun der speziellen Richtlinie 2014/23/EU. Zuvor regelten Art. 18 Richtlinie 2004/17/EG und Art. 17 Richtlinie 2004/18/EG, dass diese nicht auf Dienstleistungskonzessionen anwendbar waren.
[5] Zur Eigenständigkeit der Begriffsbildung bereits zuvor → § 55 Rn. 13 ff. Allgemein zum Konzessionsbegriff in jüngerer Zeit etwa *Rennert* NZBau 2019, 411 ff.
[6] Ebenso *Schmitz/Winkelhüsener* EuZW 2011, 52 (53).

Bei der durch Art. 5 Abs. 1 S. 2 und S. 3 VO 1370/2007 geprägten Systematik für die Vergabe von Bus- und Straßenbahnverkehren darf das die zuständigen Behörden ebenfalls bindende **Personenbeförderungsgesetz** nicht aus dem Blickwinkel geraten. Sowohl Bus- als auch Straßenbahnverkehre bedürfen einer personenbeförderungsrechtlichen Genehmigung.[7] Daher ist der **Vorrang der Eigenwirtschaftlichkeit** gemäß § 8a Abs. 1 S. 1 PBefG 2013 zu beachten: Ein Vergabeverfahren ist nur durchzuführen, wenn die Bus- und Straßenbahnverkehre nicht eigenwirtschaftlich, sondern gemeinwirtschaftlich erbracht werden sollen.[8] Art. 5 Abs. 3 VO 1370/2007 findet somit bei Bus- und Straßenbahnverkehren im Ergebnis nur auf die Vergabe von *Dienstleistungskonzessionen* über *gemeinwirtschaftliche* Verkehre Anwendung. Das in diesem Fall durchzuführende wettbewerbliche Vergabeverfahren haben die zuständigen Behörden unter Beachtung des **§ 8b PBefG 2013** durchzuführen, der Art. 5 Abs. 3 der Verordnung konkretisierend ausgestaltet.[9] 5

Die zu den Bus- und Straßenbahnverkehre aufgezeigten Regelungen gelten in gleicher Weise für Verkehre mit **U-Bahnen,** die gemäß § 4 Abs. 2 S. 1 PBefG 2013 als Straßenbahnen gelten.[10] 6

Der Verweis auf das Richtlinienrecht in Art. 5 Abs. 1 S. 2 und S. 3 VO 1370/2007 begründet die Differenzierung zwischen öffentlichem Dienstleistungsauftrag im Sinne des § 103 Abs. 4 GWB und Dienstleistungskonzessionen nur für Bus- und Straßenbahnverkehre. Insbesondere für Eisenbahnverkehre bleibt es somit bei der Grundregel des Art. 5 Abs. 1 S. 1 VO 1370/2007, wonach sämtliche öffentlichen Dienstleistungsaufträge im Sinne des Art. 2. lit. i der Verordnung einheitlich nach Art. 5 Abs. 2 bis 6 VO 1370/2007 zu vergeben sind. Gleichwohl findet Art. 5 Abs. 3 VO 1370/2007 in Deutschland auch für wettbewerbliche Vergabeverfahren von Eisenbahnverkehren keine einheitliche Anwendung. Mit dem Vergaberechtsmodernisierungsgesetz 2016 hat der deutsche Gesetzgeber die Notwendigkeit geschaffen, zwischen öffentlichem Dienstleitungsauftrag im Sinne des § 103 Abs. 4 GWB und Dienstleistungskonzessionen zu unterscheiden.[11] Für **öffentliche Dienstleistungsaufträge im Sinne des § 103 Abs. 4 GWB** gilt nunmehr **§ 131 Abs. 1 GWB.** Demnach ist das GWB-Vergaberecht anzuwenden, das für alle öffentliche Dienstleistungsaufträge im Sinne des § 103 Abs. 4 GWB gilt, insbesondere also auch die Vergabeverordnung. § 131 Abs. 1 GWB gewährt der zuständigen Behörde erhöhte Flexibilität, in dem ihr die freie Wahl bleibt zwischen dem offenen und nicht-offenen Verfahren, dem Verhandlungsverfahren, dem wettbewerblichen Dialog und der Innovationspartnerschaft.[12] Steht die Vergabe einer **Dienstleistungskonzession** über Eisenbahnverkehre in Frage, wird Art. 5 Abs. 3 VO 1370/2007 durch die **GWB-Vorschriften über die Konzessionsvergabe** konkretisierend ausgestaltet.[13] Hier finden also §§ 151 und 152 GWB Anwendung sowie die Vorschriften, die § 154 GWB für entsprechend anwendbar erklärt, ua also § 131 Abs. 3 GWB betreffend die Anordnung eines Betriebsübergangs.[14] Weitere Vorgaben beinhaltet die Konzessionsvergabeverordnung. 7

Die Unterscheidung zwischen öffentlichen Dienstleistungsaufträgen im Sinne des § 103 Abs. 4 GWB und Dienstleistungskonzessionen hat folglich sowohl für Bus- und Straßen- 8

[7] § 1 Abs. 1, § 2 Abs. 1 und § 4 sowie § 13 PBefG 2013.

[8] Zur Eigen- und Gemeinwirtschaftlichkeit vgl. → § 54 Rn. 32ff.

[9] Vgl. die Gesetzesbegründung zum PBefG 2013: BT-Drs. 17/8233, S. 14. Zur Zulässigkeit, auf die allgemeinen Vorgaben zu verweisen vgl. etwa auch Kommission, Ziff. 2.3.2. Auslegungsleitlinien 2014 (ABl. 2014 C 92/1).

[10] IdS auch die Gesetzesbegründung zu § 131 GWB: BR-Drs. 367/15, S. 139, 154.

[11] Vgl. hierzu und zum Folgenden etwa auch *Mutschler-Siebert/Dorschfeldt* VergabeR 2016, 385ff.

[12] BR-Drs. 367/15, S. 139f.

[13] Arg ex § 149 Nr. 12 GWB, der nur die Vergabe von Konzessionen im Anwendungsbereich des Personenbeförderungsgesetz von der Geltung der §§ 148ff. GWB ausnimmt. Dies klarstellend auch die Gesetzesbegründung, BT-Drs. 367/15, S. 154. Zur Zulässigkeit, auf die „allgemeinen" Vergabeverfahren zu verweisen vgl. auch Erwägung (27) zur Richtlinie 2014/24/EU und Kommission, Ziff. 2.3.2. Auslegungsleitlinien 2014 (ABl. 2014 C 92/1).

[14] Zu § 131 Abs. 3 GWB und Art. 4 Abs. 5 VO 1370/2007 → § 54 Rn. 49ff.

bahnverkehre als auch für Eisenbahnverkehre Bedeutung. Für die Bus- und Straßenbahnverkehre folgt dies aus Art. 5 Abs. 1 S. 2 und S. 3 VO 1370/2007, für die Eisenbahnverkehre aus dem GWB-Vergaberecht.

Wettbewerbliche Vergabe	Bus, Straßenbahn, U-Bahn (sofern gemeinwirtschaftlich)	Eisenbahn (einschl. S-Bahn)
Öffentlicher Dienstleistungsauftrag im Sinne des § 103 Abs. 4 GWB	Art. 5 Abs. 1 S. 2 und S. 3 VO 1370/2007 §§ 97 ff. GWB Vergabeverordnung	Art. 5 Abs. 3 VO 1370/2007 §§ 97 ff. GWB (insbes. § 131) Vergabeverordnung
Dienstleistungskonzession	Art. 5 Abs. 3 VO 1370/2007 § 8b PBefG 2013	Art. 5 Abs. 3 VO 1370/2007 §§ 151 f. GWB Konzessionsvergabeverordnung

Für die inhaltliche Ausgestaltung der öffentlichen Dienstleistungsaufträge bleibt Art. 4 VO 1370/2007 zu beachten.[15]

2. Dienstleistungskonzessionen in der Rechtsprechung des EuGH

9 Die Definitionen des Dienstleistungsauftrags im Sinne des allgemeinen Vergaberechts und der Dienstleistungskonzession bestimmen sich gemäß der Rechtsprechung des EuGH ausschließlich nach Maßgabe des Unionsrechts.[16] Diese Rechtsprechung ist für den deutschen Gesetzgeber und die deutschen Gerichte verbindlich.[17] Öffentliche **Dienstleistungsaufträge** sind gemäß § 103 Abs. 4 iVm Abs. 1 GWB entgeltliche Verträge von öffentlichen Auftraggebern mit Unternehmen über die Beschaffung von Dienstleistungen. Eine Definition der **Dienstleistungskonzession** findet sich seit Inkrafttreten des Vergaberechtsmodernisierungsgesetzes 2016 in § 105 Abs. 1 Nr. 2 GWB.[18] Eine Dienstleistungskonzession ist danach ein entgeltlicher Vertrag, mit denen ein oder mehrere Konzessionsgeber ein oder mehrere Unternehmen mit der Erbringung und der Verwaltung von Dienstleistungen betrauen, die nicht in der Erbringung von Bauleistungen bestehen. Dabei besteht die Gegenleistung entweder allein in dem Recht zur Verwertung der Dienstleistung oder in diesem Recht zuzüglich einer Zahlung. Damit hat der deutsche Gesetzgeber die entsprechende Definition aus Art. 5 Nr. 1 lit. b der Konzessionsvergabe-Richtlinie 2014/23/EU umgesetzt, die ihrerseits im Wesentlichen der bis dahin maßgeblichen Definition aus Art. 1 Abs. 3 lit. b der Richtlinie 2004/17/EG und Art. 1 Abs. 4 der Richtlinie 2004/18/EG entspricht. Vor diesem Hintergrund können die Abgrenzungskriterien, die in der bisherigen Rechtsprechung entwickelt wurden, übernommen werden können.[19]

10 Um eine Dienstleistungskonzession annehmen zu können, hat der EuGH gelegentlich die Feststellung genügen lassen, dass der öffentliche Verkehrsdienst zumindest teilweise über den Kauf von Fahrkarten durch die Benutzer finanziert wird. Diese Art einer **mittelbaren Vergütung** des Verkehrsunternehmens sei charakteristisch für eine öffentliche Dienstleistungskonzession.[20] Doch ist, wie der EuGH zwischenzeitlich ausdrücklich auch anlässlich der Vergabe eines Vertrages über öffentliche Busverkehrsleistungen entscheiden hat, die Art der Vergütung nur eines der Kriterien für die Einordnung als Dienstleistungs-

[15] Vgl. dazu im Einzelnen → § 55 Rn. 39 ff.

[16] EuGH Urt. v. 18.7.2007 – C-382/05, VergabeR 2007, 604 Rn. 30 f. – Kommission ./. Italien; EuGH Urt. v. 10.3.2011 – C-274/09, NZBau 2011, 239 Rn. 23 – Privater Rettungsdienst und Krankentransport Stadler; EuGH Urt. v. 10.11.2011 – C-348/10, NZBau 2012, 183 Rn. 40 – Norma-A SIA.

[17] BGH Beschl. v. 8.2.2011 – X ZB 4/10, NZBau 2011, 175 Rn. 33 – Abellio Rail.

[18] Zu der facettenreichen Geschichte des Begriffs der Konzession etwa *Storr,* Wirtschaft – Verwaltung – Recht: FS Stober, 2008, S. 417 ff. Zur Entwicklung des Begriffs in der Rechtsprechung des EuGH etwa *Fritz/Seidler* EuZW 2010, 933 ff.

[19] OLG Naumburg Beschl. v. 15.4.2016 – 7 Verg 1/16, juris Rn. 61.

[20] EuGH Urt. v. 6.4.2006 – C-410/04, NZBau 2006, 326 Rn. 16 – ANAV; vgl. dazu auch die Schlussanträge des Generalanwalts *Cruz Villalón* v. 7.7.2011 – C-348/10, Rn. 45 – Norma-A SIA.

konzession.[21] Entscheidend ist letztlich die Übernahme eines **Betriebsrisikos** durch das Verkehrsunternehmen.[22] Das Betriebsrisiko kennzeichnet das Risiko, den Unwägbarkeiten des Marktes ausgesetzt zu sei. Es kann sich etwa in dem Risiko der Konkurrenz durch andere Wirtschaftsteilnehmer, dem Risiko eines Ungleichgewichts zwischen Angebot und Nachfrage, dem Risiko der Zahlungsunfähigkeit derjenigen, die die Bezahlung der erbrachten Dienstleistungen schulden, dem Risiko einer nicht vollständigen Deckung der Betriebsausgaben durch die Einnahmen oder dem Risiko der Haftung für einen Schaden im Zusammenhang mit einem Fehlverhalten bei der Erbringung der Dienstleistung äußern.[23] Davon abzugrenzen sind die Risiken, die sich aus einer mangelhaften Betriebsführung oder aus Beurteilungsfehlern des Wirtschaftsteilnehmers ergeben, da diese Risiken jedem Vertrag immanent sind.[24] Sofern das wirtschaftliche Betriebsrisiko wegen der öffentlich-rechtlichen Ausgestaltung erheblich eingeschränkt ist, genügt für die Einordnung eines Vertrages als Dienstleistungskonzession, dass der öffentliche Auftraggeber das auf ihm lastende Betriebsrisiko vollständig oder zumindest zu einem wesentlichen Teil auf den Konzessionär überträgt.[25] In Übereinstimmung mit der sekundärrechtlichen Definition der Dienstleistungskonzession hat der EuGH anerkannt, dass die Qualifikation eines Vertrages als Dienstleistungskonzession nicht bereits deshalb ausgeschlossen ist, weil das Verkehrsunternehmen vom Konzessionsgeber ein Entgelt oder einen Zuschuss erhält.[26] Entscheidend ist der Umfang dieser **Zahlungen:** Die Qualifikation als Dienstleistungskonzession liegt fern, wenn dem Verkehrsunternehmen ein so gut wie vollständiger Ausgleich für Verluste gewährt wird, die durch die Erbringung der Leistungen und der damit verbundenen Kosten abzüglich der Einnahmen entstehen.[27] Doch können weitere Aspekte wie die Verringerung der Ausgleichszahlungen während der Vertragslaufzeit, die Laufzeit des Vertrages und Ungewissheiten hinsichtlich der Nachfrage durch die Benutzer für die Beurteilung im Einzelfall von Bedeutung sein.[28]

3. Entscheidungspraxis deutscher Gerichte und Vergabekammern

Die Entscheidung, ob im Einzelfall die Anforderungen erfüllt sind, die an eine Dienstleistungskonzession gestellt werden, weist der EuGH den mitgliedstaatlichen Gerichten zu.[29] 11
Der **Bundesgerichtshof** hat sich in seiner **Leitentscheidung vom 8.2.2011** eingehend mit dem Begriff der Dienstleistungskonzession im Verkehrssektor befasst. Die Maßstäbe, die das Gericht dort im Zusammenhang mit Eisenbahnverkehren gesetzt hat, können auf andere öffentliche Personenverkehre übertragen werden. In Übereinstimmung mit der Rechtsprechung des EuGH prüft der Bundesgerichtshof, ob das Verkehrsunternehmen einen wesentlichen Teil des Betriebsrisikos übernimmt. Das erfordere eine Gesamtbetrachtung aller Umstände, wobei insbesondere die Marktbedingungen und die vertraglichen Vereinbarungen in ihrer Gesamtheit zu würdigen seien.[30] Aus der Rechtsprechung des EuGH folge, dass marktregulierende rechtliche Rahmenbedingungen außer Betracht zu

[21] EuGH Urt. v. 10.11.2011 – C-348/10, NZBau 2012, 183 Rn. 44 – Norma-A SIA.
[22] EuGH Urt. v. 10.11.2011 – C-348/10, NZBau 2012, 183 Rn. 45ff. – Norma-A SIA.
[23] EuGH Urt. v. 10.11.2011 – C-348/10, NZBau 2012, 183 Rn. 48 – Norma-A SIA unter Hinweis auf EuGH Urt. v. 10.9.2009 – C-206/08, NZBau 2009, 729 Rn. 67 – WAZV Gotha, sowie EuGH Urt. v. 10.3.2011 – C-274/09, NZBau 2011, 239 Rn. 37 – Privater Rettungsdienst und Krankentransport Stadler.
[24] EuGH Urt. v. 10.11.2011 – C-348/10, NZBau 2012, 183 Rn. 49 – Norma-A SIA unter Hinweis auf EuGH Urt. v. 10.3.2011 – C-274/09, NZBau 2011, 239 Rn. 38 – Privater Rettungsdienst und Krankentransport Stadler.
[25] EuGH Urt. v. 10.11.2011 – C-348/10, NZBau 2012, 183 Rn. 45, 50 – Norma-A SIA unter Hinweis auf EuGH Urt. v. 10.9.2009 – C-206/08, NZBau 2009, 729 – WAZV Gotha.
[26] Vgl. EuGH Urt. v. 6.4.2006 – C-410/04, NZBau 2006, 326 Rn. 16 – ANAV.
[27] EuGH Urt. v. 10.11.2011 – C-348/10, NZBau 2012, 183 Rn. 52ff. – Norma-A SIA.
[28] EuGH Urt. v. 10.11.2011 – C-348/10, NZBau 2012, 183 Rn. 56 – Norma-A SIA.
[29] EuGH Urt. v. 10.11.2011 – C-348/10, NZBau 2012, 183 Rn. 57 – Norma-A SIA.
[30] BGH Beschl. v. 8.2.2011 – X ZB 4/10, NZBau 2011, 175 Rn. 30ff., 35 – Abellio Rail.

bleiben haben.[31] Daher könne in Fällen, in denen keine Zuzahlung erfolge, regelmäßig von einer Dienstleistungskonzession ausgegangen werden. Gewähre der Auftraggeber hingegen einen Zuschuss, könne eine Dienstleistungskonzession nur dann angenommen werden, wenn die Vergütung oder (Aufwands-) Entschädigung ein solch geringes Gewicht hat, dass ihr **bei wertender Betrachtung bloßer Zuschusscharakter** beigemessen werden kann. Die aus der Erbringung der Dienstleistung möglichen Einkünfte dürften sich nicht als ein Entgelt darstellen, das weitab von einer äquivalenten Gegenleistung liegt.[32] Wann dies der Fall ist, lasse sich ebenso wenig einheitlich durch eine rechnerische Quote festlegen, wie sich auch sonst schematische Lösungen verböten.[33] Im Rahmen der erforderlichen Gesamtschau müsse zudem Berücksichtigung finden, ob der Konzessionär seine Leistungen monopolistisch oder sonst aus einer überlegenen Position heraus erbringe.[34] Sieht er sich nur einem verringerten Konkurrenzdruck ausgesetzt, vermindere dies sein Betriebsrisiko. Für die Qualifikation als Dienstleistungsauftrag könne auch sprechen, dass die Leistungen in einem Bereich erbracht werden, der ohnehin durch öffentliche Zuschüsse und staatliche Beihilfen geprägt ist; sichern diese Zahlungen einen wesentlichen Teil des Risikos ab, liege die Annahme einer Dienstleistungskonzession eher fern. Im Hinblick auf den dem Beschluss vom 8.2.2011 zugrunde liegenden Sachverhalt stellte der Bundesgerichtshof fest, dass die Zuschusszahlungen der öffentlichen Hand sich auf ca. 64% der Gesamtkosten des Verkehrsunternehmens beliefen. Da das Unternehmen zugleich keinem direkten Wettbewerb ausgesetzt sei, stelle sich der Vertrag nicht als Dienstleistungskonzession, sondern als öffentlicher Dienstleistungsauftrag im Sinne des § 99 Abs. 4 GWB dar.[35]

12 Diese Rechtsprechung des Bundesgerichtshofs stimmt im Wesentlichen mit der **Rechtsprechung anderer Gerichte** und der **Entscheidungspraxis der Vergabekammern** überein.[36] Bereits im Jahre 2004 hatte etwa das OLG Düsseldorf einen Vertrag als Dienstleistungsauftrag qualifiziert, weil der Auftraggeber gegenüber dem Verkehrsunternehmen letztlich für die Gesamtkosten der Leistung aufkam.[37] Ebenso eindeutig fiel im Jahre 2005 eine Entscheidung des OLG Karlsruhe aus. Das Gericht qualifizierte zwei Verträge als Dienstleistungskonzessionen, in denen ein Zuschuss von lediglich 9 bis 4% des prognostizierten Gesamtaufwands vorgesehen war.[38] Das OLG München entschied im Jahre 2008, dass bei **Unsicherheiten über die Höhe des Zuschusses** im Zweifel von einem Dienstleistungsauftrag auszugehen sei.[39] In der Entscheidung, die dem Urteil des Bundesgerichtshofs vom 8.2.2011 voranging, stellte das OLG Düsseldorf vor allem auf die Höhe des Zuschusses ab. Da das Verkehrsunternehmen durch Fahrgelderlöse nur 36% seiner Gesamtkosten einschließlich Gemeinkosten, Infrastrukturbenutzungsentgelten und Gewinn refinanzieren müsse, sei die in der Literatur vielfach angenommene **Grenze von 50% der Kosten** weit unterschritten[40], weshalb von einem Dienstleistungsauftrag auszugehen sei.[41] Zwischenzeitlich haben etwa das OLG München und das OVG Nordrhein-Westfalen die Rechtsprechung des Bundesgerichtshofs aufgegriffen und prüfen ebenfalls, ob etwaigen

[31] BGH Beschl. v. 8.2.2011 – X ZB 4/10, NZBau 2011, 175 Rn. 35 – Abellio Rail.
[32] BGH Beschl. v. 8.2.2011 – X ZB 4/10, NZBau 2011, 175 Rn. 37 – Abellio Rail.
[33] BGH Beschl. v. 8.2.2011 – X ZB 4/10, NZBau 2011, 175 Rn. 40 – Abellio Rail.
[34] Zur Austauschbarkeit verschiedener Verkehrsmittel vgl. etwa Monopolkommission, 48. Sondergutachten „Wettbewerbs- und Regulierungsversuche im Eisenbahnverkehr“, 2007, Tz. 69ff.
[35] BGH Beschl. v. 8.2.2011 – X ZB 4/10, NZBau 2011, 175 Rn. 41 – Abellio Rail.
[36] Vgl. nur OLG Koblenz Beschl. v. 25.3.2015 – Verg 11/14; OLG Naumburg Beschl. v. 15.4.2016 – 7 Verg 1/16.
[37] OLG Düsseldorf Beschl. v. 6.12.2004 – Verg 79/04, NZBau 2005, 239f.
[38] OLG Karlsruhe Beschl. v. 13.7.2006 – 6 W 35/05, KommJur 2006, 71, 72f.
[39] OLG München Beschl. v. 21.5.2008 – Verg 5/08, NZBau 2008, 668ff.
[40] Zu dieser 50%-Grenze etwa *Tödtmann/Schauer* NVwZ 2008, 1, 6. Auf die 50%-Schwelle Bezug nehmend etwa auch VK Münster Beschl. v. 7.10.2010 – VK 6/10.
[41] OLG Düsseldorf Beschl. v. 21.7.2010 – Verg 19/10, NZBau 2010, 582ff.; vgl. dazu auch die vorangehende Entscheidung der VK Münster Beschl. v. 18.3.2010 – VK 1/10.

Zahlungen bloßer Zuschusscharakter zukommt.[42] Das OLG Karlsruhe hat die Qualifikation eines Vertrages als Dienstleistungskonzession in einem Fall abgelehnt, in dem das Gericht zu dem Schluss gekommen war, dass die Ausgestaltung der den Auftragnehmer treffenden Rechte, Pflichte und Risiken diesem keinen nennenswerten Spielraum bei der Gestaltung seiner Leistungen und Entgelte belasse und dem Auftragnehmer zugleich ein von den Fahrgeldeinnahmen unabhängiges Entgelt gezahlt werde, das dem Auftragnehmer das Einnahmerisiko nahm.[43]

4. Brutto- und Nettoverträge

Verkehrsverträge werden vielfach den Kategorien des Brutto- oder Nettovertrags zugeordnet.[44] Bei einem sog. **Bruttovertrag** trägt das Verkehrsunternehmen typischerweise kein aus den Fahrtgeldeinnahmen resultierendes wirtschaftliches Risiko. Das Verkehrsunternehmen erbringt die Verkehrsleistungen gegenüber den Fahrgästen im Namen und auf Rechnung des Aufgabenträgers. Die aus dem Fahrkartenverkauf resultierenden Erlöse sind für das Verkehrsunternehmen nur durchlaufende Posten, die direkt oder indirekt dem Aufgabenträger zufließen. Das Bestellerentgelt bleibt konstant. Gewinne kann das Verkehrsunternehmen nur über eine Verminderung der Kosten und nicht über Fahrgeldmehreinnahmen erzielen. Es fehlt an einer direkten Verbindung zwischen Fahrgast und Verkehrsunternehmen, Kunde des Verkehrsunternehmens ist allein der Aufgabenträger, der die Leistung bestellt und bezahlt. Anreize für ein fahrgastfreundliches Verhalten können hier nur über Bonus-Malus-Systeme geschaffen werden. Ein solcher Bruttovertrag stellt sich regelmäßig als **öffentlicher Dienstleistungsauftrag im Sinne des § 103 Abs. 4 GWB** dar.[45] 13

Im Rahmen eines sog. **Nettovertrages** ist das Verkehrsunternehmen hingegen unmittelbar auf die Fahrgelderlöse angewiesen. Die Einnahmen stehen hier dem Verkehrsunternehmen zu, mit ihnen hat das Verkehrsunternehmen die mit dem Fahrbetrieb verbundenen Kosten zu decken. Die mit schwankenden Fahrgeldeinnahmen verbundenen Risiken und Chancen liegen bei dem Verkehrsunternehmen. Diese Zuweisung von Chancen und Risiken ist grundsätzlich charakteristisch für eine **Dienstleistungskonzession,** da selbst zusätzliche Zahlungen einer Geldsumme der Annahme einer Dienstleistungskonzession nicht ohne Weiteres entgegenstehen.[46] 14

In der Praxis finden sich vielfach **Mischformen,** wie etwa Bruttoverträge mit Anreizwirkung.[47] Die Begriffe Brutto- und Nettovertrag sind keine Rechtsbegriffe, sondern rein deskriptiv. Für die Wahl eines zulässigen Vergabeverfahrens ist allein entscheidend, ob der jeweilige Vertrag als Dienstleistungskonzession angesehen werden kann oder nicht. Das richtet sich unter Berücksichtigung der Umstände des Einzelfalls danach, in welchem Umfang das Verkehrsunternehmen tatsächlich Betriebsrisiken trägt. 15

---

[42] OLG München Beschl. v. 25.3.2011 – Verg 4/11, NZBau 2011, 380 ff. (zur Breitbandkabelversorgung); OVG Nordrhein-Westfalen Beschl. v. 30.3.2011 – 15 E 217/11 (zu einem Pachtvertrag).

[43] OLG Karlsruhe Beschl. v. 9.10.2012 – 15 Verg 12/11.

[44] Vgl. zu den Gestaltungsmöglichkeiten etwa Saxinger/Winnes/*Schmitz/Winnes,* Recht des öffentlichen Personenverkehrs, Std. 2014, Art. 4 Abs. 2 VO 1370 Rn. 7 ff.

[45] Vgl. zur Definition des Bruttovertrages etwa OLG Düsseldorf Beschl. v. 21.7.2010 – Verg 19/10, NZBau 2010, 582 (585); Pünder/Prieß/*Griem/Mosters,* Brennpunkte des öffentlichen Personennahverkehrs vor dem Hintergrund der neuen EG-Personenverkehrsdiensteverordnung Nr. 1370/2007, 2010, S. 1, 5.

[46] Vgl. OLG Düsseldorf Beschl. v. 21.7.2010 – Verg 19/10, NZBau 2010, 582 (585), Pünder/Prieß/*Griem/Mosters,* Brennpunkte des öffentlichen Personennahverkehrs vor dem Hintergrund der neuen EG-Personenverkehrsdiensteverordnung Nr. 1370/2007, 2010, S. 1, 5 f.

[47] Vgl. dazu etwa die Zusammenstellung der *IHK Region Stuttgart* Vergaben im Busverkehr – Chancen und Risiken für den Mittelstand, 2009, S. 64 ff.

B. Vergaben nach Art. 5 Abs. 3 VO 1370/2007

16 Zentraler Maßstab für die verordnungskonforme Ausgestaltung eines wettbewerblichen Vergabeverfahrens ist Art. 5 Abs. 3 S. 2 VO 1370/2007. Hiernach muss das für die Vergabe angewandte Verfahren allen Betreibern offen stehen, fair sein und den Grundsätzen der Transparenz und Nichtdiskriminierung genügen. Ein eigenständiger Bedeutungsgehalt kommt diesen Prinzipien gleichwohl in Deutschland kaum mehr zu, weil der Gesetzgeber durch § 8b PBefG 2013 und durch die Anordnung, dass die §§ 97ff. GWB gelten[48], stark konkretisierende Vorgaben zum Vergabeverfahren gemacht hat[49]. Auf die Kommentierungen zu diesen Bestimmungen kann daher verwiesen werden. Nachfolgend soll nur auf einige Besonderheiten hingewiesen werden.

17 Neben den sich aus dem PBefG 2013 und dem GWB ergebenden Verpflichtungen bleibt es bei der Verpflichtung der zuständigen Behörden zur **Vorabbekanntmachung nach Art. 7 Abs. 2 VO 1370/2007.** Art. 5 Abs. 3 S. 2 VO 1370/2007 verlangt ein Vergabeverfahren, das allen Bietern offen steht. Im Erwägungsgrund 29 führt der Verordnungsgeber dazu aus, dass die zuständigen Behörden hinsichtlich der Vergabe öffentlicher Dienstleistungsaufträge die notwendigen Maßnahmen ergreifen sollten, um mindestens ein Jahr im Voraus ihre Vergabeabsicht bekannt zu geben. Auf diese Weise soll potenziellen Betreibern ermöglicht werden, auf die Absicht zur Vergabe des öffentlichen Dienstleistungsauftrages zu reagieren. Dementsprechend verpflichtet Art. 7 Abs. 2 S. 1 VO 1370/2007 jede zuständige Behörde, **spätestens ein Jahr vor Einleitung** des wettbewerblichen Vergabeverfahrens ihren Namen und ihre Anschrift, die Art des Vergabeverfahrens und die von der Vergabe möglicherweise betroffenen Dienste und Gebiete im Amtsblatt der Europäischen Union zu veröffentlichen. Solange ein spezielles Formular nicht existiert, kann das Formular Nr. 1 „Vorinformation" genutzt werden.[50]

18 Vor Ablauf der Jahresfrist darf der Auftrag nicht vergeben werden. Es dürfen aber Vorbereitungsmaßnahmen getroffen werden, die es erlauben, den Verkehr zum Ablauf des Jahres aufzunehmen.[51] Ändern sich die im Amtsblatt anzugebenden Informationen nach ihrer Veröffentlichung, hat die zuständige Behörde gemäß Art. 7 Abs. 2 S. 3 VO 1370/2007 so rasch wie möglich eine **Berichtigung** zu veröffentlichen. Diese erfolgt gemäß Art. 7 Abs. 2 S. 4 der Verordnung unbeschadet des Zeitpunkts der Einleitung der Direktvergabe oder des wettbewerblichen Vergabeverfahrens, dh durch eine Berichtigung verlängert sich die Frist der Vorabinformation nicht. Seine Grenze findet das Recht zur Berichtigung in der „Identität des Auftragsgegenstandes": Diese aus dem allgemeinen Vergaberecht bekannte Grenze[52] ist auch im Rahmen der VO 1370/2007 zu beachten, weil andernfalls eine Umgehung der vergaberechtlichen Pflichten droht. Eine neue Vorinformation mit Neubeginn der einjährigen Wartefrist ist insbesondere erforderlich, wenn die Auftragsvergabe durch einen anderen Auftraggeber erfolgen soll als ursprünglich vorgesehen.[53]

19 Ausnahmen von der Informationspflicht sehen Art. 7 Abs. 2 S. 2 und S. 5 der Verordnung für öffentliche Dienstleistungsaufträge mit einer jährlichen öffentlichen Personenverkehrsleistung von weniger als 50.000 km sowie in Notsituationen nach Art. 5 Abs. 5 VO 1370/2007 vor. Eine Vorabinformation ist gemäß Art. 7 Abs. 2 S. 1 VO 1370/2007 vor Einleitung „des wettbewerblichen Vergabeverfahrens" oder vor der Direktvergabe zu veröffentlichen. Wettbewerbliche Vergabeverfahren in diesem Sinne sind jedenfalls die Verga-

---

[48] Vgl. dazu → § 56 Rn. 4ff.

[49] IdS etwa auch *Kramer/Hinrichsen,* in: Knauff, Bestellung von Verkehrsleistungen im ÖPNV, 2018, S. 78ff.

[50] *Manka/Kohler* Der Nahverkehr 3/2011, 53 (53).

[51] *Manka/Kohler* Der Nahverkehr 3/2011, 53 (54;) Kaufmann/Lübbig/Prieß/Pünder/*Fehling,* VO (EG) 1370/2007, 2010, Art. 7 Rn. 87.

[52] Vgl. etwa EuGH Urt. v. 22.4.2010 – C-423/07, NZBau 2010, 643 Rn. 56ff. – Kommission ./. Spanien m. zust. Anm. von *Kronsbein/Dewald* NZBau 2011, 146ff.

[53] VK Südbayern Beschl. v. 15.10.2015 – Z3-3-3194-1-37-06/05.

beverfahren nach Art. 5 Abs. 3 VO 1370/2007.[54] Darüber hinaus ist Art. 7 Abs. 2 VO 1370/2007 bei Vergaben öffentlicher Dienstleistungsaufträge im Sinne des Art. 2 lit. i der Verordnung anzuwenden, die den **§§ 97 ff. GWB** unterliegen. Die Verpflichtung ist sektorenspezifisches Sekundärrecht, das insoweit neben die Vorschriften des allgemeinen Vergaberechts tritt. Ob eine Missachtung der Pflichten zur Vorabinformation sogleich zur Nichtigkeit des vergebenen öffentlichen Dienstleistungsauftrages gem. § 134 BGB führt, ist bisher nicht geklärt; jedenfalls aber dürfte eine solche Vergabe für einen Konkurrenten anfechtbar sein.[55]

20 Eine Verpflichtung, im Nachgang zu der Vorab-Veröffentlichung nach Art. 7 Abs. 2 VO 1370/2007 eine gesonderte **Bekanntmachung** beispielsweise im EU-Amtsblatt zu veröffentlichen, begründet die Verordnung nicht.[56] § 8b Abs. 2 PBefG 2013 sieht allerdings eine Bekanntmachung vor, die auf der Internetseite www.bund.de veröffentlicht werden soll und weitere Informationen enthalten muss, insbesondere über den vorgesehenen Ablauf des wettbewerblichen Verfahrens, Eignungsnachweise, Anforderungen an die Übermittlung von Unterlagen und die Zuschlagskriterien einschließlich ihrer Gewichtung. Es steht im Ermessen der zuständigen Behörde, ob sie diese Bekanntmachung zeitgleich mit der Vorab-Information nach Art. 7 Abs. 2 VO 1370/2007 veröffentlicht oder zu einem späteren Zeitpunkt.[57]

21 In Übereinstimmung mit den allgemeinen vergaberechtlichen Prinzipien stellt § 8b Abs. 3 Satz 1 PBefG 2013 klar, dass die zu vergebenden Dienstleistungen **eindeutig und umfassend zu beschreiben** sind. Entsprechendes ergibt sich aus § 121 GWB und § 152 GWB. Nur dann können alle Bieter die Beschreibung im gleichen Sinne verstehen. Das ist Voraussetzung für miteinander vergleichbare Angebote. Weitere Einzelheiten ergeben sich aus der Verordnung: So sind gemäß Art. 4 Abs. 5 S. 2 VO 1370/2007 in den Unterlagen des wettbewerblichen Verfahrens bestimmte **Angaben zu Sozialstandards** zu machen, die von den Bietern erfüllt werden sollen.[58] Gemäß Art. 4 Abs. 6 der Verordnung sind die zu beachtenden **Qualitätsstandards** anzugeben.[59] Art. 4 Abs. 7 S. 1 VO 1370/2007 verlangt die Angabe, ob und in welchem Umfang **Unteraufträge** vergeben werden dürfen.[60] Die Vergabeunterlagen müssen Aussagen zu den **verkehrlich-technischen Aspekten** treffen, die für eine hinreichend präzise Leistungsbeschreibung erforderlich sind. Dazu können beispielsweise Angaben zum Linienweg und zur Mindesterschließung zählen oder Angaben zu Bedienungshäufigkeiten (Mindesttaktdichte), zur Mindestbedienung (Betriebszeiten), zum Fahrplan, zu den Tarifen, zum Fahrscheinvertrieb, zu Fahrzeugstandards oder zu Fahrgastinformation.[61] In Vergabeunterlagen, die Linienverkehre innerhalb eines Verbundtarifes betreffen, sind zusätzlich Darstellung zum Verbundtarif sowie zu den **Verbundregularien** einschließlich des Verfahrens zur Aufnahme neuer Betreiber erforderlich, bei der Neuvergabe bereits vorhandener Verkehre die bisher erzielten Fahrgeldeinnahmen, eine Darstellung des verbundinternen Einnahmeaufteilungsverfahrens, insbesondere im Hinblick auf die Berechnung der auf den Linienverkehr nach der Betriebsübernahme entfallenden Einnahmen und, soweit der Einnahmeaufteilung Verkehrserhebungsdaten zu-

---

[54] Den Anwendungsbereich des Art. 7 Abs. 2 VO 1370/2007 hierauf beschränkend etwa Barth/Baumeister/Berschin/Werner/*Berschin,* Handbuch ÖPNV, Std. 2009, A 2 Rn. 232.

[55] Zu beiden Alternativen Linke/*Fehling/Linke* VO (EG) 1370/2007 Art. 7 Rn. 57 ff. Zu den Anforderungen, einen Verstoß gegen Art. 7 Abs. 2 VO 1370/2007 im Nachprüfungsverfahren geltend machen zu können vgl. etwa OLG Rostock Beschl. v. 4.7.2012 – 17 Verg 3/12, *juris* Rn. 62 ff.

[56] Ebenso etwa *Knauff* NZBau 2011, 655 (656); *Polster* NZBau 2010, 662 (664). AA etwa *Schröder* NVwZ 2008, 1288 (1293); Pünder/Prieß/*Griem/Mosters,* Brennpunkte des öffentlichen Personennahverkehrs vor dem Hintergrund der neuen EG-Personenverkehrsdiensteverordnung Nr. 1370/2007, 2010, S. 1, 28 ff.

[57] BR-Drs. 462/11 v. 12.8.2011 mit Begründung ebendort S. 30.

[58] Zu Art. 4 Abs. 5 VO 1370/2007 → § 55 Rn. 49 ff.

[59] Zu Art. 4 Abs. 6 VO 1370/2007 → § 55 Rn. 58 ff.

[60] Zu Art. 4 Abs. 7 VO 1370/2007 → § 55 Rn. 61 ff.

[61] Hierzu und zum Folgenden vgl. § 2 der Leitlinien der BAG ÖPNV zur wettbewerblichen Vergabe von öffentlichen Dienstleistungsaufträgen nach Art. 5 Abs. 3 VO 1370/2007.

grunde liegen, die zur bisherigen Verkehrsleistung erhobenen Linienstatistiken[62]. Auch der mit dem erfolgreichen Bieter **abzuschließende Vertrag** muss den Unterlagen beigefügt werden. Gleiches gilt für kalkulationsrelevante Aspekte wie eine Wiedereinsatzgarantie für **Fahrzeuge** oder den Umstand, dass der Aufgabenträger die erforderlichen Fahrzeuge beistellt.

21a Gemäß Art. 4 Abs. 8 VO 1370/2007, der durch die Änderungsverordnung 2016 eingeführt wurde, trifft die zuständigen Stellen bei der Ausgestaltung von öffentlichen Dienstleistungsaufträgen eine Verpflichtung zur inhaltlichen Ausgestaltung im Hinblick auf Folgevergaben. Denn hiernach müssen öffentliche Dienstleistungsaufträge den Betreiber verpflichten, der zuständigen Behörde alle für die Vergabe von (künftigen) öffentlichen Dienstleistungsaufträgen wesentlichen Informationen zur Verfügung zu stellen; hierbei ist der legitime Schutz vertraulicher Geschäftsinformationen zu gewährleisten. Das hat den Zweck, dass die zuständigen Behörden bei Folgevergaben ihrer durch Art. 4 Abs. 8 VO 1370/2007 normierten Pflicht genügen können, allen interessierten Parteien relevante Informationen für die Vorbereitung ihrer Angebots im Rahmen eines wettbewerblichen Vergabeverfahrens zur Verfügung zu stellen und dabei den legitimen Schutz vertraulicher Geschäftsinformationen zu gewährleisten. Dazu gehören Informationen über Fahrgastnachfrage, Tarife, Kosten und Einnahmen im Zusammenhang mit den öffentlichen Personenverkehrsdiensten, die Gegenstand des wettbewerblichen Vergabeverfahrens sind, sowie Einzelheiten der Infrastrukturspezifikationen, die für den Betrieb der erforderlichen Fahrzeuge bzw. des erforderlichen Rollmaterials relevant sind, um interessierten Parteien die Abfassung fundierter Geschäftspläne zu ermöglichen. Die Schieneninfrastrukturbetreiber unterstützen die zuständigen Behörden bei der Bereitstellung aller einschlägigen Infrastrukturspezifikationen.

22 Art. 5a VO 1370/2007 in der Fassung der Änderungsverordnung 2016 sieht vor, dass die zuständigen Behörden prüfen – dh prüfen müssen –, ob sie besondere Maßnahmen treffen müssen, um einen **effektiven und diskriminierungsfreien Zugang zu geeignetem Rollmaterial** zu gewährleiten. Sie haben einen Prüfbericht anzufertigen, der öffentlich zugänglich gemacht wird. Die zuständigen Behörden „können" dann angemessene Maßnahmen zur Gewährleistung des effektiven und diskriminierungsfreien Zugangs zu geeignetem Rollmaterial ergreifen. Beispielhaft genannt werden der Erwerb des Rollmaterials durch die zuständige Behörde, die Übernahme einer Bürgschaft für die Finanzierung und Ähnliches. Solche Modelle finden sich in der Praxis bereits. Vor dem Hintergrund der Neuregelung in Art. 5a wird sich erweisen müssen, ob und unter welchen Voraussetzungen das Ermessen der zuständigen Behörde dahingehend reduziert sein kann, überhaupt derartige Maßnahmen ergreifen zu müssen, und ob Verkehrsunternehmen einen durchsetzbaren Anspruch darauf haben, dass solche Maßnahmen getroffen werden.

23 Im Einzelfall sorgfältig zu prüfen ist, in welchem Umfang die Aufgabenträger berechtigt sind, Linien zu **Linienbündel** zusammenzufassen (vgl. dazu insbes. § 8a Abs. 2 S. 4 und § 13 Abs. 3 lit. d PBefG 2013).[63] Das kann aus betriebswirtschaftlichen und betriebsorganisatorischen Gründen zweckmäßig sein. Die Aufgabenträger können auf diese Weise rentable und weniger rentable oder gar defizitäre Linien zusammenfassen und diese dann gemeinsam zum Gegenstand eines einheitlichen öffentlichen Dienstleistungsauftrages machen.[64] Dagegen abzuwägen ist, dass die Linienbündelung die Möglichkeiten der Verkehrsunternehmen, für bestimmte Linien die Durchführung eigenwirtschaftliche Verkehre

[62] Vgl. dazu auch Art. 4 Abs. 8 in der Fassung der Änderungsverordnung 2016, → § 70 Rn. 68.

[63] Zur Zulässigkeit der Linienbündelung vgl. etwa auch *IHK Stuttgart* Der neue Rechtsrahmen für den Busverkehr, Februar 2013, S. 29 ff.

[64] Vgl. dazu auch Art. 2a Abs. 1 S. 2 Änderungsverordnung 2016 (§ 54 Rn. 9). Für die grundsätzliche Zulässigkeit der Bündelung von Verkehren zuvor auch schon Kommission Beschl. v. 24.2.2010, Rn. 266, Staatliche Beihilfe C 41/08, Dankse Statsbaner, ABl. 2011 L 7/1.

zu beantragen, und damit den **Vorrang eigenwirtschaftlicher Verkehre** einschränkt.[65] Zugleich kann die Linienbündelung den Interessen mittelständischer Unternehmen zuwider laufen[66], deren Schutz das tendenziell gegenläufige **Gebot der Losteilung** nach § 8a Abs. 4 S. 2 PBefG 2013 dient.[67]

Weder als Eignungs- noch als Zuschlagskriterium ist im Rahmen wettbewerblicher Verfahren nach Art. 5 Abs. 3 VO 1370/2007 die **Stellung als Altunternehmer** berücksichtigungsfähig.[68] Der Status als Altunternehmen lässt keine Rückschlüsse darauf zu, ob dieser Unternehmer besser geeignet ist als anderer Unternehmer. Auf Ebene der Zuschlagskriterien fehlt der Zusammenhang zur Wirtschaftlichkeit des Angebotes. Ob und in welchem Umfang das Altunternehmerprivileg nach § 13 Abs. 3 PBefG künftig Berücksichtigung finden darf, hängt zunächst davon ab, ob es kommerzielle oder eigenwirtschaftliche Verkehre gibt, die zwar einer Genehmigung nach § 13 PBefG bedürfen, nicht aber in einem wettbewerblichen Verfahren nach Art. 5 Abs. 3 VO 1370/2007 vergeben werden müssen.[69] Wird die Zulässigkeit eigenwirtschaftlicher Verkehre bejaht, muss sich das Altunternehmerprivileg als europarechtskonform erweisen.[70] 24

In allen Vergabeverfahren hat die zuständige Behörde die Bieter **über den bevorstehenden Zuschlag nach § 134 GWB zu informieren.** Unmittelbar gilt die Bestimmung, wo sich das Vergabeverfahren direkt nach §§ 97 ff. GWB richtet, also bei Vergaben öffentlicher Dienstleistungsaufträgen im Sinne des § 103 Abs. 4 GWB über gemeinwirtschaftliche Bus-, Straßenbahn- und U-Bahn-Verkehre sowie im Bereich der Eisenbahn- und S-Bahn-Verkehre. Bei Dienstleistungskonzessionen über Eisenbahn- und S-Bahn-Verkehre ergibt sich die Anwendbarkeit des § 134 GWB aus § 154 Nr. 4 GWB, bei Dienstleistungskonzessionen im Bereich der Bus-, Straßenbahn- und U-Bahn-Verkehre verweist § 8b Abs. 7 S. 2 PBefG 2013 auf § 134 GWB. 25

[65] Vgl. dazu nun auch *Bühner/Siemer* DÖV 2015, 21 ff. Zum Vorrang eigenwirtschaftlicher Verkehre → § 55 Rn. 33 ff.

[66] Dass sich die Losteilung zum Schutz der Interessen mittelständische Unternehmen eignet, bestätigt die Kommission etwa unter Ziff. 1.1 des Arbeitsdokuments der Kommissionsdienststellen – Europäischer Leitfaden für bewährte Verfahren (Code of best practice) zur Erleichterung des Zugangs kleine und mittelständischer Unternehmen (KMU) zu öffentlichen Aufträgen, SEC(2008) 2193 v. 25. 6. 2008.

[67] BR-Drs. 462/11 v.12. 8. 2011 mit Begründung ebendort S. 27. Für eine weite Gestaltungsfreiheit der Aufgabenträger bei der Linienbündelung Fehling/Ruffert/*Fehling*, Regulierungsrecht, 2010, § 10 Rn. 41. Kritisch insbesondere zur Linienbündelung auf Grundlage von Nahverkehrsplänen *Batzill* Der Nahverkehr 11/2009, 19 ff. Zur Diskussion mwN auch *IHK Region Stuttgart* Vergaben im Busverkehr – Chancen und Risiken für den Mittelstand, 2009, S. 34 ff.

[68] Krit. auch *Saxinger* GewA 2009, 250, 353 f.; *Schröder* NVwZ 2008, 1288 (1294); *Wenzel/Denzin/Siederer* LKV 2008, 18 (20). In diesem Sinne auch, wenngleich Frage offen lassend, VG Augsburg Urt. v. 2. 2. 2010 – Au 3 K 09.419, *juris*, Rn. 58.

[69] Einen umfassenden Anwendungsbereich der VO 1370/2007 bejahend und das Altunternehmerprivileg damit für unvereinbar ansehend *Fiedler/Wachinger* N&R 2008, 116 (117). Zur Diskussion um die Zulässigkeit eigenwirtschaftlicher Verkehre → § 55 Rn. 33 ff.

[70] Vgl. aber EuGH Urt. v. 22. 12. 2010 – C-338/09, EuZW 2011, 190 ff. – Yellow Cab zur Rechtslage in Österreich sowie EuGH Urt. v. 1. 6. 2010 – C-570/07 ua, EuZW 2010, 578 ff. – José Manuel Blanco Pérez betreffend Beschränkungen der Niederlassungsfreiheit in Spanien.

§ 72 Direktvergaben öffentlicher Dienstleistungsaufträge

Übersicht

VO 1370/2007: Art. 5 Abs. 2, Abs. 4–6*

Literatur:

Antweiler, Allgemeines Vergaberecht und sektorspezifisches Sondervergaberecht im ÖPNV, NZBau 2019, 285; *Baumeister/Klinger* Perspektiven des Vergaberechts im straßengebundenen ÖPNV durch die Novellierung der Verordnung (EWG) Nr. 1191/69, NZBau 2005, 601 ff.; *Berschin* in Barth/Baumeister/Berschin/Werner, Handbuch ÖPNV, Std. 2009, A 2 (Erläuterungen zur VO 1370/2007); *Bühner/Siemer,* Linienbündelung im ÖPNV, DÖV 2015, 21 ff.; *Deuster/Riestelhuber,* Direktvergaben an kommunale Aktiengesellschaften, VergabeR 2019, 99; *Diemon-Wies,* Die Vergabe von Busdienstleistungen im ÖPNV nach der VO (EG) 1370/2007,, dem GWB oder dem PBefG, VergabeR 2014, 305 ff.; *Dünchheim/Bremke* Zum Wesentlichkeitskriterium bei In-House-Geschäften und zur vergaberechtlichen Relevanz von Vertragsänderungen, KommJur 2012, 128 ff.; *Fehling* Öffentlicher Verkehr (Bahn, ÖPNV), in Fehling/Ruffert, Regulierungsrecht, 2010, § 10; *Gersdorf* Schienenpersonenfernverkehr zwischen Eigenwirtschaftlichkeit und staatlicher Gewährleistungsverantwortung, DVBl. 2010, 746 ff.; *Heiß* Die neue EG-Verordnung für den öffentlichen Personenverkehr – ein Überblick unter Berücksichtigung der Situation in Deutschland, VerwArchiv (100) 2009, 113 ff.; *Hölzl* in Montag/Säcker, Münchener Kommentar, Europäisches und Deutsches Wettbewerbsrecht (Kartellrecht), Bd. 3, Beihilfen- und Vergaberecht, 2011, Kommentierung der VO 1370/2007; *Linke* VO (EG) 1370/2007 Verordnung über öffentliche Personenverkehrsdienste Kommentar, 2. Aufl. 2019; *Kekelekis/Rusu* The Award of Public Contracts and the Notion of „Internal Operator" under regulation 1370/2007 on Public Passenger Transport Services by rail and by road, PPLR 6/2010, 19 ff.; *Knauff* Möglichkeiten der Direktvergabe im ÖPNV (Schiene und Straße), NZBau 2012, 65 ff.; *Knauff* Genehmigungsverfahren, in v. Wietersheim, Vergaben im ÖPNV, 2013, 29 ff.; *Kühling* Ausschreibungspflichten im SPNV nach dem BGH-Beschluss v. 8.2.2011, IR 2011, 101 ff.; *Kühling* Ausschreibungswettbewerb im Schienenpersonennahverkehr? – zum Verhältnis zum § 15 Abs. 2 AEG und allgemeinem Vergaberecht, VergabeR 2010, 870 ff.; *Lenz/Jürschik,* Erleichterung wettbewerbsfreier ÖPNV-Vergaben durch EuGH-Grundsatzentscheidungen, NZBau 2019, 629 ff; *Lenz/Jürschik, Zur Zulässigkeit der Inhoude-Vergabe im ÖPNV, NVwZ 2020, 335; Linke* VO (EG) 1370/2007 Verordnung über öffentliche Personenverkehrsdienste Kommentar, 2. Aufl. 2019; *Linke,* Die Notfalldirektvergabe nach Art. 5 Abs. 5 Verordnung (EG) Nr. 1370/2007 im öffentlichen Personenverkehr – oder: vergaberechtliche Grenzen von Ausnahmetatbeständen, VergabeR 2019, 739; *Losch/Wittig* Gestaltungsmöglichkeiten und aktuelle Entwicklungen bei der Vergabe von Dienstleistungen im Bereich des öffentlichen Personennahverkehrs, VergabeR 2011, 561 ff.; *Motherby/Gleichner* Die extraterritoriale Tätigkeit von internen Betreibern, in Pries/Lau/Kratzenberg, Festschrift für Marx, 2013, 417 ff.; *Mutschler-Siebert/Dorschfeldt* Die Vergabe von SPNV-Leistungen nach der Vergaberechtsreform, VergabeR 2016, 385 ff.; *Nettesheim* Das neue Dienstleistungsrecht des ÖPNV – Die Verordnung (EG) Nr. 1370/2007, NVwZ 2009, 1449 ff.; *Oebbecke* Der öffentliche Dienstleistungsauftrag nach der VO (EG) 1370/2007, NVwZ 2019, 1724;

* Text der VO 1370/2007 → § 69 Rn. 20.

Opitz Anmerkung zu OLG Düsseldorf Beschl. v. 7.11.2012, Verg 11/12, VergabeR 2013, 253ff.; *Opitz/Wittemann* Die Vergabe von öffentlichen Personenverkehrsdiensten mit Bussen nach dem novellierten Personenbeförderungsgesetz in v. Wietersheim, Vergaben im ÖPNV, 2013, 135ff.; *Otting* Vorgaben des EG-Primärrechts für Vergaben nach der VO (EG) Nr. 1370/2007 in Pünder/Prieß, Brennpunkte des öffentlichen Personennahverkehrs vor dem Hintergrund der neuen EG-Personenverkehrsdiensteverordnung Nr. 1370/2007, 2010, S. 141ff.; *Otting* Anm zu OLG Düsseldorf Beschl. v. 2.3.2011, Verg 48/10 – Münsterlandkreise, VergabeR 2011, 484f.; *Otting* Öffentliche Auftragsvergabe im Schienenpersonennahverkehr, DVBl. 2003, 1023ff.; *Otting/Ohler/Olgemöller* Vergaberecht, in Hoppe/Uechtritz/Recker, Handbuch Kommunale Unternehmen, 3. Aufl. 2012, § 14; *Otting/Olgemöller,* Strategien für die mittelstandsfreundliche Vergabe von Busverkehrsdienstleistungen, VBlBW 2013, 291ff.; Otting/*Olgemöller* Verfassungsrechtliche Rahmenbedingungen für Direktvergaben im Verkehrssektor nach Inkrafttreten der VO (EG) Nr. 1370/2007, DÖV 2009, 364ff.; *Otting/Olgemöller* Strategien für die mittelstandsfreundliche Vergabe von Busverkehrsdienstleistungen VBlBW 2013, 291ff.; *Otting/Scheps* Direktvergabe von Eisenbahnverkehrsdienstleistungen nach der neuen Verordnung (EG) Nr. 1370/2007, NVwZ 2008, 4104ff.; *Polster* Die Zukunft der (Direkt-) Vergabe von SPNV-Aufträgen, NZBau 2011, 209ff.; *Polster* Der Rechtsrahmen für die Vergabe von Eisenbahnverkehrsleistungen, NZBau 2010, 662ff.; *Prieß/Pukall* Die Vergabe von SPNV-Leistungen nach § 4 Abs. 3 VgV, VergabeR 2003, 11ff.; *Pünder* Beschränkungen der In-Haus-Vergabe im öffentlichen Personenverkehr, NJW 2010, 263ff.; *Saxinger* Das Verhältnis der Verordnung (EG) Nr. 1370/2007 zum nicht an sie angepassten deutschen Personenbeförderungsrecht, GewArch 2009, 350ff.; *Saxinger,* Die Auslegungsleitlinien der Europäischen Kommission zur Verordnung (EG) 1370/2007, Kommunalpraxis Spezial 3/2014, 132ff.; *Saxinger/Niemann* Was passiert, falls nichts passiert?, Der Nahverkehr 6/2009, 32ff.; *Saxinger/Winnes* Recht des öffentlichen Personenverkehrs, Std. 2018; *Schäfer* „Inhouse"-Verkehrsleistungen: Selbsterbringung durch die zuständige Behörde und Direktvergabe an den internen Betreiber in: v. Wietersheim, Vergaben im ÖPNV, 2013, 83ff.; *Schmitz/Winkelhüsener* Der öffentliche Personenverkehr im Übergang zur VO 1370/2007: Vergaberechtliche Handlungsoptionen und deren beihilferechtliche Konsequenzen, EuZW 2011, 52ff.; *Schreiber* Rechtswidrigkeit der Direktvergabe: Beschaffung von SPNV-Leistungen im Spannungsfeld von Vergabe- und (sektorenspezifischem) Beihilferecht, N&R 2011, 130ff.; *Schröder* Das sogenannte Wirtschaftlichkeitskriterium beim In-House-Geschäft, NVwZ 2011, 776ff.; *Schröder* Die Direktvergabe im straßengebundenen ÖPNV – Selbsterbringung und interne Betreiberschaft, NVwZ 2010, 862ff.; *Schröder/Saxinger* Die Vergabe von Leistungen im Schienenpersonennahverkehr in neuem Licht?, VergabeR 2011, 553ff.; *Stickler/Feske* Die In-House-Vergabe von ÖSPV-Dienstleistungen nach der VO (EG) 1370/2007, VergabeR 2010, 1ff.; *Strenge* Vergabefreie Übertragung kommunaler Aufgaben, NordÖR 2011, 126ff.; *Waechter* Verwaltungsrecht im Gewährleistungsstaat, 2008; *Wachinger* Direktvergabe und Wettbewerb im Busverkehr nach der novellierten EU-Marktöffnungsverordnung, IR 2007, 265ff.; *Wachinger* Das Rechts des Marktzugangs im ÖPNV, 2006; *Weber/Pelizäus* Die Gruppe von Behörden als Instrument bei Direktvergaben, Der Nahverkehr 6/2012, 23ff.; *Schwandt/Neumüller,* EuGH: Art. 5 II der VO (EG) Nr. 1370/2007 auf Direktvergabe von Verträgen über öffentliche Personenverkehrsdienste mit Bussen, die nicht die Form von Dienstleistungskonzessionen iSd RL 2004/17/EG und 2004/18/EG annehmen, nicht anwendbar, IR 2019, 233; *Wissenschaftliche Dienste des Deutschen Bundestages,* Vergabemöglichkeiten im Schienenpersonennahverkehr, Stand: 14.2.2019 (WD 7-3000-023/19); *Wittig/Schimanek* Sondervergaberecht für Verkehrsdienstleistungen, NZBau 2008, 222ff.; *Zuck* in Ziekow/Völlink, Vergaberecht, 3. Aufl. 2018, Kommentierung einzelner Vorschriften der VO 1370/2007.

A. Einleitung

1 **Direktvergaben** sind nach der Legaldefinition des Art. 2 lit. h VO 1370/2007 die Vergabe eines öffentlichen Dienstleistungsauftrags an einen bestimmten Betreiber eines öffentlichen Dienstes ohne Durchführung eines vorherigen wettbewerblichen Vergabeverfahrens. Unter welchen Voraussetzungen Direktvergaben im Anwendungsbereich der VO 1370/2007 zulässig sind, regelt deren Art. 5 in seinen Abs. 2, 4, 5 und 6. Zu beachten ist allerdings Art. 5 Abs. 1 VO 1370/2007, der für die Vergabe öffentlicher Dienstleistungsaufträge im Sinne des § 103 Abs. 4 GWB über **Bus- und Straßenbahnverkehren** auf die Bestimmungen des allgemeinen Vergaberechts verweist, dh auf die **§§ 97ff. GWB** und das dazugehörige untergesetzliche Regelungswerk. Soweit diese Vorschriften anwendbar sind, darf nur in den hiernach eröffneten Konstellationen auf eine wettbewerbliche Vergabe verzichtet werden.[1]

1a Dabei fungiert Art. **5 Abs. 1 S. 2 VO 1370/2007** als zentraler **„Weichensteller"** für eine Direktvergabe von **Bus- oder Straßenbahnverkehren.** Erfüllt der Auftrag die Merkmale eines öffentlichen Dienstleistungsauftrags im Sinne des allgemeinen Vergabe-

[1] Zu den Direktvergabemöglichkeiten im Bereich der Eisenbahnverkehre sogleich → Rn. 3ff.

rechts (§ 103 Abs. 4 GWB), richtet sich die Direktvergabe nach den §§ 97ff. GWB. Nimmt der Auftrag dagegen die Merkmale einer Dienstleistungskonzession im Sinne des allgemeinen Vergaberechts an, sind die in Art. 5 Abs. 2, 4 und 5 VO 1370/2007 vorgesehenen Möglichkeiten der Direktvergabe einschlägig. Der EuGH hat klargestellt, dass **diese Abgrenzung auch für Inhouse-Konstellationen gilt.**[2] Der rechtliche Maßstab für die in der Praxis mit Abstand am wichtigsten Art der Direktvergabe, nämlich an einen internen Betreiber (Art. 2 lit. j VO 1370/2007), muss damit ebenfalls der Einordnung als Dienstleistungsauftrag (§ 103 Abs. 4 GWB) oder als Dienstleistungskonzession (nach § 105 GWB) entnommen werden. Ungeachtet des Verweises in Art. 5 Abs. 1 S. 2 VO 1370/2007 auf die aufgehobenen Richtlinien 2004/17/EG und 2004/18/EG erfasst die Regelung Dienstleistungsaufträge nach der Definition in den Richtlinien 2014/23/EU und 2014/24/EU.[3] Die in der Rechtsprechung früher vertretene Auffassung, Art. 5 Abs. 2 VO 1370/2007 betreffe als *lex spezialis* ungeachtet der Abgrenzung in Art. 5 Abs. 1 S. 2 VO 1370/2007 gleichermaßen Dienstleistungsaufträge und Dienstleistungskonzessionen,[4] lässt sich nach den ergangenen Entscheidungen des EuGH nicht aufrecht erhalten. Einer Grundlage entzogen sind damit allerdings auch Überlegungen, dass Inhouse-Vergaben doppelt, nämlich erst anhand von Art. 5 Abs. 2 VO 1370/2007 und anschließend anhand des allgemeinen Vergaberechts (§ 108 GWB), geprüft werden müssten.[5] Konsequenz aus den vorgenannten EuGH-Urteilen ist ferner, dass die Regelungen in **§ 8a PBefG,** die sich mit Direktvergaben nach Art. 5 Abs. 2 VO 1370/2007 befassen, nur **Dienstleistungskonzessionen** betreffen. Die danach in § 8a Abs. 3 PBefG eröffnete Möglichkeit zur Direktvergabe von Dienstleistungskonzessionen schränkt die Zulässigkeit der Direktvergabe von Dienstleistungsaufträgen allerdings nicht ein.[6] Dagegen gilt das **Auskunftsrecht** interessierter Verkehrsunternehmer in § 8 Abs. 5 PBefG seinem Wortlaut nach nur für Konzessionen, wobei dieses Recht durch den Informationsanspruch nach Art. 7 Abs. 4 VO 1370/2007 flankiert wird. Wie sich aus § 8a Abs. 2 PBefG ergibt, kann der **Antrag auf einen eigenwirtschaftlichen Verkehr** nach § 12 Abs. 6 PBefG nach den dort aufgestellten Bedingungen allerdings unterschiedslos für beide Auftragsarten gestellt werden. Im Bereich der **Eisenbahnverkehre** begründet Art. 5 Abs. 1 S. 2 VO 1370/2007 dagegen keinen Vorrang des allgemeinen Vergaberechts, weshalb bei Inhouse-Vergaben nicht zwischen öffentlichen Dienstleistungsaufträgen und Dienstleistungskonzessionen zu unterscheiden ist: Art. 5 Abs. 2 VO 1370/2007 ist in beiden Fällen anzuwenden. Bestätigt wird dies durch § 131 Abs. 2 und § 154 Nr. 3 GWB 2016: Dort wird klargestellt, dass die allgemeine Regelung zu Inhouse-Vergaben nach § 108 GWB keine Anwendung findet, sondern die spezielleren Regelungen in Art. 5 Abs. 2 VO 1370/2007 zu beachten sind.

Die Wahl einer Direktvergabeoption lässt die Verpflichtung zur Veröffentlichung einer 2
Vorinformation nach Art. 7 Abs. 2 VO 1370/2007 unberührt.[7] Die Vorinformation erlaubt es interessierten Unternehmen, sich eigeninitiativ auch um die öffentlichen Dienstleistungsaufträge zu bewerben, die direkt vergeben werden sollen. Damit verbunden ist die Hoffnung auf einen „Initiativwettbewerb", der zu einer ständigen Effizienzkontrolle auf Seiten der zuständigen Behörden und letztlich zu einer Vergabe im Wettbewerb führen

[2] EuGH Urt. v. 21.3.2019 – C-266/17 und 267/17, EuZW 2019, 388 Rn. 80 – Rhein-Sieg-Kreis; EuGH Urt. v. 8.5.2019 – C-253/18, NZBau 2019, 658 Rn. 29 – Stadt Euskirchen.

[3] EuGH Urt. v. 21.3.2019 – C-266/17 und 267/17, EuZW 2019, 388 Rn. 77f. – Rhein-Sieg-Kreis; EuGH Urt. v. 8.5.2019 – C-253/18, NZBau 2019, 658 Rn. 27 – Stadt Euskirchen.

[4] OLG München Beschl. v. 31.3.2016 – Verg 14/15; Beschl. v. 22.6.2011 – Verg 6/11, NZBau 2011, 701 (704); VK Hessen Beschl. v. 15.10.2013 – 69d VK 22/2013; OLG Rostock Beschl. v. 4.7.2012 – 17 Verg 3/12; OLG Düsseldorf Beschl. v. 2.3.2011 – Verg 48/10, NZBau 2011, 244 (247) – Münsterlandkreise.

[5] Zur Diskussion einer doppelten Inhouse-Prüfung nach Verordnungsrecht und allgemeinem Vergaberecht etwa *Kühling* IR 2011, 101 (103).

[6] OLG Düsseldorf Beschl. v. 19.2.2020 – VII-Verg 26 und 27/17.

[7] Zu Art. 7 VO 1370/2007 → § 69 Rn. 14.

soll.[8] Die Vorinformation ist damit gerade der einzige „Transparenzanker“ für interessierte Unternehmen, wenn sich die Behörde später für eine Direktvergabe entscheidet. Sie können dann gemäß § 12 Abs. 6 PBefG binnen regelmäßig drei Monaten einen Antrag auf Erteilung einer Genehmigung für einen eigenwirtschaftlichen Verkehr stellen. Dann darf eine Direktvergabe zunächst nicht durchgeführt werden (§ 8a Abs. 1 S. 1 PBefG). Scheidet eine eigenwirtschaftliche Erbringung aus, bekundet ein interessiertes Unternehmen gegenüber der Behörde aber sein Interesse am Verkehr, hat die zuständige Behörde zu entscheiden, ob sie an der Direktvergabe festhält oder sich für ein wettbewerbliches Verfahren entscheidet.[9] Hält die zuständige Behörde an der Entscheidung für die Direktvergabe fest, hat sie ihre Gründe auf entsprechenden Antrag jeder interessierten Partei zu übermitteln. Bei den Anforderungen an diese **Begründungspflicht nach Art. 7 Abs. 4 der Verordnung** ist zu unterscheiden: Im Hinblick auf die Voraussetzungen der geplanten Direktvergabe muss die Begründung eine argumentative Tiefe aufweisen, die objektiv nachvollziehbare Angaben enthält, aus denen auf das Vorliegen dieser Voraussetzungen geschlossen werden kann.[10] Ob die Behörde darüber hinaus ihre Entscheidung für eine Direktvergabe trotz Interessenbekundungen anderer Unternehmen begründen muss, lässt sich der Verordnung nicht entnehmen. Auch aus § 8a Abs. 5 S. 1 PBefG ergibt sich nichts Näheres. Entsprechend dem Rechtsgedanken des § 39 Abs. 1 VwVfG muss der Begründung zu entnehmen sein, dass die Behörde das ihr zustehende Ermessen ausgeübt hat. Die tatsächlichen und rechtlichen Gründe, dh das Für und Wider, der Entscheidung für die Direktvergabe sind darzulegen.[11] Bei Direktvergaben nach Art. 5 Abs. 6 VO 1370/2007 kann Berücksichtigung finden, dass der Verordnungsgeber ausweislich der Erwägungsgründe 25 und 26 davon ausgegangen ist, dass eine Direktvergabe öffentlicher Dienstleistungsaufträge durchaus als Regelfall angesehen werden kann, weshalb nur darzulegen ist, dass die in den Erwägungsgründen aufgeführten Gründe auch im Einzelfall erfüllt sind.[12] Einer Begründung der Entscheidung für den konkret ausgewählten Betreiber bedarf es nicht, weil anderes das Direktvergabeprivileg geradezu leer laufen ließe.[13] Ändern sich die tatsächlichen Voraussetzungen der Direktvergabe allerdings nach Veröffentlichung der Vorinformation, ist diese nach Art. 7 Abs. 2 UAbs. 3 der Verordnung so rasch wie möglich zu berichtigen; in Einzelfällen kann sogar eine Neubekanntmachung (mit erneuter einjähriger Wartefrist) in Betracht kommen.[14] Für Direktvergaben öffentlicher Dienstleistungsaufträge im **Eisenbahnverkehr** gemäß Art. 5 Abs. 6 VO 1370/2007 bleiben schließlich die besonderen Verpflichtungen einer **ex post-Bekanntmachung** nach **Art. 7 Abs. 3 VO 1370/2007** zu beachten.

B. Direktvergaben von Eisenbahnverkehren nach Art. 5 Abs. 6 VO 1370/2007

3 Gemäß Art. 5 Abs. 6 S. 1 VO 1370/2007 können die zuständigen Behörden entscheiden, öffentliche Dienstleistungsaufträge im Eisenbahnverkehr – mit Ausnahme anderer schienengestützter Verkehrsträger wie Untergrund- oder Straßenbahnen – direkt zu vergeben,

[8] In diesem Sinne bereits *Baumeister/Klinger* NZBau 2005, 601 (608); dem folgend etwa *Pünder* EuR 2010, 774 (778).

[9] Vgl. *Polster* NZBau 2010, 662 (667).

[10] OLG Frankfurt a.M. Beschl. v. 10.11.2015 – 11 Verg 8/15, VergabeR 2016, 239 (245); OLG München Beschl. v. 14.10.2019 – Verg 16/19, VergabeR 2020, 241; Ziekow/Völlink/*Zuck* Art. 7 VO (EG) 1370/2007 Rn. 12; *Hölzl* in MüKo Kartellrecht, Bd. 3 – Beihilfen- und Vergaberecht, 2011, § 7 VO (EG) 1370/2007 Rn. 29.

[11] Vgl. *Pünder* EuR 2010, 774 (779); *Otting/Olgemöller* DÖV 2009, 364 (371).

[12] *Otting/Olgemöller* DÖV 2009, 364 (371); etwas restriktiver *Pünder* EuR 2010, 774 (779 f.).

[13] *Otting/Olgemöller* DÖV 2009, 364 (371 f.); *Otting/Scheps* NVwZ 2008, 499 (501).

[14] Vgl. VK Südbayern Beschl. v. 15.10.2015 – Z3-3-3194-1-37-06/15.

sofern dies nicht nach nationalem Recht untersagt ist.[15] Das *Verordnungsrecht* schränkt das **Ermessen** der zuständigen Behörde, sich für oder gegen eine Direktvergabe im Eisenbahnverkehr zu entscheiden, nicht ein. Wie sich aus den Erwägungsgründen 25 und 26 zur VO 1370/2007 ergibt, geht der Verordnungsgeber davon aus, dass die zuständigen Behörden sich wegen der rechtlichen und technischen Besonderheiten des Eisenbahnverkehrs für eine Direktvergabe entscheiden dürfen. Der Verordnungsgeber hat darauf verzichtet, im Bereich der Eisenbahnverkehre einen Vorrang für wettbewerbliche Verfahren zu begründen.

Entscheidet sich die zuständige Behörde für eine Direktvergabe, darf der Auftrag gemäß 4
Art. 5 Abs. 6 S. 2 VO 1370/2007 abweichend von Art. 4 Abs. 3 der Verordnung eine **Laufzeit** von höchstens 10 Jahren aufweisen, sofern nicht die besonderen Voraussetzungen des Art. 4 Abs. 4 der Verordnung vorliegen.[16] Das erlaubt Laufzeiten von 15 Jahren, wenn die Voraussetzungen des Art. 4 Abs. 4 S. 1 VO 1370/2007 vorliegen oder es sich um einen Auftrag in einer äußersten Randlage im Sinne des Art. 4 Abs. 4 S. 2 VO 1370/2007 handelt. Unklar ist, ob eine Laufzeitverlängerung entsprechend Art. 4 Abs. 4 S. 3 VO 1370/2007 auch mit den außergewöhnlichen Investitionen in Infrastruktur, Rollmaterial und Fahrzeuge gerechtfertigt werden kann. Für die entsprechende Anwendbarkeit des Art. 4 Abs. 4 S. 3 VO 1370/2007 streitet, dass diese Gründe gerade im Zusammenhang mit Eisenbahnverkehrsdienstleistungen bejaht werden können. Gegen die entsprechend Anwendbarkeit spricht allerdings der Wortlaut, da Art. 4 Abs. 4 S. 3 VO 1370/2007 ausdrücklich an die Vergabe eines öffentlichen Dienstleistungsauftrages in einem wettbewerblichen Verfahren anknüpft. Jedenfalls wäre eine solche Laufzeitverlängerung gemäß Art. 4 Abs. 4 S. 4 VO 1370/2007 der Kommission mitzuteilen.

Die Direktvergabeoption des Art. 5 Abs. 6 VO 1370/2007 steht unter dem Vorbehalt, 5
dass eine Direktvergabe **nicht nach nationalem Recht untersagt** ist. Der Rechtsansicht, es bedürfe insofern einer ausdrücklichen Untersagung durch das mitgliedstaatliche Recht[17], ist der Bundesgerichtshof nicht gefolgt. Das Gericht sah in den **§§ 97 ff. GWB** aF Vorschriften, die in ihrem Anwendungsbereich eine Direktvergabe im Sinne des Art. 5 Abs. 6 VO 1370/2007 untersagen.[18] Damit hat sich die Rechtsprechung namentlich des OLG Brandenburg erledigt, die in **§ 15 Abs. 2 AEG** eine Vorschrift sah, die den zuständigen Behörden eine Wahlfreiheit zwischen Direktvergaben und wettbewerblichen Vergaben nach §§ 97 ff. GWB einräumte.[19] In Reaktion auf die Rechtsprechung des Bundesgerichtshofs hatte das Land Nordrhein-Westfalen einen Antrag zur Änderung des § 15 AEG in den Bundesrat eingebracht, um die Sperrwirkung der §§ 97 ff. GWB zu überwinden[20]. Das ist jedoch weder im Rahmen der PBefG-Novelle 2013 noch in der GWB-Novelle 2016 aufgegriffen worden. Der Gesetzgeber hat dabei insbesondere die Bereichsausnahme für öffentliche Personenverkehrsdienste auf Schiene oder per Untergrundbahn in Art. 10

---

[15] Allgemein zur Diskussion um Direktvergaben im Schienenpersonennahverkehr etwa die Darstellung der *Monopolkommission*, Sondergutachten 60, Bahn 2011: Wettbewerbspolitik unter Zugzwang, Tz. 232 ff.

[16] Die Verkürzung der Laufzeiten soll den Verzicht auf eine wettbewerbliche Vergabe sanktionieren, so die Begründung des Rates, ABl. 2007 C 70E/1, Ziff. 2.3. Zu den Regelungen über die Laufzeiten in Art. 4 Abs. 3 und Abs. 4 VO 1370/2007 → § 70 Rn. 44 ff.

[17] *Pünder* EuR 2010, 774 (785); Kaufmann/Lübbig/Prieß/Pünder/*Prieß*, VO (EG) 1370/2007 Kommentar, 2010, Art. 5 Rn. 245.

[18] BGH Beschl. v. 8.2.2011 – X ZB 4/10, NZBau 2011, 175 Rn. 53 f. – Abellio Rail. Dem folgend etwa *Polster* NZBau 2011, 209 (211); *Schröder/Saxinger* VergabeR 2011, 533 (556); *Schreiber* N&R 2011, 130 (135); *Wissenschaftliche Dienste des Deutschen Bundestages*, Vergabemöglichkeiten im Schienenpersonennahverkehr, Stand: 14.2.2019 (WD 7-3000-023/19). Art. 87e Abs. 4 GG im Hinblick auf die Schienenpersonenfernver-kehre als Direktvergabe iSd Art. 5 Abs. 6 VO 1370/2007 interpretierend *Gersdorf* DVBl 2010, 746 (750).

[19] OLG Brandenburg Beschl. v. 2.9.2003 – Verg W 3/03 ua, NZBau 2003, 688 ff. Zum Streitstand vgl. auch die Darstellung bei BGH Beschl. v. 8.2.2011 – X ZB 4/10, NZBau 2011, 175 Rn. 15 ff. – Abellio Rail, sowie die Vorinstanz OLG Düsseldorf Beschl. v. 21.7.2010 – Verg 19/19, NZBau 2010, 582 (586 ff.) Aus der Literatur eingehend etwa *Kühling* VergabeR 2010, 870 ff.

[20] BR-Drs. 779/10 v. 25.11.2010.

lit. i) der Richtlinie 2014/24/EU nicht in nationales Recht umgesetzt, so dass auch nach derzeitiger Rechtslage in Deutschland eine Direktvergabe nach Art. 5 VO 1370/2007 durch die §§ 97ff. GWB 2016 untersagt ist. Grundsätzlich **muss folglich ein wettbewerbliches Vergabeverfahren durchgeführt werden.** Wenngleich der Bundesgerichtshof dazu nicht ausdrücklich Stellung genommen hat, richten sich diese Verfahren nicht nach Art. 5 Abs. 3 VO 1370/2007, sondern nach den §§ 97ff. GWB in Verbindung mit dem dazugehörigen untergesetzlichen Regelwerk.[21] Somit steht der zuständigen Behörde die Option einer Direktvergabe nach Art. 5 Abs. 6 VO 1370/2007 nicht offen, wenn sich der zu vergebende öffentliche Dienstleistungsauftrag im Sinne des Art. 2 lit. i der Verordnung als **öffentlicher Dienstleistungsauftrag im Sinne des § 104 Abs. 4 GWB** darstellt. Soll ein solcher vergeben werden, müssen die Vorschriften der §§ 97ff. GWB 2016 und der Vergabeverordnung 2016 Anwendung finden. Die frühere Privilegierung der Eisenbahnverkehre als sog. nicht-prioritäre Leistungen im Sinne des Teils B, Kategorie 18 des Anhangs I zur VOL/A ist entfallen. § 131 Abs. 1 GWB 2016 enthält allerdings einige Verfahrenserleichterungen.

5a Die Sperrwirkung der §§ 97ff. GWB beschränken auch die Flexibilisierung der Direktvergabe nach Art. 5 Abs. 3a VO 1370/2007. Danach kann die zuständige Behörde beschließen, vorübergehend neue Aufträge im Schienenverkehrsbereich direkt zu vergeben, wenn sie der Auffassung ist, dass die direkte Vergabe durch außergewöhnliche Umstände gerechtfertigt ist und die Laufzeit einer solchen Direktvergabe in einem angemessenen Verhältnis zu diesen Umständen steht und fünf Jahre nicht überschreitet. Auch diese Möglichkeit der Direktvergabe steht allerdings unter dem Vorbehalt, dass sie nicht nach nationalem Recht untersagt ist. Dies ist jedoch der Fall. Die Möglichkeiten der Direktvergabe bleiben im Bereich eines Dienstleistungsauftrags gemäß § 103 Abs. 4 GWB 2016 und im Falle einer Dienstleistungskonzession gemäß § 151 GWB 2016 auf die im GWB 2016 bzw. im untergesetzlichen Regelwerk der VgV und der KonzVgV vorgesehenen Fälle beschränkt. Dasselbe gilt im Hinblick auf Art. 5 Abs. 4a VO 1370/2007, wonach die zuständige Behörde im Schienenverkehrsbereich Direktvergaben tätigen kann, wenn entweder (i) ihres Erachtens die Direktvergabe aufgrund der jeweiligen spezifischen strukturellen und geographischen Merkmale des Marktes und des betreffenden Netzes gerechtfertigt ist und der entsprechende Auftrag die Qualität der Verkehrsleistungen verbessert oder (ii) die Direktvergabe an einen Betreiber erfolgt, der gleichzeitig die gesamte Eisenbahninfrastruktur, auf der die Verkehrsleistungen erbracht werden sollen, oder den größten Teil davon verwaltet. Auch diese – erheblichen – Ausweitungen der Möglichkeiten einer Direktvergabe im Schienenverkehrsbereich stehen unter dem Vorbehalt einer Sperrwirkung nach nationalem Recht, so dass ein Rückgriff auf diese neuen Freiräume nach gegenwärtiger Rechtslage in Deutschland nahezu ausgeschlossen sein dürfte.

6 Von einer Vergabe im Wettbewerb kann, soweit die §§ 97ff. GWB und das dazugehörige untergesetzliche Regelwerk Anwendung finden, insbesondere unter den Voraussetzungen des **§ 14 Abs. 4 Nr. 9 VgV** abgesehen werden. Die frühere Freistellung von Eisenbahnverkehren unter den Bedingungen des § 4 Abs. 3 VgV 2003[22] ist entfallen. Nach § 14 Abs. 4 Nr. 9 VgV ist eine Direktvergabe zulässig, wenn die ursprüngliche Vergabe im Wettbewerb erfolgte und die Möglichkeit der Direktvergabe der zusätzlichen Leistungen bereits in der Auftragsbekanntmachung der ersten Vorhabens angegeben war; darüber hinaus muss der Grundauftrag bereits den Umfang möglicher Zusatzleistungen und die Bedingungen zu deren Beauftragung enthalten. Da die Direktvergabe nach § 14 Abs. 4 Nr. 9 VgV jedoch nur innerhalb von drei Jahren nach Vergabe des ursprünglichen Auftrags er-

[21] Vgl. dazu → § 71 Rn. 7.

[22] Dazu näher etwa BGH Beschl. v. 8.2.2011 – X ZB 4/10, NZBau 2011, 175 Rn. 57ff. – Abellio Rail. Aus der Literatur etwa Reidt/Stickler/Glahs/*Stickler/Diehr*, Vergaberecht, 3. Aufl. 2011, VgV § 4; Pünder/Schellenberg/*Winnes*, Vergaberecht, 2011, VgV § 4 Rn. 4ff.; Byok/Jaeger/*Kühnen*, Kommentar zum Vergaberecht, 3. Aufl. 2011, VgV § 4 Rn. 7ff.; *Reider* in MüKo Kartellrecht, Bd. 3 – Beihilfen- und Vergaberecht, 2011, § 4 VgV Rn. 6ff.; *Otting* DVBl. 2003, 1023ff.; *Prieß/Pukall* VergabeR 2003, 11ff.

folgen darf, dürfte der Anwendungsbereich für – oftmals – längerfristige Eisenbahnverkehrsleitungen gering bleiben. Im Zweifel wird der Auftraggeber eher auf eine Möglichkeit zulässiger Vertragsänderungen in § 132 VgV zurückgreifen. Noch nicht entschieden ist, ob in diesen Fällen einer Direktvergabe zusätzlicher Verkehrsleistungen die allgemeine Regelung über Laufzeiten öffentlicher Dienstleistungsaufträge im Sinne des Art. 2 lit. i VO 1370/2007 gilt, wie sie Art. 4 Abs. 3 und Abs. 4 der Verordnung festlegen, oder ob die spezielle Regelung zu **Laufzeiten** direkt vergebener Aufträge im Eisenbahnbereich gemäß Art. 5 Abs. 6 S. 2 VO 1370/2007 zur Anwendung gelangt. Gegen die Anwendung des Art. 5 Abs. 6 S. 2 der Verordnung spricht der enge systematische Zusammenhang zu Direktvergaben nach Art. 5 Abs. 6 S. 1 VO 1370/2007 und der Ausnahmecharakter dieser Vorschrift, der eine restriktive Interpretation des Art. 5 Abs. 6 S. 2 VO 1370/2007 fordert.

Nach der Novelle des GWB-Vergaberechts 2016 beanspruchen die §§ 97 ff. GWB für 7
die Vergabe von Eisenbahnverkehren auch Geltung, soweit sich diese als **Dienstleistungskonzessionen** darstellen.[23] Die frühere uneingeschränkte Möglichkeit der Direktvergabe von Dienstleistungskonzessionen im Eisenbahnbereich ist entfallen.[24] Der Gesetzgeber hat die Ausnahmeregelung des Art. 10 Abs. 3 der Richtlinie 2014/23/EU nicht in das nationale Recht übernommen. In § 149 Nr. 12 GWB sind lediglich Konzessionsvergaben von Busverkehren ausgenommen (vgl. dazu aber § 8b PBefG). Konzessionsvergaben im Eisenbahnsektor sind damit förmlich, wenn auch unter den erleichterten Vergabebedingungen der §§ 151 ff. GWB 2016 zu erteilen.[25] So gilt gemäß § 151 GWB iVm § 12 KonzVgV ein freies Ausgestaltungsrecht des Konzessionsgebers in der Durchführung des Vergabeverfahrens, das lediglich durch die allgemeinen Grundsätze des Vergaberechts und die Verfahrensbedingungen in der KonzVgV beschränkt wird. Weitere Befreiungen, insbesondere im Hinblick auf eine Direktvergabe zusätzlicher Verkehrsleistungen im laufenden Verkehrsvertrag, schafft § 154 Nr. 3 GWB.

Das OLG Düsseldorf hatte in seiner Entscheidung vom 2.3.2011 auf **§ 2 Abs. 10** 8
ÖPNVG NRW verwiesen und daraus eine Sperrwirkung für Direktvergaben abgeleitet.[26] Danach war unter Berücksichtigung der Verkehrsnachfrage und zur Sicherung der Wirtschaftlichkeit allen Verkehrsunternehmen des ÖPNV die Möglichkeit einzuräumen, zu vergleichbaren Bedingungen an der Ausgestaltung des ÖPNV beteiligt zu werden. Mit Gesetz vom 5.7.2011 hat der nordrhein-westfälische Gesetzgeber in § 3 Abs. 2 S. 2 ÖPNVG NRW klargestellt, dass die Aufgabenträger berechtigt sind, öffentliche Dienstleistungsaufträge im Sinne des Art. 3 Abs. 1 VO 1370/2007 nach Art. 5 Abs. 2 und 4 bis 6 der Verordnung direkt zu vergeben, soweit Bundesrecht dem nicht entgegensteht.[27] Die Gesetzesänderung verfolgte das Ziel, eine Sperrwirkung des § 2 Abs. 10 ÖPNVG NRW auszuschließen.[28]

C. Selbsterbringung und Vergabe an interne Betreiber nach Art. 5 Abs. 2 VO 1370/2007

Mit Art. 5 Abs. 2 VO 1370/2007 greift der Verordnungsgeber die ständige Rechtspre- 9
chung des EuGH zum **allgemeinen Vergaberecht** auf, wonach öffentlichen Auftraggeber das Recht zusteht, ihre Aufgaben mit ihren eigenen administrativen, technischen und sonstigen Mitteln zu erfüllen, ohne gezwungen zu sein, sich an externe Einrichtungen zu

[23] Vgl. dazu → § 56 Rn. 7.
[24] Vgl. nur *Schröder/Saxinger* VergabeR 2011, 533 (558), oder *Polster* NZBau 2011, 209 (211). Zur Abgrenzung von Dienstleistungsaufträgen iSd § 99 Abs. 4 GWB und Dienstleistungskonzessionen → § 56 Rn. 3 ff.
[25] Wie hier etwa auch *Mutschler-Siebert/Dorschfeldt,* VergabeR 2016, 385 ff.
[26] OLG Düsseldorf Beschl. v. 2.3.2011 – Verg 48/10, NZBau 2011, 244 (252) – Münsterlandkreise (dort im Zusammenhang mit Art. 5 Abs. 2 VO 1370/2007).
[27] GVBl. NRW Nr. 16 v. 15.7.2011, S. 359.
[28] Vgl. LT-Drs. 15/1690, S. 2, und LT-Drs. 15/2152.

wenden, die nicht zu ihren Dienststellen gehören.[29] Solche Beauftragungen eigener Dienststellen lassen sich als *Inhouse-Vergaben im engeren Sinne* bezeichnen. Sie unterfallen dem allgemeinen Vergaberecht nicht.[30] In seiner ***Teckal*-Entscheidung** hat der EuGH anerkannt, dass es weitere Umstände geben kann, unter denen eine Ausschreibung nicht obligatorisch ist.[31] Der Inhouse-Vergabe im engeren Sinne hat das Gericht die Fälle einer *Inhouse-Vergabe im weiteren Sinne* gleichgestellt. Gemeint sind Konstellationen, in denen ein Vertrag zwar mit einer juristisch verselbständigten Einheit geschlossen wird, diese aber funktional als eigene Dienststelle anzusehen ist.[32] Der EuGH akzeptierte insoweit eine teleologische Reduktion des Begriffs des öffentlichen Auftrags[33]: Ein öffentlicher Auftrag liege zwar grundsätzlich vor, wenn eine Vereinbarung zwischen zwei verschiedenen Personen getroffen werde; ausreichend sei insbesondere, dass beide Personen sich *formal* rechtlich voneinander unterscheiden.[34] Etwas anderes gelte aber, wenn die Gebietskörperschaft über die fragliche Person eine Kontrolle ausübt wie über ihre eigene Dienststelle (Kontrollkriterium) und wenn diese Person zugleich ihre Tätigkeit im Wesentlichen für die Gebietskörperschaft oder die Gebietskörperschaften verrichtet, die ihre Anteile innehaben (Wesentlichkeitskriterium).[35] Eine allgemeine Freistellung für die Vergabe von Aufträgen zwischen öffentlichen Auftraggebern und/oder Stellen der öffentlichen Verwaltung *(Interstate-Vergaben)* gibt es hingegen nicht.[36] Der Verordnungsgeber beruft sich in den Erwägungsgründen 14 und 18 zwar nicht ausdrücklich auf diese Rechtsprechung. Die Parallelen zu Art. 5 Abs. 2 VO 1370/2007 sind jedoch unverkennbar, auch wenn der Verordnungsgeber ein eigenständiges Regime für Inhouse-Vergaben geschaffen hat. Die auf der *Teckal*-Entscheidung aufbauende Rechtsprechung des EuGH zu Inhouse-Vergaben nach dem allgemeinen Vergaberecht kann auf die Direktvergaben nach Art. 5 Abs. 2 VO 1370/2007 daher nicht ohne Weiteres übertragen werden. Die Vorschrift ist **eigenständig zu interpretieren,** was nicht ausschließt, die bisherige Rechtsprechung zu Inhouse-Vergaben mit der gebotenen Zurückhaltung bei einzelnen Tatbestandsmerkmalen als Auslegungshilfe heranzuziehen. Für Bus- und Straßenbahnverkehre wird der Anwendungsbereich von Art. 5 Abs. 2 VO 1370/2007 durch die Verweisung öffentlicher Dienstleistungsaufträge in das allgemeine Vergaberecht gemäß Art. 5 Abs. 1 S. 2 VO 1370/2007 begrenzt (→ Rn. 1a).

I. Handlungsoptionen der zuständigen Behörde(n)

10 Art. 5 Abs. 2 S. 1 VO 1370/2007 billigt der zuständigen Behörde zunächst einmal zu, öffentliche Personenverkehrsdienste **selbst zu erbringen.** Das liegt ganz auf der Linie der überkommenen Rechtsprechung des EuGH zu den *Inhouse-Vergaben im engeren Sinne.*[37]

[29] EuGH Urt. v. 11.1.2005 C-26/03, NZBau 2005, 111 Rn. 48 – Stadt Halle; zuvor bereits Generalanwalt *Cosmas,* Schlussanträge v. 1.7.1999 – C-107/98, Slg. 1999 I-8123 Rn. 54 – Teckal.

[30] Vgl. OLG Düsseldorf Beschl. v. 6.7.2011 – Verg 39/11, NZBau 2011, 769 (770); OLG Düsseldorf Beschl. v. 2.3.2011 – Verg 48/10, NZBau 2011, 244 (247); OLG Rostock Beschl. v. 4.7.2012 – 17 Verg 3/12, *juris* Rn. 47ff. Zu dieser Unterscheidung zuvor bereits Generalanwältin *Kokott* Schlussanträge v. 1.3.2005, Rs. C-458/03, Slg. 2005 I-8585 Rn. 2 – Parking Brixen. Dem folgend etwa auch *Kekelekis/Rusu* PPLR 2010, 19 (28).

[31] So die Formulierung bei EuGH Urt. v. 11.1.2005 C-26/03, NZBau 2005, 111 Rn. 49 – Stadt Halle; zuvor Generalanwältin *Stix-Hackl* Schlussanträge v. 23.9.2004, Slg. 2005 I-1 Rn. 49.

[32] Vgl. OLG Düsseldorf Beschl. v. 6.7.2011 – Verg 39/11, NZBau 2011, 769 (770); OLG Düsseldorf Beschl. v. 2.3.2011 – Verg 48/10, NZBau 2011, 244 (247).

[33] Vgl. nur BGH Beschl. v. 8.2.2011 – X ZB 4/10, NZBau 2011, 175 Rn. 17.

[34] EuGH Urt. v. 18.11.1999 C-107/98, NZBau 2000, 90 Rn. 49–51 – Teckal.

[35] EuGH Urt. v. 18.11.1999 C-107/98, NZBau 2000, 90 Rn. 50 – Teckal.

[36] EuGH Urt. v. 13.1.2005 C-84/03, NZBau 2005, 232 Rn. 37ff – Kommission./. Spanien.

[37] Vgl. die Nachweise →Fn. 23 und 24. Zu den näheren Anforderungen vgl. auch nachfolgend → Rn. 26.

Öffentliche Personenverkehre kann die zuständige Behörde also etwa durch rechtlich unselbständige Einheiten wie **Regie- oder Eigenbetriebe** erbringen lassen.[38]

Die zuständigen Behörden können sich gemäß Art. 5 Abs. 2 S. 1 VO 1370/2007 zu einer **Gruppe von Behörden** zusammenschließen. Auch insoweit folgt der Verordnungsgeber der Rechtsprechung des EuGH, der zufolge öffentliche Stellen die Möglichkeit haben, zur Erfüllung ihrer Aufgaben nicht nur auf ihre eigenen Ressourcen zurückzugreifen, sondern auch die Möglichkeit haben, mit anderen öffentlichen Stellen zusammenzuarbeiten.[39] Ein solcher Zusammenschluss macht nicht zwingend die Gründung eines **juristisch verselbstständigten Unternehmens** erforderlich.[40] Ein solches kann auch **von einer einzelnen zuständigen Behörde gegründet** werden. Nach allgemeinem Vergaberecht dürfte ein solches Unternehmen ohne vorangehendes wettbewerbliches Vergabeverfahren direkt beauftragt werden, wenn die *Teckal*-Kriterien – dh das Kontroll- und das Wesentlichkeitskriterium – erfüllt sind. Beide Kriterien können erfüllt werden, wenn mehrere öffentliche Stellen an dem Unternehmen beteiligt sind.[41] Die VO 1370/2007 spricht im Zusammenhang mit derartigen *Inhouse-Vergaben im weiten Sinne* vom **internen Betreiber.** Als solchen definiert Art. 2 lit. j VO 1370/2007 eine rechtlich getrennte Einheit, über die eine zuständige örtliche Behörde – oder im Falle einer Gruppe von Behörden wenigstens eine zuständige örtliche Behörde – eine Kontrolle ausübt, die der Kontrolle über ihre eigenen Dienststellen entspricht. Art. 2 lit. j VO 1370/2007 wiederholt damit letztlich die Anforderungen, die sich aus Art. 5 Abs. 2 S. 1 der Verordnung ergeben. Handelt eine Gruppe von Behörden, muss sie die beabsichtigte Direktvergabe als solche nach Art. 7 Abs. 2 der Verordnung bekannt geben und durchführen.[42] Für den Schienenverkehr sieht Art. 5 Abs. 2 UAbs. 2 VO 1370/2007 eine Klarstellung vor, dass die Gruppe von Behörden aus Behörden bestehen kann, deren geografischer Zuständigkeitsbereich sich nicht auf das gesamte Staatsgebiet erstreckt und die Direktvergabe nur den Verkehrsbedarf städtischer Ballungsräume und/oder ländlicher Gebiete decken darf. 11

Nach Art. 5 Abs. 2 UAbs. 1 S. 1 VO 1370/2007 „kann" die zuständige Behörde oder die Gruppe zuständiger Behörden sich für die Selbstausführung oder die Beauftragung eines internen Betreibers entscheiden. Die Entscheidung steht somit im **Ermessen** der zuständigen Behörde(n).[43] Alternativ kann ein **wettbewerbliches Vergabeverfahren** nach Art. 5 Abs. 3 VO 1370/2007 durchgeführt werden. Das ergibt sich zwar weder aus dem Wortlaut des Art. 5 Abs. 2 noch aus dem Wortlaut des Art. 5 Abs. 3 der Verordnung, doch spricht dafür das allgemeine Ziel der Verordnung, auf einen vermehrten Einsatz transparenter und fairer Vergabeverfahren hinzuwirken.[44] Als Alternativen kommen auch **Direktvergaben gemäß Art. 5 Abs. 4 bis 6 der Verordnung** an rechtlich getrennte Einheiten in Betracht, unabhängig davon, ob diese als interne Betreiber im Sinne des Art. 2 lit. j und Art. 5 Abs. 2 VO 1370/2007 qualifiziert werden können oder nicht. Es sind keine Gründe ersichtlich, die ein Verbot von Direktvergaben nach Art. 5 Abs. 4 bis 6 VO 1370/2007 zugunsten eines Unternehmens rechtfertigen, das als interner Betreiber qualifiziert werden 12

---

[38] Vgl. dazu → Rn. 9 sowie *Schröder* NVwZ 2010, 862 (863). Von einer „internen Verkehrsabteilung" sprechend Arbeitsdokument der Kommissionsdienststellen über die Anwendung des EU-Vergaberechts im Fall von Beziehungen zwischen öffentlichen Auftraggebern (öffentlich-öffentliche Zusammenarbeit), SEK(2011) 1169 endg v. 4.10.2011, S. 6.

[39] EuGH Urt. v. 13.11.2008 – C-324/07, NZBau 2009, 54 Rn. 31, 47 ff. – Coditel Brabant; EuGH Urt. v. 10.9.2009 C-573/07, NZBau 2009, 797 Rn. 54 ff. – Sea.

[40] OLG Düsseldorf Beschl. v. 28.10.2019 – VII-Verg 3/19, BeckRS 2019, 38427 – VRR; zur Kooperation auf vertraglicher Basis vgl. EuGH Urt. v. 9.6.2009 C-480/06, NZBau 2009, 527 ff. – Stadtreinigung Hamburg.

[41] Dazu etwa die Darstellung bei Hoppe/Uechtritz/Recker/*Otting/Ohler/Olgemöller,* Handbuch Kommunale Unternehmen, 3. Aufl. 2012, § 14 Rn. 37 ff.

[42] VK Rheinland Beschl. v. 29.4.2016 – VK VOL 30/15 und VK VOL 34/15 (nicht bestandskräftig).

[43] Das bringt auch Erwägungsgrund 18 S. 1 zur VO 1370/2007 zum Ausdruck.

[44] Vgl. Erwägungsgrund 6 zur Verordnung. Die nach der Verordnung zulässige Direktvergabe stellt anderseits keine nach § 1 GWB unerlaubte Wettbewerbsbeschränkung dar, vgl. LG Köln Urt. v. 14.4.2016 – 88 O (Kart) 1/15.

kann, wenn Direktvergaben nach Art. 5 Abs. 4 bis 6 VO 1370/2007 doch zugunsten auch eines jeden anderen Unternehmens zulässig sind. Eine Direktvergabe nach Art. 5 Abs. 4 bis 6 der Verordnung kann von Vorteil sein, weil mit ihnen nicht die Einschränkungen verbunden sind, die Direktvergaben nach Art. 5 Abs. 2 VO 1370/2007 auslösen. Vergibt eine zuständige Behörde Aufträge direkt nach Art. 5 Abs. 4 bis 6 der Verordnung an einen internen Betreiber, sind aber die Auswirkungen sorgfältig zu prüfen, die dies auf die Verkehrsdienste hat, die der interne Betreiber bis dahin erbringt. Die Übernahme ergänzender Tätigkeiten kann dazu führen, dass die Voraussetzungen des Art. 5 Abs. 2 der Verordnung entfallen. Nach der Rechtsprechung des EuGH zu den *Teckal*-Kriterien müssen die Voraussetzungen einer Inhouse-Vergabe während der gesamten Vertragslaufzeit vorliegen. Entfallen die Voraussetzungen des Kontroll- und/oder Wesentlichkeitskriteriums währenddessen, liegt darin eine Änderung wesentlicher Bedingungen der Auftragsvergabe, die zur Neuausschreibung verpflichtet.[45] Übertragen auf Art. 5 Abs. 2 VO 1370/2007 heißt das: Die Voraussetzungen nach Art. 5 Abs. 2 VO 1370/2007 müssen **während der gesamten Laufzeit** des direkt vergebenen öffentlichen Dienstleistungsauftrages vorliegen. Entfallen sie während der Laufzeit, bedarf es ggf. der Neuvergabe des öffentlichen Dienstleistungsauftrages.[46]

13 Das durch den Verordnungsgeber eingeräumte Ermessen kann durch die Mitgliedstaaten weiter eingeschränkt werden. Denn eine Direktvergabe nach Art. 5 Abs. 2 VO 1370/2007 ist nur zulässig, sofern dies **nicht nach nationalem Recht untersagt** ist. Das verlangt nicht nach einer klaren und eindeutigen Rechtsgrundlage, die eine solche Direktvergabe ausdrücklich erlaubt.[47] Entscheidend ist allein, ob sich aus dem nationalen Recht ein Verbot der Direktvergabe ergibt.[48] Ein ausdrückliches Verbot findet sich nicht.[49] Aus den **Grundrechten** kann keine Verpflichtung zur Ausschreibung hergeleitet werden, die einer Direktvergabe gemäß Art. 5 Abs. 2 der Verordnung entgegensteht.[50] Für die dem PBefG unterfallenden Verkehre hat der Gesetzgeber in **§ 8a Abs. 3 PBefG 2013** ausdrücklich klargestellt, dass Inhouse-Vergaben nach Art. 5 Abs. 2 der Verordnung zulässig sind.[51].

II. Interner Betreiber – das Kontrollkriterium

14 Um festzustellen, ob die zuständige örtliche Behörde die erforderliche Kontrolle ausübt, sind gemäß Art. 5 Abs. 2 S. 2 lit. a S. 1 der Verordnung Faktoren zu berücksichtigen wie der Umfang der Vertretung in Verwaltungs-, Leitungs- oder Aufsichtsgremien, diesbezügliche Bestimmungen in der Satzung, Eigentumsrechte, tatsächlicher Einfluss auf und tatsächliche Kontrolle über strategische Entscheidungen und einzelne Managemententscheidungen. Der Verordnungsgeber lehnt sich an die Kriterien an, die der EuGH zur Konkretisierung des ersten *Teckal*-Kriteriums entwickelt hat. Auch danach sind für die Beurteilung, ob eine Kontrolle wie über eine eigene Dienststelle vorliegt, **alle Rechtsvorschriften und maßgebenden Umstände zu berücksichtigen.** Die Prüfung muss zu dem Ergebnis führen, dass die Einrichtung einer Kontrolle unterworfen ist, die es der oder

---

45 Zum Kontrollkriterium: EuGH Urt. v. 10.9.2009 C-573/07, NZBau 2009, 797 Rn. 53 – Sea. Diese Rechtsprechung auf das Wesentlichkeitskriterium übertragend: OLG Düsseldorf Beschl. v. 28.7.2011 – Verg 20/11, NZBau 2012, 50 (53). Aus der Literatur dazu etwa *Dünchheim/Bremke* KommJur 2012, 128 ff.

46 Wie hier etwa *Motherby/Gleichner* FS Marx, 2013, 417, 430 f.

47 Vgl. OLG Düsseldorf Beschl. v. 19.2.2020 – VII-Verg 26/17 zur fehlenden Regelung einer zulässigen Direktvergabe nach § 108 GWB in § 8a PBefG; abweichend etwa *Saxinger* GewArch 2009, 350 (352), sowie *Saxinger/Niemann,* Der Nahverkehr 6/2009, 32 (34 f.). Wie hier die Stellungnahme der Bundesregierung in BT-Drs. 17/8233, dort Anlage 4.

48 Nur darauf stellt auch der Bundesgerichtshof im Hinblick auf das Direktvergabeprivileg in Art. 5 Abs. 6 VO 1370/2007 ab, vgl. dazu → Rn. 5.

49 Zu § 2 Abs. 10 ÖPNVG NRW aF vgl. → Rn. 8.

50 So ausdrücklich im Zusammenhang mit der Inhouse-Vergabe etwa Fehling/Ruffert/*Fehling,* Regulierungsrecht, 2010, § 10 Rn. 40. Zur Diskussion um die Sperrwirkung der Grundrechte vgl. auch die Nachweise → Rn. 7.

51 Zur Verfassungskonformität des § 8a Abs. 3 PBefG OLG München Beschl. v. 31.3.2016 – Verg 14/15.

den zuständigen Behörde(n) ermöglicht, ausschlaggebenden Einfluss auf die Entscheidungen dieser Einrichtung zu nehmen und zwar sowohl auf die strategischen Ziele als auch auf die übrigen wichtigen Entscheidungen.[52]

Ein Indiz zur Beurteilung der Kontrolldichte ist die Rechtsform der Einrichtung. Bei **Gesellschaften mit beschränkter Haftung** stehen den Gesellschaftern bereits von Gesetzes wegen weitreichende Einflussrechte zu. Soll eine Eigengesellschaft, die als GmbH verfasst ist, beauftragt werden, sind die Anforderungen des Kontrollkriteriums zumeist erfüllt.[53] Eine **Aktiengesellschaft** ist rechtlich stärker gegenüber ihren Aktionären verselbständigt. Das schließt die erforderliche Kontrolle nicht per se aus, macht aber eine genauere Prüfung der Umstände des Einzelfalls erforderlich.[54] Der Zusammensetzung der Beschlussorgane und dem Umfang der Befugnisse der Organe, in denen die öffentlichen Stellen repräsentiert sind, ist besondere Bedeutung zuzumessen.[55] Die Landesgesetzgeber wollen den Kommunen zunehmend eine öffentlich-rechtlich ausgestaltete Alternative zur GmbH und AG bereit stellen und erlauben die Gründung rechtsfähiger **Anstalten des öffentlichen Rechts.** Bei solchen Anstalten ist das Kontrollkriterium regelmäßig erfüllt.[56] Auch ein **Zweckverband** ist eine juristisch eigenständige Person, der Aufgaben ohne Ausschreibung jedenfalls im Anwendungsbereich des „allgemeinen" Vergaberechts bei Vorliegen beider *Teckal*-Kriterien übertragen werden können.[57] Umgekehrt büßt der Aufgabenträger die erforderliche Kontrolle nicht ein, wenn er seine zuständigen Befugnisse (zB Tarifierung) teilweise auf den Zweckverband überträgt.[58] 15

Nach der *Teckal*-Rechtsprechung des EuGH kann die erforderliche Kontrolle mittelbar ausgeübt werden. Steht zwischen der öffentlichen Stelle, die den Auftrag oder die Konzession vergibt, und der Einheit, die den Auftrag oder die Konzession erhalten soll, eine **Holdinggesellschaft,** kann dies die Kontrolle schwächen. Gleichwohl ist eine Direktvergabe an das **Enkelunternehmen** nicht in jedem Fall ausgeschlossen.[59] Diese Grundsätze können auf Art. 5 Abs. 2 VO 1370/2007 übertragen werden[60]. Nicht näher geklärt ist in der Rechtsprechung des EuGH die Zulässigkeit von Inhouse-Vergaben an **Schwestergesellschaften.** Hier fehlt es in der Regel am Kontrollkriterium.[61] Die Kommission verweist aber auf die Kontrolle der Muttergesellschaft und hält Direktvergabe zwischen Schwesterunternehmen unter Berufung auf die allgemeinen Inhouse-Kriterien daher nicht für ausgeschlossen[62]. Auch dieses Verständnis könnte auf Art. 5 Abs. 2 VO 1370/2007 übertragen werden. 16

[52] EuGH Urt. v. 13.10.2005- C-458/03, NZBau 2005, 644 Rn. 65 – Parking Brixen; bestätigt etwa durch EuGH Urt. v. 11.5.2006- C-340/04, NZBau 2006, 452 Rn. 36 – Carbotermo; EuGH Urt. v. 13.11. 2008- C-324/07, NZBau 2009, 54 Rn. 28 – Coditel Brabant; EuGH Urt. v. 10.9.2009 – C-573/07, NZBau 2009, 797 Rn. 65 – Sea. Die Parallele zur allgemeinen Inhouse-Rechtsprechung ziehend etwa auch *Pünder* NJW 2010, 263 (264f.).

[53] Vgl. BGH Beschl. v. 12.6.2001 – X ZB 10/01, NZBau 2001, 517 (519); OLG Düsseldorf Beschl. v. 28.7. 2011, Verg 20/11, NZBau 2012, 50 (51); OLG Hamburg Beschl. v. 14.12.2010, 1 Verg 5/10, NZBau 2011, 185 (186). Nach OLG Düsseldorf Beschl. v. 3.4.2020 – VII-Verg 10/18, schadet dabei nicht, wenn ein Gesellschafter auf sein Stimmrecht verzichtet, wenn der Beschluss den Verkehr, für den er zuständig ist, nicht betrifft.

[54] Kritisch zur Aktiengesellschaft nach italienischem Recht etwa EuGH Urt. v. 13.10.2005 – C-458/03, NZBau 2005, 644 Rn. 67 – Parking Brixen.

[55] EuGH Urt. v. 13.11.2008 – C-324/07, NZBau 2009, 54 Rn. 29ff. – Coditel Brabant.

[56] Vgl. *von Strenge* NordÖR 2011, 216, 217.

[57] Zur Diskussion um die Notwendigkeit, die Inhouse-Kriterien auf die Gründung von Zweckverbänden anzuwenden, etwa OLG Düsseldorf Beschl. v. 21.6.2006 – Verg 17/06, NZBau 2006, 662 (666).

[58] OLG Düsseldorf Beschl. v. 3.4.2020 – VII-Verg 10/18.

[59] EuGH Urt. v. 11.5.2006 – C-340/04, NZBau 2006, 452 Rn. 39f. – Carbotermo; OLG Hamburg Beschl. v. 14.12.2010 – 1 Verg 5/10, NZBau 2011, 185 (186).

[60] Vgl. OLG München Beschl. v. 31.3.2016 – Verg 14/15, das die Kontrolle – in einem speziellen Fall – sogar bei einer „Urenkelgesellschaft" als gegeben ansah.

[61] Ablehnend daher *Schmitz/Winkelhüsener* EuZW 2011, 52 (54).

[62] Arbeitspapier der Kommissionsdienststellen über die Anwendung des EU-Vergaberechts im Fall von Beziehungen zwischen öffentlichen Auftraggebern (öffentlich-öffentliche Zusammenarbeit), SEK(2011) 1169

17 Der EuGH hat für die Beurteilung des ersten *Teckal*-Kriteriums auf den **geographischen Tätigkeitsbereich** der Gesellschaft abgestellt. Erstreckt sich dieser weit über die Grenzen der Gemeinde hinaus, könne dies für eine Marktausrichtung sprechen, die eine Kontrolle durch den Auftraggeber schwierig mache.[63] Dieser Rechtsprechung kommt im Anwendungsbereich des Art. 5 Abs. 2 VO 1370/2007 keine Bedeutung zu, weil sich in Art. 5 Abs. 2 S. 2 lit. b der Verordnung eine speziellere Vorschrift zum geographischen Tätigkeitsbereich findet.

18 Art. 5 Abs. 2 S. 2 lit. a S. 2 VO 1370/2007 lautet sodann wie folgt: Im Einklang mit dem Gemeinschaftsrecht ist zur Feststellung, dass eine Kontrolle im Sinne dieses Absatzes gegeben ist, – insbesondere bei öffentlich-privaten Partnerschaften – nicht zwingend erforderlich, dass die zuständige Behörde zu 100% Eigentümer ist, sofern ein beherrschender öffentlicher Einfluss besteht und aufgrund anderer Kriterien festgestellt werden kann, dass eine Kontrolle ausgeübt wird. Daraus ergibt sich zunächst die Möglichkeit, dass ein interner Betreiber **von mehreren zuständigen Behörden kontrolliert** werden kann. Dieses Verständnis bestätigt Erwägungsgrund 18 S. 3 ausdrücklich. Die Möglichkeit steht im Einklang mit der Rechtsprechung des EuGH zum allgemeinen Vergaberecht. Auch danach kann das Kontrollkriterium erfüllt sein, wenn mehrere öffentliche Stellen gemeinsam die Kontrolle über eine Stelle ausüben, ohne dass es darauf ankommt, in welcher Höhe die einzelnen Gesellschafter beteiligt sind[64]. Selbst eine Beteiligung von 0,25% vermag für einzelne Gesellschaft die Kontrolle im Sinne des ersten *Teckal*-Kriteriums zu begründen[65]. Der EuGH erkennt an, dass eine öffentliche Stelle die Möglichkeit haben muss, zur Erfüllung ihrer Aufgaben nicht nur auf ihre eigenen Ressourcen zurückzugreifen. Sie muss auch die Möglichkeit haben, mit anderen öffentlichen Stellen zusammenzuarbeiten.[66] Zu beachten bleibt, dass Art. 5 Abs. 2 S. 2 lit. a S. 2 VO 1370/2007 auf die gemeinsame Kontrolle durch zuständige Behörden im Sinne der Verordnung abstellt; eine gemeinsame Kontrolle durch öffentliche Stellen im Allgemeinen – auch wenn diese öffentliche Auftraggeber im Sinne des § 98 GWB sind – genügt nicht. Bei einer Kontrolle durch mehrere zuständige Behörden müssen aber nicht alle Behörden die Direktvergabe als Auftraggeber durchführen.[67] Aus Art. 5 Abs. 2 S. 2 lit. a S. 2 VO 1370/2007 ergibt sich zugleich eine wesentliche Abweichung von der bisherigen Inhouse-Rechtsprechung des EuGH: Der Verordnungsgeber erlaubt die Beauftragung eines internen Betreibers auch, wenn an diesem öffentliche Stellen und private Unternehmen beteiligt sind, die sich zu einer **öffentlich-privaten Partnerschaft** zusammengeschlossen haben. Das widerspricht der restriktiven Rechtsprechung des EuGH zum allgemeinen Vergaberecht, die Inhouse-Vergaben ohne Rücksicht auf Bagatell- oder Toleranzschwellen untersagt, wenn am Kapital der zu beauftragenden Gesellschaft ein privates Unternehmen beteiligt ist.[68]

---

endg. v. 4.10.2011, Ziff. 3.2.4; zurückhaltend OLG Düsseldorf Beschl. v. 22.3.2013 – Verg 16/12, NZBau 2013, 650 (652).

[63] EuGH Urt. v. 10.9.2009 – C-573/07, NZBau 2009, 797 Rn. 73 (76) – Sea.

[64] EuGH Urt. v. 11.5.2006 – C-340/04, NZBau 2006, 452 Rn. 37 – Carbotermo; EuGH Urt. v. 22.10. 2010 – C-215/09, NZBau 2011, 312 Rn. 31 – Mehiläinen Oy. Näher dazu etwa *Krohn* NZBau 2009, 222ff.

[65] EuGH Urt. v. 19.4.2007 – C-295/05, NZBau 2007, 381 Rn. 56ff. – Asemfo.

[66] EuGH Urt. v. 13.11.2008 – C-324/07, NZBau 2009, 54 Rn. 31, 47ff. – Coditel Brabant; EuGH Urt. v. 10.9.2009 – C-573/07, NZBau 2009, 797 Rn. 54ff. – Sea.

[67] OLG Düsseldorf Beschl. v. 4.3.2020 – VII-Verg 10/18.

[68] Zu dieser Rechtsprechung vgl. EuGH Urt. v. 11.1.2005 – C-26/03, NZBau 2005, 111 Rn. 49 – Stadt Halle; bestätigt etwa durch EuGH Urt. v. 6.4.2006 – C-410/04, NZBau 2006, 326 Rn. 30f. – ANAV oder durch EuGH Urt. v. 13.11.2008 – C-324/07, NZBau 2009, 54 Rn. 30 – Coditel Brabant; EuGH Urt. v. 15.10.2009 – C-196/08, NZBau 2009, 804 Rn. 53 – Acoset. Aus der deutschen Rechtsprechung etwa OLG Naumburg Beschl. v. 29.4.2010 – 1 Verg 2/20, ZfBR 2010, 722 (723). An dieser restriktiven Linie festhaltend auch Art. 11 des Vorschlags der Kommission für eine Richtlinie des Europäischen Parlaments und des Rates über die öffentliche Auftragsvergabe, KOM(2011) 896/2. Vor dem Hintergrund der ständigen Rechtsprechung des EuGH insoweit die Vereinbarkeit von Art. 5 Abs. 2 VO 1370/2007 mit dem europäischen Primärrecht in Frage stellend *Kekelekis/Rus* PPLR 2010, 19, 33f.

III. Tätigkeitsbeschränkungen – das Wesentlichkeitskriterium

Nach der *Teckal*-Rechtsprechung des EuGH muss neben dem Kontroll- das Wesentlichkeitskriterium erfüllt sein. Wie das Kontrollkriterium soll das Wesentlichkeitskriterium eine Ausschreibung des Auftrags in den Fällen sicherstellen, in denen ein von einer oder mehreren öffentlichen Stelle(n) kontrolliertes Unternehmen auf dem Markt tätig ist und mit anderen Unternehmen in Wettbewerb treten kann. In einer solchen Situation soll das Unternehmen nicht durch Inhouse-Vergaben gegenüber seinen Wettbewerbern privilegiert werden.[69] Nach der *Teckal*-Rechtsprechung muss das Unternehmen daher hauptsächlich für seine Gesellschafter tätig werden und jede andere Tätigkeit nur rein nebensächlich sein. Um dies zu beurteilen, sind alle qualitativen und quantitativen Umstände des Einzelfalls zu berücksichtigen. Maßgeblich ist vor allem der Umsatz, den das Unternehmen aufgrund der Vergabeentscheidung der kontrollierenden Körperschaft erzielt, und zwar einschließlich des Umsatzes, der in Ausführung solcher Entscheidungen mit Nutzern erzielt wird.[70] Diese Rechtsprechung übernimmt der Verordnungsgeber für den Bereich der öffentlichen Personenverkehrsdienste auf Straße und Schiene *nicht.* Er stellt in Art. 5 Abs. 2 S. 2 lit. b und lit. c VO 1370/2007 über eine Beschränkung des geographischen Tätigkeitsbereichs und das grundsätzliche Verbot der Teilnahme an wettbewerblichen Verfahren sicher, dass der interne Betreiber im Wesentlichen für die ihn kontrollierenden zuständigen Behörden und somit nicht im Wettbewerb mit anderen Verkehrsunternehmen tätig wird.[71] Während die VO 1370/2007 im Hinblick auf das Kontrollkriterium somit insbesondere wegen der Zulässigkeit öffentlich-privater Partnerschaften weniger strenge Anforderungen als die *Teckal*-Rechtsprechung des EuGH stellt, gelten im Hinblick auf das Wesentlichkeitskriterium andere Voraussetzungen, die tendenziell restriktiver sind als die Kriterien der *Teckal*-Rechtsprechung.[72] 19

Art. 5 Abs. 2 S. 2 lit. b S. 1 Hs. 1 VO 1370/2007 verlangt, dass der interne Betreiber und jede andere Einheit, auf die dieser Betreiber einen auch nur geringfügigen Einfluss ausübt, ihre öffentlichen Personenverkehrsdienste nur **innerhalb des Zuständigkeitsgebiets** der zuständigen örtlichen Behörde **ausführen.** In HS 2 findet sich ein hierüber hinausgehendes **Beteiligungsverbot:** Der interne Betreiber darf sich an wettbewerblichen Verfahren um extraterritoriale Verkehre nicht einmal beteiligen[73] – ganz unabhängig von der Frage, ob er sich ggf. mit Erfolg beteiligt und den Auftrag erhalten soll[74]. Andererseits gelten diese Verbote nicht innerhalb des Zuständigkeitsgebietes der zuständigen Behörde, die das Verkehrsunternehmen direkt beauftragt hat.[75] Dieses Zuständigkeitsgebiet kann ausgedehnt werden, indem von der in Art. 5 Abs. 2 S. 1 VO 1370/0277 ausdrücklich vorgesehenen Möglichkeit Gebrauch gemacht wird, eine Gruppe von Behörden zu bilden.[76] Unschädlich ist auch eine im Gesellschaftsvertrag des Unternehmens angelegte Möglichkeit, außerhalb des Zuständigkeitsgebiets tätig zu werden; insoweit kommt es auf die tatsächlich erbrachten Verkehre an.[77] Erwägungsgrund 18 S. 5 kann ergänzend entnommen 20

[69] Vgl. nur OLG Hamburg Beschl. v. 14.12.2010 – 1 Verg 5/10, NZBau 2011, 185 (186).

[70] EuGH Urt. v. 11.5.2006 – C-340/04, NZBau 2006, 452 Rn. 60ff. – Carbotermo; OLG Celle Beschl. v. 29.10.2009 – 13 Verg 8/09, NZBau 2010, 194 Rn. 44, sowie OLG Hamburg Beschl. v. 14.12.2010 – 1 Verg 5/10, NZBau 2011, 185 (186f.) Zum Wesentlichkeitskriterium nach der Teckal-Rechtsprechung etwa *Schröder* NVwZ 2010, 776ff.

[71] Die Parallele zwischen Art. 5 Abs. 2 S. 2 lit. b VO 1370/2007 und dem Wesentlichkeitskriterium iSd EuGH-Rechtsprechung zu den allgemeinen Inhouse-Geschäften zieht etwa auch *Knauff* NZBau 2012, 65, 70.

[72] IdS bereits *Otting* VergabeR 2011, 484 (485).

[73] Klarstellend etwa OLG Düsseldorf Beschl. v. 7.11.2012 – Verg 11/12, *juris* Rn. 18.

[74] Das zutreffend betonend *Motherby/Gleichner* FS Marx, 2013, 417, 428ff.

[75] Zur Zulässigkeit der Beteiligung an einer solchen „internen Ausschreibung" vgl. OLG Düsseldorf Beschl. v. 7.11.2012 – Verg 11/12, *juris* Rn. 18.

[76] Vgl. dazu *Weber/Pelizäus,* Der Nahverkehr 6/2012, 23ff. Offen ist, ob in diesem Fall die Gruppe von Behörden die Direktvergabe durchführen muss (so VK Rheinland Beschl. v. 29.4.2016 – VK VOL 34/15, nicht bestandskräftig).

[77] OLG München Beschl. v. 31.3.2016 – Verg 14/15.

werden, dass die kontrollierende Behörde die Möglichkeit haben sollte, dem internen Betreiber die Teilnahme an wettbewerblichen Vergabeverfahren innerhalb ihres Zuständigkeitsgebiets zu untersagen. Das OLG Düsseldorf hat die einschränkende Wirkung von Art. 5 Abs. 2 lit. b VO 1370/2007 zwischenzeitlich allerdings verringert, weil die Beschränkung nicht für interne Betreiber gelten soll, die vor Inkrafttreten der Verordnung am 3. 12. 2009 von der zuständigen Behörde mit der Erbringung öffentlicher Personenverkehrsdienste beauftragt wurden.[78]

21 Untersagt die kontrollierende Behörde dem von ihr kontrollierten internen Betreiber die Teilnahme an wettbewerblichen Verfahren nicht, hat die das wettbewerbliche Verfahren durchführende Stelle zu prüfen, ob sie den internen Betreiber von dem Verfahren ausschließt. Konkurrierende Bieter können Verstöße gegen das Beteiligungsverbot des Art. 5 Abs. 2 lit. b Hs. 2 VO 1370/2007 im Nachprüfungsverfahren geltend machen und den Ausschluss des internen Betreibers vom wettbewerblichen Verfahren verlangen.[79] Sollte der interne Betreiber den öffentlichen Dienstleistungsauftrag gleichwohl erhalten, bleibt zu prüfen, ob dadurch nicht die Voraussetzungen der Direktvergabe gemäß Art. 5 Abs. 2 VO 1370/2007 entfallen mit der Folge, dass der ursprünglich direkt vergebene Auftrag neu auszuschreiben ist.[80]

22 Die Beschränkung der Tätigkeit auf das Gebiet der zuständigen Behörde lockert Art. 5 Abs. 2 S. 2 lit. b VO 1370/2007: **Abgehende Linien** oder sonstiger Teildienste, die in das Zuständigkeitsgebiet benachbarter zuständiger örtlicher Behörden führen, sollen außer Betracht bleiben. Im Hinblick auf Busverkehre wird zum Teil verlangt, dass der überwiegende Teil der Verkehrsleistung abgehender Linien im Bereich der zuständigen Behörde erbracht werden müsse und das befriedigte Verkehrsinteresse mehrheitlich diesem Bereich zugerechnet werden könne.[81] Doch bieten weder der Wortlaut des Art. 5 Abs. 2 S. 2 lit. b VO (EG) Nr. 1370/2007 noch die Entstehungsgeschichte der Norm Anknüpfungspunkte für ein derart restriktives Verständnis. Der Rat hatte die Regelung im Jahre 2006 eingeführt und sie damit gerechtfertigt, dass Verkehre nicht allein deshalb mit Einbußen an Qualität und Attraktivität verbunden sein sollen, weil sie über Zuständigkeitsgebiete einzelner Behörden hinausgehen.[82] Die Regelung zu den abgehenden Linien ist somit ein wichtiges Element, um entsprechend Art. 1 Abs. 1 VO 1370/2007 einen höherwertigen öffentlichen Personenverkehr anbieten zu können. Dem widerspräche es, die Zulässigkeit abgehender Linien davon abhängig zu machen, ob die Verkehre überwiegend auf dem Gebiet der zuständigen Behörde erbracht werden oder außerhalb dieses Gebietes. Denn das hängt zumeist allein von verwaltungsorganisatorischen Zufälligkeiten ab.[83] Es bedarf vielmehr einer wertenden Betrachtung unter Berücksichtigung der Umstände des Einzelfalls bei gleichzeitiger Berücksichtigung des Verbots der Umgehung vergaberechtlicher Pflichten.

---

[78] OLG Düsseldorf Beschl. v. 7.11.2012 – Verg 11/12, *juris* Rn. 18. Abl. *Motherby/Gleichner* FS Marx, 2013, 417, 434 f.

[79] Vgl. OLG Düsseldorf Beschl. v. 7.11.2012 – Verg 11/12, juris Rn. 18; VK Südbayern Beschl. v. 22.12. 2014 – Z3-3-3194-1-51-11/14, juris Rn. 121. Wie hier *Motherby/Gleichner* FS Marx 2013, 417, 432 f., und *Opitz* VergabeR 2013, 253 (254). Einen entsprechenden Anspruch konkurrierender Bieter noch verneinend OLG München Beschl. v. 21.5.2008 – Verg 5/08, NZBau 2008, 668 ff.

[80] Vgl. → Rn. 12.

[81] Ziff. 5.4 der Leitlinien des Innenministeriums Baden-Württemberg zur VO (EG) Nr. 1370/2007 vom 10.12.2009; Ziff. 5.3 der Bayerischen Leitlinien vom 29.9.2009; *Schröder* NVwZ 2010, 863, 865. Diese Leitlinien gelten nur für Bus-, nicht für Eisenbahnverkehre, vgl. Ziff. 1.2 der Leitlinien des Innenministeriums Baden-Württemberg zur VO (EG) Nr. 1370/2007 vom 10.12.2009, bestätigt in LT-Drs. 14/7568 v. 7.2.2011, Antwort auf Frage 9; ebenso etwa Ziff. 1.5 der Bayerischen Leitlinien vom 29.9.2009. Ähnlich die Diskussion um Schwellen- und Toleranzwerte bei *Kekelekis/Rusu* PPLR 2010, 19, 35, die letztlich auf EuGH Urt. v. 19.4.2007 – C-295/05, EuZW 2007, 416 Rn. 63 – Asemfo, verweisen und sich vor diesem Hintergrund für eine Schwelle von jedenfalls 10% zulässiger Verkehre aussprechen.

[82] Begründung zum Gemeinsamen Standpunkt des Rates v. 11.12.2006, ABl. 2007 C 70/E, 1, 14.

[83] Abl. auch *Stickler/Feske* VergabeR 2010, 1, 8. Restriktiver *Motherby/Gleichner* FS Marx, 2013, 417, 439 ff.

Die Rechtsprechung prüft eingehend, ob **andere Einheiten,** auf die der interne Betreiber einen **auch nur geringfügigen Einfluss** ausübt, ihre öffentlichen Personenverkehrsdienste inner- oder außerhalb des Zuständigkeitsgebiets der zuständigen örtlichen Behörde ausführen. Indiz für diese Einflussnahme sind insbesondere personelle Verflechtungen.[84] Solche anderen Einheiten sind etwa die Tochtergesellschaften der internen Betreiber.[85] Gründet die zuständige Behörde mehrere rechtlich verselbständigte Einheiten, von denen nur eine als interner Betreiber fungiert, während andere sich im Wettbewerb um öffentliche Dienstleistungsaufträge bewerben[86], wird im Einzelfall genau zu prüfen sein, inwieweit diese Schwesterunternehmen etwa über das gemeinsame Mutterunternehmen aufeinander Einfluss ausüben und eine Umgehung des Verbots der Tätigkeit im Wettbewerb gegeben ist[87]. 23

Art. 5 Abs. 2 S. 2 lit. b S. 1 Hs. 2 VO 1370/2007 bestimmt, dass ein interner Betreiber nicht an außerhalb des Zuständigkeitsgebiets der zuständigen örtlichen Behörde organisierten wettbewerblichen Vergabeverfahren für die Erbringung von öffentlichen Personenverkehrsdiensten teilnehmen darf. Frühestens **zwei Jahre vor Ablauf** des direkt an ihn vergebenen Auftrags kann ein interner Betreiber gemäß Art. 5 Abs. 2 lit. c VO 1370/2007 an fairen wettbewerblichen Vergabeverfahren teilnehmen. Voraussetzung ist, dass endgültig beschlossen wurde, die öffentlichen Personenverkehrsdienste, die Gegenstand des Auftrags des internen Betreibers sind, im Rahmen eines fairen wettbewerblichen Vergabeverfahrens zu vergeben und der interne Betreiber nicht Auftragnehmer anderer direkt vergebener öffentlicher Dienstleistungsaufträge ist. 24

IV. Selbsterbringungsquote gemäß Art. 5 Abs. 2 S. 2 lit. e VO 1370/2007

Nach Art. 5 Abs. 2 S. 2 lit. e VO 1370/2007 ist der interne Betreiber für den Fall, dass eine **Unterauftragsvergabe** nach Art. 4 Abs. 7 der Verordnung in Frage kommt, verpflichtet, **den überwiegenden Teil** des öffentlichen Personennahverkehrs **selbst zu erbringen.**[88] Das soll eine Umgehung vergaberechtlicher Pflichten unterbinden.[89] Darin unterscheidet sich das Inhouse-Regime der Verordnung erneut von den Voraussetzungen, die nach der Rechtsprechung des EuGH zu den *Teckal*-Kriterien zu erfüllen sind. Denn dem zweiten *Teckal*-Kriterium wird kein Eigenleistungsgebot oder Untervergabeverbot entnommen.[90] Den überwiegenden Teil der öffentlichen Personenverkehrsdienste erfüllt der interne Betreiber selbst, wenn er **mehr als die Hälfte der Leistungen** selber erbringt.[91] Damit steht Art. 5 Abs. 2 S. 2 lit. e VO 1370/2007 einer weithin nur formalen Inhouse-Vergabe entgegen.[92] Nach Ansicht der Rechtsprechung genügt nicht, dass der überwiegende Teil der Leistungen tatsächlich durch den internen Betreiber erbracht wird, vielmehr soll eine entsprechende vertragliche Verpflichtung erforderlich sein.[93] Der interne Betreiber soll sich allerdings Verkehre eines Inhouse-Unternehmens zurechnen lassen können.[94] 25

---

[84] OLG Düsseldorf Beschl. v. 2.3.2011 – Verg 48/10, NZBau 2011, 244 (250f.) – Münsterlandkreise.
[85] Vgl. *Schröder* NVwZ 2010, 862 (865).
[86] Die Tätigkeit von Schwesterunternehmen grundsätzlich für unschädlich erachtend etwa *Knauff* NZBau 2012, 65 (70); *Losch/Wittig* Vergaberecht 2011, 561 (571); *Nettesheim* NVwZ 2009, 1449 (1452); *Wittig/Schimanek* NZBau 2008, 222 (227).
[87] Auf dieses Umgehungsrisiko ebenfalls hinweisend etwa *Pünder* NJW 2010, 263 (266), oder *Wachinger* IR 2007, 265 (267).
[88] Zur Bemessung dieses Anteils vgl. die Ausführung zu Art. 4 Abs. 7 VO 1370/2007 → § 70 Rn. 61ff. Zur Zulässigkeit sog. Verkehrsmanagementgesellschafter vgl. → § 70 Rn. 9.
[89] Vgl. die Begründung zum 26. Änderungsantrag in der Empfehlung für die 2. Lesung im Europäischen Parlament, EP-Dokumentation A6-0131/2007 v. 4.4.2007.
[90] Vgl. OLG Düsseldorf Beschl. v. 2.3.2011 – Verg 48/10, NZBau 2011, 244ff. – Münsterlandkreise.
[91] Vgl. nur Ziekow/Völlink/*Zuck*, Vergaberecht, 3. Aufl. 2018, Art. 5 VO 1370 Rn. 56.
[92] So treffend *Knauff* NZBau 2012, 65 (70).
[93] OLG München Beschl. v. 22.6.2011 – Verg 6/11, NZBau 2011, 701 (704).
[94] Vgl. dazu → § 70 Rn. 61ff.

V. Selbsterbringung im Sinne des Art. 5 Abs. 2 S. 1 Alt. 1 VO 1370/2007

26 Art. 5 Abs. 2 UAbs. 1 S. 1 VO 1370/2007 eröffnet der zuständigen Behörde nicht nur die Option, einen internen Betreiber im Sinne des Art. 2 lit. j der Verordnung direkt zu beauftragen. In ihrer ersten Alternative benennt die Vorschrift die Möglichkeit, dass die zuständige Behörde die öffentlichen Personenverkehre selbst erbringt *(Inhouse-Vergabe im engeren Sinne)*.[95] Wählt die zuständige Behörde diese Option, stellt sich die Frage, ob und wenn ja welche der Beschränkungen gemäß Art. 5 Abs. 2 S. 2 VO 1370/2007 gelten.[96] Keine Geltung beansprucht Art. 5 Abs. 2 S. 2 lit. a der Verordnung, denn die Frage nach einer hinreichenden Kontrolle stellt sich naturgemäß nicht. Art. 5 Abs. 2 S. 2 lit. d VO 1370/2007 ist in Deutschland gegenstandslos.[97] **Art. 5 Abs. 2 S. 2 lit. b, lit. c und lit. e VO 1370/2007** nehmen ihrem Wortlaut nach jeweils eindeutig Bezug auf den „internen Betreiber" und folglich – wie sich aus Art. 2 lit. j VO 1370/2007 ergibt – auf eine rechtlich getrennte Einheit, an der es im Falle der Selbsterbringung durch die zuständige Behörde fehlt. Diese Vorschriften auf die Selbsterbringung nicht anzuwenden hieße indes, dass die zuständige Behörde in ihrem Zuständigkeitsgebiet keinen Wettbewerb zulassen müsste, sich aber gleichwohl selbst an wettbewerblichen Verfahren außerhalb ihres Zuständigkeitsgebietes beteiligen dürfte. Dass der zuständigen Behörde erlaubt sein soll, was einem von ihr kontrollierten internen Betreiber untersagt ist, ließe sich nicht rechtfertigen. Auch fehlen Gründe, warum der interne Betreiber gemäß Art. 5 Abs. 2 S. 2 lit. e VO 1370/2007 den *überwiegenden* Teil der Verkehre erbringen muss, die zuständige Behörde im Falle der Selbsterbringung aber gemäß Art. 4 Abs. 7 VO 1370/2007 Unteraufträge vergeben darf, sofern sie nur einen *bedeutenden* Teil der Verkehre noch selber erbringt.[98] Entscheidet sich die zuständige Behörde, öffentliche Personenverkehrsdienste, die in den Anwendungsbereich der VO 1370/2007 fallen, selbst zu erbringen, sind Art. 5 Abs. 2 S. 2 lit. b, lit. c und lit. e VO 1370/2007 daher **entsprechend anzuwenden.**

D. Direktvergaben bei Kleinaufträgen

27 Art. 5 Abs. 4 VO 1370/2007 erlaubt eine Direktvergabe im Sinne des Art. 2 lit. h der Verordnung von bestimmten Kleinaufträgen. Dahinter steht der Gedanke, dass der mit der Durchführung eines wettbewerblichen Vergabeverfahrens verbundene Aufwand hier oftmals außer Verhältnis stünde zum Umfang und zum Wert der zu vergebenden Leistungen. Zugleich wird der zuständigen Behörde die Möglichkeit eröffnet, vor allem kleine und mittlere Verkehrsunternehmen zu fördern und zu unterstützen. Soweit zulässig, steht es im pflichtgemäßen **Ermessen** der zuständigen Behörde, auf die Möglichkeit der Direktvergabe nach Art. 5 Abs. 4 VO 1370/2007 zurückzugreifen;[99] es ist der zuständigen Behörde unbenommen, diese Kleinaufträge im wettbewerblichen Verfahren nach Art. 5 Abs. 3 der Verordnung vergeben.

I. Anwendungsbereich

28 Art. 5 Abs. 4 VO 1370/2007 steht unter mehrfachem Anwendungsvorbehalt. Insoweit sind zunächst **Art. 5 Abs. 1 S. 2 und S. 3 VO 1370/2007** zu beachten. Daraus folgt der Anwendungsvorrang der §§ 97 ff. GWB, soweit öffentliche Dienstleistungsaufträge im Sinne des § 104 Abs. 4 GWB über **Bus- und Straßenbahnverkehre** vergeben werden und der geschätzte Auftragswert die maßgeblichen allgemeinen Schwellenwerte erreicht oder überschreitet. Zum anderen ist zu beachten, dass eine Direktvergabe nach Art. 5 Abs. 4

[95] Vgl. dazu → Rn. 9.

[96] Vgl. dazu auch OLG Rostock Beschl. v. 4.7.2012 – 17 Verg 3/12.

[97] Vgl. dazu bereits → § 70 Rn. 8.

[98] Diese Konsequenz billigend hingegen *Schröder* NVwZ 2010, 862 (863).

[99] OLG München Beschl. v. 14.10.2019 – Verg 16/19.

VO 1370/2007 nur zulässig ist, **sofern diese nicht nach nationalem Recht untersagt ist.** Aus der Rechtsprechung des Bundesgerichtshofs zur Direktvergabe von Eisenbahnverkehrsleistungen nach Art. 5 Abs. 6 VO 1370/2007 ist zu folgern, dass die §§ 97 ff. GWB auch einer Direktvergabe nach Art. 5 Abs. 4 der Verordnung entgegen stehen[100] Folglich können öffentliche Dienstleistungsaufträge im Sinne des § 103 Abs. 4 GWB über **Eisenbahnverkehre** nicht nach Art. 5 Abs. 4 VO 1370/2007 vergeben werden, wenn die insoweit maßgeblichen allgemeinen Schwellenwerte erreicht oder überschritten werden. **Unterhalb der allgemeinen vergaberechtlichen Schwellenwerte** könnten entsprechend der Rechtsprechung des Bundesgerichtshofs zur Sperrwirkung der §§ 97 ff. GWB die Bestimmungen des 1. Abschnitts der VOL/A als entgegenstehendes nationales Recht im Sinne des Art. 5 Abs. 4 VO 1370/2007 angesehen werden; das kommt jedenfalls dort in Betracht, wo ein verbindlicher Normanwendungsbefehl zur Beachtung des 1. Abschnitts der VOL/A (insbes. in den haushaltsrechtlichen Vergabeerlassen der Länder) existiert.[101] Entsprechendes gilt, wenn die **Unterschwellenvergabeverordnung** anzuwenden ist.[102] In der Praxis kommt somit oftmals auch im Hinblick auf Art. 5 Abs. 4 VO 1370/2007 der Qualifikation eines öffentlichen Dienstleistungsauftrages im Sinne der Verordnung als **Dienstleistungskonzession** entscheidende Bedeutung zu[103]: Denn Dienstleistungskonzessionen können nach Art. 5 Abs. 1 S. 2 iVm Abs. 4 VO 1370/2007 sowohl im Bereich der Bus- und Straßenbahnverkehre als auch im Bereich der Eisenbahnverkehre direkt nach Art. 5 Abs. 4 VO 1370/2007 vergeben werden.[104] Insoweit kann eine Verpflichtung zur wettbewerblichen Vergabe weder aus den Grundrechten noch aus einfachgesetzlichen Vorschriften hergeleitet werden.[105] Für die Verkehre im **Geltungsbereich des Personenbeförderungsgesetzes** stellt **§ 8a Abs. 3 PBefG** die Zulässigkeit von Direktvergaben nach Art. 5 Abs. 4 VO 1370/2007 nun auch ausdrücklich klar. Anderes folgt auch nicht aus dem europäischen Primärrecht, weil keine Anhaltspunkte dafür bestehen, dass der Verordnungsgeber durch Art. 5 Abs. 4 VO 1370/2007 „primärrechtswidriges" Sekundärrecht geschaffen hat.[106] Für **Schienenverkehre** hat der Gesetzgeber in § 131 GWB demgegenüber die Anwendbarkeit des Art. 5 Abs. 4 VO 1370/2007 nicht in ähnlicher Weise wie in § 8a Abs. 3 PBefG 2013 ausdrücklich bestätigt, weshalb die **Anwendbarkeit** des Art. 5 Abs. 4 VO 1370/2007 auf Schienenverkehre **in Frage gestellt** wird.[107] Schließlich darf die Behörde wettbewerbliche Vergabepflichten nicht mit dem Hinweis auf eine beabsichtigte Dienstleistungskonzession umgehen; sie muss daher schon bei Bekanntmachung der Vorinformation nach Art. 7 Abs. 2 der Verordnung ihre Gründe dokumentieren, die für die Annahme einer Dienstleistungskonzession, ggf. auch die Bereitschaft des in Aussicht genommenen Unternehmens dazu, sprechen.[108]

---

[100] Vgl. → Rn. 5.

[101] Vgl. dazu bereits *Otting/Olgemöller* VBlBW 2013, 291 ff. Ohne diese Differenzierung für die Anwendbarkeit der verordnungsrechtlichen Vergabevorschriften im Unterschwellenbereich etwa in Saxinger/Winnes/*Saxinger/Schröder,* Recht des öffentlichen Personenverkehrs, Std. 2012, VO 1370 Art. 5 Abs. 1 Rn. 37, sowie *Saxinger,* VO 1370 Art. 5 Abs. 4 Rn. 26 ff.

[102] BAnz AT 7.2.2017 B.

[103] Vgl. OLG Frankfurt a.M. Beschl. v. 10.11.2015 – 11 Verg 8/15, VergabeR 2016, 239 (244); OLG Koblenz Beschl. v. 25.3.2015 – 1 Verg 11/14, VergabeR 2015, 568 (572); *Knauff* NZBau 2012, 65, 71.

[104] Wenngleich Art. 5 Abs. 4 VO 1370/2007 im Bereich der Eisenbahnverkehre wegen der weniger reglementierten Direktvergabemöglichkeit nach Art. 5 Abs. 6 VO 1370/2007 in der Praxis keine Bedeutung zukommen dürfte.

[105] Zu Diskussion um die Bedeutung von Art. 12 und Art. 3 GG vgl. → Rn. 7. Zur Unanwendbarkeit der §§ 97 ff. GWB auf Dienstleistungskonzessionen vgl. → § 71 Rn. 4 ff. IErg wie hier etwa auch VK Baden-Württemberg Beschl v. 30.11.2011, 1 VK 60/11; Linke/*Linke/Prieß* VO (EG) 1370/2007 Art. 5 Rn. 201 f.

[106] Zur Diskussion vgl. etwa Barth/Baumeister/Berschin/Werner/*Berschin,* Handbuch ÖPNV, Stand 2009, A 2 Rn. 206 ff. Ohne Bedenken gegen die Vereinbarkeit von Direktvergaben mit dem europäischen Primärrecht im Ergebnis auch *Knauff* NZBau 2012, 65, (67 f., 71).

[107] *Mutschler-Siebert/Dorschfeldt* VergabeR 2016, 385 (388).

[108] OLG Frankfurt a.M. Beschl. v. 10.11.2015 – 11 Verg 8/15, VergabeR 2016, 239 (244); VK Rheinland-Pfalz Beschl. v. 14.12.2015 – VK 1-14/15; OLG München Beschl. v. 14.10.2019 – Verg 16/19.

II. Schwellenwerte

29 Art. 5 Abs. 4 VO 1370/2007 unterscheidet zwischen zwei Gruppen von Unternehmen und bestimmt in Anknüpfung an die Größe dieser Unternehmen die Schwellenwerte für direkt zu vergebende Aufträge. An **jedes Verkehrsunternehmen** dürfe gemäß Art. 5 Abs. 4 UAbs. 1 der Verordnung öffentliche Dienstleistungsaufträge direkt vergeben werden, die entweder einen geschätzten Jahresdurchschnittswert von weniger als 1.000.000 EUR oder eine jährliche öffentliche Personenverkehrsleistung von weniger als 300.000 km aufweisen. Für Schienenverkehrsdienste sieht die Vorschrift Jahresdurchschnittswerte von weniger als 7.500.000 EUR bzw. 500.000 km vor. Der **Jahresdurchschnittswert** eines Verkehrsdienstes ist gemäß Art. 2 lit. k der Verordnung zu berechnen anhand des Wertes eines Verkehrsdienstes, einer Strecke, eines öffentlichen Dienstleistungsauftrages oder einer Ausgleichsregelung des öffentlichen Personenverkehrs, der den Gesamteinnahmen – ohne Mehrwertsteuer – des Betreibers oder der Betreiber eines öffentlichen Dienstes entspricht, einschließlich der Ausgleichszahlungen der Behörden gleich welcher Art und aller Einnahmen aus dem Fahrscheinverkauf, die nicht an die betroffene zuständige Behörde abgeführt werden.

30 Die für alle Verkehrsunternehmen geltenden Schwellenwerte können gemäß Art. 5 Abs. 4 UAbs. 2 VO 1370/2007 zugunsten von **kleinen und mittleren Unternehmen** um das Doppelte erhöht werden. Kleine und mittlere Unternehmen sind demnach Unternehmen, die nicht mehr als 23 Fahrzeuge betreiben. Auf andere Definitionen kleiner und mittlerer Unternehmen, zB jene nach Anhang I der VO (EG) Nr. 800/2008[109], kommt es nicht an.[110] **Fahrzeuge** sind dem Wortsinn nach alle Verkehrsmittel, die dem Transport von Personen dienen. Dazu zählen jedenfalls die Fahrzeuge, die der Personenbeförderung dienen, etwa Lokomotiven und dazugehörige Anhänger sowie die einzelnen Busse des Unternehmens.[111] Zu weit gehen dürfte, hierüber hinaus auch etwaige Fahrzeuge der Geschäftsleistung einzubeziehen[112], denn diese „betreibt" das Unternehmen nicht oder jedenfalls nicht unmittelbar, um Personenverkehrsdienste zu erbringen. Für die Berechnung der Anzahl der **Fahrzeuge pro Unternehmen** ist auf die jeweilige juristisch verselbständigte Rechtsperson abzustellen. Das kann Anreize zur Gründung entsprechend kleiner Unternehmen setzen. Hier bleibt abzuwarten, inwieweit die Rechtsprechung Umgehungsversuchen Grenzen zieht, zB durch ein weites Verständnis tatsächlich verfügbarer Fahrzeuge des jeweiligen Verkehrsunternehmens oder über die Zurechnung kraft Konzernzugehörigkeit.

III. Umgehungsverbot und Losbildung

31 In Erwägungsgrund 23 S. 3 zur Verordnung heißt es, dass es den zuständigen Behörden nicht gestattet sein darf, Aufträge oder Netze aufzuteilen, um so ein wettbewerbliches Vergabeverfahren zu vermeiden. Darin kommt der allgemeine Grundsatz zum Ausdruck, dass Ausnahmevorschriften wie Art. 5 Abs. 4 VO 1370/2007 nicht instrumentalisiert werden dürfen, um vergaberechtliche Grundregeln wie die Pflicht zur Durchführung des wettbewerblichen Verfahrens nach Art. 5 Abs. 3 VO 1370/2007 zu umgehen. **Indizien** für eine solche Umgehung müssen die Umstände des Einzelfalls bilden, etwa der enge zeitliche Zusammenhang zwischen mehreren Bagatell-Direktvergaben an dasselbe Verkehrsunternehmen oder die zuvor erfolgte Ausgründung des Verkehrsunternehmens aus einer größe-

---

[109] Verordnung (EG) Nr. 800/2008 der Kommission v. 6.8.2008 zur Erklärung der Vereinbarkeit bestimmter Gruppen von Beihilfen mit dem Gemeinsamen Markt in Anwendung der Art. 87 und 88 EG-Vertrag (Allgemeine Gruppenfreistellungsverordnung), ABl. 2008 L 214/3.

[110] Vgl. nur *Knauff* NZBau 2012, 65 (71). Zur Irrelevanz weiterer Definitionen vgl. etwa Linke/*Linke/Prieß* VO (EG) 1370/2007 Art. 5 Rn. 190.

[111] Linke/*Linke/Prieß* VO (EG) 1370/2007 Art. 5 Rn. 186f.

[112] So aber Ziekow/Völlink/*Zuck* VO 1370 Art. 5 Rn. 83. Wie hier *Schmitz/Winkelhüsener* EuZW 2011, 52 (54).

ren Verkehrsgesellschaft.[113] Darauf, dass entsprechende Umgehungsversuche in der Praxis nicht nachweisbar sein sollen[114], sollte sich die zuständige Behörde nicht verlassen. Die zuständige Behörde sollte ihre Entscheidungen über den Umfang einzelner Dienstleistungsaufträge in jedem Einzelfall begründen und die Begründung dokumentieren. Ob sie sich dabei auf das Gebot zur Losbildung berufen darf und die einzelnen Lose dann gemäß Art. 5 Abs. 4 VO 1370/2007 direkt vergeben darf, erscheint zumindest fraglich. Zwar ist das Gebot der Losteilung ein anerkanntes Instrument zum Schutz der Interessen mittelständischer Interessen, das öffentliche Stellen berechtigt und sogar verpflichtet, von einer Gesamtvergabe zugunsten einer losweisen Vergabe abzusehen.[115] Doch lässt sich Art. 5 Abs. 4 der Verwendung gerade vor dem Hintergrund von Erwägungsgrund 23 zur VO 1370/2007 als eine spezielle und abschließende Regelung zu mittelstandsfreundlichen Vergaben interpretieren, die als solche abschließend ist. Den Grundsätzen zur Losteilung käme dann nur für den Zuschnitt solcher öffentlicher Dienstleistungsaufträge Bedeutung zu, die nach Art. 5 Abs. 3 VO 1370/2007 in einem wettbewerblichen Verfahren vergeben werden. In diesem Sinne kann auch § 8a Abs. 4 S. 2 PBefG 2013 verstanden werden, der eine Losteilung eben nur für wettbewerbliche Verfahren nach Art. 5 Abs. 3 VO 1370/2007 verpflichtend vorsieht.

E. Notmaßnahmen nach Art. 5 Abs. 5 VO 1370/2007

Art. 5 Abs. 5 VO 1370/2007 stellt es in das Ermessen der zuständigen Behörde, im Fall der Unterbrechung eines Verkehrsdienstes oder bei unmittelbarer Gefahr des Eintretens einer solchen Situation sog. Notmaßnahmen zu ergreifen. Diese Notmaßnahmen können entweder eine Direktvergabe oder eine förmliche Vereinbarung über die Ausweitung eines öffentlichen Dienstleistungsauftrags sein oder eine „Auflage“, bestimmte gemeinwirtschaftliche Verpflichtungen zu übernehmen. Der Betreiber eines öffentlichen Dienstes – dh das Verkehrsunternehmen – hat das Recht, gegen den Beschluss zur „Auferlegung“ der Übernahme bestimmter gemeinwirtschaftlicher Verpflichtungen Widerspruch einzulegen. Die Vergabe oder Ausweitung eines öffentlichen Dienstleistungsauftrags als Notmaßnahme oder die Auferlegung der Übernahme eines derartigen Auftrags ist für längstens zwei Jahre zulässig. In Erwägungsgrund 24 zur VO 1370/2007 heißt es dazu: Besteht die Gefahr einer Unterbrechung bei der Erbringung von Diensten, sollten die zuständigen Behörden befugt sein, kurzfristig Notmaßnahmen zu ergreifen, bis ein neuer öffentlicher Dienstleistungsauftrag nach den in dieser Verordnung festgelegten Bedingungen vergeben wurde. 32

Abweichend von Art. 5 Abs. 2 und Abs. 4 VO 1370/2007 steht die Option der Direktvergabe nach Art. 5 Abs. 5 der Verordnung nicht unter dem Vorbehalt, dass die zuständige hierauf nur zurückgreifen darf, sofern dies nicht nach nationalem Recht untersagt ist. Vor diesem Hintergrund hat der Gesetzgeber darauf verzichtet, den zuständigen Behörden den Rückgriff auf Art. 5 Abs. 5 VO 1370/2007 im Rahmen des § 8a Abs. 3 PBefG 2013 ausdrücklich zu gestatten.[116] Im Zusammenhang mit der Entbindung eines Busverkehrsunternehmens von der Beförderungspflicht bestätigt der Gesetzgeber also ausdrücklich, dass die zuständige Behörde Notmaßnahmen ergreifen kann (vgl. § 21 Abs. 4 S. 5 PBefG).[117] 33

[113] Vgl. OLG Frankfurt a.M. Beschl. v. 10.11.2015 – 11 Verg 8/15, VergabeR 2016, 239, (246); OLG München, Beschl. v. 14.10.2019 – Verg 16/19; Linke/*Linke/Prieß*, VO (EG) 1370/2007 Art. 5 Rn. 203.

[114] IdS *Berschin* in Barth/Baumeister/Berschin/Werner, Handbuch ÖPNV, Stand 2009, A 2 Rn. 225.

[115] Vgl. nur Art. 9 Abs. 5 der Richtlinie 2004/18/EG; GWB § 97 Abs. 3; Arbeitsdokument der Kommissionsdienststellen – Europäischer Leitfaden für bewährte Verfahren (Code of best practice) zur Erleichterung des Zugangs kleiner und mittelständischer Unternehmen (KMU) zu öffentlichen Aufträgen, SEC(2008) 2193 v. 25.6.2008.

[116] Vgl. die Begründung des Änderungsentwurfs, BT-Drs. 17/10857, S. 22f.

[117] Zur Frage der Anwendbarkeit bei öffentlichen Dienstleistungsaufträgen iSv § 104 Abs. 4 GWB bei Busverkehren vgl. VK Hessen Beschl. v. 15.10.2013 – 69d VK 22/2013 mit krit. Anm. *v. Deuster* IR 2014, 18f.

I. Notsituation: Unterbrechung oder unmittelbare Gefahr der Unterbrechung

34 Das Recht der zuständigen Behörde, Notmaßnahmen zu ergreifen, knüpft an die Unterbrechung des Verkehrsdienstes oder an die unmittelbare Gefahr des Eintretens einer solchen Situation an.

1. Unterbrechung des Verkehrsdienstes

35 Die **erste Alternative** des Art. 5 Abs. 5 S. 1 VO 1370/2007 erfasst den Fall der Unterbrechung eines Verkehrsdienstes. Der Wortlaut stellt auf tatsächliche Umstände ab. Von der Unterbrechung des Verkehrsdienstes kann erst und nur solange die Rede sein, wie ein Verkehrsdienst tatsächlich nicht erbracht wird.

36 **a) Keine Neu- oder Mehrverkehre auf Grundlage von Notmaßnahmen.** Das Erfordernis der **tatsächlichen Unterbrechung** beschränkt die Zulässigkeit von Notmaßnahmen auf Verkehre, die bereits eingerichtet sind und sich daher als **Altverkehre** bezeichnen lassen. Nur diese können tatsächlich unterbrochen sein. Dem gleichgestellt werden können **Erstverkehre,** die zwar bisher nicht angeboten wurden, die ihren Betrieb aber planwidriger Weise nicht aufgenommen haben, zB weil der ausgewählte Betreiber kurzfristig ausfällt. Davon zu unterscheiden bleiben **Neu- oder Mehrverkehre,** dh Verkehre, die bisher nicht angeboten wurden und die auch nicht planwidrigerweise ausfallen. Sie können nicht unterbrochen und folglich nicht Gegenstand einer Notmaßnahme im Sinne des Art. 5 Abs. 5 VO 1370/2007 sein. Art. 5 Abs. 5 VO 1370/2007 bietet insoweit keine Grundlage, um erstmals zusätzliche Verkehrsangebote zu schaffen.

37 **b) Unerheblichkeit der Gründe der Notsituation.** Art. 5 Abs. 5 S. 1 Alt. 1 VO 1370/2007 knüpft allein an die Unterbrechung des Verkehrsdienstes an. **Unerheblich sind die Gründe,** die zu der Unterbrechung geführt haben. Unbeachtlich ist deshalb insbesondere, ob die Unterbrechung von der zuständigen Behörde zu vertreten ist, dh ob ein **Verschulden** der zuständigen Behörde festgestellt werden kann.[118] Auch eine **besondere Dringlichkeit** verlangt Art. 5 Abs. 5 S. 1 VO 1370/2007 nicht.[119] Anderes ergibt sich weder aus dem Wortlaut der Vorschrift noch aus ihrer Entstehungsgeschichte. Auch Sinn und Zweck des Art. 5 Abs. 5 der Verordnung sprechen gegen eine restriktive Interpretation. So knüpft der Wortlaut allein an den „Fall einer Unterbrechung des Verkehrsdienstes" an ohne weitere Anforderungen an Gründe oder Ursachen dafür zu stellen. Auch die **Entstehungsgeschichte** des Art. 5 Abs. 5 VO 1370/2007 widerspricht einer restriktiveren Interpretation des Vorschrift. Nachdem der erste Vorschlag der Kommission zu einer Verordnung aus dem Jahre 2000 noch keine Vorschriften über Notmaßnahmen aufwies[120], sah das Europäische Parlament im Jahre 2001 die Notwendigkeit für solche Maßnahmen.[121] Das Parlament beschrieb in Art. 8a, 10a und 14 Abs. 5c verschiedene Situationen, in denen Notmaßnahmen zulässig sein sollten. Die Kommission akzeptierte diese Vorschläge ausdrücklich und entwickelte sie in Art. 7b ihres Verordnungsentwurfs aus dem Jahre 2002 fort.[122] In dem Bemühen, die Regelungen insgesamt zu vereinfachen und zu flexibilisieren, strich die Kommission diese Fallgruppen aus ihrem Verordnungsentwurf aus dem Jah-

---

118 OLG Rostock, Beschl. v. 30.10.2019 – 17 Verg 5/19, BeckRS 2019, 39669; Saxinger/Winnes/*Saxinger* Recht des öffentlichen Personenverkehrs, Stand 201, Art. 5 Abs. 5 VO 1370 Rn. 10; MüKo Kartellrecht/*Hölzl*, Bd. 3 Beihilfen- und Vergaberecht, 2011, VO 1370/2007 Art. 5 Rn. 92.

119 IdS allerdings Link *Linke/Prieß* VO (EG) 1370/2007, 2010, Art. 5 Rn. 205; Barth/Baumeister/Berschin/Werner/*Berschin,* Recht des ÖPNV – Handbuch, Stand 2009, A 2 Rn. 227; offen gelassen in OLG Rostock Beschl. v. 30.10.2019 – 17 Verg 5/19, BeckRS 2019, 39669.

120 KOM(2000) 7 endg. v. 26.7.2000.

121 ABl. 2002 C 140E/262ff.

122 KOM(2002) 107 endg. v. 21.2.2002, S. 7. Vgl. dort auch Erwägungsgrund 44 zum Entwurf.

re 2005.[123] Unter Art. 5 Abs. 5 S. 1 des Entwurfs 2005 wurde daraufhin der Wortlaut vorgeschlagen[124], dem die aktuelle Fassung entspricht. Mit dem Kommissionsvorschlag aus dem Jahre 2005 wurde der **numerus clausus von Notsituationen aufgegeben.** Der Verordnungsgeber wollte folglich nicht mehr nur bestimmte Situationen erfassen, sondern *jede* Situation, in der die Erbringung von Verkehrsdiensten unterbrochen ist (oder unterbrochen zu werden droht). **Entfallen** ist namentlich auch die noch im Vorschlag des Europäischen Parlaments zu einem Art. 8a enthaltene Voraussetzung, wonach die Maßnahmen **„dringend"** erforderlich sein müssen. Der Befund wird durch **Sinn und Zweck der Vorschrift** bestätigt. In seinem Vorschlag für einen Art. 8a hat das Europäische Parlament im Jahre 2001 zum Ausdruck gebracht, dass die Notmaßnahmen als erforderlich angesehen werden, um die „Kontinuität des Dienstes" sicherzustellen.[125] Im selben Sinne hieß es in Art. 7b des Kommissionsvorschlags aus dem Jahre 2002, dass Notfallmaßnahmen möglich sein müssen, um „die Erbringung angemessener öffentlicher Personenverkehrsdienste sicherzustellen".[126] Der Verordnungsgeber hat damit das Problem der **Kontinuitätssicherung** erkannt – und mit der Möglichkeit, Notmaßnahmen zu ergreifen, eine Lösung in die Verordnung aufgenommen.[127] Die Notmaßnahmen verfolgen danach das Ziel, das Angebot an Verkehrsdienstleistungen dauerhaft sicherzustellen ohne Rücksicht darauf, *warum* die Verkehrsdienstleistung unterbrochen ist (oder die Gefahr einer Unterbrechung droht).

Eine besondere Dringlichkeit kann schließlich auch nicht unter Hinweis auf eine ent- 38
sprechende Anwendung des Art. 32 Abs. 2 lit. c der Richtlinie 2014/24/EU oder § 14 Abs. 4 Nr. 3 VgV 2016 gefordert werden. Die Voraussetzungen, unter denen Notmaßnahmen zulässig sind, legt Art. 5 Abs. 5 VO 1370/2007 **abschließend** fest. Anders als etwa im Hinblick auf das wettbewerbliche Verfahren nach Art. 5 Abs. 3 der Verordnung oder im Hinblick auf das Rechtsschutzsystem nach Art. 5 Abs. 7 der Verordnung lassen sich Art. 5 Abs. 5 VO 1370/2007 und seiner äußerst differenzierten Entstehungsgeschichte keine Anhaltspunkte entnehmen, die dafür sprechen, dass der Verordnungsgeber den Mitgliedstaaten einen Ausgestaltungsspielraum überlassen wollte, der durch restriktivere mitgliedstaatliche Vorschriften oder eine Analogiebildung zu diesen Vorschriften ausgefüllt werden kann. Zugleich gilt die Vorschrift als Teil des europäischen Verordnungsrechts gemäß Art. 288 AEUV unmittelbar. Diese **unmittelbare Wirkung** darf durch die Mitgliedstaaten nicht in Frage gestellt werden.[128] Das gilt im Hinblick auf Art. 5 Abs. 5 VO 1370/2007 gerade auch vor dem Hintergrund, dass diese Direktvergabeoption – anders als jene nach Art. 5 Abs. 2, 4 und 6 der Verordnung – **nicht unter dem Vorbehalt mitgliedstaatlicher Regelungen** steht. Es fehlt somit auch bei systematischer Auslegung an einem Einfallstor, um die Voraussetzungen und Grenzen für Notmaßnahmen durch mitgliedstaatliches Recht näher auszugestalten.

2. Unmittelbare Gefahr der Unterbrechung

Die **zweite Alternative** des Art. 5 Abs. 5 S. 1 VO 1370/2007 erlaubt der zuständigen 39
Behörde, Notmaßnahmen bei unmittelbarer Gefahr einer Unterbrechung des Verkehrsdienstes zu ergreifen. Das erweitert die Handlungsmöglichkeiten gegenüber der ersten Alternative, indem das **Zeitfenster,** innerhalb dessen die zuständige Behörde Notmaßnah-

---

[123] KOM(2005) 319 endg. v. 20.7.2005, insbes. S. 13f.; im selben Sinne dann nochmals KOM(2006) 805 endg. v. 12.12.2006, S. 7.

[124] KOM(2005) 319 endg. v. 20.7.2005, S. 27.

[125] ABl. 2002 C 140E/276.

[126] KOM(2002) 107 endg. v. 21.2.2002, S. 33.

[127] Vgl. zur Kontinuitätssicherung *Waechter,* Verwaltungsrecht im Gewährleistungsstaat, 2008, S. 220f. Ähnlich Linke/*Linke/Prieß,* VO (EG) 1370/2007 Art. 5 Rn. 206, 216. Zum Gedanken der Kontinuitätssicherung als Rechtfertigung von Interimsbeauftragungen im Bereich der Daseinsvorsorge etwa auch VK Niedersachsen Beschl. v. 3.2.2012 – VgK-01/2012 (dort zu Rettungsdienstleistungen).

[128] Vgl. dazu → § 69 Rn. 3ff.

men ergreifen kann, gegenüber der ersten Alternative ausgedehnt wird. Die Behörde darf vorbeugend zur Sicherstellung von **Alt- und Erstverkehren** agieren; eine Rechtfertigung zur Einführung von Neu- oder Mehrverkehren bietet Art. 5 Abs. 5 VO 1370/2007 hingegen auch insoweit nicht.[129]

II. Notmaßnahmen: Direktvergabe, Direkterweiterung, Auferlegung

40 Als Mittel, einer durch die (Gefahr der) Unterbrechung des Verkehrsdienstes gekennzeichneten Notsituation iSd Art. 5 Abs. 5 S. 1 VO 1370/2007 entgegen zu wirken, sieht Art. 5 Abs. 5 S. 2 der Verordnung drei unterschiedliche Maßnahmen vor, die zusammenfassend als Notmaßnahmen bezeichnet werden: die Direktvergabe, die förmliche Vereinbarung über die Ausweitung eines öffentlichen Dienstleistungsauftrages (sog. Direkterweiterung) und die Auferlegung.

1. Direktvergabe

41 Als erste Variante zulässiger Notmaßnahmen benennt Art. 5 Abs. 5 S. 2 VO 1370/2007 die **Direktvergabe** eines öffentlichen Dienstleistungsauftrages. Als Direktvergabe definiert Art. 2 lit. h VO 1370/2007 die Vergabe eines öffentlichen Dienstleistungsauftrags ohne Durchführung eines vorherigen wettbewerblichen Vergabeverfahrens. Wesentliches Merkmal des öffentlichen Dienstleistungsauftrages in diesen Sinne ist gemäß Art. 2 lit. i VO 1370/2007 die Rechtsverbindlichkeit eines Aktes, der die **Übereinkunft** zwischen der zuständigen Behörde und dem Verkehrsunternehmen dokumentiert. In Deutschland stellt sich eine solche Übereinkunft regelmäßig als Vertrag dar. Insoweit setzt die Direktvergabe also die Zustimmung des zu beauftragenden Verkehrsunternehmens voraus.[130] Die Direktvergabe kann daher als „konsensuale" Variante einer Notmaßnahme beschrieben werden. Das Verordnungsrecht stellt kein **Schriftformerfordernis** auf, ausweislich Erwägungsgrund 9 zur VO 1370/2007 erkennt der Verordnungsgeber insoweit an, dass Form und Benennung des Vertrages je nach Rechtssystem der Mitgliedstaaten variieren können. Schriftformerfordernisse nach deutschem Recht, zB nach § 57 (Landes-) VwVfG bleiben also zu beachten. Eine einvernehmliche, aber nur konkludent zwischen Behörde und Verkehrsunternehmen vereinbarte Fortsetzung auslaufender Verträge stellt folglich nicht ohne Weiteres eine wirksame Direktvergabe dar.

2. Direkterweiterung

42 Neben der Direktvergabe erlaubt Art. 5 Abs. 5 S. 2 VO 1370/2007 der zuständigen Behörde den Abschluss „einer förmlichen Vereinbarung über die Ausweitung eines öffentlichen Dienstleistungsauftrages". Da dem Abschluss einer solchen Vereinbarung kein wettbewerbliches Vergabeverfahren vorangehen muss, kann diese Variante als Direkterweiterung bezeichnet werden. Die Direkterweiterung geht auf Art. 7b des Kommissionsvorschlags aus dem Jahre 2002 zurück. Dort wie in der aktuellen Fassung machen die Wörter „Ausweitung" und „eines öffentlichen Dienstleistungsauftrags" deutlich, dass **Anknüpfungspunkt** für die Direkterweiterung ein **bereits bestehender öffentlicher Dienstleistungsauftrag** ist. Da der öffentliche Dienstleistungsauftrag im System der VO (EG) Nr. 1370/2007 zwischen der jeweils zuständigen Behörde und einem Betreiber geschlossen wird, ist des Weiteren davon auszugehen, dass ein öffentlicher Dienstleistungsauftrag gemeint ist, der zwischen dem Betreiber und der zuständigen Behörde besteht, die Notmaßnahmen ergreift. Nicht ausreichend ist, dass der Betreiber über einen öffentlichen Dienstleistungsauftrag mit irgendeiner (anderen) zuständigen Behörde verfügt. Besteht kein öffentlicher Dienstleistungsauftrag zwischen den Beteiligten, kommt – unter

[129] Zu den Begriffen der Alt-, Erst-, Neu- und Mehrverkehren vgl. → Rn. 36.
[130] Vgl. Linke/*Linke/Prieß* VO (EG) 1370/2007 Art. 5 Rn. 217.

denselben Voraussetzungen des Art. 5 Abs. 5 S. 1 VO 1370/2007 – der (erstmalige) Abschluss eines öffentlichen Dienstleistungsauftrags im Wege der Direktvergabe in Betracht. Da Art. 5 Abs. 5 S. 1 VO 1370/2007 dieselben Voraussetzungen für eine Direkterweiterung und eine Direktvergabe aufstellt, kommt es auch nicht auf die Frage an, ob eine Direkterweiterung nur bis zur Grenze der wesentlichen Vertragsänderung zulässig ist[131] oder ob sie **wesentliche Vertragsänderungen** erlaubt[132]: Wird die Grenze der Wesentlichkeit überschritten[133], mag eine Direkterweiterung unzulässig sein; es wird aber regelmäßig der Weg der Direktvergabe offenstehen.

Die Direkterweiterung führt nach Art. 5 Abs. 5 S. 2 VO 1370/2007 zu einer „Ausweitung" eines öffentlichen Dienstleistungsauftrages. Das darf **nicht** zu dem Fehlschluss verleiten, eine zuständige Behörde könne im Rahmen der Direkterweiterung **Neu- oder Mehrverkehre** beauftragen.[134] Art. 5 Abs. 5 S. 2 VO 1370/2007 erlaubt die Beauftragung von Verkehren zu Taktverdichtungen oder Kapazitätserhöhungen weder im Rahmen der Direktvergabe noch im Rahmen einer Direkterweiterung. 43

Gemäß Art. 5 Abs. 5 S. 2 VO 1370/2007 bedarf es einer „förmlichen" Vereinbarung über die Ausweitung. Nur durch dieses **Erfordernis der Förmlichkeit** unterscheidet sich die finale Formulierung im Hinblick auf die Direkterweiterung von dem Kommissionsvorschlag aus dem Jahre 2005, der ähnlich wie Art. 7b des Vorschlags aus dem Jahre 2002 schlicht eine „Vereinbarung über die Ausweitung" verlangte. Eingeführt wurde das Förmlichkeitserfordernis durch den Gemeinsamen Standpunkt des Rates aus dem Jahre 2006, ohne dass der damit verfolgte Zweck klargestellt wurde.[135] Es ist aber nicht erkennbar, dass mit dem Förmlichkeitserfordernis mehr verlangt wird, als die Wahrung etwaiger mitgliedstaatlicher **Schriftformerfordernisse** wie § 57 (Landes-) VwVfG. 44

3. Auferlegung

Als dritte Variante der Notmaßnahmen sieht Art. 5 Abs. 5 S. 2 VO 1370/2007 die „Auflage, bestimmte gemeinwirtschaftliche Leistungen zu übernehmen" vor. Der nachfolgende S. 3 spricht dann kurz von „Auferlegung". Das Instrument der Auferlegung geht zurück auf den Gemeinsamen Standpunkt des Rates aus dem Jahre 2006. Erst zu diesem relativ späten Zeitpunkt wurde die Auferlegung als Notmaßnahme neben der Direktvergabe und Direkterweiterung eingeführt. Der Rat begründete seine Entscheidung schlicht mit der Absicht, „die Praxis widerzuspiegeln".[136] In Abgrenzung zur Direktvergabe und Direkterweiterung erlaubt die Auferlegung der zuständigen Behörde, Verkehrsunternehmen **einseitig** zur Erbringung bestimmter Verkehrsleistungen zu verpflichten. 45

Die Auferlegung stellt sich somit als eine Art hoheitlicher **Indienstnahme** dar und kann folglich zu einem Grundrechtseingriff – insbesondere zu einem Eingriff in die durch Art. 12 Abs. 1 GG geschützte Berufsfreiheit – führen.[137] Die Eisenbahnunternehmen des Bundes können sich wegen ihrer in Art. 87e Abs. 3 GG statuierten Erwerbswirtschaftlichkeit auf die Grundrechte berufen.[138] Die wegen des Grundrechtseingriffs erforderliche **Rechtsgrundlage** schafft Art. 5 Abs. 5 VO 1370/2007. Denn die Verordnung gilt wegen Art. 288 AEUV unmittelbar in jedem Mitgliedstaat, sie ist unmittelbarer Bestandteil der deutschen Rechtsordnung. In Deutschland stellt sich eine Auferlegung regelmäßig als **Ver-** 46

[131] IdS Barth/Baumeister/Berschin/Werner/*Berschin*, Recht des ÖPNV – Handbuch, Stand 2009, A 2 Rn. 228.

[132] IdS Linke/*Prieß* VO (EG) 1370/2007 Art. 5 Rn. 217.

[133] Vgl. dazu EuGH Urt. v. 19.6.2008 – C-454/06, NZBau 2008, 518 Rn. 34ff. – pressetext; EuGH Urt. v. 14.4.2010 – C-91/08, NZBau 2010, 383 Rn. 29ff. – Wall AG.

[134] Zu den Begriffen vgl. → Rn. 36. Zumindest missverständlich insoweit *Hölzl* in MüKo Kartellrecht, Bd. 3 Beihilfen- und Vergaberecht, 2011, Art. 5 VO 1370/2007 Rn. 93.

[135] ABl. 2007 C 70E/8, 15.

[136] ABl. 2007 C 70E/15.

[137] Vgl. *Wachinger* Das Rechts des Marktzugangs im ÖPNV, 2006, S. 425f.

[138] Vgl. dazu Sachs/*Windthorst*, Grundgesetz, 8. Aufl. 2018, Art. 87e Rn. 9.; Schmidt-Bleibtreu/Klein/Hofmann/*Ruge*, Grundgesetz, 14. Aufl. 2017, Art. 87e Rn. 5.

waltungsakt iSd § 35 S. 1 (Landes-) VwVfG dar.[139] Sind mehrere Unternehmen betroffen, kann eine Allgemeinverfügung iSd § 35 S. 2 VwVfG vorliegen. Folglich sind die Vorschriften der **Verwaltungsverfahrensgesetze** zu beachten. Insbesondere wird das betroffene Verkehrsunternehmen gemäß § 28 (Landes-) VwVfG anzuhören sein, wenn die Notsituation im Sinne des Art. 5 Abs. 5 S. 1 VO 1370/2007 nicht zugleich den Verzicht auf eine Anhörung wegen Gefahr im Verzug nach § 28 Abs. 2 Nr. 1 (Landes-) VwVfG rechtfertigt.

4. Anwendbarkeit von Notmaßnahmen nach Art. 5 Abs. 5 VO 1370/2007

47 Zum Abschluss eines öffentlichen Dienstleistungsauftrages im Sinne des Art. 2 lit. i VO 1370/2007 führen nach dem Normtext des Art. 5 Abs. 5 S. 1 der Verordnung allein die **Direktvergabe und die Direkterweiterung.** Damit stellt sich die Frage nach dem **Verhältnis von Art. 5 Abs. 5 zu Art. 5 Abs. 1 der Verordnung.** Zumeist wird vom Vorrang des Art. 5 Abs. 1 gegenüber Art. 5 Abs. 5 der Verordnung ausgegangen mit der Folge, dass Art. 5 Abs. 5 VO 1370/2007 im Bereich der **Bus- und Straßenbahnverkehre** nur Anwendung finden soll, wenn sich der öffentliche Dienstleistungsauftrag im Sinne des Art. 2 lit. i VO 1370/2007 als Dienstleistungskonzession darstellt.[140] Stellt sich der öffentliche Dienstleistungsauftrag im Sinne des Art. 2 lit. i VO 1370/2007 hingegen als öffentlicher Dienstleistungsauftrag im Sinne des § 103 Abs. 4 GWB 2016 dar, bleibt der zuständigen Behörde dann nur die Vergabe nach Maßgabe der §§ 97 ff. GWB und des dazugehörigen untergesetzlichen Regelwerkes. Dann ist auf eine Notsituation insbesondere durch ein Verhandlungsverfahren ohne vorangehende Bekanntmachung im Rahmen der Möglichkeiten zu reagieren, die § 14 Abs. 4 Nr. 3 VgV 2016 eröffnet. Uneingeschränkte Anwendung findet Art. 5 Abs. 5 VO 1370/2007 insoweit also nur im Bereich der **Schienenverkehre.** § 131 Abs. 1 GWB 2016 steht dem nicht entgegen. Denn insoweit steht Art. 5 Abs. 5 VO 1370/2007 – anders als etwa Art. 5 Abs. 6 der Verordnung – nicht unter einem Vorbehalt mitgliedstaatlicher Sperrwirkung.

48 Die hoheitliche **Auferlegung** ist ein Verwaltungsakt. Ein Verwaltungsakt ist kein öffentlicher Auftrag im Sinne des allgemeinen Vergaberechts. Damit stellt sich die Frage nach dem Vorrang des allgemeinen Vergaberechts hier nicht, sowohl im Bereich der Straßen- als auch der Schienenverkehre kann die zuständige Behörde auf diese Variante der Notmaßnahme zugreifen und sich auf Art. 5 Abs. 5 VO 1370/2007 stützen.[141] Das hindert aber nicht die Einordnung der Auferlegung als öffentlichen Dienstleistungsauftrag im Sinne des Art. 2 lit. i VO 1370/2007. Denn nach dieser Legaldefinition können auch „Entscheidungen" der zuständigen Behörde als öffentlicher Dienstleistungsauftrag qualifiziert werden. Das öffnet den Weg zur Anwendung des Anhangs der Verordnung; um die beihilfenrechtlichen Bestimmungen der Verordnung durch die Wahl des Instruments der Auferlegung nicht umgehen zu können, wird die Auferlegung insoweit einer Direktvergabe eines öffentlichen Dienstleistungsauftrages gleichzustellen sein.

49 Ein spezifischer Fall der Auferlegung ist in § 21 Abs. 3 S. 1 PBefG 2013 geregelt. Danach ist es künftig der *Genehmigungsbehörde* erlaubt, im öffentlichen Personenverkehr einem Unternehmen aufzuerlegen, den von ihm betriebenen Verkehr zu erweitern oder zu ändern, wenn die öffentlichen Verkehrsinteressen es erfordern und dies dem Unternehmer unter Berücksichtigung seiner wirtschaftlichen Lage, einer ausreichenden Verzinsung und Tilgung des Anlagekapitals und der notwendigen technischen Entwicklung zugemutet werden kann. Zugleich soll nach § 20 Abs. 3 PBefG 2013 für den in Art. 5 Abs. 5 VO

---

[139] Ebenso etwa Ziekow/Völlink/*Zuck* VO 1370 Art. 5 Rn. 107.

[140] OLG Düsseldorf Beschl. v. 23.12.2015 – VII-Verg 35/15; Saxinger/Winnes/*Saxinger,* Recht des öffentlichen Personenverkehrs, Stand 2012, VO 1370 Art. 5 Abs. 5 Rn. 11; Linke/*Linke/Prieß,* VO (EG) 1370/2007 Art. 5 Rn. 211; *Heiß* VerwArchiv (100) 2009, 113, 136.

[141] Ebenso Saxinger/Winnes/*Saxinger,* Recht des öffentlichen Personenverkehrs, Stand 2015, VO 1370 Art. 5 Abs. 5 Rn. 11.

1370/2007 vorgesehenen Zeitraum von zwei Jahren eine einstweilige Erlaubnis, dh die vorläufige personenbeförderungsrechtliche Genehmigung, erteilt werden können. Das Gesetz sieht damit die Möglichkeit einer Auferlegung durch die Genehmigungsbehörde und somit gänzlich außerhalb des Art. 5 Abs. 5 VO 1370/2007 vor. Die Regelung in § 20 PBefG kann daher nur für eigenwirtschaftliche Verkehre im Sinne des PBefG von Bedeutung sein, für die seitens der Aufgabenträger keine Ausgleichsleistungen gezahlt werden. Für gemeinwirtschaftliche Verkehre verbleibt es bei den Handlungsoptionen der zuständigen Behörde nach Art. 5 Abs. 5 VO 1370/2007, ohne dass diese Befugnis durch das PBefG 2013 ausdrücklich bestätigt wird. Beabsichtigt die Genehmigungsbehörde, ein Verkehrsunternehmen von seiner Betriebspflicht gem. § 21 PBefG zu entbinden, muss sie die zuständige Behörde – dh den Aufgabenträger – hierüber so rechtzeitig informieren, dass der Aufgabenträger Notmaßnahmen nach Art. 5 Abs. 5 VO 1370/2007 ergreifen kann.

Eisenbahnverkehre unterfallen gemäß Art. 5 Abs. 1 VO 1370/2007 vollumfänglich 50 den Vorschriften des Art. 5 der Verordnung. Auch sieht Art. 5 Abs. 5 VO 1370/2007 – anders als Art. 5 Abs. 2, 4 und 6 der Verordnung – keinen Vorbehalt für nationales Recht vor. Wird im Hinblick auf die Rechtsprechung des Bundesgerichtshofs gleichwohl ein Vorrang der §§ 97 ff. GWB anerkannt[142], kommen Notmaßnahmen in Form der Direktvergabe oder Direkterweiterung nach Art. 5 Abs. 5 VO 1370/2007 nur in Betracht, sofern diese *nicht* zu einem öffentlichen Dienstleistungsauftrag im Sinne des § 103 Abs. 4 GWB 2016 führen. Sofern der 1. Abschnitt der VOL/A zur Anwendung kommt, verbleibt es bei der Option einer freihändigen Vergabe nach § 3 Abs. 5 lit. g VOL/A. Im Hinblick auf die **Auferlegung** fehlt es an speziellerem deutschem Recht, weil § 15 Abs. 1 AEG zwar die Möglichkeit einer Auferlegung vorsieht und die Vorschrift durch das Gesetz zur Änderung personenbeförderungsrechtlicher Vorschriften vom 14. 12. 2012 weder gestrichen noch geändert wurde[143], § 15 Abs. 1 AEG jedoch auf die zwischenzeitlich aufgehobene VO (EWG) Nr. 1191/69 verweist und somit leer läuft. Im Übrigen stellen sich die oben im Zusammenhang mit den Bus- und Straßenbahnverkehren erörterten Fragen.[144]

III. Ermessen der zuständigen Behörde

Der zuständigen Behörde räumt Art. 5 Abs. 5 S. 1 VO 1370/2007 Ermessen sein 51 („kann“). Für die Ermessensausübung im Rahmen des indirekten Vollzugs von Unionsrecht gelten die Grundsätze des § 40 (Landes-) VwVfG.[145] Die Behörde hat ihr Ermessen entsprechend dem Zweck der Ermächtigung auszuüben und die gesetzlichen Grenzen des Ermessens zu wahren. Unterschieden werden kann zwischen dem **Entschließungsermessen** und dem **Auswahl- oder Gestaltungsermessen.** Das Entschließungsermessen betrifft die Frage, ob die Behörde Notmaßnahmen ergreift oder nicht. Das Auswahl- oder Gestaltungsermessen bezieht sich auf die Art und Weise des Handelns der Behörde etwa im Hinblick auf den Ort, die Zeit, den Adressaten von Maßnahmen und die Auswahl unter den drei Arten von Notmaßnahmen. Wählt die Behörde eine Rechtsfolge, die nicht mehr innerhalb des durch die Ermächtigung gezogenen Rechtsrahmens liegt, liegt darin eine unzulässige Ermessensüberschreitung; das ist insbesondere bei einem Verstoß gegen das – auch unionsrechtlich anerkannte[146] – Gebot der Verhältnismäßigkeit der Fall.[147]

---

[142] Zur Diskussion → Rn. 5.
[143] BGBl. 2012 I 2598 (Nr. 59); vgl. dazu auch → § 54 Rn. 6.
[144] Vgl. vorstehend → Rn. 48 f.
[145] Stelkens/Bonk/Sachs/*Sachs,* VwVfG, 8. Aufl. 2014, § 40 Rn. 10.
[146] Vgl. nur Art. 5 Abs. 1 S. 1 EUV sowie Erwägungsgrund 9 und 12 VO 1370/2007.
[147] Vgl. nur Stelkens/Bonk/Sachs/*Sachs,* VwVfG, 8. Aufl. 2014, § 40 Rn. 83.

1. Entscheidung über das Ergreifen von Notmaßnahmen

52 In einem ersten Schritt hat die zuständige Behörde zu entscheiden, ob sie überhaupt Notmaßnahmen iSd Art. 5 Abs. 5 S. 2 VO 1370/2007 ergreift. Im Grundsatz ist davon auszugehen, dass die Entscheidung, Notmaßnahmen zu ergreifen, ermessensfehlerfrei ist, wenn ein Verkehrsdienst unterbrochen ist oder eine solche Unterbrechung unmittelbar bevorsteht und damit die Voraussetzungen des Art. 5 Abs. 5 S. 1 VO 1370/2007 erfüllt sind. Dann kann die zuständige Behörde sich auf Sinn und Zweck des Art. 5 Abs. 5 VO 1370/2007 berufen, die **Kontinuität des Verkehrsangebots** zu sichern. Auf ein Verschulden der zuständigen Behörde kommt es dabei grundsätzlich nicht an, denn Notmaßnahmen dürfen regelmäßig auch dann ergriffen werden, wenn das Eintreten der Notsituation von der zuständigen Behörde zu vertreten ist.[148] Ermessensfehlerhaft kann die Entscheidung sein, wenn Umgehungs- und Missbrauchsabsichten verfolgt werden. Eine **Harmonisierung von Vertragslaufzeiten** zur Vorbereitung einer zeitgleichen Ausschreibung unterschiedlicher Verkehrsdienste zu einem späteren Zeitpunkt darf die zuständige Behörde nicht ohne Weiteres mittels Art. 5 Abs. 5 VO 1370/2007 anstreben. Die erforderlichen Interimsbeauftragungen haben vorrangig über eine Vergabe im Wettbewerb nach Art. 5 Abs. 3 der Verordnung oder auf Grundlage der anderen Direktvergabeoptionen zu erfolgen; erst wenn diese Bemühungen gescheitert sind, kann eine Notsituation im Sinne des Art. 5 Abs. 5 S. 1 VO 1370/2007 eintreten.

2. Auswahl des Verkehrsunternehmens

53 Art. 5 Abs. 5 VO 1370/2007 bestimmt nicht, wer die Notmaßnahmen im Sinne des S. 2 erbringen soll. Hierüber hat die zuständige Behörde im Rahmen des ihr zustehenden Ermessens zu entscheiden. In Betracht kommt entweder der **Altbetreiber,** dh das Verkehrsunternehmen, das die Verkehrsdienste bereits bis zum Eintritt der Notsituation erbracht hat. Alternativ kommt ein **Betreiberwechsel** in Betracht, dh die Beauftragung eines oder mehrerer Verkehrsunternehmen, das bzw. die mit der Erbringung der Verkehrsdienste bisher noch nicht beauftragt war(en). Die Auswahlentscheidung ist zu begründen. Grundlegende Voraussetzung ist, dass das zu beauftragende Verkehrsunternehmen über die nach dem PBefG oder dem AEG erforderlichen Genehmigungen verfügt oder diese bis zum Beginn der Notmaßnahmen vorliegen.[149] Sodann hat sich die Auswahlentscheidung auf sachgerechte Gründe[150] zu stützen und den Grundsatz der Verhältnismäßigkeit zu beachten[151]. Zu den sachgerechten Gründen ist allem voran der Aspekt der **Effektivität** zu zählen: Grundsätzlich ist ein Verkehrsunternehmen heranzuziehen, das in der Lage ist, die Unterbrechung zu beenden bzw. die Unterbrechung gar nicht erst entstehen zu lassen. Das sind solche Unternehmen, die über die erforderlichen materiellen und personellen Ressourcen verfügen oder diese jedenfalls beschaffen können, wobei etwaige (Mehr-) Kosten dem Unternehmen im Rahmen der zu gewährenden Ausgleichsleistungen zu kompensieren sind. Vor allem im Eisenbahnverkehr zählt zu diesen Ressourcen der Zugang zur erforderlichen Infrastruktur. Wenn dies der Effizienz dienlich ist oder der **Verhältnismäßigkeitsgrundsatz** dies gebietet, können die Notmaßnahmen auf mehrere Verkehrsunternehmen verteilt werden. Die Absicht, durch eine solche Aufteilung die Interessen des Mittelstandes zu fördern, spielt für die Auswahl des Verkehrsunternehmens im Rahmen des

[148] OLG Rostock Beschl. v. 30.10.2019 – 17 Verg 5/19, BeckRS 2019, 39669; offen lässt das OLG, ob das Ermessen der zuständigen Behörde eingeschränkt ist, wenn eine wettbewerbliche Angebotseinholung (Wettbewerb „light") in Betracht kommt.

[149] Zur Erteilung der sog. einstweiligen Erlaubnis in den Fällen des Art. 5 Abs. 5 VO 1370/2007 vgl. auch § 20 Abs. 3 PBefG-E, BR-Drs. 462/11.

[150] Barth/Baumeister/Berschin/Werner/*Berschin,* Recht des ÖPNV – Handbuch, Std. 2009, A 2 Rn. 227. Nach OLG Rostock Beschl. v. 30.10.2019 – 17 Verg 5/19, BeckRS 2019, 39669, soll der Behörde dabei ein weiter Beurteilungsspielraum zukommen.

[151] Linke/*Linke/Prieß* VO (EG) 1370/2007 Art. 5 Rn. 205.

Art. 5 Abs. 5 VO 1370/2007 keine Rolle, wie § 8a Abs. 4 PBefG 2013 zeigt, der eine angemessene **Berücksichtigung mittelständischer Interessen** nur für die Vergabe öffentlicher Dienstleistungsaufträge nach Art. 5 Abs. 3 und Abs. 4 VO 1370/2007 vorsieht, den Abs. 5 aber nicht benennt.

3. Auferlegung als ultima ratio

Das der zuständigen Behörde zustehende Auswahlermessen verpflichtet sie, zu entscheiden, mit welchem der ihr durch Art. 5 Abs. 5 S. 2 VO 1370/2007 zur Verfügung gestellten Mittel nie der eingetretenen Notsituation entgegen tritt. Die entscheidende Zäsur verläuft zwischen den konsensual angelegten Instrumenten Direktvergabe und Direkterweiterung einerseits und der hoheitlichen Indienstnahme im Wege der Auferlegung andererseits. Direktvergabe und Direkterweiterung sind das gegenüber der Auferlegung **mildere Mittel.** Dementsprechend verpflichtet der Verhältnismäßigkeitsgrundsatz die zuständige Behörde regelmäßig, von einer Auferlegung Abstand zu nehmen, wenn ein Unternehmen im Wege der Direktvergabe oder der Direkterweiterung für die Erbringung der Leistung gewonnen werden kann. Das wird regelmäßig im Rahmen vorangehender **Verhandlungen** mit dem oder den in Betracht kommenden Verkehrsunternehmen zu klären sein. Erst wenn diese gescheitert sind oder wegen Zeitdrucks nicht mehr zu Ende geführt werden können, steht die Auferlegung als ultima ratio zur Verfügung.[152] Greift die zuständige Behörde zur Auferlegung, haben sich Inhalt und Umfang der Notmaßnahmen in besonderer Weise am Maßstab der Verhältnismäßigkeit messen zu lassen. 54

4. Qualität der zu erbringenden Verkehrsdienste

Weder Art. 5 Abs. 5 VO 1370/2007 noch Erwägungsgrund 24 zur Verordnung treffen Aussagen, in welchem Umfang oder in welcher Qualität Verkehrsdienste im Rahmen von Notmaßnahmen erbracht werden müssen oder beauftragt werden dürfen. Darin unterscheidet sich die Verordnung von der aufgehobenen VO (EWG) Nr. 1191/69, nach deren Art. 3 Abs. 1 Auferlegungen nur insoweit zulässig waren, als sie für eine „ausreichende Verkehrsbedienung" erforderlich sind. In ähnlicher Weise beschränkte das Europäische Parlament im Jahre 2001 das Institut der Auferlegung in seinem Vorschlag für einen Art. 10a auf Leistungen des öffentlichen Personennahverkehrs, soweit diese „unerlässlich" sind, um eine „in qualitativer und quantitativer Hinsicht ausreichende Verkehrsbedienung sicherzustellen".[153] In der geltenden Fassung der VO 1370/2007 sind diese Beschränkungen entfallen. Maßgeblicher Anknüpfungspunkt bildet vielmehr auch insoweit der Begriff der Unterbrechung. Umfang und **Qualität der unterbrochenen Verkehrsdienste** sind Maßstab und zugleich Grenze für Umfang und Qualität der Verkehrsdienste, die im Rahmen von Notmaßnahmen erbracht werden. Quantitative und qualitative Abstriche gegenüber dem unterbrochenen Ist-Zustand können und müssen ggf. aufgrund fehlender personeller und materieller Ressourcen des ausgewählten Verkehrsunternehmens hingenommen werden. 55

5. Dauer der Notmaßnahmen

Art. 5 Abs. 5 S. 4 VO (EG) Nr. 1370/2007 normiert eine äußere Grenze für das Gestaltungsermessen der zuständigen Behörde: Die Vergabe oder Ausweitung eines öffentlichen Dienstleistungsauftrages als Notmaßnahme oder die Auferlegung eines derartigen Auftrages ist demnach für längstens **zwei Jahre** zulässig.[154] Dies geht zurück auf den Gemeinsamen 56

[152] Linke/*Linke/Prieß,* VO (EG) 1370/2007, 2. Aufl. 2019, Art. 5 Rn. 205, 218.
[153] ABl. 2002 C 140E/278.
[154] Für die entsprechende Anwendung der Bestimmung auf öffentliche Dienstleistungsaufträge, die nach der VOL/A und der SektVO vergeben werden: *Knauff* NZBau 2012, 65 (71).

Standpunkt des Rates aus dem Jahre 2006[155], nachdem die Kommissionsvorschläge bis dahin eine Dauer von längstens einem Jahre vorgesehen hatten[156]. Diese Entstehungsgeschichte ebenso wie der Wortlaut sprechen dafür, dass der Zweijahreszeitraum nicht ausgenutzt werden muss, sondern „längstens" ausgenutzt werden darf. Das gilt erst recht in Fällen der hoheitlichen Indienstnahme mittels Auferlegung; hier verpflichtet das Verhältnismäßigkeitsprinzip die zuständige Behörde, den Zeitraum so kurz wie möglich zu halten. Entscheidend für die Bemessung des Zeitraums ist die Zeit, die die zuständige Behörde benötigt, bis sie einen neuen öffentlichen Dienstleistungsauftrag über die Verkehrsdienste tatsächlich vergeben hat (Erwägungsgrund 24 zur Verordnung); auf hypothetische Erwägungen, bis zu welchem Zeitpunkt der Auftrag hätte vergeben werden können, kommt es nicht an.

57 Unklar ist, ob Notmaßnahmen für einen Zeitraum von mehr als zwei Jahren aufrechterhalten werden dürfen.[157] Gegen den Wortlaut des Art. 5 Abs. 5 S. 4 VO 1370/2007 verstößt jedenfalls eine Notmaßnahme, die von vornherein auf einen Zeitraum von mehr als zwei Jahren ausgerichtet ist. Zulässig sein können allenfalls **„Ketten-Notmaßnahmen"**, dh Notmaßnahmen, die jeweils kurz vor Ablauf der Zweijahresfrist erneut für einen Zeitraum von maximal zwei Jahren getroffen werden. Für die Zulässigkeit solcher Ketten-Notmaßnahmen spricht das mit Art. 5 Abs. 5 der Verordnung verfolgte Kontinuitätsinteresse. Voraussetzung ist, dass vor jeder Verlängerung eine Notsituation bejaht werden kann.[158] Die Verlängerung der Notmaßnahmen muss jeweils erforderlich sein, um die tatsächliche Erbringung von Verkehrsdiensten sicherzustellen. Eine Überschreitung des Zweijahreszeitraums wird in jedem Einzelfall eingehend zu begründen sein. Je länger die Notmaßnahmen andauern, desto stärker wird der Rechtfertigungsdruck[159] und damit das Risiko, dass ein Gericht die Notmaßnahme trotz der nur durch sie sichergestellten Kontinuität des Verkehrsangebotes als rechtswidrig aufhebt.

IV. Einstweilige Erlaubnis nach § 20 PBefG

58 Betreffen Notmaßnahmen nach Art. 5 Abs. 5 VO 1370/2007 Verkehre, die dem Geltungsbereich des PBefG unterfallen, soll die Genehmigungsbehörde nach Vorstellung des Gesetzgebers eine einstweilige Erlaubnis nach § 20 PBefG erteilen.[160] Dies ist allerdings nur auf Antrag eines Verkehrsunternehmens möglich; eine „Auferlegung" gegen den Willen des Verkehrsunternehmens ermöglicht § 20 PbefG nicht.[161] Gemäß § 20 Abs. 3 S. 2 PBefG 2013 kann diese einstweilige Erlaubnis entsprechend Art. 5 Abs. 5 S. 4 VO 1370/2007 auf bis zu zwei Jahre befristet werden. Auch auf der genehmigungsrechtlichen Ebene der einstweiligen Erlaubnis stellt sich damit die Frage nach der Zulässigkeit von Ketten-Notmaßnahmen.[162]

155 ABl. 2007 C 70E/8, 14.
156 Vgl. etwa KOM(2002) 107 endg. v. 21.2.2002, S. 33.
157 Restriktiv idS etwa *Knauff* NZBau 2012, 65 (71).
158 Ganz ähnlich Ziekow/Völlink/*Zuck* VO 1370 Art. 5 Rn. 109 ff.
159 *Nettesheim* NVwZ 2009, 1449 (1452).
160 Vgl. Begründung des Regierungsentwurfs, BR-Drs. 462/11, S. 35.
161 *Knauff* in von Wietersheim, Vergaben im ÖPNV, 2013, 29, 53 f.
162 Vgl. dazu → Rn. 57.

§ 73 Rechtsschutz (Besonderheiten)

Übersicht

VO 1370/2007: Art. 5 Abs. 7*

Literatur:

Fehling/Sennekamp, Konkurrentenklagen unter der VO Nr. 1370/2007, in Pünder/Prieß, Brennpunkte des öffentlichen Personennahverkehrs vor dem Hintergrund der neuen EG-Personenverkehrsdiensteverordnung Nr. 1370/2007, 2010, S. 111 ff.; *Hölzl,* in Montag/Säcker, Münchener Kommentar, Europäisches und Deutsches Wettbewerbsrecht (Kartellrecht), Bd. 3, Beihilfen- und Vergaberecht, 2011, Kommentierung der VO 1370/2007; *Linke,* VO (EG) 1370/2007 Verordnung über öffentliche Personenverkehrsdienste Kommentar, 2. Aufl. 2019.

A. Einleitung

1 Art. 5 Abs. 7 VO 1370/2007 normiert das **Gebot effektiven Rechtsschutzes.** Die Vorschrift ist generalklauselartig formuliert und auf eine Ausgestaltung durch die Mitgliedstaaten ausgerichtet. Die Mitgliedstaaten müssen die Maßnahmen ergreifen, die erforderlich sind, damit Entscheidungen über die Vergabe öffentlicher Dienstleistungsaufträge nach Art. 5 Abs. 2 bis 6 VO 1370/2007 wirksam und rasch überprüft werden können. Zur Auslegung dieses Gebotes effektiven Rechtsschutzes kann **Erwägungsgrund 21** zur VO 1370/2007 herangezogen werden. Ein wirksames Nachprüfungsverfahren soll danach gegeben sein, wenn dieses mit dem Verfahren vergleichbar ist, dass in den Rechtsmittelrichtlinien geregelt ist.[1] In Deutschland muss das Nachprüfungsverfahren im Sinne des Art. 5 Abs. 7 VO 1370/2007 folglich mit den §§ 155 ff. GWB vergleichbar sein.

B. Rechtsschutz bei der Vergabe von Bus- und Straßenbahnverkehren

2 Für den Bus- und Straßenbahnverkehr gilt wegen Art. 5 Abs. 1 S. 2 und S. 3 VO 1370/2007 aus Perspektive des Europarechts zunächst einmal ein differenziertes Rechtsschutzsystem. Wird ein öffentlicher Dienstleistungsauftrag im Sinne der Richtlinien bzw. im Sinne des § 103 Abs. 4 GWB vergeben, beanspruchen die sich auf diese Richtlinien beziehenden Rechtsmittelrichtlinien Geltung. In Deutschland sind also bei der Vergabe eines öffentlichen Dienstleistungsauftrages im Sinne des § 103 Abs. 4 GWB nicht nur die §§ 97 ff. GWB, sondern unmittelbar auch die §§ 155 ff. GWB anwendbar. Stellt sich ein öffentlicher Dienstleistungsauftrag im Sinne des Art. 2 lit. i VO 1370/2007 hingegen als **Dienstleistungskonzession** dar, beanspruchen die §§ 155 ff. GWB ebenfalls Geltung, weil sie durch **§ 8a Abs. 7 PBefG 2013** für anwendbar erklärt werden.[2] Obwohl diese Vorschrift

---

* Text der VO 1370/2007 → § 69 Rn. 20.

[1] Richtlinie 89/665/EWG des Rates v. 21. 12. 1989 zur Koordinierung der Rechts- und Verwaltungsvorschriften für die Anwendung der Nachprüfungsverfahren im Rahmen der Vergabe öffentlicher Liefer- und Bauaufträge bzw. der Richtlinie 92/13/EWG des Rates v. 25. 2. 1992 zur Koordinierung der Rechts- und Verwaltungsvorschriften für die Anwendung der Gemeinschaftsvorschriften über die Auftragsvergabe durch Auftraggeber im Bereich der Wasser-, Energie- und Verkehrsversorgung sowie im Telekommunikationssektor, ABl. 1989 L 395/33.

[2] BR-Drs. 462/11 mit Begründung ebendort S. 28. Ebenso § 8a Abs. 5 S. 1 PBefG-E in der Fassung der Stellungnahme des Bundesrates, BR-Drs. 462/11 (Beschluss) v. 23. 9. 2011. Aus Gründen des damit für die

nicht auf § 135 GWB verweist, gilt dies nach ihrer teleologischen Auslegung auch für eine Nachprüfung bereits getätigter Direktvergaben.[3]

3 Wegen der (entsprechenden) Anwendung der §§ 155 ff. GWB sind die **Vergabenachprüfungsinstanzen zuständig** für die Nachprüfung der Vergabe öffentlicher Dienstleistungsaufträge im Sinne des Art. 2 lit. i VO 1370/2007, ohne dass es auf die Abgrenzung von öffentlichen Dienstleistungsaufträgen im Sinne des § 103 Abs. 4 GWB von Dienstleistungskonzessionen ankommt. Geltung beanspruchen somit insbesondere die **Rügepflichten** nach § 160 Abs. 3 GWB. Bei Direktvergaben sind die Fristen nach § 134 Abs. 2 GWB einzuhalten.[4] Für Rechtsstreitigkeiten über die personenbeförderungsrechtliche Genehmigung, der es neben der Vergabe des öffentlichen Dienstleistungsauftrages im Sinne des Art. 2 lit. i VO 1370/2007 bedarf, sind die **Verwaltungsgerichte** zuständig; das betrifft insbesondere auch die Frage, ob ein Verkehr in zutreffender Weise als eigenwirtschaftlicher Verkehr qualifiziert wurde.[5]

4 Bei der Nachprüfung von beabsichtigten Direktvergaben nach Art. 5 Abs. 2 bis 5 VO (EG) 1370/2007 hat sich eine intensive Diskussion zur Frage entwickelt, ab welchem Zeitpunkt ein Nachprüfungsantrag **statthaft** ist. Im Rahmen des Art. 5 Abs. 2 der Verordnung geht es um die Frage, ob die Voraussetzungen für eine Direktvergabe an einen internen Betreiber schon bei Veröffentlichung der Vorinformation nach Art. 7 Abs. 2 der Verordnung vorliegen müssen oder erst später, nämlich vor tatsächlicher Vergabe des Auftrags, hergestellt werden können. Die überwiegende Rechtsprechung bejaht die Statthaftigkeit des Nachprüfungsantrags bereits im Anschluss an die Vorinformation.[6] Die frühzeitige Überprüfungsmöglichkeit ist aus dem Gedanken eines effektiven Rechtsschutzes gerechtfertigt. Mit der Vorinformation leitet der Auftraggeber das Vergabeverfahren (auch einer Direktvergabe) ein. Gerade bei Direktvergaben erfahren Außenstehende in der Regel nicht vom weiteren Verlauf des Vergabeverfahrens, so dass sie für die Nachprüfung nicht auf einen späteren Zeitpunkt verwiesen werden können. Liegen die Voraussetzungen für die Direktvergabe bei Bekanntmachung der Vorinformation noch nicht vor, muss der Auftraggeber gleichwohl schon jetzt in der Vergabeakte sorgfältig dokumentieren, wann und unter welchen Bedingungen diese Voraussetzungen rechtzeitig hergestellt werden. Diese Vergabekonzeption ist gerichtlich voll überprüfbar.[7] Die **Rügeobliegenheit** gemäß § 160 Abs. 3 S. 1 GWB soll auch für Direktvergaben bestehen, und zwar auch dann, wenn die Direktvergabe noch nicht erfolgt ist.[8]

Verkehrsunternehmen einhergehenden Kostenrisikos für eine Zuständigkeit der Verwaltungsgerichte plädierend die Gemeinsame Stellungnahme von VDV und bdo v. 23.2.2012, dort Ziff. VI. Zur Diskussion um die Zuweisung zum Kartell- oder Verwaltungsrechtsweg vgl. etwa auch Pünder/Prieß/*Fehling/Sennekamp*, Brennpunkte des öffentlichen Personennahverkehrs vor dem Hintergrund der neuen EG-Personenverkehrsdiensteverordnung Nr. 1370/2007, 2010, S. 111, 117 ff.

[3] OLG Düsseldorf Beschl. v. 27.4.2020 – VII-Verg 27/19.

[4] OLG München Beschl. v. 22.6.2011 – Verg 6/11, NZBau 2011, 701 (703 f.).

[5] OLG Jena Beschl. v. 23.12.2011 – 9 Verg 3/11, NZBau 2012, 386 (388); OLG Rostock Beschl. v. 4.7.2012 – 17 Verg 3/12, *juris* Rn. 60 ff. Vgl. aber VK Münster Beschl. v. 29.5.2013 – VK 5/12 – zur Frage der Vergabereife bei umstrittener Eigenwirtschaftlichkeit.

[6] VK Rheinland Beschl. v. 29.4.2016 – VK VOL 34/16; VK Südbayern Beschl. v. 15.10.2015 – Z3-3-3194-1-37-06/15; OLG Düsseldorf Beschl. v. 2.3.2011 – VII-Verg 48/10, NZBau 2011, 244 ff.; OLG München Beschl. v. 22.6.2011 – Verg 6/11, NZBau 2012, 701 ff. Zu Art. 5 Abs. 5 der Verordnung auch OLG Frankfurt a.M. Beschl. v. 10.11.2015 – 11 Verg 8/15, VergabeR 2016, 239 (242).

[7] Vgl. OLG Frankfurt a.M. Beschl. v. 10.11.2015 – 11 Verg 8/15, VergabeR 2016, 239 (244) (zur Vergabe nach Art. 5 Abs. 5 der Verordnung).

[8] OLG Düsseldorf Beschl. v. 19.2.2020 – VII-Verg 27/17; ähnlich auch schon OLG Rostock Beschl. v. 20.11.2013 – 17 Verg 7/13; anders OLG Frankfurt a.M. Beschl. v. 10.11.2015 – 11 Verg 8/15, VergabeR 2016, 239 (242); VK Südbayern Beschl. v. 22.12.2014 –, Z3-3-3194-1-51-11/14.

C. Rechtsschutz bei der Vergabe von Eisenbahnverkehren

Die Vergabe öffentlicher Dienstleistungsaufträge über Eisenbahnverkehre erfolgt nach Maßgabe des GWB: Öffentliche Dienstleistungsaufträge im Sinne des § 103 Abs. 4 GWB werden nach den §§ 97 ff. GWB und der Vergabeverordnung vergeben, Dienstleistungskonzessionen nach §§ 151 f. GWB und der Konzessionsvergabeverordnung. In beiden Fällen greift der Rechtsschutz nach §§ 155 ff. GWB. Zur Statthaftigkeit eines Nachprüfungsverfahrens bei beabsichtigten Direktvergaben und zu den dort bestehenden Rügeobliegenheiten gelten die vorstehenden Ausführungen zu den Vergaben von Bus- und Straßenbahnverkehren entsprechend. 5

D. Rechtsschutz gegen eine Auferlegung nach Art. 5 Abs. 5 VO 1370/2007

Zu den nach Art. 5 Abs. 7 VO 1370/2007 justiziablen Entscheidungen zählen die Entscheidungen nach Art. 5 Abs. 5 der Verordnung.[9] In Deutschland fehlen spezielle Vorschriften zur Umsetzung des mit Art. 5 Abs. 7 VO 1370/2007 verbundenen Ausgestaltungsauftrag. Spezifischen Regelungen für den Rechtsschutz gegen Entscheidungen nach Art. 5 Abs. 5 VO 1370/2007 sieht auch das novellierte PBefG nicht vor. Wirksamer Rechtsschutz ist daher nach den allgemeinen zivil- und verwaltungsprozessualen Regeln sicherzustellen. 6

Sowohl die **Direktvergabe** eines öffentlichen Dienstleistungsauftrags als auch die **Direkterweiterung** eines öffentlichen Dienstleistungsauftrags stellen sich als eine „Entscheidung" iSd Art. 5 Abs. 7 S. 1 VO (EG) Nr. 1370/2007 dar, gegen die wirksamer und rascher Rechtsschutz zu gewähren ist. Dem Unternehmen, das auf diese Weise einen öffentlichen Dienstleistungsauftrag erhalten hat, wird regelmäßig das Interesse fehlen, gegen eine solche Entscheidung der zuständigen Behörde vorzugehen. Ganz anders kann sich dies darstellen, wenn das Verkehrsunternehmen von der zuständigen Behörde im Wege der **Auferlegung** in Anspruch genommen wird. Das erkennt der Verordnungsgeber an und gewährt in Art. 5 Abs. 5 S. 3 VO 1370/2007 dem Betreiber eines öffentlichen Dienstes ausdrücklich das Recht, gegen den Beschluss zur Auferlegung der Übernahme bestimmter gemeinwirtschaftlicher Verpflichtungen **Widerspruch** einzulegen. Der von Art. 5 Abs. 5 S. 3 VO (EG) Nr. 1370/2007 verwendete Begriff „Widerspruch" ist Bestandteil der europäischen Rechtsordnung und als solcher **europarechtlich autonom auszulegen.** In welcher Weise die Mitgliedstaaten diese Anforderungen sicherstellen, legt die Verordnung nicht fest. Nach den Grundsätzen des **indirekten Vollzugs** richtet sich dies nach dem mitgliedstaatlichen Verfahrensrecht, das aber nicht dazu führen darf, den europarechtlichen Vorgaben ihre Wirksamkeit zu nehmen. Ausgehend von der Qualifikation der Auferlegung als Verwaltungsakt[10] liegt es nahe, den Widerspruch iSd Art. 5 Abs. 5 S. 3 VO (EG) Nr. 1370/2007 mit dem **Widerspruch iSd §§ 68 ff. VwGO** gleichzusetzen.[11] 7

---

[9] Vgl. auch Erwägungsgrund 21 zur VO (EG) Nr. 1370/2007.

[10] Vgl. dazu → § 72 Rn. 46.

[11] Ebenso etwa *Hölzl* in Montag/Säcker, MüKo Kartellrecht, Bd. 3 Beihilfen- und Vergaberecht, 2011, Art. 5 VO 1370/2007 Rn. 94; Linke/*Linke/Prieß* VO (EG) 1370/2007, 2. Aufl. 2019, Art. 5 Rn. 218.

Kapitel 14 Auftragsvergaben im Bereich der gesetzlichen Krankenversicherung: Krankenkassenausschreibungen (SGB V)

§ 74 Einführung

Übersicht

Literatur:

Amelung/Dörn, Anmerkung zu OLG Düsseldorf Beschl. v. 19.12.2007 – VII-Verg 51/07 – „AOK-Rabattverträge I", VergabeR 2008, 84; *Amelung/Heise,* Zuständigkeit der Sozialgerichtsbarkeit für die Überprüfung von Vergabekammer-Entscheidungen, NZBau 2008, 489; *Anders/Knöbl,* Arzneimittelrabattverträge mit mehreren pharmazeutischen Unternehmen – Verläuft die Schnittstelle von Sozial- und Vergaberecht durch die Apotheke?, PharmR 2009, 607; *Badtke,* Die kartellrechtliche Bewertung des „AOK-Modells" beim Abschluss von Rabattverträgen, WuW 2007, 726; *Baier,* Kartellrechtliche Auswirkungen des Arzneimittelmarktneuordnungsgesetzes auf die Beziehungen der Leistungserbringer zu gesetzlichen Krankenkassen sowie der Krankenkassen untereinander, MedR 2011, 345; *Bartram/Broch,* Zwischen den Gesundheitsreformen – Kartellrechtlicher Regulierungsbedarf aus Sicht der forschenden Arzneimittelhersteller, PharmR 2008, 5; *Basteck,* Sozialrecht und Vergaberecht – Die Schöne und das Biest?, NZBau 2006, 497; *Bauer,* Die konkreten vergaberechtlichen Anforderungen an Selektivverträge zwischen Krankenkassen und Leistungserbringern, NZS 2010, 365; *Baumeister/Struß,* Hippokrates als Dienstleister gemäß den Vorgaben des Europäischen Gerichtshofes – Die Vergabe von integrierten Versorgungsverträgen im Lichte des EuGH-Urteils vom 11.6.2009, Rs. C-300/07, NZS 2010, 247; *Becker,* Das Schiedsstellen-Verfahren im Sozialrecht, SGb 2003, 664; *Becker,* Rechtliche Rahmenbedingungen der integrierten Versorgung – Ein Aufriss und neun Thesen, NZS 2001, 505; *Becker/Bertram,* Die Anwendbarkeit des Vergaberechts auf die Zulassung eines Krankenhauses zur Krankenhausbehandlung, Das Krankenhaus 2002, 541; *Becker/Kingreen,* Der Krankenkassenwettbewerb zwischen Sozial- und Wettbewerbsrecht – Zur geplanten Ausdehnung der Anwendung des GWB auf das Handeln der Krankenkassen, NZS 2010, 417; *Beule,* Integrierte Versorgung nach neuem Recht, GesR 2004, 209; *Bickenbach,* Rabattverträge gemäß § 130a Abs. 8 SGB V und aut idem-Verordnungen: zulässige Kostenbremse oder Verletzung der Berufsfreiheit?, MedR 2010, 302; *Bley/Kreikebohm/Marschner,* Sozialrecht, 9. Aufl. 2007; *Blum,* Leistungserbringungsvereinbarungen in der Sozialhilfe, Vergabe Navigator 2006, 10; *Boldt,* Müssen gesetzliche Krankenkassen das Vergaberecht beachten?, NJW 2005, 3757; *Boldt,* Rabattverträge – Sind Rahmenvereinbarungen zwischen Krankenkassen und mehreren pharmazeutischen Unternehmen zulässig?, PharmR 2009, 377; *Böhnke/Jürschik,* Austauschbarkeit von Biopharmazeutika, PharmR 2015, 215; *Braun,* Anmerkung zu BSG Beschl. v. 22.4.2008 – B1 SF 1/08 R – „Rabattverträge V", VergabeR 2008, 707; *Braun,* Besprechung der Mitteilung der Kommission zum Vergaberecht, EuZW 2006, 683; *Brixius/Maur,* Chancengleichheit und Wettbewerbsfairness beim Abschluss von Rabattverträgen – eine Zwischenbilanz, PharmR 2007, 451; *Buchner,* Die vertragliche Zusammenarbeit zwischen Krankenkassen und Leistungserbringern im Lichte der Antikorruptionsgesetzgebung und der Neuregelung durch das Heil- und Hilfsmittelversorgungsgesetz (HHVG), MedR 2017, 789; *Bungenberg/Weyd,* Der Kampf gegen die Schweinegrippe im Visier des Europäischen Wirtschaftsrechts – Anmerkungen, DVBL 2010, 363; *Burgi,* Hilfsmittelverträge und Arzneimittel-Rabattverträge als öffentliche Lieferaufträge, NZBau 2008, 480; *Byok,* Auftragsvergabe im Gesundheitssektor, GesR 2007, 553; *Byok/Csaki,* Aktuelle Entwicklungen bei dem Abschluss von Arzneimittelrabattverträgen, NZS 2008, 402; *Byok/Jansen,* Die Stellung gesetzlicher Krankenkassen als öffentliche Auftraggeber, NVwZ 2005, 53; *Conrad,* Drohende Patentverletzung als Eignungsmangel: Zur Ausschreibung von Verträgen nach § 130a Abs. 8 SGB V bei indikationsbezogenem Patentschutz, NZS 2016, 687; *Csaki,* Vergaberecht im Gesundheitswesen, 2015; *Csaki,* Vorliegen einer Auswahlentscheidung bei öffentlichem Auftrag – Open-House-Modell, NZBau 2018, 598; *Csaki/Freundt,* Keine Ausschreibungspflicht für Verträge über hausarztzentrierte Leistungen? – Besprechung der Entscheidung des Landessozialgerichts Nordrhein-Westfalen vom 3.11.2010, NZS 2011, 766; *Csaki/Junge-Gierse,* Pregabalin als Präzedenzfall – Beachtung von Patenten in Vergabeverfahren, ZfBR 2017, 234; *Csaki/Münnich,* Auswirkungen der Neuregelung des § 130a Abs. 8 Satz 8 SGB V auf bestehende Arzneimittelrabattverträge, PharmR 2013, 159; *v. Czettritz,* AOK Rabattvertragsausschreibungen 2008/2009, PharmR 2008, 253; *v. Czettritz,* Anmerkung zu zwei höchst umstrittenen Entscheidungen des Sozialgerichts Stuttgart vom 20.12.2007 (Az. S 10 KR 8404/07 und S 10 KR 8604/07) betreffend die AOK-Rabattvertragsausschreibungen 2008/2009, PharmR 2008, 115; *Dahm,* Vertragsgestaltung bei Integrierter Versorgung am Beispiel „Prosper – Gesund im Verbund", MedR 2005, 121; *Dettling,* Rabattverträge gem. § 130a Abs. 8 SGB V – Kartell- oder grundrechtlicher Ansatz?, MedR 2008, 349; *Dettling/Kieser/Ulshöfer,* Zytostatikaversorgung nach der AMG-Novelle (Teil 1), PharmR 2009, 421; *Dettling/Kieser/Ulshöfer,* Zytostatikaversorgung nach der AMG-Novelle (Teil 2), PharmR 2009, 546;

Dieners/Heil, Das GKV-Wettbewerbsstärkungsgesetz – Stärkung oder Einschränkung des Wettbewerbs im Arzneimittelmarkt, PharmR 2007, 142; *Dreher,* Die Open-House-Verfahren, Entwicklung und Stand der vergaberechtsfreien Zulassungsverfahren, NZBau 2019, 275; *Dreher,* Öffentlich-rechtliche Anstalten und Körperschaften im Kartellvergaberecht – Der Auftraggeberbegriff vor dem Hintergrund von Selbstverwaltung, Rechtsaufsicht und Finanzierung durch Zwangsbeiträge, NZBau 2005, 297; *Dreher/Hoffmann,* Der Auftragsbegriff nach § 99 GWB und die Tätigkeit der gesetzlichen Krankenkassen, NZBau 2009, 273; *Ebsen,* Vergaberecht und Vertragswettbewerb in der Gesetzlichen Krankenversicherung, 2009; *Ecker/Hußmann,* Verträge nach § 130c SGB V – eine frühe Nutzenbewertung, PharmR 2011, 389; *Engelmann,* Keine Geltung des Kartellvergaberechts für Selektivverträge der Krankenkassen mit Leistungserbringern, SGb 2008, 133; *Esch,* EU-Vergaberecht und SGB V, MPJ 2009, 10; *Esch,* Zur Reichweite der Ausschreibungspflicht gesetzlicher Krankenkassen, MPR 2009, 149; *Esch,* Zur Ausschreibungspflicht von Hilfsmittelversorgungsverträgen nach § 127 SGB V, MPR 2010, 156; *Esch/Feldmann,* Die geplanten Neuregelungen zur ambulanten Zytostatikaversorgung im GKV-Arzneimittelversorgungsstärkungsgesetz, PharmR 2017, 1; *Flasbarth,* Präqualifizierung nach § 126 Abs. 1a SGB V – Rechtsnatur, Verfahren, Probleme, MedR 2011, 77; *Frenz,* Krankenkassen im Wettbewerbs- und Vergaberecht, NZS 2007, 233; *Fruhmann,* Das Vergaberegime des EG-Vertrags, Zeitschrift für Vergaberecht und Beschaffungspraxis, ZVB 2006, 261; *Gabriel* in Stief/Bromm, Vertragshandbuch Pharma und Life Sciences, 2015, Kapitel VII – Ausschreibungen in der Gesetzlichen Krankenversicherung (Formulare); *Gabriel,* Anmerkung zu LSG Nordrhein-Westfalen Beschl. v. 10.9.2009 – L 21 KR 53/09 SFB – „Fertigarzneimittel", VergabeR 2010, 142; *Gabriel,* Anmerkung zu LSG Baden-Württemberg Beschl. v. 23.1. 2009 – L 11 WB 5971/08 – „Rabattvertragsausschreibung", VergabeR 2009, 465; *Gabriel,* Anmerkung zu OLG Rostock Beschl. v. 2.7.2008 – 17 Verg 4/07 – „Medizinische Hilfsmittel", VergabeR 2008, 801; *Gabriel,* Offenes Haus, geschlossene Tür: Der Vergaberechtsschutz bei Open-House-Verfahren vor dem Aus, NZBau 2019, 568; *Gabriel,* Vom Festbetrag zum Rabatt: Gilt die Ausschreibungspflicht von Rabattverträgen auch im innovativen Bereich patentgeschützter Arzneimittel?, NZS 2008, 455; *Gabriel,* Damoklesschwert De-facto-Vergabe: Konsequenzen vergaberechtswidriger Verträge im Gesundheitswesen nach heutiger und künftiger Rechtslage, PharmR 2008, 577; *Gabriel,* Vergaberecht und Vergaberechtsschutz beim Abschluss von Verträgen zur Integrierten Versorgung (§§ 140a ff. SGB V), NZS 2007, 344; *Gabriel,* Anmerkung zu OLG Düsseldorf Urt. v. 23.5.2007 – VII-Verg 50/06 – „Orthopädische Schuhtechnik", VergabeR 2007, 630; *Gabriel,* Die Kommissionsmitteilung zur öffentlichen Auftragsvergabe außerhalb der EG-Vergaberichtlinien, NVwZ 2006, 12; *Gabriel/Burholt,* First come first served? – Open-House Rabattverträge für „substitutionsschwache" Generika-Arzneimittel aus vergabe- und kartellrechtlicher Sicht, PharmR 2017, 323; *Gabriel/Kaufmann,* Zum Spezialitätsverhältnis zwischen Erstattungsvereinbarungen nach § 130c SGB V und Arzneimittelrabattverträgen nach § 130a Abs. 8 SGB V, PharmR 2014, 553; *Gabriel/Schulz,* Auskömmlichkeit von Unterkostenangeboten mittels Einpreisung des Großhandelszuschlags?, PharmR 2011, 448; *Gabriel,* Krankenkassenausschreibungen nach dem Arzneimittelmarktneuordnungsgesetz (AMNOG), VergabeR 2011, 372; *Gabriel/Weiner,* Arzneimittelrabattvertragsausschreibungen im generischen und patentgeschützten Bereich: Überblick über den aktuellen Streitstand, NZS 2009, 422; *Gabriel/Weiner,* Kollateralproblem Prozesskosten: Kostenphänomene, Klarstellungen und Korrekturbedarf bei Krankenkassenausschreibungen, NZS 2010, 423; *Gassner,* Ausschreibungsverbot vs. Kartellvergaberecht, MPR 2018, 13; *Gassner,* Kartellrechtliche Re-Regulierung des GKV-Leistungsmarkts, NZS 2007, 281; *Gaßner,* Das Open-house-Urteil des EuGH – Ein Geschenk für kreative Beschaffer, NZS 2016, 767; *Gaßner,* Sind gemeinsame Informationen von Gesetzlichen Krankenkassen und pharmazeutischen Unternehmern über Rabattverträge gem. § 130a Abs. 8 SGB V zulässig?, NZS 2016, 921; *Gaßner/Eggert,* Wettbewerb in der GKV – Kartellrecht versus Sozialrecht, NZS 2011, 249; *Gaßner/Sauer,* Open-House-Verträge und Biosimilars im Spannungsfeld unterschiedlicher Regulierungsmechanismen, PharmR 2018, 288; *Gaßner/Strömer,* Arzneimittelrabattverträge als Allgemeine Geschäftsbedingungen, PharmR 2015, 41; *Gaßner/Strömer,* Rabattierung nach Indikation? – Zur nach Anwendungsgebieten differenzierten Preisgestaltung bei Arzneimitteln in Rabattverträgen und Verträgen zur integrierten Versorgung, PharmR 2014, 330; *Goodarzi/Jansen,* Die Rechtsprechung der Landessozialgerichte auf dem Gebiet des öffentlichen Auftragswesens, NZS 2010, 427; *Goodarzi/Junker,* Öffentliche Ausschreibungen im Gesundheitswesen, NZS 2007, 632; *Goodarzi/Schmid,* Die Ausschreibung vertragsärztlicher Leistungen nach dem SGB V, NZS 2008, 518; *Grinblat,* Rückblick, Gegenwart und Zukunft des Präqualifizierungsverfahrens nach § 126 SGB V, MPJ 2017, 30; *Grundmann/Thiermann,* Generikaabschlag für Nicht-Generika? – Risiken und Nebenwirkungen beim Co-Marketing, PharmR 2014, 500; *Hamann,* Die gesetzlichen Krankenkassen als öffentliche Auftraggeber – Anmerkung zu EuGH, Urt. v. 11.6.2009 in der Rs. C-300/07 – AOK, PharmR 2009, 509; *Hanika,* Medizinische Versorgungszentren und Integrierte Versorgung – Rechtliche Vorgaben und neue Vergütungssysteme (1. Teil), PIR 2004, 433; *Hansen,* Vergaberecht in der gesetzlichen Krankenversicherung ab 18.4.2016, NZS 2016, 814; *Hansen/Heilig,* Beschaffung von Arzneimitteln durch die Krankenkassen im vergaberechtsfreien Zulassungsverfahren – Zugleich Besprechung des EuGH-Urteils vom 2.6.2016 – C-410/14, NZS 2017, 290; *Hartmann/Suoglu,* Unterliegen die gesetzlichen Krankenkassen dem Kartellvergaberecht nach §§ 97 ff. GWB, wenn sie Hilfsmittel ausschreiben, SGb 2007, 404; *Hattenhauer/Wilke,* Vergaberecht im Gesundheitswesen – Zur Bedeutung der Auswahlentscheidung für das Vorliegen eines öffentlichen Auftrags, ZfBR 2015, 662; *Heil,* Die Zulässigkeit von Teilbeitritten zu Hilfsmittelverträgen, MPR 2011, 181; *Heil/Schork,* Das AMNOG und seine Bedeutung für die Medizinprodukteindustrie, MPR 2011, 10; *Hertkorn-Ketterer,* Gesetz zur Stärkung der Heil- und Hilfsmittelversorgung (HHVG) – neue Regelungen im Bereich der Hilfsmittelversorgung ab 11.4.2017, MPR 2017, 73; *Hertkorn-Ketterer/Drygala,* Geplante Änderung des § 127 SGB V durch das TSVG (Terminservice- und Versorgungsgesetz) –

ein Weg für mehr Qualität in der Hilfsmittelversorgung?, MPR 2019, 35; *Hesselmann/Motz,* Integrierte Versorgung und Vergaberecht, MedR 2005, 498; *Heßhaus,* Ausschreibung und Vergabe von Rabattverträgen – Spezialfragen im Zusammenhang mit dem Abschluss von Rabattverträgen nach § 130a Abs. 8 SGB V, PharmR 2007, 334; *Hoffmann,* Die gesetzlichen Krankenkassen im Anwendungsbereich des deutschen Kartellrechts, WuW 2011, 472; *Holzmüller,* Kartellrecht in der GKV nach dem AMNOG – Praktische Auswirkungen und erste Erfahrungen, NZS 2011, 485; *Hölzl/Eichler,* Rechtsweg für die Überprüfung der Vergabe von Rabattverträgen, NVwZ 2009, 27; *Huster/Kaltenborn,* Krankenhausrecht, 2. Aufl. 2017; *Iwers,* Ausschreibung kommunaler Eingliederungsleistungen des SGB II und institutionelle Förderung der Leistungserbringer, LKV 2008, 1; *Kaeding,* Ausschreibungspflicht der gesetzlichen Krankenkassen oberhalb der Schwellenwerte, PharmR 2007, 239; *Kaltenborn,* Der kartellvergaberechtliche Auftragsbegriff im Vertragswettbewerb des SGB V, GesR 2011, 1; *Kaltenborn* in Ebsen, Vergaberecht und Vertragswettbewerb in der Gesetzlichen Krankenversicherung, Integrierte Versorgung und besondere ambulante Versorgung als vergaberechtliches Problem, 2009, 169; *Kamann/Gey,* Die Rabattvertragsstreitigkeiten der „zweiten Generation" – Aktuelle Fragen nach dem GKV-OrgWG, PharmR 2099, 114; *Kamann/Gey,* Wettbewerbsrecht im deutschen Gesundheitswesen – Grenzen der Integrierten Versorgung und der Kooperation von Krankenkassen, Leistungserbringern und pharmazeutischer Industrie (Teil 1), PharmR 2006, 255; *Kamann/Gey,* Wettbewerbsrecht im deutschen Gesundheitswesen – Grenzen der Integrierten Versorgung und der Kooperation von Krankenkassen, Leistungserbringern und pharmazeutischer Industrie (Teil 2), PharmR 2006, 291; *Karenfort/Stopp,* Krankenkassen-Rabattverträge und Kartellvergaberecht: Kompetenzkonflikt ohne Ende, NZBau 2008, 232; *Kern,* Arzneimittelbeschaffung durch die gesetzliche Krankenkasse, 2012; *Kingreen,* Zur Neuordnung des Arzneimittelmarktes in der gesetzlichen Krankenversicherung, NZS 2011, 441; *Kingreen,* Die Entscheidung des EuGH zur Bindung der Krankenkassen an das Vergaberecht, NJW 2009, 2417; *Kingreen,* Die Entwicklung des Gesundheitsrechts 2008/2009, NJW 2009, 3552; *Kingreen,* Das Sozialvergaberecht, SGb 2008, 437; *Kingreen,* Sozialhilferechtliche Leistungserbringung durch öffentliche Ausschreibungen, VergabeR Sonderheft 2a/2007, 354; *Kingreen,* Vergaberechtliche Anforderungen an die sozialrechtliche Leistungserbringung, SGb 2004, 659; *Kingreen,* Wettbewerbsrechtliche Aspekte des GKV-Modernisierungsgesetzes, MedR 2004, 188; *Kingreen/Temizel,* Zur Neuordnung der vertragsärztlichen Versorgungsstrukturen durch die hausarztzentrierte Versorgung (§ 73b SGB V), ZMGR 2009, 134; *Kling,* Vergaberecht und Kartellrecht, Eine Analyse der Entscheidungspraxis im Zeitraum 2015 bis 2018, NZBau 2018, 715; *Klöck,* Die Anwendbarkeit des Vergaberechts auf Beschaffungen durch die gesetzlichen Krankenkassen, NZS 2008, 178; *Knispel,* Neuregelung im Leistungserbringerrecht der GKV durch das GKV-OrgWG, GesR 2009, 236; *Knispel,* Zur „Zweckmäßigkeit" von Verträgen nach § 127 Abs. 1 SGB V, NZS 2019, 6; *Köber,* Rabatte und Dumpingpreise als Marketinginstrument, PharmR 2007, 276; *König/Busch,* Vergabe- und haushaltsrechtliche Koordinaten der Hilfsmittelbeschaffung durch Krankenkassen, NZS 2003, 461; *König/Engelmann/Hentschel,* Die Anwendbarkeit des Vergaberechts auf die Leistungserbringung im Gesundheitswesen, MedR 2003, 562; *Kontusch* Wettbewerbsrelevantes Verhalten der gesetzlichen Krankenkassen im Rahmen des deutschen und europäischen Wettbewerbs-, Kartell- und Verfassungsrechts, 2004; *Kortland,* Allgemeines und Besonderes zum GKV-WSG, PharmR 2007, 190; *Köster,* Gesetzgebung ohne Gesetzgeber, ZfBR 2007, 127; *Krohn,* Vergaberecht und Sozialrecht – Unvereinbarkeit oder Konkordanz, Archiv für Wissenschaft und Praxis der sozialen Arbeit 2005, 90; *Krasney,* Das Insolvenzrecht der gesetzlichen Krankenkassen, NZS 2010, 443; *Kuhlmann,* Vertragliche Regelungen und Strukturen bei der Integrierten Versorgung, Das Krankenhaus 2004, 417; *Kunze/Kreikebohm,* Sozialrecht versus Wettbewerbsrecht – dargestellt am Beispiel der Belegung von Rehabilitationseinrichtungen (Teil 1), NZS 2003, 5; *Kunze/Kreikebohm,* Sozialrecht versus Wettbewerbsrecht – dargestellt am Beispiel der Belegung von Rehabilitationseinrichtungen (Teil 2), NZS 2003, 62; *Lietz/Natz,* Vergabe- und kartellrechtliche Vorgaben für Rabattverträge über patentgeschützte Arzneimittel, A&R 2009, 3; *Lietz/Zumdick,* Das Gesetz für mehr Sicherheit in der Arzneimittelversorgung, PharmR 2019, 493; *Lutz,* Vergaberegime außerhalb des Vergaberechts, WuW 2006, 890; *Marx/Hölzl,* Viel Lärm um wenig!, NZBau 2010, 31; *Meier/von Czettritz/Gabriel/Kaufmann,* Pharmarecht, 2. Aufl. 2018; *Mestwerdt/v. Münchhausen,* Die Sozialversicherungsträger als öffentliche Auftraggeber iSv § 98 Nr. 2 GWB, ZfBR 2005, 659; *Meyer-Hofmann/Bördner/Kruse,* Die Ausschreibung von Leistungen zur medizinischen Rehabilitation – Unter den Blickwinkeln der Vergaberechtsreform und Open-House-Rechtsprechung, NZS 2018, 473; *Meyer-Hofmann/Hahn,* Ausschreibung von Generika-Arzneimittelrabattverträgen – Welche Gestaltungsmöglichkeiten bestehen?, A&R 2010, 59; *Meyer-Hofmann/Weng,* Rabattverträge mit mehreren pharmazeutischen Unternehmen – Wettbewerbsprinzip und sozialrechtliche Notwendigkeiten, PharmR 2010, 324; *Meyer-Hofmann/Weng,* Rabattverträge über patentgeschützte Arzneimittel: Regieanweisung zum vergaberechtlichen Umgang nach der Neuregelung des § 130a Abs. 8 S. 8 SGB V, PharmR 2014, 85; *Moosecker,* Öffentliche Auftragsvergaben der gesetzlichen Krankenkassen – Die Anwendbarkeit des Vergaberechts auf die Nachfrage von Leistungen der Stationären und der Integrierten Versorgung, 2009; *Mrozynski,* Die Vergabe öffentlicher Aufträge und das Sozialrecht, ZFSH/SGB 2004, 451; *Natz,* Rechtsschutzmöglichkeiten für Pharmaunternehmen gegen Rabattverträge, pharmind 2007, 567; *Neises/Clobes/Palsherm,* Das Gesetz zur Änderung arzneimittelrechtlicher Vorschriften und seine Folgen für die Vergütung von Fertigarzneimitteln in parenteralen Zubereitungen, PharmR 2009, 506; *Neun,* Vergaberecht und gesetzliche Krankenversicherungen in Deutschland – Auswertung und Auswirkungen des Oymanns-Urteils des EuGH v. 11.6.2009 (Rs. C-300/07), Jahrbuch forum vergabe 2009, 105; *Neun,* Vergaberechtsfreiheit des „Open-House-Modells" – Zulassungssysteme ohne Bieterauswahl, NZBau 2016, 681; *Noch,* Der Begriff des öffentlichen Auftraggebers – zugleich Besprechung der „AOK-Entscheidung", BauRB 2004, 318; *Otting,* Das Vergaberecht als Ordnungsrahmen in der Gesundheitswirtschaft zwischen GWB und SGB V, NZBau 2010, 734; *Plagemann/Ziegler,* Neues Sozialvergaberecht, GesR 2008, 617; *Plassmeier/Höld,* Die Rabattgewährung der Pharmaunternehmen im Arzneimittelhandel, PharmR 2007, 309; *Portner/Rechten,* Das Open-House-Modell – Möglichkeiten für eine praxisgerechte Verfahrensausgestaltung, NZBau 2017, 587; *Prieß/Krohn,* Die Durchführung förmlicher Vergabeverfahren im Sozialhilfebereich, Archiv für Wissenschaft und Praxis der sozialen Arbeit 2005, 34; *Quaas,* Vertragsgestaltungen zur integrierten Versorgung aus der Sicht der Krankenhäuser, VSSR 2004, 175; *Reh/Willhöft,* Die Bedeutung von Qualitätskriterien bei Ausschreibungen von Hilfsmittelverträgen nach der Einführung des § 127 Abs. 1b SGB V, MPR 2018, 48; *Rixen,* Vergaberecht oder Sozialrecht in der gesetzlichen Krankenversicherung – Ausschreibungspflichten von Krankenkassen und Kassenärztlichen Vereinigungen, GesR 2006, 49; *Roberts,* Rabattvereinbarungen zwischen Krankenkassen und einzelnen Apotheken, PharmR 2007, 152; *Röbke,* Besteht eine vergaberechtliche Ausschreibungspflicht für Rabattverträge nach § 130a VIII SGB V, NVwZ 2008, 726; *Röbke,* Hilfsmittel- und Arzneimittelrabattverträge im Spannungsfeld zwischen GWB und dem Recht der GKV, NZBau 2010, 346; *Roth,* Bundestag verlängert Übergangsfrist bei einer Ausschreibung von Verträgen mit Leistungserbringern von Hilfsmitteln, MedR 2009, 77; *Säcker/Kaeding,* Die wettbewerbsrechtliche Kontrolle von Vereinbarungen zwischen Krankenkassen und Leistungserbringern nach Maßgabe des § 69 Abs. 2 SGB V nF, MedR 2012, 15; *Sandrock/Stallberg,* Der Generikarabatt nach § 130a Abs. 3b SGB V, PharmR 2007, 498; *Schickert,* Rabattverträge für patentgeschützte Arzneimittel im Sozial- und Vergaberecht, PharmR 2009, 164; *Schickert/Schulz,* Hilfsmittelversorgung 2009 – Ausschreibungen und Verhandlungsverträge der Krankenkassen, MPR 2009, 1; *Schnieders,* Die kleine Vergabe, DVBl. 2007, 287; *Schröder,* Ausschreibungen bei der Grundsicherung für Arbeitsuchende (SGB II), VergabeR Sonderheft 2a/2007, 418; *Schröder,* Die Rechtsträger der freien Wohlfahrtspflege als öffentliche Auftraggeber, VergabeR 2003, 502; *Schwintowski/Klaue,* Wettbewerbsbeschränkungen durch Vergaberecht auf Arzneimittelmärkten, PharmR 2011, 469; *Schüttpelz/Dicks* in Prieß/Lau/Kratzenberg, Wettbewerb – Transparenz – Gleichbehandlung, Auftragsvergaben durch gesetzliche Krankenkassen und die ordentliche Gerichtsbarkeit – einige Schlaglichter auf die Rechtsprechung, Festschrift für Fridhelm Marx, 2013, 691; *Sodan,* Das GKV-Wettbewerbsstärkungsgesetz, NJW 2007, 1313; *Sodan/Adam,* Zur Geltung des Kartellrechts im Rahmen der Leistungserbringung für die gesetzliche Krankenversicherung – § 69 S. 1 SGB V als Bereichsausnahme für das Gesundheitswesen, NZS 2006, 113; *Stallberg,* Das Beitritts- und Informationsrecht der Leistungserbringer bei Versorgungsverträgen im Hilfsmittelbereich, MPR 2010, 50; *Stallberg,* Herstellerzwangsabschläge als Rechtsproblem – Verwerfung von GKV-Änderungsgesetz und AMNOG, PharmR 2011, 38; *Stallberg,* Das GKV-Versorgungsstrukturgesetz aus Sicht der Medizinprodukteindustrie – Erleichterung des Marktzugangs innovativer Produkte?, MPR 2011, 185; *Stallberg,* Rabattvereinbarungen für parenterale Zubereitungen nach AMVSG und GSAV – Zulässigkeit und Grenzen, PharmR 2019, 440; *Stelzer,* Müssen gesetzliche Kranken- und Pflegekassen Lieferaufträge über Hilfs- und Pflegemittel oberhalb des Schwellenwertes europaweit öffentlich ausschreiben? – Bestandsaufnahme der Rechtspositionen in den Vertragsverletzungsbeschwerdeverfahren im Kontext des EuGH-Urteils vom 11.6.2009 ua und der Reformgesetze in der GKV, Wege zur Sozialversicherung (WzS) 2009, 267; *Stelzer,* WzS 2009, 303; *Stelzer,* WzS 2009, 336; *Stelzer,* WzS 2009, 368; *Stolz/Kraus,* Ausschreibungspflichtigkeit von Verträgen zur Hausarztzentrierten Versorgung nach § 73b Abs. 4 S. 1 SGB V; *Stolz/Kraus,* Sind Rabattverträge zwischen gesetzlichen Krankenkassen und pharmazeutischen Unternehmen öffentliche Aufträge nach § 99 GWB, VergabeR 2008, 1; *Stolz/Kraus,* Ausschreibungspflichtigkeit von Verträgen zur Hausarztzentrierten Versorgung nach § 73b Abs. 4 S. 1 SGB V, MedR 2010, 86; *Storost,* Die Bundesagentur für Arbeit an den Schnittstellen von Sozial- und Vergaberecht, NZS 2005, 82; *Sträter/Natz,* Rabattverträge zwischen Krankenkassen und pharmazeutischen Unternehmen, PharmR 2007, 7; *Szonn,* Anmerkung zu LSG Berlin-Brandenburg Beschl. v. 6.3.2009 – L 9 KR 72/09 ER – „ambulante augenärztliche Versorgung", VergabeR 2010, 124; *Szonn,* Sind Verträge gemäß § 127 II, IIa SGB V öffentliche Aufträge im Sinne des Kartellvergaberechts?, NZS 2011, 245; *Theuerkauf,* Direktverträge und Wettbewerb in der gesetzlichen Krankenversicherung, NZS 2011, 921; *Thüsing/Granetzny,* Der Rechtsweg in Vergabefragen des Leistungserbringungsrechts nach dem SGB V, NJW 2008, 3188; *Udsching,* Die vertragsrechtliche Konzeption der Pflegeversicherung, NZS 1999, 473; *Ulshöfer,* Anmerkung zu LSG Nordrhein-Westfalen Beschl. v. 26.3.2009 – L 21 KR 26/09 SFB – „AOK-Generika", VergabeR 2009, 931; *Ulshöfer,* Anmerkung zu LSG Nordrhein-Westfalen Beschl. v. 3.9.2009 – L 21 KR 51/09 SFB – „DAK-Generika", VergabeR 2010, 132; *Uwer/Koch,* Rabattverträge nach § 130a Abs. 8 SGB V und die Umsetzung der Abgabepflicht nach § 129 Abs. 1 S. 3 SGB V unter besonderer Berücksichtigung von Original- und Importpräparaten, PharmR 2008, 461; *v. Schwanenflügel,* Moderne Versorgungsformen im Gesundheitswesen, NZS 2006, 285; *Vergho,* Perspektiven integrierter Versorgung im Wettbewerb, NZS 2007, 418; *Voll,* Das Schicksal nicht ausgeschriebener Arzneimittelrabattverträge nach der 16. AMG-Novelle – Roma locuta, causa finita?, pharmind 2014, 94; *Vollmöller,* Rechtsfragen bei der Umsetzung von Disease-Management-Programmen, NZS 2004, 63; *Walter,* Neue gesetzgeberische Akzente in der hausarztzentrierten Versorgung, NZS 2009, 307; *Weber,* Ganz oder gar nicht? – Der (Teil-)Beitritt zu Hilfsmittelverträgen gemäß § 127 IIa 1 SGB V, NZS 2011, 53; *Weiner,* Anmerkung zu OLG Düsseldorf Beschl. v. 20.10.2008 – VII Verg 46/08 sowie Beschl. v. 22.10.2008 – I-27 U2/08 und zu LSG Baden-Württemberg Beschl. v. 28.10.2008 – L 11 KR 481/08 ER-B – „Antianämika-Rabattvertrag", VergabeR 2009, 189; *Weiner,* Das Ausschreibungsregime für Verträge über die hausarztzentrierte Versorgung (§ 73b SGB V) und die besondere ambulante ärztliche Versorgung (§ 73c SGB V), GesR 2010, 237; *Wesser,* Exklusivversorgungssysteme bei der ambulanten Zytostatikaversorgung?, A&R 2016, 51; *Wille,* Arzneimittel mit Patentschutz – Vergaberechtliche Rechtfertigung eines Direktvertrages?, A&R 2008, 164; *Willenbruch,* Anmerkung zu VK Baden-Württemberg Beschl. v. 26.1.2007 – 1 VK 82/06, PharmR 2007, 197; *Willen-*

bruch, Der Open-House-Vertrag – vergaberechtliche Fragen und Antworten, VergabeR 2017, 419; *Willenbruch,* Der Tanz um die Rabattverträge: Vorwärts – Rückwärts – Seitwärts – Schluss, PharmR 2008, 488; *Willenbruch,* Die vergaberechtliche Bedeutung von Pharmazentralnummern (PZN) in Ausschreibungsverfahren, PharmR 2009, 543; *Willenbruch,* Kompetenzgerangel um Rabattverträge ohne Ende, PharmR 2008, 265; *Willenbruch,* Rabattverträge – Schlusspunkt und Auftakt, PharmR 2009, 111; *Willenbruch,* Juristische Aspekte der Regulierung von Arzneimittelpreisen, PharmR 2010, 321; *Willenbruch/Bischoff,* Vergaberechtliche Anforderungen nach dem Gesetz gegen Wettbewerbsbeschränkungen GWB an den Abschluss von Rabattverträgen/Direktverträgen zwischen gesetzlichen Krankenkassen und Pharmaunternehmen gem. § 130a Abs. 8 SGB V, PharmR 2005, 477; *Wolf/Jäkel,* Änderungen bei Rabattverträgen durch das AMNOG, PharmR 2011, 1; *Wollenschläger,* Die Bindung gesetzlicher Krankenkassen an das Vergaberecht, NZBau 2004, 655; *Zimmermann,* Keine Ausschreibungspflicht für Hilfsmittelverträge, NZBau 2010, 739; *Zuck,* Ausschreibungspflicht der Zulassung zur Krankenhausbehandlung, f&w 2002, 534.

A. Wettbewerb im System der gesetzlichen Krankenversicherung

Die Kosten der gesetzlichen Krankenversicherung (GKV) steigen seit Jahrzehnten überpro- 1
portional stark an.[1] Gleichzeitig erwarten die Versicherten eine medizinische Versorgung auf höchstem Niveau. Die gesetzlichen Krankenkassen sind daher vor die für das deutsche Gesundheitssystem existentielle Herausforderung gestellt, Wirtschaftlichkeit, Sicherheit und Qualität der Versorgung ihrer Versicherten noch besser in Einklang zu bringen. Zwar zeichnet sich der Gesundheitssektor durch einen hohen Grad an Preis- und Leistungsregulierung[2] sowie das Solidaritätsprinzip[3] aus. Es bestehen gleichwohl erhebliche Spielräume, um durch Kosteneffizienz, bedarfsgerechte Qualität, innovative Konzepte und nicht zuletzt nachhaltige Beschaffung durch die zur Anwendung des (EU/GWB-)Vergaberechts verpflichteten gesetzlichen Krankenkassen zu einer Verbesserung der Wirtschaftlichkeit zu gelangen.[4]

Der maßgebliche Faktor, der nach dem Willen des Gesetzgebers zu einem wirtschaftli- 2
cheren Verhalten von Krankenkassen, Leistungserbringern und Versicherten beitragen soll, ist die Generierung von Wettbewerb.[5] Wettbewerb zwischen den Krankenkassen um die Versicherten soll dazu anreizen, eine qualitativ möglichst hochwertige Versorgung sicherzustellen und gleichzeitig unnötige Kosten zu vermeiden. Der Wettbewerb zwischen den potentiellen Leistungserbringern – also den Vertragsärzten, deren Verbänden, Krankenhäusern, Pharmaunternehmen, Apotheken etc. – soll diese dazu bewegen, möglichst wirtschaftliche Angebote zu unterbreiten, zwischen denen die Krankenkassen im Interesse ihrer Versicherten wählen können. Auch zahlreiche Gesetzesvorhaben haben seit dem Ende der 1980er Jahre immer wieder Akzente hin zu mehr Wettbewerb und Wirtschaftlichkeit im Gesundheitssektor zu setzen gesucht. Weitere wettbewerbliche Impulse gehen auf die seit Mitte/Ende der 2000er Jahre einsetzende vermehrte Durchführung von vergaberechtlichen Ausschreibungen zum Abschluss von GKV-Selektivverträgen zurück, die ganz unabhängig von den deutschen Gesetzesvorhaben durch die nationalen Gerichte und den EuGH vorangetrieben wurden.

B. Gesetzgeberische Maßnahmen im Einzelnen

Das als primäre Rechtsquelle für die Angelegenheiten der gesetzlichen Krankenversiche- 3
rung maßgebliche **Sozialgesetzbuch V (SGB V)** wurde durch das **Gesetz zur Strukturreform im Gesundheitswesen (GRG)** vom 20.12.1988[6] auf den Weg gebracht.

---

[1] Siehe Monopolkommission, Achtzehntes Hauptgutachten gem. § 44 Abs. 1 S. 1 GWB, 2010, 435; *Moosecker* Auftragsvergaben der Krankenkassen S. 1.
[2] *Lübbig/Klasse* KartR Pharma- und Gesundheitssektor S. 23.
[3] Monopolkommission, Achtzehntes Hauptgutachten gem. § 44 Abs. 1 S. 1 GWB, 2010, 434.
[4] Monopolkommission, Achtzehntes Hauptgutachten gem. § 44 Abs. 1 S. 1 GWB, 2010, 434.
[5] Hierzu und zum Folgenden *Gaßner/Eggert* NZS 2011, 249.
[6] BGBl. 1988 I 2477.

Neben der Schaffung eines grundsätzlich umfassenden Regelwerkes für Angelegenheiten gesetzlicher Krankenkassen sah das GRG erstmals sogenannte Festbeträge für Arzneimittel-, Hilfs- und Heilmittel vor. Darunter wird eine Höchstgrenze verstanden, bis zu der die gesetzlichen Krankenkassen die Kosten für eine Sachleistung erstatten. Für nicht festbetragsgebundene Mittel wurden Zuzahlungspauschalen festgesetzt. Zudem wurde eine Negativliste geschaffen, in der Arzneimittel aufgeführt werden, deren medizinischer Nutzen nicht anerkannt wird und deren Kosten die gesetzlichen Krankenkassen ihren Versicherten daher nicht erstatten.

4 Im Anschluss an die Übertragung des Systems der gesetzlichen Krankversicherung auch auf die neuen Bundesländer sah das **Gesetz zur Sicherung und Strukturverbesserung der gesetzlichen Krankenversicherung (GStrukG)** vom 21.12.1992[7] verschiedene zeitlich gestaffelte Reformschritte zur Förderung von Wettbewerb und zur Kostenreduktion vor. Zu diesem Zweck wurde mit Wirkung zum 1.1.1996 für die Versicherten eine grundsätzlich freie Krankenkassenwahl eingeführt. Zumindest bezüglich des Beitragssatzes wurde so erstmals ein gewisser Wettbewerbsdruck zwischen den Krankenkassen geschaffen.[8] Im Bereich der Versorgung in Krankenhäusern schuf das GStrukG zudem das Konzept der Fallpauschale, wonach die Vergütung von medizinischen Leistungen pauschal pro Behandlungsfall gewährt wird. Damit wurde das Prinzip der uneingeschränkten Selbstkostenerstattung abgeschafft und Anreize für die Krankenhausbetreiber gesetzt, ihre Leistungen kosteneffizienter zu organisieren.

5 Das **Gesetz zur Entlastung der Beiträge in der gesetzlichen Krankenversicherung (BeitrEntlG)** vom 1.11.1996[9] setzte erstmals Krankenversicherungsbeiträge fest, wodurch der durch das GStrukG geschaffene Wettbewerbsdruck bei der autonomen Festsetzung der Beiträge wieder zurückgenommen wurde. Dafür sollten die Krankenkassen aber angehalten werden, in einen Wettbewerb um bessere und wirtschaftlichere Leistungen zu treten, indem ihnen durch **das 1. und das 2. Gesetz zur Neuordnung von Selbstverwaltung und Eigenverantwortung in der gesetzlichen Krankenversicherung** (1. und 2. **NOG**) vom 23.6.1997[10] mehr Freiräume bei der Gestaltung der Satzungen verschafft wurden.

6 Erklärtes Ziel des **Gesetzes zur Reform der gesetzlichen Krankenversicherung ab dem Jahr 2000 (GKVRefG 2000)** vom 22.12.1999[11] war die Stabilisierung der Beitragssätze. Hierzu wurde die Koordinierung und Vernetzung zwischen den einzelnen Versorgungsstufen (hausärztlich, ambulant, stationär etc.) unter anderem durch die Einführung des Konzeptes der integrierten Versorgung in Angriff genommen. Jedoch bedurfte es erst der Abschaffung des Erfordernisses der Zustimmung der Kassenärztlichen Vereinigungen im Jahr 2003, damit die entsprechenden Verträge an Bedeutung gewinnen konnten. Besondere rechtliche Relevanz kam der Neufassung des § 69 SGB V zu, der eine abschließende Regelung der Rechtsbeziehungen zwischen den Krankenkassen und den Leistungserbringern bestimmte, sich aber nicht ausdrücklich zum Kartell-, Wettbewerbs- und Vergaberecht verhielt (→ § 75 Rn. 1 ff.).[12]

7 Das **Gesetz zur Begrenzung der Arzneimittelausgaben der Gesetzlichen Krankenversicherung (AABG)** vom 15.2.2002[13] schuf unter anderem erstmals die sog. autidem-Regelung, wonach Apotheker ein preiswerteres, äquivalentes Arzneimittel verkaufen, wenn das nicht durch den verschreibenden Arzt ausdrücklich ausgeschlossen worden ist. Mit dem **Gesetz zur Sicherung der Beitragssätze in der gesetzlichen Krankenversicherung und in der gesetzlichen Rentenversicherung (BSSichG)** vom 23.12.

---

[7] BGBl. 1992 I 2266.
[8] Vgl. Monopolkommission, Achtzehntes Hauptgutachten gem. § 44 Abs. 1 S. 1 GWB, 2010, 473.
[9] BGBl. 1996 I 1631.
[10] BGBl. 1997 I 1518; BGBl. 1997 I 1520.
[11] BGBl. 1999 I 2626.
[12] Dazu *Gaßner/Eggert* NZS 2011, 249 (250) und *Hoffmann* WuW 2011, 472 (479).
[13] BGBl. 2002 I 684.

2002[14] nahm der Gesetzgeber erneut massiv Einfluss auf die Preisgestaltung, indem einerseits die Apothekerrabatte für Arzneimittel ohne Festbetrag erhöht wurden und insbesondere Zwangsrabatte eingeführt wurden, die von Pharmaunternehmen bzw. Großhändlern gegenüber den Krankenkassen einzuräumen sind. Zudem durften die Krankenkassen aufgrund des BSSichG die Beiträge bis Ende 2003 nicht mehr anheben.

Das **Gesetz zur Modernisierung der gesetzlichen Krankenversicherung (GMG)** 8
vom 14.11.2003[15] und das **Gesetz zur Anpassung der Finanzierung von Zahnersatz** vom 15.12.2004[16] zielten auf grundlegende Änderungen im Gesundheitsbereich. Zu diesem Zweck wurden einerseits zahlreiche Einschnitte bei den erstattungsfähigen Leistungen vorgenommen und zum anderen neue Zuzahlungsverpflichtungen geschaffen. Die meist beachtete der neuen Zuzahlungsverpflichtungen war die Praxisgebühr iHv 10,00 EUR sowie bestimmte „Rezeptgebühren" zwischen 5,00 und 10,00 EUR. Zudem wurden wieder Festbeträge für bestimmte patentierte Arzneimittel eingeführt. Der zwischen den Krankenkassen avisierte Wettbewerb wurde durch die Möglichkeit von Bonusprogrammen und privaten Zusatzversicherungen gefördert.

Das **Gesetz zur Verbesserung der Wirtschaftlichkeit in der Arzneimittelversor-** 9
gung (AVWG) vom 26.4.2006[17] zielte in erster Linie auf Kostendämpfungen, wie etwa durch einen Preisstopp für verschreibungsfähige Arzneimittel für die Dauer von zwei Jahren. Zudem wurden die Festbeträge für Arzneimittel gesenkt und Rabattverträge im Generikabereich eingeführt. Neu hinzu kam eine umstrittene Bonus-Malus Regelung, welche die Vertragsärzte bei der Verordnung von Leistungen und Mitteln disziplinieren sollte, indem das Überschreiten bestimmter Schwellenwerte bei Therapiekosten mit Strafzahlungen belegt war, während das Verschreiben kostengünstigerer Alternativen honoriert wurde.

Das **Gesetz zur Stärkung des Wettbewerbs in der gesetzlichen Krankenversiche-** 10
rung (GKV-WSG) vom 26.3.2007[18] zielte auf eine Verstärkung der wettbewerblichen Anreize zwischen den Krankenkassen ab. Dazu wurde zum einen die Vertragsfreiheit der Krankenkassen gegenüber den Leistungserbringern, insbesondere durch die Möglichkeit zum Abschluss von Selektivverträgen, erheblich erweitert.[19] Zum anderen wurden Zusammenschlüsse von Krankenkassen unterschiedlicher Art (Betriebs-, Innungskrankenkassen, Ersatzkassen der Arbeiter und Angestellten etc.) zugelassen. Von Bedeutung war zudem die Neufassung des § 69 Abs. 2 S. 1 SGB V aF, der erstmals die „entsprechende" Geltung der §§ 19–21 des GWB für die Beziehungen zwischen den Krankenkassen und den Leistungserbringern anordnete (→ § 75 Rn. 25 ff.).[20] Das UWG oder andere Vorschriften des GWB, also insbesondere die vergaberechtlichen Regelungen, fanden nach wie vor keinen Eingang in die Neufassung des § 69 SGB V. Auch blieb es bei der Anordnung der umfassenden Zuständigkeit der Sozialgerichte.

Mit der Wechselwirkung zwischen der gesetzlichen Einführung und Stärkung wettbe- 11
werblicher Verträge auf der einen Seite und europarechtlich vorgegebenen Ausschreibungspflichten auf der anderen Seite befasste sich der Gesetzgeber des SGB V nur partiell und recht spät.[21] So wurde erst durch das GKV-WSG die Pflicht bzw. Möglichkeit zur „Ausschreibung" bestimmter Vertragsformen im Wortlaut einzelner Vorschriften des SGB V verankert (zB in §§ 73b Abs. 4 S. 5, 73c Abs. 3 S. 3, 127 Abs. 1 S. 1, 129 Abs. 5b S. 1 SGB V), ohne hieraus jedoch die vergaberechtlich zwingenden Konsequenzen zu ziehen.[22] Weite Teile der bis dahin mit dem Vergaberecht kaum in Berührung gekommenen

[14] BGBl. 2002 I 4637.
[15] BGBl. 2003 I 2190.
[16] BGBl. 2004 I 3445.
[17] BGBl. 2006 I 984.
[18] BGBl. 2007 I 378.
[19] Vgl. Monopolkommission, Achtzehntes Hauptgutachten gem. § 44 Abs. 1 S. 1 GWB, 2010, 459.
[20] *Gaßner/Eggert* NZS 2011, 249 (250); *Jansen/Johannsen* PharmR 2010, 576 (577).
[21] Vgl. BT-Drs. 16/10609, 65 f.
[22] *Gabriel* VergabeR 2007, 630 (634).

Wirtschaftsteilnehmer im Gesundheitswesen zogen hieraus den – unzutreffenden – Schluss, dass dem Wortlaut der einzelnen Selektivvertragsvorschriften im SGB V konstitutive und abschließende Bedeutung für die Geltung einer Ausschreibungspflicht zukommen würde. Das führte dazu, dass die erforderliche intensive Diskussion über die Art und Weise der richtigen Umsetzung der vergaberechtlichen Vorgaben bei Krankenkassenbeschaffungen spät, dann aber umso heftiger geführt wurde.

12 Erst das **Gesetz zur Weiterentwicklung der Organisationsstrukturen in der gesetzlichen Krankenversicherung (GKV-OrgWG)** vom 15.12.2008[23] beendete die Diskussion über die Anwendbarkeit des Vergaberechts gem. den §§ 97ff. GWB im Bereich des SGB V, nachdem die Auftraggebereigenschaft der deutschen gesetzlichen Krankenkassen durch den EuGH unmissverständlich bejaht worden war (→ § 75 Rn. 4ff.). Durch einen Verweis in § 69 Abs. 2 SGB V wurde die Anwendbarkeit der vergaberechtlichen Vorschriften für gesetzliche Krankenkassen ausdrücklich angeordnet und damit das vergaberechtliche Nachprüfungsverfahren als entsprechendes Rechtsschutzverfahren eingeführt. Allerdings wurde die zweite Instanz für die Einlegung der sofortigen Beschwerde gegen eine Entscheidung der Vergabekammer der Sozialgerichtsbarkeit zugeordnet, weswegen nicht auf sämtliche Vorschriften des Vierten Teils des GWB Bezug genommen wurde.

13 Das **Gesetz zur Neuordnung des Arzneimittelmarktes in der gesetzlichen Krankenversicherung (AMNOG)** vom 22.12.2010[24] hat in der Folge weitere erhebliche Änderungen im Bereich des SGB V bewirkt. So wurden die Verweise in § 69 Abs. 2 SGB V auf alle relevanten kartellrechtlichen Vorschriften erweitert und sämtliche Vorschriften des Vierten Teils des GWB zum Vergaberecht in Bezug genommen. Es wurde ein einheitlicher Rechtsweg für vergaberechtliche Streitigkeiten auch in der zweiten Instanz zu den ordentlichen Gerichten festgelegt.[25] Ebenso sind die Kartellbehörden seither auch im Bereich des SGB V für die kartellrechtliche Überprüfung der Tätigkeit der gesetzlichen Krankenkassen zuständig.[26] Als Reaktion auf die vom Gesetzgeber als Erfolg angesehene Einführung der Rabattverträge wurde die durch das AVWG geschaffene Bonus-Malus Regelung gestrichen. Schließlich ist die Bandbreite der möglichen bzw. vorgeschriebenen Selektivverträge zwischen Krankenkassen und pharmazeutischen Unternehmen nochmals erweitert worden.

14 Das **Gesetz zur Verbesserung der Versorgungsstrukturen in der gesetzlichen Krankenversicherung (GKV-VStG)** vom 22.12.2011[27] sollte schließlich die medizinische Versorgung gezielt durch eine Flexibilisierung und Deregulierung verbessern, indem ua die Krankenkassen gem. § 11 SGB V berechtigt wurden, ihre Satzungsleistungen, auch in Bezug auf nichtverschreibungspflichtige Arzneimittel, auszuweiten und die ambulante spezialfachärztliche Versorgung in § 116b SGB V neu eingeführt wurde.

15 Im Rahmen des **Zweiten Gesetzes zur Änderung arzneimittelrechtlicher und anderer Vorschriften (sog. 16. AMG Novelle)** vom 19.10.2012[28] wurde die für Arzneimittelrabattverträge maßgebliche Vorschrift des § 130a Abs. 8 SGB V um einen S. 8 ergänzt, demzufolge Rabattverträge, die nicht nach Maßgabe der Vorschriften des Vierten Teils des Gesetzes gegen Wettbewerbsbeschränkungen abgeschlossen wurden, mit Ablauf des 30.4.2013 unwirksam werden. Damit zielte der Gesetzgeber nach der Gesetzesbegründung ausdrücklich darauf ab, noch immer fortgeltende **Arzneimittelsortimentsverträge,** die auch als Portfolioverträge bezeichnet werden, zu beenden und entsprechend der

[23] BGBl. 2008 I 2426.
[24] BGBl. 2010 I 2262.
[25] Vgl. zu den kostenprozessualen Folgen des Zuständigkeitswechsels *Gabriel/Weiner* NZS 2010, 423 (425f.).
[26] Zum durch das AMNOG erweiterten Anwendungsbereich kartellrechtlicher Vorgaben auf gesetzliche Krankenkassen siehe *Säcker/Kaeding* MedR 2012, 15; *Baier* MedR 2011, 345; *Hoffmann* WuW 2011, 472 (479ff.); *Holzmüller* NZS 2011, 485; *Jansen/Johannsen* PharmR 2010, 576 (578ff.).
[27] BGBl. 2011 I 2983; vgl. zusammenfassend *Theuerkauf* NZS 2011, 921.
[28] BGBl. 2012 I 2192.

aktuellen Vergaberechtslage spätestens ab der zweiten Jahreshälfte 2013 einer öffentlichen Ausschreibungspflicht zu unterstellen.

Mit dem **Gesetz zur Stärkung der Versorgung in der gesetzlichen Krankenversicherung (GKV-VSG)** vom 16.7.2015[29] wurden die Vorschriften zum Abschluss von Strukturverträgen (§ 73a SGB V aF), Verträgen über eine besondere ambulante ärztliche Versorgung (§ 73c SGB V aF) und Verträgen über eine integrierte Versorgung (§ 140a SGB V aF) in einer Norm zusammengefasst. Der rechtliche Rahmen dieser nunmehr unter dem Sammelbegriff der ***„besonderen Versorgung"*** geregelten Verträge bestimmt sich seitdem einheitlich nach § 140a SGB V. 16

Mittels des – an sich sachfremden – **Zweiten Gesetzes zur Änderung des Buchpreisbindungsgesetzes** vom 31.7.2016[30] wurde die Regelung des § 69 SGB V mit Wirkung zum 1.9.2016 erneut geändert.[31] Der bis dato in § 69 Abs. 2 S. 4 SGB V aF enthaltene klarstellende Verweis auf die Anwendbarkeit des Teils 4 des GWB ist nunmehr in § 69 Abs. 3 SGB V enthalten. Darüber hinaus sieht der neu angefügte § 69 Abs. 4 SGB V vor, dass Krankenkassen bei dem Abschluss von Verträgen über Modellvorhaben gem. § 63 SGB V oder Verträgen der besonderen Versorgung nach § 140a SGB V das **Vergabeverfahren** abweichend von den Vorgaben des GWB-Vergaberechts unter Beachtung der Grundsätze der Transparenz und Gleichbehandlung **frei gestalten** können, sofern der jeweilige Vertrag soziale oder andere besondere Dienstleistungen iSv § 130 GWB iVm Anhang XIV RL 2014/24/EU zum Gegenstand hat. 17

Mit dem **Gesetz zur Stärkung der Heil- und Hilfsmittelversorgung (HHVG)** vom 4.4.2017[32] sollte die **Qualität der Hilfsmittelversorgung optimiert** werden.[33] Hierzu wurde den gesetzlichen Krankenkassen in einem neuen § 127 Abs. 1b SGB V verbindlich vorgeschrieben, **qualitative Aspekte** entweder in der Leistungsbeschreibung angemessen **zu berücksichtigen** oder in den Vergabekriterien solche Zuschlagskriterien, die nicht den Preis oder die Kosten betreffen, mit mindestens 50% zu gewichten. Zugleich wurde klargestellt, dass Ausschreibungen von Versorgungsverträgen mit hohem Dienstleistungsanteil iSv § 127 Abs. 1 SGB V nicht zweckmäßig seien. Ferner wurde ergänzt, dass Hilfsmittelversorgungsverträge mit mehreren Leistungserbringern abgeschlossen werden dürfen und die Versicherten hierbei gem. § 33 Abs. 6 SGB V einen der Leistungserbringer frei auswählen können. Das in § 126 SGB V geregelte **Präqualifizierungsverfahren** wurde idS **umgestaltet,** dass eine Präqualifizierung nunmehr für alle Leistungserbringer grundsätzlich verpflichtend ist, wenn nicht im Ausnahmefall ein Einzelfallvertrag nach § 127 Abs. 3 SGB V geschlossen werden soll. In § 126 Abs. 2 SGB V wurden detaillierte Vorgaben zur Akkreditierung der Präqualifizierungsstellen aufgenommen. 18

Durch das **Gesetz zur Stärkung der Arzneimittelversorgung in der GKV (AMVSG)** vom 4.5.2017[34] wurde ein neuer § 130a Abs. 8a SGB V eingeführt, der erstmals eine Ermächtigung zum Abschluss von **Rabattverträgen mit pharmazeutischen Unternehmern für Fertigarzneimittel** enthält, die **zur Herstellung von parenteralen Zubereitungen in Apotheken** bestimmt sind. Zugleich wurden **exklusive Zytostatika-Versorgungsverträge** zwischen gesetzlichen Krankenkassen und Apotheken **abgeschafft.** Die vergaberechtlichen Ausschreibungen für Arzneimittel zur Anwendung in der Onkologie sind dadurch auf die Ebene der pharmazeutischen Unternehmer als Hersteller der Fertigarzneimittel verlagert worden. Der Gesetzgeber wollte dadurch insbes. eine möglichst friktionsfreie Versorgung der Versicherten mit in Apotheken hergestellten parenteralen Zubereitungen aus Fertigarzneimitteln in der Onkologie sowie die Wahlfreiheit der Patienten bzgl. der versorgenden Apotheke gem. § 31 Abs. 1 S. 5 SGB V gewähr- 19

[29] BGBl. 2015 I 1211.
[30] BGBl. 2016 I 1937.
[31] BT-Drs. 18/8260, 3 ff.
[32] BGBl. 2017 I 778.
[33] BT-Drs. 18/10186, 2 und 13.
[34] BGBl. 2017 I 1050.

leisten.[35] Ferner wurde die **Apothekensubstitutionspflicht** durch einen neuen § 129 Abs. 1 S. 4 SGB V auch **auf wirkstoffgleiche Fertigarzneimittel erstreckt,** die für in Apotheken hergestellte parenterale Zubereitungen verwendet werden, sofern für das wirkstoffgleiche Arzneimittel eine Rabattvereinbarung mit Wirkung für die Krankenkasse nach dem neuen § 130a Abs. 8a SGB V besteht. Zudem wurde für Rabattvereinbarungen gem. § 130a Abs. 8 SGB V eine gesetzlich vorgeschriebene **angemessene Vorlaufzeit** eingeführt, die pharmazeutischen Unternehmern gewährt werden muss. Schließlich wurden **Ausschreibungen** von Rabattverträgen mit pharmazeutischen Unternehmern **zur Impfstoffversorgung für Schutzimpfungen abgeschafft,** indem die bisherige Rechtsgrundlage in § 132e Abs. 2 SGB V aF gestrichen wurde. Künftig sollen die Impfstoffe aller Hersteller zur Verfügung stehen, um Versorgungsengpässe zu vermeiden.[36]

20 Mit dem **Gesetz für schnellere Termine und bessere Versorgung (TSVG)** vom 6.5.2019[37] sollte erneut die Qualität der Hilfsmittelversorgung verbessert werden, da die mit dem HHVG eingeführten Änderungen aus Sicht des Gesetzgebers nicht zu dem erhofften Qualitätswettbewerb geführt haben.[38] § 127 SGB V wurde derart umgestaltet, dass **Verträge** zur Hilfsmittelversorgung nunmehr **im Wege von Vertragsverhandlungen auszuhandeln und als Rahmenverträge mit Beitrittsrecht zu den gleichen Bedingungen abzuschließen** sind. Die in § 127 Abs. 1 S. 1 SGB V aF enthaltene **Ausschreibungsoption wurde abgeschafft.** Nach dem Willen des Gesetzgebers sind Hilfsmittelversorgungsverträge dadurch dem Anwendungsbereich des Vergaberechts entzogen.[39]

21 Das **Gesetz für mehr Sicherheit in der Arzneimittelversorgung (GSAV)** vom 9.8.2019[40] wird sich künftig auf Rabattverträge nach § 130a Abs. 8 SGB V über Biosimilars dergestalt auswirken, dass **mit einer dreijährigen Übergangsfrist** zum 16.8.2022 **die** bei generischen Arzneimittelprodukten gesetzlich vorgesehene **Apotheken-Substitutionspflicht entsprechend auf Biosimilars übertragen wird.** Allerdings soll keine automatische Austauschverpflichtung der Apotheken statuiert werden; ärztlich verordnete biologische Arzneimittel sind nur dann durch ein rabattiertes Biosimilar auszutauschen, sofern der Gemeinsame Bundesauschuss die Austauschbarkeit entsprechend festgelegt hat. Zudem darf, wie auch bei generischen Arzneimitteln, die Ersetzung durch den behandelnden Arzt nicht ausgeschlossen worden sein. Ferner wurde durch das GSAV die in § 129 Abs. 1 Nr. 2 SGB V geregelte **Verpflichtung zur Abgabe preisgünstiger importierter Arzneimittel** von **differenzierten Preisabständen** abhängig gemacht und der bislang feste Preisabstand aufgegeben. Des Weiteren wurde in § 130a Abs. 8a S. 2 SGB V angeordnet, dass Rabattvereinbarungen über Fertigarzneimittel für parenterale Zubereitungen in der Onkologie **gemeinsam und einheitlich** von den Landesverbänden der Krankenkassen und den Ersatzkassen geschlossen werden müssen.[41]

---

[35] BT-Drs. 18/11449, 31f.
[36] BT-Drs. 18/11449, 38.
[37] BGBl. 2019 I 646.
[38] BT-Drs. 19/8351, 202.
[39] BT-Drs. 19/8351, 228.
[40] BGBl. 2019 I 1202.
[41] So bereits BT-Drs. 18/10208, 34f. zum AMVSG.

§ 75 Anwendungsbereich

Übersicht

SGB V: § 69 Abs. 2–4

Literatur:

Amelung/Heise, Zuständigkeit der Sozialgerichtsbarkeit für die Überprüfung von Vergabekammer-Entscheidungen, NZBau 2008, 489; *Badtke,* Die kartellrechtliche Bewertung des „AOK-Modells" beim Abschluss von Rabattverträgen, WuW 2007, 726; *Baier,* Kartellrechtliche Auswirkungen des Arzneimittelmarktneuordnungsgesetzes auf die Beziehungen der Leistungserbringer zu gesetzlichen Krankenkassen sowie der Krankenkassen untereinander, MedR 2011, 345; *Bartram/Broch,* Zwischen den Gesundheitsreformen – Kartellrechtlicher Regulierungsbedarf aus Sicht der forschenden Arzneimittelhersteller, PharmR 2008, 5; *Basteck,* Sozialrecht und Vergaberecht – Die Schöne und das Biest?, NZBau 2006, 497; *Becker,* Das Schiedsstellen-Verfahren im Sozialrecht, SGb 2003, 664; *Becker/Bertram,* Die Anwendbarkeit des Vergaberechts auf die Zulassung eines Krankenhauses zur Krankenhausbehandlung, das Krankenhaus 2002, 541; *Bley/Kreikebohm/Marschner,* Sozialrecht, 9. Aufl. 2007; *Blum,* Leistungserbringungsvereinbarungen in der Sozialhilfe, Vergabe Navigator 2006, 10; *Boldt,* Müssen gesetzliche Krankenkassen das Vergaberecht beachten?, NJW 2005, 3757; *Braun,* Besprechung der Mitteilung der Kommission zum Vergaberecht, EuZW 2006, 683; *Byok,* Auftragsvergabe im Gesundheitssektor, GesR 2007, 553; *Byok/Jansen,* Die Stellung gesetzlicher Krankenkassen als öffentliche Auftraggeber, NVwZ 2005, 53; *Csaki,* Vergaberecht im Gesundheitswesen, 2015; *Dettling,* Rabattverträge gem. § 130a Abs. 8 SGB V – Kartell- oder grundrechtlicher Ansatz?, MedR 2008, 349; *Dieners/Heil,* Das GKV-Wettbewerbsstärkungsgesetz – Stärkung oder Einschränkung des Wettbewerbs im Arzneimittelmarkt, PharmR 2007, 142; *Dreher,* Öffentlich-rechtliche Anstalten und Körperschaften im Kartellvergaberecht – Der Auftraggeberbegriff vor dem Hintergrund von Selbstverwaltung, Rechtsaufsicht und Finanzierung durch Zwangsbeiträge, NZBau 2005, 297; *Dreher,* Andere Rechtsgebiete als Vorfrage im Vergaberecht, NZBau 2013, 665; *Dreher/Hoffmann,* Der Auftragsbegriff nach § 99 GWB und die Tätigkeit der gesetzlichen Krankenkassen, NZBau 2009, 273; *Ebsen* (Hrsg.), Vergaberecht und Vertragswettbewerb in der Gesetzlichen Krankenversicherung, 2009; *Engelmann,* Keine Geltung des Kartellvergaberechts für Selektivverträge der Krankenkassen mit Leistungserbringern, SGb 2008, 133; *Esch,* Zur Reichweite der Ausschreibungspflicht gesetzlicher Krankenkassen, MPR 2009, 149; *Esch,* EU-Vergaberecht und SGB V, MPJ 2009, 10; *Frenz,* Krankenkassen im Wettbewerbs- und Vergaberecht, NZS 2007, 233; *Fruhmann,* Das Vergaberegime des EG-Vertrags, Zeitschrift für Vergaberecht und Beschaffungspraxis, ZVB 2006, 261; *Gabriel,* Anmerkung zu LSG Nordrhein-Westfalen, Beschl. v. 10. 9. 2009, L 21 KR 53/09 SFB – „Fertigarzneimittel", VergabeR 2010, 142; *Gabriel,* Damoklesschwert De-facto-Vergabe: Konsequenzen vergaberechtswidriger Verträge im Gesundheitswesen nach heutiger und künftiger Rechtslage, PharmR 2008, 577; *Gabriel,* Anmerkung zu OLG Düsseldorf, Beschl. v. 23. 5. 2007, VII-Verg 50/06 – „Orthopädische Schuhtechnik", VergabeR 2007, 630; *Gabriel,* Die Kommissionsmitteilung zur öffentlichen Auftragsvergabe außerhalb der EG-Vergaberichtlinien, NVwZ 2006, 12; *Gassner,* Kartellrechtliche Re-Regulierung des GKV-Leistungsmarkts, NZS 2007, 281; *Gaßner/Eggert,* Wettbewerb in der GKV – Kartellrecht versus Sozialrecht, NZS 2011, 249; *Goodarzi/Jansen,* Die Rechtsprechung der Landessozialgerichte auf dem Gebiet des öffentlichen Auftragswesens, NZS 2010, 427; *Goodarzi/Junker,* Öffentliche Ausschreibungen im Gesundheitswesen, NZS 2007, 632; *Goodarzi/Schmid,* Die Ausschreibung vertragsärztlicher Leistungen nach dem SGB V, NZS 2008, 518; *Hamann,* Die gesetzlichen Krankenkassen als öffentliche Auftraggeber – Anmerkung zu EuGH, Urt. v. 11. 6. 2009 in der Rs. C-300/07 – AOK, PharmR 2009, 509; *Hansen,* Vergaberecht in der gesetzlichen Krankenversicherung ab dem 18. 4. 2016, NZS 2016, 814; *Hartmann/Suoglu,* Unterliegen die gesetzlichen Krankenkassen dem Kartellvergaberecht nach §§ 97 ff. GWB, wenn sie Hilfsmittel ausschreiben, SGb 2007, 404; *Hoffmann,* Die gesetzlichen Krankenkassen im Anwendungsbereich des deutschen Kartellrechts, WuW 2011, 472; *Holzmüller,* Kartellrecht in der GKV nach dem AMNOG – Praktische Auswirkungen und erste Erfahrungen, NZS 2011, 485; *Huster/Kaltenborn* (Hrsg.), Krankenhausrecht, 2009; *Iwers,* Ausschreibung kommunaler Eingliederungsleistungen des SGB II und institutionelle Förderung der Leistungserbringer, LKV 2008, 1; *Jansen/Jo-*

hannsen, Die Anwendbarkeit des deutschen Kartellrechts auf die Tätigkeit der gesetzlichen Krankenversicherung de lege lata und de lege ferenda, PharmR 2010, 576; *Kaeding,* Ausschreibungspflicht der gesetzlichen Krankenkassen oberhalb der Schwellenwerte, PharmR 2007, 239; *Kaltenborn,* Der kartellvergaberechtliche Auftragsbegriff im Vertragswettbewerb des SGB V, GesR 2011, 1; *Kersting/Faust,* Krankenkassen im Anwendungsbereich des Europäischen Kartellrechts, WuW 2011, 6; *Kingreen,* Wettbewerbsrechtliche Aspekte des GKV-Modernisierungsgesetzes, MedR 2004, 188; *Kingreen,* Vergaberechtliche Anforderungen an die sozialrechtliche Leistungserbringung, SGb 2004, 659; *Kingreen,* Sozialhilferechtliche Leistungserbringung durch öffentliche Ausschreibungen, VergabeR Sonderheft 2a/2007, 354; *Kingreen,* Das Sozialvergaberecht, SGb 2008, 437; *Kingreen,* Die Entscheidung des EuGH zur Bindung der Krankenkassen an das Vergaberecht, NJW 2009, 2417; *Kingreen,* Die Entwicklung des Gesundheitsrechts 2008/2009, NJW 2009, 3552; *Kingreen/Temizel,* Zur Neuordnung der vertragsärztlichen Versorgungsstrukturen durch die hausarztzentrierte Versorgung (§ 73b SGB V), ZMGR 2009, 134; *Kling,* Vergaberecht und Kartellrecht, NZBau 2018, 715; *Klöck,* Die Anwendbarkeit des Vergaberechts auf Beschaffungen durch die gesetzlichen Krankenkassen, NZS 2008, 178; *Knispel,* Neuregelung im Leistungserbringerrecht der GKV durch das GKV-OrgWG, GesR 2009, 236; *König/Engelmann/Hentschel,* Die Anwendbarkeit des Vergaberechts auf die Leistungserbringung im Gesundheitswesen, MedR 2003, 562; *Kontusch* Wettbewerbsrelevantes Verhalten der gesetzlichen Krankenkassen im Rahmen des deutschen und europäischen Wettbewerbs-, Kartell- und Verfassungsrechts, 2004; *Kortland,* Allgemeines und Besonderes zum GKV-WSG, PharmR 2007, 190; *Köster,* Gesetzgebung ohne Gesetzgeber, ZfBR 2007, 127; *Krohn,* Vergaberecht und Sozialrecht – Unvereinbarkeit oder Konkordanz, Archiv für Wissenschaft und Praxis der sozialen Arbeit 2005, 90; *Kunze/Kreikebohm,* Sozialrecht versus Wettbewerbsrecht – dargestellt am Beispiel der Belegung von Rehabilitationseinrichtungen (Teil 1), NZS 2003, 5; *Kunze/Kreikebohm,* Sozialrecht versus Wettbewerbsrecht – dargestellt am Beispiel der Belegung von Rehabilitationseinrichtungen (Teil 2), NZS 2003, 62; *Lietz/Natz,* Vergabe- und kartellrechtliche Vorgaben für Rabattverträge über patentgeschützte Arzneimittel, A&R 2009, 3; *Lübbig/Klasse,* Kartellrecht im Pharma und Gesundheitssektor, 2007; *Lutz,* Vergaberegime außerhalb des Vergaberechts, WuW 2006, 890; *Marx/Hölzl,* Viel Lärm um wenig!, NZBau 2010, 31; Mestwerdt/*v. Münchhausen,* Die Sozialversicherungsträger als öffentliche Auftraggeber iSv § 98 Nr. 2 GWB, ZfBR 2005, 659; *Mrozynski,* Die Vergabe öffentlicher Aufträge und das Sozialrecht, ZFSH/SGB 2004, 451; *Neun,* Vergaberecht und gesetzliche Krankenversicherungen in Deutschland – Auswertung und Auswirkungen des Oymanns-Urteils des EuGH v. 11.6.2009 (Rs. C-300/07), Jahrbuch forum vergabe 2009, 105; *Noch,* Der Begriff des öffentlichen Auftraggebers – zugleich Besprechung der „AOK-Entscheidung", BauRB 2004, 318; *Otting,* Das Vergaberecht als Ordnungsrahmen in der Gesundheitswirtschaft zwischen GWB und SGB V, NZBau 2010, 734; *Plagemann/Ziegler,* Neues Sozialvergaberecht, GesR 2008, 617; *Prieß/Krohn,* Die Durchführung förmlicher Vergabeverfahren im Sozialhilfebereich, Archiv für Wissenschaft und Praxis der sozialen Arbeit 2005, 34; *Rixen,* Vergaberecht oder Sozialrecht in der gesetzlichen Krankenversicherung – Ausschreibungspflichten von Krankenkassen und Kassenärztlichen Vereinigungen, GesR 2006, 49; *Rommelfanger,* Öffentliche Auftragsvergaben im Gesundheitsbereich, ZMGR 2019, 128; *Säcker/Kaeding,* Die wettbewerbsrechtliche Kontrolle von Vereinbarungen zwischen Krankenkassen und Leistungserbringern nach Maßgabe des § 69 Abs. 2 SGB V nF, MedR 2012, 15; *Schnieders,* Die kleine Vergabe, DVBl. 2007, 287; *Schröder,* Die Rechtsträger der freien Wohlfahrtspflege als öffentliche Auftraggeber, VergabeR 2003, 502; *Schröder,* Ausschreibungen bei der Grundsicherung für Arbeitsuchende (SGB II), VergabeR Sonderheft 2a/2007, 418; *Sen,* Wettbewerb im sozialrechtlichen Dreiecksverhältnis und Ausschreibungen nach EU-Vergaberecht, SozR aktuell 2017, 90; *Sodan,* Das GKV-Wettbewerbsstärkungsgesetz, NJW 2007, 1313; *Sodan/Adam,* Zur Geltung des Kartellrechts im Rahmen der Leistungserbringung für die gesetzliche Krankenversicherung – § 69 S. 1 SGB V als Bereichsausnahme für das Gesundheitswesen, NZS 2006, 113; *Stelzer,* Müssen gesetzliche Kranken- und Pflegekassen Lieferaufträge über Hilfs- und Pflegemittel oberhalb des Schwellenwertes europaweit öffentlich ausschreiben? – Bestandsaufnahme der Rechtspositionen in den Vertragsverletzungsbeschwerdeverfahren im Kontext des EuGH-Urteils vom 11.6.2009 ua und der Reformgesetze in der GKV, Wege zur Sozialversicherung (WzS) 2009, 267; *Stelzer,* WzS 2009, 303; *Stelzer,* WzS 2009, 336; *Stelzer,* WzS 2009, 368; *Storost,* Die Bundesagentur für Arbeit an den Schnittstellen von Sozial- und Vergaberecht, NZS 2005, 82; *Thüsing/Granetzny,* Der Rechtsweg in Vergabefragen des Leistungserbringungsrechts nach dem SGB V, NJW 2008, 3188; *Udsching,* Die vertragsrechtliche Konzeption der Pflegeversicherung, NZS 1999, 473; *Ulshöfer,* Anmerkung zu LSG Nordrhein-Westfalen, Beschl. v. 3.9.2009, L 21 KR 51/09 SFB – „DAK-Generika", VergabeR 2010, 132; *Ulshöfer,* Anmerkung zu LSG Nordrhein-Westfalen, Beschl. v. 26.3.2009, L 21 KR 26/09 SFB – „AOK-Generika", VergabeR 2009, 931; *Vollmöller,* Rechtsfragen bei der Umsetzung von Disease-Management-Programmen, NZS 2004, 63; *v. Schwanenflügel,* Moderne Versorgungsformen im Gesundheitswesen, NZS 2006, 285; *Wille,* Arzneimittel mit Patentschutz – Vergaberechtliche Rechtfertigung eines Direktvertrages?, A&R 2008, 164; *Willenbruch,* Die vergaberechtliche Bedeutung von Pharmazentralnummern (PZN) in Ausschreibungsverfahren, PharmR 2009, 543; *Willenbruch,* Anmerkung zu VK Baden-Württemberg, Beschl. v. 26.1.2007, 1 VK 82/06, PharmR 2007, 197; *Wollenschläger,* Die Bindung gesetzlicher Krankenkassen an das Vergaberecht, NZBau 2004, 655; *Zuck,* Ausschreibungspflicht der Zulassung zur Krankenhausbehandlung, f&w 2002, 534.

A. Einleitung

Gem. **§ 69** Abs. 1 S. 1 **SGB V** regelt das vierte Kapitel des SGB V (zusammen mit den §§ 63, 64 SGB V) abschließend die Rechtsbeziehungen der Krankenkassen und ihrer Verbände zu Ärzten, Zahnärzten, Psychotherapeuten, Apotheken sowie sonstigen Leistungserbringern und ihren Verbänden. Während § 69 Abs. 1 S. 3 SGB V die ergänzende entsprechende Geltung des BGB anordnet, verweist § 69 Abs. 2 SGB V auf bestimmte kartellrechtliche Vorschriften für die genannten Rechtsbeziehungen der gesetzlichen Krankenkassen. **Durch § 69 Abs. 3 SGB V hat der Gesetzgeber klargestellt, dass die vergaberechtlichen Vorschriften des Teils 4 des GWB auch für öffentliche Aufträge nach dem SGB V Anwendung finden.** Mit der Regelung des § 69 Abs. 4 SGB V wird schließlich das Regime für die Vergabe von sozialen und anderen besonderen Dienstleistungen iSv § 130 GWB iVm Anhang XIV RL 2014/24/EU im Zusammenhang mit dem Abschluss von Modellvorhaben nach § 63 SGB V und besonderen Versorgungsverträgen nach § 140a SGB V modifiziert. § 69 Abs. 3, 4 SGB V stellen daher den zentralen Anknüpfungspunkt für die Frage nach dem Rechtsregime dar, das die Krankenkassen bei Beschaffungen zur Sicherstellung ihres Versorgungsauftrags zu beachten haben.[1] 1

Wie in der Einführung (→ § 74 Rn. 1 ff.) dargestellt, ist die Geltung anderer als rein sozialrechtlicher Vorschriften für die Rechtsbeziehungen der Krankenkassen zu den Leistungserbringern nur schrittweise eingeführt worden. Das führte dazu, dass die Auslegung und Bedeutung der Vorschrift von Anfang an stark diskutiert worden ist. Erst aufgrund der Fassung, die die Vorschrift durch das AMNOG[2] erhalten hat (→ § 74 Rn. 13), sind die meisten der zuvor **umstrittenen Auslegungsfragen weitgehend geklärt.** 2

B. Anwendung des Vergaberechts

Von Anfang an **umstritten war, ob das Regelungswerk des SGB V die Anwendbarkeit des Vergaberechts für gesetzliche Krankenkassen ausschloss,** weil sich im SGB V zunächst gar keine und später nur knappe Vorgaben für „Ausschreibungen“ fanden.[3] Zur Beantwortung dieser Frage mussten zwei Themenkreise unterschieden werden. Zum einen war fraglich, ob es sich bei deutschen gesetzlichen Krankenkassen überhaupt um öffentliche Auftraggeber iSv § 99 GWB handelte, welche beim Abschluss von Selektivverträgen öffentliche Aufträge iSv § 103 GWB vergeben.[4] Zum anderen war entscheidend, inwieweit der nationale Gesetzgeber die Anwendung von materiellen[5] bzw. prozessualen[6] Vorschriften des GWB ausschließen konnte. 3

---

[1] Instruktiv hierzu und zum Folgenden *Säcker/Kaeding* MedR 2012, 15; *Baier* MedR 2011, 345; *Hoffmann* WuW 2011, 472; *Holzmüller* NZS 2011, 485.

[2] Gesetz zur Neuordnung des Arzneimittelmarktes in der gesetzlichen Krankenversicherung v. 22.12.2010, BGBl. 2010 I 2262.

[3] BSG Beschl. v. 22.4.2008 – B 1 SF 1/08 R, VergabeR 2008, 693 – Rabattverträge V mAnm *Braun* VergabeR 2008, 707; BayObLG Beschl. v. 24.5.2004 – Verg 6/04, NZBau 2004, 623; OLG Rostock Beschl. v. 2.7.2008 – 17 Verg 4/07, VergabeR 2008, 793 mAnm *Gabriel* VergabeR 2008, 801; OLG Karlsruhe Beschl. v. 19.11.2007 – 17 Verg 11/07, juris; LSG Baden-Württemberg Urt. v. 27.2.2008 – L 5 KR 507/08 ER-B, IBRRS 2008, 0820; SG Stuttgart Urt. v. 20.12.2007 – S 10 KR 8404/07 ER, VPRRS 2013, 0399; VK Baden-Württemberg Beschl. v. 26.1.2007 – 1 VK 82/06, PharmR 2007, 195 mAnm *Willenbruch* PharmR 2007, 197.

[4] Hierzu *Dreher/Hoffmann* NZBau 2009, 273; *Burgi* NZBau 2008, 480 (483); *Byok/Csaki* NZS 2008, 402 (403); *Stolz/Kraus* VergabeR 2008, 1; *Röbke* NZBau 2010, 346; *Gabriel* NZS 2007, 344 (346 f.).

[5] Für eine Verdrängung durch das Sozialrecht: LSG Baden-Württemberg Beschl. v. 6.2.2008 – L 5 KR 316/08, NZBau 2008, 265; SG Stuttgart Beschl. v. 20.12.2007 – S 10 KR 8604/07 ER, IBRRS 2008, 0721; *Schickert* PharmR 2009, 164 (165); für eine Anwendbarkeit des Vergaberechts OLG Düsseldorf Beschl. v. 23.5.2007 – VII-Verg 50/06, VergabeR 2007, 622 mAnm *Gabriel* VergabeR 2007, 630; LSG Nordrhein-Westfalen Beschl. v. 3.9.2009 – L 21 KR 51/09 SFB, VergabeR 2010, 126; Beschl. v. 23.4.2009 – L 21 KR 36/09 SFB, VPRRS 2013, 0393; Beschl. v. 26.3.2009 – L 21 KR 26/09, VPRRS 2013, 0396; LSG Baden-Württemberg Beschl. v. 17.2.2009 – L 11 WB 381/09, IBRRS 2009, 0956; Beschl. v. 23.1.

4 Mit **Urt. v. 11. 6. 2009** beantwortete und bejahte der **EuGH** die Frage nach der **öffentlichen Auftraggebereigenschaft der deutschen gesetzlichen Krankenkassen.**[7] Der Gerichtshof stellte klar, dass sich eine vergaberechtliche Ausschreibungspflicht bereits unmittelbar aus der RL 2004/18/EG ergibt und eine solche Ausschreibungspflicht auch nicht zur Disposition des nationalen (SGB V-) Gesetzgebers steht. Soweit der deutsche Gesetzgeber die Debatte über die grundsätzliche Anwendbarkeit des Vergaberechts durch die ausdrückliche Inbezugnahme der Vorschriften des Vierten Teils des GWB in § 69 SGB V entschärfen wollte,[8] handelt es sich daher lediglich um eine deklaratorische Verweisung.[9] Jede Auslegung solcher Vorschriften des SGB V, die einen Bezug zu Beschaffungen der gesetzlichen Krankenkassen aufweisen, hat im Lichte der europäischen vergaberechtlichen Vorschriften bzw. deren Umsetzungen im Vierten Teil des GWB zu erfolgen. Ausschreibungsrelevante Vorgaben des SGB V (vgl. § 73b Abs. 4 S. 5 SGB V) sind allenfalls als mitgliedstaatliche Verschärfung europarechtlicher Vorgaben zulässig.

5 Die Verweisung auf die Vergabeverfahrensvorschriften der §§ 97 ff. GWB ist also nur noch insoweit von Bedeutung, als dass sich ein müßiger Streit um die **Geltung etwaiger Bereichsausnahmen** vom sachlichen Anwendungsbereich des Vergaberechts erledigt hat.[10] So ist insbes. die Auffassung überholt, welche in der bis dahin vergaberechtlich uneingeschränkt geltenden Vorgabe des § 69 Abs. 1 SGB V eine Bereichsausnahme erkennen wollte.[11] Das Gleiche gilt für die ebenfalls häufig als Bereichsausnahme angeführte Regelung in § 22 Abs. 1 SVHV,[12] die im Fall der Erbringung gesetzlicher oder satzungsmäßiger Versicherungsleistungen eine Ausnahme von der ansonsten grundsätzlich geltenden Pflicht zur Durchführung öffentlicher Ausschreibungen vorsieht.[13] Die **Geltung vergaberechtlicher Ausschreibungspflichten** richtet sich ausschließlich nach den hierfür gem. (EU/GWB-)Vergaberecht geltenden Voraussetzungen, die nicht zur Disposition des deutschen Gesetzgebers im Wege etwaiger Bereichsausnahmen auf rein nationaler Grundlage stehen.[14]

I. Materielles Vergaberecht

6 Gem. § 69 Abs. 3 SGB V sind die **Vorschriften des Teils 4 des GWB anzuwenden.**[15] Hierbei handelt es sich nicht um eine Rechtsfolgenverweisung, sondern um eine **Rechtsgrundverweisung.** Das ergibt sich zwar nicht mehr unmittelbar aus dem Wortlaut der

---

2009 – L 11 WB 5971/08, VergabeR 2009, 452 – Rabattausschreibung mAnm *Gabriel* VergabeR 2009, 465; *Becker/Kingreen* SGB V § 69 Rn. 52 ff.; *Klöck* NZS 2008, 178 (179).

[6] Hierzu BGH Beschl. v. 15. 7. 2008 – X ZB 17/08, ZfBR 2008, 704; BSG Beschl. v. 22. 4. 2008 – B 1 SF 1/08 R, VergabeR 2008, 693 – Rabattverträge V mAnm *Braun* VergabeR 2008, 707; OLG Rostock Beschl. v. 2. 7. 2008 – 17 Verg 4/07, VergabeR 2008, 793 – Hilfsmittel II mAnm *Gabriel* VergabeR 2008, 801; OLG Düsseldorf Beschl. v. 19. 12. 2007 – VII-Verg 51/07, VergabeR 2008, 73 – AOK-Rabattverträge I mAnm *Amelung/Dörn* VergabeR 2008, 84; LSG Baden-Württemberg Beschl. v. 23. 1. 2009 – L 11 WB 5971/08, VergabeR 2009, 452 – Rabattausschreibung mAnm *Gabriel* VergabeR 2009, 465; *Hölzl/Eichler* NVwZ 2009, 27; *Willenbruch* PharmR 2008, 488; *Willenbruch* PharmR 2008, 265; *Thüsing/Granetzny* NJW 2008, 3188; *Byok/Csaki* NZS 2008, 402; *Amelung/Heise* NZBau 2008, 489; *Röbke* NVwZ 2008, 726 (728); *Karenfort/Stopp* NZBau 2008, 232; *Stolz/Kraus* VergabeR 2008, 1; *v. Czettritz* PharmR 2008, 253.

[7] EuGH Urt. v. 11. 6. 2009 – C-300/07, Slg. 2009, I-4803 = NJW 2009, 2427 Rn. 59 – Oymanns mAnm *Kingreen* NJW 2009, 2417.

[8] BT-Drs. 16/10609, 52.

[9] *Burgi* NZBau 2008, 480 (482); *Gabriel* VergabeR 2007, 630 (634); *Gabriel* NZS 2007, 344 (345).

[10] *Dreher/Hoffmann* NZBau 2009, 273 (274); *Willenbruch* PharmR 2009, 111 (112).

[11] Wie hier: *Moosecker* Auftragsvergaben der Krankenkassen S. 13.

[12] Verordnung über das Haushaltswesen in der Sozialversicherung v. 21. 12. 1977, BGBl. 1977 I 3147.

[13] *Esch* MPR 2009, 149 (154); *Goodarzi/Schmid* NZS 2008, 518 (520); *Gabriel* NZS 2007, 344 (345).

[14] *Weiner* GesR 2010, 237 (241); *Kamann/Gey* PharmR 2009, 114 (116); *Burgi* NZBau 2008, 480 (482); *Klöck* NZS 2008, 178 (179); *Röbke* NVwZ 2008, 726 (727).

[15] Zur Anwendung des Vergaberechts bei Krankenkassenausschreibungen vgl. auch *Rommelfanger* ZGMR 2019, 128; *Hansen* NZS 2016, 814.

Vorschrift. Nach der vor dem AMNOG (→ § 74 Rn. 13) geltenden Fassung galten die vergaberechtlichen Vorschriften, „soweit die dort genannten Voraussetzungen erfüllt sind". Dass es sich gleichwohl immer noch um eine Rechtsgrundverweisung handelt, ergibt sich einerseits daraus, dass die europarechtlichen Vergabevorschriften, soweit deren Voraussetzungen gegeben sind, **nicht zur Disposition des nationalen Gesetzgebers stehen** und zweitens der Gesetzgeber des SGB V den Verweis lediglich deklaratorisch eingefügt hat.[16] Aus diesen Gründen müssen auch im Gesundheitsbereich auch die **Voraussetzungen der §§ 97 ff. GWB** gegeben sein, um eine Ausschreibungspflicht nach dem EU/GWB-Vergaberecht zu begründen. Liegen die Voraussetzungen der §§ 97 ff. GWB im konkreten Fall nicht vor, kann sich eine wettbewerbliche (nicht: vergaberechtliche) Ausschreibungspflicht allenfalls noch aus sozialrechtlichen Vorschriften ergeben.[17] Im Übrigen besteht grundsätzlich eine Pflicht der Krankenkassen aus Art. 3 GG, ein transparentes, diskriminierungsfreies und nachprüfbares Auswahlverfahren durchzuführen.[18]

1. Öffentliche Auftraggebereigenschaft

Ob gesetzliche **Krankenkassen öffentliche Auftraggeber** iSv § 99 Nr. 2 GWB sind, **war lange umstritten.** Während ihre im Allgemeininteresse liegende Aufgabenerfüllung nichtgewerblicher Art meist als unproblematisch gegeben erachtet wurde, waren die Merkmale einer überwiegenden staatlichen Finanzierung bzw. staatlichen Aufsicht über die Leitung Gegenstand von Diskussionen.[19] 7

Einen **Wendepunkt** markierte ein **Vorlagebeschluss des OLG Düsseldorf,** das im Jahr 2007 sämtliche sich in diesem Zusammenhang stellenden Fragen – zB ob die gesetzliche Versicherungs- und Beitragspflicht (vgl. §§ 5 Abs. 1, 220 Abs. 1 S. 1 SGB V) als lediglich mittelbare staatliche Finanzierung ausreicht und ob die (bloße) Rechtsaufsicht über die gesetzlichen Krankenkassen (vgl. § 274 SGB V, § 87 SGB IV) den Anforderungen des § 99 Nr. 2 lit. b) GWB[20] genügt – dem EuGH zur Vorabentscheidung vorlegte.[21] Auf die Vorlagefragen des OLG Düsseldorf antwortete der EuGH mit der ausdrücklichen Bejahung der öffentlichen Auftraggebereigenschaft der deutschen gesetzlichen Krankenkassen. Zur Begründung stellte der EuGH darauf ab, dass die Krankenkassen durch den Staat – und zwar aufgrund der bundesgesetzlich vorgeschriebenen Mitgliedsbeiträge – finanziert würden. Der Gerichtshof bestätigte damit im Endeffekt die Rechtsauffassung, die sich zuvor bereits in Rechtsprechung sowie Schrifttum als herrschend durchgesetzt hatte.[22] Allerdings ging das Gericht nicht darauf ein, ob darüber hinaus eine besondere Staatsnähe – Beaufsichtigung der Leitung der gesetzlichen Krankenkassen durch die Träger der öffentlichen Gewalt – vorliegt.[23] 8

Bei der Anwendung des Teils 4 des GWB ist daher davon auszugehen, dass die deutschen gesetzlichen Krankenkassen öffentliche Auftraggeber iSd § 99 Nr. 2 GWB sind, weil sie als juristische Personen des öffentlichen Rechts (vgl. § 4 Abs. 1 SGB V, § 29 Abs. 1 SGB IV) **zu dem besonderen Zweck gegründet** wurden, im Allgemeininteresse liegen- 9

[16] Vgl. BT-Drs. 16/10609, 52.

[17] Vgl. *Burgi* NZBau 2008, 480 (482) und *Rixen* GesR 2006, 49 (58): „Sozialvergaberecht"; *Goodarzi/Schmid* NZS 2008, 518 (519): „sozialvergaberechtliches Verfahren sui generis".

[18] So schon LSG Baden-Württemberg Beschl. v. 27.2.2008 – L 5 KR 507/08 ER-B, BeckRS 2008, 51896.

[19] Nachweise bei *Gabriel* NZS 2007, 344 (346).

[20] Zum Entscheidungszeitpunkt § 98 Nr. 2 Alt. 2 GWB aF.

[21] OLG Düsseldorf Beschl. v. 23.5.2007 – VII-Verg 50/06, VergabeR 2007, 622 mAnm *Gabriel* VergabeR 2007, 630.

[22] Statt vieler BGH Beschl. v. 15.7.2008 – X ZB 17/08, ZfBR 2008, 704; OLG Düsseldorf Beschl. v. 19.12. 2007 – VII-Verg 51/07, VergabeR 2008, 73 – AOK-Rabattverträge I mAnm *Amelung/Dörn* VergabeR 2008, 84; *Gabriel/Weiner* NZS 2009, 422; *Dreher/Hoffmann* NZBau 2009, 273; *Burgi* NZBau 2008, 480 (483); *Byok/Csaki* NZS 2008, 402 (403); zusammenfassend *Goodarzi/Jansen* NZS 2010, 427.

[23] EuGH Urt. v. 11.6.2009 – C-300/07, Slg. 2009, I-4803 = NJW 2009, 2427 Rn. 51 ff. – Oymanns mAnm *Kingreen* NJW 2009, 2417. Hierzu auch *Esch* MPR 2009, 149; *Hamann* PharmR 2009, 509.

de Aufgaben nicht gewerblicher Art nach §§ 1, 2 SGB V zu erfüllen.[24] Dabei werden sie **(mittelbar) überwiegend** durch einen öffentlichen Auftraggeber im Sinne des § 99 Nr. 2 lit. a) GWB **finanziert,** denn ihre Finanzierung erfolgt über die gesetzlich geregelte Pflichtversicherung der Krankenkassenmitglieder gem. §§ 3, 5, 220 ff. SGB V.[25] Richtigerweise kommt hinzu, dass gesetzliche Krankenkassen zudem auch einer vielgestaltigen **staatlichen Aufsicht** iSd § 99 Nr. 2 lit. b) GWB unterliegen.[26]

2. Öffentlicher Auftrag

10 Anders als die öffentliche Auftraggebereigenschaft lässt sich das Vorliegen eines öffentlichen Auftrags bei Beschaffungen der gesetzlichen Krankenkassen nicht pauschal bejahen. Beim Abschluss der Verträge ist in jedem **Einzelfall** zu prüfen, **ob es sich bei den jeweiligen Vergaben um öffentliche Aufträge** iSd § 103 GWB **handelt.**[27] Auch nach Ansicht des Gesetzgebers wird das je nach Vertragstyp unterschiedlich zu beantworten sein.[28]

11 Gem. § 103 Abs. 1 GWB sind öffentliche Aufträge **entgeltliche Verträge** von öffentlichen Auftraggebern mit Unternehmen über die Beschaffung von Leistungen, die Liefer-, Bau- oder Dienstleistungen zum Gegenstand haben.

12 Im Rahmen der Beschaffungen von Krankenkassen ist insbes. die **Entgeltlichkeit** der Verträge mit den Leistungserbringern **problematisch.** Zum einen könnte es sich in manchen Konstellationen um Dienstleistungskonzessionen iSv § 105 Abs. 1 Nr. 2 GWB handeln, bei denen ein Entgelt durch das exklusive Recht zur wirtschaftlichen Verwertung einer Dienstleistung ersetzt wird[29] und für die ein spezielles Vergaberechtsregime gilt. Zum anderen kann es an einer Entgeltlichkeit fehlen, wenn – wie etwa beim Abschluss von Rabattverträgen – nicht auf der Hand liegt, wie die letztendliche Abgabe- bzw. Abnahmeentscheidung des Apothekers bzw. des Versicherten ausfallen wird (→ § 78 Rn. 10). Denn hier haben Krankenkassen als Auftraggeber anders als bei herkömmlichen Rahmenvereinbarungen nach § 103 Abs. 5 GWB, § 21 VgV idR keinen unmittelbaren Einfluss darauf, ob, wann bzw. in welchem Umfang die Einzelabrufe getätigt werden.[30] Vielmehr werden die Einzelabrufe durch die allgemeine Morbidität und die Verordnungsentscheidung des Arztes sowie (gegebenenfalls) die Substitutionsentscheidung des Apothekers bestimmt. Das stellt einen bedeutsamen Unterschied zu sonstigen Rahmenvereinbarungen iSv § 103 Abs. 5 GWB, § 21 VgV dar, bei denen über die Inanspruchnahme des Auftragnehmers allein der öffentliche Auftraggeber entscheidet. In der **Entscheidungspraxis der Nachprüfungsinstanzen** haben sich teilweise verschiedene **Kriterien/Hilfserwägungen** herausgebildet, die gerade diese besondere **Prognoseunsicherheit bei Leistungsbeziehungen im Rahmen der GKV** abbilden und bei deren Vorliegen die Entgeltlichkeit der Gegenleistung trotz fehlenden Einflusses der Krankenkasse auf den Einzelabruf bejaht wird. So hängt die Bejahung der Entgeltlichkeit einer Rabattvereinbarung gem. § 130a Abs. 8 SGB V davon ab, ob (bzw. wie sehr) der Abschluss des Vertrags die Wahrscheinlich-

---

[24] VK Bund Beschl. v. 12.11.2009 – VK 3-193/09, VPRRS 2009, 0462; Beschl. v. 19.11.2008 – VK 1-126/08, VPRRS 2008, 0385; *Gabriel* NZS 2007, 344 (345).

[25] EuGH Urt. v. 11.6.2009 – C-300/07, Slg. 2009, I-4803 = NJW 2009, 2427 Rn. 52 ff. – Oymanns mAnm *Kingreen* NJW 2009, 2417.

[26] Ebenso Generalanwalt *Mazák* Schlussanträge v. 16.12.2009 – C-300/07, Slg. 2009, I-4779 = IBRRS 2008, 3848 Rn. 45 ff. – Oymanns; LSG Nordrhein-Westfalen Beschl. v. 28.4.2009 – L 21 KR 40/09 SFB, VPRRS 2013, 0401; LSG Baden-Württemberg Beschl. v. 28.10.2008 – L 11 KR 4810/08 ER-B, BeckRS 2008, 57480; VK Düsseldorf Beschl. v. 31.10.2007 – VK 31/2007-L, BeckRS 2009, 88395.

[27] BT-Drs. 16/10609, 52 und 66.

[28] BT-Drs. 16/10609, 52 und 66. Vgl. dazu auch den Überblick bei *Kaltenborn* GesR 2011, 1.

[29] Für Verträge der integrierten Versorgung hat der EuGH das Vorliegen einer Dienstleistungskonzession verneint, EuGH Urt. v. 11.6.2009 – C-300/07, Slg. 2009, I-4803 = NJW 2009, 2427 Rn. 75 – Oymanns mAnm *Kingreen* NJW 2009, 2417.

[30] *Weiner* GesR 2010, 237 (240). Dazu auch OLG Düsseldorf Beschl. v. 24.11.2011 – VII-Verg 62/11, VergabeR 2012, 482 – Anastrozol mAnm *Gabriel* VergabeR 2012, 490 zu sog. Mehr-Partner-Rabattvereinbarungen und deren Vereinbarkeit mit § 4 EG Abs. 5 lit. a) VOL/A (jetzt mit ähnlichem Regelungsinhalt: § 21 Abs. 4 Nr. 1 VgV).

keit erhöht, dass vergütungspflichtige Lieferleistungen des pharmazeutischen Unternehmers tatsächlich realisiert werden, sodass bereits der Vertragsabschluss als solcher einen wirtschaftlichen Mehrwert (oder jedenfalls einen tatsächlichen Wettbewerbsvorteil, vgl. → § 78 Rn. 17 f.) für den Auftragnehmer begründet. Das ist insbes. dann der Fall, wenn dem Rabattvertrag eine sog. **Steuerungs-/Lenkungswirkung** zugunsten des Absatzes bzw. der Inanspruchnahme der Leistung zukommt (→ § 78 Rn. 11 ff.).[31]

II. Besondere Berücksichtigung des Versorgungsauftrags der gesetzlichen Krankenkassen

Gem. § 69 Abs. 2 S. 3 SGB V aF war bei der Anwendung der in § 69 Abs. 2 SGB V genannten Vorschriften, also auch der Anwendung des EU/GWB-Vergaberechts, der Versorgungsauftrag der gesetzlichen Krankenkassen besonders zu berücksichtigen.[32] Der Versorgungsauftrag der Krankenkassen ist auf eine **qualitativ ordnungsgemäße und wirtschaftliche Versorgung der Versicherten** ausgerichtet.[33] Im Zusammenhang mit Arzneimittelrabattverträgen beinhaltet der Versorgungsauftrag bspw. die Versorgung von Patienten mit Arzneimitteln für die Krankenbehandlung (§§ 2 Abs. 1, 2; 27 Abs. 1 S. 2 Nr. 3; 31 SGB V). 13

Der Gesetzgeber hat **nicht geregelt, wie der Versorgungsauftrag** bei der Anwendung des Vergaberechts konkret **berücksichtigt werden soll.** Auch die Gesetzesbegründung zum GKV-OrgWG[34] (→ § 74 Rn. 12) verschafft keine Klarheit darüber, wie sich der Gesetzgeber die besondere Berücksichtigung des Versorgungsauftrags bei der Ausgestaltung der Vergabeverfahren vorstellt: „Sowohl die Vergabekammern als auch die Landessozialgerichte haben im Vergabenachprüfungsverfahren darauf zu achten, dass [die] Verpflichtung zur Sicherung medizinisch notwendiger, aber auch wirtschaftlicher Versorgung aller Versicherten nicht gefährdet wird. Im Hinblick auf den Abschluss von Rabattverträgen mit Arzneimittelherstellern ist zB zu berücksichtigen, dass der Gesetzgeber den Krankenkassen ausdrücklich die Möglichkeit eingeräumt hat, die Arzneimittelversorgung durch Abschluss derartiger Verträge wirtschaftlicher und effizienter zu gestalten. Darüber hinaus sind bei der Anwendung der vergaberechtlichen Vorschriften auch sonstige Versorgungsaspekte zu berücksichtigen, im Zusammenhang mit dem Erfordernis flächendeckender Versorgungsstrukturen etwa auch die Praktikabilität einer Vielzahl von Einzelverträgen."[35] 14

Die Rechtsprechung des EuGH in der Rechtssache „Oymanns" (→ Rn. 8) macht deutlich, dass die **Berücksichtigung des Versorgungsauftrags jedenfalls nicht zu einem Ausschluss der Anwendbarkeit des Vergaberechts führen** darf. Es ist daher allenfalls eine sozialrechtliche Konkretisierung der Bereiche denkbar,[36] in denen das Vergaberecht den öffentlichen Auftraggebern einen Ermessensspielraum zugesteht. Das kann beispielsweise bei der Ausgestaltung der Leistungsbeschreibung, der angemessenen Losaufteilung oder bei der Anzahl von Verhandlungs-/Rahmenvertragspartnern der Fall sein. Dabei darf diese Konkretisierung der Anwendbarkeit des Vergaberechts nicht zu einer Ausschaltung, Umgehung oder Aushöhlung der europarechtlich vorgegebenen vergabe- 15

---

[31] OLG Düsseldorf Beschl. v. 19.12.2007 – VII-Verg 51/07, VergabeR 2008, 73 – AOK-Rabattverträge I mAnm *Amelung/Dörn* VergabeR 2008, 84; OLG Düsseldorf Beschl. v. 23.5.2007 – VII-Verg 50/06, VergabeR 2007, 622 mAnm *Gabriel* VergabeR 2007, 630; VK Bund Beschl. v. 22.8.2008 – VK 2-73/08, IBRRS 2009, 3602; Beschl. v. 15.11.2007 – VK 2-102/07, IBRRS 2013, 4743; VK Düsseldorf Beschl. v. 31.10.2007 – VK 31/2007-L, BeckRS 2009, 88395; *Gabriel* NZS 2007, 344 (348).

[32] Hierzu eingehend *Säcker/Kaeding* MedR 2012, 15 (19 f.); *Becker/Kingreen* NZS 2010, 417.

[33] Vgl. *Hencke* in Peters Hdb-Krankenversicherung SGB V § 69 Rn. 11b.

[34] Gesetz zur Weiterentwicklung der Organisationsstrukturen in der gesetzlichen Krankenversicherung v. 15.12.2008, BGBl. 2008 I 2426.

[35] BT-Drs. 16/10609, 53.

[36] *Kamann/Gey* PharmR 2009, 114 (116); *Otting* NZBau 2010, 734 (737).

rechtlichen Grundsätze der Transparenz, Nichtdiskriminierung und Gleichbehandlung führen.[37]

16 Zwar wurde der Versorgungsauftrag der gesetzlichen Krankenkassen von den vergaberechtlichen Nachprüfungsinstanzen bereits in verschiedenen Entscheidungen herangezogen. Dennoch bleiben die Auswirkungen für Vergabeverfahren **noch immer schwer prognostizierbar.**[38] Die VK Bund hat zB bislang auf den Versorgungsauftrag der Krankenkassen Bezug genommen, um den Bietern bestimmte Unwägbarkeiten zuzumuten, um den Zuschnitt von Losbildungen zu rechtfertigen, und um einen vorzeitigen Zuschlag gem. § 169 Abs. 2 GWB[39] zu gestatten. Alle diese Entscheidungen betrafen Rabattverträge nach § 130a Abs. 8 SGB V.

17 So verwies die VK Bund auf den Versorgungsauftrag der Krankenkassen, um zu rechtfertigen, weshalb Bietern **Unwägbarkeiten hinsichtlich der zu erwartenden Absatzmenge** und damit hinsichtlich der Kalkulation der Angebote zugemutet werden könnten (vgl. ausführlich zu bieterseitigen Kalkulationsrisiken → § 78 Rn. 35 ff.).[40] Diese Unwägbarkeiten lägen in der Natur sozialrechtlicher Rabattverträge und seien den Bietern damit auch ohne Gewährung eines Ausgleichs zuzumuten. Das folge aus dem Versorgungsauftrag der gesetzlichen Krankenkassen. Da die Bieter von der Lenkungswirkung eines Rabattvertrags wirtschaftlich profitierten, sei es auch gerechtfertigt, dass sie einen Teil der sich aus den sozialrechtlichen Besonderheiten ergebenden Unsicherheiten und Unwägbarkeiten tragen.

18 In einem anderen Fall verneinte die VK Bund die Vergaberechtskonformität eines **Auswahlmechanismus bei Rahmenrabattverträgen mit mehreren Vertragspartnern,** der ausschließlich auf sozialrechtlichen Regelungen (dem Rahmenvertrag zwischen den Spitzenverbänden der Krankenkassen und dem deutschen Apothekerverband über die Arzneimittelversorgung nach § 129 Abs. 2 SGB V[41]) beruhte und dem Apotheker die Auswahl zwischen den Rahmenvertragspartnern überließ.[42] Denn damit sei es für die Bieter nicht einschätzbar, wie sich das Gesamtvolumen auf die drei Rabattvertragspartner verteilen wird. Diese Kalkulationsunsicherheit könne auch nicht mit dem Versorgungsauftrag der gesetzlichen Krankenkassen gerechtfertigt werden. Das LSG Nordrhein-Westfalen hat im gleichen Fall jedoch hervorgehoben, dass der **Versorgungsauftrag zu beachten** sei, wenn gesetzliche und kollektivvertragliche Regelungen zur Arzneimittelversorgung anhand des Vergaberechts überprüft werden.[43] Vor diesem Hintergrund bejahte das **LSG Nordrhein-Westfalen** abweichend von der VK Bund die Vergaberechtskonformität der Rahmenrabattvertragskonstellation.[44] Es sei sozialrechtlich erforderlich, dass dem Apotheker ein von seiner Fachkunde geleitetes Wahlrecht bei der Medikamentenausgabe zustehe, denn ohne dieses Wahlrecht werde der Versorgungsanspruch der Versicherten modifiziert. Eine solche Modifikation des Versorgungsanspruchs durch das Vergaberecht sei mit § 69 Abs. 2 S. 3 SGB V (aF) jedoch nicht zu vereinbaren. In ähnlicher Weise hat das zwei Jahre später mit derselben Rechtsfrage angerufene **OLG Düsseldorf** den Umstand, dass bei Arzneimittel-Rahmenrabattvereinbarungen mit mehreren Vertragspartnern auf Auftrag-

[37] Vgl. *Kamann/Gey* PharmR 2009, 114 (116); *Willenbruch* PharmR 2009, 111 (113 f.).

[38] Zur Heranziehung des Versorgungsauftrags als Auslegungsregel im Wettbewerbs- und Kartellrecht *Säcker/Kaeding* MedR 2012, 15 (19 f.).

[39] Zum Entscheidungszeitpunkt § 115 Abs. 2 GWB aF.

[40] Hierzu VK Bund Beschl. v. 3.8.2009 – VK 3-145/09, veris; VK Bund Beschl. v. 28.7.2009 – VK 3-142/09, veris.

[41] Rahmenvertrag über die Arzneimittelversorgung nach § 129 Abs. 2 SGB V in der Fassung v. 1.1.2019 zuletzt geändert durch die zweite Änderungsvereinbarung v. 15.12.2019.

[42] So alle drei Vergabekammern des Bundes: VK Bund Beschl. v. 8.6.2011 – VK 2-58/11; Beschl. v. 28.7.2009 – VK 3-142/09, veris; Beschl. v. 3.7.2009 – VK 1-107/09, VPRRS 2014, 0028; Beschl. v. 19.5.2009 – VK 2-15/09, veris.

[43] LSG Nordrhein-Westfalen Beschl. v. 3.9.2009 – L 21 KR 51/09 SFB, VergabeR 2010, 126. Vgl. zu der Kontroverse zwischen der VK Bund und dem LSG Nordrhein-Westfalen ausführlich *Meyer-Hofmann/Weng* PharmR 2010, 324.

[44] Zustimmend *Meyer-Hofmann/Weng* PharmR 2010, 324 (327).

nehmerseite (im sog. Drei-Partner-Modell) die von § 21 Abs. 4 Nr. 1 VgV[45] geforderte Angabe aller Bedingungen für die Vergabe der Einzelaufträge aufgrund des freien Apothekerwahlrechts zwischen mehreren rabattbegünstigten Arzneimitteln gem. § 11 S. 3[46] des Rahmenvertrags nach § 129 Abs. 2 SGB V durch eine ausschreibende Krankenkasse nicht geleistet werden kann, unter Bezugnahme auf den GKV-Versorgungsauftrag, der zum Entscheidungszeitpunkt bereits nicht mehr ausdrücklich im SGB V erwähnt war, für unschädlich gehalten (vgl. ausführlich zum Drei-Partner-Modell → § 78 Rn. 42 ff.).[47]

Auch im Zusammenhang mit der Frage der **Rechtmäßigkeit eines** von der ausschreibenden Krankenkasse **gewählten Gebietsloszuschnitts** (vgl. zu den Anforderungen an die Losbildung auch → § 78 Rn. 56 f.) hat die VK Bund Bezug auf den Versorgungsauftrag der gesetzlichen Krankenkassen genommen und die Anknüpfung an die Gebiete einzelner Landesverbände gebilligt.[48] Aus § 130a Abs. 8 SGB V ergebe sich der gesetzgeberische Auftrag, Kosteneinsparungen zu realisieren, weil die finanzielle Stabilität der gesetzlichen Krankenversicherung Grundlage für den Systemerhalt sei und damit Gemeinwohlaufgabe von hohem Rang. Nennenswerte Rabatte würden von den pharmazeutischen Unternehmern jedoch nur dann angeboten, wenn auch ein gewisses Nachfragevolumen vorliege. Das sei bei der Losbildung durch die gesetzlichen Krankenversicherungen zu berücksichtigen.[49] 19

Schließlich hat die VK Bund den Versorgungsauftrag der gesetzlichen Krankenkassen zur **Rechtfertigung einer vorzeitigen Zuschlagsgestattung** gem. § 169 Abs. 2 GWB[50] herangezogen.[51] Krankenkassen seien bei der Mittelverwaltung an die Gebote der Wirtschaftlichkeit (§ 12 SGB V) und Beitragsstabilität (§ 71 SGB V) gebunden. Das sei unter anderem Grund für die Ermächtigung zum Abschluss von Rabattverträgen gem. § 130a Abs. 8 SGB V gewesen. Daher sei es ausnahmsweise geboten, vom Zuschlagsverbot des § 169 Abs. 2 GWB abzuweichen und einen vorzeitigen Zuschlag zuzulassen. Denn ohne den baldigen Vertragsabschluss drohe der Krankenkasse ein erheblicher Verlust im Hinblick auf die vorgesehenen Einsparungen, die mit dem ausgeschriebenen Rabattvertrag realisiert werden sollten. Nur so könne die finanzielle Stabilität der Krankenkasse und damit auch die Erfüllung ihres Versorgungsauftrags sichergestellt werden. Diese Entscheidung der VK Bund wurde allerdings anschließend völlig zutreffend vom LSG Nordrhein-Westfalen aufgehoben und das ursprüngliche Zuschlagsverbot wieder in Kraft gesetzt.[52] 20

§ 69 Abs. 2 S. 3 SGB V aF stellte einen **europarechtlich äußerst zweifelhaften Fremdkörper im Vergaberecht** dar. Die zu dieser Vorschrift ergangene Rechtsprechung lässt eine einheitliche Linie vermissen. Zu unterschiedlich sind die Konstellationen, in denen auf den Versorgungsauftrag der gesetzlichen Krankenkassen Bezug genommen wird, und die Konsequenzen, die aus der Berücksichtigung des Versorgungsauftrags der gesetzlichen Krankenkassen für das Vergabeverfahren gezogen werden. Für die Anwendung des Vergaberechts im Bereich des SGB V folgt hieraus eine beträchtliche **Rechtsunsicherheit** und **schwer prognostizierbare Verfahrensausgänge.** Zwar wurde die Vorschrift durch das AMNOG (→ § 74 Rn. 13) ersatzlos gestrichen. Allerdings wollte der Gesetzgeber die 21

[45] Zum Entscheidungszeitpunkt § 4 EG Abs. 5 lit. a) VOL/A.

[46] Zum Entscheidungszeitpunkt § 4 Abs. 2 S. 5.

[47] OLG Düsseldorf Beschl. v. 24.11.2011 – VII-Verg 62/11, VergabeR 2012, 482 – Anastrozol mAnm *Gabriel* VergabeR 2012, 490. Die Zulässigkeit von Mehr-Partner-Modellen ist regelmäßig bestätigt worden, vgl. nur OLG Düsseldorf Beschl. v. 18.4.2018 – VII Verg 56/17, PharmR 2018, 438 (439 f.); Beschl. v. 10.6.2015 – VII-Verg 4/15, BeckRS 2016, 02950; Beschl. v. 24.11.2011 – VII-Verg 62/11, BeckRS 2012, 4600 mAnm *Gabriel* VergabeR 2012, 482 (490); VK Bund Beschl. v. 23.11.2017 – VK 1-123/17, VPRRS 2017, 0382; Beschl. v. 19.1.2016 – VK 1-124/15, VPRRS 2016, 0213.

[48] VK Bund Beschl. v. 27.3.2009 – VK 3-46/09, veris; VK Bund Beschl. v. 23.1.2009 – VK 3-194/08, IBRRS 2009, 2992.

[49] VK Bund Beschl. v. 27.3.2009 – VK 3-46/09, veris.

[50] Zum Entscheidungszeitpunkt § 115 Abs. 2 GWB aF.

[51] VK Bund Beschl. v. 16.2.2009 – VK 3-203/08-Z.

[52] LSG Nordrhein-Westfalen Beschl. v. 19.2.2009 – L 21 KR 16/09 SFB, VPRRS 2013, 0394.

Nachprüfungsinstanzen damit nicht davon befreien, den Versorgungsauftrag zu berücksichtigen.[53] In der Gesetzesbegründung heißt es hierzu: „Satz 3 ist entbehrlich und daher zu streichen. Die Kartellbehörden haben bei der Anwendung der Missbrauchsvorschriften des GWB im Rahmen der Prüfung der Tatbestandsvoraussetzungen und bei einer möglichen sachlichen Rechtfertigung eine umfassende Würdigung des Sachverhaltes vorzunehmen, der auch den Versorgungsauftrag der gesetzlichen Krankenkassen einschließt. Gleiches gilt für das Vergaberecht. Jede Krankenkasse hat bei der Erteilung eines Zuschlages zu überprüfen, ob sie ihre Aufgabe, die Versorgung der Versicherten sicherzustellen, durch den ausgewählten Anbieter sicherstellen kann. Die zuständigen Stellen (Vergabekammern, Oberlandesgerichte) haben im Rahmen des Vergabenachprüfungsverfahrens diese besondere Aufgabe der gesetzlichen Krankenkassen zu berücksichtigen."[54]

III. Rechtsschutz bei vergaberechtlichen Streitigkeiten im Bereich des SGB V

22 Die seit dem In-Kraft-Treten des AMNOG geltende Verweisung in § 69 Abs. 3 SGB V auf sämtliche Vorschriften des Teils 4 des GWB hat (zusammen mit dem neueren § 51 Abs. 3 SGG) zur Folge, dass für vergaberechtliche Streitigkeiten im Bereich des SGB V in der ersten Instanz die **Vergabekammern und die Vergabesenate der Oberlandesgerichte** in der zweiten Instanz **zuständig** sind.[55] Nach der bis dahin geltenden Fassung waren in der zweiten Instanz **abweichend** von der Regelung in § 171 GWB[56] gem. § 142a Abs. 1 SGG aF **noch die Landessozialgerichte zur Entscheidung über die sofortige Beschwerde berufen.** Vgl. zum Rechtsschutz ausführlich → § 76 Rn. 2–7.

C. Entsprechende Geltung des Kartellrechts

23 Gem. § 69 Abs. 2 S. 1 SGB V gelten die §§ 1–3, 19–21, 32–34a und 48–95 GWB für die in § 69 Abs. 1 SGB V genannten Rechtsbeziehungen der gesetzlichen Krankenkassen entsprechend. Es handelt sich um eine **partielle Rechtsgrundweisung.**[57] Die „entsprechende" Geltung der genannten kartellrechtlichen Vorschriften resultiert aus dem Umstand, dass die deutschen gesetzlichen **Krankenkassen** – wohl – **keine Unternehmen iSd europäischen Kartellrechts** darstellen.[58] Unter Zugrundlegung dieser Annahme bedurfte es einer ausdrücklichen Anwendbarkeitsanordnung. Aufgrund dieser nationalrechtlichen Verweisungen können die Krankenkassen zwar nach wie vor nicht als Unternehmen angesehen werden.[59] Für die kartellrechtliche Regulierung der Beschaffungen durch die Krankenkassen ist die Unternehmereigenschaft im vorgenannten Umfang aber zu unterstellen. Die übrigen Tatbestandsvoraussetzungen bleiben jeweils zu prüfen.[60]

24 **Rechtspolitischer Hintergrund** der Anwendbarkeit des Kartellrechts war, dass die Krankenkassen, insbes. nach Zusammenschlüssen oder bei gemeinsamen Beschaffungen, über eine beträchtliche Marktmacht verfügen können. Zu deren Begrenzung hatte der

---

[53] Ebenso OLG Düsseldorf Beschl. v. 24.11.2011 – VII-Verg 62/11, VergabeR 2012, 482 – Anastrozol mAnm *Gabriel* VergabeR 2012, 490: *„Daraus folgt, dass die Streichung des Satzes 3 keine inhaltliche Änderung mit sich brachte".*

[54] BT-Drs. 17/2413, 27.

[55] Vgl. dazu BeckOK SozR/*Wendtland* SGB V § 69 Rn. 27f.

[56] Zum damaligen Zeitpunkt noch § 116 GWB aF.

[57] *Säcker/Kaeding* MedR 2012, 15 (17); *Jansen/Johannsen* PharmR 2010, 576 (577).

[58] Vgl. EuGH Urt. v. 16.3.2004 – C-264/01, Slg. 2004, I-2524 = EuR 2004, 455 Rn. 64f. – AOK Bundesverband; hierzu *Holzmüller* NZS 2011, 485 (486); *Hoffmann* WuW 2011, 472 (473ff.); *Jansen/Johannsen* PharmR 2010, 576 (576f.); *Becker/Schweitzer* NJW 2014, 270 (271f.); aA *Kersting/Faust* WuW 2011, 6. Zur Relevanz allgemeiner kartellrechtlicher Fragestellungen im Rahmen des Vergaberechts vgl. *Kling* NZBau 2018, 715.

[59] *Hencke* in Peters Hdb-Krankenversicherung SGB V § 69 Rn. 11b; *Säcker/Kaeding* MedR 2012, 15.

[60] *Baier* MedR 2011, 345 (347); *Bartram/Broch* PharmR 2008, 5 (8); *Badtke* WuW 2007, 726 (729); *Gassner* NZS 2007, 281 (283).

Gesetzgeber zunächst durch das GKV-WSG[61] (→ § 74 Rn. 10) auf die Vorschriften der §§ 19–21 GWB verwiesen, die die verschiedenen Varianten des Missbrauchs marktstarker Unternehmen oder Unternehmensvereinigungen verbieten. Erst durch das AMNOG (→ § 74 Rn. 13) hat der Gesetzgeber auch auf weitere Vorschriften des Kartellrechts Bezug genommen und verbietet den gesetzlichen Krankenkassen damit insbes. wettbewerbsbeschränkende Abreden iSd § 1 GWB.[62] In der Begründung zum Gesetzesentwurf führte die Bundesregierung aus: „Mittlerweile sind Krankenkassen vielfach dazu übergegangen, gemeinsam Verträge abzuschließen. Beispiel hierfür sind gemeinsame Ausschreibungen der Allgemeinen Ortskrankenkassen im Bereich der Rabattverträge in der Arzneimittelversorgung nach § 130a Abs. 8. Da derartige Praktiken von Krankenkassen bei Vertragsabschlüssen von den §§ 19 bis 21 GWB nicht erfasst werden, ist es erforderlich, die Geltungsanordnung des Kartellverbots zu regeln. Die entsprechende Anwendung des § 1 GWB wird daher künftig in den § 69 aufgenommen. Die §§ 2 und 3 GWB, die Freistellungen vom Kartellverbot vorsehen, gelten ebenfalls entsprechend. Die entsprechende Geltung der §§ 1 bis 3 GWB stellt sicher, dass das Kartellrecht als Ordnungsrahmen umfassend auf die Einzelvertragsbeziehungen zwischen Krankenkassen und Leistungserbringern Anwendung findet und es auf Nachfrager-, aber auch auf Anbieterseite zu keinen unerwünschten, einer wirtschaftlichen Versorgung abträglichen Konzentrationsprozessen kommt (Kartellabsprachen und Oligopolbildung).“[63]

I. Berücksichtigung kartellrechtlicher Verstöße des Auftraggebers im Vergabenachprüfungsverfahren

Die Frage nach dem zulässigen **Rechtsweg für die Geltendmachung von Kartellrechtsverstößen durch öffentliche Auftraggeber** war lange Zeit streitbefangen. Obwohl gute Argumente dafür sprechen, diese im Rahmen eines Vergabenachprüfungsverfahrens geltend zu machen[64], wird in der Rechtsprechung inzwischen einhellig die Auffassung vertreten, dass kartellrechtliche Vorschriften grundsätzlich nicht zum Prüfungsumfang der vergaberechtlichen Nachprüfungsinstanzen gehören.[65] Eine Ausnahme wird allerdings zugelassen, soweit ein Kartellrechtsverstoß einen vergaberechtlichen Anknüpfungspunkt zum Vergabeverfahren besitzt.[66] 25

Zwar können aufgrund der **Rechtswegkonzentration gem. § 156 Abs. 2 GWB** sowohl die Rechte aus § 97 Abs. 6 GWB als auch „sonstige Ansprüche“ auf die Vornahme 26

[61] Gesetz zur Stärkung des Wettbewerbs in der gesetzlichen Krankenversicherung v. 26.3.2007, BGBl. 2007 I 378.

[62] Zu § 69 Abs. 2 SGB V und dessen Novellierung durch das AMNOG *Säcker/Kaeding* MedR 2012, 15; *Baier* MedR 2011, 345; *Hoffmann* WuW 2011, 472 (479ff.); *Holzmüller* NZS 2011, 485; *Heil/Schork* MPR 2011, 10, (11f.).

[63] BT-Drs. 17/2413, 26; vgl. auch Monopolkommission, Achtzehntes Hauptgutachten gemäß § 44 Abs. 1 S. 1 GWB, 2010, 484.

[64] Hierzu ausführlich *Gabriel* VergabeR 2009, 465.

[65] So OLG Düsseldorf Beschl. v. 4.5.2009 – VII-Verg 68/08, IBRRS 2009, 3351; Beschl. v. 6.12.2004 – VII-Verg 79/04, NZBau 2005, 329; Beschl. v. 22.5.2002 – Verg 6/02, NZBau 2002, 583; Beschl. v. 10.4.2002, – VII-Verg 6/02, IBRRS 2003, 0652; LSG Nordrhein-Westfalen Beschl. v. 22.7.2010 – L 21 SF 152/10 Verg, VPRRS 2010, 0464; Beschl. v. 8.10.2009 – L 21 KR 44/09 SFB, IBRRS 2013, 0695; Beschl. v. 15.4.2009 – L 21 KR 37/09 SFB; Beschl. v. 9.4.2009 – L 21 KR 29/09 SFB; Beschl. v. 26.3.2009 – L 21 KR 26/09 SFB, VergabeR 2009, 922 mAnm *Ulshöfer* VergabeR 2009, 931 (932); Beschl. v. 30.1.2009 – L 21 KR 1/08 SFB, VPRRS 2013, 0395; LSG Baden-Württemberg Beschl. v. 23.1.2009 – L 11 WB 5971/08, VergabeR 2009, 452 – Rabattausschreibung mAnm *Gabriel* VergabeR 2009, 465; VK Bund Beschl. v. 1.3.2012 – VK 2-5/12, IBRRS 2013, 2455; Beschl. v. 1.2.2011 – VK 3-135/10, VPRRS 2013, 0626; Beschl. v. 27.3.2009 – VK 3-46/09, veris; Beschl. v. 22.3.2009 – 3-22/09; Beschl. v. 16.3.2009 – VK 3-37/09; Beschl. v. 23.1.2009 – VK 3-194/08, IBRRS 2009, 2992; VK Baden-Württemberg Beschl. v. 27.11.2008 – 1 VK 52/08, VPRRS 2014, 0320; VK Bund Beschl. v. 15.11.2007 – VK 2-102/07, IBRRS 2013, 4743; VK Düsseldorf Beschl. v. 31.10.2007 – VK 31/2007-L, BeckRS 2009, 88395.

[66] OLG Düsseldorf Beschl. v. 27.7.2012 – VII-Verg 7/12, ZfBR 2012, 723; VK Bund Beschl. v. 1.3.2012 – VK 2-5/12, IBRRS 2013, 2455.

oder Unterlassung einer Handlung in einem Vergabeverfahren gegen Auftraggeber nur vor den Vergabenachprüfungsinstanzen geltend gemacht werden. Jedoch soll eine Prüfung kartellrechtlicher Vorschriften in einem Vergabenachprüfungsverfahren nach der Rechtsprechung der Vergabenachprüfungsinstanzen nicht erfolgen. Das wird insbes. aus dem Wortlaut der §§ 160 Abs. 2 S. 1, 97 Abs. 6 GWB gefolgert. Danach ist im Nachprüfungsverfahren zu prüfen, ob der Auftraggeber die Bestimmungen „über das Vergabeverfahren" einhält. Hierzu gehören die kartellrechtlichen Vorschriften des GWB nach Auffassung der Rechtsprechung jedoch nicht, da sich diese Normen auf Verstöße außerhalb eines Vergabeverfahrens bezögen.[67] Ob etwa eine gemeinsame Beschaffung mehrerer öffentlicher Auftraggeber ein mit § 1 GWB unvereinbares Nachfragekartell darstellt, sei eine Frage, die dem Vergabeverfahren vorgelagert ist und für die die Zuständigkeit des BKartA eröffnet sei.[68] Darüber hinaus wird konstatiert, dass kartellrechtliche Prüfungen in einem „eindeutigen Zielkonflikt"[69] mit dem Beschleunigungsgrundsatz des § 167 GWB[70] stünden. Umfangreiche kartellrechtliche Markterhebungen und Prüfungen, seien im Rahmen eines Nachprüfungsverfahrens nicht zu leisten, da diese schon vom Ansatz her einen längeren Zeitraum für die Aufklärung benötigen, als vom Gesetzgeber für die Durchführung eines Vergabenachprüfungsverfahrens vorgesehen ist.[71]

27 Eine wichtige Ausnahme wird in der Rechtsprechung jedoch für Fallkonstellationen anerkannt, in denen ein Verstoß gegen kartellrechtliche Vorschriften zugleich einen Verstoß gegen eine bestimmte vergaberechtliche Regelung darstellt, mithin eine vergaberechtliche Anknüpfungsnorm für einen Kartellrechtsverstoß existiert.[72] In einem Vergabenachprüfungsverfahren im Zusammenhang mit der Ausschreibung einer saisonalen Influenzarabattvereinbarung nach § 132e Abs. 2 aF iVm § 130a Abs. 8 SGB V erkannte die 2. VK Bund bereits an, dass eine materiell-rechtliche Prüfung kartellrechtlicher Regelungen zumindest insoweit erfolgen könne, als diese einen konkreten Anknüpfungspunkt zum Vergabeverfahren besitzen, „sich also in Vorschriften des Vergabeverfahrens spiegeln"[73]. In der Beschwerdeinstanz bejahte das OLG Düsseldorf sodann ausdrücklich die **Berücksichtigung kartellrechtlicher Verstöße des Auftraggebers,** die ohne zeitaufwändige Untersuchung einwandfrei festzustellen sind, im Rahmen eines Vergabenachprüfungsverfahrens.[74] Diese erstmalige Anerkennung kartellrechtlicher Prüfungskompetenzen der Vergabenachprüfungsinstanzen ist zu begrüßen und erscheint insbes. auch vor dem Hintergrund des vergaberechtlichen Beschleunigungsgrundsatzes (§ 167 Abs. 1 GWB) sachdienlich. Denn dieser ist kein Selbstzweck des Nachprüfungsverfahrens. Vielmehr sollen durch ihn Investitionsblockaden effektiv vermieden werden.[75] Dafür ist die in einem einzigen Rechtsschutzverfahren **konzentrierte Geltendmachung aller gegen den öffentlichen Auftraggeber gerichteten Ansprüche,** die eine Un-

---

[67] OLG Düsseldorf Beschl. v. 4.5.2009 – VII-Verg 68/08, IBRRS 2009, 3351; LSG Nordrhein-Westfalen Beschl. v. 28.4.2009 – L 21 KR 44/09 SFB, IBRRS 2013, 0696; Beschl. v. 23.4.2009 – L 21 KR 36/09 SFB, VPRRS 2013, 0393; VK Bund Beschl. v. 1.2.2011 – VK 3-135/10, VPRRS 2013, 0626; Beschl. v. 29.4.2010 – VK 2-20/10, VPRRS 2010, 0457; VK Nordbayern Beschl. v. 30.10.2009 – 21.VK-3194-32/09, IBRRS 2009, 3851.

[68] VK Bund Beschl. v. 27.7.2016 – VK 2-63/16, IBRRS 2016, 2197; Beschl. v. 27.7.2016, VK 2-65/16, veris.

[69] VK Bund Beschl. v. 23.1.2009 – VK 3-194/08, IBRRS 2009, 2992; ebenso VK Bund Beschl. v. 27.3. 2009 – VK 3-46/09, veris; Beschl. v. 29.1.2009 – VK 3-200/08, veris; Beschl. v. 12.12.2008 – VK 2-136/08, VPRRS 2014, 0087.

[70] Zum Entscheidungszeitpunkt § 113 GWB aF.

[71] VK Bund Beschl. v. 27.7.2016 – VK 2-63/16, IBRRS 2016, 2197; Beschl. v. 27.7.2016, VK 2-65/16, veris; Beschl. v. 1.2.2011 – VK 3-135/10, VPRRS 2013, 0626; Beschl. v. 27.3.2009 – VK 3-46/09, veris; Beschl. v. 23.1.2009 – VK 3-194/08, IBRRS 2009, 2992.

[72] Vgl. *Schüttpelz/Dicks* FS Marx, 2013, 695 (702f.); *Dreher* NZBau 2013, 665 (673).

[73] Vgl. VK Bund Beschl. v. 1.3.2012 – VK 2-5/12, IBRRS 2013, 2455.

[74] OLG Düsseldorf Beschl. v. 27.7.2012 – VII-Verg 7/12, ZfBR 2012, 723.

[75] BT-Drs. 13/9340, 19.

terlassung oder eine Handlung im Vergabeverfahren zum Gegenstand haben – gleich auf welcher Rechtsgrundlage sie beruhen – notwendig.

Da es sich bei den vergaberechtspflichtigen GKV-Selektivverträgen nahezu ausschließlich um Rahmenvereinbarungen iSv § 103 Abs. 5 GWB handelt, stellt sich vor diesem Hintergrund die Frage, ob es sich bei der Regelung in § 21 Abs. 1 S. 3 VgV um eine solche Anknüpfungsnorm für die Prüfung kartellrechtlicher Verstöße handelt. Danach darf eine **Rahmenvereinbarung** nicht **missbräuchlich** oder in einer Art **angewendet** werden, die den Wettbewerb behindert, einschränkt oder verfälscht. Die 2. VK Bund hat das ausdrücklich verneint und damit klargestellt, dass das Verbot des Missbrauchs einer Rahmenvereinbarung trotz der aus dem Kartellrecht bekannten Terminologie nicht kartell- sondern vergaberechtsspezifisch auszulegen ist.[76] Dementsprechend seien die Vergabekammern in diesem Zusammenhang befugt, wettbewerbsrelevante Verhaltensweisen öffentlicher Auftraggeber insoweit zu überprüfen, als diese konkrete Auswirkungen auf das Vergabeverfahren haben. 28

II. Ausnahmeklausel in § 69 Abs. 2 S. 2 SGB V

§ 69 Abs. 2 S. 2 SGB V bestimmt eine Ausnahme von den Verweisungen in § 69 Abs. 2 S. 1 SGB V betreffend das Kartellrecht.[77] Danach soll § 69 Abs. 2 S. 1 SGB V nicht für Verträge gelten, zu deren Abschluss die Krankenkassen gesetzlich verpflichtet sind. Das trifft insbes. auf die **Kollektivverträge in der Regelversorgung** zu.[78] Das sind die öffentlich-rechtlichen Vereinbarungen, die zwischen den (Spitzen-)Verbänden der Kassen und Leistungserbringern abgeschlossen werden und flächendeckend (bundes-, landesweit) verbindlich sind.[79] Typische Beispiele hierfür sind die Bundesmantelverträge (§ 82 SGB V) zwischen dem Spitzenverband Bund der Krankenkassen und den Kassenärztlichen Bundesvereinigungen über die allgemeinen Grundsätze der vertragsärztlichen Versorgung, welche Bestandteil der Gesamtverträge (§ 83 SGB V) zwischen den Landesverbänden der Krankenkassen und den Kassenärztlichen Vereinigungen sind.[80] Im Bereich des Krankenhausrechts werden Kollektivverträge über die nähere Ausgestaltung der Krankenhausversorgung abgeschlossen (§ 112 SGB V).[81] Auch für den Bereich des Heil- und Arzneimittelrechts existieren Kollektivverträge (§§ 125, 129, 131, 133 SGB V).[82] Weitere Beispiele für Verträge, zu deren Abschluss die Krankenkassen gesetzlich verpflichtet sind, sind Vereinbarungen über die vertragsärztliche Versorgung §§ 72 Abs. 2, 82 Abs. 1, 2, 83–85 SGB V sowie Vereinbarungen über zahntechnische Leistungen § 88 Abs. 1, 2 SGB V.[83] 29

An der europarechtlichen Zulässigkeit der Ausnahme **von den kartellrechtlichen Vorschriften in § 69 Abs. 2 S. 2 SGB V** bestehen keine Zweifel, wenn man mit der herrschenden Auffassung übereinstimmt, dass die gesetzlichen Krankenkassen keine Unternehmen im Sinne des europäischen Kartellrechts darstellen. Die kartellrechtlichen Vorschriften wären auch aus europarechtlicher Sicht auf sie nicht anwendbar, sodass der nationale Gesetzgeber frei entscheiden kann, auf welche ihrer Vertragsabschlüsse zumindest das nationale Kartellrecht anzuwenden ist.[84] 30

---

[76] VK Bund Beschl. v. 27.7.2016 – VK 2-63/16, IBRRS 2016, 2197; Beschl. v. 27.7.2016, VK 2-65/16, veris.

[77] Hierzu *Säcker/Kaeding* MedR 2012, 15 (17 f.).

[78] *Baier* MedR 2011, 345 (346); *Holzmüller* NZS 2011, 485 (488); *Stolz/Kraus* MedR 2010, 86 (91); *Kingreen/Temizel* ZMGR 2009, 134 (137).

[79] Monopolkommission, Achtzehntes Hauptgutachten gemäß § 44 Abs. 1 S. 1 GWB, 2010, 449; *Säcker/Kaeding* MedR 2012, 15 (21); *Becker/Kingreen* SGB V § 69 Rn. 14.

[80] *Säcker/Kaeding* MedR 2012, 15 (21); *Becker/Kingreen* SGB V § 69 Rn. 15.

[81] *Becker/Kingreen* SGB V § 69 Rn. 16.

[82] *Becker/Kingreen* SGB V § 69 Rn. 17.

[83] *Becker/Kingreen* SGB V § 69 Rn. 14 ff.

[84] *Gaßner/Eggert* NZS 2011, 249 (251); *Hoffmann* WuW 2011, 472 (481).

§ 76 Vergaberechtlicher Rechtsschutz und Open-House-Verfahren

Übersicht

SGB V: § 69 Abs. 3
SGG: § 51 Abs. 1 Nr. 2, Abs. 3
GVG: § 17a Abs. 1, 2, 5

Literatur:
Amelung, Vergabeverfahren: § 127 Abs. 1 Satz 1 und Satz 6 SGB V sind nicht bieterschützend, MPR 2018, 216; *Amelung/Heise,* Zuständigkeit der Sozialgerichtsbarkeit für die Überprüfung von Vergabekammer-Entscheidungen, NZBau 2008, 489; *Csaki,* Vorliegen einer Auswahlentscheidung bei öffentlichem Auftrag – Open-House-Modell, NZBau 2018, 598; *Dreher,* Die Open-House-Verfahren, Entwicklung und Stand der vergaberechtsfreien Zulassungsverfahren, NZBau 2019, 275; *Gabriel,* Hilfsmittelverträge mit Beitritt – Vergaberecht ohne Zutritt: Rückschritt, Fortschritt oder Fehltritt?, NZBau 2020, 286; *Gabriel,* Offenes Haus, geschlossene Tür: Der Vergaberechtsschutz bei Open-House-Verfahren vor dem Aus, NZBau 2019, 568; *Gabriel/Burholt,* First come first served? – Open-House Rabattverträge für „substitutionsschwache" Generika-Arzneimittel aus vergabe- und kartellrechtlicher Sicht, PharmR 2017, 323; *Gaßner,* Das Open-house-Urteil des EuGH – Ein Geschenk für kreative Beschaffer, Anmerkung zu EuGH Urt. v. 2.6.2016 – C-410/14, NZS 2016, 767; *Gaßner/Sauer,* Open-House-Verträge und Biosimilars im Spannungsfeld unterschiedlicher Regulierungsmechanismen, PharmR 2018, 288; *Hansen/Heilig,* Beschaffung von Arzneimitteln durch die Krankenkassen im vergaberechtsfreien Zulassungsverfahren, NZS 2017, 290; *Kimmig,* Der Open-House-Vertrag vor dem EuGH, Zur Anwendbarkeit des Kartellvergaberechts auf Arzneimittelrabattverträge nach § 130a SGB V, BLJ 2017, 30; *Knispel,* Rechtsweg für die Nachprüfung der Zweckmäßigkeit von Ausschreibungen für Hilfsmittel, NZS 2019, 319; *Knispel,* Zur „Zweckmäßigkeit" von Verträgen nach § 127 Abs. 1 SGB V, NZS 2019, 6; *Kuhn,* Prüfung einer Ausschreibung nach § 127 Abs. 1 S. 6 SGB V – Keiner möchte zuständig sein, GesR 2018, 706; *Luthe,* Open House als dominantes Vertragsmodell – am Beispiel der Hilfsmittelversorgung, SGb 2018, 206; *Neun,* Vergaberechtsfreiheit des „Open-House-Modells", Zulassungssysteme ohne Bieterauswahl, NZBau 2016, 681; *Neun/Otting,* Die Entwicklung des europäischen Vergaberechts in den Jahren 2017/2018, EuZW 2018, 661; *Philipp,* Keine Vergaberechtspflicht von Verträgen ohne Ausschließlichkeit („Open-House-Modell"), SR aktuell 2016, 190; *Portner/Rechten,* Das Open-House-Modell – Möglichkeiten für eine praxisgerechte Verfahrensausgestaltung, NZBau 2017, 587; *Stock,* Open-House-Verträge: (k)ein Modell für die Hilfsmittelversorgung, KrV 2018, 11; *Thüsing/Granetzny,* Der Rechtsweg in Vergabefragen des Leistungserbringungsrechts nach dem SGB V, NJW 2008, 3188; *Willenbruch,* Der Open-House-Vertrag – vergaberechtliche Fragen und Antworten, VergabeR 2017, 419.

A. Einleitung

Das **vergaberechtliche Primärrechtsschutzsystem** hat seit dem AMNOG[1] in den vergangenen Jahren **keine bedeutenden Änderungen mehr erfahren** (→ Rn. 2ff.). Indes hat die zunehmende **Durchführung von** (vermeintlich) „vergaberechtsfreien" sog. **Open-House-Verfahren** (→ Rn. 8ff.) **zu vielen damit verbundenen neuen Rechtsfragen geführt,** die durch die Rechtsprechung in den letzten Jahren weitgehend geklärt wurden. Zunächst wurde durch die Rechtsprechung insbes. geklärt, ob Open-House-Verträge überhaupt vergaberechtlich zulässig sind und unter welchen Voraussetzungen sie ggf. ausnahmsweise nicht nach dem Vergaberecht ausschreibungspflichtig sind (→ Rn. 15ff.). Im Anschluss daran befasste sich die Rechtsprechung vermehrt mit der Frage, welcher Rechtsweg zur 1

[1] Gesetz zur Neuordnung des Arzneimittelmarktes in der gesetzlichen Krankenversicherung v. 22.12.2010, BGBl. 2010 I 2262.

Überprüfung nicht-exklusiver Versorgungsverträge eröffnet ist (→ Rn. 45ff.). Eine vergleichbare Rechtsprechung wurde parallel hinsichtlich der Überprüfung des Zweckmäßigkeitsgebots bei Ausschreibungen in der Hilfsmittelversorgung entwickelt (→ Rn. 34ff.).

B. Primärrechtsschutz bei vergaberechtlichen Streitigkeiten im Bereich des SGB V

2 Für **vergaberechtliche Streitigkeiten im Bereich des SGB V** sind in der ersten Instanz die **Vergabekammern und** in der zweiten Instanz **die Vergabesenate der Oberlandesgerichte zuständig.** Das ergibt sich aus § 51 Abs. 3 SGG iVm der Verweisung in § 69 Abs. 3 SGB V auf sämtliche Vorschriften des 4. Teils des GWB.[2] Diese Zuständigkeitsverteilung bei vergaberechtlichen Streitigkeiten ist durch das AMNOG im Jahr 2010 eingeführt worden (→ § 74 Rn. 13). Zuvor waren in der zweiten Instanz gem. § 142a Abs. 1 SGG aF die Landessozialgerichte zur Entscheidung über die sofortige Beschwerde berufen.

3 Konkret sind bei **Ausschreibungen durch bundesunmittelbare Krankenkassen** gem. § 156 Abs. 1, § 159 Abs. 1 Nr. 2 GWB die VK Bund in der ersten Instanz und gem. § 171 Abs. 3 GWB das OLG Düsseldorf in der Beschwerdeinstanz sachlich zuständig.[3] Bei **Ausschreibungen durch landesunmittelbare Krankenkassen** sind nach § 159 Abs. 1 Nr. 2 GWB einerseits die VK Bund in der ersten Instanz sachlich zuständig,[4] andererseits kommen nach § 159 Abs. 2 S. 2 GWB theoretisch zugleich die Vergabekammern des jeweiligen Landes in Betracht. Diese potentielle **Doppelzuständigkeit**[5] ergibt sich daraus, dass zum einen die Krankenkassen mittelbar überwiegend durch den Bund finanziert werden und dadurch als öffentliche Auftraggeber zu qualifizieren sind (→ § 75 Rn. 7ff.). Zum anderen sind sie jedoch auch dem jeweiligen Land zuzuordnen. Der das Vergabenachprüfungsverfahren einleitende Antragsteller konnte früher das Vergabenachprüfungsverfahren deshalb sowohl vor der VK Bund als auch vor der entsprechend zuständigen Landesvergabekammer einleiten. Dieses der Einheitlichkeit der Rechtsprechung grundsätzlich abträgliche Wahlrecht ist im Zuge der Vergaberechtsreform von 2016 durch § 159 Abs. 1 Nr. 6 GWB zugunsten einer Zuständigkeitskonzentration bei der VK Bund gelöst worden (→ § 40 Rn. 14).

4 Nach § 69 Abs. 3 SGB V, § 156 Abs. 1 GWB ist das **Nachprüfungsverfahren** bei der **Vergabe öffentlicher Aufträge** iSd § 103 GWB **das statthafte Primärrechtsschutzverfahren.** Es ist deshalb nicht maßgeblich, ob es sich bei dem streitgegenständlichen Vertrag um einen Hilfsmittelversorgungs-, Arzneimittelrabatt- oder anderen vergaberechtlich relevanten Versorgungs- bzw. Rabattvertrag im Gesundheitsbereich handelt. Entscheidend ist einzig, ob es um die Vergabe eines öffentlichen Auftrags gem. § 103 GWB und somit um eine vergaberechtliche Streitigkeit geht. Das vergaberechtliche Rechtsschutzsystem ist aber nicht erst dann einschlägig, wenn offenkundig feststeht, dass es um die Nachprüfung eines öffentlichen Auftrags iSd § 103 GWB geht. Vielmehr setzt das vergaberechtliche Rechtsschutzverfahren bereits bei der Frage an, **ob überhaupt ein vergaberechtlicher Auftrag vorliegt** oder ausnahmsweise keine Ausschreibungspflicht besteht.[6] Das bedeutet, dass vor den Vergabenachprüfungsinstanzen insbes. auch zu überprüfen ist, ob in einem konkreten Fall von den vergaberechtlichen Vorgaben abgesehen werden durfte. Praktisch wirkt sich das insbes. bei der **Durchführung sog. Open-House-Verfahren** aus (→ Rn. 8ff.), die unter bestimmten Voraussetzungen ausnahmsweise nicht dem Vergabe-

---

[2] Vgl. dazu BeckOK SozR/*Wendtland* SGB V § 69 Rn. 27f.

[3] Zum Begriff der bundesunmittelbaren Krankenkassen vgl. *Becker/Kingreen* SGB V § 69 Rn. 58.

[4] Zum Begriff der landesunmittelbaren Krankenkassen vgl. *Becker/Kingreen* SGB V § 69 Rn. 58.

[5] Hierzu auch *Becker/Kingreen* SGB V § 69 Rn. 58.

[6] Vgl. auch OLG Düsseldorf Beschl. v. 1.8.2012 – VII-Verg 10/12, NZBau 2012, 785 (786). So auch *Dreher* NZBau 2019, 275 (281).

recht unterfallen. Ob diese Voraussetzungen vorliegen, ist grundsätzlich von den Vergabenachprüfungsinstanzen zu prüfen (→ Rn. 15ff.).

Seit den Änderungen im Rahmen des TSVG[7] (→ § 74 Rn. 20) unterfallen **Hilfsmittelversorgungsverträge** gem. § 127 Abs. 1, 2 SGB V nach dem gesetzgeberischen Willen nicht mehr dem Anwendungsbereich des Vergaberechts (→ § 77 Rn. 10ff.). Demzufolge sind auch für Streitigkeiten bei der Anbahnung von Hilfsmittelversorgungsverträgen, die nach dem § 127 Abs. 1, 2 SGB V in der Fassung nach dem TSVG abgeschlossen werden, die Vergabenachprüfungsinstanzen nicht zuständig. Indes können **Einzelfallverträge** nach dem insoweit unverändert gebliebenen § 127 Abs. 3 SGB V weiterhin öffentliche Aufträge darstellen und als solche nach den vergaberechtlichen Vorschriften ausschreibungspflichtig sein (→ § 77 Rn. 18f.). Bei **Auftragsvergaben unterhalb der** eine europaweite Ausschreibungspflicht begründenden **Schwellenwerte** – wie es insbes. bei Einzelfallverträgen nach § 127 Abs. 3 SGB V der Fall sein kann – existiert ein dem Oberschwellenbereich vergleichbares vergaberechtliches Rechtsschutzsystem nicht. Für die gerichtliche Überprüfung können dann entweder unter den Voraussetzungen des § 13 GVG die Zivilgerichte zuständig sein, oder die Sozialgerichte, wenn eine Angelegenheit der gesetzlichen Krankenversicherung vorliegt und die Voraussetzungen des § 51 Abs. 1 Nr. 2, Abs. 2 SGG erfüllt sind. 5

Vor den Änderungen durch das AMNOG waren die Landessozialgerichte in der Beschwerdeinstanz für die Nachprüfung von öffentlichen Aufträgen im Gesundheitsbereich sachlich zuständig (→ Rn. 2). Diese **Zersplitterung des Rechtwegs** hatte Auswirkungen auf die Kosten des Vergabenachprüfungsverfahrens im Gesundheitssektor. Denn gem. § 52 Abs. 4 GKG gilt für Verfahren vor den Gerichten der Sozialgerichtsbarkeit eine Streitwerthöchstgrenze von 2,5 Mio. EUR. Das führte in Ansehung der bei Vergabeverfahren im Bereich des SGB V vergleichsweise hohen Auftragswerte zu einer spürbaren Begrenzung der Kosten. Allerdings fehlte bis zuletzt eine entsprechende Regelung für das erstinstanzliche Verfahren vor der Vergabekammer. Dort greift für den Streitwert die Höchstgrenze des § 22 Abs. 2 RVG. Danach darf der Streitwert, auf dessen Grundlage die Anwaltsgebühren kalkuliert werden, in einer Angelegenheit 30 Mio. EUR nicht überschreiten. Das hatte zur Folge, dass die Anwaltsgebühren, die für das erstinstanzliche Verfahren vor den Vergabekammern anfallen, unverhältnismäßig höher ausfallen konnten, als die für das zweitinstanzliche Verfahren vor den Landessozialgerichten. Diese **Kostendivergenz und die Zweiteilung des Rechtswegs hat sich** durch die Neufassung des § 69 SGB V, § 51 Abs. 3 SGG und die alleinige Zuständigkeit der Vergabekammern und Oberlandesgerichte **erledigt.** 6

Geblieben ist es aber bei einer weiteren **äußerst praxisrelevanten Besonderheit** hinsichtlich der Kosten von Vergabenachprüfungsverfahren im Bereich des SGB V. Diese ergibt sich aus dem Umstand, dass aufgrund der hohen Anzahl an (Fach-)Losen – so im Fall wirkstoffbezogener Generikarabattvertragsausschreibungen – eine **besonders hohe Zahl Beizuladender** existieren kann.[8] Dabei hat seit der Neufassung des § 182 Abs. 4 GWB[9] durch das Vergaberechtsmodernisierungsgesetz[10] **jeder Beigeladene grundsätzlich einen Aufwendungserstattungsanspruch** gegen den Antragsteller, und zwar auch für den Fall der Rücknahme des Nachprüfungsantrags. Daraus kann sich für den Antragssteller eines Vergabenachprüfungsantrags ein **unüberschaubares und hohes Kostenrisiko** ergeben.[11] Das besteht insbes. dann, wenn die Antragstellung zu einem Zeitpunkt im Vergabeverfahren erfolgt, in dem noch keine Beigeladenen existieren, weil die für den Zuschlag vorgesehenen Bieter noch nicht feststehen.[12] Wegen der 15-Tages-Frist in § 160 Abs. 3 S. 1 Nr. 4 7

[7] Gesetz für schnellere Termine und bessere Versorgung v. 6.5.2019, BGBl. 2019 I 646.
[8] Hierzu ausführlich *Gabriel/Weiner* NZS 2010, 423 (426).
[9] Zuvor § 128 Abs. 4 GWB aF.
[10] Gesetz zur Modernisierung des Vergaberechts v. 20.4.2009, BGBl. 2009 I 790.
[11] *Gabriel/Weiner* NZS 2010, 423 (426).
[12] *Gabriel/Weiner* NZS 2010, 423 (427).

GWB ist der Bieter gezwungen, einen Nachprüfungsantrag zügig einzulegen, um seine Rechte zu wahren. Die Einreichung eines Nachprüfungsantrags hindert den öffentlichen Auftraggeber aber nicht daran, das Verfahren jedenfalls bis zur Mitteilung der beabsichtigten Zuschlagserteilung fortzuführen. Sobald aber die Bieter die Vorabinformation über den beabsichtigten Ausgang des Vergabeverfahrens erhalten haben, kann sich die **Anzahl der Beizuladenden** signifikant erhöhen. Es ist sogar denkbar, dass ein in der ersten Instanz obsiegender Antragsteller sich nach sofortiger Beschwerde des Antragsgegners erst in der zweiten Instanz zahlreichen Beigeladenen gegenüber sieht, deren Teilnahme für ihn bei Antragstellung **nicht vorhersehbar** war. Ein solch unkalkulierbares hohes Kostenrisiko kann sich abschreckend auf potentielle Antragsteller auswirken. Dadurch wird der **effektive Rechtschutz im Vergabenachprüfungsverfahren erheblich beeinträchtigt.** Ob das noch mit den Maßgaben der europäischen Rechtsmittelrichtlinie zu vereinbaren ist, erscheint fraglich. Eine mit den bestehenden gesetzlichen Rahmenbedingungen praktikable Lösung könnte darin bestehen, einem Antragsteller die Möglichkeit einzuräumen, kostenneutral auf anstehende Beiladungen zu reagieren. Dazu müsste die Nachprüfungsinstanz vor einem förmlichen Beiladungsbeschluss den Antragsteller informieren und diesem so die Möglichkeit zu einer erstmaligen realistischen Berechnung des Prozesskostenrisikos geben und damit verbunden die Möglichkeit zur Rücknahme noch vor Beiladung einräumen.[13] Die **Vergabekammern des Bundes** haben demgegenüber zu einem für Antragsteller eines Nachprüfungsverfahrens (noch) vorteilhafteren **Lösungsweg** gefunden, indem im Fall einer Zurückweisung des Nachprüfungsantrags **keine Kostenerstattung zugunsten etwaiger Beigeladener** erfolgt. Die VK Bund hat das mit der Erwägung begründet, dass Beigeladene keine Kostenerstattung erhalten, sofern sich der Antragsteller eines Nachprüfungsverfahrens **nicht vorrangig in Interessenkonflikt** zu den Beigeladenen setzt (vgl. auch → § 78 Rn. 68).[14] Das sei dann der Fall, wenn sich der Antragsteller nicht gegen die Zuschlagserteilung an die Beigeladenen wendet, sondern gegen die Ausschreibung als solche.

C. Das Open-House-Verfahren

8 In den vergangenen gut zehn Jahren wurde der deutsche Gesundheitsmarkt durch wettbewerblich abgeschlossene exklusive Selektivverträge zwischen gesetzlichen Krankenkassen und pharmazeutischen Unternehmern geprägt. Diese Selektivverträge haben einen milliardenschweren Markt für Vergabeverfahren begründet, der auch wegen der großen Auftragsvolumina zu unzähligen Rechtsschutzverfahren geführt hat, die oftmals vor den Vergabenachprüfungsinstanzen entschieden wurden (zur zwischenzeitlichen Zuständigkeit der Landessozialgerichte in der zweiten Instanz vgl. → Rn. 2 und → § 74 Rn. 12f.). In den letzten Jahren wurden indes vermehrt (vermeintlich) „vergaberechtsfreie" sog. Open-House-Verfahren durchgeführt.[15] Dadurch sank die Anzahl der nach vergaberechtlichen Regelungen abgeschlossenen exklusiven Arzneimittelrabattverträge auf nunmehr etwas weniger als zwei Drittel, wohingegen ein Drittel mittlerweile im Rahmen von Open-House-Verfahren abgeschlossen wird.[16] Open-House-Verträge sind **Versorgungs- bzw. Rabattverträge,** die mit dem erklärten Ziel öffentlich bekanntgemacht werden, **mit möglichst vielen am Markt tätigen pharmazeutischen Unternehmern zu einheitlich vorgegebenen Vertragsbedingungen zu kontrahieren.** Dadurch soll den Versicherten eine größtmögliche Arzneimittelproduktbreite zur Verfügung gestellt, **keine Versorgungsexklusivität** zu Gunsten der vertragsbeteiligten pharmazeutischen Unternehmer begründet

---

[13] *Gabriel/Weiner* NZS 2010, 423 (427).

[14] VK Bund Beschl. v. 4.8.2011 – VK 3-44/11; Beschl. v. 4.8.2011 – VK 3-38/11.

[15] Zu anderen „einfachen" Zulassungssystemen vgl. *Luthe* SGb 2018, 206 (208f.).

[16] Zahlen laut Insight Health Tender-alert, zitiert nach der Stellungnahme von Pro Generika e.V. v. 25.3. 2019 zum Kabinettsentwurf des GSAV, 11.

und sollen Lieferengpässe durch die Einbeziehung möglichst aller Anbieter minimiert werden.[17] Die vergaberechtliche Zulässigkeit dieser „vergaberechtsfreien" Open-House-Verträge war in der Vergangenheit umstritten, wurde jedoch vom EuGH bestätigt (→ Rn. 21).[18]

9 Mit der Vergabe eines öffentlichen Auftrags ist als ungeschriebenes Tatbestandsmerkmal eine **Auswahlentscheidung des Auftraggebers** verbunden, kraft derer zwischen den Wirtschaftsteilnehmern selektiert bzw. einem oder einem Teil der Wirtschaftsteilnehmer Exklusivität gewährt wird (→ Rn. 21). Im Gegensatz dazu **erfolgt bei einem Open-House-Vertrag keine solche Auswahl;** stattdessen können alle geeigneten Leistungserbringer dem Vertrag zu den einheitlich vorgegebenen Vertragsbedingungen beitreten („Zulassung").[19] Der Auftraggeber macht hierzu öffentlich bekannt, dass er im Wege eines Open-House-Vertrags den Abschluss einer Versorgungs- bzw. Rabattvereinbarung beabsichtigt und gibt hierbei sämtliche Vertragsbedingungen – insbes. auch den Rabattsatz – einheitlich vor. Die **Vertragsbedingungen sind nicht verhandelbar.** Der Antrag auf Vertragsabschluss seitens des Auftraggebers richtet sich an eine unbestimmte Zahl pharmazeutischer Unternehmer und stellt deshalb im zivilrechtlichen Sinne eine *„offerta ad incertas personas"* dar. Jeder interessierte pharmazeutische Unternehmer ist berechtigt, einen Vertrag mit dem Auftraggeber zu den genannten Vertragsbedingungen abzuschließen. Umgekehrt ist der Auftraggeber zugleich verpflichtet, mit jedem interessierten Unternehmer zu den veröffentlichten Bedingungen zu kontrahieren. Grundsätzlich können interessierte Unternehmer dem Open-House-Vertrag während der gesamten Vertragslaufzeit beitreten.[20]

10 Open-House-Verträge **ähneln einer vergaberechtlichen Rahmenvereinbarung** nach § 103 Abs. 5 GWB, da jeweils erst auf Grundlage des Vertrags bzw. der Rahmenvereinbarung die Einzelabrufe erfolgen. Der genaue Umfang der Einzelabrufe bei Open-House-Verträgen ist (ebenso wie bei Rahmenvereinbarungen im Gesundheitsbereich) ungewiss, da der Umfang maßgeblich durch das Verordnungsverhalten der Ärzte und die allgemeine Morbidität bestimmt wird (vgl. ausführlich → § 78 Rn. 10). Dieses Kalkulationsrisiko wird bei Open-House-Verträgen dadurch verstärkt, dass im Falle mehrerer rabattierter Arzneimittel kein gesetzlicher Mechanismus besteht, der den Apotheken bei einer Substitutionsverpflichtung (wie sie nach § 129 Abs. 1 S. 3 SGB V insbes. bei generischen Arzneimitteln besteht, vgl. → § 78 Rn. 11 ff.) vorschreibt, welches unter mehreren rabattierten Arzneimitteln vorrangig abzugeben ist. Stattdessen können die Apotheken in diesen Fällen das abzugebende (rabattierte) Arzneimittel grundsätzlich frei wählen. Das tatsächlich abgerufene Leistungsvolumen der beteiligten pharmazeutischen Unternehmer lässt sich deshalb kaum bestimmen, weshalb die erzielten Rabattsätze bei Open-House-Verträgen idR deutlich niedriger sind, als bei der Ausschreibung exklusiver Selektivverträge.[21] Im Gegensatz zu Rahmenvereinbarungen ist die **Teilnahme an Open-House-Verträgen** indes idR in zeitlicher Hinsicht **nicht auf eine Eingangsphase begrenzt.**

11 Neben den bereits genannten **Vorteilen** (→ Rn. 8) lässt sich das Open-House-Verfahren grundsätzlich **zügiger** durchführen und ist dadurch zugleich mit einem **geringeren administrativen Aufwand** bei den ausschreibenden Krankenkassen verbunden. Es kann deshalb ua auch dann geeignet sein, wenn infolge der Aufhebung einer Ausschreibung binnen eines möglichst kurzen Zeitraums eine Rabattvereinbarung abgeschlossen werden

---

[17] Dazu auch *Gabriel* NZBau 2019, 568; *Hansen/Heilig* NZS 2017, 290. Zum Zweck der Minimierung des Lieferausfallrisikos kritisch *Gaßner/Strömer* NZS 2014, 811.

[18] EuGH Urt. v. 2.6.2016 – C-410/14, ECLI:EU:C:2016:399 = NZBau 2016, 441 – Dr. Falk Pharma; fortgeführt durch EuGH Urt. v. 1.3.2018 – C-9/17, ECLI:EU:C:2018:142 = NZBau 2018, 366 – Maria Tirkkonen.

[19] Ausführlich zur dogmatischen Abgrenzung zwischen Auswahl und Zulassung in diesem Zusammenhang *Dreher* NZBau 2019, 275.

[20] Zu den Merkmalen von Open-House-Verträgen und generell dazu auch *Gabriel/Burholt* PharmR 2017, 323; *Gaßner* NZS 2016, 767; *Gaßner/Sauer* PharmR 2018, 288; *Portner/Rechten* NZBau 2017, 587; *Neun* NZBau 2016, 681; *Willenbruch* VergabeR 2017, 419; *Luthe* SGb 2018, 206.

[21] Hierzu auch *Gabriel/Burholt* PharmR 2017, 323 (324 f.).

soll. Die Vorteile einer **größtmöglichen Produktbreite und die Vermeidung von Lieferengpässen** (→ Rn. 8) wirken sich insbes. bei der Beschaffung generischer Arzneimittel aus, da bei patentgeschützten Originalpräparaten naturgemäß keine derart breite Marktstruktur existiert. Auch bei patentgeschützten Produkten ist das Open-House-Verfahren indes grundsätzlich zulässig (→ § 78 Rn. 94f.), zumal sich theoretisch auch etwaige Arzneimittelimporteure an dem Vertrag beteiligen können. Unternehmerseitig wird durch ein offenes Zulassungsverfahren das Risiko minimiert, infolge von exklusiv wirkenden Selektivverträgen aus dem Markt verdrängt zu werden. **Auf der anderen Seite** wird die Rabattvorgabe einseitig durch die gesetzliche Krankenkasse festgelegt; wer es sich als Unternehmer aus wirtschaftlichen Gesichtspunkten nicht erlauben kann, auf einen Beitritt zum Open-House-Verfahren zu verzichten, wird die vorgegebenen Bedingungen akzeptieren müssen.[22] Zudem kann die fehlende Exklusivität auch idS nachteilig für die Unternehmer sein, als dass die Marktstrukturen weitestgehend unverändert erhalten bleiben und dadurch gerade auch die Marktstellung des einzelnen Unternehmers stagniert.[23]

12 **Rechtstechnisch** steht hinter dem Open-House-Vertragsmodell die Erwägung, dass die **vergaberechtlichen Vorschriften nicht anzuwenden** sind, **wenn alle geeigneten Unternehmer zu einheitlichen Bedingungen** an dem jeweiligen Beschaffungsvorgang **mitwirken (können)** und dadurch die zur Annahme eines öffentlichen Auftrags erforderliche Auswahlentscheidung des Auftraggebers entfalle. Es soll gerade **kein Wettbewerb** stattfinden, indem durch die jederzeitige Möglichkeit des Vertragsbeitritts eine selektive oder exklusive Wirkung vermieden wird. Der Anwendungsbereich des Vergaberechts soll deshalb nicht eröffnet sein.

13 Mittlerweile ist in der Rechtsprechung insbes. durch **zwei Entscheidungen des EuGH** grundsätzlich anerkannt, dass **reine Zulassungsverfahren ausnahmsweise nicht den vergaberechtlichen Vorschriften unterfallen,** wenn mit dem Vertragsabschluss keine Auswahlentscheidung verbunden ist (→ Rn. 21ff.). Ob zusätzlich auch die **Grundprinzipien des AEUV,** namentlich das Gleichbehandlungsgebot sowie der Transparenzgrundsatz zu wahren sind, da anderenfalls faktisch ebenso eine Auswahlentscheidung und dadurch ein öffentlicher Auftrag vorliegen kann, wird insbes. durch eine Rechtsprechungsänderung des OLG Düsseldorf weiterhin uneindeutig beurteilt (→ Rn. 28).

14 **Im Bereich der Krankenkassenausschreibungen** können Open-House-Verträge insbes. bei Arzneimittelrabattverträgen nach § 130a Abs. 8 SGB V zur Anwendung kommen. Gerade bei generischen Arzneimittelrabattverträgen kann durch ein Open-House-Verfahren die zur Verfügung stehende Produktbreite vergrößert werden. Ob und inwieweit Open-House-Verträge in Zukunft auch bei biologischen Arzneimitteln – insbes. bei Biosimilars – zur Anwendung kommen (können), wenn auch dort eine Substitutionsverpflichtung der Apotheken gilt (→ vgl. § 78 Rn. 123ff.), bleibt abzuwarten.[24] Ferner können Open-House-Verträge auch zum Abschluss von Rabattverträgen über Fertigarzneimittel zur Herstellung parenteraler Zubereitungen in der Onkologie (→ § 79 Rn. 1ff.) angewandt werden. Indes finden Zulassungsmodelle wie das Open-House-Verfahren **im Bereich der Hilfsmittelversorgung** gem. § 127 SGB V im Zuge der veränderten Rechtslage durch das TSVG **keine Anwendung** mehr. Denn nach § 127 Abs. 1 SGB V sind Hilfsmittelversorgungsverträge nunmehr im Wege von Verhandlungen abzuschließen. Einseitige Vertragsvorgaben, wie sie bei Open-House-Verträgen erfolgen, sind dementsprechend nicht mehr zulässig (→ Rn. 9).[25]

---

[22] Hierzu auch VK Bund Beschl. v. 19.11.2018 – VK 2-100/18, veris.

[23] Zu Vor- und Nachteilen von Open-House-Verträgen auch *Gaßner/Sauer* PharmR 2018, 288; *Hansen/Heilig* NZS 2017, 290.

[24] Ausführlich zu Open-House-Verträgen über Biosimilars, allerdings noch zu der Rechtslage vor dem GSAV, *Gaßner/Sauer* PharmR 2018, 288.

[25] Hierzu auch *Gabriel* NZBau 2020, 286. *Stock* KrV 2018, 11 erachtete Open-House-Verträge bereits vor der geänderten Rechtslage im Hilfsmittelbereich für unzulässig. Kritisch bereits vor der veränderten Rechtslage auch *Luthe* SGb 2018, 206 (210ff.).

I. Rechtsprechungsentwicklung zu den Anforderungen an ein „vergaberechtsfreies“ Open-House-Verfahren

In der Rechtsprechung war anfangs **umstritten, ob** Open-House-Verträge **vergaberechtlich** überhaupt **zulässig und wie** sie **vergaberechtlich zu bewerten** sind. Erst ein Vorlagebeschluss des OLG Düsseldorf zum EuGH (→ Rn. 19) führte dazu, dass dieser 2016 klarstellte, dass reine Zulassungsverfahren nicht dem Vergaberecht unterfallen, sofern jeder interessierte und geeignete Wirtschaftsteilnehmer den Vertrag mit dem Auftraggeber zu inhaltsgleichen Bedingungen abschließen kann (→ Rn. 21). Während der EuGH diese Rechtsprechung zwei Jahre später bestätigte und präzisierte (→ Rn. 25), beurteilt die nationale Rechtsprechung indes weiterhin uneinheitlich, unter welchen Voraussetzungen ein Zulassungsverfahren keinen öffentlichen Auftrag iSd § 103 GWB darstellt und dadurch ausnahmsweise keiner vergaberechtlichen Ausschreibungspflicht unterfällt (→ Rn. 28). 15

Den **Ausgangspunkt der vergaberechtlichen Bewertung** von Open-House-Verträgen stellt die Rechtsprechung der **VK Bund** sowie in der damaligen Beschwerdeinstanz die Rechtsprechung des LSG Nordrhein-Westfalen zur **Ausschreibungsbedürftigkeit von nicht-exklusiven Hilfsmittelversorgungsverträgen mit Beitrittsrecht** nach § 127 Abs. 2, 2a SGB V aF dar (→ § 77 Rn. 45ff.).[26] Die VK Bund entschied, dass ein Beitrittsrecht zwar dazu führen könne, dass eine unbegrenzte Anzahl an Leistungserbringern am Vertragsmodell beteiligt seien und somit den Vertragspartnern keine Exklusivität eingeräumt werde. Das „ist jedoch für die Einordnung als öffentlicher Auftrag rechtlich unerheblich. […] **Erfolgt keine Auswahlentscheidung, stellt dies** nicht den öffentlichen Auftrag **in Frage,** sondern lediglich **die Rechtmäßigkeit der Vergabe**“. Auch die gesetzgeberische Intention, Einsparungen der gesetzlichen Krankenkassen zu generieren, würde leerlaufen, wenn sämtliche Leistungserbringer dem Vertrag zu inhaltsgleichen Konditionen beitreten könnten.[27] Das **LSG Nordrhein-Westfalen hat** diese Entscheidung indes nicht bestätigt, sondern **entschieden,** dass ein Hilfsmittelversorgungsvertrag, der den vertragsbeteiligten pharmazeutischen Unternehmern keine Exklusivität zusichert, dann nicht als ausschreibungsbedürftiger öffentlicher Auftrag zu qualifizieren ist, wenn es an einer Auswahlentscheidung der gesetzlichen Krankenkasse als Auftraggeber fehlt.[28] Ein gesetzlich vorgesehener **Anspruch auf Vertragsbeitritt und gleichberechtigten Marktzugang** iSv § 127 Abs. 2a SGB V (aF) **schließe eine solche Auswahlentscheidung** ebenso wie eine vergaberechtliche Ausschreibungspflicht von vornherein **aus.**[29] 16

Die **VK Bund blieb** in der Folgezeit **bei ihrer** geäußerten **Rechtsauffassung,** dass eine Auswahlentscheidung des Auftraggebers kein konstitutives Wesensmerkmal eines öffentlichen Auftrags darstelle. In Bezug auf einen **Arzneimittelrabattvertrag** nach § 130a Abs. 8 SGB V, dem alle interessierten Unternehmer zu den vorgegebenen Bedingungen beitreten konnten, betonte die VK Bund erneut, dass zur Annahme eines öffentlichen Auftrags nicht zwingend Exklusivität gewährt werden müsse. Anderenfalls würde der Begriff des öffentlichen Auftrags durch ein zusätzliches und ungeschriebenes Tatbestandsmerkmal eingeschränkt werden, was mit den europäischen Vorgaben unvereinbar sei.[30] Arzneimittelrabattverträge im Wege eines Open-House-Vertragsmodells abzuschließen, stelle eine „missbräuchliche Verwendung einer Rahmenvereinbarung [dar]“ und sei demnach vergaberechtswidrig.[31] Eine derartige Vertragsgestaltung könne darüber hinaus dem 17

---

[26] LSG Nordrhein-Westfalen Beschl. v. 14.4.2010 – L 21 KR 69/09 u. 67/09 SFB, NZS 2011, 259 mAnm *Gabriel/Weiner* VergabeR 2010, 1026 (1033ff.); VK Bund Beschl. v. 12.11.2009 – VK 3-193/09, VPRRS 2009, 0462.

[27] VK Bund Beschl. v. 12.11.2009 – VK 3-193/09, VPRRS 2009, 0462.

[28] LSG Nordrhein-Westfalen Beschl. v. 14.4.2010 – L 21 KR 69/09 u. 67/09 SFB, NZS 2011, 259 mAnm *Gabriel/Weiner* VergabeR 2010, 1026 (1033ff.).

[29] LSG Nordrhein-Westfalen Beschl. v. 14.4.2010 – L 21 KR 69/09 u. 67/09 SFB, NZS 2011, 259 mAnm *Gabriel/Weiner* VergabeR 2010, 1026 (1033ff.).

[30] VK Bund Beschl. v. 10.6.2011 – VK 3-59/11, BeckRS 2011, 140373 Rn. 40ff.

[31] VK Bund Beschl. v. 6.7.2011 – VK 3-80/11, VPRRS 2013, 0239.

Sinn und Zweck des § 130a Abs. 8 SGB V zuwiderlaufen, eine möglichst wirtschaftliche Beschaffung von Arzneimitteln durch die gesetzlichen Krankenkassen sicherzustellen.[32] Der **Abschluss** von Arzneimittelrabattverträgen **ohne einen vorangegangenen Ausschreibungswettbewerb** zwischen pharmazeutischen Unternehmern **laufe dem Sinn und Zweck des § 130a Abs. 8 SGB V zuwider,** der gerade darin bestehe, eine möglichst wirtschaftliche Beschaffung von Arzneimitteln durch gesetzliche Krankenkassen im Wettbewerb zwischen den pharmazeutischen Unternehmern sicherzustellen (→ § 78 Rn. 1).[33]

18 Nachdem durch das AMNOG (→ § 74 Rn. 13) die Oberlandesgerichte als Beschwerdeinstanz für zuständig erklärt wurden, entschied demgegenüber das **OLG Düsseldorf** in diesem Zusammenhang, dass es **„nicht von vornherein ausgeschlossen** [sei], dass bloße **‚Zulassungen' nicht dem Vergaberecht unterfallen".**[34] Soweit ein Vertragsschluss mit jedem geeigneten Unternehmen ohne Probleme jederzeit rechtlich und tatsächlich möglich ist, entfalle ein Wettbewerbsvorteil für die vertragsbeteiligten Unternehmen und es finde kein Wettbewerb statt. Der Senat betonte dabei, dass die Beitrittsmöglichkeit rechtlich und tatsächlich bestehen müsse; nur dann könne ein Wettbewerbseingriff verhindert werden.[35] Allerdings bedurfte es in dem zu entscheidenden Fall keiner abschließenden Klärung dieser Rechtsfrage, da die Auftraggeberin aus Sicht des Senats eine Auswahlentscheidung vornahm und ein Zulassungsverfahren dadurch ohnehin nicht in Betracht kam.

19 Zwei Jahre später befasste sich das **OLG Düsseldorf** erneut mit der Frage, ob ein als Zulassungsverfahren ausgestaltetes Vertragsmodell nicht den Vorschriften des Vergaberechts unterfällt.[36] Die **erstinstanzlich zuständige VK Bund** erachtete ein Zulassungsverfahren zum Abschluss von Arzneimittelrabattverträgen nach § 130a Abs. 8 SGB V (konsequent zu ihrer schon zuvor mehrfach geäußerten Rechtsauffassung, vgl. → Rn. 17) weiterhin als vergaberechtswidrig.[37] Da der öffentliche Auftraggeber Leistungsbeschaffungen im Wege wettbewerblicher Vergabeverfahren vornehmen müsse, verstoße das Zulassungsverfahren gegen das Vergaberecht. Der Wettbewerb zwischen mehreren Unternehmern sei ebenso wie eine Auswahlentscheidung durch den Auftraggeber kein weiteres Tatbestandsmerkmal, sondern dessen notwendige Folge. Anderenfalls würde auch der vergaberechtliche Rechtsschutz unterlaufen werden.[38] Der Vergabesenat des OLG Düsseldorfs schloss hingegen die Möglichkeit nicht aus, dass ein Zulassungsverfahren wie das Open-House-Modell nicht dem Anwendungsbereich des Vergaberechts unterfalle.[39] Denn **dem Europarecht sei nicht zu entnehmen, dass Aufträge stets durch öffentliche Aufträge iSd vergaberechtlichen Vorschriften zu vergeben sind.**[40] Sofern jedes geeignete Unternehmen einen Vertrag mit dem Auftraggeber zu inhaltsgleichen Bedingungen schließen könne, erfolge keine Auswahlentscheidung des Auftraggebers und somit entstehe auch kein Wettbewerbsvorteil für den Ausschreibungsgewinner.

20 Der Senat legte dem EuGH zur **Vorabentscheidung nach Art. 267 AEUV** deshalb die Fragen vor, ob

– „der **Begriff des öffentlichen Auftrags** […] nicht mehr erfüllt ist, wenn öffentliche Auftraggeber ein Zulassungsverfahren durchführen, bei dem sie den Auftrag vergeben,

---

[32] Ähnlich auch *Hattenhauer/Wilke* ZfBR 2015, 662.

[33] Vgl. auch *Gaßner/Eggert* NZS 2011, 249. Zur unterschiedlichen Ausgangslage bei Hilfsmittel- und Rabattverträgen auch *Csaki* NZBau 2012, 350 (352).

[34] OLG Düsseldorf Beschl. v. 11.1.2012 – VII-Verg 58/11, BeckRS 2012, 1849; dazu *Csaki* NZBau 2012, 350; *Schüttpelz/Dicks* FS Marx, 2013, 691 (698 f.); *Gaßner/Strömer* NZS 2014, 811.

[35] OLG Düsseldorf Beschl. v. 11.1.2012 – VII-Verg 58/11, BeckRS 2012, 1849; dazu *Csaki* NZBau 2012, 350; *Schüttpelz/Dicks* FS Marx, 2013, 691 (698 f.); *Gaßner/Strömer* NZS 2014, 811.

[36] OLG Düsseldorf Beschl. v. 13.8.2014 – VII-Verg 13/14, NZBau 2014, 654.

[37] VK Bund Beschl. v. 20.2.2014 – VK 1-4/14, BeckRS 2014, 12500.

[38] VK Bund Beschl. v. 20.2.2014 – VK 1-4/14, BeckRS 2014, 12500.

[39] OLG Düsseldorf Beschl. v. 13.8.2014 – VII-Verg 13/14, NZBau 2014, 654.

[40] So schon EuGH Urt. v. 10.9.2009 – C-206/08, Slg. 2009, I-8380 = NZBau 2009, 729 – WAZV Gotha. Das OLG Düsseldorf bezieht sich in seinem Vorlagebeschluss ausdrücklich auf diese Entscheidung.

ohne einen oder mehrere Wirtschaftsteilnehmer auszuwählen („Open-House-Modell“)“ und ob

- „das **Merkmal der Auswahl von Wirtschaftsteilnehmern** [...] dahin auszulegen [ist],“ dass von einer Auswahl nur abgesehen werden darf, wenn kumulativ die Durchführung eines Zulassungsverfahrens europaweit publiziert wird, eindeutige Regeln über den Vertragsabschluss und den Vertragsbeitritt im Vorhinein derart festlegt werden, dass kein Wirtschaftsteilnehmer auf den Vertragsinhalt Einfluss nehmen kann, Wirtschaftsteilnehmern ein jederzeitiges Beitrittsrecht gewährt wird und Vertragsabschlüsse europaweit bekannt gegeben werden?[41]

Der **EuGH bestätigte daraufhin die Rechtsauffassung des OLG Düsseldorf.** Ein Vertrag zur Beschaffung von Leistungen, der es Wirtschaftsteilnehmern während der gesamten Laufzeit gestattet, dem Vertrag beizutreten und die betreffenden Waren zu im Vorhinein festgelegten Bedingungen zu liefern, stellt keinen öffentlichen Auftrag iSd EU-Vergaberichtlinien dar.[42] Denn die Auswahl eines Angebots und damit die Auswahl eines Auftragnehmers ist untrennbar mit dem Begriff des öffentlichen Auftrags verbunden.[43] **Fehlt eine solche Auswahlentscheidung, ist der Vertragsschluss folglich nicht als Vergabe eines öffentlichen Auftrags zu qualifizieren.** Schließlich stellt der EuGH klar, dass **gleichwohl die Grundsätze** der Nichtdiskriminierung, der Gleichbehandlung und der Transparenz nach Maßgabe **des AEUV** auch dann **zu beachten** sind, wenn der Abschluss eines Vertrags im Zulassungsverfahren nicht unter das EU/GWB-Vergaberecht fällt. In diesem Zusammenhang verfügen die Mitgliedstaaten zwar über einen gewissen Gestaltungsspielraum; das Transparenzerfordernis setzt jedoch eine Bekanntmachung voraus, die es den potentiell interessierten Wirtschaftsteilnehmern ermöglicht, vom Ablauf und von den wesentlichen Merkmalen eines Zulassungsverfahrens gebührend Kenntnis zu nehmen.[44] 21

In der **nationalen Rechtsprechung** legte namentlich das **OLG Düsseldorf** die Rechtsprechung des EuGH zunächst so aus, dass ein **Open-House-Modell** dann nicht dem Vergaberecht unterfällt, wenn zum einen **keine** „mit dem bloßen Zulassungsverfahren nicht zu vereinbarende **Auswahlentscheidung** gefällt“ wird und zum anderen die **EU-primärrechtlichen Vorgaben an das Zulassungsverfahren eingehalten** werden.[45] In einer weiteren Entscheidung hat der Vergabesenat die **Auswahl zwischen den Verfahren** als **Teil der Bestimmungsfreiheit des Auftraggebers** angesehen.[46] Gegenstand des Rechtsstreits war ein von dem Auftraggeber durchgeführtes offenes Verfahren zum Abschluss eines Hilfsmittelversorgungsvertrags nach § 127 Abs. 1 SGB V aF. Die Antragstellerin rügte den Loszuschnitt und wollte im Wege eines Beitrittsvertrags nach § 127 Abs. 2, 2a SGB V aF oder eines Einzelfallvertrags nach § 127 Abs. 3 SGB V aF Vertragspartnerin des Auftraggebers bleiben. Das OLG Düsseldorf wies den Nachprüfungsantrag indes als unbegründet zurück. Es bestehe kein Anspruch auf Durchführung eines Open-House-Verfahrens. Es obliege grundsätzlich dem Auftraggeber im Rahmen seiner Bestimmungs- oder Wahlfreiheit, darüber zu entscheiden, ein Open-House-Verfahren oder ein 22

---

[41] OLG Düsseldorf Beschl. v. 13.8.2014 – VII-Verg 13/14, NZBau 2014, 654.

[42] EuGH Urt. v. 2.6.2016 – C-410/14, ECLI:EU:C:2016:399 = NZBau 2016, 441 – Dr. Falk Pharma; dazu *Neun* NZBau 2016, 681 (683); *Gaßner* NZS 2016, 767; *Hansen/Heilig* NZS 2017, 290; *Luthe* SGb 2018, 206; *Philipp* SR aktuell 2016, 190; *Dreher* NZBau 2019, 275 (277).

[43] EuGH Urt. v. 2.6.2016 – C-410/14, ECLI:EU:C:2016:399 = NZBau 2016, 441 Rn. 38 – Dr. Falk Pharma. In diese Richtung tendiert auch die Gesetzesbegründung zu § 103 Abs. 1 GWB, vgl. BT-Drs. 18/6281, 73. Kritisch zum Merkmal der Auswahlentscheidung *Kimmig* BLJ 2017, 30.

[44] EuGH Urt. v. 2.6.2016 – C-410/14, ECLI:EU:C:2016:399 = NZBau 2016, 441 Rn. 44f. – Dr. Falk Pharma. Zu den Konsequenzen und Möglichkeiten für eine praxisgerechte Verfahrensausgestaltung siehe *Portner/Rechten* NZBau 2017, 587.

[45] OLG Düsseldorf Beschl. v. 15.6.2016 – VII-Verg 56/15, NZS 2016, 741.

[46] OLG Düsseldorf Beschl. v. 21.12.2016 – VII-Verg 26/16, NZBau 2017, 303.

nach den einschlägigen vergaberechtlichen Vorschriften zulässiges Vergabeverfahren durchzuführen.[47]

23 Die **1. VK Bund** folgerte aus der Rechtssache Dr. Falk Pharma, dass zur Annahme eines öffentlichen Auftrags neben den gesetzlich normierten Tatbestandsmerkmalen auch eine **Auswahlentscheidung** des Auftraggebers **als insoweit ungeschriebenes Tatbestandsmerkmal** erfolgen muss, durch die zumindest eine Vorauswahl zwischen den Angeboten der Wirtschaftsteilnehmer erfolgt.[48] Tätigt der Auftraggeber keine solche Auswahlentscheidung, sondern können stattdessen alle geeigneten Wirtschaftsteilnehmer dem Vertrag beitreten, so liege kein öffentlicher Auftrag vor. Die Vergabekammer konnte indes in dieser Entscheidung offenlassen, ob sie den Fall anders beurteilt hätte, wenn die Vertragsbedingungen derart ausgestaltet wären, dass aus wirtschaftlichen Gründen nur eine begrenzte Anzahl an Wirtschaftsteilnehmern dem Vertragsmodell beitreten könnten und dadurch faktisch doch eine Auswahlentscheidung vorliegen würde. Eine **Prüfung der Grundfreiheiten lehnte die VK Bund** in dieser Entscheidung noch **ab,** da deren Überprüfung durch die Entscheidung des EuGH in der Rechtssache Dr. Falk Pharma nicht den Nachprüfungsinstanzen generell zugewiesen worden sei, „sondern nur dem vorlegenden Gericht".[49] In einem zeitlich nur **kurze Zeit später** ergangenen Beschluss **konkretisierte die 1. VK Bund** ihre Rechtsauffassung und führte aus: „**Nicht** von den Vergabekammern **zu prüfen ist demgegenüber die Frage, ob** auch bei [mangels Auswahlentscheidung des Auftraggebers] nicht vorliegendem öffentlichen Auftrag möglicherweise **gegen allgemeine Grundsätze des AEU-Vertrages verstoßen wird.** Dies ergibt sich aus den Ausführungen des EuGH, der für solche Fälle gerade keine Rückausnahme vom Nichtvorliegen eines öffentlichen Auftrags annehmen will – und nur für diesen Fall wären die Vergabekammern des Bundes […] zuständig".[50] In derselben Entscheidung präzisierte die VK Bund ferner, dass ein Open-House-Modell auch dann zum Rabattvertragsabschluss gewählt werden kann, wenn aus rechtlichen Gründen – wegen eines bestehenden Patentschutzes – nur der Originator sowie etwaige Parallelimporteure an dem Vertragsmodell teilhaben können (→ § 78 Rn. 94 f.).

24 Die **2. VK Bund** entschied hingegen, dass Arzneimittelrabattverträge grundsätzlich als öffentlicher Auftrag den Regeln des Vergaberechts unterliegen, jedoch ein solcher Beschaffungsvorgang ausnahmsweise auch im Wege reiner Zulassungsverfahren vergeben werden kann, wenn **kumulativ** verschiedene Voraussetzungen erfüllt sind. Anders als noch die 1. VK Bund erachtete es die 2. VK Bund nicht als ausreichend, wenn **keine Auswahlentscheidung** des Auftraggebers vorliegt, sondern prüfte zusätzlich, ob „für alle geeigneten Marktteilnehmer ein **offener Zugang zu gleichen Bedingungen** gewährleistet [wurde]. […] Dies ist […] zusätzlich zum Fehlen einer Auswahlentscheidung sozusagen auf der „Tatbestandsseite" für das vergaberechtsfreie Zulassungsmodell gefordert". Diese Voraussetzung war im zugrundeliegenden Fall nicht erfüllt, weshalb die VK Bund auch ohne Annahme einer Auswahlentscheidung des Auftraggebers einen öffentlichen Auftrag und damit die Anwendbarkeit des Vergaberechts bejahte.[51]

25 In der **Rechtssache „Maria Tirkkonen"**[52] bekräftigte der **EuGH** im Jahr 2018 seine Rechtsprechung und **präzisierte die aufgestellten Voraussetzungen.** Der wesentliche Unterschied zu der Rechtssache Dr. Falk Pharma lag darin, dass der Beitritt zu dem Zulassungsverfahren nunmehr zeitlich beschränkt war, denn die **Beitrittsmöglichkeit** inter-

[47] OLG Düsseldorf Beschl. v. 21.12.2016 – VII-Verg 26/16, NZBau 2017, 303 Rn. 41 f.

[48] VK Bund Beschl. v. 12.8.2016 – VK 1-42/15, IBRRS 2016, 2303.

[49] VK Bund Beschl. v. 12.8.2016 – VK 1-42/15, IBRRS 2016, 2303.

[50] VK Bund Beschl. v. 2.11.2016 – VK 1-114/16, veris.

[51] VK Bund Beschl. v. 6.2.2017 – VK 2-6/17, VPRRS 2017, 0088; ebenso Beschl. v. 14.2.2017 – VK 2-4/17, VPRRS 2017, 0061.

[52] EuGH Urt. v. 1.3.2018 – C-9/17, ECLI:EU:C:2018:142 = NZBau 2018, 366 – Maria Tirkkonen mAnm *Summa* IBR 2018, 400; hierzu auch *Csaki* NZBau 2018, 598; *Neun/Otting* EuZW 2018, 661 (663); *Dreher* NZBau 2019, 275 (278). Siehe auch *Sánchez-Bordona* Schlussantrag v. 13.12.2017 – C-9/17, ECLI:EU:C:2017:962 – Maria Tirkonnen.

essierter Wirtschaftsteilnehmer war **auf eine Eingangsphase limitiert.** In seiner Vorlagefrage wollte das Gericht wissen, ob eine solche Verfahrensausgestaltung – im Gegensatz zu einem Zulassungsverfahren mit zeitlich unlimitiertem Beitrittsrecht – einen öffentlichen Auftrag darstellt. Im Wesentlichen verwies der EuGH auf seine bereits in der Sache Dr. Falk Pharma getätigten Ausführungen betreffend das Verhältnis eines Zulassungsverfahrens zum Begriff des öffentlichen Auftrags. Es kommt entscheidend darauf an, ob der öffentliche Auftraggeber im Rahmen des Zulassungsverfahrens eine Auswahlentscheidung unter den Interessenten getroffen hat.[53] Die **zeitliche Limitierung der Beitrittsmöglichkeit** auf eine Eingangsphase sei für das Vorliegen eines öffentlichen Auftrags **nicht von Belang.**[54] **Maßgeblich ist allein, ob der Entscheidung des Auftraggebers Kriterien zugrunde liegen, die es ermöglichen, die Angebote „vergleichen und ordnen zu können".** Kriterien, die lediglich Anforderungen an die fachliche Eignung der Bieter und Bewerber für die Teilnahme aufstellen (Eignungskriterien), ermöglichen kein „Vergleichen und Ordnen" der Angebote und stellen deshalb auch keine vergaberechtliche Auswahlentscheidung dar. Sie sind gerade keine Zuschlagskriterien.[55] Ohne eine solche Auswahlentscheidung liegt kein öffentlicher Auftrag iSd Vergaberichtlinien vor.

Um zu überprüfen, ob ein Open-House-Vertragsmodell den Anforderungen des EuGH 26
an ein vergaberechtsfreies Zulassungsverfahren genügt, entwickelte die **1. VK Bund** in der Folgezeit einen **zweistufigen Prüfungskanon:** „Zunächst ist zu prüfen, ob die an ein ‚vergaberechtsfreies' Open-House-Verfahren zu stellenden Anforderungen zu Lasten der [Antragstellerin] nicht erfüllt sind. Sollte dies der Fall sein, hat die Vergabekammer in einem nächsten Schritt zu prüfen, ob die konkrete Verletzung die Voraussetzungen für das Vorliegen eines öffentlichen Auftrags erfüllt; einen Automatismus dergestalt, dass jedwede Verletzung von Open-House-Anforderungen zwangsläufig das Vorliegen der Voraussetzungen eines öffentlichen Auftrags indiziert gibt es nämlich nicht".[56] Dieses zweistufige Prüfungsprogramm ist **jedoch nur dann** eröffnet, **wenn es an einer Auswahlentscheidung** des Auftraggebers **fehlt.** Liegt eine solche Auswahlentscheidung vor, ist bereits dadurch ein öffentlicher Auftrag zu bejahen. Nach diesem Prüfungsprogramm ist in einem ersten Schritt (nach der Feststellung, dass keine Auswahlentscheidung getätigt wurde) zu prüfen, ob ein Verstoß gegen die AEUV-Grundsätze, namentlich den Nichtdiskriminierungs-, Transparenz- oder den Gleichbehandlungsgrundsatz, vorliegt. Liegt ein solcher Verstoß vor, ist sodann darauf aufbauend zu prüfen, ob dadurch wiederum die Voraussetzungen eines öffentlichen Auftrags vorliegen, da **nicht jeder Verstoß zugleich das Vorliegen eines öffentlichen Auftrags impliziere.**[57]

Die **2. VK Bund** fasste zusammen, dass ein **Zulassungsverfahren dann nicht den** 27
Vorschriften des Vergaberechts unterfällt, wenn „eine solche Gefahr der exklusiven oder selektiven Bevorzugung von vorneherein ausgeschlossen ist, weil [der Auftraggeber] **keinerlei Auswahlentscheidung** zwischen den Angeboten der Bieter trifft, **und der Grundsatz der Gleichbehandlung sowie das Transparenzgebot eingehalten** wird".[58] Eine „indirekte Auswahlentscheidung" liegt nach der VK Bund jedenfalls dann vor, wenn sich der Auftraggeber durch die vertraglichen Vereinbarungen dazu verpflichtet, „die Vertragsärzte über die Ziele dieser Vereinbarung […] zu informieren und deren Umsetzung aktiv zu fördern". Denn durch diese aktive Förderungspflicht erfolge eine Len-

[53] Kritisch zum Merkmal der Auswahlentscheidung *Kimmig* BLJ 2017, 30.
[54] EuGH Urt. v. 1.3.2018 – C-9/17, ECLI:EU:C:2018:142 = NZBau 2018, 366 Rn. 34 – Maria Tirkkonen.
[55] EuGH Urt. v. 1.3.2018 – C-9/17, ECLI:EU:C:2018:142 = NZBau 2018, 366 Rn. 35–37 – Maria Tirkkonen.
[56] VK Bund Beschl. v. 7.5.2018 – VK 1-31/18, VPRRS 2018, 0190.
[57] VK Bund Beschl. v. 7.5.2018 – VK 1-31/18, VPRRS 2018, 0190.
[58] VK Bund Beschl. v. 25.10.2018 – VK 2-92/18, VPRRS 2018, 0348.

kungswirkung hin zu den vertragsgegenständlichen Produkten, wodurch die Hersteller vergleichbarer Produkte benachteiligt sind.[59]

28 Als die Vergabekammern ihre Prüfungsprogramme somit zunehmend anglichen und vermehrt auch die Prüfung von AEUV-Grundsätzen in diesem Zusammenhang für angezeigt hielten, **änderte hingegen der Vergabesenat des OLG Düsseldorf seine Spruchpraxis.** Nach Auffassung des Vergabesenats ist nunmehr zur Annahme eines öffentlichen Auftrags neben den geschriebenen Tatbestandsvoraussetzungen **allein maßgeblich, ob der Auftraggeber eine Auswahlentscheidung vorgenommen hat.** Fehlt es an einer solchen Auswahlentscheidung, liegt kein öffentlicher Auftrag vor (vgl. zur vorigen Rechtsauffassung → Rn. 22). Das gelte **unabhängig davon, ob und inwieweit das Vertragsmodell mit den Grundsätzen des AEUV in Einklang steht.** Denn „nach Auffassung des Senats kommt es […] nicht darauf an, ob das Zulassungsverfahren zu dem genannten Vertragssystem mit den Grundsätzen der Nichtdiskriminierung, der Gleichbehandlung und der Transparenz vereinbar ist. Ob das Zulassungsverfahren zu dem Open-House-Vertrag unionsrechtskonform ausgestaltet ist, ist für die Prüfung, ob im konkreten Einzelfall ein öffentlicher Auftrag iSv § 103 Abs. 1 und 5 GWB vorliegt, ohne Bedeutung. **Den Entscheidungen des EuGH ist nichts Gegenteiliges zu entnehmen**".[60] Der EuGH habe in der Rechtssache Dr. Falk Pharma die zweite Vorlagefrage des OLG Düsseldorf dahingehend verstanden, dass das vorlegende Gericht habe wissen wollen, unter welchen Voraussetzungen ein Zulassungsverfahren zu einem Vertragssystem zulässig sei. (Nur) hierauf habe der EuGH geantwortet, dass ein solches Zulassungsverfahren in Einklang mit den Grundprinzipien des AEUV stehen muss, sofern eine Binnenmarktrelevanz vorliegt. Indes sei kein Bezug zu der Frage hergestellt worden, ob und wann ein öffentlicher Auftrag vorliegt. Das werde auch durch die Entscheidung in der Rechtssache Maria Tirkkonen bestätigt, da der EuGH nicht erwähnt habe, dass die unionsrechtskonforme Ausgestaltung des Zulassungsverfahrens eine Voraussetzung zur Verneinung eines öffentlichen Auftrags darstelle.[61]

29 **Im Ergebnis** ist damit der **Abschluss eines Versorgungs- bzw. Rabattvertrags** im Bereich des SGB V ohne Durchführung eines förmlichen Vergabeverfahrens durch **ein Open-House-Zulassungsmodell grundsätzlich zulässig.**[62] Liegt eine selektiv oder exklusiv wirkende Auswahlentscheidung des Auftraggebers vor, kann ein vergaberechtsfreies Zulassungsmodell indes nicht vorliegen, mit der Folge, dass der Beschaffungsvorgang vergaberechtlich relevant und damit als öffentlicher Auftrag ausschreibungspflichtig ist. Denn ein öffentlicher Auftrag liegt nach der Rechtsprechung des EuGH immer dann vor, wenn der Beschaffungsvorgang mit der Auswahl von einem oder mehrerer Wirtschaftsteilnehmer verbunden ist und demzufolge Selektivität und/oder Exklusivität gewährt wird. Vor diesem Hintergrund kommt es darauf an, ob die jeweilige vertragliche Ausgestaltung im konkreten Einzelfall **tatsächlich geeignet** ist, jedem interessierten Wirtschaftsteilnehmer **gleichermaßen einen Vertragsabschluss zu ermöglichen.** Entscheidend ist, ob tatsächlich bzw. faktisch Selektivität bzw. Exklusivität mit der Vereinbarung verbunden ist.

---

[59] VK Bund Beschl. v. 15. 5. 2018 – VK 2-30/18, VPRRS 2018, 0192. AA LSG Hessen Beschl. v. 13. 6. 2018 – L 8 KR 229/18 B ER, VPRRS 2019, 0060.

[60] OLG Düsseldorf Beschl. v. 31. 10. 2018 – VII-Verg 37/18, NZBau 2019, 327 Rn. 47 ff.; bestätigt mit Beschl. v. 19. 12. 2018 – VII-Verg 40/18, NZBau 2019, 332. Kritisch und ablehnend Dreher NZBau 2019, 275 (278 ff.). Zur vorigen Rechtsauffassung vgl. OLG Düsseldorf Beschl. v. 15. 6. 2016 – VII-Verg 56/15, NZS 2016, 741; OLG Düsseldorf Beschl. v. 21. 12. 2016 – VII-Verg 26/16, NZBau 2017, 303.

[61] OLG Düsseldorf Beschl. v. 31. 10. 2018 – VII-Verg 37/18, NZBau 2019, 327 Rn. 48–50; bestätigt mit Beschl. v. 19. 12. 2018 – VII-Verg 40/18, NZBau 2019, 332.

[62] Zu damit verbundenen weiteren Fragen und Antworten *Willenbruch* VergabeR 2017, 419. Zur Zulässigkeit vor dem Hintergrund einer kartellrechtlichen Perspektive *Gabriel/Burholt* PharmR 2017, 323. Zur Zulässigkeit in der Hilfsmittelversorgung vor den Änderungen durch das TSVG auch LSG Bayern Beschl. v. 10. 7. 2017 – L 4 KR 89/17 B ER, BeckRS 2017, 117314 Rn. 31 ff. und SG München Beschl. v. 20. 1. 2017 – S 44 KR 2013/16 ER, BeckRS 2017, 117315.

Nicht einheitlich wird hingegen derzeit von der Rechtsprechung **beurteilt,** ob ein vergaberechtsfreies Zulassungsmodell auch dann vorliegt, **wenn** zwar keine Auswahlentscheidung des Auftraggebers erfolgt ist, das **Verfahren aber nicht im Einklang mit den europarechtlichen Grundsätzen der Gleichbehandlung und der Transparenz steht.** Es erscheint nicht sachgerecht, die Prüfung des Vorliegens eines öffentlichen Auftrags nur an einer offenkundigen Auswahlentscheidung des Auftraggebers zu beurteilen. Denn mit einem diskriminierenden oder intransparenten Zulassungsverfahren kann faktisch ebenso eine Auswahlentscheidung idS verbunden sein, dass gerade (doch) keine gleichen Zulassungsbedingungen für sämtliche interessierten Wirtschaftsteilnehmer bestehen und die Vertragsvereinbarungen selektiv oder exklusiv wirken. Insofern ist die Argumentation des OLG Düsseldorf, dass der EuGH in der Rechtssache Dr. Falk Pharma die Antwort auf die zweite Vorlagefrage nicht mit der Fragestellung verknüpft habe, ob dadurch auch ein öffentlicher Auftrag vorliege, nicht unproblematisch. Denn diese Argumentation ist jedenfalls insoweit nicht überzeugend, als dass **bereits die Prüfung des Vorliegens einer Auswahlentscheidung zugleich erfordert, auch die Einhaltung der AEUV-Grundsätze zu prüfen.**[63] 30

Zur Annahme eines Zulassungsmodells, das nicht als öffentlicher Auftrag einzustufen ist, bedarf es deshalb richtigerweise neben der Binnenmarktrelevanz des Vertrags einer europaweiten **Bekanntmachung** und einer **tatsächlichen sowie rechtlich durchsetzbaren, in zeitlicher Hinsicht aber begrenzbaren Beitrittsmöglichkeit für alle geeigneten Unternehmer,** welche innerhalb eines **transparenten und nachvollziehbaren Zulassungs- bzw. Beitrittsverfahrens** ausgeübt werden können muss und **nichtdiskriminierende Beitrittsbedingungen** voraussetzt. Insbes. darf es nicht zu einer Bevorzugung einzelner Unternehmer durch die Gewährung von Wettbewerbsvorteilen kommen, indem etwa bestimmten Wirtschaftsteilnehmer Einfluss auf die Gestaltung der Vertragsbedingungen eingeräumt wird. Vielmehr müssen sämtliche Vertragsbedingungen diskriminierungsfrei für alle auf dem entsprechenden Markt tätigen Unternehmer einheitlich vorgegeben werden. Sollte es im Einzelfall dagegen an einer diskriminierungsfreien Zugangsmöglichkeit für alle geeigneten Marktteilnehmer zu gleichen Bedingungen fehlen, lägen die Ausnahmevoraussetzungen eines vergaberechtsfreien Open-House-Modells nicht vor. Ein entsprechender Vertragsabschluss könnte dann im Wege eines Nachprüfungsverfahrens überprüft und als De-facto-Vergabe für unwirksam erklärt werden, weil dieser Vertrag nicht im Wege eines Vergabeverfahrens abgeschlossen wurde.[64] 31

II. Rechtsprechungsentwicklung zum zulässigen Rechtsweg bei Open-House-Verfahren

In den voranstehenden Ausführungen stand die Frage im Mittelpunkt, ob ein Zulassungsverfahren wie das Open-House-Vertragsmodell überhaupt den vergaberechtlichen Vorschriften unterfällt und insbes. nach der dazu ergangenen EuGH-Rechtsprechung darauf aufbauend, welchen Anforderungen ein Zulassungsverfahren genügen muss, um ausnahmsweise keinen öffentlichen Auftrag iSd § 103 Abs. 1 GWB darzustellen. Davon zu unterscheiden ist die – inhaltlich sehr nah beieinander liegende – **Fragestellung, welcher Rechtsweg sodann zur gerichtlichen Überprüfung von Open-House-Verträgen eröffnet** ist. 32

Zunächst wird die **parallele Entwicklung der Rechtsprechung in Bezug auf Ausschreibungen zu Hilfsmittelversorgungsverträgen** nach der bis zum TSVG geltenden Fassung des § 127 Abs. 1 SGB V aF dargestellt. Denn inhaltlich hat sich die Rechtsprechung sowohl in Bezug auf die Hilfsmittelversorgung als auch in Bezug auf Open-House- 33

[63] Kritisch zu der Rechtauffassung des OLG Düsseldorf auch *Dreher* NZBau 2019, 275 (278 ff.).
[64] So entschieden von VK Bund Beschl. v. 14.2.2017 – VK 2-4/17, VPRRS 2017, 0061; Beschl. v. 6.2.2017 – VK 2-6/17, VPRRS 2017, 0088.

bzw. nicht-exklusive Versorgungsverträge ähnlich entwickelt. Insbes. das **OLG Düsseldorf** hat in geänderter personeller Senatsbesetzung jeweils vorherige Rechtsprechungslinien verworfen und die **Zuständigkeit der Vergabenachprüfungsinstanzen zunehmend eingeschränkt.** Hinsichtlich der Hilfsmittelversorgung hat es die nach § 127 Abs. 1 S. 1, 6 SGB V aF im Vorfeld der Ausschreibung anzustellenden Zweckmäßigkeitserwägungen einem dem Vergabeverfahren vorgelagerten Stadium zugeordnet, mit der Konsequenz, dass zu deren Überprüfung die Sozialgerichte berufen sind. Ob Open-House-Verträge einen öffentlichen Auftrag darstellen, ist aus Sicht des Senats zudem (nur noch) anhand des Merkmals der Auswahlentscheidung des Auftraggebers zu bewerten. Ob darüber hinaus die AEUV-Grundprinzipien eingehalten wurden, sei hierbei nicht mehr zu prüfen. In Konsequenz sind aus Sicht des Vergabesenats die Sozialgerichte bereits dann sachlich zur Überprüfung von Open-House-Verträgen zuständig, wenn keine Auswahlentscheidung des Auftraggebers vorliegt, da ein öffentlicher Auftrag bereits dadurch ausscheide. Beide Rechtsprechungslinien schränken den Prüfungsumfang der Vergabenachprüfungsinstanzen somit – im Vergleich zu vorigen Rechtsprechungsentwicklungen – ein, weshalb in diesem Sinne der Rechtsprechungsentwicklung zu Hilfsmittelversorgungsverträgen eine **gewisse Vorbildwirkung** für die sich anschließenden Open-House-Verträge (→ Rn. 45 ff.) zukommt.

1. Parallele und vergleichbare Rechtsprechungsentwicklung zu Hilfsmittelversorgungsverträgen

34 In Bezug auf Hilfsmittelversorgungsverträge nach § 127 Abs. 1 SGB V aF **sahen sich sowohl die Sozialgerichte als auch die Vergabenachprüfungsinstanzen regelmäßig als unzuständig an** und verwiesen auf die jeweils andere Gerichtsbarkeit.[65] Zugrunde lagen den Entscheidungen zumeist Fälle, in denen ein Leistungserbringer vor den Sozialgerichten auf Erlass einer einstweiligen Anordnung mit dem Ziel klagte, die Hilfsmittelausschreibung der Krankenkasse zu untersagen, da diese – aus Sicht der jeweiligen Antragsteller – nicht zweckmäßig iSv § 127 Abs. 1 S. 1, 6 SGB V aF und dadurch rechtswidrig sei. Denn § 127 Abs. 1 S. 1 SGB V aF bestimme in der damaligen Fassung vor dem TSVG, dass eine vergaberechtliche Ausschreibung nur erfolgen durfte, wenn diese zur Gewährleistung einer wirtschaftlichen und in der Qualität gesicherten Versorgung zweckmäßig ist (→ § 77 Rn. 31 ff.). In § 127 Abs. 1 S. 6 SGB V aF wurde ergänzt, dass bei individuell angefertigten Hilfsmitteln oder Versorgungen mit hohem Dienstleistungsanteil Ausschreibungen nicht zweckmäßig und damit rechtswidrig sind.[66] **Die Sozialgerichtsbarkeit** sah sich für die **Überprüfung der Zweckmäßigkeit von Hilfsmittelausschreibungen** insbes. deswegen als unzuständig an, weil die Überprüfung von öffentlichen Aufträgen – worum es bei der Überprüfung des Zweckmäßigkeitsgebots gehe – nach § 51 Abs. 3 SGG iVm § 69 Abs. 3 SGB V den Vergabenachprüfungsinstanzen obliege. **Die Vergabenachprüfungsinstanzen** und insbes. das OLG Düsseldorf verwiesen indes nach geänderter Rechtsprechung darauf, dass die Zweckmäßigkeitsüberlegungen dem Vergabeverfahren vorausgingen und das Vergabeverfahren – zu dessen Überprüfung die Vergabenachprüfungsinstanzen berufen sind – erst im Anschluss an diese Zweckmäßigkeitsüberlegungen beginne.

35 Das **OLG Düsseldorf** entschied zunächst in einem **Grundsatzurteil** im Jahr 2016, dass die **Vorschrift des § 127 Abs. 1 SGB V vergaberechtlich unangewendet zu bleiben habe,** soweit dadurch die Durchführung von Vergabeverfahren im Oberschwellenbereich von Zweckmäßigkeitserwägungen abhängig gemacht werde. Die Vorschrift werde durch die EU-primärrechtlichen Vorgaben und durch die Vorschriften des 4. Teils

[65] Bis zum Entwicklungsstand Mitte 2018 auch *Knispel* NZS 2019, 6.

[66] Zunächst waren nach dem Wortlaut des § 127 Abs. 1 S. 4 SGB V aF Ausschreibungen für individuell angefertigte Hilfsmittel oder mit hohem Dienstleistungsanteil „in der Regel" nicht zweckmäßig. Durch das HHVG wurde dieser Einschub im neuen § 127 Abs. 1 S. 6 SGB V aF gestrichen (→ § 77 Rn. 33).

des GWB „**vollständig überlagert.** [...] Diesbezügliche Beschwerdevorbringen sind demnach gegenstandslos [...] und darum nicht zu überprüfen“.[67] Konkret hatte diese Rechtsauffassung für den Antragsteller zur Konsequenz, dass ein ausschließlich auf die fehlende Zweckmäßigkeit der Ausschreibung gestützter **Nachprüfungsantrag** zwar zulässig war, jedoch **als unbegründet zurückgewiesen** wurde. Zuvor hatte das OLG Düsseldorf sich noch auf eine Auslegung des Zweckmäßigkeitserfordernisses des § 127 Abs. 1 SGB V in der Sache eingelassen.[68] Die **VK Bund** haben in der Folgezeit die **Rechtsprechung** des OLG Düsseldorf **übernommen** und bekräftigt, dass es im Oberschwellenbereich unerheblich sei, ob eine von den Krankenkassen getätigte Ausschreibung zweckmäßig sei.[69] Im Ergebnis fand eine Überprüfung von Zweckmäßigkeitserwägungen vor den Vergabenachprüfungsinstanzen somit nicht (mehr) statt.

Die Sozialgerichte entschieden, auch unter Berufung auf die Rechtsprechung des 36 OLG Düsseldorf, dass sie **zur Überprüfung der Zweckmäßigkeit** einer Ausschreibung **nicht berufen** sind, da es hierbei um die Nachprüfung eines öffentlichen Auftrags und somit um eine wettbewerbliche Streitigkeit nach dem 4. Teil des GWB gehe. Hierzu sind die Vergabenachprüfungsinstanzen berufen.[70] Beispielhaft hat das SG Heilbronn das wie folgt zusammengefasst: „Bei der hier streitigen Frage der Zweckmäßigkeit einer Ausschreibung nach § 127 SGB V handelt es sich zweifelsohne um eine wettbewerbsrechtliche Streitigkeit. Dies ergibt sich bereits aus dem Beschluss des OLG Düsseldorf vom 21.12. 2016 – VII-Verg 26/16“.[71] Die Entscheidungen ergingen im Rahmen von Anträgen auf Erlass einstweiliger Anordnungen. Die Antragsteller vertraten die Auffassung, dass die Sozialgerichte zuständig seien, da die Prüfung der Zweckmäßigkeit einer Ausschreibung ein eigenständiges und dem Vergabeverfahren vorgelagertes Verfahren darstelle. Da Ausschreibungen bei fehlender Zweckmäßigkeit nicht durchgeführt werden dürften, gehe es um eine inhaltliche Prüfung der sozialrechtlichen Norm des § 127 Abs. 1 SGB V aF. Das sei eine dem Vergabeverfahren vorgelagerte Rechtsfrage, sodass die Zuständigkeit der Sozialgerichte begründet sei.[72] Demzufolge fand eine **Prüfung von Zweckmäßigkeitserwägungen** im Ergebnis **weder vor den vergaberechtlichen Nachprüfungsinstanzen noch vor den Sozialgerichten** statt. Die Vergabenachprüfungsinstanzen betrachteten das Zweckmäßigkeitsgebot zwar als eine vergaberechtliche Vorschrift, die indes durch die EU-/GWB Vorschriften überlagert und demzufolge nicht geprüft werde. Die Sozialgerichte lehnten eine Prüfung allerdings mit dem Verweis auf den vergaberechtlichen Gehalt der Vorschrift ab.

Uneinheitlich beurteilten die Sozialgerichte darauf aufbauend, **ob der Rechtsstreit an die Vergabenachprüfungsinstanzen zu verweisen ist,** oder ob der Antrag 37 auf Erlass einer einstweiligen Anordnung abzuweisen und der Rechtsstreit vor den Vergabenachprüfungsinstanzen erneut zu erheben ist. Vereinzelt wurde der **Rechtsstreit** unter Berufung auf § 17a Abs. 2 S. 1 GVG **an die VK Bund verwiesen,** da diese nach § 156 Abs. 1, § 159 Abs. 1 Nr. 2 iVm § 99 Nr. 2a GWB erstinstanzlich zuständig sei. Zwar sei

[67] OLG Düsseldorf Beschl. v. 21.12.2016 – VII-Verg 26/16, NZBau 2017, 303 Rn. 27ff. Anders zuvor VK Bund Beschl. v. 21.6.2016 – VK 2-45/16, VPRRS 2016, 0254.

[68] OLG Düsseldorf Beschl. v. 24.9.2014 – VII-Verg 17/14, NZBau 2015, 314.

[69] VK Bund Beschl. v. 15.5.2018 – VK 1-41/18, VPRRS 2018, 0224; Beschl. v. 3.4.2018 – VK 2-24/18, VPRRS 2018, 0118; Beschl. v. 15.2.2018 – VK 1-161/17, BeckRS 2018, 10271 Rn. 42.

[70] SG Frankfurt a.M. Beschl. v. 29.1.2018 – S 34 KR 108917 ER, BeckRS 2018, 4103 Rn. 11ff.; SG Reutlingen Beschl. v. 28.12.2017 – S 1 KR 2858/17 ER, BeckRS 2017, 137583 Rn. 14ff.; SG Wiesbaden Beschl. v. 20.12.2017 – S 17 KR 524/17 ER; SG Gotha Beschl. v. 18.12.2017 – S 9 KR 3990/17 ER, BeckRS 2017, 151053; SG Schwerin Beschl. v. 14.12.2017 – S 20 KR 325/17 ER, BeckRS 2017, 152017; SG Heilbronn Beschl. v. 11.12.2017 – S 9 KR 3894/17 ER, BeckRS 2017, 151887 Rn. 6ff.; SG Saarbrücken Beschl. v. 11.12.2017 – S 1 KR 41/17, VPRRS 2018, 0356; SG Speyer Beschl. v. 7.12.2017 – S 17 KR 648/17 ER. Kritisch hierzu *Knispel* NZS 2019, 6.

[71] SG Heilbronn Beschl. v. 11.12.2017 – S 9 KR 3894/17 ER, BeckRS 2017, 151887 Rn. 7.

[72] Siehe beispielhaft für diese Begründung SG Schwerin Beschl. v. 14.12.2017 – S 20 KR 325/17 ER, BeckRS 2017, 152017 Rn. 7–10.

sie kein Gericht, übe ihre Tätigkeit jedoch ebenso wie ein Gericht unabhängig aus.[73] Teilweise wurde auch als insoweit „erstinstanzliche gerichtliche Nachprüfungsinstanz" **an den Vergabesenat** des OLG Düsseldorf **verwiesen.**[74] **Überwiegend** wurde der Antrag auf Erlass einer einstweiligen Anordnung aber **als unzulässig abgewiesen und eine Verweisung abgelehnt,** da die Vergabekammern keine gerichtliche Instanz darstellen. Eine Verweisung an das OLG Düsseldorf als Beschwerdeinstanz komme ferner nicht in Betracht, da die Vergabesenate nur über Entscheidungen der Vergabekammer entscheiden, woran es aber gerade fehlt.[75] Zuvor hatte bereits das OVG Sachsen in Bezug auf einen Antrag auf einstweilige Anordnung nach § 123 VwGO wegen der Vergabe von Aufträgen zum Krankentransport und zur Notfallrettung entschieden, dass eine Verweisung weder an die Vergabekammer noch an den Vergabesenat des zuständigen Oberlandesgerichts möglich sei.[76]

38 In der Folgezeit wurde die von den Sozialgerichten vertretene **Rechtsauffassung** auch **von den Landessozialgerichten** in der nächsten Instanz **bestätigt.**[77] § 127 Abs. 1 S. 6 SGB V aF stelle eine Norm dar, „die nur prima facie in den Zuständigkeitsbereich der Gerichte der Sozialgerichtsbarkeit fällt. Denn **die Frage, ob § 127 Abs. 1 S. 6 SGB V** – also sozialrechtliche Gründe – **der Ausschreibung entgegenstehen, ist** in den Fällen der Sonderzuweisung nach § 69 Abs. 3 SGB V **gerade nicht dem Sozialrechtsweg zugeordnet**".[78] Es treffe zwar zu, dass die Vorschrift des § 127 Abs. 1 SGB V eine Vorfrage der Ausschreibung betreffe, doch „auch in anderen Fallkonstellationen haben Behörden und Gerichte Vorfragen aus anderen Rechtsgebieten im Rahmen der von ihnen zu treffenden Entscheidungen zu bedenken, ohne dass dadurch ein weiterer Rechtsweg eröffnet würde". Eine **Zersplitterung des Rechtswegs** zur Beurteilung der Rechtmäßigkeit einer Ausschreibung in fachrechtliche Vorfragen (durch die Fachgerichte) und vergaberechtliche Themen (durch die Vergabekammern) **sei** im Hinblick auf die Rechtssicherheit, den Beschleunigungsgrundsatz des Vergabeverfahrens und die Einheitlichkeit der Rechtsordnung **nicht zielführend.**[79] Die Landessozialgerichte lehnten eine Verweisung an die Vergabekammer oder den Vergabesenat des zuständigen OLG ebenso wie (überwiegend auch) die Sozialgerichte ab.[80]

---

[73] SG Heilbronn Beschl. v. 11.12.2017 – S 9 KR 3894/17 ER, BeckRS 2017, 151887 Rn. 10. Die Verweisung an die Vergabekammer wurde in der nächsten Instanz aufgehoben, vgl. LSG Baden-Württemberg Beschl. v. 24.4.2018 – L 1 SV 132/18, BeckRS 2018, 23527.

[74] SG Gotha Beschl. v. 18.12.2017 – S 9 KR 3990/17 ER, BeckRS 2017, 151053 Rn. 4. Zuvor bereits SG Speyer Beschl. v. 7.12.2017 – S 17 KR 648/17 ER. Das OLG Düsseldorf hat sich sodann für funktionell nicht zuständig erklärt und den Rechtsstreit an die Vergabekammer verwiesen, vgl. OLG Düsseldorf Beschl. v. 2.8.2018 – Verg 57/17, BeckRS 2018, 25119. Die Vergabekammer hat sich daraufhin für den Rechtsstreit für zuständig erklärt, vgl. VK Bund Beschl. v. 21.9.2018 – VK 1-83/18, VPRRS 2018, 0336.

[75] SG Frankfurt a.M. Beschl. v. 19.4.2018 – S 34 KR 136/18 ER, PharmR 2018, 453; Beschl. v. 29.1.2018 – S 34 KR 108917 ER, BeckRS 2018, 4103 Rn. 11 ff.; SG Reutlingen Beschl. v. 28.12.2017 – S 1 KR 2858/17 ER, BeckRS 2017, 137583 Rn. 28 ff.; SG Wiesbaden Beschl. v. 20.12.2017 – S 17 KR 524/17 ER; SG Schwerin Beschl. v. 14.12.2017 – S 20 KR 325/17 ER, BeckRS 2017, 152017 Rn. 28; SG Saarbrücken Beschl. v. 11.12.2017 – S 1 KR 41/17, VPRRS 2018, 0356. Dem zustimmend OLG Düsseldorf Beschl. v. 2.8.2018 – Verg 57/17, BeckRS 2018, 25119 das sich im Rahmen eines verwiesenen Rechtsstreits für funktionell nicht zuständig erklärt hat.

[76] OVG Sachsen Beschl. v. 9.2.2016 – 5 B 315/15, VPRRS 2016, 0500.

[77] LSG Hessen Beschl. v. 3.5.2018 – L 8 KR 31/18 B ER; LSG Baden-Württemberg Beschl. v. 24.4.2018 – L 1 SV 132/18, BeckRS 2018, 23527 Rn. 10 ff.; LSG Bayern Beschl. v. 21.3.2018 – L 5 KR 81/18 B ER, BeckRS 2018, 47986 Rn. 17 ff.; Beschl. v. 20.3.2018 – L 5 KR 81/18 B, BeckRS 2018, 5675 Rn. 17 ff.; LSG Mecklenburg-Vorpommern Beschl. v. 28.2.2018 – L 6 KR 4/18 B ER, BeckRS 2018, 23466 Rn. 18 ff.

[78] LSG Bayern Beschl. v. 20.3.2018 – L 5 KR 81/18 B, BeckRS 2018, 5675 Rn. 20.

[79] LSG Baden-Württemberg Beschl. v. 24.4.2018 – L 1 SV 132/18, BeckRS 2018, 23527 Rn. 16, 20.

[80] LSG Hessen Beschl. v. 3.5.2018 – L 8 KR 31/18 B ER; LSG Baden-Württemberg Beschl. v. 24.4.2018 – L 1 SV 132/18, BeckRS 2018, 23527 Rn. 17 ff.; LSG Bayern Beschl. v. 21.3.2018 – L 5 KR 81/18 B ER, BeckRS 2018, 47986 Rn. 25 ff.; Beschl. v. 20.3.2018 – L 5 KR 81/18 B, BeckRS 2018, 5675 Rn. 25 ff.; LSG Mecklenburg-Vorpommern Beschl. v. 28.2.2018 – L 6 KR 4/18 B ER, BeckRS 2018, 23466 Rn. 21 ff.

In geänderter personeller Besetzung hat das **OLG Düsseldorf** dann **entgegen seiner bisherigen Rechtsprechung entschieden,** dass das **Zweckmäßigkeitsgebot gem. § 127 Abs. 1 S. 1, 6 SGB V aF keine bieterschützende Vorschrift** iSv § 97 Abs. 6 GWB darstellt.[81] Die Zweckmäßigkeitsüberlegungen des Auftraggebers gingen dem Vergabeverfahren voraus, weshalb das Zweckmäßigkeitsgebot **keine vergaberechtliche Vorschrift** sei: „Das Vergabeverfahren, das zu einem Zuschlag führen soll und in dem bieterschützende Vorschriften nicht verletzt werden dürfen, beginnt erst, wenn nach Zweckmäßigkeitsüberlegungen der interne Beschaffungsbeschluss getroffen ist und nach außen Maßnahmen zu seiner Umsetzung getroffen werden".[82] Der Schutz interessierter Wirtschaftsteilnehmer werde durch das Zweckmäßigkeitsgebot des § 127 Abs. 1 S. 1, 6 SGB V aF nicht bezweckt; es diene allein dem Schutz der Versicherten und dem Allgemeininteresse daran, unwirtschaftliche Vergabeverfahren zu vermeiden. **Ein (nur) auf das Zweckmäßigkeitsgebot gestützter Nachprüfungsantrag ist** infolge dieser Rechtsprechungsänderung deshalb mangels Antragsbefugnis (bereits) **unzulässig.** Bedingt durch diese Rechtsprechungsänderung äußerte der Vergabesenat zudem **Zweifel an der Richtigkeit der Auffassung der Sozialgerichte, ihre Zuständigkeit** für die Überprüfung von Verstößen gegen das Zweckmäßigkeitsgebot **zu verneinen.** Eine Verweisung an die Sozialgerichte erachtete der Vergabesenat – in dieser Entscheidung – für ausgeschlossen.[83] Der Vergabesenat bekräftigte in der Folgezeit seine Auffassung, dass einem allein auf eine behauptete Verletzung des Zweckmäßigkeitsgebots nach § 127 Abs. 1 S. 1, 6 SGB V aF gestützten Nachprüfungsantrag bereits die Antragsbefugnis nach § 160 Abs. 2 GWB fehle.[84] Dieser Rechtsauffassung schloss sich auch die VK Bund an.[85] 39

Während das **OLG Düsseldorf** in der vorstehenden Entscheidung eine Verweisung an die Sozialgerichte noch ausschloss, hat es **in der Folgezeit** bei ihm als Beschwerdeinstanz im Vergabenachprüfungsverfahren anhängige **Rechtsstreite an das aus seiner Sicht jeweils sachlich und örtlich zuständige Sozialgericht verwiesen.** Eine solche Verweisung erfolgte im Zusammenhang mit einer Ausschreibung hinsichtlich nichtexklusiver Vereinbarungen zur Beschaffung von wirkstoffübergreifenden Kontrastmitteln (→ Rn. 46),[86] der Überprüfung eines Open-House-Vertrags zur Beschaffung von Grippeimpfstoffen[87] sowie einem Rahmenvertrag zur Hilfsmittelversorgung mit Beitrittsrecht nach § 127 Abs. 2, 2a SGB V aF[88] (→ Rn. 49).[89] 40

Trotz der Rechtsprechungsänderung des OLG Düsseldorf schloss sich das **LSG Thüringen** den „überzeugenden Ausführungen des Bayerischen Landessozialgerichts" an (→ Rn. 38) und erachtete ebenso die Vergabenachprüfungsinstanzen für zuständig.[90] Kurze Zeit später entschied das **LSG Hamburg** indes gegenteilig, dass **für Streitigkeiten über die Zweckmäßigkeit einer europaweiten Ausschreibung** im Rahmen der Hilfsmittelversorgung **die Sozialgerichte zuständig** sind.[91] Der Senat neige ausdrücklich der ge- 41

[81] OLG Düsseldorf Beschl. v. 27.6.2018 – Verg 59/17, MPR 2018, 216 (220ff.). Dazu *Knispel* NZS 2019, 6; *Amelung* MPR 2018, 227.

[82] OLG Düsseldorf Beschl. v. 27.6.2018 – Verg 59/17, MPR 2018 216 (221).

[83] OLG Düsseldorf Beschl. v. 27.6.2018 – Verg 59/17, MPR 2018 216 (223).

[84] OLG Düsseldorf Beschl. v. 3.8.2018 – Verg 30/18, BeckRS 2018, 35115; Beschl. v. 7.1.2019 – VII-Verg 30/18, NZBau 2019, 261 Rn. 30.

[85] VK Bund Beschl. v. 21.9.2018 – VK 1-83/18, VPRRS 2018, 0336.

[86] OLG Düsseldorf Beschl. v. 31.10.2018 – VII-Verg 37/18, NZBau 2019, 327 Rn. 53ff. Dazu *Gabriel* NZBau 2019, 568.

[87] OLG Düsseldorf Beschl. v. 19.12.2018 – VII-Verg 40/18, NZBau 2019, 332 Rn. 47ff.

[88] OLG Düsseldorf Beschl. v. 20.3.2019 – Verg 65/18, BeckRS 2019, 8280 Rn. 45ff.

[89] Die Verweisungsmöglichkeit an die Sozialgerichte hat das OLG Düsseldorf auch in weiteren Beschlüssen bestätigt, vgl. OLG Düsseldorf Beschl. v. 7.1.2019 – VII-Verg 30/18, NZBau 2019, 261 und in der Kostenentscheidung hierzu Beschl. v. 24.1.2019 – Verg 30/18, BeckRS 2019, 5591 Rn. 25.

[90] LSG Thüringen Beschl. v. 17.8.2018 – L 6 KR 708/18 B ER, BeckRS 2018, 47944 Rn. 16ff. Dazu *Kuhn* GesR 2018, 706.

[91] LSG Hamburg Beschl. v. 25.9.2018 – L 1 KR 34/18, VPRRS 2018, 0360; bestätigt mit Beschl. v. 3.1. 2019 – L 1 KR 145/18 B ER, BeckRS 2019, 9539 Rn. 4.

änderten Rechtsprechung des OLG Düsseldorf zu, „denn die in § 127 Abs. 1 SGB V vorgesehene Zweckmäßigkeitsprüfung ist, wie schon dem Gesetzestext in § 127 Abs. 1 S. 1 SGB V eindeutig zu entnehmen ist, sozialrechtlicher Natur. […] **Zweck der Ausschreibung von Hilfsmittellieferungen ist** damit kein wettbewerblicher, sondern **ein gesundheitspolitischer** mit den in einem Spannungsverhältnis sich befindenden Aspekten einer sparsamen und zugleich wirtschaftlichen Haushaltsführung der Krankenkassen und der medizinischen Versorgung ihrer Versicherten in dem zur Krankenbehandlung notwendigen Umfang. […] Die Zweckmäßigkeitsprüfung ist damit […] primär sozialrechtlicher bzw. gesundheitspolitischer Natur. Eine **wettbewerbliche Komponente iSd GWB ist ihr gesetzessystematisch nicht immanent**“.[92] Zugrunde lag dieser Entscheidung des LSG Hamburg – anders als bei den vorangegangenen Entscheidungen der Sozialgerichte – ein Rechtsstreit um eine aufsichtsrechtliche Maßnahme gegenüber der ausschreibenden Krankenkasse im Zusammenhang mit einer Hilfsmittelausschreibung. Auch das SG Hamburg schloss sich der neuen Rechtsprechung des OLG Düsseldorf und des LSG Hamburg an.[93]

42 Da das LSG Thüringen in seiner Entscheidung (→ Rn. 41) die **Rechtsbeschwerde zum BSG nach § 17 Abs. 4 S. 4 GVG** zuließ, entschied abschließend auch das BSG über den Rechtsweg zur Nachprüfung der Zweckmäßigkeit von Ausschreibungen zur Hilfsmittelversorgung. Das **BSG verwarf die vom LSG zugelassene Beschwerde** jedoch, da es an seiner Rechtsprechung festhalte, wonach in Verfahren des vorläufigen Rechtsschutzes die weitere Beschwerde an das BSG zur Klärung des Rechtswegs ausgeschlossen sei.[94] Es **verwies den Rechtsstreit** von Amts wegen **an den Vergabesenat des OLG Düsseldorf,** da die derzeitige Prozesslage gemessen an der Garantie effektiven und wirksamen Rechtsschutzes nicht hinnehmbar sei; es sei eine zügige und für alle Gerichte verbindliche Klärung der Zuständigkeit geboten. Es übersehe nicht, dass das OLG Düsseldorf zwar grundsätzlich nur gegen eine Entscheidung der Vergabekammer zuständig sei, eine Verweisung an diese sei aber nicht möglich, da diese kein Gericht iSv Art. 92 GG iVm § 17a Abs. 2 S. 1 GVG sei.[95]

43 Insgesamt ist die **Rechtsprechung zur Nachprüfung von Zweckmäßigkeitserwägungen** im Rahmen der Hilfsmittelversorgung **diffus** und speziell vor der Rechtsprechungsänderung des OLG Düsseldorf dadurch geprägt gewesen, dass die Zuständigkeit der jeweils anderen Gerichtsbarkeit „zugeschoben“ wurde. Eine inhaltliche Prüfung der Zweckmäßigkeitserwägungen fand dadurch faktisch weder vor den Vergabenachprüfungsinstanzen noch vor den Sozialgerichten statt. Hinsichtlich der Hilfsmittelversorgung hat sich diese **Rechtswegfrage erledigt,** da die diesbezügliche **Ausschreibungsmöglichkeit** des § 127 Abs. 1 SGB V aF im Zuge des TSVG **entfallen** ist (vgl. ausführlich → § 77 Rn. 10). Hierdurch erübrigt sich auch die Frage nach der Zweckmäßigkeit von Ausschreibungen.

44 Diese Rechtsprechungsentwicklung hat eine **gewisse Vorbildwirkung für die Open-House-Verträge** (→ Rn. 33). Denn auch in Bezug auf Open-House-Verträge hat der Vergabesenat des OLG Düsseldorf den Prüfungsumfang der Vergabenachprüfungsinstanzen eingeschränkt und Streitigkeiten an die Sozialgerichte verwiesen.

---

[92] LSG Hamburg Beschl. v. 25.9.2018 – L 1 KR 34/18, VPRRS 2018, 0360; bestätigt mit Beschl. v. 3.1.2019 – L 1 KR 145/18 B ER, BeckRS 2019, 9539 Rn. 4.

[93] SG Hamburg Beschl. v. 4.12.2018 – S 37 KR 1565/18 ER, BeckRS 2018, 32263 Rn. 11 ff.

[94] BSG Beschl. v. 6.3.2019 – B 3 SF 1–18, NZBau 2019, 386 Rn. 12 f. mAnm *Knispel* NZS 2019, 319. Hierzu bereits BSG Beschl. v. 24.1.2008 – B 3 SF 1/08 R.

[95] BSG Beschl. v. 6.3.2019 – B 3 SF 1–18, NZBau 2019, 386 Rn. 18 ff. In einem vergleichbaren Fall hat das OLG Düsseldorf den Rechtsstreit sodann an die VK Bund verwiesen, als das SG Speyer den Rechtsstreit unmittelbar an den Vergabesenat verwiesen hatte, vgl. OLG Düsseldorf Beschl. v. 2.8.2018 – Verg 57/17, BeckRS 2018, 25119. Die Vergabekammer hat sich daraufhin für den Rechtsstreit für zuständig erklärt, vgl. VK Bund Beschl. v. 21.9.2018 – VK 1-83/18, VPRRS 2018, 0336.

2. Rechtsprechungsentwicklung zu Open-House-Verträgen

Aufbauend auf der Rechtsprechung des EuGH in der Rechtssache Dr. Falk Pharma (→ Rn. 21) hat zunächst das **LSG Nordrhein-Westfalen** im Rahmen eines **einstweiligen Rechtsschutzverfahrens** über den Abschluss nicht-exklusiver Rabattverträge nach § 130a Abs. 8 SGB V den **Rechtsweg zu den Sozialgerichten ausdrücklich für zulässig befunden.**[96] Der EuGH habe klargestellt, dass Open-House-Verträge keinen öffentlichen Auftrag darstellen und demzufolge nicht den vergaberechtlichen Vorschriften unterfallen. Dadurch ist die Sonderzuweisung nach § 69 Abs. 3 SGB V iVm § 51 Abs. 3 SGG nicht einschlägig, sodass die Sozialgerichte über die öffentlich-rechtliche Streitigkeit in Angelegenheiten der gesetzlichen Krankenversicherung nach § 51 Abs. 1 Nr. 2 SGG zu befinden haben. „Schon nach dem umfassenden Wortlaut des § 51 Abs. 1 Nr. 2 SGG sind sämtliche Rechtsstreitigkeiten aus dem öffentlich-rechtlichen Rechts- und Pflichtenkreis der Krankenkassen, der unmittelbar ihre öffentlichen Aufgaben betrifft, den Gerichten der Sozialgerichtsbarkeit zugewiesen".[97] Auch das **LSG Hessen** nahm sich in einem einstweiligen Rechtsschutzverfahren einer Vereinbarung über die **Lieferung eines Grippeimpfstoffs zu einem Festpreis** in der Sache an, da eine **Auswahl eines Wirtschaftsteilnehmers hierbei nicht erfolge.** Eine indirekte Auswahlentscheidung sei auch nicht damit verbunden, dass eine Regelung enthalten sei, die auf die Ärzte derart einwirken solle, dass diese eine wirkstoffbezogene Verordnung ausstellen. Im Vordergrund stehe einzig die Festlegung der Vergütung und somit eine reine Preisvereinbarung.[98] 45

Das **OLG Düsseldorf verwies** einen bei ihm als Beschwerdeinstanz im Vergabenachprüfungsverfahren anhängigen Rechtsstreit in Bezug auf nicht-exklusive Vereinbarungen zur Beschaffung von wirkstoffübergreifenden Kontrastmitteln **an das aus seiner Sicht sachlich wie örtlich zuständige SG Braunschweig** als erstinstanzliches Gericht der Sozialgerichtsbarkeit.[99] Da ein öffentlicher Auftrag bei den nicht-exklusiven Vereinbarungen mangels Auswahlentscheidung des Auftraggebers – unabhängig der Einhaltung der AEUV-Grundprinzipien (dazu ausführlich → Rn. 28) – nicht vorliege, ist die Sonderzuweisung an die Vergabenachprüfungsinstanzen nach § 69 Abs. 3 SGB V iVm § 51 Abs. 3 SGG nicht eröffnet, sodass nach § 51 Abs. 1 Nr. 2 SGG die **Sozialgerichtsbarkeit** für die Streitigkeit in Angelegenheiten der gesetzlichen Krankenversicherung **zuständig** ist. 46

Der Vergabesenat hat den Rechtsstreit daher **unter Berufung auf § 17a Abs. 2 GVG an die Sozialgerichtsbarkeit verwiesen.** Zwar prüft nach § 17a Abs. 5 GVG die Rechtsmittelinstanz nicht, ob der zu ihm beschrittene Rechtsweg zulässig ist, jedoch sei diese Regelung im Vergabenachprüfungsverfahren nicht einschlägig und es könne die Verweisung durch den Vergabesenat aus Gründen der Verfahrensökonomie und des effektiven Rechtsschutzes erfolgen.[100] Das OLG stützt sich hierbei auf eine **Entscheidung des BGH** aus dem Jahr 2012. Der BGH hatte im Rahmen eines Rechtsbeschwerdeverfahrens klargestellt, dass § 17a Abs. 5 GVG einer **Verweisung durch den Vergabesenat** grundsätzlich nicht entgegensteht, da die Vergabekammer zum einen kein Gericht ist (und der Vergabesenat dadurch als Rechtsmittelinstanz über ein behördliches Verfahren entscheidet) und die Vergabekammer zum anderen auch nicht entsprechend § 17a Abs. 2 GVG an ein Gericht eines anderen Rechtswegs hätte verweisen können.[101] Indes hat der BGH sich da- 47

[96] LSG Nordrhein-Westfalen Beschl. v. 16.1.2017 – L 16 KR 954/16 B ER, BeckRS 2017, 101755. Auch die Vorinstanz hatte sich bereits der Rechtssache angenommen, vgl. SG Düsseldorf Beschl. v. 21.12.2016 – S 11 KR 1524/16 ER.

[97] LSG Nordrhein-Westfalen Beschl. v. 16.1.2017 – L 16 KR 954/16 B ER, BeckRS 2017, 101755 Rn. 26–28.

[98] LSG Hessen Beschl. v. 13.6.2018 – L 8 KR 229/18 B ER, VPRRS 2019, 0060. Anders zuvor SG Frankfurt a.M. Beschl. v. 19.4.2018 – S 34 KR 136/18 ER, PharmR 2018, 453 und VK Bund Beschl. v. 15.5. 2018 – VK 2-30/18, VPRRS 2018, 0192.

[99] OLG Düsseldorf Beschl. v. 31.10.2018 – VII-Verg 37/18, NZBau 2019, 327 Rn. 53ff. Dazu *Gabriel* NZBau 2019, 568.

[100] OLG Düsseldorf Beschl. v. 31.10.2018 – VII-Verg 37/18, NZBau 2019, 327 Rn. 53ff.

[101] BGH Beschl. v. 23.1.2012 – X ZB 5/11, NZBau 2012, 248 Rn. 23f. – Rettungsdienstleistungen III.

mals (noch) nicht dazu geäußert, unter welchen **Voraussetzungen** bzw. in welchen Fällen Gründe der Verfahrensökonomie sowie des effektiven Rechtsschutzes eine Verweisung erfordern. Aus Sicht des OLG Düsseldorfs waren die Voraussetzungen nicht erfüllt, um die Rechtsbeschwerde zum BGH zuzulassen.

48 Das OLG hat durch diese Entscheidung zum einen die Prüfung eingeschränkt, unter welchen Voraussetzungen ein öffentlicher Auftrag vorliegt und demgemäß die Vergabenachprüfungsverfahren zuständig sind. Anders als noch zuvor ist die Einhaltung der AEUV-Grundprinzipien aus Sicht des Vergabesenats hierfür irrelevant (vgl. ausführlich → Rn. 28). Zum anderen hat es **erstmals den Rechtsstreit unter Berufung auf § 17a Abs. 2 GVG** an das aus seiner Sicht zuständige Sozialgericht **verwiesen.** Eine solche Verweisung schloss der Vergabesenat in Bezug auf die Überprüfung von Zweckmäßigkeitserwägungen bei einer Ausschreibung zur Hilfsmittelversorgung zuvor noch aus (vgl. ausführlich → Rn. 39).[102]

49 Konsequent zu der Entscheidung betreffend nicht-exklusive Kontrastmittel **verwies der Vergabesenat des OLG Düsseldorf auch** bei ihm als Beschwerdeinstanz anhängige **Vergabenachprüfungsverfahren wegen der Überprüfung eines Open-House-Vertrags** zur Beschaffung von Grippeimpfstoffen **sowie eines Rahmenvertrags zur Hilfsmittelversorgung** mit Beitrittsrecht nach § 127 Abs. 2, 2a SGB V aF an das aus seiner Sicht sachlich wie örtlich zuständige Sozialgericht.[103] Ergänzend führte der Senat in seiner Entscheidung zur Beschaffung von Grippeimpfstoffen aus, dass die Verweisung **auch dann zulässig** sei, wenn sie von keinem der Verfahrensbeteiligten beantragt worden ist und selbst dann, **wenn sie ohne oder gegen den ausdrücklichen Willen der Verfahrensbeteiligten erfolge.**[104] In Bezug auf den Verweisungsbeschluss in dem Verfahren über den Rahmenvertrag zur Hilfsmittelversorgung präzisierte der Vergabesenat ferner, dass die **Verweisung nicht systemwidrig** sei. Da die vergaberechtlichen Vorschriften nicht anwendbar sind, sei eine abschließende Entscheidung nicht durch den dort geltenden Beschleunigungsgrundsatz nach § 167 GWB geboten.[105] Nunmehr ließ das OLG Düsseldorf jedoch in beiden Entscheidungen **die Rechtsbeschwerde zum BGH zu,** da es eine grundsätzliche Bedeutung der folgenden zwei höchstrichterlich ungeklärten Fragen bejahte:

- Lässt § 17a Abs. 2 GVG bei einer Verneinung der Statthaftigkeit des Nachprüfungsantrags die Verweisung ausnahmslos zu oder gibt es Fälle, in denen der Vergabesenat ungeachtet einer verneinten Statthaftigkeit des Nachprüfungsantrags abschließend in der Sache zu entscheiden hat?
- Kann allein der Vortrag eines Antragstellers genügen, um die Hürde der Statthaftigkeit eines Vergabenachprüfungsverfahrens zu überwinden, sodass selbst bei Nichtvorliegen eines öffentlichen Auftrags die Vergabenachprüfungsinstanzen zur Entscheidung berufen sein können?[106]

50 Der **BGH** hat im Rahmen des Rechtsbeschwerdeverfahrens zu der Entscheidung des OLG Düsseldorf in Bezug auf den Open-House-Vertrag zur Beschaffung von Grippeimpfstoffen die **Verweisungsmöglichkeit des § 17a Abs. 2 GVG durch die Vergabesenate im Ergebnis eingeschränkt** und seine Rechtsprechung aus dem Jahr 2012 (→ Rn. 47) fortgeführt.[107] Die Verweisung darf **ausschließlich aus Gründen der Verfahrensökonomie und des effektiven Rechtsschutzes im Einklang mit dem Rechtsschutzinteresse des Rechtsschutzsuchenden** erfolgen. Will und kann der An-

---

[102] OLG Düsseldorf Beschl. v. 27.6.2018 – Verg 59/17, MPR 2018, 216 (220 ff.). Dazu *Knispel* NZS 2019, 6; *Amelung* MPR 2018, 227. Bestätigt mit Beschl. v. 3.8.2018 – Verg 30/18, BeckRS 2018, 35115 und mit Beschl. v. 7.1.2019 – VII-Verg 30/18, NZBau 2019, 261.

[103] OLG Düsseldorf Beschl. v. 19.12.2018 – VII-Verg 40/18, NZBau 2019, 332 Rn. 47 ff.; Beschl. v. 20.3.2019 – Verg 65/18, BeckRS 2019, 8280 Rn. 45 ff.

[104] OLG Düsseldorf Beschl. v. 19.12.2018 – VII-Verg 40/18, NZBau 2019, 332 Rn. 50.

[105] OLG Düsseldorf Beschl. v. 20.3.2019 – Verg 65/18, BeckRS 2019, 8280 Rn. 48.

[106] OLG Düsseldorf Beschl. v. 19.12.2018 – VII-Verg 40/18, NZBau 2019, 332 Rn. 55 ff.; Beschl. v. 20.3.2019 – Verg 65/18, BeckRS 2019, 8280 Rn. 50 ff.

[107] BGH Beschl. v. 10.12.2019 – XIII ZB 119/19, BeckRS 2019, 37436 Rn. 16 ff.

tragsteller sein Rechtsschutzziel in einem anderen Rechtsweg nicht weiterverfolgen, so darf keine Verweisung vorgenommen werden. Konkret durfte die Verweisung durch das OLG Düsseldorf nach Ansicht des BGH daher nicht erfolgen, da die Antragstellerin ihren Nachprüfungsantrag (auch) auf Vergaberechtsverstöße (konkret auf das Ziel einer Unwirksamkeitsfeststellung nach § 135 Abs. 1 GWB) gestützt hat; das damit verfolgte Rechtsschutzziel kann vor den Sozialgerichten nicht erreicht werden. Die dortige Überprüfung anhand sozialrechtlicher Normen erfordere hingegen einen „völlig neuen Vortrag der Parteien zu einem neuen rechtlichen Prüfungsmaßstab".[108]

Künftig haben die Vergabenachprüfungsinstanzen deshalb grundsätzlich auch dann **in der Sache zu entscheiden,** wenn aus Sicht des erkennenden Spruchkörpers zwar kein öffentlicher Auftrag vorliegt, der Antragsteller seinen Nachprüfungsantrag aber auf **vergaberechtliche Verstöße** stützt, deren Überprüfung im vergaberechtlichen Nachprüfungsverfahren zu erfolgen hat und eine Verweisung des Rechtsstreits an die Sozialgerichtsbarkeit deshalb nicht im Einklang mit dem Rechtsschutzinteresse des Antragstellers steht. Denn eine Verweisung aus Gründen der Verfahrensökonomie und des effektiven Rechtsschutzes kann nur dann geboten sein, wenn es auch dem Interesse des Antragstellers entspricht, den Rechtsstreit vor einer anderen Gerichtsbarkeit – der Sozialgerichtsbarkeit – fortzuführen. In allen anderen Fällen ist es gerade gegenteilig geboten, den Rechtsstreit nicht zu verweisen, sondern in der Sache zu entscheiden. 51

Die Entscheidung des BGH ist vor dem Hintergrund der **(nachteiligen) praktischen Konsequenzen bei einer Verweisung des Rechtsstreits an die Sozialgerichtsbarkeit** zu begrüßen. Denn der Rechtsschutz vor den Vergabenachprüfungsinstanzen ist für den Rechtsschutzsuchenden in mehrerlei Hinsicht vorteilhaft. Zum einen ist der in § 167 GWB statuierte **Beschleunigungsgrundsatz** auf das Vergabenachprüfungsverfahren beschränkt. Hiernach hat eine Entscheidung der Vergabekammer grundsätzlich binnen fünf Wochen ab Eingang des Nachprüfungsantrags zu ergehen. Zum anderen ist mit der Durchführung eines Vergabenachprüfungsverfahrens nach Maßgabe der §§ 169, 173 GWB **ein Suspensiveffekt verbunden** mit der Folge, dass ein **Zuschlagsverbot** ausgelöst wird. Im Rechtsschutzverfahren vor den Sozialgerichten existiert ein solches Zuschlagsverbot nicht, sodass Open-House-Verträge somit auch dann geschlossen werden können, wenn das Rechtsschutzverfahren noch nicht abgeschlossen ist. Das ist insofern umso problematischer, als dass die durchschnittliche Verfahrensdauer vor den Sozialgerichten bereits in der ersten Instanz mitunter erheblich ist. Denn im Ergebnis können Open-House-Verträge so abgeschlossen und bereits durchgeführt werden, bevor überhaupt eine Entscheidung über die Rechtmäßigkeit in erster Instanz ergangen ist. Bei einer regelmäßigen Vertragsdauer von zwei Jahren bei Open-House-Verträgen im Arzneimittelbereich bedeutet das schließlich, dass bei einem Rechtsschutzverfahren über mehrere Instanzen der Vertrag bereits beendet sein kann, bevor rechtskräftig über diesen entschieden wurde. 52

Auch in Bezug auf die mit dem Verfahren verbundenen **Kosten** ist das Verfahren vor den **Vergabenachprüfungsinstanzen** für die Verfahrensbeteiligten **vorzugswürdig.** Denn im Rahmen eines Nachprüfungsverfahrens beträgt der **Streitwert** nach § 50 Abs. 2 GKG nur 5% der Bruttoauftragssumme, wohingegen sich der Streitwert vor den Sozialgerichten nach der sich aus dem Antrag ergebenden Bedeutung der Sache bemisst. Bei einem Open-House-Verfahren beträgt der Streitwert daher idR die für den Kläger entfallende gesamte Bruttoauftragssumme. Wenn auch § 52 Abs. 5 Nr. 2 GKG eine **Streitwertobergrenze** iHv 2,5 Mio. EUR für die Berechnung der Gerichts- und Rechtsanwaltsgebühren bestimmt, führt diese Grenze jedoch erst bei einem Auftragswert von über 50 Mio. EUR zu einem identischen bzw. niedrigeren Streitwert. Da der Antragsteller im Falle des Unterliegens ferner auch den **obsiegenden Beigeladenen** grundsätzlich die Kosten für ihre notwendigen Aufwendungen erstatten muss, würde sich dieses Kostenrisiko in Bezug auf die gegnerischen Anwaltskosten gar vervielfachen. Im vergaberechtlichen 53

[108] BGH Beschl. v. 10.12.2019 – XIII ZB 119/19, BeckRS 2019, 37436 Rn. 16ff.

Nachprüfungsverfahren wird Beigeladenen indes zur Vermeidung **kaum kalkulierbarer Kostenrisiken** ein solcher Kostenerstattungsanspruch gegen den unterlegenen Antragsteller nicht zuerkannt, sofern sich der Antragsteller nicht in einen Interessengegensatz zu dem jeweiligen Beigeladenen gestellt hat (→ Rn. 7).

54 Die Entscheidung des BGH ist schließlich auch deshalb begrüßenswert, da **anderenfalls** eine **erhebliche Rechtswegzersplitterung** bestünde.[109] Denn konsequent zu der Rechtsprechung des OLG Düsseldorf wäre zunächst im Vergabenachprüfungsverfahren zu klären, ob insbes. eine Auswahlentscheidung des Auftraggebers und hierdurch ein öffentlicher Auftrag vorliegt. Ist das nicht der Fall, wäre das Verfahren – trotz der aufgezeigten damit verbundenen Nachteile – am sachlich wie örtlich zuständigen Sozialgericht fortzuführen und dort in der Sache zu entscheiden. Würde der Rechtsstreit umgehend vor dem Sozialgericht anhängig gemacht werden, wäre zu befürchten, dass sich dieses wegen der Annahme eines öffentlichen Auftrags für unzuständig erklärt. Eine Verweisung des Rechtsstreits an die Vergabekammer wäre in diesem Fall nach der Rechtsprechung grundsätzlich ausgeschlossen, da die Verweisung nur an ein Gericht möglich ist (→ Rn. 37).

[109] Zu diesem Argument auch *Dreher* NZBau 2019, 275 (282).

§ 77 Hilfsmittelversorgungsverträge

Übersicht

SGB V: §§ 126 Abs. 1–2, 127 Abs. 1–3, 127 Abs. 1–3 aF

Literatur:

Amelung, Vergabeverfahren: § 127 Abs. 1 Satz 1 und Satz 6 SGB V sind nicht bieterschützend, MPR 2018, 216; *Brandhorst,* Das HHVG – mehr Qualität in die Hilfsmittelversorgung, KrV 2017, 193; *Burgi,* Hilfsmittelverträge und Arzneimittel-Rabattverträge als öffentliche Lieferaufträge, NZBau 2008, 480; *Csaki,* Vergaberecht im Gesundheitswesen, 2015; *Esch,* Zur Ausschreibungspflicht von Hilfsmittelversorgungsverträgen nach § 127 SGB V, MPR 2010, 156; *Filges,* Das Terminservice- und Versorgungsgesetz – besser, schneller, digitaler?, NZS 2020, 201; *Flasbarth,* Präqualifizierung nach § 126 Abs. 1a SGB V – Rechtsnatur, Verfahren, Probleme, MedR 2011, 77; *Gabriel,* Anmerkung zu OLG Rostock, Beschl. v. 2.7.2008, 17 Verg 4/07 – „Medizinische Hilfsmittel", VergabeR 2008, 801; *Gabriel,* Hilfsmittelverträge mit Beitritt – Vergaberecht ohne Zutritt: Rückschritt, Fortschritt oder Fehltritt?, NZBau 2020, 286; *Gassner,* Ausschreibungsverbot vs. Kartellvergaberecht, MPR 2018, 13; *Grinblat,* Rückblick, Gegenwart und Zukunft des Präqualifizierungsverfahrens nach § 126 SGB V, MPJ 2017, 30; *Hartmann/Suoglu,* Unterliegen die gesetzlichen Krankenkassen dem Kartellvergaberecht nach §§ 97 ff. GWB, wenn sie Hilfsmittel ausschreiben?, SGb 2007, 404; *Heil,* Die Zulässigkeit von Teilbeitritten zu Hilfsmittelverträgen, MPR 2011, 181; *Heil/Schork,* Das AMNOG und seine Bedeutung für die Medizinprodukteindustrie, MPR 2011, 10; *Hertkorn-Ketterer,* Gesetz zur Stärkung der Heil- und Hilfsmittelversorgung (HHVG) – neue Regelungen im Bereich der Hilfsmittelversorgung ab 11.4.2017, MPR 2017, 73; *Hertkorn-Ketterer/Drygala,* Geplante Änderung des § 127 SGB V durch das TSVG – ein Weg für mehr Qualität in der Hilfsmittelversorgung?, MPR 2019, 35; *Knispel,* Zur „Zweckmäßigkeit" von Verträgen nach § 127 Abs. 1 SGB V, NZS 2019, 6; *König/Busch,* Vergabe- und haushaltsrechtliche Koordinaten der Hilfsmittelbeschaffung durch Krankenkassen, NZS 2003, 461; *Reh/Willhöft,* Die Bedeutung von Qualitätskriterien bei Ausschreibungen von Hilfsmittelverträgen nach der Einführung des § 127 Abs. 1b SGB V, MPR 2018, 48; *Roth,* Bundestag verlängert Übergangsfrist bei einer Ausschreibung von Verträgen mit Leistungserbringern von Hilfsmitteln, MedR 2009, 77; *Röbke,* Hilfsmittel- und Arzneimittelrabattverträge im Spannungsfeld zwischen GWB und dem Recht der GKV, NZBau 2010, 346; *Schickert/Schulz,* Hilfsmittelversorgung 2009 – Ausschreibungen und Verhandlungsverträge der Krankenkassen, MPR 2009, 1; *Stallberg,* Das Beitritts- und Informationsrecht der Leistungserbringer bei Versorgungsverträgen im Hilfsmittelbereich, MPR 2010, 50; *Stallberg,* Das GKV-Versorgungsstrukturgesetz aus Sicht der Medizinprodukteindustrie – Erleichterung des Marktzugangs innovativer Produkte?, MPR 2011, 185; *Stelzer,* Müssen gesetzliche Kranken- und Pflegekassen Lieferaufträge über Hilfs- und Pflegemittel oberhalb des Schwellenwertes europaweit öffentlich ausschreiben? – Bestandsaufnahme der Rechtspositionen in den Vertragsverletzungsbeschwerdeverfahren im Kontext des EuGH-Urteils vom 11.6.2009 ua und der Reformgesetze in der GKV, Wege zur Sozialversicherung (WzS) 2009, 267; *Stelzer,* WzS 2009, 303; *Stelzer,* WzS 2009, 336; *Stelzer,* WzS 2009, 368; *Stephan,* Vergabe öffentlicher Aufträge: Kommission fordert Deutschland auf, das Verbot öffentlicher Vergabeverfahren für medizinische Hilfsmittel aufzuheben, MPR 2019, 181; *Szonn,* Sind Verträge gemäß § 127 II, IIa SGB V öffentliche Aufträge im Sinne des Kartellvergaberechts?, NZS 2011, 245; *Weber,* Ganz oder gar nicht? – Der (Teil-) Beitritt zu Hilfsmittelverträgen gemäß § 127 IIa 1 SGB V, NZS 2011, 53; *Zimmermann,* Keine Ausschreibungspflicht für Hilfsmittelverträge, NZBau 2010, 739.

A. Einleitung

Nachdem das System der Hilfsmittelversorgung bereits 2007 und 2008 binnen eines kurzen Zeitraums durch das GKV-WSG[1] sowie durch das GKV-OrgWG[2] zweimal grundlegend geändert wurde (→ § 74 Rn. 10, 12), sind die **§§ 126, 127 SGB V durch das** 1

[1] Gesetz zur Stärkung des Wettbewerbs in der gesetzlichen Krankenversicherung v. 26.3.2007, BGBl. 2007 I 378.

[2] Gesetz zur Weiterentwicklung der Organisationsstrukturen in der gesetzlichen Krankenversicherung v. 15.12.2008, BGBl. 2008 I 2426.

HHVG[3] **und durch das TSVG**[4] **in den Jahren 2017 und 2019 erneut zweimal reformiert** worden.[5] Durch das **HHVG** wurde den gesetzlichen Krankenkassen bei Hilfsmittelausschreibungen vorgeschrieben, **qualitative Aspekte in Leistungsbeschreibung und Vergabekriterien entsprechend zu berücksichtigen** (→ Rn. 37–39). Zugleich wurden Ausschreibungen von Versorgungsverträgen mit hohem Dienstleistungsanteil abgeschafft (→ Rn. 33) und wurde gesetzlich verankert, dass **Hilfsmittelversorgungsverträge mit mehreren Leistungserbringern** abgeschlossen werden dürfen (→ Rn. 29). Das in § 126 SGB V geregelte **Präqualifizierungsverfahren** wurde in dem Sinne umgestaltet, dass eine Präqualifizierung für alle Leistungserbringer grundsätzlich verpflichtend ist (→ Rn. 4 ff.). Der Gesetzgeber wollte durch diese Veränderungen insbesondere eine qualitative Verbesserung der Hilfsmittelversorgung erreichen.[6] **Die erhofften Qualitätssteigerungen in der Hilfsmittelversorgung blieben aus** Sicht des Gesetzgebers jedoch aus. Denn „um negativen Auswirkungen von Ausschreibungsverträgen auf die Qualität der Hilfsmittelversorgung entgegen zu wirken",[7] wurde **durch das TSVG die in § 127 SGB V aF enthaltene Ausschreibungsoption** (→ Rn. 24 ff.) **abgeschafft.** Krankenkassen sollen nunmehr die Hilfsmittelversorgung dadurch sicherstellen, dass mit Leistungserbringern **im Wege von Verhandlungen Verträge geschlossen werden, denen weitere Leistungserbringer zu den gleichen Bedingungen beitreten können** (→ Rn. 12 ff.). In Ausnahmen können Einzelfallverträge nach der inhaltlich unverändert gebliebenen Regelung des § 127 Abs. 3 SGB V geschlossen werden (→ Rn. 18 ff.). Die **bislang gültige Unterscheidung** zwischen grundsätzlich auszuschreibenden Verträgen nach § 127 Abs. 1 SGB V aF, Verträgen mit Beitrittsrecht gem. § 127 Abs. 2, 2a SGB V aF und den ergänzenden Einzelfallverträgen gemäß § 127 Abs. 3 SGB V aF **wurde aufgegeben.**

2 **Die wichtigsten Änderungen,** die in der Hilfsmittelversorgung **durch das TSVG** eingeführt wurden, beinhalten:
- die Aufhebung der Ausschreibungsoption in § 127 Abs. 1 SGB V aF,
- den damit verbundenen gesetzgeberischen Willen, die Hilfsmittelversorgung aus dem Anwendungsbereich des Vergaberechts herauszunehmen,
- die Vorgabe, Verträge zur Hilfsmittelversorgung grundsätzlich im Wege von Vertragsverhandlungen durch Rahmenverträge mit Beitrittsrecht und in Ausnahmefällen durch Einzelfallvereinbarungen abzuschließen und
- durch die Pflicht zu Vertragsverhandlungen zugleich die Unzulässigkeit von einseitigen Vertragsvorgaben, wie sie insbes. bei Open-House-Verträgen üblich sind.

3 Weniger als drei Monate nach Inkrafttreten des TSVG hat die **Europäische Kommission** ein **Vorverfahren für ein Vertragsverletzungsverfahren** gem. Art. 258 AEUV eröffnet, mit dem Deutschland ein **Verstoß gegen die RL 2014/24/EU vorgeworfen** wird, da die Verpflichtung zum Vertragsschluss im Wege von Verhandlungen nach dem neuen § 127 Abs. 1 S. 1 SGB V ein Verbot darstelle, andere Verfahren anzuwenden als diejenigen, die in der RL 2014/24/EU festgelegt sind.[8] Bereits 2009 hatte die Europäische Kommission ein Vorverfahren für ein Vertragsverletzungsverfahren eröffnet, als durch das GKV-OrgWG Ausnahmen von der Ausschreibungspflicht für Hilfsmittelversorgungsverträge geschaffen wurden.[9] Die Europäische Kommission hat das damalige Verfahren schließlich eingestellt und mitgeteilt, die Regelungen für europarechtskonform zu erachten.[10]

---

[3] Gesetz zur Stärkung der Heil- und Hilfsmittelversorgung v. 4.4.2017, BGBl. 2017 I 778.

[4] Gesetz für schnellere Termine und bessere Versorgung v. 6.5.2019, BGBl. 2019 I 646.

[5] Zur Entwicklung der Gesetzgebung zu § 127 SGB V siehe auch *Gabriel,* NZBau 2020, 286.

[6] BT-Drs. 18/10186, 18; siehe auch die Beschlussempfehlung zum zeitlich nachgelagerten TSVG, BT-Drs. 19/8351, 202.

[7] BT-Drs. 19/8351, 202.

[8] Mitteilung der *Europäischen Kommission* v. 25.7.2019, abrufbar unter https://ec.europa.eu/germany/news/20190725-vertragsverletzungsverfahren_de.

[9] Vertragsverletzungsbeschwerdeverfahren v. 15.1.2008 – Markt/C 3/WR/ng (2009) 69418, zitiert nach *Stelzer,* WzS 2009, 303 (304).

B. Präqualifizierungsverfahren gemäß § 126 SGB V

Nach § 126 Abs. 1 S. 2 SGB V dürfen nur solche Leistungserbringer Vertragspartner der Krankenkassen zur Hilfsmittelversorgung sein, die die Voraussetzungen für eine ausreichende, zweckmäßige und funktionsgerechte Herstellung, Abgabe und Anpassung der Hilfsmittel erfüllen. § 126 Abs. 1a SGB V stellt die Rechtsgrundlage für ein Präqualifizierungsverfahren dar, mit dem diese Voraussetzungen generell geprüft werden und damit die grundsätzliche Eignung der Leistungserbringer schon vorab für eine unbestimmte Anzahl an Beschaffungsvorgängen bejaht oder verneint wird.[11] Durch den im Zuge des HHVG neu geschaffenen § 126 Abs. 1a SGB V sind die Leistungserbringer nunmehr **verpflichtet,** zum Eignungsnachweis ein **Zertifikat einer Zertifizierungsstelle vorzulegen.**[12] Zuvor war die Nachweisführung durch eine Präqualifizierung fakultativ. Nur bei Einzelfallvereinbarungen nach § 127 Abs. 3 SGB V (→ Rn. 18 ff.) kann die Eignung auch weiterhin unmittelbar gegenüber der Krankenkasse nachgewiesen werden. Hierdurch wird ein unverhältnismäßiger Aufwand für solche Leistungserbringer vermieden, die nur in Einzelfällen Verträge mit Krankenkassen schließen.[13] 4

Unter einer **Präqualifizierung** wird eine **von einer konkreten Auftragsvergabe unabhängige Prüfung und Bewertung eines Unternehmens verstanden,** inwieweit dieses zu – vorab hinreichend bestimmten – Leistungserbringungen geeignet ist.[14] In **vergaberechtlichem Zusammenhang** versteht man unter Eignung die **Fachkunde und Leistungsfähigkeit** eines Unternehmens (§ 122 Abs. 1 GWB). Dem Präqualifizierungsverfahren stehen keine (EU/GWB-)vergaberechtlichen Vorschriften entgegen (→ vgl. auch Rn. 16). Die Zertifizierung vermeidet redundante Prüfungen und reduziert den bürokratischen Aufwand, der mit der Beibringung von Eignungsnachweisen verbunden ist. 5

Durch die Präqualifizierung weist der Leistungserbringer nach, dass er die Voraussetzungen des § 126 Abs. 1 S. 2 SGB V erfüllt und **gesetzlich Versicherte grundsätzlich versorgen darf.** Zur tatsächlichen Versorgung berechtigt sind nur diejenigen Leistungserbringer, die nach § 127 Abs. 1, 3 SGB V Verträge mit den Krankenkassen geschlossen haben oder bestehenden Verträgen nach § 127 Abs. 2 SGB V zu den gleichen Bedingungen beigetreten sind. Bereits vor den Änderungen durch das TSVG wurde die **Präqualifizierung als eine Mindestanforderung** angesehen. Die Krankenkassen konnten zusätzliche Anforderungen an die Eignung der Leistungserbringer aufstellen.[15] 6

Als **Präqualifizierungsstellen** sind durch den neu geschaffenen § 126 Abs. 2 S. 1 SGB V nur solche Zertifizierungsstellen zuzulassen, die von einer nationalen Akkreditierungsstelle akkreditiert worden sind. Die alleinige nationale Akkreditierungsstelle der Bundesrepublik Deutschland ist die **Deutsche Akkreditierungsstelle GmbH (DakkS).**[16] Voraussetzung für eine Akkreditierung ist, dass die Zertifizierungsstelle die Anforderungen 7

[10] Schreiben der Europäischen Kommission v. 8.4.2009 und 11.6.2009, zitiert nach VK Bund Beschl. v. 25.10.2018 – VK 2-92/18, VPRRS 2018, 0348.

[11] Ausführlich zum Präqualifizierungsverfahren nach § 126 SGB V sowie zu dessen Veränderungen seit der Einführung durch das GKV-OrgWG im Jahr 2008 siehe auch *Grinblat* MPJ 2017, 30. Hierzu und insbes. zum Fortbestehen der Qualifikation der Hilfsmittelerbringer bis zum 30.6.2010 auch ohne Präqualifizierung siehe LSG Sachsen Urt. v. 18.12.2018 – L 9 KR 25/15, BeckRS 28055 Rn. 29 ff.

[12] Für Zusammenfassungen der Änderungen des Präqualifizierungsverfahrens durch das HHVG siehe auch *Hertkorn-Ketterer* MPR 2017, 73 (74) und *Brandhorst* KrV 2017, 193 (194).

[13] BT-Drs. 18/10186, 31.

[14] *Werner* NZBau 2006, 12; sowie insbes. zur Rechtsnatur der damals noch als „Bestätigung" bezeichneten Zertifikate *Flasbarth* MedR 2011, 81. Zum Präqualifizierungsverfahren allgemein siehe *Grinblat* MPJ 2017, 30.

[15] VK Bund Beschl. v. 14.3.2018 – VK 1-11/18, VPRRS 2018, 0274.

[16] Die Deutsche Akkreditierungsstelle GmbH ist gemäß § 1 AkkStelleG die nationale Akkreditierungsstelle im Sinne der VO (EG) Nr. 765/2008 und für Akkreditierungen nach Art. 3 VO (EG) Nr. 765/2008 zuständig. Sie ist Beliehene des Bundes und als solche nicht gewinnorientiert, vgl. § 8 AkkStelleG iVm § 1 AkkStelleGBV. Siehe ausführlich zur Deutschen Akkreditierungsstelle und deren Gesellschafterstruktur *Grinblat* MPJ 2017, 30 (33).

der DIN EN ISO/IEC 17065 erfüllt. Diese DIN-Norm bezieht sich auf alle Stellen, die Produkte, Prozesse und Dienstleistungen zertifizieren. Die Präqualifizierungsstellen haben bei ihren Entscheidungen die Empfehlungen des Spitzenverbandes Bund der Krankenkassen (GKV-Spitzenverband) für eine einheitliche Anwendung der Eignungsanforderungen zu beachten. Ferner haben sie dem GKV-Spitzenverband alle Präqualifizierungsdaten weiterzugeben. In § 126 Abs. 2 S. 2–8 SGB V werden weitere Regelungen zur Akkreditierung getroffen. Diese ist auf maximal fünf Jahre zu befristen und erlischt mit Fristablauf. Zudem erlischt sie auch durch Betriebseinstellung (zB infolge einer Insolvenz) oder Verzichtserklärung der Präqualifizierungsstelle. Endet die Akkreditierung, sind die von dieser Stelle zertifizierten Leistungserbringer sowie die DakkS unverzüglich darüber zu informieren. Neben der Akkreditierung ist die DakkS nach § 126 Abs. 2 S. 9–11 SGB V auch für die laufende Überwachung der Präqualifizierungsstellen zuständig. Erfüllt eine Präqualifizierungsstelle die Voraussetzungen nicht mehr, kann die DakkS die geeigneten Maßnahmen treffen.

8 **Zuvor** erfolgte die **Bestimmung und Überwachung der Präqualifizierungsstellen** sowie die nähere Ausgestaltung des Präqualifizierungsverfahrens (einschließlich des Inhalts und der Gültigkeitsdauer der – damals als „Bestätigungen" bezeichneten – Zertifikate) **durch den GKV-Spitzenverband und die Verbände der Leistungserbringer.**[17] Durch die **Zuständigkeitsverlagerung** auf die DakkS erhofft sich der Gesetzgeber eine höhere Neutralität und Unparteilichkeit der Akkreditierungsstelle, da insbesondere die Überwachung der Präqualifizierungsstellen durch den GKV-Spitzenverband als unzureichend angesehen wurde.[18] Zugleich sind die personellen Ressourcen des GKV-Spitzenverbandes aus Sicht des Gesetzgebers für diese Aufgabe zu begrenzt.[19] Der GKV-Spitzenverband ist aber auch weiterhin in das Präqualifizierungsverfahren eingebunden. Zum einen gibt er nach § 126 Abs. 1 S. 3 iVm § 126 Abs. 1a S. 4 SGB V für die Präqualifizierungsstellen verbindliche Empfehlungen für die einheitliche Anwendung der Eignungsanforderungen heraus. Zum anderen gibt der GKV-Spitzenverband die Präqualifizierungsdaten an die DakkS weiter, die ihm von den Präqualifizierungsstellen zu übermitteln sind.

9 Trotz des Wegfalls der Ausschreibungsoption im Zuge der Änderungen durch das TSVG (→ Rn. 12 ff.) **sollte das Präqualifizierungsverfahren weiterhin vergaberechtlichen Anforderungen genügen** und sollten die im Einzelnen für eine Präqualifizierung zu erbringenden Nachweise keine Diskriminierung bestimmter Leistungserbringergruppen bewirken. Denn zum einen können weiterhin Einzelfallvereinbarungen nach dem inhaltlich unverändert gebliebenen § 127 Abs. 3 SGB V abgeschlossen werden und in Einzelfällen dem Vergaberecht unterfallen (→ Rn. 19). Zum anderen ist noch nicht abschließend geklärt, ob der Gesetzgeber unter Umständen die Ausschreibungsoption in Zukunft wieder einführen wird, falls bspw. das Vertragsverletzungsverfahren der Europäischen Kommission zu Ende geführt und ein Verstoß gegen die RL 2014/24/EU bejaht werden sollte (→ Rn. 3). Bis zur Streichung der Ausschreibungsoption wurden die „Bestätigungen" als Eignungsnachweise auch im Rahmen vergaberechtlicher Ausschreibungen (vgl. § 127 Abs. 1 SGB V aF) verwendet. Im Rahmen des Präqualifizierungsverfahrens mussten deshalb die **vergaberechtlichen Grundsätze über die Zurechnung von Eignungsnachweisen** berücksichtigt werden, damit sich bspw. Leistungserbringerverbände/-zusammenschlüsse, die die Stellung eines Generalübernehmers hatten, unter bestimmten Voraussetzungen die **Eignungsnachweise ihrer angeschlossenen Mitgliedsunternehmen**

[17] Umgesetzt mit der Vereinbarung gem. § 126 Abs. 1a SGB V aF über das Verfahren zur Präqualifizierung von Leistungserbringern v. 29.3.2010 zwischen dem GKV-Spitzenverband und den maßgeblichen Spitzenorganisationen (der Leistungserbringer) auf Bundesebene. Das Verfahren ähnelte dem Vorgehen bei der Einführung der Präqualifikation in der VOB/A, als vergleichbare Aufgaben dem im Jahr 2005 gegründeten, privatrechtlich organisierten „Verein für die Präqualifikation von Bauunternehmen e.V." übertragen wurden.

[18] BT-Drs. 18/10186, 32; ausführlich hierzu *Grinblat,* MPJ 2017, 30.

[19] BT-Drs. 18/10186, 19.

zurechnen lassen konnten. Denn sowohl das auf die ständige Rechtsprechung des EuGH zurückgehende europäische (Art. 63 RL 2014/24/EU sowie Art. 79 RL 2014/25/EU) als auch das deutsche (§ 47 VgV, § 6d EU VOB/A) Vergaberecht gestattet Bietern bzw. Bewerbern, die nicht selbst die für die Teilnahme an einem Vergabeverfahren erforderlichen Eignungsvoraussetzungen erfüllen, sich auf die **wirtschaftliche und finanzielle sowie auf die technische und berufliche Leistungsfähigkeit Dritter** zu berufen, deren Dienste in Anspruch genommen werden sollen, wenn der Auftrag erteilt wird.[20] Hierfür muss gegenüber dem Auftraggeber nachgewiesen werden, dass dem Unternehmen die erforderlichen Mittel der Dritten tatsächlich zur Verfügung stehen, indem beispielsweise diesbezügliche Zusagen dieser Unternehmen vorgelegt werden. Eine solche Zurechnung von Eignungsnachweisen war zum einen denkbar, wenn sich ein Generalübernehmer selbst nach § 126 Abs. 1a SGB V präqualifizieren lassen wollte und sich hierzu auf die Leistungsfähigkeit seiner Nachunternehmer berufen hat. Zum anderen konnte sich ein selbst nicht präqualifizierter Generalübernehmer, der Verträge gemäß § 127 SGB V aF mit Krankenkassen schließen wollte, auf die Eignung/Präqualifizierung seiner Nachunternehmer stützen, um seine eigene Eignung darzulegen.

C. Hilfsmittelversorgungsverträge gemäß § 127 SGB V

Bedingt durch die mehrfachen grundlegenden gesetzgeberischen Änderungen der Hilfsmittelversorgung in den vergangenen Jahren (→ Rn. 1) wird nachfolgend **zunächst die Systematik der Hilfsmittelversorgung nach dem TSVG** und deren Vereinbarkeit mit den unionsrechtlichen Regelungen betrachtet, bevor sich **sodann Ausführungen zur Systematik der Hilfsmittelversorgung in der Fassung vor dem TSVG** mit vorhandener Ausschreibungsoption anschließen (→ Rn. 23 ff.). 10

I. Hilfsmittelversorgung nach dem TSVG

Nach der durch das TSVG veränderten **Systematik des § 127 SGB V** ist zu unterscheiden zwischen den im Wege von Vertragsverhandlungen abzuschließenden Rahmenverträgen, denen weitere Leistungserbringer zu den gleichen Vertragsbedingungen gem. § 127 Abs. 1, 2 SGB V beitreten können sowie den inhaltlich schon zuvor in dieser Form zulässigen Einzelfallverträgen nach § 127 Abs. 3 SGB V (→ Rn. 18 ff. zu der zuvor bestandenen Gesetzessystematik mit Ausschreibungsoption siehe → Rn. 23 ff.). 11

1. Rahmenverträge mit Beitrittsrecht gemäß § 127 Abs. 1, 2 SGB V

Nach § 127 Abs. 1 SGB V haben **Vertragsabschlüsse zwischen Krankenkassen und Leistungserbringern grundsätzlich im Wege von Vertragsverhandlungen zu erfolgen.** Klargestellt wird, dass jedem Leistungserbringer Vertragsverhandlungen zu ermöglichen und gewisse **Mindestanforderungen** ua an die Qualität der Hilfsmittelversorgung sowie eine möglichst wohnortnahe Versorgung der Versicherten in den Verträgen zu berücksichtigen sind. Zudem sind beabsichtigte Vertragsschlüsse öffentlich bekanntzumachen und andere Leistungserbringer über die Inhalte abgeschlossener Verträge auf Nachfrage unverzüglich zu informieren. Den so **ausgehandelten Verträgen können weitere Leistungserbringer** nach § 127 Abs. 2 S. 1 SGB V **zu den gleichen Bedingungen** während der gesamten Vertragslaufzeit als Vertragspartner **beitreten.** Zudem können sie neue Vertragsverhandlungen führen, da die Krankenkassen gem. § 127 Abs. 2 S. 2 SGB V solche 12

[20] EuGH Urt. v. 18.3.2004 – C-314/01, Slg. 2004, I-2581 = NZBau 2004, 340 – ARGE Telekom; EuGH Urt. v. 2.12.1999 – C-176/98, Slg. 1999, I-8607 = NZBau 2000, 149 – Holst Italia; EuGH Urt. v. 18.12.1997 – C-5/97, Slg. 1997, I-7549 = BeckRS 2004, 77499 – Ballast Nedam Groep II; dazu *Gabriel* FS Marx, 2013, 167 (168 ff.).

nicht mit Verweis auf die bereits bestehenden Verträge ablehnen dürfen.[21] Sollten sich durch diese neuen Vertragsverhandlungen neue Vertragsabschlüsse ergeben, stellen diese einen Vertragsabschluss iSv § 127 Abs. 1 SGB V dar, sodass wiederum andere Leistungserbringer zum Beitritt zu den gleichen Bedingungen berechtigt sind. Verträge, die im Wege von Ausschreibungen nach § 127 Abs. 1 SGB V aF abgeschlossen wurden, sind seit dem 1. 12. 2019 unwirksam.

13 In der Fassung des § 127 Abs. 1, 2 SGB V nach dem TSVG sind **einseitige Vertragsvorgaben nicht mehr zulässig.** Die Vertragsinhalte sind zwischen den Parteien auszuhandeln; **die Ausschreibungsoption ist** nach dem gesetzgeberischen Willen **entfallen.** Der Gesetzgeber möchte dadurch eine Verbesserung der Qualität der Hilfsmittelversorgung bezwecken. Denn die Ausschreibungsoption sei nur als Instrument der Preissenkung verwendet worden und der erhoffte Qualitätswettbewerb ausgeblieben.[22] Zudem sind **auch Open-House-Verträge nicht mehr zulässig. Zuvor** konnten diese insbes. durch die Möglichkeit von Beitrittsverträgen nach § 127 Abs. 2, 2a SGB V aF abgeschlossen werden. **Kennzeichnend** für das nicht dem Vergaberecht unterfallende Open-House-Zulassungsmodell ist, dass die Vertragsbedingungen durch den Auftraggeber einheitlich für alle Interessenten gleichermaßen vorgegeben werden und alle interessierten Wirtschaftsteilnehmer während der Vertragslaufzeit den bestehenden Verträgen beitreten können. Durch dieses Beitrittsrecht zu den vom Auftraggeber vorgegebenen Bedingungen entfalten Open-House-Verträge keine exklusive oder selektive Wirkung, weshalb keine Auswahlentscheidung durch den Auftraggeber erfolgt und dadurch kein öffentlicher Auftrag vorliegt (siehe hierzu ausführlich → § 76 Rn. 8 ff.). **Das Open-House-Modell war im Rahmen der Beitrittsverträge nach § 127 Abs. 2, 2a SGB V aF zulässig,** da hierbei keine Pflicht zur Durchführung von Vertragsverhandlungen bestand. Da aber die einseitige Vorgabe der Vertragsbedingungen durch die Krankenkassen bei Verträgen **gem. § 127 Abs. 1, 2 SGB V in der Fassung nach dem TSVG nicht mehr zulässig** ist, entfällt die Anwendung von Zulassungsmodellen wie dem Open-House-Modell.[23] Hierdurch unterscheiden sich die Rahmenverträge mit Beitrittsrecht gem. § 127 Abs. 1, 2 SGB V von den Beitrittsverträgen nach § 127 Abs. 2, 2a SGB V aF.

14 **Ob der Wegfall der Ausschreibungsoption** für Hilfsmittelversorgungsverträge gegen sekundärrechtliche Vorgaben speziell aus der RL 2014/24/EU verstößt und **eine vergaberechtswidrige Beschränkung der Handlungsfreiheit des Auftraggebers in der Verfahrenswahl bei der Hilfsmittelbeschaffung oberhalb der Schwellenwerte bedeutet, ist noch nicht abschließend geklärt.** Der **Gesetzgeber** verweist darauf, dass unionsrechtlich gem. Art. 168 Abs. 7 AEUV keine Pflicht dazu bestehe, Beschaffungsvorgänge im Gesundheitswesen wettbewerblich auszugestalten, sodass die Hilfsmittelversorgung den vergaberechtlichen Vorgaben entzogen werden könne.[24] Nach Art. 168 Abs. 7 S. 1 AEUV wird die Verantwortung der Mitgliedstaaten für die Festlegung ihrer Gesundheitspolitik, die Organisation des Gesundheitswesens und die medizinische Versorgung gewahrt. Diese Regelung gewährt dem Gesetzgeber Ausgestaltungsspielräume, entbindet ihn aber nicht davon, primär- und sekundärrechtliche Vorgaben zu beachten. Wenn der Anwendungsbereich der RL 2014/24/EU bei Verträgen nach § 127 Abs. 1, 2 SGB V in der vom Gesetzgeber gewählten Ausgestaltung eröffnet ist, dann unterfallen diese Verträge dem Vergaberecht. Beschaffungen sind nach der RL 2014/24/EU grundsätzlich in einem ordnungsgemäßen Vergabeverfahren auszuschreiben, wenn durch einen öffentlichen Auftraggeber Dienst- bzw. Bauleistungen oder Lieferungen als öffentlicher Auftrag nicht unterhalb der Schwellenwerte beschafft werden sollen. **Uneindeutig wird beurteilt, ob die Rahmenverträge mit Beitrittsrecht** iSd Fassung des § 127 Abs. 1, 2 SGB V nach

[21] So der Gesetzgeber, siehe BT-Drs. 19/8351, 229.
[22] BT-Drs. 19/8351, 228.
[23] BT-Drs. 19/8351, 228 f.
[24] BT-Drs. 19/8351, 228. Siehe zu Inhalt und Grenzen des Art. 168 Abs. 7 AEUV auch *Gassner* MPR 2018, 13.

dem TSVG **einen öffentlichen Auftrag darstellen** und die Voraussetzungen der RL 2014/24/EU damit vorliegen.[25] Kennzeichnend für einen öffentlichen Auftrag ist neben der Entgeltlichkeit die Vornahme einer Auswahlentscheidung zwischen mehreren Wirtschaftsteilnehmern durch den öffentlichen Auftraggeber (vgl. ausführlich auch → Rn. 49 ff.). Wenn die Krankenkassen in der jetzigen Fassung des § 127 Abs. 1, 2 SGB V durch die Vertragsabschlüsse Exklusivität oder Selektivität gewähren und hierdurch eine Auswahlentscheidung erfolgt, dann liegt ein öffentlicher Auftrag vor, der zur Einhaltung der Vorgaben der RL 2014/24/EU verpflichtet. **Der Gesetzgeber und Teile der Literatur gehen davon aus, dass keine Auswahlentscheidung vorliege,** da durch das jederzeitige Beitrittsrecht kein Leistungserbringer von der Versorgung ausgeschlossen werde, die Anzahl der an den Verträgen beteiligten Leistungserbringer nicht beschränkt sei und mit jedem Leistungserbringer Vertragsverhandlungen zu führen seien. Mangels öffentlichen Auftrags greife die Regelung des § 69 Abs. 3 SGB V nicht ein.[26]

Andererseits muss ein **Vertragsbeitritt für andere Leistungserbringer auch tatsächlich möglich sein. Ein rechtlich garantiertes Beitrittsrecht ist notwendig, nicht jedoch auch hinreichend, um die Exklusivität und damit die Eigenschaft als öffentlicher Auftrag zu verneinen.** Denkbar sind zB Umgehungsfälle, in denen tatsächliche Umstände der Inanspruchnahme des Beitrittsrechts entgegenstehen können, sodass eine tatsächliche bzw. faktische Exklusivität des oder der Vertragspartner vorliegt (vgl. zu diesen Überlegungen bereits zu den Beitrittsverträgen nach § 127 Abs. 2, 2a SGB V aF → Rn. 50–52). Bei einer solchen tatsächlichen/faktischen Exklusivität kann ein Verstoß gegen die **Grundprinzipien des AEUV,** insbes. den Nichtdiskriminierungs- und Gleichbehandlungsgrundsatz, vorliegen; die Grundprinzipien sind jedoch zu berücksichtigen und zwar unabhängig davon, ob der Anwendungsbereich der RL 2014/24/EU eröffnet ist (vgl. sinngemäß auch → Rn. 20–22).[27] Eine solche **faktische/tatsächliche Exklusivität** kann zum einen dadurch vorliegen, dass Vertragsbedingungen mit einem oder mehreren Leistungserbringern ausgehandelt werden, die (nur) auf diese zugeschnitten sind, nicht aber den Möglichkeiten anderer Leistungserbringer entsprechen. Faktisch würden die **auf konkrete Leistungserbringer zugeschnittenen Vertragsbedingungen selektiv wirken** und eine Auswahlentscheidung der Krankenkassen bedeuten. Das Beitrittsrecht liefe leer. Zum anderen folgt aus dem Recht zu Vertragsverhandlungen kein Recht auf Vertragsabschluss. Es lässt sich nicht ausschließen, dass Leistungserbringer zwar mit den Krankenkassen verhandeln, die Verträge letztlich aber mit anderen Leistungserbringern und mit auf diese Vertragspartner zugeschnittenen Inhalten abgeschlossen werden.[28] Die Europäische Kommission schien durch die zügige Einleitung eines **Vorverfahrens für ein Vertragsverletzungsverfahren** nach Art. 258 AEUV dazu zu tendieren, die Fassung des § 127 Abs. 1, 2 SGB V als nicht vereinbar mit den unionsrechtlichen Vorgaben anzusehen (→ Rn. 3).[29] Der Wegfall der Ausschreibungsoption und die Herausnahme der Hilfsmittel- 15

[25] Die anderen Voraussetzungen für die Anwendung der RL 2014/24/EU sind zumeist erfüllt. Ausführlich zur Auftraggebereigenschaft der Krankenkassen vgl. → § 75 Rn. 7 ff. Bei einem jährlichen gesamten Ausgabenvolumen von über 8,4 Mrd. EUR im Jahr 2018 überschreiten Verträge über die Hilfsmittelversorgung regelmäßig den Schwellenwert. Zu den Ausgabenvolumina der Hilfsmittelversorgung siehe auch die Statistik auf der Homepage des Verbands der Ersatzkassen, abrufbar unter https://www.vdek.com/presse/daten/d_ausgaben_heil_hilfsmittel.html.

[26] BT-Drs. 19/8351, 229. Dieser Auffassung zustimmend *Hertkorn-Ketterer/Drygala* MPR 2019, 35 (36); *Stephan* MPR 2019, 181 (182 f.); *Filges* NZS 2020, 201 (203).

[27] In jüngerer Zeit EuGH Urt. v. 2.6.2016 – C-410/14, ECLI:EU:C:2016:399 = NZBau 2016, 441 Rn. 44–47 – Dr. Falk Pharma; fortgeführt durch EuGH Urt. v. 1.3.2018 – C-9/17, ECLI:EU:C:2018:142 = NZBau 2018, 366 – Maria Tirkkonen.

[28] So zu Rabattverträgen bereits *Schickert/Schulz* MPR 2009, 1 (7); *Schickert* PharmR 2009, 164 (171): sog. „First-Mover-Effekt".

[29] Mitteilung der *Europäischen Kommission* v. 25.7.2019, abrufbar unter https://ec.europa.eu/germany/news/20190725-vertragsverletzungsverfahren_de. Kritisch zur Vereinbarkeit mit dem EU-Vergaberecht auch *Dreher* NZBau 2019, 275 (282).

versorgung aus dem Anwendungsbereich des Vergaberechts erscheint vor diesem Hintergrund jedenfalls nicht völlig unproblematisch.

16 Durch die **verpflichtende Zertifizierung im Wege eines Präqualifizierungsverfahrens ergeht keine Auswahlentscheidung.** Hierdurch wird eine für alle Wirtschaftsteilnehmer gleichermaßen geltende Eignungsanforderung aufgestellt. Das Aufstellen nichtdiskriminierend wirkender Voraussetzungen, um überhaupt (wie im Rahmen der Hilfsmittelversorgung) Verträge mit den Krankenkassen abschließen zu dürfen, ist zulässig.[30]

17 Bei **Verträgen zur Hilfsmittelversorgung,** deren Volumen **unterhalb des Schwellenwerts** von derzeit 214.000 EUR für Lieferungen und Dienstleistungsaufträge liegt, ist der Anwendungsbereich der RL 2014/24/EU nicht eröffnet. Zu berücksichtigen ist aber, dass auch unterhalb des Schwellenwerts die Grundprinzipien des AEUV zu beachten sind (vgl. ausführlich → Rn. 20–22), wenn eine sog. Binnenmarktrelevanz (→ Rn. 22; → § 2 Rn. 118; → § 82 Rn. 5) vorliegt.

2. Einzelfallverträge gemäß § 127 Abs. 3 SGB V

18 Der Gesetzgeber hat im Zuge der Änderungen durch das TSVG die Möglichkeit beibehalten, dass die Krankenkassen **Hilfsmittelversorgungsverträge in Ausnahmefällen durch Einzelfallvereinbarungen** nach § 127 Abs. 3 SGB V abschließen können. Die Regelung ist inhaltlich unverändert geblieben und hat lediglich geringfügige redaktionelle Folgeänderungen erfahren. Eine solche Einzelfallvereinbarung soll nach dem gesetzgeberischen Willen geschlossen werden, wenn ein Vertragsabschluss nach § 127 Abs. 1 SGB V zu aufwendig wäre, wie es zB bei dem **besonderen Versorgungsbedarf** einzelner Versicherter der Fall sein kann.[31] Zur Sicherstellung dieses Versorgungsbedarfs sollen Einzelfallverträge mit einzelnen Leistungserbringern geschlossen werden. Dem Abschluss solcher Einzelfallvereinbarungen kam schon im Verhältnis zu Ausschreibungsverträgen (§ 127 Abs. 1 SGB V aF) und Beitrittsverträgen (§ 127 Abs. 2, 2a SGB V aF) eine lediglich **nachrangige Bedeutung** zu.

19 Nach dem Willen des Gesetzgebers findet das **Vergaberecht bei Hilfsmittelversorgungsverträgen keine Anwendung** mehr.[32] Jedoch handelte es sich bei Einzelfallverträgen gem. § 127 Abs. 3 SGB V schon vor den Änderungen durch das TSVG um öffentliche Aufträge iSv § 103 Abs. 1 GWB, sodass die vergaberechtlichen Regelungen grundsätzlich Anwendung fanden (vgl. → 2. Aufl. 2017 § 77 Rn. 22). Da die Regelung inhaltlich nicht verändert wurde, **stellen solche Einzelfallverträge auch weiterhin öffentliche Aufträge iSv § 103 Abs. 1 GWB dar.** Denn dadurch, dass ein solcher Vertrag mit einem Leistungserbringer geschlossen wird und keine Beitrittsmöglichkeit für andere Leistungserbringer besteht, wird dem Vertragspartner eine Exklusivität gewährt, wodurch eine Auswahlentscheidung der Krankenkasse erfolgt und ein öffentlicher Auftrag iSv § 103 Abs. 1 GWB vorliegt. Das gesetzgeberische Konzept eines ausschreibungslosen und vergaberechtsfreien Vertragsschlusses (auch) nach § 127 Abs. 3 SGB V kollidiert deshalb (nur) dann nicht mit den EU-vergaberechtlichen Vorgaben, wenn in diesem Zusammenhang eine anerkannte **Ausnahme von der Ausschreibungspflicht** fruchtbar gemacht werden kann. Bei Einzelfallverträgen gem. § 127 Abs. 3 SGB V, die sich nicht auf eine unbestimmte Anzahl von Versorgungen gegenüber einer unbestimmten Vielzahl von Versicherten beziehen, sondern auf eine konkrete Versorgung in einem einzelnen Fall (wie es auch nach der gesetzgeberischen Vorstellung der Fall sein soll[33]), handelt es sich **regelmäßig** um **Aufträge unterhalb des einschlägigen EU-Schwel-**

[30] EuGH Urt. v. 1.3.2018 – C-9/17, ECLI:EU:C:2018:142 = NZBau 2018, 366 Rn. 33 – Maria Tirkkonen.

[31] BT-Drs. 19/8351, 228.

[32] BT-Drs. 19/8351, 228.

[33] BT-Drs. 19/8351, 228.

lenwerts in Höhe von derzeit 214.000 EUR, die dem europäischen Vergaberecht nicht unterfallen. Soweit der Auftragswert diesen Schwellenwert für Dienstleistungs- und Lieferaufträge nicht überschreitet, bestehen an der Europarechtskonformität von § 127 Abs. 3 SGB V daher keine Bedenken.

Zu berücksichtigen ist allerdings, dass auch bei Auftragsvergaben unterhalb des EU-Schwellenwerts **primärrechtliche Verfahrensanforderungen** beachtet werden müssen, **sofern** es sich um **binnenmarktrelevante Aufträge** (→ Rn. 22; → § 2 Rn. 118; → § 82 Rn. 44f.) handelt. Denn selbst wenn öffentliche Auftragsvergaben nicht dem (vollen) Regime des (EU/GWB-)Vergaberechts unterliegen, fallen sie nach der Rechtsprechung des EuGH bei einer Binnenmarktrelevanz dennoch in den Anwendungsbereich des Primärrechts, insbesondere der Grundfreiheiten nach Art. 63 (freier Kapitalverkehr), Art. 49 (Niederlassungsfreiheit) und Art. 56 (Dienstleistungsfreiheit) AEUV, sodass „die daraus folgenden Grundsätze der Gleichbehandlung, der Nichtdiskriminierung und der Transparenz zu berücksichtigen [sind]“.[34] Es müssen das gemeinschaftsrechtliche **Verbot der Diskriminierung** als Ausprägung des allgemeinen **Gleichbehandlungsgrundsatzes** sowie der **Transparenzgrundsatz** beachtet werden.[35] Hieraus folgt, dass „Transparenzerfordernissen“ entsprochen werden muss, „die, ohne notwendigerweise eine Verpflichtung zur Vornahme einer Ausschreibung zu umfassen, insbesondere geeignet sind, einem in einem anderen Mitgliedstaat als dem dieser Gemeinde niedergelassenen Unternehmen […] Zugang zu angemessenen Informationen […] zu ermöglichen, so dass dieses Unternehmen gegebenenfalls sein Interesse […] hätte bekunden können“.[36] Auch wenn eine grundsätzliche Pflicht zur Ausschreibung in einem bestimmten förmlichen Verfahren hiernach nicht besteht, so steht doch bei der Vergabe **binnenmarktrelevanter öffentlicher Aufträge** „das völlige Fehlen einer Ausschreibung [nicht] mit den Grundsätzen der Gleichbehandlung, der Nichtdiskriminierung und der Transparenz im Einklang“.[37] 20

Diese primärrechtlichen Mindestanforderungen im Hinblick auf die Gleichbehandlung interessierter Unternehmen sowie die Transparenz des Verfahrens werden am sichersten durch eine **Bekanntmachung des beabsichtigten Vertragsschlusses** und die **Durchführung eines strukturierten Bieterverfahrens** gewährleistet. Da das Primärrecht über die vorgenannten Grundsätze hinaus keine Aussage zu dem hierbei einzuhaltenden Verfahren trifft, lassen sich praxistaugliche Hinweise zur Durchführung derartiger Bieterverfahren der „Mitteilung der Kommission zu Auslegungsfragen“ entnehmen (→ § 82 Rn. 51f.).[38] 21

---

[34] EuGH Urt. v. 4.4.2019 – C-699/17, NZBau 2019, 457 Rn. 49 – Allianz Vorsorgekasse. Bereits zuvor ständige Rechtsprechung seit EuGH Urt. v. 9.9.1999 – C-108/98, Slg. 1999, I-5238 = BeckRS 2004, 74105 Rn. 20 – RI.SAN Srl/Commune di Ischia; ebenso *Prieß/Gabriel* NZBau 2007, 617. Siehe auch EuGH Urt. v. 5.4.2017 – C-298/15, ECLI:EU:C:2017:266 = NZBau2017, 748 Rn. 36 mwN – Borta. Zuletzt bestätigt und fortgeführt für Vertragssysteme mit Beitrittsmodell, die nicht der RL 2014/24/EU unterliegen, durch EuGH Urt. v. 1.3.2018 – C-9/17, ECLI:EU:C:2018:142 = NZBau 2018, 366 – Maria Tirkkonen; EuGH Urt. v. 2.6.2016 – C-410/14, ECLI:EU:C:2016:399 = NZBau 2016, 441 Rn. 44–47 – Dr. Falk Pharma.

[35] Ständige Rechtsprechung des EuGH, vgl. nur EuGH Urt. v. 5.4.2017 – C-298/15, ECLI:EU:C:2017:266 = NZBau2017, 748 Rn. 36 mwN – Borta in der jüngeren Zeit und zuvor EuGH Urt. v. 6.4.2006 – C-410/04, Slg. 2006, I-3311 = NZBau 2006, 326 Rn. 20 – ANAV; EuGH Urt. v. 20.10.2005 – C-264/03, Slg. 2005, I-8852 = ZfBR 2006, 69 Rn. 33 – Kommission gegen Frankreich; EuGH Urt. v. 13.10.2005 – C-458/03, Slg. 2005, I-8612 = NZBau 2005, 644 Rn. 50 – Parking Brixen; EuGH Urt. v. 21.7.2005 – C-231/03, Slg. 2005, I-7310 = NZBau 2005, 292 Rn. 28 – Coname; EuGH Urt. v. 3.12.2001 – C-59/00, Slg. 2001, I-9507 = ZfBR 2002, 610 Rn. 19f. – Vestergaard; EuGH Urt. v. 7.12.2000 – C-324/98, Slg. 2000, I-10745 = EuZW 2001, 90 Rn. 60–62 – Telaustria; EuGH Urt. v. 18.11.1999 – C-275/98, Slg. 1999, I-8291 = EuZW 2000, 248 Rn. 31f. – Unitron Scandinavia.

[36] EuGH Urt. v. 21.7.2005 – C-231/03, Slg. 2005, I-7310 = NZBau 2005, 292 Rn. 28 – Coname.

[37] EuGH Urt. v. 13.10.2005 – C-458/03, Slg. 2005, I-8612 = NZBau 2005, 644 Rn. 50 – Parking Brixen; bestätigt durch EuGH Urt. v. 6.4.2006 – C-410/04, Slg. 2006, I-3311 = NZBau 2006, 326 Rn. 22 – ANAV.

[38] Mitteilung der Europäischen Kommission zu Auslegungsfragen in Bezug auf das Gemeinschaftsrecht, das für die Vergabe öffentlicher Aufträge gilt, die nicht oder nur teilweise unter die Vergaberichtlinien fallen v. 23.6.2006 – C 179/2; hierzu *Gabriel* NVwZ 2006, 1262; *Schnieders* DVBl 2007, 287.

Die dort gerade für Auftragsvergaben unterhalb der EU-Schwellenwerte und Vergaben von nachrangigen Dienstleistungsaufträgen zusammengefassten Grundsätze lassen Bieterverfahren als geboten erscheinen, die aus den folgenden **fünf Verfahrensschritten** bestehen:

- Veröffentlichung einer Bekanntmachung mit Aufforderung zur Einreichung von Interessenbekundungen;
- Prüfung der Interessenbekundungen;
- diskriminierungsfreie Auswahl der Verhandlungspartner;
- Aufnahme von Verhandlungen mit den ausgewählten Bewerbern und
- Beendigung der Verhandlungen und Vertragsabschluss (→ § 82 Rn. 1 ff.).[39]

22 Bei der Bewertung der Binnenmarktrelevanz können neben dem finanziellen Volumen des Auftrags unter anderem der Leistungsort, die technischen Merkmale des Auftrags, die Umstände der Auftragsausführung sowie etwaige Beschwerden von in anderen Mitgliedstaaten ansässigen Unternehmen eine Rolle spielen.[40] Denn bei einer nur geringfügigen wirtschaftlichen Bedeutung und zB einer Auftragsausführung an einem nicht mitgliedstaatlich grenznahen Leistungsort ist eine grenzüberschreitende Beteiligung an einem etwaigen Vergabeverfahren nicht zu erwarten.[41] **Nähere praktische Hinweise zur Bestimmung dieses Bereichs** nicht binnenmarktrelevanter Hilfsmittelversorgungsverträge in Einzelfällen gem. § 127 Abs. 3 SGB V können – allerdings nur im Rahmen der europarechtlich zulässigen Auslegung – den „Gemeinsamen Empfehlungen gemäß § 127 Abs. 1a SGB V zur Zweckmäßigkeit von Ausschreibungen" des GKV-Spitzenverbandes und der Spitzenorganisationen der Leistungserbringer entnommen werden (→ Rn. 32).[42] Zwar erwähnen diese **Zweckmäßigkeitsempfehlungen** Auftragsvergaben unterhalb des EU-Schwellenwertes nicht ausdrücklich, jedoch beziehen sich einige der dort als Anwendungs- und Auslegungshinweise verstandenen Fallgruppen (unausgesprochen) auf diese – vergaberechtskonforme – Ausnahme von der Ausschreibungspflicht im Fall unterschwelliger Aufträge.

II. Hilfsmittelversorgung vor dem TSVG

23 Vor der Änderung der Systematik der Hilfsmittelversorgungsverträge durch das TSVG wurde zwischen grundsätzlich **auszuschreibenden Verträgen nach § 127 Abs. 1 SGB V aF** und **Verträgen mit Beitrittsrecht gem. § 127 Abs. 2, 2a SGB V aF** (→ Rn. 45 ff.) unterschieden. Daneben standen schon damals ergänzend die **Einzelfallverträge gem. § 127 Abs. 3 SGB V aF** (→ Rn. 53).

1. Ausschreibungsverträge gemäß § 127 Abs. 1 SGB V aF

24 An der Qualifizierung von Hilfsmittelversorgungsverträgen gem. § 127 Abs. 1 SGB V aF als **öffentliche Aufträge im Sinne von § 103 Abs. 1 GWB** bestanden keine ernstlichen Zweifel. Soweit ausgeschriebene Hilfsmittelversorgungsverträge im Rahmen von Nachprüfungsverfahren zur Überprüfung gelangten, wurde die öffentliche Auftragseigenschaft daher auch ohne weiteres angenommen.[43]

---

[39] Eingehend auch *Prieß/Gabriel* NZBau 2007, 617.

[40] Ständige Rechtsprechung des EuGH, vgl. in der jüngeren Zeit nur EuGH Urt. v. 4.4.2019 – C-699/17, ECLI:EU:C:2019:290 = NZBau 2019, 457 Rn. 50 – Allianz Vorsorgekasse; EuGH Urt. v. 19.4.2018 – C-65/17, ECLI:EU:C:2018:263 = NZBau 2018, 623 Rn. 40 – Oftalma Hospital; EuGH Urt. v. 16.4. 2015 – C-278/14, ECLI:EU:C:2015:228 = NZBau 2015, 383 Rn. 20 – SC Enterprise.

[41] EuGH Urt. v. 21.7.2005 – C-231/03, Slg. 2005, I-7310 = NZBau 2005, 292 Rn. 20 – Coname.

[42] Gemeinsame Empfehlungen gemäß § 127 Abs. 1a SGB V zur Zweckmäßigkeit von Ausschreibungen v. 2.7.2009 des GKV-Spitzenverbandes und der Spitzenorganisationen und sonstigen Organisationen der Leistungserbringer auf Bundesebene. Ebenso OLG Düsseldorf Beschl. v. 21.12.2016 – VII-Verg 26/16, NZBau 2017, 303 Rn. 30.

[43] LSG Nordrhein-Westfalen Beschl. v. 30.1.2009 – L 21 KR 1/08 SFB, BeckRS 2009, 51726; OLG Düsseldorf Beschl. v. 17.4.2008 – VII-Verg 15/08, BeckRS 2008, 13107. Vgl. dazu auch MCGK PharmaR/*Gabriel* § 14 Rn. 71 ff.

a) **Rahmenvereinbarungen gemäß § 103 Abs. 5 GWB, § 21 VgV.** Bei Hilfsmittelversorgungsverträgen gem. § 127 Abs. 1 SGB V aF handelte es sich um öffentliche Aufträge in der Gestalt von Rahmenvereinbarungen gem. § 103 Abs. 5 GWB, § 21 VgV, die grundsätzlich in einem europaweiten Verfahren auszuschreiben waren.[44] Gem. § 103 Abs. 5 GWB versteht man unter einer Rahmenvereinbarung eine Vereinbarung mit einem oder mehreren Unternehmen, die dazu dient, die Bedingungen für die öffentlichen Aufträge, die während eines bestimmten Zeitraums vergeben werden sollen, festzulegen, insbes. in Bezug auf den Preis. Rahmenvereinbarungen berechtigen den Auftraggeber, Leistungen entsprechend den Bedingungen des Rahmenvertrags zu fordern, ohne ihn zu einem Abruf zu verpflichten. Sie werden bei wiederkehrenden gleichartigen Beschaffungen verwendet, um im Voraus bestimmte Anbieter auszuwählen, an die sich der Auftraggeber zu einem späteren Zeitpunkt im Wege von Leistungsabrufen in einem – im Vergleich zu förmlichen Vergabeverfahren – einfachen und schnellen Verfahren wenden kann. Die maximale Laufzeit einer Rahmenvereinbarung sowie der auf ihr beruhenden Einzelaufträge beträgt gem. § 21 Abs. 6 VgV grundsätzlich vier Jahre. Das gilt auch für die auf der Rahmenvereinbarung basierenden Verträge. 25

§ 127 Abs. 1 SGB V aF entsprach dem Bild einer **Rahmenvereinbarung,** da in Hilfsmittelversorgungsverträgen die Preise sowie die Liefer- und Versorgungsbedingungen einschließlich der Qualität festgelegt wurden, obgleich der spätere Leistungsaustausch – dh die Verordnung und Abgabe von Hilfsmitteln gegenüber den Versicherten – zum Zeitpunkt des Vertragsschlusses noch nicht feststand.[45] Denn Hilfsmittelversorgungen finden in einem durch die Leistungsbeziehungen in der gesetzlichen Krankenversicherung geprägten, **sozialrechtlich vorgegebenen Dreiecksverhältnis** (zwischen Krankenkassen, Versicherten und Leistungserbringern) statt.[46] Der **Umfang der Inanspruchnahme** der Leistungserbringer ist bei Vertragsabschluss noch nicht quantifizierbar, da dieser einerseits allgemein von der **Morbidität der Versicherten** abhängt und andererseits im Fall des Vorhandenseins mehrerer Vertragspartner einer Krankenkasse für dieselbe Produktgruppe speziell von der **Auswahlentscheidung des Versicherten,** die gem. § 33 Abs. 6 SGB V alle vertraglich gebundenen Leistungserbringer in Anspruch nehmen können (Versichertenwahlrecht). Diese besondere, für Leistungsbeziehungen im Krankenversicherungsrecht typische Situation entspricht derjenigen von Rahmenvereinbarungen, weshalb die Bewertung von Hilfsmittelversorgungsverträgen gem. § 127 Abs. 1 SGB V aF als öffentliche Aufträge in der (besonderen) Form von Rahmenvereinbarungen im Sinne von § 103 Abs. 5 GWB, § 21 VgV zutreffend war.[47] 26

b) **Kalkulationsrisiken und Mehr-Partner-Modelle bei Rahmenvereinbarungen.** Die Abgabe eines Angebots zum Abschluss einer Rahmenvereinbarung ist im Vergleich zu anderen Aufträgen typischerweise mit **erhöhten Kalkulationsrisiken für die Bieter** verbunden, da insbes. das **genaue Auftragsvolumen nicht abschließend geklärt** ist. Mit diesen erhöhten Kalkulationsrisiken korrespondiert die Verpflichtung des öffentlichen Auftraggebers, den Bietern zwecks Angebotserstellung jedenfalls alle verfügbaren Angaben hinsichtlich des Auftragsvolumens zur Verfügung zu stellen, soweit sie für die Kalkulation benötigt werden und vom Auftraggeber in einer für ihn zumutbaren Weise beschafft wer- 27

[44] LSG Hessen Beschl. v. 15.12.2009 – L 1 KR 337/09 ER Verg, BeckRS 2009, 74943; *Dreher/Hoffmann* NZBau 2009, 273 (279). Zu Rahmenvereinbarungen im Versorgungssystem der GKV siehe auch MCGK PharmaR/*Gabriel* § 14 Rn. 235 ff.

[45] So schon *Rixen* GesR 2006, 49 (56); *Storost* NZS 2005, 82 (85).

[46] *Kingreen* VergabeR 2007, 354 (355).

[47] LSG Hessen Beschl. v. 15.12.2009 – L 1 KR 337/09 ER Verg, BeckRS 2009, 74943; VK Bund Beschl. v. 27.6.2011 – VK 3-68/11, juris; VK Schleswig-Holstein Beschl. v. 17.9.2008 – VK-SH 10/08, BeckRS 2008, 21735; VK Bund Beschl. v. 5.2.2008 – VK 3-08/08, juris; VK Mecklenburg-Vorpommern Beschl. v. 12.11.2007 – 1 VK 6/07, VPRRS 2013, 0142.

den können.[48] Bei Ausschreibungen zur Deckung eines Versorgungsbedarfs wie bei Hilfsmittelausschreibungen wurde es von der Rechtsprechung als ausreichend angesehen, wenn der Auftraggeber den Bietern die **entsprechenden Abgabedaten aus der Vergangenheit zur Verfügung gestellt hat,** um annähernd einschätzen zu können, wie hoch der Versorgungsbedarf und damit das Auftragsvolumen ungefähr sein könnten.[49] Beispielsweise wurde es daher bei der Ausschreibung von Rahmenvereinbarungen über die Beschaffung von Schlaftherapiegeräten als ausreichend erachtet, wenn den Bietern für das letzte zurückliegende Jahr die Anzahl der Versicherten in der Erst- und Folgeversorgung aufgeteilt nach Losen und dem jeweiligen konkreten Schlaftherapiegerät mitgeteilt wurden.[50] Bei der Vergabe von Rahmenvereinbarungen, die die Versorgung mit Sauerstoffbehältersystemen mit Flüssiggas zum Gegenstand hatten, wurde neben der Anzahl der Versicherten, die mit Flüssigsauerstoff versorgt werden sollten, auch die Angabe über die Menge an zu lieferndem Flüssigsauerstoff verlangt, da diese Menge bei jedem Patienten unterschiedlich hoch sein konnte. Das galt insbes. dann, wenn der Auftraggeber **keine verbrauchsabhängige Vergütung,** sondern unabhängig vom tatsächlichen Flüssigsauerstoffverbrauch und der Frequenz des Personaleinsatzes eine der Höhe nach begrenzte Tagespauschale vorgesehen hatte.[51]

28 Hinsichtlich der Anforderungen an eine eindeutige und erschöpfende **Leistungsbeschreibung gem. § 8 EG VOL/A aF (jetzt: § 121 Abs. 1 GWB)** wurde das Fehlen einer bezifferten Angabe der vertraglich vereinbarten Versorgungsfälle bzw. von in einem vergangenen Referenzzeitraum eingetretenen Versorgungsfällen nur ausnahmsweise dann als unschädlich erachtet, wenn derartige **Referenzwerte** der Krankenkasse nicht in belastbarer Qualität zur Verfügung standen.[52] Bieter hätten grundsätzlich einen Anspruch auf die Mitteilung derartiger Referenzwerte, da es ihnen nur dann möglich sei, das **Auftragsvolumen** sachgerecht einzuschätzen und etwaigen verbleibenden **Mengenunsicherheiten** im Wege von Risikozuschlägen zu begegnen. Dazu müssten Krankenkassen den Bietern im Rahmen der Leistungsbeschreibung insbes. das **Verordnungsvolumen** der vertragsgegenständlichen Artikel in einem (möglichst aktuellen) **Referenzzeitraum** und die **Zahl der Versicherten,** die mit den vertragsgegenständlichen Hilfsmitteln gegebenenfalls versorgt werden müssen, mitteilen.[53] Sofern dabei im Fall des Abschlusses von Rahmenvereinbarungen mit mehreren Bietern seitens der Krankenkasse keine Vorgaben aufgestellt wurden, wie die Zuteilung der Einzelabrufe zwischen den Rahmenvertragspartner vorgenommen werden soll, führe das zwar zu einer kalkulatorischen Unsicherheit zu Lasten der Bieter; jedoch würde das Wahlrecht der Versicherten gem. §§ 13 Abs. 2, 33 Abs. 6 SGB V eine gleichmäßige **Verteilung der Einzelabrufe unter den Vertragspartnern** gewährleisten.[54] Eine Bezugnahme der Leistungsbeschreibung auf die Artikel, die im Hilfsmittel-

[48] Für Ausschreibungen im Hilfsmittelbereich siehe OLG Düsseldorf Beschl. v. 2.11.2016 – VII-Verg 27/16, NZBau 2017, 565 Rn. 10; VK Bund Beschl. v. 3.4.2018 – VK 2-24/18, VPRRS 2018, 0118; Beschl. v. 13.2.2018 – VK 2-5/18, VPRRS 2018, 0088; Beschl. v. 7.12.2017 – VK 1-131/17, VPRRS 2018, 0015; Beschl. v. 20.2.2015 – VK 2-3/15, VPRRS 2015, 0110.

[49] OLG Düsseldorf Beschl. v. 18.4.2012 – VII-Verg 93/11, NZS 2012, 747 Rn. 8; VK Bund Beschl. v. 3.4. 2018 – VK 2-24/18, VPRRS 2018, 0118; Beschl. v. 13.2.2018 – VK 2-5/18, VPRRS 2018, 0088; Beschl. v. 7.12.2017 – VK 1-131/17, VPRRS 2018, 0015.

[50] VK Bund Beschl. v. 7.12.2017 – VK 1-131/17, VPRRS 2018, 0015.

[51] VK Bund Beschl. v. 20.2.2015 – VK 2-3/15, VPRRS 2015, 0110.

[52] OLG Düsseldorf Beschl. v. 17.4.2008 – VII-Verg 15/08, BeckRS 2008, 13107; VK Bund Beschl. v. 14.9. 2007 – VK 1-101/07, IBRRS 2013, 2560; Beschl. v. 31.8.2007 – VK 1-92/07, VPRRS 2013, 0770.

[53] LSG Hessen Beschl. v. 15.12.2009 – L 1 KR 337/09 ER Verg, BeckRS 2009, 74943; LSG Nordrhein-Westfalen Beschl. v. 30.1.2009 – L 21 KR 1/08 SFB, BeckRS 2009, 51726; VK Sachsen-Anhalt Beschl. v. 16.12.2011 – 2 VK LSA-23/11, juris; VK Schleswig-Holstein Beschl. v. 17.9.2008 – VK-SH 10/08, BeckRS 2008, 21735; VK Mecklenburg-Vorpommern Beschl. v. 12.11.2007 – 1 VK 6/07, VPRRS 2013, 0142.

[54] LSG Nordrhein-Westfalen Beschl. v. 30.1.2009 – L 21 KR 1/08 SFB, BeckRS 2009, 51726; VK Bund Beschl. v. 14.9.2007 – VK 1-101/07, IBRRS 2013, 2560; Beschl. v. 31.8.2007 – VK 1-92/07, VPRRS 2013, 0770. Ebenso LSG Nordrhein-Westfalen Beschl. v. 3.9.2009 – L 21 KR 51/09 SFB, BeckRS 2009, 72806 und OLG Düsseldorf Beschl. v. 24.11.2011 – VII-Verg 62/11, BeckRS 2012, 4600 mAnm *Gabriel*

verzeichnis gem. § 139 SGB V aufgeführt sind, das unter Berücksichtigung der relevanten gesetzlichen Vorschriften vom GKV-Spitzenverband erstellt und fortlaufend aktualisiert wird, wurde für zulässig befunden[55] und entsprach dem Grundsatz der eindeutigen und erschöpfenden Leistungsbeschreibung.[56]

Durch das HHVG wurde in Bezug auf den Abschluss von Hilfsmittelversorgungsverträgen nach § 127 Abs. 1 SGB V aF in Form von Rahmenvereinbarungen eine rechtliche Neuerung bewirkt. In § 127 Abs. 1 S. 5 SGB V aF wurde festgelegt, dass **Hilfsmittelversorgungsverträge auch mit mehreren Leistungserbringern abgeschlossen werden konnten. Im Hinblick auf Rabattverträge** nach § 130a Abs. 8 SGB V war das von Seiten der Rechtsprechung bereits seit Längerem anerkannt, obwohl bei Abschluss einer solchen Mehr-Partner-Rahmenvereinbarung bei Vertragsschluss weitgehend unklar ist, welcher Rahmenvertragspartner die jeweiligen Einzelaufträge erhält.[57] Ein Verstoß gegen § 21 Abs. 4 VgV liege bei einer Mehr-Partner-Rahmenrabattvereinbarung nicht vor, da der Apotheker das jeweilige Arzneimittel zwar einerseits frei wählen dürfe, der Auswahlmechanismus jedoch andererseits durch sozial- und arzneimittelrechtliche Vorgaben bereits hinreichend determiniert sei.[58] **Im Hilfsmittelbereich** stellte sich die Rechtslage grundsätzlich anders dar. Vergleichbare rechtliche Vorgaben für den Einzelabruf bestehen weiterhin nicht; vielmehr können die Versicherten gem. § 33 Abs. 6 SGB V einen Leistungserbringer frei wählen. An sich war damit der vergaberechtlichen Rechtfertigung des Mehr-Partner-Modells – wie sie in der angeführten Rechtsprechung begründet wurde – im Hilfsmittelbereich die Grundlage entzogen. Gleichwohl wurde das **Mehr-Partner-Modell** auch im Hilfsmittelbereich **schon vor der Regelung des § 127 Abs. 1 S. 5 SGB V aF von der Rechtsprechung ausdrücklich als nicht vergaberechtswidrig qualifiziert.** Denn „die aus dieser Wahlfreiheit hervorgehende Unsicherheit der Bieter, in welchem Umfang sie beim Abruf der Einzelleistungen zum Zuge kommen, aber auch die Unwägbarkeiten, die sich aus der freien Wahl der Produkte und der Wahlfreiheit hinsichtlich einer Beratung der Versicherten ergeben, sind den Bietern zumutbar".[59] Das wurde insbes. damit begründet, dass bei Mehr-Partner-Modellen eine größere Produktauswahl für die Versicherten bestehe und eine etwaige Umstellung auf ein anderes Produkt dann nicht erforderlich sei.[60] Auch ähnliche Sachverhalte im Arzneimittelbereich wurden von der Rechtsprechung als vergaberechtskonform beurteilt.[61] 29

VergabeR 2012, 482 (490ff.) im Zusammenhang mit Arzneimittelrabattverträgen und dem im Rahmenvertrag über die Arzneimittelversorgung nach § 129 Abs. 2 SGB V aF den Apotheken eingeräumten Recht, zwischen mehreren rabattbegünstigten Arzneimitteln wählen zu dürfen.

[55] OLG Düsseldorf Beschl. v. 17.4.2008 – VII-Verg 15/08, BeckRS 2008, 13107; VK Bund Beschl. v. 31.8.2007 – VK 1-92/07, VPRRS 2013, 0770; Beschl. v. 9.5.2007 – VK 1-26/07, IBRRS 2007, 2922.

[56] VK Sachsen-Anhalt Beschl. v. 6.11.2015 – 1 VK LSA 10/15, IBRRS 2016, 0478.

[57] Siehe exemplarisch OLG Düsseldorf Beschl. v. 18.4.2018 – VII Verg 56/17, PharmR 2018, 438 (440); Beschl. v. 10.6.2015 – VII-Verg 4/15, BeckRS 2016, 02950; VK Bund Beschl. v. 23.11.2017 – VK 1-123/17, VPRRS 2017, 0382.

[58] OLG Düsseldorf Beschl. v. 24.11.2011 – VII-Verg 62/11, BeckRS 2012, 4600 mAnm *Gabriel* VergabeR 2012, 482 (490ff.). Die Vorinstanz VK Bund Beschl. v 8.6.2011 – VK 2-58/11 hatte das noch als kritischer erachtet und die Zulässigkeit eines Mehr-Partner-Modells davon abhängig gemacht, dass der Auftraggeber die daraus resultierenden Kalkulationsschwierigkeiten der Bieter auf andere Weise beseitigt oder jedenfalls abmildert, wenn und soweit das möglich war. Siehe in der sozialrechtlichen Rechtsprechung LSG Nordrhein-Westfalen Beschl. v. 3.9.2009 – L 21 KR 51/09 SFB, BeckRS 2009, 72806. Zusammenfassend *Goodarzi/Jansen* NZS 2010, 427 (432).

[59] OLG Düsseldorf Beschl. v. 2.11.2016 – VII-Verg 27/16, NZBau 2017, 565 Rn. 13; VK Bund Beschl. v. 12.7.2016 – VK 2-49/16, VPRRS 2016, 0275.

[60] OLG Düsseldorf Beschl. v. 2.11.2016 – VII-Verg 27/16, NZBau 2017, 565 Rn. 15.

[61] OLG Düsseldorf Beschl. v. 27.5.2015 – VII-Verg 2/15, BeckRS 2015, 18293 (hinsichtlich Rahmenvereinbarungen im Mehr-Partner-Modell über Biosimilars); VK Bund Beschl. v. 19.1.2016 – VK 1-124/15, VPRRS 2016, 0213 (im Zusammenhang mit dem sog. Kaskadenmodell); Beschl. v. 12.1.2015 – VK 1-104/14, VPRRS 2015, 0084.

30 **c) Abgrenzung von Liefer- und Dienstleistungsaufträgen.** Bei der Qualifizierung von Hilfsmittelversorgungsverträgen als öffentliche Aufträge spielte die Abgrenzung von Liefer- und Dienstleistungsaufträgen eine große praktische Rolle, da sich hieraus **bedeutende vergaberechtliche Konsequenzen** ergaben (zB hinsichtlich der Geltung eines gegebenenfalls vergaberechtlich gelockerten Ausschreibungsregimes für sog. **soziale und andere besondere Dienstleistungen** (→ Rn. 33)) und sich Hilfsmittelversorgungsaufträge regelmäßig aus Dienstleistungselementen (Beratung, Herstellung, Anpassung, Einweisung, Betreuung) sowie Warenlieferungselementen (Produkt als solches) zusammensetzten. Die Abgrenzung, ob ein Hilfsmittelversorgungsvertrag einen Liefer- oder Dienstleistungsauftrag darstellte, wurde **gem. § 110 Abs. 2 Nr. 2 GWB anhand einer wertmäßigen Festlegung** vorgenommen. Danach galt ein öffentlicher Auftrag, der sowohl den Einkauf von Waren als auch die Beschaffung von Dienstleistungen zum Gegenstand hat, als Dienstleistungsauftrag, wenn der Wert der Dienstleistungen den Wert der Waren überstieg. Von praktischer Bedeutung war dabei die **Entscheidung des EuGH,** dass die mit der Anfertigung eines Hilfsmittels zusammenhängenden **Dienstleistungen wertmäßig** dem **Warenlieferanteil** zuzurechnen waren: „Bei der Zurverfügungstellung von Waren, die individuell nach den Bedürfnissen des jeweiligen Kunden hergestellt und angepasst werden und über deren Nutzung die jeweiligen Kunden individuell zu beraten sind, ist die Anfertigung der genannten Waren dem Auftragsteil der ‚Lieferung' für die Berechnung des Werts zuzuordnen".[62] Für die Einordnung eines Hilfsmittelversorgungsvertrags war demnach auf das Verhältnis des Werts des (ggf. sogar patientenindividuell) hergestellten Hilfsmittels einerseits (Warenlieferungsanteil) zum Wert (lediglich) der Beratung/Betreuung andererseits (Dienstleistungsanteil) abzustellen.[63] Diese Abgrenzung hat in der Praxis oft den **Ausschlag zugunsten einer Qualifizierung** von Hilfsmittelversorgungsverträgen **als Lieferaufträge** gegeben.

31 **d) Zweckmäßigkeitsvorbehalt gemäß § 127 Abs. 1 S. 1, 6, Abs. 1a SGB V aF.** Bereits durch das GKV-WSG wurde in § 127 Abs. 1 SGB V aF ein **Ausschreibungsgebot** eingeführt, wonach Hilfsmittelversorgungsverträge ausgeschrieben werden „soll[t]en", soweit das „zweckmäßig" war.[64] Das GKV-OrgWG hatte diesen Zweckmäßigkeitsvorbehalt erhalten und das **Ausschreibungsgebot dahingehend abgeschwächt,** dass **aus der „Soll"-Regelung eine bloße „Kann"-Regelung** gemacht wurde. Darüber hinaus wurde § 127 Abs. 1a SGB V aF eingefügt, der weitere Regelungen zur Zweckmäßigkeit von Ausschreibungen traf. Die Vorschrift des § 127 Abs. 1 S. 1 SGB V aF – und insbesondere der dort normierte **Zweckmäßigkeitsvorbehalt** – war im Zusammenhang mit § 127 Abs. 2, 2a SGB V aF zu lesen und **stellte ein Regel-Ausnahme-Schema dar,** nach dem gesetzlichen Krankenkassen in Abweichung vom Grundsatz des Vorrangs einer Auftragsvergabe im Wettbewerb ein Vertragsschluss durch Gewährung eines Beitrittsrechts ermöglicht wurde, wenn die Krankenkassen eine Ausschreibung für unzweckmäßig hielten.[65] Der Gesetzgeber wollte klarstellen, dass **Krankenkassen zur Durchführung von Ausschreibungen** gem. § 127 Abs. 1 SGB V aF **nicht vorrangig und ausnahmslos verpflichtet** waren. Vielmehr eröffnete der Begriff der Zweckmäßigkeit der Krankenkasse eine **Einschätzungsprärogative mit prognostischen Elementen**[66] darüber, den Bedarf an Hilfsmitteln und damit zusammenhängenden Dienstleistungen entweder im Wege der Ausschreibung eines dem EU/GWB-Vergaberecht unterliegenden Vertrags nach § 127

[62] EuGH Urt. v. 11.6.2009 – C-300/07, Slg. 2009, I-4803 = EuZW 2009, 612 Rn. 66 – Oymanns mAnm *Kingreen* NJW 2009, 2417 sowie *Marx/Hölzl* NZBau 2010, 31.

[63] Generalanwalt *Mazak* Schlussanträge v. 16.12.2008 – C-300/07, ECLI:EU:C:2008:732 = IBRRS 2008, 3848 Rn. 57 – Oymanns.

[64] Ausführlich zur Zweckmäßigkeit von Hilfsmittelversorgungsverträgen auch *Knispel* NZS 2019, 6.

[65] OLG Düsseldorf Beschl. v. 24.9.2014 – VII-Verg 17/14, ZfBR 2015, 515; dazu auch BT-Drs. 16/10609, 57.

[66] OLG Düsseldorf Beschl. v. 24.9.2014 – VII-Verg 17/14, ZfBR 2015, 515.

Abs. 1 SGB V aF zu decken oder zu diesem Zweck einen Vertrag mit Beitrittsrecht iSv § 127 Abs. 2, 2a SGB V aF bzw. einen Einzelfallvertrag nach § 127 Abs. 3 SGB V aF abzuschließen. Die Entscheidung der Krankenkasse für eine der zur Auswahl stehenden Vertragsformen unterlag dabei einer **eingeschränkten gerichtlichen Kontrolle** und war nur daraufhin zu überprüfen, ob sie auf einer unrichtigen bzw. unzureichenden Sachverhaltsermittlung oder einer groben Fehleinschätzung beruhte oder willkürlich getroffen worden war.[67]

Auf Grundlage von § 127 Abs. 1a SGB V aF hatten der GKV-Spitzenverband Bund und die Spitzenorganisationen der Leistungserbringer auf Bundesebene gemeinsam **„Empfehlungen zur Zweckmäßigkeit von Ausschreibungen"** abgegeben.[68] 32

Diese sahen folgende **Zweckmäßigkeitskriterien** vor, bei deren Vorliegen von einer Ausschreibung abgeraten wurde:
- Geringe Kosten-Nutzen-Relation von Ausschreibungen;
- Enger Anbieterkreis;
- Nicht standardisierbare Leistungen;
- Versorgungen mit hohem Dienstleistungsanteil;
- Gesundheitsrisiko für die Versicherten;
- Störungen im Versorgungsablauf.

Für **Hilfsmittel, die individuell angefertigt wurden oder Versorgungen mit hohem Dienstleistungsanteil** sah § 127 Abs. 1 S. 4 SGB V aF als Einschränkung des Zweckmäßigkeitsvorbehalts vor, dass Ausschreibungen hierbei **in der Regel nicht zweckmäßig** waren. **Durch das HHVG wurde der Einschub „in der Regel"** in nunmehr § 127 Abs. 1 S. 6 SGB V aF **gestrichen,** sodass nach dem gesetzgeberischen Willen solche Hilfsmittelversorgungsverträge nicht mehr ausgeschrieben werden durften.[69] 33

Allerdings war bei der Entscheidung der Krankenkasse darüber, ob der Abschluss eines Hilfsmittelversorgungsvertrags im Wege einer Ausschreibung zweckmäßig ist, zu berücksichtigen, dass die **Frage der Ausschreibungspflicht nicht zur Disposition des nationalen Gesetzgebers stand,** sondern die Auftragsvergabe im Anwendungsbereich der unionsrechtlichen Regelungen zwingend nach den Vorschriften des Vergaberechts zu erfolgen hatte (→ § 75 Rn. 3 ff.).[70] Die Vorschrift des § 127 Abs. 1 SGB V aF war deshalb richtlinienkonform derart auszulegen, dass das **Zweckmäßigkeitsgebot bei Hilfsmittelversorgungsverträgen ab Erreichen des Schwellenwerts unangewendet zu bleiben hatte,** „soweit dadurch […] eine Bereichsausnahme errichtet werden soll[te], innerhalb derer die gesetzlichen Krankenkassen die Durchführung eines geregelten Vergabeverfahrens von Zweckmäßigkeitsüberlegungen […] abhängig machen [durften]".[71] § 127 Abs. 1 SGB V aF wurde durch das EU/GWB-Vergaberecht „vollständig überlagert".[72] Schließlich bestätigte auch der Gesetzgeber diese Ansicht und stellte durch das HHVG in einem neuen § 127 Abs. 1 S. 7 SGB V aF klar, dass Hilfsmittelversorgungsverträge ab Erreichen des maßgeblichen Schwellenwerts den vergaberechtlichen Bestimmungen unterlagen. Auf die Zweckmäßigkeit einer Ausschreibung konnte es bei der Auswahl einer der in § 127 SGB V aF vorgesehenen Vertragsformen deshalb (auch vor der Klarstellung durch das 34

[67] OLG Düsseldorf Beschl. v. 24.9.2014 – VII-Verg 17/14, ZfBR 2015, 515.

[68] Gemeinsame Empfehlungen gemäß § 127 Abs. 1a SGB V zur Zweckmäßigkeit von Ausschreibungen v. 2.7.2009 des GKV-Spitzenverbandes und der Spitzenorganisationen und sonstigen Organisationen der Leistungserbringer auf Bundesebene.

[69] Eingehend zu § 127 Abs. 1 S. 6 SGB V aF sowie zu dessen Vereinbarkeit mit den Vorgaben des Vergaberechts *Gassner* MPR 2018, 13.

[70] OLG Düsseldorf Beschl. v. 21.12.2016 – VII-Verg 26/16, NZBau 2017, 303 Rn. 19 und 27; so im Anschluss hieran auch VK Bund Beschl. v. 15.5.2018 – VK 1-41/18, VPRRS 2018, 0224; Beschl. v. 5.4.2018 – VK 1-17/18, VPRRS 2018, 0183; Beschl. v. 3.4.2018 – VK 2-24/18, VPRRS 2018, 0118; Beschl. v. 2.3.2018 – VK 1-165/17, IBRRS 2018, 1495; Beschl. v. 7.12.2017 – VK-1/131/17, VPRRS 2018, 0015; zuvor bereits *Schickert/Schulz* MPR 2009, 1 (4); aA *Knispel* NZS 2019, 6 (7 ff.).

[71] OLG Düsseldorf Beschl. v. 21.12.2016 – VII-Verg 26/16, NZBau 2017, 303 Rn. 19 und 27.

[72] OLG Düsseldorf Beschl. v. 21.12.2016 – VII-Verg 26/16, NZBau 2017, 303 Rn. 27.

HHVG) nur ankommen, sofern der Abschluss des jeweiligen Vertrags im konkreten Einzelfall tatsächlich keiner EU/GWB-vergaberechtlichen Ausschreibungspflicht unterlag.[73]

35 Das war insbes. im Zusammenhang mit Beitrittsverträgen nach § 127 Abs. 2, 2a SGB V aF der Fall (→ Rn. 45 ff.), wenn der Vertragsbeitritt tatsächlich diskriminierungsfrei und ohne, dass einzelne Unternehmen einen Wettbewerbsvorteil erhielten, gewährleistet wurde (→ Rn. 49 ff.). Im Übrigen entfiel eine EU/GWB-vergaberechtliche Ausschreibungspflicht in folgenden Fällen:

– Soweit bei konkreten Vertragsabschlüssen die Voraussetzungen für ein **Verhandlungsverfahren ohne vorherige Bekanntmachung** iSv § 14 Abs. 4 VgV, Art. 32 RL 2014/24/EU vorlagen, konnten Krankenkassen in Einklang mit dem (EU/GWB-) Vergaberecht Aufträge im Wege eines direkten Vertragsabschlusses mit einem ausgewählten Vertragspartner vergeben.
– Soweit Hilfsmittelaufträge wertmäßig den Schwellenwert iHv damals 221.000 EUR (214.000 EUR seit dem 1. 1. 2020) nicht erreichten, fielen solche **Aufträge unterhalb der EU-Schwellenwerte** nicht unter das EU-Vergaberecht, sondern ebenfalls lediglich unter ein sehr eingeschränktes Vergaberegime. Allerdings waren auch hier ggf. die Grundprinzipien des EU-Primärrechts zu beachten, sofern der jeweilige Auftrag Binnenmarktrelevanz besaß (→ Rn. 20–22 und → § 82 Rn. 1 ff.).

36 Zunächst **bejahte der Vergabesenat des OLG Düsseldorf** die Antragsbefugnis und dadurch **die Zulässigkeit eines auf das Zweckmäßigkeitsgebot gestützten Nachprüfungsantrags, wies ihn aber als unbegründet zurück,** da Zweckmäßigkeitsüberlegungen durch das Vergaberechtsregime ab Erreichen der Schwellenwerte „überlagert" würden (→ Rn. 34).[74] In neuer personeller Besetzung **änderte das OLG Düsseldorf seine Rechtsprechung** und ging davon aus, dass das **Zweckmäßigkeitsgebot nach § 127 Abs. 1 S. 1, 6 SGB V aF keine bieterschützende Vorschrift** iSv § 97 Abs. 6 GWB darstelle, da die Zweckmäßigkeitsüberlegungen des Auftraggebers dem Vergabeverfahren vorausgingen und es sich deshalb nicht um eine vergaberechtliche Vorschrift handele. Zudem diene das Zweckmäßigkeitsgebot nur dem Schutz der Versicherten und dem Allgemeininteresse, unwirtschaftliche Vergabeverfahren zu vermeiden; ein Schutz interessierter Wirtschaftsteilnehmer sei nicht bezweckt.[75] Im Ergebnis war ein (nur) auf Verletzung des Zweckmäßigkeitsgebots gestützter Nachprüfungsantrag **deshalb mangels Antragsbefugnis (bereits) unzulässig.** Bedingt durch diese Rechtsprechungsänderung äußerte es zudem **Zweifel an der Auffassung der Sozialgerichte, ihre Zuständigkeit für die Überprüfung des Zweckmäßigkeitsgebots zu verneinen.**[76] In nachfolgenden Beschlüssen verwies das OLG Düsseldorf deshalb bei einem – aus seiner Sicht – unstatthaften Nachprüfungsantrag das Verfahren nach § 17a Abs. 2 GVG an das jeweils sachlich und örtlich zuständige Sozialgericht. Hierzu lehnte es im Rahmen der Überprüfung von Rabattverträgen für Kontrastmittel in Open-House-Verfahren, Kollektivvereinbarungen

---

[73] Hierzu OLG Düsseldorf Beschl. v. 21. 12. 2016 – VII-Verg 26/16, NZBau 2017, 303 Rn. 27: „Zweckmäßigkeitsüberlegungen haben bei der Frage einer Ausschreibung von Hilfsmittelbeschaffungen durch gesetzliche Krankenkassen jedenfalls im sog. Oberschwellenwertbereich demnach zu unterbleiben". AA *Knispel* NZS 2019, 6 (7 ff.).

[74] OLG Düsseldorf Beschl. v. 21. 12. 2016 – VII-Verg 26/16, NZBau 2017, 303; zuvor bereits Beschl. v. 24. 9. 2014 – Verg 17/14, ZfBR 2015, 515.

[75] OLG Düsseldorf Beschl. v. 27. 6. 2018 – Verg 59/17, MPR 2018, 216 (221); fortgeführt durch Beschl. v. 3. 8. 2018 – Verg 30/18, BeckRS 2018, 35115 Rn. 22 ff.; Beschl. v. 7. 1. 2019 – NZBau 2019, 261 Rn. 29 f. So auch VK Bund Beschl. v. 21. 9. 2018 – VK 1-83/18, VPRRS 2018, 0336.

[76] OLG Düsseldorf Beschl. v. 27. 6. 2018 – Verg 59/17, MPR 2018, 216 (223). Siehe für Entscheidungen in der Sozialgerichtsbarkeit, in denen die Zuständigkeit der Sozialgerichte verneint wurde bspw. LSG Thüringen Beschl. v. 17. 8. 2018 – L 6 KR 708/18 B ER, BeckRS 2018, 20142; LSG Hessen Beschl. v. 3. 5. 2018 – L 8 KR 31/18 B ER, BeckRS 2018, 23465; LSG Baden-Württemberg Beschl. v. 24. 4. 2018 – L 1 SV 132/18, BeckRS 2018, 23527; LSG Bayern Beschl. v. 21. 3. 2018 – L 5 KR 81/18 B ER, BeckRS 2018, 47986; LSG Mecklenburg-Vorpommern Beschl. v. 18. 2. 2018 – L 6 KR 4/18 B ER, BeckRS 2018, 23466; SG Frankfurt a.M. Beschl. v. 29. 1. 2018 – S 34 KR 1089/17 ER, BeckRS 2018, 4103; SG Reutlingen Beschl. v. 28. 12. 2017 – S 1 KR 2858/17 ER, BeckRS 2017, 137583.

über Grippeimpfstofflieferungen oder von Hilfsmittelversorgungsverträgen mit Beitrittsrecht nach § 127 Abs. 2, 2a SGB V aF jeweils bereits einen öffentlichen Auftrag iSv § 103 Abs. 1 GWB ab, **erachtete den Nachprüfungsantrag dadurch für nicht statthaft und sah die Sozialgerichte als zuständig an.**[77] Mittlerweile hat der **BGH** im Rahmen eines Rechtsbeschwerdeverfahrens **die Verweisungsmöglichkeit** gem. § 17a Abs. 2 GVG durch die Vergabesenate **eingeschränkt,** indem diese ausschließlich aus Gründen der Verfahrensökonomie und des effektiven Rechtsschutzes im Einklang mit dem Rechtsschutzinteresse des Rechtsschutzsuchenden erfolgen dürfen. Will und kann der Antragsteller sein Rechtsschutzziel im anderen Rechtsweg nicht weiterverfolgen, dürfe keine Verweisung vorgenommen werden (vgl. ausführlich zum Ganzen auch → Rn. 45ff., → § 76 Rn. 32ff., insbes. → Rn. 50).[78]

e) Berücksichtigung qualitativer Aspekte nach § 127 Abs. 1b SGB V aF. Für die 37
Ausschreibung von Hilfsmittelversorgungsverträgen nach § 127 Abs. 1 SGB V aF wurde durch das HHVG ein neuer § 127 Abs. 1b SGB V aF eingeführt, der vorschrieb, dass bei der Zuschlagsentscheidung neben dem Preis **zwingend auch qualitative Kriterien zu berücksichtigen waren.**[79] Dadurch sollte die **Qualität der Versorgung** im Hilfsmittelbereich gestärkt und zugleich zusätzliche **Innovationsanreize** für die Weiterentwicklung der Hilfsmittelversorgung geschaffen werden.[80] Der Preis durfte danach nicht mehr das alleinige Zuschlagskriterium darstellen. Um das sicherzustellen, mussten qualitative Aspekte entweder angemessen **in der Leistungsbeschreibung** berücksichtigt werden **oder** durfte **die Gewichtung der Zuschlagskriterien,** die nicht den Preis oder die Kosten betreffen, anderenfalls 50% nicht unterschreiten.[81] Als solche qualitativen Aspekte wurden in § 127 Abs. 1b S. 3 SGB V aF beispielhaft aufgeführt etwa Qualität, technischer Wert, Zweckmäßigkeit, Zugänglichkeit der Leistung insbesondere für Menschen mit Behinderungen, Organisation, Qualifikation und Erfahrung des mit der Ausführung des Auftrags betrauten Personals, Kundendienst und technische Hilfe, Lieferbedingungen sowie Betriebs- und Lebenszykluskosten.

In der ersten Entscheidung der **Rechtsprechung** zu § 127 Abs. 1b SGB V aF erachtete 38
die **1. VK Bund** es für **ausreichend, dass die qualitativen Mindestanforderungen** iSd bereits vor den Änderungen durch das HHVG vorhandenen Regelung des § 127 Abs. 1 S. 3 SGB V aF **erfüllt waren.** Denn nach § 127 Abs. 1b S. 2 SGB V aF genüge es, wenn der Preis nicht das alleinige Zuschlagskriterium sei, sodass eine Gewichtung von qualitativen Kriterien mit 10% grundsätzlich ausreiche. Da die Krankenkasse in der Leistungsbeschreibung auf das Hilfsmittelverzeichnis verwiesen habe, seien qualitative Kriterien bereits in der Leistungsbeschreibung berücksichtigt gewesen, sodass die Regelung des § 127 Abs. 1b S. 4 SGB V aF, wonach die Gewichtung von qualitativen Zuschlagskriterien 50% nicht unterschreiten dürfe, nicht zur Anwendung komme.[82] Der **2. VK Bund** genügte ein Verweis auf das Hilfsmittelverzeichnis hingegen nicht; sie trat der Auffassung der 1. Vergabekammer ausdrücklich entgegen. Denn **es widerspreche dem Sinn und**

[77] OLG Düsseldorf Beschl. v. 31.10.2018 – VII-Verg 37/18, NZBau 2019, 327 Rn. 26f. und 53ff.; Beschl. v. 19.12.2018 – VII-Verg 40/18, NZBau 2019, 332 Rn. 51ff.; Beschl. v. 20.3.2019 – Verg 65/18, BeckRS 2019, 8280 Rn. 28, 34ff. Die Sozialgerichtsbarkeit und Literatur folgte dieser Auffassung teilweise, vgl. LSG Hamburg Beschl. v. 25.9.2018 – L 1 KR 34/18, VPRRS 2018, 0360; *Knispel* NZS 2019, 6.

[78] BGH Beschl. v. 10.12.2019 – XIII ZB 119/19, BeckRS 2019, 37436 Rn. 16ff. Die Entscheidung erging im Rechtsbeschwerdeverfahren zu der Entscheidung des OLG Düsseldorf Beschl. v. 19.12.2018 – Verg 40/18, NZBau 2019, 332.

[79] Ausführlich hierzu *Reh/Willhöft* MPR 2018, 48. Für Zusammenfassungen siehe auch *Brandhorst* KrV 2017, 193 (195f.) und *Hertkorn-Ketterer* MPR 2017, 73 (75).

[80] BT-Drs. 18/10186, 33.

[81] Siehe hierzu auch die Gesetzesbegründung, BT-Drs. 18/11205, 68.

[82] VK Bund Beschl. v. 7.12.2017 – VK 1-131/17, VPRRS 2018, 0015. Zur Kritik hieran siehe *Reh/Willhöft* MPR 2018, 48 (49f.). Am Rande hat die VK Bund den § 127 Abs. 1b SGB V auch im Beschl. v. 15.2. 2018 – VK 1-161/17, VPRRS 2018, 0184 erwähnt, brauchte in dem dortigen Fall jedoch nicht detailliert auf die Vorschrift einzugehen.

Zweck des § 127 Abs. 1b SGB V aF, „lediglich die allgemeinen Anforderungen des Hilfsmittelverzeichnisses zu wiederholen“.[83] Nach ihrer Ansicht erforderte § 127 Abs. 1b SGB V aF, dass die Krankenkasse entweder (nur) allgemeine Qualitätsanforderungen wie die Mindestanforderungen des Hilfsmittelverzeichnisses in der Leistungsbeschreibung festlegte und sodann qualitative Zuschlagskriterien aufstellte und mit mindestens 50% gewichtete oder alternativ spezifische Qualitätsanforderungen bereits in die Leistungsbeschreibung aufnahm und dadurch eine geringere Gewichtung qualitativer Kriterien in den Zuschlagskriterien vornehmen durfte.[84] In einem nachfolgenden Beschluss betonte sie, dass „qualitative Aspekte“ iSd § 127 Abs. 1b SGB V aF nicht nur Anforderungen an die Qualität beinhalten konnten, sondern – gerade auch im Hinblick auf § 127 Abs. 1b S. 3 SGB V aF – sämtliche nichtpreislichen Kriterien umfassten.[85] Der **Vergabesenat des OLG Düsseldorf schloss sich** als Beschwerdeinstanz zur Entscheidung der 1. VK Bund **inhaltlich der Ansicht der 2. VK Bund an.**[86] Den Krankenkassen stehe es frei, zu wählen, ob sie qualitative Kriterien bereits angemessen in der Leistungsbeschreibung oder mit einer Gewichtung von mindestens 50% im Rahmen der Zuschlagskriterien berücksichtigen würden.[87] Allerdings dürften für eine angemessene Berücksichtigung in der Leistungsbeschreibung nicht nur die Mindestanforderungen des § 127 Abs. 1 S. 2, 3 SGB V vorausgesetzt werden, sondern seien qualitative Aspekte zusätzlich „in einem zur Erreichung des Ziels qualitätsvoller Versorgung ausreichenden Maß [zu berücksichtigen]. Anderenfalls sei keine „angemessene“ Berücksichtigung gegeben.[88] Das OLG Düsseldorf erachtete **§ 127 Abs. 1b SGB V** zudem als eine **bieterschützende Vorschrift iSv § 97 Abs. 6 GWB,** da sie zu einem verstärkten Qualitätswettbewerb führen sollte und in zeitlicher Hinsicht Verfahren betraf, in dem eine Zuschlagsentscheidung zustande kam.[89]

39 Im Hinblick auf den **gesetzgeberischen Willen,** die Qualität in der Hilfsmittelversorgung zu stärken, war es sachgerecht, spezifische Anforderungen in der Leistungsbeschreibung oder eine entsprechende Gewichtung in den Zuschlagskriterien zu fordern. Wenn ein bloßer Verweis auf die Anforderungen des § 127 Abs. 1 S. 2, 3 SGB V aF hätte ausreichen sollen, wäre die Einführung des § 127 Abs. 1b SGB V aF nicht notwendig gewesen.[90] Vor diesem Hintergrund wurde die **Auffassung des OLG Düsseldorf und der 2. VK Bund der gesetzgeberischen Intention wohl am besten gerecht.** Aus Sicht des Gesetzgebers wurde das ua mit der Einführung des § 127 Abs. 1b SGB V verfolgte Ziel, mehr Qualitätswettbewerb zu erreichen, in der praktischen Umsetzung indes verfehlt, was ihn zur gänzlichen Abschaffung der Ausschreibungsoption veranlasst hat.[91]

40 **f) Soziale und andere besondere Dienstleistungen als Vertragsgegenstand.** Bei Hilfsmittelversorgungsverträgen handelt es sich regelmäßig um **gemischte Verträge,** die sowohl Dienstleistungs- als auch Warenlieferungselemente umfassen (vgl. zur Abgrenzung → Rn. 30). Ob ein solcher Vertrag als Liefer- oder als Dienstleistungsauftrag zu qualifizieren war, war vergaberechtlich von großer Relevanz. Denn für die Vergabe von Hilfsmittel-

[83] VK Bund Beschl. v. 13.2.2018 – VK 2-5/18, VPRRS 2018, 0088.

[84] VK Bund Beschl. v. 13.2.2018 – VK 2-5/18, VPRRS 2018, 0088; fortgeführt mit Beschl. v. 3.4.2018 – VK 2-24/18, VPRRS 2018, 0118.

[85] VK Bund Beschl. v. 3.4.2018 – VK 2-24/18, VPRRS 2018, 0118.

[86] OLG Düsseldorf Beschl. v. 27.6.2018 – Verg 59/17, MPR 2018, 216 (224 ff.). Das OLG Düsseldorf war hierbei die Beschwerdeinstanz zu dem Beschl. der 1. VK Bund v. 7.12.2017 – VK-131/17, VPRRS 2018, 0015.

[87] Im Ergebnis auch LSG Berlin-Brandenburg Beschl. v. 17.10.2018 – L 9 KR 76/18, BeckRS 2018, 30097 Ls. 1 und Rn. 49.

[88] OLG Düsseldorf Beschl. v. 27.6.2018 – Verg 59/17, MPR 2018, 216 (225 f.).

[89] OLG Düsseldorf Beschl. v. 27.6.2018 – Verg 59/17, MPR 2018, 216 (223 f.). So auch zuvor VK Bund Beschl. v. 13.2.2018 – VK 2-5/18, VPRRS 2018, 0088.

[90] Der Gesetzgeber hat in der Gesetzesbegründung selbst ausgeführt, dass eine Ausschreibung, bei der lediglich die allgemeinen Qualitätsanforderungen des Hilfsmittelverzeichnisses enthalten sind, aus seiner Sicht nicht die Anforderungen an einen Qualitätswettbewerb erfüllt, vgl. BT-Drs. 18/11205, 68.

[91] BT-Drs. 19/8351, 228.

dienstleistungsaufträgen galten für den Fall, dass es sich bei den vertragsgegenständlichen Dienstleistungen um „soziale und andere besondere Dienstleistungen" handelte, andere vergaberechtliche Vorgaben als für Hilfsmittellieferaufträge. Die sozialen und anderen besonderen Dienstleistungen sind in Anhang XIV der RL 2014/24/EU unter Bezugnahme auf bestimmte CPV-Kategorien aufgelistet. Im vorliegenden Zusammenhang war insbesondere die dort aufgeführte Gruppe der **„Dienstleistungen im Rahmen der gesetzlichen Sozialversicherung"** relevant.[92]

Dienstleistungsaufträge unterfielen grundsätzlich ab einem Nettoauftragswert von 214.000 EUR den vollständigen Vorgaben des EU/GWB-Vergaberechts.[93] Für Aufträge, die soziale und andere besondere Dienstleistungen zum Gegenstand hatten, galt hingegen gem. § 106 Abs. 2 Nr. 1 GWB iVm Art. 4 lit. d) RL 2014/24/EU ein **erhöhter Schwellenwert von 750.000 EUR.** Darüber hinaus galten für die Vergabe von öffentlichen Aufträgen über soziale und andere besondere Dienstleistungen **erleichterte Beschaffungsregelungen.** Das **EU-Vergaberecht** sah für solche Auftragsvergaben **keine Pflicht zur Durchführung eines förmlichen Vergabeverfahrens** vor.[94] Gem. Art. 76 Abs. 1 S. 1 RL 2014/24/EU waren Auftraggeber lediglich verpflichtet, die Grundsätze der Transparenz und der Gleichbehandlung der Unternehmen einzuhalten. Zudem war sowohl die Auftragsvergabe (nach Art. 75 Abs. 1, 4 RL 2014/24/EU) als auch das Ergebnis des Verfahrens (nach Art. 75 Abs. 2 RL 2014/24/EU) europaweit bekannt zu machen. Der deutsche Gesetzgeber hat öffentlichen Auftraggebern bei der Umsetzung dieser Richtlinienvorgaben **im GWB-Vergaberecht keinen derart weiten Gestaltungsspielraum eingeräumt.**[95] Gem. § 130 Abs. 1 S. 1 GWB, § 65 Abs. 1 VgV haben diese bei der Vergabe von öffentlichen Aufträgen über soziale und andere besondere Dienstleistungen lediglich ein **Wahlrecht** zwischen dem offenen Verfahren, dem nicht offenen Verfahren, dem Verhandlungsverfahren mit Teilnahmewettbewerb, dem wettbewerblichen Dialog und der Innovationspartnerschaft. Grund für dieses vereinfachte Vergabeverfahren und den erhöhten Schwellenwert ist, dass diesen oftmals personen- oder ortsgebundenen Dienstleistungen nur eingeschränkt eine grenzüberschreitende Dimension zukommt.[96] Gerade Dienstleistungen im Sozial-, Gesundheits- und Bildungsbereich werden in einem besonderen Kontext erbracht, der sich aufgrund unterschiedlicher kultureller Traditionen in den einzelnen Mitgliedstaaten sehr unterscheidet.[97] 41

Im **Unterschwellenbereich** sieht § 49 UVgO eine entsprechende Regelung vor. Zuvor hatte die Differenzierung zwischen Unter- und Oberschwellenbereich im deutschen Vergaberecht zu einem ca. ein Jahr währenden **Wertungswiderspruch** geführt. Unterhalb des Schwellenwerts von 750.000 EUR waren Aufträge über soziale und andere besondere Dienstleistungen nach Maßgabe des **ersten Abschnitts der VOL/A** ohne Wahlmöglichkeit im Wege einer öffentlichen Ausschreibung zu vergeben. Für Aufträge über soziale und andere besondere Dienstleistungen, deren Auftragswert über 214.000 EUR aber unter 750.000 EUR lag, galt damit im Ergebnis sogar ein strengeres Vergaberechtsregime als für „normale" Dienstleistungsaufträge, bei denen öffentliche Auftraggeber seit der Vergaberechtsreform 2016 gem. § 119 Abs. 2 GWB zwischen dem offenen und dem nicht offenen Verfahren wählen können. Dieser **Widerspruch wurde** im Rahmen der Bemü- 42

[92] Vgl. Referenznummer 75300000-9 der VO (EG) Nr. 213/2008 der Kommission v. 28.11.2007 betreffend das Common Procurement Vocabulary – CPV.

[93] Vgl. *Gabriel* VergabeR 2007, 630 (632); *Gabriel* NZS 2007, 344 (351).

[94] So bereits zur früheren Rechtslage VK Bund Beschl. v. 14.9.2007 – VK 1-101/07, IBRRS 2013, 2560.

[95] Etwas anderes gilt bei der Vergabe öffentlicher Dienstleistungsaufträge nach den §§ 63 und 140a SGB V gem. § 69 Abs. 4 SGB V in der Fassung des zweiten Gesetzes zur Änderung des Buchpreisbindungsgesetzes, wonach Krankenkassen beim Abschluss von Verträgen über Modellvorhaben gem. § 63 SGB V oder Verträgen der besonderen Versorgung nach § 140a SGB V das Vergabeverfahren abweichend von den Vorgaben des GWB-Vergaberechts unter Beachtung der Grundsätze der Transparenz und Gleichbehandlung frei gestalten können (vgl. auch → § 74 Rn. 17).

[96] BT-Drs. 18/6281, 115; Erwgr. 114 RL 2014/24/EU.

[97] BT-Drs. 18/6281, 115; Erwgr. 114 RL 2014/24/EU.

hungen zur Überarbeitung des ersten Abschnitts der VOL/A in Richtung einer Unterschwellenvergabeordnung im Nachgang zur Reform des Vergaberechts im Oberschwellenbereich **beseitigt.**

43 **g) Mittelstandsschutz und Losbildung.** Das Gebot der **Berücksichtigung mittelständischer Interessen** nach § 97 Abs. 4 GWB galt seit einer Entscheidung der 2. VK Bund aus dem Jahr 2012 uneingeschränkt auch im Anwendungsbereich des § 127 SGB V aF.[98] Zuvor war eine Wertungsformel, die Rabattangebote für **Loskombinationen** berücksichtigte und förderte, trotz des Konflikts mit den mittelstandsschützenden Zielsetzungen als vergaberechtsgemäß erachtet worden.[99] Diese Entscheidung des OLG Düsseldorf erging allerdings noch zu einer Zeit, als selbst die grundsätzliche Anwendbarkeit der EU/GWB-vergaberechtlichen Vorschriften auf selektive Versorgungsverträge der GKV noch höchst streitbefangen war und deshalb in Zweifel stand (→ § 75 Rn. 3ff.). Zur Begründung führte das OLG Düsseldorf damals in einem *obiter dictum* aus, § 127 SGB V aF sei insofern als Fachgesetz *lex specialis* im Verhältnis zu § 97 Abs. 3 GWB aF (jetzt: § 97 Abs. 4 GWB) und lasse Zusammenschlüsse auf Bieterseite (ebenso wie auf Nachfragerseite) zu. Nach mehreren Gesetzesänderungen und einer Vielzahl vergaberechtlicher Entscheidungen über Ausschreibungen gesetzlicher Krankenkassen erschien es in den Folgejahren dann aber als selbstverständlich, dass die **mittelstandsschützende Vorschrift des § 97 Abs. 4 GWB auch im Hilfsmittelbereich uneingeschränkte Anwendung fand.** Dafür sprach insbes. auch, dass § 97 Abs. 4 GWB – in seiner noch mittelstandsfreundlicheren Fassung – allein schon als das neuere bundesrechtliche Gesetz zum Mittelstandsschutz bei öffentlichen Auftragsvergaben (auch von gesetzlichen Krankenkassen) als *lex posterior* § 127 Abs. 1 SGB V vorgehen musste. Die aufgezeigten Überlegungen des OLG Düsseldorf wurden deshalb durch die 2. VK Bund als „nicht mehr einschlägig" beurteilt.[100] Das OLG Düsseldorf ging später auch von der Anwendbarkeit der mittelstandsschützenden Vorschrift des § 97 Abs. 4 GWB aus.[101]

44 Hinsichtlich der Anforderungen an die Bildung **von Losen gem. § 97 Abs. 4 GWB** wurde es als vergaberechtsgemäß erachtet, wenn überregional bzw. bundesweit tätige Krankenkassen in Ausschreibungen **Gebietslose in der Größe eines Bundeslandes** bildeten, sofern zusätzlich Fachlose vorgesehen waren und Rahmenverträge mit mehreren Vertragspartnern pro Gebiets-/Fachlos geschlossen werden sollten.[102] **Loslimitierungen** wurden zur Verhinderung von Oligopolbildungen und damit zur mittel- und langfristigen Sicherstellung einer wirtschaftlichen Beschaffung im Wettbewerb als zulässig angesehen.[103]

2. Beitrittsverträge gemäß § 127 Abs. 2, 2a SGB V aF

45 Die **Qualifizierung** von Hilfsmittelversorgungsverträgen mit Beitrittsrecht gem. § 127 Abs. 2, 2a SGB V aF als öffentliche Aufträge gemäß § 103 Abs. 1 GWB war demgegenüber schwieriger und umstritten.[104] In der Regel stellten solche Beitrittsverträge **keinen öffentlichen Auftrag** dar.[105] Zudem sind die gesetzlichen Vorgaben an die Beitrittsverträge nach § 127 Abs. 2, 2a SGB V aF nicht identisch mit den jetzigen Vorgaben an die Bei-

---

[98] VK Bund Beschl. v. 18.10.2012 – VK 2-77/12, VPRRS 2013, 0002.
[99] OLG Düsseldorf Beschl. v. 17.4.2008 – VII-Verg 15/08, BeckRS 2008, 13107.
[100] VK Bund Beschl. v. 18.10.2012 – VK 2-77/12, VPRRS 2013, 0002.
[101] OLG Düsseldorf Beschl. v. 21.12.2016 – VII-Verg 26/16, NZBau 2017, 303 Rn. 48.
[102] OLG Düsseldorf Beschl. v. 21.12.2016 – VII-Verg 26/16, NZBau 2017, 303 Rn. 44ff.; VK Bund Beschl. v. 21.6.2016 – VK 2-45/16, BeckRS 2016, 119151; Beschl. v. 9.1.2008 – VK 3-145/07, VPRRS 2013, 1784; Beschl. v. 14.9.2007 – VK 1-101/07, IBRRS 2008, 1001.
[103] LSG Nordrhein-Westfalen Beschl. v. 30.1.2009 – L 21 KR 1/08 SFB, BeckRS 2009, 51726 (Loslimitierung auf acht von 50 Gebietslosen).
[104] Vgl. dazu auch MCGK PharmaR/*Gabriel* § 14 Rn. 75ff.
[105] Zuletzt bestätigt durch OLG Düsseldorf Beschl. v. 20.3.2019 – Verg 65/18, BeckRS 2019, 8280 Rn. 35.

trittsverträge nach § 127 Abs. 1, 2 SGB V, da einseitige Vertragsvorgaben nicht mehr zulässig sind (→ vgl. Rn. 13).

a) Entgeltlichkeit (und Exklusivität) im Sinne von § 103 Abs. 1 GWB. Die Rechtsfigur nicht auszuschreibender Hilfsmittelversorgungsverträge mit Beitrittsrecht,[106] denen gem. § 127 Abs. 2a SGB V aF alle zur Versorgung zugelassenen Leistungserbringer beitreten konnten,[107] war durch das GKV-OrgWG in das SGB V eingefügt worden. Der Gesetzgeber wollte hiermit eine **Alternative zu Ausschreibungsverträgen** schaffen und verhindern, dass Leistungserbringer willkürlich von ausgehandelten Verträgen ausgeschlossen werden konnten.[108] Das Beitrittsrecht stellte in diesem Zusammenhang ein Korrektiv für eine fehlende Ausschreibung des Hilfsmittellieferungsvertrags dar[109], die nach der Konzeption des Gesetzgebers nicht stattfinden sollte[110] und auch vergaberechtlich nicht geboten war, da es sich bei Hilfsmittelversorgungsverträgen mit Beitrittsrecht **grundsätzlich nicht** um **entgeltliche Verträge iSv § 103 Abs. 1 GWB** und damit nicht um öffentliche Aufträge handelte.[111] Die Verneinung der Auftragseigenschaft beruhte auf der Überlegung des Gesetzgebers, dass öffentliche Aufträge entgeltliche Verträge zwischen öffentlichen Auftraggebern und Unternehmen sind, die eine **exklusive Auswahlentscheidung** des Auftraggebers bezüglich des Leistungserbringers beinhalten.[112] Wie der EuGH im Zusammenhang mit dem vergaberechtsfreien Abschluss von sog. „Open-House-Rabattverträgen" über Arzneimittel iSv § 130a Abs. 8 SGB V entschieden hat, handelt es sich bei der Auswahlentscheidung des öffentlichen Auftraggebers zwischen mehreren potentiellen Auftragnehmern um ein konstitutives Element eines öffentlichen Auftrags.[113] Sie kann darüber hinaus auch als Indiz für das Vorliegen einer hinreichenden Lenkungs- und Steuerungswirkung herangezogen werden. Das Vorliegen einer solchen Auswahlentscheidung war im hiesigen Zusammenhang indes **regelmäßig zu verneinen,** da der Abschluss eines Hilfsmittelversorgungsvertrags gem. § 127 Abs. 2 SGB V aF aufgrund des Beitrittsrechts nach § 127 Abs. 2a SGB V aF keine exklusive Leistungsbeziehung mit einer gesetzlichen Krankenkasse begründete.[114] Der Vertragsschluss als solcher beinhaltete **keine zwangsläufig absatzfördernde bzw. umsatzsteigernde Lenkungs- bzw. Steuerungswirkung,** da er keinen Anspruch auf Exklusivität beinhaltete und die Wahrscheinlichkeit der Inanspruchnahme durch die Versicherten – und damit die Werthaltigkeit des Vertrags – zumeist erst eingeschätzt werden konnte, wenn bekannt war, wie viele Wettbewerber dem Vertrag beitraten.[115] In der **Gesetzesbegründung zum GKV-OrgWG** wurde hierzu ausgeführt: „Eine Pflicht zur Ausschreibung unter Beachtung der Vorschriften des Vergaberechts kommt auch dann nicht in Betracht, wenn der Zugang zur Versorgung zwar durch den Abschluss von Verträgen erfolgt, die Leistungserbringer aber gegenüber der Krankenkasse faktisch einen Anspruch auf Abschluss eines Vertrages haben. […] Der Vertragsschluss ähnelt damit einer Zulassung. Für ein Vergabeverfahren, das darauf abzielt, unter mehreren 46

[106] Zum Beitritts- und Informationsrecht vgl. *Stallberg* MPR 2010, 50 (53 ff.).

[107] Zur Zulässigkeit eines Teilbeitritts vgl. *Weber* NZS 2011, 53 sowie *Heil* MPR 2011, 181. Die Zulässigkeit eines solchen Teilbeitritts bejaht LSG Baden-Württemberg Urt. v. 15.3.2011 – L 11 KR 4724/10 ER-B, MPR 2011, 192 und SG Berlin Beschl. v. 22.11.2011 – S 210 KR 2084/11 ER, MPR 2011, 156 sowie Bundesversicherungsamt, Kurzmitteilung über Verträge der Hilfsmittelversorgung v. 28.12.2010 an den GKV-Spitzenverband, 7.

[108] BT-Drs. 16/10609, 57.

[109] Vgl. LSG Baden-Württemberg Urt. v. 15.3.2011 – L 11 KR 4724/10 ER-B, MPR 2011, 192 (196).

[110] BT-Drs. 16/10609, 52.

[111] Zuletzt OLG Düsseldorf Beschl. v. 20.3.2019 – Verg 65/18, BeckRS 2019, 8280 Rn. 35; zuvor bereits LSG Nordrhein-Westfalen Beschl. v. 14.4.2010 – L 21 KR 69/09 u. 67/09 SFB, NZS 2011, 259 mAnm *Gabriel/Weiner* VergabeR 2010, 1026 (1033 ff.).

[112] Hierzu auch *Gabriel* VergabeR 2010, 142; *Schickert/Schulz* MPR 2009, 1 (7).

[113] EuGH Urt. v. 2.6.2016 – C-410/14, ECLI:EU:C:2016:399 = NZBau 2016, 441 – Dr. Falk Pharma.

[114] LSG Nordrhein-Westfalen Beschl. v. 14.4.2010 – L 21 KR 69/09 u. 67/09 SFB, NZS 2011, 259 mAnm *Gabriel/Weiner* VergabeR 2010, 1026 (1033 ff.); *Esch* MPR 2010, 156 (160).

[115] *Gabriel* VergabeR 2010, 142 (144); *Schickert/Schulz* MPR 2009, 1 (7).

Bietern eine Auswahlentscheidung zu treffen, ist vor diesem Hintergrund kein Raum. Dies gilt auch für Verträge über die Versorgung mit Hilfsmitteln nach § 127 Abs. 2 SGB V, die aufgrund des ausdrücklichen Beitrittsrechts nicht zu einer exklusiven Versorgungsberechtigung bestimmter Leistungserbringer führen."[116]

47 Hinzu kam, dass es sich bei Hilfsmittelversorgungsverträgen mit Beitrittsrecht gemäß § 127 Abs. 2, Abs. 2a SGB V aF, anders als bei den Verträgen gemäß § 127 Abs. 1 SGB V aF (→ Rn. 24 ff.), **auch nicht** um **Rahmenvereinbarungen im Sinne von § 103 Abs. 5 GWB, § 21 VgV** handeln konnte, da diese gem. § 21 Abs. 2 VgV, Art. 33 Abs. 2 UAbs. 2 RL 2014/24/EU einen **geschlossenen Teilnehmerkreis** voraussetzen und nur zwischen den von Beginn an der Rahmenvereinbarung beteiligten Auftraggebern und Unternehmen zulässig sind. Hiermit ließ sich ein nachträgliches Beitrittsrecht nicht vereinbaren.[117]

48 Der **Gesetzgeber hatte den Krankenkassen** demnach ein **Wahlrecht eingeräumt,** den Abschluss von Hilfsmittelverträgen entweder im Wege europaweiter Ausschreibungen mittels öffentlicher Aufträge/entgeltlicher Verträge (gem. § 127 Abs. 1 SGB V aF) oder nach vorheriger Bekanntmachung und verbunden mit einem gesetzlich vorgesehenen Beitrittsrecht im Wege nicht wettbewerblicher Verfahren (gem. § 127 Abs. 2 SGB V aF) vorzunehmen.[118] Diese **Entscheidungsfreiheit** wird **durch die europäischen Gründungsverträge gewährleistet,** die in **Art. 168 AEUV** die Mitgliedstaaten berechtigen, ihre Sozialsysteme (hier: den Bereich der gesetzlichen Krankenversicherung einschließlich der Leistungsbeziehungen gesetzlicher Krankenkassen zu Leistungserbringern) nach ihrem Ermessen zur bestmöglichen Erreichung der gesetzten Ziele im Gesundheitswesen zu gestalten.[119]

49 Diese Prämisse, der zufolge es sich bei Hilfsmittelversorgungsverträgen mit Beitrittsrecht gem. § 127 Abs. 2, 2a SGB V aF nicht um ausschreibungspflichtige öffentliche Aufträge handelte, war **vergaberechtlich allerdings nicht gänzlich unproblematisch,** da das **Merkmal der Entgeltlichkeit** im Sinne der Auftragsdefinition nicht zwangsläufig nur deshalb nicht vorliegen musste, weil es ein gesetzliches Beitrittsrecht zum (Ursprungs-)Vertrag gab (→ Rn. 20 f.). Denn trotz des durch § 127 Abs. 2a SGB V aF gewährleisteten Beitrittsrechts ließen sich Fallgestaltungen denken, in denen der **Vertragsabschluss dem Erstvertragspartner ausnahmsweise** dennoch einen **geldwerten Wettbewerbsvorteil verschaffen** konnte. Der vor diesem Hintergrund vereinzelt vertretenen Ansicht, (auch) Hilfsmittelversorgungsverträge gem. § 127 Abs. 2, Abs. 2a SGB V aF seien generell ausschreibungspflichtige öffentliche Aufträge, die ausnahmslos im Wege wettbewerblicher Vergabeverfahren abgeschlossen werden müssten,[120] trat jedoch das LSG Nordrhein-Westfalen in dieser Allgemeinheit entgegen und hob eine anderslautende erstinstanzliche Entscheidung der VK Bund auf.[121] Das **LSG Nordrhein-Westfalen** hatte die **Ablehnung der öffentlichen Auftragseigenschaft** damit begründet, dass durch den Vertragsschluss im entschiedenen Fall keine Sonderstellung im Wettbewerb eingeräumt würde, weil hier-

[116] BT-Drs. 16/10609, 52.

[117] So auch *Esch* MPR 2010, 156 (160).

[118] Im Ergebnis ebenso das OLG Düsseldorf Beschl. v. 21.12.2016 – VII-Verg 26/16, NZBau 2017, 303 Rn. 35–41, das entschieden hat, dass Krankenkassen im Rahmen ihrer Bestimmungs- und Wahlfreiheit zwischen einer Ausschreibung nach § 127 Abs. 1 SGB V und einem Beitrittsvertrag nach § 127 Abs. 2, 2a SGB V aF frei wählen können und Leistungserbringer keinen Anspruch auf Zugang zu einer Belieferung oder Beratung der Versicherten analog § 127 Abs. 2, 2a SGB V aF erhalten, wenn eine Ausschreibung nach § 127 Abs. 1 durchgeführt wurde. Zuvor bereits VK Bund Beschl. v. 21.6.2016 – VK 2-45/16, BeckRS 2016, 119151.

[119] LSG Nordrhein-Westfalen Beschl. v. 14.4.2010 – L 21 KR 69/09 u. 67/09 SFB, NZS 2011, 259 mAnm *Gabriel/Weiner* VergabeR 2010, 1026 (1033 ff.); hierzu auch EuGH Urt. v. 19.5.2009 – C-171/07 und C-172/07, Slg. 2009, I-4195 = NJW 2009, 2112 Rn. 18 – DocMorris.

[120] So VK Bund Beschl. v. 12.11.2009 – VK 3-193/09, VPRRS 2009, 0462; ebenso *Kingreen* NJW 2009, 3552 (3558); ähnlich *Dreher/Hoffmann* NZBau 2009, 273 (279).

[121] LSG Nordrhein-Westfalen Beschl. v. 14.4.2010 – L 21 KR 69/09 u. 67/09 SFB, NZS 2011, 259 mAnm *Gabriel/Weiner* VergabeR 2010, 1026 (1033 ff.).

- auch für bereits „aufgrund bestehender Verträge" **versorgungsberechtigte Leistungserbringer** – trotz entgegenstehenden Wortlauts (§ 127 Abs. 2a S. 1 SGB V) – ein Beitritt „zu den gleichen Bedingungen" möglich war, da der Beitrittsvertrag gegebenenfalls bessere Bedingungen enthielt als der Vertrag, auf dessen Grundlage der Leistungserbringer schon zur Versorgung berechtigt war;
- Hilfsmittelversorgungsverträge mit Beitrittsrecht **keine** sachlich nicht gerechtfertigten und den **Erstvertragspartner begünstigenden Vertragsbedingungen** enthielten, die anderen Leistungserbringern einen Beitritt erschweren oder unmöglich machen konnten.[135]

3. Einzelfallverträge gemäß § 127 Abs. 3 SGB V aF

Der Abschluss von Einzelfallverträgen gem. § 127 Abs. 3 SGB V aF war in der Hilfsmittel- 53
versorgung schon im Verhältnis zu Ausschreibungsverträgen (§ 127 Abs. 1 SGB V aF) und Beitrittsverträgen (§ 127 Abs. 2, 2a SGB V aF) nur von **untergeordneter Bedeutung.** Da die Regelung im Zuge des TSVG inhaltlich unverändert blieb, sind auch die **Ausführungen zur vorherigen Rechtslage bereits oben dargestellt,** vgl. → Rn. 18 ff.

IBRRS 2009, 3602 (*„vorläufig exklusiv"*); allgemein zur Informationspflicht der Krankenkasse *Stallberg* MPR 2010, 50 (55 ff.).

[135] *Gabriel* VergabeR 2010, 142 (145); *Schickert/Schulz* MPR 2009, 1 (7).

§ 78 Arzneimittelrabattverträge

Übersicht

SGB V: §§ 129 Abs. 1, 2, 130a Abs. 8

Literatur:

Amelung/Dörn, Anmerkung zu OLG Düsseldorf, Beschl. v. 19.12.2007, VII-Verg 51/07 – „AOK-Rabattverträge I", VergabeR 2008, 84; *Anders,* Die Vereinbarung des Erstattungsbetrages nach § 130b SGB V, PharmR 2012, 81; *Anders/Knöbl,* Arzneimittelrabattverträge mit mehreren pharmazeutischen Unternehmen – Verläuft die Schnittstelle von Sozial- und Vergaberecht durch die Apotheke?, PharmR 2009, 607; *Badtke,* Die kartellrechtliche Bewertung des „AOK-Modells" beim Abschluss von Rabattverträgen, WuW 2007, 726; *Bauer,* Die konkreten vergaberechtlichen Anforderungen an Selektivverträge zwischen Krankenkassen und Leistungserbringern, NZS 2010, 365; *Becker/Kingreen,* Der Krankenkassenwettbewerb zwischen Sozial- und Wettbewerbsrecht – Zur geplanten Ausdehnung der Anwendung des GWB auf das Handeln der Krankenkassen, NZS 2010, 417; *Bickenbach,* Rabattverträge gemäß § 130a Abs. 8 SGB V und aut idem-Verordnungen: zulässige Kostenbremse oder Verletzung der Berufsfreiheit?, MedR 2010, 302; *Boldt,* Rabattverträge – Sind Rahmenvereinbarungen zwischen Krankenkassen und mehreren pharmazeutischen Unternehmen zulässig?, PharmR 2009, 377; *Böhnke/Jürschik,* Austauschbarkeit von Biopharmazeutika, PharmR 2015, 215; *Braun,* Anmerkung zu Bundessozialgericht, Beschl. v. 22.4.2008, B1 SF 1/08 R – „Rabattverträge V", VergabeR 2008, 707; *Brixius/Maur,* Chancengleichheit und Wettbewerbsfairness beim Abschluss von Rabattverträgen – eine Zwischenbilanz, PharmR 2007, 451; *Bungenberg/Weyd,* Der Kampf gegen die Schweinegrippe im Visier des Europäischen Wirtschaftsrechts – Anmerkungen, DVBL 2010, 363; *Burgi,* Hilfsmittelverträge und Arzneimittel-Rabattverträge als öffentliche Lieferaufträge, NZBau 2008, 480; *Byok,* Auftragsvergabe im Gesundheitssektor, GesR 2007, 553; *Byok/Csaki,* Aktuelle Entwicklungen bei dem Abschluss von Arzneimittelrabattverträgen, NZS 2008, 402; *Conrad,* Drohende Patentverletung als Eignungsmangel: Zur Ausschreibung von Verträgen nach § 130a Abs. 8 SGB V bei indikationsbezogenem Patentschutz, NZS 2016, 687; *Csaki,* Vergaberecht im Gesundheitswesen, 2015; *Csaki,* Vergaberechtsfreie Zulassungsverfahren?, NZBau 2012, 350; *Csaki/Junge-Gierse,* Pregabalin als Präzedenzfall – Beachtung von Patenten im Vergabeverfahren?, ZfBR 2017, 234; *Csaki/Münnich,* Auswirkungen der Neuregelung des § 130a Abs. 8 Satz 8 SGB V auf bestehende Arzneimittelrabattverträge, PharmR 2013, 159; *v. Czettritz,* AOK Rabattvertragsausschreibungen 2008/2009, PharmR 2008, 253; *v. Czettritz,* Anmerkung zu zwei höchst umstrittenen Entscheidungen des Sozialgerichts Stuttgart vom 20.12.2007 (Az. S 10 KR 8404/07 und S 10 KR 8604/07) betreffend die AOK-Rabattvertragsausschreibungen 2008/2009, PharmR 2008, 115; *Dettling,* Rabattverträge gem. § 130a Abs. 8 SGB V – Kartell- oder grundrechtlicher Ansatz?, MedR 2008, 349; *Dierks,* Ähnlich aber nicht gleich – Rechtliche Aspekte biotechnologischer Nachfolgepräparate, NJOZ 2013, 1; *Dreher,* Die Open-House-Verfahren, Entwicklung und Stand der vergaberechtsfreien Zulassungsverfahren, NZBau 2019, 275; *Ecker/Hußmann,* Verträge nach § 130c SGB V – eine frühe Nutzenbewertung, PharmR 2011, 389; *Engelmann,* Keine Geltung des Kartellvergaberechts für Selektivverträge der Krankenkassen mit Leistungserbringern, SGb 2008, 133; *Esch/Feldmann,* Die geplanten Neuregelungen zur ambulanten Zytostatikaversorgung im GKV-Arzneimittelversorgungsstärkungsgesetz, PharmR 2017, 1; *Gabriel,* Anmerkung zu LSG Baden-Württemberg, Beschl. v. 23.1.2009, L 11 WB 5971/08 – „Rabattvertragsausschreibung", VergabeR 2009, 465; *Gabriel,* Krankenkassenausschreibungen nach dem Arzneimittelmarktneuordnungsgesetz (AMNOG), VergabeR 2011, 372; *Gabriel,* Offenes Haus, geschlossene Tür: Der Vergaberechtsschutz bei Open-House-Verfahren vor dem Aus, NZBau 2019, 568; *Gabriel,* Vom Festbetrag zum Rabatt: Gilt die Ausschreibungspflicht von Rabattverträgen auch im innovativen Bereich patentgeschützter Arzneimittel, NZS 2008, 455; *Gabriel/Götze,* Vertragsstrafen oder Schadensersatz wegen Lieferausfällen im Rahmen von Arzneimittelrabattverträgen, PharmR 2019, 45; *Gabriel/Kaufmann,* Zum Spezialitätsverhältnis zwischen Erstattungsvereinbarungen nach § 130c SGB V und Arzneimittelrabattverträgen nach § 130a SGB V, PharmR 2014, 553; *Gabriel/Schulz,* Auskömmlichkeit von Unterkostenangeboten mittels Einpreisung des Großhandelszuschlags?, PharmR 2011, 448; *Gabriel/Schulz,* Nochmals: Die (Un-)Wirksamkeit nicht ausgeschriebener Rabattvereinbarungen nach der 16. AMG-Novelle – Generische, innovativ-patentgeschützte bzw. biologische Arzneimittel, NZBau 2013, 273; *Gabriel/Weiner,* Arzneimittelrabattvertragsausschreibungen im generischen und patentgeschützten Bereich: Überblick über den aktuellen Streitstand, NZS 2009, 422; *Gabriel/Weiner,* Kollateralproblem Prozesskosten: Kostenphänomene, Klarstellungen und Korrekturbedarf bei Krankenkassenausschreibungen, NZS 2010, 423; *Gaßner,* Sind gemeinsame Informationen von Gesetzlichen Krankenkassen und pharmazeutischen Unternehmern über Rabattverträge gem. § 130a Abs. 8 SGB V zulässig?, NZS 2016, 921; *Gaßner/Sauer,* Open-House-Verträge und Biosimilars im Spannungsfeld unterschiedlicher Regulierungsmechanismen, PharmR 2018, 288; *Gaßner/Strömer,* Arzneimittelrabattverträge als Allgemeine Geschäftsbedingungen, PharmR 2015, 41; *Gaßner/Strömer,* Mutiges Querdenken oder Abschied von der klassischen Subsumtion? – Der „Open-house"-Beschluss des OLG Düsseldorf vom 13.8.2014 – VII-Verg 13/14, NZS 2014, 811; *Goodarzi/Jansen,* Die Rechtsprechung der Landessozialgerichte auf dem Gebiet des öffentlichen Auftragswesens, NZS 2010, 427; *Hattenhauer/Wilke,* Vergaberecht im Gesundheitswesen – Zur Behandlung der Auswahlentscheidung für das Vorliegen eines öffentlichen Auftrags, ZfBR 2015, 662; *Heßhaus,* Ausschreibung und Vergabe von Rabattverträgen – Spezialfragen im Zusammenhang mit dem Abschluss von Rabattverträgen nach § 130a Abs. 8 SGB V, PharmR 2007, 334; *Hölzl/Eichler,* Rechtsweg für die Überprüfung der Vergabe von Rabattverträgen, NVwZ 2009, 27; *Hußmann,* Kein Anspruch nach dem Informationsfreiheitsgesetz auf Mitteilung des in einem Rabattvertrag nach § 130a Abs. 8 SGB V vereinbarten Rabattsatzes, OVG Nordrhein-Westfalen, Urt. v. 21.11.2018 – 15 A 861/17, MedR 2019, 574; *Kaltenborn,* Der kartellvergaberechtliche Auftragsbegriff im Vertragswettbewerb des SGB V, GesR 2011, 1; *Kamann/Gey,* Die Rabattvertragsstreitigkeiten der „zweiten Generation" – Aktuelle Fragen nach dem GKV-OrgWG, PharmR 2099, 114; *Karenfort/Stopp,* Krankenkassen-Rabattverträge und Kartellvergaberecht: Kompetenzkonflikt ohne Ende, NZBau 2008, 232; *Kaufmann,* Zentrale sozialrechtliche Weichenstellungen des AMNOG, PharmR 2011, 223; *Kern,* Arzneimittelbeschaffung durch die gesetzliche Krankenkasse, 2012; *Kingreen,* Das Sozialvergaberecht, SGb 2008, 437; *Kingreen,* Zur Neuordnung des Arzneimittelmarktes in der gesetzlichen Krankenversicherung, NZS 2011, 441; *Köber,* Rabatte und Dumpingpreise als Marketinginstrument, PharmR 2007, 276; *Krieg/Hübner,* Rabattzahlungen im System der privaten Krankenversicherung reduzieren die von Pharmaherstellern abzuführende Umsatzsteuer, EuZW 2018, 152; *Lietz/Natz,* Vergabe- und kartellrechtliche Vorgaben für Rabattverträge über patentgeschützte Arzneimittel, A&R 2009, 3; *Luthe,* Der Pharmarabatt nach § 130a SGB V Teil I und II, SGb 2011, 316 und 372; *Lietz/Zumdick,* Das Gesetz für mehr Sicherheit in der Arzneimittelversorgung, PharmR 2019, 493; *Luthe,* Erstattungsvereinbarungen mit pharmazeutischen Unternehmen, PharmR 2011, 193; *Marx/Hölzl,* Viel Lärm um wenig!, NZBau 2010, 31; *Meyer-Hofmann/Hahn,* Ausschreibung von Generika-Arzneimittelrabattverträgen – Welche Gestaltungsmöglichkeiten bestehen?, A&R 2010, 59; *Meyer-Hofmann/Weng,* Rabattverträge mit mehreren pharmazeutischen Unternehmen – Wettbewerbsprinzip und sozialrechtliche Notwendigkeiten, PharmR 2010, 324; *Müller,* EuGH Boehringer Ingelheim Pharma – Eine Einordnung, offene Fragen und mögliche Folgen, MwStR 2018, 342; *Natz,* Rechtsschutzmöglichkeiten für Pharmaunternehmen gegen Rabattverträge, pharmind 2007, 567; *Neun,* Vergaberechtsfreiheit des „Open-House-Modells" – Zulassungssysteme ohne Bieterauswahl, NZBau 2016, 681; *Nitz,* Die Packungsgrößenverordnung nach dem AMNOG, PharmR 2011, 208; *Plassmeier/Höld,* Die Rabattgewährung der Pharmaunternehmen im Arzneimittelhandel, PharmR 2007, 309; *Portner/Rechten,* Das Open-House-Modell – Möglichkeiten für eine praxisgerechte Verfahrensausgestaltung, NZBau 2017, 587; *Roberts,* Rabattvereinbarungen zwischen Krankenkassen und einzelnen Apotheken, PharmR 2007, 152; *Röbke,* Besteht eine vergaberechtliche Ausschreibungspflicht für Rabattverträge nach § 130a VIII SGB V, NVwZ 2008, 726; *Röbke,* Hilfsmittel- und Arzneimittelrabattverträge im Spannungsfeld zwischen GWB und dem Recht der GKV, NZBau 2010, 346; *Sandrock/Stallberg,* Der Generikarabatt nach § 130a Abs. 3b SGB V, PharmR 2007, 498; *Schickert,* Rabattverträge für patentgeschützte Arzneimittel im Sozial- und Vergaberecht, PharmR 2009, 164; *Schickert,* Schnelle Nutzenbewertung und Preisverhandlungen nach dem AMNOG – Gefahren für Originalhersteller durch den Parallelimport, PharmR 2013, 152; *Schüttpelz/Dicks,* Auftragsvergaben durch gesetzliche Krankenkassen und die ordentliche Gerichtsbarkeit – einige Schlaglichter auf die Rechtsprechung, in Prieß/Lau/Kratzenberg (Hrsg.), Wettbewerb – Transparenz – Gleichbehandlung, Festschrift für Fridhelm Marx, 2013, 691; *Schwintowski/Klaue,* Wettbewerbsbeschränkungen durch Vergaberecht auf Arzneimittelmärkten, PharmR 2011, 469; *Stallberg,* Herstellerzwangsabschläge als Rechtsproblem – Verwerfung von GKV-Änderungsgesetz und AMNOG, PharmR 2011, 38; *Stallberg,* Rabattvereinbarungen für parenterale Zubereitungen nach AMVSG und GSAV – Zulässigkeit und Grenzen, PharmR 2019, 440; *Steiff/Sdunzi,* Der Eintritt der Unwirksamkeit direkt geschlossener Arzneimittelrabattverträge, NZBau 2013, 203; *Stolz/Kraus,* Sind Rabattverträge zwischen gesetzlichen Krankenkassen und pharmazeutischen Unternehmen öffentliche Aufträge nach § 99 GWB, VergabeR 2008, 1; *Sträter/Natz,* Rabattverträge zwischen Krankenkassen und pharmazeutischen Unternehmen, PharmR 2007, 7; *Uwer/Koch,* Rabattverträge nach § 130a Abs. 8 SGB V und die Umsetzung der Abgabepflicht nach § 129 Abs. 1 S. 3 SGB V unter besonderer Berücksichtigung von Original- und Importpräparaten, PharmR 2008, 461; *Weiner,* Anmerkung zu OLG Düsseldorf, Beschl. v. 20.10.2008, VII Verg 46/08 sowie vom 22.10. 2008, I-27 U2/08 und zu LSG Baden-Württemberg, Beschl. v. 28.10.2008, L 11 KR 481/08 ER-B – „Antianämika-Rabattvertrag", VergabeR 2009, 189; *Wille,* Arzneimittel mit Patentschutz – Vergaberechtliche Rechtfertigung eines Direktvertrages?, A&R 2008, 164; *Willenbruch,* Der Tanz um die Rabattverträge: Vorwärts – Rückwärts – Seitwärts – Schluss, PharmR 2008, 488; *Willenbruch,* Juristische Aspekte der Regulierung von Arzneimittelpreisen, PharmR 2010, 321; *Willenbruch,* Kompetenzgerangel um Rabattverträge ohne Ende, PharmR 2008, 265; *Willenbruch,* Rabattverträge – Schlusspunkt und Auftakt, PharmR 2009, 111; *Willenbruch/Bischoff,* Vergaberechtliche Anforderungen nach dem Gesetz gegen Wettbewerbsbeschränkungen GWB an den Abschluss von Rabattverträgen/Direktverträgen zwischen gesetzlichen Krankenkassen und Pharmaunternehmen gem. § 130a Abs. 8 SGB V, PharmR 2005, 477; *Wolf/Jäkel,* Änderungen bei Rabattverträgen durch das AMNOG, PharmR 2011, 1.

A. Einleitung

Der **Anteil der Arzneimittelausgaben an den Gesamtausgaben der GKV** beträgt aktuell etwa 17 %. Insgesamt liegen die Ausgaben für Arzneimittel auf Platz drei der GKV-Gesamtausgaben und betrugen im Jahr 2018 über 38,5 Mrd. EUR.[1] Deutlich mehr als die Hälfte der Arzneimittelausgaben entfällt auf patentgeschützte Originalpräparate. Vor diesem Hintergrund stellen **Rabattverträge** gem. § 130a Abs. 8 SGB V die wohl am kontroversesten diskutierte **gesetzgeberische Maßnahme** dar, **um den jährlich wachsenden Arzneimittelausgaben gesetzlicher Krankenkassen gegenzusteuern** und den Gewinn der pharmazeutischen Unternehmer und Großhändler zu beschränken.[2] Im Jahr 2017 haben Arzneimittelrabattverträge nach § 130a Abs. 8 SGB V allein bei den Krankenkassen der AOK-Gemeinschaft zu Einsparungen in Höhe von 1,66 Mrd. EUR geführt.[3] Insgesamt lagen die durch Arzneimittelrabattverträge generierten Einsparungen 2018 bun- 1

[1] Abrufbar unter https://www.vdek.com/presse/daten/d_ausgaben_arzneimittel.html.

[2] Zu der gesetzgeberischen Intention von Rabattverträgen vgl. VK Bund Beschl. v. 5.9.2019 – VK 2-56/19, VPRRS 2019, 0323. Zu den wirtschaftlichen Auswirkungen von Rabattverträgen bereits *Schwintowski/Klaue* PharmR 2011, 469 (470); *Uwer/Koch* PharmR 2008, 461 (462). Dennoch sind die jährlichen Arzneimittelausgaben der gesetzlichen Krankenkassen in den letzten Jahren konstant angestiegen, vgl. hierzu auch https://www.vdek.com/presse/daten/d_ausgaben_arzneimittel.html.

[3] Broschüre „Erfolgsmodell AOK-Arzneimittelrabattverträge" vom Mai 2018, abrufbar unter https://aok-bv.de/imperia/md/aokbv/hintergrund/dossier/arzneimittelrabattvertraege/aok_amv_faq_stand_juli_2018.pdf.

desweit bei über 4 Mrd. EUR.[4] Trotz der mit Rabattverträgen gem. § 130a Abs. 8 SGB V verbundenen **Nachteile** (zB Verdrängungswettbewerb und Oligopolbildungen) können solche Verträge **für pharmazeutische Unternehmer gleichwohl wirtschaftlich interessant** sein, wenn aufgrund der durch Rabattverträge erzeugten Lenkungs-/Steuerungswirkung des Arzneimittelabsatzes in Richtung des Zuschlagsempfängers Umsatzsteigerungen generiert werden oder der Eintritt in einen Markt erleichtert werden können.

2 Bevor es zum wirksamen Abschluss der ersten Verträge – zunächst überwiegend im Generikabereich – kommen konnte, war die **vergaberechtliche Ausschreibungspflicht**[5] beim Abschluss von Rabattvereinbarungen gem. § 130a Abs. 8 SGB V insbes. in den Jahren 2007–2009 Gegenstand einer **kaum noch überschaubaren Anzahl von Gerichtsverfahren,**[6] die speziell die Ausschreibungen zu generischen Wirkstoffen betrafen und in denen viele vergaberechtliche Grundsatzfragen geklärt wurden.[7] Beispielhaft belegt wird diese ehemals ablehnende Haltung gegenüber vergaberechtlichen Ausschreibungspflichten durch den Umstand, dass Rabattausschreibungen selbst von Unternehmen angegriffen wurden, zu deren Gunsten die Zuschlagsentscheidung ausgefallen war.[8] Vergaberechtliche Auseinandersetzungen betreffend Arzneimittelrabattverträge haben seitdem zu einer Rechtsprechungsflut geführt, die sich zunächst schwerpunktmäßig auf den generikafähigen Markt patentfreier Medikamente erstreckte, jedoch sodann vermehrt auch patentgeschützte Originalpräparate und biologisch/biotechnologische Arzneimittel betraf.[9] Nachdem viele **Grundsatzfragen geklärt** wurden, hat sich die **Rechtsprechung in der jüngeren Zeit** zunehmend mit **spezielleren Fragen** befasst. Im Hinblick auf Rabattverträge über Generika hat sich die Rechtsprechung insbes. mit Kalkulationsrisiken auf Seiten der Bieter auseinandergesetzt, wie zB der Zulässigkeit von Vertragsgestaltungen mit mehreren Vertragspartnern pro wirkstoffbezogenem Fachlos (sog. Mehr-Partner-Modelle) (→ Rn. 42 ff.), krankenkassenseitigen Vorgaben an die anzubietenden Rabatte der Bieter (→ Rn. 59 ff.) oder mit Regelungen zu (Sonder-)Kündigungsmöglichkeiten oder Vertragsstrafen (→ Rn. 51 ff.). Mit Ausschreibungen von Rabattverträgen über einen Wirkstoff, der für mehrere Indikationen zugelassen ist, jedoch ein Patentschutz nicht mehr für sämtliche Indikationsbereiche besteht, hat sich die Rechtsprechung in Bezug auf Rabattverträge über patentgeschützte Originalpräparate verstärkt auseinandergesetzt (→ Rn. 89 ff.). Zudem werden ausschreibungsrelevante Fragen geklärt, die sowohl Rabattverträge über Generika als auch über Originalpräparate betreffen, wie etwaige Mitteilungspflichten über die vereinbarten Rabatthöhen nach dem IFG (→ Rn. 97 ff.).

3 Durch das **AMVSG**[10] wurde zum einen in § 130a Abs. 8 S. 3 SGB V eine gesetzlich vorgeschriebene angemessene Vorlaufzeit eingeführt, die pharmazeutischen Unternehmern künftig gewährt werden muss. Hiernach darf die Pflicht zur Gewährleistung der Lieferfä-

---

[4] Online-Artikel der Pharmazeutischen Zeitung v. 31.1.2019 mit dem Titel „Rabattverträge entlasten Kassen", abrufbar unter https://www.pharmazeutische-zeitung.de/rabattvertraege-entlasten-kassen/.

[5] Eine Anwendung der vergaberechtlichen Regelungen im Sozialrecht früher generell ablehnend *Kingreen* SGb 2008, 437 sowie *Engelmann* SGb 2008, 133.

[6] Zusammenfassend *Gabriel/Weiner* NZS 2009, 422; *Kamann/Gey* PharmR 2009, 114; *Byok/Csaki* NZS 2008, 402; *Stolz/Kraus* VergabeR 2008, 1; *Goodarzi/Jansen* NZS 2010, 427.

[7] Chronologisch: Wettbewerbliches Verfahren zum Abschluss von Rabattverträgen über 89 generische Wirkstoffe (sog. 1. AOK-Verfahren), bekannt gemacht durch Anschreiben an Arzneimittelhersteller v. 31.10. 2006; wettbewerbliches Verfahren zum Abschluss von Rabattverträgen über 83 generische Wirkstoffe (sog. 2. AOK-Verfahren), veröffentlicht im elektronischen Bundesanzeiger v. 3.8.2007; Vergabeverfahren zum Abschluss von Rabattverträgen über 64 generische Wirkstoffe (sog. 3. AOK-Verfahren), veröffentlicht im Supplement zum EU-Amtsblatt v. 9.8.2008 (ABl. EU/S 2008/S 154-207965); Vergabeverfahren zum Abschluss von Rabattverträgen über 87 generische Wirkstoffe (sog. 4. AOK-Verfahren), veröffentlicht im Supplement zum EU-Amtsblatt v. 22.8.2009 (ABl. EU/S 2009/S 161-234006).

[8] Vgl. dazu bspw. VK Bund Beschl. v. 18.12.2007 – VK 3-139/07, VPRRS 2007, 0460.

[9] Hierzu *Gabriel/Weiner* NZS 2009, 422 (423); *Lietz/Natz* A&R 2009, 3; *Gabriel* NZS 2008, 455; *Wille* A&R 2008, 164.

[10] Gesetz zur Stärkung der Arzneimittelversorgung in der gesetzlichen Krankenversicherung v. 4.5.2017, BGBl. 2017 I 1050.

higkeit des pharmazeutischen Unternehmers frühestens sechs Monate nach Versendung der Information gem. § 134 Abs. 1 GWB an die Bieter, deren Angebote nicht berücksichtigt werden sollen, und frühestens drei Monate nach Zuschlagserteilung beginnen. Zugleich ist nach § 130 Abs. 8 S. 4 SGB V der Ausschreibungssieger über die geplante Zuschlagserteilung seines Angebots zu informieren (→ Rn. 70). **Zum anderen** wurde durch das AMVSG insbes. ein neuer § 130a Abs. 8a SGB V eingeführt, der erstmals eine **Ermächtigung zum Abschluss von Rabattverträgen mit pharmazeutischen Unternehmern für Fertigarzneimittel** enthält, **die zur Herstellung von parenteralen Zubereitungen in Apotheken dienen.** Im Gegenzug wurden exklusive Zytostatika-Versorgungsverträge zwischen gesetzlichen Krankenkassen und Apotheken durch die Streichung des § 129 Abs. 5 S. 3 SGB V aF abgeschafft. Der Gesetzgeber möchte damit eine möglichst friktionsfreie Versorgung der Versicherten mit in Apotheken hergestellten parenteralen Zubereitungen aus Fertigarzneimitteln in der Onkologie sowie die Wahlfreiheit der Patienten bezüglich der versorgenden Apotheke gem. § 31 Abs. 1 S. 5 SGB V gewährleisten und dabei zugleich Wirtschaftlichkeitsreserven erschließen.[11] Durch die neuen Regelungen wurden vergaberechtliche **Ausschreibungen also auf die Ebene der pharmazeutischen Unternehmer als Hersteller der Fertigarzneimittel verlagert.** Konsequent wurde hierzu die im Generikabereich nach § 129 Abs. 1 S. 3 SGB V geltende Apothekensubstitutionspflicht durch einen neuen § 129 Abs. 1 S. 4 SGB V auch auf Fertigarzneimittel erstreckt, die für in Apotheken hergestellte parenterale Zubereitungen verwendet werden, sofern für das wirkstoffgleiche Arzneimittel eine Rabattvereinbarung mit Wirkung für die Krankenkasse nach dem neuen § 130a Abs. 8a SGB V besteht. Die Rabattverträge über Fertigarzneimittel für in Apotheken hergestellte parenterale Zubereitungen werden separat behandelt, vgl. deshalb zum Ganzen → § 79 Rn. 1 ff.[12]

Seit dem 16.8.2019 ist ferner das **GSAV**[13] in Kraft, das sich in Zukunft erheblich auf Rabattverträge nach § 130a Abs. 8 SGB V über Biosimilars auswirken wird (vgl. ausführlich → Rn. 126 ff.).[14] Denn mit einer dreijährigen Übergangsfrist wird **zum 16.8.2022** ein neuer § 129 Abs. 1 S. 9 SGB V eingeführt, wonach die bei generischen Arzneimittelprodukten gesetzliche **Apotheken-Substitutionspflicht entsprechend auf Biosimilars übertragen wird.** Apotheken sind nach Inkrafttreten dieser Änderung dazu verpflichtet, ein ärztlich verordnetes biologisches Arzneimittel (idR das Innovator-Produkt) durch ein rabattiertes Biosimilar auszutauschen, sofern der Gemeinsame Bundesausschuss die Austauschbarkeit festgelegt und der Arzt die Ersetzung nicht ausgeschlossen hat. Anders als bei generischen Arzneimitteln muss der Gemeinsame Bundesausschuss in den Arzneimittelrichtlinien die Austauschbarkeit ausdrücklich bestimmen. Eine automatische Austauschverpflichtung der Apotheken wird nicht statuiert.[15] Denn eine vollständig identische Wirkstoffgleichheit kann es bei biologischen Arzneimitteln nicht geben (→ Rn. 123). Bei Rabattverträgen über Biosimilars wird die **Entgeltlichkeit** und damit ein öffentlicher Auftrag nach § 103 Abs. 1 GWB künftig durch die Substitutionspflicht und der damit verbundenen **Lenkungs- und Steuerungswirkung** (auch ohne etwaige Exklusivitätsvereinbarung) zu bejahen sein, sodass Biosimilars rechtlich im Hinblick auf den Abschluss von Rabattverträgen den Generika ähneln werden. Vergaberechtliche Ausschreibungen könnten dadurch eine ähnlich große Relevanz wie bei generischen Arzneimittelrabattverträgen bekommen. Seitdem das GSAV in Kraft getreten ist, ist ferner die Verpflichtung zur Abgabe preisgünstiger importierter Arzneimittel nach § 129 Abs. 1 Nr. 2 SGB V von differenzierten Preisabständen abhängig. Der bislang gültige feste Preisabstand von 15% oder min- 4

---

[11] So die Begründung des nummernlosen Gesetzentwurfs, 32.

[12] Vgl. zu den Änderungen durch das AMVSG im Hinblick auf Zytostatikaversorgungsverträge auch *Esch/Feldmann* PharmR 2017, 1 und zu Rabattvereinbarungen für parenterale Zubereitungen nach den neuen Regelungen durch das AMVSG *Stallberg* PharmR 2019, 440.

[13] Gesetz für mehr Sicherheit in der Arzneimittelversorgung v. 9.8.2019, BGBl. 2019 I 1202.

[14] Zu allen Änderungen durch das GSAV vgl. auch *Lietz/Zumdick* PharmR 2019, 493.

[15] BT-Drs. 19/8753, 63.

destens 15,00 EUR wurde aufgegeben. Zudem gab es kleine Änderungen in § 130a SGB V von vergleichsweise geringerer Bedeutung (vgl. → § 74 Rn. 21).

B. Vergaberechtliche Grundkonzeption von Arzneimittelrabattverträgen gemäß § 130a Abs. 8 SGB V

5 Gesetzliche Krankenkassen unterliegen beim Abschluss von Rabattverträgen gem. § 130a Abs. 8 SGB V nur dann einer vergaberechtlichen Ausschreibungspflicht, wenn es sich hierbei um öffentliche Aufträge gem. § 103 Abs. 1 GWB handelt.[16] Das ist jedenfalls bei solchen Rabattvereinbarungen der Fall, die die Beschaffung von Waren (Lieferung von Arzneimitteln) gegen Entgelt zum Gegenstand haben (vgl. ausführlich → Rn. 6 ff.). Diese **Merkmale eines öffentlichen Auftrags gem. § 103 GWB** werden bei Rabattverträgen gem. § 130a Abs. 8 SGB V **betreffend Generika zumeist vorliegen.** Auch der Gesetzgeber des GKV-OrgWG hat die Ausschreibungspflicht von Rabattverträgen im Generikabereich für grundsätzlich gegeben erachtet.[17] Gleiches gilt grundsätzlich auch im Bereich **patentgeschützter chemisch-synthetischer sowie biologisch/biotechnologischer Arzneimittel,** wobei hier einzelne Fragen zur Ausschreibungspflicht **noch nicht abschließend geklärt** sind (→ Rn. 71 ff.). Nicht-exklusive sog. „Open-House-Verträge" werden hingegen nicht als öffentliche Aufträge qualifiziert und unterfallen in der Folge nicht dem Anwendungsbereich des EU/GWB-Vergaberechts, wie der EuGH entschieden und dem diesbezüglichen Streit dadurch ein Ende gesetzt hat (→ Rn. 30 ff.).[18]

I. Arzneimittelrabattverträge als Rahmenvereinbarungen gemäß § 103 Abs. 5 GWB, § 21 VgV

6 Rabattverträge gem. § 130a Abs. 8 SGB V, welche die Tatbestandsmerkmale eines öffentlichen Auftrags gem. § 103 Abs. 1, 2 GWB erfüllen, werden in der vergaberechtlichen Rechtsprechung und Literatur übereinstimmend als **Rahmenvereinbarungen iSv § 103 Abs. 5 GWB, § 21 VgV zum Zweck der Beschaffung von Arzneimitteln qualifiziert.**[19] Diese Einordnung beruht auf den besonderen Gegebenheiten der **Arzneimittelversorgung im System der deutschen GKV,** die sich in einem sogenannten **sozialrechtlichen Dreiecksverhältnis**[20] – bzw. infolge der wegen des Apothekenmonopols gem. § 43 Abs. 1 AMG vorgegebenen Einbeziehung der Apotheken in einem „Viereck"[21] – der Leistungsbeziehung vollzieht. Auch wenn aufgrund des **Sachleistungsprinzips** die dem öffentlichen Auftrag zugrunde liegende Leistung (Arzneimittelversorgung) gegenüber den Versicherten als Dritten und nicht unmittelbar gegenüber den Krankenkassen als Auftraggebern erbracht wird, liegt gleichwohl ein **mittelbarer Beschaffungsvorgang der**

---

[16] Einen Überblick über den vergaberechtlichen Auftragsbegriff im Vertragswettbewerb des SGB V gibt *Kaltenborn* GesR 2011, 1.

[17] BT-Drs. 16/10609, 52.

[18] EuGH Urt. v. 2.6.2016 – C-410/14, ECLI:EU:C:2016:399 = NZBau 2016, 441 – Dr. Falk Pharma; fortgeführt durch EuGH Urt. v. 1.3.2018 – C-9/17, ECLI:EU:C:2018:142 = NZBau 2018, 366 – Maria Tirkkonen.

[19] LSG Nordrhein-Westfalen Beschl. v. 15.4.2009 – L 21 KR 37/09 SFB; Beschl. v. 9.4.2009 – L 21 KR 29/09 SFB; LSG Baden-Württemberg Beschl. v. 23.1.2009 – L 11 WB 5971/08, BeckRS 2009, 50726 mAnm *Gabriel* VergabeR 2009, 452 (465); Beschl. v. 28.10.2008 – L 11 KR 4810/08 ER-B, IBRRS 2009, 0943 mAnm *Weiner* VergabeR 2009, 182 (189 ff.); VK Bund Beschl. v. 27.3.2009 – VK 3-46/09, veris; Beschl. v. 20.3.2009 – VK 3-22/09, veris; Beschl. v. 18.3.2009 – VK 3-55/09, veris; Beschl. v. 24.2.2009 – VK 3-203/08; *Dreher/Hoffmann* NZBau 2009, 273 (276 f.); *Kamann/Gey* PharmR 2009, 114 (117); *Byok/Csaki* NZS 2008, 402 (404); *Röbke* NVwZ 2008, 726 (731); *Stolz/Kraus* VergabeR 2008, 1 (10); *Willenbruch* PharmR 2008, 488 (489); *Marx/Hölzl* NZBau 2010, 31 (34); *Schüttpelz/Dicks* FS Marx, 2013, 691 (697). Die VK Bund Beschl. v. 12.8.2016 – VK 1-42/15, IBRRS 2016, 2303 sieht in Rahmenvereinbarungen hingegen keinen öffentlichen Auftrag.

[20] *Kingreen* VergabeR 2007, 354 (355).

[21] *Stolz/Kraus* VergabeR 2008, 1 (2).

Krankenkassen zugunsten der Versicherten vor.[22] Der Umstand, dass Arzneimittel nicht direkt an Krankenkassen geliefert werden, sondern die Versicherten sie in Apotheken erhalten, steht der Annahme eines vergaberechtlich relevanten Beschaffungsvorgangs seitens der Krankenkassen bei einer **wirtschaftlichen Gesamtbetrachtung** anerkanntermaßen nicht entgegen.[23] Zudem entspricht die bei Rahmenvereinbarungen gem. § 103 Abs. 5 GWB, § 21 VgV oftmals bestehende Unsicherheit im Hinblick auf die im Rahmen des Auftragsverhältnisses abzurufenden Mengen – zumindest faktisch – der typischen Situation der Arzneimittelversorgung im GKV-System des Sachleistungsprinzips, bei dem Art und Menge der an Versicherte abzugebenden Arzneimittel ebenfalls nicht im Voraus festgelegt werden können (→ Rn. 10). Der hierbei festzustellende rechtliche Unterschied, dass bei einer Rahmenvereinbarung gem. § 103 Abs. 5 GWB, § 21 VgV allein der öffentliche Auftraggeber im Verlauf der Vertragsausführung über Zeitpunkt/Menge der Einzelabrufe entscheidet, während diese Entscheidung im Fall von Arzneimittel(rabatt-)lieferverträgen gerade nicht durch die Krankenkassen getroffen wird, wurde in den ersten Gerichtsverfahren betreffend die Ausschreibungspflicht von Rabattverträgen noch unter dem Blickwinkel erörtert, ob hierdurch gegebenenfalls eine **Einordnung als Konzession** veranlasst sein könnte. Auch aufgrund des Umstands, dass das Vergaberecht **keine ausschreibungsfreien „Lieferkonzessionen"** kennt,[24] hat dieser Unterschied im Hinblick auf die Entscheidung über und Einflussnahme auf die Einzelabrufe die Rechtsprechung nicht dazu bewogen, das Vorliegen eines öffentlichen Auftrags in Zweifel zu ziehen.

Um Rabattverträge gem. § 130a Abs. 8 SGB V als Rahmenvereinbarungen qualifizieren 7 zu können, ist allerdings notwendig, dass Vertragsgegenstand der Rabattvereinbarung nicht nur eine einseitige Rückvergütungspflicht (Rabatt) des pharmazeutischen Unternehmers ist. Denn **reine Rückerstattungs- bzw. Rabattabreden stellen keinen ausschreibungspflichtigen entgeltlichen Vertrag bzw. öffentlichen Auftrag dar,** da hiermit nur eine (einseitige) entgeltliche Zahlungspflicht eines pharmazeutischen Unternehmers gegenüber einer Krankenkasse begründet würde, jedoch keine Vereinbarung über die Lieferung von Arzneimitteln gegen ein bestimmtes Entgelt.[25] Für die Qualifikation eines Rabattvertrags gem. § 130a Abs. 8 SGB V als Arzneimittellieferauftrag ist es daher erforderlich, dass der Rabattvertrag selbst auch die Lieferung von Arzneimitteln zum Gegenstand hat. Unmittelbarer bzw. durch Auslegung zu ermittelnder Vertragsgegenstand müssen daher gegenseitige Pflichten in Gestalt von Leistungs- und Vergütungspflichten sein, die Grundlage des künftigen Einzelabrufs von Arzneimitteln durch die Versicherten und damit der Lieferung von Arzneimitteln im Interesse der Krankenkassen sind.

1. Entgeltlichkeit im Sinne von § 103 Abs. 1 GWB bei Rabattverträgen betreffend Generika

Entgeltlichkeit iSv § 103 Abs. 1 GWB liegt vor, sobald ein öffentlicher Auftraggeber eine 8 Gegenleistung im Sinne einer eigenen Zuwendung erbringt.[26] Ausreichend dafür ist **jeder**

---

[22] *Schickert* PharmR 2009, 164 (166); *Dreher/Hoffmann* NZBau 2009, 273 (276); *Stolz/Kraus* VergabeR 2008, 1 (8).

[23] *Moosecker* Auftragsvergaben der GKV S. 102; *Kaeding* PharmR 2007, 239 (245).

[24] Hierzu OLG Düsseldorf Beschl. v. 19.12.2007 – VII-Verg 51/07, NZBau 2008, 194 mAnm *Amelung/Dörn* VergabeR 2008, 73 (84 ff.); VK Bund Beschl. v. 22.8.2008 – VK 2-73/08, IBRRS 2009, 3602; anders (allerdings nicht in Bezug auf Rabattverträge) VK Schleswig-Holstein Beschl. v. 9.2.2001 – VK-SH 01/01, IBRRS 2005, 0211.

[25] LSG Baden-Württemberg Beschl. v. 28.10.2008 – L 11 KR 4810/08 ER-B, IBRRS 2009, 0943 mAnm *Weiner* VergabeR 2009, 182 (189 ff.); VK Bund Beschl. v. 15.11.2007 – VK 2-102/07, IBRRS 2013, 4743; *Dreher/Hoffmann* NZBau 2009, 273 (276); *Schickert* PharmR 2009, 164 (166).

[26] EuGH Urt. v. 25.3.2010 – C-451/08, Slg. 2010, I-2707 = NZBau 2010, 321 Rn. 48 – Helmut Müller GmbH.

wirtschaftliche Vorteil, den der öffentliche Auftraggeber dem Auftragnehmer als Gegenleistung für dessen Leistung einräumt.[27]

9 Die Qualifikation von Rabattvereinbarungen gem. § 130a Abs. 8 SGB V als öffentliche Aufträge setzt voraus, dass durch sie eine entgeltliche Liefer-/Leistungsbeziehung im Verhältnis zwischen einer Krankenkasse und einem pharmazeutischen Unternehmer begründet wird.[28] Da Rabattverträge über Generika in der Regel **Vereinbarungen zur Sicherstellung der Lieferfähigkeit** an Apotheken bzw. Großhandel enthalten (zumeist Vertragsstrafen- und/oder Kündigungsregelungen bei Lieferausfällen, vgl. auch → Rn. 51–53)[29], lässt sich die Leistung des pharmazeutischen Unternehmers präzise beschreiben.

10 Schwieriger festzustellen ist mitunter die **entgeltliche Gegenleistung der Krankenkasse,** da Rabattvereinbarungen gem. § 130a Abs. 8 SGB V üblicherweise keine explizite Gegenleistung an die Krankenkasse vorsehen und der Abschluss eines Rabattvertrags an sich für einen pharmazeutischen Unternehmer daher grundsätzlich noch keinen wirtschaftlichen Vorteil (Entgeltlichkeit) bedeuten muss.[30] Hinzu kommt die vorstehend bereits erwähnte Generikarabattverträgen spezifische **Unsicherheit über den Umfang des Leistungsabrufs im Einzelfall.** Denn anders als bei herkömmlichen Rahmenvereinbarungen nach § 103 Abs. 5 GWB, § 21 VgV haben Krankenkassen als Auftraggeber keinen Einfluss darauf, wann, ob bzw. in welchem Umfang die Einzelabrufe (Arzneimittelabgaben) getätigt werden.[31] Vielmehr werden die Einzelabrufe durch die **allgemeine Morbidität** und die **Verordnungsentscheidung des Arztes** sowie (gegebenenfalls) die **Substitutionsentscheidung des Apothekers** bestimmt. Das stellt einen bedeutsamen Unterschied zu sonstigen Rahmenvereinbarungen iSv § 103 Abs. 5 GWB, § 21 VgV dar, bei denen über die Inanspruchnahme des Auftragnehmers allein der öffentliche Auftraggeber entscheidet. Dieser Unterschied wird in der bislang zu Generikarabattverträgen ergangenen vergaberechtlichen Rechtsprechung indes nicht im Zusammenhang mit der Frage, inwieweit es sich bei Rabattverträgen gem. § 130a Abs. 8 SGB V um vergaberechtliche Rahmenvereinbarungen handelt, diskutiert. Stattdessen haben sich in der **Entscheidungspraxis der Nachprüfungsinstanzen** verschiedene **Kriterien/Hilfserwägungen** herausgebildet, die gerade diese besondere **Prognoseunsicherheit bei Leistungsbeziehungen im Rahmen der GKV** abbilden und bei deren Vorliegen die Entgeltlichkeit der Gegenleistung trotz fehlenden Einflusses der Krankenkasse auf den Einzelabruf bejaht wird.

11 **a) Lenkungs- bzw. Steuerungswirkung.** Die **Bejahung der Entgeltlichkeit** einer Rabattvereinbarung gem. § 130a Abs. 8 SGB V hängt demnach davon ab, ob (bzw. wie sehr) der Abschluss des Vertrags die **Wahrscheinlichkeit erhöht,** dass vergütungspflichtige Lieferleistungen des pharmazeutischen Unternehmers tatsächlich realisiert werden, sodass **bereits der Vertragsabschluss als solcher einen wirtschaftlichen Mehrwert** (oder jedenfalls einen tatsächlichen Wettbewerbsvorteil) für den Auftragnehmer begründet.[32]

12 Nach der Auffassung der 3. VK Bund sollen Arzneimittelrabattverträge nach § 130a Abs. 8 SGB V aufgrund ihrer **Einordnung als Rahmenvereinbarungen nach § 103**

---

[27] BGH Beschl. v. 1.2.2005 – X ZB 27/04, NJW-RR 2005, 1439; *Dreher/Hoffmann* NZBau 2009, 273 (276); *Kaltenborn* GesR 2011, 1 (3).

[28] LSG Nordrhein-Westfalen Beschl. v. 15.4.2009 – L 21 KR 37/09 SFB; Beschl. v. 9.4.2009 – L 21 KR 29/09 SFB; LSG Baden-Württemberg Beschl. v. 23.1.2009 – L 11 WB 5971/08, BeckRS 2009, 50726 mAnm *Gabriel* VergabeR 2009, 452 (465); Beschl. v. 28.10.2008 – L 11 KR 4810/08 ER-B, IBRRS 2009, 0943 mAnm *Weiner* VergabeR 2009, 182 (189 ff.); OLG Düsseldorf Beschl. v. 17.1.2008 – VII-Verg 57/07, IBRRS 2008, 4847; Beschl. v. 19.12.2007 – VII-Verg 51/07, NZBau 2008, 194 mAnm *Amelung/Dörn* VergabeR 2008, 73 (84 ff.).

[29] Vgl. OLG Düsseldorf Beschl. v. 6.9.2017 – Verg 9/17, VPRRS 2018, 0338, das sich in dieser Entscheidung mit der Zulässigkeit von Vertragsstrafen- und Sonderkündigungsregelungen bei einem Rabattvertrag gem. § 130a Abs. 8 SGB V über Generika befasst und diese als vergaberechtskonform erachtet.

[30] Vgl. auch MCGK PharmaR/*Gabriel* § 14 Rn. 36 ff.

[31] *Weiner* GesR 2010, 237 (239).

[32] Vgl. auch *Gabriel* in MCGK PharmaR § 14 Rn. 38 ff.

Abs. 5 GWB, § 21 VgV[33] und der damit verbundenen ausdrücklichen Unterstellung unter die vergaberechtlichen Vorschriften, **nicht notwendigerweise selbst als öffentliche Aufträge zu qualifizieren sein.**[34] Vielmehr **erweitere dieser Vertragstypus den Anwendungsbereich des Vergaberechts ohne selbst öffentlicher Auftrag zu sein.** In Konsequenz führt diese Auffassung dazu, dass sich ein Antragsteller der Mühe enthalten könnte, im Einzelfall nachzuweisen, dass es sich bei einer sozialrechtlichen Vereinbarung – wie bspw. einem Arzneimittelrabattvertrag – um einen entgeltlichen öffentlichen Auftrag handelt und diese gleichwohl zum Gegenstand eines vergaberechtlichen Nachprüfungsverfahrens machen könnte. Voraussetzung dafür ist dann lediglich die Darlegung, dass es sich jedenfalls um eine Rahmenvereinbarung iSv § 103 Abs. 5 GWB, § 21 VgV handelt. Gleichwohl steht diese Einschätzung der Einstufung einer Rahmenvereinbarung als öffentlichen Auftrag aufgrund einer gesetzlich oder vertraglich begründeten Entgeltlichkeit nicht entgegen.

Das ist insbes. dann der Fall, wenn dem Rabattvertrag eine sog. **Steuerungs-/Lenkungswirkung zugunsten des Absatzes der vertragsgegenständlichen Arzneimittel** zukommt.[35] In diesem Fall verschafft der Abschluss des Rabattvertrags dem pharmazeutischen Unternehmer einen wirtschaftlichen (entgeltlichen) Vorteil in Form der **Steigerung des Absatzes der rabattierten Arzneimittel.**[36] Dabei ist anerkannt, dass sich die Lenkungs- bzw. Steuerungswirkung auch in Verbindung mit außerhalb des Rabattvertrags liegenden Umständen, insbes. den durch das SGB V vorgegebenen regulatorischen Rahmenbedingungen, ergeben kann. 13

Die bisherige vergaberechtliche Rechtsprechung hat die wirtschaftliche Begünstigung des Rabattvertragspartners durch **Schaffung einer den Absatz des vertragsgegenständlichen Präparats fördernden Wirkung bei Generikarabattverträgen vorrangig aufgrund der Substitutionspflicht des Apothekers gem. § 129 Abs. 1 S. 3 SGB V** bejaht.[37] Gem. § 129 Abs. 1 S. 3 SGB V sind Apotheken im Fall des Bestehens eines Rabattvertrags nach § 130a Abs. 8 SGB V verpflichtet, nur unter ihrer Wirkstoffbezeichnung verordnete Arzneimittel gegen wirkstoffgleiche rabattierte auszutauschen, sofern der Arzt eine Ersetzung nicht ausgeschlossen hat, indem er das auf dem zur Abrechnung mit Krankenkassen vorgeschriebenen Rezeptformular aufgedruckte „aut-idem-Feld" durchstreicht und auf diese Weise eine Substitution in der Apotheke verbietet.[38] Aufgrund der sozialrechtlichen Rahmenbedingungen (ua § 106 Abs. 2 S. 8, Abs. 5c S. 1 SGB V) machen Ärzte von dieser Möglichkeit so gut wie keinen Gebrauch, weil sie befürchten müs- 14

---

[33] Zum Zeitpunkt der Entscheidung § 4 EG VOL/A aF.

[34] VK Bund Beschl. v. 6.7.2011 – VK 3-80/11, VPRRS 2013, 0239; Beschl. v. 14.6.2011 – VK 3-62/11, IBRRS 2013, 2449; Beschl. v. 10.6.2011 – VK 3-59/11, IBRRS 2013, 2448. Ähnlich auch die Gesetzesbegründung zu § 103 Abs. 5 GWB, vgl. BT-Drs. 18/6281, 74.

[35] OLG Düsseldorf Beschl. v. 19.12.2007 – VII-Verg 51/07, NZBau 2008, 194 mAnm *Amelung/Dörn* VergabeR 2008, 73 (84ff.); Beschl. v. 23.5.2007 – VII-Verg 50/06, NZBau 2007, 525 mAnm *Gabriel* VergabeR 2007, 622 (630); VK Bund Beschl. v. 22.8.2008 – VK 2-73/08, IBRRS 2009, 3602; Beschl. v. 15.11.2007 – VK 2-102/07, IBRRS 2013, 4743; VK Düsseldorf Beschl. v. 31.10.2007 – VK-31/2007-L, VPRRS 2007, 0446; *Gabriel* NZS 2007, 344 (348).

[36] *Dreher/Hoffmann* NZBau 2009, 273 (276); *Kamann/Gey* PharmR 2009, 114 (117); *Schickert* PharmR 2009, 164 (166); *Stolz/Kraus* VergabeR 2008, 1 (3); *Luthe* SGb 2011, 372 (375).

[37] So zuerst OLG Düsseldorf Beschl. v. 19.12.2007 – VII-Verg 51/07, NZBau 2008, 194: „Hinzu kommt, dass der Apotheker nach § 129 Abs. 1 Satz 3 SGB V im Falle eines Vertrages nach § 130a Abs. 8 SGB V für den betreffenden Wirkstoff grundsätzlich ein Medikament auswählen muss, das Gegenstand eines derartigen Vertrages ist, die Antragsgegnerinnen mithin das Nachfrageverhalten der Apotheker auf die vertragsgemäßen Medikamente ‚lenken' (vgl. zu diesem Gesichtspunkt *Gabriel,* NZS 2007, 344, 348)". Ebenso im Anschluss LSG Nordrhein-Westfalen Beschl. v. 15.4.2009 – L 21 KR 37/09 SFB; Beschl. v. 9.4.2009 – L 21 KR 29/09 SFB; LSG Baden-Württemberg Beschl. v. 23.1.2009 – L 11 WB 5971/08, BeckRS 2009, 50726 mAnm *Gabriel* VergabeR 2009, 452 (465); Beschl. v. 28.10.2008 – L 11 KR 4810/08 ER-B, IBRRS 2009, 0943 mAnm *Weiner* VergabeR 2009, 182 (189ff.). Vgl. zusammenfassend *Goodarzi/Jansen* NZS 2010, 427 (431), idS bereits *Byok* GesR 2007, 553 (556).

[38] Siehe zur Ersetzungsbefugnis des Arztes auch SG Detmold Urt. v. 26.1.2018 – S 3 KR 450/15, BeckRS 2018, 43882 Rn. 17f.; SG Bremen Urt. v. 17.3.2017 – S 7 KR 269/14, juris Rn. 22ff.

sen, in Höhe der daraus resultierenden Zusatzkosten von den Krankenkassen in Anspruch genommen zu werden.[39] Das führt dazu, dass die Abgabe von Arzneimitteln effektiv zugunsten derjenigen Arzneimittel gelenkt wird, für die ein Rabattvertrag besteht. Der Absatz eines rabattierten Arzneimittels nimmt daher in dem Maße zu, wie der Absatz von nicht rabattierten Arzneimitteln gleichen Wirkstoffs abnimmt. Angesichts dieser massiv absatzlenkenden Wirkung von Rabattverträgen hat das Unterliegen bei Rabattausschreibungen mit diesen Arzneimitteln „faktisch ein Verkaufsverbot in den Apotheken für die Laufzeit des Rabattvertrags" zur Folge.[40] Der Abschluss eines Rabattvertrags gem. § 130a Abs. 8 SGB V mit gesetzlichen Krankenkassen hat daher unmittelbaren und erheblichen Einfluss auf die Absatzmöglichkeiten eines pharmazeutischen Unternehmers auf dem deutschen Arzneimittelmarkt.

15 Die **Begründung der Steuerungs-/Lenkungswirkung** von Generikarabattverträgen gem. § 130a Abs. 8 SGB V anhand der Substitutionspflicht des Apothekers gem. § 129 Abs. 1 S. 3 SGB V **entspricht der Auffassung des Gesetzgebers des GKV-OrgWG,** der hierzu in den Gesetzgebungsmaterialien ausführt: „Im Wesentlichen hängt die Beantwortung davon ab, ob und inwieweit die Krankenkassen auf die Auswahlentscheidung, welcher Vertragsgegenstand im einzelnen Versorgungsfall abgegeben wird, Einfluss nehmen. Abhängig von der individuellen Vertragsgestaltung könnten Arzneimittelrabattverträge über Generika wegen der Verpflichtung der Apotheken in § 129 Abs. 1 S. 3, die Ersetzung durch ein wirkstoffgleiches Arzneimittel vorzunehmen, für das ein Rabattvertrag abgeschlossen worden ist, und des damit verbundenen mittelbaren Einflusses der Krankenkassen auf die Auswahlentscheidung des Vertragsgegenstandes als öffentliche Aufträge zu qualifizieren sein."[41]

16 **Ähnliches wird künftig für** biologisch/biotechnologisch hergestellte Nachahmerpräparate (sog. **Biosimilars) gelten.** Hierbei handelt es sich um Arzneimittel, die zwar ebenso wie chemisch-synthetische Generika unter Verweis auf (biologische) Referenzarzneimittel hergestellt und zugelassen werden (vgl. § 24b Abs. 5 S. 1 AMG), bei denen aber – anders als bei molekülstrukturdefinierten Generika – **keine Wirkstoffgleichheit** existieren kann, da die Herstellung mittels biotechnologisch erzeugter lebender Zellen oder Mikroorganismen erfolgt, die aufgrund der zwangsläufig unterschiedlichen Herstellungsprozesse niemals identisch mit dem Originalwirkstoff sein können.[42] Aus diesem Grund hat sich die Bezeichnung als „Biosimilar" – und gerade nicht „Biogenerikum" – durchgesetzt, da diese Arzneimittel in biologischer Hinsicht chemisch-synthetischen Originalpräparaten näher stehen als etwa Generika. Durch das **GSAV** wird zum 16. 8. 2022 auch für Biosimilars eine den chemisch-synthetischen Generika vergleichbare **Substitutionspflicht eingeführt,** sodass diese dann rechtlich im Hinblick auf den Abschluss von Rabattverträgen den Generika ähneln werden. Anders als bei Generika muss der Gemeinsame Bundesausschuss jedoch für jedes Biosimilar die Austauschbarkeit ausdrücklich festlegen. Eine automatische Substitutionsverpflichtung wird nicht statuiert (vgl. zum Ganzen → Rn. 126 ff.).

17 **b) Zusicherung von Exklusivität bzw. Einräumung eines Wettbewerbsvorteils.** Neben diese durch die Substitutionspflicht gem. § 129 Abs. 1 S. 3 SGB V erzeugte Lenkungs-/Steuerungswirkung können **weitere Abreden der Rabattvertragspartner** treten, welche die absatzsteigernde Wirkung des Rabattvertrags unterstützen. So ist bei Rabattverträgen üblicherweise vertraglich vereinbart, dass die Krankenkasse für die Dauer der Vertragslaufzeit keine anderen Rabattverträge über die gleichen Wirkstoffe mit anderen pharmazeutischen Unternehmern abschließt **(Zusicherung von Exklusivität).** Exklusivität in diesem Sinne muss nicht notwendig die Existenz lediglich eines einzigen Ver-

[39] Vgl. dazu *Bickenbach* MedR 2010, 302 (303).
[40] Zitat LSG Baden-Württemberg Urt. v. 27.2.2008 – L 5 KR 507/08 ER-B, BeckRS 2009, 51896; dazu auch *v. Czettritz* PharmR 2008, 253.
[41] BT-Drs. 16/10609, 52.
[42] *Gabriel/Weiner* NZS 2009, 422 (425).

tragspartners bedeuten, da in der Rechtsprechung zB auch ein Rabattvertrag mit mehreren pharmazeutischen Unternehmern für zulässig befunden wird (→ Rn. 42 ff.).[43] Gemeint ist vielmehr ein zum Zeitpunkt des Vertragsschlusses für die gesamte Laufzeit des Vertrags feststehender und **nicht erweiterbarer Auftragnehmerkreis** (ein oder mehrere Rahmenvertragspartner), womit letztlich der Vorgabe gem. Art. 33 Abs. 2 UAbs. 2 RL 2014/24/EU Rechnung getragen wird, der zufolge Rahmenvereinbarungen einen von Anfang an geschlossenen Teilnehmerkreis aufweisen müssen.

Ist die Substitutionspflicht des Apothekers gem. § 129 Abs. 1 S. 3 SGB V bereits für sich 18
genommen hinreichend, um eine Rabattvereinbarung als entgeltlichen öffentlichen Auftrag zu qualifizieren, gilt das nach der vergaberechtlichen Rechtsprechung zu Rabattvertragsausschreibungen im Generikabereich erst Recht, sofern ein **Rabattvertrag zudem exklusiv mit einem oder mehreren pharmazeutischen Unternehmern** geschlossen wurde und die **Substitutionspflicht des Apothekers gem. § 129 Abs. 1 S. 3 SGB V** dementsprechend zu einer bevorzugten Abgabe ausschließlich der vertragsgegenständlichen Arzneimittel führt.[44]

2. Entgeltlichkeit im Sinne von § 103 Abs. 1 GWB bei Rabattverträgen betreffend (patentgeschützte) Originalpräparate

Bis auf wenige Ausnahmen haben sich Rabattverträge zunächst auf den generikafähigen 19
Markt konzentriert und vor allem die Hersteller patentfreier Medikamente betroffen. Angesichts der gerade im Bereich der (patentgeschützten) Originalpräparate verorteten Einsparpotentiale[45] sollen Ausgabenbegrenzungen bei Originalpräparaten nicht nur durch Rabattverträge, sondern darüber hinaus durch zwei weitere Erstattungsvertragsarten für innovative nicht festbetragsfähige Arzneimittel generiert werden.[46] Bei diesen **Erstattungsvertragsarten** handelt es sich nach der gesetzgeberischen Konzeption zum einen um **obligatorische „Vereinbarungen zwischen dem Spitzenverband Bund der Krankenkassen und pharmazeutischen Unternehmern** über Erstattungsbeträge für Arzneimittel" (§ 130b SGB V)[47] und zum anderen um **fakultative „Verträge von Krankenkassen mit pharmazeutischen Unternehmern"** (§ 130c SGB V), die die Vorschrift des § 130a Abs. 8 SGB V über Rabattverträge spezifisch ergänzen.[48] Ausgangspunkt und zwingende Grundlage für den Abschluss solcher Erstattungsverträge ist die Kategorisierung neuer Arzneimittel (ebenso wie der Bestandsmarkt, vgl. § 35a Abs. 6 SGB V) in Abhängigkeit vom Ergebnis der frühen Nutzenbewertung[49] nach § 35a SGB V, entweder in den Bereich des geltenden Festbetragssystems oder in den Bereich neuer innovativer, nicht festbetragsfähiger Arzneimittel, unter welche vollumfänglich auch neue (und zumeist patentgeschützte) Originalpräparate fallen. Lediglich für nicht festbetragsfähige Arzneimittel

---

[43] OLG Düsseldorf Beschl. v. 24.11.2011 – VII-Verg 62/11, BeckRS 2012, 4600 mAnm *Gabriel* VergabeR 2012, 482 (490); LSG Nordrhein-Westfalen Beschl. v. 3.9.2009 – L 21 KR 51/09 SFB, BeckRS 2009, 72806.

[44] LSG Nordrhein-Westfalen Beschl. v. 15.4.2009 – L 21 KR 37/09 SFB; Beschl. v. 9.4.2009 – L 21 KR 29/09 SFB; LSG Baden-Württemberg Beschl. v. 23.1.2009 – L 11 WB 5971/08, BeckRS 2009, 50726 mAnm *Gabriel* VergabeR 2009, 452 (465); zusammenfassend *Goodarzi/Jansen* NZS 2010, 427 (430); VK Bund Beschl. v. 22.5.2009 – VK 1-77/09, veris; Beschl. v. 18.2.2009 – VK 3-158/08, IBRRS 2009, 2991.

[45] Eckpunktepapier des Bundesgesundheitsministeriums v. 26.3.2010 zur Umsetzung des Koalitionsvertrags für die Arzneimittelversorgung.

[46] Vgl. BT-Drs. 17/2413, 31.

[47] Vgl. dazu *Anders* PharmR 2012, 81; sowie zu der Möglichkeit für Parallelimporteure eine Erstattungspreisvereinbarung nach § 130b SGB V mit dem GKV-Spitzenverband zu treffen und den daraus resultierenden Konsequenzen für den Originalhersteller *Schickert* PharmR 2013, 152.

[48] Vgl. zu den Änderungen durch das AMNOG in Bezug auf Erstattungsverträge *Wolf/Jäkel* PharmR 2011, 1; *Kingreen* NZS 2011, 441; *Luthe* PharmR 2011, 193; *Kaufmann* PharmR 2011, 223 sowie *Gabriel* VergabeR 2011, 372.

[49] Dazu *Luthe* PharmR 2011, 193 (194); *Brixius/Maur/Schmidt* PharmR 2010, 373 sowie *Kingreen* NZS 2011, 441.

besteht gem. § 130b SGB V die Pflicht zum Abschluss einer kollektiven Erstattungsvereinbarung mit dem Spitzenverband Bund der Krankenkassen und nach § 130c SGB V die Möglichkeit zum Abschluss von individuellen (selektiven) Erstattungsverträgen mit einzelnen Krankenkassen zur Ablösung von Vereinbarungen bzw. Schiedssprüchen nach § 130b SGB V.

20 Grundsätzlich muss allerdings beachtet werden, dass sich die **vergaberechtlichen Vorgaben** für Erstattungs-/Rabattverträge über patentgeschützte Originalmedikamente **maßgeblich von Generikaausschreibungen unterscheiden** können. Während viele Grundsatzfragen zur Art und Weise der Ausschreibung im Bereich generischer Präparate mittlerweile als geklärt angesehen werden können (→ Rn. 34 ff.), stellen sich im Bereich patentgeschützter Arzneimittel weiterhin auch grundsätzliche Fragen betreffend die Ausschreibungspflicht.[50] Das gilt in Bezug auf patentgeschützte Originalpräparate sowohl für Rabattverträge gem. § 130a Abs. 8 SGB V, als auch für Erstattungsverträge nach § 130b SGB V bzw. § 130c SGB V sowie für das Verhältnis dieser Verträge zueinander (→ Rn. 72 ff.).

21 Hinsichtlich der Qualifizierung von Rabattverträgen über Originalpräparate als öffentliche (Arzneimittelliefer-)Aufträge gem. § 103 Abs. 1, 2 GWB gilt zunächst ebenso wie im generischen Bereich, dass der Rabattvertrag die Lieferung von Arzneimitteln gegen ein Entgelt zum Gegenstand haben muss. Bei Rabattverträgen über patentgeschützte Arzneimittel muss das Tatbestandsmerkmal der Entgeltlichkeit jedoch noch sorgfältiger und in jedem Einzelfall geprüft werden, da hier einerseits die **Substitutionspflicht des Apothekers gem. § 129 Abs. 1 S. 3 SGB V nicht zur Begründung einer Steuerungs-/Lenkungswirkung herangezogen werden kann** und andererseits aufgrund der medizinisch- bzw. therapeutisch-pharmakologischen besonderen Eigenschaften der (oftmals konkurrenzlosen) Originalpräparate der **Verordnungsentscheidung des Arztes eine wesentlich größere Bedeutung** zukommt.[51] Die vergaberechtliche Ausgangssituation bei Rabattverträgen über patentgeschützte Originalpräparate unterscheidet sich deshalb sowie wegen der diesen Arzneimitteln immanenten Alleinstellung grundlegend von derjenigen im Generikabereich.[52]

22 **a) Lenkungs- bzw. Steuerungswirkung.** Die Möglichkeiten einer Krankenkasse, das Verordnungsverhalten der Ärzte sowie das Abgabeverhalten der Apotheker in Richtung rabattierter Originalarzneimittel zu lenken, unterscheiden sich von den entsprechenden Lenkungs-/Steuerungsmechanismen im generischen Bereich entscheidend dadurch, dass die **Substitutionspflicht des Apothekers gem. § 129 Abs. 1 S. 3 SGB V nicht gilt.**[53] Denn **im Fall chemisch-synthetisch hergestellter Originalpräparate mit Wirkstoffpatentschutz** kann es bereits aus patentrechtlichen Gründen keine (zugelassenen) wirkstoffgleichen Arzneimittel iSv § 129 Abs. 1 S. 1 SGB V geben.[54]

---

[50] Ausführlich hierzu *Gabriel/Weiner* NZS 2009, 422; *Schickert* PharmR 2009, 164; *Lietz/Natz* A&R 2009, 3; *Gabriel* NZS 2008, 455 (456); *Luthe* SGb 2011, 372 (376 f.).

[51] *Schickert* PharmR 2009, 164 (171); *Lietz/Natz* A&R 2009, 3 (6).

[52] Bekannte Nachprüfungsverfahren zu Rabattverträgen über patentgeschützte Originalpräparate ergingen ua zu einer De-facto-Vergabe eines Antianämika-Rabattvertrags, hierzu LSG Baden-Württemberg Beschl. v. 28.10.2008 – L 11 KR 4810/08 ER-B, IBRRS 2009, 0943 mAnm *Weiner* VergabeR 2009, 182 (189 ff.); Beschl. v. 15.8.2008 – VK 3-107/08, IBRRS 2014, 0032 und zur vergaberechtlichen Bewertung von De-facto-Vergaben im Gesundheitswesen siehe *Gabriel* PharmR 2008, 577. Zur Ausschreibung von Rabattkooperationen über TNF-Alpha-Blocker OLG Düsseldorf Beschl. v. 22.10.2008 – I-27 U 2/08, NZS 2009, 159 mAnm *Weiner* VergabeR 2009, 182 (189 ff.) und Beschl. v. 20.10.2008 – VII-Verg 46/08, BeckRS 2009, 4981; VK Bund Beschl. v. 22.8.2008 – VK 2-73/08, IBRRS 2009, 3602 und zu einem Rabattvertrag mehrerer AOK OLG Düsseldorf Beschl. v. 8.6.2011 – VII-Verg 2/11, IBRRS 2011, 3862; Beschl. v. 17.1.2011 – VII-Verg 2/11, BeckRS 2011, 18629; VK Bund Beschl. v. 29.11.2010 – VK 2-113/10, VPRRS 2013, 0620.

[53] *Gabriel/Weiner* NZS 2009, 422 (423); *Kamann/Gey* PharmR 2009, 114 (118).

[54] VK Bund Beschl. v. 22.8.2008 – VK 2-73/08, IBRRS 2009, 3602.

aa) Fakultative Erstattungsvereinbarungen nach § 130c SGB V. Im Hinblick auf die öffentliche Auftragseigenschaft bei patentgeschützten Originalpräparaten ist zwischen Rabattverträgen nach § 130a Abs. 8 SGB V, Erstattungsvereinbarungen nach § 130b SGB V sowie solchen nach § 130c SGB V zu differenzieren. Für die **fakultativen Erstattungsvereinbarungen** zwischen pharmazeutischen Unternehmern und einzelnen Krankenkassen gem. **§ 130c SGB V,** die – im Verhältnis zu den obligatorischen § 130b SGB V-Verträgen – abweichende, ergänzende bzw. ablösende krankenkassenindividuelle Vereinbarungen ermöglichen, wird die **Frage nach dem Bestehen von Lenkungs- bzw. Steuerungswirkungen** und damit zugleich die öffentliche Auftragseigenschaft solcher Erstattungsvereinbarungen zutreffend bereits in der Gesetzesbegründung **gestellt und bejaht:**[55] „Darüber hinaus gelten die Vorschriften über die Vereinbarung von Rabattverträgen nach § 130a Abs. 8 entsprechend. Zulässig ist somit ein Wettbewerb um bessere Patientenversorgung, höhere Qualität und geringere Kosten. [...] Soweit die Voraussetzungen des Vergaberechts vorliegen, ist auszuschreiben. Die mittelstandsschützenden Regelungen des Vergaberechts, insbesondere zur Bildung von Sach- und Teillosen, gelten bei der Ausschreibung in der Weise, dass Ausschreibungen von Verbänden eine angemessene Bildung von Regionallosen vorzusehen haben."[56]. Mit Verträgen nach § 130c SGB V sind des Weiteren zahlreiche gesetzlich normierte Lenkungs-/Steuerungsmechanismen verbunden, die diese Einordnung und Bejahung als ausschreibungspflichtig rechtfertigen. Das sind im Einzelnen: 23

- **Information der Versicherten** über die vereinbarten Versorgungsinhalte durch die Krankenkassen gem. § 130c Abs. 2 SGB V;
- Regelung einer **bevorzugten Verordnung** von vertragsgegenständlichen Arzneimitteln mit Ärzten und kassenärztlichen Vereinigungen gem. § 130c Abs. 3 SGB V;
- Anerkennung vertragsgegenständlicher Arzneimittelverordnungen als vom Wirtschaftlichkeitsvergleich ausgenommene **Praxisbesonderheit** iSv § 106 Abs. 5a SGB V gem. § 130c Abs. 4 SGB V;
- **Kennzeichnung** der vertragsgegenständlichen Arzneimittel **in der Verordnungssoftware der Ärzte** iSv § 73 Abs. 8 S. 7 SGB V gem. § 130c Abs. 5 SGB V.

bb) Obligatorische Erstattungsvereinbarungen nach § 130b SGB V. Für **Erstattungsvereinbarungen zwischen pharmazeutischen Unternehmern und dem GKV-Spitzenverband** (stellvertretend für alle Krankenkassen) für nicht festbetragsfähige Arzneimittel mit neuen Wirkstoffen gem. **§ 130b SGB V** wird diese Frage ebenfalls, wenngleich versteckter und unter Vermeidung jeglichen vergaberechtlichen Kontextes in der Gesetzesbegründung gestellt – und verneint: „Mit der Vereinbarung eines Erstattungsbetrags für ein Arzneimittel ist keine Auswahlentscheidung für das einzelne Arzneimittel verbunden. Sie hat ebenso wenig eine verordnungslenkende Wirkung, wie die Festsetzung von Festbeträgen[57]". Zutreffend hieran ist jedenfalls (lediglich), dass eine etwaige **Lenkungs-/Steuerungswirkung schwächer ausgeprägt** ist, als bei § 130c-Verträgen: nur die Privilegierung beim Wirtschaftlichkeitsvergleich infolge der Anerkennung vertragsgegenständlicher Arzneimittelverordnungen als Praxisbesonderheit iSv § 106 Abs. 5a SGB V findet sich hier (§ 130b Abs. 2 SGB V) wie dort (§ 130c Abs. 4 SGB V). Speziell im Fall der Privilegierung beim Wirtschaftlichkeitsvergleich gem. § 106 Abs. 5a SGB V ist zu beachten, dass die VK Bund bereits im TNF-Alpha-Blocker-Verfahren entschieden hat, dass „es aber verschiedene andere Anreizmechanismen [gibt], die – wenn auch in schwächerer Ausprägung – eine hinreichende Lenkungswirkung entfalten." Als Beispiel hat die Vergabekammer sodann ausdrücklich den Wirtschaftlichkeitsvergleich angeführt, da sich Ärzte „angesichts der **drohenden Regressgefahr** im Rahmen der Wirtschaftlichkeitsprüfung (vgl. § 106 SGB V) für die Verschreibung eines rabattierten Arzneimittels entscheiden wer- 24

[55] So auch *Kern* Arzneimittelbeschaffungen durch die gesetzlichen Krankenkassen, S. 337.
[56] BT-Drs. 17/2413, 32.
[57] BT-Drs. 17/2413, 31.

den[58]". Das spricht dafür, dass auch Erstattungsvereinbarungen gem. § 130b SGB V – entgegen der Vorstellung des Gesetzgebers – **nicht von vornherein ausschreibungsirrelevant** sind.[59] Gegen die Qualifizierung als öffentlicher Auftrag könnte lediglich sprechen, dass § 130b-Verträge obligatorisch sind, da ein entsprechender gesetzgeberischer Auftrag an den GKV-Spitzenverband zum Abschluss dieser Verträge besteht. Kommt eine Vereinbarung dennoch nicht zustande, wird der Vertragsinhalt (Erstattungsbetrag) gem. § 130b Abs. 4 SGB V durch eine Schiedsstelle festgesetzt. Das ist ein Unterschied im Vergleich zu § 130c-Verträgen, deren Abschluss im Wege der Ausschreibung für die Krankenkassen fakultativ ist. In der Rechtsprechung wurde diesbezüglich im Zusammenhang mit Verträgen zur hausarztzentrierten Versorgung gem. § 73b Abs. 4 S. 1 SGB V (→ § 80 Rn. 15 ff.) entschieden, dass eine – dort ebenfalls – geltende gesetzliche Pflicht zum Abschluss entsprechender Selektivverträge zur Unanwendbarkeit des Vergaberechts führen kann.[60]

25 **cc) Rabattverträge nach § 130a Abs. 8 SGB V.** Aufgrund des Nichteingreifens der Lenkungs- bzw. Steuerungswirkung des 129 Abs. 1 S. 3 SGB V ist bei **Rabattverträgen nach § 130a Abs. 8 SGB V** in jedem Einzelfall unter Berücksichtigung sonstiger einschlägiger gesetzlicher Lenkungs-/Steuerungsmechanismen sowie etwaiger vertraglich vereinbarter Maßnahmen zur Absatzförderung zu prüfen, ob der Rabattvertrag dem pharmazeutischen Unternehmer einen wirtschaftlichen Vorteil im Sinne eines Entgelts gem. § 103 Abs. 1 GWB einräumt.[61] Derartige mit dem Abschluss einer Rabattvereinbarung gem. § 130a Abs. 8 SGB V zusammenhängende **krankenversicherungsrechtliche Lenkungs-/Steuerungsmechanismen,** die für den pharmazeutischen Unternehmer als Rabattvertragspartner einen wirtschaftlichen Mehrwert bedeuten können, sind zB:
- vollständige oder teilweise **Zuzahlungsermäßigungen oder -befreiungen** gem. § 31 Abs. 3 S. 5 SGB V;
- Einbeziehung rabattierter Arzneimittel in **spezielle Praxissoftware** gem. § 73 Abs. 8 SGB V;
- Ausnahme von der **Auffälligkeitsprüfung** bei Verordnung rabattierter Arzneimittel gem. § 106 Abs. 2 S. 8 SGB V;
- Abzug von Rabattbeträgen vom Regressbetrag nach einer **Richtgrößenprüfung** gem. § 106 Abs. 5c SGB V;
- Befreiung von der **Parallelimportquote** gemäß § 129 Abs. 1 S. 1 Nr. 2 SGB V;

26 Dabei ist zu beachten, dass einige dieser gesetzlichen Lenkungs-/Steuerungsmechanismen – im Unterschied zur Substitutionspflicht gem. § 129 Abs. 1 S. 3 SGB V – nicht automatisch gelten, sondern **teilweise im Einzelfall vereinbart werden müssen,** um eine absatzfördernde Wirkung entfalten zu können **(fakultative Anreize).**[62] Zudem unterscheidet sich die absatzfördernde Wirkung der vorgenannten Lenkungs-/Steuerungsmechanismen in ihrem Ausmaß mitunter erheblich von der Lenkungs-/Steuerungswirkung des § 129 Abs. 1 S. 3 SGB V, die im Generikabereich zu einer durchschnittlich ca. 70–80-prozentigen Umsetzungsquote geführt hat.[63] Lenkungs-/Steuerungsmechanismen, die nur kraft Vereinbarung/Erklärung gelten, können daher nicht unbesehen zur Begründung der Auftragseigenschaft herangezogen werden, sondern erst nach Feststellung ihrer Geltung im

[58] VK Bund Beschl. v. 22.8.2008 – VK 2-73/08, IBRRS 2009, 3602.
[59] *Gabriel* VergabeR 2011, 372 (380).
[60] LSG Nordrhein-Westfalen Beschl. v. 3.11.2010 – L 21 SF 208/10 Verg, veris; ebenso die Vorinstanz VK Bund Beschl. v. 2.7.2010 – VK 1-52/10, veris. Zur vergaberechtlichen Relevanz hausarztzentrierter Versorgungsverträge vgl. *Stolz/Kraus* MedR 2010, 86 ff. sowie *Weiner* GesR 2010, 237 ff.
[61] OLG Düsseldorf Beschl. v. 19.12.2007 – VII-Verg 51/07, NZBau 2008, 194 mAnm *Amelung/Dörn* VergabeR 2008, 73 (84 ff.); VK Bund Beschl. v. 22.8.2008 – VK 2-73/08, IBRRS 2009, 3602; *Kamann/Gey* PharmR 2009, 114 (118); *Kern* Arzneimittelbeschaffung durch die gesetzlichen Krankenkassen S. 266 f.
[62] *Schickert* PharmR 2009, 164 (169 f.).
[63] Pressemitteilung der AOK Baden-Württemberg v. 30.3.2010. In der Rechtsprechung wird überdies von einer Umsetzungsquote in Höhe von 70% für die Streitwertberechnung ausgegangen, vgl. OLG Düsseldorf Beschl. v. 11.5.2011 – VII-Verg 1/11, IBRRS 2011, 3161.

Einzelfall. Allerdings spricht in Fällen, in denen der therapeutische Nutzen zweier (oder mehrerer) Originalpräparate zumindest vergleichbar ist und es um Erstverordnungen für noch nicht auf ein bestimmtes Präparat eingestellte Patienten geht, einiges dafür, dass der Abschluss eines Rabattvertrags aufgrund (auch nur einiger) der vorgenannten Lenkungs-/Steuerungsmechanismen die Verordnung des rabattierten Präparats durch den behandelnden Arzt wahrscheinlich(er) macht, sodass er einen wirtschaftlichen Vorteil begründet, der einer Entgeltlichkeit iSd § 103 Abs. 1 GWB entspricht. **In der Praxis** ist daher die Entscheidung über die öffentliche Auftragseigenschaft eines Rabattvertrags über Originalpräparate schwieriger als im Generikabereich, wo diese Frage aufgrund der gesetzlich obligatorischen Substitutionspflicht klar zu beantworten ist. Im Originalbereich hingegen muss ggf. das Zusammenwirken unterschiedlicher – teils gesetzlicher, teils vertraglicher – Faktoren bewertet und sodann eine graduell abstufende Antwort betreffend die Entgeltlichkeit/Auftragseigenschaft gegeben werden.[64]

b) Zusicherung von Exklusivität bzw. Einräumung eines Wettbewerbsvorteils. Wegen der im Vergleich zu Generikarabattverträgen **abgeschwächten gesetzlichen Lenkungs-/Steuerungsmechanismen** hat es in der bisherigen Rechtsprechung im Zusammenhang mit der Qualifizierung von Rabattverträgen über Originalpräparate als öffentliche Aufträge eine maßgebliche Rolle gespielt, inwieweit **vertraglich bestimmte Abreden** getroffen wurden, **um** dem pharmazeutischen Unternehmer als Rabattvertragspartner **eine absatzfördernde privilegierte Stellung einzuräumen.** 27

Die Rechtsprechung hat daher einer Rabattvereinbarung über Originalpräparate, in der keine Exklusivität zugesichert wurde, die Auftragseigenschaft abgesprochen.[65] Umgekehrt wurde die **vertragliche Zusicherung von Exklusivität als ausreichend erachtet,** um trotz fehlender Substitutionspflicht eine für die Entgeltlichkeit iSv § 103 Abs. 1 GWB ausreichende Lenkungs-/Steuerungswirkung der Rabattvereinbarung zu bejahen.[66] Denn bereits die Zusicherung der Krankenkasse, für die Laufzeit des Rabattvertrags keine anderen Rabattverträge über (therapeutisch) vergleichbare Arzneimittel mit anderen pharmazeutischen Unternehmern abzuschließen, führt zu einem Wettbewerbsvorteil des Rabattvertragspartners.[67] 28

Das **LSG Nordrhein-Westfalen** hat demgegenüber in einem Fall, in dem die Rabattvereinbarung ihrem Wortlaut nach keine Exklusivität zu Gunsten des Rabattvertragspartners begründete, entschieden, dass es **nicht darauf ankommen dürfe, ob Exklusivitätsrechte vertraglich vereinbart worden sind.**[68] **Entscheidend** sei vielmehr, ob ein Rabattvertrag **tatsächlich geeignet ist, einen Wettbewerbsvorteil zu bewirken.**[69] Denn unter Umgehungsaspekten dürfe die Auftragseigenschaft – und damit die Ausschreibungspflicht – nicht allein deswegen verneint werden, weil eine Rabattvereinbarung keine ausdrückliche Exklusivitätsvereinbarung enthält, sofern der Vertrag seitens der Krankenkasse tatsächlich exklusiv gehandhabt wird.[70] Diese Entscheidung ist **zutreffend,** sofern im 29

[64] So VK Bund Beschl. v. 22.8.2008 – VK 2-73/08, IBRRS 2009, 3602: „nicht unerhebliche Lenkungswirkung"; Beschl. v. 15.8.2008 – VK 3-107/08, IBRRS 2014, 0032: „gewisse Lenkungseffekte"; ähnlich *Schickert* PharmR 2009, 164 (170): „Anreize können sich soweit verdichten, dass sie den Rabattvertrag zu einem entgeltlichen Beschaffungsvorgang der Krankenkasse machen".

[65] LSG Baden-Württemberg Beschl. v. 28.10.2008 – L 11 KR 4810/08 ER-B, IBRRS 2009, 0943 mAnm *Weiner* VergabeR 2009, 182 (189ff.).

[66] VK Bund Beschl. v. 22.5.2009 – VK 1-77/09, veris; Beschl. v. 18.2.2009 – VK 3-158/08, IBRRS 2009, 2991.

[67] LSG Nordrhein-Westfalen Beschl. v. 10.9.2009 – L 21 KR 53/09 STB, IBRRS 2010, 2825 mAnm *Gabriel* VergabeR 2010, 135 (142ff.); ebenso *Dreher/Hoffmann* NZBau 2009 273 (275); *Stolz/Kraus* VergabeR 2008, 1 (3).

[68] LSG Nordrhein-Westfalen Beschl. v. 10.9.2009 – L 21 KR 53/09 STB, IBRRS 2010, 2825 mAnm *Gabriel* VergabeR 2010, 135 (142ff.).

[69] LSG Nordrhein-Westfalen Beschl. v. 10.9.2009 – L 21 KR 53/09 STB, IBRRS 2010, 2825 mAnm *Gabriel* VergabeR 2010, 135 (142ff.).

[70] Ähnlich *Weiner* VergabeR 2009, 189 (192).

Einzelfall nachweisbar ist, dass bereits zum Zeitpunkt des Vertragsschlusses – unabhängig vom Wortlaut des Vertrags – eine exklusive Stellung des Vertragspartners von den Parteien tatsächlich vereinbart bzw. beabsichtigt worden ist. **Problematisch** ist dagegen, inwieweit das Vorhandensein einer solchen, bereits zum Zeitpunkt des Vertragsschlusses vorliegenden Abrede nachweisbar bzw. eine entsprechende Absicht der Krankenkasse für den Vertragspartner erkennbar sein muss. Ohne einen vertraglich vereinbarten Anspruch auf Exklusivität wird der pharmazeutische Unternehmer kaum darauf vertrauen können, der einzige Vertragspartner zu bleiben (umgekehrt wird deswegen auch der eingeräumte Rabatt vergleichsweise gering sein).[71] Zudem ist problematisch, die Auftragseigenschaft von einem Verhalten (einer) der Vertragsparteien nach Vertragsabschluss abhängig machen zu wollen, da es sich hierbei um den für die Beurteilung der Auftragseigenschaft maßgeblichen Zeitpunkt handelt. Allein die denkbare Möglichkeit der Erfüllung der Auftragsmerkmale des § 103 Abs. 1 GWB zu einem nach Vertragsabschluss liegenden Zeitpunkt reicht für die Qualifizierung eines Vertrags als öffentlicher Auftrag nicht aus,[72] es sei denn, dieser (künftige) Umstand hat bereits zum Zeitpunkt des Vertragsschlusses einen gewissen Wahrscheinlichkeitsgrad erreicht.[73]

II. Vergaberechtsfreie Open-House-Verträge

30 Obwohl die überwiegende Mehrzahl abgeschlossener Rabattverträge iSv § 130a Abs. 8 SGB V – sowohl im generischen als auch im patentgeschützten Bereich – aufgrund gesetzlicher Lenkungs- und Steuerungsmechanismen sowie vertraglicher Exklusivitätsvereinbarungen als öffentliche Aufträge dem EU/GWB-Vergaberecht unterliegen, hat sich daneben ein **alternatives Vertragsmodell** etabliert, für das eine **förmliche Ausschreibungspflicht nicht besteht.** Die vergaberechtliche Zulässigkeit dieser **„vergaberechtsfrei"** geschlossenen sog. „Open-House-Verträge" (auch: „Zulassungs-Modell")[74] war in der Vergangenheit umstritten, wurde jedoch vom EuGH bestätigt.[75]

31 Open-House-Verträge sind Rabattverträge in Form von Rahmenvereinbarungen, die sich dadurch auszeichnen, dass sie mit dem erklärten Ziel öffentlich bekanntgemacht werden, mit möglichst vielen am Markt tätigen pharmazeutischen Unternehmern zu kontrahieren. Dadurch soll den Versicherten eine **größtmögliche Arzneimittelproduktbreite** zur Verfügung gestellt und das **Risiko eines Lieferausfalls minimiert** werden.[76] Die Rabatthöhe wird den vertragsbeteiligten pharmazeutischen Unternehmern durch die Krankenasse einheitlich und verbindlich vorgegeben. Durch einen solchen Rabattvertrag soll **keine Versorgungsexklusivität** zu Gunsten der vertragsbeteiligten pharmazeutischen Unternehmer begründet und eine **Substitution der betroffenen Arzneimittel** nach § 129 Abs. 1 S. 3 SGB V durch Einbeziehung möglichst aller Anbieter gerade **vermieden** werden.

32 Nach mehreren diffusen Entscheidungen der Rechtsprechung zu der Frage, ob ein solches Zulassungsmodell vergaberechtlich zulässig ist (vgl. ausführlich zum Ganzen → § 76 Rn. 15–18), entschied das OLG Düsseldorf, dass es **nicht von vornherein ausgeschlos-**

---

71 *Gabriel* VergabeR 2010, 142 (144).

72 Vgl. idS EuGH Urt. v. 11.7.2013 – C-576/10, ECLI:EU:C:2013:510 = NVwZ 2013, 1071 – Kommission/Königreich der Niederlande; dazu *Gabriel/Schulz* EWS 2013, 401 (407).

73 So zB der Fall gewesen bei EuGH Urt. v. 10.11.2005 – C-29/04, Slg. 2005, I-9722 = NVwZ 2006, 70 Rn. 38 – Mödling.

74 Zum Open-House-Modell vgl. *Dreher* NZBau 2019, 275; *Gabriel* NZBau 2019, 568 und bereits *Meyer-Hofmann/Hahn* A&R 2010, 59 (62); *Csaki* NZBau 2012, 350.

75 EuGH Urt. v. 2.6.2016 – C-410/14, ECLI:EU:C:2016:399 = NZBau 2016, 441 – Dr. Falk Pharma; fortgeführt durch EuGH Urt. v. 1.3.2018 – C-9/17, ECLI:EU:C:2018:142 = NZBau 2018, 366 – Maria Tirkkonen.

76 Zum Zweck der Minimierung des Lieferausfallrisikos kritisch *Gaßner/Strömer* NZS 2014, 811.

sen sei, dass bloße **„Zulassungen" nicht dem Vergaberecht unterfallen.**[77] Soweit ein Vertragsschluss mit jedem geeigneten Unternehmen ohne Probleme jederzeit rechtlich und tatsächlich möglich ist, entfalle ein Wettbewerbsvorteil für vertragsbeteiligte Unternehmen und es finde kein Wettbewerb statt. Während das OLG in diesem Verfahren nicht abschließend über diese Rechtsfrage zu befinden hatte, legte der Vergabesenat diese Frage in einem späteren Verfahren dem EuGH zur Vorabentscheidung nach Art. 267 AEUV vor.[78] Der **EuGH bestätigte daraufhin die Rechtsauffassung des OLG Düsseldorf.** Ein Vertrag zur Beschaffung von Leistungen, der es Wirtschaftsteilnehmern während der gesamten Laufzeit gestattet, dem Vertrag beizutreten und die betreffenden Waren zu im Vorhinein festgelegten Bedingungen zu liefern, stellt keinen öffentlichen Auftrag im Sinne der EU-Vergaberichtlinien dar.[79] Begründet wird diese Entscheidung damit, dass die Auswahl eines Angebots – und damit die **Auswahl eines Auftragnehmers** – ein Element darstellt, das **mit dem Begriff des öffentlichen Auftrags untrennbar verbunden** ist.[80] Fehlt eine solche Auswahlentscheidung, ist der Vertragsschluss folglich auch nicht als Vergabe eines öffentlichen Auftrags zu qualifizieren. Schließlich stellt der EuGH klar, dass selbst wenn der Abschluss eines Vertrags im Open-House-Modell nicht unter das EU/GWB-Vergaberecht fällt, gleichwohl die Grundsätze der Nichtdiskriminierung, der Gleichbehandlung und der Transparenz nach Maßgabe des AEUV zu beachten sind. In diesem Zusammenhang verfügen die Mitgliedstaaten zwar über einen gewissen Gestaltungsspielraum; das Transparenzerfordernis setzt jedoch eine Bekanntmachung voraus, die es den potenziell interessierten Wirtschaftsteilnehmern ermöglicht, vom Ablauf und von den wesentlichen Merkmalen eines Zulassungsverfahrens gebührend Kenntnis zu nehmen.[81] In der „Maria Tirkkonen"-Entscheidung[82] konkretisierte der **EuGH diese Rechtsprechung:** Es ist unerheblich, ob das **Beitrittsrecht** während der gesamten Vertragslaufzeit besteht (wie es in der voranstehenden Entscheidung der Fall war), oder **in zeitlicher Hinsicht auf eine Eingangsphase beschränkt** ist.[83] Maßgeblich ist allein, ob der Entscheidung des Auftraggebers Kriterien zugrunde liegen, die es ermöglichen, die **Angebote „vergleichen und ordnen zu können".** Kriterien, die lediglich Anforderungen an die fachliche Eignung der Bieter und Bewerber für die Teilnahme aufstellen (Eignungskriterien), ermöglichen kein „Vergleichen und Ordnen" der Angebote und stellen deshalb auch keine vergaberechtliche Auswahlentscheidung dar. Sie sind gerade keine Zuschlagskriterien.[84] In der Folgezeit **bestätigten die nationalen Spruchkörper diese Rechtsprechung** insbes. im Hinblick darauf, dass das Vorliegen eines öffentlichen Auftrags untrennbar mit einer Auswahlentscheidung des Auftraggebers verbunden ist, durch die einem oder einem Teil der Wirtschaftsteilnehmer Selektivität bzw. Exklusivität gewährt wird.[85] Das OLG Düsseldorf erachtet es je-

---

[77] OLG Düsseldorf Beschl. v. 11.1.2012 – VII-Verg 58/11, BeckRS 2012, 1849; dazu *Csaki* NZBau 2012, 350; *Schüttpelz/Dicks* FS Marx, 2013, 691 (698f.); *Gaßner/Strömer* NZS 2014, 811.

[78] OLG Düsseldorf Beschl. v. 13.8.2014 – VII-Verg 13/14, NZBau 2014, 654.

[79] EuGH Urt. v. 2.6.2016 – C-410/14, ECLI:EU:C:2016:399 = NZBau 2016, 441 – Dr. Falk Pharma; dazu *Neun* NZBau 2016, 681 (683).

[80] EuGH Urt. v. 2.6.2016 – C-410/14, ECLI:EU:C:2016:399 = NZBau 2016, 441 Rn. 38 – Dr. Falk Pharma. In diese Richtung tendiert auch die Gesetzesbegründung zu § 103 Abs. 1 GWB, vgl. BT-Drs. 18/6281, 73.

[81] EuGH Urt. v. 2.6.2016 – C-410/14, ECLI:EU:C:2016:399 = NZBau 2016, 441 Rn. 44f. – Dr. Falk Pharma.

[82] EuGH Urt. v. 1.3.2018 – C-9/17, ECLI:EU:C:2018:142 = NZBau 2018, 366 – Maria Tirkkonen mAnm *Summa* IBR 2018, 400; hierzu auch *Csaki* NZBau 2018, 598.

[83] EuGH Urt. v. 1.3.2018 – C-9/17, ECLI:EU:C:2018:142 = NZBau 2018, 366 Rn. 34 – Maria Tirkkonen.

[84] EuGH Urt. v. 1.3.2018 – C-9/17, ECLI:EU:C:2018:142 = NZBau 2018, 366 Rn. 35–37 – Maria Tirkkonen.

[85] OLG Düsseldorf Beschl. v. 20.3.2019 – Verg 65/18, BeckRS 2019, 8280 Rn. 40ff.; Beschl. v. 31.10.2018 – VII-Verg 37/18, NZBau 2019, 327 (331) mAnm *Gabriel* NZBau 2019, 568; Beschl. v. 15.6.2016 – VII-Verg 56/15, BeckRS 2016, 12257 Rn. 18; VK Bund Beschl. v. 25.10.2018 – VK 2-92/18, VPRRS 2018, 0348; Beschl. v. 7.5.2018 – VK 1-31/18, VPRRS 2018, 0190; Beschl. v. 6.2.2017 – VK 2-6/17, VPRRS2017, 0088; Beschl. v. 12.8.2016 – VK 1-42/15, IBRRS 2016, 2303.

doch – unter geänderter Senatsbesetzung – trotz der EuGH Rechtsprechung für die Frage, ob ein öffentlicher Auftrag vorliegt, nicht (mehr) als entscheidungserheblich, ob ein Zulassungsverfahren mit den im AEUV verankerten Grundprinzipien (insbes. den Grundsätzen der Nichtdiskriminierung, Gleichbehandlung und Transparenz) in Einklang steht (vgl. ausführlich zum Ganzen → § 76 Rn. 15 ff.).[86]

33 **Im Ergebnis** ist der Abschluss eines Arzneimittelrabattvertrags damit nach Ansicht des EuGH ohne Durchführung eines förmlichen Vergabeverfahrens zulässig, sofern damit im jeweiligen Einzelfall tatsächlich keine Auswahlentscheidung des öffentlichen Auftraggebers und keine Diskriminierung einzelner Bieter verbunden sind.[87] Vor diesem Hintergrund kommt es darauf an, ob die jeweilige vertragliche Gestaltung im konkreten Einzelfall tatsächlich geeignet ist, jedem interessierten Wirtschaftsteilnehmer gleichermaßen eine Vertragsbeteiligung zu ermöglichen. Dazu bedarf es – die Binnenmarktrelevanz des Vertrags vorausgesetzt – einer europaweiten **Bekanntmachung** und einer **tatsächlichen sowie rechtlich durchsetzbaren, in zeitlicher Hinsicht aber begrenzbaren Beitrittsmöglichkeit für geeignete Unternehmen,** welche innerhalb eines **transparenten und nachvollziehbaren Zulassungs- bzw. Beitrittsverfahrens** ausgeübt werden können muss und **nichtdiskriminierende Beitrittsbedingungen** voraussetzt.[88] Insbes. darf es nicht zu einer Bevorzugung einzelner Unternehmen durch die Gewährung von Wettbewerbsvorteilen kommen, indem etwa bestimmten Unternehmen Einfluss auf die Gestaltung der Vertragsbedingungen eingeräumt wird. Vielmehr müssen sämtliche Vertragsbedingungen diskriminierungsfrei für alle auf dem entsprechenden Markt tätigen Unternehmen vorgegeben werden. Einen Diskriminierungen ermöglichenden Wettbewerbsvorteil von Unternehmen stellt es bereits dar, wenn nur eines von ihnen auf den Inhalt des Vertrags Einfluss nehmen kann und Dritten nur die Wahl zwischen dem Vertragsbeitritt zu dem von einem anderen bereits zu dessen Bedingungen ausgehandelten Vertrag oder dem Verzicht auf die Teilhabe bleibt.[89] Daran schließt sich die Frage an, ob und wie die Einhaltung der vergabeprimärrechtlichen Grundsätze bei dem Abschluss nicht-exklusiver Arzneimittelrabattverträge **gerichtlich überprüft** werden kann (hierzu sowie ausführlich im Ganzen zu Open-House-Verträgen und der dazu ergangenen Rechtsprechung vgl. → § 76 Rn. 8 ff.).

C. Ausschreibungsrelevante Besonderheiten bei Arzneimittelrabattverträgen betreffend Generika

34 Die **vergaberechtliche Rechtsprechung** hat sich im Zusammenhang mit der Vergabe von Generikarabattverträgen **schwerpunktmäßig** insbes. mit Fragen zu den Anforderungen an vergaberechtsgemäße Leistungsbeschreibungen und Kalkulationsrisiken, Vorgaben zur Losbildung sowie Eignungs- und Wertungsanforderungen befasst.[90] Außerdem betrifft sie den Ausschluss von Angeboten konzernverbundener Unternehmen bei Parallelbeteiligungen, Fragen zur Zulässigkeit von Bietergemeinschaften und hat sich auch mit Formanforderungen, Kostenrisiken im Nachprüfungsverfahren und der Vorlaufzeit vor dem Ausführungsbeginn nach Vertragsabschluss befasst.

---

[86] Vgl. nur OLG Düsseldorf Beschl. v. 20.3.2019 – Verg 65/18, BeckRS 2019, 8280 Rn. 40 ff.; Beschl. v. 31.10.2018 – VII-Verg 37/18, NZBau 2019, 327 (331) mAnm *Gabriel* NZBau 2019, 568. Kritisch dazu *Dreher* NZBau 2019, 275 (279). Anders noch OLG Düsseldorf Beschl. v. 15.6.2016 – VII-Verg 56/15, BeckRS 2016, 12257 Rn. 18.

[87] So auch *Schüttpelz/Dicks* FS Marx, 2013, 691 (697 f.).

[88] Dazu auch *Csaki* NZBau 2018, 598; *Hansen/Heilig* NZS 2017, 290; *Portner/Rechten* NZBau 2017, 587; *Willenbruch* VergabeR 2017, 419.

[89] Vgl. OLG Düsseldorf Beschl. v. 11.1.2012 – VII-Verg 58/11, BeckRS 2012, 1849; Beschl. v. 11.1.2012 – VII-Verg 67/11, BeckRS 2012, 6486; *Schüttpelz/Dicks* FS Marx, 2013, 691 (698).

[90] Vgl. die Zusammenfassungen bei *Gabriel/Weiner* NZS 2009, 422 und *Kamann/Gey* PharmR 2009, 114.

I. Anforderungen an eine eindeutige und erschöpfende Leistungsbeschreibung

Die Abgabe eines Angebots zum Abschluss einer Rahmenvereinbarung ist im Vergleich zu anderen Aufträgen typischerweise mit **erhöhten Kalkulationsrisiken für die Bieter** verbunden, da insbes. der **Umfang des genauen Leistungsabrufs im Einzelfall unklar** ist.[91] Bei der Ausschreibung von Selektivverträgen wie Arzneimittelrabattverträgen (zu deren Einstufung als Rahmenvereinbarung vgl. → Rn. 6f.) durch die Krankenkassen kommt hinzu, dass der Abruf des genauen Leistungsvolumens nicht durch die Krankenkassen bestimmt wird, sondern insbes. von der allgemeinen Morbidität, dem ärztlichen Verordnungsverhalten sowie ggf. der Substitutionsentscheidung des Apothekers abhängig ist (vgl. ausführlich → Rn. 10). Welche **Anforderungen** in diesem Zusammenhang **an eine eindeutige und erschöpfende Leistungsbeschreibung** zu stellen sind, damit neben den Interessen der Krankenkassen auch die Kalkulationsrisiken der Bieter entsprechend berücksichtigt und abgemildert werden, ist häufiger Streitgegenstand vergaberechtlicher Nachprüfungsverfahren bei der Ausschreibung generischer Arzneimittelrabattverträge. Die VK Westfalen hat hierzu ausgeführt, dass sich unzumutbare Kalkulationsrisiken für die Bieter abstrakt dann ergeben, wenn ihnen durch die Leistungsbeschreibung Vertragsrisiken auferlegt werden, die nicht mehr branchen- und marktüblich sind.[92] Eine kaufmännisch vernünftige Kalkulation muss **„schlechterdings unzumutbar"** sein, wobei die Schwelle gerade bei Rahmenvereinbarungen durch die hierbei typischen Prognoseunsicherheiten vergleichsweise hoch anzusetzen ist.[93] 35

Nach anfänglichem Zögern auf Seiten der Krankenkassen, **den Bietern umfassende Verordnungsdaten aus der Vergangenheit zugänglich zu machen,** hat die Rechtsprechung schnell deutlich gemacht, dass gerade wegen der mit Arzneimittelrahmenvereinbarungen ohnehin verbundenen **Mengenprognoserisiken** gem. § 121 Abs. 1 GWB zu Lasten der Bieter[94] jedenfalls die zur Verfügung stehenden Verordnungsdaten, bestenfalls untergliedert in Wirkstoffstärke, Darreichungsform und Packungsgröße, mitzuteilen sind.[95] Dass eine Krankenkasse anstelle dieser (existierenden) branchenüblichen Angaben in der Leistungsbeschreibung lediglich die selbst berechnete tägliche Wirkstoffmenge (sog. **Daily Defined Dosis**) mitteilt, wurde als unzureichend und vergaberechtswidrig erachtet.[96] Nach der VK Westfalen genügt es bereits, wenn die Krankenkasse den Bedarf für das letzte Jahr offenlegt. Der Bedarf für mehrere zurückliegende Jahre ist nur dann offenzulegen, wenn er im letzten Jahr erheblich von den Vorjahren abgewichen ist.[97] Eine Prognose über den künftigen Versorgungsbedarf ist darüber hinaus durch den Auftraggeber nicht aufzustellen.[98] 36

Um Kalkulationssicherheit für Bieter zu ermöglichen, muss bei der **Bildung von Preisvergleichsgruppen** eines Wirkstoffs darauf geachtet werden, dass diese **unter Be-** 37

---

[91] Vgl. ausführlich OLG Düsseldorf Beschl. v. 20.2.2013 – Verg 44/12, IBRRS 2013, 1552; in den darauffolgenden Jahren regelmäßig bestätigt, vgl. nur OLG Düsseldorf Beschl. v. 6.9.2017 – Verg 9/17, VPRRS 2018, 0338; VK Bund Beschl. v. 21.1.2016 – VK 1-132/15, VPRRS 2016, 0211.

[92] VK Westfalen Beschl. v. 8.5.2018 – VK 1-12/18, IBRRS 2018, 2738.

[93] VK Bund Beschl. v. 28.9.2017 – VK 1-93/17, IBRRS 2017, 3620. Nicht zu Ausschreibungen im Gesundheitssektor, aber inhaltlich ebenso OLG Düsseldorf Beschl. v. 21.10.2015 – VII-Verg 28/14, NZBau 2016, 235; Beschl. v. 20.2.2013 – VII-Verg 44/12, NZBau 2013, 392; VK Bund Beschl. v. 4.10.2017 – VK 1-99/17, IBRRS 2017, 3860.

[94] Hierzu auch VK Bund Beschl. v. 15.8.2018 – VK 1-69/18, IBRRS 2018, 3006; VK Westfalen Beschl. v. 8.5.2018 – VK 1-12/18, IBRRS 2018, 2738.

[95] Ausführlich hierzu in jüngerer Zeit VK Bund Beschl. v. 28.9.2017 – VK 1-93/17, IBRRS 2017, 3620; davor bereits LSG Baden-Württemberg Urt. v. 27.2.2008 – L 5 KR 507/08 ER-B, BeckRS 2008, 51896; dazu auch *v. Czettritz* PharmR 2008, 253; VK Bund Beschl. v. 15.11.2007 – VK 2-102/07, IBRRS 2013, 4743. Zu dieser Thematik bei Hilfsmittelversorgungsverträgen VK Bund Beschl. v. 15.2.2018 – VK 1-161/17, VPRRS 2018, 0184 und Beschl. v. 31.1.2018 – VK 1-151/17, juris.

[96] VK Bund v. 10.4.2008 – VK 2-37/08, veris; *Kamann/Gey* PharmR 2009, 114.

[97] VK Westfalen Beschl. v. 8.5.2018 – VK 1-12/18, IBRRS 2018, 2738.

[98] VK Bund Beschl. v. 31.1.2018 – VK 1-151/17, juris. Die Entscheidung erging zwar in Bezug auf einen Hilfsmittelversorgungsvertrag, der Gedanke lässt sich aber entsprechend übertragen.

rücksichtigung der jeweiligen Darreichungsform der betreffenden Arzneimittel geschieht, damit eine Substitution nach § 129 Abs. 1 SGB V zulässig ist; denn diese setzt die gleiche oder eine austauschbare Darreichungsform des verordneten Wirkstoffs voraus. Anderenfalls wäre eine Substitution nicht möglich und dadurch eine Umsatz- und Absatzsteigerung der Bieter durch die Ersetzung wirkstoffgleicher Arzneimittel ausgeschlossen.[99] Ebenso unzulässig ist es deshalb auch, wenn sich aus den Vergabeunterlagen nicht **widerspruchsfrei** ermitteln lässt, auf welcher Grundlage die von den Krankenkassen vorgegebenen Preisvergleichsgruppen gebildet werden.[100]

38 Lediglich in besonderen **Ausnahmesituationen** kann ein **streng an den Substitutionskriterien** des § 129 Abs. 1 S. 3 SGB V **gebildeter Beschaffungsbedarf vergaberechtlich zu beanstanden** sein. Beispielsweise wurde in einem besonders engen Wettbewerbsverhältnis, in dem lediglich zwei Bieter einen nachgefragten Wirkstoff hätten anbieten können, die – eigentlich dem Substitutionskriterium der Packungsgröße konsequent entsprechende – Vorgabe, dass jeder Bieter mindestens ein Produkt der Normpackungsgrößen N2 und N3 anbieten müsse, vergaberechtlich beanstandet, weil der ausschreibenden Krankenkasse hätte bekannt sein müssen, dass eines der zwei in Frage kommenden, marktbekannten Unternehmen aus wohl erwogenen Gründen lediglich eine dieser Normpackungsgrößen im Vertrieb hat und die Einführung einer weiteren Normpackungsgröße allein zum Zweck der Angebotslegung in der verfahrensrelevanten Ausschreibung einen unverhältnismäßigen Aufwand bedeutet hätte.[101]

39 Darüber hinaus haben ausschreibende Krankenkassen auch **aktuelle Gesetzesinitiativen durch entsprechend flexible Vorgaben in der Leistungsbeschreibung zu berücksichtigen,** um unkalkulierbare Risiken für die Unternehmen bei der Angebotserstellung zu vermeiden.[102] Dazu kann bspw. die Angebotsfrist bis zu einem Zeitpunkt nach dem „materiellen" Abschluss des Gesetzgebungsverfahrens verlängert bzw. bemessen werden. Möglich ist es, den Bietern die Gelegenheit einzuräumen, hinsichtlich des Preises Alternativangebote für den Fall einer entsprechenden Gesetzesänderung abzugeben oder diesem Umstand durch ein vertragliches Sonderkündigungsrecht (vgl. hierzu auch → Rn. 52) Rechnung zu tragen.[103]

40 Es ist ferner darauf zu achten, dass die **Leistungsbeschreibung keine wettbewerbsbeschränkende Wirkung entfaltet,** dh die gewählte Art der Leistungsbeschreibung mit dem Wettbewerbsgebot in Einklang steht. In diesem Zusammenhang ist entschieden worden, dass die Beschreibung des Beschaffungsbedarfs anhand der **Bezugnahme auf Pharmazentralnummern (PZN)** einschließlich der Vorgabe eines zum Zeitpunkt der EU-Bekanntmachung bereits in der Vergangenheit liegenden Stichtags, zu dem die angebotsgegenständlichen Arzneimittel in der Lauer-Taxe[104] gelistet sein müssen, zulässig ist und hierdurch insbes. nicht gegen den Grundsatz der Produktneutralität gem. § 31 Abs. 6 VgV

[99] LSG Nordrhein-Westfalen Beschl. v. 28.1.2010 – L 21 KR 68/09 SFB, BeckRS 2010, 69288. Die Vorinstanz hatte hierin keinen Vergabeverstoß gesehen, vgl. VK Bund Beschl. v. 10.11.2009 – VK 1-191/09, VPRRS 2013, 0579; ebenso VK Bund Beschl. v. 30.10.2009 – VK 1-188/09, veris. In der darauffolgenden Ausschreibung wurde diesen Umständen Rechnung getragen, vgl. VK Bund Beschl. v. 16.7.2010 – VK 1-58/10, VPRRS 2010, 0459.

[100] VK Bund Beschl. v. 11.1.2016 – VK 1-114/15, veris.

[101] VK Bund Beschl. v. 21.9.2012 – VK 3-102/12, VPRRS 2012, 0447.

[102] Vgl. zu den Auswirkungen des (damals) laufenden Gesetzgebungsverfahrens zum GKV-OrgWG auf eine Hilfsmittelausschreibung VK Bund Beschl. v. 12.12.2008 – VK 2-136/08, VPRRS 2014, 0087 und zur Änderung der Packungsgrößenverordnung VK Bund Beschl. v. 1.2.2011 – VK 3-126/10, VPRRS 2013, 0625; Beschl. v. 1.2.2011 – VK 3-135/10, VPRRS 2013, 0626; sowie *Nitz* PharmR 2011, 208.

[103] Vgl. VK Bund Beschl. v. 12.12.2008 – VK 2-136/08, VPRRS 2014, 0087. Restriktiver zum Anspruch auf ein vertragliches Sonderkündigungsrecht aber VK Bund Beschl. v. 18.11.2013 – VK 1-91/13, VPRRS 2014, 0369.

[104] Große Deutsche Spezialitätentaxe (sog. Lauer-Taxe). Die Lauer-Taxe enthält die Daten aller bei der Informationsstelle für Arzneispezialitäten GmbH (IfA) gemeldeten Fertigarzneimittel und apothekenüblichen Waren, die in Deutschland für den Handel zugelassen sind.

verstoßen wird.[105] Ferner dürfen Krankenkassen bei der Beschreibung ihres Beschaffungsbedarfs nicht so weit gehen, diesen speziell im Hinblick auf das **Produktsortiment eines bestimmten pharmazeutischen Unternehmers** zu definieren (zB durch die exakte Wiedergabe von dessen Arzneimittelportfolio), um so wegen einer angeblichen Alleinstellung dieses Unternehmens auf eine Ausschreibung verzichten zu können.[106]

II. Spezielle Kalkulationsrisiken

Zusätzlich hat sich die **Rechtsprechung** gerade **in der jüngeren Zeit** auch mit speziellen Vertragsausgestaltungen, wie insbes. Mehr-Partner-Modellen, auseinandergesetzt, die mehrfach von Bietern im Wege von Vergabenachprüfungsverfahren mit der Begründung angegriffen wurden, dass sie eine verlässliche Kalkulation verhindere. Ferner sind Entscheidungen zu konkreten Vertragsklauseln, wie Regelungen zu Sonderkündigungsmöglichkeiten durch den Auftraggeber oder Vertragsstrafen und Schadensersatzregelungen, ergangen. 41

1. Mehr-Partner-Modelle und Kaskadenprinzip

Der **Abschluss von Rabattverträgen gem. § 130a Abs. 8 SGB V mit mehr als einem Vertragspartner pro wirkstoffbezogenem Fachlos**[107] wurde in der Rechtsprechung zunächst als Verstoß gegen den Transparenzgrundsatz sowie § 21 Abs. 4 Nr. 1 VgV[108] bewertet. Weder die Krankenkasse noch die Bieter können nämlich die spätere Auswahlentscheidung der Apotheker darüber, welche Präparate welchen Rabattvertragspartners substituiert/abgegeben werden, beeinflussen. Es sei deshalb unklar, welcher Rabattvertragspartner den Einzelauftrag erhält.[109] Das LSG Nordrhein-Westfalen hat diese Vertragsgestaltung sodann allerdings für zulässig erachtet. Die in § 11 S. 3[110] des Rahmenvertrags über die Arzneimittelversorgung nach § 129 Abs. 2 SGB V den Apotheken eingeräumte Wahlfreiheit enthalte zumindest eine grundsätzliche Aussage betreffend den Auswahlmechanismus unter mehreren Rabattvertragspartnern. Insofern werde den Anforderungen des § 21 Abs. 4 Nr. 1 VgV[111] durchaus genügt.[112] Diese Rechtsauffassung wurde nach dem Wechsel der gerichtlichen Zuständigkeit in der Beschwerdeinstanz bei vergaberechtlichen Streitigkeiten iSv § 69 SGB V (→ § 76 Rn. 2ff.) durch das OLG Düsseldorf regelmäßig bestätigt.[113] Die 1. VK Bund hat in jüngerer Zeit zudem ausdrücklich klargestellt, dass die Wahl eines **Mehr-Partner-Modells an keine gesonderten Voraussetz-** 42

[105] LSG Nordrhein-Westfalen Beschl. v. 8.10.2009 – L 21 KR 39/09 SFB, BeckRS 2009, 74458; Beschl. v. 8.4.2009 – L 21 KR 27/09 SFB, BeckRS 2009, 61380; VK Bund Beschl. v. 18.3.2009 – VK 3-55/09, veris; Beschl. v. 18.3.2009 – VK 3-55/09, veris. Zur vergaberechtlichen Bedeutung von PZN in Rabattvertragsausschreibungen eingehend *Kamann/Gey* PharmR 2009, 114 (119); *Willenbruch* PharmR 2009, 543 (544); *Goodrzi/Jansen* NZS 2010, 427 (434f.).

[106] VK Bund Beschl. v. 18.2.2009 – VK 3-158/08, IBRRS 2009, 2991. Zur damit zusammenhängenden Bedeutung der Packungsgrößenverordnung vgl. *Nitz* PharmR 2011, 208. Zur Wirksamkeit eines gleichwohl mittels einer De-facto-Vergabe geschlossenen Gesamtportfoliovertrags vgl. VK Bund Beschl. v. 10.7. 2009 – VK 1-113/09, veris.

[107] Für Mehr-Partner-Modelle bei Hilfsmittelversorgungsverträgen vgl. → § 77 Rn. 29.

[108] Zum Zeitpunkt der Entscheidungen § 3a Nr. 4 Abs. 6 lit. a) VOL/A aF.

[109] VK Bund Beschl. v. 28.7.2009 – VK 3-142/09, veris; Beschl. v. 3.7.2009 – VK 1-107/09, VPRRS 2014, 0028; Beschl. v. 19.5.2009 – VK 2-15/09, veris. Hierzu *Ulshöfer* VergabeR 2010, 132; *Anders/Knöbl* PharmR 2009, 607; *Boldt* PharmR 2009, 377 (381).

[110] Zum Zeitpunkt der Entscheidung § 4 Abs. 2 S. 5.

[111] Zum Zeitpunkt der Entscheidung § 3a Nr. 4 Abs. 6 lit. a) VOL/A aF.

[112] LSG Nordrhein-Westfalen Beschl. v. 3.9.2009 – L 21 KR 51/09 SFB, BeckRS 2009, 72806. Zusammenfassend *Goodarzi/Jansen* NZS 2010, 427 (432). Auch die VK Bund vertritt mittlerweile diese Auffassung, vgl. nur VK Bund Beschl. v. 23.11.2017 – VK 1-123/17, VPRRS 2017, 0382; Beschl. v. 19.1.2016 – VK 1-124/15, VPRRS 2016, 0213.

[113] OLG Düsseldorf Beschl. v. 18.4.2018 – VII Verg 56/17, PharmR 2018, 438 (439f.); Beschl. v. 10.6.2015 – VII-Verg 4/15, BeckRS 2016, 02950; Beschl. v. 24.11.2011 – VII-Verg 62/11, BeckRS 2012, 4600 mAnm *Gabriel* VergabeR 2012, 482 (490); VK Bund Beschl. v. 23.11.2017 – VK 1-123/17, VPRRS 2017, 0382; Beschl. v. 19.1.2016 – VK 1-124/15, VPRRS 2016, 0213.

zungen geknüpft ist und der Auftraggeber keine sachlichen Gründe zu ihrer Rechtfertigung anführen muss. Denn „eine entsprechende Pflicht ist dem Vergaberecht nicht zu entnehmen".[114] Unternehmer haben jedoch **keinen Anspruch auf eine Vergabe im Mehr-Partner-Modell.** Vielmehr obliegt es dem Auftraggeber, im Rahmen seines Beurteilungsspielraums zu entscheiden, ob er eine Vergabe an nur einen Vertragspartner oder eine Vergabe im Mehr-Partner-Modell für angemessen erachtet. Die 2. VK Bund hat hierzu entschieden, dass zB die Interessen der Versicherten daran, einen Produktwechsel möglichst zu vermeiden, eine Vergabe an nur einen Vertragspartner rechtfertigen können. Anders sei das nur dann zu beurteilen, wenn eine Versorgungssicherheit im **Ein-Partner-Modell** nicht gewährleistet werden könne.[115]

43 Eine **Gestaltungsvariante für Mehr-Partner-Rabattverträge** stellt das sog. **Kaskadenprinzip** dar.[116] Dabei wird ein Rabattvertrag zwar mit mehreren (in der Regel drei) Rabattvertragspartnern abgeschlossen. Jedoch ist zunächst ausschließlich der erstplatzierte Bieter (sog. Hauptversorger) zur Lieferung berechtigt und zugleich auch verpflichtet. Erst, wenn der Hauptversorger lieferunfähig wird, seinen Vertrag für ruhend erklärt oder der Vertrag durch (Teil-)Kündigung endet, kann der Auftraggeber den Zweitplatzierten (sog. Ersatzversorger) mit der Lieferung beauftragen. Entsprechendes gilt im Verhältnis zum Drittplatzierten. Im Hinblick auf die Stellung der Ersatzversorger ist diese Vertragsgestaltung vergaberechtlich problematisch, sofern jene vertraglich zur Leistungserbringung verpflichtet werden. Denn zum Zeitpunkt der Angebotserstellung existieren für die Ersatzversorger keinerlei Anhaltspunkte, anhand derer sie darauf schließen könnten, ob, wann, wie lange und in welchem Umfang sie als solche zum Einsatz kommen. Daraus können im Einzelfall **(Kosten-)Risiken** resultieren, **die den Bietern die Grundlage für die Kalkulation ihrer Angebote entziehen.** Das ist insbes. anzunehmen, wenn ein Rabattvertrag vorsieht, dass die Ersatzversorger während der gesamten Vertragslaufzeit ihre Lieferfähigkeit gewährleisten müssen, und für den Fall, dass ein Zweit- oder Drittplatzierter die kurzfristig entstehende Pflicht zur Ersatzlieferung nicht erfüllen kann, **Vertragsstrafen und Schadensersatzansprüche** begründet, gleichzeitig aber keine Möglichkeit zur Preisanpassung für die Ersatzversorger vorsieht. Um nämlich eine realistische Chance auf den Zuschlag zu haben, müssen die Verfahrensteilnehmer ihre Angebote an den für einen Hauptversorger geltenden Konditionen, dh insbes. den zu erwartenden Umsätzen, orientieren. Vor diesem Hintergrund spricht einiges dafür, dass ein Mehr-Partner-Rabattvertrag im Kaskadenprinzip nur dann vergaberechtlich zulässig ist, soweit den Ersatzversorgern ein **sanktionsloses vertragliches Leistungsverweigerungsrecht zusteht.** Eine entsprechende vertragliche Gestaltung, aufgrund derer die Ersatzversorger im Falle des Ausfalls des Hauptversorgers die Leistung verweigern können, ohne dass hierfür Vertragsstrafen oder Schadensersatzansprüche des Auftraggebers drohen, hat die 1. VK Bund als **hinreichende Bedingung für eine vergaberechtliche Zulässigkeit** des Kaskadenprinzips beurteilt.[117] Ob eine solche Gestaltung auch eine notwendige Bedingung darstellt, konnte die Vergabekammer freilich offen lassen, da die Voraussetzungen im konkreten Einzelfall erfüllt waren.

44 Im Zusammenhang mit der Vergabe eines Arzneimittelrahmenrabattvertrags im Kaskadenmodell hat die 1. VK Bund darüber hinaus entschieden, dass für den Auftraggeber keine vergaberechtliche Pflicht besteht, für den Hauptversorger vertraglich ein Recht vorzusehen, den Vertrag ruhen zu lassen, wenn für ein vertragsgegenständliches Arzneimittel **nachträglich erstmals** ein **Festbetrag eingeführt** wird und der Hauptversorger seinen ApU auf diesen Festbetrag senkt.[118] Das Recht, den Vertrag ruhen lassen zu können, sei nur dann zwingend vorzusehen, wenn den Verfahrensteilnehmern anderenfalls eine kauf-

[114] VK Bund Beschl. v. 23.11.2017 – VK 1-123/17, VPRRS 2017, 0382.
[115] VK Bund Beschl. v. 5.9.2019 – VK 2-56/19, VPRRS 2019, 0323.
[116] Dazu auch VK Bund Beschl. v. 19.1.2016 – VK 1-124/15, VPRRS 2016, 0213.
[117] VK Bund Beschl. v. 19.1.2016 – VK 1-124/15, VPRRS 2016, 0213.
[118] VK Bund Beschl. v. 21.1.2016 – VK 1-132/15, VPRRS 2016, 0211.

männisch vernünftige Kalkulation unzumutbar wäre. Das sei bei der nachträglichen Einführung eines Festbetrags jedoch nicht der Fall, da diese ebenso wie dessen voraussichtliche Höhe, die sich nach § 35 Abs. 5 S. 3 SGB V an bestimmten gesetzlichen Vorgaben orientieren soll, für einen Verfahrensteilnehmer vorhersehbar seien.

2. Vorgaben an die Reihenfolge der Inanspruchnahme der Rabattvertragspartner

Eine andere und von der generellen Zulässigkeit des Mehr-Partner-Modells zu unterscheidende Frage ist, ob in solchen Fällen, in denen **mehrere Unternehmen Rabattvertragspartner für denselben Wirkstoff** werden, die Krankenkassen **Vorgaben hinsichtlich der Reihenfolge der Inanspruchnahme/der Auswahl zwischen den Rabattvertragspartnern** im Einzelfall machen dürfen.[119] Konkret könnte ein solcher Auswahlmechanismus unter mehreren Rabattvertragspartnern so aussehen, dass den Apotheken seitens der ausschreibenden Krankenkasse eine **„Bedienungsreihenfolge"** vorgegeben wird. Danach müsste bei der Abgabe rabattierter Arzneimittel zunächst der im Rahmen der Ausschreibung erstplatzierte Bieter (der den höchsten Rabatt angeboten hat) berücksichtigt werden und nur wenn dessen Arzneimittel nicht verfügbar ist, dürfte auf den zweit-, dritt- usw. platzierten Rabattvertragspartner (in dieser Reihenfolge) ausgewichen werden. Diese Gestaltung ähnelt dem zuvor thematisierten **Kaskadenmodell** (→ Rn. 43). Während im Rahmen des Kaskadenmodells jedoch auf den nächstplatzierten Rahmenvertragspartner zurückgegriffen wird, wenn der Hauptversorger aus bestimmten Gründen insgesamt nicht mehr in der Lage ist, seine vertraglichen Verpflichtungen zu erfüllen, stellt eine vorgegebene Bedienungsreihenfolge auf die individuelle Abgabe eines Arzneimittels in der Apotheke ab. 45

Vor dem Hintergrund des in § 11 S. 3 des Rahmenvertrags über die Arzneimittelversorgung[120] den Apotheken eingeräumten Rechts, zwischen mehreren rabattbegünstigten Arzneimitteln frei wählen zu dürfen, spricht viel dafür, dass die **Vorgabe einer „Bedienungsreihenfolge"** zwischen mehreren Rabattvertragspartnern jedenfalls gegenwärtig (vorbehaltlich künftiger Änderungen des Rahmenvertrags, die die Vorgabe einer Reihenfolge ermöglichen[121]) **sozialrechtlich unzulässig und vergaberechtswidrig** wäre. Denn der Abschluss von Rahmenrabattverträgen mit mehreren Vertragspartnern entspricht nur dann dem Vergaberecht, wenn objektive, transparente, diskriminierungsfreie und tatsächlich wirksame Kriterien für die Auswahl unter diesen mehreren Rahmenvertragspartnern betreffend die Ausführung der Einzelaufträge vorgesehen werden.[122] Während anfangs im Fall von Ausschreibungen, bei denen Rabattverträge für einen Wirkstoff mit mehreren pharmazeutischen Unternehmern geschlossen werden sollten, streitig war, ob ein transparenter Auswahlmechanismus existiert (was zunächst von sämtlichen Vergabekammern des Bundes verneint wurde, weil den Apotheken kein diskriminierungsfreier und transparenter Auswahlmechanismus vorgegeben werden könne),[123] hat das **LSG Nordrhein-Westfalen** entschieden, dass gerade **das im Rahmenvertrag über die Arzneimittelversorgung nach § 129 Abs. 2 SGB V den Apotheken eingeräumte „freie Wahlrecht"** zwischen mehreren rabattierten Arzneimitteln einen solchen **Auswahlmechanismus darstelle,** der den Anforderungen des § 21 Abs. 4 Nr. 1 VgV[124] genüge.[125] 46

[119] Hierzu ausführlich *Anders/Knöbl* PharmR 2009, 607; *Boldt* PharmR 2009, 377 (381).

[120] Rahmenvertrag über die Arzneimittelversorgung nach § 129 Abs. 2 SGB V in der Fassung v. 1.1.2019 zuletzt geändert durch die zweite Änderungsvereinbarung v. 15.12.2019.

[121] Hierzu bereits VK Bund Beschl. v. 28.7.2009 – VK 3-142/09, veris; Beschl. v. 19.5.2009 – VK 2-15/09, veris.

[122] Mitteilung der Europäischen Kommission zu Rahmenvereinbarungen v. 14.7.2005, Ziffer 3.2.

[123] VK Bund Beschl. v. 24.6.2011 – VK 2-58/11, IBRRS 2013, 2451; Beschl. v. 28.7.2009 – VK 3-142/09, veris; Beschl. v. 3.7.2009 – VK 1-107/09, VPRRS 2014, 0028; Beschl. v. 19.5.2009 – VK 2-15/09, veris.

[124] Zum Zeitpunkt der Entscheidungen § 3a Nr. 4 Abs. 6 lit. a) VOL/A aF.

Diese Rechtsauffassung wurde nach dem Wechsel der gerichtlichen Zuständigkeit in der Beschwerdeinstanz (→ § 76 Rn. 2–6)[126] bei vergaberechtlichen Streitigkeiten iSv § 69 SGB V regelmäßig vom OLG Düsseldorf bestätigt.[127] Unabhängig von der Frage der Richtigkeit dieser Entscheidung steht damit fest, dass der Rahmenvertrag über die Arzneimittelversorgung in dessen § 11 S. 3 einen Auswahlmechanismus regelt, der eine darüber hinausgehende Reihenfolge der Rabattvertragspartner nicht kennt.

47 § 11 S. 1–3 des Rahmenvertrags[128] lauten: „Die Apotheke hat vorrangig ein Fertigarzneimittel abzugeben, für das ein Rabattvertrag nach § 130a Abs. 8 SGB V besteht (rabattbegünstigtes Arzneimittel). Voraussetzung hierfür ist, dass
- in den ergänzenden Verträgen nach § 129 Abs. 5 SGB V nichts anderes vereinbart ist und
- die Angaben zu dem rabattbegünstigten Fertigarzneimittel vollständig und bis zu dem vereinbarten Stichtag mitgeteilt wurden; [...].

Treffen die Voraussetzungen nach Satz 1 und 2 bei einer Krankenkasse für mehrere rabattbegünstigte Arzneimittel zu, kann die Apotheke unter diesen frei wählen."

48 Nach § 11 S. 1 des Rahmenvertrags haben die Apotheken daher vorrangig ein rabattbegünstigtes Arzneimittel abzugeben, wenn eine Substitution mit einem rabattierten Arzneimittel möglich ist. Für den Fall, dass mehrere rabattbegünstigte Arzneimittel zur Verfügung stehen, sieht § 11 S. 3 vor, dass die Apotheken berechtigt sind, unter sämtlichen rabattbegünstigten Arzneimitteln frei zu wählen. Damit ist für das Abgabeverhalten der Apotheken im Fall von mehreren rabattbegünstigten Arzneimitteln eine **eindeutige rahmenvertragliche Regelung** vorgesehen, der die Vorgabe einer – wie auch immer gearteten – Reihenfolge entgegensteht. Eine von dieser – durch die jeweiligen Spitzenverbände – im Rahmenvertrag über die Arzneimittelversorgung getroffenen Regelung (freies Wahlrecht der Apotheken) **abweichende Vorgabe einzelner Krankenkassen in Rabattverträgen ist nicht möglich,** da einzelne Krankenkassen nicht Vertragspartei des Rahmenvertrags sind und demzufolge nicht im Wege der Ausschreibung von Selektivverträgen hiervon abweichende Vorgaben gegenüber Apothekern aufstellen dürfen.[129] Mit dieser gesetzlich normierten exklusiven Vertragsschlusskompetenz der Spitzenverbände/Spitzenorganisationen soll die Implementierung eines Abrechnungsmechanismus ermöglicht werden, der den Erfordernissen der Massenverwaltung Rechnung trägt. Die **Regelung in § 11 S. 3 des Rahmenvertrags lässt keinen Raum für zusätzliche** (weder abweichende, noch konkretisierende) **Bestimmungen** durch einzelne Krankenkassen. Dementsprechend hat auch das BSG jede zusätzliche, über den Rahmenvertrag hinausgehende Regelung des Abgabeverhaltens für Arzneimittel durch einzelne Krankenkassen für unzulässig erklärt: „Es würde zu einer erheblichen und mit den Erfordernissen einer Massenverwaltung nicht zu vereinbarenden Erschwerung des Abrechnungsverhaltens führen, wenn es trotz des eindeutigen Wortlauts des § 5 Abs. 2 Rahmenvertrag [jetzt: § 11 S. 1–3] nachträglich noch zulässig wäre, Gründe für ein anderes Abgabeverhalten nachzuschieben. Die damit in aller Regel verbundenen Aufklärungs- und Beweisschwierigkeiten sollen gerade vermieden werden. Im Übrigen haben es die Beteiligten in der Hand, die vertraglichen Abgabe- und Abrech-

---

[125] LSG Nordrhein-Westfalen Beschl. v. 3.9.2009 – L 21 KR 51/09 SFB, BeckRS 2009, 72806 mAnm *Ulshöfer* VergabeR 2010, 126 (132ff.); dazu auch *Goodarzi/Jansen* NZS 2010, 427 (432f.); einen Überblick über die Kontroverse zwischen der VK Bund und dem LSG Nordrhein-Westfalen bietet *Meyer-Hofmann/Weng* PharmR 2010, 324.

[126] Dazu auch *Gabriel* VergabeR 2011, 372 (381).

[127] OLG Düsseldorf Beschl. v. 24.11.2011 – VII-Verg 62/11, BeckRS 2012, 4600 mAnm *Gabriel* VergabeR 2012, 482 (490). Die Vorinstanz VK Bund Beschl. v. 24.6.2011 – VK 2-58/11, IBRRS 2013, 2451 blieb trotz anderslautender Entscheidung des LSG Nordrhein-Westfalen weiterhin bei ihrer bereits 2009 geäußerten Rechtsansicht der Vergaberechtswidrigkeit.

[128] Rahmenvertrag über die Arzneimittelversorgung nach § 129 Abs. 2 SGB V in der Fassung v. 1.1.2019 zuletzt geändert durch die zweite Änderungsvereinbarung v. 15.12.2019.

[129] So bereits LSG Rheinland-Pfalz Beschl. v. 25.7.2005 – L 5 ER 57/05 KR, NZS 2006, 318; VK Bund Beschl. v. 28.7.2009 – VK 3-142/09, veris.

nungsregeln zu ändern, denn sie können die Bedingungen des sie bindenden Vertragswerks im Rahmen des § 129 SGB V selbst gestalten."[130]

An diesem Ergebnis kann auch die grundsätzlich bestehende Möglichkeit einer sog. **Retaxierung der Krankenkassen gegenüber Apothekern** nichts ändern, insbes. kann auf diesem Wege kein vom Rahmenvertrag abweichender Auswahlmechanismus für die Abgabereihenfolge bestimmter rabattbegünstigter Arzneimittel vorgegeben werden. Bei der Retaxierung handelt es sich lediglich um ein zivilrechtliches Instrument zur Rückabwicklung von Leistungsbeziehungen, in denen die Leistungserbringung ohne Rechtsgrund erfolgte. Nach der Rechtsprechung des BSG steht die Möglichkeit der Retaxierung den Krankenkassen auch dann zur Verfügung, wenn Apotheken gegen § 129 Abs. 1 SGB V oder gegen Vorgaben des Rahmenvertrags nach § 129 Abs. 2 SGB V verstoßen haben sollten.[131] Da der Rahmenvertrag in § 11 S. 3 gerade die freie Auswahl der Apotheken zwischen den zur Verfügung stehenden rabattbegünstigten Arzneimitteln vorsieht, kommt eine Retaxierung im Fall der Nichtbefolgung einer durch die Krankenkasse hiervon abweichenden „Bedienungsreihenfolge" nicht in Betracht. 49

Das Gleiche gilt für das **allgemeine sozialrechtliche Wirtschaftlichkeitsgebot des § 12 Abs. 1 SGB V,** denn dieses wird speziell für den Bereich der Arzneimittelabgabe durch die Regelung in § 129 Abs. 1 SGB V und mithin auch durch den diese Regelung konkretisierenden Rahmenvertrag näher bestimmt.[132] Aus § 11 S. 3 des Rahmenvertrags ergibt sich daher, dass die Abgabe jedes rabattbegünstigten Arzneimittels wirtschaftlich im Sinne des § 12 Abs. 1 SGB V ist, ohne dass eine weitere Differenzierung innerhalb der Gruppe der rabattbegünstigten Arzneimittel dahingehend erfolgt, ob allein die Abgabe des Arzneimittels mit dem höchsten Rabatt wirtschaftlich wäre. 50

3. Zivilrechtliche Vertragsklauseln

Im Zusammenhang mit Vertragsklauseln wie Vertragsstrafen betont die Rechtsprechung, dass eine Überprüfung auf die zivilrechtliche Wirksamkeit vor den Vergabenachprüfungsinstanzen grundsätzlich nicht stattfindet und Vertragsklauseln ohne vergaberechtliche Anknüpfungsnorm nur **unter dem Aspekt der Unzumutbarkeit einer bieterseitigen kaufmännisch vernünftigen Kalkulation beanstandet werden können.**[133] 51

a) Sonderkündigungsrechte. Behält sich eine Krankenkasse im Rahmenvertrag ein Sonderkündigungsrecht **für den Fall der Unwirtschaftlichkeit erzielter Umsätze** vor, ist das vergaberechtlich grundsätzlich nicht zu beanstanden und führt insbes. nicht zu einer für den Bieter unzumutbaren Kalkulation.[134] Im zugrundeliegenden Fall hat die Krankenkasse im Rahmenvertrag ein Sonderkündigungsrecht vorgegeben, bei dessen Ausübung sie die Rabattvereinbarung bereits **nach dem ersten von zwei vorgesehenen Jahren Vertragslaufzeit kündigen** darf, wenn die durch die Ausschreibung erzielten Umsätze unwirtschaftlich sind. Der Vergabesenat des OLG Düsseldorf betont in seiner Entscheidung zunächst, dass eine Verhältnismäßigkeitsprüfung durch die Vergabenachprüfungsinstanzen nicht (uneingeschränkt im klassisch verwaltungs- und verfassungsrechtlichen Sinne) stattfinde und die Vorgabe des Auftraggebers insbes. nicht anhand etwaiger milderer Mittel – 52

[130] Bereits BSG Urt. v. 3.8.2006 – B 3 KR 7/05 R, BeckRS 2006, 43696.

[131] BSG Urt. v. 3.8.2006 – B 3 KR 7/05 R, BeckRS 2006, 43696; ebenso LSG Berlin-Brandenburg Urt. v. 11.4.2008 – L 1 KR 78/07, BeckRS 2011, 71759.

[132] BSG Urt. v. 28.7.2008 – B 1 KR 4/08 R, NJOZ 2009, 880; Urt. v. 3.8.2006 – B 3 KR 7/05 R, BeckRS 2006, 43696; LSG Berlin-Brandenburg Urt. v. 11.4.2008 – L 1 KR 78/07, BeckRS 2011, 71759; LSG Baden-Württemberg Urt. v. 17.10.2007 – S 8 KR 626/04, BeckRS 2009, 54869; LSG Sachsen-Anhalt Urt. v. 31.1.2005 – L 4 KR 30/01, BeckRS 2009, 58875.

[133] Vgl. bspw. OLG Düsseldorf Beschl. v. 6.9.2017 – Verg 9/17, VPRRS 2018, 0338; Beschl. v. 10.4.2013 – Verg 50/12, ZfBR 2013, 500; VK Bund Beschl. v. 10.2.2017 – VK 1-3/17, VPRRS 2017, 0142.

[134] OLG Düsseldorf Beschl. v. 6.9.2017 – Verg 9/17, VPRRS 2018, 0338; VK Bund Beschl. v. 10.2.2017 – VK 1-3/17, VPRRS 2017, 0142.

wie einer Preisanpassungsklausel – gemessen werde; eine uneingeschränkte Verhältnismäßigkeitsprüfung sei mit dem Bestimmungsrecht des Auftraggebers bei der Festlegung des Beschaffungsbedarfs nicht zu vereinbaren. Zudem sei ein Sonderkündigungsrecht durch den Wettbewerbsgrundsatz gedeckt, da eine vorzeitige Kündigung zugleich zu einer erneuten wettbewerblichen Vergabe führe. Schließlich werde den Bietern – im Hinblick auf die Festlegung eines genauen Kündigungszeitpunkts und -grunds – kein unzumutbares Kalkulationsrisiko aufgebürdet, da es nicht unvorhersehbar sei, ob die Voraussetzungen des Sonderkündigungsrechts vorlägen.[135]

53 **b) Vertragsstrafen- und Schadensersatzregelungen.** Eine Klausel in den Vergabeunterlagen, nach der bei **schwerwiegenden schuldhaften oder wiederholten Verstößen,** insbes. in Bezug auf die Lieferfähigkeit oder den Lieferzeitpunkt, gegen datenschutzrechtliche Bestimmungen oder gegen Geheimhaltungsvereinbarungen, eine Vertragsstrafe bis zu 50.000 EUR gegenüber dem pharmazeutischen Unternehmer festgesetzt werden kann, ist vergaberechtskonform. Vertragsstrafen seien ein **typisches bieterseitiges Preis- und Kalkulationsrisiko** und machen eine Preiskalkulation gerade bei einer Anknüpfung an schuldhafte Verstöße nicht unzumutbar.[136] Die VK Bund erachtet auch Vertragsstrafen für **schwerwiegende unverschuldete Verstöße** als vergaberechtskonform, da der Anwendungsbereich für einmalige schwerwiegende unverschuldete Verstöße sehr klein sei. In dem zugrundeliegenden Fall war der Anwendungsbereich zusätzlich dadurch eingeschränkt, dass Fälle von Lieferunfähigkeit wegen höherer Gewalt ausgenommen waren.[137]

54 Neben Regelungen zu Vertragsstrafen enthalten Rabattverträge oftmals auch **Schadensersatzregelungen.** Kommt es zu einem Lieferausfall oder einer Lieferunfähigkeit des pharmazeutischen Unternehmers, machen die Krankenkassen neben Vertragsstrafen auch Schadensersatzansprüche gem. **§§ 280 ff. BGB** gegenüber dem Vertragspartner geltend. Nach § 69 Abs. 1 SGB V können zivilrechtliche Vorschriften im Leistungserbringungssystem der GKV nur **analog** angewendet werden, soweit eine Regelungslücke besteht. Das SG München hat entschieden, dass die zivilrechtlichen Schadensersatzvorschriften der §§ 280 ff. BGB nicht analog bei einem rabattvertraglich definierten Lieferausfall angewendet werden können, wenn im Rabattvertrag bereits Sanktionsmechanismen iSv Vertragsstrafenregelungen enthalten sind.[138] Mit der Vereinbarung spezifischer **Vertragsstrafenregelungen** wird also **eine grundsätzlich abschließende rabattvertragliche Regelung für Vertragspflichtverletzungen** geschaffen.[139]

4. Rabattvorgaben

55 Durch die Rechtsprechung sind mehrfach **Entscheidungen zu Anforderungen an die bieterseitigen Rabatte** ergangen, so ua zu Mindest-, Grund- und Staffelrabattvorgaben. Vgl. hierzu → Rn. 59 f.

III. Vorgaben zur Losbildung

56 Hinsichtlich der **Anforderungen an die Bildung von Losen** und dem damit verbundenen Mittelstandsschutz (§ 97 Abs. 4 GWB, § 30 VgV) hat die Rechtsprechung entschieden, dass solche grds. eine zu erfolgen habe; bei einer **Gesamtvergabe** habe sich der Auftraggeber „in besonderer Weise mit dem Gebot einer Teil- oder Fachlosvergabe und

---

[135] OLG Düsseldorf Beschl. v. 6. 9. 2017 – Verg 9/17, VPRRS 2018, 0338. Ähnlich auch die Vorinstanz VK Bund Beschl. v. 10. 2. 2017 – VK 1-3/17, VPRRS 2017, 0142.

[136] OLG Düsseldorf Beschl. v. 6. 9. 2017 – Verg 9/17, VPRRS 2018, 0338; VK Bund Beschl. v. 10. 2. 2017 – VK 1-3/17, VPRRS 2017, 0142. Allgemein zur Zulässigkeit von Vertragsstrafen- und Schadensersatzregelungen auch OLG Düsseldorf Beschl. v. 11. 5. 2016 – Verg 2/16, IBRRS 2016, 2511.

[137] VK Bund Beschl. v. 10. 2. 2017 – VK 1-3/17, VPRRS 2017, 0142.

[138] SG München Urt. v. 10. 10. 2018 – S 29 KR 1486/15, juris Rn. 78 ff.

[139] Dazu auch *Gabriel/Götze* PharmR 2019, 45.

dagegen sprechenden Gründen auseinanderzusetzen". Bei einer Gesamtvergabe müssen die dafür sprechenden Gründe überwiegen.[140] Von der Rechtsprechung wurde es als vergaberechtsgemäß erachtet, wenn überregional bzw. bundesweit tätige Krankenkassen in Ausschreibungen **Gebietslose in der Größe mehrerer Bundesländer** bilden, sofern zusätzlich wirkstoffbezogene Fachlose (Bildung eines Fachloses pro Wirkstoff) vorgegeben werden.[141]

Die Bildung von je **einem eigenen Fachlos pro PZN** wurde bei der Beschaffung von nicht apothekenpflichtigem Sprechstundenbedarf in zweiter Instanz durch das LSG Nordrhein-Westfalen für zulässig befunden, da trotz Beschränkung des Wettbewerbs zwischen den Herstellern noch immer Wettbewerb auf der Ebene der Vertreiber von identischen Produkten möglich sei (Stichwort: ***intra* brand Wettbewerb** anstatt *inter* brand Wettbewerb).[142] Die Vergabekammer hatte diese Losgestaltung zuvor noch als vergaberechtswidrig angesehen, weil die Bildung eines eigenen Fachloses für jedes einzelne im Referenzzeitraum im Losgebiet verordnete Kontrastmittel den Wettbewerb zwischen den Herstellern von Kontrastmitteln komplett ausschließe.[143] 57

IV. Eignungsanforderungen

Im Zusammenhang mit den von Bietern zu fordernden **Eignungsanforderungen** in Rabattvertragsausschreibungen betreffend Generika wurde entschieden, dass die **Abfrage von Umsatzerlösen aus Vorjahren zur Überprüfung der Lieferfähigkeit** der Bieter unangemessen und vergaberechtswidrig ist, wenn die Ausschreibung so konzipiert ist, dass die Bedarfsdefinition an das Vorhandensein bestimmter PZN erst zum Zeitpunkt des Vertragsbeginns (und nicht bereits zum Zeitpunkt der Angebotsabgabe) anknüpft.[144] Denn Markteinführungen von Generika seien typischerweise oftmals schnell und einfach möglich, sofern ein Bieter über die entsprechenden arzneimittelrechtlichen Zulassungen sowie einen gesicherten Zugang zu Produktionskapazitäten verfügt. Die Erweiterung eines ggf. noch nicht in dieser Form existierenden Produktportfolios durch Beantragung von PZNs für bestimmte (weitere) Wirkstoffe zum Zweck der Angebotsabgabe sei im Fall von Generika mehr von der entsprechenden unternehmerischen Entscheidung abhängig, als von (zeit-)aufwendigen logistischen und industriellen Vorbereitungen. Fehlende Umsätze in der Vergangenheit mit bestimmten ausschreibungsgegenständlichen Wirkstoffen seien daher nicht aussagekräftig, um die reale Leistungsfähigkeit eines Bieters im Sinne einer Lieferfähigkeit zu Beginn des ausgeschriebenen Rabattvertrags zu beurteilen.[145] 58

V. Anforderungen an die Angebotswertung und Preisprüfung

In Bezug auf **die für die Angebotswertung entscheidenden Rabattsätze**[146] wurde die Vorgabe einer Krankenkasse, für alle angebotenen PZN zu einem Wirkstoff eines Fachlo- 59

[140] VK Westfalen Beschl. v. 8.5.2018 – VK 1-12/18, IBRRS 2018, 2738.

[141] LSG Nordrhein-Westfalen Beschl. v. 8.10.2009 – L 21 KR 39/09 SFB, BeckRS 2009, 74458; Beschl. v. 8.4.2009 – L 21 KR 27/09 SFB, BeckRS 2009, 61380; LSG Baden-Württemberg Urt. v. 27.2.2008 – L 5 KR 507/08 ER-B, BeckRS 2008, 51896.

[142] LSG Nordrhein-Westfalen Beschl. v. 24.8.2009 – L 21 KR 45/09 SFB, BeckRS 2009, 72762 mkritAnm *Willenbruch* PharmR 2009, 543 (545).

[143] VK Bund Beschl. v. 20.4.2009 – VK 2-36/09, veris; Beschl. v. 17.4.2009 – VK 1-35/09, IBRRS 2009, 2993.

[144] VK Bund Beschl. v. 24.7.2009 – VK 3-136/09, IBRRS 2009, 3404; Beschl. v. 24.7.2009 – VK 3-148/09, veris; Beschl. v. 24.7.2009 – VK 3-151/09, IBRRS 2009, 3216.

[145] VK Bund Beschl. v. 24.7.2009 – VK 3-136/09, IBRRS 2009, 3404; Beschl. v. 24.7.2009 – VK 3-148/09, veris; Beschl. v. 24.7.2009 – VK 3-151/09, IBRRS 2009, 3216.

[146] Ausführlich zur Vergaberechtmäßigkeit verschiedener Preismodelle im Open-House-Vertragsmodell (einheitliche Vertragspreise, Einheitspreise für alle in einer Fachgruppe zusammengefassten Präparate, Absenkungsklausel der Vertragspreise im Falle einer Absenkung der ApU unter dem vorgegebenen Vertragspreis) vgl. VK Bund Beschl. v. 7.5.2018 – VK 1-31/18, VPRRS 2018, 0190.

ses einen **einheitlichen Rabattsatz** zu bilden, als vergaberechtsgemäß befunden.[147] Ebenso wurde die Festlegung einer Untergrenze für den vom Bieter zu entrichtenden Rabatt in Gestalt einer **Mindestrabattvorgabe** nicht beanstandet.[148] Zwar beeinträchtigen Mindestrabattvorgaben den Preiswettbewerb zu einem gewissen Grad, reduzieren aber Spekulationsmöglichkeiten der Bieter und sind von der Bestimmungsfreiheit des Auftraggebers umfasst.[149] Dagegen wurde die Vorgabe, dass Bieter einen **Grundrabatt** gewähren müssen, der während der gesamten Dauer des Rabattvertrags eine preisliche Gleichsetzung mit dem günstigsten am Markt befindlichen wirkstoffgleichen Alternativprodukt sicherstellt, als ungewöhnliches Wagnis gem. § 8 Nr. 1 Abs. 3 VOL/A aF bewertet, da hierdurch eine kaufmännisch vernünftige Kalkulation des Angebots unmöglich gemacht werde.[150] Die **Berücksichtigung von § 31 Abs. 2 S. 3 SGB V in der Wertungssystematik,** wonach bei Rabattverträgen über Festbetragsarzneimittel die Mehrkosten der Überschreitung des Festbetrags durch den Rabattvertrag ausgeglichen werden müssen, wurde bislang nicht beanstandet, obgleich hierdurch Anbieter von Arzneimitteln mit einem Apothekenverkaufspreis über dem Festbetrag benachteiligt werden.[151]

60 Besondere Transparenzanforderungen an die Wertungssystematik begründet die Einbeziehung von **Staffelrabatten** in die Angebotswertung. Das betrifft den Fall, dass pro Preisvergleichsgruppe mehrere Staffelpreiskategorien vorgegeben werden, die sich an der späteren Umsetzungsquote, dh der Absatzmenge, orientieren. Dadurch wird den Bietern die grundsätzlich legitime Möglichkeit eröffnet, die Wahrscheinlichkeit der verschiedenen Umsetzungsszenarien in ihre Preiskalkulation einzubeziehen. Enthält eine solche Ausschreibung allerdings keine Regelung, nach der die Preise in den niedrigen Quoten nicht unter denen der höheren Quoten liegen dürfen, bietet sich ein wettbewerbswidriges Einfallstor für die Optimierung der Wirtschaftlichkeit eines Angebots. Denn dann können in den unwahrscheinlich eintretenden Umsetzungsquotenbereichen extrem niedrige Rabatt-ApUs angeboten werden, um letztlich die Chancen auf den Zuschlag manipulativ zu erhöhen.[152] Aufgrund dieser Angebotsgestaltungen spielt dann insbes. die **Auskömmlichkeitsprüfung gem. § 60 VgV** auf der dritten Wertungsstufe eine entscheidende Rolle, um einen fairen Wettbewerb sicherzustellen und offensichtlich unauskömmliche Angebote auszuschließen.[153] Es stellt sich mithin die Frage, ob im Rahmen dieser Auskömmlichkeitsprüfung die Einzelpreise in jeder Umsetzungsquote innerhalb der Preisvergleichsgruppe, jede Preisvergleichsgruppe mit allen Umsetzungsquoten oder das Gesamtergebnis für das jeweilige Fach-/Gebietslos den Wertungsmaßstab für die Auskömmlichkeitsprüfung darstellt. Um vor dem Hintergrund dieser durchaus komplexen Wertungssystematik hinreichende Transparenz zu gewährleisten, hat die ausschreibende Krankenkasse in den Vergabeunterlagen unmissverständlich anzugeben, anhand welcher Preise sich die entsprechende

---

147 LSG Nordrhein-Westfalen Beschl. v. 3.9.2009 – L 21 KR 51/09 SFB, BeckRS 2009, 72806.

148 OLG Düsseldorf Beschl. v. 16.5.2018 – Verg 24/17, VPRRS 2019, 0312 und Beschl. v. 28.6.2017 – Verg 24/17, VPRRS 2017, 0306 zu einer Mindestrabattvorgabe von 15% ausgehend vom geringsten Preis der in der Lauer-Taxe gelisteten Produkte im Rahmen einer Ausschreibung über Kontrastmittel. Anders noch die Vorinstanz, vgl. VK Bund Beschl. v. 11.5.2017 – VK 2-48/17, VPRRS 2017, 0175. OLG Düsseldorf Beschl. v. 6.9.2017 – Verg 9/17, VPRRS 2018, 0338 zu einer Mindestrabattvorgabe von 5%; VK Bund Beschl. v. 29.9.2009 – VK 3-166/09, veris.

149 OLG Düsseldorf Beschl. v. 16.5.2018 – Verg 24/17, VPRRS 2019, 0312; Beschl. v. 6.9.2017 – Verg 9/17, VPRRS 2018, 0338; Beschl. v. 28.6.2017 – Verg 24/17, VPRRS 2017, 0306.

150 VK Bund Beschl. v. 22.8.2008 – VK 2-73/08, IBRRS 2009, 3602; hierzu *Kamann/Gey* PharmR 2009, 114 (121).

151 BVerfG Beschl. v. 1.11.2010 – 1 BvR 261/10, NZS 2011, 580; LSG Nordrhein-Westfalen Beschl. v. 8.10.2009 – L 21 KR 44/09 SFB, IBRRS 2013, 0695; VK Bund Beschl. v. 26.11.2009 – VK 1-197/09, veris; Beschl. v. 27.3.2009 – VK 3-46/09, veris.

152 Vgl. dazu VK Bund Beschl. v. 10.2.2011 – VK 3-162/10, veris.

153 Zur Preis- und Auskömmlichkeitsprüfung im Zusammenhang mit Ausschreibungen von Krankenkassen vgl. OLG Düsseldorf Beschl. v. 11.7.2018 – Verg 19/18, IBRRS 2019, 0432; Beschl. v. 17.2.2016 – Verg 28/15, IBRRS 2016, 1573; VK Bund Beschl. v. 21.2.2018 – VK 1-169/17, VPRRS 2018, 0392. Dazu bereits *Gabriel* VergabeR 2013, 300.

Wertung letztlich vollziehen wird.[154] Sachgerecht ist dabei die Heranziehung der Einzelpreise in jeder Umsetzungskategorie (→ Rn. 111 ff.).[155] In diesem Zusammenhang stellen die seitens der Unternehmen für die Preiskalkulation zugrunde gelegten Umsetzungsquoten einen essentiellen Bestandteil für die Preisprüfung dar, da nur anhand dieser die Auskömmlichkeit des Angebots nachgewiesen werden kann. Allerdings besteht für die ausschreibende Krankenkasse dabei keine Pflicht, die Offenlegung dieser Umsetzungsquoten zu verlangen.[156]

Im Rahmen der **Preisprüfung** iSv § 60 VgV kommt es entscheidend darauf an, ob zu erwarten ist, dass der Bieter seine vertraglichen Verpflichtungen bis zum Ablauf des Vertrags erfüllen kann. Dementsprechend kann selbst ein Unterkostenangebot, das ganz erheblich unterhalb des Marktpreises liegt, nicht ohne Weiteres vom Vergabeverfahren ausgeschlossen werden. Im konkreten Fall betraf das Angebot ein Arzneimittel, das zu 75% an Selbstzahler und nur zu 25% auf Grundlage eines Rabattvertrags zu Lasten der Krankenkassen abgegeben wird. Der Bieter erhoffte sich vom Erhalt des Zuschlags **Spin-Off-Effekte** zu Gunsten der Selbstzahler und legte darüber hinaus eine **Patronatserklärung der Konzernmutter** vor.[157] Aufgrund dessen wurde ein Angebotsausschluss trotz der bestehenden Unauskömmlichkeit als nicht gerechtfertigt bewertet. 61

VI. Beteiligung konzernverbundener Unternehmen

Aufgrund der im Pharmasektor besonders häufigen Konzernverflechtungen kommt es insbes. im Generikabereich nicht selten zu einer **parallelen/konkurrierenden Beteiligung konzernverbundener Unternehmen an derselben Rabattvertragsausschreibung.** Dabei ist insbes. im Fall der Ausschreibung eines wirkstofflosbezogenen Mehr-Partner-Rabattvertrags eine **Verletzung des** im Wettbewerbsprinzip begründeten **Grundsatzes des Geheimwettbewerbs** zu besorgen (→ § 17 Rn. 45 ff.).[158] Die betroffenen konzernverbundenen Unternehmen bewegen sich zwar überwiegend wirtschaftlich selbstständig am Markt und stehen oftmals zumindest im konzerninternen Wettbewerb miteinander. Allerdings besteht aufgrund typischerweise existierender gesellschaftsrechtlicher, personeller und organisatorischer Verflechtungen auch die latente Gefahr wettbewerbsbeschränkender Absprachen, da Konzerne eine Profitmaximierung durch Mehrfachzuschläge an verschiedene konzernverbundene Unternehmen zum selben Los anstreben könnten. Dementsprechend **wird grundsätzlich widerleglich vermutet,** dass **zwischen konkurrierend an Vergabeverfahren teilnehmenden konzernangehörigen Unternehmen der Geheimwettbewerb nicht gewahrt wird.**[159] Allein die Tatsache der Konzernverbundenheit kann mithin bereits genügen, um einen Angebotsausschluss seitens des Auftraggebers zu rechtfertigen, sofern die betroffenen Unternehmen nicht durch den Nachweis spezifischer struktureller Präventionsmaßnahmen die Unabhängigkeit und Vertraulichkeit der Angebotserstellung gewährleisten können.[160] Abweichend von der üblichen Verteilung der Dar- 62

[154] Vgl. VK Bund Beschl. v. 10.2.2011 – VK 3-162/10, veris; Beschl. v. 1.2.2011 – VK 3-126/10, VPRRS 2013, 0625, sowie VK Bund Beschlussentwurf – VK 3-159/10, der allerdings wegen Erledigung nicht rechtskräftig ergangen ist.

[155] Ein Abstellen auf die jeweilige Umsetzungsquote für sachgerecht hält VK Bund Beschl. v. 10.2.2011 – VK 3-162/10, veris; Beschl. v. 1.2.2011 – VK 3-126/10, VPRRS 2013, 0625; Zu einer entsprechend den Transparenzanforderungen abgeänderten Ausschreibung vgl. VK Bund Beschl. v. 7.4.2011 – VK 3-28/11, veris.

[156] Vgl. OLG Düsseldorf Beschl. v. 9.5.2011 – VII-Verg 45/11, IBRRS 2011, 2741; VK Bund Beschl. v. 26.4.2011 – VK 3-50/11, IBRRS 2011, 5584.

[157] VK Bund Beschl. v. 9.12.2015 – VK 2-107/15, ZfBR 2016, 402.

[158] Vgl. dazu auch *Schüttpelz/Dicks* FS Marx, 2013, 691 (700 f.).

[159] OLG Düsseldorf Beschl. v. 11.5.2011 – VII-Verg 8/11, ZfBR 2011, 789; Beschl. v. 11.5.2011 – VII Verg 1/11, BeckRS 2011, 18921; Beschl. v. 13.4.2011 – VII-Verg 4/11, NZBau 2011, 371; *Aschoff* Vergaberechtliche Kooperation und Konkurrenz im Konzern S. 200 f.; *Jansen* WuW 2005, 502 (505 f.).

[160] OLG Düsseldorf Beschl. v. 11.5.2011 – VII-Verg 8/11, ZfBR 2011, 789; Beschl. v. 11.5.2011 – VII Verg 1/11, BeckRS 2011, 18921; Beschl. v. 13.4.2011 – VII-Verg 4/11, NZBau 2011, 371.

legungs- und Beweislast haben dabei die betroffenen Unternehmen die Umstände und Vorkehrungen aufzuzeigen und nachzuweisen, die die Unabhängigkeit und Vertraulichkeit der Angebotserstellung gewährleisten.[161]

63 Diesbezüglich werden in der **Rechtsprechung des OLG Düsseldorf** konkrete **Ausführungen zu den strukturellen Bedingungen der Angebotserstellung** verlangt und dabei insbes. Aussagen dazu, ob und in welcher Form die Konzernmutter Einfluss auf das Ausschreibungsverhalten nimmt, ob die verbundenen Unternehmen einer entsprechenden Konzernstrategie unterworfen sind, ob und auf welchen Unternehmensebenen Abstimmungen vorgenommen werden und ob bzw. welche organisatorischen und personellen Verflechtungen bestehen sowie ob die Unternehmen räumlich getrennt agieren.[162] In diesem Zusammenhang wurden in der Rechtsprechung bereits zahlreiche Einzelfragen aufgeworfen und teilweise in mehreren Entscheidungen geklärt, so zB dass

- eine gemeinsame Konzernrechtsabteilung nicht zwangsläufig zu einem Geheimwettbewerbsverstoß führen muss, solange die Rechtsabteilung sich nur mit der rechtlichen Prüfung von Ausschreibungsunterlagen befasst und die Mitglieder der Abteilung im Vorfeld Verschwiegenheitserklärungen unterzeichnet haben;
- eine gemeinsame Konzernrechtsabteilung unter Geheimwettbewerbsaspekten dagegen dann problematisch sein kann, wenn diese sich zB anlässlich von Auskömmlichkeits-/Preisprüfungen mit der Kalkulation und Preisfindung befasst hat;
- eine gemeinsame externe rechtliche Beratung mehrerer konzernverbundener Unternehmen durch dieselbe Rechtsanwaltskanzlei entsprechend den vorgenannten Punkten zu bewerten ist, nicht aber strenger;
- eine Zusammenlegung von Abteilungen und Personalwechsel im Unternehmen nicht automatisch zu einem Geheimwettbewerbsverstoß führen, da hiermit immer nur frühere Kalkulationsgrundlagen und Angebotsstrategien ausgetauscht werden könnten;
- zentrales Wissen in konzernweit zusammengefassten Abteilungen bezogen auf „weniger bedeutende Kalkulationsbestandteile" (zB Logistik- oder Herstellungskosten) unschädlich sei.[163]

64 **Voraussetzung** für solche präventiven Maßnahmen, die eventuell auch die Abgabe einer Versicherung zur Wahrung des Geheimwettbewerbs umfassen können, ist allerdings, dass es tatsächlich zu einer parallelen und konkurrierenden Angebotsabgabe konzernverbundener Unternehmen gekommen ist, da nur insofern ein besonderes Gefährdungspotential für den Geheimwettbewerb besteht.[164] Im Bereich der Ausschreibung von Arzneimittelrabattverträgen nach § 130a Abs. 8 SGB V ist es in diesem Zusammenhang in der Vergangenheit bereits zu **zahlreichen Nachprüfungsverfahren** gekommen, durch die sowohl die Voraussetzungen für einen Angebotsausschluss als auch die Anforderungen an den Nachweis konzernverbundener pharmazeutischer Unternehmen, dass es trotz einer parallelen Beteiligung am Vergabeverfahren nicht zu einer Verletzung des Geheimwettbewerbs kommt, präzisiert wurden.[165] Nach gefestigter Rechtsprechung der Vergabenachprüfungsinstanzen ist die Frage, ob der vergaberechtliche **Geheimwettbewerb** in Rabattvertragsausschreibungen trotz konkurrierender Ausschreibungsbeteiligung

---

[161] OLG Düsseldorf Beschl. v. 13.4.2011 – VII-Verg 4/11, NZBau 2011, 371.

[162] OLG Düsseldorf Beschl. v. 11.5.2011 – VII-Verg 8/11, ZfBR 2011, 789; Beschl. v. 11.5.2011 – VII Verg 1/11, BeckRS 2011, 18921; Beschl. v. 13.4.2011 – VII-Verg 4/11, NZBau 2011, 371.

[163] Zu sämtlichen aufgeführten Einzelfragen siehe OLG Düsseldorf Beschl. v. 11.5.2011 – VII-Verg 8/11, ZfBR 2011, 789; Beschl. v. 11.5.2011 – VII-Verg 1/11, BeckRS 2011, 18921 und im Anschluss hieran auch OLG Düsseldorf Beschl. v. 19.9.2011 – VII-Verg 63/11, IBRRS 2011, 4909.

[164] OLG Düsseldorf Beschl. v. 6.6.2012 – VII-Verg 14/12, IBRRS 2012, 4300.

[165] OLG Düsseldorf Beschl. v. 19.9.2011 – VII-Verg 63/11, IBRRS 2011, 4909; Beschl. v. 11.5.2011 – VII-Verg 8/11, ZfBR 2011, 789; Beschl. v. 11.5.2011 – VII Verg 1/11, BeckRS 2011, 18921; Beschl. v. 13.4.2011 – VII-Verg 4/11, NZBau 2011, 371; LSG Nordrhein-Westfalen Beschl. v. 10.3.2010 – L 21 SF 41/10 Verg, BeckRS 2010, 69537; VK Bund Beschl. v. 15.6.2011 – VK 1-65/11, IBRRS 2013, 2450; Beschl. v. 17.12.2010 – VK 2-119/10, IBRRS 2010, 4999; Beschl. v. 6.10.2010 – VK 2-89/10, IBRRS 2010, 5061; Beschl. v. 27.8.2010 – VK 3-84/10, IBRRS 2013, 2445.

gewahrt wird, **ausschließlich** anhand einer **Losbezogenen Betrachtung** zu beantworten.[166] Denn eine Verletzung des Geheimwettbewerbs kommt nicht in Betracht, wenn sich die betroffenen (konzernverbundenen) Bieter auf verschiedene Lose bewerben, da in einem solchen Fall erst gar keine Konkurrenzsituation zwischen den Unternehmen entsteht, sodass eine etwaige Kenntnis des jeweils anderen Angebotsinhalts nicht schädlich sein kann.[167] Etwas anderes kann allenfalls in der Sondersituation einer in Gebietslose aufgeteilten Ausschreibung mit vorgeschriebener Loslimitierung gelten, bei der eine gebietslosübergreifende Betrachtung zur Verhinderung von – die Loslimitierung umgehenden – Gebietsabsprachen angezeigt sein kann und das Wettbewerbsverhältnis aufgrund der Loslimitierung auch im Verhältnis der Gebietslose zueinander gilt (vgl. zur Losbildung auch → Rn. 56f.).[168] Trotz der grundsätzlichen Gefahr eines Verstoßes gegen den Geheimwettbewerb durch die konkurrierende Beteiligung konzernverbundener Unternehmen sei es schließlich unverhältnismäßig und deshalb vergaberechtlich unzulässig, von den Verfahrensteilnehmern bereits mit Angebotsabgabe eine „Erklärung zu gesellschaftsrechtlichen und/oder personellen, räumlichen bzw. organisatorischen und sonstigen Verflechtungen des Verfahrensteilnehmers mit anderen Unternehmen" zu fordern.[169]

VII. Zulässigkeit von Bietergemeinschaften

Im Hinblick auf die grundsätzliche vergabe- und kartellrechtliche Zulässigkeit von **Bietergemeinschaften** in Vergabeverfahren haben das KG[170] sowie das OLG Düsseldorf[171] zunächst einen verschärften Zulässigkeitsmaßstab angelegt (ausführlich, auch zur Rechtsprechung der anderen Spruchkörper, → § 17 Rn. 37ff. und insbes. → Rn. 40).[172] Danach sollen **Bietergemeinschaften zwischen gleichartigen Unternehmen** aufgrund der mit einer Bietergemeinschaftsabrede verbundenen Wettbewerbsbeschränkung **grundsätzlich vergabe- und kartellrechtlich unzulässig** sein. Etwas anderes komme lediglich in eng umgrenzten Ausnahmefällen in Betracht (→ § 17 Rn. 38). Diese Rechtsprechung hat bei öffentlichen Auftraggebern wie bei Unternehmen zu Rechtsunsicherheit geführt. Der Düsseldorfer Vergabesenat hat im Zusammenhang mit der Vergabe eines Arzneimittelrabattvertrags mittlerweile zu Recht eine Kehrtwende vollzogen. Bietergemeinschaften seien auch zwischen Unternehmen, die auf demselben Markt tätig sind, und zueinander in einem potentiellen Wettbewerbsverhältnis stehen, wettbewerbsunschädlich, wenn 65

- die beteiligten Unternehmen jedes für sich zu einer Teilnahme an der Ausschreibung mit einem eigenständigen Angebot aufgrund ihrer betrieblichen und geschäftlichen Verhältnisse (zB mit Blick auf Kapazitäten, technische Einrichtungen und/oder fachliche Kenntnisse) nicht leistungsfähig sind und erst der Zusammenschluss zu einer Bietergemeinschaft sie in die Lage versetzt, sich daran mit Erfolgsaussicht zu beteiligen **(Fallgruppe 1),** oder
- die Unternehmen für sich genommen zwar leistungsfähig sind (insbes. über die erforderlichen Kapazitäten verfügen), Kapazitäten aufgrund anderweitiger Bindung aktuell jedoch nicht einsetzbar sind **(Fallgruppe 2),** oder

[166] OLG Düsseldorf Beschl. v. 13.4.2011 – VII-Verg 4/11, NZBau 2011, 371.
[167] VK Sachsen Beschl. v. 13.12.2013 – 1/SVK/039-13, BeckRS 2014, 9542; vgl. auch VK Bund Beschl. v. 30.11.2012 – VK 2-131/12, IBRRS 2013, 0598.
[168] OLG Düsseldorf Beschl. v. 17.2.2016 – VII-Verg 41/15, ZfBR 2016, 515; VK Bund Beschl. v. 8.7.2015 – VK 2-53/15, IBRRS 2015, 2639.
[169] OLG Düsseldorf Beschl. v. 17.2.2016 – VII-Verg 41/15, ZfBR 2016, 515 mAnm *Franßen* VPR 2016, 2848.
[170] KG Beschl. v. 24.10.2013 – Verg 11/13, NZBau 2013, 792 mAnm *Gabriel/Voll* VergabeR 2014, 179 (184ff.); Beschl. v. 21.12.2009 – 2 Verg 11/09, BeckRS 2010, 3552 mAnm *Köhler* VergabeR 2010, 501 (508f.).
[171] OLG Düsseldorf Beschl. v. 11.11.2011 – VII-Verg 92/11, NZBau 2012, 255; Beschl. v. 9.11.2011 – VII-Verg 35/11, NZBau 2012, 252.
[172] Dazu auch *Gabriel* VergabeR 2012, 555; *Schulte/Voll* ZfBR 2013, 223.

– die beteiligten Unternehmen für sich genommen leistungsfähig sind, aber im Rahmen einer wirtschaftlich zweckmäßigen und kaufmännisch vernünftigen Entscheidung erst der Zusammenschluss ein erfolgversprechendes Angebot ermöglicht **(Fallgruppe 3).**[173]

In jüngerer Vergangenheit hat der Düsseldorfer Vergabesenat die entwickelten Fallgruppen weiter konkretisiert und insbes. betont, dass die erste Fallgruppe auch dann einschlägig ist, wenn nur eines der beteiligten Unternehmen für sich genommen nicht leistungsfähig ist (vgl. ausführlich → § 17 Rn. 43).[174]

66 **Konsequenzen** ergeben sich daraus insbes. für die Vergabe von Arzneimittelrabattverträgen. Von Bedeutung ist in diesem Zusammenhang vor allem der Umstand, dass die Vergabenachprüfungsinstanzen eine Bietergemeinschaft zwischen gleichartigen Unternehmen als vergabe- und kartellrechtlich zulässig ansehen, wenn der Zusammenschluss die Abgabe eines erfolgversprechenden Angebots ermöglichen soll.[175] Denn aufgrund der typischen Ausschreibungskonzeption bei der Vergabe von Arzneimittelrabattverträgen steigen die Zuschlagschancen eines Angebots hier mit der Anzahl der Fachlose, die von diesem Angebot abgedeckt werden. Die **Bildung einer Bietergemeinschaft dient** hier dementsprechend **der Angebotserweiterung** und damit der Erhöhung der Zuschlagschancen.[176] Die Bildung einer Bietergemeinschaft mit dem Ziel, eine größere Sortimentsbreite abzudecken, wird deshalb bei Ausschreibungen der vorgenannten Art für Unternehmen, deren Sortimentsbreite unter derjenigen potentieller Wettbewerber liegt, bereits im Sinne der Fallgruppe 1 objektiv erforderlich sein, um mit Aussicht auf Erfolg an der Ausschreibung teilzunehmen.[177] Jedenfalls wird die Bietergemeinschaftsbildung dann aber im Sinne der Fallgruppe 3 als eine wirtschaftlich zweckmäßige und kaufmännisch vernünftige Entscheidung anzusehen sein.[178] Um das zu beurteilen, ist im jeweiligen Einzelfall auf die **vom Angebot einer Bietergemeinschaft umfasste Sortimentsabdeckung** durch deren Mitglieder abzustellen und diese in Relation zu der Sortimentsabdeckung der potentiellen Konkurrenten in einem Vergabeverfahren zu setzen. Dabei ist es zum einen unbeachtlich, wenn die einzelnen Bietergemeinschaftsmitglieder grundsätzlich eine höhere Sortimentsabdeckung erreichen könnten, als sie tatsächlich angeboten haben, und damit auch alleine in der Lage wären, erfolgversprechende Angebote abzugeben, sofern die zugrunde liegende **Entscheidung wirtschaftlich zweckmäßig und kaufmännisch vernünftig erscheint.**[179] Zum anderen kommt es für die Beurteilung, ob die Eingehung einer Bietergemeinschaft erforderlich ist, um im Verhältnis zu den potentiellen Konkurrenten in einem Vergabeverfahren ein erfolgversprechendes Angebot abzugeben, maßgeblich darauf an, wie

---

173 OLG Düsseldorf Beschl. v. 8.6.2016 – VII-Verg 3/16, PharmR 2016, 423; Beschl. v. 1.7.2015 – Verg 17/15, ZfBR 2016, 822 (823f.). Zustimmend OLG Celle Beschl. v. 8.7.2016 – 13 Verg 2/16, NZBau 2016, 783 Rn. 10. Ähnlich OLG Karlsruhe Beschl. v. 16.11.2016 – 15 Verg 5/16, IBRRS 2017, 1670; OLG Saarbrücken Beschl. v. 27.6.2016 – 1 Verg 2/16, BeckRS 2016, 105181 Rn. 80ff. Zustimmend zudem VK Thüringen Beschl. v. 9.11.2017 – 250-4003-8222/2017-E-S-015-GTH, BeckRS 2017, 141655 Rn. 74 und bereits zuvor in diese Richtung tendierend VK Lüneburg Beschl. v. 8.4.2016 – VgK-04/2016, BeckRS 2016, 17219.

174 OLG Düsseldorf Beschl. v. 17.1.2018 – VII-Verg 39/17, NZBau 2018, 237 Rn. 42. Zuvor bereits OLG Saarbrücken Beschl. v. 27.6.2016 – 1 Verg 2/16, BeckRS 2016, 105181 Rn. 84.

175 OLG Düsseldorf Beschl. v. 8.6.2016 – VII-Verg 3/16, PharmR 2016, 423; Beschl. v. 17.2.2014 – VII-Verg 2/14, NZBau 2014, 716 mAnm *Gabriel/Voll* VPR 2014, 2644; VK Bund Beschl. v. 5.1.2016 – VK 1-112/15, veris; Beschl. v. 16.1.2014 – VK 1-119/13, IBRRS 2014, 1506; Beschl. v. 16.1.2014 – VK 1-117/13, ZfBR 2014, 706.

176 OLG Düsseldorf Beschl. v. 17.2.2014 – VII-Verg 2/14, NZBau 2014, 716 mAnm *Gabriel/Voll* VPR 2014, 2644; VK Bund Beschl. v. 16.1.2014 – VK 1-119/13, IBRRS 2014, 1506; Beschl. v. 16.1.2014 – VK 1-117/13, ZfBR 2014, 706.

177 OLG Düsseldorf Beschl. v. 8.6.2016 – VII-Verg 3/16, PharmR 2016, 423.

178 OLG Düsseldorf Beschl. v. 8.6.2016 – VII-Verg 3/16, PharmR 2016, 423; VK Bund Beschl. v. 5.1.2016 – VK 1-112/15, veris.

179 OLG Düsseldorf Beschl. v. 8.6.2016 – VII-Verg 3/16, PharmR 2016, 423; VK Bund Beschl. v. 5.1.2016 – VK 1-112/15, veris.

sich die Marktverhältnisse für die Bieter vor der Eingehung einer Bietergemeinschaft darstellen.[180]

Darüber hinaus hat das OLG Düsseldorf entschieden, dass Bietergemeinschaften aus 67
konzernangehörigen Unternehmen unter bestimmten Voraussetzungen ohne weiteres als wettbewerbsrechtlich zulässig zu beurteilen sind. Gehören die Mitglieder einer Bietergemeinschaft einem **vertraglichen Unterordnungskonzern** an, in dem es dem beherrschenden Unternehmen – im konkreten Fall aufgrund eines Beherrschungs- und Gewinnabführungsvertrags nach § 291 Abs. 1 AktG – möglich ist, ihm angehörige Unternehmen zur Eingehung einer Bietergemeinschaft anzuweisen, entziehe bereits die jederzeitige rechtliche Möglichkeit zu einer solchen Anweisung die Bietergemeinschaftsabrede dem Schutzbereich des § 1 GWB.[181] Das gelte auch für **faktische Unterordnungskonzerne,** sofern das herrschende Unternehmen aufgrund mehrheitlicher oder ausschließlicher Kapitalbeteiligung und/oder personeller Verflechtungen in der Geschäftsführung oder im Aufsichtsrat über die tatsächliche und rechtliche Möglichkeit verfügt, das Wettbewerbsverhalten der konzernangehörigen Unternehmen zu steuern.[182]

VIII. Formanforderungen

Im Übrigen zeichnen sich Ausschreibungen von Rabattverträgen nach § 130a Abs. 8 68
SGB V regelmäßig durch eine **besondere Formenstrenge** aus, die auch durch die Nachprüfungsinstanzen anerkannt wurde.[183] So genügte bspw. bereits eine minimale Abweichung einer im Original vorzulegenden Erklärung von der vorab elektronisch übermittelten Version (die Unterschrift war um wenige Millimeter verrückt)[184] oder die Nutzung einer fortgeschrittenen anstelle der geforderten qualifizierten elektronischen Signatur nach dem mittlerweile außer Kraft getretenen Signaturgesetz[185], um einen Angebotsausschluss wegen formeller Fehler zu rechtfertigen.

IX. Kostenrisiken

Schließlich besteht in Nachprüfungsverfahren betreffend Rabattvertragsausschreibungen 69
regelmäßig ein **hohes Kostenrisiko** für den Antragsteller (→ § 76 Rn. 7).[186] Dieses wird zum einen durch die potentielle Vielzahl der beigeladenen Unternehmen aufgrund der ungewöhnlich hohen Losanzahl bei Rabattverträgen nach § 130a Abs. 8 SGB V und zum anderen durch den Umstand bedingt, dass der Antragsteller auch dann Gefahr läuft, die notwendigen Aufwendungen dieser Beigeladenen gem. § 182 Abs. 4 S. 3 GWB erstatten

[180] VK Bund Beschl. v. 5. 1. 2016 – VK 1-112/15, IBRRS 2016, 2217.

[181] OLG Düsseldorf Beschl. v. 17. 2. 2016 – VII-Verg 41/15, ZfBR 2016, 515; Beschl. v. 29. 7. 2015 – VII-Verg 5/15, ZfBR 2016, 199; Beschl. v. 29. 7. 2015 – VII-Verg 6/15, BeckRS 2015, 18294; VK Bund Beschl. v. 23. 1. 2015 – VK 1-122/14, ZfBR 2016, 511 mAnm *Gabriel* VPR 2015, 2076; Beschl. v. 22. 1. 2015 – VK 1-112/14, veris; Beschl. v. 21. 1. 2015 – VK 1-118/14, veris; Beschl. v. 21. 1. 2015 – VK 1-116/14, IBRRS 2015, 3140; Beschl. v. 20. 1. 2015 – VK 1-110/14, IBRRS 2015, 3148.

[182] OLG Düsseldorf Beschl. v. 29. 7. 2015 – VII-Verg 5/15, ZfBR 2016, 199; Beschl. v. 29. 7. 2015 – VII-Verg 6/15, BeckRS 2015, 18294.

[183] Vgl. beispielhaft VK Bund Beschl. v. 7. 2. 2011 – VK 3-2/11, VPRRS 2013, 0919.

[184] Vgl. VK Bund Beschl. v. 2. 2. 2011 – VK 3-168/10, VPRRS 2011, 0432; Beschl. v. 1. 2. 2011 – VK 3-165/10, VPRRS 2011, 0431.

[185] OLG Düsseldorf Beschl. v. 9. 5. 2011 – VII-Verg 42/11, IBRRS 2011, 2091; Beschl. v. 9. 5. 2011 – VII-Verg 41/11, IBRRS 2011, 2090; Beschl. v. 9. 5. 2011 – VII-Verg 40/11, IBRRS 2011, 2089; VK Bund Beschl. v. 21. 4. 2011 – VK 3-44/11, VPRRS 2011, 0430; Beschl. v. 21. 4. 2011 – VK 3-41/11, IBRRS 2011, 4325; Beschl. v. 21. 4. 2011 – VK 3-38/11, IBRRS 2012, 0238.

[186] *Gabriel/Weiner* NZS 2010, 423 (426). Allgemein zur Gebührenberechnung im Nachprüfungsverfahren LSG Nordrhein-Westfalen Beschl. v. 27. 5. 2010 – L 21 KR 65/09 SFB, BeckRS 2010, 70905. Die Gerichtskosten bestimmen sich auch in Vergabeverfahren im sozialrechtlichen Bereich nach § 3 Abs. 2 GKG, vgl. BVerfG Beschl. v. 20. 4. 2010 – 1 BvR 1670/09, NZS 2011, 18; dazu auch OLG Brandenburg Beschl. v. 16. 5. 2011 – Verg W 2/11, IBRRS 2011, 2088.

zu müssen, wenn der Nachprüfungsantrag zurückgenommen wird.[187] Um dieses Kostenrisiko zu minimieren, hält es die Rechtsprechung für sachgemäß, dem Antragsteller im Falle einer Rücknahme des Nachprüfungsantrags **entsprechend § 182 Abs. 4 S. 2 GWB** lediglich dann die zur zweckentsprechenden Rechtsverteidigung notwendigen Auslagen der Beigeladenen aus Billigkeitsgründen aufzuerlegen, wenn sich dieser mit seinem Nachprüfungsantrag **in einen Interessengegensatz zu den Beigeladenen gestellt hat.**[188] Ansonsten würde es zu einem Wertungswiderspruch kommen, da der Antragsteller bei einer Rücknahme des Nachprüfungsantrags schlechter stünde als bei einem Unterliegen in der Hauptsache, da § 182 Abs. 4 S. 2 GWB in letzterem Fall unmittelbare Anwendung findet. Um die Kosten eines Nachprüfungsverfahrens im Rahmen zu halten und die potentiell prohibitive Wirkung einer großzügigen Handhabung der Beiladung zu vermeiden, kann diese auch auf ein Los beschränkt werden. Ein solchermaßen Beigeladener kann diese Beschränkung in kostenrechtlicher Hinsicht nicht dadurch umgehen, dass er auch zu den übrigen Losen Stellung nimmt.[189]

X. Vorlaufzeit vor Vertragsbeginn

70 Nach der Rechtsprechung des Vergabesenats des OLG Düsseldorf ist dem Bieter **nach Zuschlagserteilung ausreichend Zeit einzuräumen, um alle für die Auftragsausführung erforderlichen Vorbereitungshandlungen treffen zu können.**[190] Der vom Bieter bis zur Zuschlagserteilung zu erwartende Aufwand beschränke sich auf die zur Angebotserstellung erforderlichen Maßnahmen; Aufwendungen zur Vertragserfüllung würden hiervon nicht erfasst. Gerade für Ausschreibungen von Arzneimittel-Rahmenrabattverträgen gem. § 130a Abs. 8 SGB V hat die 2. VK Bund entschieden, dass der Auftraggeber gehalten ist, auf einen angemessenen Abstand zwischen Zuschlagserteilung und Vertragsbeginn zu achten.[191] Nach dieser Rechtsprechung soll berücksichtigt werden, dass ein Bieter aufgrund einer zu kurz bemessenen Ausführungsfrist gezwungen sein würde, Vorbereitungshandlungen für eine spätere Auftragsausführung in die Angebotsphase vorzuverlagern, die er im Fall des ihm nicht erteilten Zuschlags sinnlos erbracht hätte. In einer solchen Situation würden ihm Aufwendungen abverlangt, die die bloße Ausarbeitung und Einreichung eines Angebots erheblich überstiegen und auch kalkulationsrelevant seien. Der **Gesetzgeber** hat diese Rechtsprechung im Zuge des **AMVSG** in § 130a Abs. 8 SGB V aufgenommen. Denn nach § 130a Abs. 8 SGB V sind nunmehr Verträge über patentfreie Arzneimittel so zu vereinbaren, dass die Pflicht des pharmazeutischen Unternehmers zur Gewährleistung der Lieferfähigkeit frühestens sechs Monate nach Versendung der Information nach § 134 Abs. 1 GWB an die unterlegenen Bieter und **frühestens drei Monate nach Zuschlagserteilung** beginnt. Nach § 129 Abs. 1 S. 4 SGB V ist der Unternehmer, der den Zuschlag erhalten soll, zeitgleich mit Versendung der Information nach § 134 Abs. 1 GWB über die beabsichtigte Bezuschlagung zu informieren.

D. Ausschreibungsrelevante Besonderheiten bei Rabattverträgen betreffend (patentgeschützte) Originalpräparate

71 Die **vergaberechtliche Rechtsprechung** betreffend die Vergabe von Rabattverträgen zu (patentgeschützten) Originalpräparaten hat sich insbes. mit Fragen zu den Anforderungen

[187] Vgl. *Gabriel* NJW 2009, 2016.
[188] VK Bund Beschl. v. 4.8.2011 – VK 3-44/11; Beschl. v. 4.8.2011 – VK 3-38/11.
[189] OLG Düsseldorf Beschl. v. 2.5.2011 – VII-Verg 18/11, IBRRS 2011, 2833.
[190] OLG Düsseldorf Beschl. v. 19.6.2013 – VII-Verg 4/13, NZBau 2013, 720. Zu dieser Thematik bei Ausschreibungen über Grippeimpfstoffe nach § 132e SGB V aF vgl. VK Bund Beschl. v. 8.12.2016 – VK 1-108/16, BeckRS 2016, 122039.
[191] VK Bund Beschl. v. 5.11.2013 – VK 2-100/13, ZfBR 2014, 198.

an die Wahl des Verhandlungsverfahrens ohne Teilnahmewettbewerb, den Anforderungen an die Vergleichbarkeit der Angebote für eine vergaberechtsgemäße Leistungsbeschreibung sowie patentschutzrechtlichen Fragen befasst.[192] Weitere, bislang in der Rechtsprechung noch nicht thematisierte Fragen ergeben sich in Bezug auf die Abgrenzung von Rabattverträgen nach § 130a Abs. 8 SGB V zu Erstattungsvereinbarungen nach § 130c SGB V.

I. Spezialitätsverhältnis zwischen § 130c SGB V und § 130a Abs. 8 SGB V

Mit **§ 130c SGB V** wurde eine **spezifische Rechtsgrundlage für den Abschluss selektiver Versorgungsverträge über nicht-festbetragsfähige (patentgeschützte) Arzneimittel** konstituiert. Da ein etwaiges Spezialitätsverhältnis zwischen § 130c und § 130a SGB V vom Gesetzgeber nicht angesprochen wird, ist insbes. das Verhältnis dieser Vorschrift zu der Rechtsgrundlage für Rabattverträge gem. § 130a Abs. 8 SGB V zu erörtern. Grundsätzlich ist die Regelung des § 130c SGB V als *lex specialis* gegenüber der allgemeineren Vorschrift des § 130a Abs. 8 SGB V anzusehen[193] und damit entsprechend dem Grundsatz *„lex specialis derogat legi generali"* ein **Anwendungsvorrang** vor letzterer anzunehmen.[194] Das ergibt sich einerseits aus dem in sachlicher wie in zeitlicher Hinsicht spezielleren Anwendungsbereich sowie andererseits aus den besonderen, mit dem Abschluss einer solchen Vereinbarung verbundenen Anreizmechanismen.[195] 72

Eine Vereinbarung nach § 130c Abs. 1 SGB V ist, **zeitlich** betrachtet, nur dann statthaft, wenn zwischen dem pharmazeutischen Unternehmer und dem Spitzenverband Bund der Krankenkassen eine Vereinbarung über den Erstattungsbetrag für ein erstattungsfähiges Arzneimittel mit neuen Wirkstoffen nach § 130b Abs. 1 SGB V geschlossen wurde oder ein Schiedsspruch nach § 130b Abs. 4 SGB V existiert.[196] Dementsprechend bleibt **§ 130a Abs. 8 SGB V alleinige Rechtsgrundlage** für Rabattverträge über patentgeschützte Originalpräparate, solange und soweit keine solche Erstattungsvereinbarung auf Bundesebene geschlossen worden ist, mithin die Voraussetzungen für eine selektive Erstattungsvereinbarung nach § 130c Abs. 1 SGB V (noch) nicht vorliegen.[197] 73

Dieser Umstand, dass Erstattungsvereinbarungen nach § 130c Abs. 1 SGB V nicht vor dem Abschluss einer obligatorischen Erstattungspreisvereinbarung nach § 130b SGB V getroffen werden können, wirkt sich ebenfalls im Hinblick auf den **sachlichen Anwendungsbereich** der Vorschrift einschränkend und konkretisierend aus. Schließlich können Erstattungspreisvereinbarungen nach § 130b SGB V nur für Arzneimittel abgeschlossen werden, die erstens gem. § 35a Abs. 1 SGB V einer frühen Nutzenbewertung unterfallen und die zweitens nach dem Beschluss des Gemeinsamen Bundesausschuss zur frühen Nutzenbewertung gem. § 35a Abs. 3 SGB V **keiner Festbetragsgruppe zugeordnet werden konnten.** Dabei handelt es sich also ausschließlich um Arzneimittel mit neuen Wirkstoffen, die entweder aufgrund eines Zusatznutzens oder trotz des Fehlens eines Zusatznutzens keiner Festbetragsgruppe zugeordnet werden konnten.[198] Lediglich für diese Arzneimittel kann in sachlicher Hinsicht eine Erstattungsvereinbarung nach § 130c Abs. 1 SGB V getroffen werden. Auf andere Arzneimittel findet § 130c SGB V demgemäß eben- 74

---

[192] Vgl. die Zusammenfassungen bei *Gabriel/Weiner* NZS 2009, 422; *Schickert* PharmR 2009, 164; *Lietz/Natz* A&R 2009, 3.

[193] Vgl. *Wolf/Jäkel* PharmR 2011, 1 (3); BeckOK SozR/*v. Dewitz* SGB V § 130c Rn. 2; *Luthe* PharmR 2011, 193 (196); *Kaufmann* PharmR 2011, 223 (227); *Ecker/Hußmann* PharmR 2011, 389 (390); *Gabriel/Kaufmann* PharmR 2014, 553; MüKoWettbR/*Gabriel* Teil 4 Rn. 89.

[194] Vgl. *Ecker/Hußmann* PharmR 2011, 389 (390); MüKoWettbR/*Gabriel* Teil 4 Rn. 89.

[195] Dazu auch *Wolf/Jäkel* PharmR 2011, 1 (4).

[196] BeckOK SozR/*v. Dewitz* SGB V § 130c Rn. 2.

[197] Vgl. *Kern* Arzneimittelbeschaffungen durch die gesetzlichen Krankenkassen S. 96; *Ecker/Hußmann* PharmR 2011, 389 (390); *Wolf/Jäkel* PharmR 2011, 1 (3); sowie *Kaufmann* PharmR 2011, 223 (227), der insofern von „Interims-Rabattverträgen" spricht.

[198] BeckOK SozR/*v. Dewitz* SGB V § 130b Rn. 8.

so wenig Anwendung, wie § 130a Abs. 8 SGB V auf die Vorgenannten, da § 130c SGB V für diese eine speziellere Regelung darstellt.[199]

75 Davon ausgehend und vorausgesetzt, dass (jedenfalls) § 130c-Verträge ausschreibungspflichtig sind, stellt sich zwangsläufig die Frage, **welche/wie viele Vereinbarungen nach § 130b SGB V** tatsächlich abgeschlossen worden sein müssen, bevor die Ausschreibung einer selektiven Erstattungsvereinbarung nach § 130c SGB V von einer Krankenkasse unternommen werden darf.[200] Es bleibt (weiterhin) zu klären, ob bereits eine Vereinbarung gem. § 130b SGB V mit einem pharmazeutischen Unternehmer hinreichend ist oder ob es mehrerer Vereinbarungen mit mehreren oder gar allen Unternehmen bedarf, die Arzneimittel im Bestandsmarkt in Verkehr führen, die für das gleiche Anwendungsgebiet zugelassen sind, wie das gerade erst nutzenbewertete und mit einem Vertrag nach § 130b SGB V (zu) versehene Arzneimittel (vgl. § 35a Abs. 1, 6 SGB V). Dementsprechend ist der exakte Zeitpunkt, ab dem danach Ausschreibungen von selektiven Erstattungsverträgen (bzw. Ausschreibungen im patentgeschützten Originalbereich überhaupt) zulässig sind, unklar. Stellt man sich vor diesem Hintergrund auf den zuvor angesprochenen Standpunkt, dass infolge des AMNOG für Rabatt-/Erstattungsverträge im patentgeschützten Originalbereich mit § 130c SGB V erstmals eine *lex specialis* eingeführt wurde, die den Rückgriff auf § 130a Abs. 8 SGB V sperrt,[201] könnte sich infolge dieses (unklaren) Zeitraums, bis zu dem eine Ausschreibungsreife für § 130c-Verträge vorliegt (scil. Abschluss einer/aller Vereinbarung/en auf Bundesebene nach § 130b SGB V), die Schlussfolgerung ergeben, mangels entsprechender anwendbarer Rechtsgrundlage bis dahin nicht zur Durchführung weiterer Vergabeverfahren zum Abschluss von Rabatt-/Erstattungsvereinbarungen im Originalbereich berechtigt zu sein.[202]

II. Anforderungen an die Wahl des Verhandlungsverfahrens ohne Teilnahmewettbewerb

1. Ausschreibung von Rabattverträgen gemäß § 130a Abs. 8 SGB V

76 Das OLG Düsseldorf hat sich bereits vor längerer Zeit dazu geäußert, unter welchen Voraussetzungen Rabattverträge über patentgeschützte Arzneimittel im **Verhandlungsverfahren ohne Teilnahmewettbewerb** direkt an ein Unternehmen vergeben werden dürfen.[203] Das ist – wie auch bei anderen öffentlichen Aufträgen – nur dann möglich, wenn einer der Tatbestände des § 14 Abs. 4 Nr. 1–9 VgV erfüllt ist.[204] Für die Ausschreibung patentgeschützter Arzneimittel kommt insbes. § 14 Abs. 4 Nr. 2 lit. c) VgV in Betracht. Dieser ist nach Maßgabe der Vergaberechtsprechung als **Ausnahmetatbestand** eng auszulegen. Wie die Europäische Kommission zu der inhaltsgleichen Regelung in Art. 31 Abs. 1 lit. b) RL 2004/18/EG ausgeführt hatte, sind die Voraussetzungen „harte Tatbestandsmerkmale" und nicht nur bloße Regelbeispiele, die auch in (lediglich) vergleichbaren Konstellationen angenommen werden könnten.[205] Verhandlungsverfahren ohne Teil-

---

[199] *Ecker/Hußmann* PharmR 2011, 389 (390).

[200] *Gabriel* VergabeR 2011, 372 (380).

[201] Vgl. *Ecker/Hußmann* PharmR 2011, 389 (390); *Kaufmann* PharmR 2011, 223 (227); *Wolf/Jäkel* PharmR 2011, 1 (3).

[202] *Gabriel* VergabeR 2011, 372 (380).

[203] OLG Düsseldorf Beschl. v. 22.10.2008 – I-27 U 2/08, NZS 2009, 159 mAnm *Weiner* VergabeR 2009, 182 (189ff.); Beschl. v. 20.10.2008 – VII-Verg 46/08, BeckRS 2009, 4981. Vom Vorliegen eines öffentlichen Auftrags gem. § 103 Abs. 1 GWB ging das OLG Düsseldorf jeweils aus.

[204] Auch bei Vorliegen der Voraussetzungen besteht für ein Unternehmen kein Anspruch auf Durchführung eines Verhandlungsverfahrens ohne Teilnahmewettbewerb. Vgl. dazu neben dem heute insoweit eindeutigen Gesetzeswortlaut des § 14 Abs. 4 („*kann* […] vergeben") auch OLG Düsseldorf Beschl. v. 20.10.2008 – VII-Verg 46/08, BeckRS 2009, 4981; VK Bund Beschl. v. 22.8.2008 – VK 2-73/08, IBRRS 2009, 3602.

[205] EuGH Urt. v. 2.6.2005 – C-394/02, Slg. 2005, I-4732 = BeckRS 2005, 70408 – Kommission/Griechenland; VK Düsseldorf Beschl. v. 15.8.2003 – VK-23/2003 L, IBRRS 2003, 2546.

nahmewettbewerb sollen grundsätzlich **nur unter außergewöhnlichen Umständen** zur Anwendung kommen.[206] Der Beweis dafür, dass ein solcher Ausnahmetatbestand vorliegt, ist vom öffentlichen Auftraggeber zu erbringen; er trägt die **Darlegungs- und Beweislast** dafür, dass nur ein bestimmter Anbieter den Auftrag ausführen und das betreffende Präparat liefern kann.[207]

Die Voraussetzungen **des § 14 Abs. 4 Nr. 2 lit. c) VgV** liegen vor, wenn aufgrund des 77 bestehenden Patents tatsächlich nur ein einziger Anbieter in der Lage ist, die Auftragsleistung zu erbringen und daher eine Alleinstellung besitzt. Das **Vorliegen eines Ausschließlichkeitsrechts** iSv § 14 Abs. 4 Nr. 2 lit. c) VgV (wozu neben behördlichen Genehmigungen auch Patentrechte zählen) reicht hierfür (noch) nicht aus, sondern es muss nachweisbar sein, dass tatsächlich nur ein einziger Anbieter in der Lage ist, die Auftragsleistung zu erbringen.[208] Insbes. in Bezug auf Arzneimittel wurde es vom EuGH als nicht ausreichend erachtet, dass Arzneimittel als solche durch Ausschließlichkeitsrechte geschützt sind.[209] Vielmehr sei erforderlich, dass das betreffende Arzneimittel nur von einem pharmazeutischen Unternehmer hergestellt bzw. geliefert werden kann, sodass dieser eine Alleinstellung besitzt.[210] Davon kann ausgegangen werden, wenn ausschließlich dieser Anbieter ein **Patent** an dem betreffenden Arzneimittel (Wirkstoff) besitzt, dieses Arzneimittel **nicht zu anderen Konditionen von Dritten** angeboten werden kann und es **objektiv-sachliche indikationsbezogene Gründe** dafür gibt, dass nur dieses Arzneimittel beschafft werden soll.[211] Dabei spielt auch eine Rolle, ob neben dem Anbieter des Originalpräparats – in der Regel dem Patentinhaber – auch **Re- und Parallelimporteure**[212] die Versorgungssicherheit durch Lieferung von Originalpräparaten gewährleisten können.[213] In der Literatur wurde diesbezüglich darauf hingewiesen, dass das Gleiche auch für Fälle des **Co-Marketing** gelten müsse.[214] Richtigerweise muss bei der Beurteilung der Gewährleistung der Versorgungssicherheit durch Re- und Parallelimporteure allerdings auch berücksichtigt werden, dass Importarzneimittel nur in beschränktem Umfang zur Substitution von Originalarzneimitteln herangezogen werden können, da der Rahmenvertrag über die Arzneimittelversorgung nach § 129 Abs. 2 SGB V hier mengenmäßige Einschränkungen vorsieht.[215]

---

[206] Erwgr. 50 RL 2014/24/EU sowie Verordnungsbegründung zu § 14 Abs. 4 VgV, BR-Drs. 87/16, 169.

[207] EuGH Urt. v. 2.6.2005 – C-394/02, Slg. 2005, I-4732 = BeckRS 2005, 70408 – Kommission/Griechenland; OLG Düsseldorf Beschl. v. 28.5.2003 – VII-Verg 10/03, IBRRS 2003, 2047; VK Bund Beschl. v. 20.5.2003 – VK 1-35/03, IBRRS 2003, 1542.

[208] *Lietz/Natz* A&R 2009, 3 (7); *Gabriel* NZS 2008, 455 (458).

[209] EuGH Urt. v. 3.5.1994 – C-328/92, Slg. 1994, I-1583 = BeckRS 2004, 76411 Rn. 17 – Kommission/Spanien.

[210] EuGH Urt. v. 3.5.1994 – C-328/92, Slg. 1994, I-1583 = BeckRS 2004, 76411 Rn. 17 – Kommission/Spanien.

[211] *Gabriel* NZS 2008, 455 (458).

[212] **Reimporteure** kaufen Arzneimittel, die in Deutschland produziert und ins Ausland exportiert wurden, zu günstigeren Preisen im Ausland auf und vertreiben diese auf dem deutschen Arzneimittelmarkt. **Parallelimporteure** importieren Arzneimittel, die in einem anderen Mitgliedstaat der Europäischen Union (dezentral) zugelassen worden sind nach Deutschland und vertreiben diese hier nach einer Änderung der Kennzeichnung der Packungsbeilage. Ähnlich verfahren sog. **Parallelvertreiber,** die zentral zugelassene und damit innerhalb der Europäischen Union frei handelbare Arzneimittel nach Deutschland importieren.

[213] OLG Düsseldorf Beschl. v. 22.10.2008 – I-27 U 2/08, NZS 2009, 159 mAnm *Weiner* VergabeR 2009, 182 (189 ff.); zustimmend *Schickert* PharmR 2009, 164 (172); in diesem Sinne im Anschluss daran auch OLG Karlsruhe Beschl. v. 20.12.2013 – 15 Verg 6/13, VPRRS 2015, 0019; OLG Düsseldorf Beschl. v. 18.12.2013 – VII-Verg 24/13, BeckRS 2014, 2421; Beschl. v. 18.12.2013 – VII-Verg 21/13, VPRRS 2014, 0203; Beschl. v. 11.12.2013 – VII-Verg 25/13; VK Bund Beschl. v. 24.7.2013 – VK 3-59/13, VPRRS 2013, 1180; Beschl. v. 24.7.2013 – VK 3-62/13, VPRRS 2013, 1223; Beschl. v. 22.7.2013 – VK 3-56/13, VPRRS 2013, 1210.

[214] *Schickert* PharmR 2009, 164 (172).

[215] Sog. Importquote, vgl. § 129 Abs. 1 Nr. 2 SGB V und § 13 des Rahmenvertrags über die Arzneimittelversorgung nach § 129 Abs. 2 SGB V in der Fassung v. 1.1.2019 zuletzt geändert durch die zweite Änderungsvereinbarung v. 15.12.2019. Ebenso *Lietz/Natz* A&R 2009, 3 (7); *Uwer/Koch* PharmR 2008, 461 (464).

78 Die Frage, ob **Re- und Parallelimporteure** neben dem Originalhersteller eines patentgeschützten Originalpräparats **als Rabattvertragspartner** in Betracht kommen, sodass die Durchführung eines Verhandlungsverfahrens ohne Teilnahmewettbewerb nach § 14 Abs. 4 Nr. 2 lit. c) VgV in Ermangelung einer Alleinstellung (des Originalherstellers) unzulässig wäre, war mehrfach Gegenstand von Vergabenachprüfungsverfahren. Dazu wurde festgestellt, dass eine **prognostizierte mangelnde Lieferfähigkeit** von Re-/Parallelimporteuren **nicht dazu geeignet** ist, den **Rückgriff auf ein Verhandlungsverfahren ohne Teilnahmewettbewerb** gem. § 14 Abs. 4 Nr. 2 lit. c) VgV[216] mit dem entsprechenden Originalhersteller **zu rechtfertigen.**[217] Bei der kontinuierlichen und umfassenden Lieferfähigkeit während der Vertragslaufzeit handele es sich gerade nicht um ein Element des Beschaffungsbedarfs, sondern vielmehr um ein klassisches Eignungskriterium. Die vertragsschließende Krankenkasse dürfe deshalb nicht ohne Aufruf zum Wettbewerb darüber befinden, ob die rabattvertragsgegenständlichen Lieferverpflichtungen lediglich durch den Originalhersteller sichergestellt werden können und unter Berufung auf dieses Alleinstellungsmerkmal auf ein Verhandlungsverfahren ohne Teilnahmewettbewerb zurückgreifen. Die VK Baden-Württemberg gelangte im Rahmen eines gleichgelagerten Nachprüfungsverfahrens noch zu dem entgegengesetzten Ergebnis. Der Importeur hatte seine Lieferfähigkeit im Vergabenachprüfungsverfahren nicht glaubhaft machen können und sei deshalb von vornherein nicht als Rabattvertragspartner in Betracht gekommen, weshalb er mangels Schadens nicht in seinen Rechten iSv § 168 Abs. 1 S. 1 GWB[218] verletzt sei.[219] Zudem können die Voraussetzungen für ein Verhandlungsverfahren ohne Teilnahmewettbewerb gem. § 14 Abs. 4 Nr. 2 lit. c) VgV im Einzelfall vorliegen, weil die rabattvertraglich vereinbarten und zulässigerweise in den Beschaffungsbedarf der vertragsschließenden Krankenkasse aufgenommenen **Mehrwertleistungen,** wie zB sog. Schwestern-/Patientenbetreuungsprogramme, nur vom Originalhersteller angeboten und durchgeführt werden könnten. Die Entscheidung der VK Baden Württemberg erscheint, obwohl diese in der Beschwerdeinstanz revidiert wurde, gleichwohl vor allem insofern zutreffend, als diese dem Umstand Rechnung trägt, dass Re- und Parallelimporteure einerseits im Rahmen eines regelmäßig auf mehrere Jahre angelegten Rabattvertrags niemals die Belieferung einer Krankenkasse mit bestimmten Mengen von patentgeschützten Arzneimitteln gewährleisten können und andererseits auch eine Alleinstellung kraft Lieferfähigkeit, zumal wenn diese durch ein Ausschließlichkeitsrecht bzw. eine faktische Alleinstellung ergänzt wird, die wettbewerbliche Ausschreibung eines Vertrags entbehrlich machen kann.

79 Des Weiteren ist bei Rabattverträgen für Importarzneimittel sowie ihrer Bezugsarzneimittel die **Lieferfähigkeit sicherzustellen.**[220] Nur unter dieser Voraussetzung darf eine Krankenkasse an die maßgebliche Datenbank ein entsprechendes Kennzeichen melden, sodass die Apotheke das rabattierte Arzneimittel vorrangig abgeben muss. Hiernach wird man einstweilen davon ausgehen müssen, dass Re- und Parallelimporteure nicht über die in Rabattvertragsausschreibungen zum Zweck der Eignungsprüfung regelmäßig geforderte und vergaberechtlich gebotene Liefer-/Leistungsfähigkeit verfügen; der **valide Nachweis gesicherter Herstellungs-, Produktions- bzw. Lieferkapazitäten** wird ihnen regelmäßig (ggf. abhängig vom relevanten Mengenvolumen) nicht möglich sein. Die 2. VK Bund hat eine Ausschreibungsgestaltung gegenüber Re- und Parallelimporteuren als rechtswidrig erachtet, wenn zum Nachweis der Produktions- bzw. Lieferfähigkeit lediglich

---

[216] Zum Zeitpunkt der Entscheidungen § 3 EG Abs. 4 lit. c) VOL/A aF.

[217] OLG Karlsruhe Beschl. v. 20.12.2013 – 15 Verg 6/13, VPRRS 2015, 0019; OLG Düsseldorf Beschl. v. 18.12.2013 – VII-Verg 21/13, VPRRS 2014, 0203; Beschl. v. 18.12.2013 – VII-Verg 24/13, BeckRS 2014, 2421; Beschl. v. 11.12.2013 – VII-Verg 25/13; VK Bund Beschl. v. 24.7.2013 – VK 3-59/13, VPRRS 2013, 1180; Beschl. v. 24.7.2013 – VK 3-62/13, VPRRS 2013, 1223; Beschl. v. 22.7.2013 – VK 3-56/13, VPRRS 2013, 1210.

[218] Zum Zeitpunkt der Entscheidungen § 114 Abs. 1 S. 1 GWB.

[219] VK Baden-Württemberg Beschl. v. 8.8.2013 – 1 VK 20/13, VPRRS 2014, 0310; Beschl. v. 8.8.2013 – 1 VK 21/13, VPRRS 2014, 0311; Beschl. v. 8.8.2013 – 1 VK 22/13, VPRRS 2014, 0312.

[220] BT-Drs. 17/3698, 76.

Verträge mit Auftragsherstellern zulässig sind, Lieferverträge mit pharmazeutischen Großhändlern hingegen von vornherein nicht akzeptiert werden.[221] Diese konkrete Vorgabe sei nicht durch den Auftragsgegenstand gerechtfertigt und verhindere den grundsätzlich zwischen den Originalpräparatherstellern und den Re- und Parallelimporteuren bestehenden Wettbewerb. Die von der ausschreibenden Krankenkasse vorgesehenen hohen Anforderungen an den Nachweis der Lieferfähigkeit wurden jedoch gerade nicht per se beanstandet.[222] Vielmehr seien diese in der entscheidungsgegenständlichen Sachverhaltskonstellation von besonderer Bedeutung, da Zweifel an der faktischen Beteiligungsmöglichkeit von Re- bzw. Parallelimporteuren bestünden. Hingegen stellt das Verlangen einer Krankenkasse, sich bereits mit dem Angebot verbindlich über Lieferanten und die Lieferverhältnisse zu erklären, eine Diskriminierung von Arzneimittel-Importeuren gegenüber pharmazeutischen Herstellern dar.[223] Die positive **Berücksichtigung eines Patientenprogramms** als Qualitätskriterium im Rahmen der Angebotswertung, das von Originalherstellern im Zusammenhang mit einem rabattvertragsgegenständlichen Arzneimittel angeboten wird, wurde vom OLG Düsseldorf hingegen nicht als Diskriminierung gegenüber Re- und Parallelimporteuren angesehen und als vergaberechtskonform beurteilt.[224]

2. Abschluss von Erstattungsvereinbarungen gemäß § 130b SGB V

80 Pharmazeutischen Unternehmern sind **Rabattverhandlungen** über innovative Arzneimittel **gem. § 130b SGB V zwingend vorgeschrieben.**[225] Sie haben gem. § 35a SGB V zur Markteinführung ein Dossier über die Kosten und Nutzen eines innovativen Arzneimittels einzureichen, damit der Gemeinsame Bundesausschuss und/oder das Institut für Qualität und Wirtschaftlichkeit im Gesundheitswesen auf dieser Grundlage entscheiden können, ob es sich für bestimmte Patienten und Erkrankungen um ein **„Arzneimittel mit Zusatznutzen" (sog. Solist)** handelt oder ob Wettbewerb mit ähnlichen, vergleichbaren Arzneimitteln besteht (kein Solist). Sofern es sich um einen Solisten handelt, wird der pharmazeutische Unternehmer nach § 130b SGB V verpflichtet, mit dem Spitzenverband Bund der Krankenkassen innerhalb eines Jahres nach Zulassung **in Direktverhandlungen einen Rabatt auf den Abgabepreis** des pharmazeutischen Unternehmers mit Wirkung für alle Krankenkassen zu vereinbaren (unter unveränderter Beibehaltung des Listenpreises). Sollte keine Einigung erzielt werden, ist eine Schiedsstelle aufgerufen, innerhalb von drei Monaten den Rabatt festzusetzen. Das gilt nach § 35a Abs. 6 SGB V auch für bereits markteingeführte patentgeschützte (nicht festbetragsfähige) Arzneimittel.

81 Vorbehaltlich der in jedem Einzelfall in Ansehung der konkreten Rabattvertragsgestaltung sowie der mit dieser einhergehenden Lenkungs-/Steuerungswirkung zu beantwortenden Frage, ob es sich bei einem Rabattvertrag betreffend patentgeschützte Originalpräparate überhaupt um einen **öffentlichen Auftrag** handelt (→ Rn. 25 ff.), ist im – hier unterstellten – Fall der Bejahung der Auftragseigenschaft das vorstehend beschriebene **Konzept „ausschreibungsloser Direktverhandlungen"** vergaberechtlich nur dann nicht zu beanstanden, wenn die Voraussetzungen für ein Verhandlungsverfahren ohne Teilnahmewettbewerb vorliegen. Die in diesem Zusammenhang einzig in Betracht kommende Ausnahmevorschrift ist erneut **§ 14 Abs. 4 Nr. 2 lit. c) VgV** (vgl. zu deren Anwendung bei Rabattverträgen gem. § 130a Abs. 8 SGB V → Rn. 76 ff.), die einen direkten Vertragsabschluss mit einem ausgewählten Vertragspartner (nur) dann gestattet, „wenn der Auftrag

221 VK Bund Beschl. v. 7.8.2013 – VK 2-68/13, VPRRS 2013, 1202.

222 So auch VK Bund Beschl. v. 4.11.2013 – VK 2-96/13, VPRRS 2013, 1625 zu einer vergaberechtlich ebenfalls als zulässig beurteilten Forderung, Nachweise im Hinblick auf die Lieferfähigkeit von Lieferanten beizubringen. Einschränkend jetzt jedoch OLG Düsseldorf Beschl. v. 25.6.2014 – VII-Verg 38/13, VPRRS 2014, 0472.

223 OLG Düsseldorf Beschl. v. 25.6.2014 – VII-Verg 38/13, VPRRS 2014, 0472.

224 OLG Düsseldorf Beschl. v. 19.11.2014 – VII-Verg 30/14, NZBau 2015, 43 mAnm *Gabriel* VPR 2015, 36.

225 Vgl. dazu *Anders* PharmR 2012, 81.

nur von einem bestimmten Unternehmen erbracht oder bereitgestellt werden kann, wegen des Schutzes von ausschließlichen Rechten, insbesondere von gewerblichen Schutzrechten".[226]

82 Ob diese Voraussetzungen beim Abschluss von Erstattungsvereinbarungen gem. § 130b SGB V über „Arzneimittel mit Zusatznutzen" (Solisten) vorliegen, bedarf einer **sorgfältigen Prüfung im Einzelfall** anhand der hierfür einschlägigen vergaberechtlichen Kriterien. Aus diesem Grund ist zur rechtssicheren Gestaltung des Verfahrens der Direktverhandlungen unerlässlich, dass das bei Markteinführung **vorzulegende Kosten-Nutzen-Dossier** von vornherein – auch – im Hinblick auf diese vergaberechtlich gebotene Prüfung verfasst wird und die aus vergaberechtlicher Sicht maßgeblichen Erwägungen einbezogen werden (vgl. zu den vergaberechtlichen Kriterien → Rn. 76f.). Vor dem Hintergrund der bislang zur der Vorgängervorschrift von § 14 Abs. 4 Nr. 2 lit. c VgV (§ 3a Nr. 2 lit. c) VOL/A aF) ergangenen, strengen Rechtsprechung sind Zweifel angezeigt, dass bereits jedweder Zusatznutzen zur Begründung einer vergaberechtlichen Alleinstellung im Sinne dieser Vorschrift ausreichen kann. Zur Beurteilung, ob ein Arzneimittel eine vergaberechtliche Alleinstellung besitzt, ergeben sich aus dem Vergaberecht selbst keine greifbaren Kriterien, sodass sich mehrere Argumentationswege anbieten, bei denen die Frage der Vergleichbarkeit bzw. Alleinstellung anhand sozialversicherungsrechtlicher oder wettbewerbsrechtlicher Erwägungen beantwortet wird.[227] Inwieweit diese Argumente tragfähig sind, muss in Ansehung der medizinisch- bzw. therapeutisch-pharmakologischen Eigenschaften des jeweils in Rede stehenden Arzneimittels abschließend geprüft werden, wobei diese Prüfung in Ansehung der frühen Nutzenbewertung nach § 35a SGB V bereits in dem zur Markteinführung einzureichenden Kosten-Nutzen-Dossier vorgenommen werden sollte.

III. Vergleichbarkeit der Angebote – Anforderungen an die Leistungsbeschreibung

83 Im Hinblick auf die **Anforderungen an eine eindeutige und erschöpfende Leistungsbeschreibung**[228] gem. § 121 Abs. 1 GWB darf die Ausschreibung im offenen Verfahren nur unter der Voraussetzung erfolgen, dass die Angebote vergleichbar iSv § 121 Abs. 1 GWB sind. Der **unbestimmte vergaberechtliche Rechtsbegriff der Vergleichbarkeit** muss in diesem Zusammenhang unter Berücksichtigung der spezifischen Besonderheiten bei Arzneimittelbeschaffungen und der gesetzlichen Rahmenbedingungen des SGB V ausgelegt werden. Problematisch sind dabei insbes. solche – nicht seltenen – Fälle, in denen verschiedene Originalpräparate für unterschiedliche, sich (aber/nur) teilweise überschneidende Indikationsbereiche zugelassen sind.

84 Eine **pauschale Heranziehung der Beurteilungsrichtlinien,** die im Zusammenhang mit den Festbetragsgruppen der Stufe 2 für patentgeschützte Arzneimittel gem. § 35 SGB V entwickelt wurden, kommt hierbei wohl nicht in Betracht.[229] Denn die Bildung von Festbetragsgruppen nach § 35 SGB V zielt ausschließlich auf die Preisbildung und soll durch die Begrenzung der Erstattungshöchstbeträge Preisspannen reduzieren.[230] Gegen die **unbesehene Anknüpfung an** diese **Festbetragsgruppenbildungen** spricht, dass das

---

[226] Zusammenfassend hierzu *Gabriel* NZS 2008, 455; *Wille* A&R 2008, 164; *Lietz/Natz* A&R 2009, 3; *Schickert* PharmR 2009, 164.

[227] Hierzu *Gabriel* NZS 2008, 455 (458ff.); *Wille* A&R 2008, 164 (165ff.).

[228] Dazu allgemein BeckOK VergabeR/*Stein/Wolf* GWB § 121 Rn. 33ff.

[229] Hierzu *Gabriel* NZS 2008, 455 (458). Anders LSG Baden-Württemberg Beschl. v. 17.2.2009 – L 11 WB 381/09, NJOZ 2009, 2341 (2347): „Dabei dürfen die Ag. entsprechend der für die Bildung von Festbetragsgruppen geltenden Bestimmungen in §§ 35 I 2, 35a III 1 SGB V davon ausgehen, dass Arzneimittel mit denselben Wirkstoffen auch den gleichen therapeutischen Nutzen haben und etwas anderes nur gilt, wenn die Arzneimittel trotz vorhandener Wirkstoffidentität unterschiedliche Bioverfügbarkeiten aufweisen, sofern diese für die Therapie bedeutsam sind."

[230] KassKomm/*Hess* SGB V § 35 Rn. 2.

SGB V in diversen anderen Zusammenhängen eine Privilegierung patentgeschützter Medikamente vorsieht. So liegt zB den besonderen Regelungen zur eingeschränkten Festbetragsgruppentauglichkeit patentgeschützter Medikamente in § 35 Abs. 1 S. 6, 7 SGB V der Gedanke zugrunde, dass der durch das Patent gewährte Investitionsschutz durch die Einstufung in eine einheitliche Erstattungsgruppe nicht untergraben werden soll. Die Erreichung des Zwecks der Innovationsförderung im Bereich der Arzneimittelforschung würde gefährdet, wenn Krankenkassen unterschiedliche patentgeschützte Originalmedikamente, die sich auf (nur) teilweise gleiche Indikationen beziehen, in einen Wettbewerb setzen dürften und Herstellern von Originalarzneimitteln so die Möglichkeit zur Amortisierung ihrer Forschungs- und Entwicklungskosten eingeschränkt würde. Denn setzte man entsprechende Arzneimittel gleichwohl in einen Ausschreibungswettbewerb, würde eine Situation erzeugt, in der zur Wahrung der Chance auf den Zuschlag des Rabattvertrags notwendige Rabatte auch insoweit anzubieten und zu zahlen wären, als die Abgabe des betreffenden Arzneimittels aufgrund der ausschließlichen Zulassung für eine bestimmte Indikation gerade nicht durch Abgabe eines anderen Medikaments ersetzt werden kann und insofern zwischen den verschiedenen Präparaten gerade kein Wettbewerb/keine Vergleichbarkeit besteht.

Die Rechtsprechung hat dementsprechend eine **Vergleichbarkeit** bislang nur in solchen Fällen bejaht, in denen es um Arzneimittel mit nicht nur teilweise, sondern **sich größtenteils überschneidenden (nahezu identischen) Indikationsbereichen** ging.[231] Das spricht dafür, bei Arzneimitteln mit **divergierenden Indikationsbereichen** eine Vergleichbarkeit iSv § 121 Abs. 1 GWB tendenziell eher zu verneinen. Vergleichbarkeit wird vom LSG Baden-Württemberg jedenfalls nicht so verstanden, dass Krankenkassen Rabattvertragsausschreibungen ausschließlich auf substituierbare Arzneimittel iSv § 129 SGB V beschränken müssten, da der Aspekt des (gleichen) therapeutischen Nutzens im Vordergrund steht.[232] Eine Zusammenfassung mehrerer Originalpräparate im Rahmen einer Ausschreibung setzt dementsprechend nicht notwendigerweise eine Substitutionsmöglichkeit nach § 129 SGB V iVm § 9 Abs. 3 lit. a) des Rahmenvertrags nach § 129 Abs. 2 SGB V[233] voraus, **wenn aus anderen Gründen ein Wettbewerbsverhältnis zwischen den Arzneimitteln besteht.** Im Rahmen der Leistungsbeschreibung ist bezüglich der Feststellung eines solchen Wettbewerbsverhältnisses dabei bereits der Bezug zur ärztlichen Indikation bzw. zur Auffassung der Nachfrageentscheider (Ärzte und ggf. Apotheker) hinreichend.[234] Dabei wird es seitens der Rechtsprechung sogar als ausreichend erachtet, wenn zwar potentiell ein indikationsbegründetes Wettbewerbsverhältnis besteht, es aber etwa aufgrund der Kategorisierung des entsprechenden Wirkstoffs als **„Critical-Dose-Wirkstoff"** in tatsächlicher Hinsicht regelmäßig nicht zu einer echten Auswahl seitens des Nachfrageentscheiders und damit häufig auch nicht zu einer Substitution kommt.[235] Vor diesem Hintergrund wurde zudem festgestellt, dass ein Bieter keinen Anspruch darauf hat, dass der Auftraggeber ein vertragliches Anpassungs-**Sonderkündigungsrecht** für den Fall 85

---

[231] ZB im Fall einer Austauschbarkeit bezüglich der Hauptindikation bzw. einer ca. 99-prozentigen Schnittmenge der betroffenen Indikationen, vgl. VK Bund Beschl. v. 22.8.2008 – VK 2-73/08, IBRRS 2009, 3602; Beschl. v. 15.8.2008 – VK 3-107/08, IBRRS 2014, 0032 oder einer bloßen Abweichung der Anzahl von Dosiereinheiten, die in den ausgeschriebenen Normpackungsgrößen enthalten sind, vgl. OLG Düsseldorf Beschl. v. 17.1.2011 – VII-Verg 2/11, BeckRS 2011, 18629; VK Bund Beschl. v. 29.11.2010 – VK 2-113/10, VPRRS 2013, 0620.

[232] LSG Baden-Württemberg Beschl. v. 17.2.2009 – L 11 WB 381/09, NJOZ 2009, 2341; OLG Düsseldorf Beschl. v. 20.10.2008 – VII-Verg 46/08, BeckRS 2009, 4981; VK Bund Beschl. v. 22.8.2008 – VK 2-73/08, IBRRS 2009, 3602; Beschl. v. 15.8.2008 – VK 3-107/08, IBRRS 2014, 0032.

[233] Rahmenvertrag über die Arzneimittelversorgung nach § 129 Abs. 2 SGB V in der Fassung v. 1.1.2019 zuletzt geändert durch die zweite Änderungsvereinbarung v. 15.12.2019.

[234] OLG Düsseldorf Beschl. v. 8.6.2011 – VII-Verg 2/11, IBRRS 2011, 3862; Beschl. v. 17.1.2011 – VII-Verg 2/11, BeckRS 2011, 18629; VK Bund Beschl. v. 29.11.2010 – VK 2-113/10, VPRRS 2013, 0620.

[235] OLG Düsseldorf Beschl. v. 10.4.2013 – VII-Verg 45/12, BeckRS 2013, 21177; Beschl. v. 30.1.2012 – VII-Verg 103/11, BeckRS 2012, 6483; VK Bund Beschl. v. 26.10.2012 – VK 2-107/12, VPRRS 2012, 0446; Beschl. v. 25.11.2011 – VK 1-135/11, IBRRS 2013, 2443.

vorsieht, dass ein solcher Wirkstoff in die Substitutionsausschlussliste nach § 129 Abs. 1a SGB V[236] aufgenommen wird.[237] Ähnlich entschieden die Vergabenachprüfungsinstanzen im Zusammenhang mit der indikationsbezogenen Ausschreibung von Rabattverträgen zur Beschaffung bildgebender **(Röntgen-)Kontrastmittel für den Sprechstundenbedarf.** Soweit verschiedene Kontrastmittel arzneimittelrechtlich jeweils für dasselbe Anwendungsgebiet zugelassen sind und ein Radiologe deshalb für die größte Zahl der Untersuchungen auf austauschbare Präparate zurückgreifen kann, sind die nachfragenden Krankenkassen gehalten, diese Produkte – durch die Zusammenfassung in einem Fachlos – auch einem wettbewerblichen Verfahren zugänglich zu machen.[238] Dem steht nicht entgegen, dass die pharmakologische/therapeutische Wirkweise der so beschafften Kontrastmittel im Einzelfall wegen patientenspezifischer Besonderheiten ungeeignet sein kann.[239]

86 Soweit verschiedene (vergleichbare) Arzneimittel dagegen zur Behandlung **derselben Indikation** eingesetzt werden können und daher miteinander im Wettbewerb stehen, würde eine wirkstoffbezogene Ausschreibung, die ohne sachliche Rechtfertigung nur einzelne dieser vergleichbaren (patentgeschützten) Wirkstoffe nachfragt, gegen § 31 Abs. 6 VgV[240] verstoßen.[241] Da in diesen Fällen eine Vergleichbarkeit gem. § 121 Abs. 1 GWB gegeben ist, müssen **indikationsbezogene Lose** gebildet und indikationsbezogen (unter Bezugnahme auf die therapeutische Wirkung der Arzneimittel) ausgeschrieben werden.[242] Die Leistungsbeschreibung muss stets sachlich begründbar sein, um nicht gegen den Grundsatz der Herstellerneutralität zu verstoßen.[243] Hinsichtlich der Abgrenzung einer wirkstoffbezogenen von einer indikationsbezogenen Ausschreibung geht die Rechtsprechung selbst dann vom Vorliegen eines Wirkstoffbezugs aus, wenn eine Rahmenvereinbarung für bis zu drei von insgesamt fünf am Markt verfügbaren Wirkstoffe mit teilweise übereinstimmenden Indikationsbereichen abgeschlossen werden soll.[244]

IV. Ausschreibungen (in zeitlicher Hinsicht kurz) vor Ablauf des Patentschutzes

87 Ein vergaberechtliches Sonderproblem stellt die Ausschreibung von Rabattverträgen nach § 130a Abs. 8 SGB V über patentgeschützte Arzneimittel **(kurz) vor Ablauf des Patentschutzes** dar. Geht die Vertragslaufzeit des Rabattvertrags über die zeitliche Dauer des Patentschutzes hinaus, kann dem Rabattvertrag in diesem Zusammenhang durch die damit verbundene Exklusivität aufgrund der Substitution nach § 129 Abs. 1 S. 3 SGB V eine **faktisch patentverlängernde Wirkung** zukommen, da der Patentinhaber neben Parallelimporteuren zum Ausschreibungszeitpunkt der einzige Anbieter des entsprechenden Arzneimittels ist und dementsprechend regelmäßig den Zuschlag für den Rabattvertrag erhalten wird. Die damit verbundenen erheblichen Wettbewerbsnachteile für Generikahersteller durch Behinderung bzw. Hinauszögerung des Generikawettbewerbs ab Patentablauf müssen deshalb **bei der Bemessung der Laufzeit** des Rabattvertrags zwingend berücksichtigt werden.[245] Notwendig dürfte dementsprechend eine flexible vertragliche Gestal-

---

[236] Zum Zeitpunkt der Entscheidung § 129 Abs. 1 S. 8 aF SGB V. Vgl. zur Substitutionsausschlussliste Teil B Anlage VII der Richtlinie des Gemeinsamen Bundesausschusses über die Verordnung von Arzneimitteln der in der vertragsärztlichen Versorgung (AM-RL) v. 18.12.2008/22.1.2009 zuletzt geändert am 20.2. 2020 und LSG Berlin-Brandenburg Urt. v. 24.2.2017 – L 1 KR 80/14 KL, BeckRS 2017, 104854 Rn. 32.

[237] VK Bund Beschl. v. 18.11.2013 – VK 1-91/13, VPRRS 2014, 0369.

[238] VK Bund Beschl. v. 29.1.2015 – VK 2-117/14, VPRRS 2015, 0141.

[239] OLG Düsseldorf Beschl. v. 17.6.2015 – VII-Verg 12/15.

[240] Zum Zeitpunkt der Entscheidung § 8 EG Abs. 7 VOL/A.

[241] So OLG Düsseldorf Beschl. v. 20.10.2008 – VII-Verg 46/08, BeckRS 2009, 4981.

[242] Hierzu OLG Düsseldorf Beschl. v. 17.1.2011 – VII-Verg 2/11, BeckRS 2011, 18629; VK Bund Beschl. v. 29.11.2010 – VK 2-113/10, VPRRS 2013, 0620; Beschl. v. 19.11.2008 – VK 1-135/08, veris.

[243] *Kamann/Gey* PharmR 2009, 114 (119); *Schickert* PharmR 2009, 164 (172); *Gabriel* NZS 2008, 455 (457).

[244] OLG Düsseldorf Beschl. v. 27.5.2015 – VII-Verg 2/15, BeckRS 2015, 18293; VK Bund Beschl. v. 12.1. 2015 – VK 1-104/14, VPRRS 2015, 0084.

[245] VK Bund Beschl. v. 6.7.2011 – VK 3-80/11, VPRRS 2013, 0239.

tung sein, welche die Rabattvertragslaufzeit grundsätzlich auf den Ablauf des Patentschutzes beschränkt, bzw. andere „intelligente" Anpassungsklauseln vorsieht, um auf die jeweiligen Marktgegebenheiten reagieren zu können und Wettbewerbsbeschränkungen zu verhindern. Das gilt unabhängig der gewählten Vergabeverfahrensart.

Schließlich kann sich aus dem Bestehen eines Wirkstoffpatentschutzes ggf. eine Besonderheit hinsichtlich der Anforderungen an die unverzügliche Rüge von Vergaberechtsverstößen ergeben. Denn ein pharmazeutischer Unternehmer, der in der Ausschreibung eines patentgeschützten Wirkstoffs, welcher Gegenstand offener **Patentstreitigkeiten** ist, einen Vergaberechtsverstoß sieht und dem die Patentstreitigkeiten bekannt sind, erlangt nach der Rechtsprechung bereits mit der **Auftragsbekanntmachung** der Ausschreibung Kenntnis von dem seiner Meinung nach bestehenden Vergabeverstoß.[246] Sofern der pharmazeutische Unternehmer diesen nicht unverzüglich nach Kenntniserlangung bei der Krankenkasse rügt, sei er im späteren Nachprüfungsverfahren hinsichtlich dieser rechtlichen Einwände **präkludiert.** 88

V. Ausschreibungen von Rabattverträgen trotz indikationsbezogenen Patentschutzes – Wirkstoff „Pregabalin"

Eine im **Schnittfeld von Vergabe-, Sozial- und Patentrecht** angesiedelte aktuelle Problematik betrifft den Abschluss von Arzneimittelrabattverträgen, mit denen ein Wirkstoff nachgefragt wird, der für mehrere medizinische Indikationen arzneimittelrechtlich zugelassen ist, ein **Anwendungs-/Verwendungspatent** des (Original-)Herstellers (sog. „second medical use patent") jedoch nicht (mehr) für sämtliche Indikationsbereiche besteht, sodass (lediglich) für einige – nicht mehr patentgeschützte – Anwendungsbereiche bereits Generika am Markt angeboten werden dürfen. Eine solche patentrechtliche Situation liegt gegenwärtig in Bezug auf den Wirkstoff „Pregabalin" vor. Die Ausschreibung von Rabattverträgen über diesen Wirkstoff war aufgrund geltend gemachter Patentverletzungen in jüngerer Vergangenheit wiederholt Gegenstand von Vergabenachprüfungsverfahren.[247] Diese besitzen eine erhebliche praktische Relevanz, da bei vielen sog. Blockbuster-Präparaten die gegenwärtig noch bestehenden Wirkstoffpatente in nächster Zeit (teilweise) auslaufen werden, wodurch eine Situation geschaffen wird, die derjenigen in Bezug auf den Wirkstoff Pregabalin entspricht. Die Erkenntnisse aus den in Rede stehenden Rechtsschutzverfahren können daher als **Muster für zukünftige Vergabeverfahren** herangezogen werden. 89

Den Ausgangspunkt der Problematik bildet eine wirkstoffbezogene Ausschreibung, mit der ein Rabattvertrag ua über den Wirkstoff Pregabalin nachgefragt wurde. Der Zuschlag sollte auf das Angebot erteilt werden, mit dem die höchsten Einsparungen für die ausschreibende Krankenkasse verbunden waren. Die damals geltende Patentrechtslage wurde in der Ausschreibungskonzeption nicht berücksichtigt. Das ist nach der Rechtsprechung mit dem Vergaberecht nicht vereinbar.[248] Es obliege grundsätzlich der Krankenkasse, die Wahrung des Patentschutzes sicherzustellen. Würde der Zuschlag im Rahmen einer wirkstoffbezogenen Ausschreibung, in der keine besonderen Vorkehrungen zur Gewährleistung des Patentschutzes getroffen werden, auf das Angebot eines Generikaherstellers erteilt, wäre damit die **Gefahr einer verbotswidrigen Missachtung des Anwendungs-/Verwendungspatents** verbunden. Denn bei der ärztlichen Verordnung von Arzneimitteln wird die medizinische Indikation – dh der Grund für die Verordnung – nicht angegeben. Apotheker können deshalb bei der Abgabe eines Arzneimittels weder erkennen noch auf 90

[246] LSG Baden-Württemberg Beschl. v. 23.1.2009 – L 11 WB 5971/08, BeckRS 2009, 50726 mAnm *Gabriel* VergabeR 2009, 452 (465).

[247] Hierzu auch *Csaki/Junge-Gierse* ZfBR 2017, 234; *Conrad* NZS 2016, 687.

[248] OLG Düsseldorf Beschl. v. 1.12.2015 – VII-Verg 20/15, BeckRS 2016, 2948 mAnm *Czernik* VPR 2016, 2827; VK Bund Beschl. v. 16.3.2015 – VK 2-7/15, IBRRS 2015, 3339; Beschl. v. 22.8.2008 – VK 2-73/08, IBRRS 2009, 3602.

anderem Wege ermitteln, ob die Anwendung des Wirkstoffs im patentgeschützten oder im patentfreien Bereich erfolgen soll. Dementsprechend müsste nach § 129 Abs. 1 S. 3 SGB V eine Substitution zu Gunsten des Rabattvertragspartners auch bei solchen Indikationen erfolgen, in denen das Anwendungs-/Verwendungspatent der Abgabe eines Generikums an sich entgegensteht, was zu einer Patentverletzung führen würde. Nach Auffassung des OLG Düsseldorf sind **Generikaanbieter** deshalb bei Ausschreibungsgestaltungen der vorstehenden Art **wegen Zweifeln an der (technischen) Leistungsfähigkeit** aus rechtlichen Gründen **vom Vergabeverfahren auszuschließen,** da sonst eine Verletzung des Anwendungs-/Verwendungspatents drohen würde.[249] Zur Vermeidung dieser Problematik weist der Senat jedoch ausdrücklich auf die Möglichkeit hin, bei der Ausschreibung durch die Bildung einzelner Fachlose zwischen dem patentgeschützten Anwendungsbereich des Wirkstoffs und den sonstigen Anwendungsbereichen zu differenzieren.

91 In der Folge schrieb eine Krankenkasse **in zwei verschiedenen Vergabeverfahren jeweils einen Rabattvertrag** aus, wobei beide Verträge den Wirkstoff Pregabalin zum Gegenstand hatten. Die ausgeschriebenen Rabattverträge zeichneten sich dadurch aus, dass sich ein Vertrag lediglich auf Arzneimittel bezog, die **„ausschließlich“ für die patentfreien Indikationen zugelassen** sind, während der andere Rabattvertrag sich lediglich auf Arzneimittel bezog, die **„ausschließlich“ für die patentgeschützte Indikation zugelassen** sind. Um bei der Vertragsdurchführung, insbes. bei der Arzneimittelverordnung und bei der Abgabe der Arzneimittel, die Beachtung des Patentschutzes zu gewährleisten, beabsichtigte die Krankenkasse von ihren Informationsrechten gegenüber den kassenärztlichen Vereinigungen und den Vertragsärzten gem. § 106 SGB V und § 73 Abs. 8 SGB V Gebrauch zu machen und die Vertragsärzte darüber zu informieren, dass (1.) der Wirkstoff Pregabalin einen patentgeschützten und einen nicht patentgeschützten Anwendungsbereich hat, (2.) ein Rabattvertrag für Pregabalin-Präparate für bestimmte Indikationsbereiche besteht, (3.) kein Rabattvertrag für das patentgeschützte Präparat besteht, (4.) im Falle der Behandlung eines Versicherten mit einer patentgeschützten Indikation das Präparat des Patentinhabers zu verordnen ist und (5.) anderenfalls das rabattierte Arzneimittel zu verordnen ist.

92 Während das Vergabeverfahren, das sich auf Arzneimittel bezog, die ausschließlich für die patentgeschützte Indikation zugelassen sind, in Ermangelung von Angeboten aufgehoben wurde, wurde gegen das **Vergabeverfahren, das Arzneimittel (nur) für patentfreie Indikationen** betraf, ein Nachprüfungsverfahren einerseits durch einen Generikaanbieter und andererseits durch den Originator (Patentinhaber) eingeleitet. In dem **Verfahren des Generikaanbieters** wurde die Ausschreibung sowohl von der 1. VK Bund als auch durch das OLG Düsseldorf für vergaberechtskonform erklärt.[250] Dieses Ergebnis ist aus zwei Gründen besonders bemerkenswert: Zum einen ist auch die verfahrensgegenständliche Ausschreibungsgestaltung nicht geeignet, eine Patentverletzung sicher auszuschließen. Schließlich ändert diese nichts an dem Umstand, dass Apotheker bei der Abgabe des Arzneimittels nicht erkennen können, für welche Indikation der Wirkstoff verordnet wurde.[251] Eine **„wilde Substitution“** könnte lediglich dadurch verhindert werden, dass der jeweilige Arzt ein für die patentgeschützte Indikation zugelassenes Präparat namentlich verordnet und die Ersetzungsbefugnis durch das Aut-idem-Kreuz auf der Ver-

---

[249] OLG Düsseldorf Beschl. v. 1.12.2015 – VII-Verg 20/15, BeckRS 2016. Darüber hinaus hat das LG Hamburg Urt. v. 2.4.2015 – 327 O 140/15, BeckRS 2015, 8822 entschieden, dass der Vertreiber eines Generikums, das ausschließlich für patentfreie Indikationen zugelassen ist, mittelbar ein Anwendungs-/Verwendungspatent verletzt, wenn dieser einem Open-House-Rabattvertrag nach § 130a Abs. 8 SGB V beitritt, der nicht ausdrücklich auf die patentfreie Indikation beschränkt ist.

[250] OLG Düsseldorf Beschl. v. 11.5.2016 – Verg 2/16, IBRRS 2016, 2511; VK Bund Beschl. v. 23.12.2015 – VK 1-110/15, BeckRS 2015, 122845.

[251] In diesem Sinne, wenngleich in anderem Kontext, VK Bund Beschl. v. 12.1.2015 – VK 1-104/14, VPRRS 2015, 0084.

ordnung ausschließt.[252] Das setzt aber wiederum entsprechende Kenntnisse von dem Patentschutz seitens der Ärzte voraus, die aber – zumal ein second medical use patent grundsätzlich schlechter auszumachen ist als ein originäres Wirkstoffpatent – nicht in allen Fällen vorhanden sind.[253] Zum anderen folgert das **OLG Düsseldorf** aus dem Grundsatz von Treu und Glauben nach § 242 BGB **Rücksichtnahme- und Schutzpflichten des öffentlichen Auftraggebers,** nach denen dieser bereits bei der Ausschreibung seines Beschaffungsvorhabens dafür Sorge zu tragen habe, dass der Bieter, sollte er den Zuschlag auf sein Angebot erhalten, durch die Erfüllung des Auftrags nicht gegen Gesetz oder Rechte Dritter verstößt und Gefahr läuft, wegen dieser Verstöße in Anspruch genommen zu werden.[254] Der Düsseldorfer Vergabesenat geht davon aus, dass das Risiko einer Patentverletzung durch Abgabe eines rabattierten Generikums als hoch einzuschätzen ist. Der Auftraggeber habe deshalb im Rahmen des Möglichen und Zumutbaren – durch Einwirkung auf das Verordnungsverhalten der Kassenärzte – alles zu unternehmen, um eine Beachtung des Verwendungspatents sicherzustellen.[255] Dass die Ausschreibungsgestaltung im konkreten Fall als vergaberechtlich zulässig beurteilt wird, obwohl die Krankenkasse eine Patentverletzung nicht sicher ausschließen kann, beruht letztlich auf der Erwägung, dass dieses **Risiko einer Patentverletzung systemimmanent** sei und auch dann bestehe, wenn kein Rabattvertrag über den verfahrensgegenständlichen Wirkstoff abgeschlossen werden würde. In einem solchen Fall hätte der Apotheker nach § 129 Abs. 1 S. 1 Nr. 1 SGB V das preisgünstigste Arzneimittel abzugeben. Das wäre jedoch im Regelfall ein Generikum, wodurch es auch ohne den Abschluss eines Rabattvertrags zu einer wilden Substitution ohne Beachtung des bestehenden Anwendungs-/Verwendungspatents kommen würde.

Auch in dem **Nachprüfungsverfahren des Originators (Patentinhabers)** beurteilte 93
die **1. VK Bund** die Ausschreibungsgestaltung für vergaberechtskonform, obwohl der Patentinhaber durch die Vergabegestaltung im konkreten Fall faktisch von der Teilnahme am Vergabeverfahren ausgeschlossen wurde, da er zum Zeitpunkt der Bekanntmachung lediglich ein Präparat mit dem ausschreibungsgegenständlichen Wirkstoff im Sortiment führte, das allerdings sowohl für die patentgeschützte als auch für die patentfreien Indikationen zugelassen ist.[256] Das sei allerdings **durch den Umstand gerechtfertigt,** dass die gewählte Ausschreibungsgestaltung der einzige gangbare Weg sei, um eine Patentrechtsverletzung zu vermeiden und gleichzeitig einen Wettbewerb zwischen den am Markt tätigen Anbietern zu gewährleisten.[257] Das **OLG Düsseldorf** beurteilte die Ausschreibungsgestaltung in der Beschwerdeinstanz hingegen als **vergaberechtswidrig.** Einerseits handele es sich bei der Beschränkung des Ausschreibungsgegenstands auf Arzneimittel, die ausschließlich auf die patentgeschützte Indikation zugelassen sind, um eine unerfüllbare Forderung. Andererseits verstößt dieses Ausschreibungsmodell gegen das vergaberechtliche Diskriminierungsverbot, da dem Originator die Teilnahme am Vergabeverfahren faktisch unmöglich gemacht wird. Schließlich besteht für den Patentinhaber aufgrund zulassungsrechtlicher Vorgaben des EU-Rechts (insbes. nach Art. 82 VO (EG) Nr. 726/2004) kaum eine Chance, die Zulassungslage zu ändern, um die Vorgaben der Ausschreibung zu erfüllen.[258]

VI. Durchführung eines Open-House-Verfahrens bei bestehendem Patentschutz

Ein **bestehender Patentschutz** hindert den Auftraggeber nach Auffassung der 1. VK 94
Bund grundsätzlich nicht daran, ein **Open-House-Modell** zum Rabattvertragsabschluss

---

[252] Siehe zur Ersetzungsbefugnis des Arztes auch SG Detmold Urt. v. 26.1.2018 – S 3 KR 450/15, BeckRS 2018, 43882 Rn. 17f.; SG Bremen Urt. v. 17.3.2017 – S7 KR 269/14, juris Rn. 22ff.
[253] VK Bund Beschl. v. 21.12.2015 – VK 1-106/15, IBRRS 2016, 3473.
[254] OLG Düsseldorf Beschl. v. 11.5.2016 – VII-Verg 2/16, IBRRS 2016, 2511.
[255] OLG Düsseldorf Beschl. v. 11.5.2016 – VII-Verg 2/16, IBRRS 2016, 2511.
[256] VK Bund Beschl. v. 8.4.2016 – VK 1-104/15, VPRRS 2016, 0418.
[257] VK Bund Beschl. v. 8.4.2016 – VK 1-104/15, VPRRS 2016, 0418.
[258] OLG Düsseldorf Beschl. v. 14.9.2016 – VII-Verg 13/16, BeckRS 2016, 18568.

zu wählen. Dass dadurch Unternehmen an der Teilnahme an dem beitrittsoffenen Vertragsmodell aus rechtlichen Gründen gehindert sind, wenn sie nicht über das Patent verfügen (und somit nur der Originator und etwaige Parallelimporteure an dem Open-House-Vertrag teilnehmen können), sei nicht vergaberechtswidrig. Denn es liege in der Natur der Sache, dass ein Vertragsbeitritt nur solchen Unternehmen offenstehe, die **rechtlich und tatsächlich leistungs- und lieferfähig** sind.[259] In der zugrundeliegenden Ausschreibung war ferner entscheidungserheblich, dass der Patentschutz während der Vertragslaufzeit auslief und jedenfalls ab diesem Zeitpunkt auch weitere Unternehmer beitreten konnten.

95 Etwas anderes gilt, wenn **einheitlich ein Rabattvertrag über eine patentfreie und zugleich über die patentgeschützte Indikation** eines Wirkstoffs im Wege des Open-House-Modells von den Unternehmern geschlossen werden muss. Denn in einem solchen Fall ist es Unternehmern, die nicht über den Patentschutz verfügen, verwehrt, einen Rabattvertrag (nur) über die patentfreie Indikation abzuschließen. „Der Umstand, wonach die Rabatte für beide Indikationen unauflösbar in einem Paket miteinander verknüpft werden, wirkt sich […] wie eine **Bedingung** aus". Es fehle dann an der für alle Unternehmen gleichen Zugangsmöglichkeit.[260]

E. Ausschreibungsrelevante Besonderheiten bei Rabattverträgen betreffend Verträge über Generika oder patentgeschützte Originalpräparate

96 Neben den ausschreibungsrelevanten Besonderheiten jeweils spezifisch in Bezug auf Rabattverträge betreffend Generika bzw. betreffend patentgeschützte Originalpräparate hat sich die **Rechtsprechung** auch mit Aspekten befasst, die sowohl Verträge über Generika als auch über patentgeschützte Originalpräparate betreffen. Derzeit wird durch die Rechtsprechung insbes. geklärt, ob **Mitteilungspflichten** über die in Rabattverträgen vereinbarten Rabatthöhen nach § 1 Abs. 1 S. 1 IFG bestehen; hierzu ist momentan ein Revisionsverfahren vor dem BVerwG anhängig. Zudem hat sich die Rechtsprechung auch mit der **Abgrenzung** von Nachunternehmern zu Dritten mit bloßer Hilfsfunktion, den Vorgaben für die Bewertung des **Mehrkostenausgleich**s bei Festbetragsüberschreitung und der Berücksichtigung von rabattvertragsbedingten **Umsatzsteuererstattungen** bei der Angebotskalkulation befasst.

I. Mitteilungspflichten über die vereinbarten Rabattsätze nach dem IFG

97 Noch nicht abschließend geklärt ist derzeit, ob für Apotheker oder pharmazeutische Unternehmer ein **Anspruch gegen eine Krankenkasse auf Mitteilung der** in einem Rabattvertrag nach § 130a Abs. 8 SGBV **vereinbarten Rabatthöhe nach § 1 Abs. 1 S. 1 IFG** besteht. Hiernach hat jeder nach Maßgabe des IFG gegenüber den Behörden des Bundes einen Anspruch auf Zugang zu amtlichen Informationen. Ein solcher Anspruch wurde in zwei voneinander unabhängigen Verfahren durch das VG Magdeburg sowie das VG Minden bejaht.[261] Während die Entscheidung des VG Magdeburg in der Berufungsinstanz bestätigt wurde, hat das OVG Nordrhein-Westfalen einen entsprechenden Anspruch als Berufungsinstanz hingegen verneint. Die Revision gegen die Entscheidung des OVG Nordrhein-Westfalen hat das BVerwG zurückgewiesen.[262]

---

[259] VK Bund Beschl. v. 2.11.2016 – VK 1-114/16, veris.

[260] VK Bund Beschl. v. 6.2.2017 – VK 2-6/17, VPRRS 2017, 0088. Eine diskriminierende Ausgestaltung wurde auch in der Entscheidung VK Bund Beschl. v. 14.2.2017 – VK 2-4/17, VPRRS 2017, 0061 angenommen.

[261] In dem Fall, den das VG Magdeburg zu entscheiden hatte, ging es um die insoweit inhaltsgleiche landesrechtliche Regelung des § 1 IZG LSA.

[262] BVerwG Urt. v. 17.6.2020 – 10 C 22.19, PharmR 2020, 699.

Die soweit ersichtlich erste Entscheidung zu einem Auskunftsanspruch über die in einem Rabattvertrag nach § 130a Abs. 8 SGB V vereinbarte Rabatthöhe erging durch das **VG Magdeburg** zu der mit § 1 IFG insoweit inhaltsgleichen **landesrechtlichen Regelung des § 1 IZG LSA.**[263] Ein Parallelimporteur (vgl. zum Begriff → Rn. 77) verlangte von einer Krankenkasse Auskunft über den zwischen dieser und einem pharmazeutischen Unternehmer in einer Rabattvereinbarung über ein Präparat bei Schlafstörungen vereinbarten Rabattsatz. Der Rabattvertrag wurde nicht im Wege eines wettbewerblichen Vergabeverfahrens abgeschlossen und war zum Zeitpunkt der Verhandlung vor dem VG infolge Zeitablaufs bereits unwirksam. Der Parallelimporteur begehrte Auskunft über die vereinbarte Rabatthöhe, da er der Auffassung war, dass die Krankenkasse auch auf eine Abgabe des rabattierten Arzneimittels durch die Apotheken in den Fällen hinwirke, in denen es nach Rabattabzug teurer sei als ein auf dem Markt erhältliches und durch den Importeur angebotenes Importarzneimittel. Das VG Magdeburg hat den **Anspruch nach § 1 IZG LSA bejaht,** da die materiellen Anspruchsvoraussetzungen[264] des jedermann zustehenden Informationsanspruchs vorlägen und keine Ausschlussgründe entgegenstünden.[265] Anders als später das VG Minden brauchte sich das VG Magdeburg nicht substantiiert mit dem Ausschlussgrund des § 6 S. 2 IZG LSA befassen, wonach der Anspruch bei Betriebs- und Geschäftsgeheimnissen ausgeschlossen ist, sofern der Betroffene nicht in den Zugang eingewilligt hat. Aus Sicht des VG habe die **Beklagte keine hinreichend konkreten Tatsachen dazu vorgetragen, dass der vereinbarte Rabattsatz ein Betriebs- und Geschäftsgeheimnis darstelle** und ein Geheimhaltungsinteresse sei auch wegen der zwischenzeitlich eingetretenen Unwirksamkeit des (bereits 2008 abgeschlossenen) Rabattvertrags nicht (mehr) anzunehmen.[266] Diese **Rechtsauffassung hat das OVG Sachsen-Anhalt in der Berufungsinstanz vollumfänglich bestätigt** und ergänzt, dass „vage Hinweise" zur Annahme eines Betriebs- und Geschäftsgeheimnisses nicht ausreichend seien. Schließlich betont das OVG Sachsen-Anhalt, dass pharmazeutische Unternehmer **„grundsätzlich ein schutzwürdiges Interesse** daran haben, dass der von [ihnen] angebotene Rabatt Marktkonkurrenten nicht nur während des laufenden Verfahrens, sondern auch nach dessen Abschluss nicht zur Kenntnis gelangt".[267] Ein solches Interesse sei im zugrundeliegenden Fall aber nicht gegeben, da neben dem unsubstantiierten Tatsachenvortrag der Vertrag auch **nicht in einem förmlichen Vergabeverfahren geschlossen** wurde und deshalb kein vergleichbarer Preis- und Wettkampfdruck bestanden habe.[268] 98

In der Folgezeit hatte das **VG Minden** über eine Klage auf Offenlegung der rabattvertraglich vereinbarten Rabatthöhe zu entscheiden und **hat den Anspruch ebenfalls bejaht.** Die Bekanntgabe der Rabatthöhe ermögliche keinen Rückschluss auf die Kalkulationsgrundlagen des Bieters.[269] Geklagt hatte ein Apotheker, der von einer gesetzlichen Krankenkasse eine Auskunft über die Rabatthöhe eines zwischen der Krankenkasse und einem pharmazeutischen Unternehmer nach § 130a Abs. 8 SGB V geschlossenen Rabattvertrags nach **§ 1 Abs. 1 S. 1 IFG** begehrte.[270] Er müsse die von der Krankenkasse tatsächlich gezahlten Preise wissen, um bei seiner Arzneimittelabgabe wirtschaftlich iSv § 12 SGB V handeln zu können. Dieser Rabattvertrag wurde bereits 2009 im Wege eines Verhandlungsverfahrens ohne Teilnahmewettbewerb geschlossen, da es sich hierbei um das Originalpräparat und einen Vertragsabschluss mit dem Originator handelte (vgl. ausführ- 99

[263] VG Magdeburg Urt. v. 22.8.2013 – 2 A 27/12 MD, PharmR 2014, 68.
[264] Des insoweit „materiell-rechtlich voraussetzungslosen" Anspruchs, vgl. OVG Sachsen-Anhalt Urt. v. 31.5.2016 – 3 L 314/13, veris; Beschl. v. 23.4.2014 – 3 L 319/13, juris.
[265] VG Magdeburg Urt. v. 22.8.2013 – 2 A 27/12 MD, PharmR 2014, 68 (68f.).
[266] VG Magdeburg Urt. v. 22.8.2013 – 2 A 27/12 MD, PharmR 2014, 68 (70).
[267] OVG Sachsen-Anhalt Urt. v. 31.5.2016 – 3 L 314/13, veris.
[268] OVG Sachsen-Anhalt Urt. v. 31.5.2016 – 3 L 314/13, veris.
[269] VG Minden Urt. v. 15.2.2017 – 7 K 2774/14, PharmR 2017, 222 (224ff.).
[270] Zu dem Informationsanspruch nach § 1 Abs. 1 S. 1 IFG in anderen Zusammenhängen vgl. auch BVwerG Urt. v. 17.3.2016 – 7 C 2/15, NVwZ 2016, 1014; Urt. v. 25.6.2015 – 7 C 1/14, BVerwGE 152, 241 = NJW 2015, 3258.

lich zu den Anforderungen an die Durchführung eines Verhandlungsverfahrens ohne Teilnahmewettbewerb bei der Ausschreibung von Originalpräparaten → Rn. 76ff.). Zusätzlich vereinbarte die Krankenkasse mit zwei anderen pharmazeutischen Unternehmern im Jahr 2013 im Wege des Open-House-Modells Rabattverträge über generische Arzneimittel mit demselben Wirkstoff. Der Rabattvertrag mit dem Originator wurde mehrfach durch Ergänzungsvereinbarungen verlängert,[271] sodass **dieser Rabattvertrag sowie die (zwei) im Wege des Open-House-Modells abgeschlossenen Verträge parallel bestanden.** Die vollständige Aufklärung dieser – komplexen – Ausgangssituation erfolgte erst in der Berufungsinstanz vor dem OVG Nordrhein-Westfalen (→ Rn. 101); das VG Minden ging in seiner Entscheidung davon aus, dass es sich (ausschließlich) um eine reine Open-House-Vertragskonstellation handelte.

100 Nachdem das VG bejaht, dass die Krankenkasse als bundesunmittelbare Körperschaft des öffentlichen Rechts anspruchsverpflichtet ist und die Rabatthöhe eine amtliche Information darstellt, betont es, dass der Anspruch an keine weiteren Voraussetzungen geknüpft ist und nur bei Vorliegen von Ausschlussgründen gesperrt wird.[272] Der in Bezug auf die Rabatthöhe **streitgegenständliche Ausschlussgrund ist § 6 S. 2 IFG,** wonach Zugang zu Betriebs- oder Geschäftsgeheimnissen nur gewährt werden darf, soweit der Betroffene eingewilligt hat. Das VG Minden lehnt in Bezug auf die vereinbarte Rabatthöhe das Vorliegen eines Betriebs- oder Geschäftsgeheimnisses tatbestandlich ab. Denn maßgeblich für die Einstufung von Tatsachen, Umständen und Vorgängen als **Betriebs- oder Geschäftsgeheimnis** ist nicht nur, dass sie nur einem eingeschränkten Personenkreis zugänglich sind, sondern auch, **dass der Rechtsträger ein berechtigtes Interesse an deren Nichtverbreitung hat.**[273] Gerade dieses berechtigte Interesse an der Geheimhaltung hat das VG Minden indes verneint. Denn „es fehlt [...] an dem erforderlichen berechtigten Interesse [...] an der Geheimhaltung der Rabatthöhe [...]. Es ist nicht ersichtlich, dass die Bekanntgabe des [...] vereinbarten Rabattsatzes für das Medikament Q1 zu wirtschaftlichen Nachteilen bzw. einer Verschlechterung der Wettbewerbsposition der Beigeladenen führen könnte“.[274] Das VG nimmt in seiner Begründung an, dass **ausschließlich eine Open-House-Konstellation vorliege.** Da hierbei keine Exklusivität vereinbart werde, gebe es folglich keinen Preis- und Wettbewerbsdruck, sodass dem Rabattsatz für die Angebotskalkulation in einem künftigen Verfahren keine maßgebliche Bedeutung zukomme. Selbst wenn die Beklagte künftig ein wettbewerbliches Verfahren anstrebe, sei ein Rabattsatz aus einem nicht-wettbewerblichen Verfahren ohne Relevanz und würden etwaige wirtschaftliche Einbußen dann nicht durch die Bekanntgabe des vormals gültigen Rabattsatzes, sondern durch den entstehenden Wettbewerb und den damit verbundenen Preisdruck entstehen. Weitere in Betracht kommende Ausschlussgründe lehnt das VG ebenfalls ab.[275] Das VG legt in seiner Begründung stets die insoweit nicht zutreffende Annahme zu Grunde, dass die Rabatthöhe im Rahmen des Open-House-Vertrags einseitig von der Krankenkasse allen interessierten Unternehmern gleichermaßen vorgegeben wurde und nicht Bestandteil der jeweiligen unternehmerischen Kalkulation war; es war zum Entscheidungszeitpunkt nicht abschließend aufgeklärt, dass der streitgegenständliche Rabattvertrag mit dem Originator nicht im Wege eines Open-House-Vertrags zustande kam (→ Rn. 99).

---

[271] Zur Zulässigkeit von Verlängerungsvereinbarungen von Rabattverträgen und dazu, wann sie eine Neuvergabe darstellen VK Bund Beschl. v. 20.4.2016 – VK 1-20/16, BeckRS 2016, 119507.

[272] VG Minden Urt. v. 15.2.2017 – 7 K 2774/14, PharmR 2017, 222 (224).

[273] Vgl. zur Definition des Betriebs- und Geschäftsgeheimnisses nach dem IFG auch BVerfG Beschl. v. 14.3.2006 – 1 BvR 2087/03, BVerfGE 115, 205 = NVwZ 2006, 1041; BVwerG Urt. v. 23.2.2017 – 7 C 31/15, NVwZ 2017, 1775; Urt. v. 17.3.2016 – 7 C 2/15, NVwZ 2016, 1014; Urt. v. 28.5.2009 – 7 C 18/08, NVwZ 2009, 1113.

[274] VG Minden Urt. v. 15.2.2017 – 7 K 2774/14, PharmR 2017, 222 (225f.).

[275] VG Minden Urt. v. 15.2.2017 – 7 K 2774/14, PharmR 2017, 222 (226f.).

Das **OVG Nordrhein-Westfalen** hat als Berufungsinstanz den **Anspruch** auf Mitteilung der Information nach vollständiger Sachverhaltsaufklärung hingegen **verneint.**[276] Zwar sieht auch das OVG die materiellen Anspruchsvoraussetzungen als erfüllt an, **bejaht** allerdings anders als noch das VG auch **das Vorliegen eines Betriebs- und Geschäftsgeheimnisses** in Bezug auf die vereinbarte Rabatthöhe und sieht dadurch den Ausschlussgrund des § 6 S. 2 IFG als gegeben an: 101

„Ein **berechtigtes Geheimhaltungsinteresse** [...] ist anzuerkennen, wenn die Offenlegung der Information geeignet ist, den Konkurrenten exklusives technisches oder kaufmännisches Wissen zugänglich zu machen und so die Wettbewerbsposition des Unternehmens nachteilig zu beeinflussen (Wettbewerbsrelevanz). [...] Es ist nachvollziehbar und plausibel, dass ein **Bekanntwerden dieser Rabatthöhe – auch heute noch – geeignet ist, die Wettbewerbsposition [...] nachteilig zu beeinflussen.** Der Rabatt hat daher für sie **nach wie vor Wettbewerbsrelevanz.** Die prinzipielle Wettbewerbsrelevanz der in Rabattvereinbarungen nach § 130a Abs. 8 SGB V festgelegten Rabatthöhen ergibt sich für ein pharmazeutisches Unternehmen [...] aus der krankenversicherungsrechtlichen Bedeutung dieser Art von Vereinbarungen und ihrem steuernden Einfluss auf die Arzneimittelversorgung bzw. -beschaffung".[277]

Zur Begründung dieser Wettbewerbsrelevanz des vereinbarten Rabattsatzes führt das OVG aus, dass zum einen nicht-rabattierte Arzneimittel durch die Substitutionsvorgabe von rabattierten Arzneimittel nach § 129 Abs. 1 S. 3 SGB V faktisch vom Markt verdrängt würden und sich **andere Unternehmer** zum anderen in künftigen wettbewerblichen Vergabeverfahren **bei der Angebotskalkulation an dem offengelegten Rabatt** eines Mitbewerbers **orientieren könnten.** Ebenso könnten andere gesetzliche Krankenkassen den Unternehmer an seinem offengelegten Rabattsatz messen und einen Vertragsabschluss zu niedrigeren Rabattsätzen verweigern. Schließlich führt auch die **Aufnahme eines Wirkstoffs auf die Substitutionsausschlussliste**[278] während der Laufzeit eines Rabattvertrags nicht zum Entfall der Wettbewerbsrelevanz, da der Wettbewerb jedenfalls im Verhältnis zu Parallel- und Reimporteuren fortbestehe. Zudem werde im Falle eines Substitutionsausschlusses der Wettbewerb auf die Ebene der ärztlichen Verordnung verlagert, da der verordnende Arzt typischerweise ein rabattiertes Arzneimittel verordne, um seinem Wirtschaftlichkeitsgebot nach § 12 SGB V zu entsprechen. Die **Wettbewerbsrelevanz kann** aus Sicht des OVG nur **dann entfallen, wenn** ein die Rabattvereinbarung ausschließlich im Wege eines **Open-House-Verfahrens** geschlossen wurde (was hier in Bezug auf den streitgegenständlichen Rabattvertrag mit dem Originator nicht der Fall war) **oder infolge Zeitablaufs** und damit verbundener Marktveränderungen dem Rabattsatz keine Bedeutung mehr zukommt.[279] Ab einem Alter von ca. fünf Jahren lasse sich die widerlegliche Vermutung aufstellen, dass die Informationen veraltet seien.[280] Das **BVerwG bestätigte** im Wesentlichen die Ansicht des Berufungsgerichts und wies die Revision zurück. Auch nach Ansicht des Revisionsgerichts könne sich der Anspruch des Klägers grundsätzlich auf § 1 Abs. 1 S. 1 IFG stützen. Allerdings stelle das OVG Nordrhein-Westfalen zutreffend fest, dass der **Anspruch** in dem vorliegenden Fall **gem. § 6 S. 2 IFG** und

[276] OVG Nordrhein-Westfalen Urt. v. 21.11.2018 – 15 A 861/17, MedR 2019, 574 mAnm *Hußmann* MedR 2019, 583 ff.

[277] OVG Nordrhein-Westfalen Urt. v. 21.11.2018 – 15 A 861/17, MedR 2019, 574 (579) mAnm *Hußmann* MedR 2019, 583 ff.

[278] Informativ zur Substitutionsausschlussliste auch LSG Berlin-Brandenburg Urt. v. 24.2.2017 – L 1 KR 80/14 KL, BeckRS 2017, 104854 Rn. 32.

[279] OVG Nordrhein-Westfalen Urt. v. 21.11.2018 – 15 A 861/17, MedR 2019, 574 (579 ff.) mAnm *Hußmann* MedR 2019, 583 ff.

[280] OVG Nordrhein-Westfalen Urt. v. 21.11.2018 – 15 A 861/17, MedR 2019, 574 (579 ff.) mAnm *Hußmann* MedR 2019, 583 ff. unter Hinweis auf die Entscheidung des EuGH Urt. v. 14.3.2017 – C-162/15 P, ECLI:EU:C:2017:205 = ZD 2017, 470 Rn. 64.

nach Ansicht des BVerwG – insoweit abweichend vom Berufungsgericht – auch nach § 3 Nr. 6 Alt. 2 IFG **ausgeschlossen** sei.[281]

102 Nach den zu dieser Thematik bislang ergangenen Entscheidungen ist **festzuhalten,** dass die in einem Rabattvertrag nach § 130a Abs. 8 SGB V **vereinbarte Rabatthöhe grundsätzlich eine amtliche und offenlegungsfähige Information** iSv § 1 Abs. 1 S. 1 IFG ist. **Allerdings** stellt der Rabattsatz ein **geheimhaltungsbedürftiges Betriebs- und Geschäftsgeheimnis** des pharmazeutischen Unternehmers dar, **soweit** die Rabattvereinbarung nicht gänzlich ohne wettbewerbliches Verfahren ausschließlich im Wege eines Open-House-Modells geschlossen wurde oder sich das Geheimhaltungsinteresse durch Zeitablauf und eintretende Marktveränderungen erledigt hat. Nur auf den ersten Blick vermitteln drei der vier tatsacheninstanzlichen Entscheidungen ein anderes Ergebnis dadurch, dass sie den Anspruch auf Offenlegung der Rabatthöhe bejaht haben. In dem den Entscheidungen des VG Magdeburg und OVG Sachsen-Anhalt zu Grunde liegenden Fall war der Rabattvertrag gerade nicht im Wege eines Vergabeverfahrens geschlossen worden und zum Entscheidungszeitpunkt bereits unwirksam, sodass (sogar) beide vom OVG Nordrhein-Westfalen später herausgearbeiteten Ausnahmetatbestände vorlagen. Auch die Entscheidung des VG Minden basierte auf der (insoweit unzutreffenden) Annahme, dass der streitgegenständliche Rabattvertrag ohne förmliches Vergabeverfahren geschlossen wurde. Das **BVerwG** bestätigte unterdessen diese stringente Rechtsprechungslinie (→ Rn. 101).

103 **Zusammengefasst** ergeben sich aus diesen Entscheidungen die **folgenden Konsequenzen:**

- Grundsätzlich **sind die Anspruchsvoraussetzungen des § 1 Abs. 1 S. 1 IFG erfüllt,** wenn ein Apotheker oder ein pharmazeutischer Unternehmer von einer Krankenkasse Auskunft über einen rabattvertraglich vereinbarten Rabattsatz verlangt; bei der vereinbarten Rabatthöhe handelt es sich um eine amtliche und somit offenlegungsfähige Information iSv § 1 Abs. 1 S. 1 IFG.
- Die rabattvertraglich **vereinbarte Rabatthöhe stellt grundsätzlich ein Betriebs- und Geschäftsgeheimnis dar,** da sich die Wettbewerbsposition des pharmazeutischen Unternehmers in mehrerlei Hinsicht verschlechtert, wenn der Rabattsatz offengelegt werden muss (Wettbewerbsrelevanz).
- **Andere Wettbewerber** könnten sich in künftigen wettbewerblichen Vergabeverfahren an dem bekannten Rabattsatz des Unternehmers orientieren und ihren Rabattsatz danach ausrichten.
- **Andere Krankenkassen** könnten den Unternehmer an seinem mit einer anderen Krankenkasse vereinbarten Rabattsatz festhalten.
- An der Wettbewerbsrelevanz ändert auch die Aufnahme des streitgegenständlichen Wirkstoffs in die **Substitutionsausschlussliste**[282] nichts; der Wettbewerb gegenüber Parallel- und Reimporteuren bleibt hierbei bestehen.
- Die **Wettbewerbsrelevanz entfällt,** wenn der Rabattvertrag im Rahmen eines vergaberechtsfreien Open-House-Verfahrens geschlossen wurde oder die Rabatthöhe bereits ca. fünf Jahre alt ist und infolge von Zeitablauf und damit verbundener Marktveränderungen nicht mehr aussagekräftig ist. Insoweit ist eine widerlegliche Vermutung anzunehmen.

II. Abgrenzung von Nachunternehmern zu Dritten mit Hilfsfunktion

104 Von großer praktischer Relevanz ist die Frage, **welche Drittunternehmen im Rahmen von Rabattvertragsausschreibungen als Nachunternehmer** (für welche die gleichen Vorgaben zu Eignungsnachweisen wie für Bieter gelten) zu qualifizieren sind und bei wel-

[281] BVerwG Urt. v. 17.6.2020 – 10 C 22.19, PharmR 2020, 699.

[282] Informativ zur Substitutionsausschlussliste auch LSG Berlin-Brandenburg Urt. v. 24.2.2017 – L 1 KR 80/14 KL, BeckRS 2017, 104854 Rn. 32.

chen Unternehmen es sich um **Dritte mit bloßen Unterstützungsfunktionen** (für die abhängig von den Vorgaben in der jeweiligen Ausschreibung lediglich bestimmte einzelne Nachweise beigebracht werden müssen) handelt. Denn einerseits ist der Auftraggeber nach § 56 Abs. 2 S 2 VgV berechtigt, Angebote bei fehlenden, unvollständigen oder fehlerhaften Unterlagen auszuschließen, wenn er in der Auftragsbekanntmachung oder in den Vergabeunterlagen festgelegt hat, keine Unterlagen nachzufordern. Auch sofern eine Nachforderung vom Auftraggeber nicht generell ausgeschlossen wurde, ist sie nur begrenzt möglich, da zB die Eignungsprüfung bei zweistufigen Verfahren in zeitlicher Hinsicht nach § 42 Abs. 2 VgV auf den Teilnahmewettbewerb begrenzt ist.[283] Andererseits führen die mit einem – gegebenenfalls aus Vorsicht veranlassten – weiten Verständnis einhergehenden Konsequenzen zu oftmals großen zeitlichen Schwierigkeiten bei der Angebotserstellung, da im Rahmen der Angebotsfrist möglicherweise Nachunternehmererklärungen von auf der ganzen Welt verteilten Lohnherstellern eingeholt werden müssten.

Die **Synonyme „Nachunternehmer", „Subunternehmer" und „Nachauftragnehmer"** sind im deutschen Vergaberecht nicht definiert. Nach gängiger Praxis wird als Nachunternehmer ein Unternehmen bezeichnet, das sich an der Erbringung der vom Auftraggeber gewünschten Leistung beteiligt und dabei nur in einem Vertragsverhältnis zum Auftragnehmer, nicht aber zum Auftraggeber steht.[284] Der so verstandene Nachunternehmer zeichnet sich im Gegensatz zu sonstigen im Rahmen der Auftragserfüllung vom Auftragnehmer eingeschalteten Dritten dadurch aus, dass er **der zwingenden Eignungsprüfung des öffentlichen Auftraggebers unterworfen** ist (vgl. zur Definition auch → § 18 Rn. 8 f.). Die Qualifikation eines Dritten als **„Lohnhersteller"** spielt dagegen nach vergaberechtlichen Maßstäben keine Rolle, denn es handelt sich dabei nicht um einen vergabe- oder arzneimittelrechtlichen Fachbegriff. Das Gleiche gilt für den **„Tätigkeiten im Auftrag" gem. § 9 AMWHV** erbringenden Personenkreis, auf den im Rahmen von Rabattvertragsausschreibungen oftmals Bezug genommen wird, um den Nachunternehmerkreis zu definieren. § 9 AMWHV sieht aus Gründen der Arzneimittelsicherheit schriftliche Verträge zur Abgrenzung der pharmazeutischen Verantwortung bei Tätigkeiten im Auftrag vor. Ihrer Zielrichtung entsprechend handelt es sich hierbei um eine strenge Vorschrift zur Gewährleistung von Qualität, Sicherheit und Unbedenklichkeit des Arzneimittels. Diese Vorschrift pauschal zum Zweck der Definition des Unterauftragnehmers in Rabattvertragsausschreibungen zu verwenden, ist verfehlt. Weder Auftragshersteller iSd § 9 AMWHV noch zwischengeschaltete Unternehmer sind vergaberechtliche Fachbegriffe. Vielmehr dürfte es sich bei einer an der vergaberechtlichen Rechtsprechung orientierten Abgrenzung (dazu sogleich) bei den in § 9 AMWHV aufgeführten Tätigkeiten vorrangig um Hilfstätigkeiten handeln. 105

Mangels Begriffsdefinition erfolgt die Abgrenzung, ob ein Dritter, der im Zuge der Auftragserfüllung tätig wird, als Nachunternehmer zu qualifizieren ist, anhand der Frage, **ob der Dritte für den Auftragnehmer Leistungen aus dem Vertrag zwischen Auftragnehmer und Auftraggeber erbringt und der öffentliche Auftraggeber dadurch ein legitimes Interesse am Nachweis der Eignung des Dritten hat.**[285] Sofern der Dritte dagegen lediglich eine Hilfsfunktion wahrnimmt, ist ein Interesse des öffentlichen Auftraggebers an der Eignungsprüfung zu verneinen (vgl. zu allgemeinen Fallgruppen mit aktueller Rechtsprechung → § 18 Rn. 17–22).[286] Derartige **Dritte mit bloßer Hilfs-** 106

[283] So auch Beck VergabeR/*Haak/Hogeweg* VgV § 57 Rn. 29 f.

[284] Vgl. nur OLG Düsseldorf Beschl. v. 25.6.2014 – VII-Verg 38/13, BeckRS 2014, 15908 Rn. 22; Beschl. v. 27.10.2010 – VII-Verg 47/10, BeckRS 2010, 27621; OLG München Beschl. v. 10.9.2009 – Verg 10/09; BeckRS 2009, 27004.

[285] OLG Naumburg Beschl. v. 26.1.2005 – 1 Verg 21/04, BeckRS 2005, 1683; Beschl. v. 9.12.2004 – 1 Verg 21/04, NJOZ 2005, 1630; VK Sachsen Beschl. v. 10.10.2008 – 1/SVK/051-08, BeckRS 2009, 04139; VK Bund Beschl. v. 13.10.2004 – VK 3-194/04, IBRRS 2004, 3695.

[286] OLG Naumburg Beschl. v. 4.9.2008 – 1 Verg 4/08, BeckRS 2008, 23015; OLG Dresden Beschl. v. 25.4.2006 – 20 U 0467/06, NZBau 2006, 529; OLG Naumburg Beschl. v. 26.1.2005 – 1 Verg 21/04, BeckRS 2005, 1683; VK Sachsen-Anhalt Beschl. v. 23.7.2008 – VK 2 LVwA LSA-07/08, IBRRS 2008,

funktion werden überwiegend als **Zulieferer** bezeichnet und insoweit vom Nachunternehmer abgegrenzt.[287] Gemessen an diesem Maßstab ist grundsätzlich jedenfalls derjenige als Nachunternehmer anzusehen, der im Pflichtenkreis des Auftragnehmers tätig wird. Was zum Pflichtenkreis des Auftragnehmers gehört, wird durch den Gegenstand des Auftrags und damit insbes. durch die Leistungsbeschreibung definiert.[288] Ein Dritter, der eine Leistung erbringt, die in der Leistungsbeschreibung aufgeführt ist, ist daher in der Regel als Nachunternehmer anzusehen.[289]

107 Das Abgrenzungskriterium, ob der öffentliche Auftraggeber ein legitimes Interesse am Nachweis der Eignung des Dritten zur Auftragserfüllung hat, führt in der Praxis zu **schwer prognostizierbaren Ergebnissen** und einer **uneinheitlichen,** von den besonderen Umständen des Einzelfalls geprägten **Rechtsprechung.** Obwohl diese Rechtsprechung eine einheitliche Linie vermissen lässt, lassen sich dennoch einige **Umstände/Indizien** identifizieren, die als solche – soweit ersichtlich – nicht umstritten sind und bei deren Vorliegen überwiegend von der **Qualifikation des Dritten als Nachunternehmer** ausgegangen wird:

108 So spricht für die Einordnung einer Leistung als Nachunternehmerleistung insbes., wenn der sie erbringende Dritte über eine **besondere fachliche Qualifikation** verfügen muss.[290] Gleiches gilt, wenn die vom Dritten erbrachte Teilleistung im Verhältnis zur gesamten Auftragsleistung eine gewisse **Eigenständigkeit** aufweist, wobei ein Indiz für das Vorliegen einer Nachunternehmerleistung insbesondere auch der Grad der Eigen-/Selbständigkeit des Dritten ist.[291] Daneben können auch **qualitative und quantitative Aspekte der Leistung** des Dritten für die Qualifikation derselben als Nachunternehmerleistung eine Rolle spielen,[292] wobei neuere Tendenzen in der Rechtsprechung den wertmäßigen Umfang bzw. Kostenanteil gemessen am Gesamtauftragswert nicht als maßgeblich für die Abgrenzung erachten.[293] Im Hinblick auf die qualitativen Aspekte der Drittleistung kann ihre **Bedeutung für die Funktionsfähigkeit der Gesamtleistung** maßgeblich sein.[294]

109 In Ansehung dieser vergaberechtlichen Judikatur, die keine Präjudizien und Beispielsfälle speziell für die Abgrenzung zwischen Nachunternehmern und Lohnherstellern/Zulieferern im Rahmen von Rabattvertragsausschreibungen enthält, können für die im vorliegenden Zusammenhang interessierenden Konstellationen folgende grundsätzliche Aussagen getroffen werden. Dabei ist im Einzelfall allerdings zu berücksichtigen, dass es Krankenkas-

---

2548; Beschl. v. 6.6.2008 – 1 VK LVwA 7/08, IBRRS 2008, 2639; VK Bund Beschl. v. 4.6.2007 – VK 2-42/07, veris; VK Lüneburg Beschl. v. 8.4.2005 – VgK-10/2005, IBRRS 2005, 1331.

[287] OLG Naumburg Beschl. v. 26.1.2005 – 1 Verg 21/04, BeckRS 2005, 1683; Beschl. v. 9.12.2004 – 1 Verg 21/04, NJOZ 2005, 1630; VK Sachsen Beschl. v. 10.10.2008 – 1/SVK/051-08, BeckRS 2009, 04139; VK Rheinland-Pfalz Beschl. v. 29.5.2007 – VK 20/07, IBRRS 2015, 0866; VK Bund Beschl. v. 13.10.2004 – VK 3-194/04, IBRRS 2004, 3695.

[288] VK Thüringen Beschl. v. 4.1.2019 – 250-4002-8706/2018-E-027-EF, IBRRS 2019, 1907; VK Bund Beschl. v. 26.5.2008 – VK 2-49/08, IBRRS 2008, 2500; Beschl. v. 13.10.2004 – VK 3-194/04, IBRRS 2004, 3695.

[289] VK Sachsen Beschl. v. 10.10.2008 – 1/SVK/051-08, BeckRS 2009, 04139; VK Bund Beschl. v. 26.5.2008 – VK 2-49/08, IBRRS 2008, 2500; Beschl. v. 14.2.2008 – VK 1-9/08, veris; Beschl. v. 13.10.2004 – VK 3-194/04, IBRRS 2004, 3695.

[290] OLG Naumburg Beschl. v. 4.9.2008 – 1 Verg 4/08, BeckRS 2008, 23015; Beschl. v. 26.1.2005 – 1 Verg 21/04, BeckRS 2005, 1683; VK Rheinland-Pfalz Beschl. v. 29.5.2007 – VK 20/07, IBRRS 2015, 0866.

[291] OLG Naumburg Beschl. v. 4.9.2008 – 1 Verg 4/08, BeckRS 2008, 23015; Beschl. v. 26.1.2005 – 1 Verg 21/04, BeckRS 2005, 1683; VK Südbayern Beschl. v. 5.6.2019 – Z3-3-3194-1-06-02/19, BeckRS 2019, 14438 Rn. 110; VK Bund Beschl. v. 6.6.2016 – VK 1-30/16, BeckRS 2016, 127271 Rn. 53; VK Sachsen Beschl. v. 10.10.2008 – 1/SVK/051-08, BeckRS 2009, 04139.

[292] VK Lüneburg Beschl. v. 30.1.2009 – VgK-54/08, BeckRS 2009, 12043.

[293] VK Thüringen Beschl. v. 4.1.2019 – 250-4002-8706/2018-E-027-EF, IBRRS 2019, 1907; VK Bund Beschl. v. 6.6.2016 – VK 1-30/16, BeckRS 2016, 127271 Rn. 53. Anders noch OLG Celle Beschl. v. 5.7.2007 – 13 Verg 8/07, ZfBR 2007, 706; OLG Naumburg Beschl. v. 26.1.2005 – 1 Verg 21/04, BeckRS 2005, 1683; Beschl. v. 9.12.2004 – 1 Verg 21/04, NJOZ 2005, 1630.

[294] OLG Naumburg Beschl. v. 26.1.2005 – 1 Verg 21/04, BeckRS 2005, 1683; VK Lüneburg Beschl. v. 30.1.2009 – VgK-54/08, BeckRS 2009, 12043.

sen als öffentlichen Auftraggebern unbenommen ist, ungeachtet dieser Rechtsprechung eigenständig festzulegen, welche Dritten Eignungsnachweise einreichen müssen. Die **Abgrenzung** wird daher vor allem relevant, **wenn eine Krankenkasse derartige Festlegungen in einer Ausschreibung nur unzureichend oder missverständlich vorgenommen** hat.

Das bedeutet für die im pharmazeutischen Fertigungsprozess tätigen Dritten[295]: 110

- **Lieferung der Grundstoffe:** Ein Dritter, der dem Auftragnehmer des Rabattvertrags die zur Herstellung der nachgefragten Arzneimittel benötigten Grundstoffe liefert, erbringt eine Hilfstätigkeit, weil Gegenstand eines Rabattvertrags regelmäßig die Lieferung hergestellter bzw. herzustellender Arzneimittel ist. Es spricht daher viel dafür, diesen Dritten **nicht als Nachunternehmer** zu qualifizieren. Eine **andere Einschätzung** ist in Bezug auf **Bulkwarehersteller** denkbar.
- **Herstellungsprozess** als solcher: Ein Dritter, der den Auftragnehmer des Rabattvertrags bei der Herstellung der nachgefragten Arzneimittel im Herstellungsprozess (iSv **§ 4 Abs. 14 AMG**) unterstützt, ist zumeist unmittelbar an der Erbringung der Auftragsleistung beteiligt. Das legitime Interesse des Auftraggebers an dem Nachweis der Eignung dieses Dritten ist daher zu bejahen, sodass viel dafür spricht, den Dritten **als Nachunternehmer** zu qualifizieren.
- **Verblisterung:** Ein Dritter, welcher die Verblisterung (sogenannte **Primärverpackung**) der nachgefragten Arzneimittel für den Auftragnehmer des Rabattvertrags vornimmt, erbringt einen Teil der ausgeschriebenen Leistung (vgl. § 4 Abs. 14 AMG), denn diese Leistung steht zu dem Vertragsgegenstand – den zu liefernden Arzneimitteln – in unmittelbarem Bezug. Es spricht daher viel dafür, den Dritten **als Nachunternehmer** zu qualifizieren.
- **Sekundärverpackung:** Ein Dritter, der für den Auftragnehmer des Rabattvertrags die Verpackungsschachteln/Packungsbeilagen (sogenannte Sekundärverpackung) für die nachgefragten Arzneimittel herstellt, erfüllt **lediglich eine Hilfsfunktion,** für die keine besondere Qualifikation erforderlich ist und die nicht im fachlichem Bezug zur nachgefragten Leistung steht (keine Herstellung iSv § 4 Abs. 14 AMG). Es spricht daher viel dafür, diesen Dritten **nicht als Nachunternehmer** zu qualifizieren.
- **Arzneimittelrechtliche Freigabe:** Ein Dritter, der für die vom Auftragnehmer des Rabattvertrags zu liefernden Arzneimittel die arzneimittelrechtliche Freigabe erteilt, erbringt einen Teil der ausgeschriebenen Leistung. Diese Leistung steht zu dem Vertragsgegenstand – den zu liefernden Arzneimitteln – in unmittelbarem Bezug, denn die arzneimittelrechtliche Freigabe gehört **gem. § 4 Abs. 14 AMG** zum Herstellungsprozess. Das legitime Interesse des Auftraggebers an dem Nachweis der Eignung dieses Dritten ist daher zu bejahen, sodass viel dafür spricht, den Dritten **als Nachunternehmer** zu qualifizieren.

III. Vergaberechtliche Vorgaben für die Bewertung des Mehrkostenausgleichs bei Festbetragsüberschreitung

Noch nicht abschließend geklärt ist die Frage, **wie** die in § 31 SGB V enthaltenen **Vorgaben für Festbetragsarzneimittel** (Arzneimittel, bezüglich derer ein erstattungsfähiger Höchstbetrag festgesetzt wurde) bei Rabattvertragsausschreibungen **rechtmäßig umgesetzt werden können.** Nach § 31 Abs. 2 S. 3 SGB V ist eine Rabattvereinbarung über Festbetragsarzneimittel nur zulässig, wenn „hierdurch die Mehrkosten der Überschreitung des Festbetrages ausgeglichen werden". Hintergrund dieser Vorgabe sind die Kostentragungsregelungen im System der gesetzlichen Krankenversicherung, die – vereinfacht dargestellt – vorsehen, dass Krankenkassen die Arzneimittelkosten abzüglich Versichertenzu- 111

[295] Zu den einzelnen Herstellungshandlungen siehe Kügel/Müller/Hofmann/*Krüger* AMG § 4 Rn. 115–126.

schläge und Zwangsrabatte tragen.[296] Sofern für ein Arzneimittel ein Festbetrag festgelegt ist, haben Krankenkassen die Kosten dagegen gem. § 31 Abs. 2 S. 1 SGB V lediglich bis zur Höhe des Festbetrags zu übernehmen. Die über den Festbetrag hinausgehende Differenz zum Apothekenverkaufspreis hat der Versicherte zu tragen. Diese **Kostenverteilung ändert sich** jedoch, wenn die Krankenkasse für ein Arzneimittel eine **Rabattvereinbarung gem. § 130a Abs. 8 SGB V** abschließt. In diesem Fall hat die Krankenkasse gem. § 31 Abs. 2 S. 2 SGB V den vollen Apothekenverkaufspreis (abzüglich anfallender gesetzlicher Abschläge) zu zahlen. Für die Krankenkasse **entfällt** bei Bestehen eines Rabattvertrags demnach die **begrenzende Funktion des Festbetrags.** Mit § 31 Abs. 2 S. 2 SGB V soll dem Umstand Rechnung getragen werden, dass die im Fall der Rabattvereinbarung bestehende Substitutionspflicht gem. § 129 Abs. 1 S. 3 SGB V sonst zu höheren Kosten zu Lasten des Versicherten führen könnte. Denn bei Bestehen einer Rabattvereinbarung ist der Apotheker gem. § 129 Abs. 1 S. 3 SGB V grundsätzlich zum Austausch des verordneten Arzneimittels mit einem wirkstoffgleichen rabattierten Arzneimittel verpflichtet, ohne dass der Versicherte (trotz des durch das AMNOG eingeführten Wahlrechts gegen Mehrkostenerstattung gem. § 129 Abs. 1 S. 5 SGB V) faktisch auf diese Substitution Einfluss nehmen könnte. Daher könnte es dazu kommen, dass ein unter oder auf dem Festbetrag liegendes, nicht rabattiertes Arzneimittel gegen ein rabattiertes, über dem Festbetrag liegendes Arzneimittel ausgetauscht werden müsste, obwohl ein Arzneimittel ohne die festbetragsbedingten Mehrkosten für den Versicherten verfügbar wäre – nämlich das unter oder auf dem Festbetrag liegende nicht rabattierte Arzneimittel. Um Versicherte nicht mit zusätzlichen Kosten (die über den Festbetrag hinausgehende Differenz zum Apothekenverkaufspreis) zu belasten, sieht § 31 Abs. 2 S. 2 SGB V daher vor, dass bei Bestehen einer Rabattvereinbarung die Krankenkasse in jedem Fall – dh auch bei festbetragsgebundenen Arzneimitteln – den Apothekenverkaufspreis voll trägt.

112 Aus Sicht der Krankenkassen hat die Regelung des § 31 Abs. 2 S. 2 SGB V jedoch zur Folge, dass bei Bestehen einer Rabattvereinbarung gem. § 130a Abs. 8 SGB V für ein festbetragsgebundenes Arzneimittel eventuell höhere Kosten (die über den Festbetrag hinausgehende Differenz zum Apothekenverkaufspreis) getragen werden müssten, als ohne die Rabattvereinbarung – nämlich wenn der rabattierte Preis höher ist als der Festbetrag. Um zu verhindern, dass der Kostenvorteil, der durch die Gewährung eines Rabatts zu Gunsten der Krankenkasse entstehen soll, durch die Regelung des § 31 Abs. 2 S. 2 SGB V *ad absurdum* geführt wird, sieht § 31 Abs. 2 S. 3 SGB V daher vor, dass Rabattvereinbarungen gem. § 130a Abs. 8 SGB V für festbetragsgebundene Arzneimittel nur dann zulässig sind, wenn **durch die Rabattvereinbarung die Mehrkosten der Überschreitung des Festbetrags ausgeglichen** werden. Die „Mehrkosten der Überschreitung des Festbetrags" sind diejenigen Kosten, die die Krankenkasse gem. § 31 Abs. 2 S. 2 SGB V ausnahmsweise zu tragen hat (Differenz zwischen Festbetrag und Apothekenverkaufspreis). Nach § 31 Abs. 2 S. 3 SGB V muss diese Differenz durch die Rabattvereinbarung ausgeglichen werden.

113 Hierfür lassen sich **unterschiedliche Wege** denken. In den bislang durchgeführten Rabattvertragsausschreibungen wurden vor allem **zwei Varianten praktiziert:** Einerseits wurde die Berücksichtigung des **Mehrkostenausgleichs im Rahmen der Wertung (Wirtschaftlichkeitsvergleich)** der Angebote vorgenommen.[297] Dazu wurde die Höhe der Differenz zwischen Festbetrag und Apothekenverkaufspreis als die Wirtschaftlichkeit des Angebots nachteilig beeinflussender Faktor berücksichtigt, weil die Krankenkasse diese entgeltliche Differenz zu tragen hat. Zusätzlich war als von den Bietern zu erfüllende

---

[296] Eingehend hierzu Fuhrmann/Klein/Fleischfresser/*Pelzer/Klein* ArzneimittelR-Hdb, 1. Aufl. 2010, § 46 Rn. 101 ff.

[297] So im 3. und 4. AOK-Verfahren, veröffentlicht im Supplement zum EU-Amtsblatt v. 9.8.2008 (ABl. EU/S 2008/S 154-207965) und v. 22.8.2009 (ABl. EU/S 2009/S 161-234006); übernommen in der Rabattvertragsausschreibung der IKK gesund plus, veröffentlicht im Supplement zum EU-Amtsblatt v. 15.8. 2009 (ABl. EU/S 2009/S 156-227906).

Mindestbedingung vorgegeben, dass die Höhe des Rabatts die Mehrkosten der Überschreitung des Festbetrags ausgleichen muss. Der Rabatt musste demzufolge mindestens so hoch sein, dass der Preis, den die Krankenkasse für das betroffene Arzneimittel nach Rabatt zu zahlen hat, auf oder unter dem Festbetrag liegt. Andererseits wurde der Vorgabe gem. § 31 Abs. 2 S. 3 SGB V durch eine im Rabattvertrag vorgesehene **vertragliche Verpflichtung zum Ausgleich etwaiger (festbetragsbedingter) Mehrkosten** Rechnung getragen, ohne dass sich der Umstand in der Wertung der Angebot niederschlug und den Wirtschaftlichkeitsvergleich beeinflussen konnte.[298]

Die erste Variante war bereits Gegenstand von Vergabenachprüfungsverfahren und wurde von der Rechtsprechung nicht beanstandet.[299] Die Berücksichtigung der Mehrkosten wegen Festbetragsüberschreitung im Rahmen der Wertung führt allerdings zu einer **strukturellen Benachteiligung** solcher pharmazeutischer Unternehmer, die ihre Arzneimittel **zu einem über dem Festbetrag liegenden Preis** anbieten. Für die pharmazeutischen Unternehmer entsteht eine Situation, in der sie gezwungen sind, den Apothekenverkaufspreis für die von ihnen vertriebenen Arzneimittel unter/auf den Festbetrag zu senken. Die dafür maßgebliche Wertungssystematik ergibt sich aus drei Aspekten. Zunächst führt die Wechselwirkung sozialgesetzlicher Vorgaben (insbes. § 129 Abs. 1 S. 3 SGB V) dazu, dass Arzneimittel, für die kein Rabattvertrag besteht, im Vergleich zu wirkstoffgleichen Arzneimitteln mit Rabattvertrag praktisch unverkäuflich sind. Auch benachteiligt dieser Umstand Anbieter von Arzneimitteln, deren Produktpreis über dem in Rabattvertragsausschreibungen festgelegten Festbetrag liegt. Schließlich müssen Abgabenpreise für Arzneimittel gem. § 78 AMG stets einheitlich gegenüber allen Krankenkassen – gesetzlich oder privat – vorgenommen werden. Sofern sie keinem faktischen Verkaufsverbot[300] unterfallen möchten, müssen die Unternehmer ihre Preise deshalb reduzieren. Vor dem Hintergrund dieser faktischen Konsequenzen dürfte es jedenfalls den rechtssichereren Weg für Krankenkassen darstellen, den Mehrkostenausgleich wegen Festbetragsüberschreitung gem. § 31 Abs. 2 S. 3 SGB V nicht im Rahmen der Angebotswertung, sondern als vertragliche Ausgleichsverpflichtung vorzugeben (zweite Variante). 114

IV. Berücksichtigungsfähigkeit von rabattvertragsbedingten Umsatzsteuererstattungen bei der Angebotskalkulation

Bei Rabattverträgen gem. § 130a Abs. 8 SGB V zahlt der pharmazeutische Unternehmer den gewährten Rabatt unmittelbar an die gesetzliche Krankenkasse. Diese Zahlung hat die Erstattung der in dem Rabattbetrag enthaltenen Umsatzsteuer durch das zuständige Finanzamt an den pharmazeutischen Unternehmer zur Folge. Das liegt daran, dass der pharmazeutische Unternehmer nach dem Verkauf der Arzneimittel zunächst Umsatzsteuer auf das erhaltene Entgelt vor Rabatt an das zuständige Finanzamt abzuführen hat. Das erhaltene Entgelt wird durch die Zahlung des Rabatts jedoch nachträglich gemindert. Diese Minderung zieht nach allgemeinen umsatzsteuerlichen Grundsätzen auch eine **Minderung der Umsatzsteuer** nach sich, die der pharmazeutische Unternehmer dem zuständigen Finanzamt im Ergebnis schuldet.[301] Die ursprünglich zu viel gezahlte Umsatzsteuer 115

[298] So in der Rabattvertragsausschreibung der Techniker Krankenkasse, veröffentlicht im Supplement zum EU-Amtsblatt v. 15.7.2009 (ABl. EU/S 2009/S 133-194388).

[299] BVerfG Beschl. v. 1.11.2010 – 1 BvR 261/10, NZS 2011, 580; LSG Nordrhein-Westfalen Beschl. v. 8.10.2009 – L 21 KR 44/09 SFB, IBRRS 2013, 0695; VK Bund Beschl. v. 26.11.2009 – VK1-197/09, veris; Beschl. v. 27.3.2009 – VK 3-46/09, veris.

[300] So LSG Baden-Württemberg Urt. v. 27.2.2008 – L 5 KR 507/08 ER-B, BeckRS 2008, 51896.

[301] So bereits EuGH Urt. v. 24.10.1996 – C-317/94, Slg. 1996, I-5339 = BeckRS 2004, 76308 – Elida Gibbs; BFH Urt. v. 28.5.2009 – V R 2/08, DStRE 2009, 1132. Der EuGH hat zudem entschieden, dass auch Rabatt- und Abschlagszahlungen im System der privaten Krankenversicherung zu einer Minderung der Umsatzsteuer führen, vgl. EuGH Urt. v. 20.12.2017 – C-462/16, ECLI:EU:C:2017:1006 = PharmR 2018, 94; siehe auch Generalanwalt *Tanchev* Schlussantrag v. 11.7.2017 – C-462/16, PharmR 2017, 394 und BFH Urt. v. 8.2.2018 – V R 42/15 – DStRE 2018, 674 sowie bereits die Vorinstanz FG Rheinland-

wird ihm deshalb von dem Finanzamt wieder erstattet. Die gesetzliche Krankenkasse zahlt indessen nach Umsatzsteuerrecht als Endverbraucher die Umsatzsteuer auf den nicht-rabattierten Apothekenverkaufspreis, ohne in die Rückerstattung der Umsatzsteuer einbezogen zu werden.

116 Die **Umsatzsteuererstattung,** die wirtschaftlich dem pharmazeutischen Unternehmer zugutekommt, kann dieser theoretisch bereits im Rahmen der Kalkulation seines Angebots berücksichtigen (einkalkulieren). Die Auskömmlichkeit einer Angebotskalkulation, die vornehmlich auf der Umsatzsteuererstattung beruht, darf durch den Auftraggeber nicht angezweifelt werden, weil die Erstattung ein wirtschaftlicher Vorteil ist, der dem pharmazeutischen Unternehmer nach dem System der Umsatzsteuer bei der Abwicklung von Rabattverträgen gem. § 130a Abs. 8 SGB V zusteht. Das gilt auch in dem Fall, in dem die angebotenen **Preise ohne Berücksichtigung der Umsatzsteuererstattung unauskömmlich** wären, weil sie unter den Einstandspreisen liegen. Denn die Umsatzsteuererstattung darf vom pharmazeutischen Unternehmer bei der Preiskalkulation als ordnungsgemäßer Teil bei der Preisgestaltung berücksichtigt werden und kann grundsätzlich allein nicht zur Unauskömmlichkeit führen.

117 Es stellt sich indes die Frage, ob und wie die Umsatzsteuererstattung infolgedessen im Rahmen einer Rabattvertragsausschreibung berücksichtigt werden muss. Die 2. VK Bund äußerte in diesem Zusammenhang die Befürchtung, dass es ohne Berücksichtigung der Umsatzsteuererstattung bei Rabattvertragsausschreibungen zu „wirtschaftlich ungebührlichen" Folgen, nämlich der **Belastung der (nicht vorsteuerabzugsberechtigten) Krankenkassen** mit der Umsatzsteuer für einen Preis, der nicht dem rabattierten entspricht, und einer **Verzerrung des Wertungsergebnisses** kommen kann.[302] Es spricht deshalb einiges dafür, dass die Umsatzsteuerproblematik bei Rabattvertragsausschreibungen zu berücksichtigen ist, um **Vereinbarkeit mit dem Wirtschaftlichkeits- und Transparenzgrundsatz** herzustellen. Die Umsatzsteuerproblematik könnte auf unterschiedliche Art und Weise Eingang in eine Ausschreibung finden. Möglich wäre beispielsweise zu Lasten des pharmazeutischen Unternehmers eine **zwingende Bedingung,** die Umsatzsteuererstattung an die Krankenkasse weiterzuleiten, im Rabattvertrag vorzusehen. Einer solchen Bedingung begegnen jedoch erhebliche vergaberechtliche Bedenken. Denn aufgrund der umsatzsteuerrechtlichen Konsequenzen der Weiterleitung, die zu einer erneuten (nachträglichen) Minderung des Entgelts, das der pharmazeutische Unternehmer erhält, führt, kann in Zweifel gezogen werden, ob es zu vergleichbaren Angeboten kommt. Zudem könnte auch durch eine solche Bedingung einer Verzerrung des Wertungsergebnisses nicht in jedem Fall vorgebeugt werden, weil die Höhe der Umsatzsteuererstattung nicht der Höhe der Umsatzsteuer entspricht, die die Krankenkasse auf den nicht-rabattierten Preis zahlt. Eine andere Variante, der Umsatzsteuerproblematik Rechnung zu tragen, wäre, die Umsatzsteuererstattung in die **Wertung der Angebote** einfließen zu lassen. Insbes. aufgrund der Unwägbarkeiten zum Umfang der Erstattung, der von mehreren Faktoren – Rabatthöhe, Umsatz etc. – abhängt, ist auch diese Vorgehensweise nicht problemlos. Denkbar wäre es schließlich auch, die Höhe der Umsatzsteuer, die die Krankenkasse tatsächlich zahlt, wertungstechnisch zu berücksichtigen.

118 **Zusammenfassend** lässt sich festhalten, dass die Berücksichtigung der umsatzsteuerlichen Folgen auf sehr **unterschiedliche Weise** erfolgen kann. Ebenso vielschichtig wie die Möglichkeiten, sind auch die vergaberechtlichen Fragen, die sich in der Folge stellen und die in künftigen Ausschreibungen einer Klärung zuzuführen sind. Dabei ist insbes. dem vergaberechtlichen Transparenz- und Wirtschaftlichkeitsgrundsatz Rechnung zu tragen. Es ist zudem unverzichtbar, eine Mehrbelastung der pharmazeutischen Unternehmer und Kalkulationsrisiken zu vermeiden, denn diese würde in der Regel Eingang in die Ange-

---

Pfalz Urt. v. 24. 9. 2015 – 6 K 1251/14, DStRE 2017, 228; ausführlich hierzu *Krieg/Hübner* EuZW 2018, 152 und *Müller* MwStR 2018, 342.

[302] VK Bund Beschl. v. 15. 1. 2010 – VK 2-231/09.

botskalkulation finden. Damit würde das eigentliche Ziel von Rabattvereinbarungen gem. § 130a Abs. 8 SGB V, die Ausnutzung von Wirtschaftlichkeitspotentialen, vereitelt.

V. Portfolio-Rabattverträge und faktisch patentverlängernde Rabattverträge nach der zeitweisen Neuregelung durch § 130a Abs. 8 S. 8 SGB V aF

Mit der 16. AMG Novelle[303] wurde § 130a Abs. 8 SGB V aF mit Wirkung zum 30.4. 119
2013 um einen S. 8 ergänzt, der wie folgt lautete: „Verträge nach Satz 1, die nicht nach Maßgabe der Vorschriften des Vierten Teils des Gesetzes gegen Wettbewerbsbeschränkungen abgeschlossen wurden, werden mit Ablauf des 30.4.2013 unwirksam".[304] Ausweislich der Gesetzesbegründung bezweckte der Gesetzgeber damit, noch immer fortgeltende **Arzneimittelsortimentsverträge** (auch: Portfolioverträge) zu beenden und entsprechend der aktuellen Vergaberechtslage einer öffentlichen Ausschreibungspflicht zu unterstellen. Der Gesetzgeber geht offenbar davon aus, dass dieses Ziel durch § 130a Abs. 8 S. 8 SGB V aF erreicht worden ist und hat die Regelung mit Wirkung vom 18.4.2016 wieder aufgehoben. Zu Ausführungen hierzu und den Auswirkungen auch auf **faktisch patentverlängernde Rabattverträge** vgl. → 2. Aufl. 2017 § 79 Rn. 124ff.

F. Ausschreibung von Rabattverträgen über biologisch/biotechnologisch hergestellte Arzneimittel

Besonders klärungsbedürftige Fragestellungen im Hinblick auf die künftige Entwicklung 120
des Arzneimittelmarkts sind mit **der Ausschreibungsfähigkeit/-pflicht von Rabattverträgen** nach § 130a Abs. 8 SGB V **über biologisch bzw. biotechnologisch hergestellte Arzneimittel (sog. „Biologicals")** verbunden. Biopharmazeutika sind komplexe, hochmolekulare Proteine, die im Gegensatz zu chemisch-synthetischen Arzneimitteln mit Hilfe von gentechnisch veränderten lebenden Zellen oder Mikroorganismen mittels Biotechnologie hergestellt werden. Sowohl der auf DNA-Technologie und Hybridomtechniken beruhende Produktionsprozess als auch die spätere Zulassung eines biopharmazeutischen Arzneimittels sind höchst aufwendig und führen deshalb regelmäßig zu extrem hohen Forschungs- und Entwicklungskosten.[305] Aus diesen resultieren gleichsam hohe Therapiekosten, insbes. in der Onkologie und zur Behandlung von Autoimmunerkrankungen, den primären Einsatzgebieten von Biopharmazeutika. Im Jahr 2018 umfasste der Markt für Biopharmazeutika in Deutschland ein Umsatzvolumen von 11,4 Mrd. EUR[306] und stieg damit um mehr als 5,0 Mrd. EUR gegenüber dem Jahr 2014 an.[307] Dementsprechend werden auch und insbes. in diesem Bereich erhebliche Einsparpotentiale für die GKV durch Wettbewerbsgenerierung auf Herstellerebene angestrebt.

Bei biologisch bzw. biotechnologisch hergestellten Arzneimitteln ist insbes. zwischen 121
Biologicals (vgl. ausführlich → Rn. 122) und **Biosimilars** (→ Rn. 123) zu differenzieren. Bedingt durch die unterschiedlichen strukturellen Eigenschaften des aktiven Wirkstoffs und differierende Herstellungsprozesse bei Biosimilars ist insbes. bei diesen bereits erörterungsbedürftig, ob und inwieweit bei der Ausschreibung von Rabattverträgen ein öffentlicher Auftrag vorliegt. In diesem Zusammenhang ist auch zu berücksichtigen, dass mit dem Abschluss von Rabattverträgen über Biosimilars **bislang keine Substitutionspflicht** nach § 129 Abs 1 S. 3 SGB V verbunden ist (→ Rn. 124). Das wird sich künftig

303 BGBl. 2012 I 2192.

304 Dazu ausführlich *Gabriel/Schulz* NZBau 2013, 273; sowie *Steiff/Sdunzig* NZBau 2013, 203; *Csaki/Münnich* PharmR 2013, 159; *Voll* pharmind 2015, 94.

305 Vgl. zum Herstellungs- und Zulassungsprozess ausführlich *Dierks* NJOZ 2013, 1.

306 Angabe des Verbands forschender Pharma-Unternehmen für Biotechnologie (vfa bio), abrufbar unter https://www.pharma-fakten.de/news/details/789-neue-bestmarke-bei-biopharmazeutika-zulassungen/.

307 Generika und Biosimilars in Deutschland, Marktdaten Pro Generika 2014.

ändern. Der Gesetzgeber hat im **GSAV** (→ Rn. 4) beschlossen, dass mit Wirkung zum 16.8.2022 die Substitutionsregelungen entsprechend auch für Biosimilars gelten (ausführlich → Rn. 126). Dem insgesamt noch im Entstehen befindlichen Markt für biopharmazeutische Arzneimittel dürfte damit in den kommenden Jahren eine **noch größere Bedeutung** gerade auch im Hinblick auf die Anzahl der ausgeschriebenen Rabattverträge nach § 130a Abs. 8 SGB V als auch hinsichtlich damit verbundener Nachprüfungsverfahren zukommen.

122 Erste Rabattverträge nach § 130a Abs. 8 SGB V über biopharmazeutische Arzneimittel bezogen sich auf **Bioidenticals.** Das sind biologisch/biotechnologisch hergestellte Arzneimittel, bei denen sowohl Wirkstoff als auch Herstellungsprozess identisch sind, bzw. aus ein und demselben Herstellungsprozess stammen, die aber gleichwohl von verschiedenen Herstellern auf dem Arzneimittelmarkt angeboten werden. Der **Abschluss von Rabattverträgen** über bioidentische Arzneimittel wurde von den Vergabenachprüfungsinstanzen von vornherein **nahezu einhellig als ausschreibungspflichtiger öffentlicher Auftrag qualifiziert.**[308] Nachprüfungsverfahren im Rahmen von Ausschreibungen bioidentischer Arzneimittel befassten sich schwerpunktmäßig mit der Rechtmäßigkeit der konkreten Beschaffungsbedarfsbestimmung und der Gestaltung der Vergabeunterlagen durch die ausschreibenden Krankenkassen.[309] Zweifel an der Vergaberechtsmäßigkeit der Ausschreibungsgestaltungen ergaben sich dabei insbes. aus der (damals noch) **fehlenden Substituierbarkeit** bioidentischer Arzneimittel nach § 129 Abs. 1 S. 3 SGB V.[310] Deshalb erfolgte eine Änderung des Arzneimittelrahmenvertrags nach § 129 Abs. 2 SGB V,[311] wodurch sich die Substitutionspflicht nach § 129 Abs 1 S. 3 SGB V seitdem auch auf bestimmte biologische/biotechnologische Arzneimittel erstreckt. Als therapeutisch vergleichbar und dadurch als substituierbar gelten diese nunmehr gem. § 9 Abs. 3 lit. a) S. 2 des Rahmenvertrags nach § 129 Abs. 2 SGB V iVm § 129 Abs. 1 S. 3 SGB V, sofern sie unter Bezugnahme auf das Referenzarzneimittel zugelassen wurden, sich in Ausgangsstoffen und Herstellungsprozess nicht unterscheiden sowie in Anlage 1 zum Rahmenvertrag nach § 129 Abs. 2 SGB V namentlich aufgelistet sind.[312]

123 Von Bioidenticals zu unterscheiden sind sog. **Biosimilars.** Dabei handelt es sich um Nachahmerpräparate von biopharmazeutischen Arzneimitteln, die nach Patentablauf des Originalpräparats auf den Markt gebracht werden können. Biosimilars enthalten eine Wirksubstanz, die mit der des bereits zugelassenen Originalprodukts in Bezug auf Sicherheit, Wirksamkeit und Qualität **vergleichbar** und üblicherweise auch für die gleichen Indikationen zugelassen ist. Bedingt durch den komplexen Herstellungsprozess mittels lebender Organismen, der bei jedem Hersteller eines biosimilaren Arzneimittels unterschiedlich ausgestaltet ist, können Biosimilars dem Originalprodukt immer nur ähnlich, aber mit diesem **nie vollständig identisch** sein.[313] Aufgrund der damit verbundenen, zumindest par-

[308] LSG Nordrhein-Westfalen Beschl. v. 10.9.2009 – L 21 KR 53/09 STB, IBRRS 2010, 2825 mAnm *Gabriel* VergabeR 2010, 135 (142ff.); VK Bund Beschl. v. 21.9.2012 – VK 3-102/12, VPRRS 2012, 0447; Beschl. v. 22.5.2009 – VK 1-77/09, veris; Beschl. v. 15.8.2008 – VK 3-107/08, IBRRS 2014, 0032. Anders nur LSG Baden-Württemberg Beschl. v. 28.10.2008 – L 11 KR 4810/08 ER-B, IBRRS 2009, 0943 mAnm *Weiner* VergabeR 2009, 182 (189ff.).

[309] OLG Düsseldorf Beschl. v. 8.6.2011 – VII-Verg 2/11, IBRRS 2011, 3862; Beschl. v. 17.1.2011 – VII-Verg 2/11, BeckRS 2011, 18629; VK Bund Beschl. v. 29.11.2010 – VK 2-113/10, VPRRS 2013, 0620.

[310] LG Hamburg Urt. v. 5.8.2009, 315 O 347/08: „§ 129 Abs. 1 Nr. 1 lit. b), Abs. 2 SGB V knüpfen bei der Bestimmung des Begriffs des wirkstoffgleichen Arzneimittels an den Begriff des ‚selben Wirkstoffs' in § 24b Abs. 2 S. 2 AMG an, dem biologische Arzneimittel mit unterschiedlichen biologischen Ausgangsstoffen und Herstellungsprozessen nicht unterfallen."

[311] Rahmenvertrag über die Arzneimittelversorgung nach § 129 Abs. 2 SGB V in der Fassung v. 1.1.2019 zuletzt geändert durch die zweite Änderungsvereinbarung v. 15.12.2019.

[312] OLG Düsseldorf Beschl. v. 30.1.2012 – VII-Verg 103/11, BeckRS 2012, 6483; Beschl. v. 8.6.2011 – VII-Verg 2/11, IBRRS 2011, 3862; Beschl. v. 17.1.2011 – VII-Verg 2/11, BeckRS 2011, 18629; VK Bund Beschl. v. 25.11.2011 – VK 135/11, IBRRS 2013, 2443; Beschl. v. 29.11.2010 – VK 2-113/10, VPRRS 2013, 0620.

[313] *Dierks* NJOZ 2013, 1; *Gabriel/Weiner* NZS 2009, 422 (425).

tiellen Inkongruenz der klinischen Eigenschaften, setzt die Zulassung biosimilarer Arzneimittel aufwändige präklinische und klinische Prüfungen voraus, weshalb die durchschnittlichen Kosten für Forschung und Entwicklung bei einem biotechnologischen Nachahmerpräparat etwa 10-fach höher sind als die Kosten für klassische Generika.[314] Gleichwohl liegen die Kosten eines Biosimilars durch die Nutzung bereits vorhandener klinischer Daten unterhalb derjenigen des erstangebotenen Biologicals, weshalb insbes. in diesem Bereich ein erhebliches Einsparungspotential für die GKV verortet wird.

Da Biosimilars somit weder einen mit dem Originalpräparat identischen Wirkstoff besitzen, noch einem identischen Herstellungsprozess entstammen, ist **mit dem Abschluss eines Rabattvertrags** nach § 130a Abs. 8 SGB V **bislang keine Substitutionspflicht** nach § 129 Abs. 1 S. 3 SGB V **verbunden** (zu den künftigen Änderungen durch das GSAV → Rn. 126).[315] Ärzte erachten einen Austausch von Biosimilars mit anderen Arzneimitteln oftmals für nicht angezeigt und müssen einen solchen im Rahmen ihrer Therapiefreiheit nicht vornehmen. Gleiches gilt derzeit noch für Apotheker, die aufgrund pharmazeutischer Bedenken eine Substitution verweigern dürfen. Die fehlende Substitutionspflicht nach § 129 Abs. 1 S. 3 SGB V für biosimilare Arzneimittel führt allerdings nicht dazu, dass Rabattverträge über Biosimilars derzeit generell keiner öffentlichen Ausschreibungspflicht unterlägen. Denn bei der Substitutionspflicht nach § 129 Abs. 1 S. 3 SGB V handelt es sich regelmäßig zwar um eine **hinreichende, keinesfalls aber um eine notwendige Bedingung für eine vergaberechtliche Ausschreibungspflicht** eines Rabattvertrags. Vielmehr ist im konkreten Einzelfall festzustellen, ob der beteiligte pharmazeutische Unternehmer durch den Rabattvertrag einen geldwerten Wettbewerbsvorteil erlangt (vgl. ausführlich → Rn. 27 ff.). Soweit der Rabattvertrag eine entsprechende Exklusivitätsvereinbarung enthält, dürfte das tendenziell eher zu bejahen sein. 124

In der **Praxis** besitzt deshalb bislang die **Frage der Vergaberechtmäßigkeit solcher Exklusivvertragsgestaltungen** und deren vergaberechtskonforme Ausschreibung vergaberechtliche Relevanz. Gesetzliche Krankenkassen werden hier insbes. bei der Bildung von Preisvergleichsgruppen immer dann vor erhebliche praktische Probleme gestellt, wenn sie sich diesbezüglich – mangels Geltung der Substitutionspflicht – nicht an den gesetzlichen Substitutionskriterien orientieren können. Es obliegt dann den Krankenkassen selbst, im Zusammenhang mit der Ausschreibung von Arzneimittelrabattverträgen unterschiedliche Präparate in einen Ausschreibungswettbewerb miteinander zu stellen. In Abhängigkeit von den jeweiligen pharmakologischen Eigenschaften und den konkreten Marktverhältnissen eines Arzneimittels ist dabei oftmals fraglich, ob vertragliche Exklusivitätsvereinbarungen in der Praxis tatsächlich umsetzungsfähig sind. Das gilt derzeit noch insbes. im Hinblick auf die Ausschreibung von Rabattverträgen über Biosimilars, da es hier zum einen (noch) an einem dem chemisch-synthetischen Arzneimittelbereich vergleichbaren Markt fehlt und zum anderen grundsätzlich fraglich ist, ob es bereits auf Grundlage vertraglicher Exklusivitätsvereinbarungen tatsächlich zu einem Austausch der Präparate in den Apotheken kommt. In diesem Zusammenhang kommt einer vielbeachteten Entscheidung des **OLG Düsseldorf** zur Vergabe von Arzneimittelrahmenrabattverträgen über **TNF-alpha-Inhibitoren** Bedeutung zu. Hier hatte eine Krankenkasse eine Rahmenvereinbarung über bis zu drei von fünf am Markt verfügbaren Wirkstoffe ausgeschrieben, deren Indikationsbereiche sich nur teilweise überschnitten und nicht substituierbar waren. Das OLG Düsseldorf entschied, wie bereits die 1. VK Bund in der Vorinstanz, dass es für eine vergaberechtliche Austauschbarkeit und damit für eine Ausschreibungsfähigkeit bereits ausreiche, wenn eine Überschneidung in therapeutischer Hinsicht in den drei (Haupt-)Indikationen, die bei einem wesentlichen Teil der Versicherten der Krankenkasse relevant sind, vorliege.[316] 125

---

[314] *Glaeske* et al. Sicherstellung einer effizienten Arzneimittelversorgung in der Onkologie, Gutachten im Auftrag des Bundesministeriums der Gesundheit, 2010, 52.

[315] *Dierks* NJOZ 2013, 1.

[316] OLG Düsseldorf Beschl. v. 27.5.2015 – VII-Verg 2/15, BeckRS 2015, 18293; VK Bund Beschl. v. 12.1.2015 – VK 1-104/14, VPRRS 2015, 0084.

126 Der **Gesetzgeber** hat im Zuge des **GSAV** (→ Rn. 4) beschlossen, dass durch einen neuen § 129 Abs. 1 S. 9 SGB V die **Vorgaben für Apotheker zur Ersetzung eines wirkstoffgleichen Arzneimittels künftig auch für biopharmazeutische Arzneimittel entsprechend gelten.**[317] Die Änderungen treten nach Art. 21 Abs. 4 GSAV drei Jahre nach dem GSAV und dadurch **am 16. 8. 2022** in Kraft. Der dann gültige § 129 Abs. 1 S. 9 SGB V lautet:

„Die Regelungen für preisgünstige Arzneimittel nach Satz 1 Nummer 1 und 2 und den Sätzen 2 bis 8 gelten entsprechend für im Wesentlichen gleiche biotechnologisch hergestellte biologische Arzneimittel, für die der Gemeinsame Bundesausschuss in den Richtlinien nach § 92 Absatz 1 Satz 2 Nummer 6 eine Austauschbarkeit in Bezug auf ein biologisches Referenzarzneimittel festgestellt hat".

Gem. § 129 Abs. 1a S. 3 SGB V iVm Art. 10 Abs. 4 RL 2001/83/EG sind im Wesentlichen gleiche biotechnologisch hergestellte biologische Arzneimittel solche, die einem biologischen Referenzarzneimittel (Anmerkung: idR das biologische Innovator-Produkt) zwar ähnlich sind, sich aber insbes. die Rohstoffe oder der Herstellungsprozess von dem des biologischen Referenzarzneimittels unterscheiden. Künftig sollen also auch **biologische Arzneimittel durch im Wesentlichen gleiche und rabattierte Biosimilars durch die Apotheken substituiert werden.** Der Gemeinsame Bundesausschuss hat nach § 129 Abs. 1a S. 5 SGB V bis spätestens zum 16. 8. 2022 in den Arzneimittelrichtlinien nach § 92 Abs. 1 S. 2 Nr. 6 SGB V Hinweise zur Austauschbarkeit von biologischen Arzneimitteln durch Biosimilars auf Ebene der Apotheken zu erlassen, da die Ersetzung eines biologischen Referenzarzneimittels durch ein entsprechendes Biosimilar der vorherigen Feststellung der Austauschbarkeit bedarf. Eine automatische Austauschbarkeit wird also anders als im generischen Arzneimittelbereich nicht konstituiert.[318] Die Apotheken sind nach Inkrafttreten dieser Regelung daher bei biopharmazeutischen Arzneimitteln dazu verpflichtet, ein ärztlich verordnetes Biopharmazeutika durch ein rabattiertes Biosimilar zu ersetzen, wenn der Gemeinsame Bundesausschuss die Austauschbarkeit festgelegt und soweit der Arzt eine solche Ersetzung nicht ausgeschlossen hat. Die **dreijährige Übergangsfrist** bis zur Substitutionspflicht durch die Apotheken dient dazu, Erkenntnisse über die Austauschbarkeit und Erfahrungen mit der Versorgungspraxis sammeln und bewerten zu können.[319] Zusätzlich wird der Gemeinsame Bundesausschuss nach § 129 Abs. 1a S. 3 SGB V in den Arzneimittel-Richtlinien auch Hinweise für eine Austauschbarkeit auf der ärztlichen Verordnungsebene geben. Dadurch sollen die Ärzte stärker als bisher dazu ermutigt werden, eine Medikationsumstellung auf Biosimilars vorzunehmen.[320]

127 Im Hinblick auf den **Abschluss von Rabattvereinbarungen** gem. § 130a Abs. 8 SGB V über Biosimilars bedeutet die geplante Gesetzesänderung, dass eine **Entgeltlichkeit** und somit das Vorliegen eines öffentlichen Auftrags gem. § 103 Abs. 1 GWB auch und insbes. bereits durch die mit der Substitutionspflicht verbundene **Steuerungs- und Lenkungswirkung** zugunsten des Absatzes des rabattierten Biosimilars zu bejahen ist. Denn durch den Abschluss eines Rabattvertrags sind Apotheker nach Maßgabe des § 129 Abs. 1 SGB V dann zur Abgabe des entsprechend rabattierten Biosimilars verpflichtet, sofern der Gemeinsame Bundesausschuss die Austauschbarkeit festgelegt hat. Durch diese Substitutionspflicht wird der Absatz zu dem rabattierten Arzneimittel gelenkt, sodass durch die damit einhergehende Absatzsteigerung ein **wirtschaftlicher Vorteil** für den pharmazeutischen Unternehmer besteht und ein öffentlicher Auftrag vorliegt. Anders als derzeit, bedarf es dann zur Bejahung der Entgeltlichkeit nicht mehr zwingend einer Zusicherung von Exklusivität oder einer anderweitigen Einräumung eines Wettbewerbsvorteils. Das führt dazu, dass Rabattverträge über Biosimilars im Ergebnis weitestgehend mit Rabattver-

---

[317] Dazu auch *Lietz/Zumdick* PharmR 2019, 493 (501 f.).
[318] BT-Drs. 19/8753, 63.
[319] BT-Drs. 19/8753, 63; *Lietz/Zumdick* PharmR 2019, 493 (501 f.).
[320] *Lietz/Zumdick* PharmR 2019, 493 (501 f.).

trägen über chemisch-synthetische Generika gleichzusetzen sein werden und die hierzu ergangene Rechtsprechung zur Annahme einer Entgeltlichkeit entsprechend herangezogen werden kann (→ Rn. 11 ff.).

Durch die künftig verstärkt den vergaberechtlichen Vorgaben unterfallenden Rabattver- 128
träge gem. § 130a Abs. 8 SGB V über Biosimilars dürften insbes. auch die **Anforderungen an eindeutige und erschöpfende Leistungsbeschreibungen** oder bieterseitige Kalkulationsrisiken – ähnlich den Rabattverträgen zu Generika – besondere Relevanz gewinnen. Es bleibt abzuwarten, ob die Substitutionspflicht tatsächlich zum 16. 8. 2022 in Kraft tritt, wie die Auftraggeber in den Ausschreibungsgestaltungen auf die Besonderheiten von Biosimilars reagieren werden und wie sich die Rechtsprechung im Rahmen etwaiger Vergabenachprüfungsverfahren dazu entwickeln wird.

Abzuwarten bleibt auch, ob Rabattverträge über Biosimilars im Wege des **Open-Hou-** 129
se-Modells zulässig sind und an Bedeutung gewinnen werden. Dadurch, dass die Rabattverträge hierbei mit möglichst vielen pharmazeutischen Unternehmern geschlossen werden und gerade keine Exklusivität gewährt wird (vgl. → Rn. 30 ff.), könnte die Substitution insoweit vermieden und den Versicherten eine größere Auswahl an biologischen Arzneimitteln zur Verfügung gestellt werden. Andererseits könnte die derzeit noch deutlich geringere Anbieter- und Produktdichte im Vergleich zu chemisch-synthetischen Generika einschränkend im Hinblick auf den Abschluss von Open-House-Verträgen wirken.[321]

[321] Ausführlich zu Open-House-Verträgen über Biosimilars (allerdings noch zu der Regelungslage vor dem GSAV) *Gaßner/Sauer* PharmR 2018, 288.

§ 79 Rabattverträge über Fertigarzneimittel zur Herstellung parenteraler Zubereitungen in der Onkologie

Übersicht

SGB V: § 129 Abs. 1, 5, 5c, 130 Abs. 8a, 129 Abs. 5 aF
AMPreisV: § 5 Abs. 1, 4, 5

Literatur:

Dettling/Kieser/Ulshöfer, Zytostatikaversorgung nach der AMG-Novelle (Teil 1), PharmR 2009, 421; *Dettling/Kieser/Ulshöfer,* Zytostatikaversorgung nach der AMG-Novelle (Teil 2), PharmR 2009, 546; *Esch/Feldmann,* Die geplanten Neuregelungen zur ambulanten Zytostatikaversorgung im GKV-Arzneimittelversorgungsstärkungsgesetz, PharmR 2017, 1; *Neises/Clobes/Palsherm,* Das Gesetz zur Änderung arzneimittelrechtlicher Vorschriften und seine Folgen für die Vergütung von Fertigarzneimitteln in parenteralen Zubereitungen, PharmR 2009, 506; *Stallberg,* Rabattvereinbarungen für parenterale Zubereitungen nach AMVSG und GSAV – Zulässigkeit und Grenzen, PharmR 2019, 440.

A. Einleitung

1 Schätzungen zufolge gibt es in Deutschland ca. 300 öffentliche Apotheken, die Zytostatika-Zubereitungen und parenterale Lösungen herstellen.[1] Zusätzlich werden auch in Teilen der Krankenhausapotheken entsprechende Zubereitungen hergestellt. Der mit Zytostatika-Zubereitungen und parenteralen Lösungen erzielte **Umsatz** der öffentlichen Apotheken mit der GKV liegt im Milliarden-Euro-Bereich, für das Jahr 2017 wurde ein Gesamtumsatz mit Zytostatika-Zubereitungen und parenteralen Lösungen von **ca. 3,7 Mrd. EUR** ermittelt.[2] Dementsprechend hoch ist für die Verbände der gesetzlichen Krankenkassen das wirtschaftliche Potential, durch Rabattverträge und andere Instrumente in diesem Bereich Einsparungen bei den Arzneimittelausgaben zu generieren.

[1] „Die Apotheke – Zahlen, Daten, Fakten 2019", S. 44 (Stand: 7.6.2019), herausgegeben von der Bundesvereinigung deutscher Apothekerverbände und abrufbar unter https://www.abda.de/aktuelles-und-presse/publikationen/detail/die-apotheke-zahlen-daten-fakten-2019/.

[2] „Die Apotheke – Zahlen, Daten, Fakten 2019", S. 44 (Stand: 7.6.2019), herausgegeben von der Bundesvereinigung deutscher Apothekerverbände und abrufbar unter https://www.abda.de/aktuelles-und-presse/publikationen/detail/die-apotheke-zahlen-daten-fakten-2019/.

2 Mit dem **AMVSG**[3] wurde in einem neuen § 130a Abs. 8a SGB V erstmals eine ausdrückliche Ermächtigung zum Abschluss von **Rabattvereinbarungen über Fertigarzneimittel** zur Herstellung von parenteralen Zubereitungen zur Anwendung in der Onkologie eingeführt (→ Rn. 4 ff.).[4] Ergänzend wurde durch § 129 Abs. 1 S. 4 SGB V die **Apotheken-Substitutionspflicht** auch auf Fertigarzneimittel erstreckt, die für in Apotheken hergestellte parenterale Zubereitungen verwendet werden, sofern für das wirkstoffgleiche Arzneimittel eine Rabattvereinbarung mit Wirkung für die Krankenkasse nach dem neuen § 130a Abs. 8a SGB V besteht (vgl. zur Apotheken-Substitutionspflicht im Generikabereich nach § 129 Abs. 1 S. 3 SGB V → § 78 Rn. 11 ff.). Zugleich wurden **Anpassungen an** den abrechnungsfähigen Apothekenabgabepreisen in **der sog. Hilfstaxe** umgesetzt (→ Rn. 31 f.). Durch die zugleich erfolgte **Abschaffung exklusiver Zytostatika-Versorgungsverträge**[5] sind ausschreibungsbedürftige Versorgungsverträge auf die Ebene der pharmazeutischen Unternehmer als Hersteller der Ausgangsstoffe der parenteralen Zubereitungen verlagert worden. Nach dem Willen des Gesetzgebers sollen hierdurch nicht nur **Wirtschaftlichkeitsreserven** realisiert werden, sondern ferner eine friktionsfreie Versorgung der Versicherten mit in Apotheken hergestellten parenteralen Zubereitungen aus Fertigarzneimitteln zur Anwendung in der Onkologie und die Apothekenwahlfreiheit der Patienten gem. § 31 Abs. 1 S. 5 SGB V sichergestellt werden.[6]

3 **Vor den Änderungen durch das AMVSG** waren Zytostatika-Versorgungsverträge gem. § 129 Abs. 5 SGB V aF die ausschreibungsrelevanten GKV-Selektivverträge in der Onkologie (→ Rn. 33 ff.). **Zytostatika** sind verschreibungspflichtige (apothekenpflichtige) **Arzneimittel zur Verhinderung bzw. Verzögerung von Zellwachstum und Zellteilung,** die von onkologischen Fachärzten als anwendungsfertige Zubereitungen in der Darreichungsform parenteraler Lösungen Patienten mit Tumorerkrankungen intravenös injiziert werden (sog. Chemotherapie).[7] 2009 wurde der Wortlaut von § 129 Abs. 5 S. 3 SGB V aF dahingehend geändert, dass nicht mehr nur Zytostatika-Zubereitungen, sondern **auch andere parenterale Zubereitungen (Infusionslösungen) aus Fertigarzneimitteln** von der Ermächtigung zugunsten gesetzlicher Krankenkassen zum Abschluss von Versorgungsverträgen mit Apotheken erfasst wurden.[8] Gesetzgeberisches Motiv war, auf diese Weise die Vereinbarung von Versorgungsverträgen über den engeren Bereich der Zytostatika auch auf den wachstumsstarken Bereich biotechnologischer Fertigarzneimittel in der Onkologie zu erstrecken.[9] Durch den **Wegfall des § 129 Abs. 5 S. 3 SGB V aF** im Zuge der Änderungen durch das AMVSG im Jahr 2017 wurde der Durchführung von Vergabeverfahren für den Abschluss **exklusiver Zytostatika-Versorgungsverträge nunmehr die Grundlage entzogen.** Verträge zwischen den gesetzlichen Krankenkassen und Apotheken, die auf dem aufgehobenen § 129 Abs. 5 S. 3 SGB V aF basierten, wurden nach einer Übergangsfrist mit Ablauf des 31. 8. 2017 unwirksam. Inwieweit eine Notwendigkeit der Abschaffung exklusiver Zytostatika-Versorgungsverträge bestand und ob die gesetzgeberischen Ziele durch die nunmehr geltende Rechtslage wirklich erreicht werden können, wird kontrovers diskutiert.[10]

---

3 Gesetz zur Stärkung der Arzneimittelversorgung in der GKV v. 4. 5. 2017, BGBl. 2017 I 1050.

4 Zum normativen Regelungsgehalt des § 130a Abs. 8a SGB V auch *Stallberg* PharmR 2019, 440 (440 f.).

5 Zur faktisch rückwirkenden Abschaffung der Exklusivverträge *Esch/Feldmann* PharmR 2017, 1 (4 f.).

6 Gesetzesentwurf zum AMVSG, 32. Kritisch hierzu *Esch/Feldmann* PharmR 2017, 1 (2 f.).

7 *Dettling/Kieser/Ulshöfer* PharmR 2009, 421.

8 Gesetz zur Änderung arzneimittelrechtlicher und anderer Vorschriften v. 17. 7. 2009, BGBl. 2009 I 1990.

9 BT-Drs. 16/12256, 65.

10 *Esch/Feldmann* PharmR 2017, 1; *Stallberg* PharmR 2019, 440. Vgl. kritisch zu der neuen Gesetzeslage auch die Begründung einer Apotheke als Antragstellerin im Rahmen eines Rechtsstreits bezüglich der neuen Substitutionsverpflichtung, LSG Nordrhein-Westfalen Beschl. v. 31. 10. 2018 – L 11 KR 68/18 B ER, BeckRS 2018, 43104 Rn. 2.

B. Vergaberechtliche Grundkonzeption von Rabattverträgen über Fertigarzneimittel zur Herstellung parenteraler Zubereitungen gemäß § 130a Abs. 8a SGB V

Durch § 130a Abs. 8a SGB V sind die **Landesverbände der Krankenkassen und die Ersatzkassen einheitlich und gemeinsam** (→ Rn. 21–23) dazu **ermächtigt,** mit pharmazeutischen Unternehmern **Rabattverträge über** solche **Fertigarzneimittel abzuschließen,** die in Apotheken zur Herstellung parenteraler Zubereitungen verwendet werden, die wiederum zur Anwendung in der Onkologie bestimmt sind. Die Ermächtigung **ähnelt der Vorschrift des § 130a Abs. 8 SGB V,** wonach Krankenkassen oder ihre Verbände zum Abschluss von Arzneimittelrabattverträgen mit pharmazeutischen Unternehmern ermächtigt sind (vgl. → § 78). Die Vorschriften **unterscheiden** sich jedoch darin, dass zum Abschluss von Arzneimittelrabattverträgen nach § 130a Abs. 8 SGB V die Krankenkassen oder ihre Verbände befugt sind, während die Abschlusskompetenz für Rabattverträge über Fertigarzneimittel nach § 130a Abs. 8a S. 2 SGB V den Landesverbänden der Krankenkassen einheitlich und gemeinsam mit den Ersatzkassen obliegt. Der Abschluss durch einzelne Krankenkassen ist bei Rabattverträgen über Fertigarzneimittel in der Onkologie nicht zulässig (vgl. ausführlich → Rn. 21–23). 4

Einer **vergaberechtlichen Ausschreibungspflicht** unterliegen die Landesverbände der Krankenkassen und die Ersatzkassen beim Abschluss von Rabattverträgen über Fertigarzneimittel zur Herstellung parenteraler Zubereitungen nach § 130a Abs. 8a SGB V immer (und zugleich nur) dann, wenn hierbei die **Voraussetzungen eines öffentlichen Auftrags** nach § 103 Abs. 1 GWB erfüllt sind. Das ist der Fall, wenn die Rabattvereinbarung einen entgeltlichen Vertrag iSv § 103 Abs. 1 GWB darstellt. Mit der Lieferung der Arzneimittel muss beidseitig einerseits eine Leistung erbracht und andererseits zugleich eine Gegenleistung in Form (irgend-)eines wirtschaftlichen Vorteils erlangt werden (→ Rn. 8). 5

I. Fertigarzneimittelrabattverträge als Rahmenvereinbarungen gemäß § 103 Abs. 5 GWB, § 21 VgV

Ähnlich den Arzneimittelrabattverträgen nach § 130a Abs. 8 SGB V (→ § 78 Rn. 6f.) sind auch Fertigarzneimittelrabattverträge nach § 130a Abs. 8a SGB V als **Rahmenvereinbarungen iSv § 103 Abs. 5 GWB, § 21 VgV zu qualifizieren,**[11] wenn die Voraussetzungen eines öffentlichen Auftrags nach § 103 Abs. 1, 2 GWB erfüllt sind.[12] Denn auch Rabattverträgen über Fertigarzneimittel zur Herstellung parenteraler Zubereitungen ist gerade **das für Rahmenvereinbarungen typische Risiko immanent,** dass sich das endgültige Auftragsvolumen nicht abschließend im Voraus beziffern lässt, sondern nur anhand der Daten über die zurückliegenden Jahre eine ungefähre Prognose aufgestellt werden kann. Dass der Zeitpunkt und die abgerufene Menge der Einzelabrufe nicht durch die Krankenkassen, sondern insbes. durch die Morbidität und die Entscheidung der behandelnden Ärz- 6

---

[11] Zu Rabattverträgen nach § 130a Abs. 8 SGB V vgl. LSG Nordrhein-Westfalen Beschl. v. 15.4.2009 – L 21 KR 37/09 SFB; Beschl. v. 9.4.2009 – L 21 KR 29/09 SFB; LSG Baden-Württemberg Beschl. v. 23.1.2009 – L 11 WB 5971/08, BeckRS 2009, 50726 mAnm *Gabriel* VergabeR 2009, 452 (465); Beschl. v. 28.10.2008 – L 11 KR 4810/08 ER-B, IBRRS 2009, 0943 mAnm *Weiner* VergabeR 2009, 182 (189ff.); VK Bund Beschl. v. 27.3.2009 – VK 3-46/09, veris; Beschl. v. 20.3.2009 – VK 3-22/09, veris; Beschl. v. 18.3.2009 – VK 3-55/09, veris; Beschl. v. 24.2.2009 – VK 3-203/08; *Dreher/Hoffmann* NZBau 2009, 273 (276f.); *Kamann/Gey* PharmR 2009, 114 (117); *Byok/Csaki* NZS 2008, 402 (404); *Röbke* NVwZ 2008, 726 (731); *Stolz/Kraus* VergabeR 2008, 1 (10); *Willenbruch* PharmR 2008, 488 (489); *Marx/Hölzl* NZBau 2010, 31 (34); *Schüttpelz/Dicks* FS Marx, 2013, 691 (697). Die VK Bund Beschl. v. 12.8. 2016 – VK 1-42/15, IBRRS 2016, 2303 sieht in Rahmenvereinbarungen hingegen keinen öffentlichen Auftrag.

[12] Zu den Voraussetzungen und dem Begriff des öffentlichen Auftrags *Stein* BeckOK VergabeR GWB § 103 Rn. 1–5.

te bestimmt wird, hat schon in Bezug auf Arzneimittelrabattverträge nach § 130a Abs. 8 SGB V nicht zur Ablehnung eines öffentlichen Auftrags geführt (→ § 78 Rn. 6). Dieser Rechtsgedanke findet auch bei Rabattverträgen über Fertigarzneimittel zur Herstellung parenteraler Zubereitungen Anwendung, da die Vorschrift des § 130a Abs. 8a SGB V inhaltlich an § 130a Abs. 8 SGB V angelehnt ist. Das kommt ua dadurch zum Ausdruck, dass in § 130a Abs. 8a S. 3 SGB V pauschal die Regelungen des § 130a Abs. 8 S. 2–7 SGB V für anwendbar erklärt werden. Bei der **rechtlichen Bewertung** der Rabattverträge über Fertigarzneimittel kann deshalb in dieser Hinsicht nichts anderes gelten als bei Arzneimittelrabattverträgen gem. § 130a Abs. 8 SGB V.

7 Auch im Rahmen von Fertigarzneimittelrabattverträgen zur Herstellung parenteraler Zubereitungen liegt ein **mittelbarer Beschaffungsvorgang der Krankenkassen zugunsten der Versicherten** und dadurch ein **vergaberechtlich relevanter Beschaffungsvorgang** vor. Bei Arzneimittelrabattverträgen nach § 130a Abs. 8 SGB V ist anerkannt, dass es dieser Annahme nicht entgegensteht, dass die Arzneimittel nicht unmittelbar an die Krankenkasse geliefert, sondern in der Apotheke an die Versicherten abgegeben werden (→ § 78 Rn. 6).[13] Hiervon unterscheidet sich die **Situation bei Rabattverträgen über Fertigarzneimittel** zur Herstellung parenteraler Zubereitungen wie folgt: Zwar werden auch die Fertigarzneimittel an die Apotheken geliefert, jedoch stellt die Apotheke hieraus eine parenterale Zubereitung nach den individuell auf den Patienten abgestimmten ärztlichen Vorgaben her und liefert diese an den behandelnden Arzt, der sie dem Patienten im Rahmen der ärztlichen Behandlung verabreicht. Es erfolgt also keine Abgabe des (fertigen) Arzneimittels an den Versicherten in der Apotheke und zumeist wird der Versicherte in diesem Fall die eingebundene Apotheke auch gar nicht kennen. Das ändert jedoch nichts daran, dass die Krankenkasse in beiden Konstellationen die Versorgung des bei ihr Versicherten mit Arzneimitteln zur Krankenbehandlung sicherstellt (wozu sie insbes. nach § 27 Abs. 1 S. 2 Nr. 3, § 31 SGB V verpflichtet ist) und die pharmazeutischen Unternehmer mit der Belieferung der Apotheke zugleich ihre rabattvertraglich vereinbarte Lieferverpflichtung gegenüber der Krankenkasse erfüllen.

8 Die Qualifikation als Rahmenvereinbarung gem. § 103 Abs. 5 GWB ist allerdings davon abhängig, dass überhaupt die Voraussetzungen eines öffentlichen Auftrags nach § 103 Abs. 1, 2 GWB erfüllt sind. Dementsprechend muss insbes. ein **entgeltlicher Vertrag** zwischen den Landesverbänden der Krankenkassen und den Ersatzkassen einerseits und den beteiligten pharmazeutischen Unternehmern andererseits vorliegen. Die **Entgeltlichkeit erfordert,** dass die Vertragsparteien eine Leistung im Sinne einer eigenen Zuwendung erbringen und zugleich eine Gegenleistung in Form eines wirtschaftlichen Vorteils erhalten.[14] Die **Leistung der jeweiligen pharmazeutischen Unternehmer** liegt darin, dass diese sich mit Abschluss des Rabattvertrags zugleich zur Sicherstellung der Lieferfähigkeit gegenüber den Apotheken verpflichten. Im Rabattvertrag sind deshalb häufig Regelungen zu Vertragsstrafen, Schadensersatz und/oder Sonderkündigungsmöglichkeiten bei Lieferausfällen oder -verzögerungen enthalten (→ § 78 Rn. 51–54). Mit dem Abschluss eines Rabattvertrags nach § 130a Abs. 8a SGB V ist hingegen (wie auch bei Arzneimittelrabattverträgen nach § 130a Abs. 8 SGB V, vgl. → § 78 Rn. 10) **keine explizite Gegenleistung der Krankenkasse** verbunden, sodass der wirtschaftliche Vorteil der pharmazeutischen Unternehmer mitunter schwieriger festzustellen ist.

---

[13] Zu Rabattverträgen nach § 130a Abs. 8 SGB V vgl. bereits *Moosecker* Auftragsvergaben der GKV S. 102; *Kaeding* PharmR 2007, 239 (245).

[14] EuGH Urt. v. 25.3.2010 – C-451/08, Slg. 2010, I-2707 = NZBau 2010, 321 Rn. 48 – Helmut Müller GmbH; BGH Beschl. v. 1.2.2005 – X ZB 27/04, NJW-RR 2005, 1439; *Dreher/Hoffmann* NZBau 2009, 273 (276); *Kaltenborn* GesR 2011, 1 (3). Allgemein zur Entgeltlichkeit auch BeckOK VergabeR/*Stein* GWB § 103 Rn. 33–35.

1. Lenkungs- bzw. Steuerungswirkung

Der Abschluss des Rabattvertrags ist für die pharmazeutischen Unternehmer insbes. dann mit einem **wirtschaftlichen Vorteil** verbunden, wenn sich hierdurch die **Wahrscheinlichkeit erhöht,** dass vergütungspflichtige Lieferleistungen gerade der beteiligten Unternehmer realisiert werden und dadurch der **Absatz** der rabattvertraglichen Fertigarzneimittel **entsprechend ansteigt.** Das ist dann der Fall, wenn mit der Rabattvereinbarung eine Lenkungs-/Steuerungswirkung zugunsten der vertragsgegenständlichen Arzneimittel einhergeht.[15] 9

Ähnlich den Rabattverträgen nach § 130a Abs. 8 SGB V (vgl. → § 78 Rn. 13ff.) ergibt sich eine solche Lenkungs-/Steuerungswirkung grundsätzlich aus der mit dem Abschluss des Rabattvertrags verbundenen **Apotheken-Substitutionspflicht.**[16] Für Fertigarzneimittel zur Herstellung parenteraler Zubereitungen bestimmt § 129 Abs. 1 S. 4 SGB V, dass eine **Ersetzung durch ein wirkstoffgleiches Arzneimittel** für die Herstellung der parenteralen Zubereitungen vorzunehmen ist, wenn das Arzneimittel nur unter der Wirkstoffbezeichnung verordnet oder eine Ersetzung vom behandelnden Arzt nicht ausgeschlossen wurde[17] und für das wirkstoffgleiche Arzneimittel eine Vereinbarung nach § 130a Abs. 8a SGB V mit Wirkung für die Krankenkasse besteht sowie in Verträgen zwischen den Krankenkassen oder ihrer Verbände und den Landesapothekerorganisationen nichts Abweichendes vereinbart ist.[18] Praktisch führt diese Regelung dazu, dass die Apotheken zur Herstellung der parenteralen Zubereitungen diejenigen Fertigarzneimittel verwenden (müssen), für die die Landesverbände der Krankenkassen zusammen mit den Ersatzkassen einen entsprechenden Rabattvertrag mit den pharmazeutischen Herstellern geschlossen haben. **Dadurch verschiebt sich der Absatz grundsätzlich zugunsten der rabattierten Fertigarzneimittel,** sodass mit dem Abschluss des Rabattvertrags idR ein wirtschaftlicher Vorteil für die pharmazeutischen Unternehmer verbunden ist. 10

Grundsätzlich ist die Apotheken-Substitutionspflicht nach § 129 Abs. 1 S. 4 SGB V ähnlich zu der bei chemisch-synthetischen Generika bestehenden Substitutionspflicht nach § 129 Abs. 1 S. 3 SGB V ausgestaltet. Im Gegensatz zu generischen Arzneimitteln können Fertigarzneimittel zur Herstellung parenteraler Zubereitungen allerdings einen **Wirkstoffpatentschutz** besitzen. Da es bei Fertigarzneimitteln mit Wirkstoffpatentschutz aus patentrechtlichen Gründen keine zugelassenen wirkstoffgleichen Arzneimittel geben kann, **läuft die Apotheken-Substitutionspflicht in diesen Fällen** bei Fertigarzneimitteln nach § 129 Abs. 1 S. 4 SGB V **leer.** Denn eine Substitution kann nur stattfinden, wenn wirkstoffgleiche (Fertig-)Arzneimittel existieren. Das führt dazu, dass mit dem Abschluss eines Rabattvertrags über ein Fertigarzneimittel mit Wirkstoffpatentschutz **nicht automatisch eine Lenkungs-/Steuerungswirkung** zugunsten des Absatzes des rabattierten Fertigarzneimittels **einhergeht.** Da die Substitutionspflicht nach § 129 Abs. 1 S. 4 SGB V in diesem Fall leerläuft, verändert sich der Absatz nicht zugunsten des rabattierten Fertigarz- 11

[15] Vgl. auch MGCK PharmaR/*Gabriel* § 14 Rn. 38ff.

[16] Vgl. zu Rabattverträgen nach § 130a Abs. 8 SGB V LSG Nordrhein-Westfalen Beschl. v. 15.4.2009 – L 21 KR 37/09 SFB; Beschl. v. 9.4.2009 – L 21 KR 29/09 SFB; LSG Baden-Württemberg Beschl. v. 23.1. 2009 – L 11 WB 5971/08, BeckRS 2009, 50726 mAnm *Gabriel* VergabeR 2009, 452 (465); Beschl. v. 28.10.2008 – L 11 KR 4810/08 ER-B, IBRRS 2009, 0943 mAnm *Weiner* VergabeR 2009, 182 (189ff.); OLG Düsseldorf Beschl. v. 19.12.2007 – VII-Verg 51/07, NZBau 2008, 194. Vgl. zusammenfassend *Goodarzi/Jansen* NZS 2010, 427 (431); idS bereits *Byok* GesR 2007, 553 (556).

[17] Siehe zur Ersetzungsbefugnis des Arztes auch SG Detmold Urt. v. 26.1.2018 – S 3 KR 450/15, BeckRS 2018, 43882 Rn. 17f.; SG Bremen Urt. v. 17.3.2017 – S 7 KR 269/14.

[18] Vgl. als wohl erste Entscheidung zur Substitutionspflicht nach § 129 Abs. 1 S. 4 SGB V im einstweiligen Rechtsschutzverfahren auch LSG Nordrhein-Westfalen Beschl. v. 31.10.2018 – L 11 KR 68/18 B ER, BeckRS 2018, 43104. Im zugrundeliegenden Fall klagt ein Apotheker dagegen zur Abgabe eines substituierten Fertigarzneimittels verpflichtet zu sein. Im vorläufigen Rechtsschutzverfahren hat das LSG Nordrhein-Westfalen eine einstweilige Anordnung nicht erlassen und erachtet im Rahmen der Folgenabwägung das Allgemeininteresse an der Umsetzung der Substitutionspflicht als höher gegenüber den geltend gemachten Interessen des Apothekers.

neimittels mit Wirkstoffpatentschutz. Auch ohne Rabattvereinbarung würde dieses Fertigarzneimittel in annähernd gleichem Umfang zur Herstellung parenteraler Zubereitungen verwendet werden, nämlich immer dann, wenn der Arzt diesen Wirkstoff im Rahmen einer ärztlichen Behandlung zur Herstellung der parenteralen Zubereitung anordnet.

12 Hieraus folgt, dass mit dem Abschluss eines **Rabattvertrags über ein Fertigarzneimittel ohne Wirkstoffpatentschutz** idR eine **Lenkungs-/Steuerungswirkung einhergeht,** da hierbei mehrere wirkstoffgleiche (Fertig-)Arzneimittel existieren und der Absatz sich grundsätzlich zugunsten des rabattierten Fertigarzneimittels verschiebt. Durch diese Lenkungs-/Steuerungswirkung besteht ein wirtschaftlicher Vorteil für den oder die am Vertrag beteiligten pharmazeutischen Unternehmer, sodass ein öffentlicher Auftrag iSv § 103 Abs. 5, 1, 2 GWB bereits hierdurch zumeist anzunehmen ist. Im Gegensatz dazu ist mit dem Abschluss eines **Rabattvertrags über ein Fertigarzneimittel mit Wirkstoffpatentschutz** eine substitutionsbedingte **Lenkungs-/Steuerungswirkung** grundsätzlich **nicht verbunden,** sodass in diesem Fall jedenfalls nicht hierdurch automatisch ein wirtschaftlicher Vorteil für den oder die am Rabattvertrag beteiligten Unternehmer besteht. Für die Annahme eines öffentlichen Auftrags bedarf es hierbei sodann einer anderweitigen Zusicherung von Exklusivität oder Selektivität (→ Rn. 14 ff.).

13 Soweit ersichtlich, ist **noch keine Rechtsprechung** zu der Apotheken-Substitutionspflicht nach § 129 Abs. 1 S. 4 SGB V ergangen, sodass noch nicht geklärt ist, inwieweit die Rechtsprechung hierbei entsprechend zu der Substitutionspflicht bei Generika nach § 129 Abs. 1 S. 3 SGB V eine Lenkungs-/Steuerungswirkung annehmen wird.

2. Zusicherung von Exklusivität bzw. Einräumung eines Wettbewerbsvorteils

14 Im Hinblick auf **Rabattverträge über Fertigarzneimittel ohne Wirkstoffpatentschutz** dürfte bereits die Apotheken-Substitutionspflicht nach § 129 Abs. 1 S. 4 SGB V grundsätzlich ausreichen, um eine hinreichende Lenkungs-/Steuerungswirkung und damit einen öffentlichen Auftrag in Form einer Rahmenvereinbarung iSv § 103 Abs. 5, 1, 2 GWB annehmen zu können. Die hiermit idR einhergehende absatzsteigernde Wirkung kann jedoch zusätzlich durch weitere Exklusivitätsabreden der Vertragsparteien im Rabattvertrag verstärkt werden.[19] Üblich ist bspw. die vertragliche Zusicherung der Krankenkassenverbände, während der Vertragslaufzeit des Rabattvertrags keine weiteren Rabattverträge über dieselben Wirkstoffe mit anderen Unternehmern abzuschließen. Entscheidend ist aber stets, dass die Vereinbarungen tatsächlich geeignet sind, einen Wettbewerbsvorteil zu bewirken. Die vertraglichen Vereinbarungen sind insofern nur von untergeordneter Bedeutung, als dass es letztlich darauf ankommt, ob einem oder einem abgrenzbaren Teil an Unternehmern tatsächlich ein Wettbewerbsvorteil gewährt und dadurch Exklusivität eingeräumt wird.[20]

15 Hingegen kommt zusätzlichen Exklusivitätsabreden im Hinblick auf **Rabattverträge über Fertigarzneimittel mit Wirkstoffpatentschutz** eine besondere Bedeutung zu. Denn mitunter entscheiden diese bei Fertigarzneimitteln mit Wirkstoffpatentschutz darüber, ob den pharmazeutischen Unternehmern eine absatzfördernde privilegierte Stellung eingeräumt wird und dadurch ein öffentlicher Auftrag vorliegt. Der EuGH hat ausdrücklich klargestellt, dass es zur Annahme eines öffentlichen Auftrags, und damit zur Bejahung der vergaberechtlichen Relevanz, einer Auswahlentscheidung des Auftraggebers bedarf, mit der einem oder mehreren Wirtschaftsteilnehmern Exklusivität und/oder Selektivität

---

[19] Zu Rabattverträgen nach § 130a Abs. 8 SGB V LSG Nordrhein-Westfalen Beschl. v. 15.4.2009 – L 21 KR 37/09 SFB; Beschl. v. 9.4.2009 – L 21 KR 29/09 SFB; LSG Baden-Württemberg Beschl. v. 23.1.2009 – L 11 WB 5971/08, BeckRS 2009, 50726 mAnm *Gabriel* VergabeR 2009, 452 (465); zusammenfassend *Goodarzi/Jansen* NZS 2010, 427 (430); VK Bund Beschl. v. 22.5.2009 – VK 1-77/09, veris; Beschl. v. 18.2.2009 – VK 3-158/08, IBRRS 2009, 2991.

[20] Zu Rabattverträgen nach § 130a Abs. 8 SGB V LSG Nordrhein-Westfalen Beschl. v. 10.9.2009 – L 21 KR 53/09 STB, IBRRS 2010, 2825 mAnm *Gabriel* VergabeR 2010, 135 (142 ff.).

gewährt wird.[21] Schon zuvor hat die nationale Rechtsprechung in diesem Sinne entschieden, dass eine Rabattvereinbarung über ein Originalpräparat ohne vertragliche Exklusivitätsabrede keinen öffentlichen Auftrag darstellt.[22] Umgekehrt genügt die vertragliche Exklusivitätszusicherung, um auch ohne Substitution eine Lenkungs-/Steuerungswirkung der Rabattvereinbarung und damit einen öffentlichen Auftrag anzunehmen.[23] Praktisch bedarf es deshalb stets der Prüfung im Einzelfall, ob und inwieweit in der Rabattvereinbarung den pharmazeutischen Unternehmern Exklusivität gewährt wird und der Rabattvertrag dadurch einen vergaberechtlich relevanten öffentlichen Auftrag darstellt.[24]

II. Vergaberechtsfreie Open-House-Verträge

Ähnlich den Rabattverträgen über Arzneimittel nach § 130a Abs. 8 SGB V sind **Open-House-Verträge** auch bei Rabattverträgen über Fertigarzneimittel zur Herstellung parenteraler Zubereitungen in der Onkologie nach § 130a Abs. 8a SGB V **grundsätzlich zulässig.** Open-House-Verträge werden mit dem erklärten Ziel öffentlich bekanntgemacht, mit möglichst vielen am Markt tätigen pharmazeutischen Unternehmern zu kontrahieren, um hierdurch den Versicherten eine **größtmögliche Arzneimittelproduktbreite** anbieten und **Lieferausfälle minimieren** zu können.[25] Die Krankenkassenverbände geben hierbei idR einen **einheitlichen Rabattsatz** vor, zu dem alle interessierten Unternehmer dem Vertrag während der gesamten Vertragsdauer oder jedenfalls während einer Eingangsphase beitreten können. Die **vergaberechtliche Zulässigkeit** dieser „vergaberechtsfrei" geschlossenen Open-House-Verträge wurde **vom EuGH ausdrücklich bestätigt** (vgl. grundlegend zu Open-House-Verträgen → § 76 Rn. 1 ff. und speziell zu Open-House-Verträgen bei Arzneimittelrabattverträgen auch → § 78 Rn. 30 ff.).[26] 16

Im Hinblick auf **Rabattverträge über Fertigarzneimittel mit Wirkstoffpatentschutz** ist der **Abschluss von Open-House-Verträgen** insofern **problematisch,** als dass primär nur der Originator an dem Open-House-Vertrag teilnehmen kann (sowie etwaige Parallelimporteure), da er durch sein Patent der einzige Wirkstoffanbieter ist. Nach der Rechtsprechung der VK Bund zu Rabattverträgen nach § 130a Abs. 8 SGB V hindert ein bestehender Patentschutz den Auftraggeber aber nicht daran, ein Open-House-Modell zum Rabattvertragsabschluss zu wählen.[27] Denn der Vertragsbeitritt sei stets nur solchen Unternehmern möglich, die rechtlich und tatsächlich leistungs- und lieferfähig sind. Das gelte jedenfalls dann, wenn der Patentschutz während der Vertragslaufzeit ausläuft und jedenfalls ab diesem Zeitpunkt auch weitere Unternehmer dem Vertrag beitreten können (vgl. zu Open-House-Verfahren bei bestehendem Patentschutz auch → § 78 Rn. 94 f.).[28] 17

---

[21] EuGH Urt. v. 2.6.2016 – C-410/14, ECLI:EU:C:2016:399 = NZBau 2016, 441 – Dr. Falk Pharma; fortgeführt durch EuGH Urt. v. 1.3.2018 – C-9/17, ECLI:EU:C:2018:142 = NZBau 2018, 366 – Maria Tirkkonen.

[22] LSG Baden-Württemberg Beschl. v. 28.10.2008 – L 11 KR 4810/08 ER-B, IBRRS 2009, 0943 mAnm *Weiner* VergabeR 2009, 182 (189 ff.).

[23] VK Bund Beschl. v. 22.5.2009 – VK 1-77/09, veris; Beschl. v. 18.2.2009 – VK 3-158/08, IBRRS 2009, 2991.

[24] Zu Rabattverträgen nach § 130a Abs. 8 SGB V LSG Nordrhein-Westfalen Beschl. v. 10.9.2009 – L 21 KR 53/09 STB, IBRRS 2010, 2825 mAnm *Gabriel* VergabeR 2010, 135 (142 ff.).

[25] Zum Zweck der Minimierung des Lieferausfallrisikos kritisch *Gaßner/Strömer* NZS 2014, 811.

[26] EuGH Urt. v. 2.6.2016 – C-410/14, ECLI:EU:C:2016:399 = NZBau 2016, 441 – Dr. Falk Pharma; fortgeführt durch EuGH Urt. v. 1.3.2018 – C-9/17, ECLI:EU:C:2018:142 = NZBau 2018, 366 – Maria Tirkkonen.

[27] VK Bund Beschl. v. 2.11.2016 – VK 1-114/16, veris.

[28] VK Bund Beschl. v. 2.11.2016 – VK 1-114/16, veris.

C. Ausschreibungsrelevante Besonderheiten bei Rabattverträgen über Fertigarzneimittel zur Herstellung parenteraler Zubereitungen gemäß § 130a Abs. 8a SGB V

18 **Aufgrund der ähnlichen gesetzlichen Ausgestaltung** der Rabattverträge über Fertigarzneimittel zur Herstellung parenteraler Zubereitungen sowie der Rabattverträge nach § 130a Abs. 8 SGB V **können** die dazu entwickelten **Rechtsprechungslinien grundsätzlich entsprechend herangezogen werden. Besonderheiten** ergeben sich aber daraus, dass Rabattverträge über Fertigarzneimittel zur Herstellung parenteraler Zubereitungen in gewisser Hinsicht eine Zwitterstellung einnehmen und sich nicht kategorisch den Rabattverträgen betreffend Generika oder den Rabattverträgen betreffend patentgeschützter Originalpräparate zuordnen lassen. Das ergibt sich daraus, dass einerseits der Gesetzgeber die Ausgestaltung der Rabattverträge über Fertigarzneimittel gerade im Hinblick auf die Einführung einer Apotheken-Substitutionspflicht stark an die entsprechende Ausgestaltung bei generischen Rabattverträgen nach § 130a Abs. 8 SGB V angelehnt hat. Andererseits können Fertigarzneimittel zur Herstellung parenteraler Zubereitungen patentgeschützt sein, sodass gerade bei patentschutzspezifischen ausschreibungsrelevanten Besonderheiten die Rechtsprechung zu patentgeschützten Originalpräparaten vorrangig zu berücksichtigen ist.

19 **Daraus folgt,** dass grundsätzlich die **zu generischen Rabattverträgen entwickelte Rechtsprechung** bevorzugt heranzuziehen ist, vgl. hierzu → § 78 Rn. 34ff. Bei ausschreibungsrelevanten **Fragen hinsichtlich eines** etwaig vorhandenen **Wirkstoffpatentschutzes** der Fertigarzneimittel ist hingegen speziell die dazu ergangene Rechtsprechung zu berücksichtigen, vgl. → § 78 Rn. 76ff. und → § 78 Rn. 94f. Vgl. zudem die Rechtsprechungslinien und die ausschreibungsrelevanten Besonderheiten unter → § 78 Rn. 93ff., die generell bei (Fertig-)Arzneimittelrabattverträgen relevant sein können, da sie insoweit nicht (nur) spezifisch bei generischen Rabattverträgen oder Rabattverträgen betreffend Originalpräparaten anwendbar sind.

20 Zudem ergeben sich bei Rabattverträgen nach § 130a Abs. 8a SGB V über Fertigarzneimittel zur Herstellung parenteraler Zubereitungen zur Anwendung in der Onkologie weitere **ausschreibungsrelevante Besonderheiten.** Diese ergeben sich insbes. aus der spezifischen Vertragsabschlusskompetenz oder befassen sich mit inhaltlichen Anforderungen an die Leistungsbeschreibung:

I. Einheitlicher und gemeinsamer Rabattvertragsabschluss durch die Landesverbände der Krankenkassen und die Ersatzkassen

21 Gem. § 130a Abs. 8a S. 2 SGB V dürfen Rabattverträge über Fertigarzneimittel zur Herstellung parenteraler Zubereitungen nur **gemeinsam und einheitlich** von den Landesverbänden der Krankenkassen und den Ersatzkassen geschlossen werden. Es handelt sich hierbei um eine **zwingende Voraussetzung;** der Abschluss solcher Rabattvereinbarungen darf nicht krankenkassenindividuell vorgenommen werden.[29] Das wird insbes. dadurch deutlich, dass der Gesetzgeber im Zuge des GSAV[30] den klarstellenden § 130a Abs. 8a S. 2 SGB V eingefügt hat. Bereits zuvor war in § 130a Abs. 8a S. 1 SGB V aF in der Fassung nach der Einführung durch das AMVSG die Formulierung enthalten, dass die „Landesverbände der Krankenkassen und die Ersatzkassen […] einheitlich und gemeinsam […] Rabatte für die jeweils verwendeten Fertigarzneimittel vereinbaren [können]". Dieser an sich bereits eindeutige Wortlaut hat jedoch in der Praxis einzelne Krankenkassen nicht davon abgehalten, kassenindividuelle Rabattvereinbarungen über Fertigarzneimittel abzuschlie-

[29] In diese Richtung tendierend auch LSG Nordrhein-Westfalen Beschl. v. 31.10.2018 – L 11 KR 68/18 B ER, BeckRS 2018, 43104 Rn. 43.

[30] Gesetz für mehr Sicherheit in der Arzneimittelversorgung v. 9.8.2019, BGBl. 2019 I 1202.

ßen. Aus Sicht des Gesetzgebers war es deshalb erforderlich, im Rahmen der Änderungen durch das GSAV die in S. 1 enthaltene Formulierung „einheitlich und gemeinsam" in einem neuen S. 2 (noch) eindeutiger hervorzuheben.[31] Insoweit hat § 130a Abs. 8a S. 2 SGB V eine **rein deklaratorische Wirkung.** Auch vor den Änderungen durch das GSAV durften solche Rabattverträge nach § 130a Abs. 8a SGB V nur einheitlich und gemeinsam von den Landesverbänden der Krankenkassen und den Ersatzkassen geschlossen werden.[32]

Durch einen gemeinsamen und einheitlichen Rabattvertragsabschluss möchte der Ge- 22
setzgeber insbes. **Verwürfe verhindern** bzw. reduzieren und dadurch **dem Wirtschaftlichkeitsgebot Rechnung tragen.**[33] Hinsichtlich der Apotheken-Substitutionspflicht nach § 129 Abs. 1 S. 4 SGB V ist die Vorgabe eines gemeinsamen und einheitlichen Vertragsabschlusses konsequent. Anderenfalls könnte ein zur Herstellung einer parenteralen Zubereitung angebrochenes Fertigarzneimittel nur dann für die Herstellung einer weiteren Zubereitung für einen anderen Versicherten weiterverwendet werden, wenn dieser andere Versicherte bei derselben Krankenkasse (wie der vorige Versicherte) versichert ist oder die Krankenkasse mit demselben Unternehmer eine Rabattvereinbarung geschlossen hat. Gerade im aufgrund der kurzen Haltbarkeitsdauer angebrochener Fertigarzneimittel würden krankenkassenindividuelle Rabattvereinbarungen dazu führen, dass eine größere Anzahl an Fertigarzneimitteln angebrochen, aber nicht mehrfach verwendet werden könnte, da durch die diffusen Rabattvereinbarungen verschiedene Fertigarzneimittel unterschiedlicher Unternehmer verwendet werden müssten. Die Anzahl an Verwürfen würde steigen.

Klärungsbedürftig ist indes, welche **Rechtsfolgen** sich **bei** einem Vertragsabschluss un- 23
ter **Missachtung dieser gesetzgeberischen Vorgabe** ergeben.[34] Ein solcher Rabattvertrag dürfte wegen Verstoßes gegen die zwingende Vorgabe zu einem gemeinsamen und einheitlichen Vertragsabschluss **nichtig iSd § 134 BGB** sein. Zunächst ist eine solche Rabattvereinbarung wegen Missachtung der insoweit eindeutigen gesetzgeberischen Vorgabe in jedem Fall **rechtswidrig.** Um bei Verträgen nach dem SGB V eine Nichtigkeit iSd § 134 BGB annehmen zu können,[35] bedarf es eines sog. **qualifizierten Rechtsverstoßes;** nicht jeder Verstoß führt zugleich zu einer Unwirksamkeit des gesamten Vertrags.[36] Die Rechtsprechung des BSG nimmt einen solchen qualifizierten Rechtsverstoß an, wenn „zwingende Rechtsnormen bestehen, die einer vertraglichen Gestaltung nicht zugänglich sind, oder wenn ein bestimmtes Ziel von vornherein nicht durch einen Vertragsabschluss erreicht werden darf".[37] Gerade unter Berücksichtigung des gesetzgeberischen Ziels, Verwürfe möglichst zu vermeiden und der eindeutigen gesetzgeberischen Vorgabe, Rabattverträge zwingend gemeinsam und einheitlich zu schließen, liegt ein solch qualifizierter Rechtsverstoß iSd Rechtsprechung des BSG bei Missachtung dieser Vorgaben vor. Die daraus folgende Frage lautet, welche Konsequenzen mit der Unwirksamkeit des Vertrags einhergehen.[38] Grundsätzlich ist der Rabattvertrag von Anfang an als unwirksam zu betrachten und sind die jeweils empfangenen Leistungen mangels Rechtsgrunds herauszugeben bzw. **rückabzuwickeln.** Inwieweit die gewährten Rabatte und die getroffenen Substitutionsentscheidungen der Apotheken einer Rückabwicklung zugänglich sind, ist durch die Rechtsprechung nicht geklärt.

Vor dem Hintergrund dieser signifikanten Konsequenzen rechtswidriger Vertragsab- 24
schlüsse wird empfohlen, etwaige kassenindividuell **vor dem 13.5.2017 geschlossenen Altverträge** zum nächstmöglichen Zeitpunkt zu **beenden** und ordnungsgemäß kassenart-

[31] BT-Drs. 19/8753, 64.
[32] So auch *Stallberg* PharmR 2019, 440 (440f.).
[33] Gesetzesentwurf zum AMVSG, 37; BT-Drs. 19/8753, 64f.
[34] Hierzu ausführlich auch *Stallberg* PharmR 2019, 440 (442f.).
[35] Zur Anwendung der Vorschrift des § 134 BGB bei Verträgen nach dem SGB V BSG Urt. v. 5.11.2008 – B 6 KA 55/07 R, BeckRS 2009, 50613 Rn. 14; Urt. v. 5.7.2000 – B 3 KR 20/99 R, NVwZ-RR 2001, 450 (452).
[36] So auch *Stallberg* PharmR 2019, 440 (442).
[37] BSG Urt. v. 5.11.2008 – B 6 KA 55/07 R, BeckRS 2009, 50613 Rn. 14.
[38] Dazu auch *Stallberg* PharmR 2019, 440 (443).

übergreifend neu auszuschreiben bzw. abzuschließen. Denn sofern eine Rückwirkung für Altverträge und in der Rechtsfolge eine Nichtigkeit der Verträge bejaht werden sollte, würden hiermit nicht unerhebliche Rückabwicklungsrisiken gerade im Hinblick auf gewährte Rabatte einhergehen.[39]

II. Anforderungen an eine eindeutige und erschöpfende Leistungsbeschreibung

25 Typischerweise ist die Abgabe eines Angebots zum Abschluss einer Rahmenvereinbarung im Vergleich zu anderen Aufträgen mit **erhöhten Kalkulationsrisiken** für die Bieter verbunden, da sich der Umfang des genauen Leistungsabrufs im Einzelfall im Voraus nicht genau beziffern lässt. Bei der Ausschreibung exklusiver Rabattverträge durch die Krankenkassen kommt hinzu, dass der Abruf des genauen Leistungsvolumens nicht durch die Krankenkassen bestimmt wird (vgl. ausführlich → § 78 Rn. 35 ff.). **In Bezug auf Zytostatika-Versorgungsverträge** nach § 129 Abs. 1 S. 3 SGB V aF **hat die Rechtsprechung konkretisierende Aussagen getroffen,** die sich inhaltlich auch auf die jetzigen Fertigarzneimittelrabattverträge nach § 130a Abs. 8a SGB V **übertragen** lassen und die deshalb hier dargestellt sind.

26 Im Hinblick auf die bieterseitigen Kalkulationsrisiken erkennt die Rechtsprechung an, dass den Bietern grundsätzlich die **Verordnungsdaten aus der Vergangenheit zur Verfügung zu stellen sind** (vgl. → § 78 Rn. 36). Die Rechtsprechung hat hierzu ferner entschieden, dass hiermit nicht die Verpflichtung des Auftraggebers einhergeht, solche Daten mit erheblichem Aufwand ermitteln zu müssen. Im zugrundeliegenden Fall verfügte die Krankenkasse nicht über entsprechend verlässliche Daten und konnte diese auch nicht mit adäquaten Mitteln beschaffen, da es die erste Ausschreibung dieser Art der Auftraggeberin war.[40] Es stellt ebenso **kein unzumutbares Kalkulationsrisiko** dar, **wenn die Bieter ihre anzubietenden Preise** während der Grundlaufzeit der Rahmenvereinbarung und auch während eines optional vorgesehenen Verlängerungszeitraums **nicht neu verhandeln dürfen.** Das gilt insbes. dann, wenn die Grundlaufzeit und der optionale Verlängerungszeitraum zusammen noch innerhalb des Regelrahmens von vier Jahren nach § 21 Abs. 6 VgV liegen.[41]

27 Bei einer **kalkulationserheblichen Veränderung des Beschaffungsbedarfs** im Sinne einer Reduzierung oder Erweiterung des ausgeschriebenen Leistungsumfangs hat der Auftraggeber es den Bietern grundsätzlich zu jedem Zeitpunkt des Vergabeverfahrens zu ermöglichen, hierauf entsprechend reagieren zu können.[42] Stellt sich eine solche kalkulationserhebliche **Veränderung des Leistungsumfangs nach Angebotsabgabe** heraus, müssen die Bieter an ihren Angeboten entsprechende Änderungen vornehmen dürfen.[43] Konkret waren im Rahmen einer Ausschreibung eines exklusiven Zytostatika-Versorgungsvertrags die Angebote für eine voraussichtliche Vertragslaufzeit von zwölf Monaten zzgl. einer zweimaligen Verlängerungsoption bereits abgegeben, als das AMVSG beschlossen wurde und Zytostatika-Versorgungsverträge dadurch mit Ablauf des 31. 8. 2017 unwirksam wurden. Die Vertragslaufzeit reduzierte sich auf wenige Monate, was von den Bietern nicht einkalkuliert werden konnte.[44] Wenn hingegen das AMVSG beschlossen wurde, bevor die Angebote abzugeben waren – und somit abstrakt im Zeitpunkt der eintretenden Veränderung des ausgeschriebenen Leistungsumfangs **noch keine Angebote abgegeben** wurden – dann haben die Bieter die mögliche Leistungsreduzierung durch eine verkürzte Vertragslaufzeit entsprechend zu berücksichtigen. Der Auftraggeber muss

[39] Dazu auch *Stallberg* PharmR 2019, 440 (443).
[40] VK Bund Beschl. v. 20. 9. 2016 – VK 2-85/16, BeckRS 2016, 127383 Rn. 58 ff.
[41] VK Bund Beschl. v. 21. 9. 2016 – VK 2-87/16, VPRRS 2016, 0427.
[42] OLG Düsseldorf Beschl. v. 17. 5. 2017 – VII-Verg 43/16, BeckRS 2017, 118300 Rn. 9 ff.; sodann fortgeführt mit Beschl. v. 18. 10. 2017 – VII-Verg 21/17, NZBau 2018, 312 Rn. 17 ff.
[43] OLG Düsseldorf Beschl. v. 17. 5. 2017 – VII-Verg 43/16, BeckRS 2017, 118300 Rn. 9 ff.
[44] OLG Düsseldorf Beschl. v. 17. 5. 2017 – VII-Verg 43/16, BeckRS 2017, 118300 Rn. 9 ff.

den Bietern hierbei nicht die Möglichkeit gewähren, Änderungen an ihren Angeboten vornehmen zu können.[45]

III. Zulässigkeit von Doppelrabattvorgaben

Teilweise wird in Rabattverträgen über Fertigarzneimittel vorgesehen, dass die pharmazeu- 28
tischen Unternehmer nicht nur gegenüber der Krankenkasse einen Rabatt gewähren, sondern zusätzlich einen Rabatt gegenüber den Apotheken gewähren sollen, um diesen eine wirtschaftliche Abrechnung der Fertigarzneimittel zu den Preisen der sog. Hilfstaxe (→ Rn. 29 f.) zu ermöglichen (sog. **Doppelrabatt-Konstruktionen**).[46] Die **Zulässigkeit** solcher Doppelrabatte erscheint **fragwürdig.** Zwar ist der **Wortlaut** des § 130a Abs. 8a S. 1 SGB V insoweit offen formuliert, als dass durch die Landesverbände der Krankenkassen und die Ersatzkassen mit den pharmazeutischen Unternehmern neutral Rabatte für die jeweils verwendeten Fertigarzneimittel vereinbart werden können. Der Wortlaut lässt also auch Rabatte gegenüber den Apotheken zu, da nicht abschließend formuliert wird, wie viele Rabatte und wem gegenüber diese zu gewähren sind. Der Gesetzgeber hat mit dem AMVSG allerdings **in systematischer Hinsich**t zwei voneinander losgelöste und unterschiedliche Mechanismen zur Generierung von Einsparungen der gesetzlichen Krankenkassen eingeführt: Einerseits die Rabattvereinbarungen mit pharmazeutischen Unternehmern nach § 130a Abs. 8a SGB V, im Rahmen derer den Krankenkassen von den Unternehmern Rabatte gewährt werden und die Einsparungen somit zu Lasten der Gewinnspanne der pharmazeutischen Unternehmer generiert werden sollen. Andererseits sollen Wirtschaftlichkeitsreserven durch die Anpassung der in der Hilfstaxe vereinbarten Preise für parenterale Zubereitungen aus Fertigarzneimitteln erschlossen werden. Diese Preisanpassungen treffen folglich die Apotheken, die bei der Abrechnung der hergestellten Zubereitungen an die in der Hilfstaxe vereinbarten Preise gebunden sind. Durch dieses Instrument sollen demgemäß Einsparungen zu Lasten der Apotheken erzeugt werden. Vor diesem Hintergrund erscheint es **sachwidrig,** wenn im Rahmen der Rabattvereinbarungen **Doppelrabattkonstruktionen** zulässig wären, da hierdurch die Unternehmer einerseits in doppelter Hinsicht zur Rabattgewährung verpflichtet und andererseits die Apotheken zugleich zu Lasten der pharmazeutischen Unternehmer begünstigt wären.[47] Die in der Hilfstaxe vereinbarten Preise sollen bereits aus sich heraus eine wirtschaftliche Abrechnung der parenteralen Zubereitungen ermöglichen und sicherstellen. Ein zusätzlicher Rabatt gegenüber den Apotheken zu Lasten der pharmazeutischen Unternehmer erscheint vor diesem Aspekt eher sachwidrig. Schließlich ist auch zu berücksichtigen, dass gerade bei Open-House-Verträgen die Rabattvorgaben von den Krankenkassen zumeist einseitig gestellt werden und die Unternehmer hierbei kaum Möglichkeiten hätten, etwaige Doppelrabatte im Rahmen ihrer Rabattkalkulation aufzufangen.

D. Sozialrechtliche Vorgaben für Preisvereinbarungen zwischen Krankenkassen und Apotheken betreffend Zubereitungen aus Fertigarzneimitteln

Zusätzlich zu den Rabattverträgen über Fertigarzneimittel wurde durch das AMVSG als 29
zweites Instrument zur Generierung von Einsparungen der gesetzlichen Krankenkassen eine **Anpassung der** im „Vertrag über die Preisbildung für Stoffe und Zubereitungen aus Stoffen (§§ 4 und 5 der AMPreisV)" (sog. **Hilfstaxe) festgelegten Preise für parenterale Zu-**

[45] OLG Düsseldorf Beschl. v. 18. 10. 2017 – VII-Verg 21/17, NZBau 2018, 312 Rn. 17 ff.; VK Bund Beschl. v. 21. 4. 2017 – VK 1-37/17, BeckRS 2017, 129603 Rn. 26 ff.; Beschl. v. 20. 4. 2017 – VK 1-33/17, veris.
[46] Dazu auch *Stallberg* PharmR 2019, 440 (444 f.).
[47] Im Ergebnis ebenso, aber mit teilweise anderer Argumentation *Stallberg* PharmR 2019, 440 (444 f.).

bereitungen aus Fertigarzneimitteln in der Onkologie vorgesehen.[48] Während die Einsparungen bei Rabattvereinbarungen zu Lasten der pharmazeutischen Unternehmer erfolgen, werden durch die Anpassung der Hilfstaxe Einsparungen zu Lasten der abrechnenden Stellen und somit zu Lasten der Apotheken erzielt. Vor der Verlagerung der vergaberechtlich relevanten Ausschreibungen auf die Ebene der pharmazeutischen Unternehmer waren die Apothekenabgabepreise insbes. auch für die ausschreibungsbedürftigen (Zytostatika-)Rabattverträge zwischen den Krankenkassen und den Apotheken relevant (→ Rn. 33ff.).

30 Die aus Sicht der Krankenkassen ausgabenrelevanten **Apothekenabgabepreise** setzen sich aus mehreren Elementen zusammen, namentlich aus der Summe der Wirkstoffpreise sowie dem sog. Apothekenzuschlag.[49] Vereinfachend dargestellt, handelt es sich bei den **Wirkstoffpreisen** um die Multiplikation von abrechnungsfähiger Wirkstoffmenge und Abrechnungspreisen für die in Zubereitungen verwendeten Fertigarzneimittel, wobei die ansatzfähigen Abrechnungspreise nicht zwangsläufig den tatsächlich im Einzelfall entrichteten Apothekeneinkaufspreisen entsprechen müssen, sondern zum Zweck der Ausgabenreduzierung im Interesse der Krankenkassen im Rahmen von Kollektivvereinbarungen gegebenenfalls verhandelt/pauschaliert werden. Der **Apothekenzuschlag** wiederum beinhaltet den „Arbeitspreis" der Apotheke und besteht aus einem (monetär zweitrangigen) sog. Rezepturzuschlag sowie einem (entgeltlich bedeutsameren) sogenannten (Fest-)Zuschlag. Dieser Festzuschlag besteht entweder in einem bestimmten Prozentsatz vom Apothekeneinkaufspreis (wobei auch der jeweilige hierbei in Ansatz gebrachte Apothekeneinkaufspreis nicht zwangsläufig dem tatsächlich entrichteten Apothekeneinkaufspreis entsprechen muss, sondern auch das Ergebnis einer verhandelten Vereinbarung sein kann) oder einem – vom Apothekeneinkaufspreis entkoppelten, da nicht in prozentualer Abhängigkeit zu ihm stehenden – festen Pauschalbetrag.

31 Eine konkrete **Ermächtigung zu Preisvereinbarungen für in Apotheken hergestellte Zubereitungen aus Fertigarzneimitteln** enthält § 129 Abs. 5c S. 1 SGB V. Die in § 129 Abs. 5c S. 1 SGB V in Bezug genommenen „Vorschriften nach dem Arzneimittelgesetz" finden sich in § 78 AMG, der wiederum auf die AMPreisV verweist. Eine **Ermächtigung zu Preisvereinbarungen zwischen** der für die Wahrnehmung der wirtschaftlichen Interessen gebildeten Spitzenorganisation der Apotheker und dem Spitzenverband Bund der Krankenkassen enthält § 5 Abs. 4, 5 AMPreisV, der die Berechnung der Apothekenzuschläge für Zubereitungen aus Stoffen regelt. Abgesehen von den Bestimmungen in § 5 AMPreisV sind gem. § 1 Abs. 3 Nr. 8 AMPreisV die **Preisspannen und Preise speziell für Fertigarzneimittel in parenteralen Zubereitungen** aus dem Anwendungsbereich der AMPreisV ausgenommen. Aufgrund der Ermächtigung durch § 5 AMPreisV haben die Spitzenverbände von Apotheken und Krankenkassen **abweichende Vereinbarungen über die Preise von Zubereitungen** im „Vertrag über die Preisbildung für Stoffe und Zubereitungen aus Stoffen (§§ 4 und 5 der AMPreisV)" (sog. Hilfstaxe) getroffen, in dessen Anlage 3 sich detaillierte Vorgaben für die gegenüber Krankenkassen ansatzfähigen Apothekeneinkaufs(abrechnungs-)preise und Zuschläge finden. Die Hilfstaxe enthält damit eine Vereinbarung hinsichtlich der abrechnungsfähigen Preise für Zubereitungen aus Fertigarzneimitteln gem. § 129 Abs. 5c S. 1 SGB V iVm § 78 AMG iVm § 5 AMPreisV, die auch für die parenteralen Zubereitungen aus Fertigarzneimitteln in der Onkologie gilt. Die hierin vereinbarten ansatzfähigen Apothekeneinkaufs(abrechnungs-)preise und Zuschläge sind insgesamt niedriger als die sich ansonsten (bei Fehlen einer Kollektivvereinbarung) aus § 129 Abs. 5c SGB V, §§ 4, 5 AMPreisV ergebenden Beträge; sie entsprechen daher dem **Interesse der Krankenkassen an einer Reduzierung ihrer Ausgaben** für Zytostatika und andere apothekenpflichtige parenterale Lösungen.

---

[48] Gesetzesentwurf zum AMVSG, 32; BR-Drs. 601/16, 27.

[49] Vgl. Anlage 3 Teil 1 Nr. 2 des Vertrags über die Preisbildung für Stoffe und Zubereitungen aus Stoffen (§§ 4 und 5 AMPreisV), sog. Hilfstaxe.

Im Rahmen der **Änderungen durch das AMVSG** wurde im veränderten § 130a Abs. 5c S. 2 SGB V vorgesehen, dass der Spitzenverband Bund der Krankenkassen sowie die Spitzenorganisation der Apotheker die Höhe der **Preise der Anlage 3** der Hilfstaxe für parenterale Zubereitungen aus Fertigarzneimitteln in der Onkologie **neu** zu **vereinbaren** hatten.[50] Eine solche Vereinbarung kam nicht zustande, weshalb die im Verfahren nach § 130a Abs. 5c S. 3–5, Abs. 8 SGB V angerufene Schiedsstelle am 19. 1. 2018 über die Preise der Anlage 3 für parenterale Zubereitungen entschied.[51] Der **Schiedsspruch** wurde von der Spitzenorganisation der Apotheker, dem Deutschen Apothekerverband (DAV), nicht mitgetragen, sondern **gerichtlich angegriffen.** Neben den neu festgelegten (gestiegenen) Abschlägen hielt er insbes. die rückwirkende Geltung dieser Abschläge zum 1. 11. 2017 den Apotheken gegenüber für unzumutbar.[52] Der Rechtsstreit endete schließlich mit einem **Vergleich vor dem LSG Berlin-Brandenburg,** in dem die ursprüngliche Rückwirkung zum 1. 11. 2017 aufgehoben wurde. Die im Schiedsspruch festgelegten Preise gelten nunmehr erst seit dem 1. 2. 2018. Ferner wurden weitere **Zusatzvereinbarungen** getroffen; insbes. wurden auch die sog. Auffangabschläge teilweise wieder abgeschafft, die gewisse Abschläge für erstmals in den Markt eingeführte sowie generisch werdende Arzneimittel vorsahen.[53] Zum 1. 3. 2020 wurden die **Preise** der Anlage 3 der Hilfstaxe **erneut** nach langwierigen Verhandlungen zwischen GKV-Spitzenverband und DAV **angepasst** und es traten neue Regelungen in Kraft. Neben einer Anpassung der Kündigungsmöglichkeiten wurden nunmehr die Abschläge für neu in den Markt eingeführte oder generisch werdende Wirkstoffe und Fertigarzneimittel festgelegt.[54] 32

E. Ausschreibung von Zytostatika-Versorgungsverträgen gemäß § 129 Abs. 5 S. 3 SGB V aF

Bereits die vorstehende Beschreibung der Apothekenabgabepreisbildung (→ Rn. 30) zeigt, dass **ausschreibungsrelevante Vertrags- und Preisverhandlungen** zwischen Krankenkassen und Apotheken **an unterschiedlichen Stellen dieses Preisbildungsmechanismus** ansetzen konnten. In Betracht kamen Vereinbarungen 33

- der ansatzfähigen Apothekeneinkaufs(abrechnungs-)preise zur Berechnung der Wirkstoff(abrechnungs-)preise;[55]
- der ansatzfähigen Apothekeneinkaufs(abrechnungs-)preise zur Berechnung des prozentualen Festzuschlags im Rahmen des Apothekenzuschlags;[56]

[50] Gesetzesentwurf zum AMVSG, 32; BR-Drs. 601/16, 27.

[51] Schiedsstelle nach § 129 Abs. 8 SGB V Beschl. v. 19. 1. 2018 – 129-SSt. 1-17, abrufbar unter https://ppp-rae.de/wp-content/uploads/2018/10/1.2_Schiedstelle-Hilfstaxe_Anlage.pdf.

[52] Vgl. auch die Mitteilung „Das sind die Änderungen in der Hilfstaxe" der DAZ v. 25. 1. 2018, abrufbar unter https://www.deutsche-apotheker-zeitung.de/news/artikel/2018/01/25/neue-abschlaege-neues-kuendigungsrecht/chapter:1.

[53] Die im Vergleich getroffenen Vereinbarungen sind wiedergegeben nach der Mitteilung „Kassen und Apotheker schließen Vergleich" der Pharmazeutischen Zeitung v. 16. 10. 2018, abrufbar unter https://www.pharmazeutische-zeitung.de/kassen-und-apotheker-schliessen-vergleich/; der Mitteilung „Apotheker begrüßen Vergleich" der Pharmazeutischen Zeitung v. 17. 10. 2018, abrufbar unter https://www.pharmazeutische-zeitung.de/apotheker-begruessen-vergleich/ und nach dem Artikel „Vergleich: Kassen verzichten auf Rückwirkung" v. 16. 10. 2018, abrufbar unter https://m.apotheke-adhoc.de/nc/nachrichten/detail/apothekenpraxis/vergleich-kassen-verzichten-auf-rueckwirkung-klage-gegen-die-hilfstaxe/.

[54] Hierzu auch die Mitteilung „Zyto-Apotheker kritisieren Hilfstaxen-Einigung" der DAZ v. 25. 2. 2020, abrufbar unter https://www.deutsche-apotheker-zeitung.de/news/artikel/2020/02/25/zyto-apotheker-kritisieren-hilfstaxen-einigung/chapter:1.

[55] Vgl. § 129 Abs. 5c S. 1 SGB V iVm Anlage 3 des Vertrags über die Preisbildung für Stoffe und Zubereitungen aus Stoffen (§§ 4 und 5 der AMPreisV).

[56] Vgl. § 129 Abs. 5c S. 1 SGB V iVm Anlage 3 des Vertrags über die Preisbildung für Stoffe und Zubereitungen aus Stoffen (§§ 4 und 5 der AMPreisV).

– von Abschlägen (Rabattvereinbarungen) auf den Abgabepreise des pharmazeutischen Unternehmers und Herstellers der in Zubereitungen verwendeten Fertigarzneimittel;[57]
– über die Preise und Preisspannen der Apotheken.[58]

34 Seit den Änderungen durch das AMVSG (→ Rn. 2) sind derzeit Rabattvereinbarungen in Bezug auf den Abgabepreis der für die parenteralen Zubereitungen verwendeten Fertigarzneimittel gesetzlich vorgesehen. Diese werden nunmehr unmittelbar zwischen den Landesverbänden der Krankenkassen gemeinsam mit den Ersatzkassen und den pharmazeutischen Unternehmern abgeschlossen. **Zuvor** sah der damalige § 129 Abs. 5 S. 3 SGB V aF vor, dass die Versorgung mit in Apotheken hergestellten parenteralen Zubereitungen aus Fertigarzneimitteln von den Krankenkassen durch Verträge mit Apotheken sichergestellt werden konnte. Nach § 129 Abs. 5 S. 3 Hs. 2 SGB V konnten dabei Abschläge auf den Abgabepreis des pharmazeutischen Unternehmers und die Preise und Preisspannen der Apotheken vereinbart werden. Trotz ihrer wirtschaftlichen Bedeutung stellten diese **Zytostatika-Versorgungsverträge** iSv § 129 Abs. 5 S. 3 SGB V aF einen **vergleichsweise wenig praxisrelevant** gewordenen Bereich ausschreibungspflichtiger GKV-Selektivverträge dar.

35 Da es sich bei Kollektivvereinbarungen iSv § 129 Abs. 3 S. 1, Abs. 5c S. 1 SGB V, § 5 Abs. 4, 5 AMPreisV aufgrund der bereits gesetzlich vorgegebenen Vertragspartner jedenfalls nicht um wettbewerblich auszuschreibende öffentliche Aufträge handelt, kamen für **Ausschreibungen** insbes. die in § 129 Abs. 5 S. 3 Hs. 2 SGB V aF erwähnten **Abschläge auf den Abgabepreis des pharmazeutischen Unternehmers und die Preise und Preisspannen der Apotheken** in Betracht. Dabei waren zwei Fragen auseinanderzuhalten:

– Durften trotz **bestehender Kollektivvereinbarungen** die dort krankenkassen- und apothekenübergreifend geregelten Inhalte überhaupt zum Gegenstand (davon inhaltlich abweichender) **auszuschreibender Selektivverträge** zwischen einzelnen Krankenkassen und einzelnen Apotheken gemacht werden?
– Führten Ausschreibungen von Zytostatika-Versorgungsverträgen gem. § 129 Abs. 5 S. 3 SGB V aF, in denen Apotheken dazu angehalten werden, mit den pharmazeutischen Unternehmern und Herstellern der in Zubereitungen verwendeten Fertigarzneimittel Abschläge auf deren Abgabepreis zu vereinbaren, zur **Ausschreibungspflicht dieser Rabattverträge** im Verhältnis zwischen Apotheken und pharmazeutischen Unternehmern?

I. Selektivverträge im Verhältnis zwischen Krankenkassen und Apotheken

1. Ausschreibungsfähigkeit

36 Vor dem Hintergrund des vorstehend beschriebenen regulatorischen Rahmens sowie der **bestehenden Kollektivvereinbarungen gem. § 129 Abs. 5c SGB V, §§ 4, 5 AMPreisV** stand im Rahmen der ersten, in Bezug auf Ausschreibungen von Selektivverträgen nach § 129 Abs. 5 S. 3 SGB V aF spezifischen, Nachprüfungsverfahren insbes. die Ausschreibungsfähigkeit von Vereinbarungen über Preise von in Apotheken hergestellten parenteralen Zubereitungen im Vordergrund. Hinsichtlich solcher Vereinbarungen im Verhältnis zwischen Krankenkassen und Apotheken hätte den Krankenkassen die notwendige **Vertragsabschlusskompetenz** gefehlt, soweit diese bereits gem. § 129 Abs. 5c S. 1 SGB V abschließend in einer Kollektivvereinbarung geregelt wurde und diese insofern eine Sperrwirkung entfaltete. Eine **Ausschreibung von selektiven Zytostatika-Versorgungsverträgen,** in denen abweichende Preise oder sonstige Regelungsinhalte zwischen einzelnen Krankenkassen und Apotheken vereinbart werden sollten, wäre dann **sozialrechtlich unzulässig** und wegen fehlender Ausschreibungsreife und verbotener Markterkundung gem. § 28 VgV **vergaberechtswidrig gewesen.**

[57] Vgl. § 129 Abs. 5 S. 3 Hs. 2 Alt. 1 SGB V aF.
[58] Vgl. § 129 Abs. 5 S. 3 Hs. 2 Alt. 2 SGB V aF.

Durch den „Vertrag über die Preisbildung für Stoffe und Zubereitungen aus Stoffen (§§ 4 und 5 der Arzneimittelpreisverordnung)" (sog. Hilfstaxe) (→ Rn. 29 ff.) war eine solche **umfassende, krankenkassen- wie apothekenübergreifende Kollektivvereinbarung** hinsichtlich der abrechnungsfähigen Preise für Zubereitungen aus Fertigarzneimitteln gem. § 129 Abs. 5c S. 1 SGB V, § 5 Abs. 4, 5 AMPreisV abgeschlossen worden. Denn die Hilfstaxe enthält jedenfalls Vorgaben betreffend 37

- die ansatzfähigen Apothekeneinkaufs(abrechnungs)preise zur Berechnung der Wirkstoff (abrechnungs)preise sowie
- die ansatzfähigen Festzuschläge im Rahmen des Apothekenzuschlags.

Die damit zusammenhängenden Preise und Preisspannen der Apotheken iSv § 129 Abs. 5 S. 3 Hs. 2 Alt. 2 SGB V aF waren folglich bereits kollektivvertraglich vereinbart. Im Zusammenhang mit der Ausschreibungsfähigkeit von selektiven Zytostatika-Versorgungsverträgen stand dementsprechend die Frage nach dem **Verhältnis von § 129 Abs. 5 S. 3 SGB V aF und § 129 Abs. 5c SGB V aF, respektive den darauf beruhenden einzel- und kollektivvertraglichen Vereinbarungen** im Raum. Diesbezüglich sprach einiges dafür, der kollektivvertraglichen Vereinbarung gegenüber Selektivverträgen den Vorrang einzuräumen. Die **Regelungen der Anlage 3 der Hilfstaxe** sind nach der Rechtsanwendungsregelung des § 129 Abs. 5c S. 1 SGB V **abschließend und gelten bundeseinheitlich** für alle Apotheken. § 129 Abs. 5c S. 1 SGB V bestimmt insofern, dass für Zubereitungen aus Fertigarzneimitteln primär die in bundeseinheitlichen Kollektivvereinbarungen geregelten Preise gelten. Denn nur, wenn die Vergütungsregeln auf Bundesverbandsebene verhandelt werden, ist es den Apotheken möglich, „auf Augenhöhe" mit Krankenkassen Preisvereinbarungen zu schließen. Sofern eine **bundeseinheitliche Kollektivvereinbarung** in Bezug auf die Preise für Zubereitungen aus Fertigarzneimitteln bestand, hatte diese daher Vorrang und **entfaltete eine Sperrwirkung** gegenüber von einzelnen Krankenkassen (im Ausschreibungswege) initiierten – darüber hinausgehenden – Preisverhandlungen. 38

Dieser Einschätzung stand grundsätzlich auch nicht die Vorschrift des **§ 129 Abs. 5 S. 3 SGB V aF** entgegen. Denn aus § 129 Abs. 5 S. 3 Hs. 1 SGB V ergab sich lediglich die allgemeine Ermächtigung der Krankenkassen, die Sicherstellung der Versorgung der Versicherten mit parenteralen Zubereitungen aus Fertigarzneimitteln in der Onkologie mittels Selektivverträgen mit Apotheken zu gewährleisten. Das bedeutet, dass Krankenkassen dazu ermächtigt wurden, mit Apotheken die Versorgung von Arztpraxen mit parenteralen Zubereitungen vertraglich zu regeln. Zu diesem Zweck konnten zB Lieferbedingungen oder Vorgaben für die Zubereitung oder Ähnliches vereinbart werden. Gem. § 129 Abs. 5 S. 3 Hs. 2 SGB V aF konnte ein solcher Vertrag grundsätzlich auch Vorgaben für Abschläge auf den Abgabepreis sowie auf die Preise und Preisspannen der Apotheken enthalten. Allerdings war diese Möglichkeit aufgrund des vorstehend erläuterten Vorrangs von kollektivvertraglichen Preisvereinbarungen nach § 129 Abs. 5c S. 1 SGB V **zeitlich** nur so lange gegeben, **wie keine Kollektivvereinbarung über Preise bestand** bzw. **inhaltlich** nur so weit anzuerkennen, **wie eine Kollektivvereinbarung nicht bereits eine Preisregelung enthielt.** 39

Der hier vertretenen Rechtsauffassung waren die zuständigen Nachprüfungsinstanzen allerdings **nicht gefolgt.** Den Versorgungsverträgen nach § 129 Abs. 5 S. 3 SGB V (aF) komme im Falle einer Normenkonkurrenz mit den Kollektivverträgen nach § 129 Abs. 2, Abs. 5 S. 1 SGB V bzw. der Hilfstaxe vielmehr iSd Grundsatzes *„lex specialis derogat legi generali"* ihrerseits ein **Anwendungsvorrang vor den bestehenden Kollektivvereinbarungen** zu.[59] Nur sofern keine Einzelverträge nach § 129 Abs. 5 S. 3 SGB V geschlossen würden, kämen die Regelungen der Kollektivvereinbarung und ergänzender 40

[59] Vgl. LSG Nordrhein-Westfalen Beschl. v. 22.7.2010 – L 21 SF 152/10 Verg, VPRRS 2010, 0464; VK Bund Beschl. v. 29.4.2010 – VK 2-20/10, VPRRS 2010, 0457. Im Anschluss daran auch LSG Berlin-Brandenburg Urt. v. 7.12.2016 – L 9 KR 333/13.

Verträge nach § 129 Abs. 5 S. 1 SGB V aF zur Anwendung.[60] Die auf Grundlage dieser Vorschrift abzuschließenden Verträge hatten dementsprechend Vorrang vor den bestehenden Verträgen über Arzneimittelpreise.[61] Über ein Jahr nach der Abschaffung exklusiver Zytostatika-Versorgungsverträge entschied das BSG hingegen sodann, dass „ein solcher Einzelvertrag iSd § 129 Abs. 5 S. 3 aF zwischen einer Krankenkasse und einer Apotheke […] neben die Kollektivverträge auf Landesebene nach § 129 Abs. 5 S. 1 SGB V [tritt], die wiederum ihrerseits den auf Bundesebene geschlossenen Rahmenvertrag nach § 129 Abs. 2 SGB V ergänzen".[62] Es erfolgte also **keine vollständige Verdrängung der Kollektivvereinbarung** in dem Geltungsbereich eines Einzelvertrags; stattdessen **standen beide Vertragskonstruktionen nebeneinander.** Nach sämtlichen Entscheidungen war den Krankenkassen durch die Rechtsprechung aber in jedem Fall die Möglichkeit eingeräumt, selektive Versorgungsverträge mit einzelnen Apotheken zu schließen, sodass bei Überschreitung der Schwellenwerte ein öffentlicher Auftrag mit europaweiter Ausschreibungspflicht vorlag.[63]

2. Ausschreibungsspezifische Sonderprobleme

41 Mit der **Anerkennung einer grundsätzlichen Ausschreibungspflicht** von Rabattverträgen nach § 129 Abs. 5 S. 3 SGB V aF im Verhältnis zwischen Krankenkassen und Apotheken waren vielfältige ausschreibungsspezifische Sonder- bzw. Folgeprobleme verbunden.

42 **a) Vertragliche Zusicherung von Exklusivität.** Den maßgeblichen Ausgangspunkt stellte in diesem Zusammenhang das **Fehlen einer ausdrücklichen gesetzlichen Regelung** dar, die der bezuschlagten Apotheke für die vertragliche Gewährung von Preisabschlägen gegenüber der ausschreibenden Krankenkasse eine **marktmäßige Gegenleistung** zusicherte. Denn eine der Substitutionspflicht nach § 129 Abs. 1 S. 4 SGB V oder der Ausschließlichkeitsvorgabe nach § 132e Abs. 2 S. 2 SGB V aF vergleichbare Vorschrift zur Generierung von (Liefer-)Exklusivität mittels einer Lenkung bzw. Steuerung des Arzneimittelabsatzes bestand für parenterale Zubereitungen in der Onkologie gerade nicht.[64] Selbst wenn man dem Wortlaut des § 129 Abs. 5 S. 3 Hs. 1 SGB V aF, wonach die Versorgung mit Zytostatika von den Krankenkassen durch Verträge mit Apotheken „sichergestellt" werden konnte, eine gesetzgeberisch intendierte Implikation von Exklusivität entnommen hätte, so wäre diese gleichwohl nicht unmittelbar aus dem Gesetz gefolgt, sondern hätte **der ausdrücklichen vertraglichen Vereinbarung bedurft.** Dementsprechend enthielten Zytostatika-Versorgungsverträge zwischen Krankenkassen und Apotheken regelmäßig detaillierte Klauseln, um eine solche Exklusivität individualvertraglich zu konstituieren, mit denen jedoch ihrerseits vergaberechtliche Folgeprobleme verbunden waren, welche auf den besonderen rechtlichen und tatsächlichen Rahmenbedingungen von Verträgen über parenterale Zubereitungen beruhten.

43 Vor diesem Hintergrund war insbes. fraglich, ob die bloße vertragliche Zusicherung von Exklusivität den Anforderungen des **§ 121 Abs. 1 GWB** an eine **eindeutige und erschöpfende Leistungsbeschreibung** gerecht wurde. Dabei bestanden in tatsächlicher wie in rechtlicher Hinsicht Unsicherheiten, sowohl in Bezug auf die Wirksamkeit als auch auf die Durchsetzbarkeit der vertraglich vereinbarten Exklusivitätsregelungen. Diese wiederum wirkten sich auf die wesentliche **Kalkulationsgrundlage** für die Erstellung der Bieterangebote, namentlich das zu erwartende Auftragsvolumen, aus.

44 So wurde eine Exklusivität in der Praxis vor allem dadurch zu begründen versucht, dass sich die Krankenkassen gegenüber der vertragsbeteiligten Apotheke dazu verpflichteten,

---

[60] LSG Berlin-Brandenburg Urt. v. 7.12.2016 – L 9 KR 333/13.
[61] VK Brandenburg Beschl. v. 27.8.2010 – VK 20/10.
[62] BSG Urt. v. 20.12.2018 – B 3 KR 6/17 R, BeckRS 2018, 43465 Rn. 23 ff.
[63] LSG Nordrhein-Westfalen Beschl. v. 22.7.2010 – L 21 SF 152/10 Verg, VPRRS 2010, 0464.
[64] Vgl. *Dettling/Kieser/Ulshöfer* PharmR 2009, 421 (429).

vertragsgegenständliche parenterale Zubereitungen, die von Dritten an Arztpraxen abgegeben wurden, die in das entsprechend bezeichnete exklusive Belieferungsgebiet der Apotheke fielen, **bei der Abrechnung nicht zu berücksichtigen und vollständig von der Erstattung auszunehmen.** Außerdem musste sich die Apotheke verpflichten, keine vertragsgegenständlichen Zubereitungen an Ärzte aus den übrigen, durch die Ausschreibung definierten Gebietslosen – dh denjenigen, die nicht Gegenstand des jeweiligen Vertrags waren – abzugeben. Diese Regelungen sorgten für eine vollständige Abschottung des jeweiligen Gebietsloses im Verhältnis der bei der Ausschreibung obsiegenden Zytostatika-Apotheken untereinander und liefen deshalb Gefahr, eine **Wettbewerbsbeschränkung iSv § 1 GWB** darzustellen, die zwar nicht direkt zwischen den in Wettbewerb stehenden Apotheken vorgenommen, aber durch Absprachen seitens der ausschreibenden Krankenkasse vermittelt wurden.[65] Die Krankenkasse versprach den Ausschreibungsgewinnern einen Vorteil in Form der Gewährung von Exklusivität in Bezug auf die Versorgung ihrer Versicherten im jeweiligen Gebietslos. Dabei handelte es sich um einen Vorteil iSd § 21 Abs. 2 GWB, worunter jede beim Adressaten eintretende Verbesserung zu verstehen war, die geeignet war, seinen Willen zu beeinflussen und ihn zu einem bestimmten Verhalten zu veranlassen.[66] Die Gewährung von Exklusivität war dabei geeignet, die Apotheken iSd Krankenkasse zu beeinflussen, weil damit erwartungsgemäß eine erhebliche Umsatzsteigerung für die jeweiligen Zuschlagsgewinner einherging. Im Gegenzug waren die Zuschlagsgewinner gewillt, sich zu der vertraglich vorgesehenen Gebietsbeschränkung zu verpflichten. Dementsprechend wäre mit dem Resultat der Wettbewerbswidrigkeit einer solchen Gebietsaufteilung durch die Apotheken ebenfalls ein **Verstoß entsprechender Zytostatika-Versorgungsverträge gegen § 21 Abs. 2 GWB** einhergegangen, was letztlich zur Unwirksamkeit eines solchen Vertrags geführt hätte.

In der Rechtsprechungspraxis blieb diese kartellrechtliche Dimension der Gestaltung von selektiven Zytostatika-Versorgungsverträgen jedoch mit dem Hinweis unberücksichtigt, der Rechtsweg in das Nachprüfungs- und Beschwerdeverfahren sei im Hinblick auf die Verletzung kartellrechtlicher Vorschriften nicht eröffnet, da sich diese auf die Prüfung der Einhaltung der Bestimmungen über das Vergabeverfahren beschränke.[67] Diese Sichtweise ließ jedoch außer Acht, dass sich die potentielle kartellrechtlich begründete Unwirksamkeit selektivvertraglicher Bestimmungen erheblich auf die Preiskalkulation der anbietenden Apotheken auswirken konnte. Denn Apotheken konnten sich als berechtigt ansehen, diese Bestimmung zu streichen, weshalb nicht gewährleistet war, dass alle Bieter die Leistungsbeschreibung im selben Sinne verstanden und ihre Angebote auf derselben Grundlage kalkulierten und die Vergleichbarkeit der Angebote deshalb nicht sichergestellt war. War vor diesem Hintergrund zweifelhaft, ob die vertragliche Zusicherung von Exklusivität den Anforderungen an eine eindeutige und erschöpfende Leistungsbeschreibung iSv § 121 Abs. 1 GWB gerecht wurde, **zeitigten die kartellrechtlichen Vorschriften mithin Auswirkungen auf die Vergaberechtmäßigkeit des Vertrags.**[68] Aufgrund dessen erschien eine dezidierte Auseinandersetzung mit den 45

---

[65] Vgl. zur Vermittlung von Wettbewerbsbeschränkungen durch Dritte im Vertikalverhältnis VK Bund Beschl. v. 25.9.2009 – B3-123/08, Rn. 63.

[66] *Markert* in Immenga/Mestmäcker GWB § 21 Rn. 64.

[67] Vgl. LSG Berlin-Brandenburg Beschl. v. 22.10.2010 – L 1 SF 214/10 B Verg, BeckRS 2010, 75233; LSG Nordrhein-Westfalen Beschl. v. 22.7.2010 – L 21 SF 152/10 Verg, VPRRS 2010, 0464; VK Brandenburg Beschl. v. 27.8.2010 – VK 20/10.

[68] Einen vergaberechtlichen „Nexus" zu sozial-, arzneimittel- und apothekenrechtlichen Normen erblickt auch die 2. Vergabekammer des Bundes, VK Bund Beschl. v. 29.4.2010 – VK 2-20/10, VPRRS 2010, 0457. Vgl. auch VK Bund Beschl. v. 1.3.2012 – VK 2-5/12, IBRRS 2013, 2455 (hier hinsichtlich der Vergabe selektiver Impfstoffversorgungsverträge): „Kartellrechtliche Regelungen sind daher im Ergebnis nur dann im Vergabenachprüfungsverfahren zu prüfen, wenn sie einen konkreten rechtlichen Anknüpfungspunkt zum Vergabeverfahren besitzen, sich also in Vorschriften des Vergabeverfahrens spiegeln. In einem solchen Fall müssen die Nachprüfungsinstanzen einen eventuellen Verstoß materiell-rechtlich prüfen, unabhängig davon, mit welcher Anspruchsgrundlage er verfolgt wird."

aufgezeigten kartellrechtlichen Problemkreisen auch im Rahmen eines Nachprüfungsverfahrens angezeigt. In der Rechtsprechung des OLG Düsseldorf erfolgte in diesem Zusammenhang bzgl. des Abschlusses einer Rabattvereinigung über saisonalen Influenzaimpfstoff nach § 132e Abs. 2 aF iVm § 130a Abs. 8 SGB V ein Paradigmenwechsel. Der Senat erkannte die Berücksichtigung kartellrechtlicher Verstöße des Auftraggebers in einem Vergabenachprüfungsverfahren an, sofern diese ohne zeitaufwändige Untersuchungen einwandfrei festzustellen sind (→ § 75 Rn. 28).[69] Vor diesem Hintergrund hätte wahrscheinlich auch die Geltendmachung kartellrechtlicher Vorschriften beim Abschluss selektiver Zytostatika-Versorgungsverträge eine materiell-rechtliche Würdigung erfahren.

46 Darüber hinaus enthielten selektive Zytostatika-Versorgungsverträge regelmäßig eine Verpflichtung der Krankenkassen, den Zuschlagsgewinnern durch **Einwirkung auf die Ärzte** alle Patienten im Bereich des Gebietsloses zuzuführen, indem die im vertragsgegenständlichen Gebiet ansässigen und parenterale Rezepturen verordnenden, ambulant behandelnden Ärzte **darüber informiert wurden,** dass diese **sämtliche Zubereitungen bei der am Vertrag beteiligten Apotheke beziehen sollten.** In den diesbezüglichen vergaberechtlichen Nachprüfungsverfahren stand dabei sowohl ein Verstoß einer solchen Vereinbarung gegen das **Verbot der Rezeptzuweisung nach § 11 Abs. 1 ApoG** sowie ein Widerspruch mit dem sozialrechtlich normierten **freien Apothekenwahlrecht der Versicherten gem. § 31 Abs. 1 S. 5 SGB V** im Raum.

47 Nach § 11 Abs. 1 ApoG dürfen Apotheken keine Vereinbarungen mit Ärzten oder anderen Personen, die sich mit der Behandlung von Krankheiten befassen, treffen, die die Zuweisung von Verschreibungen zum Gegenstand haben. Zwar verbietet § 11 Abs. 1 ApoG seinem Wortlaut nach Vereinbarungen zwischen Apotheken und in Heil- oder Heilhilfsberufen Tätigen und nicht zwischen Apotheken und Krankenkassen. Unter dem Gesichtspunkt der Umgehung sowie des Missbrauchs bestand dementsprechend aber zumindest ein gewisses Risiko, **dass auch die ausschreibungsgegenständliche Vereinbarung zwischen dem Ausschreibungsgewinner und der Krankenkasse vor dem Hintergrund des § 11 Abs. 1 ApoG für unzulässig erachtet worden wäre.** Denn ansonsten hätten die Apotheken die Möglichkeit gehabt, mit den Ärzten über die Krankenkassen gerade solche Absprachen zu treffen, die sie selbst rechtmäßig nicht eingehen durften. Die Rechtsprechung billigte die hier in Rede stehende individualvertragliche Vereinbarung allerdings ausdrücklich unter Berufung auf § 11 Abs. 2 ApoG, wonach ausnahmsweise ein verkürzter Versorgungsweg, dh die unmittelbare Abgabe von Arzneimitteln an den verordnenden Arzt, zulässig ist,[70] obwohl damit im Grundsatz nicht zugleich eine Ausnahme von dem Verbot verbunden war, unter Ausschluss anderer Apotheken ausschließlich immer einer bestimmten Apotheke Rezepte zuzuweisen.

48 Im **Hinblick auf das freie Apothekenwahlrecht des Versicherten gem. § 31 Abs. 1 S. 5 SGB V** stellte die vertragliche Exklusivitätsabrede nach Auffassung der Rechtsprechung schon deshalb keinen Verstoß dar, da sich aus dem Zusammenspiel des § 129 Abs. 5 S. 3 SGB V (aF) mit § 11 Abs. 2 ApoG nicht ergeben habe, dass der normale Versorgungsweg ausgeschlossen gewesen sei.[71] Es habe vor diesem Hintergrund aber viel dafür gesprochen, dass das angestrebte Gebietsmonopol der Apotheke ganz oder teilweise leer lief, weil auf den Wunsch des Versicherten hin sich dieser die Arzneizubereitung auf nor-

[69] OLG Düsseldorf Beschl. v. 27.6.2012 – VII-Verg 7/12, IBRRS 2012, 2628.

[70] Vgl. VK Brandenburg Beschl. v. 27.8.2010 – VK 20/10.

[71] LSG Berlin-Brandenburg Beschl. v. 17.9.2010 – L 1 SF 98/10 B Verg, BeckRS 2010, 75229; Beschl. v. 7.5.2010 – L 1 SF 95/10 B Verg, BeckRS 2010, 69856; aA VK Brandenburg Beschl. v. 19.4.2010 – VK 12/10; und im Anschluss VK Bund Beschl. v. 29.4.2010 – VK 2-20/10, VPRRS 2010, 0457: „Bei Zubereitungen, die während der Behandlung unmittelbar durch den Arzt verabreicht werden, erfolgt die Lieferung direkt von der Apotheke an den bestellenden oder abrufenden Arzt unter ‚Umgehung' des Patienten. Dieser trifft daher schon gar keine eigene Entscheidung über die Wahl der zytostatikazubereitenden Apotheke, sodass sein grds. Recht aufgrund des tatsächlich nur zwischen der Apotheke und der Arztpraxis ablaufenden Vertriebs nicht tangiert wird."

malem Versorgungsweg möglicherweise selbst beschaffen konnte und dieser Umstand im Übrigen der Ausschreibung hätte entnehmbar sein müssen.[72]

Auch in diesem sozialrechtlichen Kontext offenbarten sich somit **erneut Kalkulationsrisiken** für diejenigen Apotheken, die sich mit Angeboten an der Ausschreibung des Selektivvertrags beteiligen wollten, da die hier in Rede stehende Exklusivitätsklausel zumindest potentiell rechtlich unzulässig bzw. tatsächlich ungeeignet war, die angestrebte Sonderstellung im Wettbewerb für den Vertragspartner der Krankenkasse zu begründen. Die vertraglich vereinbarte Exklusivität konnte dem Ausschreibungsgewinner dementsprechend nicht vollumfänglich garantiert werden. Nach der Rechtsprechung handelte es sich dabei allerdings um **zu vernachlässigende Größen,** da davon auszugehen gewesen sei, dass eine unmittelbare Beschaffung parenteraler Zubereitungen durch die Versicherten – von seltenen Ausnahmen abgesehen – in der Versorgungsrealität praktisch nicht vorkomme.[73] Es sei des Weiteren nicht davon auszugehen gewesen, dass Ärzte unter Missachtung des Wirtschaftlichkeitsgrundsatzes und der diesbezüglichen Überprüfungs- bzw. Sanktionsmöglichkeiten, von Apotheken beziehen werden, die nicht im entsprechenden Gebietslos Vertragspartner der Krankenkasse sind.[74] 49

Aus alledem folgt schließlich, dass die lediglich **vertragliche Gewährung von Exklusivität** für den Ausschreibungsgewinner **hinsichtlich Durchsetzbarkeit und Wirksamkeit** der entsprechenden Vereinbarungen tatsächlich **mehr als ungewiss** war. Gleichzeitig wurden diese, der dargestellten Vertragsgestaltung immanent zu Grunde liegenden **Kalkulationsrisiken** von der Rechtsprechung allerdings als vergaberechtskonform angesehen.[75] Stand somit aber in Zweifel, ob die bezuschlagte Apotheke für die Einräumung eines Preisabschlags gegenüber der ausschreibenden Krankenkasse überhaupt eine adäquate Gegenleistung iSd Gewährung von (Liefer-)Exklusivität erhielt, bzw. welchen Umfang diese letztlich besaß, so kam der wettbewerblichen Ausschreibung selektiver Zytostatika-Versorgungsverträge insofern auch eine **verfassungsrechtliche Relevanz** zu, als dass sie durchaus als Eingriff in den Schutzbereich der Berufsausübungsfreiheit des Art. 12 Abs. 1 GG angesehen werden konnte. In dieser Hinsicht erforderte die skizzierte rechtliche und tatsächliche Ausgangslage eine umfassende gerichtliche bzw. gesetzgeberische Klärung, bei der sich jedenfalls eine pauschale Inbezugnahme der bisherigen Rechtsprechung des BVerfG[76] verboten hätte[77] und bei der die Frage im Vordergrund hätte stehen müssen, inwiefern die gesetzgeberisch intendierte Generierung eines Rabattwettbewerbs nach dem Grundsatz des Vorbehalts des Gesetzes nach Art. 20 Abs. 3 GG auch **eine gesetzlich vorgesehene Gegenleistung voraussetzt.** 50

b) Weitere Kalkulationsrisiken. Darüber hinaus wurde eine **Leistungsbeschreibung** als **widersprüchlich** und damit gleichzeitig als vergaberechtswidrig beurteilt, die in einem Fachlos Präparate für bestimmte Anwendungsgebiete nachfragte und einen Beispiel-Wirk- 51

---

[72] LSG Berlin-Brandenburg Beschl. v. 7.5.2010 – L 1 SF 95/10 B Verg, BeckRS 2010, 69856; jedoch revidiert durch LSG Berlin-Brandenburg Beschl. v. 17.9.2010 – L 1 SF 98/10 B Verg, BeckRS 2010, 75229.

[73] OLG Düsseldorf Beschl. v. 7.11.2011 – VII-Verg 90/11, NZBau 2012, 256; LSG Berlin-Brandenburg Beschl. v. 17.9.2010 – L 1 SF 110/10 B Verg, BeckRS 2010, 75230; LSG Nordrhein-Westfalen Beschl. v. 22.7.2010 – L 21 SF 152/10 Verg, VPRRS 2010, 0464.

[74] VK Bund Beschl. v. 29.4.2010 – VK 2-20/10, VPRRS 2010, 0457.

[75] Vgl. nur OLG Düsseldorf Beschl. v. 7.11.2011 – VII-Verg 90/11, NZBau 2012, 256; LSG Berlin-Brandenburg Beschl. v. 17.9.2010 – L 1 SF 110/10 B Verg, BeckRS 2010, 75230; LSG Nordrhein-Westfalen Beschl. v. 22.7.2010 – L 21 SF 152/10 Verg, VPRRS 2010, 0464.

[76] BVerfG Beschl. v. 13.6.2006 – 1 BvR 1160/03, BVerfGE 116, 135 = NJW 2006, 3701; BVerfG Beschl. v. 13.9.2005 – 2 BvF 2/03, BVerfGE 114, 196 = JuS 2006, 175; BVerfG Urt. v. 17.12.2002 – 1 BvL 28/95, 1 BvL 29/95, 1 BvL 30/95, BVerfGE 106, 275 = BeckRS 2012, 56299.

[77] So aber LSG Berlin-Brandenburg Beschl. v. 17.9.2010 – L 1 SF 110/10 B Verg, BeckRS 2010, 75230; Beschl. v. 17.9.2010 – L 1 SF 98/10 B Verg, BeckRS 2010, 75229; LSG Nordrhein-Westfalen Beschl. v. 22.7.2010 – L 21 SF 152/10 Verg, VPRRS 2010, 0464 und insbes. Beschl. v. 27.5.2010 – L 21 KR 11/09 SFB, BeckRS 2010, 71244 bzgl. der Ausschreibung eines Vertrags über die Versorgung mit Kontrastmittel im Sprechstundenbedarf ohne jegliche gesetzliche Ermächtigungsgrundlage.

stoff auswies, der jedoch tatsächlich nicht für sämtliche Anwendungsgebiete zugelassen war.[78]

52 Es stellte kein unzumutbares bieterseitiges Kalkulationsrisiko dar, wenn die Bieter in ihren angebotenen Rabatten auch **etwaig anfallende Kosten für Verwürfe einkalkulieren** mussten; eine gesonderte Abrechnung von Verwürfen bestand vergaberechtlich nicht.[79] Das galt insbes. dann, wenn den Bietern die absoluten und prozentualen Werte der Verwürfe im zurückliegenden Referenzzeitraum mitgeteilt wurden.[80] Ebenso wenig war es vergaberechtswidrig, wenn als Obergrenze für die angebotenen Rabatte die Preise der Hilfstaxe festgelegt wurden, selbst wenn die Preise der Hilfstaxe während der Vertragsdurchführung sinken sollten.[81]

II. Ausschreibungspflicht im Verhältnis zwischen Apotheken und pharmazeutischen Unternehmern

53 Eine hiervon zu trennende **zentrale Frage grundsätzlicher Art, die jedoch kein Gehör vor den damit befassten Nachprüfungsinstanzen fand** (→ Rn. 61)[82] war, ob und welche vergaberechtlichen Vorgaben für den Abschluss von seitens Krankenkassen veranlassten Rabattvereinbarungen gem. § 129 Abs. 5 S. 3 Hs. 2 SGB V aF im Verhältnis zwischen Apotheken und pharmazeutischen Unternehmern galten.

Sofern Krankenkassen Zytostatika-Versorgungsverträge gegenüber Apotheken ausschrieben, um dabei (auch) gem. § 129 Abs. 5 S. 3 SGB V aF Abschläge auf den Abgabepreis des pharmazeutischen Unternehmers und die Preise und Preisspannen der Apotheken zu vereinbaren, sprach vieles dafür, diese

- zum einen als ausschreibungspflichtige öffentliche Aufträge (Zytostatika-Versorgungsverträge) im Verhältnis zwischen Krankenkassen und Apotheken[83] und
- zum anderen gleichzeitig als ausschreibungspflichtige öffentliche Aufträge (Rabattverträge) im Verhältnis zwischen Apotheken und pharmazeutischen Unternehmern anzusehen.

54 Denn die letztgenannten **Abschlags-/Rabattvereinbarungen** wurden **ausschließlich im wirtschaftlichen Interesse der Krankenkassen** durch die Apotheken abgeschlossen. Entsprechende Versorgungsverträge gem. § 129 Abs. 5 S. 3 Hs. 2 SGB V aF zwischen Krankenkassen und Apotheken hatten allein den Zweck, die Versorgung der Versicherten mit in Apotheken hergestellten parenteralen Zubereitungen aus Fertigarzneimitteln in der Onkologie zu wirtschaftlich günstigeren Konditionen sicherzustellen, als diese sich nach der jeweiligen Marktlage (handelsübliche Listenpreise) ergeben hätten. Nach dem diesen Verträgen zugrundeliegenden Konzept wurden **Apotheken dazu veranlasst, besonders günstige Einkaufspreise für Fertigarzneimittel in parenteralen Zubereitungen mit pharmazeutischen Unternehmern zu vereinbaren.** Diese Zielrichtung wurde umso deutlicher, je mehr der Preis das alleinige bzw. entscheidende Bewertungskriterium im Rahmen der Ausschreibung eines Zytostatika-Versorgungsvertrags im Verhältnis zwischen Krankenkasse und Apotheke war, weil dann preisliche Differenzierungen im Bieterfeld nur zu erreichen waren, wenn die Apotheken als Bieter mit pharmazeutischen Unternehmern Abschläge auf deren Abgabepreise verhandelten und Preise vereinbarten, die unter den

[78] VK Bund Beschl. v. 25.7.2016 – VK 2-59/16, IBRRS 2016, 2184; Beschl. v. 25.7.2016 – VK 2-61/16, IBRRS 2016, 2155.

[79] VK Bund Beschl. v. 16.1.2017 – VK 1-130/16, BeckRS 2017, 111323; Beschl. v. 29.9.2016 – VK 2-93/16, ZfBR 2017, 180 (185); Beschl. v. 28.9.2016 – VK 2-91/16, VPRRS 2017, 0028; Beschl. v. 21.9.2016 – VL 2-87/16, VPRRS 2016, 0427.

[80] VK Bund Beschl. v. 29.9.2016 – VK 2-93/16, ZfBR 2017, 180 (185).

[81] VK Bund Beschl. v. 16.1.2017 – VK 1-130/16, BeckRS 2017, 111323; Beschl. v. 28.9.2016 – VK 2-91/16, VPRRS 2017, 0028; Beschl. v. 21.9.2016 – VK 2-87/16, VPRRS 2016, 0427.

[82] LSG Berlin-Brandenburg Beschl. v. 22.10.2010 – L 1 SF 214/10 B Verg, BeckRS 2010, 75233; VK Brandenburg Beschl. v. 27.8.2010 – VK 20/10.

[83] *Dettling/Kieser/Ulshöfer* PharmR 2009, 421 (428).

„normalen" Einkaufspreisen (Listenpreisen) lagen. Das jedoch war für Apotheken nur erreichbar, wenn sie im Vorfeld der (eigenen) Angebotsabgabe auf pharmazeutische Unternehmer zugingen und mit diesen Verträge über die Belieferung mit deren onkologischen Fertigarzneimitteln zu rabattierten Preisen abschlossen.

Allerdings dürfte zur Vermeidung eines Verstoßes gegen (EU/GWB-)Vergaberecht eine Ausschreibung eben dieser Abschlagsvereinbarung im Verhältnis zwischen Apotheken und pharmazeutischen Unternehmern erforderlich gewesen sein, da es sich bei diesem Vertrag über die Belieferung mit onkologischen Fertigarzneimitteln zu rabattierten Preisen (seinerseits) um einen **ausschreibungspflichtigen (Rabatt-)Vertrag** handelte, der von Apotheken ausschließlich im wirtschaftlichen Interesse und auf Geheiß der Krankenkassen geschlossen wurde. Aufgrund dieser wirtschaftlichen Interessenlage konnten **Apotheken hierbei als mittelbare Stellvertreter der Krankenkassen angesehen werden** und waren deshalb – ebenso wie diese – an die vergaberechtliche Ausschreibungspflicht gebunden. Daraus folgte, dass Apotheken ihre(n) Vertragspartner (den bzw. die pharmazeutischen Unternehmer) im Wege eines Vergabeverfahrens auswählen mussten. Denn bei den zwischen Apotheken und pharmazeutischen Herstellern zu vereinbarenden Lieferverträgen zu günstigeren Einkaufspreisen handelte es sich wirtschaftlich wie rechtlich um Rabattverträge über Arzneimittel iSv § 130a Abs. 8 SGB V, in denen wesentliche Preisbestandteile (die Rabatthöhe sowie gegebenenfalls weitere Vertragsbedingungen) festgelegt wurden (→ § 78 Rn. 5 ff.). 55

Dass diese **Rabattverträge nicht unmittelbar zwischen einer Krankenkasse und einem pharmazeutischen Unternehmer abgeschlossen wurden,** sondern der Vertragsschluss durch die Apotheken – auf Vorgabe der Krankenkasse, welche die durch die Apotheken verhandelten Einkaufspreise letztlich wirtschaftlich trug – vermittelt wurde, änderte hieran nichts. Denn es ist im System der GKV nicht ungewöhnlich, dass Verträge nicht unmittelbar zwischen den ihre wirtschaftlichen Konsequenzen tragenden Beteiligten geschlossen werden. So werden auch Lieferverträge über Arzneimittel, die den in der Rechtsprechung der Nachprüfungsinstanzen durchweg als ausschreibungspflichtig anerkannten Generikarabattverträgen gem. § 130a Abs. 8 SGB V zugrunde liegen, rechtlich nicht unmittelbar zwischen gesetzlicher Krankenkasse und pharmazeutischem Unternehmer abgeschlossen (→ § 78 Rn. 6). Vielmehr bevollmächtigen gesetzliche Krankenkassen die zugelassenen Kassenärzte, zugunsten des Patienten und zu Lasten der Krankenkasse Arzneimittel käuflich zu erwerben. Diese Verträge kommen ebenfalls nicht direkt zwischen Krankenkassen und pharmazeutischen Unternehmern zustande, da der Verkauf von Arzneimitteln gesetzlich grundsätzlich nur Apotheken gestattet ist (vgl. § 43 Abs. 1 AMG, sog. Apothekenmonopol). Die **Apotheken** ihrerseits sind lediglich **zwischengeschaltete Abwicklungsstellen,** derer sich die gesetzlichen Krankenkassen bedienen (müssen). Auch wenn die unmittelbaren Leistungsbeziehungen nicht zwischen der Krankenkasse und dem pharmazeutischen Unternehmern verlaufen, wird die **Beschaffungskette im vergaberechtlichen Sinn** durch diese vertrags-/zivilrechtliche Zwischenschaltung der Apotheken nicht unterbrochen, da es bei der gebotenen **funktionalen Betrachtungsweise** die Krankenkassen sind, die – rechtlich betrachtet – die Arzneimittel bei der Einrichtung kaufen, die allein zum Verkauf berechtigt ist (nämlich den Apotheken).[84] 56

Zutreffend wurden daher bereits im **Gesetzgebungsverfahren zum GKV-WSG**[85] diese zwischen Apotheken und pharmazeutischen Unternehmern zu vereinbarenden Verträge im Hinblick auf Abschläge auf den Abgabepreis des pharmazeutischen Unternehmers iSv § 129 Abs. 5 S. 3 SGB V aF **als Rabattverträge gem. § 130a Abs. 8 SGB V qualifiziert,** zu deren Abschluss die Apotheken seitens der Krankenkassen beauftragt wurden: „Rechtsgrundlage für die Preis-Vereinbarung mit pharmazeutischen Unternehmern ist 57

[84] Siehe LSG Nordrhein-Westfalen Beschl. v. 10.9.2009 – L 21 KR 53/09 SFB, NZBau 2010, 458.
[85] Gesetz zur Stärkung des Wettbewerbs in der gesetzlichen Krankenversicherung v. 26.3.2007, BGBl. 2007 I 378.

§ 130a Abs. 8 SGB V. Apotheken können demnach von Krankenkassen beauftragt werden, mit dem pharmazeutischen Unternehmer Abschläge auf dessen Abgabepreis zu Gunsten der Krankenkassen zu vereinbaren. Eine entsprechende Beauftragung von Apotheken ist im Rahmen des Vertrags mit der Krankenkasse für Zytostatika-Rezepturen möglich und wirtschaftlich sinnvoll."[86]

58 Die Zugrundelegung eines Auftragsverhältnisses entsprach der wirtschaftlichen Sachlage. Für die einen Zuschlag erhaltende Apotheke waren die (rabattierten) Einkaufspreise nur durchlaufende Posten, deren Erstattung im Rahmen der Abrechnung gegenüber der Krankenkasse erfolgte. Die zwischen Apotheke und pharmazeutischen Unternehmern **zu vereinbarenden Abschläge** lagen daher **im wirtschaftlichen Interesse allein der Krankenkasse,** die aufgrund des Sachleistungsprinzips Kostenträger bei der Versorgung ihrer Versicherten mit parenteralen Zubereitungen aus Fertigarzneimitteln in der Onkologie war und die sich (daher) der Apotheke bediente, um nicht selbst – nach Vergaberecht ausschreibungspflichtige – Rabattverträge mit den Herstellern von onkologischen Fertigarzneimitteln ausschreiben und abschließen zu müssen. Die VK Bund hatte in einer vergleichbaren Fallgestaltung (allerdings nicht im Krankenversicherungsrecht) entschieden, dass die Ausschreibungspflicht eines öffentlichen Auftraggebers auch einen beim Vertragsschluss mit Dritten zwar im eigenen Namen, aber im wirtschaftlichen Interesse des erstattungspflichtigen öffentlichen Auftraggebers handelnden Privaten erfasst, der **insofern als mittelbarer Stellvertreter tätig** wurde.[87]

59 Da eine vergaberechtliche Ausschreibung der Apotheken, die von diesen selbstständig und alleinverantwortlich hätte vorgenommen werden müssen, in der Praxis aufgrund etwaiger Hindernisse und fehlender Ausschreibungsübung gegebenenfalls kein gangbarer Weg gewesen wäre, wäre **vorrangig ein gestuftes Vorgehen der Krankenkassen** in Betracht gekommen, indem:

– in einem zeitlich **ersten Schritt Rabattverträge gem. § 130a Abs. 8 SGB V** betreffend Fertigarzneimittel in der Onkologie **gegenüber pharmazeutischen Unternehmern ausgeschrieben** worden wären und nach Zuschlagserteilung in diesem Vergabeverfahren
– in einem zweiten Schritt Zytostatika- und gegebenenfalls weitere parenterale Versorgungsverträge mit Abschlägen auf die Preise und Preisspannen der Apotheken gem. § 129 Abs. 5 S. 3 Hs. 2 SGB V aF gegenüber Apotheken ausgeschrieben worden wären.

60 **Im Rahmen der (ersten) Rabattvertragsausschreibung** gem. **§ 130a Abs. 8 SGB V** wären rabattierte Preise für onkologische Fertigarzneimittel vereinbart worden, die anschließend seitens der pharmazeutischen Unternehmer den Apothekern hätten eingeräumt werden müssen, welche in der zweiten Ausschreibung gem. § 129 Abs. 5 S. 3 SGB V aF Zuschläge erhalten hätten. Den Apotheken hätte **im Rahmen der (zweiten) Ausschreibung** gem. **§ 129 Abs. 5 S. 3 SGB V aF** schließlich vertraglich der Zugriff auf die rabattierten Fertigarzneimittel eingeräumt werden müssen, sodass der Preiswettbewerb in dieser Ausschreibung ausschließlich im Bereich der Preisspannen der Apotheken stattgefunden hätte. Auf diese Weise wären alle vergaberechtlich erforderlichen Ausschreibungen von den – im Umgang mit Vergabeverfahren erfahrenen – Krankenkassen durchgeführt worden und zugleich die durch die Apothekenpflicht für Zytostatika bestimmten Liefer- und Vertriebswege berücksichtigt worden.[88]

61 In der **Rechtsprechung** wurde das dargestellte Konzept jedoch nicht übernommen. **Im Rahmen von Zytostatika-Versorgungsverträgen nach § 129 Abs. 5 S. 3 SGB V (aF) komme eine mittelbare Stellvertretung im Verhältnis zwischen Krankenkasse und Apotheke gegenüber dem pharmazeutischen Unternehmer nicht in Be-**

86 BT-Drs. 16/4247, 46 f.

87 VK Bund Beschl. v. 8.6.2006 – VK 2-114/05, ZfBR 2007, 194 mAnm *Niestedt* VergabeR 2007, 100 (108).

88 Ähnlich zu den durch die Apothekenpflicht gem. § 47 AMG bestimmten Vertriebswegen bei Grippeimpfstoffen VK Bund Beschl. v. 20.1.2010 – VK 1-230/09, veris.

tracht.[89] Denn bei Rabattvereinbarungen zwischen Apotheken und pharmazeutischen Unternehmern werde sowohl aus § 129 Abs. 5 S. 3 SGB V (aF) als auch § 130a Abs. 8 SGB V offenkundig, dass die von den Apotheken erzielten Rabatte zugunsten der Krankenkassen ausgehandelt würden.[90] Konstitutives Element der mittelbaren Stellvertretung sei aber gerade, dass es an einer Offenlegung des Handelns für einen anderen fehle. Nach dem Wortlaut des § 130a Abs. 8 SGB V werde jedoch vielmehr deutlich, dass auf eine Beauftragung der Apotheken iSd § 662 BGB abzustellen sei.

Des Weiteren sei das hier gegenständliche Beauftragungsmodell **durch die Änderung der 15. AMG-Novelle in § 1 Abs. 3 S. 1 Nr. 8 AMPreisV obsolet** geworden. § 1 Abs. 3 S. 1 Nr. 8 AMPreisV nähme Preise der Apotheken von Fertigarzneimitteln in parenteralen Zubereitungen vom Anwendungsbereich der AMPreisV aus.[91] Damit könnten Apotheken ohne Rechtsverstoß Rabatte mit pharmazeutischen Unternehmern über solche Fertigarzneimittel vereinbaren, wobei diese nicht als mittelbare Stellvertreter der Krankenkassen, sondern auf der Grundlage einer gesetzlichen Ermächtigung – Art. 7 Nr. 1 lit. d) des Gesetzes zur Änderung arzneimittelrechtlicher und anderer Vorschriften – handelten, zu deren Anwendung sich die Apotheker im Interesse einer qualitativ hochwertigen und wirtschaftlichen Versorgung verpflichteten.[92] In Konsequenz dieser Einschätzung handelten die Apotheken nach Auffassung der Nachprüfungsinstanzen damit nicht in mittelbarer Stellvertretung der Krankenkassen, weshalb es beim Abschluss solcher Rabattvereinbarungen an einer öffentlichen Auftraggebereigenschaft nach § 99 GWB auf Seiten der Apotheken mangelte.[93] 62

III. Auskunftsanspruch gemäß § 129 Abs. 5c S. 4 SGB V aF

Gem. § 129 Abs. 5c S. 4 SGB V aF konnten der Spitzenverband Bund der Krankenkassen sowie die Krankenkassen **von den Apothekern Nachweise über Bezugsquellen und verarbeitete Mengen sowie die tatsächlich vereinbarten Einkaufspreise** und **von pharmazeutischen Unternehmern Nachweise über die vereinbarten Preise für Fertigarzneimittel in parenteralen Zubereitungen** verlangen. Die Auskunftspflichten gegenüber den Apotheken waren folglich deutlich präziser und weitreichender und gingen über die Auskunfts- und Nachweispflichten der Unternehmer hinaus.[94] Pharmazeutische **Unternehmer** konnten durch diese Norm **nicht zur Darlegung konkret vereinbarter Preise** für Fertigarzneimittel mit in- und ausländischen Großhändlern oder Herstellungsbetrieben **verpflichtet** werden. Von dem Auskunftsanspruch nach § 129 Abs. 5c S. 4 SGB V waren Unternehmer lediglich zu allgemeinen Nachweisen über die vereinbarten Preise für Fertigarzneimittel mit Apotheken (nicht aber mit Großhändlern oder Herstellungsbetrieben) verpflichtet. Diesen Nachweispflichten wurde bspw. durch die Darlegung von Preisspannen und Durchschnittspreisen Genüge getan.[95] Gegenüber den Apotheken konnten Nachweise über die tatsächlich vereinbarten Einkaufspreise verlangt werden. Ein solcher Anspruch schied indes aus, wenn die Apotheke selbst keine Fertigarzneimittel zur 63

[89] Zu einer vergleichbaren Einschätzung gelangt auch das OLG Düsseldorf Beschl. v. 3.8.2011 – VII-Verg 33/11, BeckRS 2011, 22546 in einem ähnlich gelagerten Fall im Bereich der Ausschreibung selektiver Grippeimpfstoffversorgungsverträge.

[90] VK Brandenburg Beschl. v. 27.8.2010 – VK 20/10.

[91] LSG Berlin-Brandenburg Beschl. v. 22.10.2010 – L 1 SF 214/10 B Verg, BeckRS 2010, 75233.

[92] VK Brandenburg Beschl. v. 27.8.2010 – VK 20/10.

[93] Ein ausschreibungslos geschlossener Versorgungsvertrag zwischen einer Managementgesellschaft und einem Hersteller von Diabetes-Messgeräten im Zusammenhang mit einem integrierten Versorgungsvertrag nach § 140a SGB V wurde jedoch in Ansehung der tatsächlichen wirtschaftlichen Folgen als öffentlicher Lieferauftrag der beteiligten Krankenkasse angesehen. Vgl. dazu OLG Düsseldorf Beschl. v. 1.8.2012 – VII-Verg 15/12, NZBau 2012, 791.

[94] BSG Urt. v. 3.5.2018 – B 3 KR 13/16 R; LSG Bayern Urt. v. 24.5.2016 – L 5 KR 442/13.

[95] BSG Urt. v. 3.5.2018 – B 3 KR 13/16 R; LSG Bayern Urt. v. 24.5.2016 – L 5 KR 442/13.

Herstellung parenteraler Zubereitungen bezogen hatte, weil die Herstellung an einen Lohnhersteller abgegeben war.[96]

[96] SG Berlin Urt. v. 8.1.2018 – S 81 KR 1905/12; SG Duisburg Urt. v. 11.4.2017 – S 39 KR 670/12; SG Reutlingen Urt. v. 20.1.2016 – S 1 KR 2979/12, PharmR 2016, 155.

§ 80 Weitere ausschreibungsrelevante Versorgungsverträge

Übersicht

SGB V: §§ 73b Abs. 1–4, 140a Abs. 1–4a

Literatur:

Baumeister/Struß, Hippokrates als Dienstleister gemäß den Vorgaben des Europäischen Gerichtshofes – Die Vergabe von integrierten Versorgungsverträgen im Lichte des EuGH-Urteils vom 11.6.2009 – C-300/07, NZS 2010, 247; *Becker,* Das Schiedsstellen-Verfahren im Sozialrecht, SGb 2003, 664; *Becker,* Rechtliche Rahmenbedingungen der integrierten Versorgung – Ein Aufriss und neun Thesen, NZS 2001, 505; *Beule,* Integrierte Versorgung nach neuem Recht, GesR 2004, 209; *Bungenberg/Weyd,* Der Kampf gegen die Schweinegrippe im Visier des Europäischen Wirtschaftsrechts – Anmerkungen, DVBl. 2010, 363; *Csaki,* Vergaberecht im Gesundheitswesen, 2015; *Csaki/Freundt,* Keine Ausschreibungspflicht für Verträge über hausarztzentrierte Leistungen? – Besprechung der Entscheidung des Landessozialgerichts Nordrhein-Westfalen vom 3.11.2010, NZS 2011, 766; *Dahm,* Vertragsgestaltung bei Integrierter Versorgung am Beispiel „Prosper – Gesund im Verbund", MedR 2005, 121; *Gabriel,* Vergaberecht und Vergaberechtsschutz beim Abschluss von Verträgen zur Integrierten Versorgung (§§ 140a ff. SGB V), NZS 2007, 344; *Greb/Stenzel,* Die Pflicht zur Anwendung des EU-Vergaberechts im Fall von Selektivverträgen am Beispiel der besonderen ambulanten Versorgung nach § 73c SGB V, VergabeR 2012, 409; *Hanika,* Medizinische Versorgungszentren und Integrierte Versorgung – Rechtliche Vorgaben und neue Vergütungssysteme (1. Teil), PIR 2004, 433; *Heil/Schork,* Das AMNOG und seine Auswirkungen für die Medizinprodukteindustrie, MPR 2011, 10; *Hesselmann/Motz,* Integrierte Versorgung und Vergaberecht, MedR 2005, 498; *Kaltenborn,* Integrierte Versorgung und besondere ambulante Versorgung als vergaberechtliches Problem, in Ebsen (Hrsg.), Vergaberecht und Vertragswettbewerb in der Gesetzlichen Krankenversicherung, 2009, 169; *Kaltenborn,* Der kartellvergaberechtliche Auftragsbegriff im Vertragswettbewerb des SGB V, GesR 2011, 1; *Kamann/Gey,* Wettbewerbsrecht im deutschen Gesundheitswesen – Grenzen der Integrierten Versorgung und der Kooperation von Krankenkassen, Leistungserbringern und pharmazeutischer Industrie (Teil 1), PharmR 2006, 255; *Kamann/Gey,* Wettbewerbsrecht im deutschen Gesundheitswesen – Grenzen der Integrierten Versorgung und der Kooperation von Krankenkassen, Leistungserbringern und pharmazeutischer Industrie (Teil 2), PharmR 2006, 291; *Kingreen/Temizel,* Zur Neuordnung der vertragsärztlichen Versorgungsstrukturen durch die hausarztzentrierte Versorgung (§ 73b SGB V), ZMGR 2009, 134; *Kuhlmann,* Vertragliche Regelungen und Strukturen bei der Integrierten Versorgung, Das Krankenhaus 2004, 417; *Moosecker,* Öffentliche Auftragsvergaben der gesetzlichen Krankenkassen – Die Anwendbarkeit des Vergaberechts auf die Nachfrage von Leistungen der Stationären und der Integrierten Versorgung, 2009; *Quaas,* Vertragsgestaltungen zur integrierten Versorgung aus der Sicht der Krankenhäuser, VSSR 2004, 175; *Stolz/Kraus,* Ausschreibungspflichtigkeit von Verträgen zur Hausarztzentrierten Versorgung nach § 73b Abs. 4 S. 1 SGB V, MedR 2010, 86; *Szonn,* Anmerkung zu LSG Berlin-Brandenburg, Beschl. v. 6.3.2009, L 9 KR 72/09 ER – „ambulante augenärztliche Versorgung", VergabeR 2010, 124; *Vergho,* Perspektiven integrierter Versorgung im Wettbewerb, NZS 2007, 418; *Walter,* Neue gesetzgeberische Akzente in der hausarztzentrierten Versorgung, NZS 2009, 307; *Weiner,* Das Ausschreibungsregime für Verträge über die hausarztzentrierte Versorgung (§ 73b SGB V) und die besondere ambulante ärztliche Versorgung (§ 73c SGB V), GesR 2010, 237.

A. Einleitung

1 **Weitere Versorgungsverträge mit Ausschreibungsrelevanz** stellen neben den Hilfsmittelversorgungsverträgen (→ § 77 Rn. 1 ff.), Rabattverträgen für Arzneimittel (→ § 78 Rn. 1 ff.) und Rabattverträgen für Fertigarzneimittel zur Herstellung parenteraler Zubereitungen in der Onkologie (→ § 79 Rn. 1 ff.) **integrierte Versorgungsverträge** nach § 140a SGB V (→ Rn. 3 ff.) sowie **hausartzentrierte Versorgungsverträge** gem. § 73b SGB V (→ Rn. 15 ff.) dar. Diese sind im Vergleich zu Hilfsmittelversorgungs- und Rabattverträgen jeweils nur von untergeordneter wirtschaftlicher sowie praktischer Bedeutung.

B. Impfstoffversorgungsverträge gem. § 132e SGB V

2 **Exklusive Impfstoffversorgungsverträge** wurden hingegen mit Inkrafttreten des AMVSG[1] (→ § 74 Rn. 19) im Frühjahr 2017 **abgeschafft**, indem die bisherige Rechtsgrundlage des **§ 132e Abs. 2 SGB V aF gestrichen** wurde. Der Gesetzgeber möchte dadurch eine **bessere Sicherstellung der Impfstoffversorgung** erreichen. Da die Herstellung von Impfstoffen komplex ist und mit Unwägbarkeiten einhergeht, kann das bei exklusiven Impfstoffversorgungsverträgen zu Versorgungsunsicherheiten und Lieferengpässen führen. Um diese Versorgungsengpässe zu vermeiden, sollen die Impfstoffe aller Hersteller zur Verfügung stehen.[2] Zu exklusiven Impfstoffversorgungsverträgen gem. § 132e Abs. 2 SGB V aF vgl. deshalb im Ganzen → 2. Aufl. 2017 § 80 Rn. 1 ff. Im Zuge der Abschaffung exklusiver Impfstoffversorgungsverträge besteht **Uneinigkeit darüber, wie mit bereits laufenden Verträgen und etwaigen bereits beschlossenen Vertragsverlängerungen umzugehen ist.**[3] Der Gesetzgeber hat diesbezüglich (nur) ausgeführt, dass bestehende Impfstoffversorgungsverträge nicht verlängert werden können.[4] Da sich hieraus keine Unwirksamkeit bestehender Verträge und bereits beschlossener Verlängerungen ergibt, sollen solche Verträge **nach der Rechtsprechung** mit der durch sie gewährten Exklusivität **fortbestehen.**[5] Diese Ansicht wird dadurch bekräftigt, dass im Rahmen der – ebenfalls im Zuge des AMVSG erfolgten – Abschaffung exklusiver Zytostatika-Versorgungsverträge (→ § 79 Rn. 33 ff.) die Unwirksamkeit zum 1. 9. 2017 in § 129 Abs. 5 S. 4 SGB V explizit angeordnet wurde. Eine solche Anordnung fehlt hingegen in § 132e SGB V.[6] Das **Bundesministerium für Gesundheit** betrachtet demgegenüber auch bereits laufende **Verträge** oder beschlossene Verlängerungsvereinbarungen **nicht mehr für exklusiv und als beendet.** Das Aufheben oder Anpassen der bestehenden Verträge sei Sache der Vertragspartner.[7] Praktisch dürften die Vertragslaufzeiten der meisten nach § 132e Abs. 2 SGB V geschlossenen exklusiven Impfstoffversorgungsverträge mittlerweile jedenfalls ohnehin abgelaufen sein.

C. Integrierte Versorgungsverträge gemäß § 140a SGB V

3 Mit dem GKV-VSG[8] (→ § 74 Rn. 16) wurden die gesetzlichen Regelungen über den Abschluss von Einzelverträgen zwischen Krankenkassen und Leistungserbringern neu

---

[1] Gesetz zur Stärkung der Arzneimittelversorgung in der GKV v. 4. 5. 2017, BGBl. 2017 I 1050.
[2] BT-Drs. 18/11449, 38.
[3] Hierzu auch MCGK PharmaR/*Gabriel* § 13 Rn. 18 f.
[4] BT-Drs. 18/11449, 38.
[5] LSG Niedersachsen-Bremen Beschl. v. 20. 7. 2017 – 1 L 4 KR 307/17 B ER, VPRRS 2017, 0257; SG Hannover Beschl. v. 23. 6. 2017 – S 10 KR 724/17 ER.
[6] So auch LSG Niedersachsen-Bremen Beschl. v. 20. 7. 2017 – L 4 KR 307/17 B ER, VPRRS 2017, 0257; SG Hannover Beschl. v. 23. 6. 2017 – S 10 KR 724/17 ER.
[7] Schreiben des Bundesministeriums für Gesundheit zur Streichung der Impfstoffausschreibung v. 7. 3. 2017.
[8] Gesetz zur Stärkung der Versorgung in der gesetzlichen Krankenversicherung v. 16. 7. 2015, BGBl. 2015 I 1211.

strukturiert. Seither bildet **§ 140a SGB V eine gemeinsame Rechtsgrundlage für die integrierte Versorgung** (zur Rechtslage vor dem GKV-VSG vgl. → 2. Aufl. 2017, § 81 Rn. 1–2). Eine integrierte Versorgung kann nach § 140a Abs. 1 S. 1 SGB V sowohl durch den Abschluss von **verschiedenen Leistungssektoren übergreifenden** Versorgungsverträgen erfolgen, als auch durch den Abschluss von **interdisziplinär-fachübergreifenden** Versorgungsverträgen.[9] Das LSG Sachsen-Anhalt hat die **Wesensmerkmale** dieser beiden Alternativen integrierter Versorgungsverträge wie folgt definiert: „Unter einer interdisziplinär-fachübergreifenden Versorgung ist ein Konzept längerfristiger, gemeinsam aufeinander abgestimmter Behandlungen von Haus- und Fachärzten oder von Fachärzten unterschiedlicher Gebiete zu verstehen, das im ambulanten Bereich über die traditionelle Zusammenarbeit durch Überweisungen an Ärzte eines anderen Fachgebietes bzw. im stationären Bereich über die traditionelle Zusammenarbeit der Abteilungen der unterschiedlichen Fachgebiete innerhalb eines Krankenhauses hinausgeht. Sektorenübergreifend ist eine Versorgung, wenn sie die beiden Hauptsektoren der ambulanten und der stationären Behandlungen oder aber verschiedene Untersektoren eines Hauptsektors umfasst".[10] Integrierte Versorgungsleistungen können somit **unterschiedliche Leistungen** wie Vertragsversorgung, vertragszahnärztliche Versorgung, Arznei-, Heil- und Hilfsmittelversorgung, Soziotherapie, häusliche Krankenpflege, Haushaltshilfe, Hebammenhilfe, Krankenhausbehandlung oder ambulante bzw. stationäre Rehabilitation **umfassen.**[11]

Verträge zur integrierten Versorgung müssen **vertragliche Leistungen** vorsehen, **die die Leistungen der Regelversorgung überwiegend ersetzen.**[12] Das kann bspw. erfolgen, indem Konzepte implementiert werden, die gängige Schnittstellenprobleme, wie etwa unnötige Doppeluntersuchungen, lange Wartezeiten oder mangelnde Kontinuität bei der Behandlung von Patienten, verringern.[13] Insgesamt soll dadurch „innovativ eine bessere, effektivere, die Angebote der Sektoren integrierende und die Ressourcen schonende Versorgung der Versicherten aus einer Hand bewirkt [werden]".[14] Auftragnehmer eines Vertrags zur integrierten Versorgung können gem. § 140a Abs. 3 SGB V insbes. zur vertragsärztlichen Versorgung berechtigte Leistungserbringer oder deren Gemeinschaften, Pflegekassen und zugelassene Pflegeeinrichtungen, Praxiskliniken, pharmazeutische Unternehmer oder Hersteller von Medizinprodukten sein. 4

I. Vergaberechtliche Grundkonzeption von integrierten Versorgungsverträgen gemäß § 140a Abs. 1 SGB V

Ob eine **vergaberechtliche Ausschreibungspflicht** zum Abschluss integrierter Versorgungsverträge nach § 140a Abs. 1 SGB V besteht, ist entscheidend davon abhängig, ob es sich bei den abzuschließenden Verträgen um **öffentliche Aufträge iSv § 103 Abs. 1** 5

---

[9] Gesetzesbegründung der BReg, BT-Drs. 18/4095, 126 ff.

[10] LSG Sachsen-Anhalt Urt. v. 17.3.2016 – L 6 KR 70/12, BeckRS 2016, 69532 aufbauend auf der Rechtsprechung des BSG, vgl. BSG Urt. v. 6.2.2008 – B 6 KA 5/07 R, NZS 2009, 294.

[11] Vgl. bereits *Becker* NZS 2001, 505 (506); *Dahm* MedR 2005, 121; *Wigge* NZS 2001, 66 (67).

[12] BSG Beschl. v. 21.2.2017 – B 1 KR 41/16 B, BeckRS 2017, 102744; Urt. v. 2.7.2014 – B 6 KA 16/14 B, NZS 2014, 716; Urt. v. 6.2.2008 – B 6 KA 5/07 R, NZS 2009, 294; LSG Niedersachsen-Bremen Urt. v. 28.8.2019 – L 3 KA 110/16, BeckRS 2019, 26321 Rn. 30; LSG Bayern Urt. v. 8.2.2017 – L 12 KA 132/14, BeckRS 2017, 105586; LSG Sachsen-Anhalt Urt. v. 17.3.2016 – L 6 KR 70/12, BeckRS 2016, 69532.

[13] LSG Sachsen-Anhalt Urt. v. 17.3.2016 – L 6 KR 70/12, BeckRS 2016, 69532 aufbauend auf der Rechtsprechung des BSG, vgl. BSG Urt. v. 6.2.2008 – B 6 KA 5/07 R, NZS 2009, 294; *Dreher/Hoffmann* NZBau 2009, 273 (279); *Goodarzi/Schmid* NZS 2008, 518 (519); *Gabriel* NZS 2007, 344 (345); *Gabriel* VergabeR 2007, 630.

[14] LSG Sachsen-Anhalt Urt. v. 17.3.2016 – L 6 KR 70/12, BeckRS 2016, 69532 aufbauend auf der Rechtsprechung des BSG, vgl. BSG Urt. v. 6.2.2008 – B 6 KA 5/07 R, NZS 2009, 294. Eingehend dazu bereits *Kuhlmann* Integrierte Versorgung S. 417; *v. Schwanenflügel* NZS 2006, 285 (288); *Dahm* MedR 2005, 121 (122); *Quaas* VSSR 2004, 175 (191).

GWB handelt.[15] Der hierfür erforderliche **öffentliche Beschaffungscharakter** liegt vor. Daran ändert es nichts, dass die unmittelbaren Empfänger der Versorgungsleistungen die Versicherten und nicht die Krankenkassen sind (**sozialrechtliches Dreiecksverhältnis** der Leistungsbeziehungen) (vgl. ausführlich → § 78 Rn. 6).[16] Die Krankenkassen sind gesetzlich dazu verpflichtet, die Versorgung der Versicherten durch den Abschluss von Verträgen zu gewährleisten. Dem Abschluss solcher Versorgungsverträge liegt eine Auswahl bestimmter Versorgungskonzepte und bestimmter Leistungserbringer zugrunde. Darin ist eine **mittelbare, vergaberechtlich relevante Beschaffung durch die Krankenkassen** zugunsten der Versicherten in Erfüllung ihrer öffentlichen Aufgaben zu erblicken. Auch der EuGH hat das Vorliegen eines öffentlichen Auftrags bei der Vergabe integrierter Versorgungsleistungen nicht daran scheitern lassen, dass unmittelbare Nutznießer der Leistungen die Versicherten sind.[17]

6 Die zu vergebenden integrierten Versorgungsleistungen **können nicht als Dienstleistungskonzession angesehen werden.**[18] Das würde voraussetzen, dass als Gegenleistung kein Entgelt vorgesehen ist, sondern das ausschließliche Recht, die integrierten Versorgungsleistungen unter Übernahme des wirtschaftlichen Risikos wirtschaftlich zu verwerten.[19] Bei dem Abschluss der Verträge über integrierte Versorgungen findet aber **keine überwiegende Übertragung des wirtschaftlichen Risikos auf die Auftragnehmer** statt. Es trifft nicht zu, dass das Wahlrecht der Versicherten den Krankenkassen und Leistungserbringern generell die Möglichkeit der Einflussnahme entzieht, ob und in welchem Umfang die Leistungen abgenommen werden.[20] Schon die bei Verträgen zur integrierten Versorgung regelmäßig vorhandenen **Boni** für gesundheitsbewusstes Verhalten **und Zuzahlungsermäßigungen (vgl. §§ 65a, 53 Abs. 3 S. 2 SGB V)** können bewirken, dass die Versicherten primär Leistungen der von der Krankenkasse ausgewählten Konzepte und Anbieter in Anspruch nehmen. Der Ausgang der an sich freien Arztwahl kann auf diese Weise mit einer hinreichenden Wahrscheinlichkeit antizipiert werden.[21] Ein weiteres Argument gegen die für eine Dienstleistungskonzession typische weitgehende Übernahme des wirtschaftlichen Risikos der Verwertbarkeit der angebotenen Leistung ist das **Fehlen eines nennenswerten Insolvenzrisikos.**[22] Die Teilnehmer an den Verträgen über integrierte Versorgungen erhalten ihre Leistungen von grundsätzlich solventen Krankenkassen erstattet und nicht vom Versicherten selbst.[23]

1. Integrierte Versorgungsverträge als Rahmenvereinbarungen gemäß § 103 Abs. 5 GWB, § 21 VgV

7 **Soweit** bei der integrierten Versorgung **das endgültige Vertragsvolumen** zum Zeitpunkt des Vertragsabschlusses noch **nicht mit Sicherheit bestimmt werden kann**, stellt das ein **typisches Charakteristikum von Rahmenvereinbarungen** nach § 103 Abs. 5 GWB, § 21 VgV dar. Denn Rahmenvereinbarungen werden mit einem oder mehreren Unternehmern abgeschlossen und legen die Bedingungen für separat abzurufende Einzelaufträge fest, die im Laufe eines bestimmten Zeitraums vergeben werden sollen, insbes. im

---

15 Dazu *Gabriel* in MCGK PharmaR § 14 Rn. 32ff.

16 Vgl. hierzu *Gabriel* NZS 2007, 344 (348).

17 EuGH Urt. v. 11.6.2009 – C-300/07, Slg. 2009, I-4803 = EuZW 2009, 612 – Oymanns mAnm *Kingreen* NJW 2009, 2417.

18 So noch *Zuc* f&w 2002, 534 (536); *Hesselmann/Motz* MedR 2005, 498 (500); für eine einzelfallabhängige Beurteilung vgl. *Kaltenborn* GesR 2011, 1 (5).

19 Zu Konzessionen allgemein BeckOK VergabeR/*Bungenberg/Schelhaas* GWB § 105 Rn. 1ff.

20 Anders *Klöck* NZS 2008, 178 (184).

21 *Gabriel* NZS 2007, 344 (350); *Gabriel* VergabeR 2007, 630 (632); *Dreher/Hoffmann* NZBau 2009, 273 (280).

22 Vgl. EuGH Urt. v. 11.6.2009 – C-300/07, Slg. 2009, I-4803 = EuZW 2009, 612 Rn. 74 – Oymanns mAnm *Kingreen* NJW 2009, 2417. Zu der durch das GKV-OrgWG (nach der Entscheidung des EuGH) eingeführten uneingeschränkten regulären Insolvenzfähigkeit gesetzlicher Krankenkassen gem. § 171b Abs. 1 S. 2 SGB V siehe *Krasney* NZS 2010, 443ff.

23 *Goodarzi/Schmid* NZS 2008, 518 (522); *Gabriel* NZS 2007, 344 (350).

Hinblick auf den in Aussicht genommenen Preis sowie die in Aussicht genommene Menge. Rahmenvereinbarungen berechtigen den Auftraggeber, Leistungen entsprechend den Bedingungen des Rahmenvertrags zu fordern, ohne ihn zum Abruf zu verpflichten.[24] Bei integrierten Versorgungsverträgen kommt (wie auch bei anderen Versorgungs- und Rabattverträgen der Krankenkassen) typischerweise hinzu, dass der Zeitpunkt und die abgerufene Menge der Einzelabrufe nicht durch die Krankenkassen als öffentliche Auftraggeber, sondern insbes. durch die Morbidität und das Verordnungsverhalten der Ärzte bestimmt wird (ausführlich dazu und zur Einstufung von Versorgungs- und Rabattverträgen als Rahmenvereinbarung vgl. → § 78 Rn. 6–7).

2. Entgeltlichkeit im Sinne von § 103 Abs. 1 GWB

Um bei einem integrierten Versorgungsvertrag einen öffentlichen Auftrag (in Form einer 8
Rahmenvereinbarung) annehmen zu können, ist ferner erforderlich, dass es sich hierbei um einen entgeltlichen Vertrag handelt. Das erfordert, dass die Vertragsparteien eine Leistung im Sinne einer eigenen Zuwendung erbringen und zugleich eine Gegenleistung in Form eines **wirtschaftlichen Vorteils** erhalten.[25] Ein solcher wirtschaftlicher Vorteil auf Seiten der am integrierten Versorgungsvertrag beteiligten Leistungserbringer bzw. Auftragnehmer lässt sich pauschal weder bejahen noch verneinen. Zu berücksichtigen ist, dass die konkrete Auswahl der Leistungserbringer und der Leistungen erst durch die Versicherten vorgenommen wird. Die **Teilnahme an der integrierten Versorgung ist für diese freiwillig** (vgl. § 140a Abs. 4 S. 1 SGB V).[26] Würde sich keiner der Versicherten für eine Abnahme der Leistungen entscheiden, wäre der Abschluss des Versorgungsvertrags für den oder die Leistungserbringer wirtschaftlich irrelevant. In der **Gesetzesbegründung zum GKV-OrgWG**[27] heißt es: „Dagegen sind Verträge über […] eine integrierte Versorgung nach § 140a ff. idR keine öffentlichen Aufträge, da die Entscheidung über den Abruf der jeweiligen Leistung nicht von den Krankenkassen, sondern von den Versicherten getroffen wird, die die angebotenen Versorgungsformen in Anspruch nehmen können. Die Entscheidung im Einzelfall hängt jedoch von der konkreten Vertragsgestaltung ab und obliegt den mit der Nachprüfung betrauten Vergabekammern und Landessozialgerichten“.[28]

Das Ergebnis der hiernach gebotenen Prüfung im Einzelfall hängt maßgeblich davon ab, 9
ob durch die Vorauswahl der Leistungserbringer und die konkreten Versorgungsverträge die spätere Inanspruchnahme durch die Versicherten hinreichend bestimmbar wird. Wenn **gesetzliche und/oder vertragliche Mechanismen** eine die **Inanspruchnahme des Vertragspartners fördernde Wirkung** erzeugen, liegt ein für die Annahme der Entgeltlichkeit gem. § 103 Abs. 1 GWB hinreichender wirtschaftlicher Vorteil vor (eingehend vgl. → § 78 Rn. 8 ff.). Bei entsprechender Ausgestaltung der Verträge zur integrierten Versorgung ist das Tatbestandsmerkmal des öffentlichen Auftrags iSv § 103 Abs. 1 GWB in diesen Fällen zu bejahen.[29] Die **Lenkungs- und Steuerungswirkung zugunsten der Vertragspartner** (→ § 78 Rn. 11 ff.) der Krankenkassen kann vorliegen, wenn die Krankenkassen Vergünstigungen an die Inanspruchnahme der Leistungserbringer knüpfen.[30] Noch intensiver ist die Steuerungswirkung, wenn **integrierte Versorgungsverträge ex-**

---

[24] Ausführlich zu Rahmenvereinbarungen BeckOK VergabeR/*Terbrack* GWB § 103 Rn. 109 ff. mwN.

[25] EuGH Urt. v. 25.3.2010 – C-451/08, Slg. 2010, I-2707 = NZBau 2010, 321 Rn. 48 – Helmut Müller GmbH; BGH Beschl. v. 1.2.2005 – X ZB 27/04, NJW-RR 2005, 1439; *Dreher/Hoffmann* NZBau 2009, 273 (276); *Kaltenborn* GesR 2011, 1 (3). Allgemein zur Entgeltlichkeit auch BeckOK VergabeR/*Stein* GWB § 103 Rn. 33–35.

[26] *Dreher/Hoffmann* NZBau 2009, 273 (280); *Baumeister/Struß* NZS 2010, 247 (249).

[27] Gesetz zur Weiterentwicklung der Organisationsstrukturen in der gesetzlichen Krankenversicherung v. 15.12.2008, BGBl. 2008 I 2426.

[28] BT-Drs. 16/10609, 52.

[29] *Dreher/Hoffmann* NZBau 2009, 273 (280); *Gabriel* NZS 2007, 344 (348); *Goodarzi/Schmid* NZS 2008, 518 (522).

[30] *Dreher/Hoffmann* NZBau 2009, 273 (280); *Baumeister/Struß* NZS 2010, 247 (249) und schon *Koenig/Engelmann/Hentschel* MedR 2003, 562 (568): „Versichertensteuerung durch Anreizwirkung“.

klusiv mit einzelnen Leistungserbringern für bestimmte Indikationen und räumliche Bereiche abgeschlossen werden. Je mehr Krankenkassen sich bei einem solchen Vertragsmodell als Nachfrager zusammenschließen, desto lohnender kann eine solche Vereinbarung sein. Die Möglichkeit der freien Arztwahl wird unter solchen Umständen durch die Reduzierung des Angebots an Leistungserbringern, deren Versorgungsleistungen in Anspruch genommen werden können, erheblich modifiziert. Insgesamt bedarf es aber stets einer Prüfung im Einzelfall, ob die Voraussetzungen eines öffentlichen Auftrags vorliegen. In der Rechtsprechung wurde die öffentliche Auftragseigenschaft bei einem Vertrag zur besonderen ambulanten ärztlichen Versorgung iSv § 73c SGB V aF (diese Verträge sind mittlerweile von der jetzigen Regelung des § 140a SGB V mitumfasst) entsprechend bejaht.[31]

II. Ausschreibungsrelevante Besonderheiten bei integrierten Versorgungsverträgen gemäß § 140a Abs. 1 SGB V

10 Die **Rechtsprechung** hat sich im Zusammenhang mit integrierten Versorgungsverträgen mit der Umgehung einer vergaberechtlichen Ausschreibung durch den Abschluss von Kooperationsverträgen befasst. Zudem ist bei integrierten Versorgungsverträgen, die als öffentlicher Auftrag einzustufen sind, die **Abgrenzung** zwischen Dienstleistungs- und Lieferauftrag entscheidend, da insofern unterschiedliche vergaberechtliche Vorgaben gelten.

1. Umgehungsproblematik der vergaberechtlichen Ausschreibungspflicht

11 Das OLG Düsseldorf befasste sich in einem Fall[32] mit **Umgehungskonstruktionen** zur Verhinderung einer vergaberechtlichen Ausschreibungspflicht im Zusammenhang mit dem Abschluss eines integrierten Versorgungsvertrags. Der Vergabesenat hat insofern festgestellt, dass der Abschluss eines **Kooperationsvertrags** zwischen einem (im Rahmen einer integrierten Versorgung) von einer Krankenkasse beauftragten **Managementunternehmen** und einem **Hersteller von Medizinprodukten** vergaberechtswidrig war und entschieden, dass die Krankenkasse die Lieferungen aus diesem Vertrag nicht zulassen oder vergüten durfte. Die Krankenkasse hatte mit der Managementgesellschaft ohne vorherige Ausschreibung einen unbefristeten Vertrag zur integrierten Versorgung von an Diabetes leidenden Versicherten nach § 140a SGB V geschlossen. Aufgrund dieses Vertrags schloss die Managementgesellschaft, ebenfalls ohne Ausschreibung, einen Kooperationsvertrag mit einem Hersteller von Medizinprodukten über die Versorgung mit Blutzuckermessgeräten und Teststreifen, wonach der Hersteller die an der integrierten Versorgung teilnehmenden Versicherten ohne gesondert festgeschriebenes Entgelt mit dem Erstversorgungsbedarf bestimmter Medizinprodukte zu versorgen hatte. Die Antragstellerin, ebenfalls eine Herstellerin von Medizinprodukten, griff daraufhin den Kooperationsvertrag mit einem Nachprüfungsantrag an. Der Vergabesenat gab der Antragstellerin Recht. Der **Kooperationsvertrag** sei **Teil einer Rahmenvereinbarung iwS gem. § 103 Abs. 5 GWB, § 21 VgV**[33]. Das ergebe sich aus einer „zur Abwendung von Umgehungen des Vergaberechts erforderlichen **wirtschaftlichen Gesamtbetrachtung** der Vereinbarungen". Der Kooperationsvertrag allein rechne sich für den Hersteller der Produkte nicht, da er hiernach nur zur unentgeltlichen Lieferung von „Startersets" verpflichtet sei. Aufgrund der eingeführten Geschäftsverbindung zu Versicherten und Ärzten werde jedoch eine **gute Ausgangslage für Folgelieferungen** geschaffen. Schuldnerin des Vergütungsanspruchs sei dann die Krankenkasse, sodass die einzelnen Lieferaufträge entgeltliche öffentliche Aufträge darstellten. Die fehlende Exklusivität sei dabei unerheblich, da eine Einbindung in die integrierte Versorgung eine Heranziehung zu Folgelieferungen erwarten lasse. Die Rahmenvereinba-

---

[31] LSG Berlin-Brandenburg Beschl. v. 6.3.2009 – L 9 KR 72/09 ER, BeckRS 2009, 59284 mAnm *Szonn* VergabeR 2010, 120 (124ff.); VK Brandenburg Beschl. v. 9.2.2009 – VK 5/09, BeckRS 2010, 27161.

[32] OLG Düsseldorf Beschl. v. 1.8.2012 – VII-Verg 15/12, NZBau 2012, 791.

[33] Zum Entscheidungszeitpunkt noch § 4 VOL/A EG.

rung betreffe damit eine entgeltliche Lieferung und unterliege dem Vergaberecht. Die Antragsgegnerin hätte die Folgeverträge entweder selbst ausschreiben oder die Managementgesellschaft zur Ausschreibung verpflichten müssen. Keinesfalls aber könne sich die gesetzliche Krankenkasse eines Managementvertrags bedienen, um ihren Beschaffungsbedarf zu decken und sich dabei eigenen Ausschreibungspflichten zu entziehen.

2. Integrierte Versorgungsverträge im Zusammenhang mit sozialen und anderen besonderen Dienstleistungen

Der Abgrenzung zwischen Dienstleistungsaufträgen und Lieferaufträgen kommt bei inte- 12 grierten Versorgungsverträgen eine besondere Bedeutung zu, da **Dienstleistungsaufträge, die soziale und andere besondere Dienstleistungen iSv § 130 GWB, Anhang XIV RL 2014/24/EU zum Gegenstand haben, gem. § 69 Abs. 4 SGB V** nur einem deutlich reduzierten Vergaberegime unterfallen (vgl. auch → § 77 Rn. 30 und → § 77 Rn. 40–42). Zudem ist eine europaweite Ausschreibung gem. § 106 Abs. 2 Nr. 1 GWB iVm Art. 4 lit. d) RL 2014/24/EU hierbei erst ab einem vergleichsweise hohen Schwellenwert von 750.000 EUR verpflichtend, sodass (selbst) diese reduzierten Anforderungen nur bei einem entsprechend hohen Auftragsvolumen gelten. Ob ein – als öffentlicher Auftrag einzustufender – integrierter Versorgungsvertrag als Dienstleistungs- oder als Lieferauftrag anzusehen ist,[34] richtet sich gem. § 110 Abs. 2 Nr. 2 GWB nach dem Wertanteil seiner Bestandteile.[35] Gleiches gilt gem. § 110 Abs. 2 Nr. 1 GWB für die Frage, nach welchem Rechtsregime sich die Vergabe eines Dienstleistungsauftrags richtet, der sowohl soziale und andere besondere Dienstleistungen als auch sonstige Dienstleistungen zum Gegenstand hat.

Während **der europäische Richtliniengeber** für die Vergabe von sozialen und ande- 13 ren besonderen Dienstleistungen lediglich einige wenige vergaberechtliche Vorgaben in Art. 74 ff. RL 2014/24/EU vorgesehen hat, ist **der deutsche Gesetzgeber** bei der Umsetzung im GWB-Vergaberecht zunächst hierüber hinausgegangen und hat in § 130 Abs. 1 S. 1 GWB, §§ 64 ff. VgV lediglich insoweit eine Erleichterung für öffentliche Auftraggeber vorgesehen, als diese bei der Vergabe von sozialen und anderen besonderen Dienstleistungen zwischen dem offenen Verfahren, dem nicht offenen Verfahren, dem Verhandlungsverfahren mit Teilnahmewettbewerb, dem wettbewerblichen Dialog und der Innovationspartnerschaft wählen können.[36] Namentlich für die Vergabe von Aufträgen über besondere Dienstleistungen iSv § 140a SGB V hat der Gesetzgeber diese Entscheidung jedoch korrigiert: Denn nur kurz nach dem Inkrafttreten des im Jahr 2016 reformierten GWB-Vergaberechts wurde im Rahmen des Zweiten Gesetzes zur Änderung des Buchpreisbindungsgesetzes[37] die **Regelung des § 69 Abs. 4 SGB V** eingeführt (→ § 74 Rn. 17). Danach gelten für den Abschluss von integrierten Versorgungsverträgen lediglich diejenigen Vorgaben, die der europäische Richtliniengeber in Art. 74 ff. RL2014/24/EU als **zwingendes Mindestmaß** vorgegeben hat. Dementsprechend können Krankenkassen das („hauseigene") Vergabeverfahren im Wesentlichen frei gestalten. Ein Verfahren ohne Teilnahmewettbewerb und ohne öffentliche Bekanntmachung nach § 66 VgV darf jedoch nur unter den Voraussetzungen des § 14 Abs. 4, 6 VgV vorgesehen werden. Im Übrigen darf von den Vorgaben der VgV, mit Ausnahme der §§ 53, 58, 60, 63 VgV abgewichen werden. Begründet wird diese legislative Kehrtwende damit, dass es bei den erfassten Versorgungsformen um **innovative Konzepte** gehe, die darauf ausgerichtet seien, die Qualität, Wirksamkeit und Wirtschaftlichkeit der Versorgung zu verbessern, Verfahrens- und Organisati-

[34] Überwiegend Dienstleistungen annehmend *Kaltenborn* in Ebsen-VergabeR in der GKV S. 179.
[35] So auch bereits EuGH Urt. v. 11.6.2009 – C-300/07, Slg. 2009, I-4803 = EuZW 2009, 612 Rn. 66 – Oymanns mAnm *Kingreen* NJW 2009, 2417 sowie *Marx/Hölzl* NZBau 2010, 31.
[36] Zu den geltenden Anforderungen an die Vergabe von Aufträgen über soziale und andere besondere Dienstleistungen siehe *Burgi* VergabeR § 15 Rn. 14 ff.
[37] Zweites Gesetz zur Änderung des Buchpreisbindungsgesetzes v. 31.7.2016, BGBl. 2016 I 1937. Dazu auch BT-Drs. 18/8260, 3 ff.

onsformen der Leistungserbringung weiterzuentwickeln und Leistungen fach- und sektorenübergreifend zu erbringen sowie neue Leistungen zu erproben, die über die Regelversorgung hinausgehen bzw. davon abweichen. Um bei diesen Versorgungsformen den **Dialogprozess zwischen den Beteiligten** zu vereinfachen und den konzeptionellen Besonderheiten und regionalen Versorgungsstrukturen gerecht zu werden, sollen die Krankenkassen in Fällen öffentlicher Auftragsvergabe an diese Versorgungsformen angepasste Vergabeverfahren vorsehen können.[38]

14 Die vergaberechtlichen Vorgaben für den Abschluss von integrierten Versorgungsverträgen nach § 140a SGB V über soziale und andere besondere Dienstleistungen **im Unterschwellenbereich** wird durch § 49 UVgO geregelt. Vgl. hierzu → § 77 Rn. 42.

D. Hausarztzentrierte Versorgungsverträge gemäß § 73b SGB V

15 Gem. § 73b Abs. 1 SGB V sind gesetzliche Krankenkassen dazu verpflichtet, ihren Versicherten eine **besondere hausärztliche (hausarztzentrierte) Versorgung** anzubieten. Hierunter werden in erster Linie **Steuerungs- und Integrationsleistungen** verstanden. Der Hausarzt soll grundsätzlich der erste Ansprechpartner des Versicherten sein, erforderliche Überweisungen zu Fachspezialisten vornehmen und die weitere Koordinierung zwischen den verschiedenen Versorgungsebenen übernehmen.[39] Entscheiden sich die Versicherten für die **freiwillige Teilnahme** an diesem Versorgungsmodell, müssen sie sich gem. § 73b Abs. 3 SGB V gegenüber ihrer Krankenkasse dazu verpflichten, **mindestens ein Jahr** lang grundsätzlich nur den vorab ausgewählten Hausarzt aufzusuchen. Zur Sicherstellung des Angebots der hausarztzentrierten Versorgung durch Krankenkassen sind **Verträge mit Ärzten** iSv § 73 Abs. 1a SGB V **und deren Gemeinschaften oder Vereinigungen** (§ 73b Abs. 4 S. 3 SGB V) abzuschließen. Gem. § 73b Abs. 4 S. 1 SGB V sind Krankenkassen verpflichtet, die Verträge vorrangig mit Gemeinschaften zu schließen, die mindestens die Hälfte der an der hausärztlichen Versorgung teilnehmenden Allgemeinärzte des Bezirks der jeweiligen Kassenärztlichen Vereinigung vertreten. Nachdem ein Vertrag mit einer Gemeinschaft nach § 73b Abs. 4 S. 1 SGB V zustande gekommen ist (oder ein Vertrag zur Versorgung von Kindern und Jugendlichen geschlossen werden soll), dürfen Krankenkassen auch Verträge mit anderen Vertragspartnern, namentlich den in § 73b Abs. 4 S. 3 SGB V aufgezählten, abschließen. Sie müssen einen solchen Vertragsabschluss suchen, wenn sie keinen Vertragspartner iSv § 73b Abs. 4 S. 1 SGB V vorgefunden haben.

16 Gem. § 73b Abs. 4 S. 1 SGB V hatten Krankenkassen allein oder in Kooperation mit anderen Krankenkassen zur flächendeckenden Sicherstellung des Angebots nach § 73b Abs. 1 SGB V **spätestens zum 30.6.2009 Verträge mit Gemeinschaften zu schließen**, die mindestens die Hälfte der an der hausärztlichen Versorgung teilnehmenden Allgemeinärzte des Bezirks der Kassenärztlichen Vereinigung vertreten. Diese **Verpflichtung besteht weiterhin**; neben der Gesetzesbegründung und dem Sinn und Zweck der Vorschrift (→ 2. Aufl. 2017 § 76 Rn. 13) spricht dafür auch der Wortlaut, der ansonsten etwa derart formuliert sein müsste, dass die Krankenkassen „bis zum 30.6.2009 verpflichtet sind [waren]", die Verträge abzuschließen. Von dem in § 73 Abs. 4 S. 1 SGB V genannten **Begriff der Gemeinschaften** sind nur Hausärzteverbände erfasst, nicht aber auch die Kassenärztliche Vereinigungen (vgl. ausführlich zum diesbezüglichen Streit → 2. Aufl. 2017 § 76 Rn. 6–10).[40] Pro Bezirk einer Kassenärztlichen Vereinigung kann es grundsätzlich **mehr als einen potentiellen Vertragspartner** geben, da es Hausärzteverbänden regelmäßig erst durch einen Zusammenschluss möglich ist, mehr als die Hälfte der Hausärzte im Bezirk vertreten zu können.[41] Diese **Zusammenschlüsse** können zwischen unter-

---

38 BT-Drs. 18/8260, 7.
39 Eingehend *Weiner* GesR 2010, 237; *Walter* NZS 2009, 307; *Goodarzi/Schmid* NZS 2008, 518.
40 *Kingreen/Temizel* ZMGR 2009, 134 (136–139); aA *Stolz/Kraus* MedR 2010, 86 (93).
41 VK Bund Beschl. v. 2.7.2010 – VK 1-52/10, veris.

schiedlichen Verbänden stattfinden, sodass auch verschiedene mögliche Vertragspartner in Betracht kommen (vgl. ausführlich → 2. Aufl. 2017 § 76 Rn. 11–12). Kann ein Vertrag nach § 73b Abs. 4 S. 1 SGB V nicht zustande kommen, weil es an einem geeigneten Vertragspartner fehlt, so haben die Krankenkassen gem. § 73b Abs. 4 S. 4 SGB V zur flächendeckenden Sicherstellung des Angebots der hausarztzentrierten Versorgung Verträge mit einem oder mehreren der in § 73b Abs. 4 S. 3 SGB V genannten Vertragspartner zu schließen. Mit Blick auf die Voraussetzungen des § 73b Abs. 4 Satz 1 SGB V ist davon auszugehen, dass eine flächendeckende Versorgung erfordert, dass durch die Verträge mindestens die Hälfte der Hausärzte in einem Bezirk in das System eingebunden werden.[42]

I. Vergaberechtliche Grundkonzeption von hausarztzentrierten Versorgungsverträgen gemäß § 73b SGB V

Eine EU/GWB-vergaberechtliche Ausschreibungspflicht für Verträge über die hausarzt- 17
zentrierte Versorgung ist idR zu bejahen, da es sich **grundsätzlich um öffentliche Aufträge** iSv § 103 GWB **handelt**, sofern ein entgeltlicher Vertrag vorliegt (→ Rn. 19f.).[43] An einer öffentlichen Beschaffung fehlt es nicht deswegen, weil die unmittelbaren Empfänger der von den Hausärzten zu erbringenden Leistungen die Versicherten und nicht die gesetzlichen Krankenkassen sind (vgl. ausführlich → § 78 Rn. 6). Maßgeblich ist, dass die **Krankenkassen einen Bedarf** (hier an hausarztzentrierter Versorgung) **decken wollen** und die abschlussberechtigten Verbände bzw. die dem Vertrag beitretenden Ärzte die Leistung auf der Grundlage des abgeschlossenen Vertrags zu erbringen haben.[44] Ein öffentlicher Auftrag ist auch nicht aus dem Grund abzulehnen, dass zwischen die Krankenkasse und den Arzt idR ein weiterer Vertragspartner, zumeist die Gemeinschaft iSv § 73b Abs. 4 S. 1 SGB V,[45] geschaltet ist.[46] Der einzelne Arzt wird zwar durch den Abschluss des Vertrags zwischen der Krankenkasse und der Gemeinschaft nicht unmittelbar gegenüber der Krankenkasse zur Erbringung von Leistungen verpflichtet.[47] Das ist aber auch nicht erforderlich. Schon der Wortlaut der Legaldefinition des öffentlichen Dienstleistungsauftrags spricht dafür, dass die Annahme eines vergaberechtlich relevanten Beschaffungsvorgangs nicht bereits daran scheitert, dass **ein Dritter die maßgeblichen Dienstleistungen erfüllen soll.**[48] Denn § 103 Abs. 4 GWB setzt lediglich voraus, dass der entgeltliche Vertrag mit einem Unternehmer „über die Erbringung von Leistungen" abgeschlossen wird. Es ist nicht gefordert, dass die Leistungen genau von dem Unternehmer erbracht werden, mit dem der Vertrag geschlossen wird. Unabhängig davon **schuldet** regelmäßig auch **die zwischengeschaltete Gemeinschaft selbst Dienstleistungen**, etwa das Rechnungsmanagement und die Überwachung der hausarztzentrierten Versorgung.[49] Schließlich stellen hausarztzentrierte Versorgungsverträge auch keine Dienstleistungskonzession dar, da den Leistungserbringern kein Recht eingeräumt wird, den Versicherten gegenüber angebotene Versorgungsleistungen auf eigenes Risiko wirtschaftlich zu verwerten (vgl. ausführlich → 2. Aufl. 2017 § 76 Rn. 19).[50]

---

[42] Vgl. *Kingreen/Temizel* ZMGR 2009, 134 (142).
[43] Vgl. *Stolz/Kraus* MedR 2010, 86 (87).
[44] VK Bund Beschl. v. 2.7.2010 – VK 1-52/10, veris.
[45] Ausführlich hierzu *Walter* NZS 2009, 307 (309f.).
[46] VK Bund Beschl. v. 2.7.2010 – VK 1-52/10, veris.
[47] Hierzu *Huster* NZS 2010, 69 (70f.).
[48] So schon *Stolz/Kraus* MedR 2010, 86 (88).
[49] *Stolz/Kraus* MedR 2010, 86 (88–90).
[50] OLG Düsseldorf Beschl. v. 3.8.2011 – VII-Verg 6/11, IBRRS 2011, 3512; VK Arnsberg Beschl. v. 25.3.2009 – VK 33/08, veris; sowie bzgl. eines Vertrags nach § 73c SGB V VK Bund Beschl. v. 2.9.2013 – VK 2-74/13, VPRRS 2013, 1387; *Weiner* GesR 2010, 237 (240); *Stolz/Kraus* MedR 2010, 86 (90); *Goodarzi/Schmidt* NZS 2008, 518 (523); aA *Kaltenborn* GesR 2011, 1 (6).

1. Hausarztzentrierte Versorgungsverträge als Rahmenvereinbarungen gemäß § 103 Abs. 5 GWB, § 21 VgV

18 Bei hausarztzentrierten Versorgungsverträgen handelt es sich um Rahmenvereinbarungen iSv § 103 Abs. 5 GWB, § 21 VgV (vgl. ausführlich zu Rahmenvereinbarungen → Rn. 7),[51] weil in den Verträgen die Bedingungen für die Inanspruchnahme der Versorgung und die Preise zwar weitestgehend vorab festgelegt sind, aber das **endgültige Vertragsvolumen nicht mit Sicherheit bestimmt** werden kann.[52] Auch die Verträge über die hausarztzentrierte Versorgung weichen von dem Bild einer typischen Rahmenvereinbarung insofern ab, als dass nicht die Krankenkasse, sondern die **Versicherten selbst den Abruf der Einzelaufträge veranlassen** (vgl. → Rn. 7).[53] Diese auf die **Eigenarten des sozialrechtlichen Dreiecksverhältnisses** zurückgehende Modalität ändert aber nichts daran, dass die Versicherten den Abruf nach den von den Krankenkassen vorab ausgehandelten bzw. in ihren Satzungen festgelegten Bedingungen auf deren Kosten tätigen.[54] Die Entscheidung des Versicherten über den konkreten Abruf im Einzelfall stellt insofern jedenfalls dann einen mittelbaren Abruf durch die Krankenkasse dar, wenn diese sich einen hinreichenden Einfluss auf diese Entscheidung gesichert hat.[55]

2. Entgeltlichkeit im Sinne von § 103 Abs. 1 GWB

19 Ob bei dem Abschluss eines hausarztzentrierten Versorgungsvertrags ein entgeltlicher Vertrag vorliegt, ist davon abhängig, wie hoch die **Wahrscheinlichkeit** ist, dass die Option der hausarztzentrierten Versorgung auch zugunsten der Partner des Vertrags mit der Krankenkasse genutzt wird (vgl. ausführlich zum Begriff der Entgeltlichkeit → Rn. 8 f.).[56] Denn erhöht sich diese Wahrscheinlichkeit durch den Vertragsabschluss, so liegt **eine Lenkungs- und Steuerungswirkung** zugunsten der angebotenen Versorgung der Vertragspartner vor (vgl. ausführlich → Rn. 9 und → § 78 Rn. 11 ff.) und es besteht ein **wirtschaftlicher bzw. wettbewerblicher Vorteil**[57] schon bei Abschluss des Vertrags mit der Krankenkasse. In der Praxis werden die Verträge gem. § 73b SGB V – in Verbindung mit den Satzungen der jeweiligen Krankenkasse – oftmals so ausgestaltet, dass **Anreizsysteme** die freiwillig teilnehmenden Versicherten steuern können.[58] Taugliche Steuerungsmechanismen können beispielweise in der **Gewährung von Boni oder Zuzahlungsbefreiungen** für die Versicherten, die an der hausarztzentrierten Versorgung teilnehmen, bestehen (vgl. § 53 Abs. 3 S. 2 SGB V). Durch diese Tarifgestaltung werden die Versicherten dazu angehalten, bestimmte Leistungserbringer in Anspruch zu nehmen, wodurch eine Steuerung der Patientenströme bewirkt wird.[59] Es bedarf jedoch stets einer Einzelfallprüfung, ob tatsächlich eine hinreichende Lenkungs- und Steuerungswirkung vorliegt.

20 Auch der **Umstand**, dass die freiwillig teilnehmenden Versicherten grundsätzlich dazu verpflichtet sind, **mindestens ein Jahr lang denselben Hausarzt aufzusuchen**, kann einen stabilisierenden Effekt begründen, den Vertragspartner der selektiven Versorgungsverträge als wirtschaftlichen Vorteil einkalkulieren können. Insofern hängt diese Prognose

---

[51] OLG Düsseldorf Beschl. v. 23.5.2007 – VII-Verg 50/06, NZBau 2007, 525; VK Bund Beschl. v. 2.7.2010 – VK 1-52/10, veris; VK Arnsberg Beschl. v. 25.3.2009 – VK 33/08, veris; sowie in Bezug auf einen Vertrag nach § 73c SGB V VK Bund Beschl. v. 2.9.2013 – VK 2-74/13, VPRRS 2013, 1387; krit. *Burgi* NZBau 2008, 480 (484).

[52] VK Arnsberg Beschl. v. 25.3.2009 – VK 33/08, veris; *Weiner* GesR 2010, 237 (240).

[53] *Weiner* GesR 2010, 237 (240).

[54] Vgl. in Bezug auf einen Vertrag nach § 73c SGB V VK Bund Beschl. v. 2.9.2013 – VK 2-74/13, VPRRS 2013, 1387.

[55] Vgl. *Weiner* GesR 2010, 237 (240).

[56] *Weiner* GesR 2010, 237 (240); vgl. auch *Dreher/Hoffmann* NZBau 2009, 273 (281); *Goodarzi/Schmid* NZS 2008, 518 (523).

[57] Vgl. LSG Nordrhein-Westfalen Beschl. v. 10.9.2009 – L 21 KR 53/09 SFB, NZBau 2010, 458.

[58] Vgl. *Kingreen/Temizel* ZMGR 2009, 134 (140).

[59] Vgl. OLG Düsseldorf Beschl. v. 3.8.2011 – VII-Verg 6/11, IBRRS 2011, 3512; vgl. in Bezug auf einen Vertrag nach § 73c SGB V VK Bund Beschl. v. 2.9.2013 – VK 2-74/13, VPRRS 2013, 1387.

aber davon ab, wie viele Leistungserbringer bereits an dem Versorgungsmodell teilnehmen. Jedenfalls für denjenigen, der den Vertrag „als erster" mit der Krankenkasse schließt, besteht solange ein **entgeltgleicher Wettbewerbsvorteil,** wie kein anderer Wettbewerber dem Versorgungsvertrag beigetreten ist.[60]

II. Ausschreibungsrelevante Besonderheiten bei hausarztzentrierten Versorgungsverträgen gemäß § 73b SGB V

1. Vorliegen eines öffentlichen Auftrags unabhängig der Anzahl potentieller Auftragnehmer

Bei den Verträgen über die hausarztzentrierte Versorgung handelt es sich grundsätzlich um **öffentliche Aufträge.** Das gilt **auch für solche Verträge, die gem. § 73b Abs. 4 S. 1 SGB V** vorrangig **mit** den nach dieser Vorschrift qualifizierten **Gemeinschaften abgeschlossen werden.** Die teilweise vertretene Gegenansicht[61] ist in mehrerlei Hinsicht unzutreffend,[62] weshalb auch das OLG Düsseldorf die Einordnung eines Vertrags über die hausarztzentrierte Versorgung als entgeltlichen **Dienstleistungsauftrag iSd § 103 Abs. 1 GWB anerkannt** hat.[63] Ein öffentlicher Auftrag wurde mit der Argumentation abgelehnt, dass der dem Vergaberecht begriffsnotwendig zugrundeliegende Wettbewerb zwischen verschiedenen Bietern, durch die gesetzliche Regelung des § 73b Abs. 4 S. 1 SGB V von vornherein ausgeschaltet sei, indem der Vertragspartner bei Vorliegen der Voraussetzungen bereits feststehe.[64] Aufgrund dessen sei es dem Auftraggeber nicht möglich, dem Auftragnehmer eine Sonderstellung im Wettbewerb zu vermitteln.[65] Doch stimmt bereits die Annahme nicht, dass ein Wettbewerb um einen hausarztzentrierten Vertrag von vornherein ausgeschlossen ist. Denn es kann grundsätzlich pro Bezirk einer Kassenärztlichen Vereinigung mehr als einen potentiellen Vertragspartner geben, der die Tatbestandsvoraussetzungen nach § 73b Abs. 4 S. 1 SGB V erfüllt (→ Rn. 16). Zudem ist nach dem Wortlaut von § 103 Abs. 1 GWB lediglich erforderlich, dass ein **entgeltlicher Vertrag zwischen einem öffentlichen Auftraggeber und (mindestens) einem Unternehmen** über die Erbringung von Bau, Liefer- oder Dienstleistungen geschlossen werden soll. Wie viele potentielle Vertragspartner es für den Vertrag geben kann, wird an dieser Stelle der Prüfung der Anwendbarkeit des Vergaberechts nicht berücksichtigt.[66] Relevant ist vielmehr lediglich, ob mit dem Abschluss des Vertrags grundsätzlich eine Auswahlentscheidung verbunden sein kann (vgl. ausführlich → § 76 Rn. 8ff.).[67] 21

2. Hausarztzentrierte Leistungen im Zusammenhang mit sozialen und anderen besonderen Dienstleistungen

Lediglich **eingeschränkte EU/GWB-vergaberechtliche Anforderungen** werden an die Vergabe von öffentlichen Aufträgen gestellt, die soziale und andere besondere Dienstleistungen iSv § 130 GWB, Anhang XIV RL 2014/24/EU zum Gegenstand haben (vgl. zu den eingeschränkten Anforderungen → Rn. 12–14). Bei den im Rahmen der hausarztzentrierten Versorgung zu vergebenden Dienstleistungen handelt es sich ganz überwie- 22

[60] *Weiner* GesR 2010, 237 (241).
[61] LSG Nordrhein-Westfalen Beschl. v. 3.11.2010 – L 21 SF 208/10 Verg, BeckRS 2011, 68286; VK Bund Beschl. v. 2.7.2010 – VK 1-52/10, veris; ähnlich *Kingreen/Temizel* ZMGR 2009, 134 (138).
[62] Wie hier *Csaki/Freundt* NZS 2011, 766 (768).
[63] OLG Düsseldorf Beschl. v. 3.8.2011 – VII-Verg 6/11, IBRRS 2011, 3512.
[64] VK Bund Beschl. v. 2.7.2010 – VK 1-52/10, veris.
[65] LSG Nordrhein-Westfalen Beschl. v. 3.11.2010 – L 21 SF 208/10 Verg, BeckRS 2011, 68286.
[66] Vgl. auch *Otting* NZBau 2010, 734 (737); *Greb/Stenzel* VergabeR 2012, 409 (414f.).
[67] EuGH Urt. v. 2.6.2016 – C-410/14, ECLI:EU:C:2016:399 = NZBau 2016, 441 – Dr. Falk Pharma; fortgeführt durch EuGH Urt. v. 1.3.2018 – C-9/17, ECLI:EU:C:2018:142 = NZBau 2018, 366 – Maria Tirkkonen.

gend um soziale und andere besondere Dienstleistungen,[68] sodass nur die hierbei geltenden eingeschränkten EU/GWB-vergaberechtlichen Vorgaben entsprechend zu berücksichtigen sind. **Unterhalb des Schwellenwerts** von 750.000 EUR trägt § 49 UVgO den Besonderheiten der Vergabe öffentlicher Aufträge über soziale und andere besondere Dienstleistungen Rechnung.

[68] So auch *Burgi* VergabeR § 15 Rn. 14 ff.

Kapitel 15 Wettbewerbsregister

§ 81 Wettbewerbsregister

Übersicht

A. Einleitung

Öffentliche Aufträge sollen nur an solche Unternehmen vergeben werden, die keine erheblichen Gesetzesverstöße begangen haben und sich im Wettbewerb fair verhalten. Je nach Delikt müssen oder können Auftraggeber Unternehmen für eine bestimmte Zeit von der Teilnahme an Vergabeverfahren ausschließen. Damit sollen Unternehmen, die schwere Wirtschaftsdelikte begangen haben, zusätzlich zum Straf- und Ordnungswidrigkeitenrecht auf wirtschaftlicher sowie unternehmerischer Ebene sanktioniert werden. Den Unternehmen können dadurch wichtige Einnahmequellen entgehen, sodass sich Rechtsverstöße im Ergebnis nicht lohnen. 1

Neben dem Sanktionsgedanken verfolgen die Ausschlussgründe nach §§ 123 f. GWB zugleich auch einen Präventionsgedanken: Von den Konsequenzen eines aufgedeckten Wirtschaftsdelikts abgeschreckt, sollen Wirtschaftsteilnehmer von der erneuten Begehung Abstand nehmen.[1] Schließlich wird ein Anreiz geschaffen, sich als Unternehmer an die rechtlichen Vorgaben zu halten. Denn die Zuschlagschancen rechtstreuer Unternehmen steigen gegenüber denjenigen Unternehmen, die sich unlauter verhalten. Das Wettbe- 2

[1] *Kubiciel* jurisPR-StrafR 9/2017 Anm. 1, 2.

werbsregistergesetz[2] (WRegG) baut auf diesen Zielsetzungen sowie auf den vergaberechtlichen Ausschlussgründen der §§ 123 f. GWB auf.

3 Mit ihm wird ein Register eingeführt, in das künftig Delikte und Verfehlungen von Unternehmen eingetragen werden, die zu ihrem Ausschluss vom Vergabeverfahren führen können. Durch Abfrage des Registers sollen Auftraggeber Zugang zu verlässlichen Informationen erhalten, um eine Auswahlentscheidung entsprechend den vergaberechtlichen Vorgaben treffen zu können.

4 Das WRegG schafft die notwendigen organisatorischen Rahmenbedingungen für die Umsetzung der Ausschlusstatbestände nach §§ 123 f. GWB in die vergaberechtliche Praxis. Hierzu gehört insbesondere die Informationsweitergabe von den zur Verfolgung von Straftaten und Ordnungswidrigkeiten berufenen Behörden an die Registerbehörde.

B. Eintragung von Rechtsverstößen

I. Allgemeines

5 Nach § 122 Abs. 1, Abs. 2 S. 1 GWB prüfen Auftraggeber in Vergabeverfahren, ob Bieter geeignet, also fachkundig und leistungsfähig sind, und ob sie Ausschlussgründe erfüllen. Die einzelnen Ausschlussgründe sind in §§ 123 und 124 GWB aufgezählt. Mit ihnen wurden die Bestimmungen des Art. 38 der Konzessionsvergaberichtlinie 2014/23/EU, des Art. 57 der Richtlinie 2014/24/EU und des Art. 80 Abs. 1 der Sektorenvergaberichtlinie 2014/25/EU in das nationale Vergaberecht umgesetzt. Für verteidigungs- uns sicherheitsspezifische Aufträge sind die §§ 123 und 124 GWB über § 147 GWB ebenfalls anwendbar.[3]

6 Das Bundeskartellamt, das gemäß § 1 Abs. 1 WRegG Registerbehörde ist, erhebt künftig Informationen über das Vorliegen von Ausschlussgründen. Zu diesem Zweck erfasst die Registerbehörde die in § 2 WRegG abschließend genannten Tatbestände und trägt diese in das von ihr geführte Wettbewerbsregister ein.

7 Von einer automatischen Vergabesperre aufgrund eines Eintrags im Wettbewerbsregister hat der Gesetzgeber wegen des Grundsatzes der Verhältnismäßigkeit ausdrücklich abgesehen.[4] Durch die Informationsbereitstellung über Ausschlussgründe sollen Auftraggeber vielmehr in die Lage versetzt werden, eigenverantwortlich eine Entscheidung über den Umgang mit der Eintragung nach Maßgabe der vergaberechtlichen Vorschriften zu treffen.

8 Das Wettbewerbsregister soll die bisherigen Register auf Bundes- und Landesebene ersetzen und in Zukunft eine einheitliche Informationsgrundlage für die abfragenden Auftraggeber bereitstellen.

9 Das betrifft insbesondere das Gewerbezentralregister.[5] Darin wird gemäß § 150a Abs. 1 Nr. 4 GewO nur eine beschränkte Anzahl von fakultativen Ausschlussgründen, namentlich nach dem Schwarzarbeitsbekämpfungsgesetz, dem Mindestlohngesetzes, dem Arbeitnehmer-Entsendegesetzes und § 81 Abs. 1 bis 3 GWB erfasst. Informationen über zwingende Ausschlussgründe und zu freiberuflich Tätigen oder eine Prüfung der Zurechnung eines Rechtsverstoßes einer natürlichen Person zum Unternehmen enthält das Gewerbezentralregister dagegen nicht. Das Bundeszentralregister wiederum gewährt Auftraggebern gar kein Auskunftsrecht und beinhaltet zudem nur Eintragungen zu natürlichen Personen.

---

[2] Gesetz zur Errichtung und zum Betrieb eines Registers zum Schutz des Wettbewerbs um öffentliche Aufträge und Konzessionen v. 18.7.2018 (BGBl. I S. 2739).

[3] Die Ausschlussgründe nach Art. 39 der Richtlinie 2009/81/EG sind mit den Ausschlussgründen nach Art. 57 der Richtlinie 2014/24/EU nicht vollständig deckungsgleich. Teilweise enthält die RL 2009/81/EG weitergehende, VS-spezifische Ausschlussgründe („fehlende Vertrauenswürdigkeit" gemäß § 147 S. 1 GWB). An anderen Stellen bleibt sie hinter den neuen Richtlinien zurück. Hier geht der Gesetzgeber im Interesse der Rechtssicherheit über die Vorgaben der Richtlinie 2009/81/EG hinaus und übernimmt die Systematik der Richtlinie 2014/24/EU, vgl. BR-Drs. 367/15, 152.

[4] BT-Drs. 18/12051, 18.

[5] BT-Drs. 18/12051, 35.

Wegen der Lückenhaftigkeit dieser Angaben haben mehrere Bundesländer eigene Register bzw. Regelungen eingeführt.[6] Diese enthalten jedoch nur Einträge von Verstößen, die in dem jeweiligen Bundesland bekannt werden. Unternehmen sind aber regelmäßig länderübergreifend tätig. Zwischen den Landesregistern gibt es zudem – etwa in Bezug auf die Eintragungsvoraussetzungen und die einzutragenden Verstöße – teils erhebliche Unterschiede.[7] Mangels bundeseinheitlicher Informationsgrundlage können Auftraggeber im Ergebnis kaum eine abschließende und vollständige Eignungsprüfung durchführen. Zu Recht wird die unterschiedliche Erfassungsdichte in den Ländern als Ungleichbehandlung kritisiert. 10

Um den Bürokratie- und Erfüllungsaufwand zu reduzieren und eine praxistaugliche Lösung zu schaffen, soll das Register als elektronische Datenbank geführt werden. Dies umfasst nicht nur Eintragungen und deren Abfrage, sondern die gesamte Kommunikation und Datenübermittlung zwischen der Registerbehörde, den zur Verfolgung von Straftaten und Ordnungswidrigkeiten berufenen Behörden, den Auftraggebern und den Unternehmen. Erklärtes Ziel ist, die Daten noch am Tag der Abfrage in einem automatisierten Verfahren an den jeweiligen Auftraggeber zu übermitteln.[8] Zwar können diese schon bisher Anträge auf Auskunft aus dem Gewerbezentralregister online beantragen. Der Versand der Auskünfte erfolgt jedoch grundsätzlich in Form eines papiergebundenen Auszugs per Post. In der Praxis kann dies die Vergabeentscheidung teils erheblich verzögern, insbesondere, wenn die Abfrage zu einem Ausschluss des betreffenden Bieters führt und der nächstplatzierte Bieter nachrücken soll, wodurch eine erneute Abfrage erforderlich wird. 11

Eintragungen in das Wettbewerbsregister erfolgen erst ab der Arbeitsaufnahme des Wettbewerbsregisters.[9] Daher müssen Auftraggeber übergangsweise weiterhin Daten aus dem Gewerbezentralregister abfragen können.[10] Zu diesem Zweck sollen die in Art. 2 Abs. 3 des Gesetzes zur Einführung eines Wettbewerbsregisters vorgesehenen Änderungen der Gewerbeordnung erst drei Jahre nach dem Zeitpunkt in Kraft treten, in dem das Wettbewerbsregister seine Arbeit aufgenommen hat.[11] 12

II. Eintragungsrelevante Tatbestände

Die Rechtsverstöße, die zu einer Eintragung in das Wettbewerbsregister führen, werden abschließend in § 2 WRegG aufgezählt.[12] Sie unterteilen sich in zwingende Ausschlussgründe iSd § 123 Abs. 1 und Abs. 4 S. 1 GWB sowie in fakultative Ausschlussgründe iSd § 124 GWB. 13

1. Zwingende Ausschlussgründe

Die zwingenden Ausschlussgründe betreffen die Verletzung strafrechtlicher Vorschriften (§ 123 Abs. 1 GWB) sowie steuer- und sozialversicherungsrechtlicher Zahlungsverpflichtungen (123 Abs. 4 S. 1 GWB).[13] 14

---

[6] Etwa das Vergaberegister in Nordrhein-Westfalen gem. KorruptionsbG v. 16.12.2004, das Korruptionsregister gem. Korruptionsregistergesetz in Berlin v. 19.4.2006, das Bremische Korruptionsregistergesetz v. 17.5.2011, das Register zum Schutz fairen Wettbewerbs (GRfW) von Schleswig-Holstein v. 29.11.2013 und von Hamburg v. 1.12.2013.

[7] Nach § 5 Abs. 2 KorruptionsbG genügt für die Eintragung in das Vergaberegister von Nordrhein-Westfalen, wenn die Anklage zugelassen (Nr. 1) ein Strafverfahren gem. § 153a StPO eingestellt wurde (Nr. 4) oder wenn seitens der meldenden Behörde kein vernünftiger Zweifel an einer schwerwiegenden Verfehlung des Unternehmens besteht (Nr. 6).

[8] BT-Drs. 18/12051, 33.

[9] BT-Drs. 18/12583, 5, 11.

[10] BT-Drs. 18/12583, 5, 11.

[11] BT-Drs. 18/12583, 5, 11.

[12] *Fülling/Freiberg* NZBau 2018, 259 (260).

[13] Beck VergabeR/*Opitz* GWB § 123 Rn. 12.

15 Die Tatbestände, die zwingend zum Ausschluss von einem Vergabeverfahren führen, sind in § 2 Abs. 1 Nr. 1 lit. a), c) und d) WRegG aufgeführt.

16 Dem § 2 Abs. 1 Nr. 1 lit. a) WRegG unterfallen rechtskräftige strafgerichtliche Verurteilungen und Strafbefehle, die wegen einer der in § 123 Abs. 1 GWB aufgeführten Straftaten ergangen sind. Dazu zählen unter anderem die Bildung krimineller oder terroristischer Vereinigungen im In- und Ausland (§§ 129, 129a, 129b StGB), Terrorismusfinanzierung (§ 89c StGB), Geldwäsche (§ 261 StGB), Bestechung und Vorteilsgewährung (§§ 299, 299a, 299b, 108e, 333, 334 StGB Art. 2 § 2 IntBestG), Menschenhandel (§ 232 StGB), Zwangsarbeit (§ 232b StGB) und verwandte Delikte.

17 Rechtskräftige Strafbefehle werden rechtskräftigen Strafurteilen gleichgestellt, da auch über den Strafbefehl ein unabhängiges Strafgericht entscheidet.[14]

18 Von § 2 Abs. 1 Nr. 1 lit. a) WRegG iVm § 123 Abs. 1 GWB sind zudem die Straftatbestände des Betrugs (§ 263 StGB) sowie des Subventionsbetrugs (§ 264 StGB) erfasst. Nach § 123 Abs. 1 Nr. 4 GWB gilt dies jedoch nur, soweit sich der Betrug gegen den Haushalt der Europäischen Union oder gegen Haushalte richtet, die von der Europäischen Union oder in ihrem Auftrag verwaltet werden.

19 Darüber hinaus sind gemäß § 2 Abs. 1 Nr. 1 lit. c) und d) WRegG rechtskräftige strafgerichtliche Verurteilungen und Strafbefehle wegen Vorenthaltens und Veruntreuens von Arbeitsentgelt (§ 266a StGB) und wegen Steuerhinterziehung (§ 370 AO) einzutragen. Diese Straftaten sind zwingende Ausschlussgründe iSd § 123 Abs. 4 S. 1 Nr. 1.[15]

20 Nach § 2 Abs. 1 Nr. 3 WRegG sind außerdem rechtskräftige Bußgeldentscheidungen einzutragen, die nach § 30 OWiG wegen den in § 2 Abs. 1 Nr. 1 lit. a), c) und d) WRegG genannten Straftaten ergangen sind. In diesen Fällen begründet auch eine Bußgeldentscheidung nach § 30 OWiG einen zwingenden Ausschlussgrund, vgl. → Rn. 30. Bei Bußgeldentscheidungen nach § 130 OWiG ist dies hingegen nicht der Fall, vgl. → Rn. 39.

2. Fakultative Ausschlussgründe

21 Die in § 2 Abs. 1 Nr. 1 lit. b), e), Nr. 2, Nr. 3, Abs. 2 WRegG genannten Straftaten und Ordnungswidrigkeiten stellen fakultative Ausschlussgründe iSd § 124 GWB dar. Sie sind darauf gerichtet, eine ordnungsgemäße Durchführung des Vergabeverfahrens und des Auftrags als solchem sicherzustellen.[16]

22 **a) § 2 Abs. 1 Nr. 1 WRegG.** Nach § 2 Abs. 1 Nr. 1 lit. b) WRegG sind alle Straftaten nach §§ 263, 264 StGB eintragungsrelevant, soweit sie sich gegen *„öffentliche Haushalte"* richten. Insoweit geht das WRegG über die von § 2 Abs. 1 Nr. 1 lit. a) WRegG erfassten Tatbestände nach § 123 Abs. 1 Nr. 4, 5 GWB hinaus: Denn vom Begriff der *„öffentlichen Haushalte"* sind auch alle nationalen Haushalte von Bund, Ländern und Kommunen erfasst. Begründet wird dies damit, dass ein Betrug zu Lasten der öffentlichen Haushalte regelmäßig auch eine schwere Verfehlung im Rahmen der beruflichen Tätigkeit gemäß § 124 Abs. 1 Nr. 3 GWB begründet.[17] Es handelt sich also nicht um eine Erweiterung von § 123 Abs. 1 Nr. 4, 5 GWB, sondern um Regelbeispiele des § 124 Abs. 1 Nr. 3 GWB und damit um weitere fakultative Ausschlussgründe.

23 § 2 Abs. 1 Nr. 1 lit. e) WRegG ordnet die Eintragung von rechtskräftigen Verurteilungen und Strafbefehlen wegen wettbewerbsbeschränkenden Absprachen bei Ausschreibungen[18] nach § 298 StGB (Submissionsbetrug) an. Auch diese Straftat ist ein fakultativer Aus-

---

[14] Beck VergabeR/*Opitz* GWB § 123 Rn. 27.
[15] Beck VergabeR/*Opitz* GWB § 123 Rn. 49; HK-VergabeR/*Kaufmann* GWB § 123 Rn. 63.
[16] Beck VergabeR/*Opitz* GWB § 124 Rn. 9.
[17] BT-Drs. 18/12051, 26.
[18] Das StGB unterscheidet nicht zwischen dem für Unterschwellenvergaben verwendeten Begriff der „Ausschreibung" und dem Begriff des „Vergabeverfahrens", mit dem im Allgemeinen Verfahren ab Erreichen der Schwellenwerte gemeint sind.

schlussgrund, weil der Submissionsbetrug nicht im Katalog des § 123 Abs. 1 GWB enthalten, sondern ein Fall des § 124 Abs. 1 Nr. 4 GWB ist.[19]

b) § 2 Abs. 1 Nr. 2 WRegG. Von § 2 Abs. 1 Nr. 2 WRegG erfasst sind Verstöße gegen §§ 8 Abs. 1 Nr. 2, 10 bis 11 Schwarzarbeitsbekämpfungsgesetz (SchwarzArbG), § 404 Abs. 1 und 2 Nr. 3 des Dritten Buches Sozialgesetzbuch (SGB III), §§ 15, 15a, 16 Abs. 1 Nr. 1, 1c, 1d, 1f und 2 Arbeitsnehmerüberlassungsgesetz (AÜG), § 21 Abs. 1, 2 Mindestlohngesetz (MiLoG) und § 23 Abs. 1, 2 Arbeitnehmer-Entsendungsgesetz (AEntG). Diese Verstöße begründen fakultative Ausschlussgründe nach § 124 Abs. 1 Nr. 1 iVm Abs. 2 GWB.[20] 24

Um Bagatellfällen auszuschließen, ist weitere Voraussetzung, dass wegen der Verfehlung auf Freiheitsstrafe von mehr als drei Monaten oder Geldstrafe von mehr als 90 Tagessätzen erkannt oder eine Geldbuße von wenigstens 2.500 EUR verhängt worden ist.[21] 25

Die für die Tatbestände von § 2 Abs. 1 Nr. 2 WRegG aufgeführten Schwellen (dreimonatigen Freiheitsstrafe oder Geldstrafe von mehr als 90 Tagessätze und der Geldbuße von 2.500 EUR) sind verhältnismäßig niedrig angesetzt.[22] In § 10 SchwarzArbG und §§ 15, 15a AÜG sind jeweils Freiheitsstrafen von bis zu drei Jahren oder Geldstrafe vorgesehen. Die Verstöße nach § 404 Abs. 1 und 2 Nr. 3 SGB III, § 21 Abs. 1 und 2 MiLoG sowie § 23 Abs. 1 und 2 AEntG können zum Teil mit einer Geldbuße bis zu 500.000 EUR und zum Teil mit einer Geldbuße bis zu 30.000 EUR geahndet werden. 26

c) § 2 Abs. 1 Nr. 3 WRegG. § 2 Abs. 1 Nr. 3 WRegG erfasst rechtskräftige Bußgeldentscheidungen, die nach § 30 OWiG, auch iVm § 130 OWiG, wegen Verfehlungen nach § 2 Abs. 1 Nr. 1 oder 2 WRegG gegen ein Unternehmen ergangen sind. 27

aa) Verbandsgeldbuße nach § 30 OWiG. § 30 OWiG kann nur von solchen Personen erfüllt werden, die als für die Leitung des Unternehmens Verantwortliche gehandelt haben, vgl. → Rn. 49–51. Nach § 9 OWiG gehören hierzu auch deren Vertretungspersonen. 28

Für die Einordnung der Ordnungswidrigkeit als zwingenden oder fakultativen Ausschlussgrund ist grundsätzlich nach dem Rechtsverstoß zu differenzieren, den die natürliche Person aus dem Täterkreis des § 30 Abs. 1 Nr. 1 bis 5 OWiG begangen hat. 29

Entscheidend für das Vorliegen eines zwingenden Ausschlussgrundes ist, ob der nach § 30 OWiG ergangenen Bußgeldentscheidung eine der in § 2 Abs. 1 Nr. 1 lit. a), c) und d) WRegG genannten Straftaten zugrunde liegt. Dass gegen das Unternehmen im Anschluss an eine strafrechtliche Verurteilung einer natürlichen Person wegen dieser Straftaten nur eine Bußgeldentscheidung erfolgt, steht der Begründung eines zwingenden Ausschlussgrundes nicht entgegen.[23] So stellt auch Art. 57 Abs. 1 der Richtlinie 2014/24/EU nicht allein auf eine strafgerichtliche Verurteilung, sondern auf eine Verurteilung aufgrund einer Straftat ab.[24] Dies entspricht § 123 Abs. 1 Alt. 2 GWB, wonach auch ein Unternehmen wegen einer rechtskräftigen Bußgeldentscheidung nach § 30 OWiG auszuschließen ist. 30

Rechtskräftige Bußgeldentscheidungen nach § 30 OWiG ergänzen die Ausschlussgründe. Dadurch sollen Korruption und Wirtschaftskriminalität effektiver bekämpft werden.[25] 31

---

[19] BeckOK VergabeR/*Prieß/Friton*, 12. Ed., 15.4.2017, GWB § 124 Rn. 46.
[20] BT-Drs. 18/12051, 26, 27.
[21] BT-Drs. 18/12051, 27.
[22] *Rieder/Dammann de Chapto* NZKart 2018, 8 (9).
[23] AA Beck VergabeR/*Opitz* GWB § 123 Rn. 29, 30: Nach § 30 OWiG werde kein Unternehmen „verurteilt". Die Verwaltungsbehörden setzen Geldbußen fest. Die Festsetzung einer Geldbuße stelle keine Verurteilung iSd Unionsrechts dar. Art. 57 der Richtlinie 2014/24/EU spräche anders als in Abs. 1 nur in Abs. 2 von der „endgültigen und verbindliche Gerichts- oder Verwaltungsentscheidung".
[24] BT-Drs. 18/6281, 102.
[25] HK-VergabeR/*Kaufmann* GWB § 123 Rn. 26.

Ein Auftraggeber kann ein Unternehmen wegen § 30 OWiG nämlich auch dann ausschließen, wenn die für das Unternehmen handelnde Person noch nicht rechtskräftig verurteilt worden ist, die Geldbuße nach § 30 OWiG aber nicht mehr angefochten werden kann.

32 Darüber hinaus kommt § 30 OWiG eigenständige Bedeutung zu, wenn nicht nur eine, sondern mehrere Leitungspersonen für die begangene Verfehlung in Betracht kommen. Unterbleibt eine strafrechtliche Verurteilung, weil nicht abschließend geklärt werden kann, wer den Verstoß begangen, kann dennoch eine Bußgeldentscheidung nach § 30 OWiG ergehen. Denn nach § 30 OWiG muss die handelnde Leitungsperson nicht konkret bestimmt werden können.[26] Es genügt vielmehr, dass überhaupt eine Leitungsperson die Verfehlung begangen hat.

33 Außerdem reduziert sich der Prüfungsaufwand der Registerbehörde für den Fall, dass sowohl eine Verurteilung der natürlichen Person also auch eine Bußgeldentscheidung gegen das Unternehmen nach § 30 OWiG wegen desselben Fehlverhaltens vorliegen. Dann muss die Registerbehörde die Zurechnung des Verstoßes der natürlichen Person zum Unternehmen nämlich nicht erneut prüfen. Bei der Eintragung des Verstoßes in das Wettbewerbsregister muss die Registerbehörde lediglich die tatsächlichen und rechtlichen Umstände der Entscheidung nach § 30 OWiG zugrunde legen.[27] Ist hingegen nur die Verurteilung der natürlichen Person erfolgt, muss die Registerbehörde noch eine Prüfung der Zurechnung nach § 2 Abs. 3 WRegG vornehmen.

34 **bb) Bußgeldentscheidung nach § 30 iVm § 130 OWiG.** Nach § 2 Abs. 1 Nr. 3 WRegG sind Bußgeldentscheidungen einzutragen, „die nach § 30 OWiG auch iVm 130 OWiG" ergangen sind. § 130 OWiG begründet eine bußgeldrechtliche Verantwortlichkeit des Inhabers von Betrieben oder Unternehmen für dessen eigene Aufsichtspflichtverletzungen.[28] Erforderliche Aufsichtsmaßnahmen sind nach § 130 Abs. 1 S. 2 OWiG unter anderem die Bestellung, sorgfältige Auswahl und Überwachung von Aufsichtspersonen.

35 Inhaber von Betrieben oder Unternehmen sind diejenigen, denen die Erfüllung der den Betrieb oder das Unternehmen treffenden Pflichten obliegt.[29] Auf die Eigentümerstellung und Kapitalbeteiligung kommt es nicht an.[30] Bei juristischen Personen sind die Inhaber die juristischen Personen selbst.[31] Das Gleiche gilt für Personenvereinigungen.[32] Sie handeln durch ihre Organe oder Vertreter (Geschäftsführer oder Vorstände), für die sich die Aufsichtspflichten über § 9 OWiG ableiten.[33]

36 Nach § 2 Abs. 1 Nr. 3 WRegG, § 30 iVm § 130 OWiG sind Verstöße gegen § 2 Abs. 1 Nr. 1 und 2 WRegG von denjenigen natürlichen Personen, die selbst nicht zur Leitung des Unternehmens berufen sind, einzutragen. Es kommt gerade nicht darauf an, dass der für den Verstoß unmittelbar verantwortliche Betriebsangehörige auch als Organ oder Vertreter gehandelt hat.[34] Denn andernfalls wäre dessen Verstoß bereits von § 30 OWiG erfasst. § 130 OWiG ist mit Blick auf § 30 OWiG ein Auffangtatbestand, der erst relevant wird, wenn die in § 30 OWiG genannten Normadressaten nicht bereits als Täter verantwortlich sind.[35]

37 Die Aufsichtspflichtverletzung ermöglicht für die in das Register einzutragenden Bußgeldentscheidung nach § 30 iVm § 130 OWiG einen „Durchgriff" auf das Unterneh-

---

26 BGH Beschl. v. 8.2.1994 – KRB 25/93, NStZ 94, 346; KK-OWiG/*Meyberg* § 30 Rn. 57; BeckOK VergabeR/*Friton* GWB § 123 Rn. 17.

27 BT-Drs. 18/12051, 29.

28 KK-OWiG/*Rogall* § 130 Rn. 1.

29 KK-OWiG/*Rogall* § 130 Rn. 25.

30 KK-OWiG/*Rogall* § 130 Rn. 25.

31 KK-OWiG/*Rogall* § 130 Rn. 25.

32 KK-OWiG/*Rogall* § 130 Rn. 25.

33 KK-OWiG/*Rogall* § 130 Rn. 25.

34 KK-OWiG/*Rogall* § 130 Rn. 5.

35 OLG Düsseldorf Beschl. v. 27.3.1985 – 5 Ss [OWi] 101/85-85/85 I, VRS Bd. 69, 234.

men.[36] Der Rechtsverstoß eines untergeordneten Mitarbeiters, also einer Nichtleitungsperson, wird dem aufsichtspflichtigen Unternehmensinhaber nach § 130 OWiG zugerechnet, sofern dieser seine Aufsichtspflicht verletzt hat.[37] Die Aufsichtspflichtverletzung des Unternehmensinhabers ist eine Anknüpfungstat des § 30 OWiG.[38] Denn der Verstoß gegen die Aufsichtspflicht nach § 130 OWiG ist eine betriebsbezogene Ordnungswidrigkeit iSd § 30 Abs. 1 Alt. 1 OWiG.[39] Da der Unternehmensinhaber zu den Normadressaten des § 30 OWiG gehört, ist das Unternehmen bußgeldrechtlich für die Aufsichtspflichtverletzung und damit auch für die unterhalb der Leitungsebene begangene Zuwiderhandlung verantwortlich.[40]

Anders als nach bisherigem Recht[41] ist jedoch eine Zurechnung der Tatbestände aus § 123 Abs. 1 und 4 GWB aufgrund von Aufsichtsverschulden gemäß § 130 OWiG nicht mehr vorgesehen.[42] Die Begründung eines zwingenden Ausschlussgrundes setzt nach § 123 Abs. 3 GWB die Verwirklichung einer Katalogstraftat durch eine Leitungsperson voraus, damit der Rechtsverstoß dem Unternehmen zugerechnet werden kann.[43] 38

Da dies bei den einzutragenden Bußgeldentscheidung nach § 30 iVm § 130 OWiG nicht der Fall ist, dürfen Auftraggeber diese Entscheidungen nicht wie zwingende Ausschlussgründe nach § 123 Abs. 1 GWB behandeln.[44] Denn nach § 6 Abs. 5 S. 1 WRegG müssen sie über den Ausschluss eines Unternehmens nach Maßgabe der vergaberechtlichen Vorschriften entscheiden. 39

d) § 2 Abs. 2 WRegG. Nach § 2 Abs. 2 WRegG werden außerdem Bußgeldentscheidungen in das Wettbewerbsregister eingetragen, die wegen bestimmter kartellrechtlicher Ordnungswidrigkeiten iSd § 81 Abs. 1 Nr. 1 und Abs. 2 Nr. 1 iVm § 1 GWB ergangen sind. Davon ausgenommen sind nach § 2 Abs. 2 S. 2 WRegG Bußgeldentscheidungen, die nach § 81 Abs. 3 lit. a) bis c) GWB ergangen sind.[45] 40

Die Eintragung erfolgt nur, wenn eine Geldbuße von wenigstens 50.000 EUR festgesetzt worden ist. Hiervon erfasst sind Entscheidungen gegen natürliche Personen und Entscheidungen gegen Unternehmen nach § 30, § 130 OWiG. 41

Die Besonderheit gegenüber den übrigen Tatbeständen des § 2 Abs. 1 WRegG besteht darin, dass die Rechts- und Bestandskraft der Bußgeldentscheidung keine Voraussetzungen für eine Eintragung in das Wettbewerbsregister sind. Daher kann die Bußgeldentscheidung bereits nach ihrem Erlass und, sofern Rechtsmittel eingelegt werden, vor der abschließenden gerichtlichen Entscheidung zum Ausschluss aus dem Vergabeverfahren führen. 42

Die geringeren Voraussetzungen für die Eintragung kartellrechtlicher Bußgeldentscheidungen ergeben sich aus dem GWB: Hat ein Bieter eine der in § 2 Abs. 2 WRegG genannten Ordnungswidrigkeiten begangen, erfüllt dies nämlich den fakultativen Ausschluss- 43

[36] KK-OWiG/*Rogall* § 30 Rn. 92, § 130 Rn. 6.
[37] KK-OWiG/*Rogall* § 130 Rn. 14; BeckOK/*Beck* OWiG § 130 Rn. 8.
[38] KK-OWiG/*Rogall* § 30 Rn. 92.
[39] KK-OWiG/*Rogall* § 30 Rn. 92, § 130 Rn. 6.
[40] KK-OWiG/*Meyberg* § 30 Rn. 12; KK-OWiG/*Rogall* § 30 Rn. 92, § 130 Rn. 6.
[41] § 6 Abs. 4 S. 3 VOL/A-EG, § 6 Abs. 4 S. 3 VOB/A-EG.
[42] HK-VergabeR/*Kaufmann* GWB § 123 Rn. 47; BeckOK VergabeR/*Friton* GWB § 123 Rn. 31.
[43] BeckOK VergabeR/*Friton* GWB § 123 Rn. 31.
[44] KKPP/*Hausmann/v. Hoff* GWB § 123 Rn. 37.
[45] § 2 Abs. 2 S. 2 WRegG wurde im Gesetzgebungsverfahren nachträglich eingefügt, vgl. BT- Drs. 18/12583, 4, 9. In § 81 Abs. 3 lit. a bis c GWB wurde durch die 9. GWB-Novelle aufgrund des im Kartellrecht geltenden Unternehmensbegriffs eine gesamtschuldnerische Einstandspflicht eingeführt. Entscheidungen, die gemäß § 81 Abs. 3 lit. a bis c GWB gegen Konzernobergesellschaften, Rechtsnachfolger von Konzernobergesellschaften oder wirtschaftlicher Nachfolger derjenigen Konzerngesellschaft, die den Kartellrechtsverstoß unmittelbar begangen hat, gerichtet sind, sollen nicht in das Wettbewerbsregister eingetragen werden. Vielmehr sollen neben zurechenbaren Entscheidungen gegen natürliche Personen nur solche Entscheidungen gegen Unternehmen eingetragen werden, die nach § 30 oder § 130 des Gesetzes gegen Ordnungswidrigkeiten ergangen sind.

grund nach § 124 Abs. 1 Nr. 4 GWB.[46] Für dessen Vorliegen genügen – entsprechend den EU-rechtlichen Vorgaben – ausnahmsweise bereits *„hinreichende Anhaltspunkte"* für eine Wettbewerbsbeschränkung und damit auch für das Vorliegen des fakultativen Ausschlussgrundes.[47] Sobald die Kartellbehörde eine Bußgeldentscheidung erlassen hat, sind hinreichende Anhaltspunkte für das Vorliegen des fakultativen Ausschlussgrundes gegeben.[48]

44 Im Ergebnis wird die Schwelle zum Ausschluss bei weniger schwerwiegenden Gesetzesverstößen noch zusätzlich herabgesenkt, indem die Nachweisanforderungen an das Vorliegen eines solchen Verstoßes verringert werden.[49]

45 Als Ausgleich dafür, dass die Bußgeldentscheidung noch nicht rechtskräftig zu sein braucht, legt § 2 Abs. 2 WRegG für die Geldbuße eine relativ hohe Wertgrenze von 50.000 EUR fest.[50] Diese soll auch dazu beitragen, dass Bagatellfälle ausgeschlossen werden.

46 Stellt sich jedoch im gerichtlichen Verfahren die Rechtswidrigkeit der erlassenen Bußgeldentscheidung heraus, wurde das betroffene Unternehmen unter vergaberechtlichen Gesichtspunkten härter sanktioniert als bei einem zurechenbaren rechtskräftigen Strafurteil.[51] Denn im Falle einer strafgerichtlichen Verurteilung darf ein Ausschluss erst ab der Rechtskraft erfolgen. Sofern hiergegen Rechtsmittel eingelegt werden, kann der Auftraggeber das Unternehmen erst wesentlich später von einem Vergabeverfahren ausschließen als im Fall der Bußgeldentscheidung nach § 81 Abs. 1 Nr. 1 oder Abs. 2 Nr. 1 iVm § 1 GWB.

3. Nicht einzutragende Tatbestände

47 Das WRegG baut zwar auf der Zielsetzung der §§ 123, 124 GWB auf. Jedoch werden nicht sämtliche der in § 124 GWB aufgezählten Tatbestände in das Wettbewerbsregister eingetragen. Während die in § 123 Abs. 1 und Abs. 4 S. 1 Nr. 1 GWB genannten Tatbestände fast vollständig von § 2 Abs. 1 Nr. 1 lit. a), c) und d) WRegG erfasst werden, unterfallen die mitunter sehr praxisrelevanten Tatbestände des § 124 Abs. 1 Nr. 2, 5, 6, 7,[52] 8 und 9 GWB nicht der Registereintragung.

4. Zurechnung von Rechtsverstößen

48 § 2 Abs. 3 S. 1 WRegG bestimmt, dass Entscheidungen nach § 2 Abs. 1 Nr. 1 und 2 und Abs. 2 WRegG nur dann eintragungsfähig sind, wenn das Verhalten der natürlichen Person einem Unternehmen zuzurechnen ist. Ein Unternehmen ist nach § 2 Abs. 4 WRegG jede natürliche oder juristische Person oder eine Gruppe solcher Personen, die auf dem Markt die Lieferung von Waren oder die Erbringung von Leistungen anbietet. Keine Unternehmen in diesem Sinne sind rechtlich unselbstständige Unternehmensteile. Verstöße, die bloß einem unselbstständigen Unternehmensteil zugerechnet werden können, werden

[46] BT-Drs. 18/12051, 27.

[47] Art. 57 Abs. 4 lit. d) RL 2014/24/EU: „[…] der öffentliche Auftraggeber verfügt über hinreichend plausible Anhaltspunkte dafür, dass der Wirtschaftsteilnehmer mit anderen Wirtschaftsteilnehmern Vereinbarungen getroffen hat, die auf eine Verzerrung des Wettbewerbs abzielen"; Vgl. auch OLG Düsseldorf Beschl. v. 17.1.2018 – VII-Verg 39/17.

[48] Beck VergabeR/*Opitz* GWB § 124 Rn. 53.

[49] *Haus/Erne* NZG 2017, 1167 (1168).

[50] Die Wertgrenze von 50.000 EUR war im Gesetzgebungsverfahren sehr umstritten. Der Bundesrat forderte in seiner Stellungnahme eine Herabsetzung der Wertgrenze auf 5.000 EUR. Andernfalls würden ca. 90 bis 95% der Bußgeldentscheidungen der Kartellbehörden nicht erfasst. Für einen Ausschluss von Bagatellfällen wäre die Wertgrenze von 50.000 EUR zu weitgehend und daher nicht zweckdienlich. Die Bußgeldentscheidungen der Kartellbehörden der Länder gäben maßgebliche Hinweise darauf, welche Unternehmen Wettbewerbsverstöße begangen haben, vgl. BR-Drs. 263/17 (B), 2.

[51] *Rieder/Dammann de Chapto* NZKart 2018, 8 (9).

[52] Vgl. zu § 124 Abs. 1 Nr. 7 GWB *Soudry* Vergabeblog Nr. 40143 (www.vergabeblog.de).

nicht in das Register eingetragen.[53] Zweck der Zurechnung ist nämlich, juristische Personen, die nur durch ihre Organe handeln können, mit natürlichen Personen gleichzustellen.

Die Zurechnungsnorm des § 2 Abs. 3 WRegG orientiert sich an § 123 Abs. 3 GWB, welcher wiederum bewusst an den Oberbegriff des Personenkreises des § 30 Abs. 1 Nr. 5 OWiG angelehnt ist.[54] Demnach wird das Verhalten einer natürlichen Person dem Unternehmen zugerechnet, wenn die natürliche Person als für die Leitung des Unternehmens Verantwortliche gehandelt hat. Das ist nach § 2 Abs. 3 S. 2 WRegG insbesondere dann der Fall, wenn sie die Geschäftsführung überwacht oder anderweitig Kontrollbefugnisse in leitender Stellung ausübt. 49

Die in § 30 Abs. 1 Nr. 1 bis 4 OWiG aufgeführten Personen konkretisieren den Personenkreis der für die Leitung des Unternehmens verantwortlich Handelnden nach § 30 Abs. 1 Nr. 5 OWiG.[55] Daher kann auch unmittelbar auf die in § 30 Abs. 1 Nr. 1 bis 4 OWiG genannten Personen abgestellt werden. Als für die Leitung verantwortlich Handelnde gelten danach insbesondere Geschäftsführer, Prokuristen und Aufsichtsorgane.[56] 50

Darunter fallen auch faktisch verantwortlich Handelnde.[57] Eine wirksame Bestellung als zur Leitung Verantwortlichen ist nicht erforderlich.[58] Dies lässt sich dem Wortlaut des § 30 Abs. 1 Nr. 5 OWiG entnehmen, der lediglich an das „verantwortliche" Handeln des Täters anknüpft.[59] Zudem spricht § 30 Abs. 1 Nr. 5 OWiG von „sonstigen" Personen. 51

§ 2 Abs. 3 WRegG stellt klar, dass Entscheidungen nach § 2 Abs. 1 Nr. 1 und 2 und Abs. 2 WRegG nur in das Register einzutragen sind, wenn die Person, die die Aufsicht oder Leitung ausübt, selbst den jeweiligen Tatbestand erfüllt hat.[60] Bloßes Aufsichtsverschulden einer für das Unternehmen verantwortlich handelnde Person begründet insoweit keine Zurechnung des Verstoßes einer Nichtleitungsperson zum Unternehmen. Auf den Zurechnungsmaßstab des § 130 OWiG wegen der Verletzung von Aufsichtspflichten kann nicht abgestellt werden.[61] § 2 Abs. 3 WRegG nimmt nämlich gerade nicht Bezug auf § 2 Abs. 1 Nr. 3 WRegG, wonach auch Entscheidungen, die nach § 30 iVm § 130 OWiG ergangen sind, eingetragen werden sollen. 52

Rechtsverstöße von Mitgliedern der Gesellschafterversammlung einer GmbH werden dem Unternehmen grundsätzlich zugerechnet. Denn die Gesellschafterversammlung ist das zentrale Willensbildungsorgan und in dieser Stellung dem Geschäftsführer übergeordnet. Ausnahmsweise kann eine Zurechnung ausgeschlossen sein, wenn der einzelne GmbH-Gesellschafter keine Einflussmöglichkeiten auf das operative Geschäft und die Geschäftsführung des Unternehmens hat. Dies gilt für Minderheitsgesellschafter, soweit in der GmbH ein Mehrheitsgesellschafter vorhanden und die Minderheitsbeteiligung nicht mit Sonderrechten verbunden ist.[62] 53

---

[53] BT-Drs. 18/12051, 27.

[54] Beck VergabeR/*Opitz* GWB § 123 Rn. 38; § 30 Abs. 1 Nr. 5 OWiG: „als sonstige Person, die für die Leitung des Betriebs oder Unternehmens einer juristischen Person oder einer in Nummer 2 oder 3 genannten Personenvereinigung verantwortlich handelt, wozu auch die Überwachung der Geschäftsführung oder die sonstige Ausübung von Kontrollbefugnissen in leitender Stellung gehört,".

[55] BT-Drs. 18/6281, 103.

[56] BT-Drs. 18/6281, 103; *Fülling/Freiberg* NZBau 2018, 259 (261).

[57] Faktisch verantwortlich Handelnde sind Personen, die formal nicht zur Übernahme von Geschäften der Unternehmensleitung bestellt sind, aber in maßgeblichem Umfang Leitungsfunktionen übernehmen.

[58] Unklar ist, ob ein derartiges Verständnis mit dem Unionsrecht übereinstimmt. Denn der Wortlaut von Art. 57 Abs. 1 UAbs. 2 RL 2014/24/EU stellt formal auf die Mitgliedschaft in einem bestimmten Gremium oder auf bestimmte Befugnisse der in Rede stehenden Person ab; Vgl. BeckOK VergabeR/*Prieß/Friton*, 12. Ed., 15.4.2017, GWB § 123 Rn. 30.1.

[59] HK-VergabeR/*Kaufmann* GWB § 123 Rn. 52; Dies ist insbes. im Zusammenhang mit dem wortgleichen § 30 Abs. 1 OWiG umstritten, vgl. BeckOK/*Meyberg* OWiG § 30 Rn. 49; *Többens* NStZ 1999, 1 (6); Krenberger/Krumm/*Bohnert/Krenberger/Krumm* OWiG § 30 Rn. 19; KK-OWiG/*Rogall* § 30 Rn. 86.

[60] BT-Drs. 18/12051, 27.

[61] Beck VergabeR/*Opitz* GWB § 123 Rn. 42; KKPP/*Hausmann/v. Hoff* GWB § 123 Rn. 31.

[62] Beck VergabeR/*Opitz* GWB § 123 Rn. 43.

54 Rechtsverstöße von Gesellschaftern einer Aktiengesellschaft werden dem Unternehmen hingegen nicht zugerechnet.[63] Denn nach § 76 Abs. 1 AktG leitet der Vorstand die Gesellschaft „unter eigener Verantwortung".[64]

55 Bei verbundenen Unternehmen iSd § 15 AktG erfolgt eine Zurechnung von Rechtsverstößen des einen Unternehmens zum anderen nur in Fällen der Personenidentität. Diese liegt vor, wenn eine Person, der ein Fehlverhalten vorzuwerfen ist, für mehrere Unternehmen eines Konzernverbunds als Verantwortlicher handelt.[65] Begeht hingegen bei einem rechtlich selbständigen Konzernteil (zum Beispiel bei einem Tochterunternehmen) der Geschäftsführer oder Prokurist einen Rechtsverstoß als ein für diesen Konzernteil Handelnder, ist der Rechtsverstoß auch nur diesem Konzernteil zurechenbar.[66] Dies entspricht dem konzernrechtlichen Trennungsprinzip, wonach Mutter- und Tochterunternehmen eigenständige, voneinander unabhängige Rechtsträger sind.[67] Eine Eintragung eines Konzerns in seiner Gesamtheit ist im Wettbewerbsregister demnach nicht vorgesehen. Eine Zurechnung erfolgt stets nur im Hinblick auf eine konkrete natürliche oder juristische Person.[68]

56 Im Übrigen kann ein Verhalten einer natürlichen Person nur dann zugerechnet und eingetragen werden, wenn es einen Bezug zur wirtschaftlichen Tätigkeit des Unternehmens aufweist.[69] Handlungen rein privaten Charakters sind mit Blick auf den Verhältnismäßigkeitsgrundsatz grundsätzlich nicht zurechenbar.[70]

57 In zeitlicher Hinsicht kann ein Rechtsverstoß einer natürlichen Person mit Leitungsfunktion nur dann dem Unternehmen zugerechnet werden, wenn die natürliche Person auch während des Vergabeverfahrens noch zum relevanten Personenkreis zählt.[71] Der Zurechnungszusammenhang wird nämlich unterbrochen, wenn sie dem Unternehmen zum Zeitpunkt der Teilnahme am Vergabeverfahren nicht mehr angehört.[72]

58 Anknüpfungspunkt der Zurechnung ist die Leitungsfunktion, im Rahmen derer die natürliche Person einen Rechtsverstoß begangen hat. Falls die natürliche Person in ein anderes Unternehmen wechselt, haftet ihr der Rechtsverstoß in Bezug auf das neue Unternehmen gewissermaßen an. Der Rechtsverstoß der natürlichen Person wird dann dem neuen Unternehmen zugerechnet. Deshalb kann sich eine verurteile Person nicht in ein anderes Unternehmen „flüchten", um die negativen vergaberechtlichen Konsequenzen ihres Verstoßes zu umgehen.[73] Die Zurechnung des Verstoßes der natürlichen Person zum neuen Unternehmen erfolgt aber nur, sofern sie auch im neuen Unternehmen als für die Leitung Verantwortliche handelt. Denn ein Verstoß einer Person kann nur dann Grundlage eines Ausschlusses eines Unternehmens vom Vergabeverfahren sein, wenn die als unzuverlässig erscheinende Person überhaupt noch entscheidenden Einfluss auf das Unternehmen hat.[74] Schließlich liegt der Zweck der Eintragung von Ausschlussgründen in das Register darin,

[63] Beck VergabeR/*Opitz* GWB § 123 Rn. 43.
[64] Beck VergabeR/*Opitz* GWB § 123 Rn. 43.
[65] Vgl. VK Bund Beschl. v. 12.6.2015 – VK 2-31/15, IBRRS 2015, 2506; OLG Düsseldorf Beschl. v. 25.7. 2012 – VII-Verg 27/12, ZfBR 2013, 310; VK Lüneburg Beschl. v. 24.3.2011 – VgK-4/2011, NZBau 2011, 574; BT-Drs. 18/12051, 28; Beck VergabeR/*Opitz* GWB § 123 Rn. 45.
[66] BT-Drs. 18/12051, 27 f.
[67] *Dreher/Hoffmann* NZBau 2014, 67 (68); Hüffer/Koch/*Koch* AktG § 15 Rn. 20.
[68] BT-Drs. 18/12051, 27.
[69] BT-Drs. 18/6281, 103.
[70] BT-Drs. 18/6281, 103; BeckOK VergabeR/*Prieß/Friton*, 12. Ed., 15.4.2017, GWB § 123 Rn. 32.1; aA Beck VergabeR/*Opitz* GWB § 123 Rn. 40: Die nicht nur berufliche, sondern auch rein private Verfehlung (zB durch Mitgliedschaft in einer kriminellen Vereinigung) rechtfertigt einen Ausschluss des Unternehmens nur, solange und soweit die Person, die sich als unzuverlässig erwiesen hat, Leitungsfunktionen im Unternehmen ausübt.
[71] HK-VergabeR/*Kaufmann* GWB § 123 Rn. 53.
[72] Beck VergabeR/*Opitz* GWB § 123 Rn. 40.
[73] Steinicke/Vesterdorf/*Hamer* EU Public Procurement Law Art. 57 Derective 2014/24/EU Rn. 35.
[74] HK-VergabeR/*Kaufmann* GWB § 123 Rn. 53.

sicherzustellen, dass das am Vergabeverfahren teilnehmende Unternehmen zuverlässig ist und die wettbewerbsrelevanten Vorschriften beachtet.

Dies entspricht auch der Formulierung in Art. 57 Abs. 1 UAbs. 2 RL 2014/24/EU. Da- 59
nach ist ein Unternehmen auszuschließen, wenn die „rechtskräftig verurteilte Person" Mitglied eines bestimmten Gremiums „ist" oder bestimmte Befugnisse „hat", die sie als verantwortliche Leitungsperson ausweisen.

Im Unterschied zu Art. 57 Abs. 1 UAbs. 2 RL 2014/24/EU ist nach § 2 Abs. 3 S. 2 60
WRegG, § 123 Abs. 3 GWB und § 30 Abs. 1 Nr. 5 OWiG ein Verhalten einer natürlichen Person einem Unternehmen dann zuzurechnen, „wenn die natürliche Person als für die Leitung des Unternehmens Verantwortliche gehandelt hat".[75] Die Formulierungen „des Unternehmens" statt „eines Unternehmens" sowie „gehandelt hat" stellen für die Zurechnung des Rechtsverstoßes auf dasjenige Unternehmen ab, dem die verantwortliche Person zum Tatzeitpunkt angehört hat. Daraus wäre zu folgern, dass der Rechtsverstoß auch nur diesem Unternehmen zuzurechnen ist. Diese Zurechnung bliebe unabhängig davon bestehen, ob die verantwortliche Person das Unternehmen verlässt.

Inwieweit mit den § 2 Abs. 3 S. 2 WRegG, § 123 Abs. 3 GWB eine Abweichung von 61
der Richtlinienvorgabe hinsichtlich der Zurechnung beabsichtigt war, ist unklar. In jedem Fall sind die nationalen Bestimmungen richtlinienkonform auszulegen.[76] Art. 57 Abs. 1 UAbs. 2 RL 2014/24/EU regelt zwar nur die Zurechnung für Tatbestände, die zwingende Ausschlussgründe sind. Jedoch ist diese Zurechnungsregelung einheitlich auf alle Tatbestände anzuwenden.

Wenn eine juristische Person oder Personenvereinigung mit Unternehmenseigenschaft 62
durch nachträgliche Maßnahmen ihre rechtliche Existenz verliert, erfolgt nach § 2 Abs. 4 S. 2 WRegG dennoch eine Eintragung in das Register. Grund dafür ist, dass die Ausschlussgründe auch für Rechtsnachfolger, für neu formierte Unternehmen und für die Gesellschaft in Liquidation wirken.[77] Auftraggeber können sich dadurch über Einträge von Vorgängerunternehmen informieren und Nachfolgeunternehmen ggf. von Vergabeverfahren ausschließen.[78]

III. Eintragungsverfahren

1. Mitteilungspflicht nach § 4 Abs. 1 WRegG

Die zur Verfolgung von Straftaten oder Ordnungswidrigkeiten berufenen Behörden sind 63
nach § 4 Abs. 1 WRegG verpflichtet, bei Vorliegen der Eintragungsvoraussetzungen die zur Eintragung erforderlichen Daten an die Registerbehörde mitzuteilen.

Zu diesen Daten iSd § 3 Abs. 1 WRegG zählen vor allem die zur Registereintragung 64
führende Straftat oder Ordnungswidrigkeit, das betroffene Unternehmen sowie die Umstände, welche die Zurechnung des Fehlverhaltens zu einem Unternehmen gemäß § 2 Abs. 3 S. 2 WRegG begründen.

Die Mitteilungspflicht entsteht nach § 4 Abs. 1 S. 1 WRegG ab dem Eintritt der 65
Rechtskraft der Verurteilung, des Strafbefehls oder der Bußgeldentscheidung bzw. im Falle des § 2 Abs. 2 WRegG ab Erlass der Bußgeldentscheidung. Mitteilungspflichtig ist diejenige Behörde, die die Anklage erhoben, den Strafbefehl beantragt oder die Bußgeldentscheidung erlassen hat.[79] Hierzu gehören neben den Staatsanwaltschaften auch die Bußgeld- und Strafsachenstellen (BuStra) der Finanzämter sowie Behörden der Zollverwaltung.[80]

---

[75] Beck VergabeR/*Opitz* GWB § 123 Rn. 40.
[76] Beck VergabeR/*Opitz* GWB § 123 Rn. 40.
[77] BT-Drs. 18/12051, 28.
[78] BT-Drs. 18/12051, 28.
[79] BT-Drs. 18/12051, 29.
[80] BT-Drs. 18/12051, 29, § 136 Abs. 1 Nr. 6 AStBV (St), § 14 MiLoG, § 16 AEntG, § 2 SchwarzArbG, § 405 Abs. 1. Nr. 1 SGB III, § 16 Abs. 3 AÜG.

66 Die Weitergabe personenbezogener Daten aus Straf- und Ordnungswidrigkeitenverfahren ist nach § 480 StPO und § 49a OWiG aufgrund besonderer gesetzlicher Bestimmungen zulässig.[81]

67 Nach § 4 Abs. 1 S. 2 WRegG steht das Steuergeheimnis nach § 30 AO der Mitteilung von Entscheidungen nach § 2 Abs. 1 Nr. 1 lit. d) (Steuerhinterziehung nach § 370 AO) sowie iVm § 2 Abs. 1 Nr. 3 (Bußgeldentscheidungen nach §§ 30, 130 OWiG wegen einer Steuerhinterziehung) nicht entgegen. Insoweit wurde durch § 4 Abs. 1 S. 2 WRegG eine Offenbarungsbefugnis der zuständigen Stellen geschaffen.

2. Formale Prüfung der übermittelten Daten nach § 4 Abs. 2 WRegG

68 Die Registerbehörde hat vor der Eintragung des Unternehmens die übermittelten Daten nach § 4 Abs. 2 S. 1 WRegG auf offensichtliche Fehlerhaftigkeit hin zu überprüfen. Gemeint sind Schreibfehler, Verwechslungen sowie inhaltliche Fehler.[82] Wurden die übermittelten Daten eingetragen, obwohl sie offensichtlich fehlerhaft sind, muss die Registerbehörde diese nach § 4 Abs. 2 S. 2 WRegG unverzüglich von Amts wegen berichtigen oder aus dem Register löschen.[83] Dies gilt unabhängig davon, ob die Registerbehörde selbstständig oder durch einen Hinweis oder Antrag des betroffenen Unternehmens Kenntnis von dem Fehler erlangt.[84]

3. Unterrichtungspflicht der mitteilungspflichtigen Behörden nach § 4 Abs. 3 WRegG

69 Die Mitteilungspflicht des § 4 Abs. 1 WRegG wird durch eine Unterrichtungspflicht ergänzt: Nach § 4 Abs. 3 WRegG sind die mitteilungspflichtigen Behörden verpflichtet, zu melden, wenn ihnen Fehler oder der Eintragung entgegenstehende Umstände bekannt werden. Hierzu gehört auch der Fall, dass eine noch nicht rechtskräftige Bußgeldentscheidung nach § 2 Abs. 2 WRegG aufgehoben wird.[85]

4. Unterrichtung und Anhörung des Betroffenen § 5 Abs. 1 WRegG

70 Die Registerbehörde hat das betroffene Unternehmen vor der Eintragung in das Register nach § 5 Abs. 1 S. 1 WRegG über den Inhalt der geplanten Eintragung in Textform zu unterrichten. Zugleich gibt sie dem Unternehmen Gelegenheit, innerhalb von zwei Wochen nach Zugang der Information zu den Vorwürfen Stellung zu nehmen. Nach § 5 Abs. 1 S. 3 WRegG kann die Registerbehörde die zweiwöchige Frist zur Stellungnahme nach pflichtgemäßem Ermessen verlängern. Voraussetzung hierfür ist, dass das Unternehmen schlüssig darlegt, dass die Eintragungsvoraussetzungen nicht vorliegen.[86]

71 Der Textform entspricht gemäß § 126b BGB jede lesbare Erklärung auf einem dauerhaften Datenträger, in der die Person des Erklärenden genannt ist und erkennbar ist, dass die Erklärung abgegeben worden ist.[87] Eine E-Mail oder ein Telefax erfüllen diese Anforderungen.[88] Eine handschriftliche Unterschrift ist nicht erforderlich.[89]

72 Mit der Unterrichtung des betroffenen Unternehmens vor der Eintragung wird dessen Grundrecht auf informationelle Selbstbestimmung gewahrt.[90] Zudem ist die Information

[81] BT-Drs. 18/12051, 28.
[82] BT-Drs. 18/12051, 29.
[83] BT-Drs. 18/12051, 29.
[84] BT-Drs. 18/12051, 29.
[85] BT-Drs. 18/12051, 29.
[86] BT-Drs. 18/12051, 29.
[87] BT-Drs. 14/4987, 19.
[88] BGH Urt. v. 15.5.2014 – III ZR 368/13, NJW 2014, 2857; OLG München Beschl. v. 18.9.2014 – 15 U 3046/14 Rae, BeckRS 2014, 18401.
[89] BGH Urt. v. 3.11.2011 – IX ZR 47/11, WM 2012, 760.
[90] BT-Drs. 18/12051, 29.

erforderlich, damit das Unternehmen seine Rechtsschutzmöglichkeiten effektiv wahrnehmen kann.[91] Dadurch wird auch dessen Anspruch auf ein rechtsstaatlich faires Verfahren gesichert.[92]

5. Kooperationsverhältnis zwischen mitteilungspflichtigen Behörden und Registerbehörde

Mit dem Verweis des § 5 Abs. 1 S. 4 WRegG auf § 8 Abs. 3 WRegG wird klargestellt, 73 dass die Registerbehörde bei den mitteilungspflichtigen Behörden um Informationen ersuchen darf. Die Strafverfolgungsbehörde oder zur Verfolgung von Ordnungswidrigkeiten berufene Behörde hat der Registerbehörde auf Verlangen diejenigen Informationen zu übermitteln, die zur Bewertung des Vorliegens der Eintragungsvoraussetzungen erforderlich sein können.

Diese Regelung soll unter anderem sicherstellen, dass die Registerbehörde Einsicht in 74 die Entscheidung der mitteilungspflichtigen Behörden nehmen kann, wenn diese nur gegen einen Mitarbeiter eines Unternehmens gerichtet ist und daher dem betroffenen Unternehmen selbst nicht vorliegt.[93]

IV. Inhalt der Eintragung

Welche Daten von den mitteilungspflichtigen Behörden an die Registerbehörde zu über- 75 mitteln und von dieser in das Register einzutragen sind, regelt § 3 Abs. 1 WRegG abschließend.[94] Hierzu zählen neben dem betroffenen Unternehmen (Nr. 4) und der betroffenen natürlichen Person (Nr. 5) die Bezeichnung der mitteilenden Stelle (Nr. 1), das Datum der Rechtskraft der einzutragenden Entscheidung (Nr. 2) und das zugehörige Aktenzeichen (Nr. 3) sowie die zur Registereintragung führende Straftat oder Ordnungswidrigkeit einschließlich der verhängten Sanktion (Nr. 6).

Inhalt und Umfang der Daten werden im Einzelnen in der Rechtsverordnung nach 76 § 10 WRegG geregelt.

Die Umstände, die die Zurechnung des Fehlverhaltens einer natürlichen Person zu ei- 77 nem Unternehmen begründen (§ 3 Nr. 5 lit. d) WRegG), umfassen Informationen, aus denen sich ergibt, dass diese Person als für die Leitung des Unternehmens Verantwortliche iSd § 2 Abs. 3 S. 2 gehandelt hat. Sie betreffen Funktion, Position und Eigenschaft des handelnden Betroffenen.[95]

§ 3 Abs. 1 WRegG ermächtigt im Übrigen die Registerbehörde, die übermittelten Da- 78 ten zu speichern.[96]

Nach § 3 Abs. 2 WRegG werden auch Daten in das Register eingetragen, die ein be- 79 reits eingetragenes Unternehmen der Registerbehörde darlegt, um ergriffene Maßnahmen zur Selbstreinigung nachzuweisen. Hierzu wird den eingetragenen Unternehmen ein Standardformular zur Verfügung gestellt.[97] Mit dessen Hilfe können sie Daten über durchgeführte Selbstreinigungsmaßnahmen an die Registerbehörde übermitteln. Ob die Informationen zur Selbstreinigung zutreffend sind und ob sie den gesetzlichen Anforderungen genügen, wird vor der Eintragung keiner Prüfung unterzogen.[98] Die Registerbehörde prüft die Selbstreinigung vielmehr erst auf Antrag des Unternehmens in Rahmen des Verfahrens nach § 8 WRegG. Die ungeprüfte Eintragung der Daten des betroffenen Unter-

[91] BT-Drs. 18/12051, 29.
[92] BT-Drs. 18/12051, 29.
[93] BT-Drs. 18/12583, 10.
[94] BT-Drs. 18/12051, 28.
[95] BT-Drs. 18/12051, 28.
[96] BT-Drs. 18/12051, 28.
[97] BT-Drs. 18/12051, 28.
[98] BT-Drs. 18/12051, 28.

nehmens soll Auftraggeber lediglich darauf hinweisen, dass das Unternehmen nach dessen eigenen Angaben eine Selbstreinigung durchgeführt hat.[99]

V. Registereinsicht

80 Einsicht in das Register dürfen nur öffentliche Auftraggeber hinsichtlich konkreter Vergabeverfahren sowie Unternehmen und natürliche Personen über den sie betreffenden Inhalt des Wettbewerbsregisters nehmen. Zudem erhalten amtliche Verzeichnisse mit Zustimmung der betreffenden Unternehmen Auskunft über den das Unternehmen betreffenden Inhalt des Registers. Die Öffentlichkeit hingegen hat grundsätzlich keine Möglichkeit, das Register einzusehen. Eine „Prangerwirkung" hat ein Eintrag im Wettbewerbsregister damit ganz bewusst nicht. Darüber hinaus sind die gespeicherten Daten und die Verfahrensakten der Registerbehörde nach § 3 Abs. 3 WRegG vertraulich.

1. Auftraggeber

81 § 6 Abs. 3 WRegG regelt die Befugnis der Registerbehörde zur Datenübermittlung an die in § 6 Abs. 1 und 2 WRegG näher bestimmten öffentlichen Auftraggeber, Sektorenauftraggeber und Konzessionsgeber in konkreten Vergabeverfahren. Im Falle einer Eintragung des in der Abfrage benannten Unternehmens übermittelt die Registerbehörde die im Register gespeicherten Daten an den Auftraggeber. Sollte keine Eintragung vorhanden sein, teilt die Registerbehörde dies dem Auftraggeber nach § 6 Abs. 3 S. 2 WRegG mit.

82 Kenntnis von den Auskünften aus dem Register dürfen nach § 6 Abs. 4 WRegG nur diejenigen Personen erhalten, die mit der Entgegennahme der Auskunft oder mit der Bearbeitung des Vergabeverfahrens betraut sind.

83 Der Auftraggeber ist nach § 6 Abs. 7 WRegG außerdem dazu verpflichtet, die übermittelten Daten ausschließlich für Vergabeentscheidungen zu nutzen und sie nach Ablauf der rechtlich vorgesehenen Aufbewahrungsfrist zu löschen.

84 **a) Aufbewahrungsfrist für übermittelte Daten.** Für die Dauer der Aufbewahrung ist der Grundsatz der Zweckbindung zu beachten. Danach ist das Speichern, Verändern oder Nutzen personenbezogener Daten nur insoweit zulässig, wie es zur Erfüllung von Aufgaben des Auftraggebers erforderlich ist.[100] Die Berechtigung zur Speicherung der personenbezogenen Daten entfällt, wenn die Aufgaben erfüllt sind und damit der Zweck der Daten entfällt.[101]

85 Mit § 6 Abs. 7 WRegG wird eine klare Zweckbindung der übermittelten Daten als verwaltungsinternes Hilfsmittel normiert.[102] Die Daten dienen nur der Unterstützung der Entscheidung der Vergabestelle im Rahmen eines Vergabeverfahrens über den Ausschluss eines Unternehmens.[103] Nach Abschluss des Vergabeverfahrens sind die Daten daher zu löschen, soweit nicht eine längere Aufbewahrung rechtlich vorgeschrieben ist.[104] Insbesondere ist § 8 Abs. 4 VgV zu beachten. Danach sind der Vergabevermerk und die Dokumentation bis zum Ende der Laufzeit des Vertrags oder der Rahmenvereinbarung aufzubewahren, mindestens jedoch für drei Jahre ab dem Tag des Zuschlags.[105] Eine Ausnahme hiervon kommt in Betracht, wenn eine Verlängerung dieser Aufbewahrungsfrist zum Nachweis von Rechten sinnvoll erscheint, zum Beispiel bei länger laufenden Garantieansprüchen.

---

[99] BT-Drs. 18/12051, 28.
[100] *Pauka/Kemper* NZBau 2017, 71 (74).
[101] *Pauka/Kemper* NZBau 2017, 71 (74).
[102] BT-Drs. 18/12051, 31.
[103] BT-Drs. 18/12051, 31.
[104] BT-Drs. 18/12051, 31.
[105] Beck VergabeR/*Langenbach* VgV § 8 Rn. 33.

b) Nutzung der Daten für Vergabeentscheidungen

Zwar hat der Auftraggeber die Daten wegen einer Registerabfrage hinsichtlich eines konkreten Vergabeverfahrens erhalten. Jedoch ergibt sich aus § 6 Abs. 1 S. 5 WRegG, dass die übermittelten Daten auch für eine andere Vergabeentscheidung genutzt werden dürfen. Denn nach dieser Regelung kann der Auftraggeber auf eine erneute Abfrage verzichten, wenn er innerhalb der letzten zwei Monate zu dem Unternehmen bereits Auskunft (bezüglich eines anderen Vergabeverfahrens) erhalten hat. 86

Des Weiteren heißt es in § 6 Abs. 7 S. 1 WRegG, die übermittelten Daten dürften nur für Vergabeentscheidungen genutzt werden. Insoweit hat der Gesetzgeber für die Nutzung der Daten nicht auf das konkrete Vergabeverfahren abgestellt, für welches ein Auftraggeber das Register abgefragt hat, vgl. → Rn. 103. 87

2. Auskunftsanspruch von Unternehmen und natürlichen Personen

Nach § 5 Abs. 2 WRegG kann ein Unternehmen oder eine natürliche Person einen Antrag auf Auskunft über den sie betreffenden Inhalt des Wettbewerbsregisters bei der Registerbehörde stellen. Diese übermittelt dem Antragsteller einen Registerauszug über sämtliche bestehenden Eintragungen, die das anfragende Unternehmen bzw. die anfragende natürliche Person betreffen. Mit diesem Registerauszug können deutsche Unternehmen in allen EU-Mitgliedsstaaten gemäß Art. 60 Abs. 2 lit. a) der RL 2014/24/EU nachweisen, dass sie keinen Ausschlussgrund erfüllen und sich im Wettbewerb fair verhalten.[106] 88

Unternehmen, die von einer bereits erfolgten oder geplanten Eintragung betroffen sind, haben dagegen das weitergehende Akteneinsichtsrecht nach § 5 Abs. 3 WRegG.[107] Dessen Umfang beschränkt sich nicht nur auf diejenigen Daten, die im Registerauszug erscheinen. Vielmehr erstreckt sich das Akteneinsichtsrecht über den eigentlichen Inhalt des Registers hinaus auch auf die nach § 8 Abs. 3 WRegG von den mitteilungspflichtigen Behörden übermittelten Informationen, vgl. → Rn. 73, 74. Die Akteneinsicht ist jedoch nur über einen bevollmächtigten Rechtsanwalt möglich, denn das Recht auf Akteneinsicht ist an jenes nach § 147 Abs. 1 StPO angelehnt. Der Rechtsanwalt darf als Organ der Rechtspflege nur solche Informationen an das ihn bevollmächtigte Unternehmen weitergeben, die zur Wahrnehmung der rechtlichen Interessen im Registerverfahren relevant sein können.[108] 89

In den Fällen, in denen keine Entscheidung nach § 30 OWiG unmittelbar gegen das Unternehmen ergangen ist, ist es selbst am Straf- oder Ordnungswidrigkeitsverfahren nicht beteiligt gewesen. Zwar wird es vor der Eintragung über sämtliche im Register zu speichernden Daten informiert. Es wird aber ohne Weiteres keine näheren Informationen über das Fehlverhalten der natürlichen Person erhalten, aufgrund dessen das Unternehmen in das Register eingetragen werden soll. Vor diesem Hintergrund ist eine unbeschränkte Einsicht in die die Registereintragung des Unternehmens betreffenden Akten einschließlich vertraulicher Informationen notwendig, damit das Unternehmen seine rechtlichen Interessen frühzeitig und wirksam wahrnehmen kann.[109] 90

3. Antragsberechtigung amtlicher Verzeichnisse mit Einwilligung der Betroffenen

Im Rahmen von Präqualifikationsverfahren nach Art. 64 der RL 2014/24/EU können Unternehmen auftragsunabhängig ihre Eignung und das Nichtvorliegen von Ausschlussgründen für sämtliche in Vergabeverfahren relevante Punkte von den verzeichnisführenden 91

[106] BT-Drs. 18/12051, 30.

[107] Im Gesetzgebungsverfahren wurde § 5 Abs. 3 WRegG nachträglich angefügt, damit die von einer erfolgten oder geplanten Eintragung betroffenen Unternehmen Kenntnis über alle Umstände erlangen können, die für ihre Eintragung von Bedeutung sein können, vgl. BT-Drs. 18/12583, 5, 10, 11.

[108] BT-Drs. 18/12583, 10, 11.

[109] BT-Drs. 18/12583, 10, 11.

Stellen überprüfen lassen, um ihre Eignung in künftigen Vergabeverfahren vereinfacht nachzuweisen.[110] Geeignete Unternehmen trägt die jeweilige Stelle in ein amtliches Verzeichnis ein, das den Anforderungen des Art. 64 der RL 2014/24/EU entspricht.[111] Für die Prüfung im Präqualifikationsverfahren benötigen die jeweiligen Stellen auch Auskunft aus dem Wettbewerbsregister.[112] Hierfür wurde aus Effizienzgründen in § 5 Abs. 2 S. 2 WRegG eine direkte Abfragemöglichkeit für die verzeichnisführenden Stellen geschaffen. Diesen ist der erforderliche Registerauszug jedoch nur mit der Zustimmung des betreffenden Unternehmens zu übermitteln.[113]

C. Abfragepflichten und -rechte für Auftraggeber

92 § 6 Abs. 1 WRegG verpflichtet Auftraggeber unter bestimmten Voraussetzungen, eine Registerabfrage vorzunehmen. Die Abfrage muss in dem konkreten Vergabeverfahren vor der Erteilung des Zuschlags erfolgen. In der Abfrage müssen Auftraggeber denjenigen Bieter benennen, an den sie den Auftrag vergeben wollen. Bei Bietergemeinschaften betrifft die Abfragepflicht alle an der Bietergemeinschaft beteiligten Unternehmen.[114]

93 Daneben bestimmt § 6 Abs. 2 WRegG, dass sie in bestimmten Fällen selbst entscheiden können, ob Sie das Register abfragen. Dies betrifft Vergabeverfahren über Aufträge unterhalb der Wertgrenzen des Abs. 1 und Vergabeverfahren in vorgeschalteten Teilnahmewettbewerben.

94 Adressaten der Abfragerechte und -pflichten sind ausschließlich öffentliche Auftraggeber nach § 99 GWB, Sektorenauftraggeber nach § 100 Abs. 1 Nr. 1 GWB und Konzessionsgeber nach § 101 Abs. 1 Nr. 1 und 2 GWB.

I. Abfragepflichten

1. Öffentliche Auftraggeber nach § 99 GWB

95 Öffentliche Auftraggeber iSd § 99 GWB sind verpflichtet, das Register abzufragen, sofern der geschätzte Wert des öffentlichen Auftrags mindestens 30.000 EUR ohne Umsatzsteuer beträgt. Die Abfragepflicht öffentlicher Auftraggeber gilt also unabhängig davon, ob das Vergabeverfahren ober- oder unterhalb der EU-Schwellenwerte liegt.

96 Die Abfrage erfolgt im Vergabeverfahren spätestens vor der Erteilung des Zuschlags und betrifft denjenigen Bieter, an den der Auftraggeber den Auftrag zu vergeben beabsichtigt. Wenngleich das WRegG keinen konkreten Zeitpunkt für die Abfrage benennt, sollte sie so früh wie möglich und keinesfalls erst nach Versand der Vorabinformationsschreiben nach § 134 Abs. 1 GWB an die unterlegenen Bieter erfolgen. Denn falls die Abfrage eine Eintragung ergibt, könnte dies eine abweichende Zuschlagsentscheidung erfordern. Dann würde der Auftraggeber nicht nur Zeit verlieren, sondern müsste auch korrigierte Vorabinformationsschreiben versenden.

97 Die Wertgrenze von 30.000 EUR entspricht den bisher bestehenden Wertgrenzen für verpflichtende Abfragen des Gewerbezentralregisters durch Auftraggeber in § 21 SchwarzArbG, § 21 AEntG und § 19 MiLoG.

2. Sektorenauftraggeber nach § 100 Abs. 1 Nr. 1 GWB

98 Sektorenauftraggeber nach § 100 Abs. 1 Nr. 1 GWB sind nur verpflichtet, das Register abzufragen, wenn der jeweils geltende Schwellenwert erreicht oder überschritten wird.

---

[110] Vgl. § 50 Abs. 3 Nr. 1 VgV.
[111] BT-Drs. 18/12583, 10.
[112] BT-Drs. 18/12583, 10.
[113] BT-Drs. 18/12583, 10.
[114] BT-Drs. 18/12051, 30.

3. Konzessionsgeber nach § 101 Abs. 1 Nr. 1 und 2 GWB

Auch Konzessionsgeber nach § 101 Abs. 1 Nr. 1 und 2 GWB sind erst ab Erreichen oder Überschreiten der jeweils geltende Schwellenwerte zu einer Registerabfrage verpflichtet. 99

II. Ausnahmen von der Abfragepflicht

In Fällen, in denen das Vergaberecht ausnahmsweise nicht anwendbar ist, besteht nach § 6 Abs. 1 S. 3 WRegG auch keine Verpflichtung zur Abfrage des Registers. 100

Solche Ausnahmen von der Anwendbarkeit des Vergaberechts sind vergaberechtsfreie Inhouse-Vergaben und Fälle der horizontalen Zusammenarbeit zwischen öffentlichen Auftraggebern nach § 108 GWB sowie die in §§ 107, 109, 116, 117 und 145 GWB geregelten Fälle.[115] 101

Ferner sind Auslandsdienststellen nicht verpflichtet, das Register abzufragen. Hierzu zählen etwa Deutsche Botschaften und Konsulate.[116] 102

Die Verpflichtung zur Abfrage entfällt im Übrigen nach § 6 Abs. 1 S. 5 WRegG, wenn ein Auftraggeber das Register im Hinblick auf ein konkretes Unternehmen bereits innerhalb der letzten zwei Monate abgefragt hat. 103

III. Begrenzung der Abfragepflichtigen

Für Sektorenauftraggeber nach § 100 Abs. 1 Nr. 2 GWB und Konzessionsgeber nach § 101 Abs. 1 Nr. 3 GWB gelten keine Abfragepflichten. 104

Die Beschränkung der Abfragepflichtigen auf öffentliche Sektorenauftraggeber bzw. Konzessionsgeber hängt damit zusammen, dass durch die Registerauskunft Zugang zu sensiblen Daten geschaffen wird.[117] Es handelt sich um verwaltungsinterne Hilfsmittel mit eng begrenzter Zweckbindung, die nicht in die Hände Dritter, außerhalb der Verwaltung stehender Personen gelangen sollen.[118] 105

IV. Bedeutung der EU-Schwellenwerte

Grund dafür, dass Sektoren- und Konzessionsgeber das Register nur bei Aufträgen abfragen müssen, deren Wert den jeweiligen Schwellenwert erreicht ist, dass für Vergaben dieser Auftraggeber, anders als für die Vergabe unterschwelliger klassischer öffentlicher Aufträge keine detaillierten Verfahrensregeln existieren.[119] 106

Im Übrigen soll das Wettbewerbsregister das Gewerbezentralregister ersetzen. Dieses müssen ebenfalls nur öffentliche Auftraggeber nach § 99 GWB und solche Stellen abfragen, die von öffentlichen Auftraggebern zugelassene Präqualifikationsverzeichnisse oder Unternehmer- und Lieferantenverzeichnisse führen. Sektorenauftraggeber und Konzessionsgeber sind hiervon gänzlich ausgenommen. 107

V. Abfrage nach Ermessen

In den Fällen des § 6 Abs. 2 WRegG dürfen Auftraggeber außerdem selbst entscheiden, ob sie das Register abfragen. 108

Diese Möglichkeit haben jedoch nach § 6 Abs. 2 Nr. 1 WRegG nur die in § 6 Abs. 1 WRegG genannten Auftraggeber bei Aufträgen mit einem geschätzten Auftrags- oder Vertragswert unterhalb der dort festgelegten Wertgrenzen. 109

[115] BT-Drs. 18/12051, 30.
[116] Für diese gelten außerdem die weiteren Erleichterungen nach § 53 UVgO.
[117] BT-Drs. 18/12051, 30.
[118] BR-Drs. 263/17, 30.
[119] BT-Drs. 18/12051, 30.

110 Öffentliche Auftraggeber nach § 99 GWB dürfen das Register abfragen, wenn der geschätzte Auftragswert unter 30.000 EUR liegt. Sektorenauftraggeber nach § 100 Abs. 1 Nr. 1 GWB und Konzessionsauftraggeber nach § 101 Abs. 1 Nr. 1 und 2 GWB dürfen eine Registerabfrage vornehmen, wenn der Auftragswert unterhalb der jeweils maßgeblichen EU-Schwellenwerte liegt.

111 Darüber hinaus bestimmt § 6 Abs. 2 Nr. 2 WRegG, dass die Auftraggeber nach § 6 Abs. 1 WRegG in zweistufigen Verfahren das Register abfragen dürfen, bevor sie den jeweiligen Bewerber zur Angebotsabgabe auffordern. Dies ist bemerkenswert: Denn wenn zu einem Unternehmen eine Eintragung in das Register vorliegt, spricht doch mehr dafür, dass der Auftraggeber hiervon schon vor der Entscheidung über die Aufforderung zur Angebotsabgabe erfährt. Eine Verpflichtung zur Abfrage des Registers in Teilnahmewettbewerben war aber ausdrücklich nicht gewollt.[120]

D. Folgen einer Eintragung

112 Wenn Auftraggeber von der Registerbehörde Kenntnis über eine Eintragung eines Unternehmens erlangt haben, entscheiden sie gemäß § 6 Abs. 5 WRegG nach Maßgabe der vergaberechtlichen Vorschriften eigenverantwortlich über den Ausschluss des Unternehmens.

113 Der automatische Ausschluss eines Unternehmens von der Teilnahme an Vergabeverfahren ist ausdrücklich nicht vorgesehen. Die Eintragung eines Unternehmens hat damit keine generelle Bindungswirkung für Auftraggeber.

114 Soweit es für die Prüfung des Ausschlusses erforderlich ist, können Auftraggeber nach § 6 Abs. 6 WRegG von den Strafverfolgungsbehörden und den zur Verfolgung von Ordnungswidrigkeiten berufenen Behörden ergänzende Informationen über die eingetragenen Tatbestände anfordern.

115 Erfüllt ein Bewerber oder Bieter einen der in § 2 Abs. 1 Nr. 1 lit. a), c) und d) WRegG aufgeführten Tatbestände und damit einen zwingenden Ausschlussgrund iSd § 123 Abs. 1 oder Abs. 4 S. 1 Nr. 1 GWB, hat der Auftraggeber ihn aber in aller Regel von der Teilnahme an dem Vergabeverfahren auszuschließen.[121] Ein Ermessen steht ihm in diesen Fällen grundsätzlich nicht zu.[122]

116 Erfüllt ein Bewerber oder Bieter einen der übrigen Tatbestände nach § 2 Abs. 1 Nr. 1, Nr. 2, Abs. 2 WRegG und damit einen fakultativen Ausschlussgrund iSd § 124 Abs. 1 GWB, entscheidet der Auftraggeber dagegen nach eigenem Ermessen, ob er ihn von der Teilnahme am Vergabeverfahren ausschließt. Dabei muss der Auftraggeber stets den Grundsatz der Verhältnismäßigkeit wahren.

117 Die Unterscheidung zwischen zwingenden und fakultativen Ausschlussgründen ist damit von zentraler Bedeutung für die Entscheidung des Auftraggebers über einen Ausschluss vom Vergabeverfahren. Zwar werden die nach § 2 WRegG einzutragenden Tatbestände nicht explizit in zwingende und fakultative Ausschlussgründe unterteilt. Jedoch differenziert § 7 Abs. 1 WRegG hinsichtlich der Fristen zur Löschung der Eintragung aus dem Wettbewerbsregister implizit nach zwingenden und fakultativen Ausschlussgründen.

E. Löschung einer Eintragung

118 Die Registerbehörde löscht Eintragungen von Verstößen in das Wettbewerbsregister nachträglich aus drei Gründen: Erstens, wenn sich deren Fehlerhaftigkeit nachträglich herausstellt (§ 4 Abs. 2 S. 2 WRegG). Zweitens nach Ablauf der Höchstfristen für Ausschlüsse

[120] BT-Drs. 18/12051, 30; BR-Drs. 263/17, 29.
[121] BT-Drs. 18/12051,18.
[122] Zu beachten sind aber die Ausnahmen nach § 123 Abs. 4 S. 2, Abs. 5 S. 1 und 2 GWB.

(§ 7 Abs. 1 WRegG). Drittens, wenn Unternehmen erfolgreich eine Selbstreinigung durchlaufen haben (§ 8 WRegG).

I. Löschung der Eintragung nach Fristablauf

Die Löschungsfristen für die Eintragungen wegen Zeitablaufs in § 7 Abs. 1 WRegG ergeben sich aus § 126 GWB.[123] Dort ist geregelt, bis wann Unternehmen wegen zwingender oder fakultativer Ausschlussgründe von der Teilnahme an Vergabeverfahren ausgeschlossen werden dürfen. Sind die dort genannten Zeiträume abgelaufen, fällt auch der Grund für die Eintragung weg. 119

Bei den Tatbeständen nach § 2 Abs. 1 Nr. 1 lit. a), c) und d) WRegG, die zwingende Ausschlussgründe sind, beträgt der Zeitraum fünf Jahre ab dem Tag der rechtskräftigen Verurteilung oder des rechtskräftigen Strafbefehls. Der Zeitraum für die übrigen Tatbestände nach § 2 Abs. 1 Nr. 1b), e) und Nr. 2 sowie nach § 2 Abs. 2 WRegG, die fakultative Ausschlussgründe begründen, beträgt dagegen drei Jahre ab dem Tag des betreffenden Ereignisses. 120

Je nach zugrunde liegendem Tatbestand nach § 2 Abs. 1 und 2 WRegG ist das für den Fristbeginn maßgebliche Ereignis entweder der Tag der rechtskräftigen Verurteilung oder des rechtskräftigen Strafbefehls, der Tag der bestandskräftigen Bußgeldentscheidung oder, bei Eintragungen nach § 2 Abs. 2 WRegG, der Tag des Erlasses der Bußgeldentscheidung. 121

1. Bindungswirkung der Löschung

Die Entscheidung über die Löschung der Eintragungen im Wettbewerbsregister trifft die Registerbehörde künftig zentral mit Bindungswirkung für sämtliche Auftraggeber.[124] Dies ergibt sich aus § 7 Abs. 2 WRegG. Danach dürfen Auftraggeber eine Straftat oder Ordnungswidrigkeit ab dem Zeitpunkt der Löschung nicht mehr zum Nachteil des betroffenen Unternehmens in Vergabeverfahren verwerten. Die Bindungswirkung entfaltet sich jedoch nur, wenn die Registerbehörde die Eintragung löscht. Unterlässt sie die Löschung vorerst, ist dies für Auftraggeber nicht bindend. Es verbleibt dann bei dem Grundsatz des § 6 Abs. 5 WRegG, wonach Auftraggeber nach Maßgabe der vergaberechtlichen Vorschriften in eigener Verantwortung über einen Ausschluss entscheiden. 122

Hinsichtlich der Bindungswirkung der erfolgten Löschung unterscheidet sich der Regelungsinhalt des § 7 WRegG von dem des § 126 GWB. Denn innerhalb der in § 126 GWB festgesetzten Höchstdauer von verwertbaren Ausschlussgründen steht dem Auftraggeber im Hinblick auf den konkreten Zeitraum einer Auftragssperre ein Ermessen zu.[125] Dies konnte bisher dazu führen, dass Entscheidungen verschiedener Auftraggeber über die Aufhebung der Auftragssperre im jeweiligen Vergabeverfahren unterschiedlich ausfallen.[126] Durch die Übertragung der Entscheidung über die Löschung nach Fristablauf an die Registerbehörde schafft das WRegG eine einheitlichere Behandlung der betreffenden Unternehmen. 123

2. Verhinderung eines doppelten Fristenlaufs

Ein und dasselbe Fehlverhalten eines Unternehmens kann zu mehrfachen Eintragungen im Wettbewerbsregister führen. Dies betrifft den Fall, dass sowohl eine Entscheidung gegen eine natürliche Person als auch eine Bußgeldentscheidung nach § 30 OWiG gegen das Unternehmen selbst ergehen. Dabei kann es dazu kommen, dass die jeweiligen Entscheidungen zu unterschiedlichen Zeitpunkten rechtskräftig oder bestandskräftig werden bzw. 124

123 BT-Drs. 18/12051, 31.
124 BT-Drs. 18/12051, 31.
125 Beck VergabeR/*Opitz* GWB § 126 Rn. 10.
126 Beck VergabeR/*Opitz* GWB § 126 Rn. 10.

im Falle des § 2 Abs. 2 WRegG erlassen werden. Gründe dafür können sein, dass eines der Verfahren länger andauert oder Rechtsschutzmöglichkeiten der Verfahren unterschiedlich stark ausgeschöpft werden. Die für den Beginn des Fristlaufs maßgeblichen Zeitpunkte können also auseinanderfallen.[127] § 7 Abs. 1 S. 4 WRegG soll in diesen Fällen einen doppelten Fristenlauf bei mehrfachen Eintragungen wegen desselben Fehlverhaltens verhindern.[128] Wenn für eine der beiden Entscheidungen die Löschungsfrist abgelaufen ist und für beide Entscheidungen dieselben Fristen nach § 7 Abs. 1 S. 1 oder 2 WRegG gelten, sind bei Ablauf der ersten Frist alle Entscheidungen zu löschen.[129] Bei unterschiedlichen Löschungsfristen ist hingegen auf die längere Frist abzustellen.[130]

II. Vorzeitige Löschung der Eintragung wegen Selbstreinigung

125 Eingetragene Unternehmen können eine vorzeitige Löschung der Eintragung nach § 8 WRegG erreichen, wenn sie ausreichende Selbstreinigungsmaßnahmen ergriffen haben.

126 Nach § 8 Abs. 4 S. 4 WRegG vermerkt die Registerbehörde die Entscheidung über den Antrag auf vorzeitige Löschung im Wettbewerbsregister.

127 Die Bündelung der Prüfung von Selbstreinigungsmaßnahmen bei der Registerbehörde verfolgt den Zweck, Auftraggeber bei dieser Prüfung zu entlasten und einheitliche Entscheidungen hervorzubringen.[131] Zudem soll den Unternehmen der Nachweis einer erfolgreichen Selbstreinigung erleichtert werden.[132] Sie müssen nun nicht mehr gegenüber jedem einzelnen Auftraggeber gesondert beweisen, dass die Voraussetzungen der Selbstreinigung erfüllt sind.

1. Selbstreinigung nach § 125 Abs. 1 GWB

128 § 125 Abs. 1 GWB regelt die Voraussetzungen für eine erfolgreiche Selbstreinigung.[133]

129 Wenn durch die Straftat oder das Fehlverhalten ein Schaden entstanden ist, muss das Unternehmen nach § 125 Abs. 1 S. 1 Nr. 1 GWB Maßnahmen zur Schadensregulierung vornehmen. Die Forderung nach einem Schadensausgleich soll aber auch nicht dazu führen, dass dem Unternehmen Rechte abgeschnitten werden.[134] Daher darf das Unternehmen in einem zivilrechtlichen Rechtsstreit bestreiten, dass ein Schaden vorliegt.[135] Wenn die Höhe des Schadens zum Zeitpunkt der Prüfung der Selbstreinigung durch die Registerbehörde noch nicht feststeht, genügt es, wenn sich das betroffene Unternehmen dem Grunde nach zu einem Schadensausgleich verpflichtet hat.[136]

130 Des Weiteren muss das Unternehmen nach § 125 Abs. 1 S. 1 Nr. 2 GWB aktiv mit den Ermittlungsbehörden und teilweise auch dem öffentlichen Auftraggeber[137], der über die Zulassung zum Vergabeverfahren entscheidet, zur Aufklärung des Sachverhalts zusammenarbeiten.[138] Für die aktive Zusammenarbeit muss das betroffene Unternehmen den Bericht interner Untersuchungsmaßnahmen den Ermittlungsbehörden und dem Auftraggeber

---

[127] BT-Drs. 18/12051, 31.
[128] BT-Drs. 18/12051, 31.
[129] BT-Drs. 18/12051, 31.
[130] BT-Drs. 18/12051, 31.
[131] BT-Drs. 18/12051, 32.
[132] BT-Drs. 18/12051, 32.
[133] BT-Drs. 18/12051, 32.
[134] *Gottschalk/Lubner* NZWiSt 2018, 96 (101).
[135] VK Südbayern Beschl. v. 7.3.2017 – Z3-3-3194-1-45-11/16, NZBau 2017, 509; *Gottschalk/Lubner* NZWiSt 2018, 96 (101).
[136] VK Südbayern Beschl. v. 7.3.2017 – Z3-3-3194-1-45-11/16, NZBau 2017, 509; Beck VergabeR/*Opitz* GWB § 125 Rn. 18; aA BT-Drs. 18/6281, 108; HK-VergabeR/*Kaufmann* GWB § 125 Rn. 12.
[137] EuGH Urt. v. 24.10.2018 – C-124/17, NZBau 2018, 768 – Vossloh-Laeis.
[138] Beck VergabeR/*Opitz* GWB § 125 Rn. 23.

überlassen.[139] Im Falle einer kartellbehördlichen Geldbuße muss es dem öffentlichen Auftraggeber darüber hinaus den Bußgeldbescheid überlassen.[140] Das Unternehmen muss hinnehmen, dass es sich dadurch gegenüber dem Auftraggeber, dem durch das Fehlverhalten ein Schaden entstanden ist, selbst belastet und eine Schadensersatzklage erleichtert.[141]

Schließlich setzt § 125 Abs. 1 S. 1 Nr. 3 voraus, dass das Unternehmen geeignete Vorsorgemaßnahmen technischer, organisatorischer und personeller Art ergreift. Hierdurch müssen weitere Straftaten oder Fehlverhalten vermieden oder zumindest erschwert werden. Nicht ausreichend ist beispielsweise die Kündigung eines geschäftsführenden Gesellschafters, wenn er weiterhin Einfluss auf das operative Geschäft ausübt.[142] 131

Als Verantwortlicher für den Rechtsverstoß trägt das Unternehmen die Darlegungs- und Beweislast für eine erfolgreiche Selbstreinigung. Das Unternehmen muss darlegen, wann es welche Maßnahmen getroffen hat. Dabei muss es nachweisen, ob und inwieweit entsprechende Vorhaben bereits vollzogen wurden. Bloße Absichtserklärungen oder Versprechungen, solche Vorsorgemaßnahmen künftig treffen zu wollen, genügen nicht.[143] 132

Die Registerbehörde erlässt nach § 8 Abs. 5 WRegG Leitlinien zur Anwendung der Abs. 1 bis 4. Darin sollen die näheren Anforderungen an die Maßnahmen zur Selbstreinigung und die nach § 8 Abs. 2 S. 3 Nr. 2 WRegG vom Antragsteller vorzulegenden Gutachten und Unterlagen erläutert werden.[144] 133

2. Selbstreinigung nach § 123 Abs. 4 S. 2 GWB

Nur in den Fällen des Vorenthaltens von Arbeitsentgelt nach § 266a StGB und der Steuerhinterziehung nach § 370 AO richtet sich die Selbstreinigung nach dem Verfahren des § 123 Abs. 4 S. 2 GWB, das § 125 Abs. 1 S. 2 GWB für anwendbar erklärt.[145] Nach § 123 Abs. 4 S. 2 GWB dürfen Auftraggeber das betreffende Unternehmen nicht mehr ausschließen, wenn das Unternehmen seinen Verpflichtungen dadurch nachgekommen ist, dass es die ausstehende Zahlung vorgenommen oder sich zur Zahlung der ausstehenden Steuern, Abgaben und Beiträge zur Sozialversicherung einschließlich Zinsen, Säumnis- und Strafzuschlägen verpflichtet hat. Ausreichend ist eine Verpflichtungserklärung des Unternehmens, die ausstehenden Zahlungen zu leisten. Die Zahlungsverpflichtung muss also nicht schon erfüllt sein, um zum Wettbewerb zugelassen zu werden.[146] 134

3. Bewertung durch die Registerbehörde

Ob die vom Unternehmen ergriffenen Maßnahmen für eine erfolgreiche Selbstreinigung genügen, bewertet die Registerbehörde nach § 8 Abs. 4 S. 1 WRegG. Dabei berücksichtigt sie die Schwere und die besonderen Umstände der Straftat oder des Fehlverhaltens, insbesondere Art und Häufigkeit der Begehung sowie Funktion der handelnden Personen.[147] In der Gesamtschau müssen die Anstrengungen des Unternehmens belegen, dass es die Selbstreinigung ernsthaft betrieben hat. Denn dies lässt erwarten, dass das Unternehmen auch in Zukunft auftretenden Verdachtsmomenten nachgehen und bei Vorliegen eines hinreichenden Verdachts die gebotenen personellen und organisatorischen Maßnah- 135

---

[139] OLG Düsseldorf Beschl. v. 9.4.2003 – Verg 43/02, NZBau 2003, 578 (580); Beck VergabeR/*Opitz* GWB § 125 Rn. 26.
[140] EuGH Urt. v. 24.10.2018 – C-124/17, NZBau 2018, 768 – Vossloh-Laeis.
[141] EuGH Urt. v. 24.10.2018 – C-124/17, NZBau 2018, 768 – Vossloh-Laeis.
[142] OLG Düsseldorf Beschl. v. 18.4.2018 – VII-Verg 28/17, NZBau 2018, 486.
[143] VK Thüringen Beschl. v. 12.7.2017 – 250-4003-5533/2017-E-016-EF, IBRRS 2017, 3310; Ziekow/Völlink/*Stolz* GWB § 125 Rn. 12.
[144] BT-Drs. 18/12051, 33.
[145] BT-Drs. 18/12051, 32.
[146] Beck VergabeR/*Opitz* GWB § 123 Rn. 54.
[147] Ziekow/Völlink/*Stolz* GWB § 125 Rn. 12.

men ergreifen wird.[148] Insofern trifft die Registerbehörde eine auf den Einzelfall bezogene Prognoseentscheidung.[149]

136 Für die Bewertung der Selbstreinigungsmaßnahmen ermittelt die Registerbehörde gemäß § 8 Abs. 2 WRegG den Sachverhalt von Amts wegen. Der Amtsermittlungsgrundsatz wird jedoch eingeschränkt. Die Registerbehörde ist nicht verpflichtet, alle Zweifelsfragen abschließend zu ermitteln. Sie darf sich wegen der Darlegungslast des Antragstellers auf dasjenige beschränken, was dieser vorgebracht hat oder ihr sonst bekannt sein muss.[150]

137 Außerdem darf die Registerbehörde bei der Prüfung nach § 8 Abs. 2 WRegG die Mitwirkung des Antragstellers verlangen. Hierzu zählt die Übermittlung der strafgerichtlichen Entscheidung oder der Bußgeldentscheidung des Antragstellers an die Registerbehörde. Entlastende Umstände, wie die aktive Zusammenarbeit mit den Ermittlungsbehörden, aber auch belastende Faktoren sind mithilfe der strafgerichtlichen oder behördlichen Entscheidungen nachweisbar. Ergänzend hat die Registerbehörde nach § 8 Abs. 2 S. 4 WRegG in Anlehnung an § 163 Abs. 2 S. 5 GWB Ermittlungsbefugnisse gemäß den §§ 57, 59 GWB, um die Richtigkeit der Angaben des Antragstellers nachzuprüfen.

138 Daneben sind nach § 8 Abs. 3 WRegG auch die mitteilungspflichtigen Strafverfolgungs- und Bußgeldbehörden zur Mitwirkung verpflichtet. Auf Verlangen der Registerbehörde haben sie ihr diejenigen Informationen zu übermitteln, die nach ihrer Einschätzung zur Bewertung des Löschungsantrags erforderlich sind.

4. Stattgabe des Löschungsantrags

139 Für die Löschung wegen Selbstreinigung ist nach § 8 Abs. 1 WRegG zunächst ein Antrag des Unternehmens an die Registerbehörde erforderlich. Dieser muss zulässig und begründet sein.

Zulässig ist der Antrag nach § 8 Abs. 1 S. 2 WRegG, wenn das Unternehmen ein berechtigtes Interesse an der vorzeitigen Löschung glaubhaft macht. Ein solches berechtigtes Interesse liegt vor, wenn das Unternehmen beabsichtigt, künftig an Vergabeverfahren teilzunehmen.[151] Als Indiz genügt, dass eine Teilnahme an Vergabeverfahren nicht unwahrscheinlich ist. In der Gesetzesbegründung wird nämlich nicht explizit eine Teilnahmeabsicht hinsichtlich eines konkreten Vergabeverfahrens gefordert.

140 Der Antrag ist begründet, wenn das Unternehmen gegenüber der Registerbehörde die Selbstreinigung für die Zwecke des Vergabeverfahrens nachgewiesen hat. Eine Selbstreinigung beinhaltet Maßnahmen, die ein Unternehmen durchführt, um seine Integrität wiederherzustellen und die Begehung von Straftaten oder schweren Fehlverhalten in der Zukunft zu verhindern.[152]

141 Wurde eine Eintragung wegen erfolgreicher Selbstreinigung gelöscht, dürfen Auftraggeber das der Eintragung zugrunde liegende Fehlverhalten des zuvor eingetragenen Unternehmens nach § 7 Abs. 2 S. 1 WRegG nicht mehr zum Nachteil des Unternehmens in Vergabeverfahren verwerten. Die Löschung von Eintragungen wegen Selbstreinigung der betreffenden Unternehmen aus dem Register ist damit – ebenso wie die Löschung wegen Fristablaufs – für den Auftraggeber bindend.[153]

5. Ablehnung des Löschungsantrags

142 Kommt die Registerbehörde zu dem Ergebnis, dass die Selbstreinigungsmaßnahmen unzureichend sind, lehnt sie den Löschungsantrag ab. Dies hat sie gemäß § 8 Abs. 4 S. 3 WRegG dem Antragsteller gegenüber zu begründen.

[148] OLG Düsseldorf Beschl. v. 9.4.2003 – Verg 43/02, NZBau 2003, 578 (580).
[149] BT-Drs. 18/12051, 33.
[150] BT-Drs. 18/12051, 32.
[151] BT-Drs. 18/12051, 32.
[152] BT-Drs. 18/12051, 32.
[153] BT-Drs. 18/12051, 31, 32.

143 Für den Auftraggeber ist die Ablehnung des Löschungsantrags durch die Registerbehörde, anders als die Stattgabe, nicht bindend.[154] Der Auftraggeber darf daher die Selbstreinigungsmaßnahmen des eingetragenen Unternehmens selbst bewerten und zu einer von der Registerbehörde abweichenden Entscheidung gelangen.

144 Für den Fall, dass ein Auftraggeber die Selbstreinigung selbst prüfen will, übermittelt die Registerbehörde ihm nach § 8 Abs. 4 S. 5 WRegG auf dessen Ersuchen hin ihre Entscheidung zu dem Löschungsantrag. Die Registerbehörde darf außerdem weitere mit ihrer Entscheidung des Löschungsantrags zusammenhängende vertrauliche Unterlagen an den Auftraggeber übersenden.[155]

6. Gebühren und Auslagen

145 Nach § 8 Abs. 6 S. 1 WRegG erhebt die Registerbehörde bei Anträgen auf vorzeitige Löschung wegen Selbstreinigung zur Deckung ihres Verwaltungsaufwands Gebühren und Auslagen.[156] Hierzu verweist § 8 Abs. 6 S. 2 WRegG auf § 80 GWB und auf die diese Vorschrift konkretisierende Rechtsverordnung in ihrer jeweils aktuellen Fassung.[157] Der Gebührenrahmen richtet sich nach § 80 Abs. 2 S. 2 Nr. 2 iVm S. 3 und 4 GWB. Danach darf der Betrag von 25.000 EUR nicht überschritten werden. Liegen besondere Umstände vor, kann jedoch auch ein höherer Betrag anfallen. Die Registerbehörde darf die Gebühr aus Billigkeitserwägungen aber auch herabsetzen.[158]

F. Rechtsschutz

146 Die Rechtsschutzmöglichkeiten eines betroffenen Unternehmens richten sich danach, ob es gegen eine Entscheidung der Registerbehörde vorgehen will oder ob es an einem konkreten Vergabeverfahren teilnimmt, indem es seine Rechte gegenüber dem Auftraggeber geltend machen will.[159]

I. Vor drohendem Registereintrag

147 Nach § 5 Abs. 1 WRegG dürfen Unternehmen, denen eine Eintragung in das Wettbewerbsregister droht, innerhalb von zwei Wochen ab Unterrichtung über die bevorstehende Eintragung Einwände vorbringen. Gelingt dem betroffenen Unternehmen der Nachweis darüber, dass die an die Registerbehörde übermittelten Daten fehlerhaft sind, unterlässt die Registerbehörde nach § 5 Abs. 1 S. 2 WRegG eine Eintragung oder korrigiert die fehlerhaften Daten.

II. Löschung oder Änderung eines bestehenden Registereintrags

148 Gegen die bereits erfolgte Eintragung eines Unternehmens sind weder der Widerspruch noch die Anfechtungsklage nach der VwGO statthaft. Bei der Eintragung in das Register handelt es sich nämlich nicht um einen Verwaltungsakt, sondern um einen Realakt.[160] Der Verwaltungsrechtsweg ist gegen Entscheidungen der Registerbehörde ebenfalls nicht eröffnet.[161]

---

[154] BT-Drs. 18/12051, 33.
[155] BT-Drs. 18/12051, 33.
[156] BT-Drs. 18/12051, 33.
[157] BT-Drs. 18/12051, 33.
[158] BT-Drs. 18/12051, 33.
[159] *Pfannkuch* ZfBR 2018, 342 (345).
[160] BT-Drs. 18/12051, 29.
[161] BT-Drs. 18/12051, 29; Im Gesetzgebungsverfahren beriet der Rechtsausschuss des Bundesrates noch darüber, ob für Rechtsbehelfe gegen Entscheidungen der Registerbehörde die abdrängende Rechtswegzu-

Statthafter Rechtsbehelf gegen eine Entscheidung der Registerbehörde ist vielmehr die Beschwerde nach § 11 Abs. 1 S. 1 WRegG.

149 § 11 Abs. 1 S. 2 WRegG verweist als abdrängende Sonderzuweisung auf das Beschwerdeverfahren nach den §§ 63f. GWB. Das zuständige Beschwerdegericht ist nach § 11 Abs. 1 S. 2 WRegG iVm § 171 Abs. 3 GWB das für den Sitz der Registerbehörde zuständige Oberlandesgericht, also das Oberlandesgericht Düsseldorf.[162]

150 Mit der Sonderzuständigkeit des OLG Düsseldorf sollen dessen Expertise nutzbar gemacht und eine einheitliche Rechtsprechungspraxis, insbesondere zur Selbstreinigung, sichergestellt werden.

151 Beschwerdeberechtigt sind nur Unternehmen, die unmittelbar von einer Eintragung in das Wettbewerbsregister betroffen sind. Auftraggeber und Mitbewerber scheiden daher als Beschwerdeführer aus.[163]

152 Nach § 11 Abs. 1 S. 2 WRegG iVm § 66 Abs. 1 S. 1 und 2 GWB ist die Beschwerde innerhalb eines Monats ab Zustellung der Entscheidung der Registerbehörde einzureichen. Eine mündliche Verhandlung ist gemäß § 11 Abs. 3 S. 1 WRegG nur auf Antrag eines Beteiligten durchzuführen.

153 Grundsätzlich entscheidet der Vergabesenat des Oberlandesgerichts Düsseldorf nach § 11 Abs. 2 S. 1 WRegG durch einen Einzelrichter. Dies dient der Beschleunigung des Verfahrens. Wenn die Rechtssache besondere Schwierigkeiten tatsächlicher oder rechtlicher Art aufweist oder sie grundsätzliche Bedeutung hat, überträgt der Einzelrichter die Sache an das Beschwerdegericht in der regulären Besetzung. Regulär sind die Senate der Oberlandesgerichte nach § 122 GVG mit drei Mitgliedern besetzt.

154 Die Beschwerde gegen eine Eintragung im Wettbewerbsregister hat keine aufschiebende Wirkung.[164] Zudem gibt es kein einstweiliges Rechtsschutzverfahren gegen Eintragungen. Die einmal erfolgte Eintragung bleibt damit also voll wirksam und kann ungeachtet einer eingelegten Beschwerde in einem laufenden Vergabeverfahren zum Ausschluss des Unternehmens führen. Erst im Anschluss an eine entsprechende Entscheidung des Oberlandesgerichts wird die Eintragung aus dem Register gelöscht. Hierdurch sollen Schwebezustände vermieden werden, die sich mit dem Interesse der Auftraggeber an einem raschen Abschluss des Vergabeverfahrens nicht vertragen. Mangels Verweisung des § 11 WRegG auf die §§ 74f. GWB findet zudem keine Rechtsbeschwerde statt.[165] Die Entscheidung des Oberlandesgerichts wird damit von keiner höheren Stelle mehr überprüft.

III. Verhältnis zum Nachprüfungsverfahren

155 In einem laufenden Vergabeverfahren haben Unternehmen die Möglichkeit, ihre Rechte aus § 97 Abs. 6 GWB gegenüber dem Auftraggeber parallel zur Beschwerde nach § 11 Abs. 1 S. 1 und 2 WRegG im Wege eines Vergabenachprüfungsverfahrens vor der Vergabekammer nach den §§ 160f. GWB geltend zu machen.[166] Der Antrag auf Nachprüfung hat grundsätzlich aufschiebende Wirkung, § 169 Abs. 1 GWB.

---

weisung zu den Oberlandesgerichten (bzw. zum Oberlandesgericht) anstelle des Rechtswegs zu den Verwaltungsgerichten sachgerecht ist, vgl. BR-Drs. 263/1/17, 6; BR-Drs 263/17 (B), 5.

162 Im seiner Entwurfsfassung verwies § 11 Abs. 1 S. 2 WRegG zunächst auf § 171 Abs. 3 S. 2 GWB, wonach bei den Oberlandesgerichten Vergabesenate gebildet werden, vgl. BR-Drs. 263/17, 8, 34; BT-Drs. 18/12051, 13, 34. Die endgültige Fassung des § 11 Abs. 1 S. 2 WRegG verweist nun auf den gesamten § 171 Abs. 3 GWB einschließlich dessen S. 1, wonach über die sofortige Beschwerde ausschließlich das für den Sitz der Vergabekammer zuständige Oberlandesgericht entscheidet. Durch diese Änderung wurde klargestellt, dass ausschließlich das für den Sitz der Registerbehörde zustände Oberlandesgericht über Beschwerden gegen Entscheidungen der Registerbehörde entscheidet, vgl. BT-Drs. 18/12583, 5, 11.

163 *Pfannkuch* ZfBR 2018, 342 (345).

164 BT-Drs. 18/12051, 34.

165 BT-Drs. 18/12051, 34.

166 *Pfannkuch* ZfBR 2018, 342 (345).

IV. Rechtsschutz von Mitbewerbern

Konkurrierende Bewerber oder Bieter dürfen in einem laufenden Vergabeverfahren das Vorliegen von Ausschlussgründen in Bezug auf einen Konkurrenten im Nachprüfungsverfahren geltend machen. Denn nach § 97 Abs. 6 GWB haben sie einen Anspruch auf Einhaltung drittschützender bzw. bieterschützender Vorgaben über das Vergabeverfahren. 156

Die Ausschlusstatbestände der §§ 123, 124 GWB entfalten drittschützende Wirkung.[167] Die Entscheidung des Auftraggebers über einen Ausschluss eines Unternehmens von der Teilnahme am Vergabeverfahren betrifft unmittelbar die Interessen der Mitbewerber und -bieter.[168] Hinsichtlich der Anwendung des § 123 GWB durch den Auftraggeber kann ein Unternehmen ggf. den Ausschluss eines Mitbewerbers verlangen, um die eigenen Zuschlagschancen zu erhöhen.[169] 157

Erfüllt ein Unternehmen einen fakultativen Ausschlussgrund können seine Mitbewerber in einem Vergabeverfahren von dem Auftraggeber allerdings nur eine fehlerfreie Ermessensausübung im Hinblick auf den Ausschluss eines Mitbewerbers oder -bieters verlangen, nicht jedoch dessen Ausschluss.[170] Das Ermessen des öffentlichen Auftraggebers kann aber „auf Null" reduziert sein, so dass nur ein Ausschluss ermessensfehlerfrei ist.[171] 158

Neben den Ausschlusstatbeständen darf sich ein Mitbewerber im Nachprüfungsverfahren grundsätzlich auch auf die korrekte Anwendung des § 125 GWB durch den Auftraggeber berufen, wenn er die Wiederzulassung eines Unternehmens wegen Selbstreinigung für ungerechtfertigt hält.[172] 159

Sofern der Auftraggeber das Unternehmen wiederzugelassen hat, weil die Registerbehörde dem Löschungsantrag des Unternehmens wegen Selbstreinigung stattgegeben hat, darf ein Mitbewerber nicht dagegen vorgehen. 160

Denn im Wege des Nachprüfungsverfahrens sind die Löschungen der Eintragungen von Unternehmen aus dem Register wegen Fristablaufs oder wegen Selbstreinigung nicht angreifbar.[173] Weil der Auftraggeber aufgrund des zwingenden § 7 Abs. 2 S. 1 WRegG an die Löschungsentscheidung der Registerbehörde gebunden ist, wirkt die Bindungswirkung auch im Nachprüfungsverfahren fort.[174] 161

Mitbewerber oder -bieter dürfen sich im Nachprüfungsverfahren auch nicht auf eine vorhandene Eintragung eines Konkurrenten in das Wettbewerbsregister berufen. Die Abfragepflicht ist als solche nämlich nach dem Willen des Gesetzgebers nicht bieterschützend.[175] Es geht hier um den Fall, dass ein Auftraggeber seiner Abfragepflicht nach § 6 Abs. 1 S. 1 und 2 WRegG nicht nachgekommen ist und eine Vergabeentscheidung zugunsten eines eingetragenen Unternehmens getroffen hat. Weil der Auftraggeber seine Abfragepflicht missachtet hat, hatte er zum Zeitpunkt der Vergabeentscheidung keine Kenntnis von dem Eintrag des Unternehmens im Register. Ein Konkurrent, der an demselben Vergabeverfahren teilgenommen und den Auftrag nicht erhalten hat, verlangt die Nachprüfung der Vergabeentscheidung im Hinblick auf §§ 123, 124 GWB. 162

Dass eine Eintragung im Register im Nachprüfungsverfahren nicht von Konkurrenten geltend gemacht werden kann, erscheint widersprüchlich. Denn die Abfragepflicht steht in engem Zusammenhang mit den Ausschlusstatbeständen, welche ihrerseits drittschützend sind. Die Abfragepflicht ist der Entscheidung über den Ausschluss eines Unternehmens 163

---

[167] Beck VergabeR/*Opitz* GWB § 123 Rn. 16.
[168] Beck VergabeR/*Opitz* GWB § 123 Rn. 16.
[169] Beck VergabeR/*Opitz* GWB § 123 Rn. 16.
[170] Beck VergabeR/*Opitz* GWB § 124 Rn. 11.
[171] Beck VergabeR/*Opitz* GWB § 124 Rn. 11.
[172] Beck VergabeR/*Opitz* GWB § 125 Rn. 14.
[173] BT-Drs. 18/12051, 31, 32.
[174] BT-Drs. 18/12051, 32.
[175] BT-Drs. 18/12051, 31: „Die Abfragepflicht des Auftraggebers ist als solche nicht bieterschützend. Eine Eintragung im Wettbewerbsregister kann nicht in Nachprüfungsverfahren von konkurrierenden Bietern geltend gemacht werden."

unmittelbar vorgelagert. Sie stellt gerade die Grundlage dar, auf welcher der Auftraggeber ein Unternehmen ausschließt oder nicht. So wirkt es inkonsequent, dass sich Mitbewerber einerseits zwar auf die korrekte Anwendung der §§ 123, 124 GWB berufen dürfen, andererseits jedoch nicht das tatsächliche Vorliegen der Ausschlusstatbestände mithilfe des Wettbewerbsregisters geltend machen dürfen, erst recht, wenn der Auftraggeber versäumt, überhaupt das Register einzusehen.

G. Grundsatz der elektronischen Kommunikation

164 Nach § 1 Abs. 3 WRegG wird das Register in Form einer elektronischen Datenbank geführt. Zugleich erfolgen gemäß § 9 WRegG Meldungen an die Registerbehörde, Abfragen aus dem Register und die weitere Kommunikation zwischen der Registerbehörde und anderen Stellen grundsätzlich unter Einsatz elektronischer Kommunikationsmittel.

165 Bisher werden Auskünfte aus dem Gewerbezentralregister per Post versendet. Durch die Ablösung des Gewerbezentralregisters durch ein rein elektronisch gestütztes System sollen Auftraggeber nach Einschätzung des Gesetzgebers 11 Minuten pro Vergabeverfahren einsparen.[176]

166 § 9 Abs. 2 S. 2 WRegG stellt ausdrücklich klar, dass für die Verarbeitung personenbezogener Daten grundsätzlich die allgemeinen datenschutzrechtlichen Vorschriften gelten. Die nach § 10 WRegG zu erlassende Rechtsverordnung kann ausnahmsweise besondere Regelungen vorsehen. Nach § 10 Nr. 2 WRegG soll die Rechtsverordnung nämlich die erforderlichen datenschutzrechtlichen Vorgaben für die elektronische Kommunikation mit der Registerbehörde regeln.

H. Entwurf eines Gesetzes zur Stärkung der Integrität in der Wirtschaft

167 Nach Vorlage eines ersten Entwurfs am 22.8.2019[177] hat das Bundesministerium der Justiz und für Verbraucherschutz (BMJV) 22.4.2020 einen überarbeiteten Referentenentwurf eines Gesetzes zur Stärkung der Integrität in der Wirtschaft (RefE-2020) vorgelegt.[178] Der Gesetzesentwurf verfolgt das Ziel, die Sanktionierung wirtschaftlich tätiger Verbände auf eine eigenständige gesetzliche Grundlage zu stellen, sie dem Legalitätsprinzip zu unterwerfen und durch ein verbessertes Instrumentarium eine angemessene Ahndung von Verbandstaten zu ermöglichen. Zugleich soll er Compliance-Maßnahmen fördern und Anreize dafür bieten, dass Unternehmen mit internen Untersuchungen dazu beitragen, Straftaten aufzuklären.[179]

168 Herzstück des Referentenentwurfs ist der in Artikel 1 enthaltene Vorschlag für ein „Gesetz zur Sanktionierung von verbandsbezogenen Straftaten (Verbandssanktionengesetz – VerSanG)". Es soll den Verfolgungsbehörden und Gerichten ein ausreichend scharfes und zugleich flexibles Sanktionsinstrumentarium an die Hand geben und erstmals verbandsspezifische Zumessungskriterien sowie ein Verbandssanktionenregister schaffen.[180]

169 Der RefE hat auch Auswirkungen auf das bislang noch nicht in Betrieb genommene Wettbewerbsregister. Die Änderungen betreffen im Wesentlichen die Eintragungstatbestände nach § 2 WRegG. Art. 12 des RefE sieht vor, dass die schon bisher in § 2 Abs. 1 genannten Straftaten und Ordnungswidrigkeiten auch dann in das Register einzutragen sind, wenn sie zur *„Verhängung von Verbandssanktionen nach dem Verbandssanktionengesetz"* geführt

[176] BT-Drs. 18/12051, 22.
[177] Entwurf eines Gesetzes zur Sanktionierung von verbandsbezogenen Straftaten (Verbandssanktionengesetz – VerSanG) des Bundesministeriums der Justiz und für Verbraucherschutz v. 22.8.2019.
[178] Zu dem Gesetzesvorhaben insgesamt *Baur/Holle* ZRP 2019, 186; *Grunert* CCZ 2020, 71.
[179] RefE-2020 v. 20.4.2020, 1.
[180] RefE-2020 v. 20.4.2020, 1.

haben.[181] Im Ergebnis soll damit ein Gleichlauf von persönlich-individuellen Verfehlungen und Verbänden zuzurechnenden Taten hergestellt werden.

§§ 54f. des Entwurfs eines VerSanG sehen die Einrichtung eines eigenständigen Verbandssanktionenregisters vor. Mit dem Register, das weitgehende Parallelen zum Wettbewerbsregister aufweist, soll ein für die Justiz konzipiertes Informationssystem aufgebaut werden.[182] Die Informationen aus dem Verbandssanktionenregister sollen insbesondere die Staatsanwaltschaften und Gerichte bei der Sanktionszumessung unterstützen. Das Verbandssanktionenregister ist insoweit das Äquivalent zum Bundeszentralregister mit seinen Eintragungen von Verurteilungen natürlicher Personen.[183] 170

Das BMJV geht davon aus, dass die bestehenden Register nicht ausreichen, um die verfolgten Ziele zu erreichen. Diese und insbesondere das Wettbewerbsregister seien weder nach Inhalt und dem Zweck der Eintragungen noch nach dem Kreis der Betroffenen sowie der Auskunftsberechtigten geeignet, auch Verbandssanktionen zu integrieren. Dem eigenständigen Charakter der Verbandssanktionen könne am ehesten mit einem eigenen Register entsprochen werden. Außerdem solle mit einem eigenen Register den Besonderheiten Rechnung getragen werden, dass es sich nicht um gegen natürliche Personen verhängte Sanktionen handelt beziehungsweise dass die Eintragungen nicht nur als Entscheidungsgrundlage für einen bestimmten Zweck dienen sollen (das Gewerbezentralregister für gewerberechtliche Entscheidungen bzw. das Wettbewerbsregister für Vergabeentscheidungen).[184] 171

Damit wird zugleich das Verhältnis des Verbandssanktionenregisters zum Wettbewerbsregister geklärt: § 60 Abs. 1 des Entwurfs eines VerSanG sieht zunächst ein unbeschränktes Auskunftsrecht der dort genannten Behörden (insbes. Gerichte und Staatsanwaltschaften sowie Finanzbehörden) vor. Nach Abs. 2 haben Auskunft ersuchende Stellen aber stets den Zweck anzugeben, für den die Auskunft benötigt wird. Die Auskunft darf auch nur zu diesem Zweck verwendet werden. Es darf sich jedoch nicht um Zwecke im Rahmen eines Vergabeverfahrens handeln. Insoweit ist die Auskunft aus dem Wettbewerbsregister vorrangig und abschließend. So soll verhindert werden, dass die speziellen Regelungen des WRegG insbesondere zur Löschung nach Fristablauf (§ 7 WRegG) bzw. zur vorzeitigen Löschung wegen Selbstreinigung (§ 8 WRegG) unterlaufen werden.[185] 172

Derzeit ist noch nicht absehbar, ob und wann das VerSanG in Kraft tritt. Die beteiligten Kreise üben grundsätzliche Kritik und lehnen den Ansatz des Gesetzgebungsvorhabens in weiten Teilen insgesamt ab.[186] 173

[181] RefE-2020 v. 20.4.2020, 44f.
[182] RefE-2020 v. 20.4.2020, 126.
[183] RefE-2020 v. 20.4.2020, 126.
[184] RefE-2020 v. 20.4.2020, 126.
[185] RefE-2020 v. 20.4.2020, 131f.
[186] Vgl. etwa DAV-Stellungnahme v. 15.8.2019, abrufbar unter www.dav.de; VCI/BCM-Stellungnahme aus Juni 2020, abrufbar unter www.vci.de; Stellungnahme der Deutschen Kreditwirtschaft v. 11.6.2020, abrufbar unter www.die-dk.de; Zeitschrift für Unternehmensjuristen – ZUJ v. 25.5.2020, 8.

Kapitel 16 Binnenmarktrelevante Auswahlverfahren nach primärrechtlichen Verfahrensvorgaben (AEUV)

§ 82 Rechtliche Grundlagen

Übersicht

AEUV: Art. 18, Art. 34, Art. 45, Art. 49, Art. 56, Art. 63

Literatur:

Arnull, The General Principles of EEC Law and the Individual, 1990; *Arrowsmith,* The Law of Public and Utilities Procurement, 3. Aufl. 2018; *Bauer,* Das Bietverfahren im EG-Beihilfenrecht bei der übertragenden Sanierung rechtswidrig begünstigter Unternehmen, EuZW 2001, 748; *Barth,* Das Vergaberecht außerhalb des Anwendungsbereichs der EG-Vergaberichtlinien, 2010; *Bitterich,* Das grenzüberschreitende Interesse am Auftrag im primären Gemeinschaftsvergaberecht – Anm. zu EuGH, Urt. v. 13.11.2007 – C-507/03 – Kommission/Irland („An Post"); EuZW 2008, 14; *v. Bonin,* Aktuelle Fragen des Beihilferechts bei Privatisierungen, EuZW 2013, 247; *Braun,* Besprechung der Mitteilung der Kommission zum Vergaberecht, EuZW 2006, 683; *Braun,* Ausschreibungspflichtigkeit des Verkaufs von Gesellschaftsanteilen, VergabeR 2006, 657; *Braun/Hauswald,* Vergaberechtliche Wirkung der Grundfreiheiten und das Ende der Inländerdiskriminierung? Zugleich eine Anmerkung zum EuGH-Urteil Coname, EuZW 2006, 176; *Burgi,* Die Vergabe von Dienstleistungskonzessionen: Verfahren, Vergabekriterien, Rechtsschutz, NZBau 2005, 610; *Deling,* Kriterien der „Binnenmarktrelevanz" und ihre Konsequenzen unterhalb der Schwellenwerte, NZBau 2011, 725 und NZBau 2012, 17; *Dietlein,* Anteils- und Grundstücksveräußerungen als Herausforderung für das Vergaberecht, NZBau 2004, 472; *Dörr,* Europäisches Vergabeprimärrecht, in v. Bar/Hellwege/Mössner/Winkeljohann (Hrsg.), Recht und Wirtschaft. Gedächtnisschrift für Malte Schindhelm, 2009, S. 191; *Eggers/Malmendier,* Strukturierte Bieterverfahren der öffentlichen Hand, Rechtliche Grundlagen, Vorgaben an Verfahren und Zuschlag, Rechtsschutz, NJW 2003, 780; *Ehlers,* Europäische Grundrechte und Grundfreiheiten, 4. Aufl. 2015; *Frenz* in Willenbruch/Wieddekind, Vergaberecht, Kompaktkommentar, 4. Aufl. 2017, 15. Teil: EU-Primär- und Sekundärrecht; *Frenz,* Unterschwellenvergaben, VergabeR 2007, 1; *Gabriel,* Die Kommissionsmitteilung zur öffentlichen Auftragsvergabe außerhalb der EG-Vergaberichtlinien, NVwZ 2006, 1262; *Gabriel/Voll,* Das Ende der Inländerdiskriminierung im Vergabe(primär)recht, NZBau 2014, 155; *Ger-*

melmann, Konkurrenz von Grundfreiheiten und Missbrauch von Gemeinschaftsrecht – Zum Verhältnis von Kapitalverkehrs- und Niederlassungsfreiheit in der neueren Rechtsprechung, EuZW 2008, 596; *Höfler,* Transparenz bei der Vergabe öffentlicher Aufträge, NZBau 2010, 73; *Huerkamp,* Die grundfreiheitlichen Beschränkungsverbote und die Beschaffungstätigkeit des Staates, EuR 2009, 563; *Kischel,* Zur Dogmatik des Gleichheitssatzes in der Europäischen Union, EuGRZ 1997, 1; *Klein,* Veräußerung öffentlichen Anteils- und Grundstücksvermögens nach dem Vergaberecht, VergabeR 2005, 22; *Koenig/Kühling,* Diskriminierungsfreiheit, Transparenz und Wettbewerbsoffenheit des Ausschreibungsverfahrens – Konvergenz von EG-Beihilfenrecht und Vergaberecht, NVwZ 2003, 779; *Köster,* Gesetzgebung ohne den Gesetzgeber? Zur „Regulierung" der Auftragsvergabe im Unterschwellenbereich durch die EU-Kommissionsmitteilung vom 24.7.2006, ZfBR 2007, 127; *Prieß/Gabriel,* M&A-Verfahrensrecht – EG-rechtliche Verfahrensvorgaben bei staatlichen Beteiligungsveräußerungen, NZBau 2007, 617; *Prieß/Simonis,* Die künftige Relevanz des Primärvergabe- und Beihilfenrechts – Ein Zwischenruf, NZBau 2015, 731; *Röwekamp/Fandrey,* Die Binnenmarktrelevanz öffentlicher Auftragsvergaben, 2. Aufl. 2015; *Schnieders,* Die kleine Vergabe, DVBl 2007, 287; *Siegel,* Die Grundfreiheiten als Auffangordnung im europäischen und nationalen Vergaberecht, EWS 2008, 66; *Soltész/Bielesz,* Privatisierungen im Licht des Europäischen Beihilferechts – Von der Kommission gerne gesehen – aber nicht um jeden Preis, EuZW 2004, 391; *Steinberg,* Die Entwicklung des Europäischen Vergaberechts seit 2004 – Teil 1, NZBau 2007, 150; *Stöbener de Mora,* Überall Beilhilfen? – Die Kommissionsbekanntmachung zum Beihilfebegriff, EuZW 2016, 685; *Trepte,* Public Procurement in the EU, 2. Aufl. 2007; *Wollenschläger,* Das EU-Vergaberegime für Aufträge unterhalb der Schwellenwerte, NVwZ 2007, 388; *Wollenschläger,* Primärrechtsschutz außerhalb des Anwendungsbereichs des GWB, in: Müller-Wrede, Kompendium des Vergaberechts, 2. Aufl. 2013, S. 705 ff.

A. Einleitung

1 Das in den Mitgliedsstaaten der Europäischen Union geltende Vergaberechtsregime wird maßgeblich durch das europäische Vergabesekundärrecht, insbesondere die im Jahr 2014 erlassenen Richtlinien 2014/23/EU (Konzessionsrichtlinie – KRL), 2014/24/EU (Vergaberichtlinie – VRL) und 2014/25/EU (Sektorenrichtlinie – SRL), bestimmt. Öffentliche Auftraggeber unterliegen bei (vergabeähnlichen) Auswahlverfahren allerdings auch außerhalb des Anwendungsbereichs dieser spezifischen sekundärrechtlichen Vergaberechtsordnung rechtlichen Bindungen. Aus europäischer Perspektive kommt dem **europäischen Primärrecht,** im Kern bestehend aus dem EUV und dem AEUV[1], eine übergeordnete Bedeutung zu. Das europäische Primärrecht stellt grundsätzlich eine **abstrakt-generelle Rahmenordnung** zur Verwirklichung des europäischen Binnenmarktes dar. Es bindet die Mitgliedstaaten sowie deren Organe und funktionelle Untergliederungen[2] umfassend und unmittelbar[3] und besitzt nach ständiger Rechtsprechung des EuGH eine vergaberechtliche Dimension, soweit ein öffentlicher Auftrag nicht dem Anwendungsbereich des koordinierten europäischen Vergabesekundärrechts unterfällt.[4]

2 Die praktische Relevanz des europäischen Primärrechts für die Vergabe öffentlicher Aufträge ist bereits deshalb immens, weil durchschnittlich mehr als 90% aller Auftragsvergaben nicht dem Anwendungsbereich des Vergabesekundärrechts unterliegen.[5] Die vergaberechtliche Bedeutung des europäischen Primärrechts steht damit in einem umgekehrt proportionalen Verhältnis zu dessen Regelungsdichte. Denn seinem Charakter einer abstrakten Rahmenordnung geschuldet, bestehen keinerlei konkrete primärrechtliche Vor-

---

[1] Vgl. Art. 1 Abs. 3 EUV und Art. 1 Abs. 2 AEUV.

[2] Vgl. dazu Calliess/Ruffert/*Kingreen* AEUV Art. 36 Rn. 105 ff.

[3] EuGH Urt. v. 5.2.1963 – C-26/62, Slg. 1963, 0003 = BeckRS 1963, 104732 – van Geend & Loos.

[4] Vgl. EuGH Urt. v. 23.12.2009 – C-376/08, Slg. 2009, I-12169 = NZBau 2010, 261 Rn. 22 – Serrantoni; EuGH Urt. v. 15.5.2008 – C-147/06 und C-148/06, Slg. 2008, I-3583 = NZBau 2008, 453 Rn. 19 f. – SECAP und Santorso; EuGH Urt. v. 13.10.2005 – C-458/03, Slg. 2005, I-8585 = NVwZ 2005, 1407 Rn. 46 – Parking Brixen; EuGH Urt. v. 21.7.2005 – C-231/03, Slg 2005, I-7287 = NVwZ 2005, 1052 Rn. 16 – Coname; EuGH Urt. v. 7.12.2000 – C-324/98, Slg. 2000, I-10745 = NZBau 2001, 148 Rn. 60 – Telaustria; das bestätigte auch der BGH Beschl. v. 7.2.2006 – KVR 5/05, BGHZ 166, 165 = NJW-RR 2006, 836 Rn. 60. Vgl. zur Anwendbarkeit europäischen Primärrechts auf öffentliche Vergabevorgänge, die außerdem dem koordinierten europäischen Vergabesekundärrecht unterfallen: EuGH Urt. v. 18.11.1999 – C-275/98, Slg. 1999, I-8291 = NZBau 2000, 91 Rn. 30 ff. – Unitron Scandinavia.

[5] *Burgi* VergabeR Vor § 25 Rn. 1. MüKoWettbR/*Kühling/Huerkamp* Einl. VergabeR Rn. 147 spricht sogar von etwa 90 bis 95 Prozent.

gaben und Bestimmungen zur Durchführung und Ausgestaltung förmlicher Vergabeverfahren.[6] Gleichwohl können sich die allgemeinen primärrechtlichen Vorgaben im jeweiligen Einzelfall zu **konkreten Handlungsgeboten und -verboten** verdichten, welche schließlich die **Durchführung strukturierter Bieterverfahren** seitens eines öffentlichen Auftraggebers bei der Vergabe eines Auftrags erforderlich machen können. Das folgt aus einer umfangreichen richterrechtlichen Rechtsfortbildung des EuGH. Entsprechend dieser Judikatur ergibt sich aus dem europäischen Primärrecht jedenfalls eine Pflicht zur Durchführung eines transparenten, nichtdiskriminierenden und die **Gleichbehandlung** und **Chancengleichheit** interessierter Unternehmen gewährleistenden Vergabeverfahrens.[7] Auftragsvergaben unterliegen somit, auch ohne der Anwendung des spezifischen Vergabesekundärrechts zu unterfallen, bestimmten **Transparenzerfordernissen,** *„die, ohne notwendigerweise eine Verpflichtung zur Vornahme einer Ausschreibung zu umfassen, insbesondere geeignet sind, einem in einem anderen Mitgliedsstaat als dem dieser Gemeinde niedergelassenen Unternehmen vor der Vergabe Zugang zu angemessenen Informationen […] zu ermöglichen, so dass dieses Unternehmen gegebenenfalls sein Interesse […] hätte bekunden können“.*[8] Selbst wenn das europäische Primärrecht somit keine grundsätzliche Ausschreibungspflicht öffentlicher Aufträge in einem bestimmten förmlichen Verfahren fordert, steht jedoch *„das völlige Fehlen einer Ausschreibung […] weder mit den Anforderungen der Art. 49 und 56 AEUV noch mit der Grundsätzen der Gleichbehandlung, der Nichtdiskriminierung und der Transparenz in Einklang“*[9].

Der **sachliche Anwendungsbereich** primärrechtlicher Vorgaben für die Vergabe öffentlicher Aufträge lässt sich in Ermangelung expliziter Vorschriften des Primärrechts ebenfalls lediglich in abstrakt-genereller Art und Weise bestimmen. Ausgangspunkt ist jedenfalls die Nichtanwendbarkeit des spezifischen europäischen Vergabesekundärrechts, weshalb das Vergabeprimärrecht insbesondere diejenigen Beschaffungsvorgänge der öffentlichen Hand betrifft, deren Auftragswert die europäischen Schwellenwerte nicht erreicht. Bis zum Erlass der KRL im Jahr 2014 befasste sich ein Großteil der Entscheidungen des EuGH auf dem Gebiet des Vergabeprimärrechts mit der Vergabe von Dienstleistungskonzessionen. Auch die Mitteilung der Kommission zu Auslegungsfragen im Bereich der Konzessionen im Gemeinschaftsrecht war von erheblicher Bedeutung[10], denn Dienstleistungskonzessionen fielen bis zu diesem Zeitpunkt gemäß Art. 17 VKR 2004, Art. 18 SKR 2004 nicht in den Anwendungsbereich der Vergaberichtlinien. Seit dem Erlass der KRL ist die Vergabe von Dienstleistungskonzessionen jedoch sekundärrechtlich geregelt und deshalb weitgehend nicht mehr unmittelbar den vergabeprimärrechtlichen Vorgaben unterworfen. Daneben entfaltet das europäische Primärrecht aber auch grundsätzlich bei solchen Rechtsgeschäften der öffentlichen Hand Wirkung, die sich nicht von vornherein dem klassischen vergaberechtlichen öffentlichen Auftrag zuordnen lassen, denen aber ungeachtet dessen **Relevanz für den europäischen Binnenmarkt** zukommt.[11] Als solche kommen etwa **öffentliche Grundstücks- und Gesellschaftsanteilsveräußerungen**[12] 3

[6] Vgl. *Burgi* NZBau 2005, 610 (612).

[7] EuGH Urt. v. 7.12.2000 – C-324/98, Slg. 2000, I-10745 = NZBau 2001, 148 Rn. 60 ff. – Telaustria; EuGH Urt. v. 18.11.1999 – C-275/98, Slg. 1999, I-8291 = NZBau 2000, 91 Rn. 31 f. – Unitron Scandinavia.

[8] EuGH Urt. v. 21.7.2005 – C-231/03, Slg 2005, I-7287 = NVwZ 2005, 1052 Rn. 28 – Coname, hier bzgl. der Vergabe einer Dienstleistungskonzession. Ähnliche Pflichten leitet das OLG Düsseldorf auch für Vergaben unterhalb der Schwellenwerte und unterhalb der Binnenmarktrelevanz aus Art. 3 GG ab. So sollen insbesondere gewichtige Gründe dafür sprechen, dass auch im Unterschwellenbereich die Einhaltung einer Informations- und Wartepflicht durch den öffentlichen Auftraggeber erforderlich ist (OLG Düsseldorf Urt. v. 13.12.2017 – I-27 U 25/17, NZBau 2018, 168 Rn. 14, 17).

[9] EuGH Urt. v. 13.10.2005 – C-458/03, Slg. 2005, I-8585 = NVwZ 2005, 1407 Rn. 50 – Parking Brixen, unter Bezugnahme der ex-Art. 43 EGV (Art. 49 AEUV) und 49 EGV (Art. 56 AEUV).

[10] Willenbruch/Wieddekind/*Frenz* 15. Teil Rn. 63.

[11] Vgl. dazu eingehend → § 83 Rn. 19 ff.

[12] Siehe *Prieß/Gabriel* NZBau 2007, 617 ff.; *Braun* VergabeR 2006, 657 ff.; *Koenig* EuZW 2006, 203 ff.; *Klein* VergabeR 2005, 22 ff.; *Dietlein* NZBau 2004, 472 ff.; *Eggers/Malmendier* NJW 2003, 780 ff.

sowie die **Privatisierung** öffentlicher Unternehmen oder Kapitalmarktplatzierungen (IPO) bzw. Börsengänge öffentlicher Unternehmen in Betracht.

4 Obwohl sich die einzelnen Verfahrensanforderungen des europäischen Primärrechts im Wesentlichen aus der Rechtsprechung des EuGH ergeben, sollten bei deren Anwendung nicht lediglich die einzelnen Judikate, sondern stets auch die **Rechtsquellen,** aus denen entsprechende Verfahrensvorgaben abgeleitet werden, in den Blick genommen werden. Einerseits definieren diese den sachlichen Anwendungsbereich eines europäischen Vergabeprimärrechts, andererseits können aus ihnen durchaus auch unmittelbare Rückschlüsse für die spezifische Anwendung im Einzelfall gezogen werden.

5 Die rechtliche Grundlage zur Durchführung primärrechtlich gebotener, strukturierter Bieterverfahren stellen dabei im Allgemeinen die europäischen Grundfreiheiten und Grundsätze, insbesondere die Dienstleistungsfreiheit **(Art. 56 AEUV),** die Niederlassungsfreiheit **(Art. 49 AEUV),** die Kapitalverkehrsfreiheit **(Art. 63 AEUV),** und das Diskriminierungsverbot **(Art. 18 AEUV)** sowie die daraus abgeleiteten **Grundsätze der Transparenz,** der **Effektivität,** der **Gleichbehandlung** und der **Äquivalenz** dar. Daraus folgt als gleichsam notwendige Bedingung zur Durchführung primärrechtlicher Bieterverfahren das Kriterium der **Binnenmarktrelevanz** eines zu vergebenden Auftrags oder eines abzuschließenden Rechtsgeschäfts. Nur soweit eine mitgliedstaatliche Maßnahme einen grenzüberschreitenden Bezug aufweist, können primärrechtliche Vorgaben zu Gunsten des Binnenmarktes überhaupt erforderlich werden. Sowohl die Bestimmung der spezifisch einschlägigen primärrechtlichen Grundlage als auch die Feststellung der Binnenmarktrelevanz bedingen dabei erhebliche praktische Schwierigkeiten und sind nicht in jedem Fall rechtssicher möglich. Insbesondere die konkret anwendbare Rechtsgrundlage im Einzelfall ist jedoch maßgeblich für die Rechtsbehelfsberechtigung inländischer, EU-ausländischer oder (juristischer) Personen aus Drittstaaten vor deutschen Gerichten, sofern diese eine fehlerhafte Durchführung von strukturierten primärrechtlichen Bieterverfahren geltend machen.

6 Ist der Bereich primärrechtlich gebotener Vergabeverfahren schließlich *in concreto* weitgehend rechtlich unbestimmt und lediglich durch einzelfallabhängige Judikate des EuGH zumindest in gewissem Maße umschrieben, kommt den verschiedenen **Bekanntmachungen der Europäischen Kommission** zur einzelfallspezifischen Anwendung eine besondere Bedeutung zu. Namentlich Mitteilungen, Stellungnahmen, Berichte, Grün- und Weißbücher besitzen hier eine erhebliche Relevanz als Interpretations- und Auslegungsdirektiven[13] der Vertragsregeln vor dem Hintergrund der europäischen Rechtsprechung, obwohl es sich bei ihnen nicht um verbindliche Rechtsakte im Sinne von Art. 288 AEUV handelt. Da die Kommission aber im Rahmen des Vertrauensschutzes und der Selbstbindung dazu verpflichtet ist, sich an diese Auslegung und Anwendungsgrundsätze zu halten, sind auch sie dem rechtlichen Rahmen zur Durchführung primärrechtlich gebotener Bieterverfahren zuzurechnen.

7 Der Kanon grundfreiheitlicher Rechtsgrundlagen wird schließlich ergänzt durch das **EU-Beihilferecht** im Sinne der **Art. 107 ff. AEUV.** Vergaberechtliche Vorgaben des europäischen Primärrechts sind nicht lediglich auf solche Rechtsgeschäfte beschränkt, die klassischerweise als öffentliche Aufträge iSd Vergabesekundärrechts zu qualifizieren sind. Vielmehr kommen diese bei sämtlichen Rechtsgeschäften der öffentlichen Hand zum Tragen, die auch nur potentiell den Zugang zu grundfreiheitlichen Märkten reglementieren, sodass sich ihr sachlicher Anwendungsbereich mit demjenigen des EU-Beihilferechts überschneiden kann. Obwohl die Zwecksetzungen der Regelungskomplexe des EU-Beihilferechts und des Vergabeprimärrechts durchaus differieren, können sich aus beiden Rechtsbereichen **Verfahrensanforderungen** für die Durchführung bestimmter staatlicher Rechtsgeschäfte ergeben. Dementsprechend ist es unbedingt notwendig, die Vorgaben

[13] Vgl. *Eggers/Malmendier* NJW 2003, 780 (781).

beider Regelungskomplexe bei der Strukturierung beiderseitig gebotener Bieterverfahren in einen **kohärenten Ausgleich** zu bringen.

B. Grundfreiheitliche Vorgaben

I. Systematisches Verhältnis von Primär- und Sekundärrecht

Den maßgeblichen rechtlichen Rahmen für die Durchführung strukturierter Bieterverfahren nach primärrechtlichen Vorgaben außerhalb des europäischen Vergabesekundärrechts bilden die Grundfreiheiten des AEUV. Deren **rechtssystematisches Verhältnis** zu den spezifischen Regelungen des Vergabesekundärrechts sind deshalb grundsätzlich maßgebend für das auf öffentliche Auftragsvergaben anwendbare europäische Primärrecht, weil sich zwischen beiden Regelungsebenen des europäischen Vergaberechts **wechselseitige Wirkungen** ergeben. Einerseits dienen die Vergaberichtlinien zur Verwirklichung und Konkretisierung der Grundfreiheiten[14], andererseits konstituieren die Grundfreiheiten Anforderungen grundsätzlicher Art an die Vergabe von solchen öffentlichen Aufträgen, die dem Anwendungsbereich des Vergabesekundärrechts entzogen sind. Dabei obliegt es grundsätzlich dem Unionsgesetzgeber, das europäische Primärrecht auszugestalten und durch (sekundärrechtliche) Rechtsakte zu konkretisieren.[15] Soweit der Unionsgesetzgeber von dieser Konkretisierungskompetenz durch den Erlass spezifischer Vergaberichtlinien Gebrauch gemacht hat, bewirkt das **Vergabesekundärrecht** nach einer verbreiteten Ansicht in der Literatur[16] sowie der Rechtsprechung des EuGH[17] eine **Sperrwirkung bzw. einen Anwendungsvorrang gegenüber den Grundfreiheiten.**[18] Die Rechtmäßigkeit einer mitgliedstaatlichen Maßnahme ist dementsprechend lediglich insoweit anhand des europäischen Primärrechts zu beurteilen, solange und soweit eine abschließende sekundärrechtliche Regelung – in positiver oder negativer Art und Weise – nicht gegeben ist.[19] Ob der Unionsgesetzgeber dem sekundären Unionsrecht eine solche Wirkung beimessen will, ist allerdings jeweils durch Auslegung dieses abgeleiteten Rechts unter Berücksichtigung des Binnenmarktziels und der Grundfreiheiten zu ermitteln.[20] 8

In der Praxis wurde eine solche, den Rückgriff auf die primärrechtlichen Vorgaben der Grundfreiheiten verhindernde Wirkung des Vergabesekundärrechts bislang im Ergebnis stets **vom EuGH abgelehnt.**[21] Im Hinblick auf eine **negative Sperrwirkung des Vergabesekundärrechts** gegenüber dem europäischen Primärrecht *„bedeutet die Tatsache, dass der Gemeinschaftsgesetzgeber der Auffassung war, dass die in diesen Richtlinien vorgesehenen besonderen strengen Verfahren nicht angemessen sind, wenn es sich um öffentliche Aufträge von geringem Wert handelt, nicht, dass diese vom Anwendungsbereich des Gemeinschaftsrechts [Unionsrechts] aus-* 9

[14] EuGH Urt. v. 3.10.2000 – C-380/98, Slg. 2000, I-8035 = NZBau 2001, 218 Rn. 16 – University of Cambridge; EuGH Urt. v. 10.11.1998 – C-360/96, Slg. 1998, I-6821 = EuZW 1999, 16 Rn. 41 – BFI Holding BV; *Siegel* EWS 2008, 66 mit Verweis auf Erwägungsgrund 2 der VKR.

[15] *Dörr* GS Schindhelm, 2009, 193.

[16] Vgl. *Dörr* GS Schindhelm, 2009, 193; *Diehr* VergabeR 2009, 719 (721). Dazu kritisch *Siegel* EWS 2008, 66f., der insofern stattdessen lediglich von einer *„Konkretisierung des Primärrechts durch das Sekundärrecht"* spricht.

[17] EuGH Urt. v. 11.12.2003 – C-322/01, Slg. 2003, I-14887 = NJW 2004, 131 Rn. 64 – Doc Morris; EuGH Urt. v. 13.12.2001– C-324/99, Slg. 2001, I-9897 = EuZW 2002, 89 Rn. 32 – DaimlerChrysler; EuGH Urt. v. 12.10.1993 – C-37/92, Slg 1993, I-4947 = BeckRS 2004, 76804 Rn. 9 – Vanacker und Lesage.

[18] Ablehnend *Prieß/Simonis* NZBau 2015, 731 (732).

[19] EuGH Urt. v. 11.12.2003 – C-322/01, Slg. 2003, I-14887 = NJW 2004, 131 Rn. 64 – Doc Morris; EuGH Urt. v. 13.12.2001– C-324/99, Slg. 2001, I-9897 = EuZW 2002, 89 Rn. 32 – DaimlerChrysler; EuGH Urt. v. 12.10.1993 – C-37/92, Slg 1993, I-4947 = BeckRS 2004, 76804 Rn. 9 – Vanacker und Lesage; *Kingreen* in Calliess/Ruffert AEUV Art. 36 Rn. 18; *Frenz* EuropaR-HdB Bd. I Rn. 350.

[20] Vgl. *Hübner* VergabeR 2008, 58 (59); Calliess/Ruffert/*Kingreen* AEUV Art. 36 Rn. 18.

[21] Vgl. EuGH Urt. v. 9.7.1987 – 27/86 bis 29/86, Slg 1987, I-3347 = BeckRS 2004, 72821 Rn. 15 – CEI; so auch *Bitterich* EuZW 2008, 14 (15); *Barth,* Das Vergaberecht außerhalb des Anwendungsbereichs der EG-Vergaberichtlinien, 2010, 77.

genommen sind'[22]. Nach der Rechtsprechung des EuGH ist eine negative Sperrwirkung der Vergaberichtlinien gegenüber den Regelungen des europäischen Primärrechts damit nicht vom Sekundärrechtsgeber intendiert.

10 Vielmehr sollen sich vergaberechtliche Vorgaben der Grundfreiheiten auch für Sachverhaltskonstellationen ergeben, die dem Anwendungsbereich der europäischen Vergaberichtlinien nicht unterfallen. Das gilt insbesondere für Aufträge, deren **Auftragswert die Schwellenwerte der Vergaberichtlinien nicht erreicht**[23] und galt bis zum Erlass der KRL vor allem für die bis dahin vergaberechtsfreien **Dienstleistungskonzessionen** iSv Art. 17 VKR 2004 bzw. Art. 18 SKR 2004.[24]

11 Den europäischen Vergaberichtlinien kommt neben einer potentiellen Sperrwirkung bzw. eines Anwendungsvorrangs gegenüber dem vergaberelevanten Primärrecht allerdings für Vergaben außerhalb ihres Anwendungsbereichs, die lediglich primärrechtlichen Vorgaben unterliegen, auch eine gewisse inhaltliche Bedeutung zu, was bereits aus dem systematischen Verhältnis zwischen europäischem Primär- und Sekundärrecht folgt. Es dürfen im **Vergabeprimärrecht** deshalb **keine strengeren Anforderungen** an die Vergabeverfahren gestellt werden, als es im Anwendungsbereich der Vergaberichtlinien der Fall wäre, da diese gerade den Willen des europäischen Sekundärrechtsgebers zur Konkretisierung des Primärrechts im Hinblick auf die Vergabe öffentlicher Aufträge zum Ausdruck bringen.[25] Soweit dieser von seiner Regelungs- und Konkretisierungskompetenz bewusst eingeschränkt bzw. explizit keinen Gebrauch gemacht und spezifische Sachverhalte einer harmonisierten vergaberechtlichen Regelung vorenthalten hat, darf diese Entscheidung nicht durch primärrechtlich abgeleitete Verfahrensanforderungen konterkariert werden.[26]

II. Anwendung durch den EuGH

12 Der **AEUV enthält keine spezifischen Vorgaben für** die Durchführung von **strukturierten Bieterverfahren** zum Abschluss von Rechtsgeschäften der öffentlichen Hand.[27] Schlussfolgerungen über die Rechte und Pflichten öffentlicher Auftraggeber bei einem binnenmarktrelevanten Beschaffungsvorgang lassen sich deshalb nur unzureichend unmittelbar anhand des Wortlauts der entsprechenden Vorschriften ziehen.[28] Vor diesem Hintergrund kommt der vergaberechtsspezifischen Judikatur des EuGH eine maßgebliche Bedeutung für die Konkretisierung bestimmter grundfreiheitlich begründeter Verhaltenspflichten öffentlicher Auftraggeber bei der Auftragsvergabe zu.

13 Bevor der Gemeinschafts-/Unionsrechtsgeber eine spezifische sekundärrechtliche Kodifikation vornahm, erschöpften sich die rechtlichen Vorgaben für die öffentliche Auftragsvergabe lange Zeit in den europäischen Grundfreiheiten.[29] Dementsprechend leitet der EuGH die primärrechtlichen Verfahrensvorgaben auch heute noch aus den Grundfreihei-

[22] EuGH Beschl. v. 3.12.2001 – C-59/00, Slg. 2001, I-9505 = ZfBR 2002, 610 Rn. 19 – Vestergaard.

[23] EuGH Urt. v. 14.6.2007 – C-6/05, Slg. 2007, I-4557 = NZBau 2007, 597 Rn. 30 – Medipac. Die Schwellenwerte werden alle zwei Jahre durch die Europäische Union überprüft und bei Bedarf angepasst, zuletzt mit Wirkung zum 1.1.2020.

[24] EuGH Urt. v. 13.10.2005 – C-458/03, Slg. 2005, I-8585 = NVwZ 2005, 1407 Rn. 46 – Parking Brixen; EuGH Urt. v. 21.7.2005 – C-231/03, Slg 2005, I-7287 = NVwZ 2005, 1052 Rn. 28 – Coname; EuGH Urt. v. 7.12.2000 – C-324/98, Slg. 2000, I-10745 = NZBau 2001, 148 Rn. 60 – Telaustria; EuGH Urt. v. 14.11.2013 – C-221/12, ECLI:EU:C:2013:736 = NZBau 2014, 53 Rn. 28 – Belgacom.

[25] *Dörr* GS Schindhelm, 2009, 193 (195).

[26] Vgl. Generalanwältin *Sharpston* Schlussanträge v. 18.1.2007 – C-195/04, Slg. 2007, I-3351 Rn. 76 und 85 ff.= IBRRS 2014, 0164 – Kommission/Finnland sowie Generalanwältin *Kokott* Schlussanträge v. 1.3. 2005 – C-458/03, Slg. 2005, I-8585 = IBRRS 2005, 0720 Rn. 46 – Parking Brixen.

[27] Dazu auch *Schwarze* EuZW 2000, 133 (134), mit Verweis auf *Sundberg-Weitman* Discrimination on grounds of nationality, 221: „Wahrscheinlich habe man bei der Abfassung des Vertrags über das öffentliche Auftragswesen nur deshalb keine ausdrückliche Regelung getroffen, weil diese Materie '*a highly sensitive one in the context of the principle of non-discrimination*' sei".

[28] Vgl. *Deling* NZBau 2011, 725 (726).

[29] Vgl. *Prieß* VergabeR-HdB S. 8.

ten und den sich daraus ergebenden Grundsätzen ab. Die Formulierungen, Begründungen sowie der Prüfungsumfang des Gerichts variieren dabei. In einigen Entscheidungen wird lediglich pauschal konstatiert, dass Vergaben außerhalb des Anwendungsbereiches der Vergaberichtlinien *„den Grundregeln des Gemeinschaftsrechts und der sich daraus ergebende[n] Verpflichtung zur Transparenz unterworfen sind"*[30] bzw. *„die Auftraggeber verpflichtet [sind], die grundlegenden Vorschriften des EG-Vertrages und insbesondere das Verbot der Diskriminierung aus Gründen der Staatsangehörigkeit einzuhalten"*.[31] In anderen Entscheidungen benennt der EuGH die einzelnen **einschlägigen Grundfreiheiten** ausdrücklich und formuliert etwa, dass *„die Grundregeln und die allgemeinen Grundsätze des Vertrags, insbesondere auf dem Gebiet der Niederlassungsfreiheit und des freien Kapitalverkehrs"* zu beachten sind.[32] Daneben finden sich aber auch Urteile, in welchen der Gerichtshof eine detaillierte Prüfung vornimmt, ob tatsächlich eine Beeinträchtigung einer streitgegenständlichen Grundfreiheit durch mitgliedsstaatliche Maßnahmen vorliegt.[33] Soweit der EuGH demnach bestimmte staatliche Verhaltensweisen im Zusammenhang mit der Vergabe öffentlicher Aufträge an konkreten Grundfreiheiten misst, lassen sich daraus auch **allgemeine Verhaltenspflichten** ableiten, die sich schließlich zu einem Vergabeprimärrecht verdichten.

1. Dienstleistungsfreiheit

Nach Maßgabe der Art. 56 ff. AEUV sind Beschränkungen des freien Dienstleistungsverkehrs innerhalb der Union für Angehörige der Mitgliedstaaten, die in einem anderen Mitgliedstaat als demjenigen des Leistungsempfängers ansässig sind, verboten. Konkret schützt die Dienstleistungsfreiheit damit vor Diskriminierung aus Gründen der Staatsangehörigkeit. Art. 57 AEUV definiert die Dienstleistung als eine **selbstständige Leistung,** die vorübergehend in anderen Mitgliedstaaten gegen Entgelt erbracht wird und die nicht von der Waren- oder Kapitalverkehrsfreiheit oder von der Freiheit der Personenfreizügigkeit erfasst wird. In Abgrenzung zur Arbeitnehmerfreizügigkeit muss es sich dementsprechend um eine selbstständige Leistung handeln.[34] Wird eine Dienstleistung hingegen dauerhaft erbracht, ist die Niederlassungsfreiheit einschlägig. 14

Bei der Vergabe eines öffentlichen Auftrags sind daher sowohl sämtliche Bedingungen und Ausschlussgründe primärrechtlich unzulässig, die an die Staatsangehörigkeit einer Person anknüpfen, als auch unterschiedslos wirkende Maßnahmen, die geeignet sind, die grenzüberschreitende Tätigkeit eines in einem anderen Mitgliedstaat ansässigen Dienstleistenden zu behindern. Unzulässig sind des Weiteren bereits solche Vergabeanforderungen, die zwar grundsätzlich auch von Bietern aus anderen Mitgliedstaaten erfüllbar sind, diese 15

[30] EuGH Urt. v. 19.6.2008 – C-454/06, Slg. 2008, I-4401 = NZBau 2008, 518 Rn. 33 – pressetext; EuGH Urt. v. 7.12.2000 – C-324/98, Slg. 2000, I-10745 = NZBau 2001, 148 Rn. 60 f. – Telaustria; EuGH Urt. v. 18.11.1999 – C-275/98, Slg. 1999, I-8291 = NZBau 2000, 91 Rn. 31 f. – Unitron Scandinavia.

[31] EuGH Urt. v. 15.5.2008 – C-147/06 und C-148/06, Slg. 2008, I-3583 = NZBau 2008, 453 Rn. 20 – SECAP und Santorso; EuGH Urt. v. 18.12.2007 – C-220/06, Slg. 2007, I-12201 = NZBau 2008, 189 Rn. 71 – APERMC; EuGH Beschl. v. 3.12.2001 – C-59/00, Slg. 2001, I-9505 = ZfBR 2002, 610 Rn. 19 – Vestergaard.

[32] EuGH Urt. v. 6.5.2010 – C-145/08 und C-149/08, Slg. 2010, I-4165 = NZBau 2010, 506 Rn. 63 – Club Hotel Loutraki; ähnlich auch EuGH Urt. v. 21.2.2008 – C-412/04, Slg. 2008, I-619 = NVwZ 2008, 397 Rn. 66 – Kommission/Italien; EuGH Urt. v. 6.4.2006 – C-410/04, Slg. 2006, I-3303 = NZBau 2006, 326 Rn. 18 ff. – ANAV; EuGH Urt. v. 13.10.2005 – C-458/03, Slg. 2005, I-8585 = NVwZ 2005, 1407 Rn. 46 ff. – Parking Brixen; EuGH Urt. v. 9.9.1999 – C-108/98, Slg. 1999, I-5219 = BeckRS 2004, 74105 Rn. 20 – RI.SAN/Commune di Ischia.

[33] So zuletzt: EuGH Urt. v. 11.12.2014 – C-113/13, ECLI:EU:C:2014:2440 = IBRRS 2014, 3175 Rn. 45 ff. – Spezzino und ANPAS. Vgl. auch EuGH Urt. v. 27.10.2005 – C-234/03, Slg. 2005, I-9315 = EuZW 2006, 153 Rn. 24 ff. – Contse; EuGH Urt. v. 20.10.2005 – C-264/03, Slg. 2005, I-8831 = IBRRS 2005, 3082 Rn. 64 ff. – Kommission/Frankreich; EuGH Urt. v. 21.7.2005 – C-231/03, Slg 2005, I-7287 = NVwZ 2005, 1052 Rn. 16 ff. – Coname.

[34] Vgl. hierzu Grabitz/Hilf/Nettesheim/*Randelzhofer/Forsthoff* AEUV Art. 57 Rn. 40; *Frenz* EuropaR-HdB Bd. I Rn. 2443 ff.

jedoch typischerweise vor größere Schwierigkeiten stellen als einheimische Bieter (sog. **versteckte Diskriminierung**).[35]

16 Der EuGH hat die Dienstleistungsfreiheit als betroffen angesehen, wenn in einem Vergabeverfahren **Ansässigkeitspflichten** bzw. **Ansässigkeitsbegünstigungen** vorgesehen sind.[36] Das war etwa der Fall, wenn der Einsatz möglichst inländischer Arbeitskräfte, Maschinen und Materialien von einem öffentlichen Auftraggeber verlangt[37], der Einsatz von Subunternehmern mit **Sitz in der Region** gefordert[38], solchen Bietern der Vorrang vor anderen eingeräumt wird, die ihren Tätigkeitsschwerpunkt in der Region ausüben[39] oder aber Niederlassungsgenehmigungen des Staates verlangt werden, der den Auftrag vergibt.[40] Geben die Ausschreibungsunterlagen eine Zulassungsvoraussetzung vor, nach der der Bieter über einen Geschäftsraum in der Provinzhauptstadt verfügen muss[41] oder Bewertungskriterien, die Angebote von Bietern höher gewichten, die über Produktions- und Wartungsanlagen verfügen, die sich höchstens 1000 km von der Provinz entfernt befinden[42], so ist die Dienstleistungsfreiheit nach der Rechtsprechung des EuGH ebenfalls beeinträchtigt. Das gilt auch dann, wenn der Abschluss von Verträgen nur mit Unternehmen vorgesehen ist, die unmittelbar oder mittelbar ganz oder mehrheitlich in staatlichem oder öffentlichem Besitz stehen[43], auf nationale Klassifizierungen und Anforderungsstandards Bezug genommen wird[44] oder aber nur Unternehmen verpflichtet werden, die ihren Arbeitnehmern bei der Ausführung der Leistungen mindestens das am Ort der Ausführung tarifvertraglich vorgesehene Entgelt zahlen.[45]

17 In persönlicher Hinsicht sind neben **Unionsbürgern** über Art. 62 iVm Art. 54 AEUV auch **Gesellschaften** Träger der Dienstleistungsfreiheit, die **nach dem Recht eines der Mitgliedstaten gegründet** sind und ihren satzungsmäßigen Sitz, ihre Hauptverwaltung oder ihre Hauptniederlassung innerhalb der EU haben.[46]

2. Niederlassungsfreiheit

18 Der EuGH hat den **sachlichen Anwendungsbereich** der Niederlassungsfreiheit nach Art. 49 AEUV ausdrücklich weit gefasst und diese als *„Möglichkeit für einen Unionsangehörigen, in stabiler und kontinuierlicher Weise am Wirtschaftsleben eines anderen Mitgliedstaats als seines Herkunftsstaats teilzunehmen und daraus Nutzen zu ziehen"* definiert.[47] Davon umfasst ist die Niederlassung einer natürlichen oder juristischen Person in einem anderen Mitgliedstaat zum Zwecke der Aufnahme und Ausübung selbstständiger Erwerbstätigkeiten, die Gründung von Agenturen, Zweigniederlassungen oder Tochtergesellschaften in einem anderen Mitgliedstaat oder aus einem Mitgliedstaat heraus (grenzüberschreitend) sowie die Gründung und Leitung von Unternehmen (Gesellschaften) in einem anderen Mitgliedstaat. Von

---

35 Willenbruch/Wieddekind/*Frenz* 15. Teil Rn. 21 ff.

36 Vgl. dazu auch *Barth,* Das Vergaberecht außerhalb des Anwendungsbereichs der EG-Vergaberichtlinien, 2010, 40.

37 EuGH Urt. v. 22.6.1993 – C-243/89, Slg. 1993, I-3353 = BeckRS 2004, 75382 Rn. 23, 45 – Storebaelt.

38 EuGH Urt. v. 3.6.1992 – C-360/89, Slg. 1992, I-3401 = BeckRS 2004, 76732 Rn. 8 f. – Kommission/Italien.

39 EuGH Urt. v. 3.6.1992 – C-360/89, Slg. 1992, I-3401 = BeckRS 2004, 76732 Rn. 8 f. – Kommission/Italien.

40 EuGH Urt. v. 10.2.1982 – 76/81, Slg. 1982, I-417 = BeckRS 2004, 73653 Rn. 14 – Transporoute.

41 EuGH Urt. v. 27.10.2005 – C-234/03, Slg. 2005, I-9315 = EuZW 2006, 153 Rn. 79 ff. – Contse.

42 EuGH Urt. v. 27.10.2005 – C-234/03, Slg. 2005, I-9315 = EuZW 2006, 153 Rn. 79 ff. – Contse.

43 EuGH Urt. v. 5.12.1989 – C-3/88, Slg. 1989, I-4035 = NVwZ 1991, 356 – Kommission/Italien.

44 Willenbruch/Wieddekind/*Frenz* 15. Teil Rn. 30 mwN.

45 EuGH Urt. v. 3.4.2008 – C-346/06, Slg. 2008, I-1989 = NZBau 2008, 332 Rn. 43 – Rüffert; *Junker* ZAAR Bd. 38, S. 46 ff.; *Gabriel* ZAAR Bd. 38, S. 81; siehe aber auch: EuGH Urt. v. 17.11.2015 – C-115/14, ECLI:EU:C:2015:760 = EuZW 2016, 104 – Regio Post GmbH & Co. KG.

46 Grabitz/Hilf/Nettesheim/*Randelzhofer/Forsthoff* AEUV Art. 57 Rn. 29.

47 EuGH Urt. v. 11.3.2010 – C-384/08, Slg. 2010, I-2055 = BeckRS 2010, 90310, Rn. 36 – Attanasio Group; EuGH Urt. v. 30.11.1995 – C-55/94, Slg. 1995, I-4165 = NJW 1996, 579 Rn. 25 – Gebhard; Calliess/Ruffert/*Korte* AEUV Art. 49 Rn. 2.

der Niederlassungsfreiheit erfasst ist auch **der Erwerb einer Beteiligung an einem Unternehmen** mit Sitz in einem anderen Mitgliedstaat, mit der ein solcher Einfluss auf die Entscheidungen der Gesellschaft verbunden ist, dass der Erwerber deren Tätigkeiten bestimmen kann (Kontrollerwerb)[48] sowie die Verschmelzung einer ausländischen Gesellschaft mit einer inländischen.[49] In Abgrenzung zur Dienstleistungsfreiheit ist die Niederlassung durch die auf Dauer angelegte Erwerbstätigkeit in einem anderen Mitgliedstaat gekennzeichnet.[50] In beiden Fällen steht jedoch die selbstständige grenzüberschreitende Erbringung einer Dienstleistung im Vordergrund, sodass die Beeinträchtigungen, die die Dienstleistungsfreiheit betreffen, auch für die Niederlassungsfreiheit grundsätzliche Relevanz besitzen.[51]

Die Niederlassungsfreiheit gewährleistet die **Aufnahme und Ausübung einer wirtschaftlichen Erwerbstätigkeit,** die selbstständig und **auf der Grundlage einer festen Einrichtung dauerhaft** auf die Teilnahme am Wirtschaftsleben eines anderen Mitgliedstaats angelegt ist, sowie die Gründung und Leitung von Unternehmen.[52] Deshalb betreffen solche **Vorgaben** in Vergabeunterlagen eher die Niederlassungs- als die Dienstleistungsfreiheit, die es **Unternehmen** aus anderen Mitgliedstaaten im Vergleich zu einheimischen **erschweren, eine dauerhafte Niederlassung bzw. Gründung vorzunehmen.** Ist etwa der Abschluss von Verträgen nur mit solchen Unternehmen vorgesehen, die – wenn auch nur teilweise oder mittelbar – in staatlichem Besitz stehen,[53] oder wird auf nationale Klassifizierungen und Anforderungsstandards Bezug genommen, sind beide Grundfreiheiten gleichermaßen betroffen.[54] 19

Wie bei der Dienstleistungsfreiheit sind gemäß Art. 54 AEUV auch diejenigen **Gesellschaften** Träger der Niederlassungsfreiheit, die nach dem Recht eines der Mitgliedstaaten gegründet sind und ihren satzungsmäßigen Sitz, ihre Hauptverwaltung oder ihre Hauptniederlassung innerhalb der Europäischen Union haben.[55] Unternehmen aus Drittstaaten können sich nicht auf die Niederlassungsfreiheit berufen. 20

3. Freier Kapital- und Zahlungsverkehr

Art. 63 AEUV schützt den freien Kapital- und Zahlungsverkehr. Dabei wird der Begriff des **Kapitalverkehrs** verstanden als jede über die Grenzen eines Mitgliedstaats der Europäischen Union hinweg stattfindende Übertragung von Geld- oder Sachkapital, die primär zu Anlagezwecken erfolgt.[56] Die **Zahlungsverkehrsfreiheit** umfasst das Erfüllen rechtsgeschäftlicher Verbindlichkeiten und das tatsächliche Verbringen von Geld oder sonstigen Zahlungsmitteln.[57] Von dieser mitumfasst sind auch Gegenleistungen für der Kapitalverkehrsfreiheit unterfallende Transaktionen oder für Arbeitsleistungen.[58] Die Kapitalverkehrsfreiheit schützt auch vor **Behinderungen grenzüberschreitender Investitionen**[59] und ist dann betroffen, wenn grenzüberschreitende Kapitalbeteiligungen beeinträchtigt werden. 21

---

[48] EuGH Urt. v. 13.4.2000 – C-251/98, Slg. 2000, I-2787 = IStR 2000, 337 Rn. 22 – Baars.

[49] EuGH Urt. v. 13.12.2005 – C-411/03, Slg. 2005, I-10805 = NJW 2006, 425 Rn. 16ff. – Sevic Systems AG; Calliess/Ruffert/*Korte* AEUV Art. 49 Rn. 21.

[50] EuGH Urt. v. 4.12.1986 – 205/84, Slg. 1986, I-3755 = NJW 1987, 572 Rn. 21 – Kommission/Deutschland; EuGH Urt. v. 30.11.1995 – C-55/94, Slg. 1995, I-4165 = NJW 1996, 579 Rn. 21ff. – Gebhard; *Prieß* VergabeR-HdB S. 8.

[51] Siehe dazu auch → Rn. 16.

[52] Willenbruch/Wieddekind/*Frenz* 15. Teil Rn. 18 mwN.

[53] EuGH Urt. v. 5.12.1989 – C-3/88, Slg. 1989, I-4035 = NVwZ 1991, 356 Rn. 30 – Kommission/Italien.

[54] Willenbruch/Wieddekind/*Frenz* 15. Teil Rn. 30 mwN; *Barth,* Das Vergaberecht außerhalb des Anwendungsbereichs der EG-Vergaberichtlinien, 2010, 42; dazu allgemein EuGH Urt. v. 7.5.1991 – C-340/89, Slg. 1991, I-2357 = NJW 1991, 2073 – Vlassopoulou.

[55] Grabitz/Hilf/Nettesheim/*Forsthoff* AEUV Art. 49 Rn. 13.

[56] Calliess/Ruffert/*Bröhmer* AEUV Art. 63 Rn. 10.

[57] *Frenz* EuropaR-HdB Bd. I Rn. 2748.

[58] EuGH Urt. v. 22.6.1999 – C-412/97, Slg. 1999 I-3845 = BeckRS 2004, 77115 Rn. 16f. – ED Srl; Calliess/Ruffert/*Bröhmer* AEUV Art. 63 Rn. 78.

[59] Grabitz/Hilf/Nettesheim/*Ress/Ukrow* AEUV Art. 63 Rn. 133ff.

22 Im Hinblick auf die Durchführung **strukturierter Auswahlverfahren** können sich in mehrfacher Hinsicht Vorgaben aus der Kapital- und Zahlungsverkehrsfreiheit ergeben. **Grenzüberschreitende Investitionen in private Unternehmen** können potentiell durch eine Praxis ausschreibungsloser Auftragsvergaben verhindert werden. Insbesondere solche Unternehmen, deren Tätigkeitsbereich in einem besonderen Abhängigkeitsverhältnis zu öffentlichen Aufträgen steht, können als Investitionsobjekt unattraktiv werden, wenn öffentliche Aufträge bilateral, intransparent und diskriminierend vergeben werden.[60] Daneben kann es zu einer Behinderung grenzüberschreitender Investitionen auch bei der **Privatisierung öffentlicher Unternehmen** kommen, die ihrerseits öffentliche Aufträge als Auftragnehmer ausführen.[61] Insbesondere die mittelbare Auftragnehmerstellung, die mit einer Investition in ein solches Unternehmen verbunden ist, kann zur Wahrung des freien Kapitalverkehrs die Durchführung transparenter und nichtdiskriminierender Auswahlverfahren erfordern.[62] Unabhängig von der Vergabe öffentlicher Aufträge können vornehmlich **staatliche Veräußerungsgeschäfte** zu einer Beschränkung des freien Kapitalverkehrs führen. Die Auswahl eines privaten Investors zur Beteiligung oder Gründung eines gemischtwirtschaftlichen Unternehmens oder die Veräußerung staatlicher Grundstücke besitzen grundsätzliche Relevanz für den grenzüberschreitenden Kapitalverkehr, wenn die damit verbundene Auswahlentscheidung zwischen geeigneten Investoren intransparent und anhand subjektiver, nicht nachvollziehbarer Kriterien, ggf. sogar unter Bevorzugung inländischer Investoren, erfolgt.[63]

23 Grenzüberschreitende Direktinvestitionen und damit auch der **Erwerb von Unternehmensbeteiligungen** stehen allerdings grundsätzlich in einem **Überschneidungsbereich von Kapitalverkehrs- und Niederlassungsfreiheit;** eine eindeutige Zuordnung ist somit oftmals nur schwer möglich. Erfolgen diese Investitionen ausschließlich zum Zwecke der selbstständigen wirtschaftlichen Betätigung in einem anderen Mitgliedsstaat, unterfallen sie nach der ständigen Rechtsprechung des EuGH nicht der Kapitalverkehrs-, sondern ausschließlich der Niederlassungsfreiheit. Im Rahmen eines **Immobilienerwerbs** ist jedoch grundsätzlich auch die Kapitalverkehrsfreiheit betroffen.[64] Reine Finanzinvestitionen **(Portfolioinvestitionen),** wie etwa die Vergabe von Darlehen, die Gewährung von Genusskapital oder stillen Einlagen sind nur nach Maßgabe der Vorschriften über den Kapitalverkehr zu beurteilen.[65]

24 Relevant wird diese Abgrenzung bei Sachverhalten mit Bezug zu einem Drittstaat, denn als einzige Grundfreiheit **wirkt die Freiheit des Kapital- und Zahlungsverkehrs** auch zwischen den Mitgliedstaaten und dritten Ländern („**erga omnes**"); der Vertrag beschränkt den Kreis der berechtigten natürlichen und juristischen Personen nicht – wie bei der Niederlassungs- und Dienstleistungsfreiheit – auf die Staatsangehörigen bzw. Ansässigen der Mitgliedstaaten.[66] Konsequenz dieser Betrachtungsweise wäre es, dass auch **nicht gebietsansässige Drittstaatsangehörige diese Freiheiten als subjektives Recht** vor mitgliedstaatlichen Gerichten geltend machen könnten und dass insbesondere auch eine Differenzierung zwischen Unionsbürgern bzw. Unionsansässigen und Drittstaatsangehörigen bzw. unionsgebietsfremden Personen neben Art. 64 ff. AEUV allenfalls über die unge-

---

[60] Willenbruch/Wieddekind/*Frenz* 15. Teil Rn. 31.
[61] EuGH Urt. v. 6.5.2010 – C-145/08 und C-149/08, Slg. 2010, I-4165 = NZBau 2010, 506 Rn. 63 – Club Hotel Loutraki.
[62] Dazu ausführlich → § 83 Rn. 23 ff.
[63] Dazu ausführlich → § 83 Rn. 23 ff.
[64] EuGH Urt. v. 13.7.2000 – C-423/98, Slg. 2000, I-5965 = EuZW 2000, 632 Rn. 14 – Albore; *Bröhmer* in Calliess/Ruffert/*Bröhmer* AEUV Art. 63 Rn. 22 f. mwN.
[65] Schwarze/*Glaeser* AEUV Art. 63 Rn. 11 f., 16; Calliess/Ruffert/*Bröhmer* AEUV Art. 63 Rn. 32.
[66] EuGH Urt. v. 24.11.2016 – C-464/14, ECLI:EU:C:2016:896 = BeckRS 2016, 82800 Rn. 51 – Secil; Streinz/*Sedlaczek*/*Züger* AEUV Art. 63 Rn. 17 und Art. 64 Rn. 2 ff.; Grabitz/Hilf/Nettesheim/*Ress*/*Ukrow* AEUV Art. 63 Rn. 120; Krenzler/Herrmann/Niestedt/*Herrmann*/*Niestedt* Bd. I Kap. I.10 Rn. 51.

schriebenen zwingenden Erfordernisse des Allgemeinwohls in Verbindung mit dem Verhältnismäßigkeitsgrundsatz gerechtfertigt werden könnte.[67]

4. Arbeitnehmerfreizügigkeit

25 Die Arbeitnehmerfreizügigkeit nach Art. 45 AEUV schützt Dienstleistungen, die in **persönlicher Abhängigkeit** erbracht werden.[68] Ebenso wie die Niederlassungsfreiheit und die Dienstleistungsfreiheit setzt die Arbeitnehmerfreizügigkeit einen grenzüberschreitenden Sachverhalt voraus. Das grenzüberschreitende Moment besteht im Regelfall darin, dass sich ein Arbeitnehmer in die Volkswirtschaft eines Staates integriert, dessen Staatsangehörigkeit er nicht besitzt.[69]

26 Für die Vergabe von Dienstleistungskonzessionen, die Vergabe von Aufträgen im Unterschwellenbereich mit gleichzeitiger Binnenmarktrelevanz und die Veräußerung von öffentlichen Grundstücks- und Geschäftsanteilen spielt die Arbeitnehmerfreizügigkeit eine **nachrangige Rolle,** da hier in erster Linie die Ausübung von selbstständigen Tätigkeiten betroffen ist. Sehen Vergabeunterlagen jedoch vor, dass Unternehmer für die Durchführung eines Auftrags möglichst **inländische Arbeitnehmer verwenden** sollen, so ist in diesem Fall nach der Rechtsprechung des EuGH auch die Arbeitnehmerfreizügigkeit betroffen.[70]

Der persönliche Anwendungsbereich der Vorschriften über die Arbeitnehmerfreizügigkeit umfasst Arbeitnehmer mit der Staatsangehörigkeit eines der Mitgliedstaaten (EU-Arbeitnehmer) und deren Familienangehörige.[71]

5. Freiheit des Warenverkehrs

27 Die Warenverkehrsfreiheit nach Art. 34 AEUV soll den grenzüberschreitenden Warenverkehr in der Union vor mengenmäßigen Einfuhrbeschränkungen und Maßnahmen gleicher Wirkung schützen.[72] Seit der Entscheidung des EuGH in der Rechtssache „Dassonville" ist damit jede Maßnahme gemeint, die geeignet ist, den innergemeinschaftlichen Handel unmittelbar oder mittelbar, tatsächlich oder potentiell zu behindern.[73]

28 Im Hinblick auf die öffentliche Auftragsvergabe besitzt die Warenverkehrsfreiheit insbesondere Bedeutung für die Vergabe öffentlicher Lieferaufträge. Daneben kann sie aber ebenso betroffen sein, wenn mit einem Bau- oder Dienstleistungsauftrag mittelbar die Lieferung von Waren verbunden ist, die dann bei der konkreten Leistungserbringung verwendet werden.[74] Der EuGH sah die Freiheit des Warenverkehrs im Zusammenhang mit der Vergabe öffentlicher Aufträge dann als verletzt an, wenn ein öffentlicher Auftraggeber bei der Warenbeschaffung bestimmte **nationale Zertifizierungs-, Prüf- oder Qualitätszeichen** in der Leistungsbeschreibung forderte, ohne dabei einen gleichwertigen anderen Nachweis der jeweiligen Produktanforderungen zuzulassen.[75] Dabei handelte es sich um einen Bauauftrag eines irischen Auftraggebers, bei dem die verwendeten Rohre zwingend eine Prüfbescheinigung des irischen Instituts für industrielle Forschung und Normung besitzen sollten. Zum damaligen Ausschreibungszeitpunkt verfügte lediglich ein einziges, in Irland ansässiges Unternehmen über eine solche Bescheinigung, weshalb der EuGH die

---

[67] Calliess/Ruffert/*Bröhmer* AEUV Art. 63 Rn. 6–9; vgl. hierzu tiefergehend: Streinz/*Sedlaczek/Züger* AEUV Art. 64 Rn. 2 ff.
[68] Willenbruch/Wieddekind/*Frenz* 15. Teil Rn. 16.
[69] Grabitz/Hilf/Nettesheim/*Forsthoff* AEUV Art. 45 Rn. 53 ff.
[70] EuGH Urt. v. 22.6.1993 – C-243/89, Slg. 1993, I-3353 = BeckRS 2004, 75382 Rn. 23 – Storebaelt.
[71] Calliess/Ruffert/*Brechmann* AEUV Art. 45 Rn. 11.
[72] Vgl. Streinz/*Schroeder* AEUV Art. 34 Rn. 18.
[73] EuGH Urt. v. 11.6.1974 – 8/74, Slg. 1974, 837 = EuZW-Sonderausgabe 2017, 8 Rn. 5 – Dassonville.
[74] Vgl. dazu EuGH Urt. v. 22.9.1988 – 45/87, Slg. 1988, 4929 = BeckRS 2004, 73140 Rn. 17 – Kommission/Irland; dazu ausführlich Generalanwalt *Darmon* Schlussanträge v. 21.6.1988 – 45/87, Slg. 1988, 4929 Rn. 61 ff. – Kommission/Irland.
[75] EuGH Urt. v. 22.9.1988 – 45/87, Slg. 1988, 4929 = BeckRS 2004, 73140 – Kommission/Irland.

Warenverkehrsfreiheit als verletzt angesehen hat.[76] Daneben wurde die Forderung eines öffentlichen Auftraggebers, bei der Durchführung eines Bauauftrags **möglichst inländische Baustoffe und Verbrauchsgüter sowie Arbeitskräfte und Ausrüstung zu verwenden,** als Verletzung der Warenverkehrsfreiheit beurteilt.[77] Letztlich ebenfalls gegen die Warenverkehrsfreiheit verstieß eine nationale Regelung, die sämtliche öffentliche Auftraggeber dazu verpflichtete, bei der Vergabe von Lieferaufträgen einen bestimmten prozentualen Anteil des Auftragsgegenstands (hier 30%) an **regional ansässige Unternehmen** zu vergeben. In diesem Fall werden die in diesem Gebiet verarbeiteten oder hergestellten Waren begünstigt und die aus anderen Mitgliedstaaten stammenden Produkte diskriminiert.[78]

29 Die Warenverkehrsfreiheit soll als reine Produktverkehrsfreiheit den grenzüberschreitenden Handel mit Waren ermöglichen – unabhängig von der Staatsangehörigkeit oder der Rechtsnatur der handelnden Personen. Daher können sich auch **Drittstaatsangehörige** und **juristische Personen** auf Art. 34 AEUV berufen.[79]

6. Diskriminierungsverbot

30 Das in Art. 18 Abs. 1 AEUV enthaltene Verbot von Diskriminierungen aus Gründen der Staatsangehörigkeit gehört zu den grundlegenden Vorschriften des Vertrags, die in zahlreichen anderen vertraglichen Bestimmungen, insbesondere den Grundfreiheiten aufgegriffen und konkretisiert bzw. erweitert werden. Insofern kann das Diskriminierungsverbot als **„Leitmotiv" des Vertrags** bezeichnet werden.[80] Dementsprechend zieht der EuGH das Diskriminierungsverbot des Art. 18 AEUV als Auslegungsgrundsatz für speziellere Bestimmungen des Vertrags heran und benennt dieses **neben den Grundfreiheiten** ausdrücklich als dogmatische Grundlage für die primärrechtlichen Vergabegrundsätze.[81]

31 Das Gebot der Nichtdiskriminierung enthält zugleich ein **Verbot der direkten Schlechterstellung aufgrund der Staatsangehörigkeit.** Das kann entweder unmittelbar oder mittelbar, dh durch nationale Regelungen, geschehen, die zwar nicht direkt Staatsangehörige anderer Mitgliedstaaten schlechter behandeln, jedoch mit den grundfreiheitlichen Prinzipien unvereinbar sind. Das allgemeine Diskriminierungsverbot in Art. 18 AEUV steht im Verhältnis zu den Grundfreiheiten, mit denen es das Merkmal der unmittelbaren Anwendbarkeit teilt,[82] als *lex generalis.* Es wirkt als Auffangtatbestand und ist folglich subsidiär, soweit der Schutzbereich der Grundfreiheiten als *leges speciales* eröffnet ist.

32 Das Diskriminierungsverbot berechtigt alle **Angehörigen der Mitgliedstaaten** und erfasst auch **juristische Personen,** deren Unionszugehörigkeit sich nach Art. 54 AEUV richtet. Ob sich auch Drittstaatsangehörige darauf berufen können, ist vom EuGH noch nicht entschieden worden. Es kommt – wie allgemein bei Art. 18 AEUV – entscheidend auf den Anwendungsbereich des Vertrags an. Das Unionsrecht regelt danach die Stellung von Drittstaatsangehörigen in wesentlich geringerem Umfang als diejenige von Angehörigen der Mitgliedstaaten. Diskriminierende Regelungen sind gegenüber Drittstaatsangehörigen nur verboten, wenn diese sich in einer **unionsrechtlich geregelten Situation** be-

---

[76] EuGH Urt. v. 22.9.1988 – 45/87, Slg. 1988, 4929 = BeckRS 2004, 73140 Rn. 17ff. – Kommission/Irland.
[77] EuGH Urt. v. 22.6.1993 – C-243/89, Slg. 1993, I-3353 = BeckRS 2004, 75382 Rn. 23 – Storebaelt.
[78] EuGH Urt. v. 20.3.1990 – C-21/88, Slg. 1990, I-889 = NVwZ 1991, 1071 Rn. 11 – DuPont de Nemours Italiana SpA.
[79] Grabitz/Hilf/Nettesheim/*Leible/T. Streinz* AEUV Art. 34 Rn. 31.
[80] Calliess/Ruffert/*Epiney* AEUV Art. 18 Rn. 1 mwN.
[81] EuGH Urt. v. 7.12.2000 – C-324/98, Slg. 2000, I-10745 = NZBau 2001, 148 Rn. 60f. – Telaustria; Calliess/Ruffert/*Epiney* AEUV Art. 18 Rn. 1 mwN.; Willenbruch/Wieddekind/*Frenz* 15. Teil Rn. 33.
[82] Calliess/Ruffert/*Epiney* AEUV Art. 18 Rn. 1 mwN.

finden. Die begrenzte Rechtsposition von Drittstaatlern wird grundsätzlich (nur) durch besondere Diskriminierungsverbote mit begrenztem Anwendungsbereich geschützt.[83]

C. Allgemeine Grundsätze des europäischen Primärrechts

Die europäischen Grundfreiheiten sind die wesentlichen Rechtsquellen für primärrechtliche Verfahrensanforderungen an die Strukturierung und Durchführung von Vergabe- und Auswahlentscheidungen der öffentlichen Hand. In der Judikatur des EuGH werden insbesondere aus diesen Rechtsquellen allgemeine (vergaberechtliche) Grundsätze abgeleitet, welche unmittelbar auf staatliche Vergabe- und Auswahlentscheidungen anzuwenden sind. Es handelt sich bei diesen Grundsätzen demnach um **(vergaberechtliche) Konkretisierungen der europäischen Grundfreiheiten.** Namentlich handelt es sich um die Grundätze der Transparenz, Gleichbehandlung und Nichtdiskriminierung. Daneben stellen auch die sonstigen allgemeinen Grundsätze des europäischen Primärrechts einen Teil des zu beachtenden Rechtsrahmens für die Strukturierung von Bieterverfahren dar. 33

I. Transparenzgrundsatz

Der Grundsatz der Transparenz ist im europäischen Primärrecht nicht ausdrücklich normiert. Gleichwohl hat er in vergaberechtlicher Hinsicht eine Konkretisierung durch die Judikatur des EuGH erfahren, sodass er allgemein zu den elementaren europarechtlichen Prinzipien der öffentlichen Auftragsvergabe zu zählen ist.[84] 34

Dabei leitet der EuGH den primärrechtlichen Transparenzgrundsatz aus der Niederlassungs- und der Dienstleistungsfreiheit sowie dem Verbot von Diskriminierungen aus Gründen der Staatsangehörigkeit ab.[85] In materieller Hinsicht konkretisiert der EuGH den Grundsatz der Transparenz zunächst dahingehend, dass **eindeutige und nachvollziehbare Vergabeverfahren** auf der Grundlage von vorhersehbaren Entscheidungskriterien durchzuführen sind. Dadurch soll dem potentiellen Bieter ermöglicht werden, bereits im Vorfeld der Auftragsvergabe zu erkennen, worauf es in dem jeweiligen Verfahren ankommt und diesem eine Prognose ermöglicht werden, welche Chancen ihm bei einer Teilnahme zukämen.[86] Transparenz meint aber auch, dass ein angemessener Grad von **Öffentlichkeit** hergestellt werden muss, der die Nachprüfung ermöglicht, ob ein Vergabeverfahren unparteiisch durchgeführt worden ist[87] und ausgeschlossen werden kann, dass bei der Vergabe eines öffentlichen Auftrags oder Vornahme eines Rechtsgeschäftes durch die öffentliche Hand weder unmittelbar noch mittelbar primärrechtliche Grundsätze verletzt werden.[88] 35

---

[83] Schwarze/*Holoubek* AEUV Art. 18 Rn. 36ff.; Streinz/*Streinz* AEUV Art. 18 Rn. 33ff.; Grabitz/Hilf/Nettesheim/*v. Bogdandy* AEUV Art. 18 Rn. 30ff. Als Beispiel für ein solches Diskriminierungsverbot mit stark eingeschränktem Anwendungsbereich hält Erwägungsgrund 18 der Richtlinie 2009/81/EG zur Koordinierung der Vergabeverfahren in den Bereichen der Verteidigung und Sicherheit die Mitgliedstaaten dazu an, ihre nationalen Beschaffungsmärkte für verteidigungs- und sicherheitsrelevante Güter auch gegenüber Wirtschaftsteilnehmern aus Drittstaaten zu öffnen. Wenn die Mitgliedstaaten das tun, müssen sie indes nach Art. 4 VSVKR alle Wirtschaftsteilnehmer gleich und nichtdiskriminierend behandeln.

[84] Dazu Beck VergabeR/*Dörr* GWB § 97 Abs. 1 Rn. 30ff. sowie EuGH Urt. v. 14.11.2013 – C-221/12, ECLI:EU:C:2013:736 = NZBau 2014, 53 – Belgacom.

[85] EuGH Urt. v. 17.12.2015 – C-25/14 und C-26/14, ECLI:EU:C:2015:821 = EuZW 2016, 277 Rn. 38 – UNIS; EuGH Urt. v. 14.11.2013 – C-221/12, ECLI:EU:C:2013:736 = NZBau 2014, 53 – Belgacom; EuGH Urt. v. 21.7.2005 – C-231/03, Slg 2005, I-7287 = NVwZ 2005, 1052 Rn. 17 – Coname; EuGH Urt. v. 18.11.1999 – C-275/98, Slg. 1999, I-8291 = NZBau 2000, 91 Rn. 31 – Unitron Scandinavia.

[86] Vgl. dazu *pars pro toto* EuGH Urt. v. 7.12.2000 – C-324/98, Slg. 2000, I-10745 = NZBau 2001, 148 – Telaustria.

[87] EuGH Urt. v. 9.9.2010 – C-64/08, EuGH Urt. v. 7.12.2000 – C-324/98, Slg. 2000, I-10745 = NZBau 2001, 148 Rn. 60f. – Telaustria.

[88] EuGH Urt. v. 15.10.2009 – C-196/08, Slg. 2009, I-9913 = NZBau 2009, 804 Rn. 49 – Acoset.

II. Das grundfreiheitliche Gleichbehandlungsgebot

36 In Rechtsprechung und Literatur[89] findet sich zunehmend die Annahme eines über das Diskriminierungsverbot aus Gründen der Staatsangehörigkeit hinausgehenden allgemeinen Gleichheitsgebots des europäischen Primärrechts. In vergaberechtlicher Hinsicht hat der EuGH, spätestens seit seiner Entscheidung „Parking Brixen“[90], einen **von dem Merkmal der Staatsangehörigkeit unabhängigen** Grundsatz der Gleichbehandlung der Bieter entwickelt.

37 Übertragen auf die Durchführung primärrechtlich gebotener Bieterverfahren dürfte es nach diesem allgemeinen Gleichbehandlungsgebot daher grundsätzlich keine Rolle spielen, aufgrund welcher Merkmale ein Bieter diskriminiert wird. Entscheidend ist vielmehr allein, ob ein Angebot wegen einer Diskriminierung unberücksichtigt geblieben ist. Eine relevante Ungleichbehandlung kann daher auch dann angenommen werden, wenn sie nicht in Zusammenhang mit der Staatsangehörigkeit des Bieters steht. Das **Gebot der Gleichbehandlung** geht also deutlich über das **Diskriminierungsverbot** aus Gründen der Staatsangehörigkeit hinaus. Das Gebot der Gleichbehandlung ist keineswegs nur die spiegelbildliche Kehrseite des Diskriminierungsverbots, sondern verhält sich zu diesem wie ein „Mehr zum Weniger“. Der Auftraggeber hat einen **wesentlich höheren Sorgfaltsmaßstab** zu beachten und einzuhalten, wenn er alle potentiellen Bieter gleichbehandeln soll, als wenn er lediglich gewährleisten muss, dass kein Bieter aus Gründen der Staatsangehörigkeit diskriminiert wird. Mit anderen Worten: Wo es im Rahmen eines strukturierten Bieterverfahrens noch relativ „einfach“ sein mag, keinen Interessenten zu diskriminieren, wird es sich für einen Auftraggeber ungleich schwieriger darstellen, alle Interessenten tatsächlich gleich zu behandeln. Kurzum: Ein positiv formuliertes **Verhaltensgebot** ist immer schwieriger zu erfüllen als ein bestimmtes **Verhaltensverbot.**

38 Eine konkrete und tragfähige dogmatische Herleitung eines allgemeinen Gleichbehandlungsgebots findet sich in der Rechtsprechung des EuGH bislang nicht. Diese ist jedoch maßgeblich für die Anwendbarkeit im Rahmen primärrechtlicher Bieterverfahren. Der EuGH verweist zur Begründung auf seine Rechtsprechung zu den Vergabekoordinierungsrichtlinien, hinsichtlich derer bereits zuvor ein allgemeines Gleichbehandlungsgebot statuiert wurde.[91] Allein die Feststellung, dass die Vergabekoordinierungsrichtlinien die allgemeine Gleichbehandlung der Bieter verlangen, erlaubt somit per se noch nicht den Schluss, dieser Grundsatz finde sich auch im Primärrecht. Dennoch kann nicht ausgeschlossen werden, dass der EuGH den allgemeinen Gleichbehandlungsgrundsatz auch künftig im Zusammenhang mit primärrechtlich gebotenen Bieterverfahren heranziehen wird. Diese Unsicherheit ergibt sich insbesondere aus dem Umstand, dass der EuGH bereits zuvor eine mitgliedstaatliche Bindung an Gemeinschaftsgrundrechte angenommen hat, ohne eine schlüssige Begründung zu liefern.[92] Es ist jedoch kaum zu erwarten, dass der Gerichtshof künftig von dieser Rechtsprechungslinie abrücken wird.

III. Effektivitätsgrundsatz und Äquivalenz

39 Die Mitgliedstaaten müssen generell die einheitliche Wirksamkeit des Unionsrechts sicherstellen (Art. 4 Abs. 3 UAbs. 2 und 3 EUV). Es ist ihnen untersagt, die Verwirklichung des europäischen Rechts praktisch unmöglich zu machen. Dieses Vereitelungsverbot hat der EuGH im Laufe seiner Rechtsprechung zum Effektivitätsgrundsatz und Äquivalenzgrundsatz fortentwickelt. Der Effektivitätsgrundsatz fordert, dass die im nationalen Recht vorge-

[89] Dazu *Huerkamp* EuR 2009, 563; scheinbar als Selbstverständlichkeit rezipiert bei *Jennert* NZBau 2005, 623 (625); *Steinberg* NZBau 2007, 150 (156); *Braun* EuZW 2006, 683 (684).

[90] EuGH Urt. v. 13.10.2005 – C-458/03, Slg. 2005, I-8585 = NVwZ 2005, 1407 – Parking Brixen.

[91] EuGH Urt. v. 13.10.2005 – C-458/03, Slg. 2005, I-8585 = NVwZ 2005, 1407 Rn. 48 – Parking Brixen.

[92] Die Legitimation zur Grundrechtsprüfung in EuGH Urt. v. 25.3.2004 – C-71/02, Slg. 2004, I-3025 = BeckRS 2004, 77729 – Karner kommentiert *Scheuing* EuR 2005, 162 (175) als „rätselhaft“.

sehenen Modalitäten die Tragweite und **Wirksamkeit des Unionsrechts** nicht beeinträchtigen, insbesondere die Herstellung eines unionsrechtlich gebotenen Zustands nicht *„praktisch unmöglich"* machen dürfen.[93] Das Äquivalenzgebot fordert, dass das nationale Recht beim Vollzug von Unionsrecht im Vergleich zu den Verfahren, in denen über rein nationale Sachverhalte entschieden wird, *„ohne Unterschied"* angewandt wird.[94] Die Beachtung dieser Grundsätze wird vor allem im Bereich des **effektiven Rechtschutzes** relevant, denn es existiert kein spezielles, auf strukturierte Bieterverfahren ausgerichtetes Rechtschutzregime im nationalen Recht, insbesondere sind die vergaberechtlichen Vorschriften des GWB für diese Verfahren nicht anwendbar.[95] Darüber hinaus betreffen diese Vorgaben jedoch auch bereits die vorgelagerte Phase der Durchführung von Vergabeverfahren.[96]

D. EU-Beihilferecht

Innerhalb des sachlichen Anwendungsbereichs primärrechtlich gebotener, strukturierter Bieterverfahren gibt es Rechtsgeschäfte der öffentlichen Hand, die nicht lediglich der Anwendung des europäischen (Vergabe-)Primärrechts unterliegen, sondern hinsichtlich derer außerdem die Vorgaben des EU-Beihilferechts der Art. 107 ff. AEUV zu berücksichtigen sind. Davon betroffen sind insbesondere Rechtsgeschäfte wie **Privatisierungen öffentlicher Unternehmen,** die **Veräußerung von Vermögensgegenständen der öffentlichen Hand** und die **Sanierung verschuldeter Staatsunternehmen** sowie deren anschließende **Privatisierung.**[97] Diese rechtsgeschäftlichen Fallgruppen zeichnen sich dadurch aus, dass sie sowohl einerseits bei der Vertragsanbahnung den verfahrensspezifischen Anforderungen des europäischen Primärrechts unterliegen, sowie andererseits jedoch mit der latenten Gefahr verbunden sind, eine staatliche Beihilfe zu beinhalten. Entsprechende Beihilfeelemente liegen stets vor, wenn bei der **Veräußerung öffentlicher Vermögensgegenstände** ein Preis gefordert wird, der **unterhalb des tatsächlichen Marktwertes** liegt.[98] 40

Nach Art. 108 Abs. 3 AEUV müssen staatliche Beihilfen, die durch eine Begünstigung bestimmter Unternehmen den Wettbewerb verfälschen oder zu verfälschen drohen und den Handel zwischen den Mitgliedstaaten beeinträchtigen, bei der Kommission angemeldet werden. Erfolgt eine solche Notifizierung seitens des beihilfegewährenden Mitgliedstaats nicht, wird dieser zur **Rückforderung der gewährten Beihilfeelemente** verpflichtet. Zivilrechtlich kann sich hieraus die **Nichtigkeit des zu Grunde liegenden Rechtsgeschäfts** ergeben.[99] Das EU-Beihilferecht zielt insbesondere im Zusammenhang mit der Veräußerung öffentlicher Vermögensgegenstände, Grundstücken und Unternehmen(-santeilen) darauf ab, für diese Sachwerte einen **marktkonformen Preis** zu erzielen. Entsprechend hat die Kommission sowohl zur beihilferechtlichen Beurteilung von Privatisierungsvorgängen als auch zu den staatlichen Austauschgeschäften eine regelmäßige und ausgeprägte Verwaltungspraxis ausgebildet, die auf dem XXIII. Wettbewerbsbericht von 1993 fußt.[100] 41

Zwar unterscheiden sich die Zielsetzungen des Beihilferechts und des Vergabeprimärrechts deutlich, da ersteres einzig auf die Ermittlung eines marktkonformen Preises abzielt, 42

[93] Grabitz/Hilf/Nettesheim/*Classen* AEUV Art. 197 Rn. 23; Streinz/*Streinz* EUV Art. 4 Rn. 53 mwN.
[94] Schwarze/*Hatje* EUV Art. 4 Rn. 40; Streinz/*Streinz* EUV Art. 4 Rn. 53 mwN.
[95] Vgl. hierzu → § 86 Rn. 8 ff.
[96] Generalanwältin *Stix-Hackl* Schlussanträge v. 12.4.2005 – C-231/03, Slg. 2005 I-7287 = IBRRS 2005, 1174 Rn. 54 – Coname.
[97] *Zentner* Die Bedeutung der Beihilfevorschriften des EG-Vertrages für die Vermögensprivatisierung, 2008, S. 42 ff.; *Kümmritz* Privatisierung öffentlicher Unternehmen, 2009, S. 10 ff.
[98] Vgl. MüKoWettbR/*Kühling/Huerkamp* Einl. VergabeR Rn. 32; *Bergmann* HdLexEU Beihilfen, Staatliche.
[99] BGH Urt. v. 20.1.2004 – XI ZR 53/03, NVwZ 2004, 636; *Koenig* EuZW 2006, 203 (207 f.).
[100] *Prieß/Gabriel* NZBau 2007, 617 (619 f.).

letzteres hingegen auf die **Ermittlung des Bestbieters.** Die Wege, diese Ziele zu erreichen, sind – jedenfalls soweit in beiden Fälle die **Durchführung eines transparenten (Bieter-)Verfahrens erforderlich** ist – durchaus miteinander vergleichbar. Sie unterscheiden sich aber wiederum insofern, als dass die Verfahren aus der Perspektive des Beihilferechts offen und bedingungsfrei gestaltet werden müssen, während sie aus vergaberechtlicher Sicht nicht diskriminierend gestaltet sein dürfen und zudem die Gleichbehandlung interessierter Unternehmen wahren müssen. Es liegt auf der Hand, dass sich hieraus unterschiedlich strenge Verfahrensanforderungen ergeben und entsprechende Veräußerungsgeschäfte der öffentlichen Hand nur dann rechtssicher gestaltet und durchgeführt werden können, wenn **die Anforderungen beider Rechtsregime,** zumindest aber die des jeweils strengeren **erfüllt werden.** Eine möglichst fehlerfreie, den jeweiligen Maßstäben der beihilferechtlichen Vorschriften gerecht werdende Verfahrensdurchführung besitzt dabei erhebliche Relevanz für das zu Grunde liegende avisierte Rechtsgeschäft. Vor diesem Hintergrund bilden auch die beihilferechtlichen Vorschriften und ihre Anwendung bzw. Auslegung durch die Kommission einen nicht zu vernachlässigenden Bestandteil des rechtlichen Rahmens für die Durchführung strukturierter Bieterverfahren. Vornehmlich die tatsächliche Vereinbarkeit beider Rechtsregime wirft in der Praxis jedoch höchst relevante Fragen auf.

E. Dokumente der EU-Kommission

43 Äußerungen der europäischen Kommission, insbesondere ihre Leitlinien, Stellungnahmen, Grünbücher und Mitteilungen, sind keine verbindlichen Rechtsakte iSd Art. 288 AEUV; sie dienen lediglich der Darstellung der künftigen Politik und Verwaltungspraxis[101] und entfalten allenfalls über eine Selbstbindung Wirkung gegenüber Dritten.[102] Aus ihnen ergeben sich mithin (allenfalls) **mittelbare Ausschreibungspflichten.**[103] Zur besseren Vorhersehbarkeit der Ausübung ihres Ermessens veröffentlicht die Kommission regelmäßig Leitlinien, Bekanntmachungen und Mitteilungen – zum Teil als „soft law"[104] bezeichnet –, in welchen sie die Grundsätze des Vergabeverfahrens darlegt.[105] Bei **Beachtung der Kommissionsäußerungen** besteht aber jedenfalls keine Gefahr, dass die danach durchgeführten Bieterverfahren von der Kommission beanstandet werden.[106] Im Folgenden sollen die wichtigsten Äußerungen, die sich mit der grundsätzlichen Verfahrensdurchführung und -gestaltung befassen, kurz erläutert werden. Es existieren darüber hinaus auch noch Arbeitsunterlagen der Kommissionsdienststellen[107], Grünbücher[108] sowie Mitteilungen für die Bereiche Umwelt-[109] und soziale Belange.[110]

---

[101] *Kümmritz* Privatisierung öffentlicher Unternehmen, S. 14.

[102] Willenbruch/Wieddekind/*Frenz* 15. Teil Rn. 61.

[103] *Hertwig* NZBau 2011, 9 (10f.).

[104] *Knauff/Schwensfeier* EuZW 2010, 611 (612).

[105] *Arhold* EuZW 2008, 713.

[106] Willenbruch/Wieddekind/*Frenz* 15. Teil Rn. 61.

[107] Hinzuweisen ist insbesondere auf den Leitfaden zur Anwendung der Vorschriften der Europäischen Union über staatliche Beihilfen, öffentliche Aufträge und den Binnenmarkt auf Dienstleistungen von allgemeinem wirtschaftlichem Interesse und insbesondere auf Sozialdienstleistungen von allgemeinem Interesse vom 29.4.2013, (SWD (2013), 53 final/2 (sog. DAWI-Leitfaden)).

[108] Grünbuch über die Modernisierung der Europäischen Politik im Bereich des öffentlichen Auftragswesens – Wege zu einem effizienteren europäischen Markt für öffentliche Aufträge v. 27.1.2011, KOM(2011) 15; Grünbuch zu öffentlich-privaten Partnerschaften und den gemeinschaftlichen Rechtsvorschriften für öffentliche Aufträge und Konzessionen v. 30.4.2004, KOM(2004) 327.

[109] Interpretierende Mitteilung der Kommission über das auf das öffentliche Auftragswesen anwendbare Gemeinschaftsrecht und die Möglichkeiten zur Berücksichtigung von Umweltbelangen bei der Vergabe öffentlicher Aufträge v. 4.7.2001, KOM(2001) 274.

[110] Mitteilung der Kommission über die Auslegung des gemeinschaftlichen Vergaberechts und die Möglichkeiten zur Berücksichtigung sozialer Belange bei der Vergabe öffentlicher Aufträge v. 15.10.2001, KOM(2001) 566.

I. Unterschwellenmitteilung von 2006[111]

Die Kommission hat in ihrer „Mitteilung zu Auslegungsfragen in Bezug auf das Gemeinschaftsrecht, das für die Vergabe öffentlicher Aufträge gilt, die nicht oder nur teilweise unter die Vergaberichtlinien fallen", vom 23.6.2006[112] (Unterschwellenmitteilung) die Rechtsprechung des EuGH zu **Auftragsvergaben unterhalb der europäischen Schwellenwerte** und Vergaben von **sog. nicht-prioritären Dienstleistungen** sowie **Dienstleistungskonzessionen** zusammengefasst und – soweit nötig – interpretiert. Das EuG hat ausdrücklich festgestellt, dass in **ihr keine neuen Regeln für die Vergabe öffentlicher Aufträge** enthalten sind und die Mitteilung daher auch keine verbindliche Rechtswirkung entfaltet.[113] Die Mitteilung der Kommission führt keine neuen rechtlichen Regelungen ein, sondern soll lediglich eine Art „Handlungsanleitung" für solche Aufträge darstellen, die nicht oder nur teilweise unter die Vergaberichtlinien fallen, denen aber zugleich Binnenmarktrelevanz zukommt.[114] Dementsprechend enthält diese bezüglich der öffentlichen Auftragsvergabe lediglich **Grundanforderungen.** Abschließender Charakter hinsichtlich der insgesamt aus dem Unionsrecht zu beachtenden Vorgaben kommt ihr dagegen nicht zu.[115] Die Kommission stellt ihre Erläuterungen von vornherein unter die Prämisse, dass die jeweilige Vergabe **„Binnenmarktrelevanz"** besitzt.[116] Nach einer Einleitung, in der bereits die wichtigsten Entscheidungen und primärrechtlichen Grundsätze angesprochen werden, stellt die Kommission sodann die geltenden unionsrechtlichen Mindestanforderungen dar und gibt praktische Hinweise, wie entsprechende Verfahren gestaltet werden können. Diese Hinweise reichen von ausführlichen Erläuterungen zum „Ob"[117] und „Wie"[118] einer Bekanntmachung, über eingehende Beispiele für geeignete Veröffentlichungsmedien (wo ua. Bekanntmachungen auf der Website des Auftraggebers als „flexibel und preisgünstig" hervorgehoben werden)[119] bis hin zu den bei der Vergabe einschränkungslos zu beachtenden Vergabegrundsätzen nebst deren Handhabung.[120] Die Mitteilung schließt mit Hinweisen zu den nach Ansicht der Kommission auch bei Vergaben unterhalb der Schwellenwerte geltenden, aus dem gemeinschaftsrechtlichen Primärrecht abgeleiteten Rechtsschutzanforderungen.[121] 44

Die Kommissionsmitteilung zu Unterschwellenvergaben stellt zweifellos eine wichtige praktische Arbeitshilfe für die rechtssichere Durchführung strukturierter Bieterverfahren außerhalb des Vergabesekundärrechts dar, indem sie die weithin unübersichtliche wie einzelfallabhängige Judikatur des EuGH zusammenfasst und verallgemeinert. Dementsprechend wird der Mitteilung teilweise sogar eine faktisch harmonisierende Wirkung attes- 45

[111] Auszug abgedruckt in → § 82 Anhang 1.

[112] Mitteilung der Kommission zu Auslegungsfragen in Bezug auf das Gemeinschaftsrecht, das für die Vergabe öffentlicher Aufträge gilt, die nicht oder nur teilweise unter die Vergaberichtlinien fallen, ABl. v. 1.8.2006, Nr. C 179 S. 3ff. Vgl. hierzu die Besprechungen von *Schnieders* DVBl 2007, 287 (289ff.); *Köster* ZfBR 2007, 127; *Fruhmann* ZVB 2006, 261; *Lutz* WuW 2006, 890; *Braun* EuZW 2006, 683; *Gabriel* NVwZ 2006, 1262.

[113] EuG Urt. v. 20.5.2010 – T-258/06, Slg. 2010, II-2027 = NZBau 2010, 510.

[114] EuG Urt. v. 20.5.2010 – T-258/06, Slg. 2010, II-2027 = NZBau 2010, 510 Rn. 79.

[115] OLG Celle Beschl. v. 30.9.2010 – 13 Verg 10/10.

[116] Ein Vorbehalt, der dem „Coname"-Urteil geschuldet ist, in dem der EuGH ausgeführt hat, dass die Herstellung eines „angemessenen Grades von Öffentlichkeit" im Sinne des Transparenzgrundsatzes (ebenso wie eine europaweite Bekanntmachung) davon abhängt, ob wegen der „sehr geringfügigen wirtschaftlichen Bedeutung" der Vergabe vernünftigerweise ein grenzüberschreitender Handel nicht in Frage kommt, weil Unternehmen in einem anderen Mitgliedstaat ggf. kein Interesse an dem Auftrag haben, EuGH Urt. v. 21.7.2005 – C-231/03, Slg 2005, I-7287 = NVwZ 2005, 1052 Rn. 20. – Coname; siehe hierzu → § 83 Rn. 3ff.

[117] Mitt. der Kommission zur „Unterschwellenvergabe", ABl. v. 1.8.2006, Nr. C 179 S. 3ff. Ziffer 2.1.1. und 2.1.4.

[118] Mitt. der Kommission zur „Unterschwellenvergabe", ABl. v. 1.8.2006, Nr. C 179 S. 5 Ziffer 2.1.3.

[119] Mitt. der Kommission zur „Unterschwellenvergabe", ABl. v. 1.8.2006, Nr. C 179 S. 4 Ziffer 2.1.2.

[120] Mitt. der Kommission zur „Unterschwellenvergabe", ABl. v. 1.8.2006, Nr. C 179 S. 5ff. Ziffer 2.2.1. bis 2.2.3.

[121] Mitt. der Kommission zur „Unterschwellenvergabe", ABl. v. 1.8.2006, Nr. C 179 S. 7 Ziffer 2.3.3.

tiert[122], welche schließlich zu einer **Klage der Bundesrepublik Deutschland gegen die Unterschwellenmitteilung vor dem EuG** geführt hat. Diese verlief indes ohne Erfolg. Daneben bleiben allerdings wesentliche Fragen grundsätzlicher Art, die eine erhebliche Praxisrelevanz besitzen, vollständig unberücksichtigt.[123] Das betrifft sowohl den materiellen Gehalt des für die Anwendung des Vergabeprimärrechts fundamental bedeutsamen Merkmals der Binnenmarktrelevanz[124] sowie die Handhabung der vergaberechtlichen Ausnahmeregelungen bei ausschließlich primärrechtlichen Mindestanforderungen unterliegenden Vergaben.[125]

II. Bekanntmachung zum Begriff der staatlichen Beihilfe[126]

46 Auf Grundlage der Rechtsprechung der Unionsgerichte dient die Bekanntmachung der Kommission zum Begriff der staatlichen Beihilfe[127] aus dem Jahr 2016 der Erläuterung des Beihilfetatbestandes in Art. 107 Abs. 1 AEUV. Mit der Bekanntmachung erläutert die Kommission insbesondere, unter welchen Voraussetzungen **wirtschaftliche Transaktionen öffentlicher Stellen** – worunter sowohl der Kauf als auch der Verkauf von Vermögensgegenständen fällt – keine Beihilfe iSv Art. 107 Abs. 1 AEUV darstellt. Das setzt voraus, dass entsprechende Transaktionen zu normalen Marktbedingungen vorgenommen werden. Um das festzustellen, ist zu prüfen, ob die öffentliche Stelle sich so verhalten hat, wie es ein marktwirtschaftlich handelnder Wirtschaftsbeteiligter in ähnlicher Lage getan hätte. Von einem marktkonformen Verhalten ist dabei ua auszugehen, wenn der Verkauf und Kauf von Vermögenswerten, Waren und Dienstleistungen (oder andere vergleichbare Transaktionen) in einem **wettbewerblichen, transparenten, diskriminierungsfreien und bedingungsfreien Ausschreibungsverfahren** erfolgen. Die Bekanntmachung ersetzt damit insbesondere die sog. Grundstücksmitteilung der Kommission[128] aus dem Jahr 1997, in der die Kommission entsprechende Grundsätze im Zusammenhang mit der Frage aufgestellt hatte, unter welchen Voraussetzungen der Verkauf von Bauten oder Grundstücken durch öffentliche Stellen eine staatliche Beihilfe darstellen kann.

III. XXIII. Wettbewerbsbericht von 1993[129]

47 Der XXIII. Wettbewerbsbericht der Kommission von 1993[130] enthält beihilferechtliche Leitlinien zur **Privatisierung öffentlicher Unternehmen.** Diese betreffen sachlich einen **Überschneidungsbereich von Vergabeprimärrecht und EU-Beihilferecht.** Mit dem Bericht legt die Kommission einen Leitfaden vor, in welchem die Verfahren zur **Ermittlung eines objektiven Marktpreises** für ein zu privatisierendes Unternehmen der öffentlichen Hand niedergelegt werden.[131] Ziel dieser Grundsätze ist es, Sachverhaltskonstellationen im Zusammenhang mit staatlichen Veräußerungsgeschäften beihilferechtlich zu kategorisieren und insbesondere solche Fälle, die eindeutig keine Beihilfeelemente enthalten, von denjenigen abzugrenzen, die möglicherweise beihilferelevant sind und daher nach

---

[122] Vgl. *Wollenschläger* NVwZ 2007, 388 (389).
[123] Dazu ausführlich *Gabriel* NVwZ 2006, 1262.
[124] Vgl. → § 83 Rn. 3 ff.
[125] Vgl. → § 83 Rn. 46 ff.
[126] Abgedruckt in → § 82 Anhang 2.
[127] Mitt. der Kommission: Bekanntmachung der Kommission zum Begriff der staatlichen Beihilfe iSd Art. 107 Abs. 1 AEUV, ABl. v. 19.7.2016, Nr. C 262 S. 1. Dazu ausführlich *Stöbener de Mora* EuZW 2016, 685.
[128] Mitt. der Kommission betreffend Elemente staatlicher Beihilfe bei Verkäufen von Bauten oder Grundstücken durch die öffentliche Hand, ABl. EG v. 10.7.1997, Nr. C 209 S. 3 ff.
[129] Auszug abgedruckt in → § 82 Anhang 3.
[130] XXIII. Bericht der Kommission über die Wettbewerbspolitik 1993 (Im Zusammenhang mit dem „XXVII. Gesamtbericht über die Tätigkeit der Europäischen Gemeinschaften 1993" veröffentlichter Bericht), abzurufen unter https://op.europa.eu/de/publication-detail/-/publication/7db4a243-39f3-4ba4-a5b7-1cb48f8ca6d3.
[131] *Kristoferitsch* EuZW 2006, 428 (429).

Auffassung der Kommission von den Mitgliedstaaten vorsorglich notifiziert werden sollten.[132]

Die Privatisierung eines öffentlichen Unternehmens kann Beihilfeelemente enthalten, wenn dem Käufer ein Preis gewährt wird, der unterhalb des eigentlichen Marktwerts des Unternehmens liegt.[133] Der Marktpreis eines Unternehmens kann allerdings regelmäßig nicht ohne Weiteres mit hinreichender Bestimmtheit ermittelt werden und birgt deshalb Rechtsunsicherheiten[134], denen die Kommission mit dem Wettbewerbsbericht begegnen will. Als Zusammenfassung der bisherigen Kommissionspraxis zur **beihilferechtlichen Bewertung von Unternehmensprivatisierungen** werden dabei so detaillierte wie konkrete Vorgaben gemacht, in welchen **spezifischen Fallgruppen** die Kommission von einem Verkauf zu Marktbedingungen ausgeht und deshalb bereits von vornherein kein Beihilfeelement mit dem Privatisierungsvorhaben verbunden ist. Darüber hinaus finden sich jedoch auch typisierte Fallgestaltungen, die als beihilfeverdächtig beurteilt werden und deshalb möglichst bzw. notwendigerweise als Beihilfe bei der Kommission zu notifizieren sind. 48

Werden die Leitlinien bei der Privatisierung öffentlicher Unternehmen von dem jeweiligen Mitgliedstaat beachtet, geht die Kommission davon aus, **dass Beihilfeelemente von vornherein auszuschließen sind** und das Privatisierungsvorhaben daher nicht bei der Kommission notifiziert werden muss. Umgekehrt folgt aus den Leitlinien aber auch, welche Fallkonstellationen als potentiell oder *per se* beihilfeverdächtig zu qualifizieren sind und daher bei der Kommission zu notifizieren sind.[135] Vor dem Hintergrund der mit einem Verstoß gegen das EU-Beihilferecht verbundenen schwerwiegenden Konsequenzen[136] sind insbesondere die im XXIII. Wettbewerbsbericht von 1993 niedergelegten Leitlinien sowie deren Handhabung in der bisherigen Praxis der Kommission von erheblicher Bedeutung für die rechtssichere Gestaltung von Bieterverfahren, die ihre Grundlagen im europäischen Primärrecht haben. 49

IV. Leitfaden zur beihilfenkonformen Finanzierung, Umstrukturierung und Privatisierung staatseigener Unternehmen[137]

Die beihilferechtlichen Vorgaben des XXIII. Wettbewerbsberichts der Kommission von 1993 für die Privatisierung öffentlicher Unternehmen wurden in einem neueren (Informations-)Leitfaden der Kommissionsdienststelle noch einmal bekräftigt.[138] Vor dem Hintergrund eines gesteigerten Privatisierungsdrucks auf Grundlage der europäischen Staatsschuldenkrise, soll das Papier laut der Kommission dazu dienen, Klarheit über die Anwendung der Beihilferegeln auf die Finanzierung, Umstrukturierung und Privatisierung von Staatsunternehmen zu schaffen.[139] Dabei stellt insbesondere die Vorgabe, dass eine öffentliche Ausschreibung zur Privatisierung eines staatseigenen Unternehmens **hinreichend publiziert** werden muss, dh diese über einen längeren Zeitraum in der nationalen Presse, in Immobilienanzeigen und/oder sonstigen geeigneten Veröffentlichungen bekanntgemacht werden muss, im Verhältnis zur bisherigen Rechtslage ein Novum dar. In diesem Zusammenhang wird weitergehend ausgeführt, dass die Ausschreibung, falls die zu Grunde liegende Privatisierung für europaweit oder über Europa hinaus tätige Investoren von In- 50

[132] *Prieß/Gabriel* NZBau 2007, 617 (619).
[133] Vgl. Immenga/Mestmäcker/*Mestmäcker/Schweitzer* Bd. III AEUV Art. 107 Rn. 119ff.; *Bergmann* HdLexEU Beihilfen, Staatliche.
[134] Vgl. *Soltész/Bielsz* EuZW 2004, 391 (392).
[135] Vgl. EU-Komm., Entscheidung v. 8.9.1999 – 2000/513/EG, ABl. v. 15.8.2000. Nr. C 206 S. 6 Rn. 71f. – Stardust Marine/France.
[136] Vgl. → § 83 Rn. 5ff.
[137] Auszug abgedruckt in → § 82 Anhang 4.
[138] Arbeitsunterlage der Kommissionsdienststellen, Leitfaden zur beihilfenkonformen Finanzierung, Umstrukturierung und Privatisierung staatseigener Unternehmen v. 10.2.2012, swd (2012) 14.
[139] Vgl. *v. Bonin* EuZW 2013, 247.

teresse sein könnte, in Veröffentlichungen mit einer regelmäßigen internationalen Verbreitung erscheinen und solche Angebote außerdem auch durch europaweit oder über Europa hinaus tätige Makler verbreitet werden sollten.

51 Allerdings besitzt dieser Leitfaden nach dem ausdrücklichen Wortlaut lediglich informationellen Charakter und stellt ausdrücklich keinen offiziellen Standpunkt der Kommission dar. Die tatsächlichen Wirkungen dieses Kommissionsdokuments sind gleichwohl nicht zu unterschätzen.

F. Anhang

Anhang 1: Mitteilung der Kommission zu Auslegungsfragen in Bezug auf das Gemeinschaftsrecht, das für die Vergabe öffentlicher Aufträge gilt, die nicht oder nur teilweise unter die Vergaberichtlinien fallen, vom 1.8.2006[140]

EINLEITUNG

52 Die Europäische Gemeinschaft hat in jüngster Zeit neue Richtlinien bezüglich der Vergabe öffentlicher Bau-, Liefer- und Dienstleistungsaufträge[141] verabschiedet. Sie enthalten detaillierte Vorschriften für gemeinschaftsweite, wettbewerbsorientierte Vergabeverfahren.

Allerdings gelten die Vergaberichtlinien nicht für alle öffentlichen Aufträge. Zu der breiten Palette von Aufträgen, die nicht oder nur teilweise hierunter fallen, gehören zum Beispiel:

- Aufträge unterhalb der Schwellenwerte für die Anwendung der Vergaberichtlinien[142]
- Aufträge über Dienstleistungen gemäß Anhang II Teil B der Richtlinie 2004/18/EG und Anhang XVII Teil B der Richtlinie 2004/17/EG, die die Schwellenwerte dieser Richtlinien überschreiten.

Diese Aufträge bieten beachtliche Geschäftsmöglichkeiten, vor allem für KMU und Firmenneugründungen im Binnenmarkt. Auch können die öffentlichen Verwaltungen mit offenen, wettbewerbsorientierten Vergabeverfahren eine größere Zahl potenzieller Bieter ansprechen und damit interessantere Angebote erzielen. Angesichts der Haushaltsprobleme vieler Mitgliedstaaten kommt dem effizienten Einsatz öffentlicher Gelder eine ganz besondere Bedeutung zu. Ferner gilt es im Blick zu behalten, dass sich transparente Vergabeverfahren zur Abwehr von Korruption und Günstlingswirtschaft bewährt haben.

Solche Aufträge werden jedoch nach wie vor vielfach direkt an lokale Anbieter ohne jede Ausschreibung vergeben. Der Europäische Gerichtshof (EuGH) hat im Rahmen seiner Rechtsprechung klargestellt, dass die Binnenmarktregeln des EG-Vertrags auch für Aufträge gelten, die nicht unter die Vergaberichtlinien fallen. Bei verschiedenen Gelegenheiten haben die Mitgliedstaaten und Interessensvertreter die Kommission um Leitlinien zur Anwendung der sich aus dieser Rechtsprechung ableitenden Grundsätze gebeten.

Diese Mitteilung zu Auslegungsfragen befasst sich mit den beiden vorstehend genannten Gruppen von Aufträgen, die nicht oder nur teilweise unter die Vergaberichtlinien[143] fallen. Die Kommission erläutert ihr Verständnis der Rechtsprechung des EuGH und stellt bewährte Verfahren vor, um die Mitgliedstaaten darin zu unterstützen, die Möglichkeiten des

---

[140] Mitteilung der Kommission zu Auslegungsfragen in Bezug auf das Gemeinschaftsrecht, das für die Vergabe öffentlicher Aufträge gilt, die nicht oder nur teilweise unter die Vergaberichtlinien fallen, ABl. v. 1.8. 2006, Nr. C 179 S. 3ff.

[141] RL 2004/18/EG, ABl. v. 30.4.2004, Nr. L 134 S. 114 und RL 2004/17/EG, ABl. v. 30.4.2004, Nr. L 134 S. 1. („die Vergaberichtlinien").

[142] Festlegungen zu Schwellenwerten enthalten Art. 7 der RL 2004/18/EG und Art. 16 der RL 2004/17/EG.

[143] Eine dritte Gruppe von Aufträgen, die nicht oder nur teilweise unter die Richtlinien fallen, sind Konzessionen. Siehe Art. 17 der RL 2004/18/EG und Art. 18 der RL 2004/17/EG für Dienstleistungskonzessionen und Art. 56 bis 65 der RL 2004/18/EG und Art. 18 der Richtlinie 2004/17/EG für Baukonzessionen. In der vorliegenden Mitteilung werden diese jedoch nicht erörtert, da sie im Rahmen der Folgemaßnahmen zum Grünbuch über öffentlich-private Partnerschaften behandelt werden.

Binnenmarkts voll ausschöpfen zu können. Diese Mitteilung führt keine neuen rechtlichen Regeln ein. Es ist jedoch zu beachten, dass die Auslegung des Gemeinschaftsrechts letztendlich in jedem Fall Sache des EuGH ist.

1. RECHTLICHER HINTERGRUND. 1.1. Vorschriften und Grundsätze des EG-Vertrags. Auftraggeber[144] aus den Mitgliedstaaten sind bei der Vergabe öffentlicher Aufträge, die in den Geltungsbereich des EG-Vertrags fallen, an die Vorschriften und Grundsätze dieses Vertrags gebunden. Zu diesen Grundsätzen gehören unter anderem der freie Warenverkehr (Artikel 28 EG-Vertrag), die Niederlassungsfreiheit (Artikel 43), die Dienstleistungsfreiheit (Artikel 49), Nichtdiskriminierung und Gleichbehandlung, Transparenz, Verhältnismäßigkeit und gegenseitige Anerkennung. 53

1.2. Bei der Auftragsvergabe zu beachtende Grundanforderungen. Der EuGH hat eine Reihe von bei der Auftragsvergabe zu beachtenden Grundanforderungen entwickelt, die sich direkt aus den Vorschriften und Grundsätzen des EG-Vertrags ableiten. Nach der Rechtsprechung des EuGH[145] schließt der Gleichbehandlungsgrundsatz und das Verbot der Diskriminierung aus Gründen der Staatsangehörigkeit eine Transparenzpflicht ein, wonach „der Auftraggeber zugunsten potenzieller Bieter einen angemessenen Grad von Öffentlichkeit sicherstellen" muss, „der den Dienstleistungsmarkt dem Wettbewerb öffnet und die Nachprüfung ermöglicht, ob die Vergabeverfahren unparteiisch durchgeführt wurden."[146] 54

Diese Grundanforderungen gelten, soweit die Fragen nicht von diesen Richtlinien behandelt werden, für die Vergabe von Dienstleistungskonzessionen, für Aufträge, die unter den Schwellenwerten[147] liegen, sowie für die in Anhang II Teil B der Richtlinie 2004/18/EG und in Anhang XVII Teil B der Richtlinie 2004/17/EG[148] genannten Dienstleistungen. Der EuGH stellte ausdrücklich fest, dass, auch wenn manche Verträge vom Anwendungsbereich der Gemeinschaftsrichtlinien auf dem Gebiet des öffentlichen Auftragswesens ausgenommen sind, die Auftraggeber, die sie schließen, doch die Grundregeln des EG-Vertrags beachten müssen[149].

1.3. Binnenmarktrelevanz. Die aus dem EG-Vertrag abgeleiteten Anforderungen gelten nur für die Vergabe von Aufträgen, die in hinreichendem Zusammenhang mit dem Funktionieren des Binnenmarkts stehen. In diesem Zusammenhang hielt es der EuGH in einzelnen Fällen für denkbar, dass die Vergabe eines Auftrags „wegen besonderer Umstände wie beispielsweise einer sehr geringfügigen wirtschaftlichen Bedeutung" für Wirtschaftsteilnehmer in anderen Mitgliedstaaten nicht von Interesse ist. In einem solchen Fall wären die „Auswirkungen auf die betreffenden Grundfreiheiten zu zufällig und zu mittelbar", als 55

---

[144] In dieser Mitteilung umfasst der Begriff „Auftraggeber" sowohl die öffentlichen Auftraggeber im Sinne des Art. 1 Abs. 9 der RL 2004/18/EG als auch die Auftraggeber im Sinne des Art. 2 der Richtlinie 2004/17/EG.

[145] EuGH Urt. v. 13.10.2005 – C-458/03, Slg. 2005, I-8585 = NVwZ 2005, 1407 Rn. 49 – Parking Brixen; EuGH Urt. v. 21.7.2005 – C-231/03, Slg. 2005, I-7287 = NVwZ 2005, 1052 Rn. 16ff. – Coname; EuGH Urt. v. 7.12.2000 – C-324/98, Slg. 2000, I-10745 = NZBau 2001, 148 Rn. 62 – Telaustria.

[146] EuGH Urt. v. 13.10.2005 – C-458/03, Slg. 2005, I-8585 = NVwZ 2005, 1407 Rn. 49 – Parking Brixen (Hervorh. d. Verf.); EuGH Urt. v. 7.12.2000 – C-324/98, Slg. 2000, I-10745 = NZBau 2001, 148 Rn. 62 – Telaustria.

[147] EuGH Urt. v. 20.10.2005 – C-264/03, Slg. 2005, I-8831 = IBRRS 2005, 3082 Rn. 32ff. – Kommission/Frankreich; EuGH Beschl. v. 3.12.2001 – C-59/00, Slg. 2001, I-9505 = ZfBR 2002, 610 Rn. 20 – Vestergaard.

[148] EuGH Urt. v. 27.10.2005 – C-234/03, Slg. 2005, I-9315 = EuZW 2006, 153 Rn. 47ff. – Contse. Die Vergaberichtlinien enthalten nur sehr wenige Regelungen zu diesen Aufträgen, siehe Artikel 21 der RL 2004/18/EG und Artikel 32 der RL 2004/17/EG.

[149] EuGH Beschl. v. 3.12.2001 – C-59/00, Slg. 2001, I-9505 = ZfBR 2002, 610 Rn. 20 – Vestergaard (Hervorh. d. Verf.).

dass die Anwendung von aus dem gemeinschaftlichen Primärrecht abgeleiteten Anforderungen gerechtfertigt wäre[150].

Die Entscheidung, inwieweit ein Auftrag möglicherweise für Wirtschaftsteilnehmer eines anderen Mitgliedstaats von Interesse sein könnte, obliegt den einzelnen Auftraggebern. Nach Auffassung der Kommission muss dieser Entscheidung eine Prüfung der Umstände des jeweiligen Falls vorausgehen, wobei Sachverhalte wie der Auftragsgegenstand, der geschätzte Auftragswert, die Besonderheiten des betreffenden Sektors (Größe und Struktur des Marktes, wirtschaftliche Gepflogenheiten usw.) sowie die geographische Lage des Orts der Leistungserbringung zu berücksichtigen sind.

Kommt der Auftraggeber zu dem Schluss, dass der fragliche Auftrag für den Binnenmarkt relevant ist, muss die Vergabe unter Einhaltung der aus dem Gemeinschaftsrecht abgeleiteten Grundanforderungen erfolgen.

Erhält die Kommission Kenntnis von einer möglichen Verletzung der Grundanforderungen an die Vergabe öffentlicher Aufträge, die nicht unter die Vergaberichtlinien fallen, prüft sie die Binnenmarktrelevanz des fraglichen Auftrags vor dem Hintergrund der fallspezifischen Umstände. Sie wird nur dann ein Verfahren nach Artikel 226 EG-Vertrag einleiten, wenn dies angesichts der Schwere der Vertragsverletzung und ihrer Auswirkungen auf den Binnenmarkt angemessen erscheint.

56 **2. GRUNDANFORDERUNGEN FÜR DIE VERGABE VON AUFTRÄGEN MIT BINNENMARKTRELEVANZ. 2.1. Bekanntmachung. 2.1.1. Verpflichtung zur Sicherstellung einer angemessenen Bekanntmachung.** Gemäß dem EuGH[151] schließen die Grundsätze der Gleichbehandlung und der Nichtdiskriminierung eine Verpflichtung zur Transparenz ein, wonach der Auftraggeber zugunsten potenzieller Bieter einen angemessenen Grad von Öffentlichkeit sicherstellen muss, der den Markt dem Wettbewerb öffnet.

Die Verpflichtung zur Transparenz bedeutet, dass in einem anderen Mitgliedstaat niedergelassene Unternehmen vor der Vergabe Zugang zu angemessenen Informationen über den jeweiligen Auftrag haben müssen, sodass sie gegebenenfalls ihr Interesse am Erhalt dieses Auftrags bekunden können[152].

Das Kontaktieren einer bestimmten Anzahl potenzieller Bieter ist nach Auffassung der Kommission nicht ausreichend, selbst wenn der Auftraggeber auch Unternehmen aus anderen Mitgliedstaaten einbezieht oder versucht, alle potenziellen Anbieter zu erreichen. Bei einem solch selektiven Ansatz ist nämlich nicht auszuschließen, dass potenzielle Bieter aus anderen Mitgliedstaaten – insbesondere neue Marktteilnehmer – diskriminiert werden. Das Gleiche gilt für alle Formen „passiver" Information, bei denen der Auftraggeber Aufträge nicht aktiv bekannt macht, sondern nur auf Informationsgesuche von Bewerbern reagiert, die durch eigene Initiative von der beabsichtigten Auftragsvergabe erfahren haben. Auch ein einfacher Verweis auf als Informationsquellen zu nutzende Medienberichte, parlamentarische oder politische Debatten oder bestimmte Ereignisse wie beispielsweise Kongresse stellt keine angemessene Bekanntmachung dar.

Daher lassen sich die vom EuGH festgelegten Erfordernisse nur erfüllen, wenn vor der Auftragsvergabe eine hinreichend zugängliche Bekanntmachung veröffentlicht wird. Diese Bekanntmachung sollte von dem öffentlichen Auftraggeber mit dem Ziel veröffentlicht werden, den Auftrag auf der Grundlage echten Wettbewerbs zu vergeben.

57 **2.1.2. Wege der Bekanntmachung.** Die Wahl des für die Vergabebekanntmachung am besten geeigneten Mediums ist Sache des jeweiligen Auftraggebers.

[150] EuGH Urt. v. 21.7.2005 – C-231/03, Slg 2005, I-7287 = NVwZ 2005, 1052 Rn. 20 – Coname (Hervorh. d. Verf.).

[151] EuGH Urt. v. 13.10.2005 – C-458/03, Slg. 2005, I-8585 = NVwZ 2005, 1407 Rn. 49 – Parking Brixen; EuGH Urt. v. 7.12.2000 – C-324/98, Slg. 2000, I-10745 = NZBau 2001, 148 Rn. 62 – Telaustria.

[152] EuGH Urt. v. 21.7.2005 – C-231/03, Slg 2005, I-7287 = NVwZ 2005, 1052 Rn. 21 – Coname.

Ein maßgebendes Kriterium sollte dabei die Einschätzung der Binnenmarktrelevanz des Auftrags sein, und zwar insbesondere mit Blick auf den Auftragsgegenstand, den Auftragswert und die gängige Praxis im entsprechenden Wirtschaftszweig.

Je interessanter der Auftrag für potenzielle Bieter aus anderen Mitgliedstaaten ist, desto weiter sollte er bekannt gemacht werden. Vor allem bei Aufträgen über Dienstleistungen gemäß Anhang II Teil B der Richtlinie 2004/18/EG und Anhang XVII Teil B der Richtlinie 2004/17/EG, die die Schwellenwerte dieser Richtlinien überschreiten, ist zur Erzielung einer angemessenen Transparenz im Allgemeinen eine Veröffentlichung in einem Medium mit großer Reichweite erforderlich.

Angemessene und gängige Veröffentlichungsmedien sind ua:

– das Internet

  Aufgrund der einfachen und weit verbreiteten Nutzung des World Wide Web eignen sich Websites besonders gut für Vergabebekanntmachungen, denn es kann leicht auf sie zugegriffen werden, insbesondere auch von Unternehmen aus anderen Mitgliedstaaten und von KMU, die nach kleineren Aufträgen Ausschau halten. Das Internet bietet vielfältige Möglichkeiten, öffentliche Aufträge bekannt zu machen:

  Bekanntmachungen auf der Website des Auftraggebers sind flexibel und preisgünstig. Sie sind so zu gestalten, dass potenzielle Bieter leicht Kenntnis dieser Informationen erhalten. Auftraggeber können außerdem ins Auge fassen, Informationen über bevorstehende, nicht unter die Vergaberichtlinien fallende Auftragsvergaben im Rahmen ihres Beschafferprofils im Internet[153] zu veröffentlichen.

  Speziell für Vergabebekanntmachungen geschaffene Portale sind leichter erkennbar und bieten bessere Suchoptionen. Die Einrichtung spezieller Foren für Aufträge mit geringem Wert mit einem Verzeichnis für Vergabebekanntmachungen und automatischer Benachrichtigung per E-Mail stellt hier eine bewährte Vorgehensweise dar, mit der die Möglichkeiten des Internet im Sinne einer größeren Transparenz und Effizienz voll ausgeschöpft werden können[154].

– nationale Amtsblätter, Ausschreibungsblätter, regionale oder überregionale Zeitungen und Fachpublikationen

– lokale Medien

  Auftraggeber können nach wie vor auf lokale Medien wie Lokalzeitungen, Gemeindeanzeiger oder gar die Anschlagtafel zurückgreifen. Allerdings wird dadurch nur eine rein lokale Veröffentlichung gewährleistet. Dies kann in speziellen Fällen angemessen sein, zB bei sehr kleinen Aufträgen, für die es nur einen lokalen Markt gibt.

– das Amtsblatt der Europäischen Union/die TED-Datenbank (Tenders Electronic Daily)

  Die Veröffentlichung im Amtsblatt ist nicht obligatorisch, sie kann aber uU, insbesondere bei größeren Aufträgen, eine interessante Möglichkeit darstellen.

2.1.3. Inhalt der Bekanntmachung. Der EuGH hat ausdrücklich darauf hingewiesen, 58
dass das Transparenzerfordernis nicht notwendigerweise eine Verpflichtung zu einer förmlichen Ausschreibung umfasst[155]. Die Bekanntmachung kann sich daher auf eine Kurzbeschreibung der wesentlichen Punkte des zu erteilenden Auftrags und des Vergabeverfahrens beschränken, die eine Aufforderung zur Kontaktierung des Auftraggebers enthält. Bei Bedarf kann sie durch Zusatzinformationen ergänzt werden, die im Internet oder auf Anfrage bei dem Auftraggeber erhältlich sind.

Die Bekanntmachung und jegliche zusätzlichen Unterlagen sollten all die Informationen enthalten, die ein Unternehmen aus einem anderen Mitgliedstaat normalerweise für die Entscheidung darüber benötigt, ob es Interesse an dem Auftrag bekunden soll.

---

[153] Vgl. Anhang VIII der Richtlinie 2004/18/EG und Anhang XX der Richtlinie 2004/17/EG.

[154] Die ursprüngliche Fußnote mit Verweis auf das Portal für Auftragsvergaben mit geringem Wert im Vereinigten Königreich wurde vom Verfasser angepasst. Das Portal erreicht man nun über den folgenden Link: https://www.supply2govtenders.co.uk/.

[155] EuGH Urt. v. 21.7.2005 – C-231/03, Slg 2005, I-7287 = NVwZ 2005, 1052 Rn. 21 – Coname.

Wie unter Punkt 2.2.2 nachstehend erläutert, kann der Auftraggeber Maßnahmen zur Begrenzung der Zahl der Bewerber, die zur Abgabe eines Angebots aufgefordert werden, ergreifen. In diesem Fall sollte der Auftraggeber hinreichende Informationen darüber vorlegen, wie die Bieter für die Vorauswahl ausgewählt wurden.

59 **2.1.4. Verfahren ohne vorherige Veröffentlichung einer Bekanntmachung.** Die Vergaberichtlinien enthalten Ausnahmeregelungen, nach denen unter bestimmten Bedingungen Verfahren ohne vorherige Veröffentlichung einer Bekanntmachung zulässig sind[156]. Die wichtigsten Ausnahmen betreffen hierbei Situationen, in denen aufgrund nicht voraussehbarer Ereignisse dringendes Handeln geboten ist, sowie Aufträge, die aus technischen oder künstlerischen Gründen oder aufgrund des Schutzes von Ausschließlichkeitsrechten nur von einem bestimmten Wirtschaftsteilnehmer ausgeführt werden können.

Nach Auffassung der Kommission können die entsprechenden Ausnahmeregelungen auch bei der Vergabe von nicht unter die Richtlinien fallenden Aufträgen zur Anwendung kommen. Daher können Auftraggeber solche Aufträge ohne vorherige Veröffentlichung einer Bekanntmachung vergeben, sofern die in den Richtlinien festgelegten Voraussetzungen für die Anwendung der Ausnahmeregelungen[157] erfüllt sind.

60 **2.2. Auftragsvergabe. 2.2.1. Grundsätze.** In seinem Urteil in der Rechtssache Telaustria hat der Gerichtshof festgestellt, dass der Auftraggeber kraft der Verpflichtung zur Transparenz zugunsten potenzieller Bieter einen angemessenen Grad von Öffentlichkeit sicherstellen muss, der den Markt dem Wettbewerb öffnet und die Nachprüfung ermöglicht, ob die Vergabeverfahren unparteiisch durchgeführt wurden. Die Verpflichtung zur Sicherstellung einer transparenten Bekanntmachung geht mithin automatisch mit der Pflicht zur Gewährleistung eines fairen und unparteiischen Verfahrens einher.

Die Auftragsvergabe muss somit im Einklang mit den Vorschriften und Grundsätzen des EG-Vertrags erfolgen, damit für alle an dem Auftrag interessierten Wirtschaftsteilnehmer faire Wettbewerbsbedingungen[158] gelten. Dies lässt sich in der Praxis am besten wie folgt erreichen:

– Diskriminierungsfreie Beschreibung des Auftragsgegenstands
  In der Beschreibung der verlangten Produkt- oder Dienstleistungsmerkmale darf nicht auf eine bestimmte Produktion oder Herkunft oder ein besonderes Verfahren oder auf Marken, Patente, Typen, einen bestimmten Ursprung oder eine bestimmte Produktion verwiesen werden, soweit dies nicht durch den Auftragsgegenstand gerechtfertigt ist und der Verweis nicht mit dem Zusatz „oder gleichwertig"[159] versehen ist. Allgemeinere Beschreibungen der Leistung oder der Funktionen sind in jedem Fall vorzuziehen.
– Gleicher Zugang für Wirtschaftsteilnehmer aus allen Mitgliedstaaten
  Die Auftraggeber dürfen keine Bedingungen stellen, die potenzielle Bieter in anderen Mitgliedstaaten direkt oder indirekt benachteiligen, wie beispielsweise das Erfordernis,

---

[156] Art. 31 der Richtlinie 2004/18/EG und Art. 40 Abs. 3 der Richtlinie 2004/17/EG.

[157] Vgl. Generalanwalt *Jacobs* Schlussanträge v. 2.6.2005 – C-525/03, Slg. 2005, I-9405 = IBRRS 2005, 1879 Rn. 46f. – Kommission/Italien.

[158] EuGH Urt. v. 12.12.2002 – C-470/99, Slg. 2002, I-11617 = NZBau 2003, 162 Rn. 93 – Universale-Bau AG.

[159] EuGH Beschl. v. 3.12.2001 – C-59/00, Slg. 2001, I-9505 = ZfBR 2002, 610 Rn. 21ff. – Vestergaard und die „Mitteilung der Kommission zu Auslegungsfragen – Erleichterung des Marktzugangs für Waren in einem anderen Mitgliedstaat", ABl. v. 4.11.2003, Nr. C 265 S. 2. Aufträge über Dienstleistungen gemäß Anhang II Teil B der Richtlinie 2004/18/EG und Anhang XVII Teil B der Richtlinie 2004/17/EG müssen den Bestimmungen über technische Spezifikationen in Artikel 23 der Richtlinie 2004/18/EG und Artikel 34 der Richtlinie 2004/17/EG entsprechen, sofern sie die Anwendungsschwellen dieser Richtlinien überschreiten. Die technischen Spezifikationen für solche Aufträge müssen vor der Auswahl des Auftragnehmers festgelegt werden und müssen etwaigen Bietern so zur Kenntnis gebracht oder zugänglich gemacht werden, dass sowohl Transparenz als auch eine Gleichbehandlung aller etwaigen Bieter gewährleistet ist (vgl. Generalanwalt *Jacobs* Schlussanträge v. 21.4.2005 – C-174/03, ECLI:EU:C:2005:244 = IBRRS 2005, 1325 Rn. 76ff. – Impresa Portuale di Cagliari).

dass Unternehmen, die an einem Vergabeverfahren teilnehmen möchten, in demselben Mitgliedstaat oder in derselben Region wie der Auftraggeber niedergelassen sein müssen[160].

- Gegenseitige Anerkennung der Diplome, Prüfungszeugnisse und sonstigen Befähigungsnachweise
  Müssen Bewerber oder Bieter Bescheinigungen, Diplome oder andere schriftliche Nachweise vorlegen, die ein entsprechendes Gewährleistungsniveau aufweisen, so sind gemäß dem Grundsatz der gegenseitigen Anerkennung der Diplome, Prüfungszeugnisse und sonstigen Befähigungsnachweise auch Dokumente aus anderen Mitgliedstaaten zu akzeptieren.
- Angemessene Fristen
  Die Fristen für Interessensbekundungen und für die Angebotsabgabe müssen so lang sein, dass Unternehmen aus anderen Mitgliedstaaten eine fundierte Einschätzung vornehmen und ein Angebot erstellen können.
- Transparenter und objektiver Ansatz
  Alle Teilnehmer müssen in der Lage sein, sich im Voraus über die geltenden Verfahrensregeln zu informieren, und müssen die Gewissheit haben, dass diese Regeln für jeden gleichermaßen gelten.

2.2.2. Begrenzung der Zahl der Bewerber, die zur Abgabe eines Angebots aufgefordert werden. Auftraggebern steht es frei, durch bestimmte Maßnahmen die Zahl der Bewerber auf ein angemessenes Maß zu beschränken, sofern dies auf transparente und diskriminierungsfreie Weise geschieht. Dazu können sie beispielsweise objektive Kriterien wie die einschlägige Erfahrung der Bewerber, die Unternehmensgröße und die betriebliche Infrastruktur, die technische und berufliche Leistungsfähigkeit oder andere Kriterien heranziehen. Sie können sich sogar für eine Auslosung entscheiden, und zwar entweder als alleiniges Auswahlkriterium oder gekoppelt mit anderen Kriterien. In jedem Fall müssen nach der Vorauswahl so viele Bewerber übrig bleiben, dass ein angemessener Wettbewerb gewährleistet ist. 61

Alternativ dazu können Auftraggeber auch Prüfungssysteme in Betracht ziehen, bei denen im Rahmen eines hinreichend bekannt gemachten, transparenten und offenen Verfahrens ein Verzeichnis der geprüften Wirtschaftsteilnehmer erstellt wird. Wenn später im Rahmen des Systems einzelne Aufträge vergeben werden, kann der öffentliche Auftraggeber aus dem Verzeichnis der geprüften Wirtschaftsteilnehmer auf nicht diskriminierende Weise (zB im Rotationsverfahren) Akteure auswählen, die zur Abgabe eines Angebots aufgefordert werden.

2.2.3. Entscheidung über die Auftragsvergabe. Wichtig ist, dass die letztendliche Entscheidung über die Vergabe des Auftrags den zu Anfang festgelegten Verfahrensregeln entspricht und dass den Grundsätzen der Nichtdiskriminierung und der Gleichbehandlung voll und ganz Rechnung getragen wird. Von besonderer Bedeutung ist dies bei Verfahren, in denen Verhandlungen mit ausgewählten Bietern vorgesehen sind. Solche Verhandlungen sind so zu organisieren, dass keiner der Bieter Zugang zu mehr Informationen als andere hat und dass jegliche ungerechtfertigte Bevorteilung einzelner Bieter ausgeschlossen ist. 62

2.3. Rechtsschutz. 2.3.1. Grundsätze. In seinem Urteil in der Rechtssache Telaustria hob der Gerichtshof hervor, wie wichtig es sei, dass nachgeprüft werden könne, ob die Vergabeverfahren unparteiisch durchgeführt wurden. Ohne ein angemessenes Nachprü- 63

[160] Allerdings kann von dem Bieter, der den Zuschlag erhält, verlangt werden, dass er am Ausführungsort eine gewisse betriebliche Infrastruktur errichtet, wenn die besonderen Umstände des Vertrags das rechtfertigen.

fungssystem ist die Einhaltung der Grundanforderungen der Fairness und der Transparenz nicht wirklich zu gewährleisten.

64 **2.3.2. Richtlinien über Nachprüfungsverfahren.** Die Richtlinien über Nachprüfungsverfahren[161] gelten nur für Aufträge, die in den Anwendungsbereich der Vergaberichtlinien fallen[162]. Dies bedeutet, dass sie im hier besprochenen Kontext nur für Aufträge über Dienstleistungen gemäß Anhang II Teil B der Richtlinie 2004/18/EG und Anhang XVII Teil B der Richtlinie 2004/17/EG gelten, die die Schwellenwerte dieser Richtlinien überschreiten. Nachprüfungsverfahren, die sich auf diese Aufträge beziehen, müssen den Richtlinien über Nachprüfungsverfahren und der einschlägigen Rechtsprechung genügen. Diese Grundsätze wurden unverändert in die jüngst verabschiedeten Vorschläge für eine neue Richtlinie über Nachprüfverfahren[163] übernommen.

65 **2.3.3. Aus dem gemeinschaftlichen Primärrecht abgeleitete Grundanforderungen.** Bei Aufträgen, die unterhalb der Schwellenwerte der Vergaberichtlinien liegen, ist zu berücksichtigen, dass der Einzelne gemäß der Rechtsprechung des EuGH[164] einen effektiven gerichtlichen Schutz der Rechte in Anspruch nehmen können muss, die sich aus der Gemeinschaftsrechtsordnung herleiten. Das Recht auf einen solchen Schutz gehört dabei zu den allgemeinen Rechtsgrundsätzen, die sich aus der allen Mitgliedstaaten gemeinsamen Verfassungstradition ergeben. Soweit es keine einschlägigen gemeinschaftsrechtlichen Bestimmungen gibt, ist es Aufgabe der Mitgliedstaaten, für die erforderlichen Vorschriften und Verfahren zur Gewährleistung eines effektiven gerichtlichen Schutzes zu sorgen.

Um diesem Erfordernis des effektiven Rechtsschutzes zu genügen, müssen zumindest Entscheidungen mit ungünstigen Auswirkungen für Personen, die ein Interesse am Erhalt des Auftrags haben oder hatten – beispielsweise die Entscheidung, einen Bewerber oder einen Bieter auszuschließen –, auf etwaige Verstöße gegen die aus dem gemeinschaftlichen Primärrecht abgeleiteten Grundanforderungen nachgeprüft werden können. Damit die Ausübung des Rechts auf eine solche Nachprüfung tatsächlich möglich ist, müssen Auftraggeber bei Entscheidungen, bei denen eine Nachprüfung möglich ist, die Gründe für die Entscheidung darlegen, und zwar entweder in der Entscheidung selbst oder auf Antrag im Anschluss an die Mitteilung der Entscheidung.[165]

Gemäß der Rechtsprechung zum Rechtsschutz dürfen die zur Verfügung stehenden Rechtsbehelfe nicht weniger wirksam sein als bei entsprechenden Ansprüchen, die auf nationales Recht gestützt sind (Äquivalenzgrundsatz); auch dürfen sie keinesfalls so ausgestaltet sein, dass der Rechtsschutz praktisch unmöglich oder übermäßig erschwert ist (Effektivitätsgebot).[166]

---

161 RL 92/13/EWG, ABl. v. 23.3.1992, Nr. L 76 S. 14 und RL 89/665/EWG, ABl. v. 30.12.1989, Nr. L 395 S. 33.

162 Art. 72 der RL 2004/17/EG und Art. 81 der RL 2004/18/EG.

163 Vorschlag der Kommission für eine Richtlinie des Europäischen Parlaments und des Rates zur Änderung der Richtlinien 89/665/EWG und 92/13/EWG des Rates zwecks Verbesserung der Wirksamkeit der Nachprüfungsverfahren im Bereich des öffentlichen Auftragswesens v. 4.5.2006, KOM(2006) 195 endg.

164 EuGH Urt. v. 25.7.2002 – C-50/00 – Slg 2002 I-6677 = NJW 2002, 2935 Rn. 39 – Unión de Pequeños Agricultores; EuGH Urt. v. 15.10.1987 – C-222/86, Slg. 1987, 4097 = NJW 1989, 657 Rn. 14 – Unectef/Heylens.

165 EuGH Urt. v. 15.10.1987 – C-222/86, Slg. 1987, 4097 = NJW 1989, 657 Rn. 14 – Unectef/Heylens.

166 Vgl. in Bezug auf das Effektivitätsgebot EuGH Urt. v. 27.2.2003 – C-327/00, Slg. 2003, I-1877 = ZfBR 2003, 499 Rn. 55 – Santex; EuGH Urt. v. 5.3.1996 – C-46/93 und C-48/93, Slg. 1996 I-1029 = NJW 1996, 1267 Rn. 83 – Brasserie du Pêcheur.

Anhang 2: Mitteilung der Kommission: Bekanntmachung der Kommission zum Begriff der staatlichen Beihilfe im Sinne des Artikels 107 Absatz 1 AEUV

[…][167]

4.2. Das Kriterium des marktwirtschaftlich handelnden Wirtschaftsbeteiligten. 66
4.2.1. Einführung. 73. Die Rechtsordnung der Union verhält sich gegenüber der Eigentumsordnung neutral[168] und berührt in keiner Weise das Recht der Mitgliedstaaten, als Wirtschaftsbeteiligte aufzutreten. Wenn die öffentliche Hand jedoch direkt oder indirekt wirtschaftliche Transaktionen gleich welcher Art[169] vornimmt, unterliegt sie den Unionsvorschriften über staatliche Beihilfen.

74. Wirtschaftliche Transaktionen von öffentlichen Stellen (einschließlich öffentlicher Unternehmen) verschaffen der Gegenseite keinen Vorteil und stellen somit keine Beihilfe dar, sofern sie zu normalen Marktbedingungen vorgenommen werden[170]. Dieser Grundsatz ist in Bezug auf verschiedene wirtschaftliche Transaktionen entwickelt worden. Die Unionsgerichte haben den Grundsatz des marktwirtschaftlich handelnden Kapitalgebers entwickelt, um bei öffentlichen Investitionen (insbesondere Kapitalzuführungen) festzustellen, ob eine staatliche Beihilfe vorliegt: Um zu ermitteln, ob eine Investition einer öffentlichen Stelle eine staatliche Beihilfe darstellt, ist zu prüfen, ob ein unter normalen Marktbedingungen handelnder privater Kapitalgeber von vergleichbarer Größe in ähnlicher Lage zu der fraglichen Investition hätte bewegt werden können[171]. Im gleichen Sinne haben die Unionsgerichte das Kriterium des privaten Gläubigers entwickelt, um prüfen zu können, ob eine Umschuldung durch öffentliche Gläubiger eine staatliche Beihilfe beinhaltet. Hierzu wird das Verhalten eines öffentlichen Gläubigers mit dem eines hypothetischen privaten Gläubigers in ähnlicher Lage verglichen[172]. Außerdem haben die Unionsgerichte das Kriterium des privaten Verkäufers entwickelt, um feststellen zu können, ob ein Verkauf durch eine öffentliche Stelle eine staatliche Beihilfe beinhaltet. Hierzu wird geprüft, ob ein privater Verkäufer unter normalen Marktbedingungen denselben oder einen besseren Preis hätte erzielen können[173].

75. Diese Kriterien sind Abwandlungen desselben Grundkonzepts, wonach das Verhalten öffentlicher Stellen mit dem Verhalten ähnlicher privater Wirtschaftsbeteiligter, die unter normalen Marktbedingungen tätig sind, verglichen werden sollte, um zu ermitteln, ob der Gegenseite durch die wirtschaftlichen Transaktionen dieser Stellen ein Vorteil gewährt wird. In dieser Mitteilung wird die Kommission daher generell auf das Kriterium des marktwirtschaftlich handelnden Wirtschaftsbeteiligten Bezug nehmen, wenn es um die

[167] Mitt. der Kommission: Bekanntmachung der Kommission zum Begriff der staatlichen Beihilfe im Sinne des Art. 107 Abs. 1 AEUV, ABl. v. 19.7.2016, Nr. C 262 S. 1.

[168] Art. 345 AEUV besagt: „Die Verträge lassen die Eigentumsordnung in den verschiedenen Mitgliedstaaten unberührt."

[169] Siehe zB EuGH Urt. v. 10.7.1986 – 40/85, Slg. 1986, 2321= BeckRS 2004, 71119 Rn. 12 – Belgien/Kommission.

[170] EuGH Urt. v. 11.7.1996 – C-39/94, Slg. 1996, I-3547 = BeckRS 2004, 76964 Rn. 60 und 61 – SFEI ua.

[171] Siehe zB EuGH Urt. v. 21.3.1990 – C-142/87, Slg. 1990, I-959 = BeckRS 2004, 71650 Rn. 29 – Belgien/Kommission (Tubemeuse); EuGH Urt. v. 21.3.1991 – C-305/89, Slg. 1991, I-1603 = BeckRS 2004, 76186 Rn. 18 und 19 – Italien/Kommission (Alfa Romeo); EuG Urt. v. 6.3.2003 – T-228/99 und T-233/99, Slg. 2003, II-435 = BeckRS 2012, 80934 – Westdeutsche Landesbank Girozentrale und Land Nordrhein-Westfalen/Kommission; EuG Urt. v. 21.1.1999 – T-129/95, T-2/96 und T-97/96, Slg. 1999, II-17 = BeckRS 1999, 55045 Rn. 104 – Neue Maxhütte Stahlwerke und Lech-Stahlwerke/Kommission; EuG Urt. v. 30.4.1998 – T-16/96, Slg. 1998, II-757 = BeckRS 1998, 153662 Rn. 51 – Cityflyer Express/Kommission.

[172] EuGH Urt. v. 24.1.2013 – C-73/11 P, ECLI:EU:C:2013:32 = BeckRS 2013, 80149 Frucona/Kommission; EuGH Urt. v. 22.11.2007 – C-525/04 P, Slg. 2007, I-9947 = BeckRS 2007, 70945 – Spanien/Kommission; EuGH Urt. v. 29.6.1999 – C-256/97, Slg. 1999, I-3913 = BeckRS 2004, 75742 – DM Transport.

[173] EuG Urt. v. 28.2.2012 – T-268/08 und T-281/08, ECLI:EU:T:2012:90 = BeckRS 2012, 80426 – Land Burgenland und Österreich/Kommission.

Methode für die Prüfung geht, ob wirtschaftliche Transaktionen von öffentlichen Stellen zu marktüblichen Bedingungen vorgenommen werden und ob der Gegenseite dadurch ein Vorteil entsteht (den sie unter normalen Marktbedingungen nicht erhalten hätte). Die allgemeinen Grundsätze und die einschlägigen Kriterien für die Anwendung des Kriteriums des marktwirtschaftlich handelnden Wirtschaftsbeteiligten werden in den Abschnitten 4.2.2. und 4.2.3. erläutert.

67 **4.2.2. Allgemeine Grundsätze.** 76. Anhand des Kriteriums des marktwirtschaftlich handelnden Wirtschaftsbeteiligten soll geprüft werden, ob der Staat einem Unternehmen einen Vorteil gewährt hat, indem er sich in Bezug auf eine bestimmte Transaktion nicht wie ein marktwirtschaftlich handelnder Wirtschaftsbeteiligter verhalten hat. In diesem Zusammenhang ist nicht von Belang, ob die Maßnahme für die öffentliche Stelle ein vernünftiges Mittel zur Verfolgung von Gemeinwohlzielen (wie Beschäftigung) darstellt. Auch die Rentabilität des Empfängers ist an sich kein entscheidender Faktor für die Feststellung, ob die fragliche wirtschaftliche Transaktion den Marktbedingungen entspricht. Es kommt darauf an, ob die öffentliche Stelle sich so verhalten hat, wie es ein marktwirtschaftlich handelnder Wirtschaftsbeteiligter in ähnlicher Lage getan hätte. Ist dies nicht der Fall, so hat das Empfängerunternehmen einen wirtschaftlichen Vorteil erlangt, den es unter normalen Marktbedingungen nicht erhalten hätte[174] und durch den es sich in einer günstigeren Lage befindet als seine Wettbewerber[175].

77. Für die Zwecke des Kriteriums des marktwirtschaftlich handelnden Wirtschaftsbeteiligten sind nur die Vorteile und Verpflichtungen zu berücksichtigen, die mit der Rolle des Staates als Wirtschaftsbeteiligter zusammenhängen, nicht aber jene, die sich an seine Rolle als Träger öffentlicher Gewalt knüpfen[176]. Das Kriterium ist also in der Regel nicht anwendbar, wenn der Staat als Träger der öffentlichen Gewalt und nicht als Wirtschaftsbeteiligter handelt. Wenn ein Eingriff des Staates zum Beispiel aus Gründen des Gemeinwohls (etwa zum Zweck der sozialen oder regionalen Entwicklung) erfolgt, kann das Verhalten des Staates zwar aus politischer Sicht rational sein, aber gleichzeitig Erwägungen Rechnung tragen, die marktwirtschaftlich handelnde Wirtschaftsbeteiligte in der Regel nicht berücksichtigen. Bei der Anwendung des Kriteriums des marktwirtschaftlich handelnden Wirtschaftsbeteiligten sollten daher alle Erwägungen außer Betracht bleiben, die sich ausschließlich auf die Rolle des Mitgliedstaats als Träger der öffentlichen Gewalt beziehen (zum Beispiel soziale oder regionalpolitische Erwägungen oder sektorbezogene politische Erwägungen)[177].

---

[174] EuG Urt. v. 6.3.2003 – T-228/99 und T-233/99, Slg. 2003, II-435 = BeckRS 2012, 80934 Rn. 208– Westdeutsche Landesbank Girozentrale und Land Nordrhein-Westfalen/Kommission.

[175] Siehe hierzu E EuGH Urt. v. 5.6.2012 – C-124/10 P, ECLI:EU:C:2012:318 = BeckRS 2012, 81042 Rn. 90 – Kommission/EDF; EuGH Urt. v. 19.5.1999 – C-6/97, Slg. 1999, I-2981 = BeckRS 2004, 77607 Rn. 16 – Italien/Kommission; EuGH Urt. v. 15.3.1994 – C-387/92, Slg. 1994, I-0877 = BeckRS 2004, 76937 Rn. 14 – Banco Exterior de España.

[176] EuGH Urt. v. 5.6.2012 – C-124/10 P, ECLI:EU:C:2012:318 = BeckRS 2012, 81042 Rn. 79, 80 und 81; EuGH Urt. v. 28.1.2003 – C-334/99, Slg. 2003, I-1139 = BeckRS 2004, 76521 Rn. 134 – Deutschland/Kommission; EuGH Urt. v. 14.9.1994 – C-278/92 bis C-280/92, Slg. 1994 I-4103 = BeckRS 2004, 75925 Rn. 22 – Spanien/Kommission; EuGH Urt. v. 10.7.1986 – 40/85, Slg. 1986, I-2321 = BeckRS 2004, 71119 Rn. 13 – Belgien/Kommission; EuGH Urt. v. 10.7.1986 – 234/84, Slg. 1986, I-2263 = BeckRS 2012, 80902 Rn. 14 – Belgien/Kommission.

[177] EuGH Urt. v. 5.6.2012 – C-124/10 P, ECLI:EU:C:2012:318 = BeckRS 2012, 81042 Rn. 79–81 – Kommission/EDF; EuGH Urt. v. 28.1.2003 – C-334/99, Slg. 2003, I-1139 = BeckRS 2004, 76521 Rn. 134 – Deutschland/Kommission; EuGH Urt. v. 14.9.1994 – C-278/92 bis C-280/92, Slg. 1994 I-4103 = BeckRS 2004, 75925 Rn. 22 – Spanien/Kommission; EuGH Urt. v. 10.7.1986 – 40/85, Slg. 1986, I-2321 = BeckRS 2004, 71119 Rn. 13 – Belgien/Kommission; EuGH Urt. v. 10.7.1986 – 234/84, Slg. 1986, I-2263 = BeckRS 2012, 80902 Rn. 14 – Belgien/Kommission; EuG Urt. v. 24.9. 2008 – T-20/03, Slg. 2008, II-2305 = BeckRS 2008, 70978 – Kahla Thüringen Porzellan/Kommission; EuG Urt. v. 6.3.2003 – T-228/99 und T-233/99, Slg. 2003, II-435 = BeckRS 2012, 80934 Rn. 208– Westdeutsche Landesbank Girozentrale und Land Nordrhein-Westfalen/Kommission; EuG Urt. v. 17.10. 2002 – T-98/00, Slg. II 2002, 3961 = BeckRS 2002, 70462 – Linde/Kommission.

78. Ob eine staatliche Maßnahme den Marktbedingungen entspricht, muss ex ante auf Grundlage der zum Zeitpunkt der Entscheidung über die Maßnahme verfügbaren Informationen geprüft werden[178]. Denn ein umsichtiger marktwirtschaftlich handelnder Wirtschaftsbeteiligter würde in der Regel eine Ex-ante-Bewertung der Strategie und der finanziellen Aussichten eines Vorhabens zum Beispiel anhand eines Geschäftsplans vornehmen[179]. Ex-post vorgenommene wirtschaftliche Bewertungen, welche rückblickend die tatsächliche Rentabilität der vom betroffenen Mitgliedstaat getätigten Investition feststellen, reichen nicht aus[180].

79. Wenn ein Mitgliedstaat geltend macht, er habe sich wie ein marktwirtschaftlich handelnder Wirtschaftsbeteiligter verhalten, muss er im Zweifelsfall nachweisen, dass die Entscheidung über die Durchführung der Transaktion auf der Grundlage wirtschaftlicher Bewertungen getroffen wurde, die denen vergleichbar sind, die ein vernünftiger, marktwirtschaftlich handelnder Wirtschaftsbeteiligter (mit ähnlichen Merkmalen wie die betreffende öffentliche Einrichtung) in ähnlicher Lage vorgenommen hätte, um die Rentabilität oder die wirtschaftlichen Vorteile der Transaktion zu ermitteln[181].

80. Ob eine Transaktion den Marktbedingungen entspricht, muss im Wege einer umfassenden Bewertung der Wirkung der Transaktion auf das betreffende Unternehmen festgestellt werden, ohne zu berücksichtigen, ob die besonderen Mittel, die bei der Durchführung der Transaktion eingesetzt wurden, marktwirtschaftlich handelnden Wirtschaftsbeteiligten zur Verfügung stehen würden. So kann die Anwendbarkeit des Kriteriums des marktwirtschaftlich handelnden Wirtschaftsbeteiligten nicht allein aufgrund der steuerrechtlichen Natur der vom Staat eingesetzten Mittel ausgeschlossen werden[182].

81. In bestimmten Fällen können mehrere aufeinanderfolgende Maßnahmen des Staates für die Zwecke des Artikels 107 Absatz 1 AEUV als eine Maßnahme angesehen werden. Dies kann insbesondere dann der Fall sein, wenn aufeinanderfolgende Maßnahmen insbesondere in Anbetracht ihrer zeitlichen Abfolge, ihres Zwecks und der Lage des Unternehmens zum Zeitpunkt dieser Maßnahmen derart eng miteinander verknüpft sind, dass sie sich unmöglich voneinander trennen lassen[183]. Zum Beispiel kann eine Abfolge staatlicher Maßnahmen, die in einem relativ kurzen Zeitraum in Bezug auf dasselbe Unternehmen durchgeführt werden, miteinander verbunden sind oder alle zum Zeitpunkt der ersten Maßnahme geplant oder vorhersehbar waren, als eine Maßnahme geprüft werden. Wenn dagegen eine spätere Maßnahme das Ergebnis von zum Zeitpunkt einer früheren Maß-

---

[178] EuGH Urt. v. 5.6.2012 – C-124/10 P, ECLI:EU:C:2012:318 = BeckRS 2012, 81042 Rn. 83, 84, 85 und 105 – Kommission/EDF; EuGH Urt. v. 16.5.2002 – C-482/99, Slg. 2002, I-4397 = NVwZ 2003, 461 Rn. 71 und 72 – Frankreich/Kommission (Stardust); EuG Urt. v. 30.4.1998 – T-16/96, Slg. 1998, II-0757 = BeckRS 1998, 153662 Rn. 76 – Cityflyer Express/Kommission.

[179] EuGH Urt. v. 5.6.2012 – C-124/10 P, ECLI:EU:C:2012:318 = BeckRS 2012, 81042 Rn. 82 bis 85 und 105 – Kommission/EDF.

[180] EuGH Urt. v. 5.6.2012 – C-124/10 P, ECLI:EU:C:2012:318 = BeckRS 2012, 81042 Rn. 85.

[181] EuGH Urt. v. 5.6.2012 – C-124/10 P, ECLI:EU:C:2012:318 = BeckRS 2012, 81042 Rn. 82 bis 85. Siehe auch EuGH Urt. v. 24.10.2013 – C-214/12 P, C-215/12 P und C-223/12 P, ECLI:EU:C:2013:682 = EuZW 2014, 36 Rn. 61 – Land Burgenland/Kommission. Wie eingehend eine solche *Ex-ante*-Bewertung ist, hängt von der Komplexität der Transaktion und dem Wert der betroffenen Vermögenswerte, Waren oder Dienstleistungen ab. In der Regel sollten *Ex-ante*-Bewertungen mit Unterstützung von Sachverständigen mit Fachwissen und Erfahrung vorgenommen werden. Sie sollten stets auf objektiven Kriterien beruhen und nicht durch politische Erwägungen beeinflusst sein. Wenn eine Bewertung von einem unabhängigen Sachverständigen vorgenommen wurde, kann dies die Glaubwürdigkeit der Bewertung zusätzlich untermauern.

[182] EuGH Urt. v. 5.6.2012 – C-124/10 P, ECLI:EU:C:2012:318 = BeckRS 2012, 81042 Rn. 88 – Kommission/EDF.

[183] EuGH Urt. v. 19.3.2013 – C-399/10 P und C-401/10 P, ECLI:EU:C:2013:175 = BeckRS 2012, 81599 Rn. 104 – Bouygues und Bouygues Télécom/Kommission ua; EuG Urt. v. 13.9.2010 – T-415/05, T-416/05 und T-423/05, ECLI:EU:T:2010:386 = BeckRS 2012, 81851 Rn. 177 - Griechenland ua/Kommission; EuG Urt. v. 15.9.1998 – T-11/95, Slg. 1998, II-3235 = BeckRS 1998, 153672 Rn. 170 und 171 – BP Chemicals/Kommission.

nahme unvorhergesehenen Ereignissen war[184], sollten die beiden Maßnahmen in der Regel getrennt geprüft werden.

82. Bei der Prüfung, ob eine Transaktion den Marktbedingungen entspricht, sollten alle maßgeblichen Umstände des Einzelfalls berücksichtigt werden. So können außergewöhnliche Umstände vorliegen, unter denen der Erwerb von Waren oder Dienstleistungen durch eine Behörde möglicherweise nicht als den Marktbedingungen entsprechend anzusehen ist, obwohl er zu Marktpreisen erfolgte[185].

68 **4.2.3. Feststellung der Marktkonformität.** 83. Bei der Anwendung des Kriteriums des marktwirtschaftlich handelnden Wirtschaftsbeteiligten sollte unterschieden werden zwischen Fällen, in denen die Marktkonformität der Transaktion direkt mittels transaktionsspezifischer Marktdaten festgestellt werden kann, und Fällen, in denen die Marktkonformität der Transaktion in Ermangelung solcher Daten nach anderen verfügbaren Methoden geprüft werden muss.

69 **4.2.3.1. Fälle, in denen die Marktkonformität direkt festgestellt werden kann.** 84. Die Marktkonformität einer Transaktion kann direkt mittels transaktionsspezifischer Marktinformationen festgestellt werden,

i) wenn die Transaktion von öffentlichen Stellen und privaten Wirtschaftsbeteiligten zu gleichen Bedingungen („pari passu") durchgeführt wird; oder

ii) wenn sie den Verkauf und Kauf von Vermögenswerten, Waren und Dienstleistungen (oder andere vergleichbare Transaktionen) in einem wettbewerblichen, transparenten, diskriminierungsfreien und bedingungsfreien Ausschreibungsverfahren betrifft.

85. Wenn in solchen Fällen die spezifischen Marktinformationen zeigen, dass die Transaktion den Marktbedingungen nicht entspricht, wäre es in der Regel nicht gerechtfertigt, andere Bewertungsmethoden heranzuziehen, um zu einem anderen Ergebnis zu gelangen[186].

i) *Pari-passu*-Transaktionen

86. Wenn eine Transaktion zu gleichen Bedingungen (und daher mit gleich hohen Risiken und Erträgen) von öffentlichen Stellen und privaten Wirtschaftsbeteiligten, die sich in einer vergleichbaren Lage befinden, durchgeführt wird (*Pari-passu*-Transaktion)[187], beispielsweise im Rahmen einer öffentlich-privaten Partnerschaft, so kann daraus in der Regel geschlossen werden, dass die Transaktion den Marktbedingungen entspricht[188]. Wenn

---

[184] EU-Komm., Entscheidung v. 25.3.1992 – 92/321/EWG, ABl. v. 30.6.1992, Nr. L 176 S. 57 – Intelhorce SA/Spanien; EU-Komm., Beschl. v. 19.12.2012 über die staatliche Beihilfe SA.35378, ABl. v. 8.2. 2013, Nr. C 36 S. 10, Erwägungsgründe 14–33 – Deutschland – Finanzierung des Flughafens Berlin Brandenburg.

[185] Im Urteil des EuG v. 28.1.1999 – T-14/96, Slg. 1999, II-139 = EuZW 1999, 665 Rn. 74 bis 79 – BAI/ Kommission konnte nach Auffassung des Gerichts erster Instanz angesichts der besonderen Umstände des Falles der Schluss gezogen werden, dass es für den Kauf von Reisegutscheinen des Unternehmens *P&O Ferries* durch nationale Behörden keinen tatsächlichen Bedarf gab und sich diese somit nicht wie ein unter normalen marktwirtschaftlichen Bedingungen handelnder privater Wirtschaftsbeteiligter verhalten hatten. Mit diesem Kauf wurde daher *P&O Ferries* ein Vorteil gewährt, den das Unternehmen unter normalen Marktbedingungen nicht erhalten hätte, sodass alle in Erfüllung des Kaufvertrags gezahlten Beträge staatliche Beihilfen darstellten.

[186] Siehe hierzu EuGH Urt. v. 24.10.2013 – C-214/12 P, C-215/12 P und C-223/12 P, ECLI:EU:C:2013:682 = EuZW 2014, 36 Rn. 94 und 95 – Land Burgenland/Kommission. In dieser Rechtssache war das Gericht der Auffassung, dass im Falle des Verkaufs eines Unternehmens durch die öffentliche Hand in einem ordnungsgemäßen Ausschreibungsverfahren vermutet werden kann, dass der Marktpreis dem höchsten (verpflichtenden und verlässlichen) Angebot entspricht, ohne dass die Notwendigkeit besteht, sich anderer Bewertungsmethoden wie etwa unabhängiger Gutachten zu bedienen.

[187] Die Bedingungen können nicht als gleich angesehen werden, wenn öffentliche Stellen und private Wirtschaftsbeteiligte zwar zu gleichen Bedingungen, aber zu unterschiedlichen Zeitpunkten tätig werden, etwa nachdem sich die für die Transaktion relevante wirtschaftliche Lage geändert hat.

[188] Siehe hierzu EuG Urt. v. 12.12.2000 – T-296/97, Slg. 2000, II-3871 = BeckRS 2001, 70003 Rn. 81 – Alitalia/Kommission.

sich dagegen öffentliche Stellen und private Wirtschaftsbeteiligte, die sich in einer vergleichbaren Lage befinden, zwar gleichzeitig, aber zu unterschiedlichen Bedingungen an einer Transaktion beteiligen, deutet dies in der Regel darauf hin, dass die Maßnahme der öffentlichen Stelle den Marktbedingungen nicht entspricht[189].

87. Bei der Prüfung, ob eine *Pari-passu*-Transaktion vorliegt, sollte insbesondere berücksichtigt werden,

a) ob die Maßnahmen der öffentlichen Stellen und der privaten Wirtschaftsbeteiligten gleichzeitig beschlossen und durchgeführt werden oder ob zwischen diesen Maßnahmen eine gewisse Zeit vergangen ist und sich die wirtschaftlichen Rahmenbedingungen geändert haben;

b) ob die Bedingungen für die öffentlichen Stellen und alle beteiligten privaten Wirtschaftsbeteiligten dieselben sind, wobei auch die Möglichkeit, das Risiko im Laufe der Zeit zu erhöhen oder zu senken, zu berücksichtigen ist;

c) ob die Maßnahme der privaten Wirtschaftsbeteiligten von realer wirtschaftlicher und nicht nur von symbolischer oder marginaler Bedeutung ist[190]; und

d) ob die Ausgangsposition der öffentlichen Stellen und der beteiligten privaten Wirtschaftsbeteiligten in Bezug auf die Transaktion vergleichbar ist, wenn man beispielsweise ihr bisheriges wirtschaftliches Engagement bei den betreffenden Unternehmen (siehe Abschnitt 4.2.3.3), die möglichen Synergien[191], den Umfang, in dem die verschiedenen Investoren ähnliche Transaktionskosten tragen[192] oder sonstige Umstände berücksichtigt, die für die öffentliche Stelle und den privaten Wirtschaftsbeteiligten spezifisch sind und den Vergleich verfälschen könnten.

88. Das *Pari-passu*-Kriterium ist möglicherweise in einigen Fällen nicht anwendbar, wenn die staatliche Beteiligung (angesichts ihres besonderen Charakters oder Umfangs) so beschaffen ist, dass sich in der Praxis kein marktwirtschaftlich handelnder Wirtschaftsbeteiligter in derselben Weise beteiligen könnte.

ii) Verkauf und Kauf von Vermögenswerten, Waren und Dienstleistungen (oder andere vergleichbare Transaktionen) in wettbewerblichen, transparenten, diskriminierungsfreien und bedingungsfreien Ausschreibungsverfahren

---

[189] Wenn es sich jedoch um unterschiedliche Transaktionen handelt, die nicht gleichzeitig durchgeführt werden, ist die bloße Tatsache, dass die Bedingungen unterschiedlich sind, kein entscheidender (positiver oder negativer) Anhaltspunkt dafür, ob die von der öffentlichen Stelle durchgeführte Transaktion den Marktbedingungen entspricht.

[190] Zum Beispiel konnte nach Auffassung der Kommission in der Sache Citynet Amsterdam die Beteiligung zweier privater Wirtschaftsbeteiligter, die mit ihrer Investition zusammen ein Drittel des gesamten Gesellschaftskapitals erwerben, (auch unter Berücksichtigung der Teilhaberstruktur insgesamt und der Tatsache, dass ihre Anteile ausreichen, um bei strategischen Beschlüssen des Unternehmens eine Sperrminorität zu bilden) als wirtschaftlich bedeutend angesehen werden (siehe EU-Komm., Entscheidung v. 11.12.2007 über die staatliche Beihilfe C 53/06-2008/729/EG, ABl. v. 16.9.2008, Nr. L 247 S. 27 Erwägungsgründe 96 bis 100 – Niederlande – Citynet Amsterdam). Dagegen erreichte die private Beteiligung in der Sache N 429/10, ABl. v. 29.10.2011, Nr. C 317 S. 5 – Griechenland – Agricultural Bank of Greece (ATE) nur 10% der Investitionen gegenüber einer staatlichen Beteiligung von 90%, sodass die Kommission zu dem Schluss kam, dass keine *Pari-passu*-Bedingungen gegeben waren, da das vom Staat zugeführte Kapital weder von einer vergleichbaren Beteiligung eines privaten Anteilseigners begleitet wurde noch der Zahl der Anteile der öffentlichen Hand entsprach. Siehe auch EuG Urt. v. 12.12.2000 – T-296/97, Slg. 2000, II-3871 = BeckRS 2001, 70003 Rn. 81 – Alitalia/Kommission.

[191] Sie müssen auch aus denselben geschäftlichen Erwägungen handeln; siehe EU-Komm., Entscheidung über die staatliche Beihilfe C 25/02-2005/137/EG, ABl. v. 18.2.2005, Nr. L 47 S. 28 Erwägungsgründe 67 bis 70 – Finanzielle Beteiligung der Wallonischen Region am Unternehmen Carsid.

[192] Zu den Transaktionskosten können die Kosten gehören, die den jeweiligen Investoren aus der Prüfung und Auswahl des Investitionsvorhabens, der Vereinbarung der Vertragsbedingungen oder der Erfolgskontrolle während der Laufzeit des Vertrages entstehen. Wenn zB staatliche Banken stets die Kosten für die Prüfung von Investitionsvorhaben für eine Kreditfinanzierung tragen, reicht die bloße Tatsache, dass private Investoren zum gleichen Zinssatz koinvestieren, nicht aus, um das Vorliegen einer staatlichen Beihilfe auszuschließen.

89. Wenn der Verkauf und Kauf von Vermögenswerten, Waren und Dienstleistungen (oder andere vergleichbare Transaktionen[193]) in einem wettbewerblichen[194], transparenten, diskriminierungsfreien und bedingungsfreien Ausschreibungsverfahren erfolgt, das mit den Vorschriften des AEUV zum öffentlichen Beschaffungswesen im Einklang steht[195] (siehe die Randnummern 90 bis 94), kann davon ausgegangen werden, dass diese Transaktionen den Marktbedingungen entsprechen, sofern die unter den Randnummern 95 und 96 genannten einschlägigen Kriterien zur Auswahl des Käufers bzw. Verkäufers angewendet worden sind. Wenn ein Mitgliedstaat hingegen aus politischen Gründen beschließt, eine bestimmte Tätigkeit zu fördern, und beispielsweise den Umfang der Förderung ausschreibt – etwa zur Förderung der Erzeugung von Strom aus erneuerbaren Energiequellen oder der bloßen Bereitstellung von Stromerzeugungskapazitäten –, so fällt dies nicht in den Anwendungsbereich dieses Unterabschnitts ii. In einem solchen Fall kann die Vergabe im Wege einer Ausschreibung nur die Höhe des gewährten Betrages minimieren, jedoch nicht die Gewährung eines Vorteils ausschließen.

90. Das Ausschreibungsverfahren muss wettbewerblich sein, damit alle interessierten und qualifizierten Bieter teilnehmen können.

91. Das Verfahren muss transparent sein, damit alle interessierten Bieter in jeder Phase des Ausschreibungsverfahrens in gleicher Weise ordnungsgemäß informiert sind. Der Zugang zu Informationen, ausreichend Zeit für interessierte Bieter und die Klarheit der Auswahl- und Zuschlagskriterien sind für ein transparentes Auswahlverfahren von entscheidender Bedeutung. Die Ausschreibung muss hinreichend bekanntgemacht werden, damit alle potenziellen Bieter davon Kenntnis erlangen können. Welcher Grad an Öffentlichkeit notwendig ist, um in einem bestimmten Fall eine hinreichende Bekanntmachung zu gewährleisten, hängt von den Merkmalen der jeweiligen Vermögenswerte, Waren oder Dienstleistungen ab. Vermögenswerte, Waren und Dienstleistungen, die angesichts ihres hohen Wertes oder anderer Merkmale für europa- oder weltweit tätige Bieter von Interesse sein könnten, sollten so ausgeschrieben werden, dass potenzielle Bieter, die europa- oder weltweit tätig sind, darauf aufmerksam werden.

92. Die diskriminierungsfreie Behandlung aller Bieter in allen Phasen des Verfahrens sowie objektive, vorher mitgeteilte Auswahl- und Zuschlagskriterien sind unerlässlich, um sicherzustellen, dass die sich aus dem Verfahren ergebende Transaktion den Marktbedingungen entspricht. Damit die Gleichbehandlung gewährleistet ist, sollten die Zuschlagskriterien einen Vergleich und eine objektive Bewertung der Angebote ermöglichen.

93. Für die Einhaltung der obigen Anforderungen kann es als ausreichend angesehen werden, wenn die in den Vergaberichtlinien[196] vorgesehenen Verfahren angewandt und

---

193 Zum Beispiel das Leasing bestimmter Waren oder die Erteilung von Konzessionen für die kommerzielle Nutzung natürlicher Ressourcen.

194 Die Unionsgerichte verwenden im Zusammenhang mit staatlichen Beihilfen oftmals die Bezeichnung „offenes" Ausschreibungsverfahren (siehe zB EuGH Urt. v. 24.10.2013 – C-214/12 P, C-215/12 P und C-223/12 P, ECLI:EU:C:2013:682 = EuZW 2014, 36 Rn. 94; EuG Urt. v. 5.8.2003 – T-116/01 und T-118/01, Slg. 2003, II-2957 = [BeckRS 2003, 154226] Rn. 117 und 118 – P & O European Ferries (Vizcaya)/Kommission). Die Verwendung der Bezeichnung „offen" entspricht jedoch keinem spezifischen Verfahren gemäß der RL 2014/24/EU des Europäischen Parlaments und des Rates v. 26.2.2014 über die öffentliche Auftragsvergabe und zur Aufhebung der RL 2004/18/EG sowie der RL 2014/25/EU des Europäischen Parlaments und des Rates vom 26.2.2014 über die Vergabe von Aufträgen durch Auftraggeber im Bereich der Wasser-, Energie- und Verkehrsversorgung sowie der Postdienste und zur Aufhebung der RL 2004/17/EG. Daher erscheint die Bezeichnung „wettbewerblich" angemessener. Die Wahl dieser anderen Bezeichnung lässt die materiellen Bedingungen aus der Rechtsprechung unberührt.

195 EuGH Beschl. v. 3.12.2001 – C-59/00, Slg. 2001, I-9505 = ZfBR 2002, 610 Rn. 20 – Vestergaard; EuGH Urt. v. 7.12.2000 – C-324/98, Slg. 2000, I-10745 = NZBau 2001, 148 Rn. 62 – Telaustria. Siehe auch Mitteilung der Kommission zu Auslegungsfragen in Bezug auf das Gemeinschaftsrecht, das für die Vergabe öffentlicher Aufträge gilt, die nicht oder nur teilweise unter die Vergaberichtlinien fallen (ABl. v. 1.8.2006, Nr. C 179 S. 2).

196 RL 2014/24/EU des Europäischen Parlaments und des Rates vom 26.2.2014 über die öffentliche Auftragsvergabe und zur Aufhebung der RL 2004/18/EG; RL 2014/25/EU des Europäischen Parlaments

eingehalten werden, sofern alle Voraussetzungen für die Anwendung des jeweiligen Verfahrens erfüllt sind. Dies gilt nicht bei Vorliegen besonderer Umstände, die die Ermittlung eines Marktpreises unmöglich machen, wie etwa beim Rückgriff auf das Verhandlungsverfahren ohne Veröffentlichung einer Bekanntmachung. Wenn nur ein einziges Angebot abgegeben wird, ist das Verfahren in der Regel nicht ausreichend, um einen Marktpreis zu erhalten, außer wenn i) bei der Ausgestaltung des Verfahrens besonders strenge Vorkehrungen getroffen wurden, um echten und wirksamen Wettbewerb zu gewährleisten, und nicht offensichtlich ist, dass realistisch betrachtet nur ein einziger Wirtschaftsbeteiligter in der Lage sein dürfte, ein glaubwürdiges Angebot einzureichen, oder ii) sich die Behörden durch zusätzliche Maßnahmen vergewissern, dass das Ergebnis dem Marktpreis entspricht.

94. Eine Ausschreibung für den Verkauf von Vermögenswerten, Waren oder Dienstleistungen ist bedingungsfrei, wenn es potenziellen Käufern unabhängig davon, ob sie bestimmte Unternehmen betreiben, grundsätzlich freisteht, die zum Verkauf stehenden Vermögenswerte, Waren oder Dienstleistungen zu erwerben und für ihre eigenen Zwecke zu nutzen. Wenn zur Bedingung gemacht wird, dass der Käufer zugunsten der Behörden oder im allgemeinen öffentlichen Interesse besondere Verpflichtungen eingeht, die ein privater Verkäufer nicht verlangt hätte und die sich nicht aus dem allgemeinen nationalen Recht oder aus Entscheidungen der Planungsbehörden ergeben, kann die Ausschreibung nicht als bedingungsfrei angesehen werden.

95. Wenn öffentliche Stellen Vermögenswerte, Waren und Dienstleistungen verkaufen, ist das höchste Angebot das einzige maßgebliche Kriterium für die Auswahl des Käufers[197], wobei auch den geforderten vertraglichen Vereinbarungen (zum Beispiel einer Garantie des Verkäufers oder anderer nach dem Verkauf eingreifender Verpflichtungen) Rechnung zu tragen ist. Es sollten nur glaubwürdige[198] und verbindliche Angebote berücksichtigt werden[199].

96. Wenn öffentliche Stellen Vermögenswerte, Waren und Dienstleistungen kaufen, sollten jegliche besonderen Ausschreibungsbedingungen diskriminierungsfrei sein und in einem engen und objektiven Zusammenhang mit dem Vertragsgegenstand und dem jeweiligen wirtschaftlichen Ziel der Ausschreibung stehen. Sie sollten ermöglichen, dass das wirtschaftlich günstigste Angebot dem Marktwert entspricht. Die Kriterien sollten daher so festgelegt werden, dass sie ein wirksames wettbewerbliches Ausschreibungsverfahren ermöglichen, auf dessen Grundlage der erfolgreiche Bieter eine marktübliche Rendite erzielt, aber nicht mehr. In der Praxis setzt dies die Anwendung von Ausschreibungsverfahren voraus, bei denen der „Preis"-Komponente des Angebots großes Gewicht beigemessen wird oder bei denen es aus sonstigen Gründen wahrscheinlich ist, dass ein wettbewerbsgerechtes Ergebnis erzielt wird (zum Beispiel bestimmte Auftragsauktionen mit hinreichend klaren Zuschlagskriterien).

und des Rates vom 26.2.2014 über die Vergabe von Aufträgen durch Auftraggeber im Bereich der Wasser-, Energie- und Verkehrsversorgung sowie der Postdienste und zur Aufhebung der RL 2004/17/EG.

[197] EuG Urt. v. 28.2.2012 – T-268/08 und T-281/08, ECLI:EU:T:2012:90 = BeckRS 2012, 80426 Rn. 87 – Land Burgenland und Österreich/Kommission.

[198] Auch ein spontan eingereichtes Angebot kann, je nach den Umständen des Falles und insbesondere wenn es verbindlich ist, verlässlich sein (siehe EuG Urt. v. 13.12.2011 – T-244/08, ECLI:EU:T:2011:732 = BeckRS 2012, 80393 Rn. 73, 74 und 75 – Konsum Nord/Kommission).

[199] So sollten bloße Ankündigungen ohne rechtsverbindlichen Charakter im Ausschreibungsverfahren nicht berücksichtigt werden; siehe EuG Urt. v. 28.2.2012 – T-268/08 und T-281/08, ECLI:EU:T:2012:90 = BeckRS 2012, 80426 Rn. 87 – Land Burgenland und Österreich/Kommission; EuG Urt. v. 13.12.2011 – T-244/08, ECLI:EU:T:2011:732 = BeckRS 2012, 80393 Rn. 67 und 75 – Konsum Nord/Kommission.

Anhang 3: XXIII. Bericht der Kommission über die Wettbewerbspolitik 1993 [A][200]

[…]

Privatisierungen

70 **402.** Die Kommission hat weiterhin die Grundsätze angewandt, die sie in den letzten Jahren[201] für die Privatisierung öffentlicher Unternehmen entwickelt hat. Während in einigen Ländern der Privatisierungsprozess nahezu abgeschlossen ist, steht er in anderen noch am Anfang oder wird nach einer Unterbrechung wieder aufgenommen. Die Kommission hat den Ländern, die zur letzteren Gruppe zahlen, ein Schreiben übermittelt, in dem sie ihr Vorgehen in diesem Bereich erläutert. So gab es Kontakte mit Belgien, Italien und Frankreich über ihre allgemeinen Privatisierungspläne und wurden von den niederländischen und den spanischen Behörden Informationen zur Veräußerung einzelner Unternehmen eingeholt. Zum portugiesischen Privatisierungsprogramm erging eine abschließende Entscheidung.

403. Aus Gründen der Transparenz sollen die allgemeinen Grundsätze, welche die Kommission auf Privatisierungen anwendet und die sich im Laufe der Jahre aus der Prüfung von Einzelfällen ergeben haben, nochmal aufgeführt werden.

Gemäß Artikel 222 EG-Vertrag lässt das Gemeinschaftsrecht die Eigentumsordnung der privaten oder öffentlichen Unternehmen unberührt. Deshalb kommen Beihilfen, welche die Privatisierung erleichtern, nicht als solche in den Genuss einer Ausnahme vom Grundsatz der Unvereinbarkeit staatlicher Beihilfen mit dem gemeinsamen Markt im Sinne von Artikel 92 Absatz 1.

Geschieht die Privatisierung durch den Verkauf von Aktien über die Börse, wird generell davon ausgegangen, dass die Veräußerung zu Marktbedingungen erfolgt und kein Beihilfeelement enthalten ist. Werden vor der Veräußerung Schulden abgeschrieben oder vermindert, entsteht solange keine Beihilfevermutung wie der Erlös der Veräußerung die Schuldenreduzierung übersteigt.

Wird das Unternehmen nicht über die Börse privatisiert, sondern als Ganzes oder in Teilen an andere Unternehmen verkauft, sind folgende Bedingungen einzuhalten, damit ohne weitere Prüfung davon ausgegangen werden kann, dass kein Beihilfeelement enthalten ist:

- Es muss ein Ausschreibungswettbewerb stattfinden, der allen offensteht, transparent ist und an keine weiteren Bedingungen geknüpft ist wie den Erwerb anderer Vermögenswerte, für die nicht geboten wird, oder die Weiterführung bestimmter Geschäftstätigkeiten;
- das Unternehmen muss an den Meistbietenden veräußert werden und
- die Bieter müssen über genügend Zeit und Informationen verfügen, um eine angemessene Bewertung der Vermögenswerte vornehmen zu können, auf die sich ihr Angebot stützt.

Privatisierungen, die durch Börsenverkauf oder Ausschreibungswettbewerb zu den oben genannten Bedingungen erfolgen, müssen der Kommission nicht im Voraus zur Prüfung möglicher Beihilfeelemente mitgeteilt werden; allerdings können die Mitgliedstaaten eine Mitteilung machen, wenn sie zusätzliche Rechtssicherheit wünschen. In anderen Fällen müssen Verkäufe auf etwaige Beihilfeelemente überprüft und deshalb notifiziert werden. Dies gilt insbesondere für folgende Fälle:

- Verkäufe nach Verhandlungen mit einem einzigen potentiellen Käufer oder einigen ausgewählten Bietern;

[200] Im Zusammenhang mit dem „XXVII. Gesamtbericht über die Tätigkeit der Europäischen Gemeinschaften 1993" veröffentlichter Bericht.

[201] XXI. Bericht über die Wettbewerbspolitik, Ziff. 248 ff.; XXII. Bericht über die Wettbewerbspolitik, Ziff. 464 ff.

– Verkäufe, denen eine Schuldentilgung durch den Staat, sonstige öffentliche Unternehmen oder eine öffentliche Körperschaft vorausging;
– Verkäufe, denen eine Umwandlung der Schulden in Aktienkapital oder Kapitalaufstockungen vorausgingen und
– Verkäufe zu Bedingungen, die bei vergleichbaren Transaktionen zwischen Privatparteien nicht üblich sind.

In diesen Fällen darf keine Diskriminierung potentieller Käufer aufgrund der Staatsangehörigkeit vorgenommen werden.

Jeder Verkauf zu Bedingungen, die nicht als handelsüblich betrachtet werden können, muss zunächst von unabhängigen Beratern bewertet werden. Privatisierungsvorhaben[202] in sensiblen Sektoren (Kunstfasern, Textil, Kraftfahrzeuge usw.) müssen der Kommission im Voraus mitgeteilt werden.

[…]

Anhang 4: Arbeitsunterlage der Kommissionsdienststellen – Leitfaden zur beihilfenkonformen Finanzierung, Umstrukturierung und Privatisierung staatseigener Unternehmen, vom 10.2.2012[203]

1. EINLEITUNG. Durch die derzeitige Wirtschafts- und Finanzkrise ist deutlich geworden, dass bestimmte staatseigene Unternehmen defizitär arbeiten und/oder erhebliche Schulden mit sich tragen, was ihre Wirtschaftlichkeit in Frage stellt. Einige Mitgliedstaaten haben unterdessen Maßnahmen ergriffen, um die Schwierigkeiten staatseigener Unternehmen anzugehen. Hierzu zählen Maßnahmen zur Finanzierung (zB in Form von Kapitalzuführungen und Schuldabschreibung), zur Umstrukturierung und/oder zur Privatisierung dieser Unternehmen, die möglicherweise staatliche Beihilfen beinhalten. Handelt es sich bei einer Maßnahme um eine staatliche Beihilfe, darf diese erst umgesetzt werden, nachdem sie von der Kommission genehmigt worden ist. Die Vereinbarkeit staatlicher Beihilfemaßnahmen mit dem Binnenmarkt muss auf der Grundlage des Vertrags über die Arbeitsweise der Europäischen Union („AEUV“) geprüft werden. 71

Mit diesem Leitfaden sollen die Mitgliedstaaten der EU darüber informiert werden, welche EU-Beihilfevorschriften bei der Finanzierung, Umstrukturierung und/oder Privatisierung staatseigener Unternehmen zu beachten sind. Zudem wird ausführlich erläutert, wie die Kommission die wichtigsten Grundsätze des EU-Beihilfenrechts anwendet. Der Leitfaden bezieht sich ausschließlich auf die bestehenden EU-Beihilfevorschriften. Beihilfesachen werden immer einzeln anhand des jeweiligen Sachverhalts geprüft.

Außerdem wird in diesem Leitfaden ausgeführt, wie sich die EU-Beihilfevorschriften auf politische Strategien und Entscheidungen von Mitgliedstaaten auswirken könnten, die Programme zur wirtschaftlichen Anpassung aufgelegt haben, mit denen sie unter anderem durch Umstrukturierung und/oder Privatisierung staatseigener Unternehmen die Staatshaushalte entlasten wollen. So ermutigt die Kommission alle Mitgliedstaten, die weitreichende Privatisierungsprogramme umsetzen, eng mit der Kommission zusammenzuarbeiten, damit etwaige beihilfenrechtliche Fragen, die sich während der Umsetzung des Programms stellen, möglichst früh geklärt werden können. Auf diese Weise kann – soweit wie möglich – bereits im Vorfeld Rechtssicherheit geschaffen werden, was wiederum hilft, Rechtstreitigkeiten zu vermeiden, die das Privatisierungsvorhaben erschweren würden.

Bei diesem Leitfaden handelt es sich um ein Arbeitspapier der Dienststellen der Europäischen Kommission, das ausschließlich der Information dient. Er gibt weder den offiziellen Standpunkt der Kommission zu dem hier behandelten Thema wieder noch greift er einem solchen vor. Der Leitfaden soll keine Aussage über die Rechtslage treffen und greift

[202] Ziff. 480ff.

[203] Arbeitsunterlagen der Kommissionsdienststelle, Leitfaden zur beihilfenkonformen Finanzierung, Umstrukturierung und Privatisierung staatseigener Unternehmen v. 10.2.2012, swd (2012) 14.

der Auslegung der Bestimmungen des AEUV durch den Europäischen Gerichtshof oder das Gericht der Europäischen Union nicht vor. Die Grundsätze, auf die in diesem Leitfaden Bezug genommen wird, gelten nicht nur für staatseigene Unternehmen, die ganz oder teilweise im Eigentum des Staates stehen, sondern ganz allgemein für jede Art der Beteiligung, die die öffentliche Hand an einem Unternehmen haben kann, unabhängig davon, ob sie über eine tatsächliche Kontrolle über das Unternehmen verfügt oder nicht.

[…]

72 **5. PRIVATISIERUNG STAATSEIGENER UNTERNEHMEN.** Wie bereits erläutert, wird bei der beihilfenrechtlichen Würdigung wirtschaftlicher Transaktionen, an denen die öffentliche Hand beteiligt ist, das Vorgehen der öffentlichen Hand mit dem marktüblichen Verhalten verglichen. Dieser allgemeine Grundsatz gilt auch für Privatisierungen: Damit Privatisierungen keine staatlichen Beihilfen enthalten, muss die öffentliche Hand sicherstellen, dass sie zu Marktbedingungen erfolgen und dem Käufer und/oder dem veräußerten Unternehmen kein Vorteil (typischerweise in Form von Einnahmeverlusten für die öffentliche Hand) gewährt wird. Dies ist insbesondere bei hochverschuldeten Unternehmen der Fall, für die eine Liquidation eine plausible Lösung ist.

Die Kommission prüft anhand des Grundsatzes des marktwirtschaftlich handelnden Kapitalgebers, ob eine staatliche Beihilfe vorliegt bzw. ausgeschlossen werden kann. Um festzustellen, ob und in welchem Umfang gegebenenfalls ein Vorteil gewährt wurde, muss geprüft werden, ob sich ein normaler Marktteilnehmer unter denselben Umständen genauso wie die öffentliche Hand verhalten hätte[204]. Bei dieser Prüfung werden ausschließlich jene Kosten berücksichtigt, die einem privaten Marktteilnehmer entstehen würden, der sich in derselben Situation befindet, und nicht die Kosten oder Verluste, die der Staat als öffentliche Hand tragen würde[205].

Wenn die Würdigung ergibt, dass ein marktwirtschaftlich handelnder Kapitalgeber genauso gehandelt hätte wie der Staat, kann ausgeschlossen werden, dass ein Vorteil gewährt wurde; die Maßnahme enthält folglich keine staatliche Beihilfe. Investiert der Staat gemeinsam (gleichzeitig) unter vergleichbaren Umständen und zu denselben Bedingungen mit einem Privatinvestor in ein Unternehmen, kann davon ausgegangen werden, dass der Grundsatz des marktwirtschaftlich handelnden Kapitalgebers erfüllt ist. Es muss sich allerdings um eine nennenswerte Investition des privaten Kapitalgebers handeln, auf dessen Verhalten der Staat keinen Einfluss genommen haben darf.

Bei einer Privatisierung wird in diesem Zusammenhang nicht vom Grundsatz des marktwirtschaftlich handelnden Kapitalgebers, sondern vom Grundsatz des marktwirtschaftlich handelnden Verkäufers gesprochen, dh es wird die Annahme zugrunde gelegt, dass ein privater Verkäufer, der sein Unternehmen verkaufen will, einen möglichst hohen Preis erzielen möchte und dabei keine Bedingungen stellt, die den Preis senken könnten. Bei der Veräußerung eines staatlichen Unternehmens (bzw. von dessen Vermögenswerten) muss der Mitgliedstaat folglich, um den Tatbestand einer staatlichen Beihilfe zu vermeiden, im Prinzip auch wie ein marktwirtschaftlich handelnder Verkäufern agieren, dem es darum geht, durch die Veräußerung einen möglichst hohen Gewinn zu erzielen (bzw. die Verluste so gering wie möglich zu halten). Verhält sich der Mitgliedstaat anders, so könnte

---

[204] Hinweis: Für die Prüfung, ob eine staatliche Beihilfe vorliegt oder nicht, ist es nicht von Bedeutung, ob es sich um einen dysfunktionalen Markt oder um Marktversagen (zB vorübergehend rückläufige Preise aufgrund negativer Externalitäten und übermäßiger Risikoaversion) handelt. Marktversagen oder andere Gründe für eine etwaige staatliche Beihilfe können allerdings berücksichtigt werden, wenn geprüft wird, ob die Beihilfe mit dem Binnenmarkt vereinbar ist.

[205] Die potenziellen positiven Externalitäten der Maßnahmen sind für die Würdigung des Vorliegens einer staatlichen Beihilfe[*Anpassung durch den Verfasser*] (es wird geprüft, ob dem betreffenden Unternehmen ein selektiver Vorteil gewährt wird) nicht relevant. Diese können jedoch in der sich anschließenden Vereinbarkeitsprüfung Berücksichtigung finden.

mit der Privatisierung ein Verzicht auf staatliche Einkünfte zugunsten des Käufers oder des privatisierten Unternehmens einhergehen, so dass eine staatliche Beihilfe vorliegen könnte.

Vorbereitende Maßnahmen, die die Privatisierung eines staatseigenen Unternehmens erleichtern können

Um die Attraktivität des zu verkaufenden Unternehmens für potenzielle Käufer zu steigern, kann ein Mitgliedstaat entscheiden, die Aktiv- und/oder Passivseite der Bilanz zu „bereinigen" bzw. zu „restrukturieren". Maßnahmen im Vorfeld der Privatisierung eines staatseigenen Unternehmens beinhalten in vielen Fällen staatliche Beihilfen, zB in Form von Umstrukturierungsbeihilfen (siehe Abschnitt 4) oder als reine Finanzierungsmaßnahmen ohne flankierende Änderungen an der Geschäftstätigkeit oder dem Unternehmensführungsmodell des betreffenden Unternehmens (siehe Abschnitt 3). Insbesondere Abschreibungen von Verbindlichkeiten gegenüber der öffentlichen Hand, die Umwandlung von Verbindlichkeiten in Kapitalbeteiligungen/Vermögenswerte und Kapitalaufstockungen, die vor der Privatisierung vorgenommen werden, sind staatliche Beihilfen, wenn sie nicht nach dem weiter oben erläuterten Grundsatz des marktwirtschaftlich handelnden Kapitalgebers vorgenommen wurden.

Dennoch kann nicht von vornherein ausgeschlossen werden, dass die öffentliche Hand Unterstützung zu marktüblichen Bedingungen gewährt, denn es würden keine staatlichen Beihilfen vorliegen, wenn der Grundsatz des marktwirtschaftlich handelnden Kapitalgebers erfüllt ist. So könnten im Falle der Privatisierung eines Unternehmens im Wege eines Börsengangs oder eines Verkaufs von Aktien an der Börse Schulden abgeschrieben oder vermindert werden, ohne dass eine Beihilfevermutung entsteht, solange in dem spezifischen Fall der Erlös der Veräußerung die Schuldenreduzierung übersteigt.

Die Entscheidung der Kommission zu den Maßnahmen Polens zugunsten von PZL Hydral (C 40/2008) enthält ein Beispiel für Umschuldung und Privatisierung.

Eine der Maßnahmen umfasste die Bereinigung alter Verbindlichkeiten gegenüber öffentlichen Gläubigern mit der Auflage einer geordneten Veräußerung von Aktiva der PZL Hydral, bei der die Kommission aufgefordert wurde, ex post den Grundsatz des marktwirtschaftlich handelnden Gläubigers zugrunde zu legen[206]. Nach Würdigung des kontrafaktischen Szenarios einer normalen Insolvenz sowie unter Berücksichtigung des Rankings und der Sicherheiten der öffentlichen Gläubiger kam die Kommission zu dem Schluss, dass die Veräußerung aller Aktiva von PZL Hydral im Interesse aller öffentlichen Gläubiger war, da diese im Zuge der Veräußerung einen größeren Teil der ausstehenden Verbindlichkeiten zurückerhielten als im Falle einer Insolvenz und der damit verbundenen Liquidation („each public creditor […] is better-off in case of the sale of all PZL Hydral assets, ie recuperates a higher proportion of his outstanding liabilities, than in a bankruptcy scenario leading to liquidation").

Darüber hinaus erhielt das verbundene Unternehmen PZL Wroclaw Kredite von seinem staatlichen Eigentümer. Da die Rückzahlung in Anbetracht der Schwierigkeiten, in denen sich das Unternehmen befand, unwahrscheinlich erschien, beschloss der Eigentümer/Gläubiger, die Kredite in Kapitalbeteiligungen umzuwandeln, um letztendlich das Unternehmen privatisieren und dann einen Teil der Verbindlichkeiten wieder hereinholen zu können. In Anbetracht des Preises, zu dem das Unternehmen veräußert wurde, kam die Kommission zu dem Schluss, dass der Gläubiger nicht begründet davon ausgehen könnte, bei einem Konkursverfahren mehr Forderungen zurückerlangen zu können („… could not reasonably expect to recover more of his claims under bankruptcy proceedings"). Deshalb wurde der Schuldenswap als marktkonform betrachtet.

[206] Der Grundsatz des marktwirtschaftlich handelnden Kapitalgebers muss auch angelegt werden, wenn der Staat in der Rolle eines Gläubigers agiert; in diesem Falle wird vom Grundsatz des marktwirtschaftlich handelnden Gläubigers gesprochen.

Der Verkaufsvorgang bei Unternehmen, Anteilen, Rechten, Immobilien und Grundstücken

Im XXIII. Wettbewerbsbericht[207] der Kommission wird erläutert, wie die Kommission die Voraussetzungen auslegt, die erfüllt sein müssen, damit im Falle einer Privatisierung das Vorgehen eines Staates als Verhalten eines marktwirtschaftlich handelnden Verkäufers betrachtet werden kann.

Erfolgt die Privatisierung über einen Börsengang oder einen **Verkauf von Aktien an der Börse** wird in der Regel davon ausgegangen, dass dies zu marktüblichen Bedingungen erfolgt (da der Preis der Marktpreis ist) und keine staatliche Beihilfe vorliegt. Das Vorhaben muss deshalb nicht vorab bei der Kommission angemeldet werden. Dies trifft jedoch nicht in allen Fällen zu. Insbesondere in Zeiten finanzieller oder wirtschaftlicher Instabilität wie der derzeitigen Krise könnte dies zu einer niedrigen Bewertung des zu privatisierenden Unternehmens führen.

Erfolgt die Privatisierung hingegen im Zuge einer **Veräußerung,** dh wird das betreffende Unternehmen als Ganzes oder in Teilen **außerbörslich** an andere Unternehmen verkauft, müssen alle folgenden Kriterien erfüllt sein, damit ohne weitere Prüfung das Vorliegen einer staatlichen Beihilfe und somit eine Anmeldepflicht ausgeschlossen werden können.

- Es muss eine Ausschreibung durchgeführt werden, die allen Interessenten offensteht, die transparent ist und an keine weiteren Bedingungen geknüpft ist wie den Erwerb von Vermögenswerten, für die im Rahmen der Ausschreibung nicht geboten wird, oder die Weiterführung bestimmter Geschäftstätigkeiten.
- Das Unternehmen/die Vermögenswerte muss/müssen an den Meistbietenden veräußert werden und
- die Bieter müssen genug Zeit und ausreichende Informationen erhalten, um eine genaue Bewertung der Vermögenswerte vornehmen zu können, die sie ihrem Angebot zugrunde legen.

Wenn diese Voraussetzungen nicht erfüllt sind, müssen per Veräußerung erfolgende Privatisierungen bei der Kommission angemeldet werden. Dies trifft insbesondere zu für 1.) Veräußerungen im Anschluss an eine Verhandlung mit einem einzigen Interessenten oder einer Reihe ausgewählter Bieter; 2.) jede Veräußerung, der eine Schuldentilgung durch den Staat, sonstige öffentliche Unternehmen oder eine öffentliche Körperschaft vorausging, sowie jede Veräußerung, der eine Umwandlung der Verbindlichkeiten in eine Kapitalbeteiligung bzw. eine Kapitalaufstockung vorausging (siehe Abschnitt über vorbereitende Maßnahmen) und 3.) Veräußerungen zu Bedingungen, die bei vergleichbaren Transaktionen zwischen Privatparteien nicht üblich sind.

Unter keinen Umständen darf die Staatsangehörigkeit des potenziellen Käufers der Anteile oder Vermögenswerte eine Rolle spielen.

> Um das Risiko eines Beihilfentatbestands so gering wie möglich zu halten, sollte eine Privatisierung möglichst durch **Veräußerung der Aktien an der Börse** erfolgen. Ansonsten ist eine **offene, transparente und bedingungsfreie Ausschreibung,** in deren Rahmen der Meistbietende den Zuschlag für die Vermögenswerte/das Unternehmen erhält, der bevorzugte Weg.

Die öffentliche Ausschreibung muss **hinreichend publiziert** werden, dh sie muss über einen längeren Zeitraum in der nationalen Presse, in Immobilienanzeigen und/oder sonstigen geeigneten Veröffentlichungen bekanntgemacht werden. Falls die Privatisierung für europaweit oder über Europa hinaus tätige Investoren von Interesse sein könnte, sollte die

[207] Anmerkung des Verfassers: Die ursprüngliche Fußnote wurde angepasst. Der ursprüngliche Link funktioniert nicht mehr. Erhältlich unter: https://op.europa.eu/de/publication-detail/-/publication/7db4a243-39f3-4ba4-a5b7-1cb48f8ca6d3.

Ausschreibung in Veröffentlichungen mit einer regelmäßigen internationalen Verbreitung erscheinen. Solche Angebote sollten außerdem auch durch europaweit oder über Europa hinaus tätige Makler verbreitet werden.

Eine Ausschreibung gilt als **bedingungsfrei,** wenn grundsätzlich jeder Interessent unabhängig davon, ob und in welcher Branche er gewerblich tätig ist, den Vermögenswert oder das Unternehmen erwerben und für seinen eigenen Zweck nutzen darf. Nach bewährter und durch die Rechtsprechung[208] bestätigter Kommissionspraxis ist bei einer Veräußerung eines Unternehmens zu Bedingungen, die ein Marktteilnehmer nicht auferlegen würde, davon auszugehen, dass das Rechtsgeschäft eine staatliche Beihilfe beinhaltet. Ein marktwirtschaftlich handelnder Verkäufer würde sein Unternehmen normalerweise zum höchstmöglichen Preis und ohne Bedingungen, die den Preis beeinträchtigen könnten, verkaufen. Im Einzelfall ist gegebenenfalls nachzuweisen, dass die dem Käufer auferlegten Bedingungen keine staatliche Beihilfe enthalten.

Bedingungen können zum Beispiel dazu dienen, rein spekulative Angebote zu unterbinden oder eine schnelle und sichere Bezahlung zu gewährleisten. Derartige Bedingungen sind aus beihilfenrechtlicher Sicht nicht von Belang und ändern nichts an dem bedingungsfreien Charakter einer Ausschreibung. Ferner ändern Bedingungen aus Gründen des Nachbar- und Umweltschutzes nichts an dem bedingungsfreien Charakter einer Ausschreibung, solange diese ausschließlich die Einhaltung gesetzlicher Auflagen vorschreiben.

Wenn jedoch eine Ausschreibung von der bewährten Durchführungspraxis abweicht, indem sie künstlich die Zahl der potenziellen Interessenten beschränkt, die Veräußerung zugunsten eines bestimmten Interessenten lenkt oder bestimmte Geschäftsstrategien bevorzugt, so gilt sie nicht als bedingungsfrei (und könnte staatliche Beihilfen enthalten). Eine Ausschreibung, die eine Bedingung enthält, aufgrund derer ein potenzieller Kapitalgeber, der eine andere Geschäftsstrategie verfolgen möchte, praktisch keine Chance hätte, den Zuschlag zu erhalten, indem er das höchste Angebot einreicht, wird als nicht bedingungsfrei betrachtet. Die Kommission prüft dabei nicht nur die in der Ausschreibung ausdrücklich genannten Bedingungen, sondern berücksichtigt auch De-facto-Bedingungen.

> Die (ausdrücklich genannten oder de facto bestehenden) Bedingungen für eine Privatisierung müssen so gestaltet sein, dass **alle potenziellen Käufer in der Lage sind, diese zu erfüllen; ferner dürfen sie nicht zu einem niedrigeren Verkaufspreis führen.**

In der Beihilfesache Automobile Craiova (Entscheidung C 46/2007 der Kommission) knüpfte Rumänien die Privatisierung des Unternehmens an bestimmte Bedingungen (zB Aufrechterhaltung eines Integrationsniveaus bei der Produktion und Erreichen eines bestimmten Produktionsniveaus). Nach Eröffnung des förmlichen Prüfverfahrens kam die Kommission zu dem Schluss, „dass die an die Privatisierung von Automobile Craiova geknüpften Bedingungen zu einem niedrigeren Kaufpreis geführt und andere Bieter davon abgehalten haben, ein Angebot einzureichen. Als unmittelbare Folge hat der Staat damit auf Privatisierungseinnahmen verzichtet."

Ferner kam die Kommission in ihrer Entscheidung 1999/720/EG über die staatliche Beihilfe Deutschlands zugunsten der Gröditzer Stahlwerke GmbH zu dem Schluss, dass das Privatisierungsverfahren nicht bedingungsfrei war. Potenzielle Interessenten waren aufgefordert worden, ein Unternehmenskonzept vorzulegen, in dem sie detaillierte Verpflichtungen zur Schaffung/Erhaltung von Arbeitsplätzen, zu künftigen Investitionen und zur Finanzierung anbieten sollten. Die Kommission stellte in ihrem Beschluss fest, dass die

[208] Siehe EU-Komm., Entscheidung v. 8.9.1999 – 2000/513/EG, ABl. v. 15.8.2000. Nr. C 206 S. 6 – Stardust Marine/France; EU-Komm., Entscheidung v. 25.3.1992 – 92/321/EWG, ABl. v. 30.6.1992, Nr. L 176 S. 57 – Intelhorce SA/Spanien; EU-Komm., Entscheidung – C 38/92, ABl. v. 1.10.1996, Nr. C 288 S. 4 – Alumix/Italien und EuGH, Urt. v. 14.9.1994 in den verbundenen Rechtssachen C-278/92, C-279/92 und C-280/92, Slg. 1994, I-4103 = BeckRS 2004, 75925 Rn. 28 – Spanien/Kommission.

letztlich eingegangenen Verpflichtungen den ausgehandelten Kaufpreis beeinflusst hatten. Die Kommission zog folglich den Schluss, dass die Privatisierung mit dem Binnenmarkt unvereinbare Beihilfen umfasste, die zurückgefordert werden mussten.

Demgegenüber kam die Kommission in ihrer Entscheidung zur Privatisierung von Tractorul (C 41/2007) zu dem Ergebnis, dass es sich bei den Bedingungen im Zuge der öffentlichen Ausschreibung um einfache, nicht verbindliche Klauseln handelte, die lediglich verlangten, dass sich der Käufer „nach Kräften" bemüht, die keinen Bieter davon abhielten, ein Angebot zu unterbreiten, oder zu einem niedrigeren Verkaufspreis führten.

Wenn bei Privatisierungsverfahren die EU-Beihilfevorschriften und einschlägigen Grundsätze (insbesondere die Durchführung allgemein offener, transparenter und bedingungsfreier Ausschreibungen) eingehalten werden, ist sichergestellt, dass keine staatliche Beihilfe vorliegt und ein erlösmaximierender Ansatz verfolgt wird.

Für den besonderen Fall eines **negativen Verkaufspreises** (zB wenn der Staat mehr zur Vorbereitung der Veräußerung in das betreffende Unternehmen investiert hat, als er nach dem Verkauf als Erlös erzielt) sei hier angemerkt, dass eine offene, transparente und bedingungsfreie Ausschreibung allein nicht ausreicht, um das Vorliegen einer staatlichen Beihilfe auszuschließen. Der negative Preis müsste ferner mit dem Ergebnis einer Liquidation (Insolvenz) eines staatseigenen Unternehmens verglichen werden, um sicherzustellen, dass der Staat die wirtschaftlich sinnvollste Lösung gewählt und seine Verluste so gering wie möglich gehalten hat.

Wenn die öffentliche Hand nicht beabsichtigt, ein staatseigenes Grundstück oder Gebäude im Wege einer bedingungsfreien Ausschreibung zu verkaufen, besteht die Möglichkeit, vor Aufnahme der Verkaufsverhandlungen den Marktwert des zu veräußernden Vermögenswerts durch (einen) unabhängige(n) Gutachter auf der Grundlage allgemein anerkannter Marktindikatoren und Bewertungsstandards ermitteln zu lassen[209].

Es kann nicht ausgeschlossen werden, dass auch ein anderes Verfahren als die Veräußerung von Aktien über die Börse oder eine offene, transparente und bedingungsfreie Ausschreibung gewährleistet, dass der Grundsatz des marktwirtschaftlichen Verkäufers eingehalten und folglich kein Vorteil gewährt wird. In diesem Falle würde die Kommission zu dem Schluss kommen, dass keine staatliche Beihilfe vorliegt. Um auszuschließen, dass dem Käufer und/oder dem Unternehmen eine staatliche Beihilfe gewährt wird, muss der Mitgliedstaat sicherstellen, dass in Bezug auf die angestrebte Erlösmaximierung und in Anbetracht der verschiedenen Optionen die beste rechtliche Lösung gewählt wird.

[…]

209 Mitteilung der Kommission betreffend Elemente staatlicher Beihilfe bei Verkäufen von Bauten oder Grundstücken durch die öffentliche Hand (ABl. v. 10.7.1997, Nr. C 209 S. 3) – Mitt. „Grundstücksveräußerung".

§ 83 Anwendungsbereich

Übersicht

Literatur:

Barth, Das Vergaberecht außerhalb des Anwendungsbereichs der EG-Vergaberichtlinien, 2010; *Behr,* Zur vergaberechtlichen Relevanz von Privatisierungen, VergabeR 2009, 136; *Bitterich,* Das grenzüberschreitende Interesse am Auftrag im primären Gemeinschaftsvergaberecht – Anm. zu EuGH, Urt. v. 13.11.2007 – C-507/03 – Kommission/Irland („An Post"), EuZW 2008, 14; *Braun,* Besprechung der Mitteilung der Kommission zum Vergaberecht, EuZW 2006, 683; *Braun/Hauswald,* Vergaberechtliche Wirkung der Grundfreiheiten und das Ende der Inländerdiskriminierung? Zugleich eine Anmerkung zum EuGH-Urteil Coname, EuZW 2006, 176; *Burgi,* Die öffentlichen Unternehmen im Gefüge des primären Gemeinschaftsrechts, EuR 1997, 261; *Deling,* Kriterien der „Binnenmarktrelevanz" und ihre Konsequenzen unterhalb der Schwellenwerte, NZBau 2011, 725 und NZBau 2012, 17; *Diehr,* „Vergabeprimärrecht" nach der An-Post-Rechtsprechung des EuGH, VergabeR 2009, 719; *Dietlein,* Anteils- und Grundstücksveräußerungen als Herausforderung für das Vergaberecht, NZBau 2004, 472; *Dörr,* Europäisches Vergabeprimärrecht, in v. Bar/Hellwege/Mössner/Winkeljohann (Hrsg.), Recht und Wirtschaft, Gedächtnisschrift für Malte Schindhelm, 2009, S. 191; *Drügemöller/Conrad,* Anteilsverkauf und De-facto-Vergabe öffentlicher Aufträge, ZfBR 2008, 651; *Eggers/Malmendier,* Strukturierte Bieterverfahren der öffentlichen Hand, Rechtliche Grundlagen, Vorgaben an Verfahren und Zuschlag, Rechtsschutz, NJW 2003, 780; *Förster,* Die unmittelbare Drittwirkung der Grundfreiheiten, 2007; *Fruhmann,* Das Vergaberegime des EG-Vertrags, ZVB 2006, 261; *Gabriel,* Die Kommissionsmitteilung zur öffentlichen Auftragsvergabe außerhalb der EG-Vergaberichtlinien, NVwZ 2006, 1262; *Ganten,* Die Drittwirkung der Grundfreiheiten, 2000; *Hertwig,* Vergaberecht und staatliche (Grundstücks-)Verkäufe, NZBau 2011, 9; *Horn,* Public Private Partnerships im Immobilienbereich aus vergaberechtlicher Sicht, LKV 1996; *Jasper/Arnold,* Die Ausschreibungspflicht im Fall der „Stadt Mödling", NZBau 2006, 24; *Kahl,* Das öffentliche Unternehmen im Gegenwind des europäischen Beihilferegimes, NVwZ 1996, 1082; *Kern,* Vergabe juristischer Beratungsleistungen, NZBau 2012, 421; *Koenig/Kühling,* Diskriminierungsfreiheit, Transparenz und Wettbewerbsoffenheit des Ausschreibungsverfahrens – Konvergenz von EG-Beihilfenrecht und Vergaberecht, NVwZ 2003, 779; *Kühling,* Ausschreibungszwänge bei der Gründung gemischt-wirtschaftlicher Gesellschaften – Das EuGH-Urteil im Fall Mödling und seine Folgen, ZfBR 2006, 661; *Krutisch,* Materielle Privatisierung – Wann unterliegen Veräußerungen von Geschäftsanteilen der öffentlichen Hand dem Vergaberecht?, NZBau 2003, 650; *Mann,* Öffentliche Unternehmen im Spannungsfeld von öffentlichem Auftrag und Wettbewerb, JZ 2002, 819; *Manthey,* Bindung und Schutz öffentlicher Unternehmen durch die Grundfreiheiten des Europäischen Gemeinschaftsrechts, 2001; *Meister,* In dubio pro Binnenmarktrelevanz? Mehr Transparenz im Unterschwellenbereich – auch bei geringem Auftragswert, NZBau 2015, 757; *Möschel,* Privatisierung und öffentliches Vergaberecht, WuW 1997, 120; *Pauka,* Die Vergabe von Anwaltsdienstleistungen nach der VgV und der UVgO, ZfBR 2017, 651; *Prieß,* Was heißt und welchem Zweck dient das „grenzüberschreitende Interesse"?, NZBau 2015, 57; *Prieß/Gabriel,* M&A-Verfahrensrecht – EG-rechtliche Verfahrensvorgaben bei staatlichen Beteiligungsveräußerungen, NZBau 2007, 617; *Röwekamp/Fandrey,* Die Binnenmarktrelevanz öffentlicher Auftragsvergaben, 2. Aufl. 2015; *Scharf/Dierkes,* Zur Frage der Ausschreibungspflicht von Anteilsverkäufen durch die öffentliche Hand, VergabeR 2011, 543; *Schimanek,* Die Ausschreibungspflicht von Privatisierungen, NZBau 2005, 304; *Schulz,* Inhouse-Vergabe in der öffentlichen Verwaltung: Von Müttern, Schwestern, Enkeln und Halbgeschwistern, ZfBR 2018, 134; *Siegel,* Der neue Rechtsrahmen für die Vergabe von Dienstleistungskonzessionen, VergabeR 2015, 265; *Soltecz/Bielesz,* Privatisierungen im Licht des Europäischen Beihilferechts, Von der Kommission gerne gesehen – aber nicht um jeden Preis, EuZW 2004, 391; *Stickler,* Bedarf die Vergabe von Darlehensverträgen durch die öffentliche Hand einer europaweiten Ausschreibung?, VergabeR 2008, 177; *Tomerius/Gottwald,* Stochern im vergaberechtlichen Nebel – „Binnenmarktrelevanz" von öffentlichen Aufträgen aus der Sicht der kommunalen Vergabepraxis, LKV 2019, 289; *Vavra,* Binnenmarktrelevanz öffentlicher Aufträge, VergabeR 2013, 384; *Wollenschläger,* Das EU-Vergaberegime für Aufträge unterhalb der Schwellenwerte, NVwZ 2007, 388; *Zentner,* Die Bedeutung der Beihilfevorschriften des EG-Vertrages für die Vermögensprivatisierung, 2008.

A. Einleitung

1 Primärrechtliche Vergabevorgaben resultieren vornehmlich aus den europäischen Grundfreiheiten zur Verwirklichung eines europäischen Binnenmarkts. Mit dieser rechtlichen Fundierung korrespondiert gleichsam als Anwendungskriterium das Merkmal der **Binnenmarktrelevanz** der jeweils in Rede stehenden staatlichen Rechtsgeschäfte. Denn staatliche Maßnahmen werden lediglich dann am Maßstab europäischer Binnenmarktgrundfreiheiten gemessen, wenn diese überhaupt eine Relevanz für das zu Grunde liegende Schutzgut, dh den europäischen Binnenmarkt, aufweisen. Im Zusammenhang mit der Vergabe öffentlicher Aufträge, die nicht dem europäischen Vergabesekundärrecht unterfallen, ergeben sich aus dem europäischen Primärrecht mithin lediglich insoweit Pflichten zur Durchführung strukturierter Bieterverfahren, als diese tatsächlich Binnenmarktrelevanz besitzen. Diesem Anwendungskriterium kommt damit eine **erhebliche Bedeutung für den sachlichen Anwendungsbereich** des Vergabeprimärrechts zu. Gleichwohl handelt es sich bei der Binnenmarktrelevanz einer mitgliedsstaatlichen Maßnahme um einen **unbestimmten Rechtsbegriff,** der lediglich aus den europäischen Grundfreiheiten abgeleitet, als solcher jedoch nicht legaldefiniert ist. Einzig die Rechtsprechung des EuGH sowie die summarische Mitteilung der Kommission zu „Unterschwellenvergaben"[1] haben das Merkmal der Binnenmarktrelevanz einer gewissen Konturierung zugeführt, sodass bei deren Berücksichtigung eine rechtssichere Anwendung in der Praxis ermöglicht wird.

2 Unter der Prämisse, dass diese notwendige Bedingung der Binnenmarktrelevanz in Bezug auf einen öffentlichen Auftrag erfüllt wird, lassen sich im Hinblick auf den sachlichen Anwendungsbereich primärrechtlicher Bieterverfahren sodann bestimmte **Fallgruppen** unterscheiden, deren charakteristisches Merkmal in der Nichtanwendung des europäischen Vergabesekundärrechts besteht. Dabei weisen die unterschiedlichen rechtsgeschäftsabhängigen Fallgruppen jeweils spezifische Besonderheiten auf, die erhebliche praktische Relevanz für die rechtssichere Durchführung von primärrechtlichen Bieterverfahren besitzen. Schließlich unterliegen nicht lediglich solche öffentlichen Auftragsvergaben den Bindungen europäischen Primärrechts, die dem Anwendungsbereich der sekundärrechtlichen Vergaberichtlinien – wie etwa bei Aufträgen unterhalb der EU-Schwellenwerte – von vornherein entzogen sind. Vielmehr finden die Vorgaben des AEUV generell auch in solchen, nicht weniger praxisrelevanten Bereichen Anwendung, in denen die öffentliche Hand **durch Auswahlentscheidungen den Zugang zu grundfreiheitlich gewährleisteten Märkten reglementiert.** Die davon umfassten Rechtsgeschäfte müssen dementsprechend nicht notwendigerweise der klassischen Kategorie eines öffentlichen Auftrags iSd Vergabesekundärrechts entsprechen. Stattdessen gewinnen primärrechtliche Vorgaben für all jene mitgliedstaatlichen Rechtsgeschäfte Bedeutung, zu deren Abschluss ein einheitlicher europaweiter Zugang für Marktteilnehmer grundfreiheitlich zur Verwirklichung des Binnenmarkts geboten ist. Das kann bspw. hinsichtlich öffentlicher **Grundstücks- oder Gesellschaftsanteilsveräußerungen**[2] sowie bei **Privatisierungen** der Fall sein. Ob das auch für **Kapitalmarktplatzierungen** (IPO) bzw. **Börsengänge von öffentlichen Unternehmen** gelten muss, ist, soweit ersichtlich, bislang kaum Gegenstand rechtswissenschaftlicher Auseinandersetzungen gewesen.[3]

[1] Mitteilung der Kommission zu Auslegungsfragen in Bezug auf das Gemeinschaftsrecht, das für die Vergabe öffentlicher Aufträge gilt, die nicht oder nur teilweise unter die Vergaberichtlinien fallen, ABl. v. 1.8.2006, Nr. C 179 S. 3ff.

[2] Siehe *Prieß/Gabriel* NZBau 2007, 617ff.; *Braun* VergabeR 2006, 657ff.; *Koenig* EuZW 2006, 203ff.; *Klein* VergabeR 2005, 22ff.; *Dietlein* NZBau 2004, 472ff.; *Eggers/Malmendier* NJW 2003, 780ff.

[3] Vgl. dazu → Rn. 33ff.

B. Sachlicher Anwendungsbereich

I. Der Begriff der „Binnenmarktrelevanz" in der Rechtsprechung des EuGH

Als Vertragspartner des AEUV sind die Mitgliedsstaaten bereits *a priori* zur Wahrung der darin verbürgten Grundfreiheiten verpflichtet. Allerdings erfordert deren Anwendung im Einzelfall grundsätzlich einen **grenzüberschreitenden Bezug** des jeweiligen zu Grunde liegenden Sachverhalts.[4] Die Grundfreiheiten sollen den **freien Marktzugang,** nicht jedoch vollständige Marktgleichheit im Unionsgebiet herstellen. Die Kapitalverkehrsfreiheit verbietet alle Beschränkungen des Kapitalverkehrs *zwischen den Mitgliedstaaten.*[5] Art. 49 AEUV bestimmt, dass die Beschränkungen der freien Niederlassung *von Staatsangehörigen eines Mitgliedstaats im Hoheitsgebiet eines anderen Mitgliedstaats* verboten sind. Die Dienstleistungsfreiheit (Art. 56 AEUV) untersagt Beschränkungen des freien Dienstleistungsverkehrs innerhalb der EU *für Angehörige der Mitgliedstaaten, die in einem anderen Staat der EU als demjenigen des Leistungsempfängers ansässig sind.* In Abgrenzung dazu umfasst die Arbeitnehmerfreizügigkeit die Abschaffung *jeder auf Staatsangehörigkeit beruhenden unterschiedlichen Behandlung der Arbeitnehmer der Mitgliedsstaaten* bei Tätigkeiten in einem anderen Mitgliedsstaat *in Bezug auf Beschäftigung, Entlohnung und sonstige Arbeitsbedingungen.*[6] Die Warenverkehrsfreiheit verbietet mengenmäßige Einfuhrbeschränkungen sowie alle Maßnahmen gleicher Wirkung *zwischen den Mitgliedstaaten.*[7] 3

Angesichts dieser Grundausrichtung der europäischen Grundfreiheiten interpretierte der EuGH den grenzüberschreitenden Bezug zunächst in dem Sinne, dass die Durchführung strukturierter Bieterverfahren zur Wahrung grundfreiheitlich geschützter Belange des europäischen Binnenmarkts ausschließlich dann erforderlich sei, **wenn sich an einem solchen Verfahren tatsächlich Angehörige eines anderen Mitgliedsstaats als Bieter beteiligten,** sich ein Binnenmarktbezug mithin im konkreten Einzelfall eindeutig manifestierte.[8] Die Auslegung des Kriteriums der Binnenmarktrelevanz eines öffentlichen Auftrags oder eines sonstigen Rechtsgeschäfts der öffentlichen Hand entwickelte sich in der Folge jedoch stetig fort. So erfuhr die anfangs sehr weite Auslegung nach und nach sachliche Einschränkungen. Die entsprechenden Entscheidungen des EuGH betrafen insbesondere die Vergabe von Dienstleistungskonzessionen, welche bis zum Erlass der KRL im Jahr 2014 keinen sekundärrechtlichen Vergabevorgaben unterlag. Die dieser Rechtsprechung entstammenden Grundsätze besitzen allerdings allgemeine Geltung. 4

1. Potentielle Beteiligung von Bietern anderer Mitgliedstaaten

Der Judikatur des EuGH zur Feststellung der Binnenmarktrelevanz der Vergabe von Dienstleistungskonzessionen zufolge, ist es grundsätzlich ausreichend, wenn Bieter aus anderen Mitgliedstaaten **lediglich „potentiell"** an einem Vergabeverfahren beteiligt sein könnten.[9] Der EuGH legt den Begriff der Binnenmarktrelevanz damit vergleichsweise 5

---

[4] EuGH Urt. v. 19.4.2018 – C-65/17, ECLI:EU:C:2018:263 = NZBau 2018, 623 – Oftalma Hospital; EuGH Urt. v. 20.3.2018 – C 187/16, ECLI:EU:C:2018:194 = NZBau 2018, 478 Rn. 104 – Kommission/Österreich; EuGH Urt. v. 23.12.2009 – C-376/08, Slg. 2009, I-12169 = NZBau 2010, 261 Rn. 24 – Serrantoni; EuGH Urt. v. 15.5.2008 – C-147/06 und C-148/06, Slg. 2008, I-3583 = NZBau 2008, 453 Rn. 21 – SECAP und Santorso; EuGH Urt. v. 9.9.1999 – C-108/98, Slg. 1999, I-5219 = BeckRS 2004, 74105 Rn. 20 – RI.SAN/Commune di Ischia.; dazu ausführlich *Wollenschläger,* Verteilungsverfahren, S. 116ff. sowie *Tomerius/Gottwald* LKV 2019, 289.

[5] Vgl. Art. 63 AEUV.

[6] Vgl. Art. 45 AEUV.

[7] Vgl. Art. 34 AEUV.

[8] Vgl. EuGH Urt. v. 9.9.1999 – C-108/98, Slg. 1999, I-5219 = BeckRS 2004, 74105 Rn. 24 – RI.SAN/Commune di Ischia.

[9] Vgl. nur EuGH Urt. v. 17.12.2015 – C-25/14 und C-26/14, ECLI:EU:C:2015:821 = EuZW 2016, 277 Rn. 28 – UNIS; EuGH Urt. v. 14.11.2013 – C-221/12, ECLI:EU:C:2013:736 = NZBau 2014, 53 – Belgacom; EuGH Urt. v. 6.4.2006 – C-410/04, Slg. 2006, I-3303 = NZBau 2006, 326 Rn. 21 – ANAV; EuGH Urt. v. 13.10.2005 – C-458/03, Slg. 2005, I-8585 = NVwZ 2005, 1407 Rn. 55 – Parking Brixen;

weit aus. Entsprechend führte die Generalanwältin beim EuGH, Stix-Hackl, in der Rechtssache „Coname" in ihrem Schlussantrag aus: *„Gerade im Vergaberecht, welches auf die Öffnung der nationalen Märkte gerichtet ist, darf es […] nicht darauf ankommen, ob in einem konkreten Vergabeverfahren […] alle Beteiligten aus demselben Mitgliedsstaat wie der Auftraggeber kommen. Denn das könnte man auch als Indiz dafür deuten, dass eben nicht die erforderliche Publizität des Vergabeverfahrens gegeben war und sich daher kein ausländischer Unternehmer beteiligen konnte. Das gilt nicht nur für die Vergaberichtlinien, sondern auch für die betroffenen Grundfreiheiten. Zu schützen sind so nicht nur die tatsächlich an einem Vergabeverfahren teilnehmenden Unternehmen, sondern auch die potentiellen Bieter."*[10] Besteht demnach die **bloße Möglichkeit,** dass sich nicht lediglich inländische Bieter, sondern auch solche **aus anderen Mitgliedstaaten** der Europäischen Union an einem Verfahren zum Abschluss eines Rechtsgeschäfts mit der öffentlichen Hand beteiligen werden, so finden nach der Judikatur des EuGH die europäischen Grundfreiheiten Anwendung.[11] Sofern damit die Binnenmarktrelevanz eines avisierten Rechtsgeschäfts vorliegt, dieses seitens der verantwortlichen staatlichen Stelle gleichwohl weder bekannt gemacht noch ausgeschrieben wird, so liege darin eine zumindest **potentielle Diskriminierung zu Lasten der Unternehmen aus den anderen Mitgliedstaaten,** die daran gehindert werden, von ihren Grundfreiheiten Gebrauch zu machen.[12]

6 Diese Rechtsprechung beruht dabei auf folgenden **Grundüberlegungen:** Das wirtschaftlichste Angebot in einem Bieterverfahren soll dadurch ermittelt werden, dass jedem Interessenten, ob aus demselben oder einem anderen Mitgliedstaat, der Zugang zum Bieterverfahren eröffnet wird, sofern er die Eignungskriterien erfüllt. Verschlösse man nun gerade denjenigen Bietern den Zugang zum Verfahren, deren Teilnahme die Ermittlung des wirtschaftlichsten Angebots besonders fördern könnte, würde das Ziel eines transparenten und grenzüberschreitenden Wettbewerbs konterkariert. Ließe man die Anwendung der Grundfreiheiten nur zu, wenn sich tatsächlich ein Bieter aus einem anderen Mitgliedstaat an dem Verfahren beteiligte, würde der **Sinn des Transparenzgebots,** durch öffentliche Bekanntmachung grenzüberschreitenden Wettbewerb herzustellen und somit das wirtschaftlichste Angebot zu ermitteln, jedoch unterlaufen. Den Kreis nicht auf potentielle Bieter zu erweitern, hieße damit, den Schutz durch die Grundfreiheiten für gerade solche Fälle zu versagen, für die sie geschaffen wurden. Um dem Effektivitätsgrundsatz gerecht zu werden, muss deshalb der Anwendungsbereich der Grundfreiheiten auch dann eröffnet sein, wenn **Bieter aus anderen Mitgliedstaaten lediglich potentiell betroffen** sind. Bei konsequenter Anwendung dieser rechtlichen und tatsächlichen Prämissen muss es im Rahmen des Rechtsschutzes auch inländischen Bietern möglich sein, unabhängig von der aktuellen Teilnahme von Bietern anderer Mitgliedstaaten, Verstöße gegen das Transparenzgebot rügen zu können,[13] was der EuGH in der Entscheidung Belgacom im Rahmen eines Vorabentscheidungsersuchens ausdrücklich zugelassen hat.[14]

EuGH Urt. v. 21.7.2005 – C-231/03, Slg 2005, I-7287 = NVwZ 2005, 1052 Rn. 17 – Coname. Zusammenfassend auch *Röwekamp/Fandrey,* Die Binnenmarktrelevanz öffentlicher Auftragsvergaben, 25 ff. sowie *Burgi* VergabeR § 3 Rn. 24.

[10] Generalanwältin *Stix-Hackl* Schlussanträge v. 12.4.2005 – C-231/03, Slg. 2005, I-7287 = IBRRS 2005, 1174 Rn. 27 – Coname.

[11] Vgl. EuGH Urt. v. 21.7.2005 – C-231/03, Slg 2005, I-7287 = NVwZ 2005, 1052 Rn. 17 – Coname; EuGH Urt. v. 13.10.2005 – C-458/03, Slg. 2005, I-8585 = NVwZ 2005, 1407 Rn. 55 – Parking Brixen.

[12] Vgl. EuGH Urt. v. 21.7.2005 – C-231/03, Slg 2005, I-7287 = NVwZ 2005, 1052 Rn. 17 – Coname; EuGH Urt. v. 13.10.2005 – C-458/03, Slg. 2005, I-8585 = NVwZ 2005, 1407 Rn. 55 – Parking Brixen.

[13] Ähnlich *Braun/Hauswald* EuZW 2006, 176 (177). Anderer Auffassung ist wohl VGH Kassel (Hessen) Beschl. v. 23.7.2012 – 8 B 2244/11 = BeckRS 2012, 57825.

[14] EuGH Urt. v. 14.11.2013 – C-221/12, ECLI:EU:C:2013:736 = NZBau 2014, 53 – Belgacom; dazu *Gabriel/Voll* NZBau 2014, 155.

2. Einschränkungen: Das grenzüberschreitende Interesse

Eine allgemeingültige Definition, wann ein grenzüberschreitendes Interesse von Unternehmen aus anderen Mitgliedstaaten an einem Rechtsgeschäft einer staatlichen Stelle besteht, hat der EuGH nicht aufgestellt. Die Frage nach der Binnenmarktrelevanz einer konkreten staatlichen Maßnahme ist vielmehr im jeweiligen Einzelfall und unter verständiger Würdigung der maßgeblichen Umstände zu beantworten. 7

Der EuGH beschränkte sich in seiner früheren Rechtsprechung auf eine Negativabgrenzung. Danach wurde die Vergabe eines öffentlichen Auftrags in der Regel für binnenmarktrelevant erklärt.[15] Der EuGH ging davon aus, dass lediglich in **Einzelfällen** vernünftigerweise anzunehmen sei, dass die Vergabe eines Auftrags wegen besonderer Umstände, wie einer sehr geringfügigen wirtschaftlichen Bedeutung für Wirtschaftsteilnehmer in anderen Mitgliedstaaten, nicht von Interesse sein könnte und dass die Auswirkungen auf die betreffenden Grundfreiheiten daher zu zufällig und zu mittelbar wären, als dass auf eine Verletzung dieser Freiheiten geschlossen werden könne.[16]

Die aufgezeigte, ursprünglich sehr weite Auslegung des Begriffs der Binnenmarktrelevanz erfuhr durch eine Reihe von Entscheidungen zunehmend Einschränkungen.[17] Seit der Entscheidung in der Rechtssache „An Post“[18] hat der EuGH als Anwendungsvoraussetzung für die primärrechtlichen Vergabegrundsätze ein ***„eindeutiges grenzüberschreitendes Interesse am Auftrag“*** sowohl für die Vergabe von nichtprioritären Dienstleistungen[19] und Aufträgen unterhalb der Schwellenwerte[20] als auch für die Vergabe von Dienstleistungskonzessionen[21] gefordert und damit die früher geltende Regelvermutung der Binnenmarktrelevanz einer öffentlichen Auftragsvergabe durchbrochen.[22] Das wird auch für **sonstige primärrechtlich relevante Auswahlentscheidungen der öffentlichen Hand** zu gelten haben, die mit dem Abschluss von Rechtsgeschäften durch den Staat verbunden sind.[23] 8

[15] Vgl. *Deling* NZBau 2011, 725 (727 f.); sowie ausführlich MüKoWettbR/*Kühling/Huerkamp* Einl. VergabeR Rn. 43 ff.; *Chen* Vergaberechtsschutz im Spannungsfeld zwischen Beschleunigungsgebot und Gewährung effektiven Rechtsschutzes S. 61.

[16] EuGH Urt. v. 21.7.2005 – C-231/03, Slg 2005, I-7287 = NVwZ 2005, 1052 Rn. 20 – Coname hierzu auch MüKoWettbR/*Kühling/Huerkamp* Einl. VergabeR Rn. 45, 49.

[17] Vgl. dazu den Überblick bei *Diehr* VergabeR 2009, 719. Ähnlich *Bitterich* EuZW 2008, 14 (17) und *Vavra* VergabeR 2013, 384.

[18] EuGH Urt. v. 13.11.2007 – C-507/03, Slg. 2007, I-9777 = NZBau 2008, 71 Rn. 29 ff. – Kommission/Irland „An Post“; EuGH Urt. v. 15.5.2008 – C-147/06 und C-148/06, Slg. 2008, I-3583 = NZBau 2008, 453 Rn. 31 – SECAP und Santorso; EuGH Urt. v. 21.2.2008 – C-412/04, Slg. 2008, I-619 = NVwZ 2008, 397 Rn. 66 – Kommission/Italien spricht noch davon, dass ein Auftrag eine *„bestimmte grenzüberschreitende Bedeutung“* besitzen müsse.

[19] EuGH Urt. v. 11.12.2014 – C-113/13, ECLI:EU:C:2014:2440 = IBRRS 2014, 3175 Rn. 46 – Spezzino und ANPAS.

[20] EuGH Urt. v. 15.5.2008 – C-147/06 und C-148/06, Slg. 2008, I-3583 = NZBau 2008, 453 Rn. 31 – SECAP und Santorso; EuGH Urt. v. 19.12.2012 – C-159/11, ECLI:EU:C:2012:817 = NZBau 2013, 114 Rn. 23 – Lecce.

[21] Vgl. EuGH Urt. v. 17.7.2008 – C-347/06, Slg. 2008, I-5641 = BeckRS 2008, 70793 Rn. 59, 70 – ASM Brescia, mit Hinweis auf ein *„bestimmtes“* bzw. *„gewisses“* grenzüberschreitendes Interesse; EuGH Urt. v. 10.3.2011 – C-274/09, Slg. 2011, I-1335 = NZBau 2011, 239 Rn. 49 – Rettungsdienst Stadler; EuGH Urt. v. 14.11.2013 – C-221/12, ECLI:EU:C:2013:736 = NZBau 2014, 53 Rn. 28 – Belgacom; dazu *Gabriel/Voll* NZBau 2014, 155; so auch VG Bayreuth Urt. v. 11.12.2012 – B 1 K 12.445 = BeckRS 2013, 51196.

[22] Soweit in der Literatur zwischenzeitlich die Auffassung vertreten wurde, die Binnenmarktrelevanz eines öffentlichen Auftrags erfordere lediglich bei Unterschwellenvergaben und der Vergabe von nichtprioritären Dienstleistungen ein eindeutiges grenzüberschreitendes Interesse, könne jedoch bei der Vergabe von Dienstleistungskonzessionen weiterhin vermutet werden (vgl. *Bitterich* EuZW 2008, 14 (17); *Hübner* VergabeR 2008, 58 (60) als Anmerkung zu *Schabel* VergabeR 2008, 55; *Barth* Das Vergaberecht außerhalb des Anwendungsbereichs der EG-Vergaberichtlinien, 2010, 80 ff.), so ist dieser Ansicht inzwischen sowohl durch die Rechtsprechung des EuGH die Grundlage als auch durch den Erlass der Konzessionsrichtlinie die praktische Relevanz entzogen worden.

[23] Vgl. dazu → Rn. 19 ff.

Inzwischen nimmt der EuGH – in Abkehr von der früheren Rechtsprechung – an, dass ein eindeutig grenzüberschreitendes Interesse nicht hypothetisch aus bestimmten Umständen abgeleitet werden könne, die – abstrakt betrachtet – für dieses Interesse sprechen könnten.[24] Das Bestehen des grenzüberschreitenden Interesses müsse sich jeweils ***„positiv aus einer konkreten Beurteilung"* der jeweiligen Umstände** ergeben.[25] So kann von einem grenzüberschreitende Interesse nicht bereits dann ausgegangen werden, wenn Angaben vorliegen, die *„seine Existenz nicht ausschließen"*. Vielmehr muss der *„grenzüberschreitende Charakter"* anhand *„objektiver und übereinstimmender Umstände"* dargelegt und erwiesen sein.[26] Der Gerichtshof fordert insoweit ein ***„sicheres"* grenzüberschreitendes Interesse.**[27] Als maßgebliche Faktoren zur Bejahung der Binnenmarktrelevanz führt der EuGH unter anderem die wirtschaftliche Bedeutung des Auftrags (Volumen und Wert des Auftragsgegenstandes), der Leistungsort sowie die technischen Merkmale des Auftrags oder Besonderheiten der jeweiligen Waren auf.[28]

9 Inhaltlich stellte der EuGH klar, dass es Aufgabe des öffentlichen Auftraggebers ist, vor der Entscheidung über die Art und Weise der Auftragsvergabe die Binnenmarktrelevanz eines Auftrags einzelfallabhängig zu prüfen.[29] Die Feststellung ist demnach nicht subjektiv, sondern anhand **objektiver Kriterien** durch den öffentlichen Auftraggeber zu beurteilen und unterliegt der uneingeschränkten gerichtlichen Nachprüfung unter eingehender Würdigung aller maßgeblichen Gegebenheiten.[30] Heranzuziehen seien zum einen **quantitative Faktoren,** wie etwa das Auftragsvolumen bzw. der Auftragswert. Als Grundregel kann hier gelten: je höher der Auftragswert, desto größer die Wahrscheinlichkeit, dass sich Unternehmen aus anderen Mitgliedstaaten an einem Bieterverfahren zur Auftragsvergabe beteiligen. Umgekehrt kann aus einem sehr niedrigen Auftragswert gegebenenfalls darauf geschlossen werden, dass eine hinreichende Binnenmarktrelevanz nicht gegeben ist. So hat der EuGH bspw. in seiner jüngeren Tecnoedi Costruzioni-Entscheidung[31] festgestellt, dass es nicht gerechtfertigt sei, bei einem Auftrag, dessen Wert geringer als ein Viertel des Oberschwellenwerts beträgt und bei dem der Leistungsort 200 km zu einem anderen Mitgliedsstaat entfernt liege, ein grenzüberschreitendes Interesse nur deshalb zu bejahen, weil andere inländische Bieter in erheblicher Entfernung zum Leistungsort ansässig seien.

Beispielhaft wird auch im DAWI-Leitfaden in diesem Zusammenhang auf die entsprechende Praxis der Kommission verwiesen, die bei einem Auftragswert, der lediglich bis zu 10% des Schwellenwertes für die Anwendung der europäischen Vergaberichtlinien beträgt, die Binnenmarktrelevanz eines Auftrags verneint, sofern sich diese nicht aus sonstigen

---

[24] Vgl. EuGH Urt. v. 19.4.2018 – C-65/17, ECLI:EU:C:2018:263 = NZBau 2018, 623 Rn. 39 – Oftalma Hospital; EuGH Urt. v. 6.10.2016 – C-318/15, ECLI:EU:C:2016:747 = NZBau 2016, 781 Rn. 22 – Tecnoedi Costruzioni Srl.

[25] Vgl. EuGH Urt. v. 19.4.2018 – C-65/17, ECLI:EU:C:2018:263 = NZBau 2018, 623 Rn. 39 – Oftalma Hospital; EuGH Urt. v. 6.10.2016 – C-318/15, ECLI:EU:C:2016:747 = NZBau 2016, 781 Rn. 22 – Tecnoedi Costruzioni Srl.

[26] EuGH Urt. v. 19.4.2018 – C-65/17, ECLI:EU:C:2018:263 = NZBau 2018, 623 Rn. 39 – Oftalma Hospital; EuGH Urt. v. 6.10.2016 – C-318/15, ECLI:EU:C:2016:747 = NZBau 2016, 781 – Tecnoedi Costruzioni Srl.

[27] EuGH Urt. v. 14.11.2013 – C-221/12, ECLI:EU:C:2013:736 = NZBau 2014, 53 Rn. 28 – Belgacom; *Siegel* VergabeR 2015, 265 (266).

[28] EuGH Urt. v. 19.4.2018 – C-65/17, ECLI:EU:C:2018:263 = NZBau 2018, 623 Rn. 40 – Oftalma Hospital; EuGH Urt. v. 17.12.2015 – C-25/14 und C-26/14, ECLI:EU:C:2015:821 = EuZW 2016, 277 Rn. 30 – UNIS.

[29] Vgl. *Diehr* VergabeR 2009, 719 (728); *Vavra* VergabeR 2013, 384 (387). Zum Prüfungsmaßstab auch *Röwekamp/Fandrey,* Die Binnenmarktrelevanz öffentlicher Auftragsvergaben, 45ff.

[30] EuGH Urt. v. 19.4.2018 – C-65/17, ECLI:EU:C:2018:263 = NZBau 2018, 623 – Oftalma Hospital; EuGH Urt. v. 15.5.2008 – C-147/06 und C-148/06, Slg. 2008, I-3583 = NZBau 2008, 453 Rn. 30 – SECAP und Santorso.

[31] EuGH Urt. v. 6.10.2016 – C-318/15, ECLI:EU:C:2016:747 = NZBau 2016, 781 – Tecnoedi Costruzioni Srl.

Umständen des Einzelfalls ergibt.[32] Davon zu unterscheiden ist jedoch die Frage, ob mit der Vergabe eines Auftrags oder einer Konzession tatsächlich Einnahmen auf Seiten des Wirtschaftsteilnehmers erzielt werden können. Diesbezüglich hat der EuGH bereits festgestellt, dass aus dem Umstand allein, dass eine Konzession weder **beträchtliche Nettoeinnahmen** erzeuge, noch einem Wirtschaftsteilnehmer einen ungerechtfertigten Vorteil verschaffen kann, nicht geschlossen werden könne, dass diese Konzession für Wirtschaftsteilnehmer aus einem anderen Mitgliedstaat nicht von wirtschaftlichem Interesse ist.[33] Im Rahmen einer wirtschaftlichen Strategie könne ein Unternehmen die Entscheidung treffen, die Erteilung einer Konzession zu beantragen, auch wenn diese als solche keine angemessenen Gewinne generieren kann. Denn dadurch könne diesem Unternehmen ermöglicht werden, auf dem Markt des konzessionserteilenden Staates Fuß zu fassen und sich dort mit dem Ziel bekannt zu machen, seine weitere Expansion vorzubereiten.[34]

Maßgeblich sind zum anderen aber auch **funktional-qualitative Faktoren.**[35] Darunter kann zunächst bspw. der Leistungsort fallen.[36] Je näher der Ort der Auftragsausführung an der Grenze zu einem anderen Mitgliedsstaat gelegen ist, desto wahrscheinlicher ist es, dass auch Unternehmen des angrenzenden Mitgliedsstaates Interesse an dem Auftrag haben. Zudem kann sich die Binnenmarktrelevanz aus bestimmten technischen Merkmalen des Auftrags ergeben. So schloss der EuGH in einer jüngeren Entscheidung trotz eines geringen Auftragswerts allein aus dem Umstand, dass sich die Leistungsbeschreibung auf Computerhardware mit einem Referenzprozessor einer internationalen Marke bezog, auf eine mögliche Binnenmarktrelevanz des Auftrags (überließ die tatsächliche Feststellung jedoch dem vorlegenden mitgliedstaatlichen Gericht).[37] 10

Im Ergebnis ergeben sich aus der Judikatur des EuGH sowie der Unterschwellenmitteilung der Kommission jedenfalls bereits im Vorfeld der Vergabe eines öffentlichen Auftrags **weitreichende Prüf- und Dokumentationspflichten** des öffentlichen Auftraggebers im Hinblick auf die Binnenmarktrelevanz des jeweiligen Auftrags, um den rechtlichen Rahmen einer Auftragsvergabe zu bestimmen.[38] **Mangels eindeutiger rechtlicher Vorgaben** ist es dabei in vielen Fällen nicht möglich, rechtssicher zu beurteilen, ob tatsächlich ein potentiell grenzüberschreitender Sachverhalt, also ein Sachverhalt mit Binnenmarktrelevanz vorliegt.[39] Im Zweifel sollte deshalb von einem solchen ausgegangen und jedenfalls die primärrechtlichen Vergabegrundsätze beachtet werden.[40] 11

Bereits anknüpfend an die Belgacom-Rechtsprechung des EuGH, stellte auch die **Kommission** in ihrer **Mitteilung zu Unterschwellenvergaben** ausdrücklich heraus, dass die Entscheidung, inwieweit ein Auftrag möglicherweise für Wirtschaftsteilnehmer eines anderen Mitgliedstaats von Interesse sein könnte, den einzelnen Auftraggebern 11a

---

[32] Arbeitsunterlage der Kommissionsdienststellen – Leitfaden zur Anwendung der Vorschriften der Europäischen Union über staatliche Beihilfen, öffentliche Aufträge und den Binnenmarkt auf Dienstleistungen von allgemeinem wirtschaftlichem Interesse und insbesondere auf Sozialdienstleistungen von allgemeinem Interesse v. 29.4.2013, (SWD)2013, 53 final/2, 100f.

[33] EuGH Urt. v. 14.11.2013 – C-388/12, EU:C:2013:734 = BeckRS 2013, 82157 Rn. 51 – Comune di Ancona/Regione Marche. Dazu *Prieß* NZBau 2015, 57; *Meister* NZBau 2015, 757.

[34] EuGH Urt. v. 14.11.2013 – C-388/12, EU:C:2013:734 = BeckRS 2013, 82157 Rn. 51 – Comune di Ancona/Regione Marche.

[35] Die Differenzierung geht zurück auf *Prieß* NZBau 2015, 57.

[36] EuGH Urt. v. 15.5.2008 – C-147/06 und C-148/06, Slg. 2008, I-3583 = NZBau 2008, 453 Rn. 31 – SECAP und Santorso; EuGH Urt. v. 14.11.2013 – C-221/12, ECLI:EU:C:2013:736 = NZBau 2014, 53 Rn. 29 – Belgacom; dazu *Gabriel/Voll* NZBau 2014, 155. Siehe auch *Frenz* NVwZ 2010, 609 (612f.) sowie *Diehr* VergabeR 2009, 719 (727).

[37] EuGH Urt. v. 16.4.2015 – C-278/14, EU:C:2015:228 = NZBau 2015, 383 Rn. 21 – Enterprise Focused Solutions, dazu *Meister* NZBau 2015, 757.

[38] Vgl. zur Prüfpflicht des öffentlichen Auftraggebers EuGH Urt. v. 15.5.2008 – C-147/06 und C-148/06, Slg. 2008, I-3583 = NZBau 2008, 453 Rn. 30 – SECAP und Santorso.

[39] *André* NZBau 2010, 611 (613f.); *Gabriel* NVwZ 2006, 1262 (1263). In diesem Sinne auch Generalanwältin *Sharpston* Schlussanträge v. 18.1.2007 – C-195/04, Slg. 2007, I-3351 Rn. 96 = IBRRS 2014, 0164 – Kommission/Finnland.

[40] So auch MüKoWettbR/*Kühling/Huerkamp* Einl. VergabeR Rn. 49.

obliegt.[41] Nach Auffassung der Kommission muss dieser Entscheidung eine Prüfung der Umstände des jeweiligen Falls vorausgehen, wobei Sachverhalte wie der **Auftragsgegenstand,** der **geschätzte Auftragswert,** die **Besonderheiten des betreffenden Sektors (Größe und Struktur des Marktes, wirtschaftliche Gepflogenheiten usw.)** sowie die **geographische Lage des Orts der Leistungserbringung** zu berücksichtigen sind.[42] Die Entscheidung des öffentlichen Auftraggebers über die Binnenmarktrelevanz eines Auftrags sei darüber hinaus bieterseitig justiziabel.[43] Die Kommission verzichtet in ihrer Mitteilung auf die Festlegung eines bezifferten Grenzwertes, obwohl in den Entwürfen noch über eine Relevanzschwelle von 10–20% der Schwellenwerte diskutiert worden war.[44] Auch das EuG hat in seiner Entscheidung[45] zu dieser Mitteilung **keine weitergehenden Kriterien,** Grenzwerte oder andere Prüfungsmaßstäbe festgelegt. Im Ergebnis bleibt somit festzuhalten, dass die Anforderungen der Kommission und die des EuGH durch dessen Rechtsprechungsänderung weitgehend angeglichen wurden.

3. Berücksichtigung durch die deutschen Gerichte

12 Die **deutsche Rechtsprechung** hat in jüngerer Vergangenheit diese restriktiveren Entscheidungen des EuGH aufgenommen und beurteilt die Frage der Binnenmarktrelevanz nicht pauschal und einzig anhand der Höhe des Auftragswerts.[46] Dem **BGH** zufolge ist im Rahmen der Prüfung des grenzüberschreitenden Interesses eine Prognose darüber anzustellen, ob der Auftrag nach den konkreten Marktverhältnissen, also mit Blick auf die konkreten Branchenkreise und deren Bereitschaft, Aufträge ggf. in Anbetracht ihres Volumens und des Ortes der Auftragsdurchführung auch grenzüberschreitend auszuführen, für ausländische Anbieter interessant sein könnte.[47] Das **OLG Düsseldorf** verlangt für die Feststellung der Binnenmarktrelevanz eines öffentlichen Auftrags ebenfalls ein eindeutiges grenzüberschreitendes Interesse und stellte diesbezüglich in früheren Entscheidungen ausdrücklich auf die **örtliche Nähe des öffentlichen Auftraggebers zu den Landesgrenzen anderer Mitgliedstaaten** ab.[48] Im spezifischen Hinblick auf den Abschluss von qualifizierten **Wegenutzungsverträgen nach § 46 Abs. 2 EnWG** wies der Düsseldorfer Vergabesenat darauf hin, dass die Schwelle der Binnenmarktrelevanz bei Verträgen dieser Art tendenziell eher niedrig anzusetzen sein sollte.[49] Darüber hinaus bejahte das OLG Düsseldorf in einer anderen Entscheidung zwar das grenzüberschreitende Interesse für einen Bauauftrag auf einem Grundstück, welches sich in unmittelbarer Nähe zur niederländischen Grenze befindet, „eindeutig" und unabhängig vom Auftragsvolumen.[50] Sofern der durchzuführende Auftrag allerdings **besondere Kenntnisse** erfordert, die allein nationale Bieter zu erfüllen versprechen, fehle es nach Auffassung des OLG Düsseldorf jedoch trotz eines Auftragsvolumens von 3 Mio. EUR an einem „eindeutig grenzüberschreitenden Interesse".[51] Der streitgegenständliche Auftrag beinhaltete die Vergabe von umfassenden juristischen Beratungsdienstleistungen und juristischem Nachtragsmanagement im Rahmen des Neubaus des Schiffshebewerks Niederfinow durch das Wasserstraßen-Neubauamt Berlin. Der Wert eines Auftrags sei nicht das allein entscheidenden Kriterium, weshalb ein Wirtschaftsteilnehmer sich zur Bewerbung um einen Auftrag entschließe, sondern auch,

[41] Mitt. der Kommission zur „Unterschwellenvergabe", ABl. v. 1.8.2006, Nr. C 179 S. 3ff. Ziff. 1.3.

[42] Mitt. der Kommission zur „Unterschwellenvergabe" Ziff. 1.3.

[43] Vgl. Mitt. der Kommission zur „Unterschwellenvergabe" Ziff. 1.3.

[44] Hierzu ausführlich *Gabriel* NVwZ 2006, 1262 (1263) mwN.

[45] EuG Urt. v. 20.5.2010 – T-258/06, Slg. 2010, II-2027 = NZBau 2010, 510.

[46] Siehe dazu auch *Röwekamp/Fandrey,* Die Binnenmarktrelevanz öffentlicher Auftragsvergaben, 31ff.

[47] BGH Beschl. v. 30.8.2011 – X ZR 55/10, ZfBR 2012, 25; so auch VG Bayreuth Urt. v. 11.12.2012 – B 1 K 12.445.

[48] OLG Düsseldorf Beschl. v. 7.3.2012 – Verg 78/11, NZBau 2012, 382 so auch in OLG Düsseldorf Beschl. v. 21.3.2018 – VI 2 U (Kart) 6/16, BeckRS 2018, 11739 Rn. 34.

[49] OLG Düsseldorf Beschl. v. 9.1.2013 – VII-Verg 26/12, BeckRS 2013, 1038.

[50] OLG Düsseldorf Urt. v. 13.1.2010 – I-27 U 1/09, NZBau 2010, 328.

[51] OLG Düsseldorf Beschl. v. 21.4.2010 – Verg 55/09, NZBau 2010, 390.

ob die vertragsgemäße Erfüllung gewährleistet werden kann. Da in diesem Fall Fragen des Unionsrechts nach der Auftragsausschreibung keine wesentliche Rolle spielten und vielmehr „spezifische und hochklassige Kenntnisse und Erfahrungen im nationalen Bauvertragsrecht, insbesondere die VOB/B betreffend, beim inländischen Baubetrieb und namentlich bei Abrechnungen“[52] erforderlich waren, um die Anforderungen der Ausschreibung zu erfüllen, ging das OLG davon aus, es sei praktisch ausgeschlossen, dass in anderen Mitgliedstaaten ansässige Rechtsanwälte ein Interesse an der Auftragserteilung haben könnten. In neueren Entscheidungen stellt das OLG Düsseldorf neben der Grenznähe zu anderen Mitgliedsstaaten auch auf die wirtschaftliche Bedeutung eines Auftrags ab, um dessen Binnenmarktrelevanz zu bejahen. So entschied es, dass eine zu vergebende Konzession wegen ihrer Laufzeit von 30 Jahren ein erhebliches wirtschaftliches Gewicht habe und begründete damit die Binnenmarktrelevanz der streitgegenständlichen Konzessionsvergabe.[53] Die Rechtsprechung tendiert mitunter zu einer restriktiveren Auslegung des Kriteriums des grenzüberschreitenden Bezugs und somit zu einer Einschränkung des sachlichen Anwendungsbereichs unionsrechtlicher Verfahrensvorgaben.[54]

II. Fallgruppen

1. Der Staat als Nachfrager

Bislang konnte die binnenmarktrelevante Nachfragetätigkeit der öffentlichen Hand, die den Vorgaben des Vergabeprimärrechts unterliegt, im Wesentlichen in drei Kategorien eingeteilt werden: neben gewöhnlichen öffentlichen Aufträgen im Unterschwellenbereich waren namentlich die Vergabe von Dienstleistungskonzessionen und die Vergabe von nichtprioritären Dienstleistungen iSv Anhang II Teil A VKR 2004, Anhang XVII Teil B SKR 2004 primärrechtlich relevant. Die letzte europäische Vergaberechtsreform führte in diesem Zusammenhang jedoch zu einer Zäsur. Dadurch wurde eine erneute Bestimmung des Anwendungsbereichs des Vergabeprimärrechts erforderlich. 13

a) Soziale und andere besondere Dienstleistungen. Bei der Vergabe von Aufträgen über nichtprioritäre Dienstleistungen iSv Anhang II Teil A VKR 2004, Anhang XVII Teil B SKR 2004 waren bis zur Vergaberechtsreform im Jahr 2016 nach ständiger Rechtsprechung des EuGH die primärrechtlichen Grundsätze des europäischen Rechts zu beachten, obwohl die Vergabe solcher Aufträge sekundärrechtlich zumindest rudimentär geregelt war.[55] Die **Differenzierung zwischen prioritären und nichtprioritären Dienstleistungen** wurde im Rahmen dieser Reform aufgegeben. Bestimmte soziale und andere besondere Dienstleistungen, die zu einem wesentlichen Teil den vormals nichtprioritären Dienstleistungen entsprechen, wurden gemäß Art. 74 ff. VRL, § 130 GWB einem speziellen sekundärrechtlichen Vergaberechtsregime mit erleichterten Vorgaben unterstellt, welche sich im Wesentlichen in der Einhaltung der Grundprinzipien der Transparenz und der Gleichbehandlung erschöpfen. Neben diesen Vorgaben ist – anders als nach früherer Rechtslage in Bezug auf nichtprioritäre Dienstleistungen – für die parallele Anwendung des Vergabeprimärrechts kein Raum. Das gilt insbesondere in Mitgliedstaaten, in denen 14

[52] OLG Düsseldorf Beschl. v. 21.4.2010 – Verg 55/09, NZBau 2010, 390.

[53] OLG Düsseldorf Beschl. v. 13.6.2018 – VI-2 U 7/16, BeckRS 2018, 15885 Rn. 64; OLG Düsseldorf Beschl. v. 15.6.2016 – Verg 56/15, NZS 2016, 741 Rn. 16.

[54] Anders Ziekow/Völlink/*Antweiler* GWB § 107 Rn. 12.

[55] EuGH Urt. v. 27.10.2005 – C-234/03, Slg. 2005, I-9315 = EuZW 2006, 153 – Contse; EuGH Urt. v. 13.11.2007 – C-507/03, Slg. 2007, I-9777 = NZBau 2008, 71 – Kommission/Irland „An Post“; EuGH Urt. v. 19.6.2008 – C-454/06, Slg. 2008, I-4401 = NZBau 2008, 518 – pressetext; Mitt. der Kommission zur „Unterschwellenvergabe“, ABl. v. 1.8.2006, Nr. C 179 S. 3 ff.; *Deling* NZBau 2011, 26 (27); *André* NZBau 2010, 611; *Dörr* GS Schindhelm, 2009, 191.

sich der Gesetzgeber – wie in Deutschland[56] – nicht lediglich darauf beschränkt hat, die Einhaltung der vergaberechtlichen Grundprinzipien zu normieren, sondern darüber hinausgehende Vergabeanforderungen vorgesehen hat. Für die Vergabe von Aufträgen über soziale und andere besondere Dienstleistungen werden primärrechtliche Vorgaben dementsprechend lediglich relevant, sofern der **Schwellenwert von 750.000 EUR**[57] im konkreten Einzelfall nicht erreicht wird.

15 Unter der Prämisse, dass der geltende Auftragsschwellenwert nicht erreicht wird, gilt es hinsichtlich der **Vergabe anwaltlicher Beratungsleistungen,**[58] welche gemäß Anhang XIV VRL als soziale bzw. andere besondere Dienstleistungen zu qualifizieren sind *(„Dienstleistungen im juristischen Bereich"),*[59] zu beachten, dass deren Erbringung in Deutschland nach deutschem Recht zugelassenen Rechtsanwälten (bzw. Patentanwälten und Notaren) vorbehalten ist (vgl. § 4 BRAO) und diese eine Kanzlei an dem Ort ihrer Gerichtszulassung – dh in Deutschland – einrichten müssen (vgl. § 27 Abs. 1 BRAO). Daher geht die nationale Rechtsprechung davon aus, dass bei der Vergabe von Rechtsberatungsdiensten von vornherein ausgeschlossen werden kann, dass in anderen Mitgliedstaaten ansässige Sozietäten an dem Auftrag interessiert sein könnten.[60] Zu beachtende primärrechtliche Bekanntmachungs- oder Verfahrensanforderungen bestehen nach dieser Auffassung nicht. Die Vergabe anwaltlicher Beratungsleistungen ist jedoch auf Bundesebene – und dort, wo die Unterschwellenvergabeverordnung *qua* Anwendungsbefehl einer entsprechenden Rechtsnorm in Landesrecht umgesetzt wurde, auch auf Landesebene – nach Maßgabe von § 50 UVgO durchzuführen.[61] Wie sich die Rechtsprechung in Fällen entwickelt, in denen es um die Prozessvertretung des öffentlichen Auftraggebers vor europäischen oder internationalen Gerichten oder die außergerichtliche Beratung in stark europarechtlich geprägten Rechtsgebieten geht[62], bleibt abzuwarten.

16 **b) Konzessionen.** Namentlich die Vergabe von Dienstleistungskonzessionen[63] hat in der Vergangenheit einen der maßgeblichen Hauptanwendungsbereiche des Vergabeprimärrechts dargestellt.[64] Indem der europäische Richtliniengeber mit dem Erlass der KRL auch die Vergabe von Dienstleistungskonzessionen sekundärrechtlich geregelt hat, erübrigt sich ein Rückgriff auf das Vergabeprimärrecht nunmehr jedenfalls soweit der Anwendungsbereich der Richtlinie reicht. Daraus folgt zunächst, dass solche Konzessionen, deren Vertragswert den in Art. 8 Abs. 1 KRL in Verbindung mit der jeweiligen Änderungsverordnung (EU) der Kommission festgelegten **Schwellenwert von 5.350.000 EUR**[65] nicht

---

[56] Gemäß § 130 GWB sind öffentliche Auftraggeber bei der Vergabe von sozialen und anderen besonderen Dienstleistungen zwar in der Wahl der Verfahrensart frei, haben aber im Übrigen sämtliche Verfahrensvorgaben einzuhalten.

[57] Im Gegensatz zu den anderen Schwellenwerten, die mit Wirkung zum 1.1.2020 angepasst wurden, blieb der Schwellenwert für die sozialen und anderen besonderen Dienstleistungen unverändert.

[58] Hierzu und zu der entsprechenden Bereichsausnahme BeckOK VergabeR/*Gabriel-Groth* GWB § 116 Abs. 1 Nr. 1 Rn. 2ff.

[59] Vgl. zu der Rechtslage unter der Geltung der VKR 2004 und SKR 2004: *Kern* NZBau 2012, 421 (422).

[60] Zuletzt OLG Düsseldorf Beschl. v. 21.4.2010 – Verg 55/09, NZBau 2010, 390.

[61] *Pauka* ZfBR 2017, 651 (653).

[62] *Kern* NZBau 2012, 421 (424f.).

[63] Zum Begriff ausführlich → § 4 Rn. 28ff.

[64] EuGH Urt. v. 14.11.2013 – C-221/12, ECLI:EU:C:2013:736 = NZBau 2014, 53 – Belgacom; EuGH Urt. v. 10.3.2011 – C-274/09, Slg. 2011 I-1335 = NZBau 2011, 239 Rn. 49 – Rettungsdienst Stadler; EuGH Urt. v. 17.7.2008 – C-347/06, Slg. 2008, I-5641 = BeckRS 2008, 70793 Rn. 49 – ASM Brescia; EuGH Urt. v. 6.4.2006 – C-410/04, Slg. 2006, I-3303 = NZBau 2006, 326 Rn. 18 – ANAV; EuGH Urt. v. 13.10.2005 – C-458/03, Slg. 2005, I-8585 = NVwZ 2005, 1407 Rn. 46 – Parking Brixen; EuGH Urt. v. 21.7.2005 – C-231/03, Slg 2005, I-7287 = NVwZ 2005, 1052 Rn. 28 – Coname; EuGH Urt. v. 7.12.2000 – C-324/98, Slg. 2000, I-10745 = NZBau 2001, 148 Rn. 60 – Telaustria.

[65] Der Schwellenwert wurde zuletzt mit Wirkung zum 1.1.2020 durch die Delegierte Verordnung (EU) 2019/1827 der Kommission vom 30.10.2019 zur Änderung der Richtlinie 2014/23/EU des Europäischen Parlaments und des Rates im Hinblick auf den Schwellenwert für Konzessionen angepasst, ABl. v. 31.10. 2019, Nr. L 279 S. 23f.

erreichen und deshalb nicht nach Maßgabe der KRL zu vergeben sind, der Anwendung des Vergabeprimärrechts unterliegen, sofern der Vergabevorgang als binnenmarktrelevant zu qualifizieren ist.

Nach wohl herrschender Auffassung – wenn auch höchstrichterlich bislang unentschieden –, unterliegt auch die Vergabe von qualifizierten **Wegenutzungsverträgen** für Energieversorgungsleitungen iSv **§ 46 Abs. 2 EnWG** den Vorgaben des Vergabeprimärrechts.[66] Vor Erlass der KRL wurde in der Literatur überwiegend die Auffassung vertreten, dass es sich bei Wegenutzungsverträgen um Dienstleistungskonzessionen handelt, die dementsprechend den vergabeprimärrechtlichen Vorgaben unterfallen.[67] Unabhängig davon hat das OLG Düsseldorf ebenfalls vor Inkrafttreten der KRL entschieden, dass die Vorgaben des europäischen Vergabeprimärrechts – bei Vorliegen einer eindeutigen Binnenmarktrelevanz – auch bei dem Abschluss von Konzessionsverträgen über die Errichtung und den Betrieb von Energieversorgungsnetzen der allgemeinen Versorgung iSv § 46 Abs. 2 EnWG anzuwenden sind.[68] 17

Diese Einschätzung dürfte – wenn auch nicht unumstritten – auch nach Inkrafttreten der KRL weiterhin Geltung beanspruchen. Maßgeblich ist, ob Wegenutzungsverträge nach § 46 Abs. 2 EnWG als Dienstleistungskonzessionen (iSv § 105 GWB) zu qualifizieren sind und damit in den Anwendungsbereich der KRL fallen. Abhängig davon, welcher Auffassung man folgt, kann auch im Rahmen der Vergabe von Wegenutzungsverträgen auf die Verfahrensvorgaben des Primärvergaberechts zurückgegriffen werden. Schließlich ist für einen Rückgriff auf das Primärrecht nur dort Raum, wo eine sekundärrechtliche Regelung nicht vorliegt. Nichtsdestotrotz sind auch sekundärrechtliche Ausgestaltungen des Primärvergaberechts stets im Lichte des Primärvergaberechts zu interpretieren.[69] Vor diesem Hintergrund ist zunächst festzustellen, dass Wegenutzungsverträge nach § 46 Abs. 2 EnWG entsprechend der wohl überwiegenden Auffassung in der Literatur auch auf Grundlage der Legaldefinition in Art. 5 Nr. 1 lit. a KRL, § 105 GWB als Dienstleistungskonzession zu qualifizieren sein dürften.[70] Allerdings folgt aus Erwägungsgrund Nr. 16 KRL in diesem Zusammenhang, dass Vereinbarungen über Wegenutzungsrechte jedenfalls dann nicht in den Anwendungsbereich der Richtlinie fallen, sofern sie weder eine Lieferverpflichtung auferlegen, noch den Erwerb von Dienstleistungen durch den (öffentlichen) Auftraggeber für sich selbst oder für Endnutzer vorsehen.[71] Darauf weist auch die Gesetzesbegründung zu § 105 Abs. 2 GWB hin.[72] Auch bei Dienstleistungskonzessionen stellt die Beschaffung durch einen öffentlichen Auftraggeber ein konstitutives Merkmal dar, das die Anwendbarkeit der EU-Vergaberichtlinien begründet. Bloße Gestattungen fallen nicht unter die europäischen Vergaberichtlinien. Ob ein Wegenutzungsvertrag mithin ein entsprechendes **Beschaffungselement** aufweist und dadurch als Dienstleistungskonzession

---

[66] MüKoWettbR/*Kühling/Huerkamp* Einl. VergabeR Rn. 20; sehr ausführlich zu dieser Problemstellung MüKoWettbR/*Mohr* GWB § 105 Rn. 92ff.

[67] *Donhauser/Hölzlwimmer* VergabeR 2015, 509 (516); *Michaels/Kohler* NZBau 2013, 282; *Byok* RdE 2008, 268 (271); *Ortner* VergabeR 2008, 608 (609); in diesem Sinne auch: Gemeinsamer Leitfaden von Bundeskartellamt und Bundesnetzagentur zur Vergabe von Strom- und Gaskonzessionen und zum Wechsel des Konzessionsnehmers v. 21.5.2015 (2. Aufl.) Rn. 15.

[68] OLG Düsseldorf Beschl. v. 9.1.2013 – VII-Verg 26/12, BeckRS 2013, 1038.; eingehend hierzu MüKoWettbR/*Gabriel* GWB § 102 Rn. 95, Rn. 41ff.; so auch *Schüttpelz* VergabeR 2013, 361.

[69] *Rohr* RdE 2016, 269 (273).

[70] Vgl. *Donhauser/Hölzlwimmer* VergabeR 2015, 509 (517f.); *Weiß* NVwZ 2014, 1415 (1419); aA aber *Schwab/Giesemann* VergabeR 2014, 351 (366).

[71] Gemeinsamer Leitfaden von Bundeskartellamt und Bundesnetzagentur zur Vergabe von Strom- und Gaskonzessionen und zum Wechsel des Konzessionsnehmers v. 21.5.2015 (2. Aufl.) Rn. 14; idS auch *Donhauser/Hölzlwimmer* VergabeR 2015, 509 (518f.).

[72] Der Entwurf der Bundesregierung zur Neufassung des § 46 EnWG im Jahr 2017 (BRegierung, Entwurf eines Gesetzes zur Änderung der Vorschriften zur Vergabe von Wegenutzungsrechten zur leitungsgebundenen Energieversorgung v. 25.1.2016, 12; Gesetz zur Änderung der Vorschriften zur Vergabe von Wegenutzungsrechten zur leitungsgebundenen Energieversorgung v. 27.1.2017, BGBl. 2017 I 130) betonte ebenfalls, dass die Wegenutzungsverträge keine Dienstleistungskonzessionen seien, weshalb bspw. das sog. Inhouse-Privileg nicht gelte. Vgl. MüKoWettbR/*Mohr* GWB § 105 Rn. 95.

iSv Art. 5 Nr. 1 lit. a KLR, § 105 GWB zu qualifizieren ist, wird im konkreten Einzelfall zu bestimmen sein. Soweit das nicht der Fall sein sollte, stellt sich weitergehend die Frage, ob die Vergabe eines Wegenutzungsvertrages gleichwohl als binnenmarktrelevant im Sinne der Judikatur des EuGH angesehen werden kann, wodurch die Anwendbarkeit der vergabeprimärrechtlichen Grundsätze begründet würde.

18 **c) Aufträge im Unterschwellenbereich.** Die europäischen Vergaberichtlinien finden lediglich auf solche öffentlichen Aufträge Anwendung, deren Auftragswert die vorgegebenen Schwellenwerte erreicht oder überschreitet.[73] Hinsichtlich öffentlicher Aufträge mit einem geringeren Auftragswert findet nach **ständiger Rechtsprechung** des EuGH zwar nicht das koordinierte europäische Vergabesekundärrecht, jedoch gleichwohl die allgemeinen Regeln des europäischen Primärrechts Anwendung.[74] Besitzen Aufträge im Unterschwellenbereich demnach Binnenmarktrelevanz – besteht also ein ***„eindeutiges grenzüberschreitendes Interesse“*** – so sind sie vom öffentlichen Auftraggeber im Rahmen eines strukturierten Bieterverfahrens nach Vorgaben europäischen Primärrechts zu vergeben.

2. Öffentliche Veräußerungsgeschäfte – der Staat als Anbieter

19 Öffentliche Veräußerungsgeschäfte unterscheiden sich von vornherein grundlegend von den vorstehenden Fallgruppen rechtsgeschäftlicher staatlicher Betätigung, für die sich Verfahrensvorgaben aus dem europäischen Primärrecht ergeben. Der wesentliche Unterschied besteht dabei in der **Wettbewerbsposition des beteiligten Trägers öffentlicher Gewalt.** Während ein öffentlicher Auftraggeber bei der Vergabe öffentlicher Aufträge oder Konzessionen als Nachfrager am Markt auftritt, kommt einer öffentlich-rechtlichen Körperschaft bei der Veräußerung eines öffentlichen Unternehmens, Unternehmensanteilen oder einer öffentliche Liegenschaft die **Marktstellung eines Anbieters** zu. Öffentliche Veräußerungsgeschäfte sind dementsprechend **von vornherein nicht** als öffentliche Aufträge zu qualifizieren und fallen bereits originär nicht in den Anwendungsbereich des Vergabesekundärrechts.[75]

20 Gleichwohl ist damit noch keine Aussage über die Anwendung des europäischen Primärrechts verbunden. Dieses enthält gerade keine spezifischen Vorgaben im Hinblick auf die öffentliche Auftragsvergabe, sondern beinhaltet (lediglich) abstrakt-generelle Vorgaben zur Verwirklichung eines europäischen Binnenmarkts, aus denen sich wiederum im konkreten Einzelfall bestimmte Vergabeverfahrensanforderungen ableiten lassen.[76] Das ist jedoch nicht lediglich im Hinblick auf nachfragende öffentliche Auftraggeber geboten, sondern muss vielmehr immer dann Geltung beanspruchen, **wenn die öffentliche Hand den Zugang zu grundfreiheitlich gewährleisteten Märkten reglementiert,** etwa durch Auswahlentscheidungen als Anbieter öffentlicher Unternehmen, von Unternehmensanteilen oder Grundstücken.[77] Schließlich ist es aus grundfreiheitlicher Perspektive

[73] Vgl. dazu → § 8 Rn. 1 ff.

[74] Vgl. EuGH Urt. v. 16.4.2015 – C-278/14, ECLI:EU:C:2015:228 = NZBau 2015, 383 Rn. 16 – SC Enterprise Focused Solutions; EuGH Urt. v. 15.5.2008 – C-147/06 und C-148/06, Slg. 2008, I-3583 = NZBau 2008, 453 Rn. 19 f. – SECAP und Santorso; EuGH Urt. v. 14.6.2007 – C-6/05, Slg. 2007, I-4557 = NZBau 2007, 597 Rn. 33 – Medipac; EuGH Urt. v. 20.10.2005 – C-264/03, Slg. 2005, I-8831 = IBRRS 2005, 3082 Rn. 32 ff. – Kommission/Frankreich; EuGH Beschl. v. 3.12.2001 – C-59/00, Slg. 2001, I-9505 = ZfBR 2002, 610 Rn. 19 f. – Vestergaard. Auf nationaler Ebene so auch sinngemäß OLG Düsseldorf Urt. v. 13.12.2017 – I-27 U 25/17, NZBau 2018, 168 Rn. 14.

[75] Vgl. Beck VergabeR/*Burgi/Dreher* GWB § 103 Abs. 1–4 Rn. 65 ff.; HK-VergabeR/*Wegener/Pünder* GWB § 103 Rn. 34; Ziekow/Völlink/*Ziekow* GWB § 103 Rn. 50; Heuvels/Höß/Kuß/Wagner/*Heuvels* Vergaberecht, § 99 GWB Rn. 15; *Zentner* Die Bedeutung der Beihilfevorschriften des EG-Vertrages für die Vermögensprivatisierung, 2008, 161; *Kümmritz* Privatisierungen öffentlicher Unternehmen, 2009, 24; *Krutisch* NZBau 2003, 650; *Schulz* ZfBR 2018, 134 (135).

[76] Vgl. → § 82 Rn. 1 f.

[77] So auch *Hertwig* NZBau 2011, 9 (10); *Kümmritz* Privatisierungen öffentlicher Unternehmen, 2009, 10; *Prieß/Gabriel* NZBau 2007, 617 ff.; *Braun* VergabeR 2006, 657 (665); *Klein* VergabeR 2005, 22 (23); *Eg-*

ohne Belang, ob eine staatliche Stelle als Nachfrager oder Anbieter einer Leistung tätig wird. Obliegt dem Staat im Rahmen des Abschlusses eines binnenmarktrelevanten Rechtsgeschäfts eine **Auswahlentscheidung** hinsichtlich eines privaten Vertragspartners, ist er grundfreiheitlich gehalten, die Entscheidung **im Wege eines transparenten und diskriminierungsfreien, nachvollziehbaren Verfahrens** zu treffen.

Diese in der Literatur insbesondere **im Zusammenhang mit Unternehmensprivatisierungen** bereits seit längerem vertretene Auffassung[78] ist mittlerweile auch durch den **EuGH** bestätigt worden[79], wenngleich in den streitgegenständlichen Sachverhaltskonstellationen auch ein mittelbarer Bezug zur Erbringung öffentlicher Aufträge zu konstatieren war.[80] Welche Grundfreiheiten bei Privatisierungsvorhaben konkret einschlägig sind, ist bisher noch nicht abschließend geklärt. Weitgehende Einigkeit besteht aber zumindest dahingehend, dass derartige Beteiligungsveräußerungen in einem Überschneidungsbereich von Kapitalverkehrs- und Niederlassungsfreiheit zu verorten sind. Zur Wahrung der europäischen Grundfreiheiten und transparenten und diskriminierungsfreien Gestaltung entsprechender Auswahlentscheidungen bietet es sich deshalb an, auch dann **auf die spezifischen verfahrensrechtlichen Vorgaben des Vergabeprimärrechts zurückzugreifen,** wenn die öffentliche Hand nicht als Auftraggeber, sondern als Anbieter am Markt tätig wird. Hinsichtlich dieser Veräußerungsgeschäfte ist jedoch in mehrfacher Hinsicht zu differenzieren. 21

Zu berücksichtigen bleibt schließlich, dass es sich bei den hier aufgeführten Fallgruppen lediglich um solche Sachverhalte handelt, die in der Vergangenheit bereits eine gewisse Praxisrelevanz gewonnen haben. Grundsätzlich können sich primärrechtliche Verfahrensvorgaben für all jene Rechtsgeschäfte der öffentlichen Hand ergeben, die für den Zugang zu grundfreiheitlich gewährleisteten, staatlich reglementierten Märkten relevant sind. Deutlich zum Ausdruck kommt das etwa in der seit dem 24.3.2019 geltenden Verordnung zur Schaffung eines Rahmens für die Erbringung von Hafendiensten und zur Festlegung von gemeinsamen Bestimmungen für die finanzielle Transparenz der Häfen („Port-Package-(III)-Verordnung")[81]. In dieser werden die Leitungsorgane von Häfen bzw. die jeweils zuständigen Behörden, sofern sie eine Begrenzung der Anzahl der Hafendiensteanbieter beschließen, verpflichtet, den Zugang nach einem allen interessierten Kreisen offenstehenden, nicht diskriminierenden und transparenten Auswahlverfahren zu gewähren.[82] 22

a) Unternehmensprivatisierungen und Veräußerung von Unternehmensanteilen. Soweit die mit der Veräußerung staatlicher Vermögenswerte verbundene Auswahlentscheidung zwischen verschiedenen Erwerbsinteressenten bereits von vornherein ein Auswahlverfahren erfordert, welches den Vorgaben der europäischen Grundfreiheiten Rechnung trägt, ist bei der **Veräußerung öffentlicher Unternehmensanteile** die Durchführung eines Bieterverfahrens nach Maßgabe des richterrechtlich ausgeformten Vergabeprimär- 23

---

gers/Malmendier NJW 2003, 780 (781); HK-VergabeR/*Pünder* Einf. Vergaberecht Rn. 10, 11; in diesem Sinne auch OLG Düsseldorf Beschl. v. 27.10.2010 – VII-Verg 25/08, BeckRS 2011, 1656.

78 Siehe *Kümmritz* Privatisierungen öffentlicher Unternehmen, 2009, 13ff.; *Prieß/Gabriel* NZBau 2007, 617ff.; *Braun* VergabeR, 2006, 657ff.; *Koenig* EuZW 2006, 203ff.; *Klein* VergabeR 2005, 22ff.; *Dietlein* NZBau 2004, 472ff.; *Eggers/Malmendier* NJW 2003, 780ff.

79 EuGH Urt. v. 6.5.2010 – C-145/08 und C-149/08, Slg. 2010, I-4165 = NZBau 2010, 506 Rn. 62f. – Club Hotel Loutraki; siehe auch EuGH Urt. v. 9.9.1999 – C-108/98, Slg. 1999, I-5219 = BeckRS 2004, 74105 Rn. 20 – RI.SAN/Commune di Ischia; aus der deutschen Rechtsprechung: VK Lüneburg Beschl. v. 10.8.1999 – 203VgK – 6/1999, NZBau 2001, 51 (52): *„Es spricht viel dafür, dass die Auswahl eines [...] Mitgesellschafters schon auf Grund des allgemeinen Diskriminierungsverbots gem. Art. 6 des Vertrags zur Gründung der Europäischen Gemeinschaft (EG) zwingend im Wettbewerb erfolgen muss"*.

80 Vgl. dazu → Rn. 32.

81 Verordnungen zur Schaffung eines Rahmens für die Erbringung von Hafendiensten und zur Festlegung von gemeinsamen Bestimmungen für die finanzielle Transparenz der Häfen v. 15.2.2017, VO (EU) 2017/352, ABl. v. 3.3.2017, Nr. L 57 S. 1f.

82 Art. 4 Abs. 4 und Art. 6 Abs. 4 der VO (EU) 2017/352.

rechts zur rechtssicheren Gestaltung des Veräußerungsvorgangs sachgemäß und im Regelfall europarechtlich geboten.

24 **aa) Privatisierungsformen.** Vorstehende Ausführungen zu der Veräußerung von Unternehmensanteilen gelten grundsätzlich auch für die **Privatisierung öffentlicher Unternehmen,** soweit mit dieser entweder ein umfassender oder partieller Anteilserwerb an einem staatlichen Eigenunternehmen verbunden ist. Ein nochmals gesteigertes Bedürfnis nach der Durchführung eines transparenten und diskriminierungsfreien Bieterverfahrens besteht bei Privatisierungsvorgängen dann, wenn mit diesem zudem ein öffentlicher Auftrag verbunden ist, an dem ein privater Investor durch den Anteilserwerb mittelbar beteiligt wird.[83] Insofern ist jedoch zunächst grundsätzlich zwischen verschiedenen Privatisierungsformen – der formellen Privatisierung, der materiellen Privatisierung und der funktionalen Privatisierung – zu unterscheiden.[84]

25 Um eine Form der **formellen Privatisierung** handelt es sich, wenn die öffentliche Hand eine im öffentlichen Interesse liegende Aufgabe selbst wahrnimmt und lediglich die Rechtsform der mit deren Wahrnehmung betrauten öffentlichen Stelle in eine Gesellschaftsform des Privatrechts überführt. Die öffentliche Hand bedient sich bei der Erfüllung öffentlicher Aufgaben lediglich der Instrumente des privaten Rechts, weshalb diese Privatisierungsform auch als **Organisationsprivatisierung** bezeichnet wird.[85] Da sich an dieser Form der Privatisierung keine privaten Marktakteure und damit auch keine Träger der europäischen Binnenmarktgrundfreiheiten beteiligen, ergeben sich hinsichtlich formeller Privatisierungen sowohl aus dem europäischen Vergabesekundärrecht als auch aus dem Primärrecht **von vornherein keine Verfahrensvorgaben.**[86]

26 Als **funktionale Privatisierung** wird die Übertragung einer öffentlichen Aufgabe auf einen Privaten gegen Entgelt bezeichnet, wobei die Verantwortung für die Aufgabenerfüllung jedoch beim Staat verbleibt.[87] **Regelmäßig** handelt es sich bei solchen Privatisierungsvorgängen um die **Vergabe eines öffentlichen Auftrags** im Sinne des Vergabesekundärrechts.[88] Die privatisierende staatliche Stelle nimmt dementsprechend nicht als Anbieter, sondern als **Nachfrager** am Wettbewerb teil. Primärrechtliche Vergabeverfahrensvorgaben ergeben sich mithin nach der gleichen Maßgabe wie für die Vergabe von öffentlichen Aufträgen und Konzessionen. Für den hier in Rede stehenden spezifischen Kontext sind funktionale Privatisierungen daher – da sich diese als herkömmliche Auftragsvergaben vollziehen – nicht von Belang.

27 Anders verhält es sich hingegen bei **materiellen Privatisierungsvorgängen.** Bei dieser, auch als **Aufgabenprivatisierung** bezeichneten Form, entledigt sich ein Hoheitsträger vollständig der Erfüllung einer bestimmten Aufgabe und überträgt diese auf einen privaten Dritten. Ein Beispiel ist die vollständige Veräußerung eines Staatsunternehmens.[89] Im Vergleich zur formellen Privatisierung findet kein bloßer Gesellschaftsformwechsel, sondern eine **vollständige Aufgaben- und Anteilsübertragung** auf einen Dritten im Wege des Unternehmensverkaufs statt.[90] Lediglich diese Anteilsveräußerung von einem Träger hoheitlicher Gewalt an einen privaten Dritten besitzt potentielle **Relevanz für den europäischen Binnenmarkt** und unterliegt deshalb den Vorgaben der **europäischen Grundfreiheiten.** Gleiches wird über den Bereich der vollständigen Unterneh-

---

[83] Vgl. dazu → Rn. 33ff.
[84] Vgl. dazu auch *Burgi* NVwZ 2001, 601 (603) sowie in NVwZ 2018, 601.
[85] *Möschel* WuW 1997, 120 (121).
[86] So zu der sekundärvergaberechtlichen Neutralität formeller Privatisierungen *Scharf/Dierkes* VergabeR 2011, 543 (544); *Behr* VergabeR 2009, 136; *Schimanek* NZBau 2005, 304 (306); Beck VergabeR/*Burgi/Dreher* GWB § 103 Abs. 1–4 Rn. 65ff.; *Burgi* Vergaberecht, § 11 Rn. 27.
[87] Vgl. *Endler* NZBau 2002, 125.
[88] Vgl. *Scharf/Dierkes* VergabeR 2011, 543 (545); *Endler* NZBau 2002, 125; *Burgi* Vergaberecht, § 11 Rn. 30.
[89] *Möschel* WuW 1997, 120 (121).
[90] *Scharf/Dierkes* VergabeR 2011, 543 (545); Immenga/Mestmäcker/*Dreher* GWB § 99 Rn. 152; SBS/*Schmitz* VwVfG § 1 Rn. 129ff.

mensveräußerung hinaus ebenfalls für den Erwerb lediglich eines Teils der Unternehmensanteile zu gelten haben. Schließlich kommt auch einer solchen Beteiligung privater Marktakteure an einem öffentlichen Unternehmen grundsätzlich potentiell binnenmarktrelevante Wirkung zu.

Im Hinblick auf zu beachtende **spezifische Verfahrensvorgaben,** die sich etwaig aus den europäischen Grundfreiheiten und sonstigen Vorschriften des europäischen Primärrechts ergeben, ist jedoch weitergehend zu **differenzieren.** Als Unterscheidungskriterium kommt dabei auf Grundlage des XXIII. Berichts der Kommission über die Wettbewerbspolitik aus dem Jahr 1993[91] sowohl die Art und Weise der Anteilsveräußerung, als auch die Frage in Betracht, ob mit der Gesellschaftsanteilsübertragung an ein privatrechtliches Rechtssubjekt zugleich die Beschaffung von Liefer-, Bau- oder Dienstleistungen seitens der veräußernden öffentlichen Stelle verbunden ist. Hierzu im Einzelnen: 28

bb) Anteilsveräußerungen mit Bezug zu öffentlichen Auftragsvergaben. Die Vergabe von öffentlichen Aufträgen an einen Auftragnehmer, über den der Auftraggeber eine Kontrolle wie über eine eigene Dienststelle ausübt und der seine gesamte Tätigkeit im Wesentlichen für den Auftraggeber verrichtet (sog. **„In-House-Vergabe"**), unterliegt nach der Judikatur des EuGH nicht dem Vergabesekundärrecht.[92] Diese und weitere Fallgruppen vergaberechtsfreier öffentlich-öffentlicher Kooperationen wurden im Zuge der europäischen Vergaberechtsreform erstmals auch sekundärrechtlich kodifiziert.[93] Der Grund für eine vergaberechtliche Privilegierung liegt in der faktischen Personengleichheit von Auftraggeber und Auftragnehmer.[94] Bei funktionaler Betrachtungsweise liegt noch immer eine Form der Selbsterbringung der nachgefragten Leistung und nicht eine Beschaffung am Markt vor.[95] Beschränken sich die wettbewerblichen Wirkungen einer Auftragsvergabe auf den staatlichen Binnenbereich, besteht kein Bedürfnis, den europäischen Marktfreiheiten durch vergaberechtliche Vorgaben zur Durchsetzung zu verhelfen.[96] In diesem Sinne wird eine vergaberechtsfreie In-House-Vergabe nach der Rechtsprechung des EuGH durch die Beteiligung eines privaten Unternehmens am Kapital einer Gesellschaft, an der auch der öffentliche Auftraggeber beteiligt ist, von vornherein verhindert, da diese Beteiligung eines privaten Unternehmens es in jedem Fall ausschließt, dass der öffentliche Auftraggeber über diese Gesellschaft eine ähnliche Kontrolle ausüben kann, wie über eine eigene Dienststelle.[97] 29

Eine solche vergaberechtsfreie Auftragsvergabe kann jedoch **Relevanz im Rahmen einer Unternehmensveräußerung** besitzen. Erwirbt etwa ein privater Dritter Unternehmensanteile an einer ursprünglichen Eigengesellschaft, an die ein öffentlicher Auftrag zuvor aufgrund des In-House-Privilegs vergaberechtsfrei vergeben wurde, beschränkt sich die Auftragsvergabe nicht mehr auf den staatlichen Binnenbereich. Der private Erwerber wird dann durch den Anteilserwerb mittelbar an der Auftragsausführung beteiligt. Bei funktionaler Betrachtungsweise müsste eine solche (Teil-)Veräußerung eines öffentlichen Unternehmens, **bei nachweisbarem sachlichem und zeitlichem Zusammenhang mit der Auftragsvergabe,** als Vergabe eines – eingekapselten – öffentlichen Auftrags iSd europäischen Vergabesekundärrechts zu qualifizieren sein.[98] Entsprechend hat der EuGH in einer vergleichbaren Sachverhaltskonstellation, in der Rechtssache **„Stadt Mödling"**, die eigentlich vergaberechtsfreie Auftragsvergabe an eine öffentliche Eigengesellschaft der An- 30

[91] Vgl. → § 82 Rn. 47 sowie → § 82 Anhang 3.
[92] Grundlegend EuGH Urt. v. 18.11.1999 – C-107/98, Slg. 1999, I-8121 = EuZW 2000, 246 – Teckal; dazu ausführlich → § 6 Rn. 6 ff.
[93] Vgl. Art. 17 KRL, Art. 12 VRL und Art. 28 SRL sowie § 108 GWB.
[94] *Brüning* DVBl. 2009, 1539 (1540).
[95] *Brüning* DVBl. 2009, 1539 (1540); *Pietzcker* NVwZ 2007, 1225 (1229).
[96] Vgl. dazu ausführlich *Mehlitz* Ausschreibungspflichten bei formellen und funktionalen Privatisierungen, 2011, 78 ff.
[97] EuGH Urt. v. 11.1.2005 – C-26/03, Slg. 2005, I-5 = NVwZ 2005, 187 Rn. 49 – Stadt Halle.
[98] Vgl. *Burgi* NVwZ 2001, 601 (605); *Jaeger* NZBau 2001, 6 (7); *Endler* NZBau 2002, 125 (133).

wendung des Vergabesekundärrechts unterworfen, um eine Umgehung desselben zu verhindern.[99] Der entscheidungsgegenständliche Sachverhalt zeichnete sich vor allem dadurch aus, dass kurz nach der an sich vergaberechtsfreien Auftragsvergabe an eine Eigengesellschaft, 49% der Gesellschaftsanteile an einen privaten Dritten abgetreten wurden und die Gesellschaft ihre operative Tätigkeit erst zu einem Zeitpunkt aufnahm, als die Anteile bereits durch den privaten Investor übernommen worden waren. Der EuGH beurteilte dieses Vorgehen als *„künstliche Konstruktion"*[100] zur **Umgehung der sekundärvergaberechtlichen Vorgaben** und qualifizierte die Auftragsvergabe entsprechend als ausschreibungspflichtigen öffentlichen Auftrag.

31 In diesem Zusammenhang wies der EuGH in einer späteren Entscheidung in der Rechtssache „Se.T.Co.SpA" im Rahmen eines *obiter dictums* darauf hin, dass es im Fall der ausschreibungslosen In-House-Vergabe eines Auftrags, *„eine **eine Ausschreibung erfordernde Änderung** einer grundlegenden Bedingung **dieses Auftrags** bedeuten würde, wenn zu einem späteren Zeitpunkt, aber immer noch innerhalb der Gültigkeitsdauer des Auftrags, Privatpersonen zur Beteiligung am Grundkapital der genannten Gesellschaft zugelassen würden"*.[101] Damit knüpft der EuGH hinsichtlich der Beteiligung privater Investoren an öffentlichen Eigengesellschaften unmittelbar an die in der pressetext-Entscheidung[102] statuierten Grundsätze zur Neuausschreibung von Aufträgen bei wesentlichen Auftragsänderungen an.[103] Im Ergebnis führt die Beteiligung eines privaten Investors an einer Eigengesellschaft der öffentlichen Hand somit zu der Pflicht des öffentlichen Auftraggebers, sämtliche in einer In-House-Konstellation vergaberechtsfrei vergebenen öffentlichen Aufträge nach Maßgabe des europäischen Vergabesekundärrechts neu auszuschreiben.

32 Eine andere rechtliche Bewertung dürfte allerdings in Privatisierungskonstellationen geboten sein, in denen die Beteiligung eines privaten Investors an einer öffentlichen Eigengesellschaft und die, nach Maßgabe der Teckal-Rechtsprechung vergaberechtsfreie, Auftragsvergabe im Rahmen eines **gemischten Vertrags** vollzogen werden. In diesem Sinne entschied der EuGH in der Rechtssache **„Club Hotel Loutraki"** im Hinblick auf einen Vertrag, der einerseits die Veräußerung von 49% der Gesellschaftsanteile eines öffentlichen Unternehmens sowie andererseits die Vergabe eines Dienstleistungs- wie eines Bauauftrags an die teilweise veräußerte Gesellschaft umfasste. Da die verschiedenen Teile des gemischten Vertrags ein untrennbares Ganzes[104] bildeten, dessen Hauptgegenstand der die Anteilsveräußerung betreffende Teil sei, qualifizierte der Gerichtshof das Gesamtrechtsgeschäft nicht als öffentlichen Auftrag iSd europäischen Vergabesekundärrechts.[105] Gleichzeitig stellte der EuGH jedoch fest, dass dieser Umstand nicht ausschließt, dass ein solcher Vertrag **die Grundregeln und die allgemeinen Grundsätze des Vertrags,** insbesondere auf dem Gebiet der Niederlassungsfreiheit und des freien Kapitalverkehrs, beachten muss.[106] Damit entspricht diese Entscheidung wiederum der bisherigen Rechtsprechung des EuGH, wonach auf eine Veräußerung öffentlicher Unternehmensanteile mit mittelbarem

---

[99] EuGH Urt. v. 10.11.2005 – C-29/04, Slg. 2005, I-9705 = NZBau 2005, 704 Rn. 39ff. – Stadt Mödling; vgl. dazu *Prieß/Gabriel* NZBau 2007, 617 (618); *Jasper/Arnold* NZBau 2006, 24 (26); *Opitz* VergabeR 2006, 52. *Schimanek* NZBau 2005, 304 (306f.); *Kühling* ZfBR 2006, 661 (663); *Drügemöller/Conrad* ZfBR 2008, 651.

[100] EuGH Urt. v. 10.11.2005 – C-29/04, Slg. 2005, I-9705 = NZBau 2005, 704 Rn. 40 – Stadt Mödling.

[101] EuGH Urt. v. 10.9.2009 – C-573/07, Slg. 2009, I-8127 = NZBau 2009, 797 Rn. 53– Se.T.Co.SpA; dazu *Polster* NZBau 2010, 486; so auch OLG Naumburg Beschl. v. 29.4.2010 – 1 Verg 3/10, BeckRS 2010, 13763.

[102] EuGH Urt. v. 19.6.2008 – C-454/06, Slg. 2008, I-4401 = NZBau 2008, 518 – pressetext.

[103] Vgl. *Polster* NZBau 2010, 486 (487).

[104] Siehe zu den Kriterien für die Bestimmung einer Trennbarkeit von Anteilserwerb und Auftragsvergabe auch die Entscheidung EuGH Urt. v. 22.12.2010 – C-215/09, Slg. 2010, I-13749 = EuZW 2011, 257 Rn. 33ff. – Mehiläinen.

[105] EuGH Urt. v. 6.5.2010 – C-145/08 und C-149/08, Slg. 2010, I-4165 = NZBau 2010, 506 Rn. 58 – Club Hotel Loutraki.

[106] EuGH Urt. v. 6.5.2010 – C-145/08 und C-149/08, Slg. 2010, I-4165 = NZBau 2010, 506 Rn. 62f. – Club Hotel Loutraki.

Bezug zu einem öffentlichen Auftrag, die **Grundsätze des europäischen Primärrechts,** namentlich der europäischen Grundfreiheiten, Anwendung finden.[107] Dieses Ergebnis korrespondiert unmittelbar mit der zutreffenden Auffassung, dass die öffentliche Hand auch bei der Veräußerung staatlichen Vermögens grundsätzlich unmittelbar an die europäischen Binnenmarktgrundfreiheiten gebunden ist.[108] Schließlich wirkt sich die Auftragnehmerstellung der öffentlichen Eigengesellschaft auf die Veräußerung von dessen Unternehmensanteilen aus und bedingt bei Binnenmarktrelevanz des Erwerbsgeschäfts die Durchführung eines primärrechtlich gebotenen, transparenten und diskriminierungsfreien Auswahlverfahrens des privaten Investors.[109] Daneben stellt die hier in Rede stehende Entscheidung des EuGH klar, dass einzelne öffentliche Auftragsbestandteile einer Unternehmenstransaktion der öffentlichen Hand – diese Entscheidung zum Maßstab genommen – die **Gesamttransaktion nicht sekundärvergaberechtlich „infizieren“.**[110]

cc) Anteilsverkauf über die Börse. Steht die Veräußerung von Anteilen öffentlicher Unternehmen **nicht im Zusammenhang mit der Vergabe eines öffentlichen Auftrags,** fällt dieser staatliche Veräußerungsvorgang von vornherein nicht in den Anwendungsbereich des europäischen Vergabesekundärrechts.[111] Gleichwohl gelten die Grundfreiheiten des europäischen Primärrechts bei entsprechender Binnenmarktrelevanz[112] uneingeschränkt auch für Veräußerungsgeschäfte der öffentlichen Hand. Auf Grundlage des XXIII. Wettbewerbsberichts der Kommission aus dem Jahr 1993 spricht viel dafür, bei der Veräußerung solcher Unternehmensanteile über eine Börse auf die Durchführung zusätzlicher strukturierter Auswahlverfahren nach Maßgabe des europäischen Primärrechts zu verzichten. Richtigerweise ist zunächst weitergehend danach zu differenzieren, ob die zu veräußernden Anteile eines Unternehmens bereits börsennotiert sind oder ob es sich um einen Fall des sog. „Initial Public Offerings“ handelt. 33

(1) Veräußerung bereits börsengehandelter Anteile. Die Kommission hat in ihrem XXIII. Wettbewerbsbericht von 1993 Leitlinien für die rechtssichere Gestaltung von staatlichen Unternehmensveräußerungen entwickelt.[113] Diese betreffen zwar einen **ausschließlich beihilferechtlichen Kontext,** es lassen sich jedoch auch im Hinblick auf die Wahrung der europäischen Grundfreiheiten sowie die übrigen Vorgaben des europäischen Primärrechts insoweit gewisse Rückschlüsse ziehen, als beide Rechtsregime zur rechtmäßigen Ausgestaltung einer Unternehmensveräußerung gleichermaßen die **Durchführung transparenter und nichtdiskriminierender Verfahren** voraussetzen. 34

Nach Auffassung der Kommission gewährleistet der Verkauf von Unternehmensanteilen „über die Börse“ per se, dass der Vertragspartner für die staatliche Leistung eine **angemessene Gegenleistung** erbringt.[114] Dem liegt ersichtlich die Annahme zugrunde, dass die 35

---

[107] EuGH Urt. v. 9.9.1999 – C-108/98, Slg. 1999, I-5219 = BeckRS 2004, 74105 Rn. 20 – RI.SAN/ Commune di Ischia; aus der deutschen Rechtsprechung: VK Lüneburg Beschl. v. 10.8.1999 – 203VgK – 6/1999, NZBau 2001, 51 (52): *„Es spricht viel dafür, dass die Auswahl eines […] Mitgesellschafters schon auf Grund des allgemeinen Diskriminierungsverbots gem. Art. 6 des Vertrags zur Gründung der Europäischen Gemeinschaft (EG) zwingend im Wettbewerb erfolgen muss“.*

[108] So *Hertwig* NZBau 2011, 9 (10); *Kümmritz* Privatisierungen öffentlicher Unternehmen, 2009, 10; *Prieß/ Gabriel* NZBau 2007, 617 ff.; *Braun* VergabeR 2006, 657 (665); *Klein* VergabeR 2005, 22 (23); *Eggers/ Malmendier* NJW 2003, 780 (781). Dazu bereits ausführlich → Rn. 23 ff.

[109] Vgl. *Drügemöller/Conrad* ZfBR 2008, 651 (652); *Prieß/Gabriel* NZBau 2007, 617 ff.

[110] Anders jedoch *Hölzl/Fedke* DVBl. 2010, 759.

[111] Vgl. → Rn. 23 ff.

[112] Vgl. → Rn. 19 ff.

[113] Vgl. → § 82 Rn. 47 ff.

[114] Geschieht die Privatisierung durch den Verkauf von Aktien über die Börse, wird generell davon ausgegangen, dass die Veräußerung zu Marktbedingungen erfolgt und kein Beihilfeelement enthalten ist. „[…] Wird das Unternehmen nicht über die Börse privatisiert, sondern als Ganzes oder in Teilen an andere Unternehmen verkauft, sind [bestimmte] Bedingungen einzuhalten, damit ohne weitere Prüfung davon ausgegangen werden kann, dass kein Beihilfeelement enthalten ist,“ XXIII. Bericht der Kommission über

Verfahrensvorgaben zur Gleichbehandlung der Bewerber und zur Transparenz des Verfahrens bereits durch die Regeln der Börse erfüllt werden.[115] Diese Feststellung dürfte jedenfalls auf die Durchführung eines strukturierten Bieterverfahrens nach primärrechtlichen Vorgaben übertragbar sein, sofern die zu veräußernden Unternehmensanteile bereits an der Börse gehandelt werden. Das gilt umso mehr, als spiegelbildlich auch das Vergabesekundärrecht keine Ausschreibungspflicht für den Erwerb von Waren über eine Warenbörse vorsieht.[116] Dann werden die Vorgaben im Hinblick auf die **Gleichbehandlung/Nichtdiskriminierung** der am Beteiligungserwerb interessierten Bewerber sowie die **Transparenz des Verfahrens** durch die Börsennotierung der Aktien und das Erfordernis des **Erwerbs im Rahmen des geregelten Börsenhandels** ersetzt.

36 **(2) Initial Public Offering.** Die Veräußerung von bereits börsengehandelten Unternehmensanteilen einer staatlichen Eigengesellschaft ist jedoch von einer Privatisierung im Rahmen einer **erstmaligen Börsennotierung** zu unterscheiden. Bei dem sog. „Initial Public Offering" (IPO) werden Unternehmensanteile an der Börse platziert. Primärrechtliche Relevanz hat aber schon der dem ersten Handelstag zeitlich vorausgehende **Preis- und Marktfindungsprozess.** Nach Maßgabe der jeweiligen – von dem Unternehmen, der beauftragten Bank bzw. den Konsortialbanken festgelegten – Vermarktungsstrategien wird strategisch entschieden, welche Gruppen von Investoren angesprochen werden sollen. Meist wird ein **Public Offering** avisiert, um möglichst viele Interessenten zu gewinnen. Dabei wird im Rahmen einer sog. Roadshow[117] das Unternehmen durch Präsentationen an verschiedenen Orten vorgestellt, um sie vom Kurspotential der Aktie zu überzeugen. Danach stellt das Unternehmen bzw. die beauftragte Bank im Rahmen des dem Aktienhandel vorgelagerten sog. **Book Building** durch die eingegangenen Interessenbekundungen fest, wie hoch die Nachfrage nach den Aktien ist und zu welchem Preis sie somit platziert werden könnten.[118] Anhand dessen erfolgt sodann die Festlegung des Emissionspreises. Zu welchen Preisen und in welchen Mengen an die unterschiedlichen Arten von Investoren (strategische Investoren, Finanzinvestoren oder etwa Mitarbeiter des Unternehmens) Aktien vergeben werden,[119] beruht schließlich auf **strategischen, mitunter wenig transparenten Entscheidungen** und nicht auf Gesetzmäßigkeiten des Börsenhandels. Die erste Zuteilung/Zeichnung der Aktien an der Börse ist nicht reguliert. Ob auf diese Weise die **primärrechtlichen Grundsätze** gewahrt sind, insbesondere ob dieses Verfahren einen hinreichenden Grad an Diskriminierungsfreiheit gewährleistet, ist **zweifelhaft,** da es nicht zuletzt in der Hand der Konsortialbanken liegt, ob und wie sie einen der Höhe nach nicht begrenzten Teil der Unternehmensanteile vor dem ersten Handelstag bestimmten Interessenten(-gruppen) zuteilt und preislich festlegt.

37 **dd) Trade Sale.** Die Veräußerung öffentlicher Unternehmensanteile mittels eines „Trade Sale", dh im Rahmen eines **individuellen Bieterwettbewerbs,** stellt den klassischen Fall einer Unternehmensveräußerung dar, bei dem die Vorgaben des europäischen Primärrechts hinsichtlich Transparenz, Gleichbehandlung und Diskriminierungsfreiheit sowie darüber hinausgehend die Regelungen des EU-Beihilferechts zu beachten sind.[120] Zu diesem Zweck ist die Durchführung eines strukturierten Bieterverfahrens nach den entsprechen-

---

die Wettbewerbspolitik 1993 (Im Zusammenhang mit dem „XXVII. Gesamtbericht über die Tätigkeit der Europäischen Gemeinschaften 1993" veröffentlichter Bericht), Ziff. 403.

[115] Vgl. *Prieß/Gabriel* NZBau 2007, 617 (619).

[116] Art. 32 Abs. 3 lit. c VRL; hierzu auch Dieckmann/Scharf/Wagner-Cardenal/*Dieckmann* VgV § 14 Rn. 85.

[117] Hierzu ausführlich *Schanz* Börseneinführung § 10 Rn. 39ff.

[118] *Rödl/Zinser* Going Public, 2. Aufl. 2000, 303.

[119] *Schanz* Börseneinführung § 10 Rn. 72f., 82ff.

[120] Vgl. *v. Bonin* EuZW 2013, 247 (249).

den unionsrechtlichen Vorgaben bei gleichzeitiger Berücksichtigung der beihilferechtlichen Regelungen geboten.[121]

ee) Dual-Track-Verfahren. Das in der Praxis sehr gebräuchliche sog. Dual-Track-Verfahren veranschaulicht beispielhaft die Richtigkeit der hier (siehe oben) empfohlenen Anwendung primärrechtlicher Grundsätze auf die erstmalige Börsennotierung öffentlicher Unternehmen mittels eines IPO. Bei einem Dual-Track-Verfahren führt der öffentliche Veräußerer eine Veräußerung mittels eines Trade-Sale durch, bereitet jedoch für den Fall des Abbruchs dieser pekuniär präferierten Verfahrensart gleichzeitig einen Börsengang des öffentlichen Unternehmens vor. Damit erhält sich der öffentliche Veräußerer möglichst lange die **Wahlfreiheit zwischen beiden Prozessen.** Beide Verfahrensstränge beinhalten dabei gleichsam eine **(Vor-)Auswahl von Erwerbern.** Die Entscheidung über den tatsächlichen Abschluss des Veräußerungsgeschäfts entweder mittels Trade-Sale oder IPO unterliegt jedoch der **gewillkürten Entscheidung** des öffentlichen Veräußerers. Vor diesem Hintergrund sind jedoch keine sachlichen Gründe ersichtlich, lediglich das Trade-Sale-Verfahren den Verfahrensvorgaben des europäischen Primärrechts zu unterstellen. Konsequenterweise obläge es sonst dem staatlichen Veräußerer, durch die Wahl der Verfahrensart, über die anwendbaren rechtlichen Vorgaben des Veräußerungsvorgangs zu disponieren. 38

b) Veräußerung öffentlicher Grundstücke. Der EuGH hat mit seiner Entscheidung in der Rechtssache „Helmut Müller GmbH" eindeutig klargestellt, dass das europäische Vergabesekundärrecht nicht auf die Veräußerung öffentlicher Grundstücke anwendbar ist, selbst wenn mit diesem Veräußerungsvorgang bestimmte städteplanerisch intendierte Bebauungspflichten des Erwerbers verbunden sind.[122] Für solche Veräußerungsgeschäfte der öffentlichen Hand dürften dementsprechend bei Vorliegen hinreichender Binnenmarktrelevanz ebensolche **primärrechtlichen Verfahrensvorgaben** gelten, wie das bei dem Verkauf von Unternehmensanteilen der Fall ist.[123] Ob die primärrechtlichen Verfahrensvorgaben sogar Ausschreibungspflichten begründen können, wurde durch den EuGH bislang nicht entschieden.[124] 39

Hinsichtlich der Gestaltung einer solchen Grundstücksveräußerung der öffentlichen Hand sind insbesondere die beihilferechtlichen **Vorgaben der Kommission** in der **Bekanntmachung zum Begriff der staatlichen Beihilfe** von besonderer Bedeutung.[125] 40

III. Sachliche Ausnahmen

1. Rechtfertigungsgründe des europäischen Primärrechts

Staatliche Maßnahmen, die von den grundfreiheitlich begründeten Verhaltenspflichten öffentlicher Auftraggeber abweichen, können im Einzelfall durch **zwingende Gründe des Allgemeinwohls** gerechtfertigt werden.[126] Soweit etwa eine binnenmarktrelevante staatliche Auswahlentscheidung keine zur Wahrung der europäischen Grundfreiheiten hinreichende Gleichbehandlung, Nichtdiskriminierung bzw. Transparenz gewährleistet oder gänzlich ohne ein strukturiertes Bieterverfahren durchgeführt wurde, kann das gleichwohl 41

---

[121] → § 84 Rn. 1 ff.

[122] EuGH Urt. v. 25.3.2010 – C-451/08, Slg. 2010, I-2673 = NZBau 2010, 321 – Helmut Müller GmbH.

[123] Vgl. → Rn. 23 ff.; idS auch *Kühling* NVwZ 2010, 1257 (1261); *Hertwig* NZBau 2011, 9; *Remmert* JZ 2010, 512 (515) sowie Ziekow/Völlink/*Antweiler* GWB § 107 Rn. 32.

[124] Vgl. dazu ua MüKoWettbR/*Kühling/Huerkamp* Einl. VergabeR Rn. 6; *Prieß/Simonis* NZBau 2015, 731 (735).

[125] Siehe dazu → § 82 Anhang 2, sowie zu der konkordanten Anwendung beihilfe- und primärrechtlicher Vorschriften im Hinblick auf die Gestaltung von Auswahlverfahren → § 85 Rn. 1 ff.

[126] Vgl. dazu auch MüKoWettbR/*Kühling/Huerkamp* Einl. VergabeR Rn. 93.

im Einklang mit dem europäischen Primärrecht stehen, soweit ein entsprechender Rechtfertigungsgrund einschlägig ist.

42 Sämtliche Grundfreiheiten unterliegen ausdrücklich den im AEUV **niedergeschriebenen Schranken:** Zum Schutz der öffentlichen Ordnung und Sicherheit, der Gesundheit und von Kulturgütern sind die Mitgliedstaaten sogar zu offen diskriminierenden Eingriffen berechtigt, vgl. Art. 36 AEUV (Warenverkehrsfreiheit), Art. 45 Abs. 3 AEUV (Arbeitnehmerfreizügigkeit), Art. 52 Abs. 1 AEUV (Niederlassungsfreiheit), Art. 62 iVm 52 Abs. 1 AEUV (Dienstleistungsfreiheit), Art. 65 Abs. 1 lit. b AEUV (Kapitalverkehrsfreiheit). Des Weiteren bestehen zudem **allgemeine Ausnahmen** vom Gemeinschaftsrecht, so zB Art. 346 Abs. 1 lit. b AEUV wonach von den Mitgliedstaaten unionsrechtswidrige, insbesondere dem Prinzip des freien Warenverkehrs, der Wettbewerbsfreiheit und der europäischen Handelspolitik zuwiderlaufende nationale Maßnahmen zur Wahrung ihrer wesentlichen Sicherheitsinteressen ergriffen werden dürfen.[127] Art. 106 Abs. 2 AEUV lässt einen Dispens von den Grundfreiheiten für Unternehmen zu, die mit **Dienstleistungen von allgemeinem wirtschaftlichem Interesse** betraut sind, sofern die Vorschriften der Verträge eine Erfüllung der ihnen übertragenen besonderen Aufgaben verhindern würde. Diese Ausnahmen sind aber nur soweit zulässig, wie die Entwicklung des Handelsverkehrs nicht in einem Ausmaß beeinträchtigt wird, das dem Interesse der Gemeinschaft zuwider läuft.[128]

43 Schließlich kann die Beeinträchtigung einer Grundfreiheit auch auf **ungeschriebenen Rechtfertigungsgründen** beruhen. Der EuGH hat hierzu basierend auf der Entscheidung „Cassis de Dijon“[129] eine Rechtsprechungslinie entwickelt, wonach die Beeinträchtigung einer Grundfreiheit durch eine nationale Maßnahme dann als zulässig zu erachten ist, wenn die Maßnahme in nichtdiskriminierender Weise angewandt wird, sie aus zwingenden Gründen des Allgemeininteresses gerechtfertigt ist, sie weiter geeignet ist, die Erreichung des mit ihr verfolgten Ziels zu fördern und nicht über das hinausgeht, was zur Erreichung dieses Zieles erforderlich ist.[130] Sämtliche dieser Rechtfertigungsgründe sind grundsätzlich im Einzelfall dazu geeignet, den Eingriff in europäische Grundfreiheiten im Rahmen der Vergabe eines öffentlichen Auftrags bzw. der Durchführung eines strukturierten Bieterverfahrens zu legitimieren.

2. „In-House“-Vergaben

44 Soweit der Auftraggeber über den Auftragnehmer eine Kontrolle wie über eine eigene Dienststelle ausübt und dieser seine gesamte Tätigkeit im Wesentlichen für den Auftraggeber verrichtet (sog. **„In-House-Vergabe“**), unterliegt ein Vergabevorgang nicht dem europäischen Vergabesekundärrecht.[131] Diese Ausnahme folgt aus der ständigen Rechtsprechung des EuGH und wurde im Rahmen der jüngsten europäischen Vergaberechtsreform 2016 gemeinsam mit weiteren Fallgruppen der vergaberechtsfreien öffentlich-öffentlichen Zusammenarbeit erstmals im Rahmen der europäischen Vergaberichtlinien normiert.[132] Die Grundsätze dieser Rechtsprechung hat der EuGH wiederholt auch für die Vergabe

[127] Calliess/Ruffert/*Wegener* AEUV Art. 346 Rn. 1.

[128] EuGH Urt. v. 23.10.1997 – C-157/94, Slg. 1997, I-5699 = BeckRS 2004, 74525 Rn. 65 – Kommission/Niederlande; EuGH Urt. v. 19.5.1993 – C-320/91, Slg. 1993, I-2533 = NVwZ 1993, 874 – Corbeau.

[129] EuGH Urt. v. 20.2.1979 – 120/78, Slg. 1979, 649 = NJW 1979, 1766 – Cassis de Dijon.

[130] EuGH Urt. v. 27.10.2005 – C-234/03, Slg. 2005, I-9315 = EuZW 2006, 153 Rn. 25 – Contse; EuGH Urt. v. 6.11.2003 – C-243/01, Slg. 2003, I-13031 = NVwZ 2004, 87 Rn. 64f. – Gambelli; EuGH Urt. v. 31.3.1993 – C-19/92, Slg. 1993, 1663 = NVwZ 1993, 661 Rn. 32 – Kraus.

[131] EuGH Urt. v. 18.11.1999 – C-107/98, Slg. 1999, I-8121 = EuZW 2000, 246 – Teckal; dazu ausführlich → § 6 Rn. 6ff., sowie bereits → Rn. 29; diese grundlegende Rechtsprechungslinie fortsetzend EuGH Urt. v. 19.6.2014 – C-574/12, ECLI:EU:C:2014:2004 = ZfBR 2014, 611 Rn. 35 – Centro Hospitalar de Setúbal und SUCH; sowie auf nationaler Ebene OLG Düsseldorf Beschl. v. 7.8.2019 – Verg 9/19, BeckRS 2019, 29539 Rn. 22, 23.

[132] Vgl. Art. 17 KRL, Art. 12 VRL und Art. 28 SRL sowie § 108 GWB.

von Aufträgen nach primärrechtlichen Verfahrensvorgaben angewendet.[133] Lassen bereits die spezifischen Vergaberichtlinien mit ihren detaillierten Anforderungen an das Vergabeverfahren Ausnahmen für In-House-Geschäfte zu, so muss das **erst recht** auch dort gelten, wo sich lediglich abgeleitete Verfahrensanforderungen aus dem **Primärrecht** ergeben.[134] Anderenfalls entstünde beispielsweise hinsichtlich der Vergabe von Dienstleistungskonzessionen in einer In-House-Konstellation das widersinnige Ergebnis, dass öffentliche Auftraggeber außerhalb der Richtlinien strengeren Anforderungen unterlägen als innerhalb, nämlich einer ausnahmslos geltenden Pflicht zur Herstellung von Transparenz und Öffentlichkeit.[135] Zudem handelt es sich bei der vergaberechtlichen Privilegierung von In-House-Vergaben um eine **teleologische Reduktion** des vergabesekundärrechtlichen Auftragsbegriffs.[136] Der öffentliche Auftraggeber erbringt die Leistung innerhalb eines solchen Auftragsverhältnisses bei funktionaler Betrachtung selbst und wird nicht als Nachfrager am Markt tätig. Mithin entfällt von vornherein jegliche Relevanz für den europäischen Binnenmarkt, sodass die Binnenmarktgrundfreiheiten als Rechtsgrundlagen für primärrechtliche Vergabeverfahrensanforderungen schon nicht einschlägig sind.[137]

Liegt demnach im Einzelfall eine vergaberechtsfreie In-House-Vergabe vor, unterliegt 45
diese weder Vorgaben des Vergabesekundär- noch des Vergabeprimärrechts.[138] Zu berücksichtigen bleibt jedoch, dass die Voraussetzungen einer vergaberechtsfreien In-House-Vergabe grundsätzlich eng auszulegen und deren Vorliegen von demjenigen zu beweisen ist, der sich auf sie berufen will.[139]

3. Ausnahmetatbestände des Vergabesekundärrechts

Die europäischen Vergaberichtlinien sehen für spezifische Sachverhaltskonstellationen 46
sachliche Ausnahmen von der Durchführung eines Vergabeverfahrens vor. Hinsichtlich dieser Ausnahmeregelungen ist zwischen zwei Kategorien zu differenzieren. Einerseits werden bestimmte Arten von Aufträgen vollständig vom Anwendungsbereich der Vergaberichtlinien ausgenommen.[140] Gemäß Art. 15 Abs. 2 VRL, Art. 24 Abs. 2 SRL, Art. 10 Abs. 6 lit. a KRL ist das beispielsweise bei der Vergabe von Aufträgen und Konzessionen mit einer besonderen Relevanz für mitgliedstaatliche Sicherheitsinteressen der Fall, wenn etwa der Schutz wesentlicher Sicherheitsinteressen eines Mitgliedstaats nicht durch weniger einschneidende Maßnahmen, die der öffentliche Auftraggeber im Rahmen eines Vergabeverfahrens zur Verfügung stellt, gewährleistet werden kann. Andererseits ist in den Vergaberichtlinien für bestimmte Sachverhaltskonstellationen ausnahmsweise die Durchführung

[133] EuGH Urt. v. 29.11.2012 – C-182/11 und C-183/11, ECLI:EU:C:2012:758 = BeckRS 2012, 82522 Rn. 26 – Econord SpA; EuGH Urt. v. 10.9.2009 – C-573/07, Slg. 2009, I-8127 = NZBau 2009, 797 Rn. 40 – Se.T.Co.SpA; EuGH Urt. v. 13.11.2008 – C-324/07, Slg. 2008, I-8457 = BeckRS 2008, 71173 – Coditel Brabant SA; EuGH Urt. v. 18.12.2007 – C-220/06, Slg. 2007, I-12175 = NJW 2008, 633 Rn. 86 – APERMC; EuGH Urt. v. 6.4.2006 – C-410/04, Slg. 2006, I-3303 = NZBau 2006, 326 Rn. 18ff. – ANAV; EuGH Urt. v. 13.10.2005 – C-458/03, Slg. 2005, I-8585 = NVwZ 2005, 1407 Rn. 46ff. – Parking Brixen.

[134] Vgl. Generalanwältin *Kokott* Schlussanträge v. 1.3.2005 – C-458/03, Slg. 2005, I-8585 = IBRRS 2005, 0720 Rn. 46 – Parking Brixen.

[135] Vgl. Generalanwältin *Kokott* Schlussanträge v. 1.3.2005 – C-458/03, Slg. 2005, I-8585 = IBRRS 2005, 0720 Rn. 46 – Parking Brixen.

[136] *Dreher* NZBau 2004, 14; *Mehlitz* Ausschreibungspflichten bei formellen und funktionalen Privatisierungen, 2011, 78ff., 192.

[137] *Mehlitz* Ausschreibungspflichten bei formellen und funktionalen Privatisierungen, 2011, 192.

[138] Vgl. MüKoWettbR/*Kühling/Huerkamp* Einl. VergabeR Rn. 54 mit Verweis auf EuGH Urt. v. 29.11.2012 – C-182/11, ECLI:EU:C:2012:9938 = ZfBR 2013, 186 Rn. 26 – Econord; *Dörr* GS Schindhelm, 2009, 191, 197; *Mehlitz* Ausschreibungspflichten bei formellen und funktionalen Privatisierungen, 2011, 186.

[139] Vgl. EuGH Urt. v. 6.4.2006 – C-410/04, Slg. 2006, I-3303 = NZBau 2006, 326 Rn. 26 – ANAV; EuGH Urt. v. 13.10.2005 – C-458/03, Slg. 2005, I-8585 = NVwZ 2005, 1407 Rn. 63 – Parking Brixen. Zur Beweislast der Darlegung der Voraussetzung einer In-House-Vergabe auch OLG Düsseldorf Beschl. v. 7.8.2019 – Verg 9/19, BeckRS 2019, 29539.

[140] Dazu ausführlich → § 2 Rn. 1ff.

eines Verhandlungsverfahrens ohne vorherige Bekanntmachung vorgesehen.[141] Das ist zB gemäß Art. 32 Abs. 2 VRL in Situationen zulässig, in denen aufgrund nicht voraussehbarer Ereignisse dringendes Handeln geboten ist oder bei der Vergabe von Aufträgen, die aus technischen oder künstlerischen Gründen oder aufgrund des Schutzes von Ausschließlichkeitsrechten nur von einem bestimmten Wirtschaftsteilnehmer ausgeführt werden können.

47 Zu der Frage, wie die **Voraussetzungen dieser Ausnahmetatbestände** bei solchen Sachverhalten auszulegen und anzuwenden sind, die lediglich primärrechtlichen Verfahrensvorgaben unterliegen, gibt es bislang nur wenig konkrete Anhaltspunkte. Hinsichtlich der Möglichkeit, ausnahmsweise ein Verhandlungsverfahren ohne Bekanntmachung durchzuführen, hat die Kommission die restriktiven Vorschriften der Vergaberichtlinien bislang in gleichem Maße auch auf Vergaben, die nicht oder nur teilweise von diesen erfasst sind, angewendet und diese Handhabung entsprechend auch in der Kommissionsmitteilung zu Unterschwellenvergaben empfohlen.[142] Das EuG stellt in seinem Urteil zur Unterschwellenmitteilung klar, dass durch die Mitteilung weitere Ausnahmen zur Durchführung eines Verhandlungsverfahrens ohne Bekanntmachung nicht ausgeschlossen werden[143] und dass über die von den Vergaberichtlinien vorgesehenen Ausnahmen hinaus auch die **Ausnahmen gelten, die sich aus den Grundsätzen der EU-Verträge im Hinblick auf die Bekanntmachungspflicht eines Auftrags ergeben.**[144] Das sind namentlich sowohl die Vorschriften des AEUV, die die Anwendbarkeit des Primärrechts generell ausschließen,[145] als auch ausdrücklich im AEUV vorgesehene Rechtfertigungstatbestände oder durch die Rechtsprechung anerkannte sonstige Rechtfertigungsgründe.[146] Vor diesem Hintergrund dürften die sekundärrechtlichen Ausnahmen von der **Veröffentlichung einer Vergabebekanntmachung** iSv Art. 32 Abs. 2 VRL grundsätzlich auch auf Auftragsvergaben nach lediglich primärrechtlichen Vorgaben anwendbar sein. Obwohl diesbezüglich noch keine explizite Judikatur des EuGH ersichtlich ist, lassen sich jedoch durchaus Rückschlüsse aus der Rechtsprechung des Gerichtshofs in Bezug auf vergaberechtsfreie **In-House-Geschäfte** ziehen. Diese letztlich auf einer richterrechtlichen Rechtsfortbildung beruhende sachliche Ausnahme vom Anwendungsbereich des Richtlinienvergaberechts wird vom EuGH mittlerweile in ständiger Rechtsprechung auch auf Vergabevorgänge nach lediglich primärrechtlichen Verfahrensvorgaben angewendet.[147] Begründet wird das insbesondere mit dem Argument, das ein Vergabevorgang außerhalb des Vergabesekundärrechts keinen strengeren – primärrechtlichen – Verfahrensvorgaben unterliegen dürfe als innerhalb des Anwendungsbereichs der Vergaberichtlinien.[148] Diese Argumentation dürfte auf anderweitig richtlinienmäßig privilegierte Sachverhaltskonstellationen unmittelbar übertragbar sein. Ein Beschaffungsvorgang, beispielsweise im Unterschwellenbereich, der die Voraussetzungen des Art. 32 Abs. 2 VRL zur Durchführung eines Verhandlungsverfahrens ohne Bekanntmachung erfüllt, müsste dementsprechend auch hinsichtlich der primärrechtlichen Bekanntmachungspflichten[149] privilegiert sein.

48 Anders dürfte es sich jedoch mit den Regelungen der Vergaberichtlinien verhalten, die eine **vollständige Ausnahme spezifischer Sachverhalte vom europäischen Vergabesekundärrecht** vorsehen.[150] Diese könnten lediglich dann entsprechende Geltung für

---

[141] Dazu ausführlich → § 10 Rn. 55ff.

[142] Mitt. der Kommission zur „Unterschwellenvergabe", ABl. v. 1.8.2006, Nr. C 179 S. 3ff. Ziffer 2.1.4. Dazu *Gabriel* NVwZ 2006, 1262 (1264).

[143] EuG Urt. v. 20.5.2010 – T-258/06, Slg. 2010, II-2027 = NZBau 2010, 510 Rn. 144.

[144] EuG Urt. v. 20.5.2010 – T-258/06, Slg. 2010, II-2027 = NZBau 2010, 510 Rn. 140.

[145] Dazu bereits → Rn. 41f.

[146] EuG Urt. v. 20.5.2010 – T-258/06, Slg. 2010, II-2027 = NZBau 2010, 510 Rn. 140.

[147] Vgl. → Rn. 48f.

[148] Vgl. Generalanwältin *Kokott* Schlussanträge v. 1.3.2005 – C-458/03, Slg. 2005, I-8585 = IBRRS 2005, 0720 Rn. 46 – Parking Brixen.

[149] Vgl. dazu → § 85 Rn. 4ff.

[150] In diesem Sinne auch *Mehlitz* Ausschreibungspflichten bei formellen und funktionalen Privatisierungen, 2011, 191f.; *Dörr* GS Schindhelm, 2009, 193.

Verfahrensvorgaben des europäischen Primärrechts beanspruchen, wenn der europäische Normgeber eine **abschließende rechtliche Regelung** in den Vergaberichtlinien treffen wollte, welche sodann aus rechtssystematischen Gründen, den Rückgriff auf das europäische Primärrecht ausschließen würde. In diesem Zusammenhang betont der EuGH jedoch in ständiger Rechtsprechung, dass eine solche negative Sperrwirkung der Vergaberichtlinien im Hinblick auf primärrechtliche Vergabeanforderungen nicht gesetzgeberisch intendiert ist.[151] Damit dürfte gerade im Anwendungsbereich der vollständigen sekundärrechtlichen Ausnahmetatbestände eine Anwendung des Vergabeprimärrechts geboten sein.

C. Persönlicher Anwendungsbereich

Neben dem sachlichen Anwendungsbereich besitzt auch der persönliche Anwendungsbereich der primärrechtlichen Verfahrensvorgaben eine erhebliche praktische Relevanz.[152] 49

I. Öffentliche Auftraggeber iSv § 99 Nr. 1 und 3 GWB

Eine Pflicht zur Durchführung von Bieterverfahren zur Strukturierung staatlicher Auswahlentscheidungen ergibt sich nach der Rechtsprechung des EuGH im Wesentlichen aus den europäischen Grundfreiheiten und den daraus abgeleiteten Prinzipien der Gleichbehandlung, Nichtdiskriminierung und der Transparenz.[153] Damit entspricht der persönliche Anwendungsbereich dieser abgeleiteten primärrechtlichen Verfahrensvorgaben notwendigerweise demjenigen ihres rechtlichen Ursprungs – den Grundfreiheiten des AEUV. Schließlich können sich grundfreiheitliche Verfahrensvorgaben lediglich für solche natürlichen oder juristischen Personen ergeben, die ihrerseits an die europäischen Grundfreiheiten gebunden sind. Gemäß Art. 4 S. 3 EUV sind es deshalb die **Mitgliedstaaten,** die alle geeigneten Maßnahmen allgemeiner oder besonderer Art zur Erfüllung der Verpflichtungen ergreifen, die sich aus den EU-Verträgen oder aus Handlungen der Organe der Gemeinschaft ergeben. 50

Diese Bindung der Mitgliedstaaten betrifft primär deren **Gebietskörperschaften,** dh Bund, Länder und Kommunen, sowie **Anstalten und Körperschaften des öffentlichen Rechts** und die Gerichte und Behörden als **sonstige Träger öffentlicher Gewalt.**[154] Jedenfalls soweit auch der **klassische Auftraggeberbegriff**[155] des EU/GWB-Vergaberechts gemäß **§ 99 Nr. 1 und 3 GWB** staatliche Gebietskörperschaften sowie deren Sondervermögen und deren Verbände umfasst, besteht demnach eine Übereinstimmung mit dem persönlichen Anwendungsbereich primärrechtlicher Verfahrensanforderungen der europäischen Grundfreiheiten.[156] 51

II. Privatrechtlich verfasste Unternehmen eines Mitgliedstaats

An dem Abschluss von Rechtsgeschäften, die sachlich den verfahrensrelevanten Bindungen des europäischen Primärrechts unterliegen, sind jedoch oftmals auch privatrechtlich ver- 52

[151] Vgl. EuGH Beschl. v. 3.12.2001 – C-59/00, Slg. 2001, I-9505 = ZfBR 2002, 610 Rn. 19 – Vestergaard; sowie → § 82 Rn. 9.

[152] Vgl. dazu ausführlich *Gabriel* VergabeR 2009, 7 ff.

[153] Vgl. → § 82 Rn. 12 ff.

[154] Vgl. EuGH Urt. v. 13.1.2004 – C-453/00, Slg. 2004, I-837 = EUR 2004, 590 Rn. 20 – Kühne & Heitz; EuGH Urt. v. 22.5.2003 – C-462/99, Slg. 2003, I-5197 = BeckRS 2004, 77373 Rn. 38 – Connect Austria; EuGH Urt. v. 11.7.2002 – C-62/00, Slg. 2002, I-6325 = BeckRS 2004, 77628 Rn. 24 – Marks & Spencer; EuGH Urt. v. 14.7.1994 – C-91/92, Slg. 1994, 3325 = NJW 1994, 2473 Rn. 26 – Faccini Dori; EuGH Urt. v. 28.4.1977 – 71/76, Slg. 1977,765 = BeckRS 2004, 73586 Rn. 15/18 – Thieffry; EuGH Urt. v. 10.4.1984 – 14/83, Slg. 1984, 1891 = BeckRS 2004, 71617 Rn. 26 – von Colson und Kamann; Grabitz/Hilf/Nettesheim/*Schill/Krenn* EUV Art. 4 Rn. 70.

[155] Zum klassischen Auftraggeberbegriff vgl. → § 3 Rn. 1 ff.

[156] Vgl. *Gabriel* VergabeR 2009, 7 (8); *Wollenschläger* NVwZ 2007, 388 (389).

fasste staatliche Unternehmen beteiligt, die nicht von vornherein als unmittelbare staatliche Organisationseinheit iSv Art. 4 S. 3 EUV qualifiziert werden können. So werden beispielsweise Veräußerungen öffentlicher Unternehmensbeteiligungen oder Grundstücke[157] regelmäßig von **kommunalen Holdinggesellschaften** abgewickelt, denen die Verwaltung öffentlichen Vermögens übertragen wurde und in deren (juristischem) Eigentum die jeweiligen Vermögensgüter stehen.[158] Privatisierungen werden teilweise von **dem zu privatisierenden Unternehmen** selbst (und weniger dem öffentlichen Anteilseigner) federführend betrieben.[159]

53 Die Europäische Kommission hat vor diesem Hintergrund bereits in einer Fußnote der Mitteilung „Unterschwellenvergabe" darauf hingewiesen, dass die mitteilungsgegenständlichen primärrechtlichen Verfahrensanforderungen sowohl für öffentliche Auftraggeber iSd VKR 2004 als auch für öffentliche Auftraggeber und öffentliche Unternehmen iSd SKR 2004 gelten.[160] Eine solche pauschale Gleichsetzung der persönlichen Anwendungsbereiche der Vergabekoordinierungsrichtlinien einerseits und des europäischen Vergabeprimärrechts andererseits mittels einer sekundärrechtlichen Kommissionsmitteilung erscheint allerdings bereits normhierarchisch zumindest bedenklich.[161] Die Frage, ob auch **öffentliche Auftraggeber gemäß §§ 99 Nr. 2, 100 Abs. 1 Nr. 2 GWB**[162] sowie **Unternehmen der öffentlichen Hand, die dem vergaberechtlichen Auftraggeberbegriff** zB wegen ihrer rein gewerblichen Ausrichtung **nicht unterfallen,** zur Beachtung der europäischen Grundfreiheiten und -prinzipien verpflichtet sind, hat ausschließlich nach Maßgabe von Rechtsgrundlagen zu erfolgen, die ebenfalls dem europäischen Primärrecht entstammen. Die in 2014 erlassene Richtlinien hoben die VKR 2004 sowie die SKR 2004 zwar auf, die soeben dargestellte rechtliche Bewertung bleibt allerdings – mangels weiterführender Regelungen – bestehen.

1. Öffentliche Unternehmen iSv Art. 106 AEUV

54 Eine **generelle Bindung privater Unternehmen** an die Grundfreiheiten **besteht nicht.** Das lehnen sowohl der EuGH als auch die ganz herrschende Auffassung in der Literatur zu Recht ab.[163] Lediglich **ausnahmsweise im Arbeits- und Dienstleistungsbereich,** dort vor allem im Rahmen von Kollektivvereinbarungen, hat der EuGH eine Bindung

[157] Gemeint sind hier reine Grundstücksveräußerungen ohne vergaberechtlich relevante Bauverpflichtung im Sinne der neueren Rechtsprechung, die im Anschluss an die „Jean Auroux"-Entscheidung des EuGH Urt. v. 18.1.2007 – C-220/05, Slg. 2007, I-385 = NVwZ 2007, 316, insbesondere durch mehrere Entscheidungen des OLG Düsseldorf geprägt wurde: OLG Düsseldorf Beschl. v. 14.5.2008 – Verg 27/08, ZfBR 2008, 820; Beschl v. 30.4.2008 – VII-Verg 23/08, NZBau 2008, 461; Beschl. v. 6.2.2008 – VII-Verg 37/07, NZBau 2008. 271; Beschl. v. 12.12.2007 – VII-Verg 30/07, NZBau 2008, 138; Beschl. v. 13.6.2007 – VII-Verg 2/07, NZBau 2007, 530.

[158] Zu primärrechtlichen Mindestanforderungen am Beispiel von M&A-Transaktionen *Prieß/Gabriel* NZBau 2007, 617 ff.

[159] *Gabriel* VergabeR 2009, 7 (8).

[160] Fn. 4 zu Ziff. 1.1 der Mitt. der Kommission zur „Unterschwellenvergabe", ABl. v. 1.8.2006, Nr. C 179 S. 2 ff. „Unterschwellenvergabe" lautet: *„In dieser Mitteilung umfasst der Begriff „Auftraggeber" sowohl die öffentlichen Auftraggeber im Sinne des Art. 1 Abs. 9* [VKR] *als auch die Auftraggeber im Sinne des Artikels 2* [SKR]*".* Öffentliche Unternehmen im Sinne von Art. 4 Abs. 1 lit. b SRL sind Unternehmen, die – ohne notwendig auch öffentlicher Auftraggeber zu sein – unter einem beherrschenden staatlichen Einfluss stehen, vgl. Art. 4 Abs. 2 SRL.

[161] Vgl. dazu *Gabriel* VergabeR 2009, 7 (8).

[162] Vgl. dazu → § 3 Rn. 12 ff. und → § 75 Rn. 7.

[163] EuGH Urt. v. 1.10.1987 – 311/85, Slg. 1987, 3801 = BeckRS 2004, 70731 – ASBL; EuGH Urt. v. 13.12.1984 – C-251/83, Slg. 1984, 4277 = BeckRS 2004, 72653 – Haug-Adrion; für die Warenverkehrsfreiheit: Grabitz/Hilf/Nettesheim/*Leible/T. Streinz* AEUV Art. 34 Rn. 40 ff. und im Rahmen der Kapitalverkehrsfreiheit Grabitz/Hilf/Nettesheim/*Ress/Ukrow* AEUV Art. 63 Rn. 116. Weitere Nachweise bei *Burgi* EuR 1997, 261 (282) und *Förster* Die unmittelbare Drittwirkung der Grundfreiheiten 147.

privater Unternehmen an die Grundfreiheiten angenommen[164], was in der Literatur – jedenfalls für die konkret entschiedenen Fälle – Zustimmung gefunden hat.[165] Eine Fortsetzung und Erweiterung dieser Rechtsprechung des EuGH wird mit Blick auf die auslegungsfähige Judikatur des Gerichtshofs[166] zwar diskutiert[167], jedoch hat sich bisher keine bedeutende Meinung für eine derartige generelle Bindung privater Unternehmen an die Grundfreiheiten herausgebildet.[168]

Den **primärrechtlichen Ausgangspunkt** für die hier in Rede stehende Frage nach der personellen Geltung grundfreiheitlicher Verfahrensanforderungen für Auswahlentscheidungen privatrechtlich verfasster Unternehmen des Staates stellt deshalb ausschließlich die Vorschrift des Art. 106 AEUV dar. Diese Vorschrift unterstellt das hoheitliche Handeln des Staats auf dem Markt den allgemeinen Regeln des Unionsrechts, insbesondere den Maßgaben für das privatwirtschaftliche Handeln von Unternehmen.[169] 55

a) Begriff des „öffentlichen Unternehmens". Unter öffentlichen Unternehmen im Sinne von Art. 106 Abs. 1 AEUV werden solche **Unternehmen** verstanden, auf die die **öffentliche Hand** aufgrund Eigentums, finanzieller Beteiligung, Satzung oder sonstiger Bestimmungen, die die Tätigkeit des Unternehmens regeln, unmittelbar oder mittelbar **beherrschenden Einfluss ausüben kann.**[170] Eine Bindung juristischer Personen des Privatrechts an die Grundfreiheiten wird dementsprechend überwiegend angenommen, wenn diese vom Staat gesteuert werden können.[171] Die konkrete Rechtsform eines privatrechtlich organisierten Unternehmens ist für die Qualifizierung als öffentliches Unternehmen iSv Art. 106 AEUV grundsätzlich unerheblich, diese hat lediglich für die zur Verfügung stehenden staatlichen Kontrollmöglichkeiten des Unternehmens Relevanz.[172] Ein beherrschender Einfluss kann gemäß Art. 106 Abs. 1 AEUV vermutet werden, wenn die öffentliche Hand unmittelbar oder mittelbar die **Mehrheit des gezeichneten Kapitals** des Unternehmens besitzt, über die Mehrheit der mit den Anteilen des Unternehmens verbundenen **Stimmrechte** verfügt oder mehr als die Hälfte der Mitglieder des Verwaltungs-, Leistungs- oder Aufsichtsorgans des Unternehmens bestellen kann.[173] Solange der Staat entsprechende Einflussmöglichkeiten besitzt, hindert auch die Beteiligung privater Dritter an dem Unternehmen nicht die Annahme eines beherrschenden Einflusses und damit die Qualifizierung als öffentliches Unternehmen.[174] 56

Eine **abschließende Definition,** wann hinreichende staatliche Einflussrechte auf ein privatrechtliches Unternehmen bestehen, die eine Qualifikation desselben als öffentliches Unternehmen rechtfertigen, ist der bisherigen Rechtsprechung des **EuGH** nicht zu entnehmen. Vielmehr stellt der Gerichtshof jeweils einzelfallspezifisch entweder auf bestehen- 57

---

[164] Vgl. EuGH Urt. v. 6.6.2000 – C-281/98, Slg. 2000, I-4139 = EUR 2000, 926 – Angonese; hierzu ausführlich: *Förster* Die unmittelbare Drittwirkung der Grundfreiheiten 24ff. sowie *Streinz/Leible* EuZW 2000, 459.

[165] Nachweise bei von der Groeben/Schwarze/Hatje/*Kreuschitz* AEUV Art. 45 Rn. 24ff.

[166] Vgl. EuGH Urt. v. 15.12.1995 – C-415/93, Slg. 1995, I-4921 = NJW 1996, 505 – Bosman; EuGH Urt. v. 9.6.1977 – C-90/76, Slg. 1977, 1091 = BeckRS 2004, 73893 – Van Ameyde; EuGH Urt. v. 12.12.1974 – C-36/74, Slg. 1974, 1405 – Walrave.

[167] Vgl.; Grabitz/Hilf/Nettesheim/*Forsthoff* AEUV Art. 45 Rn. 152ff.; *Ganten* Die Drittwirkung der Grundfreiheiten 119. Weitere Nachweise bei *Streinz/Leible* EuZW 2000, 459 (464).

[168] *Gabriel* VergabeR 2009, 7 (13).

[169] Schwarze/*Voet van Vormizeele* AEUV Art. 106 Rn. 1.

[170] Schwarze/*Voet van Vormizeele* AEUV Art. 106 Rn. 16, 18; Dauses/*Emmerich/Hoffmann* EU-WirtschaftsR-HdB Bd. II Kap. H.II Rn. 86; EuGH Urt. v. 10.9.2009 – C-573/07, Slg. 2009, I-8127 = NZBau 2009, 797 Rn. 65 – Se.T.Co.SpA.

[171] *Gabriel* VergabeR 2009, 7 (9); Grabitz/Hilf/Nettesheim/*Wernicke* AEUV Art. 106 Rn. 24ff.; Calliess/Ruffert/*Jung* AEUV Art. 106 Rn. 12f.; *Leible* EuZW 2003, 25; *Jarass* EuR 1995, 202 (209f.); *Ganten* Die Drittwirkung der Grundfreiheiten 28f.; *Jaensch* Die unmittelbare Drittwirkung der Grundfreiheiten, 1997, S. 223ff.; *Ehlers* Europäische Grundrechte und Grundfreiheiten, 2. Aufl. 2005, S. 198.

[172] *Gabriel* VergabeR 2009, 7 (9).

[173] Gleichlautend § 100 Abs. 3 GWB.

[174] *Gabriel* VergabeR 2009, 7 (8).

de **staatliche Weisungsrechte**[175] oder auf **eigentumsrechtliche Einwirkungsmöglichkeiten**[176] staatlicher Mehrheitsgesellschafter auf das jeweilige Unternehmen ab.[177]

58 **b) Bindung öffentlicher Unternehmen an die Grundfreiheiten.** Konzeptionell soll Art. 106 AEUV die unionsrechtswidrige Nutzung öffentlicher Unternehmen durch die Mitgliedstaaten verhindern, indem diese insbesondere den **unternehmensgerichteten Vorschriften** des primären Unionsrechts wie dem Kartellverbot, dem Missbrauchsverbot und der Fusionskontrolle, iSd Art. 101 bis 103 AEUV unterworfen werden.[178] Die Mitgliedstaaten sind Normadressaten „in Bezug auf" die dort genannten Unternehmen.[179] Das Verbot des vertragswidrigen Missbrauchs der Steuerungsmöglichkeiten von öffentlichen Unternehmen kann beispielsweise eine vergaberechtliche Dimension erlangen, wenn der staatliche Anteilseigner beherrschte Unternehmen anweist, Aufträge nur an nationale Unternehmen zu vergeben.[180] Öffentliche und monopolartige Unternehmen unterliegen danach zunächst ohne Weiteres dem unternehmensgerichteten europäischen Wettbewerbsrecht.[181]

59 Darüber hinaus wird in der Literatur überwiegend die Auffassung vertreten, dass sich die Bindung der in Art. 106 AEUV genannten öffentlichen Unternehmen an die Vorschriften der Verträge ebenso auf die genuin **staatsgerichteten Vorschriften** des europäischen Primärrechts und damit insbesondere auf die **europäischen Grundfreiheiten** bezieht.[182] In der Rechtsprechung des **EuGH** findet sich eine solche ausdrückliche Bindung der öffentlichen Unternehmen iSv Art. 106 AEUV an die europäischen Grundfreiheiten bislang nicht.[183] Vielmehr hat sich der Gerichtshof lediglich in Einzelfällen zu einer etwaigen grundfreiheitlichen Verpflichtung staatsnaher Unternehmen geäußert, dabei allerdings nicht konsequent zwischen der unmittelbaren Bindung eines öffentlichen Unternehmens und der Zurechnung des Verhaltens gegenüber dem Mitgliedstaat getrennt.[184]

60 Vor diesem Hintergrund erscheint die **in der Literatur vorherrschende Annahme** einer umfassenden Geltung der europäischen Grundfreiheiten für staatlich beherrschte öffentliche Unternehmen jedoch vor allem deshalb **überzeugend,** da eine solche rechtliche Bindung öffentlicher Unternehmen eine geeignete Möglichkeit darstellt, um zu verhindern, dass sich der Staat durch die Wahl einer privatrechtlichen Organisationsform den umfassenden Bindungen des primären Unionsrechts entzieht.[185] Oftmals kann insbesondere nicht festgestellt werden, ob bestimmte Unternehmensmaßnahmen aufgrund autonomer unternehmerischer Entscheidungen oder aufgrund staatlicher Einflussnahme erfolgen.[186] Im Übrigen entspricht eine unmittelbare Bindung öffentlicher Unternehmen an die Grundfreiheiten des AEUV auch der Systematik des Art. 106 AEUV, da es sich bei Art. 106 Abs. 2 AEUV im Unterschied zu Art. 106 Abs. 1 AEUV gerade um eine Ausnahme von den Vorschriften des europäischen Primärrechts handelt[187], weshalb für sämtli-

---

175 EuGH Urt. v. 12.12.1990 – 302/88, Slg. 1990, I-4625 = BeckRS 2004, 73086 – Hennen Olie; EuGH Urt. v. 12.7.1990 – C-188/89, Slg. 1990, I-3313 = NJW 1991, 3086 – British Gas; EuGH Urt. v. 24.11.1982 – 249/81, Slg. 1982, 4005 = NJW 1983, 2755 – Buy British.

176 EuGH Urt. v. 5.11.2002 – C-325/00, Slg. 2002, I-9977 = EuZW 2003, 23 – CMA-Gütezeichen; EuGH Urt. v. 7.12.2000 – C-324/98, Slg. 2000, I-10745 = NZBau 2001, 148 Rn. 60 – Telaustria.

177 Vgl. dazu *Gabriel* VergabeR 2009, 7 (10).

178 Calliess/Ruffert/*Jung* AEUV Art. 106 Rn. 26 ff.

179 Immenga/Mestmäcker/*Mestmäcker/Schweitzer* AEUV Art. 106 Rn. 56.

180 Vgl. *Gabriel* VergabeR 2009, 7 (10).

181 *Burgi* EuR 1997, 261 (273).

182 *Körber* Grundfreiheiten und Privatrecht, 2004, S. 657; *Mestmäcker/Schweitzer* EuWettbR § 36 Rn. 6, 7; *Weiß* EuR 2003, 165 (170); Grabitz/Hilf/Nettesheim/*Wernicke* AEUV Art. 106 Rn. 61 Fn. 5: „*Ganz hM*".

183 Vgl. dazu ausführlich und mwN *Gabriel* VergabeR 2009, 7 (11).

184 *Körber* Grundfreiheiten und Privatrecht, 2004, S. 656; *Gabriel* VergabeR 2009, 7 (11).

185 *Weiß* EuR 2003, 165 (170).

186 *Burgi* EuR 1997, 261 (284).

187 Vgl. *Mann* JZ 2002, 819 (822).

che öffentlichen Unternehmen, die sachlich nicht von der Exemtion des Art. 106 Abs. 2 AEUV betroffen sind, grundsätzlich die Vorgaben der Verträge und damit auch die europäischen Grundfreiheiten gelten dürften.[188] Auch **Auftraggeber** gemäß **§§ 99 Nr. 2, 100 Abs. 1 Nr. 2 lit. b GWB sind** nach alledem **an die Grundfreiheiten gebunden.**[189] Denn sie sind als staatlich beherrschte Auftraggeber öffentliche Unternehmen im Sinne von Art. 106 Abs. 1 AEUV. Diese Unternehmen sind nach herrschender Auffassung an sämtlichen staatsgerichteten Vorschriften des EU-Vertrags und somit auch an die Grundfreiheiten gebunden.

2. Monopolartige bzw. staatlich begünstigte Unternehmen iSv Art. 106 AEUV

Der Anwendungsbereich des Art. 106 Abs. 1 AEUV erstreckt sich ausdrücklich auch auf solche Unternehmen, denen die Mitgliedstaaten **besondere oder ausschließliche Rechte** gewähren, sog. monopolartige bzw. begünstigte Unternehmen. Unter diese Unternehmenskategorie fallen insbesondere **Sektorenauftraggeber** iSv § 100 Abs. 1 Nr. 2 lit. a GWB bzw. Art. 4 Abs. 1 lit. b SRL, da diese natürlichen oder juristischen Personen des privaten Rechts, in den Sektorenbereichen Tätigkeiten auf der Grundlage von besonderen oder ausschließlichen Rechten ausüben, die von einer zuständigen Behörde gewährt wurden und dazu führen, dass die Ausübung von Sektorentätigkeiten einem oder mehreren Unternehmen vorbehalten und die Möglichkeit anderer Unternehmen, diese Tätigkeit auszuüben, erheblich beeinträchtigt wird. 61

Für diese staatlich begünstigten Unternehmen dürfte sich im Hinblick auf die Anwendbarkeit der staatsgerichteten Vorschriften des europäischen Primärrechts jedoch grundsätzlich eine **andere rechtliche Bewertung** ergeben als für staatlich beherrschte öffentliche Unternehmen. Maßgebliches Argument für die Bindung privatrechtlich organisierter öffentlicher Unternehmen an die staatsgerichteten Vorschriften des Primärrechts und damit insbesondere an die europäischen Grundfreiheiten, ist die besondere Nähe dieser Unternehmen zu dem sie beherrschenden Mitgliedstaat.[190] Bei monopolartigen Unternehmen, **die nicht staatlich beherrscht sind,** erschöpft sich die staatliche Nähe allerdings in dem Akt des Gewährens des ausschließlichen bzw. besonderen Rechts. Bei der eigentlichen wirtschaftlichen Betätigung besteht keine Gefahr, dass der Staat politische Ziele durch das Handeln des betreffenden Unternehmens durchzusetzen versuchen könnte, denn ohne beherrschenden Einfluss fehlt es ihm bereits an den praktischen Möglichkeiten, auf die unternehmerischen Entscheidungen steuernd einzuwirken.[191] Der **EuGH** hat zu der hier in Rede stehenden Bindung monopolartiger bzw. staatlich begünstigter Unternehmen an die staatsgerichteten Vorgaben des europäischen Primärrechts keine einheitliche Linie entwickelt, sondern jeweils im **Einzelfall im Sinne einer effektiven Umsetzung des europäischen Primärrechts** entschieden.[192] Aus diesen Gründen dürfte eine Bindung rein privater, also nicht staatlich beherrschter Sektorenauftraggeber im Sinne von § 100 Abs. 1 Nr. 2 lit. a GWB an die Grundfreiheiten abzulehnen sein.[193] 62

---

[188] *Burgi* EuR 1997, 261 (282); Beck VergabeR/*Burgi/Dreher* GWB § 100 Rn. 32ff.; *Körber* Grundfreiheiten und Privatrecht, 2004, S. 660; aA *Streinz/Leible* EuZW 2000, 459 (464).

[189] *Gabriel* VergabeR 2009, 7 (12). So schon *Dreher* NZBau 2002, 419 (422).

[190] Vgl. → Rn. 60f.

[191] *Gabriel* VergabeR 2009, 7 (13).

[192] Einerseits die Bindung bejahend: EuGH Urt. v. 9.6.1977 – C-90/76, Slg. 1977, 1091 = BeckRS 2004, 73893 – Van Ameyde; EuGH Urt. v. 30.4.1974 – C-155/73, Slg. 1974, 409 = BeckRS 2004, 71793 – Sacchi. Andererseits nur das Vorliegen einer staatlichen Regelung prüfend: EuGH Urt. v. 18.6.1991 – C-260/89, Slg. 1991, I-2925 = BeckRS 2004, 75777 – ERT; vgl. auch die Übersicht bei *Gabriel* VergabeR 2009, 7 (12ff.); *Körber* Grundfreiheiten und Privatrecht, 2004, S. 656.

[193] *Gabriel* VergabeR 2009, 7 (13). So auch bereits *Dreher* NZBau 2002, 419 (422).

§ 84 Beihilferechtliche Verfahrensvorgaben

Übersicht

AEUV: Art. 107

Literatur:
Bauer, Das Bietverfahren im EG-Beihilfenrecht bei der übertragenden Sanierung rechtswidrig begünstigter Unternehmen, EuZW 2001, 748; *v. Bonin,* Aktuelle Fragen des Beihilferechts bei Privatisierungen, EuZW 2013, 247; *Borchardt,* Die Rückforderung zu Unrecht gewährter staatlicher Beihilfen beim Verkauf von Vermögenswerten des Beihilfenempfängers durch den Insolvenzverwalter, ZIP 2001, 1301; *Braun,* Ausschreibungspflichtigkeit des Verkaufs von Gesellschaftsanteilen, VergabeR 2006, 657; *Eggers/Malmendier,* Strukturierte Bieterverfahren der öffentlichen Hand – Rechtliche Grundlagen, Vorgaben an Verfahren und Zuschlag, Rechtschutz, NJW 2003, 780; *Ehricke,* Rückzahlung gemeinschaftsrechtswidriger Beihilfen in der Insolvenz des Beihilfenempfängers, ZIP 2001, 489; *Guarrata/Wagner,* Das Verhältnis von Vergabe- und Beihilferecht, NZBau 2018, 443; *Jaeger,* Neue Parameter für Privatisierungen? Die Entscheidung Bank Burgenland der Kommission, EuZW 2008, 686; *Koenig/Kühling,* Diskriminierungsfreiheit, Transparenz und Wettbewerbsoffenheit des Ausschreibungsverfahrens – Konvergenz von EG-Beihilferecht und Vergaberecht, NVwZ 2003, 779; *Koenig/Kühling,* Grundfragen des EG-Beihilfenrechts, NJW 2000, 1065; *Koenig/Pfromm,* Die Förderlogik des EG-beihilfenrechtlichen Ausschreibungsverfahrens bei PPP-Daseinsvorsorge-Infrastrukturen, NZBau 2004, 375; *Kristoferitsch,* Eine „vergaberechtliche Interpretation" des Bietverfahrens bei Privatisierungen? – Zum Rechtsschutz für unterlegene Bieter in Privatisierungsverfahren, EuZW 2006, 428; *Kümmritz,* Privatisierung öffentlicher Unternehmen: Ausschreibungspflichten bei der Veräußerung staatlichen Anteilsvermögens nach dem europäischen Vergabe- und Beihilfenrecht, 2009; *Prieß/Gabriel,* M&A-Verfahrensrecht – EG-rechtliche Verfahrensvorgaben bei staatlichen Beteiligungsveräußerungen, NZBau 2007, 617; *Prieß/Siemonis,* Die künftige Relevanz des Primärvergabe- und Beihilfenrechts – Ein Zwischenruf, NZBau 2015, 731; *Pünder,* Die Vergabe öffentlicher Aufträge unter den Vorgaben des europäischen Beihilferechts, NZBau 2003, 530; *Soltész/Bielesz,* Privatisierungen im Licht des Europäischen Beihilferechts – Von der Kommission gerne gesehen – aber nicht um jeden Preis, EuZW 2004, 391; *Steinberg,* Die Entwicklung des Europäischen Vergaberechts seit 2004 – Teil 1, NZBau 2007, 150; *Stöbener de Mora,* Überall Beilhilfen? – Die Kommissionsbekanntmachung zum Beihilfebegriff, EuZW 2016, 685; *Thiel,* Zum Erfordernis einer „aktiven" gemeindlichen Liegenschaftpolitik aus vergabe- und beihilfenrechtlicher Sicht, ZfBR 2017, 561.

A. Einführung

Sowohl öffentliche Beschaffungsvorgänge außerhalb des europäischen Vergabesekundärrechts als auch staatliche Veräußerungsgeschäfte öffentlicher Unternehmen, Grundstücke sowie materielle Privatisierungen öffentlicher Unternehmen unterfallen der Anwendung der Grundregeln und Grundsätze des europäischen Primärrechts.[1] In der Folge sind Auftragnehmer und private Investoren gleichermaßen im Rahmen transparenter und nichtdiskriminierender Verfahren auszuwählen.[2] Auf beide Arten staatlicher Markttätigkeit finden neben den allgemeinen Vorgaben des Vergabeprimärrechts außerdem die Regelungen des europäischen Beihilferechts Anwendung.[3] In der Praxis besitzt das Beihilferecht insbesondere für die Privatisierung öffentlicher Unternehmen eine besondere Relevanz, sodass in diesem Zusammenhang oftmals lediglich die beihilferechtliche Dimension im Fokus der rechtlichen Bewertung steht. 1

---

[1] → § 83 Rn. 23ff.
[2] Siehe zu der konkreten Durchführung eines solchen Auswahlverfahrens → § 85 Rn. 1ff.
[3] Vgl. zur beihilferechtlichen Relevanz öffentlicher Beschaffungsvorgänge: *Pünder* NZBau 2003, 530; Bartosch/*Bartosch* AEUV Art. 107 Abs. 1 Rn. 43ff.; *Barth,* Das Vergaberecht außerhalb des Anwendungsbereichs der EG-Vergaberichtlinien, 2010, 47f.; EuG Urt. v. 13.1.2004 – T-158/99, Slg. 2004, II-1 = BeckRS 2004, 70034 – Thermenhotel Stoiser; EuG v. 28.1.1999 – T-14/96, Slg. 1999, II-139 = EuZW 1999, 665 Rn. 74 bis 79 – BAI/Kommission.

2 Erfolgt die Veräußerung öffentlicher Unternehmensanteile unter dem tatsächlichen Marktwert, erfüllt das grundsätzlich den Tatbestand einer Beihilfe iSv Art. 107 AEUV.[4] Nach Art. 108 Abs. 3 AEUV müssen solche staatlichen Beihilfen, die durch eine Begünstigung bestimmter Unternehmen den Wettbewerb verfälschen oder zu verfälschen drohen und den Handel zwischen den Mitgliedstaaten beeinträchtigen, bei der Kommission angemeldet werden. Die Umsetzung einer als Beihilfe zu qualifizierenden staatlichen Maßnahme, die bei der Kommission notifiziert wurde, steht dann unter einem **Genehmigungsvorbehalt** durch die Kommission. Unterbleibt bereits eine Notifizierung der Beihilfe seitens des beihilfegewährenden Mitgliedstaats, wird dieser zur **Rückforderung der gewährten Beihilfeelemente** verpflichtet. Zivilrechtlich kann sich hieraus die **Nichtigkeit des zugrunde liegenden Rechtsgeschäfts** ergeben.[5]

3 Die Ermittlung des Marktwertes eines öffentlichen Unternehmens bereitet in der Praxis jedoch mitunter erhebliche Probleme. Die Kommission versuchte diesen zu begegnen, indem sie bereits in ihrem XXIII. Wettbewerbsbericht von 1993 Leitlinien für eine beihilferechtlich rechtssichere Gestaltung von Privatisierungsvorhaben veröffentlicht hat, die bis heute Anwendung finden. Diese stellen klar, in welchen Sachverhaltskonstellationen einer Unternehmensprivatisierung nach Auffassung der Kommission bereits von vornherein kein Beihilfeelement enthalten ist, das notifizierungspflichtig wäre. Das ist der Fall, wenn eine **Privatisierung über die Börse** stattfindet[6], der Privatisierung ein **unabhängiges Wertgutachten** zugrunde liegt[7] oder aber ein Verkauf im Rahmen eines **offenen, transparenten und bedingungsfreien Bietverfahrens** zur Ermittlung des objektiven Marktpreises durchgeführt wurde und sodann ein Verkauf an den Höchstbieter erfolgt ist.[8] Ein solches Bietverfahren wird von der Kommission sogar als beste Möglichkeit bezeichnet, um einen Verkauf zu Marktpreisen sicherzustellen.[9]

4 Dieses beihilferechtliche Bietverfahren weist deutliche **Parallelen zu vergaberechtlichen bzw. grundfreiheitlich bedingten primärrechtlichen Verfahren** auf.[10] Rechtssystematisch sind Beihilferecht und Grundfreiheiten grundsätzlich nebeneinander anwendbar.[11] Bei der Privatisierung öffentlicher Unternehmen sind dementsprechend sowohl die

---

[4] Vgl. *Bergmann* HdLexEU Beihilfen, Staatliche; Dauses/*Gröpl* EU-WirtschaftsR-HdB Bd. II Kap. J.1 Rn. 190f.; *Barth,* Das Vergaberecht außerhalb des Anwendungsbereichs der EG-Vergaberichtlinien, 2010, 47f.; EuGH Urt. v. 16.7.2015 – C-39/14, ECLI:EU:C:2015:470 = EuZW 2015, 749 – BVVG; EuGH Urt. v. 16.12.2010 – C-239/09, ECLI:EU:C:2010:778 = BeckRS 2010, 91440 – Seydaland Vereinigte Agrarbetriebe.

[5] BGH Urt. v. 5.12.2012 – I ZR 92/11 = EuZW 2013, 753; BGH Urt. v. 20.1.2004 – XI ZR 53/03, NVwZ 2004, 636; *Koenig* EuZW 2006, 203 (207f.); *Pünder* NZBau 2003, 530 (531).

[6] XXIII. Bericht der Kommission über die Wettbewerbspolitik 1993 Rn. 403 (im Zusammenhang mit dem „XXVII. Gesamtbericht über die Tätigkeit der Europäischen Gemeinschaften 1993" veröffentlichter Bericht), abzurufen unter https://op.europa.eu/de/publication-detail/-/publication/7db4a243-39f3-4ba4-a5b7-1cb48f8ca6d3.

[7] EU-Komm., Entscheidung v. 11.4.2000 – K(2000) 1173, ABl. v 19.10.2000, Nr. L 265/15 – Centrale del Latte di Roma.

[8] XXIII. Bericht der Kommission über die Wettbewerbspolitik 1993 Rn. 403; idS auch EuGH Urt. v. 16.7. 2015 – C-39/14, ECLI:EU:C:2015:470 = BeckRS 2015, 80927 Rn. 32 – BVVG; EuGH Urt. v. 20.9. 2001 – C-390/98, Slg. 2001, I-6117 = BeckRS 2004, 76970 Rn. 77 – Banks. So auch in einer aktuelleren Entscheidung EuG Urt. v. 19.6.2019 – T-373/15, ECLI:EU:T:2019:432 = BeckRS 2019, 11608 Rn. 135 – Ja zum Nürburgring/Kommission (anhängig beim EuGH unter dem Aktenzeichen C-647/19 P).

[9] XXIX. Bericht der Kommission über die Wettbewerbspolitik 1999 Rn. 235 (im Zusammenhang mit dem „Gesamtbericht über die Tätigkeit der Europäischen Union 1999" veröffentlichter Bericht), abzurufen unter https://ec.europa.eu/competition/publications/annual_report/1999/de.pdf; MüKoWettbR/*Kühling/Huerkamp* Einl. VergabeR Rn. 32.

[10] *Braun* VergabeR 2006, 657 (660); *Kühling* ZfBR 2006, 661 (664); *Kristoferitsch* EuZW 2006, 428 (430); *Eggers/Malmendier* NJW 2003, 780; *Bauer* EuZW 2001, 748 (750); *Koenig/Kühling* NVwZ 2003, 779; *Ehricke* ZIP 2001, 489 (494f.); *Borchardt* ZIP 2001, 1301 (1307).

[11] MüKoBeihilfenR/*Säcker* Einl., Rn. 3; Danner/Theobald/*Frenz* AEUV Art. 107 Rn. 184f.; der EuGH hat bereits mehrfach darauf hingewiesen, dass die Kommission bei der Anwendung der europäischen Beihilfevorschriften Widersprüche zur Anwendung der Grundfreiheiten zu vermeiden hat: EuGH Urt. v. 19.9. 2000 – C-156/98, Slg. 2000, I-6857 = EuZW 2000, 723 Rn. 79 – Deutschland/Kommission; EuGH

grundfreiheitlichen Vorgaben an die Ausgestaltung des Auswahlverfahrens als auch beihilferechtliche Belange zur Ermittlung des objektiven Marktpreises zu berücksichtigen. Fraglich ist in diesem Zusammenhang, ob und wie sämtlichen Erfordernissen – sowohl beihilfe- als auch primärrechtlichen – mit der Durchführung eines einheitlichen Verfahrens entsprochen werden kann.[12]

Dabei ist zu berücksichtigen, dass zwischen Beihilferecht einerseits und Grundfreiheiten andererseits grundlegende **strukturelle Unterschiede** bestehen, die zu teilweise unterschiedlichen konkreten Aussagen hinsichtlich des einzuhaltenden Verfahrens führen. Die Berücksichtigung lediglich eines der einschlägigen Rechtsregime ohne Berücksichtigung des Anderen, wird daher zwangsläufig zu einer (vermeidbaren) erhöhten Angreifbarkeit des Verfahrensergebnisses führen. 5

Funktionell dient ein **beihilferechtliches Bietverfahren** ausschließlich der Ermittlung eines **marktkonformen Preises.** Primärrechtlich ist die Durchführung eines **strukturierten Bieterverfahrens** vornehmlich dazu bestimmt, **Diskriminierungen** aufgrund der Staatsangehörigkeit zu **verhindern** und schließlich einen europäischen Binnenmarkt – auch im Hinblick auf Rechtsgeschäfte der öffentlichen Hand – zu verwirklichen. Diskriminierungen jeglicher Art besitzen beihilferechtlich nur eine mittelbare Relevanz, wenn sie im Ergebnis zu einer Veräußerung unterhalb des Marktpreises führen und ein höheres Gebot unberücksichtigt geblieben ist.[13] Der Anwendungsbereich der Binnenmarktgrundfreiheiten ist durch das Kriterium der Binnenmarktrelevanz begrenzt.[14] Das europäische Beihilferecht kennt eine solche Einschränkung nicht. **Einziges Kriterium** ist die Frage, ob **eine nicht angemeldete Beihilfe** vorliegt. Nicht zuletzt zeigen aber auch die **Rechtsfolgen bei Verstößen** gegen die jeweiligen Verfahrensvorgaben einen erheblichen Unterschied: Während die Verletzung des Beihilfenverbots zur Rückabwicklung (dh Zahlung des Marktpreises) führt, kann im Vergaberecht die Wiederholung des Verfahrens erwirkt werden.[15] 6

Trotz gewisser Ähnlichkeiten zwischen beihilferechtlich und grundfreiheitlich veranlassten Auswahlverfahren bestehen hinsichtlich ihrer Zwecksetzung erhebliche Unterschiede.[16] Diese Inkongruenz äußert sich darin, dass diskriminierungsfreie und transparente Bietverfahren beihilferechtlich lediglich eine hinreichende, keinesfalls aber notwendige Bedingung zur Ermittlung des Marktpreises darstellen.[17] Die Durchführung eines solchen Verfahrens ist vor dem Hintergrund der europäischen Grundfreiheiten jedoch unabdingbare Voraussetzung[18], die Ermittlung des Marktpreises dagegen unerheblich. Aus **beihilferechtlicher Perspektive** stellen transparente, offene und bedingungsfreie **Bietverfahren nur ein mögliches Mittel** unter mehreren, **zum Zweck der Ermittlung eines marktkon-** 7

Urt. v. 15.6.1993 – C-225/91, Slg. 1993, I-3203 = BeckRS 2004, 75220 Rn. 41 – Matra; EuGH Urt. v. 20.3.1990 – C-21/88, Slg. 1990, I-889 = NVwZ 1991, 1071 Rn. 20 – Du Pont de Nemours; EuG Urt. v. 7.11.2012 – T-137/10, ECLI:EU:T:2012:584 = BeckRS 2012, 82356 Rn. 95 – CBI; aA und für eine Verdrängung der Grundfreiheiten durch die Regelungen des „spezielleren" europäischen Beihilferechts Calliess/Ruffert/*Cremer* AEUV Art. 107 Rn. 82.

[12] Unklare Andeutungen finden sich bspw. bei *Eggers/Malmendier* NJW 2003, 780 (784). Für eine Klärung plädiert daher *Koenig/Kühling* NVwZ 2003, 779 (786). Vorbehalte gegenüber einer zu starken Parallelisierung des Bieterverfahrens an das Vergaberecht äußert dagegen: *Bauer* EuZW 2001, 748 (750). Deutlich ablehnend *Kristoferitsch* EuZW 2006, 428 (430).

[13] Dieser Aspekt ist strikt von dem allgemeinen Gleichbehandlungsgebot der EU-Grundrechte zu unterscheiden. Ein solches Gebot findet weder bei Beteiligungsveräußerungen noch bei Vergaben Anwendung, ohne dass ein grenzüberschreitender Bezug nachgewiesen werden kann.

[14] Dazu ausführlich → § 83 Rn. 3 ff.

[15] *Kristoferitsch* EuZW 2006, 428 (431 f.); *Blazek/Wagner* NZBau 2016, 141 (142).

[16] *Guarrata/Wagner* NZBau 2018, 443.

[17] Das europäische Beihilferecht verpflichtet nicht zur Durchführung eines Bietverfahrens: XXX. Bericht der Kommission über die Wettbewerbspolitik 2000 Rn. 318 (im Zusammenhang mit dem „Gesamtbericht über die Tätigkeit der Europäischen Union 2000" veröffentlichter Bericht), abzurufen unter https://ec.europa.eu/competition/publications/annual_report/2000/de.pdf; XXIX. Bericht der Kommission über die Wettbewerbspolitik 1999 Rn. 235.

[18] Vgl. nur *Steinberg* NZBau 2007, 150 (156).

formen Preises, dar.[19] Dementsprechend führt eine nicht offene, intransparente und diskriminierend gestaltete Bieterauswahl beihilferechtlich auch nicht zwingend zur Rechtswidrigkeit des Auswahlverfahrens, sofern die Zahlung eines marktkonformen Preises anderweitig sichergestellt werden kann. Nur so lässt sich im Übrigen begründen, dass als alternatives Mittel zur Ermittlung eines marktkonformen Preises anerkanntermaßen auch die Erstellung eines unabhängigen Wertgutachtens ausreichen kann, um die beihilferechtlichen Auswahlvorgaben zu wahren.[20] Die Verwendung alternativer Mittel zur Wertermittlung ist zwar möglich, nachträgliche Korrekturen bzw. ein „Hintrimmen" des Marktwerts durch ein Sachverständigengutachten sind jedoch ausgeschlossen.[21] Aus **grundfreiheitlicher Perspektive** ist die Durchführung transparenter, nicht-diskriminierender und die Gleichbehandlung der interessierten Unternehmen wahrender **Bieterverfahren** hingegen nicht lediglich ein Mittel zur Ermittlung des Bestbieters, sondern vielmehr auch **Selbstzweck.** Ein Verstoß gegen diese Verfahrensvorgaben führt dementsprechend zwangsläufig auch dann zur Rechtswidrigkeit des Auswahlverfahrens, wenn gleichwohl der Bestbieter ausgewählt wurde. Zu berücksichtigen bleibt darüber hinaus, dass im Hinblick auf die einzuhaltenden Verfahrensvorgaben keines der beiden Rechtsregime gegenüber dem anderen als absolut strenger qualifiziert werden kann.

8 Im Ergebnis ist bei der Durchführung eines Auswahlverfahrens, auf das sowohl die europäischen Grundfreiheiten als auch die Regelungen des Beihilferechts Anwendung finden, eine Verfahrensgestaltung zu wählen, die es ermöglicht, beide Rechtsregime miteinander in Einklang zu bringen. Zur **verfahrenssicheren Durchführung** sind dabei im Einzelfall und im Hinblick auf jede spezifische Einzelfrage **die jeweils strengeren Verfahrensvorgaben** des – im Zusammenhang mit dieser spezifischen Einzelfrage – strengeren Rechtsregimes **zu berücksichtigen.**

B. Beihilferechtliche Privatisierungsgrundsätze

9 Bei Austauschgeschäften der öffentlichen Hand hängt das Vorliegen einer beihilferechtlich relevanten Begünstigung davon ab, ob der Vertragspartner für die staatliche Leistung eine **angemessene,** dh **marktübliche Gegenleistung** erbringt.[22] Bereits im Jahr 1993 hat die Kommission in ihrem XXIII. Wettbewerbsbericht eine Reihe von Kriterien für die Anwendung des europäischen Beihilferechts auf die Veräußerung staatlicher Unternehmensbeteiligungen veröffentlicht.[23] Diese entfalten bis heute Wirkung. Ziel dieser Grundsätze ist es, Fälle, die eindeutig keine Beihilfeelemente enthalten, von solchen abzugrenzen, die möglicherweise beihilferelevant sind und daher nach Auffassung der Kommission von den Mitgliedstaaten vorsorglich notifiziert werden sollten.[24] **Von vornherein beihilfefrei** sind aus Sicht der Kommission nur Veräußerungen, die über die Börse erfolgen oder Privatisierungstransaktionen, denen ein **Ausschreibungswettbewerb nach folgenden Maßgaben** vorausging[25]:

- Es muss ein Ausschreibungswettbewerb stattfinden, der allen offen steht, transparent ist und an keine weiteren Bedingungen geknüpft ist, wie den Erwerb anderer Vermögens-

---

[19] *Guarrata/Wagner* NZBau 2018, 443 (445), EuG Urt. v. 19.6.2019 – T-373/15, ECLI:EU:T:2019:432 = BeckRS 2019, 11608 Rn. 135 – Ja zum Nürburgring/Kommission (anhängig beim EuGH unter dem Aktenzeichen C-647/19 P). Ähnlich *Burgi* NZBau 2013, 601 (602).

[20] Vgl. Mitt. der Kommission: Bekanntmachung der Kommission zum Begriff der staatlichen Beihilfe im Sinne des Artikels 107 Absatz 1 AEUV, ABl. v. 19.7.2016, Nr. C 262 S. 24 Nr. 103.

[21] *Thiel* ZfBR 2017, 561 (565) mit Verweis auf EuGH Urt. v. 24.10.2013 – C-214/12 P, C-215/12 P und C-223/12 P, ECLI:EU:C:2013:682 = EuZW 2014, 36 – Land Burgenland/Kommission.

[22] Hierzu ausführlich Grabitz/Hilf/Nettesheim/*von Wallenberg/Schütte* AEUV Art. 107 Rn. 52 f.

[23] XXIII. Bericht der Kommission über die Wettbewerbspolitik 1993 Rn. 402 ff., Auszug abgedruckt in → § 82 Anlage 3; hierzu *Frenz* EuropaR-HdB Bd. I Rn. 288; *Kristoferitsch* EuZW 2006, 428 (429 f.).

[24] *Prieß/Gabriel* NZBau 2007, 617 (619).

[25] v.d. Groeben/Schwarze/Hatje/*Kliemann/Segura Catalán* AEUV Art. 107 Rn. 137.

werte, für die nicht geboten wird, oder die Weiterführung bestimmter Geschäftstätigkeiten[26];
- das Unternehmen muss an den Meistbietenden veräußert werden und
- die Bieter müssen über genügend Zeit und Informationen verfügen, um eine angemessene Bewertung der Vermögenswerte vornehmen zu können, auf die sich ihr Angebot bezieht.

Diese Grundsätze werden von der Kommission in regelmäßiger Verwaltungspraxis angewandt.[27] Sie begründen die Vermutung, dass das Verkaufsverfahren kein Beihilfeelement beinhaltet, sodass generell kein Notifizierungserfordernis besteht.[28] In einer „Arbeitsgrundlage der Kommissionsdienststelle" aus dem Jahr 2012 wurden diese Grundsätze bestätigt, auch wenn gleichzeitig betont wird, dass diese Veröffentlichung lediglich informationelle Zwecke verfolgt und keinen offiziellen Standpunkt der Kommission darstelle.[29] Damit wird die Geltung der beihilferechtlichen Privatisierungsvoraussetzungen gleichzeitig auch auf die **Finanzierung öffentlicher Unternehmen** und die **Veräußerung von staatlichen Minderheitsbeteiligungen** erweitert.[30] 10

Die beihilferechtlichen Privatisierungsgrundsätze sind eine Ausprägung des das gesamte EU-Beihilferecht prägenden Prinzips, dass die öffentliche Hand sich im Rahmen ihrer privatwirtschaftlichen Tätigkeit so zu verhalten hat wie ein *„umsichtiger marktwirtschaftlich handelnder Kapitalgeber"* (sog. ***„private vendor test"***).[31] Dabei ist davon auszugehen, dass ein privater Verkäufer sein Unternehmen grundsätzlich zu dem höchstmöglichen Preis und ohne Auferlegung von Bedingungen, die einen negativen Einfluss auf die Höhe des Kaufpreises haben könnten, verkaufen würde.[32] Dieser Grundsatz hat in der Praxis der Kommission und in der Rechtsprechung des EuGH vielfältig Niederschlag gefunden.[33] Obwohl die Kommission der öffentlichen Hand zwar grundsätzlich einen **weiten Ermessensspielraum** bei ihrer Entscheidungsfindung einräumt, treten doch immer wieder Konfliktfälle auf, in denen die Kommission beanstandet, dass primär **wirtschafts-, arbeitsmarkt- oder standortpolitische Zielsetzungen** eines staatlichen Kapitaleigners **im Gewand unternehmerischer Interessen** zu einer Verzerrung des Wettbewerbs führen können.[34] Dementsprechend begrenzen die Kommissionspraxis und die Rechtsprechung des EuGH den vorgenannten Entscheidungsspielraum der öffentlichen Hand auf nachvollziehbare unternehmerische Interessen.[35] Damit sind (nur) diejenigen Überlegungen des 11

---

[26] Ebenso schon die Mitt. der Kommission betreffend Elemente staatlicher Beihilfe bei Verkäufen von Bauten oder Grundstücken durch die öffentliche Hand, ABl. EG v. 10.7.1997, Nr. C 209 S. 3ff., die allerdings 2016 durch die Mitt. der Kommission: Bekanntmachung der Kommission zum Begriff der staatlichen Beihilfe iSd Art. 107 Abs. 1 AEUV, ABl. v. 19.7.2016, Nr. C 262 S. 1 aufgehoben wurde. Zur Bedeutung dieser Mitteilung für Unternehmensverkäufe: *Frenz* EuropaR-HdB Bd. I Rn. 294; *Koenig* EuZW 2006, 203 (204); *Koenig/Pfromm* NZBau 2004, 375 (377f.); *Heidenhain* Handbuch des europäischen Beihilfenrechts § 9 Rn. 8; *Eggers/Malmendier* NJW 2003, 780 (782); *Koenig/Kühling* NVwZ 2003, 779 (780).

[27] So bspw. EU-Komm., Entscheidung über die Staatliche Beihilfe Nr. C 56/06 (ex NN 77/06) – 2007/C 28/05, ABl. v. 8.2.2007, Nr. C 28/8 Rn. 61 – Bank Burgenland; Soltész EuZW 2020, 5.

[28] Vgl. *v. Bonin* EuZW 2013, 247 (249).

[29] Arbeitsunterlage der Kommissionsdienststellen, Leitfaden zur beihilfenkonformen Finanzierung, Umstrukturierung und Privatisierung staatseigener Unternehmen v. 10.2.2012, swd (2012) 14.

[30] Vgl. *v. Bonin* EuZW 2013, 247.

[31] *Prieß/Gabriel* NZBau 2007, 617 (620). Vgl. dazu auch EuGH Urt. v. 24.10.2013 – C-214/12 P, C-215/12 P und C-223/12 P, ECLI:EU:C:2013:682 = EuZW 2014, 36 – Land Burgenland/Kommission; MüKoBeihilfenR/*Arhold* AEUV Art. 107 Rn. 301ff.; Calliess/Ruffert/*Cremer* AEUV Art. 107 Rn. 14f.

[32] *v. Bonin* EuZW 2013, 247 (248); *Guarrata/Wagner* NZBau 2018, 443 (445).

[33] Beispielsweise in Generalanwalt *Pikamäe* Schlussantrag v. 5.2.2018 – C-262/18 und C-271/18, ECLI:EU:C:2019:1144 = BeckRS 2018, 49693 Rn. 38 – Kommission/Dôvera zdravotná poisťovňa [laufende Rechtssache]; EuGH Urt. v. 10.7.1986 – 234/84, Slg. 1986, I-2263 = BeckRS 2012, 80902 Rn. 14 – Belgien/Kommission.

[34] Hierzu *Koenig/Kühling* NVwZ 2003, 779 (781f.).

[35] *Koenig/Kühling* NJW 2000, 1065 (1067); EuGH Urt. v. 14.9.1994 – C-278/92 bis C-280/92, Slg. 1994 I-4103 = BeckRS 2004, 75925 Rn. 22 – Spanien/Kommission; EuG Urt. v. 21.1.1999 – T-129/95, T-2/96 und T-97/96, Slg. 1999, II-17 = BeckRS 1999, 55045 Rn. 119 – Neue Maxhütte Stahlwerke und Lech-Stahlwerke/Kommission.

staatlichen Investors zugelassen, die ein privater Investor auch anstellen könnte und würde.[36] Die Berücksichtigung von weitergehenden Gesamtrentabilitätsüberlegungen, die im Sinne einer allgemeinen Standortpolitik auch andere Kosten oder Geldeinnahmen (zB der Arbeits- oder Steuerverwaltung) mit einbeziehen, ist dagegen nicht zugelassen.

12 Aus der veröffentlichten Entscheidungspraxis der Kommission ergibt sich, dass die Kommission diese Privatisierungsgrundsätze nicht immer strikt angewendet hat.[37] Es sind sowohl Fälle zu registrieren, in denen die Kommission diese Grundsätze mit besonderer Schärfe angewandt hat, als auch umgekehrt Fälle, in denen die Kommission den Mitgliedstaaten einen größeren Spielraum belassen hat.[38] In den Entscheidungen **„Gröditzer Stahlwerke"**[39] und **„Stardust Marine"**[40] wertet die Kommission einen Unternehmensverkauf, bei welchem neben einem angemessenen Kaufpreis auch andere Kriterien bei der Auftragsvergabe zugrunde gelegt werden wie die Verpflichtung zur Erhaltung/Schaffung von Arbeitsplätzen, Investitionen uä als nicht offen, intransparent und nicht bedingungsfrei. Zudem wurde beanstandet, dass der Zuschlag auf das Angebot eines vom Veräußerer über den Verkauf informierten Bieters erteilt worden ist und damit das deutlich höhere Angebot eines Bieters, der sich eigeninitiativ beteiligt hatte, keine Berücksichtigung fand.

13 Wenig später wurde jedoch die Tatsache, dass das Veräußerungsvorhaben lediglich in zwei nationalen Zeitungen veröffentlicht wurde und zudem der Verkauf an Bedingungen wie Arbeitsplatzsicherung, Standortbeibehaltung, Rohstoffbezug und Unternehmensplan geknüpft wurde nicht als Beihilfe qualifiziert, da der erzielte Kaufpreis im Ergebnis deutlich über dem gutachterlich ermittelten Wert (42%) lag.[41] Die Kommission ging mit dieser **funktionalen Betrachtung** sogar so weit, dass sie es als beihilferechtlich unbeachtlich ansah, dass überhaupt keine Ausschreibung stattfand, die Veräußerer aber glaubhaft machen konnten, dass alle interessierten Unternehmen von der geplanten Privatisierung Kenntnis hatten.[42] Aus diesen Entscheidungen ergibt sich jedoch auch, dass die Kommission bei der Bewertung von Bieterverfahren, in denen neben dem Kaufpreisangebot auch weitere Zusagen (Arbeitsplätze, Standortsicherung etc.) in den Auswahlprozess eingeflossen sind, Wert darauf legt, dass diese Zusagen in der gesamtwirtschaftlichen Bewertung des Gebots eine geringe Bedeutung haben, sodass der **Nominalkaufpreis** weiterhin als **ausschlaggebendes Zuschlagskriterium** qualifiziert werden kann.[43] Im Unterschied zu den oben dargelegten (vergabe-)primärrechtlichen Vorgaben sind Veräußerungen an einen nach Abwägung der gesamten Verkaufsumstände „Bestbietenden", der nicht mit dem Meistbietenden identisch ist, unter beihilfenrechtlichen Gesichtspunkten angreifbar.

14 Mit der Entscheidung zur Veräußerung der **„Bank Burgenland"**, hat die Kommission ihre Privatisierungsgrundsätze aus dem Jahr 1993 noch einmal bestätigt und ein Beihilfeprüfverfahren gegen Österreich eingeleitet.[44] Die Bank war zuvor an eine „bestbietende"

---

[36] *Prieß/Gabriel* NZBau 2007, 617 (620).

[37] *Prieß/Gabriel* NZBau 2007, 617 (620).

[38] EU-Komm. Entscheidung v. 11.4.2000 – K(2000) 1173, ABl. v 19.10.2000, Nr. L 265/15 – Centrale del Latte di Roma; EU-Komm. Entscheidung v. 8.9.1999 – 2000/513/EG, ABl. v. 15.8.2000. Nr. C 206 S. 6 – Stardust Marine/France; EU-Komm. Entscheidung v. 8.7.1999 – K(1999) 2264, ABl. v. 13.11.1999 Nr. L 292 S. 27 – Gröditzer Stahlwerke; EU-Komm., Presseerklärung v. 5.6.2002 – IP/02/818 – KSG; EU-Komm., Entscheidung über die Staatliche Beihilfe Nr. C 264/2002 – London Underground.

[39] EU-Komm., Entscheidung v. 8.7.1999 – K(1999) 2264, ABl. v. 13.11.1999 Nr. L 292 S. 27 – Gröditzer Stahlwerke; bestätigt v. EuGH Urt. v. 28.1.2003 – C-334/99, Slg. 2003, I-1139 – Deutschland/Kommission.

[40] EU-Komm., Entscheidung v. 8.9.1999 – 2000/513/EG, ABl. v. 15.8.2000. Nr. C 206 S. 6 Rn. 63ff. – Stardust Marine/France.

[41] EU-Komm., Entscheidung v. 11.4.2000 – K(2000) 1173, ABl. v 19.10.2000, Nr. L 265/15 – Centrale del Latte di Roma.

[42] EU-Komm., Presseerklärung v. 5.6.2002 – IP/02/818 – KSG.

[43] *Prieß/Gabriel* NZBau 2007, 617 (620); idS auch Mitt. der Kommission: Bekanntmachung der Kommission zum Begriff der staatlichen Beihilfe iSd Art. 107 Abs. 1 AEUV, ABl. v. 19.7.2016, Nr. C 262 S. 1 Rn. 95.

[44] EU-Komm., Entscheidung über die Staatliche Beihilfe Nr. C 56/06 (ex NN 77/06) – 2007/C 28/05, ABl. v. 8.2.2007, Nr. C 28/8 Rn. 61 – Bank Burgenland; Besprechungen der Entscheidung siehe *Prieß/Gabriel* NZBau 2007, 617ff.; *Kümmritz* Privatisierung öffentlicher Unternehmen, 2009, 55ff.

österreichische Versicherungsgesellschaft (für 100,3 Mio. EUR) veräußert worden, obwohl ein ukrainisch-österreichisches Konsortium – das in der letzten Phase der Ausschreibung der einzige andere Bieter war – einen deutlich höheren Kaufpreis (155 Mio. EUR) geboten hatte. Im Einzelnen beanstandete die Kommission neben der Verfahrensführung[45] die vom Land zugrunde gelegten (für Privatisierungs-/Beteiligungsveräußerungsverfahren typischen) Bewertungskriterien[46]. Die gegen diese Entscheidung der Kommission erhobenen Nichtigkeitsklagen hatten weder in erster Instanz vor dem EuG[47] noch in zweiter Instanz vor dem EuGH[48] Bestand. Für den hier gegenständlichen Kontext – der aus beihilferechtlicher Perspektive rechtssicheren Veräußerung öffentlicher Vermögensgegenstände – ergeben sich sowohl aus der Kommissionsentscheidung als auch aus der Behandlung durch die europäischen Gerichte in mehrfacher Hinsicht wichtige Anhaltspunkte.

So hat eine solche Veräußerung nach Auffassung der Kommission im Rahmen eines **offenen, transparenten, bedingungsfreien und nichtdiskriminierenden Verfahrens** zu erfolgen.[49] Das bestätigt der EuGH gestützt auf die Entscheidungen des EuG und führt aus, dass dann, wenn die öffentliche Hand ein ihr gehörendes Unternehmen im Wege eines offenen, transparenten und bedingungsfreien Ausschreibungsverfahrens verkaufe, vermutet werden könne, dass der Marktpreis dem höchsten Angebot entspreche.[50] Unter der Voraussetzung, dass zunächst festgestellt wurde, ob das jeweilige Angebot verpflichtend und verlässlich sei, und es darüber hinaus nicht gerechtfertigt ist, andere wirtschaftliche Faktoren als den Preis zu berücksichtigen, könne die Kommission nicht verpflichtet werden, sich zum Zweck der Überprüfung des Marktpreises anderer Mittel, wie etwa unabhängiger Gutachten, zu bedienen.[51] Einem Bietverfahren wird damit ein grundsätzlicher Vorrang gegenüber sonstigen Methoden zur Wertermittlung eingeräumt.[52] 15

Hinsichtlich der **Gestaltung solcher Ausschreibungsverfahren** ist insbesondere bemerkenswert, dass die Kommission in dem in Rede stehenden Fall zum ersten Mal offensichtlich Maßstäbe ansetzt und sich an Verfahrensmaximen zu orientieren scheint, die typischerweise im Rahmen von förmlichen (EU/GWB-)Vergabeverfahren gelten (zB Bekanntgabe der Bewertungskriterien einschließlich deren Gewichtung zu Beginn des Verfahrens, keine Heranziehung neuer, nicht bekannt gemachter Kriterien)[53]. Zu berücksichtigen ist jedoch die der Kommissionsentscheidung zugrunde liegende Wertung, dass die Veräußerung von Vermögensgegenständen der öffentlichen Hand grundsätzlich an den **„Meistbieter"** zu erfolgen hat. Eine Veräußerung an den „Bestbieter" ist beihilferechtlich nur dann statthaft, wenn ein privates Unternehmen ebenfalls an diesen veräußert hätte. Für diesen Umstand ist im konkreten Einzelfall der Veräußerer beweisbelastet.[54] Für die 16

[45] EU-Komm., Entscheidung über die Staatliche Beihilfe Nr. C 56/06 (ex NN 77/06) – 2007/C 28/05, ABl. v. 8.2.2007, Nr. C 28/8 Rn. 66 – Bank Burgenland.

[46] EU-Komm., Entscheidung über die Staatliche Beihilfe Nr. C 56/06 (ex NN 77/06) – 2007/C 28/05, ABl. v. 8.2.2007, Nr. C 28/8 Rn. 24, 67 – Bank Burgenland.

[47] EuG Urt. v. 28.2.2012 – T-282/08, ECLI:EU:T:2012:91 = BeckRS 2012, 80427 – Grauer Wechselseitige Versicherung/Kommission; EuG Urt. v. 28.2.2012 – T-268/08 und T-281/08, ECLI:EU:T:2012:90 = BeckRS 2012, 80426 – Land Burgenland und Österreich/Kommission.

[48] EuGH Urt. v. 24.10.2013 – C-214/12 P, C-215/12 P und C-223/12 P, ECLI:EU:C:2013:682 = EuZW 2014, 36 – Land Burgenland/Kommission.

[49] *Prieß/Gabriel* NZBau 2007, 617 (620).

[50] EuGH Urt. v. 24.10.2013 – C-214/12 P, C-215/12 P und C-223/12 P, ECLI:EU:C:2013:682 = EuZW 2014, 36 Rn. 94 – Land Burgenland/Kommission.

[51] EuGH Urt. v. 24.10.2013 – C-214/12 P, C-215/12 P und C-223/12 P, ECLI:EU:C:2013:682 = EuZW 2014, 36 Rn. 95 – Land Burgenland/Kommission. Vgl. auch EuG Urt. v. 19.6.2019 – T-373/15, ECLI:EU:T:2019:432 = BeckRS 2019, 11608 Rn. 135 – Ja zum Nürburgring/Kommission (anhängig beim EuGH unter dem Aktenzeichen C-647/19 P).

[52] *Soltész* EuZW 2013, 134 (135).

[53] EU-Komm., Entscheidung über die Staatliche Beihilfe Nr. C 56/06 (ex NN 77/06) – 2007/C 28/05, ABl. v. 8.2.2007, Nr. C 28/8 Rn. 68, 69 – Bank Burgenland.

[54] EuGH Urt. v. 24.10.2013 – C-214/12 P, C-215/12 P und C-223/12 P, ECLI:EU:C:2013:682 = EuZW 2014, 36 Rn. 96ff. – Land Burgenland/Kommission. Dazu *Soltész* EuZW 2014, 89 (90).

Auswahl der Bewertungskriterien und deren Gewichtung stellt dieser Umstand ein unbedingt zu berücksichtigendes beihilferechtliches Spezifikum dar.

17 Die vorstehenden Erwägungen bezüglich der grundsätzlichen Funktion eines an vergaberechtlichen Grundsätzen orientierten Auswahlverfahrens hat der EuGH im Zusammenhang mit der Veräußerung eines landwirtschaftlichen Grundstücks erneut bestätigt.[55] Dabei stellte der Gerichtshof jedoch zugleich fest, dass ein Ausschreibungsverfahren nicht zur Ermittlung des tatsächlichen Marktpreises geeignet ist, wenn das **Höchstgebot** offensichtlich einen spekulativen Charakter hat und deshalb **weit überhöht** ist.[56] In Konsequenz stelle es keine nach Art. 107 Abs. 1 AEUV verbotene Beihilfe dar, wenn die zuständige Behörde die erforderliche Genehmigung des Verkaufs untersagt, sodass ggf. einem niedrigeren Angebot der Zuschlag erteilt wird.[57]

18 Sowohl die Praxis der Kommission als auch die Rechtsprechung des EuGH verdeutlichen im Ergebnis gleichwohl, dass die Durchführung transparenter, strukturierter und diskriminierungsfreier Ausschreibungsverfahren als vorzugswürdiger Weg angesehen werden kann, um einen Beihilfeverdacht im Zusammenhang mit Veräußerungsgeschäften der öffentlichen Hand von vornherein auszuschließen. Dass ein Ausschreibungsverfahren im Einzelfall zu überhöhten Preisen führen kann, ist aus beihilferechtlicher Perspektive grundsätzlich unbeachtlich.

[55] EuGH Urt. v. 16.7.2015 – C-39/14, ECLI:EU:C:2015:470 = BeckRS 2015, 80927 Rn. 32f – BVVG.

[56] EuGH Urt. v. 16.7.2015 – C-39/14, ECLI:EU:C:2015:470 = BeckRS 2015, 80927 Rn. 41 – BVVG. Dazu *Illgner* NVwZ 2015, 750f.; *Heinrich* EuZW 2015, 752ff. Diese Rechtsprechung ausführlich wiedergebend BGH Beschl. v. 27.4.2018 – BLw 3/17 = NJW-RR 2018, 848.

[57] Es stellt eine Besonderheit des entscheidungsgegenständlichen Falles dar, dass ein solches Vorgehen in Bezug auf land- und forstwirtschaftliche Grundstücke nach § 9 Abs. 1 Nr. 3 GrdstVG ausdrücklich gesetzlich vorgesehen ist.

§ 85 Vorbereitung und Durchführung primärrechtlicher Bieterverfahren

Übersicht

Literatur:

Bauer, Das Bietverfahren im EG-Beihilfenrecht bei der übertragenden Sanierung rechtswidrig begünstigter Unternehmen, EuZW 2001, 748; *Berstermann/Petersen,* Der Konzern im Vergabeverfahren – Die Doppelbeteiligung auf Bewerber-/Bieterseite und aufseiten der Vergabestelle sowie die Möglichkeiten von „Chinese Walls“, VergabeR 2006, 740; *Braun,* Anmerkung zu EuG, Urt. v. 20.5.2010 – T-258/06, VergabeR 2010, 614; *Braun,* Besprechung der Mitteilung der Kommission zum Vergaberecht, EuZW 2006, 683; *Burgi,* Die Vergabe von Dienstleistungskonzessionen: Verfahren, Vergabekriterien, Rechtsschutz, NZBau 2005, 610; *Eggers/Malmendier,* Strukturierte Bieterverfahren der öffentlichen Hand, Rechtliche Grundlagen, Vorgaben an Verfahren und Zuschlag, Rechtsschutz, NJW 2003, 780; *Frenz,* Unterschwellenvergaben, VergabeR 2007, 1; *Gabriel,* Die Kommissionsmitteilung zur öffentlichen Auftragsvergabe außerhalb der EG-Vergaberichtlinien, NVwZ 2006, 1262; *Guarrata/Wagner,* Das Verhältnis von Vergabe- und Beihilferecht – Best Friends – Faux amis, NZBau 2018, 443; *Hausmann,* Ausschreibung von Dienstleistungskonzessionen – Chancen und Risiken –, VergabeR 2007, 325; *Koenig/Kühling,* Diskriminierungsfreiheit, Transparenz und Wettbewerbsoffenheit des Ausschreibungsverfahrens – Konvergenz von EG-Beihilfenrecht und Vergaberecht, NVwZ 2003, 779; *Prieß/Gabriel,* M&A-Verfahrensrecht – EG-rechtliche Verfahrensvorgaben bei staatlichen Beteiligungsveräußerungen, NZBau 2007, 617; *Prieß/Simonis,* Die künftige Relevanz des Primärvergabe- und Beihilfenrechts – Ein Zwischenruf, NZBau 2015, 731; *Schneevogl,* Grenzen der Transparenzpflicht öffentlicher Auftraggeber bei Bekanntgabe von Zuschlagskriterien, NZBau 2017, 262; *Schnieders,* Die kleine Vergabe, DVBl 2007, 287; *Wollenschläger,* Das EU-Vergaberegime für Aufträge unterhalb der Schwellenwerte, NVwZ 2007, 388.

A. Einleitung

Mit der Beantwortung der Frage, wie strukturierte primärrechtliche Bieterverfahren rechtssicher vorzubereiten und durchzuführen sind, wird der öffentliche Auftraggeber bzw. der staatliche Veräußerer oder andere rechtsgeschäftlich tätig werdende staatliche Stellen vom europäischen Gesetzgeber weitestgehend allein gelassen – zumindest was die Vorgaben an die unterschiedlichen Verfahrensschritte im Einzelnen angeht. Ein Blick in die Grundfreiheiten bzw. die Art. 107 ff. AEUV hilft hier nicht weiter. Lediglich aus der „Unterschwellenmitteilung“ der Kommission ergeben sich einige Anforderungen für die Auftragsvergabe.[1] Diese ist jedoch im Hinblick auf die sich insgesamt aus dem Unionsrecht ergebenden und zu beachtenden Vorgaben nicht abschließend. Die praktische Schwierigkeit der Auftraggeber bei der Masse der öffentlichen Auftragsvergaben im unterschwelligen, richtlinienfreien Bereich[2] besteht darin, ein den **primärrechtlichen Anforderungen gerecht werdendes Verfahren** durchzuführen, welches aber zugleich auch die **beihilferechtlichen Anforderungen** erfüllt. 1

[1] Auszug abgedruckt in → § 82 Anhang 1.
[2] *Braun* VergabeR 2010, 614 (615); *Frenz* VergabeR 2007, 1 (3).

B. Ablauf eines primärrechtlichen strukturierten Bieterverfahrens unter Berücksichtigung beihilferechtlicher Belange

2 Aus dem europäischen Primärrecht, namentlich den Grundfreiheiten, ergibt sich gerade kein Verfahrenstypenzwang[3], dh die Pflicht einer förmlichen Ausschreibung für die Vergabe eines öffentlichen Auftrags oder den Abschluss eines grundfreiheitlich relevanten sonstigen Rechtsgeschäfts.[4] Gleichzeitig betont der EuGH gleichwohl die Pflicht eines öffentlichen Auftraggebers, zu Gunsten potentieller Bieter ein angemessenes Maß an Öffentlichkeit sicherzustellen.[5] Obwohl die Auswahl der konkreten Maßnahmen zur Erfüllung der Anforderungen des europäischen Primärrechts an strukturierte Bieterverfahren damit insbesondere im Hinblick auf die Grundsätze der Gleichbehandlung und Transparenz in einem gewissen Maße in das Ermessen der Mitgliedstaaten gestellt ist,[6] bietet sich aus Gründen der Rechtssicherheit und Praktikabilität eine **Verfahrensgestaltung** an, die sich grundsätzlich an den Hinweisen der Kommission in der **Mitteilung zu „Unterschwellenvergaben"**, sowie der einschlägigen **Rechtsprechung des EuGH** orientiert. Gleichzeitig sind diesbezüglich ebenfalls beihilferechtliche Verfahrensvorgaben in den Blick zu nehmen, woraus sich letztlich folgende grundsätzliche Bieterverfahrensgestaltung ergibt:

3 Zunächst ist eine Bekanntmachung mit der Aufforderung zur Einreichung von Interessenbekundungen zu veröffentlichen. In einem zweiten Schritt sind die eingereichten Interessenbekundungen zu prüfen und im Rahmen eines diskriminierungsfreien Auswahlverfahrens der Verhandlungspartner zu bestimmen. Sodann wird mit dem auf diesem Wege ausgewählten Bieter in Verhandlungen eingetreten, an deren Ende der Vertragsabschluss steht.

I. Anforderungen an die Bekanntmachung

4 Zur Wahrung der unionsrechtlichen Mindestanforderungen im Hinblick auf die Gleichbehandlung/Nichtdiskriminierung interessierter Unternehmen sowie die Transparenz und Publizität des Verfahrens ist zunächst eine Bekanntmachung der beabsichtigten Auftragsvergabe zu veröffentlichen.[7] Das geschieht am zweckmäßigsten im Wege einer **Anzeige in der überregionalen Fachpresse,** ggf. auch einer Veröffentlichung im **Amtsblatt der Europäischen Union,** wobei hier inzwischen eine recht restriktive Haltung (keine Veröffentlichung von Vergaben außerhalb des Anwendungsbereichs des Vergaberechts) eingenommen wird. Eine Bekanntmachung in der nationalen Fachpresse sollte ausreichend sein, soweit dadurch gewährleistet ist, dass auch Interessenten aus anderen Mitgliedstaaten in zumutbarer Weise von der Veröffentlichung Kenntnis erlangen können. Zu berücksichtigen bleibt dabei jedoch, dass in einer Arbeitsunterlage der Kommissionsdienststelle aus dem Jahr 2014 hinsichtlich der Anforderungen an die Publizität bei der Privatisierung staatseigener Unternehmen mittels Bieterverfahren gefordert wird, dass die Ausschreibung **über einen längeren Zeitraum** in der nationalen Fachpresse und/oder sonstigen geeigneten Veröffentlichungen bekannt gemacht wird.[8] Aus beihilferechtlicher Perspektive ist ferner zu beachten, dass die Kommission in ihrer Bekanntmachung zum Begriff der staatlichen Beihilfe fordert, dass die Bekanntmachung zudem **so** zu erfolgen hat, **dass alle po-**

[3] *Kühling/Huerkamp* NVwZ 2009, 557 (559).
[4] EuGH Urt. v. 21.7.2005 – C-231/03, Slg 2005, I-7287 = NVwZ 2005, 1052 Rn. 21 – Coname.
[5] EuGH Urt. v. 13.10.2005 – C-458/03, Slg. 2005, I-8585 = NVwZ 2005, 1407 Rn. 49 – Parking Brixen; EuGH Urt. v. 7.12.2000 – C-324/98, Slg. 2000, I-10745 = NZBau 2001, 148 Rn. 62 – Telaustria.
[6] Vgl. EuGH Urt. v. 23.12.2009 – C-376/08, Slg. 2009, I-12169 = NZBau 2010, 261 Rn. 31 – Serrantoni.
[7] *Kristoferitsch* EuZW 2006, 428 (430); *Dietlein* NZBau 2004, 472 (474); *Eggers/Malmendier* NJW 2003, 780 (784); *Koenig/Kühling* NVwZ 2003, 779 (783).
[8] Arbeitsunterlage der Kommissionsdienststellen, Leitfaden zur beihilfenkonformen Finanzierung, Umstrukturierung und Privatisierung staatseigener Unternehmen v. 10.2.2012, swd (2012) 14.

tentiellen Bieter Kenntnis erlangen (können), **wobei der notwendige Grad an Öffentlichkeit von den Merkmalen der jeweiligen Vermögenswerte, Waren und Dienstleistungen abhängig ist.** Bei Vermögenswerten, Waren und Dienstleistungen, die aufgrund ihres hohen Wertes oder anderer Merkmale für europa- oder weltweit tätige Bieter von Interesse sein können, sollten diese **so** ausgeschrieben werden, **dass potentielle Bieter, die europa- oder weltweit tätig sind**, darauf **aufmerksam werden** (können).[9] Insoweit die Kommission früher für die **Veräußerung öffentlicher Grundstücke** forderte, dass neben einer Veröffentlichung des Auftrags dieser auch durch einen europaweit bzw. international tätigen Makler bekanntzumachen war[10], wurde dieses Erfordernis mit Aufhebung der Mitteilung zur Grundstücksveräußerung durch die Mitteilung zum Begriff der staatlichen Beihilfe aufgegeben.[11]

Diese Bekanntmachung – bzw. eine die Bekanntmachung ergänzende Verfahrensunterlage – muss eine ausreichend ausführliche Beschreibung des zu vergebenden Auftrags bzw. Angaben zu dem jeweiligen Veräußerungsgegenstand enthalten. Erforderlich ist eine **diskriminierungsfreie Beschreibung des Auftragsgegenstands,** um zu verhindern, dass ausländische Bieter direkt oder indirekt durch Anforderungen an Produktion, Herkunft von Produkten oder ähnlichem benachteiligt werden. Dabei ist eine unzureichende Präzisierung der sachlich-technischen Anforderungen grundsätzlich nicht von Belang. Denn werden diese nicht oder nur unzureichend vorgegeben, so haben alle Interessenten unabhängig von ihrer Herkunft dennoch die gleichen Bedingungen zur Angebotserstellung.[12] Bei der Zulassung von Nebenangeboten gilt nach der jüngeren nationalen Rechtsprechung, dass inhaltlich-auftragsbezogene Mindestanforderungen entsprechend den sekundärrechtlichen Vorgaben nicht in den Ausschreibungsunterlagen enthalten sein müssen. Es ist ausreichend, wenn die Möglichkeit der Alternativausführungen vorgesehen ist und vorgegeben wird, dass diese eindeutig und erschöpfend zu beschreiben sind und alle Leistungen erfasst sein müssen, die zur ordnungsgemäßen Auftragserfüllung erforderlich sind.[13] Aus Gründen der Verhältnismäßigkeit müssen präzisere Angaben in inhaltlicher bzw. leistungsbezogener Hinsicht vom Auftraggeber jedenfalls im Unterschwellenbereich nicht gemacht werden.[14] 5

Ferner sollte die Bekanntmachung eine **angemessene Frist für den Eingang von Interessenbekundungen** interessierter Unternehmen – ggf. unter Anforderung im Einzelnen benannter Eignungsnachweise – setzen sowie die Kriterien für die Bewertung der Interessenbekundungen enthalten. Soweit es aus Gründen der Praktikabilität geboten ist, kann der Interessentenkreis durch eine Vorauswahl anhand dieser Kriterien eingeschränkt werden,[15] wobei eine gewisse Steuerungswirkung durch die Festlegung von – gleichwohl transparenten und nichtdiskriminierenden – Eignungskriterien erzielt werden kann. Da öffentlichen Auftraggebern im förmlicheren Vergaberecht im Rahmen der Eignungsprüfung ein weitgehender Beurteilungs- und Ermessensspielraum zusteht,[16] kann für Verfahren nach lediglich primärrechtlichen Vorgaben nichts anders gelten. Neue, nicht bereits von 6

[9] Mitt. der Kommission: Bekanntmachung der Kommission zum Begriff der staatlichen Beihilfe iSd Art. 107 Abs. 1 AEUV, ABl. v. 19.7.2016, Nr. C 262 S. 21 Nr. 91; EU-Komm., Entscheidung v. 12.7.2000 – K(2000) 2183, ABl. v. 15.1.2002, Nr. L 12/1 Rn. 140 – Scott Paper SA/Kimberly-Clark.

[10] EU-Komm., Entscheidung v. 12.7.2000 – K(2000) 2183, ABl. v. 15.1.2002, Nr. L 12/1 Rn. 140 – Scott Paper SA/Kimberly-Clark.

[11] Vgl. hierzu Mitt. der Kommission: Bekanntmachung der Kommission zum Begriff der staatlichen Beihilfe iSd Art. 107 Abs. 1 AEUV, ABl. v. 19.7.2016, Nr. C 262 S. 50 Nr. 229.

[12] BGH Beschl. v. 30.8.2011 – X ZR 55/10, NZBau 2012, 46.

[13] BGH Beschl. v. 30.8.2011 – X ZR 55/10, NZBau 2012, 46 Rn. 17.

[14] BGH Beschl. v. 30.8.2011 – X ZR 55/10, NZBau 2012, 46 Rn. 20.

[15] Die hierbei zu beachtenden primärrechtlichen Verfahrensanforderungen im Hinblick auf das Verfahren der Auswahl der Interessenten werden von der Kommission wie folgt zusammengefasst: „Gleicher Zugang für Wirtschaftsteilnehmer aus allen Mitgliedstaaten […]" und „Begrenzung der Zahl der Bewerber, die zur Abgabe eines Angebots aufgefordert werden […]", vgl. Mitt. der Kommission zur „Unterschwellenvergabe", ABl. v. 1.8.2006, Nr. C 179 S. 5 Ziff. 2.2.1. und 2.2.2.

[16] Hierzu MüKoWettbR/*Hölzl* GWB § 122 Rn. 34, 36; *Prieß* VergabeR-HdB S. 260f.

Anfang an genannte Gesichtspunkte dürfen allerdings später bei der Bewertung nicht berücksichtigt werden.[17] Weitergehend bietet sich ein Hinweis in der Bekanntmachung an, dass es sich bei dem Bieterverfahren nicht um ein Vergabeverfahren nach EU/GWB-Vergaberecht iSd §§ 97ff. GWB handelt. Zudem sollte der weitere **Ablauf des strukturierten Bieterverfahrens erläutert** werden.

7 Die potentiellen Bieter sollten bereits durch die Bekanntmachung genügend Angaben erhalten, um eine Interessenbekundung abgeben und sich ein Bild vom weiteren Verfahren machen zu können.[18] Detailliertere Informationen zum nachfolgenden Verfahren können den (ausgewählten) Interessenten nach Bewertung der Interessenbekundungen in einem gesonderten Verfahrensbrief – ggf. gemeinsam mit einer vor einer etwaigen Due Diligence und weiteren Verhandlungen abzugebenden Vertraulichkeitserklärung – übersandt werden.

II. Fristvorgaben

8 Weder aus dem europäischen Primärrecht noch aus der Mitteilung „Unterschwellenvergabe"[19] ergeben sich konkrete Fristvorgaben. Es bleibt also dem öffentlichen Auftraggeber unbenommen, entsprechende Vorgaben festzulegen. Wichtig ist lediglich, dass die **Fristen so bestimmt** werden, dass die **unionsrechtlichen Mindestanforderungen** im Hinblick auf die Gleichbehandlung/Nichtdiskriminierung interessierter Unternehmen sowie die Transparenz des Verfahrens **gewährleistet** sind. Denn interessierte Bewerber können etwaige diskriminierende Wirkungen geltend machen, falls sie in der vorgegebenen Zeit nicht in der Lage sind, die geforderten Nachweise zu erbringen oder Angebote auszuarbeiten. Denkbar wäre beispielsweise, bezüglich der Frist für Interessenbekundungen auf die 30 bzw. 35-tägige Frist abzustellen, wie sie für Angebote bzw. Teilnahmeanträge im offenen bzw. nichtoffenen Verfahren, zur Vergabe eines dem Sekundärvergaberecht unterfallenden öffentlichen Auftrags, vorgesehen ist. Auch der EuGH stellte bislang zur Bestimmung einer angemessenen Frist auf die Vorgaben der europäischen Vergaberichtlinien als Bezugsrahmen ab.[20] Eine Orientierung an diesen Vorgaben ist zwar nicht in jedem Fall zwingend geboten, da für lediglich primärrechtlichen Mindestanforderungen unterliegenden Verfahren jedenfalls keine strengeren Vorgaben als im förmlichen Vergaberecht gelten können.[21] Dementsprechend sind grundsätzlich auch kürzere Fristen denkbar, sofern der geforderte Inhalt und Umfang der mit der Interessenbekundung einzureichenden Unterlagen den vorgegebenen Zeitraum nicht unangemessen kurz erscheinen lässt. Zu beachten ist jedoch, dass eine Frist von lediglich zwei Wochen vom EuGH bereits als zu kurz qualifiziert worden ist.[22]

III. Prüfung der Interessenbekundungen und diskriminierungsfreie Auswahl der Verhandlungspartner

9 Nach Ablauf der Frist für den Eingang der Interessenbekundungen sind diese daraufhin zu überprüfen, ob sie form- und fristgerecht sowie im Hinblick auf ggf. geforderte Eignungs-

---

[17] EU-Komm., Entscheidung über die Staatliche Beihilfe Nr. C 56/06 (ex NN 77/06) – 2007/C 28/05, ABl. v. 8.2.2007, Nr. C 28/8 Rn. 68 – Bank Burgenland; MüKoWettbR/*Hölzl* GWB § 122 Rn. 24, 36.

[18] Ebenso Mitt. der Kommission zur „Unterschwellenvergabe", ABl. v. 1.8.2006, Nr. C 179 S. 5 Ziff. 2.1.3.

[19] Mitt. der Kommission zur „Unterschwellenvergabe", ABl. v. 1.8.2006, Nr. C 179 S. 5 Ziff. 2.2.1. aE: „Die Fristen für Interessensbekundungen und für die Angebotsabgabe müssen so lang sein, dass Unternehmen aus anderen Mitgliedstaaten eine fundierte Einschätzung vornehmen und ein Angebot erstellen können."

[20] EuGH Urt. v. 17.12.2015 – C-25/14 und C-26/14, ECLI:EU:C:2015:821 = EuZW 2016, 277 Rn. 45 – UNIS.

[21] So auch sinngemäß BeckOK VergabeR/*Friton*, 13. Ed. 15.4.2017, Einl. zum GWB Rn. 69.

[22] EuGH Urt. v. 17.12.2015 – C-25/14 und C-26/14, ECLI:EU:C:2015:821 = EuZW 2016, 277 Rn. 45 – UNIS.

nachweise vollständig eingegangen sind. Auf dieser Grundlage ist dann die **Eignung der Bewerber** zu bewerten. Anschließend kann anhand der in der Bekanntmachung mitgeteilten nichtdiskriminierenden Kriterien eine Auswahl derjenigen Bewerber getroffen werden, mit denen die Verhandlungen geführt werden sollen.[23] Hierbei ist darauf zu achten, dass das Verfahren ausnahmslos objektiv, transparent und nichtdiskriminierend durchgeführt, in der Verfahrensakte **dokumentiert** wird und dass Entscheidungen **sachlich begründet** werden. Auf diese Weise wird die Einhaltung der primärrechtlichen Verfahrensvorgaben gewährleistet und nachprüfbar gemacht.[24]

In der **beihilferechtlichen Entscheidungspraxis** hat bislang keine vertiefte Auseinan- 10
dersetzung mit den bei der Erstauswahl potentieller Investoren zulässigerweise anzulegenden Kriterien stattgefunden. Die endgültige Auswahl sollte sich deshalb nach marktüblichen Maßstäben richten und muss, damit sie beihilferechtlich nicht angegriffen werden kann, nach wirtschaftlichen Kriterien (höchster Preis) erfolgen. Die Spielräume des Vergaberechts bestehen hier gerade nicht.[25]

IV. Ausschluss von Bewerbern

In den europäischen Vergaberichtlinien finden sich detaillierte Regelungen, die sich mit 11
den Voraussetzungen und dem Verfahren für den Ausschluss von Bietern und Bewerbern von der Teilnahme an einem Vergabeverfahren befassen.[26] Für den Bereich der Auftragsvergabe außerhalb des Richtlinienvergaberechts sind diese freilich nicht einschlägig. Jedoch wurde der EuGH in der jüngeren Vergangenheit mehrfach mit dem Ausschluss von Verfahrensteilnehmern von Auswahlverfahren, die lediglich den Vorgaben des Primärrechts unterliegen, befasst, woraus sich jedenfalls Anhaltspunkte für die aus den Binnenmarktgrundfreiheiten abgeleiteten Vorgaben für einen Teilnehmerausschluss ableiten lassen. Grundsätzlich gilt, dass der Ausschluss eines Wirtschaftsteilnehmers von der Teilnahme an einem Vergabeverfahren eine **Beschränkung des Wettbewerbs** darstellt.[27] Schließlich wird dadurch in gewissem Maße verhindert, dass sich möglichst viele Wirtschaftsteilnehmer an dem jeweiligen Auswahlverfahren beteiligen. Eine solche Beschränkung kann jedoch gerechtfertigt sein, wenn sie ein **legitimes Ziel des Allgemeininteresses** verfolgt und soweit sie den Verhältnismäßigkeitsgrundsatz wahrt, dh geeignet ist, den angestrebten Zweck zu erreichen und zu gewährleisten, und nicht über das hinausgeht, was hierzu erforderlich ist.[28] Dabei kann zur Bestimmung, ob ein Ausschluss im Einzelfall als verhältnismäßig angesehen werden kann, auf die in den Vergaberichtlinien normierten Ausschlussgründe zurückgegriffen werden. In diesem Zusammenhang lässt sich der Entscheidung des EuGH entnehmen, dass bei einer Auftragsvergabe, die lediglich Vorgaben des europäischen Primärrechts unterliegt, nicht verboten sein kann, was im Anwendungsbereich des strengen Richtlinienvergaberechts erlaubt ist.[29] Das hat der EuGH in einer nachfolgenden Entscheidung in der Rechtssache „Generali" noch einmal ausdrücklich bestätigt.[30] Im Ergebnis kann unter der Geltung des Vergabeprimärrechts regelmäßig jeder Verfahrensteilnehmer ausgeschlossen werden, dessen Ausschluss auch nach dem Richtlinienvergaberecht

---

[23] *Eggers/Malmendier* NJW 2003, 780 (784).

[24] Mitt. der Kommission zur „Unterschwellenvergabe", ABl. v. 1.8.2006, Nr. C 179 S. 6 Ziffer 2.2.3. und Nr. 2.3.3.

[25] *Prieß/Simonis* NZBau 2015, 731 (733f.); MüKoWettbR/*Kühling/Huerkamp* Einl. VergabeR Rn. 32. Zum Verhältnis von Vergabe- und Beihilferecht ausführlich *Guarrata/Wagner* NZBau 2018, 443.

[26] Artt. 57ff. VRL; Art. 80 SRL; Art. 38 Abs. 7 KRL. Im GWB-Vergaberecht: § 123f. GWB.

[27] EuGH Urt. v. 10.7.2014 – C-358/12, ECLI:EU:C:2014:2063 = EuZW 2014, 738 Rn. 29 – Libor; mAnm *Gabriel/Voll* EuZW 2014, 738.

[28] EuGH Urt. v. 10.7.2014 – C-358/12, ECLI:EU:C:2014:2063 = EuZW 2014, 738 Rn. 31 – Libor mit Verweis auf EuGH Urt. v. 23.12.2009 – C-376/08, Slg. 2009, I-12169 = NZBau 2010, 261 Rn. 44 – Serrantoni.

[29] So bereits *Gabriel/Voll* EuZW 2014, 740 (741); *Neun/Otting* EuZW 2015, 453 (457).

[30] EuGH Urt. v. 18.12.2014 – C-470/13, ECLI:EU:C:2014:2469 = NZBau 2015, 569 Rn. 36 – Generali.

zulässig wäre. Im Übrigen dürfte ein Teilnehmerausschluss aufgrund der damit verbundenen wettbewerbsbeschränkenden Wirkung nur in Ausnahmesituationen gerechtfertigt sein.

V. Die Festlegung von Bewertungskriterien

12 Bereits in der Veröffentlichung sind sämtliche als Bewertungskriterien in Betracht kommende Gesichtspunkte zu benennen. Die **im Voraus festgelegten und bekannt gemachten Gesichtspunkte/Bewertungskriterien** sind ferner im Verfahrensstadium nach Abgabe der indikativen Angebote zur Auswahl der *preferred bidder* heranzuziehen sowie im Anschluss daran zur Bewertung der von diesen Bietern abgegebenen endgültigen/endverhandelten Angebote.

Nach ständiger Rechtsprechung des EuGH soll die Verpflichtung zur Transparenz die Gefahr willkürlicher Entscheidungen des öffentlichen Auftraggebers ausschließen. Wie der Gerichtshof in einer Entscheidung aus dem Jahr 2015 festgestellt hat, würde dieses Ziel aber nicht erreicht, wenn sich der öffentliche Auftraggeber von den Bedingungen befreien könnte, die er selbst festgelegt hat. Es ist ihm daher grundsätzlich untersagt, die Zuschlagskriterien während des Vergabeverfahrens zu ändern.[31] Neue, nicht in der Veröffentlichung genannte Gesichtspunkte dürfen daher konsequenterweise ebenfalls nicht berücksichtigt werden.

1. Die Gewichtung der Bewertungskriterien

13 Während die Festlegung der Gewichtungshöhe vor allem unter beihilferechtlichen Gesichtspunkten zu erfolgen hat, ergeben sich die Vorgaben für den Zeitpunkt dieser Festlegung (zB vor oder nach Eingang/Öffnung der indikativen bzw. endgültigen/endverhandelten Angebote) im Wesentlichen aus Rückschlüssen auf die entsprechende Situation im Vergaberecht. Deshalb ergibt sich im Rahmen der Gewichtung der Bewertungskriterien (der sogenannten Bewertungsmatrix) im Einzelnen das Folgende:

14 Im Hinblick auf die **Gewichtungshöhe** der einzelnen Kriterien muss aus beihilferechtlichen Gründen die **Höhe des Kaufpreises** das maßgebliche Zuschlagskriterium darstellen.[32] Allerdings würde eine Verpflichtung, die Zuschlagsentscheidung allein anhand des Kaufpreiskriteriums zu treffen, nicht zweckmäßig sein, da auf diesem Weg beispielsweise der mit den ausgewählten Bietern jeweils erreichte endverhandelte Vertragsstand nicht berücksichtigt werden könnte und so sachlich gerechtfertigte Zielstellungen – zB auch wettbewerbs- und kartellrechtliche Erwägungen – keine Beachtung finden würden. Das bedeutet, dass auch **andere Bewertungskriterien** – insbesondere soweit sie monetarisiert werden können – Eingang in die Zuschlagsentscheidung finden können. Doch darf das ihnen im Einzelnen und insgesamt zukommende Gewicht nicht zu hoch sein. So ist es in einem Ausnahmefall denkbar, dass die Veräußerung an einen Bieter erfolgen kann, der ein preislich auf dem zweiten Platz liegendes Angebot abgegeben hat, das die inhaltlichen Zielstellungen des Veräußerers aber sehr gut umsetzt, sofern das preislich auf dem ersten Platz liegende Angebot diesen Zielstellungen deutlich schlechter entspricht und der preisliche Abstand nicht unverhältnismäßig groß ist.

15 Da es zu der Festlegung der Gewichtungshöhe der Bewertungskriterien im Rahmen strukturierter, am Primärrecht ausgerichteter Bieterverfahren bislang weder Beispielsfälle noch Präjudizien gibt, sind entsprechende Empfehlungen allerdings mit einem **deutlichen Restrisiko** verbunden. Insbesondere kann **aus beihilferechtlicher Sicht** argumentiert werden, dass eine deutlich **höhere Bewertung des Kaufpreises** geboten ist. Insofern kann es im Einzelfall empfehlenswert sein, diese Frage vorab informell mit der Europäischen Kommission zu klären. Die Kommission legt in dieser Frage strenge Maßstäbe an,

---

[31] EuGH Urt. v. 16.4.2015 – C-278/14, EU:C:2015:228 = NZBau 2015, 383 Rn. 27 – Enterprise Focused Solutions.

[32] Vgl. hierzu → § 84 Rn. 1 ff.

wie durch das Beihilfeprüfverfahrens gegen Österreich wegen des Verkaufs der „Bank Burgenland" zum Ausdruck gebracht wurde.[33] In diesem Fall hatte ein österreichischer Bieter den Zuschlag erhalten, obwohl ein Mitbewerber – ein ukrainisch-österreichisches Konsortium – rund 50 Mio. EUR mehr geboten hatte. Die Argumentation der Republik Österreich, der Zuschlag sei an den Bieter mit dem besten Gesamtangebot erfolgt, wurde von der Kommission zurückgewiesen, die die Veräußerung als beihilferechtswidrig qualifizierte, was sowohl von EuG[34] als auch von EuGH[35] bestätigt wurde. Die Behandlung des Falls „Bank Burgenland" sowohl durch die Kommission als auch durch die Rechtsprechung verdeutlicht noch einmal, dass aus Perspektive des Beihilferechts grundsätzlich an den Meistbietenden veräußert werden muss. Eine Veräußerung an den Bestbieter, der nicht zugleich den höchsten Kaufpreis bietet, ist nur ausnahmsweise zulässig, wenn auch ein privater Veräußerer in derselben Situation an diesen verkauft hätte.[36] Das ist allerdings im konkreten Einzelfall durch den Veräußerer zu beweisen.

2. Der Zeitpunkt der Festlegung der Bewertungsmatrix

Im Hinblick auf den Zeitpunkt der Festlegung der Bewertungsmatrix (Festlegung der 16
Höhe der Gewichtung für die herangezogenen Bewertungskriterien) und auch auf die Frage, ob diese Festlegung den Interessenten vor Abgabe ihrer indikativen bzw. endgültigen Angebote mitgeteilt werden muss, hält das Beihilferecht keine Vorgaben bereit. Da auch primärrechtliche Beispielsfälle oder Präjudizien bislang nicht vorliegen, können Rückschlüsse lediglich anhand der **sachverwandten Materie des Vergaberechts** gezogen werden.

Es kann mit guten Gründen vertreten werden, dass eine Pflicht zur Festlegung der Be- 17
wertungsmatrix vor Angebotsabgabe (verbunden mit einer Pflicht, den Interessenten diese Bewertungsmatrix vor Angebotsabgabe mitzuteilen) in den hier vorliegenden Fällen nicht existiert. Eine derartige Pflicht öffentlicher Auftraggeber wurde im Vergaberecht erstmals in der VKR und der SKR normiert. Nach Art. 53 Abs. 2 VKR bzw. Art. 55 Abs. 2 SKR musste eine vorherige Gewichtung der Zuschlagskriterien erfolgen und den Bietern im Rahmen der Vergabebekanntmachung oder den Verdingungsunterlagen bekannt gemacht werden. Diese Pflicht wurde zwar auch in Art. 67 Abs. 5 VRL, Art. 41 Abs. 2 KRL sowie Art. 82 Abs. 5 SRL übernommen; in den Vorgängerrichtlinien war eine vergleichbare Regelung jedoch gerade nicht vorgesehen.[37] Die hier zu beurteilende Konstellation ist vergleichbar mit der früheren vergaberechtlichen Situation, da sich **aus dem Primärrecht ebenfalls keine Vorgaben** für die Festlegung/Bekanntmachung der Bewertungsmatrix ergeben. Es gelten lediglich Mindestanforderungen im Hinblick auf die Verfahrensführung (Gleichbehandlung, Nichtdiskriminierung, Transparenz), die mit den seit jeher (dh auch zur Zeit der Vorgängerrichtlinien) im Vergaberecht geltenden Grundsätzen übereinstimmen. Daher ist von Bedeutung, dass nach der früheren vergaberechtlichen Rechtslage an-

---

[33] Vgl. hierzu vertiefend → § 84 Rn. 14; EU-Komm., Entscheidung über die Staatliche Beihilfe Nr. C 56/06 (ex NN 77/06) – 2007/C 28/05, ABl. v. 8.2.2007, Nr. C 28/8 – Bank Burgenland.

[34] EuG Urt. v. 28.2.2012 – T-282/08, ECLI:EU:T:2012:91 = BeckRS 2012, 80427 – Grauer Wechselseitige Versicherung/Kommission; EuG Urt. v. 28.2.2012 – T-268/08 und T-281/08, ECLI:EU:T:2012:90 = BeckRS 2012, 80426 – Land Burgenland und Österreich/Kommission.

[35] EuGH Urt. v. 24.10.2013 – C-214/12 P, C-215/12 P und C-223/12 P, ECLI:EU:C:2013:682 = EuZW 2014, 36 – Land Burgenland/Kommission.

[36] EuGH Urt. v. 24.10.2013 – C-214/12 P, C-215/12 P und C-223/12 P, ECLI:EU:C:2013:682 = EuZW 2014, 36 Rn. 66 ff. – Land Burgenland/Kommission. Dazu *Soltész* EuZW 2014, 89 (90).

[37] Die bis dahin einschlägigen EU-Vorschriften forderten nur die Nennung der Kriterien „möglichst" – und damit gerade nicht zwingend – in der Reihenfolge ihrer Bedeutung, vgl. Art. 26 Abs. 2 RL 93/36/EWG des Rates v. 14.6.1993 über die Koordinierung der Verfahren zur Vergabe öffentlicher Lieferaufträge (ABl. v. 9.8.1993, Nr. L 199, S. 1); Art. 30 Abs. 2 RL 93/37/EWG des Rates v. 14.6.1993 zur Koordinierung der Verfahren zur Vergabe öffentlicher Bauaufträge (ABl. v. 9.8.1993, Nr. L 199, S. 5); Art. 34 Abs. 2 RL 93/38/EWG des Rates v. 14.6.1993 zur Koordinierung der Auftragsvergabe durch Auftraggeber im Bereich der Wasser-, Energie- und Verkehrsversorgung sowie im Telekommunikationssektor (ABl. v. 9.8.1993, Nr. L 199, S. 84).

erkanntermaßen **keine** derartige **Pflicht** der Auftraggeber **zur Festlegung** (und ggf. auch Bekanntmachung) der Bewertungsmatrix **vor Angebotsabgabe** existierte. Die Rechtsprechung des EuGH bestätigt diesen Befund. Auch der EuGH hat eine solche Pflicht weder den früheren Vergaberichtlinien, noch den allgemeinen vergaberechtlichen Grundsätzen entnehmen können, sondern hat lediglich für den Fall, dass ein Auftraggeber freiwillig im Voraus eine Gewichtung der Zuschlagskriterien erstellt hat, entschieden, dass diese (ohnehin bereits vorliegende) Gewichtung den Bietern aus Gründen der Transparenz auch im Vorfeld mitgeteilt werden müsse.[38] Soweit die nationale Rechtsprechung mitunter in Anlehnung an diese Judikatur zunächst eine Pflicht zur Bekanntmachung der – durch den Auftraggeber bereits aufgestellten – Wertungsmatrizen statuiert hat, dürfte hierfür nach der EuGH-Entscheidung in der Sache TNS Dimarso kein Raum mehr sein. Der Gerichtshof urteilte, dass **der Auftraggeber nicht verpflichtet ist**, den potentiellen Bietern in der Auftragsbekanntmachung oder in den Vergabeunterlagen **die Bewertungsmethode,** die er zur konkreten Bewertung und Einstufung der Angebote anwenden wird, **zur Kenntnis zu bringen.** Der Auftraggeber müsse bei der Wertung der Angebote über einen gewissen Freiraum verfügen und dürfe somit seine Prüfung und Wertung der eingereichten Angebote strukturieren.[39]

18 Schon in einer Entscheidung, die kurz nach Inkrafttreten der EU-Vergaberichtlinien getroffen wurde, hat der EuGH seine frühere Entscheidung in Sachen „Universale-Bau AG“ noch einmal bestätigt.[40] In dieser Entscheidung ging es darum, dass ein italienischer Auftraggeber in den Vergabeunterlagen **vier Zuschlagskriterien samt Wertungsmatrix** angegeben und sich bezüglich eines dieser Zuschlagskriterien vorbehalten hatte, dessen fünf Unterkriterien nach Angebotsabgabe nach freiem Ermessen zu gewichten (dh die auf dieses Zuschlagskriterium entfallenden und vorab festgelegten 25 Punkte auf die fünf Unterkriterien nach seinem Ermessen zu verteilen). Der EuGH sah dieses Vorgehen zwar als grundsätzlich möglich an, wies allerdings darauf hin, dass es mit dem Gemeinschaftsrecht (Gleichbehandlung, Transparenz) nur dann vereinbar sei, wenn erstens hierdurch nicht die zuvor bekannt gemachten Zuschlagskriterien geändert werden, zweitens die vorherige Kenntnis der Bieter von der Gewichtung der Unterkriterien die Vorbereitung der Angebote nicht beeinflusst hätte und drittens die spätere Festlegung der Gewichtung der Unterkriterien nicht in der Absicht erfolgt sei, einzelne Bieter zu diskriminieren.[41] Danach stand auch diese Entscheidung einer Festlegung der Bewertungsmatrix nach Abgabe der Angebote nicht entgegen. Denn es wurden weder die in der Veröffentlichung bekannt gegebenen Bewertungskriterien geändert, noch sollten hierdurch einzelne Bieter diskriminiert werden. Es ist zwar lebensnah, dass die Bieter besonders hoch gewichteten Bewertungskriterien in ihren Angeboten besondere Aufmerksamkeit gewidmet hätten und insofern tatsächlich eine vorherige Kenntnis der Gewichtung „die Vorbereitung der Angebote“ beeinflussen könnte. Allerdings sprach schon zu diesem Zeitpunkt einiges dagegen, dass gerade dieser Aspekt vom EuGH als mögliche Angebotsbeeinflussung anerkannt werden könnte, da der Gerichtshof nur wenige Sätze zuvor seine Entscheidung in Sachen „Universale-Bau AG“ ausdrücklich bestätigt hatte und danach eben keine Verpflichtung zur Bekanntmachung einer vom Auftraggeber noch nicht festgelegten Bewertungsmatrix bestand. Vielmehr ist – auch unter Berücksichtigung der TNS Dimarso-Entscheidung – anzunehmen, dass es dem EuGH darauf ankommt, dass in die **Gewichtungsentschei-**

---

[38] EuGH Urt. v. 12.12.2002 – C-470/99, Slg. 2002, I-11617 = NZBau 2003, 162 Rn. 97, 100 – Universale-Bau AG; *Schneevogl* NZBau 2017, 262 (264).

[39] EuGH Urt. v. 14.7.2016 – C-6/15, ECLI:EU:C:2016:555 = NZBau 2016, 772 – TNS Dimarso; *Schneevogl* NZBau 2017, 262 (264); Beck VergabeR/*Lausen* VgV § 58 Rn. 105.

[40] EuGH Urt. v. 24.11.2005 – C-331/04, Slg. 2005, I-10109 = NZBau 2006, 193 Rn. 24 – ATI La Linea SpA.

[41] EuGH Urt. v. 24.11.2005 – C-331/04, Slg. 2005, I-10109 = NZBau 2006, 193 Rn. 26ff. – ATI La Linea SpA; diese Rechtsprechungslinie fortsetzend in EuGH Urt. v. 14.7.2016 – C-6/15, ECLI:EU:C:2016:555 = NZBau 2016, 772 Rn. 26 – TNS Dimarso. Zur TNS Dimarso-Entscheidung des EuGH ausführlich *Schneevogl* NZBau 2017, 262 (264).

dung keine (neuen) sachlichen/inhaltlichen/qualitativen Gesichtspunkte einbezogen werden, die den Bietern nicht bekannt waren. Das aber ist solange nicht der Fall, wie die Zielstellungen des Veräußerers (sowie deren Verständnis) unverändert bleiben und auch keine darüber hinausgehenden Gesichtspunkte miteinbezogen werden sollen. In diesem Zusammenhang beachtenswert ist, dass schon Generalanwalt Alber in seinen Schlussanträgen in Sachen „Universale-Bau AG" auch die – der Zwecksetzung der Vergaberichtlinien zugrunde liegenden und im vorliegenden Fall unmittelbar einschlägigen – Grundfreiheiten (Niederlassungsfreiheit und freier Dienstleistungsverkehr) ausdrücklich in seinen Erwägungen berücksichtigt hat und zu dem Ergebnis gelangte, dass auch insoweit kein Grund dafür ersichtlich sei, weshalb die Gewichtung der veröffentlichten Zuschlagskriterien im Vorfeld festgelegt und den Bietern bekannt gegeben werden müsste.[42] Auf der anderen Seite betont Generalanwalt Alber vor diesem Hintergrund die **Bedeutung des Vergabevermerks,** damit anhand dieser **Dokumentation** aller wichtigen Verfahrensschritte später ua überprüft werden kann, ob die nicht im Voraus bekannt gegebene Bewertungsmatrix diskriminierungsfrei angewendet worden ist.[43]

Diese Erwägungen zur bisherigen vergaberechtlichen Rechtslage sind übertragbar auf 19
den vorliegenden Zusammenhang, der sich allein nach primärrechtlichen Maßstäben richtet. Danach besteht **keine Pflicht zur Festlegung/Bekanntmachung der Bewertungsmatrix vor Abgabe der Angebote.** Auch in der Mitteilung „Unterschwellenvergabe" werden zwar die zu beachtenden primärrechtlichen Vorgaben sowie deren praktische Umsetzung im Einzelnen dargestellt, eine Verpflichtung zur Bekanntmachung von Wertungskriterien wird dabei aber gerade nicht erwähnt.[44] Stattdessen ist lediglich die Rede davon, dass die Auswahl der Verfahrensteilnehmer „in transparenter und diskriminierungsfreier Weise" anhand „objektiver Kriterien" erfolgen muss. Insofern besteht kein Unterschied zu den vorstehenden Ausführungen in Sachen „Universale-Bau AG" bzw. zu neueren Entscheidungen des EuGH. Eine bislang **noch nicht vorgenommene Festlegung der Bewertungsmatrix** kann **auch noch nach Abgabe der Angebote** vorgenommen werden. Denkbar ist beispielsweise eine Vorgehensweise, bei der zunächst zu jedem – noch ungewichteten – Bewertungskriterium ein vorläufiges/erstes Ranking der Angebote aufgestellt wird. Das könnte etwa in der Weise geschehen, dass für jedes Kriterium nur eine sehr allgemeine bzw. grobe Einschätzung (etwa in die Kategorien + (positiv), 0 (neutral) und – (negativ)) vorgenommen wird. Eine Verfeinerung dieser Bewertung etwa auf einer Punkteskala von 1 bis 10 und die Gewichtung der einzelnen Bewertungskriterien könnte anschließend in einem zweiten Schritt mit Blick auf die im Voraus nicht absehbare konzeptionelle Bandbreite der Angebote festgelegt werden. Dabei ist darauf zu achten, dass diese Festlegung ausnahmslos objektiv und nichtdiskriminierend erfolgt, in der Verfahrensakte dokumentiert und sachlich begründet wird. Auf diese Weise wird die Einhaltung der primärrechtlichen Verfahrensvorgaben gewährleistet und nachprüfbar gemacht.

VI. Keine Vorabinformationspflicht gegenüber den unterlegenen Bewerbern

In Literatur und Rechtsprechung wird diskutiert, ob den (voraussichtlich) unterlegenen 20
Bewerbern ein dem § 134 Abs. 1 GWB vergleichbarer Vorabinformationsanspruch zusteht.

---

[42] Generalanwalt *Alber* Schlussanträge v. 8.11.2001 – C-470/99, Slg. 2002 I-11617 Rn. 87 – Universale-Bau AG: *„Das [...] angewendete Verfahren, nämlich die Angabe der Kriterien für die Reihung der Teilnehmeranträge in der Bekanntmachung [...] schließt es aus, dass inländische Bewerber besser gestellt werden als Bewerber aus anderen Mitgliedstaaten. Allen Bewerbern sind nämlich die Zuschlagskriterien bekannt, aber die Einzelheiten des Scoring-[Anm: gemeint ist: des Bewertungs-]Verfahrens unbekannt. Damit ist die Erreichung des Ziels des Transparenzgebots der Richtlinie 93/37 sichergestellt. Der geltende Text gibt keine Grundlage für weitergehende Anforderungen an die Offenlegung des Bewertungsverfahrens."*

[43] Generalanwalt *Alber* Schlussanträge v. 8.11.2001 – C-470/99, Slg. 2002 I-11617 Rn. 89 – Universale-Bau AG.

[44] Mitt. der Kommission zur „Unterschwellenvergabe", ABl. v. 1.8.2006, Nr. C 179 S. 5 Ziff. 2.2.2.

So wird ein öffentlich-rechtlicher Verfahrensanspruch aus Art. 3 Abs. 1, 20 Abs. 1 GG angenommen, der es gebieten würde, zwischen Bekanntgabe der Auswahlentscheidung und Vertragsschluss jedenfalls zwei Wochen verstreichen zu lassen.[45] Im Bereich der Vergabe von Dienstleistungskonzessionen finden sich Ansätze, einen solchen Anspruch aus Art. 19 Abs. 4 GG herzuleiten.[46] Das OLG Düsseldorf hat jüngst auch für Vergaben unterhalb der Schwellenwerte entschieden, dass aufgrund von Art. 3 GG und des Rechts auf effektiven Rechtsschutz eine Pflicht zur Wahrung einer Informations- und Wartepflicht besteht.[47] Eine solche Pflicht wurde durch das Kammergericht Berlin und das OLG Celle zwar kurz darauf verneint, es verbleibt jedoch – je nach Gerichtsstand – ein Verfahrensrisiko für den Auftraggeber.[48] Das EuG hat einen solchen Vorabinformationsanspruch zumindest für das Eigenvergaberecht der europäischen Institutionen bejaht,[49] damit der unterlegene Bieter die Chance hat, über das Gericht die Vollzugsaussetzung der Entscheidung zu erreichen. Eine **gesetzlich normierte Pflicht des Auftraggebers,** seine Entscheidung vorab Dritten mitzuteilen, **existiert derzeit nicht.** Auch lässt sich **weder einer Entscheidung des EuGH noch einer Kommissionsäußerung die Forderung nach einer Vorabinformation entnehmen.** Vielmehr hat das BVerfG entschieden, dass es ausreichend ist, wenn überhaupt Rechtsschutzmöglichkeiten bestehen und es verfassungsrechtlich nicht zu beanstanden ist, die Rechtschutzmöglichkeiten für Vergaben oberhalb und unterhalb der europäischen Schwellenwerte unterschiedlich auszugestalten.[50] Zudem ist bei der Herleitung einer solchen Vorabinformations- und Stillhaltepflicht zu bedenken, dass damit nicht unwesentliche Beeinträchtigungen der Handlungsspielräume der Auftraggeber und auch der interessierten Bieter einhergehen, die ihrerseits einer gesetzlichen Rechtfertigung bedürfen. Ob dafür die genannten Grundrechte und EU-Grundfreiheiten als Rechtsgrundlage ausreichen, erscheint zweifelhaft.

Schließlich stellt sich die Frage nach der Rechtsfolge, wenn das Rechtsgeschäft ohne vorherige Vorabinformation abgeschlossen wird. Solange eine ausdrückliche gesetzliche Regelung nicht existiert, kann eine etwaige Nichtigkeit des Vertragsschlusses – mangels eines tatbestandlichen gesetzlichen Verbots – nicht mit § 134 BGB begründet werden.[51] Beachtenswert ist insoweit allerdings eine Entscheidung des OLG Düsseldorf aus dem Jahr 2017, in der angenommen wird, dass die Vertragsnichtigkeit einer Vergabe im Unterschwellenbereich damit begründet werden kann, dass der Antragsteller weder über den beabsichtigten Vertragsschluss informiert wurde noch im Anschluss daran eine angemessene Wartefrist eingehalten wurde. Effektiver Rechtsschutz – so das OLG Düsseldorf – könne danach nur dann sichergestellt sein, wenn ein Vertrag, der unter Verstoß gegen die Warte- und Informationspflicht geschlossen wurde, wegen Verstoßes gegen ein ungeschriebenes Gesetz gem. § 134 BGB als nichtig eingestuft werden würde.[52] Das OLG Düsseldorf konstruierte in dieser Entscheidung eine Warte- und Informationspflicht aus allgemeinen Gerechtigkeitserwägungen, obwohl eine gesetzlich geregelte Warte- und Informationspflicht im Unterschwellenbereich nicht existiert.

21 Um eine Vertragsnichtigkeit nach § 138 BGB annehmen zu können, müssten beide Parteien zunächst positiv von einer solchen Pflicht wissen.[53] Da diese gesetzlich nicht normiert ist, kann das allenfalls dann der Fall sein, wenn eine solche (vorläufige) Vorabinformations- und Stillhaltepflicht im Rahmen eines vorläufigen Rechtsschutzverfahrens von

[45] OVG Berlin-Brandenburg Beschl. v. 30.11.2010 – OVG 1 S 107/10, BeckRS 2010, 56671; *Braun* NZBau 2011, 400 (402).
[46] *Burgi* NZBau 2005, 610 (616f.); *Ruhland* WiVerw 2007, 203 (208).
[47] OLG Düsseldorf Urt. v. 13.12.2017 – I-27 U 25/17, NZBau 2018, 168.
[48] KG Urt. v. 7.1.2020 – 9 U 79/19; OLG Celle Urt. v. 9.1.2020 – 13 W 56/19.
[49] EuG Urt. v. 20.9.2011 – T-461/08, Slg. 2011, II-6367 = BeckRS 2011, 81495 Rn. 120ff. – Evropaïki Dynamiki/EIB.
[50] BVerfG Beschl. v. 13.6.2006 – 1 BvR 1160/03, NJW 2006, 3701.
[51] So auch jüngst KG Urt. v. 7.1.2020 – 9 U 79/19; OLG Celle Urt. v. 9.1.2020 – 13 W 56/19.
[52] OLG Düsseldorf Urt. v. 13.12.2017 – I-27 U 25/17, NZBau 2018, 168.
[53] Vgl. KG Beschl. v. 11.11.2004 – 2 Verg 16/04 mAnm *Hausmann/Bultmann* ZfBR 2005, 309ff.

einem Gericht angeordnet worden ist. Dann müsste aber auch noch nachweisbares kollusives Zusammenwirken der Parteien hinzutreten. Auch sprechen die Privatautonomie und die beschränkten Möglichkeiten eines Dritten, die *inter-partes*-Wirkung von Verträgen zu durchbrechen, dagegen, einen Vorabinformationsanspruch ohne ausdrückliche gesetzliche Regelung anzunehmen.

VII. Verspätet eingereichte Interessenbekundungen

Auch bei der Entscheidung, wie mit verspätet eingereichten Interessenbekundungen zu verfahren ist und ob diese Interessenbekundungen zwingend nicht zum weiteren Verfahren zugelassen werden dürfen, ergeben sich Vorgaben weder aus den Grundfreiheiten noch der Mitteilung „Unterschwellenvergabe". Das bedeutet, dass sich eine staatliche Stelle beim Abschluss eines Rechtsgeschäfts einer gewissen **Selbstbindung** unterwerfen kann, indem sie sich **selbst geschaffenen Verfahrensregeln** unterwirft. Diese Verfahrensregeln müssen den primärrechtlichen Grundsätzen entsprechen, insbesondere das Diskriminierungsverbot beachten und dürfen für den Fall, dass sie zwingend formuliert sind, nicht mit dem Vorbehalt möglicher Abweichungen versehen sein. Zudem sind diese **Verfahrensregeln in der Bekanntmachung zu veröffentlichen.** In Ansehung solcher Vorgaben spricht viel dafür, dass die Zulassung von nach Ablauf einer auf diese Weise gesetzten Frist eingereichten Interessensbekundungen zum weiteren Verfahren gegen primärrechtliche Verfahrensanforderungen verstoßen würde. Denn ein Abrücken von einer solchen zwingenden Fristvorgabe zugunsten einzelner Interessenten würde das Verfahren insofern dem Vorwurf fehlender Transparenz aussetzen, als nicht absehbar ist, ob und in welchen anderen Fällen eine rechtsgeschäftlich handelnde staatliche Stelle wiederum von als zwingend bekannt gemachten Verfahrensregeln abweichen würde. Das gilt umso mehr, als die Verfahrensmodifizierung nach Ablauf der Interessenbekundungsfrist erfolgt und daher eine Begünstigung bestimmter Interessenten darstellt. Hiermit verbunden wäre zudem der Einwand, dass insofern eine Ungleichbehandlung/Diskriminierung der Bewerber eintritt, die ihre Interessenbekundung fristgemäß eingereicht haben und einen grundfreiheitlich gewährleisteten Anspruch darauf haben, sich im weiteren Wettbewerb nur noch mit solchen Unternehmen messen zu müssen, die selbst die Vorgaben der Bekanntmachung eingehalten haben. 22

In Ansehung der zu der sachverwandten Materie des Vergaberechts ergangenen vergleichbaren Judikatur – an deren Vorgaben sich im Zweifel der Gerichtshof und die Europäischen Kommission orientieren würden – spricht viel dafür, **verspätet eingereichte Interessenbekundungen** zur Wahrung der Transparenz, Gleichbehandlung und Nichtdiskriminierung **nicht zum weiteren Verfahren zuzulassen.** Die Situation entspricht der für das Vergaberecht typischen Konstellation der Abgabe von Teilnahmeanträgen in nichtoffenen Verfahren oder Verhandlungsverfahren. Für diese Fallgestaltung ist in der vergaberechtlichen Judikatur entschieden worden, dass Angebote, die nach Ablauf der hierfür gesetzten Frist abgegeben worden sind, zwingend vom Verfahren ausgeschlossen werden müssen, ohne dass dem Auftraggeber ein etwaiges Ermessen hinsichtlich dieser Maßnahme zukommt.[54] Stützen lässt sich diese Praxis ua auch auf den Wortlaut von Art. 65 Abs. 2 aE VRL, die davon spricht, dass der öffentliche Auftraggeber *„andere Wirtschaftsteilnehmer, die sich nicht um die Teilnahme beworben haben […] nicht zu demselben Verfahren zulassen [kann]"*. Zudem ist ein Auftraggeber an die Verfahrensvorgaben, die er in der Bekanntmachung veröffentlicht hat, im weiteren Verfahren gebunden.[55] 23

[54] So zB VK Südbayern Beschl. v. 7.7.2014 – Z3-3-3194-1-24-05/14, IBRRS 2014, 2140; VK Bund Beschl. v. 1.9.2006 – VK 3-105/06, BeckRS 2006, 135620; VK Sachsen Beschl. v. 29.12.2004 – 1/SVK/123-04, BeckRS 2005, 7781.

[55] VK Südbayern Beschl. v. 3.7.2019 – Z3-3-3194-1-09-03/19, BeckRS 2019, 17177 Rn. 23; VK Bund Beschl. v. 30.5.2006 – VK 2-29/06, BeckRS 2006, 136078.

24 Allerdings lassen sich in der vergaberechtlichen Literatur auch Stimmen finden, die hier ein **Ermessen des Auftraggebers** annehmen.[56] Eine Zulassung verspätet eingereichter Interessenbekundungen setzt das Verfahren jedoch Angriffspunkten aus. Zudem besteht die Gefahr, dass die Europäische Kommission in dem Fall, in dem das Angebot eines Interessenten den Zuschlag erhält, der eine nicht fristgemäße Interessenbekundung abgegeben hat, auf eine Beschwerde eines Konkurrenten hin das Verfahren überprüft und eventuell auf eine Wiederholung wesentlicher Verfahrensschritte drängt. Das **verfahrensrechtliche Risiko** würde sich hierdurch deutlich **erhöhen,** sodass ein Ausschluss verspäteter Interessenbekundungen den sichersten Weg darstellen dürfte. Es wäre allenfalls als möglich zu erachten, ausnahmsweise solche verspäteten Interessenbekundungen für das weitere Verfahren zuzulassen, bei denen die Bewerber die **Verspätung nicht zu vertreten** haben. Dieser Gedanke kommt auch in § 57 Abs. 1 Nr. 1 VgV, § 16 Nr. 1 EU VOB/A, § 31 Abs. 1 Nr. 5 VSVgV zum Ausdruck, die in solchen Fällen eine Ausnahme von der zwingenden Rechtsfolge des Ausschlusses machen. Vor dem Ausschluss sollte deshalb dem betroffenen Interessenten die Möglichkeit zur Stellungnahme über die Hintergründe und Ursache der Verspätung eingeräumt werden. Dann sollte unter Berücksichtigung dieser Erkenntnisse eine begründete und dokumentierte Entscheidung getroffen werden.

VIII. Nachträgliche Konsortienbildungen

25 In der europarechtlichen Rechtsprechung bislang ungeklärt ist die Frage, ob im fortgesetzten Verfahrensstadium, Interessenten, die zur Teilnahme am weiteren Verfahrensablauf ausgewählt worden sind, Konsortien/Bewerbergemeinschaften (nachfolgend „Bewerbergemeinschaften") mit anderen Unternehmen bilden dürfen. Eine Bewerbergemeinschaft könnte entweder mit anderen zum jeweiligen Verfahrensstadium ebenfalls zugelassenen Unternehmen (Variante 1), mit Unternehmen, die bereits in einem früheren Verfahrensstadium ausgeschlossen wurden (Variante 2) und/oder mit Unternehmen, die bislang am Veräußerungsverfahren nicht teilgenommen haben (Variante 3), gebildet werden.

26 Das **Primärrecht trifft** zu der Frage, wann Bewerbergemeinschaften unter welcher Beteiligung gebildet werden dürfen, **keine Aussage.** Orientiert man sich an der zur vergleichbaren Problemstellung der Zulässigkeit der Bildung bzw. Änderung von Bietergemeinschaften nach Ablauf der Teilnahmefrist ergangenen Rechtsprechung und Literatur in der sachverwandten Materie des Vergaberechts,[57] dürfte es den für den staatlichen Veräußerer sichersten Weg darstellen, nur Bewerbergemeinschaftsbildungen der Variante 1 als zulässig anzusehen. Denn für Auftragsvergaben im offenen Verfahren (dh ohne Teilnahmewettbewerb) ist in der **Rechtsprechung** im Einklang mit dem **Schrifttum** anerkannt, dass Änderungen in der Zusammensetzung einer Bietergemeinschaft bzw. die **Bildung einer Bietergemeinschaft zwischen Angebotsabgabe und Zuschlagserteilung grundsätzlich unzulässig** sind.[58] Für das nichtoffene Vergabeverfahren ohne Teilnahmewettbewerb gilt, dass eine nach Aufforderung zur Angebotsabgabe in ihrer Zusammensetzung geänderte Bietergemeinschaft ebenso wenig ein wirksames Angebot abgeben kann wie eine erst nach diesem Zeitpunkt gebildete Bietergemeinschaft.[59] Beim Nichtoffenen

---

[56] *Byok* Verhandlungsverfahren-HdB S. 93 Rn. 381; *Arrowsmith* Procurement Law, S. 678 Rn. 7–95 aE.

[57] Vgl hierzu vertiefend → § 17 Rn. 74 ff.

[58] OLG Frankfurt Beschl. v. 27.8.2008 – 11 Verg 12/08, IBRRS 2009, 2547; OLG Düsseldorf Beschl. v. 26.1.2005 – VII-Verg 45/04, NZBau 2005, 354; VK Hessen Beschl. v. 28.6.2005 – 69d VK 07/2005, IBRRS 2005, 2727; *Prieß/Gabriel* WuW 2006, 385 (388); *Dreher* NZBau 2005, 427 (432); *Hertwig/Nelskamp* BauRB 2004, 183 (184); *Wiedemann* ZfBR 2003, 240 (242 f.); *Krist* VergabeR 2003, 162 (163) als Anmerkung zu EuGH Urt. v. 23.1.2003 – C 57/01, Slg. 2003, I-1091 = BeckRS 2004, 77573 – Makedoniko; Dieckmann/Scharf/Wagner-Cardenal/*Schellscheidt* VgV § 43 Rn. 23 f.

[59] So zB VK Nordbayern Beschl. v. 14.4.2005 – 320.VK 3194-09/05, BeckRS 2005, 44212; VK Nordbayern Beschl. v. 18.9.2003 – 320.VK 3194-31/03, BeckRS 2003, 32437; VÜA Bund Beschl. v. 12.8.1997 – 1 VÜ 12/97; *Roth* NZBau 2005, 316 (318); *Dreher* NZBau 2005, 427 (432); *Hertwig/Nelskamp* BauRB

Vergabeverfahren und beim Verhandlungsverfahren mit jeweils vorgeschaltetem Teilnahmewettbewerb tritt die Bindung bezüglich der Zusammensetzung bzw. Bildung einer Bietergemeinschaft nach überwiegend vertretener Auffassung schon nach Ablauf der Teilnahmefrist (hier: der Frist für Interessenbekundungen) ein.[60] In Fällen, in denen die Bietergemeinschaft mit Unternehmen gebildet werden soll, die bereits im Teilnahmewettbewerb (oder einem anschließenden weiteren Verfahrensstadium) ausgeschlossen wurden bzw. die bislang am Verfahren nicht teilgenommen haben, wird die og. Einschätzung vor allem mit Gleichbehandlungserwägungen begründet. Unternehmen die Beteiligung an einer Bietergemeinschaft hier zu gestatten, die selbst im Teilnahmewettbewerb nicht ausgewählt wurden bzw. überhaupt nicht daran teilgenommen haben (oder die Teilnahmefrist versäumt haben), würde eine Ungleichbehandlung darstellen und dem Teilnahmewettbewerb seine Bedeutung nehmen.[61] Allerdings gehört der Wettbewerbsgrundsatz – jedenfalls nicht unmittelbar – zu den vom EuGH in mittlerweile ständiger Rechtsprechung geprüften primärrechtlichen Mindestanforderungen der Transparenz, Gleichbehandlung und Nichtdiskriminierung.

Da es jedoch ebenfalls Stimmen in der vergaberechtlichen Judikatur und im Schrifttum 27
gibt, die zudem in anderen Fallgestaltungen ein **Ermessen des Auftraggebers** hinsichtlich der Frage bejahen, ob er die Bildung/Änderung einer Bietergemeinschaft zulässt, dürfte es zumindest vertretbar sein, Bewerbergemeinschaftsbildungen auch in den Varianten 2 und 3 für möglich zu erachten. Das gilt umso mehr, als es sich bei der Veränderung der Zusammensetzung eines Bewerberkonsortiums, insbesondere im Hinblick auf die finanzierenden Banken, um eine typische und oftmals notwendige Situation bei der Bewerbung um die Durchführung öffentlicher Großprojekte handelt.[62] Da diese Vorgehensweise allerdings nicht den Weg mit dem geringsten verfahrensrechtlichen Risiko darstellt, ist es ratsam, die Frage der Zulässigkeit von Bewerbergemeinschaftsbildungen nicht offen zu lassen, sondern zum **Inhalt von Verfahrensregelungen** (iSd Ermessensbindung) zu machen und den (ausgewählten) Interessenten mitzuteilen. Denn auch im Vergaberecht lassen sich vergleichbare Fälle finden, in denen Auftraggebern ein weitreichender Spielraum für die Vorgabe von Regeln in Ausschreibungsunterlagen hinsichtlich Bietergemeinschaftsbildungen zugestanden wird. Aus Gründen der Gleichbehandlung müsste die Bildung von Bewerbergemeinschaften in allen Varianten jedem Interessenten ermöglicht werden. Hierauf sollten alle Interessenten im Sinne einer transparenten Verfahrensführung möglichst frühzeitig hingewiesen werden. Idealerweise erfolgt das noch im Rahmen des Verfahrensbriefs, indem dort für Bewerbergemeinschaftsbildungen alle notwendigen verfahrensgestaltenden Regelungen getroffen werden. Dabei ist empfehlenswert, ua vorzugeben, dass sich das in der Interessenbekundung (bzw. im indikativen Angebot) vorgestellte Konzept des Bewerbers durch den Zusammenschluss zu einer Bewerbergemeinschaft mit einem am Verfahren nicht – bzw. nicht mehr – beteiligten Unternehmen nicht grundlegend verändern darf. Diese Vorgabe trägt der vergaberechtlichen Erwägung Rechnung, der zufolge Bietergemeinschaftsbildungen zulässig sein können, wenn sich hierdurch die Eignung des ausgewählten Bewerbers zumindest nicht verschlechtert.

2004, 183 (184); *Wiedemann* ZfBR 2003, 240 (242f.); Dieckmann/Scharf/Wagner-Cardenal/*Schellscheidt* VgV § 43 Rn. 23f.; MüKoWettbR/*Hölzl* VgV § 43 Rn. 14ff.

[60] OLG Hamburg Beschl. v. 2.10.2002 – 1 Verg 1/00, NZBau 2003, 223; VK Südbayern Beschl. v. 9.4. 2003 – 11-03/03, BeckRS 2003, 32292; *Prieß/Gabriel* WuW 2006, 385 (388); *Roth* NZBau 2005, 316 (317).

[61] VK Brandenburg Beschl. v. 18.7.2001 – 1 VK 55/01, IBRRS 2013, 3352; *Prieß/Gabriel* WuW 2006, 385 (389); *Dreher* NZBau 2005, 427 (432); *Hertwig/Nelskamp* BauRB 2004, 183 (184).

[62] Vgl. dazu ausführlich *Willenbruch* NZBau 2010, 352 (353), sowie im Hinblick auf die vergaberechtliche Zulässigkeit von Objektgesellschaften *Burbulla* NZBau 2010, 145ff.

IX. Umgang mit Interessenkollisionen

28 Schließlich stellt sich die Frage, wann ein Ausschluss von (indikativen) Angeboten bzw. Bewerbern vom primärrechtlichen strukturierten Bieterverfahren aufgrund eines Interessenkonflikts und der hiermit verbundenen Verletzung/Gefährdung des Geheimwettbewerbs erfolgen kann oder sogar muss. Auch hier wird der öffentliche Veräußerer bzw. die den Abschluss eines Rechtsgeschäfts avisierende sonstige öffentliche Stelle, mit der Beantwortung von Gesetzgebung und Judikatur weitestgehend allein gelassen. Auch ein Blick auf die sachverwandte Materie des EU-Beihilferechts hilft nicht weiter, da dieses zu der Frage, wann (potentielle) Interessenkonflikte zu einer Verletzung eines wettbewerbskonformen – dh den Vorgaben von Offenheit, Diskriminierungsfreiheit und Transparenz entsprechenden – Verfahrens führen, ebenfalls keine (ausdrücklichen) Aussagen trifft. Zudem hat die Kommission in der beihilferechtlichen Praxis – soweit ersichtlich – noch in keinem Fall ein Verfahren unter dem Gesichtspunkt eines Interessenkonflikts aufgegriffen, sodass es an verlässlichen Präjudizien fehlt, an denen sich ermessen ließe, welche Maßstäbe die Kommission im Hinblick auf das Erfordernis der Diskriminierungsfreiheit an potentielle Interessenkonflikte anlegt.

29 In Anbetracht dieser Situation kommt der Entscheidung des EuG in Sachen **„Deloitte Business Advisory NV"** große Bedeutung zu. Diese Entscheidung hat Fragen zum Gegenstand, die sich im Zuge eines von der Kommission durchgeführten Vergabeverfahrens im Hinblick auf die Bewertung möglicher Interessenkollisionen beteiligter Bewerber/Bieter ergeben haben.[63] Allerdings ist das Urteil nicht vor dem Hintergrund der EU-Vergaberichtlinien ergangen, sondern des sogenannten Eigenvergaberechts der europäischen Institutionen. Dieses Eigenvergaberecht beruht auf den Regelungen der Haushaltsordnung[64] und deren Durchführungsverordnung,[65] die auf der Grundlage von Art. 322 AEUV zur Festlegung der Durchführung des EU-Budgets erlassen worden sind.[66] Gerade aus diesem Grund ist die Entscheidung allerdings umso aufschlussreicher, da sie Rückschlüsse auf die Sichtweise der Kommission in Fällen zulässt, die sich nicht im Anwendungsbereich des förmlichen (EU/GWB-)Vergaberechts bewegen, sondern allein anhand primärrechtlicher Vorgaben zu beurteilen sind. Im konkreten Fall hat die Kommission die Vergabe eines Rahmenvertrages betreffend die Bewertung verschiedener Politikbereiche der Generaldirektion ausgeschrieben und dabei vorgegeben, dass Bewerber/Bieter, die sich im Zeitpunkt des Vergabeverfahrens in einem Interessenkonflikt befinden, ausgeschlossen werden. Im Rahmen der Angebotsprüfung hat der Bewertungsausschuss der Kommission festgestellt, dass zahlreiche Mitglieder bzw. Kooperationspartner des klagenden Konsortiums bereits an der Umsetzung von Programmen in den zu bewertenden Politikbereichen beteiligt waren, sodass deren Objektivität bei der Auftragsdurchführung zweifelhaft war. Da das Konsortium in seinem Angebot diese Gefahr eines Interessenkonflikts sowie die zur Ausräumung ggf. ergriffenen Maßnahmen nicht offengelegt, sondern vielmehr „die Augen verschlossen" hat, entschied die Kommission, das Angebot auszuschließen. Das EuG bestätigt diese Entscheidung. In seiner Begründung geht das Gericht den zwei **zentralen Fragen** nach, ob der Ausschluss wegen der **Gefahr eines Interessenkonflikts begründet** war[67] und ob dem Konsortium **vor dem Ausschluss die Möglichkeit** hätte gegeben werden müssen, **Ausführungen zum Interessenkonflikt** und den eventuell zu seiner

---

[63] EuG Urt. v. 18.4.2007 – T-195/05, Slg. 2007, II-0871 = BeckRS 2007, 70257 – Deloitte Business Advisory NV.

[64] Verordnung (EG, Euratom) Nr. 1605/2002 des Rates v. 25.6.2002 über die Haushaltsordnung für den Gesamthaushaltsplan der Europäischen Gemeinschaften, ABl. v. 16.9.2002, Nr. L 248 S. 1.

[65] Verordnung (EG, Euratom) Nr. 2342/2002 der Kommission v. 23.12.2002 mit Durchführungsbestimmungen zur Verordnung (EG, Euratom) Nr. 1065/2002, ABl. v. 31.12.2002, Nr. L 357 S. 1.

[66] Hierzu *Prieß* VergabeR-HdB S. 489 ff.; *Killmann* ZVB 2007, 6 f.

[67] EuG Urt. v. 18.4.2007 – T-195/05, Slg. 2007, II-0871 = BeckRS 2007, 70257 Rn. 29 – Deloitte Business Advisory NV.

Verhinderung unternommenen Maßnahmen zu machen.[68] Zur ersten Frage wird vom EuG ausgeführt, dass ein **Ausschlussgrund bereits dann** gegeben ist, **wenn** die **Gefahr eines Interessenkonflikts** besteht und diese anhand konkreter Anhaltspunkte nachweisbar ist. Hypothetische Konflikte reichen also nicht aus,[69] der **„böse Schein" eines Konflikts** ist dagegen bereits beachtlich. Die zweite Frage wird vom EuG dahin gehend beantwortet, dass vor dem Ausschluss keine Gelegenheit gegeben werden musste, „zusätzliche Angaben" zum Interessenkonflikt zu machen.[70] Ein anderslautender – vom klagenden Konsortium behaupteter – allgemeiner Rechtsgrundsatz existiere nicht. Hinzu kommt, dass das Konsortium keineswegs ohne Äußerungsmöglichkeit von der Teilnahme an dem Vergabeverfahren ausgeschlossen worden ist, da es im Rahmen des Angebots ohne Weiteres die Gelegenheit hatte, entsprechende Ausführungen zu machen.[71]

Diese Fragen weisen – auch wenn das EuG eine ausdrückliche Bezugnahme vermeidet 30
– auffallende **Parallelen zum Vergaberecht** auf und bestätigen, dass sich Kommission wie EuG auch in nicht dem förmlichen (EU/GWB-)Vergaberecht unterfallenden Verfahren vergaberechtlicher Prüfungsmaßstäbe bedienen. Denn im Hinblick auf mögliche Interessenkonflikte in Vergabeverfahren, die in den Anwendungsbereich des (EU/GWB-)Vergaberechts fallen, existieren rechtliche Vorgaben sowie eine hierzu ergangene eingehende Rechtsprechung, an denen eine Prüfung orientiert werden kann. Unterschieden werden können hier die beiden typischen Konstellationen, dass ein Unternehmen im Vergabeverfahren oder zur Vorbereitung des Vergabeverfahrens auf Auftraggeberseite beratend tätig (gewesen) ist und zugleich als Bieter/Bewerber (oder dessen Berater) an dem Vergabeverfahren teilnimmt bzw. mehrfach auf Bieter-/Bewerberseite (ggf. auch nur beratend) am Vergabeverfahren beteiligt ist. Ist ein späterer Bieter/Bewerber oder ein mit einem Bieter/Bewerber verbundenes Unternehmen bereits im Vorfeld eines Vergabeverfahrens beratend für den Auftraggeber tätig gewesen, so wird das hiermit verbundene (vergaberechtliche) Problem, dass das in die Vorbereitung des Vergabeverfahrens einbezogene Unternehmen regelmäßig insoweit im Vorteil ist, als es sein Angebot leichter an die Bedürfnisse des Auftraggebers anzupassen vermag als andere – vorher unbeteiligte – Bieter, als sog. **Projektantenproblematik** bezeichnet.[72] Bei Auftragsvergaben, die dem GWB-Vergaberecht unterfallen, läuft der Auftraggeber bei Beteiligung eines solchen Projektanten am Vergabeverfahren Gefahr, gegen die Regelung des § 7 Abs. 1 VgV zu verstoßen, die dem Auftraggeber aufgibt, sicherzustellen, dass der Wettbewerb „durch die Teilnahme" des Projektanten nicht verfälscht wird. Aus dieser Regelung folgt **kein generelles Beteiligungsverbot** von Projektanten am späteren Vergabeverfahren. Es kommt aber nach § 7 Abs. 3 VgV iVm § 124 Abs. 1 Nr. 6 GWB ein Ausschluss als einzelfallabhängige ultima ratio in Betracht.[73]

Nimmt während eines Vergabeverfahrens auf Auftraggeberseite ein Unternehmen teil, 31
dass zugleich als Bieter/Bewerber (oder dessen Berater) an dem Verfahren teilnimmt, so wird diese Situation von der **Befangenheitsvorschrift des § 6 VgV** erfasst, die eine Aufzählung aller wegen Interessenkonflikten von einem Vergabeverfahren auszuschließenden

[68] EuG Urt. v. 18.4.2007 – T-195/05, Slg. 2007, II-0871 = BeckRS 2007, 70257 Rn. 90 – Deloitte Business Advisory NV.

[69] EuG Urt. v. 18.4.2007 – T-195/05, Slg. 2007, II-0871 = BeckRS 2007, 70257 Rn. 67 – Deloitte Business Advisory NV.

[70] EuG Urt. v. 18.4.2007 – T-195/05, Slg. 2007, II-0871 = BeckRS 2007, 70257 Rn. 103 – Deloitte Business Advisory NV.

[71] So der Parteivortrag der Kommission, EuG Urt. v. 18.4.2007 – T-195/05, Slg. 2007, II-0871 = BeckRS 2007, 70257 Rn. 99 – Deloitte Business Advisory NV. Aus diesem Grund betont das EuG durchweg, dass dem Konsortium nicht die Möglichkeit verwehrt wurde, Angaben zur Ausräumung des Interessenkonflikts zu machen, sondern lediglich keine Gelegenheit für „zusätzlichen Angaben" gegeben wurde.

[72] Vgl. → § 14 Rn. 5 ff.

[73] So ausdrücklich auch die Begründung zum ÖPP-Beschleunigungsgesetz in BT-Drs. 15/5668, 20 f.; die deutsche Rechtsprechung zu dieser Frage war bislang uneinheitlich, vgl. statt vieler OLG Düsseldorf Beschl. v. 16.10.2003 – VII-Verg 57/03, BeckRS 2004, 2042, OLG Jena Beschl. v. 8.4.2003 – 6 Verg 9/02, NZBau 2003, 624; OLG Celle Beschl. v 14.4.2016 – 13 Verg 11/15, BauR 2016, 1221.

Personen enthält. Jedenfalls in diesem Zusammenhang ist anerkannt, dass unternehmensinterne organisatorische Abschottungsmaßnahmen wie die Errichtung von Vertraulichkeitsbereichen (sog. Chinese Walls) nach den Grundsätzen des § 80 Abs. 1 Nr. 2 WpHG unter Umständen eine geeignete Maßnahme darstellen können, um zumindest die **Vermutung eines widerlegbaren Wettbewerbsverstoßes** durch Informationsweitergabe (in den Konstellationen des § 6 Abs. 3 Nr. 3 VgV) widerlegen zu können[74].

32 Im Hinblick auf mögliche Interessenkonflikte in Verfahren, die **primärrechtlichen Mindestanforderungen** unterliegen, fehlt es dagegen an ausdrücklichen rechtlichen Regelungen zur Frage des Ausschlusses von möglicherweise parteilich handelnden Personen. Allerdings haben sich **EuGH und EuG** schon zum Thema **„Interessenkollision"** geäußert. So hat der **EuGH** in seinem **„Fabricom"-Urteil**[75] – allerdings einem Fall mit vergaberechtlichem Hintergrund – die Prüfung, ob Interessenskonflikte den Ausschluss einer Person verlangen, am **Gleichbehandlungsgrundsatz** festgemacht. Der Gerichtshof stellte fest, dass die beschriebene Konstellation (einer Projektantenproblematik im obigen Sinne) grundsätzlich eine Gefährdung eines freien, diskriminierungsfreien Wettbewerbs darstellt. Einen automatischen Ausschluss vom Vergabeverfahren ohne Möglichkeit des Gegenbeweises hält der EuGH aber für unverhältnismäßig.[76] Ein weiteres Urteil des **EuG** betrifft Aufklärungspflichten der Vergabestelle nach einem festgestellten Interessenkonflikt. In Sachen **„AFCon Management"** ging es darum, ob die Kommission, die in diesem Fall ebenfalls Vergabestelle war, nach Feststellung eines Interessenkonflikts eines für sie tätigen Beraters ausreichende Konsequenzen gezogen hat[77]. Die Entscheidung „AFCon Management" ist deshalb von besonderer Bedeutung, weil es sich um einen Fall handelt, der nicht in den Anwendungsbereich der Vergaberichtlinien fällt. Auch wenn sich das EuG nicht zu der Frage äußern musste, ob und wann ein solcher Interessenkonflikt vorlag, sagt es deutlich, dass die Ausschreibungsbehörde in allen Abschnitten eines Ausschreibungsverfahrens darauf zu achten hat, dass die Gleichbehandlung und damit die Chancengleichheit aller Bieter gewährleistet ist. Die Entscheidung in Sachen **„Deloitte Business Advisory NV"** setzt diese Überlegungen fort, ohne dass das **EuG** hieran allerdings ausdrücklich anknüpft. Diese wenigen existierenden Entscheidungen als auch die jüngere Praxis der Kommission[78] zeigen, dass Kommission und EuGH/EuG geneigt sind, bei der Überprüfung von nicht dem förmlichen (EU/GWB-)Vergaberecht unterfallenden Verfahren strenge (dh „vergaberechtsähnliche") Maßstäbe anzulegen und sich an den im Vergaberecht hierzu entwickelten Regeln zu orientieren.

[74] So die Regierungsbegründung zu § 16 VgV, BR-Drs. 455/00 v. 2.8.2000, 19f., die ausdrücklich auf die aus dem WpHG bekannten Organisationsmaßnahmen zur Einrichtung von Vertraulichkeitsbereichen verweist. Kritischer *Berstermann/Petersen* VergabeR 2006, 740 (755).

[75] EuGH Urt. v. 3.3.2005 – C-21/03 und C-34/03, Slg. 2005, I-1559 = EuZW 2005, 349 – Fabricom; vgl. hierzu *Degen* BauRB 2005, 313 (314) und *Uechtritz/Otting* NVwZ 2005, 1105 (1107).

[76] So später in ähnlichem Zusammenhang auch der EuGH Urt. v. 19.5.2009 – C-538/07, Slg. 2009, I-4219 = NZBau 2009, 607 – Assitur.

[77] EuG Urt. v. 17.3.2005 – T-160/03, Slg. 2005, II-0981 = IBRRS 2005, 1093 – AFCon Management.

[78] Vgl. EU-Komm., Entscheidung über die Staatliche Beihilfe Nr. C 56/06 (ex NN 77/06) – 2007/C 28/05, ABl. v. 8.2.2007, Nr. C 28/8 – Bank Burgenland. Die Kommission setzt dabei erstmalig unverkennbar Maßstäbe an, die sonst eher im Rahmen von (EU/GWB-)Vergabeverfahren gelten (zB im Hinblick auf die Bekanntgabe der Wertungskriterien); vgl. auch → Rn. 15ff.

§ 86 Rechtsfolgen von Verstößen und Rechtsschutz (Besonderheiten)

Übersicht

Literatur:

Barth, Das Vergaberecht außerhalb des Anwendungsbereichs der EG-Vergaberichtlinien, 2010; *Behm,* Die Rechtsstellung ausländischer juristischer Personen im Verwaltungsprozess, DVBl 2009, 94; *Braun,* Der Retter in der Not: Dienstleistungskonzession?, NZBau 2011, 400; *Burgi,* Die Vergabe von Dienstleistungskonzessionen: Verfahren, Vergabekriterien, Rechtsschutz, NZBau 2005, 610; *Gabriel/Voll,* Das Ende der Inländerdiskriminierung im Vergabe(primär)recht, NZBau 2014, 155; *Gröning,* Ersatz des Vertrauensschadens ohne Vertrauen? – Zur Dogmatik des vergaberechtlichen Schadensersatzanspruchs auf das negative Interesse, VergabeR 2009, 839; *Höch/Stracke,* Zu den Rechtsfolgen fehlerhafter Konzessionierungsverfahren gemäß § 46 Abs. 3 EnWG, RdE 2013, 159; *Jansen/Geitel,* „Rügen und richten auch außerhalb des Kartellvergaberechts" – Plädoyer für einen bundeseinheitlichen Primärrechtsschutz, VergabeR 2015, 117; *Kermel/Herten-Koch,* Rügepflichten bei der Vergabe von Konzessionsverträgen?, RdE 2013, 255; *Krist,* Vergaberechtsschutz unterhalb der Schwellenwerte – Bestandsaufnahme und Ausblick, VergabeR 2011, 163; *Krohn,* Ende des Rechtswegwirrwarrs: Kein Verwaltungsrechtsschutz unterhalb der Schwellenwerte, NZBau 2007, 493; *Martin-Ehlers,* Drittschutz im Beihilfenrecht – Paradigmenwechsel in der deutschen Rechtsprechung, EuZW 2011, 583; *Meyer-Hetling/Templin,* Das Ausbleiben des Auswahlverfahrens und Rechtsschutzmöglichkeiten des unterlegenen Bieters, ZNER 2012, 18; *Ruhland,* Verfahren und Rechtsschutz bei der Vergabe von Dienstleistungskonzessionen, WiVerw 2007/4, 203; *Scharen,* Rechtsschutz bei Vergaben unterhalb der Schwellenwerte, VergabeR 2011, 653; *Schüttpelz,* Wegenutzungsverträge Strom und Gas aus der Sicht der Rechtsprechung, VergabeR 2013, 361; *Siegel,* Die Konzessionsvergabe im Unterschwellenbereich, NZBau 2019, 353.

A. Einleitung

Die aufgezeigten primärrechtlichen Verfahrensanforderungen können nur dann effektive Bindungswirkungen für staatliche Stellen entfalten, wenn ihre Einhaltung im Rahmen eines Rechtsschutzverfahrens justiziabel ist. Für sämtliche Rechte des Einzelnen, die sich aus dem Unionsrecht ableiten, ist die **Gewährleistung effektiven Rechtsschutzes dementsprechend unionsrechtlich geboten.**[1] Das gilt sowohl für Verfahrensanforderungen, die sich für die Vergabe öffentlicher Aufträge außerhalb des europäischen Vergabesekundärrechts unmittelbar aus den europäischen Grundfreiheiten ergeben,[2] als auch für Veräußerungsgeschäfte der öffentlichen Hand, die darüber hinaus zusätzlich den beihilferechtlichen Regelungen des Unionsrechts unterliegen. 1

Ein spezifisches Rechtsschutzsystem existiert jedoch nicht; daraus ergeben sich verschiedene Probleme. Unklar ist bereits, welcher **Rechtsweg** zu beschreiten ist, soweit eine (natürliche oder juristische) Person des Privatrechts die Verletzung vergabeprimärrechtlicher oder beihilferechtlicher Vorschriften gerichtlich geltend machen will. In Betracht kommen grundsätzlich sowohl der Zivilrechtsweg als auch der Verwaltungsrechtsweg. Fraglich ist darüber hinaus, welche **Rechtsschutzziele** überhaupt gerichtlich geltend gemacht wer- 2

[1] EuGH Urt. v. 25.7.2002 – C-50/00 P, Slg. 2002, I-6677 = EuR 2002, 699 Rn. 39 – Unión de Pequeños Agricultores; EuGH Urt. v. 20.9.2001 – C-453/99, Slg. 2001, I-6297 = EuZW 2001, 715 Rn. 25 – Courage; EuGH Urt. v. 19.6.1990 – C-213/89, Slg. 1990, I-2433 = NJW 1991, 2271 Rn. 19 – Factortame; EuGH Urt. v. 9.3.1978 – 106/77, Slg. 1978, 629 = NJW 1978, 1741 Rn. 16 – Simmenthal.

[2] Vgl. OLG Düsseldorf Urt. v. 13.1.2010 – I-27 U 1/09, NZBau 2010, 328; vgl. auch *Sauer/Hollands* NZBau 2006, 763 (768).

den können, ob sich also Primärrechtsschutzmöglichkeiten ergeben, die auf die Durchführung eines rechtmäßigen Vergabe-/Auswahlverfahrens gerichtet sind, um dem Rechtsschutzsuchenden eine Chance auf den Vertragsabschluss zu sichern oder ob dieser ggf. lediglich auf die Geltendmachung von Schadensersatzansprüchen verwiesen wird. Nicht zuletzt wirkt sich auch der personelle Anwendungsbereich der europäischen Grundfreiheiten als Grundlage vergabeprimärrechtlicher Verfahrensanforderungen auf die **personelle Rechtsbehelfsberechtigung** aus. Fraglich ist dabei, ob in diesem Zusammenhang zwischen Inländern, EU-Ausländern und Drittstaatsangehörigen zu differenzieren ist.

3 Im Hinblick auf die Rechtsschutzmöglichkeiten von Bewerbern bzw. Bietern bei öffentlichen Veräußerungsgeschäften besitzt zudem das **systematische Verhältnis von europäischem Vergabeprimärrecht und EU-Beihilferecht** maßgebliche Relevanz.

B. Risiken der Nichtbeachtung von primärrechtlichen und beihilferechtlichen Verfahrensvorgaben

4 Soweit ersichtlich, gibt es bislang keine Präjudizien, die sich mit den unionsrechtlichen **Auswirkungen** eines Verstoßes gegen primärrechtliche Verfahrensvorgaben **auf die Wirksamkeit des abgeschlossenen Vertrags** befassen. Die Verletzung des Transparenz- und Nichtdiskriminierungsgrundsatzes bei der Auswahl des Vertragspartners dürfte auch nicht unmittelbar zu einer Nichtigkeit des Vertrags führen.[3] War den kontrahierenden Parteien jedoch positiv bekannt, dass die Vertragsanbahnung bestimmten Verfahrensvorgaben des europäischen Primärrechts unterlag, besteht die Möglichkeit, dass ein Gericht die Auftragsvergabe ohne vorherige Bekanntmachung und ohne Durchführung eines den primärrechtlichen Mindestanforderungen genügenden Bieterverfahrens gem. **§ 138 Abs. 1 BGB** (sittenwidriges Zusammenwirken, Kollusion) für sittenwidrig und nichtig erklären könnte.[4]

Zudem ist es grundsätzlich denkbar, dass ein entgegen den primärrechtlichen Verfahrensvorgaben geschlossener Vertrag bereits nach **§ 134 BGB** wegen des **Verstoßes gegen ein gesetzliches Verbot** nichtig ist.[5] Dazu müsste es sich bei den primärrechtlichen Verfahrensvorgaben, wie sie aus den europäischen Grundfreiheiten folgen, um gesetzliche Verbote in diesem Sinne handeln. Das ist jedoch aus mehreren Gründen nicht der Fall. Einerseits ordnet das primäre Unionsrecht die Nichtigkeit eines Rechtsgeschäfts dort an, wo es der europäische Normgeber für notwendig erachtet hat, etwa bei einem Verstoß gegen das Beihilfeverbot nach § 108 Abs. 2 AEUV.[6] Eine solche Rechtsfolge ist bei einem Verstoß gegen die europäischen Grundfreiheiten allerdings nicht vorgesehen und ergibt sich darüber hinaus auch nicht aus der Rechtsprechung des EuGH.[7] Im Ergebnis würde eine solche primärrechtlich bedingte Vertragsnichtigkeit auch einen Wertungswiderspruch zu den spezifischen Regelungen des europäischen Vergabesekundärrechts darstellen, die für den Fall eines Vergaberechtsverstoßes gerade keine Nichtigkeit des geschlossenen Vertrags vorsehen.[8] Allerdings hat das OLG Düsseldorf in einer Entscheidung aus dem Jahr 2017 angenommen, dass die Vertragsnichtigkeit einer Vergabe im Unterschwellenbereich damit

---

[3] Vgl. *Meyer-Hetling/Templin* ZNER 2012, 18 (20), mit Verweis auf EuGH Urt. v. 17.7.2008 – C-347/06, Slg. 2008, I-5641 = BeckRS 2008, 70793 – ASM Brescia.

[4] Vgl. OLG Saarbrücken Urt. v. 17.8.2016 – 1 U 159/14, BeckRS 2016, 16273; OLG Düsseldorf Beschl. v. 25.1.2005 – VII-Verg 93/04, NZBau 2005, 484, mAnm *Greb* VergabeR 2005, 347 ff.; KG Beschl. v. 11.11.2004 – 2 Verg 16/04, ZfBR 2005, 302, mAnm *Hausmann/Bultmann* ZfBR 2005, 309 ff.; *Burgi* NZBau 2005, 610 (617); *Byok* NJW 2017, 1519 (1522); *Meyer-Hetling/Templin* ZNER 2012, 18 (28 f.).

[5] Vgl. bereits zu der ähnlich gelagerten Diskussion zur Unwirksamkeit von rechtswidrig geschlossenen sog. „De-facto-Verträgen“ *Prieß/Gabriel* NZBau 2006, 219; *Kaiser* NZBau 2005, 311; *Bitterich* EWS 2005, 162; *Heuvels* NZBau 2005, 32.

[6] Vgl. → Rn. 6.

[7] Vgl. VG München Urt. v. 17.10.2007 – M 7 K 05.5966, BeckRS 2007, 37003.

[8] So VG Bayreuth Urt. v. 11.12.2012 – B 1 K 12.445, BeckRS 2013, 51196.

begründet werden kann, dass der Antragsteller weder über den beabsichtigten Vertragsschluss informiert wurde noch im Anschluss daran eine angemessene Wartefrist eingehalten wurde. Effektiver Rechtsschutz – so das OLG Düsseldorf – könne danach nur dann sichergestellt sein, wenn ein Vertrag, der unter Verstoß gegen die Warte- und Informationspflicht geschlossen wurde, wegen Verstoßes gegen ein ungeschriebenes Gesetz gem. § 134 BGB als nichtig eingestuft werden würde.[9] Das OLG Düsseldorf konstruierte in dieser Entscheidung eine Warte- und Informationspflicht aus allgemeinen Gerechtigkeitserwägungen, obwohl eine gesetzlich geregelte Warte- und Informationspflicht im Unterschwellenbereich nicht existiert. Auch wenn das Kammergericht Berlin und das OLG Celle das Bestehen einer Warte- und Informationspflicht für den Unterschwellenbereich in ihren Entscheidungen aus dem Jahr 2020 ausdrücklich verneint haben, besteht in dieser Hinsicht ein gewisses Verfahrensrisiko für die Vertragsparteien.[10] Andererseits setzt die Nichtigkeitsfolge des § 134 BGB bereits voraus, dass sich das gesetzliche Verbot nicht lediglich gegen eine der Vertragsparteien richtet.[11] Rechtsgeschäfte, die gegen ein einseitiges Verbotsgesetz verstoßen, sind in der Regel gültig.[12] Gerade so verhält es sich jedoch bei den europäischen Grundfreiheiten.[13] Auch in vergaberechtlicher Hinsicht binden diese lediglich den öffentlichen Auftraggeber und gerade nicht einen vertragsbeteiligten Dritten.

Nach den allgemeinen beihilferechtlichen Regeln sind **nicht bei der Kommission angemeldete und nicht von ihr genehmigte Beihilfen rechtswidrig.** Zivilrechtliche Rechtsgeschäfte, die eine unzulässige Beihilfe herbeiführen und gegen das Durchführungsverbot iSv Art. 108 Abs. 3 S. 3 AEUV verstoßen, sind nach der ständigen Rechtsprechung des BGH gem. § 134 BGB nichtig.[14] Eine Nichtigkeit folgt aus § 134 BGB und Art. 108 Abs. 3 S. 3 AEUV, wenn eine Begünstigung konkret erwiesen ist, die (unmittelbar oder mittelbar) aus staatlichen Mitteln stammt und die *De-minimis*-Schwellen[15] überschritten sind. Auch eine spätere Entscheidung der Kommission, mit der die Beihilfe mit dem EU-Binnenmarkt für vereinbar erklärt wird, führt nicht zur Heilung der ungültigen Rechtsakte.[16] 6

Eröffnet die Kommission ein **Beihilfeprüfverfahren,** etwa im Zusammenhang mit der Privatisierung eines staatlichen Unternehmens durch vollständige Veräußerung, so kann sie als eine von mehreren möglichen Entscheidungsvarianten feststellen, dass der Unternehmenserwerb Beihilfeelemente enthielt. Das wäre vorstellbar, wenn die Kommission zu dem Ergebnis käme, dass der gezahlte Kaufpreis unter dem objektivierten Unternehmenswert lag, was insbesondere dann geschehen könnte, wenn der Zuschlag nicht dem Meistbietenden erteilt würde. Die zum Höchstgebot bestehende Differenz wäre dann durch den Käufer auszugleichen.[17] Käufer und Veräußerer wären aber umgekehrt frei, sich auf die Nichtigkeit des Privatisierungsvertrages zu berufen und eine Rückabwicklung zu verlangen. 7

[9] OLG Düsseldorf Urt. v. 13.12.2017 – I-27 U 25/17, NZBau 2018, 168.

[10] KG Urt. v. 7.1.2020 – 9 U 79/19; OLG Celle Urt. v. 9.1.2020 – 13 W 56/19.

[11] OLG München Urt. v. 9.9.2019 – 21 U 1216/19, BeckRS 2019, 23400; OLG München Urt. v. 16.1.2008 – 3 U 1990/07, NJW-RR 2009, 193; Palandt/*Ellenberger* BGB § 134 Rn. 9f.

[12] Ständige Rechtsprechung, vgl. nur BGH Urt. v. 14.12.1999 – X ZR 34/98, NJW 2000, 1186; so auch OLG München Urt. v. 9.9.2019 – 21 U 1216/19, BeckRS 2019, 23400.

[13] So OLG München Urt. v. 16.1.2008 – 3 U 1990/07, NJW-RR 2009, 193 für die Dienstleistungsfreiheit (Art. 56 AEUV) und das Diskriminierungsverbot (Art. 18 AEUV); aA *Fischer* EuZW 2009, 208 (210).

[14] BGH Urt. v. 5.12.2012 – I ZR 92/11, EuZW 2013, 753; BGH Urt. v. 20.1.2004 – XI ZR 53/03, NVwZ 2004, 636; BGH Urt. v. 4.4.2003 – V ZR 314/02, EuZW 2003, 444; *Koenig* EuZW 2006, 203 (207f.); *Pechstein* EuZW 2003, 447.

[15] Art. 3 II der Verordnung der Kommission über die Anwendung der Art. 107 und 108 des Vertrags über die Arbeitsweise der Europäischen Union auf De-minimis-Beihilfen v. 18.12.2013, VO (EU) Nr. 1407/2013, ABl. v. 24.12.2013, Nr. L 352 S. 5: 200.000 EUR in einem Zeitraum von drei Steuerjahren. Die Verordnung ist am 18.12.2018 im Rahmen ihrer Revision angenommen worden. Die Schwellenwerte in Höhe von 200.000 EUR wurden unverändert übernommen.

[16] BGH Urt. v. 5.12.2012 – I ZR 92/1, EuZW 2013, 753, mit Verweis auf EuGH Urt. v. 11.7.1996 – C-39/94, Slg. 1996, I-3547 = BeckRS 2004, 76964 Rn. 67 – SFEI; EuGH Urt. v. 21.11.1991 – C-354/90, Slg. 1991, I-5505 = NJW 1993, 49 Rn. 16f. – SFEI; BVerwG Urt. v. 26.10.2016 – 10 C 3/15, EuZW 2017, 355.

[17] *Kristoferitsch* EuZW 2006, 428 (429).

C. Rechtsschutz

I. Rechtsweg

8 Für strukturierte Bieterverfahren, die ausschließlich nach primärrechtlichen Grundsätzen durchgeführt werden, existiert nach nationalem Recht **kein spezifisches Rechtsschutzregime.** Das besondere, dem europäischen Vergabesekundärrecht entstammende vergaberechtliche Kontrollverfahren des 4. Teils des GWB (§§ 155ff. GWB) findet auf den Bereich der Auftragsvergabe außerhalb des europäischen Vergabesekundärrechts gerade und ausdrücklich keine Anwendung. Der Rechtsschutz richtet sich demzufolge nach der allgemeinen Rechtsordnung.

9 Für den Bereich der Vergabeverfahren, deren Volumen die europäischen Schwellenwerte unterschreitet, hat das BVerfG ausdrücklich festgestellt, dass die unterschiedliche Ausgestaltung der Rechtschutzmöglichkeiten im Vergleich zu „normalen" Vergabeverfahren verfassungsrechtlich nicht zu beanstanden ist.[18] Die Frage des zulässigen Rechtswegs ist also entsprechend den **allgemeinen prozessrechtlichen Regelungen** danach zu beurteilen, ob das jeweilige Rechtsverhältnis dem öffentlichen Recht oder dem bürgerlichen Recht zuzuordnen ist. Maßgeblich für diese Zuordnung ist die **Rechtsform des staatlichen Handelns.**[19] Für den Bereich der Auftragsvergaben außerhalb des Anwendungsbereichs der Vergaberichtlinien ist mit der Rechtsprechung des BVerwG davon auszugehen, dass es sich hierbei grundsätzlich um eine bürgerlich-rechtliche Streitigkeit handelt.[20] Denn der Staat tritt als Nachfrager am Markt auf, um seinen Bedarf an Dienstleistungen und Gütern zu decken und er nimmt hierzu Vertragsverhandlungen auf, die in dem Abschluss von privatrechtlichen Dienstleistungs- oder Werkverträgen münden.[21] Wird ein Auftrag hingegen in einer öffentlich-rechtlichen Form, etwa durch den Abschluss eines öffentlich-rechtlichen Vertrags iSv §§ 54ff. VwVfG vergeben, so ist der Verwaltungsrechtsweg nach § 40 VwGO eröffnet.[22] Unumstritten ist diese Auffassung jedoch nicht.[23] Einigkeit besteht zudem darin, dass Rechtsstreitigkeiten um den Abschluss von **Konzessionsverträgen nach § 46 EnWG** vor die ordentlichen Gerichte gehören, da der Abschluss von Wegenutzungs-

---

[18] BVerfG Beschl. v. 13.6.2006 – 1 BvR 1160/03, NJW 2006, 3701.

[19] BVerwG Beschl. v. 2.5.2007 – 6 B 10/07, NJW 2007, 2275; BGH Beschl. v. 23.1.2012 – X ZB 5/11, NZBau 2012, 248.

[20] BVerwG Beschl. v. 2.5.2007 – 6 B 10/07, NJW 2007, 2275; dazu ausführlich OVG Lüneburg Beschl. v. 29.10.2018 – 10 ME 363/18, NVwZ 2019, 656; *Kopp/Schenke* VwGO § 40 Rn. 25a; kritisch dazu *Krohn* NZBau 2007 493 (495).

[21] Für eine Zuweisung an die Zivilgerichte ua: OVG Berlin Beschl. v. 28.7.2006 – 1 L 59/06, NZBau 2006, 668; OVG Lüneburg Beschl. v. 14.7.2006 – 7 OB 105/06, ZfBR 2006, 701; für eine Zuweisung an die Verwaltungsgerichte OVG Münster Beschl. v. 11.8.2006 – 15 E 880/06, NVwZ-RR 2006, 842; OVG Bautzen Beschl. v. 13.4.2006 – 2 E 270/05, NZBau 2006, 393; OVG Münster Beschl. v. 20.9.2005 – 15 E 1188/05, NZBau 2006, 67; OVG Koblenz Beschl. v. 25.5.2005 – 7 B 10356/05, NZBau 2005, 411, mAnm *Prieß/Hölzl* NZBau 2005, 367ff.

[22] Für den Bereich der Vergabe von Dienstleistungskonzessionen: BGH Beschl. v. 23.1.2012 – X ZB 5/11, NZBau 2012, 248; zur Frage, ob eine öffentlich-rechtliche Streitigkeit vorliegt vgl. *Kopp/Schenke* VwGO § 40 Rn. 11ff.; *Siegel* NZBau 2019, 353 (357). Zusammenfassend auch OVG Lüneburg Beschl. v. 29.10. 2018 – 10 ME 363/18, NVwZ 2019, 656.

[23] Für eine Zuweisung an die Zivilgerichte ua: OLG Düsseldorf Beschl. v. 13.9.2004 – VI-W (Kart)24/04, BeckRS 2004, 12157; OLG Brandenburg Beschl. v. 9.9.2004 – Verg W 9/04, NZBau 2005, 236; BayObLG, Beschl. v. 9.7.2003 – Verg 7/03, BayObLGZ 2003, 170; VK Nordbayern Beschl. v. 2.8.2006 – 21.VK 3194-22/06, BeckRS 2006, 33296; VK Hessen Beschl. v. 24.3.2004 – 69d VK 03/2004, IBRRS 2004, 3051; VK Brandenburg Beschl. v. 26.1.2004 – VK 1/04, IBRRS 2004, 1573; VK Brandenburg Beschl. v. 12.8.2003 – VK 48/03, IBRRS 2003, 2712; für eine Zuweisung an die Verwaltungsgerichte: OVG Bautzen Beschl. v. 9.2.2016 – 5 B 315/15, BeckRS 2016, 47601; OVG Münster Beschl. v. 4.5. 2006 – 15 E 453/06, NZBau 2006, 533; VG Schleswig Urt. v. 14.11.2017 – 3 A 14/17, BeckRS 2017, 137998. Ebenso *Eggers/Malmendier* NJW 2003, 780 (785f.).

verträgen zwischen der Gemeinde und einem Energieversorgungsunternehmen dem bürgerlichen Recht zuzuordnen ist.[24]

Bei der **Veräußerung von Beteiligungen und/oder Grundstücken der öffentlichen Hand** ist zu berücksichtigen, dass solche Rechtsgeschäfte primär als **beihilfenrechtlich relevanter Sachverhalt** betrachtet werden. Allgemein kann eine Beihilfe auf der Grundlage der sehr weit gefassten Beschränkungsverbote auch regelmäßig als Eingriff in die Grundfreiheiten qualifiziert werden. Basiert die **Beihilfe** auf einer **zivilvertraglichen Vereinbarung** zwischen dem öffentlichen Auftraggeber und dem Beihilfeempfänger, so steht einem Wettbewerber der Zivilrechtsweg offen. Das Durchführungsverbot des Art. 108 Abs. 3 S. 3 AEUV begründet für einen Wettbewerber subjektive Rechte[25] und stellt für diesen zugleich ein Schutzgesetz iSv § 823 Abs. 2 BGB dar.[26] Bildet hingegen ein **Verwaltungsakt** die Grundlage für die Beihilfe, so steht dem Konkurrenten der Verwaltungsrechtweg offen. § 108 Abs. 3 VwGO stellt ein subjektiv-öffentliches Recht im Sinne von § 42 Abs. 2 VwGO dar.[27] Die nationalen Gerichte sind verpflichtet, divergierende – auch künftige – Entscheidungen im Verhältnis zur Kommission zu verhindern. Je nach Verfahrenssituation sind sie gehalten, Stellungnahmen der Kommission zur Beurteilung einer Beihilfe einzuholen und müssen ggf. bei unterschiedlicher Auffassung die Frage dem EuGH zur Beurteilung vorlegen.[28] Zudem betont der EuGH in ständiger Rechtsprechung, dass das Beihilfeverfahren nach Art. 107 AEUV zu keinem Ergebnis führen darf, das zu den besonderen Vorschriften des Vertrages in Widerspruch steht.[29] 10

II. Umfang des Rechtsschutzes/Rechtsschutzziele

1. Primärrechtsschutz

Obwohl spezifischer vergaberechtlicher Primärrechtsschutz in Deutschland nach der Rechtsprechung des BVerfG in verfassungskonformer Art und Weise auf den Bereich oberhalb der Richtlinienschwellenwerte beschränkt ist[30], folgt daraus nicht zugleich, dass einem Bewerber außerhalb des Anwendungsbereich des Vergabesekundärrechts überhaupt keine Primärrechtsschutzmöglichkeiten zustehen. Auch im Hinblick auf Auftragsvergaben außerhalb des Vergabesekundärrechts muss vielmehr ein **effektiver gerichtlicher Schutz derjenigen Rechte** gewährt werden, die sich **aus dem Unionsrecht ableiten.**[31] Ein Bewerber kann dementsprechend die Verletzung der primärvergaberechtlichen Grundsätze der Transparenz, Gleichbehandlung und Nichtdiskriminierung nach Maßgabe der allgemeinen Regelungen mit dem Ziel gerichtlich geltend machen, seine **Chance auf Erhalt des Auftrags bzw. Auswahl als Vertragspartner** zu wahren. 11

---

[24] KG Urt. v. 4.4.2019 – 2 U 5/15, BeckRS 2019, 9742; OLG Frankfurt a.M. Beschl. v. 16.4.2018 – 11 Verg 1/18, NJOZ 2019, 131; OLG Naumburg Urt. v. 29.1.2015 – 2 W 67/14, ZfBR 2016, 187; OVG Münster Beschl. v. 10.2.2012 – 11 B 1187/11, NVwZ-RR 2012, 415; *Prieß/Friton/von Rummel* NZBau 2019, 690; *Meyer-Hetling/Templin* ZNER 2012, 18 (28 f.); *Byok/Dierkes* RdE 2012, 221 (223 f.).

[25] BGH Urt. v. 5.12.2012 – I ZR 92/11, EuZW 2013, 753.

[26] BGH Urt. v. 10.2.2011 – I ZR 136/09, EuZW 2011, 440.

[27] BVerwG Urt. v. 16.12.2010, 3 C 44.09; *Martin-Ehlers* EuZW 2011, 583 (589 f.); Dauses/Ludwigs/*Ludwigs* EU-WirtschaftsR-HdB Kap. H.III. Staatliche Beihilfen, 48. EL Juli 2019, Rn. 395.

[28] *Martin-Ehlers* EuZW 2011, 583 (588).

[29] In ständiger Rechtsprechung EuGH Urt. v. 21.5.1980 – 73/79, Slg. 1980, 1533 = BeckRS 2004, 73609 – Kommission/Italien; EuG Urt. v. 7.11.2012 – T-137/10, ECLI:EU:T:2012:584 = BeckRS 2012, 82356 Rn. 95 – CBI; Danner/Theobald/*Frenz* AEUV Art. 107 Rn. 184; *Rydelski* Handbuch EU Beihilferecht, S. 31; *Heidenhain* Handbuch des europäischen Beihilfenrechts § 60 Rn. 3.

[30] BVerfG Beschl. v. 13.6.2006 – 1 BvR 1160/03, NJW 2006, 3701. Diese Entscheidung aufgreifend OLG Celle Urt. v. 9.1.2020 – 13 W 56/19, BeckRS 2020, 28.

[31] Vgl. EuGH Urt. v. 25.7.2002 – C-50/00 P, Slg. 2002, I-6677 = EuR 2002, 699 Rn. 39 – Unión de Pequeños Agricultores; EuGH Urt. v. 20.9.2001 – C-453/99, Slg. 2001, I-6297 = EuZW 2001, 715 Rn. 25 – Courage; EuGH Urt. v. 19.6.1990 – C-213/89, Slg. 1990, I-2433 = NJW 1991, 2271 Rn. 19 – Factortame; EuGH Urt. v. 9.3.1978 – 106/77, Slg. 1978, 629 = NJW 1978, 1741 Rn. 16 – Simmenthal; OLG Düsseldorf Urt. v. 13.1.2010 – I-27 U 1/09 = NZBau 2010, 328.

12 Zu diesem Zweck kommt vornehmlich die Geltendmachung **zivilrechtlicher Unterlassungsansprüche** in Betracht, soweit entsprechend der Rechtsnatur der avisierten vertraglichen Vereinbarung der Zivilrechtsweg eröffnet ist.[32] Potentielle Anspruchsgrundlagen sind in diesem Zusammenhang sowohl §§ 823 Abs. 2, 1004 BGB[33] als auch §§ 311 Abs. 2, 241 Abs. 2 BGB[34], jeweils iVm den primärvergaberechtlichen Grundsätzen der Transparenz und Nichtdiskriminierung.[35]

13 Tatbestandliche Voraussetzungen für einen Unterlassungsanspruch des Bewerbers gegenüber einem Auftraggeber oder einer sonstigen staatlichen Stelle gemäß **§§ 311 Abs. 2, 241 Abs. 2 BGB** ist das Vorliegen eines vorvertraglichen Schuldverhältnisses sowie eine Verletzung vorvertraglicher Sorgfaltspflichten durch den Auftraggeber.[36] Ein vorvertragliches Schuldverhältnis zwischen dem Bewerber und dem Auftraggeber wird spätestens mit der Anforderung der Ausschreibungsunterlagen begründet.[37] In Auswahlverfahren nach primärrechtlichen Vorgaben dürfte ein solches jedenfalls nach Bekanntmachung durch den Auftraggeber, mit Abgabe eines Angebots bzw. Einreichung eines Teilnahmeantrags oder einer Interessenbekundung des Bewerbers begründet werden.[38] Zu den **Sorgfaltspflichten,** die ein Auftraggeber **im Rahmen eines vorvertraglichen Schuldverhältnisses** zu beachten hat, zählen insbesondere die Grundsätze der Transparenz, Gleichbehandlung und Nichtdiskriminierung, welche sich bereits unmittelbar aus dem europäischen Primärrecht ergeben.[39] Bei diesen Verfahrensvorgaben handelt es sich um subjektiv-öffentliche Rechte verfahrensbeteiligter Bieter/Bewerber.[40] Ein über diese Anspruchsvoraussetzungen hinausgehendes Vertrauenselement auf die Rechtmäßigkeit des Auswahlverfahrens ist nach der Rechtsprechung des BGH ausdrücklich kein tatbestandliches Erfordernis mehr.[41]

14 Hinsichtlich zivilrechtlicher Unterlassungsansprüche aus vorvertraglichen Sorgfaltspflichtverletzungen des Auftraggebers hat die Rechtsprechung im Zusammenhang mit der Vergabe von Wegekonzessionen nach § 46 EnWG eine Verpflichtung für verfahrensbeteiligte Bieter/Bewerber hergeleitet, einen bereits im Auswahlverfahren erkennbaren bzw. erkannten Rechtsverstoß des Auftraggebers vor der tatsächlichen Auswahlentscheidung beim Auftraggeber zu beanstanden („*zu rügen*").[42] Eine solche **Rügeobliegenheit** – im Sinne

---

32 Siehe dazu → Rn. 9.

33 OLG Celle Urt. v. 23.2.2016 – 13 U 148/15, NZBau 2016, 381; OLG Düsseldorf Beschl. v. 7.3.2012 – Verg 78/11, NZBau 2012, 382; LG Frankfurt a.M. Beschl. v. 28.1.2008 – 2–4 O 201/06 = NZBau 2008, 599; Beck VergabeR/*Horn/Hofmann* GWB vor § 155 Rn. 22ff.

34 BGH Urt. v. 9.6.2011 – X ZR 143/10, NZBau 2011, 498; OLG Celle Urt. v. 23.2.2016 – 13 U 148/15, NZBau 2016, 381; OLG Düsseldorf Urt. v. 19.10.2011 – 27 W 1/11, ZfBR 2012, 505; OLG Düsseldorf Urt. v. 13.1.2010 – I-27 U 1/09, NZBau 2010, 328; OLG Jena Urt. v. 8.12.2008 – 9 U 431/08, BeckRS 2009, 1181; VG Mainz Beschl. v. 30.8.2010 – 6 L 849/10, NZBau 2011, 60; aA ohne nähere Begründung OLG Brandenburg Urt. v. 24.4.2012 – 6 W 149/11, KommJur 2012, 269.

35 Dazu ausführlich *Barth* Das Vergaberecht außerhalb des Anwendungsbereichs der EG-Vergaberichtlinien, 2010, S. 134ff.

36 Ob der Auftraggeber die Verletzung vorvertraglicher Sorgfaltspflichten zu vertreten haben muss, ist in der Rechtsprechung bislang noch nicht abschließend geklärt. Solch einem Erfordernis könnte die Entscheidung des EuGH Urt. v. 30.9.2010 – C-314/09, Slg. 2010, I-8769 = NZBau 2010, 773 Rn. 45 – Strabag, wonach die vergaberechtliche Rechtsmittelrichtlinie dahin auszulegen ist, dass sie einer nationalen Regelung entgegensteht, die den Schadensersatzanspruch wegen Verstoßes eines öffentlichen Auftraggebers gegen Vergaberecht von der Schuldhaftigkeit des Verstoßes abhängig macht. Dazu ausführlich HK-VergabeR/*Pache* BHO § 55 Rn. 163ff.

37 *Gröning* VergabeR 2009, 839.

38 Vgl. *Meyer-Hetling/Templin* ZNER 2012, 18 (24).

39 Vgl. *Meyer-Hetling/Templin* ZNER 2012, 18 (24); idS auch BGH Urt. v. 9.6.2011 – X ZR 143/10, NZBau 2011, 498. Dazu auch *Hansen/Heilig* NZS 2017, 290.

40 VG Aachen Beschl. v. 13.9.2011 – 1 L 286/11, BeckRS 2011, 54449 unter Bezugnahme auf VG Münster Beschl. v. 9.3.2007 – 1 L 64/07, BeckRS 2007, 22786.

41 BGH Urt. v. 9.6.2011 – X ZR 143/10, NZBau 2011, 498.

42 OLG Düsseldorf Beschl. v. 4.2.2013 – VII-Verg 31/12, EnZW 2013, 187; OLG Düsseldorf Beschl. v. 9.1.2013 – VII-Verg 26/12, ZfBR 2013, 398; LG Köln Urt. v. 7.11.2012 – 90 O 59/12, BeckRS 2012, 25015; dazu auch *Höch/Stracke* RdE 2013, 159 (165); *Schüttpelz* VergabeR 2013, 361 (365f.); *Michaels/Kohler* NZBau 2013, 282 (285f.); krit. *Kermel/Herten-Koch* RdE 2013, 255ff.

einer unselbstständigen Nebenpflicht – ergebe sich aus den vorvertraglichen Beziehung nach §§ 311 Abs. 2 Nr. 1, 241 Abs. 2 BGB bzw. dem Grundsatz von Treu und Glauben nach § 242 BGB.[43] Soweit Verfahrensverstöße bereits zu Beginn oder im Laufe des Auswahlerfahrens hätten erkannt und gerügt werden können, sei ein Bewerber/Bieter hinsichtlich eines solchen Verfahrensfehlers im regelmäßig anzustrengenden Verfügungsverfahren nach §§ 935 ff. ZPO jedenfalls **materiell-rechtlich präkludiert,** soweit dieser den Auftraggeber nicht unverzüglich auf den Verfahrensfehler hingewiesen hat.[44] Auch in Auswahlverfahren, auf die die strengen Anforderungen des Vergaberechts nach §§ 97 ff. GWB und damit auch die Rügeobliegenheit des vergaberechtlichen Nachprüfungsverfahrens nach § 160 Abs. 3 GWB keine Anwendung findet, ergebe sich eine solche Pflicht im Rahmen vorvertraglicher Beziehungen aus dem Erfordernis eines fairen Umgangs und einer Rücksichtnahme auf die Interessen des Verhandlungspartners.[45] Diese Rechtsprechung zeigt, dass nicht nur in materiell-rechtlicher Hinsicht eine tendenzielle Angleichung der primärrechtlichen Verfahrensvorgaben an diejenigen des Vergabesekundärrechts stattgefunden hat, sondern dass auch in prozessualer Hinsicht fortlaufend eine Annährung vollzogen wird.[46]

Ein bewerberseitiger Anspruch auf Unterlassung gegenüber einem Auftraggeber kann 15
sich zudem aus **§§ 823 Abs. 2, 1004 BGB iVm den primärrechtlichen Grundsätzen der Transparenz und Nichtdiskriminierung** ergeben.[47] In der neueren Rechtsprechung deutscher Zivilgerichte wurden die als verletzt beanstandeten Grundfreiheiten des AEUV wiederholt als **Schutzgesetze** iSv § 823 Abs. 2 BGB anerkannt.[48] Dementsprechend handelt es sich auch bei den grundfreiheitlich fundierten Vergabegrundsätzen der Gleichbehandlung, Nichtdiskriminierung und Transparenz um solche Schutzgesetze iSv § 823 Abs. 2 BGB, da diese nach der Rechtsprechung des EuGH aufgrund ihres grundfreiheitlichen Ursprungs unmittelbare Wirkung für die Mitgliedstaaten besitzen.[49]

Im Unterschied zu den Primärrechtsschutzbehelfen in einem Vergabeverfahren nach 16
Maßgabe des europäischen Vergabesekundärrechts ist mit der Erhebung einer zivilrechtlichen Unterlassungsklage **kein Suspensiveffekt** in Form eines Zuschlagsverbots iSv § 169 Abs. 1 GWB verbunden. Mit dem Vertragsschluss zwischen dem Auftraggeber und einem Dritten werden vollendete Tatsachen geschaffen,[50] der Rechtsschutzsuchende wäre auf die Durchsetzung von Schadensersatzansprüchen verwiesen. Effektiver Primärrechtsschutz außerhalb des Richtlinienvergaberechts lässt sich deshalb lediglich mittels der Geltendmachung aufgeführter Unterlassungsansprüche im Wege des **Eilrechtsschutzes** sicherstellen. Statthaft erscheint insoweit ein **Antrag auf Erlass einer einstweiligen Verfügung** gegen den Auftraggeber nach § 935 ZPO mit dem Inhalt, diesem den avisierten Vertragsschluss zu untersagen.[51] Der rechtsschutzsuchende Bieter/Bewerber hat dazu gemäß §§ 935, 936,

---

[43] OLG Frankfurt a.M. Urt. v. 10.12.2019 – 11 U 118/19; OLG Naumburg Urt. v. 29.1.2015 – 2 W 67/14, ZfBR 2016, 187; OLG Düsseldorf Beschl. v. 4.2.2013 – VII-Verg 31/12, EnZW 2013, 187; OLG Düsseldorf Beschl. v. 9.1.2013 – VII-Verg 26/12, ZfBR 2013, 398; LG Köln Urt. v. 7.11.2012 – 90 O 59/12, BeckRS 2012, 25015.

[44] OLG Karlsruhe Urt. v. 27.3.2019 – 6 U 113/18, BeckRS 2019, 26308; OLG Düsseldorf Beschl. v. 4.2.2013 – VII-Verg 31/12, EnZW 2013, 187; OLG Düsseldorf Beschl. v. 9.1.2013 – VII-Verg 26/12, ZfBR 2013, 398; LG Köln Urt. v. 7.11.2012 – 90 O 59/12, BeckRS 2012, 25015.

[45] LG Köln Urt. v. 7.11.2012 – 90 O 59/12, BeckRS 2012, 25015.

[46] IdS hat das OLG Düsseldorf Beschl. v. 13.1.2010 – I-27 U 1/09, NZBau 2010, 328 festgestellt, dass bei der Abwägung, ob eine einstweilige Verfügung zu erlassen ist, auch die in § 169 Abs. 2 GWB, § 173 Abs. 2 GWB, § 176 Abs. 2 GWB genannten Kriterien eine Rolle spielen.

[47] KG Urt. v. 4.4.2019 – 2 U 5/15 Kart, EnZW 2019, 264; OLG Düsseldorf Beschl. v. 7.3.2012 – Verg 78/11, NZBau 2012, 382; LG Frankfurt a.M. Beschl. v. 28.1.2008 – 2–4 O 201/06, NZBau 2008, 599.

[48] Vgl. OLG Düsseldorf Beschl. v. 7.3.2012 – Verg 78/11, NZBau 2012, 382; LG Frankfurt a.M. Beschl. v. 28.1.2008 – 2–4 O 201/06, NZBau 2008, 599.

[49] EuGH Urt. v. 13.4.2010 – C-91/08, Slg. 2010, I-2815 = NZBau 2010, 382 Rn. 70 f. – Wall AG; vgl. zu den grundsätzlichen Voraussetzungen für die Qualifizierung primär- und sekundärrechtlicher Vorgaben als Schutzgesetze Palandt/*Sprau* BGB § 823 Rn. 57.

[50] OLG Düsseldorf Beschl. v. 13.1.2010 – I-27 U 1/09, NZBau 2010, 328.

[51] *Meyer-Hetling/Templin* ZNER 2012, 18 (27).

920 Abs. 2 ZPO substantiiert darzulegen, dass aufgrund eines Verstoßes des Auftraggebers gegen primärrechtliche Vergabeverfahrensanforderungen ein Unterlassungsanspruch besteht, dessen Vereitlung durch den Vertragsabschluss mit einem Dritten unmittelbar bevorsteht.[52] Das setzt die Darlegung bzw. Glaubhaftmachung des Antragstellers voraus, dass dieser durch ein vergaberechtswidriges Verhalten des Antragsgegners in seinen Rechten als Bieter verletzt und seine Chancen auf Erteilung des Zuschlags dadurch beeinträchtigt worden sein könnten.[53]

Allerdings ist der Auftraggeber auch während eines Eilrechtsschutzverfahrens nicht daran gehindert, mit einem Dritten zu kontrahieren und den Primärrechtsschutzbestrebungen des Rechtsschutzsuchenden Bieters/Bewerbers damit die Grundlage zu entziehen. Diesbezüglich bestehen für das zuständige Gericht jedoch gewisse **prozessuale Möglichkeiten, den Auftraggeber** auch während eines Eilrechtsschutzverfahrens **an einem Vertragsschluss zu hindern** und damit die primären Rechtsschutzinteressen des Klägers zu wahren. In Betracht kommt etwa die Anberaumung eines mündlichen Verhandlungstermins bei gleichzeitigem Erlass einer befristeten einstweiligen Anordnung.[54] Dieses Vorgehen ist zwar im Gesetz nicht vorgesehen, aber nach Auffassung des OLG Düsseldorf zur Gewährleistung effektiven Rechtsschutzes durchaus gerechtfertigt.[55] In der Praxis stehen solche gerichtlichen Maßnahmen jedoch im Ermessen des befassten Gerichts. Es ist mithin eine Frage des Einzelfalls, ob sie getroffen werden oder ob ein Bieter/Bewerber stattdessen auf den Sekundärrechtsschutz verwiesen ist.

17 Soweit hinsichtlich einer öffentlichen Auftragsvergabe außerhalb der EU-Vergaberichtlinien ausnahmsweise der **Verwaltungsrechtsweg** eröffnet ist, weil es sich etwa bei der avisierten Vereinbarung um einen öffentlich-rechtlichen Vertrag handelt, kommt als Rechtsgrundlage für die **Geltendmachung eines Unterlassungsanspruchs im Wege des vorläufigen Rechtsschutzes** § 123 Abs. 1, 3 VwGO iVm §§ 920 Abs. 2, 294 Abs. 1 ZPO in Betracht.[56] Bei den primärrechtlichen Verfahrensgrundsätzen der Transparenz, Gleichbehandlung und Nichtdiskriminierung handelt es sich um subjektive öffentliche Rechte beteiligter Bieter/Bewerber.[57] Allerdings qualifiziert namentlich das OVG Lüneburg ein solches Rechtsschutzbegehren als Fall des vorbeugenden Rechtsschutzes, der dem verwaltungsgerichtlichen Verfahren zumeist fremd sei, und hält einen nachträglichen Rechtsschutz grundsätzlich für angemessen und ausreichend.[58] Etwas anderes gelte nur ausnahmsweise dann, wenn die Inanspruchnahme lediglich nachträglichen Rechtsschutzes mit unzumutbaren Nachteilen verbunden wäre, etwa bei einer sonst drohenden wirtschaftlichen Existenzgefährdung oder bei Schaffung irreversibler Zustände.

18 Ob die aufgezeigten Rechtsschutzmöglichkeiten tatsächlich dazu geeignet sind, einen effektiven Primärrechtsschutz auch außerhalb des Anwendungsbereichs der europäischen Vergaberichtlinien zu konstituieren, erscheint jedoch fraglich.[59] Der unterlegene Bewerber

52 OLG Düsseldorf Urt. v. 19.10.2011 – 27 W 1/11, ZfBR 2012, 505; OLG Naumburg Urt. v. 25.6.2015 – 2 U 17/15 Lw, ZfBR 2017, 90; VG Mainz Beschl. v. 30.8.2010 – 6 L 849/10, NZBau 2011, 60.

53 OLG Frankfurt a.M. Urt. v. 26.1.2017 – 11 Verg 1/17, BeckRS 2017, 103361; OLG Frankfurt a.M. Urt. v. 13.10.2015 – 11 W 32/15, BeckRS 2016, 1845; LG Köln Urt. v. 7.11.2017 – 33 O 192/16, ZfBR 2018, 292.

54 OLG Düsseldorf Beschl. v. 13.1.2010 – I-27 U 1/09, NZBau 2010, 328.

55 OLG Düsseldorf Beschl. v. 13.1.2010 – I-27 U 1/09, NZBau 2010, 328; aA OLG Brandenburg Beschl. v. 10.12.2012 – 6 U 172/12, ZfBR 2013, 503 mit Verweis auf den Eilcharakter des einstweiligen Verfügungsverfahrens.

56 *Byok/Dierkes* RdE 2012, 221 (225).

57 VG Aachen Beschl. v. 13.9.2011 – 1 L 286/11, BeckRS 2011, 54449 unter Bezugnahme auf VG Münster Beschl. v. 9.3.2007 – 1 L 64/07, BeckRS 2007, 22786.

58 OVG Lüneburg Beschl. v. 12.11.2012 – 13 ME 231/12, NJOZ 2013, 1223; VG Düsseldorf Beschl. v. 15.9.2016 – 7 L 2411/16, NZBau 2017, 59. Anders jedoch OVG Berlin-Brandenburg Beschl. v. 30.11. 2010 – 1 S 107.10, BeckRS 2010, 56671, mit der Begründung, dass durch eine Versagung des Unterlassungsanspruchs im Wege des vorläufigen Rechtsschutzes, durch den Vertragsschluss die Möglichkeit entfällt, überhaupt Primärrechtsschutz in Anspruch zu nehmen.

59 Krit. auch *Prieß/Simonis* NZBau 2015, 731 (735f.).

sieht sich regelmäßig **erheblichen Darlegungsschwierigkeiten** ausgesetzt. Denn in den zivilrechtlichen Verfahren herrscht der Parteibeibringungsgrundsatz; der unterlegene Bieter/Bewerber steht in der Pflicht, sämtliche entscheidungserheblichen Tatsachen vorzutragen und ggf. zu beweisen, ohne dass ihm aber ein korrespondierendes Akteneinsichtsrecht zusteht.[60] Überdies hängt es maßgeblich von dem zuständigen Gericht ab, ob dieses durch geeignete Maßnahmen einen Vertragsschluss verhindert und dadurch effektiven Primärrechtsschutz ermöglicht.[61] Diesbezüglich werden von den einzelnen Gerichten allerdings unterschiedliche Ansätze vertreten, die von einer rechtsschutzfreundlichen Linie bis zu einer generellen Versagung jeglichen Primärrechtsschutzes reicht.[62] Im verwaltungsgerichtlichen Verfahren muss das Gericht allerdings von Amts wegen ermitteln. Zudem steht den Prozessbeteiligten ein Akteneinsichtsrecht – zumindest in die Gerichtsakten und die dem Gericht vorgelegten Akten – zur Seite, sodass die Sachverhaltsermittlung für den Verfahrensführer deutlich erleichtert ist.

2. Sekundärrechtschutz

In Literatur und Rechtsprechung besteht Einigkeit darüber, dass den zu Unrecht unterlegenen Bewerbern Schadensersatzansprüche zustehen. Gestützt wird ein solcher Anspruch auf §§ 280 Abs. 1, 241 Abs. 2, 311 Abs. 2 BGB. Die Pflichtverletzung besteht in diesem Fall in der schuldhaften Verletzung einer Verfahrensvorschrift, die auch dem Schutz des Bewerbers dient. Solche **drittschützenden Verfahrensvorschriften** können sich aus den **europarechtlichen Grundsätzen** selbst ergeben,[63] aber auch aus anderen Regelwerken, denen sich der öffentliche Auftraggeber freiwillig gerade im Bereich der Unterschwellenvergaben im Rahmen der Ausschreibung unterwirft. Dem Auftraggeber steht der Nachweis frei, dass er die Verletzung nicht zu vertreten hat, wobei das Vertretenmüssen gem. § 290 Abs. 1 S. 2 BGB vermutet wird. Insofern besteht eine nicht unerhebliche Diskrepanz zu den Schadensersatzansprüchen nach §§ 180, 181 GWB, also für Vergaben, die in den Bereich der EU-Vergaberichtlinien fallen. Denn hier soll nach der Rechtsprechung des EuGH der Anspruch nicht vom Verschulden des Auftraggebers abhängen.[64] Hinsichtlich der weiteren Voraussetzungen unterscheidet sich der Anspruch allerdings nicht von denjenigen nach § 181 GWB.[65] 19

III. Personelle Rechtsbehelfsberechtigung

Bei der Frage nach der personellen Rechtsbehelfsberechtigung hinsichtlich einer Verletzung vergabeprimärrechtlicher Verfahrensvorgaben ist grundsätzlich **zwischen inländischen, EU-mitgliedstaatlichen und Personen aus Drittstaaten zu differenzieren.** 20

EU-mitgliedstaatliche juristische Personen haben ebenso wie natürliche Personen grundsätzlich die Möglichkeit, Ansprüche vor den Gerichten eines anderen Mitgliedstaats damit zu begründen, dass es zu einer Verletzung der primärrechtlichen Grundfreiheiten bzw. Grundrechten gekommen ist.[66] Das Unionsrecht gilt unmittelbar in den Mitgliedstaaten und ist Bestandteil der mitgliedstaatlichen Rechtsordnungen, ohne dass es dafür eines 21

---

[60] Vgl. *Prieß/Gabriel* NJW 2008, 331.

[61] So zu Recht: *Prieß/Simonis* NZBau 2015, 731 (736).

[62] Eine instruktive Übersicht findet sich dazu bei *Jansen/Geitel* VergabeR 2015, 117 (121 ff.).

[63] OLG Düsseldorf Urt. v. 19.10.2011 – 27 W 1/11, ZfBR 2012, 505; OLG München Urt. v. 16.1.2008 – 3 U 1990/07, NJW-RR 2009, 193; VG Mainz Beschl. v. 30.8.2010 – 6 L 849/10, NZBau 2011, 60; Palandt/*Ellenberger* BGB § 134 Rn. 3.

[64] EuGH Urt. v. 30.9.2010 – C-314/09, Slg. 2010, I-8769 = NZBau 2010, 773 – Strabag; OLG Köln Urt. v. 21.12.2016 – 17 U 42/15, ZfBR 2017, 620; OLG Saarbrücken Urt. v. 15.6.2016 – 1 U 151/15, BeckRS 2016, 13235.

[65] Vgl. dazu → § 38 Rn. 1 ff.

[66] *Kristoferitsch* EuZW 2006, 428 (432); *Eggers/Malmendier* NJW 2003, 780 (786).

weiteren Transformationsaktes bedürfte.[67] Nach ständiger Rechtsprechung des EuGH sind einige Normen des AEUV darüber hinaus unmittelbar anwendbar.[68] Sowohl die EU-Grundfreiheiten[69] als auch die allgemeinen Rechtsgrundsätze[70] gehören zu diesem Bestand subjektiver Rechte, auf die sich Unionsbürger vor den nationalen Gerichten berufen können.[71] Die Klagebefugnis bzw. Beteiligten- und Prozessfähigkeit EU-ausländischer Unternehmen vor deutschen Gerichten hängt damit einzig von ihrer Rechtsfähigkeit ab. Die Beurteilung dessen richtet sich gemäß der Rechtsprechung des EuGH danach, ob das entsprechende Unternehmen nach der Rechtslage in seinem Gründungsstaat als rechtsfähig zu qualifizieren ist.[72]

22 Klärungsbedürftig ist jedoch die **personelle Rechtsbehelfsberechtigung inländischer Unternehmen.** Die vergabeverfahrensrechtlichen Grundsätze der Gleichbehandlung, Nichtdiskriminierung und Transparenz haben ihren Ursprung in den europäischen Grundfreiheiten. Der sachliche Anwendungsbereich des Vergabeprimärrechts hängt damit dogmatisch unmittelbar von der Geltung der europäischen Grundfreiheiten im konkreten Einzelfall ab.[73] Inländische Personen können sich gegen Maßnahmen desjenigen Staates wehren, dem sie selbst angehören oder in dem sie ihren Sitz haben, sich jedoch grundsätzlich nicht auf die Grundfreiheiten berufen, soweit die staatliche Maßnahme ihnen gegenüber **keine Binnenmarktrelevanz** besitzt.[74] So verhält es sich jedoch mit der Vergabe öffentlicher Aufträge. Die Vergabe öffentlicher Aufträge kann zwar für Bieter/Bewerber aus anderen Mitgliedstaaten der Union relevant und damit von grenzüberschreitendem Interesse sein, ein solcher grenzüberschreitender Bezug fehlt jedoch im Verhältnis zu inländischen Bietern/Bewerbern.[75] Ein objektiv-rechtlicher Verstoß gegen Vergabeprimärrecht führt diesen gegenüber grundsätzlich nicht zu einer subjektiven Rechtsverletzung.[76] In diesem Sinne versagte der VGH Kassel einem Teilnehmer an einem Verfahren zur Vergabe einer Dienstleistungskonzession in einer Entscheidung mangels Binnenmarktrelevanz die Berufung auf Art. 49 bzw. 56 AEUV.[77] Gleichwohl erscheint es vor dem Hintergrund der bisherigen Rechtsprechung der nationalen Gerichte nicht unwahrscheinlich, dass sich die **vergabeprimärrechtlichen Grundsätze der Gleichbehandlung, Nichtdiskriminierung und Transparenz** weitergehend **verselbstständigen** und vor nationalen Gerichten auch im Verhältnis zwischen Auftraggebern und inländischen Bietern/Bewerbern als subjektive Verfahrensrechte behandelt werden.[78] Diese Vorgehensweise wäre ganz im Sinne des *effet utile,* da die Justiziabilität der primärrechtlichen Vergabegrundsätze durch inländische Bieter/Bewerber die daraus erwachsenden Verhaltenspflichten des Auftraggebers zu Gunsten potentieller Teilnehmer aus anderen Mitgliedstaaten noch intensivieren würde. Mit einer entsprechenden Begründung hat der EuGH in seiner Entscheidung in der

---

[67] *Burgi* Vergaberecht, § 3 Rn. 21; v. d. Groeben/Schwarze/Hatje/*Geismann* AEUV Art. 288 Rn. 11; Streinz/*Schmalenbach* AEUV Art. 288 Rn. 87 ff.

[68] EuGH Urt. v. 5.2.1963 – 26/62, Slg. 1963, 1 = BeckRS 1963, 104732 Rn. 24 ff. – van Gend&Loos.

[69] *Mestmäcker/Schweitzer* EuWettbR § 2 Rn. 28 ff.

[70] *Mestmäcker/Schweitzer* EuWettbR § 4 Rn. 62 ff.

[71] Siehe nur BGH Urt. v. 1.6.2005 – IV ZR 100/02, NJW-RR 2005, 1161; BGH Urt. v. 13.3.2003 – VII ZR 370/98, NJW 2003, 1461.

[72] EuGH Urt. v. 30.9.2003 – C-167/01, Slg. 2003, I-10155 = NJW 2003, 3331 – Inspire Art; EuGH Urt. v. 5.11.2002 – C-208/00, Slg. 2002, I-9919 = NJW 2002, 3614 – Überseering BV; EuGH Urt. v. 9.3.1999 – C-212/97, Slg. 1999, I-1459 = NJW 1999, 2027 – Centros; EuGH Urt. v. 27.9.1988 – 81/87, Slg. 1988, 5483 = BeckRS 2004, 73768 – Daily Mail.

[73] Vgl. dazu → § 82 Rn. 12 ff.

[74] Vgl. dazu → § 83 Rn. 12 ff.

[75] *Wollenschläger* NVwZ 207, 388 (396).

[76] *Wollenschläger* Verteilungsverfahren, S. 118.

[77] VGH Kassel Beschl. v. 23.7.2012 – 8 B 2244/11, BeckRS 2012, 57825; so auch in einer neueren Entscheidung des VG Kassel Urt. v. 6.10.2017 – 5 K 939/13.KS.

[78] Vgl. in diesem Sinne VG Bayreuth Urt. v. 11.12.2012 – B 1 K 12.445, BeckRS 2013, 51196; VG Mainz Beschl. v. 30.8.2010 – 6 L 849/10, NZBau 2011, 60; VG Münster Beschl. v. 9.3.2007 – 1 L 64/07, BeckRS 2007, 22786. Anders jedoch VGH Kassel Beschl. v. 23.7.2012 – 8 B 2244/11, BeckRS 2012, 57825.

Rechtssache **„Belgacom"**[79] im Rahmen eines Vorabentscheidungsverfahrens die Berufung auf die europäischen Binnenmarktgrundfreiheiten und die daraus abgeleiteten Vergabegrundsätze durch ein Unternehmen gegenüber einem Auftraggeber desselben Mitgliedstaates ausdrücklich zugelassen. Indem der Gerichtshof damit die Geltendmachung vergabeprimärrechtlicher Vorgaben durch inländische Wirtschaftsteilnehmer gegenüber öffentlichen Stellen desselben Mitgliedstaates ermöglicht hat, erscheint es geboten, aus dem Effektivitätsgrundsatz ein Gebot an die nationalen Zivil- und Verwaltungsgerichte zu folgern, diese Rechtspositionen dann tatsächlich auch einem effektiven gerichtlichen Primärrechtschutz zu unterstellen.[80] Das bedeutet zum einen, dass die Verfahrensvorgaben des Vergabeprimärrechts entweder als subjektive Rechte im Sinne der deutschen Rechtsdogmatik anzusehen oder eine gerichtliche Geltendmachung unabhängig von einer möglichen subjektiven Rechtsverletzung zuzulassen ist. Zum anderen dürften die zivil- und verwaltungsrechtlichen Rechtsschutzmöglichkeiten derart europarechtskonform anzuwenden und die zu Grunde liegenden Bestimmungen entsprechend auszulegen sein, dass ein effektiver Primärrechtsschutz gewährleistet werden kann, wozu insbesondere sicherzustellen ist, dass ab der Einlegung des Rechtsbehelfs ein Vertragsschluss der jeweiligen öffentlichen Stelle verhindert wird.[81]

Die Frage, ob **ausländische juristischen Personen** vor deutschen Gerichten die Verletzung von primärrechtlichen Vergabegrundsätzen geltend machen können, ist in zwei Schritten zu prüfen. Zunächst ist zu klären, ob das Unternehmen rechtsfähig ist. Die **Rechtsfähigkeit** ausländischer juristischer Personen richtet sich entweder nach der Rechtslage ihres Heimatlandes oder nach deutschem Recht, je nachdem welche zwischenstaatlichen oder internationalen Vereinbarungen vorliegen.[82] Sofern die Rechtsfähigkeit und damit auch die Beteiligten- und Prozessfähigkeit gegeben sind, ist in einem zweiten Schritt zu prüfen, ob sich das ausländische Unternehmen auch **materiell auf die Grundfreiheiten berufen** kann. Hier ist einzelfallbezogen nach den einzelnen Grundfreiheiten zu unterscheiden. Im Grundsatz gilt dabei: Ist ein Unternehmen in einem EU-Staat ansässig, so kann es sich auf die Kapital- und Zahlungsverkehrsfreiheit (Art. 63 AEUV) berufen.[83] Die Freiheit des Kapital- und Zahlungsverkehrs bezweckt, alle Kapitalbewegungen zwischen den Mitgliedstaten sowie zwischen diesen und Drittländern unabhängig von der Staatsangehörigkeit der Begünstigten und der Herkunft der Werte zu erfassen. Art. 63 AEUV liegt eine verkehrsorientierte, nicht eine markt- bzw. unionsbürgerorientierte Betrachtungsweise zugrunde.[84] Die Ansässigkeit eines Unternehmens allein reicht jedoch für die Berufung auf die Niederlassungsfreiheit (Art. 49 AEUV) und die Dienstleistungsfreiheit (Art. 56 AEUV) nicht aus; hierfür ist gem. Art. 54 Abs. 1 AEUV iVm Art. 62 AEUV die Gründung in einem Mitgliedstaat und eine institutionelle Unionsverbindung erforderlich.[85] Die institutionelle Unionsverbindung ist gegeben, wenn sich entweder der satzungsmäßige Sitz, die Hauptverwaltung oder die Hauptniederlassung des in einem Mitgliedstaat gegründeten Unternehmens innerhalb der EU befindet.[86] Die Warenverkehrsfreiheit 23

[79] EuGH Urt. v. 14.11.2013 – C-221/12, ECLI:EU:C:2013:736 = NZBau 2014, 53 – Belgacom; dazu *Gabriel/Voll* NZBau 2014, 155.

[80] *Gabriel/Voll* NZBau 2014, 155 (158). Ausführlich dazu auch MüKoWettbR/*Kühling/Huerkamp* Einl. VergabeR Rn. 151 ff. mit Verweis auf EuGH Urt. v. 17.12.2015 – C-25/14 und C-26/14, ECLI:EU:C:2015:821 = EuZW 2016, 277 Rn. 28 – UNIS, die jedoch explizit auf EuGH Urt. v. 14.11. 2013 – C-221/12, ECLI:EU:C:2013:736 = NZBau 2014, 53 – Belgacom verweist.

[81] *Gabriel/Voll* NZBau 2014, 155 (158).

[82] Vgl. hierzu Henssler/Strohn IntGesR/*Servatius* Rn. 22 mit Verweis auf *Servatius* in Henssler/Strohn, 2. Aufl. 2014, IntGesR Rn. 22; MüKoAktG/*Ego* Kap. 2.II Rn. 204 ff.

[83] Streinz/*Sedlaczek/Züger* AEUV Art. 63 Rn. 17.

[84] Grabitz/Hilf/Nettesheim/*Ress/Ukrow* AEUV Art. 63 Rn. 120.

[85] Streinz/*Müller-Graff* AEUV Art. 49 Rn. 28 und Art. 54 Rn. 10 f.

[86] EuGH Urt. v. 9.3.1999 – C-212/97, Slg. 1999, I-1459 = NJW 1999, 2027 Rn. 20 – Centros; EuGH Urt. v. 16.7.1998 – C-264/96, Slg. 1998; I-4695 = EuZW 1999, 20 Rn. 20 – ICI; EuGH Urt. v. 13.7. 1993 – C-330/91, Slg. 1993, I-4017 = BeckRS 2004, 76490 Rn. 13 – Commerzbank; EuGH Urt. v. 28.1.1986 – 270/83, Slg. 1986, 273 = BeckRS 2004, 72827 Rn. 18 – Kommission/Frankreich; EuGH

schützt als reine Produktverkehrsfreiheit den grenzüberschreitenden Handel unabhängig von Rechtsnatur und Staatsangehörigkeit der handelnden Personen.[87]

D. Beihilferecht und Grundfreiheiten

24 Für die Rechtsschutzmöglichkeiten bei Auswahlentscheidungen nach primärrechtlichen Verfahrensvorgaben ist schließlich das **systematische Verhältnis der europäischen Binnenmarktgrundfreiheiten und dem EU-Beihilferecht** von besonderer Bedeutung. Betroffen sind davon vornehmlich solche Veräußerungsgeschäfte der öffentlichen Hand, die aufgrund einer notwendigen Auswahlentscheidung im Hinblick auf den Vertragspartner sowohl Relevanz für die europäischen Grundfreiheiten als auch für das EU-Beihilferecht besitzen.[88]

25 Nach der Rechtsprechung des EuGH kann eine staatliche Beihilfe seitens der Kommission nicht als zulässig angesehen werden, soweit diese nicht im Einklang mit den übrigen Vorschriften des Vertrags, namentlich den Grundfreiheiten, steht.[89] Andererseits wird jedoch für den Fall, dass die Unvereinbarkeit der Beihilfe mit anderen Vorschriften des Vertrags allein auf der mit der Beihilfegewährung beruhenden Begünstigung des empfangenden Unternehmens beruht, konstatiert, den beihilferechtlichen Vorschriften komme **aufgrund** ihrer **Spezialität** ein **Anwendungsvorrang** gegenüber den übrigen Bestimmungen des Vertrags zu.[90] Anderenfalls würden sowohl die Besonderheiten des Beihilferechts als auch die Zuständigkeit der Kommission unterlaufen.[91]

26 Dementsprechend geht auch der EuGH in diesen Fällen davon aus, dass die Art. 107 ff. AEUV die Anwendung anderer Vorschriften aus Gründen der **Spezialität** ausschließen[92] und die rechtliche Überprüfung der Verletzung anderer Vertragsbestimmungen – wie etwa der Grundfreiheiten – den innerstaatlichen Gerichten insoweit entzogen ist.[93] Nur sofern es sich um **von dem Beihilfenzweck abtrennbare Modalitäten** handelt,[94] greift dieser Anwendungsausschluss nicht ein – andere Vertragsvorschriften können dann als Prüfungsmaßstab herangezogen werden.[95] Dieser Abgrenzung kommt deshalb erhebliche praktische Bedeutung zu, da eine Verletzung der europäischen Grundfreiheiten den Rechtsweg zu den Verwaltungsgerichten einschließlich des dort geltenden Amtsermittlungsgrundsatzes

---

Urt. v. 10.7.1986 – 79/85, Slg. 1986, 2375 = BeckRS 2004, 73706 Rn. 13 – Segers; Calliess/Ruffert/*Korte* AEUV Art. 54 Rn. 17 f.

[87] Streinz/*W. Schroeder* AEUV Art. 34 Rn. 24; Grabitz/Hilf/Nettesheim/*Leible/T. Streinz* AEUV Art. 34 Rn. 31 f.

[88] Vgl. dazu → § 84 Rn. 1 ff. Dazu auch ausführlich *Guarrata/Wagner* NZBau 2018, 443.

[89] Vgl. *Heidenhain* Handbuch des europäischen Beihilfenrechts § 60 Rn. 3; *Lang* IStR 2010, 570 (571) mit Verweis auf Generalanwältin *Kokott* Schlussanträge v. 15.2.2007 – C-464/05, Slg. 2007, I-9235 = BeckRS 2008, 70157 Rn. 50 – Geurts/Vogten. Siehe hierzu auch Schwarze/*Bär-Bouyssiére* AEUV Art. 107 Rn. 8.

[90] Erstmals in EuGH Urt. v. 22.3.1977 – 74/76, Slg. 1977, 557 = BeckRS 2004, 73626 Rn. 11 und 12 – Iannelli&Volpi; *Koenig/Kühling/Ritter* EG-BeihilfenR-HdB, 2. Aufl. 2005, Rn. 58.

[91] *Ehlers* JZ 1992, 199 (200); *Mestmäcker/Schweitzer* EuWettbR § 42 Rn. 21.

[92] *Koenig/Kühling/Ritter* EG-Beihilfenrecht, 2. Aufl. 2005, Rn. 58.

[93] Dazu *Mestmäcker/Schweitzer*, 2. Aufl. (2007), § 42 Rn. 22 f.

[94] Das EuG spricht auch von einerseits *„Voraussetzungen oder Bestandteilen, die zwar zu dieser [Beihilfen-]Regelung gehören, zur Verwirklichung ihres Zweckes oder zu ihrem Funktionieren aber nicht unerlässlich sind"* (dann keine Spezialität der Art. 107 ff. AEUV) und andererseits von *„Modalitäten einer Beihilfe, die einen etwaigen Verstoß gegen andere besondere Vertragsbestimmungen als die Artikel 92 und 93 enthalten, derart untrennbar mit dem Zweck der Beihilfe verknüpft sein können, dass sie nicht für sich allein beurteilt werden können"* (in diesem Fall sind die Art. 107 ff. AEUV spezieller), siehe EuG Urt. v. 31.1.2001 – T-197/97 und T-198/97, Slg. 2001, II-303 = BeckRS 2001, 70074 Rn. 76 f. – Weyl Beef Products BV; *Mestmäcker/Schweitzer* in Immenga/Mestmäcker Bd. III 1. Teil Kap. I.A.II.3 Rn. 12.

[95] EuGH Urt. v. 2.5.2019 – C-598/17, ECLI:EU:C:2019:352 = EuZW 2019, 512 Rn. 47 f. – A-Fonds (noch anhängig); EuGH Urt. v. 22.3.1977 – 74/76, Slg. 1977, 557 = BeckRS 2004, 73626 Rn. 14 – Iannelli&Volpi.

begründen würde, die Geltendmachung eines beihilferechtlichen Verfahrensverstoßes jedoch lediglich vor den Zivilgerichten geltend gemacht werden kann.[96]

Die Anwendung des Kriteriums der Abtrennbarkeit erweist sich als kompliziert. Das 27
liegt insbesondere daran, dass der EuGH sich in Folgeentscheidungen, für die es auf eine Spezialität der Art. 107 ff. AEUV (ex Art. 87 EGV) nach dieser Abgrenzung angekommen wäre, wiederholt auf den Standpunkt zurückzog, dass *„der Umstand, dass eine einzelstaatliche Maßnahme möglicherweise als Beihilfe im Sinne von Art. 92 [EWG (Art. 107ff. AEUV)] betrachtet werden kann, [...] deshalb keinen hinreichenden Grund dafür dar[stellt], sie vom Verbot des Art. 30 [EWG (Art. 34 AEUV)] auszunehmen“*,[97] ohne sich zur möglichen Spezialität der Art. 107 ff. (ex Art. 87 ff. EGV) zu äußern. Eine Abkehr von seiner früheren Rechtsprechung kann darin jedoch auch nicht gesehen werden, da sich der EuGH daneben weiter auf seine Aussagen in der Rechtssache „Iannelli&Volpi/Meroni“ bezieht.[98] Doch finden sich in der europäischen Rechtsprechung nur wenige Entscheidungen, in denen das Kriterium der „abtrennbaren Modalitäten“ tatsächlich angewendet wurde.[99] In der Rechtssache „Weyl Beef Products BV“ stellte das EuG fest, dass bei einer Pflichtabgabe zur Finanzierung von Sanierungsmaßnahmen in einem bestimmten Wirtschaftssektor nicht zwischen der Erhebung der Abgabe und der Verwendung dieser Abgaben unterschieden werden kann und das Programm als Ganzes somit allein am Beihilfenregime zu messen ist.[100] Trotz der dadurch verbleibenden Unsicherheiten, mit welcher Konsequenz der EuGH und das EuG die Anwendung der Grundfreiheiten davon abhängig machen wird, dass eine Beihilfengewährung tatsächlich abtrennbare Modalitäten aufweist, kann jedenfalls beim Vorliegen abtrennbarer Modalitäten von der Anwendbarkeit der Grundfreiheiten ausgegangen werden. Das bedeutet, dass ein Verstoß gegen diese dann auch im Wege des Verwaltungsrechtsschutzes gerichtlich geltend gemacht werden kann.

---

[96] Vgl. → Rn. 10.

[97] EuGH Urt. v. 20.3.1990 – C-21/88, Slg. 1990, I-889 = NVwZ 1991, 1071 Rn. 20 – Du Pont de Nemours; EuGH Urt. v. 5.6.1986 – 103/84, Slg. 1986, 1759 = BeckRS 2004, 70643 Rn. 19 – Kommission/Italien; EuGH Urt. v. 7.5.1985 – 18/84, Slg. 1985, 1339 = BeckRS 2004, 72045 Rn. 13 – Kommission/Frankreich. Siehe auch *Hancher/Ottervanger/Slot* EC State Aids, 3. Aufl. 2006, Rn. 3–091 sowie *Soltész* EuZW 2015, 127 (134).

[98] Siehe aktuell EuGH Urt. v. 2.5.2019 – C-598/17, ECLI:EU:C:2019:352 = EuZW 2019, 512 Rn. 47 f. – A-Fonds (noch anhängig); EuGH Urt. v. 27.11.2003 – C-34/01 bis C-38/01, Slg. 2003, I-14243 = BeckRS 2004, 76556 Rn. 56 – Enirisorse SpA; EuGH Urt. v. 23.4.2002 – C-234/99, Slg. 2002, I-3657 = BeckRS 2004, 75302 Rn. 56 – Nygård.

[99] Mit dem Ergebnis der Spezialität der Art. 87 ff. EGV (der jetzigen Art. 107 ff. AEUV), soweit ersichtlich, nur in EuG Urt. v. 31.1.2001 – T-197/97 und T-198/97, Slg. 2001, II-303 = BeckRS 2001, 70074 Rn. 75 ff. – Weyl Beef Products BV.

[100] EuG Urt. v. 31.1.2001 – T-197/97 und T-198/97, Slg. 2001, II-303 = BeckRS 2001, 70074 Rn. 75 ff. – Weyl Beef Products BV. So allerdings auch in der aktuellen Entscheidung EuGH Urt. v. 2.5.2019 – C-598/17, ECLI:EU:C:2019:352 = EuZW 2019, 512 Rn. 47 ff. – A-Fonds (noch anhängig).

Kapitel 17 Auftragsvergaben unterhalb der europäischen Schwellenwerte

§ 87 Einführung

Übersicht

Literatur:

Antweiler, Verwaltungsgerichtlicher Rechtsschutz gegen Vergaberechtsverstöße in Genehmigungsverfahren, NZBau 2009, 362; *Arzt-Mergemeier* in Willenbruch/Wieddekind, Vergaberecht, Kompaktkommentar, 4. Aufl. 2017; *Baumann* in Lampe-Helbig/Jagenburg, Handbuch der Bauvergabe, 3. Aufl. 2014; *Bonitz,* Die vergaberechtliche Zulässigkeit von Landesmindestlohnvorgaben – Von Rüffert über Bundesdruckerei bis RegioPost, NZBau 2016, 418; *Braun,* Zivilrechtlicher Rechtsschutz bei Vergaben unterhalb der Schwellenwerte, NZBau 2008, 160; *Csaki/Freundt,* Europarechtskonformität von vergabegesetzlichen Mindestlöhnen, KommJur 2012, 246; *Dicks,* Primärrechtsschutz unterhalb der Schwellenwerte, VergabeR 2012, 531; *Emme/Schrotz,* Mehr Rechtsschutz bei Vergaben außerhalb des Kartellvergaberechts, NZBau 2012, 216; *Faber,* Rechtsfragen zum Tariftreue- und Vergabegesetz NRW unter Berücksichtigung des verfassungs- und europarechtlichen Rahmens sowie des Rechtsschutzes, NWVBl. 2012, 255; *Forst,* Steht der vergaberechtliche Mindestlohn vor dem Aus?, NJW 2014, 3755; *Germelmann,* Das Mindestlohngesetz des Bundes und seine Auswirkungen auf das Vergaberecht der Länder, NordÖR 2015, 413; *Germelmann,* Mindestlöhne und ILO-Kernarbeitsnormen: Kernprobleme und Perspektiven sozialer Sekundärzwecke im Vergaberecht, GewArch 2016, 60; *Jablonski,* Von der Norm zur Wirklichkeit – Strategien zur Implementierung ökologischer und sozialer Aspekte am Beispiel der Freien Hansestadt Bremen, VergabeR 2012, 310; *Kaufhold,* Die Vergabe freiberuflicher Leistungen ober- und unterhalb der Schwellenwerte, 2. Aufl. 2011; *Krämer,* Kurz vor der Kapitulation? Erste Erfahrungen mit dem neuen Tariftreue- und Vergabegesetz NRW – Es herrscht große Verunsicherung, Vergabe Navigator 2012, 25; *Krist,* Vergaberechtsschutz unterhalb der Schwellenwerte, VergabeR 2011, 163; *Lausen,* Die Unterschwellenvergabeordnung – UVgO, NZBau 2017, 3; *Liebschwager,* Das neue Tariftreue- und Vergabegesetz NRW, NWVBl. 2012, 249; *Meißner,* Landesvergabegesetze – Besonderheiten, Innovationen, Schwierigkeiten, ZfBR 2013, 20; *Mertens* in Franke/Kemper/Zanner/Grünhagen/Mertens, VOB-Kommentar, Bauvergaberecht Bauvertragsrecht Bauprozessrecht, 7. Aufl. 2020, § 6; *Mertens/Seidel* in Dauses/Ludwigs, Handbuch des EU-Wirtschaftsrechts, 49. EGL 2019; *Özfirat-Skubinn,* Der Rechtsweg im Rechtsstreit über die Rechtmäßigkeit einer öffentlichen Auftragsvergabe im Unterschwellenbereich, DÖV 2010, 1005; *Pünder/Schellenberg* in Vergaberecht, 3. Aufl. 2019; *Rechten/Röbke,* Sozialstandards bei der Vergabe öffentlicher Aufträge in Berlin und Brandenburg, LKV 2011, 337; *Redman,* Landesvergaberecht 2.0, LKV 2012, 295; *Schäfer,* GS Kratzenberg, 2016, 233; *Schäfer,* Perspektiven der e-Vergabe, NZBau 2015, 131; *Scharen,* Rechtsschutz bei Vergabe unterhalb der Schwellenwerte, VergabeR 2011, 653; *Siegel,* Elektronisierung des Vergabeverfahrens, LKV 2017, 385; *Siegel,* Mindestlöhne im Vergaberecht und der EuGH, EuZW 2016, 101; *Tugendreich,* Mindestlohnvorgaben im Kontext des Vergaberechts, NZBau 2015, 395; *Widmann,* Vergaberechtsschutz im Unterschwellenbereich, 2009.

Während das Vergaberecht oberhalb der Schwellenwerte durch das Europarecht und das Wettbewerbsrecht geprägt wird, ist das Recht der öffentlichen Beschaffung unterhalb dieser Schwellenwerte traditionell Haushaltsrecht. Zwar werden die der Anwendung haushälterischer Vorschriften unterliegenden staatlichen Stellen zur Nichtdiskriminierung und wettbewerblichen Beschaffung auch durch das Haushaltsrecht verpflichtet. Primäres Ziel des öffentlichen Einkaufs unterhalb der Schwellenwerte ist jedoch die sparsame und wirtschaftliche Leistungsbeschaffung. Zur Gewährleistung der Erreichung dieser Zielvorgaben soll nach einheitlichen Richtlinien verfahren werden. System und Regelungsintensität sind im Bund und den jeweiligen Bundesländern unterschiedlich.

A. Haushaltsrecht

1 Nach Art. 109 Abs. 4 GG können durch Bundesgesetz für Bund und Länder gemeinsam geltende **Grundsätze für das Haushaltsrecht** aufgestellt werden. Dies ist durch das Haushaltsgrundsätzegesetz (HGrG)[1] geschehen. Das HGrG verpflichtet den Bund und die Länder, ihr Haushaltsrecht in den dort niedergelegten Grundsätzen entsprechend zu regeln.[2] Gemäß § 30 HGrG muss bspw. dem Abschluss von Verträgen über Lieferungen und Leistungen eine öffentliche Ausschreibung vorausgehen, sofern nicht die Natur des Geschäfts oder besondere Umstände eine Ausnahme rechtfertigen.

2 Für den Bund besteht mit § 55 Bundeshaushaltsordnung (BHO) eine entsprechende Vorschrift für den Umgang mit dem öffentlichen Auftragswesen. Danach hat dem Abschluss von Verträgen über öffentliche Aufträge eine **öffentliche Ausschreibung** oder eine Beschränkte Ausschreibung mit Teilnahmewettbewerb vorauszugehen. Die Länder haben jeweils gleichlautende Vorschriften in ihre Landeshaushaltsordnungen aufgenommen. Für die Kommunen regeln Landesvorschriften (Kommunalverfassungen, Gemeindehaushaltsordnungen) die Anwendbarkeit des Vergaberechts. Damit ist Bund, Ländern und Gemeinden der Grundsatz der öffentlichen Ausschreibung vorgegeben, um sie dem Ziel der sparsamen und wirtschaftlichen Mittelverwendung zu verpflichten.

B. Einkauf nach einheitlichen Richtlinien

3 Gemäß § 55 Abs. 2 BHO und den entsprechenden Landesvorschriften ist beim Abschluss der Verträge nach einheitlichen Richtlinien zu verfahren. Diese Richtlinien werden grundsätzlich in den Verwaltungsvorschriften (VV) zu § 55 BHO und den entsprechenden Landesvorschriften verbindlich eingeführt.[3] Dabei ist das Recht des öffentlichen Auftragswesens durch die Schwellenwertbestimmung zweigeteilt. Das sog. Kartellvergaberecht, das ab Erreichen der Schwellenwerte gilt, geht insoweit als die spezieller geregelte Materie vor.[4]

I. Bundesebene

4 Nach den Verwaltungsvorschriften zu § 55 BHO werden für öffentliche Aufträge, die nicht dem Vierten Teil des GWB unterliegen, der ersten Abschnitt der VOB/A und die UVgO als die einzuhaltenden **einheitlichen Richtlinien** iSd § 55 Abs. 2 BHO bestimmt.[5] Die UVgO wurde am 7.2.2017 in ihrer finalen Fassung bekanntgegeben und wurde durch die Neufassung der Allgemeinen Verwaltungsvorschriften zu § 55 BHO mit Rundschreiben des BMF[6] am 2.9.2017 in Kraft gesetzt. Mit ihrem Inkrafttreten hat die UVgO den ersten Abschnitt der VOL/A ersetzt. Für die Länder tritt die UVgO erst durch die entsprechenden landesrechtlichen Regelungen in Kraft. Gegenwärtig gilt die UVgO noch nicht in allen Ländern.[7]

5 Nicht nur der Aufbau der UVgO ist strukturell stark an die VgV angelehnt. An vielen Stellen werden Regelungen der VgV und des GWB wiederholt oder es wird auf die je-

---

[1] Gesetz über die Grundsätze des Haushaltsrechts des Bundes und der Länder (HGrG) v. 19.8.1969 (BGBl. I 1273), zuletzt geändert durch Art. 10 des Gesetzes v. 14.8.2017 (BGBl. I 3122).

[2] Willenbruch/Wieddekind/*Arzt-Mergemeier* Vergaberecht Kompaktkommentar Los 15 Rn. 1.

[3] Es bleibt weiterhin streitig, ob es sich hier um Haushaltsinnenrecht, Innenrecht mit mittelbarer Außenwirkung oder – bei den auf § 55 Abs. 2 BHO basierenden Vorschriften – sogar um solche mit unmittelbarer Außenwirkung handelt, Pünder/Schellenberg/*Pache* Vergaberecht § 55 BHO Rn. 193ff.

[4] Zum Rechtssystem siehe → § 1. Der Streit, ob es sich dabei um ein speziell geregeltes System oder um eine eigene Rechtsmaterie handelt, muss hier nicht entschieden werden.

[5] Ziff. 2.2 VV zu § 55 BHO.

[6] Rundschreiben des BMF v. 1.9.2017 (GMBl. 814).

[7] Zu den Anwendungsbefehlen der Länder siehe → § 88 Rn. 1ff.

weiligen Vorgaben verwiesen. Daher ist es nicht verwunderlich, dass die UVgO mit 52 Paragraphen weitaus umfangreicher aufgestellt ist als der bisherige erste Abschnitt der VOL/A.

So wurden in § 1 Abs. 2 und 3 UVgO die Ausnahmevorschriften nach §§ 107–109, 6 §§ 116–118 und § 145 GWB übernommen und damit der Geltungsbereich des Unterschwellenwerts den europäischen Vergaberechtsvorgaben des GWB angepasst. Auch die Grundsätze der Vergabe in § 2 UVgO wiederholen wörtlich die Regelungen des § 97 Abs. 1–3 GWB. Insbesondere der erste Abschnitt der UVgO erinnert deutlich an denjenigen der VgV. Denn die Vorschriften zur Wahrung der Vertraulichkeit (§ 3 UVgO) und die Vorgaben zur Vermeidung von Interessenskonflikten (§ 4 UVgO) sowie zur Projektantenproblematik (§ 5 UVgO) wurden aus der VgV (§§ 5–7 VgV) nahezu unverändert übernommen.

Für die Vergabe von **Liefer- und Dienstleistungen** im Unterschwellenbereich sieht 7 die UVgO die **e-Vergabe** grundsätzlich als verpflichtend an.[8] Nach § 7 Abs. 1 UVgO müssen der Auftraggeber und die Unternehmen im Vergabeverfahren elektronische Mittel verwenden. Unter dem Begriff der „eVergabe" wird dementsprechend die Durchführung der Vergabe öffentlicher Aufträge mit elektronischen Mitteln verstanden.[9] Nach § 38 Abs. 3 UVgO muss der Auftraggeber seit dem 1. 1. 2020 vorgeben, dass die Unternehmen ihre Teilnahmeanträge und Angebote in Textform nach § 126b BGB ausschließlich mithilfe elektronischer Mittel gem. § 7 UVgO übermitteln.[10] Die Ausnahmeregelungen des § 29 Abs. 2 UVgO entsprechen denen der VgV (§ 41 Abs. 2 VgV). Abweichend von den Vorgaben zur Vergabe oberhalb der Schwellenwerte sind gem. § 28 Abs. 1 UVgO Auftragsbekanntmachungen auf Internetportalen oder Internetseiten des Auftraggebers zu veröffentlichen. Sie müssen darüber hinaus zentral über die Suchfunktion des Internetportals www.bund.de ermittelt werden können. Zusätzliche Veröffentlichungen in Fachzeitschriften, Tageszeitungen oder amtlichen Veröffentlichungsblättern sind gem. § 28 Abs. 1 UVgO fakultativ. Zudem gelten die Regelungen zur elektronischen Vergabe aus §§ 10–12 VgV gem. § 7 Abs. 3 UVgO entsprechend. Das Verbot der Festlegung einer obligatorischen Registrierung für den Zugang zur Auftragsbekanntmachung oder zu Vergabeunterlagen durch den Auftraggeber aus § 9 Abs. 3 VgV wurde im Diskussionsentwurf nicht übernommen. Die Ausräumung der insoweit bestehenden Unklarheit bleibt iRd Konsultationen abzuwarten. Denn wie in § 41 Abs. 1 VgV hat die Bereitstellung der Vergabeunterlagen auch nach § 29 Abs. 1 UVgO grundsätzlich unentgeltlich, uneingeschränkt, vollständig und direkt abrufbar zu erfolgen. Das Abhängigmachen von einer Registrierung verstieße mithin bereits gegen diese Vorgaben.

Im Bereich der Vergabe von **Bauleistungen** kann der Auftraggeber hingegen nach § 11 8 Abs. 1 S. 1 VOB/A weiterhin wählen, auf welchem Weg die Kommunikation erfolgen soll. **Für den Fall der elektronischen Kommunikation** ist § 11 Abs. 2 bis Abs. 6 sowie § 11a VOB/A zu beachten.

Auch die Regelungen zu den **Verfahrensarten** haben beachtenswerte Neuerungen er- 9 fahren. Mit Blick auf die Wahlfreiheit zwischen dem offenen und dem nicht offenen Verfahren aus § 119 Abs. 2 GWB bzw. § 14 Abs. 2 VgV belassen § 8 Abs. 2 UVgO und § 3a Abs. 1 S. 1 VOB/A dem Auftraggeber die freie Wahl zwischen der öffentlichen Ausschreibung und der Beschränkten Ausschreibung mit Teilnahmewettbewerb. Gleiches sieht § 30 HGrG vor. Im Übrigen bleibt es bei dem System, wonach die jeweilige Vergabeart zulässig ist, wenn ihre Anwendungsvoraussetzungen vorliegen.

Zudem wurde in der UVgO eine Angleichung an die **Begrifflichkeiten** der VgV vorgenommen, sodass in § 8 Abs. 1 UVgO anstatt von ehemals der „freihändigen Vergabe" nun von „Verhandlungsvergabe" gesprochen wird. Die unterschiedslose Zulässigkeit eines

[8] Zur e-Vergabe von Liefer- und Dienstleistungen vgl. die §§ 7 Abs. 1, 29, 38 UVgO.
[9] *Schäfer* NZBau 2015, 131.
[10] Vgl. hierzu aber die De-Minimis-Regel in § 38 Abs. 4 UVgO.

solchen Verhandlungsverfahrens mit oder ohne Teilnahmewettbewerb findet sich in § 8 Abs. 4 UVgO wieder. Erst § 12 UVgO differenziert, insbesondere hinsichtlich der Anzahl aufgeforderter Unternehmen. Die eingeübten Begrifflichkeiten bleiben im ersten Abschnitt der VOB/A erhalten.

10 Der **Direktkauf** ist in § 14 UVgO geregelt und hat eine Änderung durch die Anhebung der Wertgrenze von 500 EUR auf 1.000 EUR (ohne Umsatzsteuer) erfahren. Bauleistungen werden bis zu einem voraussichtlichen Auftragswert von 3.000 EUR (ohne Umsatzsteuer) ohne Durchführung eines Vergabeverfahrens beschafft (§ 3a Abs. 4 VOB/A).

11 Angelehnt an § 20 VgV regelt § 13 UVgO die Grundsätze der **Fristbemessungen**, mit Ausnahme von Vorgaben zu Mindestfristen, die für den Unterschwellenbereich fehlen. Bei Bauleistungen bleibt es bei dem Grundsatz, dass die Angebotsfrist auch bei Dringlichkeit nicht unter 10 Kalendertagen liegen soll (§ 10 Abs. 1 VOB/A).

12 Auch im Bereich der **Rahmenvereinbarungen** haben sich Neuerungen ergeben. So sieht § 15 Abs. 4 UVgO eine Regellaufzeit von bis zu sechs anstatt vier Jahren vor. Zudem enthält § 15 Abs. 2 S. 3 UVgO ausdrücklich das Missbrauchsverbot des § 21 Abs. 1 S. 3 VgV. Damit findet sich das Doppelausschreibungsverbot aus § 4 Abs. 1 S. 3 VOL/A in den übergeordneten Leitprinzipien des § 15 Abs. 2 S. 2 UVgO wieder. Für Bauleistungen bleiben Rahmenvereinbarungen – wie im Oberschwellenbereich – auf vier Jahre möglich (§ 4a Abs. 1 S. 4 VOB/A).

13 Gem. §§ 17–19 UVgO sind neue und alte Beschaffungssysteme des § 120 GWB (dynamisches Beschaffungssystem; elektronische Auktion, elektronischer Katalog) auch für die Vergabe unterhalb des Schwellenbereichs nutzbar. Hierbei wird bei der jeweiligen Durchführung weitgehend auf die Vorschriften der VgV (§§ 23–27 VgV) verwiesen.

14 **Nebenangebote** sind in § 25 UVgO geregelt. Der Auftraggeber kann sie in der Bekanntmachung bzw. den Vergabeunterlagen zulassen. Für Bauleistungen gilt der Grundsatz, dass Nebenangebote zulässig sind. Gemäß § 8 Abs. 1 Nr. 3 lit. a) VOB/A hat der Auftraggeber explizit anzugeben, wenn er keine Nebenangebote zulässt.

15 Die Bestimmungen über die **Eignung** der §§ 31 ff. UVgO sind stark angelehnt an das GWB bzw. die VgV. Mit Querverweisen werden die zwingenden und fakultativen Ausschlussgründe der §§ 123, 124 GWB aufgegriffen sowie Vorgaben zur Selbstreinigung und Höchstdauer des Ausschlusses iSd §§ 125, 126 GWB. So gilt die Eignungssystematik auch für den Unterschwellenbereich. Wie bereits in der VgV in Bezug auf das offene Verfahren wurde bei einer öffentlichen Ausschreibung im Unterschwellenbereich die Möglichkeit für den Auftraggeber kodifiziert, die Eignungsprüfung beliebig vor oder nach der Angebotsprüfung durchzuführen (§ 31 Abs. 4 UVgO). Auch der Inhalt der Vorschrift zur Rechtsform von Unternehmen und Bietergemeinschaften (§ 32 UVgO) wurde vollständig dem § 43 VgV entnommen. Gleiches gilt für die Eignungsleihe aus § 34 UVgO, welche dem § 47 VgV inhaltlich nahezu entspricht. Bei der Vergabe von Bauleistungen hält die VOB/A zwar am ursprünglichen Eignungsbegriff fest (§ 6a Abs. 1 S. 1 VOB/A). Lediglich für die Selbstreinigungsmaßnahmen bei der Beurteilung der Zuverlässigkeit ist § 6f EU Abs. 1, 2 VOB/A entsprechend anzuwenden.

16 Wie im Oberschwellenbereich existiert die Einheitliche Europäische Eigenerklärung (**EEE**) als vorläufiger Beleg der Eignung nun auch für den Bereich der Vergabe von Liefer- und Dienstleistungen unterhalb der Schwellenwerte. Im Gegensatz zu § 48 Abs. 3 VgV ist es dem Auftraggeber gem. § 35 Abs. 3 UVgO frei überlassen, ob er die EEE als Eignungsnachweis zulässt.

17 Die UVgO übernimmt in ihren §§ 43 ff. UVgO gänzlich die Vorschriften zur Vergabe oberhalb der Schwellenwerte in Bezug auf die Regelungen zum Zuschlag und den **Zuschlagskriterien** (§ 127 GWB und §§ 58, 59 VgV). So kann gem. § 43 Abs. 2 S. 2 Nr. 2 UVgO die Qualität des eingesetzten Personals auch als Zuschlagskriterium im Unterschwellenbereich dienen. Auch für Bauleistungen ist in § 16d Abs. 1 Nr. 5 VOB/A diese Klarstellung ausdrücklich erfolgt.

Ein weiterer Verweis auf die Regelungen des Oberschwellenbereichs hinsichtlich der Voraussetzungen von zulässigen **Auftragsänderungen** während der Vertragslaufzeit (§ 132 Abs. 1, 2 und 4 GWB) findet sich im § 47 Abs. 1 UVgO. Abweichend von der De-Minimis-Regelung des § 132 Abs. 3 GWB ist nach § 47 Abs. 2 UVgO sogar eine Änderung von bis zu 20% des ursprünglichen Auftragswerts zulässig. Für Bauleistungen stellt § 22 VOB/A klar, dass Vertragsänderungen nach der VOB/B dann kein neues Vergabeverfahren erfordern, wenn es sich nicht um echte Zusatzaufträge iSd § 1 Abs. 4 Satz 2 VOB/B handelt. 18

Vom persönlichen Anwendungsbereich des Haushaltsrechts auf Bundesebene werden grundsätzlich nur der Staat und seine Einrichtungen erfasst.[11] Lediglich im Bereich des § 44 BHO, dh bei **Zuwendungen und Förderungen**, können unterhalb der Schwellenwerte auch private Gesellschaften in den Anwendungsbereich von Vergabepflichten fallen.[12] 19

Die **Verwaltungsvorschriften** zu § 55 BHO sehen folgendes Regelungssystem vor: 20

Gemäß Ziff. 2 VV zu § 55 BHO sind bei der Vergabe von Lieferungen und Leistungen die Bestimmungen der **UVgO** und **die des ersten Abschnitts der VOB/A** anzuwenden.[13] 21

Unterfallen Beschaffungsvorgänge nicht der UVgO oder dem ersten Abschnitt der VOB/A, kann gem. Ziff. 3 VV zu § 55 BHO eine Ausnahme nach § 55 Abs. 1 S. 1 BHO insbes. bei Sachverhalten angenommen werden, für die das Gesetz gegen Wettbewerbsbeschränkungen (GWB) in seinen §§ 107, 108, 109, 116, 117 oder 145 von einer Anwendbarkeit des Teil Vier GWB absieht. Zudem sind die Grundsätze der Wirtschaftlichkeit und Sparsamkeit stets zu beachten.[14] 22

Für Liefer- und Dienstleistungen werden die Auftraggeber weiterhin zur Einbeziehung der VOL/B verpflichtet (§ 21 Abs. 2 UVgO). Ergänzend zu den Bestimmungen der VOL/B sind im Bereich der Beschaffung von IT-Leistungen die „Ergänzenden Vertragsbedingungen für die Beschaffung von Informationstechnik" (EVB-IT) und die „Besonderen Vertragsbedingungen für die Beschaffung und den Betrieb von DV-Anlagen und -Geräten sowie von DV-Programmen" (BVB) einzubeziehen.[15] Für Bauleistungen gilt nach wie vor die Einbeziehung der VOB/B gem. § 8a Abs. 1 VOB/A. 23

Für die Durchführung der Vergabeverfahren sind im Unterschwellenbereich auf Bundesebene ferner folgende **weitere Richtlinien**[16] zu berücksichtigen: 24

- die Richtlinie der Bundesregierung zur Korruptionsprävention in der Bundesverwaltung v. 30.7.2004[17],
- sowie die Richtlinien für die Berücksichtigung von Werkstätten für Behinderte und Blindenwerkstätten bei der Vergabe öffentlicher Aufträge[18].

[11] Auf Landesebene finden sich nunmehr durch die verschiedenen Landesvergabegesetze teilweise erhebliche Ausweitungen des Anwendungsbereichs bis hin zur völligen Gleichstellung zum funktionalen Auftraggeberbegriff des § 98 GWB; vgl. dazu → § 88 Rn. 1 ff.

[12] Eine verpflichtende Anwendung der Vergabe- und Vertragsordnungen wird in diesem Fall über die Allgemeinen Nebenbestimmungen (ANBest-P) im Zuwendungsbescheid verfügt.

[13] Zu den Vergabearten und -verfahren siehe §§ 10–13.

[14] Ziff. 3 VV zu § 55 BHO.

[15] Ziff. 4.3 VV zu § 55 BHO.

[16] Ziff. 4.1, 4.2 VV zu § 55 BHO.

[17] Richtlinie der Bundesregierung zur Korruptionsprävention in der Bundesverwaltung v. 30.6.2004 (BAnz. Nr. 148, 17745).

[18] Richtlinien für die Berücksichtigung von Werkstätten für Behinderte und Blindenwerkstätten bei der Vergabe öffentlicher Aufträge v. 10.5.2001 (BAnz. Nr. 109, 11773).

II. Landesebene

25 Auf Ebene der Bundesländer erfolgt die Einführung von einheitlichen Richtlinien für die Vergabe von öffentlichen Aufträgen unterschiedlich und vielschichtig.[19] Dabei ist grundsätzlich zwischen der Einführung der VOL/A bzw. UVgO und der VOB/A auf Landes- und kommunaler Ebene zu unterscheiden. Während sich sämtliche Bundesländer für ihre Landeseinrichtungen klar zur Vergabe öffentlicher Aufträge nach der VOL/A bzw. UVgO und der VOB/A verpflichten, gehen die Länder für die kommunalen Einrichtungen durchaus unterschiedlich vor. Daneben sehen die Bestimmungen der einzelnen Landesvergabegesetze die Anwendung der ersten Abschnitte der VOL/A und VOB/A bzw. der UVgO teilweise auch für solche Auftraggeber nach dem funktionalen Auftraggeberbegriff vor.[20]

26 Sofern die ersten Abschnitte der VOL/A und VOB/A bzw. die UVgO für anwendbar erklärt werden, erfolgt die Beschaffung nach diesen einheitlichen Richtlinien. Dabei ergeben sich im grundsätzlichen Ablauf keine großen Abweichungen zur Durchführung von Vergaben im Oberschwellenbereich, da sich für beide Abschnitte die maßgeblichen Eckpunkte auf die Geltung der in § 2 VOL/A bzw. § 2 UVgO und in § 2 VOB/A verankerten Grundsätze zurückführen lassen.[21] Die maßgeblichen Unterschiede ergeben sich sowohl aus Auftraggebersicht als auch – dies sogar noch deutlicher – aus Sicht des bundesweit tätigen Bieters aus der Ausgestaltung, die die Vergabevorschriften durch die jeweiligen landesrechtlichen Besonderheiten im Hinblick auf Vergabearten, Nachweisführung und Mindestvorgaben erhalten haben.[22]

C. Europäisches Primärrecht

27 Das öffentliche Auftragswesen unterhalb der europäischen Schwellenwerte wird zwar durch das Haushaltsrecht und die jeweiligen landesrechtlichen Anforderungen bestimmt. Dennoch wäre es fahrlässig, den Bereich außerhalb des Anwendungsbereichs der europäischen Richtlinien als frei vom Europarecht und den europäischen Vorgaben zu bezeichnen. Der EuGH hat in ständiger Rechtsprechung deutlich gemacht, dass den Grundfreiheiten des AEUV in jedem Fall sog. Binnenmarktrelevanz zukommt.[23]

[19] *Dicks* VergabeR 2012, 531 (532) spricht von einem Geflecht landesrechtlicher Vorschriften.
[20] Siehe dazu → § 88 Rn. 1 ff.
[21] Siehe zu den Grundsätzen ausführlich → § 1 Rn. 1 ff.
[22] Siehe dazu bei den jeweiligen Bundesländern → § 88 Rn. 1 ff.
[23] Zuerst EuGH Urt. v. 6. 4. 2006 – C- 410/04, ECLI:EU:C:2006:237 = BeckRS 2006, 70305 – ANAV; siehe auch *Widmann* Vergaberechtsschutz im Unterschwellenbereich S. 46 (47) mwN. Zum europäischen Primärrecht siehe näher in §§ 82–86; insbesondere zu dem Kriterium der Binnenmarktrelevanz: → § 82 Rn. 5, sowie zum Rechtsschutz: → § 86.

§ 88 Landesvergabegesetze

Übersicht

Nahezu alle Bundesländer haben von der Möglichkeit Gebrauch gemacht, in Landesvergabegesetzen weitere Anforderungen an die Vergabestellen bei der Vergabe öffentlicher Aufträge zu stellen.[1] Unter der Ägide der Vorschriften über das öffentliche Auftragswesen finden sich landesrechtliche **Besonderheiten für die Durchführung der Vergabe** und ebenso Verpflichtungen zur Berücksichtigung besonderer Anforderungen an Mindestlöhne, grüne und soziale Beschaffung, Subventionen, die Förderung des Mittelstandes oder die Berücksichtigung von Werkstätten für Menschen mit Behinderungen.[2] Dabei gehen diese Vorschriften zum Teil über rein verfahrensrechtliche Vorgaben hinaus, indem sie die Vergabestellen zur **Vereinbarung besonderer Vertragsbedingungen** verpflichten (zB Vertragsstrafenregelungen, Betretungsbefugnisse, Kontrollrechte). 1

Nicht nur die unbürokratische Durchführung von Beschaffungen auf Auftraggeberseite leidet unter der Vielfältigkeit der Themen, mit denen Beschaffungen im Unterschwellenbereich be- und auch überfrachtet werden. Für die Unternehmen entsteht durch die erheblichen landesrechtlichen Unterschiede ein echtes Hindernis bei der **bundesweiten Beteiligung** an öffentlichen Auftragsvergaben.[3] 2

Übergreifend ist den Landesvergabegesetzen der sogenannten 2. Generation gemein, dass sie die Verpflichtung der Bieter zur Einhaltung der **Mindestentgelte nach dem AEntG und dem MiLoG** enthalten. Diese Verpflichtung trifft die entsprechenden Auftragnehmer als Arbeitgeber zwar auch ohne die Bestimmungen der Landesvergabegesetze, da es sich hier um zwingendes Recht (für allgemeinverbindlich erklärte Tarifverträge) handelt.[4] Durch die ausdrückliche Normierung in den Vergabegesetzen ist jedoch nun auch bei strengster Auslegung im Falle eines (nachgewiesenen) Verstoßes der Ausschluss vom Vergabeverfahren möglich.[5] Die Vorschriften des TVgG-NRW und des LTTG Rheinland-Pfalz zur Zahlung eines Mindestentgelts bei der Ausführung eines öffentlichen Auftrags waren in der Vergangenheit Gegenstand von Vorabentscheidungsverfahren vor dem **EuGH.** In seiner Entscheidung in der Rechtssache „Bundesdruckerei" wurde § 4 Abs. 3 TVgV-NRW als europarechtswidrig beurteilt[6]; die Bestimmung in § 3 LTTG Rheinland- 3

[1] *Redmann* LKV 2012, 295.
[2] Zur Frage der Verfassungsmäßigkeit vgl. BVerfG Beschl. v. 11.7.2006 – 1 BvL 4/00, BeckRS 2006, 26918; BeckOK KrW-/AbfG/*Dippel* [aK] § 37 Rn. 12–13.1 Stand: 1.10.2012. Zur Frage der Europarechtskonformität vergabegesetzlicher Mindestlöhne *Csaki/Freundt* KommJur 2012, 246 (250).
[3] *Redmann* LKV 2012, 295; *Meißner* ZfBR 2013, 20.
[4] *Redmann* LKV 2012, 295.
[5] *Redmann* LKV 2012, 295 (296) mwN.
[6] Siehe dazu → Rn. 250.

Pfalz jedoch im entscheidungsgegenständlichen Kontext in der Entscheidung in der Rechtssache „RegioPost" als europarechtskonform eingestuft.[7]

4 Die landesrechtlichen Vorgaben für die Vergabe öffentlicher Aufträge im Unterschwellenbereich werden in den Bundesländern immer wieder überarbeitet. Das ist zB Folge der zum 18.4.2016 in Kraft getretenen Vergaberechtsreform 2016, mit der das Vergaberecht im Oberschwellenbereich reformiert wurde. Im Nachgang wurde auch der erste Abschnitt der VOB/A angepasst. Darüber hinaus ist die Unterschwellenvergabeordnung (UVgO) für den Bund mit Rundschreiben des BMF[8] am 2.9.2017 in Kraft getreten. Die UVgO hat den ersten Abschnitt der VOL/A abgelöst. Dieser geänderten Rechtslage müssen auch die landesrechtlichen Bestimmungen Rechnung tragen.

5 Die gegenwärtig (noch) geltenden landesrechtlichen Besonderheiten lassen sich in folgenden **Kernthemen** für die Praxis zusammenfassen:
- Vom Anwendungsbereich betroffene Vergabestellen
- Besonderheiten im Anwendungsbereich der Vergabearten und der Verfahrensführung
- Mittelstandsförderung
- Tariflohnbestimmungen
- e-Vergabe
- Vergabefremde Aspekte
- Rechtsschutz- und Beschwerdemöglichkeiten

6 Die vorstehenden Themenkomplexe sind Struktur und Gliederung der nachfolgenden Darstellung der jeweiligen landesrechtlichen Vorgaben.

A. Baden-Württemberg

7 **Rechtsgrundlagen:**
§ 55 LHO; Ziff. 2 VV zu § 55 LHO; § 31 der Verordnung des Innenministeriums über die Haushaltswirtschaft der Gemeinden (Gemeindehaushaltsverordnung – GemHVO) vom 11.12.2009 (GBl. 770), zuletzt geändert durch Verordnung vom 5.6.2020 (GBl. 409); Tariftreue- und Mindestlohngesetz für öffentliche Aufträge in Baden-Württemberg (Landestariftreue- und Mindestlohngesetz – LTMG) vom 16.4.2013 (GBl. 50ff.), zuletzt geändert durch Art. 15 des Gesetzes zur Änderung des NaturschutzG und weiterer Vorschriften vom 21.11.2017 (GBl. 597); Gesetz zur Mittelstandsförderung (MFG BW) vom 19.12.2000 (GBl. 745), zuletzt geändert durch Art. 40, 9. AnpassungsVO vom 23.2.2017 (GBl. 99); Verwaltungsvorschrift des Innenministeriums über die Vergabe von Aufträgen im kommunalen Bereich (VergabeVwV) vom 27.2.2019 (GABl. 118ff.); Verwaltungsvorschrift der Landesregierung über die Vergabe öffentlicher Aufträge (VwV Beschaffung) vom 24.6.2018 (GABl. 490); Verwaltungsvorschrift der Landesregierung und der Ministerien zur Verhütung unrechtmäßiger und unlauterer Einwirkungen auf das Verwaltungshandeln und zur Verfolgung damit zusammenhängender Straftaten und Dienstvergehen (VwV Korruptionsverhütung und -bekämpfung) vom 15.1.2013 (GABl. 55), zuletzt geändert durch Verwaltungsvorschrift vom 5.12.2019 (GABl. 430); Richtlinie des Finanz- und Wirtschaftsministeriums für die Vergabe- und Vertragsabwicklung von Liefer- und Dienstleistungen der Staatlichen Vermögens- und Hochbauverwaltung Baden-Württemberg (VOL-Richtlinie VBV) Stand: März 2013; Richtlinie der staatlichen Vermögens- und Hochbauverwaltungen Baden-Württemberg für die Beteiligung freiberuflicher Tätiger (RifT) vom 10.12.2018 (GABl. 917).

I. Vom Anwendungsbereich betroffene Vergabestellen

8 Der erste Abschnitt der VOB/A und die UVgO sind mittels einheitlicher Richtlinien auf **Landesebene** eingeführt.[9] Die Besonderheiten für die Vergabe öffentlicher Aufträge werden im Tariftreue- und Mindestlohngesetz (**LTMG**), Gesetz zur Mittelstandsförderung (**MFG BW**) und der dazu erlassenen Verwaltungsvorschrift der Landesregierung über die Vergabe öffentlicher Aufträge (**VwV Beschaffung**) niedergelegt. Die Bestimmungen des LTMG bestimmen für Vergaben seit dem 1.7.2013 Anforderungen an die Tarif- und

[7] Siehe dazu → Rn. 272.
[8] Rundschreiben des BMF v. 1.9.2017 (GMBl. 814).
[9] Dynamische Verweisung in den VV zu § 55 LHO; Ziff. 5.5 VwV Beschaffung.

Mindeststundenentgelte. Eine Bagatellgrenze für die Anwendung des MFG BW gibt es nicht. Die Bestimmungen gelten daher für sämtliche Vergaben.

Auf der **kommunalen** Ebene bestimmt § 31 GemHVO und die dazugehörige Verwaltungsvorschrift (VwV), dass die VOB/A für die kommunale Beschaffung verbindlich gilt.[10] Für die UVgO, Teile der VwV Beschaffung und VwV Korruptionsverhütung und -bekämpfung besteht auf der kommunalen Ebene lediglich eine Anwendungsempfehlung.[11] 9

Kommunale Auftraggeber im Sinne dieser VwV sind die Gemeinden, die Landkreise und die sonstigen juristischen Personen des öffentlichen Rechts, auf die das Gemeindewirtschaftsrecht Anwendung findet. 10

Vom persönlichen Anwendungsbereich des § 2 MFG BW werden die Behörden des Landes, die Gemeinden und Gemeindeverbände sowie die sonstigen der Aufsicht des Landes unterstehenden Körperschaften, Stiftungen und Anstalten des öffentlichen Rechts erfasst.[12] 11

Für gemischt-wirtschaftliche Unternehmen besteht keine Anwendungsverpflichtung. Jedoch sollen die juristischen Personen des öffentlichen Rechts auf die Anwendung des MFG BW und seiner Richtlinien hinwirken. 12

II. Besonderheiten im Vergabeverfahren

Bei Vergabe im Anwendungsbereich der Verwaltungsvorschrift Beschaffung für Aufträge über **Liefer- bzw. Dienstleistungen** ist eine **Beschränkte Ausschreibung ohne Teilnahmewettbewerb** neben den in § 8 Abs. 3 UVgO vorgesehenen Ausnahmen gem. Ziff. 8.2 VwV Beschaffung auch dann zulässig, wenn der Auftragswert voraussichtlich 100.000 EUR nicht überschreitet. Eine **Verhandlungsvergabe mit oder ohne Teilnahmewettbewerb** ist nach Ziff. 8.3 VwV Beschaffung bis zu einem geschätzten Auftragswert von 50.000 EUR zulässig. Bis zu einem Auftragswert von 5.000 EUR ist zudem gem. Ziff. 8.7 VwV Beschaffung ein **Direktkauf** möglich. Die Werte sind jeweils ohne Umsatzsteuer maßgeblich. 13

Für **Bauvergaben kommunaler Auftraggeber** besteht abweichend von § 3a Abs. 4 S. 2 VOB/A die Möglichkeit zur **Wahl der freihändigen Vergabe** bis zu einem Betrag von 50.000 EUR ohne Umsatzsteuer.[13] 14

Die für die Durchführung von Vergaben in der Praxis maßgeblichen Besonderheiten ergeben sich aus dem LTMG.[14] 15

III. Mittelstandsförderung

Zentrales Anliegen der landesrechtlichen Vorgaben für die öffentlichen Vergaben ist die Förderung des Mittelstandes durch eine hohe Beteiligungsmöglichkeit an den Vergaben. Die Förderung des Mittelstandes erfolgt hier durch 16

- Stärkung des Grundsatzes der losweisen Vergabe,
- Sicherstellung gleichwertiger Voraussetzungen für Nachunternehmer,
- eingeschränktes Verlangen von Sicherheiten.

Die ohnehin in den § 22 Abs. 1 UVgO und § 5 Abs. 2 VOB/A normierten Grundsätze der Fach- und Teillosvergabe stehen im Mittelpunkt der Regelungen.[15] Gemäß § 22 MFG BW und Ziff. 11.1 VwV Beschaffung sind umfangreiche Leistungen in **Lose** zu teilen und nach Losen zu vergeben, soweit dies technisch möglich und wirtschaftlich vertretbar ist. Den Vergabestellen wird gem. Ziff. 11.1 VwV Beschaffung eine ausdrückliche Pflicht zur 17

[10] Ziff. 2.1.1 VergabeVwV.
[11] Ziff. 2.3.1 bis 2.3.3 VergabeVwV.
[12] Zum Anwendungsbereich des LTMG siehe Ziff. IV.
[13] Ziff. 2.1.1 VergabeVwV.
[14] Siehe dazu unter Ziff. IV.
[15] Zur losweisen Vergabe siehe ausführlich § 1 Rn. 1 ff. – § 9.

Dokumentation auferlegt, wenn und warum von einer losweisen Vergabe abgesehen werden soll.

18 Auftragnehmer sind gem. § 22 Abs. 4 MFG BW bei vorgesehenen **Nachunternehmervergaben** grundsätzlich zu verpflichten, ihrerseits an mittelständische Unternehmen zu vergeben, diese davon in Kenntnis zu setzen, dass es sich um einen öffentlichen Auftrag handelt, die VOL/B bzw. die VOB/B und keine ungünstigeren Bedingungen als die des Hauptauftrages zu vereinbaren.

19 Die Bestimmungen über das eingeschränkte Verlangen von **Sicherheiten** sind in § 9c VOB/A enthalten, so dass der Bestimmung darüber hinaus nur insoweit Bedeutung zukommt, als Sicherheiten für Mängelansprüche bei unbeanstandeter Abnahme und dann, wenn mit Mängelansprüchen nicht mehr zu rechnen ist, ganz zurückgegeben werden sollen.

IV. Tariflohnbestimmungen

20 Das Landestariftreue- und Mindestlohngesetz (LTMG) ist in Baden-Württemberg seit Juli 2013 in Kraft.[16] Neben der allgemeinen Verpflichtung zur Einhaltung gesetzlicher Mindestlohnvorgaben sieht das LTMG ein Mindestentgelt vor.

21 Tariflohn- und mindestlohnrelevant sind nach § 2 Abs. 3 LTMG öffentliche Aufträge ab einem geschätzten **Einstiegswert** von 20.000 EUR (netto). Eine Beschränkung auf den Unterschwellenbereich findet nicht statt.

22 Der Anwendungsbereich des LTMG ist auf öffentliche Auftraggeber iSd § 98 Nr. 1 bis 5 GWB aF (jetzt §§ 99, 100 GWB) begrenzt. Aufträge, die im Auftrag des Bundes oder eines anderen Bundeslandes durchgeführt werden, sind ausgenommen.[17] Bei länderübergreifenden Beschaffungen soll vorab eine Einigung über die Geltung des Gesetzes erzielt werden.[18]

23 Der sachliche Anwendungsbereich schließt neben den öffentlichen Aufträgen iSd § 99 GWB aF (jetzt: § 103 GWB) auch die Vergaben im öffentlichen Personenverkehr ein.[19]

24 Öffentliche Aufträge, die vom **Arbeitnehmer-Entsendegesetz**[20] oder vom **Mindestarbeitsbedingungsgesetz**[21] erfasst werden, dürfen nur an solche Unternehmen vergeben werden, die sich bei der Angebotsabgabe verpflichten, ihren Beschäftigten bei der Ausführung der Leistung ein Entgelt zu zahlen, das in der Höhe und den Modalitäten mindestens den Vorgaben desjenigen Tarifvertrages oder der auf Basis des § 4 MiArbG erlassenen Rechtsverordnung entspricht, an die das Unternehmen gebunden ist.

25 Für **Verkehrsdienste**[22] ist der jeweils repräsentative Tarifvertrag maßgeblich. Die Feststellung der Repräsentativität erfolgt jährlich durch das Sozialministerium im Einvernehmen mit dem Ministerium für Verkehr und Infrastruktur. Informationen sind bei der beim Regierungspräsidium Stuttgart eingerichteten Servicestelle erhältlich.[23] Der jeweils einschlägige Tarifvertrag muss vom öffentlichen Auftraggeber in der Bekanntmachung und den Vergabeunterlagen benannt werden.[24]

26 Das LTMG in Baden-Württemberg verfügt ein allgemeines **Mindestentgelt.** Gem. § 4 S. 1 LTMG dürfen öffentliche Aufträge im Anwendungsbereich dieses Gesetzes grundsätzlich nur an Unternehmen vergeben werden, die sich bei Angebotsabgabe schriftlich ver-

[16] Tariftreue- und Mindestlohngesetz für öffentliche Aufträge in Baden- Württemberg (Landestariftreue- und Mindestlohngesetz – LTMG) v. 16. 4. 2013 (GBl. 50 ff.), zuletzt geändert durch Art. 15 des Gesetzes zur Änderung des NaturschutzG und weiterer Vorschriften v. 21. 11. 2017 (GBl. 597).

[17] § 2 Abs. 4 LTMG.

[18] § 2 Abs. 6 LTMG.

[19] § 2 Abs. 1 und 2 LTMG.

[20] § 3 Abs. 1 LTMG.

[21] § 3 Abs. 2 LTMG.

[22] § 3 Abs. 3 LTMG.

[23] Servicestelle LTMG beim Regierungspräsidium Stuttgart.

[24] § 3 Abs. 3 aE LTMG.

pflichten, ihren unter das Mindestlohngesetz (MiLoG) in der jeweils geltenden Fassung fallenden Beschäftigten bei der Ausführung der Leistung ein Entgelt zu zahlen, das mindestens den Vorgaben des Mindestlohngesetzes und der gem. § 1 Abs. 2 S. 2 MiLoG erlassenen Rechtsverordnung in ihrer jeweils geltenden Fassung entspricht. Sofern die Tariftreue gem. § 3 LTMG für die Beschäftigten günstiger ist, gilt diese nach § 4 S. 2 LTMG (Günstigkeitsprinzip). Von der Anwendung **ausgenommen** ist die Leistungserbringung durch Auszubildende und die Vergabe von Aufträgen an anerkannte Werkstätten für behinderte Menschen und anerkannte Blindenwerkstätten (§ 4 S. 3 LTMG).

Im Vergabeverfahren haben die Unternehmen selbst, ihre Nachunternehmer und Verleihunternehmen entsprechende **Verpflichtungserklärungen** abzugeben, die die Einhaltung der Tariftreue bzw. des Mindestentgelts nachweisen.[25] Erleichterungen betreffend die Pflicht zur Abgabe von Verpflichtungserklärungen können für Nachunternehmer und Verleihunternehmen mit einem Anteil am Auftrag unter 10.000 EUR (netto) eingeräumt werden (§ 6 S. 4 LTMG). Eine Nachweispflicht über die gesamte Nachunternehmerkette besteht nicht. 27

Kommt der Unternehmer der Vorlage auch nach einer Nachforderung nicht nach, so ist das Angebot von der Wertung auszuschließen. Der Wortlaut des § 5 Abs. 4 LTMG lässt bei zutreffender Auslegung dabei nur den Schluss zu, dass ein Ausschluss die Durchführung einer **erfolglosen Nachforderung** voraussetzt. Soweit die Verpflichtungserklärung dabei auch die Erklärung über die vertragliche Vereinbarung der Kontroll- und Durchsetzungsmöglichkeiten mittels Vertragsstrafe etc. enthält, was nach dem LTMG explizit zugelassen ist, geht die Nachforderungsmöglichkeit über den von der Rechtsprechung für die Nachforderung grundsätzlich vorgesehenen Rahmen hinaus. Danach soll die Nachforderungsmöglichkeit den Bieter nicht in die Lage versetzen, Einfluss auf den Wettbewerb zu nehmen und seinen Angebotsinhalt zu verbessern.[26] Die Vorschrift modifiziert im Hinblick auf die verpflichtende Nachforderung § 41 UVgO, der die Nachforderungsentscheidung des öffentlichen Auftraggebers in sein Ermessen stellt. Auftraggeber müssen dies im Zeitplan ihrer Vergabe berücksichtigen. 28

Der Auftragnehmer und seine Nach-/Verleihunternehmen sind dem Auftraggeber gem. § 7 LTMG zum Nachweis der Einhaltung der Entgelt- und Tarifverpflichtungen verpflichtet. Zur **Kontrolle** ist der öffentliche Auftraggeber berechtigt, Einsicht in die Entgeltabrechnungen nicht nur des von ihm beauftragten Unternehmens, sondern auch der Nachunternehmen und Verleihunternehmen zu nehmen. Das Einsichtsrecht wird pauschal auf alle Geschäftsunterlagen erweitert, aus denen Umfang, Art, Dauer und tatsächliche Entlohnung der Beschäftigten hervorgehen und steht damit zumindest in einem Spannungsverhältnis zum Grundsatz der Datensparsamkeit. Die Betroffenen sind auf diese Kontrollmöglichkeiten hinzuweisen. 29

Darüber hinaus reicht es nicht aus, dass sich die Unternehmen und ggf. Nach-/Verleihunternehmen in einer allgemeinen Verpflichtungserklärung zur Einhaltung der Vorschriften über die Tarif- und Mindestlohnbestimmungen verpflichten. Vielmehr muss der öffentliche Auftraggeber seine Vergabeunterlagen so gestalten, dass Durchsetzungsmöglichkeiten mittels **Vertragsstrafenregelung, Kündigung und Auftragssperre** Bestandteil des Auftrags werden.[27] In der Praxis sollen diese vertraglichen Regelungen mit in das Formblatt über die Verpflichtungserklärung integriert werden. 30

[25] Entsprechende Muster soll die Servicestelle zur Verfügung stellen. Offen ist bislang, wie der Nachweis des Günstigkeitsprinzips iSd § 4 S. 2 LTMG zu führen ist.

[26] OLG Düsseldorf Beschl. v. 12.9.2012 – VIII Verg 108/11, BeckRS 2012, 57035; OLG Dresden Beschl. v. 21.2.2012 – Verg 1/12, BeckRS 2012, 9270; VK Bund Beschl. v. 14.12.2011 – VK 1-153/11, IBRRS 2011, 5191.

[27] § 8 LTMG.

V. e-Vergabe

31 Für e-Vergaben im Land Baden-Württemberg werden die Landeseinrichtungen verpflichtet, öffentliche Ausschreibungen auf dem Vergabemarktplatz Baden-Württemberg unter www.lzbw.de/ausschreibungen zu veröffentlichen. Ziff. 7.2 VwV Beschaffung sieht für Vergaben auf Landesebene die entsprechende Anwendung der §§ 7 und 38 UVgO sowie die der §§ 10 bis 12 VgV vor. Der Auftraggeber hat entsprechend § 38 UvGO vorzugeben, dass Teilnahmeanträge und Angebote ausschließlich mithilfe elektronischer Mittel zu übermitteln sind.[28] Zudem sind für das Senden, Empfangen, Weiterleiten und Speichern von Daten in einem Vergabeverfahren nach Ziff. 7.2 VwV Beschaffung elektronische Mittel zu verwenden.[29] Daneben sind weitere Regelungen zur e-Vergabe auf Landesebene in den Ziff. 7.2 bis 7.7 VwV Beschaffung zu beachten. Für kommunale Auftraggeber findet sich keine Bestimmung zur e-Vergabe in der VergabeVwV.[30] Die Bestimmungen der VwV Beschaffung und somit auch die Bestimmungen der VwV Beschaffung zur e-Vergabe werden nach Ziff. 2.3 VergabeVwV jedoch zur Anwendung empfohlen.

VI. Vergabefremde Aspekte

32 Zum Schutz vor **ausbeuterischer** (Kinder-)**Arbeit** besteht in Baden-Württemberg bei der Beschaffung bestimmter Produkte die Pflicht, die Einhaltung der ILO-Kernarbeitsnormen zu verlangen. Die Einhaltung der ILO-Kernarbeitsnormen darf nicht als Eignungs- oder Zuschlagskriterium abgefordert werden, sondern ist als zusätzliche Bedingung an die Vertragsausführung zu stellen. Gemäß Ziff. 10.3.1.2 VwV Beschaffung können entsprechende Nachweise derzeit insbesondere gefordert werden bei Sportbekleidung, Sportartikeln, insbesondere Bällen, Spielwaren, Teppichen, Textilien, Lederprodukten, Billigprodukten aus Holz, Natursteinen, Agrarprodukten wie zB Kaffee, Tee, Kakao, Zucker, Reis, Orangen- oder Tomatensaft sowie Blumen, falls diese in Afrika, Asien oder Lateinamerika hergestellt oder bearbeitet wurden. Hierzu können gem. Ziff. 10.3.1.2 VwV Beschaffung vom Auftraggeber in der Leistungsbeschreibung Gütezeichen iSd Ziff. 10.8 VwV Beschaffung verlangt werden.

33 **Umweltbezogene Aspekte** sind bei der Beschaffung derart zu berücksichtigen, dass unter den eingereichten Angeboten für den Fall, dass die angebotenen Erzeugnisse bzw. Dienstleistungen für den vorgesehenen Verwendungszweck gleichwertig geeignet sind, gem. Ziff. 10.3.2 VwV Beschaffung das Angebot zu bevorzugen ist, das bei der Herstellung, im Gebrauch und/oder in der Entsorgung die geringsten Umweltbelastungen hervorruft.

VII. Rechtsschutz- und Beschwerdemöglichkeiten

34 Landesrechtliche Rechtsschutzbestimmungen, um sich gegen Verstöße bei der Vergabe zu wehren (Primärrechtsschutz) bestehen bislang nicht. Für den Primärrechtsschutz gelten die Ausführungen in → § 89 Rn. 1 ff. Für Schadensersatzforderungen vgl. ausführlich in → § 38 Rn. 1 ff.

B. Bayern

35 **Rechtsgrundlagen:**
Art. 55 BayHO; Ziff. 2 VV zu Art. 55 BayHO; § 30 KommHV-Doppik; § 31 KommHV-Kameralistik; Bekanntmachung des Bayerischen Staatsministeriums für Wohnen, Bau und Verkehr vom 7.3.2019 – Z5-40011-1-4 (BayMBl. 99); Vergabe von Aufträgen im kommunalen Bereich – Bekanntmachung des Bayeri-

[28] Ziff. 7.7 VwV Beschaffung; zu beachten ist die Ausnahmeregelung des § 38 Abs. 4 UVgO.
[29] Ziff. 7.2 VwV Beschaffung.
[30] Zum Begriff des kommunalen Auftraggebers iSd VergabeVwV siehe Ziff. 1VergabeVwV.

schen Staatsministeriums des Innern und für Integration vom 31.7.2018 – B3-1512-31-19 (AllMBl. 547), zuletzt geändert durch Bekanntmachung vom 4.8.2020 (BayMBl. Nr. 472); Verwaltungsvorschrift zum öffentlichen Auftragswesen (VVöA) – Bekanntmachung der Bayerischen Staatsregierung vom 24.3.2020 – B II 2 – G17/17-2 (BayMBl. 2020); Weitergeltung von Verwaltungsvorschriften (VwVWBek), Bekanntmachung der Bayerischen Staatsregierung vom 31.5.2016 – B II 4-1256-2 (AllMBl. 1555); Gesetz über die Förderung der mittelständischen Unternehmen sowie der Freien Berufe (Mittelstandsförderungsgesetz – MfG) vom 20.12.2007 (GVBl. 926) BayRS 707-1-W, zuletzt geändert durch § 1 Abs. 317 der Verordnung vom 26.3.2019 (GVBl. 98); Öffentliches Auftragswesen, Richtlinien über die Berücksichtigung von Umweltgesichtspunkten bei der Vergabe öffentlicher Aufträge (Umweltrichtlinien Öffentliches Auftragswesen – öAUmwR), Bekanntmachung der Bayerischen Staatsregierung vom 28.4.2009 – B II 2-5152-15 (AllMBl 2009, 163 – StAnz 2009, Nr. 19); Richtlinie zur Verhütung und Bekämpfung von Korruption in der öffentlichen Verwaltung (Korruptionsbekämpfungsrichtlinie – KorruR) vom 13.4.2004 (StAnz Nr. 17, AllMBl. 87), geändert durch Bekanntmachung vom 14.9.2010 (AllMBl. 243); Vermeidung des Erwerbs von Produkten aus ausbeuterischer Kinderarbeit vom 29.4.2008 (StAnz Nr. 20, AllMBl. 322); Scientology-Organisation – Verwendung von Schutzerklärungen bei der Vergabe öffentlicher Aufträge (Scientology-Organisation – öAScientO) Bekanntmachung der Bayerischen Staatsregierung vom 29.10.1996 Nr. 476-2-151 (AllMBl. 701, StAnz. Nr. 44), zuletzt geändert durch Bekanntmachung vom 6.11.2001 (AllMBl. 2001, 620); Handbuch für die Vergabe und Durchführung von Bauleistungen durch Behörden des Freistaates Bayern (VHB Bayern) – Ausgabe Oktober 2019, Fortschreibung des Vergabehandbuchs Bayern für Bauleistungen Bekanntmachung des Bayerischen Staatsministerium für Wohnen, Bau und Verkehr vom 27.9.2019 – Z5-40012.1-2-4 (BayMBl. 2019 Nr. 435); Handbuch für die Vergabe und Durchführung von Lieferungen und Leistungen durch Behörden der Staatsbauverwaltung des Freistaates Bayern (VHL Bayern) – Stand Oktober 2018 -, Fortschreibung des Handbuches für die Vergabe und Durchführung von Lieferungen und Leistungen durch Behörden der Staatsbauverwaltung des Freistaates Bayern (VHL Bayern – Stand Oktober 2018) Fortschreibung August 2019; Handbuch für die Vergabe und Durchführung von Freiberuflichen Dienstleistungen durch die Staatsbau- und die Wasserwirtschaftsverwaltung des Freistaates Bayern (VHF Bayern) – Stand Januar 2020; Gemeinsame Bekanntmachung des Bayerischen Staatsministeriums für Digitales und des Bayerischen Staatsministeriums der Finanzen und für Heimat über die Standards und Richtlinien für die Informations- und Kommunikationstechnik in der bayerischen Verwaltung (IKT-Standards-Richtlinien-Bekanntmachung – IKTSRBek) vom 11.5.2020 (BayMBl. 294); Gemeinsame Bekanntmachung über die Nutzung staatlicher Gebäude für die Errichtung und den Betrieb von Photovoltaikanlagen, Gemeinsame Bekanntmachung des Bayerischen Staatsministeriums der Finanzen und der Obersten Baubehörde im Bayerischen Staatsministerium des Innern vom 20.11.2012 – 51-VV 2700-2-41 175/12 (FMBl 2012, 633); Anforderung von Bewerbererklärungen bei der Vergabe öffentlicher Aufträge, letzte Änderung durch Bekanntmachung des Bayerischen Staatsministeriums der Finanzen vom 11.2.1993 – 41 a/38-S 0270-4/89-3 739 (FMBl 1993, 181 – StAnz 1993, Nr. 7); Bekanntmachung des Bayerischen Staatsministeriums des Innern, für Bau und Verkehr über die Zuständigkeiten der VOB-Stellen bei den Regierungen vom 11.10.2017 (AllMBl. 455); Richtlinien für die Tätigkeit des Auftragsberatungszentrums Bayern e.V. (AllMBl. 2002, 183), StAnz. 2002 Nr. 12, Bekanntmachung des Bayerischen Staatsministeriums für Wirtschaft, Verkehr und Technologie v. 18.2.2002 – 5825-I/4c – 25 909, geändert durch Bekanntmachung vom 29.7.2002 (AllMBl 624); Richtlinien zur Rückforderung von Zuwendungen bei schweren Vergabeverstößen, Bekanntmachung des Bayerischen Staatsministeriums der Finanzen vom 23.11.2006 – 11-H 1360-001-44 571/06 (FMBl. 228), zuletzt geändert durch Bekanntmachung vom 2.1.2017 (FMBl. 38).

Ein einheitliches Landesvergabegesetz, das die landesspezifischen Besonderheiten der Vergaben in Bayern zusammenfasst, liegt bislang nicht vor. Die Besonderheiten für die Vergabe öffentlicher Aufträge werden in Richtlinien (Umweltrichtlinien Öffentliches Auftragswesen – öAUmwR; Korruptionsbekämpfungsrichtlinie – KorruR), Erlassen (IT; Photovoltaik; Scientology Organisation; Vermeidung des Erwerbs von Produkten aus ausbeuterischer Kinderarbeit) –, der Bekanntmachung des Bayerischen Staatsministeriums des Innern, für Bau und Verkehr über die Zuständigkeiten der VOB-Stellen bei den Regierungen vom 11.10.2017 normiert. 36

Für die Durchführung von Bauvergaben ist ein **Vergabehandbuch** vorhanden.[31] Das VHB-Bayern ist für alle staatlichen Verwaltungen in Bayern verpflichtend. Den kommunalen Auftraggebern wird die Verwendung des VHB-Bayern empfohlen.[32] Auch für die 37

[31] Handbuch für die Vergabe und Durchführung von Bauleistungen durch Behörden des Freistaates Bayern (VHB Bayern) – Ausgabe Oktober 2019, Fortschreibung des Vergabehandbuchs Bayern für Bauleistungen Bekanntmachung des Bayerischen Staatsministerium für Wohnen, Bau und Verkehr v. 27.9.2019 – Z5-40012.1-2-4 (BayMBl. 2019 Nr. 435).

[32] Ziff. 4.3 Vergabe von Aufträgen im kommunalen Bereich – Bekanntmachung des Bayerischen Staatsministeriums des Innern und für Integration v. 31.7.2018 – B3-1512-31-19 (AllMBl. 547).

Durchführung von Vergaben freiberuflicher Leistungen ist ein Vergabehandbuch vorhanden.[33] Für die Vergabe und Durchführung von Lieferungen und Leistungen durch Behörden der Landesstaatsbauverwaltung liegt ferner ein Vergabehandbuch VHL-Bayern vor.[34]

I. Vom Anwendungsbereich betroffene Vergabestellen

38 Die UVgO und der erste Abschnitt der VOB/A sind für die **staatlichen Vergabestellen** verpflichtend eingeführt.[35] Ferner sind diese Stellen bei der Vergabe zur Beachtung der oben genannten Rechtsgrundlagen, insbesondere der Umweltrichtlinien Öffentliches Auftragswesen – öAUmwR, der Korruptionsbekämpfungsrichtlinie – KorruR, sowie bestimmter Erlasse (IT; Photovoltaik; Scientology Organisation; Vermeidung des Erwerbs von Produkten aus ausbeuterischer Kinderarbeit) verpflichtet.

39 Neben den Bestimmungen der UVgO sind alle Behörden, Gerichte und die Hochschulverwaltungen des Freistaats Bayern bei der Vergabe von **IT-Lieferungen und Leistungen** verpflichtet, die Ergänzenden Vertragsbedingungen für die Beschaffung von IT-Leistungen (EVB-IT) zugrunde zu legen.[36]

40 Gem. § 31 KommHV-Kameralistik muss der Vergabe öffentlicher Aufträge auch im **kommunalen Bereich** grundsätzlich eine öffentliche Ausschreibung nach einheitlichen Richtlinien vorausgehen. Mit Bekanntmachung des Bayerischen Staatsministeriums des Innern und für Integration vom 31.7.2018[37] gelten neben der VOB/A auch die Umweltrichtlinien Öffentliches Auftragswesen (öAUmwR), die Bestimmungen zur Beteiligung kleiner und mittlerer Unternehmen gem. Nr. 2 der Verwaltungsvorschrift zum öffentlichen Auftragswesen (VVöA) und die Bestimmungen zur Berücksichtigung bevorzugter Bieter gem. Nr. 3 VVöA im kommunalen Bereich verpflichtend bei der Durchführung von Vergabeverfahren.[38] Zur Anwendung empfohlen werden die UVgO, die KorruR, die Bekanntmachung der Bayerischen Staatsregierung zum öffentlichen Auftragswesen – Vermeidung des Erwerbs von Produkten aus ausbeuterischer Kinderarbeit –, und die Bekanntmachung der Bayerischen Staatsregierung über das öffentliche Auftragswesen – Scientology-Organisation; Verwendung von Schutzerklärungen bei der Vergabe öffentlicher Aufträge und die Bestimmungen zum Gebot des gleichen Entgelts für Frauen und Männer und zu den Mindestarbeitsbedingungen gemäß Nr. 1.7 VVöA.[39] Darüber hinaus werden das Vergabehandbuch für die Durchführung von Bauaufgaben durch Behörden des Freistaates Bayern (VHB Bayern), das Vergabehandbuch für Lieferungen und Leistungen durch Behörden der Staatsbauverwaltung des Freistaates Bayern (VHL Bayern) und grundsätzlich

[33] Handbuch für die Vergabe und Durchführung von Freiberuflichen Dienstleistungen durch die Staatsbau- und die Wasserwirtschaftsverwaltung des Freistaates Bayern (VHF Bayern) – Stand Januar 2020.

[34] Handbuch für die Vergabe und Durchführung von Lieferungen und Leistungen durch Behörden der Staatsbauverwaltung des Freistaates Bayern (VHL Bayern) – Stand Oktober 2018.

[35] Ziff. 1.1 VVöA.

[36] Ziff. 2 Gemeinsame Bekanntmachung des Bayerischen Staatsministeriums für Digitales und des bayerischen Staatsminiseriums der Finanzen und für Heimat über die Standards und Richtlinien für die Informations- und Kommunikationstechnik in der bayerischen Verwaltung (IKT-Standards-Richtlinien-Bekanntmachung – IKTsrbek) vom 11.5.2020 (BayMBl. 294); BayITR-08 Anwendung der Ergänzenden Vertragsbedingungen für IT-Dienstleistungen (EVB-IT).

[37] Bekanntmachung des Bayerischen Staatsministeriums des Innern und für Integration v. 31.7.2018 – B3-1512-31-19 (AllMBl. 547).

[38] Ziff. 1.1.1 bis Ziff. 1.1.4 Vergabe von Aufträgen im kommunalen Bereich – Bekanntmachung des Bayerischen Staatsministeriums des Innern und für Integration v. 31.7.2018 – B3-1512-31-19 (AllMBl. 547), zuletzt geändert durch Bekanntmachung v. 4.8.2020 (BayMBl. Nr. 472).

[39] Ziff. 4.1, 4.3 Vergabe von Aufträgen im kommunalen Bereich – Bekanntmachung des Bayerischen Staatsministeriums des Innern und für Integration v. 31.7.2018 – B3-1512-31-19 (AllMBl. 547), zuletzt geändert durch Bekanntmachung v. 4.8.2020 (BayMBl. Nr. 472).

das Vergabehandbuch für freiberufliche Dienstleistungen (VHF Bayern) zur Anwendung empfohlen.[40]

II. Besonderheiten im Vergabeverfahren

Nach Ziff. 1.2 VVöA findet § 14 UVgO mit der Maßgabe Anwendung, dass ein **Direktauftrag** bis zu einer Wertgrenze von 5.000 EUR (ohne Umsatzsteuer) zulässig ist. Gemäß Ziff. 1.3 VVöA wird die Wertgrenze für die **Verhandlungsvergabe mit und ohne Teilnahmewettbewerb** nach § 8 Abs. 4 Nr. 17 HS 1 UVgO auf 100.000 EUR (ohne Umsatzsteuer) festgesetzt. Zudem können nach Ziff. 1.3 VVöA über § 8 Abs. 3 UVgO hinaus Aufträge bis zu einem geschätzten Auftragswert von 100.000 EUR (ohne Umsatzsteuer) im Wege der **Beschränkten Ausschreibung** ohne Teilnahmewettbeerb vergeben werden. 41

Auch für die Beschaffung von **Bauleistungen** durch staatliche Auftraggeber bestimmt die VVöA Wertgrenzen (vgl. Ziff. 1.6 VVöA). Nach Ziff. 1.6 Satz 1 findet § 3a Abs. 4 VOB/A mit der Maßgabe Anwendung, dass ein **Direktauftrag** bis zu einer Wertgrenze von 10.000 EUR (ohne Umsatzsteuer) zulässig ist. Die **Freihändige Vergabe** (§ 3a Abs. 3 VOB/A) ist bis zu einer Wertgrenze von 100.000 EUR (ohne Umsatzsteuer) zulässig (Ziff. 1.6 Satz 2 VVöA). Schließlich regelt Ziff. 1.6 Satz 3 VVöA, dass die Wertgrenzen für die **Beschränkte Ausschreibung ohne Teilnahmewettbewerb** (vgl. § 3a Abs. 2 Nr. 1 VOB/A) generell auf 1.000.000 EUR (ohne Umsatzsteuer) festgesetzt werden. 42

Nach Ziff. 1.2.8 ff. (Vergabe von Aufträgen im kommunalen Bereich) wurden die Wertgrenzen der VVöA für sämtliche Beschaffungen im Unterschwellenbereich übernommen. 43

Damit wurden die Wertgrenzen für staatliche und kommunale Auftraggeber harmonisiert. 44

III. Mittelstandsförderung

Ziff. 2 VVöA regelt die Ausführung des in Art. 18 Abs. 1 S. 2 MfG in Bayern aufgenommenen Grundsatzes, dass kleine und mittlere Unternehmen bei der Vergabe von öffentlichen Aufträgen für Bauleistungen und für sonstige Liefer- und Dienstleistungen angemessen zu beteiligen sind. Die in Ziff. 2 VVöA und Art. 18 Abs. 1 S. 2 MfG getroffenen Regelungen heben im Wesentlichen die Bestimmung der UVgO (vgl. § 2 Abs. 4 UVgO), die einer breiten Beteiligungsmöglichkeit für kleine und mittlere Unternehmen dient, hervor. Nach Ziff. 2.2 VVöA sind bei der beschränkten Ausschreibung, freihändigen Vergabe und der Verhandlungsvergabe, sofern kein Teilnahmewettbewerb erfolgt, regelmäßig auch kleine und mittlere Unternehmen (KMU) in angemessenem Umfang zur Angebotsabgabe aufzufordern. Für die Beurteilung der Zugehörigkeit eines Unternehmens zum Bereich der KMU findet die Empfehlung 2003/361/EG entsprechend Anwendung.[41] Ziff. 2 VVöA ist auch von kommunalen Auftraggebern zu beachten.[42] 45

Nach Art. 18 Abs. 1 S. 1 MfG Bayern soll dem Grundsatz der Losvergabe, insbesondere der **Fach- und Teillosvergabe** besondere Beachtung geschenkt werden. 46

Für den Fall der Weitervergabe von Leistungen an Nachunternehmer ist gem. Ziff. 2.3 VVöA in den Vergabeunterlagen festzulegen, dass der Auftragnehmer auch hier wiederum regelmäßig kleine und mittlere Unternehmen angemessen zu beteiligen hat, er bei der Weitervergabe von Bauleistungen an Nachunternehmer die VOB/B bzw. bei der Weiter- 47

---

[40] Ziff. 4.4 Vergabe von Aufträgen im kommunalen Bereich – Bekanntmachung des Bayerischen Staatsministeriums des Innern und für Integration v. 31. 7. 2018 – B3-1512-31-19 (AllMBl. 547), zuletzt geändert durch Bekanntmachung v. 4. 8. 2020 (BayMBl. Nr. 472).

[41] Ziff. 2.1 VVöA.

[42] Ziff. 1.1.3 Vergabe von Aufträgen im kommunalen Bereich – Bekanntmachung des Bayerischen Staatsministeriums des Innern und für Integration v. 31. 7. 2018 – B3-1512-31-19 (AllMBl. 547), zuletzt geändert durch Bekanntmachung v. 4. 8. 2020 (BayMBl. Nr. 472).

vergabe von Lieferleistungen die VOL/B zum Vertragsbestandteil zu machen hat und dem Nachunternehmer keine ungünstigeren Bedingungen auferlegen darf, als zwischen ihm und dem Auftraggeber vereinbart sind.

48 Ziff. 2.6 VVöA sieht ferner vor, dass bei Bauleistungen in den Ausschreibungsunterlagen vorzuschreiben ist, dass Nachunternehmer fachkundig, leistungsfähig und zuverlässig sein müssen, ihren gesetzlichen Verpflichtungen zur Zahlung von Steuern und Sozialabgaben nachgekommen sind und die gewerberechtlichen Voraussetzungen erfüllen müssen.

49 Unter dem Gesichtspunkt der sogenannten Binnenmarktrelevanz ist das in Ziff. 2.5 VVöA aufgenommene Verbot rechtlich wohl nicht haltbar. Danach ist die Vergabe von Bauleistungen an **Generalübernehmer** nicht zulässig. Generalübernehmer sind solche Unternehmen, die Bauleistungen in Auftrag nehmen, ohne sich gewerbsmäßig mit der Ausführung von Bauleistungen zu befassen. Die Regelung ist im rein nationalen Bereich jedoch weiterhin mit § 6 Abs. 3 VOB/A vereinbar, da hier – anders als im Oberschwellenbereich – explizit die Teilnahmemöglichkeit auf solche Unternehmen beschränkt wird, die mit der Ausführung von Bauleistungen gewerbsmäßig auftreten.[43]

IV. Tariflohnbestimmungen

50 Ein Tariftreuegesetz ist in Bayern bislang nicht vorgesehen.

V. e-Vergabe

51 Für e-Vergaben im Land Bayern werden die Landeseinrichtungen verpflichtet, öffentliche Ausschreibungen auf www.auftraege.bayern.de zu veröffentlichen. In Bayern kann die elektronische Kommunikation einschließlich Angebotsabgabe bei der Vergabe von Liefer- und Dienstleistungen per einfacher E-Mail erfolgen, wenn eine Beschränkte Ausschreibung ohne Teilnahmewettbewerb oder eine Verhandlungsvergabe ohne Teilnahmewettbewerb durchgeführt wird.[44] Kommunale Auftraggeber können die elektronische Kommunikation einschließlich Abgabe von Teilnahmeanträgen und Angeboten bis zu einem geschätzten Auftragswert von 100.000 EUR (ohne Umsatzsteuer) durch E-Mail anwenden. Dies gilt für die Vergabe von Liefer- und Dienstleistungen sowie für die Vergabe von Bauaufträgen. Von darüber hinausgehenden Anforderungen in § 11a und § 13 Abs. 1 Nr. 2 VOB/A und, im Falle einer freiwilligen Anwendung der UVgO, in § 7 Abs. 4 und § 39 Satz 1 UVgO kann abgewichen werden.[45]

VI. Vergabefremde Aspekte

52 Bei der Vergabe öffentlicher Aufträge sind besondere soziale und umwelttechnische Aspekte insbesondere durch folgende Bestimmungen zu berücksichtigen:
- Umweltrichtlinien Öffentliches Auftragswesen – öAUmwR[46]
- Bestimmungen zur Berücksichtigung bevorzugter Bieter gem. Nr. 3 VVöA[47]

---

[43] FKZGM/*Mertens* § 6 Rn. 9 ff.

[44] Ziff. 1.5 VVöA.

[45] Ziff. 6.1 Vergabe von Aufträgen im kommunalen Bereich – Bekanntmachung des Bayerischen Staatsministeriums des Innern und für Integration v. 31.7.2018 – B3-1512-31-19 (AllMBl. 547), zuletzt geändert durch Bekanntmachung v. 4.8.2020 (BayMBl. Nr. 472).

[46] Öffentliches Auftragswesen, Richtlinien über die Berücksichtigung von Umweltgesichtspunkten bei der Vergabe öffentlicher Aufträge (Umweltrichtlinien Öffentliches Auftragswesen – öAUmwR), Bekanntmachung der Bayerischen Staatsregierung v. 28.4.2009 – B II 2-5152-15 (AllMBl 2009, 163 – StAnz 2009, Nr. 19).

[47] Ziff. 1.1.4 Vergabe von Aufträgen im kommunalen Bereich – Bekanntmachung des Bayerischen Staatsministeriums des Innern und für Integration v. 31.7.2018 – B3-1512-31-19 (AllMBl. 547), zuletzt geändert durch Bekanntmachung v. 4.8.2020 (BayMBl. Nr. 472).

Daneben wird mittels Erlassen die Photovoltaik gefördert, der Erwerb von Produkten aus ausbeuterischer Kinderarbeit vermieden und in bestimmten Beschaffungen eine Schutzerklärung wegen der Beteiligung in der Scientology-Organisation verlangt.[48] 53

Nach der öAUmwR werden den zur Anwendung verpflichteten Stellen für den Beschaffungsprozess konkrete Vorgaben für die Berücksichtigung von **Umweltbelangen** gemacht. Staatliche Vergabestellen ebenso wie die kommunalen Auftraggeber müssen dabei bereits in der Bedarfsanalyse bei umweltbedeutsamen öffentlichen Aufträgen zur Beschaffung von Gütern, über Dienstleistungen (zB Gebäudereinigung, Winterdienst) sowie über Bauleistungen ermitteln, welche umweltfreundlichen und energieeffizienten Lösungen angeboten werden.[49] Bei Dienstleistungen beziehen sich die Ermittlungen auf die Art der Durchführung und auf die zu verwendenden Stoffe, bei Bauaufträgen auf die Baustoffe.[50] Führen die Ergebnisse der Bedarfsanalyse dazu, dass Gesichtspunkte des Umweltschutzes in die Leistungsbeschreibung aufgenommen werden können, so sollen gem. Ziff. 2 öAUmwR sogar finanzielle Mehrbelastungen und eventuelle Minderungen der Gebrauchstauglichkeit in angemessenem Umfang hinzunehmen sein. Daneben sollen bei umweltbedeutsamen Vergaben idR Nebenangebote unter Angabe der Mindestanforderungen zugelassen werden.[51] 54

Die Bayerische Staatsregierung hat am 24.5.2011 das Energiekonzept **„Energie innovativ"** verabschiedet. Ziel ist es, den Anteil der erneuerbaren Energien am Strombedarf innerhalb der nächsten Jahre zu steigern. Neben der Windkraft stellt die Nutzung der Sonnenenergie aufgrund des hohen Potentials eine Hauptenergiequelle dar.[52] 55

Zum Schutz vor **ausbeuterischer Kinderarbeit** besteht in Bayern bei der Beschaffung bestimmter Produkte die Pflicht, Eigenerklärungen zu verlangen. Gem. Ziff. 4 der Bekanntmachung über die Vermeidung des Erwerbs von Produkten aus ausbeuterischer Kinderarbeit kommen Eigenerklärungen derzeit insbesondere bei (Sportbekleidung, Sportartikel, insbesondere Bälle, Spielwaren, Teppiche, Textilien, Lederprodukte, Billigprodukte aus Holz, Natursteine, Agrarprodukte wie zB Kaffee, Kakao, Orangen- oder Tomatensaft sowie Blumen) in Betracht, falls diese in Afrika, Asien oder Lateinamerika hergestellt oder bearbeitet wurden. Mit der Abgabe der Eigenerklärung soll die Zuverlässigkeit des Unternehmens belegt werden. Die Nichtabgabe der Erklärung oder die Abgabe einer wissentlich oder vorwerfbar falschen Erklärung hat den Ausschluss von dem laufenden Vergabeverfahren zur Folge. Gem. Ziff. 5 der Bekanntmachung muss die Erklärung mindestens folgenden Inhalt haben: 56

- Die Angabe, ob die angebotene Leistung oder Lieferung von ausbeuterischer Kinderarbeit betroffene Produkte enthält;
- Falls die Leistung oder Lieferung solche Produkte enthält, die Zusicherung, dass die Herstellung bzw. Bearbeitung der zu liefernden Produkte ohne ausbeuterische Kinderarbeit im Sinn des ILO-Übereinkommens Nr. 182 erfolgt bzw. erfolgt ist sowie ohne Verstöße gegen Verpflichtungen, die sich aus der Umsetzung dieses Übereinkommens

[48] Gemeinsame Bekanntmachung über die Nutzung staatlicher Gebäude für die Errichtung und den Betrieb von Photovoltaikanlagen, Gemeinsame Bekanntmachung des Bayerischen Staatsministeriums der Finanzen und der Obersten Baubehörde im Bayerischen Staatsministerium des Innern v. 20.11.2012 – 51 – VV 2700-2-41 175/12, (FMBl 2012, 633); Vermeidung des Erwerbs von Produkten aus ausbeuterischer Kinderarbeit v. 29.4.2008 (StAnz Nr. 20, AllMBl. 322); Scientology-Organisation – Verwendung von Schutzerklärungen bei der Vergabe öffentlicher Aufträge (Scientology-Organisation – öÄScientO) Bekanntmachung der Bayerischen Staatsregierung v. 29.10.1996 Nr. 476-2-151 (AllMBl. 701, StAnz. Nr. 44), zuletzt geändert durch Bekanntmachung v. 6.11.2001 (AllMBl. 2001, 620).

[49] Vgl. Ziff. 1 öAUmwR.

[50] Vgl. Ziff. 1 öAUmwR.

[51] Vgl. Ziff. 3 öAUmwR.

[52] Gemeinsame Bekanntmachung des Bayerischen Staatsministeriums der Finanzen und der Obersten Baubehörde im Bayerischen Staatsministerium des Innern v. 20.11.2012 – 51 – VV 2700-2-41 175/12, (FMBl 2012, 633).

oder aus anderen nationalen oder internationalen Vorschriften zur Bekämpfung von ausbeuterischer Kinderarbeit ergeben;
- Falls die vorstehende Erklärung nicht abgegeben werden kann, die Zusicherung, dass das Unternehmen, seine Lieferanten und deren Nachunternehmer aktive und zielführende Maßnahmen ergriffen haben, um ausbeuterische Kinderarbeit im Sinn des ILO-Übereinkommens Nr. 182 bei der Herstellung bzw. Bearbeitung der zu liefernden Produkte auszuschließen.[53]

VII. Rechtsschutz- und Beschwerdemöglichkeiten

57 Ein durch besonderes Landesgesetz eingeräumter Primärrechtsschutz für Vergaben unterhalb der Schwellenwerte ist in Bayern nicht vorgesehen. Für den Primärrechtsschutz gelten die Ausführungen in → § 89 Rn. 1 ff. Für Schadensersatzforderungen vgl. ausführlich in → § 38 Rn. 1 ff.

58 Für die Bauvergaben sind jedoch **VOB-Stellen** eingerichtet.[54] Diese sind bei den jeweiligen Regierungen und bei der Landesbaudirektion an der Autobahndirektion Nordbayern ansässig. Die VOB-Stellen der Regierungen werden entweder als vorgesetzte Behörden (Nachprüfungsstellen nach § 21 VOB/A) mit Weisungsbefugnis für die nachgeordneten Behörden tätig. Sie können jedoch auch auf Grund der unmittelbaren oder mittelbaren Rechtsaufsicht Nachprüfungsstellen nach § 21 VOB/A für die kommunalen Vergabestellen – ausgenommen Bezirke – und landesunmittelbaren Sozialversicherungsträger, deren Verbände und der kassen(zahn)ärztlichen Vereinigungen Bayerns, soweit diese an die Vergabevorschriften gebunden sind, sein.

59 Die VOB-Stellen sind ferner als Prüfstellen zuständig, soweit private Zuwendungsempfänger an die Vergabevorschriften auf Grund der **ZuwendungsbescheiFde** gebunden und der Regierung vom Zuwendungsgebenden Ressort Aufgaben zugewiesen sind und die Vergabestelle die Regierung als Nachprüfungsstelle in der Bekanntmachung angegeben hat.

60 In allen anderen Fällen ist die jeweilige Aufsichtsbehörde Nachprüfungsstelle iSd § 21 VOB/A. Diese kann eingehende Beschwerden an die für den Sitz der Vergabestelle zuständige Regierung weiterleiten mit der Bitte an die Regierung, in fachlicher Unterstützung die Beschwerde durch die VOB-Stelle zu würdigen. Ausweislich der Verwaltungsvorschrift über die Zuständigkeiten der VOB-Stellen soll für die endgültige Entscheidung in der Vergabeangelegenheit das jeweilige Ressort zuständig bleiben, selbst wenn die Würdigung auf Wunsch des Ressorts im Einzelfall zur Beschleunigung gleichzeitig auch dem Beschwerdeführer und der Vergabestelle zugeleitet wird.[55]

C. Berlin

61 **Rechtsgrundlagen:**

§ 55 LHO; AV zu § 55 LHO; Berliner Ausschreibungs- und Vergabegesetz (BerlAVG) vom 22.4.2020 (GVBl. 276); Mindestlohngesetz für das Land Berlin (Landesmindestlohngesetz) v. 18.12.2013 (GVBl. 922), Zweite Mindestlohnanpassungsverordnung vom 13.11.2018 (BGBl. I 1876); Kreislaufwirtschafts- und Abfallgesetz Berlin, Gesetz zur Förderung der Kreislaufwirtschaft und Sicherung der umweltverträglichen Beseitigung von Abfällen in Berlin (KrW-/AbfG Bln) vom 21.7.1999 (GVBl. 413), zuletzt geändert durch Art. 7 des Gesetzes vom 16.3.2018 (GVBl. 186); Gesetz zur Einrichtung und Führung eines Registers über korruptionsauffällige Unternehmen in Berlin (Korruptionsregistergesetz – KRG) vom 19.4.2006 (Gesetz- und Verordnungsblatt für Berlin, Ausgabe Nr. 16/2006, 358), zuletzt geändert durch das erste Gesetz zur Ände-

---

[53] Vermeidung des Erwerbs von Produkten aus ausbeuterischer Kinderarbeit v. 29.4.2008 (StAnz Nr. 20, AllMBl. 322).

[54] Bekanntmachung des Bayerischen Staatsministeriums des Innern, für Bau und Verkehr über die Zuständigkeiten der VOB-Stellen bei den Regierungen v. 11.10.2017 (AllMBl. 455).

[55] Ziff. 2.4 Bekanntmachung des Bayerischen Staatsministeriums des Innern, für Bau und Verkehr über die Zuständigkeiten der VOB-Stellen bei den Regierungen v. 11.10.2017 (AllMBl. 455).

rung des Korruptionsregistergesetzes vom 1.12.2010 (Gesetz- und Verordnungsblatt für Berlin, Ausgabe Nr. 30/2010, 535); Landesgleichstellungsgesetz (LGG) in der Fassung vom 6.9.2002 (GVBl. 2002, 280), zuletzt geändert durch Art. 6 E-Government-G vom 30.5.2016 (GVBl. 282); Verwaltungsvorschrift für die Anwendung von Umweltschutzanforderungen bei der Beschaffung von Liefer-, Bau- und Dienstleistungen (Verwaltungsvorschrift Beschaffung und Umwelt – VwVBU) vom 23.10.2012, SenStadtUm IX B 22, zuletzt geändert durch die Zweite Verwaltungsvorschrift zur Änderung der Verwaltungsvorschrift für die Anwendung von Umweltschutzanforderungen bei der Beschaffung von Liefer-, Bau- und Dienstleistungen (Verwaltungsvorschrift Beschaffung und Umwelt – VwVBU) vom 8.1.2019, SenStadtUm IX B 12; Verordnung über die Förderung von Frauen und die Vereinbarkeit von Beruf und Familie bei der Vergabe öffentlicher Aufträge (Frauenförderverordnung – FFV) vom 23.8.1999 (GVBl. 498) BRV 2038-1-2, zuletzt geändert durch Art. I Erste ÄndVO vom 19.7.2011 (GVBl. 362, ber. 467); Rundschreiben SenStadtUm VM Nr. 04/2016 vom 13.4.2016; Gemeinsames Rundschreiben Nr. 3/2016 vom 12.7.2016; Gemeinsames Rundschreiben Nr. 2/2016 vom 20.6.2016; Rundschreiben WiTechForsch II G Nr. 3/2015 vom 7.4.2015; Rundschreiben WiArbFrau II F Nr. 4/2007 vom 8.8.2007; Gemeinsames Rundschreiben Nr. 5/2010 vom 23.7. 2010; Gemeinsames Rundschreiben Nr. 1/2011 vom 11.5.2011; Gemeinsames Rundschreiben Nr. 2/2011 vom 9.6.2011 (veraltete Produktliste); Gemeinsames Rundschreiben Nr. 01_2012 ILO-Kernarbeitsnormen – aktualisierte Produktliste; Gemeinsames Rundschreiben Nr. 6/2011 vom 7.9.2011; Rundschreiben SenStadtWohn V M Nr. 04/2019 vom 31.7.2019; Rundschreiben SenStadtWohn V M Nr. 06/2019 vom 12.11.2019; Rundschreiben SenFin vom 14.2.2020 – GeschZ: II B 51 – H 1055-1/2019-2-5; Gemeinsames Rundschreiben Nr. 1/2020 vom 24.2.2020.

In Berlin fasst das Ausschreibungs- und Vergabegesetz (BerlAVG) die für die Vergabestellen des Landes Berlin geltenden Anforderungen an die Beschaffung öffentlicher Aufträge zusammen. Die Anwendungsverpflichtung des ersten Abschnitts der VOB/A und der UVgO ergibt sich auch hier aus den Ausführungsvorschriften zu § 55 LHO (AV-LHO). Nach den Ausführungsvorschriften zu § 55 LHO sind der erste Abschnitt der VOB/A und seit dem 1.4.2020 die UVgO anzuwenden.[56] 62

I. Vom Anwendungsbereich betroffene Vergabestellen

Vom persönlichen Anwendungsbereich des BerlAVG werden öffentliche Auftraggeber gemäß § 2 Abs. 2 bis 4 BerlAVG erfasst. Öffentliche Auftraggeber iSd § 2 Abs. 2 bis 4 BerlAVG sind das Land Berlin, juristische Personen des öffentlichen Rechts gemäß § 99 Nr. 2 und 3 GWB, die dem Land Berlin zuzurechnen sind und die den Bestimmungen des § 55 LHO unterliegen, juristische Personen des öffentlichen Rechts gemäß §§ 99 Nr. 2 und 3, 100 Abs. 1 Nr. 1 GWB, die dem Land Berlin zuzurechnen sind und die nicht den Bestimmungen des § 55 LHO unterliegen sowie juristische Personen des privaten Rechts gemäß §§ 99 Nr. 2, 100 Abs. 1 Nr. 2 GWB, die dem Land Berlin zuzurechnen sind. Zu beachten gilt es, dass eine Verpflichtung zur Anwendung der Regelungen des Abschnitts 2 des BerlAVG (§§ 5 bis 8 BerlAVG) nach § 2 BerlAVG ausschließlich für das Land Berlin als öffentlicher Auftraggeber besteht. Nach § 2 Abs. 5 BerlAVG hat das Land Berlin im Rahmen seiner Befugnisse jedoch darauf hinzuwirken, dass die Regelungen des Abschnitts 2 des BerAVG auch von den öffentlichen Auftraggebern gemäß § 2 Abs. 2 bis 4 BerlAVG angewendet werden. 63

Bei der Bündelung von Beschaffungsbedarfen mehrerer öffentlicher Auftraggeber ist gemäß § 4 BerlAVG mit öffentlichen Auftraggebern, die nicht in den Anwendungsbereich des § 2 BerlAVG fallen, vor Beginn des Vergabeverfahrens eine Einigung darüber anzustreben, dass die Vergabebestimmungen des Abschnitts 2 des BerlAVG und die Ausführungsbedingungen des Abschnitts 3 des BerlAVG bei der Beschaffung Anwendung finden sollen. Kommt keine Einigung zustande, kann von der Anwendung der Abschnitte 2 und 3 abgesehen werden.[57] 64

Das BerlAVG ist grundsätzlich von den öffentlichen Auftraggebern iSd § 2 BerlAVG auf alle öffentlichen Aufträge über Bauleistungen ab einem geschätzten Auftragswert von 50 65

[56] Ziff. 3.3.1 AV zu § 55 LHO; Rundschreiben SenFin v. 14.2.2020 – GeschZ: II B 51 – H 1055-1/2019-2-5; Gemeinsames Rundschreiben Nr. 1/2020 v. 24.2.2020.

[57] § 4 BerlAVG.

000 EUR (ohne Umsatzsteuer) und auf alle öffentlichen Aufträge über Liefer- und Dienstleistungen ab einem geschätzten Auftragswert iHv 10 000 EUR (ohne Umsatzsteuer) anzuwenden.[58] Ausnahmen hiervon werden in § 3 Abs. 1 BerlAVG normiert. Eine Beschränkung des BerlAVG auf Vergaben unterhalb der EU-Schwellenwerte ist nicht vorgesehen.

II. Besonderheiten im Vergabeverfahren

66 Die Ausführungsvorschriften zu § 55 LHO sehen für die Anwendung der Vergabearten Wertgrenzen vor.

67 Bei der Vergabe von **Bauleistungen** darf abweichend von § 3a Abs. 2 Nr. 1 VOB/A mit einem geschätzten Auftragswert bis zu 200.000 EUR (ohne Umsatzsteuer) für Hochbauleistungen und bis zu 500.000 EUR (ohne Umsatzsteuer) für alle anderen Bauleistungen eine **Beschränkte Ausschreibung** durchgeführt werden.[59] Eine **freihändige Vergabe** von Bauleistungen darf abweichend von § 3a Abs. 3 S. 2 VOB/A mit einem geschätzten Auftragswert bis zu 20.000 EUR (ohne Umsatzsteuer) für Hochbauleistungen und bis zu 50.000 EUR (ohne Umsatzsteuer) für alle anderen Bauleistungen durchgeführt werden.[60]

68 Im Anwendungsbereich der **UVgO** ist die **Beschränkte Ausschreibung** ohne Teilnahmewettbewerb bis zu einem geschätzten Auftragswert von 100.000 EUR (ohne Umsatzsteuer) zulässig.[61] Eine Verhandlungsvergabe ohne Teilnahmewettbewerb kann bei einem geschätzten Auftragswert von bis zu 10.000 EUR durchgeführt werden.[62]

69 Erscheint ein Angebotspreis ungewöhnlich niedrig, hat der öffentliche Auftraggeber gemäß § 6 BerlAVG vor Ablehnung dieses Angebotes vom Bieter Aufklärung zu verlangen, insbesondere durch Anforderung der **Kalkulationsunterlagen.**

70 Vor Zuschlagserteilung ist in Berlin die Abfrage beim **Korruptionsregister** verpflichtend. Gemäß § 6 KRG müssen Vergabestellen bei allen Vergaben oberhalb und unterhalb der Schwellenwerte ab einem Auftragswert von 15.000 EUR vor Zuschlag relevante Verstöße beim Korruptionsregister abfragen. Die Auskunft kann auf Nachunternehmer erweitert werden. Zur Abfrage müssen gem. § 5 KRG von den das Unternehmen vertretenden Personen Angaben zum Namen, Geburtsdatum, zur Adresse, etc gemacht werden.

III. Mittelstandsförderung

71 Mittelständische Interessen sind gemäß § 5 Abs. 1 BerlAVG bei der Vergabe öffentlicher Aufträge zu berücksichtigen. Nach § 5 Abs. 1 BerlAVG soll dem Grundsatz der Losvergabe, insbesondere der **Fach- und Teillosvergabe** besondere Beachtung geschenkt werden. Es dürfen mehrere Teil- oder Fachlose zusammen vergeben werden, wenn wirtschaftliche oder technische Gründe dies erfordern.[63] Zudem sind geeignete kleine und mittlere Unternehmen bei Beschränkten Ausschreibungen und Verhandlungsvergaben gemäß der UVgO beziehungsweise bei Beschränkten Ausschreibungen und Freihändigen Vergaben gemäß des ersten Abschnitts der VOB/A in angemessenem Umfang zur Angebotsabgabe aufzufordern.[64]

---

[58] § 3 Abs. 1 BerlAVG.
[59] Ziff. 3.4.1 AV zu § 55 LHO.
[60] Ziff. 3.4.2 AV zu § 55 LHO.
[61] Ziff. 3.3.1 AV zu § 55 LHO.
[62] Ziff. 3.3.2 AV zu § 55 LHO Berlin.
[63] § 5 Abs. 1 BerlAVG.
[64] § 5 Abs. 2 BerlAVG.

IV. Tariflohnbestimmungen

Das Berliner Ausschreibungs- und Vergabegesetz enthält in den §§ 9 und 10 BerlAVG umfassende Anforderungen an Tarif- und Mindestentgelte, die im Rahmen der Vergabe Berücksichtigung zu finden haben. 72

Der Anwendungsbereich ist auf Unternehmen mit Sitz im Inland beschränkt.[65] 73

Bei der Anwendung der §§ 9 und 10 BerlAVG sind die Wertgrenzen des § 3 BerlAVG zu beachten. 74

Die Wertgrenze für die Anwendung des § 9 Abs. 1 S. 1 Nr. 3 BerlAVG wird bei der Vergabe öffentlicher Aufträge über Liefer- und Dienstleistungen bis zum 1.3.2022 und danach alle fünf Jahre evaluiert.[66] Sie soll sicherstellen, dass auf mindestens für 95 vom Hundert des erfassten Vergabevolumens von Liefer- und Dienstleistungen die Pflicht zur Zahlung des vergaberechtlichen Mindestentgelts gemäß § 9 Abs. 1 S. 1 Nr. 3 BerlAVG Anwendung findet.[67] Wird dieses Ziel nicht erreicht, wird die Wertgrenze für die Anwendung des § 9 Abs. 1 S. 1 Nr. 3 BerlAVG bei der Vergabe öffentlicher Aufträge über Liefer- und Dienstleistungen auf einen geschätzten Auftragswert von 5.000 EUR (ohne Umsatzsteuer) abgesenkt werden.[68] 75

Bei der Vergabe von Leistungen im Bereich der **öffentlichen Personennahverkehrsdienste** müssen die Bieter im Vergabeverfahren erklären, dass sie ihre Arbeitskräfte (ohne Auszubildende) mindestens nach dem hierfür jeweils geltenden Entgelttarifen entlohnen, wobei der Auftraggeber in der Bekanntmachung und in den Vergabeunterlagen den oder die einschlägigen Tarifverträge nach billigem Ermessen selbst bestimmt.[69] 76

Unbeschadet der sonstigen Tarif- oder Mindestlohnbestimmungen gilt im Anwendungsbereich des BerlAVG ein **Mindeststundenentgelt** iHv 12,50 EUR brutto (§ 9 Abs. 1 S. 1 Nr. 3 BerlAVG). 77

Gemäß § 15 Abs. 1 Nr. 1 BerlAVG ist eine Vereinbarung zwischen den öffentlichen Aufraggebern und den Auftragnehmern zur Einhaltung der vorstehenden Tarifbedingungen und Mindestentgelte verpflichtend, sofern die jeweiligen Voraussetzungen vorliegen. 78

Zudem vereinbaren die öffentlichen Auftraggeber nach § 15 Abs. 1 Nr. 2 BerlAVG mit den Auftragnehmern Vertragsbedingungen über die **Kontrolle** über die Einhaltung der Tarif- und Mindestentgelte. Nach § 16 Abs. 1 BerlAVG sollen die Kontrollen stichprobenartig durch die öffentlichen Auftraggeber erfolgen. Hierbei werden die öffentlichen Auftraggeber nach § 16 Abs. 2 BerlAVG von einer zentralen Kontrollgruppe unterstützt. Diese Kontrollgruppe nahm am 1.2.2014 ihre Tätigkeit auf. Im Rahmen der Kontrolltätigkeit durch die öffentlichen Auftraggeber oder die zentrale Kontrollgruppe überlässt beziehungsweise übermittelt der zu kontrollierende Auftragnehmer beziehungsweise Unterauftragnehmer die zur schlüssigen Kontrolle auf Einhaltung der jeweiligen Vertragsbedingung notwendigen Unterlagen zur Einsichtnahme, welche bereits gemäß § 15 Abs. 1 Nr. 3 BerlAVG vertraglich festgelegt wurden.[70] Die öffentliche Auftraggeber sowie die Kontrollgruppe dürfen personenbezogene Daten verarbeiten, soweit dieses zum Zweck der Kontrolle nach § 16 Abs. 1 BerlAVG erforderlich ist.[71] 79

Darüber hinaus reicht es nicht aus, dass sich die Unternehmen und ggf. Nach-/Verleihunternehmen zur Einhaltung der Vorschriften über die Tarif- und Mindestlohnbestimmungen verpflichten (vgl. § 15 Abs. 1 Nr. 1 BerlAVG). Vielmehr bedarf es zusätzlich einer Vereinbarung über Sanktionsmöglichkeiten für den Fall, dass ein Auftragnehmer schuldhaft 80

[65] § 9 Abs. 1 BerlAVG.
[66] § 18 Abs. 1 BerlAVG.
[67] § 18 Abs. 1 BerlAVG.
[68] § 18 Abs. 1 BerlAVG.
[69] § 10 BerlAVG. Ein vorgegebenes transparentes und objektives Verfahren zur Bestimmung des „einschlägigen" Tarifvertrages ist in Berlin anders als zB in Baden-Württemberg nicht vorgesehen.
[70] § 16 Abs. 3 BerlAVG.
[71] § 16 Abs. 8 BerlAVG.

gegen seine nach § 15 BerlAVG vereinbarten Verpflichtungen verstößt.[72] Sanktionsmöglichkeiten sind unter anderem nach § 15 Abs. 1 Nr. 4 BerlAVG die Zahlung einer angemessenen **Vertragsstrafe**, die **Kündigung** des Vertrags oder die Zahlung von **Schadenersatz.**

V. e-Vergabe

81 Für e-Vergaben im Land Berlin werden die Landeseinrichtungen gem. Ziff. 8.3 der AV zu § 55 LHO verpflichtet, öffentliche Ausschreibungen auf der Vergabeplattform des Landes Berlin unter https://www.berlin.de/vergabeplattform/ zu veröffentlichen. Gemäß Ziff. 8.2 AV zu § 55 LHO sind abweichend von § 38 Abs. 4 Nr. 2 UVgO auch Beschränkte Ausschreibungen und Verhandlungsvergaben ohne Teilnahmewettbewerb grundsätzlich im Rahmen der e-Vergabe durchzuführen, wenn der voraussichtliche Auftragswert 25.000 EUR (ohne Umsatzsteuer) erreicht.

VI. Vergabefremde Aspekte

82 Das BerlAVG sieht in § 1 BerlAVG ausdrücklich vor, dass weitere soziale, beschäftigungspolitische und umweltbezogene Aspekte bei der Vergabe öffentlicher Aufträge Berücksichtigung finden.

83 § 7 Abs. 1 BerlAVG sieht die Berücksichtigung **ökologischer Belange** bei der Beschaffung ausdrücklich vor. Die Vorschrift bleibt jedoch nach der Einführung des § 6 Abs. 3 VgV aF (jetzt: § 67 Abs. 2 VgV) hinter den für die Vergaben oberhalb der Schwellenwerte geltenden Anforderungen zurück.

84 Mit Rundschreiben SenStadtUm VI A Nr. 07/2012 vom 20.11.2012 wurde bekannt gegeben, dass mit Datum vom 1.1.2013 die „Verwaltungsvorschrift Beschaffung und Umwelt“ (VwVBU) in Kraft tritt. Zuletzt wurde sie durch die Zweite Verwaltungsvorschrift zur Änderung der Verwaltungsvorschrift für die Anwendung von Umweltschutzanforderungen bei der Beschaffung von Liefer-, Bau- und Dienstleistungen (Verwaltungsvorschrift Beschaffung und Umwelt – VwVBU) vom 8.1.2019, SenStadtUm IX B 12 geändert. Die VwVBU sieht neben bestimmten Beschaffungsbeschränkungen insbesondere bestimmte Umweltschutzanforderungen an den Auftragsgegenstand vor, die Bewerber oder Bieter zwingend einzuhalten haben, damit ihr Angebot in die Wertung einbezogen wird. Sie ist anzuwenden für alle Vergaben von Liefer-, Bau-und Dienstleistungsaufträgen ab einem geschätzten Auftragswert von 10.000 EUR netto. Die Verwaltungsvorschrift ist anzuwenden von:
- allen Senatsverwaltungen und den ihnen nachgeordneten Behörden,
- allen Bezirksverwaltungen,
- landesunmittelbaren Körperschaften, Anstalten und Stiftungen des öffentlichen Rechts (Ziff. 2 VwVBU).

85 Bei der Vergabe ist gem. § 8 Abs. 1 BerlAVG darauf hinzuwirken, dass keine Waren Gegenstand der Leistung sind, die unter Missachtung der in den **ILO-Kernarbeitsnormen** festgelegten Mindeststandards gewonnen, hergestellt oder weiterverarbeitet worden sind. Aufträge über Leistungen, die Waren oder Warengruppen enthalten, bei denen eine Gewinnung, Herstellung oder Weiterverarbeitung unter Missachtung der ILO-Kernarbeitsnormen in Betracht kommt, sollen nur an Auftragnehmer vergeben werden, die sich bei der Angebotsabgabe verpflichtet haben, die Leistung nachweislich unter Beachtung der ILO-Kernarbeitsnormen zu erbringen.[73] Dies gilt entsprechend für Waren, die im Rahmen der Erbringung von Bau- oder Dienstleistungen verwendet werden.[74]

[72] § 15 Abs. 1 Nr. 4 BerlAVG.
[73] § 8 Abs. 2 BerlAVG.
[74] § 8 Abs. 2 BerlAVG.

Ferner ist bei der Vergabe von öffentlichen Aufträgen gem. § 13 BerlAVG den Belangen der **Frauenförderung** über das Landesgleichstellungsgesetz und der auf dieser Basis ergangenen Frauenförderverordnung Rechnung zu tragen.[75] Gem. § 13 LGG gelten für die Maßnahmen der Frauenförderung Grenzwerte. Danach müssen die Anforderungen bei Liefer- und Dienstleistungsbeschaffungen ab 25.000 EUR (brutto) bzw. bei Beschaffungen von Bauleistungen in Höhe von 200.000 EUR (brutto) berücksichtigt werden. 86

VI. Rechtsschutz- und Beschwerdemöglichkeiten

Ein durch besonderes Landesgesetz eingeräumter Primärrechtsschutz für Vergaben unterhalb der Schwellenwerte ist in Berlin nicht vorgesehen. Für den Primärrechtsschutz gelten die Ausführungen in → § 89 Rn. 1 ff. Für Schadensersatzforderungen vgl. ausführlich in → § 38 Rn. 1 ff. 87

Das Land Berlin hat jedoch gem. § 21 VOB/A eine **VOB-Stelle** bei der Senatsverwaltung für Stadtentwicklung und Umwelt eingerichtet. Für Vergaben im Bereich der Lieferungen und Leistungen ist eine **UVgO-Beschwerdestelle** bei der Senatsverwaltung für Wirtschaft, Energie und Betriebe eingerichtet. Beide Stellen gehen in einem formlosen Verfahren Verstößen gegen Vergabevorschriften nach. 88

D. Brandenburg

Rechtsgrundlagen: 89

§ 55 LHO; VV zu § 55 LHO; § 25a Verordnung über die Aufstellung und Ausführung des Haushaltsplans der Gemeinden (Gemeindehaushaltsverordnung – GemHV) vom 26. 6. 2002 (GVBl. II 414) Sa BbgLR 630-6, zuletzt geändert durch Art. 1 Vierte ÄndVO vom 28. 6. 2010 (GVBl. II Nr. 37, 1); § 30 Verordnung über die Aufstellung und Ausführung des Haushaltsplans der Gemeinden (Kommunale Haushalts- und Kassenverordnung – KomHKV) vom 14. 2. 2008 (GVBl. II 14) Sa BbgLR 202-38, zuletzt geändert durch Art. 1 Fünfte ÄndVO vom 22. 8. 2019 (GVBl. II Nr. 66); Brandenburgisches Gesetz über Mindestanforderungen für die Vergabe von öffentlichen Aufträgen (BbgVergG) vom 29. 9. 2016 (GVBl.I/16, [Nr. 21]), zuletzt geändert durch Gesetz vom 30. 4. 2019 (GVBl.I/19, [Nr. 10]); Verordnung über Angebotsprüfungen, Kontrollen, Auftragssperren und erleichterte Nachweise nach dem Brandenburgischen Vergabegesetz (Brandenburgische Vergabegesetz-Durchführungsverordnung-BbgVergGDV) vom 16. 10. 2012 (GVBl. II/12, Nr. 85), geändert durch Art. 1 Erste ÄndVO vom 6. 12. 2017 (GVBl. II Nr. 68); Brandenburgisches Mittelstandsförderungsgesetz (BbgMFG) vom 8. 5. 1992 (GVBl. I/92, Nr. [09], 266), geändert durch Art. 6 des Gesetzes vom 24. 5. 2004 (GVBl.I/04, [Nr. 09], 186, 194); Landesgleichstellungsgesetz, vom 4. 7. 1994 (GVBl. I/94, Nr. 19, 254), zuletzt geändert durch Art 21 des Gesetzes vom 8. 5. 2018 (GVBl.I/18, [Nr. 8], 18); Runderlass Nr. 2/2019 „Kommunalaufsicht im kommunalen Auftragswesen" (Rderl. 2/2019) vom 26. 8. 2019; Landesnachprüfungsverordnung, vom 19. 5. 1999 (GVBl. II/99 Nr. 15, 332) geändert durch Verordnung vom 31. 7. 2018 (GVBl.II/18, [Nr. 50]); Verordnung über die bevorzugte Berücksichtigung von Unternehmen bei der Vergabe öffentlicher Aufträge zur Förderung von Frauen im Erwerbsleben (Frauenförderverordnung – FrauFöV) vom 25. 4. 1996 (GVBl.II/96, [Nr. 22], 354), geändert durch Verordnung vom 18. 2. 2002 (GVBl.II/02, [Nr. 05], 139); Festlegung der Berufszweige, in denen kein ausreichendes Angebot an weiblichen Arbeitskräften besteht, nach § 7 Abs. 3 Frauenförderverordnung vom 30. 11. 1998 (ABl./98, [Nr. 52], 1051); § 27 Brandenburgisches Abfall- und Bodenschutzgesetz (BbgAbfBodG) vom 6. 6. 1997 (GVBl. I/97, [Nr. 05], 40), zuletzt geändert durch Art. 2 Abs. 7 G zur Errichtung und Auflösung von Landesbehörden sowie zur Änd. von Rechtsvorschriften vom 25. 1. 2016 (GVBl. I/16 Nr. 5).

Für das Land Brandenburg gelten **der erste Abschnitt der VOB/A** und die **UVgO** in ihrer jeweils geltenden Fassung über die Verwaltungsvorschriften zur LHO.[76] 90

Im Übrigen werden die Pflichten bei Ausschreibungen in Brandenburg im Landesvergabegesetz (Brandenburgisches Vergabegesetz – BbgVergG) zusammengefasst. 91

---

[75] Verordnung über die Förderung von Frauen und die Vereinbarkeit von Beruf und Familie bei der Vergabe öffentlicher Aufträge (Frauenförderverordnung – FFV) v. 23. 8. 1999 (GVBl. 498) BRV 2038-1-2, zuletzt geändert durch Art. I Erste ÄndVO v. 19. 7. 2011 (GVBl. 362, ber. 467).

[76] Ziff. 2.2.1, 2.2.2 VV-LHO.

I. Vom Anwendungsbereich betroffene Vergabestellen

92 Die Bestimmungen des Landesvergabegesetzes in Brandenburg finden nach § 2 Abs. 1 S. 2 BbgVergG nur dann Anwendung, wenn der geschätzte Auftragswert für Liefer-, Dienst- und Bauleistungen 3.000 EUR erreicht oder überschreitet.[77]

93 Gem. § 3 Abs. 1 BbgVergG aF wurden auch **Dienstleistungskonzessionen** vom Anwendungsbereich erfasst, die im Oberschwellenbereich erst mit der Vergaberechtsreform 2016 einer förmlichen Ausschreibungspflicht unterstellt wurden.[78] § 3 Abs. 1 BbgVergG beschränkt sich nunmehr nicht auf Dienstleistungskonzessionen sondern spricht, angelehnt an die Vorschriften des GWB, allgemein von „Konzessionen".

94 Das Gesetz findet Anwendung auf öffentliche **Auftraggeber im Land Brandenburg** iSd §§ 99, 100 Abs. 1 Nr. 1, 2 lit.b), § 101 Abs. 1 Nr. 1, 2 sowie § 101 Abs. 1 Nr. 3 ivm § 100 Abs. 1 Nr. 2 lit. b) GWB) unterfallen. Dies gilt gem. § 2 Abs. 3 S. 2 BbgVergG nicht, wenn die Auftraggeber Vergabeverfahren im Namen oder im Auftrag des Bundes oder eines anderen Landes der Bundesrepublik Deutschland durchführen.

II. Besonderheiten im Vergabeverfahren

95 Im Landesrecht Brandenburg sind besondere Freigrenzen für die erleichterte Durchführung von **Beschränkten Ausschreibungen** und **Freihändigen Vergaben** bzw. **Verhandlungsvergaben mit oder ohne Teilnahmewettbewerb** vorgesehen.

96 Nach Ziff. 3 der VV zu § 55 LHO können auf Landesebene

– **Liefer- und Dienstleistungen** im Wege der Verhandlungsvergabe mit oder ohne Teilnahmewettbewerb oder beschränkten Ausschreibung bis zu einem geschätzten Auftragswert von 20.000 EUR (netto) erfolgen,[79]
– für **Bauleistungen** kann bis 200.000 EUR (netto) die Beschränkte Ausschreibung und bis 20.000 EUR (netto) die freihändige Vergabe durchgeführt werden[80].

97 Die genannten Werte gelten gem. Ziff. 3.3 der VV zu § 55 LHO nicht nur für Gesamtauftragswerte, sondern auch für die Werte der **einzelnen Aufträge**, die sich aus der Vergabe nach Teil- oder Fachlosen ergeben.[81]

98 Für die **Gemeinden** gilt gem. § 25a Abs. 2 und 3 GemHV für die Bauleistungen und Liefer- und Dienstleistungen im Unterschwellenbereich Folgendes:

– Verträge über Bauleistungen sind gem. § 25a Abs. 2 S. 1 GemHV nach den Vorschriften der §§ 1 bis 20 des ersten Abschnitts des Teils A der Vergabe- und Vertragsordnung für Bauleistungen in der Fassung der Bekanntmachung vom 31.7.2009 (BAnz. Nr. 155 vom 15. 10.2009), geändert durch Bekanntmachung vom 19.1.2010 (BAnz. Nr. 36 vom 5.3.2010), mit Ausnahme der in § 25a Abs. 2 GemHV genannten Vorschriften zu schließen.
– Für die Beschaffung von Bauleistungen der Gemeinden ist eine beschränkte Ausschreibung auch zulässig, wenn der geschätzte Auftragswert 1.000.000 EUR (ohne Umsatzsteuer) nicht überschreitet. Eine freihändige Bauvergabe ist bis zu einem geschätzten Auftragswert von 100.000 EUR (ohne Umsatzsteuer) zulässig.[82]
– Für die Beschaffung von Liefer- und Dienstleistungen gelten im Unterschwellenbereich nach § 25a Abs. 3 S. 1 GemHV die Vorschriften des ersten Abschnitts des Teils A der Vergabe- und Vertragsordnung für Leistungen in der Fassung der Bekanntmachung vom

---

77 Brandenburgisches Gesetz über Mindestanforderungen für die Vergabe von öffentlichen Aufträgen (BbgVergG) v. 29.9.2016 (GVBl.I/16, [Nr. 21]), zuletzt geändert durch Gesetz v. 30.4.2019 (GVBl.I/19, [Nr. 10]).

78 *Redmann* LKV 2012, 295; *Rechten/Röbke* LKV 2011, 337 (340).

79 Ziff. 3.2 VV-LHO.

80 Ziff. 3.1 VV-LHO.

81 Nach Ziff. 4 Abs. 4 (S. 13) des Rundschreibens des Ministeriums des Inneren v. 11.3.2011 (GeschZ: III/1-313-35/2011) gilt dies auch für die kommunale Beschaffung.

82 § 25a Abs. 2 S. 2 GemHV.

20.11.2009 (BAnz. Nr. 196a vom 29.12.2009), geändert durch Bekanntmachung vom 19.2.2010 (BAnz. Nr. 32 vom 26.2.2010), mit Ausnahme des § 19 Abs. 2 VOL/A.

- Eine beschränkte Ausschreibung oder eine freihändige Vergabe von Liefer- und Dienstleistungen (nunmehr Verhandlungsvergabe) ist bis zu einem geschätzten Auftragswert von 100.000 EUR zulässig.[83]

Für die **Kommunen** gilt gem. § 30 Abs. 2 und 3 KomHKV für Bauleistungen und Liefer- und Dienstleistungen, die die Schwellenwerte nicht erreichen, folgendes System: 99

- Verträge über Bauleistungen sind gem. § 30 Abs. 2 S. 1 KomHKV nach den Vorschriften der §§ 1 bis 20, 22 und 24 des ersten Abschnitts der Vergabe- und Vertragsordnung für Bauleistungen Teil A vom 31.1.2019 (BAnz AT 19.2.2019 B2) unter Beachtung der folgenden Maßgaben zu schließen: § 3a Abs. 2 Nr. 1 und Abs. 3 S. 2 VOB/A findet keine Anwendung; § 9c Abs. 1 S. 2 VOB/A gilt mit der Maßgabe, dass auf Sicherheitsleistungen für die Vertragserfüllung nicht verzichtet werden muss, wenn die Auftragssumme 250.000 EUR ohne Umsatzsteuer unterschreitet.
- Für die Beschaffung von Bauleistungen der Kommunen ist eine beschränkte Ausschreibung auch zulässig, wenn der geschätzte Auftragswert ohne Umsatzsteuer 1.000.000 EUR (ohne Umsatzsteuer) nicht überschreitet. Eine freihändige Bauvergabe kann ohne weitere Begründung bis zu einem geschätzten Auftragswert von 100.000 EUR ohne Umsatzsteuer durchgeführt werden.[84] Gerade im Hinblick auf die gem. § 19 Abs. 5 VOB/A geforderte fortlaufende Veröffentlichung werden durch diese Wertgrenzen maßgebliche Aufträge der Transparenz entzogen. Für die Beschaffung von Liefer- und Dienstleistungen gelten im Unterschwellenbereich nach § 30 Abs. 3 S. 1 KomHKV für die Kommunen die Vorschriften der Unterschwellenvergabeordnung vom 2.2.2017 (BAnz AT 7.2.2017 B1) unter Beachtung der Maßgaben des § 30 Abs. 3 S. 1 Nr. 1 bis Nr. 6 KomHKV.
- Dabei ist eine beschränkte Ausschreibung oder eine Verhandlungsvergabe auch zulässig, wenn der geschätzte Auftragswert ohne Umsatzsteuer 100.000 EUR nicht überschreitet.[85]

Gem. § 12 Abs. 1 BbgVergG sind die Auftraggeber verpflichtet, vor Entscheidungen über die Vergabe von öffentlichen Aufträgen bei der Informationsstelle abzufragen, inwieweit Eintragungen in der **Sperrliste** zu Bietern mit einem für den Zuschlag in Betracht kommenden Angebot vorliegen und eine Eintragung bei der Beurteilung der Zuverlässigkeit des Bewerbers oder Bieters zu berücksichtigen. Die Auftraggeber sollen die Abfragen auch auf bereits benannte Nachauftragnehmer erstrecken. Die Abfragepflicht gilt auch in Verfahren mit vorgeschaltetem Teilnahmewettbewerb oder beschränkten Ausschreibungen, in denen der Auftraggeber den Bieterkreis durch seine Angebotsaufforderung beschränkt. 100

III. Mittelstandsförderung

§ 5 BbgMFG sieht vergleichbar zu den übrigen Landesgesetzen über die Förderung des Mittelstandes eine 101

- Stärkung des Grundsatzes der losweisen Vergabe (§ 5 Abs. 3 BbgMFG),
- Sicherstellung gleichwertiger Voraussetzungen für Nachunternehmer (§ 5 Abs. 5 S. 3 BbgMFG)

vor.

[83] § 25a Abs. 3 S. 2 GemHV.
[84] § 30 Abs. 2 S. 2 KomHKV.
[85] § 30 Abs. 3 S. 2 KomHKV.

IV. Tariflohnbestimmungen

102 Zentraler Bestandteil des Landesvergabegesetzes sind die Bestimmungen zum Mindest- und Tariflohn. Bei länderübergreifenden Beschaffungen kann von den Bestimmungen abgewichen werden, wenn keine Einigung über die Geltung erreicht wird.

103 Gem. § 6 Abs. 1 BbgVergG finden die Vorschriften zum Mindestlohn keine Anwendung, wenn für die zu beschaffenden Leistungen bereits durch das **Mindestlohngesetz**, aufgrund des **Arbeitnehmer-Entsendegesetzes** oder durch andere gesetzliche Bestimmungen über Mindestentgelte im Sinne des § 2 Abs. 6 BbgVergG ein Mindestentgelt definiert ist, welches das Mindestarbeitsentgelt von 10,68 EUR gem. § 6 Abs. 2 BbgVergG erreicht oder übersteigt. Für das dritte Quartal 2020 ist eine weitere Steigerung geplant.

104 Eine Sonderregelung für den Bereich des **ÖPNV** enthält § 4 BbgVergG, wonach der Auftraggeber den einschlägigen Tarifvertrag in der Bekanntmachung und den Vergabeunterlagen zu benennen hat. In Umsetzung der Rüffert-Rechtsprechung des EuGH gilt dies jedoch nicht für Unternehmen, die ihren Sitz in einem anderen EU-Mitgliedstaat haben.[86] So regelt § 4 Abs. 3 BbgVergG, dass bei der Vergabe von länderübergreifenden Leistungen von der Vergabestelle vor Beginn des Verfahrens eine Einigung mit den beteiligten weiteren Vergabestellen anderer Länder über die Anforderungen des § 4 Abs. 1 oder 2 BbgVergG anzustreben sind. Kommt eine Einigung nicht zustande, kann von den Sonderregelungen des § 4 Abs. 1 oder 2 BbgVergG zugunsten einer weniger weitgehenden Regelung, die für einen der beteiligten Auftraggeber gilt, abgewichen werden.

105 Die Entgeltbestimmungen gelten bei einer **Lieferleistung** nur für die mit der Anlieferung zusammenhängenden Leistungen, insbesondere Transport, Aufstellung, Montage und Einweisung zur Benutzung (§ 6 Abs. 3 S. 2 BbgVergG).

106 Die Verpflichtung, die entsprechenden Arbeitsentgelte zu zahlen, muss bereits im Angebot enthalten sein. Darüber hinaus reicht es nicht aus, dass in das Vergabeverfahren eine allgemeine **Erklärung über die Verpflichtung** zur Anwendung des Landesvergabegesetzes aufgenommen wird. Vielmehr ist der Auftraggeber verpflichtet, seine Vergabeunterlagen so auszugestalten, dass die Bestimmungen über die Entgelthöhe und deren Durchsetzungsmodalitäten (Vertragsstrafenregelung, Kündigung und Auftragssperre[87]) Bestandteil des abzuschließenden Vertrages werden.[88]

107 Für die Vergabepraxis ist in diesem Punkt die Frage maßgeblich, ob für den Auftraggeber im Anwendungsbereich des Landesvergabegesetzes bei Fehlen oder unvollständiger Erklärung in den **Formblättern**, mithin in den Willenserklärungen des Bieters, die Möglichkeit bzw. bei Vergabe von Bauleistungen gem. § 16a Abs. 1 VOB/A die Pflicht zur **Nachforderung** solcher vertragsrelevanten Erklärungen besteht.

108 Gem. § 8 BbgVergG vereinbart der Auftraggeber mit dem Auftragnehmer, dass der Auftragnehmer die **Nachunternehmer und Verleiher** von Arbeitskräften vertraglich verpflichtet, dass diese ihren Beschäftigten im Rahmen der zu erfüllenden Vertragsleistung mindestens die Arbeitsentgeltbedingungen gewähren, die für die vom Nachunternehmer oder dem Vertragspartner des Verleihers zu erbringenden Leistungen nach § 6 Abs. 2 und Abs. 3 S. 1 BbgVergG maßgeblich sind. Diese Verpflichtung erstreckt sich auf alle Nachunternehmerketten.

109 Vom Bestbieter ist neben den allgemeinen Nachweisen über die ordnungsgemäße Erfüllung der Sozialabgaben gem. § 5 Abs. 2 BbgVergG die Bescheinigung der Sozialkasse vorzulegen, der der Bieter kraft allgemeiner Tarifbindung angehört. Diese muss die Bruttolohnsumme und die geleisteten Arbeitsstunden sowie die Zahl der gewerblich Beschäftigten und die erfolgte Beitragszahlung enthalten.

---

[86] *Rechten/Röbke* LKV 2011, 337 (340 mwN).

[87] Siehe zur Auftragssperre §§ 7, 8 BbgVergGDV.

[88] Unter http://vergabe.brandenburg.de/cms/detail.php/bb1.c.271603.de hat das Land Formblätter für die Vergabe bereit gestellt.

Darüber hinaus müssen dem Auftraggeber **vertraglich Kontrollrechte** für die Einhaltung der Verpflichtung zur Entgeltzahlung nach diesem Gesetz eingeräumt werden. Diese Verpflichtung schließt gem. § 9 Abs. 2 BbgVergG die Nachunternehmer ein. Die insoweit nicht unproblematischen Fragen des Datenschutzes sollen nunmehr durch die Verpflichtung zur Unkenntlichmachung, Anonymisierung oder Pseudonymisierung gem. § 8 BbgVergGDV aufgefangen werden.[89] 110

V. e-Vergabe

Die Landesbehörden sowie kommunale Auftraggeber des Landes Brandenburg sollen im Anwendungsbereich der UVgO das Vergabeverfahren als e-Vergabe durchführen.[90] Zur Gewährleistung der Transparenz informieren die Auftraggeber fortlaufend Unternehmen auf dem **Vergabemarktplatz Brandenburg** über beabsichtigte freihändige Vergaben bzw. Verhandlungsvergaben und beschränkte Ausschreibungen ab einem voraussichtlichen Auftragswert von 25.000 EUR.[91] 111

VI. Vergabefremde Aspekte

Das BbgVerG sieht in § 3 Abs. 4 BbgVergG ausdrücklich vor, dass bei der Vergabe öffentlicher Aufträge und Konzessionen Aspekte der **Qualität** und der **Innovation** sowie **soziale und umweltbezogene Aspekte** berücksichtigt werden können, wenn sie im sachlichen Zusammenhang mit dem Auftragsgegenstand stehen und sich aus der Bekanntmachung, dem Aufruf zum Teilnahmewettbewerb, zur Interessenbekundung oder den Vergabeunterlagen ergeben. Umweltbezogene Aspekte enthält auch das in Brandenburg häufig angewandte Vergabe- und Vertragshandbuch für die Baumaßnahmen des Bundes (VHB 2008). Das betrifft zB die Betonung des Umweltschutzes in den Zusätzlichen Vertragsbedingungen für die Ausführung von Bauleistungen (Februar 2010) sowie den Umgang mit Abfällen. Am 19.1.2017 hat das Ministerium für Ländliche Entwicklung, Umwelt und Landwirtschaft des Landes Brandenburg eine **Nachhaltigkeitsstrategie** für das Land Brandenburg veröffentlicht. Danach sollen gemäß Punkt 9.2. ökologische und soziale Kriterien bei der Vergabe von Bauaufträgen sowie beim Abschluss von Dienstleistungs- und Lieferverträgen angewandt werden und Produkte aus Fairem Handel berücksichtigt werden. 112

VII. Rechtsschutz- und Beschwerdemöglichkeiten

Eigene landesrechtliche Rechtsschutzbestimmungen, um sich gegen Verstöße bei der Vergabe zu wehren (Primärrechtsschutz) bestehen nicht. Für den Primärrechtsschutz gelten die Ausführungen in → § 80 Rn. 1 ff. Für Schadensersatzforderungen vgl. ausführlich in → § 36 Rn. 1 ff. 113

E. Bremen

Rechtsgrundlagen: 114

§ 55 LHO; Ziff. 2 VV zu § 55 LHO; Bremisches Gesetz zur Sicherung von Tariftreue, Sozialstandards und Wettbewerb bei öffentlicher Auftragsvergabe (Tariftreue- und Vergabegesetz – TtVG), vom 24.11.2009,

[89] Verordnung über Angebotsprüfungen, Kontrollen, Auftragssperren und erleichterte Nachweise nach dem Brandenburgischen Vergabegesetz (Brandenburgische Vergabegesetz-Durchführungsverordnung-BbgVergGDV) v. 16.10.2012 (GVBl. II/12, Nr. 85), geändert durch Art. 1 Erste ÄndVO v. 6.12.2017 (GVBl. II Nr. 68).

[90] Ziff. 4 VV zu § 55 LHO; Ziff. 4 des Erlasses des Ministeriums der Finanzen v. 12.11.2018 (Abl. für Brandenburg 1175).

[91] http://vergabemarktplatz.brandenburg.de.

(Brem.GBl. 476), zuletzt geändert durch Art. 1 ÄndG vom 12.12.2017 (Brem.GBl. 773); Bremische Verordnung über die Berücksichtigung der Kernarbeitsnormen der Internationalen Arbeitsorganisation bei der öffentlichen Auftragsvergabe (Bremische Kernarbeitsnormenverordnung – BremKernV) vom 2.5.2019 (Brem.GBl. 2019, 237); Rundschreiben Nr. 01/2016; Rundschreiben Nr. 02/2016 vom 12.5.2016; Rundschreiben Nr. 03/2016; Rundschreiben Nr. 04/2016; Rundschreiben Nr. 05/2016; Rundschreiben Nr. 02/2012 vom 30.3.2012; Rundschreiben Nr. 03/2015 vom 16.12.2015; Rundschreiben Nr. 02/2015 vom 27.4.2015; Rundschreiben Nr. 01/2015 vom 13.3.2015; Rundschreiben Nr. 05/2014 vom 19.12.2014; Rundschreiben Nr. 04/2014 vom 25.9.2014; Rundschreiben Nr. 03/2014 vom 22.9.2014; Rundschreiben Nr. 02/2014 vom 21.7.2014; Rundschreiben Nr. 01/2014 vom 23.6.2014; Mindestlohngesetz für das Land Bremen (Landesmindestlohngesetz) vom 17.7.2012 (Brem.GBl. 300) Sa BremR 2043-b-1, zuletzt geändert durch Art. 1 Viertes ÄndG vom 14.5.2019 (Brem.GBl. 361); Verordnung zur Durchführung des Bremischen Tariftreue- und Vergabegesetzes (Bremische Vergabeverordnung – BremVergV) vom 21.9.2010 (Brem.GBl. 523), zuletzt geändert durch Verordnung vom 23.4.2019 (Brem.GBl. 255); Mindestlohngesetz für das Land Bremen (Landesmindestlohngesetz) vom 17.7.2012 (Brem.GBl. 300), zuletzt geändert durch Gesetz vom 14.5.2019 (Brem.GBl. 361); Bremische Verordnung über die Organisation von Bauvergaben durch die zentrale Service- und Koordinierungsstelle (BremBauvergabeV) vom 21.4.2015(Brem.GBl. 201), zuletzt geändert durch Verordnung vom 19.12.2017 (Brem.GBl. 826); Richtlinien für IT-Auftragsvergaben – IT-Beschaffung – (Brem. ABl. Nr. 130 487 vom 19.6.2013); Erlass über die bevorzugte Berücksichtigung präqualifizierter Unternehmen bei der Aufforderung zur Angebotsabgabe bei beschränkter Ausschreibung ohne Teilnahmewettbewerb und bei freihändiger Vergabe im Land Bremen vom 24.3.2009 (Brem.ABl. 426); Richtlinie für die Berücksichtigung von Werkstätten für behinderte Menschen und Blindenwerkstätten bei der Vergabe öffentlicher Aufträge vom 7.8.2001 (Brem.ABl. 649); Rundschreiben Nr. 041/2020 vom 1.4.2020.

115 Der erste Abschnitt der **VOB/A** und die **UVgO** werden über die VV zu § 55 LHO und die Bestimmungen des Tariftreue- und Vergabegesetzes in Bremen (TtVG) verpflichtend ab einem **Auftragswert** von 50.000 EUR (netto) eingeführt.[92]

116 Die Modalitäten der Durchführung von Beschaffungsverfahren werden durch das Landestariftreue- und Vergabegesetz (TtVG) näher bestimmt.

I. Vom Anwendungsbereich betroffene Vergabestellen

117 Das TtVG richtet sich ausnahmslos an alle **öffentlichen Auftraggeber** iSd §§ 99, 100 GWB.

118 Der Anwendungsbereich des TtVG ist im Hinblick auf die Schwellenwerte geteilt. Der 2. Abschnitt ist gem. § 2 Abs. 4 TtVG allein Vergaben unterhalb der **Schwellenwerte** vorbehalten. Auch Sektorenauftraggeber sind nicht zur Anwendung des 2. Abschnitts verpflichtet.

119 Der 3. Abschnitt, der die Tariftreue- und Mindestarbeitsbedingungen enthält, ist gem. § 2 Abs. 5 TtVG auf **Lieferaufträge** nicht anwendbar.

Der Anwendungsbereich für den Bereich des ÖPNV wird in § 2 Abs. 2 TtVG festgelegt.

II. Besonderheiten im Vergabeverfahren

120 Für die Anwendung der Vergabearten bestehen in Bremen folgende Erleichterungen:

121 Vergaben **unterhalb von 50.000 EUR** (netto) werden vom Anwendungsbereich der VOB/A und der UVgO ausgenommen (§§ 6, 7 TtVG). Bis zu diesem Auftragswert ist eine **freihändige Vergabe** zulässig, wobei gem. § 5 Abs. 1 S. 1 TtVG Vergleichsangebote eingeholt werden sollen. Dies ist zu dokumentieren.

122 Ab einem Auftragswert von 50.000 EUR (netto) erfolgen **Bauleistungsvergaben** gem. § 6 Abs. 1 TtVG nach der VOB/A. Aufträge, die einen Auftragswert von 500.000 EUR nicht erreichen, können nach § 6 Abs. 3 S. 1 TtVG ohne weitere Einzelfallbegründung im Wege der **beschränkten Ausschreibung ohne Teilnahmewettbewerb** vergeben werden.

[92] §§ 6, 7 TtVG.

Bei den Vergaben im Anwendungsbereich der **UVgO** ist gem. § 7 Abs. 3 BremVergG bis zu einem Auftragswert von 100.000 EUR (netto) die **Beschränkte Ausschreibung ohne Teilnahmewettbewerb** zulässig. 123

In Bremen besteht die Möglichkeit eines eigenen **Präqualifikationsverzeichnisses.** 124

Gem. § 13 Abs. 5 S. 1 TtVG hat der Bieter bei Vergaben mit dem Angebot auch bereits seine **Nachunternehmer** zu benennen. Die Regel begegnet aufgrund der Rechtsprechung des BGH zur Zulässigkeit von Forderungen zur Benennung von Nachunternehmern Bedenken. Danach ist der Bieter grundsätzlich frei, seine Nachunternehmer auch erst nach Abgabe des Angebotes zu binden und zu finden.[93] Allein in Ausnahmefällen, zB wenn der Bieter einen bestimmten Nachunternehmer zum Nachweis seiner Eignung braucht, kann eine Benennung mit dem Angebot gefordert werden. iÜ werden die Interessen des Auftraggebers, zu kennen, wer die Leistung letztlich ausführt, ausreichend gedeckt, wenn die Nachunternehmer mit Zuschlagserteilung benannt werden.[94] 125

Gem. § 14 TtVG bestehen besondere Prüf- und Aufklärungspflichten hinsichtlich der **Preisangemessenheit.** Danach muss eine vertiefte Prüfung erfolgen, wenn die Lohnkalkulation der rechnerisch geprüften Angebotssumme um mindestens 20 vH unter der Kostenschätzung des Auftraggebers liegt oder um mehr als 10 vH von dem nächsthöheren Angebot abweicht. Der Bieter ist im Fall einer vertieften Prüfung verpflichtet, seine Urkalkulation im Hinblick auf die Entgelte, einschließlich der Überstundenzuschläge, vorzulegen. 126

Bei **Bauleistungen** werden besondere Nachweise gefordert.

- Gem. § 15 Abs. 3 TtVG soll ein Angebot ausgeschlossen werden, wenn der Bieter trotz Aufforderung eine aktuelle **Unbedenklichkeitsbescheinigung der Sozialkasse,** der er kraft Tarifbindung angehört, nicht abgibt. Die Bescheinigung enthält mindestens die Zahl der zurzeit gemeldeten Arbeitnehmerinnen und Arbeitnehmer und gibt Auskunft darüber, ob den Zahlungsverpflichtungen nachgekommen wurde. Ausländische Unternehmen haben einen vergleichbaren Nachweis zu erbringen. Bei fremdsprachigen Bescheinigungen ist eine Übersetzung in deutscher Sprache beizufügen. Bei Aufträgen über Bauleistungen, deren Auftragswert 10.000 EUR nicht erreichen, tritt an Stelle des Nachweises nach S. 1 die Erklärung des Bieters, seinen Zahlungsverpflichtungen nachgekommen zu sein.
- Erleichterung soll die Regel bieten, dass derselbe Auftraggeber im selben Kalenderjahr diese Bescheinigung nur in begründeten Zweifelsfällen ein weiteres Mal fordern soll (§ 15 Abs. 6 TtVG).

Nach dem Rundschreiben vom 1.4.2020 der Senatorin für Wirtschaft, Arbeit und Europa ist für Beschaffungen, die zur Eindämmung der **Corona-Pandemie** benötigt werden, eine Verhandlungsvergabe ohne Teilnahmewettbewerb sowie eine freihändige Vergabe stets zulässig. 127

III. Mittelstandsförderung

§ 4 TtVG wiederholt den Grundsatz der Förderung mittelständischer Interessen, ohne über die Anforderungen der Vergabe- und Vertragsordnungen hinaus zu gehen. Die besondere Dokumentationspflicht für die Durchführung von Generalunternehmervergaben wird hervorgehen. Dies jedoch ohne diese an bestimmte Voraussetzungen zu knüpfen. 128

IV. Tariflohnbestimmungen

Nach § 9 Abs. 1 TtVG werden öffentliche Aufträge nur an solche Unternehmen vergeben, die sich bei der Angebotsabgabe schriftlich verpflichten, ihren Beschäftigten, abgese- 129

[93] BGH Urt. v. 10.6.2008 – X ZR 78/07, BR 2008, 531 (588).
[94] BGH Urt. v. 10.6.2008 – X ZR 78/07, BR 2008, 531 (588).

hen von Auszubildenden, bei der Ausführung der Leistung ein Entgelt in Höhe des Mindestlohns nach § 9 des Landesmindestlohngesetzes zu bezahlen. Mit Abs. 2 der Vorschrift soll die Europarechtskonformität wiederhergestellt werden.

130 Derzeit gilt ein Mindestlohn iHv mindestens 11,13 EUR (brutto) je Zeitstunde.[95] Ist der Auftrag für den Binnenmarkt der Europäischen Union von Bedeutung, so soll die Verpflichtung nicht gefordert werden. Diese Regelung gilt jedoch nicht für die Vergabe von Dienstleistungen im Bereich des öffentlichen Personennahverkehrs auf Straße und Schiene (§ 9 Abs. 2 S. 2 TtVG).

131 Nach § 10 Abs. 1 S. 1 TtVG dürfen öffentliche Aufträge für Dienstleistungen oder Genehmigungen im Bereich des öffentlichen Personennahverkehrs auf Straße und Schiene gem. § 2 Abs. 2 sowie grundsätzlich Bauaufträge im Sinne des § 103 Abs. 3 des GWB nur an Unternehmen vergeben oder erteilt werden, die sich bei der Angebotsabgabe oder im Antrag auf Erteilung der Genehmigung schriftlich verpflichten, ihren Beschäftigten bei der Ausführung der Leistungen mindestens das am Ort der Ausführung für die jeweilige Leistung tarifvertraglich vorgesehene Entgelt (Tariflohn), einschließlich der Überstundenzuschläge, zum tarifvertraglich vorgesehenen Zeitpunkt zu bezahlen. Dies gilt jedoch nur bei solchen Bauaufträgen, die für den Binnenmarkt der Europäischen Union nicht von Bedeutung sind.

132 Die Pflicht zur Abgabe der Tariftreueerklärung erstreckt sich auch auf die Nachunternehmer (§ 13 Abs. 5 S. 1 TtVG). Eine weitere Verpflichtung für Nachunternehmerketten ist nicht vorgenommen. Es ist Sache des Auftragnehmers, die Einhaltung der Vorschriften bei seinem Nachunternehmer zu überwachen.

133 Es gilt gem. § 12 TtVG das **Günstigkeitsprinzip.** Danach muss bei verschieden anwendbaren Lohnbestimmungen die für die Beschäftigten günstigste ermittelt und der Vergabe zugrunde gelegt werden.

134 **Kontrollen** der Einhaltung erfolgen in Bremen durch eine Sonderkommission, die auf der Grundlage der Informationen des öffentlichen Auftraggebers die Durchführung von Kontrollen anordnet.[96] Die öffentlichen Auftraggeber werden gem. § 16 BremVergG verpflichtet, die Aufträge an die Sonderkommission zu melden. Zutritts-, Einsichts- und Fragerechte hat der öffentliche Auftraggeber für die Sonderkommission im Rahmen seiner Vergabe mit dem Auftragnehmer und gegenüber seinen Nachunternehmern zu vereinbaren. Zur Vorlage von prüffähigen Unterlagen sollen der Unternehmer und auch der Nachunternehmer nur gegenüber dem Auftraggeber verpflichtet sein.[97]

135 Zur **Durchsetzung** der Tarif- und Mindestlohnbestimmungen sind Vertragsstrafen, ein Sonderkündigungsrecht und mögliche Auftragssperren vertraglich zu vereinbaren.[98]

V. e-Vergabe

136 Nach § 6 BremVergV kann die Datenübermittlung auf elektronischem Wege geschehen. Bekanntmachungen und Vergabeunterlagen der Landeseinrichtungen Bremens werden elektronisch auf der Vergabeplattform www.vergabe.bremen.de veröffentlicht.

VI. Vergabefremde Aspekte

137 Der 4. Abschnitt des TtVG ist den **sozialen und umweltverträglichen Belangen** gewidmet. Der Abschnitt findet auf alle öffentlichen Aufträge und schwellenwertunabhängig

[95] § 9 Abs. 1 TtVG iVm § 9 Abs. 1 Mindestlohngesetz für das Land Bremen (Landesmindestlohngesetz) v. 17.7.2012 (Brem.GBl. 300) Sa BremR 2043-b-1, zuletzt geändert durch Art. 1 Viertes ÄndG v. 14.5. 2019 (Brem.GBl. 361).

[96] § 16 TtVG.

[97] § 16 TtVG. Hier entsteht das für die Praxis bedeutsame Problem der Kompetenzschnittstelle ähnlich wie in Berlin.

[98] § 17 TtVG.

Anwendung. Dabei muss im Einklang mit § 97 Abs. 4 GWB bei der Berücksichtigung von sozialen und ökologischen Aspekten stets ein Leistungsbezug bestehen. Die Anforderungen müssen sich aus der Leistungsbeschreibung ergeben. Für Lieferleistungen soll es jedoch möglich sein, solche Anforderungen auch an den Herstellungsprozess zu stellen.

Gem. § 18 TtVG ist darauf hinzuwirken, dass keine Waren Gegenstand der Leistungen sind, die unter Missachtung der näher bezeichneten Bestimmungen der **Kernarbeitsnormen der Internationalen Arbeitsorganisation (ILO)** hergestellt worden sind. Die Einzelheiten werden in der Bremischen Kernarbeitsnormen Verordnung (BremKernV) geregelt.[99] Danach gibt der öffentliche Auftraggeber in seinen Ausschreibungsunterlagen exemplarisch an, welche Zertifikate, Siegel uÄ welcher unabhängigen Organisation er zum Nachweis der Erfüllung der Mindeststandards anerkennt. Die Angabe wird durch den Zusatz „oder gleichwertig" ergänzt. Im Hinblick auf die Rechtsprechung des EuGH[100] zum Umgang mit Umweltzertifikaten, wird man wohl auch diese Regelung zumindest im Oberschwellenbereich oder bei Aufträgen mit Binnenmarktrelevanz für überarbeitungswürdig halten. 138

Gemäß § 18 Abs. 3 TtVG soll bei Vergaben ohne ausländische Bieterbeteiligung bei wirtschaftlich gleichwertigen Angeboten der Zuschlag an denjenigen erteilt werden, der **schwerbehinderte Menschen, Auszubildende oder Chancengleichheit** von Männern und Frauen fördert. 139

Umweltverträgliche Belange müssen gem. § 19 TtVG in die Vergaben eingebracht werden. Danach müssen die Umwelteigenschaften einer Ware, die Gegenstand der Leistung ist, berücksichtigt werden. Schreibt der Auftraggeber Umwelteigenschaften in Form von Leistungs- und Funktionsanforderungen vor, so kann er diejenigen Spezifikationen oder Teile davon verwenden, die in europäischen, multinationalen oder anderen Umweltzeichen definiert sind, wenn 140

- diese Spezifikationen geeignet sind, die Merkmale derjenigen Waren oder Dienstleistungen zu definieren, die Gegenstand des Auftrags sind,
- die Anforderungen des Umweltzeichens auf der Grundlage von wissenschaftlich abgesicherten Information ausgearbeitet werden,
- die Umweltzeichen im Rahmen eines Verfahrens erlassen werden, an dem alle interessierten Kreise, wie staatliche Stellen, Verbraucher, Hersteller, Händler und Umweltorganisationen, teilnehmen können, und
- die Umweltzeichen für alle Betroffenen zugänglich und verfügbar sind.

Der Auftraggeber kann in den Vergabeunterlagen festlegen, dass bei Waren oder Dienstleistungen, die mit einem Umweltzeichen ausgestattet sind, davon ausgegangen wird, dass sie den in der Leistungs- und Aufgabenbeschreibung festgelegten Spezifikationen genügen. Er muss jedes andere Beweismittel, wie geeignete technische Unterlagen des Herstellers oder Prüfberichte anerkannter Stellen, akzeptieren. 141

VII. Rechtsschutz- und Beschwerdemöglichkeiten

Eigene landesrechtliche Bestimmungen, um sich gegen Verstöße bei der Vergabe zu wehren (Primärrechtsschutz) bestehen nicht. Für den Primärrechtsschutz gelten die Ausführungen in → § 89 Rn. 1 ff. Für Schadensersatzforderungen vgl. ausführlich in → § 38 Rn. 1 ff. 142

[99] Bremische Verordnung über die Berücksichtigung der Kernarbeitsnormen der Internationalen Arbeitsorganisation bei der öffentlichen Auftragsvergabe (Bremische Kernarbeitsnormenverordnung – BremKernV) v. 2.5.2019 (Brem.GBl. 2019, 237).

[100] EuGH Urt. v. 10.5.2012 – C-368/10, ECLI:EU:C:2012:284 = BeckRS 2012, 80912 – Kommission/Niederlande.

F. Hamburg

143 **Rechtsgrundlagen:**
§ 58 LHO; Ziff. 3 VV zu § 55 LHO; Hamburgisches Vergabegesetz (HmbVgG) vom 13.2.2006, zuletzt geändert durch Gesetz vom 18.7.2017 (HmbGVBl. 222); Bewerbungsbedingungen für die Vergabe von Lieferungen und Dienstleistungen vom 1.10.2017; Richtlinie über den Umgang mit Skontoabzug und Zugaben (RL Skonto) vom 10.8.2012; Gesetz über die Förderung der kleinen und mittleren Unternehmen und der in der Wirtschaft tätigen freien Berufe (Mittelstandsförderungsgesetz) vom 2.3.1977 (HmbGVBl. 55), zuletzt geändert durch Art. 2 des Gesetzes vom 18.5.2018 (HmbGVBl. 184); Beschaffungsordnung der Freien und Hansestadt Hamburg vom 1.3.2009 in der Fassung vom 1.10.2017; Gesetz zur Einrichtung eines Registers zum Schutz fairen Wettbewerbs (GRfW) vom 17.9.2013 (HmbGVBl. Nr. 40, 417); Leitfaden für die Vergabe von Lieferungen und Leistungen (außer Bauleistungen), Stand: 1.7.2015; Merkblatt der BSU zur Tariftreue von Bietern; Merkblatt der BSU zur Präqualifizierung Bau; Bewerbungsbedingungen für die Vergabe von Lieferungen und Dienstleistungen vom 1.5.2016; Hamburgische Zusätzliche Vertragsbedingungen für die Ausführung von Lieferungen und Dienstleistungen (HmbZVB-VOL/B) vom 1.5.2016; Rundschreiben der Finanzbehörde vom 20.3.2020.

144 In der Freien und Hansestadt Hamburg ist der **1. Abschnitt der VOB/A** und die **UVgO** für die Stadt und die ihrer Aufsicht unterstehenden juristischen Personen des öffentlichen Rechts gem. § 2a HmbVgG maßgeblich. Für die Vergaben im Sektorenbereich sind die Bestimmungen der Sektorenverordnung auch im Unterschwellenbereich maßgeblich.

145 Für die Vergabe **freiberuflicher Leistungen unterhalb der Schwellenwerte** gelten die Bestimmungen der Beschaffungsordnung der Freien und Hansestadt Hamburg (BO). Ausgenommen werden gem. § 1 Abs. 1 S. 3 BO die freiberuflichen Leistungen der Architekten, der Ingenieure, der Stadtplaner sowie der Bausachverständigen, sofern die zu erbringenden Leistungen im Zusammenhang mit Baumaßnahmen oder Maßnahmen der Bauleitplanung oder Landschaftsplanung stehen oder von der HOAI erfasst werden. Diese unterliegen den Verwaltungsvorschriften über die Durchführung von Bauaufgaben der Freien und Hansestadt Hamburg (VV-Bau).

146 Im Übrigen ist auch für Hamburg ein eigenständiges Vergabegesetz vorgesehen, das die Besonderheiten für die Durchführung öffentlicher Beschaffung und die Festlegungen zu Tariflohnbestimmungen beinhaltet.

I. Vom Anwendungsbereich betroffene Vergabestellen

147 Gemäß § 2 HmbVgG werden vom Anwendungsbereich die **Behörden** der Freien und Hansestadt und sämtliche **juristische Personen des öffentlichen Rechts**, über die diese die Aufsicht hat, erfasst. Der Anwendungsbereich ist dabei nicht auf die Vergaben unterhalb der Schwelle beschränkt, sondern ist schwellenwertunabhängig.

148 Die Einzelheiten der Beschaffung werden in einer zentralen **Beschaffungsordnung (BO)** niedergelegt, die die vorstehenden Institutionen bei der Beschaffung von öffentlichen Aufträgen unabhängig von deren Finanzierung gem. § 1 Abs. 2 BO zu beachten haben.

149 Die BO legt dabei **zentrale Beschaffungsstellen** und die zentrale Beschaffung bestimmter Waren und Dienste als Standardbedarf fest. Für die Beschaffung der als Standardbedarf festgelegten Leistungen werden zentrale Beschaffungsstellen gem. § 2 BO bestimmt. Diese beschaffen sowohl unterhalb als auch oberhalb der Schwellenwerte.

II. Besonderheiten im Vergabeverfahren

150 Gemäß § 2a Abs. 3 HmbVgG kann die Grundsatzbehörde für die Zulässigkeit der Beschränkten Ausschreibung, Verhandlungsvergabe und Freihändigen Vergabe bestimmte **Wertgrenzen** festlegen.

Eine **freihändige Bauvergabe** ist bis zu einem Auftragswert von 100.000 EUR zulässig. Eine **beschränkte Ausschreibung ohne Teilnahmewettbewerb** ist bis zu einem Auftragswert bis zu 1.000.000 EUR zulässig.[101] 151

Für Vergaben nach der **UVgO** und der Vergabe von **freiberuflichen Leistungen** im Unterschwellenbereich werden in der Beschaffungsordnung Festlegungen vorgenommen. 152

Für **Bagatellvergaben** (Direktauftrag) bis 1.000 EUR (netto) kann gem. § 3 Abs. 3 BO unter Berücksichtigung der Haushaltsgrundsätze der Wirtschaftlichkeit und Sparsamkeit auf die Einholung von Vergleichsangeboten verzichtet werden. 153

Für die Vergaben nach der **UVgO** kann eine 154
- **Verhandlungsvergabe mit oder ohne Teilnahmewettbewerb** gem. § 3 Abs. 6 BO bis 50.000 EUR (netto),
- **Beschränkte Ausschreibung mit oder ohne Teilnahmewettbewerb** gem. § 3 Abs. 7 BO bis 100.000 EUR (netto)

erfolgen. Nach dem Rundschreiben der Finanzbehörde Hamburgs vom 20.3.2020 ist die Wertgrenze für Verhandlungsvergaben über Liefer- und Dienstleistungen nach der UVgO, die im Zusammenhang mit Beschaffungen zur Sicherstellung der Versorgung der Bevölkerung und zur Bekämpfung der Ausbreitung des Coronavirus stehen, bis zum 31.12.2020 befristet auf 214.000 EUR erhöht.

Für die Vergabe **freiberuflicher Leistungen** gilt, dass diese nach § 4 Abs. 1 Nr. 1 BO bis zu einem Auftragswert von 1.000 EUR unter Berücksichtigung der Haushaltsgrundsätze der Wirtschaftlichkeit und Sparsamkeit ohne Durchführung eines Vergabeverfahrens durchgeführt werden können. Ab einem Auftragswert von 1.000 EUR ist eine Verhandlungsvergabe durchzuführen. Zur Auswahl geeigneter Unternehmen kann ein Teilnahmewettbewerb durchgeführt werden. Die Möglichkeit, eine Öffentliche oder Beschränkte Ausschreibung durchzuführen, bleibt daneben bestehen (§ 4 Abs. 1 Nr. 2 BO). 155

Zudem sieht § 4 Nr. 3 BO vor, dass die vorgesehene **Mindestzahl der zur Angebotsabgabe** oder zur Teilnahme an Verhandlungen aufzufordernden Unternehmen nicht niedriger als drei sein darf, es sei denn dass 156
- der Auftragswert unter 25.000 EUR liegt und der Auftraggeber sich die erforderlichen Marktkenntnisse auf andere Weise zuverlässig beschafft hat und dies dokumentiert,
- die Leistung aufgrund von Umständen, die der Auftraggeber nicht voraussehen konnte, besonders dringlich ist und die Gründe für die besondere Dringlichkeit nicht dem Verhalten des Auftraggebers zuzurechnen sind,
- die Leistung nur von einem bestimmten Unternehmen erbracht werden kann,[102]
- und die Zahl der geeigneten Bewerber unter der Mindestzahl liegt.

Das Unterschreiten der Mindestzahl bedarf einer nachvollziehbaren und zu dokumentierenden Begründung (§ 4 Nr. 3 BO).

Für die Beschaffungen nach der Beschaffungsordnung gelten gem. § 6 BO einheitliche Vertragsbedingungen.[103] Für die **IT-Vergaben** sind gem. § 6 Abs. 3 BO die VOL/B und die jeweils einschlägigen „Besonderen Vertragsbedingungen für die Beschaffung von DV-Leistungen (BVB)" oder „Ergänzenden Vertragsbedingungen für die Beschaffung von IT-Leistungen (EVB-IT)" zum Vertragsbestandteil zu machen.[104] 157

Auch in der Freien und Hansestadt Hamburg wird eine feste Grenze für die Pflicht zur Überprüfung der **Preisangemessenheit** iSd § 16d Abs. 1 Nr. 1, 2 VOB/A und § 44 UVgO eingeführt. Eine Überprüfung der Kalkulation hat gem. § 6 HmbVgG bei einer Abweichung von 10 vH zum nächsthöheren Angebot zu erfolgen. Ein Umstand, der gerade bei kleineren Vergaben zu erhöhter Bürokratie führt. Gem. § 2 GRfW führt die zen- 158

---

[101] Rundschreiben der Behörde für Stadtentwicklung und Umwelt BSU v. 19.12.2012 für den VOB-Bereich.

[102] *(nicht belegt)*

[103] Hamburgische Zusätzliche Vertragsbedingungen für die Ausführung von Lieferungen und Dienstleistungen (HmbZVB-VOL/B) v. 1.10.2017.

[104] In der jeweiligen Fassung unter www.cio.bund.de.

trale Informationsstelle ein Register über unzuverlässige Unternehmen. Damit soll dem öffentlichen Auftraggeber die Eignungsprüfung erleichtert werden. Geführt werden korruptionsrelevante und sonstige den Geschäftsverkehr betreffende Tatbestände. Ab Erreichen der Auftragswerte gem. § 7 GRfW ist die Abfrage vor Zuschlag verpflichtend. Die Nachfrage kann auf Nachunternehmer erstreckt werden.

159 Gem. § 6 GRfW besteht die Möglichkeit, **Vergabesperren** von sechs Monaten bis drei Jahren zu verhängen.

III. Mittelstandsförderung

160 Neben dem HmbVgG ist die Förderung des Mittelstandes in den Bestimmungen des Gesetzes über die Förderung der kleinen und mittleren Unternehmen und der in der Wirtschaft tätigen freien Berufe angelegt.[105] Die für die Vergabe öffentlicher Aufträge relevanten Bestimmungen werden jedoch im HmbVgG zentral erfasst. Danach wird zunächst auch hier der Grundsatz der Förderung kleiner und mittelständischer Unternehmen aufgestellt.[106] Über den Grundsatz der Fach- und Teillosvergabe hinaus wird den nach dem HmbVgG verpflichteten Stellen jedoch konkret aufgegeben, das Vergabeverfahren so zu wählen und die Vergabeunterlagen so auszugestalten, dass diesen Unternehmen nicht nur die Teilnahme möglich ist, sondern auch die Zuschlagserteilung. Die Verpflichtung des § 4 Abs. 2 HmbVgG geht damit nach dem Wortlaut weiter als die Bestimmungen über die Förderung mittelständischer Interessen in den Vergabevorschriften, da sie zum einen den Anwendungsbereich auf kleine Unternehmen erweitert und zum anderen den klaren Auftrag enthält, die Vergabeunterlagen insgesamt so zu gestalten, dass eine Zuschlagserteilung an die vom Anwendungsbereich erfassten Unternehmen möglich ist. In diesem Sinne ist auch die Bestimmung über das Verlangen von Sicherheiten bei Bauleistungen erst ab einem Auftragswert von 250.000 EUR zu verstehen, die mittlerweile jedoch ebenso in § 9c Abs. 1 VOB/A aufgenommen ist.

IV. Tariflohnbestimmungen

161 Bauleistungen und Dienstleistungen, die nach dem Arbeitnehmerentsendegesetz (**AEntG**) erfasst werden, dürfen gem. § 3 Abs. 1 HmbVgG nur an solche Bieter vergeben werden, die sich bei der Angebotsabgabe schriftlich verpflichtet haben, ihren Arbeitnehmerinnen und Arbeitnehmern bei der Ausführung dieser Leistung ein Entgelt zu zahlen, das in Höhe und Modalitäten mindestens den Vorgaben desjenigen Tarifvertrages entspricht, an den das Unternehmen aufgrund des AEntG gebunden ist.

162 Gemäß § 3 Abs. 2 HmbVgG dürfen öffentliche Aufträge über Bauleistungen und andere Dienstleistungen nur an Unternehmen vergeben werden, die sich bei der Angebotsabgabe verpflichtet haben, ihren Beschäftigten, mit Ausnahme von Auszubildenden, bei der Ausführung der Leistung einen Mindestlohn nach § 1 Abs. 2 des Mindestlohngesetzes[107] zu zahlen.

163 Die Einhaltung der Tariflohnanforderungen wird mittels der Verpflichtung zur **Vereinbarung** einer Vertragsstrafe sowie eines Rechts zur Kündigung aus wichtigem Grund bzw. Rücktritt gem. § 11 HmbVgG verknüpft.

164 Soweit **Nachunternehmer** vorgesehen sind, gelten die Bestimmungen über die Tarifentlohnung auch für diese. Gemäß § 5 Abs. 1 HmbVgG hat sich der Auftragnehmer zu verpflichten, die Tarifentlohnung auch bei seinen Nachunternehmern zu verlangen und die Beachtung dieser Pflichten entsprechend zu kontrollieren. Eine Durchsetzung bei

---

[105] Gesetz über die Förderung der kleinen und mittleren Unternehmen und der in der Wirtschaft tätigen freien Berufe (Mittelstandsförderungsgesetz) v. 2.3.1977 (HmbGVBl. 55), zuletzt geändert durch Art. 2 des Gesetzes v. 18.5.2018 (HmbGVBl. 184).

[106] § 4 HmbVgG.

[107] Mindestlohngesetzes v. 11.8.2014 (BGBl. I 1348) in der jeweils geltenden Fassung.

Nachunternehmerketten ist hier jedoch nicht vorgesehen. Der Auftragnehmer ist lediglich seinem Auftragnehmer als Subunternehmer gegenüber dem Auftraggeber verpflichtet.

§ 10 HmbVgG räumt dem Auftraggeber ein umfassendes **Kontrollrecht** für die Durchsetzung der Tariflohnbestimmung des § 3 HmbVgG ein. Gem. § 10 Abs. 1 HmbVgG soll der Auftraggeber dazu auf Verlangen Einblick in die Entgeltabrechnungen, die Unterlagen über die Abführung von Steuern und Beiträgen erhalten. Die Verpflichtung erfasst auch die Unterlagen der Nachunternehmer sowie die mit diesen geschlossenen Verträgen. 165

V. e-Vergabe

Es gelten grundsätzlich die bundesrechtlichen Bestimmungen zur e-Vergabe.[108] Öffentliche Ausschreibungen der Landeseinrichtungen Hamburgs werden auf www.hamburg.de/wirtschaft/ausschreibungen-wirtschaft veröffentlicht. Ausnahmsweise kann bis zum 31.12.2020 befristet bei Verhandlungsverfahren betreffend Liefer- und Dienstleistungen unterhalb des Schwellenwerts, die im Zusammenhang mit Beschaffungen zur Sicherstellung der Versorgung der Bevölkerung und zur Bekämpfung der Ausbreitung des Coronavirus stehen, von einem elektronischen Verfahren abgesehen werden (vgl. Rundschreiben vom 20.3.2020). 166

VI. Vergabefremde Aspekte

Das HmbVgG verpflichtet die Vergabestellen gem. § 3a HmbVgG zur Beachtung der **ILO-Kernarbeitsnormen.** Die Einhaltung ist mittels der Verpflichtung zur Vereinbarung einer Vertragsstrafe sowie eines Rechts zur Kündigung aus wichtigem Grund bzw. Rücktritt gem. § 11 HmbVgG verknüpft. 167

Gemäß § 3b HmbVgG haben die Auftraggeber bei der Beschaffung darauf zu achten, dass diese nicht zu Umweltbeeinträchtigungen führt, wenn dies wirtschaftlich vertretbar ist. 168

VII. Rechtsschutz- und Beschwerdemöglichkeiten

Eigene landesrechtliche Rechtsschutzbestimmungen, um sich gegen Verstöße bei der Vergabe zu wehren (Primärrechtsschutz) bestehen nicht. Für den Primärrechtsschutz gelten die Ausführungen in → § 89 Rn. 1 ff. Für Schadensersatzforderungen vgl. ausführlich in → § 38 Rn. 1 ff. 169

G. Hessen

Rechtsgrundlagen: 170

§ 55 LHO; Ziff. 2 VV zu § 55 LHO; § 29 GemHVO; Hessisches Vergabe- und Tariftreuegesetz (HVTG) vom 19.12.2014 (GVBl. 354), geändert durch Art. 10a Elftes Gesetz zur Verlängerung der Geltungsdauer und Änderung von Rechtsvorschriften vom 5.10.2017 (GVBl. 294); Gemeinsamer Runderlass zum öffentlichen Auftragswesen (Vergabeerlass) in der Fassung der Bekanntmachung vom 27.6.2016 (StAnz. 710), zuletzt geändert durch Erlass vom 14.4.2020; Ausschluss von Bewerbern und Bietern wegen schwerer Verfehlungen, die ihre Zuverlässigkeit in Frage stellen, Gemeinsamer Runderlass vom 24.11.2015 (StAnz. 2015 1375); Richtlinien zur Regelung des Reinigungsdienstes in den Dienstgebäuden und Diensträumen der hessischen Landesverwaltung – ReinR – (StAnz. 1214); Gesetz zur Förderung des Mittelstandes vom 25.3.2013 (GVBl. 2013, 119) (in Kraft seit 1.5.2013); Hessischer Vergabeerlass Stand 1.1.2016; Beschaffungsmanagement des Landes Hessen für Lieferungen und Leistungen (ausgenommen Bauleistungen), Erlass vom 1.12. 2015 (StAnz. 1308); Erlass zur Korruptionsprävention und Korruptionsbekämpfung im Geschäftsbereich des Ministeriums des Innern und für Sport, Erl. d. Hessischen Ministeriums des Innern und für Sport vom 3.2. 2014 – Z806a-02-02-12/001 – StAnz. 453, ber. 482; Korruptionsvermeidung in hessischen Kommunalverwaltungen, Erlass des Ministeriums des Innern und für Sport vom 15.5.2015 – IV 24-6g 02 – (StAnz. 630); Gesetz zur Umsetzung des Hessischen Sonderinvestitionsprogramms (Hessisches Sonderinvestitionspro-

[108] https://www.hamburg.de/fb/evergabe/.

grammgesetz) vom 9.3.2009 (GVBl. I 92, ber. 153) zuletzt geändert durch Art. 9 G zur Stärkung der Investitionstätigkeit durch ein Kommunalinvestitionsprogramm und zur Änd. von Rechtsvorschriften vom 25.11. 2015 (GVBl. 414).

171 Die ersten Abschnitte der Vergabe- und Vertragsordnungen sind auf Landesebene mittels Gemeinsamen Runderlass[109] eingeführt und werden durch das Landesvergaberecht nicht berührt.[110] Eine Einführung der UVgO fand in Hessen bislang nicht statt.

172 Die Durchführung der öffentlichen Beschaffungen wird in Hessen durch ein **Vergabe- und Tariftreuegesetz (HVTG)** näher geregelt.

I. Vom Anwendungsbereich betroffene Vergabestellen

173 Die Bestimmungen des Hessischen Vergabe- und Tariftreuegesetzes (HVTG) richten sich an das Land Hessen, die Gemeinden und Gemeindeverbände sowie deren Eigenbetriebe und Anstalten des öffentlichen Rechts, kommunale Arbeitsgemeinschaften und Zweckverbände sowie Auftraggeber im ÖPNV.[111]

174 Das HVTG findet ab einem Auftragswert von 10.000 EUR (netto) Anwendung.[112] Auch unterhalb dieser Schwelle sind jedoch die Verpflichtungen bezüglich Tariftreue und Mindestlohn einzuhalten.[113]

175 Hessen hat für bestimmte Beschaffungen außerhalb von Bauleistungen zentrale Beschaffungsstellen eingerichtet.[114] Das Hessisches Competence Center für Neue Verwaltungssteuerung – Zentrale Beschaffung (HCC-ZB) übernimmt die zentrale Beschaffung von Lieferungen und Leistungen für die Landesverwaltungen. Die Hessische Zentrale für Datenverarbeitung (HZD) ist zentrale Beschaffungsstelle des Landes Hessen für Anlagen, Geräte und Kommunikationseinrichtungen (zB digitale Nebenstellenanlagen) sowie Liefer- und Dienstleistungen der Informationstechnik (IT). Das Präsidium für Technik, Logistik und Verwaltung (PTLV) ist die zentrale Beschaffungsstelle für den polizeispezifischen Bedarf, einschließlich der Dienstbekleidung, sowie von spezieller Kommunikationstechnik (zB Digital- und sonstiger Funkbedarf) und zugehöriger IT-Einrichtungen der Polizei.

II. Besonderheiten im Vergabeverfahren

176 Die Bestimmungen der **Vergabe- und Vertragsordnungen** werden durch die Regelungen des Vergabe- und Tariftreuegesetzes modifiziert. Dabei wird ggf. entgegenstehenden Vorgaben nach EU-Recht oder Bundesrecht ausdrücklich Vorrang eingeräumt.[115]

177 Für Vergaben nach der **VOL/A** gelten gem. § 15 Abs. 1 Nr. 2 HVTG folgende Wertgrenzen:
- **Freihändige Vergabe** bis 100.000 EUR je Auftrag
- **Beschränkte Ausschreibung** bis 207.000 EUR je Auftrag

178 Für Vergaben nach der **VOB/A** gelten gem. § 15 Abs. 1 Nr. 1 HVTG folgende Wertgrenzen:
- **Freihändige Vergabe** bis 100.000 EUR je Fachlos
- **Beschränkte Ausschreibung** bis 1 Mio. EUR je Fachlos

179 Bei Ausnutzung der Wertgrenzen sind gem. § 15 Abs. 2 HVTG bestimmte Dokumentationspflichten maßgeblich. Die Vorschrift stellt – wie § 3 Abs. 2 VgV für den Obersch-

109 Ziff. 1.1 Gemeinsamer Runderlass zum öffentlichen Auftragswesen (Vergabeerlass) in der Fassung der Bekanntmachung v. 27.6.2016 (StAnz. 710), zuletzt geändert durch Erlass v. 26.3.2019 (StAnz. 366).

110 § 1 Abs. 8 HVTG.

111 § 1 Abs. 1 HVTG.

112 § 1 Abs. 5 HVTG.

113 § 1 Abs. 6 HVTG.

114 Erlass Beschaffungsmanagement des Landes Hessen für Lieferungen und Leistungen (ausgenommen Bauleistungen) des Ministeriums für Finanzen v. 9.12.2010.

115 § 1 Abs. 7 HVTG.

wellenbereich – klar, dass eine absichtliche Aufstückelung der Aufträge zur **Umgehung** der Vergabevorschriften **unzulässig** ist.

Um ein hinreichendes Maß an Transparenz für die unter die Freigrenzen fallenden Aufträge zu gewährleisten, soll ab Erreichen nachfolgender Grenzwerte gem. § 10 Abs. 4 und 5 HVTG Gemeinsamer Runderlass ein formloses **Interessenbekundungsverfahren** oder eine Zubenennung von Unternehmen über die Hessische Ausschreibungsdatenbank erfolgen: 180

- Bauleistungen: 100.000 EUR/Auftrag
- Lieferungen: 50.000 EUR/Auftrag
- Dienstleistungen: 50.000 EUR/Auftrag

Das HVTG enthält explizite Vorgaben für die Eignung und Durchführung von **Öffentlich-Privaten-Partnerschaften** (ÖPP).[116] 181

Gemäß § 17 Abs. 3 HVTG sind bereits bei der nach Haushaltsrecht durchzuführenden Wirtschaftlichkeitsuntersuchung den Lebenszyklus abbildende Kosten ausdrücklich auszuweisen. 182

Zur Sicherstellung der **Preisangemessenheit** verfügt § 16 HVTG ab einem geschätzten Auftragswert für 183
- Bauleistungen ab 50.000 EUR (netto),
- Lieferungen und Leistungen ab 20.000 EUR (netto),

dass für den Zuschlag vorgesehene Bieter mit einem ungewöhnlich niedrigen Angebot mittels eines verschlossenen Umschlags ihre **Urkalkulation** einzureichen haben. Diese darf nur im Bieterbeisein geöffnet werden.[117]

Für Planungsleistungen gilt das **Zwei-Umschlagverfahren.** Danach sind Entgelt und Leistungsangebot in zwei getrennten, verschlossenen Umschlägen einzureichen und zu werten. 184

III. Mittelstandsförderung

Die allgemeine Mittelstandsförderung wird in Hessen durch das Gesetz zur Mittelstandsförderung geregelt.[118] Für die Beschaffung öffentlicher Aufträge ist eine Beteiligungsmöglichkeit für kleinere und mittelständische Unternehmen (KMU) zu schaffen. Die Bestimmung verweist für die Festlegung des Begriffs auf die Definition in § 2 Hessisches Mittelstandsförderungsgesetz.[119] Das Mittelstandsförderungsgesetz verweist dabei auf die Empfehlung der EU-Kommission betreffend die Definition der Kleinstunternehmen sowie der kleinen und mittleren Unternehmen aus dem Jahr 2003. 185

IV. Tariflohnbestimmungen

Leistungen, die vom Arbeitnehmerentsendegesetz (**AEntG**) erfasst werden, dürfen gem. § 4 Abs. 2 HVTG nur an Unternehmen vergeben werden, die sich bei Angebotsabgabe in Textform verpflichten, ihren Beschäftigten bei der Ausführung der auftragsgegenständlichen Leistung diejenigen Arbeitsbedingungen einschließlich des Entgelts zu gewähren, die nach Art und Höhe mindestens den Vorgaben des Tarifvertrages entsprechen, an den das Unternehmen nach dem AEntG gebunden ist. Entsprechendes gilt gem. § 4 Abs. 3 HVTG für die **Zahlung des geltenden Mindestlohns.** Die Verpflichtungen des § 4 HVTG gelten gem. § 8 Abs. 2 HVTG auch für Nachunternehmer und Verleihunternehmen. Eine Festlegung für Nachunternehmerketten ist nicht enthalten. Schließlich haben 186

116 § 14 Abs. 1 HVTG.
117 Auch zur Nachtragsprüfung gem. § 16 Abs. 2 HVTG.
118 Gesetz zur Förderung des Mittelstandes v. 25. 3. 2013 (GVBl. 2013, 119) (in Kraft seit 1. 5. 2013).
119 Empfehlung der EU Kommission betreffend die Definition der Kleinstunternehmen sowie der kleineren und mittleren Unternehmen v. 6. 5. 2003 (ABl. EG Nr. L 124, 36).

Bewerber und Bieter gem. § 6 HVTG die Einhaltung der nach oder aufgrund von Bundesrecht geltenden Regelungen über einen Mindestlohn bei der Bewerbung sowie im Angebot in Textform besonders zu erklären.

187 Für die Reinigung in den Dienstgebäuden und Diensträumen der hessischen Landesverwaltung wird gem. Ziff. 3 ReinR die Erklärung des Bewerbers zur Einhaltung der entsprechenden Tarifregelung verlangt.[120]

V. e-Vergabe

188 Öffentliche Aufträge der Hessischen Landesverwaltung sind auf der Vergabeplattform Land Hessen unter https://www.vergabe.hessen.de/NetServer/ zu finden.

189 Zudem werden die Landesbeschaffungsstellen, die Kommunen und die sonstigen Zuwendungsempfänger in Hessen grundsätzlich dazu verpflichtet, alle nationalen und EU-weiten Bekanntmachungen in der Hessischen Ausschreibungsdatenbank (HAD)[121] zu veröffentlichen.[122] Abrufbar ist die Ausschreibungsdatenbank unter https://www.had.de/. Die HAD ist die zentrale Bekanntmachungsplattform des Landes Hessen.[123]

190 Sofern es einer elektronischen Zurverfügungstellung der Vergabeunterlagen bedarf, sind diese in der HAD zu veröffentlichen.[124] Hiervon kann jedoch abgesehen werden, wenn mittels einer Verlinkung von der HAD unmittelbar auf diese Unterlagen der anderen elektronischen Plattform zugegriffen werden kann.[125]

191 Den Auftraggebern entstehen keine Kosten für die Veröffentlichungen der Bekanntmachungen in der HAD und auf der Vergabeplattform Hessen.[126]

VI. Vergabefremde Aspekte

192 Auftraggebern steht es gem. § 3 Abs. 1 HVTG frei, soziale, ökologische, umweltbezogene und innovative Anforderungen zu berücksichtigen, wenn diese mit dem Auftragsgegenstand in Verbindung stehen oder Aspekte des Produktionsprozesses betreffen und sich aus der Leistungsbeschreibung ergeben. Im Zusammenhang mit diesen Anforderungen können von Unternehmen nach § 3 Abs. 2 HVTG gefordert werden:

– die Berücksichtigung der Erstausbildung, die Berücksichtigung der Chancengleichheit bei Aus- und Fortbildung sowie im beruflichen Aufstieg,
– die Beschäftigung von Langzeitarbeitslosen,
– die besondere Förderung von Frauen,
– die besondere Förderung der Vereinbarkeit von Familie und Beruf,
– die besondere Förderung von Menschen mit Behinderung, die Verwendung von fair gehandelten Produkten,
– ökologisch nachhaltige Produkte und innovativ orientierte Produkte und Dienstleistungen.

Als ökologische Anforderungen im Zusammenhang mit fair gehandelten und ökologisch nachhaltigen Produkten kann gem. § 3 Abs. 3 HVTG unter bestimmten Voraussetzungen die Einhaltung von Bedingungen bezüglich des Umweltmanagements und bezüglich Um-

[120] Richtlinien zur Regelung des Reinigungsdienstes in den Dienstgebäuden und Diensträumen der hessischen Landesverwaltung – ReinR – (StAnz. 1214).

[121] https://www.had.de.

[122] Ziff. 3.1 Gemeinsamer Runderlass zum öffentlichen Auftragswesen (Vergabeerlass) in der Fassung der Bekanntmachung v. 27.6.2016 (StAnz. 710), zuletzt geändert durch Erlass v. 26.3.2019 (StAnz. 366); § 11 Abs. 1 HVTG.

[123] https://www.had.de/home-Vergabeverfahren.html.

[124] Ziff. 3.1 Gemeinsamer Runderlass zum öffentlichen Auftragswesen (Vergabeerlass) in der Fassung der Bekanntmachung v. 27.6.2016 (StAnz. 710), zuletzt geändert durch Erlass v. 26.3.2019 (StAnz. 366).

[125] Ziff. 3.1 Gemeinsamer Runderlass zum öffentlichen Auftragswesen (Vergabeerlass) in der Fassung der Bekanntmachung v. 27.6.2016 (StAnz. 710), zuletzt geändert durch Erlass v. 26.3.2019 (StAnz. 366).

[126] Ziff. 3.1 Gemeinsamer Runderlass zum öffentlichen Auftragswesen (Vergabeerlass) in der Fassung der Bekanntmachung v. 27.6.2016 (StAnz. 710), zuletzt geändert durch Erlass v. 26.3.2019 (StAnz. 366).

welteigenschaften der zu beschaffenden Bau-, Liefer- oder Dienstleistungen gefordert werden.

VII. Rechtsschutz- und Beschwerdemöglichkeiten

In Hessen sind gem. § 20 HVTG sog. **VOB-Stellen** eingerichtet. Dabei handelt es sich um Nachprüfungsstellen iSd § 21 VOB/A. Als Nachprüfungsstelle für VOL-Vergaben kann die Auftragsberatungsstelle Hessen e.V. bestimmt werden. Das nähere Verfahren soll eine Rechtsverordnung regeln, die explizit auch auf die für den Rechtsschutz oberhalb der Schwellenwerte erlassenen Bestimmungen zur Rüge, Beschleunigung und Akteneinsicht unterhalb der Schwellenwerte Bezug nehmen kann. 193

Die Kosten des Nachprüfungsverfahrens tragen die Beteiligten selbst. Für das Verfahren werden keine Gebühren erhoben. 194

H. Mecklenburg-Vorpommern

Rechtsgrundlagen: 195

§ 55 LHO; Ziff. 2 VV zu § 55 LHO; § 21 GemHVO-Doppik; § 75 KV M-V; § 29 GemHVO; Gesetz über die Vergabe öffentlicher Aufträge in Mecklenburg-Vorpommern (Vergabegesetz Mecklenburg-Vorpommern – VgG M-V) vom 7.7.2011 (GVOBl. M-V 2011, 411), zuletzt geändert durch Artikel 1 des Gesetzes vom 12.7.2018 (GVOBl. M-V 242); 12. Erlass über die Vergabe öffentlicher Aufträge im Anwendungsbereich des Vergabegesetzes Mecklenburg-Vorpommern (Vergabeerlass – VgE M-V), Verwaltungsvorschrift des Ministeriums für Wirtschaft, Arbeit und Gesundheit vom 12.12.2018 – V130-611-00020-2018/031 – VV Meckl.-Vorp. Gl. Nr. 703-19 (AmtsBl. M-V 2018, 666), zuletzt geändert durch Verwaltungsvorschrift vom 14.7.2020 (AmtsBl. M-V 348); Gesetz zur Mittelstandsförderung in Mecklenburg-Vorpommern (Mittelstandsförderungsgesetz – MFG M-V) vom 22.10.2013 (GVOBl. M-V 606), geändert durch Gesetz vom 18.12.2017 (GVOBl. M-V 368); Landesverordnung zur Durchführung des Vergabegesetzes Mecklenburg-Vorpommern (Vergabegesetzdurchführungslandesverordnung – VgGDLVO M-V) vom 22.5.2012 (GVOBl. M-V 2012, 149), zuletzt geändert durch Verordnung vom 5.9.2016 (GVOBl. M-V 780); Anwendung der Vergabe- und Vertragsordnung für Bauleistungen und der Vergabe- und Vertragsordnung für Leistungen, Verwaltungsvorschrift des Ministeriums für Wirtschaft, Bau und Tourismus vom 23.3.2016 – V 140-611-00020-2010/021 – VV Meckl.-Vorp. Gl. Nr. 703-16 (AmtsBl. M-V 2016 134); Gesetz über die Vergabe öffentlicher Aufträge in Mecklenburg-Vorpommern (Vergabegesetz Mecklenburg-Vorpommern – VgG M-V) vom 7.7.2011, (GVOBl. M-V 2011, 411), zuletzt geändert durch Gesetz vom 12.7.2018 (GVOBl. M-V 242); Landesverordnung zur Durchführung des Vergabegesetzes Mecklenburg-Vorpommern (Vergabegesetzdurchführungslandesverordnung – VgGDLVO M-V) vom 22.5.2012 (GVOBl. M-V 2012, 149), zuletzt geändert durch Verordnung vom 12.9.2019 (GVOBl. M-V 613); Verwaltungsvorschrift Ministerium vom 20.1.2012 Zubenennungserlass, V 120-611-00020-2011/052 – GS Meckl.-Vorp. Gl. Nr. 630-218 (AmtsBl. M-V 2012 194).

Gemäß § 2 Abs. 1 VgG M-V gelten der erste Abschnitt der Vergabe- und Vertragsordnung für Bauleistungen Teil A (**VOB/A**) und die Unterschwellenvergabeordnung (**UVgO**) für das Land, die Kommunen sowie für sämtliche Körperschaften, Anstalten und Stiftungen des öffentlichen Rechts in Mecklenburg Vorpommern. Das VgG M-V gilt für die Vergabe von Bauleistungen ab einem Auftragswert von mehr als 50.000 EUR, für die Vergabe von Liefer- oder Dienstleistungen ab einem Auftragswert von mehr als 10.000 EUR. 196

Auch im Übrigen werden die Modalitäten für die Durchführung von Vergabeverfahren durch die Bestimmungen eines Landesvergabegesetzes näher geregelt. 197

I. Vom Anwendungsbereich betroffene Vergabestellen

Das Landesvergabegesetz gilt gem. § 1 Abs. 2 VgG M-V für das Land, für die Kommunen sowie für sonstige Körperschaften, Anstalten und Stiftungen des öffentlichen Rechts, die der Aufsicht des Landes unterstehen. Die Bestimmungen gelten nicht für Sparkassen iSd Sparkassengesetzes Mecklenburg-Vorpommern. Darüber hinaus werden auch die erlasse- 198 nen Verwaltungsvorschriften für die vom Anwendungsbereich erfassten Vergabestellen verpflichtend normiert.

199 Das Landesvergabegesetz ist nicht auf die Vergaben unterhalb der Schwelle beschränkt. Es normiert jedoch in § 2 Abs. 3 VgG M-V einen Vorrang für das Recht der Europäischen Union sowie des Vierten Teils des GWB und der darauf hin erlassenen Bestimmungen.

II. Besonderheiten im Anwendungsbereich der Vergabearten

200 Im Erlasswege werden in Mecklenburg-Vorpommern **Wertgrenzen** bestimmt, die ohne das Vorliegen eines Ausnahmetatbestandes nach der VOB/A oder der UVgO die Durchführung einer Beschränkten Ausschreibung (auch ohne öffentlichen Teilnahmewettbewerb) ermöglichen. Danach kann bei

- **Bauleistungen** bis zu einem voraussichtlichen Auftragswert von 200.000 EUR (netto) die Freihändige Vergabe erfolgen,[127]
- **Liefer-/Dienstleistungen** bis zu einem voraussichtlichen Auftragswert von 100.000 EUR (netto) die Verhandlungsvergabe[128] oder die Beschränkte Ausschreibung (mit oder ohne Teilnahmewettbewerb)[129] erfolgen,
- **Bauleistungen** bis zu einem voraussichtlichen Auftragswert von 1.000.000 EUR (netto) die Beschränkte Ausschreibung erfolgen[130].

201 Der Wertgrenzenerlass geht den Bestimmungen der UVgO und denen der VOB/A insoweit vor.

202 Abweichend von § 3a Abs. 4 S. 1 VOB/A ist ein **Direktauftrag** bis 5.000 EUR (netto) möglich.[131] Ein Direktauftrag kann zudem auch abweichend von § 14 S. 1 UVgO bis zu einem Auftragswert von 5.000 EUR (netto) vergeben werden.[132] Bei der Vergabe von Bauleistungen und von sonstigen Leistungen ist beim Direktauftrag eine Markterkundung durchzuführen, wenn der Auftragswert 250 EUR übersteigt (Abschnitt I Ziff. 1 und 2 VgE M-V).

203 Auch in Mecklenburg-Vorpommern werden die Bestimmungen über die **Angemessenheit der Preise** aus den Vergabe- und Vertragsordnungen modifiziert. Gemäß § 6 Abs. 2 VgG M-V ergeben sich Zweifel an der Angemessenheit der Preise, wenn die Angebotssummen eines oder einiger weniger Bieter erheblich geringer sind als die der übrigen Bieter oder von der aktuellen und zutreffenden Preisermittlung des Auftraggebers abweichen. Das Tatbestandsmerkmal „erheblich geringer" idS ist nach § 6 VgG M-V ab einer Abweichung von 20 vH erfüllt. Wie mit solchen Angeboten dann umzugehen ist wird im Landesvergabegesetz nicht näher bestimmt. Hier ist die Vergabestelle dann wieder auf die Bestimmungen der Vergabe- und Vertragsordnung verwiesen. § 6 Abs. 3, 1. Spiegelstrich VgG M-V normiert den in der vergaberechtlichen Rechtsprechung als allein drittschützend idS anerkannten Tatbestand der Verdrängungsabsicht.[133]

204 Gemäß § 7 Abs. 3 VgG M-V wird die angebotene Leistung nach den gewichteten **Zuschlagskriterien** bewertet. Die Transparenzvorgaben des Landesgesetzes gehen dabei über die Anforderungen des ersten Abschnitts der VOB/A und der UVgO hinaus und erlegen den Vergabestellen auch für den Unterschwellenbereich gem. § 7 Abs. 6 VgG M-V die Transparenzvorgaben des GWB-Vergaberegimes auf.[134]

---

127 Abschnitt II Ziff. 1.1.2 VgE M-V.
128 Abschnit II Ziff. 1.1.2 VgE M-V.
129 Abschnit II Ziff. 1.1.1 VgE M-V.
130 Abschnit II Ziff. 1.1.1 VgE M-V.
131 Abschnit I Ziff. 1 VgE M-V.
132 Abschnit I Ziff. 2 VgE M-V.
133 Siehe dazu OLG Düsseldorf Beschl. v. 7.11.2012 – Verg 11/12, IBRRS 2012, 4208 – mwN.
134 Zur Gestaltung von Wertungskriterien vgl. → § 30.

III. Mittelstandsförderung

§ 4 VgG M-V wiederholt den Grundsatz der Mittelstandsförderung wie er in § 97 Abs. 4 GWB normiert ist. 205

Gemäß § 1 Abs. 1 VgG M-V ist Zweck des Landesvergabegesetzes, die Rahmenbedingungen der Vergabe für mittelständische Unternehmen zu verbessern. In diesem Sinn ist auch § 8 VgG M-V zu verstehen, der das Verlangen von **Sicherheiten** auftraggeberseitig auf bestimmte Wertgrenzen beschränkt. Für Bauleistungen ist die Wertgrenze mit der des § 9c Abs. 1 VOB/A identisch.[135] Hingegen wird auch für die Vergaben im Anwendungsbereich der UVgO eine Wertgrenze festgelegt, die erreicht werden muss, bevor der Auftraggeber Sicherheiten für die Vertragserfüllung bzw. Mängelansprüche verlangen kann.[136] 206

IV. Tariflohnbestimmungen

Neben den besonderen Bestimmungen für Tarifverträge im Bereich des ÖPNV und SPNV enthält das Landesvergabegesetz für Mecklenburg-Vorpommern in § 9 Abs. 4 VgG M-V eine allgemeine Verpflichtung zur **Zahlung eines Mindestlohns.** Land und Kommunen dürfen Aufträge nur dann an Unternehmen vergeben, wenn diese sich durch Erklärung gegenüber dem Auftraggeber verpflichten, ihren Arbeitnehmerinnen und Arbeitnehmern bei der Ausführung der Leistung ein Mindest-Stundenentgelt zu zahlen. Das für Arbeit zuständige Ministerium hat die Höhe des Mindest-Stundenentgeltes jährlich anzupassen.[137] Soweit Leistungen auf Nachunternehmer übertragen werden sollen, hat sich das Unternehmen durch Erklärung gegenüber dem Auftraggeber zu verpflichten, dem Nachunternehmer die für das Unternehmen geltenden Pflichten aufzuerlegen und die Beachtung dieser Pflichten durch den Nachunternehmer zu überwachen.[138] 207

Die Einhaltung der Tarif- und Mindeststundenentgelte wird mit der Verpflichtung zur Vereinbarung vertraglicher Kontrollrechte des Auftraggebers sowie der Vereinbarung einer Vertragsstrafenregelung und eines Rechts zur Kündigung aus wichtigem Grund bei schuldhaftem Verstoß durchgesetzt.[139] Darüber hinaus soll der Auftraggeber eine Auftragssperre verhängen können.[140] Bei der zentralen Informationsstelle gem. § 10 VgG M-V ist eine Datenbank eingerichtet, in die Unternehmen mit Auftragssperre eingetragen werden. Vor Auftragserteilung ist die Abfrage durch die Vergabestelle verpflichtend. 208

V. e-Vergabe

Im Land Mecklenburg-Vorpommern wird grundsätzlich jedes Vergabeverfahren, dessen Auftragsvolumen 10.000 EUR überschreitet vollständig elektronisch durchgeführt. Dies gilt nicht für die Vergabe von freiberuflichen Leistungen. Die e-Vergabe-Plattform des Landes Mecklenburg-Vorpommern ist unter https://vergabe.mv-regierung.de/NetServer/ abrufbar. 209

VI. Vergabefremde Aspekte

Gemäß § 11 VgG M-V sind die ILO-Kernarbeitsnormen im angegebenen Umfang zu beachten. 210

---

[135] Vgl. § 1 VgGDLVO M-V, jeweils 250.000 EUR (netto).
[136] Vgl. § 1 VgGDLVO M-V, jeweils 50.000 EUR (netto).
[137] § 9 Abs. 4 VgG M-V.
[138] § 9 Abs. 5 VgG M-V.
[139] § 10 VgG M-V.
[140] Die Durchsetzungsbestimmungen entsprechen denen des Landesvergabegesetzes in Brandenburg, so dass auf die Ausführungen dort verwiesen wird, vgl. → Rn. 85 ff.

VII. Rechtsschutz- und Beschwerdemöglichkeiten

211 Das Landesvergabegesetz enthält eine eigene **Vorabinformationspflicht** für Vergaben, die 100.000 EUR (netto) erreichen.[141] Gemäß § 12 VgG M-V informiert der Auftraggeber die Bieter, deren Angebote nicht berücksichtigt werden sollen, über den Namen des Bieters, dessen Angebot angenommen werden soll, und über den Grund der vorgesehenen Nichtberücksichtigung ihres Angebotes. Er gibt die Information schriftlich spätestens sieben Kalendertage vor dem Vertragsabschluss ab. Die Informationspflicht des Landesvergabegesetzes ist jedoch nicht mit einer entsprechenden Sanktion bei Nichteinhaltung verbunden, so dass sie allenfalls im Wege des ordnungsgemäßen Verwaltungshandelns eingefordert werden kann.

212 Weitere landesrechtliche Rechtsschutzbestimmungen, um sich gegen Verstöße bei der Vergabe zu wehren (Primärrechtsschutz) bestehen nicht. Für den Primärrechtsschutz gelten die Ausführungen in → § 89 Rn. 1 ff. Für Schadensersatzforderungen vgl. ausführlich in → § 38 Rn. 1 ff.

I. Niedersachsen

213 **Rechtsgrundlagen:**
§ 55 LHO; Ziff. 1 VV zu § 55 LHO; § 26a GemHKVO; Verordnung über Auftragswertgrenzen und Verfahrenserleichterungen zum Niedersächsischen Tariftreue- und Vergabegesetz (Niedersächsische Wertgrenzenverordnung – NWertVO) vom 3.4.2020 (Nds. GVBl. 2020, 60); RdErl. 12.5.2016, Öffentliches Auftragswesen; Niedersächsisches Gesetz zur Sicherung von Tariftreue und Wettbewerb bei der Vergabe öffentlicher Aufträge (Niedersächsisches Tariftreue- und Vergabegesetz – NTVergG) vom 31.10.2013, zuletzt geändert durch Art. 1 des Gesetzes vom 20.11.2019 (Nds. GVBl. 354); RdErl. d. MI vom 8.3.2013 – 44.08-1519/08, Landesbetrieb Logistik Zentrum Niedersachsen, Betriebsanweisung und Beschaffungsordnung, in Nds. MBl. 2013 Nr. 12, 276; RdErl. d. MW vom 11.4.2014 – 16-32570/3119, Öffentliches Auftragswesen, Schutzklausel zur Abwehr von Einflüssen der Scientology-Organisation (Nds. MBl. 2014, 364); NKernVO vom 30.4.2015 (Nds. GVBl. Nr. 6, 74); Verordnung über die Repräsentativität von Tarifverträgen und die Mindestentgeltkommission vom 6.12.2013 (Nds. GVBl. dNr. 22/2013, 303); Zuständigkeitsverlagerung bei den niedersächsischen Vergabekammern, Beschl. d. LReg. vom 20.5.2008 – 24-32571/0230; Verordnung über Auftragswertgrenzen zum Niedersächsischen Tariftreue- und Vergabegesetz (Niedersächsische Wertgrenzenverordnung – NwertVO) vom 3.4.2020 (Nds. GVBl. 64).

214 Die Bestimmungen des ersten Abschnitts der Vergabe- und Vertragsordnung für Bauleis tungen Teil A (**VOB/A**) und die der Unterschwellenvergabeordnung (**UVgO**) werden in Niedersachsen im Unterschwellenbereich durch § 3 Abs. 1 und 2 Niedersächsisches Tariftreue- und Vergabegesetz (NTVergG) entsprechend eingeführt.

215 Die Anwendung des NTVergG ist grundsätzlich auf den Unterschwellenbereich beschränkt. Allerdings finden die Tariftreue- und Mindestentgeltbestimmungen schwellenwertunabhängig Anwendung.

I. Vom Anwendungsbereich betroffene Vergabestellen

216 Das **Niedersächsische Tariftreue- und Vergabegesetz** gilt für Aufträge über **Liefer-, Bau- oder Dienstleistungen** ab einem Auftragswert von 10.000 EUR (netto) und für öffentliche Aufträge im Bereich des öffentlichen Personenverkehrs. Es gilt nicht für Auslobungen (§ 103 Abs. 6 GWB) und Konzessionen (§ 105 GWB) sowie für freiberufliche Leistungen. Auch auf Aufträge, die im Namen oder im Auftrag des Bundes ausgeführt werden, ist es nicht anwendbar.

217 Gemäß § 2 Abs. 5 NTVergG sind öffentliche Auftraggeber im Sinne des Gesetzes alle niedersächsischen öffentlichen Auftraggeber gem. § 99 Nr. 1 bis 4 und § 100 GWB. Sowohl auf Landes- als auch auf kommunaler Ebene gelten daher im Unterschwellenbereich die ersten Abschnitte der Vergabe- und Vertragsordnungen und die weiteren Bestimmun-

[141] Vgl. § 12 Abs. 2 VgG M-V iVm § 3 VgGDLVO M-V.

gen des Niedersächsischen Tariftreue- und Vergabegesetzes für die Durchführung von Vergaben.

II. Besonderheiten im Anwendungsbereich der Vergabearten

In Niedersachsen gelten bis zum 31. 3. 2021 befristet folgende erhöhte Wertgrenzen aufgrund der Corona-Pandemie: 218
- Bei Liefer- und Dienstleistungen unter den EU-Schwellenwerten besteht eine freie Verfahrenswahl (§ 8 Abs. 1 NWertVO).
- Besonders dringliche Dienst- und Lieferleistungen im Zusammenhang mit der Corona-Pandemie können bis 214.000 EUR nette im Wege des Direktauftrags vergeben werden (§ 8 Abs. 2 NWertVO).
- Aufträge über Bauleistungen können bis zu einem Auftragswert von 3.000.000 EUR (ohne Umsatzsteuer) im Wege der Beschränkten Ausschreibung ohne Teilnahmewettbewerb vergeben werden (§ 4 Abs. 1 NWertVO).
- Eine freihändige Vergabe kann abweichend von § 3a Abs. 3 Satz 2 VOB/A bis zu einem geschätzten Auftragswert von 1.000.000 EUR nette erfolgen.

Nach dem 31. 3. 2021 gelten die folgenden Wertgrenzen der NWertVO: 219
- Liefer-/Dienstleistungen bis zu einem voraussichtlichen Auftragswert von 25.000 EUR (netto) die Verhandlungsvergabe erfolgen (§ 7 Abs. 2 NWertVO),
- Bauleistungen bis zu einem voraussichtlichen Auftragswert von 25.000 EUR (netto) abweichend von § 3a Abs. 3 S. 2 VOB/A die Freihändige Vergabe erfolgen (§ 3 Abs. 1 S. 1 NWertVO),

Liefer-/Dienstleistungen bis zu einem voraussichtlichen Auftragswert von 50.000 EUR (netto) die Beschränkte Ausschreibung erfolgen (§ 7 Abs. 1 NWertVO). Bis zu welchem Auftragswert Aufträge über Bauleistungen im Wege der Beschränkten Ausschreibung vergeben werden können, ergibt sich aus § 3a Abs. 2 Nr. 1 VOB/A.

III. Mittelstandsförderung

Mittelständische Interessen sind gem. § 9 Abs. 1 S. 1 NTVergG bei der Vergabe öffentlicher Aufträge vornehmlich zu berücksichtigen. Daher sind Leistungen grundsätzlich in Teil- und Fachlose aufzuteilen, sodass kleine und mittlere Unternehmen nicht nur am Wettbewerb teilnehmen, sondern auch beim Zuschlag berücksichtigt werden können. Generalunternehmervergaben stellen den Ausnahmefall dar und bedürfen einer gesonderten Begründung. Bei Beschränkten Ausschreibungen ohne Teilnahmewettbewerb, Verhandlungsvergaben ohne Teilnahmewettbewerb und freihändigen Vergaben sollen kleine und mittlere Unternehmen in angemessenem Umfang zur Angebotsabgabe aufgefordert werden (§ 9 Abs. 2 NTVergG). 220

IV. Tariflohnbestimmungen

Im Anwendungsbereich des Niedersächsischen Tariftreue- und Vergabegesetzes dürfen Aufträge nur an Unternehmen vergeben werden, die bei Angebotsabgabe schriftlich erklären, bei der Ausführung des Auftrags im Inland mindestens ein Mindestentgelt nach den Vorgaben des Mindestlohngesetzes und den nach dem AEntG anwendbaren Branchentarifverträgen zu zahlen. Für **Verkehrsdienste** ist der jeweils repräsentative Tarifvertrag maßgeblich.[142] Der jeweils einschlägige Tarifvertrag muss vom öffentlichen Auftraggeber in der Bekanntmachung oder den Vergabeunterlagen benannt werden.[143] 221

[142] § 5 NTVergG.
[143] § 5 Abs. 2 NTVergG.

222 Die Unternehmen selbst und von ihnen eingesetzte Nachunternehmer müssen im Vergabeverfahren entsprechende **Verpflichtungserklärungen** abgeben, die die Einhaltung der Tariftreue bzw. des Mindestentgelts nachweisen. Auf die Verpflichtungserklärung des Nachunternehmers kann unter Umständen verzichtet werden, wenn der Anteil des Nachunternehmers an der beauftragten Leistung weniger als 3.000 EUR (netto) beträgt.[144]

223 Reicht der Unternehmer die Erklärung auch auf **Nachforderung** nicht ein, ist sein Angebot gem. §§ 4 Abs. 2, 5 Abs. 3 NTVergG von der Wertung auszuschließen.[145]

224 Zu den in § 14 und § 15 NTVergG enthaltenen **Kontrollrechten** und **Sanktionsmöglichkeiten** des Auftraggebers bezüglich der Einhaltung der Entgelt- und Tariftreueverpflichtungen wird auf die Ausführungen zu den entsprechenden Regelungen im Landestariftreue- und Mindestlohngesetz Baden-Württemberg[146] verwiesen.

V. e-Vergabe

225 Öffentliche Ausschreibungen des Landes Niedersachsen werden auf https://vergabe.niedersachsen.de veröffentlicht.

VI. Vergabefremde Aspekte

226 Gemäß §§ 10 und 11 NTVergG können öffentliche Auftraggeber als Kriterien bei der Auftragsvergabe die **Umweltverträglichkeit** der entsprechenden Leistungen und **soziale Aspekte**, wie die Beschäftigung von schwerbehinderten Menschen und die Förderung der Chancengleichheit von Frauen und Männern im Beruf berücksichtigen.

227 Außerdem soll gem. § 12 NTVergG bei der Auftragsvergabe darauf hingewirkt werden, dass für durch Verordnung der Landesregierung bestimmte Produktgruppen oder Herstellungsverfahren keine Waren Gegenstand der Leistung sind, die unter Missachtung der Mindestanforderungen der **ILO-Kernarbeitsnormen** gewonnen oder hergestellt worden sind.

228 Zur Abwehr von Einflüssen der **Scientology-Organisation (SO)** bei öffentlichen Aufträgen über Beratungs- und Schulungsleistungen wird empfohlen, eine Schutzklausel als besondere Vertragsbedingung in die Vergabeunterlagen aufzunehmen und Angebote, die diese Schutzklausel nicht enthalten, vom Wettbewerb auszuschließen.[147]

VII. Rechtsschutz- und Beschwerdemöglichkeiten

229 In Niedersachsen sind sog. VOB-Stellen eingerichtet. Dabei handelt es sich um Nachprüfungsstellen iSd § 21 VOB/A. Anders als im Oberschwellenrechtsschutz bei den Vergabekammern bedarf es vor Anrufung der VOB-Stellen keiner Rüge oder einer bestimmten Form. Die Beschwerde bei der VOB-Stelle führt jedoch auch nicht zu einem Zuschlagsverbot (Suspensiveffekt) bis zum Erlass einer Entscheidung.

230 Weitere landesrechtliche eigene Rechtsschutzbestimmungen, um sich gegen Verstöße bei der Vergabe zu wehren (Primärrechtsschutz) bestehen nicht. Für den Primärrechtsschutz gelten die Ausführungen in → § 89 Rn. 1 ff. Für Schadensersatzforderungen vgl. ausführlich in → § 38 Rn. 1 ff.

---

144 § 13 Abs. 3 NTVergG.

145 Vgl. hierzu auch die Ausführungen zum Landestariftreue- und Mindestlohngesetz Baden-Württemberg in → Rn. 20.

146 Siehe → Rn. 20 ff.

147 RdErl. d. MW v. 11.4.2014 – 16-32570/3119, Öffentliches Auftragswesen, Schutzklausel zur Abwehr von Einflüssen der Scientology-Organisation (MBl. 2014, 364).

J. Nordrhein-Westfalen

Rechtsgrundlagen: 231
§ 55 LHO; Ziff. 2 VV zu § 55 LHO; Vergabegrundsätze für Gemeinden nach § 26 der Kommunalhaushaltsverordnung Nordrhein Westfalen (Kommunale Vergabegrundsätze), Runderlass des Ministeriums für Heimat, Kommunales, Bau und Gleichstellung, 304-48.07.01/01-169/18 vom 28.8.2018 (MBI. NRW. 2018, 497), zuletzt geändert durch Runderlass vom 12.6.2020 (MBl. NRW, 355) berichtigt durch Runderlass vom 22.6. 2020 (MBl. NRW, 450); Gesetz über die Sicherung von Tariftreue und Mindestlohn bei der Vergabe öffentlicher Aufträge (Tariftreue- und Vergabegesetz Nordrhein-Westfalen – TVgG NRW) vom 22.3.2018 (GV. NRW 172); Gesetz zur Förderung des Mittelstandes in Nordrhein-Westfalen (Mittelstandsförderungsgesetz) vom 18.12.2012 (GV. NRW. 673), zuletzt geändert durch Gesetz vom 6.12.2016 (GV.NRW, 1067); Berücksichtigung von Aspekten des Umweltschutzes und der Energieeffizienz bei der Vergabe öffentlicher Aufträge, Runderlass des Ministeriums für Wirtschaft, Mittelstand und Energie vom 12.4.2010 (MBl. NRW. 2010, 296); Berücksichtigung von Werkstätten für behinderte Menschen und von Inklusionsbetrieben bei der Vergabe öffentlicher Aufträge, Gemeinsamer Runderlass des Ministeriums für Wirtschaft, Innovation, Digitalisierung und Energie, des Ministeriums für Arbeit, Gesundheit und Soziales, des Ministeriums für Heimat, Kommunales, Bau und Gleichstellung und des Ministeriums der Finanzen vom 29.12.2017 (MBl. NRW. 2018, 22), geändert durch Runderlass vom 28.8.2018 (MBl. NRW. 2018, 505); Verhütung und Bekämpfung von Korruption in der öffentlichen Verwaltung, RdErl. d. Ministeriums für Inneres und Kommunales, zugleich im Namen der Ministerpräsidentin und aller Landesministerien – IR 12.02.02 – vom 20.8. 2014; Gemeinsamer Runderlass des Ministeriums der Finanzen und des Ministeriums für Wirtschaft, Innovation, Digitalisierung und Energie vom 27.3.2020 (MBl. NRW, 168), zuletzt geändert durch Runderlass vom 24.6.2020 (MBl. NRW, 326); Runderlass des Ministeriums der Finanzen vom 27.4.2020 (MBl. NRW, 235).

Der erste Abschnitt der **Vergabe- und Vertragsordnung für Bauleistungen (VOB/ A)** wird durch Ziff. 2 der Verwaltungsvorschriften zu § 55 LHO bzw. für die Kommunen durch Ziff. 4.1 der kommunalen Vergabegrundsätze[148] eingeführt. Für Landesbehörden gilt die UVgO nach Ziff. 2 der Verwaltungsvorschrift zu § 55 LHO. Den kommunalen Auftraggebern ordnet Ziff. 5.1 der kommunalen Vergabegrundsätze die Anwendung der Bestimmungen der UVgO an. Bis zum 31.12.2020 befristet ist auf Landesebene die Anwendung der **UVgO** für den Einkauf von Waren und Dienstleistungen, die der Eindämmung und kurzfristigen Bewältigung der **Corona-Pandemie** und/oder der Aufrechterhaltung des Dienstbetriebs dienen **ausgesetzt** (vgl. Ziff. 2.1 Gemeinsamer Runderlass vom 27.3.2020 (MBl. NRW, 168), zuletzt geändert durch Runderlass vom 24.6.2020 (MBl. NRW, 326). 232

Am 23.3.2018 trat ein neues Gesetz über die Sicherung von Tariftreue und Mindestlohn bei der Vergabe öffentlicher Aufträge (Tariftreue- und Vergabegesetz Nordrhein-Westfalen- TVgG NRW) in Kraft. Damit wurde das Gesetz über die Sicherung von Tariftreue und Sozialstandards sowie fairen Wettbewerb bei der Vergabe öffentlicher Aufträge (Tariftreue- und Vergabegesetz Nordrhein-Westfalen – TVgG NRW)[149] abgelöst. 233

I. Vom Anwendungsbereich betroffene Vergabestellen

Vom Landesvergabegesetz (TVgG NRW) werden **alle öffentlichen Auftraggeber** iSd § 99 GWB **in Nordrhein-Westfalen** erfasst.[150] 234

[148] Vergabegrundsätze für Gemeinden nach § 26 der Kommunalhaushaltsverordnung Nordrhein-Westfalen (Kommunale Vergabegrundsätze), Runderlass des Ministeriums für Heimat, Kommunales, Bau und Gleichstellung, 304-48.07.01/01-169/18 v. 28.8.2018 (MBI. NRW. 2018, 497), zuletzt geändert durch Runderlass vom 12.6.2020 (MBl. NRW, 325).

[149] Gesetz über die Sicherung von Tariftreue und Sozialstandards sowie fairen Wettbewerb bei der Vergabe öffentlicher Aufträge (Tariftreue- und Vergabegesetz Nordrhein-Westfalen – TVgG – NRW) v. 10.1.2012 (GV. NRW. 17) SGV. NRW. 701, geändert durch § 18 Abs. 1 S. 3 Tariftreue- und VergabeG NRW v. 31.1.2017 (GV. NRW. 273).

[150] § 1 Abs. 4 TVgG NRW. *Faber* NWVBl. 2012, 255 (258) hinterfragt die Vereinbarkeit mit dem Recht auf kommunale Selbstverwaltung. Seine Ausführungen beziehen sich auf das TVgG NRW, welches am 1.5. 2012 in Kraft getreten war.

II. Besonderheiten im Anwendungsbereich der Vergabearten

235 Ist beabsichtigt, dass öffentliche Aufträge gemeinsam mit Auftraggebern aus anderen Ländern oder aus Nachbarstaaten der Bundesrepublik Deutschland vergeben werden, soll mit diesen eine Einigung über die Einhaltung der Bestimmungen des TVgG NRW angestrebt werden.[151] Kommt keine Einigung zustande, kann von den Bestimmungen des TVgG abgewichen werden.

236 Ausgenommen werden nur solche Vergaben, die im Auftrag des Bundes oder eines anderen Bundeslandes durchgeführt werden.[152]

237 Der sachliche Anwendungsbereich ist nach § 1 Abs. 2 TVgG NRW an § 103 GWB geknüpft.

238 Somit ist das TVgG NRW bei der Vergabe von Bauaufträgen sowie bei der Vergabe von Dienstleistungen zu beachten.

239 Darüber hinaus gilt das Gesetz für die Vergabe von Aufträgen im ÖPNV.[153]

240 Das TVgG NRW gilt erst ab einem geschätzten Auftragswert von 25.000 EUR (ohne Umsatzsteuer).

241 Auf kommunaler Ebene ist abweichend von § 3a Abs. 4 VOB/A ein Direktauftrag bis zu einer Wertgrenze iHv 15.000 EUR netto zulässig (vgl. Ziff. 4.2 Kommunale Vergabegrundsätze). Abweichend von § 14 UVgO ist ein Direktauftrag ebenfalls bis 15.000 EUR netto zulässig. Weitere Regelungen zur Wahl der Vergabeart finden sich auf kommunaler Ebene in Ziff. 6 Kommunale Vergabegrundsätze.

Auf Landesebene gelten bis zum 31.12.2020 befristet erhöhte Wertgrenzen bei durch die **Corona-Krise** begründeten Beschaffungen (vgl. Runderlass vom 27.4.2020).

Diese sind:

- Direktauftrag: 10.000 EUR netto
- Freihändige Vergabe: 100.000 EUR netto
- Beschränkte Ausschreibung: 1.000.000 EUR netto.

III. Mittelstandsförderung

242 Bei der Vergabe öffentlicher Aufträge sollen die Grundsätze und Ziele des MiFöG NRW, soweit sie mit den anwendbaren vergaberechtlichen Bestimmungen des Europa-, Bundes- bzw. Landesrechts vereinbar sind, berücksichtigt werden (§ 17 S. 1 MiFöG). Zweck des MiFöG ist es, die Vielfalt und Leistungskraft der mittelständischen Wirtschaft in Nordrhein-Westfalen zu erhalten und zu stärken, deren Entfaltungsmöglichkeiten in der sozialen Marktwirtschaft zu sichern, zu fairem Wettbewerb beizutragen und die Fähigkeit des Mittelstandes zur Schaffung und Sicherung von Arbeits- und Ausbildungsplätzen zu steigern (§ 2 Abs. 1 MiFöG). Nach § 1 Abs. 1 S. 4 MiFöG NRW sind die Interessen von kleinen und mittleren Unternehmen einerseits und Großunternehmen andererseits ausgewogen zu berücksichtigen.

243 Wer einen Meistertitel gem. §§ 51, 51b der Handwerksordnung[154] in dem für den öffentlichen Auftrag geforderten Gewerbe und Gewerk nachweist, ist grundsätzlich als fachkundig im Sinn der Vergabe- und Vertragsordnung für Bauleistungen (VOB) anzusehen (§ 18 Abs. 1 MiFöG NRW). Auch der Grundsatz der Fach- und Teillosvergaben wird noch einmal hervorgehoben (§ 19 MiFöG). Nach § 20 MiFöG wirken die Vertreterinnen und Vertreter der öffentlichen Hand in Organen juristischer Personen, die dem beherrschenden Einfluss der öffentlichen Hand unterliegen, im Rahmen ihrer Aufsichts- und

[151] § 1 Abs. 8 TVgG.
[152] § 1 Abs. 7 TVgG NRW.
[153] § 1 Abs. 3 TVgG NRW.
[154] Handwerksordnung in der Fassung der Bekanntmachung v. 24.9.1998 (BGBl. I 3074; 2006 I 2095), zuletzt geändert durch Art. 3 des Gesetzes v. 6.12.2011 (BGBl. I 2515).

Vertretungsrechte und -pflichten darauf hin, dass §§ 17 und 18 MiFöG bei Vergaben durch diese Unternehmen entsprechend berücksichtigt werden.

IV. Tariflohnbestimmungen

Zweck des TVgG NRW ist es, einen fairen Wettbewerb um das wirtschaftlichste Angebot bei der Vergabe öffentlicher Aufträge sicherzustellen, bei gleichzeitiger Sicherung von Tariftreue und Einhaltung des Mindestlohns.[155] Die Einhaltung der Tariflohnbestimmungen ist demnach zentrales Anliegen des TVgG NRW.[156] 244

Gemäß § 2 Abs. 1 TVgG NRW müssen sich Bieter verpflichten, ihren Arbeitnehmern bei der Ausführung des Auftrags wenigstens diejenigen Mindestarbeitsbedingungen einschließlich des Mindestentgelts zu gewähren, die durch einen für allgemein verbindlich erklärten Tarifvertrag oder eine nach den §§ 7, 7a oder 11 des Arbeitnehmer-Entsendegesetzes oder nach § 3a des Arbeitnehmerüberlassungsgesetzes erlassene Rechtsverordnung für die betreffende Leistung verbindlich vorgegeben werden. 245

Bei öffentlichen Aufträgen im Bereich des ÖPNV muss das beauftragte Unternehmen nach § 2 Abs. 2 TVgG NRW seinen Beschäftigten (ohne Auszubildende) bei der Ausführung des Auftrags wenigstens das in Nordrhein-Westfalen für diese Leistung in einem einschlägigen und repräsentativen mit einer tariffähigen Gewerkschaft vereinbarten Tarifvertrag vorgesehene Entgelt nach den tarifvertraglich festgelegten Modalitäten zahlen und während der Ausführungslaufzeit Änderungen nachvollziehen. Nach § 3 Abs. 1 TVgG NRW wird das für Arbeit zuständige Ministerium ermächtigt, durch Rechtsverordnung festzustellen, welcher Tarifvertrag oder welche Tarifverträge im Bereich des öffentlichen Personenverkehrs gem. § 1 Abs. 3 TVgG NRW repräsentativ im Sinne von § 2 Abs. 2 TVgG NRW sind. Das für Arbeit zuständige Ministerium errichtet einen beratenden Ausschuss für die Feststellung der Repräsentativität der Tarifverträge (§ 3 Abs. 2 TVgG NRW). Bei der Feststellung der Repräsentativität eines oder mehrerer Tarifverträge nach § 3 Abs. 1 TVgG NRW ist auf die Bedeutung des oder der Tarifverträge für die Arbeitsbedingungen der Arbeitnehmer abzustellen (§ 3 Abs. 2 TVgG NRW). 246

Zudem muss das beauftragte Unternehmen bei allen öffentlichen Aufträgen, die dem Anwendungsbereich des TVgG NRW unterfallen (vgl. § 1 Abs. 2 TVgG NRW), bei der Ausführung der Leistung wenigstens ein Entgelt zahlen, das den Vorgaben des Mindestlohngesetzes in der jeweils geltenden Fassung entspricht. Nach § 2 Abs. 4 S. 1 TVgG NRW gilt dies auch für Nachunternehmer des beauftragten Unternehmens. 247

§ 2 Abs. 5 TvgG NRW räumt dem öffentlicher Auftraggeber ein umfassendes **Kontrollrecht** für die Durchsetzung der Tariflohnbestimmungen des § 2 Abs. 1 bis 4 TVgG NRW ein. 248

Nach § 2 Abs. 6 TVgG NRW sind öffentliche Auftraggeber dazu verpflichtet, Vertragsbedingungen zu verwenden, durch die die beauftragten Unternehmen ihrerseits verpflichtet werden, die Vorgaben zur Tariftreue und zum Mindestlohn einzuhalten. Zudem müssen die Vertragsbedingungen dem öffentlichen Auftraggeber ein Recht zur Kontrolle und zur Prüfung der Einhaltung der Vorgaben einräumen und dessen Umfang regeln und die dem öffentlichen Auftraggeber ein vertragliches außerordentliches Kündigungsrecht sowie eine Vertragsstrafe für den Fall der Verletzung der Tariftreuepflicht und Pflicht zur Gewährung des Mindestlohns einräumen. 249

Erfüllt die Vergabe eines öffentlichen Auftrages die Voraussetzungen von mehr als einer der in § 2 Abs. 1 bis 3 TVgG NRW getroffenen Regelungen zur Tariftreue und zum Mindestlohn, so gilt die für die Beschäftigten jeweils günstigste Regelung (§ 2 Abs. 8 TVgG NRW). 250

[155] § 1 Abs. 1 TVgG NRW.
[156] § 2 TVgG NRW.

V. e-Vergabe

251 Auf der e-Vergabe-Plattform www.evergabe.nrw.de werden alle Ausschreibungen des Landes Nordrhein-Westfalen und Ausschreibungen möglichst vieler Kommunen veröffentlicht.[157] Ziel des Vergabemarktplatzes des Landes Nordrhein-Westfalen ist es, die Transparenz der Vergabeverfahren zu erhöhen, die Wirtschaft zu unterstützen und eine höhere Akzeptanz der digitalen Abwicklung von Vergaben zu erlangen.[158] Kommunale Auftraggeber haben nach Ziff. 7 der Kommunalen Vergabegrundsätzen die Möglichkeit, Vergabeverfahren bis zu einem vorab geschätzten Auftragswert iHv 25.000 EUR netto mittels E-Mail abzuwickeln.

VI. Vergabefremde Aspekte

252 Gemäß Ziff. 1 des Runderlasses des Ministeriums für Wirtschaft, Mittelstand und Energie vom 12.4.2010[159] sind öffentliche Auftraggeber verpflichtet, bei der Vergabe von Aufträgen die Kriterien **des Umweltschutzes und der Energieeffizienz** zu berücksichtigen. Der Runderlass vom 12.4.2010 soll veranschaulichen, welche Möglichkeiten durch das geltende Vergaberecht bestehen, um die Verpflichtung umzusetzen.[160]

253 Die Kriterien des Umweltschutzes und der Energieeffizienz sind bei allen Beschaffungsvorgängen zu beachten.[161] Ziff. 2.1 des Runderlasses des Ministeriums für Wirtschaft, Mittelstand und Energie vom 12.4.2010 zählt (nicht abschließend) Bereiche auf, in welchen eine Berücksichtigung des Umweltschutzes und der Energieeffizienz in Betracht kommt. Genannt sind zum Beispiel folgende Bereiche: Bauwesen, Möbel und Holzprodukte oder Ausstattungen für das Gesundheitswesen. Der Runderlass vom 12.4.2010 gibt dem Auftraggeber anhand der verschiedenen Phasen im Vergabeverfahren vor, wie die Belange Berücksichtigung finden können. Dabei soll schon in der Bedarfsplanung das Lebenszyklusprinzip (von der Anschaffung bis zur Entsorgung) berücksichtigt werden.[162]

254 Außerdem soll der öffentliche Auftraggeber von den Auftragnehmern ein umweltfreundliches, insbesondere energieeffizientes Verhalten verlangen, sofern es sich um Bedingungen handelt, die die Auftragsausführung betreffen und einen sachlichen Zusammenhang mit dem Auftragsgegenstand haben.[163] In Ziff. 2.3.2 des Runderlasses werden Beispiele genannt, wie diese Vorgabe umgesetzt werden kann. So wird vorgeschlagen bei Dienstleistungen, eine Schulung der Mitarbeiterinnen und Mitarbeiter des Unternehmens über Umwelt- und Energieeffizienzaspekte zu verlangen.[164]

255 Darüber hinaus sind die Kriterien des Umweltschutzes und der Energieeffizienz im Rahmen der Eignungsprüfung, der Wertungskriterien und der Angebotswertung zu be-

---

157 https://www.vergabe.nrw.de/vergabemarktplatz.

158 https://www.vergabe.nrw.de/vergabemarktplatz.

159 Berücksichtigung von Aspekten des Umweltschutzes und der Energieeffizienz bei der Vergabe öffentlicher Aufträge, Runderlass des Ministeriums für Wirtschaft, Mittelstand und Energie v. 12.4.2010 (MBl. NRW. 2010, 296).

160 Ziff. 1 Berücksichtigung von Aspekten des Umweltschutzes und der Energieeffizienz bei der Vergabe öffentlicher Aufträge, Runderlass des Ministeriums für Wirtschaft, Mittelstand und Energie v. 12.4.2010 (MBl. NRW. 2010, 296).

161 Ziff. 2.1 Berücksichtigung von Aspekten des Umweltschutzes und der Energieeffizienz bei der Vergabe öffentlicher Aufträge, Runderlass des Ministeriums für Wirtschaft, Mittelstand und Energie v. 12.4.2010 (MBl. NRW. 2010, 296).

162 Ziff. 2.2 Berücksichtigung von Aspekten des Umweltschutzes und der Energieeffizienz bei der Vergabe öffentlicher Aufträge, Runderlass des Ministeriums für Wirtschaft, Mittelstand und Energie v. 12.4.2010 (MBl. NRW. 2010, 296).

163 Ziff. 2.3.2 Berücksichtigung von Aspekten des Umweltschutzes und der Energieeffizienz bei der Vergabe öffentlicher Aufträge, Runderlass des Ministeriums für Wirtschaft, Mittelstand und Energie v. 12.4.2010 (MBl. NRW. 2010, 296).

164 Ziff. 2.3.2 Berücksichtigung von Aspekten des Umweltschutzes und der Energieeffizienz bei der Vergabe öffentlicher Aufträge, Runderlass des Ministeriums für Wirtschaft, Mittelstand und Energie v. 12.4.2010 (MBl. NRW. 2010, 296).

rücksichtigen[165]. Beispielsweise kann der öffentliche Auftraggeber im Rahmen der Eignungsprüfung in der Ausschreibung von den Bietern und Bewerbern zum Nachweis ihrer Leistungsfähigkeit fordern, dass das zu beauftragende Unternehmen bestimmte Normen für das Umweltmanagement erfüllt, sofern diese für die Ausführung des Auftrages relevant sind[166].

VII. Rechtsschutz- und Beschwerdemöglichkeiten

Das TVgG NRW enthält keine Bestimmungen über den Primärrechtsschutz im Unterschwellenbereich. 256

K. Rheinland-Pfalz

Rechtsgrundlagen: 257
§ 55 LHO; Ziff. 2 VV zu § 55 LHO; § 22 GemHVO; Verwaltungsvorschrift Öffentliches Auftrags- und Beschaffungswesen in Rheinland-Pfalz vom 24.4.2014 (MinBI. 2014, 48); Rundschreiben des MWVLW vom 17.7.2019; Mittelstandsförderungsgesetz vom 9.3.2011 (GVBl. 66), zuletzt geändert durch Gesetz vom 26.11.2019 (GVBl. 333); Landesgesetz zur Gewährleistung von Tariftreue und Mindestentgelt bei öffentlichen Auftragsvergaben (Landestariftreuegesetz-LTTG-) vom 1.12.2010, zuletzt geändert durch Art. 3 des Gesetzes vom 26.11.2019 (GVBl. 333); Korruptionsprävention in der öffentlichen Verwaltung Verwaltungsvorschrift der Landesregierung vom 22.1.2019 (FM – 0308-0004-0401 415); Rundschreiben vom 29.6.2020.

In Rheinland-Pfalz gelten für die Vergaben unterhalb der Schwellenwerte die Bestimmungen der ersten Abschnitte der Vergabe- und Vertragsordnungen in der jeweils gültigen Fassung als einheitliche Richtlinien im Sinne des § 55 LHO und § 22 Abs. 2 GemHVO.[167] 258

I. Vom Anwendungsbereich betroffene Vergabestellen

Zur Anwendung der ersten Abschnitte der Vergabe- und Vertragsordnungen werden neben den Landesministerien und Gemeinden auch die Körperschaften, Anstalten, Stiftungen des öffentlichen Rechts verpflichtet, die der Aufsicht des Landes unterstehen (landesunmittelbare juristische Personen) und für Eigenbetriebe und rechtsfähige Anstalten der Kommunen, soweit für diese die haushaltsrechtlichen Bestimmungen entsprechend anzuwenden sind. 259

Neben der Anwendung der jeweils ersten Abschnitte der Vergabe- und Vertragsordnungen sieht Rheinland-Pfalz kein eigenes Landesvergabegesetz vor. Die Bestimmungen über die öffentliche Auftragsvergabe sind vielmehr im **Mittelstandsförderungsgesetz**[168] und im Landesgesetz zur **Gewährleistung von Tariftreue und Mindestentgelt** bei öffentlichen Auftragsvergaben (Landestariftreuegesetz-LTTG-)[169] enthalten. Daneben besteht eine Verwaltungsvorschriften über die Korruptionsprävention.[170] 260

---

[165] Ziff. 2.4, 2.5 Berücksichtigung von Aspekten des Umweltschutzes und der Energieeffizienz bei der Vergabe öffentlicher Aufträge, Runderlass des Ministeriums für Wirtschaft, Mittelstand und Energie v. 12.4.2010 (MBl. NRW. 2010, 296).

[166] Ziff. 2.4 Berücksichtigung von Aspekten des Umweltschutzes und der Energieeffizienz bei der Vergabe öffentlicher Aufträge, Runderlass des Ministeriums für Wirtschaft, Mittelstand und Energie v. 12.4.2010 (MBl. NRW. 2010, 296).

[167] Ziff. 2.2 VV Öffentliches Auftrags- und Beschaffungswesen in Rheinland-Pfalz.

[168] Mittelstandsförderungsgesetz v. 9.3.2011 (GVBl. 66), zuletzt geändert durch Gesetz v. 8.3.2016 (GVBl. 180).

[169] Landesgesetz zur Gewährleistung von Tariftreue und Mindestentgelt bei öffentlichen Auftragsvergaben (Landestariftreuegesetz-LTTG-) v. 1.12.2010, zuletzt geändert durch Art. 3 des Gesetzes v. 26.11.2019 (GVBl. 333).

[170] Korruptionsprävention in der öffentlichen Verwaltung Verwaltungsvorschrift der Landesregierung vom 22.1.2019 (FM – 0308-0004-0401 415).

II. Besonderheiten im Anwendungsbereich der Vergabearten

261 Bis zum 31.12.2020 befristet gelten in Rheinland-Pfalz folgende erhöhte Wertgrenzen infolge der **Corona-Pandemie**.[171]

- Eine **beschränkte Ausschreibung** nach VOB/A ist bis zu 1.000.000 EUR netto (bei Fristablauf bis zu 200.000 EUR netto) zulässig.
- Eine beschränkte Ausschreibung nach UVgO ist bis zu 100.000 EUR netto (bei Fristablauf bis zu 80.000 EUR netto) zulässig.
- Eine **freihändige Vergabe** ist bei der Vergabe von Bauleistungen und Liefer- und Dienstleistungen bis zu einem geschätzten Auftragswert iHv 40.000 EUR netto) zulässig.

262 Zur **Korruptionsprävention** enthalten die Bestimmungen der Verwaltungsvorschrift der Landesregierung vom 22.1.2019 für alle Stellen der öffentlichen Verwaltung bestimmte Handlungsvorgaben im Vergabeverfahren. Jede Dienststelle entscheidet im Rahmen des konkreten Vergabeverfahrens eigenverantwortlich darüber, ob ein Unternehmen vom Wettbewerb ausgeschlossen werden soll.[172] Ziff. 4.3 der Verwaltungsvorschrift nennt schwere Verfehlungen der Bewerber und der Bieter, die einen Ausschluss der Teilnahme am Wettbewerb nach sich ziehen. Als schwere Verfehlung wird beispielsweise das Anbieten, Versprechen oder Gewähren von Vorteilen an Amtsträger oder für den öffentlichen Dienst genannt.[173]

III. Mittelstandsförderung

263 Bei der Vergabe von Bauleistungen im Unterschwellenbereich gilt, wer einen Meistertitel nach §§ 51, 51a der HandwerkO oder einen gleichwertigen Titel nach § 56 Berufsbildungsgesetz oder entsprechende akademische Titel in dem für den öffentlichen Auftrag geforderten Gewerbe führen darf, grundsätzlich als **fachkundig**.[174]

264 Strukturelle Wettbewerbsnachteile der mittelständischen Wirtschaft sollen durch die Teilung in **Fach- und Teillose** bei der öffentlichen Vergabe ausgeglichen werden.[175]

265 Eine Vergabe an Generalunternehmen unterliegt besonderen Begründungsvorgaben. Beauftragte **Generalunternehmen** sind zu verpflichten, in angemessenem Umfang Unteraufträge an Unternehmen der mittelständischen Wirtschaft zu vergeben, soweit die vertragsgemäße Ausführung dem nicht entgegensteht, und den unterbeauftragten Unternehmen keine ungünstigeren Bedingungen aufzuerlegen, als zwischen ihnen und dem öffentlichen Auftraggeber vereinbart sind.

266 § 6 MFG RP schreibt als besondere Form der Mittelstandsförderung den Grundsatz fest, dass die **öffentliche Hand** und Gesellschaften, an denen sie beteiligt ist, wirtschaftliche **Leistungen** nur dann erbringen soll, wenn diese nicht von den Privaten ebenso so gut und wirtschaftlich erbracht werden können. Gemäß § 6 Abs. 3 MFG RP werden Leistungen in den Bereichen Energieversorgung, Wasserversorgung und öffentlicher Personennahverkehr davon explizit ausgenommen.

IV. Tariflohnbestimmungen

267 Auch Rheinland-Pfalz hat sich ein Landestariftreuegesetz (LTTG) gegeben. Danach werden alle Auftragsvergaben des Landes, der Gemeinden und der Gemeindeverbände, alle öffentlichen Auftraggeber iSd § 99 GWB sowie die durch die Auftragsvergaben betroffe-

---

171 Rundschreiben vom 29.6.2020.

172 Ziff. 4.3.6 Korruptionsprävention in der öffentlichen Verwaltung Verwaltungsvorschrift der Landesregierung v. 22.1.2019 (FM – 0308-0004-0401 415).

173 Ziff. 4.3.2 Korruptionsprävention in der öffentlichen Verwaltung Verwaltungsvorschrift der Landesregierung v. 22.1.2019 (FM – 0308-0004-0401 415).

174 § 7 Abs. 4 MFG RP.

175 § 7 Abs. 2 MFG RP.

nen Unternehmen und ihre Nachunternehmer ab einem geschätzten Auftragswert von 20.000 EUR (netto) vom **Anwendungsbereich** der Vorschriften erfasst, soweit die erfassten Auftraggeber Aufträge in Rheinland-Pfalz vergeben.

Öffentliche Aufträge, die vom **Arbeitnehmer-Entsendegesetz** oder Leistungen, die vom **Mindestlohngesetz (MiLoG)** erfasst werden, dürfen gem. § 4 Abs. 1 und 2 LTTG nur an solche Unternehmen vergeben werden, die sich bei der Angebotsabgabe schriftlich verpflichten, ihren Beschäftigten bei der Ausführung der Leistung ein Entgelt zu zahlen, das in Höhe und Modalitäten mindestens den Vorgaben desjenigen Tarifvertrages entspricht, an den das Unternehmen aufgrund des Arbeitnehmerentsendegesetzes (AEntG) gebunden ist, bzw. nach dem MiLoG zu zahlen ist. Für den ÖPNV und SPNV inkl. des freigestellten Schülerverkehrs ist der jeweils repräsentative Tarifvertrag maßgeblich.[176] Im **Vergabeverfahren** ist die jeweilige Mindestlohn-/Tariftreueerklärung mit dem Angebot zu fordern. Fehlt sie und wird gem. § 4 Abs. 6 LTTG auch auf entsprechende Nachforderung nicht eingereicht, so ist das Unternehmen von der Wertung auszuschließen. 268

Können Mindestentgelt- oder Tariftreueerklärungen nach § 4 LTTG im konkreten Einzelfall nicht gefordert werden, darf ein öffentlicher Auftrag nach § 3 LTTG nur an Unternehmen vergeben werden, die sich bei Angebotsabgabe schriftlich verpflichten, ihren Beschäftigten bei der Ausführung der Leistung ein **Mindestentgelt** von mindestens 8,90 EUR (brutto) pro Stunde zu zahlen. Wird eine entsprechende Erklärung nicht vorgelegt, ist das Angebot von der Wertung auszuschließen. 269

Gegen die **Europarechtskonformität** von § 3 Abs. 1 LTTG hegte das **OLG Koblenz** erhebliche Bedenken und legte dem EuGH deshalb eine entsprechende Frage zur Vorabentscheidung vor.[177] Nach Auffassung des Vergabesenats stelle eine solche nationale Regelung über ein Mindestentgelt eine Behinderung des Marktzugangs für Wirtschaftsteilnehmer aus anderen EU-Staaten dar. Potenziellen Leistungserbringern, die in einem Mitgliedstaat niedergelassen sind, in dem das allgemeine Lohnniveau oder die Mindestlohnsätze niedriger sind als im Inland, werde durch die Pflicht, ihren Beschäftigten bei der Auftragsausführung in Deutschland das in § 3 LTTG festgelegte Mindestentgelt zu zahlen, eine zusätzliche wirtschaftliche Belastung auferlegt, die geeignet ist, die Erbringung ihrer Dienstleistungen in Deutschland zu unterbinden, zu behindern oder weniger attraktiv zu machen, was mit der Dienstleistungsfreiheit nach Art. 56 AEUV nicht zu vereinbaren sei. Der **EuGH** beurteilte die Vorschrift hingegen **nicht als europarechtswidrig.** Eine etwaige zusätzliche Belastung für Unternehmen aus anderen Mitgliedstaaten könne durch das Ziel des Arbeitnehmerschutzes gerechtfertigt werden. Im Unterschied zum Ausgangssachverhalt für die Entscheidung in der Rechtssache „Rüffert" wird der entscheidungsgegenständliche Mindestlohnsatz nach § 3 LTTG in einer Rechtsvorschrift festgelegt, die als zwingende Bestimmung über ein Mindestmaß an Schutz grundsätzlich allgemein und branchenunabhängig für die Vergabe aller öffentlichen Aufträge im Land Rheinland-Pfalz gilt.[178] 270

§ 5 LTTG verpflichtet die Auftragnehmer bei der Auswahl und dem Einsatz von **Nachunternehmern** oder Verleihern die Entgelt- und Tarifbestimmungen dieses Gesetzes ebenfalls durchzusetzen. Von der Anwendung ausgeschlossen werden Nachunternehmer- oder Verleihervergaben unter 10.000 EUR. Nach dem Wortlaut ist eine Verpflichtung der Nachunternehmerketten nicht erfasst. 271

Der Auftragnehmer und seine Nachunternehmen sind dem Auftraggeber gem. § 6 LTTG zum Nachweis der Einhaltung der Entgelt- und Tarifverpflichtungen verpflichtet. 272

---

[176] § 4 LTTG iVm Landesverordnung zur Durchführung des § 4 Abs. 4 des Landestariftreuegesetzes vom 4.2. 2011 (GVBl. 36).

[177] OLG Koblenz Beschl. v. 19.2.2014 – 1 Verg 8/13, BeckRS 2014, 4986.

[178] EuGH Urt. v. 17.11.2015 – C-115/14, ECLI:EU:C:2015:760 = IBRRS 2015, 3018 Rn. 74f. – RegioPost; dazu *Schäfer* GS Kratzenberg, 223 (230f.); *Bonitz* NZBau 2016, 418; *Siegel* EuZW 2016, 101; *Germelmann* GewArch 2016, 100; *Kainer* NZA 2016, 394; *Byok* NJW 2016, 1494; *Neun/Otting* EuZW 2016, 486.

Zur **Kontrolle** ist der öffentliche Auftraggeber berechtigt, Einsicht in die Entgeltabrechnungen nicht nur der beauftragten Unternehmen sondern auch der Nachunternehmer zu nehmen. Das Einsichtsrecht erstreckt sich auch auf andere Geschäftsunterlagen, aus denen Umfang, Art, Dauer und tatsächliche Entlohnung der Beschäftigten hervorgehen. Die Beschäftigten sind auf diese Kontrollmöglichkeiten hinzuweisen. Die Regelung steht aufgrund des wenig bestimmten Umfangs betreffend die zur Einsicht bestimmten Unterlagen zumindest in einem Spannungsverhältnis zum Grundsatz der Datensparsamkeit im Datenschutzrecht.

273 Darüber hinaus reicht es nicht aus, dass in das Vergabeverfahren eine allgemeine Erklärung über die Verpflichtung zur Anwendung des LTTG aufgenommen wird. Vielmehr ist der Auftraggeber verpflichtet, seine Vergabeunterlagen so auszugestalten, dass die Bestimmungen über die Entgelthöhe und deren Durchsetzungsmodalitäten (**Vertragsstrafenregelung, Kündigung und Auftragssperre**) Bestandteil des abzuschließenden Vertrages werden.[179]

V. e-Vergabe

274 Der Vergabemarktplatz des Landes Rheinland-Pfalz ist unter www.vergabe.rlp.de abrufbar. Dort kann der gesamte Prozess der Ausschreibung über die Internet-Plattform abgewickelt werden.[180]

275 Auf diesem besteht die Möglichkeit Vergabeunterlagen herunterzuladen, mit der zuständigen Vergabestelle zu kommunizieren sowie elektronische Angebote abzugeben.[181]

276 – unbesetzt –

VI. Vergabefremde Aspekte

277 Gemäß § 1 Abs. 3 LTTG können zusätzliche Anforderungen an die Leistungsdurchführung gestellt werden. Dabei hat das LTTG vornehmlich soziale Aspekte im Blick. Nach S. 2 der Bestimmung können insbesondere folgende **soziale Aspekte** idS werden

- Beschäftigung von Auszubildenden oder Langzeitarbeitslosen,
- Die Verwendung von Produkten oder die Lieferung von Waren, die im Ausland unter Einhaltung der Kernarbeitsnormen der internationalen Arbeitsorganisation gewonnen oder hergestellt wurden, und
- Sicherstellung der Entgeltgleichheit von Frauen und Männern.

VII. Rechtsschutz- und Beschwerdemöglichkeiten

278 In Rheinland-Pfalz ist bei der Aufsicht- und Dienstleistungsdirektion (ADD) die sog. VOB-Stelle eingerichtet. Dabei handelt es sich vornehmlich um eine Aufklärungs- und Beratungsstelle.

279 Weitere landesrechtliche eigene Rechtsschutzbestimmungen, um sich gegen Verstöße bei der Vergabe zu wehren (Primärrechtsschutz) bestehen nicht. Für den Primärrechtsschutz gelten die Ausführungen in → § 89 Rn. 1 ff. Für Schadensersatzforderungen vgl. ausführlich in → § 38 Rn. 1 ff.

---

179 § 4 Abs. 1 bis 3 LTTG.
180 https://ldi.rlp.de/de/projekte/vergabeplattform/.
181 https://ldi.rlp.de/de/projekte/vergabeplattform/.

L. Saarland

Rechtsgrundlagen: 280
§ 55 LHO; Ziff. 2 VV zu § 55 LHO; Vergabeerlass vom 7.4.2020; § 24 KommHVO; Saarländisches Tariftreuegesetz vom 6.2.2013 (Saarländisches Tariftreuegesetz – STTG) (Amtsbl. I 84); Gesetz Nr. 1899 zur Förderung der Unternehmen der mittelständischen Wirtschaft (Mittelstandsförderungsgesetz – MFG) vom 13.7.2016, (Amtsbl. 834); Verordnung zur Anpassung des Mindestlohns gem. § 3 Abs. 5 S. 3 des Saarländischen Tariftreuegesetzes vom 7.10.2019 (Amtsbl. I 808); Richtlinien für die Vergabe von Aufträgen über Lieferungen und Leistungen durch die saarländische Landesverwaltung (Beschaffungsrichtlinien) vom 16.9.2008 (Amtsbl. 1683), zuletzt geändert durch RL zur Änd. der Beschaffungsrichtlinien vom 5.9.2019 (Amtsbl. 722); Änderung der Richtlinien für Beschaffungen von Lieferungen und Leistungen auf dem Gebiet der Informations- und Kommunikationstechnologie in der Landesverwaltung des Saarlandes (IuK-BER) vom 30.8.2011 (Amtsbl. 1002), zuletzt geändert durch Änderung vom 21.12.2015 (Amtsbl. 2016 I 57).

Gemäß Ziff. 2 der Verwaltungsvorschrift zu § 55 LHO sind im Unterschwellenbereich 281
für die Vergabe von **Liefer- und Dienstleistungen** die **UVgO** und für die Vergabe von **Bauleistungen** der erste Abschnitt der **VOB/A** anzuwenden. Kommunale Gebietskörperschaften haben nach Ziff. 1.1 des Vergabeerlasses vom 7.4.2020 die VOB/A anzuwenden. Die Anwendung der UVgO wird lediglich empfohlen (Ziff. 2.1 Vergabeerlass). Gemäß § 24 Abs. 2 KommHVO sind für die Vergabe öffentlicher Aufträge die Vergabegrundsätze des Ministeriums für Inneres und Sport maßgeblich.

Die Durchführung von Beschaffungen wird in einem Landesvergabe- und Tariftreuege- 282
setz näher bestimmt.

I. Vom Anwendungsbereich betroffene Vergabestellen

Das Saarländische Tariftreuegesetz (STTG) gilt für alle öffentlichen Auftraggeber iSd § 98 283
GWB aF (jetzt: § 99 GWB).[182] Es nimmt darüber hinaus lediglich solche Aufträge aus, die in § 100 Abs. 2 GWB aF geregelt sind und Aufträge im ÖPNV, die in § 1 Abs. 2 Saarländisches TariftreueG einer eigenen Reglung unterworfen werden.

Das Gesetz gilt ab Erreichen eines Auftragswertes von 25.000 EUR (netto).[183] 284

II. Besonderheiten im Anwendungsbereich der Vergabearten

Die Bestimmungen des ersten Abschnitts der VOB/A und die UVgO werden lediglich für 285
kommunale Gebietskörperschaften modifiziert. Nach Ziff. 1.1 Vergabeerlass 2020 findet § 21 VOB/A keine Anwendung. Zudem gelten nach Ziff. 1. und 2. Vergabeerlass gesonderte Wertgrenzen für freihändige Vergaben, beschränkte Ausschreibungen sowie für Direktaufträge.

III. Mittelstandsförderung

Besondere gesetzliche Bestimmungen zur Förderung mittelständischer Interessen im Rah- 286
men der öffentlichen Auftragsvergabe sind im Mittelstandsförderungsgesetz – (MFG) vorgesehen. Gemäß § 1 Abs. 1 MFG ist der saarländische Mittelstand in Industrie, Gewerbe, Handwerk und Handel zu fördern und in seiner freien Entfaltung zu schützen. Erreicht werden soll dies durch die Schaffung transparenter und an den Bedürfnissen und Möglichkeiten des Mittelstandes orientierter Vergaberegelungen.[184] Das Land, die Gemeinden und die Gemeindeverbände sowie die sonstigen der Aufsicht des Landes unterstehenden Körperschaften, Anstalten und Stiftungen des öffentlichen Rechts sollen bei der Vergabe öf-

[182] § 1 Abs. 1 STTG.
[183] § 1 Abs. 5 STTG.
[184] § 1 Abs. 2 Nr. 12 MFG.

fentlicher Aufträge Zweck und Zielsetzung des MFG beachten.[185] Die §§ 11 ff. MFG normieren vergaberechtliche Bestimmungen hinsichtlich der Mittelstandsförderung. Nach § 12 Abs. 1 MFG ist grundsätzlich als fachkundig im Sinne des Teils A der VOB/A in der jeweils geltenden Fassung anzusehen, wer einen Meistertitel gem. den §§ 51 oder 51d der Handwerksordnung[186] in dem für den öffentlichen Auftrag geforderten Gewerbe oder Gewerk nachweist, es sei denn, die Besonderheiten des Auftrages erfordern weitere Angaben zur auftragsbezogenen fachlichen Eignung. Des Weiteren bestimmt § 13 MFG, dass Leistungen grundsätzlich in **Teil- und Fachlose** aufzuteilen sind, damit sich Unternehmen der mittelständischen Wirtschaft bewerben können. Darüber hinaus schreibt § 14 MFG vor, wie die Chancen für Unternehmen der mittelständischen Wirtschaft zu erhöhen sind. So ordnet § 14 Abs. 1 MFG an, dass das Vergabeverfahren grundsätzlich so zu wählen und die Vergabeunterlagen so zu gestalten sind, dass Unternehmen der mittelständischen Wirtschaft am Wettbewerb teilnehmen und beim Zuschlag berücksichtigt werden können. Nach § 15 MFG sind auch Angebote von **Bietergemeinschaften** zuzulassen. Auch sind Sicherheits- und Garantieleistungen, die den Auftragnehmern auferlegt werden, mittelstandsfreundlich zu bemessen.[187] Schließlich sind Auftragnehmer für den Fall der Weitergabe von Leistungen an **Nachunternehmer** vertraglich zu verpflichten, bevorzugt Unternehmen der mittelständischen Wirtschaft zu beteiligen, soweit es mit der vertragsgemäßen Ausführung des Auftrags zu vereinbaren ist.[188]

IV. Tariflohnbestimmungen

287 Das Saarländisches Tariftreuegesetz enthält eine allgemeine Mindestentgeltbestimmung iHv 9,35 EUR.[189] Es verpflichtet die vom Anwendungsbereich erfassten Vergabestellen, öffentliche Aufträge, die vom **Arbeitnehmer-Entsendegesetz** oder vom **Mindestarbeitsbedingungsgesetz** erfasst werden, nur an solche Unternehmen zu vergeben, die sich bei der Angebotsabgabe schriftlich verpflichten, ihren Beschäftigten bei der Ausführung der Leistung ein Entgelt zu zahlen, das in Höhe und Modalitäten mindestens den Vorgaben desjenigen Tarifvertrages oder der auf Basis des § 4 MiArbG entspricht, an die das Unternehmen auf der Grundlage der vorstehenden Bestimmungen gebunden sind.[190] Für den ÖPNV ist der im Saarland geltende Tarifvertrag maßgeblich.

288 Diese Tariftreueverpflichtung erstreckt sich neben dem Auftragnehmer auch auf dessen Nachunternehmerketten. **Nachunternehmervergaben** bis zu einem Auftragswert von 5.000 EUR können nach § 4 Abs. 2 STTG ausgenommen werden.[191]

289 Fehlt bei der Angebotsabgabe die entsprechende Tariftreueverpflichtung, so **fordert** der Auftraggeber diese unter Fristsetzung **nach.** Reicht der Unternehmer die Erklärung nicht oder nicht fristgerecht ein, so führt dies zum Ausschluss.[192]

290 Der Auftragnehmer und seine Nachunternehmen sind dem Auftraggeber gem. § 4 Abs. 1 Saarländisches Vergabe- und TariftreueG zum Nachweis der Einhaltung der Entgelt- und Tarifverpflichtungen verpflichtet. Zur Kontrolle ist der öffentliche Auftraggeber berechtigt, Einsicht in die Entgeltabrechnungen nicht nur der beauftragten Unternehmen

[185] § 3 Abs. 1 MFG.
[186] Handwerksordnung in der Fassung der Bekanntmachung v. 24.9.1998 (BGBl. I 3074; 2006 I 2095), zuletzt geändert durch Art. 19 des Gesetzes v. 25.7.2013 (BGBl. I 2749) in der jeweils geltenden Fassung.
[187] § 17 Abs. 1 MFG.
[188] § 18 Abs. 1 Nr. 1 MFG.
[189] Erhöht durch die Verordnung zur Anpassung des Mindestlohns gem. § 3 Abs. 5 S. 3 des Saarländischen Tariftreuegesetzes v. 7.10.2019 (Amtsbl. I 808).
[190] § 3 STTG.
[191] Allerdings gibt der Wortlaut der Vorschrift nicht her, ob brutto oder netto. Nachdem § 1 Saarländisches TariftreueG jedoch in Bezug auf den Auftragswert für die Eröffnung des Anwendungsbereichs des Gesetzes explizit auf die VgV verweist, wird man wohl auch hier von einem Netto-Auftragswert ausgehen dürfen.
[192] § 2 Abs. 4 STTG.

sondern auch der Nachunternehmer zu nehmen. Das Einsichtsrecht erstreckt sich auch auf Unterlagen in die Abführung von Steuern und Beiträgen an in- und ausländische Sozialversicherungsträger. Die Beschäftigten sind auf diese Kontrollmöglichkeiten hinzuweisen.

Darüber hinaus reicht es nicht aus, dass in das Vergabeverfahren eine allgemeine Erklärung über die Verpflichtung zur Anwendung des Saarländischen Vergabe- und Tariftreuegesetzes aufgenommen wird. Vielmehr ist der Auftraggeber verpflichtet, seine Vergabeunterlagen so auszugestalten, dass die Bestimmungen über die Entgelthöhe und deren **Durchsetzungsmodalitäten** (Vertragsstrafenregelung, Kündigung und Auftragssperre) Bestandteil des abzuschließenden Vertrages werden.[193] 291

V. e-Vergabe

Das Landesamt für Umwelt- und Arbeitsschutz hat zum 1.1.2019 die e-Vergabe für Vergabeverfahren im Land Saarland eingeführt. Die e-Vergabe ist durchzuführen soweit eine Vergabe ab einem geschätzten Auftragswert von über 5.000 EUR (ohne Umsatzsteuer) vorliegt.[194] 292

Die Landeseinrichtungen werden verpflichtet öffentliche Ausschreibungen auf der e-Vergabe-Plattform unter www.saarland.de/ausschreibungen.htm zu veröffentlichen. 293

Ausschreibungen sind darüber hinaus auf der Vergabeplattform „vergabe.saarland" zu finden.[195] Die Vergabeunterlagen können dort kostenfrei abgerufen werden. Zudem können Angebote direkt online abgegeben werden.[196] 294

VI. Vergabefremde Aspekte

Gemäß § 11 Saarländisches Vergabe- und TariftreueG haben die öffentlichen Auftraggeber im Rahmen der Beschaffung darauf zu achten, dass die negativen Umwelteinwirkungen gering gehalten werden. Dabei kann bereits in der Bedarfsermittlung und der Leistungsbeschreibung auf Anforderungen zurückgegriffen werden, die dazu dienen, den Programmsatz umzusetzen. Konkrete Anforderungen enthält das Saarländische Vergabe- und Tariftreuegesetz jedoch nicht. 295

Das Saarländische Vergabe- und Tariftreuegesetz verpflichtet die Vergabestellen gem. § 10 Saarländisches Vergabe- und TariftreueG zur Beachtung der ILO-Kernarbeitsnormen. 296

VII. Rechtsschutz- und Beschwerdemöglichkeiten

Auch im Saarland sind sog. VOB-Stellen eingerichtet. Dabei handelt es sich vornehmlich um Aufklärungs- und Beratungsstellen. 297

Weitere landesrechtliche eigene Rechtsschutzbestimmungen, um sich gegen Verstöße bei der Vergabe zu wehren (Primärrechtsschutz) bestehen nicht. Für den Primärrechtsschutz gelten die Ausführungen in → § 89 Rn. 1 ff. Für Schadensersatzforderungen vgl. ausführlich in → § 38 Rn. 1 ff. 298

[193] § 9 STTG.

[194] https://www.saarland.de/SID-E8BE8101-4DA4409A/243481.htm.

[195] https://www.saarland.de/SID-E8BE8101-4DA4409A/243481.htm; https://www.saarland.de/dokumente/thema_LUA/18_Bieterflyer_Saarland.pdf.

[196] https://www.saarland.de/SID-E8BE8101-4DA4409A/243481.htm.

M. Sachsen

299 **Rechtsgrundlagen:**
§ 55 SäHO; Ziff. 2 VwV zu § 55 SäHO; Gesetz über die Vergabe öffentlicher Aufträge im Freistaat Sachsen (Sächsisches Vergabegesetz – SächsVergabeG) vom 14.2.2013, (SächsGVBl. 109), das durch Artikel 2 Absatz 18 des Gesetzes vom 5.4.2019 (SächsGVBl. 245) geändert worden ist; Mittelstandsrichtlinie vom 16.4. 2018 (SächsABl. 558), die durch die Richtlinie vom 12.12.2019 (SächsABl. SDr. 2020 16) geändert worden ist, enthalten in der Verwaltungsvorschrift vom 29.11.2019 (SächsABl. SDr. 398).

300 Gemäß § 1 Abs. 2 SächsVergabeG gelten die Bestimmungen der ersten Abschnitte der **VOL/A** und **VOB/A** in der jeweils geltenden Fassung (dynamische Verweisung).

301 Das Landesvergabegesetz trifft darüber hinaus konkrete Anordnungen für die Durchführung öffentlicher Beschaffungen in Sachsen.

I. Vom Anwendungsbereich betroffene Vergabestellen

302 Der **persönliche Anwendungsbereich** umfasst neben den Landesvergabestellen alle staatlichen und kommunalen Auftraggeber, sowie sonstige Körperschaften, Anstalten und Stiftungen des öffentlichen Rechts, die von § 55 LHO des Freistaates Sachsen erfasst werden. Gemäß § 2 Abs. 2 SächsVergabeG sind kommunale Auftraggeber im Sinne dieses Gesetzes die Gemeinden, die Landkreise, die Verwaltungsverbände, die Zweckverbände und sonstige juristische Personen des öffentlichen Rechts sowie deren Sondervermögen, auf die das Gemeindewirtschaftsrecht Anwendung findet.

303 Öffentliche Auftraggeber gem. § 98 Nr. 4 und 5 GWB aF sowie Unternehmen, die mit Gewinnerzielungsabsicht tätig sind, im Wettbewerb mit anderen Unternehmen stehen und ihre Aufwendungen ohne Zuwendungen aus öffentlichen Haushalten decken, werden von der Anwendung gem. § 2 Abs. 4 SächsVergabeG grundsätzlich ausgenommen.

304 Der **sachliche Anwendungsbereich** ist auf öffentliche Verträge unterhalb der EU-Schwellenwerte begrenzt.[197] Vom sachlichen Anwendungsbereich des SächsVergabeG sind Aufträge ausgenommen, die auch vom Vierten Teil des GWB gem. § 100 Abs. 2 GWB ausgenommen sind. Darüber hinaus findet das Gesetz zudem auf die freiberuflichen Leistungen oder auf Leistungen, die im Wettbewerb mit freiberuflich Tätigen angeboten werden und deren Gegenstand eine Aufgabe ist, deren Lösung nicht vorab eindeutig erschöpfend beschrieben werden kann, keine Anwendung.[198]

II. Besonderheiten im Anwendungsbereich der Vergabearten

305 Besondere **Wertgrenzen** werden für die Freihändige Vergabe bei Bau-, Liefer- und Dienstleistungen eingeräumt. Der Höchstwert für eine freihändige Vergabe nach § 3 Abs. 5 lit. i) VOL/A wird auf 25.000 EUR (ohne Umsatzsteuer) festgesetzt.[199] Freihändige Vergaben nach § 3 Abs. 5 VOB/A sind bis zu einem geschätzten Auftragswert in Höhe von 25.000 EUR (ohne Umsatzsteuer) zulässig.[200] Preisgebundene Schulbücher können im Unterschwellenbereich generell mittels Freihändiger Vergabe beschafft werden.[201]

306 **Eignungsnachweise** werden für die Verfahren im Anwendungsbereich des SächsVergabeG grundsätzlich einheitlich als Eigenerklärungen gefordert.[202] Auch der Präqualifizierung durch PQ-VOL wird im Rahmen des § 3 Abs. 2 SächsVergabeG eine verfahrensrele-

---

197 § 1 Abs. 1 SächsVergabeG.
198 § 1 Abs. 3 SächsVergabeG.
199 § 4 Abs. 1 SächsVergabeG.
200 § 4 Abs. 1 SächsVergabeG.
201 § 4 Abs. 2 SächsVergabeG.
202 § 3 Abs. 1 S. 2 SächsVergabeG.

vante Bedeutung zugewiesen. Danach gelten die Eignungskriterien, die von der Präqualifizierungsstelle bescheinigt werden auch für die Vergabestellen als erfüllt.[203]

Für die **Wertung** der Angebote wird den Vergabestellen gem. § 5 Abs. 1 SächsVergabeG ein einheitliches Wertungsschema vorgegeben. Das Wertungsschema enthält das in den Vergabe- und Vertragsordnungen niedergelegte vierstufige Wertungssystem.[204] Für die Preisangemessenheitsprüfung verlangt auch das Vergabegesetz in Sachsen eine verbindliche Prüfung bei einer Abweichung ab 10 vH von dem nächsthöheren oder niedrigeren Angebot. 307

III. Mittelstandsförderung

Zur Mittelstandsförderung besteht in Sachsen die Richtlinie des Sächsischen Staatsministeriums für Wirtschaft, Arbeit und Verkehr (Mittelstandsrichtlinie)[205]. Diese normiert jedoch keine Bestimmungen zur Förderung mittelständischer Interessen im Vergabeverfahren. Jedoch wird in § 6 SächsVergabeG ausdrücklich die **Eigenleistungsverpflichtung** bis zu einer Höhe von 50 vH verfügt, mithin die Auftragschance für mittelständische Unternehmen erhöht. Im Hinblick auf die Grundfreiheiten des AEUV werden Eigenleistungsverpflichtungen der Unternehmen kritisch betrachtet. Jede Vergabe mit sog. Binnenmarktrelevanz[206] muss unter dem Eindruck der europäischen Rechtsprechung, die sich letztlich in den Bestimmungen der zweiten Abschnitte durch die der Höhe nach unbeschränkte Möglichkeit der Berufung auf die Ressourcen Dritter wiederfindet, kritisch gesehen werden. 308

Auch **Nachunternehmervergaben** in Sachsen müssen folgenden Kriterien gerecht werden: 309

- bevorzugt Unternehmen der mittelständischen Wirtschaft zu beteiligen, soweit es mit der vertragsgemäßen Ausführung des Auftrags zu vereinbaren ist,
- Nachunternehmen davon in Kenntnis zu setzen, dass es sich um einen öffentlichen Auftrag handelt,
- bei der Weitergabe von Bauleistungen an Nachunternehmen die VOB/B oder VOL/B zum Vertragsbestandteil zu machen,
- den Nachunternehmern keine, insbesondere hinsichtlich der Zahlungsweise, ungünstigeren Bedingungen aufzuerlegen, als zwischen dem Auftragnehmer und dem öffentlichen Auftraggeber vereinbart sind.

IV. Tariflohnbestimmungen

Das Vergabegesetz enthält keine Tariflohnbestimmungen oder festgesetzte Mindestentgelte. 310

VI. Vergabefremde Aspekte

Das Vergabegesetz in Sachsen gibt keine sozialen oder ökologischen Aspekte vor, die zwingend bei der Beschaffung zu berücksichtigen sind. 311

---

[203] Modifizierung des § 6 Abs. 4 VOL/A, wonach die Zulassung in das Ermessen des Auftraggebers gestellt wird.

[204] Anlage 1 zu § 5 Abs. 1 SächsVergabeG.

[205] Mittelstandsrichtlinie v. 16.4.2018 (SächsABl. 558), die durch die Richtlinie v. 12.12.2019 (SächsABl. SDr. 2020 16) geändert worden ist, enthalten in der Verwaltungsvorschrift v. 29.11.2019 (SächsABl. SDr. 398).

[206] Zum Begriff siehe → § 74 Rn. 3ff.

V. e-Vergabe

312 Landesrechtliche Bestimmungen zur e-Vergabe bestehen im Land Sachsen nicht. Ausschreibungen der Landeseinrichtungen des Landes Sachsen werden auf www.vergabe.sachsen.de veröffentlicht.

VII. Rechtsschutz- und Beschwerdemöglichkeiten

313 In Sachsen besteht bereits seit Jahren ein eigenes Rechtsschutzsystem für die Vergaben unterhalb der Schwellenwerte. Lediglich Bauvergaben bis 75.000 EUR (netto) bzw. Liefer- und Dienstleistungsvergaben bis 50.000 EUR (netto) werden ausgenommen (**De-Minimis-Regel**).[207]

314 Gemäß § 8 Abs. 1 SächsVergabeG informiert der Auftraggeber die Bieter, deren Angebote nicht berücksichtigt werden sollen, über den Namen des Bieters, dessen Angebot angenommen werden soll, und über den Grund der vorgesehenen Nichtberücksichtigung ihres Angebotes. Er gibt diese Information in Textform spätestens zehn Kalendertage vor dem Vertragsabschluss ab (**Vorabinformationspflicht**).

315 Der Bieter kann durch **Beanstandung** ein Nachprüfungsverfahren starten. Allerdings besteht kein Anspruch auf das Tätigwerden der Nachprüfungsbehörde. Dazu muss der Bieter vor Ablauf der Frist (10 KT) schriftlich beim Auftraggeber die Nichteinhaltung der Vergabevorschriften beanstanden.

316 In diesem Fall hat der Auftraggeber die **Nachprüfungsbehörde** zu unterrichten, es sei denn, der Beanstandung wurde durch die Vergabestelle abgeholfen. Nach der Unterrichtung an die Nachprüfungsbehörde darf der Zuschlag nur erteilt werden, wenn die Nachprüfungsbehörde nicht innerhalb von zehn Kalendertagen nach Unterrichtung das Vergabeverfahren unter Angabe von Gründen beanstandet; andernfalls hat der Auftraggeber die Auffassung der Nachprüfungsbehörde zu beachten.

317 **Zuständige** Nachprüfungsbehörde ist die Aufsichtsbehörde, bei kreisangehörigen Gemeinden und Zweckverbänden die Landesdirektion Sachsen.

318 Gemäß § 8 Abs. 4 SächsVergabeG werden für die Nachprüfung **Kosten** nach dem entsprechenden Verwaltungskostengesetz erhoben. Die Gebühr für die Nachprüfung beträgt mindestens 100 EUR, soll aber den Betrag von 1.000 EUR nicht überschreiten. Ergibt die Nachprüfung, dass ein Bieter zu Recht das Vergabeverfahren beanstandet hat, sind keine Kosten zu seinen Lasten zu erheben.

N. Sachsen-Anhalt

319 **Rechtsgrundlagen:**
§ 55 LHO LSA; Ziff. 2 VV zu § 55 LHO LSA; § 29 GemHVO Doppik; RdErl. des MW vom 21.11.2008 (MBl. LSA Nr. 16/2009); Gesetz über die Vergabe öffentlicher Aufträge in Sachsen-Anhalt (Landesvergabegesetz – LVG LSA) vom 19.11.2012 (GVBl. LSA 2012, 536), zuletzt geändert durch § 1 Zweites ÄndG vom 27.10.2015 (GVBl. LSA 562); Mittelstandsförderungsgesetz (MFG) vom 27.6.2001 (GVBl. LSA 2001, 230), zuletzt geändert durch Gesetz vom 19.11.2012 (GVBl. LSA 536.); RdErl. des MW vom 7.2.2011 – 41-32570-20/1, Landesweite Bekanntmachung öffentlicher Aufträge von Liefer-, Bau- und Dienstleistungen auf dem eVergabe-Portal (LSA Nr. 12/2011-182); Allgemeine Regelung für die Gebäudeinnen- und Gebäudeaußenreinigung aller landeseigenen oder angemieteten Gebäude und Räume RdErl. des MF vom 16.6. 1998 – 22.04019-7 (MBl. LSA Nr. 35/1998, 1225), geändert durch: RdErl. des MF vom 13.3.2008 – 25.04019-1 (MBl. LSA Nr. 15/2008, 311) und durch RdErl. des MF vom 18.6.2015 – 25.04019-7 (MBl. LSA Nr. 25/2015, 404); Verordnung über die Anwendung des Formularwesens bei der Vergabe öffentlicher Bauaufträge vom 30.4.2013 (GVBl. LSA190)); Beachtung der Besonderen Vertragsbedingungen (BV) und der Ergänzenden Vertragsbedingungen (EVB-IT) bei der Vergabe von öffentlichen Aufträgen über Informationstechnik (IT) RdErl. des MF und des MI vom 27.7.2015 – 62-04010 (MBl. LSA Nr. 28/2015 464); Verordnung über Auftragswerte für die Durchführung von Beschränkten Ausschreibungen und Freihändigen Vergaben nach der Vergabe- und Vertragsordnung für Leistungen – Teil A – vom 16.12.2013 (GVBl. LSA

[207] § 8 Abs. 3 SächsVergabeG.

2013, 561); Allgemeine Nebenbestimmungen für Zuwendungen zur Projektförderung an Gebietskörperschaften und Zusammenschlüsse von Gebietskörperschaften in der Rechtsform einer juristischen Person des öffentlichen Rechts (ANBest-Gk) (MBl. LSA Nr. 37/2009 vom 16.11.2009); Allgemeine Nebenbestimmungen für Zuwendungen zur Projektförderung (ANBest-P) (MBl. LSA Nr. 51/2006 vom 27.12.2006); Gemeinsame Geschäftsordnung der Vergabekammern des Landes Sachsen-Anhalt Bekanntmachung des MW vom 17.4.2013 (MBl. LSA Nr. 14/2013); Richtlinie über die Einrichtung von Vergabekammern in Sachsen-Anhalt, RdErl. des MW vom 8.12.2003, (MBl. LSA Nr. 57/2003); Rundschreiben des Ministeriums für Wirtschaft, Wissenschaft und Digitalisierung vom 11.5.2020; Verordnung über die Auftragswerte nach der Vergabe- und Vertragsordnung für Leistungen, Teil A und der Vergabe- und Vertragsordnung für Bauleistungen Teil A – Ausgabe 2009 – zur Ankurbelung der Wirtschaft wegen der SARS-COV-2-Pandemie (Auftragswerkverordnung – AwVO).

Gemäß § 1 Abs. 2 LVG LSA gelten in Sachsen-Anhalt die ersten Abschnitte der Verga- 320
be- und Vertragsordnungen. Eine Einführung der UVgO steht derzeit noch aus.

Die Durchführung öffentlicher Beschaffungen wird in Sachsen-Anhalt mittels Landes- 321
vergabegesetz näher bestimmt.

I. Vom Anwendungsbereich betroffene Vergabestellen

Das Landesvergabegesetz findet für die Liefer- und Dienstleistungsvergaben ab 322
25.000 EUR (netto), für Bauvergaben ab 50.000 EUR (netto) **Anwendung.**[208]

Das Landesvergabegesetz in Sachsen Anhalt (SachsAnhLVG) findet neben der klassischen 323
öffentlichen Hand auch auf solche **Auftraggeber** Anwendung, die dem funktionalen Auftraggeberbegriff des § 98 Nr. 2 GWB aF (jetzt: § 99 Nr. 2 GWB) unterfallen.

II. Besonderheiten im Anwendungsbereich der Vergabearten

Die AwVO legt bis zum 31.12.2020 befristet aufgrund der Corona-Pandemie erhöhte 324
Wertgrenzen fest.

Ab 1.1.2021 gelten die Wertgrenzen des Runderlasses des Ministeriums für Wirtschaft. Der Runderlass legt folgende Wertgrenzen fest:

Für Vergaben nach VOL/A ist die 325
- Beschränkte Ausschreibung mit oder ohne Teilnahmewettbewerb bis zu einem Auftragswert iHv 50.000 EUR (netto)[209],
- Freihändige Vergabe bis zu einem Auftragswert iHv 25.000 EUR (netto) zulässig.[210]

Für Vergaben nach VOB/A werden keine besonderen Wertgrenzen eingeführt. Damit 326
gelten die in der VOB/A festgelegten Wertgrenzen.

Um die Wahrnehmung öffentlicher Aufträge zu erhöhen, werden die staatlichen Auf- 327
traggeber verpflichtet, ihre Vergaben zentral zu veröffentlichen (**Transparenz**).[211]

Gemäß § 14 LVG LSA ist die Prüfung der **Preisangemessenheit** für alle Beschaffun- 328
gen ab einem Abstand zum nächst höheren Angebot von 10 vH zwingend. Dabei ist der Bieter verpflichtet, seine ordnungsgemäße Kalkulation nachzuweisen.

III. Mittelstandsförderung

Gemäß § 3 LVG LSA ist der Mittelstand angemessen zu fördern. Dabei soll nicht nur die 329
Fach- und Teillosvergabe die Teilnahmemöglichkeit der mittelständischen Unternehmen

[208] § 1 Abs. 1 LVG LSA.

[209] § 1 Verordnung über Auftragswerte für die Durchführung von Beschränkten Ausschreibungen und Freihändigen Vergaben nach der Vergabe- und Vertragsordnung für Leistungen – Teil A – v. 16.12.2013 (GVBl. LSA 2013, 561).

[210] § 2 Verordnung über Auftragswerte für die Durchführung von Beschränkten Ausschreibungen und Freihändigen Vergaben nach der Vergabe- und Vertragsordnung für Leistungen – Teil A – v. 16.12.2013 (GVBl. LSA 2013, 561).

[211] *(nicht belegt)*

erhöhen. Die Vorschrift verpflichtet den Auftraggeber ausdrücklich, die Vergabeunterlagen insgesamt so zu gestalten, dass auch eine **Zuschlagschance** für die mittelständischen Unternehmen besteht.

330 § 13 Abs. 4 LVG LSA sieht als Teil der Mittelstandsförderung besondere Kriterien für die **Nachunternehmervergabe** vor:

- bevorzugt kleine und mittlere Unternehmen zu beteiligen, soweit es mit der vertragsgemäßen Ausführung des Auftrags zu vereinbaren ist,
- Nachunternehmer davon in Kenntnis zu setzen, dass es sich um einen öffentlichen Auftrag handelt,
- bei der Weitergabe von Bauleistungen an Nachunternehmer die VOB/B und die VOL/B zum Vertragsbestandteil zu machen und
- den Nachunternehmern keine, insbesondere hinsichtlich der Zahlungsweise, ungünstigeren Bedingungen aufzuerlegen, als zwischen dem Auftragnehmer und dem öffentlichen Auftraggeber vereinbart sind.

IV. Tariflohnbestimmungen

331 Das Landesvergabegesetz (LVG LSA) enthält keine allgemeine Mindestentgeltbestimmung. Es verpflichtet die vom Anwendungsbereich erfassten Vergabestellen jedoch öffentliche Aufträge, die vom **Arbeitnehmerentsendegesetz** erfasst werden, nur an solche Unternehmen zu vergeben, die sich bei der Angebotsabgabe schriftlich verpflichten, ihren Beschäftigten bei der Ausführung der Leistung ein Entgelt zu zahlen, das in Höhe und Modalitäten mindestens den Vorgaben desjenigen Tarifvertrages entspricht, an die das Unternehmen auf der Grundlage der vorstehenden Bestimmungen gebunden ist.[212] Für den ÖPNV ist der jeweils repräsentative Tarifvertrag maßgeblich, der in den Ausschreibungsbedingungen entsprechend benannt ist.

332 § 10 Abs. 3 LVG LSA enthält darüber hinaus eine **equal-pay Verpflichtung.** Danach dürfen öffentliche Aufträge nur an Bieter vergeben werden, die sich bei der Angebotsabgabe schriftlich verpflichten, dass sie bei der Auftragsdurchführung ihren Arbeitnehmern bei gleicher oder gleichwertiger Arbeit gleiches Entgelt zahlen.

333 Diese Tariftreueverpflichtung erstreckt sich neben dem Auftragnehmer auch auf dessen **Nachunternehmer.**[213] Die Nachweispflicht erstreckt sich nach dem Wortlaut nicht auf Nachunternehmerketten. Andererseits besteht auch keine Bagatellgrenze beim Nachweis der Tariftreue im Nachunternehmereinsatz.

334 Der Auftragnehmer und seine Nachunternehmen sind dem Auftraggeber gem. § 17 LVG LSA zum Nachweis der Einhaltung der Entgelt- und Tarifverpflichtungen verpflichtet. Zur **Kontrolle** ist der öffentliche Auftraggeber berechtigt, Einsicht in die Entgeltabrechnungen nicht nur der beauftragten Unternehmen sondern auch der Nachunternehmer zu nehmen. Das Einsichtsrecht erstreckt sich auch auf Unterlagen über die Abführung von Steuern und Sozialversicherungsbeiträgen inkl. der zwischen den Auftragnehmern und ihren Nachunternehmern geschlossenen Werkverträgen. Die Beschäftigten sind auf diese Kontrollmöglichkeiten hinzuweisen.

335 Darüber hinaus reicht es nicht aus, dass in das Vergabeverfahren eine allgemeine Erklärung über die Verpflichtung zur Anwendung des Vergabegesetzes aufgenommen wird. Vielmehr ist der Auftraggeber verpflichtet, seine Vergabeunterlagen so auszugestalten, dass die Bestimmungen über die Entgelthöhe und deren **Durchsetzungsmodalitäten** (Vertragsstrafenregelung, Kündigung und Auftragssperre) Bestandteil des abzuschließenden Vertrages werden.[214]

[212] § 10 LVG LSA.
[213] § 13 Abs. 3 LVG LSA.
[214] § 18 LVG LSA.

V. e-Vergabe

Nach § 3 Abs. 3 LVG LSA haben staatliche Auftraggeber die Ausschreibung eines öffentlichen Auftrages in elektronischer Form auf der zentralen Veröffentlichungs- und Vergabeplattform des Landes Sachsen-Anhalt (www.evergabe.sachsen-anhalt.de) bekannt zu machen.[215] Werden die öffentlichen Aufträge auf dem eVergabe-Portal des Landes Sachsen-Anhalt bekannt gemacht, werden diese automatisch auch auf der Plattform des Bundes (www.bund.de) und bei EU-weiten Ausschreibungen auf der Plattform des Amtes für Veröffentlichung der Europäischen Gemeinschaften (http://ted.europ.eu.int) bekannt gegeben.[216] 336

VI. Vergabefremde Aspekte

Das Landesvergabegesetz hebt an den verschiedenen Stellen die Möglichkeit der Berücksichtigung von Umweltbelangen hervor.[217] Zusätzliche Anforderungen iSd § 97 Abs. 4 GWB aF (jetzt: § 129 GWB) dürfen jedoch erst an Auftragnehmer mit min. 25 Arbeitnehmern gestellt werden.[218] 337

Zu berücksichtigende, im sachlichen Zusammenhang stehende **soziale** Belange iSd § 4 Abs. 2 LVG LSA sind: 338
- die Beschäftigung von Auszubildenden,
- qualitative Maßnahmen zur Familienförderung und
- die Sicherstellung der Entgeltgleichheit von Frauen und Männern oder auch
- § 141 S. 1 SGB IX.

Bei den **Umweltbelangen** sind insbesondere Energieeinsparungen zu berücksichtigende Belange. Dabei soll gem. Abs. 5 der Vorschrift explizit auf Umweltgütezeichen zurückgegriffen werden. Unter dem Eindruck der europäischen Rechtsprechung ist dies zumindest für solche Vergaben mit Binnenmarktrelevanz abzulehnen.[219] 339

Darüber hinaus sind die **ILO-Kernarbeitsnormen** gem. § 12 LVG LSA zu beachten. 340

VII. Rechtsschutz- und Beschwerdemöglichkeiten

Sachsen-Anhalt gibt sich auch für die Vergaben, die die EU-Schwellenwerte nicht erreichen, ein **Primärrechtsschutzsystem**, das durch die Vergabekammer sichergestellt wird. Das Rechtsschutzsystem ist stark an den Primärrechtsschutz oberhalb der Schwellenwerte angelehnt. Daher erklärt sich auch, dass die **Wertgrenzen** für die Eröffnung des Anwendungsbereichs mit 150.000 EUR (netto) für Bauleistungen und 50.000 EUR (netto) für die übrigen Beschaffungen nicht unerheblich sind.[220] 341

§ 19 Abs. 1 LVG LSA enthält für die Vergaben unterhalb der Schwellenwerte eine **Vorabinformationspflicht.** Danach informiert der öffentliche Auftraggeber die Bieter, deren Angebote nicht berücksichtigt werden sollen, über den Namen des Bieters, dessen Angebot angenommen werden soll, und über die Gründe der vorgesehenen Nichtberücksichtigung ihres Angebotes. Er gibt die Information schriftlich, spätestens sieben Kalendertage vor dem Vertragsabschluss, ab. 342

---

[215] Siehe auch RdErl. des MW v. 7.2.2011 – 41-32570-20/1, Landesweite Bekanntmachung öffentlicher Aufträge von Liefer-, Bau- und Dienstleistungen auf dem eVergabe-Portal, (LSA Nr. 12/2011-182).

[216] Ziff. 4.2 RdErl. des MW v. 7.2.2011 – 41-32570-20/1, Landesweite Bekanntmachung öffentlicher Aufträge von Liefer-, Bau- und Dienstleistungen auf dem eVergabe-Portal, (LSA Nr. 12/2011-182).

[217] §§ 4, 7, 9 LVG LSA.

[218] Wie der Auftraggeber dies zielsicher bei der Gestaltung der Vergabe im Unterschwellenbereich vor Augen haben soll, ist offen.

[219] EuGH Urt. v. 10.5.2012 – C-368/10, ECLI:EU:C:2012:284 = BeckRS 2012, 80912 – Kommission/Königreich der Niederlande.

[220] § 19 Abs. 4 LVG LSA.

343 Mit der **Beanstandung** kann der Bieter ein Nachprüfungsverfahren starten. Beanstandet ein Bieter vor Ablauf der Frist (7 Kalendertage) schriftlich beim öffentlichen Auftraggeber die Nichteinhaltung der Vergabevorschriften und hilft der öffentliche Auftraggeber der Beanstandung nicht ab, ist die Nachprüfungsbehörde durch Übersendung der vollständigen Vergabeakten zu unterrichten.

344 Das **Nachprüfungsverfahren** läuft in Sachsen-Anhalt bis zu vier Wochen. Der Zuschlag darf in dem Fall nur erteilt werden, wenn die Nachprüfungsbehörde nicht innerhalb der vier Wochen nach Unterrichtung das Vergabeverfahren mit Gründen beanstandet. Die Frist kann im Einzelfall um zwei Wochen verlängert werden. Die Frist beginnt am Tag nach dem Eingang der Unterrichtung.

345 Für die Nachprüfung ist die Vergabekammer Sachsen-Anhalt **zuständig.**

346 Gemäß § 19 Abs. 5 LVG LSA werden für die Nachprüfung **Kosten** nach dem entsprechenden Verwaltungskostengesetz erhoben. Die Gebühr für die Nachprüfung beträgt mindestens 100 EUR, soll aber den Betrag von 1.000 EUR nicht überschreiten. Ergibt die Nachprüfung, dass ein Bieter zu Recht das Vergabeverfahren beanstandet hat, sind keine Kosten zu seinen Lasten zu erheben.

O. Schleswig-Holstein

347 **Rechtsgrundlagen:**

§ 55 Landeshaushaltsordnung Schleswig-Holstein (LHO); Ziff. 2 VV zu § 55 LHO; Vergabegesetz Schleswig-Holstein (VGSH) vom 8.2.2019 (GVOBl. 2019 40); Gesetz zur Änderung des Vergaberechts in Schleswig-Holstein vom 8.2.2019 (Gesetz- und Verordnungsblatt für Schleswig-Holstein 2019, Ausgabe 28.2. 2019 Nr. 4, 40); Gesetz zur Förderung des Mittelstandes (Mittelstandsförderungsgesetz – MFG) vom 19.7. 2011 (GVOBl. Schl.-H. 224), in der Fassung vom 31.5.2013 (GVOBl. Schl.-H. 2013 239); Landesverordnung über die Vergabe öffentlicher Aufträge (Schleswig-Holsteinische Vergabeverordnung – SHVgVO) vom 1.4.2019 (GVOBl. 72); Gesetz zur Einrichtung eines Registers zum Schutz fairen Wettbewerbs (GRfW) vom 13.11.2013 (GVOBl. Schl.-H. 2013 405), letzte berücksichtigte Änderung: Ressortbezeichnungen ersetzt (Art. 20 LVO vom 16.1.2019 GVOBl. 30); Durchführung kommunaler Bau- und Lieferaufträge vom 11.7.2014 (Amtsbl SH 2014, 544).

348 Gemäß § 3 Abs. 1 Nr. 1 und 2 VGSH und den §§ 3 Abs. 1, 4 Abs. 1 SHVgVO sind bei öffentlichen Aufträgen im Unterschwellenbereich grundsätzlich die **Vorschriften der UVgO** und die der **VOB/A** unabhängig vom Auftragswert anzuwenden.

349 Die Vorschriften der UVgO werden jedoch von der SHVgVO nach § 3 Abs. 2 SHVgVO teilweise modifiziert. Gemäß § 3 Abs. 2 SHVgVO sind die §§ 7 und 38 UVgO mit der Maßgabe anzuwenden, dass die Durchführung von elektronischen Vergaben fakultativ ist und andere Verfahrensformen zulässig bleiben. Zudem ist § 29 Abs. 1 UVgO fakultativ sowie die §§ 39 und 40 UVgO bei Verhandlungsvergaben fakultativ anwendbar. Für Vergaben bis zu einem Auftragswert von 50.000 EUR ist § 46 Abs. 1 S. 1 und 2 UVgO fakultativ. Freiberufliche Leistungen nach § 50 UVgO, die einem gesetzlichen Preisrecht unterfallen oder deren Gegenstand eine Aufgabe ist, deren Lösung nicht vorab eindeutig und erschöpfend beschrieben werden kann, können bis zu einem Auftragswert von 25.000 EUR im Wege eines Direktauftrages entsprechend § 14 S. 1 UVgO vergeben werden. Hierbei ist § 14 S. 2 UVgO entsprechend anzuwenden.

I. Vom Anwendungsbereich betroffene Vergabestellen

350 **Der persönliche Anwendungsbereich** des VGSH ist gem. § 1 Abs. 1 S. 1 VGSH für das Land Schleswig-Holstein, die Kreise, die Gemeinden und die Gemeindeverbände in Schleswig-Holstein sowie die übrigen Auftraggeber im Sinne des § 98 GWB aF (jetzt §§ 99, 100 GWB) eröffnet.

Die Ausnahmetatbestände der §§ 107, 108, 109, 116, 117 und 145 GWB aF gelten für das VGSH entsprechend.[221] 351

Für öffentliche Aufträge im Bereich des öffentlichen Personenverkehrs gelten die Regelungen des VGSH gem. § 1 Abs. 3 S. 1 VGSH für alle Dienstleistungsaufträge im Sinne der Verordnung Nummer 1370/20071[222]. 352

Das VGSH gilt nach § 1 Abs. 3 S. 2 VGSH auch für Beförderungsleistungen im Sinne von § 1 Freistellungs-Verordnung[223]. 353

II. Besonderheiten im Anwendungsbereich der Vergabearten

Die Schleswig-Holsteinische Vergabeverordnung sieht bestimmte Wertgrenzen für die Anwendung der Beschränkten Ausschreibung ohne öffentlichen Teilnahmewettbewerb und der Freihändigen Vergabe bzw. der Verhandlungsvergabe vor. 354

Bei Vergaben nach der **UVgO** kann eine Beschränkte Ausschreibung ohne Teilnahmewettbewerb bis zu einem Auftragswert von 100.000 EUR (netto) und eine Verhandlungsvergabe bis zu einem Auftragswert von 100.000 EUR (netto) durchgeführt werden.[224] 355

Freiberufliche Leistungen nach § 50 UVgO, die einem gesetzlichen Preisrecht unterfallen oder deren Gegenstand eine Aufgabe ist, deren Lösung nicht vorab eindeutig und erschöpfend beschrieben werden kann, können bis zu einem Auftragswert von 25.000 EUR im Wege eines Direktauftrages entsprechend § 14 S. 1 UVgO vergeben werden.[225] 356

Abweichend von § 3a Abs. 2 Nr. 1 und Abs. 3 S. 2 VOB/A kann gem. § 4 Abs. 2 Nr. 1 SHVgO eine Beschränkte Ausschreibung ohne öffentlichen Teilnahmewettbewerb bis zu einem Auftragswert von 1.000.000 EUR durchgeführt werden. Ab Erreichen des Auftragswertes von 1.000.000 EUR ist nach § 4 Abs. 2 Nr. 1 SHVgO eine Beschränkte Ausschreibung ohne öffentlichen Teilnahmewettbewerb zulässig für jedes Fachlos bis zu einem Einzelauftragswert von 100.000 EUR. Eine Freihändige Vergabe ist zulässig sowohl bis zu einem Auftragswert von 100.000 EUR als auch für jedes Fachlos bis zu einem Einzelauftragswert in Höhe von 50.000 EUR[226]. 357

Bis zum 31. 12. 2021 kann für Bauleistungen zu Wohnzwecken für jedes Gewerk eine Beschränkte Ausschreibung ohne Teilnahmewettbewerb bis zu einem Einzelauftragswert von 1.000.000 EUR und eine Freihändige Vergabe bis zu einem Einzelauftragswert von 100.000 EUR erfolgen.[227] 358

Auftraggeber müssen die Bewerber und Bieter, deren Teilnahmeanträge oder Angebote nicht berücksichtigt werden sollen, per E-Mail, elektronisch oder per Telefax über den Namen des Unternehmens, dessen Angebot den Zuschlag erhalten soll informieren und die Gründe der Nichtberücksichtigung (Vorabinformation) spätestens sieben Kalendertage vor Erteilung des Zuschlags angeben.[228] 359

Die Pflicht zur Vorabinformation gilt nicht für Bewerber oder Bieter, denen ihre Nichtberücksichtigung bereits vorher in Textform (§ 126b BGB) mitgeteilt worden ist.[229] Für Vergaben mit einem Einzelauftragswert bis 50.000 EUR ist die Vorabinformation fakulta- 360

---

[221] § 1 Abs. 2 VGSH.

[222] Verordnung (EG) Nummer 1370/20071 des Europäischen Parlaments und des Rates v. 23.10.2007 über öffentliche Personenverkehrsdienste auf Schiene und Straße und zur Aufhebung der Verordnungen (EWG) Nr. 1191/69 und (EWG) Nr. 1107/70 des Rates (ABl. L 315 vom 3.12.2007, 1) in der Fassung der Verordnung (EU) 2016/2338 des europäischen Parlaments und des Rates v. 14.12.2016 (ABl. L 354/22 v. 23.12. 2016).

[223] Freistellungs-Verordnung v. 30.8.1962 (BGBl. I 601), zuletzt geändert durch Verordnung v. 4.5.2012 (BGBl. I 1037).

[224] § 3 Abs. 3 SHVgVO.

[225] § 3 Abs. 2 Nr. 6 SHVgVO.

[226] § 4 Abs. 2 Nr. 3 SHVgVO.

[227] § 4 Abs. 2 SHVgVO.

[228] § 5 SHVgVO.

[229] § 5 SHVgVO.

tiv anwendbar.[230] Die zusätzliche Anwendung von § 19 Abs. 2 VOB/A sowie § 46 Abs. 1 S. 1 und 3 UVgO ist nicht verpflichtend.[231]

361 Mit dem Gesetz zur Einrichtung eines **Registers zum Schutz fairen Wettbewerbs** (GRfW) wurde eine zentrale Informationsstelle eingerichtet, die ein Register über unzuverlässige Auftragnehmer führt, um den öffentlichen Auftraggebern die Eignungsprüfung zu erleichtern. In das Register werden nachgewiesene korruptionsrelevante oder sonstige Rechtsverstöße mit Bezug zum Geschäftsverkehr eingetragen. Öffentliche Auftraggeber müssen gem. § 7 Abs. 1 GRfW ab Erreichen bestimmter Wertgrenzen (Liefer-, Dienst- und Planungsleistungen 25.000 EUR (netto), Bauleistungen 50.000 EUR (netto)) vor Auftragserteilung relevante Verstöße beim Register abfragen; unterhalb der Wertgrenzen sind sie hierzu berechtigt. Die Abfrage kann auch auf Nachunternehmer erstreckt werden. Außerdem kann die zentrale Informationsstelle gem. § 6 GRfW bei nachgewiesener schwerer Verfehlung mit Wirkung für alle Auftragsvergaben des Landes eine **Vergabesperre** von in der Regel mindestens sechs Monaten bis zu maximal drei Jahren aussprechen.

362 Dieses Gesetz ist nahezu identisch mit dem Hamburgischen Gesetz zur Einrichtung eines Registers zum Schutz fairen Wettbewerbs vom 17.9.2013. Die Register von Hamburg und Schleswig-Holstein sollen per Verwaltungsabkommen künftig zusammengeführt werden.[232]

III. Mittelstandsförderung

363 Nach § 2 Abs. 3 VGSH sind mittelständische Interessen bei der Vergabe öffentlicher Aufträge und Konzessionen zu berücksichtigen. Dies soll vor allem durch die Beachtung des Gebotes der Losaufteilung erreicht werden. Zudem sollen bei Beschränkten Ausschreibungen, Freihändigen Vergaben und Verhandlungsvergaben auch kleine und mittlere Unternehmen zur Angebotsabgabe aufgefordert werden. Das Gesetz zur Förderung des Mittelstandes (Mittelstandsförderungsgesetz – MFG) des Landes Schleswig-Holstein trifft keine besonderen Regelungen für das Vergabeverfahren.

IV. Tariflohnbestimmungen

364 Das Tariftreue- und Vergabegesetz Schleswig-Holstein[233] wurde am 1.4.2019 aufgehoben.[234] Für Vergabeverfahren, die vor dem Inkrafttreten des VGSH begonnen wurden, ist das Tariftreue- und Vergabegesetz Schleswig-Holstein vom 31.5.13 weiter anzuwenden.[235]

365 Sofern der Einzelauftragswert 20.000 EUR (ohne Umsatzsteuer) überschreitet, dürfen alle öffentlichen Auftraggeber unabhängig vom Erreichen der Schwellenwerte nach § 106 GWB nur an Unternehmen vergeben werden, die sich verpflichten, ihren unmittelbar für die Leistungserbringung in Deutschland eingesetzten Beschäftigten, ein **Mindeststundenentgelt** von 9,99 EUR (brutto) zu zahlen.[236] Das Mindeststundenentgelt gilt auch für alle Nachunternehmer und Verleiher von Arbeitskräften.[237].

366 Ausgenommen sind lediglich Auszubildende, Praktikantinnen und Praktikanten, Hilfskräfte und Teilnehmende an Bundesfreiwilligendiensten.[238] Zudem gilt die Regelung zum

---

230 § 5 SHVgVO.
231 § 5 SHVgVO.
232 § 10 GRfW.
233 Tariftreue- und Vergabegesetz Schleswig-Holstein v. 31.5.2013 (GVOBl. Schl.-H. 239).
234 Art. 3 Gesetz zur Änderung des Vergaberechts in Schleswig-Holstein v. 8.2.2019 (Gesetz- und Verordnungsblatt für Schleswig-Holstein 2019, Ausgabe 28.2.2019 Nr. 4, 40.).
235 § 6 VGSH.
236 § 4 Abs. 1 VGSH.
237 § 4 Abs. 1 VGSH.
238 § 4 Abs. 1 VGSH.

Mindeststundenentgelt nicht für bevorzugte Bieter gem. § 224 Abs. 1 S. 1 und Abs. 2 sowie § 226 SGB IX

Für öffentliche Aufträge im Bereich des ÖPNV regelt § 4 Abs. 2 VGSH eine Tariftreue. 367
Die Pflicht zur **Tariftreue** gilt auch für alle Nachunternehmer und Verleiher von Arbeitskräften.[239] Ausgenommen werden Auszubildende.[240]

Auch nach dem VGSH in Schleswig-Holstein stehen dem Auftraggeber zur Prüfung 368
der Einhaltung der Bestimmungen zur Tariftreue und zum Mindeststundenentgelt **Kontrollrechte** zu.[241] Öffentliche Auftraggeber sind zudem berechtigt Unterlagen anzufordern, um die Einhaltung der Bestimmungen zur Tariftreue und zum Mindeststundenentgelt zu überprüfen.[242]

Nach § 5 Abs. 2 VGSH wird das für Arbeit zuständige Ministerium ermächtigt, durch 369
Rechtsverordnung festzustellen, welche Tarifverträge im Bereich des ÖPNV repräsentativ im Sinne von § 4 Abs. 2 VGSH sind.

Darüber hinaus sind vom öffentlichen Auftraggeber zur **Durchsetzung** der Verpflich- 370
tungen aus § 4 VGSH Vertragsstrafen und Kündigungsrechte im abzuschließenden **Vertrag** zu vereinbaren.

V. e-Vergabe

Gemäß § 3 Abs. 2 SHVgVO sind die §§ 7 und 38 UVgO mit der Maßgabe anzuwenden, 371
dass die Durchführung von elektronischen Vergaben fakultativ ist und andere Verfahrensformen zulässig bleiben. Die e-Vergabe-Plattform des Landes Schleswig-Holstein ist unter www.e-vergabe-sh.de abrufbar.

V. Vergabefremde Aspekte

Gemäß § 2 Abs. 1 VGSH können in allen Vergabeverfahren **soziale, gleichstellungs-** 372
und umweltbezogene Aspekte Berücksichtigung finden. Auch können Aspekte der Qualität und der Innovation berücksichtigt werden.[243]

VI. Rechtsschutz- und Beschwerdemöglichkeiten

– unbesetzt – 373

Weitere landesrechtliche eigene Rechtsschutzbestimmungen, um sich gegen Verstöße 374
bei der Vergabe zu wenden (Primärrechtsschutz) bestehen nicht. Für den Primärrechtsschutz gelten die Ausführungen in → § 89 Rn. 1 ff. Für Schadensersatzforderungen vgl. ausführlich in → § 38 Rn. 1 ff.

P. Thüringen

Rechtsgrundlagen: 375
§ 55 ThürLHO; VV zu § 55 LHO; § 31 ThürGemHV; Thüringer Vergabegesetz (ThürVgG) vom 18.4. 2011 (GVBl. 2011, 69), in der Fassung der Bekanntmachung vom 23.1.2020 (GVBl. 2020, 29); Thüringer Verwaltungsvorschrift zur Vergabe öffentlicher Aufträge vom 16.9.2014 (ThürStAnz Nr. 41/2014, 1299) in der Fassung der Vierten Änderung der Thüringer Verwaltungsvorschrift zur Vergabe öffentlicher Aufträge vom 2.4.2020 (ThürStAnz Nr. 16/2020, 613); Rundschreiben Ministerium vom 7.4.2014 – 3295/1-33-16 – überarbeitete Formblätter und Erklärungen zum Thüringer Vergabegesetz (ThürVgG); Thüringer Gesetz zur Förderung und Stärkung kleiner und mittlerer Unternehmen und der Freien Berufe (Thüringer Mittelstandsförderungsgesetz) vom 18.4.2011 (GVBl. 74).

---

[239] § 4 Abs. 2 VGSH.
[240] § 4 Abs. 3 VGSH.
[241] § 4 Abs. 3 VGSH.
[242] § 4 Abs. 3 VGSH.
[243] § 2 Abs. 1 VGSH.

376 Gemäß § 1 Abs. 2 ThürVgG sind bei den Vergaben unterhalb der EU-Schwellenwerte der erste Abschnitt der **VOB/A** und die **UVgO** in der jeweils geltenden Fassung anzuwenden.

377 Die Durchführung der öffentlichen Auftragsvergaben wird durch das Thüringer Vergabegesetz (ThürVG) näher bestimmt.

I. Vom Anwendungsbereich betroffene Vergabestellen

378 Das Gesetz gilt ab bestimmten **Eingangswerten** für die Liefer- und Dienstleistungsvergaben ab 20.000 EUR (netto), für Bauvergaben ab 50.000 EUR (netto).[244]

379 Das Landesvergabegesetz in Thüringen (ThürVG) findet neben der klassischen öffentlichen Hand auch auf solche **Auftraggeber** Anwendung, die dem **funktionalen Auftraggeberbegriff** des § 99 Nr. 2 unterfallen.[245]

II. Besonderheiten im Anwendungsbereich der Vergabearten

380 In Thüringen gelten bis zum 31.12.2020 erhöhte Wertgrenzen, die in Ziff. 1., 2. und 3. der Thüringer Verwaltungsvorschrift zur Vergabe öffentlicher Aufträge festgelegt sind. Ab dem 1.1.2021 gelten folgende Wertgrenzen:

381 Bei Vergaben nach der **VOB/A** kann eine freihändige Vergabe bis zu einem Auftragswert von 50.000 EUR (netto) und eine beschränkte Ausschreibung bis zu einem Auftragswert von 150.000 EUR (netto) durchgeführt werden.[246]

382 Bei Vergaben nach der **UVgO** kann eine freihändige Vergabe bis zu einem Auftragswert von 20.000 EUR (netto) durchgeführt werden.[247]

383 Eine beschränkte Ausschreibung kann bei Vergaben nach der UVgO bis zu einem Auftragswert von 50.000 EUR (netto) durchgeführt werden.[248]

III. Mittelstandsförderung

384 Die Mittelstandsförderung ist im ThürVgG ebenfalls verankert. Dabei haben die Vergabestellen im Anwendungsbereich des Gesetzes nicht nur durch Fach- und Teillosvergabe der Förderung mittelständischer Interessen zu dienen. Sie sollen darüber hinaus die Vergabe gem. § 3 Abs. 2 ThürVgG so gestalten, dass nicht nur eine Beteiligungsmöglichkeit, sondern eine **Zuschlagschance** entsteht.

385 Als besondere Form der Mittelstandsförderung werden gem. § 12 ThürVgG bestimmte Kriterien vorgegeben, die bei der Vergabe an **Nachunternehmer** zu berücksichtigen sind:

- Es sind bevorzugt Unternehmen der mittelständischen Wirtschaft zu beteiligen, soweit es mit der vertragsgemäßen Ausführung des Auftrages zu vereinbaren ist,
- Die Nachunternehmen sind davon in Kenntnis zu setzen, dass es sich um einen öffentlichen Auftrag iSd Gesetzes handelt,
- Die VOB/B bzw. VOL/B ist zu vereinbaren und den Nachunternehmern dürfen keine schlechteren Zahlungsbedingungen auferlegt werden, als zwischen Auftragnehmer und dem öffentlichen Auftraggeber vereinbart sind.

---

244 § 1 Abs. 1 ThürVgG.
245 § 2 Abs. 3 ThürVgG.
246 Ziff. 1.2.2.1 Thüringer Verwaltungsvorschrift zur Vergabe öffentlicher Aufträge v. 16.9.2014.
247 Ziff. 1.2.2.2 Thüringer Verwaltungsvorschrift zur Vergabe öffentlicher Aufträge v. 16.9.2014.
248 Ziff. 1.2.2.2 Thüringer Verwaltungsvorschrift zur Vergabe öffentlicher Aufträge v. 16.9.2014.

IV. Tariflohnbestimmungen

Das Landesvergabegesetz (ThürVgG) verpflichtet staatliche Auftraggeber Aufträge an Unternehmen nur dann zu vergeben, wenn diese sich verpflichten, ihren Arbeitnehmern bei der Ausführung der Leistung mindestens das in Thüringen für die jeweilige Branche in einem einschlägigen und repräsentativen mit einer tariffähigen Gewerkschaft vereinbarten Tarifvertrag vorgesehene Entgelt nach den tarifvertraglich festgelegten Modalitäten zu zahlen und während der Ausführungslaufzeit Änderungen des Tarifentgelts nachzuvollziehen.[249] 386

Unterfällt die ausgeschriebene Leistung keinem als repräsentativ festgestellten Tarifvertrag, vergeben staatliche Auftraggeber Aufträge an Unternehmen nur dann, wenn diese sich verpflichten, ihren Arbeitnehmern bei der Ausführung der Leistung ein Mindeststundenentgelt von 11,42 EUR (brutto) zu zahlen. Dies gilt auch dann, wenn das in dem als repräsentativ festgestellten Tarifvertrag vorgesehene Stundenentgelt geringer ist als das genannte Mindeststundenentgelt.[250] Die vorgenannten Regelungen gelten nicht für Auszubildende, Praktikanten und Teilnehmende an Bundes- und Jugendfreiwilligendiensten.[251] 387

Für kommunale Auftraggeber, sonstige Körperschaften, Anstalten und Stiftungen des öffentlichen Rechts gelten die Verpflichtungen zur Tariftreue und zum Mindeststundenentgelt nicht. Ihnen steht es frei, den Bestimmungen Folge zur leisten.[252] Diese Tariftreueverpflichtung erstreckt sich neben dem Auftragnehmer auch auf dessen **Nachunternehmer.**[253] Eine Verpflichtung im Hinblick auf die Nachunternehmerketten ist nicht erfasst. 388

Der Auftragnehmer und seine Nachunternehmen sind dem Auftraggeber gem. §§ 15, 17 ThürVgG zum Nachweis der Einhaltung der Entgelt- und Tarifverpflichtungen verpflichtet. Zur **Kontrolle** ist der öffentliche Auftraggeber berechtigt, Einsicht in die Entgeltabrechnungen nicht nur der beauftragten Unternehmen sondern auch der Nachunternehmer zu nehmen. Das Einsichtsrecht erstreckt sich auch auf Unterlagen über die Abführung von Steuern und Sozialversicherungsbeiträgen inkl. der zwischen dem Auftragnehmern und ihren Nachunternehmern geschlossenen Werkverträge. Die Beschäftigten sind auf diese Kontrollmöglichkeiten hinzuweisen. 389

Darüber hinaus reicht es nicht aus, dass in das Vergabeverfahren eine allgemeine Erklärung über die Verpflichtung zur Anwendung des Vergabegesetzes aufgenommen wird. Vielmehr ist der Auftraggeber verpflichtet, seine Vergabeunterlagen so auszugestalten, dass die Bestimmungen über die Entgelthöhe und deren Durchsetzungsmodalitäten (**Vertragsstrafenregelung, Kündigung und Auftragssperre**) Bestandteil des abzuschließenden Vertrages werden.[254] 390

V. e-Vergabe

Staatliche Auftraggeber werden gem. § 3 Abs. 3 ThürVgG verpflichtet, ihre Bekanntmachungen zentral auf der Landesplattform (https://verwaltung.thueringen.de/) einzustellen. Sonstige Körperschaften, Anstalten und Stiftungen des öffentlichen Rechts sowie kommunale Auftraggeber und funktionale öffentliche Auftraggeber können die zentrale Landesvergabeplattform für ihre Bekanntmachungen von öffentlichen Aufträgen verwenden.[255] 391

[249] § 10 Abs. 4 ThürVgG.
[250] § 10 Abs. 4 ThürVgG.
[251] § 10 Abs. 5 ThürVgG.
[252] § 10 Abs. 7 ThürVgG.
[253] § 12 Abs. 2 ThürVgG.
[254] § 18 ThürVgG.
[255] § 3 Abs. 3 ThürVgG.

VI. Vergabefremde Aspekte

392 Ohne explizite zwingende Verpflichtung für jeden Beschaffungsvorgang können ökologische und soziale Aspekte im Beschaffungsvorgang Berücksichtigung finden. §§ 4 bis 9 ThürVgG bilden dabei den kompletten Vergabevorgang ab und zeigen die Stellen auf, an denen diese Aspekte Berücksichtigung finden können.

393 Für die von den Auftragnehmern bei der Angebotsabgabe nach § 11 ThürVgG abzugebende Erklärung zur Einhaltung der ILO-Kernarbeitsnormen gibt das Ministerium für Wirtschaft, Arbeit und Technologie ein Formblatt vor.[256]

VII. Rechtsschutz- und Beschwerdemöglichkeiten

394 Auch in Thüringen ist ein vereinfachtes Primärrechtsschutzsystem vorgesehen. Eine Eingangsschwelle als **Bagatellgrenze** besteht für Bauvergaben bis 150.000 EUR (netto) und für die übrigen Vergaben bis 50.000 EUR (netto).

395 Der Auftraggeber informiert gem. § 19 ThürVgG die Bieter, deren Angebote nicht berücksichtigt werden sollen, über den Namen des Bieters, dessen Angebot angenommen werden soll, und über die Gründe der vorgesehenen Nichtberücksichtigung ihres Angebotes (**Vorabinformation**). Er gibt diese Information schriftlich spätestens sieben Kalendertage vor dem Vertragsabschluss ab.

396 Mittels einer **Beanstandung** kann der Bieter eine Nachprüfung einleiten. Dazu muss er vor Ablauf der Frist von 7 Kalendertagen schriftlich beim Auftraggeber die Nichteinhaltung der Vergabevorschriften beanstanden.

397 Hilft der Auftraggeber der Beanstandung nicht ab, ist die **Nachprüfungsbehörde** durch Übersendung der vollständigen Vergabeakten zu unterrichten. Der Zuschlag darf in dem Fall nur erteilt werden, wenn die Nachprüfungsbehörde nicht innerhalb von 14 Kalendertagen nach Unterrichtung das Vergabeverfahren mit Gründen beanstandet; andernfalls hat der Auftraggeber die Auffassung der Nachprüfungsbehörde zu beachten. Die Frist beginnt am Tag nach dem Eingang der Unterrichtung. Auch in Thüringen besteht kein Anspruch des Bieters auf Tätigwerden der Nachprüfungsbehörde.[257]

398 **Zuständige** Behörde ist – wie im Rechtsschutz oberhalb der Schwellenwerte – die Vergabekammer.

399 Die **Kosten** trägt der Unterliegende. Die Höhe der Gebühr bestimmt sich nach dem Aufwand und beträgt min. 100 EUR und soll 1.000 EUR nicht übersteigen.

---

[256] Rundschreiben Ministerium v. 11.4.2011 – 3295/1-25-427 – zur Anwendung Formblätter und Hinweise zum Thüringer Vergabegesetz.

[257] Ebenso in Sachsen.

§ 89 Rechtsschutz unterhalb der Schwellenwerte

Übersicht

Literatur:

Braun, Zivilrechtlicher Rechtsschutz bei Vergaben unterhalb der Schwellenwerte, NZBau 2008, 160; *Dicks,* Nochmals: Primärrechtsschutz bei Aufträgen unterhalb der Schwellenwerte, VergabeR 2012, 531; *Emme/Schrotz,* Mehr Rechtsschutz bei Vergaben außerhalb des Kartellvergaberechts, NZBau 2012, 216; *Glahs* in Kapellmann/Messerschmidt, VOB-Kommentar, Teil A/B, 7. Aufl. 2020; *Irmer,* Sekundärrechtsschutz und Schadensersatz im Vergaberecht, 2004; *Heuvels,* Rechtsschutz unterhalb der Schwellenwerte, NZBau 2005, 570; *Vavra* in Kulartz/Marx/Portz/Prieß, VOB/A, 4. Aufl. 2014; *Özfirat-Skubinn,* Der Rechtsweg im Rechtsstreit über die Rechtmäßigkeit einer öffentlichen Auftragsvergabe im Unterschwellenbereich, DÖV 2010, 1005; *Pietzcker,* Defizite beim Vergaberechtsschutz unterhalb der Schwellenwerte, NJW 2005, 2881; *Popescu,* Vergaberechtliche Schadensersatzhaftung für defizitäre Aufhebungen öffentlicher Ausschreibungen, ZfBR 2013, 648; *Prieß/Niestedt* in Rechtsschutz im Vergaberecht, Praxishandbuch für den Rechtsschutz bei der Vergabe öffentlicher Aufträge oberhalb und unterhalb der EG-Schwellenwerte, 2006; *Scharen,* Rechtsschutz bei Vergaben unterhalb der Schwellenwerte, VergabeR 2011, 653; *Seidel/Mertens* in Dauses (Hrsg.), Handbuch des EU-Wirtschaftsrechts, 49. Aufl. 2019, Rn. 443–446; *Siegel,* Die Konzessionsvergabe im Unterschwellenbereich, NZBau 2019, 353; *Sitsen,* Ist die Zweiteilung des Vergaberechts noch verfassungskonform? ZfBR 2018, 654; *Widmann,* Vergaberechtsschutz im Unterschwellenbereich, 2008; *Wollenschläger,* Vertragsnichtigkeit als Fehlerfolge bei grundrechts- und grundfreiheitenwidrigem privatrechtsförmigem VerwaltungshandelnEin Paradigmenwechsel für den Unterschwellenvergaberechtsschutz aus Karlsruhe?, NVwZ 2016, 1535.

A. Einleitung

Bei den Rechtsfolgen von Vergabeverstößen ist zwischen Primärrechtsschutz und sog. Sekundärrechtsschutz zu unterschieden. Beim Primärrechtsschutz ist das Begehren des Rechtsschutzsuchenden weiterhin auf das Ziel des Erfolgs im Vergabeverfahren, nämlich den Zuschlag gerichtet.[1] Beim Sekundärrechtsschutz richtet sich das Begehren des übergangenen Klägers auf die Kompensation seines Schadens, der infolge des Rechtsverstoßes im Vergabeverfahren entstanden ist. Grenze des Primärrechtsschutzes ist stets (oberhalb und unterhalb der Schwellenwerte) der wirksam erteilte Zuschlag. Grenze des Sekundärrechtsschutzes ist die Verjährung.[2] 1

Spätestens seit der Entscheidung des Bundesverfassungsgerichts v. 13. 6. 2006 ist klar, dass auch die Vergabe unterhalb der sog. Schwellenwerte kein rechtsfreier Raum ist.[3] Die Anwendung des Rechtsschutzsystems für die Vergaben oberhalb der Schwelle gem. §§ 97 ff. GWB ist allerdings *de lege lata* auf Vergaben, die die Schwellenwerte erreichen bzw. über- 2

---

[1] *Scharen* VergabeR 2011, 653.

[2] Zu Schadensersatzansprüchen bei Auftragsvergaben oberhalb der Schwellenwerte siehe ausführlich bei → § 36. Nach KG Urt. v. 28. 6. 2018 – 9 U 55/18, BeckRS 2019, 34806 Rn. 15 – sind vergaberechtliche Schadensersatzansprüche bei Bauvergaben keine Bausachen, sondern funktional der allgemeinen Zivilkammer zuzuweisen (sofern nicht der Geschäftsverteilungsplan eine gesonderte Zuständigkeitsbestimmung trifft).

[3] BVerfG Beschl. v. 13. 6. 2006 – 1 BvR 1160/03, BeckRS 2006, 26458.

schreiten, beschränkt.[4] Dabei ist es verfassungsrechtlich nicht zu beanstanden, dass der Rechtsschutzsuchende auf die allgemeine Rechtsschutzordnung verwiesen wird, ohne dass besondere Vorkehrungen für die Durchsetzung von Primärrechtsschutz geschaffen wurden.[5]

B. Rechts- und Fachaufsichtsbeschwerde

3 Mit dem Mittel des Aufsichtsrechts können Bieter oder Interessenten an einer Vergabe im Unterschwellenbereich versuchen, vermeintlich vergabewidriges Handeln der unter Aufsicht stehenden Stelle zu kontrollieren.[6] Dabei ist zwischen der Dienst- und der Rechts- und Fachaufsicht zu unterscheiden.

4 Die **Dienstaufsicht** ist allein für die Überprüfung des jeweiligen Verhaltens des Handelnden zuständig. Eine Beschwerde richtet sich hier also nicht oder nur mittelbar gegen die gefällte Entscheidung im Vergabeverfahren.[7]

5 Die Rechtmäßigkeit und teilweise auch die Zweckmäßigkeit behördlichen Handelns können durch die **Rechts- und Fachaufsicht** überprüft werden.[8] Dabei schließt der Grundsatz der Selbstverwaltung (zB gemeindliche Selbstverwaltungsangelegenheiten) jede Überprüfung der Zweckmäßigkeit durch die zur Aufsicht bestimmte Stelle aus.[9]

6 Das Handeln öffentlicher Auftraggeber unterliegt stets der Rechts- und Fachaufsicht der **nächsthöheren Behörde.** Welche Stelle zur Aufsicht bestimmt ist, wird in den Ländern unterschiedlich geregelt.[10]

7 Erhält diese Stelle Kenntnis von vermeintlichen Verstößen, so wird die Aufsichtsbehörde grundsätzlich von Amts wegen tätig.[11] Daneben kann jeder die Rechtmäßigkeit des Verwaltungshandelns mittels eines **form- und fristlosen Antrags** einfordern.

8 Ziel der Rechts- und Fachaufsicht ist die Wiederherstellung der Rechtmäßigkeit des Verwaltungshandelns. Dazu stehen der Rechtsaufsichtsbehörde insbes. folgende **Maßnahmen** zur Verfügung, auf die die Unternehmen aber keinen durchsetzbaren Anspruch haben[12]:

- Auskunft und Beanstandung ggü. der Vergabestelle.
- Anordnung ggü. der Vergabestelle, ein bestimmtes Tun oder Unterlassen vorzunehmen.
- Ersatzvornahme durch die Rechtsaufsichtsbehörde selbst[13] oder einen Dritten.

C. Nachprüfungsstellen gem. § 21 VOB/A

9 Anders als die UVgO sieht die VOB/A weiterhin die Einrichtung und Benennung von Nachprüfungsstellen vor. Dabei handelt es sich um Stellen, die die behördeninterne Funktion einer Kontrolle der Rechtmäßigkeit der vom öffentlichen Auftraggeber durchgeführten Vergabeverfahren gewährleisten.[14] Regelmäßig sind dies die **sog. VOB-Stellen.** Auf die Bezeichnung kommt es aber nicht an. Letztlich sind solche Stellen der Rechts- und Fachaufsicht zuzuordnen.[15]

---

[4] BVerfG Beschl. v. 13.6.2006 – 1 BvR 1160/03, BeckRS 2006, 26458 Rn. 57.
[5] BVerfG Beschl. v. 13.6.2006 – 1 BvR 1160/03, BeckRS 2006, 26458 Rn. 71.
[6] *Widmann* Vergaberechtsschutz im Unterschwellenbereich S. 242.
[7] FKZGM/*Mertens* § 21 Rn. 6.
[8] FKZGM/*Mertens* § 21 Rn. 4.
[9] *Widmann* Vergaberechtsschutz im Unterschwellenbereich S. 242.
[10] Am Beispiel Rheinland-Pfalz siehe *Widmann* Vergaberechtsschutz im Unterschwellenbereich S. 243.
[11] FKZGM/*Mertens* § 21 Rn. 4.
[12] Kapellmann/Messerschmidt/*Glahs* VOB/A § 21 Rn. 3.
[13] Kapellmann/Messerschmidt/*Glahs* VOB/A § 21 Rn. 4.
[14] FKZGM/*Mertens* § 21 Rn. 1.
[15] FKZGM/*Mertens* § 21 Rn. 1.

D. Einstweilige Verfügung

In der Vergangenheit war lange streitig, ob und wenn ja, welcher **Rechtsweg** für den Primärrechtsschutz bei Vergaben unterhalb der Schwellenwerte eröffnet ist.[16] Mit seiner Entscheidung v. 2.5.2007 hat das Bundesverwaltungsgericht diese Diskussion in der Praxis beendet und Streitigkeiten über die Rechtmäßigkeit von Vergaben im Unterschwellenbereich den Zivilgerichten zugewiesen.[17] 10

Danach ist für die Frage, ob eine Streitigkeit öffentlich-rechtlich oder bürgerlich-rechtlich ist, die Natur des Rechtsverhältnisses maßgeblich, aus dem der geltend gemachte Anspruch hergeleitet wird.[18] Da sich die öffentliche Hand bei der Vergabe öffentlicher Aufträge in aller Regel auf dem Boden des Privatrechts bewegt, gilt folglich für Streitigkeiten über die hierbei vorzunehmende Auswahl des Vertragspartners nicht der Verwaltungsrechtsweg, sondern der Rechtsweg zu den ordentlichen Gerichten.[19] Bei Unterschwellenvergaben kann Rechtsschutz nur in der Weise gewährt werden, die nach dem bestehenden System vor den ordentlichen Gerichten vorgesehen ist – materiell-rechtlich also nach dem Bürgerlichen Gesetzbuch (BGB) und prozessual nach der Zivilprozessordnung (ZPO).[20] 11

Zwar kann Rechtsschutz bei Vergabeverstößen auch im Wege der zivilrechtlichen **Leistungsklage** ersucht werden. Da (spätestens) die Zustellung der Klage jedoch seitens des öffentlichen Auftraggebers zum Anlass genommen werden würde, den Zuschlag zu erteilen, liefe dieses Rechtsschutzbegehren ins Leere.[21] Das Mittel der Wahl ist deshalb der Antrag auf Erlass einer **einstweiligen Verfügung** mit einem entsprechenden Unterlassungsantrag.[22] 12

Die einstweilige Verfügung kommt grundsätzlich als **Sicherungs-** (§ 935 ZPO) oder **Regelungsverfügung** (§ 940 ZPO) in Betracht. Während die Sicherungsverfügung grundsätzlich auf die Sicherung eines bestehenden Zustandes gerichtet ist, dient die Regelungsverfügung und als Unterfall dieser die **Leistungsverfügung** dem Rechtsfrieden, indem sie eine vorläufige Regelung eines Rechtszustandes zulässt.[23] Der Verfügungskläger muss lediglich sein Rechtsschutzziel angeben; er braucht sich dabei nicht auf eine Art der Verfügung festzulegen.[24] Im Zusammenhang mit der öffentlichen Auftragsvergabe kann sich der im einstweiligen Verfügungsverfahren geltend gemachte Unterlassungsanspruch sowohl auf Unterlassung eines Vertragsabschlusses[25] als auch auf Unterlassung vergaberechtswidriger Ausschreibungsbedingungen innerhalb des konkreten Vergabeverfahrens[26] richten. 13

I. Verfügungsanspruch

Im einstweiligen Verfügungsverfahren setzt der Erlass einer einstweiligen Verfügung die **Glaubhaftmachung eines Verfügungsanspruchs** voraus. Anders als bei den Vergaben, die die Schwellenwerte erreichen oder überschreiten, hat der Gesetzgeber für den sog. 14

---

[16] Zum Rechtsweg vgl. *Özfirat-Skubinn* DÖV 2010, 1005. Zum Streitstand: *Antweiler* NZBau 2009, 362; *Braun* NZBau 2008, 160.

[17] BVerwG Beschl. v. 2.5.2007 – 6 B 10.07, BeckRS 2007, 23485 Rn. 5; *Dicks* VergabeR 2012, 531 spricht von einer Befriedung des Streits um die Rechtswegfrage.

[18] BVerwG Beschl. v. 2.5.2007 – 6 B 10.07, BeckRS 2007, 23485 Rn. 4.

[19] BVerwG Beschl. v. 2.5.2007 – 6 B 10.07, BeckRS 2007, 23485 Rn. 5 – unter Hinweis auf die ständige Rechtsprechung.

[20] *Dicks* VergabeR 2012, 531 (532) unter Verweis auf BVerwG Beschl. v. 2.5.2007 – 6 B 10.07, BeckRS 2007, 23485; *Emme/Schrotz* NZBau 2012, 216 (218).

[21] *Scharen* VergabeR 2011, 653 (660) unter Hinweis auf § 97 Abs. 7 GWB.

[22] *Scharen* VergabeR 2011, 653 (660).

[23] Zöller/*Vollkommer* ZPO § 935 Rn. 2.

[24] Zöller/*Vollkommer* ZPO § 935 Rn. 2.

[25] OLG Düsseldorf Urt. v. 19.10.2011 – 27 W 1/11, BeckRS 2012, 6423; LG Bielefeld Urt. v. 27.2.2014 – 1 O 23/14, BeckRS 2014, 7098.

[26] BGH Urt. v. 5.6.2012 – X ZR 161/11, BeckRS 2014, 7098.

Unterschwellenbereich bisher darauf verzichtet, ein eigenständiges **Verfahrensrecht** zugunsten des Rechtsschutzsuchenden zu schaffen.[27]

15 Rechtsschutzsuchende sind dementsprechend auf die Geltendmachung zivilrechtlicher Unterlassungsansprüche verwiesen. Als Anspruchsgrundlagen kommen hier analog § 1004 Abs. 1 BGB iVm §§ 311 Abs. 2, 241 Abs. 2, 280 bzw. 823 Abs. 2 BGB iVm Art. 3 GG und dem Grundsatz der Selbstbindung der Verwaltung in Betracht.[28] Grundlage für zivilrechtliche Unterlassungsansprüche ist vorrangig das zwischen Auftraggeber und Bietern bestehende **vorvertragliche Schuldverhältnis** iSv § 311 Abs. 2 BGB. Die Geltendmachung eines Verstoßes gegen ein vorvertragliches Schuldverhältnis ist nicht mehr daran geknüpft, dass der Rechtsschutzsuchende auf die Einhaltung der vergaberechtlichen Regelungen durch den öffentlichen Auftraggeber vertraut hat.[29] Ein vorvertragliches Schuldverhältnis wird vielmehr bereits früh – nämlich bereits mit der Ankündigung des Auftraggebers, die Vergabe aufgrund bestimmter Regeln durchzuführen[30] – angenommen.[31] Das vorvertragliche Schuldverhältnis begründet Schutzpflichten des Auftraggebers zugunsten der Bieter; im Falle der Ankündigung eines Verfahrens auf Grundlage der VOL/A bzw. UVgO oder VOB/A dahingehend, diese Regelungen auch einzuhalten.[32] Der Unterlassungsanspruch ist vor diesem Hintergrund nach überwiegender Auffassung nicht auf willkürliche Handlungsweisen des Auftraggebers beschränkt (so die vorrangig auf Art. 3 Abs. 1 GG gestützte Auffassung)[33], sondern umfasst im Falle der Durchführung eines Vergabeverfahrens nach VOB/A oder VOL/A bzw. UVgO auch sonstige **Verstöße gegen bieterschützende, den transparenten und chancengleichen Wettbewerb betreffende Bestimmungen.**[34] Geschützt sind dabei allgemein alle potenziellen Bieter bzw. interessierte Unternehmen.[35] Über die Selbstbindung des öffentlichen Auftraggebers an die Vergabeordnungen als Maßstab dafür, ob ein Verstoß gegen Art. 3 Abs. 1 GG anzunehmen ist, reicht bereits eine einfache, nicht vorsätzliche, sondern nur fahrlässige Verletzung (bieterschützende) Vorschrift der Vergabeverordnungen aus, um einen Anordnungsanspruch zu begründen.[36]

16 In der Praxis bestehen für den Antragsteller erhebliche Schwierigkeiten, die relevanten Tatsachen, die eine Anspruchsverletzung begründen, in einer der Glaubhaftmachung entsprechenden Form des § 294 ZPO beizubringen.[37] Wer eine tatsächliche Behauptung glaubhaft zu machen hat, kann sich zwar aller Beweismittel der Zivilprozessordnung bedienen, die auch zur Versicherung an Eides statt zugelassen werden. Eine Beweisaufnahme, die nicht sofort erfolgen kann, ist jedoch unstatthaft. Mangels der dem Primärrechtsschutz oberhalb der Schwellenwerte gleichgelagerten Verfahrenstransparenz hat das OLG Düssel-

---

27 *Scharen* VergabeR 2011, 653 (656).

28 BGH Urt. v. 5.6.2012 – X ZR 161/11, BeckRS 2012, 17073 Rn. 14ff.; KG Urt. v. 7.1.2020 – 9 U 79/19, BeckRS 2020, 3268 Rn. 6; OLG Saarbrücken Urt. v. 28.1.2015 – 1 U 138/14, BeckRS 2015, 5288 Rn. 31; OLG Dresden Urt. v. 13.8.2013 – 16 W 439/13, BeckRS 2014, 1041; Kapellmann/Messerschmidt/*Schneider* Einl. Rn. 70.

29 BGH Urt. v. 9.6.2011 – X ZR 143/10, BeckRS 2011, 19053 Rn. 14ff.

30 OLG Düsseldorf Urt. v. 19.10.2011 – 27 W 1/11, BeckRS 2012, 6423.

31 StRspr., vgl. nur BGH Urt. v. 12.6.2001 – X ZR 150/99, NJW 2001, 3698 (3700 mwN); Kapellmann/Messerschmidt/*Frister* VOB/A § 16d Rn. 76.

32 OLG Düsseldorf Urt. v. 13.1.2010 – 27 U 1/09, BeckRS 2010, 2050.

33 OLG Brandenburg Beschl. v. 10.12.2012 – 6 U 172/12, BeckRS 2013, 7531; OLG Hamm Urt. v. 12.2.2008 – 4 U 190/07, BeckRS 2008, 4222 Rn. 20.

34 OLG Dresden Urt. v. 13.8.2013 – 16 W 439/13, BeckRS 2014, 1041; OLG Schleswig Beschl. v. 8.1.2013 – 1 W 51/12, BeckRS 2013, 6580 Rn. 5; OLG Saarbrücken Urt. v. 13.6.2012 – 1 U 357/107, BeckRS 2012, 13625; OLG Düsseldorf Urt. v. 19.10.2011 – I-27 W 1/11,BeckRS 2012, 6423; offen gelassen v. LG Bielefeld Urt. v. 27.2.2014 – 1 O 23/14, BeckRS 2014, 7098.

35 OLG Celle Urt. v. 10.3.2016 – 13 U 148/15,BeckRS 2016, 5123 Rn. 8.

36 *Dicks* VergabeR 2012, 531 (538); so auch *Krist* VergabeR 2011, 163. Krit. *Scharen* VergabeR 2011, 653 (659). Siehe auch OLG Düsseldorf Urt. v. 19.10.2011 – I-27 W 1/11, ECLI:EU:T:2011:494 = BeckRS 2012, 6423; EuG Urt. v. 20.9.2011 – T-461/08, BeckRS 2011, 81495.

37 *Krist* VergabeR 2011, 163 (166) verweist auf die Informationsbeschaffung per Zufall.

dorf das fehlende Akteneinsichtsrechts des Rechtsschutzsuchenden durch eine sachgerechte Handhabung der **sekundären Darlegungslast** gehandhabt.[38]

II. Verfügungsgrund

Der Verfügungsgrund ist neben dem Verfügungsanspruch mit dem Antrag **glaubhaft** zu machen. Ein Verfügungsgrund liegt dann vor, wenn zu besorgen ist, dass durch eine Veränderung des bestehenden Zustandes die Verwirklichung des Rechts vereitelt oder wesentlich erschwert wird.[39] Letztlich handelt es sich hier – ebenso wie im Oberschwellenrechtsschutz bei der Antragsbefugnis gem. § 160 Abs. 2 GWB – um eine spezielle Ausformung des Rechtsschutzinteresses.[40] Ist eine solche Beeinträchtigung, mithin **Dringlichkeit,** auszuschließen, so besteht auch kein rechtfertigender Grund, regelnd in das Vergabeverfahren einzugreifen.[41] 17

Der Antrag auf Erlass einer einstweiligen Verfügung kann jedoch dann verfrüht sein, wenn der Antragsteller selbst noch für Abhilfe sorgen kann. Dies ist zutreffend dann der Fall, wenn – wie in den Verfahren oberhalb der Schwellenwerte – eine **Rüge mit Abhilfeverlangen** gegenüber dem Auftraggeber nicht erfolgt ist.[42] 18

Nicht nur die Vorabinformationspflicht, sondern vor allen Dingen die **Wartepflicht** verbunden mit der Konsequenz, dass der Vertrag von Anfang an unwirksam ist, wenn er ohne oder entgegen den Vorgaben der Vorabinformations- und Wartepflicht gem. § 134a GWB geschlossen wird, geben den Beteiligten in Vergabeverfahren oberhalb der Schwelle Sicherheit. Eine solche Informations- und Wartepflicht ist für die Vergaben unterhalb der Schwelle grundsätzlich nicht vorgesehen.[43] Zwar lässt sich einzelnen landesrechtlichen Bestimmungen eine Vorabinformationspflicht entnehmen.[44] Es liegt jedoch weder eine einheitliche Normierung vor, noch findet sich durchgehend die den Rechtsschutzsuchenden tatsächlich schützende Nichtigkeitsfolge.[45] In der Literatur werden hierzu unterschiedliche Ansätze vertreten. Während sich *Dicks* für eine aus dem Grundsatz des effektiven Rechtsschutzes herzuleitende allgemeine Informations- und Wartepflicht ausspricht,[46] sieht *Scharen* klar den Gesetzgeber in der Verantwortung.[47] Das OLG Düsseldorf hat in einem *obiter dictum* für den unterschwelligen Bereich betont, dass auch dort die Einhaltung einer Informations- und Wartepflicht vom öffentlichen Auftraggeber zu verlangen sei.[48] Ein Vertrag, der unter Missachtung dieser Pflichten geschlossen wurde, müsste gem. § 134 BGB wegen eines Verstoßes gegen ein ungeschriebenes Gesetz als nichtig einzustufen sein. Der Primärrechtsschutz könnte dann nicht nur im Vorfeld, sondern nachträglich in Form einer (Dritt-)Feststellungsklage gem. § 256 ZPO begehrt werden.[49] Gleichwohl sprechen auch gewichtige Argumente gegen die Nichtigkeitsfolge bei einer – mit dem OLG Düsseldorf angenommenen – bestehenden Informations- und Wartepflicht auch im unterschwelligen Bereich, die das Kammergericht zusammenfasst[50]. Danach fehlt es schon an einer Rechts- 19

[38] OLG Düsseldorf Urt. v. 13.1.2010 – 27 U 1/09, BeckRS 2010, 2050.
[39] Zöller/*Vollkommer* ZPO § 935 Rn. 10.
[40] *Dicks* VergabeR 2012, 531 (536).
[41] *Dicks* VergabeR 2012, 531 (536).
[42] LG Berlin Beschl. v. 5.12.2011 – 52 O 254/11, BeckRS 2013, 5544.
[43] Aus dem Grundsatz effektiver Rechtsschutzgewährung könnte sich eine Pflicht zur Information mit Wartepflicht ergeben. Siehe EuG Urt. v. 20.9.2011 – T-461/08, ECLI:EU:T:2011:494 = BeckRS 2011, 81495 Rn. 122.
[44] Landesrechtliche Regelungen finden sich derzeit in Mecklenburg-Vorpommern, vgl. § 12 VgG M-V, Sachsen, vgl. § 8 Abs. 1 SächsVergG, Sachsen-Anhalt, vgl. § 19 Abs. 1 LVG LSA, Thüringen, vgl. § 19 Abs. 1 ThürVgG.
[45] *Scharen* VergabeR 2011, 653 (664).
[46] *Dicks* VergabeR 2012, 531 (544).
[47] *Scharen* VergabeR 2011, 653 (664).
[48] OLG Düsseldorf Urt. v. 13.12.2017 – I-27 U 25/17, BeckRS 2017, 137490 Rn. 17.
[49] *Wollenschläger* NVwZ 2016, 1535 (1537).
[50] KG Urt. v. 7.1.2020 – 9 U 79/19, BeckRS 2020, 3268 Rn. 8ff.

grundlage. § 134 GWB ist ausdrücklich auf den Anwendungsbereich oberhalb der Schwellenwerte begrenzt. Auch Anleihen aus dem Beamtenrecht gehen ins Leere, weil anders als dort, im Vergaberecht immer noch ein auf das positive Interesse gerichteter Sekundärrechtsschutz möglich ist. Selbst in den Landesvergabegesetzen, die eine solche Pflicht vorsehen, wird bei Zuwiderhandlung die Nichtigkeit nicht explizit angeordnet.[51] Auch die Bestandsinteressen des Auftraggebers und des erfolgreichen Bieters sprechen gegen eine Vertragsnichtigkeit.[52] Zum jetzigen Zeitpunkt kann sich der um Primärrechtsschutz im Unterschwellenbereich ersuchende Bieter jedenfalls nicht rechtssicher auf das Bestehen einer auftraggeberseitigen Wartefrist mit Stillhaltefunktion verlassen. Selbst bei Annahme einer solchen wäre die Nichtigkeitsfolge nämlich keineswegs zwingend, so dass der unterlegene Bieter letztlich doch auf den Sekundärrechtsschutz verwiesen wäre. Ein klarstellendes Tätigwerden des Gesetzgebers ist deshalb geboten.[53]

III. Keine Vorwegnahme der Hauptsache

20 Anders als im Primärrechtsschutz oberhalb der Schwellenwerte kennt das Zivilprozessrecht eine dem § 169 GWB vergleichbare Regel nicht. Gem. § 938 ZPO bestimmt das Gericht nach freiem Ermessen, welche Anordnungen zur Erreichung des Zwecks einer einstweiligen Verfügung erforderlich sind. In der Rechtsprechung und Literatur wird dazu vertreten, dass auch ein **vorläufiges Zuschlagsverbot,** das vorab durch Beschluss erlassen wird, von dieser Regelung erfasst wird.[54] Danach kann es für das Gericht geboten sein, dem Auftraggeber im Wege einer Zwischenverfügung aufzugeben, befristet bis zur Entscheidung in erster Instanz eine Auftragsvergabe zu unterlassen sowie das Unternehmen, dem der Auftraggeber den Zuschlag erteilen will, von dem Verfahren zu benachrichtigen.[55] Zwar richtet sich § 938 ZPO an die Gerichte. Damit die Notwendigkeit einer solchen **Zwischenverfügung** nicht untergeht, ist dem Antragsteller zu empfehlen, bereits mit der Antragsschrift auf den Erlass eines mit Ordnungsmitteln bewehrten Zuschlagsverbotes hinzuwirken.[56]

21 Grenze der Anordnung ist der gestellte Antrag. Die Anordnung darf darüber hinaus nicht zu einer **Vorwegnahme der Hauptsache** führen.[57] Eine Zuschlagserteilung kann der Bieter daher nicht verlangen. Maßnahmen, die der Sicherstellung eines konkreten Verfahrensablaufs dienen, sind jedoch nicht als Vorwegnahme der Hauptsache zu qualifizieren.[58]

IV. Nebenintervention

22 Während im Primärrechtsschutz oberhalb der Schwellenwerte die Beiladung desjenigen, dessen Rechte durch die Entscheidung im Nachprüfungsverfahren betroffen werden, notwendig ist (§ 162 GWB), sieht die Zivilprozessordnung gem. §§ 66ff. ZPO lediglich die Möglichkeit der Nebenintervention vor.

---

51 *Siegel* NZBau 2019, 353 (357). So gehen auch die Ansichten des LG Rostock und der VK Sachsen-Anhalt über die Folgen eines Verstoßes gegen die in den jeweiligen Landesvergabegesetzen ausdrücklich normierten Informations- und Wartepflicht auseinander. Vgl. *Sitsen* ZfBR 2018, 654 (655).

52 *Siegel* NZBau 2019, 353 (357).

53 KG Urt. v. 7.1.2020 – 9 U 79/19, BeckRS 2020, 3268 Rn. 14; *Siegel* NZBau 2019, 353 (357); *Sitsen* ZfBR 2018, 654 (659); *Wollenschläger* NVwZ 2016, 1535 (1538).

54 *Dicks* VergabeR 2012, 531 (540); *Scharen* VergabR 2011, 653 (661); OLG Düsseldorf Urt. v. 13.1.2010 – 27 U 1/09, BeckRS 2010, 2050.

55 OLG Düsseldorf Urt. v. 13.1.2010 – 27 U 1/09, BeckRS 2010, 2050.

56 OLG Düsseldorf Beschl. v. 15.8.2011 – 27 W 1/11 und *Dicks* VergabeR 2012, 531 (539) unter Hinweis auf OLG Düsseldorf Urt. v. 13.1.2010 – 27 U 1/09, BeckRS 2010, 2050; *Scharen* VergabeR 2011, 653 (661) unter Hinweis in Fn. 58 auf die Dauer (Urteilsverfügung), die aufgrund der Vollziehungsfrist gem. §§ 929 Abs. 2, 936 ZPO einen Monat nach Verkündung des Urteils in der Sache liegen sollte.

57 Zöller/*Vollkommer* ZPO § 938 Rn. 2.

58 *Widmann* Vergaberechtsschutz im Unterschwellenbereich S. 203.

E. Sekundärrechtsschutz

Auf der Ebene des **Sekundärrechtsschutzes** sind **Schadensersatzansprüche** insbesondere **aus vorvertraglichem Schuldverhältnis** gem. §§ 280 Abs. 1, 311 Abs. 2, 241 Abs. 2 BGB denkbar. Ergänzend kommen auch Schadensersatzansprüche nach § 823 Abs. 2 BGB iVm Art. 3 Abs. 1 GG bei willkürlichen Handlungsweisen des Auftraggebers in Betracht. 23

Ein Schadensersatzanspruch wird nach der Rechtsprechung etwa dann ausgelöst, wenn der Auftraggeber eine freihändige Vergabe durchführt, obwohl er zuvor ausgeschrieben hatte und eine Aufhebung der Ausschreibung nicht zulässig war,[59] wenn er einzelne Bewerber diskriminiert,[60] eine Ausschreibung grundlos aufhebt[61] oder gegen Vorschriften der anwendbaren Vergabeordnung verstößt.[62] Zu beachten ist dabei, dass der Schadensersatzanspruch nach neuerer Rechtsprechung des BGH nicht mehr voraussetzt, dass der klagende Bieter auf die Einhaltung der verletzten Regelungen durch den Auftraggeber vertraut hat.[63] 24

Ein Verstoß gegen Vergabebestimmungen kann allerdings nur dann für einen Schaden des Bieters ursächlich sein, wenn sein Angebot den – zulässigen – Auftragsbedingungen entspricht.[64] Der Schadensersatzanspruch aus vorvertraglichem Schuldverhältnis geht schließlich regelmäßig nur auf Ersatz des **Vertrauensschadens,** dh das negative Interesse. Ersetzt werden hiernach die Kosten für die Angebotserstellung. Das **positive Interesse** ist nur dann ausnahmsweise ersetzbar, wenn der Bieter nachweisen kann, dass er bei ordnungsgemäßer Durchführung des Verfahrens den Zuschlag erhalten hätte.[65] 25

Nach Auffassung des BGH ist der Bieter in seinem Schadensersatzprozess nicht deswegen präkludiert, da er keinen Primärrechtsschutz nach dem Vierten Teil des GWB in Anspruch genommen hat.[66] Um einen Sekundärrechtsanspruch erfolgreich geltend zu machen, muss der Bieter einen festgestellten oder aus den Vergabeunterlagen ersichtlichen Vergabeverstoß nicht innerhalb der in § 160 Abs. 3 GWB genannten Frist gerügt haben.[67] Eine § 839 Abs. 3 BGB entsprechende Regelung sieht das GWB nicht vor.[68] Auch sei eine analoge Anwendung dieser spezifisch deliktischen Bestimmung nicht in Erwägung zu ziehen.[69] Eine Berücksichtigung einer fehlenden Rüge über das Mitverschulden (§ 254 BGB) des Bieters kommt nur dann in Frage, wenn das Unterlassen seiner Rüge adäquat kausal für die rechtswidrige Vergabe an den Mitbewerber gewesen sei.[70] 26

[59] OLG Düsseldorf Beschl. v. 21.1.1999 – 5 U 93/98.

[60] BGH Urt. v. 26.10.1999 – X ZR 30/98, NJW 2000, 661 (662).

[61] BGH Urt. v. 8.9.1998 – X ZR 48/97, BeckRS 1998, 30023538; v. 26.3.1981 – VII ZR 185/80, BeckRS 9998, 103651.

[62] BGH Urt. v. 12.6.2001 – X ZR 150/99, BeckRS 2001, 5913; v. 8.9.1998 – X ZR 99/96, BeckRS 1998, 30023562; v. 11.11.1993 – VII ZR 47/93, BeckRS 9998, 166535; OLG Düsseldorf NJW-RR 1990, 1046 (1047).

[63] BGH Urt. v. 9.6.2011 – X ZR 143/10, BeckRS 2011, 19053.

[64] KMPP/*Vavra* VOB/A § 2 Rn. 43.

[65] BGH Urt. v. 26.1.2010 – X ZR 86/08, BeckRS 2010, 6879 Rn. 17; v. 18.9.2007 – X ZR 89/04, BeckRS 2007, 19244 Rn. 8; OLG Köln Urt. v. 23.7.2014 – 11 U 104/13, BeckRS 2014, 21863 Rn. 18; OLG Brandenburg Beschl. v. 10.12.2012 – 6 U 172/12, BeckRS 2013, 7531.

[66] BGH Urt. v. 18.6.2019 – X ZR 86/17, NZBau 2019, 661 Rz. 28ff.; aA OLG Celle Urt. v. 18.1.2018 – 11 U 121/17, BeckRS 2018, 2844 Rn. 32.

[67] BGH Urt. v. 18.6.2019 – X ZR 86/17, NZBau 2019, 661 Rz. 28f.

[68] BGH Urt. v. 18.6.2019 – X ZR 86/17, NZBau 2019, 661 Rz. 30.

[69] BGH Urt. v. 18.6.2019 – X ZR 86/17, NZBau 2019, 661 Rz. 30.

[70] BGH Urt. v. 18.6.2019 – X ZR 86/17, NZBau 2019, 661 Rz. 32.

F. Besondere landesrechtliche Rechtsschutzmöglichkeiten

27 Mit den Landesvergabegesetzen hat sich im Bundesgebiet ein heterogenes Bild betreffend den vergaberechtlichen Primärrechtsschutz im Unterschwellenbereich entwickelt.[71] Für die überwiegende Anzahl der Bundesländer und für die Vergaben des Bundes im Unterschwellenbereich ist kein eigenes Rechtsschutzsystem bei Verstößen gegen die Vergabevorschriften vorgesehen. Bieter und Interessenten an Vergaben sind hinsichtlich des Primärrechtsschutzes, dh zur Beseitigung von Rechtsverstößen im laufenden Verfahren auf die zuvor beschriebenen Möglichkeiten beschränkt.

28 Verschiedene Bundesländer haben jedoch die Einführung ihrer Tariftreue-, Vergabe- und Mittelstandsförderungsgesetze auch dazu genutzt, um einen Primärrechtsschutz für die Vergaben einzuführen, die den europäischen Schwellenwert nicht erreichen.[72] Hierbei lassen sich zwei Hauptströmungen ausmachen, wonach entweder der Unterschwellenrechtsschutz ähnlich dem Nachprüfungsverfahren bei den Vergabekammern angesiedelt wird oder (formloser) eine Nachprüfung bei der Aufsicht, jedoch ohne Anspruch auf Tätigwerden besteht. Transparenz wird teilweise auch nur durch die Einführung einer Vorabinformation in den Unterschwellenverfahren sichergestellt.

[71] Die Einzelheiten zum jeweiligen landesrechtlichen Primärrechtsschutz werden in den Kapiteln zu den einzelnen Bundesländern erläutert.

[72] Hessen vgl. § 20 HVTG; Sachsen, vgl. § 8 SächsVergabeG; Sachsen-Anhalt, vgl. § 19 LVG LSA; Thüringen, vgl. § 19 ThürVgG.

Sachregister